Historisches Wörterbuch
der Rhetorik

Historisches Wörterbuch der Rhetorik

Herausgegeben von Gert Ueding

Mitbegründet von Walter Jens

In Verbindung mit

Wilfried Barner, Albrecht Beutel, Dietrich Briesemeister,
Joachim Dyck, Ekkehard Eggs, Ludwig Finscher, Manfred Fuhrmann,
Fritjof Haft, Konrad Hoffmann, Joachim Knape, Josef Kopperschmidt,
Friedrich Wilhelm Korff, Egidius Schmalzriedt, Konrad Vollmann, Rolf Zerfaß

Unter Mitwirkung von mehr als 300 Fachgelehrten

Max Niemeyer Verlag
Tübingen

Historisches Wörterbuch der Rhetorik

Herausgegeben von Gert Ueding

Redaktion:
Andreas Hettiger
Gregor Kalivoda
Franz-Hubert Robling
Thomas Zinsmaier

Band 6: Must–Pop

Max Niemeyer Verlag
Tübingen 2003

Die Redaktion wird mit Mitteln der Deutschen Forschungsgemeinschaft
und der Universität Tübingen gefördert.

Trotz intensiver Bemühungen ist es nicht gelungen, die Rechteinhaber aller Abbildungen ausfindig
zu machen. Berechtigte Ansprüche können beim Verlag geltend gemacht werden.

Wissenschaftliche Mitarbeiter des Herausgebers:

Bernd Steinbrink (bis 1987)
Peter Weit (seit 1985)

Mitarbeiter der Redaktion:

Käthe Bildstein, Christina Hartmann,
Philipp Ostrowicz, Heike Stiller

Anschrift der Redaktion:

Historisches Wörterbuch der Rhetorik
Wilhelmstraße 50
D-72074 Tübingen

Die Deutsche Bibliothek – CIP-Einheitsaufnahme

Historisches Wörterbuch der Rhetorik / hrsg. von Gert Ueding. Mitbegr. von Walter Jens. In
Verbindung mit Wilfried Barner ... Unter Mitw. von mehr als 300 Fachgelehrten. – Tübingen :
Niemeyer.
  ISBN 3-484-68100-4

Bd. 6. Must–Pop / Red.: Gregor Kalivoda ... – 2003
  ISBN 3-484-68106-3

© Max Niemeyer Verlag GmbH, Tübingen 2003
  Das Werk einschließlich aller seiner Teile ist urheberrechtlich geschützt. Jede Verwertung außerhalb der engen Grenzen des
  Urheberrechtsgesetzes ist ohne Zustimmung des Verlages unzulässig und strafbar. Das gilt insbesondere für Vervielfältigungen,
  Übersetzungen, Mikroverfilmungen und die Einspeicherung und Verarbeitung in elektronischen Systemen.
  Printed in Germany.
  Satz und Druck: Gulde-Druck GmbH, Tübingen.
  Einband: Karl Dieringer Verlagsbuchbinderei, Gerlingen.

Vorbemerkung

Wir freuen uns, den 6. Band des Historischen Wörterbuchs der Rhetorik nun wieder fristgerecht vorlegen zu können. Das war nicht einfach, denn manchmal haben Herausgeber und Redaktion den Eindruck, als wüchsen mit der fortschreitenden Vervollständigung des Lexikons einige Schwierigkeiten, anstatt abzunehmen. Das mag mit den eher noch weiter gewachsenen Standards zusammenhängen, auch die neue EDV-gestützte Herstellung wird nicht immer der mit ihr verbundenen Hoffnung auf größere Effektivität gerecht; schließlich schlagen Artikel mit größerem Illustrationsanteil auch mit einer aufwendigeren, fehleranfälligeren Bearbeitung zu Buche, deren Krise dann natürlich stets in die Endphase der Bandredaktion fällt. Um so mehr gebührt mein Dank den Autoren, den Mitarbeitern und Fachberatern außerhalb und innerhalb des Hauses, deren Verläßlichkeit auch diesen gewachsenen Anforderungen und großem Zeitdruck standhielt.

Des weiteren gilt mein Dank wie stets zuallererst der Deutschen Forschungsgemeinschaft, die das Projekt großzügig fördert und die personelle Unterstützung stärkt, wo ihr das möglich ist; ein Wohlwollen, dem wir sicher auch eine Anerkennung für unsere Arbeit entnehmen dürfen. Darüber hinaus danken wir dem Max Niemeyer Verlag, der uns bei der Überwindung von Engpässen, bei der Zusammenarbeit mit Autoren und bei redaktionellen Problemen beratend zur Seite gestanden hat. Dasselbe gilt für die Universität Tübingen, auch wenn sich deren Kräfte im Zeichen einer den Geisteswissenschaften höchst feindlichen Wissenschaftspolitik in zunehmend engeren Grenzen halten müssen.

Tübingen, Frühjahr 2003　　　　　　　Gert Ueding

Musterrede (griech. παράδειγμα, parádeigma; lat. exemplum, specimen, paradigma eloquentiae; engl. model speech; specimen speech)
A. Def. – B.I. Antike. – 1. Sophistische Rhetorik. – 2. Rhetorikunterricht des Hellenismus und der römischen Kaiserzeit. – II. Mittelalter und Ars praedicandi. – III. Humanistischer Rhetorikunterricht und rhetorische Lehrbücher der Neuzeit. – IV. Moderne Ratgeberliteratur.

A. Der Begriff ‹M.› begegnet in zweierlei Hinsicht:
(1) Unter ‹M.› versteht man eine eigens zu Unterrichts- oder rhetorischen Fortbildungszwecken verfaßte fiktive und damit von dem konkreten Bezug auf einen realen Einzelfall losgelöste Rede. Insofern ist die M. auch zu unterscheiden von solchen Reden, die im Kontext eines realen historischen Hintergrundes tatsächlich gehalten wurden und aufgrund ihrer rhetorischen Brillanz und/oder ihres Erfolges schriftliche Verbreitung und Vorbildfunktion erlangt haben. M. werden von Rhetoriklehrern oder von Verfassern rhetorischer Handbücher (Ratgeber) in Ergänzung und zur Illustration (*exemplum*) der theoretischen Unterweisung (*ars*) entworfen und als Orientierungshilfe dem Lernenden zur variierenden Nachahmung (*imitatio*) empfohlen. In der Zielsetzung dieser didaktischen Praxis verbinden sich in der Regel die ersten drei Aufgaben des Redners (*officia oratoris*), die Anwendung sachadäquater Gedanken (*inventio*), die argumentativ richtige Anordnung (*dispositio*) sowie die angemessene stilistische Gestaltung (*elocutio*). Da sich M. in der Durchführung eng an die Theorie anlehnen (z.B. schulmäßige *dispositio*), weisen sie häufig einen gewissen Schematismus auf, der in authentischen Reden, die sich den zwingenden Erfordernissen des realen Einzelfalles anpassen müssen, nicht vorkommt. Sofern sie in der rhetorischen Praxis unmittelbar als Grundlage einer eigenen Rede genommen werden, verbinden sich in der M. Theorie und Praxis, wird die Brücke zwischen ἐπιστήμη (epistémē) und μελέτη (melétē) geschlagen.
(2) Daneben begegnet eine Species von M. im Bereich der rein praktischen Rhetorik, die standardisierte Formulare für die Anwendung in Einzelsituationen bieten. Diese geben ein weitgehend fertig vorformuliertes Grundmuster einer dem jeweiligen Einzelfall durch Ergänzung bzw. Abänderung der betreffenden Daten und Fakten noch konkret anzupassenden Rede. Sofern eine M. als Formular verwendet wird, stellt sie gleichsam eine vergrößernde Transposition der *loci communes* dar.[1]

Die antike Rhetorik hat keinen expliziten Terminus für M., vielmehr wird diese je nach Zielsetzung umschrieben als παράδειγμα oder *exemplum* bzw. *specimen* für Stil, Aufbau oder Argumentation. Als inhaltlich indifferente, nur auf den äußeren Verwendungszweck einer Rede bezogene Bezeichnung konnte die M. in der antiken Begrifflichkeit keinen eigenen Platz einnehmen.

B.I. *Antike. 1. Sophistische Rhetorik.* In der sophistischen Rhetorik des 5. vorchristlichen Jahrhunderts begegnet erstmals eine Redeform, die dem Terminus M. in dem oben (1) definierten Sinne entspricht. Der Zweck solcher M., die von den Sophisten in öffentlicher oder privater Deklamation vorgetragen wurden, ist sowohl in der pädagogisch-didaktischen Vermittlung rhetorischer Techne wie auch in der Demonstration des jeweiligen Verständnisses von Rhetorik zu sehen. Insofern nimmt die M. eine Mittelstellung ein zwischen abstraktem Handbuchwissen und einer rein praktisch orientierten Redeschulung, die in der unreflektierten *imitatio* eines erfolgreichen Lehrers bestand, dem man sich angeschlossen hatte. Allerdings stellt sich im Einzelfall jeweils die Frage, wie die didaktische Anwendung solcher M. erfolgte, ob der Lehrer allein Beispiele effektiver Behandlung gab, die die Schüler memorierten und imitierten, oder ob er seine M. mit kritisch erklärenden Kommentierungen zur angewandten Techne begleitete. Zumindest für die Frühzeit hat es den Anschein, daß die Aufgabe der Schüler vordringlich darin bestand, durch Zuhören oder Lesen der Reden des Lehrers diese modellhaften Grundmuster sich im Zuge der *imitatio* für die eigene Praxis zu eigen zu machen.

Solche M. können durchaus in allen drei Redegenera angesiedelt sein, für die Frühzeit überwiegen nach dem Überlieferungsbefund Exempla aus dem γένος ἐπιδεικτικόν (génos epideiktikón / *genus demonstrativum*) sowie dem γένος δικανικόν (génos dikanikón / *genus iudiciale*).

Die ältesten erhaltenen Beispiele von Musterreden stammen von GORGIAS VON LEONTINOI (ca. 484–376 v.Chr.), das sog. ‹Lob der Helena› (Ἑλένης ἐγκώμιον, Helénēs enkómion) und die ‹Verteidigung des Palamedes› (Παλαμήδους ἀπολογία, Palamḗdūs apología).[2] Es handelt sich dabei um Reden, die nicht in einer historischen Situation verwurzelt sind, sondern auf einem mythologischen Hintergrund basieren und insofern allein der exemplarischen Demonstration (ἐπίδειξις, epídeixis) sophistisch-rhetorischer Techne sowie stilistischer Ausschmückung dienen. In beiden Reden demonstriert Gorgias, welche Möglichkeiten die Rhetorik in Gedankenführung und Argumentation (v.a. mit Hilfe apagogischer Beweistechnik) bietet eine moralisch inkriminierte Person (Ehebrecherin; Verräter) entgegen der im allgemeinen Bewußtsein verwurzelten negativen Bewertung in positivem Licht erscheinen zu lassen und von einem Tatbestandsvorwurf zu salvieren. Beide Reden sind Muster für das sophistische Selbstverständnis, mit Hilfe des Logos ein der allgemeinen Bewertung zuwiderlaufendes Überzeugungsziel paradoxerweise zu erreichen, sie sind Lehrstücke dafür «daß der Logos alles vermag».[3] Dementsprechend wurden im Schülerkreis des Gorgias epideiktische M. auch über gänzlich abwegige, banale ja verwerfliche Gegenstände, an denen es im Grunde nichts zu loben gab, verfaßt. So sind für ALKIDAMAS (5./4. Jh. v.Chr.) Lobreden auf den Tod und die Armut bezeugt, für POLYKRATES (ca. 440–370 v.Chr.) Lobreden auf die Mäuse, auf Töpfe und Steinchen sowie auf die Gattenmörderin Klytaimnestra.[4] Insbesondere im Umfeld der zweiten Sophistik griff dieses Genre breit um sich. DION VON PRUSA gen. CHRYSOSTOMUS (ca. 40–nach 112 n.Chr.) verfaßte ein Lob auf die Mücke, SYNESIOS VON KYRENE (ca. 370–413 n.Chr.) auf die männliche Glatze, der römische Redner M. CORNELIUS FRONTO (2. Jh. n.Chr.) schrieb Lobreden auf Rauch und Staub (*laudes fumi et pulveris*) sowie auf die Nachlässigkeit (*laudes neglegentiae*).

Daß Gorgias das ‹Lob der Helena› am Ende als scherzhaftes Spiel (παίγνιον, paígnion) bezeichnet[5], spricht nicht gegen dessen praktische Verwendbarkeit als M. Gorgias propagierte damit nicht nur ein stilistisches Vorbild (gorgianische Figuren), auch Gedankenführung und Beweistechnik sind auf ähnlich gelagerte Fälle übertragbar.[6]

Das früheste Beispiel für Mustergerichtsreden stellen die ‹Tetralogien› des ANTIPHON aus dem letzten Drittel des 5. Jh. dar, deren Verfasser wahrscheinlich identisch ist mit dem athenischen Politiker A. aus Rhamnus, der infolge des fehlgeschlagenen oligarchischen Putsches von 411 v.Chr. hingerichtet wurde. Die ‹Tetralogien› bestehen aus drei Sätzen von je vier Reden, wovon jeweils zwei die Anklage, zwei die Verteidigung führen. In jedem der drei Redesätze liegt ein fiktiver Prozeß unter Anwendung der athenischen Gesetze für Mord zugrunde. Der fiktive Charakter dieser Reden, die als Modelle effektiver Techniken der Gerichtsrhetorik fungieren sollen, zeigt sich v.a. darin, daß keine der in den Tetralogien eingeführten Personen einen Namen trägt, vielmehr alle mit allgemeinen Begriffen umschrieben werden (Mörder, Täter, Opfer, Angeklagter), dann auch in der auffallenden Kürze, die auf das Fehlen einer die Besonderheiten eines Einzelfalles darstellenden *narratio* zurückgeht. Hier finden sich nur Prooemium, Wahrscheinlichkeitsbeweise und Epilog. Der Verfasser bedient sich auf breiter Ebene der Technik der Wahrscheinlichkeitsschlüsse, wie sie auch schon in rhetorischen Handbüchern des 5. Jh. entwickelt worden waren. Ähnliche Beispiele imaginärer Gerichtsreden gibt es auch von ANTISTHENES (ca. 455–360).[7]

Im Kontext der im platonischen ‹Phaidros› dem Rhetoriklehrer LYSIAS (ca. 450–nach 380 v.Chr.) zugeschriebenen Rede[8] wird auch der Ort von M. in der rhetorischen Praxis näher präzisiert: Der Lehrer trägt die Rede wiederholt seinen Schülern vor, schließlich erhalten sie Einsicht in das Manuskript, um sich die Rede insgesamt auswendig anzueignen.[9] Dabei findet offenkundig keine explizite Diskussion über die in der Rede angewandte Techne statt, der Rhetoriklehrer spielt den Part des fraglos zu bewundernden Virtuosen.

Denselben Eindruck vermittelt Aristoteles' Kritik an der Unterrichtsmethode sophistischer Eristik, die auf Gorgias zurückgehen soll.[10] Danach bestand die pädagogische Praxis einzig darin, daß die Lehrer ihren Schülern Musterreden solchen Typs zum Auswendiglernen gaben, «auf die die jeweiligen Reden der einzelnen ihrer Meinung nach in den meisten Fällen stoßen könnten. Deswegen war dies für ihre Schüler zwar eine rasche, aber nicht eigentlich auf Techne beruhende Unterweisung. Denn indem sie nicht die Techne, sondern Resultate der Techne gaben, glaubten sie die Ausbildung zu leisten [...]».[11] Auch die Praxis der späteren griechischen Sophisten weist in diese Richtung, die weit mehr Nachdruck auf das Deklamieren durch Lehrer und Schüler legte als auf Theorie und Analyse. Immerhin wird man aber als wahrscheinlich annehmen dürfen, daß Sophisten wie Gorgias die Grundzüge der rhetorischen Techne auch durch entsprechende theoretische Kommentierungen zu ihren M. einsichtig machten. Ein Indiz für eine entsprechende Praxis ist in der Existenz von Sammlungen von kleineren Versatzstücken von M. zu sehen, deren Anwendbarkeit nur unter der Voraussetzung eines theoretischen Wissens um den Kompositionsprozeß des Redeganzen plausibel ist.

Solche Versatzstücke von M., die zur fallweisen Verwendung in verschiedenen Reden gleichsam als vorgefertigte Baublöcke anzubringen sind, bilden die sog. *loci communes*. Sie sollen nach Cicero wiederum von Gorgias (und Protagoras) eingeführt worden sein.[12] Auf diese Praxis, die an das Kompositionsverfahren der Oral poetry gemahnt, nimmt auch die Rede des Isokrates gegen die Sophisten Bezug.[13] Von Antiphon und anderen ist bekannt, daß sie Sammlungen von Einleitungen und Schlüssen anlegten[14], das Corpus der Demosthenesreden enthält eine Sammlung von Prooemien für politische Reden.[15]

Ergänzt wurde dieses Spektrum durch Sammlungen von Musterstücken, die zu bestimmten stilistischen Zwecken Materialien bereitstellten. So sind für Polos, einen Schüler des Gorgias, unter dem Titel ‹Musenschätze von Reden› (Μουσεῖα λόγων, Mūseía lógōn) Sammlungen von Tropen, um etwas in zweierlei Weise auszudrücken (διπλασιολογία, diplasiología), zur Spruchrednerei (γνωμολογία, gnōmología) und Bilderrednerei (εἰκονολογία, eikonología) bezeugt.[16] All diese technischen Musterstücke werden von Platons Sokrates mit dem Verdikt belegt, sie wären nur Vorkenntnisse zur Rhetorik (τὰ πρὸ τῆς τέχνης ἀναγκαῖα μαθήματα), nicht diese Kunst selbst.[17]

Eine Gegenposition gegen die didaktische Verwendung von M. nahm der Sophist und Rhetor ALKIDAMAS ein. Aus der Schule des Gorgias hervorgegangen, propagierte er v.a. die praktische Schulung des Redners, seine Schlagfertigkeit und Fähigkeit zu improvisieren. Die von ihm einzig erhaltene Schrift περὶ τῶν τοὺς γραπτοὺς λόγους γραφόντων ἢ περὶ σοφιστῶν (‹Über die Verfasser geschriebener Reden oder über die Sophisten›) geht scharf mit der Praxis ins Gericht, die Reden schriftlich abzufassen und bis ins letzte auszufeilen. Für ihn kam es nur auf aktuelle Anwendbarkeit und auf die unmittelbare Wirkung der Rede an.

Noch ausführlichere Kritik übt der viel bedeutendere ISOKRATES (436–338), der keine seiner Reden in der Öffentlichkeit, sondern nur im Kreis seiner Schüler vortrug. In der ‹Rede gegen die Sophisten› (or. XIII) wendet er sich ausdrücklich gegen die gängige didaktische Praxis, öffentliche Rede mithilfe von M. und Gemeinplätzen zu vermitteln. Sein Haupteinwand betrifft dabei die Übertragbarkeit von exemplarischen Reden auf konkrete Situationen[18]: «Was nämlich von einem anderen gesagt wurde, ist nicht in gleicher Weise für den, der zeitlich nach ihm spricht, nützlich.» Gleichwohl verfaßte er selbst – als Gegenstück zum gorgianischen Vorbild – ein als M. angelegtes Prosa-Enkomion auf Helena (or. X), wie eben eigentlich alle Reden des Isokrates in gewisser Weise M. sind, die sich sowohl an die Griechen insgesamt (Panathenaikos 134f.) wie an seine Schule im besonderen wenden.[19] Nicht zu vergessen, daß Isokrates der erste war, der seine Reden nicht mündlich weitergab, sondern sorgfältig edierte und damit eine Literarisierung der Rhetorik betrieb. Damit gab er auch der M., die er in der Form eines allfällig nutzbaren Versatzstücks ablehnte, eine institutionalisierte Form.

2. *Rhetorikunterricht des Hellenismus und der römischen Kaiserzeit.* Das Ende des griechischen Poliszeitalters im Hellenismus hatte für die Rhetorik die Abtrennung von der praktischen Politik und den Rückzug in die Schulen zur Folge, ein Vorgang, der sich im römischen Westen mit dem Ende der Republik und dem Beginn der Kaiserzeit entsprechend wiederholte. Der Verlust der politischen Relevanz der Rhetorik wurde dabei jeweils durch eine verstärkte Ästhetisierung und Fiktionalisierung der Redekunst kompensiert. Charakteristisch für die rhetorische Form dieser Epochen ist die praktische Übung (μελέτη, melétē) an einem vom Lehrer vorgegebenen Thema, das der Rhetorikschüler in einer von ihm verfaßten Rede zu behandeln hatte. Die Themenstellung erfolgte meist in der Form der θέσις (thésis), der Vorgabe eines fingierten Problems, das nach Art einer Gerichtsrede abzuhandeln war. Nach Quintilian entstand diese Form zur Zeit des Demetrios von Phaleron (317–307)[20], aus ihr entwickelte sich die Deklamation, die gerade, indem sie vom Lehrer selbst vor seinen Schülern als M. praktiziert wurde, die hauptsächliche Form des rhetorischen Unterrichts darstellte. Im Osten bestand die Form der Deklamation über die sog. Zweite Sophistik bis in die byzantinische Zeit fort.

Im römischen Westen ist die Praxis der Deklamation von M. seit dem Ausgang der Republik bekannt [21], mit dem Ende der politischen Redefreiheit erfährt sie in der Schulrhetorik der Kaiserzeit einen gewaltigen Aufschwung, wobei sie sich bevorzugt in den beiden Formen der *controversiae* (Reden zu gerichtlichen Streitfällen) und *suasoriae* (politische Beratungsreden) entfaltet. Dabei besaß der Wirklichkeitsbezug der zu behandelnden Gegenstände nur mehr wenig Bedeutung, es zählte einzig und allein die Art und Weise der Darbietung, der Vortrag solcher Reden war zu einem öffentlich-gesellschaftlichen Ereignis geworden. Einen guten Einblick in das phantastische Gepräge und die verstiegenen Themen des kaiserzeitlichen Deklamationsbetriebs gibt die Sammlung der von SENECA D. ÄLTEREN überlieferten ‹Controversiae et suasoriae› (Streitfälle und Beratungsreden), die freilich keine ausgearbeiteten Musterreden zu bestimmten Problemstellungen bietet, sondern die Hauptmaterialien zur Verfertigung von M. bereitstellt.

Namhafte Zeitgenossen des 1. Jh. n.Chr. kritisierten diese Praxis, die sie als symptomatisch für den «Verfall der Beredsamkeit» ansahen. So tadelt TACITUS im ‹Dialogus de oratoribus› die Oberflächlichkeit und das schauspielhafte Gepränge, mit dem die *controversiae* und *suasoriae* vorgetragen würden. [22] Für QUINTILIAN, der solche Kritik am Deklamationsbetrieb teilt, weil das bloße Deklamieren für die Zuhörer keine Vorbildfunktion habe [23], besitzt die M. allerdings durchaus ihren Wert als *exemplum* zur Schulung der rhetorischen Techne. So propagiert er für die Rednerausbildung die schriftliche Anfertigung von M. zu bestimmten Themen, die im Unterricht vorgelesen werden, wobei man auf alles nach den Gesichtspunkten der *ars* Mustergültige aufmerksam macht. [24] Nach Quintilian wird die Erarbeitung und Erschließung der Qualitäten der vorgelegten Reden im Wechselgespräch mit dem Lehrer mehr zum Lehrerfolg beitragen als sämtliche allgemeinen Regeln, denn diese könnten nicht den vielfältigen Fällen der Praxis gerecht werden. [25] Zugleich aber artikuliert sich immer wieder das Bewußtsein, daß die Rhetorik keine schlechthin für alle Fälle gültigen Muster bereitstellen kann. [26] Immer komme es auf die jeweiligen Umstände des Einzelfalls an, und so habe sich auch in den vielen Jahrhunderten noch kein Fall gefunden, der einem anderen ganz gleich war. [27] Daher dürfen auch für die rhetorische Ausbildung mithilfe von M. keine abwegigen, sondern nur zweckmäßige, allgemein anwendbare Übungsstoffe gewählt werden, die die Kluft zwischen Fiktion und Wirklichkeit überbrücken helfen. [28] Damit spricht Quintilian implizit ein partielles Verdikt über die M. aus: Sie sind nur im Bereich der Ausbildung erträglich; wo sie den kasuistischen Gegebenheiten der Wirklichkeit gerecht werden müssen, kommt es zu Unzuträglichkeiten. Aber auch vom Gesichtspunkt der *imitatio* aus darf man nicht bei dem bloßen Kopieren eines anerkannten Musters stehenbleiben, vielmehr soll dieses überboten werden. [29]

Aus Quintilians Zeit sind zwei Sammlungen von Deklamationsübungen erhalten, deren Verfasserschaft man lange ihm selbst zugeschrieben hat: die ‹Declamationes maiores› und ‹minores›. [30] Das Deklamieren von M. war bis in die Spätantike üblich, ebenso die epideiktische Verherrlichung unbedeutender Gegenstände in M., ohne daß freilich noch eine Weiterentwicklung stattfand. Die lateinische Rhetorik bewegte sich hier ganz im Fahrwasser der griechischen.

II. *Mittelalter und Ars praedicandi.* Vor allem im griechischsprachigen Osten erfolgte die rhetorische Ausbildung weiterhin in Nachahmung der klassischen Modelle, durch Deklamationen und Kompositionsübungen im Stil der Spätantike, durch Sammlung von Redemustern berühmter Männer. Hier lebte die Sophistik weiter, während sich im Westen die antike rhetorische Techne weitgehend aus dem forensischen Bereich zurückzog und ihre Fortentwicklung in Handbüchern für Briefmuster (*ars dictaminis*; sog. Briefsteller) fand.

Der einzige Bereich, in dem die antike Rhetorik im Westen neu bedeutsam wurde, ist die christliche Predigt. Ihr Charakter ist durch die als idealtypisch zu verstehenden Reden der Apostelgeschichte und durch die Briefe der Apostel nach Inhalt und Form normiert. Während die griechischen Kirchenväter weithin eine kritische Haltung gegenüber der antiken Rhetorik bekunden, bahnt AUGUSTINUS in seinen vier Büchern ‹De doctrina christiana›, worin er die Art des Lehrens christlicher Wahrheit systematisch zusammenfaßt, der ciceronianischen Rhetorik den Weg in das Mittelalter. Augustinus erkennt zwar die Notwendigkeit rhetorischer Kunstregeln für die Vermittlung christlicher Wahrheit an, schränkt dies aber dahingehend ein, daß nicht die Anmut der Darstellung zum Selbstzweck werden dürfe. Insofern können sich weniger gebildete Theologen auch fremder Predigten als Muster bedienen, weil sie damit der weiteren Verbreitung der Wahrheit dienen. Sie sind damit zwar nicht eigentlich Lehrer, aber doch Verkünder der Wahrheit. [31] In der Schrift ‹De catechizandis rudibus› rechtfertigt Augustinus diese Art von niederer Homiletik und gibt für rhetorisch Ungebildete Muster für Lehrpredigten vor Taufbewerbern. Freilich sieht er die Anwendung solcher Mustervorträge immer als defizitär an gegenüber einem unmittelbar mündlicher Vortrag. [32] Aber sie sollen klarmachen, wie die gegebenen Regeln in der Praxis anzuwenden sind. [33]

Seit dem frühen Mittelalter kennt man als geschätztes homiletisches Hilfsmittel Sammlungen von musterhaft ausgearbeiteten Predigten. Karl der Große hatte das regelmäßige Predigen an Sonn- und Festtagen allen Pfarrern zur Pflicht gemacht (Reichserlasse von Aachen 801, 810, 813); die Bischöfe waren gehalten, bei ihren Visitationen auf die Erfüllung dieser Pflicht zu bestehen. Bei dem niedrigen Bildungsstand des damaligen Klerus war es nur natürlich, daß hier entsprechende Sammlungen, die Muster von Predigten boten, zur Anwendung kamen. Solche Predigtsammlungen, die teilweise auf Bearbeitungen von Predigten der Kirchenväter fußen [34], gibt es in lateinischer wie auch in den europäischen Nationalsprachen. Die ältesten *Sermones ad populum* in deutscher Sprache sind durch einen Katalog des 10. Jh. von St. Emmeram in Regensburg belegt, eine Benediktbeurer Sammlung [35] enthält eine geschlossene Reihe von Festpredigten, die für jedes Fest mehrere Muster unterschiedlichen Umfangs zur Verfügung stellt. Das ‹Speculum ecclesiae› des HONORIUS AUGUSTODUNENSIS (12. Jh.) bietet Homilien für ausgewählte Festtage des Kirchenjahres, verbunden mit praktischen Anweisungen für die rechte Durchführung einer Volkspredigt. Während die Predigt im griechischen Osten zunehmend durch Wunderberichte und Legenden wie durch rhetorische Aufmachung entstellt wird, bewahrt sie im Abendland die Form der Sittenrede. Nachdem im Hochmittelalter die Predigt weithin von den Orden und Klöstern her bestimmt wird, wird ein neues hohes Anspruchsniveau postuliert. Hier werden auch konkrete theoretische

Anweisungen zur *ars praedicandi* gegeben, die ergänzend zu den Sammlungen der Musterpredigten treten, so zuerst der ‹Liber quo ordine sermo fieri debet› des GUIBERT VON NOGENT († 1124). In der im Mittelalter weitverbreiteten ‹Summa de arte praedicandi› des ALANUS AB INSULIS († 1202) schließen sich an die wichtigsten Richtlinien für die Komposition und den Vortrag der Predigt 47 Musterentwürfe zu Predigten, um die praktische Anwendung der Theorie zu demonstrieren. Es kam zur Ausbildung ganzer Predigtreihen sowohl zu den Sonntagen des Kirchenjahres wie auch den wichtigeren Heiligenfesten, so daß die beiden Predigtreihen, die ‹Sermones de tempore et de sanctis› entstanden, es wurden Predigt-Formulare für jeden Stand, jedes Alter und jeden Beruf entworfen.[36] Wir wissen, daß zwischen Klöstern Predigtsammlungen ausgetauscht wurden.[37]

Seit dem 13. Jh. kommt es zu einer Abwendung von der monastisch-klerikalen Predigtpraxis und damit erneut zu einer Wiederbelebung einer an den Bedürfnissen der Öffentlichkeit orientierten Predigt. Vor allem aber nimmt hier die Universitätspredigt zu, das *praedicare* gehört zur Amtspflicht der Magister der Theologie. Gerade die Universitätstheologen haben ihre Predigten nicht nur abschreiben lassen, sie verfertigten auch ganze Reihen von Musterpredigten, um dem Welt- und Ordensklerus entsprechende Vorlagen und Hilfsmittel für seine Predigttätigkeit zu geben.[38] Das bekannteste Beispiel hierfür bietet ROBERT VON SORBON (Gründer der Sorbonne, † 1274), der ein umfassendes Predigtsammelwerk anlegte, worin der Benutzer nicht nur unter verschiedenen Predigtthemen, sondern auch unter verschiedenen Mustern die seinen Intentionen am meisten entgegenkommenden Predigten auswählen konnte.[39] Eher literarische Produkte sind die Predigtsammlungen des JOHANNES VON LA ROCHELLE († 1245) und des RAIMUNDUS LULLUS (1232–1316). Hier konnte der Benutzer diese Entwürfe mit persönlichen Erfahrungen und lebensnahen Zügen ausstatten. Freilich ist hier auch ein Eindringen scholastisch-dialektischer Methodik in die Predigt zu verzeichnen, das nicht immer zum Vorteil der Allgemeinverständlichkeit gereichte.

Aber mit dem 13. und 14. Jh. kommt die Volkspredigt zum Sieg. Unter den sog. Volkspredigern verfaßt HUMBERT DE ROMANIS († 1277) eine Predigtlehre ‹De eruditione praedicatorum›, mit der er eine Musterpredigtsammlung verbindet.[40] Solche rein literarisch abgefaßten Musterpredigten bekannter Prediger sind begehrte Hilfsmittel für das allgemeine Predigtwirken[41], die Kollektionen werden unter Titeln wie ‹Parati sermones›, ‹Sensati sermones›, ‹Dormi secure›, ‹Thesaurus novus›, ‹Flores apostolorum› usw. an die Interessenten gebracht, gewinnen v.a. seit der 2. Hälfte des 14. und im 15 Jh. weiten Einfluß und werden von vielen Predigern, um eigene Arbeit zu sparen, benützt. Sog. Predigtmagazine werden in Massenauflagen verbreitet.

Mit dem Humanismus, der den Blick der Prediger wieder auf die antike Rhetorik richtet, wird auch die Anlage der antiken Rede als Muster für die Predigt übernommen.[42] Dieser Einfluß wirkt auf die Barockzeit weiter. Die mittelalterliche Schulpredigt mit Fragen und Thesen, mit Divisionen und Subdivisionen kommt außer Gebrauch. Exemplarisch ist, was IGNATIUS ERTL in der Vorrede zu seinen Adventspredigten sagt: «Ein Prediger muß sich nach der Zeit richten und schlichten, nach der Zeit reden und predigen. [...] Was den Stil meiner Predigten betrifft, so sind sie nach gemeinem Schlag eingerichtet.» Dementsprechend kommt es seit der Barockzeit und v.a. in der Aufklärung zu höchst umfangreichen Sammlungen von Musterpredigten, die sich der Bildungs- und Glaubensvermittlung für das gewöhnliche Volk, v.a. für die Landbevölkerung, verpflichtet sehen.[43] Im eigentlichen Sinne enzyklopädische Sammlungen von Musterpredigten sind im 19 Jh. entstanden[44], wobei teilweise auf Entwürfe früherer Jh. zurückgegriffen wurde.

III. *Humanistischer Rhetorikunterricht und rhetorische Lehrbücher der Neuzeit.* Im historischen Fortgang entwickelt sich die Praxis der M. seit dem Spätmittelalter recht vielschichtig. Sie ist neben dem kirchlichen und gerichtlichen Bereich in einer Vielzahl weiterer Lebensbereiche zu beobachten, so im politischen, im höfischen, im privaten und im schulisch-universitären Bereich, wobei es zu einer Ausweitung der Redegenera über die aristotelische Trias hinaus, zur Mischung der Publikationsformen (Briefsteller und Musterredensammlung) und der lebensweltlichen Zweckgebundenheit (Reden für alle Anlässe) kommen kann. Ein frühes Beispiel, in dem sich Briefsteller und M. miteinander verbinden, ist etwa die Sammlung ‹Formulare und Tütsch Rhetorica, getruckt zu Straszburg, Heinricus Knoblochtzer, A.D. MCCCCLXXXIII›.[45] Vor allem aber setzt sich nun verstärkt eine forensisch-praktische Orientierung der Musterredenliteratur durch, was sich auch in der Ablösung der lateinsprachigen Literatur von M. durch volkssprachliche Ausprägungen zeigt.

Mit der neu entstehenden politischen Kultur der ober- und mittelitalienischen Städte seit dem 11. Jh. war zugleich das Bedürfnis nach öffentlicher Rede im *genus deliberativum* dringend geworden. Entsprechende Redemuster von Versammlungsreden zu diversen Anlässen, bei denen ein Podestà gemäß einer hierzu ausgebildeten *ars arengandi* zu sprechen hatte, stellen die sog. Podestàspiegel und Diceria-Sammlungen zur Verfügung. Das früheste Beispiel hierfür ist der anonyme ‹Oculus pastoralis› (ca. 1222), der 25 Redemodelle bietet; der Bologneser G. FABA hat 97 solcher M. in seiner Sammlung ‹Arenge› (ca. 1240) vereinigt. Wenngleich die *ars arengandi* mit der weiteren politischen Entwicklung (Signorie) seit dem 14. Jh. ihre Daseinsberechtigung verliert, darf sie doch zu den Vorläufern humanistischer Rhetorik gezählt werden.[46]

Die Kontroversie kann sich v.a. im Umfeld der Rechtswissenschaft seit dem hohen Mittelalter (12. Jh. Bologneser Schule) bis zu Barock und Aufklärung als juristische Schuldisputation behaupten. Entsprechende Kontroversiensammlungen werden als Schatzkammern der Argumentation empfohlen.[47] Auch für die Gerichtsrhetorik werden entsprechende Redemuster zur Verfügung gestellt, wobei sich wiederum mündliche und schriftliche Anwendbarkeit vermischen können, beispielsweise die ‹Formulare Teutscher Rhetorik, und gerichtlicher Prozeß, nach itzigen Cantzleyischen Gebrauch, in ieden Rechten gegründet, Schriftlich und mündlich zu gebrauchen, gedr. v. Christian Egenolfen, Frankfurt 1534›.

Aus der Einsicht in die Bedeutung des gesprochenen Wortes für die meisten Lebensbereiche legt der humanistische Bildungsgedanke größten Wert auf Schulung in Eloquenz, deren praktische Grundlagen man v.a. durch Deklamationen und Disputationen zu vermitteln sucht. An entsprechenden Sammlungen aus dem schulischen und universitären Bereich wären etwa zu nennen J. CLARKES ‹Formulae oratoriae in usum scholarum concinnatae, una cum orationibus, declamationibus›[48] oder die akademischen Deklamationen des Tübinger Rhetorikprofessors C. KALDENBACH [49].

Die Propagierung eines an praktischer Rhetorik orientierten Bildungsideals durch Schule und Universität findet ihre Fortsetzung im Ideal des Hofmanns und wird von dort alsbald auch in die sich neu emanzipierende bürgerliche Welt integriert. Mit dieser Eröffnung neuer politischer und gesellschaftlicher Wirkungsbereiche der Rhetorik tut sich ein weiter Anwendungsbereich für M. entsprechend der Spannbreite politischer wie lebensweltlicher Situationen auf.

Dabei kombinieren die v.a. seit der Barockzeit in großer Zahl vorliegenden Anleitungen [50] zur ‹Wohlredenheit› ihre theoretischen Anweisungen häufig mit ‹oratorischen Collectanea›, die fingierte (und auch gehaltene) Reden bieten, um an diesen Mustern den vermittelten Lehrstoff (ars) im Zusammenhang einzuüben. So bestimmt CHR. WEISE als Zweck dieser M.: «Denn vor eins werden die gewöhnlichen Formuln und Redens-Arten hierdurch geläuftig; Vors andere wird so wol die Wissenschafft als die kluge Manier zu reden auf einmal bekant gemacht.» [51] Dabei dienen ihm die M. auch als Mittel, um die actio praktisch zu schulen: «Doch was die unterschiedenen Übungen betrifft, so hat ein rechtschaffener Hoffmeister das seinige noch lange nicht gethan, wenn er die Exempel nur zu Papiere bringen, und ohne alle Bewegung daher lesen lässet, sondern die geschickte Pronunciation nebenst den anständigen Gestibus muß allezeit darzu kommen.» [52] Auch für F.A HALLBAUER ist die Kombination von theoretischer Anweisung und exemplifizierender M. unverzichtbar [53], denn «wenn man die besten Exempel der politischen Beredsamkeit [...] gegen solche Anweisungen hält, so wird man gar bald erkennen, welche den rechten Weg führen, oder davon abweichen.» Insofern wird durch M. der Blick für die normativen Aspekte der Theorie geschärft: «Die Reden und Briefe [...] zeigen uns, was man in Staats-, Hof- und bürgerlichen Angelegenheiten so wohl in Absicht der Sachen und Ordnung, als des Ausdrucks und der Schreibart zu beobachten habe. Und weil man hierbey den Regeln der Klugheit nachgehet; so finden wir an diesen Proben die besten Muster der politischen Beredsamkeit. Sie weisen uns, wie eine jede Sache nach den Umständen abzufassen und vorzutragen, was vor Beweis- und Bewegungs-Gründe zu gebrauchen, was vor Titulaturen und Formuln gewöhnlich, usw.» [54] Aus diesem Grund hält Hallbauer nicht viel von fingierten M.: «Erdichtete Exempel gehen oftmals zu weit von dem Gebrauche ab, und kan man also aus diesen nicht so wol lernen, was gewöhnlich und üblich ist.» [55] Für ihn beschränkt sich der didaktische Zweck von M. daher nicht auf bloße Exemplifizierung der Theorie, vielmehr sollen sie anregen zu eigener kreativer Praxis: «Anweisung und Exempel machen es allein nicht aus: man muß die Hand selbst anlegen, und so wol politische Briefe und Reden, als andere Aufsätze verfertigen.» [55] Zu diesem Zweck teilt Hallbauer im Schlußteil nichtausformulierte Modelle von M. mit, die für alle möglichen «in weltlichen Händeln» vorkommenden Situationen formularartig Duktus, Gedankenführung und Stil einer Rede vorzeichnen. [57] Bei CHR. SCHRÖTER sind die gebotenen Exempel teils unverändert anwendbar, teils können sie «durch geschickte Veränderung an etlichen Orten gar wohl [...] behalten, imitieret und auf andere Personen und Fälle gezogen werden.» [58] Sehr viel zurückhaltender hinsichtlich der Darbietung von übertragbaren M. ist J. CHR. GOTTSCHED. Sein Ausgangspunkt ist «ein allgemeines Muster [...], das alle Theile der Rede in sich hält» [59] und je nach Umständen zu verändern ist. Denn für Gottsched behält «ein Redner [...] allemal die Freyheit, nach Gutachten etwas hinzuzusetzen, und wegzulassen.» [60] Dementsprechend sieht Gottsched auch den Zweck der von ihm mitgeteilten M. nicht in strikter imitatio, sondern allein darin, «einen rechten Begriff von dieser Art der Reden» zu vermitteln. [61]

Neben den gängigen Rhetoriken, die auf der Kombination von Regeln und Exempeln der Beredsamkeit basieren, etabliert sich ein breites Segment praktischer Gebrauchsrhetorik, das auf die Rückbindung an die Ars weitgehend verzichtet. Als unmittelbar zur rednerischen Praxis anwendbare Hilfsmittel werden in großem Umfang ‹Muster› [62], ‹Schatzkammern› [63] und ‹Schatzmeister› [64] angeboten von ‹Hof und Bürgerliche(n) Reden› [65], von ‹Sinnen-, Geist- und lehrreiche(n) Reden und Gemüthsübungen› [66]. Die Anlässe solcher Musterredensammlungen reichen dabei von panegyrischen Lob- und Gratulationsreden, Huldigungen und Komplimenten, Reden zu Geburtstagen, Verlobungen, Hochzeiten, Taufen usw. bis hin zu Trauerreden, den sog. Parentationen. Geradezu ein Kompendium solcher Literatur stellen die 12 Bände ‹Reden großer Herren› von J.C. LÜNIG dar. [67]

IV. *Moderne Ratgeberliteratur.* Mit dem Niedergang der rhetorischen Ausbildung seit dem Ende des 18. Jh. einher geht ein Schwund der theoretisch fundierten Fachliteratur, die die Kunstregeln in Verbindung mit praktischen Beispielen und M. vermittelt. [68] Es kommt nunmehr auf rhetorischem Gebiet zu einer Trennung von Theorie und Praxis, ein Vorgang, der sich in der Sonderung von Rhetorik und Stilistik manifestiert. [69] Das ehemalige rhetorische Bildungsideal veräußerlicht sich auf seine pragmatischen Züge, die der Favorisierung der *rhetorica utens* entsprechende Literatur beschränkt sich weithin auf praktische Anwendbarkeit. Diese Entwicklung, die bruchlos bis in die rhetorische Ratgeberliteratur der Gegenwart weiterzuverfolgen ist, spiegelt sich wider in einer Fülle von Sammlungen von M. (und Musterbriefen), die als unmittelbar auf konkrete Einzelfälle umzusetzende Versatzstücke firmieren. Mit dem Ausblenden der theoretischen Grundlagen der Rhetorik bis auf einen Restbestand rein technischen Anwendungswissens verbindet sich der Anspruch, rednerische Wirksamkeit sei für Jedermann und zu allen Gelegenheiten auf der Basis entsprechender Hilfsmittel ohne weiteres zu erzielen. Solche Ratgeberliteratur [70] bringt diesen Allgemeinheitsanspruch häufig im Titel zum Ausdruck etwa als ‹Erfolgreich reden leicht gemacht›, ‹Brillante Musterreden für jeden Anlaß›, ‹Musterreden, die ankommen für alle geschäftlichen und privaten Anlässe› u.dgl. Hier ist der Schritt zu einer gebrauchswertorientierten Rhetorik getan, die sich in der Gegenwart nicht nur im Umfeld der Wirtschaft (Managerrhetorik, Rhetorik für Führungskräfte) etabliert, sondern sich auch für das private Leben als Garant für «Lebenserfolg» versteht. Als oberstes Ziel wirksamen Redens ist dabei immer die freie Rede intendiert. Insofern kommt den hierzu vorgelegten Musterreden die Funktion von Vorbildern zur *imitatio* zu.

Anmerkungen:
1 vgl. Quint. III, 1, 12. – 2 Gorgias Frg. B 11; 11a. – 3 V. Buchheit: Unters. zur Theorie des Genos Epideiktikon von Gorgias bis Aristoteles (1960) 32. – 4 Volkmann 316f.; Kritik dagegen bei Isocr. Or. X (Helena) §12. – 5 Gorgias Frg. B 11, 21. – 6 zur Nutzbarmachung dieser Reden als «a lesson in method» vgl. Kennedy Gr. 170. – 7 Antisthenes, Aiax; Odysseus. – 8 Plat. Phdr.

230e–234c. – **9** ebd. 228a–e. – **10** Arist. Soph. el. 183b 29ff. – **11** ebd. 183b 39–184a 4. – **12** Cic. Brut. 47. – **13** Isocr. Or. XIII, 12. – **14** vgl. Blass, Bd. 1, 115. – **15** vgl. A. Rupprecht: Die demosthenische Prooemiensammlung, in: Philologus 82 (1927) 365ff. – **16** Plat. Phaidr. 267c. – **17** ebd. 269a ff. – **18** Isocr. Or. XIII, 12f. – **19** Kennedy Gr. 198. – **20** Quint. II, 4, 41. – **21** vgl. Sen. contr. I praef. 12. – **22** Tac. Dial. 31, 1; 35,5. – **23** Quint. II, 5, 16. – **24** ebd. § 7. – **25** ebd. § 14. – **26** ebd. II, 13, 1f. – **27** Quint. VII prooem. 4; VII, 10. – **28** ebd. VII, 10, 8. – **29** ebd. X, 2, 7. – **30** vgl. L. Håkanson: Die quintilianischen Deklamationen in der neueren Forsch., in: ANRW 2, 32, 4 (1986) 2296f. – **31** Aug. Doctr. IV, 29. – **32** ders., De catechizandis rudibus cap. 15. – **33** ebd. cap. 10. – **34** vgl. J.B. Schneyer: Gesch. der kath. Predigt (1968) 104. – **35** Cgm 39; vgl. die Leipziger Sammlung (UB 760) mit mehr als 259 Predigten. – **36** W. Jens: Art. ‹Rhet.›, in: RDL² Bd. 3, 439. – **37** Schneyer [34] 130. – **38** vgl. Schneyer [34] 131. – **39** die Hss. in den Bänden lat. 15951/54/55/59/64/71 der Bibliothèque nationale, Paris. – **40** Mss. u. Edd. bei A. Lecoy de la Marche: La chaire française au moyen-âge (Paris ²1886) 514. – **41** Schneyer [34] 178f. – **42** ebd. 270. – **43** z. B. P. Taller: Einfältiger Bauernprediger (Regensburg 1716); E. Menne: Neu bearbeitete Predigtentwürfe, 12 Bde. (Augsburg 1796); J. Muzner: Slg. auserlesener Kanzelreden über die vornehmsten Gegenstände der Kirche, 19 Bde. (Augsburg 1772–1789); M.C. Herman: Musterpredigten für Seelsorger (Pest 1819). – **44** Encyclopédie de la prédication contemporaine, 30 Bde. (Marseille 1882); A. Hungari: Slg. von Musterpredigten der kath. Kanzelberedsamkeit Deutschlands aus der neuen und neuesten Zeit (Frankfurt 1845–49). – **45** ebenso ‹Der Formalari darinnen begriffen sind allerhand brief auch rhetorick mit frage und antwort, zegeben tyttel aller stände, sendbrief, synonyma und colores, das alles zu dem Briefmachen dienen ist, gedr. von Anthonio Sorg, Augsburg 1484›. – **46** G. Folena: Parlamenti podestarili di Giovanni da Viterbo, in: Lingua Nostra 20 (1959) 97f. – **47** J.H. Böhmer: Succincta manuductio (²1730) 166. – **48** London ⁴1632. – **49** C. Kaldenbach: Orationes et actus oratorii (1671/79); einen Überblick über solche Slgg. gibt etwa D.G. Morhof: Polyhistor … (³1732) 976. – **50** vgl. D. Breuer, G. Kopsch: Rhetoriklehrbücher des 16. bis 20. Jh. Eine Bibliogr., in: H. Schanze (Hg.): Rhetorik. Beitr. zu ihrer Gesch. in Deutschland vom 16.–20. Jh. (1974) 217–355. – **51** Weise 1, Vorrede fol. 2v. – **52** ebd. – **53** Hallbauer Polit. Bered. 34. – **54** ebd. 35. – **55** ebd. 47. – **56** ebd. 60. – **57** so auch Joh. G. Lindner: Anweisung zur guten Schreibart überhaupt und zur Beredsamkeit insonderheit, nebst eigenen Bsp. und Proben (Königsberg 1755). – **58** Chr. Schröter: Gründliche Anweisung zur dt. Oratorie nach dem hohen und sinnreichen Stylo der unvergleichlichen Redner unseres Vaterlandes (besonders Herrn von Lohensteins) (1704) 229. – **59** J.Chr. Gottsched: Akademische Redekunst (1759) 197; ebenso Redek. 204ff. – **60** ebd. 204. – **61** ebd. 416. – **62** Joh. Traugott Schulzens Muster der Beredsamkeit (1755). – **63** Ollenieis de Monte sacro: Schatzkammer nach allerley der schönsten Orationen, usw. aus den Büchern der Schäfereyen der schönen Juliana (Straßburg 1617). – **64** Johann Riemers Schatzmeister von Complimenten (1681). – **65** A.P. v. A.: Hof und Bürgerliche Reden (Halle 1680). – **66** S. Butschky: Fünfhundert Sinnen-, Geist- und lehrreiche Reden und Gemüthsübungen (Breslau 1666). – **67** J.C. Lüning: Reden großer Herren, 12 Bde. (1707ff.); vgl. Gottscheds Kritik in: Akad. Redek. [59] § 31. – **68** zu den letzten Vertretern dieser Spezies zählt etwa Th. Heinsius: Teut, oder theoretisch-praktisches Lehrbuch der gesammten Dt. Sprachwiss. (1807–1812). – **69** Ueding/Steinbrink 138. – **70** vgl. R. Jamison, J. Dyck: Rhetorik-Topik-Argumentation. Bibliogr. zur Redelehre und Rhetorikforsch. im deutschspr. Raum 1945–1979/80 (1983).

Literaturhinweise:
W. Kroll, Art. ‹Rhet.›, in: RE Suppl., Bd. 7 (1940) 1070; 1117–1124. – M.L. Clarke: Rhetoric at Rome (London 1962) 85ff. – G.A. Kennedy: Classical Rhetoric and its Christian and Secular Tradition from Ancient to Modern Times (Chapel Hill 1980). – H.-G. Dachrodt: Erfolgreiche Reden und Ansprachen, mit zahlreichen M. für fast jeden Anlaß (1985). – K. Blum: Rhet. für Führungskräfte: Techniken-Konzepte-M. (²1989). – F. Sicker (Hg.): Reden und Ansprachen für jeden Anlaß. Rund 400 M. für den privaten und öffentlichen Bereich, für Wirtschaft und Vereinsle-ben (1989). – Lausberg Hb. §§ 1140–1144. – A. Bremerich-Vos: Populäre rhet. Ratgeber. Hist.-systematische Unters. (1991). – M. Kraus, Art. ‹Exercitatio›, in: HWRh Bd. 3 (1996) 71–123.

G. Rechenauer

→ Controversia → Deklamation → Erziehung, rhetorische → Exemplum → Exercitatio → Gelegenheitsrede → Imitatio auctorum → Praktische Rhetorik → Suasorie

Muttersprache (klass.-lat. *patrius sermo, sermo nativus*; mlat. *materna lingua, lingua patria*; engl. *mother tongue*; frz. *langue maternelle*; ital. *lingua materna, lingua nativa*)
A. I. M. als primär gesprochene Sprache. – 1. M. – 2. Mundart. – 3. Ur- und Natursprache. – II. M. als primär geschriebene Sprache. – 1. Geregelte Sprache. – 2. Hochsprache. – III. M. als Weltansicht. – IV. M. als Stammsprache. – B. Gesch. – I. Hellas und Orbis Romanus. – II. Lat. MA. – III. Europ. Literaturen.

A. I. *M. als primär gesprochene Sprache.* Mit dem Begriff ‹M.›, der auf der unzweifelhaften Voraussetzung beruht, daß es sich dabei um gesprochene Sprache handelt, verbinden sich drei Vorstellungskomplexe:
1. *Muttersprache.* M. ist die «von der mutter her überkommene sprache», die «heimatliche sprache» [1]; es ist die Sprache, «in die ein Mensch hineingeboren wird und in der er aufwächst» [2]. Von großer Bedeutung beim Erstspracherwerb ist die Rolle der Mutter, die – seit der Antike – bisweilen die Amme übernimmt; ihre Sprache darf – worauf QUINTILIAN insistiert – nicht fehlerhaft sein, denn ihr Sprechen hört der Knabe zuerst, ihre Worte, die eine nachhaltig prägende Wirkung ausüben, wird er nachzuahmen versuchen: «Ante omnia ne sit vitiosus sermo nutricibus […]. has primum audiet puer, harum verba effingere imitando conabitur. et natura tenacissimi sumus eorum, quae rudibus animis percepimus» (Vor allem darf die Sprache der Ammen nicht fehlerhaft sein […]. Ihr Sprechen wird ja der Knabe zuerst hören, ihre Worte nachzusprechen versuchen. Und von Natur halten wir am beharrlichsten fest, was unser Geist im frühsten Entwicklungsstadium in sich aufgenommen hat). [3]

In diesem Sinne gebraucht DANTE (1265–1321) *parlar materno* und *vulgaris locutio*. In seinem sprach- und dichtungstheoretischen Traktat ‹De vulgari eloquentia› (um 1303/04) bildet die ‹M.› den zentralen Ausgangs- und Bezugspunkt. Unter *vulgaris locutio* versteht er diejenige Sprache, die die Kinder aus ihrer Umgebung aufnehmen, wenn sie erst einmal in der Lage sind, Laute zu unterscheiden; kurz gesagt, es ist die Sprache, die sie, ganz ohne Regel, von der Amme lernen: «[…] vulgarem locutionem appellamus eam qua infantes assuefiunt ab assistentibus cum primitus distinguere voces incipiunt; vel, quod brevius dici potest, vulgarem locutionem asserimus quam sine omni regula nutricem imitantes accipimus» (Volkssprache nennen wir diejenige, an welche sich die Kinder durch ihre Umgebung gewöhnen, sobald sie anfangen, Worte zu unterscheiden, oder mit kürzerem Ausdruck: Volkssprache nennen wir die, die wir ohne alle Regel, die Amme nachahmend, empfangen). [4]

Eine Periphrase dieses Konzepts von M. begegnet bei J. GRIMM (1785–1863). Er empfindet es als eine «unsägliche Pedanterei», aus den zahlreichen vor und nach Adelung erschienenen Werken, welche die deutsche Sprache grammatisch behandeln, «Unterricht zu ertheilen und sie selbst Erwachsenen zur Bildung und Entwickelung ihrer

Sprachfertigkeit anzurathen». «Den geheimen Schaden, den dieser Unterricht, wie alles überflüssige, nach sich zieht, wird eine genauere Prüfung bald gewahr.» «Ich behaupte nichts anders», so heißt es weiter, «als daß gerade die freie Entfaltung des Sprachvermögens in den Kindern gestört und eine herrliche Anstalt der Natur, welche uns die Rede mit der Muttermilch eingibt und sie in dem Befang des elterlichen Hauses zu Macht kommen lassen will, verkannt werde. Die Sprache gleich allem Natürlichen und Sittlichen ist ein unvermerktes, unbewußtes Geheimniß, welches sich in der Jugend einpflanzt [...].» [5] Dieses Konzept von Sprache und M. weist künftiger Sprachforschung die Richtung.

2. *Mundart.* M. bezieht sich auf die Mundart – die Landesmundart – und auf die Heimatsprache fremder Volksgenossen: «Weiters gibt's [...] Leuthe die zwar nur ihre Mutter=Sprache können / sich aber einbilden / sie sey die schönste vnd beste unter allen Sprachen des gantzen Teutschlands [...]» – «Die Römer und Griechen / in dem sie ihrer vorfahren Tugenden / in ihrer M. / ihrer Jugend so lieblich vor Augen stelleten / reitzeten sie hierdurch dieselbe / mit Hindansetzung Leibes und Gutes / zu gleichmäßiger Tugendlust / und hat also die ausgezierte M. jhrem Vaterlande oftermals Wolstand und Wolwesen in viel wege veruhrsachet.» [6] Diese Verwendung von M. entspricht derjenigen Dantes, der in ‹De vulgari eloquentia› die Überzeugung bekundet, daß nicht nur das Ausdruckspotential des eigenen, sondern auch das aller anderen ‹Heimatsprachen› zu voller Entfaltung gebracht werden kann: «Verbo aspirante de celis locutioni vulgarium gentium prodesse temptabimus [...]» (So das Wort vom Himmel hilft, wollen wir versuchen, der Sprache der Völker zu dienen [...]). [7] An anderer Stelle liefert Dante einen Beleg dafür, daß es unter den gelehrten Männern – den *doctores illustres* – einen gibt, der es in seiner M. zur Meisterschaft gebracht hat. Im ‹Purgatorio› (26, 115ff.) kommt es zu einer Begegnung mit dem Troubadour ARNAUT DANIEL (etwa 1150–Ende 12. Jh.), dem Guido GUINIZELLI (etwa 1230–1276), der von Dante verehrte Bologneser Dichter, wegen seines Dichtens in der M. – gemeint ist das Provenzalische – höchstes Lob zollt: «O frate, disse – questi ch'io ti scerno / Col dito, – ed additò uno spirto innanzi – / Fu miglior fabbro del parlar materno. / Versi d'amore e prose di romanzi / Soverchi tutti [...]» (Ach Bruder, sprach er, der, den ich dir mit dem Finger weise – und er wies hin auf einen Geist – war der M. besserer Schmied. Ob Minnevers, ob Prosamär: er übertraf sie alle [...]).

3. *Ur- und Natursprache.* Der Spekulation über die Ursprache der Menschheit, die sich seit dem Mittelalter im Kreise der drei heiligen Sprachen auf das Hebräische konzentriert, weist J. GOROPIUS BECANUS (1519–1572) in seinen ‹Origines Antwerpianae› (1569) eine andere Richtung, indem er diesen Status für die *teutonica lingua* postuliert. [8] Damit erschließt sich dem ndl. *moedertaal* und dem dt. M. ein wirkungsmächtiges Konnotationspotential. «Es ist ein Zusammentreffen geschichtlicher und erkenntnismäßiger Gesichtspunkte, unter denen das Deutsche als heilig und eigenständig, als Ur- und Natursprache, ja als die Sprache der ersten Menschen gefeiert wird. Die vaterländische Bewegung der Humanisten am Oberrhein, der religiöse Aufbruch Luthers, die späten mystischen und die magisch-theosophischen Bemühungen, die an der Wende zweier Zeitalter das zerfallende Gefüge mittelalterlicher Gesamtkultur neu zu einen suchen, Männer wie Reuchlin, Agrippa, Mosellanus und Paracelsus haben an diesem geistesgeschichtlichen Vorgang Anteil. Ihr Wirken ist recht eigentlich der Hintergrund der Geschichte unsres Worts.» [9]

Der Mythos von der ‹Urkraft der M.› bildet den Kern des Sprachideals, das die Arbeit der Sprachgesellschaften des 17. Jh. orientiert und die Werke ihrer Mitglieder und Sympathisanten inspiriert. Im Gegensatz zu Italien, Spanien, Frankreich, England, Griechenland, aber auch Kleinasien und Afrika ist – so J.G. SCHOTTEL (1612–1676) – allein «das freie uralte Deutschland [...] von fremder Macht unbezwungen und von fremden Sprachen unverworren geblieben». «Es haben unsere Vorfahren festiglich und aufs genaueste in acht genommen ihre Sprache, dieselbe frei und reinlich ihre Kinder gelehrt, mit nichten von ihren Feinden ihre Rede erbettelt, sondern vielmehr im Gegenteil haben alle europäischen Sprachen viele Wurzeln, Wörter, Saft, Kraft und Geist aus dieser reinen uralten Hauptsprache der Deutschen.» [10]

Das Konzept der uralten deutschen Haupt- und Heldensprache, in das – außer Elemente der Sprachmystik von J. BÖHME (1575–1624) [11] – der Mythos von der Urkraft der M. und die sprachgemeinschaftsspezifische Adaptation der Maxime *lingua-imperium* eingehen, fungiert als Leitbild bei der Ausformung des Deutschen zu einer voll ausgebauten Hoch-, Schrift- und Literatursprache.

II. *M. als primär geschriebene Sprache.* Der ‹geschriebene Sprache› und ‹Schriftsprache› implizierende Begriff ‹M.› korreliert mit zwei Vorstellungskomplexen:

1. *Geregelte Sprache.* Die Zusammensetzung ‹M.› ist, wie im ‹Deutschen Wörterbuch› vermerkt, im 16. Jh. entstanden «und gilt, wenn wie gewöhnlich, zunächst auf das deutsche bezogen, von der allgemeinen schriftsprache» [12]; man versteht dann darunter die «normierte und kodifizierte Sprachvarietät (des Deutschen), die Geschichte, Kultur und Wiss. prägt» [13].

Schottel, der die gesamte Sprachforschung seit 1500 überblickt, versucht als einer der ersten bewußtzumachen, «warum die M. nicht in der alltäglichen ungewissen Gewohnheit / sondern in kunstmässigen Lehrsätzen und gründlicher Anleitung fest bestehen müsse» [14]. Mit Schottel, der «die deutlichste Vorstellung von einer Literatursprache als von einem über den Mundarten stehenden Kunstprodukt» besitzt und der infolgedessen sowohl Luther als auch Opitz als «Muster und sprachliche Autorität» erachtet [15], beginnt die Tradition der systematischen Grammatik und die Phase der Ausformung der M. zur Hochsprache.

2. *Hochsprache.* Im Sinne von ‹Hochdeutsch›, von vorbildlicher überregionaler geschriebener und gesprochener Sprache wird ‹M.› seit dem 18. Jh. verwandt. Die M., verstanden als ‹Hoch- und Schriftsprache›, ist Gegenstand von Veröffentlichungen, die für Schule und Unterricht bestimmt sind [16], und von Darstellungen, die – wie F. Kluge 1910 präzisiert – «Freunden der M. Kunde von den sprachwissenschaftlichen Arbeiten unserer Zeit vermitteln wollen» [17].

Während des letzten Drittels des 19. Jh., im Gefolge der Bemühungen um die Vereinheitlichung der Rechtschreibung, erhält ‹M.› den politischen Akzent, der im Vorwort des ‹Orthographischen Wörterbuchs› von K. DUDEN zum Ausdruck kommt: «Dem Wunsche, diese Orthographie in ganz Deutschland und demnächst, soweit die deutsche Zunge klingt, zum Siege gelangen zu sehen, bringt der Verfasser gern seine besonderen die Rechtschreibung betreffenden Wünsche zum Opfer.» [18] Symptomatisch für die zunehmend ideologische Befrachtung von ‹M.› ist die Umbenennung der

Zeitschrift des 1885 gegründeten Allgemeinen deutschen Sprachvereins in ‹Muttersprache› im Jahre 1924. Eine «erhöhte Bedeutung», so wird explizit vermerkt, «gewinnt unser Wort in der Zeit vaterländischer Not und Besinnung nach dem ersten Weltkrieg» [19]. Sprachpflege wird in dieser Zeit des Umbruchs zur patriotischen Pflicht: «Die M. ist das Wahrzeichen des Vaterlands. Die Einheit der Sprache ist die Einheit der Heimat [...] Pflege der M. ist Pflege des Deutschtums.» [20]

Die Gleichsetzung von Sprachgemeinschaft und Staatswesen, die die Möglichkeit impliziert, das Nationalgefühl durch Sensibilisierung für die Belange der M. zu stimulieren, kennt eine lange Tradition. Der Parallelismus *lingua-imperium*, den L. VALLA (1407–1475) in seinen ‹Elegantiarum linguae latinae libri sex› (1435–44) bewußtmacht [21] und den A. de NEBRIJA (um 1441–1522) in seiner ‹Gramática de la lengua castellana› (1492) auf die Formel «siempre la lengua fue compañera del imperio» bringt [22], findet im 17. Jh. – bedingt durch die staatlichen und politischen Verhältnisse im deutschen Sprachraum – zunächst eine generellere Ausprägung: «Kirchen und Schulen, Recht und Gerechtigkeit, Krieg und Friede, Handel und Wandel, Tun und Lassen wird bei uns erhalten, geführt und fortgepflanzet durch unsere deutsche Sprache; wir treten dadurch zu Gott und in den Himmel, ja wir erhalten dadurch Leib und Seele.» [23] Die Möglichkeit der Indienstnahme der M. für ideologisch konnotierte Zielsetzungen ist in der elementaren Denkform eines Valla angelegt.

Die von L. Weisgerber vor dem Zweiten Weltkrieg unter ideologischem Vorzeichen betriebene 'Spracharbeit' mündet in die im Zeichen der These vom Weltbild der Sprache stehende Sprachinhaltsforschung, deren prägnantester Ausdruck ‹M.› ist. Der Schrift ‹Das Tor zur M.› (1950) liegt die Überzeugung zugrunde, «daß jeder, der Sprachunterricht erteilt, zuerst wissen muß, was Sprache ist, und daß vor allem muttersprachliche Erziehung nur sinnvoll gestaltet werden kann, wenn sie beim Lehrer aus sachgemäßer Einsicht in das Wesen der M. entspringt und beim Schüler in der rechten Haltung zur M. gipfelt» [24].

III. M. als Weltansicht. Die bei Schottel sich abzeichnende Vorstellung, daß die M. alle Bereiche des menschlichen Lebens in spezifischer Weise versprachlicht und damit die ‹Weltansicht› maßgeblich beeinflußt, nimmt in der Folgezeit als These vom ‹Weltbild der Sprache› schärfere Konturen an. Auf die Frage nach «dem Einfluß der Meinungen in die Sprache und der Sprache in die Meinungen», die 1757 Gegenstand der Preisausschreibung der Berliner Akademie ist, gehen acht Antworten ein, unter ihnen die von J.D. MICHAELIS (1717–1791) [25], deren frz. Version (‹De l'Influence des opinions sur le langage, et du langage sur les opinions›, 1762) in Frankreich, England und Italien auf lebhaftes Interesse stößt. In Deutschland wird die Thematik – im Gefolge der Ausführungen von Michaelis – vor allem von Autoren wie LESSING (1729–1781), J.G. SULZER (1720–1779), J.G. HAMANN (1730–1788) und HERDER aufgegriffen und erörtert. Bei letzterem findet der Befund Michaelis' – «Les langues sont l'amas de la sagesse et du génie des nations, où chacun a mis du sien» [26] – eine wortreiche Entsprechung: «Jede Nation hat ein eigenes Vorrathshaus solcher zu Zeichen gewordenen Gedanken, dies ist ihre Nationalsprache: ein Vorrath, zu dem sie Jahrhunderte zugetragen, der Zu- und Abnahmen, wie das Mondlicht, erlitten, der mehr Revolutionen und Veränderungen erlebt hat, als ein Königsschatz unter ungleichartigen Nachfolgern: ein Vorrath, der freilich oft durch Raub und Beute Nachbarn bereichert, aber, so wie er ist, doch eigentlich der Nation zugehört, die ihn hat, und allein nutzen kann – der Gedankenschatz eines ganzen Volks.» Bei Schiller präsentiert sich dieser Gedanke in einem anderen Bild: «Die Sprache ist der Spiegel einer Nation, wenn wir in diesen Spiegel schauen, so kommt uns ein großes trefliches Bild von uns selbst daraus entgegen.» [27]

Der Gedanke einer durch die Sprache geprägten und durch sie vermittelten Weltansicht geht als Konstante in die Sprachauffassung W. VON HUMBOLDTS ein. Bereits im September 1800, in einem Brief an Schiller, wird vermerkt, daß die Sprache, «wenn nicht überhaupt, doch wenigstens sinnlich das Mittel» ist, «durch welches der Mensch zugleich sich selbst und die Welt bildet oder vielmehr seiner dadurch bewußt wird, daß er eine Welt von sich abscheidet.» [28] In dem auf das Jahr 1801 datierbaren Entwurf ‹Ueber das Sprachstudium, oder Plan zu einer systematischen Encyclopaedie aller Sprachen› wird diesbezüglich präzisiert, daß die Sprache «nicht bloss, wie man gewöhnlich zu sagen pflegt, der Abdruck der Ideen eines Volks» ist, denn «für viele ihrer Zeichen lassen sich die Ideen gar nicht abgesondert von ihr aufzeigen; sie ist die gesammte geistige Energie desselben, gleichsam durch ein Wunder in gewisse Töne gebannt». [29] Der griffige Ausdruck ‹Weltansicht› begegnet dann in den zwanziger Jahren, beispielsweise in den Abhandlungen ‹Ueber das vergleichende Sprachstudium in Beziehung auf die verschiedenen Epochen der Sprachentwicklung› (1820) und ‹Ueber den Dualis› (1827): «Durch die gegenseitige Abhängigkeit des Gedankens, und des Wortes von einander leuchtet es klar ein, dass die Sprachen nicht eigentlich Mittel sind, die schon erkannte Wahrheit darzustellen, sondern weit mehr, die vorher unerkannte zu entdecken. Ihre Verschiedenheit ist nicht eine von Schällen und Zeichen, sondern eine Verschiedenheit der Weltansichten selbst.» – «Die Sprache ist aber durchaus kein blosses Verständigungsmittel, sondern der Abdruck des Geistes und der Weltansicht der Redenden [...]». [30] In der 1836 auch separat erschienenen Einleitung zum Kawi-Werk mit dem programmatischen Titel ‹Ueber die Verschiedenheit des menschlichen Sprachbaues und ihren Einfluss auf die geistige Entwicklung des Menschengeschlechts› schließlich heißt es: «Da aller objektiven Wahrnehmung unvermeidlich Subjectivität beigemischt ist, so kann man, schon unabhängig von der Sprache, jede menschliche Individualität als einen eignen Standpunkt der Weltansicht betrachten. Sie wird aber noch viel mehr dazu durch die Sprache [...].» Da andererseits «auch auf die Sprache in derselben Nation eine gleichartige Subjectivität einwirkt, so liegt in jeder Sprache eine eigenthümliche Weltansicht.» [31]

Verbreitung und Aktualisierung der Humboldtschen Sprachauffassung wurden wesentlich durch Weisgerber befördert, der – überzeugt «von der Tragweite der aus der Muttersprache auf das Gesamtleben ausstrahlenden Wirkung» – den Weg gefunden zu haben glaubt, «um diese Entdeckung von der kulturschaffenden Kraft der Sprache auszubauen und bekanntzumachen» [32]. Unter M. versteht er die Form von Sprache, die «im soziologischen Bereich in Wechselwirkung mit einer Sprachgemeinschaft» anzutreffen ist, «als deutsche, als französische Sprache», und zwar als ‹Energeia›, die sich in «drei Formen des Wirkens» manifestiert: «Jede Muttersprache ist eine *geistschaffende Kraft*, insofern sie aus den Grundlagen des 'Seins' und des menschlichen Geistes die gedankliche Welt ausformt, in deren geistiger Wirklichkeit das menschliche Tun sich abspielt. Jede Muttersprache ist eine *kulturtragende Kraft*, insofern sie als notwendige Bedingung in allem Schaffen menschlicher Kraft darinsteht und deren Ergebnisse mitprägt. Jede Muttersprache ist eine *geschichtsmächtige Kraft*, insofern sie im Vollzug des Gesetzes der Sprachgemeinschaft eine Gruppe von Menschen geschichtlich zusammenschließt und bewegt.» Die Erforschung einer Sprache bedeutet für Weisgerber das «Aufdecken dieser drei Formen der Energeia, die jeder Muttersprache innewohnen». [33]

IV. *M. als Stammsprache.* In sprachgeschichtlicher Perspektive verbindet sich mit M. die Vorstellung «stammsprache, im verhältnis zu töchtersprachen», «Sprache, von der andere sich herleiten» [34]: «Es ist die Lat. Sprache eine M. in Ansehung der It., Frz. u. Span. Sprachen» [35]; das Lateinische ist «die muttersprache der romanischen dialekte» [36]. Der Titel einer philologischen Abhandlung lautet: ‹Versuch einer Anleitung zur Kunde einiger Haupttöchter und Mundarten der Germanischen oder Teutschen Haupt- und Muttersprache ausserhalb Teutschland und der dahin gehörigen Sprachliteratur› (1799). [37]

Von einer M., die ihre Töchter besitzt, ist bisweilen auch in anderem Kontext die Rede: «Für Philosophie haben die lateinischen Töchtersprachen dadurch, daß sie durch ihre Abstammung schon gewisse philosophische Begriffe derselben, zu welchen sich eine Originalsprache nur erst allmählich heraufarbeitet, gleichsam zur Aussteuer erhalten, eine sehr glückliche Anlage.» [38]

Anmerkungen:
1 Grimm Bd. 6, Sp. 2827; M. Heyne: Dt. Wtb. (1905–06; ND 1970) Sp. 900. – **2** Etym. Wtb. des Deutschen (1989) Bd. 2, 1144. – **3** Quint. I, 1, 4f. – **4** Dante Alighieri: De vulgari eloquentia I, i, 2. – **5** J. Grimm: Dt. Grammatik, Erster Theil (1819) IX. – **6** H.J.C. von Grimmelshausen: Deß Weltberuffenen Simplicissimi Pralerey und Gepräng mit seinem teutschen Michel, ND der Erstausg. (Nürnberg 1673), hg. von R. Tarot (1976) 42; J.G. Schottel: Ausführliche Arbeit Von der Teutschen HaubtSprache (Braunschweig 1663; ND 1967) 150; vgl. Grimm Bd. 6, Sp. 2828. – **7** Dante [4] I, i, 1. – **8** vgl. L. Weisgerber: Die Entdeckung der M. im europäischen Denken (1948) 94–98. – **9** Trübners Dt. Wtb. (1939–57) Bd. 4, 719. – **10** Schottel [6], zit. Weisgerber [8] 102; vgl. A. Daube Der Aufstieg der M. im dt. Denken des 15. und 16. Jh. (1940) 3ff. – **11** vgl. Daube [10] 37ff.; Weisgerber [8] 104f.; zu Böhme vgl. E. Benz: Die metaphysische Begründung der Sprache bei Boehme, in: Dichtung und Volkstum 37 (1936) 340ff.; ders.: Zur Sprachalchemie der dt. Barockmystik, ebd. 482f.; U. Bohnen: Zeichendeutung und Natursprache: Ein Versuch über J. Böhme (1992). – **12** Grimm Bd. 6, Sp. 2827. – **13** H. Paul: Dt. Wtb. (⁹1992) 592. – **14** Schottel [6] Bd. 1, 148; vgl. Paul [13] 552 u. Trübner [9] 720. – **15** H. Naumann: Gesch. der dt. Literatursprachen (1926) 31. – **16** genannt seien Werke wie W.v. Türk: Die sinnlichen Wahrnehmungen als Grundlage des Unterrichts in der M. (1811 u. 1832); G. Reinbeck: Sendschreiben an die geehrten Lehrer der M. in dt. Gelehrtenschulen (1832); D.G. Herzog: Stoff zu stylistischen Uebungen in der M. (1832; ⁶1856); G.A. Riecke: Sprach-Musterstücke als Grundlage eines bildenden Unterrichtes in der M. in deutschen Volksschulen (1849); E. Linde: Die M. im Elementarunterricht (1891, ⁴1922); E. Lüttge: Die mündliche Sprachpflege als Grundlage eines einheitlichen Unterrichts in der M. (1903 u.ö.); M. Battke: Tonsprache – M. (1908 u. 1909). – **17** F. Kluge: Unser Deutsch – Einf. in die M. (1907; ⁶1958) 3; breiteren Kreisen gewidmet sind weiterhin Werke wie H. Riegel: Ein Hauptstück von unserer M. (1883); O. Weise: Unsere M., ihr Werden und ihr Wesen (1897; ¹⁰1925); G. Blumschein: Streifzüge durch unsere M. (1898); O. Händel: Führer durch die M. (1918; ²1919); F. Kluge: Dt. Sprachgesch. – Werden und Wachsen unserer M. von ihren Anfängen bis zur Gegenwart (1920; ²1925); A. Seidel: Die Entwicklung unserer M. (1920); W. Oppermann: Aus dem Leben unserer M. (1922, ²1928). – **18** K. Duden: Vollständiges Orthographisches Wtb. der dt. Sprache (1880) VIII; vgl. ND (1962), P. Grebe: «Nachwort», u. «Akten zur Gesch. der dt. Einheitsschreibung», hg. u. eingel. von P. Grebe (1963). – **19** Trübner [9] 720. – **20** F. Kluge Vaterland und M., in: Zs. des Allg. dt. Sprachvereins, Wiss. Beih., 5. Reihe, H. 38–40 (1918) 283–290; vgl. C. Ahlzweig: M. – Vaterland (1994) 176–179. – **21** vgl. hierzu C. Zintzen: Bedeutung und Wertung der lat. Sprache bei Lorenzo Valla, in: Diskurs über Sprache: Ein interdisziplinäres Symposium für E. Braun, hg. von H. Burckhardt (1994) 126ff.; die Denkform *lingua-imperium* begegnet noch im 18. Jh., etwa bei F.L. Haspel: Die unbillige Verachtung der Teutschen gegen die M. (ca. 1720) 1f. – **22** vgl. E. Asenio: La lengua compañera del imperio: Historia de una idea de Nebrija en España y Portugal, in: Revista de filología española 43 (1960–62) 399ff; H. Ivo: M. – Identität – Nation (1994) 33–38. – **23** Schottel [6], zit. Weisgerber [8] 102; vgl. C. A. Göriz [Goeritz]: Unters. über den Einfluß der Verbesserung der mutterländischen Sprache in den moralischen Charakter einer Nation (1780). – **24** L. Weisgerber: Das Tor zur Muttersprache, 6. unv. Aufl. (1950; ⁶1963) 5. – **25** vgl. H.H. Christmann: Beitr. zur Gesch. der These vom Weltbild der Sprache, in: Akad. der Wiss. u. der Lit. (Mainz), Abh. der geistes- und sozialwiss. Kl. (1966) 441–469, hier 463ff. – **26** J.D. Michaelis: De l'Influence des opinions sur le langage, et du langage sur les opinions (1762) 27, zit. Christmann [25] 467. – **27** J.G. Herder: Ueber die neuere Deutsche Litteratur, Frg. (1768), in: Sämmtliche Werke, hg. von B. Suphan (1877–1913; ND 1967–68) Bd. 2, 15; 20ff. u. 95ff zu Michaelis; zu Herder vgl. Weisgerber [8] 113ff.; Christmann [25] 445f. u. 465f.; Schiller, Werke, Nationalausg. (1943ff.) Bd. 2, (1983) 432. – **28** Der Briefwechsel zwischen Schiller und Wilhelm von Humboldt, hg. von S. Seidel (1962) Bd. 2, 207; W. von Humboldt: Werke in fünf Bdn., hg. von A. Flitner und K. Giel (1960–81) Bd. 5, 196; vgl. ders.: Einl. in das gesammte Sprachstudium (180/11), in: ebd., 5, 134. – **29** Humboldt [28] Bd 5, 110; vgl. Weisgerber [8] 108ff. – **30** Humboldt [28] Bd. 3, 19f. u. 135. – **31** ebd. Bd. 3, 433f.; vgl. L. Jost: Sprache als Werk und wirkende Kraft (Bern 1960) 57 u. 193f.; Christmann [25] 444f. – **32** Weisgerber [8] 114. – **33** ders.: Das Gesetz der Sprache als Grundlage des Sprachstudiums (1951) 16 u. 19f.; 2., neubearb. Aufl. (Das Menschheitsgesetz der Sprache als Grundlage der Sprachwiss., 1964) 30 u. 33; vgl. Christmann [25] 441f.; zur Sapir-Whorf-Hypothese vgl. ebd. 443f. und H. Bußmann: Lex. der Sprachwiss. (²1990) 657f. – **34** Grimm Bd. 6, Sp. 2823; Paul [13] 592. – **35** J.Chr. Adelung: Grammatisch-krit. Wtb. der Hochdt. Mundart (1793–1801), zit. Paul [13] 592; vgl Heyne [1] 900. – **36** Grimm Bd. 6, Sp. 2828. – **37** Der Verfasser der Abh. ist F.G. Canzler. – **38** D. Jenisch: Philos.-krit. Vergleichung und Würdigung von vierzehn ältern und neuern Sprachen Europas (Berlin 1796) 226, zit. Christmann [25] 467.

B. Im Kontakt mit einer anderen Sprach- und Kulturgemeinschaft treten die Besonderheiten der eigenen deutlicher ins Bewußtsein; im Kontext der *Diglossie*, auf dem Hintergrund eines anderen Typs von Sprachverwendung, gewinnt das angestammte Idiom schärfere Konturen. Als Nebeneinander zweier Arten von Sprachverwendung, in Sprach- und Kulturgemeinschaften mit hoch- und schriftsprachlicher Tradition ist Diglossie eine elementare Erscheinung: zwischen situationsgebundener und situationsentbundener Sprachverwendung, d.h. zwischen mündlichem und schriftlichem Sprachgebrauch, zwischen *Sprechen* im situativen Kontext und Manifestationen von Sprache in Gestalt von *Texten*, gibt es die unterschiedlichsten Relationen und Interferenzen. Die Objektivierung des sprachlichen Ausdrucks durch die Schrift und die damit gegebene Möglichkeit, ihm gegenüber Distanz einzunehmen und ihn zum Gegenstand systematischer Bearbeitung zu machen, führt jedoch, und das ist entscheidend, zur Ausbildung einer spezifischen, textfundierten und textorientierten Sprachform, die – als Schrift- und Literatursprache – im Prinzip für alle Belange von Versprachlichung geeignet ist. Sie verfügt – um einige wesentliche Aspekte zu erwähnen – über ein spezifisches Funktionsrepertoire, erfreut sich in der Sprachgemeinschaft eines besonderen Prestiges, ist Träger und Vermittler einer literarischen Tradition, bedarf der systematischen Erlernung, verdankt ihre relativ große Einheitlichkeit der Normierung, besitzt einen hohen Grad von Stabilität und weist Besonderheiten in Bereichen wie Aussprache, Grammatik und Wortschatz auf. [1]

Richtungweisende Modalitäten der Sprachgestaltung, die in Texten ihren Niederschlag finden und auf deren Grundlage und Hintergrund es schrittweise zur Ausbildung der auf den Begriff ‹Diglossie› gebrachten sprachgemeinschaftsspezifischen Erscheinung kommt, entwickeln sich im Griechenland der Antike, werden von Rom und der lateinischen Welt des Mittelalters übernommen und weitergebildet und von *muttersprachlich* fundierten Staatsgebilden der Neuzeit rezipiert und assimiliert.

I. *Hellas und Orbis Romanus.* Für Herder steht fest, daß «auch die Sprache einer Nation ein beträchtliches Stück in der Litteratur derselben» ist. «Man kann die Litteratur eines Volks, ohne seine Sprache nicht übersehen – durch diese jene kennen lernen – durch sie auf manchen Seiten ihr unvermerkt beikommen; ja beide mit *einer* Mühe erweitern; denn großen Theils geht ihre Vollkommenheit in ziemlich gleichen Schritten fort.» Herder hat bei der Formulierung dieser Ansicht das antike Schrifttum im Blick, das seine Existenz dem Sinn der Griechen und Römer für ihre Sprache verdankt. Unerreicht geblieben sind sie im Bereiche der Sprachgestaltung und auf dem Gebiete der Literatur. «Griechen und Römer, wären sie auch in allem, *was* sie *in* der Sprache dachten, so weit unter uns, als es uns oder ihnen belieben mag – in dem, *wozu* sie die Sprache machten, waren sie weit über uns. *Was* sie mit dem Werkzeuge ausgerichtet haben, mag viel oder wenig seyn, aber *wie* sie *über* ihrem Werkzeuge selbst sich Mühe gaben, läßt sich nicht verkennen, und sollte ein großer Theil ihrer glücklichen Unternehmungen nicht eben durch diese vor- und nebenanlaufende Mühe erleichtert seyn? Wie arbeiteten sie nicht an ihrer Sprache, und darum gerieth ihnen auch *in* derselben die Arbeit so gut.» Griechen und Römern ist es gelungen, «ihre Sprache zum vollkommenen Werkzeug der Wissenschaften zu machen», denn sie verfügt über «alles, was zum Dichterischen, Prosaischen und Philosophischen Ausdruck gehört». [2] Eine voll ausgebaute Sprache ist die Funktion eines Schrifttums, das alle Gebiete der Literatur und des Wissens umfaßt.

Das griechische Schrifttum mit seiner idealtypischen sprachlichen Form, das im abendländischen Kulturkreis als erstes den Rang des Mustergültigen erreicht und damit den Ausgangspunkt für die *translatio studii* bildet, avanciert früh schon zum Gegenstand systematischer Aufmerksamkeit. Seine Tradierung setzt ein mit der Entstehung der griechischen Philologie in Alexandria unter PTOLOMAIOS I. (305–284); ihr Wirken befördert wesentlich den kulturellen Paradigmenwechsel, der R. Pfeiffer veranlaßt, die Epoche des Hellenismus ein «vom Buch geprägtes» Zeitalter zu nennen, denn «das Buch ist eines der charakteristischen Merkmale der hellenistischen Welt». «Die ganze literarische Vergangenheit, das Erbe von Jahrhunderten, war in Gefahr zu entgleiten, ungeachtet der gelehrten Arbeiten der Aristoteles-Schüler; mit Enthusiasmus und Einfallsreichtum tat die Generation, die gegen Ende des vierten und um den Beginn des dritten Jahrhunderts lebte, alles, um dieses Erbe zu bewahren.» [3] Der Umfang dieses Erbes, der auf universeller Verschriftung von Wissen und Literatur beruht, bedingt die Autarkie der griechischen Kultur und – damit einhergehend – die Wertschätzung des muttersprachlichen Logos als Schlüssel zu einem *Thesaurus*.

Die griechische Konzeption von Erziehung und Unterricht korreliert mit der Auffassung, daß die Auseinandersetzung mit diesem Thesaurus die ästhetische und intellektuelle Entwicklung begünstigt und zugleich die Ausdrucksfähigkeit in der M. befördert, kurz: *Texte* bilden die Grundlage der *enkýklios paideía*. Damit ist zugleich die Konstante der an ihr orientierten Tradition der *septem artes liberales* benannt. Hinzu kommt ein Fundus von analytischem Wissen, der aus den Erfahrungen des Unterrichts und des praktischen Umgangs mit Texten gespeist wird. Während die alexandrinische Philologie für den Erhalt von mustergültigem Schrifttum und damit für die Kontinuität des dessen Verbreitungspotential Sorge trägt, befördern – zuvor schon – die Belange von Erziehung und Unterricht das Studium der formalen und inhaltlichen Gestaltung von Texten und die Analyse von Textelementen und -konstituenten. In diesem Zusammenhang kommt es zur Auffindung von Möglichkeiten bewußter *Textgestaltung* und zur Entdeckung der *Sprachlichkeit* des Logos. Das entsprechende analytische Wissen findet seinen Niederschlag in den von den Sophisten des 5. und 4. Jh. in einem didaktisch gestuften Zusammenhang gebrachten Lehrfächern *Grammatik*, *Rhetorik* und *Dialektik*. [4]

Die Rhetorik nimmt unter den drei im Mittelalter als *artes sermocinales* bezeichneten Disziplinen insofern eine Sonderstellung ein, als sie nach antikem Verständnis *Grammatik* und *Dialektik* impliziert: *Dialektik* als Methode zur Strukturierung von Texten und Anleitung zu situationsadäquatem Argumentieren, *Grammatik*, als *ars recte loquendi*, als ein System von Regeln, das die idiomatische Sprachrichtigkeit (*puritas*) bestimmt. [5] Dabei handelt es sich um eine *exegetische* Grammatik im Dienste der Stilbildung; erst «die stoische Systematik» hat «den Philologen die Anregung gegeben, das erste Lehrgebäude der Grammatik im engeren Sinne aufzustellen»; neben die in der Tradition der alexandrinischen Philologie gepflegte exegetische Grammatik tritt – mit dem Hand- oder Lehrbuch des DIONYSIOS THRAX (um 120 v. Chr.) – die systematische Grammatik. «Diese erste Grammatik ist wegen ihrer musterhaften Kürze auch *die* Grammatik geblieben und bis in späte Zeiten immer wieder kommentiert, übersetzt und bearbeitet worden; namentlich sind die römischen Grammatiker sehr stark von ihr abhängig.» [6] Die Terminologie, deren sich Dionysios bedient, wurde seit dem 3. Jh. von Stoa und alexandrinischer Philologie entwickelt.

In der Tradition der exegetischen Grammatik – und auch dies ist in diesem Zusammenhang von Belang – werden die Kriterien für die Beurteilung der Sprachrichtigkeit (Analogie, literarische Tradition und Sprachgebrauch) entwickelt, die seit dem 1. Jh. v. Chr. Gegenstand eigener Abhandlungen sind. Der Lehre vom *Hellenismos*, an der sich die Pflege der Gemeinsprache (koiné) orientiert, «obliegt [...] die dreifache Aufgabe, nachzuweisen, welche Wortformen man als korrekt gebrauchen darf, mit welchen Wörtern die Dinge richtig benannt werden und welche syntaktischen Verbindungen grammatisch einwandfrei sind.» [7]

In der für die Zwecke von Erziehung und Unterricht

konzipierten analytisch-deskriptiven Disziplin der Rhetorik wird die Thematik der Sprachrichtigkeit, des mustergültigen Sprachgebrauchs (καθαρότης, katharótēs; καθαρὰ λέξις, kathará léxis; ἑλληνισμός, hellenismós; puritas, sermo purus, Latinitas), in der Elocutio-Lehre, der Anleitung zur sprachlichen Gestaltung eines Textes, als eine der Tugenden des sprachlichen Ausdrucks (ἀρεταί λόγου, aretaí lógū; ἀρεταί τῆς λέξεως, aretaí tēs léxeōs; virtutes elocutionis) behandelt. Unterschieden werden – außer der zentralen virtus der Angemessenheit der Sprachverwendung, des rechten Maßes für die sprachliche Formulierung (aptum, decorum) – die rhetorischen virtutes der Klarheit (perspicuitas) und des Redeschmuckes (ornatus) und die grammatische virtus der Sprachrichtigkeit.[8] Die Fachtermini, mit denen in der Rhetorik «das richtige Griechisch bezeichnet wird, sind ἑλληνίζειν und ἑλληνισμός. Der Begriff ἑλληνίζειν ist in der Bedeutung ‹griechisch sprechen› seit Platon belegt [...]. Aristoteles verwendet in der Rhetorik das Wort zum erstenmal terminologisch (Ar. rhet. 3,5; 1407a 19). Der Terminus ἑλληνισμός ist zum erstermal für den Stoiker Diogenes von Babylon belegt (SVF III 214, 3). Es läßt sich allerdings aus Cic. orat. 79 [...] bereits für Theophrast erschließen.»[9] Das Sprachideal des Hellenismos als Inbegriff idiomatischer Korrektheit (καθαρότης, katharótēs; puritas) orientiert sich an Kriterien, deren Zusammenstellung und Kombination Schwankungen unterliegt. Quintilian, der bei der Erörterung des Sprachgebrauchs auf die Latinitas, das lateinische Äquivalent des Hellenismos, zu sprechen kommt, erwähnt beispielsweise die Kriterien ratio, vetustas, auctoritas und consuetudo: «rationem praestat praecipue analogia, nonnumquam et etymologia; vetera maiestas quaedam et [...] religio commendat; auctoritas ab oratoribus vel historicis peti solet [...]; consuetudo vero certissima loquendi magistra, utendumque plane sermone ut nummo, cui publica forma est» (Die Vernunftgründe liefert hauptsächlich die Analogie, manchmal auch die Etymologie; das Alter der Ausdrucksmittel empfiehlt sich durch seine besondere Würde und seine [...] religiöse Weihe; die Autorität sucht man gewöhnlich bei Rednern oder Historikern [...]; die Üblichkeit der Ausdrucksmittel indessen ist die zuverlässigste Sprachmeisterin, und man soll mit der Sprache ganz so umgehen wie mit einer Münze, die Wert und Geltung für alle empfiehlt).[10]

Ein weiteres Wesensmerkmal mustergültigen Sprachgebrauchs, das Prinzip der Deutlichkeit und Klarheit auf der Ebene von Wortschatz und Syntax, wird fachterminologisch σαφήνεια, saphḗneia (perspicuitas) benannt. «Die Deutlichkeit der Einzelwörter erfordert als erstes, daß die eigentlichen, sachgemäßen Bezeichnungen der M. verwendet werden» (daß man jedes Ding mit seinem eigentlichen Namen nennt, Quint. VIII, 2, 1). – «In Wortverbindungen zielt die perspicuitas auf syntaktisch richtigen Satzbau und zielstrebigen, geordneten und fein abgemessenen Ausdruck (die Latinitas wird als Voraussetzung der perspicuitas einbezogen).»[11]

Aus der intuitiven Erkenntnis der Griechen, daß eine Kulturgemeinschaft eigener Prägung sich auf ein vielgestaltiges Schrifttum und auf eine von diesem getragene, voll ausgebaute eigene Sprache gründet, resultieren philologische Tradition und Organisation von Erziehung und Unterricht. An diesen kulturellen Errungenschaften der griechischen Welt orientiert sich Rom bei der Um- und Ausgestaltung der eigenen Sprach- und Traditionsgemeinschaft zu einer Sprach- und Kulturgemeinschaft anderer Dimension. So wird «das in der griechischen Antike bzw. im Hellenismus entfaltete und strukturierte System der enkyklios paidea (lat. encyclics disciplina), der Zyklen der allgemeinbildenden Fächer, schrittweise als Bildungsideal und praktisches Unterrichtswesen in die römische Kultur übernommen und in Form der septem artes liberales etabliert.»[12] Zuvor schon, beginnend im Jahre 240 v. Chr., manifestiert sich das Prinzip der translatio im Bereiche der Dichtung: «Die römische Literatur ist die erste ‹abgeleitete› Literatur. Bewußt setzt sie sich mit der – als überlegen anerkannten – Tradition eines anderen Volkes auseinander. Indem sie sich von der Vorgängerin abgrenzt, findet sie zu sich selbst und entwickelt ein differenziertes Bewußtsein ihrer selbst. So leistet sie für die späteren europäischen Literaturen Vorarbeit und kann zu ihrer Lehrmeisterin werden.»[13] Die «elementaren Darbietungsformen der Buchprosa» entstehen, wie sich präzisieren läßt, «aus vier leicht erkennbaren Wurzeln», von denen nur die erste der einheimischen Tradition entstammt: «1. aus den Gepflogenheiten der geschäftlichen Berichterstattung, 2. aus der hellenistischen Redekunst, 3. aus der peripatetischen Erzähltheorie und 4. aus der Novelle».[14]

In der Begegnung und Auseinandersetzung mit dem griechischen Schrifttum wird man sich zugleich der Andersartigkeit der angestammten Sprache bewußt. In den Reihen der Gebildeten gibt es – wie CICERO feststellt – außer denen, die die Erörterung philosophischer Fragen grundsätzlich ablehnen, einige, die sich ihnen – gelegentlich – im griechischen Original widmen, deren Behandlung in der M. hingegen strikt ablehnen. An diese wendet sich Cicero, um sie von der Sinnhaftigkeit seiner Initiative zu überzeugen: «Iis igitur est difficilius satis facere, qui se Latina scripta dicunt contemnere. in quibus hoc primum est in quo admirer, cur in gravissimus rebus non delectet eos sermo patrius, cum idem fabellas Latinas ad verbum e Graecis expressas non inviti legant» (Schwieriger ist es, diejenigen zufriedenzustellen, die erklären, daß sie an der lateinischen Literatur nicht interessiert seien. Bei ihnen muß ich mich zunächst darüber wundern, daß sie gerade in den wichtigsten Dingen keine Freude an ihrer M. haben, während sie doch irgendwelche Theaterstücke, die Wort für Wort aus dem Griechischen ins Lateinische übersetzt sind, nicht ungerne lesen).[15] Cicero, der im Umgang mit griechischen Fachtexten nur zu deutlich die Grenzen der M. erkennt, versucht durch die Adaptation fremden Schrifttums einen Beitrag zur Vervollkommnung des sermo patrius zu leisten.

Eine tragende Rolle spielt die M. in QUINTILIANS ‹Institutio oratoria›, einem auf umfassende Bildung zielenden Erziehungswerk. von Curtius formelhaft als «Anweisung zur Heranbildung eines Idealmenschen» charakterisiert, Castigliones ‹Cortegiano› (1528) vergleichbar.[16] «Die Erziehung des Schülers auf das Ideal des Ciceronianischen perfectus orator hin. das Quintilian auch mit den Worten Catos als einen ‹Ehrenmann, der reden kann› (Quintilian, Ausbildung des Redners, XII,1,1) (vir bonus dicendi peritus), bezeichnet, ist also ein Mittel zu einem sehr viel weiterreichenden Zwecke. Die Verknüpfung des Bildungsgedankens mit der Redekunst hatte Cicero vorbereitet, doch Quintilian war es erst, der daraus eine konsequente rhetorische Pädagogik und eine auf der imitatio beruhende Didaktik entwickelte.»[17] Den Ausgangspunkt des Weges, der zum Vollbesitz der M. führt, bildet der kindliche Spracherwerb in einem Milieu, das sich am Ideal der Sprachrichtigkeit (Latinitas) in Ausdruck und Aussprache orientiert. Das Ziel des Unterrichts beim Grammatiker und Rhetor ist dann der Erwerb einer umfassenden Allgemeinbildung (*copia rerum*) als Voraussetzung und Grundlage souveräner Sprachbeherrschung (*copia verborum, copia figurarum*). Von zentraler Bedeutung für die auf der *imitatio* beruhende Didaktik ist der *Text*: zum einen als Quelle des Kenntniserwerbs, zum anderen als Gegenstand der Analyse und als Ausgangs- und Bezugspunkt praktischer Übungen.

Zielbewußte Lektüre führt zu sicherer Beherrschung der M. und erweitert, zumal dann, wenn sie sich auf die Werke der von Quintilian als maßgeblich erachteten Redner, Dichter, Historiker und Philosophen erstreckt[18], den Kenntnis- und Wissenshorizont. «Nobis autem copia cum iudicio paranda est, vim orandi, non circulatoriam volubilitatem spectantibus. id autem consequimur optima legendo atque audiendo: non enim solum nomina ipsa rerum cognoscemus hac cura, sed quod quoque loci sit aptissimum» (Uns aber kommt es darauf an, Fülle zugleich mit Urteilskraft zu erwerben, da unser Augenmerk der Durchschlagskraft der Rede gilt, nicht akrobatischer Gewandtheit. Das erreichen wir aber dadurch, daß wir das Beste lesen und anhören; denn nicht allein die Sachbezeichnung selber werden wir durch diese Bemühung kennenlernen, sondern auch, was die passende Stelle für sie ist).[19] Die *ars bene legendi*, wie später Melanchthon präzisiert, befördert das Rezeptionsvermögen, «die Fähigkeit, Reden, längere Disputationen und vor allem Bücher und Texte kritisch zu erfassen und zu beurteilen»[20], begünstigt die Entwicklung von Geschmack und Urteilskraft und vergrößert das Arsenal des Sach- und Fachwissens. «Ac diu non nisi optimus quisque et qui credentem sibi minime fallat legendus est, sed diligenter ac paene ad scribendi sollicitudinem nec per partes modo scrutanda omnia, sed perlectus liber utique ex integro resumendus, praecipueque oratio, cuius virtutes frequenter ex industria quoque occultantur» (Und lange Zeit soll die Lektüre nur den allerbesten Werken und solchen gelten, die den, der sich ihnen anvertraut, am wenigsten hintergehen, aber mit aller Sorgfalt und fast der Ängstlichkeit wie bei schriftlichen Arbeiten, und alles ist nicht nur Teil für Teil zu durchforschen, sondern, ist das Buch durchgelesen, so ist es unbedingt von neuem vorzunehmen, und das besonders, wenn es sich um eine Rede handelt, wo das Vorzüglichste häufig gerade absichtlich versteckt wird).[21]

Theoretisches Wissen über die M. und deren bewußte Handhabung vermitteln – auf der Grundlage von Texten – Grammatik und Rhetorik. Die Grammatik ist nicht auf die Sprachlehre, auf die *recte loquendi scientia*, beschränkt, sondern umfaßt auch die Dichtererklärung, die *poetarum enarratio*.[22] Außer den Elementen des Schreibens und Lesens gehören zu ihr «die Geschicklichkeit im Vorlesen, kritisches Urteil und Textemendation – also eigentlich die ganze Methode der Philologie –, schließlich die Bewertung und Reihung der Autoren nach ihrem Rang und Wert».[23]

Das im Elementarunterricht auf empirischem Wege erworbene sprachliche Wissen, dessen am Ordnungsprinzip der Wortklassen orientierte Synthese seit Dionysios Thrax das Anliegen des Grammatikers ist[24], findet eine textorientierte Systematisierung in der Elocutio-Lehre der Rhetorik.

Zu den praktischen Übungen, die zu souveräner Beherrschung der M. führen, zählen Übersetzen und Paraphrasieren. «An der Übersetzung griechischer Texte ins Lateinische (Quint. X, 5, 2 *vertere Graeca in Latinum*) übt man das lateinische Sprachgefühl (Quint. X, 5, 3 *plerumque a Graecis Romana dissentiunt*). Der Gedanken- und Ornatus-Reichtum der griechischen Vorlagen ist eine Anregung für den lateinischen Ausdruck (Quint. X, 5, 3).» – «Die *paraphrasis* (Quint. X, 5, 5) literarischer Vorlagen besteht in der abwandelnden Wiedergabe des Textes der Vorlage (Quint. X, 5, 4 *ex latinis conversio*). Die Vorlage kann die Form der Poesie [...] und die der Prosa [...] haben. Die Abwandlung kann nach mehreren *modi* [...] erfolgen.»[25] Als weitere Übungsform kommen Aufsatzübungen, die sogenannten Progymnasmata, in Betracht, in denen eine Thematik auf verschiedene Weise behandelt wird. «Nec aliena tantum transferre, sed etiam nostra pluribus modis tractare proderit, ut ex industria sumamus sententias quasdam easque versemus quam numerosissime, velut eadem cera aliae aliaeque formae duci solent» (Und es wird nicht nur nützlich sein, Fremdes so zu übertragen, sondern auch, unsere eigenen Versuche auf mehrere Arten zu behandeln, so daß wir absichtlich bestimmte Gedanken nehmen und sie, so vielfach wir nur können, abwandeln, wie aus dem gleichen Wachs immer wieder andere Gestalten modelliert werden).[26]

Bei den auf den systematischen Umgang mit Texten gegründeten Übungsformen der Rhetorik handelt es sich nicht allein um effiziente Methoden zum Erwerb individueller Sprachkompetenz, sondern auch um elementare Modalitäten der Ausformung einer Alltagssprache zu einer für alle Belange von Versprachlichung geeigneten Hochsprache. Die Latinisierung griechischen Schrifttums, der Ausbau des Lateinischen zu einer dem Griechischen ebenbürtigen Literatursprache, erfolgt – außer auf dem Wege des Übersetzens, dessen wichtigste Modalitäten bereits Cicero charakterisiert[27] – durch Paraphrase, Imitation oder Adaptation. Im Gefolge der seit der Mitte des 3. Jh. v. Chr. praktizierten *translatio litterarum* kommt es – in mehr oder weniger enger Anlehnung an griechische Vorgaben – etwa ein Jahrhundert später zur Ausbildung von schrifttumbegleitenden Texten vom Typ *Grammatik, Glossar, Schulkommmentar, Rhetorik, Poetik*.[28]

Ein Blick in die Geschichte der Entstehung des griechischen und des lateinischen Schrifttums läßt erkennen, nach welchem Prinzip sich eine in erster Linie für die spezifischen Belange situationsentbundener Sprachverwendung geeignete Gemeinsprache (koiné) ausbildet. Auf dem Hintergrund dieser Geschichte läßt sich das Spezifikum einer M. deutlicher erkennen und der Verlauf ihrer Ausbildung zur Gemeinsprache besser nachvollziehen.

II. *Lateinisches Mittelalter.* Als Indiz für Diglossie kann der Beschluß des Konzils von Tours (813) gewertet werden, der den Klerus auffordert, in der vom Volke gesprochenen Sprache zu predigen: «Visum est unanimitati nostrae, ut [...] easdem omelias quisque aperte transferre studeat in rusticam Romanam linguam aut Thiotiscam, quo facilius cuncti possint intellegere quae dicuntur» (Wir stimmen darin überein, daß jeder danach trachte, diese Predigten klar und deutlich in romanische oder deutsche Volkssprache zu übertragen, damit alle das Gesagte leichter verstehen).[29] Ein weiteres Indiz sind die Eide, die das Bündnis Ludwigs des Deutschen und Karls des Kahlen nach der Schlacht von Fontenoy zu Straßburg (am 14. Feb. 842) bekräftigen; sie werden von Ludwig und dem Gefolge Karls in französischer Volkssprache (*Romana lingua*), von Karl und dem Gefolge Ludwigs in deutscher Volkssprache (*Teudisca lingua*) geleistet.[30]

Formen vom Typ *theodiscus* als Bezeichnung für eine der lateinischen Schriftsprache gegenüberstehende Variante der deutschen Volkssprache begegnen seit dem Ende des 8. Jh.: *theodisce* (Mercische Synode, 786); *theodisca lingua* (Lorscher Annalen, 788; Smaragdus von St. Mihiel, um 805); *Teudisca lingua* (Capitulare Italicum, 801).[31] Als ältere Bezeichnungen für volkstümliche und gruppenspezifische Spielarten der lateinischen Umgangssprache begegnen u.a. *sermo plebeius, quotidianus, rusticus, vulgaris*; «die genaue Abgrenzung der gebildeten lat. Umgangssprache gegen die Vulgärsprache und den sermo plebeius der Gasse sowie gegen die verschiedenen Sondersprachen wie den sermo castrensis, den sermo rusticus, die Gaunersprachen usw.» ist allerdings nicht möglich, «da von diesen Sondersprachen uns kaum mehr als ein paar lexikalische Einheiten bekannt sind und das Vulgärlatein weder zeitlich noch örtlich ein einheitlicher, für uns faßbarer Begriff ist».[32] Als Bezeichnung für die neulateinische Volkssprachen, die dem Latein des Schrifttums gegenüberstehen, finden seit dem 9. Jh. Ableitungen von *romanus* Verwendung. «Die von *romanicus* und dem Adverbium *romanice* abgeleiteten Wörter (im Französischen, Provenzalischen, Spanischen, Italienischen, Rätoromanischen) werden nie als Völkernamen gebraucht (dafür hatte man andere Wörter), sondern als Name jener Sprachen – also im gleichen Sinne wie das italienische *volgare*. Das altfranzösische *romanz*, das spanische *romance*, das italienische *romanzo* sind solche Ableitungen. Sie sind von der lateinischen Bildungsschicht geschaffen und bezeichnen alle romanischen Sprachen. Diese werden gegenüber dem Latein als Einheit empfunden. *Enromancier, romançar, romanzare* bedeuten: Bücher in die Volkssprache übersetzen oder in ihr verfassen. Solche Bücher konnten dann selbst *romanz, romant, romance, romanzo* heißen – alles Weiterbildungen von *romanice*.»[33] Die ältesten Zeugnisse für Texte, die in der Romania und im deutschen Sprachraum entstehen, stammen aus dem 9. Jh.[34] Die Modalitäten des Entstehens eines deutschen und eines romanischen Schrifttums gleichen den Modalitäten der Genese der lateinischen Literatur bis ins Detail.

Den zentralen Ausgangs- und Bezugspunkt in der Jahrhunderte währenden Phase der Entstehung eines *neusprachlichen* Schrifttums ist das Schrifttum des Mittelalters und der Antike in der *Sprache Roms*, «die auch die Sprache der Bibel, die der Kirchenväter, der kanonisch gewordenen römischen *auctores*, endlich die der mittelalterlichen Wissenschaft war». Entscheidend für die Ausweitung des mittelalterlichen Kulturraumes ist die Romanisierung der Germanen. Durch ihre Assimilation «an die Sprache und Kirche Roms wurde für das Mittelalter die Antike "autoritäres Vorgut, an dem man sich orientierte" (A. Weber)».[35] Auf diesem Hintergrund wird deutlich, daß von der Warte des Lateinischen und des lateinischen Schrifttums aus auf alles Volkssprachliche Bezug genommen wurde; der *Latina lingua* steht die *materna lingua* (1119), dem *litteraliter* das *maternaliter* (1189) gegenüber: «Tunc domnus papa Ostiensi episcopo iniunxit, ut universo consilio latine ordinem causae exponeret. Quod cum prudenter episcopus Ostiensis perorasset, iterum Catalaunensis episcopus ex praecepto domni papae hoc idem clericis et laicis *materna lingua* exposuit» (Alsdann forderte der Papst den Bischof von Ostia auf, dem Konzil auf lateinisch die zu verhandelnde Angelegenheit darzulegen. Als der Bischof von Ostia sachkundig geendet hatte, wiederholte es der Bischof von Châlons [sur Marne] auf Geheiß des Papstes für Kleriker und Laien in der M.). – «[...] cum predictus Patriarcha litteraliter sapienter praedicasset, et per eum predictus Gherardus Paduanus episcopus *maternaliter* ejus predicationem explanasset» ([..] als besagter Patriarch klug und weise auf lateinisch gepredigt hatte und für ihn besagter Bischof Gerhard von Padua diese Predigt in der M. erläutert hatte).[36] Zur Bezeichnung der Volkssprache in diesem Sinne werden auch Wendungen wie *lingua nativa, lingua vernacula, lingua rustica, lingua layca, lingua barbarica, lingua nostra* verwandt.[37] Der Gegensatz von Vulgärsprache und Gelehrtensprache ist für Andalusien noch 1290 bezeugt: «Qui custodit linguam suam sapiens est. Ille est vituperandus qui loquitur *latinum circa romançum* [Var. romancum], maxime coram laicis, ita quod ipsimet intelligunt totum; et ille est laudandus qui semper loquitur *latinum obscure*, ita quod nullus intelligat eum nisi clerici; et ita debent omnes clerici loqui latinum suum obscure in quantum possunt et non circa romanium. Si vis esse sapiens alicui viventi non dicas secretum tuum» (Wer seine Zunge im Zaum hält, ist klug. Zu tadeln ist, wer sich des Romanischen, vor allem vor Laien, bedient, so daß sie alles verstehen; lobenswert aber ist der, der stets gehobenes Latein redet, so daß ihn außer den Klerikern niemand versteht; daher sollen alle Kleriker, soweit möglich, ihr gehobenes Latein gebrauchen und nicht das Romanische. Wenn du klug sein willst, dann eröffne dich niemandem).[38] Eine ähnliche Bezeichnung für die Vulgärsprache ist auch schon im 9. Jh. in Frankreich anzutreffen. Im Sinne von *circa romançum* gebraucht HILDEGAR VON MEAUX *juxta rusticitatem* in seiner Vita des hl. Faro (869), als er das Lied erwähnt, welches den Sieg des Frankenkönigs Chlothar über die Sachsen preist: «Ex qua victoria carmen publicum *juxta rusticitatem* per omnium paene volitabat ora ita canentium, feminaeque choros inde plaudendo componebant: De Chlothario est canere Rege Francorum [...]» (Infolge dieses Sieges ging ein Lied in der Sprache des Volkes von Mund zu Mund, und Frauen, hocherfreut, tanzten und sangen: Frankenkönig Chlothar ist zu preisen [...]).[39]

Bezeichnend für das frühe volkssprachliche Schrifttum ist sein punktuelles Aufkommen und seine Abhängigkeit von der lateinischen Überlieferung des Mittelalters. Eine gewisse Stufenleiter erkennt man eher in der sprachlichen Ausformung von der Glossierung über die Interlinearversion zu den freien Übersetzungen als im literarischen Geschehen. Die Neuschöpfung einer volkssprachlichen Bibeldichtung setzt ein mit Otfrids von Weißenburg (um 800–870) Evangelienharmonie, die Schöpfung einer deutschen Wissenschaftsprosa mit Notkers III. von St. Gallen (um 950–1022) Übersetzungen philosophisch-rhetorischer Texte der antiken Literatur (Boethius, Aristoteles-Boethius, Martianus Capella) und seiner lateinisch-althochdeutschen Rhetorik.[40] Kurz vor 1017 berichtet Notker Bischof Hugo II. von Sitten über seine Bemühungen, «für den Schulunterricht lateinische Schriften ins Deutsche zu übersetzen, "da man in der Muttersprache schneller begreift, was man in der fremden Sprache entweder kaum oder nicht völlig begreifen kann"». Zur gleichen Zeit beginnt die Verdeutschung der grammatischen Terminologie. «Da gibt es die Grammatik des Donatus mit deutschen Erklärungen, und da ist die Vielzahl der Vokabularien und Glossarien zur Worterklärung.»[41] Damit wird ein Vorgang allgemeiner Tragweite berührt: die *Latinisierung* der Volkssprache auf der Grundlage der lateinischen Literatur des Mittelalters. «Denn durch die Erfassung der lateinischen Wortbedeutung bei der Glossierung wurde der deutsche Wortschatz begrifflich mit festgelegt. Durch die fortlaufende Übersetzung aus dem Lateinischen als jahrhundertelange Schulübung wurde der deutsche Satzbau mitgeprägt. Durch die Aneignung der lateinischen Grammatik wurde zugleich das Schema einer deutschen Sprachlehre gebildet. Ohne selbst Gegenstand des Unterrichts zu sein, wurde die deutsche Sprache als Sprache der Übersetzung nach dem Vorbild des Lateinischen geformt und so auch vermittelt.»[42] Die ersten Lehrwerke der Volkssprache sind für Nichtmuttersprachler bestimmt; die Matrix des ‹Donatz proensals› (um 1250) von Uc Faidit und des ‹Donait françois› (1409) von John Barton liefern, wie schon der Titel bezeugt, die – neben Priscians (um 500 n. Chr.) ‹Institutiones grammaticae› – grundlegenden Grammatiken des Triviums: Donats (4. Jh. n. Chr.) ‹Ars minor› und ‹Ars maior›.[43]

«Im Italien des 12. Jahrhunderts blüht die Jurisprudenz, die Medizin und die Lehre vom Briefstil.»[44] Briefsammlungen der Antike und Formelsammlungen des frühen MA stimulieren die Nachahmung, aber es ist die Rhetorik, die die Ausbildung fachspezifischer Redaktionstechniken vom Typ Poetik (*ars poetriae, ars versificandi*) Predigtlehre (*ars praedicandi*) und Brieflehre (*ars dictaminis, ars dictandi*) befördert.[45] Der Versuch, «die *ganze* Rhetorik der Lehre vom Briefstil unterzuordnen»[46], der mit Alberichs von Montecassino ‹Breviarium› (1077/1080) und ‹Dictaminum radii› (um/vor 1080) einsetzt, findet Nachahmung und weitet sich aus zu einem Korpus, das um 1500 mehr als 3000 Handschriften umfaßt. «Ihre primären Anwendungsgebiete hatte die Ars dictandi im Bereich der Kanzlei, und sie diente der Unterrichtung und Heranbildung der neuen Gruppe berufsmäßiger Dictatores, Notare, Sekretäre, deren die Kanzleien im Maße ihrer Verbreitung und ihres inneren Ausbaus zunehmend bedurften.»[47] Die im Zeichen der *ars dictandi* in weltlichen und kirchlichen Kanzleien verfaßten lateinischen Prosatexte bilden die Grundlage der seit dem 13. Jh. entstehenden volkssprachlichen Äquivalente. Ein Indiz für die richtungweisende Bedeutung der frühneuhochdeutschen Kanzleiprosa liefert Luthers Bemerkung, daß seine Sprache sich nach der sächsischen Kanzlei richtet.

Ein volles Verständnis für die Bedeutung der M. in allen Lebensbereichen entwickelt sich zuerst in Italien. Hier verfolgen auf einer frühen Stufe des Antike-Verständnisses die *volgarizzatori* des 13. und 14. Jh. das Ziel, «die römischen Prosaschriftsteller und Dichter den Laien zu erschließen, die nur die Volkssprache beherrschten». Zu den wichtigsten dieser ersten *Vulgärhumanisten*, die dem Kreise von Notaren und Richtern entstammen, zählen – außer Brunetto Latini – Alberto della Piagentina, Andrea Lancia, Arrigo Simintendi, Filippo Ceffi und Bono Giamboni.[48] Dantes Lehrer und väterlicher Freund BRUNETTO LATINI (um 1220–1294), der für seine ‹Enzyklopädie› noch das Französische wählt, überträgt Reden Ciceros in seine M., verfaßt eine ‹Rhetorik› und eine *Volgare*-Paraphrase der ersten 17 Kapitel von Ciceros ‹De inventione›, die er mit einem Kommentar versieht, «aus dem ein reifes und in die Zukunft weisendes Sprach-, Literatur- und Kulturverständnis spricht».[49]

Der grundlegende Wandel in der Einstellung zur M. aber vollzieht sich mit DANTE. In ‹De vulgari eloquentia› (um 1305) charakterisiert er das Latein als Sprache, die – bedingt durch ihre streng geregelte Form – dem in ihr abgefaßten Schrifttum Perpetuität und universelle Verbreitung sichert, Qualitäten, die die angestammte Sprache (*vulgare*) nicht aufzuweisen hat. «Hinc moti sunt inventores grammatice facultatis: que quidem grammatica nichil aliud est quam quedam inalterabilis locutionis ydemptitas diversis temporibus atque locis» (Das war der Ausgangspunkt der Erfinder der Grammatik, denn Grammatik ist nichts anderes als unveränderliche Einheitlichkeit der Sprache in Zeit und Raum).[50] Aus dem Befund, daß Latein (*grammatica*) das Ergebnis bewußter Gestaltung ist, zieht Dante den Schluß, daß auch die M. (*vulgare*) zu einer dem stetigen Wandel enthobenen, überregionalen Sprache für ganz Italien (*vulgare latium*) ausgestaltet werden kann. Die Leitidee, die diesbezüglich die Richtung weist, umfaßt die Komponenten *illustre, cardinale, aulicum* und *curiale* (herausragend, allgemein verbreitet, höfisch, erhaben). Im Verlaufe der Erörterung, die dem Argumentationsprinzip der Scholastik folgt, gelangt Dante zu der Einsicht, daß die Schaffung eines dem Latein ebenbürtigen *vulgare* allein auf der Grundlage mustergültiger Werke möglich ist. Die Lösung seines Problems ist damit gefunden; der Traktat bleibt Fragment – es entsteht die ‹Divina Commedia› (um 1307–1321).[51]

Dem von Dante beschrittenen Weg folgen PETRARCA und BOCCACCIO; sie legen den Grundstein zur ersten literarischen *Tradition* in einer europäischen Sprache. Mit Dante beginnt die Entdeckung der M. im europäischen Denken.

III. *Europäische Literaturen.* Sprache, die als Hoch-, Literatur- oder Schriftsprache bezeichnet wird, ist nicht das Ergebnis natürlicher Entwicklung, sondern das Resultat bewußter Gestaltung. Ihre Geschichte umfaßt daher zwei Perioden: die der Standardisierung oder bewußten Gestaltung und die der Sprachpflege oder Sprachkultur. Die erste Periode ist wiederum zweigeteilt: sie untergliedert sich in die Phase der *Normalisierung*, die mit der Verbreitung des Buchdrucks einsetzt und bis zum Aufkommen der ersten Instanzen normgebenden Charakters währt, und in die Phase der *Normierung*, die mit der Veröffentlichung normsetzenden und normorientierenden Schrifttums ihren Abschluß findet.

In den romanischen Ländern beginnt die Phase der Sprachnormung mit der Gründung von Sprachakademien (1583: Accademia della Crusca, 1635: Académie Française, 1713: Real Academia Española) und endet mit dem Erscheinen grundlegender Publikationen im Dienste der Normsetzung vom Typ ‹Wörterbuch›, ‹Grammatik› und ‹Orthographielehre› (1612: ‹Vocabolario degli Accademici della Crusca›, 1694: ‹Dictionnaire de l'Académie Françoise›, 1771: ‹Gramática de la Lengua Castellana›). Bezeichnungen wie M. für die Sprache, die Gegenstand von Gestaltung und Pflege ist, finden in den romanischen Sprach- und Kulturgemeinschaften keine nennenswerte Verbreitung.

Im deutschen Sprachraum hingegen wird der Ausdruck ‹M.›, der – wie dessen Entsprechung in anderen germanischen Sprachen – auf das mittelalterliche *materna lingua* zurückzuführen ist[52], in der mit der Verbreitung des Buchdrucks einsetzenden Phase der *Normalisierung* vor allem in zweierlei Weise verwandt: zum einen als Bezeichnung der angestammten Sprache, also im Sinne von *vernacula lingua, patrius sermo*[53], zum anderen als Bezeichnung der auf schriftsprachlicher Tradition entstehenden Literatursprache, der LUTHER mit seinem Übersetzungswerk «den Weg in die Wertung der M. als gleichberechtigt neben den alten heiligen Sprachen» öffnet[54], zugleich aber –

durch die Orientierung an den Skripta einer Kanzlei – eine ausbaufähige Grundlage verleiht. Luther selbst beruft sich auf diese Autorität: «Ich habe keine gewisse, sonderliche, eigene Sprache im Deutschen, sondern brauche der gemeinen deutschen Sprache, daß mich beide, Ober- und Niederländer verstehen mögen. Ich rede nach der sächsischen Canzeley, welcher nachfolgen alle Fürsten und Könige in Deutschland; alle Reichsstädte, Fürsten-Höfe schreiben nach der sächsischen und unsers Fürsten Canzeley, darum ists auch die gemeinste deutsche Sprache. Kaiser Maximilian, und Kurf. Friedrich, H. zu Sachsen ec. haben im römischen Reich die deutschen Sprachen also in eine gewisse Sprache gezogen.» [55] Die Tragweite der von Luther getroffenen Entscheidung wurde von problembewußten Zeitgenossen erkannt; «Keiser Maximilians Cantzelej vnd dieser zeit, D. Luthers schreiben, neben des Johan Schonsbergers von Augsburg druck» sind die Autoritäten, die ein ‹Schreiblehrer› wie F. FRANCK in seiner ‹Orthographia› (1531) benennt. [56] Die Normalisierung der sprachlichen Form verläuft im wesentlichen in empirischen Bahnen.

Der *Vulgärhumanismus* (*umanesimo volgare*), verstanden als Wertschätzung der eigenen Sprache und Literatur, der im Italien des 15. Jh. erstarkt und gegen Ende des 16. Jh. die Entstehung der Accademia della Crusca begünstigt, findet nördlich der Alpen seine Entsprechung in dem zu Beginn des 17. Jh. aufkommenden *Kulturpatriotismus* [57], der während der Phase der *Normierung* Dichtern und Schriftstellern, Sprachfreunden und Schulmeistern die Richtung weist und – nicht zuletzt – in der Gründung von Sprachpflegegesellschaften seinen Niederschlag findet. Die Spracharbeit, mit der sie in Zusammenhang gebracht werden, impliziert mehr als die mit «Vorsatz betriebene Sprachreinigung»; sie erstreckt sich auf «die nur in gemeinschaftlicher Anstrengung realisierbare Erforschung und Förderung der eigenen Sprache und Literatur mit dem Ziel, sie innerhalb der europäischen Literatur zu emanzipieren und neu zu beleben». Zu den maßgeblichen Aktivitäten zählen «Übersetzungen wichtiger fremdsprachiger Werke ins Deutsche ebenso wie eine grundsätzliche Besinnung auf Fragen des Wortschatzes, der Grammatik oder der Poetik». [58] Unter den Sprachgesellschaften – zu nennen wären die *Aufrichtige Tannengesellschaft* (1633), die *Deutschgesinnte Genossenschaft* (um 1643), die *Neunständige Hanseschaft* (1643/44), der *Pegnesische Blumenorden* (1644), der *Elbschwanenorden* (1658), das *Poetische Kleeblatt* (vor 1671), der *Belorbeerte Tauben-Orden* (1693), der *Leopolden-Orden* (1695) – spielt die *Fruchtbringende Gesellschaft*, die 1617 als erste entsteht, die überragende Rolle [59]; sie erhält durch FÜRST LUDWIG VON ANHALT-KÖTHEN (1579–1650), seit 1600 Mitglied der Crusca und aus eigener Anschauung mit deren Zielsetzung und Aktivitäten aufs beste vertraut, ihr Gepräge. Den Mitgliedern wird in den Statuten die Pflicht auferlegt, «unsere hochgeehrte M. / in ihrem gründlichen Wesen / und rechten Verstande / ohn Einmischung fremder ausländischer Flickwörter / sowol in Reden / Schreiben als Gedichten / aufs allerzier- und deutlichste zu erhalten und auszuüben […].» [60] Aus dem Zweck der Gesellschaft, «allein auf die Deutsche sprache und löbliche tugenden» [61] gerichtet zu sein, resultieren die konkreten Möglichkeiten des Engagements der Mitglieder: zum einen durch eigene Werke oder durch Übersetzungen den Thesaurus der Literatur zu mehren, zum anderen durch normsetzende und -konsolidierende Veröffentlichungen das Arsenal metasprachlichen und metaliterarischen Schrifttums zu erweitern.

Den ersten Komplex hat Fürst Ludwig im Sinn, wenn er 1638 in Erinnerung bringt, «das von ihren gliedern Zu aufnehmung und erweiterung unserer Deutschen land- und M. entweder etwas in derselben von neuem verfasset und geschrieben, oder aus anderen sprachen vbersetzt wird.» [62] Der Fürst, der selbst mit gutem Beispiel vorangeht, betont 1643 im Vorwort seiner Übersetzung des ‹Sage Vieillard› (1606) von S. Goulard De Senlis die Notwendigkeit, die sprachlichen Ausdrucksmittel nach Kräften zu bereichern, «unsere alte M. also zu ehren und zu zieren, das wir dasjenige, so wir reden und schreiben wollen, aus ihrem eigenen und nicht anderweit entlehnten Vorraht nehmen könten». [63] Übersetzen avanciert zur sprachschöpferischen und -gestalterischen Tätigkeit ersten Ranges: «Es ist fast so löblich eine Sache wol übersetzen / als selbsten aus eigenem Gehirne etwas zu Papier zu bringen.» [64] Den Anfang macht 1619 – «nach Anleitung des Zweckes und Vorhabens unserer hochlöblichen Fr. G. und zur Erhärtung unserer uralten teutschen M. Vollkommenheit» [65] – T. HÜBNER mit seiner Eindeutschung der ‹Seconde Sepmaine› (1585) von Du Bartas. Da die Tragweite des Übersetzens zur Vervollkommnung der M. und als Vorschule für das eigene literarische Schaffen – wie von Quintilian bewußtgemacht – in vollem Maße erkannt wird, entsteht in der Folgezeit auf griechischer, lateinischer, nicht zuletzt aber auch auf französischer, italienischer und spanischer Grundlage eine vielgestaltige *Übersetzungsliteratur* aus der Feder der namhaften Dichter des 17. Jh. [66]

Neben der Übersetzungs- und Originalliteratur findet sprach- und textorientiertes Metaschrifttum der Gattungen ‹Poetik›, ‹Grammatik›, ‹Rechtschreiblehre› und ‹Wörterbuch› systematische Verbreitung. M. OPITZ, der sich darüber wundert, daß «doch biß jetzund niemandt vnder vns gefunden worden / so der Poesie in vnserer Mutterspra ch sich mit einem rechten fleiß vnd eifer angemasset» [67], eröffnet mit seinem ‹Buch von der Deutschen Poeterey› (1624) den Kanon der in der Tradition der *Rhetorik* wurzelnden – und mit dem durch Kleriker und Humanisten vermittelten begrifflichen Instrumentarium der ῥητορικὴ τέχνη (rhētorikḗ téchnē) operierenden – Dichtungslehren. [68] Das schriftstellerische Schaffen des 17. Jh. steht im Zeichen bewußter Sprach- und Textgestaltung, deren Modalitäten mehr oder weniger ausführlich erörtert werden von Autoren wie Ph. Zesen (1640, 1641, 1649, 1659), J.P. Titz (1642), J Klaj (1645), G.Ph. Harsdörffer (1647–53), A. Tscherning (1659), A. Buchner (1663), G. von Peschwitz (1663), B. Kindermann (1660, 1664), D. Richter (1660), G. Neumark (1667), S. Schelwig (1671), K. Stieler (1673–74), S. von Birken (1679), D.G. Morhof (1682, 1700, 1702, 1718), A.Chr. Rotth (1688), D. Omeis (1704). [69]

Die *Elocutio*-Lehre der Rhetorik liefert die Kriterien für die Bestimmung des mustergültigen Sprachgebrauchs: das Prinzip der Reinheit (*puritas*), die Parameter wie *ratio*, *vetustas*, *auctoritas* und *consuetudo* impliziert und das Konzept der Sprachreinigung fundiert, und das Prinzip der Klarheit (*perspicuitas*), das mit der Vorstellung von Deutlichkeit und Verständlichkeit korreliert. [70] Die maßgebende Grammatik der Fruchtbringenden Gesellschaft von Chr. Gueintz, die 1641 unter dem Titel ‹Deutscher Sprachlehre Entwurf› erscheint, wurde auf Ersuchen von Fürst Ludwig verfaßt. [71] Sie knüpft konzeptuell an die von W. RATKE 1619 als Grundlage des Schulunterrichts in Köthen eingeführte Adaptation der ‹Grammatica universalis› an: «die allgemeine Sprachlehre», so die Schulordnung von 1620, «wird darumb in der Muttersprach vorgetragen, auff das sie durch exempel derselben sprach desto leichter gelehret und gelernet werden könne».[72] Die für die Gesellschaft maßgebende ‹Deutsche Rechtschreibung› (1645, 1666, 1684) stammt ebenfalls aus der Feder von Gueintz (1592–1650).[73]

Gueintz ist es auch, der Fürst Ludwig 1640 in dem Gedanken bestärkt, «daß ein wörterbuch (*Lexicon*) wie auch *phrases* oder Redensartbuch mit ehesten aus den besten Schrifften man verfertiget, ans tageliecht keme»[74]. G. SCHOTTEL, der Autor der ‹Teutschen SprachKunst› (1641; 1663: ‹Ausführliche Arbeit Von der Teutschen HaubtSprache›), die das gelehrte Pendant zu Gueintzens Grammatik darstellt [75], läßt seinerseits den Fürsten wissen, daß er es als eine Großtat erachtet, wenn auf dessen Anordnung «ein volks oder volständiges Wörterbuch Teutscher Sprache verfertiget und dar behuf unter etzliche Gelahrte sothane arbeit ausgetheilet werden künte».[76] Harsdörffer verfaßt diesbezüglich sodann eine Denkschrift und regt an, mit der Leitung des Unternehmens Schottel, Buchner und Gueintz zu betrauen «und es als dann mit gesamtem Raht, und viel mögender Hilffleistung der Fruchtbringenden Gesellschafter anzugehen; allermassen die *Cruscanti* in der Italianischen Sprache auch gethan». In einem ‹Vollständigen Wortbuch› die «Majestetische Deutsche Haubtsprache aus ihren gründen künstfüglich» zu erheben, will also besagen: «aus allen Teutschen Büchern, und Zu solcher Durchlesung wird die gesammte hilff erfordert, daz nemlich einer aus den Reichsabschieden, der ander aus dem Goldast, der dritte aus D. Luther, der vierte aus den Poëten etc. alle besondre Stammwörter, Sprüche und redarten Ziehe […]»[77]. Erst C. STIELER (1632–1707) verleiht diesem Projekt im Geiste der Gesellschaft mit seinem Werk ‹Der Teutschen Sprache Stammbaum und Fortwachs oder Teutscher Sprachschatz› (1691) Gestalt.[78]

«Alles dahin allein gerichtet, damit man in der Fruchtbringenden Gesellschaft, Zu fernerer ausarbeitung unserer Deutschen M.- und Landsprache, mehreren nutzen, reinligkeit, einhelligkeit, deutlichkeit und richtigkeit veranlassen und schaffen möge»[79] – so begründet Gueintz die Aufnahme Zesens in den Köthener Kreis (1648). Das Gesamtkonzept, das sein Wirken orientiert – und dessen Initiativen wiederum die Aktivitäten anderer Sprachgesellschaften des 17.Jh. inspirieren –, ist auf ein Ziel gerichtet: die Beförderung des Niveaus schriftstellerischen Schaffens im Dienste der Ausformung des Deutschen zu einer voll ausgebauten Sprache und – damit einhergehend – die Normierung der Gemeinsprache. In seinem ‹Versuch einer Historie der deutschen Sprachkunst› (1747) bestätigt E.C. REICHARD (1714–1791), daß dieses Ziel durchaus auch erreicht wurde: «Genug, daß nicht nur so wol die durchlauchtigen Personen, als andere wackere Männer des Palmenordens den redlichen Vorsatz gehabt, ihrer M. auf alle mögliche Weise Ehre und Ansehen zu verschaffen, sondern, daß auch viele derselben sich ganz ausserordentliche Mühe gegeben, die deutsche Sprache genau und richtig zu untersuchen, und ihre Regeln theils auf gewisse Gründe zu setzen, theils in einen kunstmäßigen Zusammenhang zu bringen.»[80] Der angebaute Prozeß der Normierung findet im 18. Jh. seine Fortsetzung; die weitgehend einheitliche Norm, die gegen Ende des Jahrhunderts im Schrifttum begegnet, findet ihren sichtlichen Niederschlag in Grammatiken und Wörterbüchern.[81] Das Werk J. CHR. ADELUNGS (1732–1806) markiert gleichsam den Abschluß des 1617 Begonnenen[82]; es folgt die Periode der Sprachpflege oder Sprachkultur.

Einen wesentlichen Beitrag zur Verbreitung der im 17. Jh. wiederhergestellten «teutschen Hauptsprache» leistet jene pädagogische Richtung, aus der die *Muttersprachschule* hervorgeht. Sie beherzigt die 1612 auf dem Frankfurter Reichstag publik gemachte Forderung, daß die Jugend als erstes «ihre angeborne M., welche bei uns die deutsche, recht und fertig lesen, schreiben und sprechen lerne, damit sie ihre Lehrer in andern Sprachen künftig desto besser verstehen und begreifen können, darzu die deutsche Bibel, mit sonderlichem Nutz kann gebraucht werden».[83] RATKE (1571–1635) geht es um eine Schule, «darinnen alle freien Künste und Wissenschaften in rechtem Deutsch gelehret werden». «Was die Mitglieder der deutschen Sprachgesellschaften noch Jahrhunderte hindurch beschäftigen sollte, die Eignung des Deutschen zur Wissenschaftslehre, das setzte Ratke schon zu Beginn des 17. Jahrhunderts als Grundlage eines neuen Schultyps voraus.»[84] Der für das 16. und 17. Jh. bezeichnende *Universalismus*, der sich in einer Vielzahl von Enzyklopädien und in kleinen Handbüchern für die Schule – etwa in J. Th. FREIGIUS' (1543–1583) ‹Paedagogus› (Basel 1583) – manifestiert, findet in diesem pädagogischen Konzept, das J.A. COMENIUS (1592–1670) übernimmt, seine muttersprachliche Umsetzung.[85] «Wie Ratke glaubte auch Comenius, durch die Muttersprachschule die M. selbst zu fördern: Man könne dem muttersprachlichen Unterricht zwar entgegenhalten, daß der ihm zur Verfügung stehende Wortschatz nicht so reich und begrifflich klar sei wie der des lateinischen Unterrichts. "Dagegen ist aber zu sagen: es ist die Schuld des Menschen und nicht die der Sprache, wenn sie dunkel, unvollständig und unfähig erfunden wird, etwas vollkommen auszudrücken. […] Keiner Sprache wird etwas fehlen, wenn es den Menschen nicht an Eifer fehlt"».[86]

Einen anderen Weg zu Beherrschung der M. weist D.G. MORHOF (1639–1691), in seinem ‹Polyhistor› (Lübeck 1688; ²1708), wo – unter der Rubrik ‹De curriculo scolastico› – der muttersprachliche Text seinen Stellenwert erhält: ist die Fähigkeit zum Prosaausdruck hinreichend gefestigt, «so soll die Lektüre der Dichter und die Einprägung von Gedichten folgen».[87] Diesem Zweck dient der ‹Unterricht Von Der Deutschen Sprache› (Kiel 1682), in dem die «vornehmsten Teutschen Poeten» als Muster zur Nachahmung für den, «der ein vollkommenes deutsches Carmen oder Klinggedicht schreiben wollte», vorgestellt werden.[88]

Eine Folge der dominierenden Stellung, die das Deutsche im 18. Jh. in Literatur und Wissenschaft erlangt, ist seine Etablierung als Schulfach, dessen Unterricht – gemäß der Vorstellung von A.H. FRANKE (1663–1727) – sich am «Prinzip der Nützlichkeit» orientiert oder – gemäß der Konzeption von Chr. THOMASIUS (1655–1728) – vom «Ideal des Galanten» leiten läßt. Während Franke, der sich zu Ratke und Comenius bekennt, die in der Tradition der Schreibschule verankerte Unterweisung im ‹Briefdichten› als Unterricht in der ‹Epistolographie› weiterführt, versucht Thomasius das im Frankreich Ludwigs XIV. unter italienischem Einfluß entstandene «Ideal des vielseitig ausgebildeten 'galanten' Hofmanns, der durch sein gesellschaftliches Betragen, seinen Geschmack und "bel esprit" zugleich ein "homme de bon goût"» ist, für den Unterricht in der M. fruchtbar zu machen.[89] *Stilbildung*, das Ziel dieses Unterrichts, soll – in Anlehnung an die lateinische Rhetorik – durch Nachahmung literarischer Vers- und Prosatexte befördert werden. Die neue «Schul-Oratorie», zu der auch J. CHR. GOTTSCHED (1700–1766) mit seinem ‹Grund-Riß einer Vernunft-mäßigen Rede-Kunst› (1728) einen Beitrag leistet, wird von F.A. HALLBAUER und J.J. SCHATZ als in didaktischer Sicht verbesserungsfähig erachtet. Gottsched trägt dem Rechnung, indem er seine ‹Rede-Kunst› zu ‹Vorübungen der Beredsamkeit zum Gebrauche der Gymnasien und höheren Schulen› (1754) umgestaltet und damit «das erste Beispiel für die didaktische Umsetzung eines vorgegebenen Lehrgegenstands in die Möglichkeiten des schulischen Unterrichts, der sich nicht mit einer bloßen Verkürzung und Vereinfachung des Stoffes begnügte», liefert. Mit diesem Werk, in dem – zielsetzungsbedingt – die *inventio* der Poetik und Rhetorik eine Rolle spielt, wird Gottsched «zu dem Begründer jenes Aufsatzunterrrichts, der dann im 19. Jahrhundert große Bedeutung erlangen sollte, weil mit ihm der Deutschunterricht in der Aufgabe einer allgemeinen Verstandesbildung und Denkschulung übernahm». Ein weiteres Element, das Gottscheds Konzept des muttersprachlichen Unterrichts konkretisiert, ist seine ‹Grundlegung einer Deutschen Sprachkunst, nach den Mustern der besten Schriftsteller des vorigen und itzigen Jahrhunderts abgefasset› (Leipzig 1748, [6]1776), womit er «die ein Jahrhundert zuvor ausgearbeitete Teutsche Sprachkunst von Schottel durch ein modernes Werk ersetzen» wollte, «das der galanten Schreibart nach dem Vorbild Boileaus entsprach und das über das grammatische Regelsystem hinaus durch die Fülle seiner Beispiele aus den besten Schriftstellern zugleich geeignet war, als deutsche Stilistik genutzt zu werden». Die Schulausgabe dieses Werkes, der ‹Kern der Deutschen Sprachkunst› (Leipzig 1753, [8]1777), tritt die Nachfolge der ‹Grund-Sätze der Teutschen Sprache in Reden und Schreiben› (Berlin 1690, letzte Aufl. 1746) von J. BÖDIKER (1641–1695) an und bleibt bis auf Adelung das maßgebliche Lehrbuch des Deutschunterrichts.[90]

Ein Indiz für die Intensität der Bemühungen um die Förderung der Ausdrucksfähigkeit in der M. seit dem Beginn des 17. Jh. sind – von den Poetiken abgesehen – die in den verschiedensten europäischen Sprachen erscheinenden Rhetoriken.[91] «Die wichtigsten Gewährsmänner für die frühaufklärerische Rhetorik waren Gottfried Wilhelm Leibniz (1646–1716) und Christian Thomasius (1655–1728): während jener aus einem allgemeinen sozial- und bildungspolitischen Interesse für die deutsche Sprache eintrat, so setzte dieser die Tendenzen zu einer Popularisierung des Wissens fort [...].»[92] Als Beispiele für diese im Dienste der Aufklärung stehende muttersprachliche Rhetorik – mit freilich jeweils unterschiedlicher Zielsetzung – seien genannt Chr. WEISES ‹Politischer Redner› (Leipzig 1683, ND 1974), A. BOHSES ‹Talanders neuerläuterte Redekunst und Briefverfassung› (Leipzig 1700) und ‹Gründliche Einleitung zu Teutschen Briefen› (Jena 1706, ND 1974), J.A. FABRICIUS' ‹Philosophische Oratorie› (Leipzig 1724, ND 1974), F.A. HALLBAUERS ‹Anweisung zur Verbesserten Teutschen Oratorie› (Jena 1725), J.J. SCHATZ' ‹Kurtze und Vernunft-mäßige Anweisung zur Oratorie oder Beredsamkeit› (Jena, Leipzig 1734) und J.M. MEYFARTS ‹Teutsche Rhetorica oder Redekunst› (Coburg 1634). Mit Gottscheds ‹Grund-Riß einer Vernunft-mäßigen Rede-Kunst› (1728), aus dem die ‹Ausführliche Redekunst› (1736, [5]1759; ND 1973) hervorgeht und dem der ‹Versuch einer Critischen Dicht-Kunst vor die Deutschen› (Leipzig 1730, [4]1751; ND 1982) zur Seite gestellt wird, ist dann das klassische Lehrwerk geschaffen.[93] Die Trennung von Redekunst und Dichtkunst, die sich mit Hallbauer anbahnt, ist formal bei Gottsched vollzogen: «[...] der Grad der Entfernung voneinander kann man geradezu als Maß für die Selbständigkeit benutzen, den die Dichtkunst im Laufe des Jahrhunderts gewinnt». Damit ist auch für den Unterricht in der M. ein Weg eingeschlagen, den Baumgarten konsequent weitergehen wird, ein Weg, «der zu Mendelssohn und Lessing, Karl Philipp Moritz und Herder führt und schließlich die Trennung von Poesie und Moral in der Autonomie der Dichtung vollendet».[94]

Im 19. Jh. gängige Bezeichnungen wie «Unterricht im Deutschen», «Unterricht in der M.», «Muttersprachlicher Unterricht», «Deutschsprachlicher Unterricht», «Deutscher Sprachunterricht» oder zumeist nur «Deutscher Unterricht» lassen erkennen, daß das den Gegenständen *Sprache* und *Literatur* gewidmete Schulfach «unter den wechselnden Einfluß sehr unterschiedlicher Ideen» geriet, «die ihm immer neue Aufgaben zuwiesen und damit seine theoretische Begründung als Unterrichtsfach erschwerten»[95] «Denkschulung als Aufgabe des deutschen Sprachunterrichts», «Bildung durch Dichtung», «Muttersprachlicher Unterricht im Dienste der Nationalerziehung» sind Tendenzen, die sich ausmachen lassen; zu den Gewährsleuten, die größere Resonanz finden, zählen Herder, Becker, Humboldt, Jahn, Arndt und Grimm.[96]

Im 19. Jh. rückt schließlich auch das Deutsche als *Hochsprache*, als auf der Grundlage eines alle Bereiche kultureller Aktivität umfassenden Schrifttums weitgehend vereinheitlichte Gemeinsprache in das Blickfeld sprachpflegerischer Aufmerksamkeit.[97] Der 1817 gegründete Frankfurtische Gelehrtenverein für deutsche Sprache setzt sich das Ziel, «beizutragen zur Fortbildung der M. in Bezug auf Reinheit und Reichthum, Richtigkeit und Bestimmtheit, Schönheit und Würde derselben»; sein besonderes Streben wird darauf gerichtet sein, «durch vielseitige Erwägung dessen, was noch streitig ist, zu einer entschiedenen Gewißheit zu gelangen»[98]. Initiativen dieser Art steht aber von Anfang an die im Zeitalter der Romantik entstehende Sprachwissenschaft als eine im modernen Sinne wissenschaftliche Disziplin skeptisch gegenüber. «Seit man die deutsche Sprache grammatisch zu behandeln angefangen hat, sind zwar schon bis auf Adelung eine gute Zahl Bücher und von Adelung an bis auf heute eine noch fast größere darüber erschienen» – so J. Grimm zu Beginn der ‹Deutschen Grammatik› (1819), um sogleich eine Zäsur zu markieren: «Da ich nicht in diese Reihe, sondern ganz aus ihr heraustreten will, so muß ich gleich vorweg erklären, warum ich die Art und den Begriff deutscher Sprachlehren, zumal der in dem letzten halben Jahrhundert bekannt gemachten und gutgeheißenen für verwerflich, ja für thöricht halte.»[99] Die programmatische Sentenz beruht auf der Überzeugung, daß – ganz im Geiste Rousseaus – das ‹Ursprüngliche› das Vollkommene ist, daß das eigentliche, echte Leben der Sprache – das der M. – sich in den untersten Schichten des Volkes abspielt. Grimm und die ihm nachfolgenden Vertreter der historisch-vergleichenden Sprachwissenschaft (wie im übrigen auch die Vertreter anderer sprachwissenschaftlicher Richtungen) verkennen Bedeutung und Tragweite der seit dem Beginn des 17. Jh. geleisteten ‹Spracharbeit› und übersehen daher die Tatsache, daß eine in wesentlichen Aspekten *geregelte* Sprache ihre Kontinuität kulturell oder sprachpflegerisch inspirierten Initiativen der Vermittlung verdankt.

Die angestammte Sprache, als ein «tief angelegter, nach dem natürlichen Gesetze weiser Sparsamkeit aufstrebender Wachsthum» erachtet, bedarf Grimm zufolge weder der Reglementierung, noch der Pflege. «Jeder Deutsche, der sein Deutsch schlecht und recht weiß, d.h. ungelehrt, darf sich […] eine selbsteigene, lebendige Grammatik nennen und kühnlich alle Sprachmeisterregeln fahren lassen.» Die Erforschung des Werdens dieser Sprache ist für Grimm – in Anbetracht der Zeitumstände – eine patriotische Tat; der Weg der Germanistik als *deutscher* Wissenschaft ist vorgezeichnet. Sprachpflegerisches Engagement – wie das des Frankfurtischen Gelehrtenvereins – wird kategorisch verdammt: «Gegen die Puristen, wie sie heutigestags unter uns aufgetreten sind, wird sich jeder erklären, der einen richtigen Blick auf die Natur der deutschen Sprache gethan hat.» [100] Da Grimm auf dem Gebiete der Sprache keine Autorität anerkennt, setzt er sich über die Konventionen der herkömmlichen Rechtschreibung hinweg und befleißigt sich – beginnend mit der 2. Auflage des Ersten Teiles der ‹Deutschen Grammatik› (1822) – einer eigenen Schreibweise. Die Hauptaufgabe praktischer Sprachpflege in der 2. Hälfte des 19. Jh. besteht darin, die Vielzahl konkurrierender Schreibweisen, die im Gefolge der Grimmschen Initiative aufgekommen waren, durch die *Einheitsschreibung* zu ersetzen. [101]

‹Deutsch› als Gegenstand des Unterrichts wird seit der Romantik ganz selbstverständlich auch als ‹M.› bezeichnet. Der Schüler soll, so K. HEYSE, «seine M. in ihrem gegenwärtigen Zustande verstehen und mit Sicherheit und Freiheit handhaben lernen»; denn «die gebildete Schriftsprache hat eigentlich nur eine ideale Existenz, ist mehr oder weniger ein künstliches Kultur-Produkt». [102] Die Pflege dieses Kultur-Produkts – als Erfordernis deutlich erkannt – wird in ideologische Bahnen gelenkt. Im Zuge der nationalen Einigung kommt es zur Wiederbelebung der Denkform *lingua – imperium* und – im Dienste der Identitätsstiftung – zur Gleichsetzung von M. und Hochsprache. H. RIEGELS Schrift ‹Ein Hauptstück von unserer M.›, mit dem Untertitel ‹Mahnruf an alle national gesinnten Deutschen› (1883), ebnet den Weg zur Gründung des Allgemeinen Deutschen Sprachvereins (1885). Nach dem Ersten Weltkrieg wird das Ziel dieser 'Akademie für deutsche Sprache', nunmehr «durch die Pflege der M. am Wiederaufbau» mitzuarbeiten, mittels Umbenennung des Publikationsorgans in ‹Muttersprache› auf prägnanteste Weise zum Ausdruck gebracht. [103]

Nach dem Zweiten Weltkrieg erhält *Deutsch* im Sinne von ‹M.› durch die von L. Weisgerber bewirkte Verknüpfung mit der Humboldtschen Version der These vom Weltbild der Sprache die Dimension eines Forschungsansatzes, dessen Ergebnisse nicht zuletzt für den muttersprachlichen Unterricht als grundlegend eingestuft werden. «Humboldt erkannte die Welt der 'inneren Sprachform', die zu jeder Sprache gehörigen und nur in ihr lebenden Sprachinhalte, die insgesamt das Weltbild einer Sprache ausmachen.» Dieses Weltbild resultiert aus der M. als wirkender Kraft, als *Energeia* im Sinne Humboldts; zum einen leistet sie «das Umschaffen der Welt in das Eigentum des Geistes» und die «Mitgestaltung der Kultur durch die Sprache», zum anderen steht sie – als «geschichtlich wirksame Kraft» – «in ununterbrochener und unlöslicher Wechselbeziehung mit der Sprachgemeinschaft»: «Was die M. vollbringt an geistiger Gestaltung der Welt, an Mitbegründung der Kultur, das vollbringt sie für die ganze Sprachgemeinschaft.» [104] Seit dem Ende der sechziger Jahre, im Gefolge des Paradigmenwechsels der Sprachwissenschaft und der Grundsatzdebatte über Ziele und Aufgaben der Germanistik, läßt sich eine Distanzierung gegenüber denjenigen Gegebenheiten und Erscheinungen beobachten, die seit dem 16. Jh. mit dem Ausdruck ‹M.› verknüpft sind. [105] In historischer Sicht erweist sich M. – trotz des Korrelats ideologiebefördernder Konnotationen – gleichwohl als *Leitbegriff*, der der Ausprägung des Hochdeutschen und der Genese der neueren deutschen Literatur Impuls und Orientierung verleiht.

Anmerkungen:
1 vgl. C.A. Ferguson: Diglossia, in: Word 15 (1959) 325ff. u. R. Baum: Hochsprache, Literatursprache, Schriftsprache (1987) 35ff. – **2** J.G. Herder: Über die neuere Dt. Litteratur, Frg. (1768), in: Sämmtl. Werk, hg. von B. Suphan (ND 1967-69) Bd. 8, 11, 12 u. 10. – **3** R. Pfeiffer: Gesch. der klass. Philol.: Von den Anfängen bis zum Ende des Hellenismus (1970) 132; vgl. W. Kroll: Gesch. der klass. Philol. (1908) 12ff.; A. Meillet: Aperçu d'une histoire de la langue grecque (Paris ^{8}1975) 253ff. – **4** vgl. G. Kalivoda: Art. ‹Grammatikunterricht›, in: HWRh, Bd. 3, Sp. 1120 u. 1120–29. – **5** Lausberg El. §§ 102ff. – **6** Kroll [3] 34f.; vgl. Pfeiffer [3] 321f. – **7** E. Siebenborn: Die Lehre von der Sprachrichtigkeit und ihren Kriterien (1976) 36. – **8** vgl. Lausberg Hb. 249; ders. El. 44; Ueding/Steinbrink 201f. – **9** Siebenborn [7] 24. – **10** Quint. I, 6, 1ff.; vgl. Lausberg Hb. 254ff.; Ueding/Steinbrink 221ff. – **11** ebd. 225. – **12** Kalivoda [4] Sp. 1129. – **13** M. von Albrecht: Gesch. der röm. Lit. von Andronicus bis Boëthius (^{2}1994) 11. – **14** M. Erren: Einf. in die röm. Kunstprosa (1983) 7; zur Rezeption der Rhet. vgl. Ueding/Steinbrink 26ff.; G. Ueding: Klass. Rhet. (1995) 38ff.; Fuhrmann Rhet. 42ff.; vgl. auch J. Dolch: Lehrplan des Abendlandes (^{3}1971) 59ff.; Marrou 425ff. – **15** Cicero, De finibus I, 4. – **16** Curtius 435. – **17** Ueding [14] 49. – **18** Quint. X, 1, 20–35. – **19** ders. X, 1, 8. – **20** H.-G. Gadamer: Rhet. und Hermeneutik, in: GW. Bd. 2 (1993) 176–291, 281; vgl H.F. Plett: Systematische Rhet. (2000) 253. – **21** Quint. X, 1, 20. – **22** ders. I, 4, 2ff. – **23** O. Seel: Quintilian oder Die Kunst des Redens und Schweigens (^{2}1987) 64; vgl. Lausberg Hb. 535–39. – **24** vgl. R. Baum: Grammatik als ‹inventio›, in: H.-J. Niederehe, K. Koerner (Hg.): History and Historiography of Linguistics, Bd. 1 (Amsterdam/Philadelphia 1990) 19–32. – **25** Lausberg Hb. 529 u. 530. – **26** Quint. X, 5, 9; vgl. Lausberg Hb. 528–546; ders. El. 156; Ueding/Steinbrink 176–179 u. 304f. – **27** Cicero, De optimo genere oratorum 5, 14; Cic. De or. I, 154. vgl. J. von Stackelberg: Lit. Rezeptionsformen (1972) 2ff. – **28** vgl. hierzu Kalivoda [4] Sp. 1130–35 u. R.A. Kaster: Guardians of Language: The Grammarian and Society in Late Antiquity (Berkeley u.a. 1988) und Kroll [3] 60ff.; Albrecht [13] 464ff., 995ff. u. 1165ff.; vgl. auch die Hinweise in [14]. – **29** MGH Conc. II, 1, 288, XVII; vgl. F. Brunot: Histoire de la langue française des origines à nos jours, 13 Bde. in 23 Tln. (Paris 1905–53; ^{2}1966–73) 1, 142; W. Betz: Karl der Große und die lingua theodisca, in: H. Eggers (Hg.): Kosmame Deutsch (1970) 403. – **30** R. Baum: Die Geburt des Französischen aus dem Geiste der Übersetzung, in: W. Hirdt (Hg.): Übersetzen im Wandel der Zeit (1995) 21ff. – **31** zu den Stellenangaben s. Eggers [29] 406f. – **32** J.B. Hofmann: Lat. Umgangssprache (1926, ^{4}1978) 5; vgl. G. Devoto: Gesch. der Sprache Roms (1968) 280ff. u. 288f.; F. Stolz, A. Debrunner, W.P. Schmid: Gesch. der lat. Sprache (^{4}1966) 109ff.; vgl. ferner d'A.S. Avalle (Hg.): Latino «cira romançum» e «rustica romana lingua»: Testi del VII, VIII e IX secolo (Padua 1970) VIIff. – **33** Curtius 41; vgl. O. Deutschmann: Lat. und Romanisch (1971) 25–30. – **34** zu den ältesten Zeugnissen der romanischen Literatursprachen vgl. C. Tagliavini: Einf. in die romanische Philol. (1973) 365ff.; zum Althochdt. vgl. H. Eggers: Dt. Sprachgesch., 4 Bde. (1963–77) 1, 169ff. u. 255ff.; St. Sonderegger: Althochdt. Sprache und Lit. (1974) 83ff. – **35** Curtius 40 u. 35. – **36** MGH Script. XII, 425, 1, bzw. O. Behaghel: Lingua materna, in: FS Behrens (1929; ND Amsterdam 1970) 14; vgl. L. Weisgerber: Ist *M.* eine germanische oder eine roma-

nische Wortprägung?, in: Beitr. zur Gesch. der dt. Sprache und Lit. 62 (1938) 428–437; L. Spitzer M., in: Monatshefte für den Unterricht 36 (1944) 113–130; K. Heisig: M., in: Zs. für Mundartforschung 22 (1954) 144–174; G. de Smet: Modertale – materna lingua, in: Gedenkschrift für W. Foerster (1970) 139–147; V. Berić: Zur Diachronie der dt. Bezeichnung ‹M.›, in: Grazer Stud. 27 (1986) 15–20; S. Heinimann: Die M. im Denken und Wirken Dantes, in: ders.: Romanische Literatur- und Fremdsprachen in MA und Renaissance (1987) 155–174; C. Ahlzweig: M. – Vaterland (1994) 26ff.; F. Lebsanft: Die eigene und die fremden Sprachen in romanischen Texten des MA und der frühen Neuzeit, in: W. Dahmen, G. Holtus, J. Kramer u.a. (Hg.): Schreiben in einer anderen Sprache (2000) 3–20. – **37** Ahlzweig [36] 29; vgl. A. Rosellini: Réflexions sur les expressions «lingua vulgaris, materna, layca, romana .. » dans les documents francoprovençaux (quelques conséquences sur le plan de la francisation), in: Aevum 43 (Mailand 1969) 88–113. – **38** Madrid, Bibl. Nac., ms. S-164, mod. 6463, fol. 65 v., zit. R. Menéndez Pidal: Orígines del español (Madrid ⁹1980; ¹1926) 459, Anm. 1; vgl. Avalle [32] Xf. – **39** W. Foerster, E. Koschwitz: Altfrz. Übungsbuch (1884; ⁷1932) Sp. 259f.; vgl. Curtius 170f.; Avalle [32] Xf. u. 23ff. – **40** s. dazu Sonderegger [34] 47, 86 u. 87; vgl. 106ff. u. 115ff.; vgl. ferner Dolch: [14] 110f.; D. Kartschoke: Gesch. der dt. Lit. im frühen MA (1990) 76ff., 34ff., 153ff. u. 190ff. – **41** H.J. Frank: Gesch. des Deutschunterrichts, Von den Anfängen bis 1954 (1973) 18; vgl. J. Müller: Quellenschr. und Gesch. des deutschsprachigen Unterrichts bis zur Mitte des 16. Jh. (1882, ND 1969). – **42** Frank [41] 18; vgl. Curtius 34–40. – **43** vgl. Curtius 437–440; L. Holtz: Donat et la tradition de l'enseignement grammatical (Paris ²1981); G. Grente (Hg.): Dictionnaire des lettres françaises: Le Moyen Âge (Paris ²1992) 564–572, 1228f. u. 1464. – **44** Curtius 391; vgl. K. Burdach: Vorspiel (1925) I, 2, 51. – **45** vgl. Curtius 85f. u. 158–163; Ueding/Steinbrink 60 u. 63–66; F.J. Worstbrock, M. Klaes, J. Lütten: Repertorium der artes dictandi des MA, Teil I: Von den Anfängen bis um 1200 (1992) IX-XI; M. Camargo: Art. ‹Ars dictandi, dictaminis›, in: HWRh Bd. 1, Sp. 1040ff. – **46** Curtius 86. – **47** Worstbrock/Klaes/Lütten [45] IX u. X; vgl 7–18. – **48** A. Buck, M. Pfister: Stud. zu den «volgarizzamenti» röm. Autoren in der ital. Lit. des 13. u. 14. Jh. (1978) 5 u. 22. – **49** H.W. Wittschier: Die ital. Lit. (1979) 37; vgl. W. Th. Elwert: Die ital. Lit. des MA (1980) 76ff. – **50** Dante Alighieri: De vulgari eloquentia I, ix, 11; vgl. dt.: Über das Dichten in der M. Aus dem Lat. übers. u. erl. von F. Dornseiff u. J. Balogh (1966). – **51** vgl. Spitzer [36] 114–121; L. Weisgerber: Die Entdeckung der M. im europäischen Denken (1948) 69–74; W. Baum: Dante – fabbro del parlar materno, in: R. Baum, W. Hirdt (Hg.): Dante Alighieri 1985 (1985) 65–88; A. Scaglione: Dante and the Ars Grammatica, in: G.L. Bursill-Hall, St. Ebbesen, K. Koerner (Hg): De Ortu Grammaticae (Amsterdam 1990) 305–319; Heinimann [36] 160–170; H. Ivo: M. – Identität – Nation (1994) 69–83. – **52** Ahlzweig [36] 29f. u. 51f. – **53** vgl. A. Daube: Der Aufstieg der M. im dt. Denken des 15. und 16. Jh. (1940) 49ff.; Ahlzweig [36] 50. – **54** P. Hankamer: Die Sprache: ihr Begriff und ihre Deutung im 16. und 17. Jh. (1927; ND 1965) 43; vgl. Daube [53] 30ff.; J. Weithase: Zur Gesch. der gesprochenen dt. Sprache, 2 Bde. (1961) 1, 58–64. – **55** M. Luther: Sämtliche Werke, 100 Bde. (1883–1984), Tischreden, 1, S. 524, Nr. 1040; vgl. E. Arndt, G. Brandt: Luther und die dt. Sprache (Leipzig 1983) 49ff.; Ahlzweig [36] 41ff. – **56** M.H. Jellinek: Gesch. der nhd. Grammatik, 2 Bde. (1913–14; ND 1968) 1, 44f. (Zit.: 45); Daube [53] 56ff.; Ahlzweig [36] 48f.; E. Ising: Die Anfänge der volkssprachlichen Grammatik in Deutschland und Böhmen (1966); vgl. ferner G.A. Padley: Grammatical Theory in Western Europe, 1500–1700: The Latin Tradition (Cambridge 1976); ders.: Grammatical Theory in Western Europe, 1500–1700: Trends in Vernacular Grammar, 2 Bde. (Cambridge 1985–88); J.-A. Caravolas: La Didactique des langues Bd. 1: Précis d'histoire I, 1450–1700, Bd. 2: Anthologie I: À l'ombre de Quintilien (Montréal/Tübingen 1994) – **57** vgl. A. Buck: Ital. Dichtungslehren vom MA bis zum Ausgang der Renaissance (1952) 97ff.; ders.: Die humanistischen Akademien in Italien, in: F. Hartmann, R. Vierhaus (Hg.): Der Akademiegedanke im 17. und 18. Jh. (1977) 11–25; G.G. Gervinus: Gesch. der dt. Lit. (⁴1853) Bd. 3, 184; E. Trunz: Der Übergang der Neulateiner zur dt. Dicht., in: ders.: Dt. Lit. zwischen Späthumanismus und Barock (1995) 207–227; Ahlzweig [36] 54ff. – **58** C. Stoll: Sprachges. im Deutschland des 17. Jh. (1973) 9f. – **59** vgl. K.F. Otto: Die Sprachges. des 17. Jh. (1972); Stoll [58]. – **60** K.G von Hille: Der Teutsche Palmbaum (Nürnberg 1647; ND hg. von M. Bircher, 1970) 17; vgl. H. Schultz: Die Bestrebungen der Sprachges. des XVII. Jh. für Reinigung der dt. Sprache (1888; ND Leipzig 1975) 15ff.; Weithase [54] Bd. 1, 108–115, u. Bd. 2, 3 –36; Otto [59] 14ff.; H. Weinrich: La Crusca fruttifera, in: La Crusca nella tradizione letteraria e linguistica italiana (Florenz 1985) 23–34. – **61** G. Krause: Der Fruchtbringenden Ges. ältester Ertzschrein (1855) 98; vgl. Otto [59] 24f. – **62** Krause [61] 31; vgl. Schultz [60] 23; Otto [59] 64. – **63** zit. Schultz [60] 24; vgl. Otto [59] 65. – **64** G.Ph. Harsdörffer: Vorrede zu J.W. von Stubenbergs Eromena (1650), zit. H. Bircher: J.W. von Stubenberg (1619–1663) und sein Freundeskreis (1968) 58; vgl. Otto [59] 66. – **65** zit. Schultz [60] 25. – **66** vgl. Krause [61], Einl.; Schultz [60] 22ff.; Bircher [64] 52–75; Otto [59] 64ff. – **67** M. Opitz: Teutsche Poemata, Vorrede (1624), in: GW., hg. von G. Schulz-Behrend, Bd. 2,1 (1978) 172; vgl. Trunz [57] 207ff. – **68** vgl. Dyck; M. Fumaroli: L'Âge de l'éloquence: Rhétorique et res literaria de la Renaissance au seuil de l'époque classique (Paris 1980; ²1984). – **69** vgl. Dyck 179ff; E. Straßner: Dt. Sprachkultur: Von der Barbarensprache zur Weltsprache (1995) 77–90; zu Klaj, Harsdörffer und von Birken vgl. E. Mannack (Hg.): Die Pegnitz-Schäfer (²1988); zu Opitz, Neumark und Morhof vgl. L. Völker (Hg.): Lyriktheorie – Texte vom Barock bis zur Gegenwart (1990). – **70** vgl. Dyck 68ff. u. 72ff. – **71** vgl. Krause [61] 243–259; Schultz [60] 35–37; Jellinek [56] 121–128. – **72** zit. Jellinek [56] 88ff.; vgl. Schultz [60] 135f.; Dolch [14] 274–283; E. Ising: W. Ratkes Schr. zur dt. Grammatik, 1612–1630, 2 Bde. (1959). – **73** vgl. Krause [61] 262–276; Jellinek [56] 164–172. – **74** Krause [61] 245. – **75** Jellinek [56] 128–141; J. Plattner: Zum Sprachbegriff von J.G. Schottel (1967); Straßner [69] bes. 67–72. – **76** Krause [61] 296; vgl. Schultz [60] 74. – **77** Krause [61] 388; vgl. Jellinek [56] 182f. – **78** vgl. Schultz [60] 70–74; M. von Lexer: Zur Gesch. der nhd. Lexikographie (1890) 11ff.; Jellinek [56] 202f.; G. Ising: Die Erfassung der dt. Sprache in den Wörterbüchern Matthias Kramers und Kaspar Stielers (1956); O. Reichmann: Gesch. lexikographischer Programme in Deutschland, in: F.J. Hausmann u.a.: Wörterbücher, 3 Bde. (1989–91) 230–246; Straßner [69] bes. 67–72. – **79** Krause [61] 276f.; vgl. 97–99 (Fürst Ludwig am 18. Jan 1648 an Christian II., Fürst zu Anhalt). – **80** E.C. Reichard: Versuch einer Historie der dt. Sprachkunst (1947) 98; vgl. Schultz [60] 70f. – **81** vgl. Jellinek [56] 245–329; E.A. Blackall: Die Entwicklung des Deutschen zur Literatursprache, 1700–1775 (1966); D. Nerius: Unters. zur Herausbildung einer nationalen Norm der dt. Literatursprache im 18. Jh. (1967); F. Neumann: Stud. zur Gesch. der dt. Philol. (1972) 39–49; W. Bahner, W. Neumann (Hg.): Sprachwiss. Germanistik: ihre Herausbildung und Begründung (1985) 258–266. – **82** vgl. Jellinek [56] 329–385. – **83** W. Ratke: Memorial, welches zu Frankfurt auf dem Wahltag Ao. 1612 den 7. Mai dem dt. Reich übergeben, zit. G. Hohendorf (Hg.): Päd. Schr. W. Ratkes (1957) 49; vgl. Dolch [14] 271f., 274–284 u. 295f.; Frank [41] 48–58 u. 70(–72); vgl. ferner E. Ising (Hg.): W. Ratkes Schr. zur dt. Grammatik, 1612–1630, 2 Bde. (1959). – **84** Frank [41] 56 u. 70. – **85** vgl. Dolch [14] 266ff.; Caravolas [56] 339ff. – **86** Frank [41] 70f.; vgl. 58–72; vgl. ferner Dolch [14] 281f., 285–289 u. 296–304. – **87** Dolch [14] 308–310; Zit. 309. – **88** Frank [41] 270; vgl. 83. – **89** ebd. 77–81; Zit.: 80; vgl. Dolch [14] 290 u. 295. – **90** Frank [41] 81–96; Zit. 91, 92 u. 94; vgl. Weithase [54] Bd. 1, 297–311, u. 2, 92–98; Ueding/Steinbrink 100f. – **91** zur europäischen Tradition der Rhet. vgl. Angaben in Fumaroli [68] 706–836; W.B. Horner (Hg.): The Present State of Scholarship in Historical and Contemporary Rhetoric (Columbia, MO / London 1990); zur Tradition der Rhet. in englischer Sprache vgl. W.S. Howell: Logic and Rhetoric in England, 1500–1700 (New York 1961). – **92** Ueding/Steinbrink 101. – **93** zu den einzelnen Autoren vgl. Dolch [14], Weithase [54], Blackall [80], Frank [41]; W. Bahner, W. Neumann (Hg.): Sprachwiss. Germanistik (1985). – **94** Ueding/Steinbrink 114. – **95** Frank [41] 154 – **96** vgl. ders. 151ff., 215ff. u. 373ff. – **97** vgl. E. Haas: Art. ‹Hochsprache›, in: HWRh, Bd. 3, Sp. 1421–1446. – **98** Abh. des frankfurtischen Gelehrtenvereines für dt. Sprache 1,1 (1818) 9 (Gesetze des Vereins, § 2); vgl. R. von Raumer: Gesch. der germanischen Philol. (1870) 491; vgl. Straßner [69] 267f. – **99** J.

Grimm: Dt. Grammatik, Erster Theil (1819) IX. – **100** ders. X, XI u. XIII; vgl. Bahner, Neumann [81] 277–281. – **101** vgl. Akten zur Gesch. der dt. Einheitsschreibung, 1870–1880, hg. u. eingel. von P. Grebe (1963). – **102** K. Heyse: Theoretisch-praktische dt. Schulgrammatik (^{12}1840) XIII; ders.: System der Sprachwiss. (1856) 5; zit. nach Raumer [97] 631f.; vgl. Bahner, Neumann [81] 249–258 u. 266–276; Ahlzweig [36] 161. – **103** ‹Muttersprache›, Zs. des Dt. Sprachvereins, Jg. 40 (1925) Nr. 1, Sp. 11f.; vgl. G. Simon: Die Bemühungen um Sprachämter und ähnliche Norminstanzen im Deutschland der letzten hundert Jahre, in: W. Settekorn (Hg.): Sprachnorm und Sprachnormierung (1990) 69–84; Ahlzweig [36] 169 u. 174ff.; Straßner [69] bes. 271–276 u. 387–402; zu den in diesen Zusammenhang gehörenden Schr. von G. Schmidt-Rohr (Unsere M. als Waffe und Werkzeug des deutschen Gedankens, 1917; Mutter Sprache, 1933); vgl. Ahlzweig [36] 183–185. – **104** L. Weisgerber: Das Tor zur M. (1950; ^{6}1963) 14, 17, u. 18f.; vgl. ders.: M. und Geistesbildung (1929); ders.: Von den Kräften der dt. Sprache, 4 Bde. (1949–54; 1971); vgl. ferner L. Jost: Sprache als Werk und wirkende Kraft (1960) 109–128; J. Quillien: Problématique, genèse et fondements anthropologiques de la théorie du langage de Guillaume de Humboldt, 2 Bde. (Lille 1987) 1, 61–66; Ahlzweig [36] 185–199; Ivo [51] 152–180; Grundlegendes zur Sprachinhaltsforschung und zur inhaltsbezogenen Grammatik verzeichnet H. Bußmann: Lex. der Sprachwiss. (^{2}1990) 339–341. – **105** symptomatisch ist die Eliminierung von M. aus einem Standardwerk von F. Kluge: Etym. Wtb. der dt. Sprache (^{22}1989; ^{23}1999).

Literaturhinweise:
H. Moser: Dt. Sprachgesch. (^{6}1969). – A. Bach: Gesch. der dt. Sprache (^{9}1970). – M.M. Guchmann: Der Weg zur dt. Nationalsprache (^{2}1970). – K.O. Apel: Die Idee der Sprache in der Tradition des Humanismus von Dante bis Vico (^{2}1975). – W. Besch, O. Reichmann, St. Sonderegger (Hg.): Sprachgesch., 2 Tle. (1984–85) Kap. XIII u. XIV. – P. von Polenz: Dt. Sprachgesch. vom Spätma. bis zur Gegenwart, 3 Bde. (1991–99). – W. Schmidt: Gesch. der dt. Sprache (^{7}1996).

R. Baum

→ Fachsprache → Gruppensprache → Hellenismus → Hochsprache → Literatursprache → Purismus → Sprachgesellschaften → Sprachrichtigkeit → Universalsprache → Ursprache → Vulgärsprache

Mycterismus (griech. μυκτηρισμός, myktērismós; lat. subsannatio; frz. myctérisme)

A. ‹M.› ist in vorterminologischer Bedeutung eines von zahlreichen griechischen Wörtern für ‹Spott›. Seine spezifische Konnotation erhält es durch seinen Bezug zur Nase (bzw. deren beweglichem Teil: μυκτήρ, myktér – Nasenloch, Nüster) als einem wichtigen mimischen Ausdrucksmittel, als physiognomischem 'Organ' des Spottes und der Herablassung. Im Griechischen wie im Lateinischen steht die Nase (μυκτήρ / *nasus*) metonymisch für Feixen und Spötterei, im Griechischen auch synekdochisch für den Spötter selbst. [1] Unter der nasalen Mimik des Spotts wird bereits in der Antike Verschiedenes begriffen: feines Rümpfen wie bei einem widrigen Geruch, verächtliches Schnauben oder auch 'hochnäsiges' In-die-Luft-Strecken.

In einigen wenigen grammatisch-rhetorischen Schriften der Antike ist M. ein Terminus technicus für eine Gedankenfigur oder für einen Tropus, der entweder als eine Art der Allegorie *neben* der Ironie [2] oder *unterhalb* dieser als eine von mehreren Unterarten der Ironie [3] eingeordnet wird.

Die *rhetorische* Ironie im engeren Sinne, d.h. die gesprochene Ironie, ergibt sich aus einem komplexen Zusammenspiel von propositionalem Gehalt und performativem Ausdruck (durch Intonation, Gestik und Mimik), von *elocutio* und *actio*. Daß das Gegenteil oder doch wenigstens etwas ganz anderes als das Gesagte gemeint ist, läßt sich durch eine reich nuancierte Vielzahl performativer Mittel zu verstehen geben. Diese Mittel sind aber nicht nur gleichwertige und austauschbare Signale dafür, daß überhaupt Ironie vorliegt, sondern sie verleihen der Ironie zugleich eine je verschiedene affektische Färbung, die von Häme, unverhohlener Schadenfreude und verletzender Bloßstellung bis zu freundlicher Kritik, mitleidiger Schonung und zärtlicher Neckerei reichen kann. Die Untergliederung der Ironie in mehrere Subspezies durch die Rhetoriker und Grammatiker läßt sich als ein Versuch der Typologisierung ihrer affektischen Ausdrucksmöglichkeiten verstehen. [4] Das gegenseitige Verhältnis dieser Unterarten, also auch der Platz, den der M. unter ihnen einnimmt, kann heute nur sehr unscharf bestimmt werden, da der Ausdruckswert bestimmter Gebärden schwer zu rekonstruieren ist und gewiß schon in der Antike nach Zeit, Region und sozialer Schicht variierte. Lausbergs Skalierung der ironischen Spezies nach dem Grad ihrer Aggressivität [5] muß also mit Vorsicht begegnet werden. Immerhin wird der M. recht einhellig als eine etwa im Vergleich zum Sarkasmus eher milde, verhaltene und oft auch als urbane, geistreiche Form der Ironie beschrieben. Nur in der jüdisch-christlichen Tradition besitzt das Wort ‹M.› eine deutlich andere Färbung. Es dient insbesondere in der Septuaginta zur Bezeichnung der rohen, schadenfroh triumphierenden Verhöhnung, die der leidgeprüfte Gerechte von seinen Widersachern erduldet.

Mit seinem Bezug zu außersprachlichen Zeichen berührt der Begriff des M. auch das Problem von Mündlichkeit und Schriftlichkeit der Ironie. In schriftlichen Texten kann das Vorliegen von Ironie nur anhand von textimmanenten Merkmalen festgestellt werden bzw. – aus produktionsästhetischer Sicht – nur mit verbalen Mitteln erzeugt werden. Die *literarische* Ironie muß also auf performative (mimische, intonatorische usw.) Ironiesignale verzichten bzw., etwa in dramatischen Texten, sich mit entsprechenden Regieanweisungen behelfen. Dieses mediale Übersetzungsproblem ist auch schon der Antike bekannt. Der Grammatiker DONAT erläutert zu einem ironischen Satz aus einer Komödie: «Nimm das „in der Tat" und „wahrhaftig" weg sowie die Hilfsmittel der Intonation und die Miene des Sprechers, und man wird die Äußerung nicht als Leugnung, sondern als Eingeständnis verstehen.» [6] Jedoch verfügt in der Antike die performative literarische Gattung schlechthin, das Drama, auch bei der Aufführung nicht über die Möglichkeit, Ironie durch mimetische Ausdrucksmittel kundzugeben: Die Schauspieler tragen starre Masken. [7] Bei der Lektüre eines ironischen Textes müssen oder können begleitende gestische Ausdrucksmittel vom Leser gewissermaßen ergänzend hinzugedacht werden: Ein ironischer Text kann den Eindruck erwecken, *als wäre* er mit gerümpfter Nase, gefletschten Zähnen, süffisantem Lächeln usw. geschrieben bzw. so zu sprechen. [8] So wird das spöttische Mienenspiel metaphorisch auch zur Eigenschaft geschriebener Texte, und Plinius d.Ä. kann – in einem ganzen 'Paket' von Metaphern und Metonymien – von dem römischen Satirendichter Lucilius schreiben: «primus condidit stili nasum» – er schuf als erster 'die Nase des Griffels', d.h. die satirische Schreibart. [9]

B. I. *Antike und Byzanz.* In ihrer alltäglichen Bedeutung sind die Wörter εἴρων, eírōn ('Ironiker') und Verwandte zunächst negativ konnotiert. Ihre Grundbedeutung scheint ‹Verstellung› gewesen zu sein.[10] Je nachdem, ob der eírōn sich verstellt, um zu täuschen, oder ob er seine Verstellung bewußt verrät, um jemanden bloßzustellen, ist er entweder ein Heuchler oder ein Spötter. Der Begriff scheint zunächst beides umfaßt zu haben. THEOPHRAST beschreibt den eírōn als einen verschlagenen, unaufrichtigen Typen, der, um sich Schwierigkeiten vom Leib zu halten und in Ruhe gelassen zu werden, den Leuten nach dem Mund redet und zu feige ist, seinen Feinden in offener Feindseligkeit gegenüberzutreten.[11] Bei PLATON bedeutet das Verb εἰρωνεύεσθαι, eirōneúesthai soviel wie ‹verhöhnen durch falsches Lob›.[12] Diese Auffassung der εἰρωνεία, eirōneía wird zur Grundlage des rhetorischen Ironiebegriffs. In ihrem Sinne ist der Ironiker eine besondere Art des Spötters (myktḗr)[13], und selbst Sokrates, dem Aristoteles eine höhere, ethisch wertvollere Art von Ironie zuerkennt[14], bleibt von der Bezeichnung μυκτήρ nicht verschont.[15]

Die verächtliche Geste des Naserümpfens oder -schnaubens und noch mehr die mit ihr verbunden gedachte besondere Art des Spottes gilt als typisch für die kultivierten, weltmännischen Athener und wird in Rom als Zeichen einer verfeinerten, 'späten' Kultur erst seit augusteischer Zeit erwähnt.[16] Über Hypereides, der von den zehn kanonischen attischen Rednern nächst Demosthenes für den größten gehalten wurde, schreibt ‹LONGINOS› voller Lob für seinen subtilen, raffinierten Witz, er habe einen «höchst urbanen Spott» (μυκτὴρ πολιτικώτατος, myktḕr politikṓtatos) besessen[17], und SENECA D.Ä. bemerkt gelegentlich einer Anekdote über die Athener, sie hätten in ihrem attischen Spott besser nicht so weit gehen sollen (bene illis cesserat, si nasus Atticus ibi substitisset[18]). Für PLINIUS D.Ä. (1. Jh. n.Chr.) besteht dieser physiognomische Ausdruckswert der Nase noch nicht lange Zeit. Erst «die neuen Sitten» haben sie «zum Sitz des heimtückischen Spottes auserkoren» ([nasum] novi mores subdolae irrisioni dicavere).[19]

Recht häufig sind die Wörter ‹M.› und Verwandte in der Septuaginta anzutreffen, der in der griechischen Gemeinsprache (κοινή, koinḗ) angefertigten Übersetzung der Schriften des AT. So heißt es z.B in Ps 35,16: ἐπείρασάν με, ἐξεμυκτήρισάν με μυκτηρισμόν, ἔβρυξαν ἐπ' ἐμὲ τοὺς ὀδόντας αὐτῶν (Sie lästern und spotten immerfort und knirschen wider mich mit ihren Zähnen).[20] Im Unterschied zu ‹Longinos› wird hier das Wort mehr in seiner etymologisch 'ursprünglicheren' mimischen Bedeutung verwendet. Es kann auch passiv das Objekt des Spottes (‹Gespött›) bezeichnen (Ps 79,4). Von der Septuaginta gelangen M. und das Verb μυκτηρίζειν in die Werke der Kirchenväter [21] und werden von HIERONYMUS in der Vulgata mit subsannatio und subsannare wiedergegeben. Anders als das griechische ‹M.› drückt das lateinische subsannatio aber allein die rohe, sardonische Verhöhnung durch Gebärden und Grimassen aus, und dies nicht nur mit Bezug auf die Nase.[22]

Wenn der hellenistische Grammatiker TRYPHON (1. Jh. v.Chr.) wirklich der Verfasser der unter diesem Namen überlieferten Schrift ‹Über die Tropen› ist[23], so enthält diese Abhandlung die früheste technische Beschreibung des M. als einer Spielart des Tropus der Ironie.[24] ‹Tryphon› definiert die Ironie zunächst in herkömmlicher Weise als «Aussage, die durch das Gegenteil das Gegenteil [...] kundtut» (λόγος διὰ τοῦ ἐναντίου τὸ ἐναντίον [...] δηλῶν)[25], fügt aber als wichtige Ergänzung hinzu: «mit Hilfe eines Vortrags, der die Gesinnung verrät» (μετὰ τῆς ἠθικῆς ὑποκρίσεως). Hier wird also festgestellt, daß die Ironie durch eine bestimmte actio / ὑπόκρισις, hypókrisis unterstützt und verdeutlicht wird.[26] Ferner unterscheidet ‹Tryphon› nach dem Adressaten der Ironie zwischen einer solchen, die «zu den anderen» (ἐπὶ τῶν πέλας, epí tōn pélas) und einer solchen, die «zu uns selbst» (ἐφ' ἡμῶν αὐτῶν, eph' hēmṓn autṓn) gesagt wird. Letztere darf nicht ohne weiteres mit der Selbstironie gleichgesetzt, d.h. als Ausdruck von Bescheidenheit und Noblesse gedeutet werden.[27] Die Beispiele, die ‹Tryphon› für den Asteismus anführt, der bei ihm die Ironie eph' hēmṓn autṓn repräsentiert: «[...] wenn ein Reicher sagt: "Ich bin der Allerärmste" oder der Ringer, der alle besiegt: "Mich wirft jeder zu Boden"» stehen mehr für selbstverliebte Koketterie (fishing for compliments) als für Selbstironie.[28] Möglicherweise ist das Kriterium der von ‹Tryphon› getroffenen Unterscheidung ein bloß äußerliches: die grammatische Person, nicht die pragmatische Zielscheibe der Ironie. Den M. weist ‹Tryphon› der ‹Fremdpersonenironie› zu und definiert ihn als «das, was mit einer gewissen Bewegung und Kontraktion der Nüstern geschieht» (τὸ μετὰ ποιᾶς κινήσεως καὶ συναγωγῆς τῶν μυκτήρων γινόμενον).[29] Statt eines Beispiels werden nur synonyme Ausdrücke genannt. Von den übrigen Ironiearten, die ‹Tryphon› beschreibt (Sarkasmus, Charientismus, Epikertomesis, Asteismus), wird nur noch der Sarkasmus durch ein mimetisches Merkmal gekennzeichnet: «das Entblößen der Zähne bis zum Fletschen».[30] Daß aber ‹Tryphon› unter dem M. keine bloße höhnische Grimasse, sondern – wie auch unter den übrigen Arten der Ironie – primär eine spezifische sprachliche Handlung verstanden wissen will, die von einer bestimmten Mimik begleitet werden kann, aber nicht muß, legt sowohl seine Definition der Ironie nahe – denn was vor der Gattung wesensmäßig gilt, gilt auch von ihren Arten[31] – als auch der Umstand, daß er offenbar voraussetzt, daß die Arten der Ironie zur Not auch ohne außersprachliche Signale in einem schriftlichen Text wiedererkannt werden können. Denn er schreibt, nachdem er das Zähnefletschen als Merkmal des Sarkasmus genannt hat: «Mit einer solchen Miene hat Achilleus vermutlich (εἰκός, eikós) gesagt: [...]», und läßt ein Dichterzitat folgen. Was nun freilich das sprachlich und gedanklich Charakteristische des M. ist, darüber gibt weder ‹Tryphon› noch irgend ein anderer Theoretiker Auskunft.

Was QUINTILIAN zum M. selbst bemerkt, ist zwar dürftig – er definiert ihn als «eine Art des Verspottens, die sich zwar verstellt, aber nicht verborgen bleibt» (dissimulatus quidam sed non latens derisus)[32], eine Bestimmung, die sich wohl auf jede rhetorische Ironie erstreckt –, um so interessanter aber ist, was er zur Nase als einem Werkzeug der actio schreibt: «Mit der Nase und den Lippen drücken wir schicklicherweise kaum etwas aus, obwohl sie gern benützt werden, Hohn, Verachtung und Abscheu (derisus, contemptus, fastidium) zu kennzeichnen (significare). Denn sowohl "die Nase krausziehen", wie Horaz sagt[33], sowie sie zu blähen und zu bewegen, den Finger heftig an sie zu legen, mit einem jähen Atemstoß zu schnauben, die Nasenlöcher immer wieder zu spreizen und auch sie mit der flachen Hand zurückzubiegen ist unfein, wie ja auch schon ein häufiges Schneuzen nicht ohne Grund getadelt wird.»[34] Quintilian stellt an dieser Stelle den Bezug der Nase zu Spott und Ironie zwar deutlich heraus, doch weder erwähnt er hier den M. noch bringt er ihn bei seiner kurzen Erklärung in der

Abb. 1: Ecce homo. Schule von Martin Schongauer (2. Hälfte 15. Jh.). Copyright: Musée d'Unterlinden. Photo: O. Zimmermann.

Tropenlehre in Verbindung mit der Nase. Dies läßt schließen, daß er sich den M. nicht als einen von einer bestimmten *actio* begleiteten Tropus vorstellt. Überhaupt rät er dem Redner von jeder Form nasaler Mimik als etwas Unschicklichem ab, wiewohl gerade seine ausführliche Beschreibung dieser Gesten verrät, daß er mit einer differenzierten 'Nasensprache' eng vertraut ist.

Während ALEXANDER NUMENIU (2. Jh. n.Chr.) und der frühbyzantinische Autor KOKONDRIOS [35] mit ihren knappen Angaben zum M. im Rahmen der von ‹Tryphon› gegebenen Ausführungen verbleiben, bringt der Grammatiker GEORGIOS CHOIROBOSKOS (6. oder 7. Jh. n.Chr.[36]) teilweise neue Aspekte: «M. ist eine unter Schnauben vorgebrachte verächtliche Äußerung, etwa wenn wir jemanden schelten, den wir bei einer schlimmen Tat ertappt haben, indem wir, den Atem durch die Nase blasend, sagen: "Eine schöne Tat hast du da getan, mein Freund, das war notwendig und das Werk eines vernünftigen Menschen".» [37] Im Unterschied zu ‹Tryphon› läßt Georgios den M. nicht von Naserümpfen, sondern -schnauben begleitet sein. Wichtiger aber ist: Sein Beispiel zeigt unmißverständlich, daß der M. im strengen Sinn als Spezies (εἶδος, eídos) der Ironie verstanden wird, indem er unter das *definiens* der Gattung ‹Ironie›: ‹das Gegenteil vom Gemeinten sagen›, fällt.

Ein lateinischer Beleg ist uns noch von dem spätantiken Grammatiker CHARISIUS (4. Jh.) erhalten. Dieser führt den M. unter den Gedankenfiguren als selbständige Figur *neben* der Ironie: «[Eine Aussage kann variiert werden] durch den M., d.h. eine Art Verhöhnung (*derisum quendam*): "Ich sah dich, Odysseus, mit einem Felsbrocken den Hektor zu Boden strecken, ich sah dich mit dem Schild die griechische Flotte decken; ich aber drängte damals ängstlich auf schändliche Flucht." Dies alles ist mit einer Art Verhöhnung von einem Tapferen zu einem nicht Tapferen gesagt.» [38] Die Worte des Beispiels stammen aus einer unbekannten Tragödie, in der der Streit zwischen Aias und Odysseus um die Waffen des gefallenen Achill, die sog. Hoplomachie, dargestellt wurde. Sie sind dem Aias in den Mund gelegt und natürlich im ironischen Gegensinn zu verstehen. [39]

Am antiken Befund fällt auf, daß der M. samt den übrigen Arten der Ironie mit Ausnahme Quintilians nur in speziellen Figuren- und Tropenlehren, nicht in allgemeinen rhetorischen Lehrbüchern behandelt wird. Diese Figurenlehren sind aber meist von Grammatikern und in erster Linie zur stilistischen Analyse literarischer Texte, nicht präzeptiv für die Produktion und den Vortrag von Reden verfaßt. Hierdurch ist vielleicht zu erklären, daß die Figurenlehren das Spezifische des M. meist in dem besonderen mimischen Ironiesignal sehen, während Quintilian in seiner Erläuterung des M. merkwürdig unbestimmt bleibt und andererseits dem Redner empfiehlt, auf nasale Mimik zu verzichten. Es könnte eben daran liegen, daß die keineswegs einheitliche Ausdifferenzierung der Ironie in zahlreiche feine Nuancen eine scholastische Erfindung der Grammatiker und Kritiker ist, mit der die für die Praxis schreibenden Rhetoren wenig anfangen konnten.

II. *Renaissance bis Gegenwart.* Dem lateinischen Westen sind im Mittelalter weder die antiken Figurenlehren noch das Werk Quintilians bekannt. Nicht über die Ironie selbst, aber über ihre Arten und damit auch den M. herrscht vom 7. bis zum 15. Jh. Schweigen. [40] Die vielfältige Zeichensprache von Spott und Ironie bleibt freilich der Sache nach vertraut. Der Bologneser Rhetoriker BONCOMPAGNO DA SIGNA (1165–nach 1240) etwa behauptet, in einem – wahrscheinlich verlorengegangenen – Buch ‹De gestibus et motibus corporum humanorum› eine genaue Beschreibung der ironischen Gesten gegeben zu haben [41], und GALFRID VON VINSAUF gibt in seiner ‹Poetria nova› eine Anleitung zur Verspottung eines dünkelhaften Magisters, die neben anderen spöttischen Gebärden auch das Naserümpfen empfiehlt. [42] Ein spätmittelalterliches deutsches Vokabular leitet gar das Wort *yronia* vom griechischen Verb αἴρειν (aírein – ‹emporheben›) her, «quia loquimur cum elevacione oris vel naris» (da wir beim Sprechen den Mund oder die Nase hochziehen). [43] Doch erst seit dem 15. Jh. kommen mit den entsprechenden Quellen auch die Subklassifikationen der Ironie und deren Termini wieder in Umlauf. Freilich beschränkt sich deren Vorkommen auf die Fachliteratur. Außer dem Sarkasmus gelingt keiner der Arten der Ironie die Einbürgerung in die Gemeinsprache. [44]

In der neuzeitlichen Literatur spiegelt sich die Uneinheitlichkeit und Unvollständigkeit der antiken Theorie der Ironie und tritt z.T. noch deutlicher hervor, da einige kritische Autoren sich nicht mit der bloßen Wiedergabe der dürren antiken Angaben zum M. begnügen, sondern die offengebliebenen Fragen formulieren und nach ihrem Dafürhalten entscheiden.

In seiner reifsten rhetorischen Schrift, den ‹Elementa rhetorices› von 1532, entzieht sich MELANCHTHON mit guter Begründung der schwierigen Aufgabe einer terminologischen Nuancierung der Ironie: «Groß ist die Vielfalt der Ironien. Sie lassen sich besser aus dem Alltagsleben als aus Regeln erkennen. Manchmal drücken sie Verwunderung aus, manchmal Klage, bald Verwünschung und bald Verachtung [...] Schließlich kommen bei der Ironie noch zahlreiche Affekte und Gesten zum Einsatz.» [45] In seinem früher verfaßten Lehrbuch ‹Institutiones rhetoricae› hatte er den M. immerhin noch erwähnt, aber im Ergebnis ihm den Status eines Tropus bzw. einer Figur abgesprochen: «Der M. beruht mehr auf der Gestik als auf Worten, denn μυκτήρ bezeichnet die Nase. Er geschieht, wenn jemand, der Abscheu vor etwas empfindet, die Nase hochzieht» [46] SUSENBROTUS, der zunächst die vage Definition Quintilians übernimmt, folgt dann scheinbar eng der Auffassung Melanchthons: Der M. «zeigt sich mehr in der Gestik als in Worten.» Er fährt aber fort: «Alles, was wir also mit spöttisch gerümpfter Nase sagen, ist ein M.» [47] Für Susenbrotus liegt also offenbar der Kern des M. im Unterschied zu Melanchthon doch in einer sprachlichen Äußerung, die von einer typischen Gebärde begleitet wird. Zur Ironie jedoch gehört der M. bei Susenbrotus, der ihn neben diese unter die *tropi orationum* einreiht, ebenso wenig wie bei Melanchthon.

Die eingehendste Kritik kommt hier wie in vielen anderen Problemen der rhetorischen Tradition von G.I. VOSSIUS: «Aber der M. ist nicht mehr eine Ironie als der Sarkasmus und die anderen Arten der Verspottung (*species irrisionis*) [...] Wenn man aber nicht jeden beliebigen Scherz oder witzigen Einfall gleich für Ironie halten darf, sondern ihn dann erst als ironisch einstuft, wenn in ihm Gegenteiliges verstanden wird, um wieviel weniger ist dann der M. eine Ironie, in dem man niemals Gegenteiliges verstehen kann, maßen er sich in Worten vollzieht, wie der Sarkasmus, sondern in einer Geste.» [48] Mit dem gleichen Einwand widerspricht MEYFART der Einordnung des M., des Asteismus etc., «welche Dinge denen deutschen Lesern ohne zweifel sehr seltzam vorkommen», unter die «Ironey». [49]

Die Kritik von Melanchthon und Vossius stützt sich jedoch auf eine wenig plausible Lesart der antiken Quellen. Denn bei allen Abweichungen im einzelnen kann – mit Ausnahme Quintilians – als ihr Konsens festgestellt werden: (1) Die Ironie ist ein Tropus, der etwas durch dessen Gegenteil zu verstehen gibt. (2) Sarkasmus, M. etc. werden explizit als Arten (εἴδη, eídē) der Ironie bezeichnet. (3) Die Beispiele, die für M., Sarkasmus etc. gegeben werden, entsprechen der obigen Definition der Ironie, wenn auch bei der Definition ihrer einzelnen Arten nicht noch einmal eigens hervorgehoben wird, daß für sie die generischen Merkmale der Ironie gültig sind.

Mit dieser Interpretation stimmt der Colmarer Arzt J.J. WECKER in seiner tabellarisch-dihäretischen Darstellung der Rhetorik überein.[50] Bei ihm tritt der M. zugleich an zwei verschiedenen systematischen Örtern auf. Wie Quintilian zwischen der Ironie als Tropus und als Figur unterscheidet[51], so behandelt Wecker den 'Gedanken-Tropus' (*sententiarum tropus*) gesondert von der Gedankenfigur (*sententiarum figura*) ‹M.›. Den *Tropus* beschreibt Wecker auf herkömmliche Weise als naserümpfenden Spott. Die Ironie als *Figur*, die er lateinisch mit *dissimulatio* übersetzt und «darin, daß wir etwas als unsere eigene Meinung oder als die eines anderen ausgeben» (in fingendis tum nostris tum alienis opinionibus) begründet sein läßt – was der Definition des Tropus: ‹das Gegenteil des Gemeinten sagen›, in der Sache etwa äquivalent ist[52] – unterteilt Wecker auf einer Ebene (in freier Anlehnung an ‹Tryphon›) in eine «geistreiche / charmante» (*urbana*) und eine «feindselige» (*hostilis*) Ironie, letztere wiederum in «Neckerei» (*cavillum* / σόφισμα, sóphisma) und «Bonmot» (*dictum* / σχῶμμα, skōmma) «welches aus einem kurzen und scharfen Witzwort (brevi et acuta dicacitate) besteht», und dieses schließlich in M. und Sarkasmus. Der M. nun, so Wecker, «verspottet einen anderen, den wir verächtlich machen wollen, und schneidet ihm gleichsam hinter seinem Rücken Grimassen» (alium irridet quem cupimus contemptum & tanquam à tergo subsannat). Wichtig ist hier das Wörtchen *tanquam*: Der M. arbeitet mit sprachlichen Mitteln, bedarf also nicht notwendig eines 'körperlichen' Ironiesignals. Durch die Sonderung eines figuralen von einem 'tropischen' M. erreicht Wecker somit eine erneute Sublimierung von der beinahe auf die Fratze reduzierten Aushöhnung zur feinen Satire.

Nicht in Kritik oder Neukonzeption, sondern in z.T. phantasiereicher Ausgestaltung und Ausschmückung des Überlieferten besteht der Beitrag der frühneuzeitlichen *englischen Figurenlehren*. R. SHERRY, der erste Verfasser eines solchen Werkes (1550), orientiert sich mehr an der gemeinsprachlichen Bedeutung der lateinischen Entsprechung *subsannatio* als an dem Terminus ‹M.›, wenn er ihn zwar auf die höhnische Grimasse beschränkt («skornyng by some gesture of the face, as by wrythinge the nose, putting out the tongue, pettyng, or suche lyke»).[53] Für G. PUTTENHAM hingegen besteht der M. im Zusammenspiel von ironischer Äußerung und milder spöttischer Miene (lächelnd zur Seite blicken, die Lippe schief- oder die Nase krausziehen). Mit solcher Miene sagt man etwa zu jemand, dessen Worten man nicht glaubt: «Ohne Zweifel, Sir.» Puttenham, der sich um eine sinnfällige englische Interpretation der gelehrten rhetorischen Nomenklatur bemüht, nennt diese Figur «the fleering frumpe», 'das spöttische Grinsen', und zählt sie zum typischen Repertoire des spöttischen Freigeistes («hicke the scorner»).[54] Weder mit der Ironie noch mit der Mimik in Verbindung gebracht wird der M. von H. PEACHAM, der hierin der Definition Quintilians folgt.[55] Seine Beispiele, zwei Apophthegmata von Diogenes und Demonax, enthalten zwar urbanen Spott, fallen aber nicht unter den Begriff der Ironie im Sinne der *dissimulatio*: Der Philosoph Demonax (ein gemäßigter Vertreter kynischer Bedürfnislosigkeit[56]) auf die spöttische Frage, ob auch Philosophen Honigkuchen essen: «Glaubst du, die Bienen sammeln ihren Honig nur für Dummköpfe?» Verglichen mit dem Sarkasmus ist der M., so Peacham, versteckter («more privie»), spezieller und anspruchsvoller («more hard»), und dient wie jede Art des Spottes der moralischen Zurechtweisung. Er ist vergleichbar dem Frost, «der einen in die Nase zwickt, noch ehe man ihn mit dem Auge wahrnimmt». Als eine geistreiche Spötterei kann er nicht gegenüber einfältigen Menschen verwendet werden, «denen es an Fassungskraft und Feinheit des Verstandes fehlt, um ihn zu bemerken». Ganz dieselbe Beschreibung wie Peacham bringt J. SMITH, erweitert um zwei alternative Herleitungen des Wortes: entweder von μυκτηρίζω oder von μυκτήρ – ‹Nasenflügel› plus αἴρω – ‹heben›.[57]

Seit dem 18. Jh. wird der Terminus ‹M.› in der rhetorischen Fachliteratur nur noch selten, und dann auch nur am Rande erwähnt. Verschiedene Gründe kommen hierfür in Frage: (1) Die Einbürgerung der Rhetorik in die Nationalsprachen geht mit einer Selektion und Neuorganisation des überlieferten Materials einher. Allzuweit getriebene terminologische Differenzierung wird, zumal wenn sie sich der Übersetzung sperrt, als gelehrter Ballast empfunden.[58] (2) Das ausgeprägte theoretische und praktische Interesse des Manierismus und des Barock für die regelhafte Erzeugung gedanklichen und sprachlichen Schmuckes, das (auch innerhalb der Poetik) zu einer Wucherung der Figurenlehre geführt hat – ‹Peachams Garden of Eloquence›, der in dieser Hinsicht einen Höhepunkt markiert, verzeichnete über 200 ‹Figuren›, wovon es sich bei vielen um Termini handelt, die ursprünglich in anderen rhetorischen Teildisziplinen (*officia*) beheimatet waren[59] – klingt im Zuge der Frühaufklärung schnell ab. Die Figurenlehre wird von nur scheinbaren oder hochspezifizierten Figuren gesäubert und systematisch gestrafft. (3) Der Begriff der Ironie entfernt sich von seinen rhetorisch-grammatischen Wurzeln und fächert sich in verschiedene Abstraktionen und Objektivationen (literarische, tragische, kosmische, romantische Ironie etc.) auf.[60] Was also seit dem 18. Jh. zum M. zu finden ist, geht i.d.R über Kurzdefinitionen[61] und Übersetzungsversuche[62] nicht hinaus. Immerhin ist der Begriff noch in einem Konversationslexikon des 18. Jh. unter dem Lemma ‹Mycteres› zu finden: «von dem Gr. Μυκτήρ, die Nase, sind die Nasenlöcher oder vielmehr des aus dem Gehirn herunter tröfflenden Unflaths Behältnisse; Daher kommt *Mycterismus*, das Nasen=Rümpfen, wenn man jemanden aushöhnet, und über ihn die Nase ziehet.»[63] Im Rückgriff auf biblische Spottszenen re-dämonisiert wird der M. von dem modernen Poetologen H. MORIER. Im Rahmen seiner mimisch-intonatorischen Neuinterpretation einiger antiker Nuancen der Ironie bezeichnet er den M. als «forme sardonique ou satanique de la moquerie»[64], bei dem das Naserümpfen der Rede einen dumpf-näselnden Klang verleiht, der im literarischen Text durch ein Vorherrschen von Nasallauten abgebildet werden kann. Morier zitiert hierzu ein paar Verse aus Baudelaires ‹Fleurs du mal›.[65] In der modernen Pragmalinguistik und Psychologie erfahren die außersprachlichen Faktoren und Verstehensbedingungen der Ironie wieder vermehrtes Interesse. [66] Gestik und Mimik finden hier jedoch nur als sog. Ironiesignale Beachtung, d.h. als Hinweise darauf, *daß* eine sprachliche Äußerung als ironisch zu verstehen ist. Der Umstand, daß körpersprachliche Zeichen die Ironie einer Äußerung nicht nur anzeigen, sondern zugleich auch qualifizieren, kommt hierbei nicht in den Blick. Ohnehin arbeiten diese Forschungszweige meist fern der rhetorischen Tradition.

Anmerkungen:
1 vgl. LSJ 1152 s.v. μυκτήρ, μυκτηρίζω, μυκτηρισμός; K.E. Georges: Ausführliches lat.-dt. Handwtb. ([8]1913; ND 1992) Bd.2, Sp.1097f. s.v. *nasus*. – 2 Quint. VIII, 6, 59. – 3 ‹Tryphon›, Περὶ τρόπων II, 19–21, in: Rhet. Graec. Sp., Bd.3, p.205, 23–26; Anonymus, Περὶ ποιητικῶν τρόπων, ebd. p.213, 24–27; Alexander Numeniu, Περὶ σχημάτων 18, ebd. p.23, 8f.; Kokondrios, Περὶ τρόπων 10, in: Rhet. Graec. W., Bd.8, p.789, 3. – 4 vgl. W. Büchner: Über den Begriff der Eironeia, in: Hermes 76 (1941) 339–358. – 5 Lausberg Hb. § 583; § 1244, S. 729 s.v. *ironia*; vgl. H. Plett: Rhet. Textanalyse ([7]1989) 95. – 6 Donat., Komm. zu Terenz, ‹Eunuchus› 89. – 7 vgl. G.M. Rispoli: L'ironia della voce. Per una pragmatica dei testi letterari nella Grecia antica (Neapel 1992) 8f. – 8 vgl. H. Weinrich: Linguistik der Lüge ([5]1974) 64. – 9 Plinius. Naturalis historia, praef. 7. – 10 vgl. L. Bergson: Eiron und Eironeia, in: Hermes 99 (1971) 409–422. – 11 Theophrast, Charaktere, cap.1. – 12 Plat. Gorg. 489e u.ö.; vgl. O. Ribbeck: Über den Begriff des εἴρων, in: Rheinisches Museum N.F. 31 (1876) 381–400, bes. 385f. – 13 vgl. Iulius Pollux, Onomasticon II, 78. – 14 Arist. EN IV, 13; vgl. Bergson [10] 414. – 15 vgl. Timon von Phleius bei Diogenes Laertios II, 19; Anthologia Palatina IX, 188, 5 μυκτήρ Σωκρατικός. – 16 vgl. C. Sittl: Die Gebärden der Griechen u. Römer (1890) 86–88. – 17 Ps.-Long. Subl. 34, 2; vgl. dazu den Komm. von D.A. Russell (Oxford 1964) 61. – 18 Sen. Suas. 1, 6. – 19 Plinius [9] XI, 158, Übers. R. König. – 20 Übers. Luther-Bibel nach der rev. Fassung von 1984; weitere Stellen bei E. Hatch, H.A. Redpath: A Concordance to the Septuagint, vol. 2 (Oxford 1897; ND Graz 1954) 936; im NT vgl. Gal 6, 7. – 21 vgl. G.W.H. Lampe: A Patristic Greek Lexicon (Oxford 1961) 888 s.v. μυκτηρισμός. – 22 vgl. Sittl [16] 86, Anm.12; Georges [1] Sp.2875. – 23 vgl. Hunger, Bd.1, 90f.; skeptisch dagegen H. Gärtner in KlP, Bd.5 (1979) Sp.990f. s.v. ‹Tryphon 4›. – 24 ‹Tryphon› [3] ebd. – 25 so sinngemäß schon Anax. Rhet. cap.21, 1 p.51, 6f. – 26 zum Ausdruck ἠθικός in diesem Zusammenhang vgl. Rispoli [7] 95–108, 157–188 mit weiteren Belegen. – 27 in diesem Sinne Lausberg Hb. § 1244, p.730f. – 28 ‹Tryphon› [3] p.206, 13–15; vgl. Morier 594. – 29 ‹Tryphon› [3] p.205, 23f. – 30 ebd. Z. 17f. – 31 vgl. Arist. Top. IV 2, 122b 6–11. – 32 Quint. VIII, 6, 59; dazu J. Cousin: Études sur Quintilien, Bd.2: Vocabulaire grec de la terminologie rhétorique dans l'institution oratoire (Paris 1936; ND Amsterdam 1967) 105. – 33 *corrugare nares*: Cic. Ep. I, 5, 23. – 34 Quint. XI, 3, 80. – 35 Alexander Numeniu [3] ebd.; Kokondrios [3] ebd.; vgl. Hunger [23] ebd. – 36 vgl. KlP, Bd.1 (1979) Sp.1153f. – 37 Georgios Choiroboskos, Περὶ ποιητικῶν τρόπων 25, in: Rhet. Graec. Sp., Bd.3, p.254, 28–255, 1; vgl. fast gleichlautend Anonymus, ebd. p.213, 24–27. – 38 Charisius, Artis grammaticae libri V, ed. K. Barwick (Leipzig 1964) p.372. – 39 vgl. Ovid, Metamorphosen XII, 7f.; 85f.; 115. – 40 vgl. D. Knox: Ironia Medieval and Renaissance Ideas on Irony (Leiden / New York / Kopenhagen / Köln 1989) 157. – 41 vgl. ebd. 59. – 42 Galfrid p.38, Vv. 450–454. – 43 Vocabularius terminorum sive dictionarum cum vulgari (Erfurt 15. Jh.), zit. Knox [40] 63, Anm.30; vgl. ebd. 83. – 44 ebd. 153f. – 45 Melanchthon 472. – 46 ders.: Institutiones rhetoricae, zit. Ausg. Wittenberg 1532, c ii; in diesem substanziell gestischen Sinne begreifen den M. auch Latomus, Carbore, Bader u.a., zit. bei Knox [40] 151, Anm.15f., im 18. Jh. z.B. J.M. Gesner, Primae lineae artis oratoriae (Jena 1753) 20, ihnen folgend auch J. Knape, A. Sieber: Rhet.-Vokabular zur zweisprachigen Terminologie in älteren dt. Rhetoriken (1998) 125. – 47 I. Susenbrotus, Epitome troporum ac schematum et grammaticorum et rhetorum, (Zürich 1541) 17. – 48 Vossius, Pars II, p.239f.; dieser Kritik schließt sich Knox [40] 154–157 im wesentlichen an. – 49 J.M. Meyfart: Teutsche Rhetorica oder Redekunst (1634), hg. v. E. Trunz (1977) 187. – 50 J.J. Wecker: Artis oratoriae praecepta ... in tabularum formam redacta, ac methodice digesta (Basel 1582) 196 u. 205. – 51 Quint. IX, 2, 44; vgl. dazu Lausberg Hb. § 902; M. LeGuern: Éléments pour une histoire de la notion d'ironie, in: Linguistique et sémiologie 2 (1976) 47–59, 52f. – 52 vgl. Quint. IX, 2, 44. – 53 R. Sherry: A Treatise of Schemes and Tropes (1550; ND Gainesville, Florida 1961) 46. – 54 G. Puttenham: The Arte of English Poesie (1589), hg. v. D. Willcock, A. Walker (Cambridge 1936) 191. – 55 H. Peacham: The Garden of Eloquence (1593; ND Gainesville, Florida 1954) 38f. – 56 vgl. Lukian, Demonax 5. – 57 John Smith: The Mysterie of Rhetorique unvail'd (1657; ND Hildesheim / New York 1973) 248f. – 58 vgl. Meyfart [49]. – 59 vgl. W.G. Crane, Vorwort zu Peacham [55] 10. – 60 vgl. E. Behler: Art. ‹Ironie›, in: HWPh, Bd.4 (1998) Sp.603f. – 61 vgl. z.B. Gesner [46]; Ernesti Graec. 222 s v. μυκτήρ; F.E. Petri: Rhet. Wörter-Büchlein ... (Leipzig 1831) 145. – 62 vgl. z.B.C.C. DuMarsais: Des tropes ou des différents sens, ed. F. Douay-Soublin (Paris 1988) 184 Anm. – 63 Zedler, Bd.22 (1739) 1683. – 64 Morier 608f. – 65 Ch. Baudelaire: Fleurs du mal, CXIX; Abel et Caïn. – 66 vgl. D.R. Warning: Ironiesignale und iron. Solidarisierung, in: W. Preisendanz, R.W. (Hg.): Das Komische (1976) 416–432; N. Groeben u.a.: Produktion u. Rezeption von Ironie, 2 Bde. (1985); D.O. Vesper: Ironieverstehen bei Kindern (Diss. Tübingen 1996; 1997).

Literaturhinweis:
M. Schulte: Literarische Nasen (1969).

Th. Zinsmeier

→ Asteismus → Charientismos → Diasyrmus → Ironie → Sarkasmus → Satire → Spott

Mystik (griech. μυστική, mystiké; lat. mystica; engl. mysticism; frz. mystique; ital. mistica)
A. Def. – B.I. Rhetorik und M. – II. Religionsgeschichte. – 1. Kontextuelle Zuordnung. – 2. Ubiquitäre Kriterien in der Religionsgeschichte. – a. Mystische Wege und Stufen: Islam, Indische Religionen, Judentum, Christentum. – b. Meister und Schüler. – 3. Unio mystica. – a. Mystische Sprache – Göttersprache. – b. Metaphern und Symbole. – 4. Träger im Einigungsprozess: Die Seele. – 5. Mittelalterliche Frauenmystik. – 6. Ethik und Häresie. – 7. Mystizismus als neue Spiritualität? – C. M. und bildende Kunst. – D. M. und Philosophie.

A. Der Begriff ‹M.› (möglicherweise abgeleitet vom schon mykenisch belegten Verb my(s); eingeweiht oder von griech. μύω, mýō; sich schließen und μυστικός, mystikós; geheimnisvoll) bezeichnet eine die Sinneswahrnehmung und die rationale Erkenntnis überschreitende Wahrnehmung, Schau oder Erfahrung des göttlichen Seins. Mystische Lehren und Praxisformen sind religionsgeschichtlich universale Phänomene, deren spezifische Ausprägung jedoch von religiösen Epochen, Traditionen, Gemeinschaften oder Glaubensinhalten bestimmt wird (Naturmystik; buddhistische, indische, griechisch-römische, jüdische, christliche M.; moderne Esoterik und Spiritualität). Durch die Abkehr von der sinnlich erfahrbaren Welt sowie ihrer vernunftgeleiteten Aneignung und mit Hilfe von spezifischen Techniken der Versenkung (Meditation, Tanz, Askese) versucht der Mystiker, das Transzendentale zu erleben und in der *unio mystica* die Trennung zwischen Gott und Mensch zu überbrücken. Seit THOMAS VON AQUIN gilt dies als erfahrungsbegründete Gotteserkenntnis (*cognitio Dei experimentalis*). Dieser Gotteserfahrung (verbunden mit einer mystischen Tugendlehre) im hellenistisch-christlichen Kulturraum entspricht z.B. im Buddhismus die Lehre und Praxis des *mystischen Weges* ins Nirvana.

Der Begriff ‹mystikós› verweist zunächst auf die Mysterienkulte von Eleusis und den Arkan des priesterlichen Geheimwissens. Er wird später metaphorisch für jene Dinge verwendet, über die nicht gesprochen werden darf (so bei PLATON).[1] Philosophische Bedeutsamkeit erhält der Begriff in der Spätantike bzw. im Spätneuplatonismus. Er benennt hier die nur wenigen mitteilbare Einsicht in die höchsten Dinge.[2]

Auch da, wo auf persönlich-irrational-visionäre Glaubenserfahrungen, auf den verborgenen Sinn einer Redeweise, auf geheimnisvolle Worte und Formeln, dunkle Bedeutungen und geheime Riten hingewiesen wird, findet der Begriff ‹M.› Anwendung.[3] Angesprochen ist damit der Zusammenhang zwischen der *obscuritas* und Hermetik von mystischen Texten und Erfahrungen einerseits sowie ihrer Exegese (*interpretatio*) durch Eingeweihte und Mystagogen andererseits. Inbegriffen ist dabei auch eine Meister-Schüler-Beziehung, in der es um die Weitergabe mystischer Lehren und um die Einführung in mystische Praktiken geht (PROKLOS: μυστική παράδοσις; mystiké parádosis[4]). Vor diesem Hintergrund gilt: Je höher, geheimnisvoller, göttlicher die Gegenstände sind, desto mystischer werden Erlebnis- und Ausdrucksformen.

Zur *rhetorisch-literarischen* Seite mystischer Erfahrungen und Äußerungen gehören – neben Verbildlichungen und Illustrationen – die Versprachlichung religiöser Affekte und Gefühlsbereiche, die Wahl eines expressiven, pathetischen, hochwertigen Vokabulars, die stetige Suche nach neuen Bildern, Exempeln, Vergleichen und Symbolen. In mystischen Texten lassen sich kühne Metaphern (Natur-, Liebes-, Licht-, Wassermetaphorik), Paradoxa, Oxymora, Hyperbeln und Ellipsen ebenso gehäuft nachweisen wie Enumeration, Klimax, Antithese, Parallelismus, Repetition, Exclamation und Emphase.[5] Vermieden wird eine verstandesbezogene, klar umrissene und genau beschreibende Sprache, bevorzugt werden Vagheit, Allusion und Polysemie.

Weitere wichtige Aspekte des mystischen Sprachgebrauchs sind die exegetische Annäherung an biblische Texte (*sensus mysticus, allegoricus*[6]), die Spannung zwischen Reden und Schweigen (άλογία, alogía), das *res-verba*-Problem (sprachliche Darstellbarkeit mystischer Erfahrung), der Wechsel zwischen Visionen, Epiphanien, Meditationen und Gebeten sowie die Allegorisierung und Personifikation (Christusmystik). Die mystische Literatur steht an der Grenze zwischen fiktionalen und nicht-fiktionalen Texten[7], wobei als dominante Gattungen gelten können: Bibelkommentar, Predigt, Traktat, Brief, Vita, Visionsbericht, Offenbarung, Bekenntnis, Lehrgedicht, Gebet oder mystische Prosa in großen Zyklen (Barock).[8]

Anmerkungen:
1 s. LAW, Bd. 2, Sp. 2041. – 2 s. dazu auch P. Heidrich: Art. ‹M., mystisch›, in: HWPh, Bd. 6, Sp. 268. – 3 ebd. – 4 Proklos, Kommentar zu Platon: Parmenides p. 779; Kommentar zu Platon: Timaios 3, 12 D. – 5 s. dazu auch A.M. Haas: M. als Aussage: Erfahrungs-, Denk- und Redeformen christl. M. (1996). – 6 z.B. Origenes, Kommentar zu Joh 10, 3. – 7 s. Metzler Lit.Lex. (²1990) 316. – 8 zur Darstellung christl. M. s. K. Ruh: Gesch. der abendländischen M., Bd. 1–4 (1990–1999); Textsammlung: G. Ruhbach (Hg.): Christl. M.: Texte aus 2 Jahrtausenden (1989).

Literaturhinweise:
F. Bolgiani: Mistica e retorica (Florenz 1977). – Dt. M.: Hildegard von Bingen..., ausgew., übertr. und eingel. von L. Gnädiger (Zürich 1989). – G. Schmid: Die M. der Weltreligionen (1990). – R. Gramlich: Islamische M. (1992). – H. Ruß: Der neue Mystizismus (1993). – D.S. Ariel: Die M. des Judentums (1993). – P. Dinzelbacher: Christl. M. im Abendland (1994). – K. Albert: Einf. in die philos. M. (1996). – W. Beutin et al. (Hg.): Europäische M. vom Hochmittelalter zum Barock (1998). – H: Kochanek (Hg.): Die Botschaft der M. in den Religionen der Welt (1998). – S.N. Dasgupta: Indische M. (1998). – P. Dinzelbacher (Hg.): Wtb. der M. (²1998). – E. Wolz-Gottwald: Transformation der Phänomenologie: Zur M. bei Husserl und Heidegger (Wien 1999). – W. Haug, W. Schneider-Lastin (Hg.): Dt. M. im abendländischen Zusammenhang (2000).

G. Kalivoda

B. I. *Rhetorik und christliche Mystik.* Die Rhetorik der Mystiker wird sichtbar im Ensemble der sprachlichen Verfahren, mit denen ein Kommunikationseffekt bewirkt werden soll.[1] In dieser Erkenntnis ist tendenziell eingeschlossen, daß Mystiker einen eigenen Stil der Kommunikation pflegen, der sich von anderen Kommunikationsverfahren unterscheidet. Auch ist zu betonen, daß mystische Sprache in der großen Mehrzahl der Fälle christliche Binnensprache ist, d.h. schon im frühen Christentum ein Sprechen von Glaubenden zu Glaubenden darstellt, in dem die Genres der Intimität vorherrschen: Briefe, Homilien und Predigten, verschiedene belehrende Traktate – als Bereitung zum Martyrium, zum Gebet, zur christlichen Vollkommenheit, zur Vereinigung mit Gott –, und schließlich geistliche Kommentare zur Heiligen Schrift. Die M. und deren sprachliche Ausdrucksformen stehen dabei in einer Tradition, welche sich von ihrer sprachlichen Machart her als ein initiatisches Verfahren gegenüber dem didaktischen deutlich unterscheidet.

1. *Geschichte.* **a.** *Patristik.* Die Patristik hat in ihren Festlegungen des Sprechens über Gott (Theo-Logie) denn auch deutlich zwischen zwei verschiedenen Ausdrucksweisen, der philosophisch schlußfolgernd-beweisenden einerseits und der symbolisch-initiatischen andererseits oder zwischen theorie- und erfahrungskonzentrierter Sprachgestaltung[2] unterschieden, welche auf zwei unterschiedlichen Wahrnehmungsweisen ruhen: der aktiv-lernend-diskursiven und der passiv-aufnehmend-intuitiven Erkenntnis, eine Unterscheidung, die erinnerungskräftig mittels eines aristotelischen Erfahrungsmusters im Wortpaar ‹matheín/patheín›[3] signalisiert werden konnte. Das heißt aber nicht, daß die Konzepte der antiken Rhetorik und ihre Unterscheidungskriterien schon in die Reflexion über die religiöse Erfahrungssprache eingeflossen wären.

b. *Mittelalter.* Im Mittelalter gewinnt die religiöse Erfahrungssprache einen festen eigenen Ort im Rahmen monastischer Spiritualität und Überlieferungen, wo anders als in der scholastisch organisierten Fachsprache der mittelalterlichen Universitäten, welche die diskursiv vorgehende, d.h. schlußfolgernde *quaestio* bevorzugt, das Mysterium des christlichen Heils im Spiegel der stark bildgeprägten und evokativen Bibelsprache ruminiert, d.h. meditiert und vergegenwärtigt wird.[4] Es handelt sich dabei um eine wirkliche Sprech- und Gebetstradition einer konsequent auf die *unio mystica* bezogenen Spiritualität, deren Ursprünge in der biblischen Liturgie und im persönlich getätigten Gebetsleben liegen. Wenn man einmal davon absieht, daß die mittelalterlichen Mönche in ihrer Ausbildung in den *Artes liberales* das *Trivium* (mit der Rhetorikausbildung) intensiv studieren, dessen Struktur- und Bildungsgehalte so in die Gestaltung ihres Gebetslebens einfließen, kann man sagen, daß auch hier die Erfahrungssprache sich außerhalb der offiziellen Rhetorik ausbildet, so daß eine eigentliche *rhetorica sacra* sich nicht als Theorie auszuformen vermochte. Faktisch aber gibt es seit Gregor d. Gr. im 6. Jh., spätestens aber seit dem 12. Jh. – insbesondere in der Nachfolge der Schriften BERNHARDS VON CLAIRVAUX und WILHELMS VON ST. THIERRY [5] – ein ausgebildetes Arsenal einer innerlichkeitsbezogenen Erfahrungssprache, in welche Rhetorik als ein Bildungssubstrat eingegangen ist.

c. *Neuzeit*. Die frühe Neuzeit mit ihren vielfältigen wissenschaftlichen und wissenschaftstheoretischen Einsichten billigt der *theologia mystica* Wissenschaftsstatus zu. Die Erfahrungssprache wird zu einem *modus loquendi*, der Erstaunen und in dessen Gefolge Rechtfertigungsversuche provoziert. Schon THOMAS VON AQUIN beobachtete im Prooemium seines Kommentars zu Ps.-Dionysios' Areopagita ‹De divinis nominibus›, daß «beatus Dionysius in omnibus libris suis obscuro utitur stilo» (der hl. Dionysius in allen seinen Büchern einen dunklen Stil verwendet).[6] Sein dunkler Stil, der semantisch mit *mystica theologia* als einer *theologia occulta* zusammenstimmt, entspreche allerdings einer Strategie, welche die *sacra et divina dogmata* vor einer Profanierung durch die Ungläubigen schützen solle. Im übrigen entspreche dieser Stil den *platonici*, der – bei den *moderni* ungewohnt – die Ansichten ihres Schuloberhaupts über die Ideenlehre vertrete und deren (richtiges) Konzept eines ersten Ursprungs aller Dinge von Dionysios in seiner Spekulation über das *principale bonum* (*superbonum, supervita, supersubstantia, Deitas thearchia*) Gottes in christlich legitimer Weise übernommen wird. Mit andern Worten: Die begriffliche Hypostasierung Gottes als des Urgrundes von allem bewirkt eine Intensivierung des Geheimnischarakters Gottes, die sich sprachlich – wegen der Unsagbarkeit Gottes! – in eigenartigen Wendungen, in einem dunklen Stil ausdrückt.

Mit dem 15. und 16. Jh., da die M. auf das Niveau einer Wissenschaft mit einer theoretischen und praktischen Seite (JOHANNES GERSON) gehoben wird, bekommt die Reflexion über diese Stilfrage eine erhöhte Dringlichkeit. Einerseits fließt erstmals in dieser Intensität über ERASMUS VON ROTTERDAM [7] das Wissen aus der altererbten Grammatik und Rhetorik ein in die Deutung der *scriptura mystica*, so daß sich die spirituelle Deutung der Hl. Schrift mit einem breiteren und professionelleren philologischen Sachwissen umgibt, was ein geschärftes Wissen vor der rhetorisch-sprachlichen Einbettung[8] der Geheimnisdimension der göttlichen Offenbarung im Spiegel der Schrift zur Folge hat, und andererseits findet nun auch im Bereich der theoretisch vorgehenden *theologia mystica* ein Nachdenken über den *modus loquendi* der mystischen Sprache statt, aus eigenem wissenschaftlichen Interesse, aber auch sofern sie mit der Tiefendeutung der Schrift (Hohelied) in Zusammenhang steht.

Zunächst einmal ist der Umfang dessen, was *theologia mystica* als eine Wissenschaft intendiert, sehr weit zu fassen: Das Objekt dieser Wissenschaft ist alles, was der unmittelbaren Wahrnehmung entgeht: «Mysticum illud dicitur quod vel in religione, vel in disciplina aliqua, sacratum magis ac secretum est, atque a vulgarium hominum sensu magis dissentire videtur» ('Mystisch' wird jenes genannt, was in der Religion oder in einer Disziplin mehr heilig und geheim ist und mit dem Empfinden der gewöhnlichen Menschen weniger übereinzustimmen scheint).[9] Die mystische Wissenschaft dokumentiert sich seit dem 15. Jh. mit vielerlei Titeln. Inhaltlich schließen alle diese Denominationen an Ps.-Dionysios Areopagita an, und von ihm her müssen sie auch den Vorwurf übernehmen, eine eigene und gefährliche Sprache zu sprechen[10], die unpräzis, überraschend, außerordentlich, übertrieben ist und einen Jargon darstellt, dessen Bezeichnung als *mystiquerie* entlarvend wirken soll.

In dem Moment, da mit Kants Invektive gegen die M.[11] und ihre sprachlichen Verfahren die Aufklärung ihre Grundlagenkritik an der mystischen Theologie als an einer vernunfthaft unausgewiesenen und unausweisbaren (d.h. nicht verifizierbaren), schwärmerischen und mystisch-platonischen (d.h. poetischen vs. prosaischer, d.h. echt philosophischer) Redeweise vorbringt, ist es um die Verlässlichkeit dieser Wissenschaft im Streit der Fakultäten geschehen, und der Weg steht offen zum Sinnlosigkeitsverdacht (Ayer) gegenüber der mystischen Sprache, wie ihn die analytische Philosophie immer wieder vorbringt.

2. Systematische Aspekte. M. ist – das darf aus allen Diskussionen der Jahrhunderte über sie entnommen werden – eine *manière de parler*[12], wie schon von dem Jesuiten MAXIMILIAN SANDAEUS eindringlich und mit viel Sachwissen belegt wird: «Mystici suum habent stylum, vt quelibet curia, suas loquendi formulas, dictionem propriam, & phrasim» (Die Mystiker haben ihren eigenen Stil, so wie jede Versammlung ihre eigenen Redewendungen, ihre eigentümliche Ausdrucks- und Redeweise hat).[13] Insgesamt handelt es sich um eine Rhetorik des Exzesses, in die die negative Theologie mit aller Schärfe eingegangen ist. Mit Dionysios gesprochen: Die M. enthält in sich die positive Redeweise (*via cataphatica, positiva*) als eine symbolische Theologie, die sie – aus tieferer Einsicht, daß Gott in keiner Weise und genügend ausgesprochen werden kann – durch die *via apophatica* (*negativa*) konterkariert, bis dahin, daß Gott als das *Nichts* (aller ihn einengenden Aussagen) bezeichnet werden kann. Aber auch dieser Weg der Gottesbezeichnung wird nochmals transzendiert durch die *via excellentiae* (griech. ὑπεροχή, hyperoché), in der Gott das Bejahte und Verneinte im Übermaß zugesprochen wird, was dann zu dem führen wird, was Blumenberg als ‹Sprengmetaphorik› charakterisiert hat (vgl. die Definition Gottes als Kreis, dessen Zentrum überall und dessen Umfang nirgendwo ist). Die moderne Mystikforschung ist seit Henri Bremond, Jean Baruzi und Louis Massignon auf den Spuren dieser sprachstilistischen, d.h. rhetorisch-strukturalen Eigenschaften der mystischen Sprache (Haas, Haug, Köbele, Egerding).[14] Die mystische Vorliebe für die Stilmittel des Paradoxen und Kontradiktorischen (bis hin zum Oxymoron), des Übertreibend-Exzessiven, der massiven, bisweilen aporetischen Bildlichkeit und kühnen Metaphorik, der quantitativen Steigerung (Parallelismen, Tautologien etc.) und insgesamt das die Sprache Sprengende und Überfordernde ist als eine spezifische Rhetorik der Suggestion unmittelbarer Erfahrung erkannt und gedeutet worden. Frühe Erkenntnisse wie jene Michel de Certeaus aus dem Jahre 1956 erfahren dabei eine klare Verifikation im Blick auf eine Fülle mystischer Texte: «Le langage (mystique) n'est pas seulement intérieur à l'expérience; il en est le *savoir*» (Die mystische Sprache verbleibt nicht nur im Inneren der Erfahrung; sie ist das Wissen darüber).[15]

Anmerkungen:
1 s. M. Harl: Le déchiffrement du sens (Paris 1993) 9, Anm. 12. – **2** s. dazu: E. Mühlenberg: Die Sprache der religiösen Erfahrung bei Pseudo – Dionysios Areopagita, in: L.R. Wickham et al. (Hg.): Christian Faith and Greek Philosophy in Late Antiquity (Leiden 1993) 129 – 147. – **3** ebd. 139; Y. de Andia: ‹παθὼν τὰ θεῖα›, in: S. Gersh, Ch. Kannengiesser (Hg.): Platonism in Late Antiquity (Notre Dame, Ind. 1992) 239 – 258; H. Dörrie: Leid und Erfahrung (1956); Aristoteles, De philosophia, frg. 15. – **4** s. J. Leclerq: Wiss. und Gottverlangen. Zur Mönchstheologie des MA (1963); ders.: Otia monastica (1963); P. Miquel: Le vocabulaire de l'expérience spirituelle dans la tradition patristique grecque du IVe au XIVe siècle (Paris 1989). – **5** s. Leclerq [4]; U. Köpf: Religiöse Erfahrung in der Theol. Bernhards von Clairvaux (1980). – **6** S. Thomae Aquinatis In Librum Beati Dionysii De divinis nominibus expositio, ed. C. Pera (1950) 1f. – **7** s. B. Bauer: Jesuitische ‹ars rhetorica› im Zeitalter der Glaubenskämpfe (1986) 54f.; P. Walter: Theol. aus dem Geist der Rhet. (1991) 106f. – **8** Walter [7] 210f., 224. – **9** C. Hersent: In D. Dionysii de mystica theologia librum (1626) 7; M. de Certeau: La fable mystique 1: XVIe–XVIIe siècle (Paris 1982) 132. – **10** Certeau [9] 149ff. – **11** I. Kant: Von einem neuerdings erhobenen vornehmen Ton in der Philos. (1796), in: Schr. zur Metaphysik und Logik, Werke III (1959) 375ff. – **12** Certeau [9] 156 – 208. – **13** M. Sandaeus S.J.: Pro theologia mystica clavis (1640, ND 1963). – **14** s. H. Bremond: Falsche und echte M. (1955); J. Baruzi: Introduction à des recherches sur le langage mystique, in: Encyclopédie des mystiques, hg. von M. Berlewi (Paris 1972); L. Massignon: L'expérience mystique et les modes de stylisation littéraire, in: Le roseau d'or 20 (1927) 141–176; A.M. Haas: M. als Aussage (1996); W. Haug: Brechungen auf dem Weg zur Individualität (1997); S. Köbele: Bilder der unbegriffenen Wahrheit (1993); M. Egerding: Die Metaphorik der spätma. M., 2 Bde. (1997). – **15** M. de Certeau: Le voyage mystique (Paris 1988) 36.

Literaturhinweise:
F. Bolgiani: Mistica e retorica (Florenz 1977). – A.M. Haas: Sermo mysticus (Fribourg 1979). – ders.: Geistliches MA (Fribourg 1984). – M. Baldini: Il linguaggio dei mistici (Brescia 1986). – R. Hummel: Mystische Modelle (1989). – S.T. Katz (Hg.): Mysticism and Language (New York 1992). – M.A. Sells: Mystical Languages of Unsaying (Chicago 1994). – W. Jost, W. Olmsted (ed.): Rhetorical Invention and Religious Inquiry. New Perspectives. Yale Univ. Press (New Haven/London 2000), darin: D. Tracy: Prophetic Rhetoric and Mystical Rhetoric, 182–195 und Th.A. Carlson: Apophatic Analogy: On the Language of Mystical Unknowing and Being-Toward-Death, 196–218.

A. Haas

II. *Religionsgeschichte.* **1.** *Kontextuelle Zuordnung.* Das ubiquitäre Auftauchen mystischer Strukturen in der Religionsgeschichte darf nicht darüber hinwegtäuschen, daß diese Strukturen ihre je eigenen Kontexte haben, durch die sie bestimmt oder in Frage gestellt werden. M. läßt sich zwar universalisieren und als eine durchaus legitime Kategorie religiösen Lebens bezeichnen, die im Inneren jeder Religion wurzelt und sich dort auch entfaltet [1]; aber schon ein Blick auf die unterschiedliche Darstellung des Heiligen in den Systemen der großen Religionen zeigt eine solche Mannigfaltigkeit mystischer Phänomene, daß man keineswegs davon sprechen kann, daß «Mystik [...] immer und allenthalben ein und dieselbe Größe» [2] sei, die sich als Vereinigung der menschlichen Seele mit der Gottheit definieren ließe. Vielmehr gibt es «nicht Mystik an sich, sondern Mystik *von* etwas, Mystik einer bestimmten religiösen Form: Mystik des Christentums, Mystik des Islams, Mystik des Judentums und dergleichen». [3]

An dieser Stelle muß auch die Frage gestellt werden, ob denn die religiösen Urkunden überhaupt mystische Ansätze enthalten und die M. nicht erst das Ergebnis einer Reflexion dieser Urkunden ist. Vom Judentum (AT) und Islam (Qur'ān) wird man das sicher behaupten können. Vom Christentum (NT, Joh.) wird man – mit Vorbehalten freilich – sagen, daß dort solche Ansätze vorhanden sind (vgl. Joh. 10,30; 14,9; 17, Hohepriesterl. Gebet), desgleichen auch in den Paulinischen Briefen (z.B. Gal 2,20; 2. Kor 12,2; Entrückung, Ekstase). [4] Allerdings geschieht die hier angedeutete Vereinigung so, daß weder die Identität Christi noch die Personalität des Gläubigen ganz aufgehoben werden. [5]

Schließlich herrscht auch hinsichtlich der Herkunft des Begriffs ‹M.› keine Einigkeit: μύω, myō bedeutet zwar *verschließen, sich schließen, schweigen, stille sein*, was ein Hinweis auf das Mysterium der Initiation, eine Geheimlehre (μυστικός, mystikós) oder den Vorgang des Schamanisierens (Naturmystik) sein könnte; – aber nicht alle Mystiker schweigen während ihrer ekstatischen Erfahrungen in der *unio mystica*. Vielmehr macht sie der *choc inaugural* [6] erst sprachfähig; und es überkommt sie der Drang, sich auszusprechen.

2. *Ubiquitäre Kriterien in der Religionsgeschichte.* **a.** *Mystische Wege und Stufen.* (1) *Islam*. Die Religionsgeschichte kennt Paradigmen, die als universal gültige Attribute bei jeder mystischen Erfahrung eine Rolle spielen. Und nur so kann man zu einer näheren Bestimmung gelangen. In der islamischen Mystik, dem Sufismus, wird der Weg zur *unio mystica* noch sehr unmittelbar und konkret erlebt: Jalaluddīn Rūmī (gest. 1273) vergleicht in seinem ‹Dīwān› den mystischen Weg mit einem Karawanenzug durch die Wüste: Wenn die Karawanenglocke zum Aufbruch mahnt, müssen sich Menschen und Tiere bereit machen. Ar-rahil («Auf zur Reise!») fordert der Maulāna seine mystischen Gefährten auf. [7] Mit ihren Stationen gleicht diese Reise einem Stufenweg oder Läuterungsprozeß: Am Anfang steht die Reue (tawba), die Abwendung von der Welt; ihr folgt die Enthaltsamkeit (wara'), d.h. das Aufgeben aller Dinge, die von Gott ablenken könnten; sodann der Kampf gegen die Ichsucht, die niederen Triebe, die in der menschlichen Seele (nafs) lauern und z.B. durch Fasten (ṣawm) und Wachbleiben zu bekämpfen sind. Den asketischen Tugenden folgen Glaubensbeweise, wie die Verwirklichung des Bekenntnisses zur Einheit Gottes (tawwakul, Gottvertrauen), das Gebet als unmittelbare Vorstufe zur Einung mit Gott; sodann Prozesse, die der Läuterung dienen: Armut (faqr), Geduld (ṣabr), Dankbarkeit gegenüber Gott (šukr), Zufriedenheit (riḍā), und schließlich ein Glücksempfinden (basṭ), das man nur in der Entrückung erlebt. Alle Tugenden münden ein in die Liebe (maḥabba) und das Entwerden oder Zunichtewerden (fanā), Gnadenerweise, die sich nicht erlernen lassen, Flammen, die alles außer dem Geliebten verbrennen, wie der Maulana sagt (Matnawī-yi ma'nawi V, 588). Auf dem Wege der Liebe verliert der Intellekt seine Bedeutung, und es geschieht eine völlige Aufhebung des Ich-Bewußtseins, weil «nur die absolute reine Eine Wirklichkeit als absolutes Bewußtsein vor ihrer Spaltung in Subjekt und Objekt übrig bleibt». [8] Wer sein Ich-Bewußtsein aufgegeben hat, tritt Gott unmittelbar gegenüber und wird eins mit ihm.

(2) *Indien*. Dem ‹Karawanenweg› der Sūfis entspricht in gewisser Hinsicht der Achtfältige Pfad, aṭṭangika-magga, den der Buddha zur Überwindung des Leidens und zur Erlangung der Erleuchtung lehrt: Er führt zunächst in die Hauslosigkeit und setzt beim Jünger die Aufgabe seines Ich als das Ergebnis logischer bzw. medi-

tativer Prozesse voraus (daher anattā-vāda): So reflektiert er die Lehre vom Entstehen in Abhängigkeit, den paṭiccasamuppāda, um die Kette des ursächlichen Entstehens zu durchschauen und zu der Erkenntnis zu gelangen, daß alle Dinge ohne ein Selbst sind (Pāli: sabbe dhammā anattā). Das Dasein wird in seine letzten Bestandteile zerlegt und als eine Anhäufung wesenloser Phänomene entlarvt, bevor der Weg beschritten werden kann, der zur Auslöschung des Leidens führt. Dieser besteht zunächst aus dem Wissen um die leidvollen Zusammenhänge (pañña) und dem Komplex der ethischen Normen (sīla), aus dem der Komplex der Sammlung, samādhi, hervorgeht, der in die mystische Versenkung (Pāli: sammā-samādhi) einmündet. Auf dieser Stufe erreicht der Buddhajünger das diesseitige Nirvāna, einen Zustand, den er in einer Ekstase als *extra nos* erlebt. Man muß aber wissen, daß der frühe Buddhismus ein a-theistisches System war und keine Vereinigung mit einer Gottheit kannte.

Die großen Hindu-Mystiker, die sich an den Upanishaden orientieren (z.B. Māṇikkavācakar), beginnen ebenfalls mit der Introversion, indem sie mit ihrem bisherigen Weltleben brechen, auf Ehe, Familie und Besitz verzichten und als Bettler umherwandern (Brihadāraṇyaka-Upanishad 3,5,1). Diese erste Etappe entspricht einer besonders schmerzhaften Katharsis. Erst wer durch sie hindurchgegangen ist, kann die beseligende Ruhe (Sanskrit: śānti) erfahren und in sich selbst (in seinem ātman) das Selbst (das absolute brahman) schauen (Brihadāraṇyaka 4,3,6).

(3) *Judentum*. Die Wegestruktur begegnet auch in der ältesten jüdischen Mystik, der sog. ‹Thronmystik› (märkābā). Ziel ist hier allerdings nicht die Versenkung in das Wesen Gottes oder gar das Aufgehen des Mystikers in demselben, sondern das Schauen der Epiphanie (še kînâ) in der Distanz von Schöpfer und Geschöpf.[9] Der äthiopische Henoch 14 bietet die älteste Schilderung der Vision. Die Hêkālôt-Bücher berichten von den hêkālôt, den himmlischen Hallen und Palästen, die der Initiand betritt und in deren siebentem Heiligtum sich der Thron der göttlichen Herrlichkeit erhebt. Die mystische Wanderung, welcher eine Askese von bis zu vierzig Tagen und eine Einweihung in die Theosophie vorausgeht, führt seltsamerweise von oben nach unten, ist also ein Hinabstieg zu den Tiefen der Gottheit (bis zum 3. Jh. n. Chr. als ‹Aufstieg› gedeutet). Die Wanderung durch die Paläste der märkābā-Welt ist nicht ungefährlich: Feuer droht den Adepten zu verbrennen, er hat Wasservisionen, die sich nicht erfüllen, Engel und Archonten erscheinen, um den märkābā-Wanderer hinauszustoßen, Auseinandersetzungen mit den Türhütern des sechsten Palastes machen den Mystiker unsicher. Und auch während der Begegnung mit der Gottheit kommt es zu keiner mystischen Vereinigung; denn die märkābā-M. ist ‹Kosmokratorenmystik›, ‹Basileomorphismus›[10] und keine ekstatische Liebesmystik. Dem entsprechend ist auch die Gottessprache karg; aber sie ist «wie die Stimme der Wasser im Rauschen der Ströme, wie die Wellen des Ozeans, wenn der Südwind in sie fährt [...] Gott ist König, Gott war König, Gott wird König sein für und für»[11], ertönt die Stimme vom Thron her.

Daß die märkābā-M. offenbar eine eigene Entwicklung innerhalb der monotheistischen Mystiktraditionen durchgemacht hat, geht aus der Tatsache hervor, daß die Gottheit einen Körper besitzt und seine še kînâ einen Leib (mystische Interpretation v. Ps. 145,5). Hier scheinen gnostische Einflüsse aus dem 2. bzw. 3 Jh. vorzuliegen. Im 8. Jh. wird die märkābā-Symbolik als Buße gedeutet: Die ersten fünf der sieben Paläste, die durchwandert werden müssen, gelten als Stufen der moralischen Vollkommenheit. Man beruft sich auf Rabbi Akiba (gest. 135 n. Chr.): «Als ich in den ersten Palast aufstieg, war ich ein Frommer (ḥassīd), im zweiten Palast war ich ein Reiner (ṭabor), im dritten Palast war ich ein Redlicher (iašar), im vierten Palast war ich ganz mit Gott (tamīm), im fünften Palast brachte ich Heiligkeit vor Gott dar, im sechsten Palast sprach ich die kaduša (Jes 6,3) vor dem, der sprach und die Welt erschuf, [...] im siebenten Palast stand ich mit aller meiner Kraft, erzitterte und erbebte in allen meinen Gliedern und sprach folgendes Gebet: [...] gelobet seist Du, der Du erhaben bist, Lob sei dem Erhabenen in der Kammern der Größe».[12]

(4) *Christentum*. Der gewaltige Einfluß, den die mystische Theologie des Pseudo-Dionysius Areopagita (5./6. Jh.) auf die mittelalterliche Frömmigkeit ausgeübt hat, läßt sich ebenfalls als Stufensymbol begreifen: Gott ist unerkennbar (apophatisch, ‹De mystica theologia› 100A), weil jenseits des Seins (ὑπερούσιος, hyperūsios), unsagbar (ἄρρητον, árrēton), er ist Dunkelheit (σκότος, skótos) oder überlichtes Dunkel (ὑπερφώτος γνόφος, hyperphōtos gnóphos). Seiner Unerkennbarkeit entspricht das menschliche Nichtwissen. Gott hingegen ist die alles Wissen übersteigende Trinität; darum ist der gesamte Kosmos und alles Sein triadisch geordnet: Das himmlische Reich besteht aus drei Hierarchien, die ihrerseits wieder je drei Grade umfassen; die kirchliche Hierarchie besitzt drei Grade der Geistlichkeit, drei Laiengrade und drei sakramentale Riten. Zweck der Hierarchie ist die Erlangung der θέωσις (théōsis), der Vergöttlichung. In der triadischen Bewegung gelangt man über die Stufen der Reinigung (κάθαρσις, kátharsis) und Erleuchtung (φωτισμός, phōtismós), zur Einigung (ἕνωσις, hénōsis; *unio mystica*; erstmalig ‹De mystica theologia› I,1 = MG 3,998), die sich jenseits allen Verstehens vollzieht und darum nur im Nichtwissen erfahren werden kann. Dionysius versteht unter M. den verborgenen (μυστικός, mystikós) Sinn der Schrift, der Sakramente, des Lebens der Christen, die sich auf den Stufenweg des Heils begeben.

Besonders die Viktoriner beschäftigten sich mit der Exegese des areopagitischen Schrifttums (Hugo von St. Viktor, gest. 1141, Kommentar zu ‹Perí tês uranías hierarchías›[13]; Richard von St. Viktor, gest. 1173, stellt den Weg zu Gott als «eine Erkundung der Tiefen der Seele» dar: ‹De quattuor gradibus violentae caritatis›[14]. Der Aufstieg wird durch die Liebe bestimmt, die sich, je höher sie steigt, läutert. Dabei wird die himmlische Hierarchie des Dionysius zu einer Art Allegorie der Stufen dieses Aufstiegs: Die unterste Hierarchie entspricht dem natürlichen Bemühen des Menschen; auf der mittleren Hierarchie vollzieht sich ein Synergismus zwischen freiem Willen des Menschen und Gottes Gnade; auf der höchsten Hierarchie wirkt die Gnade Gottes allein (*extra nos*), erleuchtet die Seele und führt sie zur Vereinigung mit Gott auf der Stufe der Seraphim. Für die Viktoriner ist die Liebe (*affectus*) der eigentliche Impuls, der die Seele zu diesem höchsten Ziele führt (vgl. Bernhard von Clairvaux[15].

Auch Meister Eckhart verdankt dem Areopagiten seine Stufensymbolik und damit seine Lehre von der Heimkehr der Seele zu sich selbst. Beispielhaft verkündet er in seiner Predigt ‹Vom edlen Menschen› (1314/

1318) [16] einen Heilsweg, wie ihn die Religionsgeschichte nirgends klarer hätte darstellen können. Er unterscheidet sechs Stufen oder Grade (grât) auf dem Wege zum ewigen Leben: Während des ersten Grades bedarf der innere Mensch noch des Vorbilds anderer Menschen, während des zweiten Grades sucht er bereits selbst nach der göttlichen Weisheit; der Prozeß der Verselbständigung hält während des dritten Grades an und setzt sich während des vierten Grades fort; der fünfte Grad deutet bereits das Eintreten in die Wesensfülle der Gottheit an; der sechste und höchste Grad ist der Gipfel der Vollkommenheit: Die Vergänglichkeit des zeitlichen Lebens ist vergessen und zu Gottes Ewigkeit geöffnet. Indem er Gott schaut, findet der Edle am Ende sich selber. Verwandlung ist das Ziel von Eckharts ‹Wesensmystik›.

Grundsätzlich läßt sich in der Wegesymbolik der gesamten Religionsgeschichte die Einteilung in *vita activa* und *vita contemplativa* erkennen, die sich schließlich (Zweiteilung der *vita contemplativa*) ein bestimmtes an der Jakobsleiter (Gen 28,12) orientiertes Aufstiegsschema entwickelte, das aus den drei Stufen Reinigung (κάθαρσις, kátharsis; *purgatio*, Buße, sittliche Bewährung, Askese), Erleuchtung (φωτισμός, phōtismós; *illuminatio*) und Vollendung (τελείωσις, teleíōsis; *perfectio*, Berührung bzw. Vereinigung der Seele mit der Gottheit) besteht. Einer weiteren Entfaltung dieses Modells waren aber keine Grenzen gesetzt (JOHANNES SCHOLASTIKOS orientiert sich an den Lebensjahren Jesu und führt dreißig Entwicklungsstufen ein, BONAVENTURA unterscheidet drei mal drei Stufen bzw. Unterstufen, im Umkreis von FRANZ VON ASSISI setzt sich ein Siebenerschema durch). Die Aufstiegsschemata reglementieren den Heilsweg aber auch nach bestimmten Entwicklungsstufen (Anfänger, Fortgeschrittener, Vollendeter bzw. Vollkommener), die aufeinander bezogen sind und deren Inhalte den jeweils folgenden Stufen zugute kommen.

b. *Meister und Schüler.* Der mystische Weg ist ein ‹Mysterium›, in das der ‹Myste› von einem begabten spirituellen Lehrer eingeweiht werden muß. «In der Ausstrahlung seiner Persönlichkeit nimmt der Jünger die letzte Realität wahr, die er in seine eigene Existenz zu integrieren sucht». [17] Als Beispiele bieten sich hier die Upanishaden an. Diese vedische Literaturgattung ist das Ergebnis einer intensiven Lehrer-Schüler-Beziehung: Die Schüler sitzen zu Füßen des Meisters und bitten ihn: «Lehre mich das Brahman (brahma adhīdhī)!» Das daraufhin vermittelte esoterische Wissen kann der Schüler nur durch intuitive Einsicht begreifen. Ausdrücklich mahnt die Kāthaka-Upanishad (2,8): «Ohne Lehrer ist hier gar kein Zugang. Zu tief ist er (der Sinn) für eigenes tiefes Denken.» Die vedischen Lehrer sind Seher. Sie lassen die Schüler an der verborgenen Welt ihres Inneren teilhaben; denn hier liegt das Geheimnis des transzendenten Ātman. In Chāndogya-Upanishad 6,1,2 [18] fragt der Meister Uddālaka seinen (eigenen) Sohn Śvetaketu, der nach zwölf Jahren Vedastudium zurückgekehrt ist: «Hast du gelernt, wodurch das Ungehörte ein Gehörtes, das Unverstandene ein Verstandenes, das Unerkannte ein Erkanntes wird?» – Aber der Sohn hat nichts begriffen. Darum muß ihn der Vater jetzt an Hand von zahlreichen Beispielen aus dem Veda belehren, daß Ātman, das individuelle Selbst, das Ich, und Brahman, das absolute Selbst, ein und dasselbe sind.

Phänomenologisch gesehen scheinen die chassidischen Lehrer-Schüler-Erzählungen ähnlich zu verlaufen: Der Schüler glaubt sich als Wissender oder schließt im Bewußtsein, die letzten Geheimnisse erlernt zu haben, sein Studium ab; aber er hat noch nicht sein Ich besiegt, so daß das Ich Gottes dahinter verblaßt. [19] Auch die Konsequenz scheint die gleiche wie in den Upanishaden: Der Schüler kehrt an seinen Studienort zurück und beginnt seine Lehrzeit von neuem, solange bis sein kleines persönliches Ich in dem unendlichen Ich Gottes aufgegangen ist.

Doch der Lehrer kann den Schüler nur bis zur Schwelle des Allerheiligsten führen. Die Erfahrung der Einheit mit dem numinosen Objekt ist Geschenk, ist Gnade, und nicht mehr Sache menschlicher Unterweisung.

In der jüdischen märkābā-M. muß sich die Seele für die gefährliche Wanderung durch die Sphären der feindlichen Planetenengel wappnen und eine gründliche Vorbereitung absolvieren: Unter Anleitung seines Lehrers muß der Initiand fasten und diverse Hymnen rezitieren; später ist dazu noch eine bestimmte Körperhaltung erforderlich und vor allem die intensive Beachtung bestimmter *voces mysticae*, die die Seele durch die Paläste begleiten, sie schützen, «besiegeln» [20], und ihr schließlich das Tor zum Thronsaal auftun, wo sie der šekīnā Gottes gegenübertritt.

Im Islam ist es der šayḫ (Pers.: pir), der dem angehenden Mystiker (murīd) als Lehrer dient, ihn überwacht, seine Träume deutet und seine innersten Gedanken zu lesen trachtet. Der šayḫ überprüft ihn vor allem auf seine seelische Belastbarkeit; denn das Noviziat besteht aus drei harten Jahren (im Dienst der Menschen, im Dienst Gottes, und ein Jahr zur Überprüfung seines eigenen Herzens). Der šayḫ wird nicht verordnet, die Adepten wandern vielmehr oft jahrelang umher und suchen sich ihren Meister selbst, von dem sie die baraka, die Segenskraft, erwarten können.

Die Aufnahme in den Sūfī-Jüngerkreis besteht in einem Initiationsritus: Zum Zeichen, daß er der Welt entsagt hat, erhält der murīd die kirqa, den Flickenrock, und wird zugleich in die ḏikr-Formel, in die Litanei des Gottesgedenkens, eingeweiht. Er soll von jetzt an ohne Unterlaß das islamische Herzensgebet, nämlich die Worte «Sprich: Gott, Gott, Gott», hersagen und nichts anderes mehr vor Augen haben und nichts anderes mehr denken, so daß der Mensch, nichts mehr ist und Gott nur noch allein da ist. [21]

Im Buddhismus werden die Buddhas selbst zu Lehrern ihrer Jünger. Wie Jesus, so ruft auch der historische Buddha zur Nachfolge auf: «Ich bin der Heilige, arhāt, in der Welt, ich bin der unvergleichliche Lehrer [...].» [22] Auf jeder Stufe des Achtfältigen Pfads ist er das *Auge der Welt*, dem nichts entgeht, der die Ursache des Leidens erkannt hat, der als Erleuchteter in das Nirvāna eingetreten ist und nun jenseits von Gut und Böse ist. Als solcher wird der Buddha für seine Jünger zum Ideal, das im Mahāyāna-Buddhismus auf den Bodhisattva übertragen wird. – Aber auch hier ist der Jünger schließlich für den Fortgang seines Weges und die Erlangung des Ziels selbst verantwortlich; denn «nur ein Wegweiser ist der Tathāgata» (Majjhima-Nikāya 107).

Gerade diese Wegweiserfunktion spielt in der Ausbildung der Zen-Mönche eine entscheidende Rolle: Der Zen-Meister verlangt von seinem Schüler zunächst höchste mentale Konzentration auf die Erleuchtung (zen von Sanskr. dhyāna); gleichzeitig aber soll er seine Vernunft überschreiten (z.B. indem er ein paradoxes Rätsel löst) bzw. verwirren, indem er die Paradoxie des Klatschens mit einer Hand entdeckt usw. Damit soll das Bewußtsein alle Gegensätze entkräften und das Ich zum Nicht-Ich führen. Der Zen-Meister überwacht diese mentalen und nicht-mehr-mentalen Vorgänge in seinem Schüler und korrigiert sie; aber das Auslösen der Erleuchtung (satori), den *choc inaugural*, vermag der Meister nicht mehr zu steuern. Die Koinzidenz der Gegensätze zu erreichen, unterliegt keinem mentalen Vorgang mehr, sondern wird von der buddhistischen Soteriologie als Gnade empfunden.

Bei Beachtung der Kontexte entdeckt man zahlreiche Phänomene, die sich universalisieren lassen; allerdings muß dabei streng auf die jeweiligen ontologischen und soteriologischen Inhalte geachtet werden.

3. *Die Unio Mystica*. Hier erhebt sich zunächst die gleiche Frage: Welcher Gottesbegriff verbindet sich mit welcher M.? Handelt es sich um eine sog. personalistische M., eine M., die einen personalen Gottesbegriff voraussetzt, oder um eine a-personalistische M., eine M., die einen möglicherweise pantheistischen Gottesbegriff voraussetzt oder aber ganz auf die traditionelle Form eines Numen verzichtet?

Mit der *unio mystica* werden die Grenzen der Aussagefähigkeit überschritten; denn ihr «Zustand ist völlige Leere von allen konkreten Inhalten».[23]

a. *Mystische Sprache – Göttersprache*. Indem sich der Mystiker wortlos versenkt, hört sein Denken auf, und Ort und Zeit verlieren ihre Bedeutung. Darum schweigt er angesichts der *unio mystica*, die für ihn Faszinosum und Tremendum zugleich ist, vor allem aber ein Ort der Ruhe und des Friedens. Hier gibt es weder Fragen noch Antworten; alles Reden ist unzureichend; er kann nur die *via negationis* wählen und (nach G. TERSTEEGEN, 1697–1769) im Augenblick seiner Erleuchtung schweigen, damit Gott sprechen kann.

Wenn er aus seiner Trance oder seiner kataleptischen Starre erwacht, kommt es zu einem Ringen mit der Unzulänglichkeit der bestehenden Sprache, die seine «compactierte Zunge» (JAKOB BÖHME, 1575–1624) von sich gibt. Er möchte sich dann mit Hilfe von Symbolen und Paradoxien dem Unaussprechlichen (τὸ ἄρρητον, tó árrēton), nähern oder in seinem Schweigen eine Art Metasprache entdecken, die im Verneinen die Gottheit als ‹Übernichts› und zugleich als ‹Übergottheit› preist (ANGELUS SILESIUS, 1624–1677).

Die Sprache der M. ist grundsätzlich antithetisch: Gott ist zugleich faßbar und unfaßbar, zugleich Licht und Dunkel, aber vor allem ‹Dunkle Nacht›, in der und vor der der Mystiker sein Nicht-Wissen bezeugt: «Was Gott ist, weiß man nicht. Er ist nicht Licht, nicht Geist, nicht Wonnigkeit, nicht Eins, nicht, was man Gottheit heißt [...]» (ANGELUS SILESIUS, Cherubinischer Wandersmann, IV,21).

Medien, Derwische, Kabbalisten bedienen sich während der Trance dieser Metasprache als Göttersprache (vgl. das ekstatische HU/ER der tanzenden Derwische) bzw. werten sie als ein göttliches Instrument. So wird etwa das Hebräische oder das Sanskrit zur *lingua prima* (PICO DELLA MIRANDOLA), *lingua sancta* oder *vox Dei* (J. Reuchlin, De verbo, II, 48). Nur sie erreicht Gott, weil sie von Gott ausgegangen ist. In der Sprache der Menschen «spiegelt sich die schöpferische Sprache Gottes wider».[24] Allerdings werden die Mystiker damit zu Sondergemeinschaften innerhalb oder außerhalb ihrer Religionssysteme. Die Kabbala (wörtlich: Tradition) z.B. wird zur Mysterienweisheit einer kleinen Gruppe, die das Objekt ihrer Anbetung, 'Ên Sôf, das Endlose, den *Deus absconditus*, zum unpersönlichen Urgrund machen, der «in den Tiefen seines Nichts ruht».[25] Die M. steht immer zwischen Orthodoxie und Häresie.

Zahlreiche Gebetstexte, die den Zustand der Verzückung hervorrufen sollen, sind in der Hêkālôt-Literatur erhalten und begleiten z.B. den chassidischen Wanderer wie Mantren, deren Rezitation den Dialog zwischen Gott und den Menschen in Bewegung halten soll.[26] Dem unendlich transzendenten schweigenden 'Ên Sôf und den diesen umgebenden se firôt, welche die Beziehung zu den Kreaturen symbolisieren, entspricht das Reden in der Göttersprache. Wenn die Ekstase abgeklungen ist, macht der Mystiker noch eine Weile der Starre durch, bevor er von dem sprechen kann, was er erfahren hat.

Die mystische Dichtung ist reich und hat Meisterwerke der Literatur hervorgebracht. Bereits 1640 versucht MAXIMILIAN SANDAEUS (v.d. Sandt, 1578–1656) in seiner Schrift ‹Pro theologia mystica clavis› etwa 860 Begriffe der mystischen Sprache zu klären und sie theologisch zu deuten.

Schweigen und Reden haben sich in der M. stets ergänzt. Diese Komplementarität macht die M. zu einem numinosen Phänomen sui generis, das die Begegnung mit der Gottheit schlechthin beschreiben will, andererseits aber unterschiedliche religiöse Erfahrungsmodelle voraussetzt, die nicht interreligiös universalisiert werden dürfen.

Während der *unio mystica* geschieht eine ‹Einwohnung› Gottes, die man im Grunde nur erleiden kann, so wie die Gottbesessenheit in der Ekstase oder die Gottesliebe im ἱερὸς γάμος (hierós gámos) erlitten werden. Andererseits ist die Vereinigung mit Gott das Geschenk der M., die mystische Gnade (vgl. Joh 17), ein *extra nos*. In der mystischen Einigung teilt sich Gott der Seele unmittelbar mit. Riten und Sakramente sind auch in den christlichen Kirchen als unmittelbare Selbstzeugnisse Gottes bzw. Jesu Christi verstanden worden. Zwar war die christliche Theologie darum bemüht, pantheistische Wesenszüge von der personalistischen M. fernzuhalten und warnt dem entsprechend vor einer Auflösung der menschlichen Seele in Gott, doch ist es gerade die Gottesliebe, die zum Medium zwischen unendlicher und endlicher Liebe wird (Joh 17,26). Bei der Vereinigung der Seele mit Gott kommt es zu einer Umgestaltung durch die Liebe, einer ὁμοίωσις τοῦ θεοῦ, homoíōsis tū theú, einem Gott-Ähnlichwerden, einer Vergöttlichung.

Dieses *pati divina*, das Gott-Erleiden, um mit Ps.-DIONYSIUS AREOPAGITA zu sprechen, ist das Schlüsselerlebnis, in dem alle mystischen Bilder und Phänomene ihren Ursprung haben und von dem zugleich alle weiteren Frömmigkeitserfahrungen ausgelöst werden. Es ist freilich auch die Erfahrung, von der aus M. als ein psycho-pathologisches Phänomen gedeutet werden kann, eine naturwissenschaftlich-medizinische Betrachtungsweise, die nicht Gegenstand dieses Beitrags sein kann.

Der *choc* ist zeitlos. Die in ihm erfahrene Ewigkeit kennt keinen Anfang und kein Ende. Der Vorgang der Erleuchtung ist auf einen unendlich kurzen Augenblick reduziert. Er ist nicht meßbar und nicht nachvollziehbar, wenn er sich auch, wie das *satori*-Erlebnis, wiederholen kann. Seiner Zeitlosigkeit entspricht die Raumlosigkeit. Sie wird in den indischen Religionen durch den Sanskrit-Begriff śūnyatā bzw. im japanischen Buddhismus durch den Begriff ‹mu› (Leere, Leerheit) ausgedrückt. Wer ‹mu› erreicht hat, der überschreitet die Grenzen seiner Identität und erfährt sein Selbst als Selbstlosigkeit.

Nach außen hin kann der *choc inaugural* sehr unterschiedliche Formen annehmen und Auswirkungen haben: Er kann als Stupor oder Katalepsie auftreten, die den Mystiker für eine Zeitlang bewegungsunfähig machen (ein typisches Merkmal der Stigmatisation; vgl. auch die Stifterinnen der sog. Neuen Japanischen Religionen, shin shukyō, anläßlich ihrer Berufung). Besonders während dieser paroxistischen Erfahrung überkommen den Mystiker Visionen und Auditionen, so daß er sich als Medium seines Gottes verstehen und wie der Sūfī-Mystiker al-Ḥallāǧ (gekreuzigt 922) in einer für die Außenwelt unvorstellbaren Selbstüberschätzung verkünden kann: «Ich bin die Wahrheit». Alle mystischen Erfahrungen haben es in irgendeiner Weise mit einer Erschütterung zu tun, die den Mystiker in seiner Einstellung gegenüber seinem Gott und seiner Umwelt grundlegend verändern.

b. *Metaphern und Symbole.* Wenn auch die *unio mystica* selbst ihrem jeweiligen Kontext unterliegt und personalistisch, pantheistisch oder gar a-theistisch interpretiert werden muß, so können doch ihre Metaphern und Symbole als interreligiöse Attribute gelten.

Im Grunde geht es bei allen Metaphern immer um die Überwindung der Ich-Du-Struktur bzw. um das Aushalten derselben angesichts der Gottesbegegnung. Die Religionsgeschichte bietet dafür zahlreiche Beispiele, von denen der Monismus der Upanishaden wahrscheinlich als klassische Lösung des Dualismus bezeichnet werden dürfte. Schlüsselbegriff ist dort das mahāvākyam, das ‹Große Wort›, die Lehre nämlich, daß der Ātman in Wirklichkeit das universale und absolute Brahman ist. Unaufhörlich belehrt Uddālaka seinen Sohn darüber, daß die Essenz alles Seienden, also auch die Essenz des Weltalls, mit der Essenz der individuellen Seele identisch ist. Stereotyp lautet die Antwort am Ende der Gleichnisse: tat tvam asi, das bist du (Chāndogya-Upanishad 6,8–15). Das monistische Weltwirklichkeitsverständnis läßt kein Gegenüber mehr zu; der Meditierende erkennt vielmehr, daß er selbst das All ist und daher Unsterblichkeit besitzt.

Das gleiche Problem versucht die islamische M. zu lösen, aber so, daß sie die Einheit Gottes (tawḥīd) nicht verletzt, sondern erst zur vollen Entfaltung bringt, – ein paradoxes Unterfangen, das die Mystiker ratlos werden läßt. «Ich bin der, den ich (liebend) begehre, und der, den ich (liebend) begehre, ist ich», dichtet der Sūfī-Märtyrer al-Ḥallāǧ, «wir sind zwei Geister (nämlich die Seele des Frommen und der Geist Gottes), die (zusammen) in einem Körper wohnen. Wenn man mich sieht, sieht man ihn; wenn man ihn sieht, sieht man uns […]. Du bewohnst das Bewußtsein im Inneren meines Herzens.» [27] Aber gleichzeitig leidet der Mystiker unter der Tatsache, daß er sich noch immer seiner Existenz und darum seiner Identität bewußt ist und nicht mit Allah zu einer Einheit verschmelzen kann: «Zwischen mir und dir ist (immer noch) ein "Ich bin", das mich bekümmert; darum räume in deiner Güte das "Ich bin" fort.» [28] Die Dualität bzw. der Abstand zwischen Gott und Mensch bleibt das große Hindernis für den Mystiker, wird aber zugleich zur Herausforderung, dem auch die M. monotheistischer Systeme nicht ausweichen kann.

Die christlichen Mönche der Ostkirche haben dieses Problem mit dem Begriff ἀπάθεια, apátheia zu lösen versucht. Für EVAGRIUS PONTICUS (345–399) z.B. geht es um die Verbindung von menschlichem Geist und Gott im Medium des Gebets: Der Geist wird durch seine Verstrickung in die weltlichen Dinge vom Gebet abgelenkt. Er muß darum γυμνός, gymnós (nackt), werden. Wieder wird hier der Stufenweg vorausgesetzt, der mit der großen Anstrengung der πρακτική, praktiké beginnt, der den leidenschaftlichen Teil der Seele reinigen soll, ein Weg, auf dem die Dämonen und eine Fülle von gedanklichen Lastern (λογισμοί, logismoí) bekämpft werden müssen. Wenn diese negativen Mächte durch die innere Ruhe (ἡσυχία, hēsychía) überwunden sind, wird der Geist von allen Ablenkungen frei und erreicht einen Zustand der Klarheit, den Evagrius apátheia nennt. Nun ist der Beter zur Kontemplation imstande. Die Kontemplation richtet sich auf die Trinität, durch welche die Unterscheidung zwischen Erkennendem und Erkanntem überschritten wird. Dieser Zustand ist freilich nur temporär; denn die Seele ist noch mit dem Leib verbunden, obwohl der Mönch schon «von allem geschieden und mit allem verbunden» ist. [29] Der Beter befindet sich bereits im Zustand der Liebe, die als göttliche Agape in die Welt hinabsteigt und durch die apátheia die Vergöttlichung bewirkt (vgl. MAXIMUS CONFESSOR, Pater Noster, MG 90 877 A).

Der apátheia entsprechen in gewisser Weise Meister Eckharts Begriffe ‹abegescheidenheit› (Abgeschiedenheit) und ‹gelâzenheit› (Gelassenheit). Wenn sich die Seele von den Zielen der Welt abwendet und zu einem selbstlosen Werkzeug der Liebe Gottes machen läßt sowie auf alles Habenwollen verzichtet, dann verliert das Gegenüber jeden Sinn. Die Seele wird durchlässig für die Liebe Gottes, als Nichts entströmt sie dem Schöpfer; dennoch bleibt der Schöpfer in seiner Aseität (absoluten Unabhängigkeit) erhalten und erleidet keinen Verlust durch die Befreiung der Seele.

Auch in der christlichen M. seit dem 4. Jh. taucht also die Frage nach einer dauerhaften Überwindung des Subjekt-Objekt-Axioms auf. Sie läßt sich nicht in Raum und Zeit, sondern nur in der Ewigkeit lösen, wenn «Gott alles in allem» (1 Kor 15, 28) sein wird.

Zu einer universalen mystischen Bildlichkeit haben sich die Metaphern ‹Licht› und ‹Finsternis› entwickelt. Sie sind sowohl Attribute von monotheistischen als auch von pantheistischen Einheitserfahrungen. Ein Grund für diese scheinbar selbstverständliche Ubiquität dürfte in dem Erleuchtungsvorgang zu suchen sein, der als Vision und Audition in der Meditation und Kontemplation auftritt und den Gläubigen zunächst in eine Enstase und schließlich in eine Ekstase versetzt. Buddha Śākyamunī erfährt diese Enstase mit anschließender Ekstase bei seiner Berufung unter dem bodhī-Baum, die Zen-Mönche als satorī- oder mu-Erfahrung. Islamische Mystiker deuten ihre Erleuchtung dar als Erschaffung des Lichts, nūr, am ersten Schöpfungstage (z.B. Suhrawardī Maqtūl, gest. 1191). [30] Für sie wird damit jede mystische Erleuchtung zu einem neuen Anfang, einem Erwachen.

Aber das göttliche Licht kann auch für den Mystiker tödliche Folgen haben; denn sich ihm auszusetzen, bedeutet, sich ihm zu opfern. Al-Ḥallāǧ beschreibt diese Opferung in seinem Gleichnis vom Schmetterling, der die ganze Nacht hindurch um eine Kerze fliegt, deren Hitze «die Wirklichkeit der Wirklichkeit» ist. In dieser Kerze verbrennt er, «verzehrt und verflüchtigt er sich, so daß er ohne Gestalt, ohne Körper, ohne Namen […] bleibt. Er ist jemand, der zum Schauen gelangt ist, […]

und wer zu dem, den er schaut gelangt ist, kann (selbst) das Schauen entbehren». [31]

Die Alternative zum Licht ist die Nacht. Die islamischen Mystiker sprechen von der dunklen Nacht der Seele oder von der Finsternis, in der die Seele einsam ist. Ps.-DIONYSIUS AREOPAGITA bezeichnet die Unerkennbarkeit und die Unnennbarkeit Gottes als ὑπέρ φωτός γνόφος, hypér phōtós gnóphos (überlichtes Dunkel). Meister Eckhart beendet seine Predigt über Lk 19,12 bezeichnenderweise mit dem Hoseawort 2,16, in dem er die Einöde entdeckt, die der edle Mensch braucht, um zu sich selbst und damit zu Gott zu finden.

4. *Träger im Prozeß der Einung: Die Seele.* Bereits in Gnosis und Neuplatonismus kommt der Seele im mystischen Prozeß entscheidende Bedeutung zu, denn sie allein ist und bleibt der Gottheit verwandt, auch wenn sie in die Materie des Körpers eingeschlossen ist wie in einem Gefängnis. Ihre Läuterung und ihr Aufstieg in das himmlische Lichtreich sind zentrale Themen der Gnostiker. Der Erlöser hat den Weg der Seele bereits vorgebahnt, als er in die Welt hinabstieg. Aber überall lauern Gefahren, überall stehen Wächter vor den Himmeln, wie die märkābā-M. zeigt; Vor allem der Demiurg will ihren Aufstieg verhindern. Schließlich erreicht die Seele doch das Lichtreich und leitet damit die *unio mystica* ein.

Auch im Neuplatonismus trägt die Seele diesen ambivalenten Habitus: Als Weltseele, aus der die Einzelseelen hervorgehen, ist sie einerseits ewig, andererseits bringt sie die Zeit hervor (Plotin, Enneaden IV, 4, 25f.); ihr kommt sowohl Ungeteiltheit wie Teilbarkeit zu (Enneaden III, 9, 1; IV, 1, 1; IV, 2, 1f.); sie ist in den Körpern gegenwärtig, ohne in ihnen aufzugehen; sie ist schließlich auch als Einzelseele Abbild des göttlichen Geistes und steht zwischen Geist und Körper. Der Mensch, mit einer Einzelseele ausgestattet, kann seine Bestimmung nur verwirklichen, wenn er aus seinem körperlichen Dasein zu seinem wahren Wesen zurückkehrt und heimfindet zu seinem Ursprung, dem Einen und Guten, τὸ ἕν, tó hén. Erst die Seele macht das attributlose Eine-Gute, das höchste Objekt des Denkens, erfahrbar. Sie wird darum zum Medium zwischen transzendenter und immanenter Wirklichkeitserfahrung.

Solche Überlegungen aus Gnosis und Neuplatonismus finden über Ps.-Dionysius Aeropagita Eingang in den mittelalterlichen Mystikdiskurs. Für MEISTER ECKHART z.B. wird das Seelenfünklein («vünkelin der sêle», scintilla synderesis: Bonaventura) zum zentralen Begriff seiner Theologie. Es ist Gottes Entsprechung im Menschen, «ein götlich lieht, ein rein und ein ingedrücket bilde götlicher nature», wie er in seiner Predigt ‹Vir meus servus tuus mortuus est› [32] sagt. Das Seelenfünklein ist ewig und ungeschaffen, ein ontologischer Bestandteil Gottes im Menschen, der zwar verdunkelt und verderbt, aber nie ausgelöscht werden kann. Es garantiert ein dauerndes Streben zum Guten und die Abwehr des Bösen [33] und stellt das Gewissen dar. Andererseits spricht Eckhart auch von der Gottesgeburt in der Seele, durch die jeder für sich ein Christus werden kann [34] oder von der Entdeckung des Seelengrundes, so, als würde damit von Gott ein neuer Anfang gesetzt. Er gebrauchte deshalb das Wort ‹Durchbruch›, um diesen Topos kenntlich zu machen. Zu Unrecht hat man ihm eine Verwischung der Distanz zwischen Gott und der Seele, einen Synkretismus oder Synergismus vorgeworfen.

Das neue Sein, das die Gottesgeburt in der Seele hervorruft, die Enthüllung des Seelengrundes also, geschieht, wenn sich die Seele in das Schweigen ihres eigenen Seins, in das Nichts, in dem sie einst von ihrem Schöpfer ausgegangen ist, zurückzieht (Gelassenheit, Abgeschiedenheit). Die Seele ist damit frei von allen weltlichen Einflüssen und Anforderungen geworden. In der Gelassenheit läßt sie alles, was von Gott ablenken könnte, fahren und gibt sich ihrem Schöpfergott als selbstloses Werkzeug der Liebe hin. Bezeichnenderweise unterscheidet der Christ Meister Eckhart zwischen dem Gott, der sich als Trinität offenbart, und dem Ungrund dessen, was er die ‹Gottheit› nennt, die sich hinter dem trinitarisch offenbaren Gott verbirgt.

Wenn die Seele den Ort findet, an dem sie als Nichts aus dem Schöpfer entströmt, steigt sie auch in die verborgenen Tiefen der Gottheit hinab und gelangt in die schweigende Einöde, den Ungrund. Bei dieser Begegnung erlangt sie die Freiheit Gottes und wird wesentlich. Es kann kein Zweifel darüber bestehen, daß sich diese Begegnung als *unio mystica* vollzieht: Die Seele wird damit selbst zu einer irrationalen, numinosen Offenbarungswirklichkeit. Darum kann sie auch als Medium zwischen Gott und Mensch fungieren (vgl. auch JOHANNES TAULER, 1300–1361; HEINRICH SEUSE, ca. 1295–1366; JAN VAN RUYSBROECK, 1293–1381).

Wer oder was bewirkt in nicht-theistischen Systemen die mystische Ekstase? Gibt es etwas der *unio mystica* Vergleichbares? Und wie kommt es zustande? – Fest steht, daß der Frühe Buddhismus im Gegensatz zu den mahāyānistischen Systemen keine vergleichbare Metapher für die *unio mystica* besaß; denn der Erleuchtungsbegriff als solcher sagt noch nichts über einen mystischen Erfahrungshorizont aus. Das Nirvāna (Pali: nibbāna) wird als völliges Erlöschen, also auch als Aufhören des Geburtenkreislaufs, des saṃsāra, bezeichnet: «Es gibt eine Stätte, wo es weder Erde noch Wasser noch Feuer noch Luft gibt. Es ist nicht die Stätte der Raumunendlichkeit noch die der Bewußtseinsunendlichkeit noch die des Nichtseins, noch auch die Stätte, wo es weder ein Vorstellen noch ein Nichtvorstellen gibt. Ich nenne es weder ein Kommen noch ein Gehen, weder ein Vergehen noch ein Entstehen [...] Es ist ohne Anfang, ohne Grundlage, – das eben ist das Ende des Leidens» (Udāna 8,1–4). [35] Das so beschriebene Numen «Ende des Leidens» bietet keine Voraussetzungen mehr für eine *unio mystica*; denn – anders als bei al-Hallāğ oder bei der *via negativa* christlicher Mystiker seit Ps.-Dionysius Areopagita – wird hier keine Vereinigung angestrebt, ist das Ziel nicht die Einheit mit einem Gott, die dem Dogma des tawḥīd verpflichtet wäre, sondern das Nirvāna ist ein Weder-Noch, es läßt sich weder ontologisch noch noetisch, geschweige denn sprachlich fassen. Dem entsprechend ist auch eine Seele als Transporteur der mystischen Seinswirklichkeit entbehrlich. Dennoch gibt es bereits frühe Versuche im Buddhismus, die das Nirvāna im obigen Sinne metaphorisch zu deuten suchten, in denen das Heilsziel «jenes unvergleichliche Eiland» genannt wird, «wo man nichts sein eigen nennt, an nichts hängt [...]». [36] Schließlich wurde das Nirvāna für die Mahāyāna-Schulen wieder zur absoluten Realität, in der die Gegensätze aufhören, der Pfad vom abhängigen Entstehen überwunden ist und damit die Wiedergeburten ihr Ende finden. Doch auch hier muß die Frage gestellt werden: Wer setzte den Prozeß der Wiedergeburten in Gang und hält ihn jetzt an? Transportiert das Karma die

Wiedergeburten und bringt sie schließlich in einer *unio mystica* zum Stillstand? Besitzt also das Karma die Funktion der Seele? Wenn man schon das buddhistische Heilsziel als mystisches Telos definiert, tauchen diese Probleme sofort auf.

5. *Mittelalterliche Frauenmystik.* Eine frauenspezifische M. läßt sich – von wenigen Ausnahmen abgesehen, zu denen die Sūfī-Dichterin Rābi'a al-'Adawiyya (gest. 801), die ‹Reine›, gehört – nur im Christentum nachweisen. Das hängt nur z.T. mit der beginnenden religiösen Gleichstellung der Frau zusammen, mehr noch ist es die Hochschätzung der Mutter Jesu, die sich zu einer eigenen Marienfrömmigkeit entwickelt, woraus sich die M. von selbst ergibt.

Frauen besitzen im Urchristentum die Prophetengabe (Apg 21,9), werden zu Märtyrerinnen (Perpetua und Felicitas, gest. 202/203), gründen Klöster, sind als Lehrerinnen und Dichterinnen tätig und stehen mit Gott bzw. Jesus Christus über Visionen, Auditionen und die Glossolalie in enger Verbindung. Mit der Benediktinerin HILDEGARD VON BINGEN (1098–1179) und ELISABETH VON SCHÖNAU (ca. 1129–1164) beginnt ein wahres Zeitalter der Frauenmystik. Kennzeichen sind die Braut- und Passionsmystik, mit der sie in die Nachfolge Christi eintreten.

In der Brautmystik wird die *unio mystica* (wie in der hinduistischen Śiva-Śakti-Symbolik) als eine erotische Gottesbegegnung erfahren, die die Züge der Heiligen Hochzeit (*matrimonium spirituale, connubium*) aufweist. Gott bzw. Christus manifestieren sich in der Seele, die dadurch vergöttlicht wird. Treffendes Beispiel ist das ‹St. Trudperter Hohelied› aus der zweiten Hälfte des 12. Jh. (oder früher), das die Erotik des alttestamentlichen Hoheliedes interpretiert und fortführt. Dort heißt es zu Cantus 1, 1, (11, 11f.): «Dies Umhalsen ist nicht das der umfangenden Arme, sondern der frommen Gedanken, mit denen man Gott immerfort umarmt.». [37] Die erotische Brautmystik wird sogar als Hinweis auf Buße und Umkehr verstanden und den benediktinischen Nonnen zur Meditation empfohlen: «Deine Seele wird mit ihm [dem Heiligen Geist] verbunden zu einer ehelichen und rechten Liebesgemeinschaft» (13,13). [38] Die «minnende Seele» wird sowohl «Tochter» wie «Braut» und «Gemahlin Gottes» genannt. MECHTHILD VON MAGDEBURG nennt die Seele eine voll «erwachsene Braut», die sich «nackt in Gottes Arm legen» will, damit Gott «sie durchküssen und mit seinen bloßen Armen umfangen» könne. [39] Gott heißt die Seele «mein Bettkissen, mein Liebesbett», «Lust meiner Gottheit» [40] usw. Bei anderen Frauen kommt es während der Weihnachtszeit zu Schwangerschaftsvorstellungen, zur Vorstellung vom Stillen des Gottessohnes, den Heiligen Geist zu gebären (Prous Boneta). Deshalb zeugt die mystische Erotik, so sonderbar sie erscheinen mag, von einer intensiven und erfahrungsreichen Frömmigkeit.

Auch die von den freien religiösen Frauenbewegungen (Beginen, Tertiarierinnen) geübte Passionsmystik läßt sich mit der gefühlsbetonten Braut- und Liebesmystik vergleichen. Als bedeutende Passionsmystikerinnen sind hier zu nennen: ELISABETH VON SCHÖNAU (1129–1164), ELISABETH VON THÜRINGEN (1207–1231), die fromme HADEWIJCH (erste Hälfte 13. Jh.), HILDEGARD VON BINGEN (1098–1179), MECHTHILD VON MAGDEBURG (1208–1282 oder 1297), MECHTHILD VON HACKEBORN (1241–1299), GERTRUD VON HELFTA (1256–1301/02), BRIGITTA VON SCHWEDEN, KATHARINA VON SIENA (1347–1380) oder TERESA VON AVILA (1515–1582). Der Passionsweg Christi wird von ihnen visionär und ekstatisch miterlebt und als Stufenweg zum Kreuz nachempfunden. Die Überzeugung, daß die Liebe Gottes keine Grenzen kennt, scheint kennzeichnend für diese weibliche Form der M. Seit dem 12. und 13. Jh. hat sich die Frauenmystik als ein neuer Frömmigkeitstypus durchgesetzt und sich über Nordfrankreich, Belgien, die Niederlande, Spanien, Deutschland und Italien verbreitet. Doch bleibt die Passionsmystik kein frauenspezifisches Phänomen: JOHANNES VOM KREUZ (1542–1591) beschreibt z.B. die Phasen des mystischen Weges als Passionserfahrung, FRANZ VON ASSISI empfängt als erster die Stigmata Christi und hat die Verbreitung dieses mystischen Frömmigkeitstyps außerordentlich beeinflußt.

6. *Ethik und Häresie.* Man hat der M. eine Ethik abgesprochen und in der *unio mystica* nur den Aspekt des ‹Jenseits von Gut und Böse› gesehen, doch ist das Argument, die M. sei eo ipso ethisch indifferent, nicht aufrechtzuerhalten.

Ausdrücklich betonen die Mystiker, daß das Absolute, mit dem sie sich zu vereinigen suchen, zugleich die Quelle für die Entstehung sittlicher und sozialer Ordnungen sei: Wer seine individuelle Identität aufgegeben hat und in der *unio mystica* selbstlos geworden ist, der kann auch eine Ethik der Selbstlosigkeit praktizieren; denn die Teilhabe an der Gottheit oder am Numen bedeutet auch Teilhabe am Nächsten.

Die Mystiker sind Seelsorger, Ratgeber (šayḫ, guru), Wundertäter und Heiler (Schamane, Medizinfrau, Medizinmann), ihre *vita activa* (śīla) steht im Zentrum des Achtfältigen Pfads (Buddhismus). Orden und Klöster werden Alternativen zur traditionellen Frömmigkeit (Dominikaner, Sūfī-Orden, Derwische) und geben sich feste Regeln, zu denen das Bekenntnis (buddhistische pātimokkha) ebenso gehört wie die Betreuung der Kranken und die Speisung der Armen. Spirituelle und charismatische Quelle bleibt immer die Einheitserfahrung mit Gott, die damit den Status eines Bekehrungserlebnisses erhält. Hier liegen auch die Zusammenhänge mit der pietistischen und fundamentalistischen Frömmigkeit.

Das Verhältnis der M. zum Bösen ist durch die jeweiligen religionsgeschichtlichen Kontexte bestimmt und muß von daher interpretiert werden. Ausdrücklich weist G. Scholem darauf hin, daß die Existenz des Bösen für die meisten Kabbalisten «einer der hauptsächlichsten Motoren ihres Denkens» [41] war, was sie z.B. von der jüdischen Philosophie deutlich unterscheidet. Andererseits weisen die Theosophie des Sohar und die Theosophie JAKOB BÖHMES kontextuell übergreifende Gemeinsamkeiten auf, wenn sie das Böse im Geheimnis der Gottheit selbst ansiedeln, es als dunkles und negatives Prinzip seines Zornes bezeichnen oder – wie die monistischen Systeme – darin nur einen Mangel an Sein erblicken. Hier liegen die Gründe für den Vorwurf der Orthodoxien, die Mystiker nähmen die Einheit (tawḥīd) Gottes bzw. die Unterschiedenheit von (heiligem) Gott und (sündigem) Menschen nicht ernst und würden die Trennung aufheben. Dadurch komme es zu einer Relativierung der Sünde und des Bösen. Das Schicksal von al-Ḥallāǧ, der sich als die Absolute Wahrheit bezeichnet hatte, die Verurteilung einiger Eckhart'scher Lehraussagen durch die Bulle ‹In agro Dominico› von 1329 wegen Verwischung der Unterscheidung von Gott und Seele und seiner Lehre von der passiven Abhängigkeit von Gott, sowie die Anprangerung der Brautmystik durch die Inquisition sind Beispiele für das Verhalten der religiösen Orthodoxien gegenüber bestimmten Mystikergruppen, die sie als Häretiker anklagen. Die so Angeprangerten wehren sich, indem sie in die Besessenheit flüchten, wie der Hindu-Mystiker Māṇikkavācakar, oder sich für verrückt erklären lassen, wie die Narren in Christus, die im zaristischen Rußland eine radikale Christusnachfolge praktizierten. Im Volk freilich genießen diese Narren eine besondere Stellung: Man hält ihre Narrheit für Weisheit, mit der sie Gott selbst begnadet habe.

7. *Mystizismus als neue Spiritualität?* Mit Rainer Maria Rilke, Hermann Hesse, Martin Heidegger, Fritjof Capra und anderen kommt es in der Gegenwart zur Suche nach einer neuen Spiritualität und damit zu neuen mystischen Impulsen in der Religionsgeschichte und im Christentum. Die Zentren mystischer Erfahrung werden neu belebt, und die Mystiker samt ihren Heilswegen und ihren Heilserfahrungen erfreuen sich großen Zuspruchs bei Laien und Theologen (Hildegard von Bingen). Dabei kommt es im Zuge der Multikulturalität immer häufiger zu Kontextüberschreitungen, so daß die in der Geschichte der M. gezogenen religionsgeschichtlichen Grenzen kaum noch Bedeutung haben. Synkretismen und Translationen (Überlappungen) treten auf: Mystische Orden entstehen, die klassischen Sūfī-Traditionen werden in den islamischen Ländern wiederentdeckt, junge Menschen aus allen christlichen Konfessionen begeistern sich an den kontemplativen Gottesdiensten von Taizé, in neo-hinduistischen Ashrams lernen westliche Adepten, wie sie in der Versenkung das mahāvākyam entdecken können, die Yogalehre hat Eingang in die europäischen und amerikanischen Therapiezentren gefunden, Schamanen und Schamaninnen werden von Menschen um Rat gefragt, die bisher nur dem westlichen Know-How vertrauten, und schließlich verheißen Psychopharmaka, die man in bestimmten mystischen Kreisen nur gezielt und unter Aufsicht verabreicht, Transzendenzerfahrungen und Bewußtseinserweiterungen, eine Pseudo-M. also, die keine bleibende mystische Wirkung hinterläßt, weil sie sich vom religiösen Inhalt, der jeder wahren M. eigen ist, gelöst und verselbständigt hat. Die Sehnsucht nach mystischen Erfahrungen und einer neuen Spiritualität ist bei dem an der Wirklichkeit irre gewordenen modernen Menschen groß. Er möchte die erlösende Antwort in einer Diesseits und Jenseits umfassenden Silbe «OM» oder dergleichen erfahren, deren magische Kraft keine Grenzen kennt. Aber anstatt eine Weltformel zu besitzen, die ihm die *unio mystica* und damit das *árrēton* erschließt, landet er bei einem indifferenten Mystizismus, jener Mischung aus Wahrem und Falschem, die sich letzten Endes als Pervertierung erweist.

Anmerkungen:
1 C.-A. Keller: Approche de la mystique, Bd. 1 (Le Mont-sur-Lausanne 1989) 24, 29. – 2 R. Otto: West-östliche M. (^{3}1971) 2. – 3 Gershom Scholem: Die jüdische M. in ihren Hauptströmungen (1980) 6. – 4 vgl. A. Schweitzer: Die M. des Apostels Paulus (1954) bes. 102–158; s. Louth: Art. ‹M.II›, in: TRE Bd. 23 (1994) 548f. – 5 vgl. Ignatius von Antiochien, An die Römer 4, 1; 7, 2; Clemens von Alexandrien, Stromateis II, 19, 100, 4. – 6 bei A. Schimmel: Rumi. Ich bin Wind und du bist Feuer (^{7}1991) 144, dies.: Mystische Dimensionen des Islam. Die Gesch. des Sufismus (1985) 162–214. – 7 J.A. Cuttat, A. Ravier (Hg.): La mystique et les mystiques (Paris 1965) 918. – 8 T. Izutsu: The Basic Structure of Metaphysical Thinking in Islam, in: M. Mohaghegh, H.A. Landolt (Hg.): Collected Papers on Islamic Philosophy and Mysticism (Teheran 1971) 39f. – 9 Scholem [3] 60. – 10 ebd. 59. – 11 ebd. 67. – 12 ebd. 84f. – 13 Hugo von St. Viktor, In hierarchiam coelestem, in: ML Bd. 175, 925–1154. – 14 Louth [4] 565. – 15 Bernhard von Clairvaux, De diligendo Deo X, 27, in: ML Bd. 182, 990. – 16 Meister Eckhart, Predigt 15 (Vom Edlen Menschen), in: J. Quint (Hg.): Meister Eckharts Predigten, 1. Bd. (1958) 244–256. – 17 Keller [1] I, 104. – 18 sämtl. Zitate in der Übers. von P. Deußen: Sechzig Upanishad's des Veda (1897; ND 1963). – 19 M. Buber: Werke III, Schr. zum Chassidismus (1963) 319. – 20 Scholem [3] 54. – 21 vgl. P. Gerlitz: Art. ‹M.›, in: TRE 23 (1994) 538. – 22 M. Winternitz: Der Ältere Buddhismus (1929) 11. – 23 F. Heiler: Das Gebet. Eine religionsgesch. und religionspsychol. Unters. (^{5}1923) 253, 259. – 24 Scholem [3] 19. – 25 ebd. 14. – 26 Text ebd. 63f. – 27 J. Schacht: Der Islam (1931) 103f.; vgl. Joh 14,9. – 28 L. Massignon: Quatres textes inédits relatifs à la biographie d'al-Hallaj (Paris 1914) 52. – 29 Evagrius Ponticus, De oratione (ML Bd. 79, 1194); vgl Louth [4]. – 30 Gerlitz [21] 541. – 31 Übers. v. L. Massignon, in: Religionsgesch. Lesebuch 16 (1931) 100. – 32 Meister Eckhart, Predigt 37 [16] II, 37, 211, 3. – 33 ders., Predigt 20 A I, 333,5ff. – 34 ders., Predigt 30 II, 657. – 35 Winternitz [22] 108. – 36 Sutta-Nipāta, Übers. von Nyanaponika (1955) 1094. – 37 F. Ohly, N. Kleine (Hg.): Das St. Trudperter Hohelied (1998) 41. – 38 ebd. 45. – 39 M. Schmidt (Hg.): Das fließende Licht der Gottheit (Einsiedeln/Zürich u.a. 1955) 1, 44 und 5, 25; 6, 1. – 40 ebd. 1, 19. – 41 Scholem [3] 38f., 259.

Literaturhinweise:
M. Winternitz: Der Māhāyana-Buddhismus (1930). – Ph. Hodgson (Hg.): The Cloud of Unknowing and the Book of Privy Counseling (Oxford 1944). – Jakob Böhme: Sämtl. Schr., Faksimile-ND der Ausg. von 1730 in 11 Bdn., begonnen von A. Faust, neu hg. von W.-E. Peuckert (1955–1961). – Nikolaus von Kues: De visione Dei: Phil.-theol. Schr. hg. und eingeleitet von L. Gabriel und W. Dupré, lat.-dt. (Wien 1967) III, 93–219. – J. Mehlig (Hg): Weisheit des alten Indien, Bd. 1: Vorbuddhistische und nichtbuddhistische Texte (1987); Bd. 2: Buddhistische Texte (1987). – R. Gramlich (Hg.): Sufische Texte aus zehn Jh. (1992).

P. Gerlitz

C. *M. und Bildende Kunst.* Vielgestaltig wie die M. selbst ist ihr Verhältnis zur Bildenden Kunst, dessen Schilderung sich hier auf das Abendland beschränken soll. Im noch kaum systematisch und epochenübergreifend untersuchten Spannungsbereich von M. und Kunst erheben sich grundsätzliche Fragen nach der Legitimität des Bildes, seinen Funktionen und seiner bis an die Grenzen strapazierten medialen Leistungsfähigkeit.

I. *Mittelalter bis Barock – das Bild im Dienste christlicher Erkenntnis.* Das Verhältnis von M. und Bildender Kunst ist von einer ambivalenten Nähe geprägt: die mystische Einsicht ist grundsätzlich bildlos, der sinnlichen Faßbarkeit enthoben und bedarf doch allein schon eines Gedankenbildes, um tastend in Worte gekleidet und kommunikabel werden zu können. SEUSE faßt im ‹Exemplar› (um 1362–1363) dieses Dilemma am klarsten, wenn er «biltlich zögen mit gleichnusgebender rede» will, denn es gehe letztlich darum, «bild mit bilden» auszutreiben. [1] Gegen solche, auch von ECKHART, TAULER oder JOHANNES VOM KREUZ geäußerten Bedenken vermag das Bild sich nicht nur immer wieder durchzusetzen, sondern es kann die mystische Erfahrung für weniger visionär Begnadete gänzlich ersetzen. Das sich in metaphernreichen Worten wie in Farbpigmenten inkarrierende Bild kann einerseits eine solche Erfahrung, vorrangig die Vision, abbilden, wobei diese meist interpretativ umgeformt und den Bedürfnissen späterer Rezipienten angepaßt wird. Manche Visionen, wie die BIRGITTAS VON SCHWEDEN zur Geburt Christi, werden so zu Grundlagen neuer Ikonographien. Andererseits kann das Bild ein mystisches Erlebnis initiieren, lenken und inhaltlich prägen. Die scholastische Unterscheidung zwischen intellektueller und liebender Erkenntnis bietet ein

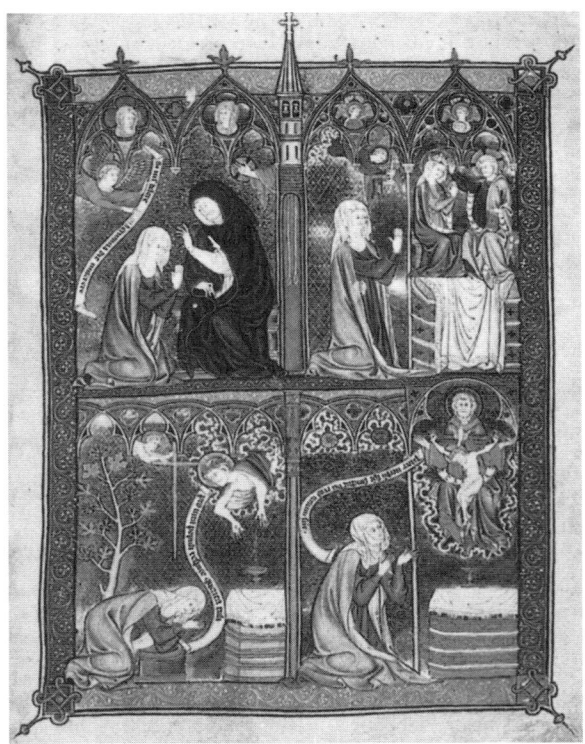

Abb. 1: *La Sainte Abbaye, London, British Library, MS Add. 39843, f. 29r*

Wahrnehmungsmuster, mittels dessen im folgenden drei Formen des Bildes im Dienste der M. unterschieden werden: Zum einen steht es auf der Seite des Wortes, indem es illustriert und mystagogisch belehrt, zum anderen auf der des Fleisches, indem es Ausdruck wie Ziel spiritueller Seh(n)süchte und ekstatischer Anverwandlung ist. Als einem zwischen Bild und Vision angesiedelten Medium kommt dabei auch dem Körper des Mystikers Bildwürdigkeit zu.

1. *Bild und Mystagogie.* Hauptsächlich in Buchmalerei und -druck werden klar strukturierte Kartierungen des Erkenntnisweges und seines Ziels vermittelt, wobei leider in den meisten Fällen das Zusammenspiel von Visionär, etwaigen Mittelmännern und Künstlern ungeklärt bleibt, denn selten fallen sie in einer Person zusammen, wie etwa bei KATHARINA VON BOLOGNA oder bei W. BLAKE. Verbreitet sind Bildschöpfungen, die entweder stufenweise den Aufstieg zur *unio* narrativ ausbreiten (z.B. Illustrationszyklus zu Seuses Seelenweg im ‹Exemplar›; ganzseitige Miniatur in der anonymen, elsässischen Textsammlung ‹La Sainte Abbaye› [um 1310–1320] mit einer Nonne, die nach der Beichte von der Bildmeditation zu zwei sich steigernden, das Altarbild ersetzenden Visionen voranschreitet, Abb. 1) oder zeichenhaft verdichtet (z.B. Kompositbilder zur Herz-Jesu-Meditation) und diagrammartig-geometrisierend das Erfahrene abbilden und zu seinem rationalen Nachvollzug einladen. Ihre Strukturen – vom sechsspeichigen, trinitarisch-sakramentalischen Rad im Meditationsbild des Einsiedlers NIKOLAUS VON FLÜE, welches im letzten Viertel des 15. Jh. durch Holzschnitte verbreitet wurde, bis zu den komplexen Kupferstichen zum Werk BÖHMES, das nach seinem Tode 1624 von den Niederlanden aus in ganz Nordeuropa kursierte und inhaltlich wie motivisch Romantiker, Symbolisten und Künstler der Moderne inspirierte – stehen in der Tradition des Lehr- und Merkbildes. Die unter dem Einfluß kabbalistischer und alchemistischer Diagramme und Symbole entwickelten geometrisierten Weltmodelle (ein Grundbild ist die ‹Philosophische Kugel› des in Licht und Dunkel geteilten Kosmos, dem Gott innewohnt) charakterisieren die Böhmekupfer ebenso wie das ubiquitäre Motiv des göttlichen und menschlichen, mitunter mit Seelenflügeln ausstaffierten Auges.

2. *Seh(n)süchte: Bild und Andacht.* Seit dem 13. Jh. spielt die Betrachtung von illuminierten Stundenbüchern, Bildtafeln und Skulpturen eine zunehmende Rolle als Visualisierungshilfe bei der Meditation. Die aus der bernhardinischen Hoheliedexegese abgeleitete Brautmystik und die Passionsmystik tragen sowohl zu einer stärkeren Emotionalisierung, insbesondere des Kruzifixus, als auch zu einer Erweiterung der Bildinhalte bei. Doch erst um 1300 manifestiert sich eine enge zeitlich-räumliche Korrelation von vorrangig weiblichem mystischem Schrifttum und neuen Bildschöpfungen (z.B. Pietà, Madonnen mit abnehmbarem Kind und Christkindwiegen, Johannes an der Brust des Herrn als brautmystisches Identifikationsbild der *vita contemplativa*): ein Phänomen der unter den spezifischen Bedingungen der Klausur entwickelten klösterlichen Sehkultur, innerhalb derer der vom Klosterinneren ins Seeleninnere gerichtete Blick der Kontemplation an die Stelle von äußeren Sinneseindrücken tritt. Vor allem in süddeutschen Zisterzienserinnen- und Dominikanerinnenklöstern, aus denen manche dieser frühesten Bildwerke überliefert sind, bezeugen Sammelviten (‹Schwesternbücher›) und Offenbarungsschriften neben einer reichen künstlerischen Ausstat-

Abb. 2: *Fra Angelico: Cristo deriso, Florenz, Convento di San Marco*

tung der Klöster einen körperlich wie emotional engen Umgang mit privat wie gemeinschaftlich, in individuellem Gebet wie Liturgie genutzten Bildern und ein intensives Visionsleben: Bilder lösen Ekstasen aus oder verlebendigen sich. Insbesondere die Skulpturen unterlaufen in ihren taktilen Reizen die von den geistlichen Betreuern immer wieder erhobene Mahnung, sich vom sinnlichen Begreifen zu befreien. Mit Ausnahme einzelner männlicher Heiliger wie FRANZISKUS und SEUSE scheint in den Männerorden ein vergleichsweise distanzierteres Verhältnis zum Bild bestanden zu haben, welches man weniger als Visions- denn als Visualisierungsmedium zu schätzen wußte; man denke etwa an die zwischen 1436–1440 von FRA ANGELICO und Gehilfen ausgeführten Fresken zum Leben Christi in den Zellen des Dominikanerkonvents von San Marco zu Florenz (Abb. 2). Diese Haltung zeichnet auch die Andachtspraktiken der dem visionären Erleben gegenüber wenig aufgeschlossenen *devotio moderna* aus, die ihre Parallele wenn nicht sogar einen Reflex in zahlreichen Stifterbildern in Stundenbüchern und Tafelbildern des 15. Jh. findet, wo Männer und Frauen derart vertieft in ihr Gebet dargestellt werden, daß sich dessen Inhalt vor ihnen zu materialisieren scheint und doch ihr ins Leere gerichteter Blick den Akt der Visualisierung und Trennung der Realitätsebenen anzeigt.

3. *Der Mystiker als Bild.* In Visionsdarstellungen wird seit dem 13. Jh. der Person des Visionärs immer stärkere Aufmerksamkeit geschenkt, dessen Körper (vor allem Blicke, oftmals ekstatische Posen und gelegentliche *stigmata*) als medialer Vermittler des Göttlichen zunehmend expressiv inszeniert wird; der apokalyptische Seher Johannes nimmt hier eine Vorreiterrolle ein. Der solchermaßen ausgezeichnete Körper besiegelt nicht nur die Wahrhaftigkeit der Vision, sondern belehrt seine Betrachter über die quasi eucharistisch transformierende Kraft des Glaubens. Die mystische Erfahrung bildet sich am Körperäußeren ab und wird von Zeitgenossen als ein rührendes Spektakel erlebt. Schon zu Lebzeiten können Mystiker zu bestaunten Bildern werden, wie der entrückte FILIPPO NERI oder CATERINA RICCI, die in Ekstase Posen Christi einnimmt. Dieser Akt der Exteriorisierung, hinter dem des Mystikers Ringen um Abgeschiedenheit ebenso wie seine theologischen und politischen Anliegen unsichtbar werden, kann zum eigentlichen Bildinhalt werden, wie BERNINIS Transverberation der hl. TERESA VON AVILA (1646) zeigt: ein intimes Gnadenerlebnis wird als sakrales Bühnenstück inszeniert. Dieser Effekt prägt vor allem die barocke Malerei Spaniens: Verfolgte die Amtskirche den großen Ausstoß mystischer Schriften im 16. Jh. noch mißtrauisch wegen deren Unabhängigkeit und potentieller Kirchenkritik, reagierte sie seit dem letzten Jahrzehnt mit der tridentinisch inspirierten Einsicht in die persuasive Natur der Malerei. Diese propagiert zwar die mystische Erfahrung, kontrolliert sie aber zugleich, indem das Erleben des weniger aufdenn anrührenden Visionärs öffentlich und *nachlesbar* gemacht wird und seine anscheinend spontanen Gesten als klar kodifiziert erscheinen, indem sie auf ältere ikonographisch-hagiographische Modelle zurückgreifen wie etwa die Posen MARIA MAGDALENAS oder die Gebetsgesten des DOMINIKUS.

II. *Bildrhetorik.* Mit Ausnahme der spanischen Barockmalerei, deren Künstler auch in theoretischen Schriften mit dem Problem ringen, das Unsichtbare ohne Preisgabe der Gesetze von Perspektive und inner-

Abb. 3: *The Rothschild Canticles* 104r, Beinecke Rare Book and Manuscript Library, Yale University

bildlicher Kohärenz sichtbar zu machen, lassen sich Analogien zur mystischen Sprachrhetorik nur sehr eingeschränkt nachweisen. Sporadisch werden die Unsagbarkeitsmetaphern der Blendung und Verschleierung ins Bild gesetzt: Systematisch geschieht dies allein in anglo-normannischen Apokalypsezyklen des 13. und frühen 14. Jh., wo Johannes geblendet erscheint oder sich die Schau mühsam durch kleine Rahmenöffnungen erkämpfen muß. In den Böhme-Illustrationen verkörpert das linke, geblendete Auge die mystische Gottesschau. Nur dem unbekannten Schöpfer des Zyklus von Trinitätsminiaturen in den ‹Rothschild Canticles›, einem handtellergroßen, reich illustrierten *florilegium* erbaulicher Texte, welches um 1300 im Rheinland oder in Flandern entstand, gelingt die paradoxale Veranschaulichung des Unanschaulichen: Licht- und Flammenzungen schlagen aus radartigen Strukturen hervor, die rasende Bewegung und Stillstand zugleich suggerieren. Die Trinität manifestiert sich als fragmentierte, aus gewundenen Tüchern, Sternen, Strahlen und Körperteilen wie momentan komponierte, nie gänzlich sichtbare und in ständigem Wandel begriffene Wesenheit (Abb. 3). Generell ist aber festzuhalten, daß trotz einer der Sprache und Kunst gemeinsamen Emotionalität und Expressivität das Bild bis zum 18. Jh. doch häufig eine Rationalisierung der mystischen Erfahrung vornimmt: Es zähmt nicht nur die Ekstasen und Offenbarungen des Mystikers, sondern schafft Denkräume der Besonnenheit (WARBURG), indem der räumliche Kontext des Erlebnisses deutlich geschildert wird und der Seher in eine optisch nachvollziehbare Beziehung, häu-

Abb. 4: *Hildegard von Bingen: Liber Divinorum Operum, Vision der göttlichen Liebe, Lucca, Biblioteca Statale, su Concessione del Ministro per i Beni e le Attività Culturali*

fig auch eine Distanz zum Geschauten gesetzt wird, welches mehr noch für die Betrachteraugen zur Gänze erfaßbar und von ihm in Ruhe kontemplierbar wird. Paradigmatisch erscheint die Eingangsminiatur des Luccheser Codex (um 1200) des ‹Liber divinorum operum› HILDEGARDS VON BINGEN, wo unterhalb der großformatigen Erscheinung der göttlichen Liebe in einem eigenen Rahmen zwei kleine Räume situiert sind, in denen rechts neben einem Schreiber die Visionärin mit Wachstafeln und eine Begleiterin dargestellt sind (Abb. 4). Durch eine kleine Öffnung im Rahmen der Vision strömt Feuer in den Raum und auf das erhobene Antlitz Hildegards: Das Zeichen der Inspiration verbindet wie ein rotes Band beide Ebenen und läßt die klösterliche Schreibstube als angehängtes Siegel erscheinen, welches nicht nur Echtheit, Autorschaft, Rezeption und Weitergabe des Empfangenen bezeugt, sondern dieses raum-zeitlich begrenzt und versiegelt.

III. *Romantik bis Abstrakte Malerei: Freisetzung des mystischen Bildes.* Seit dem 18. Jh. hinterlassen rationale Theologie ebenso wie Aufklärung, fortschreitende wissenschaftliche Erkenntnis und Materialismus ein spirituelles Vakuum, welches durch die Suche nach religiöser und gesellschaftlicher Erneuerung und veränderten ästhetischen Ausdrucksmöglichkeiten jenseits dogmatischer und akademischer Grenzen beantwortet wird: die Kunst stellt sich zunehmend in den Dienst einer nichtkirchlichen M. Das metaphysische Bedürfnis des Menschen (SCHOPENHAUER) sucht unter Beibehaltung christlicher Gefühlswerte und Sehnsüchte nach weltanschaulichem Sinn in alten Weltreligionen und neuen Glaubenssystemen (z.B. Theosophie), nach Transzendenz und Aufgehobensein des Individuums in universalen Zusammenhängen. FRIEDRICHS Landschaftsbilder sind die neuen Andachtsbilder des Pantheismus der deutschen Romantiker. Für RUNGE, dessen Zyklus der ‹Vier Zeiten› (seit 1802) symbolische und kompositorische Anregungen nicht nur Böhme-Illustrationen, sondern u.a. auch der Rezeption indischer Schöpfungsmythen verdankt, offenbart sich in Natur und Kreatur der unsichtbare Gott. Vorbereitet durch die symbolistische Kunst, die unter Adaption katholisch-mystischer wie okkulter, orientalischer und kabbalistischer Bildinhalte und Symbole Gegenbilder einer verborgenen Wirklichkeit zur sichtbaren und naturwissenschaftlich erforschbaren Realität aufstellt, scheint erst die abstrakte, insbesondere die monochrome Malerei den mystischen Erfahrungen des Unsagbaren, der Stille und Entgrenzung kompatibel, ja ihr ideales Medium zu sein, während ihre umso gesprächigeren Theorien religiösen Manifesten gleichkommen; man denke an KANDINSKYS ‹Über das Geistige in der Kunst› (1912) und MALEWITSCHS suprematistische Meditationen über das ‹Nichts›. Die nichtgegenständliche Kunst läßt sich zwar auch als Ergebnis rein formaler Bestrebungen und Entwicklungen (z.B. Kubismus) bewerten, aber zahlreiche Künstler wie NEWMAN, ROTHKO, REINHARD (die ‹schwarzen› Gemälde) und RAINER (Kreuzübermalungen) – letztere lassen sich in die Tradition der negativen Theologie stellen – finden auf ihrer Suche nach einer höheren geistigen Realität hinter den physischen Formen Inspiration in der wiederentdeckten christlichen und jüdischen M., im Buddhismus ebenso wie in Transzendenzpraktiken des Yoga und Schamanismus. In neuerer Zeit scheint das Pendel in eine entgegengesetzte, durchaus gegenständliche Richtung auszuschlagen: Der mystische Blick findet in der transzendenten Leere keine Erfüllung mehr, während Körper, Materialien und neue visuelle Technologien zu bevorzugten Medien künstlerischer Deutungs- und Kartierungsversuche einer durch die Virtualität als entgrenzt und weniger fliehens- denn erklärungswürdig empfundenen Realität geworden sind.

Anmerkung:
[1] H. Bihlmeyer (Hg.): Heinrich Seuse: Dt. Schr. (1907) 191.

Literaturhinweise:
M. Tuchman, J. Freeman (Hg.): Das Geistige in der Kunst. Abstrakte Malerei 1890–1985 (1988). – J. Hamburger: The Rothschild Canticles: Art and Mysticism in Flanders and the

Rhineland circa 1300 (New Haven 1990). – C. Geissmar: Das Auge Gottes. Bilder zu Jakob Böhme (1993). – V.I. Stoichita: Visionary Experience in the Golden Age of Spanish Art (London 1995). – J. Hamburger: The Visual and the Visionary. Art and Female Spirituality in Late Medieval Germany (New York 1998). – J. Herrmann et al. (Hg.): Die Gegenwart der Kunst. Ästhet. und religiöse Erfahrung heute (1998). – P. Dinzelbacher: Himmel, Hölle, Heilige. Visionen und Kunst im MA (2002).

S. Tammen

D. M. und Philosophie. Das Verhältnis von Philosophie und M. ist historisch eng mit dem Verhältnis von Philosophie und Religion verflochten. Denn sowohl als Begriff wie als Phänomen entstammt M. dem religiösen Bereich [1], und erst sekundär gibt es eine Analogisierung im Hinblick auf außerreligiöse Bereiche (Philosophie, Ästhetik, Kunst, Sprache, Literatur, wissenschaftliche Grundlagenreflexion, Politik).[2] Die vom griech. Verb μύειν, myein (die Augen schließen) her gebildeten Ausdrücke μυστήριον, mystērion (Geheimnis) und μυστικός, mystikós (geheimnisvoll) gehören der Sondersprache der antiken Mysterienkulte an und werden schon früh in die griech. Alltags- und Literatursprache sowie in den philosophischen Diskurs übernommen (wie in die platonische Philosophie). Dennoch bleiben sie religiös konnotiert.[3] Die christlichen Kirchenväter und Scholastiker bestimmen den (übernatürlichen) Glauben in seinem Verhältnis zum (natürlichen) Wissen als *mysterium* und betrachten den *sensus mysticus* als eine von zunächst drei Möglichkeiten (ORIGENES) der Schriftauslegung. Diese fungiert für den Gläubigen als initiationsartiges Erfahrungserlebnis mit dem Höhepunkt der Begegnung von Seele und Gott. Die historische Synthese von Christentum und Neuplatonismus (bes. PSEUDO-DIONYSIOS AREOPAGITA) führt zur Übertragung des Stufenschemas κάθαρσις, kátharsis; φωτισμός, phōtismós, ἕνωσις, hénōsis (lat. *purgatio, illuminatio, unio*) auf das christliche Glaubenserlebnis: (1) Reinigung der Seele, (2) ihre Erleuchtung und (3) ihr Einswerden mit Gott. Letzteres gilt zumeist als unaussprechbar für den Menschen, der nur stammelnd sowie in paradoxen Ausdrücken und Bildern davon reden kann. Als Kennzeichen der *unio mystica* werden vornehmlich negative Bestimmungen angegeben: Sprach- und Bildlosigkeit, Aufhebung von Ich und Vielheit, von Raum und Zeit, weiterhin: Koinzidenz aller Gegensätze (z.B. von Subjekt und Objekt, Ich und Welt, Seele und Gott), Augenblicklichkeit und Paradoxalität.[4] Philosophisch handelt es sich um ein Oszillieren [5] zwischen (a) einer Fundamentalkritik am erkenntnistheoretischen und ontologischen Sinn jeder begrifflich-kategorialen Weltorientierung und (b) einer extrem spekulativen Metaphysik, in deren Zentrum zumeist eine All-Einheits-These steht.[6]

Analysiert man das Verhältnis von M. und Philosophie, so ist zwischen einer thematischen und terminologischen Beziehung zu unterscheiden und es sind die vielfältigen, z.T. widersprüchlichen Bedeutungen von M. zu berücksichtigen. Bereits die platonische und neuplatonische Philosophie enthält – wie Vedanta, Buddhismus, Taoismus und die Systeme von JOHANNES SCOTUS ERIUGENA, THOMAS, MEISTER ECKHART, CUSANUS, SPINOZA und LEIBNIZ – Elemente, die retrospektiv als *mystisch* bezeichnet werden können.[7] Dies gilt auch für Philosophen des 19. und 20. Jh. wie Schelling und Hegel, Schopenhauer und Emerson, Bergson und James, Nietzsche und Wittgenstein, Heidegger und Derrida.)[8] Das Nomen ‹M.› (wie auch Mystizismus) ist jedoch eine neuzeitliche Wortschöpfung. Sie entsteht im 17. Jh. als theologisch-fideistische Kampfformel, die sich gegen Rationalismus und Aufklärung wendet. Sie wird aber auch schnell zu einem ideengeschichtlichen Epochen- und literarischen Gattungsbegriff (rheinische M., deutsche M., Barockmystik usw.), mit dem sowohl überlieferte Formen religiöser Frömmigkeit bezeichnet werden wie auch eine damit verknüpfte metaphysische Vorstellungswelt. Die dergestalt in einem christlich-theistischen Kontext formulierte Ausgangsbedeutung wird im 18. Jh. auf außerchristliche und atheistische Religionen (bes. Ostasiens) und im 19. und 20. Jh. auch auf außerreligiöse Bereiche übertragen. Eine terminologische Auseinandersetzung der Philosophie mit M. erfolgt vom Ende des 18. Jh. an im Kontext der Diskussion um Reichweiten und Grenzen menschlicher Vernunft und Erfahrung, und sie dauert kontinuierlich bis heute an.

Daß M. erst in der Moderne ausdrücklich zu einem philosophischen Thema wird, hängt nicht nur mit der späten sprachgeschichtlichen Prägung des Nomens ‹M.› zusammen, sondern v.a. mit dem Selektionscharakter moderner Rationalität und Wissenschaftlichkeit. Im Mittelalter wird das menschliche Denken als eine breite Palette von ineinander übergehenden Vermögen angesehen. Diese reichen von der sinnlichen Wahrnehmung über Verstand und Vernunft bis hin zur (für den Menschen nur ansatzweise erfahrbaren) *visio dei* (Anschauung Gottes). Das Modell eines Ausmündens des menschlichen Denkens in die Transzendenz ermöglicht eine offen bleibende Dimension des Geheimnisses, und es läßt die Aufhebung von niederen in höhere Erkenntnisvermögen zu. Die neuzeitliche Philosophie entwickelt hingegen eine gänzlich andere Auffassung von Erkenntnis: Das Denken soll frei von Idolen (F. BACON), klar und deutlich (DESCARTES) und sich seiner Grenzen bewußt sein (KANT). Diese Präzisierung und Verengung von Rationalität bedeutet eine Ausdifferenzierung sowie eine radikale Ausgrenzung des ‹Anderen der Vernunft› [9] (Leib, Begehren, Gefühle, aber auch: Mythos und M.) aus dem philosophischen und wissenschaftlichen Diskurs. Die Abwertung des Ausgegrenzten (im aufklärerischen Sprachgebrauch wird ‹mystisch› zum Synonym für: irrational, verworren, obskurantistisch) provoziert als Gegenreaktion dann wiederum Aufwertungen und positive Stilisierungen (Romantik, Lebensphilosophie, New Age, Feminismus, Postmoderne). Damit versucht man offenkundig die dem Szientismus angelasteten Sinndefizite der modernen Welt – Entzauberung (M. Weber) und Verlust an Lebensbedeutsamkeit (Husserl) – zu kompensieren.

Der *mainstream* der modernen europäischen Philosophie bewahrt der M. gegenüber Skepsis und Distanz, auch wenn es dazu mächtige Gegenströmungen gibt. Für KANT ist M. eine Variante des unzulässigen «Schwärmens» dogmatischer Metaphysik über das Ding an sich. Er spricht vom «vernunfttödtenden Mysticism», der «ins Überschwengliche hinausschweift» und einen «Übersprung (salto mortale) von Begriffen zum Undenkbaren» darstelle, bei dem «der Verstand ausgeht und alles Denken selbst ein Ende hat».[10] Während FICHTE – trotz seines Theorems der «intellectualen Anschauung» – der kantischen Ansicht folgt, betrachtet Schelling (beeinflußt von F. Schlegel, F. von Baader und J. BÖHME) die M. als ernstzunehmende metaphysische Bemühung. Für HEGEL [11] ist die mittelalterliche und frühneuzeitliche M. eine unvollkommene Antizipation der eigenen Philosophie des absoluten Geistes. Es handle sich um eine Vorform der dialektischen Vernunft. Während Sinne und Verstand der Endlichkeit verpflichtet seien, stelle die reine spekulative Idee eine sinnen- und verstandesmäßig nicht faßbare unendliche Einheit aller Gegensätze und Unterscheidungen dar. Schopenhauer folgt einerseits der erkenntnistheoretischen Grenzziehung Kants und betont die der M. entgegengesetzte rationale Methode der Philosophie [12], entwirft aber andererseits eine der M. nahestehende All-Einheits-Metaphysik. [13]

Der kantische Gestus der Ausgrenzung und der hegelsche Gestus der Integration stellen die beiden Grundmuster dar, mit denen bis heute die Philosophen der M. begegnen. Deren Ausgrenzung aus dem Bereich des sinnvoll Denk- und Sagbaren fordern, trotz positiver inhaltlicher Bewertung, die beiden Sprachphilosophen F. MAUTHNER und L. WITTGENSTEIN. Im ‹Tractatus logico-philosophicus› ortet der frühe Wittgenstein «das Mystische» als das (dem «Was» und «Wie» entgegengesetzte) «Daß» der Welt, als «Gefühl der Welt als begrenztes Ganzes», als «Unaussprechliches», das «sich *zeigt*». [14] Gemeinsam mit Ethik und Ästhetik stehe das Mystische außerhalb der allein sinnvoll ausdrückbaren Welt der Tatsachen und Sachverhalte. [15] Auch für Mauthner begreifen Kunst und M. «eine Welt ohne Begriffe, ohne Sprache». [16] Für szientistische Denkschulen wie den Wiener Kreis ist M. jedoch nicht nur unkommunizierbar, sondern auch inhaltlich unsinnig. Eine vergleichbare Ablehnung erfolgt (abgesehen von Ausnahmen wie E. Bloch) auch von marxistischer Seite. Die Absicht der Integration und eine positive Bewertung hingegen findet sich bei H. BERGSON, L. LAVELLE und K. ALBERT, für die M. die höchstentwickelte Form von Vernunft darstellt. Bei Bergson [17] ist M. eine Fortsetzung und Steigerung des Prinzips der Intuition und ein evolutionäres Ziel der menschlichen Gattung. Einem ausführlichen Versuch, M. als eigenständigen Erfahrungstyp zu beschreiben und zu legitimieren, begegnet man in der empirischen Psychologie und im Pragmatismus von W. JAMES. [18] Für ihn ist M. eine zentrale religiöse Erfahrung, die sich mit einer philosophischen Monismuskonzeption verbindet. Bei E. CASSIRER – der im Rahmen seiner ‹Philosophie der symbolischen Formen›, wenngleich nur im Ansatz, vermutlich die systematisch fruchtbarste philosophische Mystiktheorie des 20. Jh. vorlegt [19] – ist M. eine vergebliche theologische und lebensphilosophische Bemühung, die Welt jenseits der für sie konstitutiven Symbolik zu begreifen. Obwohl dem diskursiven Denken «das Paradies der Mystik, das Paradies der reinen Unmittelbarkeit, verschlossen» [20] bleibe, sei eine Tendenz zur symbolischen Selbstdestruktion bzw. zur M. der Logik kultureller Symbolisierungen, bes. mythisch-religiöser Symbolik, inhärent. Eine Mystikdiskussion gibt es neuerdings auch im Kontext der Postmoderne. J. DERRIDA [21] betrachtet die negative Theologie von Pseudo-Dionysios und Meister Eckhart als ein der Dekonstruktion weithin vergleichbares Unternehmen, das zuletzt aber – im Rekurs auf eine «Hyper-Essentialität» – doch wieder in das zu überwindende Modell der Metaphysik umkippe. [22] Zu erwähnen sind zuletzt noch die logischen und sprachanalytischen Befassungen mit M. im Rahmen der angelsächsischen Philosophie (B. Russell, C. Morris, F. Staal, W.T. Stace, S.T. Katz). [23] Für alle genannten (pro- und antimystischen) Philosophien gilt, daß sie kaum je das Phänomen der mystischen (Erlebnis-)Erfahrung thematisieren, daß sie M. aber stets dann als Problembegriff diskutieren, wenn entweder über die Grenzen oder über das Ganze, die Totalität von Vernunft, Erfahrung, Sprache, Symbolik verhandelt wird. [24]

Anmerkungen:
1 vgl. L. Bouyer: ‹Mystisch› – Zur Gesch. eines Wortes, in: J. Sudbrack (Hg.): Das Mysterium und die M. (1974) 57–75. – **2** vgl. H.D. Zimmermann (Hg.): Rationalität und M. (1981); M. Wagner-Egelhaaf: M. der Moderne (1989). – **3** vgl. W. Burkert: Antike Mysterien: Funktion und Gehalt (1990). – **4** vgl. W. James: The Varieties of Religous Experience (1903; dt. 1997); E. Underhill: Mysticism (London [11]1926); H. van Praag: Die acht Tore der M. (1990). – **5** vgl. R. Margreiter: Erfahrung und M.: Grenzen der Symbolisierung (1997). – **6** vgl. K. Albert: M. und Philos. (1986); ders.: Einf. in die philos. M. (1996). – **7** vgl. J. Bernhart: Die philos. M. des MA (1922). – **8** vgl. E. Jain, R. Margreiter (Hg.): Probleme philos. M. (1991). – **9** vgl. H. und G. Böhme: Das Andere der Vernunft (1983). – **10** Kant: Werke (Akad.-Textausg.) VII, 59; V, 70, 121; VIII, 398, 336. – **11** vgl. Hegel: Werke (hg. von E. Moldenhauer, K.M. Michel) 17. – **12** Schopenhauer: Sämtl. Werke (hg. von A. Hübscher [4]1988) Bd. 3, 701f. – **13** vgl. A. Schmidt: Die Wahrheit im Gewande der Lüge (1986). – **14** L. Wittgenstein: Tractatus logico-philosophicus (1963) 6.44, 6.45, 6.522. – **15** vgl. B. McGuinness: The Mysticism of the *Tractatus*, in: Philosophical Review 75 (1966) 305–328. – **16** F. Mauthner: Die drei Bilder der Welt (1925) 255. – **17** H. Bergson: Les deux sources de la morale et de la religion (1932; dt. Jena 1933). – **18** James [4]; ders.: Pragmatism (1907). – **19** E. Cassirer: Philos. der symbolischen Formen, Bd. 2 (1925) 281ff. – **20** ebd. Bd. 1 (1923) 51. – **21** J. Derrida: Comment ne pas parler: Dénégations, in: Psyché (Paris 1987). – **22** vgl. M. Wagner-Egelhaaf: Lektüre(n) einer Differenz: M. und Dekonstruktion, in: Jain, Margreiter [8] 335–352. – **23** vgl. B. Russell: M. und Logik (1952); C. Morris: Writings on the General Theory of Signs (The Hague 1971); F. Staal: Exploring Mysticism (Berkeley, Cal. 1975); W.T. Stace: Mysticism and Philosophy (London 1960); S.T. Katz (Hg.): Mysticism and Philosophical Analysis (New York 1978). – **24** vgl. Margreiter [5] 297ff.

R. Margreiter

→ Christliche Rhetorik → Gebet → Islamische Rhetorik → Jüdische Rhetorik → Meditation → Obscuritas → Patristik → Schweigen

Mythos (griech. μῦϑος, mýthos; lat. mythus, fabula; dt. Erzählung, Sage, Legende; engl. myth; frz. mythe; ital. mito)
A. Def. – B.I. Der griech.-röm. M. als Paradigma des europäischen M. – II. Mittelalter. – III. Renaissance, Humanismus. – IV. M. im Barockzeitalter und Mythoskritik in der Aufklärung. – V. M. vom späten 18. bis zum 20. Jh.

A.I. *Definition.* Methodisch ist es angesichts des heutigen komplexen Forschungsstandes unmöglich, eine allgemein anerkannte wissenschaftliche Definition des M. zu geben. Verschiedene Schulen und am M. interessierte Wissenschaften geben im 19. und 20. Jh. stark voneinander abweichende Definitionen des mehrdeutigen Begriffes. [1] Es lassen sich aber dennoch einige Strukturen und Funktionen des M. benennen, die ihn von verwandten einfachen Formen des Erzählens (Sage, Legende, Fabel, Märchen, fiktionale Erzählung) unterscheiden. [2] Anders als diese Formen gilt der M. heute bei den meisten Autoren als eine im Kern wahre, beim Hörer Sinn stiftende Erzählung und als eine spezifische Weise des ganzheitlichen Welterkennens. Von diesem vorherrschenden wissenschaftlichen Gebrauch des Begriffes weicht die umgangssprachliche deutsche Bedeutung von

M. oder ‹Mythe› als einer Märe, Sage oder unbeglaubigten Erzählung bzw. des Adjektives ‹mythisch› als märchenhaft-vage, fabulös oder legendär ab. [3]

II. *Merkmale, Anwendungsgebiete.* Ein M. vergegenwärtigt in bildhaft anschaulicher Sprachform ein ur- oder frühzeitliches Ereignis. Er stellt Bilder der Welt und allgemeine Gleichnisse menschlichen Verhaltens dar. M. formen daher weitgehend kohärente Erfahrungssysteme der Welt. Sie konstituieren ein religiöses Orientierungs- und Symbolsystem. Im M. ist alles naturwissenschaftlich betrachtet lediglich Materielle zugleich durch numinose Kräfte bestimmt. Die Gesamtheit der M., in denen einzelne Personen, Völker oder Kulturepochen der Menschheit sich selbst, ihre Gemeinschaft und das Geschehen in der Welt deuten, verdichtet sich in elementaren Symbolen (Tieren, Pflanzen, geometrischen Figuren) und Erzählungen, die verschiedenen Kulturen, Religionen und Epochen gemeinsam sind. M. führen regelmäßige Abläufe in der Natur- und Menschenwelt auf göttliche Ursprungsgeschichten zurück. Der M. verbindet sich mit einer streng zyklischen, jenseits der geschichtlichen Zeit der Menschen angesiedelten Zeitvorstellung und einem von numinosen Kräften oder Personifikationen beherrschten mythischen Raum. Ferner werden im M. für Personen und Orte oft sprechende, bedeutungsvolle Namen verwendet. Ein M. ist als Erzählung schon syntagmatisch aus sich selbst heraus verständlich, besitzt aber zudem eine paradigmatische Bedeutung, in der die Erzählung über sich selbst hinausweist (z.B. auf den Kreislauf der Natur). Eine verbreitete inhaltliche Einteilung der M. in kosmogonische und -logische M. über die Entstehung und Gestalt der Welt, anthropogonische M. über die Entstehung (Erschaffung) des Menschen, Ursprungs- und Begründungsmythen zur Erklärung für bestimmte Bräuche, Riten und Institutionen, Gründungsmythen bestimmter Städte oder Orte, historische M. aus der Frühzeit eines Stammes oder Volkes, eschatologische M., die sich auf das Ende der Welt richten, ist nicht immer präzise anwendbar. In den wichtigsten M. werden Taten und Schicksale von Göttern und Heroen erzählt.

Die M. der Weltkulturen sind durch eine unübersehbare Mannigfaltigkeit und fortgesetzte innere Wandlungen geprägt. M. entstehen ursprünglich in noch schriftlosen Kulturen. Der M. wird dem Hörer zunächst von Generation zu Generation durch besonders hierfür ausgewählte Priester, Sänger und Älteste erzählt. Erst in späteren Entwicklungsstufen wird er schriftlich fixiert und kann dann in dieser Fassung von beliebig vielen Lesern an beliebigen Orten und zu unterschiedlichen Zeiten gelesen werden. Seine schriftliche Fixierung, Sammlung und wissenschaftliche Ordnung in Genealogien und kanonischen Handbüchern ist Anzeichen dafür, daß seine traditionelle Wirkungsmacht als geschlossenes Welterklärungssystem in den jeweiligen Gesellschaften nachläßt. Dies kann man schon mit dem griechischen Mythos seit der Epoche des Hellenismus durch die Werke des MYTHOGRAPHUS HOMERICUS, KALLIMACHOS, APOLLODOROS, später in Rom durch die OVIDS beobachten.

Es gibt auch seit früher Zeit Darstellungen des M. in (Theater-) Spielen, Pantomimen oder Tänzen. Die Umsetzung eines M. in ein Kunstwerk oder ein Musikstück setzt voraus, daß der M. dem Betrachter oder Hörer im Kern schon bekannt ist. Der M. dient seit der Antike in Literatur, Kunst oder Musik kontinuierlich als unerschöpfliches Reservoir an anregenden Themen der kreativen Phantasie und der künstlerisch-rhetorischen *inventio*.

Zumindest für den europäischen M. wird der griechisch-römische M. paradigmatisch. Die bildhafte Deutung der Welt, menschlicher Grunderfahrungen und der Geschichte eines Volkes im M. steht seit der griechischen Antike im spannungsvollen Gegensatz zu rein vernunftgemäßen, logisch-rationalen Erklärungen der Welt. Dieser Gegensatz zwischen M. und Logos scheint sich erst im 20. Jh. unter dem Einfluß der modernen Wissenschaftstheorie zugunsten einer komplementären Ergänzung aufzulösen. Im allgemeinen Verständnis bleiben jedoch weiterhin die moderne Naturwissenschaft und Technik Prototypen des Rationalen, der M. und das mythische Weltbild des Irrationalen. M. haben trotz der wissenschaftstheoretischen Erkenntnis von der Relationalität der Paradigmen aller Einzeldisziplinen keine empirisch-experimentell verifizierbare Grundlage. M. mangelt es auch an methodisch fundierten Begriffen, die intersubjektiv vermittelbar sind und durchgängige, logisch-widerspruchsfreie Konsistenz besitzen. [4] Obwohl seit dem 17. Jh. das moderne okzidentale Weltbild durch eine immer stärkere Abkehr von allen magischen und mythischen Formen der Weltorientierung, die M. WEBER als *Entzauberung* der Welt beschrieb, und eine radikale Kritik am M. gekennzeichnet ist, gewinnen seit der Epoche der Romantik Gegenpositionen an Gewicht, die dem mythenfeindlichen, rational-aufgeklärten Denken bedeutende Defizite in der Wahrnehmung und Erklärung der Welt vorwerfen. Dem experimentellen und die Erkenntnis der Welt immer weiter durch Differenzierung fragmentierenden naturwissenschaftlichen Weltbild wird eine ganzheitlich-symbolhafte, gleichwertig komplementäre Erfassung der Welt und eine durch M. (und Religionen) besser mögliche Sinnstiftung entgegengesetzt. [5]

M. spielen in der modernen Theologie, Religionswissenschaft, Anthropologie und Ethnologie eine wichtige Rolle. Dort interessieren die religiöse Denkform des M., der Zusammenhang zwischen M. und Ritual und das mythische Weltbild. [6] Als Gegenbegriff zur rationalen Vernunft der Aufklärung und dem neuzeitlichen, (natur-)wissenschaftlich geprägten Weltmodell sowie als Kern einiger postmoderner Weltbilder ist der M. ferner von zentraler Bedeutung für die Philosophie, Hermeneutik und Wissenschaftstheorie, die Soziologie und Politikwissenschaft. Als unerschöpfliches Reservoir an Stoffen und symbolischen Bildern dient er der Sprach- und Literaturwissenschaft, den Philologien und Produzenten verschiedener Textsorten, Malern, Komponisten und Filmmachern. Auch in der Psychologie und Psychoanalyse (FREUD, JUNG) spielen M. als archetypische (Ur-)Bilder, Grundmodelle menschlichen kollektiven und individuellen Verhaltens und Symbole eine große Rolle.

In diesem Artikel wird der vielschichtige Begriff ‹M.› in erster Linie unter den Fragestellungen behandelt, welche Bedeutung er im klassischen, griechisch-römischen System der Rhetorik hat, welchen Bereichen der klassischen Rhetorik der M. zugeordet wurde und wie M. in der europäischen Rhetorik vom Entstehen der rhetorischen Lehrsysteme im alten Griechenland bis ins 20. Jh. instrumentalisiert worden sind. Die psychologische Kraft und das rhetorische Wirkungspotential der Figuren und Symbole des M. können nur solange verwendet werden, wie eine Vertrautheit des Adressaten der Rede mit dem M. aus dem Unterricht in der Grammatik und Rhetorik, später in den Fächern Latein, Griechisch und

Deutsch (oder anderen modernen Fremdsprachen) gewährleistet ist.

Anmerkungen:
1 vgl. A. Horstmann: Der Mythosbegriff vom frühen Christentum bis zur Gegenwart, in: ABG 23 (1979) 7–54 und 197–255; W. Burkert, A. Horstmann: M., Mythologie, in: HWPh Bd. 6 (1984) 281–318. – 2 vgl. A. Jolles: Einfache Formen (1930; ND 1962) 91–112; J. de Vries: Betrachtungen zum Märchen, besonders in seinem Verhältnis zu Heldensage und M. (Helsinki 1954). – 3 vgl. Grimm, Bd. 6 (1885) 2848 s.v. ‹Mythe›; W. Betz: Zur Wortgesch. von M., in: H. Moser (Hg.): Dt. Sprache. Gesch. und Gegenwart, FS F. Maurer (1978) 21–31. – 4 vgl. M. Eliade: Myth and Reality (New York 1963); H. Poser (Hg.): Philos. und M. Ein Kolloquium (1979); W. Burkert: Mythisches Denken, in: H. Poser (Hg.): Philos. und M. (1979) 16–39; H.H. Schmid (Hg.): M. und Rationalität (1988); K. Hübner: Die Wahrheit des M. (1985); ders.: Art. ‹M., I. Philosophisch›, in: TRE, Bd. 23 (1994) 597–608, insb. 602–604. – 5 vgl. die Forschungsüberblicke zum 18.–20. Jh.: J. de Vries: Forschungsgesch. der Mythologie (1961); K. Kerényi (Hg.): Die Eröffnung des Zugangs zum M. Ein Lesebuch (1976); E. Rudolph (Hg.): M. zw. Philos. und Theologie (1994). – 6 vgl. A.E. Jensen: M. und Kult bei Naturvölkern (²1960; ND 1992); G.S. Kirk: Myth. Its Meaning and Functions in Ancient and Other Societies (Cambridge u.a. 1970; ND 1971); B. Malinowski: Myth in Primitive Psychology (New York 1926).

B. I. *Der griechisch-römische M. als Paradigma des europäischen M.* **1.** *Eigenarten des griechischen M.* Einzelne M. und Mythenkreise dienen als frühe, mündlich tradierte Formen der kollektiven Rückerinnerung des griechischen Volkes und vorwissenschaftliche Modelle der Welterklärung und Orientierung vor dem Entstehen von Philosophie und Historiographie. Die griechischen M., die zusammen mit jüdisch-christlichen und volkssprachlichen unsere europäische Kultur geprägt haben, werden zunächst in den Gattungen des Epos, der Lyrik und der Tragödie überliefert und weiter geformt. Insbesondere die theogonischen und kosmogonischen M. der Griechen erfahren dabei bedeutende Einflüsse aus Kleinasien, Ägypten und Mesopotamien. [1] Im griechischen Epos bedeutet μῦθος, mýthos zunächst einfach Wort, Rede, Geschichte. [2] Homer stellt den Sprecher eines M. dem Vollbringer einer Tat (ἔργον, érgon) gegenüber. [3] In den attischen Tragödien, in denen bekannte M. ihre klassische Formulierung erfahren, werden M. und Logos noch ohne klare Konnotation verwendet, ob es sich um eine wahre oder falsche Geschichte handelt. Doch schon seit dem 6. Jh. wird der von Homer, Hesiod, frühen lyrischen und tragischen Dichtern geformte M. Gegenstand der Kritik. Xenophanes nennt M. Erfindungen der Vorzeit. [4] Hekataios kritisiert die vielfältigen und lächerlichen mythischen Erzählungen der Griechen. [5] Unter dem Einfluß der sophistischen Aufklärung wird M. während des 5. Jh. im vorherrschenden Sprachgebrauch zu einer unwahren Erzählung, einem Kindermärchen oder einer Fabel, die vom positiv konnotierten Begriff der vernünftigen Rede, dem λόγος, lógos, abgesetzt wird. Naturphilosophen, Sophisten und Historiker (seit Thukydides) setzen es sich zur Aufgabe, den M. zu widerlegen. [6] Platons metaphysisch-ontologisch fundiertes Weltbild zeigt eine ambivalente Stellung zum M. Einerseits will er traditionelle M. aus seinem Idealstaat als lügenhafte und sittlich gefährliche Erzählungen über Götter verbieten, andererseits fordert er die Erfindung neuer politisch-pädagogischer M. zum Nutzen des Staates. [7] Platon stellt selbst zentrale Gedanken seiner Lehre in den Dialogen ‹Gorgias›, ‹Phaidon›, ‹Phaidros›, ‹Timaios› und ‹Politeia› in Gleichnissen und M. dar, z.B. über die Bestimmung der Seele, das Totengericht oder die versunkene Stadt Atlantis. In seiner ‹Metaphysik› reflektiert Aristoteles auch über den M. als Medium der Überlieferung und Beglaubigung von Ansichten früherer Menschen über die Götter und die Natur: «Von den Alten aber und den Urahnen ist in Gestalt des Mythos den Späteren überliefert worden, daß diese Himmelskörper Götter seien und das Göttliche die ganze Natur umfasse. Das Übrige ist dann in mythischer Weise zur Überredung der Volksmenge und zum gesetzlichen und allgemeinen Nutzen hinzugefügt worden». [8] Diese kritischen Bemerkungen stellen eine wichtige spätklassische Stufe der wissenschaftlichen Reflexion über Wesen und Funktion des M. dar. Hieran anknüpfend entwickelt Poseidonios eine historisch-pädagogische Theorie, nach der im M. das Wissen der Vorzeit bewahrt sei. Der M. sei vor der Geschichtsschreibung und der Philosophie entstanden. Er bleibe aber weiterhin als Erziehungsmittel zur Jugendbildung und Vorstufe der Philosophie geeignet. [9] Auch in Reden bedeutet ‹M.› jetzt zunächst eine erfundene Geschichte, ein Märchen. [10] Alle Literaten, insbesondere Dichter und Redner, können aber auch weiterhin auf die Inhalte des M. als *publica materies*, allgemein bekannte Elemente der griechischen Bildung, zurückgreifen.

2. *Die allegorisch-symbolische und euhemeristische Mythendeutung.* Weil der M. trotz aller philosophisch-wissenschaftlichen Kritik auch in hellenistisch-römischer Zeit große Bedeutung behält, versuchen antike Autoren, die weitere Verwendung von M. in der allgemeinen Erziehung der Jugend, in der Dichtung, Rhetorik und sonstigen Literatur zu rechtfertigen. Die bedeutendste Methode hierzu ist eine allegorisch-symbolische Interpretation des M., die seinen wahren, tieferen Sinn aufzudecken versucht. Nach dem Vorbild des Theagenes im 5. Jh. entwickelt vor allem die Stoa diese Interpretationsrichtung. Die aus der Interpretation von Platons ‹Timaios› entwickelte neuplatonische, allegorisch-metaphysische Theorie des M. bei Plotin, Porphyrios und Proklos beeinflußt die Begriffsgeschichte des M. bis ins 19. Jh. Zusammenfassende Werke über die allegorisch-symbolische Interpretation des heidnischen M. legen nach Vorbild des Cornutus am Ende der Antike Herakleitos und Salustios vor. Zweitens ist die schon bei Hekataios angelegte, aber später auf Euhemeros (Anfang 3. Jh. v. Chr.) zurückgeführte Methode, mittels rationalistischer Kritik den wahren Kern eines M. herauszufinden, seit der hellenistischen Epoche sehr einflußreich. Der ‹Euhemerismus› betrachtet den M. als Ergebnis der Neigung der Menschen, vor langer Zeit verstorbene Könige, Heroen oder andere Wohltäter der Menschheit (z.B. Erfinder wichtiger Kulturtechniken) zu verklären. Die euhemeristische und allegorisch-symbolische Mythendeutung zersetzen auf Dauer die Kraft des M. als Welterklärungsmodell. [11] Andererseits ermöglichen erst solche aus heutiger Sicht oft gewaltsame Interpretationstechniken das Überleben des antiken M. auch im christlich-europäischen Mittelalter und in der Neuzeit. Für grammatisch-rhetorisch geschulte Dichter, Historiker und Redner bleibt der M. neben ihrer jeweiligen Gegenwartswirklichkeit und der Geschichte eine dritte Hauptquelle ihrer Stoffe.

3. *M. in Rom.* Die Römer übersetzen M. mit *fabula* und übernehmen die Wortbedeutung einer unterhaltsamen, unwahren Erzählung. [12] In dieser Bedeutung bleibt der Begriff M. (bzw. *fable, Mythe* usw.) dann im rhetorischen Kontext auch in den modernen europäischen Sprachen bis zum Ende der klassischen Schulrhetorik im ausgehenden 18. Jh. vorherrschend.[13] Für den römischen M. ist eine Historisierung und exemplarisch-pädagogische Instrumentalisierung im moralisch-patriotischen Sinne kennzeichnend, während der Bezug zur Religion und zum Ritus weniger eng ist als im griechischen M. MARCUS TERENTIUS VARRO unterscheidet in seiner bis zur Renaissance einflußreichen Götterlehre in den ‹Antiquitates rerum divinarum› drei Arten der Theologie (*genera theologiae*): «Mythicon appellant, quo maxime utuntur poetae, physicon, quo philosophi, civile quo populi.» (Mythisch nennt man die Art, die sich zumeist bei den Dichtern, physisch, die sich bei den Philosophen, staatlich, die sich bei den Völkern findet.)[14] Der gleiche Gelehrte unterscheidet auch in seiner geschichtlichen Epochengliederung zwischen drei Zeitaltern, dem *tempus adelon*, *mythicon* und *historicon*.[15]

Im späten Hellenismus und in der römischen Kaiserzeit nimmt der Einfluß astrologischer Lehren auf alle Kreise der Gesellschaft immer stärker zu. Der Kommentar des MACROBIUS zum ‹Somnium Scipionis› CICEROS, für den die Gestirne als Gottheiten gelten, FIRMICUS MATERNUS und Kommentare zu PLATONS ‹Timaios› bleiben bis zum 12. Jh. Grundbücher der mittelalterlichen Astrologie, in der umfangreiche Kenntnisse des M. lebendig bleiben.

4. *M. im klassischen rhetorischen Schulsystem: Aristoteles, Auctor ad Herennium, Cicero und Quintilian.* Im klassischen Schulsystem der Rhetorik spielen die griechisch-römischen M., die dem Publikum seit dem Elementarunterricht durch Lektüre von Fabelsammlungen und aus Homer vertraut sind, eine bedeutende Rolle.[16] Nur in geringem Umfang treten im Unterricht der Grammatik und Rhetorik seit dem Mittelalter mythische Erzählungen aus christlichen Texten oder den Mythologien der einzelnen Völker zu diesem klassischen Bestand hinzu. Personen und Motive aus M. können in allen Redegattungen als *exempla*, für Vergleiche und allegorische Interpretationen eingesetzt werden. In der epideiktischen Rhetorik[17], echten Enkomia auf lobenswerte Personen des M. und paradoxen Enkomia als *lusus ingenii*, in schulischen Redeübungen, aber auch in wirklich gehaltenen politisch-beratenden oder gerichtlichen Reden der Antike wird der M. wirkungsvoll eingesetzt.

In seiner ‹Poetik› zählt ARISTOTELES den M. (das *Sujet* oder *plot*) des Stückes zu den vier klassischen Bestandteilen des Epos und der Tragödie neben den Charakteren, der Sprache und den Gedanken. Der M., lateinisch das *argumentum*, ist die dichterische *Mimesis* einer realen, historischen oder mythologischen Handlung.[18] Man kann nach dem Komplikationsgrad der Handlung noch eine einfache (μῦθος ἁπλοῦς, *mýthos haplús*) von einer verwickelten Handlung (μῦθος πεπληγμένος, *mýthos peplēgménos*) unterscheiden.[19] In der ‹Rhetorik› befaßt sich Aristoteles im Kontext der Verwendung von Sentenzen mit dem Fachterminus μυθολογεῖν, *mythologeín*, dem Erzählen mythologisch-allegorischer Fabeln: «In Sentenzen zu sprechen aber schickt sich dem Alter nach für die älteren Menschen, und zwar in Bezug auf die Dinge, über die man Erfahrung besitzt. Folglich ist für den, der sich noch nicht in einem solchen Alter befindet, das Reden in Sentenzen unschicklich, wie auch das Erzählen allegorischer Fabeln. Ist er aber über die zur Debatte stehenden Dinge unerfahren, dann ist es sogar albern und ungebildet.»[20] Aristoteles meint, die Benutzung von M. im Sinne von Fabeln (und die von

Parabeln) als fiktionale *exempla* in der Beweisführung deliberativer Reden entspreche einem der Menge vertrauteren Argumentationstyp als streng syllogistische Beweisarten.[21]

Die griechisch-römischen Rhetoren des Hellenismus und der Kaiserzeit[22] verstehen unter M., in lateinischer Übersetzung *fabula* (*fabella*), zunächst eine Tierfabel, insbesondere aus den Sammlungen Äsops, des PHAEDRUS, AVIANUS und HYGINUS, die man im Anfangsunterricht der Grammatiker und Rhetoren benutzt.[23] M. werden systematisch in rhetorischen Lehrbüchern als Teile der *Progymnasmata* (*praeexercitamenta*) traktiert. Zuweilen wird schon durch den Dichter oder den Rhetor, der den M. einsetzt, als παραίνεσις, *paraínesis* oder *affabulatio* eine Entschlüsselung des tieferen Sinnes des M. in einer allegorisch-pädagogischen Interpretation (*sensus fabulae*, *interpretatio*) hinzugefügt. Es gibt zwei *moai* der Ausarbeitung eines solchen M., kurz oder lang (*breviter* oder *latius*). M. lassen sich zweitens auch als eine Art der Paradeigmata (*exempla*) einsetzen.[24] Ferner ist das μυθικὸν εἶδος, *mythikón eídos* oder die *species fabularis* eine Art der Erzählung (εἴδη διηγήματος, *eídē diēgḗmatos*; *species narrationis*) und gehört damit vor allem in die Lehre von der *inventio*. HERMOGENES unterscheidet in seinen ‹Progymnasmata› vier *eídē diēgḗmatos*; nämlich das μυθικόν *mythikón*, πλασματικόν *plasmatikón* (oder δραματικόν *dramatikón*), das ἱστορικόν *historikón* und das πολιτικὸν ἢ ἰδιωτικόν, *politikón ē idiōtikón*, denen im Lateinischen bei PRISCIAN in den ‹Praeexercitamina› die *narratio fabularis*, *fictilis*, *historica* und *civilis* entsprechen.[25]

Für die Schulrhetorik wird die Einordnung und Verwendung des M. in das rhetorische System in den kanonischen Lehrbüchern des AUCTOR AD HERENNIUM, CICEROS und QUINTILIANS maßgeblich. Der Auctor ad Herennium weist mehrfach auf *declamationes* über mythologische Themen und entlegene historische Stoffe hin. Er rät dazu, eine beginnende Ermüdung der Zuhörer der Rede damit zu bekämpfen, daß man etwas einfüge *quae risum movere possit* (das Lachen erregen könne). Hierfür hält er u.a. eine *fabula veri similis* (wahrscheinliche Erzählung) für geeignet.[26] Auch Cicero empfiehlt, der Ermüdung der Zuhörer durch eine extemporierte oder vorbereitete *res nova aut ridicula* (neue oder scherzhafte Begebenheit, u.a. eine *fabula*) vorzubauen.[27] Übereinstimmend mit dem Auctor ad Herennium lehrt Cicero ferner, daß es drei *genera* der *narratio* gebe. Das dritte *genus* gliedere sich erneut in zwei Teile, je nachdem, ob es sich um Personen oder Sachen handele. Die Art der Erzählung, die in der Darstellung von Sachen besteht, zerfällt wieder in drei Teile: erstens die Fabel («fabula est, quae neque veras neque veri similes continet res»; eine Erzählung ist etwas, was weder wahre noch wahrscheinliche Begebenheiten enthält), zweitens den historischen Inhalt («historia est gesta res, ab aetatis nostrae memoria remota»; eine Geschichte ist eine tatsächlich vorgefallene Begebenheit, fern von der Erinnerung unserer Zeit) und drittens das *argumentum* («ficta res, quae tamen fieri potuit», eine erfundene Begebenheit, die dennoch geschehen sein könnte).[28] In Erweiterung dieser Einteilung differenziert MARTIANUS CAPELLA später vier *genera narrationis*, nämlich *historia*, *fabula*, *argumentum*, *negotialis vel iudicialis assertio*.[29]

Auch QUINTILIAN verwendet in der ‹Institutio oratoria› den Begriff *fabula* (*fabella*) als (äsopische) Tierfabel, die im Anfangsunterricht im Rahmen der Progymnasmata beim Grammatiklehrer gelesen wird. *Fabellae* sollen zuerst mündlich nacherzählt, dann aus dem Gedächtnis aufgeschrieben werden: «Igitur Aesopi fabellas quae fabulis nutricularum proxime succedunt, narrare sermone puro et nihil se supra modum extollente, deinde eandem gracilitatem stilo exigere condiscant.» (So sollen die Knaben es lernen, kleine äsopische Fabeln, die den Märchen der Ammen am nächsten stehen, in reiner Sprache, die sich nirgends über das gewöhnliche Maß erhebt, zu erzählen, sodann dieselbe Leichtigkeit auch mit dem Griffel zu erreichen.) [30] Ausführlicher befaßt er sich jedoch mit der *fabula* als einer der Arten der *narratio* und unterscheidet *tris species narrationum*, darunter «fabulam, quae versatur in tragoediis atque carminibus non a veritate modo, sed etiam a forma veritatis remota» (den M., der in Tragödien und Gedichten erscheint – nicht nur im Inhalt, sondern auch in der Form der historischen Wirklichkeit fern). [31] Die anderen beiden *species* sind das *argumentum* (Handlung) und die *historia* (Geschichtserzählung). Quintilian kennt auch *fabulae ad actum scaenarum compositae*, für die Bühne gearbeitete Erzählungen (*plots*), als eine von mehreren Bedeutungen des Begriffes *argumentum*. [32] Schließlich nehmen *poeticae fabulae* breiten Raum ein als eine Art der *exempla*, der Beispiele, die als technische Beweismittel im Rahmen der Beweisführung in der Gerichts- und der beratenden Rede gebraucht werden, aber weniger Ansehen und Beweiskraft haben als z.B. historische *exempla domestica*, d.h. Beispiele aus der römischen Geschichte. [33] Dennoch werden mythische Beispiele auch von den größten römischen Rednern wie Cicero keineswegs verschmäht. *Fabulae* (*fabellae*) wirken nach Quintilians Meinung insbesondere auf die Herzen der Bauern und Ungebildeten (*rusticorum et imperitorum*). In diesem Sinne werden auch in der mittelalterlichen und neuzeitlichen Rhetorik M. häufig mit einer ähnlichen Absicht wie Sprichwörter und Sentenzen und für ein breiteres Publikum gebraucht.

Anmerkungen:
1 grundlegend W.H. Roscher (Hg.): Ausführl. Lex. der griech. und röm. Mythologie (1884–1937); W. Aly: M., in: RE 16, 2 (1935) 1374–1411; F. Graf: Griech. Mythologie (1985); W. Schindler: M. und Wirklichkeit in der Antike (1988); reiches Bildmaterial in: Lex. Iconographicum Mythologiae Classicae (Zürich 1981ff); Lex. der christl. Ikonographie (1968ff.); H. Hunger: Lex. der griech. und röm. Mythologie (⁶1974). – **2** vgl. LSJ s.v. μῦθος, Sp. 1151. – **3** Homer, Ilias IX, 443; ebd. XIX, 242. – **4** Xenophanes VS 21 B 1. – **5** Hekataios 1, Frg. 1, in: F. Jacoby: Die Frg. der griech. Historiker (Berlin/Leiden 1923ff.). – **6** vgl. diese Antithese bei Pindar, Nemeen 7, 23–25; Olympien 1, 28f; Euripides Frg. 484, in: A. Nauck: Tragicorum Graecorum Fragmenta (²1889; ND 1964); Plat. Phaidon 61b; Protagoras 320c und 324d; J.-P. Vernant: Mythe et pensée chez les Grecs (Paris 1965); ders.: Mythe et tragédie en Grèce ancienne (Paris 1972); ders.: Mythe et société en Grèce ancienne (Paris 1974); ders.: Mythe et tragédie T. 2 (Paris 1986); H. Fränkel: Dichtung und Philos. des frühen Griechentums (³1969); B. Snell: Die Entdeckung des Geistes (⁴1975). – **7** Plat. Pol. 377a ff. und 595b ff.; neuer Mythos: Gorg. 523a–527a. – **8** vgl. Arist. Metaphysik XII. 8 (Buch Λ) 1074b 1–5, Übers. F.F. Schwarz: Aristoteles. Metaphysik. Schriften zur Ersten Philos. (1970; ND 1981) 319. – **9** vgl. Poseidonios bei Strabon, Geographica I, 2, 8 C. 19–20. – **10** vgl. Demosthenes Or. 50, 40. – **11** vgl. P. Decharme: La critique des traditions religieuses chez les Grecs des origines au temps de Plutarque (Paris 1904; ND Brüssel 1966); J. Pépin: Mythe et allégorie. Les origines grecques et les contestations judéo-chrétiennes (Paris 1958). – **12** vgl. F. Graf (Hg.): M. in mythenloser Ges. Das Paradeigma Roms (1993). – **13** siehe Lausberg Hb. passim; Ernesti Graec. und Lat. – **14** Varro Frg. 23, Ausg.: A.G. Condemi (Bologna 1965) = Augustinus, De civitate Dei VI, 5, dt. Übers.: W. Thimme (München, Zürich ²1978); ähnlich Varro Frg. 24 = Tertullian, Ad nationes II, 1; – **15** Varro bei Censorinus, De die natali 21, 1. – **16** vgl. Kennedy Gr. und Marrou. – **17** Kennedy Gr. 167–173; L. Pernot: La rhétorique de l'éloge dans le monde gréco-romain (Paris 1993). – **18** Arist. Poet. 23, 1459a 18 und ähnlich 6, 1450a 4–5; später Quint. V, 10, 9 und XI, 3, 73. – **19** Arist. Poet. 10, 1452a 11; dazu Lausberg Hb. § 1206. – **20** Arist. Rhet. II, 21, 9, 1395a 2–7. – **21** Arist. Top. I, 12, 105a 16–19. – **22** vgl. Kennedy Rom. und Christ.; M.L. Clarke: Rhetoric at Rome. A Historical Survey (London ³1996). – **23** vgl. H.C. Schnur (Hg.): Fabeln der Antike (²1985). – **24** siehe Arist. Rhet. II, 20, 7 1394a 1ff. – **25** Priscianus, Praeexercitamina 2, 5; Ausg.: M. Hertz: Gramm. Lat. III (1859; ND 1961); Lausberg Hb. § 291 und 1113; Martin 76; K. Barwick: Die Gliederung der Narratio in der rhet. Theorie und ihre Bedeutung für die Gesch. des antiken Romans, in: Hermes 63 (1928) 261–287. – **26** Auct. ad Her. I, 10. – **27** Cic. Inv. I, 25, Übers.: W. Binder: Von der rhet. Erfindungskunst (1859–1872); alle Stellen, an denen der Auctor ad Herennium und Cicero in ihren rhet. Schr. ‹fabella› oder ‹fabula› verwenden, in: K.M. Abbott, W.A. Oldfather, H.W. Canter: Index verborum in Ciceronis Rhetorica necnon incerti Auctoris libros ad Herennium (Urbana 1964) 465. – **28** Auct. ad Her. I, 13; Cic. Inv. I, 27. – **29** Mart. Cap. V, 550. – **30** Quint. I, 9, 2. – **31** Quint. II, 4, 2 (species narrationum). – **32** ebd. V, 10, 9. – **33** ebd. V, 11, 17–21.

II. *Mittelalter. 1. Antiker M. und christliche Theologie von der Spätantike bis zum Ausgang des Mittelalters.* Im antiken M. spielt die polytheistische griechisch-römische Götter- und Heroenwelt eine zentrale Rolle. Daher bekämpft das monotheistische Christentum den heidnischen M. zunächst als ein Konkurrenzsystem heidnischer Theologie. Kirchenväter von Tertullian bis Augustinus sprechen dem heidnischen M. als einer Dämonenlehre jeden wahren Kern ab. Sie verwenden M. als rhetorischen Kampfbegriff und setzen ihm den christlichen λόγος, lógos entgegen. AUGUSTINUS urteilt streng, daß die ganze heidnische Götterlehre nur auf Erfindung verlogener Fabeleien, auf *mendacissimis fabulis*, beruhe. Er definiert: «Ließe es der lateinische Sprachgebrauch zu, würden wir die erste Art das *genus fabulare* nennen, doch sagen wir besser *fabulosum*, fabulierende Theologie, dazu. Nach den Fabeln heißt man sie auch mythisch, da das griechische Wort Mythos Fabel bedeutet». [1] Heidnische Polemiker, z.B. CELSUS, verurteilen im Gegenzug die christliche Botschaft als «leere M.» ohne Wahrheitsgehalt. [2] Mythische Elemente lassen sich tatsächlich im Alten und Neuen Testament benennen, z.B. die kosmologischen und anthropogonischen Erzählungen des Buches ‹Genesis›, oder die Erzählung, daß Gott in einem Menschen Gestalt annimmt, oder Teile der neutestamentlichen Sakramentslehre. Obwohl in der Christologie und Soteriologie wichtige mythische Vorstellungen begegnen, ist der Kern des Neuen Testamentes aber strukturell kein M., sondern eine religiöse Offenbarungsbotschaft. [3]

Da der Einfluß der heidnischen M. in fast allen Bereichen der spätantiken hochsprachlichen Literatur und in der Kunst jedoch übermächtig stark ist, versucht die Kirche mittels der schon lange bereitstehenden allegorischen, symbolischen oder euhemeristischen Interpretation erfolgreich, den antiken M. für eine christliche Rhetorik und Paideia zu instrumentalisieren und zugleich seine Gefährlichkeit als heidnisches Theologiesystem zu entschärfen. Nur wenige M. des Heidentums werden in einem Selektions- und Neuinterpretationsprozeß ausgeschieden. [4]

Innerhalb der historischen, naturwissenschaftlich-enzyklopädischen und moralischen Traditionen, die miteinander von der Spätantike bis in das 16. Jh. verschmolzen sind, und durch das Schulsystem, das sich auf die *artes liberales* stützt, überleben die heidnischen antiken Götter und ihre M. [5] Die mittelalterliche volkssprachliche Literatur bezieht weitere Mythenstoffe aus Erzähltraditionen der Völkerwanderungszeit (z.B. Nibelungenzyklus), politischen M. u.a. um Karl den Großen (z.B. Rolandslied) oder den Erzählungen um König Artus und die Gralsritter. [6] Im mittelalterlichen Schulsystem waren gute Kenntnisse antiker M. in der Grammatik und Rhetorik für die Lektüre und Interpretation der Klassikertexte und für die eigene Produktion neuer eleganter Texte unverzichtbar. Schon bei spätantiken christlichen Dichtern wie AUSONIUS, PRUDENTIUS oder CLAUDIAN und in christlichen Prosawerken des 4.–6. Jh. gelten Zitate aus heidnischen M. als obligater Redeschmuck. Sie tragen zum *decus* (Schmuck) der Poesie, Historiographie und der Rhetorik bei. Figuren und Erzählmotive des antiken M. bilden die Grundlage für diverse *colores rhetorici* (rhetorische Figuren) und *loci communes* (rhetorische Gemeinplätze). [7] Auf die Parallelisierungen biblischer und antiker Beispielfiguren durch die Kirchenväter gestützt, stellen später THEODUL in seiner ‹Ecloga, qua comparantur miracula novi testamenti cum veterum poetarum commentis› und BALDERICH VON BOURGUEIL systematische Konkordanzsysteme heidnisch-mythischer und christlicher Beispielfiguren als Reservoir für Dichter und Verfasser von Reden zur Verfügung. Parallel geführte Exempel-Reihen werden in berühmten Werken des Mittelalters und der Renaissance zu einem tragenden Kompositionsprinzip, u.a. in der ‹Divina Commedia› DANTES. [8]

Auch im Quadrivium behalten in der Astrologie und der vorneuzeitlichen Astronomie Kenntnisse der antiken M. hohe Bedeutung. Antike Götter und ihre M. werden als Naturpersonifikationen aufgefaßt, die Planetengötter, die jeden Tag und jede Stunde regieren, in ein kompliziertes System verschlungener Beziehungen zu Tugenden, Künsten oder den sieben Lebensaltern gesetzt.

Im lateinisch-westlichen Mittelalter sind die spätantiken, von der Stoa und dem Neuplatonismus beeinflußten allegorisch-moralisierenden Deutungen heidnischer M. z.B. des MARTIANUS CAPELLA in ‹De nuptiis Philologiae et Mercurii› [9] und des FULGENTIUS in den ‹Mitologiae› [10] für die Poetik besonders wirksam. ISIDOR VON SEVILLA als ein Vertreter der bei mittelalterlichen Historikern beliebten euhemeristischen Mytheninterpretation sagt über die heidnischen Götter: «Quos pagani deos asserunt, homines olim fuisse produntur, et pro uniuscuiusque vita et meritis coli apud suos post mortem coeperunt.» (Von denen, die die Heiden für Götter halten, wird überliefert, daß sie einst Menschen waren und daß sie je nach dem Leben und Verdienst eines jeden nach dem Tod verehrt zu werden begannen.) [11] Isidor stellt eine Vielzahl solcher Götter und Helden *secundum ordinem temporum* nach sechs Weltaltern zusammen. Die großen Sagengestalten der heidnischen Antike werden von ihm und anderen christlichen Autoren den biblischen Patriarchen an die Seite gestellt. Als ur- und frühgeschichtliche Könige und Wohltäter der Menschheit aufgefaßt, mit kosmischen Symbolen gleichgesetzt oder in allegorischer Interpretation als Quellen tiefen Wissens verstanden leben die alten M. weiter. [12] Seit dem 12. Jh. wird die zuerst an heidnischen M. und danach auch an Bibeltexten entwickelte allegorische Verfahren sogar zur Hauptmethode der Interpretation. Umfangreiches mythologisches Wissen, aus dem sich Verfasser aller Arten von Reden bedienen konnten, stellen ebenfalls seit dem 12. Jh. die typisch mittelalterlichen Enzyklopädien, die ‹summae›, ‹trésors› oder ‹miroirs› bereit.

2. *Die Verwendung des M. in der ars poeticae, ars praedicandi und ars dictaminis.* M. in der Bedeutung von Tierfabeln behalten im Mittelalter im *Trivium* ihren Rang in der sprachlichen Grundausbildung in der Grammatik. Es treten zu den antiken Sammlungen sogar noch neue hinzu, z.B. der zwischen 350 und 500 n. Chr. entstandene ‹Romulus›, der ein wichtiges Bindeglied zum mittelalterlichen Genre der *fabula (fabella)* darstellt. Bekannt bleiben auch M., die in den klassischen *auctores* des Lektürekanons des Grammatik- und Rhetorikunterrichtes gelesen werden, vor allem in der als Allegorie des menschlichen Lebens interpretierten ‹Aeneis› VERGILS und später sogar in den ‹Metamorphosen› OVIDS, in deren Verwandlungsgeschichten z.B. P. BERSUIRE im ‹Ovidius moralizatus› (1342) [13] allegorische Vorbilder des christlichen Glaubens erkennt. Zahlreiche Anspielungen auf antike M. verleihen Dichtungen nach den Lehren der *artes poetriae* rhetorischen Glanz und den Nimbus der Gelehrsamkeit.

In der Predigtliteratur verwendet man Elemente des antiken M. für eindrucksvolle Vergleiche und Antithesen heidnischer mythischer Figuren und christlicher Märtyrer und Heiliger sowie allegorische Interpretationen mythischer Erzählungen. Es zeigt sich aber auch eine Tendenz, primär neugebildete christliche M. als bessere *exempla* zu berücksichtigen und *narrationes* aus dem Fundus der zahlreichen christlichen Heiligenlegenden zu wählen. Diese gelten den christlichen Autoren und ihren Hörern als wahre Geschichten. [14] In mittelalterlichen Lehrbüchern der Rhetorik gilt *fabula* außerdem nach antiker Tradition ebenfalls als eine *species* der *narratio*. [15]

Anmerkungen:

1 Augustinus, De Civitate Dei VI, 5 = Varro, Antiquitates rerum divinarum frg. 23 Condemi; Übers. W. Thimme (München, Zürich ²1978); vgl. schon 1 Tim 4, 7; Titus 1, 14. – **2** Origenes, Contra Celsum I, 20; Ausg.: M. Borret (Paris 1967). – **3** W.H. Schmidt: M. III. Alttestamentarisch, in: TRE, Bd. 23 (1994) 625–644; T. Holtz: Art. M. IV. Neutestamentarisch, ebd. 644–650. – **4** s. Murphy RM 43–88; G. Klager: De doctrina christiana von Aurelius Augustinus: Die erste Anweisung zur christl. Redekunst (Wien 1970); A. Hagendahl: Von Tertullian zu Cassiodor. Die profane lit. Tradition in dem lat. christlichen Schrifttum (Göteborg 1983). – **5** vgl. W. Roscher: Ausführl. Lex. der griech. und römischen Mythologie (1884–1937); O. Gruppe: Gesch. der klass. Mythologie und Religionsgesch. während des MA im Abendland und während der Neuzeit (1921; ND 1965); J. Seznec: Das Fortleben der antiken Götter. Die mythologische Trad. im Humanismus und in der Kunst der Renaissance (1990; Orig. Paris 1980); F. von Bezold: Das Fortleben der antiken Götter im m.a. Humanismus (1922; ND 1962); H. Rahner: Griech. Mythen in christlicher Deutung (Zürich ³1966). – **6** vgl. N.H. Ott: M., Mythologie, in: LMA Bd. 6 (1993) 993–996; W. Golther: Hb. der germ. Mythologie (³1987). – **7** vgl. Lausberg Hb. und Arbusow passim. – **8** vgl. Curtius 367–369. – **9** Ausg.: J. Willis (1983). – **10** Ausg.: R. Helm (1898; ND 1970); vgl. E Panofsky, F. Saxl: Classical Mythology in Medieval Art (New York 1923–1933) 252f.; H. Liebeschütz: Fulgentius Metaforalis: ein Beitr. zur Gesch. der antiken Mythologie im MA (1926). – **11** Isid. Etym. VIII, 11, 1–2, Übers. Verf.; vgl. ähnlich Gottfried von Viterbo, Speculum regum I, 7f., Ausg.: MGH Scriptores, vol. 22 (1872; ND 1963) 37–38. – **12** siehe Bezold [5] 20ff. und Seznec [5]. – **13** vgl. E. Panofsky: Die Renaissancen der europ. Kunst (²1984; Orig. Stockholm 1960) 362f., Anm. 82. – **14** J.Th. Welter L'exemplum dans la littérature religieuse et didactique du Moyen Age (Paris 1927); P. von Moos: Gesch. als Topik. Das rhet. Exemplum von der Antike zur Neuzeit und die *historiae* im ‹Policraticus› Johanns von Salisbury (1988) passim. – **15** Murphy RM 13.

III. *Renaissance und Humanismus.* **1.** *Griechisch-römische M. als dominierende Stoffe in Literatur, Musik und Kunst.* In der gesamten Kultur der Renaissance und des Humanismus, besonders in der Philosophie, Kunst und Literatur, spielt der heidnisch-antike M. eine bedeutende, das *ingenium* inspirierende Rolle.[1] Führende neoplatonische Humanisten um M. FICINO, A. POLIZIANO und C. LANDINO in Florenz versuchen eine Synthese von antikem heidnischen M. und christlicher Theologie zu einem universalen Theismus. Die Vielzahl einzelner antiker M. wird unter dem Begriff ‹mythologia› in poetisch-theologischen Traktaten zusammengefaßt.[2] Schon in der Renaissance und im Humanismus blüht die später im Barock ausufernde Pseudo-Wissenschaft der Emblematiker und Allegoriker auf und liefert der Rhetorik aus dem antiken M. geschöpfte Themen für immer neue gelehrte Gleichnisse, Metaphern und Allegorien.[3]

2. *Die Verwendung des M. in humanistischen Rhetoriklehrbüchern und Redegattungen.* Der griechisch-römische M. nimmt auch in der rhetorischen Theorie und Praxis jener Epoche einen prominenten Rang ein. Die rhetorischen Lehrbücher der Periode, z.B. der ‹Ciceronianus› (1528) des ERASMUS und Melanchthons ‹Elementa Rhetorices› (1531) berufen sich nämlich auch für die Verwendung des M. (der *fabula*) in der Rhetorik auf CICERO und QUINTILIAN.[4] Führende Poetiken wie diejenige SCALIGERS behandeln den M. unter dem Thema der Allegorie zusammen mit Fabeln und Sprichwörtern. Im Humanismus und später in der gelehrten Schulrhetorik beider Konfessionen wird eine allegorisierend-symbolische Interpretation der heidnischen M. vorherrschend. So glaubt man, den antiken M. mit der christlichen Glaubenswelt versöhnen zu können. Eine wichtige Vermittlerrolle zwischen den mythologischen Vorstellungen des Mittelalters und der Renaissance spielen seine ‹Genealogie deorum gentilium libri› des G. BOCCACCIO († 1375). Ihr treten als ein durch den Tod C. SALUTATIS unvollendet gebliebenes großes mythisch-allegorisches Handbuch ‹De Laboribus Herculis›[5] und der Traktat ‹Contra Oblocutores et Detractores Poetarum› des FRANCESCO DA FIANO (Rom 1399–1404) zur Seite.[6] Zahlreiche neue Handbücher zum heidnischen antiken M. erscheinen seit dem 16. Jh., die ein wachsendes Interesse des Publikums an übersichtlich bereitgestellten mythologischen Kenntnissen belegen. Diese finden in allen Arten der zeitgenössischen Beredsamkeit, besonders aber in epideiktischen Reden, Verwendung. Im deutschen Sprachraum sei das ‹Göttermagazin› oder die ‹Theologia Mythologica› des GEORG PICTOR (Freiburg 1532) genannt. Das Wort ‹M.› selbst findet sich in der deutschsprachigen Literatur erstmals im ‹Dictionarium Germanicolatinum› des P. DASYPODIUS (Straßburg ³1537) in der Bedeutung «erdichtete Märe, Mythos, lateinisch fabula».[7] Wesentlich einflußreicher werden aber die neuen mythologischen Handbücher von L.G. GYRALDI ‹De deis gentium varia et multiplex historia in qua simul de eorum imaginibus et cognominibus agitur› (Basel 1548), von N. CONTI ‹Mythologiae sive explicationum fabularum libri decem› (Venedig 1551) und V. CARTARI ‹Le Immagini colla sposizione degli Dei degli Antichi› (Venedig 1556).[8] Aus den berühmten Klassikern der Antike, vor allem VERGIL und OVID, sowie aus solchen Handbüchern beziehen die humanistischen Redner ihre umfangreichen mythologischen Kenntnisse als Perlen der Gelehrsamkeit, mit denen sie in ihren Reden prunken. Man spielt ein Gesellschaftsspiel, in dem Dichter und Redner in ihre Werke vielfältige allegorisch-symbolistische Bezüge auf hochgestellte Personen und aktuelle Ereignisse der Zeit einfügen, während ihre Zuhörer oder Leser diese erkennen, selbst nur angedeutete Vergleiche zum antiken M. vervollständigen und antikisierende Beinamen und Attribute würdigen sollen.

Anmerkungen:
1 vgl. E. Wind: Heidnische Mysterien in der Renaissance (²1984; Orig. London 1958); E. Panofsky, F. Saxl: Classical Mythology in Medieval Art. (New York 1923–1933). – **2** E. Garin: Medioevo e rinascimento (Bari/Rom ³1987) 63–84: le favole antiche. – **3** vgl. F. Ménestrier: L'art des emblèmes, ou s'enseigne la morale par les figures de la fable (Paris 1684); A. Schöne, A. Henkel: Emblemata. Hb. zur Sinnbildkunst des XVI. und XVII. Jh. (1967; ND 1996) 1585–1836 zur Mythologie; R. Wittkower: Allegory and the Migration of Symbols (London 1977; ND 1987). – **4** vgl. J. Seigel: Rhetoric and Philosophy in Renaissance Humanism: The Union of Eloquence and Wisdom, Petrarch to Valla (Princeton 1968); Plett; L.A. Sonnino: A Handbook of Sixteenth-Century Rhetoric (London 1968); O. Berwald: Philipp Melanchthons Sicht der Rhet. (1994). – **5** Ausg. Boccaccio: V. Romano (Bari 1951); Ausg. Salutati: B.L. Ullman (Zürich 1951). – **6** vgl. H. Baron: The Crisis of the Early Italian Renaissance. Civic Humanism and Republican Liberty in an Age of Classicism and Tyranny (Princeton ²1966) 295–314. – **7** vgl. W. Betz: Zur Wortgesch. von M., in: H. Moser (Hg.): Dt. Sprache. Gesch. und Gegenwart. FS F. Maurer (1978) 22. – **8** vgl. J. Seznec: Das Fortleben der antiken Götter. Die mythologische Trad. im Humanismus und in der Kunst der Renaissance (1990, Orig. Paris 1980) 172–175.

IV. *M. im Barockzeitalter und Mythoskritik in der Epoche der Aufklärung.* Kenntnisse der griechisch-römischen M. werden zum Ausweis der vollkommenen literarisch-rhetorischen Bildung des eleganten Hofmannes. M. der Antike spielen daher auch in der jesuitischen Erziehung eine wesentliche Rolle, obwohl die strenge theologische Lehre der Gegenreformation eigentlich erneut eine Ächtung der heidnischen antiken M. nahegelegt hätte. Doch bleiben Kenntnisse hierüber in der höheren Bildung unverzichtbar. Die Beschäftigung mit dem heidnischen M. wird daher auf dieselbe Weise legitimiert wie in der Spätantike. Die wichtigsten Traktate über heidnische Götter, die im 17. Jh. in Frankreich erscheinen, stammen von Jesuiten. Die SOCIETAS JESU selbst stellt sich mythologisch-emblematisch als «Merkur dar, der vom Himmel auf die Erde herabsteigt, um die Befehle der Götter zu überbringen».[1] Im rhetorischen Unterricht der Kollegs werden weiterhin die mythologischen Handbücher der Renaissance und auch neue Zusammenstellungen verwendet, z.B. das ‹Pantheum mythicum› (1777). Auch im protestantischen Unterricht auf den Gelehrtenschulen gelten die heidnischen M. als anerkannte Elemente der Rhetorik. Allegorisch interpretierte M. werden als Exempel besonders gerne in Hof- und Fest-, Trost- und Schulreden verwendet.[2] Sie prägen einen großen Teil der Symbolik und Emblematik der barocken Kultur. In Predigten, z.B. bei ABRAHAM A SANTA CLARA, wird zur Unterweisung in der Sittenlehre und Beeindruckung ungebildeter Schichten als Erbe des antiken M. und der Fabel gerne das *Predigtmärlein* eingesetzt. Im 18. Jh. kommt es noch einmal zu einer Spätblüte der Fabel in Frankreich (LA FONTAINE) und Deutschland (GELLERT).

Die eklektizistische Weise, in der sich G.J. VOSSIUS in seinen ‹Commentariorum Rhetoricorum, Sive Oratoriarum Institutionum Libri Sex› (1606/⁴1643) und der Kurzfassung, den ‹Rhetorices Contractae, Sive Partitionum Oratoriarum Libri Quinque› (1621/²1660) sowie der als

Materialsammlung für Dichter und Redner gedachten Schrift ‹De theologia gentili, et physiologia Christiana, sive de origine ac progressu idololatriae› (1641) des antiken M. bedient, ist für seine Epoche typisch. Weite Verbreitung erlangen als deutschsprachige Lehrbücher der Barockrhetorik B. KINDERMANNS ‹Der Deutsche Redner› (1660) und C. WEISES ‹Neu-Erleuterter politischer Redner› (1684). Auch sie empfehlen, sich der *exempla* des antiken M. bei passender Gelegenheit zu bedienen.

Doch die meisten Philosophen der Aufklärungsepoche verwerfen alle heidnischen und christlichen M. als unvernünftige Märchen. Es seien meist Erfindungen habgieriger und machthungriger Priester oder bestenfalls Irrtümer des frühen menschlichen Geistes, die einer inzwischen durch die Fortschritte der Wissenschaft und die Aufklärung überwundenen, noch kindlichen Entwicklungsstufe der Menschheit entstammen. Die Verwendung von M. in der Rhetorik ist aus Sicht dieser Kritiker eine besonders verwerfliche Art der Täuschung des Publikums. Diese Betrugstheorie des M. und die Entlarvung solcher M. findet sich oft in einflußreichen philosophischen Werken ausgebreitet z.B. bei P. TH. D'HOLBACH im ‹Système de la nature ou des loix du monde physique et du monde morale› (1770). Für KANT spielt als Folge hiervon im System seiner ‹Kritiken› der unwissenschaftliche Begriff des M. keine Rolle. Trotzdem bleiben die antiken M. auch im 18. Jh. ein Teil des für alle Künstler, Dichter, Redner, Gelehrte und allgemein Gebildete der höheren Stände nützlichen Wissens, das man in verbreiteten Lexika aufbereitet finden kann, z.B. in B. HEDERICHS ‹Gründlichem mythologischem Lexicon› (1724).[3] ‹Das Grosse vollständige Universal-Lexikon aller Wissenschafften und Künste› J.H. ZEDLERS definiert Mythologie als «eine Nachricht von den Fabeln, welche bey den Heyden denjenigen Zeiten angedichtet worden, die von Anfang der Welt bis auf den Anfang der griechischen Olympiadum verlauffen, und die man deswegen theils die unbekannten, theils die fabelhaften Zeiten pflegen genennet zu werden».[4] Die ‹Encyclopédie› D. DIDEROTS versteht unter ‹mythologie› die «histoire fabuleuse des dieux, des demi-dieux & des héros de l'antiquité» und ferner «tout ce qui a quelque rapport à la religion payenne». Die Mythologie behält aber für die französischen Aufklärer ihren Wert als «une source inépuisable d'idées ingénieuses, d'images riantes, de sujets intéressants, d'allégories, d'emblêmes».[5] Auch Zedlers Lexikon résumiert, daß alle Personen von Stand, die «nicht unter dem gar gemeinen Pöbel mithin lauffen wollen, etwas von dieser gelehrten Galanterie zu wissen nötig haben».[6]

Anmerkungen:
1 Zitat aus J. Seznec: Das Fortleben der antiken Götter. Die mythologische Trad. im Humanismus und in der Kunst der Renaissance (1990, Orig. Paris 1980) 212 mit Verweis auf F. Ménestrier: L'art des emblèmes, où s'enseigne la morale par les figures de la fable (Paris 1684) 69. – 2 Barner; G.K. Braungart: Hofberedsamkeit. Stud. zur Praxis höfisch-politischer Rede im dt. Territorialabsolutismus (1988). – 3 neu hg. von J J. Schwaben (1770; ND 1967). – 4 Zedler Bd. 22 (1739; ND Graz 1961) s.v. Mythologie, Sp. 1761–1765 mit Lit., Zitat 1761. – 5 Diderot Encycl. Bd. 7, 924–926 s.v. mythologie; Zitate 924 und 925; vgl. auch den Artikel ‹fable› Bd. 6, 342–349. – 6 Zedler [4] 1765.

V. *M. vom späten 18. bis zum 20. Jh.* **1.** *Ausgewählte Theorien über den M. von der Epoche der Romantik bis zum 20. Jh.* Im Rahmen dieses Artikels können nur ausgewählte Beiträge zur Diskussion um den M. vorgestellt werden, die wissenschaftlich seit etwa 200 Jahren durch eine stetig steigende Zahl von Fachdisziplinen bereichert, aber auch in der breiten Öffentlichkeit in populärwissenschaftlichen Werken und esoterischen Schriften geführt wird.[1] Schon G.B. VICO erkennt in der Phantasie des Menschen den entscheidenden Faktor der Bildung des M. CHR. G. HEYNE nimmt eine *aetas mythica*, eine geschichtlich frühe Entwicklungsstufe oder *infantia* der Menschheit an, auf der sie im *sermo mythicus seu symbolicus* versuchte, die für sie überwältigend mächtige Natur zu begreifen. Für die Romantiker, die sich vom historischen Euhemerismus und der rationalistischen Mythenkritik der Aufklärung lösen, wird M. ein Zentralbegriff bei der Suche nach früher Urweisheit der alten Völker Europas (und Indiens).[2] J.G. HERDER und A.W. SCHLEGEL verhelfen der Einsicht zum Durchbruch, daß das *proprium* des M. mit rationalen Kategorien nicht erfaßt werden kann. Herder versteht den M. als Ausdruck der Art, wie ein Volk die Natur sah. Schlegel verlangt in der einflußreichen ‹Rede über die Mythologie› (1800) eine neue Mythologie als Quelle der Phantasie und zur Förderung der Dichtung. F. CREUZER hält den M. für ein Symbol des Unendlichen.[3] Eine systematische, philosophisch fundierte positive Bewertung des M. legt aber erst F.W.J. SCHELLING mit der ‹Philosophie der Mythologie›[4] vor, indem er den über die Vernunfterkenntnis hinausweisenden, religiös-metaphysischen Gehalt des M. und seine Wirkungsmacht auf das Bewußtsein der Menschen unterstreicht. Unter dem Eindruck des in Europa neu bekanntgewordenen indischen M. halten verschiedene Gelehrte den M. der indischen ‹Veden› für eine undeutliche Überlieferung einer in Symbolen ausgedrückten Urweisheit der Menschen oder allgemein den M. für den Ausdruck des Geistes eines bestimmten Volkes. K.O. MÜLLER gelten M. als alte Volkssagen und Mythologie als eine historische Wissenschaft. J. GRIMM bezeichnet den M. in der ‹Gedanken über Mythos, Epos und Geschichte› (1813)[5] als ein Erzeugnis der Völker und den Versuch, grundlegende menschliche Erfahrungen und kosmisch-natürliche Vorgänge zu erklären. Bei J.J. BACHOFEN, der den M. u.a. in seinem ‹Mutterrecht› von rechts- und sozialgeschichtlichen Fragestellungen aus untersucht, spiegelt der M. in symbolistisch-romantischer Deutung eine Grunderfahrung des Menschen wider und ist eine Darstellung der Volkserlebnisse im Lichte des religiösen Glaubens.[6] Im späten 19. und 20. Jh. erweitern sich durch die Blüte verschiedener am M. interessierter, z.T. neuer Wissenschaften die Einzelkenntnisse über M. aber gleichzeitig entzieht sich der Begriff M. infolge der unterschiedlichen methodischen Ansätze, Fragestellungen und Fachterminologie dieser Einzelwissenschaften seitdem einer allgemein anerkannten Gesamtdefinition.

In Auseinandersetzung mit der nüchternen Position bestimmter Philologen (z.B. U. v. WILAMOWITZ-MOELLENDORFF oder H. USENER) erkennt F. NIETZSCHE im tragischen M. die Verbildlichung dionysischer Weisheit durch apollinische Kunstmittel.[7] Die schöpferische Kraft des M. wird dem blutlosen abstrakten, historisch-philosophischen und wissenschaftlichen Denken gegenübergestellt. S. FREUD hält den M. für eine Sublimation seelischer Verdrängungsmechanismen, C.G. JUNG für einen Spiegel des kollektiven Unbewußten oder der Grundstrukturen des menschlichen Seelenlebens, die sich in überzeitlichen und verschiedenen Kulturen gemeinsamen Archetypen ausdrücken. E. CASSIRER versucht eine transzendentale Mythendeutung und Phänomenologie des M. Auch der

M. baue als Denkform auf apriorischen Grundlagen auf, die sich aber von denen Kants (Raum und Zeit) und den klassischen Kategorien des Aristoteles (Substanz, Kausalität usw.) durch die Modalität von Raum, Zeit und Zahl unterscheiden. [8] L. LÉVY-BRUHL und W. WUNDT entwickeln in der Erforschung des M. vor allem völkerpsychologische Ansätze. Das mythische Bewußtsein und das moderne logisch-wissenschaftliche Denken unterscheiden sich strukturell, und Lévy-Bruhl prägt für jenes den Begriff des ‹Praelogischen›. [9] Die Philologen W. F. OTTO und K. KERÉNYI betonen die wirkungsmächtige Realität, die der M. für die antiken Menschen darstellte. M. ELIADE unterstreicht interkulturelle Gemeinsamkeiten der religiösen Erfahrung im M. sowie Eigenarten des mythischen Raumes und seiner Zeitvorstellung. Der M. hebe die profane Zeitvorstellung auf und beruhe auf der Erfahrung der göttlichen Gegenwart und deren Zeichen, den *numina*. Er stelle ein geschlossenes System des Denkens und der Erfahrung der Welt dar. Moderne rationalistische Mythenkritik versperre nur den Weg zur Erkenntnis des M. In der Tradition E. DURKHEIMS betonen dagegen viele Religionssoziologen und Anthropologen (u.a. B. MALINOWSKI) die systemstabilisierende gesellschaftliche Funktion des M. als einer ‹sacred tale› und das spezifische Verhältnis von M. und Kult in einzelnen Gesellschaften. Strukturalisten um C. LÉVI-STRAUSS betrachten den M. als einen erzählerischen Code des ‹wilden Denkens›. [10] M. fassen Grundsituationen des Menschen zusammen, indem sie diese in verschiedenartigen Varianten beschreiben. Gruppen solcher Varianten nennen die Strukturalisten ‹Mytheme›. Zwischen den beschriebenen Eigenarten des ‹wilden Denkens› und der Rhetorik als téchnē erkennt G. K. MAINBERGER interessante Parallelen. [11]

2. *Verwendung und Mißbrauch des ‹neuen M.› zu politischen Zwecken im späten 19. und 20. Jh.* Im 19. und 20. Jh. neu und künstlich ausgebildete politische M. unterscheiden sich strukturell erheblich von traditionellen M. Sie reagieren auf ein verbreitetes Krisenbewußtsein und Unbehagen an der modernen Zivilisation, dienen konkreten politisch-propagandistischen Zwecken, verbinden sich gerne mit Formen charismatischer Herrschaft und vermitteln eine bestimmte Weltanschauung. Moderne M. werden oft nicht klar abgegrenzt von Ideologien, falschen Idolen, legendären Personen oder überhaupt Vagem und Sagenhaften. Die Verwendung von rückwärtsgewandten oder zukunftsgläubigen M. in der argumentativen Auseinandersetzung mit der modernen westlichen Zivilisation, der Welt der Technik und der Verfassungsform der Demokratie ist im späten 19. und 20. Jh. folgenreich gewesen. Es sei exemplarisch nur an die politischen M. von *Blut und Boden*, von der Überlegenheit der *arischen Rasse*, vom *Dritten Reich*, von der *Gelben Gefahr*, den sozialistischen M. des *Neuen Menschen* oder radikale ökologische oder feministische M. von angeblich vor langer Zeit verlorenen irdischen Paradiesen erinnert. Da nach der weitgehenden Säkularisierung der modernen Welt eine Rückkehr zum mythischen Weltbild und zu ihm entsprechenden Gesellschaftssystemen nur unter Einsatz von Gewalt gegen Andersdenkende vorstellbar ist, neigen Anhänger einer auf M. gestützten politischen Weltanschauung oder Ideologie im 20. Jh. meist zu totalitären Staatssystemen. Beispiele für die rhetorische Instrumentalisierung von ‹neuen M.› lassen sich aus Reden führender Nationalsozialisten, Faschisten oder kommunistischer Anführer leicht geben. Dagegen steht die demokratisch-parlamentarische Rhetorik dem Begriff des M. meistens ferner. [12]

3. *Moderne M. des Alltags, Trivialmythos, latente M. und Mythoskritik.* Viele moderne M. des 20. Jh. dienen der Massensuggestion aus kommerziellen Gründen. Aus der Welt der Werbung kennt man die neuen M. von der ewigen Jugend oder vom Genuß ohne Reue. Es sei auch an den Starkult um einzelne mythische, d.h. legendäre Sportler, Künstler, Schauspieler und Musiker erinnert. Latente M., Trivialmythen oder M. des Alltags [13] sind als Mitteilungssysteme für den rhetorisch-kommunikativen Bereich unter dem Einfluß der Massenmedien inzwischen vielleicht von einer größeren Bedeutung als die Beispielfiguren und Erzählungen der klassischen M. Nach der kritischen Theorie TH. W. ADORNOS und M. HORKHEIMERS sowie den Thesen H. BLUMENBERGS versucht der Mensch, im M. seiner Weltangst Herr zu werden, ist sich gleichzeitig aber der Wirkungsmacht solcher M. nicht immer bewußt. [14] Wenn jedoch solche M. kritisch offengelegt werden, verlieren auch sie einen Teil ihrer Wirkungsmacht. Hierin liegt eine Aufgabe moderner kritischer Rhetorik und Kommunikationswissenschaft. Während die traditionellen M. für immer mehr Menschen angesichts des Verfalls der überlieferten humanistischen Bildung zu fremden, nicht mehr entschlüsselbaren Erzählungen werden, entstehen täglich neue M., nicht zuletzt M. der Leinwand, die von der Faszination des imaginären Bildraumes leben und unmittelbare Wirksamkeit auf den Zuschauer anstreben. [15] Außereuropäische M. (Aborigines in Australien, Indianerstämme Amerikas usw.) gewinnen im öffentlichen Diskurs und in den Massenmedien derzeit stärkeren Einfluß und kompensieren die nachlassende Kenntnis über und geringere Bedeutung von griechisch-römischen und nationaleuropäischen M.

Moderne philosophische Theorien über den Wirklichkeitsbegriff, das Wirkungspotential des M. [16] und das Vordringen neuer M. auf Kosten des Einflusses der christlichen Kirchen fordern diese zu einer theologisch-pädagogischen Diskussion um das Verhältnis des Christentums zum M. auf. Der einflußreiche Versuch einer systematischen Entmythologisierung des Christentums und der Trennung des M. vom *Kerygma* durch die Schule R. BULTMANNS hat allerdings auch sehr beachtenswerte Gegenmeinungen hervorgerufen. [17]

M. bleiben vermutlich auch zukünftig in vielen Bereichen der praktisch angewandten Rhetorik und Formen der Kommunikation lebendig und einflußreich. [18] Gegenüber einer einseitig verkürzenden, rational-technischen Weltanschauung und Lebensauffassung vertritt der M. ein berechtigtes Anliegen, indem er auf andere Aspekte der Wirklichkeit, Lebens- und Welterfahrung und Möglichkeiten der Orientierung verweist. Es mehren sich in breiten Bevölkerungskreisen – durch den Erfolg esoterischer Scharlatane bezeugt und eventuell im Zusammenhang mit dem zu Ende gehenden Jahrhundert und Millenium – Anzeichen eines großen Bedarfs an ganzheitlichen Welterklärungen durch alte und neue M., die von den Anstrengungen einer vernunftgeleiteten Welterklärung und Orientierung entlasten. Gegenüber einem naiven aufklärerischen Fortschrittsmodell ist andererseits heute und in Zukunft ebenfalls Vorsicht geboten. Es bleibt fraglich, ob die Menschen allein mit rational-technischem Denken ihre im 21. Jh. anstehenden Probleme lösen können werden. [19]

Anmerkungen:
1 vgl. zu wichtigen Positionen: J. de Vries: Forschungsgesch. der Mythologie (1961); K. Kerényi: Die Eröffnung des Zugangs zum

Mythos. Ein Leseb. (1976); ferner A. Horstmann: Der Mythosbegriff vom frühen Christentum bis zur Gegenwart, in: ABG 23 (1979) 7–54, 197–255; G. Lanczkowski: M., Mythologie (I.–III.) in: LThK², Bd. 7 (²1962; ND 1986) 746–750. – **2** vgl. ausführlich Horstmann [1] 21ff. – **3** F. Creuzer: Symbolik und Mythologie der alten Völker, besonders der Griechen (1836; ND 1973). – **4** Ausg.: A. Roser, Schellingiana 6 (1996). – **5** J. Grimm: Gedanken über M., Epos und Gesch., in: Fr. Schlegels dt. Museum (1813) 3, 53–75, auch in: Kleinere Schr. 4 (1869; ND 1965) 74–85. – **6** vgl. u.a. Bachofen: Das Mutterrecht (1. Hälfte 1861), in: GW, hg. von K. Meuli, Bd. 2 (³1948) 12ff; dazu A. Baeumler: Das mythische Weltalter. Bachofens romantische Deutung des Altertums (1965). – **7** F. Nietzsche: Die Geburt der Tragödie oder Griechentum und Pessimismus (1872), in: Krit. Studienausg., hg. von G. Colli und M. Montinari, Bd. 1 (1988). – **8** E. Cassirer: Philos. der symbolischen Formen, T. 2: Das mythische Denken (1925; ⁷1977). – **9** L. Lévy-Bruhl: Die geistige Welt der Primitiven (1927; ND 1966); W. Wundt: Völkerpsych., Bd. 2: M. und Religion (³1923, ND 1975). – **10** C. Lévi-Strauss: Das wilde Denken (1973; Orig. Paris 1962); ders.: Mythologica, Bde. 1–4, 2 (1971–1975; Orig. Paris 1964–1975); ders.: Myth and Meaning (1980). – **11** G.K. Mainberger: Rhet. und wildes Denken. Ein Zugang zum Mythus über Aristoteles, in: J. Kopperschmidt (Hg.): Rhet., Bd. 2: Wirkungsgesch. der Rhet. (1991) 408–441. – **12** vgl. J. Petersen: Mussolini: Wirklichkeit und M. eines Diktators, in: K.H. Bohrer: M. und Moderne. Begriff und Bild einer Rekonstruktion (1983) 242–260; L. Kettenacker: Der M. vom Reich, ebd. 261–289; W.J. Mommsen: Rationalisierung und M. bei Max Weber, ebd. 382–402; G.P. Marchal: M. im 20. Jh. Der Wille zum M. oder die Versuchung des ‹neuen M.› in einer säkularisierten Welt, in: F. Graf (Hg.): M. in mythenloser Ges. Das Paradeigma Roms (1993) 204–229; K. Popper: Die offene Gesellschaft und ihre Feinde, Bd. 2 (⁴1975); G. Kalivoda: Parlamentarische Rhet. und Argumentation (1986); O. Nass: Staatsberedsamkeit (²1981). – **13** R. Barthes: Mythen des Alltags (²1970; Orig. Paris 1957); B. Halpern: ‹Myth› and ‹ideology› in modern usage, in: History and Theory 1 (1961) 129–149; R. Matthaei (Hg.): Trivialmythen (1970); D. Zillessen: Mythen im Alltagsleben, in: Der Evangelische Erzieher 40 (1988) 59–76. – **14** vgl. H. Blumenberg: Arbeit am M. (⁴1986); J. Habermas: Die Verschlingung von M. und Aufklärung. Bemerkungen zur ‹Dialektik der Aufklärung› – nach einer erneuten Lektüre, in: Bohrer [12] 405–431. – **15** siehe H.-Th. Lehmann: Die Raumfabrik – M. im Kino und Kinomythos, in: Bohrer [12] 572–609. – **16** vgl. H. Blumenberg: Wirklichkeitsbegriff und Wirkungspotential des M., in: M. Fuhrmann (Hg.): Terror und Spiel (Poetik und Hermeneutik, Bd. 4 (1971) 11–66. – **17** vgl. R. Bultmann: NT und Mythologie. Das Problem der Entmythologisierung der neutestamentlichen Verkündigung (²1985); ders.: Jesus Christus und die Mythologie (⁶1984); Kritik daran bei F. Stolz: Art. M. II. Religionsgeschich., in: TRE Bd. 23 (1994) 608–625; ferner F. Beißer: Art. M.V. Systemat.-Theol., TRE Bd. 23 (1994) 650–661; J. Loh: Art. M. VI. Praktisch-Theol., TRE Bd. 23 (1994) 661–665; H.P. Müller: M. – Anpassung – Wahrheit Vom Recht mythischer Rede und deren Aufhebung, in: ZThK 80 (1983) 1–25; W. Pannenberg: Christentum und M. Späthorizonte des M. in biblischer und christlicher Überlieferung (1972). – **18** J. Campbell: Lebendiger M. (1985); L. Kolakowski: Die Gegenwart des M. (²1974). – **19** vgl. H.-G. Gadamer: M. und Vernunft, in: FS R. Benz (1954) 64–74, auch in: Kleine Schr., Bd. 4 (1977) 48–53; Bohrer [12].

J. Engels

Allegorie, Allegorese → Erzählung → Exemplum → Fabel → Gleichnis, Gleichnisrede → Historia → Inventio → Literaturunterricht → Märchen → Narratio → Parabel → Phantasie → Progymnasmata, Gymnasmata → Sage → Topik

N

Narratio (griech. διήγησις, diégēsis; engl., frz. narration; ital. narrazione)
A. Def. – B. Aspekte der klassischen N.-Theorie: I. Einbettung. – II. Wer erzählt? – III. Generelle Charakterisierung und rhet. Funktion. – IV. Arten. – V. Eigenschaften. – VI. Übung narrativer Textbausteine.

A. *Def.* Die N. kann in Hinblick auf ihre Superstrukturmerkmale, ihre textuelle Einbettung, ihre Funktion und ihre funktionsabhängigen Eigenschaften wie folgt charakterisiert werden: In der N. wird ein als Handlungsablauf faßbares Geschehen mitgeteilt. Die N. ‹erzählt› also und unterscheidet sich damit superstruktural grundlegend von der Argumentation und der Deskription.[1] Textuell eingebettet wird sie in der klassisch-rhetorischen Redeteilehre nach dem Exordium als zweites Redesegment vor der Argumentatio. Ihre Funktion besteht darin, erzählerisch die Ausgangsereignisse, d.h. jenes Geschehen zu vergegenwärtigen, auf das sich die folgende, logisch-syllogistisch strukturierte, beweisende Argumentation bezieht. Daraus leiten sich als wichtigste Eigenschaften der N. ihre Klarheit und Glaubwürdigkeit ab, weil sie nur so als Basis der Argumentation des parteiischen Orators dienen kann.[2]

Die klassisch-rhetorische N.-Theorie hat einen wichtigen Beitrag zur Geschichte der systematischen Narratologie geleistet. Die frühen narratologischen Ansätze sind teilweise bereits so differenziert, daß QUINTILIAN dies übertrieben findet.[3] Dennoch bleibt es im Rahmen der antiken Rhetoriktheorien, die im folgenden allein herangezogen werden sollen, immer nur bei sehr begrenzten, ganz von rhetorischen Funktionalaspekten her gedachten Aussagen zu narratologischen Fragen. Die moderne Erzähltheorie z.B. eines G. GENETTE unterscheidet drei narratologisch-analytische Ebenen: 1. die Erzählung (*récit*) als textliche Oberflächenstruktur, d.h. die narrative Ausdrucksebene (*discours narratif*); 2. die Geschichte (*histoire*) als Ebene der Handlungstiefenstruktur und 3. die ‹Narration› (*narration*) als Performanzebene, d.h. den kommunikativen Vorgang als den «produzierenden narrativen Akt sowie im weiteren Sinne die reale oder fiktive Situation».[4] Die klassische Rhetoriktheorie liefert zu diesen drei analytischen Ebenen bereits verschieden gewichtete Beiträge. Am weitesten entwickelt sind die Theorieansätze zur ‹Narration› (unter rhetorischer Funktionsperspektive; siehe unten B.I–III) und zur ‹Geschichte› (siehe B.IV–VI). Am schwächsten theoretisch ausgearbeitet ist die Ebene der ‹Erzählung›. Sie taucht nur auf, wenn von den Eigenschaften der N. die Rede ist (siehe unten. B.V).

B. *Aspekte der klassischen N.-Theorie* **I.** *Einbettung.* In Theorie und Praxis der älteren Rhetorik wird der N. nicht als einer selbständigen Textsorte Aufmerksamkeit geschenkt, sondern nur als einem Element komplexerer Textzusammenhänge. Dementsprechend finden sich die meisten theoretischen Äußerungen zur N. in jenen Rhetorikkapiteln, die sich mit der Tektonik von Reden (den *partes orationis*) beschäftigen. Die ‹Rhetorik an Alexander› (4. Jh. v.Chr.) erörtert etwa die Funktionsweise der N. (διήγησις, diégēsis) im Botenbericht.[5] Paradigmatisches Modell der Einbettung von Ereignisberichten ist allerdings zumeist die Gerichtsrede. So stellt schon ARISTOTELES (4. Jh. v.Chr.) fest, die N. (diégēsis) gehöre als spezifische Darstellung des Tathergangs wohl nur zu-

Gerichtsrede, und auch QUINTILIAN widmet dieser gerichtlichen N. um 96 n.Chr. einen Großteil seines Erzählkapitels.[6] Laut Aristoteles kann die Diegese in der Gerichtsrede modifiziert als kurze Zusammenfassung des zu beweisenden Sachverhalts (πρόθεσις, próthesis) auftreten, worauf sich dann der folgende Beweisgang (πίστις, pístis) bezieht.[7] Quintilian kommentiert dies mit der Bemerkung, Aristoteles sehe in der Ankündigung (próthesis/propositio) etwas Allgemeines, in der Erzählung (diégēsis/narratio) etwas Spezielles und glaube, die Ereignisdarstellung sei nicht immer, die kurze Ankündigung aber immer und überall nötig.[8] CICERO diskutiert die Folgen der falschen Positionierung narrativer Redeelemente, und Quintilian betont die Entbehrlichkeit der N. um 96 n.Chr. in gewissen Redekontexten.[9] Insgesamt aber bekommt die N. in der lateinischen Theorietradition einen recht stabilen Platz als zweite *pars* der Rede nach dem *exordium*.[10]

II. *Wer erzählt?* ARISTOTELES trennt diese spezielle gerichtliche Fallnarration vom sonstigen Erzählen. Er ist sich darüber im klaren, daß narrative Superstrukturen als solche ständig in größere Textzusammenhänge, also auch in die Vorzeigerede, ja selbst in die Beratungsrede eingeschoben werden müssen. Dementsprechend äußert er sich in der ‹Rhetorik› ausführlich über narrative Elemente in epideiktischem und deliberativem Rahmen.[11] In der Vorzeigerede trete die Diegese stückweise auf, denn man müsse ja immer wieder vorgefallene Einzelhandlungen an verschiedenen Stellen besprechen. Diese Elemente unterliegen nicht den Kunstregeln der Rhetorik, weil sie vorgängige Handlungen mimetisch darstellen müssen: «Die Rede ist ja zusammengesetzt und weist sowohl Elemente auf, die mit der [rhetorischen] Kunst nichts zu tun haben (der Sprecher ist nämlich für die Handlungen nicht verantwortlich), als auch Elemente, die der Kunst entwachsen.»[12]

Die in der modernen Literaturtheorie mit scholastischer Spitzfindigkeit und viel Differenzierungsvermögen diskutierten Fragen, wer Erzähltexte eigentlich erzähle und ob der Autor nicht vielleicht ‹tot› sei, stellen sich für die klassische Rhetorik verhältnismäßig einfach dar. Ihre Theorie geht in erster Linie von den Bedingungen der rhetorischen Kommunikation mit einem Setting aus, das oratorzentriert, persuasiv und mündlich-situativ bzw. primärmedial (*Face-to-face*-Kommunikation) ist. Für die Rhetorik gilt daher der Grundsatz: der Orator ist der Narrator, d.h. bis zum Beweis des Gegenteils aufgrund performativer (gestischer, stimmlicher) oder textlicher (Sprechermarkierungen) Indikatoren erzählt immer der Orator als Texturheber und Gewährsmann (*auctor*). Insofern verwundert es nicht, daß Aristoteles im Kapitel zu Epideixis und Diegese[13] ausführlich auf den Sprecher und das Redeereignis eingeht. Ja, er entwickelt sogar eine narratologische Ethos-Lehre, deren Imperativ ist: «Mit in die Erzählung einfließen lassen sollst du, was für deine charakterlichen Qualitäten spricht».[14] QUINTILIAN wird dies später mit der Notwendigkeit erklären, Glauben und Vertrauen (*fides*) für die Erzählung zu gewinnen, was eben wesentlich von der Einschätzung des persönlichen Ansehens des Erzählers («narrantis auctoritas») abhängt.[15]

Für Aristoteles ergibt sich daraus in Hinblick auf die Vertextung der Grundsatz: «Die Diegese muß fähig sein, das Ethos des Redners widerzuspiegeln.»[16] Im Erzählen von Ereignissen muß sich also auch die Charakteristik des Orators (sein ἦθος, éthos) niederschlagen. Wie ist das realisierbar? Aristoteles gibt Hinweise zur textlichen und zur performativen Ebene. Auf textlicher Ebene läßt es sich dadurch realisieren, daß die innere Entschiedenheit des Orators (seine προαίρεσις, prohaíresis) in der erzählerisch verhandelten Sache deutlich wird.[17] Nie sprechen die Ereignisse ja für sich, sondern immer nur so, wie sie der Orator textlich verarbeitet und färbt. Wenn dabei auch die Prohairesis hervortritt, so spiegelt sie das oratorische Ethos wider, das ein zentraler Überzeugungsfaktor ist.[18] Auch beim Erzählen gibt es also eine Autorintention als Hintergrund: «Die Prohairesis entspricht irgendwie dem Zweck (τέλος, télos) des mündlich vorzutragenden Textes.» Sie soll entschieden herausgestellt werden, betont Aristoteles. Es gibt aber auch Texte, z.B. wissenschaftliche, die interesselos zu formulieren sind. «Daher haben mathematische Texte (λόγοι, lógoi) kein Ethos, weil sie auch keine bestimmte Prohairesis offenbaren (sie haben nämlich kein ‹zu welchem Zweck›), wohl aber die Sokratischen Reden.» Der Orator hat beim Erzählen das Recht und die Pflicht, im Text zu intervenieren, etwa mit auktorialen Hinweisen zum Fiktionalitätsstatus der Ereignisse: «Wenn etwas unglaubwürdig ist, gebe man den Grund dafür an.» Wenn dies nicht möglich ist, «so erkläre, daß du durchaus weißt, daß du Unglaubwürdiges sagst». Der Orator soll sich auch emotional in die Erzählung einbringen und dadurch bewertende Färbung erzeugen: «Sprich ferner von Emotion geleitet und erzähle von den Folgen, von dem, was den Zuhörern bekannt ist, und von dem, was entweder dich oder so manchen Zuhörer persönlich angeht.»[19]

Auf performativer Ebene sind in der primärmedialen Situation bestimmte Aufführungsverfahren ins Spiel zu bringen: «Andere ethische Züge sind Verhaltensweisen, die aus jedem einzelnen Ethos hervorgehen, z.B. daß jemand während des Sprechens hin-und hergeht, denn das verrät Draufgängertum und Wildheit des Charakters.»[20]

III. *Generelle Charakterisierung und rhetorische Funktion.* Die ältesten definitorischen Äußerungen zur N. beziehen sich auf die Faktizität der vergangenen Ereignisse. So ist etwa folgende Definition des Rhetors APOLLODOROS aus dem 1. Jh. v.Chr. überliefert: «Die Diegese ist das Bekanntmachen des Umstands (περίστασις, perístasis).»[21] In den römischen Definitionen wird die Referenzebene dann nach dem Faktizitätskriterium gespalten: Es können tatsächlich geschehene Ereignisse berichtet werden oder aber fiktive, die lediglich so erzählt werden, als ob sie geschehen sind. Beim AUCTOR AD HERENNIUM (ca. 84 v.Chr.) heißt es dementsprechend: «Die N. ist die Darlegung (expositio) von geschehenen oder als ob geschehenen Dingen (res gestae aut proinde ut gestae).»[22] Ähnlich CICERO in ‹De inventione› (um 86 v.Chr.): «Die N. ist die Darlegung (expositio) geschehener oder gleichwie geschehener Dinge.»[23] Und so auch QUINTILIAN: «Die N. ist die zum Überzeugen nützliche Darlegung einer getanen oder wie getanen Sache (rei factae aut ut factae utilis ad persuadendum expositio), nach der Definition des Apollodorus eine Oratio, die den Hörer darüber unterrichtet, was strittig ist.»[24] In den ‹Partitiones› klammert Cicero zwar die Faktizitäts- und Fiktionalitätsfrage in seiner Definition aus, betont dagegen aber die Notwendigkeit der ethischen Glaubwürdigkeit des Berichts für das Gelingen der folgenden Argumentation: «Die N. ist die Erläuterung der Sachverhalte (explicatio rerum) und gleichsam Sitz und Fundament der Vertrauenswürdigkeit.»[25] Quintilian vergißt nicht, die persuasive Funktion der N. hervorzuheben. Sie sei nicht dazu erfunden, «daß der Richter eine Sache nur kennenlernt, sondern weit mehr dazu, daß er ihr zustimmt».[26]

IV. *Arten.* Die Gattungen und Unterarten der N. werden verschieden geordnet. Bisweilen betreffen die Taxonomien die Position in der Rede. ARISTOTELES sagt, in der Schule des THEODOROS VON BYZANZ (2. Hälfte 5. Jh. v.Chr.) sei man davon ausgegangen, daß innerhalb der Gerichtsrede verschiedene Teilnarrationen vorkommen könnten: neben der Haupterzählung des Geschehens (diégēsis) eine ergänzende Schilderung (ἐπιδιήγησις, epidiégēsis) und eine Vorschilderung (προδιήγησις, prodiégēsis); Näheres erfahren wir nicht.[27] Bei MARTIANUS CAPELLA (5. Jh. n. Chr.) wachsen diese Formen (εἴδη, eídē) der N. nach Theodoros auf fünf Gestalttypen (*species narrationis*) an, bei FORTUNATIAN (4. Jh. n.Chr.) waren es gar acht.[28]

Am häufigsten leiten sich die Unterteilungen der N.-Arten von ihren rhetorischen Funktionen im Redekontext her. Bei den römischen Klassikern werden drei Gattungen (*genera*) unterschieden[29]: 1. Die parteiliche N. vor Gericht, die «den Fall selbst» (*ipsa causa*) berichtet; 2. Die Darstellung von Ereignissen, die mit dem Fall in Beziehung stehen; 3. Die fiktionale Erzählung (*ficta narratio*).

Besonderes Augenmerk wird auf die dritte Gattung gerichtet. Für den AUCTOR AD HERENNIUM und CICERO hat sie nichts mit den Gerichtsreden zu tun, doch QUINTILIAN läßt sie bisweilen auch vor Gericht gelten, weil man mit ihrer Hilfe die Richter aufstacheln oder entspannen kann. Es komme auch vor, sagt er, daß die fiktiven N. nur «in Form eines Exkurses, um der schönen Wirkung willen (per digressionem decoris gratia)» in Reden eingefügt werden.[30] Das Problem stellen vor Gericht die fiktionalen Inhalte und die offensichtliche Ausrichtung auf den Unterhaltungseffekt dar («delectationis causa»).[31]

Man solle sie auf jeden Fall üben, sagen der Auctor ad Herennium und Cicero, «damit wir um so angemessener die vorher genannten *narrationes* in Rechtsfällen handhaben können».[32] Beide unterscheiden zwei Typen der fiktiven N.: die Ereignis- oder Tatdarstellung (Negotialerzählung, «in negotiis positum genus») und die Figurendarstellung (Personalerzählung, «in personis positum genus»). Die Ereignis- oder Tatdarstellung wird in drei Gattungen realisiert: *fabula, historia* und *argumentum*. «Eine *fabula* ist diejenige N., die weder wahre noch wahrscheinliche Dinge enthält nach Art der Erzählungen, welche in Tragödien überliefert sind. Die *historia* entspricht einer geschehenen Sache, die aber von unserer Zeit weit entfernt liegt. Das *argumentum* entspricht einer fiktionalen Sache, die sich aber dennoch wirklich hätte ereignen können, z.B. der Inhalt von Komödien.»[33] Diese Einteilung wird auch von spätantiken Autoren wie Martianus Capella übernommen.[34]

Bei der Figurendarstellung wird ein Grundmodell prosopographischer Erzähltechnik entwickelt. Hier ist zunächst einmal auf besondere Nuancierung zu achten, also «eine geistreiche Anmut der Ausdrucksweise» sowie «eine differenzierende Schilderung der Charaktere». Dabei kommt es auf sensible und mimetisch geschickte Darstellung von «Ernst, Sanftmut, Hoffnung, Furcht, Mißtrauen, Sehnsucht, Heuchelei, Mitleid» an. Das biographisch-narrative Handlungsband geben «wechselvolle Ereignisse, Umschwung des Schicksals, unerwarteter Schaden, plötzliche Freude, willkommener Ausgang der Ereignisse» ab.[35]

Die aus dem 4. Jh. n.Chr. stammende Rhetorik des FORTUNATIAN unterscheidet fünf Hauptgattungen (*genera*) der N., die an die fünf Modi der Progymnasmata-Tradition erinnern (vgl. unten B.VI): 1. das *directum*; 2. das *convincens*; beide werden verwendet, wenn etwas bewiesen werden soll, wobei das *convincens* den Richter weniger belehren als den Gegner überführen soll; 3. das *conversum* zur Widerlegung und Zurückweisung; 4. das auf einem Vergleich beruhende *comparativum* und, wenn dies die Sache nicht anders verlangt, 5. das *genus solutum*.[36]

Besondere Aufmerksamkeit schenkt man schon in der Antike der erzählenden Historiographie als besonderer Aufgabe des Orators.[37] Cicero entwickelt in ‹De oratore› bereits eine rhetorische Theorie der *historia*, in deren Zusammenhang auch über narratio-Prinzipien gehandelt wird.[38] Die Gliederungsfrage, also die Frage nach der rechten Ordnung von Handlungsabläufen auf der narratologischen *histoire*-Ebene (*ordo naturalis/ordo artificialis*-Problem) ist seit der Antike ein herausragendes Thema. Im Mittelalter wird diese Debatte über die Rhetoriktheorie hinaus fortgesetzt.[39]

V. *Eigenschaften.* ARISTOTELES macht in der ‹Rhetorik›[40] nur wenige Bemerkungen zu den Eigenschaften der Diegese: Im epideiktischen Redeereignis brauche der Orator allseits bekannte Begebenheiten nur durch Anspielungen aufzurufen. Wenn es aber zu ausführlichen Erzählungen kommen müsse, dann seien diese nicht etwa ganz rasch nach Art rhetorikfremder Elemente zu erledigen, wie manche empfehlen, sondern in einem sachlich angemessenen Vortragsmaß. Nur für die Verteidigungsrede gilt das Ideal der Kürze, weil man mit ihr ja die Existenz der Handlungen überhaupt bestreitet. «Ferner soll man Geschehnisse so schildern, daß sie durch ihre Vergegenwärtigung nicht Mitleid oder Entsetzen hervorrufen.»[41]

In der ‹Rhetorik an Alexander› (4. Jh. v.Chr.) findet sich bereits das in der Folgezeit regelmäßig behandelte Modell der drei narrativen Haupteigenschaften: Kürze, Klarheit und Glaubwürdigkeit bzw. Wahrscheinlichkeit. Diese drei Eigenschaften lassen sich vor allem auf GENETTES narratologischer Ebene der *histoire*, teilweise auch auf der des *récit* realisieren. Kürze erreicht man bei der Geschichte, wenn man nur die wirklich verstehenswichtigen Fakten erzählt. Klarheit gewinnt man, heißt es in der ‹Rhetorik an Alexander›, wenn man das Geschehene oder Geschehende oder Kommende zuerst erzählt, das Übrige der Reihe nach anfügt und dabei nicht abschweift. Auf der *récit*-Ebene erzeugt man Klarheit, wenn man die Dinge mit ihren eigentlichen Ausdrücken benennt. Glaubwürdigkeit ergibt sich auf der *histoire*-Ebene, wenn man Handlungsungereimtheiten vermeidet, auf der *narration*-Ebene, wenn man sich als Orator (Autor) selbst mit korrigierenden Bemerkungen in die Erzählung einschaltet, wie das auch Aristoteles empfiehlt (s. oben B.II).

Für die römischen Rhetoriker des 1. Jh. v.Chr., den AUCTOR AD HERENNIUM[42] und CICERO[43], ergibt sich die Frage nach den Eigenschaften der N. aus ihren Zwecken. In Hinblick auf die Gerichtsrede kommt der Frage entscheidende Bedeutung zu, wie man glaubwürdig erzählen kann. Schon dem Auctor ist klar, daß es sich hierbei um ein Problem der Wahl angemessener narrativer Textverfahren handelt, also «in welcher Art und Weise dasjenige zu behandeln ist, was sich auf die Wahrheit bezieht (illud, quod ad veritatem pertinet, quomodo tractari conveniat)». Wie Cicero schlägt er drei Hauptverfahrensweisen vor: Kürze, Deutlichkeit und Wahrscheinlichkeit (*narratio brevis, dilucida, veri similis*). Kurz erzählen heißt, Fakten nur nach Relevanz- und Ökonomieprinzipien erzählen. Deutlich erzählen heißt, in der Geschichte die Logik von Zeit und Ablauf einhalten. Wahrscheinlich erzählen heißt, auf Konventionen abgestimmt und der Rezipientenerwartung entsprechend erzählen, um jeglicher Skepsis vorzubeugen. [44]

In den ‹Partitiones› [45] ergänzt Cicero diese drei Merkmale der N. noch um die rhetorisch-persuasiv gedachte ‹Eingängigkeit› (*suavitas*): «Eingängig (suavis) aber ist eine N. dann, wenn sie Anlässe zu Bewunderung und Erwartung, überraschende Ergebnisse, zwischendrin eingefügte Absätze, die Emotionen wecken, Unterredungen von Personen und Äußerungen von Schmerz, Zorn, Furcht, Heiterkeit und Leidenschaft enthält.»

Auch QUINTILIAN diskutiert die Frage der allgemeinen Eigenschaften einer N. [46]: «Von ihr fordern die meisten Fachschriftsteller und vor allem diejenigen, die zur Schule des Isokrates gehören, sie solle klar (lucida), kurz (brevis) und dem Wahren ähnlich (veri similis) sein. Denn es macht keinen Unterschied, ob wir statt ‹klar› ‹durchsichtig› (perspicua), statt ‹wahrscheinlich› ‹einleuchtend› (probabilis) oder ‹glaublich› (credibilis) sagen.» Bei all dem spricht aber natürlich nichts dagegen, daß die N. vom Orator in seinem Interesse tendenziös gefärbt ist. Die klassische Rhetorik ist eben noch sehr weit von ‹objektivistischen› Realismuspostulaten neuzeitlicher Erzähltheoretiker entfernt, die das vermeintlich mögliche pure erzählerische Zeigen (*showing*) ohne Parteinahme zur höchsten Erzähltugend erklären und damit auch den Autor aus dem Erzählen verbannen wollen. [47]

Die schon in der ‹Rhetorik an Alexander› auftretenden Maßgaben für klares Erzählen führt Quintilian weiter aus, fügt aber noch kritische Bemerkungen zu den zeitgenössischen Performanzpraktiken (also auf der textexternen *narration*-Ebene im Sinne rednerischer *actio*) hinzu: «Dann aber spricht der Orator am besten, wenn er die Wahrheit zu sagen scheint. Heutzutage aber lassen sie – als böte ihnen die Darlegung des Sachverhalts einen Tummelplatz – hier am liebsten die Stimme umschlagen, biegen den Nacken zurück, stoßen den Arm in die Seite und toben sich aus in jeder Art von Gedanken, Worten und Satzgebilden. Und dann kommt dabei ein Wunder heraus: die Redeperformanz findet Beifall, der Fall selbst bleibt unverstanden (placet actio, causa non intelligitur).» [48]

Bemerkenswert ist, was Quintilian zur Erzählkürze ausführt. [49] Wir haben hier eine frühe Reflexion zum Thema Erzählökonomie und Ästhetisierung vorliegen, die in der Feststellung kulminiert: «Das ‹Soviel nötig› aber möchte ich nicht so nur verstanden wissen, als bezeichne es das, was zur Mitteilung genügt; denn die Kürze darf nicht ohne sprachliche Elaboration sein (non inornata debet esse brevitas), sonst wäre sie ungebildet; denn das Vergnügen hat die Gabe zu täuschen, und weniger lang erscheint, was unterhaltsam ist, wie eine schöne bequeme Reise, auch wenn die Strecke länger ist, weniger anstrengt als ein Abkürzungsweg durch rauhes, dürres Gelände.» [50]

Bei der Glaubwürdigkeitsfrage geht es ums realistische Erzählen. [51] Glaubhaft (*credibilis*) wird eine N., wenn wir so erzählen, daß wir das Gefühl haben, nichts zu sagen, was der Natur zuwiderläuft («quid naturae adversum») und wenn wir eine einleuchtende Motivationserklärung abgeben, indem wir den Taten ihre Gründe und Absichten vorausschicken. Bei der Personenschilderung müssen Taten und zugeschriebene Figurenmerkmale kongruent sein. An die ausführliche Erörterung dieses Komplexes fügt Quintilian noch weitere, in der Literatur seiner Zeit gehandelte N.-Merkmale an [52]: die Großartigkeit (*magnificentia*/μεγαλοπρέπεια, megaloprépeia),

das reizvolle Erzählen (*iucundum*) und die Anschaulichkeit (*evidentia*/ἐνάργεια, enárgeia).

Die antiken Lehren zur N. werden in unterschiedlicher Dichte über die Spätantike hinaus ins Mittelalter vermittelt. MARTIANUS CAPELLA (5. Jh. n. Chr.) etwa referiert die Grundpositionen der Rhetoriktradition in aller Kürze, wobei er eine Vorliebe für lehrbuchhaft taxonomische Reihungen hat. Auf der *histoire*-Ebene schreibt er der N. sechs Elemente zu: Person, Fall, Ort, Zeit, Streitpunkt und Handlung (*persona, causa, locus, tempus, materia, res*). [53]

VI. *Übung narrativer Textbausteine.* In der älteren rhetorischen Ausbildung wird das Abfassen narrativer Grundformen geübt. Das älteste erhaltene Lehrbuch zu solchen Vorübungen (Progymnasmata) von THEON (1. Jh. n.Chr.) vermittelt eine Tradition, die über das 18. Jh. hinaus im altsprachlichen Unterricht der Schulen gepflegt wird. Schon das 17. Jahrhundert bringt bereits einschlägige Lehrbücher für den volkssprachlichen Unterricht hervor. Zu denken ist hier an Autoren wie CHR. WEISE. J. CHR. GOTTSCHEDS 1754 publizierte ‹Vorübungen der Beredsamkeit zum Gebrauche der Gymnasien und größern Schulen› kommen aus dieser rhetorischen Tradition, führen aber zugleich zum neueren Lehrbuch für den Deutschunterricht hin.

Zu den wenigen Autoren der älteren Tradition, deren Lehrbücher erhalten sind, gehört der Rhetor APHTHONIOS aus Antiochien (4./5. Jh. n.Chr.). Er vermittelt in seinem griechischen Übungslehrbuch die Kenntnis von 14 Textbausteinen, die der Orator zum Aufbau einer Rede verwenden kann. Auch bei ihm stehen die narrativen Textformen ganz am Anfang: die Fabel (μῦθος, mýthos) und Ereignisdarstellung (διήγημα, diégēma) als die beiden wichtigsten narrativen Grundtypen. Dem lateinischen Mittelalter hat der Grammatiker PRISCIAN diese (bei ihm auf zwölf reduzierten) Progymnasmata in seinen ‹Praeexercitamina› (um 500 n.Chr.) inhaltlich modifiziert weiter vermittelt. [54]

Aphthonios wählt den auch schon bei HERMOGENES auftretenden Begriff des diégēma, der speziell eine N. als Episoden-Erzählung bezeichnet [55], wohingegen der Terminus ‹diégēsis› für einen umfassend-komplexen Erzählungsablauf steht. Aphthonios beginnt mit einer an Ciceros ‹De inventione› erinnernden Definition: «Das Diegema ist das Bekanntmachen (ἔκθεσις, ékthesis) einer geschehenen oder als ob geschehenen Handlung (πρᾶγμα, prágma).» Es folgt ein Hinweis auf die Differenz zwischen dem produktiven Vorgang des Erzählens und dem Ergebnis des Erzählvorgangs (gewissermaßen als einem semiotischen Aggregat). Der Erzählvorgang kann drei Arten textlicher bzw. performativer Ergebnisse haben: ein dramatisches, das auf Fiktion beruht; ein historisches, das eine alte Geschichte enthält, oder ein politisches nach Art der Rhetoren-Wettstreite (δραματικόν, dramatikón – ἱστορικόν, historikón – πολιτικόν, politikón). Dann werden sechs superstrukturale Merkmale des Narrativen als typische «Begleitumstände» des Diegema angegeben: Der Handelnde (Aktor), der eine Handlung (Aktion) in der Zeit (Aktionszeit auf der Zeitachse) vollbringt, und zwar an einem bestimmten Ort (Aktionsort) in bestimmter Art und Weise (Aktionsmodus), aufgrund bestimmter Handlungsmotive (Aktionsursache) (πρόσωπον, prósōpon; πρᾶγμα, prágma; χρόνος, chrónos; τόπος, tópos; τρόπος, trópos; αἰτία, aitía). Aphthonios schließt diese kurze N.-Lehre mit einer Erzählung der Geschichte von Aphrodite und der Rose als Beispiel ab.

Priscians entsprechende Erläuterungen zur N. weichen etwas ab. Nach der einleitenden Definition werden nicht drei, sondern mit Hermogenes vier Umsetzungsarten von Narration erwähnt: die dichterische nach Art der Fabeln (*fabularis*/μυϑικόν, mythikón), die dramatisch simulierende (*fictilis*/πλασματικόν, plasmatikón), die faktische Ereignisse darstellende (*historica*) und die der Oratoren im politisch-sozialen Leben (*civilis*/πολιτικόν, politikón).

Als Grammatiker interessiert sich Priscian dann nur noch für die konkreten sprachlichen und textlichen Umsetzungs-*modi* der N., die bei Hermogenes σχήματα, schémata heißen und folglich als Narrationsfiguren bezeichnet werden können. Der Rhetorikschüler hat insgesamt fünf Modi zu trainieren, die wie folgt funktionieren: 1. *per rectum indicativum*: hier steht die Person, über die erzählt wird, im Nominativ. Dieser Modus ist der *historia* angemessen, da er klarer («planius») ist. 2. *per indicativum inclinatum*: hier steht die Person, über die erzählt wird, im obliquen Kasus. Dieser Modus ist besonders für rednerische Wettstreite geeignet. 3. *per convictivum*: die Erzählung tritt in vorwurfsvoll rhetorische Fragen gekleidet auf. Dieser Modus fügt sich gut in parteiische Argumentationen. 4. *per dissolutum*: die Erzählung wird stakkatohaft in kurze, asyndetische aufeinanderfolgende Satzglieder zerlegt. Der Modus gilt als pathetisch und affektaufführend («est enim passivum, id est affectus animi commovens») und daher insbesondere für die abschließende Peroratio geeignet. 5. *per comparativum*: jede einzelne Handlung der Person, über die erzählt wird, wird mit parteiisch-moralischem Maßstab gemessen. In diesem Modus lassen sich also parteiische Standpunkte auf dem Wege des Erzählens vermitteln.

Zusammen mit den griechisch-römischen Ansätzen der poetischen Narratologie bildet die rhetorische N.-Lehre bis in die frühe Neuzeit die normative Grundlage der Theorie und Praxis des fiktionalen wie des nichtfiktionalen Erzählens. Eine selbständige, von der Rhetorik 'emanzipierte' Theorie der literarischen Prosaerzählung entsteht – von wenigen Vorläufern abgesehen – erst im 18. Jh. in Verbindung mit der Etablierung und Legitimierung der Formen des modernen Romans. Aspekte dieser neueren Entwicklungen werden in den Artikeln ‹Erzählung› und ‹Erzähltheorie› [56] sowie im Supplementband unter den Lemmata ‹Erzähler› und ‹Narrativik/Narratologie› behandelt.

Anmerkungen:
1 T. van Dijk: Textwiss. (1980) 128f. – **2** M. McGuire: Narrative Persuasion in Rhetorical Theory, in H. Geissner (Hg.): On Narratives (1987) 163–178. – **3** Quint. IV, 2, 1ff. – **4** G. Genette: Die Erzählung (1994) 16; frz. Orig.: Discours du Récit, in ders.: Figures III (Paris 1972) 65–282, hier 72 und ders.: Nouveau Discours du Récit (Paris 1983). – **5** Anax. Rhet. c. 30. – **6** Arist. Rhet. III, 13; Quint. IV, 2, 66–132. – **7** Arist. Rhet. III, 13. – **8** Quint. III, 9, 5. – **9** Cic. Inv. I, 21, 30; Quint. IV, 2, 4. – **10** Auct. ad Her. I, 3, 4; Cic. Inv. I, 14, 19; Cic. Part. 8, 27; Quint. III, 9, 1. – **11** Arist. Rhet. III, 16; vgl. V. Buchheit: Untersuchungen zur Theorie des Genos Epideiktikon von Gorgias bis Aristoteles (1960) 182ff. – **12** Arist. Rhet. III, 16, 1. – **13** ebd. III, 16. – **14** ebd. III, 16, 5. – **15** Quint. IV, 2, 125. – **16** Arist. Rhet. III, 16, 8. – **17** zur Bed. der Prohairesis siehe J. Knape: Was ist Rhetorik? (2000) 73f. u. 125. – **18** Arist. Rhet. I, 8, 6 u. I, 9. – **19** ebd. III, 16, 8–10. – **20** Auct. ad Her. I, 3, 4. – **21** Martin 75ff.; Volkmann 148f. – **22** Auct. ad Her. I, 3, 4. – **23** Cic. Inv. I, 19, 27. – **24** Quint. IV, 2, 31. – **25** Cic. Part. 9, 31. – **26** Quint. IV, 2, 21. – **27** Arist. Rhet. 3,13. – **28** Mart. Cap. V, 552; Fortun. Rhet. II, 19. – **29** Quint. IV, 2, 11ff.; Auct. ad Her. I, 8, 12ff.; Cic. Inv. I, 19, 27ff. – **30** Quint. IV, 2, 19. – **31** Cic. Inv. I, 8, 27. – **32** Auct. ad Her. I, 8, 12. – **33** ebd. I, 8, 13. – **34** Mart. Cap. V, 550. – **35** Auct. ad Her. I, 8, 13; Cic. Inv. I, 19, 27. – **36** Fortun. Rhet. II, 18. – **37** vgl. J. Knape: Art. ‹Historia›, in: HWRh, Bd. 3 (1996) 1405–1410. – **38** Cic. De or. II, 36 u. II, 51–64; vgl. J. Knape: Allg. Rhet. (2000) 116f. – **39** K. Barwick: Die Gliederung der narratio in der rhet. Theorie und ihre Bed. für die Gesch. des antiken Romans, in: Hermes 63 (1928) 261–287; F. Quadlbauer: Zur Theorie des Erzählaufbaus in der Rhet. und Poetik um 1000 p. Chr., in: W. Berschin (Hg.): Lat. Kultur im X. Jh. (1991) 393–421. – **40** Arist. Rhet. III, 16. – **41** ebd. III, 16, 7. – **42** Auct. ad Her. I, 9,13–15. – **43** Cic. Inv. I, 20, 28–21, 29. – **44** vgl. Knape [38] 69 – **45** Cic. Part. 9, 32. – **46** Quint. IV, 2, 31ff. – **47** W.C. Booth: Die Rhet. der Erzählkunst I (1974) 74ff., engl. Orig.: The Rhetoric of Fiction (Chicago 1961; ²1983) 67ff. – **48** Quint. IV, 2, 38f. – **49** ebd. IV, 2, 40–51. – **50** ebd. IV, 2, 46. – **51** ebd. IV, 2, 52–60. – **52** ebd. IV, 2, 61–64. – **53** Mart. Cap. V. 552. – **54** Aphthonios, Progymnasmata, in: Rhet. Graec. Sp., Bd. 2, 19–56, hier 22; Priscianus, Praeexercitamina, in: Rhet. Lat. min. 551–560, hier 552. – **55** Hermogenes, Progymnasmata, in: Rhet. Graec. Sp., Bd. 2, 1ff. – **56** vgl. J. Pankau: Art. ‹Erzähltheorie›, in: HWRh, Bd. 2 (1994) 1425–1432; ders.: Art. ‹Erzählung›, ebd. 1432–1438.

J. Knape

→ Augenzeugenbericht → Bericht → Beschreibung → Brevitas → Color → Descriptio → Docere → Epos → Erzähltheorie → Erzählung → Exkurs → Exposition → Fiktion → Geschichtsschreibung → Historia → Mimesis → Partes orationis → Perspicuitas → Propositio → Rahmenerzählung → Reportage → Roman → Schilderung

Narrenliteratur
A. Def. – B.I. Begriff des Narren. – II. Bilder des Narren. – III. Zahlensymbolik. – IV. Narrheit und Tod. – V. Narrheit als literarisches Thema. – C. Geschichte der Narrenliteratur.

A. Der Begriff der ‹N.› ist ein forschungsgeschichtlicher Terminus, der in historischen Quellen keine Rückbindung findet. Bezeichnet wird damit im engeren Sinne spätestens seit F. Zarncke (1854) und K. Goedeke (1859) eine Literaturgattung, in der menschliche Schwächen unter dem Gesichtspunkt der Narrheit behandelt werden, wobei in der Regel jede Narrheit durch eine eigene närrische, auf jeweils verschiedene Wirkungsstrategien hin angelegte Personifikationsallegorie repräsentiert wird. Umfassende Beispiele liefern ‹Das Narrenschiff› von S. BRANT (1494) und die in dessen Tradition stehenden Nach- und Weiterbildungen, wie TH. MURNERS ‹Narrenbeschwörung› und ‹Schelmenzunft›, beide 1512, verschiedene Werke von ABRAHAM A SANCTA CLARA [ULRICH MEGERLE] (‹Wunderlicher Traum von einem großen Narren-Nest›, 1703; ‹Ein Karn voller Narrn, Das ist: Etliche Blättl Ohne Blat fürs Maul›, 1704; ‹Centi-Folium Stultorum in Quarto›, 1709), ALBERT JOSEPH LONCINS Predigtwerk ‹Der Christliche Welt=Weise / Beweinet / die Thorheit der neu=entdeckten Narren=Welt // Welcher die in disem Buch befindliche Narrn ziemlich durch die Hächel ziecht› (Augsburg 1706) mit einem zweiteiligen Nachtragsband über Närrinnen (Augsburg 1709–1711) oder der von WILHELM STETTLER und KASPAR MERIAN unter dem Pseudonym ‹Wahrmund Jocoserius› herausgebene ‹Wolgeschliffene Narren-Spiegel› (Nürnberg um 1730), schließlich wohl noch die verschiedenen Lale- und Schildbürgergeschichten (1597ff.). Im weiteren Sinn lassen sich unter den Begriff auch solche Werke subsumieren, die exemplarisch an einer einzelnen Figur (z.B. Neidhart, Reineke Fuchs, die beiden Gonnella, Gargantua, Claus Narr) die Idee der Narrheit oder deren Verhältnis zur Weisheit demonstrieren. Das geschieht schon in HEINRICH WITTENWILERS Versepos ‹Der Ring› (vor 1400), wo gezeigt wird, «wie Bertschi Triefnas um sein Mätzli freite», in HERMANN BOTES 96 ‹Historien› um ‹Til

Eulenspiegel› (1510) oder in H.J.CHR. VON GRIMMELSHAUSENS großem Barock-roman ‹Der Abentheurliche [Simplicius] Simplicissimus Teutsch› (Nürnberg 1668) (samt dessen Fort- und Weiterbildungen, z.B. ‹Der seltzsame Springinsfeld›, 1683/84), der letztlich den Wandel vom Narrentum (als ‹Weltweisheit›) zur wirklichen Weisheit behandelt. Die meisten Bücher dieses Genres haben didaktische Absichten; sie wollen daher – nach der horazischen *prodesse et delectare*-Formel, die aus der rhetorisch orientierten Poetik stammt – Belehrung und Unterhaltung miteinander verbinden.

Im Gegensatz zu solchen Beispielen «negativer Narrheit» steht jene Literatur, in der unter bewußter Umkehrung der traditionellen Narrenvorstellung und auf ihrer Folie die «Narrheit um Christi willen» (im Anschluß an 1 Kor 4, 10; vgl. 1, 18) als Ideal angesehen und der Weltweisheit der vorchristlichen antiken Völker (vor allem Juden und Griechen) als Alternative entgegengestellt wird, um dadurch christliches Gedankengut zu propagieren. «Positive Narrheit» in diesem Sinne ist in der Literatur häufig behandelt worden, etwa – im byzantinischen Einflußbereich – am Beispiel der ‹heiligen Narren› Symeon Salós [= Narr] von Emesa (vor 510) und Andreas Salós von Konstantinopel (880–946), die wiederum auf den ‹Jusodivyi› der russischen Legende (16.–18. Jh.) abgefärbt haben. In der abendländischen Literatur der Barockzeit, vor allem im Jesuitendrama, werden mehrfach Symeon Salós (‹Sapiens Stultitia›, Dillingen 1640, 1713 u. 1750, jeweils unterschiedliche Bearbeitungen; ‹Symeon Salus Stultus Propter Christum›, Landshut 1702; (‹Sapiens stulto tectus Simeon Salus Eremita›, Ottobeuren 1726) und der Franziskaner Jacopone da Todi († 1306) (‹Vanitas mundi per Jacoponum triumphata›, Eichstätt 1650; ‹Sapiens Stultitia›, Hall in Tirol 1631; ‹Weiße Thorheit Des Seeligen Jacobon›, Freising 1751) als «heilige Narren» vorgestellt. In dieser Tradition stehen auch zwei Legendensamlungen des Jesuiten JACOB SCHMID [‹Die Spiehlende Hand Gottes› und ‹Weiße Thorheit›, 1734]. In die neuzeitliche Belletristik gelangt die Vorstellung vom «Narren in Christo» bei F.M. DOSTOJEWSKIJ (‹Der Idiot›, 1868), G. KELLER (‹Der schlimm-heilige Vitalis›, 1872, nach der Vitalis-Legende des LEONTIOS VON NEAPEL) und G. HAUPTMANN (‹Der Narr in Christo Emanuel Quint›, 1910).

Literaturhinweise:
Zur N. allgemein: K.F. Flögel: Gesch. des Grotesk-Komischen (1788), hg. v. M. Bauer (1914). – A. Wesselski: Die beiden Gonnella (1920). – G. Bebermeyer: N., in: RDL² Bd.2 (1965) 592–598. – B. Könneker: Wesen und Wandlung der Narrenidee im Zeitalter des Humanismus. Brant – Murner – Erasmus (1966). – P. Burke: Helden, Schurken und Narren. Europ. Volkskultur in der frühen Neuzeit (1981). – D.-R. Moser (Hg.): Narren, Schellen und Marotten. Elf Beitr. zur Narrenidee (1984). – D.-R. Moser: Fastnacht, Fasching, Karneval. Das Fest der ‹verkehrten Welt› (1986). – O.F. Best: N., in: Hb. lit. Fachbegriffe (1991) 338–339. – H. Huber (Hg.): Der Narr: Beitr. zu einem interdisziplinären Gespräch (1991). – W. Mezger: Narrenidee u. Fastnachtsbrauch (1991). – D. Buschinger und W. Spiewok (Hg.): Schelme und Narren in den Lit. des MA (1994). – W. Mezger: N., in: Enzyklop. des Märchens, Bd. 9 (1999) 1194–1202. Zu Sebastian Brants ‹Narrenschiff›: S.B.: Das Narrenschiff. Nach der Erstausgabe (Basel 1494) hg. v. M. Lemmer (²1968). – G. Baschnagel: ‹Narrrenschiff› und ‹Lob der Torheit› (1979). – K. Manger: Das ‹Narrenschiff›. Entstehung, Wirkung u. Deutung (1983). – S.B.: 500e anniversaire de ‹La nef des folz› = ‹Das Narren Schyff›, zum 500jährigen Jubiläum des Buches von S.B. 1494–1994 [Ausstellungskatalog] (1994). – Zu Heinrich Wittenwilers ‹Ring›: B. Plate: H.W. (1977). – H.W.s Ring nach der Meininger Hs., hg. v. E. Wiessner (1931, ND 1973). Übers.: H. Birkhan (1983), R. Bräuer (1983). – H.W.: ‹Der Ring›. Hg., übers. u. kommentiert v. B. Sowinski (1988). – T. Ehlert: Doch so fülle dich nicht satt. Gesundheitslehre und Hochzeitsmahl in W.s ‹Ring›, in: ZDPh 109 (1990) 68–85. – E.C. Lutz: Spiritualis fornicatio. H.W., seine Welt u. sein ‹Ring› (1990). – O. Riha: Die Forschungen zu H.W.s ‹Ring› 1851–1988 (1990). – P. Wiehl: «Weiseu red, der gpauren gschrai.» Unters. zur direkten Rede in H.W.s ‹Ring›, in: FS S. Grosse (1990) 91–116. – Cl. Händl: ‹hofieren mit stechen und turnieren›. Zur Funktion Neitharts beim Bauernturnier in H.W.s ‹Ring›, in: ZDPh 110 (1991) 98–112. – Zu Hermann Botes ‹Till Eulenspiegel›: P. Honegger: Ulenspiegel. Ein Beitr. zur Druckgesch. und zur Verfasserfrage (1973). – P. Honegger: E. und die sieben Todsünden, in: Niederdt. Wort 15 (1975) 19–35. – H. Bote : T.E., Vollst. Ausg. d. Textes, hg. v. S.H. Sichtermann (1978). – Th. Cramer (Hg.): T.E. in Gesch. und Gegenwart (1978). – A. Brunkhorst-Hasenclever: T.E. Texte zur Rezeptionsgesch. (1979). – W. Virmond: Eulenspiegel und seine Interpreten (1981). – W. Wunderlich (Hg.): Eulenspiegel heute. Kulturwiss. Beitr. zur Geschichtlichkeit u. Aktualität einer Schalksfigur (1988). – Zum ‹Lalebuch› und den ‹Schildbürgern›: E. Jeep: H.F. v. Schönberg, der Verf. des Schildbürgerbuches und des Grillenvertreibers (1890). – K. v. Bahder (Hg.): Das Lalebuch (1597) mit den Abweichungen und Erweiterungen der Schiltbürger (1598) und des Grillenvertreibers (1603) (1914). – W. Hesse: Das Schicksal des Lalebuchs in der dt. Lit. (1929). – S. Ertz: Aufbau und Sinn des Lalebuchs (1965). – S. Ertz (Hg.): Das Lalebuch. Nach dem Druck v. 1597 mit den Abweichungen des Schiltbürgerbuches v. 1598 und zwölf Holzschnitten v. 1680 (1970, ²1982). – H.-G. Schmitz: *Consuetudo* und *simulatio*. Zur Thematik des Lalebuches, in: FS G. Cordes (1973) 160–176. – G. Schmitz (Hg.): Die Schiltbürger (1975). – W. Wunderlich (Hg.): Das Lalebuch. (1982) – P. Honegger: Die Schiltburgchronik und ihr Verf. J. Fischart (1982). – W. Wunderlich: ‹Schildbürgerstreiche›. Ber. zur Lalebuch- und Schiltbürgerforschung, in: DVjs 56 (1982) 641–685. – W. Röcke: «Tendenziöser Witz» und Infantilismus im komischen Roman des Spätma., insbes. im Lalebuch v. 1597, in: J. Kühnel u.a. (Hg.): Psychol. in der Mediävistik (1984) 301–318. – S. Ertz: Fischart und die Schiltburgerchronik (1989). – Zu den ‹Narren in Christo›: E. Benz: Heilige Narrheit, in: Kyrios 3 (1938) 1–55. – L. Kretzenbacher: Bayerische Barocklegenden um ‹Narren in Christo›. In: D. Harmening u.a. (Hg.): Volkskultur und Gesch. FS J. Dünninger (1970) 463–484. – L. Kretzenbacher: ‹Narren in Christo›. Steirische und bayerische Barockspiele. In: Zs. f. Bayerische Landesgesch. 47 (1984) 407–440. – J. Leonhardt-Aumüller: ‹Narren um Christ willen› (1993).

B.I. *Begriff des Narren.* Die N. setzt einen klaren Begriff von ‹Narrheit› voraus, der sich auf eine geistige Einstellung, nicht auf ein körperliches Gebrechen bezieht. Unterschieden wird prinzipiell ‹natürliche› Narrheit aufgrund körperlicher Gebrechen (Torheit, *stultitia*) von Narrheit aus Mangel an Einsicht und Weisheit (*insipientia*); nur die letztere kann Gegenstand der N. sein. Wo die Begriffe vermengt werden, wie bei ERASMUS VON ROTTERDAM (‹Laus stultitiae›, nach 1509), ist weniger an unscharfe Begrifflichkeit als an wirkungsorientierte Ironie und Satire zu denken, etwa in der Interpretation des fehlenden guten Willens als körperlicher Defekt. Entscheidend für das mittelalterliche Verständnis der Narrheit wird die Bibelstelle Ps 52, 1 (Vulgata, vgl. Ps 13, 1): «Dixit insipiens in corde suo: Non est Deus», die den «insipiens» zum Gottesleugner erklärt, weil er die Gebote Gottes aus Überzeugung («in corde suo») mißachte. Sie stützt sich schon auf eine ältere Tradition, wie sie in den alttestamentlichen Proverbien greifbar wird: «Wer die Ehe bricht, der ist ein Narr» (Sprüche 6, 32); «Wer verleumdet, der ist ein Narr» (Sprüche 10, 18): «Wer eitlen Dingen nachgeht, der ist ein Narr» (Sprüche 12, 11); «Narren treiben das Gespött mit der Sünde» (Sprüche 14, 9) usw. Seit dem 12. Jh. (St. Albans-Psalter) wird der *insipiens* in entsprechenden Psalter-Illustrationen als Widerpart Gottes gezeigt, sei es, daß er sich von Christus (Gott in der 2. Person) demonstrativ abwendet, sei es, daß er Attribute zuerkannt erhält, die seine «geistige Trägheit» (acedia, accidia) andeuten (die Ohren des Esels, den Kamm des Hahnes, die Schellen der Lieblosigkeit [nach 1 Kor 13]) usw. Zunehmend wird er auch positiven Gestalten, wie König David oder König Salomon, gegenübergestellt, die ihrerseits aus der Kontrastierung zu ihm die sichtbare Bewertung als ‹Weise›, mithin als Vertreter der eigentlich angestrebten Frömmigkeit (sapientia), erlangen. Das Hofnarrentum des 15. bis 17. Jh. bezieht seine Rechtfertigung wesentlich aus dem Wunsch der Herrscher, sich sichtbar auf die Seite der Weisheit zu stellen, dient also letztlich der göttlichen Legitimierung der jeweiligen Herrschaft. Erst wo die gewöhnliche Ordnung «aus den Fugen gerät», werden die Narren Weise, wie häufig in den Dramen W. SHAKESPEARES. Die negative Charakterisierung des Narren als eines Unweisen führt dazu, daß die Benennung eines Menschen als Narr scharf sanktioniert wird: «Wer [zu seinem Bruder] sagt: 'Du Narr', der ist des höllischen Feuers schuldig» (Mt 5, 22). Dennoch hat gerade in der Konfessionspolemik des 16. Jh. die abwertende Benennung der jeweiligen Gegner als ‹Narren› [= Gottesleugner] Konjunktur: Während z.B. TH MURNER in seiner satirischen Schrift ‹Von dem grossen Lutherischen Narren› (1522) spricht, gibt ihm die Gegenseite den sprechenden Namen «Murr-narr».

Als ‹Narrenfreiheit› wird das Recht bezeichnet, «unter der Maske des Narren» und damit gewissermaßen verfremdet auch unbequeme Wahrheiten auszusprechen, ohne dafür zur Rechenschaft gezogen zu werden (Sprichwort: «Kinder und Narren sagen die Wahrheit»). Institutionalisiert werden solche ‹Rügen› u.a. in eigenen ‹Narrengerichten› (z.B. ‹Grosselfinger Narrengericht›, ‹Hohes Grobgünstiges Narrengericht zu Stockach›), sofern sie nicht ihren Niederschlag in ‹Narrenbüchern› finden (Zell am Harmersbach, Rottweil). Rügende Narren werden auch als ‹Laberer› bezeichnet (z.B. beim Imster Schemenlauf), die Narren selber hin und wieder auf ein närrisches Hochgericht geführt und sogar demonstrativ hingerichtet (Fastnacht in Offenburg/Baden). Entsprechend der unterschiedlichen Gewichtung der einzelnen Sünden unterscheidet man auch «größere» und «kleinere» Narren bzw. solche von höherer oder geringerer Wertigkeit (vgl. Landshuter ‹Narren=Concours›, 1755). Häufig ist davon die Rede, daß Narren (statt durch eine den Blick schärfende Brille) «durch die Finger sehen», d.h. gegenüber einem an sich abzulehnenden Verhalten unerlaubte Nachsicht üben.

Literaturhinweise:
K.F. Flögel: Gesch. der Hofnarren (1789) – W. Mezger: Hofnarren im MA (1981). – K. Richter: Die Verwandlungen des Harlekin, in: Unter der Maske des Narren (1981) 195–201. – D. Langenfeld, I. Götz: ‹Nos stulti nudi sumus – Wir Narren sind nackt.› Die Entwicklung des Standard-Narrentyps und seiner Attribute nach Psalterillustrationen des 12. bis 15. Jh., in: W. Mezger u. D.-R. Moser (Hg.): Narren, Schellen u. Marotten. Elf Beitr. zur Narrenidee (1984) 37–96. – D.-R. Moser, S. Tegeler: Wenn die Welt aus den Fugen gerät, werden die Narren weise, in: Chr. Zangs, H. Holländer (Hg.): ‹Mit Glück und Verstand›. Zur Kunst- und Kulturgesch. der Brett- und Kartenspiele. 15. bis 17. Jh. (1994). – Erasmus von Rotterdam: Μωρίας ἐγκώμιον – Mōrías Enkōmion sive Laus Stultitiae. Das Lob der Torheit, Dt. Übers. v. A. Hartmann, eingel. und mit Anm. versehen v. W. Schmidt-Dengler (1995). – G. Petrat: Die letzten Narren und Zwerge bei Hofe (1998). – H.H. Mann: Der Narr, der durch die Finger sieht, in: Leitmotive. FS D.-R. Moser (1999) 389–401.

II. *Bilder des Narren.* In der Bildersprache des Mittelalters und der frühen Neuzeit dient der ‹Narr› – vor allem in seiner standardisierten Ausprägung mit Gugel (Eselsohrenkappe), Narrenschellen, Flecken oder Flicken, den (gemäß den Kleiderordnungen der deutschen Städte im Alltag verbotenen) Schnabelschuhen und entsprechender Attributen, vor allem dem Narrenkolben oder der Marotte, die das Gesicht ihres Trägers und damit den Menschen ohne Nächstenliebe (caritas) zeigt – der Darstellung von Gottlosigkeit. Diese Attribute, die Narrenmale, fungieren als rhetorische Indices, die gewissermaßen als Kürzel ‹Narrheit› anzeigen und deren Erscheinungsbild allein schon hinreicht, um einen Sachverhalt als ‹närrisch› und damit nicht nur als komisch, sondern auch als gottfeindlich zu charakterisieren. Häufige Beispiele sind Darstellungen des ‹Verlorenen Sohnes› bei den Huren (oder andere Liebes- oder Badeszenen), die selten ohne die bewertende Narrenfigur auskommen. Auch im Volksbrauch des Spätmittelalters und des Barocks mit seinen Nachbildungen bis zur Gegenwart, insbesondere im Fastnachts- und Karnevalsbrauch, erfüllt die Narrenfigur in all ihren verschiedenen Ausprägungen als ‹Standardnarr›, ‹Hanswurst› (Inbegriff des ‹fleischlich gesinnten›, also ‹Welt›-Menschen, seit der Rostocker Ausgabe des ‹Narrenschiffs› von BRANT, 1519), als ‹Harlekin› (von hellequin = Teufelchen; vgl. den ‹Arlecchino› der ital. Commedia dell'arte), Kasperle usw. traditionell keinen anderen Zweck, als die Gottferne einer bestimmten Handlung oder eines Erscheinungsbildes zu illustrieren. Umgekehrt kann danach gottwidriges Verhalten problemlos als Narrheit interpretiert werden, so daß etwa Adam und Eva nach dem Sündenfall ein prototypisches Bild der Narrheit abgeben, so auf dem Ambraser Narrenteller (mit Eva als ‹Narrenmutter›, vgl. schon um 1445 die Karnevalsgesellschaft der ‹Narrenmutter zu Dijon›) oder im Volksbrauch des Narrensamensäens (z.B. in Fridingen/Württ.), der seine unmittelbare Anregung einem Wort des Apostels PAULUS (1 Kor 15, 36) zu verdanken haben dürfte: «Du Narr, was du säst, wird nicht lebendig, wenn es nicht zuvor starb. Gesät wird ein sinnenhafter Leib, auferweckt aber ein geistiger Leib.» Die Frage, woher die Narren stammen, wird in der N. aber unterschiedlich beantwortet. Neben der ‹Narrensaat› gibt es die Vorstellung von der Geburt des Narren aus dem Ei, aber auch von seiner Herkunft aus dem ‹Narrenbrunnen›, dem negativ bewerteten Gegenbild zum ‹Brunnen des Lebens›.

Literaturhinweis:
E. Kimminich: Der Narrenbrunnen als Sündenquell, in: W. Mezger (Hg.): Narren, Schellen und Marotten (1984) 367–386.

III. *Zahlensymbolik.* Als rhetorisches Kürzel läßt sich auch die Narrenzahl Elf begreifen, die nach einer breiten, bis AUGUSTINUS zurückreichenden Tradition als Zeichen der Sünde verstanden wird, weil sie als erste Zehnzahl überschreitet («Undenarius numerus, primus transgreditur denarium, significans illos qui transgrediuntur decalogum mandatorum», PETRUS BONGUS). ‹Ayn hübscher Spruch von Aylff Narren. Wie ayner dem andern die warheyt sagt›, erschien in diesem Sinn 1530 als Einblattdruck zu Nürnberg bei ‹Hans Guldenmund / die narheyt kost in manigs pfundt›. Die karnevalistischen ‹Elferräte›, der Beginn närrischer Veranstaltungen am 11. Tag im 11. Monat (Martinstag, 11. November) oder um 11.11 Uhr, das Aufsagen von 11 Geboten im Mainzer Karneval und ähnliches schließen hier unmittelbar an.

Weitere ‹rhetorische Kürzel› bilden die in der N. immer wieder aufgegriffenen Sprachbilder und Darstellungen vom ‹Narrenschiff› (im Gegensatz zum ‹Kirchenschiff›) als ‹Zeichen› für die Gemeinschaft der Ungläubigen, vom ‹Narrenreich› und ‹Narrenland› (‹Narragonien›, ‹Lappland›; ‹Utopia› [bei J. BIDERMANN, 1604]; ‹Land Nirgendwo›, ‹Schlaraffenland›, tschechisch ‹lenordj› = Paradies der Faulen).

IV. *Narrheit und Tod.* Alle ‹Narrheit› (als Inbegriff der ‹Sünde›) führt gemäß der paulinischen Aussage, daß «Stipendium peccati MORS – Tod der Sünde Sold» sei (Röm 6, 23), letztlich zum Tode: «der narr / vnd vnwis man / vedyrbt / und müß syn husung han / Inn ewigkeit jn synem grab» (S. BRANT: ‹Das Narrenschiff›, Kap. 106). Aus dieser Auffassung erklärt sich, warum etwa im Fastnachtsbrauch zu den Narrentypen häufig die Allegorie des Todes tritt. Viele Narrenmasken sind mit Totenmasken z. T. hybride Verbindungen eingegangen. Das ‹Dotegfriß› der Elzacher ‹Schuddige› beispielsweise verbindet eine stilisierte Narrenkappe mit einem Totenschädel. Im südamerikanischen Karneval (z.B. von Trinidad) werden die Narrengewänder häufig mit Totenköpfen verziert. Schon 1511 zieht beim Florentiner Narrenfest ein Triumphwagen des Todes mit Totengerippen und einer ‹Canzona de' morti› mit. Die entsprechenden Bilder dienen also auch hier rhetorisch pointiert einer ‹abgekürzten Redeweise› für die Darlegung des ‹memento mori›. In einer bedeutsamen Dialektik wird aber auch im Spätmittelalter der Gedanke, daß alle Narrheit zum Tode führe, in der Weise verändert, daß der Tod selbst als ‹Narrheit› erscheint, nämlich als der Tod im Gewande des Narren (HANS SEBALD BEHAM, 1540/41; HANS HOLBEIN, 1558). Nach christlicher Grundauffassung bedeutet der Tod für den gläubigen Menschen insofern eine Narrheit, als ihm die Perspektive eines christlichen Lebens ‹über den Tod hinaus›, also das ewige Leben, verheißen worden ist.

Literaturhinweis:
Th. Schwarz: Canzona della morte. Der Todestriumphzug Piero di Cosimos und seine Parallelen im ital. Karneval des 16. Jh., in: Freiburger Universitätsblätter 90 (1985) 93–99.

V. *Narrheit als literarisches Thema.* Die N. beruht auf der didaktisch motivierten Verbindung antiker und mittelalterlicher Vorstellungen vom Narrentum, wie sie in den über 80 biblischen Aussagen über den Narren, vor allem in den Proverbien, zum Ausdruck kommen, mit der augustinischen Geschichtsauffassung, die das Wesen der ‹civitas diaboli› (im Gegensatz zur ‹civitas Dei›) an der Gottlosigkeit der Bewohner des ‹Weltstaates› erkennen will. Den entscheidenden Schritt zur Verbindung beider Vorstellungen geht BRANT, der 1489 in Basel eine Neuausgabe des Buches ‹De civitate Dei› von AUGUSTINUS veranstaltet und versucht, offenbar durch sie angeregt, fünf Jahre später an derselben Stelle, nämlich 1494, «zuo Basel / vff die vasenaht, / die man der Narren kirchwich nennet», mit seinem ‹Narrenschiff› die ganze ‹verkehrte Welt› in einer Art Narrenbilderbogen aufzuzeigen, der mehr als 110 Narrentypen umfaßt. Daß die schon älteren Narrenbilderbogen (wohl aus der Werkstatt des LUDWIG MALER in Ulm) mit ihrer Charakterisierung «Der ist ein Narr, der [...] [z.B.] das ewig Leben vergibt», «in Stolz und Übermut lebt», auf Brant eingewirkt haben, gilt als wahrscheinlich. Brants entscheidende Verbindung von Narrenvorstellung und ‹verkehrter Welt› im Sinne des heiligen Augustinus wird nicht nur durch den Umstand bestätigt, daß er dem ‹Narrenschiff› von 1494 unmittelbar darauf (1495) ein Buch über die Jerusalem-Gemeinschaft folgen läßt (‹De origine [...] Hierosolymae›; dt. Straßburg 1518: ‹Von dem anfang vnd Wesen der hailigen Statt Jerusalem›], sondern ergibt sich auch aus der Tatsache, daß sein Straßburger Ausleger GEILER VON KAYSERSBERG, unter unmittelbarer Anknüpfung an Augustins ‹De civitate Dei›, 1498 zwei Predigtzyklen über das ‹Narrenschiff› und das ‹Schiff der Penitentz› herausgibt, die das Modell aufgreifen und liturgisch auswerten. Die einzelnen Sünden und Laster werden dabei als «Schellen» ausgegeben. Grundsätzlich gilt, daß alle Narrheiten auf berechtigten Anliegen und Verhaltensweisen des Menschen beruhen, die nur dadurch zum Gegenstand der Kritik werden, daß man sie absolut setzt. Der ‹Büchernarr›, der ‹Baunarr›, der ‹Geldnarr›, der ‹Modenarr›, der ‹Tabaknarr›, der ‹Weibernarr› oder der ‹Liebesnarr› usw. stellen Sinnbilder für Menschen dar, die sich nur für ihre Bücher, nur das Bauen, das Geld, die Mode, den Tabak, die Frauen oder die Liebe usw. interessieren und die damit ‹vernünftige› Maßstäbe, nämlich eine angemessene Einschätzung der Dinge dieser Welt, vermissen lassen. Als auch für die rhetorische Wirkungsintention tauglicher Bezugsrahmen dient dabei die christliche Lebensordnung samt allen ihren Einstellungen und Hierarchien, so daß alles, was diese Ordnung überschreitet, als Narrheit interpretiert werden kann. Dieser Umstand erklärt, warum traditionsgemäß zu den Narren ebenso Heiden, Juden, Chinesen, Türken oder Zigeuner gezählt werden wie alle möglichen (mehr oder minder als historisch angesehenen) Figuren, die sich durch unzulässige ‹curiositas› außerhalb der geltenden Norm gestellt haben, z.B. Momus, Argus, Diogenes, Faust oder Papageno. Als besonders närrisch gilt, wer die männliche Vorherrschaft über die Frau außer Kraft setzt oder sich selbst weibisch gebärdet. Der ‹Siemann› (oder ‹Herr Über=Sie›; Gegensatz: ‹Erwei[b]›) wird auf Bilderbogen gelegentlich als Narr (mit Eselsohren, Hahnenkamm und Schellen) gezeigt, der auf einem Nest voller Eier sitzt und brütet. Gemäß der christlichen Grundauffassung, daß kein Mensch ohne ein besonderes Privileg Gottes von Sünden frei sei, kann der anonyme Autor des gedruckten Programms für eine allegorische Fastnachtsschlittenfahrt der Landshuter Theologiestudenten 1755, die – im direkten Gefolge des ‹Centifolium Stultorum› von 1709 – verbreitete Narrentypen vorstellt, einen Vorreiter auftreten lassen, der den 50 ihm nachfolgenden Narren-Typen eine Standarte mit der Aufschrift vorantrug: «Ein Narren=Stell ist leer / Wer sie will / komm her.» Jeder sollte also nach dem Motto ‹nosce te ipsum› seine eigene Narrheit erkennen. Die mit den einzelnen Narrentypen verbundenen bildlichen oder szenischen Veranschaulichungen ihres Wesens dienen im Sinne der Rhetorik als ‹argumenta› oder ‹Beweise› im Dienst der persuasiven Absichten des Autors. Im übrigen bietet das vielzitierte Wort SALOMOS: «Infinitus est numerus stultorum – die Zahl der Narren ist unendlich» (Ecclesiastes [= Kohelet] 1, 15) Gelegenheit zur Beschreibung aller überhaupt denkbaren Arten des Fehlverhaltens unter dem Bild der Narrheit.

Literaturhinweise:
Anon.: ‹Narren=Concours / Da eine Importante CHARGE Vacierend geworden / In einer Faßnacht=Schlittenfahrt Vorgestellt Von denen Herrn Studenten / zu Landshut› [J.D. Schallnkammer] (Landshut 1755) [Ex.: München, Bayerische

Staatsbibl.]. – ‹Auszug der größten Weltnarren in einer Schlittenfahrt [...] in Freysing› [S. Mößmer] (Freising 1773) [Ex.: München, Bayerische Staatsbibl.]. – D.-R. Moser: Schwänke um Pantoffelhelden oder Die Suche nach dem Herrn im Haus, in: Fabula. Zs. f. Erzählforsch. 13 (1972) 205–292. – D.-R. Moser: Maskeraden auf Schlitten. Faschingsschlittenfahrten im Zeitalter der Aufklärung (1988). – D.-R. Moser: S. Brant und Augustinus von Hippo. In: Lit. in Bayern 50 (1997) 1–8.

C. *Geschichte der Narrenliteratur.* Eine Geschichte der N. zu schreiben, stößt auf das Problem der Gattungsbegrenzung, da hier Werke unterschiedlicher Gattung in Rechnung gestellt werden müssen. Ihre älteste Schicht bilden die *Streitspiele*, in denen das falsche (‹närrische›) Verhalten dem richtigen (‹vernünftigen›) gegenübergestellt und im Sinne der Rhetorik zwischen gleichberechtigten Partnern argumentativ und im Wortsinn ausgefochten wird. Als einflußreich erwies sich hier die ‹Pelea que ovo Don Carnal con la Quaresma› aus dem 1330 entstandenen ‹Libro de Buon amor› des JUAN RUIZ, ARCIPRESTE DE HITA. Hier tritt der ‹Carnal› mit einem närrischen Heer bewaffneter Kapaune, Hennen, Enten, Gänse usw. auf, die von den entsprechenden Kampftruppen der ‹Quaresma› besiegt und überwunden werden. Die Schilderung der Narrenwelt wird dabei unmittelbar von den liturgischen Zeiten der Fastnacht und der Fastenzeit abgeleitet, das theologisch begründete ‹Narrenreich› also zum Muster weiterführender Literatur genommen. Ihr voraus geht schon am Ende des 13. Jh. die ähnlich gestaltete ‹Bataille de Caresme et de Charnage› [1], und ihr folgen bis zum 16. Jh. zahlreiche Nachbildungen in teils wirklich aufgeführten, teils literarisch nachempfundenen Streitspielen, die jeweils die Narrenwelt mit ihren Identifikationsfiguren (z.B. Bacchus als Inkarnation der ‹Bacchanalien› oder – volksetymologisch – ‹Faßnacht›) einläßlich beschreiben (vgl. P. Brueghels d. Ä.. Gemälde vom ‹Kampf zwischen Fastnacht und Fastenzeit› im Kunsthistorischen Museum, Wien, mit zahlreichen Parallelen). In Spanien und Italien lassen sich Aufführungen derartiger Streitspiele bis in die Mitte des 13. Jh. zurückverfolgen. Die stark mit rhetorischen Stilmitteln arbeitende Rede ‹De Quadragesima ad Carnisprivium› des Bologneser Rhetoriklehrers GUIDO FABA (1242/46) «läßt an einzelnen Erwähnungen erkennen, daß sich der Autor an Motiven tatsächlich ausgeübter Brauchhandlungen orientiert zu haben scheint» (Kimminich). [2] Besonders vom 15. bis zum 17. Jh. finden solche allegorischen Kampfspiele allgemeine Verbreitung (HANS ROSENPLÜT [?]: ‹Das spyl von der Vasnacht und Vaßten recht, vonn sullczen und broten›, Nürnberg, vermutlich nach 1445; ‹Rappresentazione et Festa di Carnasciale e della Quaresima›, Florenz [?] 1568; usw.). Ihnen schließen sich närrische Prozeßspiele (‹processi di Carnevale›) an, in denen der Karneval zum Untergang verurteilt wird (Paris 1603; u.ö.; Nachbildung noch in Mailand: Il famoso processo del Carnevale›. 1802), und sogar Testamentspiele, bei denen der Karneval vor seiner Hinrichtung seine närrische Hinterlassenschaft bekanntgibt (Paris, JEHAN D'ABUNDANCE, 1540; ähnlich in den Abruzzen noch 1953).

Eine große Rolle in der N. spielen seit dem 15. Jh. die textierten und dramatischen, schon durch ihren Namen liturgisch (und damit thematisch) gebundenen Fastnachtspiele, in denen menschliche Narrheiten (bevorzugt in Arzt- und Gerichtsspielen) diagnostiziert und in spezifischen Personifikationen ans Licht gehoben werden. Beliebt sind dabei besonders die an sexuellen und skatologischen Anspielungen reichen Szenen mit ‹Liebesnarren› (auch ‹Geuchnarren›, von ‹Geuch› = Kukkuck, der seine Eier ins fremde Nest legt) und Schelmen (Betrüger, sittlich bedenkliche Charaktere; vgl. die alttschechische Schelmenzunft ‹Frantova Práva› mit dem ‹Franta› als skrupellosem Egoisten). Seit den späteren Fastnachtspielen von H. SACHS (nach 1536), die keine unmittelbare liturgische Anbindung und damit keinen Bezug zur traditionellen Lasterlehre mehr haben, wird das närrische Verhalten zunehmend als unspezifisches, gleichwohl stets vernunftwidriges Gebaren aufgefaßt und damit der Weg zum neuzeitlichen Lustspiel eröffnet. Daneben bleiben aber im neuzeitlichen katholischen Fastnachtspiel (wie in den obengenannten allegorischen Schlittenfahrten des 18. Jh.) bis zur Gegenwart die alten Lastervorstellungen und deren Allegorisierungen erhalten.

Nahe verwandt den Fastnachtspielen sind die etwa gleichzeitigen, allerdings uneinheitlichen und aus sehr verschiedenen Quellen gespeisten Schwänke und Facetier, in denen es häufig um Narren und närrisches Verhalten geht, vor allem soweit es sich um Schwänke über einzelne Personen (Till Eulenspiegel, die beiden Gonella, Neidhart, Hodscha Nasreddin usw.) handelt. Des Franziskaners JOHANNES PAULI beispielgebende Sammlung ‹Schimpf und Ernst› (1522) enthält mehr als zwei Dutzend Narrenschwänke.

Unstreitig zur Narrenliteratur zu rechnen ist auch des F. RABELAIS Roman ‹Gargantua›, an dessen Gestalt (und deren Umfeld) in vielen Einzelheiten die traditionelle Lasterlehre greifbar wird, etwa schon durch das Fortleben der Elf-Zahl in dem Umstand, daß dieser närrische Held «elf Monate im Mutterleib getragen» wurde (3. Hauptstück), also bereits durch dieses Faktum als Narr ausgewiesen ist. Auch die zahlreichen, das Werk kennzeichnenden skatologischen Schilderungen stehen in jener närrischen Tradition, der die spätmittelalterlichen Nürnberger Fastnachtspiele angehören, deren Obszönität einst der Germanist K. GOEDEKE beklagte: «Jeder Sprechende ein Schwein, jeder Spruch eine Roheit, jeder Witz eine Unflätterei».[3] Aber das Skatologische steht genau so im Dienst einer hinweisenden Rhetorik wie der von S. FRANCK (im ‹Weltbuoch›, 1534) beschriebene Brauch ‹katholischer Christen›, an Fastnacht Menschenkot auf Kissen umherzutragen und die Fliegen davon wegzujagen: «Wollte Gott, sy müßten jhm auch schneitzen vnd crecentzen».[4] Ähnlich berichten schon die ‹Epistolae Facultatis Parisiensis› von 1444, daß man «das gaffende Volk» bei den vom Narrenbischof geleiteten Fastnachtsumzügen «mit Kot beworfen» habe. In allen diesen Fällen geht es um eine Demonstration menschlicher Triebhaftigkeit, also um Narretei. Der ‹Gargantua› findet seine Übertragung, Ausdeutung und Fortsetzung bei J. FISCHART gen. Mentzer (1572, unter dem Titel ‹Affentheuerlich Naupengeheurliche Geschichtklitterung›, 1582, später als ‹Gargantua und Pantagruel›), dessen drastische Sprachorgien in einem karnevalesken Wirbel kumulieren. Die oft grob gezeichneten Figuren und Handlungszüge dieser Gattungen haben dem 15. und 16. Jh. den (mißverständlichen) Beinamen eines «grobianischen Zeitalters» eingetragen, der die lehrhafte Komponente des Aufzeigens abgelehnter und deshalb lächerlicher Verhaltensweisen vernachlässigt. Daneben bestehen Schriften (oft mit einläßlichen, das närrische Verhalten der Mitglieder determinierenden Statuten) zu den spätmittelalterlichen Sociétés joyeuses und Narrengesellschaften (‹Geckengesellschaft zu

Kleve›, ‹Narrenmutter zu Dijon›, ‹Gilde von der Blauen Schute› usw.).

Die N. im eigentlichen Sinn hat ihren festen historischen Bezugs- und Höhepunkt in S. BRANT und dessen ‹Narrenschiff› (1494) samt den diesem Werk folgenden Bearbeitungen, Auslegungen und Nachahmungen (GEILER VON KAYSERSBERG, JODOCUS BADIUS, THOMAS MURNER, ERASMUS VON ROTTERDAM, ABRAHAM A SANCTA CLARA usw.). Ihr Ende findet die N., von wenigen Nachzüglern (etwa F. WEDEKINDS ‹König Nicolo›, 1902; H. BÖLLS ‹Ansichten eines Clowns›, 1963) abgesehen, im vernunftbetonten 18. Jh., das mit der Aufklärung den überkommenen rhetorisch eingesetzten christlichen Bildvorstellungen, also auch dem Narren als Sinnbild des Gottesleugners, weithin den Abschied gibt. Nur in den brauchtragenden Gesellschaften leben die alten Vorstellungen und Bilder weiter fort, im rheinischen Karneval des 19. und 20. Jh. ebenso wie bei den jüngeren Narrengesellschaften (Dülkener ‹Narrenakademie›, seit etwa 1750; Mainzer ‹Narrhalla›, 1865ff.; Münchener ‹Allotria›, 1873ff., mit närrischen ‹Kneipzeitungen› von F. v. LENBACH, W. BUSCH u.a.) und Karnevalsvereinen, die häufig eigene Narrenzeitungen herausgeben. Eine charakteristische Form parodistischer N. schufen die Begründer und Fortsetzer der ‹Cäcilia Wolkenburg› in Köln (1874ff.) mit ihren ‹Divertissmentchen›, in denen Werke der Hochliteratur närrisch umgestaltet werden (‹Die Meistersinger in Köln›, ‹Die kölsche Galathee› usw.).

Anmerkungen:
1 S. Wagner: Der Kampf des Fastens gegen die Fastnacht (1986) 125 – 2 E. Kimminich: Des Teufels Werber (1986) 103. – 3 K. Goedecke: Grundriß zur Gesch. der dt. Dichtung Bd. I, 2 (1884) 325. – 4 S. Franck: Weltbuoch: spiegel vnd bildtniß des gantzen erdtboden (1533) fol. CXXXI r.

Literaturhinweise:
F. Spina: Die alttschechische Schelmenzunft ‹Frantova Práva›, (1903, ND 1975). – D. Wuttke (Hg.): Fastnachtspiele des 15. u. 16. Jh. (1973, ³1990). – E. Frenzel: Motive der Weltlit. (1973) 550–564: Der Weise Narr. – K. Rohr (Hg.): Hundert Jahre Cäcilia Wolkenburg 1874–1974 (1974). – H. Pleij: Het gilde van de Blauwe Schuit (Amsterdam 1979). – P. Grassinger: Münchener Feste und die ‹Allotria› (1990). – M. Siller (Hg.): Fastnachtspiel – Commedia dell'arte. Gemeinsamkeiten – Gegensätze (1992).

D.-R. Moser

→ Engagierte Literatur → Facetiae → Gebrauchsliteratur → Groteske → Humor → Ironie → Karikatur → Komik, das Komische → Lachen, das Lächerliche → Lustspiel, Komödie → Prodesse-delectare-Formel → Satire → Spott

Nationalsozialistische Rhetorik (engl. Nazi rhetoric)
A. Def. – B. I. Rhet. und Totalitarismus. – II. Hist. Abriß der N. – III. Rednerausbildung und Sprecherziehung im Nationalsozialismus. – IV. Praxis der Rhet.

A. Der Begriff der ‹N.› ist so problematisch wie folgenreich. Einerseits steht er für einen Sachverhalt, der nur selten als Rhetorik im klassischen Sinne der Rede und Gegenrede zu bezeichnen wäre und exakter mit den Begriffen der Agitation und Propaganda beschrieben würde. Andererseits hat die N. wie kein zweites Phänomen im 20. Jh. dazu beigetragen, die Rhetorik allgemein dem grundsätzlichen Verdacht des Manipulativen auszusetzen und sie deshalb als negativ abzulehnen. Erst allmählich dürfte sich dieser pejorative Charakter auflösen.

N. umfaßt als übergeordneter Begriff eine Fülle verschiedener Aspekte der politischen Beredsamkeit in der Zeit der nationalsozialistischen «Bewegung» und Herrschaft von 1919 bis 1945. Im engeren Sinne ist damit die mündliche und schriftliche Beredsamkeit dieser Zeit gemeint, wie sie sich etwa in Auftritten der politischen Elite, in Schriften zur nationalsozialistischen Ideologie und Politik, in Presseerzeugnissen und im Rundfunk äußert. Im weiteren Sinne bezieht sich N. ebenso auf Inszenierungsstrategien öffentlicher Veranstaltungen, auf Versuche der Lenkung und Steuerung von Sprache, Literatur, Film und Kunst sowie auf die rhetorische Ausbildung und Schulung der politischen Führer. Auch ist in einem mittelbaren Zusammenhang mit der N. die Rhetorik im Faschismus und Rechtsradikalismus des gesamten 20. Jh. zu berücksichtigen. Insbesondere der italienische Faschismus unter MUSSOLINI sowie rechtsradikale Strömungen und Parteien in Nachkriegszeit und Gegenwart nehmen dabei eine exponierte Stellung ein.

Wenn hier von politischer Beredsamkeit und Rhetorik im Nationalsozialismus die Rede ist, so bedarf dies einer Konkretisierung. Bereits seit Gründung der Nationalsozialistischen Deutschen Arbeiterpartei (NSDAP) 1920 und HITLERS programmatischer Schrift ‹Mein Kampf› (1925/26) stand außer Frage, welche Form die politische Beredsamkeit annehmen sollte: die der einseitigen, massiven, massen- und wirkungsbezogenen propagandistischen Indoktrination. «Die Propaganda an sich hat keine eigene grundsätzliche Methode. Sie hat nur ein Ziel; und zwar heißt dieses Ziel in der Politik immer: Eroberung der Masse. Jedes Mittel, das diesem Ziel dient, ist gut.» [1] Die Grenzen zwischen politischer Rede und Propaganda verwischen sich, indem die Rhetorik dienstbar gemacht und ganz in den Gewaltbereich der Propaganda gestellt wird. Ihr Wirkungsvermögen wird usurpiert zu dem einen Zweck des Beherrschens der Massen. Versteht man mit Schumann Propaganda als den «auf Dauer angelegten strategischen Gesamtvorgang politischer Werbung zwecks Stabilisierung oder Veränderung des Bewußtseins der Angesprochenen zugunsten interessengeleiteter Zielideen» [2], so ist im Nationalsozialismus die Rhetorik ihr vornehmstes Vehikel. Die deliberative Rede, wie sie der Parlamentarismus der Weimarer Verfassung kannte, verkommt mit der Machtergreifung 1933 zur pervertierten politischen Überredung. Aufgrund ihres Funktionswandels mag man Fuhrmann zustimmen, der lediglich von einer «sogenannten Rhetorik» [3] der modernen totalitären Staaten sprechen möchte; ähnlich intendiert bezeichnet dies Nill als «Rhetorik der Gegenaufklärung». [4]

Anmerkungen:
1 C. Hundhausen: Propaganda. Grundlagen, Prinzipien, Materialien, Quellen (1975) 188. – 2 H.-G. Schumann: Art. ‹Agitation›, in: HWRh Bd. 1, Sp. 258. – 3 M. Fuhrmann: Rhet. und öffentliche Rede (1983) 24. – 4 U. Nill: Sprache der Gegenaufklärung, in: Rhet. 16 (1997) 1–8.

B. I. *Rhetorik und Totalitarismus.* Von den charakteristischen Merkmalen der propagandistischen Rhetorik im Dritten Reich ist an erster Stelle ihre Wirkungsintention zu nennen, die unmittelbar mit der totalitären Staatsform und nationalsozialistischen Ideologie zusammenhängt und sich zwangsläufig aus ihnen ergibt. Fuhrmann gibt für die Rhetorik zwei wesentliche Funktionen an, die sie seit der Antike ausgezeichnet haben: «Sie war, ihrer ursprünglichen Bedeutung nach, Anleitung zu öffentlicher Rede; sie sollte, in einem abgeleiteten Sinne, einen möglichst hohen Standard bei jedwedem schriftlichem oder mündlichem Umgang mit der Sprache garantieren.»[1] Relevant ist hier zunächst die primäre Funktion der Rhetorik (für die abgeleitete Funktion siehe Teil B.I. und B. II.); denn diese «hatte freie Staatswesen zur Voraussetzung, in denen eine Vielzahl freier und gleichberechtigter Bürger an der politischen Willensbildung beteiligt war und in denen das dialogische Prinzip von Rede und Gegenrede der Vorbereitung möglichst sachgerechter Mehrheitsentscheidungen diente».[2] Totalitäre Staaten indes charakterisiert gerade das systematische Ausschließen dieser Voraussetzungen.[3] Sie lassen damit einer diskursiven Rhetorik im skizzierten Sinne, die substantiell von der Form der Herrschaftsausübung abhängig ist, keinen Raum. Entspricht dem Wesen der Demokratie die Diskussion[4], so kongruiert ihr politischer Antipode mit dem Befehl. Bildet sich dort der Gesamtwille aus zahllosen Einzelwillen, wird er hier von oben dekretiert und durchgesetzt.[5] Für das Parlament als Ort der öffentlichen politischen Rede und kollektiven Entscheidungsfindung hat dies weitgehend Machtlosigkeit zur Konsequenz.

Gleichwohl kommt der totalitäre Staat nicht ohne die öffentliche Rede aus; vielmehr ist er um des eigenen Legitimierens willen mehr auf diese angewiesen als jedes andere politische System. Denn «je stärker politische Macht auf physischer Gewaltanwendung beruht, desto größer wird der Zwang zur Rechtfertigung [...]. Herrschaft vor allem durch Gewaltanwendung macht Einfluß auf Sprache und Einsatz von Propaganda nicht überflüssig, sondern verlangt ihn in besonderem Maße».[6] Allerdings ändert sich dabei das Wesen der Rhetorik nachhaltig, und andere Aufgaben wachsen ihr zu.

An die Stelle des Herausbildens eines Konsenses in der öffentlichen Diskussion tritt als primäres Ziel das Popularisieren[7] einer vorgegebenen Ideologie oder einer bereits feststehenden Entscheidung in den Mittelpunkt. Dabei wird die politische Beredsamkeit im totalitären System «einseitig ausgeübt und hat lediglich den Zweck, problematische Herrschaftssysteme ideologisch zu sichern und politische Entscheidungen, die von der maßgeblichen Instanz bereits getroffen sind, auf mehr oder weniger redliche Weise vor der Öffentlichkeit zu rechtfertigen».[8] Während sich demokratische Staaten dadurch auszeichnen, daß sie das klassische rhetorische Prinzip der Gegenrede als Korrektiv des Subjektivismus verfassungsrechtlich festschreiben[9] und Verstöße dagegen sanktionieren, ist in totalitären Staaten das Gegenteil der Fall. Man versucht, die Meinung des anderen systematisch zu unterdrücken und zu verfolgen, wenn sie nicht der herrschenden Ideologie entspricht. Gerade das charakterisiert die Perversion der Rhetorik in der Diktatur. Will Ideologie als dogmatischer Gedankenkomplex ihren Geltungsanspruch nicht einbüßen und weiterhin fortbestehen, ist sie geradezu darauf angewiesen, keine alternativen Meinungen gelten zu lassen. «Sich unter dem Aspekt der Rhetorik zu verstehen heißt, sich des Handlungszwanges ebenso wie der Normentbehrung in einer endlichen Situation bewußt zu sein. Alles, was hier nicht Zwang ist, gerät zur Rhetorik, und Rhetorik impliziert den Verzicht auf Zwang»[10] – eben das gilt in einer ideologisierten Gesellschaft nicht. Die politische Elite allein generiert die Normen, die sie erzwingt deren Einhaltung. Dabei bestehen keine Zweifel, daß sie die Mittel der physischen Gewaltsamkeit oder deren Androhung den Möglichkeiten der persuasiven Rhetorik vorzieht. Selbst wenn man der Vorstellung von Sprache als subtiler Form des Zwangs, als «sanfter Herrschaft»[11] folgt, so ist auch sie lediglich zweite Wahl in der Sicherung der Herrschaft. «Je stärker die Legitimität oder die sie ersetzende Gewalt, um so geringer ist das Bedürfnis, die Macht durch Reden zu festigen.»[12] Dies führt mithin zu der eingangs formulierten Überlegung zurück, daß es sich bei der Rhetorik in einem totalitären System um nichts anderes als Propaganda mit dem Ziel des Legitimierens und Popularisierens der dominanten Ideologie handelt. Entsprechend ist in der N. die politische Beratung (genus deliberativum) vor allem von Elementen der epideiktischen Rede (genus demonstrativum) durchdrungen.[13]

In ihren Mitteln spricht die propagandistische Rhetorik ungleich stärker die Affekte der Zuhörenden denn ihre Rationalität an, wenn HITLER schreibt: «Wer die breite Masse gewinnen will, muß den Schlüssel kennen, der das Tor zu ihrem Herzen öffnet. Er heißt nicht Objektivität, also Schwäche, sondern Wille und Kraft.»[14] Die emotionalen Wirkungsmittel dienen dazu, vom Argument abzulenken und die Intellektualität durch die Emotion auszuschalten.[15] «Früher dienten die Kunstmittel des Vortrags: Klangfarbe, äußere Erscheinung des Redners, Besonderheiten der Tracht und Geste dazu, sein Argument und Gedachtes wirkungsvoller und akzeptabler zu machen. Heute dienen die sinnlichen Gegebenheiten des propagandistischen Redners dazu, vom Argument und der gedanklichen Auseinandersetzung abzulenken. Früher sollte die Sinnlichkeit zum Argument hinlenken: heute sollen sie sich an seine Stelle setzen. Man soll nicht das Argument, sondern den Redner und seine Sache akzeptieren.»[16] Intendiert wird nicht die intellektuelle Auseinandersetzung mit dem Vorgetragenen, sondern die emotionale Identifikation mit der Ideologie über die Person des Propagandisten. Legitim erscheint hierfür jedes rhetorische Mittel, wenngleich der Zuhörende letztlich um das Argument betrogen wird.[17] Cassirer kommt für diese folgenreiche Art des «mythischen Denkens» zu dem Schluß: «Im praktischen und sozialen Leben des Menschen [...] scheint die Niederlage des rationalen Denkens vollständig und unwiderruflich zu sein. Man glaubt, daß der moderne Mensch auf diesem Gebiet alles im Laufe seiner intellektuellen Entwicklung Gelernte vergißt. Man ermahnt ihn, auf die ersten und primitivsten Stufen menschlicher Kultur zurückzugehen. Hier bekennen rationales und wissenschaftliches Denken offen ihren Zusammenbruch; sie kapitulieren vor ihrem gefährlichsten Feind.»[18]

Ganz abgesehen von ihrem totalitären und inhumanen materialen Gehalt ist die Methode der propagandistischen Rhetorik ethisch-sittlich gleich in mehrfacher Hinsicht nicht zu rechtfertigen, und sie widerspricht damit dem Geiste der klassischen Rhetorik und ihren anthropologischen Prämissen. Sie spricht den Zuhörenden einseitig emotional-sinnlich an, reduziert ihn in seinen Erfahrungen auf irrationales Erleben und Reagieren und drückt so ihre Geringschätzung des anderen aus.[19] Von den drei aristotelischen rhetorisch-entechnischen Überzeugungsmitteln, die sich in ihrer Einheit von Rationalität, Sittlichkeit und Affektivität[20] ganzheitlich an den Menschen wenden, findet sich insbesondere der Appell an die Affekte der Angesprochenen. Dieser täuscht über eine nationalsozialistische Argumentation hinweg, die als depraviert zu bezeichnen ist. Folgt man dem Gedanken von Eggs, daß Argumentation durch «begründende Rede überzeugen, d.h. beim Hörer oder Publikum freiwillige Einstellungsänderungen bewirken will»[21], so ist diese im Nationalsozialismus gleich in mehrfacher Hinsicht als unzureichend und täuschend anzusehen, wie etwa eine Analyse der Rede von Goebbels im Berliner Sportpalast am 18. 2. 1943 aufzeigt. Die nationalsozialistische Argumentation folgt dabei gerne dem Trugschluß: A: Jemand, der die Interessen der Bevölkerung vertritt, sagt X; B: Hitler und die nationalsozialistische Bewegung sagen X; C: Conclusio: Hitler und die nationalsozialistische Bewegung vertreten die Interessen der Bevölkerung.[22] Plausibilität wird suggeriert, um Manipulation zu übertünchen.

Ebenso als unsittlich ist in dieser Art von Rhetorik die systematische Unterdrückung ideologiekritischer Stimmen anzusehen. Sie beraubt den einzelnen der Möglichkeit, sich eine Meinung über die Komplexität seiner Lebenswelt und Wirklichkeit zu bilden, und sie nimmt der Gesellschaft ihre Möglichkeit einer diskursiven politischen Ordnungsfindung. Hält man mit Voegelin fest, daß «eine auf Konsens der Bürgerschaft beruhende Regierung die Artikulation der einzelnen Bürger in solchem Ausmaß zur Voraussetzung hat, daß diese zu aktiven Teilhabern an der Repräsentation der Wahrheit durch Peitho, die Überredung, gemacht werden können»[23], so kann sich dort, wo der einzelne in seinem Artikulieren extrem reduziert wird, auch keine von Konsens getragene Herrschaft etablieren. Ohne die für ein Gemeinwesen konstitutive soziale «Selbstinterpretation»[24] durch den Diskurs aller Bürger sind politische Stabilität und Identität dauerhaft nicht zu erreichen.

Wenn eine «Verhaltensbeeinflussung zu fremdem Nutzen»[25] grundsätzlich als Manipulation qualifiziert werden kann, so ist die pervertierte Rhetorik des Nationalsozialismus eines ihrer exponiertesten Exempel. Rhetorik, die ohne ethische Grundlagen ohnehin leicht den Eindruck des Wissens um wirksame Techniken der Manipulation erweckt[26], wird hier in eindeutiger Absicht instrumentalisiert. Nationalgefühl und Hoffnungen auf eine bessere Zukunft werden genährt, um die Opferbereitschaft aller zu steigern.

Der Rigorismus, mit dem die Rhetorik in den Dienst der eigenen Interessen gestellt wird, gibt hinlänglich Auskunft über die Radikalität der Ideologie. Die praktizierten rhetorischen Strategien sind dabei selbst Ergebnis der eklektischen nationalsozialistischen Ideologie. Mit den Begriffen des zum Rassenwahn übersteigerten Nationalismus, der Uniformierung und Kontrolle aller gesellschaftlichen Kräfte, einer imperialistischen Außen- und Militärpolitik, einer auf Kriegswirtschaft hinzielenden Wirtschafts- und Arbeitsmarktpolitik und einer Politik des Terrors gegen Regimefeinde und Randgruppen sind ihre wesentlichen Elemente angesprochen.[27] Insbesondere die folgenreiche Ideologie des Rassismus läßt exemplarisch erkennen, was von der Rhetorik erwartet wurde: «Rasse und Masse»[28] als Gegenstand wie Adressat in ihren Mittelpunkt zu rücken. Kerngedanke ist ein rassentheoretischer Synkretismus, der ausgehend von GOBINEAUS[29] Vorstellung einer Überlegenheit der «arischen Rasse» und sozialdarwinistischen Selektionsprinzipien schließlich von CHAMBERLAIN[30] scheinbar wissenschaftlich als ein Herrschaftsanspruch des Germanentums interpretiert wird. «Rasse erscheint als Resultat von Zuchtprozessen innerhalb geographischer, sozial und politisch geschlossener Räume und kann so zum nationenstiftenden Faktor erklärt werden.»[31] Da nicht länger biologische Merkmale konstitutiv für die Rasse sind, sondern das «subjektive Gefühl der Zugehörigkeit und gesundes Volksempfinden»[32], inszenieren vor allem Hitler und der Nazi-Vordenker ROSENBERG[33] Rassismus als eine mystische Pseudoreligion. Sie erweist einem verklärten «arischen Mythos»[34] ihren Götzendienst, der im Rassenantisemitismus seinen Höhepunkt findet.[35] Durch propagandistische Strategien in öffentlichen Reden oder visuellen Medien wie Plakaten werden Vorurteile in der Gesellschaft geschürt und Feindbilder etabliert.[36] So wird das universale Judentum als Sündenbock namhaft gemacht und der Haß auf Juden künstlich gezüchtet und immer neu geschürt; jedes eigene Versagen wird abgewälzt und umgehend etikettiert.[37] Ebenso dienen die geweckten Ängste in der Bevölkerung der Legitimation der eigenen Herrschaft. Hitlers Minderwertigkeitsgefühle, die sich Zeit seines Lebens kaum veränderten, vergleicht man seine Reden und Schriften von den ersten Auftritten in München bis hin zum wenig bekannten ‹Politischen Testament› vom 29. April 1945, werden zum Alptraum einer Generation.

Mit Masse ist eine weitere wesentliche Dimension in der nationalsozialistischen Ideologie angesprochen. Was sie ist und wie sie zu beherrschen ist, legte LE BON dar, mit dessen sozialpsychologischem Werk sich Hitler und Goebbels immer wieder auseinandergesetzt haben. «Wenn die Massen geschickt beeinflußt werden», so Le Bon, «können sie heldenhaft und opferwillig sein. Sie sind es sogar in viel höherem Maße als der einzelne.»[38] Dieser Gedanke gehört zu einem der nationalsozialistischen Prinzipien im Beherrschen der Massen. Denn die Masse ist die maßgebliche Bezugsgröße der N.: Sie ist der Rezipient der Propaganda, und sie ist der Akteur, den es zu mobilisieren gilt. Allerorten finden sich in Reden und Schriften Hinweise auf die Bedeutung der Massen; so äußert etwa Hitler: «Führen heißt: Massen bewegen können.»[39] Oder: «An wen hat sich die Propaganda zu wenden? An die wissenschaftliche Intelligenz oder an die weniger gebildete Masse? Sie hat sich ewig nur an die Masse zu richten!»[40] Entsprechend der Vorstellung, daß nur aus der Masse heraus die nationalsozialistische Bewegung erfolgreich sein kann, wird die Masse selbst massengerecht inszeniert. Neben Massenorganisationen und ersten Massenmedien spielen Massenveranstaltungen wie die der Nürnberger Reichsparteitage (siehe Abb. 1) eine wichtige Rolle: Sie suggerieren in ihrer schieren Größe unbesiegbare Macht. Sie vermitteln dem einzelnen schon durch ihr Äußeres das Gefühl von Zusammengehörigkeit, strotzendem Vermögen und davon, Glied in einer endlosen Kette zu sein; zugleich nehmen sie ihm in seiner Anonymität ein Bewußtsein für die eigene Verantwortung. Bereits in ihrem Arrangement sind sie Ausdruck des einen rhetorischen Ziels des *movere*. Der substantiellen Bedeutung von ‹Masse› für den Nationalsozialismus kommt man näher, folgt man Canettis These: Die Armee (das ‹Heer›) stellt in ihrer nach dem französischen Krieg 1870/71 gebildeten Form für die Deutschen eine geschlossene Masse dar, auf die sie stolz waren und in der jeder diente. «Wer sich ausschloß, war kein Deutscher.»[41] Durch den Versailler Vertrag von 1919, in dem die allgemeine Wehrpflicht verboten und die Armee weitgehend reglementiert wurde, konnte der Nationalsozialismus überhaupt erst entstehen, so Canetti. Denn jede geschlossene Masse wie das Militär, «die gewaltsam aufgelöst wird, setzt sich um in eine offene, der sie alle ihre Kennzeichen mitteilt».[42] Unermüdlich und konsequent gebraucht Hitler dieses Schlagwort vom «Versailler Schandvertrag»,

Abb. 1: „Reichsparteitag der Freiheit" in Nürnberg 1935, photographiert von H. Sander (Copyright Bildarchiv Preußischer Kulturbesitz)

vom «Versailler Diktat», das den Deutschen ihr einstiges «preußisches Heer» genommen hat.

Daß Ideologien als ‹Weltbilder›, als erfahrungsverweigernde Konstrukte selbst einen rhetorischen Charakter haben, darauf hat Ijsseling im Rekurs auf Marx hingewiesen. Denn stets gilt es für eine Ideologie, etwas gegen reale oder gedachte Opponenten zu verteidigen: Rechte und Pflichten, materieller und geistiger Besitz, Territorien und Machtpositionen. Um die nötige Zustimmung zu erhalten und persuasiv zu wirken, muß die Ideologie entsprechend aufgebaut und strukturiert sein. Schließlich muß sie veröffentlicht und gelehrt werden. [43] Wie diese impliziten rhetorischen Strategien für alle Ideologien gelten, so insbesondere auch für den Nationalsozialismus.

Bergsdorf kommt zu dem Ergebnis, daß der Begriff der Propaganda – so muß die Rhetorik im Nationalsozialismus weitgehend verstanden werden – nicht treffend ist. «Denn die Feststellung Propaganda setzt die Fähigkeit voraus, eine propagandistische Behauptung von der Wirklichkeit unterscheiden zu können.» [44] Genau diese Fähigkeit aber wird in der NS-Diktatur beseitigt, und die zum Zwecke der Machtausübung manipulierte Sprache der Herrschenden wird zur Sprache der Beherrschten, wie auch Klemperer (s.u.) schildert. [45]

Anmerkungen:
1 M. Fuhrmann: Rhet. und öffentliche Rede (1983) 23. – 2 ebd. – 3 vgl. G. Rieger: Totalitarismus, in: D. Nohlen (Hg.): Lex. der Politik, Bd. 7: Polit. Begriffe (1998) 647ff. – 4 vgl. O. Nass: Staatsberedsamkeit (1980) 19. – 5 ebd. 19ff. – 6 W. Bergsdorf: Die Sprache der Diktatur und ihre Wörter, in: ders.: Wörter als Waffen (1979) 103. – 7 vgl. Ueding/Steinbrink 178. – 8 Fuhrmann [1] 24. – 9 vgl. W. Hoffmann-Riem, W. Schulz: Polit Kommunikation – Rechtswiss. Perspektiven, in: O. Jarren et al. (Hg.): Polit. Kommunikation in der demokrat. Ges. (1998) 154–172. – 10 H. Blumenberg: Anthropologische Annäherung an die Aktualität der Rhet., in: ders.: Wirklichkeiten in denen wir leben (1993) 113. – 11 J. Habermas: Technik und Wiss. als Ideologie (1968) 98. – 12 Nass [4] 28. – 13 vgl. Ueding/Steinbrink 178; G. Mainberger: Rhetorica I, Reden mit Vernunft (1987) 218. – 14 A. Hitler: Mein Kampf (1934) 371. – 15 vgl. Ueding/Steinbrink 178. – 16 H. Mayer: Rhet. und Propaganda, in: Zur dt. Lit. der Zeit (1967) 107. – 17 vgl. Ueding/Steinbrink 179. – 18 E. Cassirer: Der Mythus des Staates (1988) 8. – 19 vgl. Fuhrmann [1] 24; E. Straßner: Ideologie, Sprache, Politik (1987) 167f. – 20 vgl. M.H. Wörner: Das Ethische in der Rhet. des Aristoteles (1990) 96. – 21 E. Eggs: Art. ‹Argumentation›, in: HWRh Bd. 1, 914. – 22 vgl. U. Ulorska: Suggestion der Glaubwürdigkeit (1990) 290. – 23 E. Voegelin: Die Neue Wiss. der Politik (1991) 114. – 24 ebd. 52; vgl. Th. Stammen: «Zeitkritische Ordnungsreflexion» als Aufgabe des Intellektuellen. Ausarbeitung einer normativen Position, in: Polit. Stud. 39 (1988) 32–42. – 25 R. Lay: Manipulation durch Sprache (1977) 17. – 26 vgl. Ueding/Steinbrink 190. – 27 vgl. G. Rieger: Nationalsozialismus, in: D. Nohlen (Hg.): Lex. der Politik, Bd. 7: Polit. Begriffe (1998) 411f.; W. Benz u.a. (Hg.): Enzyklop. des Nationalsozialismus (1997); Straßner [19] 167ff. – 28 F. Roedemeyer: Die Sprache des Redners (1940) 155. – 29 vgl. J.A. Gobineau: Versuch über die Ungleichheit der Menschenrassen, 4 Bde. (1898–1901). – 30 vgl. H.S. Chamberlain: Die Grundlagen des 19. Jh. (1899). – 31 G. Rieger: Rassismus, in: D. Nohlen (Hg.): Lex. der Politik, Bd. 1: Polit. Theorien (1995) 501. – 32 ebd. – 33 vgl. A. Rosenberg: Der Mythus des 20. Jh. Eine Wertung der seelisch-geistigen Gestaltenkämpfe unserer Zeit (1930). – 34 L. Poliakov: Der arische Mythos. Zu den Quellen von Rassismus und Nationalismus (1993). – 35 vgl. Rieger [31]. – 36 vgl. S. Keen: Gesichter des Bösen. Über die Entstehung unserer Feindbilder (1993). – 37 vgl. J. Rudin: Fanatismus. Eine psychol. Analyse (1965) 128ff. – 38 G. Le Bon: Psychologie der Massen (1982) 31. – 39 Hitler [14] 650. – 40 ebd. 196. – 41 E. Canetti: Masse und Macht (1989) 198. – 42 ebd. 199. – 43 vgl. S. Ijsseling: Rhet. und Philos. (1988) 136ff. – 44 Bergsdorf [6] 111. – 45 vgl. ebd. 111; anders J. Bohse: Kriegsbegeisterung und ohnmächtiger Friedenswille. Meinungslenkung und Propaganda im Nationalsozialismus (1988).

II. *Historischer Abriß der N.* «Hitlers Geschichte ist die Geschichte seiner Unterschätzung.» [1] Diese Wendung gilt in gleicher Weise für die Geschichte des Nationalsozialismus überhaupt. Obgleich HITLER in seiner programmatischen Schrift ‹Mein Kampf› bereits alle wesentlichen Ziele seiner Politik dargelegt hat, herrscht 1933 in bürgerlichen Kreisen immer noch der Glaube vor, der neue Reichskanzler Hitler könne gezähmt werden. [2] Dies ist eine verhängnisvolle Illusion gewesen. Mag man auch – wie etwa Heuss noch 1932 – ein festgefügtes nationalsozialistisches Programm vermissen, so ist seit Gründung der NSDAP und spätestens durch die Veröffentlichung von ‹Mein Kampf› wenigstens eines offensichtlich: Hitler weiß genau um die Wichtigkeit von Massenbeeinflussung, Agitationsreden und die Inszenierung von Politik; sein Kapitel über Kriegspropaganda gilt als ein «Meisterstück psychologischer Erkenntnis». [3]

Die verschiedenen Stadien der N. und ihre Professionalisierung lassen sich für den Zeitraum der nationalsozialistischen Bewegung von 1919 bis 1945 deutlich nachzeichnen. Vom ersten Formieren über die Phase der Machtergreifung und der anschließenden Stabilisierung ordnet sich die N. in Reden und Schriften je den aktuellen Erfordernissen des Erlangens und Sicherns der Herrschaft unter. Als erste Topoi in dem Bemühen, eine Massenbasis zu schaffen, können die Dolchstoßlegende des gescheiterten Heerführers Ludendorff und der nur unter Protest angenommene Versailler Vertrag gelten. Die Niederlage agitatorisch umzudeuten und die Konsequenzen abzulehnen, dies ist ein wesentliches Thema der ersten Reden Hitlers, die er als Propagandist der NSDAP hält; noch im Gründungsjahr 1919 tritt Hitler der späteren NSDAP bei, deren Vorsitzender er von 1921 an ist (damit einher geht der rasche Wandel von einer ursprünglich demokratischen Parteistruktur in eine Parteidiktatur durch Hitler[4]). Ausgehend von der Dolchstoßlegende formuliert er seine Theorie einer Propaganda, die den Erfordernissen der Massenbeeinflussung besser genügen soll; der versteckte Bezug zu seiner eigenen Redebegabung ist nicht zu übersehen: «Die Macht aber, die die großen historischen Lawinen religiöser und politischer Art ins Rollen brachte, war seit urewig nur die Zauberkraft des gesprochenen Wortes. [...] Völkerschicksale vermag nur ein Sturm von heißer Leidenschaft zu wenden, Leidenschaft erwecken aber kann nur, wer sie selbst im Innern trägt.»[5] Um die Begeisterung der Massen für «die Bewegung»[6] zu wecken, wie sich die NSDAP in Abgrenzung zu den anderen Parteien nennt, bedienen sich die politisch Führenden aller brauchbaren Stilmittel und Agitationsformen. 1920 führt Hitler das Hakenkreuz als offizielles Symbol der nationalsozialistischen Herrschaft, als «Mission des Kampfes für den Sieg des arischen Menschen»[7] ein, und er entwirft eine entsprechende Fahne, die 1935 zur alleinigen Nationalflagge bestimmt wird; der damit später betriebene Fahnenkult bedient sich zahlreicher Elemente des militärischen und kirchlichen Zeremoniells. Weitere häufige Momente der nationalsozialistischen Propaganda zu Beginn der 20er Jahre sind ihre Agitationen durch Flugblätter und das Parteiorgan ‹Völkischer Beobachter›, Kampflieder und der seit 1921 zum Teil schon uniformiert auftretende Saalschutz, die spätere Sturmabteilung (SA); durch ihre militärische Disziplin, Gruß- und Melderituale, Marschblöcke und Musikzüge sowie durch Gewaltandrohung und -anwendung verstärkt diese braune Formation das Beeindruckungspotential der Propaganda.[8] In dieser Anfangsphase der NSDAP, in der sie lediglich eine unter mehreren kleinen radikalen Parteien ist, geht es ihr zunächst darum, überhaupt auf sich aufmerksam zu machen und ihre Mitgliederbasis zu erweitern. An diesem Ziel des Formierens orientiert sich wesentlich ihre aggressive politische Propaganda, die aus der Not und dem Elend der deutschen Bevölkerung Kapital zu schlagen vermag. Erfolgreich, zählt die Partei im Januar 1923 doch bereits 20000 Mitglieder.

Unter Führung MUSSOLINIS ist die faschistische Bewegung Italiens zur gleichen Zeit als Massenbewegung wie politische Macht wesentlich stärker etabliert. Im Herbst 1922 wird der ehemalige Sozialist Mussolini (‹duce›), der 1919 die ‹fasci di combattimento› (Kampfbünde) gründete, zum Ministerpräsidenten ernannt. Vorausgegangen sind dem Erfolg des Demagogen Hetzreden gegen Parlamentarismus, Sozialismus und soziales Elend im Nachkriegsitalien, vereint mit dem Evozieren von Ängsten, brutalen Methoden der Einschüchterung und Verfolgung politischer Gegner. Stets ist er dabei mehr an der Wirkung seiner Reden denn an der Darlegung politischer Ideen interessiert («ich bin reaktionär und revolutionär je nach den Umständen»[9]). Hierzu paßt sein Wandel vom Sozialisten zum Faschisten: Vermochte es die arbeitende Schicht nicht, ihn an die Macht zu führen, so eben deren Feinde.[10] Mögen sich faschistische und nationalsozialistische Bewegung in Aufstieg, Programmatik und Propagandamethoden auch ähneln – aufgrund ihrer unterschiedlichen Herrschaftspraxis kann allenfalls von entwicklungsgeschichtlichen Gemeinsamkeiten gesprochen werden.[11] Gleichwohl entsteht Hitlers Regime unter dem Eindruck der Führerdiktatur Italiens. So ist Mussolinis ‹Marsch auf Rom› für Hitler Vorbild, als dieser 1923 die ‹nationale Bewegung› ausruft und in München die Reichsregierung und die bayerische Regierung für abgesetzt erklärt. Daß der Putsch kläglich scheitert, Hitler verhaftet und die NSDAP vorübergehend verboten wird, hindert den «Trommler» (Hitler über Hitler) nicht daran, später alljährlich einen mythisch überhöhten Marsch zur Münchner Feldherrnhalle im Gedenken an die «Gefallenen der Bewegung» zu inszenieren.

Zu einer Professionalisierung der N. in der ‹Kampfzeit› zwischen 1919/20 und 1933 kommt es, als GOEBBELS von 1926 an den Berliner Gau leitet. Der promovierte Germanist, der eine neue Phase in der Propaganda einleitet, die sich schließlich vornehmlich auf die Machtergreifung konzentriert, erweist sich in den folgenden Jahren als Experte der Propaganda und Volksverhetzung. «Sprache und Intonation, Mimik und Gestik waren in seinen Reden so aufeinander abgestimmt, daß er mit seiner Agitationskunst die Massen immer wieder in seinen Bann zog».[12] Hitler bedingungslos ergeben, führt Goebbels die NSDAP – wiederum gestützt auf die SA – durch eine so skrupellose wie erfolgreiche «Angriffspropaganda»[13] mit zu Wahlerfolg und Macht. 1930 ernennt ihn Hitler zum Reichspropagandaleiter, 1933 verschafft er ihm als Reichsminister für Volksaufklärung und Propaganda ein machtvoll ausgestattetes Ministerium. In den Jahren bis 1933 konzentriert sich Goebbels' Arbeit insbesondere auf die innerparteiliche Propaganda; er vereinheitlicht (Wahl-)Plakate und Veranstaltungen der Partei, entwirft zentrale Agitationshilfen und versucht die unterste Organisationsebene der Partei anzusprechen und einzubinden. Denn die Masse der Parteimitglieder ist es, die in den «Hib-Aktionen» («Hinein in die Betriebe!») und durch «Mund-zu-Mund-Propaganda» unzufriedene Arbeitskollegen und Nachbarn für die nationalsozialistische Idee begeistern soll.[14] Gegenstand der Reden der nationalsozialistischen Elite zu dieser Zeit sind immer wieder Angriffe auf die politischen Gegner innerhalb Deutschlands, namentlich auf den Marxismus in Gestalt der SPD.[15] Es ist die Zeit des Wahlkampfs, und wenngleich die NSDAP innerlich längst nicht so geschlossen und eins ist, wie es den Anschein hat, so ist es doch die Intention ihrer exponierten Redner, Hitler und die Partei durch Wahlen an die Macht zu führen. Ob die nationalsozialistische Propaganda der ‹Kampfzeit› allerdings tatsächlich so effizient ist, wie in der Literatur immer wieder behauptet und angenommen wird, und ob die Annahme nicht selbst als ein spätes Resultat der NS-Propaganda zu sehen ist, ist mehrfach angezweifelt worden.[16]

In eine dritte Phase der Stabilisierung der Herrschaft tritt die N. nach der zur «Machtergreifung» verklärten Benennung Hitlers zum Reichskanzler 1933 ein. Von Goebbels ist 1934 zu vernehmen: «Propaganda war unsere schärfste Waffe bei der Eroberung des Staates. Sie bleibt unsere schärfste Waffe bei der Behauptung und beim Aufbau des Staates.»[17] Während nach 1933 unter anderem durch Säuberungswellen unter Politikern, Beamten, Professoren und Journalisten, durch Reglementierung von Literatur und Kunst und durch Inanspruchnahme des Rundfunks die Voraussetzungen im Staatsinneren für eine weitere eindimensionale Indoktrination geschaffen werden, wird Hitler noch stärker als ‹Führer›, ‹Erlöser› und ‹Erneuerer› präsentiert. Statt auf Staatsgewalt stützt sich sein Regime auf die Führergewalt eines «charismatischen Herrschers».[18] Dieser pseudoreligiöse Führerkult, an dessen Inszenierung Goebbels' Propagandaministerium nicht unwesentlich beteiligt ist, wird zum zentralen Moment der nationalsozialistischen Ideologie im Dritten Reich. Auch was wenige Jahre zuvor im Hinblick auf den Ausbau der Wähler- und Parteibasis nicht mehr direkt angesprochen worden ist, wird nun wieder unverhohlen gepredigt: ein rassistisch motivierter Antisemitismus. Der Boykott jüdischer Geschäfte, Ärzte und Anwälte am 1. April 1933 ist das Startsignal für die organisierte Verfolgung der Juden.

Nachdem die politische Macht gewaltsam gesichert ist, konzentriert sich die N. im Inneren auf die Legitimierung dieser Gewalt gegen politische Feinde und die Akzeptanz der NSDAP in Kreisen der noch weithin skeptischen Arbeiterschaft sowie deren Integration (etwa anläßlich des «Tages der nationalen Arbeit» am 1. Mai)[19]; nach außen orientiert widmet sich die Agitation zunehmend der angestrebten neuen Stellung des Dritten Reiches in der Welt: kontinentale Hegemonie, «Lebensraum im Osten», Vernichtung der selbst erfundenen «marxistisch-jüdischen Weltverschwörung» lauten hier die Schlagworte.[20] Von 1936 an, als in einem geheimen Vierjahresplan die Vorbereitung von Wehrmacht und Wirtschaft auf einen möglichen Krieg angeordnet wird, und spätestens ab 1939 werden Kriegsbereitschaft und Mobilmachung des Volkes das zentrale Thema der N. An dieser Kriegspropaganda wirken von der Hitlerjugend bis zum Reichsarbeitsdienst zahlreiche nationalsozialistische Organisationen mit.[21]

Anmerkungen:
1 V. Valentin: Gesch. der Deutschen (1947) S.685. – 2 vgl. U. Höver: J. Goebbels. Ein nationaler Sozialist (1992) 13. – 3 W. Ranke: Propaganda, in: W. Benz u.a. (Hg.): Enzyklop. des Nationalsozialismus (1997) 34. – 4 vgl. K. Lange: Hitlers unbeachtete Maximen (1968) 14; K. Pätzold, M. Weissbecker: Gesch. der NSDAP (1997); M. Broszat: Die Machtergreifung. Der Aufstieg der NSDAP und die Zerstörung der Weimarer Republik (1984). – 5 A. Hitler: Mein Kampf (1934) 116. – 6 C. Berning: Die Sprache des Nationalsozialismus, in: Zs. für dt. Wortforsch., Bd. 16 (1960) 88. – 7 Hitler [5] 557. – 8 vgl. Ranke [3] 35. – 9 Mussolini, zit. R.A.C. Parker: Das Zwanzigste Jh. I, Europa 1918–1945, in: Fischer Weltgesch., Bd. 24 (1996) 137. – 10 vgl. Parker [9] 136f. und D.M. Smith: Mussolini. Eine Biogr. (1983) 66. – 11 vgl. K. Krieger: Faschismus, in: Benz [3] 453ff.; Parker [9] 135ff.; Smith [10]. – 12 A. Schor: Erziehung, Propaganda und Kunst in der Hand der NSDAP, in: J. Hampel (Hg.): Der Nationalsozialismus, Bd. 1 (1994) 124. – 13 Ranke [3] 38. – 14 ebd. 39. – 15 ebd. 113. – 16 vgl. etwa G. Paul: Aufstand der Bilder. Die NS-Propaganda vor 1933 (1990); Ranke [3] 46ff. – 17 J. Goebbels, zit. W.A. Boelcke: Kriegspropaganda 1939–1941 (1966) 18. – 18 M. Weber: Politik als Beruf, in: ders.: Ges. polit. Schr. (1988) 507. – 19 vgl. Ranke [3] 42f. – 20 ebd. 41. – 21 ebd. 45f.

III. *Rednerausbildung und Sprecherziehung im Nationalsozialismus.* Für die Wahlerfolge der Partei Anfang der 30er Jahre und ihren weiteren Mitgliederzulauf ist auch die ‹Rednerschule der NSDAP› mitverantwortlich. Ihre Gründung ergibt sich aus der Beobachtung, daß die Partei ihre meisten Mitglieder bei öffentlichen Veranstaltungen werben kann. Allerdings ist die Anzahl kompetenter Redner, die verbindlich und massenwirksam Auskunft über die Partei und Hitler geben können, sehr begrenzt und entsprechend die Möglichkeit, überall vor Ort präsent zu sein. Abhilfe verspricht F. REINHARDT, Gauleiter von München-Oberbayern und später Staatssekretär im Reichsfinanzministerium. Er beginnt im Frühjahr 1928, Fernkurse für künftige Parteiredner durchzuführen. Bereits im Herbst 1928 nehmen etwa 1.000 Parteigänger an diesen Kursen teil. 1929 werden Reinhardts Fernkurse parteioffiziell als ‹Rednerschule der NSDAP› anerkannt, und bis zu ihrem Ende 1933 sollen sie rund 6.000 Redner ausgebildet haben. Schwerpunkt der Schulung sind weniger *elocutio* und *actio* als vielmehr *inventio* und *dispositio*. «The course is not intended to teach you how you should move your mouth and entire body while speaking [...]. If you are to speak to our fellow citizens, you must be entirely familiar with all the topics that you intend to hammer into their minds.» (Der Kurs ist nicht dazu gedacht, Sie zu lehren, wie Sie Ihren Mund und ganzen Körper beim Sprechen bewegen sollen [...]. Wenn Sie zu unseren Mitbürgern zu sprechen haben, müssen Sie völlig mit all den Punkten vertraut sein, die Sie in die Gehirne hämmern wollen.)[1] Nach einer schriftlichen Einführung in die Methode ihrer Ausbildung bekommen die Kursteilnehmer in den ersten Monaten Teile einer komplexen Rede zugesandt. Ihre Aufgabe besteht darin, sich die einzelnen Abschnitte der Rede und ihre Argumentation einzuprägen und sie in eigenen Worten laut zu wiederholen. Zur Kontrolle müssen sie regelmäßig schriftlich Fragen beantworten (etwa was man antwortet, wenn ein Zuhörer behauptet, Hitler sei kein Deutscher), die von Reinhardt gründlich korrigiert und dann in einem ausführlichen Text an alle Schüler beantwortet werden. Im vierten Monat ihrer Ausbildung steht ihre erste öffentliche Rede an, die von einem führenden Parteimitglied vor Ort begutachtet wird. Verläuft der erste Vortrag erfolgreich, schließen sich bis Ende ihrer etwa einjährigen Ausbildung weitere dreißig Reden an. Als offizielle Parteiredner anerkannt, schulen einige der ehemaligen Schüler ihrerseits nun wiederum andere Parteimitglieder in ihrer Region.[2]

Doch nicht nur Reinhardts ‹Rednerschule›, auch die damalige Nähe von Sprechkunde und Sprecherziehung zum Nationalsozialismus gehört zum Bild der Rhetorik im Dritten Reich.[3] Zu nennen sind hier vor allem die Schriften von E. GEISSLER und E. DRACH, die als Vorläufer bzw. Begründer der Sprechkunde und Sprecherziehung gelten; neben M. WELLER sind sie wohl die prominentesten Sprechwissenschaftler im Dritten Reich, die sich teilweise auch in öffentlichen Ämtern für die nationalsozialistische Ideologie engagieren. Ihre Werke lassen erkennen, daß die Ausführungen zum Teil inhaltlich nach 1933 in wesentlichen Aspekten mit denen vor 1933 identisch sind, daß mithin von einem «Sündenfall» nach der Machtergreifung nicht gesprochen werden kann.[4] So fordert Geißler bereits Anfang der 20er Jahre, «eine neue, echt deutsche Rhetorik» zu schaffen, und konkretisiert – inzwischen deutlich fanatisiert – Mitte der 30er Jahre: «Von der überfremdeten, entleerten Allerweltslässigkeit des 19. Jahrhunderts müssen wir hinüber zu dem, was der Nationalsozialismus selbst meint und ist: zum deutsch-volkhaften Ursprünglichkeitswort.»[5] Die gemeinsame «Natürlichkeit» von Sprach- und «Volkspflege» beschleunigt die Aufnahme der Sprecherziehung in die schulischen Lehrpläne; «deutschkundliche Fächer» sollten nach Drach dazu beitragen, in den Schulen «den nationalen sozialen deutschen Menschen, den völkischen Menschen, heranzubilden».[6] Sprecherziehung wird somit zu einem Thema von «Führung und Verführung» und der Pädagogik im Dritten Reich. [7]

Anmerkungen:
1 zit. R. Bytwerk: Fritz Reinhardt and the Rednerschule der NSDAP, in: Rhet. 2 (1981), 11; vgl. auch M. Weller: Das Buch der Redekunst (1954). – **2** vgl. ebd. – **3** vgl. R. Hethey: Von der Mündlichkeit in die Unmündigkeit?, in: Rhet. 7 (1988), 135–142; H. Geißner: Von der Beredsamkeit in die Unredlichkeit?, in: Sprechen 2, 4–18; H. Geißner: Wege und Irrwege der Sprecherziehung (1997); K. Roß: Sprecherziehung statt Rhet. (1994). – **4** vgl. Hethey [3] 136; Roß [3] 116. – **5** E. Geißler, zit. Roß [3] 37. – **6** E. Drach, zit. Roß [3] 59. – **7** vgl. H.-J. Gamm: Führung und Verführung (1990).

IV. *Praxis der Rhetorik.* Die Frage, ob und unter welchen Kriterien HITLER ein 'guter Redner' war, ist in der Literatur mehrfach diskutiert worden (siehe Abb. 2). [1] Im Ergebnis mag man sich Kopperschmidt anschließen, der im Rekurs auf das antike ‹vir bonus›-Ideal feststellt, daß Hitler aus ideologiekritischen und ethischen Gründen (aber nicht aufgrund rhetorischer Kategorien) keineswegs ein guter Redner war, eben «weil der Faschismus seiner Reden nicht 'gut' war». [2] Gleichwohl ist unbestritten, daß er erfolgreich gewesen ist, womöglich sogar der «erfolgreichste Redner deutscher Zunge», wie Jens vermutet. [3] Wie sich seine Rhetorik und die anderer der nationalsozialistischen Elite konkret präsentierte, läßt sich in der Praxis der N., an dem gesprochenen und geschriebenen Wort in ihren prominentesten Texten exemplifizieren. Zur Literatur sei erwähnt, daß sich die Anzahl der Veröffentlichungen zu Hitlers Rhetorik vergleichsweise gering ausnimmt angesichts der Fülle von Texten zum Thema «Hitler». Einen Überblick gibt Ulonska (1990).

Ob die «Nichtbeachtung» von Hitlers programmatischer Schrift und Selbstreflexion in zwei Bänden, ‹Mein Kampf› (ursprünglich war der Titel vorgesehen ‹Viereinhalb Jahre gegen Lüge, Dummheit und Feigheit›), vor 1933 wesentlich mit dafür verantwortlich gewesen ist, daß Hitler überhaupt erfolgreich sein konnte, ist eine häufig diskutierte und doch nicht abschließend zu entscheidende Frage. [4] Unumstritten ist, daß ‹Mein Kampf› wesentliche Ziele von Hitlers Politik vorwegnimmt und durch apokalyptische Aussagen wie «Indem ich mich des Juden erwehre, kämpfe ich für das Werk des Herrn» [5] aus seiner Intention keinen Hehl macht. Daß das Werk trotz einer Gesamtauflage von etwa zehn Millionen Exemplaren vielen seiner Besitzer unzugänglich bleibt, liegt mit an seiner schweren Lesbarkeit und stilistischen Unattraktivität. Wohl nennt sich Hitler in seiner Frühzeit durchweg «Schriftsteller», doch sein Talent liegt zweifellos im Rednerischen. «Er war Massensuggereur, aber als Redner.» [6] Auch Entstehungsweise und Stil des Buches als eine Sammlung vorwiegend schriftlich fixierter Monologe verraten den Redner. Eine Analyse von Hitlers Texten als «Analyse der in Rede kategorial wie argumentativ manifest werdenden Wirklichkeitskonstruktion» [7] in Abgrenzung von einer formalisierten Analysemethode im Sinne der literarischen Rhetorik hat als einer der wenigen Burke vorgenommen. Er kondensiert Aufbau und Argumentation der Kampfschrift auf wenige zentrale Momente: An vorderster Stelle steht die Materialisation der Bewegung auf einen Sündenbock und internationalen Feind («Judentum»). Ist dieser Feind erst einmal gewählt, ergeben sich alle weiteren «Beweise» wie von selbst: Dem Einwand, daß «Arier» ebenso wie Juden im Bereich der Hochfinanz tätig sind, entgegnet Hitler etwa, daß gerade dies ein Beweis dafür sei, daß der «Arier» von «dem Juden» verführt worden sei. [8] Sein Bemühen, ein geschlossenes Weltbild zu vermitteln, gestaltet Hitler dann in vier wesentlichen Schritten: 1. Statt einer natürlichen Würde prinzipiell aller Menschen erhebt Hitler den «Arier» über andere durch eine angeborene Höherwertigkeit – eine nach der Niederlage im Ersten Weltkrieg willkommene ideologische Kompensation. 2. Durch Projektion wird eigenes Versagen und Verschulden zur eigenen Entlastung bequem auf einen andersrassigen Feind verschoben. 3. Rassische Höherwertigkeit und das Projektionsschema des Sündenbocks geben gleich einer symbolischen Wiedergeburt der Bewegung ein neues Ziel und eine positive Weltanschauung. 4. Für ökonomische Mißstände werden nichtökonomische Erklärungen herangezogen, namentlich die destruktive «jüdische Hochfinanz», die ihrerseits nun wieder zerstört werden muß. Weitere Aspekte, die sich subtil in seine Argumentation eingeflochten finden, entstammen dem Religiösen oder dem Sexuellen. [9]

Hitlers spätere Reden sind in der Regel lediglich Variationen der in ‹Mein Kampf› dargelegten Grundgedanken. Seine Argumente bleiben nur vor dem Hintergrund der nationalsozialistischen Ideologie verständlich, weshalb eine Kritik Hitlerscher und anderer nationalsozialistischer Texte letztlich ohne eine intensivere Beschäftigung mit der Ideologie selbst wenig ergiebig ist. [10] Trotz offenkundiger Schwächen in ihrer Logik, in der Treffsicherheit der Argumente und der Metaphern

Abb. 2: A. Hitler vor August 1927, photographiert von H. Hoffmann, aus: R. Herz: Hoffmann und Hitler (München 1994) (Copyright R. Herz)

ist Hitler als Redner die «Wunderwaffe» des Nationalsozialismus – denn seine Reden begeistern. Dabei ist Hitlers oft mystifizierte Fähigkeit der Gefühlsübertragung auf den Zuhörer das «Produkt einer kognitiv-topischen Steuerung, die Hitler exakt so vollzieht, wie Aristoteles es in der Rhetorik beschrieben hat».[11] Uonska zeigt auf, wie die Reden der «Kampfzeit» in ihrem Bestreben, den Zuhörer emotional zu erreichen, einem stets gleichen Schema folgen. In einem Spannungsverhältnis von Lust und Unlust führt er die Zuhörenden zur erwünschten emotionalen Zustimmung, wobei dem ganzen ein geschicktes Zusammenspiel von Ethos und Pathos zugrunde liegt. Was seiner Rhetorik allerdings gänzlich fehlt, ist «ehrliche Aufrichtigkeit, Gewissen und Menschlichkeit. Er suggeriert Glaubwürdigkeit».[12]

Neben Hitler ist Propagandaminister GOEBBELS der bedeutendste Redner des nationalsozialistischen Regimes gewesen. Seine Rede im Berliner Sportpalast am 18. 2. 1943 wird unter dem Schlagwort «Wollt ihr den totalen Krieg?» berühmt-berüchtigt und gilt als ein Meisterstück skrupelloser Demagogie und suggestiver Massenbeeinflussung.[13] Wenngleich dem auch zahlreiche anderen Reden Goebbels kaum nachstehen, so ist es doch gerade diese Rede, die im Reigen [14] der Proklamationen eines aussichtslosen und opferreichen «totalen Krieges»[15] als Mobilmachung der gesamten Bevölkerung in die Geschichte einging. Goebbels hält die Rede gut zwei Wochen nach der Kapitulation der 6. Armee in Stalingrad; konsequenzenreicher als die militärischen Folgen (Wende an der Ostfront) sind die Auswirkungen auf die Stimmung der Bevölkerung, hatte Hitler Stalingrad doch zum Symbol des deutschen Siegeswillens stilisiert. Die in dieser Situation gehaltene Rede bezweckt mehrerlei: Sie soll das Stimmungstief nach dem Desaster an der Wolga in der Bevölkerung überwinden, dabei die Bereitschaft zur Radikalisierung der Kriegsmaßnahmen steigern und eventuell die Furcht der westlichen Gegner Deutschlands vor dem Bolschewismus nähren. Nicht zuletzt treibt Goebbels auch ein ganz persönliches Anliegen zu dem rhetorischen Meisterstück an: im Ansehen Hitlers wieder zu steigen.[16] Was dann am 18. 2. 1943 stattfindet, ist statt einer einfachen Propagandarede ein klug inszeniertes Schauspiel: Für die Vermutung, daß auf Schallplatte konservierte Ovationen eingespielt und Claqueure an den entsprechenden Stellen die gewünschte Reaktion der 14000 ausgesuchten Zuhörer anregten, spricht einiges.[17] Seine zweistündige Rede gliedert sich in zwei Teile: Nach einer schmeichlerischen *captatio benevolentiae* («Das im Nationalsozialismus erzogene, geschulte und disziplinierte deutsche Volk kann die volle Wahrheit ertragen!»[18]) berichtet Goebbels in ernsten und offenen Worten ausführlich über die Lage an der Ostfront. Formulierungen wie »Der Ansturm aus der Steppe« sollen die Gefahr aus dem Osten für die abendländische Kultur verdeutlichen und unterschwellig an den Ansturm der Hunnen und Mongolen erinnern. Abwenden kann diese Gefahr niemand, außer den deutschen Truppen. Als Gebot der Stunde folgert Goebbels daraus den «totalen Krieg», das er im zweiten Teil seiner Rede ausführt. Einer genaueren Analyse halten viele seiner Aussagen nicht stand; häufig «übertönt das Pathos die logische Inkonsistenz»[19], wie Fetscher in seiner umfangreichen Studie der Rede feststellt, oder wechseln sich krude Behauptungen und glatte Lügen ab. Zu den rhetorischen Glanzleistungen seiner Rede gehört, wie Goebbels die Katastrophe von Stalingrad umdeutet in ein mythisches Geschehen, in ein «Symbol des Widerstandes» und eine «heroische Leistung», auf die das deutsche Volk stolz sein könne.[20] Vor dem abschließenden Appell als Handlungsaufforderung an das ganze deutsche Volk («Nun, Volk, steh' auf – und Sturm, brich los!»[21]) kommt Goebbels zum Höhepunkt und geheimen Zweck der Rede: zehn eigentlich rhetorische Fragen, deren Beantwortung er dennoch perfide einfordert – ein fadenscheiniges Plebiszit, das Anspruch auf repräsentative Kraft erhebt. Eine Analogie zu den zehn mosaischen Geboten ist sicher nicht zufällig. Was das Publikum darauf antwortet, liest sich wie die Kapitulation der Würde des Menschen. Dabei verdeckt die Bekanntheit der vierten Frage «Wollt Ihr den totalen Krieg? [...] wenn nötig, totaler [sic!] und radikaler, als wir ihn uns heute überhaupt erst vorstellen können?», welche anderen Barbareien durch dieses Plebiszit scheinbar genehmigt wurden («Seid Ihr damit einverstanden, daß, wer sich am Kriege vergeht, den Kopf verliert?»).[22] Nur eine Stunde nach ihrer Aufzeichnung wurde die Rede um 20.00 Uhr über den Rundfunk vor einem Millionenpublikum ausgestrahlt. Die mannigfaltigen Reaktionen im In- und Ausland hat Fetscher dokumentiert.[23] Daß Goebbels' Rede nicht den erwünschten Erfolg hat, daß statt eines «stillen Staatsstreiches» lediglich mehr für die «Optik des Krieges»[24] getan wird und auch seine Ernennung zum «Reichsbevollmächtigten für den totalen Kriegseinsatz» 1944 daran nichts mehr ändert, belegt das Scheitern nur ein Jahr später.

Zweifellos sind HITLER und GOEBBELS die prominentesten Redner im Dritten Reich gewesen. Heiber glaubt, daß Hitler zwar der erfolgreichere von beiden war, Goebbels jedoch der bessere Redner. Denn im Gegensatz zu seinem Führer hat Goebbels gar kein Charisma, ist im Volk wie in der Partei weitgehend unbeliebt und bringt die schlechteren Voraussetzungen mit, da er bei jedem Auftritt gegen seine äußere Erscheinung anreden muß: «Er war klein, geradezu mickrig, dunkelhaarig und hinkte zu allem Überfluß auch noch zum Rednerpult empor, – jeder wußte von seinem 'Klumpfuß', jeder hielt ihn für einen ererbten 'Makel' [...]. Er war also so ungefähr der genaue Gegentyp dessen, was damals als schön und hochwertig propagiert wurde. [... Keiner der führenden Nazis] entsprach so wenig der Zuchtvorlage wie Joseph Goebbels.»[25] Um so schwerer wiegen seine rednerischen Erfolge. Auch paßt Goebbels seine Reden und seine Intonation wesentlich mehr dem Anlaß an als dies Hitler tut, der zu zwanzig Parteiführern genauso spricht wie zu 20000 SA-Männern. Hitler hingegen versteht es besser, aus dem Bauch zu sprechen. Sein an sich häßliches, heiser-kehliges Organ übt im Schreien eine Faszination aus, während Goebbels Stimme im Brüllen überanstrengt und peinlich wirkt. Da mag sich ausgezahlt haben, daß Hitler 1932 bei dem Schauspieler Devrient über ein halbes Jahr hinweg regelmäßig Sprechunterricht absolviert hat, wenngleich zunächst widerwillig, da er fest glaubt, ein rednerisches Naturtalent zu sein; Hitlers Sprechmelodik hat einen seltenen Intervallumfang von 2 Oktaven (Schnaubers These, daß Hitler durch den Modulationsumfang seiner Stimme das logische Denken in der Großhirnrinde der Zuhörer hemmen und zugleich die emotionalen Bereiche des Hirnstamms aktivieren konnte, mag allenfalls als Beleg für die Hilflosigkeit in der Analyse der erfolgreichen N.[26] verstanden werden).[27]

Mögen die beiden die prominentesten Redner in der nationalsozialistischen Diktatur gewesen sein, auch die Reden anderer klingen manchem bis heute nach. Vor allem zu erwähnen sind hier Reichsfeldmarschall GÖRING, Reichsjugendführer VON SCHIRACH und LEY, Leiter der Deutschen Arbeitsfront. Im Bereich der Justiz belegt etwa FREISLER, Präsident des Volksgerichtshofes, daß die N. keineswegs nur von den Führenden in der Berliner Reichskanzlei gepflegt wurde.[28]

An sprachlichen Mitteln und Strategien läßt sich aus den meisten nationalsozialistischen Reden eine Art «Handreiche zur Demagogie» extrahieren, die hier nur mit wenigen Stichwörtern skizziert sei: Lügen, Manipulationen und Verleumdungen, Übertreibungen und Superlative, Schlagwörter, Abkürzungen, Formeln und Losungen, säkularisierte religiöse Begriffe, Diffamierungen und Imperative. Hemmungslos werden in der N. sämtliche sprachliche Register gezogen, wenn sie nur dem nationalsozialistischen Erfolg förderlich sind. Inhaltlich und argumentativ orientieren sich die Reden jeweils an der unter C skizzierten Phase der Propaganda und ihren spezifischen Zielen. Gleichwohl geht man in der Annahme fehl, daß etwa die Reden Hitlers oder Goebbels' über die Jahre wesentlich verändert oder stets neue Argumente für die Absicherung ihrer Politik hervorgebracht haben. Eher das Gegenteil ist der Fall, vergegenwärtigt man sich, auf wie wenige konstante Stereotype Heiber die Reden von Goebbels zu reduzieren vermag. Lediglich durch den Kriegsausbruch und die militärischen Rückschläge ist eine leichte Zäsur in seinen Reden feststellbar.[29] In ähnlicher Weise dürfte dies auch für die Reden Hitlers gelten.[30]

In der Aufarbeitung des Nationalsozialismus nach 1945 wird die spezifische Sprache dieser Zeit Gegenstand zahlreicher Analysen.[31] Klemperer hat für sie den Begriff der LTI, der ‹Lingua Tertii Imperii›, Sprache des Dritten Reichs, geprägt. «[D]ie stärkste Wirkung wurde nicht durch Einzelreden ausgeübt, auch nicht durch Artikel oder Flugblätter, durch Plakate oder Fahnen, sie wurde durch nichts erzielt, was man mit bewußtem Denken oder bewußtem Fühlen in sich aufnehmen mußte. Sondern der Nazismus glitt in Fleisch und Blut der Menge über durch die Einzelworte, die Redewendungen, die Satzformen, die er ihr in millionenfachen Wiederholungen aufzwang und die mechanisch und unbewußt übernommen wurden.»[32] Zahlreiche Dokumentationen dieses nationalsozialistischen Sprachgebrauchs und seiner spezifischen Terminologie werden durch die Sprachkritik vor allem in den 50er und 60er Jahren hervorgebracht, ihr prominentestes Werk bleibt Klemperers LTI (allgemeiner gehalten ist das von Sternberger et al. publizierte ‹Wörterbuch des Unmenschen›). Auf der Grundlage der Gebrauchstheorie kann Sprachkritik zu einer reflektierten politischen Auseinandersetzung beitragen. Als Beispiel sei die gängige nationalsozialistische Bezeichnung ‹Parasit› für Juden angeführt. Sie verdeutlicht, wie Metaphern Realität konstituieren können und ihre eigene Dynamik entwickeln, wenn Begriffe wie ‹Schmarotzer›, ‹Bazillus›, ‹Schädling› oder ‹Ungeziefer› daran anknüpfen. Der Schritt zum «Ungeziefervertilgungsgas» Zyklon B ist dann kein großer mehr.[33] Nicht nur plakative Metaphern sind Objekt der Sprachkritik, sondern ebenso Begriffe, die in der Zeit von 1920 bis 1945 eine andere Bedeutung erfahren haben. Dazu gehört etwa ‹fanatisch›, an dem als einem der häufigsten gebrauchten Wörter eine Umwertung vom Pejorativen zum Positiven zu beobachten ist. Die Umwertung zum superlativisch-anerkennenden Attribut findet ihren Ausgang offenbar in Hitlers ‹Mein Kampf›, wo es zu Beginn heißt: «In kurzer Zeit war ich zum fanatisch 'Deutschnationalen' geworden».[34] Nach dem Vorbild Hitlers verbreitet sich der positive Gebrauch schnell, auch in bevorzugten Verbindungen wie «fanatischer Glaube», «fanatisches Bekenntnis» oder «fanatische Liebe».[35] Insgesamt besteht die Vorgehensweise darin, vorhandene Ideen und Begriffe zu übernehmen, alte ideologisch besetzte Wörter aufzugreifen, ihre Wortbedeutung jedoch zu ändern. Insofern besteht die Sprache der Nationalsozialisten keineswegs aus Neuwörtern.[36] (Analog könnte man für die nationalsozialistische Ideologie überhaupt anführen: Ihre eigentliche Originalität besteht eben nicht in der Erfindung neuer, sondern in der Benutzung alter, größtenteils erprobter ideologischer Strömungen und politischer Ressentiments, die zu propagandistischen Schlagwörtern umgemünzt und bis zum Extrem ausgewalzt und eingehämmert wurden.[37]) Der Mythos, das «Nazideutsch» sei gar eine eigene Sprache, erweist sich letztlich als ein Mittel der Vergangenheitsbewältigung und psychischen Entlastung.[38]

Daß sich der spezifisch nazistische Gebrauch des Deutschen Gehör verschaffte, ist nicht nur auf seine Allgegenwart in den Reden, sondern auch auf eine gezielte Lenkung und Normierung der Medien zurückzuführen. Um die Presse zu steuern, werden bereits im März 1933 sozialdemokratische und kommunistische Zeitungen verboten, Abonnenten wie bürgerliche Verleger eingeschüchtert, Berufsverbote ausgesprochen und mit wirtschaftspolitischen Repressalien gedroht. Zugleich wird der nationalsozialistische Pressetrust im parteieigenen Verlag ausgebaut. Zwei Jahre später ist das Meinungsmonopol weitgehend in fester Hand des Propagandaministeriums. Weisungen, Belehrungen, Parolen und Verbote werden bei der täglichen Pressekonferenz und in Form von direktiven Presseanweisungen oder Tagesparolen bekanntgegeben.[39] Um die öffentliche Meinung zu kontrollieren, setzen Goebbels wie Hitler von vornherein aber ungleich stärker auf das damalige Massenmedium, den Rundfunk. Er ist bereits 1932 verstaatlicht worden und unterliegt im Propagandaministerium dem besonderen Interesse von Goebbels, der Einfluß auf Inhalt, Gestaltung und Sendezeitpunkte nahm. Rundfunk zu hören wird zur «staatspolitischen Pflicht» eines jeden einzelnen erklärt. Über ihn werden Reden Hitlers und anderer Personen verbreitet, Programme zu Gedenktagen ausgestrahlt oder Reportagen über die Erfolge der nationalsozialistischen Politik gesendet. Die Produktion von günstigen Radiogeräten wie dem Volksempfänger soll bei der gesamten Bevölkerung vollen Empfang gewährleisten. Spielt der Rundfunk schon zu Beginn der nationalsozialistischen Herrschaft eine große Rolle für Indoktrination und Mobilisierung, so wird er mit der Kriegswende 1943 nahezu unentbehrlich. Das öffentliche Kulturangebot wird jetzt stark eingeschränkt, und dem Rundfunk kommt es nun zu, für eine Ablenkung vom Kriegsgeschehen und gute Laune zu sorgen; durch gezielte Fehlinformationen wird die Bevölkerung zudem über die tatsächliche Kriegslage getäuscht.[40]

Folgt man Nietzsche, daß Architektur eine Art «Macht-Beredsamkeit in Formen» ist, «bald überredend, selbst schmeichelnd, bald bloß befehlend»[41], so ist unter N. in einem weiteren Sinne auch die Kunst generell zu berücksichtigen. Für die bildende Kunst gilt: «Der Nationalsozialismus fesselte die Massen emotional und visuell, indem er ihnen ein bildlich objektiviertes Versprechen auf eine – vermeintlich – bessere Welt gab und für den Weg dahin eine dualistisch vereinfachte Weltsicht des Wir-Ihr anbot.»[42] Propagiert wird damals eine «utopische Ästhetik» (S. Sontag), die im rassistischen Modell des nordischen Menschen ihr Fundament einer neuen ‹Herrenrasse› sieht. In den plastischen Werken, die eine große Beliebtheit erfahren, findet die von Hitler auf dem Parteitag 1934 eingeforderte neue ‹Deutsche Kunst› ihren Ausdruck. Von der Bildhauerei und ihrem Identifikationsangebot erhofft man sich eine politisch-erzieherische Wirkung, insofern die geformte Gestalt zugleich die Glaubwürdigkeit des Wirklichen und die Echtheit des Idealen zu enthalten vermag. Die heroischen Plastiken etwa von BREKER (siehe Abb. 3) oder THORAK, den beiden prominentesten NS-Bildhauern, sind Personifikationen der nationalsozialistischen Ideologie: Auf monströse Weise symbolisieren sie Machtanspruch, Gewaltkult und rassisches Schönheitsideal.[43] Wo bildende Kunst ansonsten durch persuasiv-werbende Strategien überzeugen und den Betrachter in einem Diskurs für sich einnehmen möchte, findet sich hier die kalte Machtberedsamkeit des Befehls, des überwältigenden Willens. Ihr gebietender Machtausdruck läßt jede weitere Beweisführung hinfällig werden, statt des Appells an den Betrachter findet sich sein Zwingen.[44] Insofern findet die Rhetorik der nationalsozialistischen Führer, wie sie sich in ihren propagandistischen Reden und Schriften abzeichnet, in den Plastiken ihre konsequente Kontinuität. Ähnliches gilt für die durch das Propagandaministerium gegängelte Filmkunst; so versteht es die Regisseurin L. RIEFENSTAHL, mit ihren Parteitagsfilmen brutale Machtausführung zu ästhetisieren und dadurch die Massen zu faszinieren.[45] Über die ästhetische Faszination zu Einschüchterung und schließlich Zustimmung zu führen[46] – diese rhetorische Strategie liegt als verborgenes Prinzip dem Gigantomanismus des Dritten Reichs und seiner Verherrlichung zugrunde. Sie findet sich ebenso wieder in der Musik, vergegenwärtigt man sich etwa die Aufführungen von Wagners germanischen Heldensagen.

Anmerkungen:

1 vgl. W. Jens: Ungehaltene Worte über eine gehaltene Rede, in: Die Zeit 47 (1966) 5ff.; W. Ranke: Propaganda, in: W. Benz u.a. (Hg.): Enzyklop. des Nationalsozialismus (1997); J. Kopperschmidt: Rhet. – gestern und heute, in: G. Stickel (Hg.): Dt. Gegenwartssprache (1990) 255–291; H. Heiber: Goebbels' Reden, Bd. 1 (1971) XIXff. – 2 Kopperschmidt [1] 263. – 3 Jens, zit. Kopperschmidt [1] 263. – 4 vgl. K. Lange: Hitlers unbeachtete Maximen (1968). – 5 A. Hitler: Mein Kampf (1934) 70. – 6 Lange [4] 146. – 7 Kopperschmidt [1] 266. – 8 vgl. K. Burke: Die Rhet. in Hitlers ‹Mein Kampf› (1967) 10. – 9 ebd. 7ff. – 10 vgl. Kopperschmidt [1] 266. – 11 U. Ulonska: Ethos und Pathos in Hitlers Rhet. zwischen 1920 und 1933, in: Rhet. 16 (1997), 14 – 12 ebd. 15. – 13 vgl. I. Fetscher: J. Goebbels im Berliner Sportpalast (1998) 152; H. Heiber: Goebbels' Reden, Bd. 2 (1972) 173; weitere Lit.: M. Beetz: Totalitäre Rhet. und Konstruktivismus, in: A. Herbig: Konzepte rhet. Kommunikation (1995). – 14 vgl. Heiber, Bd. 2 [13] XXI. – 15 vgl. E. Ludendorff: Der totale Krieg (1935); Fetscher [13] 46–62. – 16 vgl. ebd. 36f., 107f. und 255f. – 17 ebd. 104ff. – 18 J. Goebbels: Die Kundgebung des Gaues Berlin der NSDAP im Berliner Sportpalast am 18. 2. 1943, in: Fetscher [13] 64. – 19 ebd. 109. – 20 vgl. ebd. 109f. – 21 Goebbels [18] 98. – 22 ebd. 95f. – 23 vgl. Fetscher [13] 123ff. – 24 Heiber [13] 208. – 25 Heiber [1] XVIIIf. – 26 vgl. C. Schnauber: Wie Hitler sprach und schrieb (1972) 112; W. Maser (Hg.): Mein Schüler Hitler. Das Tagebuch seines Lehrer P. Devrient (1975) 68f. – 27 vgl. Maser [26] 68ff.; H. Heiber [1] XVIIIf. – 28 vgl. H. Ortner: Der Hinrichter. R. Freisler – Mörder im Dienste Hitlers (1993); G. Knopp: Hitlers Helfer (1996/1998). – 29 vgl. Heiber [1] XXXIff.; Heiber [13] XXIIIf. – 30 vgl. U. Ulonska: Suggestion der Glaubwürdigkeit (1990) 289ff. – 31 vgl. S. Jäger: Wie die Rechten reden. Eine kommentierte Bibliogr. (1996). – 32 V. Klemperer: LTI. Notizbuch eines Philologen (1996) 24. – 33 vgl. H.J. Heringer: Sprachkritik – die Fortsetzung der Politik mit besseren Mitteln, in: ders.: Holzfeuer im hölzernen Ofen (1983) 19. – 34 Hitler [5] 10f. – 35 vgl. C. Berning: Die Sprache des Nationalsozialismus, in: Zs. für dt. Wortforschung, Bd. 16 (1960) 103ff.; V. Klemperer [32] 75ff.; G. Strauß u.a.: Brisante Wörter von Agitation bis Zeitgeist (1989) 146ff. – 36 vgl. E. Straßner: Ideologie, Sprache, Politik (1987) 175. – 37 vgl. W.A. Boelcke: Kriegspropaganda 1939–1941 (1966) 18. – 38 vgl. Heringer [33] 12. – 39 vgl. A. Schor: Erziehung, Propaganda und Kunst in der Hand der NSDAP, in: J. Hampel (Hg.): Der Nationalsozialismus Bd. 1 (1994) 125ff.; H. Bohrmann (Hg.): NS-Presseanweisungen der Vorkriegszeit, Bd. 1, 1933 (1984). – 40 vgl. W. Kaiser: Rundfunk, in: Benz [1] 707f.; Schor [39] 128ff. Boelcke [37] 156ff. – 41 F. Nietzsche: Götzendämmerung in: Werke, KGA, 6. Abt., Bd. 3 (1969) 112f.; P.L. Oesterreich: Philosophen als politische Lehrer (1994) 170ff. – 42 P. Reichel: Bildende Kunst und Architektur, in: Benz [1] 154. – 43 vgl. ebd. 154ff. – 44 vgl. Oesterreich [41] 176. – 45 vgl. H. Glaser: Film, in: Benz [1] 173.; M. Loiperdinger: Rituale der Mobilmachung. Der Parteitagsfilm ‹Triumph des Willens› von L. Riefenstahl (1987). – 46 vgl. A. Dümling: Musik, in: Benz [1] 178.

Literaturhinweise:

A. Sturminger: Polit. Propaganda in der Weltgesch. Bsp. vom Altertum bis in die Gegenwart (1938). – J. Goebbels: Signale der neuen Zeit. 25 ausg. Reden von J. Goebbels (1941). – A. Sturminger: 3000 Jahre polit. Propaganda (1960). – W.A. Boelcke: Kriegspropaganda 1939–1941. Geheime Ministerkonferenzen im Reichspropagandaministerium (1966). – K. Vondung: Magie und Manipulation. Ideologischer Kult und polit. Religion des Nationalsozialismus (1971). – D. Grieswelle: Propaganda der Friedlosigkeit (1972). – J. Sywottek: Mobilmachung für den totalen Krieg. Die propagandist. Vorbereitung der dt. Bevölkerung auf den Zweiten Weltkrieg (1976). – W.W. Sauer: Der Sprachgebrauch von Nationalsozialisten vor 1933 (1978). – U. Maas: »Als der Geist der Gemeinschaft eine Sprache fand«. Sprache im Nationalsozialismus. Versuch einer hist. Argumentationsanalyse (1984). – J. Hawthorn (Ed.): Propaganda, Persuasion and Polemic (London 1987). – P. Longerich: Propagandisten im Krieg. Die Presseabteilung des Auswärtigen Amtes unter Ribbentrop (1987). – M. Domarus: Hitler. Reden und Proklamationen 1932–1945. Die Chronik einer Diktatur, 4 Bde. (1988). – S. Zelnhefer: Die Reichsparteitage der NSDAP. Gesch., Struktur und Bedeutung der größten Propagandafeste im nationalsozialist. Feierjahr (1991). – D. Welch: The Third Reich. Politics and Propaganda (London 1995). – H. Arendt:

Abb. 3: A. Breker bei der Arbeit in seinem Berliner Atelier, November 1939 (Copyright Bildarchiv Preußischer Kulturbesitz)

Elemente und Ursprünge totaler Herrschaft. Antisemitismus, Imperialismus, totale Herrschaft (1998). – T. Meyer, M. Kampmann: Politik als Theater. Die neue Macht der Darstellungskunst (1998). – J. Kopperschmidt (Hg.): Hitler. Der Redner (2003)

A. Kirchner

→ Agitation → Charisma → Ethik → Ethos → Manipulation → Marxistische Rhetorik → Polemik → Politische Rede → Politische Rhetorik → Propaganda → Redner, Rednerideal → Sozialistische Rhetorik

Natura (griech. φύσις, phýsis; dt. natürliche Anlage; engl., frz. nature; ital. natura)

A. Mit dem lat. Wort ‹N.› wird die natürliche Anlage eines Menschen bezeichnet, durch die er befähigt ist, sein Reden zu gestalten. Sie ist zudem die individuell ausgeprägte Grundlage für die durch die lehrbare Redekunst (*doctrina*, *ars*) sowie durch Übung und Anwendung der Kunstregeln der Rhetorik (*exercitatio*, *usus*) erwerbbare Fähigkeit zum kunstvollen Reden. Die N. ist somit auch die Voraussetzung und Basis für die an ihr ansetzende rhetorische Pädagogik.

B. Der griechische Naturbegriff φύσις, phýsis, der schon im vorphilosophischen Denken in der mythischen Dichtung nachzuweisen ist [1], umfaßt ursprünglich die beiden Bedeutungsfelder ‹Beschaffenheit, Wesen› [2] und ‹Werden, Wuchs, Wachstum›. [3] Wie bei den Dichtern, so wurde auch bei den vorsokratischen Denkern, die zahlreiche Werke Περὶ φύσεως (Perí phýseōs, Über die Natur) verfaßt haben, die Natur in ihrem Werden und Wesen als Ganzes begriffen. [4] Erst mit dem Dichter EPICHARM [5] und dem Philosophen DEMOKRIT [6] läßt sich der Physisbegriff in anthropologischen und ethischen Zusammenhängen belegen. ‹Physis› in der Bedeutung von ‹menschliche Natur› kann dann seit etwa der Mitte des 5. Jh. v. Chr. als feststehender Terminus zunächst in der Literatur der griechischen Mediziner und Naturforscher nachgewiesen werden. [7] Wenig später wird der Begriff von der sog. älteren Sophistik übernommen. [8] ‹Physis› bezeichnet bei den Sophisten nicht mehr nur den menschlichen Organismus mit seinen natürlichen Funktionen, sondern «das Ganze aus Leib und Seele, vor allem aber die innere Anlage des Menschen». [9] Bedeutsam ist bei dem ‹Physis›-Begriff der Sophisten, daß darunter ganz allgemein die menschliche Natur verstanden wird. In der Adelsethik PINDARS waren Vortrefflichkeit, Tapferkeit im Krieg und im sportlichen Wettkampf sowie die Weisheit der Dichter allein der durch adlige Abstammung bedingten und mit der Geburt gegebenen natürlichen Anlage zu verdanken (bei ihm nicht Physis, sondern φυά, phyá) [10]; sie konnte nicht nachträglich erworben oder erlernt [11], sondern allenfalls durch Übung gefördert und entwickelt [12] werden. Diese elitäre Vorstellung wird nun von den Sophisten durch die Auffassung von der menschlichen N. als allgemein und prinzipiell formbar ersetzt. Der Begriff ‹Physis› ist fortan eine feste Größe in der Erziehungstheorie und der Ausbildung in der Redekunst. Namentlich die Sophisten (PROTAGORAS, GORGIAS, PRODIKOS, THRASYMACHOS, ANTIPHON, KRITIAS, u.a.) hatten sich in ihrer Erziehungslehre die Befähigung zum kunstvollen Reden zum Ziel gesetzt. [13] Dabei gingen sie (wie auch schon Epicharm und Demokrit) davon aus, daß der Unterricht mit einer theoretischen und praktischen Ausbildung der sich weiterentwickelnden menschlichen N. etwas hinzufügt: durch Lernen und Übung bildet der Schüler eine feste Gewohnheit aus, die zu der N. hinzutritt und sie über ihren ursprünglichen Umfang hinauswachsen läßt.

Auf die Frage, wie die von den Sophisten (und den Philosophen vor ihnen) mit μελέτη, melétē oder ἄσκησις, áskēsis) bezeichnete Einübung des Lehrstoffes [14] die N. verändert, sind unterschiedliche Antworten gegeben worden. Lassen die nur fragmentarisch überlieferten Äußerungen des Epicharm nicht einmal klar erkennen, ob bei der Ausbildung die Übung wichtiger ist als die gute Anlage [15] oder umgekehrt [16], hatte bereits Demokrit formuliert: «Natur und Erziehung sind etwas Ähnliches. Denn die Erziehung formt zwar den Menschen um, aber durch diese Umformung schafft sie Natur.» [17] Für diese durch Erziehung und Einübung ausgebildete höhere Form einer (neuen, hinzugefügten) Natur findet sich bei den Griechen noch kein eigener Terminus: sie wird wie bei den Sophisten so auch bei PLATON [18], ARISTOTELES [19] und noch bei PLUTARCH [20] wie die N. des Menschen als ‹Physis› bezeichnet. In der lateinischen Literatur wird sie später in der Rhetorik als *consuetudo* (Gewohnheit) oder (auch in anderen Bereichen der Ausbildung) als *secunda natura* geführt. [21] Auf sie ist hier nicht weiter einzugehen.

Für die frühen griechischen Rhetoren stand fest, daß für einen Redner die N. allein nicht ausreicht. So erklärte der Sophist PROTAGORAS, daß N. und Übung die Lehrkunst brauche. [22] Darüber, welchen Stellenwert er und die anderen Sophisten der N. des Menschen beimaßen, ist (wie überhaupt über ihre Ausbildungsmethoden) wenig bekannt. Genaueres berichtet lediglich ISOKRATES, der Vollender der Sophistik, der sich gleichwohl als Redelehrer mit seiner Schrift ‹Gegen die Sophisten› von einer Reihe von Konkurrenten absetzte. Genauer als in dieser Schrift [23] legt er in seiner Rede Περὶ Ἀντιδόσεως (Perí Antidóseōs, Über den Vermögenstausch) dar, wie er sich die Ausbildung eines Redners vorstellt. [24] Dabei hebt er die fundamentale Bedeutung der N. des Schülers hervor, die der Lehrer zu berücksichtigen und auszubauen hat. [25] PLATON hat dagegen (auch wenn er in diesem Punkt bei aller Differenz zu den Sophisten wohl von Isokrates abhängig ist [26]) der N., der Kunstfertigkeit und der Übung bei der Ausbildung zum Redner gleiches Gewicht gegeben. [27] Sein Schüler ARISTOTELES hat zwar mit seiner ‹Rhetorik› eines der wichtigsten Werke über die Redekunst geschrieben, geht aber darin aufgrund seiner Konzentration auf Redetechniken, -gattungen, Wirkungsmöglichkeiten des Redners und Stilmittel nicht auf die N. ein.

In Rom ist nach dem ‹Auctor ad Herennium›, der lediglich Stimme [28] und Erinnerung [29] als Gaben der Natur hervorhebt, CICERO der erste große Theoretiker (und Praktiker), der sich zur N. der Rhetoren äußert. Für ihn ist die N. von entscheidender Bedeutung für einen Redner, denn, läßt er Crassus in ‹De oratore› erklären, so grundsätzliche Dinge wie eine große Beweglichkeit des Geistes, die es ermöglicht, im Ersinnen Scharfsinn, in der Erklärung und Ausschmückung reiche Fülle zu zeigen, sei nun einmal nicht durch Lehrbücher vermittelbar. [30] Auch Festigkeit und Dauer im Gedächtnis muß für Cicero einem Redner schon von der Natur gegeben sein. [31] Dazu treten noch die «Gaben der Natur» (*dona naturae*) wie Zungenfertigkeit, Klang der Stimme, Lungenstärke, Körperkraft und äußere Erscheinung. [32] Schwächen in diesen Gaben können aber, wie er mit Hinweis auf den ursprünglich stimmschwachen Demosthenes deutlich macht, durch Disziplin und Fleiß überwunden werden.[33] Im Hinblick auf die Ausdrucksfähigkeit des Redners müssen nach Cicero z.B. Witz und Humor bereits in der N. angelegt sein, da sie nicht erlernbar sind.[34] In jedem Fall aber bedarf die N. des Redners der Ergänzung durch die Kunst. Erst das Zusammenspiel von N. und Kunstfertigkeit, erklärt Cicero, bewirkt z.B. stilistische Angemessenheit.[35] Im Hinblick auf die Ausbildung ist für Cicero die N. vom Lehrer unbedingt zu berücksichtigen, weshalb er auch das Beispiel des Isokrates lobend hervorhebt.[36] Die N. sei, schreibt er, schließlich entscheidend für den Redner, und v.a. durch die individuellen Ausprägungen der N. komme es zu den großen Unterschieden zwischen den Rhetoren.[37] Dies macht Cicero in seiner Schrift ‹Brutus› deutlich, in der er die Qualitäten vieler Redner bereits an ihrer natürlichen Disposition zum Reden festmacht.[38] Letztlich ist eine gewisse, schwer bestimmbare N. nach Cicero jedem gegeben, wie er am Beispiel des gefühlsmäßig reagierenden Theaterpublikums deutlich macht: «Bei einem Verse, da schreit das ganze Theater auf, wenn einmal eine Silbe zu lang oder zu kurz gesprochen war. Und doch weiß die Menge über Versfüße nicht Bescheid, kennt die Rhythmen nicht, begreift nicht, woran und warum und wodurch sie Anstoß nimmt: die Natur selbst ist es, die das Urteilsvermögen über Länge und Kürze der Klänge ebenso wie über Höhe und Tiefe der Töne in unsere Ohren gelegt hat.»[39] An dieser vielfältigen (und wie hier zuletzt nicht immer klar bestimmbaren) N. kann die rhetorische Ausbildung ansetzen.

In ähnlicher Weise äußert sich auch QUINTILIAN, der zweite große römische Rhetoriktheoretiker, zur N. Für ihn erfüllt sich die Redegabe «im Zusammenwirken von Natur, Kunst und Übung» und allenfalls noch der Nachahmung.[40] Dabei kommt für ihn wie für Cicero der N. beim Redner vor jeglicher Art von Ausbildung die Hauptrolle zu.[41] Zugleich warnt er aber davor, die N. überzubewerten, und wendet sich entschieden gegen Redner, die eine rein natürliche, von keiner Kunst durchformte Redeweise als ideal hinstellen.[42] Die N. bedarf für ihn unbedingt der Ergänzung durch die im Rhetorikunterricht vermittelte Redekunst.[43] Bei der Formung des Redners, die, wie er ausführlich darlegt, das Ziel hat, die N. des angehenden Rhetors sich kontrolliert ausbilden zu lassen[44], zu unterstützen und in ihren Defiziten zu ergänzen[45] (weil es ja nichts gibt, das vollkommen ist[46]) muß der Rhetoriklehrer mit größter Sensibilität vorgehen und die N. seines Schülers (wie der hier abermals als Vorbild hingestellte Isokrates) sorgfältig berücksichtigen.[47] Der Anleitung, wie eine derart umsichtige Ausbildung zu erfolgen hat, ist schließlich Quintilians gesamtes Theoriewerk, die ‹Institutio Oratoria›, gewidmet. Für sie gilt jedoch das, was Quintilian selbst gleich zu Beginn des Werkes festhält: «Alle Vorschriften und Leitfäden haben keinen Wert, wenn die Natur nicht mithilft.»[48]

Wie Cicero und Quintilian hat auch der unbekannte, als ‹PSEUDO-LONGINOS› bezeichnete Autor der Schrift Περὶ ὕψους (Perí hýpsūs, Vom Erhabenen) die Bewertung der N. in der Rhetorik nachhaltig geprägt. Das von dem Autor bei einem Redner, Dichter oder Prosaschriftsteller als ‹Erhabenes› bezeichnete (also ein großer Stil und die durch Größe hervorgerufene Wirkung) verdankt sich für ihn nicht der Geburt allein, sondern einem Zusammenspiel von N. und Kunst.[49] Dennoch weist er der N. des Redners oder Dichters einen erheblichen Stellenwert bei der Ausprägung des Erhabenen zu. Zwei der von ihm herausgestellten fünf Quellen für einen großen Stil, eine «kraftvolle Fähigkeit, erhabene Gedanken zu formen» und eine «starke begeisterte Leidenschaft» sind für ihn jedenfalls «weitgehend angeboren»[50]; die besondere Bildung von Figuren, die großartige Sprache und die würdevolle gehobene Wort- und Satzfügung sind für ihn dagegen eindeutig Ergebnis von Ausbildung.[51]

Überblickt man die hier vorgestellten Aussagen der führenden Theoretiker und Praktiker der Redekunst in der Antike, zeigt sich eine Übereinstimmung in der Bewertung der N. als Grundlage für die an ihr ansetzende, sie in ihren Grundzügen fördernde und im Hinblick auf die Defizite ergänzende Ausbildung in der Rhetorik. Daß sich daran auch in den nachfolgenden Jahrhunderten bis in die frühe Neuzeit hinein nichts Wesentliches geändert hat, ist einem allgemeinen Einverständnis darüber zuzuschreiben, daß die Sprechbegabung beim Menschen von der Natur her individuell ausgeprägt ist. Nach diesem Verständnis der N. als Grundlage, die ein Auszubildender für die Unterweisung in der Redekunst von Natur aus mitbringt, die also der Rhetorik mit ihrem System von Regeln vorgelagert ist, bleibt die N. von den stilistischen und konzeptuellen Veränderungen in der Geschichte der Rhetorik unberührt. Allein die Aufmerksamkeit, die der N. unter diesem Gesichtspunkt geschenkt wird, ist Wandlungen unterworfen. Wie schon das Beispiel des Aristoteles gezeigt hat, kann die Frage nach der N. in einer Untersuchung zur Rhetorik aufgrund einer spezifischen thematischen Orientierung ausgeklammert bleiben. Auf der anderen Seite kann in Arbeiten, in denen die pädagogische Vermittlung der Kunstregeln der Rhetorik im Mittelpunkt steht, der Untersuchung der N. breiter Raum gegeben werden; ein markantes Beispiel dafür sind etwa die Überlegungen, die der Jesuit LUDOVICO CARBONE in seiner Schrift ‹De caussis eloquentiae› zur N. anstellt.[52]

Allgemein läßt sich festzuhalten, daß v.a. die anschaulichen Ausführungen Ciceros und Quintilians die Überlegungen zur N. wesentlich geprägt haben. Im Mittelalter war zwar Ciceros für die Frage nach der N. wenig ergiebige Schrift ‹De Inventione›[53] als ‹Rhetorica prima› (neben der als ‹Rhetorica secunda› bezeichneten Rhetorik des ‹Auctor ad Herennium›) in Gebrauch; seit Mitte des 15. Jh. haben dann aber besonders Ciceros Arbeiten ‹De oratore›, sein ‹Brutus› sowie Quintilians ‹Institutio oratoria› ihre Wirkung entfaltet.

Wesentliche Veränderungen in der Auffassung von der N. bahnen sich erst im späten 16. und im 17. Jh. über das als ein Teil der N. verstandene, vor allem auf die *inventio* und *elocutio* bezogene *ingenium* an. Das persönliche *ingenium* befähigte nach der Auffassung eines Teils der damaligen Theoretiker in Rhetorik und Poetik die Sprachkünstler (Redner, Dichter, Prosaschriftsteller) zu einer kunstvoll-gesuchten Ausdrucksweise.[54] Im 18. Jh. hat sich dann (abermals vom *ingenium* ausgehend), der Geniegedanke herausgebildet. Hier nun boten die Ausführungen des Pseudo-Longinos in ‹Perí hýpsūs› Orientierung, um das mit Verstandesbegriffen nicht zu fassende Wirken des Genies zu erklären, das KANT (für seine Zeit repräsentativ) als «die angeborene Gemütslage (ingenium), durch welche die Natur der Kunst die Regel gibt»[55] definiert hat. Mit der nach Pseudo-Longinos als «weitgehend angeboren» verstandenen «Fähigkeit, erhabene Gedanken zu formen» und dem ebenso überwiegend von der Natur gegebenen ‹Pathos› des Künstlers, durch die er Schönheit und Größe zu schaffen vermag, ist die N. über einen ihrer hervorragendsten Teile, das *ingenium*, in einen produktions- und wirkungsästhetischen Problemhorizont eingerückt. In diesen genieästhetischen Zusammenhängen wird die N. seither ebenso behandelt wie im Rahmen der rhetorischen Pädagogik.

Anmerkungen:
1 z.B. Homer, Odyssee X, 303; Aischylos, Die Perser 441; Prometheus 488ff.; Sophokles, Antigone 659, 727; Aias 1259, 1301. – 2 z.B. Heraklit VS I, 22 B 1, 112, 123. – 3 z.B. Parmenides VS I, 28 B 10; auch Empedokles VS I, 31 B 8. – 4 gesammelt bei Aristoteles, Metaphysik A3, 983b6 – 984a16. – 5 VS I, 23 B 10, 33. – 6 VS II, 68 B 33. – 7 Epicharm VS I, 23 B 10; heraklitisierend VS I, 22 C 1; Diogenes von Apollonia VS II, 64 A 4; Demokrit VS II, 68 A 3-IV; Prodikos VS II, 84 B 4. – 8 J.H. Waszink: Die Vorstellungen von der ‹Ausdehnung der Natur› in der griech.-röm. Antike und im fr. Christentum, in: Pietas, FS B. Kötting, (1980) 30–38, hier: 31. – 9 Jäger Bd. 1, 368. – 10 Pindar Isthmia 4, 53; Nemea 6, 5; φυά: Olympia 1, 67; Pythia 4, 235; Isthmia 46, 47; Nemea 6, 5; ferner (andere Ausdrücke): Olympia 10, 20; 11,19 u. 13, 13; Nemea 1, 28; Isthmia 3, 14. – 11 Olympia 2, 86; 9, 100; Nemea 3, 40. – 12 Olympia 10, 20. – 13 Fuhrmann Rhet. 15–29. – 14 Ἄσκησις: Protagoras VS II, 80 B 3; Μελέτη: Protagoras VS II, 80 B 10; Kritias VS II, 88 B 9. – 15 VS I, 23 B 33. – 16 VS I, 23 B 40. – 17 VS II, 68 B 33. – 18 Plat. Pol. 395d. – 19 Arist. EN II.1, 1103a 15ff. – 20 Plutarch, Περὶ παίδων ἀγωγῆς, Perì paídōn agōgḗs / De liberis educandis, 2 F. – 21 G. Funke: Gewohnheit, in: ABG 3 (1958); dort bes. zur Rhet.: 100–105 u. 180–186. – 22 VS II, 80 B 3. – 23 Isokrates, Κατὰ τῶν σοφιστῶν, Katá tōn sophistōn, 17. – 24 ders., Περὶ Ἀντιδόσεως, Perí Antidóseōs, 178–194. – 25 ebd. 187 u. 189–191. – 26 dazu R. Hackforth: Plato's Phaedrus. Translated with introduction and commentary (Cambridge 1952) 45. – 27 Plat. Phaidr. 269d. – 28 Auct. ad Her. III, 11, 19. – 29 ebd. III, 15, 28f. u. III, 21, 34f. – 30 Cic. De or. I, 113. – 31 ebd. I, 113 u. II, 356, 360. – 32 ebd. I, 114. – 33 ebd. I, 260. – 34 ebd. II, 216, 219, 247. – 35 ebd. III, 212. – 36 ebd. III, 35, 36; Brutus 204. – 37 De or. III, 28. – 38 z.B. Brutus 33, 36, 233, 236, 239, 245, 268, 272, 276, 280. – 39 Cic. Or. 173. – 40 Quint. Inst. III, 5, 1. – 41 ebd. XI, 3, 10–13. – 42 ebd. IX, 4, 3. – 43 ebd. III, 5, 1. – 44 ebd. II, 4,7; XI, 2, 1; XII, 2, 1–3. – 45 ebd. VI, 4, 12. – 46 ebd. XI, 3, 11. – 47 ebd. II, 8, 1–15; zu Isokrates bes. II, 8, 11. – 48 ebd. I pr. 26. – 49 Ps.-Long. Subl. 2, 1. – 50 ebd. 8, 1. – 51 ebd. 2, 3. – 52 L. Carbone, De caussis eloquentiae libri IV (Venedig 1593) 19–32. – 53 lediglich Cic. Inv. I, 2 u. 5. – 54 G. Marzot: L'ingegno e il genio del Seicento (Florenz 1944); K.-P. Lange: Theoretiker des lit. Manierismus. Tesauros und Pellegrinis Lehre der ‹acutezza› oder von der Macht der Sprache (1968). – 55 Kant KU § 46.

F. Neumann

→ Ars → Exercitatio → Genie → Imitatio → Ingenium → Natura-ars-Dialektik → Natürlichkeitsideal → Redner, Rednerideal

Natura-ars-Dialektik.
A. Def. – B.I. Antike. – II. Spätantike und Mittelalter. – III. Renaissance und Reformation – IV. Barock. – V. Aufklärung. – VI. 19./20. Jh.

A.I. Die Wechselbeziehung von Natur und Kunst ist eines der zentralen Probleme in der Rhetorik. Die Frage nach der Naturbindung der Kunst stellt sich auf allen Ebenen der Beschäftigung mit der *ars rhetorica*: grundsätzlich in der Frage nach Naturbezogenheit und Kunstcharakter der *ars*; speziell in der Auseinandersetzung mit dem Problem, ob bei der Ausbildung eines Redners die Naturanlage oder die Kunst wichtiger ist; allgemein in der rhetorischen Praxis, beim Sprechen überhaupt sowie bei der Wiedergabe von Reden und Werken, die nach Maßgabe der Regeln der Rhetorik ausgearbeitet sind; schließlich in der Kritik an Produkten der Redekunst und deren Wiedergabe.

Das Kernproblem der N. liegt in der Tatsache begründet, daß die *ars*, also ein Können aufgrund von ausgebildeten Fertigkeiten zur Verwirklichung eines Zwecks, in einer produktiven Auseinandersetzung mit der Natur erworben wird. Grundsätzlich ist dabei davon auszugehen, daß ein geordneter, auf Vollkommenheit zielender Vorgang von Natur aus vor sich gehen kann oder (wenn der Vorgang nicht dem natürlichen Geschehensablauf entspricht) entweder durch Zufall eintreten oder durch eine von einem vernünftigen Wesen planvoll vorgenommene Handlung zustande kommen kann. Auch eine nicht dem natürlichen Geschehensablauf entsprechende Handlung kann nicht völlig ohne Mitwirkung der Natur erfolgen: die Beteiligung der Natur wird dabei vielmehr planvoll gelenkt. Eine derartige Handlung setzt beim Menschen, der sie vornimmt, eine natürliche Anlage (*natura*) voraus, die ihn zu dieser Handlung befähigt. Ist der Mensch noch unerfahren, ist er für den Erfolg seiner Handlung auf den Zufall angewiesen. Durch Wiederholung und Beobachtung der vom Zufall bestimmten Handlungszusammenhänge bildet sich Erfahrung heraus. Sie ermöglicht es, den Zufall in Schranken zu weisen und eine Handlung planvoll, zielgerichtet und erfolgversprechend vorzunehmen. Die die Erfahrenheit bedingende und festigende Wiederholung ist dabei bereits eine Nachahmung (*imitatio*). Durch die Zusammenfassung mitteilbarer Erfahrung zum Zweck konkreter Nachahmung von einem Meister verfertigter Kunstwerke durch Schüler ist der Grundstock zur *ars* gelegt. Die Beschränkung der Mitteilbarkeit der Erfahrung auf bloße Nachahmung kann aber noch keinen Anspruch auf Allgemeingültigkeit (und folglich auf beliebige Wiederholbarkeit) erheben. Erst die die mitteilbare Erfahrung rational durchdringende und ordnende, vom konkreten Fall abstrahierende Formulierung der Erfahrung wird daher als τέχνη (téchnē) oder *ars* bezeichnet. Demnach ist «eine *ars* (τέχνη) ein System aus der Erfahrung [...] gewonnener, aber nachträglich logisch durchdachter, lehrhafter Regeln zur richtigen Durchführung einer auf Vollkommenheit zielenden, beliebig wiederholbaren Handlung, die nicht zum naturnotwendigen Geschehensablauf gehört und nicht dem Zufall überlassen werden soll.»[1] Da ein Künstler, der sich an den Regeln seiner Kunst orientiert, keine naturnotwendigen Handlungen vornimmt, sich mit diesen aber naturnotwendigerweise zu der Natur in ein Verhältnis setzt (z.B. der Natur folgt oder sich durch seine Handlungen von ihr abhebt, aber nicht grundsätzlich gegen sie handeln kann) und so ein Kunstwerk schafft, das Strukturähnlichkeit mit der Natur aufweist, ist in jedem Kunstwerk bereits ein Wechselverhältnis zwischen Natur und Kunst angelegt. Diese N. wird in der Rhetorik seit ihrer Bestimmung als *ars* thematisiert. Die kritische Beurteilung eines Künstlers, seiner Handlungen und der Resultate dieser Handlungen unterliegt dabei keineswegs nur dem System der Regeln der *ars*, sondern kann auch ‹von Natur aus›, aufgrund eines oft nicht näher spezifizierten, als angeboren angesehenen, ‹natürlichen› Beurteilungsvermögens eines laienhaften Kunstrichters erfolgen. Die N. kann bei Sprachkunstwerken (besonders in der Dichtung und bei Bühnenwerken) unter dem Gesichtspunkt sowohl der Gegenstand-Abbild-Relation als auch der Zweck-Mittel-Relation beurteilt werden. Die folgende Darstellung ist auf die Zweck-Mittel-Relation in der Rhetorik beschränkt.

II. In der Geschichte der Auseinandersetzung um die N. in der Rhetorik können zwei große Themenkomplexe ausgemacht werden: 1. Die Beschäftigung mit der kunsttheoretisch grundsätzlichen Frage nach dem Verhältnis zwischen Kunst (*ars*) und Natur (*natura*) im Rahmen kommunikativer Interaktion zwischen Menschen und mit der Möglichkeit ihrer Kodifizierung in Regelsystemen (Rhetorik). Von Bedeutung ist hierbei die Klärung der Frage, ob und in wiefern das theoretische System der Rhetorik aus der (natürlichen) Beredsamkeit abgeleitet werden kann oder ob nicht umgekehrt die Beredsamkeit aus dem theoretischen System der Rhetorik hervorgegangen ist. Das Interesse konzentriert sich hierbei auf die Bereiche der Stoffanordnung (*dispositio*), sprachlichen Ausgestaltung (*elocutio*) und den mündlichen Vortrag (*actio*). – 2. In engerem Sinne beinhaltet die Frage nach der N. in der Rhetorik die für die rhetorische Pädagogik relevante Auseinandersetzung mit der natürlichen Anlage (*natura*) des Redners und den Möglichkeiten, sie durch eine Unterweisung in den Regeln der Redekunst (*ars*) zu entwickeln und zu formen. In diesem Zusammenhang steht die dem einzelnen Menschen von Natur gegebene physische und intellektuelle Disposition (*natura*) und deren Bedeutung für das Ausarbeiten und Vortragen eines zweckmäßigen Wortkunstwerks im Mittelpunkt des Interesses. Unbezweifelbar verfügen die Menschen in unterschiedlicher Weise über ‹Gaben der Natur› wie Stimmklang, Körperkraft und Zungenfertigkeit; und auch die mentalen Voraussetzungen wie Begabung (*ingenium*), Urteilskraft (*iudicium*) oder Memorierfähigkeit (*memoria*) sind individuell ausgeprägt und können als naturgegeben (aber auch ausbildbar) angesehen werden. Die Auseinandersetzung mit der N. richtet sich hier auf die Bewertung des Stellenwerts, der der individuellen *natura hominis* für die natürlich gegebene Beredsamkeit des Menschen beigemessen wird und auf die Frage, ob und in welchem Maße die sprachkünstlerisch relevante *natura* des Menschen durch Kunstregeln (nachträglich) korrigiert oder sogar gezielt geformt werden kann; die Frage also, ob und in wieweit durch Übung und Anwendung der Kunstregeln der Rhetorik (*exercitatio*, *usus*) die Fähigkeit zum kunstvollen Reden erworben werden kann.

Anmerkung:
1 Lausberg Hb. § 3.

B.I. *Antike*. Praktische Beredsamkeit hat es bei den *Griechen* seit den frühesten Anfängen gegeben. So weisen schon die Werke HOMERS (noch vor jeder Reflexion über eine Redekunst) zahlreiche Beispiele von Reden zu den unterschiedlichsten Anlässen auf. Homer durfte so gleichsam als der Urheber der Redekunst angesehen werden[1], und noch QUINTILIAN konnte z.B. in den Reden des Menelaos, des Nestor und des Odysseus in der Ilias[2] eine Ausbildung der drei Stilhöhen vorgeprägt sehen, die sich aus den unterschiedlichen Naturanlagen der vorgestellten Personen ergab.[3] Das Verhältnis zwischen Natur und Kunst (speziell in der Rhetorik) wird bei Homer und in der archaischen Dichtung noch nicht behandelt. Homer ging allenfalls davon aus, daß die Götter (die ja auf die Natur Einfluß nehmen) die Künste erfunden und sie an die Menschen weitergegeben hatten.[4] Diese Auffassung teilen auch EPICHARM[5], SOLON[6] und AISCHYLOS.[7] Das Wirken des Dichters bestand für Homer[8] (aber auch für ARISTOPHANES[9] und noch für HORAZ[10]) im Vermitteln dieser göttlichen Kenntnisse von den Künsten, das nicht weiterer Reflexion bedurfte.

Im Zusammenhang mit der Weitergabe von Wissen (von einer Kunst) durch Lehre und Erziehung wird dann Mitte des 5. Jh. v. Chr. das Problem des Wechselverhältnisses zwischen Natur und Kunst erstmals (und bereits in seiner ganzen Komplexität) angesprochen. So schreibt der Philosoph DEMOKRIT: «Natur und Erziehung sind etwas Ähnliches. Denn die Erziehung formt zwar den Menschen um, aber durch diese Umformung schafft sie Natur.»[11] Diese Grundproblematik einer durch Erziehung (also der Vermittlung von Wissen im weitesten Sinne) und wiederholte Übung ausgebildete Gewohnheit als neuer, hinzugefügter, gewissermaßen ‹zweiter› Natur wird die Diskussionen über die N. ständig begleiten.[12] Auch wenn bei Demokrit noch wenig spezifiziert von «Erziehung» und nicht von der Vermittlung einer *ars* (bzw. téchnē) die Rede ist, zeigt sich schon hier eine positive Bewertung der Natur (in der die vermittelte Lehre ja aufgeht), die bei der Auseinandersetzung mit der N. in unterschiedlicher Form wiederkehren wird. Die Vorstellungen der vorsokratischen Denker zur N. sind im übrigen aus ihren Fragmenten nicht genauer zu ermitteln.

Als Väter der Rhetorik gelten die beiden in Sizilien wirkenden Griechen KORAX und TEISIAS. Sie profitierten von dem Fall der Tyrannis in Syrakus (466/465 v. Chr.), der eine Welle von Eigentums-Rückforderungen nach sich zog, bei denen sie ihre Redekunst gezielt zur Geltung bringen konnten. Auf sie geht auch das erste (nicht überlieferte) Lehrbuch (téchnē) der Rhetorik zurück, das vermutlich vor allem aus einer Zusammenstellung von Übungen und von Exempla zum Auswendiglernen bestand.[13] Ebenfalls dem Sturz einer Tyrannis (in Akragas) verdankte EMPEDOKLES sein Ansehen, der später der Lehrer des nachmals berühmten GORGIAS wurde.[14] Gorgias stieg in Athen zum führenden Vertreter der rhetorischen Strömung in der Sophistik auf, also jener Bildungsbewegung, die der Beredsamkeit eine zentrale Stellung in ihrem Lehrprogramm eingeräumt hatte. Gorgias, der Begründer der attischen Kunstprosa[15], hatte die psychagogische Wirkung von Worten erkannt, die nach ihrem Klang und Rhythmus gezielt angeordnet werden, und lehrte daher eine vom natürlichen Sprechen abweichende kunstvolle Ausdrucksweise. Seine diesbezüglichen Erkenntnisse hat er theoretisch in einem (nicht erhaltenen) Lehrwerk (téchnē) zu erfassen gesucht und in seinen Reden praktisch zum Ausdruck gebracht. Von ihnen sind lediglich zwei erhalten: das ‹Enkomion auf Helena›[16] und die ‹Verteidigung des Palamedes›[17]; bei den beiden Texten handelt es sich vermutlich um Übungsstücke seiner ‹Téchnē›. Namentlich in einer Passage von seinem ‹Enkomion auf Helena› hat Gorgias auf die Faszination und die Illusion hingewiesen, die der kunstvolle Einsatz von bewußt gewählten poetischen Worten (also ein von der natürlichen Ausdrucksweise abweichendes Gestalten einer Rede) auf den Zuhörer auszuüben vermag.[18] Gorgias zeigt sich in seinen beiden erhaltenen Reden demgemäß als Meister einer intensiv durchgestalteten rhythmisch-musikalischen Redekunst, die mit dichterischen Worten arbeitet und in der die typischen γοργίεια σχήματα (gorgíeia schḗmata, gorgianische Figuren)[19] wie Antithese (Gedankengliederung in Form von Gegenüberstellung), Parisose (auch: Isokolon; eine Reihe syntaktisch gleichgebauter, dabei mehrgliedriger Satzteile) und Parhomoiose (Gleichklang von Satzteilen) zur Anwendung kommen.[20]

Unter den zahlreichen Rhetoren-Sophisten nach Gorgias sind u.a. POLOS, LYKOPHRON und POLYKRATES als Autoren von (nicht überlieferten) ‹Téchnai› hervorgetreten. Auch THRASYMACHOS hat sich in seiner als μεγάλη τέχνη (megálē téchnē, ‹Großes Lehrbuch›) bezeichneten Rhetorik-Schrift mit den Kunstmitteln zur Erregung von Mitleid und dem Prosarhythmus befaßt.[21] Für ihn und die anderen mit der Rhetorik befaßten Sophisten stand die Kunst, ein zum Zweck der Überredung durchgestaltetes (und sich so vom natürlichen Sprachgebrauch abhebendes) Wortkunstwerk zu verfassen, im Mittelpunkt des Interesses; inhaltliche (erkenntnistheoretische oder ethische) Fragen waren für sie zweitrangig. Von Seiten PLATONS und seines Schülers ARISTOTELES sollten sie deswegen heftig angegriffen werden.

Grundsätzlich setzt PLATON mit seinen Überlegungen zur Kunst wieder bei Homer an. Er spricht ihm (und damit den Dichtern im allgemeinen) die Kompetenz in allen Künsten (sogar in jener der Dichtung)[22] ab. Für ihn sind Kunstwerke nicht göttlicher Eingabe zu verdanken, sondern dem Wirken von Menschen. Im Hinblick auf die Redekunst wendet er sich dabei ausdrücklich gegen eine Kunst, die sich nur in schönen Worten ergeht und nicht auf die Wiedergabe von Wahrheit zielt, die für ihn für ein Kunstwerk essentiell ist.[23] Von seinem philosophischen Verständnis eines unbedingt an die Wahrheitssuche gekoppelten Kunstwerks her ist seine Kritik an der Redekunst der Sophisten zu verstehen, die in ihrer Vermittlung der Rhetorik erkenntistheoretische und moralische Fragen in den Hintergrund gerückt oder gänzlich nivelliert hatten: die sophistische Rhetorik war für Platon daher eine «kunstlose Kunst»[24] – eine Formulierung, die neben der formal-gestalterischen Frage der N. die Auseinandersetzung mit dem Kunstcharakter der ars rhetorica durch die Jahrhunderte bestimmen wird. Abgesehen von dieser Wendung gegen die Sophisten stellt sich Platon aber auch allgemein die Frage nach dem Entstehen der Künste und ihrem Verhältnis zur Natur. Platon setzt sich dazu in seinen ‹Gesetzen› mit einer Theorie auseinander, nach der alle Dinge durch Natur, Zufall oder Kunst entstehen, die Kunst aber nur Geringfügiges hervorbringe.[25] Er gibt entgegen dieser Theorie seiner Meinung Ausdruck, daß die Kunst (wie auch die Gesetze) aus «der Natur oder einem der Natur nicht Nachstehenden entstammen.»[26] Kunst ist für ihn zwar keineswegs als eine Beherrschung der Natur anzusehen, aber sie kann auch nicht gegen die Natur handeln. In diesem Sinne ist auch die Formulierung seines Schülers ARISTOTELES zu verstehen, daß «die Kunstfertigkeit die Natur nachbildet» (ἡ τέχνη μιμεῖται τὴν φύσιν).[27] Aristoteles soll seinerseits in der Auseinandersetzung mit einer dunklen Passage bei Heraklit zu der Erkenntnis gekommen sein, daß die Natur nach dem Entgegengesetzten strebt und aus ihm (nicht aus dem Gleichen) den Einklang hervorbringt.[28] So mische, soll Aristoteles geschrieben habe, auch die Schreibkunst Vokale und Konsonanten und stelle daraus «die ganze Kunst zusammen».[29] Er gehe also, was an diesem Beispiel deutlich wird, (wie auch schon Platon) von einer grundsätzlichen Strukturähnlichkeit zwischen Kunst und Natur in ihren Verfahrensweisen und ihren Produkten aus. In seiner ‹Politik› erklärt Aristoteles dann, daß Kunst und Bildung die Lücken auffüllten, die die Natur noch habe bestehen lassen.[30] Ob das hier angesprochene ‹Auffüllende› von der Kunst oder Natur hervorgebracht wird, ist für ihn dabei gleichgültig.[31] Grundlage seiner Argumentation ist hier noch weitgehend die Physik. Aber auch die Rhetorik orientiert sich (wie das angeführte Beispiel der Schreibkunst ansatzweise deutlich macht) an der Natur. In seiner Schrift über die Rhetorik hebt Aristoteles dementsprechend auch hervor, daß der Redner möglichst Künstlichkeit vermeiden und sich an der Natur orientieren solle. Die Leistung eines Redners besteht für ihn darin, «die Kunst anzuwenden, ohne daß man es merkt, und die Rede nicht als verfertigt, sondern als natürlich erscheinen zu lassen.»[32] «Dies nämlich», schreibt er, «macht sie glaubwürdig, jenes aber bewirkt das Gegenteil.»[33] Er empfiehlt daher auch die Verwendung von umgangssprachlichen Wendungen als Mittel kunstvoller «Vertuschung».[34]

Den Hintergrund zu dieser Bemerkung in der ‹Rhetorik› bildet die Auseinandersetzung des Aristoteles mit den Sophisten.[35] Sie hatten sich das Lehren des gekonnten Redens zum Ziel gemacht, waren dabei nach Meinung des Aristoteles aber offensichtlich über das Ziel hinausgeschossen und hatten der Kunst zu großes Gewicht gegeben und damit eine (für Aristoteles, der in diesem Zusammenhang keine Namen nennt) unnatürliche Sprechweise kultiviert.

Gegen derartige Entwicklungen hat sich allerdings auch der Vollender der Sophistik, ISOKRATES, gewandt. In seiner gegen eine Reihe von Konkurrenten gerichteten Schrift ‹Gegen die Sophisten› und in der Rede Περὶ Ἀντιδόσεως (Perí Antidóseōs, Über den Vermögenstausch) hat er hervorgehoben, daß die Naturanlage des Schülers die Grundvoraussetzung bei der Ausbildung in der Redekunst ist.[36] In ‹Perí Antidóseōs› erkärt er dazu: «Wenn mich jemand [...] fragen würde, welchem dieser Faktoren [Naturanlage, Ausbildung, Übung] der größte Einfluß bei der Ausbildung eines Redners zukommt, dann würde ich antworten, daß die Naturanlage von überragender Bedeutung ist und vor allen anderen kommt. Denn angenommen, es gibt einen Mann mit einem Geist, der fähig ist, die Wahrheit zu erkennen und zu erlernen und hart zu arbeiten und das, was er lernt zu erinnern, der auch mit einer Stimme und einer Klarheit der Aussprache versehen ist, die dazu angetan sind, die Zuhörerschaft gefangenzunehmen und das nicht nur mit dem, was er sagt, sondern mit der Musik seiner Worte, und der schließlich mit einer Sicherheit versehen ist, die nicht Ausfluß eines herausfordernden Benehmens ist, sondern die von Nüchternheit im Zaum gehalten, den Geist derart stärkt, daß es ihm nicht weniger leicht fällt, sich an alle seine Mitbürger zu wenden als für sich etwas zu überlegen – wer weiß nicht, daß ein socher Mann ohne den Vorteil einer verfeinerten Erziehung genossen zu haben und mit einer nur oberflächlichen und gewöhnlichen Ausbildung ein Redner sein würde, wie es ihn bei den Griechen vielleicht nie gegeben hat?»[37] Da es aber nur wenige derart von Natur aus begabte Menschen gibt, ist die Naturanlage vom Lehrer mit Hilfe der Kunstregeln gezielt zu fördern und auszubauen.[38] Auch hier hat sich also die Kunst an der Natur zu orientieren und vorsichtig ergänzend an ihr anzusetzen. Sie dient lediglich zur Vervollkommnung der Naturanlage.

Von den Vorstellungen zur N. in der letzten großen Philosophenschule in Griechenland vor dem Untergang der griechischen Polis, den Stoikern, ist nur wenig bekannt, wenngleich KLEANTHES und CHRYSIPP eine Reihe von (nicht erhaltenen) Rhetoriklehrwerken verfaßt haben.[39] Immerhin lassen einige Fragmente von Chrysipp erkennen, daß er (wie schon Platon und Aristoteles) davon ausging, daß das Herstellungsverfahren eines Kunstwerks an der Natur orientiert ist und Vernunft, Phantasie und Nachdenken dabei eine zentrale Rolle zukommt.[40] Ziel ist für ihn (wie auch für Kleanthes) ein künstlerisch gestaltetes aber ausschließlich der Wahrheit dienendes Wortkunstwerk.

In *Rom* hat sich der unbekannte, als AUCTOR AD HERENNIUM geläufige Verfasser des ersten lateinischen Rhetoriklehrwerks nur beiläufig (und unter dem Gesichtspunkt der *natura* des Menschen) mit dem Problem der N. befaßt. Für ihn stehen die Verfertigungsstufen einer Rede (*inventio, dispositio, actio, memoria* und *elocutio*) in Zentrum seiner Ausführungen. Nur bei der Behandlung der Stimmkraft (*magnitudo vocis*) und dem Gedächtnis (*memoria*) hebt er die Bedeutung der *natura* hervor. «Die Stimmkraft», schreibt er, «ist vor allem von der Natur gegeben. Das Bemühen (*adcuratio*) um sie mehrt sie ein bißchen, aber vor allem erhält es sie.» [41] Ähnlich wie bei der Stimmkraft ist auch das Gedächtnis für den Auctor ad Herennium von der Natur gegeben; es kann aber in einem Maße durch Kunstgriffe gefördert werden, daß er sich dazu veranlaßt sieht, neben dem rein ‹natürlichen Gedächtnis› (*memoria naturalis*) von einem ‹künstlichen Gedächtnis› (*memoria artificialis*) zu sprechen.[42] In ihrer Effektivität lassen sich die beiden Arten der *memoria* nicht voneinander unterscheiden, denn durch Kunstgriffe können diejenigen, die nicht von Natur mit einer außerordentlichen *memoria* begabt sind, ihre Defizite gegenüber denen mit einer *memoria naturalis* Versehenen ausgleichen.[43] «Denn», hält der ‹Auctor› erklärend fest, «in dieser Sache verhält es sich nicht anders als bei den anderen Künsten: daß die wissenschaftliche Lehre aufgrund von natürlicher Begabung und die Natur aufgrund von Kunstvorschriften erglänzt».[44] Mit anderen Worten: Natur und Kunst sind bei nicht hervorragend von Natur aus Begabten voneinander abhängig, sind aufeinander angewiesen und nur im harmonischen Zusammenspiel von ihnen [45] ist es möglich, eine der *memoria naturalis* ebenbürtige *memoria artificialis* zu erlangen.

Weit ausführlicher hat sich der zu seiner Zeit führende lateinische Redner und Rhetoriktheoretiker CICERO mit dem Verhältnis von Natur und Kunst in der Redekunst befaßt und dabei sowohl dem Kunstcharakter der *ars rhetorica* als auch der Bedeutung der *natura* bei der Ausbildung des Redners Aufmerksamkeit geschenkt. Abgesehen von der rhetorischen Lehre der Stoiker, die nach seiner Auffassung, wenn man sie studiere, dem Verstummen und nicht der Redekunst diene [46], hat Cicero die Anregungen seiner griechischen Vorgänger in der Rhetorik weitgehend aufgenommen und in seinen Arbeiten ‹De inventione›, ‹De oratore› und der Schrift ‹Orator› weiterentwickelt. Er hat im Hinblick auf die *ars rhetorica* die wohl radikalste Frage gestellt: ob es sie überhaupt gebe.[47] Denn immerhin ließe sich ja als Argument vorbringen, daß z.B. die gerichtlichen Vorträge weniger nach einem einheitlichen System als nach dem Geschmack der Menge und des Volkes ausgerichtet seinen.[48] Allenfalls nachträglich habe aus diesen Reden eine Unterteilung in Gattungen und Teilbereiche vorgenommen werden können [49]; diese Aufgliederung aber könne, da sie weder «auf gründliche Einsicht und vollständige Erkenntnis der Materie» [50], noch auf «Distanz vom Urteil bloßer Meinung und wissendes Begreifen» [51] gegründet sei, nicht als *ars* im strengen Sinne angesehen werden: wo eine vollgültige *ars rhetorica* die Beredsamkeit erst begründet hätte, leite sie umgekehrt ihre Regeln aus den Zeugnissen praktischer Beredsamkeit ab. – Ist also die *ars* ursprünglich von einer offensichtlich nicht durch ein Regelsystem vorgeprägten Redekunst abgeleitet? Und wie stellt sich das Verhältnis zwischen *natura* und *ars* in der weiteren historischen Entwicklung der Redekunst dar? – Bei Cicero findet sich keine eindeutige Antwort auf diese Fragen. Seine Aussagen zur N. lassen aber eine Grundtendenz erkennen. Die Redekunst hat sich nach Ciceros Ausführungen in seiner Frühschrift ‹De inventione› natürlich herausgebildet: In Vorzeiten, als die Menschen noch wild waren, sei es einem weisen Mann dadurch, daß er in seiner Rede Vernunftgründe vorbrachte und gewandt sprach, gelungen, daß die Menschen «aufmerksamer zuhörten und aus wilden und schrecklichen zu sanften und zugänglichen Wesen» wurden.[52] Diese noch rudimentäre Beredsamkeit sei in den nachfolgenden Zeiten zu einem lehrbaren System ausgebaut worden, denn sie sei nun einmal nicht nur (wie bei diesem anzunehmenden ersten weisen Mann) durch Naturanlage, sondern auch durch Übung und durch ein theoretisches System zu erwerben.[53] Sie kann also durch Lehre vermittelt werden. Die Heranbildung in der Redekunst hat für Cicero unter starker Berücksichtigung der Naturanlage des Schülers zu erfolgen: «Diejenigen», schreibt er in ‹De oratore›, «die jemand unterrichten und ausbilden, müssen mit besonderer Sorgfalt beachten, in welche Richtung einen jeden seine Naturbegabung (*natura*) am ehesten zu drängen scheint. Wir sehen ja, daß gleichsam aus ein und derselben Schule der in ihrer Art jeweils führenden Meister und Lehrer Schüler hervorgegangen sind, die ganz verschieden voneinander waren und doch Lob verdienten, da sich die Unterweisung ihrer Lehrer nach der Naturanlage (*natura*) eines jeden richtete».[54] Die Natur hat nach seiner Auffassung dem Menschen die Befähigung zum Reden gegeben, die durch die Kunst nur noch ergänzt werden kann.[55] Im Grunde, so Cicero, könne der Lehrer angesichts der Naturanlage nicht mehr viel ausrichten [56], sollte aber, wie dies Isokrates in vorbildhafter Weise getan habe, die Natur des Schülers gezielt fördern.[57] Die Ausbildung erfolgt dabei v.a. durch Nachahmung (*imitatio*) musterhafter Redner und ihrer Reden.[58] Auch das System der Regeln der Redekunst, an dem sich Lehrer wie Schüler orientieren, ist für Cicero aus der natürlichen, bereits bestehenden Beredsamkeit destilliert. So hält er in ‹De oratore› ausdrücklich fest, daß «nicht die Beredsamkeit aus einem theoretischen System, sondern das theoretische System aus der Beredsamkeit entstanden» ist.[59] Die *ars* ist also ein aus der Beobachtung der Natur und vorbildhafter Reden zusammengetragenes Regelsystem. Wie er auch an anderer Stelle im Hinblick auf das komplexe Verhältnis von Natur und Kunst festhält: der sprachliche Ausdruck besteht von Natur aus, aber es gibt keine Möglichkeit des Ausdrucks, die nicht der Kunst und ihren Regeln unterliegt.[60] Was über den sprachlichen Ausdruck hinausgeht, was etwa die (dem Redner von Natur gegebene) Leidenschaft beim Reden [61], auch Witz und Humor betrifft [62], ist dagegen nicht in Regeln zu fassen. Die Leistung eines Redners ergibt sich für ihn dann auch letztlich aus der vollendeten Förderung seiner Naturanlage durch Fleiß und Sorgfalt [63], wobei die Kunst mit ihrem an der Natur ausgerichteten Regelsystem allenfalls Orientierung bieten kann.[64] Daß das kunstvolle Reden aus der Verbindung von Naturanlage und an der Natur orientierter Kunst entsteht, macht Cicero auch in seiner Schrift ‹Brutus› deutlich, in der er die Leistungen griechischer und römischer Redner bis auf seine Zeit kritisch untersucht. Dabei zeigt er auf, daß sich die großen Redner schon durch ihre Natur auszeichneten, die durch die Kunst nur noch leicht ergänzt zu werden brauchte.[65] Die Kunst tritt dabei bestenfalls nicht in Erscheinung. Selbst Neuerungen in der Redekunst wie die rhythmische Gliederung der Rede durch Isokrates, schreibt er, seien so eingeführt worden, als wenn sie nicht künstlich angestrebt worden wären.[66] Wie hier wiederum aus der kritischen Beurteilung der großen Rednerpersönlichkeiten deutlich wird, dient die Kunst für Cicero auch dazu (und er hat dies deutlich ausgesprochen[67]), die Wahrnehmung zu schärfen und durch sie eine bessere Orientierung an einer natürlichen Ausdrucksweise zu ermöglichen. Im Grunde genommen kommt es ihm nämlich auf die Ausrichtung der Redekunst an der natürlichen Beredsamkeit an; und in dem Sinne ist es auch zu verstehen, wenn er Crassus in seinem Dialog ‹De oratore› erklären läßt, daß es kein «oder nur ein ganz unbedeutendes» (normatives) System der Redekunst gibt.[68]

Wie in der Theorie so läßt sich auch in der Praxis, anhand der erhaltenen Zeugnisse antiker Redekunst, an den schriftlich überlieferten Reden, in den Bereichen der Stoffanordnung (dispositio) und sprachlichen Ausgestaltung (elocutio) das äußerst komplexe Wechselverhältnis von Natur und Kunst verfolgen. Hatte Cicero in seiner Abhandlung ‹De oratore› geschrieben, daß geradezu die Natur selbst der Rede die Stoffanordnung vorschreibt[69], erweist eine genaue Analyse z.B. seiner Gerichtsreden[70], daß er (wie auch andere Redner vor und nach ihm[71]) aus taktischen Gründen je nach dem verhandelten Fall spezifische Veränderungen in der dispositio vornahm.[72] Die Vielschichtigkeit der Problemlage der N. in der Redepraxis wird hier deutlich, wenn man sich vergegenwärtigt, daß in einer zweckmäßigen Rede der Einsatz der Regeln der Kunst (praecepta), der eine durch den Einzelfall (causa) bedingte künstliche Stoffanordnung (ordo artificialis) bewirkt, sehr unterschiedlich motiviert sein kann[73]: das Abgehen von der natürlichen Anordnung, dem ordo naturalis, kann der Sachlage, den Redeumständen und dem Argumentationsziel entsprechend nach den Vorschriften der Kunst, nach dem Vorbild beispielhafter Reden anerkannter Rhetoren (exemplum) oder dem (naturgegebenen) ingenium des Redners selbst erfolgen.

In der elocutio zeigt sich die vielschichtige Problemlage des Verhältnisses von Natur und Kunst in nicht geringerem Maße. Hier birgt schon die Unterscheidung der verschiedenen Stilhöhen einen Ansatzpunkt für die Frage nach natura und ars in der Rede. So konnte der zu unterschiedlichen Zeiten verschieden charakterisierte, aber stets durch Einfachheit gekennzeichnete niedrige Stil (genus subtile)[74], der sich am alltäglichen Sprachgebrauch orientierte, als natürlich erscheinen, zumal sich der mittlere und der hohe Stil durch größeren Einsatz stilistischer Kunstmittel von ihm abhoben.[75] Zudem konnten sich verschiedene Redestile ausbilden, die durch betonte Künstlichkeit oder – im Gegenteil – durch ausdrückliche Vermeidung gekennzeichnet waren. Zu Zeiten Ciceros hat sich so z.B. ein Vortragsstil ausgebildet, dessen Vertreter von ihren Gegnern nach der Herkunft ihrer Sprechweise aus der Provinz Asia als ‹Asianisten› bezeichnet wurden.[76] Die genera Asiaticae dictionis, die beiden Spielarten der asiatischen (häufiger: ‹asianischen›) Diktion, die Cicero in seiner Schrift ‹Brutus› unterscheidet[77], waren aufgrund von bewußt eingesetzten Stilmitteln durch auffällige Künstlichkeit gekennzeichnet. Durch das Einfügen von Sätzen (sententiae), die durch ihre kunstvolle Gestaltung Aufmerksamkeit erwecken sollten[78], durch die «Wahl zierender und geistreicher Wörter»[79] und durch einen Vortrag ihrer Reden in einem weichlichen Tonfall[80] wollten die Vertreter dieser Stilrichtung bei ihren Zuhörern Beachtung finden. HORTENSIUS HORTALUS, der berühmteste ‹asianische› Redner[81], hatte sich (wie Cicero berichtet) in jungen Jahren dieser gekünstelten Sprechweise bedient und sich damit bei der Jugend und bei der breiten Masse einen großen Namen gemacht.[82] In späteren Jahren hatte er sich aber von dieser Vortragsweise zunehmend entfernt[83] – nach Meinung Ciceros zurecht, denn für ihn stand ein derart gekünstelter Stil dem Alter nicht an.[84] Cicero, der selbst zeitweilig als Vertreter des asianistischen Stils angesehen worden war[85], hat sich schließlich in seinen theoretischen Schriften und in seinen Reden für einen Vortragsstil stark gemacht, bei dem diese gesuchte Künstlichkeit vermieden wird und der trotz des Einsatzes von Kunstmitteln natürlich wirkt. Diese ‹natürliche› Diktion sollte sich schließlich auf ganzer Linie durchsetzen: Zeugnisse des Asianismus sind nicht erhalten.

Auch wenn mit dem Untergang der Republik und der Begründung des Prinzipats durch Oktavian die Möglichkeiten der öffentlichen Rede stark eingeschränkt waren, lebte die Redekunst im 1. Jh. nach Christus zumindest in den Schulen fort. Namentlich ANNEUS SENECA D. Ä. hat in seiner Schrift ‹Oratorum et rhetorum sententiae divisiones colores› seinen Schülern die Beschäftigung mit der Rhetorik ans Herz gelegt. Sein Einsatz konnte jedoch nicht darüber hinwegtäuschen, daß die große Zeit der Redekunst vorüber war. TACITUS hat in seinem ‹Dialogus de oratoribus› dementsprechend einen Abgesang auf die klassische, republikanische Rhetorik angestimmt. Die drei Gesprächspartner seines ‹Dialogus› sind sich darüber einig, daß die Redekunst zu Zeiten Ciceros ihren Höhepunkt hatte[86] und danach ihr Niedergang einsetzte.[87] Zwar fehlt es nach Ansicht des Tacitus nicht an Menschen, die wie der Gesprächsteilnehmer seines Dialogs M. Aper «eher durch Begabung und Kraft natürlicher Veranlagung als durch Bildung und Wissenschaft den Ruhm der Beredsamkeit erlangt» haben[88], wie überhaupt nach Meinung von Tacitus die Natur Rednertalent versagen kann[89] oder umgekehrt Naturbegabung einen Redner auf den Gipfel der Wortkunst zu tragen vermag.[90]. Dennoch bedarf die Naturanlage seiner Ansicht nach der gezielten Förderung und Vervollkommnung: zunächst bereits durch die Mutter, durch die (wie auch zu anderen Künsten) eine Neigung zur Redekunst geweckt werden kann[91], dann durch gezielte praxisnahe Ausbildung in der Redekunst, die für Tacitus am besten auf dem Forum der republikanischen Ära gewährleistet war und durch die wirklichkeitsfernen Schulübungen der jüngeren Zeiten nicht im entferntesten erreicht werden konnte.[92]

Um den Defiziten in der Rednerausbildung wenigstens teilweise abzuhelfen, hat es Tacitus' Zeitgenosse QUINTILIAN unternommen, in den zwölf Büchern seiner ‹Institutio oratoria› eine Summe des Wissens über das System der Rhetorik und die Methoden ihrer Vermittlung zu ziehen. Dabei hat er sich des Problems, was denn die Redekunst eigentlich ist und wie ihr Verhältnis zur Natur bestimmt werden kann, intensiv angenommen. Für Quintilian stellt sich die Frage nach der N. in seiner ‹Institutio oratoria› vor allem von der Lehrpraxis her. Er widmet dem Problem des Kunstcharakters der Rhetorik ein ganzes Kapitel[93], in dem er u.a. klar macht, daß die Redekunst nicht nur (wie behauptet wurde) eine Naturbegabung ist[94], sondern darüber hinausgeht: die Kunst bringt Dinge zur Vollendung, die in der Natur angelegt sind.[95] Wie dies schon Cicero gelehrt hatte, ist auch für

Quintilian die Redekunst aus der Natur hervorgegangen. Die Lehren der Rhetorik, schreibt er, stammten aus der Natur und sollten so nicht als Erfindungen der Lehrer erscheinen, sondern als Beobachtungen, die diese in der Redepraxis gemacht und zusammengetragen hätten.[96] In gewissem Maße ist (etwa bei der Wortfügung) schon in der Natur Kunst enthalten[97], die in Lehren niedergelegt werden kann. Im Hinblick auf die Rednerpersönlichkeit bildet die individuelle Natur des Menschen für Quintilian eindeutig die Grundlage für die an ihr ansetzende Ausbildung in der Rhetorik.[98] Die Aufgabe des Lehrers besteht dann darin, die Naturanlage durch Hinzutun oder Wegnehmen auszubilden.[99] Wie er betont, reicht es nicht, mit einer Redebegabung auf die Welt gekommen zu sein.[100] Die Begabung bedarf der Ausbildung durch die *ars*, wobei die größte Kunstfertigkeit darin besteht, sich die Natur des Auszubildenden bestmöglich entfalten zu lassen.[101] Jede Künstlichkeit lehnt er ab[102], sei es nun in der *elocutio*, der *pronunciatio* oder *actio*. Die größte Kunst beim Redner ist für ihn vielmehr dann erreicht, wenn die Kunst nicht mehr als Kunst erscheint.[103] Das ausgebildete Redevermögen soll wie angeboren, nicht wie angelernt wirken.[104] In einem Satz: «Die Kunst hört auf eine Kunst zu sein, wenn sie erscheint.»[105] Die Legitimität der Ausbildung in der so an der Natur orientierten und in einer neuen (hinzugefügten) Natur aufgehenden Redekunst macht Quintilian schließlich in einem markanten Beispiel deutlich: Wie die Athleten ihre Muskeln auf natürliche Weise stählten und dadurch ihre Kräfte steigerten, so spreche jeder, der aus seiner Rede mit Unterstützung der *ars* etwas zu machen wisse, der Natur der Beredsamkeit gemäß[106], die die persönliche Anlage auf «natürliche» Weise ergänzt und (wie das Beispiel veranschaulicht) zwar als ausgebildet empfunden wird, aber als naturgemäß in Erscheinung tritt.

Für die Frage der N. in der Rhetorik hat schließlich noch der als PSEUDO-LONGINUS› bezeichnete unbekannte Autor der Schrift Περὶ ὕψους (Perí hýpsus, Vom Erhabenen) durch die Verbreitung seines Werks in der frühen Neuzeit nachhaltig gewirkt. Auch er wendet sich gegen die Auffassung, daß es genüge, mit einer Naturanlage geboren worden zu sein.[107] Sie benötigt seiner Meinung nach auf jeden Fall die Korrektur durch die Kunstlehre. In einer aufschlußreichen Passage zu Beginn seines Werkes hält er über das Zusammenwirken von Naturanlage und Kunstlehre fest: «Ich [...] behaupte [...], daß die Natur im Leidenschaftlichen und Gehobenen meist nach eigenem Gesetz, aber trotzdem nicht ziellos und ganz ohne Regeln zu verfahren pflegt; und daß sie als der Ursprung, als Prinzip und Element des Werdens allem zugrunde liegt, daß aber die Methode vermag, das rechte Maß und den jeweils günstigen Augenblick festzulegen und überdies eine ganz sichere Schulung und Anwendung der Stilmittel zu schaffen, und daß große Naturen mehr gefährdet sind, wenn man sie ohne Wissen schwankend und schwerelos sich selber und ihrem blind verwegenen Drang überläßt, denn häufig bedürfen sie zwar des Sporns, aber genauso auch des Zügels.»[108] Mit anderen Worten: Die Kunstlehre mit ihren Regeln wirkt als Korrektiv; sie hat sich an der Natur zu orientieren und die individuelle Naturanlage des Redners behutsam an ihr auszurichten. Das Zusammenspiel von Naturanlage und Kunstlehre ist für ‹Pseudo-Longinos› die Bedingung für das Gelingen eines wahrhaft erhebenden (und dabei eben nicht unnatürlich wirkenden) Wortkunstwerks[109], wobei (auch hier wieder) große Vorbilder die Zielrichtung vorgeben können.[110] Als Grunderkenntnis im Hinblick auf die N. läßt sich also bei ihm (wie bei den antiken Theoretikern der Rhetorik überhaupt) festhalten, daß die Natur in der Rhetorik das Bestimmende sein sollte, daß die Kunst an ihr ausgerichtet ist und dazu dienen sollte, die Naturanlage des Redners auf eine kunstvolle aber natürlich wirkende, die Kunst nicht in Erscheinung treten lassende Befähigung zum Reden hin auszubilden. Oder um es noch einmal mit Pseudo-Longinos zu sagen: «Die Kunst nämlich ist dann vollkommen, wenn sie Natur zu sein scheint, die Natur wiederum erreicht ihr Ziel, wenn sie unmerklich Kunst in sich birgt.»[111]

Nicht anders als in der Rhetorik stellt sich die Frage nach dem Verhältnis von Natur und Kunst auch in der *Dichtungstheorie*. ARISTOTELES hat sich in seiner nicht vollständig überlieferten ‹Poetik› mit der N. unter dem hier interessierenden Gesichtspunkt der Zweck-Mittel-Relation nur am Rande befaßt. Vermutlich hat er in einem der Poetik ursprünglich vorausgehenden, nicht erhaltenen Dialog Περὶ ποιητῶν (Perí poiētōn, Über die Dichter) ausführlich davon gehandelt. In seinen erhaltenen Ausführungen zur Dichtungstheorie spricht er jedenfalls nur im Zusammenhang mit der Erfindung von Metaphern von einer natürlichen Begabung: sie sei in der Poetik das Einzige, was man nicht von andern erlernen könne; sie sei ein «Zeichen von Begabung» (εὐφυίας τε σημεῖόν ἐστι)[112], denn «gute Metaphern zu bilden bedeutet, daß man Ähnlichkeiten zu erkennen vermag.»[113]

Läßt sich ein Einfluß der aristotelischen ‹Poetik› auf Zeitgenossen und Nachgeborene in der Antike kaum nachweisen, haben die dichtungstheoretischen Ausführungen des HORAZ seit ihrem Erscheinen nachhaltige Wirkung gezeigt. Zwar steht auch für Horaz in seiner ‹Ars poetica› die Gegenstand-Abbild-Relation in der Dichtung im Mittelpunkt, aber er hat auch Frage nach der N. in der Verfertigung eines Dichtwerks gestellt und für sich beantwortet: «natura fieret laudabile carmen an arte, / quaesitum est: ego nec studium sine divite vena / nec rude quod prosit video ingenium: alterius sic / altera poscit opem res et coniurat amice.» (Ob durch Naturtalent eine Dichtung Beifall erringt oder durch Kunstverstand, hat man gefragt. Ich kann nicht erkennen, was ein Bemühen ohne fündige Ader oder was eine unausgebildete Begabung nützt; so fordert das eine die Hilfe des anderen und verschwört sich mit ihm in Freundschaft).[114] Horaz gibt in der ‹Ars poetica› dementsprechend eine Anleitung zur rechten Handhabung der natürlichen Anlage im Zusammenspiel mit dem Rüstzeug, das die Dichtkunst bereitstellt. Eine göttliche Inspiration des Dichters lehnt Horaz mit unverhohlenem Spott ab.[115] Wichtig ist ihm, daß sich der Dichtende selbst einen Stoff wählt, der seinen (natürlich gegebenen und durch Ausbildung ergänzend erworbenen) Kräften entspricht[116], und daß er an den Produkten seiner Feder unter der kritischen Anleitung von Meistern der Kunst unermüdlich feilt.[117] Nur so kann seiner Meinung nach ein Dichtwerk entstehen, das bei aller dichterischen Freiheit geschlossen und einheitlich (und damit auch unter dem Gesichtspunkt der Gegenstand-Abbild-Relation) der Natur gemäß ist und in dem das Dargestellte in angemessener Weise wiedergegeben wird.[118]

Anmerkungen:

1 Quint. II, 17, 8. – 2 Menelaos: Ilias III, 96–110; Nestor: Ilias I, 247–253/254–284; Odysseus: Ilias III, 200 u. 221–224. – 3 Quint.

XII, 10, 64. – **4** z. B. Ilias XV, 410ff.; XXIII, 306ff.; Odyssee VI, 233; VII, 110ff. – **5** VS I, 23 B 57. – **6** Solon, Elegie, Frg. 1, Vers 49ff., in: E. Diehl (Hg.): Anthologia Lyrica Graeca, Fasc. I: Poetae elegiaci (^{3}1939) 24. – **7** Aischylos: Prometheus 435–470. – **8** Homer: Ilias II, 484ff. – **9** Aristophanes: Frösche 1030ff. – **10** Hor. Ars 391–402. – **11** VS II, 68 B 33. – **12** J. H. Waszink: Die Vorstellungen von der ‹Ausdehnung der Natur› in der griech.-röm. Antike und im frühen Christentum, in: FS B. Kötting, Jb. Antike und Christentum, Erg. Bd. 8 (1980) 30–38. – **13** dazu allerdings kritisch Th. Cole: Le origini della retorica, in: Quaderni Urbinati di Cultura Classica 52 (1986) 7–21 bes. S. 12f. – **14** Th. Buchheim: Maler Sprachbildner. Zur Verwandtschaft des Gorgias mit Empedokles, in: Hermes 113 (1985) 417–429. – **15** vgl. Norden Bd. 1, 15–25 u. 63–71. – **16** VS 82 B 11. – **17** ebd. B 11a. – **18** ebd. B 11. 8–15. – **19** so Dionysios von Halikarnassos: Demosthenes 25,4; ähnlich Xenophon: Symposion II, 26: in gorgianischen Redewendungen sprechend. – **20** diese Figuren in Verbindung mit Gorgias z. B. bei Cic. Or. 52, 175 (auch 12, 39): Antithese, Parisose u. Parhomoiose; ebenso Diodorus Siculus XII, 53, 4; Dion. Hal.: Demosthenes 1, 1 (Frg.) nur Parisose und Parhomoiose. – **21** VS 85 B 3–7; Cic. Or. 39, 175. – **22** Plat. Pol. 598 d/e; ebd. 599 c/d u. 601 b. – **23** Plat. Gorg. 464 C 7; dazu auch: A Hellwig: Unters. zur Theorie der Rhet. bei Platon und Aristoteles (1973) 79, 81. – **24** Plat. Phaidr. 262c; auch: Gorg. 459a–460a. – **25** Platon: Gesetze 888 e–890 a. – **26** ebd. 890 d. – **27** Aristoteles: Physik 194 a 21f. – **28** Heraklit: VS 1, 22 B 10; Ps.-Aristoteles: De mundo V, 1176 a 7ff. – **29** ebd. – **30** Aristoteles: Politik 1337a1f. – **31** ebd. 1337a1f. – **32** Arist. Rhet. 1404b. – **33** ebd. – **34** ebd. 1404 b 25f. – **35** ebd. Buch III. Kap. 1 u. 2; 1403 b 4 – 1405 b 33. – **36** Isokrates, Κατὰ τῶν σοφιστῶν 17; Περὶ ἀντιδόσεως 187. – **37** περὶ ἀντιδόσεως 189–191; Übers. Verf. – **38** Κατὰ τῶν σοφιστῶν 14–18. – **39** M. Pohlenz: Die Stoa. Gesch. einer geistigen Bewegung. 2 Bde. (^{7}1992), I, 52f.; II, 31. – **40** SVF II, 23, 12ff.; III, 45, 38ff.; II, 334, 16f. – **41** Auct. ad Her. III, 11, 20. – **42** ebd. III, 16, 28. – **43** ebd. III, 16, 29. – **44** ebd. – **45** ebd. III, 22, 35f. – **46** Cicero: De finibus bonorum et malorum IV, 7. – **47** Cic. De or. I, 102. – **48** Cic. De or. I, 108. – **49** ebd. I, 109. – **50** ebd. I, 108. – **51** ebd. – **52** Cic. De inv. I, 3. – **53** Cic. ebd. I, 5. – **54** Cic. De or. III, 35. – **55** ebd. I, 202. – **56** Cic. ebd. I, 126. – **57** ebd. III, 35f. – **58** ebd. III, 125; II, 89, 129; aber auch ohne *imitatio*: II, 98. – **59** Cic. De or. I, 146. – **60** ebd. III, 216f. – **61** Cic. Brut. 93. – **62** Cic. De or. II, 216, 219, 247. – **63** ebd. II, 150 u. Brut. 22, 110f. – **64** Cic. De or. II, 150. – **65** Cic. Brut. 112, 236, 245, 272, 280; dagegen (negativ) *ars* über Natur: Brut. 239, 268. – **66** Cic. Brut. 33. – **67** Cic. Part. 20; Cic. De natura deorum II, 57ff. u. 145ff. – **68** Cic. De or. I, 102 u. 108. – **69** ebd. II, 307. – **70** vorbildlich dazu: W. Stroh: Taxis und Taktik. Die advokatische Dispositionskunst in Ciceros Gerichtsreden (1975), 13ff. 71 – **72** ebd. 25. – **73** ebd. 16ff.; dort auch das Folgende. – **74** Cic. Or. 21, 69; Quint. XII, 10, 58. – **75** zum *genus medium* (Cicero: *modicum*) und zum *genus grande*: Quint. X, 12, 58–61; Cic. Or. 26, 91–27, 97. – **76** dazu Dion. Hal. Or. vet. 1; Cic. Brut. 95, 325; Cic. Or. 69, 230; Quint. XII, 10, 12. – **77** Cic. Brut. 65, 326–66, 329; auch: Cic. Or. 69, 230. – **78** Cic. Brut. 95, 325. – **79** ebd. – **80** Cic. Or. 8, 27. – **81** Schanz-Hosius: Gesch. der röm. Lit. Erster Teil. Die röm. Lit. in der Zeit der Republik (1927) 385. – **82** Cic. Brut. 95, 325f. – **83** ebd. 95, 327. – **84** ebd. – **85** Quint. XII, 10, 12 u. Tac. Dial. 18, 4f. – **86** Tac. Dial. 14f. u. 28–32. – **87** ebd. 24. – **88** ebd. 2, 1. – **89** ebd 10, 3. – **90** ebd. 10, 5. – **91** ebd. 28, 5. – **92** ebd. 33–35. – **93** Quint. II, 17. – **94** ebd. II, 17, 5. – **95** ebd. II, 17, 9f. – **96** ebd. VIII. pr., 12. – **97** ebd. IX, 4, 120. – **98** ebd. XI, 3, 10–13. – **99** ebd. X, 2, 19–21 u. II, 8, 1–15. – **100** ebd. XI, 3, 10–13. – **101** ebd. IX, 4, 5. – **102** ebd. II, 5, 10–12; V, 12, 17–22. – **103** ebd. II, 11, 3. – **104** ebd. IV, 2, 127. – **105** ebd. IV, 2, 127. – **106** ebd. XII, 10, 41–44. – **107** Ps.-Long. Subl. 2, 2. – **108** ebd. – **109** ebd. 8, 1. – **110** ebd. 13, 2. – **111** ebd. 22, 1. – **112** Arist. Poet. 1459a6f. – **113** ebd. 1459a7f. – **114** Hor. Ars 408–411. – **115** ebd. 453ff. – **116** ebd. 38–41. – **117** ebd. 289–291. – **118** ebd. 1–5.

II. *Spätantike und Mittelalter.* Die Grundgedanken, die bei der Erörterung der N. in der Antike vorgebracht wurden, sind in den nachfolgenden Jahrhunderten in mehr oder weniger deutlicher Orientierung an den Meistern vor allem der römischen Redekunst nur noch unwesentlich ergänzt worden. Die Geschichte des Problemkreises stellt sich daher vor allem von den literaturtheoretischen und lebenspraktischen Kontexten aus dar, in denen die Frage nach Naturbezogenheit und Kunstcharakter der *ars rhetorica* aufgeworfen werden.

In der christlichen Literatur der Spätantike, die gedanklich in das Mittelalter überleitet, wird das Problem der N. zwar häufig nicht unmittelbar benannt, aber indirekt schon im Zusammenhang mit der sprachlichen Gestaltung der Bibel erörtert.[1] Dabei zeigt sich in den Erläuterungen zum kunstlosen Sprachgebrauch in den Heiligen Schriften gegenüber heidnischer Kritik zunächst ein ambivalenter Umgang mit dem Problem besonders des Neuen Testaments als «stilistischem ἄτεχνον» (átechnon; stilistisch kunstlosem Werk).[2] Zum einen wurde argumentiert, die christliche Religion habe sich, um die Welt zu gewinnen, einer allgemein verständlichen, einfachen Sprache bedienen müssen.[3] So stellt z. B. LACTANZ die Frage: «Warum also kann Gott, der Schöpfer (*artifex*) von Verstand und Stimme und Sprache, nicht mit Beredsamkeit sprechen?» um sogleich zu erklären, daß Gott mit höchster Vorsehung bestimmt habe, daß die göttlichen Dinge des Schmucks entbehrten, damit sie von allen verstanden würden.[4] In diesem Sinne argumentieren u. a. auch IOHANNES CHRYSOSTOMOS[5], THEODORET[6], ISIDOR VON PELUSION[7] und HIERONYMUS.[8] Daneben finden sich aber auch Gelehrte, die die heiligen Schriften als künstlerisch vollendet ansehen.[9] Prominentestes Beispiel dafür ist AUGUSTINUS, der in seiner Schrift ‹De doctrina christiana› minutiös aufweist, daß in den beiden Testamenten rhetorische Mittel in großem Umfang zur Anwendung gekommen sind.[10] Demnach war den christlichen Schriftstellern also prinzipiell sowohl eine ungeziert-natürliche als auch eine hoch artifizielle Ausdrucksweise möglich. Bis ins Mittelalter hinein läßt sich hinsichtlich des sprachlichen Ausdrucks ein «Widerstreit zwischen Theorie und Praxis»[11] feststellen. Er ergibt sich aus dem Problem, daß Christus als Religionsstifter die Weisheit dieser Welt abgelehnt, zu Fischern gesprochen und die im Geiste Armen selig gepriesen hatte, demnach also in einfachem, ungekünsteltem Stil zu sprechen war, zugleich aber die Erfordernisse der zivilisierten Welt für die Propagierung des Glaubens eine anspruchsvolle Ausdrucksweise erforderlich machten. Augustinus hat diesbezüglich für sich zwei Wege offengehalten: In seinen an ein weiteres Publikum gerichteten Schriften hat er geringschätzig von denen gesprochen, die der Sorgfalt in der Darstellung große Bedeutung beimaßen[12], hat aber für den Kreis der Gebildeten namentlich in seinem Werk ‹De doctrina christiana› eine christliche Rhetorik entworfen, in der er den Einsatz der Mittel der heidnischen Rhetorik für den christlichen Redner empfiehlt.[13] Für Augustinus baut der christliche Redner beim Einüben der aus erlernbaren Regeln ableitbaren Eloquenz[14] sein ihm von Gott gegebenes, angeborenes (also gewissermaßen natürliches) *ingenium* aus.[15] Dabei empfiehlt Augustinus weit mehr das Nachahmen von Vorbildern als das Erlernen von Kunstregeln, da der Redner (und gemeint ist hier vor allem der christliche Prediger) nur so auf anschauliche Weise all die Stilmittel zu beherrschen lerne, um seiner Aufgabe des Belehrens, Gefallens und Bewegens in vollem Maße nachkommen zu können.[16] Es nütze wenig, schreibt Augustinus, die Regeln der Rhetorik auswendig zu lernen, da kein Redner beim Sprechen mit dem Gedanken an das zu Sagende zugleich auch auf das Anwenden von Kunstregeln achte.[17]

Neben den *exempla* der Beredsamkeit ist aber auch eine von Gott verliehene Fähigkeit kunstvoll zu reden, von Bedeutung, wie die Beispiele von Menschen niederer Herkunft, etwa der Prophet Amos[18] oder die Apostel[19], deutlich machen. Wie bei ihnen so ist für Augustinus auch allgemein für den christlichen Redner eine natürliche Darstellungsweise besonders eindrucksvoll, bei der klar und verständlich bewiesen, dargelegt und widerlegt wird[20], wo eine niedrige Stilstufe verwendung findet, bei der der Stil gewissermaßen «nackt» seine Wirkung entfaltet.[21] Augustinus spricht an anderer Stelle in ähnlichem Zusammenhang auch von einer «diligens negligentia» (sorgfältige Nachlässigkeit), bei der eine zweckvolle Rede zwanglos im niederen Stil gehalten wird, aber doch die Grenze zum Alltäglichen nicht unterschritten wird[22], denn gänzlich kunstlos sollte seiner Meinung nach die Rede nicht sein.

Das Argument, das Augustinus für die von ihm in ‹De doctrina christiana› entworfene christliche Rhetorik vorgebracht hatte, daß nämlich die Christen die für sie genommen wertfreie Rhetorik nicht den Heiden zum Schmucke ihrer Irrtümer überlassen dürften, sondern sie im Kampf gegen sie einzusetzen hätten[23], liefert den mittelalterlichen Gelehrten die entscheidende Begründung für das Studium der antiken Redekunst.[24] Papst GREGOR DER GROSSE allerdings hat sich diesbezüglich entschieden für eine kunstlose Ausdrucksweise und gegen die Rhetorik ausgesprochen und für seine Schriften die Konsequenzen gezogen: «Gottes Wort» schreibt er in einer später vielzitierten Passage seiner ‹Moralia in Iob›, «verwehrt seinen Erklärern ausdrücklich einen nichtigen Wortschwall [...]. Deshalb habe ich es verschmäht, mich an eine Redekunst (*loquendi ars*) zu halten, wie sie uns ein oberflächlicher Lehrbetrieb aufzwingt. [...] ich lege keinen Wert auf die Wortstellung, die Formen der Verben und die Stellung der Präpositionen, denn ich halte es für ganz unwürdig, die Worte des himmlischen Orakels auf die Regeln des Donatus festzulegen.»[25] Wenn in diesem Zusammenhang nicht die Natur gegen die Kunst ins Feld geführt wird und nicht von einem Gegensatz *natura* und *ars* die Rede ist, kann der Grund dafür darin gesehen werden, daß die *ars* in diesen christlichen Zusammenhängen anders definiert wird. In einem aufschlußreichen, direkt auf die angeführte Passage bezogenen Text erklärt nämlich der Mönch ERMENRICH VON ST. GALLEN: «Was der Heilige Geist, der Urheber und die Quelle der ganzen Weisheit, durch den Mund seiner Heiligen spricht, ist nicht gegen die Kunst, vielmehr mit der Kunst gesprochen, weil er selbst die Kunst der Künste ist (quicquid [...] loquitur, non est contra artem, immo cum arte, quia ipse est ars artium).»[26] Und er ergänzt: «Deshalb mögen wir mit Ehrerbietung das ehren, was von den Heiligen an uns weitergegeben worden ist und mögen nicht mit frecher Streitsucht danach streben, das zu korrigieren, was ohne Zweifel ganz richtig ist.» Von daher, legt Ermenrich mit Blick auf die Verfertigung von Texten dar, habe es auch Gregor in seinen Schriften abgelehnt, sich den Regeln des Donat und der *ars loquendi* zu unterwerfen.[27]

Wie die mittelalterlichen Gelehrten und Prediger auch im einzelnen für sich entscheiden mochten, die Frage nach der N. wurde von ihnen in ihren Lehrschriften allenfalls als Relikt der antiken Rhetorik am Rande abgehandelt. Schon in den im Mittelalter weiterwirkenden antikrömischen Schriften zur Rhetorik, Ciceros ‹De inventione› (als ‹Rhetorica prima›) und der Rhetorik des ‹Auctor ad Herennium› (als ‹Rhetorica secunda›), wird das Thema nur gestreift. Und selbst Quintilians ‹Institutio› die erst ab dem 12. Jh. (unvollständig) größere Verbreitung findet, bewirkt keine Vertiefung der Frage nach der N. Die mittelalterlichen rhetorischen Lehrbücher und Summen des Triviums weisen keine eingehende Behandlung der N. auf, zeigen vielmehr eine Konzentration auf die technisch-formelhafte Vermittlung des rhetorischen Systems.[28]

Das zeigt sich auch in den *artes dictaminis*, den Anleitungen im Briefschreiben, die im Spätmittelalter Verbreitung finden[29]: In ihnen wird theoretische Reflexion einige wenige, präzis ausformulierte Regeln gesammelt, denen eine große Zahl illustrativer *exempla* beigegeben ist. Selbst die *artes arengandi*, die in den Kommunen Nord- und Mittelitaliens seit dem 13. Jh. aufkommenden Schriften, die zum öffentlichen Reden in den Volksversammlungen anleiten, sind praktisch ausgerichtet und enthalten neben Regeln und Beispielen allenfalls beiläufig Ausführungen zur Theorie, in denen die Frage nach dem Wechselverhältnis von Natur und Kunst nicht vertieft wird.[30]

Anmerkungen:
1 zusammenfassend bei Norden Bd. 2, 512ff. – 2 ebd. 516. – 3 ebd. 521–525. – 4 Lactanz: Divinae institutiones VI, 21, in: CSEL Bd. 19, 562. – 5 Ioannes Chrysostomos, MG in: 27 so. – 6 Theodoret, in: MG Bd. 83, 784. – 7 Isidor von Pelusion, in: MG Bd. 78, 1124. – 8 Hieronymus ep. 53. 9. – 9 Belege bei Norden Bd. 2, 526ff. – 10 Aug. Doctr. Buch IV. – 11 Norden Bd. 2, 529. – 12 Augustinus z. B. in Ennarratio in Psalmum 36, 26, in: ML Bd. 36, 386; Ennarratio in Psalmum 123, 8, in: ML Bd. 37, 1644. – 13 Aug. Doctr. bes. Buch IV. – 14 Aug. Doctr. IV, 3, 4. – 15 G. K. Mainberger: Rhetorica I. Reden mit Vernunft. Aristoteles. Cicero. Augustinus (1987) 350ff. – 16 Aug. Doctr. IV, 3, 4f. u. IV, 28, 61. – 17 Aug. Doctr. IV, 3, 4f. – 18 ebd. IV, 7, 16 – 19 ebd. IV, 7, 21. – 20 ebd. IV, 26, 56. – 21 ebd. – 22 ebd. IV, 10, 24. – 23 ebd. IV, 3, 2. – 24 dazu z. B. Hrabanus Maurus: Institutio clericorum III, 19. – 25 Gregor d. Gr. in: ML 75, 516; so auch in: Monumenta Germaniae historica. Epistolae I pars II., Nr. V. 53a, S. 355–358. – 26 Ermenrich von St. Gallen, zit. Norden Bd. 2, 525; Übers. Verf. – 27 ebd. – 28 vgl. R. McKeon: Rhetoric in the Middle Ages, in: R S. Crane (Hg): Critics and Criticism: Ancient and Modern (Chicago 1952) 260–296; Murphy RM. – 29 F. J. Worstbrock: Die Antikenrezeption in der ma. und humanistischen *Ars dictandi*, in: Rezeption der Antike: Zum Problem der Kontinuität zwischen MA und Renaissance, hg. v. A. Buck (1981) 187–201. – 30 dazu: A. Battistini, E. Raimondi: Retoriche e poetiche dominanti. 7. le *artes dictandi*, in: A. Asor Rosa (Hg.): Letteratura italiana, vol. 3/I (Turin 1984) 24–30; A. Schiaffini: Tradizione e poesia nella prosa d'arte ital. dalla latinità medievale a G. Boccaccio (Rom 1943) 11–36.

III. *Renaissance und Reformation*. Den Anbruch eines neuen Zeitalters im Zeichen der Wiederbelebung der Leistungen der antiken Autoren nach einer «finsteren Zeit» ihrer Vernachlässigung hat im 14 Jh. der italienische Gelehrte und Dichter F. PETRARCA heraufgeführt [1] Petrarca hat für die lateinische Prosa und Redekunst Cicero als Vorbild empfohlen.[2] Neben ihm spricht er Quintilian als Rhetoriklehrer höchstes Lob aus, auch wenn er sein Werk aufgrund unvollständiger Überlieferung nur zum Teil kannte.[3] Cicero und Quintilian sind dann bis ins 18. Jh. für die Ausbildung in der Redekunst (jenseits zeitweiliger stilistischer Umorientierungen) unangefochtene Autoritäten. Der von ihnen eingehend behandelten N. wird von den Humanisten in ihren Schriften allerdings zunächst nur wenig Aufmerksamkeit geschenkt. Als Grundkonstante läßt sich aber bei ihnen die Auffassung der Redegabe als Geschenk der

Natur festhalten, das der weiteren Ausbildung durch die Beschäftigung mit dem Regelsystem der *ars rhetorica*, durch das Studium und die *imitatio* vorbildhafter Autoren sowie durch Übung bedarf. In diesem Zusammenhang empfiehlt Petrarca die lockere Orientierung an Ciceros Schreibweise [4], an der er sich in der Prosa selbst ausgerichtet hat. Bei aller Bedeutung, die er der sprachlichen Vermittlung beimißt, ist es Petrarca aber primär um die Inhalte von Texten und Reden zu tun [5]; in der Süßigkeit von Worten (und damit einer besonderen Unterstreichung des Kunstcharakters) wittert er nur Schmeichelei und List. [6] Petrarcas erklärter Schüler L.C. Salutati erkennt in sprachlicher Begabung und geistiger Bildung Naturgaben, durch die sich der Mensch vom Tier unterscheidet. [7] Höchsten Ruhm erlangt für ihn daher derjenige, der sich durch die gezielte Ausbildung dieser Naturgaben darüber hinaus auch von seinen Mitmenschen abzuheben versteht. [8] Salutati betont die Bedeutung der *ars rhetorica* als Mittel auch zur persönliche Formung des Menschen. [9] G.F. Poggio Bracciolini, der 1416 in St. Gallen eine vollständige Kopie der ‹Institutio oratoria› entdeckt hatte, schließt sich in seiner Auffassung vom Erwerben der *eloquentia* Cicero und Quintilian an. Die *ars* mit ihrem Regelsystem ist für ihn nur Mittel zur Ausbildung der Naturanlage. [10] Ähnlich eingebettet in ein auf die Natur als «vorrangige Lehrerin des Lebens» [11] ausgerichtetes Erziehungs- und Lehrprogramm erscheint die Ausbildung der Rhetorik bei dem Pädagogen Guarino da Verona. [12]

Bei der schulischen Unterweisung in der *ars rhetorica* hat sich (die Gedanken der Humanisten aufnehmend) seit Mitte des 16. Jh. im katholischen Bereich der Jesuitenorden hervorgetan. [13] Ziel der Rhetorikklassen an den Lehreinrichtungen des Ordens ist nach dem allgemeinen Lehrplan der Societas Iesu, der ‹Ratio Studiorum›, die Heranbildung zur «vollkommenen Beredsamkeit» [14] nach ciceronianischem Muster. [15] Zwar wird dabei neben den verschiedenen Altersstufen auch der individuellen Begabung der Schüler Rechnung getragen [16], wie sich das Verhältnis von *ars* zu *natura* in der Ausbildung im einzelnen darstellt, bleibt jedoch unerörtert. Ausführungen hierzu finden sich dafür in den Veröffentlichungen einzelner Jesuiten wie L. Carbone [17] und C. Reggio [18], die sich in ihren Instruktionen zur Ausbildung eines geistlichen Redners eng an die Vorstellungen von Cicero und Quintilian anschließen.

Überragende Gestalt für die Ausbildung im gelehrten Schulwesen des protestantischen Deutschland ist der ebenfalls in humanistischer Tradition stehende Ph. Melanchthon. Bereits als junger Universitätslehrer hat er mehrere einflußreiche Lehrbücher verfaßt [19], darunter zwei, die für sein Verständnis der *ars rhetorica* von besonderer Bedeutung sind: die ‹Elementa Rhetorices› (1531) und ein später (1547) unter dem Titel ‹Erotemata Dialectices› erschienenes Lehrwerk der Dialektik (als Kunst des Lehrens [20]). Interessant ist dabei weniger, daß auch er Cicero, Quintilian und Aristoteles als vorbildhaft herausstellt; vielmehr verdient seine grundsätzliche (und originelle) Auseinandersetzung mit Begriff und Inhalt von *ars* und ihre Einordnung in sein Lehrsystem unter dem Gesichtspunkt der N. Beachtung. Unter einer «ars» versteht Melanchthon ein Instrument des Lernens. Er zählt sie in den Kategorien (*praedicamenta*) seines Dialektik-Lehrwerks zu den insgesamt vier «Kenntnissen der Ursprünge» (*noticiae principiorum*; neben *scientia, prudentia* und *fides*) [21], die er allesamt der Kategorie des «habitus» (Fertigkeit) zuordnet. Der «habitus» ist für ihn im Gegensatz zur «potentia naturalis» des Menschen, immer erworben: [22] «Die Fertigkeit (*habitus*), griechisch ἕξις (héxis ist die aus häufigen Handlungen bei den Menschen zusammengestellte Eigenschaft (*qualitas*), durch die die Menschen richtig und leicht jene Handlungen vollführen können, die von ihren Fertigkeiten (*habitus*) bestimmt und unterstützt werden.» [23] Zur Illustration der Möglichkeit der Zuordnung der *ars* zum *habitus* führt Melanchthon das Beispiel eines Malers an, der durch die Malkunst (*ars pingendi*) dazu befähigt wird, die Linien, die er von Natur aus (durch seinen *habitus*) zu ziehen befähigt ist, leichter und sicherer zu ziehen und sich so vor anderen hervorzutun. [24] Mutatis mutandis ist auch die *ars rhetorica* [25] bei ihm also an der Natur orientiert und bildet die bereits vorhandene Naturanlage des Schülers weiter aus.

Wie unterschiedlich stark reflektiert die N. in der Rhetorik bei den Gelehrten der Renaissance und der Reformation auch im einzelnen sein mag – mit ihren antiken Meistern verbindet sie alle, daß sie bei der Ausbildung der Naturanlage durch eine *ars* der Nachahmung von Vorbildern zentrale Bedeutung beimessen. Darüber aber, wie weit diese *imitatio* einzelner Autoren gehen (und die *natura* des Schülers in eine bestimmte Richtung lenken) sollte, herrschen Meinungsverschiedenheiten. Sie führen am Ende des 15. Jh. zu einem publizistischen Schlagabtausch zwischen Befürwortern einer strengen *imitatio* von einzelnen Vorbildern (P. Cortesi, P. Bembo) und jenen einer eher lockeren Orientierung an verschiedenen Autoritäten zum Zwecke eines individuellen Wetteiferns mit den antiken Autoren und Vorbildern (*aemulatio*), so bei A. Poliziano, G. Pico della Mirandola, Erasmus von Rotterdam. [26] Daß die Frage der N. dabei zentral berührt wird zeigt am deutlichsten der Dialog ‹Ciceronianus› (1527) des Erasmus, in dem die Argumente der Gelehrtenstreits zusammengetragen sind. Für Erasmus wird die Absurdität einer strengen Nachahmung (in dem von ihm kritisierten Fall Ciceros) unmittelbar augenfällig. Sie zeigt sich (u.a.) in einer Unfähigkeit, die Mittel der Kunst den natürlichen Gegebenheiten anzupassen. Nicht nur, daß man, wie Erasmus erklärt, nicht Cicero werden kann, weil man als Cicero hätte geboren werden müssen. [27] Vor allem behindert eine strenge Nachahmung Ciceros die Ausdrucksfähigkeit, da sich die Welt seit Ciceros Zeiten verändert hat. [28] Eine völlig unnatürliche, und d.h. hier: den natürlichen Gegebenheiten der Gegenwart nicht angepaßte, also das äußere, situativ-soziale *aptum* verletzende und dadurch realitätsfern-künstlich wirkende Ausdrucksweise ist die Folge der strengen Cicero-*imitatio*. Und gerade Künstlichkeit in der Rede sollte nach Auffassung von Erasmus vermieden werden.

Der letztgenannte Kritikpunkt ist besonders für die Höflingsrhetorik der frühen Neuzeit im Hinblick auf *elocutio* und *actio* von Bedeutung. [29] Die N. wird später in der sog. ‹politischen Rhetorik› (eben aufgrund der zentralen Stellung des situativ-sozialen *aptums* in der Politik) große Bedeutung erlangen. [30] In welch erfolgversprechender, den äußeren Umständen angepaßter Weise man im Idealfall bei Hofe reden sollte, stellt Erasmus' Zeitgenosse B. Castiglione in seinem epochemachenden [31], in Dialogform gehaltenen Werk ‹Das Buch vom Hofmann› (veröff. 1528) dar. Bei Castiglione spielt die N. eine zentrale Rolle, denn selbstverständlich soll der Hofmann über sämtliche Kunstgriffe der Rhetorik verfügen können, aber, um anmutig zu wirken und dadurch erfolgreich zu sein, der jeweiligen Situation angepaßt handeln und zugleich eine offene Zurschaustellung der Kunst vermeiden.[32] Er soll kunstvoll, aber so, als spräche die Natur selbst, sprechen.[33] Castiglione prägt für das dazu notwendige Verfahren der Verbergung der Kunst den Begriff der «sprezzatura», der mit «Lässigkeit» übersetzt werden kann.[34] Er läßt den Wortführer im Gespräch des ersten Buches über den idealen Hofmann Sinn und Bedeutung der «sprezzatura» wie folgt erklären: «Da ich [...] schon häufig für mich überlegt habe, woraus diese Anmut (*grazia*) entsteht, habe ich [...] die absolut universal anwendbare Regel gefunden, die mir in dieser Hinsicht bei allen menschlichen Angelegenheiten, die man tut oder sagt, mehr als irgendeine andere Gültigkeit besitzt, nämlich so sehr man nur kann, die Künstelei (*affettazione*) als eine rauhe und gefährliche Klippe zu vermeiden und, um vielleicht ein neues Wort zu gebrauchen, bei allem eine gewisse Art von Lässigkeit (*sprezzatura*) zur Anwendung zu bringen, die die Kunst verbirgt und den Anschein erweckt, daß das, was man tut oder sagt, mühelos und fast ohne Nachdenken zustande kommt.»[35] Mit anderen Worten: der ideale Hofmann soll, um mit seiner Anmut Eindruck zu machen, seine z.T. angelernten Qualitäten im Sprechen und Handeln als natürlich, als gleichsam angeboren erscheinen lassen.[36] Hier wie auch im Hinblick auf die rhetorische Ausbildung des Hofmanns gibt sich Castiglione als getreuer Schüler Ciceros zu erkennen[37]: die Naturanlage des Schülers ist für ihn vor aller Ausbildung in der *ars* zu berücksichtigen[38] und in der Anwendung hat die Kunst möglichst wie die Natur selbst zu erscheinen.[39] Aber auch Quintilian, der jede Zjererei ablehnte[40], hat für die Konzeption der *sprezzatura* Pate gestanden.

Stellt bei Castiglione Cicero noch eindeutig ein sprachkünstlerisches Ideal dar, beginnen in der zweiten Hälfte des 16. Jh. eine Reihe von Gelehrten sich stilistisch umzuorientieren und von Cicero abzuwenden. Die N. macht in der Diskussion für und wider die neuen stilistischen Vorlieben, die vor allem den Autoren der sog. ‹silbernen› Latinität galten, ein Kernstück der Argumentation aus.[41] M.A. MURETUS hatte sich in den sechziger Jahren des 16. Jh. aus persönlicher Neigung der kurzen, abgehackt wirkenden Schreibweise des jüngeren Seneca und des Tacitus zugewandt.[42] J. LIPSIUS hatte sich (von Muretus angeregt) ebenfalls für die Autoren des 1. Jh. n. Chr. zu interessieren begonnen.[43] Er erkennt in ihrer *brevitas* ein adäquates Ausdrucksmittel für die Wiedergabe der Entwicklung und des Gehalts von v.a. schriftlich niedergelegten Gedanken[44]: Durch die Lebendigkeit und Präzision der kurzen Ausdrucksweise kann ein Gesprächspartner direkt (ohne Umschweife) angesprochen werden.[45] Die durch *brevitas* gekennzeichnete Eloquenz ist für ihn spontaner Ausdruck des Zustands der Seele und des Körpers, ihr direkter (natürlicher) Ausfluß.[46] In der Einleitung zu seiner ersten Briefsammlung (1586) erklärt Lipsius dazu: «Erwartet jemand von einem Verfasser, daß er sein Material anordnet und edel disponiert, daß er seinen Ausdruck sorgfältig ausarbeitet und daran feilt? Man erwarte das nicht von mir [...]. Für mich müssen die Briefe unter der Hand, unter der Spitze der Feder selbst geboren werden. [...] Sie kommen wie eine reine Quelle aus dem Tiefsten meiner selbst heraus: so wie mein Geist und mein Körper zu dem Zeitpunkt sind, zu dem ich schreibe, so sind meine Briefe.»[47] Auf den weder auf die Verfertigungsstufen der *dispositio* noch der *elocutio* verstellten, sondern vielmehr natürlichen Ausdruck von Gedanken kommt es Lipsius an. Ciceros Rhetorik dagegen gibt für ihn, wie er an anderer Stelle erläutert, die Realität durch das Regelsystem, durch das alles zu Sagende bei ihm gepreßt werden muß, nur verzerrt wieder.[48] Ciceros Redekunst verstellt also nach Lipsius' Auffassung die Natur. Besonders die Erfahrungen mit seiner melancholischen Anlage haben Lipsius zur Überzeugung gebracht, daß die Gedanken vom Zustand des Körpers und der Seele abhängig sind, und daß ein stilistisches Regelwerk, nach dem sie zum Ausdruck gebracht werden sollten, nur verfälschend wirkt.[49] In diesem Sinne gibt er auch einem Kritiker seines bewußt kunstlosen Stils zu verstehen: «All das, was an meinem Stil beklagenswert ist, kommt von der Natur, ist kaum das Produkt von Arbeit (a natura est, vix a cura). Willst Du wissen, wie ich schreibe? Ich fließe aus, ich schreibe nicht (fundo, non scribo).»[50] In einer späteren Phase seiner Überlegungen zur Stilistik erkennt Lipsius in der knappen Formulierung und der klaren Struktur von Sentenzen (*sententiae*), in denen Autoren Gedanken verdichtet haben, ein neues natürliches Stilideal emphatischer Kürze.[51]

Gegen Lipsius und seine Anhänger wie P GRUTER [52] und E. PUTEANUS [53] hat sich A. SCHOTT als Verteidiger Ciceros zu Wort gemeldet.[54] Für ihn ist die unzweifelhaft persuasive Kraft Ciceros Ausfluß der vollkommenen Beherrschung der von Cicero in seinen theoretischen Schriften behandelten rhetorischen Kunstmittel.[55] Natürlichkeit zeigt sich für Schott nicht in der Spontaneität eines gewöhnlichen und formlosen Ausdrucks (wie ihn Lipsius propagiert hatte), sondern in einer kunstvoll gereinigten Sprache, durch die der inhaltliche und formale Beherrschung des durch sie zum Ausdruck gebrachten Gedankens offenbar wird.[56] Dies kann für Schott nur durch die Anwendung der Regeln der *ars rhetorica* bewerkstelligt werden, durch die seiner Ansicht nach prinzipiell für jeden die Möglichkeit besteht, das Stilideal Ciceros zu verwirklichen.[57] Schott räumt ein, daß den individuellen Temperamenten bei der Ausbildung des sprachlichen Ausdrucks Bedeutung zukommt, und erstellt auch eine Liste von Nationalcharakteren, durch die der sprachliche Ausdruck bei verschiedenen Völkern naturgegeben differiert.[58] Anders als Lipsius und seine Anhänger legt Schott, der das Ideal einer stilistischen Mittellage – μεσότης (mesótēs, Mitte) – zwischen den Extremen einer überbordenden oder allzu knappen Ausdrucksweise propagiert[59], dar, daß durch die Anwendung der Regeln der Kunst die manchen Charakteren eigenen stilistischen Extreme korrigiert und auf diese ‹mesótēs› zugeschnitten werden können.[60] Er verneint also keineswegs die Bedeutung der Natur eines Menschen; sie ist bloß anders als bei Lipsius und seinen Anhängern für ihn nicht das Entscheidende bei der Verfertigung eines Textes oder einer Rede. Für ihn ist die (geistige) Natur des Menschen die individuell ausgeprägte Grundlage für die an ihr korrigierend ansetzende Kunst. Insofern hat Schott die Position Ciceros im Hinblick auf seine Stilkonzeption und sein Verständnis des Wechselspiels von *natura* und *ars* nach der Ablehnung durch Lipsius und seine Anhänger wieder stark gemacht. Doch in der weiteren Entwicklung der Rhetorik war diese ciceronianische Haltung nur eine Position unter vielen, wie sich im 17. Jh. zeigen sollte.

Im Hinblick auf das Wechselverhältnis von Natur und Kunst setzen in der *Renaissancepoetik* die Stellungnahmen und Theoriebildungen zunächst an der ‹Ars Poetica› des HORAZ an.[61] Die ‹Poetik› des Aristoteles findet dagegen erst nach der zweisprachigen (griechisch-lateinischen) Ausgabe des A. DE' PAZZI von 1536 Beachtung[62], erfährt dann aber (vor allem in Italien) reiche Kommentierung. Infolge der Verschiebung der Interessen in Richtung auf Aristoteles ergibt sich aber keineswegs eine Verdrängung der horazischen Auffassungen durch die des Stagiriten, sondern häufig vielmehr eine Überblendung der beiden antiken Dichtungslehren.[63] Bei den Ausführungen der Dichtungstheoretiker und Kommentatoren zu Horaz und Aristoteles steht die N. im Hinblick auf die Gegenstand-Darstellungs-Relation eindeutig im Vordergrund. Ansatzpunkt bieten hier besonders die ersten 46 Verse der ‹Ars poetica› des Horaz[64], in denen der Dichter ermahnt wird, sein Werk in seiner Gesamtheit in den Blick zu nehmen, es nicht zu phantastisch, sondern an der Natur orientiert, in sich geschlossen und damit erst angemessen zu gestalten. Die Kommentatoren der Renaissance rücken dabei unterschiedliche Aspekte in den Vordergrund. Da die Kunst, so eine häufig vorgebrachte Ansicht, die Natur nachahme, müsse also der Dichter wie die Natur verfahren.[65] L. DOLCE hat dafür den Vergleich mit der Malerei herangezogen: Verse und Worte sind für ihn wie Pinsel und Farbe, mit denen der Dichter ein Bild von der Natur malt.[66] Für B. GRASSO bemißt sich der Wert eines Dichters geradezu daran, wie nahe er der Natur in seiner Dichtung kommt.[67] P. GAURICO geht in dieser Hinsicht so weit, Horaz nicht nur so zu lesen, daß sich der Dichter in der Darstellung nicht von der Natur entfernen dürfe[68], sondern will auch den sprachlichen Stil der Natur der beschriebenen Sache anpassen.[69] Aus diesem Grund bevorzugt auch etwa A. VELLUTELLO Blankverse, weil sie seiner Ansicht nach der Natur näher sind.[70] A.G. PARRASIO dagegen sieht hier keine Verbindung gegeben. Auch er ist zwar der Auffassung, daß Dichtung Nachahmung der Natur ist, und geht auch von einer prinzipiellen Gleichwertigkeit von Sachen (*res*) und Worten (*verba*) in der Dichtung aus, vertritt aber im Hinblick auf Natur und Kunst die Meinung, daß die *res* auf die Natur, die *verba* auf die Kunst zu beziehen seien.[71] N. COLONIO ist dagegen der Auffassung, daß die Verbindung von *res* und *verba* schon von der Natur selbst hergestellt wird und nimmt so die Kunst aus der res-verba Diskussion ganz heraus.[72] B. RICCI wiederum, der (ganz anders) in der Kunst eine Reduzierung der Natur auf Vorschriften erkennt, sieht für den Dichter die beste Lösung darin, die Natur durch Kunst zu ergänzen.[73] Für L. DOLCE war durch diese Ergänzung dem Dichter (der seiner Meinung nach von Natur und Kunst in gleichem Maße abhängig ist) die Möglichkeit gegeben, Mittelmäßigkeit in seiner Darstellung zu vermeiden.[74]

Ein anderer Problemkreis der N., die Natur des Dichters und seine Anwendung von Kunst (falls sie angesichts seiner Naturbegabung überhaupt noch von Bedeutung ist), wird vor allem von Dichtungstheoretikern angesprochen, die sich mit der Frage des dichterischen Furor im Anschluß an Platon auseinandersetzen. So erkennt etwa B. TASSO im göttlichen Furor des Dichters ein «dono di natura» (Geschenk der Natur)[75], wie auch für L. GAMBARA die Befähigung zur Dichtung den Menschen von der Natur eingegeben ist.[76] Für L. GIACOMINI wird dann, dieser göttlicher Furor vorausgesetzt, alle Beschäftigung mit Kunst und Regeln wie auch Übung überflüssig.[77] A. RICCOBONI ist diesbezüglich zurückhaltender, wenn er in der Befähigung des Menschen zur Dichtung Natur und Kunst gleichermaßen wirken sieht und dementsprechend eine klare Einteilung der dichterischen Tätigkeiten vornimmt.[78] Schon A.G. PARRASIO hatte der Natur des Künstlers (von Horaz ausgehend) Aufmerksamkeit geschenkt und die Meinung vertreten, daß sie vor allem in der *elocutio* zum Tragen komme, wohingegen *inventio* und *dispositio* Tätigkeitsbereiche seien, in denen die Kunst vorherrsche.[79]

Die italienischen dichtungstheoretischen Traktate haben auch im übrigen Europa große Wirkung entfaltet. In Frankreich hat vor allem J. DU BELLAY mit seinem Traktat ‹La Défense et Illustration de la Langue française› nachhaltig gewirkt, in dem er betont, daß sich ein Dichter nicht auf seine Natur verlassen dürfe, sondern unbedingt in der Kunst ausgebildet werden müsse.[80] In England greift W. SHAKESPEARE das Grundproblem der N. gegen Ende des 16. Jh. mit der ihm eigenen Sensibilität für die Klangmöglichkeiten der Sprache noch einmal auf, wenn er Mercutio zu Romeo sagen läßt: «Now art thou what thou art, by art as well as by nature.» (Jetzt bist Du was Du bist, durch Kunst wie auch durch Natur).[81]

Anmerkungen:
1 Argumente zusammengestellt bei: Th.E. Mommsen: Der Begriff des ‹Finsteren Zeitalters› bei Petrarca, in: A. Buck (Hg.): Zu Begriff und Problem der Renaissance (1969) 151–179. – **2** bes. Petrarca: Rerum familiarum libri XXIV, 4. – **3** ebd. XXIV, 7. – **4** gegen eine strenge *imitatio* vgl. ebd. I, 8, 5. – **5** Petrarca, Epistula ad posteritatem (Seniles XVI, 1, 12), Ausg.: Lettera ai posteri. A cura die G. Villani (Rom 1990) 42; auch: Rerum familiarum libri I, 3, 4; De remediis utriusque fortunae II, 102. – **6** ebd. I, 9; abhängig von Cic. Inv. I, 1 u. Aug. Doctr. IV, 1, 2. – **7** Epistolario di C. Salutati a cura di F. Novati. Vol. III (Rom 1896) 599. – **8** ebd. Vol. I, 179; Vol. III, 541. – **9** ebd. Vol. III, 599. – **10** G.F. Poggio Bracciolini, z.B. in: Epistola ad Andrea Alamanni, in: Bracciolini: Lettere, a cura di H. Harth. Vol. III (Florenz 1987) 353–356. – **11** R. Sabbadini (Hg.): Epistolario di Guarino Veronese (Venedig 1916) Bd. II, 272; E. Garin: Gesch. und Dokumente zur abendländischen Pädagogik II: Humanismus (1966) 33–39. – **12** ebd. – **13** B. Bauer: Jesuitische ‹Ars rhetorica› im Zeitalter der Glaubenskämpfe (1986). – **14** Monumenta Historica Societatis Iesu, Vol. 129 (Rom 1986) 192, 308, 424. – **15** ebd. 192. – **16** ebd. 192–200; 308–312; 424–430. – **17** L. Carbone: De caussis eloquentiae libri IIII (Venedig 1593) 19–32. – **18** C. Reggio: Orator christianus (Rom 1612) 39, 167f. – **19** P. Petersen: Gesch. der aristotelischen Philos. im prot. Deutschland (1921; ND 1964) 125. – **20** Ph. Melanchthon: Erotemata Dialectices, in: Corpus Reformatorum XIII 513f. – **21** ebd. 536. – **22** ebd. 535. – **23** ebd. – **24** ebd. – **25** ebd. 419. – **26** dazu z.B. Norden Bd. 2, 773ff.; I. Scott: Controversies over the Imitation of Cicero as a Model for Style and some Phases of their Influence on the Schools of the Renaissance (New York 1910). – **27** Erasmus Ciceron. 632. – **28** ebd. 629. – **29** W. Kühlmann: Gelehrtenrepublik und Fürstenstaat. Entwicklung und Kritik des dt. Späthumanismus in der Lit. des Barockzeitalters (1982) 193ff. – **30** U. Geitner: Die Sprache der Verstellung. Stud. zum rhet. und anthropologischen Wissen im 17. und 18. Jh. (1992) 51ff. – **31** P. Burke: Die Geschicke des «Hofmann». Zur Wirkung eines Renaissance-Breviers über angemessenes Verhalten (1996) – **32** B. Castiglione: Il libro del Cortegiano. Buch I, Kap. 26 (Mailand 1981) 59. – **33** ebd. Buch I, Kap. 34, 75. – **34** so auch in der dt. Übersetzung: B. Castiglione: Das Buch vom Hofmann (Il Libro del Cortegiano). Übers. und erl. von F. Baumgart (1986) 53f. – **35** Castiglione [32] Buch I, Kap. 26., 59f., Übers. Verf. – **36** ebd. 60f. – **37** A. Carella: Il libro del Cortegiano di B. Castiglione, in: A. Asor Rosa (Hg.): Letteratura italiana. Le opere I (Turin 1992) 1089–1126, hier 1113ff. – **38** Castiglione [32] Buch I, Kap. 37, 82; Cic. De or. III, 35f. u. Cic. Brut. 204. – **39** Cartiglione ebd. 59f.; Cic. Brut. 33. – **40** Quint. I, 6, 40. – **41** dazu ausführl. Ch. Mouchel: Cicéron et Sénèque dans la rhétorique de la Renaissance (Marburg 1990). – **42** ebd. 169ff.; M.W. Croll: Style, Rhetoric and Rhythm (1966) 107–162; F. Neumann: Ars historica. Famiano Strada, S.I. (1572–1649) und die Diskussion um die rhet. Konzeption der Geschichtsschreibung in Italien (Diss. München 1994) 49ff. – **43** E.-L. Etter: Tacitus in der Geistesgesch. des 16. und 17. Jh. (Basel/Stuttgart 1966) 115ff. – **44** Mouchel [41] 179ff. u. J. Lipsius: Epistolarum selectarum centuria

prima (1586) Praefatio ad lectorem. – **45** Lipsius ebd. – **46** ebd. – **47** ebd. – **48** J. Lipsius: Epistolarum selectarum centuria III Ad Belgas, Epistula 28. – **49** Mouchel [41] 185f. – **50** J. Lipsius: Epistolarum selectarum centuria II. Epistula 2 (1581). – **51** zusammenfassend: Mouchel [41] 195–205. – **52** ebd. 212–218. – **53** ebd. 218 – 235. – **54** ebd. 238ff. – **55** ebd. 239f.; A. Schott: Cicero a calumniis vindicatus, quid est Tullianarum quaestionum And. Schotti liber V (Antwerpen 1613) 104f. – **56** A. Schott: Tullianarum quaestionum libri de instauranda Ciceronis imitatione libri IV (Antwerpen 1610) 18f. – **57** ebd. – **58** ebd. 16f. – **59** ebd. 14f. – **60** ebd. 14ff. – **61** dazu B. Weinberg: A History of Literary Criticism in the Italian Renaissance, 2 Bde. (Chicago 1961), hier Bd. 1, 71–249. – **62** Aristotelis Poetica, per Alexandrum Paccium patritium Florentinum in Latinum conversa (Venedig 1536). – **63** vgl. Weinberg [61] 424ff. – **64** Bemerkung dazu z. B. Opera Horatii cum commentario Cristophori Landini (Florenz 1482) 154ff. – **65** dazu z. B. F. Pedemonte: Ecphrasis in Horatii Flacci Artem Poeticam (Venedig 1546) 6, 21; Sp. Speroni: Discoro dell'arte, della natura, e di Dio, in: ders.: Opere Bd. III (Venedig 1740) 364–367; so auch: Castelvetro, zit. Weinberg [61] 506f. 536; Sassetti: Sposizione della poetica, zit. ebd. 577. – **66** B. Grasso: Osservationi Nella Volgar Lingua (Venedig 1540) 88v. – **67** Oratione di M. Benedetto Grasso [...] contra gli Terentiani (Monte Regale 1566) 6. – **68** Pomponius Gauricus Super Arte Poetica Horatii (Rom 1541) Av-Aii [= Originalpaginierung]. – **69** ebd. – **70** A. Vellutello: A i Lettori, in: A. Ricchi: Comedia di Agostino Ricchi Da Lucca, Intitolata I Tre Tiranni (Bologna 1533) Aijv [= Originalpaginierung]. – **71** A. G. Parrasio: In Horatii Flacci Artem Poeticam Commentaria Luculentissima (Neapel 1531) 78ff. – **72** Q. Horatii Flacci Methodus De Arte Poetica per Nicolaum Colonium exposita (Bergamo 1587) 48. – **73** B. Ricci: De imitatione libri tres (Venedig 1545) 12v-13. – **74** La poetica d'Horatio tradotta per Messer Lodovico Dolce (Venedig 1535) A2v-A3 [= Originalpaginierung]. – **75** B. Tasso: Ragionamento della poesia (Venedig 1562) 12v. – **76** Laurentii Gambarae Brixiani Tractatio (Rom 1576) 22. – **77** L. Giacomini: Del furor poetico, in: ders.: Orationi e discorsi (Florenz 1597) 53–73, hier: 61. – **78** Poetica Antonii Riccoboni (Vicenza 1585) 7ff.; Schemata bei Weinberg [61] 606. – **79** Parrasio [7.] 6r-6v. – **80** J. du Bellay: La Défense et Illustration de la Langue française, Second Livre, Chapitre III: Que le naturel n'est suffisant à celui qui en poésie veut faire œuvre digne de l'immortalité. – **81** W. Shakespeare: Romeo and Juliet II, 4, 87f.

IV. *Barock.* Bereits im 16. Jh. bahnt sich in der Auseinandersetzung mit der Rhetorik eine Entwicklung anbahnt, die für die Geschichte der N. in der Redekunst des 17. Jh. von entscheidender Bedeutung ist: die auf P. RAMUS zurückgehende und von zahlreichen Gelehrten vorgenommene Zuordnung der Verfertigungsstufen der *inventio* und *dispositio* zur Dialektik [1], mithin die weitgehende Beschränkung der Rhetorik auf die *elocutio* [2] und die *actio*. [3] Das hat für die Redelehre zur Folge, daß sie in der Hauptsache auf die Psychagogik, also auf die Beschäftigung mit den Mitteln zur seelischen Lenkung von Hörern und Lesern, beschränkt wird. [4] Hier bleibt allenfalls ein Teil der *inventio* als Technik des Auffindens von sprachlich-stilistischen Hilfsmitteln zur Verstärkung von (durch die nun ‹dialektische› *inventio* bereitgestellten) sachlichen Argumenten erhalten. [5]

Für die Beschäftigung mit der N. bedeutet dies eine Konzentration auf die Auseinandersetzung mit Fragen der Genese sprachlich-stilistischer Charakteristika von Texten oder Reden eines Autors. Diese Eigenheiten können auf der einen Seite dem Wirken seines (natürlichen) *ingeniums* oder auf der anderen Seite dem Anwenden von bestimmten Kunstregeln zugeschrieben werden.

Bezugsautor einer auf das *ingenium* gründenden und somit als ‹natürlich› verstandenen Ausdrucksweise ist J. LIPSIUS, der im 17. Jh. zahlreiche Anhänger gefunden hat. [6] J. H. ALSTED läßt nicht ohne Grund eine neue Epoche in der Entwicklung des lateinischen Stils mit Lipsius beginnen. [7] Namentlich in einem Verteidigungsbrief für seine Stileigenheiten hat Lipsius einem Korrespondenten gegenüber die Bedeutung des *ingenium* beim Verfassen von Texten und Reden herausgestellt, der nachhaltige Wirkung beschieden sein sollte: «Um beim Stil stehenzubleiben: sag nur, wer unter den Alten und unter den Neuen schrieb oder schreibt nach derselben Art? Du wirst vielleicht einige finden, die sich ähnlich sind und das kaum; keine aber, die sich gleichen. Die Natur hat selten darüber nachgedacht, ob die Sprößlinge derselben Mutter ähnlich sind. Willst du dies bei dem Stil von so grundlegend verschiedenen Begabungen tun? [...] Von der innersten Quelle des *ingenium* stammen die Unterschiede: eine zerfließende Rede, eine gedrängte; eine fröhliche, eine ernste; jeden erfreut sie oder erfreut ihn nicht, ganz wie jeder verfaßt ist. Deshalb waren ganze Nationen einst unterschiedlicher Meinung über den besten Stil: und du kennst die attischen, asianischen, rhodischen Redner. Was wunderst Du Dich da bei einzelnen Menschen?» [8] Stilistische Freiheiten legitimiert Lipsius hier also über den Wandel von Geschmacksnormen, für die der einzelne Redner oder Literat nicht verantwortlich zu machen ist und denen gegenüber er sich nicht verpflichtet zu fühlen hat. Wie in der Natur so gibt es auch in der Redekunst keine zeitlosen Vorbilder, der Redner oder Literat kann seinem naturgegebenen *ingenium* volle Wirkungsfreiheit lassen. Infolgedessen werden nun in einem *ingenium*-gesteuerten persönlichen sprachlichen Ausdruck Stilregulative wirksam, die nicht mehr durch ein schulisches Regelsystem der *ars rhetorica* vermittelt sind, sondern unmittelbar von dem natürlichen *ingenium* sowie von der persönlichen Situation und der gesellschaftlichen Praxis des Redenden oder Schreibenden bestimmt werden. Lipsius ist (vor allem von Vertretern der Schulrhetorik) für diese Konzeption einer von dem *ingenium* bedingten Ausdrucksweise scharf angegriffen worden. [9] Aber er hat zahlreiche Anhänger gefunden, auch wenn viele von ihnen Lipsius eher imitierten als daß sie ihrem *ingenium* freie Ausdrucksmöglichkeit boten. D. G. MORHOF kann daher von der Mode des λιψιανίζειν (lipsianízein, etwa: Lipsianisieren) sprechen. [10] Gelehrte wie J. B. SCHUPP, der die Freiheit der individuellen Natur eines Redners gegenüber einer Einschränkung durch die (von ihm für die Ausbildung anfänglich durchaus als unerläßlich angesehene) *ars rhetorica* geltend macht, sind eher selten. «Ich glaube», erklärt er, «daß es das höchste Kunstwerk des Redners ist, zuerst aus dem Kompendium der Worte und Dinge zu lernen, dann aber seine eigene Natur nachzuahmen. Was auch immer ohne Zustimmung und gegen den Widerstand der eigenen Natur gesagt wird, ist affektiert. Der große Erasmus antwortete auf die Frage, wen er nachahme, er ahme Erasmus nach.» [11]

Lipsius konnte seinerseits mit seiner stilistischen Eigenwilligkeit, seinem Hang zu preziösem Vokabular und sententiösen wie concettistischen Spitzfindigkeiten als Urheber einer Reihe von im 17. Jh. verbreiteter modischer Neuerungen erscheinen. Sein Plädoyer für das persönliche *ingenium* zusammen mit seiner offen zum Ausdruck gebrachten Vorliebe für vor- und nachklassische Ausdrucksformen und seine «argute» Scharfsinnigkeit bilden den integralen Bestandteil von Stilschemata, die in die Theorie der ‹acutezza› oder ‹argutia› eingeflossen sind. [12] Hier wird ja dem menschlichen Geist die Fähigkeit zugeschrieben, durch Scharfsinnigkeit, durch die ungewohnte Verbindung von Vorstellungen neue, möglichst überraschende Effekte hervorzurufen – eine Fähigkeit, die als naturgegeben angesehen, schließlich aber auch in Regelwerken zu erfassen und zu vermitteln versucht wird. So veröffentlicht etwa M. PEREGRINI seine Schrift ‹Delle acutezze› 1639 mit dem Ziel, das vom *ingenium* vollzogene Verfahren der Verbindung von Vorstellungen systematisch zu erfassen und dadurch für Interessierte effizienter zu gestalten und leichter anwendbar zu machen.[13] Für die Frage nach dem Wechselverhältnis von *natura* und *ars* heißt dies, daß die *ars*, da ihre Regeln ja von dem Wirken eines (hier als idealtypisch vorgestellten) natürlichen *ingenium* abgeleitet sind, der Natur folgt. Ziel dieser Kunst ist es dann, dem Redner oder Literaten Mittel an die Hand zu geben, um das Vermögen seines *ingeniums* weiterzuentwickeln, ohne dabei sein so ausgebildetes Wirken künstlich oder angelernt erscheinen zu lassen. Noch deutlicher wird dies in PEREGRINIS Schrift ‹Fonti dell'ingegno ridotti ad arte› (1650), einer zwischen Rhetorik und Dialektik angesiedelten Topik. Zum einen faßt er hier die Verfahrensweisen, die zu einem ingeniösen Sprachgebrauch führen können, in Kunstregeln zusammen, macht aber zugleich das Recht eines jeden autonomen Individuums geltend, einen individuellen Stil auszuprägen.[14] Die Kunst dient hier nach Peregrini dazu, die individuelle natürliche Anlage (das *ingenium*) auszubilden und zu verstärken, ohne es zwanghaft zu verändern und dadurch zu verfälschen.

Die Rechte des Individuums fordert in gleichem Maße ein anderer Zweig der Argutia-Bewegung, der sich nicht dem freien oder assoziativen Spiel des *ingenium* verschrieben hat (dessen Folge leicht ein geradezu als asianistisch-weitschweifig erscheinender Stil sein konnte[15]), sondern einen lakonisch-sentenzenhaften Ausdruck bevorzugt.[16] Ziel ist es auch hier, bei Zuhörern oder Lesern Aufmerksamkeit zu erregen, aber allerdings mit der Prägnanz stilistischer Kürze. Durch diese *brevitas* soll das Gesagte oder Geschriebene nur scharfsinnigen Hörern oder Lesern zugänglich gemacht werden.[17] Lipsius hatte (am Stil des jüngeren Seneca und des Tacitus geschult[18]) bereits in den siebziger Jahren des 16. Jh. das Potential von in kurzen Sätzen (*sententiae*) verdichteten ingeniös-klugen Gedanken erkannt.[19] Und sein Zeitgenosse C. PASQUALI hat ganz in diesem Sinne auf den Stellenwert hingewiesen, den den ‹ingeniösen› Gedanken bei Hofe zukommen konnte: Höflingen, die durch sie besonders geistreich erscheinen konnten, war es möglich, sich vor der Menge konkurrierender Hofleute hervortun und die Aufmerksamkeit des Fürsten zu erregen.[20] Entsprechend stark hat sich diese für die persönliche Karriere erfolgversprechende ingeniöse Ausdrucksweise in politischer Kommentarliteratur, in Sentenzen- und Aphorismensammlungen und in einer sentenzenhaft kommentierenden Geschichtsschreibung im Stile des Tacitus niedergeschlagen[21]: durch sie wurden die Interessierten (durch als natürlich-ingeniös begriffene Autoren wie etwa V. MALVEZZI[22]) belehrt und mit einem Arsenal kurzgefaßter, praktisch anwendbarer Gedanken versehen. Von Vertretern einer an Ciceros ‹De oratore› und ‹Orator› orientierten Theorie der Kunstprosa (und dabei besonders der Geschichtsschreibung) wie F. STRADA[23] oder A. MASCARDI[24] wurde diese Art zu schreiben als unnatürlich und künstlich-geziert abgelehnt. Doch sie war erfolgreich, weil sie (wie bereits bei Pasquali angesprochen[25]) dem Leben bei Hof entgegenkam. Der Hof wird im 17. Jh. geradezu als Theater, als Abbild des ‹theatrum mundi› verstanden[26] und der Höfling agiert folglich wie ein Schauspieler.[27] Er bespielt die Bühne dieses ‹Theaters› aber nur dann gekonnt (und damit erfolgreich), wenn er z.B. angelesene Lehrsätze oder Gedanken geschickt vorbringt und dadurch den Eindruck natürlicher Ingeniosität oder äußerster Belesenheit hervorrufen kann. In diesem Zusammenhang des ‹Vorspielens› kommt es auf gekonntes Agieren an, mit anderen Worten: auf eine Beherrschung der Lehren der *actio*.[28] Und das wiederum heißt, möglichst natürlich zu erscheinen, auch wenn sprachlicher Vortrag und Handeln bis ins einzelne einstudiert worden sind und planvoll ablaufen.

Die hier angesprochene kunstvolle Verbergung der Kunst, die sog. «dissimulatio artis», hat in der Frühen Neuzeit im Anschluß an CASTIGLIONES bereits 1528 erschienenes ‹Buch vom Hofmann› – aber auch ausgehend von dem dafür einschlägigen 17. Kapitel des ‹Fürsten› von MACHIAVELLI und flankiert von einigen Maximen aus B. GRACIÁNS ‹Handorakel› von 1642[29] – in der sogenannten ‹politischen Redekunst› erhebliche Wirkung entfaltet.[30] Durch eine mittels raffiniertester Kunstanstrengung hervorgerufene Natürlichkeit verspricht Simulation Glaubwürdigkeit hervorzurufen und Dissimulation für Vertrauen zu sorgen: Eine Art «Mimikry»[31] anhand von Vortäuschung und Verbergung gilt bald schon als Mittel zum Erfolg beim Durchsetzen allgemeiner wie persönlicher Interessen – oder (um einen Ausdruck der Zeit zu verwenden): sie gilt als erfolgsprechendes Mittel in der (Privat-)Politik. Ausgehend von Castiglione und seinem ‹Hofmann› läßt sich durch die Breitenwirkung des Modells des simulierenden und dissimulierenden (privat-)politischen Erfolgsmenschen dann auch eine Verbindungslinie zum karriere- und aufstiegsbewußten *honnête homme* und *politicus* des 17. und 18. Jh. ziehen[32], wie etwa C. BIERLINGS ‹L'honneste homme› (1647)[33] und CHR. G. BESSELS ‹Schmiede des politischen Glücks› (1666)[34] verdeutlichen können. Zentrales Element bei der kunstvollen Verstellung bildet die durch Castiglione vermittelte *actio*-Lehre der Rhetorik Ciceros und Quintilians, in der die Regeln kunstvoll «natürlichen» Redens und Verhaltens bei genauer Beachtung des situativen *aptum* niedergelegt sind.[35] Die Dichotomie von Natur und (künstlicher) Affektation wird von hier ausgehend für die Geschichte der Rhetorik und Ästhetik von zentraler Bedeutung.[36] Eine schon bei Quintilian angesprochene, aber abgelehnte, gegen die künstliche rhetorische «Stellung» gerichtete Spontaneitäts- und Natürlichkeitsästhetik[37] kommt im 17. Jh. noch nicht auf. In ihrem Sinne wird erst in der Aufklärung Kritik an der rhetorischen Tradition laut, die in der Rhetorik einen radikalen Neubeginn ermöglichen wird.

Anmerkungen:
1 H.-J. Lange: Aemulatio veterum sive de optimo genere dicendi. Die Entstehung des Barockstils im XVI. Jh. durch eine Geschmacksverschiebung in Richtung der Stile des manieristischen Typs (1974) 35ff. – **2** ebd. 39ff. – **3** dazu bes. U. Geitner: Die Sprache der Verstellung. Stud. zum rhet. und anthropologischen Wissen im 17. und 18. Jh. (1992). – **4** Lange [1] 29 u. 39ff. – **5** J. Masen: Palaestra oratoria (1659) 11; Lange [1] 50f. – **6** dazu (zusammenfassend) W. Kühlmann: Gelehrtenrepublik und Fürstenstaat. Entwicklung und Kritik des dt. Späthumanismus in der Lit. des Barockzeitalters (1982) 204–255. – **7** J.H. Alsted: Orator (³1616) 14f. – **8** J. Lipsius: Opera omnia (1637) Bd. 2, 81b. – **9** Kühlmann [6] 220ff.; eine Gesch. des Lipsianismus und seiner Kritk ist noch zu schreiben. – **10** D.G. Morhof: Polyhistor literarius, philosophicus et practicus (1747, ND 1970) Bd. 1, 299. – **11** J.B. Schupp: Volumen orationum solemnium et panegyrica-

rum in celeberrima Marpurgensi universitate olim habitarum (1656) 25. – **12** dazu zusammenfassend Kühlmann [6] 228–234. – **13** E. Raimondi (Hg.): Trattatisti e narratori del Seicento (Mailand/Neapel 1960) 145. – **14** ebd. 171. – **15** zur Neuauflage des antiken Asianismus-Attizismus Streits im 16. u. 17. Jh. Lange [1] 63–83. – **16** Ch. Mouchel: Cicéron et Sénèque dans la rhétorique de la Renaissance (Marburg 1990) 145ff. u. 218–236. – **17** dazu Kühlmann [6] 237f. – **18** Mouchel [6] 169–178. – **19** ebd. 197ff. – **20** C. Pasquali: De optimo genere elocutionis (Rouen 1596) 60ff. – **21** zur Geneses.: F. Neumann: Ars historica. Famiano Strada, S.I. (1572–1649) und die Diskussion um die rhet. Konzeption der Geschichtsschreibung in Italien (Diss. München 1994) 49ff. – **22** ebd. 311ff. u. H. Felten: Virgilio Malvezzi als Historiograph am Hofe Philipps IV., in: RF 93 (1981) 387–396. – **23** F. Strada: Prolusiones Academicae, oratoriae, historicae, poeticae (Köln 1617) 257; zum Kontext Neumann [21] 160f. – **24** A. Mascardi: Dell'arte historica. Trattati cinque (Venedig 1674) 395 u. 590ff. – **25** Pasquali [20] 60ff. – **26** Barner 117ff. – **27** Geitner [3] 67ff. – **28** ebd. 51ff. u. 67ff. – **29** Das Werk erschien erstmals 1642, und (vom Autor überarbeitet) erneut 1648; zur *simulatio artis*: B. Gracián: Handorakel und Kunst der Weltklugheit (Stuttgart 1954 u.ö.), Maxime 13, 99, 130, 146, 175 u. 201. – **30** Geitner [3] passim. – **31** ebd. 67. – **32** ebd. 67ff. – **33** zur Aufnahme Castigliones bei Bierling: L'honeste homme (Leipzig 1647) 20. – **34** zur Aufnahme von Castigliones Lehrer Bessel: Schmiede des politischen Glücks (Hamburg 1666) 218 und: ders.: Neuer Politischer Glücks-Schmied (Frankfurt 1681) bes. 352. – **35** z. B. Cic. De or. III, 222; Quint XI, 3, 1; Geitner [3] 80ff. mit Nachweis der Parallele zwischen Redner und Schauspieler. – **36** Geitner [3] 91. – **37** Quint. IX, 4, 3.

V. *Aufklärung.* Die Auseinandersetzung mit der N. im Bereich der auf der rhetorischen *actio*-Lehre aufbauenden sogenannten (Privat-)Politik, also des Einsatzes für allgemeine wie für persönliche Angelegenheiten, hat wesentlich dazu beigetragen, daß die *ars rhetorica* in der Aufklärung zunehmend als problematisch empfunden wurde.[1] Die bewußte Verstellung wird nicht nur im Bereich der Sittenlehre, sondern auch im Rahmen der Rhetorik selbst als verwerflich abgelehnt.[2] Die Grundlagen für die Kritik an der bewußten Täuschung sogar seiner selbst, durch die nach der Lehre der *simulatio* und *dissimulatio* erst eine überzeugende Verstellung (und dadurch eine erfolgreiche Täuschung der Umwelt) ermöglicht wird, bilden sich bereits im 17. Jh. in Frankreich im Rahmen cartesianischer Psychologie aus: 1675 veröffentlicht B. Lamy eine auf die cartesianische Affektenlehre zurückgreifende Schrift ‹L'art de parler›, in der er die sprachlichen Figuren als authentische Reflexe natürlicher Affekte bestimmt, die sich naturgemäß vorheriger Kalkulation entziehen.[3] Nach diesem Verständnis wird für Lamy die Natürlichkeit im sprachlichen Ausdruck eines Redners zu einem Gegenbegriff zur Konventionalität: die Redefiguren stellen sich einfach (von Natur aus) ein[4]; jede kunstmäßige Vorausplanung erfolgt gegen die Natur; eine lediglich menschlicher Übereinkunft zuzuschreibende *actio*-Lehre ist obsolet. In Deutschland greift F.A. Hallbauer in seiner ‹Anweisung zur verbesserten Teutschen Oratorie› auf diese Vorstellungen zurück und bringt seine Ansichten von einer natürlichen, keinen Kunstregeln verpflichteten[5], unverstellten, der Redlichkeit und Sittlichkeit verpflichteten Rhetorik gegen eine die Natur zwingende und moralisch verwerfliche Kunst (besonders der Simulation und Dissimulation) in Anschlag. Sein Satz «Jeder folge seiner Natur, und affektiere in nichts, so wird er eine gute und angenehme Action haben»[6] ist Programm: Seiner Meinung nach erstickt die traditionelle *actio*-Lehre der Rhetorik die Individualität des Menschen.[7] Dagegen fordert er natürliche Sachbezogenheit im sprachlichen Ausdruck und im Handeln: «Es kommt [...] vornehmlich darauf an, daß man von Herzen rede: denn man kann nur durch eine natürliche Vorstellung des Affekts rühren: die Kunst richtet hier nichts aus, ja stehet vielmehr im Wege, und gezwungen Wesen macht nur Verdruß.»[8] Dadurch, daß sich bei ihm die Gebärden der *actio* nicht mehr nach den Kunstregeln der Rhetorik, sondern nach dem natürlichen Charakter des Handelnden richten, verschiebt Hallbauer das Verhältnis von Natur und Affektation (Kunst) in der Rhetorik zugunsten der Natur. Die Naturkategorie, die hier ins Spiel gebracht wird, ist freilich nicht mehr (aus der Physiologie stammend) moralisch aufgeladen. Aber sie zeitigt in der Rhetorik nachhaltige Folgen: die (moralische) Wertschätzung des natürlichen Ausdrucks nimmt im 18. Jh. zu und die rhetorische Kunst wird vermehrt als problematisch empfunden, da sich Stellung und Verstellung, positive und (moralisch) negative Aspekte der Kunst nicht klar voneinander scheiden lassen.[9] In Werken wie den ‹Anfangs-Gründe der Teutschen Oratorie› von D. Peucer und die (seit 1728 in verschiedenen vermehrten Auflagen erschienene) ‹Ausführliche Redekunst nach Anleitung der alten Griechen und Römer› von J. Ch. Gottsched, in denen die antike Rhetorik für die eigene Zeit fruchtbar gemacht wird, zeigt sich dann, daß moralisch negative Aspekte der Redekunst erkannt und mit Entschiedenheit eingedämmt bzw. ausgeschlossen werden. Für Peucer sind sie nicht Teil der (von anderen Wissenschaften im Sinne Ciceros[10] notwendigerweise ergänzten) Rhetorik.[11] Denn: «Wer keine Kenntniß der Oratorie und anderer nöthigen Wissenschaften hat, wird unfehlbar nur ein seichter Schwätzer und elender Sophist; schwerlich aber ein beredter Mann werden.»[12] Voraussetzung für den Erwerb dieser positiv bewerteten Kenntnis der Beredsamkeit und des Wissens ist für Peucer (ganz im Sinne der antiken Rhetorik «in Ansehung der Seele» ein «gut Naturell», d.h. die gut ausgebildeten natürlichen Anlagen *ingenium*, *iudicium* und *memoria*.[13] An ihnen und den körperlichen Eigenschaften (gute Gestalt, deutliche Aussprache und «geziemende Stellung des Leibes»[14]) kann die Ausbildung in der Kunst ansetzen, um jeden einzelnen dazu zu befähigen, eine Redeweise an den Tag zu legen, die nach Peucers Vorstellungen eine «natürliche Schönheit» hat, mithin nicht «schwülstig» oder «affectirt» und frei von «Wortkrämerei» und «Wäscherei» ist.[15]

Weit markanter betont Gottsched in seiner ‹Ausführlichen Redekunst›, daß er unter einem Redner nicht nur einen Gelehrten, sondern zudem einen rechtschaffenen (also sich nicht verstellenden) Mann versteht, der (anders als «Sophisten» und «Schwätzer») die wahre Beredsamkeit besitzt.[16] Die Rhetorik ist für ihn unbedingt der Vernunft- und Sittenlehre verpflichtet: «Soll [...] die Redekunst [...] eine vernünftige Anweisung zur Beredsamkeit seyn; so muß dieselbe nicht in gewissen willkührlich angenommenen Regeln bestehen; sondern auf die Natur des Menschen gegruendet, und aus der Absicht des Redners hergeleitet werden.»[17] Dies aber wiederum heißt für ihn: «Man muß die Vernunftlehre und die Sittenlehre zu Hülfe nehmen, und den Verstand und Willen des Menschen kennen lernen. Wer dies nicht thut, der kann weder gute Regeln der Beredsamkeit vorschreiben, noch die vorgeschriebenen recht glücklich beobachten. Alle neue ausgekünstelte Methoden taugen nichts, wenn sie von dieser Richtschnur abweichen.»[18] Diese Bestimmung und Ausrichtung der Redekunst mit ihrer deutlich moralisch-sittlichen Orientierung vorausgesetzt, bildet für Gottsched ganz im Sinne der von ihm herangezogenen antiken Autoren (v.a. Aristoteles, Cicero, und Quintilian) die individuelle Natur die Grundlage für die Ausbildung in der Redekunst.[19] Dementsprechend entwirft er einen detaillierten Ausbildungsplan, anhand dessen ein Kind, «nachdem es sich äußert, was für Gaben ein solcher Knabe [erg.: von der Natur] bekommen hat»[20] ausgebildet werden kann.

Während diese Neuauflage der antiken Rhetorik in Reaktion auf die Kritik an der Verwerflichkeit einer unehrlichen Redekunst auf die Vernunft- und Sittenlehre bezogen wird, zeichnet sich eine weitere neue Entwicklung in der Diskssion um Natur und Kunst in der Rhetorik ab: Seit Mitte des 18. Jh. wird (die moralische Naturkategorie unterstützend) die von Ch. BATTEUX ausgearbeitete Konzeption der Naivität im Sinne von «edler Einfalt» in die Überlegungen zum Verhältnis von *natura* und *ars* mit einbezogen.[21] Die Hauptlinie der Naivitäts-Diskussion zieht sich mit Batteux und ROUSSEAU[22] in Deutschland über Ch. M. WIELAND[23], SCHILLER[24] und M. MENDELSSOHN[25] bis zu J.G. SULZER[26] hin, der am Ende des Jahrhunderts zum Verhältnis von Natur und Naivität festhält: «Empfindungen und deren Aeußerungen in Sitten und Manieren sind naiv, wenn sie der unverdorbenen Natur gemäß, und, obgleich der feineren Verdorbenheit des gangbaren Betragens zuwider, ohne Zurückhaltung, ohne künstliche Versteckung, oder Einkleidung, aus der Fülle des Herzens herausquellen.»[27] Die produktive Auswirkung des Naivitäts-Konzepts auf die *natura-ars*-Diskussion zeigt sich vor allem bei Wieland, der in seiner ‹Abhandlung vom Naiven› (1753) Beispiele naiver Dichtkunst präsentiert: Exempel einer Kunst, die von verstellenden Eingriffen, von Kunst und Künstlichkeit frei ist.[28] Aus seiner Zeit führt Wieland hierzu den in seiner Schreibweise aufrichtigen und kunstlosen Gellert als Beispiel an.[29] Mit dieser als Kunst ausgewiesenen, aber als kunstlos-unverstellt gekennzeichneten Kunst, rückt die Naivität in die Traditionslinie der *dissimulatio artis* ein.

Die Betrachtungen über die Naivität, für die Wieland hier auf die Dichtkunst zurückgreift, können auch für die Rhetorik wie für das (literarische) Kunstschaffen allgemein Gültigkeit beanspruchen. Seit der Antike hat es parallel zu den Auseinandersetzungen um die N. in der Rhetorik *poetologische* Diskussionen zu dem Thema gegeben, die im Anschluß v.a. an Horaz' ‹Ars poetica› seit der Renaissance im Hinblick auf die Verfertigungsstufen eines Wortkunstwerks (*inventio, dispositio, elocutio*) nicht ohne Grund mit rhetorischem Fachvokabular geführt werden.[30] Die beiden Bereiche literarischer Produktion werden dabei keineswegs miteinander vermengt. Allerdings wurde dadurch die prinzipielle Gleichartigkeit der Verfahrensweisen beim Herstellen eines Wortkunstwerks in gebundener oder ungebundener Sprache zum Ausdruck gebracht. Das sollte sich auch in der Auseinandersetzung mit der Frage des Wirkens des Genies in Dicht- und Redekunst zeigen.

Im Hinblick auf den schaffenden Künstler öffnet der ‹Naïvité›-Artikel der ENCYCLOPÉDIE über die Beschreibung einer kunst- und reflexionslos sowie geradezu zufällig wirkenden Naivität den Weg zum unvorhergesehen, überraschend, unüberlegt handelnden ‹genialen› Menschen, dem ‹Genie›.[31] Das seit der französischen Klassik in der literarischen Diskussion virulente ‹Genie› ist von Natur aus mit Talent begabt und untersteht (wie die Naive) keiner Maßregelung durch Kunstvorschrif-

ten. Hier schließt SCHILLER mit seiner Überzeugung an: «Naiv muß jedes wahre Genie sein, oder es ist keines.»[32] Denn gerade durch seine «edle Einfalt» hinsichtlich komplexer Kunstregeln triumphiert das Dichter-Genie für Schiller über die «verwickelte Kunst»[33] und wirkt innovativ. In seinem naiven Handeln drückt sich folglich ein Wirken der (individuellen) Natur jenseits der Kunstregeln aus; in Schillers Worten: «Ich habe die naive Dichtung eine Gunst der Natur genannt, um zu erinnern, daß die Reflexion keinen Anteil daran habe. [...] Durch die Natur muß das naive Genie alles tun, durch seine Freiheit vermag es wenig.»[34] Dennoch macht Schiller in seiner Schrift ‹Über Anmut und Würde› auch deutlich, daß bei einem nicht «durch Grundsätze, Geschmack und Wissenschaft» gestärkten Genie, die «üppige Naturkraft über die Freiheit des Verstandes hinauswachsen» und sie «ersticken» kann[35] und bindet dadurch zumindest im Ansatz die Kunst als Korrektiv wieder in seine Konzeption des natürlichen Genies ein.

Nur wenige Jahre vor Schiller (1790) hat I. KANT in seiner ‹Kritik der Urteilskraft› eine an die englische und französische Genie-Diskussion anknüpfende Definition des Genies gegeben, in der er das Wechselverhältnis von Natur und Kunst anspricht und in kunstphilosophische Zusammenhänge einführt: «Da das Talent», schreibt er, «als angeborenes produktives Vermögen des Künstlers, selbst zur Natur gehört, so könnte man sich auch so ausdrücken: Genie ist die angeborene Gemütslage (*ingenium*), durch welche die Natur der Kunst die Regel gibt.»[36] Damit hat Kant das Abhängigkeitsverhältnis zwischen Natur und Kunst über den genialen schöpferischen Geist noch einmal in seiner ganzen, komplexen Wechselseitigkeit benannt – in bezug auf die schönen Künste im allgemeinen. Der Rhetorik hat er im übrigen im Hinblick auf das Verhältnis zwischen Natur und Kunst keine weitere Aufmerksamkeit geschenkt. Als Philosoph war sie ihm suspekt.

Anmerkungen:
1 U. Geitner: Die Sprache der Verstellung. Stud. zum rhet. und anthropologischen Wissen im 17. Jh. (1992) 170ff. – **2** ebd. 177 u. passim. – **3** Lamy (dt. Übers.) 109ff. – **4** ebd. 110. – **5** Hallbauer Orat. 489f. – **6** ebd. 562. – **7** ebd. – **8** ebd. 521. – **9** Geitner [1] 284. – **10** D. Peucer: Anfangs-Gründe der Teutschen Oratorie in kurzen Regeln und deutlichen exempeln vor Anfänger entworfen (Dresden ⁴1765, erstmals 1739); Peucer (S.7) verweist dazu auf. auf Cicero: Pro A. Licinio Archia poeta oratio 7, 15. – **11** Peucer: Anfangs-Gründe [10] 7. – **12** ebd. – **13** ebd. 19f. – **14** ebd. 20. – **15** ebd. 46. – **16** Gottsched Redek. Erster Theil, II. Hauptstück, § 1. – **17** ebd. Erster Theil, I. Hauptstück, § 13. – **18** ebd. – **19** Erster Theil, II. Hauptstück, § 13. – **20** ebd.; Ergänzung gemäß Kontext: zuvor war von der «Austheilung der Natur» die Rede. – **21** Ch. Batteux: Principes de la litterature. Nouvelle édition. Bd. 4 (Paris 1777) 37f. [Erstausg.: 1747–1750]. – **22** J.J. Rousseau: 1. Discours. – **23** Ch. M. Wieland: Abhandlung vom Naiven (1753), in: Ges. Schr. (Akademie-Ausg.). Abt. 1, Bd. 4 (1916) 15–21. – **24** F. Schiller: Über naive und sentimentalische Dichtung, in: Sämtl. Werke, Bd. 5. (1984) 694–780. – **25** M. Mendelssohn: Betrachtungen über das Erhabene und Naive in den schönen Wiss. (1771), in: Gesamm. Schr. (Jubiläumsausg.) Bd. 1 (1971) 191–218. – **26** Sulzer bes. Art. ‹Naiv›. – **27** ebd. 18. – **28** bibl. Angaben zu Wieland s. [23]. – **29** ebd. – **30** B. Weinberg: A History of Literary Criticism in the Italian Renaissance (Chicago 1961) Bd. 1, 55ff. u. ö. – **31** Geitner [1] 293. – **32** Schiller [24] 704. – **33** ebd. – **34** ebd. 753. – **35** F. Schiller: Über Anmut und Würde, in: [24] Bd. 5, 433–488, hier: 456ff. (Anm.). – **36** Kant KU § 46.

VI. *19./20. Jh.* Kants Verdikt über die Rhetorik als eine «verwerfliche» und «hinterlistige Kunst»[1] markiert den Endpunkt einer Entwicklung in der Auseinandersetzung mit der Kunst der Beredsamkeit im 18. Jh. in Deutschland. Hatte die Rhetorik zu Beginn des Jahrhunderts noch in hohem Ansehen gestanden, läßt sich zu seinem Ende hin eine verstärkte Abkehr von ihr feststellen. Der Grund dafür ist nicht nur in der moralischen Fragwürdigkeit einer nicht der Wahrheit dienenden Kunst zu suchen, sondern auch in den politischen Umständen. Mit dem Satz «Um uns ist kein Griechenland, kein Rom, wir reden weder vor dem Senat, noch auf dem Markt.» hat Herder die Situation umrissen, in der eine mit der Demokratie verbundene Funktion der Rhetorik nicht zum Tragen kommen konnte.[2] An der moralisch-philosophischen Bewertung der Rhetorik und ihrer gesellschaftlich-politischen Bedeutung wird sich auch im 19. Jh. trotz des Vormärz und der kurzen Phase des Parlaments in der Frankfurter Paulskirche nichts Wesentliches ändern.[3] Angesichts der Tatsache, daß die Kunst der Rhetorik nur wenige interessiert, wird die Frage der N. (wenn man sie auch im Hinblick auf die anderen bildenden Künste weiterhin diskutiert[4]) im Zusammenhang mit der Redekunst nicht aufgeworfen. Als (gewiß extremes[5]) Beispiel für die Nivellierung der Natur-Kunst-Frage in der Rhetorik können Hegels Ausführungen zur «Beredsamkeit» in seiner ‹Ästhetik› angeführt werden. Er schreibt der Kunst im Rahmen der «Beredsamkeit» nur die «Stellung eines zur Hilfe herangerufenen Beiwerks» zu.[6] Der Redeauftrag zielt bei ihm rein pragmatisch auf Belehrung, Erbauung etc. und berührt die Elemente der Kunst nicht.[7] Überhaupt ist die Rhetorik für ihn zweitrangig, weil sie nicht dem «künstlerisch freien Gemüt» entspringt.[8] Und Naturelemente sind für ihn in Kunstwerken, die auf dem «Boden des Geistes»[9] gewachsen sind, allenfalls gedankliche Rudimente.

Das Bewußtsein für die N. im Schaffensprozeß des geistig arbeitenden Wortkünstlers bleibt aber selbstverständlich (allerdings außerhalb eines engen Verständnisses von Rhetorik als bloßer Redekunst) bestehen. Goethe etwa, der Kants Standpunkt im Hinblick auf die Rhetorik teilt[10], hat das Problem des Kunstschaffens nicht nur in seinem Sonett ‹Natur und Kunst›[11] angesprochen. Er hat auch generell für die geistige Produktion das Bild von der ‹natura naturans› aufgegriffen, durch deren Anschauung die Intellektuellen nach seiner Auffassung zur geistigen Teilnahme an den Produktionen der Natur würdig gemacht werden.[12] Über die Reflexionen zum künstlerischen Schaffensprozeß hinaus tritt die N. ganz im Sinne des (im übrigen schon bei Cicero vorgeführten) Potentials der Kunstregeln für die Beurteilung von Kunstwerken über die literarische Theoriebildung auch in den Bereich der Literaturbetrachtung, der Literatur- und Stilkritik ein. So hat etwa (noch Ende des 18. Jh.) Novalis zu Goethe angemerkt, daß er dadurch, daß er «unbedeutende Vorfälle mit wichtigern Begebenheiten» verknüpft hätte, «der Natur auf die Spur gekommen» sei und ihr einen «artigen Kunstgriff abgemerkt» habe, denn: «Das gewöhnliche Leben ist voll ähnlicher Zufälle. Sie machen ein Spiel aus, das wie alles Spiel auf Überraschung und Täuschung hinausläuft.»[13]

Ein weiteres berühmtes Beispiel für die Erörterung der N. in der Literatur- und Stilkritik entstammt der zweiten Hälfte des 19. Jh.: Nietzsches Auseinandersetzung mit der Schreibweise von D.F. Strauss, die mit einer Klage über den allgemeinen Verfall der Rhetorik in Deutschland verbunden ist.[14] In seiner Abrechnung mit dem «Philister» Strauss bringt Nietzsche (ganz im Sinne des 18. Jh.) die Natur und Natürlichkeit eines «genialen Autors» gegen Schwulst und «Affectation» in Anschlag.[15] Wie in der Literatur, so stellt Nietzsche sich in der von ihm geforderten neuen politischen Rhetorik eine Redekunst vor, die nicht übertrieben wirkungsbezogen ist, denn: «Rhetorisch nennen wir einen Autor, ein Buch, einen Stil, wenn ein bewußtes Anwenden von Kunstmitteln der Rede zu merken ist, immer mit einem leisen Tadel. Wir vermeinen, es sei nicht natürlich und mache den Eindruck des Absichtlichen.»[16]

Angesichts der negativen Aussagen über die Rhetorik und ihre historische Situation im 19. Jh. ist verschiedentlich der «Tod» der Redekunst attestiert worden[17], was sowohl für den Bereich der theoretischen Auseinandersetzung mit der Rhetorik als auch für die ja durchaus praktizierte öffentliche politische Rede als überzogenes Urteil gelten darf. In Deutschland hat die Rhetorik einen negativen Beigeschmack gehabt; das gilt selbst für einen bekanntermaßen erfolgreichen Redner wie Bismarck[18], in der Kaiserzeit und der Weimarer Republik. Ein Beleg ist auch das Nazi-Regime[19] – mit den entsprechenden Folgen für die Behandlung von Spezialfragen wie die der Dialektik von Natur und Kunst. Latent gegenwärtig ist das Problem des Wechselverhältnisses zwischen Natur und Kunst allerdings unterhalb der Ebene politischer Rhetorik in Briefstellern und populären Redeanleitungen für festliche Anlässe sowie in Anstandsbüchern, die auf das Einüben von Regeln und Formeln, zugleich aber (ganz im Sinne der *dissimulatio artis*) auf das Vermeiden jeder Künstlichkeit bei ihrer Anwendung ausgerichtet sind.[20] Der Themenkomplex der N. wird hier in verschiedener Weise dargestellt, wobei die *ars* (die mit diesen Redeanleitungen ja vermittelt werden soll) im Vordergrund steht. So wird, was die Naturanlage des Redners betrifft, jeder Mensch, mit Ausnahme allenfalls des «Menschenscheuen» oder «Introvertierten», als rhetorisch erziehbar angesehen.[21] Und zugleich wird versichert, daß es «Genies» und «Naturtalente» in der Redekunst nur «höchst selten» gebe[22]; Belege dafür werden allerdings nicht beigebracht[23], wobei der Grund dafür in der Tatsache zu suchen ist, daß es in den Lehrwerken darum geht, die Kunst der Rede Menschen zu vermitteln, die Defizite in ihrer Befähigung zur (öffentlichen) Rede aufweisen und diesen beikommen wollen. Ziel der Ausbildung ist es, die Regeln der Kunst so zu vermitteln, daß der ‹gewissermaßen ‹normalbegabte›› Schüler sie anwenden kann, ohne daß seine Vortragsweise dadurch künstlich oder angelernt erscheint. Ganz im Sinne der in diesen Redeschulen oder rhetorischen Ratgebern häufig herangezogenen antiken Redelehrer Cicero und Quintilian[24] geht es dabei in der Regel um die Bildung der Gesamtpersönlichkeit, denn wie es in einem der Lehrgänge heißt: «Beachten Sie immer, daß die von uns erstrebte Redefähigkeit kein bloßes 'technisches' Können darstellt, sondern sich in Ihnen nur insoweit steigern kann, als Sie sich als Gesamtpersönlichkeit bilden.»[25] Aufs Ganze gesehen zeigt sich hier wie in den modernen, häufig interaktiven Formen von Redeschulungen für Führungskräfte in Politik und Wirtschaft, daß (nicht anders als schon Aristoteles, Cicero und Quintilian) die Schulungskräfte der Rhetorikkurse zur Image-Pflege wie auch die Vertreter der mit ihr verwandten Werbebranche darum bemüht sind, das System der Kunstregeln der klassischen Rhetorik zu nutzen, die Nutzung aber nicht offensichtlich werden zu lassen. In einer zunehmend durch Massenmedien bestimmten Welt gewinnt so auch die Frage nach der

Dialektik von Natur und Kunst in der diesen Medien weitgehend zugrundeliegenden Rhetorik (im Sinne von klassischer Redekunst und Regelsystem zur Medienanalyse) ständig an Bedeutung.

Anmerkungen:
1 Kant KU § 53 Anm. – 2 J.G. Herder: Briefe das Studium der Theologie betreffend, in: Sämtliche Werke. 10. Teil. (1821) 39. – 3 J. Fröhling, G. Ueding: Lit. Wirkungsabsicht und rhet. Trad. im 18. u. 19. Jh., in: G. Ueding: Einl. in die Rhet. Gesch., Technik, Methode (1976) 100–155, hier: 117ff. – 4 U. Franke: Art. ‹Kunst, Kunstwerk› III., in: HWPh 4 1378–1402. – 5 J. Goth: Nietzsche und die Rhet. Unters. zur dt. Literaturgesch. Bd. 5 (1970) 7, im Folgenden nur zur N.; über Hegel zur Rhet. im Verhältnis zur Philosophie T. Bezzola: Die Rhet. bei Kant, Fichte und Hegel. Ein Beitr. zur Philosophiegesch. der Rhet. (1993) – 6 G.W.F. Hegel: Vorles. über die Ästhetik III, in: Werke, Bd. 15 (1970) 265. – 7 ebd. 266. – 9 ebd. Bd. 14 (1970) 233; Bd. 13 (1970) 48f. – 10 J.P. Eckermann: Gespräche mit Goethe (Leipzig 1913) 226. – 11 Goethe: Werke. Hamburger Ausg. Bd. 1 (1962) 245. – 12 ders.: Anschauende Urteilskraft, zit. J. Kulenkampff (Hg.): Materialien zu Kants ‹Kritik der Urteilskraft› (1974) 232f. – 13 Novalis. Werke, Tagebücher und Briefe des Friedrich von Hardenberg, Bd. 2: Das philos.-theoretische Werk (1978) 239. – 14 Nietzsche: Unzeitgemäße Betrachtungen I Kap. 10–12, in: Nietzsche KSA I (^{2}1988) 216–242. – 15 ebd. 217. – 16 zit. Fröhling, Ueding [3] 122. – 17 J. Koppersschmidt: Rhet. nach dem Ende der Rhet. Einleitende Anm. zum heutigen Interesse an Rhet., in: ders. (Hg): Rhetorik, Bd. 1.: Rhet. als Texttheorie (1990) 1. – 18 O. v. Bismarck: Reichstagsrede vom 26. 3. 1886, in: Fürst Bismarck als Redner, Bd. 15 (o.J.) 125f. – 19 H. Geißner: Rede in der Öffentlichkeit. Eine Einf. in die Rhet. (1969) 238f. – 20 A. Bremerich-Vos: Populäre rhet. Ratgeber. Hist.-systematische Unters. (1991) – 21 ebd. 213. – 22 ebd. – 23 ebd. – 24 ebd. 231ff. – 25 F. Geratewohl: Dt. Redekunst (^{5}1949) 145; zit. Bremerich-Vos [20] 229.

F. Neumann

→ Ars → Dissimulatio → Hofmann → Imitatio → Ingenium → Natura → Natürlichkeitsideal → Politicus → Redner, Rednerideal

Naturalismus (engl. naturalism; frz. naturalisme; ital. naturalismo)
A. Def. – B.I. Allgemeines. – II. Bereiche. 1. Poetik. – 2. Literarische Gattungen. – 3. Theater. – III. Wirkung.

A. Mit dem Begriff ‹N.› werden erstens Schreibverfahren bezeichnet, die auf die möglichst unmittelbare Wiedergabe der Wirklichkeit unter weitgehendem Verzicht auf die Thematisierung subjektiver Bedingungen von Wirklichkeitserfahrung und medialer Reproduktionsbedingungen abzielen. Das Vorkommen solcher Schreibverfahren ist nicht auf eine bestimmte Epoche der Literaturgeschichte beschränkt.

Von diesem überzeitlichen Stilbegriff ist zweitens die Epochenbezeichnung ‹N.› zu unterscheiden, die auf eine der Strömungen der europäischen Literatur zwischen ca. 1870 und 1900 angewendet wird. Auf europäischer Ebene (Frankreich, Rußland, Skandinavien) wie im deutschsprachigen Raum, in dem die wesentlichen naturalistischen Manifeste und Werke ca. 1885 bis 1895 erscheinen, existieren gleichzeitig andere, teils Berührungspunkte mit dem N. aufweisende, teils als Gegenbewegungen aufzufassende literarische Richtungen (Realismus, Gründerzeitliteratur, Impressionismus, Jugendstil, Symbolismus, Ästhetizismus, Décadence/Fin de siècle), so daß von einer klar abgrenzbaren Epoche weder im Sinne einer diachronen Abfolge sich ablösender Strömungen noch hinsichtlich eines trennscharf bestimmbaren Sets von nur dem N. eignenden Merkmalen gesprochen werden kann. Als charakteristisch für den N. kann gleichwohl die Kombination sozialkritischer, naturwissenschaftlicher und mimetischer Postulate und Prinzipien angesehen werden.

B.I. *Allgemeines.* Der deutsche N. läßt sich als ein *Generationenphänomen* fassen. Seine Hauptvertreter, um 1860 geboren, wissen sich in der «künstlerischen Rebellion»[1] gegen die als oberflächlich und pseudoidealistisch gebrandmarkte Gründerzeitliteratur einig. Die kulturkritische Wendung gegen das Überlebte äußert sich zuerst in Manifesten, Pamphleten und Zeitschriften. Die ‹Kritischen Waffengänge› (1882–1884) der Brüder H. und J. Hart polemisieren gegen Gründerzeitautoren und -kritiker und fordern eine literarische Neubesinnung. 1885 gründet M.G. Conrad in München die Zeitschrift ‹Gesellschaft›, die bis ca. 1890 das wichtigste Organ des N. bleibt und sich u.a. durch geistesaristokratische und nationalistische Töne auszeichnet. Das Etikett ‹N.› ist zunächst pejorativ konnotiert, so daß Conrad im programmatischen Vorwort nur mit den Termini ‹Realismus›, ‹realistisch› und dem Leitbegriff ‹modern› operiert. Das nur zögerliche Bekenntnis zum Etikett ‹N.› teilt er mit den meisten Vertretern dieser Richtung.[2]

Mit der Hinwendung der Berliner Naturalisten zum Drama und der Gründung der Zeitschrift ‹Freie Bühne für modernes Leben› (später ‹Neue Rundschau›), die der publizistischen Flankierung der Aktivitäten des gleichnamigen Theatervereins (gegr. 1890) dient, geht die Vorreiterrolle in Fragen der Propagierung naturalistischer Auffassungen nach Berlin über, wo sich schon 1886 der Verein ‹Durch!› gebildet hat, dem unter dem Vorsitz des Kritikers L. Berg alle wichtigen Berliner Naturalisten angehören (H. und J. Hart, B. Wille, W. Bölsche, P. Ernst, A. Holz, J. Schlaf, G. Hauptmann). Nach der Auflösung der Vereinigung finden sich die meisten Beteiligten vor den Toren Berlins wieder zusammen im ‹Friedrichshagener Kreis›, dessen Mitglieder zunächst überwiegend sozial(istisch) engagiert sind und später in ihrer literarischen wie literaturkritischen Produktion verstärkt zu eskapistischen, naturmystischen Auffassungen neigen.

Der *sozialkritische Aspekt* des N. hat seine Voraussetzung in den sozialen Umbrüchen des späten 19. Jh. Nach der Reichsgründung 1871 setzt eine Phase der Hochindustrialisierung ein, deren sozio-ökonomische Folgen mit dem Schlagworten Erhöhung der Produktivität, Urbanisierung, beengte Wohnsituation umrissen werden können. Dem dynamischen Strukturwandel in Wirtschaft und Gesellschaft (Arbeiterbewegung, Frauenbewegung, Gründung von Vereinen, Verbänden und politischen Parteien) steht eine starre politische Ordnung gegenüber, die auf die Veränderungen u.a. mit antiliberalen Maßnahmen (z.B. Sozialistengesetze) reagiert.

Die von allen Naturalisten als dringlich empfundene soziale Frage führt zum Postulat der Gegenwartsbezogenheit der Literatur und bei vielen zum zeitweiligen Engagement in der Arbeiterbewegung (B. Wille, M. Kretzer, M.R. von Stern, K. Henckell). Die proklamierte Verbrüderung der fast ausnahmslos bürgerlichen Autoren mit der Arbeiterschaft wird allerdings durch die Metaphorik der fraglichen Texte unterlaufen (Masse der Arbeiter als rohe Bestien, Vorherrschen von Bildern des Schmutzes etc.).[3] Daß die Naturalisten (Ausnahmen: K. Henckell, J.H. Mackay) eine über allgemein aufklärerische und volkspädagogische Bestrebungen hinausgehende politische Funktionalisierung der Literatur überwiegend ablehnen, zeigt sich in den Auseinandersetzungen zwischen SPD und N. in den 1890er Jahren: Während die naturalistische Literatur sich nach ersten Attacken W. LIEBKNECHTS von sozialdemokratischer Seite vielfältigen Vorwürfen ausgesetzt sieht, etwa nur die «Verkommenheit», nicht aber den «Idealismus des kämpfenden Proletariats» darzustellen (K. KAUTSKY)[4] bzw. nicht hinreichend vom materialistischen Denken durchdrungen, sondern dem deutschen Idealismus verhaftet zu sein (P. ERNST), beharren wie W. BÖLSCHE die meisten Naturalisten darauf, keine «verwässerte Politik» machen, sondern «wahre Poesie» schaffen zu wollen.[5] Selbst der zunächst als Sozialdemokrat engagierte B. WILLE erhält die Hegelsche Unterscheidung zwischen dem für tendenzhafte, wirkungsorientierte (‹prosaische›) Kunst gültigen Paradigma der Rhetorik und dem für tendenzfreie, praxisneutrale (‹poetische›) Kunst gültigen Paradigma der Poesie aufrecht und wertet ‹Tendenzliteratur› ab.[6] Legitimiert wird allenfalls die «künstlerisch verwertete», nicht aber die bloß ‹illustrierte› Tendenz (L. BERG).[7] Das Festhalten an der Idee des autonomen Kunstwerks und der autonomen Künstlerpersönlichkeit formuliert u.a. M.G. CONRAD: «Die Moderne geht in keiner Partei auf, sie steht über den Parteien, wie die Kunst über der Politik steht.»[8]

Das kritische Verhältnis der sozialdemokratischen Funktionäre zum N. führt auf dem Gothaer SPD-Parteitag von 1896 zur sog. ‹N.-Debatte›, deren Fazit, die Unüberbrückbarkeit der Gegensätze zwischen N. und Sozialdemokratie, F. MEHRING in der ‹Neuen Zeit› in die Formulierung faßt, «daß die moderne Kunst einen tief pessimistischen, das moderne Proletariat aber einen tief optimistischen Grundzug hat».[9] Die in den 1890er Jahren wachsende Distanz zwischen SPD und Naturalisten hindert die bürgerlich-konservative Kritik allerdings nicht daran, die mit revolutionärem Pathos in den Manifesten des N. geforderte ästhetische Erneuerung zum politischen Revoluzzertum umzudeuten und die naturalistische Literatur als tendenziös abzuqualifizieren.

Die sozio-ökonomischen Umwälzungen des 19. Jh. gehen einher mit dem enormen Erkenntniszuwachs der positivistischen Naturwissenschaften und mit deren technischer Umsetzung, die direkt auf die Alltagserfahrung einwirkt (Eisenbahn, Telegraphie, Maschinen). Mit ihrem objektivistischen Wahrheitsbegriff und ihrer methodischen Exaktheit avancieren die Naturwissenschaften zum Leitbild der Epoche. Das neue *naturwissenschaftlich fundierte Weltbild* verabschiedet die tradierte Vorstellung des Menschen als eines moralisch autonomen Wesens. Biologische und soziale Faktoren (Vererbung und Milieu) determinieren nach zeitgenössischer Auffassung das Denken und Handeln des Menschen. Eine Legitimationskrise der Literatur wie der Künste insgesamt ist das Ergebnis dieser szientistischen Herausforderung, der sich der N. als erste literarische Strömung überhaupt stellt, was u.a. ihren Rang als Beginn der Moderne begründet. Der N. antwortet darauf, indem er die Literatur der Naturwissenschaft anzunähern versucht (während ästhetizistische Tendenzen den entgegengesetzten Weg wählen, indem sie die Eigengesetzlichkeit der Literatur und die Wiedergabe subjektiver Erfahrung zum Programm machen).

Die entschiedene Hinwendung zu zeitgenössischen Themen (soziale Frage, Naturwissenschaften) impliziert eine Absage an solche literarischen Richtungen, die nach Einschätzung der Naturalisten von den Lebensrealitäten abgehoben epigonale Dichtungen hervorbringen. Das *Wahrheitspostulat* wird gegen «die Tradition, die konventionelle Lüge» gesetzt, der «idealistischen Verfälschung des Lebens» wird der Kampf angesagt (O. BRAHM).[10] Wenn die sechste These der ‹Freien literarischen Vereinigung Durch!› daher lautet: «Unser höchstes Kunstideal ist nicht mehr die Antike, sondern die Moderne», so gilt die Ablehnung weniger der Antike im Sinne der ‹Querelle des anciens et des modernes› als vielmehr den klassizistisch-epigonalen Zeitgenossen, deren (pseudo-)idealistisches oder gründerzeitlich-affirmatives Pathos als überlebt und den Zeitläuften unangemessen angesehen wird. Daß demgegenüber die ‹moderne› Dichtung sich den Realitäten stellen soll, zieht vielfältige rhetorisch-poetologische Konsequenzen nach sich, die aus einem fundamentalen *mimesis*-Gebot abgeleitet werden können. Als mimetischer Aspekt des N. ist das Streben nach möglichst unverfälschter und unmittelbarer Darstellung der ‹Natur› im Sinne der empirisch erfahrbaren Außenwelt bestimmbar. Die Brüder Hart postulieren, «daß die Poesie keine andere Aufgabe haben kann, als die gesammte Welt widerzuspiegeln oder im Anschluß an die μίμησις des Aristoteles sie nach- und neuzuschaffen.»[11] Demgemäß ist jedes Sujet literaturfähig und der tradierte, von Schicklichkeitserwägungen restringierte Kanon der *inventio* zu erweitern. Die *deformitas* solcher Themen und Motive wie Verelendung, beengte urbane Wohnverhältnisse, familiäre Gewalt, Prostitution etc. soll nicht länger beschönigt oder funktionalisiert, sondern in ihrem So-Sein dargestellt werden.

Aus Wahrheitspostulat und *mimesis*-Prinzip lassen sich auch folgenschwere Umwertungen auf den Gebieten der *dispositio* und *elocutio* deduzieren. A. HOLZ und J. SCHLAF entwickeln in diesem Zusammenhang die Technik des ‹Sekundenstils›, wie man mit A. VON HANSTEIN die minutiöse ‹phonographische› Wiedergabe von äußerer und innerer Wirklichkeit nennt[12], bei der die Erzählzeit mit der erzählten Zeit vollkommen übereinstimmt, das Zeitkontinuum die einzige Ordnungsstruktur (*dispositio*) bildet und der Erzähler ganz in der Wiedergabe der parzellierten und atomisierten Wirklichkeit verschwindet. Die tradierte *virtus dicendi* der *perspicuitas* (Klarheit) spielt in der (scheinbaren) Urstrukturiertheit der nach diesem Verfahren verfaßten Texte kaum noch eine Rolle. Die nach Maßgabe der ‹Natur› bzw. des ‹Lebens› gestaltete Binnengliederung literarischer Texte macht eine Aktivierung des Lesers notwendig: Zuordnung von Aussagen, Sachbezüge, logische Verbindungen müssen ohne Lenkung durch den Erzähler hergestellt, Schlüsse selbständig gezogen werden. Wenn Zweideutigkeiten absichtsvoll bestehen bleiben, ist von einer kalkulierten *obscuritas* auszugehen. Hinsichtlich der literarischen Praxis des N. ist zwischen solchen Texten zu unterscheiden, die den solchermaßen bestimmbaren ‹konsequenten N.› pflegen (wie etwa ‹Papa Hamlet› von Holz/Schlaf), und jenen Werken, in denen der Erzähler in herkömmlicher Weise den Leser lenkt und die *dispositio* in logisch-argumentativer oder auf bestimmte Wirkungen bedachter Weise vornimmt. Letztere Variante ist z.B. in E. ZOLAS Romanen zu finden, die nach dem Willen des Autors nur im Ergebnis einer naturwissenschaftlichen Erkenntnis gleichkommen, nicht aber ‹phonographisch› im Textverfahren sein sollen.

Die Bedeutung der *perspicuitas* ist wie die der *puritas* (Sprachrichtigkeit) gering im Bereich der *elocutio*, da Umgangssprache, Dialekte, Ellipsen, Interjektionen etc. erlaubt oder sogar geboten (in diesem Punkt konvergieren die literarischen Praktiken von Zola und Holz/

Schlaf) und für den Leser nicht immer eindeutig aufzulösen sind. Der mimetische Grundsatz des N., der im Negativen eine Absage an die als hohl und abgehoben erfahrene Rhetorik der Gründerzeit impliziert und im Positiven eine Rhetorik der emphatischen ‹Naturwahrheit› etablieren will, führt also zu einer tiefgreifenden Umwertung der *virtutes* und *vitia* im Vergleich zum klassischen Rhetorik-Verständnis, weil zuvor als *vitia* angesehene Texteigenschaften sich nunmehr in Hinblick auf die *persuasio* im Sinne einer möglichst perfekten Wirklichkeitsillusion legitimieren. Daß ‹konsequent naturalistische› Texte allerdings, wie ihre Autoren glauben machen wollen, tatsächlich die ‹Natur› im Sinne der dargestellten Außenwelt unverfälscht zum Sprechen bringen, muß angesichts der kunstreichen Herstellung der Wirklichkeitsillusion bestritten werden.

II. *Bereiche.* **1.** *Poetik.* Die poetologische Diskussion in Deutschland findet in Auseinandersetzung vor allem mit dem französischen N. statt. Dessen früheste poetologische Äußerungen stammen aus dem Vorwort zu ‹Germinie Lacerteux› (1864) der Brüder E. und J. DE GONCOURT, die ihre schriftstellerische Tätigkeit mit aus dem Wissenschaftsdiskurs entlehnten Begriffen wie ‹analyse›, ‹étude›, ‹enquête› und ‹recherche› charakterisieren. Im Anschluß an die Goncourts formuliert E. ZOLA seine naturalistische Poetik zuerst im Vorwort zur zweiten Auflage seines Romans ‹Thérèse Raquin› (1868). Voll ausgeprägt ist seine Theorie in der Aufsatzsammlung ‹Le roman expérimental› (1880). Zolas Poetik geht zurück auf die methodische Grundlegung einer positivistisch arbeitenden Soziologie in den ‹Cours de philosophie positive› (1830–1842) von A. COMTE, auf die Evolutionstheorie CH. DARWINS (‹On the Origin of Species by Means of Natural Selection›, 1859) und auf die Determinationslehre von H. TAINE (‹Histoire de la littérature anglaise›, 1863, ‹Philosophie de l'art›, 1865), der ‹race›, ‹milieu› und ‹moment› als die Faktoren bestimmt, die die Entwicklung des Menschen und seiner Kunst determinieren. Unter Zuhilfenahme zahlreicher Argumente aus der ‹Introduction à l'étude de la médecine expérimentale› (1865) von C. BERNARD propagiert Zola den N. als notwendige Folgerung aus den naturwissenschaftlichen Erkenntnisfortschritten des 19. Jh. Der Autor gleicht für Zola einem Experimentator, der seine Figuren einer bestimmten Versuchsanordnung aussetzt und das Geschehen sich aus den gegebenen Faktoren deterministisch entwickeln läßt. Die Resultate haben den gleichen epistemologischen Status wie wissenschaftliche Erkenntnisse (zumal der Autor intensive empirische Quellenstudien bis hin zu Ortsbegehungen unternehmen soll) und können, ja sollen zur quasi-empirischen Grundlage politischer Entscheidungen gemacht werden.[13] Das Aufdecken sozialer Mißstände wird dabei als moralische Tat, der Autor als Moralist begriffen. Daß nach Zolas Auffassung der Schriftsteller auch direkt als Anwalt der Benachteiligten engagieren darf, ja soll, beweist er in ‹J'accuse› (1898), seinem offenen Brief an den Präsidenten der französischen Republik, in dem er sich mit aufrüttelndem Pathos zum Verteidiger des Justizopfers Dreyfus und zum Ankläger der für den Justizskandal Verantwortlichen macht.

Nicht nur Zolas auf unmittelbare Außenwirkung gerichtetes Eingreifen in den politischen Diskurs wird im deutschen N. nicht aufgegriffen. Auch seine Legitimierungsstrategie einer verwissenschaftlichten Literatur wird nicht durchgängig übernommen, zumal die politischen Rahmenbedingungen des Zweiten Kaiserreichs eine vergleichbare Argumentation abwegig erscheinen lassen. Aber auch die entscheidende Schwachstelle von Zolas Konzept, die Gleichsetzung der kategorial voneinander unterschiedenen Bereiche Realität und Fiktion, wird schon von den Brüdern HART, freilich im Zusammenhang ihrer Verteidigung der Genie-Ästhetik, erkannt: «Die Wissenschaft erforscht, seciert, ergründet die Natur, aber die Poesie *schafft* gleich der Natur, schafft eine zweite Natur [...].»[14]

W. BÖLSCHE entschärft Zolas Theorie in der 1887 erschienenen Abhandlung ‹Die naturwissenschaftlichen Grundlagen der Poesie› dahingehend, daß der Dichter auf metaphysische Sinnebenen verzichten und den neuesten Standard der naturwissenschaftlichen Erkenntnisse zur Grundlage seiner Menschendarstellung machen soll.[15] Für Bölsche wie für den deutschen N. insgesamt bleibt, mit Ausnahme von A. Holz, die Genie-Ästhetik sowie eine ethisch-humanistische Verpflichtung der Dichtung in Geltung, so daß das literarische Schreiben weiterhin als schöpferischer, nicht als wissenschaftlicher Vorgang verstanden wird. Bölsche deutet den Darwinismus unter dem Einfluß von E. HAECKELS psychophysischem Monismus (‹Generelle Morphologie der Organismen›, 1866, ‹Natürliche Schöpfungsgeschichte›, 1868, ‹Anthropogenie›, 1874) und des ‹biogenetischen Grundgesetzes› von der Rekapitulation der Phylogenese in der Ontogenese teleologisch um und schafft mit einer in letzter Konsequenz anti-positivistischen, nachträglichen Anthropomorphisierung und Ästhetisierung naturwissenschaftlicher Diskurse die Voraussetzung für eine spätere Annäherung auch anderer Naturalisten an kulturkonservative und naturmystische bis hin zu rassebiologischen Anschauungen.[16]

Die avancierteste theoretische Schrift des deutschen N. stammt von A. HOLZ: In ‹Die Kunst. Ihr Wesen und ihre Gesetze› (1891) wird Zolas Definition des Kunstwerks diskutiert, die im deutschen naturalistischen Diskurs in Anlehnung an eine Formulierung aus dem Essay ‹Le naturalisme au théâtre› (1879)[17] in folgender Form zitiert wird: «Une œuvre d'art est un coin de la nature vu à travers un tempérament.» (Ein Kunstwerk ist ein Winkel der Natur gesehen durch ein Temperament.)[18] Holz deckt die Unbestimmtheit der Kategorie ‹tempérament› als Problem der dichterischen Subjektivität auf. Auf der Basis der Lehren Comtes und Taines sowie von J. ST. MILLS ‹System of Logic, Ratiocinative and Inductive› (1843) und von H. SPENCERS ‹System of Synthetic Philosophy› (10 Bde. 1855–1896) und ‹The Development Hypothesis› (1852) entwirft Holz die Formel «Kunst = Natur – x»[19], die für ihn das Fundament einer «Wissenschaft von der Kunst» darstellt. Das x wird folgendermaßen erläutert: «Die Kunst hat die Tendenz, wieder die Natur zu sein. Sie wird sie nach Massgabe ihrer jedweiligen Reproductionsbedingungen und deren Handhabung.»[20] Das x gilt es durch möglichst perfekte Beherrschung der Technik zu minimieren, so daß eine weitgehende Angleichung der Kunst an die Natur erreicht wird. In diesem Sinne gehen Evolutionsgedanke und darwinistisches Anpassungstheorem in Holz' Poetik ein als Voraussetzungen für die Perfektionierung der Kunst. Die Pseudo-Mathematizität der Formel sowie ihre (scheinbare) Induktion aus einer unprätentiösen Kinderzeichnung und der lockere Ton der Schrift können als Versuch gelesen werden, neue rhetorische Standards durchzusetzen: Der Aufmerksamkeit für technische Fragen der literarischen Produktion und der Absage an positive Inhalte (Humanität, moralische Besserung) entspricht der Verzicht auf tradierte Formen poetologischer Schriften.

2. *Literarische Gattungen.* Die von W. ARENT herausgegebene *Lyrik*-Anthologie ‹Moderne Dichter-Charaktere› (1885) gilt als Beginn der literarischen Produktion des deutschen N. Eher als die ästhetische Qualität der thematisch und formal heterogenen Gedichte (von H. und J. HART, O.E. HARTLEBEN, O. JERSCHKE, F. ADLER, A. HOLZ, C. BLEIBTREU sowie vom Herausgeber und den Verfassern der Vorworte) begründen die Vorworte von K. HENCKELL und H. CONRADI den «Fanal-Charakter [...] für das Selbstbewußtsein der sich formierenden naturalistischen Dichtergeneration zumal in Berlin».[21] Henckell und Conradi knüpfen an literarische Vorbilder des Jungen Deutschland (die zweite Auflage der Anthologie von 1886 trägt den Titel ‹Jüngst-Deutschland›) und des Sturm und Drang an (Topoi des Titanischen, der Genie-Ästhetik und des Nationalen). Trotz der Angriffe gegen die Gründerzeitlyrik sind viele Gedichte der Anthologie thematisch und formal kaum von solchen der attackierten Richtung zu unterscheiden. Drei Themen- und Motivkreise bestimmen die Sammlung und bilden Schwerpunkte naturalistischer Lyrik überhaupt: Kampf (im Sinne einer Auseinandersetzung der ‹Modernen› gegen überkommene Zustände und Denkweisen, aber auch mit nationalen, darwinistischen und individualpsychologischen Konnotationen), Geschlechterbeziehungen und – erst an dritter Stelle – die soziale Frage.[22]

Die soziale Frage ist die Hauptanliegen in lyrischen Schaffen von M.R. VON STERN (‹Proletarierlieder›, 1885, ‹Excelsior!›, 1889, ‹Höhenrauch›, 1890) und des zeitweise der Sozialdemokratie nahestehenden K. HENCKELL, der seine gesellschaftskritischen Gedichtbände ‹Strophen› (1887), ‹Amselrufe› (1888) und ‹Diorama› (1890) wie Stern außerhalb des Geltungsbereichs der Sozialistengesetze in Zürich herausbringt. 1893 stellt er im Auftrag der SPD der Gedichtsammlung ‹Buch der Freiheit› zusammen. Soziales Engagement zeichnet auch die Lyrikbände ‹Armeleutslieder› von O. KAMP (1885, zunächst anonym) und ‹Menschenlieder› von A. VON HANSTEIN (1887) aus. Weiterhin sind J.H. MACKAY und B. WILLE als wenigstens teilweise dem N. zugehörige Lyriker zu nennen.

Der bedeutendste Vertreter der naturalistischen Lyrik ist A. HOLZ, dessen lyrische Anfänge (‹Klinginsherz›, 1882) noch unter dem Einfluß der epigonalen Kunst E. Geibels stehen. Mit seinen Beiträgen zu den ‹Modernen Dichter-Charakteren› und mit dem ‹Buch der Zeit› (1886, Untertitel ‹Lieder eines Modernen›) beschreitet Holz neue Wege. Sein bedeutendstes lyrisches Projekt ist der 1898/99 zuerst erschienene ‹Phantasus›, den Holz für die Umsetzung seiner auch programmatisch geforderten naturalistischen ‹Revolution der Lyrik› (1899) hielt. Wegweisend für die moderne Lyrik sind der Verzicht auf den Reim, das Streben nach prosasprachlicher Syntax und Rhythmisierung, die graphisch statt metrisch realisierte Versgestaltung (Anordnung um eine Mittelachse) und die Ersetzung strophischer Bauform durch unregelmäßige Abschnitte.[23] Holz erweitert den ‹Phantasus› immer mehr: 1916 erscheint eine auf 336 Seiten erweiterte Ausgabe, 1925 eine 1345 Seiten lange Version und 1961 aus dem Nachlaß eine auf 1584 Seiten aufgeschwellte Fassung. Holz bemüht sich, in seinem ‹Weltgedicht› einen ‹Gesamtorganismus› entstehen zu lassen, der Vollständigkeit der Abbildung und Genauigkeit des Details gleichrangig realisiert. Charakteristisches Verfahren ist die *amplificatio* mittels *accumulatio* und *enumeratio* in langen Ketten von Adjektiven und Substantiven, die tendenziell die thematisierten Objekte in ihrer Totalität festhalten sollen. Im Rückgriff auf historistische Textverfahren werden lange Kataloge von Adjektiven oder Substantiven präsentiert, deren einzelne Lexeme zur Autonomisierung neigen. Das ursprüngliche Ziel der Intensivierung wird dabei verfehlt: der späte ‹Phantasus› ist ein kaum noch lesbarer, «semantisch höchst differenzierter und dennoch nichtssagender Text».[24] Neuere literaturwissenschaftliche Ansätze erkennen in der konstatierten Lexemautonomisierung ein Textverfahren, das der literarischen Moderne insgesamt den Weg weise.[25]

Die deutsche naturalistische *Prosa* erreicht nicht die Weltgeltung der französischen und der russischen naturalistischen Vorbilder (ZOLAS Zyklus ‹Les Rougon-Macquart. Histoire naturelle et sociale d'une famille sous le Second Empire› (1871–1893), besonders die Bände ‹L'assommoir› (1877), ‹Nana› (1880) und ‹Germinal› (1885), F. DOSTOJEWSKIS 1882 unter dem Titel ‹Raskolnikow› in deutscher Übersetzung veröffentlichter Roman ‹Schuld und Sühne›, ‹Die Brüder Karamasow›, deutsch 1884, ‹Erniedrigte und Beleidigte›, deutsch 1885). Als ‹deutscher Zola› gilt zunächst M. KRETZER, dessen Großstadt- und Sozialromane allerdings ihre Nähe zu Kolportagetechniken (teils holzschnittartige Antithesen, Hyperbeln und Schematismen in Figurencharakteristik und Sprache, auf melodramatische und reißerische Effekte hin angelegte *dispositio*, Individualisierung des in gesellschaftlichen Strukturen angelegten Konflikts) nicht verleugnen können. In ‹Meister Timpe› (1888) wird gezeigt, wie die maschinelle Fertigung einen handwerklichen Familienbetrieb aus dem Wirtschaftsleben verdrängt. M.G. CONRADS Zyklus von München-Romanen mit dem Titel ‹Was die Isar rauscht› (3 Bde. 1888–93) steht der Berlin-Zyklus ‹Der Kampf ums Dasein› (6 Bde. 1888–95) von K. ALBERTI zur Seite, der im wie in der Handlung und Charakterzeichnung darwinistisches Gedankengut aufnimmt. Weder diese Romane noch die sozialkritischen Künstlerromane aus dem Berliner Milieu (H. CONRADIS ‹Adam Mensch›, 1889, sowie Romane von C. BLEIBTREU und W. BÖLSCHE) vermögen formale Innovationen einzuführen. G. HAUPTMANNS novellistische Studie ‹Bahnwärter Thiel› (1888 in der ‹Gesellschaft› veröffentlicht) schließt – trotz der Thematisierung der Triebgebundenheit des Protagonisten – in ihrer symbolischen Überhöhung des novellistisch zugespitzten Geschehens eher an realistische Erzähltraditionen an. C. VIEBIG tendiert im Roman ‹Das Weiberdorf› (1899) zur Identifizierung von triebhafter Sinnlichkeit, Unterschichtzugehörigkeit und Weiblichkeit. Neben diesem in Topographie, Darstellung der sozialen Strukturen und Verwendung des Eifeldialekts detailgetreuen Roman ist die Novellensammlung ‹Kinder der Eifel› (1897) als naturalistisch einzustufen. Spätere Arbeiten der Autorin gehören eher der Heimatkunst zu, die in darwinistisch-evolutionären Naturvorstellungen eine gemeinsame weltanschauliche Grundlage mit dem N. hat.[26]

Formal innovativ und von nachhaltiger Wirkung sind die Prosaskizzen und -studien von J. SCHLAF und A. HOLZ, in denen die neue Technik des ‹Sekundenstils› erprobt wird. Die in enger Zusammenarbeit entstandene, unter dem Pseudonym Bjarne P. Holmsen veröffentlichte Prosastudie ‹Papa Hamlet› (1889) hat mit den Erzähltraditionen des poetischen Realismus nichts mehr gemein. Das Primat der direkten Rede drängt die wenigen Erzählerkommentare in den Hintergrund. Schon der *in-medias-res*-Anfang weicht von den klassischen *virtutes dicendi* weit ab: Weder *perspicuitas* (Klarheit) noch *puritas* (Sprachrichtigkeit) werden in den kommentarlos hintereinandergesetzten Einzeläußerungen in direkter Rede (oder in den oft nahtlos in Figurenrede und Erzählerkommentar hineinmontierten ‹Hamlet›-Zitaten) beachtet, so daß sowohl die Zuordnung der Äußerungen als auch der Sachbezug vom Leser rekonstruiert werden müssen. Mit den Wertvorstellungen und Termini der klassischen Rhetorik argumentierend, könnte man ein umgedeutetes *aptum* als zentrale Stilqualität zur Rechtfertigung der genannten Verstöße anführen: Das naturalistische *mimesis*-Gebot würde demgemäß einzig die phonographisch präzise Wiedergabe dessen, was von der geschilderten Handlung wahrnehmbar und mitteilbar ist, als angemessen gelten lassen, gerade auch in seiner Unstrukturiertheit, Mehrdeutigkeit und Abweichung von den Normen der Hochsprache. In noch größerem Maße als ‹Papa Hamlet› tendiert die ‹Die Papierne Passion› von Holz und Schlaf (1890) zum Drama.

Auf dem Gebiet des *Dramas*, für das H. IBSENS Schaffen modellbildend ist, entstehen die bedeutendsten Werke des deutschen N., was sich auch gattungspoetologisch erklären läßt. Für den Rezipienten ist in der szenischen Realisierung des Dramas am überzeugendsten die Illusion herzustellen, die Wirklichkeit werde nicht künstlerisch vermittelt, sondern sie stehe ihm unvermittelt vor Augen. Der Illusionssteigerung dient daher auch das Bemühen, «aus dem Theater allmählich das 'Theater' zu drängen» und die «Sprache des Lebens» auf die Bühne zu bringen.[27] Damit negiert das naturalistische Drama das zeitgenössische Verständnis des Theaters als einer festlichen, erhebenden Veranstaltung. Die szenische Umsetzung der zumeist sehr ausführlichen Nebentexte (mit ekphrastischen Figuren wie *effictio*, *conformatio*, *descriptio*, *topographia*, *chronographia*) stellt, mit dem Ziel der *evidentia*, dem Publikum gemäß der Determinationstheorie ‹race›, ‹milieu› und ‹moment› als bestimmende Faktoren für das Denken und Handeln der zumeist unteren Schichten angehörenden *dramatis personae* vor Augen.

Als herausragender Vertreter des naturalistischen Dramas gilt G. HAUPTMANN, ungeachtet der Zweifel, die an seiner vollgültigen Zugehörigkeit zum N. bestehen.[28] Er verbindet Einflüsse von Zola in der Genauigkeit der Milieuschilderung und der Bloßlegung sozialer und psychischer Mechanismen, die von Holz entwickelte minutiöse Beschreibungstechnik und dramentechnische Elemente von Ibsen (ausführliche und genaue Bühnenanweisungen, analytische Dramenstruktur, offener Schluß) zu eigenständigen sozialen Dramen. Die skandalträchtige Uraufführung von ‹Vor Sonnenaufgang› (1889) bringt dem N. auf der Bühne den Durchbruch: Soziale Frage und Sozialreformertum, das Epochenthema Alkoholismus und die Thematisierung sexuellen Fehlverhaltens verbinden sich mit einer konventionellen Liebesintrige; innovativ ist die extensive, abgestufte Verwendung von Dialekt, Umgangssprache, Stottern etc., die der Charakterisierung der dramatis personae als Individuen und ihrer soziologischen Einordnung dienen.

Das auf sorgfältigen Quellenstudien beruhende, wohl wichtigste naturalistische Drama ‹Die Weber› (1892) thematisiert den schlesischen Weberaufstand des Jahres 1844 mit neuen dramatischen Mitteln. Auf einen individuellen Helden wird verzichtet; die namentlich genannten hungernden Weber interessieren nicht als Individuen, sondern als prinzipiell austauschbare Vertreter des Proletariats. Konstitutiv ist das Reihungsprinzip, das im ersten Akt die Identität des ökonomischen Konflikts der Weber verbürgt und in der Abfolge der ersten vier Akte die revolutionäre Handlung bis zur Plünderung des Fabrikantenhauses steigert. Der vieldiskutierte fünfte Akt wird heute überwiegend als bühnenwirksamer, melodramatischer Ersatzschluß gewertet. Von den weiteren naturalistischen Dramen Hauptmanns (zu nennen sind die an Ibsen orientierten Familiendramen ‹Das Friedensfest› (1890) und ‹Einsame Menschen› (1891) die Künstlerkomödie ‹College Crampton› (1892) das zu epischer Breite tendierende historische Drama ‹Florian Geyer› (1896) und die Charakterdramen ‹Fuhrmann Henschel› (1898) und ‹Rose Bernd› (1903) verdient vor allem die eine Vielzahl differenzierter Dialekte aufweisende Komödie ‹Der Biberpelz› (1893) Aufmerksamkeit, die kleinbürgerliche, proletarische und kriminelle Lebensformen auf teils possenhafte, teils satirische Weise vorführt. Die Tragikomödie ‹Die Ratten› nimmt noch 1911 naturalistische Elemente auf und überhöht die geschilderten Zustände in einem Berliner Mietshaus zum Symbol für die brüchige Gesellschaftsordnung im Spätwilhelminismus. In die (teils als epigonal zu bewertende) Nachfolge G. Hauptmanns gehören Dramen von G. HIRSCHFELD, M. DREYER, C. FLAISCHLEN sowie ELSA BERNSTEIN, die unter dem Pseudonym Ernst Rosmer veröffentlicht.

Der erfolgreichste Bühnenautor der Zeit, H. SUDERMANN, verbindet in seinem Stück ‹Die Ehre› (1889) in der Konfrontation der Bewohner eines Vorder- und des zugehörigen Hinterhauses Gesellschaftskritik nach Ibsens Manier mit einer letztlich affirmativen Darstellung der gründerzeitlichen Aufsteigermentalität. Sudermann verbreitet, ungeachtet der gegen ihn erhobenen Vorwürfe der Trivialität, das gesellschaftskritische Gegenwartsdrama auf den in- und ausländischen Bühnen.

In der Gemeinschaftsarbeit ‹Familie Selicke› von A. Holz und J. Schlaf (1890) wird in von Zeitgenossen als fundamental unkünstlerisch empfundener Weise das häuslich-alltägliche «unglückliche Familienleben» vorgeführt. Es gibt entsprechend dem Bauprinzip der Wiederholung keinen «Handlungsfortschritt, allenfalls Eskalation des Zuständlichen»[29], dessen Trostlosigkeit durch keine transzendente Sinnstiftung gemildert wird. Die Thematisierung typisch naturalistischer Anliegen (innerfamiliäre Lieblosigkeit und Gewalt, Alkoholismus, Geldsorgen, Krankheit), die Figur des auch in der ‹Papiernen Passion› begegnenden, paradigmatischen Modernisierungsverlierers Kopelke und die Sprachführung (Dialekt, Satzabbrüche, Stammeln etc.) lassen das Zustandsdrama ‹Familie Selicke› als eines der konsequentesten Experimente des N. erscheinen.

Mit dem ‹Meister Oelze› (1892) gelingt J. Schlaf eine Reduktion der sprachlichen und szenischen Mittel, weil das zähe Ringen der Titelfigur und seiner Halbschwester um das Geständnis eines lange zurückliegenden Mords (und, nach neuerer Deutung, inzestuöser Beziehungen[30]) in bloßen Andeutungen der dialektal gefärbten Figurenrede ausgetragen wird. Die präzise Zeichnung des ländlichen Milieus und der Charaktere entsprechen naturalistischen Vorstellungen, aber die Enthüllung innerer Vorgänge weist bereits den Weg zum ‹Intimen Drama›, dem Schlaf sich um die Jahrhundertwende zuwendet.

3. *Theater*. Entsprechend der Dominanz des Dramas im Spektrum der naturalistischen Gattungen ist das *Theater* ein wichtiger Kristallisationsort naturalistischer Bestrebungen in Deutschland. Da in Preußen noch bis

1918 eine präventive Theaterzensur geübt wird, von der nur geschlossene Vorstellungen ausgenommen sind, kommt es 1889 in Berlin zur Gründung des Theatervereins Freie Bühne (nach dem Vorbild des Pariser Théâtre Libre von A. ANTOINE) durch O. BRAHM u.a. In solchermaßen ‹privat› organisierten Aufführungen können die Zensurbestimmungen unterlaufen und kommerzielle Zwänge des regulären Theaterbetriebs umgangen werden. Noch 1889 bringt Brahm Hauptmanns ‹Vor Sonnenaufgang› zur Uraufführung, die nicht nur als einer der größten Skandale, sondern auch als Durchbruch des naturalistischen Dramas in die deutsche Theatergeschichte eingeht. Die Ästhetik der naturalistischen Dramen hat nach Brahms Einsicht die Attitüden, das Pathos und die Deklamationskunst des klassizistischen und gründerzeitlichen Theaters obsolet gemacht und erfordert eine neue, ‹lebenswahre› Art von *actio* und Regiestil, die Brahm an seinen Wirkungsstätten (ab 1894 am Deutschen Theater in Berlin, ab 1904 bis zu seinem Tod 1912 am Lessingtheater) konsequent kultiviert: Die schon vom Meininger Hoftheater umgesetzte äußere Echtheit der Ausstattung (Kostüme und Bühnenbild) aufgreifend und über ihren Historismus hinausgehend, mißt er der strikten Befolgung der Bühnenanweisungen großes Gewicht bei. Milieugetreue Bühnenräume sollen den determinierenden Einfluß der äußeren Umgebung auf die Charaktere und das Geschehen abbilden. Auch die betont 'natürliche', d.h. der Alltagsrealität abgeschaute Gestik und Mimik der Darsteller sowie ihre an der Umgangssprache orientierte, z.T. dialektgefärbte Sprechweise, Geräusche wie Schnaufen, Husten etc. dienen der Erzeugung einer möglichst perfekten Wirklichkeitsillusion im Sinne einer *mimesis* der nüchternen Alltäglichkeit des zeitgenössischen Lebens.[31]

1890 gründet B. WILLE die ‹Freie Volksbühne› als volkspädagogisches Analogon für das Proletariat. Auf einen Richtungsstreit reagiert er 1892 mit der sezessionistischen Gründung der ‹Neuen Freien Volksbühne›, die Anfang des 20. Jh. zur größten Besucherorganisation anwächst. Unter F. MEHRINGS Leitung wandelt sich das Profil der ‹Freien Volksbühne› (bis zu ihrem aus Protest gegen die neu eingeführte Zensur provozierten Ende 1895), da Aufführungen von Dramen der deutschen Klassik das Programm dominieren.

III. *Wirkung*. Der ausgeprägte Protestgestus des N. mit seinem revolutionären Pathos avanciert zur Standardattitüde späterer literarischer Avantgardebewegungen. Auch in inhaltlich-thematischer Hinsicht wirkt der N. auf die gesamte literarische Moderne nach: in der Erschließung neuer, überwiegend zeitgenössischer Stoffbereiche, die die Thematisierung von Elend und Häßlichkeit ohne transzendente Sinnstiftung, Funktionalisierung oder Beschönigung erlaubt. Aber nicht nur inhaltliche Restriktionen aufgrund kunstfremder Argumentation werden vom N. abgewiesen, sondern auch formale bzw. sprachliche: Die Auflösung der geschlossenen Form insbesondere im Drama, die Entwicklung hin zu Zustandsdramen und Theaterstücken mit offenem Schluß bereiten für das expressionistische und das epische Drama den Weg. Eine minutiöse Beschreibungstechnik, den Verzicht auf Sprachrichtigkeit im Sinne hochsprachlicher Normen, die Verwendung von Umgangssprache und Dialekten etabliert der N. nachhaltig in literarischen Texten. Zusammenfassend kann man die Ablehnung aller zentralen, noch der klassizistisch-epigonalen Dichtung des 19. Jh. zugrundeliegenden Normen der tradierten Rhetorik und Poetik als zwar nicht voraussetzungslosen, nunmehr aber unwiderruflichen Bruch der Literatur mit solchen Normen und damit als Beginn der Moderne begreifen.

Anmerkungen:

1 R. Hamann, J. Hermand: N. (1977) 17. – **2** vgl. Y. Chevrel: La critique allemande et le terme ‹N.› (1850–1890), in: ders. (Hg.): Le naturalisme dans les littératures de langues européennes. (Nantes 1983) 127–137. – **3** vgl. K.-M. Bogdal: Schaurige Bilder. Der Arbeiter im Blick des Bürgers am Beispiel des N. (1978). – **4** K. Kautsky: Der Alkoholismus und seine Bekämpfung, in: Die Neue Zeit 9/2 (1891), zit. D. Pforte: Die dt. Sozialdemokratie und die Naturalisten. Aufriß eines fruchtbaren Mißverständnisses, in: H. Scheuer (Hg.): N. Bürgerliche Dichtung und soziales Engagement (1974) 182. – **5** W. Bölsche: Ein sozialistischer Kritiker Zolas, in: Freie Bühne für modernes Leben 2/42 (1891), z.t. N. Rothe (Hg.): N.-Debatte 1891–1896. Dokumente zur Literaturtheorie und Literaturkritik der revolutionären dt. Sozialdemokratie (1986) 116. – **6** vgl. M. Brauneck: Lit. und Öffentlichkeit im ausgehenden 19. Jh. Stud. zur Rezeption des naturalistischen Theaters in Deutschland (1974) 182. – **7** ebd. 177. – **8** M.G. Conrad: Die Sozialdemokratie und die Moderne, in: Die Ges. 7/5 (1891), zit. Th. Meyer (Hg.): Theorie des N. (1973) 64. – **9** F. Mehring: Kunst und Proletariat, in: Die Neue Zeit 15/1 (1896/97), zit. Rothe [5] 254. – **10** M. Brauneck, Chr. Müller (Hg.): N. Manifeste und Dokumente zur dt. Lit. 1880–1900 (1987) 274. – **11** H. Hart, J. Hart: Für und gegen Zola, in Krit. Waffengänge H. 2 (Leipzig 1882) 47. – **12** A. von Harstein: Das Jüngste Deutschland. Zwei Jahrzehnte miterlebter Litteraturgesch. (1900) 157. – **13** vgl. P. Bürger: N. – Ästhetizismus und das Problem der Subjektivität, in: ders., Chr. Bürger, J. Schulte-Sasse (Hg.): N./Ästhetizismus (1979) 18–55; J. Kolkenbrock-Netz: Fabrikation, Experiment, Schöpfung. Strategien ästhet. Legitimation im N. (1981) 165f. – **14** Hart, Hart [11] 52. – **15** vgl. W. Bölsche: Die naturwiss. Grundlagen der Poesie (Leipzig 1887) 7f. – **16** vgl. J. Kolkenbrock-Netz: Poesie des Darwinismus. Verfahren der Mythisierung und Mythentransformation in populärwiss. Texten von W. Bölsche, in: lendemains 30 (1983) 28–35; B. Krauß-Theim: N. und Heimatkunst bei Clara Viebig. Darwinistisch-evolutionäre Naturvorstellungen und ihre ästhet. Reaktionsformen (1992) 60–65. – **17** vgl. E. Zola: Œuvres complètes Bd. 10 (Paris 1968) 1233. – **18** vgl. Kolkenbrock-Netz [13] 293f. Übers. Red. – **19** A. Holz: Die Kunst. Ihr Wesen und ihre Gesetze (Berlin 1891), zit. Brauneck, Müller [10] 148. – **20** ebd. 149. – **21** P. Sprengel: Gesch. der deutschsprachigen Lit. 1870–1900. Von der Reichsgründung bis zur Jahrhundertwende (1998) 619. – **22** ebd. 622–625 – **23** vgl. L. Völker: «Alle Erinnerung geht von irgendeiner Prosa aus.» Die lyrische Moderne und der N., in: R. Leroy, E. Pastor (Hg.): Dt. Dichtung um 1890. Beitr. zu einer Lit. im Umbruch (Bern u.a. 1991) 203–235. – **24** M. Baßler, Chr. Brecht, D. Niefanger, G. Wunberg: Historismus und lit. Moderne (1996) 324. – **25** Baßler u.a. [24] 105–133. – **26** vgl. Krauß-Theim [16]. – **27** A. Holz: Vorwort zu ‹Sozialaristokraten›, zit. Meyer [8] 282. – **28** vgl. P. Sprengel: G. Hauptmann. Epoche, Werk, Wirkung (1984) 54–59. – **29** D. Kafitz: Grundzüge einer Gesch. des Dramas von Lessing bis zum N. (²1989) 297. – **30** H. Stroszeck: Das «scheinbare Drüberhin und Dranvorbei» des Dialogs. J. Schlafs ‹Meister Oelze›, in: Leroy, Pastor [23] 417–451. – **31** vgl. P. Sprengel: Literaturtheorie und Theaterpraxis des N.O. Brahm, in: DU 40/2 (1988) 89–99; Art. ‹Naturalistisches Theater›, in C. Bernd Sucher (Hg.): Theaterlex. Bd. 2 (1996) 304–307.

Literaturhinweise:

G. Mahal: N. (²1975). – J. Schutte: Lyrik des dt. N. 1885–1893 (1976). – H.-G. Brands: Theorie und Stil des sog. ‹Konsequenten N.› von A. Holz und J. Schlaf (1978). – H. Möbius: Der Positivismus in der Lit. des N. (1980). – S. Hoefert: Das Drama des N. (⁴1993).

D. Bourger

→ Actio → Drama → Engagierte Literatur → Gründerzeit → Häßliche, das → Historismus → Illusion → Mimesis → Moderne, Modernität → Realismus

Natürlichkeitsideal
A. Def. – B.I. Antike. – II. Spätantike und Mittelalter. – III. Humanismus, Renaissance. – IV. Barock. – V. 18. Jh. und Ausblick.

A. Mit dem Begriff ‹N.› lassen sich Stil- und Verhaltenslehren verbinden, die die ‹natürliche› im Sinne einer ‹ungezwungen› ausgeübten Redekunst präferieren. Das antike Postulat der Kunstverbergung (*celare artem*) führt in einem mehrschichtigen Vermittlungsprozeß erst in der französischen Literaturtheorie des 17. Jh. zu einem N., das dem Stil bestimmter Gattungen (in der Brief- und Konversationskultur) und auch dem Verhalten von (höfischen) Personen zugeschrieben wird.

Die systematischen Voraussetzungen dieses Ideals finden sich in den klassischen antiken Schriften zur Rhetorik. Zum einen geht es bei der rhetorisch generierten 'Natürlichkeit' prinzipiell um das Verhältnis zwischen Natur und Kunst, das in der theoretischen und praktischen Ausbildung der Beredsamkeit reflektiert wird. Die Bestimmungen der jeweils ‹natürlich› und ‹künstlich› genannten Anteile werden dabei in einer für das spätere N. besonderen Weise zusammengebracht: der Vorstellung, daß die höchste Redekunst wie ‹natürlich› praktiziert wird und erscheint.

Neben diesem die *actio* eines Redners betonenden Aspekt geht es bei der stilistischen Zuordnung des ‹Natürlichen› seit der Antike um das Verständnis des *genus humile* (niedriger Stil). Dessen charakteristische ‹Einfachheit› schließt, etwa in der Briefkunst als *oratio soluta*, die Annäherung an Alltagssprachlichkeit im Sinne eines natürlichen Sprachvermögens nicht aus. Mitverhandelt wird in den historisch variierenden Bestimmungen des ‹einfachen Stils› damit die Grenze, die die gebildete Beredsamkeit zum ungebildeten Sprechen in ästhetischer und sozialer Hinsicht zieht.

Seit dem Mittelalter lassen sich in dieser Hinsicht antirhetorische Effekte im Namen des ‹Natürlichen› dort aufspüren, wo die geforderte stilistische ‹Einfachheit› mit der Bereitschaft verbunden ist, die Grenzen nach unten zu überschreiten. Das volkssprachliche, ‹einfache› Sprechen und Verstehen der *illitterati* (der in Rede und Schrift Ungebildeten) wird von den *litterati* in der Homiletik, z.T. auch über den Adressatenbezug in der *ars dictandi* berücksichtigt.

Seit der Wiederaufnahme der antiken Rhetorik in Humanismus und Renaissance wird in der Brief- und Konversationskultur die Idee eines ‹natürlich-einfachen›, relativ regelfreien Sprechens, Schreibens und Verhaltens erneut aus der rhetorischen Systematik und dem eruditiven Selbstverständnis der Redekunst abgezogen. Erst gegen Ende des 17. Jh. beginnt bei den deutschen Theoretikern der Brief- und Konversationskultur die allmähliche Verdrängung des rhetorischen Systems zugunsten der Kategorie der ‹Natürlichkeit›, die alle Zuständigkeitsbereiche der Redekunst systematisch unterwandert.

Ein weiterer Aspekt, der im 18. Jh. dann seine volle Tragweite in ästhetischer Hinsicht entfaltet, ist mit der Frage nach der Natürlichkeit der Affekte angesprochen. Bis in das frühe 18. Jh. behält das (antike) Konzept, daß die Affekte auf rhetorischem Wege zu generieren und zu beherrschen sind, seine Gültigkeit. Die Umstellung der Literaturtheorie im 18. Jh., der Versuch, alle ‹Kunst› nun ganz aus einer alles begründenden (menschlichen) ‹Natur› abzuleiten, integriert grosso modo in dieser Umpolung die angesprochenen Traditionsstränge. In den Überlegungen zu der ‹natürlichen› Disposition des Menschen zur ‹natürlichen› Ausdrucksweise werden die Affekte als ‹natürliche› Zeichen des Selbstausdrucks verstanden. In der Ästhetik des Erhabenen wie des Genies, aber auch in der Briefkultur wird dies ab der Mitte des 18. Jh. paradigmatisch diskutiert. Schließlich idealisiert man im Horizont von kulturanthropologischen und geschichtsphilosophischen Annahmen im ‹Natürlichen› die Ursprungsqualität des ‹Einfachen› – verstanden als ein genuin 'unverbildetes' Sein, das sich so verhält, wie es 'die Natur' nahelegt.

B.I. *Antike.* Im Wechselspiel zwischen *natura* und *ars* gilt 'das Natürliche' als Bedingung und Korrektiv des künstlichen rhetorischen Systems, das in jenen Bereichen, die der Natur des Menschen oder der Natur des umfassenden *ordo* zugeschrieben werden, eine Grenze und sein Vorbild finden kann. Eine korrigierende Funktion üben *natura* und *ars* wechselseitig nach Maßgabe des Wahrheits- wie des Wahrscheinlichkeitsgebots aus, die auf den pragmatischen Persuasionszweck einer Rede zielen. Die Rhetorik wie Poesie betreffende mimetische Ausrichtung an der Natur[1] stellt dabei nur eine unter anderen möglichen Orientierungshilfen dar. So heißt es beim Auctor ad Herennium: «Wahrscheinlich ist die Darlegung des Sachverhaltes, wenn wir sprechen, wie es die Sitte, wie es die allgemeine Meinung, wie es die Natur fordert.»[2] Die *ars rhetorica* stößt sich damit gleichermaßen vom ‹Natürlichen› in ihren ‹künstlichen› Abweichungen ab, wie sie sich mimetisch daran orientiert. Beide Bewegungen dienen dazu, die *ars* in all ihren Ausfaltungen zu legitimieren.

Für Cicero gehören physiologische Eigenheiten wie Stimmklang, Körperkraft und Zungenfertigkeit zu den «Gaben der Natur»: «Einpflanzen und verleihen jedenfalls kann man sie auf künstlichem Wege nicht.»[3] Cicero und Quintilian rechnen auch die Urteilskraft unter die angeborenen Fähigkeiten, die den guten Redner auszeichnen.[4] Im Sinne eines je zu spezifizierenden Anteils der *natura hominis* erstreckt sich so ‹das Natürliche› auf das ganze rhetorische System (einschließlich der angeborenen Tugend des Redners[5]) und legt als die natürlich gegebene Beredsamkeit des Menschen Grund für seine *ars*: «So ist nicht die Beredsamkeit aus einem theoretischen System, sondern das theoretische System aus der Beredsamkeit entstanden».[6] Als mentale Voraussetzung muß die individuelle Begabung (das *ingenium*[7]) von der *ars* weiterentwickelt, kann von ihr aber nicht restlos ersetzt werden.[8] Entsprechend bildet die *ars* auf allen ihren Ebenen die vorhandenen Anlagen aus und zeigt damit, daß *natura* ebenso auf die *ars* angewiesen ist wie umgekehrt (etwa bei der Ausbildung des natürlichen durch das künstliche Gedächtnis[9]).

Die mimetische Annäherung der rhetorischen Regeln an die Natur zeigt sich gleichfalls in verschiedenen Teilen der Redekunst. Für Cicero folgt die vom rhetorischen System behauptete Anordnung der Redeteile einem Naturgesetz[10], und nach Quintilian gibt die vorauszusetzende, planvolle natürliche Ordnung (*ordo naturalis*) das Vorbild ab für eine sinnvolle Rede, die in ihrer Sorgfalt das Zufällige als das Planlose vermeidet.[11] Bei manchen träfe man zwar auf die Wertschätzung des «ungepflegte[n] Redestrom[s], wie ihn das Geratewohl mit sich bringt»[12]; doch hat dieser nichts mit dem gemein, was die Kunst der Rhetorik im Sinne ihres Bildungs- und Kultivierungsbeitrags ‹naturgemäß› empfiehlt: «In Wahrheit ist aber doch das am meisten naturgemäß, was die Natur sich am besten entfalten läßt.»[13] Die Bestimmung eines ‹naturgemäßen Natürlichen› erfolgt damit intentional im Rahmen einer Kunst, die hier ihre Grenze zum alltäglichen, gemeinen Sprachgebrauch festlegen möchte.

Ein weiterer Aspekt, der in späterer Zeit die stilistischen Ausprägungen des N. trägt, ist in der klassischen antiken Rhetorik im Verhältnis von *natura* und *ars* ebenfalls angelegt: Auf der höchsten Stufe der Beherrschung aller Vorschriften sollte der Redner die eigene Kunstfertigkeit, seine Rede wie ihre Gegenstände gleichsam als naturgegeben erscheinen lassen. Auf den pragmatischen Zweck einer Rede, ihre Glaubwürdigkeit, bezogen heißt es bei ARISTOTELES: «Daher ist es erforderlich, die Kunstfertigkeit anzuwenden, ohne daß man es merkt, und die Rede nicht als verfertigt, sondern als natürlich erscheinen zu lassen – dies nämlich macht sie glaubwürdig, jenes aber bewirkt das Gegenteil; denn die Zuhörer nehmen wie gegen jemanden, der etwas im Schilde führt, Anstoß daran wie gegen gemischte Weine.»[14] Hier dissimuliert die Redekunst in ihrer ‹natürlich› genannten Erscheinung ihren Kunstcharakter. Philosophisch gerechtfertigt ist diese simulierte ‹Natürlichkeit› im Horizont angestrebter Wahrscheinlichkeit, aber als rhetorische Verstellung bleibt sie offen für die Nutzbarmachung des ‹Natürlichen› zum zentralen Zweck der Wirkungsabsicht (*persuasio*). Jeder antirhetorische Affekt kann sich an solchen dissimulativen Strategien entzünden, die, um zu überzeugen, auch von der 'Wahrheit' abweichen – dies zeigt schon PLATONS Rhetorikkritik.

Vermittelt sind angeborenes Können und die in der Theorie niedergelegte Lehre (*doctrina*) in der schulmäßigen Aus- und Weiterbildung zum Redner, die Übung (*exercitatio*) und Nachahmung (*imitatio*) der vorbildlichen Autoren und Redner im Schreiben, Lesen und Reden umfassen. Der von QUINTILIAN in Anlehnung an CATO als Ideal des Redners beschworene *vir bonus dicendi peritus* (ein Ehrenmann, der reden kann)[15] beherrscht die Redefähigkeit mit sicherer Leichtigkeit (*firma facilitas*)[16], die ihn allen möglichen Redesituationen und -gegenständen gewachsen zeigt. Der Prozeß des Erlernens der *ars* und der Zugewinn an Können, den die Erfahrung mit sich bringt, gehen auf den höchsten Stufen der Kunstbeherrschung ein in die Habitualisierung der Redegewandtheit, die dann wie die natürliche Gabe eines guten Redners erscheint. So soll die Leichtigkeit (*facilitas*) des Vortrags die Mühe aller rhetorischen Vorüberlegungen, das Befolgen bestimmter Regeln verbergen; um so mehr steigert das ‹natürliche› Können dann den Ruf eines «begabten Redners»[17] – eine paradoxale Konstruktion, in welcher die systematische Trennung von Natur-Begabung und erlernter Kunstfertigkeit in ihrer synchronen Beobachtung idealiter zusammenfallen. Der virtuosen Beherrschung der *ars rhetorica* benachbart ist der Fehler (*vitium*) der Anstrengung (*affectatio*)[18], der sich im Streben des Redners nach zuviel Redeschmuck (*ornatus*) bemerkbar macht.[19] In der Traditionsgeschichte wird die gezwungen wirkende Anwendung jeglicher rhetorischer Mittel, ihre übertrieben wirkende Zurschaustellung als künstliche ‹Affektation›, kritisiert und einer auf ‹natürliche› Weise überzeugenden Kunstfertigkeit immer wieder topisch entgegengesetzt.[20]

Die positive Bestimmung der menschlichen Gemütsregungen, der Affekte, macht sich die antike Rhetorik in ihrer Affektenlehre zunutze. Die Erregung der sanftgefälligen Emotionen (Ethos) wie der starken bewegenden Leidenschaften (Pathos) gehört zu den Aufgaben des Redners. Sowohl die Darstellung der Affekte (auf Seiten des Redners) als auch die Erregung des Gemüts (auf Seiten des Redners und seiner Zuhörer) werden ‹natürlich› genannt, insofern sich die mimetische Darstellung und ihre Effekte (*conciliare* und *movere*) in Analogie zu den spontanen Gemütsregungen befinden. Ein Gemeinplatz der lateinischen Rhetorik ist es, daß nur der Redner bewegen kann, der selbst bewegt ist.[21] So lassen sich die evozierten Affektäußerungen als ‹natürliche› Zeichen der ihnen zugrunde liegenden ‹natürlichen› Gemütsregungen lesen: «Denn jede Regung des Gemüts hat von Natur ihren charakteristischen Ausdruck in Miene, Tonfall und Gebärde.»[22] Der natürliche Gesichtsausdruck, die natürliche Stimme und Gestik werden im Rahmen der *actio* (Vortrag) den Regeln der körperlichen Beredsamkeit unterstellt. Die Schrift des PSEUDO-LONGINOS ‹De sublimitate› (1. Jh. n. Chr.) interessiert sich in besonderer Weise für die geregelte Steigerung der niederen Leidenschaften (wie Trauer, Schmerz, Furcht, Angst), deren rhetorische Handhabung der Erzeugung der naturanalogen, erhaben-großen Momente wie Stolz und Mut im Pathos dienen soll. Auch Longin bezieht sich auf die wechselseitige Steigerung von Natur und Kunst: «Die Kunst nämlich ist dann vollkommen, wenn sie Natur zu sein scheint, die Natur wiederum erreicht ihr Ziel, wenn sie unmerklich Kunst in sich birgt.»[23] Erst im 17. und 18. Jh. wird diese Schrift (in Frankreich, England, Deutschland) im Rahmen der Natürlichkeitsdiskussion nachhaltig rezipiert und bestimmt den Diskurs über das erhabene Sprechen. In charakteristischer Weise wird hier dann die erhabene Wirkungsintensität (*movere*) mit einer behaupteten stilistischen Einfachheit der Rede verschränkt.[24]

Ausgeschlossen aus dem Bildungsanspruch der klassischen *ars rhetorica* und ihr systematisch entgegengesetzt bleiben jene Bereiche des 'Rohen' oder 'Gemeinen', die ein auf sozialen Distinktionsgewinn setzendes Regelwerk gar nicht erst erreichen will: die Rede und das Verhalten der Ungebildeten. So plädiert etwa Quintilian unter Berufung auf Cicero für die Anwendung der rhythmischen Wortfügung der Rede, im Unterschied zu einer Rede ohne Rhythmus, «was ungebildet und bäuerisch wirke».[25] Solcher Ausgrenzungen bedarf die Charakterisierung des niedrigen Stils (*genus humile*) mit seiner positiv bestimmten Nähe zur alltäglichen und gewöhnlichen Rede in besonderer Weise.

Auf dieser Stilebene werden auch die Gattungen des Briefs wie des Gesprächs am Rande rhetorischer Zuständigkeit erfaßt. Die Bedeutung, die der Brief in späterer Zeit für die stilistische Ausprägung der ‹natürlichen› Schreibweisen übernimmt, speist sich aus seiner Grenzstellung zwischen Mündlichkeit und Schriftlichkeit, zwischen noch rhetorisch zu bestimmender Geregeltheit einer Rede und der Aufkündigung normativ zu handhabender Stilvorschriften. Der Brief gilt seit der Antike als verschriftlichtes Gespräch, dem der *stilus humilis* (niedere Stil) in seiner elocutionellen Schlichtheit gemäß ist.[26] DEMETRIOS' Exkurs zur Gattung des Briefs in seiner Schrift ‹Über den Stil› (1. Jh. v. Chr.) postuliert als einer der ersten diese Nähe der Gattung zum Dialog und empfiehlt für den Brief den gelösten Stil unter Ablehnung des periodischen Satzbaus.[27] Cicero, für den der Brief das Gespräch mit dem abwesenden Freund darstellt[28], erlaubt für den privaten Briefaustausch den «plebeius sermo» und legt besonderen Akzent auf die «Kunst des iocari, die leichte, liebenswürdige, zwecklose Plauderei».[29] Auch Quintilian übernimmt den Aspekt der *oratio soluta* für Gespräch und Brief.[30]

Der Gattung des Briefs wächst gegen Ende des 17. Jh. in Anlehnung an die französische Konversationskultur auch im deutschsprachigen Raum jene paradigmatische Bedeutung zu, im vielfältig ausdifferenzierten, rhetorischen Traditionsverständnis von ‹Einfachheit› auch das ‹Natürliche› semantisch entschieden zu verankern. Schließlich trägt die Gattung Brief im 18. Jh. dazu bei, die 'antirhetorischen' Affekte der schönen Literatur im Namen der ‹Natur› freizusetzen.

Anmerkungen:
1 Arist. Poet. 4, 11. – **2** Auct. ad Her. I, 9, 16. – **3** Cic. De or. I, 114. – **4** Cic. Or. 53, 177–178; Quint. VI, 5, 1. – **5** Quint. XII, 2, 1. – **6** Cic. De or. I, 146. – **7** Quint. I, 1, 1–3. – **8** ebd. X, 2, 12. – **9** Auct. ad Her. III, 16, 28 u. 29. – **10** Cic. De or. II, 307. – **11** Quint. VII, Vorrede, 3; Lausberg Hb. §§ 446ff. – **12** Quint. IX, 4, 3. – **13** ebd. IX, 4, 5. – **14** Arist. Rhet. III, 2, 4. – **15** Quint. XII, 1, 1. – **16** ebd. X, 1, 1. – **17** ebd. IV, 1, 54. – **18** ebd. VIII, 3, 56. – **19** vgl. Lausberg Hb. § 1072 u. 1073. – **20** vgl. Abschnitte B. IV und V. – **21** Cic. De or. II, 189; Quint. VI, 2, 26; vgl. K. Dockhorn: Die Rhet. als Quelle des vorromantischen Irrationalismus in der Lit.- und Geistesgesch., in: Dockhorn 53. – **22** Cic. De or. III, 216; vgl. A. Košenina: Art. ‹Gebärde›, in: HWRh Bd. 3, 564ff. – **23** Ps.-Long. Subl. 22, 1. – **24** vgl. Abschnitt B.V. – **25** Quint. IX, 4, 56. – **26** H. Peter: Der Brief in der röm. Litteratur (1901) 20. – **27** L. Radermacher (Hg.): Demetrii Phalerei qui dicitur De elocutione libellus (1901) § 229. – **28** Cicero, Ep. ad Atticum XII, 39, 2. – **29** Peter [26] 22. – **30** Quint. IX, 4, 19f.; Lausberg Hb. §§ 916ff.; Peter [26] 24f.

Literaturhinweise:
U. von Wilamowitz-Möllendorf: Asianismus und Attizismus, in: Hermes 35,1 (1900) 1–52. – L. Bornscheuer: Topik. Zur Struktur der gesellschaftlichen Einbildungskraft (1976). – S. Schweinfurth-Walla: Stud. zu den rhet. Überzeugungsmitteln bei Cicero und Aristoteles (1986). – H. Schanze, J. Kopperschmidt (Hg.): Rhet. und Philos. (1989) – K.-H. Göttert: Einf. in die Rhet. – ders.: Rhet. und Konversationstheorie. Eine Stud. ihrer Beziehung von der Antike bis zum 18. Jh., in: Rhetorik 10 (1991) 45–56.

II. *Spätantike und Mittelalter.* In der christlichen Auseinandersetzung mit der ‹heidnischen› Wissenschaft Rhetorik (und ihren Nachbardisziplinen Dialektik und Grammatik) lassen sich in nachantiker Zeit nur einige wenige der genannten Aspekte verfolgen. Es läßt sich damit kein N. profilieren, das konstitutiv mit einer systematischen Wiederaufnahme des breiten Spektrums antiker Rhetorik verbunden ist. Zu den christlichen Transformationen, die in diesem Zusammenhang dennoch von Interesse sind, gehört einerseits die Umdeutung der angeborenen ‹natürlichen Beredsamkeit› in eine dank Gottes Gnade von ihm verliehene Gabe. Daneben interessieren hier die mittelalterlichen Einschätzungen des einfachen Sprechens oder Schreibens im *genus humile*, wie sie ansatzweise in der Homiletik, in Stillehren und in der *ars dictandi* anzutreffen sind.

Mit der Bevorzugung des Einfachen, das einer prunkvoll geschmückten Rede entgegengesetzt wird, grenzt sich in frühchristlicher Zeit bereits der Kirchenvater AMBROSIUS (339–397) von der spätantiken Rhetorikauffassung der sog. ‹Zweiten Sophistik› ab. Als Vorbild christlicher Redekunst rühmt er die Schlichtheit des ‹stilus historicus› des Evangelisten Lukas.[1] AUGUSTINUS greift auf Cicero zurück, um die Vorschriften der paganen Rhetorik in den Dienst eines regelgeleiteten Verständnisses der Heiligen Schrift und ihre beredte theologische Verkündigung zu stellen.[2] Von Gott begabt, sprechen die berufenen biblischen Redner, die Apostel, aber auch der ungebildete, «aus dem Bauernstand hervorgegangene Prophet»[3] Amos weise und beredt. Augustinus' Schrift ‹De doctrina christiana› schiebt sich in ihrer theologisch vermittelnden, autoritativen Funktion zwischen die in der Bibel niedergelegte Wahrheit des göttlichen Worts und das menschliche Erkennen dieser Worte. Augustinus warnt im Prolog zu seiner ‹Doctrina› all jene, die glauben, die ihnen von Gott verliehene Gabe des Schriftverständnisses reiche allein aus und sie könnten bei der Verkündigung und Auslegung der Heiligen Schrift alle Vorschriften entbehren.[4] In der Bestimmung des angemessenen Stils für die christliche Verkündigung des Evangeliums verbindet Augustinus die *officia oratoris* nach Ciceros ‹Orator›[5] mit dem Stoff-Stil-Schema Ciceros[6]: beredt und zugleich weise spricht, wer «im niederen Stil zufriedenstellende, im gemäßigten glänzende und im erhabenen Stil gewaltige Worte für wahre Dinge gebrauchen» kann.[7] Der christliche Redner muß alle Stilmittel gleichermaßen beherrschen, um den auch unabhängig von Stilhöhen bestehenden Aufgaben des Belehrens, Gefallens und – als höchstes Anliegen des Predigers – Bewegens[8] gerecht zu werden. Da es grundsätzlich um die bewegende Verkündigung der göttlichen Wahrheit als einen erhabenen Gegenstand geht[9], erhält der niedere Stil (*genus summissum*) hier seine besondere Bedeutung.[10] Denn wird die (ciceronianische) Bestimmung der (attischen) Einfachheit[11] – Augustinus spricht vom «modus naturalis» – im klar verständlichen Beweisen, Darlegen und Widerlegen gut angewendet, so macht der Beifall der überwältigten Zuhörer vergessen, daß es «bloß der niedere Stil ist».[12] Gleichsam «nackt» entfaltet dieser Stil seine großartige Wirkungsmächtigkeit im Dienst der Wahrheit und ist besonders hoch einzuschätzen.[13] Wie Cicero, den er zitiert[14], verbindet Augustinus mit der Schmucklosigkeit des niederen Stils die Frage nach der erlaubten «diligens neglegentia»[15] (wohlüberlegte Nachlässigkeit). Die Stilgeste des Einfachen im *genus summissum* soll trotz eingeschränktem rhetorischen Aufwand die Grenze nach 'unten' wahren: Wenn die Rede, die um Klarheit bemüht ist, «sich nun auch des Schmuckes entkleidet, so zieht sie damit doch auch noch keine schmutzige Kleidung an».[16] Abweichend von antiker Gebildetheit und Urbanität, die Cicero mit den Nachlässigkeiten im niederen Stil verbindet, dürfen nach Augustinus zum Zwecke der Deutlichkeit dann auch Worte der «Ungebildeten» (*indocti*) übernommen werden.[17] Ciceros *genera dicendi*-Lehre wird über Augustinus für das spätere Mittelalter gültig tradiert.[18] Karl der Große fordert in seinen Reichsgesetzen die regelmäßige volkssprachliche Predigt, die sich an den in ‹Homiliaren› niedergelegten Beispielen orientiert.[19]

In den *artes praedicandi* folgen verschiedene Autoren des späten Mittelalters bis in das frühe 16. Jh. der Auffassung, daß eine in ‹einfachen› und ‹üblichen› Worten abgefasste Predigt höher zu schätzen sei als eine mit Wortschmuck überhäufte Rede (WILHELM VON AUVERGNE, 13. Jh.; PSEUDO-BONAVENTURA, 14. Jh. [?]; PSEUDO-ALBERTUS MAGNUS, 15. Jh.; JOHANN ULRICH SURGANT, Anf. 16. Jh.).[20]

Einen weiteren Traditionsstrang, der für spätere Konzeptionen eines N. wichtig wird, stellen jene frühmittelalterlichen Lehren dar, die in der VERGIL-Rezeption die Stillagen des niedrigen, mittleren und hohen Stils den Vergilischen Werken, der ‹Bucolica›, ‹Georgica› und ‹Aeneis›, zuordnen. Quadlbauer hat gezeigt, daß damit weniger eine elocutionelle, am *ornatus* ausgerichtete, als eine material orientierte Stilauffassung gegeben ist, die

die *genera dicendi* mit Personentypen (dem Schäfer, dem Bauern, dem Krieger) verbindet.[21] Der Grammatiker DONAT verknüpft im 4. Jh. diese *genus*-Lehre mit einer kulturphilosophischen Auslegung der drei Stilhöhen, die er in der zeitlichen Abfolge der Vergilischen Werke bereits selbst gespiegelt sieht und an deren Anfang das ‹einfache› Leben und Sprechen der Schäfer stehe.[22] Neben Donat ist SERVIUS der wichtigste Theoretiker der Stilarten im Rahmen der Vergil-Kommentare. Er führt den neuen Begriff *stilus* für *genus* ein[23] und verstärkt die stoffliche Tendenz der Stilauffassung. Der *stilus humilis* richtet sich (wie auch die anderen Stillagen *medius*, *grandiloquus*) nach den ihn verwendenden Personen und ihren Handlungen, der Diktion der «personae rusticae» (bäuerliche Personen): ihr «sermo» (Gespräch) und ihre «sententiae» (Sätze) sind durch «nihil altum» (nichts Hohes) charakterisiert.[24]

Seit der karolingischen Epoche tritt dann die ‹Rhetorica ad Herennium› als pseudo-ciceronischer Text, verbunden mit der Rezeption von HORAZ, zu den anderen Traditionen.[25] Durch die *vitia*-Lehre der ‹Rhetorik ad Herennium›, die die *ornatus*-Fehler in den Stillagen benennt, wird eine elocutionelle Stilauffassung wieder ermöglicht. GALFRID VON VINSAUF kodifiziert Anfang des 13. Jh. in seiner Stillehre eine Unterscheidung, die den *ornatus difficilis* (schwerer Schmuck)[26] vom *ornatus facilis* (leichter Schmuck) abhebt.[27] Die Schwere des tropischen Ausdrucks wird dabei auch auf seine Schwerverständlichkeit bezogen, die Leichtigkeit einer mit Ausdrucks- und Inhaltsfiguren geschmückten Rede mit ihrer ‹leichten› Verständlichkeit korreliert.[28] Schließlich wird die Verbindung von Stillage und Gattungsbezügen auch über ein Zweierschema reflektiert, welches in aristotelischer Tradition das ‹niedrige› und ‹hohe› Sprechen mit dem niederen bzw. mittleren Stil der Komödie und dem hohen Stil der Tragödie verbindet.[29]

Die Stillehre, welche die *ars dictandi* (seit Ende des 11. Jh.) für einen Bereich der mittelalterlichen pragmatischen Schriftlichkeit ausbildet (Urkundenwesen, Kanzleischriftgut), spiegelt die Rangverhältnisse zwischen den Briefpartnern. Die Unterscheidung in den *genera stili* zwischen *humile/sublime – mediocre – grandiloquum* (niederer, mittlerer, hoher Stil) bezieht sich auf die «Grade des durch Ausdrucksvariation erzielten sprachlichen *ornatus*»[30] und berücksichtigt bei ihrer Anwendung im wesentlichen die ständischen Beziehungen der Überordnung, Unterordnung und Gleichrangigkeit zwischen den Briefpartnern.[31] Entsprechend gilt das größte theoretische Interesse den kodifizierten Formularen für die Anrede im fünfteiligen Briefaufbau (*salutatio, benevolentiae captatio, narratio, petitio, conclusio*).[32] In der *narratio* gibt es die weitere Unterscheidung *simplex, duplex* und *multiplex* (einfach, zweifach, mehrfach) in Bezug auf die Anzahl der Gegenstände, über die geschrieben wird.[33] In einigen wenigen Fällen wird die aus HORAZ abgeleitete Forderung nach Kürze, Klarheit und Einfachheit[34] für die Abfassung von Briefen auch mit der mangelnden Bildung von möglichen Adressaten in Verbindung gebracht.[35]

Die mittelalterlichen Briefsteller mit ihrer ‹Formularrhetorik› behalten ihre prinzipielle Gültigkeit bis zum Ende des 16. Jh.[36]; in der Neuorientierung an lateinischen und griechischen Autoren der Antike und Spätantike gewinnen dagegen die humanistischen Brieflehren ihr kritisches Profil gegenüber den weiterhin Geltung beanspruchenden mittelalterlich geprägten Formularbüchern.

Anmerkungen:
1 vgl. Ueding/Steinbrink 48. – 2 K. Pollmann: Doctrina christiara. Unters. zu den Anfängen der christl. Hermeneutik unter besonderer Berücksichtigung von Augustinus ‹De doctrina christiana› (Fribourg 1996) 225. – 3 Aug. Doctr. IV. 7, 16 u. 21. – 4 ebd. Prolog, 6f.; D. Roth Die ma. Predigttheorie und das Manuale Curatorum des Johann Ulrich Surgant (1956) 16; vgl. G.K. Mainberger: Rhetorica I. Reden mit Vernunft. Aristoteles. Cicero. Augustinus (1987) 350ff. – 5 Cic. Or. 69. – 6 ebd. 101: F. Quadlbauer: Die antike Theorie der *genera dicendi* im lat. MA (1962) 8. – 7 Aug. Doctr. IV, 28, 61. – 8 ebd. – 9 ebd. IV, 19, 38. – 10 vgl. E. Auerbach: Sermo humilis, in: ders.: Literatursprache und Publikum in der lat. Spätantike und in MA (Bern 1958) 25–53. – 11 Cic. Or. 76ff. – 12 Aug. Doctr. IV, 26, 56. – 13 ebd. – 14 ebd. IV, 10, 24. – 15 Cic. Or. 78. – 16 Aug. Doctr. IV, 10, 24. – 17 ebd. – 18 vgl. Quadlbauer [6] 8f. – 19 vgl. K.-H. Göttert: Gesch. der Stimme (1998) 148; W. Schütz: Gesch. der christl. Predigt (1972) 46f. – 20 vgl. J. Knape: Art. ‹Elocutio›, in: HWRh Bd. 2, 1041f. – 21 Quadlbauer [6] 10ff., 159 u.ö. – 22 ebd. 10f. – 23 ebd. 11. – 24 ebd. 12. – 25 ebd. 7, 57, 159ff. – 26 Galfrid von Vinsauf: Documentum de modo et arte dicendi et versificandi (um 1215). – 27 Galfrid; vgl. Knape [20] 1038f.; Quadlbauer [6] 162f.; F.J. Worstbrock: Die Antikenrezeption in der ma. und humanistischen Ars dictandi, in: A. Buck (Hg.): Die Rezeption der Antike: zum Problem der Kontinuität zwischen MA und Renaissance (1981) 192f. – 28 Quadlbauer [6] 163, § 45.; vgl. L. Fischer: Gebundene Rede. Dichtung und Rhet. in der lit. Theorie des Barocks in Deutschland (1968) 123f – 29 vgl. Quadlbauer [6] 160. – 30 Knape [20] 1043. – 31 F.J. Worstbrock, M. Klaes, J. Lütten: Repertorium der Artes dictandi des MA, T. 1: Von den Anfängen bis um 1200 (1992) XI. – 32 Murphy RM 210. – 33 ebd. 223, 241. – 34 vgl. Knape [20] 1043. – 35 [Anonymus]: Rationes dictandi (um 1135), lat. Text in: Rockinger 9–28; engl. Übers.: J.J. Murphy (Hg.): Three Medieval Rhetorical Arts (Berkeley/Los Angeles 1971) 5–25. – 36 R.M.G. Nickisch: Brief (1991) 30ff.

Literaturhinweise:
H.-I. Marrou: Augustinus und das Ende der antiken Bildung (1938), übers. v. L. Wirth-Poelchau, hg. v. J. Götte (²1995). – H. Caplan: Of Eloquence. Studies in Ancient and Mediaeval Rhetoric, ed. by A. King, H. North (Ithaca/London 1970). – G. Kager: De doctrina christiana von Aurelius Augustinus: Die erste Anweisung zur christlichen Redekunst (Wien 1970). – H.M. Schaller: Dichtungslehren und Briefsteller, in: P. Weimar (Hg.): Die Renaissance der Wiss. im 12. Jh (Zürich/München 1981) 249–271. – F.J. Worstbrock: Die Anfänge der Ars dictandi, in: Frühma. Stud. 23 (1989) 1–42. – J. Knape: Augustinus ‹De doctrina christiana› in der ma. Rhetorikgesch. Mit Abdruck des rhet. Augustinusindex von Stephan Hoest (1466/67), in: A. Zumkeller, A. Kümmel (Hg.): Traditio Augustiniana. Stud. über Augustinus und seine Rezeption (1994) 141–173.

III. Humanismus, Renaissance. Erst mit der Neuerschließung der antiken Quellen im Rahmen der *studia humanitatis* gewinnen Humanismus und Renaissance jene systematischen Hinsichten auf das *natura-ars*-Verhältnis zurück, aus dem dann jenes ‹N.› hervorgeht, das auf den Vorstellungsgehalten einer in der Natürlichkeit verborgenen Künstlichkeit beruht.

Die Humanisten knüpfen in den Stilbestimmungen des ‹Einfachen› erneut an das antike Ideal einer universellen rhetorischen Bildung an. Bevorzugter gattungstheoretischer Ort dieser Überlegungen ist der ‹Privatbrief› (*epistula familiaris*), der von den Stilidealen der starren, standesgeprägten Formularrhetorik nicht mehr betroffen ist. Musterbriefe mit exemplarischen Charakter findet man bei den neu herangezogenen *auctores* (CICERO, PLINIUS).[1] In Anlehnung an antike Stilvorstellungen setzen die humanistischen Brieflehren erneut auf die stilistische Freiheit des privaten Schreibens gegenüber strenger rhetorischer Maßregelung. Die ‹Kunstlosigkeit› des Briefs wird dabei ganz aus der systematischen Kenntnis der antiken Rhetorik gewonnen bzw. setzt das Wissen um deren Regeln beim Schreiber voraus. Der kolloquiale Umgangston des lateinischgelehrten Privatbriefs verweist damit genauso wie andere humanistische Schriften auf den hohen Bildungsgrad seiner Trägerschicht. ERASMUS' Brieflehre ‹De conscribendis epistolis› (1520 gedr.) kommt für die Entwicklung der humanistischen Brieflehre die bedeutendste Rolle zu. Universell seien die Gegenstände der Briefkunst und verlangten ein entsprechendes Können bei ihrer Behandlung. Erasmus stellt neben die jetzt auf den Brief bezogenen drei klassischen Redegattungen (judiciale, beratende, darstellend-lobende) als vierte den ‹Privatbrief› (*genus familiare*).[2] Rezipiert wird hier die von Cicero getroffene Unterscheidung zwischen dem *genus familiare* mit seinem scherzhaften Ton (*iocosum*) und dem *genus severum* (ernste Art), das dem philosophischen oder politischen Anliegen vorbehalten ist.[3] Erasmus ordnet der auf Themen und Anlässe bezogenen vierfachen Gattungseinteilung grundsätzliche stilistische Überlegungen zum Brief vor, so daß etwa das Kriterium des Scherzhaften im Prinzip allen Briefen zukommt.[4] Gleich das zweite Kapitel seiner Schrift gilt im Sinne allgemeiner Stilistik dem ‹kunstlosen Brief› (*illaborata epistola*), «ein provozierendes und programmatisches Bekenntnis zum humanistischen Ideal des Privatbriefs».[5] Die behauptete stilistische Nähe zum alltagssprachlichen und ‹familiären› Umgang mit Freunden und Verwandten bleibt dabei immer an das kommunikative Bildungsideal, die Eleganz einer Sprachrichtigkeit (*latinitas*) und Deutlichkeit vereinenden Gruppe gelehrter und urbaner Humanisten gebunden. Gefordert wird ein «einfacher, aber eleganter Stil» («simplicitas [...] sed elegans»), der die von den Humanisten geschätzte ideale Mitte (*mediocritas*-Ideal) zwischen zuviel und zuwenig Schmuck einhält: «Ich fordere keine Geschmeide, lehne aber gleichzeitig Lumpen ab.»[6] Die humanistische Maßhaltelehre kennt das ‹Einfache› in dieser klassisch-rhetorischen Auffassung einer von der *ars* gepflegten Sprache. Als verbindlicher antiker Autor für diese Auffassung des Briefstils gilt den Renaissance-Autoren PHILOSTRATOS, von dem die älteste griechische Zusammenfassung der antiken epistolographischen Regeln stammt (im 2. Jh. n. Chr.).[7]

Nicht nur bei Erasmus soll die Beherrschung aller Themen und vielfältiger Stillagen die kultivierte Persönlichkeit des Schreibers und seiner Adressaten zum Ausdruck bringen.[8] Hier greift die antike Vorstellung vom Brief als Spiegel der Seele, ein über den Auctor SENECA für den Privatbrief rezipierter Topos.[9] Seneca entwirft ein verinnerlichtes Ideal ‹guten› Sprechens, das Stil und Charakter kongruent denkt (*ethos*-Aspekt).[10] Sein Konzept schließt die Privatisierung des sittlich Guten im brieflichen Gespräch mit dem abwesenden Freund ein.[11] Über seinen eigenen Stil sagt Seneca im 75. Brief an Lucilius, daß dieser «inlaboratus et facilis» (kunstlos und leicht) sei.[12] Die Ungekünsteltheit des individuellen Persönlichkeitsausdrucks, positiv bestimmt als das ‹Leichte›, wird in die humanistischen Brieflehren übernommen. Diese Kunstlosigkeit bleibt rhetorisch fundiert, insofern überindividuelle Regeln das private Schreiben bestimmen.[13] Die Humanisten zielen dann auch auf die Publikation ihres gebildeten, privaten Gedankenaustauschs. Verfehlt werden kann der ‹kunstlos-einfache› Persönlichkeitsausdruck nur innerhalb der *praecepta* (Vorschriften), etwa in traditioneller Weise durch einen zu komplizierten Periodenbau, gegen den sich die sog. ‹Anticiceronianer› wie LIPSIUS, Erasmus oder MONTAIGNE mit ihrem neuen humanistischen Rhetorikverständnis wenden[14] – nicht aber, weil dieser Selbstausdruck als grundsätzlich frei von allen rhetorischen Vorschriften geschehen soll. «Das erste und wichtigste Anliegen aber muß es sein, die Sache, über die man reden will, durch und durch kennenzulernen. Daraus wird sich dann die Fülle des Ausdrucks, ein echtes und natürliches Pathos der Darstellung von selbst ergeben. So werden wir schließlich erreichen, daß unsere Rede lebt und atmet, anregt, bewegt und mitreißt und Ausdruck unserer ganzen Persönlichkeit ist.»[15]

Die Tradition gelingender Verbergung aller Kunstanstrengung wird in der Renaissance auch in neuplatonischen Kreisen virulent, die Schönheit im Begriff der Anmut reflektieren.[16] Die Anmut birgt in sich das Geheimnis graziöser Ausgewogenheit, das ‹un non sa che› (A. FIRENZUOLA)[17], das als ein ‹je ne sais quoi› in der barocken französischen Theoriebildung des Graziösen weitergeführt wird. Im Sinne der Kunstverbergung idealisiert das Konzept der Grazie die natürliche Leichtigkeit gelingenden Könnens in Rede, Schrift und gesellschaftlichem Umgang. Dies findet seinen prominentesten neuzeitlichen Einsatzpunkt in der höfischen Sprach- und Verhaltenslehre, die B. CASTIGLIONE 1528 in ‹Il libro del Cortegiano› entwirft. Nach Castiglione vermeiden eine höfisch-elegante Sprache und das ihr entsprechende Benehmen in ihrer Lässigkeit (*sprezzatura*) das *vitium* der Künstelei (*affettazione*) wie den Anschein von Anstrengung gleichermaßen: ‹Anmutig› ist allein eine Kunst, die «verbirgt und bezeigt, daß das, was man tut oder sagt, anscheinend mühelos und fast ohne Nachdenken zustande gekommen ist. [...] Man kann daher sagen, daß wahre Kunst ist, was keine Kunst zu sein scheint.»[18] In der Folgezeit knüpft man an dies Konzept einer in der Anmut (*grazia*) verborgenen wie zu Tage tretenden höchsten Kunstfertigkeit an, deren Stilausprägungen im 17. Jh. schließlich im N. kulminieren.

Im Unterschied zum humanistisch-gelehrten Interesse am eleganten ‹Einfachen›, das mit sozialem Distinktionsgewinn einhergeht, setzt die reformatorische Homiletik LUTHERS (im Anschluß an die mittelalterliche Predigttheorie) auf die Möglichkeit, mit einem ‹schlichten›, an Mündlichkeit und Alltagssprachlichkeit ausgerichteten Stil der ‹oratio soluta›[19] die ungebildeten Adressaten einer Predigt adäquat zu erreichen. Das verständliche Sprechen des christlichen Redners, der sich der Dialektik und Rhetorik bedient, ist zuallererst eine «Gnade und Gabe Gottes».[20]. Doch soll sich der Prediger, wie schon Augustinus verlangt, auch darum bemühen, «schlicht und einfältig» zu den «unverständigen Leuten» (etwa den Bauern) zu sprechen.[21] Zu große rhetorische Finesse gegenüber der ‹Einfalt› und Alltagssprachlichkeit der Zuhörerschaft wäre hier ein Fehler und würde der Aufgabe des Belehrens nach Maßgabe des ‹Einfachen› nicht gerecht. Die der Verständlichkeit dienende Annäherung an eine gemeinsprachliche Mündlichkeit bleibt für einen Teil der homiletischen protestantischen Tradition seit Luther dann verbindlich.

Anmerkungen:
1 K. Smolak (Hg.): Erasmus von Rotterdam ‹De conscribendis epistolis› (1980) XXXII. – **2** ebd. XXXVIf. – **3** Cicero, Ep. ad familiares II, 4; Smolak [1] XII. – **4** ebd. XL. – **5** ebd. XXXIV. – **6** Erasmus: Conscr. ep., übers.: Smolak [1] 21. – **7** C.L. Kayser (Hg.): Flavii Philostrati opera, Bd. 2 (1871) 257ff.; Smolak [1] XIf. – **8** ebd. XLI. – **9** Seneca, Ep. Ad Lucilium 115. Brief. –

10 W.G. Müller: Der Brief als Spiegel der Seele. Zur Gesch. eines Topos der Epistolartheorie von der Antike bis S. Richardson, in: Antike und Abendland 26 (1980) 138–157, 139f. – **11** Seneca [9] 67, 2. – **12** ebd. 75, 1. – **13** Müller [10] 141ff. – **14** ebd. 146f. – **15** Erasmus: Ciceronianus, lat. und dt. hg. von T. Payr (1972) 335. – **16** vgl. K.-H. Göttert: Art. ‹Anmut›, in: HWRh Bd. 1, 617f. – **17** vgl. S.H. Monk: A Grace beyond the Reach of Art, in: Journal of the History of Ideas 5 (1944) 138f. – **18** V. Cian (Hg.): B. Castiglione: Il Libro del Cortegiano (Florenz 1947) Bd. 1, 26; übers. v. M. Hinz: Art. ‹Hofmann›, in: HWRh Bd. 3, 1489. – **19** vgl. Lausberg Hb. § 91f. – **20** Luther: Tischreden, WA Bd. 2 (1913) Nr. 2199b, 360. – **21** ders., ebd., in: K. Aland (Hg.): Luther Deutsch, Bd. 9 (1960) 148.

Literaturhinweise:
G. Streckenbach: Stiltheorie und Rhet. der Römer als Gegenstand der *imitatio* im Bereich des dt. Humanismus. Unters. auf Grund der lat. Schülergespräche bis zu Erasmus' Colloquia familiaria (1931). – U. Nembach: Predigt des Evangeliums. Luther als Prediger, Pädagoge und Rhetor (1972). – F.J. Worstbrock (Hg.): Der Brief im Zeitalter der Renaissance (1983). – H.F. Fullenwider: Die Kritik der dt. Jesuiten an dem lakonischen Stil des J. Lipsius im Zusammenhang der jesuitischen *argutia*-Bewegung, in: Rhetorica 2, 1 (1984) 55–62.

IV. *Barock.* SCALIGER kritisiert in seiner Poetik von 1561 eine ungenügende rhetorische Sprachpflege, zu der der Redner im niederen Stil neige, mit dem Begriff der «neglegentia»(Nachlässigkeit). Der Fehler (*vitium*) des niedrigen Stils, das Trockene, ist nach Scaliger «ein Kind der neglegentia [...] und sozusagen der supinitas (lässig zurückgelehnte Haltung)».[1] Ergänzt wird diese Haltung durch die «licentia», die ‹Zügellosigkeit› in rhetorischer Hinsicht, die sowohl den Prunksüchtigen wie den Nachlässigen charakterisiert. Sie verführt den Letzteren zu der «Anmaßung», «die Tatsache für eine Tugend zu halten, daß er nichts anmaßt.»[2] Unter dem Einfluß der noch vor Scaliger im 16. Jh. einsetzenden ‹Hofmannslehren› gewinnt dagegen gerade die Vorstellung einer gekonnten Überschreitung und impliziten Vernachlässigung rhetorisch-klassischer Vorschriften großen stilistischen Einfluß. Das Stilideal der ‹anmutigen Lässigkeit›, das von einem Teil der französischen Poetik und Rhetorik im 17. Jh. als antiklassische *négligence*-Attitüde für die Brief- und Konversationskultur favorisiert wird, zehrt genau aus der bewußten Nichtbeachtung überkommener rhetorischer Vorschriften. Auf den stilistischen Effekt dieser gebildeten Nachlässigkeitsgesten wird hier dann bevorzugt mit dem Attribut ‹natürlich› verwiesen.

Der ‹Cortegiano› von CASTIGLIONE liegt im 16. Jh. bereits in französischer, spanischer, englischer und deutscher Übersetzung vor[3]; für die Hofmannsliteratur des 17. Jh. gewinnt die Rezeption von Castiglione in B. GRACIÁNS Schriften[4] zusätzlich an Bedeutung. In Deutschland setzt sich das höfische Stilkonzept erst gegen Ende des 17. Jh. mit der französischen, kommentierenden Übersetzung des Graciánschen ‹Oraculo› von AMELOT DE LA HOUSSAIE ‹L'homme de cour› (1684) durch.[5] Die galanten Briefsteller und Poetiken eines CHR. F. HUNOLD, A. BOHSE und B. NEUKIRCH greifen an der Wende zum 18. Jh. die französischen Stillehren auf, die Castigliones Bestimmungen des ‹anmutigen› Verhaltens und einer entsprechenden Konversationskultur im Kern unverändert weitergegeben haben.

In Frankreich entspringt aus der Rezeption Castigliones die Konzeption des weltgewandten ‹honnête homme›, die auch auf Deutschland ausstrahlt. Soziologisch zunächst in die Interaktion des französischen Altadels eingebettet, gewinnt die *honnêteté* im Verlauf des 17. Jh. in Frankreich die Attraktivität eines ständeübergreifenden Stilideals.[6] Aus verschiedenen, auf die rhetorische Systematik rückführbaren Regelverstößen der ‹négligence› werden die positiven Kategorien ihrer Kunst der ‹badinage›, des Scherzens abgeleitet: dem Zweck des höfischen ‹plaire› dienen ‹Leichtigkeit›, ‹Heiterkeit› und ‹Urbanität›. In der *grace naturel* findet die *honnêteté* ihre Summenformel für die neue höfische Kultiviertheit. Angenommen wird in den Hofmannslehren, daß sich die in der natürlichen Grazie verborgene Kunst mit der moralischen Solidität des Hofmanns, seinem Ethos, verträgt. In ihrem Geselligkeitsideal knüpft die französische Konversationskunst (MONTAIGNE, PASCAL) in Theorie und Praxis an die Humanisten an. Die Norm des an ‹natürlicher› Humanität orientierten Gesprächs öffnet einen gebildeten Raum; dessen egalitär-natürliche Konversationskultur wird als Gespräch unter Gleichen von den *honnêtes hommes* geschätzt.[7]

Zu dieser Konversationskultur gehört essentiell auch der Brief.[8] Paradigmatische Geltung auf der Ebene stilbildender Muster erlangen ab Mitte des 17. Jh. die Briefe der MME. DE SÉVIGNÉ; der zur Gattungstradition gehörende kolloquiale Ton ihrer privaten, in der Öffentlichkeit zunächst über Abschriften zirkulierenden Korrespondenzen[9] setzt sich mit der adligen ‹négligence›-Attitüde von der klassizistisch orientierten französischen Rhetorik und Poetik ab. Sévigné selbst empfiehlt für den Brief den ‹style simple› und verbindet ‹naturel› mit ‹grâce› und ‹facilité›.[10] Immer wieder wird ihren Briefen, in denen Gefühle offen gelegt, auch Umgangssprache und Worte aus unteren sozialen Schichten verwendet werden[11], jener neu geschätzte ‹natürliche Stil› attestiert[12], der auch hier der Vorgabe folgt, die Kunstanstrengung unter der Erscheinung natürlicher Leichtigkeit und im Rahmen schöner Unordnung zu verbergen.[13] Ab 1663 taucht in diesen Zusammenhängen eine Zuschreibung auf, die in der Folgezeit in der Epistolartheorie gängig wird: Die Damen schreiben ihre Briefe oft «mieux & plus naturellement».[14] Die Verbindung von Weiblichkeit und Briefschrift im Namen des ‹Natürlichen› wird dann im 18. Jh. zu einer der ausgeprägtesten Filiationen des ‹Natürlichen› gegenüber allem ‹Künstlichen› führen.[15]

Noch anders als die höfische Kunst der natürlichen Anmut mit ihrer ‹graziösen› Einfachheit konturiert sich in der französischen ästhetischen Diskussion des 17. Jh. das Konzept des Erhabenen, das ebenfalls das ‹Natürliche› mit dem ‹Einfachen› (*simple, simplicité*) verknüpft.[16] BOILEAU, dessen Longin-Übersetzung ‹Traité du sublime› 1674 erscheint, unterscheidet «le sublime» von einem «stile sublime».[17] Das Erhabene kann aufgrund seiner Wirkung an einer einzigen («seule») Wendung festgemacht werden, wie es das Beispiel des göttlichen «Fiat lux» nahelegt: «Le Stile sublime veut toujours de grands mots; mais le Sublime se peut trouver dans une seule pensé, dans une seule figure, dans un seul tour de paroles.» (Der erhabene Stil verlangt immer nach großen Worten; das Erhabene aber kann sich in einem einzigen Gedanken, einer einzigen Figur, in einem einzigen Ausdruck finden.)[18] Die Auseinanderlegung des wirkungsbezogenen göttlich Erhabenen (seule pense) und der pathetischen Stilmittel (grands mots) ermöglicht die Hinsicht auf (nicht nur theologisch fundierte) ‹einfach› gefaßte Sätze, die Großes bewirken und sich dabei auf notwendige Worte beschränken. Denn spricht die Größe der erhabenen Einfachheit für sich selbst, so bedarf sie keines weiteren stilistischen Überflusses («superflu»). [19] Hier verbindet Boileau das «sublime» im Sinne eines göttlich oder heroisch gefaßten, einzigartigen «simple» dann auch mit dem Attribut des «naturel». [20] Diese Verknüpfung eines wirkungsmächtigen ‹Einfachen› mit dem ‹Natürlichen› wird in der deutschen Rezeption der Ästhetik des Erhabenen wie des Genies im 18. Jh. weitergeführt.

Die barocken deutschen Poetiken und Rhetoriken halten sich in ihren deutschen und lateinischen Stillehren und Gattungstheorien an ihre humanistischen Vorläufer und verschmelzen, bei recht unterschiedlicher Akzentuierung, die verschiedenen Traditionsstränge zu einer Vielfalt möglicher Stilbestimmungen. [21] Die Angemessenheit eines Stils (und ensprechend die Hinsicht auf das Einfache) richtet sich u.a. nach der den *ordo* repräsentierenden Standeszugehörigkeit, nach der auf Horaz zurückgehenden Zuordnung eines niedrigen Stils zur Komödie und eines hohen Stils zur Tragödie [22] oder nach der ciceronianischen *ornatus*-Tradition. Der Bezug auf das ‹Natürliche› erscheint an entsprechend vielen, systematisch möglichen Stellen und legitimiert je nach klassizistischer oder moderner Ausrichtung der Theoretiker erneut das Regelwerk der *ars* und die Stilforderungen.

So findet das jesuitische *argutia*-Ideal (Scharfsinnigkeit), das auf höchste Beherrschung einer spitzfindigen Redekunst setzt, in der Natur jene Grenze, mit der rhetorischer Manierismus abgewehrt werden soll. [23] D. RICHTER greift in seinem ‹Thesaurus Oratorius› (1662) die antike Unterscheidung der «natürlichen» und «artificial Dispositio» auf [24], und A. CHR. ROTTH empfiehlt in seiner ‹Deutschen Poesie› (1688) für die «Ordnung in der Comödie» die «natürlich[e] Ordnung», «wie eines auff das andere gefolget ist/ oder doch hat folgen können». [25] Der Topos, daß die *natura* im Sinne einer Begabung eine Voraussetzung für alle *ars* ist, bleibt grundlegend für alle Theoretiker. [26] Der Mangel an «natürlicher Fähigkeit zu der Poeterey» führt nach HARSDÖRFFER dazu, daß die Worte zwar «kunstrichtig», «aber gezwungen/ hart und mißlautend» gebunden werden. [27] Umgekehrt steht im Sinne der Tradition fest, daß die Kunst die Natur vervollkommnet. [28] Dieses Kunstkönnen steht in traditioneller Weise unter der Observanz des ‹Natürlichen›. D. RICHTER fordert in seiner ‹Rednerkunst›, daß das *ingenium* des *discipulus* durch Übung dahin gebracht wird, daß «alles/ was er schreibet/ viel natürlicher und nicht so gezwungen und affectat scheinet». [29] Die Postulate der Kunstverbergung, der geläufigen Kunstbeherrschung, der Vermeidung übertriebener Kunstanstrengung können auch zusammengeschmolzen werden: So verdirbt man nach D.G. MORHOF «an der Erfindung insonderheit leicht etwas wann man zu viel darüber nachsinnet/ und durch all zu grosse Kunst/ die natürlickeit einer Sachen verdunckelt». [30] Soll der Poet als «Bruder [...] der Natur» die Dinge «natürlich darstelle[n]» [31], so verfügt der Redner, im Unterschied zum Dichter, über die genuin ‹rhetorische› Fähigkeit, seine geschmückte Rede «prächtig und beweglich» zu halten [32], während der Philosoph, zwecks Verständlichkeit seiner Gedanken, auf «schlechte [...] [d.i. schlichte] Worte [...]» verwiesen wird. [33]

In den Bemühungen der Sprachtheoretiker um die dichterische Gleichrangigkeit und Eigenständigkeit des Deutschen gegenüber den antiken griechischen wie lateinischen und den französischen Vorbildern wird auf die «natürliche Anmuth» des Deutschen hingewiesen. [34] Entsprechend scheinen die antiken, aber auch die neueren lateinischen Dichtungslehren «wider die natur» und legen dem deutschen Silbenmaß einen «gekünstelte[n] Zwang» auf. [35] Die deutschen Wörter können dann (qua ingeniöser Qualität) die «eigenschafft eines dinges» «natürlich fürstellen». [36] Diese Sprachbemühungen finden auch bei der Gründung der Berliner Wissenschaftsakademie ihren Ausdruck, an deren ‹General-Instruktion› von 1704 LEIBNIZ mitwirkt und wo es mit Blick auf den Zweck dieser Einrichtung heißt: «Damit auch die uralte deutsche Hauptsprache in ihrer natürlichen, anständigen Reinigkeit und in ihrem Selbststand erhalten werde und nicht endlich ein ungereimtes Mischmasch und Undeutlichkeit daraus entstehe», solle die Verbannung der «fremden unanständigen Worte» vorgenommen werden. [37] Diese sehr unterschiedlichen Hinsichten auf die *aptum*-Bezüge des ‹zierlichen› Redens gehen so in einer Vielfalt an stilistischen Nuancierungen auf und tragen tendenziell zur Auflösung der klassischen rhetorischen Systematik bei. [38]

Ein N. im Sinne einer stilistischen Zuordnung scheint sich nur gegen Ende des 17. Jh. in der Rezeption der französischen höfischen Brief-, Konversations- und Verhaltenslehren abzuzeichnen. So hebt THOMASIUS im Sinne dieser Tradition die «natürliche Anmuthigkeit» kritisch gegen das Verhalten solcher Personen ab, die «eine geschmückte eußerlich angenommene Weise hochhalten». [39] Diese Hinsicht auf die Verbindung von Anmut und Natürlichkeit trägt bereits Züge eines antirhetorischen Affekts, der den (barocken) *ornatus* zugunsten der Wirkungsabsicht zurückstellt: «Durch die Artigkeit/ verstehe ich nicht den Zierath und Auffputz einer Rede/ sondern vielmehr eine natürliche Reinigkeit und Sauberkeit derselben/ daß sie andern Menschen/ mit denen wir reden/ nicht verdrießlich, unanmutig und ungeschickt vorkomme.» [40]

Gegen Ende des 17. Jh. gesteht CHR. WEISE in seinen Briefstellern jedem vorbildlichen Autor seinen individuellen Stil zu [41] – die Verschiedenheit der Menschen entspreche der gottgewollten Schöpfung [42] – und führt den «stylus naturalis» gegenüber dem «stylus artificialis» nur als eine unter vielen anderen Stilmöglichkeiten auf. [43] Einfachheit und Klarheit sind bei Weise Grundvoraussetzungen einer ‹politischen› Rede im bürgerlichen Bereich. [44] Im Unterschied zu vorgängigen barocken Rhetorikern und Stilistikern setzt Weise dort einen neuen Akzent, wo sich das ‹politisch-kluge› Verhalten des Redners oder Briefschreibers, seine Fähigkeit, etwas zu verheimlichen, vor alle anderen *aptum*-Bezüge schiebt [45]: Seine Absichten durch eine «listige Verstellung» zu verbergen, und hier greift erneut die Natürlichkeitskategorie [46], dient dem «Galanten Hoff-Redner» nur dazu, sein Glück zu machen. [47]

Orientiert an höfischer Komplimentierkunst und unter dem Einfluß französischer Epistolographie findet zwischen den 1790er Jahren und dem ersten Jahrzehnt des 18. Jh. der Begriff des ‹Natürlichen› dann Eingang in die auf Weise folgenden galanten Brieflehren: Die «natürliche Anmuth» der «Galanterie», die durch «Grillen und Ein ausgekünsteltes Wesen» nur verdorben werden kann [48], gilt auch den ‹Galanten› A. BOHSE, CHR. F. HUNOLD und B. NEUKIRCH als das Begriffspaar, in dem sie ihre von der Frühaufklärung geprägte Stilauffassung gipfeln lassen. [49] Natur und Vernunft (B. Neukirch [50]) sind nun die frühaufklärerischen, allen konkreten stilistischen Regeln übergeordneten Ideen, nach denen sich auch der Briefschreiber zu richten hat. In Anlehnung an die französischen Vorbilder kündigen diese Briefsteller im Namen des ‹Natürlichen› erneut dem formelhaften Kanzleistil als dem ‹gezwungenen› Schreiben seine Geltung auf. Die traditionellen Kriterien der Gattung ‹Brief› (Gesprächsnähe, Deutlichkeit, Kürze) erfahren ihre Umakzentuierung durch das Ideal des ‹Natürlichen›, das alle noch rhetorisch ableitbaren Stilkriterien des galanten Schreibens begleitet: ‹natürlich und deutlich›, ‹natürlich und ungezwungen›, ‹natürlich und leicht› kombiniert B. Neukirch. [51] Positiv gefüllt wird das stilistische Prinzip des ‹Natürlichen› über Musterbriefe, die die Vernachlässigung des kanzlistischen Regelzwangs in zierlich-höflichen, verfeinerten Schreiben von Hofleuten und Gebildeten vorführen. [52]

Verdankt sich in den von J. CHR. STOCKHAUSEN 1751 vorgestellten ‹Grundsätzen› [53], die noch in der Tradition der galanten Brieflehren stehen, die gute Schreibart der Briefe mehr dem ‹Genie› des Schreibenden und dessen angeborenem guten ‹Geschmack› als der Befolgung rhetorischer Vorschriften, so zeichnet sich hier zur Mitte des 18. Jh. bereits der über den englischen Sensualismus vermittelte Einfluß der neuen Genieästhetik ab. Die sich durchsetzende Ablehnung aller dem Individuum vorgängigen, die ‹Individualität› fremdbestimmenden Regeln trägt im 18. Jh. ihren Teil zur allgemeinen Auflösung der überkommenen Rhetorik im Namen der ‹Natur› bei.

Anmerkungen:
1 Scaliger Bd. 3, Buch IV, Kap. 24, S. 473. – 2 ebd. 475. – 3 vgl. M. Hinz: Art. ‹Hofmann›, in: HWRh Bd. 3, 1488. – 4 B. Gracián: El Héroe (1637), El Discreto (1646), Oraculo manual (1647). – 5 Hinz [3] 1494. – 6 F. Nies: Gattungspoetik und Publikumsstruktur. Zur Gesch. der Sévignébriefe (1972) 23ff. – 7 vgl. M. Fumaroli: Rhétorique d'école et rhétorique adulte: remarques sur la réception européenne du traité ‹Du Sublime› au XVI et au XVII siècle, in: Revue d'Histoire Littéraire de la France 86 (1986) 49f. – 8 vgl. Nies [6] 53ff. – 9 ebd. 37ff. – 10 vgl. ebd. 40. – 11 vgl. ebd. 53ff. – 12 P.D.B.J. Bouhours: Pensées ingénieuses des anciens et des modernes. Recueilles par P.B. Nouvelle édition augmentée (Paris 1683) 31. – 13 vgl. Nies [6] 22, 48, 57 u. ö. – 14 Abbé Cotin: Au Lecteur, in: ders.: Œuvres galantes en prose et en vers (Paris 1663); vgl. Nies [6] 41. – 15 vgl. U. Geitner: Die Sprache der Verstellung. Stud. zum rhet. und anthropologischen Wissen im 17. und 18. Jh. (1992). – 16 vgl. C. Henr: Simplizität, Naivität, Einfalt. Stud. zur ästhetischen Terminologie in Frankreich und in Deutschland 1674–1771 (Zürich 1974) 7 u. ö. – 17 N. Boileau-Despréaux: Traité du sublime, ou du merveilleux dans le discours. Traduit du grec de Longin, éd. par Ch.-H. Boudhors (Paris 1942) 45; vgl. Henn [16] 5. – 18 Boileau [17] 45 (e. Ü.). – 19 vgl. Henn [16] 16ff. – 20 Boileau [17] 48; vgl. Henn [16] 16ff. – 21 vgl. Dyck; L. Fischer: Gebundene Rede. Dichtung und Rhet. in der lit. Theorie des Barock in Deutschland (1968) 149. – 22 vgl. ebd. 126f. – 23 vgl. Barner 360f. – 24 D.G. Richter: Thesaurus Oratorius Novus Oder Ein neuer Vorschlag … (1662) 91. – 25 A. Chr. Rotth: Vollständige Deutsche Poesie in drey Theilen … (1688) 3. Teil, 142. – 26 G. Ph. Harsdörffer: Poetischer Trichter … (1647) IX. – 27 ebd. – 28 J.G. Schottel: Ausführliche Arbeit Von der Teutschen HaubtSprache … (1663) 105; Ph. v. Zesen: Hochdeutsche Helikonische Hechel … (1668) 10. – 29 D. Richter: Thesauraus oratorius [24] 27. – 30 D.G. Morhof: Unterricht Von Der Teutschen Sprache und Poesie … (1682) 727. – 31 Schottel [28] 116. – 32 Harsdörffer [26] 90. – 33 ebd. – 34 J.G. Schottel: Teutsche Vers- oder ReimKunst … (1645) 60. – 35 Ph. v. Zesen: Durch-aus vermehrter … Hoch-deutscher Helikon (³1649) D (v). – 36 A. Tscherning: Unvorgreifliches Bedenken über etliche mißbräuche in der deutschen Schreib= und Sprach=Kunst (1659) 65. – 37 G.W. Leibniz: Dt. Schr., hg. von W. Schmied-Kowarzik (1916) 71. – 38 vgl. Fischer [21] 221f. – 39 Chr. Thomasius: Freymüthige Lustige und Ernsthaffte jedoch Vernunfft- und Gesetz-Mässige Gedancken Oder Monats-Gespräche … (1690) 142. – 40 ders.: Gemischter Discours (1691), in: Allerhand bißher publicierte Kleine Teutsche Schriften … (1701) 374. – 41 vgl. Fischer [21] 178. – 42 Chr. Weise: Politische Nachricht von sorgfältigen Brieffen … (1701) 285. – 43 ders.: Institutiones oratoriae ad praxin hodierni seculi accomodatae … (1695) 344f. – 44 vgl. Barner 174. – 45 Fischer [21] 248f. – 46 K.-H. Göttert: Einf. in die Rhet. (1991) 167. – 47 Chr. Weise: Vorrede über den Galanten Hoff-Redner, in: ders.: Politische Nachricht [42] o.S.; vgl. Barner 167ff. – 48 Menantes [F. Hunold]: Einl. zur Teutschen Oratorie … (1715) 257. – 49 R.M. Nickisch: Die Stilprinzipien in dt. Briefstellern des 17. und 18. Jh. (1969) 115ff. – 50 vgl. ebd. 144. – 51 B. Neukirchs Anweisung zu Teutschen Briefen (1709) 766, 774, 775. – 52 vgl. Nickisch [49] 119, 133, 145. – 53 J. Chr. Stockhausen: Grundsätze wohleingerichteter Briefe (1751); vgl. Nickisch [49] 162ff.

Literaturhinweise:
U. Wendland: Die Theoretiker und Theorien der sog. Galanten Stilepoche und die dt. Sprache. Ein Beitr. zur Erkenntnis der Sprachreformbestrebungen vor Gottsched (1930). – M. Windfuhr: Die barocke Bildlichkeit und ihre Kritiker. Stilhaltungen in der dt. Lit. des 17. und 18. Jh. (1966). – F. Nies: Un genre féminin? in: Revue d'Histoire Littéraire de la France 78 (1978) 994–1003. – A. Viala: La genèse des formes épistolaires en français et leurs sources latines et européennes: Essai de chronologie distinctive (XVIe-XIIe siècle), in: Revue de Littérature Comparée 55 (1981) 168–183; V. Kapp: Attizismus und Honnêteté in Forets L'honnête homme ou l'art de plaire à la court›. Rhet. im Dienste frühabsolutistischer Politik, in: Rom. Zs. f. Literaturgesch. 13 (1989) 102–116; R.M.G. Nickisch: ‹Die Allerneueste Art Höflich und Galant zu Schreiben›. Dt. Briefsteller um 1700. Von Chr. Weise zu B. Neukirch, in: K.J. Mattheier, P. Valentin (Hg.): Pathos, Klatsch und Ehrlichkeit. Liselotte von der Pfalz am Hofe des Sonnenkönigs (1990) 117–138. – P. Werle: El héroe. Zur Ethik des B. Gracián (1992). – P. Behnke, H.-G. Roloff (Hg.): Chr. Weise. Dichter – Gelehrter – Pädagoge. Beitr. zum ersten Chr.-Weise-Symposium (1994).

V. *18. Jh. und Ausblick.* Der Begriff der ‹Natur› und mit ihm alle Konzepte eines ‹natürlich› genannten Verhaltens, Redens und Schreibens erfahren im Verlauf des 18. Jh., von der Früh- zur Spätaufklärung, ihre vielfältigen Verschiebungen und Umdeutungen im Rahmen von kunst- und kulturphilosophischen Diskursen. In diesem Prozeß beschleunigter Veränderung überkommener Traditionsbestände erscheinen Anweisungslehren, zu denen die Rhetorik und die mit ihr verschwisterte Regelpoetik gerechnet werden, zunehmend obsolet. Der Naturbegriff wird zu Beginn des Jahrhunderts als ordnungsstiftender Bezugspunkt einer mimetisch verfahrenden Rhetorik und Poetik begriffen; mit der Genieästhetik transformiert sich seit der Mitte des 18. Jh. ‹die Natur› zum begründenden Ausgangspunkt allen menschlichen Tuns. Dieses muß sein naturanaloges Können dann künstlerisch unter Beweis stellen und kann in seiner genial-natürlichen Unhintergehbarkeit, als ‹Original-Genie›, sich und anderen eine Ordnung setzen. Damit wird der überkommene Grundsatz einer *imitatio naturae*, von dem die frühaufklärerische Poetik und Rhetorik im Sinne der Tradition ausgeht [1], mit Blick auf den Schaffens- und Werkprozeß radikalisiert.

Die ‹vernünftige› Rede der Frühaufklärung, für deren philosophische Bestimmung die Schriften CH. WOLFFS zu nennen wären, ist mimetisch auf die in ihrer Rationalität normativ begriffene Natur verpflichtet; das natürliche Vermögen der Einbildungskraft des Menschen steht unter der Aufsicht seiner naturanalogen Vernunft. Bei GOTTSCHED erscheint die «natürliche Schreibart» [2] so im Rahmen einer Poetik und Rhetorik mit präskriptivem, ahistorischem Anspruch. Die ‹natürliche› Schreibart gehört für ihn zu den rhetorische wie poetische

Werke regulierenden ‹guten› Stilarten, die mit bestimmten nachahmenswerten Tugenden in eins fallen. Ethische wie ästhetische Hinsichten verschränken sich hier in ihrer Nebenordnung ineinander: ‹deutlich, artig, ungezwungen, vernünftig, natürlich, edel, wohlgefaßt, ausführlich, wohlverknüpft, wohlabgeleitet› sei das ‹gute› Schreiben.[3] Neben ihrer traditionellen Verbindung mit den Gattungen Brief, Schäferdichtung, Komödie und Liebeslied[4] erscheint die ‹natürliche Schreibart› bei Gottsched auch innerhalb der dreistufigen Ordnung nach den *genera dicendi*: «Ich darf aber hier nur bey den dreyen Arten bleiben, die ich in meiner Redekunst schon angegeben: nehmlich eine ist die natürliche und niedrige; die andre ist die sinnreiche, hohe, scharfsinnige oder geistreiche; und die dritte die pathetische, feurige, affectuöse oder hefftige Schreibart».[5]

Die Gegenbewegung zu einer in den Grenzen von Gattungs- oder funktionalen Stilbestimmungen normativ verwalteten Stilistik beginnt sich im sog. ‹Literaturstreit› zwischen Gottsched und den Schweizer Literaturtheoretikern J.J. BODMER und J.J. BREITINGER abzuzeichnen. Das neuartige anthropologische Interesse an dem Besonderen eines ‹Charakters›, am ‹Neuen› und ‹Wunderbaren›, an der Fiktion ‹möglicher Welten› neben der ‹wirklichen› Welt trägt zur Auflösung der alten stilistischen Systematik, die den ‹niedrigen›, ‹mittleren› und ‹hohen› Stil nach Redner-, Gegenstands- und Adressatenbezügen auseinanderhielt und Gattungen verbindlich zuordnen konnte, nachhaltig bei. Die empirisch-psychologische Beobachtung der menschlich-natürlichen Affekte, die jetzt die Erkenntnis miteinschließt, daß auch die Affekte sich untereinander mischen, läßt für Bodmer ein System wünschenswert erscheinen, «welches uns von einer jeden Gemüths-Regung unterrichtete/ und erzehlte/ durch was für natürliche Merckmale eine solche sich in dem Cörper äussert; was für gekünsteltes unnatürliches Betragen hingegen die Verstellung und die Höfflichkeit den Gliedmassen angewöhnt hat».[6] Damit gilt die ‹höfliche›, mit höfisch-rhetorischem Geschick geleitete Affektverbergung als grundsätzlich ‹widernatürlich›. Die höfische Verheimlichung der eigenen Absichten, gerade in einer simulierten ‹einfach-natürlichen› Rede, gerät in den Verdacht einer instrumentellen Verstellung gegenüber aller menschlichen, nichthöfischen, in sozialer wie ästhetischer Hinsicht ‹bürgerlichen› Redlichkeit. Die Möglichkeit der höfischen Affektverbergung verbindet sich hier erneut mit dem Topos der Kunstverbergung. Die kritische Beobachtung der (höfischen) *simulatio* des ‹Einfach-Natürlichen› attestiert diesem Verhalten nunmehr seine höfische ‹Affektiertheit›. So bemerkt THOMASIUS, daß «daßjenige Reden oder anderes Tun, damit man seine Affekte zu verbergen sucht, affektiert und folglich gezwungen» wirke.[7] Er entwickelt folgerichtig eine ‹Erfindung der Wissenschaft anderer Menschen Gemüt zu erkennen›, die noch dem Postulat der Affekt- und Interessenverbergung geschuldet ist. Ihrerseits setzt diese ‹Wissenschaft› aber schon darauf, daß solche Dissimulationsstrategien gar nicht mehr geleistet werden können, denn: «Alle Affekten sind solche Bewegungen, die den Menschen innerlich am stärksten antreiben, etwas äußerlich zu tun oder zu reden».[8] Im Gegenzug zu höfischer Affektation als versuchter Verstellungskunst läßt sich so die ‹natürlich Körpersprache› als wahre ‹natürliche› Ausdrucksweise postulieren und für neue Stilfragen kritisch mobilisieren.

In der natürlich-vernünftigen Sprache des Herzens konzeptualisiert sich in der mittleren Aufklärung die ‹empfindsame› Vorstellung eines rhetorisch unverstellten und mit rhetorischen Mitteln nicht mehr herstellbaren Gefühlsausdrucks. Unter dem Einfluß der englischen Briefromane avanciert so der Brief zu *der* Gattung des empfindsamen Freundschaftskults mit seinem emphatisierten Natürlichkeitsanspruch an Rede, Schrift und Verhalten. Das ‹Herz› und die ‹Herzenssprache› erscheinen als Metaphern einer gegenüber dem ‹Verstand› und dem geistreichen ‹Witz› verinnerlichten Affektenlehre. In den Gattungen ‹Brief› und ‹Briefroman› sowie ihren theoretischen Bestimmungen wird das über die englische Literaturtheorie rezepierte antike Ideal einer ‹schlichten› Herzenssprache für den privaten Umgang aufgenommen.[9] CHR. F. GELLERTS einflußreiche Epistolographie, die er besonders in seiner Schrift ‹Briefe, nebst einer Praktischen Abhandlung von dem guten Geschmacke in Briefen› von 1751 entfaltet, kommt eine führende Rolle in der theoretischen und praktischen Begründung eines ‹natürlichen› Stils des Herzens zu.[10] Auch bei Gellert findet man noch in den Stilbestimmungen des ‹Natürlichen› die von der rhetorischen Tradition tangierte Verbindung desselben mit dem ‹Leichten›, ‹Klaren› und ‹Deutlichen›.[11] Gleichzeitig zeigt sich bei ihm jedoch (wie auch in der deutschen Rezeption der Batteuxschen Schriften ‹Les beaux arts réduits à un même principe› (1747) und ‹Cours de Belles-Lettres› (1747ff.)[12]), wie die Natürlichkeitskategorie in ihrer stilbegründenden Funktion die überkommenen Relationierungsmöglichkeiten von *natura* und *ars* systematisch zersetzt.

Über Batteuxs Schriften, die ein spätklassisches System aller Künste und Kunstgattungen auf dem einzigen Prinzip der Nachahmung beruhend propagierten, wird die Verbindung des ‹Natürlichen› mit der Kategorie der ‹Naivität› rezipiert, die in der französischen Literaturtheorie seit dem 17.Jh. auftaucht und in den stilistischen Bestimmungen möglicher ‹simplicité› ihre Rolle spielt.[13] In der über Boileaus Longinrezeption tradierten Verknüpfung des ‹Einfachen› mit dem Patetisch-Erhabenen stehend, kommentiert C.W. RAMLER in seiner Batteux-Übersetzung etwa die «nachdrückliche Naivität» des Dichter Vergil[14], die sich in einer pathetischen Szene zeige, folgendermaßen: «Hier ist nichts Gesuchtes, nichts Erzwungenes. Alles ist nicht nur natürlich, sondern auch von einer solchen Leichtigkeit, von einer solchen Wärme, von einem solchen anscheinenden Leben, als sich nur bey der Wahrheit findet, und welches ich Naivität nenne.»[15] Die zweite hier auszuziehende Linie ist die Verbindung des Natürlichen mit dem Graziösen, die ebenfalls in Frankreich im Rahmen klassizistischer Reflexionen auf die Qualitäten eines naiven Stils im 17.Jh. geleistet wird. D. BOUHOURS befindet, daß die ‹naiveté gracieuse› von dem Reiz eines ‹je ne sais quoi› geistvoller Redekunst getragen wird. Dieser ‹esprit› wird den kleinen Gattungsformen wie dem Epigramm zugeschrieben; Naivität sei deshalb unvereinbar mit der Idee des Erhabenen.[16] Auch der von CHR. M. WIELAND für J.G. SULZERS ‹Allgemeine Theorie der Schönen Künste› (1771–1774) stammende Beitrag ‹Naiv› berührt die ihrerseits mehrschichtigen Traditionsstränge der über Frankreich vermittelten Naivitäts-Kategorie mit ihrer Verbindung zum ‹Natürlichen›.[17] Generell richten sich die Stiltheoretiker der deutschen Rokokodichtung nach dem Konzept einer graziös überformten Natürlichkeit. Die in dieser Tradition stehende Schrift von F.J. VON CRAMM ‹Über das Naive, Natürliche, Gesuchte und Gezwungene› (1770) führt bereits im Titel jene kritische Opposition auf, die zeigt, daß das tradierte Postulat einer Kunstverbergung zugunsten einer natürlich erscheinenden Kunstfertigkeit bis ins späte 18. Jh. für bestimmte Diskurse noch seine Gültigkeit behält. [18]

Die mittlere, empfindsame Aufklärung versucht noch einen sittlichen Ausgleich zwischen der Natur der Affekte, ihrer ‹natürlichen› Sprache und der menschlichen Vernunft herzustellen. [19] In der aufkommenden Genieästhetik wird die ‹Natur› selbst als regelsetzend gegenüber allen Kunstvorschriften emphatisiert. Für LESSING, der die Vollkommenheit eines Kunstwerks an seiner Wirkungsmächtigkeit bemißt, bleibt die Individualität des in Natur begründeten künstlerischen ‹Genies› noch an die sittliche Tugendnorm, um deren kritische Vermittlung seine Dichtung kreist, rückgebunden. [20]

Ab Mitte des 18. Jh. wird das ‹Original-Genie› des einzelnen Dichters in seiner uneinholbaren Naturhaftigkeit dann theoretisch und dichterisch zunehmend gerechtfertigt. Die Schriften von E. YOUNG, KLOPSTOCK, GERSTENBERG, HERDER sind hier zu nennen. In ihnen wird die individuelle menschliche ‹Natur› zum seinerseits nicht weiter ableitbaren Begründungspunkt allen naturgemäßen Schaffens proklamiert und darin die regeltranszendierende Funktion des originären Schreibens affirmiert. Erneut lassen sich die auf Verschränkung und Amalgamierung der unterschiedlichen rhetorischen und ästhetischen Konzepte beruhenden Transformationen beobachten, die den Naturbegriff zum Zentrum einer neuen Ästhetik erheben. So greift M. MENDELSSOHN in seiner Schrift ‹Ueber das Naive und Erhabene in den schönen Wissenschaften› (1761) sowohl Aspekte der stilistischen Naivitäts- und Einfachheitsdiskussionen wie der aufkommenden Genieästhetik auf, um sein Konzept der erhabenen (menschlichen) Natur und Kunst zu strukturieren. Die natürlich-geniale Individualität wird mit der Genieästhetik an ihren besten Vertretern, die nun uneingeschränkt auf der Seite der Dichtung (etwa bei Shakespeare) und nicht mehr der Rhetorik vermutet werden, abgelesen. Deren Naturhaftigkeit ist für den Sturm und Drang-Generation der Spätaufklärung dann jene Größe, an der sich jede Rede und Schrift, die den Anspruch erhebt, ein Kunstwerk zu sein, messen lassen muß.

Exemplarisch ließen sich diese Verschiebungsprozesse vom rationalen Natürlichkeitsverständnis der Frühaufklärung zu dem subjektiven Ansatz der Spätaufklärung auch an der Schäferdichtung erläutern. In der Schäfer- und Landlebendichtung und ihrer Theorie ist die Künstlichkeit der nachgeahmten ‹einfachen› Rede im Stand der Natur immer mitreflektiert worden. Doch muß sich etwa die Idyllendichtung eines S. GESSNER nun vorwerfen lassen, daß ihre Schäfer in ihrer idealisierten ‹Natürlichkeit› nicht mehr dem entsprechen, was eine jüngere Generation in der Darstellung des ‹Natürlichen› auch für diese Gattung einfordert – charakteristische Individualität: Geßners Hirten zeigten nur «Schäferlarven, keine Gesichter», urteilt HERDER. [21] Solche Kritik von Seiten der Stürmer und Dränger zeigt deutlich, in welchem beschleunigten Prozeß kritischer Historisierung der jeweilige Referenzpunkt des ‹Natürlichen› und seine Stilistik ab der 2. Hälfte des 18. Jh. stehen. [22]

Die mit der Idyllendichtung (seit der Vergilrezeption des Mittelalters) verbundene kulturhistorische Spekulation auf den natürlich-einfachen Ursprung aller menschlichen Rede (und Schrift) mündet am Ende des 18. Jh. bei SCHILLER, auch hier unter Rückgriff auf die Naivitätskategorie, in die geschichtsphilosophische Bestimmung ‹natürlicher› Phänomene, die in ein oppositives Verhältnis zur künstlichen, ‹sentimentalisch› genannten, komplexen Kultur der Moderne gesetzt werden. Die künstlerisch fast nicht mehr abzugeltende ‹Natur› wird hier zum Angelpunkt der ästhetischen Reflexion und der auf sie verpflichteten poetischen Darstellung gemacht. Die kulturkritische (rousseauistische) Trauer der ‹Modernen› über den verlorengegangenen natürlich-einfachen, idyllischen Ursprung der Menschheitsgeschichte wendet Schiller um in den Versuch, eine spekulativ betriebene Wiedergewinnung der ‹Natur› durch die ‹Kunst› und ihre ‹Theorie› zu leisten. [23] Die solchermaßen um den Naturbegriff zentrierte geschichtsphilosophische Ästhetik, sei sie klassischer oder romantischer Provenienz, kennzeichnet dann den Übergang zum 19. Jh.

Aus den anthropologisch und kulturgeschichtlich reflektierten Ursprungsannahmen leiten sich auch jene Konzepte ab, die das ‹weibliche› Schreiben, dem bereits in Gellerts Brieflehre eine exemplarische Bedeutung zukommt, zur paradigmatischen stilistischen Größe einer ‹natürlichen› Ausdrucksweise erheben. Die deutsche Rezeption der SÉVIGNÉ-Briefe im 18. Jh. zeigt deutlich die Umbesetzung des überpersönlichen, höfischen Natürlichkeits- und Anmutideals im Rahmen des neuen Verständnisses von ‹Natürlichkeit›. [24] Der theoretische Blick auf das ‹weiblich-kunstlose›, in eben diesem Sinne ‹natürliche› Schreiben wird nun mit dem Interesse an den authentisch-natürlichen, ontologisch begründbaren Gesten des Individuums verbunden. [25] Die antiklassizistische Stoßrichtung der ästhetischen und darin inbegriffenen sozialen Normverletzungen der adligen, geistreichen Konversations- und Briefkultur des 17. Jh. kennt in ihrer überindividuellen Stilistik bereits die Abschweifung (*digressio*), Unterbrechung und Gefühlsbekundung. Diese Kunst des Regelverstoßes ganz als angeborene Natur auszuweisen, gehört bei den Briefschreiberinnen des ausgehenden 18. und beginnenden 19. Jh. dagegen zum topischen Inventar eines sich ganz vom poetischen Regelzwang befreit wissenden, der Subjektivität gehorchenden Seins, das erneut und gerade im Brief Schriftlichkeit und Mündlichkeit idealiter ineinander vermittelt (S. LAROCHE, B. VON ARNIM u.a.). [26] Im 19. Jh. wird schließlich eine Natürlichkeitsvorstellung prolongiert, die den Diskurs des Weiblichen mit der Anthropologisierung der Ästhetik verbindet und zu Gattungsbestimmungen gelangt, die einzelne Genres (vornehmlich bestimmte lyrische Formen [27]) als ‹natürlichen› Selbstausdruck verstehen, und in weiterer Transformation der idealisierten ‹Natürlichkeit› dann hierfür den neueren Begriff des ‹Authentischen› bereithält.

Die Einschätzung des ‹Natürlichen› und die damit verbundenen Idealisierungen naturhafter Affekte, naturanalogen Redens, Schreibens und Verhaltens wandern so spätestens seit der Mitte des 18. Jh. in zahlreiche Konzepte, deren moderner diskursiver Ort sich in den ästhetischen und geschichtsphilosophischen Ansätzen abzeichnet und nicht mehr in den rhetorischen Lehrbüchern zu finden ist.

Anmerkungen:

1 K. R. Scherpe: Gattungspoetik im 18. Jh. Hist. Entwicklung von Gottsched bis Herder (1968) 26ff. – 2 Gottsched Redek., in: P. M. Mitchell (Hg.): J. Chr. Gottsched: Ausgew. Werke, Bd. 7, 1, bearb. v. R. Scholl (1975) 398. – 3 ebd. § 1, 393. – 4 Gottsched Dichtk. 191, 334, 411, 440. – 5 ebd. 289. – 6 J. J. Bodmer: Vernünfftige Gedancken und Urtheile von der Beredsamkeit ... (1727) 100. – 7 Chr. Thomasius: Erfindung der Wissenschaft anderer Menschen Gemüt zu erkennen, in: F. Brüggemann (Hg.): Aus der Frühzeit der Aufklärung. Chr. Thomasius und Chr. Weise (1928) 69. – 8 ebd. – 9 W. G. Müller: Der Brief als

Spiegel der Seele. Zur Gesch. eines Topos der Epistolartheorie von der Antike bis zu S. Richardson, in: Antike und Abendland 26 (1980) 153ff. – **10** vgl. W. Barner: «Beredte Empfindungen». Über die gesch. Position der Brieflehre Gellerts, in: E. Müller (Hg.): «... aus der anmuthigen Gelehrsamkeit». Tübinger Stud. zum 18. Jh. (1988) 7–24. – **11** ebd. 10. – **12** vgl. Scherpe [1]. – **13** vgl. C. Henn: Simplizität, Naivität, Einfalt. Stud. zur ästhetischen Terminologie in Frankreich und in Deutschland 1674–1771 (1974). – **14** C.W. Ramler: Einl. in die Schönen Wiss. Nach dem Französischen des Herrn Batteux mit Zusätzen vermehret, IV Bde. (1756–58) IV, 202. – **15** ebd. 204. – **16** D. Bouhours: Les Entretiens d'Ariste et d'Eugène (Paris 1671), ders.: La manière de bien penser dans les ouvrages d'esprit (Amsterdam 1687); vgl. Chr. Perels: Stud. zur Aufnahme und Kritik der Rokokolyrik zwischen 1740 und 1760 (1974) 191ff.; Henn [13] 115ff. – **17** [Ch. M. Wieland]: Art. ‹Naiv›, in: Sulzer, Bd. 3 (²1793) 499–514; vgl. Henn [13]. – **18** vgl. W. Preisendanz: M. Claudius' «naiver launigter Ton»: Zur Positivierung von Naivität im 18. Jh., in: Modern Language Notes 103 (1988) 569–587. – **19** vgl. G. Sauder: Empfindsamkeit. Bd. 1: Voraussetzungen und Elemente (1974). – **20** G.E. Lessing: Werke, hg. v. H.G. Göpfert (1970–79) Bd. 4, 388f. – **21** J.G. Herder: Ueber die neuere Deutsche Litteratur, in: Herders Sämmtliche Werke, hg. v. B. Suphan, Bd. 1 (1877) 346. – **22** vgl. H.J. Schneider: Dt. Idyllentheorien im 18. Jh. (1988). – **23** vgl. E.M. Wilkinson, L.A. Willoughby: Schillers Ästhet. Erziehung des Menschen. Eine Einf. (1977). – **24** vgl. F. Nies: Gattungspoetik und Publikumsstruktur. Zur Gesch. der Sévignébriefe (1972) 160ff. – **25** vgl. Wieland [17] 499. – **26** vgl. H. Pompe: Der Wille zum Glück. Bettine von Arnims Poetik der Naivität im Briefroman ‹Die Günderode› (1999). – **27** vgl. G. Häntzschel: Die deutschsprachigen Lyrikanthologien 1840 bis 1914. Sozialgesch. der Lyrik des 19. Jh. (1997).

Literaturhinweise:
D. Brüggemann: Gellert, der gute Geschmack und die üblen Briefsteller. Zur Gesch. der Rhet. in der Moderne, in: DVjs 45 (1971) 117–149. – R.M. Nickisch: Gottsched und die dt. Epistolographie des 18. Jh., in: Euphorion 66 (1972) 365–382. – H. Bosse: Dichter kann man nicht bilden. Zur Veränderung der Schulrhet. nach 1770, in: JbIG 10 (1978) 80–125. – W. Bender: Rhet. Trad. und Ästhetik im 18. Jh.: Baumgarten, Meier und Breitinger, in: ZDPh 99 (1980) 481–506. – U. Möller: Rhet. Überlieferung und Dichtungstheorie im frühen 18. Jh.: Stud. zu Gottsched, Breitinger und G. Fr. Meier (1983); W. Jung: ‹Die besten Regeln sind die wenigsten.› Gellerts Poetik, in: B. Witte (Hg.): ‹Ein Lehrer der ganzen Nation›. Leben und Werk Chr. F. Gellerts (1990) 116–124. – N. Wegmann: Diskurse der Empfindsamkeit. Zur Gesch. eines Gefühls in der Lit. des 18. Jh. (1988). – K. Müller: «Schreibe, wie du sprichst!» Eine Maxime im Spannungsfeld von Mündlichkeit und Schriftlichkeit. Eine hist. und systematische Unters. (1990). – S. Kleiner: Aus der Fülle des Herzens...: Inszenierungen von Spontaneität und Distanz in frz. Briefstellern (1994). – R. Arto-Haumacher: Gellerts Briefpraxis und Brieflehre. Der Anfang einer neuen Briefkultur (1995). – W. Busch: D. Chodowieckis ‹Natürliche und affectierte Handlungen des Lebens›, in: E. Hinrichs, K. Zarnack (Hg.): D. Chodowiecki (1726–1801): Kupferstecher, Illustrator, Kaufmann (1997) 77–99.

H. Pompe

→ Actio → Ars → Ästhetik → Brief → Dissimulatio → Galante Rhetorik → Hofmann → Honnête homme → Natura-ars-Dialektik → Poetik → Redner, Rednerideal

Necessitas (auch necessitudo, necesse, necessarium; griech. ἀνάγκη, anánkē; ἀναγκαῖον, anankaíon; dt. Notwendigkeit, Unvermeidlichkeit; engl. necessity, major force; frz. nécessité, force majeure; ital. necessità)
A. N., ein Zwang, eine (höhere) Gewalt, «der man sich auf keine Weise widersetzen kann»[1] (im Gegensatz zu ‹freier Wille›, ‹Absicht›), als Rechtfertigungsgrund findet sich in verschiedenen Zusammenhängen gegen Vorwürfe unterschiedlicher Art, wobei N. als Terminus technicus in Rhetorik und Poetik nur einen kleinen Ausschnitt der Wortbedeutung zeigt. Ein Topos ist N. innerhalb der *inventio* für die Gerichtsrede (*genus iudiciale*) zur Bestimmung des Status und dann bei der Beweisführung innerhalb des *status qualitatis* zur Entschuldigung (*purgatio*) beim Eingeständnis (*concessio*) einer nicht abstreitbaren Tat. Sie ist hierin analog zu den juristischen Kategorien ‹höhere Gewalt›, ‹Not› und ‹Notstand›. Zweitens ist N. ein Topos zur Erklärung bzw. Entschuldigung der Wortwahl (für den Redner im Bereich der *elocutio* und in Poetik bzw. Metrik). Im weiteren Sinne werden verschiedenste Zwänge als Entschuldigung für die Abweichung von Absichten und auch rhetorischen Regeln angebracht.[2] Umstritten sind die Geltung von N. als Kategorie in der Beratungsrede (*genus deliberativum*) und die Existenz von N. als Figur. – Einen höheren Stellenwert hat der Terminus N. in Philosophie (Metaphysik und Logik) und Theologie.
B. Im *genus iudiciale* ist N. ein Topos für den Verteidiger. Sie dient als möglicher Entschuldigungsgrund, der zur Betonung des guten Willens bzw. der Tatsache, daß die Tat ohne Absicht begangen wurde und daher der Angeklagte nicht verantwortlich sei[3], neben ‹Unwissen› (*error*) und ‹Zufall› (*casus*) angeführt wird (nur FORTUNATIAN nennt als vierten Grund auch ‹Vergessen›, *oblivio*).[4] Zwischen den Kategorien Zufall und N. gibt es keine feste Trennungslinie, bei beiden finden sich als Beispiel Naturgewalten.[5] N. nimmt recht unterschiedliche Formen an: Naturgewalt, die eine Handlung bewirkt[6] oder verhindert[7]; hindernde Krankheit[8]; von Menschen ausgehender Zwang, etwas gegen seinen Willen zu tun[9] (häufiger eingeordnet unter *remotio*, Abschieben der Verantwortung auf eine andere Person). Nur MARTIANUS CAPELLA und ALCUIN formulieren den Unterschied, daß Zufall hindert und N. zwingt.[10] – Tatsächlich zur Verteidigung vorgebracht wurde N. wohl nur selten, wie überhaupt das Eingeständnis der Tat (*concessio*) und die Bitte um Vergebung (*deprecatio*) nur in Betracht gezogen werden, wenn alle anderen Strategien nicht anwendbar sind.[11] Die erhaltenen Reden zeigen denn auch die Erwähnung von N. an Stellen, die nicht der Theorie der Handbücher entsprechen, sondern den Begriff im weiteren Sinne verwenden: Z.B. nennt Cicero in väterlich-ironischem Ton N. als Entschuldigung für den Ankläger, im Falle daß er zu der Anklage gezwungen wurde, wobei diese Entschuldigung sonst unter *remotio* fällt.[12] – Der Ankläger kann dem Rechtfertigungsgrund ‹N.› mit dem Topos entgegentreten, daß nicht alle Möglichkeiten des Widerstands gegen die N. ausgenutzt wurden, daß nicht wirklich N. bestanden habe oder daß es besser gewesen wäre zu sterben, als dem Zwang nachzugeben.[13]

Innerhalb des *genus deliberativum* wird der Begriff N. enger (absolute, einfache N.) oder weiter (bedingte N.) definiert und dementsprechend als Argument neben *honestum* (ehrenhaft) und *utile* (nützlich) anerkannt oder nicht: ARISTOTELES schließt diesen Fall aus, da nicht über etwas beraten werden könne, das nicht vom Menschen selbst beeinflußbar sei.[14] CICERO hingegen setzt in diesem Zusammenhang N. gleich mit «necesse est» (es ist zwingend notwendig) für etwas, ohne das man nicht «wohlbehalten oder frei sein kann», und er sieht N. als entweder mit *honestas* oder *utilitas* verbundenes Argument.[15] Dagegen schreibt QUINTILIAN, daß man, sobald an die N. eine Bedingung geknüpft sei, z.B. «N., wenn man überleben wolle», nicht aus N. handle, sondern nur im Gedanken an das Nützliche. [16]

Hinsichtlich der *argumentatio* betrifft den Redner N. bzw. *necessarium* als Terminus der Logik bzw. Syllogistik: ‹zwingend› heißt ein Argument, dem nichts entgegengesetzt werden kann [17]; die *argumentatio* hat zum Ziel, zwingend oder wenigstens wahrscheinlich zu sein, wie insgesamt die wichtigste Pflicht des Redners die glaubhafte, überzeugende Darlegung ist. [18]

Im Bereich der *elocutio* kann eine bestimmte Wortwahl mit N. begründet werden. In der Tropenlehre gilt N. als Entstehungs- und Rechtfertigungsgrund (neben ‹Schmuck› als sekundärem Grund) für die Verwendung von Metapher und Periphrase [19]: Zwang durch Armut der Sprache (d.h. das Fehlen eigener Wörter) oder durch das gesellschaftlich und literarisch Schickliche (*aptum*; d.h. der Wunsch, anstößige oder stilistisch unpassende Wörter und Neologismen zu vermeiden). [20] Lateinische Schriftsteller entschuldigen mit Zwang durch Armut der Sprache auch die Verwendung *griechischer* Wörter (bes. Fachtermini). [21]

N. als bei Rutilius Lupus genannte *Figur*, die in Antike und Spätantike einmütig abgelehnt wird, erscheint bei Melanchthon als Amplifikationsfigur «aufgrund von Ursachen» (*ex causis*) zur Darstellung einer unumgänglichen Notwendigkeit mit einem Beispiel aus einem Kampfaufruf. [22]

Die N. des *Metrums* erzwingt bzw. erlaubt ‹dichterische Freiheiten› in Wortwahl und -stellung, die einem Prosaautor nicht zugestanden werden [23]: Z.B. kann eine Periphrase dadurch begründet sein, daß jedes Metrum lange und kurze Silben an bestimmten Stellen fordert und daher ein Wort grundsätzlich nicht verwendbar ist; oder man kann den Gebrauch von Wörtern, die für den Sinn unnötig oder nicht ganz passend erscheinen, damit entschuldigen, daß der Vers vervollständigt werden mußte. [24]

Anmerkungen:
1 Cic. Inv. II, 170. – 2 z.B. Gründe für ungeplante Exkurse (Quint. IV, 3, 16) oder für das Auftreten als Redner (ebd. IV, 1, 7). – 3 vgl. z.B. Zedler Bd. 64 s.v. ‹Zurechnung›, Sp. 373; 381–384. – 4 Cic. Inv. I, 15; II, 94; Part. 131; Auct. ad Her. I, 14, 24; II, 16, 23; Grillius in Cic. rhet. p. 71 Martin; Mart. Cap. V, 458; Cassiod. Inst. II, 2, 5; Vossius I, 9, 7; Fortun. Rhet. I, 17. – 5 Hochwasser als N.: Auct. ad Her. I, 14, 24; Quint. VII, 4, 14; hingegen als Zufall: Cic. Inv. II, 96f.; Sturm als N.: Cic. Inv. II, 98; Gewitter unter *remotio in rem*: Iul. Vict. p. 381, 29 Rhet. Lat. min; Sturm als nicht näher bestimmter Entschuldigungsgrund: Hermog. Stat. II, 13. – 6 Cic. Inv. II, 98; ein vom Hochwasser in verbotenen Hafen abgetriebenes Schiff. – 7 z.B. Auct. ad Her. I, 14, 24: Ein Soldat kommt wegen Hochwasser zu spät aus dem Urlaub. – 8 Quint. VII, 4, 14. – 9 Fortun. Rhet. I, 17: ein in Kriegsgefangenschaft geratener Redner, der auf Befehl eine Lobrede auf die Sieger verfaßt; zum schwankenden Verhältnis zwischen N. und *remotio* siehe auch Sulp. Vict. (p. 347, 14f. Rhet. Lat. min.), der als *remotio* bezeichnet, wenn man die Schuld auf N. oder einen Befehl schiebt. – 10 Mart. Cap. V, 458: Zufall, wenn Hochwasser eine Handlung verhindert; Zwang wenn jemand auf Befehl einen unschuldigen Menschen tötet, letzteres steht sonst unter *translatio / remotio*; siehe auch Alcuin p. 532 Rhet. Lat. min. – 11 angewandt: Cicero, Pro Ligario 4 – 12 ders., Pro M. Caelio 2; siehe auch Pro P. Cornelio Sulla 35. – 13 Auct. ad Her. II, 16, 23; Cic. Inv. II, 99; B. Cavalcanti: La Retorica (Venedig 1578) 67; Martin 239. – 14 Arist. Rhet. I, 4, 1359 a. – 15 Cic. Part. 83f.; Inv. II, 170ff.; so auch Melanchthon 446 Hallbauer Polit. Bered. II, 12. – 16 Quint. III, 8, 22–25; ähnlich Cavalcanti [13] 39f., der das Problem der unterschiedlichen Begriffsverwendung erkennt; Vossius I, 4, 4, p. 32–34; Martin 168. – 17 z.B. Grillius p. 58, 25–28 Martin, Iul. Vict. p. 407, 30 Rhet. Lat. min.; ebenso «zwingende Beweise, sichere Indizien», z.B. Quint. V, 9, 3–5. – 18 z.B. Arist. Rhet. I, 2, 1357 a; Cic. Inv. I, 44; Or. 69; Iul. Vict. p. 407, 28 Rhet. Lat. min. – 19 Tryphon, Περὶ τρόπων, in: Rhet. Graec. Sp., Bd. 3, p. 191, 12. – 20 Cic. De or. II, 155; Quint. VIII, 2, 1 f.; 6, 5f.; 34; 59; XII, 10, 34; Iul. Vict. p. 431, 30 Rhet. Lat. min.; Fortun. Rhet. III, 7; Mart. Cap. IV, 359; V, 512; Melanchthon 463; Vossius IV, 6, 14, Pars II; p. 109–111; Hallbauer Polit. Bered. II, 40; Fontanier 159. – 21 z.B. Lucrez I, 136–139; Manilius III, 38–42; Vitruv V, 4, 1; Seneca, Ep. 58, 6f. – 22 Rutilius Lupus I 20 Brooks; dagegen z.B. Quint. IX, 2, 106f.; von Scaliger III, 66 erwähnt und mit Beispielen erläutert, aber nicht als Figur anerkannt; Melanchthon 486. – 23 Quint. I, 6, 2; VIII, 6, 17; X, 1, 28. – 24 z.E. Porphyrius zu Horaz, Sermones I, 6, 12; Servius zu Verg. Aen. I, 3; 61; 118.

Literaturhinweise:
L.A. Sonnino: A Handbook to Sixteenth Century Rhet. (London 1968) 130. – J. Knape, A. Sieber: Rhet.-Vokabular zur zweisprachigen Terminologie in älteren dt. Rhetoriken (1998) 67.

B. Schröder

→ Apodiktik → Argumentatio → Beratungsrede → Beweis, Beweismittel → Deprecatio → Gedankenfigur → Licentia → Logik → Metrik → Purgatio → Statuslehre

Negatio (griech. ἀπόφασις, apóphasis; dt. Negation; engl. negation; frz. négation; ital. negazione)

A. Die N. ist in der aristotelischen *Logik* «eine Aussage, die einem etwas abspricht» [1], also die Struktur ‹*p* ist nicht *q*› hat. Seit dem Mittelalter werden nach Art des abgesprochenen Prädikats drei Typen der N. unterschieden, die einfache (‹*p* ist nicht *q*›), die infinite (‹*p* ist nicht nicht-*q*›) und die privative (‹*p* ist nicht un-*q*›). Daneben wird auch die Zuschreibung eines infiniten (‹*p* ist nicht-*q*›) oder privativen Prädikats (‹*p* ist un-*q*›) selbst als Form der N. aufgefaßt. [2]

In der *Rhetorik* bezeichnet das Lexem ‹N.› mit seinen Grundbedeutungen ‹Verneinung› und ‹Leugnung› eine wesentliche Aufgabe des Redners, die Zurückweisung einer von der Gegenpartei erhobenen Behauptung. Ihren systematischen Ort hat sie daher bei der Erörterung des Streitstandes (*status*) sowie generell in der Argumentationslehre. ‹N.› und das zugehörige Verb *negare* lassen sich zwar oft in rhetorischen Lehrschriften belegen, doch ist die ‹N.› vorzugsweise nur dort als fixierter Terminus aufzufassen, wo sie gegen andere Arten des Bestreitens abgegrenzt wird. Vereinzelt wird sie als Form des Vergleichs oder häufiger und bedingt dadurch, daß diese meist in Form eines verneinten Aussage- oder Aufforderungssatzes vorgetragen wird, synonym mit *praeteritio* verstanden. In diesen beiden Fällen ist sie Teil des Redeschmucks.

B. Die bekanntesten rhetorischen Schriftsteller der Antike verwenden ‹N.› in denkbar verschiedener Bedeutung. Der Auctor ad Herennium kennt die N. als eine von vier Formen des Vergleichs, die «probandi causa» (um zu beweisen) [3] verwendet wird und die Struktur «wie das eine nicht *p* so auch das andere nicht *q*» hat. Cicero behandelt in seinen ‹Topica› den «locus [...] a contrario» (Argumentationstypus [...] vom Gegensatz her) in vier Formen. [4] Die «negantia» (verneinende[n] Begriffe]) konstituieren dabei den kontradiktorischen Gegensatz nach dem Muster «Si hoc est, illud non est» (Wenn dies ist, ist jenes nicht) [5]. In der ‹Partitiones oratoriae› gebraucht Cicero bei der Erörterung der Argumentationslehre ‹N.› im Sinne einer «direkten Zurückweisung» der gegnerischen Behauptung. [6] Quintilian wiederum behandelt eine nicht den Tropen zuzurechnende Art der Ironie «a negando» (die sich vom Verneinen herleitet).[7] Es ist, wie die angeführten Beispiele zeigen, das nur scheinbare Übergehen eines der eigenen Seite förderlichen Arguments, die *occupatio* oder *praeteritio*. Unter den späteren lateinischen Autoren faßt MARIUS VICTORINUS die N. als der anderen Partei entgegengesetzte Behauptung bei der Erörterung des *status coniecturae*, der Frage nach der Täterschaft, auf.[8] SULPICIUS VICTOR unterscheidet zwei Formen der Bestreitung, die unbedingte und die bedingte. Erstere ist die N., letztere heißt *oppositum*.[9] Mittelalterliche Belege lassen sich bislang nicht beibringen. Unter den Renaissance-Autoren folgen einige Quintilian, so A. FRAUNCE [10] und I.C. SCALIGER [11]. GEORG VON TRAPEZUNT [12] und CYPRIANO SOAREZ [13] behandeln hingegen im Anschluß an Cicero die N. als kontradiktorischen Gegensatz.

Anmerkungen:
1 Aristoteles, De interpretatione 6, 17a 25f. – 2 HWPh Bd. 6 (1984) Sp. 672. – 3 Auct. ad Her. IV, 59. – 4 Cic. Top. 47. – 5 ebd. 49. – 6 Cic. Part. 103. – 7 Quint. IX, 2, 47. – 8 Rhet. Lat. min. p. 179, 25. – 9 ebd. p. 342, 12–14; 344, 28. – 10 A. Fraunce: The Arcadian Rhetorike (1588; ND London 1950) 13, zit. L. A. Sonnino: A Handbook to Sixteenth-Century Rhetoric (London 1968) 131. – 11 Scaliger lib. III, cap. 88. – 12 Georg von Trapezunt: Rhetoricorum libri quinque (Lyon 1547) 247. – 13 C. Soarez: De arte rhetorica libri tres (Ingolstadt 1605) 21.

V. Hartmann

→ Abnuentia → Affirmatio → Argumentation → Deprecatio → Insimulatio → Logik → Praeteritio → Statuslehre

Nekrolog (mlat. necrologium; engl. obituary (notice), necrology; frz. nécrologe; ital. necrologio)
A. I. Im Gegensatz zu anderen Formen der Funeralrhetorik ist der N. eine vom Begräbnisvorgang abgelöste und zur Gänze an die Schriftlichkeit gebundene Form der Gedächtnisstiftung. Das Wort erscheint als mlat. Neubildung *necrologium* nach griech. νεκρός (nekrós; tot, der Tote), λόγος (lógos; Wort, Rede) im frühen Mittelalter. Der in der historischen Entwicklung stark schwankende Bedeutungsumfang des Begriffs meint zunächst einen Buchtypus, sodann das darin Enthaltene und damit in der Folge eine (gebrauchs)literarische Gattung. Konkret bedeutet er folgendes:
1. ‹Das N.› (lat. Sg., dt. auch im Plural: ‹Nekrologien›) meint ein Verzeichnis der Todestage zu Gedächtniszwecken in kalendarischer wie annalistischer Form mit Bezeichnungen wie *obituarium* ‹Totenbuch›, Toten-, Jahrtag-, Jahrzeit- oder Seelbuch, *liber defunctorum* ‹Buch der Verstorbenen› bzw. *anniversariorum* ‹der Jahrestage› oder *obituum* ‹der Hingeschiedenen›, Totenregister. 2. ‹Der N.› ist ein biographischer Abriß mit Würdigung des Verstorbenen anläßlich des Todes, in der gegenwärtigen Sprachverwendung synonym mit ‹Nachruf› gebraucht.
II. 1. Als kalendarisch-annalistische Gattung bietet das N. Gebetsanlässe und damit ausschließlich höchst formalisierte geistliche Redegelegenheit. In Bezug auf unterschiedlich ausführlich vorhandene biographische Informationen dient das N. als historische Quelle über einzelne Personen, Klöster, Pfarren oder Bruderschaften, aber auch über die sozialen und kommunikativen Netze der mittelalterlichen Kirche und ihrer Institutionen.

2. In der Bedeutung des Lebensabrisses, die dem Begriff im 18. Jh. zuwächst, teilt der N. mit der Biographie und mit den Formen der Trauerrede die Ausgangslage im Bereich der *inventio*: biographische Fakten müssen ermittelt und sodann in der traditionellen Topik der Personenbeschreibung disponiert werden, wobei die tadelnswerten Charaktereigenschaften nicht mehr unterschlagen, sondern mit den guten in Ausgleich gebracht werden, so daß die wertende Biographie eines vollendeten Lebens entsteht. [1] Das geistliche bzw. politische *officium* des Leichenpredigers bzw. -redners wird durch literarische bzw. wissenschaftliche Autorschaft abgelöst, durch publizistische Eingemeindung in ein Pantheon bürgerlicher Repräsentation. Dabei steht der Verfasser des N. in einem produktiven Spannungsverhältnis zwischen der «Parteilichkeit der Trauer» [2] und der reklamierten gesellschaftlichen Bedeutung des Verstorbenen. Im Gegensatz zur Biographie darf, ja muß er im N. seine wertende Haltung als *Ethos* unverhüllt zum Ausdruck bringen; dem *Pathos* ist der Nachruf verpflichtet, der darin der Lobrede stärker verwandt ist als der N.

Während in Leichenpredigt und Leichenrede gesellschaftliche bzw. kirchliche Trauer den individuellen Schmerz der Hinterbliebenen aufhebt, läßt uns der N. nach HERDER «die Gestorbnen als Lebende betrachten, uns ihres Lebens, ihres auch nach dem Hingange noch fortwirkenden Lebens freuen». [3] Damit ist das funeralrhetorische Wirkungsziel des Trostes säkularisiert und neu akzentuiert: Trost resultiert aus dem Fortleben des Verstorbenen im Gedächtnis der bürgerlichen Gesellschaft. Somit dient das N. weniger der biographischen Konstruktion von individuellem Leben als vielmehr einer «Rezeptionsform der *imitatio*». [4]
B. I. *Mittelalter*. Das N. (*necrologium*) entwickelte sich im Zusammenhang mit dem kirchlichen Totengedächtnis. Um kontinuierlich am Jahrestag des Todes für die Verstorbenen beten zu können, mußte die Nachricht von deren Todestag durch Rotelbriefe verbreitet und in eigenen Gedächtnisbüchern gesammelt werden, deren Entwicklung bereits im Frühmittelalter und in der Angelsachsenmission einsetzt. Verbrüderungsbücher unter den Klöstern verzeichnen als N. die lebenden und toten Mitglieder der Konvente und ermöglichen «eine Verschwörung von Betenden für das Heil der Sterbenden» [5] und der Toten. Ein N. umfaßt dabei alle Verstorbenen, die als Mitglieder, Förderer oder Verbündete einer kirchlichen Gemeinschaft deren Gebet teilhaftig werden sollten. In annalistischer Form dient das N. chronikalischen und Gedächtnisfunktionen, seit dem 10. Jh. im Gefolge des Reformmönchstums in kalendarischer Form Gebetszwecken.
II. *Neuzeit*. Noch in ZEDLERS ‹Universallexicon› war 1740 das N. (*necrologium*) in dieser Bedeutung «nichts anders, als ein Catalogus oder Register der Todten. Es heisset auch Calendarium oder obitorium [sic].» [6] Im späten 18. Jh. erfährt der Begriff abseits der weiter bestehenden katholischen Verwendung eine Neudefinition. C. F. VON MOSERS ‹Patriotisches Archiv für Deutschland› (Mannheim/Leipzig 1784/90, ‹Neues patriotisches Archiv› 1792/94) und A. H. F. SCHLICHTEGROLLS ‹Nekrologe der Teutschen› (Gotha 1790/1806) füllen die alte Form des Totenregisters mit neuem Inhalt, indem sie die alte *historia litteraria* an der Persönlichkeit neu ausrichten. «Beide Herausgeber formulieren als Ziel ihrer Edition die Erbauung und Belehrung der Adressaten [...] Das geschilderte Einzelschicksal sollte als das Beispielhafte wirken.» [7] Dabei scheint vor allem die Abgren-

zung von älteren funeralrhetorischen Formen wichtig, denn wenn Schlichtegroll seine ‹Nekrologe der Teutschen› schlicht «biographische» oder «belehrende Nachrichten» nennt [8], so weist er auf Sachhaltigkeit und das *officium* des *docere* hin und damit die gattungsimmanente Panegyrik der Leichenrede zurück.

Während für J.G. HERDER die alte Bedeutung von N. «Trübsinn» hervorruft – «Der Name Todtenregister, ist schon ein trauriger Name» – wird der N. zur adäquaten Form der Gedächtnisstiftung im Zeichen einer bürgerlichen Öffentlichkeit. «Hiemit verwandelt sich auf einmal das Nekrologium in ein *Athanasium*, in ein *Mnemeion*; sie sind nicht gestorben, unsre Wohlthäter und Freunde: denn ihre Seelen, ihre Verdienste ums Menschengeschlecht, ihr Andenken lebet.» [9] Gegenüber der territorial zersplitterten deutschen Öffentlichkeit kann nur der «Gottesacker [...] eine Stelle gemeinsamer Ueberlegung und Anerkennung» stiften. [10] Herder schätzt an Schlichtegrolls Konzept «die Utopie: eine Überwindung der Teilung [Deutschlands] durch publizistische Mittel». [11] Die Nation löst die transzendenten Gerichtsinstanzen ab, sie benutzt den N. zum Nutzen der Lebenden. [12] Herder plädiert «für Lebendigkeit und Gegenwartsbezug, für öffentliche Vorbildlichkeit und Optimismus». [13] «Die für Deutschland so charakteristische Form der Sammelbiographie ergänzt die Individualform der (Auto-)Biographie um eine Kollektivform, die sich als Forum bürgerlicher Wertediskussion empfahl. Im späten 18. Jahrhundert gab es mehrere Versuche von Nationalbiographien, unter denen sich allein Schlichtegrolls Nekrolog auf Dauer durchzusetzen vermochte.» [14]

Am Übergang vom 18. zum 19. Jh. wird eine neue Form der Biographik entwickelt, die zunächst auch im Kontext des N. steht, wie bei HERDER, der zu Abbt einen «Torso» liefert «von einem Denkmal, an seinem Grabe errichtet». [15] Der Untertitel verweist noch auf die alte Bildlichkeit der papierenen Denkmale, worunter die gedruckten Leichenpredigten verstanden. Doch hat bereits GOETHE jene Biographik verspottet, die an den Todesfall anknüpft, und das «Nekrologische Tier» als leichenfledderischen Raben ins Bild gesetzt, der sich nur «auf Kadaver» setzt. [16] Mit der parallel zur Entfaltung des Romans als dessen nichtfiktionales Gegenbild entwickelten Individualbiographie [17] sinkt der N. im 19. Jh. wiederum in den Formenkreis der Funeralrhetorik zurück, wo er mit dem persönlich gehaltenen Nachruf ineins fällt und noch heute in selbständigen wie unselbständigen Publikationsformen häufig auftritt. [18] Doch wächst der N. auch zur Großform, die als Freundesbiographie literarische Produktivität entfaltet. Als «nekrologisches Denkmal» [19] hat z.B. D.F. STRAUSS' ‹Christian Märklin. Ein Lebens- und Charakterbild aus der Gegenwart› (1851) «einen großen Anteil an der biographischen Produktion der ersten Hälfte des 19. Jahrhunderts» [20] eingenommen und kann daher als exemplarisch für die Gattung gelten.

Anmerkungen:
1 C. Köhler: A.H.F. Schlichtegrolls ‹Nekrologe der Teutschen›. Zum Genre der Biogr. im Zeitalter der Spätaufklärung, in: D. Ignasiak (Hg.): Beitr. zur Gesch. der Lit. in Thüringen (1995) 185; M. Maurer: Die Biogr. des Bürgers (1996) 80f. – **2** G. von Graevenitz: Gesch. aus dem Geist des Nekrologs. Zur Begründung der Biogr. im 19. Jh., in: DVjs 54 (1980) 132. – **3** J.G. Herder: Briefe zur Beförderung der Humanität, Nr. 5 (1793), in: Sämtl. Werke, hg. v. B. Suphan, Bd 17 (1881) 17, 19. – **4** Maurer [1] 81. – **5** A. Borst: Zwei ma. Sterbefälle, in: Merkur 34 (1980) 11, 1089; vgl. J. Wollasch: N., in: LMA 6,1078f. – **6** Zedler 23, 1537. – **7** Köhler [1] 182; von Mosers Ausg. als Microfiche 1995. – **8** ebd. 183. – **9** Herder [3] 19; H.s Hervorhebung. – **10** ebd. Brief Nr. 6, in: [3] 25. – **11** Maurer [1] 79. – **12** ebd. 81. – **13** H. Scheuer: Biogr. (1979) 15. – **14** Maurer [1] 120. – **15** J.G. Herder: Ueber Thomas Abbts Schrift. Der Torso von einem Denkmal, an seinem Grabe errichtet (1768). – **16** Xenien, Nr. 44. – **17** Maurer [1] 120; vgl. H. Scheuer: Biogr., in: HWRh 2, 39f. – **18** vgl. W. Gorzny: Nachrufe in Zeitungen 1974–1990. Ein Bibliogr. Überblick (1994). – **19** F. Sengle: Biedermeierzeit (1971/72) 2, 313. – **20** Graevenitz [2] 112f.

F. M. Eybl

→ Biographie → Epicedium → Epideiktische Beredsamkeit → Epitaph → Funeralrhetorik → Leichenpredigt → Leichenrede

Neologismus (engl. neologism, frz. néologisme, ital. neologismo)

A. Als N. bezeichnet man neugebildete sprachliche Ausdrücke, die zumeist zur Benennung von technischen Innovationen oder neuen Sachverhalten dienen. Die Bezeichnung ‹N.› ist dabei nach verbreiteter Auffassung erst gerechtfertigt, wenn eine gewisse Durchdringung der Standardsprache mit dem Begriff stattgefunden hat, insofern werden N. von ad-hoc-Bildungen und Okkasionalismen unterschieden. Bisweilen aber werden auch einmalige Wortneuschöpfungen im literarischen Kontext, die als Zeichen sprachlicher Kreativität zu betrachten sind, als N. verstanden. Die lexikalische Innovation, die einem N. zu Grunde liegt, kann sich auf Form und Bedeutung beziehen (Neulexeme) oder nur die Bedeutung eines bestehenden Begriffs betreffen (Neusemem). Bei den Neulexemen wiederum sind komplette Neuschöpfungen (sogenannte Urschöpfungen) von Neubildungen aus vorhandenem Sprachmaterial durch die Adaption (Entlehnung) fremdsprachlicher Wendungen oder durch Neukombination von Morphemen und Lexemen zu unterscheiden (vgl. Abb. 1).

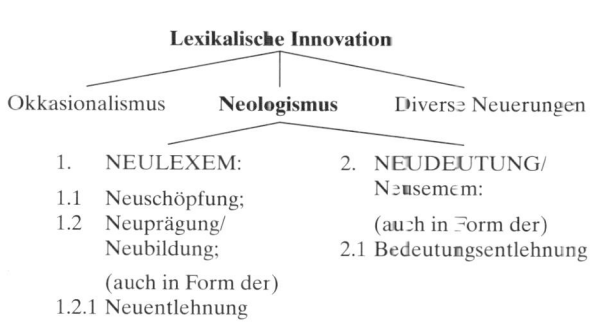

Abb. 1: Formen lexikalischer Innovation [1]

Der Begriff ‹N.› selbst ist ein im 18. Jh. in Frankreich geprägter neologistischer Ausdruck aus griech. νέος, néos ‹neu› und griech. λόγος, lógos ‹Wort›. [2] Doch schon in der Antike etwa bei CICERO und QUINTILIAN wird das Phänomen der Neologie von der Rhetorik unter dem Stichwort *fictio* innerhalb der *elocutio*-Lehre thematisiert. [3] Fokuspunkt ist dabei das Wirkungsinteresse des Redners, und der N. hat sowohl schmückende als auch argumentative Funktion. Die Forderungen nach Angemessenheit (*aptum*), Klarheit (*perspicuitas, clari-*

tas) und Sprachrichtigkeit (*Latinitas*) setzen dem Gebrauch des N. dabei Grenzen.[4] Innerhalb der rhetorischen Systematik ist der N. den Tropen zuzuordnen, da der N. ein *verbum proprium* ersetzt (*immutatio*)[5], so daß der N. sich auch als Spezialfall von Synonymie verstehen läßt.[6] Obwohl der N. von der Rhetorik vor allem pragmatisch als stilistisches Mittel der Überzeugung betrachtet wird, tauchen bereits im Rahmen der *fictio*-Diskussion der antiken Rhetorik Überlegungen zur Dynamik sprachlicher Entwicklungsläufe auf, die die Linguistik später als Usualisierung, Lexikalisierung und Integration bezeichnet hat, so daß sich bei aller Beschränkung auf die Wirkungsinteressen des Redners schon ein allgemeineres Verständnis des Phänomens Neologie andeutet.[7] Die Bezeichnung N. an eine gewisse Usualisierung zu knüpfen, ist notwendig, um den N. von metaphorischen, onomatopoetischen oder anderen tropischen Ausdrücken zu trennen, die durchaus neologistischen Charakter haben können, ohne deshalb als N. angemessen beschrieben zu sein. Orientierungspunkt zur Beurteilung neologistischer Ausdrücke ist somit die *consuetudo*.[8] Auch die Verbindung des N. mit kulturtheoretischen Überlegungen deutet sich in der Antike an, etwa wenn Quintilian auf die Vorbildfunktion der griechischen Sprache bei der Neubildung von Wörtern hinweist.[9]

Die Erforschung neologistischer Ausdrücke geschieht inzwischen vor allem im Rahmen der Linguistik. Theoretisch unterscheidet die Linguistik streng zwischen Wortbildung, bei der vorhandenes Sprachmaterial neu kombiniert wird, und Wortschöpfung im Sinne von Urschöpfung[10], allerdings ist es in vielen Fällen nicht möglich, sicher zu klären, ob eine Neuschöpfung vorliegt oder nicht.[11] Schon Quintilian hat die wesentlichen Strategien zur Bildung von N. mit seiner Unterscheidung von Urschöpfung, Entlehnung und Komposition erfaßt.[12] Auf Basis dieser Unterscheidungen stehen die präzisen Kategorisierungen zu Wortbildungsmodellen, wie sie die Linguistik entwickelt hat. Bei der Komposition von N. ist demnach etwa die Kombination von Substantiv und Substantiv («Hubschrauberlandeplatz») von der Kombination von Substantiv und Adjektiv («euromüde») zu unterscheiden, außerdem werden N. mit Hilfe von Suffigierung («Chatter»), Präfigierung («Transurane»), kombinatorischer Derivation (das ist bei Substantiven die Kombination mit dem Präfix ge- wie bei «Abgelese»), Konversion des Verbstamms («Autobahnabzweig»), impliziter Derivation (das ist Konversion mit Wechsel des Stammvokals wie im Falle «abräumen»–«Abraum») und Kurzwortbildung («Modem») kreiert.[13] Neben den Wortbildungsmodellen hat die Linguistik auch das Phänomen «Neuheit» genauer in den Blick genommen. So weist I. Barz darauf hin, daß der Neuheitseffekt eines N. nicht unbedingt darüber Auskunft gibt, ob N. objektiv neu ist, der Neuheitseffekt sei vielmehr von der Einstellung des Rezipienten abhängig.[14] Mit Hilfe umfassender elektronisch gespeicherter Korpora hat man in jüngster Zeit ein Mittel gefunden, neologistische Bildungen empirisch zu untersuchen und nachzuweisen.[15] Doch während im englischen und französischen Sprachraum enzyklopädische N.-Wörterbücher vorliegen, existieren für das Deutsche bisher nur kleinere N.-Sammlungen wie A. Heberths «Neue Wörter».[16] Nicht nur die systematische Erfassung von N. hat indes in letzter Zeit die N.-Forschung verändert, auch der Aufschwung der Pragmatik und der Textlinguistik hat die Perspektive auf das Phänomen Wortneubildung beeinflußt. Stark formalistische Ansätze werden in der Folge zurückgewiesen[17], statt dessen wird der Kontext und die Funktion von N. genauer untersucht, wodurch den zentralen Fragen der antiken Rhetorik in Bezug auf neologistische Ausdrücke wieder verstärkte Aufmerksamkeit zukommt.[18]

B. I. *Antike*. ARISTOTELES setzt sich im Rahmen der ‹Rhetorik›[19] und der ‹Poetik›[20] mit dem Thema N. auseinander. «Eine Neubildung ist, was, ohne daß es je von irgend jemandem gebraucht worden wäre, vom Dichter geprägt wird»[21], definiert er in der ‹Poetik›. Neologistische Ausdrücke erscheinen als Möglichkeit der Variation und geben der Sprache Erhabenheit, allerdings darf sich der Redner nicht zu weit vom gewöhnlichen Ausdruck entfernen, um die Verständlichkeit nicht zu gefährden. Daher gehört der N. laut Aristoteles eher in das Reich der Dichtung[22], in dem der sprachliche Ausdruck weniger streng von Forderungen nach Deutlichkeit und Angemessenheit reguliert ist.[23]

CICERO definiert N. als «Worte, die der Redende selbst bildet und zustande bringt».[24] Neben dem Fehlen des *verbum proprium* (*inopia*)[25] spielt beim N., wie bei den anderen Tropen auch, vor allem der emotive Effekt eine wichtige Rolle für den Redner: «Denn wie man das Gewand zuerst erfand, um sich der Kälte zu erwehren, dann aber anfing, es auch anzuwenden, um dem Körper Schmuck und Würde zu verleihen, so wurde auch die Übertragung eines Wortes aus Mangel eingeführt, doch zum Vergnügen häufig wiederholt.»[26] QUINTILIAN betont die Dynamik sprachlicher Entwicklung. N. verlieren nach einiger Zeit ihren Neuheitseffekt, können verschwinden oder in die Sprache aufgenommen werden, ja schließlich gar zu Archaismen werden[27]: «Denn auch, was jetzt alt ist, war einmal neu.»[28] Sprachliche Neubildungen lassen sich demnach als «Wagnis» beschreiben, dessen Ausgang sich erst im Laufe der Zeit bewerten läßt.[29] Quintilian weist auf dynamischere Wortschöpfung bei den Griechen hin[30] und darauf, daß das Griechische als Muster vieler Neuschöpfungen dient.[31] Damit thematisiert er die kulturelle Dimension des N.: die Prägung von N. nach den Mustern einer fremden Sprache erweist sich als Zeichen kultureller Dominanz. So zeugen die zahlreichen lateinischen Entlehnungen in den Kolonien und Nachbarländern des Römischen Reiches von der kulturellen und technischen Dominanz Roms und sind inzwischen längst integrativer Bestandteil der jeweiligen Sprache geworden.[32]

II. *Mittelalter, Reformation, Barock*. Die Diglossie zu Beginn des Mittelalters, also der Kontakt des Alt- und der Mittelhochdeutschen mit dem Mittellatein, führt zu einer Vielzahl von Lehnübersetzungen und -bedeutungen, die als N. in die deutsche Sprache eingehen.[33] Ab dem 12. Jh. ist die Entlehnung nach dem Muster der französischen Sprache unter dem Eindruck französischer Hofkultur zu beobachten.[34] THOMASIN VON ZERKLAERE lobt denjenigen, «der sein Deutsch gut mit Französisch 'strifelt', wie er soll, denn dadurch lernt ein deutscher Mann, der nicht Französisch kann, viele feinsinnige Wörter»[35] und fordert somit die Orientierung an der Romania. Im 13. Jh. gibt es im deutschen Sprachraum mehr als 700 Lehnwörter, weiterhin zahlreiche Lehnbildungen und -bedeutungen, ja selbst Wortbildungsmittel wie das Suffix -*ieren* sind als neologistische Elemente in die deutsche Sprache übernommen worden.[36] Doch nicht nur das Französische, auch das Latein wirkt weiter prägend auf die deutsche Sprache, die Rezeption Römischen Rechts und die Orientierung des Humanismus an der lateinischen Sprache führen zu einer weiterhin intensiven Entlehnung lateinischer Begriffe.[37] Am Ende des Mittelalters beschleunigen die Vorbild gebende Bibelübersetzung von M. LUTHER und die Erfindung des Buchdrucks die Entwicklung von N., es werden sprachliche Bereiche für das Deutsche erobert, die bisher im Einflußbereich der lateinischen Sprache standen.[38] «Neue Wörter entstehen täglich», stellt etwa LAURENTIUS ALBERTUS in seiner Grammatik fest.[39] 1571 dokumentiert S. ROTH rund 2000 Wörter lateinischer Herkunft, die als N. der deutschen Sprache zu betrachten sind.[40]

Nach dem Ende des Dreißigjährigen Krieges entsteht mit der alamodischen Bewegung eine neue Orientierung am französischen Hofstil, die wiederum nach französischem Muster gebildete N. in die deutsche Sprache bringt.[41] Zugleich entstehen jetzt auch dem *puritas*-Ideal verpflichtete Sprachgesellschaften[42], die sich um die Vermeidung von Fremdwörtern, um korrekte Orthographie und Grammatik bemühen.[43] M. OPITZ etwa untersucht die Möglichkeiten zur Bildung von N., warnt aber zugleich vor dem ausufernden Gebrauch von N.[44] Im Namen der *puritas* wird die Reinigung der deutschen Sprache von Lehnwörter mit Hilfe von aus deutschem Sprachmaterial geprägten N. gefordert; PH. V. ZESEN legt umfassende Listen von N. vor, in denen sich kuriose Neuschöpfungen finden, die zur Verdrängung lateinischer Lehnwörter beitragen sollen. So schlägt er das Wort «Tageleuchter» als Alternative zur Bezeichnung «Fenster» vor.[45] HARSDÖRFFER versucht, die Kombinationsmöglichkeiten von Silben in der deutschen Sprache systematisch zu beschreiben, sein «Denckring» soll alle möglichen Lautkombinationen abbilden und so alle verbreiteten und alle denkbaren Wörter der deutschen Sprache hervorbringen, wobei die N., die auf diese Weise entstehen, als Rohmaterial für die Dichtung dienen sollen.[46] Neubildungen erscheinen als Möglichkeiten schmuckhafter Rede und Dichtung, sind ganz und gar dem *ornatus* verpflichtet. Besonders metaphorische N. sind in der barocken Literatur verbreitet, so empfiehlt Harsdörffer im «Poetischen Trichter» die Neubildung von Wörtern durch das Amalgamieren metaphorischer Ausdrücke (z.B. «felsenschwer», «flügelschnell»).[47] Diese Art von Ausschmückung mit Hilfe von N. trägt jedoch auch zum Schwulst-Effekt des Barock bei, der schließlich z.B. durch die von CHR. WEISE propagierte Orientierung an privatpolitischer Klugheit zurückgenommen wurde.[48]

III. *18. und 19. Jh.* Im 18. Jh. setzt eine rege Diskussion um das Phänomen der Neologie ein, die in Frankreich ihren Anfangspunkt nimmt und zur Prägung des Begriffes ‹N.› führt, nachdem das Phänomen der Wortneubildung zuvor unter anderen Bezeichnungen wie «fictio» oder «neue Wörter» geführt wurde. Durch P.-F. DESFONTAINES und sein ‹Dictionaire néologique à l'usage des beaux esprits du siècle›[49] von 1726 wird der Begriff ‹Neologie› bzw. ‹N.› populär, hat aber zunächst eine pejorative Bedeutung: Desfontaines betrachtet die Neologie kritisch, und sein Wörterbuch zielt auf die Abwehr der neologistischen Bestrebungen der Modernisten in der ‹Querelle des anciens et des modernes›. Doch der Bedarf an N. führt am Ende zu einer umfangreichen Lexikonliteratur, die auf die Etablierung neuer Begriffe zielt: «Neue Ideen werden mit Hilfe neuer Zeichenkombinationen, die neue Ideenkombinationen ermöglichen, gebildet und kommuniziert. Der Fortschritt des Denkens erfordert eine ständige Analyse der Ideen mit Hilfe der Zeichen, die daher ihrerseits vervollkommnet werden müssen.»[50] FÉNELON, CONDILLAC und DIDEROT setzen sich für die Erweiterung der Sprache ein, von der auch das «Dictionnaire des richesses de la langue française et du néologisme qui s'y est introduit»[51] von P.A. ALLETZ Zeugnis ablegt. Einen Höhepunkt erreicht das Bedürfnis nach N. dann in Folge der Französischen Revolution: «Es kann nicht verwundern, daß während der Revolutionsjahre die Neologiebewegung und die Diskussion über die Vervollkommnung der Sprache einen Höhepunkt erreichen. Neu eingeführte Wörter und Wortbedeutungen vervielfachen sich; ihnen werden spezielle Wörterbücher gewidmet, die naturgemäß zu den in der Revolutionsterminologie ausgedrückten Gedanken zustimmend oder ablehnend Stellung nehmen.»[52]

So schafft die Aufklärung neue Anwendungsgebiete für N., die nun nicht mehr so sehr im Dienst des *ornatus* stehen, sondern vor allem zur Benennung neuer Sachverhalte dienen. Die Forderung nach Klarheit, Kürze und Präzision wird immer wichtiger. GOTTSCHED etwa bewertet N. vor diesem Hintergrund[53], auch F.A. HALLBAUER beschreibt zwar einerseits die natürliche Entwicklung und Veränderung von Sprache, warnt aber anderseits vor dem übertriebenen Einsatz der *fictio* aus bloß ornamentalen Gründen.[54] Im deutschen Sprachraum taucht der Begriff ‹Neologie› dann 1754 erstmals auf. C.O. FREIHERR VON SCHÖNAICH setzt sich in ‹Die ganze Aesthetik in einer Nuss oder Neologisches Dictionnaire› kritisch mit dem Thema auseinander[55] und stellt dabei KLOPSTOCKS poetische Verfremdungen mit Hilfe von N. als abschreckendes Beispiel vor.[56] Doch im Sturm und Drang gelten N. als Ausdruck individueller Erfindungskraft, und es kommt zu «erstaunliche[n] Wortneubildungen»[57]. Auch wenn die N. der Klassik nicht so auffällig sind wie die des Sturm und Drang, bleibt die Wortschöpfung Ausdruck dichterischer Kreativität, wie die Untersuchung zur Wortgeschichte in Klassik und Romantik von F. Kainz ebenso deutlich macht[58] wie in jüngerer Zeit G. Herwigs Studie zu den *nomina agentis* bei GOETHE.[59]

Mit dem verstärkten Streben nach Beförderung der europäischen Nationalsprachen im 19. Jh. verschärft sich in Deutschland der Kampf gegen Fremdwörter, von dem beispielsweise J.H. CAMPES ‹Wörterbuch zur Erklärung und Verdeutschung der unserer Sprache aufgedrungenen fremden Ausdrücke›[60] zeugt, in dem dieser gegen «fremde Wörter, womit man unsere Sprache besudelt hat»[61] zu Felde zieht, um gesellschaftliche Veränderungen mit sprachlichen Mitteln zu befördern.[62] Die Ablehnung von Fremdwörtern im Namen der *puritas* führt zu einem Aufschwung des N., denn ähnlich wie schon von Zesen kreiert Campe zahlreiche N. – insgesamt mehr als 11000 –, um die deutsche Sprache von Fremdwörtern zu befreien. Von seinen Neubildungen kann sich aber nur ein kleiner Teil – zum Beispiel das Wort «Zerrbild» als Verdeutschung von «Karikatur» – längerfristig durchsetzen.[63] JEAN PAUL wendet denn auch zurecht gegen Campe ein, daß er die natürlichen Entwicklungsverläufe einer Sprache ignoriere.[64] Auch in der Literatur kommt es zu einer immer intensiveren Produktion von N. etwa durch die Literatur des Jungen Deutschland; Autoren wie MÖRIKE, HEINE und BÜCHNER operieren nach Sengle intensiv mit N.[65] Besonders genau wurde zudem von H. Hunger der Gebrauch von N. bei J. NESTROY[66] untersucht.

Die zunehmende nationale Orientierung im Laufe des 19. Jh. führt nach der Reichsgründung von 1871 zu einer Verstärkung des Kampfes gegen Fremdwörter und N., die von fremden Sprachen geprägt sind. So fordert H. DUNGER im Namen von Sprachrichtigkeit und Deutlichkeit den Verzicht auf aus fremden Sprachen entlehnte Ausdrücke und plant diese durch deutsche Archaismen bzw. N. zu ersetzen [67], besonders zieht er zudem gegen die «Engländerei in der deutschen Sprache» zu Felde. [68] Die Gründung des Allgemeinen Deutschen Sprachvereins im Jahre 1885 ist Zeichen der dritten Verdeutschungswelle nach den Sprachgesellschaften des 17. Jh., die sich der *puritas* verschrieben hatten, und dem auf Demokratisierung ausgerichteten Vorstoß Campes. [69] In der Literatur bleibt der N. weiterhin ein Mittel dichterischer Kreativität und wird etwa bei TH. FONTANE zur realistischen Charakterisierung von Sachverhalten, Personen und Sprache eingesetzt, wobei es zu einer immer weiteren Entkopplung literarischer Schreibweisen und sprachpolitischer Überlegungen kommt. [70]

IV. 20. Jahrhundert. Im 20. Jh. wird die poetische Lizenz nochmals erweitert. Formale Experimente bestimmen die Literatur, und einige Autoren setzen in besonderem Maße N. ein wie etwa G. TRAKL [71] oder P. CELAN. [72] Auch die Konkrete Lyrik eines E. JANDL läßt sich als Experiment mit neologistischen Urschöpfungen deuten. Doch die Anwendung von N. beschränkt sich keineswegs auf die Lyrik, so hat A. Betten auf die Wortschöpfungen TH. BERNHARDS hingewiesen, bei dem beständig Wörter zu ad-hoc-Kompositionen amalgamiert werden (z.B. «Weltanschauungskünstler», «Schriftstellerverschlinger» [73]). Der N. ist nicht nur ein Mittel der hohen Literatur, sondern auch die Science-Fiction-Literatur etwa versucht nach Siebold die «Modellierung einer fiktiven Welt» [74] mit Hilfe von N.

Außerhalb der Literatur steht der N. im 20. Jh. ganz und gar im Zeichen technischer Innovationen und werbestrategischer Absichten, wobei die englische Sprache die neologistischen Prägungen dominiert. Nach D. Herberg sind 40 Prozent der N., die er in einem N.-Korpus der 90er Jahre ausmacht, aus dem Englischen entlehnt, mithin sogenannte Anglizismen-N. [75] Technische Innovationen verlangen nach Benennungen, und da die USA in der Erschließung technischer Innovationen für den Massenmarkt eine besondere Rolle spielen, werden hier zahlreiche N. geprägt. Ehemalige N. wie «Floppy-Disk» und «Website» sind auf diese Weise längst in den allgemeinen Wortschatz vieler Sprachen eingegangen. Der Einfluß der englischen Sprache bei der lexikalischen Innovation wird immer wieder kritisch diskutiert. [76] Doch die Werbung z.B., die auf die emotive Funktion von N. [77] setzt, mag auf Wirkungspotential und Neuheitseffekt solcher Anglizismen-N. nicht verzichten. [78]

Auch im 20. Jh. ist der N. noch in besonderer Weise mit politischen Entwicklungen verknüpft: die nationalsozialistische Ideologie führte zu zahlreichen N. (wie etwa «Aufnordung», «Dreivierteljude», «Herrenrasse») und auch das Ende des Nationalsozialismus und das Entstehen von Bundesrepublik und DDR bringen neue sprachliche Begriffsbildungen (zum Beispiel «Persilschein», «POW» (= «Prisonor of War») und «Soziale Marktwirtschaft») hervor. [79] Die deutsch-deutsche Einigung löst zahlreiche lexikalische Innovationen aus, die insofern beachtenswert sind, als sie nicht in dem Maße, wie das sonst im 20. Jh. üblich ist, im Bannkreis der englischen Sprache stehen, wie N. wie «Mauerspecht», «Runder Tisch» und «Währungs-, Wirtschafts- und Sozialunion» deutlich machen. [80] Die Geschichte der N. im 20. Jh. zeigt indes, daß die schon in der antiken Rhetorik ausgemachte kulturpolitische Dimension sprachlicher Entwicklungen immer noch aktuell ist, N. künden von der kulturellen, wirtschaftlichen und politischen Situation ihrer Entstehungszeit.

Anmerkungen:
1 M. Kinne: Der lange Weg zum dt. Neologismuswtb. N. und Neologismenlexikographie im Deutschen. Zur Forschungsgesch. und Terminologie; über Vorbilder und Aufgaben, in: W. Teubert (Hg.): Neologie und Korpus (1998) 86. – **2** vgl. U. Rikken: Zur Neologie-Diskussion des 18. Jh. und ihrer Fortsetzung nach der Revolution, in: Ling. Arbeitsberichte 18 (1977) 81–95; Kinne [1] 68–70. – **3** vgl. Cic. De or. III, 154–155; Quint. VIII,3,30–37. – **4** vgl. Arist. Rhet. 1404b; Cic. De or. III, 156. – **5** vgl. Cic. De or. III, 155. – **6** vgl. Dubois 98. – **7** vgl. Quint. VIII,3,34; W. Teubert: Korpus und Neologie, in: Teubert [1] 4. – **8** vgl. Lausberg Hb. § 550. – **9** vgl. Quint. VIII,3,30. – **10** vgl. W. Fleischer, I. Barz: Wortbildung der dt. Gegenwartssprache (1992) 5. – **11** vgl. M. Matussek: Wortneubildung im Text (1994) 34. – **12** vgl. Quint. VIII, 3, 30–31. – **13** vgl. Fleischer, Barz [10] ebd. – **14** vgl. I. Barz: Neologie und Wortbild, in: Teubert [1] 14. – **15** vgl. Teubert [1]. – **16** A. Heberth: Neue Wörter: N. in der dt. Sprache seit 1945, 2 Bde. (Wien 1977/1982). – **17** H.J. Heringer: Wortbildung: Sinn aus dem Chaos, in: Dt. Sprache 12 (1984) 1–13. – **18** vgl. Matussek [11]. – **19** vgl. Arist. Rhet. 1404b-1406b. – **20** vgl. Arist. Poet. 1457b-1459a. – **21** ebd. 1457b. – **22** vgl. Arist. Rhet. 1405b-1406a. – **23** ebd. 1404b. – **24** Cic. De or. III, 154. – **25** ebd. III, 155. – **26** ebd. – **27** vgl. Quint. VIII,6,32. – **28** ebd. VIII,3,34. – **29** ebd. VIII,3,35–36. – **30** ebd. VIII,3,30–31. – **31** ebd. VIII,3,33. – **32** vgl. H.H. Munske: Fremdwörter in dt. Sprachgesch. Integration oder Stigmatisierung, in: G. Stickel (Hg.): Neues und Fremdes im dt. Wortschatz. Aktueller lexikalischer Wandel (2001) 11–14. – **33** ebd. 14–16. – **34** vgl. E. Öhmann: Die mhd. Lehnprägung nach altfrz. Vorbild (Helsinki 1951) 4. – **35** Thomasin von Zerklaere: Der Welsche Gast, hg. v. H. Rükkert (1852) Vers 41–45. – **36** vgl. J. Bumke: Höfische Kultur. Lit. und Ges. im hohen MA. Bd. 1 (^{6}1992) 117. – **37** vgl. P. v. Polenz: Dt. Sprachgesch. vom Spätma. bis zur Gegenwart, Bd. 1 (^{2}2000) 209. – **38** vgl. Munske [32] 21–22; v. Polenz [37] 172. – **39** L. Albertus: Die dt. Gramm., hg. V.C. Müller-Fraureuth (Straßburg 1835) 13. – **40** vgl. S. Roth: Ein teutscher Dictionarius. (Augsburg 1571). – **41** vgl. W. Flemming: Barock, in: F. Maurer, F. Stroh (Hg.): Dt. Wortgesch., Bd. 2 (^{2}1959) 2–5. – **42** vgl. W. Seibicke: Die Lexik des Neuhdt. seit dem 17. Jh., in: W. Besch, O. Reichmann u.a. (Hg.): Sprachgesch.. Ein Hb. zur Gesch. der dt. Sprache und ihrer Erforschung (1985) 1512. – **43** vgl. v. Polenz [37] Bd. 2, 108–109. – **44** vgl. Opitz 374–375. – **45** vgl. v. Polenz [37] Bd. 2, 121. – **46** vgl. G.Ph. Harsdörffer: Delitiae mathematicae et physicae. Der Mathematischen und Philosophischen Erquickstunden. Zweyter Teil (Nürnberg 1651) 518. – **47** vgl. ders.: Poetischer Trichter, Teil 1 (Nürnberg 1650) 28–29; M. Windfuhr: Die barocke Bildlichkeit und ihre Kritiker. Stilhaltungen in der dt. Lit. des 17. und 18. Jh. (1966) 58–63. – **48** Weise 1, 924. – **49** P.F. Desfontaines: Dictionnaire néologique à l'usage des beaux esprits du siècle (Paris 1726). – **50** Ricken [2] 83. – **51** P.A. Alletz: Dictionnaire des richesses de la langue française, et du néologisme qui s'y est introduit (Paris 1770). – **52** vgl. Ricken [2] 87. – **53** Gottsched Redek. 232–233. – **54** vgl. Hallbauer Orat. 25, 497. – **55** vgl. C.O. Freiherr v. Schönaich: Die ganze Aesthetik in einer Nuss oder Neologisches Wtb. [1754], hg. v. A. Köster (1900) 5–14. – **56** vgl. v. Polenz [37] Bd. 2, 324. – **57** vgl. F. Kainz: Klassik und Romantik, in: Maurer, Stroh [41] 224. – **58** ebd. 223–318. – **59** G. Herwig: Blättler, Alleinsinger, Anempfinderin. Zu den Nomina agentis auf -er bei Goethe, in: Muttersprache 92 (1982) 109–116. – **60** J.H. Campe: Wb. zur Erklärung und Verdeutschung der unserer Sprache aufgedrungenen fremden Ausdrücke. Neue starkverm. und durchgängig verb. Ausg. (1813). – **61** ebd. IV. – **62** vgl. J. Schiewe: Sprachpurismus und Emanzipation. J.H. Campes Verdeutschungsprogramm als Voraussetzung für Gesellschaftsveränderungen, in: Germanistische Linguistik 96–97 (1988) 21–44. – **63** vgl. v. Polenz [37] Bd. 2, 130–131. – **64** vgl. Jean Paul: Vorschule der Ästhetik, in ders.: Sämtliche Werke, hg. v. N. Miller, Bd. 5 (^{6}1995) 308. – **65** vgl. F. Sengle: Biedermeierzeit. Dt. Lit. im Spannungsfeld zwischen Restauration und Revolution 1815–1848, Bd. 1 (1971) 462–463. – **66** vgl. H. Hunger: Das Denken am

Leitseil der Sprache. J. Nestroys geniale wie auch banale Verfremdungen durch N. (Wien 1999). – **67** vgl. H. Dunger: Wtb. von Verdeutschungen entbehrlicher Fremdwörter (1882) 16–29. – **68** vgl. ders.: Engländerei in der dt. Sprache (^{2}1909). – **69** vgl. Seibicke [42] 1512. – **70** R. Paul: Fontanes Wortkunst. Von Angstmeierschaft bis Zivil-Wallenstein – ein blinder Fleck der Realismusforschung (1998). – **71** vgl. M. Fuchs: Georg Trakl. Wortbildung und Übers., in: W. Pöckl (Hg.): Österreichische Lit. in Übers. (Wien 1983) 43–68. – **72** vgl. L. Terreni: Forschungsprojekt zu den N. von P. Celan, in: Arcadia 32 (1997) 230–253. – **73** vgl. A. Betten: Die Bedeutung der ad-hoc-Komposita im Werk von Th. Bernhard, anhand ausgewählter Beispiele aus ‹Holzfällen. Eine Erregung› und ‹Der Untergeher›, in: B. Asbach-Schnittker, J. Roggenhofer (Hg.): Neuere Forschungen zur Wortbildung und Historiographie der Linguistik (1987) 69–90. – **74** vgl. O. Siebold: Wort – Genre – Text. Wortneubildungen in der Science Fiction (2000) 113. – **75** vgl. D. Herberg: N. der Neunzigerjahre, in: Stickel [32] 95–96. – **76** vgl. G. Stickel: Vorwort, in: ders. [32] 2–3. – **77** vgl. K. Rein: Zur Wortbild. und Wortwahl im heutigen Werbedt., in: H.H. Munske, P. v. Polenz u.a. (Hg.): Dt. Wortschatz. Lexikolog. Stud. (1988) 482. – **78** vgl. N. Janich, A. Greule: «…da weiß man, was man hat?» Verfremdung zum Neuen im Wortschatz der Werbung, in: Stickel [31] 270–272. – **79** vgl. H. Steger: Sprache im Wandel, in: SuL 63 (1989) 3–31. – **80** vgl. D. Herberg: Neues im Wortgebrauch der Wendezeit. Zur Arbeit mit dem IDS-Wendekorpus, in: Teubert [1] 43–61.

O. Kramer

→ Archaismus → Fachsprache → Grammatik → Jargon → Latinismus → Sprachrichtigkeit → Sprachwissenschaft → Stillehre → Wortschöpfungstheorien

Neue, das (adjektivisch: griech. νέος, néos; καινός, kainós; lat. novus; engl. new; frz. nouveau; ital. nuovo)
A. Def. – B.I. Theologie. – II. Philos. – III. Lit. – IV. Rhet.

A. Der Begriff das ‹N.› (griech. νέος, néos; das Neue der Zeit und dem Ursprung nach; καινός, kainós; das Neue der Art und Qualität nach) bezeichnet das ‹Unbekannte›, ‹Unerwartete›, ‹Überraschende›, ‹Unerhörte›, ‹Wunderbare›[1] bzw. das ‹nun, gerade jetzt Entstandene›, das ‹Ungebrauchte›, das ‹Verjüngte, Bessere, Feinere› oder «überhaupt etwas anderes als das frühere und bisherige» etc.[2] Seit der alttestamentlichen sowie auch der spätjüdischen und der christlichen Prophetie gilt das N. als ‹Eigenart des Ganz-Anderen›; in der neuzeitlichen Geschichtsphilosophie wird es als ‹Eigenart geschichtlicher Zukunft› definiert. Nach R. Rath gehören die Reflexion auf das N. und das Verständnis der eigenen Zeit als "neu" […] seit der Renaissance zu den grundlegenden Orientierungs- und Selbstverständigungsleistungen des europäischen Denkens.»[3] Da das N. zunehmend auch als Produkt menschlicher Anstrengungen verstanden wird, sind in der Gegenwart Begriffe wie ‹Innovation›, ‹Kreativität›, ‹Originalität› und ‹Modernität› ebenfalls dem Begriffsfeld des N. zuzurechnen. Die Rhetorik kennt die Ankündigung des N. als Mittel der Aufmerksamkeitserzeugung (*attentum parare*). Zudem bildet sich in unterschiedlichen Phasen der europäischen Geistesgeschichte wiederholt eine Topik des N. aus. Daß die Rhetorik, entgegen einem bestehenden Vorurteil, nicht nur auf bereits Verfügbares rekurriert, sondern auch durch eine auf Zukunft vermittelte Intentionalität charakterisiert ist, zeigt sich in der ‹Neuen Rhetorik›, die sich, etwa in den Bereichen der Topos- und Argumentationsforschung, zugleich auch als eine Rhetorik des N. versteht.

B.I. *Theologie.* Im Alten Testament gewinnt das N. bei den seit dem 8. Jh. v. Chr. wirkenden Propheten eine zentrale Bedeutung. Aus der historischen Krisensituation des jüdischen Volkes heraus wird die Hoffnung auf eine grundlegende, durch Gott hervorgerufene Veränderung formuliert (Jes 60–66, Jer 31, Hes 36,16–38, Am 8,11–15, Mi 4). Einen Gegenpol hierzu bildet die in Kohelet 1, 9–10 formulierte Einsicht in die ewige Gleichheit der Welt, die eine skeptische und ahistorische Grundhaltung erkennen läßt: «Was geschehen ist, eben das wird hernach sein. Was man getan hat, eben das tut man hernach wieder, und es geschieht nichts Neues unter der Sonne. Geschieht etwas, von dem man sagen könnte: "Sieh, das ist neu" Es ist längst vorher auch geschehen in den Zeiten, die vor uns gewesen sind.» Eine nachhaltig einflußreiche Topik des N. entwickelt die christliche Kultur, zum einen durch die Formulierung des ‹Neuen› Gebots der Nächstenliebe durch Jesus Christus (Joh 13, 34), zum anderen durch den Gedanken einer Erneuerung des Bundes zwischen Gott und den Menschen (‹Neues Testament›). In der Johannes-Offenbarung umfaßt die Vision eines ‹Neuen Jerusalem› (Apk 21, 1–5) zugleich den Gedanken einer Erneuerung des gesamten Kosmos: «Und ich sah einen neuen Himmel und eine neue Erde; denn der erste Himmel und die erste Erde sind vergangen, und das Meer ist nicht mehr.» (Apk 21, 1) Im eschatologischen Denken der Folgezeit wird das N. zur bestimmenden Kategorie. Zwar wird die Hoffnung auf einen schnellen Eingriff Gottes in den Lauf der Welt aufgrund der Parusie-Verzögerung zunächst in Frage gestellt, doch kann AUGUSTINUS (‹De Civitate Dei›, 413–427) die Idee des N. nachhaltig in das theologische Denken einbinden, indem er die zyklische Geschichtsauffassung der Antike durch die Vorstellung einer linearen Heilsgeschichte ersetzt. Diese bleibt für die christlich-abendländische Kultur prägend. [4]

II. *Philosophie.* Die Philosophie der griechischen Antike beschäftigt die Kategorie des N. allenfalls am Rande[5]; gleichwohl läßt sich der Gegensatz zwischen Traditionalität und Modernität als «konstantes Phänomen der europäischen Geistesgeschichte» auffassen.[6] Im anhaltenden Widerstreit zwischen zyklischen und teleologischen Geschichtsauffassungen sind es vor allem die letzteren, in denen die Idee des N. wirksam wird. Unter dem Eindruck der geographischen und astronomischen Entdeckungen wird das N. zu einem zentralen Bestandteil des kulturellen Selbstverständnisses der Renaissance. Zeigt sich in der Unterscheidung zwischen einer nachahmenden und einer wetteifernden Auseinandersetzung mit klassischen Vorbildern (*imitatio* vs. *aemulatio*) noch der normative Status der antiken Kultur, so bildet sich im 17. Jh. zunehmend eine eigenständige Topik des N. heraus. Beispiele sind G. GALILEIS Modell der *nova scientia* (‹Discorsi›, 1638) sowie auch F. BACONS wissenschaftstheoretisches Programm der ‹großen Erneuerung› (*Instauratio Magna*), in der sich die Forderung nach einer Überwindung unkritischer Antikeverehrung mit der Forderung nach einer systematischen und methodisch geleiteten Erweiterung des Wissens verbindet (‹The Advancement of Learning›, 1605). Im Vorwort der ‹Instauratio Magna› skizziert Bacon sein Programm: «Abhilfe könnte nur so kommen, daß man an die Dinge mit neuen Methoden in der lauteren Absicht heranging, zu einer vollständigen Erneuerung der Wissenschaften und Künste, überhaupt der ganzen menschlichen Gelehrsamkeit, auf gesicherten Grundlagen zu kommen.»[7] In ‹De Augmentis Scientiarum› (1623) unterscheidet Bacon zwischen einer *inventio* der sprachlichen Argumente und einer solchen der Künste und Wissenschaften, wobei nur die zuletzt genannte als relevant für die Philosophie erachtet wird. Die Naturwissenschaft, die nunmehr mit einer Logik der Forschung gleichzusetzen ist [8], legitimiert sich in erster Linie durch die Verheißung einer Entdeckung des N. und daraus erwachsenden Nutzen für die Menschheit. Der antirhetorische Gestus, der sich mit der Beschwörung des N. verbindet, prägt das Selbstverständnis der Naturwissenschaften nachhaltig, ist jedoch selbst rhetorischer Natur. Die ‹Rhetorik der Antirhetorik› der Neuen Wissenschaft [9] besitzt einen epideiktischen Charakter, indem sie das Lob neuer Inhalte mit dem Tadel des rhetorischen Schmucks verbindet.

Historisch parallel zum Fortschrittsdenken der Neuen Wissenschaft werden in der frühen Neuzeit Dekadenztheorien formuliert, nach denen die Welt sich seit dem Sündenfall Adams in einem stetigen Verfallsprozeß befindet. Anders als im naturwissenschaftlichen Denken wird das N. hier mit einer Verschlechterung des bisherigen Zustandes gleichgesetzt. [10] Am Ende des 17. Jh. suchen die Kulturkritiker der *Querelle des anciens et des modernes* die Topik des N. als Zeichen moderner Hybris und Eitelkeit zu entlarven (W. Temple, ‹An Essay upon Ancient and Modern Learning›, 1690). Im Rahmen einer «kulturkritische[n] Moralistik» [11] berufen sie sich dabei auf die Tradition des philosophischen Skeptizismus, teilweise unter explizitem Bezug auf das Buch Kohelet. [12] Satirisch behandelt J. Swift diese Thematik in ‹The Battle of the Books› (1704). Seiner im gleichen Jahr erschienenen Satire ‹A Tale of a Tub› stellt Swift in ironischer Absicht ein Lukrez-Zitat voran, das den Originalitätszwang der Moderne bloßstellen soll: «Wonne [ist es] auch, neue Blüten zu brechen / und von dort meinem Haupt einen strahlenden Kranz mir zu holen, / woher niemandem noch die Schläfen umwanden die Musen.» [13]

Am Beginn des 18. Jh. unterzieht G. Vico den Begriff der ‹Neuen Wissenschaft› einer programmatischen Umdeutung. Seine ‹Scienza nuova› (1725) befaßt sich nicht mehr mit dem Naturwissen, sondern mit dem Geschichtswissen. [14] Das N. bezeichnet damit nicht länger nur den bislang unbekannten, aber überzeitlich gültigen Sachverhalt, sondern zugleich den veränderten Blick des Menschen auf seine eigene Geschichte. Im 19. Jh. weicht das christlich-heilsgeschichtliche Modell zunehmend einem säkularisierten Geschichtsverständnis. Dieses zeigt sich in Theorien zur Entwicklung des menschlichen Geistes (G.W.F. Hegel), im historischen Materialismus (K. Marx) sowie auch in der Evolutionstheorie (Ch. Darwin). In der entstehenden Soziologie wandelt sich die Prophetie zur wissenschaftlich begründeten Prognostik, die dem N. den Charakter des Unerwarteten zu entziehen sucht und es in den Bereich des Berechenbaren bringen will (A. Comte). Im 20. Jh. bildet das N. eine zentrale Kategorie in E. Blochs Philosophie des «Noch-Nicht» (‹Das Prinzip Hoffnung›, 1959). Das ‹Novum› repräsentiert bei Bloch die aus den Möglichkeiten der Gegenwart zu gewinnenden Zukunftsinhalte: «Erwartung, Hoffnung, Intention auf noch ungewordene Möglichkeit: das ist nicht nur ein Grundzug des menschlichen Bewußtseins, sondern […] eine Grundbestimmung innerhalb der objektiven Wirklichkeit insgesamt. […] die neue Philosophie, wie sie durch Marx eröffnet wurde, ist dasselbe wie die Philosphie des Neuen, dieses als alle erwartenden, vernichtenden oder erfüllenden Wesens». [15] Seit der unter anderem durch Th. S. Kuhn (‹The Structure of Scientific Revolutions›, 1962) ausgelösten Krise des naturwissenschaftlichen Fortschrittsideals stellt sich in der zweiten Hälfte des 20. Jh. erneut die Frage, ob es das N. als qualitativen Fortschritt in der Geschichte des menschlichen Wissens überhaupt geben könne.

III. *Literatur.* **1.** *Poetik.* Seit Aristoteles' Zuordnung der Dichtung zu den poietischen (produktiven) Wissenschaften [16] bildet die Kategorie des N. zumindest einen impliziten Bestandteil der Poetologie. Die Bestimmung der Dichtung als Nachahmung, die Platon noch in negativer Weise mit dem Abbild eines Abbildes gleichsetzt (Pol. II, III, X), erfährt bei Aristoteles eine positive Wendung. Die ‹Poetik› definiert die dichterische Mimesis nicht als Nachahmung des Wirklichen, sondern als Präsentation des Möglichen (Poet. IX). In den Poetiken der Renaissance werden die klassischen Bestimmungen der Dichtung als *poiesis* (ποίησις) und *mimesis* (μίμησις) unter den Begriffen der *inventio* und *imitatio* weitergeführt. Dabei steht die Frage nach dem wechselseitigen Verhältnis dieser beiden Größen im Zentrum der poetologischen Diskussion. In die Definition der Poesie, der die Imagination als intellektuelles Vermögen zugeordnet wird [17], gehen zudem die Vorstellung eines göttlichen Dichterwahns (*furor poeticus*), das neoplatonische Konzept des Dichter-Sehers (*vates*) sowie der Gedanke eines besonderen poetischen Erfindungsvermögens (*ingenium*) ein. [18] Die englische Renaissance-Poetik ist gekennzeichnet durch eine begriffliche Nähe zwischen poetischer Imagination und rhetorischer *inventio*. [19] Der Neoklassizismus des 17. und 18. Jh. schränkt die Rolle der Imagination dagegen deutlich ein. [20] Der Poet gilt hier nicht als Schöpfer bzw. Visionär des N., sondern als Präsentator überzeitlich geltender Wahrheiten und als Anwender eines poetischen Regelapparats, der den Vorgaben der höherbewerteten Urteilskraft (*iudicium*) unterstellt ist. Eine Poetologie des N. vertreten demgegenüber die Modernisten der französischen *Querelle des anciens et des modernes* (Ch. Perrault) sowie seit dem Ende des 18. Jh. die Vertreter der Romantik mit ihrer Betonung einer individuellen Schöpferkraft und einer uneingeschränkten poetischen Imagination (W. Wordsworth, S.T. Coleridge). Mit der Abwendung von der Regelpoetik vollzieht sich zugleich eine Entrhetorisierung der Literatur. Für die literarische Moderne des 20. Jh. bildet der Topos des N. einen zentralen Bestandteil ihrer Selbstdefinition. Insbesondere im amerikanischen ‹New Criticism› (C. Brooks, J.C. Ransom, A. Tate) [21] wirkt die seit dem 19. Jh. einflußreiche Idee einer ‹American Newness› nach, die eine programmatische Abgrenzung der Kultur der Neuen Welt gegenüber der europäischen Kulturtradition beinhaltete. [22] In jüngerer Zeit stellen Theoretiker der Postmoderne die Möglichkeit des N. in der Literatur wiederum in Frage, so im Konzept einer allumfassenden Intertextualität (J. Kristeva) oder auch in der programmatischen Formulierung vom ‹Tod des Autors› (R. Barthes).

2. *Utopie als Gattung des N.* Seit der frühen Neuzeit etabliert sich die Utopie als eine literarische Gattung, durch die die ideengeschichtliche Bedeutung des N. in dieser Zeit auch im ästhetischen Bereich sichtbar wird. [23] Die bei Th. Morus (‹Utopia›, 1516), T. Campanella (‹La città del sole›, 1623) und J.V. Andreae (‹Christianopolis›, 1619) dargestellten fiktiven Gesellschaften verstehen sich als Exempel des Unbekannten, welches mit Hilfe der rhetorischen *evidentia* vor Augen geführt wird. Dabei macht die Nähe von Utopie und Satire aber zugleich deutlich, daß die Präsentation des N. stets in dialektischer Weise an das Wissen über das

Bestehende gebunden bleibt.[24] Die utopische Literatur der frühen Neuzeit bewegt sich deshalb zumeist weiterhin im Rahmen der rhetorischen Epideixis (Lob des Neuen – Tadel des Bestehenden). Demgegenüber zeichnet sich die Science Fiction, deren Anfänge ebenfalls im 17. Jh. liegen (F. BACON, ‹Nova Atlantis›, 1627; F. GODWIN, ‹The Man in the Moone›, 1638), die sich aber erst im 19. Jh. als feste Gattung etabliert (J. VERNE, H.G. WELLS), durch den Versuch einer Antizipation des technisch Möglichen aus. Bei den Autoren des 20. Jh. schließlich begegnet das mit der geschichtlichen Zukunft gleichgesetzte N. vor allem in Schreckensvisionen zukünftiger Wirklichkeiten (A. HUXLEY, G. ORWELL).

IV. *Rhetorik*. **1.** *Rhetorik des N.* In der klassischen Rhetorik gilt die Ankündigung des N., des ‹nie zuvor Gesagten›, als bevorzugtes Mittel des *attentum parare*. In der Renaissance berufen sich Autoren wie L. VALLA, R. AGRICOLA und P. RAMUS auf dieses Prinzip, wenn sie bemängeln, daß die Disputationskunst ihrer Zeit nicht zur Findung neuer Wahrheiten diene, sondern nur den Regeln der formalen Logik folge.[25] Die Vertreter der Neuen Wissenschaft schließen sich der Forderung nach einer *ars inveniendi* an. So besteht für G. GALILEI der Wert seines ‹Sidereus Nuncius› (1610) vor allem in der Neuartigkeit der darin gezeigten astronomischen Phänomene.[26] Im deutschsprachigen Raum verrät noch der Begriff ‹Neuzeit› die Prägung der Moderne durch die Topik des N.[27] Erst in jüngerer Zeit zeigt sich eine gewandelte Einstellung gegenüber dem bislang positiv konnotierten Begriff. Die Retrospektivität, die in der gegenwärtig produktiven Vorsilbe ‹post-› (Postmoderne, Poststrukturalismus), aber auch in der häufig verwendeten Metapher des Todes erkennbar wird[28], zeigt die terminologischen Probleme in der Abgrenzung gegenüber einer Moderne, die das N. bereits als zentrale Kategorie ihrer Selbstdefinition für sich in Anspruch nimmt. Andererseits belegt die anhaltende Popularität der Kategorie des N., die in der Philosophie eines ‹New Age›, in der Etablierung des ‹New Historicism› als kulturhistorischem Paradigma (S. GREENBLATT)[29] oder auch in disziplinübergreifenden Diskussionen über die Gestaltungsmöglichkeiten des N. sichtbar wird[30], daß der Topos des N. seine persuasive Kraft bislang noch nicht eingebüßt hat.

2. *Neue Rhetorik (New Rhetoric, nouvelle rhétorique)*. Die in den fünfziger Jahren in den USA entstehende *New Rhetoric* ist durch eine Öffnung gegenüber der Linguistik und der Kommunikationstheorie geprägt und gewinnt im Zuge der Rhetorik-Renaissance der siebziger Jahre auch in Deutschland an Einfluß.[31] Die ‹Neue Rhetorik›, die CH. PERELMAN vor allem im Sinne einer Argumentationslehre definiert[32], bemüht sich um eine Erweiterung des Rhetorikbegriffs, in den neben der *elocutio* auch die lange Zeit vernachlässigten Bereiche der *inventio* und *dispositio* wieder Eingang finden sollen. Dem traditionellen Vorwurf, die Rhetorik argumentiere lediglich mit Gemeinplätzen (*loci communes*) und verarbeite entsprechend immer nur bereits Bekanntes (*sensus communis*)[33], begegnen Vertreter der Neuen Rhetorik durch eine Neubestimmung des Rhetorischen. Unter dem Eindruck des *linguistic turn* in der Philosophie beschäftigt sich die Neue Rhetorik zunehmend mit erkenntnistheoretischen Problemen, wobei zum Teil auch eine Erneuerung des philosophischen Denkens durch die Rhetorik angestrebt wird (H.W. SIMONS, ‹The Rhetorical Turn›, 1990). Die Neubestimmung des Metaphernbegriffs durch F. NIETZSCHE (‹Über Wahrheit und Lüge im außermoralischen Sinn›, 1873) erweist sich dabei im Nachhinein als einflußreich. Indem die Metapher nicht mehr nur als stilistische, sondern auch als kognitive Größe betrachtet wird, läßt sie sich sowohl im Rahmen der *elocutio* als auch der *inventio* behandeln. H. BLUMENBERG postuliert im Rahmen seiner ‹Metaphorologie› eine dem Denken vorgeschaltete Metaphorik[34]; Kognitionstheoretiker untersuchen die erkenntniskonstitutive Funktion der Metapher[35]; Studien zur Wissenschaftsrhetorik (*rhetoric of science*) widmen sich der Rolle der Metapher bei der Bildung von Hypothesen.[36] Die Rückbesinnung auf die Rhetorik als einer umfassenden Theorie der menschlichen Rede führt schließlich zu einer erneuten Auseinandersetzung mit der Topik, die als Kunst der (Er-)Findung von Argumenten stets zwischen der Rhetorik und der Dialektik angesiedelt war.[37] Dabei zeigt sich nach G. Ueding und B. Steinbrink, daß die Rhetorik auch über solche Überzeugungsmittel verfügt, «die ihren Geltungsanspruch durch Berufung auf noch nicht akzeptierte, weil unbekannte, doch in Zukunft konsensfähige Gemeinsamkeiten [...] gewinnen».[38] Dieses wird schließlich zum Kennzeichen einer «neuen Rhetorik, die auch die Rhetorik des Neuen umfaßt».[39]

In welcher Weise die globale Ausbreitung und rasche technische Fortentwicklung der ‹Neuen Medien› sowie die damit verbundene Herausbildung neuer Text- und Kommunikationsformen (E-Mail, Internet) Rückwirkungen auf die rhetorische Praxis und Theorie besitzen werden, erscheint angesichts der gegenwärtigen Dynamik in diesen Bereichen kaum absehbar, könnte sich in der Zukunft jedoch als ein zentrales Forschungsproblem erweisen.[40]

Anmerkungen:
1 N. Rath: Art. ‹N.›, in: HWPh, Bd.6 (1984) Sp.726. – **2** Grimm, Bd.13, Sp.644–655, 647. – **3** Rath [1] Sp.727. – **4** s. ebd. Sp.726. – **5** s. ebd. – **6** A. Buck: Die "Querelle des Anciens et des Modernes" im ital. Selbstverständnis der Renaissance und des Barock (1973) 6; vgl. auch H.G. Rötzer: Traditionalität und Modernität in der europäischen Lit.: Ein Überblick vom Attizismus-Asianismus-Streit bis zur "Querelle des Anciens et des Modernes" (1979). – **7** F. Bacon: Neues Organon, übers. von R. Hoffmann, hg. von W. Krohn (1990) 5. – **8** W. Krohn: Francis Bacon (1987) 68ff. – **9** H.F. Plett: Rhet. der Renaissance – Renaissance der Rhet., in: Plett 1–20, hier: 12f. – **10** vgl. V. Harris: All Coherence Gone: A Study of the Seventeenth Century Controversy over Disorder and Decay in the Universe (Chicago 1949); R.F. Jones: Ancients and Moderns: A Study of the Rise of the Scientific Movement in Seventeenth-Century England (New York 1982). – **11** Rath [1] Sp.728. – **12** s. W. Temple: Five Miscellaneous Essays, hg. von S.H. Monk (Ann Arbor 1963). – **13** Lukrez, De rerum natura I, 928–930, in: J. Swift: Ein Tonnenmärchen, übers. von U. Hartmann, hg. von H.J. Real (1994) 192. – **14** vgl. S. Otto: Giambattista Vico: Grundzüge seiner Philos. (1989); N. Erny: Theorie und System der Neuen Wiss. vor Giambattista Vico: Eine Unters. zu Konzeption und Begründung (1994). – **15** E. Bloch: Gesamtausgabe, Bd.5 (1959) 5. – **16** s. C. Kallendorf: Art. ‹Ars poetica›, in: HWRh, Bd.1 (1992) Sp.1051. – **17** W. Rossky: Imagination in the English Renaissance: Psychology and Poetic, in: Studies in the Renaissance 5 (1958) 49–73. – **18** siehe H. Wiegmann: Art. ‹Ästhetik›, in: HWRh, Bd.1 (1992) Sp.1140; vgl. auch J. Engels: Art. ‹Ingenium›, in: HWRh, Bd.4 (1998) Sp.398–404. – **19** M.W. Bundy: "Invention" and "Imagination" in the Renaissance, in: The Journal of English and Germanic Philology 29 (1930) 535–545. – **20** H. Papajewski: Chimäre und Metapher: Ein Beitr. zum krit. Problem von Phantasie und Rationalität im engl. Neoklassizismus, in: Anglia 82 (1964) 88–104. – **21** vgl. U. Halfmann: Der amerik. "New Criticism": Ein Überblick über seine geistesgesch. und dichtungstheoret. Grundlagen mit einer ausführlichen Bibliogr. (1979). – **22** vgl. H. Zapf: Romantik und

"American Renaissance", in: ders. (Hg.): Amerik. Literaturgesch. (1996) 85–153, hier: 99. – **23** vgl. H. Wiegmann: Utopie als Kategorie der Ästhetik (1980). – **24** vgl. W. v. Koppenfels: *Mundus alter et idem*: Utopiebildlichkeit und menippeische Satire, in: ders.: Bild und Metamorphose: Paradigmen einer europäischen Komparatistik (1991) 139–191. – **25** s. K. Petrus: Genese und Analyse: Logik, Rhet. und Hermeneutik im 17. und 18. Jh. (1997). – **26** G. Galilei: Sidereus Nuncius, hg. von H. Blumenberg (1980). – **27** s. H. Blumenberg: Die Legitimität der Neuzeit (^{2}1988). – **28** s. J. Beaudrillard et al.: Der Tod der Moderne: Eine Diskussion (1983). – **29** s. H.A. Veeser (Hg.): The New Historicism (New York / London 1989). – **30** s. H. v. Pierer, B. v. Oetinger (Hg.): Wie kommt das Neue in die Welt? (1997). – **31** vgl. D. Fogarty: Roots for a New Rhet. (New York 1959); M. Steinmann (Hg.): New Rhetorics (New York 1967); K.-H. Göttert: Einf. in die Rhet. (1991) 194ff.; Ueding/Steinbrink 165–171; Th. Enos, S.C. Brown (Hg.): Defining the New Rhetorics (Newbury 1993); H. Holocher: Anfänge der "New Rhetoric" (1996). – **32** siehe Perelman; vgl. auch Ch. Perelman: Das Reich der Rhet. (1980) 13. – **33** s. G. Petersen-Falshöft: Die Erfahrung der N., in: PhR 27 (1980) 101–117. – **34** s. H. Blumenberg: Paradigmen zu einer Metaphorologie, in: ABG 6 (1960) 7–142. – **35** s. G. Lakoff, M. Johnson: Metaphors We Live By (Chicago u. a. 1980; dt. 1998); E.R. MacCormac: A Cognitive Theory of Metaphor (Cambridge, Mass. u. a. 1985); L. Flower: Cognitive Rhetoric: Inquiry into the Art of Inquiry, in: Enos, Brown [31] 171–190. – **36** vgl. L. Danneberg, A. Graeser, K. Petrus (Hg.): Die Rolle der Metapher im Wandel von Sprache und Wiss. (1995); Ph. Kitcher: The Cognitive Functions of Scientific Rhetoric, in: H. Krips et al. (Hg.): Science, Reason, and Rhetoric (Konstanz / Pittsburgh 1995) 47–66; R. Nate: Rhet. und der Diskurs der Naturwiss., in: H.F. Plett (Hg.): Die Aktualität der Rhet. (1996) 102–119. – **37** siehe H.F. Plett: Rhet. der Gemeinplätze (i. Vorb.); M. Kienpointner: On the Art of Finding Arguments: What Ancient and Modern Masters of Invention Have to Tell Us About the 'Ars Inveniendi', in: Arg. 11 (1997) 225–236. – **38** Ueding/Steinbrink 199. – **39** ebd. 199. – **40** vgl. N. Bolz: Am Ende der Gutenberg-Galaxis: Die neuen Kommunikationsverhältnisse (1993).

R. Nate

→ Ästhetik → Attentum parare → Imitatio → Ingenium → Inventio → Philosophie → Prophetenrede → Sensus communis → Topik

Neuhumanismus (engl. neohumanism; frz. néo-humanisme; ital. neoumanesimo)

A. Def. – I. Begriff und Konzeption. – II. N. und Rhetorik. – B. Gesch. – I. Voraussetzungen. – II. 19. Jh. – III. 20. Jh.

A.I. *Begriff und Konzeption.* Der Ausdruck ‹N.› bzw. ‹neuer Humanismus› wurde von F. PAULSEN [1] zur Unterscheidung des deutschen Humanismus des 19. Jh. vom internationalen Renaissance-Humanismus bzw. ‹alten Humanismus› des 15. und 16. Jh. gebildet. Er bezeichnet eine vor allem auf das Gymnasium ausgerichtete Bildungskonzeption, die primär an der griechischen Kultur des 5. und 4. Jh. v. Chr. orientiert ist und nicht nur der Aufklärungspädagogik mit ihrer Nützlichkeitsideologie die Geltung nehmen will, sondern auch die lateinische Kultur als das seit der Renaissance anerkannte Medium der Bildung entwertet. Indem diese Konzeption den Status der deutschen Nationalbildung erhält, wird sie zu einem Mittel nationaler Identitätssicherung und Abgrenzung vor allem gegenüber Frankreich mit seiner lateinisch fundierten Nationalbildung. Während der Neuhumanismusbegriff als Bildungsbegriff auch epochenunabhängig eingesetzt wird, ist er als Epochenbegriff auf die Zeit von 1790 bis 1830/40 begrenzt.

Der Bildungstheoretiker des N. ist W. v. HUMBOLDT. Wenn auch seine Programmschrift ‹Über das Studium des Alterthums und des griechischen insbesondere› aus dem Jahre 1793 erst aus dem Nachlaß vollständig veröffentlicht wurde, so sind wesentliche Grundgedanken doch früh durch W. v. Humboldt selbst und vor allem durch seinen Freund F.A. WOLF bekannt [2], der zum Herold der neuen Bildung wird. Das Zentrum dieser Konzeption ist die Lehre von der Bildung der ‹Individualität›: «Der wahre Zweck des Menschen – nicht der, welchen die wechselnde Neigung, sondern welchen die ewig unveränderliche Vernunft ihm vorschreibt – ist das höchste und proportionirlichste Bildung seiner Kräfte zu einem Ganzen.» [3] Dieses «Ganze» als die ‹Individualität› des Menschen berücksichtigt nicht die individuellen Verschiedenheiten des Menschen, sondern ist Ausdruck «der Menschennatur überhaupt». [4] Höchste Individualität bedeutet also Verkörperung eines Allgemeinen. Erreicht werden kann dieses Höchstmaß an ‹Individualität› allein durch das Studium der ‹griechischen Nation›, da diese das Höchstmaß verwirklicht hat: ihr Charakter besitzt (1) «Vielseitigkeit und Einheit» und kommt (2) «demjenigen Charakter des Menschen überhaupt, welcher in jeder Lage, ohne Rücksicht auf individuelle Verschiedenheiten da sein kann und da sein sollte, am nächsten». [5]

Diese Bildungsphilosophie mit dem Primat von ‹Individualität› und ihrer Selbstverwirklichung ist keineswegs gleichgültig gegenüber Staat und Gesellschaft, im Gegenteil: sie hat ihre Ergänzung in einer liberalen politischen Philosophie, nach der einerseits «jeder Einzelne der ungebundensten Freiheit geniesst, sich aus sich selbst, in seiner Eigenthümlichkeit, zu entwickeln», [6] nach der aber anderseits «der so gebildete Mensch [...] dann in den Staat treten, und die Verfassung des Staats sich gleichsam an ihm prüfen [müßte]», [7] so daß «die Verhältnisse des Menschen und des Bürgers soviel als möglich zusammenfallen» und der «Mensch» nicht mehr «dem Bürger geopfert» wird. [8]

Ihren spezifischen politischen Charakter erhält die neue Bildung dadurch, daß sie unter dem Eindruck des Zusammenbruchs Deutschlands in den Napoleonischen Kriegen als ein Mittel nationaler Erneuerung akzeptiert und dadurch als Nationalbildung anerkannt wird. Die Orientierung an der griechischen Nation soll den Vorrang Deutschlands gegenüber der französischen Nation mit ihrer Ausrichtung an der römischen Antike garantieren, da die Griechen in ihrer Vielseitigkeit die Römer mit ihrer Einseitigkeit übertreffen. [9] Der Gedanke von der ‹Wahlverwandtschaft› der Deutschen mit den Griechen erhöht dabei die Plausibilität der neuen Bildung als Nationalbildung. [10]

II. *N. und Rhetorik.* Der althumanistische Unterricht der Gymnasien mit seiner Unterrichtssprache Latein wurde in einem dreistufigen Lehrplan verwirklicht, der von der Grammatik über die Autorenlektüre zur Rhetorik/ Eloquenz in den beiden obersten Klassen führte, so daß Rhetorik das Ziel des Unterrichts war. Durch sie wurde einerseits die notwendige schriftliche und mündliche Beherrschung der lateinischen Sprache in stilistischästhetisch anspruchsvoller Weise erreicht, anderseits war in Übereinstimmung mit dem antiken Ideal des *orator perfectus*, des vollkommenen Redners, auch eine moralische und intellektuelle Bildung auf hohem Niveau erstrebt.

Mit dieser althumanistischen Bildungsidee bricht die neue Bildung radikal. Leitfunktion erhält das Griechische anstelle des Lateinischen. Dieser Wechsel bedeutet jedoch mehr als nur den Wechsel einer Sprache, denn die

Sprache erhält als Sprache einen anderen Stellenwert innerhalb der Bildung. Ziel ist nicht mehr die aktive Sprachkompetenz, sondern das Verstehen von Sprache und Sprachwerken oder die «Erkenntnis des (in der Sprache und den Sprachwerken) Erkannten» (A. BOECKH). Möglich wird diese Änderung durch die Tatsache, daß eine aktive Sprachkompetenz der neuen Bildungssprache überhaupt nicht in Frage kommt, und das um so weniger, als die alte Bildungssprache, das Lateinische, bereits im Laufe des 18. Jh. ihre Funktion als Umgangssprache sowie als Sprache von Wissenschaft und Dichtung verloren hat.[11] Eine Ausbildung in der Rhetorik ist daher funktionslos geworden.

Mit dem Verzicht auf die aktive Sprachkompetenz kappt die neue Bildung endgültig die Verbindung zur Rhetorik. Der veränderte Umgang mit der Sprache ist in einem veränderten Sprachbegriff begründet. Sprache ist nicht mehr als universelles Werkzeug (Organon) zur Mitteilung, sondern als Ausdruck des jeweiligen Nationalcharakters (W. v. Humboldt) verstanden. Daher sind die universellen künstlichen stilistischen Formen, wie sie die Rhetorik entwickelt hat, völlig ungeeignet für den Zugang zur Sprache; vielmehr zeigt sich der individuelle Charakter einer Sprache in ihrer rhetorisch nicht überformten ‹natürlichen› Gestalt.

Der Auszug der Rhetorik aus dem Zentrum der Bildung markiert das Ende einer bis in die Antike zurückreichenden Bildungstradition [12]; flankiert und erleichtert wird er noch durch alte Ideologeme, die einst Platon zur Diffamierung der Rhetorik eingesetzt hatte.[13] Rhetorik als Kunst, «durch den schönen Schein zu hintergehen»[14], und als Technik, durch formales Können Gedankenlosigkeit zu verbergen – das sind Glaubenssätze der idealistischen Philosophie und der Genieästhetik des Sturms und Drangs, die der Rhetorik bescheinigen, nicht mehr zeitgemäß zu sein, und die vor allem in Deutschland beliebt sind.

Nur wenige Teile der Rhetorik sind in der gymnasialen Bildung von einzelnen Fächern aufgesogen worden, ohne allerdings den Kern der neuen Bildung zu berühren. Das Griechische, das Zentrum dieser Bildung, bleibt weitgehend rhetorikfrei, da die individualisierende Auffassung von Sprache den Blick auf die universellen sprachlichen Formen, wie sie die Rhetorik in der Stilistik (*elocutio*) systematisiert hat, von vornherein verschließt. Gefördert wird dieses Ausblenden auch dadurch, daß im wesentlichen nur Werke zur Konstruktion des griechischen Nationalcharakters herangezogen werden, die einen geringeren Grad an künstlerischer Durchformung im Sinne der rhetorischen Stilistik eines Gorgias und seiner Nachfahren aufzuweisen scheinen (Epos, Tragödie, Komödie, Geschichtsschreibung, Philosophie). Wenn solche Sprachformen dann Gegenstand der sprachlichen Interpretation werden, sind sie Beispiele für den 'rhetorischen Sündenfall' der Sprache, der die Individualität einer Sprache verdeckt. Daher hat jede Interpretation von sprachlich durchformten Texten im Sinne der Rhetorik eine negative Konnotation, wenn auch sorgsam die einzelnen Stilformen registriert werden. Immerhin bleibt dadurch das rhetorisch-stilistische Instrumentarium präsent – allerdings mit dem Kategorischen Imperativ des *Cave* «Hüte dich davor». Diese Deutungstradition ist bis weit in die 2. Hälfte des 20 Jh. fest etabliert. Sie hat ihre Grundlage in der irrigen Ansicht, daß Sprache einen individuell-natürlichen und vorrhetorischen Charakter hat, der durch die künstliche Rhetorisierung verdeckt wird. In Wirklichkeit ist eine solche Dichotomie von Natürlichkeit und Künstlichkeit nur eine Petitio principii. Sprache ist vielmehr immer «das Resultat von lauter rhetorischen Künsten» und die Rhetorik ist «eine Fortbildung der in der Sprache gelegenen Kunstmittel».[15]

Eine auffällig ambivalente Stellung zur Rhetorik zeichnet das Lateinische aus. Indem die griechische Sprache und Kultur ins Zentrum der neuen Bildung rückt, verliert das Lateinische zwangsläufig an Bedeutung. Allerdings täuscht die Ideologie der neuhumanistischen Bildung über die tatsächlichen Verhältnisse hinweg, denn das Lateinische behält seine quantitative Vorrangstellung im Lehrplan, ja, der Unterricht im Lateinischen wächst im Laufe des 19. Jh. sogar noch auf Kosten des Griechischen an und übertrifft immer klar das Griechische.[16] Im Mittelpunkt des Lateinischen steht aber im ganzen 19. Jh. bis zu den Reformen von 1890/92 nicht so sehr das Verstehen der einzelnen Werke der lateinischen Literatur als vielmehr die aktive Sprachkompetenz, die im Abitur durch ein oder zwei Aufsätze in lateinischer Sprache sowie durch Lateinsprechen nachgewiesen werden muß. Die Aufsatzlehre knüpft dabei unmittelbar an die Rhetorik an. Vor allem Kompositionstechnik (*dispositio*), Argumentationstechnik (*argumentatio*) und Stilistik (*elocutio*) feiern hier ihre Renaissance.[17] Zwar wird in der 1. Hälfte des 19. Jh. gelegentlich noch – wie im 18 Jh. – der instrumentale Charakter dieser Kompetenz betont, da sie als Kunstübung der Entwicklung der Ausdrucksfähigkeit im Deutschen zugutekomme [18], aber unter dem Eindruck der neuen Auffassung von Sprache hat dieser Unterricht vor allem das Ziel, die Verschiedenheit des lateinischen und deutschen Sprachsystems sichtbar zu machen. Ein ‹reines› Deutsch soll dabei in ‹reines› Latein transformiert werden. Höchstes Ziel ist also, ein von Germanismen freies Latein zu schreiben und zu sprechen. Dieses Ziel weist nicht aus dem Lateinunterricht heraus, da die lateinische Sprachpraxis spätestens seit Mitte des 19. Jh. keinerlei Bedeutung mehr außerhalb der Schule – und außerhalb der klassisch-philologischen Lehrerausbildung an den Universitäten – hat.

So häufig in der Programmatik von einem ‹reinen› Deutsch als Ausgangspunkt die Rede ist, so selten spielt es allerdings in der Praxis eine wesentliche Rolle, vielmehr ist es ein lateinisches Deutsch, damit das ‹reine› Latein zielsicher erreicht wird. Dieses lateinische Deutsch, wie es in klassischer Form bis in die Gegenwart das ‹Repetitorium der lateinischen Syntax und Stilistik› von H. MENGE [19] anbietet, ist bereits im 19. Jh. ein Element der Komik gewesen.

Den exzessiven Übungen, ein ‹reines› Latein zu produzieren, stehen keinerlei Versuche gegenüber, einen lateinischen Text in einen latinismenfreien deutschen Text zu übersetzen, so daß der Lateinunterricht in keiner Weise die deutsche Sprachkompetenz fördert. Im Gegenteil: Wer nicht im deutschen Stil sicher ist, wird durch einen solchen Unterricht eher gefährdet. Ein Beispiel für diese Gefährdung ist die Person des Professors Unrat aus dem gleichnamigen Roman von H. MANN [20], der «in latinisierenden Perioden und durchwirkt mit "traun fürwahr", "denn also" und ähnlichen Häufungen alberner kleiner Flickworte, Gewohnheiten seiner Homerstunde in Prima», redet: «"Ich rate Ihnen", sagte er, "verlassen Sie mit Ihrer Gesellschaft diese Stadt, ziehen Sie in großen Tagesmärschen davon, denn sonst" – er erhob wieder die Stimme – "werde ich alles daransetzen, Ihnen Ihre Laufbahn zu erschweren, wenn nicht unmöglich zu machen. Ich werde – fürwahr denn – dafür sorgen, daß sich mit Ihrem Treiben die Polizei beschäftigt"».

In Übereinstimmung mit den zeittypischen Vorbehalten gegenüber den artifiziellen und universellen Stilformen der Rhetorik ist nur ein mäßiger – in der Sprache der Zeit 'natürlicher' – Gebrauch von Tropen und Figuren erlaubt.

Neben dem Lateinischen übernimmt das Fach Deutsch, das sich im Übergang von der Aufklärung zum N. als eigenes Fach bildet, in ähnlicher Weise Teile der alten Schulrhetorik für die Aufsatzlehre. Dabei ist zunächst die Vorstellung leitend, daß der Lateinunterricht in dieser Hinsicht die Kompetenz im Deutschen fördert und entwickelt. Da diese Aufsatzlehre (einschließlich der Stilistik) zu Beginn des 19. Jh. das Zentrum des Deutschunterrichts bildet, schafft sie in den Schulen Ansätze für eine Prosakultur [21], die allerdings einmal durch die Reduktion des Deutschunterrichts an den Gymnasien seit den 30er Jahren – in Preußen von 44 auf jämmerliche 22 Stunden im Jahre 1837 –, zum anderen durch die Veränderung der Unterrichtsziele von der Sprachausbildung zur Ausbildung des Nationalbewußtseins bereits in ihren Anfängen abrupt abbrechen, so daß der direkte Beitrag des Gymnasiums zu einer nationalsprachigen öffentlichen Rhetorik insgesamt minimal ist.

Allein die Reste der öffentlichen lateinischen Rhetorik in der Form der universitären Festreden bauen auf dem Lateinunterricht auf, ohne den weder die Kompetenz des Sprechens noch diejenige des Verstehens gegeben wäre. Diese Festreden gehören als humanistisches Erbe auch in der modernen Universität der 1. Hälfte des 19. Jh. noch zu den Aufgaben der Klassischen Philologen, weil in der Regel diese das Amt des Professors der Beredsamkeit innehaben. Allerdings schwindet mit fortschreitendem Jahrhundert deren Lust am Verfertigen lateinischer Reden. Während die ältere Generation diese Aufgabe noch gewissenhaft ausführt, kommen der jüngeren Generation zunehmend Zweifel an diesem Tun. Beispiel für die ältere Generation ist G. HERMANN (1772–1848), der als *professor eloquentiae* in Leipzig seit 1803 in grammatisch und stilistisch 'klassischem' Latein die akademischen Festreden hält. Dagegen sieht A. Boeckh (1785–1867), der Repräsentant einer neuen philologischen Wissenschaft an der Universität Berlin, keinen rechten Sinn mehr in solchen Reden. Zwar hält er noch bis 1847 seine Festreden als ‹Professor der Beredsamkeit› in lateinischer Sprache, an der seine Kritiker die Germanismen – *hoc non multum vult dicere* (dies will nicht viel sagen) – tadeln [22], aber als im Zuge der Revolution von 1848/49 das Lateinische als Sprache der Eloquenz und der Wissenschaft an den Universitäten abgeschafft wird [23], beginnt A. Boeckh sofort, seine Reden in deutscher Sprache zu halten.

Wenn auch der Lateinunterricht keine über sich hinausweisende Funktion zur Vermittlung sprachlich-stilistischer Kompetenz hat, so kann er doch die öffentliche Redepraxis beeinflussen, sofern es den Rednern gelingt, ihre obligatorische Lektüre lateinischer und griechischer Reden eines Cicero oder Demosthenes auf dem Gymnasium in eine nationalsprachliche Praxis zu transformieren. Was den französischen Revolutionären zwischen 1789 und 1795 gelang, ist natürlich auch einem O. v. BISMARCK möglich, der als politischer Redner die Cicero-Lektüre seiner Berliner Schulzeit verwerten kann. [24]

Der Auszug der Rhetorik aus der Schule bedeutet natürlich nicht das Ende der Rhetorik. Falls sie nicht als Homiletik innerhalb der Theologie ihren Platz behält, wandert sie in Grauzonen des Bildungssektors aus wie z.B. die Gerichtsrhetorik, die etwa C.S. ZACHARIÄ mit der ‹Anleitung zur gerichtlichen Beredsamkeit› bereits 1810 versorgt.

B. I. *Voraussetzungen.* Die neuhumanistische Bildungsphilosophie mit ihrer Anknüpfung an die Griechen ist die nationale Verengung einer ursprünglich europäischen Bewegung, die J. J. WINCKELMANN mit seiner Abhandlung ‹Gedancken über die Nachahmung der griechischen Wercke in der Mahlerey und Bildhauer-Kunst› (1755) und mit seiner ‹Geschichte der Kunst des Alterthums› (1764) eingeleitet hat und die beansprucht, den Gegensatz ‹Antike-Moderne›, wie er in der ‹Querelle des anciens et des modernes› konstruiert war, durch «Nachahmung» der Griechen – anstelle der Römer – zu überwinden. [25] Während der europäische Griechenmythos primär auf die Kunst bezogen bleibt, wird seine deutsche Variante zum Mittelpunkt einer umfassenden Bildungsphilosophie, die ihre ästhetische Dimension Winckelmann verdankt. Die Charakterisierung der griechischen Kunst als eines «vollkommenen Schönen» und die Kennzeichnung ihrer Meisterstücke als «eine edle Einfalt, und eine stille Größe» [26] liefern zusammen mit der Beschreibung des Apollon von Belvedere [27] die Stichworte zur Analyse des griechischen Menschen und damit des Menschen «überhaupt».

Ihre Wirksamkeit entfaltet die neuhumanistische Bildungsphilosophie als Teil des Diskurses über Bildung und Erziehung, der im Übergang vom 18. zum 19. Jh. von Philosophen (FICHTE, W. v. Humboldt, F. SCHLEGEL, HEGEL) und Literaten (GOETHE, JEAN PAUL, SCHILLER) gleichermaßen bestimmt wird. Der pädagogische Charakter von Philosophie und Literatur ist für jene Zeit geradezu charakteristisch. Dabei werden Bildung und Erziehung aufgrund der Erfahrung der gesellschaftlichen Krise und der Revolutionskriege als Mittel zur Überwindung dieser Krisen durch Vervollkommnung des Menschen angesehen. [28] Daß dabei in der Konkurrenz unterschiedlicher Bildungskonzeptionen ausgerechnet die neuhumanistische Konzeption erfolgreich ist, wird durch ihre Symbiose mit dem Gymnasium erklärt werden müssen.

II. *19. Jh.* Die Bildungskonzeption des N. wird für beinahe ein ganzes Jahrhundert ein bestimmender Faktor des Bildungswesens, weil sie in der preußischen Reformzeit durch W. v. Humboldt zum Zentrum des neu formierten Gymnasiums wird (seit 1809/10) und sich dann schnell als Element der Nationalbildung – bis spätestens 1840 – in den anderen Ländern des Deutschen Bundes in den Lehrplänen der Gymnasien durchsetzt. Als Mittel seiner eigenen Erneuerung und Modernisierung fördert der Staat diese Bildung. Da diese auch ihre deutlichen Spuren in der Philosophischen Fakultät der neugegründeten Berliner Universität (1810) und damit in der durch sie eingeleiteten Neugestaltung der preußischen Universitäten hinterläßt, wird sie auch für die Entwicklung der modernen Universität in allen deutschen Ländern wichtig.

Aber nicht nur die quasiinstitutionelle Verankerung des N. in Gymnasium und Universität sichert diesem Dauer und Einfluß, sondern auch seine enge Verbindung mit der ‹Weimarer Klassik› der deutschen ‹Griechen› Goethe und Schiller, denn deren Klassizität garantiert auch dem N. Anerkennung. Ihr Begriff der Humanität bildet die Brücke zur «allgemeinen Menschenbildung» des N. Gleichzeitig zeigt sich in dieser doppelten Koppelung jedoch auch die potentielle Schwäche des N., da er von der Geltung exogener Faktoren abhängig ist. Vor allem sein äußeres Schicksal hängt vom Schicksal des

Gymnasiums ab. Als dieses 1900 endgültig sein Monopol für den Zugang zur Universität einbüßt, verliert der N. seine einzigartige institutionelle Stellung. Allerdings täuscht diese Stellung über seine tatsächliche Bedeutung im 19. Jh. hinweg, da er durch äußere und innere Erosion bereits seit der Mitte des Jh. geschwächt wird. Einmal wird bereits 1837 in Preußen der Umfang des Griechischunterrichts reduziert (von 50 auf 42 Stunden) und zwar ausschließlich zugunsten des Lateinischen (von 76 auf 86 Stunden), das durch das Übergewicht des grammatischen Unterrichts und durch die Einübung in die aktive Sprachkompetenz zum größten Feind der neuhumanistischen Bildungskonzeption wird und außerdem die Lernziele im Griechischen mitbestimmt. [29] Zum anderen fehlt es dem N. seit der Mitte des 19. Jh. zunehmend an innerer Überzeugungskraft, da die Wissenschaften vom Altertum, eingerichtet und gefördert, das Vorbildhafte der griechischen Antike zu fördern, höchstens die Durchschnittlichkeit der eigenen Zeit in der Antike (TH. MOMMSEN, U. V. WILAMOWITZ-MOELLENDORFF) entdecken und so dem N. sein ideelles Fundament nehmen. Da unter dem Diktat der Universitätsforschung auch der Schulunterricht im Sinne des Historismus verwissenschaftlicht wird, zerrinnt dem N auch auf der Schule sein Ideal, das dann nur noch in Festreden rituell beschworen wird. Erneuerungsversuche seit Ende des Jh. (R. BORCHARDT, F. GUNDOLF, H. V. HOFMANNSTHAL, ST. GEORGE) bleiben ohne große Wirkung auf die professionellen Erforscher und Vermittler antiker Kultur, da sie die Enthistorisierung der Antike voraussetzen und – nicht zuletzt im Schatten F. Nietzsches – ein neues und fremdes Bild der Antike entwerfen.

III. *20. Jh.* Erst unter dem Eindruck der politisch-gesellschaftlichen Krise nach dem Ersten Weltkrieg (Kriegsniederlage, Revolution mit der Entstehung der Demokratie), der Bildungskrise (Versagen des Gymnasiums im Hinblick auf die Herausforderungen der Gegenwart durch seine Beschränkung auf die Bildung des Individuums) und der Wissenschaftskrise (Zweifel am Sinn des traditionellen wissenschaftlichen Tuns, der historischen Rekonstruktion der griechisch-römischen Antike um ihrer selbst willen) ändert sich die neuhumanistische Bildungskonzeption und wird eingesetzt als ein Instrument der Erneuerung von Bildung und Wissenschaft zur Überwindung der Krisensituation. Verantwortlich für diese Erneuerung ist der Gräzist W. JAEGER, der seit 1921 Nachfolger von U. v. Wilamowitz-Moellendorff an der Universität Berlin ist. Die dafür üblich gewordene Bezeichnung ‹Dritter Humanismus› ist erst am Ende der Zwanziger Jahre nachweisbar. [30]

Zentrum des Konzeptes [31] ist die Vermittlung der Ansprüche von Individuum und Staat. Dabei erhält der Staat, der immer Ausdruck von Sittlichkeit ist, die durch Wissenschaft und Philosophie begründet wird, einen höheren Wert als das Individuum. Diese Denkfigur ist die Antwort auf das neuhumanistische Konzept vom Anfang des 19. Jh. mit der Bildung des Individuums als des höchsten Wertes und letzten Zweckes. Dieser politische Humanismus ist ebenso wie der ältere individuelle Humanismus hellenozentrisch, denn das ‹Menschsein› ist in unvergleichlicher Weise «von den Griechen stets wesenhaft an die Eigenschaft des Menschen als politisches Wesen geknüpft worden» und «die größten Werke des Griechentums sind Monumente einer Staatsgesinnung von einzigartiger Großartigkeit» [32]: Die Geltung der antiken Werke ist nach dem geschichtsphilosophischen Credo W. Jaegers dadurch gegeben, daß sie das «Fundament» der Gegenwart bilden. Im Rahmen dieser Konzeption wird die lateinische Literatur zur ersten Stufe der bis in die Gegenwart wirkenden Entwicklung. Die Römer sind die ersten Humanisten, die durch Rezeption der griechischen Literatur die griechische Paideia-Idee universell verwendbar gemacht haben.

Die Reichweite des Dritten Humanismus ist begrenzt. Zeitlich ist er fixiert auf die Zeit der Weimarer Republik. Wegen seiner kurzen Dauer gelingt es ihm nur ansatzweise, die amtlichen Lehrpläne am Gymnasium zu bestimmen. Innerhalb der Wissenschaft hat nur die Griechische Philologie von ihm Impulse erhalten. Bereits die Lateinische Philologie nimmt das Angebot der Erneuerung nicht an. Außerhalb von Schule und Wissenschaft ist der neue Humanismus kaum wahrgenommen worden. Als politischer Humanismus diskreditiert er sich nach 1933 dadurch, daß er seinen idealistischen und moralisch integren Staatsbegriff im nationalsozialistischen Staat entdeckt und diesen Staat dadurch stützt, obwohl bereits 1933 einige politische Blindheit und Naivität dazu gehören, in diesem Staat den Unrechtsstaat zu übersehen.

Nach dem Zweiten Weltkrieg wird der Dritte Humanismus als politischer Humanismus nicht erneuert. Das geschichtsphilosophische Konzept (Griechentum als Fundament bzw. als «Entelechie Europas», W. SCHADEWALDT) gibt allerdings den Vermittlern der Antike in Universität und Schule noch einmal Zuversicht für eine Erneuerung der Gegenwart durch die griechische oder griechisch imprägnierte Antike. Der Begriff der Humanität wird nach der Barbarei der nationalsozialistischen Herrschaft der Zauberstab, mit dem die Gegenwart verwandelt werden soll. Aber die Ausrufung der deutschen Bildungskatastrophe durch G. Picht (1965) und die Reform des deutschen Bildungswesens (1970/72) bedeuten das Ende der neuhumanistischen Bildungsbewegung, da auch deren Anhänger das Postulat von der Exklusivität griechischer Kultur für die Bildung aufgeben.

Anmerkungen:

1 F. Faulsen: Gesch. des gelehrten Unterrichts, Bd. 1 (^{2}1896) 1f. – 2 F. A. Wolf: Darst. der Alterthums-Wiss. (1807), in: Kleine Schr. in lat. und dt. Sprache, hg. v. G. Bernhardy, Bd. 2 (1869) 808ff. – 3 W. v. Humboldt: Ideen zu einem Versuch, die Gränzen der Wirksamkeit des Staats zu bestimmen (1792), in: Werke, hg. von A. Flitner u. K. Giel, Bd. 1 (1960) 64. – 4 W. v. Humboldt: Über das Studium des Alterthums und des griech. insbesondere (1793), in: Werke [3] Bd. 2 (1961) 9. – 5 Humboldt [4] 8f. – 6 Humboldt [3] 69. – 7 ebd. 106. – 8 ebd. 106. – 9 M. Landfester: Humanismus und Ges. im 19. Jh. Unters. zu politischen und gesellschaftlichen Bedeutung der humanist. Bildung in Deutschland (1988) 30–55; W. Rüegg: Die Antike als Begründung des dt. Nationalbewußtseins, in: W. Schuller (Hg.): Antike in der Moderne (1985) 267–287. – 10 M. Landfester: Griechen und Deutsche: Der Mythos einer ‹Wahlverwandschaft›, in: H. Berding (Hg.): Mythos und Nation. Studien zur Entwicklung des kollektiven Bewußtseins in der Neuzeit, Bd. 3 (1996) 198–219. – 11 M. Fuhrmann: Rhet. und öffentliche Rede. Über die Ursachen des Verfalls der Rhet. im ausgehenden 18. Jh. (1983). – 12 ebd. 18. – 13 ebd. 15; ders.: Rhet. von 1500 bis 2000. Kontinuität und Wandel, in: G. Ueding, Th. Vogel (Hg.): Von der Kunst der Rede und Beredsamkeit (1998) 25f. – 14 Kant KU § 53 (Vergleichung des ästhetischen Werts der schönen Künste untereinander). – 15 F. Nietzsche: Rhet.-Vorles. vom Sommer 1874, in: Nietzsche's Werke, Bd. 18, 3. Abt. (Bd. 2): Philologica, hg. v. O. Crusius (1912) 248f. – 16 Landfester [9] 68–72. – 17 K. A. J. Hoffmann: Rhet. für Gymnasien, 1. Abt. (^{2}1867) 2. Abt. (1860); M. Seyffert: Scholae Latinae. Beiträge zu einer method. Praxis der lat. Stil- und Compositionsübungen, Theil 1 (^{4}1878); Theil 2 (^{4}1887); K. F. v. Nägelsbach: Lat. Stilistik (^{9}1905). – 18 Landfester [9] 94–96. – 19 H. Menge: Repetitorium der lat. Syntax und

Stilistik ([21]1995 [ND der 7. Aufl. von 1900 mit den Zusätzen der 11. Aufl. von 1953 durch A. Thierfelder]). – **20** H. Mann: Professor Unrat (1909), Rowohlt TB, Bd. 35, 10; 37. – **21** D. Breuer: Schulrhet. im 19. Jh., in: H. Schanze (Hg.): Rhet. (1974) 145–179; G. Jäger: Schule und lit. Kultur, Bd. 1: Sozialgesch. des dt. Unterrichts an höheren Schulen von der Spätaufklärung bis zum Vormärz (1981). – **22** Paulsen [1] Bd. 2 ([3]1921) 408f. – **23** Landfester [9] 173–175. – **24** Fuhrmann [11] 20–22. – **25** Landfester [10] 199–207. – **26** J.J. Winckelmann: Gedancken über die Nachahmung der Griech. Wercke in der Mahlerey und Bildhauer-Kunst; in: H. Pfotenhauer, M. Bernauer, N. Miller (Hg.): Frühklassizismus. Position und Opposition: Winckelmann, Mengs, Heinse (1995) 30. – **27** J.J. Winckelmann: Gesch. der Kunst des Alterthums, in: Pfotenhauer [26] 165f. – **28** G. Jäger, H.-E. Tenorth: Pädagogisches Denken, in: K.-E. Leismann, P. Lundgreen (Hg.): Hb. der dt. Bildungsgesch., Bd. 3 (1987) 71–89. – **29** Landfester [9] 71f. – **30** A. Fritsch: ‹Dritter Humanismus› und ‹Drittes Reich›. Assoziationen und Differenzen, in: R. Dithmar (Hg.): Schule und Unterricht in der Endphase der Weimarer Republik (1993) 152–175. – **31** M. Landfester: Die Naumburger Tagung ‹Das Problem des Klassischen und die Antike› (1930). Der Klassikbegriff Werner Jaegers: Seine Voraussetzung und seine Wirkung, in: H. Flashar (Hg.): Altertumswiss. in den 20er Jahren. Neue Fragen und Impulse (1995) 11–40. – **32** Jaeger, Bd. 1, 16.

Literaturhinweise:
L. Helbing: Der Dritte Humanismus (1932). – W. Jaeger: Humanist. Reden und Vorträge ([2]1960). – R. Joerden (Hg.): Dokumente des N. ([2]1962). – E. Hojer: Die Bildungslehre F.I. Niethammers. Ein Beitr. zur Gesch. des N. (1965). – F.I. Niethammer: Philanthropinismus-Humanismus. Texte zur Schulreform, bearb. von W. Hillebrecht (1968). – W. Rehm: Griechentum und Goethezeit. Gesch. eines Glaubens (Bern / München [4]1969). – M. Kraul: Das dt. Gymnasium, 1780–1980 (1984). – U. Preuße: Humanismus und Ges. Zur Gesch. des altsprachlichen Unterrichts in Deutschland von 1890 bis 1933 (1988). – R. Thomas: Schillers Einfluß auf die Bildungsphilos. des N. (1993). – H.J. Apel, St. Bittner: Humanistische Schulbildung 1890 – 1945. Anspruch und Wirklichkeit der altertumskundlichen Unterrichtsfächer (1994). – K.-E. Jeismann: Das preußische Gymnasium in Staat und Ges., Bd. 1: Die Entstehung des Gymnasiums als Schule des Staates und der Gebildeten, 1787–1817 ([2]1996); Bd. 2: Höhere Bildung zwischen Reform und Reaktion, 1817–1859 (1996). – S. L. Marchand: Down from Olympus. Archaeology and Philhellenism in Germany, 1700–1970 (Princeton 1996).

M. Landfester

→ Erziehung, rhetorische → Humanismus → Humanitas → Klassizismus, Klassik

Neulateinische Dichtung (engl. Neo-Latin poetry, frz. poésie néo-latine)

A.I. Def. – II. Historische Voraussetzungen und Wesenszüge. B. Gesch.: I. Die N. in Italien bis zum Ende des 16. Jh. – II. Die N. in Europa: Renaissance und Reformation. – III. Barock und Aufklärung.

A.I. Nach der Definition des Second International Congress of Neo-Latin Studies, Amsterdam 1973, ist unter N. die Gesamtheit des dichterischen Schaffens in lateinischer Sprache von ca. 1300 bis heute zu verstehen.[1] Da jedoch die Wandlung vom scholastischen Latein des Mittelalters zum Neulatein in einem Übergangsprozeß erfolgt, der erst um 1500 endet, ist es zweckmäßiger, den Beginn der N. dort anzusetzen, wo sich das Latein eines Autors im Zuge der vom Humanismus angestrebten sprachlichen und geistigen Erneuerung an einer aus dem Latein der Antike gewonnenen grammatischen Norm überwiegend zu orientieren beginnt.[2] Diesem Kriterium entsprechen zwar schon die dichterischen Versuche der Frühhumanisten A. Mussato und L. dei Lovati, doch gilt allgemein das lateinische Œuvre PETRARCAS als grundlegend für die N. Die Hauptepoche der N. umfaßt im wesentlichen die Zeitalter der Renaissance und des Barock, zum Teil auch noch das der Aufklärung. Während dieser Zeitspanne entsteht N. in einem Großteil von Europa und an einigen Bildungszentren Amerikas [3].

II. *Historische Voraussetzungen und Wesenszüge.* Autoren und Rezipienten der N. kommen zunächst aus jenem Personenkreis, der die neuen Bildungsgang des Renaissancehumanismus, die sogenannten *studia humanitatis*, durchlaufen hat. Aus den *septem artes liberales* des Mittelalters erwachsen, umfaßt das neue System der humanistischen Bildung die Sparten Grammatik, Rhetorik, Poetik, Geschichte und Moralphilosophie.[4] Es erfüllt somit von vornherein die Voraussetzungen für eine enge Verflechtung von Rhetorik und Poesie. Sowohl die Lehr- und Wandertätigkeit und der Briefverkehr einzelner Humanisten als auch der Zusammenschluß von Gelehrten und Dichtern zu philosophisch-literarischen Akademien, Sodalitäten und Kollegien trägt dazu bei, ein Gefühl der Zugehörigkeit zu einer Interessengemeinschaft zu erwecken, in der sprachliche, nationale und religiöse Grenzen mehr oder minder bedeutungslos werden. Das supranationale Kommunikationsmedium des Neulatein als gemeinsamer Besitz aller Gebildeten fördert im Renaissance-Humanismus die Entstehung eines Wertbewußtseins nicht nur in literarischen Belangen, sondern auch in Fragen der Bildung, der Ästhetik und des menschlichen Zusammenlebens. So verwirklicht sich im geistigen Bereich eine *res publica litteraria* [5] als ein von kirchlicher oder staatlicher Machtausübung nicht unmittelbar zu kontrollierender Freiraum. Hier vollzieht sich die Neuorientierung sämtlicher Bereiche des geistigen Lebens und damit auch der Dichtung im Sinne einer Neuschöpfung der Antike. Indem sich ein Dichter dafür entscheidet, lateinisch zu schreiben, wendet er sich bewußt an ein gebildetes Publikum im gesamten Europa und nicht ausschließlich an seine Mitbürger, mit denen er die Muttersprache gemeinsam hat. Traditionelle Unterschiede der Abkunft und des Standes treten gegenüber künstlerischen und wissenschaftlichen Kriterien zurück. In einer bis dahin streng ständisch geschlossenen Gesellschaft bietet die N. dem Talent eine Aufstiegsmöglichkeit, selbst wenn dieses aus einer im damaligen Sinn niedrigen Volksschicht stammt. [6] Zum Höhepunkt eines Poetenlebens wird die antikisierende Krönung zum *poeta laureatus*. Dieses Ritual, erstmals an Mussato 1315 vollzogen, hält sich, obwohl zeitweise inflationär entwertet, bis zum Anfang des 19. Jh. Der Anspruch auf einen hohen gesellschaftlichen Rang steht bei vielen neulateinischen Poeten allerdings im Gegensatz zur Realität. Die Repräsentanten der N. bieten das Bild einer «hundertgestaltige[n] Schar» [7], zu der Universitätslehrer, Kleriker, Höflinge, Ärzte, Juristen, Sekretäre, Beamte und Studenten zählen. [8] Geistliche und weltliche Machthaber betätigen sich als Mäzene aufkeimender Literaten. Innerhalb der *res publica litteraria* übernimmt das nunmehr nach philologischen Gesichtspunkten zu grammatischer Korrektheit und rhetorischer Eleganz zurückgeführte Latein als Sprache des Bildungswesens sowie als Verkehrs- und Literatursprache die Rolle des scholastischen Latein. Die Wiederentdeckung der Gesetze der lateinischen Metrik [9] und eine vertiefte Kenntnis der antiken Poesie befähigen die begabtesten Dichter des Humanismus schon im 15. Jh., den Schritt von der *imitatio veterum* (Nachahmung antiker Vorbilder) zur *aemulatio* (zum Übertreffen derselben) zu wagen. Dabei ist festzuhalten, daß der *imitatio*-Begriff von Anfang an ein bloßes Kopieren ausschließt. Ebenso wie die neulateinische Sprachform kein Abklatsch des klassischen Latein ist, sondern sich als wandelbar und facettenreich erweist und von jedem Dichter auf seine eigene Art gehandhabt wird [10], steht auch in der N. das Entlehnte in einem neuen Zusammenhang, der sich in vielen Fällen aus der Neuartigkeit des Stoffes ergibt. Auf die Spannungen etwa, die sich aus der Kollision christlicher Glaubensinhalte mit mythologischen Vorstellungen der antiken Dichtung ergeben, reagieren die einzelnen Vertreter der N. mit unterschiedlichen Lösungen (Paganisierung christlicher Vorstellungen, Vereinnahmung antik-heidnischer Begriffe für christliche Inhalte, synkretistischer Einbau antiker Götter in das christliche System oder Herabwürdigung derselben zu dienstbaren Geistern und bloßen Metaphern für Naturkräfte). [11] Das antike Vorbild wird oft dazu benützt, neue Erfahrungsbereiche zu erschließen. Dadurch gewinnt die N. manchmal eine Erlebnisdichte und Unmittelbarkeit, durch die sie nicht nur an die volkssprachliche heranreicht, sondern sie sogar übertrifft. [12] Nachahmung antiker Dichtung bedeutet daher nicht unbedingt Verzicht auf neuzeitliches Denken und Empfinden; vielmehr besteht die eigentliche Kunst in der N. darin, das thematisch Neue und Aktuelle in echt klassischem Gewande zu zeigen. [13]

Der Dichter der Frühen Neuzeit entspricht als Gebildeter dem Ideal des *poeta doctus et eruditus* [14] Er hat einen primär auf Vervollkommnung des lateinischen Ausdrucks ausgerichteten Bildungsgang durchlaufen und ist daher in diesem Idiom so bewandert, daß die Frage ‹Latein oder Nationalsprache› für ihn keinen Konflikt, sondern eine Wahlmöglichkeit bedeutet. [15] Wichtige Vertreter der Dichtkunst in den Nationalsprachen gehören oft auch gleichzeitig zu den führenden Repräsentanten der N. Aus dieser Personalunion ergibt sich für die Hauptepoche der N. das Phänomen einer Zweisprachigkeit, die mannigfache Einflüsse von der N. auf die volkssprachliche Dichtung wirken läßt und umgekehrt. Verstärkt wird diese Wechselbeziehung durch die Beschäftigung des rhetorisch versierten, die lateinische Sprache problemlos handhabenden Dichters mit seiner Muttersprache, nicht zuletzt auch als Frucht einer regen Übersetzungstätigkeit aus dem Lateinischen in die Landessprache und aus derselben ins Neulatein. [16] – Noch im 14. Jh. beginnt sich die N. im Gefolge der 'neuen Gelehrsamkeit' des Humanismus von Italien aus über andere Länder auszubreiten. An diesem Prozeß sind hauptsächlich Entwicklungen beteiligt, die von Italien ausgehen, vereinzelt aber auch solche, deren Ursprung nördlich der Alpen zu suchen ist, z.B. der Buchdruck. Ist es anfangs noch vorwiegend die Tätigkeit italienischer Humanisten, die die N. im Ausland verbreitet, so sorgt bereits im 16. Jh. der Zustrom ausländischer Studenten an italienische Universitäten für die Fortsetzung des Rezeptionsprozesses. Um die Mitte des 16. Jh. wird N. bereits im gesamten christlichen Europa geschaffen, von Kroatien bis Skandinavien, von Spanien bis Polen. Ein humanistisch ausgerichtetes Schulwesen, zu dessen Förderern protestantische Reformatoren ebenso gehören wie katholische Orden, stellt die N. auf eine breitere Basis. Der Kreis der lateinkundigen Produzenten und Rezipienten der N. umfaßt nun außer den schon genannten Gruppen auch Landadelige, Ordensleute, evangelische Prädikanten, Schulmeister, Kantoren und Lateinschulabsolventen. Der Erfolg der Gegenreformation läßt die N. in katholischen Ländern zur Domäne der Orden werden, hauptsächlich der Jesuiten, während sie in evangelischen Gebieten meist im Bereich der Schulen und Universitäten ihre Pflegestätte findet. War die Zahl der Publikationen auf dem Gebiet der N. seit der Erfindung des Buchdrucks größer als jene der volkssprachlichen, so kehrt sich das Verhältnis um 1600 um. Das geradezu selbstverständliche Nebeneinander von nationalsprachlicher und lateinischer Produktion findet sich in Deutschland noch weit über Opitz und Gryphius hinaus. Nach wie vor bleibt die N. in Theorie und Praxis eng mit der Rhetorik verknüpft [17], die weiterhin ganz im Zeichen der *Latinitas* steht. [18] Das Interesse der N. gilt im Barock vor allem der Präsentation von Ideen nach den Regeln der Rhetorik unter Ausschöpfung der artistischen Möglichkeiten der Sprachgebung in gedanklicher und formaler Hinsicht. Vielfach werden nun rhetorische Mittel auch dann eingesetzt, wenn sie von der Sache her nicht zwingend gefordert sind, sodaß man von einer zunehmenden Rhetorisierung sprechen kann. [19] An der antiken Zielsetzung des *delectare, docere, movere* (des Unterhaltens, Belehrens und Rührens) wird nach wie vor festgehalten. [20] Die N. widmet sich mit Vorliebe der epideiktischen Gelegenheitsdichtung; sie gewinnt dadurch einen festen Platz in den sozialen und religiösen Strukturen des öffentlichen Lebens ebenso wie in der privaten Sphäre. Vorbilder gleichsam durchschimmern zu lassen, gehört zum Wesen der N. und wird von ihren Vertretern als Qualitätsmerkmal angesehen. [21] Bei der Beurteilung neulateinischer Sprachkunstwerke können zwar Kategorien wie Empfindungs-, Stimmungs- und Gefühlsgehalt nicht die Hauptrolle spielen, doch findet die N. in vielen Fällen auch den richtigen Ausdruck für Naturerfahrung und persönliches Erleben. Wenn auch gewisse Prinzipien der neulateinischen Poetik (Nachahmung, Lehrhaftigkeit) bis zum Ende der Hauptepoche der N. als gültig angesehen werden, stehen sie letzten Endes doch im 18. Jh. manchen neuen Kategorien der nationalsprachlichen Dichtung (Originalität, Spontaneität) entgegen. Dadurch ergibt sich für den sowohl neulateinisch als auch volkssprachlich dichtenden Autor ein Konflikt, den er in der Regel zugunsten seiner Muttersprache entscheidet. Den vom literarischen Manierismus ausgelösten, auffälligen Stilwandel kann die N. noch einigermaßen unbeschadet überstehen; auch für die einerseits anakreontisch-rokokohaften, andererseits rationalistisch-klassizisierenden Strömungen innerhalb des literarischen Barock bleibt ihr noch ein ausreichender Rest integrativer Kraft. Sobald jedoch in der 2. Hälfte des 18. Jh. eine völlig subjektivierte und individualisierte, primär auf Gefühle und Empfindungen ausgerichtete Ästhetik einen generellen Paradigmenwechsel in der Dichtkunst hervorruft, wird der N. weitgehend der Boden entzogen. An die Stelle der *imitatio veterum* tritt die Nachahmung der Natur, das Gedicht wandelt sich zur *oratio sensitiva perfecta* (vollkommenen sinnlichen Rede). Mit dem Zerbrechen der für sie lebenswichtigen Synthese von Rhetorik und Poetik büßt die N. gegen Ende des 18. Jh. ihre literarische Bedeutung ein. [22]

B.I. *Die N. in Italien bis zum Ende des 16. Jh.* Von Petrarca bis um die Mitte des 15. Jh. bleibt die N. eine Domäne der Italiener. Zwar überwiegt in der literarischen Produktion noch die Prosa, doch gelingen den italienischen Humanisten bereits die ersten bedeutenden

Leistungen auf den Gebieten der *Epik* (PETRARCA, ‹Africa›; T. V. STROZZI, ‹Borsias›), der *Bukolik* (Petrarca, Boccaccio, C. Salutati) und der *Lyrik* (C. Marsuppini, G. Aurispa, M. Vegio, E. S. Piccolomini, A. Beccadelli). Florenz, Neapel, Ferrara und Rom bilden die wichtigsten Pflegestätten der N. Während im 15. Jh. neben Vergil vor allem die Heroiden Ovids, die Elegien Tibulls und die Epigramme Martials zu Vorbildern genommen werden, kommen für die Dichter des Cinquecento auch Catull, Statius, Lukrez und Horaz in Betracht. Wichtig für die Erweiterung der Thematik der N. wird um 1500 die neu entdeckte ‹Anthologia Graeca›. Als neue Zentren der N. etablieren sich der Hof Papst Leos X. (A. Navagero, B. Castiglione, M. G. Vida, M. Flaminio, F. M. Molza) und Oberitalien (E. G. Crotti, P. Belmesseri). Die *Elegie* (G. PONTANO, A. POLIZIANO), die *Heroide* (B. CASTIGLIONE), das *Epigramm* (M. MARULLUS, E. STROZZI), die *bukolische Idylle* (B. MANTUANUS, G. AMALTEO, J. SANNAZARO, N. Parthenius, G. Pontano, L. Gambara), das heroischpanegyrische und das religiöse *Epos* (M. Vegio, P. Cerrato, J. Sannazaro, B. MANTUANUS ‹Alfonsus›, M. G. VIDA ‹Christias›) und das epische *Lehrgedicht* (G. Pontano, M. G. Vida, G. Fracastoro ‹Syphilis›, A. PALEARIO, M. PALINGENIO ‹Zodiacus vitae›) gehören zu den bevorzugten Gattungen. Nach vielversprechenden Anfängen auf dem Gebiet der *Tragödie* (A. Loschi, L. Dati), der *Komödie* (P. Vergerio, L. Bruni, A. Barzizza) und der *Posse* (S. Polenton, U. Pisani) stagniert die Dramenproduktion Mitte des 15. Jh., um nach 1500 (C. und M. Verardi, G. Armonio, E. Galli) wieder einzusetzen und im Teilbereich der Komödie nahtlos in die volkssprachliche Literatur überzugehen. Auch bei den Epikern und Lyrikern Italiens verlagert sich im Laufe des 16. Jh. das Schwergewicht auf Werke in italienischer Sprache; beispielsweise ist der lateinische Anteil am Schaffen L. ARIOSTOS und T. TASSOS bereits verhältnismäßig klein.

II. *Die N. in Europa: Renaissance und Reformation.* Die anfangs des 16. Jh. in Basel gedruckten Gesamtausgaben der italienischen Klassiker des Neulatein (z. B. Petrarca, Boccaccio, Valla, Poliziano) tragen ebenso wie die von reisenden italienischen Humanisten geschaffenen Kontakte dazu bei, daß die N. auch nördlich der Alpen in der Zeit zwischen 1450 und 1550 ihren festen Platz findet. An Artistenfakultäten und höheren Schulen (Basel, Straßburg, Schlettstadt, Augsburg, Nürnberg, Köln, Heidelberg, Erfurt, Tübingen, Ingolstadt, Leipzig, Wien) setzen sich humanistische Bildungsgruppen gegen die herrschende Scholastik durch und verbreiten die neulateinische Sprachnorm in der Dichtung.[23] Zu den Wegbereitern dieser Entwicklung gehören C. CELTIS, E. CORDUS und U. VON HUTTEN. Um Zentralpersönlichkeiten wie diese scharen sich oft ganze Dichterkreise, z. B. in Erfurt (H. E. HESSIUS, E. CORDUS, J. MICYLLUS, J. Camerarius) und Wittenberg (MELANCHTHON, G. SABINUS, J. Stigel; jüngerer Kreis: J. MAJOR, F. Widebram, B. Seidel). Den künstlerischen Höhepunkt erreicht die N. in Deutschland mit P. LOTICHIUS Secundus, der Einflüsse der antiken römischen Lyriker mit dem Besten vereinigt, was die Klassiker der N. in Italien (Sannazaro, Navagero, Vida, Flaminio) zu bieten haben. Neue Inhalte ergeben sich für die N. aus der *religiösen* Problematik der Zeit. Zur rein theologischen Polemik (J. Wimpfeling, S. Brant, A. W. v. Themar) gesellt sich der Glaubenseifer im Zusammenhang mit der Reformation, der zuweilen in poetische Invektive ausartet (J. Pollius, T. Naogeorg, J. D. Heß). Hingegen spiegelt sich Religiosität in persönlich verinnerlichter Form in zahlreichen *poemata sacra* wider (J. Stigel, A. Siber, G. Fabricius, J. Dantiscus, J. Mylius). Die Bibel als Quelle neulateinischer Lyrik liefert den Stoff für Psalmenparaphrasen (H. E. Hessus, C. Rittershusius). Für die religiöse Lyrik werden gelegentlich auch Formen der Silbernen Latinität, der römischen Spätzeit (Claudian) und der christlichen Dichtung der Spätantike als Vorbilder herangezogen (Hymnen von G. Fabricius, A. Siber), ansonsten bedienen sich die deutschen Neulateiner des 16. Jh. des gesamten Formenschatzes der lateinischen und in zunehmendem Maß auch der griechischen Antike. Nur selten treten formale und stoffliche Einflüsse aus der deutschsprachigen Literatur (G. Rollenhagen, J. Micyllus, S. Scheffer) sowie aus den romanischen Literaturen (G. Tilenius, J. Stigel) zutage. – Die *Epik* zeigt sich vor allem in Gestalt des biblischen (N. Frischlin, R. Walther), legendarischen (N. Chythraeus, S. Frenzel), historischen (C. Stymmelius, S. Lemnius), dynastischen (J. Schosser, J. Bocer), biographischen (G. Calaminus, M. Haslob), allegorischen (H. Bebel, J. Breidbach) und komischen Epos (F. Taubmann); man experimentiert mit Mischformen (J. Lauterbach, H. Seegger). Das große lateinische Heldenepos findet kaum mehr Anklang und wird von epischen Kleinformen wie Lehrgedicht (V. Opsopoeus, A. Mocker, B. Bylov), Landschafts- und Städtegedicht (C. Peucer, T. Keßler, F. Fiedler) und Reisegedicht (J. Micyllus, J. Camerarius, C. Bruschius, J. Lorichius) abgelöst. Die neulateinische *Bukolik* findet in Deutschland ihre Fortsetzung durch H. BEBEL (politische Ekloge), E. CORDUS, E. HESSUS und J. CAMERARIUS d. Ä. (zeitkritische Ekloge), wobei die pastoralen Elemente nur mehr der äußeren Einkleidung beliebiger Sachverhalte dienen oder – wie bei J. Heller – überhaupt verschwinden. Für Zeitkritik bedient sich die N. des 16. Jh. neben der Ekloge auch der *Satire* (J. Pollius, T. Naogeorg, J. Atrocianus, J. Maior, M. Abel). E. DEDEKINDS lateinische Satire ‹Grobianus› (1549) gibt einem ganzen Genre der didaktischen Literatur des 16. Jh. ihren Namen. Das *Epigramm* – der Begriff ist in der N. weit gesteckt und umfaßt im wesentlichen kurze, pointierte Gedichte in jambischen und daktylischen Versmaßen – findet seinen Meister in E. CORDUS, mit dem sich Autoren des 16. Jh. wie S. Lemnius, J. Lauterbach, N. Chythraeus, C. Bruschius, B. Brylov, A. Calagius, H. Conradin und S. Scheffer zu messen suchen. Mit ihren teils pointiert-satirischen, teils gnomisch-besinnlichen Epigrammen legen sie die Grundlage für die deutsche Epigrammdichtung des Barock. – Unter den ausgesprochen lyrischen Formen findet die *Elegie* die weiteste Verbreitung. Sie weist deutlich die Tendenz zu einem höheren autobiographischen Gehalt auf (P. Lotichius). Neben der dem Vorbild der italienischen Humanisten verpflichteten Liebeselegie (P. Lotichius, T. Scultetus) findet sich die Elegie in neuer Funktion, z. B. zum Ausdruck der Beziehung des Menschen zur Natur (M. Haslob) oder der Verheißung der Unsterblichkeit für den Dichter (G. Sabinus, G. Mylius). Für Klagen über den schlechten Zustand der Künste und Wissenschaften (J. Gigas, J. Seccervitius) muß die Elegie ebenso herhalten wie zu deren Lobpreis (J. Boemus, H. Osius). Dem im epischen Bereich verbreiteten Hang zur Lehrhaftigkeit entspricht ein reiches Angebot an *didaktischer Lyrik* (J. Schosser, J. Caselius; Schulreden in Hexametern und elegischen Distichen erfreuen sich zunehmender Beliebtheit (J. Major). Briefelegie und *Heroide* gewinnen neue Dimensionen, was Ausmaß und Befrachtung mit neuen Inhalten betrifft. H. E. Hessus und J. Stigel setzen allegorische Begriffe an die Stelle wirklicher Absender und Adressaten, A. Munzer benützt die Heroide als Mittel der Aufforderung zum Türkenkrieg und G. Calaminus zum Zweck eines Überblicks über die europäische Geistesgeschichte. Zeitgeschichte und Zeitkritik finden sich in den Elegien von A. Siber, S. Schirrmeister und M. Menzel. C. Celtis führt den Begriff der *Ode* für das neulateinische Kunstlied in die neuere Literatur ein. Er und sein Schüler J. LOCHER regen die Vertonung antiker und neulateinischer Oden in vierstimmigem Satz unter Beachtung der Silbenquantitäten an (P. Tritonius, P. Hofhaimer). Während die pindarische Ode fast nicht vertreten ist, werden von den horazischen Odenmaßen besonders die sapphische und die asklepiadeischen Strophen nachgeahmt und auch parodiert (M. Berg, M. Lauban). Weitere Vorbilder für Parodien bieten Catull und Martial (J. Burmester). [24]

Den vom Umfang her größten Beitrag zur neulateinischen Lyrik des 16. Jh. liefert die *Gelegenheitsdichtung* in Form poetischer Beiträge zu denkwürdigen Ereignissen im Menschenleben. Meist nach spätantiken Vorbildern neu eingeführt oder schon völlig ausgebildet aus Italien übernommen werden Formen der weltlichen Gelegenheitspoesie. Es entstehen unzählige Geburts- (Genethliaca), Hochzeits- (Epithalamia), Abschieds- (Propemptika, Apobateria), Dank- (Paideutria), Lob- (Encomia), Glückwunsch-, Empfehlungs- und Heischegedichte sowie Epicedia, Epitaphia, Threnodiae, Naeniae und Tumuli für Verstorbene. Grenzüberschreitungen zwischen den einzelnen Kategorien sind nichts Seltenes. Lyrische Gedichte werden oft in bunter Folge als *Sylvae* publiziert (H.E. Hessus, C. Vomelius). Die *poetische Fabel* ist vertreten durch H. Osius (Fabelelegie), L. Lossius (Fabel als Schulactus), J. Posthius und H. Schopper (Fabelepigramm) und P. Candidus (Fabelode). – Um die Mitte des 16. Jh. entsteht v.a. unter dem Einfluß der französischen Dichtung (P. Ronsard, Dichter der ‹Pléiade›) eine neue Strömung innerhalb der N., die weitgehend dem Conceptismus bzw. *Manierismus* der volkssprachlichen Literaturen Europas entspricht. Kennzeichnend für den neuen Stil sind sprachliche Experimente (concetti, argutiae), die sich in gekünstelten Wort- und Klangspielen, Summationsschemata, übersteigerten Asyndeta, Worthäufungen, geistreich zugespitzten Gedankenspielen, witzigen und überraschenden Einfällen, weit hergeholten Bildern und Metaphern in verschnörkelter Redeform und unter Verwendung eines ausgefallenen, von Archaismen, Diminutiven und nachklassischen Ausdrücken durchsetzten Vokabulars äußern. Martial wird zum manieristischen Mode- und Musterautor. Poetische Formen, die der neuen Dichtungsart entgegenkommen, sind das auf A. Alciati zurückgehende, bis zum Ende der Barockpoesie häufig anzutreffende *Emblemgedicht* (J. Camerarius d.J., J. Sambucus), ferner das Akrostichon, das Telestichon, das Anagramm (J. Rosefeldt), das Enigma sowie das Dialog-, Echo- und Figurengedicht und Gedichtformen, bei denen z.B. alle Wörter innerhalb einer Verszeile alliterieren (Ph. Nicolai). Die neue Concetti-Manier zeigt sich am ausgeprägtesten bei P. MELISSUS und J. POSTHIUS, in abgeschwächter Form auch bei N. Chythraeus und N. Frischlin. Im Gefolge dieser Autoren befinden sich N. Reusner, F. Taubmann, J. Lauterbach, G. Calaminus und G. Tilenius. Ein gesteigerter Hang zu gekünsteltem oder pointiertem Ausdruck kennzeichnet M. Zuber, B. Bylov, T. Scultetus und insbesondere C. Barth, der seine Sprache zu barockem Schwulst steigert. W. Alardus führt den neuen Stil in die geistliche Dichtung ein. Als Vorläufer der deutschen Anakreontiker des 16./17. Jh. erweisen sich die Neulateiner Gabriel und Georg Rollenhagen, S. Mynsinger und J. Fabricius. Wie in Italien, so entsteht auch nördlich der Alpen das neulateinische *Humanistendrama* aus der Rezeption des römischen Dramas der Antike. Vorbilder sind Seneca für die Tragödie und Terenz, seltener Plautus, für die Komödie. Das Schauspiel findet seine Heimstatt im Lateinunterricht der höheren Schulen und im Rhetorikbetrieb der Universitäten. Frühe Beispiele stammen von J. Wimpfeling (Gesprächsstück), J. Reuchlin (literarische Komödie), J. Locher (zeitgeschichtliche Staatsaktion) und C. Celtis (allegorisches Festspiel). An neuen Formen entstehen die Tragikomödie (J.V. Kitzscher) und die seltenere *Comitragoedia*. Neben den populären Heiligen- und Bibeldramen – führend die Niederländer G. MACROPEDIUS und W. GNAPHAEUS, dessen ‹Acolastus› eine ganze Kette von *Prodigus*-Spielen nach sich zieht – entwickelt sich die humanistische Komödie weiter (P. Dasypodius, C. Stymmelius). Im Zusammenhang mit der Reformation übernimmt das Drama die Funktion der religiösen Propaganda; es entsteht das Schuldrama mit ausgeprägt moralisch-didaktischer Tendenz (S. BIRCK) und die religiöse Tendenzstück protestantischer (T. NAOGEORG) und katholischer Prägung (H. Ziegler, J. Schöpper). Letzteres bildet den Vorläufer für das um die Jahrhundertmitte einsetzende Jesuitendrama, das sich anfangs am Humanistendrama orientiert (J. PONTANUS) dessen Entwicklung jedoch nach einigen Jahrzehnten einerseits zum Bekehrungsstück (M. Rader, J. Gretser), andererseits zum höfischen Ausstattungsstück (A. Fabricius, G. Agricola) hinführt. Das Drama des Späthumanismus legt seine Funktion als scholastisches Erziehungsmittel ab (N. FRISCHLIN) und dient nun – v.a. an seiner Hauptpflegestätte Straßburg – primär der Unterhaltung der Bürger. Daneben zeitigen die Beschäftigung mit dem antiken griechischen Drama und der Einfluß des in Frankreich tätigen schottischen Neulateiners G. BUCHANAN bei einzelnen Autoren (G. Calaminus, Th. Rhodius) Ansätze zur Entstehung einer klassizistischen Tragödie. Auf die bedeutenden Beiträge der *übrigen Länder Europas* kann nur kurz verwiesen werden. Relativ früh ist die N. im südslawischen und ungarischen Raum (J. Pannonius, G. Sisgoraeus, M. Marulus) vertreten. Mit D. ERASMUS VON ROTTERDAM, J. SECUNDUS, J. Lernutius und J. Dousa sen. und jun. werden die Niederlande ebenso richtungsweisend in der neulateinischen Lyrik wie mit W. GNAPHAEUS, G. MACROPAEDIUS und C. SCHONAEUS im Drama. Frankreich erlebt die Hochblüte der N. mit dem ‹französischen Horaz› S. MACRIN, einer Fülle ebenso bedeutender Lyriker (J. DU BELLAY, die Poeten der sog. ‹Pléiade›, N. Bourbon, J. Dampierre, E. Dolet, J. Dorat, C. d'Espence, A. Turnèbe, Th. Bèze, M. de l'Hospital, J. Bonnefons), der Emblematikerin G. de Montenay und Dramatikern wie M.-A. MURET und F. ROULIER; Polen strebt mit J. KOCHANOWSKI, J. DANTISCUS und S. SIMONIDES dem Höhepunkt der N. zu, Dänemark mit E.M. GLAD. Die neulateinische Lyrik der Engländer, manchmal in der Vertonung durch die Dichter selbst (J. Leyland, T. Campion), die Epigramme des Walisers J. OWEN, die Dramen und Psalmenparaphrasen des Schotten G. BUCHANAN und einzelne Spitzenleistungen des universitären Schuldramas (J. Foxe, R. Legge, W. Gager, W. Alabaster) verbreiten den guten Ruf der N. Britanniens auf dem Kontinent, während die neulateinischen Dichter der iberischen Halbinsel (außer L. SIGEA, J. MALDONADO, H. CAYADO) trotz hoher Qualität im übrigen Europa eher unbekannt bleiben.

III. *Barock und Aufklärung.* Im 17. und 18. Jh. ist ein schrittweiser Übergang von der neulateinischen zur volkssprachlichen Dichtung festzustellen; dieser Prozeß vollzieht sich in europäischen Randgebieten später als etwa in Italien oder Frankreich. Der Schwerpunkt des lateinischen literarischen Schaffens verlagert sich auf die wissenschaftliche Kunstprosa. Für die N. bilden die zu Anfang des 17. Jh. publizierten *Deliciae*-Anthologien des Niederländers J. GRUTER [25] gleichsam die Schwelle zur neulateinischen Barockdichtung. – Die Vertreter des neulateinischen *Barockepos* pflegen nicht nur traditionelle Fomen weiter, z.B. das religiöse (U. Bollinger, A. Gryphius, G.B. Pinelli, F. Vavasseur, B. Peireira), das historische (L.B. Neumann) und das panegyrische Epos (C.F. Sangerhausen); sie führen die epische Sonderform des Lehrgedichts zur Hochblüte (R. Rapin, J. Vanière, P. Giannetasio). Innerhalb der Tradition des Lehrgedichts entsteht europaweit eine antilukrezische Strömung (D. Heinsius, M. de Polignac, B. Stojkovic). Eine besondere Vorliebe zeigt die Barockepik auch für aktuelle Themen, z.B. für die Entdeckung der Neuen Welt (U. Carrara, V. Placcius, Q.A. Mickl), Türkenkriege (J. Kalinski, J. Latinus, L. Répszeli) und andere Ereignisse der Zeitgeschichte (L. Boieris, M. Capellari). Während für die Mehrzahl der neulateinischen Barockepen Vergil, gelegentlich auch Silius und Statius das Vorbild liefern, entsteht in Österreich (L. Debiel, F.X. Maister, F. Dolfin) und Ungarn (P. Schez, S. Varju, A. Adányi) im 18. Jh. eine Epostradition, die sich an Ovid orientiert. [26] Zum Hort der neulateinischen *Lyrik* werden im 17. Jh. die katholischen Orden, insbesondere die Gesellschaft Jesu. Lyriker wie M. Barberini (Psalmenparaphrasen), J. Bidermann (Heroiden), J. BALDE (Oden, Epoden, Satiren), J. Caselius (gnomische Spruchdichtung), M.K. SARBIEWSKI (Oden, Dithyramben), R. zum Bergen (Gelegenheitsgedichte), J. COMMIRE (Elegien), J. de Santeul (Hymnen), S. RETTENPACHER (Oden), J.B. Premlechner (Horazparodien) und Michael Denis (religöse Lyrik) erfreuen sich zu ihrer Zeit allgemeiner Anerkennung. Die Niederlande bleiben ein Zentrum der neulateinischen Lyrik (H. Grotius, D. und N. Heinsius, P. Burmann sen. und jun.). Aber auch in den protestantischen Teilen Deutschlands wird die Lyrik in lateinischer Sprache vor allem auf akademischer Ebene (J.M. Meyfart, H. Crusius, C.F. Sangerhausen) und im religiösen Bereich (M. Moller, W.H. von Hohberg, J.S. Misander) weiter gepflegt. Jede Charakteristik deutscher Barockdichter wie J. Heermann, J.V. Andreä, C. Barth, J. Lauremberg, J.W. Zinkgref, A. Buchner, M. Opitz, J.M. Moscherosch, S. Dach, P. Fleming, A. Tscherning, J. Rachel, C. Kaldenbach, J.M. Schneuber, A. Gryphius, J.P. Titz, H. Mühlpforth, D.G. Morhof, C. Gryphius oder J.G. v. Eckhardt bleibt ohne Berücksichtigung ihrer neulateinischen Arbeiten unvollständig. [27] Ähnliches gilt für Dichter des 17.-18. Jh. im skandinavischen Raum (V. Bering, A.F. Werner, L. Holberg). Das Epigramm kommt formal den *argutiae* der Barockdichtung besonders entgegen und findet daher besonderen Anklang (C. Janus, F. Vavasseur, H. Harder, Z. Lund). Manieristische Spielarten der Lyrik wie Emblemgedicht (G. Rollenhagen, H. Hugo, W. Westhovius), Anagramm, Chronogramm und Figurengedicht leben im Barock in der N. Deutschlands fort (J.S. Wieland, F.D. Stender). Die neulateinische *Fabel* findet in Frankreich des 17.-18. Jh. ihre Heimstatt (E. Ménage, E. Le Noble, G.-F. Le Jay, F.-J. Desbillons). In England gehen die lyrischen Formen der klassischen Antike zwar weitgehend in die nationalsprachliche Dichtung über, doch verfassen z.B. die ‹Metaphysical poets› R. Crashaw, J. Donne und G. Herbert, ja selbst noch Vorläufer und Vertreter der Romantik (T. Gray, W.S. Landor) Gedichte in lateinischer Sprache. Verschiedene im 16. Jh. ausgeprägte Erscheinungsformen des neulateinischen *Dramas* finden im 17. Jh. ihre Fortsetzung bzw. ihren Abschluß. Dazu gehören von 1603 bis 1621 das zum bürgerlichen Großereignis aufgerückte Ausstattungsdrama der Straßburger Akademie (H. Hirtzwig, J.P. Crusius, C. Brülov) [28], die Schultragödie in protestantischen Regionen (J. Wolther, M. Virdung, A. Wichgreve, D. Heinsius, H. Grotius, J.S. Wieland, J. Lauremberg, A. Möller, P.E. Schröter, F. Flayder), die studentische Posse (J.W. Zinkgref), das Schuldrama an den englischen Universitäten (R. Burton, G. Ruggle, S. Brooke, W. Mewe, J. Rickets, A. Cowley) und das katholische Ordensdrama (J.D. Kalinski, S. Rettenpacher, Q.A. Mickl), insbesondere aber die von Rader und Gretser initiierte Richtung des Jesuitendramas (J. BIDERMANN). Zum Bekehrungsstück treten nun als weitere Varianten das Märtyrerdrama, das Eremitenstück und die Staatstragödie. Ab dem zweiten Drittel des 17. Jh. orientiert sich das neulateinische Jesuitendrama teils am französischen Kunstdrama (J. Masen, G. Le Jay, M. Denis), teils setzt es die Tradition des höfischen Ausstattungsstückes fort (N. Avancini, J. Simons). In der zweiten Hälfte des 17. Jh. beginnt die Endphase des Jesuitendramas. Die Bühnenfestspiele nach der Art Avancinis nehmen am Wiener Kaiserhof den Charakter vaterländischer Aktionen an, steigern sich durch den Einsatz von Musik, Tanz und Bühnenmaschinerie zur 'Jesuitenoper' (A. Pizzo, J.B. Adolph) und weichen schließlich nach Auflösung des Ordens (1772) der italienischen Oper. Mit Stücken, die z.T. das Vorbild Corneilles erkennen lassen, versiegt die Tradition des lateinischen Jesuitendramas an provinziellen Spielorten (Görz, Laibach, Klagenfurt). [29]

Anmerkungen:
1 J. Ijsewijn: Companion to Neo-Latin Studies (Löwen 1990) V. – **2** H.G. Roloff: Nlat. Lit., in: Propyläen Gesch. der Lit., Bd. 3 (1984) 196–230. – **3** M.B. Jáuregui: La poesía en latín in Iberoamérica, in: Acta conventus Neo-Latini Amstelodamensis (1979) 149–174. – **4** N. Mout: Der Humanismus in der Renaissance, in: N. Mout (Hg.): Die Kultur des Humanismus (1998) 11–26. – **5** auch *res publica litterarum* oder *res publica litteratorum*, eine aus der objektiven Konvergenz des Wollens der im humanistischen Sinn Gebildeten entstandene Gemeinschaft; vgl. Roloff [2] 200. – **6** ebd. 199; H.C. Schnur: Nachwort, in: Lat. Gedichte dt. Humanisten (1966) 483–505, hier 501. – **7** J. Burckhardt: Die Kultur der Renaissance in Italien [= Athenaion-Reprint 7902] (o.J.) 198. – **8** Mout [4] 11. – **9** Schnur [6] 483ff; W. Ludwig: Die neuzeitliche lat. Lit. seit der Renaissance, in: F. Graf (Hg.): Einleitung in die lat. Philologie (1997) 323–356, hier 344. – **10** Roloff [2] 205. – **11** K.O. Conrady: Lat. Dichtungstradition und dt. Lyrik (1962) 293ff; O. Kluge: Die nlat. Kunstprosa, in: Glotta 23 (1935) 55. – **12** G. Ellinger: Gesch. der nlat. Lit. Deutschlands im 16. Jh., Bd. 1 (1929) 337. – **13** W.T. Elwert: Die nlat. Dichtung des Humanismus, in: A. Buck, Renaissance und Barock (= Neues Hb. der Literaturwiss., Bd. 9) (1972) 91f. – **14** Roloff [2] 199. – **15** Ellinger [12] Bd. 1, 334. – **16** Roloff [2] 199; z.B. Dante (M. Rontus, C. Salutati), Petrarca (C. Landini, T. Raius, G.F. Bonamici, P. Agonius), Ariosto (A. Cruceus, J. Pérez), Camoes (T. de Farina), Milton (L.B. Neumann). – **17** *proxima cognatio* (sehr enge Verwandtschaft): Cic. De or. III, 27; I, 70; Or. 67. – **18** Barner 252; Conrady [11] 42ff. – **19** ebd. 94. – **20** J.B. Noghera: Oratoriae, ac poeticae institutionis pars prior (Wien 1763) 354. – **21** Ellinger [12] Bd. 1, 349. – **22** C. Ottmers: Rhet. (1996) 51. – **23** H. Rupprich: Die Frühzeit des Humanismus und der Renaissance in Deutschland (ND 1964). – **24** G.

Ellinger: Dt. Lyriker des 16. Jh. (1893) XXIX. – **25** Delitiae c[larorum] poetarum Italorum [... Gallorum, ... Belgarum, ... Germanorum] (1608ff.); Muster für *Deliciae*-Anthologien anderer: Deliciae poetarum Danorum [... Scotorum, ... Ungarorum]; Carmina illustrium poetarum Italorum; Corpus illustrium poetarum Lusitanorum. – **26** L. Szörényi: De carminibus heroicis..., in: Acta conventus Neo-Latini Amstelodamensis (1979) 964–975. – **27** G. Ellinger, B. Ristow: Nlat. Dicht. Deutschlands im 16. Jh., in: RDL², Bd. 2, 645; Barner 25 f. – **28** A. Jundt: Die dramatischen Aufführungen im Gymnasium zu Straßburg (Straßburg 1881). – **29** K. Adel: Das Wiener Jesuitentheater und die europ. Barockdramatik (Wien 1960) 100.

R. Hinterndorfer

→ Aemulatio → Ars poetica → Aufklärung → Barock → Dichtung → Drama → Epos → Gebundene / Ungebundene Rede → Gelegenheitsgedicht, -poesie → Humanismus → Imitatio auctorum → Kunstprosa → Lyrik → Manierismus → Metrik → Poetik

New Criticism

A. Def. – B. I. Historische Entwicklung. – II. Dichtungstheorie, Terminologie, Rhetorik. – III. Literaturdidaktik. – IV. Historisierung und Defizite. – V. Wirkungsgeschichte.

A. Der Begriff ‹N.› steht für die im anglo-amerikanischen Bereich bedeutendste und einflußreichste Richtung der Literaturkritik des 20. Jh. In scharfem Kontrast zu positivistischen, biographiezentrierten oder impressionistischen Deutungsprinzipien verstehen sich die Begründer dieser Sonderform der werkimmanenten Textinterpretation (u.a. J.C. RANSOM, A. TATE und C. BROOKS) in ihren theoretischen Darlegungen und in ihrer textanalytischen Praxis sowohl als eine Komplementärbewegung zur historisch-textkritischen Philologie als auch als eine Gegenbewegung zu kontextorientierten literaturwissenschaftlichen Explikationstechniken. Trotz jeweils unterschiedlicher Akzentuierungen werden alle New Critics, wiewohl sie in Detailfragen durchaus konträre Ansichten vertreten, geeint durch die Grundüberzeugung, daß allein das literarische Kunstwerk, definiert als irreduzibles Mittel originärer Welterkenntnis, der legitime Gegenstand der textanalytischen Praxis sei. Markante Kennzeichen der neukritischen Rhetorik (Rekurs auf Metaphern und Analogien, synthetisches Denken, szientistische Terminologie) befinden sich im Einklang mit dekadentypischen Denkstrukturen des 50er Jahre und können die erfolgreiche Institutionalisierung des N. in diesem Zeitraum zum Teil erklären. Vor allem aufgrund der weiten Verbreitung der bis heute populären Technik des *close reading* erweist sich der N. als eine bis in die aktuelle Gegenwart einflußreiche Methode der Literaturdidaktik. Zudem finden sich einige seiner tragenden Prinzipien – mitunter unreflektiert – in heute dominanten Interpretationsmethoden wieder.

B. I. *Historische Entwicklung.* Gerade weil die Grundpositionen des N. in Polemiken häufig nur inadäquat, d.h. entweder karikaturistisch verzerrt oder literaturtheoretisch simplifizierend wiedergegeben werden, ist es hilfreich, zur präzisen Differenzierung seine historische Entwicklung in zwei Phasen zu unterteilen. In einer ersten Phase (30er und frühere 40er Jahre) ist den ersten Vertretern der neukritischen Bewegung an einer theoretischen Fundierung und exemplarischen Einzelinterpretationen gelegen. Im Zuge der beispiellos erfolgreichen Institutionalisierung des N. verliert die Methodik in einer zweiten Phase (von den späteren 40er bis Mitte der 60er Jahre) schließlich zunehmend und nachhaltig ihre einst-

mals südstaatliche Einfärbung und damit auch ihre ursprünglich kulturkritische Ausrichtung. Durch die Auswirkungen der gegenkulturellen Revolten der 60er Jahre auf die Selbstdefinition der Sozial- und Literaturwissenschaften verliert der N. seinen dominanten Einfluß auf die Praxis geisteswissenschaftlicher Forschung in den USA und Westeuropa.

Zu den wichtigsten Vorläufern des N. sind im anglo-amerikanischen Bereich insbesondere der frühe T.S. ELIOT und I.A. RICHARDS zu zählen. Aus T.S. Eliots (lyrik-)theoretischen Überlegungen übernehmen die Hauptvertreter unter den New Critics die Grundzüge seiner ‹impersonal theory of poetry›, von I.A. Richards die programmatische Insistenz auf textnahes Interpretieren und – bei zum Teil differenzierender definitorischer Bestimmung – literaranalytische Zentralbegriffe wie Inklusion, Synthese und Ironie. Schließlich muß auch der Richards-Schüler W. EMPSON zu den Wegbereitern des N. gezählt werden, da dessen Untersuchung zu ‹Seven Types of Ambiguity› (1930) zum Ausgangspunkt für neukritische definitorische Präzisierungen von Mehrdeutigkeit und Komplexität in literarischen Texten genommen wird.

Obgleich es sicherlich eine unzulässige Vereinfachung ist, die neukritische Bewegung retrospektiv als eine monolithische Gruppe oder Schule mit einer gemeinsamen rigiden methodischen Basis zu deuten, stehen ihre prominenten Apologeten jenseits individueller Differenzen und Akzentuierungen für gemeinsame kunsttheoretische und kulturphilosophische Positionen. Der Kreis zentraler Repräsentanten kann ziemlich eng gezogen werden. Inzwischen herrscht weitgehende Einigkeit, daß J.C. RANSOM (1888–1974; seine Monographie ‹The N.› von 1941 versah die Bewegung mit einem griffigen Namen), A. TATE (1899–1979) und C. BROOKS (1906–1994) zu den einflußreichsten und wichtigsten Begründern und Exegeten der neukritischen Idee, ihrer Theorie und Praxis, zu zählen sind. Daneben werden oft noch R.P. WARREN, W.K. WIMSATT, M.C. BEARDSLEY und R. WELLEK, bisweilen (aber seltener) auch R.P. BLACKMUR als für die Methodik repräsentative Literaturkritiker genannt.

Im engeren Sinne wurzelt der N. regional in den Südstaaten, seine ersten Theoretiker waren in den 20er Jahren als Mitglieder der sogenannten ‹Nashville Fugitives› der Vanderbilt-Universität Verfechter der konservativen, traditionalistischen Weltanschauung des Southern Agrarianism, durch den die neukritische Richtung ihr zivilisations-, industrialismus- und kapitalismuskritisches Gepräge erhält. [1] Es sind neben dem ‹Kenyon Review› vor allem fachwissenschaftliche Vierteljahreszeitschriften der amerikanischen Südstaaten (z.B. ‹The Sewanee Review› und die Neugründung ‹The Southern Review›), in denen die Diskussionen um die neue literaturkritische Richtung geführt und tragende Grundsätze der neukritischen Programmatik erstmals bündig ausformuliert und essayistisch kodifiziert werden. Für die ersten theoretischen Begründer der Methodik ist das Studium literarischer Werke eingebunden in eine umfassendere, ebenso interdisziplinäre wie kulturkritische Programmatik.

Der immer wieder stereotyp an den N. gerichtete Vorwurf, er habe einem ästhetizistischen Formalismus ohne Wirklichkeits- und Geschichtsbezug gehuldigt, führt in die Irre. Zwar impliziert die streng antipositivistische Grundausrichtung ganz unbestreitbar eine relative Geringschätzung des Einflusses von äußeren Faktoren wie Dichterbiographie, Rezeptionserwartungen oder sozial-historischer Hintergrund. Gleichwohl hat aber kein einziger der Begründer des N. jemals das literarische Werk dogmatisch als ein hermetisch geschlossenes System ohne Außenbezug definiert. Die meisten Polemiken gegen die neukritische Interpretationspraxis treffen somit in ihrem Kern weniger die äußerst differenzierten Verfahrensweisen der Begründergeneration als vielmehr diejenigen der Generation der Adepten und Epigonen, die, im Zuge einer Popularisierung und erfolgreichen Institutionalisierung, Textdeutungen manchmal einem mechanisch-orthodoxen, bisweilen gar dogmatischen, Schematismus unterwerfen. Erst für die zweite Generation der New Critics gilt, daß im Zuge formästhetischer Studien unter Berufung auf das Primat der Werkautonomie Fragen nach kontextuellen Einflüssen weitestgehend ausgeklammert und als Trugschlüsse bzw. sogar als wissenschaftliche Häresien gebrandmarkt werden.

II. *Dichtungstheorie, Terminologie, Rhetorik*. Dichtung ist für die New Critics eine ihrem Wesen nach synthetische Tätigkeit mit einem ihr eigenen kognitiven, d.h. erkenntnisstiftenden Leistungsvermögen. Für TATE z.B. begründet gerade die Zweckfreiheit großer Dichtung deren eminente Nützlichkeit, und zwar im Sinne einer korrektiven Relativierung rationalistisch-naturwissenschaftlicher Weltbilder, die sich, so Tate, durch das Unvermögen auszeichnen, den Paradoxien und Widersprüchlichkeiten der modernen Erfahrungswirklichkeit Rechnung zu tragen. Das Wissen der Literatur (vgl. den programmatischen Aufsatztitel ‹Literature as Knowledge› [2]) wird von den New Critics in Oppositionalität zum positivistischen Wissen der Naturwissenschaften definiert und letztlich als ein höherwertiges, da auf Ganzheit gerichtetes, eingestuft. Im Idealfall vermittelt große Dichtung, so eine der Prämissen des N., originäre Welt- und Selbsterkenntnis.

Im Zentrum der textinterpretatorischen Praxis der Gründergeneration steht die Ermittlung des prozessualen Charakters der Erkenntnisfunktion eines spezifischen Sprachkunstwerks, mithin also eine individuell variable, induktive, bisweilen detailverliebte, stets aber auf Integration und Synthese gerichtete Interpretation. Ziel des N. ist es also, in den Worten von BROOKS, «to force attention back to the text of the work itself» (die Aufmerksamkeit zurück auf den Text des Werkes selbst zu zwingen); eine Zielsetzung mit direkten methodischen Auswirkungen: «Such an emphasis naturally stresses a close reading of the text» (ein solcher Schwerpunkt betont natürlich eine intensive Textlektüre). [3] Textanalyse ist für die New Critics die werkgerechte, ‹impersonale› Untersuchung künstlerischer Mittel und ihrer Funktionen und Interfunktionen. [4] So kann die Arbeit an der Entwicklung und Präzisierung eines terminologischen Instrumentariums, das sorgfältig-dichte, minutiösgründliche, subtil-nuancierte Textdeutungen ermöglicht, als eine der herausragendsten Leistungen des N. auf dem Gebiet literaturwissenschaftlicher Grundlagenforschung bezeichnet werden. Dabei sollte freilich auch nicht verdrängt werden, daß gerade in der Phase der Institutionalisierung vereinzelte Schüler neukritische Terminologie lediglich oberflächlich übernehmen, um entweder altbewährte Methoden der klassischen Rhetorik wie Poetik, Metrik, Sprach- und Stilkritik in aktualisiertem Gewand zu präsentieren oder aber descriptive Detail- und Explikationsfreudigkeit *per se* zu einem Selbst- und Endzweck werden zu lassen.

Im Zentrum der neukritischen Dichtungstheorie der Begründergeneration steht die Suche nach dem epistemologischen Eigenwert der sprachkünstlerischen Aussage. Bedeutung erschließt sich für sie zuerst und einzig durch eine Analyse der Struktur und darf von dieser nicht isoliert ermittelt werden. Programmatisch formulieren sowohl Tate als auch Brooks: «[...] form is meaning.» [5] Aus der Prämisse von der erkenntnisstiftenden Leistung der Dichtung entwickelt RANSOM seine Lehre von der Doppelexistenz der Dichtung als *structure* (definiert als logisch-prosaischer Kern bzw. als Gegenstand oder Thema des Dichtwerks und damit als Verkörperung der denotativen Dimension der Sprache) und *texture* (bestimmt als alogische, konnotativ-poetische Dimension): «A poem is a *logical structure* having a *local texture*.» [6] Allein in der *texture* liegt nach Ransom die (lokale und damit lokalisierbare) Differenzqualität der dichterischen Sprache und Erkenntnis begründet.

Ist Ransoms Konzeption der Dichtung eine im Kern dualistische (getragen von den Oppositionierungen zwischen logischem Argument und logisch irrelevantem Detail, von Abstraktion und Konkretion), so fällt Tates lyriktheoretisches Modell ungleich dynamischer aus. Sein Kernbegriff der *tension* ist ein dialektisch konzipierter, der das in der Geschichte der abendländischen Rhetorik immens einflußreiche Konzept der Antithese in den Mittelpunkt der dichtungstheoretischen Überlegungen rückt: «The meaning of poetry is its ‹tension›, the full organized body of all the extension and intension we can find in it.» [7] Extension steht bei Tate für denotativ-logische und literale, Intension für konnotativ-suggestive und figurative (vor allem metaphorisch-analogische) Bedeutung. Gelungene Dichtung zeichnet sich laut Tate durch ein Höchstmaß an kunstfertig-artistischer, einheits- und ganzheitsstiftender Synthetisierung aus, durch «a unity of all the meanings from the furthest extremes of intension and extension.» [8]

Auf Tates Zentralbegriffe der Einheit und Synthese greift Brooks in seiner differenzierenden Weiterentwicklung des neukritischen Dichtungsverständnisses zurück. Während freilich Ransom und Tate die einheitsstiftende Funktion des Kunstwerks primär als eine «Einheit *in* Vielheit» begreifen, akzentuiert Brooks in seinen dichtungstheoretischen Überlegungen in Abgrenzung von seinen beiden Vorgängern den Aspekt der «Einheit *aus* Vielheit». [9] Brooks versteht (aus heuristischen Gründen) Dichtung als eine dramatische Struktur, in der der (werkimmanente) Kontext die komplexe Interfunktion der (disparaten) Teile organisiert, definiert und schließlich zu einer integrativen Lösung der Konflikte führt bzw. die denotativen und konnotativen Elemente in einem 'inklusiven Sinne' 'aufhebt'. Aufgrund seiner organischen Ganzheit wird das Kunstwerk nach Brooks zu mehr als der Summe seiner Einzelteile und damit letztlich irreduzibel. Kohärenz als die erfolgreiche Integration und zielgerichtete Modifikation vorgeblich disparater Teile wird somit zu einem entscheidenden Kriterium bei der Ermittlung literarischer Qualität. Seine Terminologie und Methodik gewinnt er durch die produktive Aneignung und Weiterentwicklung der deskriptiven Instrumentarien der rhetorischen Textanalyse.

Ironie, definiert als «the acknowledgment of the pressures of context» [10] bzw. als «recognition of incongruities» [11], Paradox (bestimmt als die der Lyrik eigene Form der Sprache: «paradox is the language appropriate and inevitable to poetry» [12]) und Metapher («the essence of poetry is metaphor» [13]) werden bei Brooks zu interpretatorischen Schlüssel- und Leitbegriffen, einerseits zur Bezeichnung der poetischen Technik der ästhetischen Fusion und andererseits als Belege für (in dieser Form einzigartige und für die Dichtung konstitutive) erkenntnis- und einheitsstiftende Mittel zur unmittelbaren Wiedergabe der vielschichtigen Erfahrung einer unermeßlich komplexen Welt.

In letzter Konsequenz wird das neukritische Theoriengebäude von der grundlegenden (obgleich stets vage gehaltenen) Prämisse getragen, daß Literatur *per se* eine imitativ-mimetische Funktion zukomme (nach Brooks ist ein gelungenes Gedicht immer auch ein «simulacrum of reality»[14]). Der in der Rhetorikgeschichte einflußreiche Begriff der *imitatio* wird – wie schon in der Antike[15] – umgewandelt zu einer poetologisch-ästhetischen Kategorie. Kunst ist für die New Critics freilich weder ursprünglich noch voraussetzungslos; sie konstituiert sich nicht durch eine ungebrochene *imitatio naturae*: «An illustration is just an instance, but an art-object is an individual» (eine Illustration ist ein bloßes Beispiel, ein Kunstobjekt aber ist ein Individuum).[16] Kunst bildet für die New Critics Natur und Erscheinungswirklichkeit nicht einfach ab, sondern erweckt allenfalls durch kunstfertige Konstruktion den Anschein der Natürlichkeit. Die Betonung der einmaligen Individualität des Kunstwerks schließt zudem zweierlei aus: das neukritische Mimesis-Konzept impliziert weder die ahistorische Nachahmung vorbildlicher Stilmuster noch eine ungebrochene Widerspiegelung von Realitätskategorien wie Wahrscheinlichkeit oder Notwendigkeit.

‹Wahr› wird ein Kunstwerk für die neukritischen Theoretiker erst durch seine einzigartige Komplexität, Dichte und Unmittelbarkeit, durch die spannungsvolle, auf Totalität abzielende Wiedergabe von Widersprüchlichem. Dies ist auch der Grund, warum Tate der Malerei in der Hierarchie der Künste einen höheren Rang zuweist als der Photographie; während diese, so Tate, lediglich reproduziere und damit auf der Stufe einer «mechanical imitation» verharre und deshalb «characterless» sei, vermittle jene im Idealfall aufgrund ihrer überlegten Einmaligkeit genuine Welt- und Selbsterkenntnis.[17] Damit erkennt Tate der Kunst partiell auch eine utopisch-kompensatorische Dimension zu: «If we were better men we might do with less of art» (wenn wir bessere Menschen wären, könnten wir möglicherweise mit weniger Kunst auskommen).[18] «Literaturkritik ist für die New Critics», so resümiert U. Halfmann, «als ein [...] Akt der Wahrheitsfindung immer indirekt von moralischer und sozialer Relevanz. Dichtung bietet zwar (ohne aufzuhören, Dichtung zu sein) keine Formeln und Rezepte zum Gebrauch, aber eine Diagnose, "a total view", zur Kontemplation. Sie ist nicht Propaganda, aber sie testet das Bewußtsein.»[19]

In ihren Beispielanalysen ist den New Critics primär an der Überwindung einer zunehmend als obsolet empfundenen Trennung zwischen Form und Inhalt gelegen. Bei der Wahl ihrer *exempla* für ihre formästhetischen Studien greifen alle drei führenden New Critics vorrangig auf solche poetischen Zeugnisse zurück, in denen sie ihre zentralen ästhetischen Ideale (Mehrdeutigkeit, Vielschichtigkeit, komplexe symbolische Argumentationsstrukturen) mustergültig verwirklicht sehen: Gegenstand ihrer Untersuchungen sind hauptsächlich die dichte, intellektuell anspruchsvolle und bilderreiche Sprache der ‹Metaphysical Poets› des früheren 17. Jh. (vor allem J. DONNE[20]) sowie Repräsentanten der modernistischen Lyrik wie T.S. ELIOT[21], R. JARRELL[22] und W.B. YEATS.[23] Auch im Bereich der Erzählliteratur bilden britische (z.B. J. JOYCE)[24] und amerikanische Klassiker der Moderne (vor allem W. FAULKNER; insbesondere Brooks hat dessen Werken in vier einflußreichen Monographien einen großen Raum in seiner späteren textexplikatorischen Praxis eingeräumt[25]) das bevorzugte Referenzsystem; auf dem Gebiet der Dramatik werden primär die Theaterstücke SHAKESPEARES zum Anlaß für Modellanalysen genommen[26] (das Interesse gilt freilich weniger dem bühnentechnisch versierten Theatermann als vielmehr, so ein programmatischer Aufsatztitel von Brooks, ‹Shakespeare as a Symbolist Poet›[27] bzw. der «nature of the dramatic poetry of Shakespeare's [...] style»[28]).

Es ist symptomatisch und muß als ein wesentlicher Kritikpunkt an der Dichtungstheorie des N. gelten, daß deren Ergebnisse – zumindest in der Begründungsphase – beinahe ausschließlich aus der intensiven Beschäftigung mit lyrischen Literaturformen gewonnen werden. Auch in ihren Prosadeutungen lassen sich die New Critics von einer deutlichen Vorliebe für literarische Kurzformen (insbesondere Short stories) und für punktuelle Interpretationen (z.B. die analytische Explikation einzelner Dramen- oder Romanszenen) leiten. Zudem gehen alle führenden Theoretiker des N. von einer weitgehend inflexiblen Gattungshierarchie aus (mit Lyrik als der komplexesten und am höchsten entwickelten Form der Literatur an der Spitze und ‹welthaltigen› Prosaformen wie satirischer, naturalistischer oder politischer Roman am Ende der Hierarchie). So ist der N. folgerichtig besonders augenfällig bei der forcierten Übertragung lyrischer Strukturprinzipien auf epische Großformen gescheitert (vgl. etwa Brooks Würdigung der herausragenden Leistungen des *Romanciers* Faulkner anhand von programmatischen Überschriften wie ‹Faulkner's Poetry›[29] und ‹Faulkner as a Nature Poet›[30]). So exemplifizieren gerade die herausragenden, auf Interpretationsprinzipien des N. rekurrierenden *close readings* der nachfolgenden Kritikergeneration zu Zeugnissen der amerikanischen Erzählliteratur des 19. Jh. (vorwiegend zu N. HAWTHORNE, H. MELVILLE und H. JAMES) durch den aufgrund der welthaltigen Inhalte erzwungenen Rückgriff auf werkexterne ideen- und kulturgeschichtliche Kontexte in auffälliger Weise, daß es der neukritischen Dichtungstheorie nicht gelang, ein *eigenständiges* narratologisches Instrumentarium zur Romananalyse zu entwickeln.

Außerdem belegen die neukritischen Beispielanalysen die deutlich normativen Implikationen des Selektionsmusters. Letzlich basiert die Auswahl der einzelnen *exempla* auf der Verabsolutierung des Stilideals von nur wenigen bevorzugten Epochen (frühe Neuzeit und Moderne). Zwar bleibt unbestritten, daß der N. eine analytische Terminologie bereitstellte, mit deren Hilfe die Beschreibung, Erschließung und Würdigung der experimentell-modernistischen Lyrik eines Eliot oder Pound erstmals möglich wurde. Gleichwohl münden in der Folge die korrektiven Akzente, die der N. auf dem Gebiet der Kanonbildung setzen will, ihrerseits in einem sehr engen Kanon, der die Zeugnisse der ethnischen Minderheiten-, der Frauen- und der Populärliteratur weitgehend ausgeschlossen hat.

III. *Literaturdidaktik.* Der Siegeszug des N. an den Colleges und Universitäten erklärt sich nicht zuletzt durch die Griffigkeit, Stringenz und Zugänglichkeit seiner literaturdidaktischen Praxis. Keineswegs zufällig ist auch der zeitliche Zusammenfall der institutionellen Hochkonjunktur des N. mit einem bildungspolitischen Programm zum extensiven Ausbau und zur sozialen Öffnung der geisteswissenschaftlichen Fakultäten amerikanischer Universitäten. Jedenfalls ermöglichte die Methodik des *close reading* literaturdidaktisch fundierten Unterricht in der Praxis auch an solchen Institutionen, wo den Studierenden keine üppig ausgestatteten Forschungsbibliotheken zur Verfügung standen.

Die Literaturtheorie des N. ist von Anbeginn an ein literaturpädagogisches Ethos gekoppelt; die New Critics sind entschiedene Verfechter der Einheit von (literaturwissenschaftlicher) Forschung und Lehre. Der Edition anspruchsvoller Unterrichtsmaterialien erkennen sie somit schon sehr früh eine hohe Priorität zu. So sind es vor allem vier höchst einflußreiche, gewissenhaft edierte und unprätentiös argumentierende (und bis weit in die 70er Jahre hinein immer wieder neu aufgelegte) Anthologien bzw. *textbooks*, deren Zugänglichkeit und methodische Transparenz entscheidend dazu beitrugen, den N. dauerhaft, nachhaltig und unangefochten in der literaturdidaktischen Praxis der ersten beiden Nachkriegsjahrzehnte als maßstabsetzende Interpretationsmethode zu etablieren, nämlich die von BROOKS in Zusammenarbeit mit R.P. WARREN und R.B. HEILMANN herausgegebenen Bände ‹An Approach to Literature› (1936), ‹Understanding Poetry› (1938), ‹Understanding Fiction› (1943) und ‹Understanding Drama› (1945).

Die populären literarkritischen Richtungen des späten 19. und frühen 20. Jh. zeichnen sich vornehmlich dadurch aus, daß sie das explikatorische Leistungsvermögen stringenter rhetorischer Analyse als sehr gering einstufen. Die Gegnerschaft der New Critics zu impressionistischen, positivistischen und historisch-philologischen Deutungstraditionen führt somit auch zu einer Neubewertung der Rhetorik (einschließlich ihrer pädagogischen Theorie) und der Renaissance rhetorischer Studien im universitären Literaturunterricht. Durch die hohe Priorität, die in neukritischen Textinterpretationen der Figuren- und Stilanalyse eingeräumt wird, wird die Rhetorik wieder zu einem unverzichtbaren Instrument der Textexegese: «The question of form, of rhetorical structure [...] is the primary problem of the critic» (die Frage nach der Form, nach der rhetorischen Struktur [zu stellen], ist die primäre Aufgabe des Kritikers).[31] Der N. setzt freilich auch einen deutlich anderen Akzent als die Hermeneutik der klassischen Rhetorik, wenn er Schriftlichkeit als eine Vorbedingung für Literarizität (und damit als einen Indikator für ästhetische Qualität) begreift. Zudem führt die Prämisse von dem kontextunabhängigen, autonomen Status eines Werkes zu einer Abtrennung des Wirkungsaspektes von Fragen nach intendierten Effekten oder kalkulierten Folgen. Der N. untersucht Texte im Hinblick auf ihre intersubjektiv-transindividuelle Relevanz; an der Ermittlung auktorialsubjektiver Intentionen oder situativ definierter persuasiver Funktionen ist er desinteressiert. Sinn, Bedeutung und Substanz liegen gemäß der neukritischen Dichtungstheorie im Werk selbst verborgen: Interpretation darf sich für die New Critics deshalb nicht auf eine reaktiv-rekonstruktive Recherche beschränken, sondern ist wie das Kunstwerk selbst ein kreativer Akt der Wahrheitsfindung.

Die literaturpädagogische Praxis des N. vereint in sich elitäre und demokratische Züge zu gleichen Maßen. Mit der Akzentuierung von sorgfältiger Lektüre und synthetisch-integrativer Textarbeit ist sein pädagogisches Ziel ein im besten Sinne aufklärerisches Projekt, das in seinem Programm an die Ideale des rhetorischen Humanismus erinnert[32] und letztlich die Erziehung zu ästhetischem Urteilsvermögen und zur ästhetischen Mündigkeit und damit auch zur Unabhängigkeit von präfabrizierten Sekundärinterpreten- und tradierten Lehr-Meinungen anstrebt. Der N. ist in diesem Sinne mit seiner emphatischen Betonung des Textes als primärem Gegenstand literaturkritischen Interesses und seiner intrinsischen Methodik für eine ganze Generation auch Auslöser einer produktiven Befreiungserfahrung gewesen. Darüber hinaus vermittelt sein literaturdidaktisches Programm implizit auch interpretatorische (*und* rhetorische) Tugenden wie Präzision, Textnähe, Sensibilität und Strukturierungsvermögen. Da zudem weder historischem noch biographischem Hintergrundswissen eine entscheidende Bedeutung für das adäquate Verständnis eines Textes eingeräumt werden, fußt der N. zumindest implizit auf dem Idealbild einer egalitären, von Bildungsunterschieden unabhängigen Lehrer-Schüler-Beziehung; beide können sich sozusagen auf gleicher Augenhöhe begegnen.

Durch seine ausschließliche Konzentration auf Zeugnisse der ‹Höhenkammliteratur› und seinen Rekurs auf einen ausgesprochen engen Kanon leistet der N. allerdings auch einem höchst problematischen, letztlich elitären Literaturverständnis Vorschub. Jedenfalls kann nicht in Zweifel gezogen werden, daß er in seiner textanalytischen Praxis letztlich den weißen, männlichen, an europäischer Literatur geschulten, heterosexuellen Blick des Intellektuellen der amerikanischen Mittelklasse verabsolutierte und mit einem Anspruch auf Alleingültigkeit versah.

IV. *Historisierung und Defizite.* Paradoxon und Metapher, vom N. als herausragende Wesensmerkmale der Dichtkunst benannt, sind freilich ebenso markante rhetorische Kennzeichen der neukritischen Essayistik selbst. Die Rhetorik des N. wird getragen von einer deutlichen Vorliebe für dualistische und analogische Denkstrukturen.[33] Eine Historisierung der Methode vermag den Blick darauf zu lenken, daß zwar nicht der N. selbst, sehr wohl aber seine expansionistische institutionelle Erfolgsgeschichte in der kulturellen und politischen Realität des Kalten Krieges wurzelt. Wer, wie T. SIEBERS, den Kalten Krieg als die Geschichte der amerikanischen «paranoia about endings, intentions, interpretations, and calculations»[34] liest, für den steht die methodische Attraktivität des N. in einer Wechselbeziehung zu realgeschichtlichen Entwicklungen. Die präventive Reduktion von Konflikten, der Wunsch nach Überschaubarkeit und Kontrolle, die Überwindung antagonistischer Polarität, friedvolle Koexistenz disharmonischer Elemente, Skepsis gegenüber explizit bekundeten Intentionen, Mißtrauen, wenn nicht gar Furcht vor emotionalen Reaktionsweisen und die Suche nach objektiven Wertungs- und Beurteilungskriterien: alle diese Merkmale können herangezogen werden, um sowohl dominante außenpolitische Prinzipien als auch gängige literarkritische Überzeugungen im Amerika der 50er und frühen 60er Jahre zu charakterisieren.

Mitunter rekurrieren einzelne Vertreter sogar offen auf ideologische Welterklärungsmuster. So postuliert z.B. TATE in einem seiner literarkritischen Essays aus den 50er Jahren, daß wahre Dichtung primär an der Stiftung von ‹communion› (durchaus auch im Sinne von geistiger Gemeinschaft als Antipol zum Materialismus der ‹modernen› Gesellschaft) und nicht an der Herstellung zweckgerichteter ‹communication› mitzuwirken habe.[35] Er führt somit (ganz ähnlich wie RANSOM) ein durch religiöse wie politische Rhetorik gleichermaßen vorbelastetes Vokabular in seine Literatur- und Kulturtheorie ein. Doch obgleich die führenden Theoretiker des N. ihre konservativen (und bisweilen reaktionären) Grundüberzeugungen nie verhehlten, sind solche Positionierungsvorschläge, die den N. insgesamt eindeutig rechts von der Mitte ansiedeln (so z.B. P.E. FIRCHOW[36]), in dieser Pauschalität unangemessen und überzogen. Es machte nämlich gerade einen Teil seiner Attraktivität aus, daß er von seinen universitären Repräsentanten der zweiten Generation, zumindest auf einer expliziten Ebene, kaum allgemein- oder kulturpolitische Festlegungen verlangte (und im Nachkriegsdeutschland etwa entsprechend einäugig als eine politisch unvorbelastete Methodik eingestuft und imitiert wurde).

Auch der Rekurs auf ein szientistisches Vokabular, ein weiteres Merkmal der neukritischen Rhetorik, befindet sich durchaus im Einklang mit dem wissenschaftsgläubigen Zeitgeist der Eisenhower-Dekade. Denn trotz der in der Phase der theoretischen Begründung sorgsam getroffenen Unterscheidung zwischen dem Wissensbegriff der Dichtung und jenem der Naturwissenschaften exemplifiziert die neukritische Terminologie nolens volens auch das Bemühen, durch die Verwendung quasi-klinischer Wortfelder zu einer Verwissenschaftlichung des literaturkritischen Diskurses und seiner analytischen Instrumentarien beizutragen. Begriffe wie ‹structure› und ‹tension› (oder auch ‹ontology› und ‹organism›) zielen letztlich auch darauf ab, den neutral-leidenschaftslosen Objektivismus der Naturwissenschaften zu imitieren bzw. den Einzeltext gegenüber extrinsischen Erklärungsansätzen zu ‹immunisieren›: «Die New Critics», so resümiert J.P. RUSSO in seiner Studie zu Lyrikinterpretationen der 50er Jahre, «erfanden das ruhiggestellte Gedicht; sie sezierten ein Gedicht wie einen mit Äther narkotisierten Patienten auf einem Operationstisch.»[37]

Darüber hinaus verweist der Schematismus, mit dem seit den späteren 50er Jahren die Technik des *close reading* bisweilen praktiziert wird, auf eine zusätzliche Prägung durch den dekadentypischen Zeitgeist. Obgleich ursprünglich als ein kulturkritischer Reflex auf die Erfahrung einer technologisch verwalteten Gesellschaft entstanden, verkörpert der N. im Jahrzehnt Eisenhowers, so Russo, nicht deren Kritik, sondern vielmehr deren synekdochetische Kondensation.[38] So teilt eine beachtenswerte Untergruppe der New Critics der zweiten Generation technokratische Werte wie Standardisierung, Segmentierung, Effizienz und Impersonalität und exemplifiziert somit bis zu einem gewissen Grad die technologische Euphorie der amerikanischen Nachkriegskultur.

Der vielleicht am schwersten wiegende Einwand gegen den N. richtet sich freilich gegen dessen hermeneutische Unbedarftheit. Die Hauptvertreter des N. haben zu keinem Zeitpunkt ihres Wirkens ein Gespür dafür entwickelt, inwieweit die interpretierer de Instanz selbst eigene Anschauungen, moralische, ästhetische, politische oder metaphysische Wert- oder Vorurteile, in einen literarischen Text projiziert. Die Suche nach Ordnung in einem Kunstwerk ist primär Reflex eines historisch unterschiedlich ausgeprägten Bedürfnisses nach (definitorisch variablen) ästhetischen Phänomenen wie Konsistenz und Kohärenz. Literarische Strukturen sind durchaus nicht immer vorrangig ‹objektive› Eigenschaften eines literarischen Textes, sondern mitunter auch das interessengeleitete Ergebnis von Deutungsstrategien, kollektivpsychologischen Selektionsprozessen, kulturellen Interpretationsmonopolen und sozialen Machthierarchien.

In den Textinterpretationen des N. finden sich immer wieder ebenso folgenreiche wie problematische ästhetische Privilegierungen, die letztlich sowohl den Analysetechniken selbst als auch den Grundlagen des literarischen Werturteils insgesamt enge Grenzen setzen. Was der N. in literarischen Werken gering achtet und bisweilen sogar ignoriert, verdrängt oder unterdrückt, ist das Widersprüchliche, Konträre, Beliebige, aufgrund seiner Heterogenität nicht Synthetisierbare. Stringent neukritische Textdeutungen ziehen gewöhnlich Integration der Fragmentierung vor, setzen Versöhnung vor Konflikt, Homogenität vor Heterogenität, privilegieren Interfunktion statt Mehrstimmigkeit, Kohärenz statt Inkohärenz, Konklusion statt Inkonklusion. In dem Maße, in dem gegen Ende der 60er Jahre allgemeinpolitische Entwicklungen wie Vietnamkrieg, Jugendprotest, Bürgerrechts- und Frauenbewegung Brüche und Widersprüche in den ideologischen Homogenitätskonstrukten Amerikas sichtbar machen, werden somit auch die methodischen Verfahren des N. als ideologiehaltige, im Kern repressive Deutungsstrategien bewertet und in den Literaturwissenschaften als Folge einer methodologischen Abgrenzung zum N. der Terminus der ‹Differenz› als ein neuer Leitbegriff für textnahes explikatorisches Lesen eingeführt.

V. *Wirkungsgeschichte.* Es muß erstaunen, wie häufig der N. seit den 60er Jahren bis in die aktuelle Gegenwart hinein polemische Angriffe zu provozieren vermochte. Wenn F. LENTRICCHIA ihn beispielsweise ironisierend als eine «imposante und repressive Vaterfigur»[39] personifiziert, so macht sein Rekurs auf psychoanalytische Erklärungsmuster auch das ganze Ausmaß deutlich, in dem die Gegnerschaft zum N. auf viele der gegenwärtig dominanten Interpretationsrichtungen offensichtlich identitätsbildend gewirkt hat. Distanz zum N., möglicherweise motiviert durch eine ‹anxiety of influence› im Sinne von H. BLOOM[40], gehört lange Zeit mit gutem Ton zeitgenössischer amerikanischer Literaturkritik.

Demgegenüber liegt freilich am Ende des 20. Jh. der Schluß nahe, daß kontemporäre Rechtfertigungen oder Angriffe obsolet geworden sind. Als distinktive literaturkritische Bewegung ist der N. nicht mehr existent. Bereits 1971 kann HALFMANN konstatieren, daß von ihm seit längerem «im Imperfekt gesprochen» wird.[41] Und schon die (nach anfänglichem Zögern) willig übernommene Selbstcharakterisierung als *new Criticism* trägt ja als eine primär zeitliche und damit generationengebundene Bestimmung die Voraussage der eigenen Endlichkeit in sich.

Ein großer Teil aktuell einflußreicher Strömungen der zeitgenössischen Literaturkritik läßt sich allerdings auch dialektisch als Teil der Wirkungsgeschichte des N. deuten. So haben gerade jüngere Forschungsbeiträge zur Geschichte der amerikanischen Literaturkritik im 20. Jh. den kontrastiven Vergleich zwischen neukritischen und poststrukturalistischen Interpretationsprämissen und -techniken dazu genutzt, die Aufmerksamkeit zunehmend auf verborgene Gemeinsamkeiten und untergründige Kontinuitätslinien zu lenken.[42] Und in der Tat vereinen z.B. die poststrukturalistische und dekonstruktivistische Theorie und Praxis in sich erstaunlich viele Merkmale, wie sie aus der Geschichte des N. vertraut sind: der hohe Stellenwert textnaher Literaturdeutung, die Gefahr, zu einem mechanistisch-technizistischen Interpretationsverfahren zu degenerieren, das Bekenntnis zur Lust am Text, die Faszination angesichts selbstreflexiver literarischer Formen, die Hochschätzung funktionaler Ambiguität, die Selbstpositionierung herausragender Theoretiker als marginal und peripher zum gesellschaftlich-politischen Zentrum, die selbstauferlegte Verpflichtung, akademische Enklaven zur Artikulation radikaler (und zuweilen missionarischer) Kulturkritik zu nutzen.

Erstaunlich viele terminologische und methodische Parallelen zu prominenten Explikationstechniken des N. weisen darüber hinaus beispielsweise solch diverse Richtungen wie ‹Myth Criticism›, ‹Reader Response Criticism›, ‹New Historicism› und ‹Gay and Lesbian Studies› [43] auf (bezeichnenderweise jedoch nicht die verschiedenen Untergruppierungen des ‹Ethnic Criticism› und der ‹Gender Studies›, die schon früh ihr besonderes Augenmerk auf die kontextuelle Prägung und Normierung literarischer Werke gerichtet haben).

Die Tatsache, daß der N. spätestens seit den 70er Jahren weder Prestige noch Apologeten hat, steht also in offenkundigem Widerspruch zu seinem nach wie vor ungebrochenen Einfluß und zu seinem Überleben in absorbierter oder mutierter Form. Textexplikation bleibt allen gegenwärtig einflußreichen Varianten der Literaturkritik ein zentrales Anliegen. Das für den N. programmatische Prinzip des *close reading* definiert in den USA weiterhin die Normen für effektive Literaturdidaktik und die Validität methodischer Weiterentwicklungen. Respektabilität und Dominanz in Forschung und Lehre kann eine neue Interpretationsrichtung in der Regel erst dann gewinnen, wenn sie innovative *und* überzeugende *close reading*s zu kanonisierten Basistexten anbieten kann. Ganz in diesem Sinne kommt beispielsweise W.E. CAIN 1982 zu dem ebenso verblüffenden wie bis heute plausiblen Befund: «Auch wenn sein Tod [des N.] oder Niedergang verkündet wird, bleibt er mit Macht präsent – am Leben und gesund, [als ein Synonym] für ‹Literaturkritik› schlechthin.» [44]

Anmerkungen:
1 M. Jancovich: The Cultural Politics of the N. (Cambridge/New York/Melbourne 1993) 11–31. – **2** A. Tate: Literature as Knowledge. Comment and Comparison, in: The Southern Review 6 (1940/41) 629–657. – **3** beide Zitate in C. Brooks: Foreword, in: R.W. Stallman (Hg.): Critiques and Essays in Criticism 1920–1948 (New York 1949) xvi. – **4** U. Halfmann: Der amerikanische N. Ein Überblick über seine geistesgeschich. und dichtungstheoretischen Grundlagen (1971) 41. – **5** A. Tate: Collected Essays (Denver 1959) 240; C. Brooks: My Credo (continued) – The Formalist Critics, in: The Kenyon Review 13 (1951) 72. – **6** J.C. Ransom: Criticism as Pure Speculation, in: D.A. Stauffer (Hg.): The Intent of the Critic (Princeton 1941) 110; Hervorhebungen im Original. – **7** A. Tate: The Man of Letters in the Modern World. Selected Essays (New York 1955) 71. – **8** Tate [7] 70. – **9** B. Schulte-Middelich: Der N. Theorie und Wertung, in: B. Lenz, ders. (Hg.): Beschreiben, Interpretieren, Werten. Das Wertungsproblem in der Lit. aus der Sicht unterschiedlicher Methoden (1982) 34. – **10** C. Brooks: Irony as a Principle of Structure, in: M.D. Zabel (Hg.): Literary Opinion in America, rev. ed. (New York 1951) 738. – **11** C. Brooks: The Well Wrought Urn. Studies in the Structure of Poetry (New York 1947) 209. – **12** ebd. 3. – **13** C. Brooks, W.K. Wimsatt: Literary Criticism. A Short History (New York 1957) 665. – **14** Brooks [11] 194. – **15** N. Kaminski: Art. ‹Imitatio›, in: HWRh, Bd. 4, Sp. 237. – **16** A. Tate: The Mimetic Principle, in: The World's Body (Baton Rouge 1968) 204. – **17** ebd. 209. – **18** ebd. 211. – **19** Halfmann [4] 105. – **20** Ransom [16] 378–84; Tate [5] 325–32, 547–52; C. Brooks: Modern Poetry and the Tradition (New York 1939) 39–53. – **21** J.C. Ransom: Eliot and the Metaphysicals, in: Accent 1 (1941) 148–56; Tate [5] 341–49; Brooks [20] 136–72. – **22** vgl. die Beitr. von Ransom, Tate und Brooks in R. Lowell u.a. (Hg.): R. Jarrell, 1914–1965 (New York 1967). – **23** J.C. Ransom: Yeats and His Symbols, in: The Kenyon Review 1 (1939) 309–22, A. Tate: Yeats's Romanticism. Notes and Suggestions, in: The Southern Review 7 (1941/42) 591–600; Brooks [20] 173–202. – **24** J.C. Ransom: The Aesthetics of Finnegans Wake, in: The Kenyon Review 1 (1939) 424–28. – **25** C. Brooks: W. Faulkner. The Yoknapatawpha Country (New Haven/London 1963); ders.: W. Faulkner. Toward Yoknapatawpha and Beyond (New Haven/London 1978); ders.: First Encounters (New Haven/London 1983); ders.: On the Prejudices, Predilections, and Firm Beliefs of W. Faulkner (Baton Rouge/London 1987). – **26** vgl. z.B. J.C. Ransom: On Shakespeare's Language, in: The Sewanee Review 55 (1947) 181–98. – **27** C. Brooks: Shakespeare as a Symbolist Poet, in: The Yale Review 34 (1944/45) 642–665. – **28** Brooks [11] 27. – **29** Brooks: W. Faulkner. Toward Yoknapatawpha and Beyond [25] 1; dort Deutungen der Erzählwerke Faulkners als Prosaversionen seiner Lyrik: 21–31. – **30** Brooks: W. Faulkner. The Yoknapatawpha Country [25] 29. – **31** Brooks [11] 222. – **32** vgl. J. Grondin: Art. ‹Hermeneutik›, in: HWRh, Bd. 3, Sp. 1370. – **33** vgl. R.K. Meiners: Marginal Men and Centers of Learning. New Critical Rhetoric and Critical Politics, in: R. Cohen (Hg.): Studies in Historical Change (Charlottesville 1992) 223f. – **34** T. Siebers: Cold War Criticism, in: Common Knowledge 1, 3 (1992) 60. – **35** Tate [7] 18. – **36** P.E. Firchow: The N. ... und kein Ende? Or the Boundaries of the N., in: R. Bauer, D. Fokkema (Hg.): Proceedings of the XIIth Congress of the International Comparative Literature Association, Bd. 5 (1988) 54. – **37** J.P. Russo: The Tranquilized Poem. The Crisis of N. in the 1950s, in: Texas Studies in Literature and Language 30 (1988) 198, Übers. Verf. – **38** Russo [37] 204. – **39** F. Lentricchia: After the N. (Chicago 1980) xiii, Übers. Verf. – **40** H. Bloom: The Anxiety of Influence. A Theory of Poetry (New York 1975) 10f. – **41** Halfmann [4] 78. – **42** vgl. etwa die Beitr. von R. Ohmann, G. Graff, P.A. Bové und W.E. Cain in: W.J. Spurlin, M. Fischer (Hg.): The N. and Contemporary Critical Theory. Connections and Continuities (New York/London 1995). – **43** vgl. etwa die Beitr. von C.H. Beck, J.P. Rhodes, W.J. Spurlin, M. Fischer und P.J. Engelbrecht in: Spurlin, Fischer [42]. – **44** W.E. Cain: The Institutionalization of the N., in: Modern Language Notes 97 (1982) 1117, Übers. Verf.

Literaturhinweise:
F.A. Ninkovich: The N. and Cold War America, in: The Southern Quarterly 20 (1981) 1–25. – D. Robey: Anglo-American N., in: A. Jefferson, ders. (Hg.): Modern Literary Theory. A Comparative Introduction (Totowa 1982) 65–83. – R. Wellek: The N. Pro and Contra, in: The Attack on Literature and Other Essays (Chapel Hill 1982) 87–103. – J.R. Willingham: The N. Then and Now, in: G.D. Atkins, L. Morrow (Hg.): Contemporary Literary Theory (Amherst 1989) 24–41. – H. Zapf: Kurze Gesch. der anglo-amerikanischen Literaturkritik (1991). – M. Weitz: Zur Karriere des Close Reading. N., Werkästhetik und Dekonstruktion, in: M. Pechlivanos u.a. (Hg.): Einf. in die Literaturwiss. (1995) 354–365. – M.R. Winchell: C. Brooks and the Rise of Modern Criticism (Charlottesville/London 1996).

W. Reinhart

→ Close reading → Explication de texte → Interpretation → Kanon → Literatur → Literaturkritik → Literaturwissenschaft → Stillehre

New Historicism (dt. auch Neo-Historismus, Poetik der Kultur, Kulturpoetik; engl. auch Poetics of Culture, Cultural Poetics, ital. scuola di Berkeley)

A. Def. – B. I. Geschichte. – II. Systematisch-rhetorische Aspekte.

A. ‹N.› ist zunächst die Selbstbezeichnung einer methodischen Richtung der anglistischen Renaissanceforschung in den USA zu Beginn der 1980er Jahre. In Übertragung und Ausweitung der Praxis und der methodologischen Prämissen dieser Richtung auf andere Epochen und Gegenstände (z.B. Romantik, Film) und andere akademische Disziplinen (Literaturwissenschaften, Kunstgeschichte, Kulturwissenschaften allgemein) wird der N. dann in den amerikanischen ‹Humanities› zur wichtigsten methodischen Neuerung nach der Dekonstruktion der Yale School und zum Vorläufer der breiter angelegten ‹Cultural Studies›, zu denen er in den 1990er Jahren auch in Konkurrenz tritt. In Deutschland wie in anderen europäischen Ländern hat sich der N. als Praxis kaum etabliert, erlangte jedoch eine gewisse Bedeutung als Anlaß und Gegenstand von Theoriedebatten.

Der N. ist eine Praxis historisch-kultureller Textanalyse auf poststrukturalistischer Grundlage. Ausgehend von der chiastischen Prämisse «der Geschichtlichkeit von Texten und der Textualität von Geschichte» (*the historicity of texts and the textuality of history*)[1], stellt er den Versuch dar, historische Texte durch diskursive Vernetzung mit (konkreten, daher in der Praxis oft wenigen) synchronen Texten aus anderen generischen und kulturellen Bereichen mit jener ‹kulturellen Energie› (*social energy*) aufzuladen, die ihnen von Beginn an eigen war.[2] Schwerpunkt der Analyse sind die Austauschprozesse (*negotiations*) zwischen unterschiedlichen kulturellen Sphären und die Formen der Repräsentation (*representations*) von Diskursen in Texten. Dabei stellt sich im doppelten Sinne die Aufgabe einer Poetik der Kultur (*poetics of culture*): zum einen im Nachvollzug der Formations- und Repräsentationsregeln der untersuchten Kultur, zum anderen in der Darstellung der Befunde im neo-historistischen Text selbst. Im Verzicht auf Verallgemeinerungen in Form von Meta-Narrationen und Kollektivsubjekten entwickelt der N. eine an konkreten Materialien ausgerichtete, intertextuelle, in der Praxis oft anekdotische Technik der Darstellung, die in den einzelnen Arbeiten ergänzt wird durch methodologische und persönliche Selbstreflexion.

B.I. *Geschichte.* S. GREENBLATT prägte den Ausdruck ‹the new historicism› 1982 in der Einleitung zu dem von ihm herausgegebenen Sonderausgabe der Zeitschrift ‹Genre›.[3] Er steht hier für eine neue, gemeinsame methodische Ausrichtung im übrigen durchaus heterogener Beiträge zur anglistischen Renaissance-Forschung, und zwar in Abgrenzung zu älteren literar-historischen Arbeiten (‹old historicism›) und zur formalistischen Literaturwissenschaft. Diese Selbstbestimmung ist in zweierlei Hinsicht mißverständlich: Erstens meint ‹historicism› hier nur eine generelle historische Ausrichtung von Literaturwissenschaft und nicht etwa den Historismus des 19. und frühen 20. Jh. im terminologischen Sinne. Der ‹old historicism› wird an den Arbeiten des Anglisten J.D. WILSON exemplifiziert, die ein monologisches, streng hierarchisches elisabethanisches Weltbild als konstitutiven Hintergrund für die Renaissance-Literatur voraussetzen. Irreführende Historismus-Konnotationen hat Greenblatt später ausdrücklich abgewehrt.[4] Zweitens ist mit der formalistischen Tradition die Praxis immanenter, also nicht-historischer Lektüre im New Criticism gemeint und nicht etwa die formalistisch-strukturalistische Schule im terminologischen Sinne. Im Gegenteil hat A. LIU die Verpflichtung des N. auf letztgenannte methodologische Tradition vehement eingeklagt.[5]

Der N. verfährt von Beginn an methoden-eklektisch, wobei er mit den beeinflussenden Strömungen auch nach seiner akademischen Etablierung in ständigem Dialog bleibt. Die Begriff und Praxis des N. prägende Kerngruppe von Renaissance-Forschern an der University of California, vor allem in Berkeley (S. GREENBLATT, L.A. MONTROSE, C. GALLAGHER, J. FINEMAN, B. THOMAS u.a.), kommt von einer im Sinne des britischen Cultural Materialism (R. WILLIAMS) marxistisch-kulturwissenschaftlich geprägten Literaturwissenschaft her, die Anfang der 1980er Jahre in Kontakt mit poststrukturalistischer Theorie gerät. Maßgeblichen Effekt hat hier die Lehrtätigkeit M. FOUCAULTS in Berkeley (mehrfach ab Herbst 1980), dessen Abwehr metanarrativer, einflußgeschichtlich orientierter ‹Spiele von Historikern in kurzen Hosen› zugunsten von konkreten Oberflächenbeschreibungen von Diskursen[6], aber auch dessen Überlegungen zur Machttheorie und zu Praktiken des Selbst die New Historicists beerben. Eine größere wissenschaftliche Debatte knüpft sich an die Frage, ob die Übernahme des Foucaultschen Macht-Begriffes (*power*) das marxistische Konzept der Subversion ausschließe oder nicht. Gegenüber dem Foucaultschen Skopus einer umfassenden Deskription historischer Archive bleibt der N. aber vor allem an der ‹dichten Beschreibung› (*thick description*) konkreter, d.h. individueller kultureller und insbesondere Text-Phänomene interessiert und orientiert sich dabei an der ethnologischen Anthropologie von C. GEERTZ[7] und der daran anknüpfenden ‹Writing-Culture›-Bewegung.[8] Diese wiederum steht, etwa in der Person P. RABINOWS, in engem Kontakt mit FOUCAULT; die Tendenz geht zu einer ‹Anthropologisierung› der eigenen, westlichen Kultur.[9] Gegenüber Marxismus, Diskursanalyse und allgemeiner kulturwissenschaftlicher Ausrichtung in den Cultural Studies profiliert sich der N. vor allem durch sein Basis-Theorem der Textualität. Mit R. BARTHES wird der Text verstanden als «Gewebe von Zitaten, die den unzähligen Bereichen der Kultur entstammen»[10], die Kultur wiederum als virtuell unendliches Netz eines *texte général*. Spannungsreich ist das Verhältnis zur Dekonstruktion: Obwohl er auf weitgehend identischen theoretischen Prämissen basiert, tritt der N. als Praxis von Beginn an in Konkurrenz zur textimmanenten Analysepraxis der amerikanischen Yale School und löst diese als neues geisteswissenschaftliches Paradigma ab. Die heftigen Abwehrreaktionen amerikanischer Dekonstruktivisten, notorisch etwa J.H. MILLERS ‹Presidential Address 1986› vor der Modern Language Association[11], verstellten zeitweise den Blick für die Gemeinsamkeiten; erst LIU hat auf die Nähe der Praxis einer ‹Poetics of Culture› zu P. DE MANS Konzept der ‹Allegorien des Lesens› wieder hingewiesen.[12] GREENBLATT hat selbst Schriften DE MANS herausgegeben und den N.-Schlüsselbegriff der ‹representations› in diesem Zusammenhang entwickelt.[13] Neuerdings betont sogar J. DERRIDA die Nähe der neuen kulturwissenschaftlichen Methoden zur Dekonstruktion.[14] Darüber hinaus gibt es synchrone Überschneidungen mit der europäischen Kultursemiotik (U. ECO, C. GINZBURG), mit Feministischer Literaturwissenschaft und Gender Studies, mit den Geschichtskonzepten von H. WHITE und D. LACAPRA, mit der Philosophie dezentraler Kultur bei G. DELEUZE, J. LYOTARD, R. RORTY u.a.m.

Eine Buchreihe und die Zeitschrift ‹Representations› (ab 1983, mit Sitz in Berkeley) schaffen dem N. rasch eine institutionelle Basis. Er wird zum neuen Paradigma zunächst an den English Departments der amerikanischen Universitäten, wobei sich der Gegenstandsbereich von der Renaissance um andere Epochen, z.B. die Romantik (A. LIU) und die Literatur der Jahrhundertwende (W.B. MICHAELS) erweitert. Zum engeren Kreis der New Historicists gehören auch Kunstgeschichtler (S. ALPERS, T.J. CLARK), Historiker (T. LAQUEUR), Germanisten (A. KAES) und Politikwissenschaftler wie M.P. ROGIN, dessen in der ‹N.›-Reihe erschienenes Buch über

Ronald Reagan auch in der außerwissenschaftlichen Öffentlichkeit für Diskussionen sorgt.[15] 1988 erscheinen GREENBLATTS ‹Shakespearean Negotiations›, eine mit methodologischer Einleitung versehene Sammlung von vier Essays, die fortan als Standardwerk des N. gilt.[16] 1989 vereint ein Sammelband noch einmal die wichtigsten Positionen und trägt damit zur Kohärenzstiftung der Bewegung bei.[17]

In den 1990er Jahren ist der N. in den USA akademisch etabliert, seine kulturwissenschaftliche Praxis der Textanalyse findet weite Verbreitung (populäres Beispiel: die ‹Geheimgeschichte des 20. Jh.› des ‹Rolling-Stone›-Kritikers G. MARCUS[18]). Mit zunehmender Ausdifferenzierung verliert jedoch die Bezeichnung ‹N.› an Integrationskraft. Als Selbstbezeichnung ist sie kaum noch verbreitet (GREENBLATT bevorzugt ‹Poetics of Culture›) und wird sonst eher wieder für den engeren Bereich der Renaissance-Arbeiten verwendet, während sich als Oberbegriff für die kulturwissenschaftliche Ausrichtung der Geisteswissenschaften ‹Cultural Studies› durchsetzt.[19] Die Tendenz geht jetzt zur kulturpolitisch engagierten Wissenschaft; in Gender und Post-Colonial Studies verlieren Texte als Untersuchungsgegenstand gegenüber allgemeinen kulturellen (Gegenwarts-)Phänomenen und nicht zuletzt dem wissenschaftlichen Subjekt selbst an Attraktivität (allerdings schreibt auch GREENBLATT ein Kolonialismus-Buch[20]). Die ‹Cultural Studies› schreiben dabei bestimmte Verfahren und Interessen des N. fort: Nach wie vor werden die Objekte als Knotenpunkte heterogener Diskurse beschrieben, die textuelle und historische Ausrichtung, die für den N. konstitutiv bleibt, tritt hier jedoch weitgehend zurück. Ende der 1990er Jahre ist der N. eine Praxis unter vielen im weiten Feld der Cultural Studies.

Bei seiner Rezeption in Deutschland trifft der N. im Gegensatz zu den USA auf eine ungebrochene Tradition literaturhistorischer Methoden. Er wird eingeführt über seine Theoreme, weniger über seine praktischen Arbeiten[21]; entsprechend wird anläßlich des neuen Begriffs vor allem eine Theoriedebatte geführt, die bis in die Feuilletons der Zeitungen hineinwirkt und noch einmal das angespannte Verhältnis zum Poststrukturalismus verhandelt, aber auch den Boden für den Aufschwung kulturwissenschaftlicher Ansätze in den Geisteswissenschaften Mitte der 1990er Jahre vorbereitet (Stichwort: Kultur als Text). Seither ist ein Einfluß des N. auf literaturwissenschaftliche Arbeiten jüngerer Wissenschaftler erkennbar; eine eigene Praxis hat er in Deutschland jedoch nicht ausgebildet.

II. *Systematisch-rhetorische Aspekte.* Der N. erprobt den poststrukturalistischen Textbegriff in der historischen Analyse von Literatur. Die postmoderne Skepsis gegenüber einer «Legitimierung des Wissens durch eine Metaerzählung, die eine Geschichtsphilosophie impliziert»[22], begründet sein Basistheorem einer ‹Textualität der Geschichte›: Die angestrebte historische Kontextualisierung des Textes erfolgt nicht mehr auf der Folie eines gegebenen, metanarrativ formulierten historischen ‹Hintergrundes› (wie etwa in der marxistischen Literaturwissenschaft oder im ‹New Criticism›), sondern über eine Vernetzung mit konkreten, in der Regel zeitgenössischen Texten. Als Verbindungen zwischen den Einzeltexten werden die Diskurse betrachtet (Bild der ‹Diskursfäden›). ‹Geschichte› – bzw. besser: ‹Kultur› – stellt sich in diesem Verfahren als synchrone Intertextualität dar.[23] Vorausgesetzt ist ein kultursemiotisch erweiterter Textbegriff, der nicht nur alle Arten von schriftlichen Texten, sondern auch alle übrigen zeichenhaften, d.h. einer ‹Lektüre› unterziehbaren Objekte und Praktiken umfaßt. In der synchronen Vernetzung wird die Isolierung kanonischer Texte rückgängig gemacht und ihre historische Produktions- und Rezeptionssituation rekonstruiert; Ziel dieser Operation ist ihre Wiederaufladung mit im Rezeptionsprozeß verlorengegangener ‹kultureller Energie›, die zunächst als rhetorische Wirkungskategorie gedacht ist.[24] Über das (ahistorische) ‹Staunen› (*wonder*) hinaus wird mit dieser intertextuellen Variante der ethnologischen ‹dichten Beschreibung› die ‹Resonanz› (*resonance*) des Textes reaktiviert, seine «Macht [...], über seine formalen Grenzen hinaus in eine umfassendere Welt hineinzuwirken und im Betrachter jene komplexen, dynamischen Kulturkräfte heraufzubeschwören, denen [er] ursprünglich entstammt».[25] Der Einzeltext konstituiert sich in seinen Bedeutungen in diesem intertextuellen Netz synchroner Texte als ‹Gewebe von Zitaten› (BARTHES) bzw. von Diskursen. Der Autor kann als Arrangeur die Textbedeutung ebensowenig abschließen wie der Interpret; der hermeneutische Traum vom Gespräch mit dem toten Autor löst sich auf im Rekurs auf die «unzähligen Stimmen der Toten»[26], auf die semiotische Streuung im *texte général* einer Zeit.

Entsprechend zielt die Praxis des N. nicht auf die Interpretation eines Textes in seiner Totalität, sondern auf die ‹Fransen› (*fringes*) des Textes, auf die Schaltstellen zwischen Texten und Diskursen, auf die Formation von Diskursen in unterschiedlichen Medien und auf den Austausch und die Verschiebung (*displacement*) von symbolischem Material («vor allem der normalen Sprache, aber auch von Metaphern, Zeremonien, Tänzen, Emblemen, Kleidungsstücken, abgegriffenen Geschichten»[27] usw.) zwischen verschiedenen kulturellen Zonen. Die Grenzen dieser Zonen und Institutionen selbst (z.B. des Theaters) sind wie jede Kultur insgesamt das Ergebnis beständiger kultureller Verhandlungen (*negotiations*) im stetigen Kalkül von Mobilität und Restriktion.[28] Konkret werden in Arbeiten des N. zumeist einige wenige Texte aus verschiedenen, oft absichtlich disparat gewählten kulturellen Bereichen miteinander in Beziehung gesetzt in der Absicht, einen gemeinsamen Diskurs sichtbar werden zu lassen, der in den verschiedenen Texten (Medien, kulturellen Zonen) auf unterschiedliche Weise repräsentiert, fortgeschrieben und mit anderen Diskursen und Praktiken verknüpft wird. Häufig wird dabei die Repräsentation (und historische Wirkungskraft) von heterodoxen ‹Stimmen› innerhalb der Texte betont, deren Marginalisierung von integralen Interpretationen nur verstärkt werde (etwa die Stimme Calibans in Shakespeares ‹Sturm›).[29]

Aus den theoretischen Prämissen resultieren das Beharren auf der Konkretheit und Partikularität des Materials und die Ablehnung historischer Abstraktion, die die Darstellungstechnik des N. prägen. Als «logische Konsequenz kultureller Enthierarchisierung» ergibt sich daraus jedoch auch «eine zunehmende Schwierigkeit in der Autorisierung von Interpretationen»[30], näherhin (a) das Problem der Repräsentativität der ausgewählten Texte und (b) das Problem ihrer verknüpfenden Präsentation im N.-Text.

(a) Die Auswahl der wenigen in einer Studie tatsächlich repräsentierbaren Texte aus der virtuell unendlichen Anzahl der im historischen Generaltext vorfindlichen erfolgt in der Praxis des N. auf der Basis von Recherchen zu bestimmten, für den Forscher oft fachfremden Diskursen. Dabei haben die Umfeld-Texte gelegentlich die Qualität von Fundsachen, was den Studien einen anekdotischen Charakter verleihen kann. Die die Auswahl rechtfertigende Repräsentativität wird dabei von den (nicht länger kanonischen) Texten auf die in ihnen bzw. in ihrer Kombination sichtbar gemachten Diskurskonstellationen und -formationsregeln verlagert. Die (positiven, metonymischen oder metaphorischen) Grundlagen dieser Repräsentativität bleiben dabei im einzelnen oft unreflektiert; hier verläßt sich der N. in der Praxis weitgehend auf Evidenzeffekte, die er in seinen Texten herstellt.

(b) «Einen neohistoristischen Text schreiben heißt: Sinn machen» [31], zugleich besteht jedoch der Anspruch weiter, historische Zusammenhänge zu repräsentieren. Die Anwendung der Schlüsselbegriffe ‹Representations› und ‹Cultural Poetics› changiert dementsprechend zwischen den Formationsregeln einer historisch gegebenen Kultur und den Modi ihrer Darstellung im N.-Text. A. LIU hat das Verfahren des N. als kulturwissenschaftlich erweiterte ‹Allegorien des Lesens› (DE MAN) und damit als eine Art Kultur-Rhetorik beschrieben und deren bevorzugte Tropen (Theater, Karneval) untersucht. [32] Im Idealfall handelt es sich bei diesen kulturpoetischen Tropen um zunächst immanent analysierbare Text- oder Bildverfahren, die als Lösungen von Repräsentationsproblemen innerhalb der jeweils untersuchten Diskursformation lesbar werden. [33] Kunstwerke erweisen sich als «Strukturen zur Akkumulation, Transformation, Repräsentation und Kommunikation gesellschaftlicher Energien und Praktiken». [34] GREENBLATTS Aufsatz ‹Unsichtbare Kugeln› analysiert z.B. als logisch-rhetorischen Kern von Kolonialisierungsberichten aus Amerika ein Paradoxon. Die Einführung der christlichen Religion erweist sich als geeignetes machtpolitisches Herrschaftsmittel bei der Kolonialisierung der Indianer, wobei die Täuschungsmanöver bei ihrer Einführung machiavellistisches als atheistisches Gedankengut zu implizieren und damit ihre (stets vorausgesetzte) Wahrheit und Gottgegebenheit zu subvertieren scheinen. Die gleiche Figur herrschaftsfördernder Täuschung und legitimen Verrats findet sich in den Shakespeareschen Historien, z.B. beim Umgang Heinrichs IV. mit Falstaff und seinen Genossen wieder. In der Darstellung der strategischen Zirkelhaftigkeit machterhaltender Diskurse repräsentiert das Renaissancedrama damit die subversiven Stimmen als Elemente der dominanten Ordnung immer mit und speichert so in seiner Struktur, als Kunstwerk, die Energie und Komplexität einer historischen Situation, ohne diese abzubilden. [35]

Auch der N.-Text selber verfährt kulturpoetisch, indem er Texte auswählt und auf entsprechende Evidenzen hin arrangiert. Gefordert und z.T. schon geleistet wird die Reflexion auf die Rhetorik der eigenen Vertextungsmuster (Chiasmus, Anekdote, Synekdoche), die den historischen ‹Master-Tropus› der linearen Narration verdrängt haben. In der Logik des N. liegt somit die Entwicklung einer Methodik post-narrativer, synchroner Geschichtsschreibung, die von einer historisch gegebenen Vernetzung konkreter Dokumente auszugehen hätte, um auf dieser Basis konkrete (auch literatur- und gattungsspezifische) Verbindungen von Texten und Diskursen zu beschreiben. Proprium bleibt dabei stets die Textualität und damit die unhintergehbare Partikularität des historisch-symbolischen Materials.

Anmerkungen:

1 L. Montrose: Die Renaissance behaupten. Poetik und Politik der Kultur, in: M. Baßler (Hg.): N. Literaturgesch. als Poetik der Kultur (1995) 60–93; 67 [Processing the Renaissance: The Poetics and Politics of Culture, in: H A. Veeser [Hg.]: The N. [New York / London 1989] 15–36; 20). – **2** vgl. S. Greenblatt: Shakespearean Negotiations: The Circulation of Social Energy in Renaissance England (Berkeley / Los Angeles 1988); dt. Verhandlungen mit Shakespeare. Innenansichten der engl. Renaissance (1990) 11f. – **3** S. Greenblatt: Die Formen der Macht und die Macht der Formen in der engl. Renaissance (Einl.), in: Baßler [1] 29–33 [The Forms of Power and the Power of Forms in the English Renaissance [Norman, Oklahoma 1982] 1–4). – **4** S. Greenblatt: Resonanz und Staunen, in: ders. Schmutzige Riten. Betrachtungen zwischen Weltbildern (1991) 7–29 (Resonance and Wonder, in: ders.: Learning to Curse: Essays in Early Modern Culture [New York 1990] 161–183). – **5** A. Liu: Die Macht des Formalismus: Der N., in: Baßler [1] 94–163 (The Power of Formalism: The N., in: English Literary History [1989] 721–771). – **6** M. Foucault: Archäologie des Wissens (⁴1990) 205. – **7** C. Geertz: Dichte Beschr. Beitr. zum Verstehen kultureller Systeme (⁴1995); s. dazu S.B. Ortner (Hg.): The Fate of ‹Culture›: Geertz and Beyond (Representations 59/1997), mit Beitr. von Greenblatt u.a. – **8** vgl. J. Clifford, G.E. Marcus (Hg.): Writing Culture: The Poetics and Politics of Ethnography (Berkeley u.a. 1986). – **9** P. Rabinow: Representations Are Social Facts, in: Clifford, Marcus [8] 234–261. – **10** R. Barthes: The Death of the Author, in R.B.: Image – Music – Text (London 1977) 142–148. – **11** J.H Miller: Presidential Address 1986. The Triumph of Theory, the Resistance to Reading, and the Question of the Material Base, in: Publications of the Modern Language Association (1987) 281–291. – **12** vgl. Liu [5]. – **13** S. Greenblatt (Hg.): Allegory and Representation (Baltimore u.a. 1981), darin: ders.: Preface vii–xiii; P. de Man: Pascal's Allegory of Persuasion 1–25. – **14** J. Derrida: Some Statements and Truisms About Neologisms, Newisms, Postisms, Parasitisms, and Other Small Seismisms, in: D. Carroll (Hg.): The States of ‹Theory›. History, Art, and Critical Discourse (New York 1990) 63–94. – **15** M.P. Rogin: ‹Ronald Reagan›, the Movie, and Other Episodes in Political Demonology (Berkeley u.a. 1987). – **16** vgl. Greenblatt [2] 11. – **17** H.A. Veeser (Hg.): The N. (1989), mit Beitr. von S. Greenblatt, L. Montrose, C. Gallagher, J. Fineman, J. Klancher, J. Schaeffer, S. Bann, J. Arac, J. Marcus, J. Newton, G. Graff, B. Thomas, J. Franco, E. Fox-Genovese, R. Terdiman, F. Lentriccia, V. Pecora, G. Spivak, H. White, S. Fish. – **18** G. Marcus: Lipstick Traces: A Secret History of the Twentieth Century (Cambridge / Mass. 1989). – **19** vgl. etwa L. Grossberg u.a. (Hg.): Cultural Studies (New York 1992). – **20** S. Greenblatt: Marvelous Possessions (Oxford u.a. 1991), dt. Wunderbare Besitztümer. Die Erfindung des Fremden: Reisende und Entdecker (1994). – **21** Beitr. von A. Kaes, P.M. Lützeler u.a. in: M. Eggert u.a. (Hg.): Gesch. als Lit. Formen und Grenzen der Repräsentation von Vergangenheit (1990); U. Hebel: Der amerikanische N. der achtziger Jahre, in: Amerikastudien 37 (1992) 325–347; A. Nünning: Narrative Form und fiktionale Wirklichkeitskonstruktion aus der Sicht des N. und der Narrativik, in: Zs. für Anglistik und Amerikanistik 40 (1992) 197–213; Baßler [1] mit Bibliogr. – **22** J. Lyotard: Das postmoderne Wissen. Ein Bericht (1986) 14. – **23** vgl. M. Baßler: N. und der Text der Kultur. Zum Problem synchroner Intertextualität, in: M. Csáky, R. Reichensperger (Hg.): Lit. als Text der Kultur (1999) 23–40 – **24** Greenblatt [2]. – **25** Greenblatt [4] 15. – **26** Greenblatt [13] 7, 24; mit Rekurs nicht nur auf Barthes [10], sondern auch auf de Man [13] 13. – **27** Greenblatt [2] 12f. – **28** S. Greenblatt: Kultur, in: Baßler [1] 48–59, 55 bzw. Culture, in: F. Lentriccia, T. McLaughlin (Hg.): Critical Terms for Literary Study (Chicago / London 1990) 225–232. – **29** vgl. etwa Greenblatt [28]; Greenblatt [3]. – **30** W. Fluck: Die 'Amerikanisierung' der Gesch. im N., in: Baßler [1] 229–250; 240 u. 235. – **31** Baßler [1] 18. – **32** Liu [5] 138. – **33** vgl. etwa S. Greenblatt: Murdering Peasants: Status, Genre and the Representation of Rebellion, in: Representations 1 (1983) 1–29 (Bauernmorden. Status, Genre und Rebellion, in: Baßler [1] 164–208); T.J. Clark: The Painting of Modern Life. Paris in the Art of Manet and His Followers (Princeton 1984). – **34** Greenblatt [28] 55. – **35** Greenblatt [2] 25–65.

M. Baßler

→ Dekonstruktion → Geschichtsschreibung → Historismus → New Criticism → Intertextualität → Literatur → Poetik → Postmoderne → Strukturalismus

New Rhetoric

A. Def. – B. Autoren und Forschungsrichtungen. – I. Richards. – II. Burke. – III. Allgemeine Semantik. – IV. Weaver. – V. Argumentationstheorie und linguistische Modellbildungen. – VI. Sozialwissenschaftliche Ansätze. – VII. Rezeption und Wirkungsgeschichte.

A. Mit dem Begriff ‹N.› bezeichnet man eine rhetorische Forschungsrichtung, die ab den 20er Jahren des 20. Jh. ausgehend vor allem von den USA eine Wiederbelebung und Fortschreibung der rhetorischen Tradition unter modernen wissenschaftlichen Vorzeichen anstrebt. Die Vertreter der N. verstehen Sprache als Mittel symbolischen Handelns und versuchen, Kommunikationssituationen jeder Art in ihren psychischen, sozialen und linguistischen Eigenheiten zu erfassen, Rhetorik wird mithin vor allem als analytisches Instrumentarium betrachtet. Den meisten Vertretern der N. ist ein aufklärerisches Pathos des Neubeginns eigen, die Wiederbelebung der Rhetorik erscheint als Mittel, den kritischen Umgang mit Massenmedien, politischer Propaganda und Werbung zu ermöglichen. Die Adaption und Aktualisierung der rhetorischen Tradition ist dabei wichtiger als deren Erforschung. Ziel ist es, Rhetorik als eine demokratische «Grundlagenwissenschaft»[1] zu etablieren und der Disziplin den Anschluß an den Fortschritt der Naturwissenschaften zu vermitteln. Innerhalb der N. läßt sich eine philosophisch-theoretische Gruppe mit Vertretern wie I.A. RICHARDS, K. BURKE und R. WEAVER von einer Gruppe experimentell arbeitender Wissenschaftler wie C. HOVLAND und W. SCHRAMM trennen. Nach dem Ende der sechziger Jahre des 20. Jh. spielt das Streben nach einer N. nurmehr eine untergeordnete Rolle, auch wenn es bis in die jüngste Zeit Textsammlungen gibt, die z.B. ethnologische, feministische oder postmoderne Rhetoriktheorien und Autoren wie J. HABERMAS, R. BARTHES, M. FOUCAULT und T. EAGLETON unter dem Stichwort ‹N.› behandeln[2], denn aus den sehr unterschiedlichen Ansätzen dieser Autoren hat sich keine umfassende Bewegung zur Reformulierung und Transformation der rhetorischen Tradition entwickelt. Die amerikanische Rhetorikforschung ist aber auch heute noch von den Ansätzen und Ideen der N. beeinflußt: Immer wieder werden innerhalb der *cultural-studies*-Bewegung und des *rhetorical criticism* die Werke Richards' und Burkes zitiert. Auch die sozialwissenschaftliche Kommunikationsforschung beruht noch heute auf den grundlegenden Arbeiten Hovlands. Diese Forschungen haben sich aber mehr und mehr von der Rhetorik entfernt.

Von Beginn an steht der Begriff ‹N.› für eine relativ offene Bewegung. So werden einige Forscher weniger auf Grund eigener Äußerungen mit der N. identifiziert als in Folge von Textsammlungen und Überblicksdarstellungen, wie Fogarty und Steinmann sie vorgelegt haben[3]; vor diesem Hintergrund ist auch der Plural «new rhetorics»[4], den schon Steinmann vorschlägt, zu verstehen. Allerdings löst sich mit der Rede von ‹Neuen Rhetoriken› auch der definitorische Wert des Begriffs ‹N.› auf, zumal es im Laufe der Rhetorikgeschichte immer wieder Ansätze zur Reformulierung der rhetorischen Tradition gab, die unter dem Stichwort ‹Neue Rhetorik› (*nova rhetorica*) diskutiert wurden (z.B. bei BONCOMPAGNO und LULLUS). Demgegenüber lassen sich für die Gruppe der Wissenschaftler, die von den 20er bis zu den 60er Jahren in den USA an der Konzeption der N. arbeiteten, gemeinsame Grundannahmen und Überzeugungen ausmachen, die dem Begriff ‹N.› eine spezifische Bedeutung geben.

Die N. sucht von Beginn an den Anschluß an den Fortschritt der Naturwissenschaften und der empirischen Sozialwissenschaften, rezipiert werden u.a. Soziologie, Anthropologie, Psychologie und Linguistik.[5] So spielt die Idee, sich dem hohen Entwicklungsstand der empirischen Wissenschaften anzunähern, schon in ‹The Meaning of Meaning› von C.K. OGDEN und I.A. RICHARDS eine entscheidende Rolle.[6] Allerdings finden sich innerhalb der N. auch kritische Überlegungen zum empirischen Paradigma der Naturwissenschaften (z.B. bei K. BURKE)[7]. Des weiteren sucht die N. den Anschluß an die linguistische Forschung. So wird das Problem der Bedeutung immer wieder adressiert und ist bei Richards, Burke und den Allgemeinen Semantikern ein zentrales Thema. In der Folge werden die Funktionen von sprachlichen Äußerungen in den Blick genommen; Sprache erscheint als eine Form symbolischen Handelns, womit wichtige Erkenntnisse der Sprechakttheorie von AUSTIN und SEARLE vorweggenommen werden.[8] Wesentlichen Einfluß auf die N. hat auch FREUD, dessen Psychologie die anthropologischen Vorstellungen der Vertreter der N. bestimmt. So führt die Freud-Lektüre, die sich z.B. bei Richards und Burke nachvollziehen läßt, zur Betonung emotionaler Beweisverfahren und zur Orientierung am Paradigma der Verständigung, womit sich die N. von der traditionellen Fixierung auf rationale Persuasion abhebt.[9] Schließlich verbindet die Autoren der N. die Überzeugung, in einem rhetorischen Zeitalter zu leben, was W.C. BOOTH nicht nur mit der zunehmend medial beeinflußten Wirklichkeit begründet, sondern auch mit dem Hinweis auf politische Konstellationen, in denen Macht in immer stärkerem Maße von der Fähigkeit abhängig ist, andere zu überzeugen oder zu manipulieren.[10] D. EHNINGER hat die N. daher als «sozial» und «soziologisch» charakterisiert und auf die Bedeutung sozialer Verständigung hingewiesen.[11]

Generell werden reduktionistische Vorstellungen von Rhetorik mit der N. überwunden. So sieht R. McKEON die Disziplin durch die menschliche Fähigkeit zu kommunizieren bestimmt; jederzeit soll sie demnach aktuelle wissenschaftliche Standards und Erkenntnisse adaptieren können.[12] Eine Rhetorik, die nur noch eine regelgeleitete «theory of composition» liefert, gehört somit zu den Hauptangriffszielen der N.[13] In Abwendung von PETRUS RAMUS, der die Einschränkung der Rhetorik auf stilistische Phänomene und die Trennung von Rhetorik und Argumentation forderte[14], und vor allem in Überwindung der Aufspaltung rhetorischen Wissens in zahlreiche Disziplinen wie Ästhetik, Poetik und Psychologie, die sich seit dem 18. Jh. abzeichnete[15], versucht die N., wieder einen umfassenden Rhetorikbegriff zu formulieren. Lunsford und Ede haben dabei zu Recht darauf hingewiesen, daß sich die N. nicht unbedingt im Gegensatz zur rhetorischen Tradition positioniert, sondern eher im Gegensatz zu einer beschränkten Perspektivierung von Rhetorik, die im Laufe der Tradition entstanden ist.[16] Bei allem Bemühen, die Integrität der Disziplin wiederherzustellen, betonen die meisten Autoren der N. aber die kritische Perspektive, die sich mit Hilfe der Rhetorik gewinnen läßt. Zwar verlieren die Autoren nie die produktive Seite der Rhetorik aus dem Blick, aber zunächst wenden sie sich vor allem dem kritischen Potenzial zu.

Schon früh, z.B. von N. MACCOBY und W.E. BROCKRIEDE, ist die N. mit dem Stichwort ‹Neo-Aristotelismus› in Verbindung gebracht worden.[17] So heißt es bei Maccoby mit Bezug auf die N.: «Ähnlich der Rhetorik des Aristoteles bemüht sie sich um eine objektive Beschreibung und Analyse der Vorgänge bei der Überredung, und in gleicher Weise basiert sie auf der Psychologie.»[18] Doch ist dem entgegenzuhalten, daß O.M. WALTER den Abschied von einer aristotelischen Rhetorik zugunsten einer vielseitigen Perspektive fordert[19] oder H.W. SIMONS N. als Gegenbewegung zum Neo-Aristotelismus versteht, wobei unter Neo-Aristotelismus dann die in Amerika bis zum Beginn der N. verbreitete Erforschung von Texten, vor allem Reden, im Rahmen der von Aristoteles vorgegebenen Begrifflichkeit zu verstehen ist, die mit H.A. WICHELNS ihren Anfang nahm.[20] Darüber hinaus ist die *Allgemeine Semantik* A. KORZYBSKIS als dezidiert antiaristotelisch einzuordnen, ist doch die Überwindung der Aristotelischen Logik sein wichtigstes Ziel. Vor diesem Hintergrund ist der Begriff ‹Neo-Aristotelismus› in bezug auf die N. nur begrenzt brauchbar und nur für den jeweils einzelnen Fall dikutierbar.

Anmerkungen:
1 H. Holocher: Anfänge der N. (1996) 8. – **2** vgl. T. Enos, S.C. Brown (Hg.): Defining the New Rhetorics (Newbury Park, CA 1993); dies. (Hg.): Professing the New Rhetorics (Englewood Cliffs, N.J. 1994). – **3** vgl. D. Fogarty: Roots for a N. (New York, N.Y. 1959); M. Steinmann (Hg.): New Rhetorics (New York, N.Y. 1967). – **4** vgl. Steinmann [3] iii – **5** vgl. W. Schramm: Kommunikationsforschung in den Vereinigten Staaten, in: ders. (Hg.): Grundfragen der Kommunikationsforschung (⁴1971) 10. – **6** vgl. C.K. Ogden, I.A. Richards: The Meaning of Meaning. A Study of the Influence of Language upon Thought and of the Science of Symbolism (London 1994) 20. – **7** vgl. K. Burke: A Rhetoric of Motives (Berkeley/Los Angeles, CA 1969) 76. – **8** vgl. Fogarty [3] 130. – **9** vgl. R.E. Young, A.L. Becker, K.L. Pike: Rhetoric. Discovery and Change (New York, N.Y. 1970) 6–9. – **10** vgl. W.C. Booth: The Revival of Rhetoric, in: Steinmann [3] 6. – **11** vgl. D. Ehninger: On Systems of Rhetoric, in: PaR 1 (1968) 137–138. – **12** vgl. R. McKeon: The Uses of Rhetoric in a Technological Age: Architectonic Productive Arts, in: L.F. Bitzer, E. Black (Hg.): Report of the National Developmental Project (Englewood Cliffs, N.J. 1971) 53–54, 63. – **13** S. Crowley: The Methodical Memory. Invention in Current-Traditional Rhetoric (Carbondale, IL 1990) 148. – **14** vgl. P. Bizzell, B. Herzberg: The Rhetorical Tradition. Readings from Classical Times to the Present (Boston, MA 1990) 472–477. – **15** Ueding/Steinbrink 134–135. – **16** vgl. A.A. Lunsford, L.S. Ede: On Distinctions between Classical and Modern Rhetoric, in: R.J. Connors, L.S. Ede, A.A. Lunsford (Hg.): Essays on Classical Rhetoric and Modern Discourse (Carbondale, IL 1984) 37–49. – **17** vgl. N. Maccoby: Die neue «wiss. Rhet.», in: Schramm [5] 55–70; W.E. Brockriede: Toward a Contemporary Aristotelian Theory of Rhetoric, in: Quarterly Journal of Speech 52 (1966) 33–40. – **18** Maccoby [17] 57. – **19** O.M. Walter: On Views of Rhetoric. Whether Conservative or Progressive, in: Quarterly Journal of Speech 49 (1953) 367–382. – **20** vgl. H.A. Wichelns: The Literary Criticism of Oratory, in: D.C. Bryant (Hg.): The Rhetorical Idiom. Essays in Rhetoric, Oratory, Language, and Drama (Ithaca, N.Y. 1958) 38–39; H.W. Simons: Toward a N., in: R.L. Johannesen (Hg.): Contemporary Theories of Rhetoric. Selected Readings (New York, N.Y. 1971) 51; P. Wander: The Ideological Turn in Modern Criticism, in: Central States Speech Journal 34 (1983) 2–6.

B. *Autoren und Forschungsrichtungen.* **I.** *Richards.* Der Engländer I.A. RICHARDS lieferte mit einer Reihe von Vorlesungen im Jahre 1936, die unter dem Titel ‹The Philosophy of Rhetoric› publiziert wurden, einen ersten wichtigen Anstoß zur Entwicklung einer neuen Rhetorik. Richards' Ziel ist eine Rhetorik, die das Problem des Mißverstehens zum Ausgangspunkt ihrer Theoriebildung macht: «Rhetoric [...] should be a study of misunderstanding and its remedies.»[1] Wurde in der Tradition der Rhetorik zumeist gelungene Kommunikation zum Ausgangspunkt der Theoriebildung, so vollzieht Richards eine kopernikanische Wende, wenn er das Vermeiden von Mißverständnissen zum zentralen Thema seiner Theorie macht. Für S.M. HALLORAN ist diese Wende ein Zeichen, daß der gemeinsame Bezugsrahmen von Redner und Hörer, in der Antike als *sensus communis* beschrieben, zerbrochen ist.[2] Doch nicht nur das Thema, sondern auch die Methode rhetorischer Forschung möchte Richards verändern: er fordert, die bisherige makroskopische Perspektive durch ein mikroskopisches Vorgehen zu ersetzen.[3] Statt makroskopischer Regeln zum Aufbau oder zur sprachlichen Ausgestaltung einer Rede zu verkünden wie R. WHATLEY und andere Rhetoriker, die die Transformation der Rhetorik zu einer bloßen Stillehre betrieben, will Richards zunächst grundlegende sprachliche Phänomene wie das Problem der Bedeutung einer mikroskopischen Untersuchung unterziehen, um die N. auf eine sichere Grundlage zu stellen.

Bereits in dem gemeinsam mit C.K. OGDEN publizierten Werk ‹The Meaning of Meaning› (1923) hatte Richards mit dem Entwurf einer Bedeutungstheorie begonnen, die als erster Schritt zu einer mikroskopisch arbeitenden Rhetorik betrachtet werden kann. Richards Bedeutungstheorie baut auf die Ergebnisse biologischer und psychologischer Forschungen. Das *stimulus-response*-Muster, wie es WATSON und HULL untersucht haben[4], das schon bei einzelligen Lebewesen zu beobachten ist, bildet den Ausgangspunkt für Richards' Anthropologie, nach der sich auch Menschen dadurch auszeichnen, daß kein Stimulus, der auf sie einwirkt, ohne Folgen bleibt. Von den einfacheren Lebewesen unterscheidet sich der Mensch demnach vor allem dadurch, daß er in der Lage ist, auch auf bloß symbolische Reize zu reagieren.[5] Ganz traditionell betrachtet Richards also Sprache als Zeichen des Menschseins[6], doch liefert er keine durchgängige systematische Erklärung der Auswirkungen solcher biologischen und psychologischen Forschungsergebnisse für die Theorie und Praxis der Rhetorik. Insofern haben gerade die biologischen und psychologischen Argumente lediglich den Status eines rhetorischen Beispiels, ein nach naturwissenschaftlichen Maßstäben durchdachtes Modell geht nicht daraus hervor.

Genauer wird die linguistische Grundlegung der N. von Richards ausgeführt. Die Diskussion der Funktionsweise von Zeichen, die Ogden und Richards in einem semantischen Dreieck zusammenfassen (Abb. 1)[7], ist von C.S. PEIRCE inspiriert[8], doch läßt sich die Diskussion auch als Variation des *res-verba*-Problems verstehen, denn schon TEISIAS und GORGIAS hatten entdeckt, daß der Bezug zwischen Worten und Dingen nicht als fixiertes *Beziehungsverhältnis* zu fassen ist.[9] Richards und Ogden gehen davon aus, daß das Symbol einem mentalen Bild entspricht (*reference*), das auf ein Ding in der Welt (*referent*) verweist.[10] Mit dieser These versuchen sie, die «Proper Meaning Superstition»[11], nach der es für ein Wort eine direkte Entsprechung in der Wirklichkeit gibt, zu überwinden. Daraus ergeben sich Konsequenzen für die Praxis der Kommunikation: «Wenn uns etwas gesagt wird, vollziehen wir normalerweise spontan die naheliegende Schlußfolgerung, daß der Sprecher sich auf das bezieht, auf das wir uns beziehen würden, wenn wir selbst die Worte sprächen. In einigen Fällen mag diese Interpretation zutreffen [...]. Aber in den meisten Diskussionen, die sich an größeren Fein-

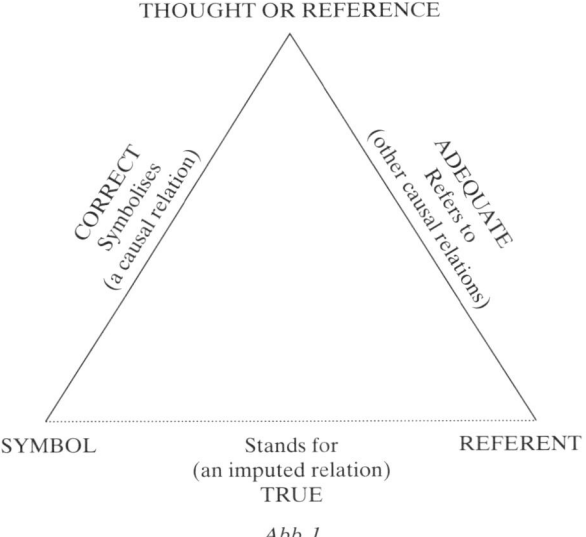

Abb. 1

sinnigkeiten versuchen, als man sie mit einer gestischen Sprache klären könnte, wird dies nicht so sein.»[12]

Bedeutung ist nach Richards eine Funktion von Interpretation, die vom Kontext abhängig ist. Kontext meint dabei nicht wie in der Literaturwissenschaft den vor und nach einem bestimmten Begriff plazierten Text oder den historischen Kontext einer Äußerung, sondern wird wesentlich weiter definiert: «Ganz allgemein ist es ein Name für ein ganzes Cluster von Ereignissen, die wiederholt gemeinsam auftreteten – dabei sowohl die notwendigen Bedingungen enthaltend als auch das, was immer wir als Ursache und Wirkung ausmachen.»[13] Mit Hilfe von Begriffen werden Kontexte abgerufen: «Was ein Wort bedeutet, sind die fehlenden Teile des Kontextes, von dem es seine delegierte Wirksamkeit (delegated efficacy) erhält.»[14] Bedeutung ist demnach individuell beeinflußt und nicht eindeutig. Dieses Kontext-Theorem erklärt die Tendenz der Sprache, mehrdeutig zu sein, erklärt, warum ein und derselbe Satz ganz unterschiedliche Bedeutungen haben kann.[15] Ambiguität ist demnach nicht nur ein Fehler, den es zu vermeiden gilt, wie es die seit der Antike bekannten Forderungen nach *perspicuitas* nahelegen, sondern eine Folge der Wirkungsmacht der Sprache.[16] «Richards' Kontextprinzip ist als rezeptives Gegenstück des *aptum*-Prinzips der traditionellen Rhetorik verstehbar und gilt entsprechend nicht nur für Wortbedeutungen, sondern auch für alle anderen Elemente des Kommunikationsprozesses, die in den verschiedenen Sprachfunktionen zum Ausdruck kommen (z.B. die Haltung und Vortragsweise des Redners).»[17] Mit Hilfe meta-semantischer Marker wie «ⁱ—ⁱ» als Zeichen für «intervene» oder «ⁿᵇ—ⁿᵇ» als Zeichen für «nota bene» versucht Richards, das Bedeutungspotential von Begriffen zu beschreiben und auf das Phänomen der Mehrdeutigkeit zu reagieren.[18]

Nach dem Konttexttheorem der Bedeutung kann man Sprache als Verfahren metaphorischer Verständigung betrachten, wie Richards mit Hilfe der Begriffe ‹tenor› und ‹vehicle›, mit denen er die beiden Seiten der Metapher bezeichnet, deutlich macht.[19] Mit Hilfe unterschiedlicher sprachlicher Vehikel versuchen wir demnach, den Tenor unserer Gedanken zu vermitteln und fehlende gemeinsame Erfahrungen zu überbrücken.[20]

Die Metapher ist somit nach Richards ein grundlegendes Prinzip sprachlicher Kommunikation, und nicht, wie eine ganze Reihe von Rhetorikern und Literaturwissenschaftlern annahmen, eine ästhetische Ausnahmesituation.[21] Richards' Metapherntheorie läßt sich in die Tradition Quintilians stellen, bei dem sich einige Hinweise auf die grundlegende Verständigungsleistung der Metapher finden.[22] Auch Nietzsche und Shelley sind implizite und explizite Bezugspunkte, gehen doch beide davon aus, daß Sprache mit Hilfe von Metaphern Wirklichkeit und Denken dominiert.[23]

Richards betrachtet Sprache nicht nur unter dem Blickwinkel der Referenz, nicht alle Worte sind referentielle Symbole, sondern analysiert auch die emotive Seite der Sprache, die in vielen Sprechakten, z.B. Exklamationen und Versprechungen, in den Vordergrund tritt. Der Hinweis auf die emotive Komponente der Sprache führt die rhetorische Diskussion um die Wirkungsfunktionen *ethos* und *pathos* fort, die in der Tradition stets im Zusammenhang des auf referentielle Sprachfunktionen fixierten *logos* thematisiert wurden.[24] Die referentielle Sprachfunktion steht für Ogden und Richards in der Wissenschaft im Vordergrund, während die Lyrik als Prototyp emotiver Verwendung von Sprache zu betrachten ist.[25] In den meisten Äußerungen aber sind referentielle und emotive Funktion vermischt, diese Äußerungen werden als rhetorisch bezeichnet und sind dem *aptum* verpflichtet.[26] Mit der Lösung von Sprache aus dem zu engen Kontext der Referenz wird die instrumentelle Seite der Sprache deutlich. So erscheinen Ausrufe, Eide, Befehle, Fragen und Drohungen als Formen sprachlichen Handelns[27], womit Ogden und Richards wesentliche Erkenntnisse von Austin und Searle vorwegnehmen[28], außerdem in Richtung M. McLuhan weisen, der sich zwar durchaus kritisch mit Richards auseinandersetzt, der aber dessen Idee, Sprache als Mittel zur Erweiterung unserer Sinnesorgane zu betrachten[29], in der Theorie von den Verlängerungen der Sinne fortführt.[30]

Aus seinen sprach- und kommunikationstheoretischen Überlegungen entwickelt Richards nicht nur die Ansätze für eine neue Rhetorik, sondern auch eine literaturkritische Methode, die wissenschaftlichen Anforderungen genügen sollte.[31] Nach dem Ende an *mimesis* und *aptum* orientierten Literaturbetrachtung erscheinen ihm neue Verfahren der Interpretation nötig, die der zeitgenössische Trend zur Psychologisierung der Literaturwissenschaft nicht beisteuern kann, da psychologisierende Interpretationen sich meist auf Spekulationen über die seelische Verfassung des Autors beschränken.[32] Kunst soll nach Richards eine Orientierungshilfe sein, und die Kritik hat daher vor allem die Aufgabe, Kunst in diesem Sinne zu erschließen. «Kritik, so wie ich sie verstehe, ist das Bemühen, Erfahrungen zu unterscheiden und zu beurteilen.»[33] Richards Literaturkritik ist ganz auf den Text und die Erfahrungs- und Erkenntnismöglichkeiten, die in ihm angelegt sind, ausgerichtet: «Wir lesen nicht Shakespeare oder Platon oder Lao Tse oder Homer oder die Bibel, um herauszufinden, was die Autoren – über die wir ansonsten wenig wissen – gedacht haben. Wir lesen sie um der Dinge willen, die ihre Worte – wenn wir sie verstehen – für uns bewirken können.»[34] Richards' Praxis der Literaturkritik nimmt die Struktur von Texten und die sich aus der sprachlichen Struktur ergebenden Wirkungen in den Blick und hat damit großen Einfluß auf den New Criticism. J.C. Ransom betrachtet Richards gar als den Begründer dieser literaturwissenschaftlichen Richtung [35], die sowohl die Verabsolutierung psychologischer Interpretationsmethoden als auch regelgebundene Formen der Stilkritik überwindet [36], dabei aber, etwa in den Rhetorik-Entwürfen von C. BROOKS und R.P. WARREN, Probleme der *inventio* und Fragen nach dem Kontext ignoriert. [37]

Richards' Leistung liegt in der Überwindung einer zu einfachen Bedeutungstheorie, die Mißverständnissen und Manipulationen Vorschub leistete. Seine rhetorischen Überlegungen setzen der Vorherrschaft von sozialen Konflikten und manipulativer Propaganda eine wissenschaftlich fundierte Auffassung von Sprache entgegen. Doch Richards versucht bisweilen, unrealistische Ziele zu erreichen, seine semantischen Marker finden heute kaum noch Verwendung, und auch die von Ogden entwickelte und von Richards propagierte Sprache BASIC, ein Akronym für *British, American, Scientific, International, Commercial*, die nur die wirkungsvollsten Begriffe der englischen Sprache kennt, wird heute kaum als universelles Mittel zur Vermeidung von Mißverständnissen betrachtet. [38] Doch der Leistung Richards' tut dies keinen Abbruch. Mit seinen Überlegungen zur Rhetorik hat er nicht nur den New Criticism beeinflußt, sondern auch wesentliche Erkenntnisse der Sprechakttheorie und Linguistik vorweggenommen.

Anmerkungen:
1 I.A. Richards: The Philosophy of Rhetoric (New York 1965) 3. – 2 vgl. S.M. Halloran: On the End of Rhetoric, Classical and Modern, in: College English 36 (1975) 624. – 3 vgl. Richards [1] 9. – 4 vgl. J.B. Watson: Psychology from the Standpoint of a Behaviorist (Philadelphia, PA ²1924); C.L. Hull: Principles of Behavior (New York, N.Y. 1943). – 5 vgl. Richards [1] 29–31. – 6 vgl. C.K. Ogden, I.A. Richards: The Meaning of Meaning (London 1994) 14. – 7 vgl. ebd. 16. – 8 vgl. C.S. Peirce: Ein Überblick über den Pragmatismus, in: K.-O. Apel (Hg.): C.S. Peirce: Schr. zum Pragmatismus und Pragmatizismus (1991) 509–510. – 9 vgl. Plat. Phaidr. 267a-b. – 10 vgl. P. Bizzell, B. Herzberg: The Rhetorical Tradition (Boston, MA 1990) 964. – 11 vgl. Richards [1] 11. – 12 Ogden, Richards [6] 21–22; die Übers. der Zitate des Artikels stammen von Verf. – 13 Richards [1] 34. – 14 ebd. 35. – 15 vgl. ebd. 38. – 16 vgl. I.A. Richards: How to Read a Page (London 1943) 21–24; ders. [1] 52–53. – 17 vgl. H. Holocher: Anfänge der N. (1996) 45. – 18 vgl. I.A. Richards: Beyond (New York, N.Y./London 1973, 1974.) xiii. – 19 vgl. Richards [1] 97. – 20 ebd. – 21 ebd. 90–92. – 22 Quint. VIII, 6, 5. – 23 vgl. Richards [1] 90, 94, 131; Nietzsche: Über Wahrheit und Lüge im außermoralischen Sinn, in: Karl Schlechta (Hg.): Nietzsches Werke in drei Bdn., Bd. 3 (1956) 314; P.B. Shelley: A Defense of Poetry, in: D.H. Reiman, M.S.B. Powers (Hg.): Shelley's Poetry and Prose (New York, N.Y. 1977) 482. – 24 vgl. z.B. Cic. De or. II, 115; Quint. VI, 2, 9. – 25 vgl. Ogden, Richards [6] 15 348–349. – 26 vgl. ebd. 347–348. – 27 vgl. ebd. 348. – 28 vgl. J.L. Austin: Zur Theorie der Sprechakte (²1985); vgl. J.R. Searle: Sprechakte. Ein sprachphilos. Essay (⁵1992). – 29 vgl. Ogden, Richards [6] 15. 186. – 30 M. McLuhan: Poetic vs. Rhetorical Exegesis, in: Sewanee Review 52 (1944) 266–276; vgl. ders.: Understanding Media. The Extensions of Man (Cambridge, MA 1994) 3–6. – 31 vgl. J. Schlaeger: Einl., in: I.A. Richards: Prinzipien der Literaturkritik (1972) 7. – 32 vgl. Richards [31] 68. – 33 ebd. 40 – 34 ebd. 15. – 35 J.C. Ransom: The New Ciriticism (Norfolk, CT 1941) 3. – 36 M. Hochmuth: I.A. Richards and the „New Rhetoric", in: Quarterly Journal of Speech 44 (1958) 11. – 37 vgl. T.O. Sloane: Rhet. an amerikanischen Colleges und Universitäten, in: H.F. Plett (Hg.): Die Aktualität der Rhet. (1996) 195. – 38 vgl. z.B. I.A. Richards, C. Gibson: Techniques in Language Control (Rowley, MA 1974) 26–45.

II. Burke. K. BURKE ist der wohl einflußreichste Vertreter der N. Seine Erweiterungen des kritischen Instrumentariums der Rhetorik werden bis heute intensiv diskutiert. Die rhetorischen Forschungen Burkes nehmen ihren Beginn in der Literaturkritik und – ähnlich wie Richards – ist auch er zeitlebens mehr an der *rhetorica docens* als an der *rhetorica utens* interessiert [1], zugleich aber darauf bedacht, mit seinem theoretischen Werk Wirkungen in der Wirklichkeit hervorzubringen. Seine 1931 erschienene erste größere theoretische Schrift ‹Counter-Statement› fordert eine neue, rhetorisch geprägte Art der Literaturkritik: «Der Leser moderner Prosa ist immer auf der Hut vor Rhetorik, aber das Wort verweist, nach der lexikalischen Definition, lediglich auf den Gebrauch von Sprache in einer Art und Weise, die den gewünschten Eindruck auf den Hörer oder Leser macht.» [2] Da nun Literatur wirken soll, hat sie sich nach Burke der Techniken der Rhetorik zu bedienen, rhetorische Figuren als Möglichkeit wirkungsvoller Kommunikation anzuerkennen. [3] Im Laufe der Zeit weitet sich die Perspektive Burkes von der Literaturkritik zur Gesellschaftsanalyse. Die gesellschaftliche Dimension der Kunst in Zeiten des Kapitalismus wird nun ebenso behandelt [4], z.B. in ‹The Philosophy of Literary Form›, wie die Struktur sozialer Beziehungen, die B.A. Biesecker als Thema der ‹Rhetoric of Motives› ausgemacht hat. [5]

Mit dem ‹Dramatismus› entwickelt Burke ein Analyseinstrument, mit dem jede menschliche Handlung analysierbar sein soll. Jede reale oder symbolische Handlung läßt sich demnach wie eine Dramenszene auf der Bühne aus vielen Perspektiven betrachten [6]: «Wo die Ideen in Aktion sind, da haben wir es mit Drama zu tun [...].» [7] Konflikte, Absichten, Reflexionen und Entscheidungen, die das Drama kennzeichnen, prägen die gesamte menschliche Existenz und daher eignet sich das Drama als heuristischer Mittelpunkt einer Interpretationstheorie. Burke faßt die fünf Fokuspunkte des dramatistischen Interpretationsverfahrens in einer Pentadeformation zusammen:

act (die Handlung, die geistig oder praktisch vollzogen wird)

scene (der situative Hintergrund, vor dem die Handlung geschieht)

agent (die handelnde Person)

agency (Mittel oder Instrumente, mit denen die Handlung ausgeführt wird)

purpose (Zweck der Handlung). [8]

Die Analyse mit Hilfe des ‹Pentads› bezeichnet Burke als *grammatisch*, womit er deutlich machen will, daß es um generelle Kriterien zur Bewertung menschlicher Handlungen geht, die von den Inhalten, mit denen die einzelnen Aspekte gefüllt werden, zu unterscheiden sind [9] Die Betrachtung von Handlungen nach dem dramatistischen Konzept besitzt eine gewisse Nähe zu der scholastischen Frageformel «quis, quid, ubi, quibus auxiliis, cur, quo modo, quando» [10], die Burke schon in ‹Counter-Statement› zitiert. Für Burke beschreibt das ‹Pentad› Aspekte menschlicher Motivation, die inhaltlich unterschiedlich bestimmt werden können, von der Form her aber invariant sind.

Laut Burke steuern Motive, die man als «grobe und knappe Beschreibung für bestimmte typische Muster diskrepanter und widersprüchlicher Stimuli» [11] auffassen kann, menschliche Handlungen. Sie sind von der Struktur der Sprache abhängig und daher nicht im rein psychologischen Sinne, sondern vor dem Hintergrund von Identifikationsbestrebungen zu analysieren. Mit dem Begriff ‹Identifikation› beschreibt Burke das Streben des Menschen nach Zugehörigkeit zu Gruppen und nach Übereinstimmung mit Idealen, zudem weist der

Begriff auf die Identifikation mit formalen stilistischen Phänomenen hin. Die Funktion von Identifikation hat schon Aristoteles angedeutet.[12] Das von ihm übermittelte sokratische Diktum «Es sei nicht schwer, die Athener vor den Athenern selbst zu loben, wohl aber vor den Lazedämoniern»[13] thematisiert die Bedeutung von Identifikationsmöglichkeiten zwischen Redner und Publikum. In den Worten Fogartys: «Identifikation meint also die Zugehörigkeit zu einer Gruppe von Menschen oder die Verschmelzung mit ihnen durch eine gewisse Übereinstimmung in Absichten oder Idealen.»[14] Doch geht Burkes Vorstellung von Identifikation nicht in Fragen der Angemessenheit auf, mit denen sich Aristoteles' Hinweis klären läßt. Identifikation führt laut Burke zur Konsubstantialität der kommunizierenden Personen und ist somit anthropologisch legitimiert: «Eine Theorie der Konsubstantialität, sei sie explizit oder implizit, scheint für jede Form von Leben notwendig. Denn Substanz wurde in der antiken Philosophie als Handlung verstanden, und zu leben heißt, gemeinsam zu handeln, und im gemeinsamen Handeln haben Menschen gemeinsame Wahrnehmungen, Vorstellungen, Bilder, Ideen, Einstellungen, die sie konsubstantiell werden lassen.»[15] Burkes Substanzbegriff hat zu zahlreichen Diskussionen Anlaß gegeben, laut W.B. Durham ist dem Begriff bei Burke ein ganzes «cluster»[16] von Bedeutungen zuzuschreiben, und Burke selbst hat den Begriff in immer neuen Anläufen erläutert.[17] Wichtig erscheint es aber, den Handlungscharakter des Begriffes deutlich zu machen: Substanz meint nicht nur, daß oder wie etwas ist, sondern der Begriff hat nach Burke eine szenische Dimension: «Wörtlich ist die Sub-stanz einer Person oder eine Sache etwas, das als Basis die Person oder Sache trägt.»[18]

Für Burke ist ‹Identifikation› der Schlüsselbegriff der N. und somit das Komplement zum Begriff der ‹Persuasion›, um den die traditionelle Rhetorik konstruiert ist.[19] Identifikation und Persuasion können sich überschneiden: «Denn bei der Beziehung zwischen Identifikation und Persuasion sollten wir im Gedächtnis behalten, daß ein Redner seine Zuhörer mit dem Einsatz stilistischer Identifikationen überzeugt; sein Überzeugungsakt kann den Zweck verfolgen, das Publikum zu veranlassen, sich selbst mit den Interessen des Sprechers zu identifizieren, und der Redner setzt auf die Identifikation von Interessen, um eine Beziehung zwischen ihm selbst und dem Publikum herzustellen.»[20] Doch grundsätzlich ist ‹Identifikation› ein weiterer Begriff, wie die Verbindung zum Phänomen der Konsubstantialität deutlich macht.

Die Tragweite von Burkes Rhetorik der Identifikation zeigt sich im Entwurf einer eigenen Anthropologie und einer eigenständigen, oft zitierten Definition des Menschen: «Man is the symbol-using (symbol-making, symbol-misusing) animal, inventor of the negative (or moralized by the negative) separated from his natural condition by instruments of his own making, goaded by the spirit of hierarchy (or moved by the sense of order) and rotten with perfection». (Der Mensch ist ein symbol-verwendendes (symbol-produzierendes, symbol-mißbrauchendes) Lebewesen, als Erfinder des Negativen (oder vom Negativen moralisiert) von seiner natürlichen Lebensweise durch Instrumente, die er selbst hervorgebracht hat, getrennt, angetrieben vom Geist der Hierarchie (oder bewegt von einem Sinn für Ordnung) und durch seinen Perfektionsdrang verdorben).[21] Der Mensch zeichnet sich demnach durch die Fähigkeit zur Symbolverwendung aus, die ihn von der natürlichen, unmittelbaren Lebensweise trennt, ihn dazu bringt, die Realität durch sprachliche Setzungen zu zerteilen, und die zur ständigen Produktion von Hierarchisierungen führt. Sprachlicher Ausdruck ist somit für Burke ein Mittel zur Etablierung, Aufrechterhaltung und Überwindung hierarchischer Ordnung, die der Mensch entelechisch anstrebt.[22] Ständiges Separieren und Klassifizieren kennzeichnet den Menschen und schafft die Basis für das Streben nach Identifikation.[23] Auf die Einwirkung der Sprache auf die Realität und die Abgrenzung des Negativen durch sprachliche Begriffe hatte schon Richards hingewiesen, allerdings hat er nicht so weitgehende Konsequenzen aus diesen Überlegungen gezogen wie Burke.

Identifikation beschränkt sich nicht auf inhaltliche Aspekte, der Mensch ist laut Burke, der sich hier in gewisser Nähe zu JAKOBSON befindet[24], auch für formale Identifikationsangebote empfänglich. Formen erwecken bestimmte Erwartungshaltungen und sind Identifikationsangebote.[25] Das Streben nach formaler Identifikation zeigt sich im Bereich der *dispositio* in der Erwartung bestimmter Formeln in der Einleitung einer Rede (zum Beispiel *captatio benevolentiae* und *attentum parare*) genauso wie in den verschiedenen Mustern, die die Anordnung von Argumenten regulieren; im Bereich der *elocutio* lassen sich beinahe alle Figuren als stilistische Identifikationsangebote verstehen. Burke hat die verschiedenen Wirkungsformen formaler Strukturen schon in ‹Counter-Statement› zu fünf Prinzipien zusammengefaßt, die auf das Phänomen formaler Identifikation verweisen[26]: Als 1.) *Syllogistic progression* bezeichnet er die formale Identifikationswirkung, die von wohlgeformten Argumenten ausgeht, 2.) *Qualitative progression* steht für die Wirkung von motivierten inhaltlichen Steigerungen, 3.) *Repetitive form* verweist auf das Prinzip der variierenden Wiederholung, 4.) *Conventional Form* meint etablierte und bekannte Formen, die auf den Rezipienten wirken als 5.) *Minor or incidental forms* schließlich bezeichnet Burke die Reihe der rhetorischen Figuren.

Jedes einzelne Wort produziert laut Burke Wirkungen und versucht von etwas zu überzeugen. Er übernimmt für diesen Zusammenhang den Begriff ‹Magie› aus der anthropologischen Fachdiskussion (vgl. z.B. C. KLUCKHOHN).[27] In Folge der Überzeugungsleistung, die jedem Wort zuzuschreiben ist, ergibt sich ein weiter Begriff von Rhetorik: «Wo immer wir es mit Persuasion zu tun haben, haben wir es mit Rhetorik zu tun, und wo immer wir es mit Bedeutungen zu tun haben, haben wir es mit Persuasion zu tun.»[28] Für Burke ist Rhetorizität unentrinnbares Kennzeichen des Menschen: «For rhetoric as such is not rooted in any past condition of human society. It is rooted in an essential function of language itself, a function that is wholly realistic, and is continually born anew: the use of language as a symbolic means of inducing cooperation in beings that by nature respond to symbols». (Denn Rhetorik an sich wurzelt nicht in einer vergangenen gesellschaftlichen Situation. Sie wurzelt in einer wesentlichen Funktion der Sprache selbst, einer Funktion, die vollkommen realistisch ist und sich kontinuierlich erneuert: dem Gebrauch der Sprache als ein symbolisches Mittel zur Hervorrufung von Kooperation bei Lebewesen, die von Natur aus auf Symbole reagieren.)[29] Diese Definition ist schon früh kritisiert worden. So weist Copeland auf die Gefahr hin, daß der Begriff, so geweitet, jeden definitorischen Wert verliert.[30] Andererseits argumentiert L.V. Holland, daß Burke mit der Ergänzung der rhetorischen Perspektive um das Phänomen *Identifikation* eine Erweiterung vornimmt, die im Rahmen der Aristotelischen Rhetorik bleibt, da weiterhin strategische Adressiertheit das entscheidende Merkmal von Rhetorizität ist.[31]

Für Burke ist die Rhetorik mit dem Begriff der ‹Identifikation› und der Technik der dramatistischen Interpretation zu einem machtvollen Analyseinstrument gesellschaftlicher Zustände geworden. Burkes rhetorische Interpretation von gesellschaftlichen Zusammenhängen ist in vielfacher Hinsicht von Marx beeinflußt: Erstens hilft das Gegenbild des Marxismus, die Grundüberzeugungen einer kapitalistischen Gesellschaft zu erkennen[32], zweitens bietet Marx mit dem Begriff ‹Ideologie›[33] eine Möglichkeit, die «frames of acceptance»[34] einer Gesellschaft in den Blick zu nehmen und die Durchdringung einer Gesellschaft mit bestimmten Überzeugungen zu beschreiben, von denen die Topik als «quick survey of opinion»[35] Auskunft gibt. Die Bewertung der Marxrezeption Burkes ist auch unter marxistisch beeinflußten Kritikern bis heute widersprüchlich geblieben. So deutet F. Lentrichia Burkes Ansätze als marxistisch[36], während F. Jameson daran zweifelt, daß Burke überhaupt in der Lage ist, die politische Dimension zu erfassen.[37] Schon M. Hochmuth hatte, darin C. Morris folgend, in ihrer bedeutenden Darstellung der Rhetorik Burkes dessen Fixierung auf sprachliche Phänomene kritisiert.[38] Doch hat Burke trotz der Dominanz des linguistischen Zugangs zu Themen immer wieder überzeugende psychologische und politische Interpretationen vorgelegt. Allein die 1939 verfaßte hellsichtige Interpretation von Hitlers ‹Mein Kampf› ist ein unzweifelhaftes Meisterwerk rhetorischer Textkritik[39], und Burkes Interpretation der modernen Naturwissenschaften hat wesentliche Erkenntnisse der *rhetoric of science* vorweggenommen.[40] Dabei radikalisiert Burke im Laufe der Zeit den Fokus auf die Sprache noch und wendet sich der *logology* als Wissenschaft zur Klärung der Wirkungsweise von Sprache zu.[41]

Burkes Texte dominieren bis heute die Rezeption der N. Er ist auf kreative und innovative Weise mit der rhetorischen Tradition umgegangen, hat sie zu einer wirkungsvollen Technik der Interpretation fortentwickelt und dabei eine der umfassendsten Rhetoriktheorien innerhalb der N. vorgelegt. Biesecker hat bei Burke Antworten auf die Herausforderungen der Postmoderne ausgemacht[42] und Anthropologen wie R. ROSSALDO, V. TURNER und C. GEERTZ[43] haben ihn für die *cultural studies* erschlossen. Zudem gehen verschiedene neue Zweige amerikanischer Rhetorikforschung wie die *rhetoric of science* und die *rhetoric of controversy* auf Erkenntnisse Burkes zurück.

Anmerkungen:
1 K. Burke: A Rhetoric of Motives (Berkeley/Los Angeles, CA 1969) 36. – **2** ders.: Counter-Statement (Chicago, IL ²1953) 210. – **3** ebd. 123. – **4** ders.: The Philosophy of Literary Form (Berkeley, CA/Los Angeles, CA/London ³1973) 314–322. – **5** vgl. B.A. Biesecker: Addressing Postmodernity. Kenneth Burke, Rhetoric, and a Theory of Social Change (Tuscaloosa, Ala./London 1997) 40. – **6** vgl. K. Burke: A Grammar of Motives (New York, N.Y. 1955) x–xvi. – **7** ebd. 512. – **8** ebd. x. – **9** vgl. S.A. Lindsay: Implicit Rhetoric. Kenneth Burke's Extension of Aristotle's Concept of Entelechy (Lanham, Md. 1998) 106–107. – **10** Burke [2] 141; vgl. Victorinus I, 21, in: Rhet. Lat. min. p.206ff.; Matth. v. Vend. I, 116. – **11** K. Burke: Permanence and Change (Los Altos, CA ²1954) 29–30. – **12** vgl. ders. [1] 55. – **13** Arist. Rhet. 1415b. – **14** D. Fogarty: Roots for a N. (New York 1959) 75. – **15** Burke [1] 21. – **16** W.B. Durham: Kenneth Burke's Concept of Substance. in: Quarterly Journal of Speech 66 (1980) 363. – **17** vgl. Burke [6] 21–58. – **18** ebd. 22. – **19** vgl. ders.: Rhetoric – Old and New, in M. Steinmann (Hg.): New Rhetorics (New York 1967) 63; vgl. ders. [1] xiii–xiv. – **20** ders. [1] 46. – **21** ders.: Language as Symbolic Action (Berkeley, CA/Los Angeles, CA 1966) 16.; vgl. dazu auch E. Cassirer: Philos. der symbolischen Formen, Bd. 1 (⁴1954). – **22** Burke [21] 19. – **23** vgl. ders. [1] 22. – **24** R. Jakobson: Linguistik und Poetik, in: ders. Poetik. Ausg. Aufsätze 1921–1971 (³1993) 92–93. – **25** vgl. Burke [1] 58–59. – **26** ders. [2] 124–128. – **27** vgl. K. Burke: Dichtung als symbolische Handlung. Eine Theorie der Lit. (1966) 9–10; ders. [1] 44–45. – **28** ders. [1] 172. – **29** ebd. 43. – **30** vgl. T.W. Copeland: Critics at Work, in: The Yale Review 40 (1950) 167–169. – **31** L.V. Holland: Counterpoint. Kenneth Burke and Aristotle's Theories of Rhetoric (New York, N.Y. 1959) 107. – **32** vgl. Burke [1] 24. – **33** vgl. ebd. 88, 103–105. – **34** ders.: Attitudes Towards History. (Berkeley/Los Angeles, CA ³1984) 5. – **35** vgl. ders. [1] 56. – **36** vgl. F. Lentricchia: Criticism and Social Change (Chicago, IL 1983). – **37** vgl. F. Jameson: The Symbolic Interference; or, Kenneth Burke and Ideological Analysis, in: H. White, M. Brose: Representing Kenneth Burke (Baltimore, Md. 1982) 68–91. – **38** vgl. M. Hochmuth: Kenneth Burke and the N., in: Quarterly Journal of Speech 38 (1952) 143; C. Morris: The Strategy of Kenneth Burke, in: The Nation 163 (1946) 106. – **39** vgl. K. Burke: Die Rhet. in Hitlers «Mein Kampf» und andere Essays zur Strategie der Überredung (1967) 7–34. – **40** vgl. ders. [1] 88, 76. – **41** vgl. ders.: The Rhetoric of Religion (Boston, MA 1961); ders.: Dramatism and Logology, in: CQ 33 (1985) 89–93. – **42** vgl. Biesecker [5] 88–102. – **43** vgl. C. Geertz: Ideology as A Cultural System, in: ders.: The Interpretation of Cultures (New York, N.Y. 1996) 208.

III. *Allgemeine Semantik*.

Die Allgemeine Semantik ist die Strömung der N., die die größte Popularität erlangte: die Bücher zum Thema von ST. CHASE und S.I. HAYAKAWA wurden zu Bestsellern, zudem wurde die Allgemeine Semantik über die politische Tätigkeit beider Autoren – Chase war Berater von Präsident Roosevelt, Hayakawa kalifornischer Senator – institutionell gefördert. Die Allgemeine Semantik beschäftigt sich mit dem Aspekt der Produktion von Kommunikation genauso wie mit der Kritik kommunikativer Äußerungen und deckt so die gesamte Bandbreite der Rhetorik ab. Allerdings versteht sich die Allgemeine Semantik von Beginn an als eigenständige Disziplin. Die Verbindungen zur Rhetorik werden kaum je in den Blick genommen, da die geisteswissenschaftliche Tradition mit großem Mißtrauen betrachtet wird. Zugleich aber besteht von Seiten der Rhetorik von Beginn an Interesse an den Überlegungen der Allgemeinen Semantik, wie z.B. Fogartys Auseinandersetzung mit Autoren wie Korzybski, Hayakawa und Lee verdeutlicht, die für die Rezeption der Allgemeinen Semantik im Rahmen der N. grundlegend war.[1]

Die Allgemeine Semantik ist dezidiert anti-aristotelisch, wie das 1933 erschienene Gründungsdokument des Mathematikers A. KORZYBSKI schon im Titel verdeutlicht ‹Science and Sanity. An Introduction to Non-Aristotelian Systems and General Semantics›. Korzybskis Ziel ist die Überwindung des aristotelischen Denkens, das seiner Meinung nach durch das Streben nach Identität beständig falsche Annahmen produziert, zwanghaft auf das Denken wirkt und die geistige Gesundheit gefährdet. Dem elementaristischen Denken, das durch das Aristotelische Streben nach Definition und Abstraktion befördert wurde, setzt Korzybski eine Theorie des nicht elementaristischen Denkens entgegen, er spricht vom *non-el-Prinzip*: «Das non-el Prinzip formuliert eine strukturale Eigenschaft, die von Natur aus in der Struktur der Welt, in uns selbst und unserem Nervensystem auf allen Ebenen zu finden ist; die Kenntnis und Anwendung desselben ist Grundbedingung für Anpassungen (adjustments) auf allen Ebenen und auch für die geistige Gesundheit des Menschen.»[2] Korzybski bewegt sich mit dem Prinzip des *non-el* durchaus noch in der Tradition der Rhetorik, denn im Grunde fordert er eine angemessene Form der Kommunikation. Neu ist allerdings, daß die Angemessenheit der sprachlichen Zuschreibungsmechanismen Subjekt und Prädikat grundsätzlich in Zweifel gezogen wird. Eine neue Art zu denken und zu sprechen, eine neue Rhetorik, wird auf diese Weise theoretisch eingefordert. In der Praxis wirken die Ideen Korzybskis bis in die Therapie psychischer Störungen, die z. B. W. JOHNSON auf die Basis nicht-aristotelischen Denkens zu stellen sucht.[3]

Fogarty hat drei Prinzipien ausgemacht, die für das Denken Korzybskis in Fragen der Kommunikation entscheidend sind. Diese Prinzipien lassen sich allesamt mit dem Versuch, das Denken in Aristotelischen Kategorien zu überwinden, in Verbindung bringen[4]: Nach dem *organism as a whole*-Prinzip wirkt Kommunikation immer auf den ganzen Organismus. Dies haben auch schon Ogden und Richards, deren Analysen Korzybski positiv beurteilt[5], berücksichtigt, allerdings begründet Korzybski die Annahme durch eine wesentlich größere Zahl biologischer Indizien, medizinischer Experimente und psychischer Krankheitskonstellationen.[6] Das Prinzip der *multiordinal relations* weist darauf hin, daß die Benutzung von Sprache immer durch eine Vielzahl von Abstraktionen gekennzeichnet ist: «Wenn wir die neurologischen Prozesse, die bei der Wahrnehmung eines Objektes beteiligt sind, untersuchen, stellt sich heraus, daß das Nervensystem von der infiniten Zahl submikroskopischer Eigenschaften eines Ereignisses eine große, aber endliche Zahl makroskopischer Eigenschaften abstrahiert hat. Wenn wir einen Bleistift kaufen, sind wir gewöhnlicher Weise nicht an seinem Geruch oder Geschmack interessiert.»[7] Daher gilt es, Identitätszuschreibungen zu vermeiden, zu erkennen, daß mit der Identitätsaussage «ist» immer eine Vielzahl von Auslassungen und Abstraktionen vorgenommen wird, die durch ein komplexes Netzwerk von Beziehungen ersetzt werden sollte.[8] Das *intensional-extensional*-Prinzip schließlich weist auf die Bedeutung des Realitätsbezugs in der Kommunikation, der Kommunikator soll extensional argumentieren und sich nicht auf intensionale, d.h. bloß in Gedanken verankerte Annahmen verlassen.[9] Diese drei Prinzipien zielen darauf, die uneingestandenen Voraussetzungen von Sprache zu verdeutlichen, die Korzybski bisweilen auch mit einem Bild erläutert. Demnach funktioniert Sprache wie eine Landkarte, also über Ähnlichkeitsbeziehung zu dem Territorium, das dargestellt wird. Der Landkartenvergleich macht dabei augenfällig, wie fatal es ist, Karte und Territorium zu verwechseln, was Korzybski der aristotelischen Art zu denken und zu reden vorwirft.[10]

Den Rang seiner Erkenntnisse verdeutlicht Korzybski mit dem Verweis auf das nicht-euklidische und nicht-newtonsche Denken EINSTEINS.[11] Die Menschheit soll, so Korzybski in ‹Manhood of Humanity›[12], durch ein neues wissenschaftlich legitimiertes Bild vom Menschen den Zustand der Adoleszenz überwinden und so der Prozeß des *time-binding*, das ist die Akkumulation von Wissen durch das Speichern von Erkenntnissen mit Hilfe der Sprache, vorantreiben.[13]

Zur Überwindung der aristotelischen Bewertungstechniken hat die Allgemeine Semantik verschiedene technische Mittel entwickelt, die die rhetorische Praxis grundlegend beeinflussen: die Verwendung von Indexzahlen soll darauf hinweisen, daß ein Wort unterschiedliche Bedeutungen haben kann, die Datierung von Begriffen soll die zeitliche Entwicklung von Bedeutungen aufzeigen, mit dem etc.-Zeichen soll signalisiert werden, daß nicht alle Bedeutungen übermittelt wurden, weiterhin soll auf Identitätszuschreibungen mit dem Prädikat ‹ist› möglichst verzichtet werden und Bindestriche sollen helfen, Beziehungen zwischen Wörtern zu verdeutlichen und den Elementarismus zu überwinden.[14] Diese technischen Verfahren haben in der Praxis jedoch aus verständlichen Gründen wenig Nachahmung gefunden.

Daß die Allgemeine Semantik trotzdem zu einer populären Art zu denken wurde, ist so auch nicht Korzybski, sondern eher dem Ökonomen ST. CHASE zuzuschreiben. Er trug mit seinem Buch ‹The Tyranny of Words› zu einer Popularisierung bei und löste die Allgemeine Semantik aus der mathematischen und neurologischen Perspektive, die Korzybski ihr gegeben hatte. Chase entwickelt aus den Ideen der Allgemeinen Semantik eine Absage an alle abstrakten Begriffe und Ideen. «Chases Argumentation erweist sich als einfach, eingängig und deshalb für viele überzeugend. ″Zeigen Sie es mir doch!″ ist seine lakonische Forderung, die er mit der Weigerung verbindet, irgendeine Definition gelten zu lassen, die sich nicht auf unmittelbar wahrnehmbare Gegenstände oder Vorgänge bezieht.»[15] So werden sowohl ökonomische als auch philosophische, ja selbst geographische Begriffe mit dem immer gleichen eingängigen Duktus kritisiert.[16] Über die Kritik einzelner Begriffe hinaus wendet sich Chase Themen zu, die typisch für die N. sind: Er präsentiert Kommunikationsmodelle, lokalisiert mögliche Quellen von Mißverständnissen[17] und weist auf die entscheidende Funktion der Sprache für den Menschen hin.[18] Zudem setzt er sich mit der angewandten Rhetorik auseinander: er rät, unnötige Diskussionen zu vermeiden, Wort und Sache nicht zu verwechseln, anschaulich und an der Lebenswirklichkeit orientiert zu argumentieren.[19] Diese Anweisungen lassen sich allesamt in der rhetorischen Tradition verankern, Prinzipien wie *brevitas*, *perspicuitas* und *evidentia* und die Diskussion um das *res-verba*-Problem liegen den Regeln von Chase zu Grunde. Jedoch wird diese Tradition nicht reflektiert.

Bei S. I. HAYAKAWA ist der Bezug zur Praxis noch stärker als bei S. Chase. Auch er ist mißtrauisch gegenüber aristotelischem Denken: «Definitionen sagen uns – entgegen der allgemeinen Überzeugung – nichts über Dinge.»[20] Doch zeichnet er sich durch eine unvoreingenommenere Auseinandersetzung mit dem Phänomen Sprache aus: «Hayakawa öffnet die Tür für die pragmatische Dimension von Sprache und deren Verständnis durch die Konkretisierung des Erkenntnisvorgangs. Chases politisch motiviertes ‘Entlarven’ von Begriffen und Korzybskis romantische Vorstellung von der unmittelbaren Wahrnehmung ersetzt Hayakawa durch eine den pragmatischen Aspekt berücksichtigende Betrachtung des Symbolverwendens.»[21] Der Mensch lebt nach Hayakawa in einer semantischen Umwelt und ist daher auf den Umgang mit Sprache angewiesen.[22] Ähnlich wie Richards sieht Hayakawa das Ziel seiner Überlegungen in der Reduktion von Mißverständnissen, er will die Fähigkeit vermitteln, «klarer zu denken, effektiver zu sprechen und zu schreiben und mit größerem Verständnis zu lesen und zuzuhören»[23]. Dabei bewegt sich Hayakawa, wie er selbst eingesteht, ganz im Rahmen der rhetorischen Tradition.[24] Der Mensch soll, wie so oft in der N., auch in diesem Fall in die Lage versetzt werden, Propaganda und Werbung gegenüberzutreten, und Hayakawa erweist sich als feinsinniger Beobachter von Überzeugungsstrategien, wie sie beispielweise die Werbung einsetzt.[25]

Das schon von Korzybski beschriebene Problem der Abstraktion illustriert Hayakawa in Form einer *abstraction ladder* und sorgt wiederum für die Popularisierung des Gedankens, daß das Objekt menschlicher Wahrnehmung nicht das Ding selbst ist, da es bei der Wahrnehmung zu Abstraktionen und zur Reduktion des ursprünglichen Dings auf ausgewählte Eigenschaften kommt [vgl. Abb. 2].[26] Abstraktion reduziert Präzision in jeder Hinsicht, auch die Auseinandersetzung mit Werten und Normen wird durch Abstraktionen zu einem Problem, da Oppositionen wie ‹gut – böse› keine adäquaten Beschreibungen moralischer Fragestellungen sind. Die Allgemeine Semantik fordert denn auch mehrwertige Unterscheidungs- und Bewertungskriterien, wie sie in den naturwissenschaftlichen Skalen (z.B. bei der Temperaturskala) erfolgreich eingesetzt werden, an die Stelle simplifizierender Oppositionen zu setzen.[27] Die Abstraktionsleiter verweist für Hayakawa auch auf Regeln für die praktische Rhetorik, als optimal erscheint ihm eine Form der Rede, die beständig zwischen unterschiedlichen Abstraktionsebenen wechselt und so lebendig wirkt.[28] Ähnliche Forderungen suggeriert bereits die antike Formel «variatio delectat».

Chase und Hayakawa tragen mit ihren populären Varianten der Allgemeinen Semantik zwar zur Verbesserung von Rede- und Schreibstil bei, aber ihre Anweisungen gehen selten über die praktischen Regeln der antiken Rhetorik hinaus. Ähnliches gilt für die Versuche I.J. Lees, der in ‹How to Talk with People› vor allem Fragen der Gesprächsrhetorik erörtert. Seine Analyse von möglichen Verständigungsproblemen [29], die z. B. zu Warnungen vor zu starken Vereinfachungen und obskuren Beschreibungen führt, reicht über Fragen des *aptum* kaum hinaus. E. Murray, der in seiner Kommunikationsforschung Allgemeine Semantik, Linguistik, sozialpsychologische Forschungen und rhetorische Überlegungen verbindet [30], sieht zwar den Einfluß der antiken Rhetorik auf die Allgemeine Semantik, doch seine Vision von Kommunikationsforschung führt durch die Orientierung am Fortschrittsdenken der Naturwissenschaften am Ende zur Auflösung einer spezifisch rhetorischen Perspektive, da nur noch empirisch erforschbare Einzelphänomene Beachtung finden.[31] Wie groß die Distanz zwischen Allgemeiner Semantik und Rhetorik ist, illustriert schließlich auch die Perspektivierung der Rhetorik, die I. Lee vornimmt: «Hitler und Aristoteles beginnen mit der Frage: Wie können wir andere dazu überreden, so zu denken, wie wir es tun, und so zu handeln, wie wir es wünschen. Korzybski beginnt mit dieser Frage: Wie kann ich über die Ereignisse der Welt so sprechen, daß meine Rede sie angemessen bewertet?»[32]

Anmerkungen:
1 vgl. D. Fogarty: Roots for a N. (New York 1959) 88–115. – 2 A. Korzybski: Science and Sanity. An Introduction to Non-Aristotelian Systems and General Semantics (Lakeville CT [4]1958) 130. – 3 vgl. W. Johnson: People in Quandaries. The Semantics of Personal Adjustment (New York, N.Y. 1946) 3–20, 391–438. – 4 vgl. Fogarty [1] 91–100. – 5 vgl. Korzybski [2] 33. – 6 vgl. ebd. 123–130. – 7 ebd. 387–389. – 8 vgl. ebd. 417. – 9 vgl. ebd. 173–174. – 10 vgl. ebd. 750–751. – 11 vgl. ebd. 7. – 12 ders.: The Manhood of Humanity (New York, N.Y. 1921). – 13 ebd. xvii, 28–29. – 14 S. I. Hayakawa: Semantik. Allg. Semantik und verwandte Disziplinen, in: G. Schwarz: Wort und Wirklichkeit. Beitr. zur Allg. Semantik (o. J. [1968]) 41–43. – 15 H. Holcher: Anfänge der N. (1996) 51. – 16 vgl. St. Chase: The Tyranny of Words (New York, N.Y. 1938) 291, 144, 328. – 17 vgl. ders.: The Power of Words (New York, N.Y. 1953, 1954) 13–27. – 18 vgl. ebd. 3–12. – 19 vgl. ebd. 187–196. – 20 S. I. Hayakawa: Language in Thought and Action (New York, N.Y./San Diego, CA/Chicago, IL [4]1978) 157. – 21 Holocher [15] 66. – 22 vgl. Hayakawa [20] 12–16. – 23 ebd. vii. – 24 ebd. – 25 vgl. ebd. 254–258. – 26 vgl. ebd. 155. – 27 vgl. ebd. 218–223, 227–228. – 28 vgl. ebd. 165. – 29 I.J. Lee: How to Talk with People (New York, N.Y. 1952) 1–10. – 30 vgl. J. Akin, A. Goldberg, G. Myers u.a. (Hg.): Language Behavior. A Book of Readings in Communication (Den Haag 1970) 9–12. – 31 vgl. E. Murray: We Go, But Too Slowly in: Journal of Communication 9 (1959) 191. – 32 I. Lee: General Semantics and Public Speaking, in: Quarterly Journal of Speech 26 (1940) 601.

IV. *Weaver*. R.M. Weaver repräsentiert die konservative Seite der N. Er engagiert sich für die Wiedereinsetzung einer umfassend verstandenen ethisch fundierten Rhetorik. Wie die anderen Vertreter der N. reagiert er auf gesellschaftliche Veränderungen und die Vormachtstellung empirischer Forschung. Allerdings versucht er nicht, Anschluß an diese Entwicklungen zu gewinnen, sondern mit Hilfe der Rhetorik ein Gegenmodell zu diesen Entwicklungen, die seiner Ansicht nach die Integrität des Menschen gefährden, anzubieten.[1] Schon 1948 in seiner ersten größeren Publikation ‹Ideas have Consequences› bringt er das Problem auf den Punkt: «Wir nähern uns einer Situation, in der wir amoralisch sein werden, ohne die Fähigkeit zu besitzen, es zu erkennen, und werden erniedrigt, ohne über Mittel zu verfügen, um den Niedergang zu ermessen.»[2] Der Niedergang der Rhetorik, der sich seit dem Anfang des 19. Jh. beobachten läßt, ist für Weaver ein Zeichen des kulturellen Zerfalls.[3] Sein Ziel ist es, den neuen Entwicklungen Einhalt zu gebieten, der Demontage gesellschaftlicher Ordnung entgegenzutreten, indem er Rhetorik als «humanistische», d.h. dem Menschen angemessene Wissenschaft etabliert. Nur mit Hilfe der Rhetorik läßt sich nach Weaver sozialer Zusammenhalt herstellen und aufrechterhalten:[4] «Eine Gesellschaft ist ohne Rhetorik nicht lebensfähig.»[5]

Die soziale Funktion der Rhetorik ist, wie Weaver 1953 in ‹Ethics of Rhetoric› erläutert, an die ethische Dimension der Rhetorik gekoppelt. Die Bestimmung des *vir bonus dicendi peritus*, wie sie Weaver bei Quintilian vorfindet, erscheint ihm als wichtiges Konzept der Rhetorik, grundlegend für den gesellschaftlichen Wert des Faches.[6] Und nur eine philosophisch fundierte Rhetorik im Sinne Platons kann laut Weaver dafür sorgen, daß eine Gesellschaft sich gemäß ethischen Konzepten organisiert, sich an der Wahrheit und nicht an bloßer Wahrscheinlichkeit orientiert.[7] Weavers Position ist durchgehend platonisch geprägt. In seiner berühmt gewordenen Phaedrus-Interpretation gewinnt er die wesentlichen Ideen und Konzepte seiner Rhetoriktheorie [8] und positioniert Rhetorik in Relation zur Dialektik. Mit Hilfe der Dialektik lassen sich Wahrheiten über zweifelhafte Sätze formulieren, mit Hilfe der Rhetorik werden diese Erkenntnisse sozial vermittelt, so die Idee Weavers.[9] Zwar ordnet Weaver die Dialektik der Rhetorik unter, seinem Platonismus tut dies aber keinen Abbruch, wie u.a. M. Natanson gezeigt hat.[10] Allzu deutlich spiegelt die Axiologie Weavers, eine viergliedrige Systematisierung argumentativer Verfahren, die Wertehierarchie Platons wider.[11] In Weavers Axiologie hat die Argumentation mittels Definition den höch-

ABSTRACTION LADDER
Start reading from the bottom UP

8. "wealth" — 8. The word "wealth" is at an extremely high level of abstraction, omitting *almost* all reference to the characteristics of Bessie.

7. "asset" — 7. When Bessie is referred to as an "asset," still more of her characteristics are left out.

6. "farm assets" — 6. When Bessie is included among "farm assets," reference is made only to what she has in common with all other salable items on the farm.

5. "livestock" — 5. When Bessie is referred to as "livestock," only those characteristics she has in common with pigs, chickens, goats, etc., are referred to.

4. "cow" — 4. The word "cow" stands for the characteristics we have abstracted as common to cow_1, cow_2, cow_3 … cow_n. Characteristics peculiar to specific cows are left out.

3. "Bessie" — 3. The word "Bessie" (cow_1) is the *name* we give to the object of perception of level 2. The name *is not* the object; it merely *stands for* the object and omits reference to many of the characteristics of the object.

2. — 2. The cow we perceive is not the word, but the object of experience, that which our nervous system abstracts (selects) from the totality that constitutes the process-cow. Many of the characteristics of the process-cow are left out.

1. The cow known to science ultimately consists of atoms, electrons, etc., according to present-day scientific inference. Characteristics (represented by circles) are infinite at this level and ever-changing. This is the *process level*.

Abb. 2: nach Hayakawa (vgl. Anm. 26)

sten Wert, sie ist ein Versuch, das Sein zu erfassen, und gehört in den Bereich der Philosophie. Die Argumentation mittels *loci a causa*, bei der Ursache und Wirkung zugeschrieben werden, kann der Wahrheit durchaus nahe kommen, besitzt aber nicht den Wert von Definitionen. Mit Hilfe von Vergleichsargumenten, der dritten Argumentationsart, die auf *loci a simili* beruhen, läßt sich im Reich der Wahrscheinlichkeit agieren, sicheres Wissen läßt sich mit ihnen aber nicht erlangen. Als vierte Technik der Argumentation schließlich betrachtet Weaver Verfahren, die ausschließlich externe Faktoren berücksichtigen oder Autoritätsbeweise anführen.

Durch die Argumentation und die *elocutio* eines Textes wird dem Zuhörer laut Weaver eine Weltsicht nahegelegt.[12] Weaver hat von «tyrannisierenden Bildern»[13] gesprochen, die mit Hilfe sprachlicher Äußerungen eine Gesellschaft strukturieren, und befindet sich mit diesem Gedanken ganz und gar im Bereich typischer

Grundannahmen der N. Die ultimativen Begriffe einer Kultur, die derart mit Bedeutung aufgeladen sind, daß sie propositionalen Charakter haben, und die in der Tradition als *endoxa* bezeichnet wurden, teilt er in drei Klassen ein: *god terms*, das sind in der Zeit Weavers beispielsweise ‹Fortschritt› oder ‹Tatsache›, *devil terms* wie ‹antiamerikanisch› und *charismatic terms*, womit Begriffe gemeint sind, deren Bedeutung gar nicht mehr zu klären ist, Begriffe, die beliebig mit Bedeutungen gefüllt werden können, da von ihnen gesellschaftlich festgeschrieben ist, daß sie etwas bedeuter. ‹Freiheit› und ‹Demokratie› sind typische Beispiele.[14] Wie die meisten anderen Vertreter der N. geht Weaver also nicht von einer neutralen Sprache aus, Sprache hat für ihn predigthaften Charakter: «Language [...] is [...] sermonic. We are all of us preachers in private or public capacities. We have no sooner uttered words than we have given impulse to other people to look at the world, or some small part of it, in our way» (Sprache ist [...] predigthaft. Wir sind alle Prediger in privaten oder öffentlichen Funktionen. Wir haben nicht eher Wörter gebraucht, als wir andere dazu veranlaßt haben, in unserer Art und Weise auf die Welt oder einen Teil der Welt zu blicken).[15]

Weaver lehrte wie Hayakawa an der University of Chicago, und viele seiner Theoreme entstehen in Auseinandersetzung mit der Allgemeinen Semantik, deren Lehren er ablehnt. Er kritisiert die Tendenz der Allgemeinen Semantik und des Empirismus, Worte durch Dinge zu ersetzen, in Worten nur die referentielle Funktion wahrzunehmen und die eigentliche Kraft der Worte, ihre Fähigkeit zu Motivation und Integration aufzulösen.[16] Einzelne Fakten haben für Weaver nur Sinn in Bezug auf umfassendere Ideen, und so erscheint ihm das ganze Projekt empirischer Forschung zweifelhaft.[17] Auch gegen die Theorien von Richards und Ogden erhebt Weaver Widerspruch: das BASIC-Englisch-Projekt erscheint ihm zum Scheitern verurteilt, da es Sprache ganz und gar auf die Referenz einschränkt[18], und die Bedeutungstheorie, die Richards und Ogden entwickelt haben, ist ihm zu beliebig: «Wenn wir miteinander übereinkommen, daß ein Wort für eine bestimmte Sache stehen soll, machen wir deutlich, daß es nach dem momentanen Stand allgemeiner Erkenntnis das beste verfügbare Wort für die Sache ist.»[19] Die Theorien Burkes hingegen werden von Weaver – trotz der sich deutlich unterscheidenden politischen Interessen – intensiv rezipiert: Weaver hält ‹Motiv› und ‹Identifikation› für wichtige begriffliche Erweiterungen der Rhetorik.[20]

Mit der Vorstellung von tyrannisierenden Bildern und ultimativen Begriffen hat Weaver eine Terminologie geschaffen, deren Ausstrahlung bis in die heutige Zeit reicht. Sie tauschen als Wendung in der amerikanischen Rhetorikforschung immer wieder auf und haben sich als wesentlich dauerhafter erwiesen als Weavers kaum zu verwirklichende politische Agenda, die vor allem darunter leidet, daß die philosophischen Erkundungen Weavers die Jahrhunderte der Philosophiegeschichte, die zwischen Platon und ihm selbst liegen, beständig außer Acht läßt, wie schon Ehninger implizit deutlich gemacht hat.[21] Bei seinem Bestreben, den *vir bonus dicendi peritus* wiederzubeleben, hat Weaver die veränderten Bedingungen, denen sich dieser *vir bonus* in der modernen Welt stellen müßte, allzu wenig berücksichtigt. Versuche, Rhetorik in der Nachfolge Weavers mit einem moralischen Programm zu koppeln, wie sie beispielsweise R.T. EUBANKS und V. BAKER unternehmen, bleiben daher ebenso wie W.R. WINTEROWDS Idee, Schreiben sei als moralischer Akt zu verstehen und zu thematisieren, Ausnahmen im Diskurs der N.[22]

Anmerkungen:

1 vgl. R. M. Weaver: Language is Sermonic. in: R.L. Johannesen, R. Strickland, R.T. Eubanks (Hg.): Language is Sermonic. Richard M. Weaver on the Nature of Rhetoric (Baton Rouge, La. 1970) 207. – 2 ders.: Ideas have Consequences (Chicago, IL. 1948) 10. – 3 vgl. ders.: The Cultural Role of Rhetoric, in: Johannesen et al. [1] 201–207. – 4 vgl. ebd. 206. – 5 vgl. ders. [1] 174. – 6 vgl. ebd. 224. – 7 vgl. ders.: The Ethics of Rhetoric (Davis, CA 1985) 17, 232. – 8 vgl. R.L. Johannesen, R. Strickland, R.T. Eubanks: Richard M. Weaver on the Nature of Rhetoric. An Interpretation, in: dies. (Hg.) [1] 12; J. Bliese: Richard Weaver, Conservative Rhetorician, in: Modern Age 21 (1977) 378; R.E. Haskell, G.A. Hauser: Rhetorical Structure. Truth and Method in Weaver's Epistemology, in: Quarterly Journal of Speech 64 (1978) 236. – 9 vgl. Weaver [7] 15–16. – 10 vgl. M. Natanson: The Limits of Rhetoric, in: Quarterly Journal of Speech 41 (1955) 136. – 11 vgl. Weaver [1] 209–211; J.R. Bliese: Richard Weaver's Axiology of Argument, in: The Southern Speech Journal 44 (1979) 275–288. – 12 vgl. Weaver [7] 115–142. – 13 vgl. ders.: Visions of Order. The Cultural Crisis of Our Time (Baton Rouge, La. 1964) 11–12, 117. – 14 vgl. ders. [7] 211–222. – 15 vgl. ders. [1] 224. – 16 vgl. ders.: The Power of Words, in: Johannesen, Strickland, Eubanks [1] 44–45. – 17 ders.: Humanism in an Age of Science, in: Intercollegiate Review 7 (1973) 17. – 18 vgl. ders. [7] 8. – 19 ders.: Relativism and the Use of Language, in: Johannesen, Strickland, Eubanks [1] 136. – 20 vgl. ders. [7] 22; ders. [1] 221. – 21 vgl. S.K. Foss, K.A. Foss, R. Trapp: Contemporary Perspectives on Rhetoric (Prospect Heights, IL 1991) 80–81. – 22 vgl. R.T. Eubanks, V. Baker: Toward an Axiology of Rhetoric, in: Quarterly Journal of Speech 47 (1962) 157–168; W.R. Winterowd: Rhetoric and Writing (Boston, MA 1965) 8.

V. *Argumentationstheorie und linguistische Modellbildungen*. Neben den umfassenden Rhetoriktheorien, wie sie Richards, Burke, Weaver und implizit auch die Allgemeinen Semantiker entwickeln, werden der N. oft auch Theorien zugeordnet, die nur Teilaspekte der rhetorischen Systematik thematisieren. Das gilt insbesondere für argumentationstheoretische und linguistische Modellbildungen.

So wird ST. TOULMIN, dessen Theorien sich ganz auf das Gebiet der Argumentation beschränken und die somit in die Nähe von CH. PERELMANN und der Nouvelle Rhetorique einzuordnen sind, häufig mit der N. in Verbindung gebracht. Toulmin ist über die Vermittlung von W. BROCKRIEDE und D. EHNINGER umfassend in der Rhetorik rezipiert worden[1], aber für ihn selbst spielen Fragen der Rhetorik nur eine geringe Rolle, seine Theorien entwickeln sich jenseits eines pathetischen Aufbruchs zu einer neuen Rhetorik.[2] Dennoch werden die Techniken zur Analyse von Argumentation, die Toulmin zur Verfügung stellt, intensiv von der Rhetorikforschung rezipiert. Die Begriffe *data* (der Ausgangspunkt der Argumentation), *conclusion* (die Schlußfolgerung), *warrant* (die Begründung für den Übergang vom Ausgangspunkt zur Schlußfolgerung) und *backing* (die Legitimation der angegebenen Begründung) dienen wie Toulmins Unterscheidung von «Analytic and Substantial Arguments»[3] aber meist nur als technische Kriterien zur Analyse einer Argumentation. Weitergehende Konsequenzen aus dem Ansatz Toulmins werden im Rahmen der Rhetorik nur selten gezogen, obwohl R.L. SCOTTS zeigt, daß eben dies durchaus möglich wäre. Scott definiert Rhetorik als «epistemic», als eine Wissenschaft, die nicht nur die Form der Argumentation bedenkt, sondern selbst Wissen hervorbringt.[4] In ähnliche Richtung wie

Toulmins Überlegungen gehen die Ansätze von M. NATANSON und H.W. JOHNSTONE, die das Thema Argumentation mit deutlicher Beziehung zur rhetorischen Tradition untersuchen und danach streben, eine Philosophie der Rhetorik zu etablieren, die die Begrenztheit von Richards' ‹Philosophy of Rhetoric›, in der lediglich das Thema ‹Bedeutung› philosophisch ergründet wurde, überwinden soll.[5]

Auch die linguistischen Modellbildungen innerhalb der N. haben meist nur Teilaspekte der Rhetorik zum Thema. Eine Ausnahme bilden hier R.E. YOUNG, A.L. BECKER und K.L. PIKE. Sie operieren mit einem umfassenden Begriff von Rhetorik, der *intellectio, inventio, dispositio* und *elocutio* umgreift[6], und fordern mit pathetischen Worten eine neue Rhetorik, die auf die Globalisierung von Wissen und Massenkommunikation reagiert[7]. Den Stil eines Textes betrachten sie weniger als Produkt sprachlicher Zeichen denn als Folge eines bestimmten Verhaltens des Verfassers. Schreiben wird somit als Prozeß verstanden, dessen psychologische und soziologische Bedingungen bedacht werden müssen, womit Young, Becker und Pike Forderungen von R. BRADDOCK, R. LLOYD-JONES und L. SCHOER erfüllen, die eine Schreibausbildung auf sozialwissenschaftlicher Grundlage gefordert hatten.[8] Mit sechs Maximen versuchen Young, Becker und Pike, dem Kommunikator den Weg zu einem nachvollziehbaren Stil zu bahnen. Der Autor soll sich demnach dessen bewußt sein, daß Menschen die Welt in «repeatable units»[9] einordnen, und in seinen Texten Anschlußmöglichkeiten an solche Einheiten bieten. Er soll berücksichtigen, daß Menschen ihre Erfahrungen hierarchisch organisieren[10], und bedenken, daß das Verständnis einer Sache von der Erkenntnis des Gegenteils, der Variationsmöglichkeiten und des Kontexts abhängig ist.[11] Zudem muß sich der Autor darüber klar sein, daß Inhalte als Partikel, Welle oder Feld, also singulär, dynamisch oder als Teil einer größeren Entwicklung betrachtet und dargestellt werden können.[12] Darüberhinaus weisen Young, Becker und Pike mit ihren Maximen darauf hin, daß Veränderungen nur erreichbar sind, Überzeugung nur dann induziert werden kann, wenn der Übergang von einem Zustand zum anderen durch gemeinsame Merkmale legitimiert wird[13], und daß linguistische Entscheidungen vor dem Hintergrund eines «universe of discourse»[14] getroffen werden. Aus diesen Maximen leiten Young, Becker und Pike praktische Regeln ab, die sich auf rhetorische Überlegungen zurückführen lassen. So verweist die Maxime der *repeatable units* auf Überlegungen, die mit dem Stichwort *endoxon* verbunden sind, oder die Maxime von Partikel, Welle und Feld auf elokutionäre Verfahren wie *geminatio, climax* und *pars pro toto*.

Allerdings scheinen den Autoren klassische Techniken der *elocutio* zu wenig Rücksicht auf inhaltliche Fragen zu nehmen.[15] Die Beschreibung von Satzplänen oder Absatzstrukturen bei Young, Becker und Pike soll eine bessere Systematik liefern. Ihr Notationsverfahren ist streng formalistisch: Z.B. steht der Ausdruck ‹+T^2±R+I^n› für einen Absatz, in dem zuerst zweimal das Thema erwähnt wird, dann Einschränkungen angegeben werden und schließlich n Illustrationen enthalten sind.[16] Die Beschreibungskraft solcher Formeln mag unzweifelhaft sein, ob sie der Produktion von Texten aber gute Dienste leisten, bleibt ähnlich wie bei F. CHRISTENSENS generativer Rhetorik des Absatzes, in der ebenfalls standardisierte Baupläne für Sätze und Absätze vorgestellt werden, zweifelhaft.[17] Ist bei Bekker, Young und Pike noch ein weiter Rhetorikbegriff anzusetzen, findet sich bei Christensen zudem eine Beschränkung auf *dispositio* und *elocutio*.[18] Mit der Tendenz, generative Prinzipien nicht nur auf der Satzebene, sondern auch in größeren Textabschnitten zu betrachten, beeinflußte Christensen H.B. KAPLAN, der interkulturelle Rhetorik und Zweitsprachenerwerb thematisiert und dessen Ansätze in der «new contrastive rhetoric» von U. CONNOR münden.[19]

R. OHMANN konzentriert sich in seiner linguistischen Rhetorik, die an der Generativen Transformationsgrammatik CHOMSKYS orientiert ist[20], noch stärker auf den Bereich der *elocutio*. Zwar nimmt er die philosophischen, politischen und sozialen Rahmenbedingungen der N. wahr, aber die Praxis der Rhetorik und des Rhetorikunterrichts scheinen ihm zunächst von elokutionären Problemen getragen zu sein.[21] L.T. MILIC schließlich bemüht sich um eine Quantifizierung stilistischer Phänomene und möchte metaphorische Beschreibungen von Stil ganz und gar verbannen, womit die Rhetorik dann zu einem rein linguistischen Thema wird.[22] Ob diese eingeschränkten Vorstellungen von Rhetorik wirklich eine geeignete Anleitung zum Verfassen verständlicher Texte sind, darf bezweifelt werden, denn in ‹Rhetoric. Discovery and Change›, dem Lehrbuch von Young, Becker und Pike, lassen sich nicht einmal die sechs Maximen, die die Autoren für die rhetorische Praxis aufgestellt haben, mit einem Blick ausmachen. Allgemeiner angelegte, traditionell rhetorische Konzepte für verständliches Schreiben wie die Orientierung an *aptum, perspicuitas* und Urteilsvermögen des Redners (*iudicium*) leisten dem komplexen Phänomen Text am Ende bessere Dienste.

Anmerkungen:
1 vgl. W. Brockriede, D. Ehninger: Toulmin On Argument. An Interpretation and Application, in: Quarterly Journal of Speech 46 (1960) 44–53. – **2** vgl. S.K. Foss, K.A. Foss, R. Trapp: Contemporary Perspectives on Rhetoric (Prospect Hights, IL 1991) 87–88. – **3** vgl. St. Toulmin: The Uses of Argument (Cambridge 1958) 94–127. – **4** R.L. Scott: On Viewing Rhetoric as Epistemic, in: Central States Speech Journal 18 (1967) 9–17. – **5** vgl. M. Natanson, H.W. Johnstone (Hg.): Philosophy, Rhetoric, and Argumentation (University Park, Penn. 1965). – **6** vgl. R.E. Young, A.L. Becker, K.L. Pike: Discovery and Change (New York 1970) xii. – **7** vgl. ebd. 8. – **8** vgl. R. Braddock, R. Lloyd-Jones, S. Lowell: Research in Written Composition (Urbana, IL 1963). – **9** Young, Becker, Pike [6] 26. – **10** vgl. ebd. 29. – **11** vgl. ebd. 56. – **12** vgl. ebd. 122. – **13** vgl. ebd. 172. – **14** ebd. 301. – **15** vgl. R.E. Young, A.L. Becker: Toward A Modern Theory of Rhetoric. A Tagmemic Contribution, in: M. Steinmann (Hg.): New Rhetorics (New York 1959) 85. – **16** vgl. ebd. 100. – **17** vgl. F. Christensen: Notes Toward A New Rhetoric (New York 1967). – **18** vgl. ebd. xiv. – **19** vgl. H B. Kaplan: The Anatomy of Rhetoric. Prolegomena to A Functional Theory of Rhetoric (Philadelphia, PA 1972); ders.: Contrastive Rhetoric and Second Language Learning. Notes Toward a Theory of Contrastive Rhetoric, in: A. Purves (Hg.): Writing Across Languages and Cultures. Issues in Contrastive Rhetoric (Newbury Park, CA 1988) 275–304; U. Connor: Contrastive Rhetoric. Cross-Cultural Aspects of Second-Language Writing (Cambridge 1996). – **20** vgl. R. Ohmann: Generative Grammars and the Concept of Literary Style, in: Steinmann [15] 139–141. – **21** ders.: In Lieu of a N., in: College English 26 (1964) 20–22. – **22** vgl. L.T. Milic: Metaphysical Criticism of Style, in: Steinmann [15] 166–167.

VI. *Sozialwissenschaftliche Ansätze.* Eine Vielzahl der Autoren der N. bekunden, den Anschluß an den Fortschritt empirischer Sozialforschung zu suchen, und so ist zu Beginn der N. die empirische Erforschung von Kommunikation ein wichtiger Ansatzpunkt im Streben nach der Erneuerung und der Erweiterung der rhetorischen Tradition. Die empirische Kommunikationsforschung wurde durch P. LAZARSFELD, der sich mit der Wirkung von Kommunikation beschäftigte, K. LEWIN, der Gruppenprozesse untersuchte, und H.D. LASSWELL, der vor allem durch seine Arbeiten zum Thema Propaganda bekannt wurde, begründet.[1] Bei Lasswell ist der Bezug zur antiken Rhetorik dabei am deutlichsten zu erkennen: seine sog. *Lasswell-Formel* ist ganz und gar rhetorisch geprägt.[2] Zudem erwähnt er Aristoteles und Cicero als Ausgangspunkt seiner Untersuchungen zur Sprache der Politik und selbst sein Bild von den Sophisten unterscheidet sich deutlich von den verbreiteten negativen Bewertungen.[3] Lasswells Propagandaanalyse liefert also Ansätze für quantitative Forschungen im Rahmen der Rhetorik. Diesen rhetorischen Referenzrahmen gibt die empirische Kommunikationsforschung aber bald auf.

So bewegt sich der umfassende Ansatz zur psychologischen Erforschung von Kommunikation, der von C.I. HOVLAND ausgeht, jenseits der rhetorischen Terminologie. Am Yale Communication Research Center wird unter seiner Führung, vom Ausgangspunkt Massenkommunikation und Propaganda, eine ganze Reihe von Experimenten durchgeführt, die verschiedene Aspekte rhetorischer Kommunikation bearbeiten.[4] Hovland leistet, so W. Schramm, den «Aufbau einer modernen wissenschaftlichen Rhetorik. Viele der Probleme, die er untersucht, waren so alt wie die Rhetorik von Aristoteles»[5]. Doch auch wenn die Themen von Hovlands Forschung rhetorischer Natur sind, findet eine explizite Bezugnahme zur rhetorischen Tradition nicht statt. Nicht einmal bei der Bestimmung eines in der rhetorischen Tradition zentralen Begriffes wie ‹Meinung› werden die rhetorischen Autoritäten zitiert.[6] Die Identifikation der Forschergruppe um C.I. Hovland mit der N. resultiert vor allem aus der Aufnahme ihrer Texte in entsprechende Sammelbände wie Steinmanns ‹New Rhetorics›, aus N. Maccobys Rubrizierung Hovlands und Kelleys unter dem Stichwort ‹Neue wissenschaftliche Rhetorik»[7] und aus der These vom Neo-Aristotelismus Hovlands, die sich durch die expliziten Äußerungen Hovlands aber kaum legitimieren läßt.[8] Verbindungen ergeben sich allenfalls durch die psychologische Orientierung antiker Rhetorik und der Konstanz des Paradigmas Persuasion, auf die W. SCHRAMM hinweist.[9]

Bezugspunkte für Hovland und seine Kollegen liegen fast ausschließlich in der psychologischen Forschungsgeschichte: Rezipiert werden die Lernpsychologie C.L. HULLS[10], die Dissonanztheorie L. FESTINGERS[11] und die Gleichgewichtstheorie, wie sie F. HEIDER und T.M. NEWCOMB formuliert haben.[12] Zwar wird der Überzeugungsprozeß durchaus im Sinne der Rhetorik komplex begriffen – so werden Kommunikator, Situation und Argument als Parameter angeführt –, doch erfinden Hovland und seine Kollegen die Kategorien, mit denen sie kommunikative Phänomene beschreiben, neu, statt sie in der Rhetoriktradition 'wiederzuentdecken', wie das die geisteswissenschaftlichen Vertreter der N. versuchen.[13] Die Themen, die Hovland und seine Kollegen untersuchen, haben schon den antiken Gerichtsredner beschäftigt: So werden in ‹Communication and Persuasion› Forschungsergebnisse zum Einfluß der Glaubwürdigkeit des Kommunikators, zur Wirkung von Drohungen und Gruppenzugehörigkeiten auf den Kommunikationserfolg präsentiert und in ‹The Order of Presentation in Persuasion› die unterschiedlichen Dispositionsschemata empirisch erforscht. Mit antiken Modellen werden diese Untersuchungen jedoch nicht in Verbindung gebracht. Nicht einmal dann, wenn aus den Ergebnissen der auf statistische Auswertbarkeit hin angelegten Experimente allgemeinere Konsequenzen gezogen werden, versucht man, den Anschluß an die Rhetorik herzustellen. So greift das von Rosenberg und Hovland propagierte Einstellungsmodell, wonach das Konstrukt ‹Einstellung› eine kognitive, eine affektive und eine das Verhalten betreffende Komponente besitzt, allzu deutlich die rhetorische Trias von *logos, ethos, pathos* auf, doch erwähnt wird dies nicht.[14] Genaueren statistischen Untersuchungen fiel es zudem schwer, das Dreikomponentenmodell der Einstellung zu verifizieren.[15] So führt der experimentelle Ansatz letztlich zu immer partikuläreren Ergebnissen, und ein einheitliches Kommunikationsmodell, eine Rhetorik, gerät immer weiter aus dem Blickfeld. Viele Experimente zielen überhaupt nur darauf, Mittel zur statistischen Erfassung von Kommunikationsphänomenen zu gewinnen, etwa OSGOODS Forschungen zum semantischen Differential.[16]

Bisweilen ergeben sich aus den empirischen Ansätzen zwar neue umfassendere Theorien, etwa W.J. MCGUIRES Prozeßmodell der Überredung, das den Prozeß der Überredung in fünf Stufen (Erregen der Aufmerksamkeit, Verstehen der Botschaft, Akzeptieren der Botschaft, Beibehaltung der Einstellung und Verhalten) einteilt[17], oder M. FISHBEINS Erwartungswertmodell, nach dem die Einstellung von der Meinung über ein Objekt und der Wahrscheinlichkeit, daß das Objekt die zugeschriebenen Eigenschaft tatsächlich besitzt[18], abhängt. Jedoch sind diese Theorien partikulär in Anbetracht der Reichweite traditioneller rhetorischer Theoriebildungen oder der zeitgenössischen Modelle von Richards oder Burke. Die empirische Kommunikationsforschung zerfällt in Einzelergebnisse, die selbst, wenn sie unter einer spezifischen Perspektive, etwa mit Blick auf das Phänomen Körpersprache, zusammengetragen werden, nur sehr begrenzt die rednerische Praxis verbessern können.[19]

So ergeben sich am Ende praktische Implikationen eher aus psychologischen Theorien, die jenseits rein empirischer Forschung entwickelt werden. Dies gilt z.B. für C. ROGERS, den H.W. Simons mit der N. in Verbindung bringt.[20] Rogers versucht die Formulierung einer umfassenden Definition des Menschen[21], die als positives Gegenmodell zu den Konzepten Freuds dienen und eine verbesserte Grundlage für die therapeutische Praxis bieten soll. Für Rogers ist das Streben nach persönlicher Integrität und die Abwehr von Äußerungen, die die Identität gefährden, eine zentrale Eigenheit des Menschen. Solche Überlegungen lassen sich auch im Rahmen der N. fruchtbar machen. So haben Young, Becker und Pike sie in ihrer Theorie berücksichtigt, und ihr Hinweis, daß Meinungsänderungen nur dann stattfinden, wenn der Übergang von einem Zustand zum anderen durch Verbindungspunkte motiviert ist, zeigt deutlich die Verbindung zu Rogers.[22] Rogers' Überlegungen illustrieren die Grenzen empirischer Forschung, die dem Prozeß der Kommunikation nur bedingt gerecht werden kann und die am Ende nicht ohne eine humanistisch-geisteswissenschaftliche Ergänzung auskommt.

Anmerkungen:
1 vgl. W. Schramm: Kommunikationsforschung in den Vereinigten Staaten, in: ders.: Grundfragen der Kommunikationsforschung (⁴1971) 11–13. – 2 vgl. H. Prakke: Die Lasswell-Formel

und ihre rhet. Ahnen, in: Publizistik 10 (1965) 285–291. – **3** vgl. H.D. Lasswell, N. Leites, R. Fadner u.a.: Language of Politics. Studies in Quantitative Semantics (Cambridge, MA 1968) 3–4. – **4** vgl. C.I. Hovland, I.L. Janis, H.H. Kelley: Communication and Persuasion (New Haven, CT 1963) 1. – **5** Schramm [1] 13. – **6** vgl. Hovland, Janis, Kelley [4] 6–12. – **7** N. Maccoby: Die neue «Wissenschaftliche Rhetorik», in: Schramm [1] 55–70. – **8** vgl. E. Black: Rhetorical Criticism. A Study in Method (New York, N.Y. 1965) 33–34. – **9** vgl. Maccoby [7] 56. – **10** vgl. C.L. Hull: Principles of Behavior (New York 1943). – **11** vgl. L. Festinger: A Theory of Cognitive Dissonance (Stanford, CA 1968). – **12** vgl. F. Heider: Attitudes and Cognitive Organization, in: Journal of Psychology 21 (1946) 107–112; T.M. Newcomb: An Approach to the Study of Communicative Acts, in: Psychological Review 60 (1953) 393–704. – **13** vgl. Hovland, Janis, Kelley [4] 13–15. – **14** vgl. M.J. Rosenberg, C.I. Hovland: Cognitive, Affective, and Behavioral Components of Attitudes, in: C.I. Hovland, M.J. Rosenberg (Hg.): Attitude Organization and Change (New Haven, CT 1960) 1–15. – **15** D. Stahlberg, D. Frey: Einstellungen I: Struktur, Messung und Funktionen, in: W. Stroebe, M. Hewstone, J.-P. Codol u.a. (Hg.): Sozialpsychol. Eine Einf. (1990) 147. – **16** C.E. Osgood, G.J. Suci, P.H. Tannenbaum: The Measurement of Meaning. (Urbana, IL 1957). – **17** vgl. W.J. McGuire: The Nature of Attitude and Attitude Change, in: G. Lindzey, E. Aronson (Hg.): Handbook of Social Psychology (Reading, MA ²1969) Bd. 3, 136–314. – **18** vgl. M. Fishbein: An Investigation of the Relationships between Beliefs about an Object and the Attitudes toward that Object, in: Human Relations 16 (1963) 233–240. – **19** vgl. M.L. Knapp, J.A. Hall: Nonverbal Communication in Human Interaction (Fort Worth, TX ³1992). – **20** H.W. Simons: Toward a N., in: R.L. Johannesen (Hg.): Contemporary Theories of Rhetoric (New York 1971) 55. – **21** vgl. C.R. Rogers: Entwicklung der Persönlichkeit. Psychotherapie aus der Sicht eines Therapeuten (1976) 14. – **22** vgl. R.E. Young, A.L. Becker, K.L. Pike: Rhetoric (New York 1970) 7–8.

VII. *Rezeption und Wirkungsgeschichte.* Die N. hat die internationale und insbesondere die anglo-amerikanische Rhetorikforschung stark beeinflußt und dazu beigetragen, Perspektiven zu überwinden, nach denen Rhetorik nicht mehr ist als eine Stillehre oder eine Anleitung zur Vorbereitung oder Analyse von Reden. In Folge der N. wird Rhetorik wieder in einem umfassenden Sinne verstanden, es werden die Grundlagen geschaffen, die Disziplin mit dem Diskurs anderer Wissenschaften wie Philosophie, Literaturwissenschaft und empirischer Sozialforschung zu verbinden und das Fach von der Fixierung auf die Antike zu befreien. Zugleich entstehen durch den Anstoß der N. aber auch neue eigenständige Disziplinen, die ehemals von der Rhetorik bearbeitete Themengebiete übernehmen. Dies geschieht vor allem durch die Ansätze, die ohnehin nur Teilbereiche der rhetorischen Tradition betrachteten, also die argumentationstheoretischen und linguistischen Forschungsrichtungen der N. Die argumentationstheoretischen Überlegungen Toulmins etwa werden aus einer philosophischen Perspektive zwar bisweilen kritisiert [1], aber sie lösen zugleich eine Intensivierung argumentationstheoretischer Forschungen im Rahmen der Philosophie aus, ohne daß dabei die Rhetorik als Disziplin in besonderer Weise gewürdigt wird. Selbst wenn sich die Philosophie am Paradigma der Kommunikation und des Gesprächs orientiert und vor diesem Hintergrund argumentationstheoretische Überlegungen anstellt (vgl. z.B. Habermas, Rorty)[2] oder wenn sprachanalytische Überlegungen, die durchaus in einer Traditionslinie mit Ogden und Richards liegen, ausgeführt werden (vgl. z.B. H. Putnam)[3], spielt die rhetorische Tradition explizit nie eine Rolle. So wird die rhetorische Dimension der Habermasschen Diskurstheorie erst im Rahmen der intensiven Auseinandersetzung mit Habermas, die in der amerikanischen Rhetorikforschung seit den 80er Jahren des 20. Jh. zu beobachten ist, umfassender untersucht. [4] Auch die linguistischen Ansätze der N. werden meist unter einer rein linguistischen Perspektive weiterentwickelt und gehen in Pragmatik, Soziolinguistik und Textlinguistik auf [5], wobei die Rhetorik nur mehr als eine der «Vorformen» [6] linguistischer Forschung betrachtet wird.

Sowohl die argumentationstheoretischen als auch die linguistischen Ansätze der N. und die daraus hervorgegangenen außerrhetorischen Forschungsergebnisse spielen in der Schreibausbildung an den ‹Writing Centers› der English Departments der amerikanischen Universitäten oder innerhalb der praktisch ausgerichteten ‹Speech Departments› eine große Rolle. Hier werden Young, Becker und Pike ebenso wie Christensen aufgenommen. Auch J. Kinneavy, der in ‹A Theory of Discourse› [7] eine von rhetorischen Überlegungen beeinflußte Pragmatik entwickelt, steht für das Weiterwirken linguistischer Überlegungen in der Rhetorik, ebenso W.H. Beale mit seiner ‹Pragmatic Theory of Rhetoric› [8], informativ in diesem Kontext ist zudem McQuades Anthologie. [9] Von F.J. D'Angelo werden psycholinguistische und topische Überlegungen in der Schreibausbildung gefordert, womit das Projekt einer empirisch legitimierten N. fortgeführt wird. [10] Außerdem finden im Bereich der praktischen Schreibausbildung sowie der Managementschulung Verfahren und Ideen der Allgemeinen Semantik Anwendung, die besonders über die Vermittlung von J. Moffett in der Schreibausbildung aufgenommen wurden. [11] Die durch Chase und Hayakawa populär gewordene Allgemeine Semantik hat darüber hinaus immer noch größere Bedeutung im Bereich populärer Rhetorikratgeber. [12] Allerdings gibt es in der praktischen Rhetorikausbildung der USA auch Tendenzen, sich ganz und gar auf antike Modelle zu stützen, die einer neuen kritischen Lektüre unterzogen werden. [13] So stehen im Bereich der Angewandten Rhetorik von der N. beeinflußte linguistische und argumentationstheoretische Ansätze neben antiken Modellen, die sich für die Praxis in vielerlei Hinsicht als ebenbürtig erwiesen haben, wie Ueding und Steinbrink deutlich gemacht haben. [14]

Aus den empirischen Ansätzen der N., die einen durchaus umfassenden Ausgangspunkt bei der Erforschung rhetorischer Phänomene formuliert haben, ist eine kommunikationswissenschaftliche Forschungstradition hervorgegangen, die sich ganz und gar von der Rhetorik abgelöst hat – Tendenzen in diese Richtung waren schon zu Beginn erkennbar. So weist K. Ross zu Recht darauf hin, daß Maccobys Optimismus, die Forschungen Hovlands würden eine neue wissenschaftliche Rhetorik etablieren, nicht begründet war. [15] Auch Thompsons Idee einer im Experiment verifizierten Rhetorik scheint kaum noch aktuell. [16] Hovland, Lasswell, McGuire, Rosenberg u.a. haben die Kommunikationsforschung zwar auf eine neue wissenschaftliche Grundlage gestellt, aber die Forschungen auf diesem Gebiet werden in der Folge meist von Psychologen und Soziologen, nicht von Rhetorikern durchgeführt und besitzen mithin auch nur selten eine rhetorische Perspektivierung der Fragestellungen. M. Billig, der sich in jüngerer Zeit um eine Rhetorisierung der Sozialpsychologie bemüht hat [17], oder auch K.J. Gergen, der Burke folgend eine historische Perspektivierung der Sozialwissenschaft und die soziale Einbettung des Experiments fordert [18], bleiben Ausnahmeerscheinungen. Selbst umfassendere neue psychologische Theorien zu Fragen der Kommunikation wie das Elaborationswahrscheinlichkeitsmodell von PETTY und CACIOPPO [19], das das Zusammenspiel inhaltlicher und emotionaler Informationen zum Thema hat, sind bestenfalls über ein episodenhaftes Aristoteles-Zitat mit der rhetorischen Tradition verknüpft. [20] Ähnliches gilt für die Theorie des *impression management*, die im Kern aus der Untersuchung rhetorischer Strategien zur Inszenierung des rednerischen *ethos* besteht. [21] Wie sehr die psychologische Erforschung von Kommunikation sich mittlerweile vom Diskurs der Rhetorik entfernt hat, demonstriert schließlich auch R.B. CIALDINIS ‹Psychologie des Überzeugens›, in der die rhetorische Tradition gar keine Rolle mehr spielt. [22]

Die N. ist ein Projekt der Moderne, mit dem zunehmenden Einfluß französischer Denker in den USA, v.a. durch die Rezeption von FOUCAULT, DERRIDA, BOURDIEU, LACAN und BARTHES erscheint die Idee Richards', Rhetorik zu einer Wissenschaft zur Überwindung von Mißverständnissen zu machen, die ein durchgängiges Orientierungsmuster der N. darstellt, kaum mehr zeitgemäß, wird doch die Möglichkeit, sichere Erkenntnisse zu erlangen, in Zweifel gezogen, und das Ende der großen Erzählungen verkündet. [23] Gleichwohl spielen Überlegungen, die im Rahmen der N. entwickelt wurden, bei der Etablierung der Rhetorik im postmodernen Diskurs, wie sie zum Beispiel R.E. MCKERROW anstrebt, eine entscheidende Rolle. [24]

Im Mittelpunkt der amerikanischen Rhetorikforschung am Ende des 20. Jh. steht der *rhetorical criticism*, eine rhetorisch geprägte Art der Textkritik, die auch in der Literaturwissenschaft rezipiert wird, was einerseits auf die Traditionslinie des von I.A. Richards vorbereiteten *New Criticism* zurückzuführen ist, andererseits auf W.C. BOOTH, der mit seiner ‹Rhetoric of Fiction› dazu beitrug, die Literaturwissenschaft für rhetorische Theorien zu erschließen. [25] In diesem durch die N. beförderten Zusammenspiel von Literaturwissenschaft und Rhetorik ergeben sich Anknüpfungspunkte für eine weitreichende Rhetorisierung der literaturwissenschaftlichen Praxis. P. DE MAN etwa berücksichtigt Überlegungen aus dem Umfeld der N. in seiner neo-strukturalistischen Literaturkritik, die rhetorische Formen der Sinnproduktion in den Blick nimmt, wobei Burkes Metapherntheorie eine besondere Rolle spielt [26], und Knape konnte zeigen, daß de Mans Interpretationen zum Teil bis in die Motive hinein die Burke-Lektüre und auch die Auseinandersetzung mit Richards offenbaren. [27] T EAGLETON plädiert für einen *political criticism*, der ebenfalls ganz und gar auf rhetorische Verfahren baut und die Aufmerksamkeit der Rhetorik für Machtphänomene nutzt. Anknüpfungspunkte für eine solche rhetorische Textkritik sucht Eagleton zwar explizit in der antiken Rhetorik, doch auch Richards und der *New Criticism* sowie die Literaturtheorie Burkes werden in Eagletons Entwurf, wenn auch kritisch, diskutiert. [28]

Burkes Rhetoriktheorie ist insbesondere über die Diskussion der Begriffe Ideologie und Hierarchie mit postmodernen Fragestellungen verknüpft. Nach dem sog. Ende der großen Ideologien meint dieser Begriff vor allem archäologische Wissens- und Machtstrukturen, die es zu beschreiben gilt. In diesem Sinne aber wird schon bei Burke über Ideologie und Hierarchie gehandelt. [29] Diese Verbindung wird z.B. thematisiert von P. WANDER, der Burke folgend auf die Bedeutung der Ideologie in der Literaturkritik hinweist [30], oder von J.L. KASTELEY, der die Konstruktion einer Burke verpflichteten ‹N. of class› anstrebt, in der ideologiekritische Überlegungen wieder eine gesellschaftspolitische Dimension erhalten [31]. Obwohl Weavers auf die Erkennbarkeit von Wahrheit ausgerichtete Rhetoriktheorie kaum noch zeitgemäß erscheint, wird auch er rezipiert [32], die Vorstellung von *tyrannizing images* und die Rede von *god terms* und *devil terms* erweisen sich als brauchbare Kriterien für die kulturwissenschaftliche Analyse.

Zunehmend wird in der amerikanischen Forschung auch die Frage nach dem Status und den Methoden rhetorischer Textkritik akut, die sich in einer Auseinandersetzung zwischen M.C. MCGEE und M. LEFF artikuliert, an der sich in der Folge eine Vielzahl von Forschern, u.a. J.A CAMPBELL, J.R. COX, C. CONDIT und D. GAONKAR, beteiligt. [33] McGee analysiert die Fragmentierung amerikanischer Kultur, auf die schon Burke hingewiesen habe, artikuliert radikale Zweifel an der Lesbarkeit von Texten und sieht in der Rhetorik eine Technik für den kritischen Umgang mit Fragmenten, die in ihrer ideologischen Struktur zu erfassen sind. Nach McGee gilt es, den Vorrang eines literarischen Interesses am Text, den vor allem E. BLACK befördert habe, zu überwinden, und die produktive Seite einer jeden Lektüre zu betonen. [34] M. Leff hingegen vertritt eine hermeneutisch geprägte Form von Textkritik, die das Verfahren des *close reading* für die Rhetorik fruchtbar macht und insofern den Anschluß an den *New Criticism* sucht. Zugleich ist aber auch Leff an einer Überwindung neo-aristotelischer Ansätze interessiert, die Texte zu sehr auf das Argument reduzieren. [35] Beide Autoren versuchen somit, von der N. nicht gelöste Probleme zu klären und eine veränderte Form rhetorischer Textkritik zu initiieren. Ähnliche Absichten verfolgen auch Anfragen an die Paradigmen der Rhetorik aus feministischer und afrozentrischer Sicht [36], die die Eignung der N. als demokratische Grundlagenwissenschaft in Zweifel ziehen und versuchen, die Einseitigkeit traditioneller Denkmodelle zu überwinden.

Ein weiteres Kennzeichen der jüngsten amerikanischen Rhetorikforschung ist im Dialog von *cultural studies* und *rhetorical criticism* zu erkennen, um den sich zum Beispiel T. ROSTECK bemüht, der auf die Leistungsfähigkeit der Rhetorik als Instrument zur Analyse von Texten und sozialen Situationen baut. [37] Auch bei der Auseinandersetzung zwischen Rhetorik und *cultural studies* zeigt sich der überragende Einfluß Burkes. So setzt beispielsweise R. ROSALDO in ‹Culture and Truth› [38] auf den Dramatismus Burkes, um einem Verständnis der Ilongots näherzukommen, und V. TURNER entwickelt gar ein dramatistisches Interpretationsverfahren für die Anthropologie, wobei er neben Ergebnissen Burkes auch Verfahren Pikes einsetzt. [39]

Auch die in den letzten Jahren neu entstandenen Teilgebiete der Rhetorik wie die *rhetoric of science* oder die *rhetoric of controversy* stehen im Bannkreis der Thesen Burkes. Die *rhetoric of science*, der es um die rhetorischen Aspekte der am naturwissenschaftlichen Paradigma ausgerichteten Wissenschaften geht, greift immer wieder auf Äußerungen Burkes zurück, der dem naturwissenschaftlichen Paradigma bereits früh kritisch entgegentrat. [40] Durch die *rhetoric of science* erhält die Rhetorik den Bedeutungsumfang, den zum Beispiel Scott theoretisch gefordert hatte und der seit der Sophistik verloren gegangen war: alles Wissen beruht demnach auf rhetorischen Konstruktionsleistungen, auf rhetorischen Regeln zur Bewältigung von Kontingenz. Auch in der *rhetoric of controversy* zeigt sich eine ambitioniertere Positionierung von Rhetorik, hier wird die Bedeutung der Rhetorik zur Analyse gesellschaftlicher Auseinandersetzungen thematisiert, die ebenfalls auf Beobachtungen Burkes aufbaut.[41]

In Anbetracht der Problematisierung rhetorischer Fragestellung in Kommunikationsforschung und Argumentationstheorie, einer immer weiteren Ausdehnung der rhetorischen Perspektive in der Textkritik und der erkenntnistheoretischen Bedeutung, die der Rhetorik von der rhetoric of science zugewiesen wird, stellt sich am Ende des 20. Jh. auch die Frage nach den Folgen der Entgrenzung der Rhetorik in neuer Weise. Schon D. BRYANT hat 1957 in seinem Essay ‹The Scope of Rhetoric› in Anbetracht der N. gemahnt, eine genaue Definition der Rhetorik vorzunehmen.[42] Neuerdings warnt etwa Gaonkar vor der Globalisierung der Rhetorik, die seit der N. erheblich fortgeschritten und zu einer Gefahr für das Profil der Disziplin geworden sei.[43] Doch befreit vom Fortschrittsgedanken der Moderne, der die N. kennzeichnet, läßt sich nun auch diese Gefahr neu betrachten. So hat J.A. Campbell argumentiert, daß die Oberflächlichkeit, die rhetorischen Analysekriterien anhaftet, keine Schwäche, sondern eine Stärke der rhetorischen Forschung darstelle, weil sie für die universale Anwendbarkeit der Rhetorik verantwortlich sei: «The 'thinness' of rhetorical theory is its virtue and its pride. Because of its intimate tie with practical reason, rhetoric only admits of systematization to a certain degree and should remain open – like history, life, or hope – and not aspire to be more systematic than its objects allow».[44] Bemühungen der N., die ein gar zu großes Maß an Systematisierung forderten und allzu sehr auf die empirische Forschung bauten, werden so in ihre Schranken verwiesen.

Anmerkungen:
1 vgl. A.L. Lewis: Stephen Toulmin. A Reappraisal, in: Central States Speech Journal 23 (1972) 48–55. – **2** vgl. J. Habermas: Theorie des kommunikativen Handelns (1988) Bd.1, 46–71; R. Rorty: Der Spiegel der Natur. Eine Kritik der Philos. (1981) 421–427. – **3** vgl. H. Putnam: Von einem realistischen Standpunkt. Schr. zu Sprache und Wirklichkeit (1993). – **4** vgl. S.K. Foss, K.A. Foss, R. Trapp: Contemporary Perspectives on Rhetoric (Prospect Heights, IL 1991) 252–266; J.F. Bohman: Emancipation and Rhetoric. The Perlocutions and Illocutions of the Social Critic, in: PaR 21 (1988) 185–204. – **5** vgl. H. Rehbock: Art. ‹Rhet.›, in: LGL² 297. – **6** A. Linke, M. Nussbaumer, P.R. Portmann: Studienb. Linguistik (³1996) 4. – **7** vgl. J. Kinneavy: A Theory of Discourse (Englewood Cliff, N.J. 1971). – **8** vgl. W.H. Beale: A Pragmatic Theory of Rhetoric (Carbondale, IL 1987). – **9** vgl. D.A. McQuade: The Territory of Language: Linguistics, Stylistics, and the Teaching of Composition (Carbondale, IL 1986). – **10** vgl. F.J. D'Angelo: A Conceptual Theory of Rhetoric (Cambridge, MA 1975). – **11** vgl. J. Moffett: Teaching the Universe of Discourse (Boston, MA 1968). – **12** vgl. z.B. S. Presby Kodish, B.I. Kodish: Drive Yourself Sane. Using the Uncommon Sense of General Semantics (Pasadena, CA ²2000). – **13** vgl. S. Crowley, D. Hawhee: Ancient Rhetorics for Contemporary Students (Boston, MA ²1999). – **14** vgl. Ueding/Steinbrink 168 – **15** vgl. K. Ross: Die Entdeckung der Rhet. für die Sozialpsychol. Michael Billigs ‹Rhetorical Psychology›, in: H.F. Plett (Hg.): Die Aktualität der Rhet. (1996) 139. – **16** vgl. W.N. Thompson: A Conservative View of Progressive Rhetoric, in: Quarterly Journal of Speech 49 (1963) 1–7. – **17** vgl. M. Billig: Arguing and Thinking. A Rhetorical Approach to Social Psychology (Cambridge 1987). – **18** vgl. K.J. Gergen: The Checkmate of Rhetoric (But Can Our Reasons Become Causes?), in: H.W. Simons (Hg.): The Rhetorical Turn. Invention and Persuasion in the Conduct of Inquiry (Chicago, IL 1990) 293–307. – **19** vgl. R.E. Petty, J.T. Cacioppo: Communication and Persuasion. Central and Peripheral Routes to Attitude Change (New York, N.Y. 1986). – **20** vgl. R.E. Petty, J.T. Cacioppo: Attitudes and Persuasion. Classic and Contemporary Approaches (Dubuque, IA 1983) 5–6. – **21** vgl. H.D. Mummendey: Psychol. der Selbstdarstellung (1995). – **22** vgl. R.B. Cialdini: Die Psychol. des Überzeugens (Bern 1998). – **23** vgl. J.-F. Lyotard: Das postmoderne Wissen. Ein Bericht, in: Theatro Machinarum 3/4 (1982) 32. – **24** R.E. McKerrow: Critical Rhetoric: Theory and Praxis, in: CM 56 (1989) 91–111. – **25** vgl. T.O. Sloane: Rhet. an amerikanischen Universitäten, in: Plett [15] 196. – **26** vgl. P. de Man: Allegorien des Lesens (1989) 37. – **27** vgl. J. Knape: N. und Rhet. der Dekonstruktion. Von Kenneth Burke zu Paul de Man, in: S. Doering, W. Maierhofer, P.P. Riedl (Hg.): Resonanzen. FS H.J. Kreuzer (2000) 483–497. – **28** vgl. T. Eagleton: Einf. in die Literaturtheorie (1997) 60–66, 174. – **29** vgl. K. Burke: A Rhetoric of Motives (Berkeley/Los Angeles, CA 1969) 88, 103–105. – **30** vgl. P. Wander: The Ideological Turn in Modern Criticism, in: Central States Speech Journal 34 (1983) 1–18. – **31** J.L. Kastely: Rethinking the Rhetorical Tradition. From Plato to Postmodernism (New Haven, CT 1997) 256–257. – **32** vgl. W.H. Beale: Richard M. Weaver. Philosophical Rhetoric, Cultural Criticism, and the First Rhetorical Awakening, in: College English 52 (1990) 626–640. – **33** vgl. WJS 54 (1990) 249–376. – **34** vgl. M.C. McGee: Text, Context, and the Fragmentation of Contemporary Culture, in: WJS 54 (1990) 274–289; ders.: The 'Ideograph'. A Link Between Rhetoric and Ideology, in: Quarterly Journal of Speech 66 (1980) 1–16. – **35** vgl. M. Leff, A. Sachs: Words the Most Like Things. Iconicity and the Rhetorical Text, in: WJS 54 (1990) 252–273. – **36** vgl. K.A. Foss, S.K. Foss, C.L. Griffin (Hg.): Feminist Rhetorical Theories (Thousand Oaks, CA 1999); M.K. Asante: The Afrocentric Idea (Philadelphia, PA 1987). – **37** vgl. T. Rosteck (Hg.): At the Intersection. Cultural Studies and Rhetorical Studies (New York, N.Y./London 1999) 1–23. – **38** vgl. R. Rosaldo: Culture and Truth. The Remaking of Social Analysis (London 1993) 104. – **39** vgl. V. Turner: Social Dramas and Stories About Them, in: Critical Inquiry 7 (1980) 145–151. – **40** vgl. Gergen [18] 293–307; H.W. Simons: The Rhetoric of Inquiry as an Intellectual Movement, in: ders. [18] 1–31. – **41** vgl. C. Kauffman: Controversy as Contest, in: D. Parsons (Hg.): Argument in Controversy (Annandale, VA 1991) 18. – **42** vgl. D.C. Bryant: Rhetoric. Its Functions and Its Scope, in: Quarterly Journal of Speech 39 (1953) 404–405. – **43** vgl. D. Gaonkar: The Idea of Rhetoric in the Rhetoric of Science, in: Southern Communication Journal 58 (1993) 262–263. – **44** J.A. Campbell: Reply to Gaonkar and Fuller, ebd. 312.

O. Kramer

→ Argumentation → Close reading → General Semantics → Kommunikationstheorie → Lasswell-Formel → Massenkommunikation → New Criticism → Nouvelle Rhétorique → Persuasion → Rhetorikforschung → Wissenschaftsrhetorik

Noema (griech. νόημα, nóēma; lat. noema, sententia suspiciosa, nlat. intellectus; engl. innuendo; frz. sousentendu; ital. sottinteso)

A. Als inneres Objekt des νοεῖν, noeín (wahrnehmen, denken, vorstellen) bezeichnet das griechische νόημα, nóēma in seiner Grundbedeutung alles, was sich im Geist oder Bewußtsein (νοῦς, nūs) befindet oder Ergebnis seiner Tätigkeit ist, also Wahrnehmung, Gedanke, Vorstellung, Absicht, Plan u. dgl. In der philosophischen Fachsprache der Antike wird es der Sinneswahrnehmung (αἴσθημα, aísthēma) als ‹Begriff› oder ‹Idee› komplementär gegenübergestellt.[1] Die *rhetorische Theorie* verwendet den Terminus ‹N.› zur Bezeichnung bestimmter Typen der *Sentenz*. Zwei Formen lassen sich unterscheiden:

(1) QUINTILIAN kennt das N. als eine dem Namen nach neue und zu seiner Zeit sehr in Mode gekommene verrätselte, hintergründige Spielart der Pointe (*sententia*), durch die man etwas «nicht ausspricht, sondern zu verste-

hen geben will» ([…] non dicunt, sed intellegi volunt). [2] Quintilian selbst bedient sich für die indirekte, andeutende, das Wesentliche unausgesprochen lassende Redeweise auch der Termini *emphasis* oder auch einfach *figura* bzw. *schema*. [3] Das N. ist demgemäß aufzufassen als eine *sentenziös formulierte Andeutung*, d.h. eine solche, die durch ihre Kürze (*brevitas*) und ihre syntaktische und rhythmische Abgeschlossenheit und Wohlgerundetheit (*rotunditas*) das Ohr trifft und im Gedächtnis haften bleibt. [4]

SHAKESPEARE läßt Hamlet auf die Frage des Königs nach dem Verbleib des Polonius mit einer Reihe von beziehungsreichen, abgründigen Noemata antworten: «In *heaven*; send thither to see; if your *messenger* find him not there, seek him i'*the other place yourself*. But if indeed you find him not within this month, you shall *nose* him as you go up the stairs into the lobby» ([Er ist] *im Himmel*. Schickt hin, um zuzusehn. Wenn *Euer Bote* ihn da nicht findet, so sucht ihn *selbst an dem andern Orte*. Aber wahrhaftig, wo Ihr ihn nicht binnen dieses Monats findet, so werdet Ihr ihn *wittern*. wenn Ihr die Treppe zur Galerie hinaufgeht).[5] Hamlet läßt damit den König wissen: 1. ‹Polonius ist tot›; 2. ‹Du und Polonius, ihr gehört beide in die Hölle›; 3. ‹Polonius' Leiche liegt auf der Galerie›. Das N. ist, wie das Beispiel zeigt, zwar dunkel, aber für den, der es zu 'lesen' versteht, unzweideutig, ein Rätsel [6], für das es eine und nur eine richtige Lösung gibt, die in einer begrenzten Anzahl von 'Schritten' zu erreichen ist. Die kognitive Dunkelheit (*obscuritas*) des N. liegt ganz im sprachlichen Ausdruck, nicht im bezeichneten Sachverhalt begründet. Dunkel ist dieser allenfalls in seinem affektischen Gehalt, sofern das N. als charakteristisches Mittel des pathetisch-erhabenen Stils vornehmlich Bedrohliches und Verhängnisvolles zur Sprache bringt. In seiner (kognitiven und pathetischen) Dunkelheit gleicht das N. dem Orakel [7], unterscheidet sich von ihm jedoch darin, daß seine Auflösung durch den Adressaten nicht nur möglich, sondern auch vom Sprecher erwünscht ist. Ferner erfordert das N. nicht die Beherrschung einer hermetisch-allegorischen Sprache, sondern die Kenntnis der Situation und die Fähigkeit, aus *Indizien* die richtigen Schlüsse zu ziehen. Man könnte sein Verfahren als im weitesten Sinne *metonymisch* bezeichnen. Innerhalb des militärischen Bildbereichs, der in der Antike einen der ergiebigsten Metaphernspender zur Veranschaulichung des rhetorischen Kunsthandwerks darstellt, werden die Sentenzen gerne mit Geschossen verglichen. [8] In Fortsetzung dieser Analogie ist die oft maliziöse Wirkungsweise des N. mit der eines vergifteten Pfeils vergleichbar, der beim Auftreffen nur eine kleine Wunde schlägt und seine beabsichtigte Wirkung erst allmählich und im Verborgenen entfaltet.

(2) In den neuzeitlichen Rhetoriken wird unter ‹N.› häufig die Anwendung einer Spruchweisheit (Gnome) auf eine besondere Situation oder eine bestimmte Person verstanden [9], z.B. „Auch Karajan ist nicht als Meister vom Himmel gefallen". Da das N. so ein bekanntes Sprichwort nur unvollständig zitiert, läßt es sich auch als *Anspielung* auf eine Gnome bezeichnen. [10] Schon Quintilian erwähnt diese Variante der Gnome, ohne sie mit einem eigenen Terminus zu benennen: Die Maxime «Schaden stiften ist leicht, Nutzen bringen schwierig» (nocere facile est, prodesse difficile) erhält aus dem Mund der ovidischen Medea eine größere Sinnfälligkeit, wenn sie sie auf ihr eigenes Handeln appliziert und zugleich als *locus a fortiori* und eingekleidet in eine rhetorische Frage (*interrogatio*) formuliert: «Ich konnte retten: Du fragst, ob ich auch verderben kann?» (servare potui: perdere an possim, rogas?). [11]

B.I. ‹N.› als Bezeichnung für eine bestimmte andeutungsreiche Variante der *sententia* im Sinne von A. (1) erscheint zum ersten und einzigen Mal in der Antike in Quintilians Kapitel über dieses Stilmittel. [12] Zuvor wird das Wort gelegentlich von griechischen Stilanalytikern in einem noch unspezifischen Sinn für einen stilistisch durchgeformten einzelnen Gedanken verwendet. [13] Quintilian erwähnt es kursorisch und vollständigkeitshalber als einen von den 'Modernen' (*novi*) geprägten Terminus. Es handelt sich also beim N., dem Ausspruch, der 'zu denken (νοεῖν, noeĩn) gibt', zwar nicht um eine Erfindung. aber um eine Neuentdeckung und ein beliebtes Kunststück des zeitgenössischen Sentenzen- und Pointenstils [14], dessen Exzesse in den Rhetorenschulen der Klassizist Quintilian leidenschaftlich bekämpft. Das von ihm angeführte Beispiel stammt denn auch aus einer typischen Schuldeklamation: Eine Frau, die ihren Bruder schon mehrmals aus der Gladiatorenkaserne freigekauft hatte, schneidet ihm schließlich nachts den Daumen ab, um ihn für immer kampfuntauglich zu machen und ihm dadurch das Leben zu retten. Der undankbare Bruder verklagt sie auf Wiedervergeltung (*talio*). Im Plädoyer sagt die Schwester (bzw. ihr Anwalt): «Du verdientest, eine heile Hand zu haben.» (Eras dignus, ut haberes integram manum.) Eine heile Hand haben bedeutet aber für einen Gladiator, früher oder später damit im Zweikampf das Leben zu verlieren. Was also im Wortlaut klingt wie ein freundlicher Wunsch, ist in Wahrheit eine bittere Verwünschung.

Die frappierende Aussageabsicht des N. wird erst über eine kürzere oder längere Kette von Assoziationen erreicht. Durch die enge Verflochtenheit mit seinem Sprach- und Handlungskontext, außerhalb dessen es keine Wirkung erzielen und ohne dessen Kenntnis es unmöglich verstanden werden kann, besitzt es kaum noch Ähnlichkeit mit dem Prototyp seiner Gattung, der gnomischen Sentenz. Die Gnome ist infinit in der Anwendung, das N. singulär, die Gnome ein argumentatives Beweis- und ethisches Beglaubigungsmittel, das N. pathetische Geste und raffinierter Redeschmuck.

Hauptkritikpunkt an solchen Aussprüchen ist für Quintilian ihr offener Verstoß gegen die klassische elocutionäre Tugend der *perspicuitas*, ihre gesuchte Dunkelheit (*obscuritas*), die vor allem durch äußerste Kompression (*brevitas*) und eine oblique, die naheliegenden Worte vermeidende Redeweise zustandekommt: «[…] pervasitque iam multos ista persuasio, ut id demum eleganter atque exquisite dictum putent, quod interpretandum sit» (Bei vielen hat sich bereits die Überzeugung breitgemacht, einen Ausspruch erst dann für gelungen und gewählt zu halten, wenn er der Auslegung bedarf). [15] Schon SENECA D.Ä. und sein Sohn, der Philosoph, hatten die «schroffen», «abgerissenen» und «schwebenden» (praecipites, abruptae, pendentes [16]), die «argwöhnischen Sentenzen, in denen es mehr zu verstehen als zu hören gibt» (suspiciosae [sententiae], in quibus plus intelligendum esset quam audiendum [17]), getadelt, obwohl sie selbst dem neuen Stil gegenüber durchaus aufgeschlossen waren und ihn auch selbst praktizierten. [18] In den Schulräumen und Vortragssälen, wo die Rhetorik weitgehend als *art pour l'art* betrieben wird, sind es aber gerade die raffiniert verrätselten Trouvaillen der Deklamatoren, die beim anspruchsvollen Publikum Beifall finden, denn durch sie fühlen sich die Hörer zur gedanklichen Mitarbeit aufgefordert und erleben zusammen mit der Bestätigung ihres eigenen inventorisch-detektivischen Spürsinns eine Art konspirativer Gemeinschaft mit dem Redner, wenn sie die 'Lösung gefunden haben'.[19]

In seiner breiten Erörterung der dem N. sehr ähnlichen Gedankenfigur der Andeutung [20] (*emphasis*[21]) nennt Quintilian denn auch als einen von drei Gründen ihrer Anwendung das intellektuelle Vergnügen (*delectatio*), das sie beim Hörer durch ihre Raffinesse (*venustas*), ihre Originalität (*novitas*) und Abwechslung (*variatio*) erweckt.[22] Weitere Motive, sich einer indirekten Redeweise zu bedienen, sind persönliche Sicherheitsbedenken des Redners[23] sowie die Regeln der Schicklichkeit gegenüber anstößigen Gegenständen oder mit Rücksicht auf bestimmte Personen[24]. Anlaß für die Verwendung der *emphasis* aus Sicherheitsgründen sieht Quintilian nur in den fingierten Gefahrensituationen der Deklamationsthemen gegeben.[25] Es ist indes bekannt, daß in dem von Verstellung und Mißtrauen geprägten politischen Klima der frühen Kaiserzeit – auch unter Domitian (81–96 n.Chr.), in dessen Regierungszeit Quintilian sein Lehrwerk verfaßte – ein unbedacht offenes Wort einen im Licht der Öffentlichkeit stehenden Politiker das Leben kosten konnte, und daß viele schwere und folgenreiche Verdächtigungen in Form einer *emphasis* bzw. eines N. ausgesprochen wurden. «Prospera principis respuit: etiamne luctibus et doloribus non satiatur?» (Das Glück des Princeps läßt ihn kalt; können denn auch seine Trauerfälle und Leiden ihn nicht befriedigen?). Mit diesen Worten läßt TACITUS, selbst ein Meister der hintersinnigen Andeutung[26], einen Denunzianten den schwärzesten Verdacht gegen den oppositionellen Senator Thrasea Paetus in Neros furchtsame Seele säen.[27]

II. Dem Mittelalter ist ein rhetorisches Konzept der Andeutung nur in der Gedankenfigur der *significatio* bekannt. Sie stammt aus dem vierten Buch der ‹Herennius-Rhetorik›[28], das die Grundlage für die mittelalterliche Lehre vom Figurenschmuck (*colores rhetorici*) bildet. Allerdings wird die *significatio*, die beim ‹Auctor ad Herennium› in etwa der ἔμφασις (*éḿphasis*) entspricht[29], von den Verfassern der *Artes poetriae* bisweilen mit den Tropen Metonymie und Allegorie vermengt.[30] Der Terminus ‹N.› erscheint dagegen erst wieder in den frühneuzeitlichen Rhetoriken, und zwar bei ERASMUS noch im Sinne Quintilians (1) als andeutende Pointe[31], bei MELANCHTHON bereits in neuer Bestimmung (2) als Amplifikationsfigur, die eine «Anspielung auf einen Ausspruch oder einen Gemeinplatz» (*allusio ad sententiam aut locum communem*) enthält.[32] Diese mehr dem *docere* verpflichteten Definition des N. setzt sich allmählich gegenüber der älteren Bedeutung durch. Das N. bildet so zusammen mit der Gnome als deren fallbezogene Anwendung und mit der Chrie einen festen Figurenkomplex: «*Gnome* ist eine *sententz.* [...] wenn diese mit der application fürgetragen wird, heist sie *Noëma,* setzt man dem [sic!] auctorem hinzu, heist sie *Chria,* steht sie am ende, heist sie *Epiphonema.*»[33]

Als dunkle Andeutung wird das N. dagegen weiterhin in den englischen Rhetoriken und Poetiken des 16. Jh. verstanden. Nach H. PEACHAM bedarf es zu seinem Verständnis der langen Überlegung und einer beachtlichen «sharpnesse of wit»[34], d.h. der im Manierismus so hochgeschätzten Geistesschärfe (*argutia*), mit deren Hilfe disparate Begriffe und Bilder zu kühnen Tropen verbunden werden.[35] Seine gesuchte Dunkelheit verleiht dem N. auch eine exklusiv-elitären Charakter, indem es «allein dazu dient, den Sinn vor der gewöhnlichen Auffassungskraft der Hörer zu verbergen und ihn ausschließlich die klügeren Leute wissen zu lassen, die durch eine gründliche Überlegung am besten imstande sind, die Bedeutung herauszufinden.»[36]

Anmerkungen:
1 vgl. LSJ 1178 s.v. νόημα; zum N. als Terminus der Husserlschen Phänomenologie vgl. auch HWPh, Bd. 6 (1984) Sp. 869f. – **2** Quint. VIII, 5, 12. – **3** ebd. IX, 2, 64–99. – **4**. vgl. ebd. XII, 10, 48; VIII, 5, 27; dazu F. Delarue: La sententia chez Quintilien, in: La Licorne 3 (Poitiers 1979) 97–124, bes. 106–112. – **5** Shakespeare: Hamlet IV, 3. – **6** vgl. A.D. Leeman: Orationis ratio (Amsterdam 1963) 302. – **7** vgl. M. Fuhrmann: Obscuritas. Das Problem der Dunkelheit in der rhet. und literarästhet. Theorie der Antike, in: W. Iser (Hg.): Immanente Ästhetik. Ästhet. Reflexion, Poetik u. Hermeneutik II (1966) 47–72, 51ff. – **8** vgl. Delarue [4] 110; P. Sinclair: Tacitus the Sententious Historian. A Sociology of Rhet. in *Annales* 1–6 (University Park, Pennsylvania 1995) 122. – **9** vgl. z.B. J. Chr. Gottsched (Hg.): Handlex. oder Kurzgefaßtes Wtb. der schönen Wiss. und freyen Künste (1760; ND Hildesheim / New York 1970) Sp. 1179; Morier 815f. s.v. ‹noème›. – **10** so Vossius, Pars II, p. 421, – **11** Quint. VIII, 5, 6f. mit Ovid, Medea Frg. 1, in: Tragicorum Romanorum fragmenta, hg. v. O. Ribbeck (Leipzig 1897). – **12** Quint. VIII, 5, 12. – **13** vgl. Dion. Hal. (Ende 1. Jh.v.Chr.), Ep. ad Ammaeum II, 2; Ps.-Long. Subl. (wahrsch. 1. Jh.n.Chr.) 12, 1; Plinius d.J., Ep. II, 3, dazu Ernesti Graec. 224f.; vgl. auch später (2. Jh.n.Chr.) Arrianos, Epicteti dissertationes III, 23, 31. – **14** vgl. Norden, Bd. 1, 280–283. – **15** Quint. VIII, 2, 21; vgl. auch VIII praef. 24; VIII, 2, 19f. – **16** vgl. Norden, Bd. 1, 281. – **17** Seneca d.J., Ep. 114, 1. – **18** zu Seneca d.J. vgl. vor allem die Kritik Quintilians X, 1, 125–131. – **19** s. Quint. VIII, 2, 20; vgl. IX, 2, 78. – **20** ebd. IX, 2, 64–99. – **21** beim Auct. ad Her. IV, 67 heißt sie *significatio;* vgl. Cic. De or. III, 202; Or. 139; zur Beziehung von N. und *emphasis* vgl. auch D.M. Kriel: The Forms of the Sententia in Quintilian, VIII, 5, 3–24, in: Acta classica 4 (1961) 80–89, 86. – **22** Quint. IX, 2, 66; 96–99. – **23** ebd. §§ 67–75. – **24** ebd. §§ 76–95. – **25** ebd. §§ 67f. – **26** vgl. Sinclair [8] passim. – **27** Tacitus, Annalen XVI, 22; vgl. Delarue [4] 120. – **28** Auct. ad Her. IV, 67. – **29** vgl. z.B. Tiberios, De figuris Demosthenicis 14, ed. G. Ballaira (Rom 1968) p. 19. – **30** z.B. Galfrid von Vinsauf, Summa de coloribus rhetoricis, in: Faral 325; vgl. Arbusow 48. – **31** Erasmus Copia p. 252; ähnlich auch I. Susenbrotus, Epitome troporum ac schematum ... (Zürich 1541) p. 101f. mit der lat. Übers. *intellectus* und dem Beispiel Hieronymus, Ep. 7, 5. – **32** Melanchthon Sp. 491. – **33** Fabricius 196; vgl. Vossius, Pars II, p. 421–423; Alsted, Bd. 1, 483; Chr. Arnold: Linguae Latinae ornatus, ... (Nürnberg ³1668) 393; Chr. Weise: Oratorisches Systema, ... (Leipzig 1707) 296; Hallbauer Orat. 484; Zedler, Bd. 24 (1740) Sp. 1159; Gottsched [9]; Morier [9]. – **34** Peacham 180. – **35** vgl. V. Kapp: Art. ‹Argutia-Bewegung›, in: HWRh, Bd. 1 (1992) 991–998. – **36** Peacham 181.; vgl. zum N. auch G. Puttenham: The Arte of English Poesie (Neudr. Cambridge 1936) 230f.

Th. Zinsmaier

→ Aenigma → Anspielung → Aperçu → Apophthegma → Chrie → Emphase → Epiphonem → Gnome, Gnomik → Maxime → Obscuritas → Pointe → Sentenz

Nominalstil/Verbalstil

A. Nominalstil (auch Substantiv- oder Nominalisierungsstil; sprachkritisch: Hauptwörterei, Papierdeutsch) und Verbalstil (kontrastiv und vermutlich sekundär gebildet) sind als Begriffe der deutschen Sprachwissenschaft Bezeichnungen für ein Gesamtphänomen, das trotz Auftretens vergleichbarer Einzelzüge auch in anderen europäischen Kultursprachen sachlich wie terminologisch ohne exakte Entsprechung bleibt. Obwohl in spezifischen Voraussetzungen der deutschen Sprache (Wortbildung, Syntax und Semantik) angelegt, verdankt der Nominalstil seine Ausprägung seit Mitte des 19. Jh. wohl eher sprachideologischen Präferenzen als sprachstrukturellen oder -typologischen Unterschieden.[1] Seine signifikant angestiegene Gebrauchsfrequenz in unserer Gegenwartssprache versteht sich daher als pragmatisches Faktum der neueren Stil- und Bildungsgeschichte. Pauschal wird der Nominalstil definiert als eine «Darstellungsweise, die sich relativ vieler Nomina (Substantive, Adjektive) bedient», der Verbalstil entsprechend als eine solche, «der eine hohe Gebrauchsfrequenz vollwertiger Verben eigen ist».[2] Stilkritisch steht die Wertung dieser Alternative seit langem im Streit der Meinungen.

Die nominale Ausdrucksweise beruht auf einem Zusammenwirken mehrerer Trends in der neueren Sprachentwicklung, die seit dem Zweiten Weltkrieg zunehmend in Erscheinung treten und den heutigen ‹Zeitstil› markant prägen.[3] Als Hauptzüge, meist typisch verzahnt, gelten Nominalisierungen in Form von Attributreihungen und Präpositionalfügungen, sog. Augenblickskomposita und Funktionsverbgefüge mit integrierten Verbalsubstantiven. Dadurch entsteht ein ‹komprimierter› Stil, den Vereinfachung des Satzbaus, semantische Vagheit, hohes Abstraktionsniveau und insgesamt eine erhebliche Verdichtung der Information charakterisieren.

Bei der Beschreibung moderner Nominalphrasen unterscheidet man zwischen prä- bzw. postdeterminierenden Links- und Rechtsattributen. Linksattribute bilden eine mehr oder weniger weit gespannte Nominalklammer: «ein trotz seiner grauen Haare anscheinend noch recht junger Mann».[4] Rechtsattribute haben oft die Form von (stilistisch kritisierten) Genitiv-Reihungen: «Das Verführerische des Genusses der Frucht des Baumes der Erkenntniss des Guten und des Bösen verleitete Adam und Eva zum ersten Sündenfall.»[5] Zeittypischer ist aber der Gebrauch einfacher oder erweiterter präpositionaler Fügungen, die dem Genitivattribut längst den Rang abgelaufen haben. Sie werden heute in Abhängigkeit von deverbativen Adjektiven und Substantiven, Partizipien, substantivierten Infinitiven, den Nomina actionis auf -ung usw. verwendet, die alle ihre ursprüngliche verbale Valenz bewahren, bis hin zu umfangreichen Nominalkomplexen wie «in der Rückführung einer Vielzahl sich entfaltender Teilphänomene auf ihre gemeinsame Wurzel».[6] Im Rahmen der generellen Möglichkeiten, jeden Sachverhalt als Hauptsatz, Nebensatz oder Präpositionalausdruck zu formulieren (Der Tag brach an, als der Tag anbrach, bei Tagesanbruch), hat die derzeit starke Bevorzugung der nominalen Variante zugleich Konsequenzen für die Satzbildung: Mit Hilfe attributiver Fügungen lassen sich ganze Sätze, insbesondere Nebensätze, zu Nominalphrasen zusammenziehen und so auf Satzglieder reduzieren. Derselbe Hang zum Komprimieren zeigt sich bei den ‹Augenblickskomposita›. Darunter versteht man für eine spezielle Formulierungsgelegenheit geprägte, meist vielgliedrige Substantivverbindungen, die als ausgesprochene ‹Raffwörter› den Inhalt ganzer Wortgruppen oder Nebensätze in einem Kompaktwort zusammenfassen: Weltgesundheitsorganisation – eine Organisation, die sich weltweit dafür einsetzt, allen Völkern den bestmöglichen Gesundheitszustand zu gewährleisten. Diese neuen Bildungen sind durchweg aus der Vereinigung schon bestehender Zusammensetzungen hervorgegangen (Rentenversicherungs-antragsformular) und stellen keine semantische Einheit dar. Daher handelt es sich nicht um Zusammensetzungen herkömmlichen Sinnes, sondern man spricht von ‹Zusammenrückungen›, die weniger in die Zuständigkeit der Wortbildung als der Syntax fallen[7]. Jedenfalls gilt die ‹Blockbildung› lexikalisch kompakter Satzglieder als charakteristisch für unsere Gegenwartssprache.

Nominalisierungen und Nominalkompositionen der beschriebenen Art markieren einen Aspekt moderner Sprachentwicklung. Nicht nur schaffen sie ein quantitatives Übergewicht an substantivischen Satzgliedern; sie liefern auch den Grund (da sich ihre Zahl ja nicht beliebig vermehren läßt) für deren wachsende formale und inhaltliche Komprimierung. Auf der anderen Seite kommt es aber auch zu einer qualitativen Veränderung des Verbalkomplexes: Hand in Hand mit dem statistisch belegten Rückgang des Verbgebrauchs im ganzen geht eine auffallend höhere Frequenz einzelner, semantisch äußerst blasser Verben wie bringen, kommen, stellen, nehmen, durchführen, erfolgen usw. Ihre fachliche Bezeichnung als ‹Funktionsverben› deutet an, daß sie vorwiegend als Träger der formalsyntaktischen Rolle im Satz dienen. Gekoppelt sind sie mit variablen Verbalsubstantiven, auf die sich die nicht mehr vom Verb getragene Bedeutung verlagert, und diese Koppelung führt zu festen ‹Funktionsverbgefügen› des Musters ausdrücken – zum Ausdruck bringen. Neben solchen Verbalabstrakta, auch substantivierten Infinitiven und Adjektiven besonders auf -heit und -keit, sind es hauptsächlich die ungemein zahlreichen, produktiven Ableitungen auf -ung, die in ihrer Verwendung als Verbkorrelate (z.B. in Erscheinung treten) oder in ihrer Bildeweise (Inkraftsetzung, Fürerledigterklärung usw.) ein vielkritisiertes Merkmal des Nominalstils bilden.[8]

Neuere Untersuchungen[9] haben einerseits eine statistische Verkürzung der Sätze (durchschnittlich weniger Wörter pro Satz), andererseits eine Verringerung der Satzkomplexität festgestellt (mehr Parataxe an Stelle hypotaktischer Fügungen, d.h. Nebensatz-Konstruktionen). Lexikalische Verkürzung und syntaktische Vereinfachung des heutigen Satzes sind aber keineswegs gleichbedeutend mit geringerer Aussagekraft. Vielmehr bewirkt die beschriebene nominale Komprimierung eine beträchtlich höhere Informationsdichte, eine Entwicklung, die mit rationell-sprachökonomischer Tendenzen erklärt wird.[10] Dadurch, daß innerhalb der komplexen Nominalphrasen und vielgliedrigen Augenblickskomposita die früher durch syntaktische Verknüpfungsmittel festgelegten logisch-semantischen Beziehungen nicht immer explizit gemacht werden, verstärkt sich jene ohnehin in unserer Sprache wirksame ‹Vagheit›, die auch unter Begriffen wie ‹Unbestimmtheit, Unschärfe, Ungenauigkeit› in der Linguistik diskutiert wird.[11] Neben dem Grundsatz, mit möglichst wenig Wörtern möglichst viel Information zu vermitteln, besteht eine deutliche Neigung zur knappen, präzisen Bezeichnung, die im Gegensatz zur älteren, weitläufigen, oft satzmäßigen Umschreibung wiederum nominales Element ist. Im Vordergrund steht dabei die exakte Begrifflichkeit wissenschaftlicher und technischer Fachsprachen (‹Terminologie›), die immer einen hohen Grad von Abstraktheit impliziert, von Sprachkritikern nicht ohne Sorge beobachtete ‹Vergeistigung› der Sprache. Aus der Verbindung von sprachökonomischer Verknappung, begrifflicher Präzision und gedanklicher Abstraktion des Ausdrucks resultiert insgesamt eine erhebliche Informationsverdichtung, die hohe Anforderungen an Formulierung wie Verstehen stellt. Umgekehrt bedeutet die verstärkte Nominalisierung: kaum noch Nebensätze, nur wenige finite Verbformen, häufig Funktionsverben; die aussagekräftigen, anschaulichen Vollverben im Sinne des Verbalstils sind in der Gegenwartssprache selten geworden.[12]

B.I. *Antike und Mittelalter.* Der Nominalstil als Folge sprachgeschichtlicher Entwicklungen im neueren Deutsch schließt nicht aus, daß bestimmte Einzelzüge, etwa ein latenter Hang zur Nominalisierung oder Verb/Substantiv-Verbindungen des Typs *Zweifel haben* für *zweifeln*, auch in anderen Sprachen vorkommen (frz. *pousser un cri*, engl. *to have a look*, span. *tener explicatión* usw. statt der einfachen Verben) und sogar schon im umgangsprachlichen Latein wie *initium capere, bellum facere, suffragium ferre* oder *inire*, oder ein Funktionsverbgefüge wie *in suffragium mittere* (zur Abstimmung bringen).[13]

Wenn Verkürzung, Vereinfachung und Verdichtung die generellen Kennzeichen des Nominalstils sind, bietet sich ein Blick auf die rhetorischen Vorschriften zur *brevitas* an, spielt die Kürze doch unter den Grundsätzen der *elocutio* eine wichtige Rolle. Im Verein mit den antonymischen Prinzipien der *amplificatio* und *accumulatio* (Erweiterung, Anhäufung als Fülle des Ausdrucks), die vornehmlich im Dienste der *variatio* stehen, regelt die *brevitas* oder *abbreviatio* den Wortgebrauch zur kunstvollen Hervorhebung eines Gedankens, und zwar nach CICERO bei Einzelwörtern (*in verbis singulis*) und Wortgruppen (*in verbis coniunctis*).[14] Als sprachliche Mittel empfehlen mittelalterliche Lehrbücher z.B. Partizipialkonstruktionen, verkürzende Anspielungen, die Vermeidung von Wiederholungen und Zusammenziehung mehrerer Sätze. ERASMUS VON ROTTERDAM hat in seiner Schrift ‹De copia verborum› einen humanistischen Leitfaden solcher Verkürzung oder Erweiterung des Ausdrucks verfaßt.

II. *Lutherzeit bis Aufklärung.* Die Satzstruktur fällt rhetorisch in den Zuständigkeitsbereich der *compositio*, allerdings nicht in syntaktischem oder grammatischem Sinne, sondern als eine Frage des Stils. Man hat zwar mehrere Arten des Satzbaus unterschieden (darunter die periodische), dabei handelt es sich aber um sprechrhythmische Satzeinheiten, wie vor allem an den antiken *clausulae* und mittelalterlichen *cursus* des Satzschlusses deutlich wird.[15] Erst im ausgehenden Mittelalter haben sich die Modistae, die scholastischen Sprachlogiker, auch über die logisch-grammatische Struktur der Sätze und damit die Syntax Gedanken gemacht. Noch zur Zeit LUTHERS können Begriffe der rhetorischen Tradition wie *periodus, colon, comma*, weil sie primär – wie die ganze ältere Interpunktion – Einheiten der Sprechgliederung sind, nicht mit der modernen Nomenklatur von Satz, Satzglied oder Satzgrenze in Verbindung gebracht werden.[16] Erst im Laufe des späteren 18. Jh. vollzieht sich, verbunden mit dem Wandel von einer Hörkultur zur Lesekultur, jener Fortschritt von der sprechrhythmischen zur syntaktischen Satzstrukturierung. Seitdem werden Satzbildung, Periodenbau, Hypotaxe usw. grammatisch geregelt, auch wenn sie in ihrem Gebrauch weiterhin der stilistischen Entwicklung unterliegen.

Überhaupt hat sich im 17. und 18. Jh. vieles von dem vorbereitet, was den Nominalstil ausmacht. Dazu gehören die allmähliche Konsolidierung bestimmter Wortbildungsmittel, so der nominalstilistisch zentralen *-ung*-Deverbalisierung, und die Nominalkomposition[17], die sich damals in vermehrter Zusammenschreibung von Substantivverbindungen äußert. Die seit alters übliche zweigliedrige Zusammensetzung erlebt im 18. Jh. eine starke Zunahme und geht mit der Zeit, besonders in Fachtermini der Wissenschaftssprachen, auch in Mehrfachkomposition über, die hinsichtlich der Wortbildung den Boden bereitet für den zunehmenden Gebrauch von Augenblickskomposita in der Gegenwart. Ähnliches gilt für die Funktionsverbgefüge. «Warumb ist dise verlierung der salben geschehen?» heißt es bereits in Luthers ‹Sendbrief vom Dolmetschen› (1530). «Was ist aber das für deutsch? Welcher deutscher redet also / verlierung der salben ist geschehen?» GOETHE kritisiert 1765 als Leipziger Student die Formulierung «zu Ende gebracht», die seine Schwester in einem Brief an ihn verwendet, und schlägt stattdessen «geendigt» vor. Ein Jahrhundert später wird der ‹Quickborn›-Dichter KLAUS GROTH eine lange Liste solcher Verbfügungen (*in Beziehung setzen, auf etwas Bezug nehmen, in Betracht ziehen*) zusammenstellen, mit dem ironischen Kommentar, diese Formen seien «recht eigentlich die unseres schlanken und gewandten Stils geworden, der freilich alle Natur auszutreiben droht».[18] Funktionsverben und Funktionsverbgefüge sind also schon alt, ebenso die Kritik an ihnen, und sie werden nur durch ihre enorme Gebrauchsausweitung in neuester Zeit zum Problem.

Ungefähr zur gleichen Zeit, als der nach Deutschland emigrierte A. RIVAROL in einer Preisschrift der Berliner Akademie die Klarheit (*clarté*) der französischen Sprache rühmt, rügt der Preußenkönig FRIEDRICH II. seinerseits, natürlich auf französisch, den verworrenen Stil vieler deutscher Schriftsteller: «[...] sie schließen eine Parenthese in die andere, und oft findet man erst am Ende einer Seite das Wort, von welchem der Sinn der ganzen Periode abhängt».[19] Andeutungsweise beschrieben wird hier der bildungsbürgerlich-akademisch-administrative ‹Nebensatzstil› stark schreibsprachlicher Prägung mit einem Höchstmaß an hypotaktischen Strukturen und strenger Klammerbildung, wie er seit dem 17. Jh. herrscht und im 19. Jh. seinen Höhepunkt erreicht.[20] Es steht außer Frage, daß für diesen überspannten Periodenbau, der im Klischee des berüchtigten deutschen Schachtelsatzes fortlebt, zumal angesichts seiner Ausformung in Kanzlei- und Gelehrtendeutsch, auch der lateinische Bildungshintergrund zu berücksichtigen ist, nach der Devise: «Deutschen Stil lernt man am besten von Cicero».[21] Mustergültig im Wortsinn wirkt außerdem noch bis ins 20. Jh. hinein der «Sprachgebrauch der großen Dichter und Schriftsteller»[22], der als ein wesentlicher Bestandteil der Idealnorm deutscher Sprachunterweisung und als höchste Stilautorität gilt. Auf der anderen Seite vollzieht sich seit dem 17./18. Jh. eine Gegenentwicklung in der Ausprägung der modernen Wissenschaftssprache, die ja bis heute als eine der wesentlichen Domänen des Nominalstils gilt. In Frankreich gelangt, mit den Gelehrten von Port-Royal als Wegbereitern, der *style coupé* (wörtlich: abgeschnittener Stil) zur Geltung, die gedrängte Diktion von DIDEROT, MONTAIGNE oder VOLTAIRE. In England setzt sich gleichzeitig, auf den Spuren F. BACONS, im Umkreis der 1660 gegründeten Royal Society der *plain style* durch, die einfache, klare Darstellungsweise der Naturwissenschaften, wie sie namentlich Bischof TH. SPRAT als objektiven, intellektuellen «Diskurs der Wahrheit» propagiert hat. Im Rahmen dieser geistesgeschichtlichen Entwicklung ist die Sprache der Wissenschaften fortan dem Leitbild eines unpersönlichen, sachlichen und schmucklosen, mit einem Wort: unrhetorischen Stils verpflichtet. Seine besonderen Kennzeichen sind Ich-Tabu, Erzählverbot, Vermeidung von Metaphern.[23] Gemäß der aktuellen ‹Fensterscheiben-Theorie› (windowpane style) soll der Stil so durchsichtig sein wie klares Glas; indem auf jeden Redeschmuck und alle persuasiven Mittel verzichtet wird, soll die Sprache keinerlei Einfluß auf den dargestellten Sachverhalt nehmen. In der uralten Diskussion über das Verhältnis von res und verba ist damals eine richtungsweisende Entscheidung gefallen, die nicht mehr der Kunst der Worte, sondern dem Gewicht der Sache den Vorzug gibt.

III. *19. und 20. Jh.* Im Zuge der wirtschaftlichen, sozialen und kulturellen Wandlungen, die von Urbanisierung und Industrialisierung sowie dem Aufschwung der Wissenschaften (speziell Naturwissenschaften) im 19. Jh. ausgehen, kommt es auch zu einer sprachlichen Umorientierung: Der ausgesprochen hohe, auf den Bildungsansprüchen humanistischer Gymnasialerziehung gründende Standard weicht nach und nach einem einfacheren Sprachstil mit praktischer Ausrichtung. Am Anfang dieser Entwicklung steht die Vereinfachung des Satzbaus; der Übergang «vom langatmigen, stark hypotaktischen Nebensatzstil zum komprimierten, mehr paratakischen Nominalisierungsstil» verläuft aber sehr langsam und nach Textsorten unterschiedlich.[24] Wie man sich schon um die Jahrhundertmitte über die Funktionsverbgefüge beklagt hat, so auch über andere typische Erscheinungen des Nominalstils, vor allem «die überall sich aufdrängenden Substantivbildungen auf -ung, -heit oder -keit» und bis zum Extrem getriebene Wortzusammensetzungen: «jene Wortungeheuer von 10, 12, 15, 20 Silben, denen man in unsern Büchern überall begegnet».[25] Klagen dieser Art werden zum Topos in der Sprachkritik und Stillehre des 20. Jh. Ein Höhepunkt ist die ‹Stilkunst› von L. Reiners (1944), die auf Jahrzehnte hin das Bild des guten deutschen Stils bestimmt. Vehement wird dort gegen die ‹Hauptwörterei› (Substantivitis, Hauptwörterkrankheit oder -seuche) polemisiert, gegen die «Abstrakta auf -ung, -heit und -keit, die die Zeitwörter auffressen», und gegen die saft- und kraftlosen ‹Streckverben› (Funktionsverben) statt anschaulicher «Tatwörter», die Seele und Rückgrat jeden Satzes seien.[26] Trotz solcher Kritik des Nominalstils gilt jedoch[27]: Wenn der Satz einigermaßen kurz ist und die Nominalgruppen überschaubar bleiben, ist dies auf jeden Fall klarer als unübersichtlicher Periodenbau.

Seit den 60er Jahren des 20. Jh. hat sich auch die Sprachwissenschaft intensiver mit den Phänomenen des Nominalstils auseinandergesetzt. Namentlich für die Funktionsverbgefüge wird richtiggestellt, daß sie meist über einen semantischen oder stilistischen Mehrwert verfügen, sei es als Passiversatz (z.B. *zur Anwendung kommen*), sei es zur Kennzeichnung bestimmter Aktionsarten wie inchoativ, kausativ, durativ usw. (*in Verbindung treten, bringen, stehen*) oder daß sie ganz einfach der finiten Verbform, die im Hauptsatz an tonschwacher Stelle steht, durch das zugehörige Verbalsubstantiv am Satzende mehr Nachdruck verleihen (*bringt ... zum Ausdruck*). Man ist sich ferner einig, daß die stark in den Vordergrund tretenden nominalen Formulierungsweisen als sprachliche Sparformen der Straffung komplizierter Zusammenhänge dienen (früher oft in Nebensätzen); durch die Füllung der Einfachsätze mit Satzgliedern in Form komplexer Nominalphrasen entstehen aufs äußerste komprimierte Strukturen, die ein hohes Maß an gedanklicher Abstrahierung aufweisen – ein Zusammenspiel also der immer wieder betonten Tendenz zu sachlich-rationeller Sprachökonomie und der vor allem in den Wissenschaften verbreiteten Abstraktionstendenz. Mittlerweile wird nach K. Adamzik der Nominalstil bereits durch eine neue, modernere Form der Darstellung überholt, die den Namen ‹graphischer Stil› trägt[28]: Seine Kennzeichen sind mit Flächenstrukturierung und graphischer Gliederung operierende «Makrosätze», die – syntaktisch meist nur rudimentär ausgeformt – einen Übergang von der Satzformulierung zur Stichwortsyntax zeigen und sich als übersichtliche sprachliche Präsentation komplexer Sachverhalte verstehen.

Demgegenüber setzen Sprachkritik und Stillehre ausschließlich auf den Verbalstil. Verben bilden das wichtigste Mittel der ‹Anschaulichkeit› (*evidentia*), die seit dem 18. Jh. den Rang eines der führenden Stilprinzipien einnahm.[29] In den gängigen Stillehren gelten Verben als die «Königswörter», sie sind anschaulicher, schlanker, dynamischer als Substantive. Höhere Begrifflichkeit und Silbenzahl (Nominalkonstruktionen) mindern die Anschaulichkeit, woraus sich die Regel ableitet: «[...] nie ein Substantiv [...] verwenden, wo ein Verb an seine Stelle treten kann».[30] Abgesehen von der generellen Kritik, daß die Anschaulichkeit inzwischen «zu einer Metapher für Einfachheit bzw. leichte Verständlichkeit verkommen» und als Gebot der traditionellen Stilnorm bedenklich sei[31], kann sie sinnvollerweise nur für eine Reihe von Textsorten beschreibenden oder erzählenden Charakters uneingeschränkte Geltung beanspruchen. Stilprinzipien wie *Anschaulichkeit, Natürlichkeit, Lebendigkeit* usw., die vor allem in den Stillehren weiterhin ihre Rolle spielen, signalisieren eine Beziehung zur Mündlichkeit. Diese ist dadurch gegeben, daß es nach Abkehr von der Rhetorik als genuiner Redelehre zu einer Didaktik des geschriebenen ‹Ausdrucks› kam, die diesen paradoxerweise von gesprochenen Wort her anging. Stil (auch *Styl*, verdeutscht ‹Schreibart›), der neue Leitbegriff, versteht sich als «schriftliche Beredsamkeit» und wird erklärt: «Schreiben ist: mit der Feder sprechen» (1784).[32] Das Postulat solcher am Mündlichen orientierten Schreibweise findet seine topische Formulierung in der von Lessing und Goethe bis hin zu Reiners gültigen Stilmaxime: «Schreibe, wie du sprichst!»[33] Sie legitimiert nicht nur die Verwendung sprechsprachnaher, also *umgangssprachlich* geltender Redemuster (Anakoluthe, Ellipsen, Redundanzen usw.), sondern hat weiterreichende stilistische Konsequenzen: Bevorzugung verbaler, narrativer, anschaulicher Ausdrucksmittel, verglichen mit dem konventionellen Schreibgebrauch; expressiv-natürliche Äußerungsformen wie in der Sprechsprache, dies als Kontrast zum unlebendigen, pedantischen, eben schriftlichen «Papierdeutsch», das spätestens seit O. Schroeders Buch ‹Vom papiernen Stil› (1889) als sprachkritisches Schreckbild gilt; vor allem einfacher Satzbau im Gegensatz zu den komplizierten Perioden der Kunstprosa. Reduziert man jene Maxime, die Mündlichkeit und Schriftlichkeit stildidaktisch zusammenzuspannen versucht, auf ihren Kern, wird eine Diktion angestrebt, die stilistisch so lebendig sein soll wie gutes gesprochenes Deutsch und grammatisch so korrekt wie geschriebenes. Unverkennbar auch, daß manche – und gerade positive – Eigenschaften des Verbalstils sich als verkappte Züge mündlicher Rede erweisen.

Auf der anderen Seite tritt der Nominalstil von Anfang an und so bis heute vorzugsweise in Rechts- und Gesetzestexten, in der neueren Amts- und Verwaltungssprache sowie im wissenschaftlichen und technisch-fachlichen Schrifttum auf. In diesen Bereichen bestehen aber an der Funktionalität solchen primär zweckorientierten Sprachgebrauchs mit dem Ziel klarer, zeitgerechter Sachinformation kaum Zweifel. Dennoch läßt sich nicht übersehen, daß gerade das Ideal glasklarer Transparenz der Wissenschaftssprache – letztlich Fortsetzung der rhetorischen Tugend der *perspicuitas* – den Keim vieler Spracherscheinungen in sich birgt, die späterhin heftige Kritik ausgelöst haben; dies um so mehr, als sie sich bald aus dem engeren Bereich der Wissenschaft in die verschiedenen Fachsprachen und Sprachvarietäten ausgebreitet haben. So fördert das Prinzip definitorischer Genauigkeit sowohl die Übernahme präziser Fremdbegriffe (z.B. *Dependenz*, linguistisch eine exakt festgelegte syntaktische Beziehung oder strukturelle Relation, also nicht bloße ‹Abhängigkeit›) als auch die Schaffung komplexer Bezeichnungen (Komposita, ob mit oder ohne Bindestrich, wie *Hochtemperatur-Supraleitung*) – also Fremdwörter und Raffbildungen, beide sprachkritisch gleichermaßen suspekt. Sie bilden die Grundlage der fachsprachlichen ‹Terminologien› und des ominösen, keineswegs nur wissenschaftlichen ‹Fachjargons›, der von steifer Umstandskrämerei bis zu völliger Unverständlichkeit reichen kann: «Es besteht eine signifikante positive Korrelation zwischen dem effektiven Lernzuwachs (LZ) und der Bearbeitungszeit (t)» [34] – wer länger lernt, lernt mehr. Oder unpersönliche Formulierungen – in wissenschaftlichen Texten bekannt als ‹Deagentivierung›, Ausklammerung der handelnden Größe –, die ebenso kennzeichnend für das ältere Kanzlei- wie modernes Behördendeutsch sind (*Es wird darauf hingewiesen, amtliche Berichterstattung erfolgt, seitens der Regierung ergeht die Weisung* usw.): typische «Sprache in der verwalteten Welt». [35] Allerdings ist die nominalstilistische Ausdrucksweise, erst seitdem sie – wohl im Sinne der zum Schlagwort avancierten ‹Verwissenschaftlichung der Umgangssprache› – verstärkt auch in die Gemeinsprache Eingang gefunden hat, für stilkritische ‹Laien-Linguisten› zum öffentlichen Ärgernis geworden: als Hauptsymptom eines fortschreitenden Sprachverfalls in unserer Gegenwartssprache. Aufgabe der modernen Stilistik sollte es sein, sowohl exzessiven Formen des Nominalstils wie auch nicht mehr zeitgemäßen Verbalstils entgegenzuwirken; anzustreben ist ein ausgewogenes, kommunikationsadäquates Verhältnis zwischen Nominal- und Verbalorientiertheit des Satzbaus.

Anmerkungen:
1 so, in speziellerem Zusammenhang, P. von Polenz: Dt. Sprachgesch. vom Spätmittelalter bis zur Gegenwart, Bd. 2 (1994) 281. – **2** S. Krahl, J. Kurz: Kleines Wtb. der Stilkunde (⁶1981) 78f., 136; E. Riesel, E. Schendels: Dt. Stilistik (1975) 113. – **3** vgl. W. Sanders: Gutes Deutsch – besseres Deutsch (³1996) 75ff., 172ff. – **4** H. Weinrich: Textgrammatik der dt. Sprache (1993) 355ff.; H.J. Heringer: Lesen lehren lernen. Eine rezeptive Grammatik des Dt. (1989) 300ff. – **5** nach W. Wackernagel: Poetik, Rhet. und Stilistik (1873) 352. – **6** B. Eggers: Beobachtungen zum ‹präpositionalen Attribut› in der dt. Sprache der Gegenwart, in: Kleine Schr. (1982) 227–243, hier 241. – **7** H. Eggers: Kompositionsattribute, ebd. (1982) 285–295. – **8** zuletzt P. von Polenz: Funktionsverben, Funktionsverbgefüge und Verwandtes, in: ZGL 15 (1987) 169–189; exemplarisch zur Kritik der ‹Streckverben› s. L. Reiners: Stilkunst (Neubearb. 1991) 113f. – **9** vgl. K.E. Sommerfeldt (Hg.): Entwicklungstendenzen in der dt. Gegenwartssprache (1988) 216ff.; W.G. Admoni: Hist. Syntax des Dt. (1990) 252ff.; P. Braun: Tendenzen in der dt. Gegenwartssprache (³1993) 104ff. – **10** H. Moser: Wohin steuert das heutige Dt.?, in: P. Braun (Hg.): Dt. Gegenwartssprache (1979) 49–68; H. Eggers: Zur Syntax der dt. Sprache der Gegenwart, in: Kleine Schr. (1982) 244–266. – **11** J. Erben: Über Nutzen und Nachteil der Ungenauigkeit des heutigen Dt. (1970); W. Klein: Einige wesentliche Eigenschaften natürlicher Sprachen und ihre Bedeutung für die linguistische Theorie, in: LiLi 6, H. 23/24 (1976) 11–31; M. Pinkal: Logik und Lex. Die Semantik des Unbestimmten (1985); S. Wichter: Vagheit: die List der Toleranz, in: Sprachwiss. 14 (1989) 296–317. – **12** Eggers [10] 259. – **13** vgl. K.-R. Bausch: Der Nominalstil in der Sicht der vergleichenden Stilistik, in: Mu 74 (1964) 223–236; G. Stötzel: Schwierigkeiten bei der nominalen Beurteilung des 'Nominalstils', in: Mu 75 (1965) 17–23, hier 17f. – **14** C. Kallendorf: Art. ‹Brevitas›, in: HWRh, Bd. 2, 56–60; Arbusow: 21ff., 65ff. – **15** vgl. A. Scaglione: Art. ‹Compositio›, in: HWRh, Bd. 2, 300–315, hier 301f.; allg.: Norden; A. Scaglione: Komponierte Prosa von der Antike bis zur Gegenwart, 2 Bde. (1981). – **16** B. Stolt: Redeglieder, Informationseinheiten: Cola und commata in Luthers Syntax, in: A. Betten (Hg.): Neuere Forsch. zur hist. Syntax des Dt. (1990) 377–390; Polenz [1] 148f. – **17** Polenz [1] 280ff., 284. – **18** Sanders [3] 176; Stötzel [13] 18f.; Goethe, Sämtl. Werke, Bd. 1 (28), hg. von W. Große (1997) 26; K. Groth: Briefe über Hochdt. und Plattdt. (1858) 110f. – **19** ‹De la littérature allemande› (1780), in Übers. nach E. Straßner: Dt. Sprachkultur (1995) 158. – **20** Polenz [1] III, 353f. – **21** so ein «praeceptor Bavariae» des 19. Jh., nach Straßner [19] 258, Anm. – **22** Reiners [8] 184. – **23** vgl. B. Schlieben-Lange: «Athènes éloquente»/«Sparte silencieuse». Die Dichotomie der Stile in der Frz. Revolution, in: H.U. Gumbrecht, K.L. Pfeiffer (Hg.): Stil. Gesch. und Funktionen eines kulturwiss. Diskurselements (1986) 155–168; W. Hüllen: «Their Manner of Discourse». Nachdenken über Sprache im Umkreis der Royal Society (1989); H.L. Kretzenbacher, H. Weinrich (Hg.): Linguistik der Wissenschaftssprache (1995) bes. 15ff. – **24** Polenz [1] III, 354f.; R. Lühr: Kondensierte Strukturen. Nominalstil in den informierenden Textsorten der von H. von Kleist herausgegebenen «Berliner Abendblätter» – Nominalstil in der Gegenwartssprache, in: Mu 101 (1991) 145–156. – **25** H. Rückert: Die dt. Schriftsprache und die Dialekte, in: Dt. Vierteljahresschrift 27 (1864) 122. – **26** Reiners [8] 111ff. – **27** vgl. H. Eggers: Wandlungen im dt. Satzbau, in: Mu 93 (1983) 131–141; P. von Polenz: Entwicklungstendenzen des dt. Satzbaus, in: B. Carstensen u.a.: Die dt. Sprache der Gegenwart (1984) 29–42. – **28** K. Adamzik: Syntax und Textgliederung. Hypotaktischer Stil, Nominalstil, graphischer Stil, in: G. Hindelang, E. Rolf, W. Zillig (Hg.): Gebrauch der Sprache. FS F. Hundsnurscher (1995) 15–41. – **29** E. Engel: Dt. Stilkunst (³⁰1922) 144; B. Asmuth: Stilprinzipien, alte und neue, in: E. Neuland, H. Bleckwenn (Hg.): Stil – Stilistik – Stilisierung (1991) 23–38. – **30** stellvertretend: W. Schneider: Deutsch für Kenner (1987) 66, 45; ders.: Deutsch fürs Leben (1994) 94. – **31** vgl. B. Asmuth, L. Berg-Ehlers: Stilistik (³1978) 112f.; B. Sandig: Stilistik der dt. Sprache (1986) 319. – **32** zur Entwicklung des Stilbegriffs: U. Abraham: StilGestalten. Gesch. und Systematik der Rede vom Stil in der Deutschdidaktik (1996) hier 39. – **33** vgl. K. Müller: «Schreibe, wie du sprichst!» Eine Maxime im Spannungsfeld von Mündlichkeit und Schriftlichkeit (1990). – **34** Bsp. nach J. Schiewe: Die Macht der Sprache. Eine Gesch. der Sprachkritik von der Antike bis zur Gegenwart (1998) 257; vgl. neuestens: J. Niederhauser: Wissenschaftssprache und populärwiss. Vermittlung (1999). – **35** Titel von K. Korn (1958).

Literaturhinweise:
K. Daniels: Substantivierungstendenzen in der dt. Gegenwartssprache. Nominaler Ausbau des verbalen Denkkreises (1963). – H. Eggers: Dt. Sprache im 20. Jh. (³1978). – M. Punkki-Roscher: Nominalstil in populärwiss. Texten. Zur Syntax und Semantik der komplexen Nominalphrasen (1995).

W. Sanders

→ Brevitas → Compositio → Cumulatio → Fachsprache → Funktionalstil → Parataxe / Hypotaxe → Periode → Sprachkritik → Stil → Stillehre → Zeitstil

Nonsense (dt. Unsinn; frz. non-sens; ital. nonsenso)
A.I. Def. – II. Sprachlicher N. – III. Literarischer N. – B. Historische Entwicklung: I. Antike bis 18. Jh. – II. 19. und 20. Jh.

A.I. N. stellt ein vielschichtiges, interdisziplinäres Phänomen dar, das in der deutschen Forschung oft verkürzt als «Gestaltungsmittel im Bereich der literarischen Komik» oder als «textintern ausgerichtete Komik» aufgefaßt wird. Häufig erfolgt eine Differenzierung zwischen N. (als dunkler, englischer Variante), Nonsens (sic), Unsinnspoesie und (höherem) Blödsinn. Weitere Unterscheidungskriterien bietet die Einteilung in graduellen und radikalen, in semantischen, logischen, telischen, eidischen und Motivations-Unsinn, in sprachlichen, literarischen, ornamentalen oder Volks-N. sowie mit Hilfe des Spielbegriffs in kindliches, befreiendes und resignatives Spiel.[1] Neuere Ansätze bedienen sich intertextueller Kriterien, der generativen Transformationsgrammatik und der Semiotik.[2]

Um dieser Definitionsvielfalt zu entgehen und die Einheitlichkeit mit der anglo-amerikanischen und französischen Forschung zu gewährleisten, wird N. als Synonym zu Unsinn, d.h. als allgemeiner Sammelbegriff für in der Regel sprachliche, meist poetische Formen aufgefaßt, die durch unlogische Verbindung paradoxer Vorstellungen oder weit entfernter Erfahrungsbereiche, durch Absurdität, Laut- und Wortspiele oder durch die Schilderung von Trivialitäten den Leser verblüffen und geltende logische, semantische und morpho-syntaktische Regeln subvertieren. N. wird von 'nur' Komischem, Absurden oder Grotesken genauso unterschieden wie von der Parodie oder der Satire. Er stellt an der Empirie ausgerichtetes 'Ursache-Folge-Denken' in Frage, probt die Aufhebung der Naturgesetze, der Sprache und Glaubenssysteme und macht uns die stillschweigenden Voraussetzungen unseres Weltbilds bewußt. Durch die dabei erzeugte der Phantastik, dem Traum, dem Alogischen und dem Unbewußten angehörende Dimension schafft er einen «Spielraum an der Grenze möglicher Vorstellungen und ihrer sprachlichen, künstlerischen oder realen Darstellung».[3] Dies kann sowohl zu einem «Urlaub des Verstandes»[4], zu ästhetischem Vergnügen und zur Schaffung zwangloser persönlicher Freiräume als auch zur Verunsicherung, zur Irritation sowie zu einer Relativierung und Hinterfragung bestehender Verhältnisse führen. Insofern stellt N. eine Möglichkeit subjektiven Widerstandes gegen die Macht der äußeren Verhältnisse dar, die er jedoch nicht durch befreiendere ersetzt.

Obwohl N. oft funktionalisiert wird – z.B. als Parodie des klassifizierenden Denkens mit Mitteln eines wilden, assoziativ analogisierenden Denkens –, ist er in seiner 'Reinform' von Freude am Spiel mit Wort, Begriff und Sinn, von textinterner Ausrichtung, Tendenzlosigkeit und dem Fehlen einer sarkastischen oder satirischen Haltung gekennzeichnet.[5] E. Sewell sieht N. als geistiges Spiel zwischen Ordnung und Unordnung, wobei eine Welt entsteht, in der die Dinge zwar zählbar und überschaubar, zugleich aber den Gesetzen einer Logik unterworfen sind, die sich der Nachprüfung durch unsere empirische Erfahrung entzieht.[6] Da N. nicht dem Topos der verkehrten Welt folgt, stellt er weder das Gegenteil noch die Abwesenheit von Sinn dar.[7] Er findet seinen Sinn im «Nicht-Unsinnigen», worunter K. Reichert «nicht die Reduktion auf 'normalen' Sinn», sondern «unerwartete, entautomatisierte, im strikten Wortsinn unkonventionelle Zusammenhänge» versteht, «die ex negativo, als unsinnige, vorgeführt werden». Der Bereich des Nicht-Unsinnigen ist folglich nicht vorgegeben, sondern «vom Unsinn her [...] erst zu konstruieren».[8] Die dabei vom Unsinn entworfene «*neue Ordnung*» enthält – ähnlich der Collage – auch Teile der alten Ordnung und Logik.

Ob es sich bei einem Text um N. handelt, kann nicht einseitig aus dem Vorhandensein spezifischer Motive, Stilmittel oder rhetorischer Figuren deduziert werden, doch weisen viele N.-Texte gemeinsame Kennzeichen oder Verfahren auf. Hierzu gehören die Reihung als Nebeneinander disparater Elemente (additive Inkongruenz) bzw. die Kombination des Nicht-Zusammengehörigen, eine damit einhergehende relative Athematik und Unabgeschlossenheit, unerwartete Zusammenhänge, die Unvorhersehbarkeit des Handlungsverlaufs, Antithesen, Paradoxa und Oxymora, widersinnige Vergleiche, Hyperbeln, Adynata, Antipointen, Zirkularität, Verrätselung und Dunkelheit. Häufig sind N.-Texte von Distanz und Emotionslosigkeit geprägt, finden sich Verwandlungen (Desintegration, Identitätswechsel, Verlebendigung, Vergegenständlichung und Verselbständigung von Teilen eines Ganzen), die Erfindung neuer Lebewesen und Dinge, das Spiel mit Zeit und Raum, Inversion, die Aufhebung des Kausalitätsprinzips, die Aussprache von Banalitäten und die Tabuverletzung. N.-Texte weisen oft grammatische Regelverstöße, Wortverfremdungen und -zerlegungen, kinder- und umgangssprachliche Einsprengsel, Lautmalerei, den Inhalt bestimmende Reim- und Versspiele, falsche Etymologien, Malapropismen, Neologismen, Portmanteau-Wörter und Nonsensmetaphern (sic) auf.[9] Zudem finden sich Wortspiele (Amphibolie, Paronomasie, Calembour) sowie die Auflösung von Redensarten (Wortklauberei).

II. *Sprachlicher Unsinn* stellt ein konstitutives Moment des literarischen Unsinns und als Minimalform die «Verletzung erwarteter sprachlicher Zusammenhänge» dar. Er kann über das radikale «Auflösen der Beziehungen sprachlicher Ausdrücke zueinander» oder die nicht mehr vollziehbare «Subsumption sprachlich sinnvoller Einzelteile unter das Textganze» bis zur «Zerstörung der sprachlichen Zusammenhänge auf kleinster Ebene» (Bildung unsinniger Lautkombinationen) reichen. Aus einer semiotischen Perspektive kann sprachlicher Unsinn auf der syntaktischen/grammatischen, der semantischen und der pragmatischen Ebene sowie als gestörtes Verhältnis dieser Dimensionen zueinander vorliegen.[10] Während semantischer Unsinn in einem ersten Schritt als Verletzung der Sinnrelationen auf der paradigmatischen Ebene (z.B. Similaritätsstörung) und syntaktischer Unsinn als Verletzung der Sinnrelationen auf der syntagmatischen Ebene (z.B. Kontiguitätsstörung, Agrammatismus) gefaßt werden kann, gestattet es die generative Transformationsgrammatik, sprachlichen Unsinn als Verletzung spezifischer «Regeltypen zur Formation einer sinnvollen syntaktisch-semantischen Struktur» zu untersuchen und eine Hierarchisierung des Abweichungsgrades vorzunehmen. Die (strukturell faßbare) Intensität einer semantischen Anomalie[11] liegt im Allgemeinheitsgrad der überschrittenen Kategorie begründet. Dies erklärt, warum eine Mißachtung der Ersetzungsregeln einer allgemeinen Kategorie als 'unsinniger' oder 'falscher' empfunden wird als eine Mißachtung der Merkmale der Subkategorisierung oder der Selektionsrestriktionen. Der Ansatz erlaubt es auch, klassische Figuren der Rhetorik wie z.B. Zeugma, Personifikation oder Synästhesie als kombinatorische Anomalien neu zu definieren. Tautologische und kontradiktorische Sätze einschließlich der Paradoxie können als logische Anomalien und Sätze, die ein völlig unwahrscheinliches Ereignis zum Inhalt haben, als referentielle/anthropologische Anomalien gefaßt werden. Semantischer Unsinn kann zudem als Nichtbeachtung der Sinnrelationen oder -eigenschaften, bspw. als Verletzung der Synonymie, Hyponymie, Polarität, Symmetrie, Transitivität, Irreflexivität etc. klassifiziert werden. Der pragmatischen Zeichendimension wird durch die Sprechakttheorie Rechnung getragen, wo sich eine Unterscheidung zwischen (a) pragma-semantischem Unsinn als gestörtem «Verhältnis von illokutionärer Rolle und propositionalem Gehalt» und (b) der simultanen «Äußerung unverträglicher illokutionärer Indikatoren bei sinnvollem propositionalem Gehalt» (pragmatische Paradoxie, *double bind*) anbietet.[12]

III. *Literarischer Unsinn* kann sehr allgemein als sich des Mediums ‹Literatur› bedienender sprachlicher Unsinn verstanden und weiter unterteilt werden.[13] A. Liede schlägt je nach Gattung, in der sich Unsinn manifestiert, eine Differenzierung zwischen un- oder halbliterarischem und literarischem Unsinn vor. In der Forschung findet sich aber auch eine davon abweichende *zweite* Definition von literarischem Unsinn: Weite Teile der traditionellen Unsinnsliteratur können aus literaturwissenschaftlicher Sicht äußerst sinnvoll sein. Dies ist z.B. der Fall, wenn N.-Texte alte anspruchsvolle literarische Formen mit 'anspruchsfreien' Aussagen füllen, um ihre Ablösung zu fordern, oder wenn sie sich zwar «einem textexternen Sinngefüge» verschließen, der «reale Nicht-Sinn» sich aber textintern als sinnvoll (Sinn im Unsinn) und nur vom Maßstab empirischer Realität aus als unreglementiert erweist. Der literarische Unsinn geht darüber hinaus: Er zerstört neben der «Bindung an die objektive Realität» auch den inneren Zusammenhang und erreicht eine textinterne Sinnlosigkeit jenseits aller Komik.[14] Nach P.Ch. Lang ist literarischer Unsinn dadurch gekennzeichnet, daß er «unter Vorgabe einer – historisch eingrenzbaren – Sinnerwartung potentieller Rezipienten oder gegenüber einer Institution Kunst [erfolgt], die (noch) nicht in der Lage ist [...], diesen unsinnigen Werken Sinn zuzugestehen, weil mit ihnen [implizit] das Sinnkriterium selbst in Frage gestellt ist.»[15] Zwar widersetzt sich literarischer Unsinn dem hermeneutischen Verstehensprozeß, er hebt sich aber nicht «von einem bestimmten Erwartungshorizont ab [...], sondern steht 'beziehungslos' *neben* der Literatur, die ihre Zeit bestimmt.» Literarischer Unsinn ist potentiell nicht gegen eine Übersetzung in seine Signifikate versperrt, kann aber in sich und aus sich selbst nicht verstanden werden. Das Unverständliche bleibt irreduzibel und trägt zur sinnstiftenden Funktion des literarischen Unsinns bei, dessen simultane Bedeutungsvielfalt so groß ist, daß er wegen seines Informationsreichtums als «Grenzfall der Informationstheorie» gilt.[16] Indem er zu keinem Sinnkriterium mehr in Bezug gesetzt werden kann, erhebt literarischer Unsinn die Brüche und Inkongruenzen zum Prinzip, «dergestalt, daß Norm nur mehr von Bruch zu Bruch als kurzlebige Erwartung sich einstellt» und sich jeweils durch den folgenden Bruch erledigt («Verselbständigung der Inkongruenzen»; «Normkontingenz»).[17] Da literarischer Unsinn nicht in einen Mechanismus aufgelöst werden kann, bewirkt er eine Verunsicherung des Lesers, die «in der Unentscheidbarkeit von Alternativen eine real erfahrbare Unmöglichkeit des sich Verständigens und Handelns» gründet.[18] Lang argumentiert, daß der (werk)literarische Unsinn historisch in «nicht-organischen Sinn» umschlägt, sobald sich diachron das an die Texte angelegte Sinnkriterium ändert und es ermöglicht, sie unter einer Logik zu subsumieren. So gilt L. Carroll inzwischen nicht 'nur' als einer der Begründer des N., sondern auch als «Großmeister der mathematisch-logischen Erzählung» und «Quintessenz von Sinn».[19]

B. *Historische Entwicklung.* Wie sich in der Forschung kein Konsens über eine 'abschließende' Definition von N. findet, so ist auch strittig, ob eine entsprechende Gattung existiert, wann sie beginnt und welche Werke ihr angehören. 'Reiner' N. tritt im historischen Ablauf nur selten auf. Zudem sehen viele Verfechter von N. als Gattung deren Ausgangspunkt erst im 19. Jh. in den Werken von Lear und Carroll. Allein in der Germanistik variieren die Einschätzungen bezüglich eines ersten Auftretens von N. zwischen dem 13. Jh. und der späten Aufklärung – und selbst wo eine starke deutsche N.-Tradition postuliert wird, wird der Gattung ihre Selbständigkeit oft erst ab Beginn des 20. Jh. eingeräumt.[20] Um eine Vermischung zwischen N. und seiner Funktionalisierung zu vermeiden, erscheint es sinnvoll, N. weniger als Gattung denn als eine sich durch spezifische Charakteristika auszeichnende 'Textqualität' aufzufassen. Zwar finden sich in allen nachfolgend aufgelisteten Werken N.-typische Elemente, hieraus folgt jedoch nicht, daß diese Texte in ihrer Gesamtheit *nonsensical* wären oder daß es sich gar um literarischen Unsinn handelt.

I. *Antike bis 18. Jh.* Neue Wortfügungen und Kauderwelsch finden sich bereits in den Komödien des ARISTOPHANES.[21] Im Frankreich des 13. Jh. erleben die Resverien sowie die Fatrasien eine Blüte. Die 55 anonymen Fatrasien von Arras sowie die 11 Fatrasien von PH. DE BEAUMANOIR zeichnen sich unter anderem durch Alogik, Widersprüchlichkeit und die Kombination unmöglicher Inhalte bei intakter Grammatik aus.[22] Sie finden ihr 'Äquivalent' in der italienischen Frottola (14.–16. Jh.), der *maniera burchiellesca* sowie im spanischen Disparate (Ende 15. Jh.). Zu dieser Zeit sind in Frankreich die Sottie, das oft eine allegorisierende Tendenz aufweisende satirische Narrenspiel sowie die Baguenaude zu nennen. Auch F. RABELAIS arbeitet in seinem Romanzyklus ‹Gargantua et Pantagruel› (1532–1552/64) am Rande des N., wenn er sich Neologismen, lexikalischer Deformationen, makkaronischer Dichtung, chaotischer Enumerationen und wörtlich genommener Abstrakta bedient. Im 16. Jh. erscheint der neben einem «unzusammenhängende[n] Durcheinander»[23] oft klare satirische Anspielungen aufweisende Coq-à-l'âne, in seiner Nachfolge finden sich der Galimatias sowie der Amphigouri. Für diese Gattungen gilt jedoch, daß sie im strengen Sinn weniger *nonsensical* sind, als daß sie sich durch ihren Spielcharakter oder ihren Gegenbegriff, den Sinn, bestimmen.

Als Beginn der deutschsprachigen Unsinnsdichtung gilt das 13. Jh. Neben wenigen dem N. zugerechneten Versen von REINMAR DEM ALTEN ist vor allem die «[t]endenzfrei komische Lügendichtung» REINMARS VON ZWETER von Bedeutung. Darauf folgen die Krämerszenen und isolierte Elemente mancher Osterspiele, im 16. Jh. das Lügenbuch vom ‹Fincken Ritter› sowie ‹Der verkert pawer› von H. SACHS. Im 17. Jh. findet sich N. in den Leberreimen, für das 18. Jh. nennt P. Köhler N. VON BOSTEL, J.B. MICHAELIS und G.CH. LICHTENBERG. Eine stärker das literarische Spiel als den N. betonende Aufteilung schlägt Liede vor: Er sieht am Anfang der Unsinnspoesie den sinnlosen Refrain und den Kindervers und führt für den deutschen Sprachraum unter anderem das Quodlibet, den Vielspruch, Buchstaben-

Silben-, Reim- und Versfigurenspiele, das Figurengedicht und die makkaronische Poesie an. Viele dieser Formen, wie z.B. Anagramm, Abecedarius, Palindrom und Proteusvers, werden auch mit der Magie in Verbindung gebracht. Inwiefern der Barock 'vollwertigen' N. produziert, ist umstritten, seine Bedeutung für die Entwicklung des N. aber nicht: So finden sich allein bei Q. KUHLMANN unter anderem Abecedarien, grammatische Kettenreime (in deutscher Sprache) und mit dem ‹41. Liebeskuß› ein wichtiger Wechselsatz – eine Technik, die im 20. Jh. von T. TZARA und R. QUENEAU wieder aufgenommen wird.

Im englischen Sprachraum ist der N. im 16. und 17. Jh. mit Autoren wie J. SKELTON, J. HOSKYNS, J. TAYLOR und R. CORBET verbunden [24], gelegentlich wird auch auf Passagen in W. SHAKESPEARES Werk verwiesen. Ferner findet sich N. in den Rigmaroles sowie in den Nursery Rhymes von Kinderbüchern. [25] Die Nursery Rhymes lassen sich bis ins 16. Jh. zurückverfolgen, werden jedoch erst um die Mitte des 18. Jh. in größerem Umfang gedruckt. Zentral sind hierbei das von J. NEWBERY herausgegebene ‹Mother Goose's Melody, or Sonnets for the Cradle› (ca. 1760) sowie die 1842 von J.O. HALLIWELL herausgegebenen ‹Nursery Rhymes of England ...›. Allerdings herrscht sowohl über die N.-Qualität der Nursery Rhymes als auch über ihre tatsächliche Bedeutung für Lear und Carroll Uneinigkeit. [26]

II. 19. und 20. Jh. In den zwischen 1820 und 1822 erschienenen Kinderbüchern mit N.-Einschlag wie ‹Anecdotes and Adventures of Fifteen Gentlemen›, ‹Anecdotes and Adventures of Fifteen Young Ladies› und ‹The History of Sixteen Wonderful old Women...› wird zum ersten Mal die Limerick-Form verwendet. Zudem taucht N. in humoristischen und satirischen Zeitschriften wie ‹Comic Annual›, ‹Punch› oder ‹Fun› auf. Literaturhistorisch muß auch auf den Einfluß der Romantik verwiesen werden, wo sich der N.-Dichtung von Lear und Carroll verwandte Motive finden.

Die bekanntesten N.-Werke entstehen unabhängig voneinander in der zweiten Hälfte des 19. Jh. durch L. CARROLL (Ch.L. Dodgson) und E. LEAR. Carrolls bedeutendste Werke sind ‹Alice's Adventures in Wonderland› (1865), ‹Through the Looking-Glass› (1871) und ‹The Hunting of the Snark› (1876), wobei sich vor allem die Alice-Bücher durch vielfältige Sprachspiele, das Fehlen eines stringenten Zusammenhangs – die Episoden sind vertauschbar, das Heterogene koexistiert in einem nichtorganischen Nebeneinander –, die Verunsicherung des *common sense*, aber auch durch komische und parodistische Elemente sowie ihren Traum- und Kinderbuchcharakter auszeichnen. Carrolls N. ist sehr vielschichtig und wird vom Text häufig funktionalisiert, um mathematische, logische, linguistische und philosophische Probleme zu thematisieren, die den erwachsenen Leser ansprechen.

E. LEARS N. weist zwar auch parodistische Elemente auf – er nimmt sich verschiedener Gattungen wie Abecedarium, Bestiarium oder Kochrezept an –, er ist jedoch dunkler, absurder, zusammenhangloser und weniger komisch – weil oft pointenlos – als der von Carroll. Auch bei Lear finden sich Sprachspiele, wichtige Teile seiner Dichtung sind vor biographischem Hintergrund jedoch trotz einer gewissen Tendenzfreiheit als Kommentar zu persönlichen und sozialen Problemen dechiffrierbar, weshalb man seine N.-Produktion auch als gegen die viktorianische Rigidität gerichtete «methodische Verunsicherung» sowie als «Aufbegehren gegen gesellschaftliche, gedankliche und sprachliche Normen» [27] interpretieren kann. Lear verhilft dem Limerick als fünfzeiligem pointenlosen N.-Gedicht (Reimmuster *aabba*) zur Popularität und versieht viele seiner N.-Texte mit bildhaften Darstellungen von häufig komischer Inkongruenz. Zu seinen wichtigsten Werken gehören ‹A Book of N.› (1846), ‹N. Songs, Stories, Botany, and Alphabets› (1871) sowie ‹More Nonsense, Pictures, Rhymes, Botany, etc.› (1872).

In der Nachfolge von Lear stehen L. RICHARDS, M. PEAKE, S. MILLIGAN, C. SANDBURG, R. HUGHES und E. GOREY; in der Nachfolge von Carroll S. THEMERSON, A. BURGESS und F. O'BRIEN sowie die Filme der MARX BROTHERS und von MONTY PYTHON. Von Bedeutung für die Entwicklung des N. sind auch E. CLERIHEW BENTLEY, J. LENNON, O. NASH, die russischen Oberiuten (D. CHARMS) sowie A. ALLAIS, A. JARRY und E. SATIE. Während die Zugehörigkeit des Dadaismus und Surrealismus zum N. strittig ist [28], postuliert Liede eine Tradition der Unsinnspoesie, die neben diesen beiden Strömungen auch den italienischen und russischen Futurismus sowie P. SCHEERBART und K. SCHWITTERS umfaßt.

In Deutschland produzieren im 19 Jh. E. MÖRIKE und J. STETTENHEIM sowie mit Einschränkungen W. BUSCH und L. EICHRODT N. Es sei auch auf komische Zeitschriften wie z.B. die ‹Fliegenden Blätter› verwiesen. Der Zeitraum von 1900–1960 ist von CH. MORGENSTERN, K. VALENTIN, J. RINGELNATZ und H. ERHARDT geprägt. Danach kann von einer durch «Aktualisierung», «Visualisierung» und «Selbstironisierung» geprägten Erneuerung des N. gesprochen werden, als deren wichtigste Vertreter R. GERNHARDT, F.W. BERNSTEIN und F.K. WAECHTER (‹Welt im Spiegel›) gelten. [29] Die Zugehörigkeit der Konkreten Poesie (E. JANDL) zum N. ist hingegen umstritten.

Anmerkungen:

1 W. Blumenfeld: Sinn und Unsinn (1933). R. Hildebrandt: N.-Aspekte der englischen Kinderlit. (1970); A. Liede: Dichtung als Spiel. Studien zur Unsinnspoesie an den Grenzen der Sprache (²1992); P. Köhler: Nonsens. Theorie und Gesch. der lit. Gattung (1989). – **2** S. Stewart: Nonsense. Aspects of Intertextuality in Folklore and Literature (Baltimore / London 1978); P.Ch. Lang: Lit. Unsinn im späten 19. und frühen 20. Jh. (1932); W. Nöth: Literatursemiotische Analysen zu Lewis Carrolls Alice-Büchern (1980). – **3** D. Baacke: Spiele jenseits der Grenze. Zur Phänomenologie und Theorie des N., in: K.P. Dencker (Hg.): Dt. Unsinnspoesie (1978) 356. – **4** S.G.K. Chesterton: Gilbert and Sullivan, in: W. de la Mare (Hg.): The Eighteen-Eighties (Cambridge 1930) 142. – **5** A. Schöne: Englische N - und Gruselballaden (1970). – **6** E. Sewell: The Field of N. (London 1952). – **7** R. Benayoun (Hg.): Le nonsense (Paris 1977) 14; G. Deleuze: Logik des Sinns (1993) 92–100. – **8** K. Reichert: Lewis Carroll. Stud. zum lit. Unsinn (1974) 9f. – **9** P. Köhler (Hg.): Das Nonsens-Buch (1990) 335; ders. [1] 72. – **10** Lang [2] 16ff. – **11** ebd. 24. – **12** ebd. 26f. – **13** W. Tigges: An Anatomy of Literary N. (Amsterdam 1988). – **14** Köhler [1] 34f. – **15** Lang [2] 32. – **16** Stewart [2] 36; Baacke [3] 377. – **17** Reichert [8] 12; Köhler [9] 339. – **18** Reichert [8] 12f. – **19** S. Themerson: On N. and on Logic-Fiction, in: W. Tigges (Hg.): Explorations in the Field of N. (Amsterdam 1988) 11. – **20** Köhler [1] 133. – **21** z.B. V. 1169 der ‹Ekklesiazusen›. – **22** M. Rus Die Fatrasie: Eine kleine Unbekannte der frz. Unsinnspoesie des MA, in: Th. Stemmler, St. Horlacher (Hg.): Sinn im Unsinn. Über Unsinnsdichtung vom MA bis zum 20. Jh. (1997) 43–56; Reichert [8] 9. – **23** Liede [1] Bd.2, 260. – **24** N. Malcolm: The Origins of English N. (London 1997). – **25** D. Petzold: Formen und Funktionen der englischen N.-Dichtung im 19. Jh. (1972) 80; Hildebrandt [1] 95–107. – **26** Lang [2] 39; Petzold [25] 83f.; Reichert [8] 187; Tigges [13] 99ff.; M. Islinger: Engl. Kinderlyrik zu Anfang des 19. Jh. als Vorläufer der viktorianischen N.-Lit., in: St. Horlacher, M. Islinger (Hg.): Expedition nach der Wahrheit (1996) 207–220. –

27 Th. Stemmler: Nachwort, in: ders. (Hg.): Edward Lear: Sämtl. Limericks (1988) 224. – **28** Tigges [13] 116–131. – **29** Köhler [1] 59–102, 137ff.

St. Horlacher

→ Adynaton → Aenigma → Aequivocatio → Amphibolie, Ambiguität → Aposiopese → Homonymie → Hypallage → Inversion → Lautmalerei → Mystik → Obscuritas → Oxymoron → Paradoxe, das → Paradoxon → Parodie → Paronomasie

Nonverbale Kommunikation (engl. nonverbal communication; frz. communication non verbale; ital. linguaggio non verbale; span. comunicación non verbal)
A. Kommunikationswiss. und rhet. Grundlagen: I. Kommunikation: Einflußnahme, Reaktion, Interpretation, Verstehen. – II. Kommunikativität des Nonverbalen. – III. Rhet. Situation. – IV. Actio als Pragmatik. – B. Nonverbalität zur Kommunikation: I. Taxonomik der N. – II. Nonverbale nicht-vokale Phänomene (Korpus, Systematik, Konstellationen, Komplexe Aufstellung). – C. Dimensionen der Analyse von N. I. Konstitutive Faktoren der rhet. Situation. – II. Komponenten von N. – III. Qualitäten der N. – IV. Wirkungsergebnisse von N. – V. Artefakte der N. – VI. Disziplinen mit Interesse an (der Wirkung von) N. – D. Komplexe Perspektiven: I. N. im Rahmen von Kulturmodellen. – II. N. als Forschungsformat für eine Angewandte Rhetorik.

A. *Kommunikationswissenschaft und rhetorische Grundlagen.* **I.** *Kommunikation: Einflußnahme, Reaktion, Interpretation, Verstehen.* Kommunikation ist die fundamentale Art, Beziehungen zwischen einzelnen Lebewesen herzustellen, indem auf den jeweiligen Partner Einfluß genommen wird. Dies geschieht üblicherweise durch Mitteilung bedeutungsvoller Inhalte, womit eine Reaktion des Partners angestoßen, zumindest erwartet wird. Damit ist Kommunikation prinzipiell eine partnerbezogene Aktivität. Als deren hörbare Manifestationsform dient die mündliche *Sprache*, zu der sich der Mensch im Laufe seiner Kulturgeschichte die Kulturtechnik des Schreibens als schriftliche Form hinzuentwickelt hat; deren außersprachliche Daseinsform bildet die *(Kommunikations-) Situation*, als direkt gestaltbares Erfahrensumfeld, in dem man entweder physisch beieinander ist und sich körperlich (Vorderseite) mit allen Sinnesorganen (Gesichtsfeld, Hände) und Ausdrucksträgern (Kopf, Hände, Arme, Schultern, Hüfte, Beine) einander zugewandt hat oder eine vorhandene Distanz mit technischen Hilfsmitteln (Brief, Telephon, Video, Film, eMail) überbrückt.

Die Funktion, Reaktion hervorzurufen und somit Verhalten des Partners zu steuern, setzt eine weitere Funktion im Kommunikationsprozeß frei: nämlich die der Interpretation. Sie ist weniger auf den Partner ausgerichtet, als vielmehr eine (stets begleitende) eigene Leistung der jeweiligen Beteiligten.

Im (a) *sprachlichen* Bereich, beim Hören oder Lesen von Texten, ist man als Rezipient stets damit beschäftigt, Sinnhypothesen über das Informationsangebot zu treffen und diese im Verlauf dann (i) durch spezifische sprachliche Signale (z.B. Abtönungspartikeln, Heckenausdrücke [engl. *hedging*], Verbindlichkeitssyntax [Höflichkeit], rhetorische Mittel [wie Fokussierungen von Information] u.a.), (ii) durch den jeweiligen ganzheitlichen Kontext (der schon durch Textsortenzugehörigkeit/Gattung des Textes oder durch dessen Überschrift/Titel vorgeprägt sein kann), (iii) durch Dialogweisen ([Nach-]Frage, Antwort), (iv) durch Anbinden an frühere (d.h. Vorläufer-) Texte («Intertextualität»), (v) durch Einbeziehung des eigenen Vorwissens in den Verstehensprozeß zu prüfen und zu bestätigen oder gegebenenfalls zu korrigieren. – (b) *Außerhalb der Sprache*, erlebt in der Kommunikationssituation, geschieht die Interpretation durch Wahrnehmung, Prüfung, Einordnung, Verstehen vielfältiger (exogener) Reize, die alle Sinnesorgane betreffen: (i) das Sehen (z.B. von Mimik und Gestik) und (ii) Hören (z.B. von Stimmlage und Intonation) als Fernsinne; als Nahsinne, im engeren körperlichen Wirkungsbereich, (iii) das Riechen (z.B. angenehmer oder abstoßender Düfte der Umgebung oder des Partners), (iv) das Schmecken (z.B. von salzigen Tränen, von Schweiß) und (v) Tasten (was mit Haut und Kleidung und Berühren sowie den gesellschaftlichen Konventionen und kulturspezifischen Gepflogenheiten zusammenhängt). Demnach ist der Gegenüber prinzipiell ein «komplexes Interpretationsangebot», das auch ebenso prinzipiell, dabei durchaus nicht nur bewußt, umgesetzt wird.

Gemeinsam mit den Mitteln der Sprache, die dabei eingesetzt werden, ergibt sich so ein Bedingungsgefüge, das das «Verstehen» als zentral für die ‹Interpretations-› Funktion herausstreicht. Letztlich geht es also um eine Art sozialen Konsenses – um «Verständigung» folglich – zwischen mindestens zwei Partnern, bis hinauf in die Größenordnung von Nationen oder Kulturgemeinschaften; hier stiftet sich das Bewußtsein von Identität als zusammengehörige Gruppe (und damit zugleich ein Bewußtsein von Alterität, von Fremdheit des Anderen, der – weshalb auch immer – außerhalb steht) aus dem Zusammenwirken von *Verbalität* (Sprache, Sprechen) und *Nonverbalität*.

II. *Kommunikativität des Nonverbalen.* Unter ‹Nonverbalität› ist alles zu begreifen, was am Menschen außerhalb des Sprachlichen kommunikativ wirkt. Diese Festlegung auf die spezifizierende Funktion der *kommunikativen Wirkung* hin trennt das nichtkommunikative Verhalten begrifflich ab. Dabei ist mit ‹Verhalten› des Menschen im weitesten Sinn eine Zustandsänderung, Bewegung, menschliche Tätigkeit (πρᾶξις, práxis) gemeint. Für den Menschen, der auf Gemeinschaft und enge Beziehungen zu seinen Mitmenschen angewiesen ist, ist es von grundlegender Wichtigkeit, sich zu bewegen, und zwar um kundzutun, was ihn bewegt, um dadurch andere zu bewegen. Was wie ein Wortspiel klingt – ‹sich bewegen›, ‹bewegt sein von etwas›, ‹jemanden bewegen› –, bildet in sich die Positionen und die Phasen von kommunikativen Situationen ab: (i) ‹Sich bewegen› ist zunächst einmal eine Form des körperlichen Verhaltens einer Person (‹S›, s.u. Abb. 1 für ‹Sender›), also ein reines Phänomen; (ii) mit ‹bewegt sein von etwas› ist als zweite Position die Welt der Gegenstände, Sachverhalte und Handlungszusammenhänge hinzugewonnen, als referentielle Position (‹R›, für ‹Referent›); (iii) ‹andere bewegen› erweitert die Zweiheit zur Dreiergemeinschaft, die den Partner (‹E›, für ‹Empfänger›) mit einbezieht; dieser nimmt die körperliche Bewegung des anderen als ein Signal an, bestimmte Aktionen, Reaktionen, Einstellungen, Entwicklungen, Wünsche, Aussageweisen bei seinem Gegenüber zu vermuten oder zu erkennen und seinerseits daraus Konsequenzen zu ziehen, eben zu reagieren: das Nonverbale (die Körperlichkeit, ihre Bewegung, ihr Aussehen) wirkt kommunikativ (Abb. 1).

III. *Rhetorische Situation.* Diese Konstellation ‹S – E – R› und ihre Qualität als ‹kommunikativ›, d.h. partnerbezogen bedeutsam intendiert und dort reaktiv wirkend, macht die *rhetorische Situation* aus. Allerdings ist der

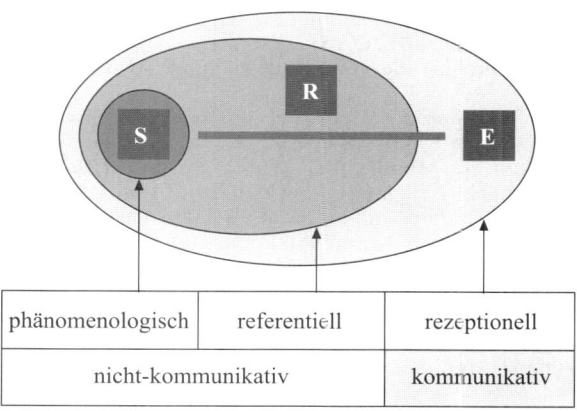

Abb. 1

Begriff ‹Rhetorik› durch wandelndes Selbstverständnis und wechselhafte Fremdeinschätzungen keineswegs homogen zu fassen. Curtius hat dieses Schillern schon für die Antike aufgezeigt[1], Kopperschmidt erkennt für den heutigen Sprachgebrauch drei Verwendungsweisen (‹Redetheorie/-lehre›, ‹Redekunst›, ‹Redefähigkeit›) [2], oder Spillner unterscheidet vier Auffassungen (‹Technik/Anleitung zur Praxis›, ‹Theorie zur Produktion persuasiver Texte›, ‹Instrument für Textanalyse›, ‹Mittel für Erkenntnis- und Handlungsprozesse›)[3], Loebbert formuliert 18 mentalitätsgeschichtliche Schwerpunktbestimmungen[4], der Sammelband von Plett bietet 16 Zentralaspekte[5], und im Rahmen einer Funktionenanalyse der Disziplin im gesellschaftlichen Wandel kann man noch etliche weitere Gebiete und Spezifizierungen aufzeigen[6].

Dennoch läßt sich, ausgeprägt in der Zeit zwischen den großen Kulminationspunkten Cicero (1. Jh. v.Chr.) und Quintilian (1. Jh. n.Chr.) und über die Jahrhunderte wechselhaft dominant, ein Kernbestand 'des Rhetorischen' feststellen: (a) der prinzipiell bewußt (!) gehaltene *Partnerbezug*; – (b) die *Wirkungsintention* und – nicht zu vergessen oder zu vernachlässigen – deren Abhängigkeit von Wirkung bzw. Reaktion; – (c) der Einbezug der *Situation* und ihrer (soziokulturellen) Spezifika in die Produktions- und Rezeptionsprozesse; – (d) die (i) mentale, (ii) sprachliche und (iii) körperliche *Selbstkontrolle* des Redners (und später des Schreibers) durch *Regelbeachtung* bei der Textproduktion; – (e) das (erlernte Fach-) *Wissen* um die relationale Qualität von *Kommunikativität*, d.h. um die Funktionen, Rahmenbedingungen, Komponenten und Faktoren des intentionalen, reaktionsabhängigen Sprechens, was *Theorie und Praxis* ineinander verweben ließ.

Die rhetorische Situation umfaßt somit in einem integrativen Verhältnis – s. Abb. 2 [7] – (a) die *Person* im Zentrum, (b) ihre *linguale* Kompetenz, (c) ihr Handeln (*aktional*) mit sprachlichen und nichtsprachlichen Mitteln in Bezug auf den Partner oder das Publikum in der Kommunikationssituation, (d) die Fähigkeit, kommunikativ mit Vertextungsweisen zu wirken (*textuell*), (e) diese *medial* angemessen einzusetzen (mündlich, schriftlich; körpersprachlich, bildlich), (f) den *kulturellen* (oder spezifischer: den soziokulturellen) Rahmen – als weiteste Dimension – abzuschätzen, zu konstituieren, zu verwerten, zu konsolidieren, in dem und auf den hin Produktion und Rezeption funktionieren.

IV. Actio als Pragmatik. Die Kernbestimmung von ‹Rhetorik› als *ars bene dicendi* [8] oder *bene dicendi*

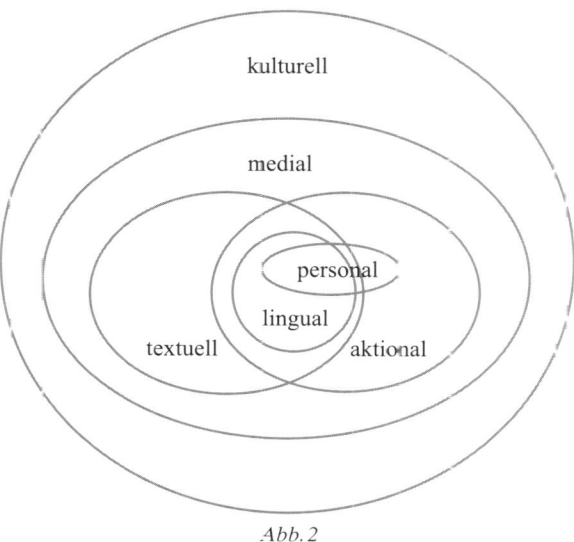

Abb. 2

scientia mit dem Ziel der *bona oratio* [9] umgreift mit dem moralischen Anspruch des *bonus* als *virtus* (d.h. «eine Vollkommenheit des *opus* [hier durch *dicendi* gegeben] als auch eine Vollkommenheit des *artifex* [hier des *orator*]» [10] – Quintilian bestimmt die echte Redekunst auf sittlicher Grundlage: *vir bonus dicendi peritus* [«ein Ehrenmann, der reden kann»][11] –) gleichermaßen das *dicere* (‹reden›), *texere* (‹verweben›, ‹flechten›) und *agere* (‹handeln›), die zueinander in einer Inklusionsrelation stehen: mit *dicere* als dem intensional (‹inhaltlich›) spezifischen, weil extensional (‹im Anwendungsumfang›) engen Begriff im Zentrum, darüber – als komplexere Fertigkeit – das *texere*, und mit *agere* als dem Oberbegriff über *texere* und dessen *dicere* und als entsprechend intensional weitestgefaßtem Wort [12] (s. Abb 3). Auf diese Weise ist der Bogen vom rein Sprach-

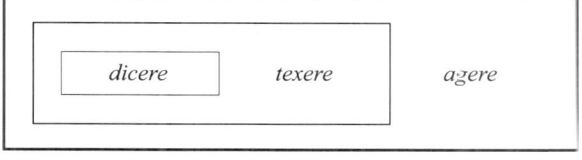

Abb. 3

lichen (Sprachmittel) über die textpragmatisch geformten Ganzheiten (‹Texte›, hier speziell: die Reden) bis hin zum Handeln mit Adressatenbezug (‹Interaktion›) geschlagen. Zwar ist der Bereich der *actio* (*agere*) bei weitem nicht so ausgebaut worden wie der Sprachbereich der *elocutio* (*dicere, texere*)[13], und eine Situationstypologie gibt es nur für den Bereich der (institutionalisierten) öffentlichen Rede in Form der aristotelischen Gattungslehre, doch findet sich in der *Status*-Lehre mit ihren vier zentralen Fragen (*quaestiones*) – der Vermutungs-, Definitions-, Rechts- und Verfahrensfrage [14] – das Bemühen, die juristischen Handlungssituationen auszuleuchten. Neben der Gerichtspraxis hat sich die *Status*-Lehre auch für andere Gattungen bewährt, so bei den (juristisch affinen!) Konflikten des Dramas (seinerseits etymologisch eine Handlungs-Bezeichnung: δρᾶν, drān ‹handeln, tun› wie für ‹Poetik› ποιεῖν, poiein mit gleicher Bedeutung). Es liegt somit nahe, hier eine antike Handlungslehre zu erkennen: Rhetorik und Poetik, insbesondere in der Lehre von den dramatischen Gattungen, als «eine sehr differenzierte und teilweise höchst subtile Handlungstheorie» [15] und somit als eine *Pragmatik* [16].

Für den genuinen Ort der Pragmatik (πρᾶγμα, prágma ‹Handeln›, ‹Handlungsweise›, ‹Ausführung›) allerdings, wo eine Handlungstheorie konkretisiert wäre, mit dem Körper als kommunikativem Mittel der Ausgestaltung von Inhalten – d. h. also: für die Beredsamkeit des Leibes als einem funktionalen Ausdrucksmittel in der Kommunikationssituation – ist die rhetorische Theoriebildung (*ars*), die auf diesem Gebiet das meiste der *imitatio* überließ, rudimentär geblieben. [17] Die *actio* wird sich mit der Zeit aus der eher sprachinteressierten Rhetorik weg dorthin weiterentwickeln, wo sie dann künstlerisch gebraucht und separat geachtet wird: in der Theatralik [18], in der höfischen Zeremonialkultur des 16. bis 18. Jh. [19] und in der Kunst, hier besonders in der Bildenden Kunst (Skulptur und Malerei) speziell ab der Renaissance [20]. Eine Reflexion dazu oder eine eingehendere Beachtung der *actio* findet sich in den Rhetoriktheorien des ausgehenden 16. Jh. dementsprechend dann nicht mehr.

B. *Nonverbalität von Kommunikation.* **I.** *Taxonomik der N.* Es war eher der Kommunikationstheorie der mittsechziger Jahre vorbehalten, die alte Weisheit mit einem inzwischen weitbekannten Dictum wiederzubeleben: Es sei unmöglich, *nicht* zu kommunizieren. Und zwar deswegen, weil man sich auch nicht ‹nicht verhalten› kann. [21] Diese Aussage betont den sprachlichen Aspekt von Kommunikation. Inzwischen, rund dreißig Jahre weiter, läßt sich aber analog ergänzen, daß es ebenso unmöglich ist, nicht mit dem Körper kommunikativ zu wirken. Aus der Sicht des Partners, also rezeptionell formuliert, besagt dies: *Es ist unmöglich, nonverbale Zeichen* (in den mündlichen Kommunikationssituationen) *zu ignorieren und sie nicht zu interpretieren* (d. h. also: sich nicht davon beeinflussen und zu einer Reaktion anregen zu lassen). [22]

Die Spannweite zwischen ‹Verhalten› und nonverbalen Zeichen als – gemäß dem Organon-Modell von Karl Bühler – *Symptome* (Sender-Position mit expressiver / emotiver Funktion), als *Signale* (Empfänger-Position mit appellativer Funktion) und als *Symbole* (Referent-Position der Gegenstände, Sachverhalte und Handlungszusammenhänge mit deskriptiver/informativer Funktion) [23] läßt sich in einer *Taxonomik* mit hierarchischer, binär strukturierter Abfolge ermessen (Abb. 4).

a) An (zweit-) oberster, neutraler Stelle steht das ‹Verhalten› (engl. *behaviour*) des Menschen. Darüber ist, den Erkenntnissen der letzten zehn Jahre angemessen, noch die prinzipielle Bestimmungsgröße ‹Kultur› angesiedelt, die das Verhalten als Verhaltens*weisen* prägt und zu der, als *Kulturspezifika* («Kultureme» [24]), im abendländischen Verständnis typische Lebensformen und gewisse Lebensrhythmen, kollektive Verhaltensweisen, generelle soziale Konventionen und Erwartungsmuster, Traditionen, mental breit akzeptierte Handlungsvorgaben, sozial etablierte Einschätzungs- und Beurteilungsmuster, prinzipiell geltende Bewertungsmaßstäbe und Normen, Normerwartungen und Normeinlösungen, Konsens bei der Gestaltung und Bewertung von Arbeitsprozessen, kunstschaffender Ausdruckswille in Literatur und den Künsten, u. a. des gleichermaßen *homo sociologicus* (‹der Mensch als Gemeinschaftswesen›) und *homo faber* (‹der Mensch als wirkendes Wesen›) gehören (s. auch D.I.). [25] Als Kennzeichen für *die verbale und die nonverbale Kommunikation* dienen (i) die *Zweckgerichtetheit* (‹Handeln›), (ii) die *Partnerorientierung* (‹Interaktion›) und (iii) die *symbolischen Mittel* (‹Kommunikation›).

b) Die *Verbalität* entsteht durch den Einsatz von sprachlichen Symbolen und umfaßt in der Nähekommunikation der Mündlichkeit ‹Sprechen› und ‹Hören› als menschliche Fähigkeiten sowie in der Distanzkommunikation ‹Schreiben› und ‹Lesen› als Kulturtechniken. Die massenmedialen Kommunikationssituationen (Fernsehen mit Talk Shows, Diskussionen, Expertenrunden usw.) inszenieren Mündlichkeit in der *Distanz* (Außenwirkung aufs Fernsehpublikum). [26]

c) Die *Nonverbalität* umfaßt einen eigenen, wesentlich komplexeren und medial verschiedenartigen (z. B. Körper, Kleidung, Geruch, Stimme, Bild) Bereich an kommunikativen Zeichen; gerade deshalb sollte er nicht negativ (*non-* / *nicht-*) zur Verbalität definiert werden [27] (allerdings gibt es keine terminologische Alternativen, und für einen Oberbegriff greift ‹Körpersprache› als Teilbereich zu kurz). Wenngleich ‹Sprache› nicht vorhanden ist, folglich auch stimmliche Substanz fehlt, kann doch Stimme in den mündlichen Kommunikationssituationen beteiligt sein (‹vokal›, als ‹parasprachliche Phänomene›, die ‹sprachbegleitend› oder ‹selbständig› auftreten). Bei fehlender Stimme (‹nicht-vokal›) sind prinzipiell die mündlichen und die schriftlichen Kommunikationssituationen zu scheiden; zu ihnen gehört einerseits die *Körperkommunikation*, auch das *Schweigen* (als eine kommunikative, bedeutungstragende Aussage des Körpers) [28], und andererseits das *Bild* und seine verschiedenen Spielarten [29]. Von besonderem Interesse sind die *Artefakte*, die als kommunikativ eingeschätzt werden und folglich in der Taxonomik an diesem Ort und Mündlichkeit und Schriftlichkeit übergreifend auftauchen. Es handelt sich um Gegenstände oder künstlich geschaffene Sachverhalte am Menschen, die einen hohen symptomatischen Stellenwert zubemessen bekommen (Sender, Träger) und die einen appellativen Signalwert an den Partner senden (Interpretation, Reaktion) (z. B. eine bestimmte Kleidung und bestimmte Insignien lassen im 17. Jh. den Träger als Adligen erkennen und verlangen demnach eine entsprechende Haltung des Gegenüber; oder die Maske, die die Kommunikativität des individuellen Gesichts verweigert und die Eindrucksqualität typisiert [30]): den Artefakten eignet – bei entsprechendem Lebenskontext – eine spezifische kommunikative Funktion, entstanden durch gesellschaftliche Konvention und soziokulturelle Tradition.

II. *Nonverbale nicht-vokale Phänomene.* Die zentralen Bereiche nicht-/nonverbaler und nichtvokaler Kommunikation – nämlich ‹Körpersprache› und ‹Schweigen› einerseits, ‹Bild› andererseits, drittens ‹Artefakte› – lassen sich, beobachtet man deren Funktionieren in rhetorischen Situationen, mit einer Fülle von zugehörigen Einzelaspekten substanziieren, die einen kommunikativen Gehalt innehaben oder aber als Komponenten für einen solchen dienen.

a) Im vorliegenden HWRh finden sich davon die wichtigen versammelt, nämlich folgendes *Corpus*: actio, Affekt, Affektenlehre, Angemessenheit / *aptum*, Auditorium, Bild, Chironomie, *evidentia*, Emphase, Gebärde, Gestik, Intonation, Kleidung, Körpersprache, Lachen / das Lächerliche, Mimik, Mode, Pathos, *perspicuitas*, Physiognomik, *pronuntiatio*, Prosodie, Psychagogie, Psychologie, Redner, Schweigen, Situation, Stimme, Stimmkunde, Wirkung.

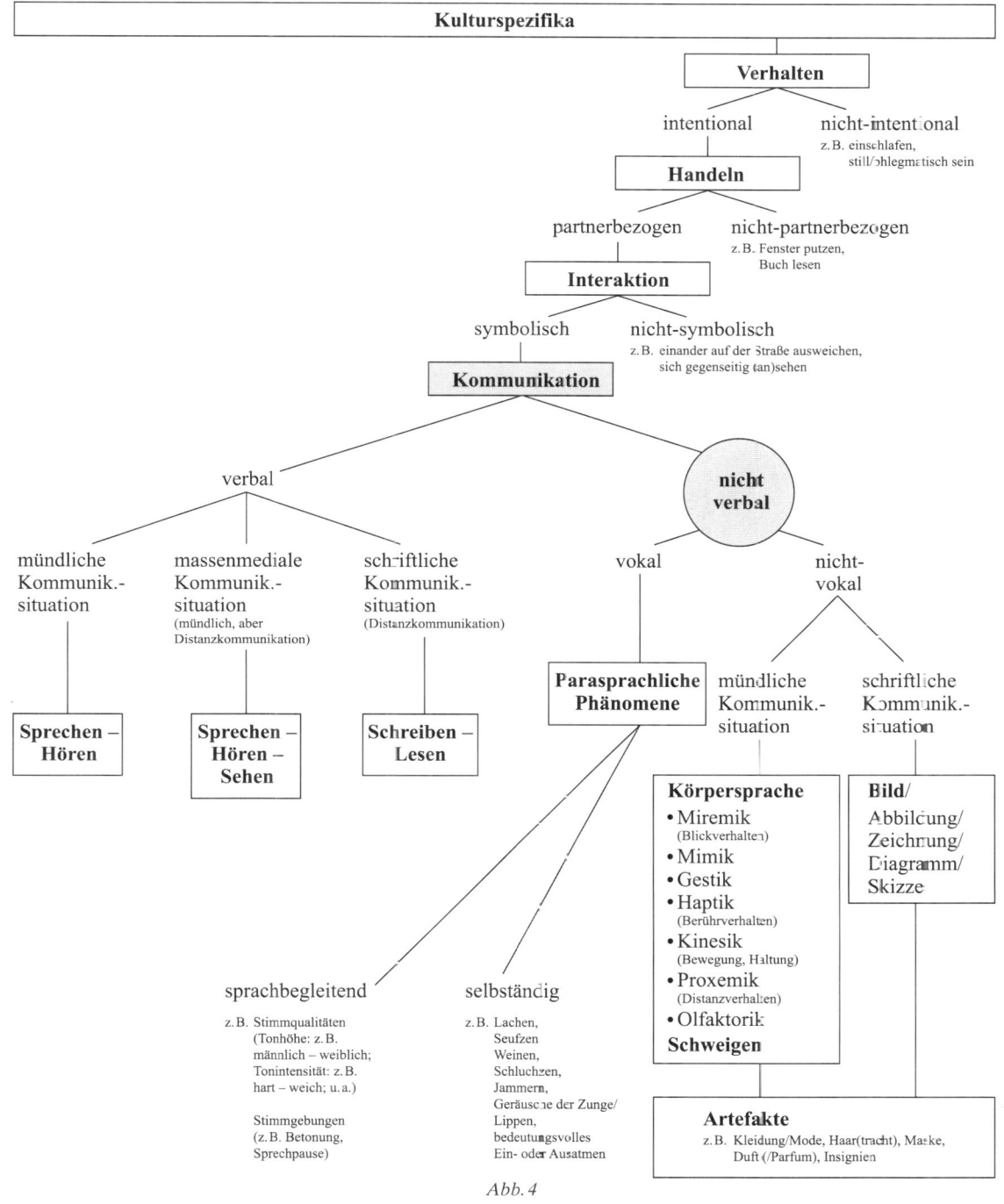

Abb. 4

b) Die alphabetisch aufgeführten Begriffe lassen sich noch *systematisch gruppieren* unter die *I. Konstitutiven Faktoren der rhetorischen Situation* (s.u.: C.I.); die *II. Komponenten der N.* (C.II.); die *III. Qualitäten der N.* (C.III.); die *IV. Wirkung(sergebnisse) von N.* (C.IV.); die *V. Artefakte der N.* (C.V.); und die *VI. Disziplinen mit Interesse an (der Wirkung von) N.* (C.VI.).

c) Mit diesen Ordnungspunkten ist (a) *die rhetorische Situation als solche* erfaßt (I.), (b) die N. als *Phänomen* komponentiell (II.), qualitativ (III.), resultativ (IV.) und manifestativ (V.) beschrieben, und (c) die *Reflexion über N.* – ihre Regeln, Bedingtheiten, Signalträger, Wirkungen –, also die Meta-Ebene zur N., berücksichtigt (VI.).

d) Gemäß dem hierzu gehörigen Modell der Kommunikativität (Abb. 1) sind die Positionen (i) des Senders (‹S›), (ii) des Senders in Bezug auf den Bereich der Gegenstände, Sachverhalte und Handlungszusammenhänge (‹Referent›) (‹S – R›), (iii) des Senders in seiner interaktiven Relation zum Empfänger (‹S – E›) und (iv), als kommunikative Beziehung, des Senders in Bezug auf

den Referent in Bezug auf den (interpretierenden) Empfänger (‹S – R – E›) beteiligt.
e) Komplexe Aufstellung:

	S	S-R	S-E	S-R-E	R-E	E
I. Konstitutive Faktoren der rhetorischen Situation						
Redner	S					
Auditorium			S-E			E
Situation				S-R-E		
perspicuitas					R-E	
evidentia					R-E	
II. Komponenten nonverbaler Kommunikation						
pronuntiatio	S					
actio	S					
Körpersprache			S-E			
Gebärde		S-R				
Geste / Gestik		S-R				
Mimik		S-R				
Stimme	S					
Prosodie				S-R-E		
Intonation				S-R-E		
III. Qualitäten nonverbaler Kommunikation						
Affekt			S-E			
Pathos			S-E			
Emphase			S-E			
Schweigen	S		S-E			
Wirkung			S-E			E
IV. Wirkungsergebnisse nonverbaler Kommunikation						
Angemessenheit / *aptum*				S-R-E		
Lachen / das Lächerliche				S-R-E		
V. Artefakte der nonverbalen Kommunikation						
Kleidung				S-R-E		
Mode				S-R-E		
Bild				S-R-E		
VI. Disziplinen mit Interesse an (der Wirkung von) N.						
Psychologie / Psychagogie			S-E			
Affekt(enlehre)			S-E			
Physiognomik				S-R-E		
Stimmkunde				S-R-E		
Chironomie				S-R-E		

C. *Dimensionen der Analyse von N.* I. *Konstitutive Faktoren der rhetorischen Situation.* Bei den konstitutiven Faktoren der rhetorischen Situation (I.) fällt unter dem (hier maßgeblichen) Blickwinkel ‹N.› auf, daß zwar der Redner für sich nonverbale Zeichen als Symptome setzt (‹S›) und dementsprechend auf das Auditorium/Publikum, das diese als Signale interpretiert, einwirkt (‹S – E›), wobei das Auditorium selbst einen Faktor im Prozeß der nonverbalen Kommunikation darstellt (‹E›), daß aber die Relation ‹S – R› nonverbal nicht realisiert ist. Begrifflich wird sie in der *materia*-Lehre (‹Stoff›, «Art und Zahl der möglichen Redegegenstände» [31]) behandelt, in der Verhandlungssituation konkretisiert als ‹Thema› (*thema*), formuliert in der ‹Situationsfrage› (*quaestio*) [32]; Nonverbalität fällt nicht unter die justiziablen und anzusprechenden Gegenstände, Sachverhalte oder Handlungszusammenhänge (‹R›) der forensischen Welt. Die Faktoren der N. helfen aber ihrerseits dem Auditorium/Publikum, (1) die Durchsichtigkeit (*perspicuitas*) (i) des Falles und (ii) der Verhandlung sowie (iii) der Texte (Reden) (a) gedanklich [intellektuelles Verstehen], (b) sprachlich [Klarheit der Sprachmittel] und (c) redetechnisch [distinkte Aussprache und unmißverständliche körperliche Präsentation] [33] aufzubauen und zu gewährleisten sowie (2) die Detaillierung (*evidentia*, bezeichnenderweise auch *illustratio*, *demonstratio*, *descriptio* genannt) [34] mitzuvollziehen (‹R – E›) und

sich somit (3) auf deren rhetorische Absicht einzulassen, nämlich mit hoher Überzeugungskraft das Publikum in die Rolle des Gleichzeitigkeit erlebender Augenzeugen [35] zu versetzen, als «Effekt einer Mimesis» [36] («rerum gestarum aut quasi gestarum sub oculos inductio» [37]; «credibilis rerum imago, quae velut in rem praesentem perducere audientes videtur», ein glaubhaftes Bild von den Vorgängen, das die Zuhörer gleichsam gegenwärtig in den Vorgang zu versetzen scheint [38]).
II. *Komponenten von N.* Die Komponenten der N. (II.), die begrifflich hier versammelt sind, umfassen die ganze Komplexität der N. (*vox atque motus* [39] mit *pronuntiatio* als dem stärker sprachlich gewichteten Vortrag und mit *actio* als dem bewußt betonten Körpereinsatz bei der Rede) [40]. Sie und die rednergebundenen Körperbereiche sowie die Stimme [41] (‹nonverbal vokal›: ‹parasprachliche Phänomene›; s. Abb. 4) [42] sind in der N. senderspezifisch (‹S›), dagegen motivieren sich, wie auch die antike Rhetorik betont, die Modulationen des Gesichts – die Mimik [43] – und der Schultern, Arme und Hände – die Gestik [44] – aus den Umständen des vom Redner Darzulegenden, also der zu traktierenden Sachverhalte und Handlungszusammenhänge (‹S – R›). Prosodie und Intonation als parasprachliche Phänomene (‹nonverbal vokal›, s. Abb. 4) [45] verbinden alle drei Positionen des kommunikativen Prozesses; die sie betreffenden kritischen Ausführungen Quintilians zu den *vitia* [46] gehören zu den köstlichen Stellen der ‹Institutio oratoria›, die die Verbindung ‹S – R – E› in der rhetorischen Situation drastisch evident machen.

a) Die intensive Brücke zwischen dem Sender und dem – dessen N. interpretierenden und darauf dann reagierenden – Rezipienten (‹S – E›) ist prinzipiell bei der *Körpersprache* gegeben. [47] Sie gilt, schon durch entsprechend (verkaufsfördernd, oft reißerisch) formulierte Buchtitel der einschlägigen (Beratungs-, Anleitungs-, populärpsychologischen) Literatur einerseits als «verborgene Dimension von Partnerbezug» [48], als «Ensemble versteckter Signale» [49], als «Mittel des sich selbst Verratens», als «eigenes und als fremdes Geheimnis» [50], sogar als «Maske», die man «entlarven» müsse [51], um die «Macht ohne Worte» [52] bei anderen zu verstehen und gegebenenfalls im eigenen Verhalten strategisch einzusetzen; andererseits gilt Körpersprache als «offenes Buch», in dem man ungeniert lesen kann und dies ja auch tut, als «Fenster zur Seele» [53], als «Wort des Herzens», als «nicht lügensfähig» [54].

Hierin kommt der dialektische Charakter von Körpersprache zum Vorschein; das körperliche Ausdrucksverhalten, insbesondere die Gestik und Mimik, offenbart nämlich nicht allein (i) den emotionalen Zustand einer Person, sondern (ii) weckt und reguliert auch die situativen Affekte des Gegenüber und (iii) wirkt darüber hinaus ebenso auf die prinzipielle Gefühlslage zwischen beiden Partnern ein und (iv) bestimmt somit die Emotionalität der ganzheitlichen mündlichen Kommunikationssituation (vgl. Abb. 1): Sympathie, Antipathie, Interesse, Desinteresse, Reaktionsbereitschaft, Einstellung dem Partner gegenüber – hier bestimmen sich reaktiv die Ausdrucks- und die Eindrucksqualitäten, die kommunizierende Personen voneinander wahrnehmen, hier tarieren sich die zwischenmenschlichen Beziehungen aus. Das menschliche Sozialverhalten hängt zu einem gewichtigen Teil vom Funktionieren der N. ab [55], und schaut man auf den ontogenetischen Erfahrungsschatz jedes einzelnen, so ist die phylogenetisch generalisierende Aussage zutreffend, daß die Anfänge und Grundlagen von Kommunikation grundsätzlich nonverbal sind [56]; die Körpersprache ist das originäre Kommunikationssystem.

b) Die kommunikativen Wirkungen nonverbalen Verhaltens werden konstituiert durch *analoge*, d.h. abbildende Zeichen, die direkten, gleichsam nachahmenden Bezug zu dem haben, was sie bedeuten (‹per Analogie› zur Wirklichkeit der Welt); gerade weil sie unmittelbar repräsentativ fungieren, sind sie so direkt zugänglich. Demgegenüber sind die 'digitalen' Zeichen (wie sie (i) die – nur dem Menschen eignende – Verbalsprache als System konstituieren oder (ii), auf zwei Signale – nämlich auf den Impuls (‹1›) und die Pause zwischen Impulsen (‹0›) – und deren Kombination reduziert, die Computersprache ausmachen) abstrakt, also ohne wirklichkeitsabbildenden Bezug, und in ihrer Bedeutung konventionalisiert. Die Körpersprache funktioniert als ein analoges System und ist darin offen für das Schwanken zwischen (i) echter und authentischer Wahrnehmung einerseits und (ii) oft unklarer Interpretation und folglich Mißverständnissen andererseits. In der Menschheitsgeschichte hat sich daraus immer wieder der drängende Wunsch ausgeprägt, hinter das Geheimnisvolle, das Verborgene zu gelangen und die wahren Absichten aufzuspüren. Die *Physiognomik* ist ein solcher kulturhistorisch bedeutsamer Versuch mit langer philosophischer, künstlerischer und literarischer Tradition [57] und mit auch in der heutigen Zeit immer noch spürbaren Auswirkungen (z.B. beim ‹Schönheits›-Begriff, wie er in der Werbung oder bei ‹Miss›-Wahlen als gesellschaftlich dominantes Leitbild dient). [58]

c) Methodisch steht, insbesondere im 18. Jh., das Bemühen dahinter, die Komplexität von ganzheitlichen Eindrucksqualitäten in überschaubare Einheiten zu *segmentieren* und diesen jeweils spezifische Funktionen für das Ganze zuzuordnen; es geht also um Analyse (griech. ανάλυσις, análysis ‹Auflösung›), nicht um Synthese. Das Vorgehensprinzip der modernen Kommunikationswissenschaft ist damit vergleichbar, allerdings bemüht man sich, unterstützt durch maschinelle Datenverarbeitung und auch gefordert durch die Ansprüche einer dringlich sich zu Wort meldenden Kultureme-Didaktik, um Synthetisierungen der Einzelerkenntnisse [59]: Der Körper wird in seine funktionalen Teile (also die kommunikativen Ausdrucksträger) zerlegt – Kopf, Gesicht, Schulter, Rumpf, Oberarm, Hände, Becken, Oberschenkel, Füße [60] –, und deren Kommunikationswert wird mit Dimensionen vermessen. Für die Bewegungsdimensionen gibt die Abb. 5 [61] einen Eindruck von der differenzierten Vielfalt; so z.B. bei den Schultern: deren «Bewegungsmöglichkeiten [...] erschöpfen sich in einem Heben bzw. Senken und einem Vor- bzw. Zurückschieben», also in zwei Dimensionen; oder die Hände, für deren «genaue Erfassung [...] Positionsbestimmungen in neun Dimensionen erforderlich [sind]» [62]. Den insgesamt 104 Dimensionen körpersprachlicher N. stehen 9 Dimensio-

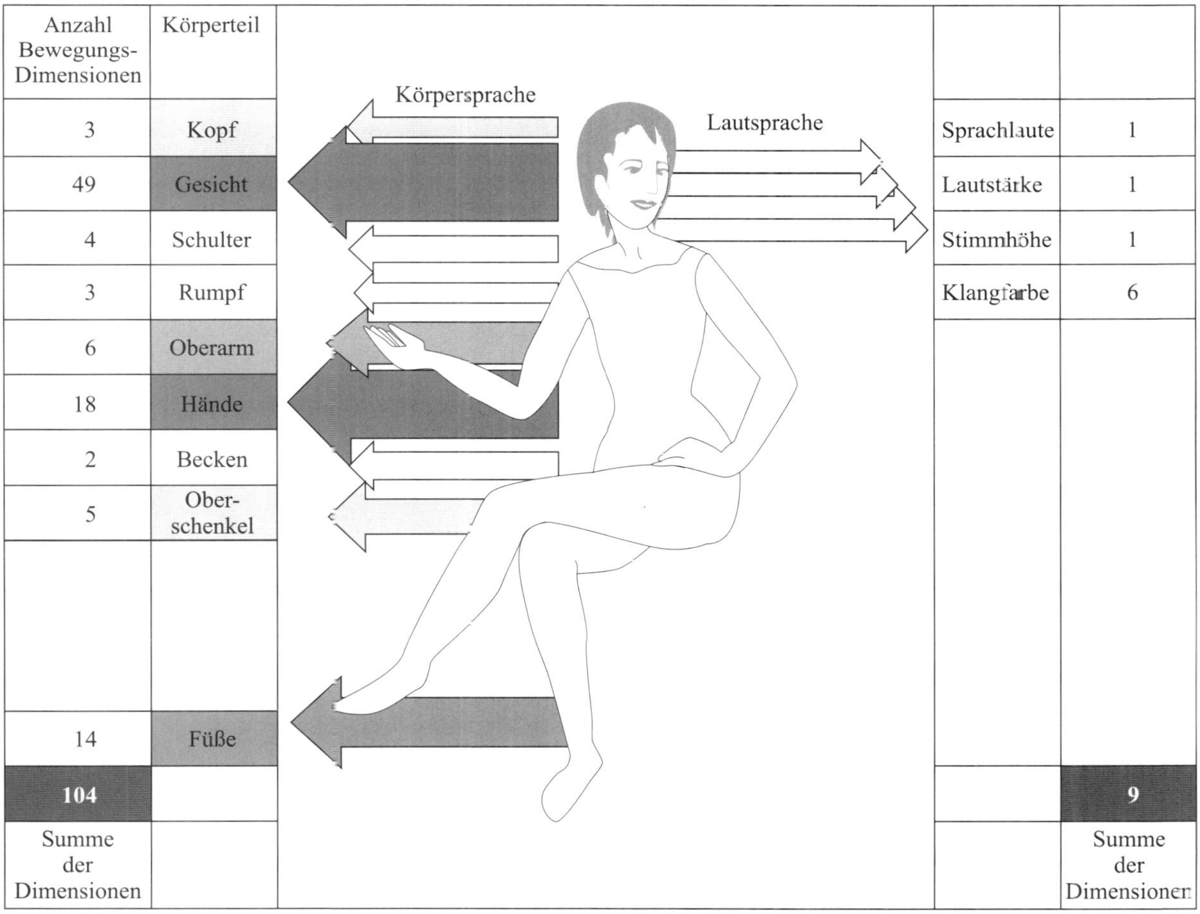

Anzahl Bewegungs-Dimensionen	Körperteil			
3	Kopf		Sprachlaute	1
49	Gesicht		Lautstärke	1
4	Schulter		Stimmhöhe	1
3	Rumpf		Klangfarbe	6
6	Oberarm			
18	Hände			
2	Becken			
5	Oberschenkel			
14	Füße			
104			9	
Summe der Dimensionen			Summe der Dimensionen	

Abb. 5

nen der verbalen Kommunikation und der vokalen N. (als ‹parasprachliche Phänomene› [63]; s. Abb. 4) gegenüber. Dieses unterschiedliche Verhältnis hat nichts mit Vorteil gegen Nachteil, Überfluß oder Mangel zu tun, sondern zeigt unterschiedliche Funktionenverteilungen von unterschiedlich effizienten Zeichensystemen.

Der entscheidend problematische Gesichtspunkt der nonverbalen nicht-vokalen Kommunikation (‹Körpersprache›) ist gegenüber der Verbalsprache – die durch sprachlichen Kontext und durch Bedeutungszuweisungen zu den Sprachzeichen klare(re), unmißverständliche(re) Aussagen ermöglicht – die Gefahr von Mißverständnissen durch unterschiedliche Deutungen. Die (i) Komplexität der Eindrucksqualitäten und (ii) die Flüchtigkeit der körperlichen kommunikativen Bewegungsabläufe sowie (iii) die nicht ausdrücklich gelernte, vielmehr eher unbewußt wahrgenommene und verstandene Körpersprache gibt oft zu ambivalenten Einschätzungen Anlaß.

In der (i) Alltagskommunikation finden sich derartige Fälle, dabei scheint dies gerade auch (ii) in der Beziehung der Geschlechter vielfach so abzulaufen [64], (iii) in öffentlichen Kommunikationssituationen ebenfalls, z.B. in den Medien [65]; und auch (iv) in fachlichen Handlungszusammenhängen, wo diese Ambiguitäten eigentlich nicht gegeben sein dürften, weil durch Konvention der (meist) Gestik und (weniger) Mimik die fachliche Eindeutigkeit gewahrt sein müßte [66]; dann gibt es aber auch (v) in der Kunstgeschichte, die es mit statischen, fixierten Körperhaltungen zu tun hat (Skulpturen, Malerei: z.B. Statuen mit Posen, Portrait) – so daß der Aspekt des schnellen Wechsels, der Flüchtigkeit, ja eigentlich wegfällt –, oft (stark) divergente Interpretationen.

So bieten sich in der kunstwissenschaftlichen Fachliteratur z.B. für die Beschreibung der frühgotischen (um 1250) lebensgroßen Stifterfigur Uta im zeitgleich errichteten Westchor des Naumburger Doms recht unterschiedliche Einschätzungen der Wertigkeiten ihrer N. (Abb. 6 und 7). Diese «deutsche Ikone» [67], eine der ergreifendsten gotischen Skulpturen voll Anmut und Würde, wird im Laufe der letzten 100 Jahre mit Adjektiven und Wendungen beschrieben (Abb. 7) wie ‹lieblich, grazil, knospenhaft, mädchenhaft, süß, zaghaft, bangend, sinnlich, zuchtvoll, keusch, mild, frauenhaft, gütig, sehnsuchtsvoll, einsam, ewig weiblich, tragisch, zwiespältig, hochmütig, stolz, makellos, mutig, herb, hart, unnahbar, verschlossen, kühl, streng, fast männlich›, u.a. (alle belegt); – ihre Lippen (Abb. 6) geben Anlaß zu u.a. folgenden Beurteilungen: mit einem Anflug von Wehmut (1892), unmutig hängende (1926), sinnlich kräftige Unterlippe (1928), trotziger Mund (1934), herb geschlossene Lippen (1934), eigenwillige Unterlippe (1941); – die Eindrucksqualität ihrer Augen schwankt für die Betrachtenden zwischen u.a. folgenden Urteilen: ein Paar tiefblauer Augen (1892), scheuer (1926), ernster Blick (1926), sanfte Augen (1928), freier, sicherer Blick (1934), Hoheit des Blicks (1934), stolzer (1938), teilnahmslos träumerischer (1950), müder Blick (1959); – ihre Hände bzw. Finger finden u.a. folgende Interpretationen: fein verjüngte, fleischige Finger (1903), die Linke ist ein einziges Wunder weichster Feinheit (1924), feine Hand mit Ausdruck rassiger Kraft (1928), adelig schöne Hand (1934), seelenvolles Spiel der Finger (1934), feingliedrige und doch starke Hand (1936), eine wundervoll beseelte, lässig schmiegsame Hand (1950), geschmeidige Finger, die bis in die Spitzen vibrieren (1953); – zur Gestik und Proxemik (Näheverhalten [Uta steht neben

Abb. 6

Abb. 7

ihrem Gatten Ekkehard]) (Abb. 7) wird u.a. interpretiert (wobei auch vielfach das [spärliche, somit auch spekulationsoffene] Vorwissen zu diesem historischen Paar eingeflossen sein mag): wie ein Geschwisterpaar (1903), sie steht fremd neben ihm (1928), ewiges Sinnbild eines in Treue verbundenen Paares (1933), die Gatten kümmern sich nicht um einander (1943), Uta hat die Wahl Ekkehards zum Mann bereut (1943), hoher Ausdruck innerer Verbundenheit (1945), ein liebendes Paar (1955), völlige Abkehr und Abneigung der Frau vor diesem Mann (1959).

Die oft nicht miteinander zu vereinbarenden Beurteilungen belegen die Schwierigkeit, sich in die Ausdruckslage eines Körpers verstehend hineinzuversetzen; möglicherweise birgt aber auch gerade die Statik der Figur neben der Chance der nicht flüchtigen Eindrucksgewinnung auch das Manko des Unvitalen, des Nichtauflösens von Ambivalenz durch die – meist durchaus klärende – Prozessualität der Körperkommunikation. Man kann darüber nachdenken, daß es dann wohl kaum möglich ist oder aber, falls doch gegeben, von der ingeniösen Meisterschaft des Künstlers zeugt, rhetorische Situationen so zu malen oder bildhauerisch zu fassen, daß die künstlerisch punktuell mitgeteilte Aussage sich auch gemäß der Intention des Künstlers beim Betrachter einstellt. (Zu diesem Problemkomplex, nämlich der künstlerisch verarbeiteten rhetorischen Situation und ihrer Rezeption, wäre noch Forschungsarbeit, und zwar in interdisziplinärem Zugriff, zu leisten.)

III. *Qualitäten der N.* Mit den *Qualitäten der N.* (III.) sind Verhaltensauffälligkeiten der rhetorischen Situation angesprochen, die auf die verändernd beeinflussende Beziehung zwischen Redner und Zuhörer zielen (‹S – E›), wie sie im Begriff der ‹Wirkung› kondensiert ist (der zudem einen starken empfängerbezogenen Anteil [E] innehat [etwa im Sinne von ‹Betroffenheit›]): Ziel ist die «volle Gewinnung des Situationsmächtigen für die eigene Parteimeinung des Redners»[68]; diese «vom Redner intendierte affektische Einwirkung auf den Situationsmächtigen mit dem Ziel der parteigünstigen Erregung»[69] von (sanften [ἦθος, éthos, lat. *affectus mites atque compositi*] oder heftigen [πάθος, páthos, lat. *affectus concitati*]) Affekten soll «die etwaigen Lücken der intellektuellen Überzeugung ausfüllen»[70]. Die Gegenstände, Sachverhalte, Handlungszusammenhänge sind somit weitestgehend ausgeblendet, so daß sich die direkte Relation ‹S – E› als die dominante der rhetorischen Situation gibt, «durch Signale der *vox* (Stärke, Tonfall) und der Gesten hervorgehoben», z.B. als ‹emphatisch gemeint›[71].

Das *Schweigen* erweist sich in der ausgerechnet auf Reden angelegten rhetorischen Situation als eine bewußte Entscheidung des Redners (‹S›). Darüber hinaus übt es auch Wirkung auf die Zuhörerschaft aus, als etwas im erwarteten Kommunikationsfluß Befremdliches, als ein vom Redner berechnend plaziertes Aufmerksamkeitssignal, als eine Anspielung[72] und somit als ein Appell (z.B. zum Mitdenken, Assoziieren, im Sinne des 'beredten Schweigens', was die Rhetorik als Mittel des Spannungsaufbaus durch Retardierung, durch eine Hinhaltestrategie, als Stilmittel der *sustentatio*[73] einschätzt), bis hin zu seiner Funktion als Verweigerungssignal in Disputationen und somit als Konfliktpunkt im Kommunikationsprozeß. Dementsprechend wird es in allein dieser Relation ‹(S – E)› in der Rhetorik bewertet (ein 'reines' [‹R›] *silentium* ‹Stille›, ‹Schweigen› ist als nonverbale rhetorische Qualität kategorial nicht erfaßt [74]): und zwar als *reticentia* (‹Verstummen›, ‹Abbrechen im Satz›; *obticentia, interruptio*, griech. ἀποσιώπησις, aposiópēsis)[75], d.h. als Stilmittel, Gedankenfigur (*figura sententiae*, genauer: *figura per detractionem*)[76], als Mittel zur Emphase[77]. – Das Schweigen in seinen kontextuellen und situativen Funktionen ist auch in schriftlichen[78], insbesondere literarischen Texten ein poetisches Aussagemittel und sogar auch ein eigenes Thema mit einem dann exponierten Stellenwert[79]; letzteren thematisieren auch die bildenden Künste, speziell die Malerei, durchaus vielfach zu interpretieren als Hinweis auf Vereinsamung, Kommunikationsverlust, Starre und soziale Leere[80]. (Eine Kulturgeschichte der Verarbeitung von ‹Schweigen› in den Künsten ist noch ein Desiderat.)

IV. *Wirkungsergebnisse von N.* Die Wirkungsergebnisse der N. (IV.) sind, was die Rhetorik betrifft, nur in zwei Bereichen zu ermessen, dort aber jeweils komplex in den drei Faktoren des Kommunikationsprozesses (‹S – R – E›): Die Angemessenheit, das *aptum*[81], als *virtus dispositionis* und somit auch als *virtus elocutionis*, wird von der *utilitas causae*, also der Parteilichkeit mit Blick auf den Situationsmächtigen, gelenkt und bemißt sich am Rede-Erfolg, maßgeblich abhängig von der *opinio* des Publikums.[82] Das *aptum* meint die Bemühung des Redners, «die *utilitas causae* mit der *opinio* des Publikums in Einklang zu bringen»[83], was die drei Positionen evident aufeinander bezieht.[84] Eine wichtige Brückenfunktion zwischen Redner (‹S›) und Zuhörerschaft (‹E›) über die Welt der Gegenstände, Sachverhalte und Handlungszusammenhänge (‹R›) hat die «Glaubwürdigkeit» (*probabile, credibile, verisimile*) inne, gestaffelt nach schwachem, mittlerem und hohem Grad[85]. Eine weitere Bezugnahme auf die Welt (‹R›) zeigt sich bei den aus den Systematisierungen des *aptum* abgeleiteten *genera elocutionis*, denen als Dreiergemeinschaft (*genus humile, genus medium, genus sublime*)[86] drei Klassen der Stoffe (*materia, thema*)[87] und der Situationen (*status*)[88] zugeordnet werden[89].

Vergleichbar komplex ist das *Lachen* oder Gelächter (*risus*)[90] eingespannt, als Herausforderung für den Redner, als Wirkungsmöglichkeit gegenüber dem Publikum, als spontane, nicht durch die Kunstlehre (*ars*) geschaffene, vielmehr auf natürlicher Veranlagung (*natura*) und Gelegenheit (*occasio*) fußende Reaktion auf Umstände oder Gegebenheiten (‹S – R – E›)[91]. Auch die moderne Ethologie bestätigt für das Lachen die enge Beziehung zwischen Lachenden (‹S›), Belachten (‹R›) und (reaktiv) Mitlachenden (‹E›), indem sie eine eher aggressive Grundhaltung, die sich bis in eine verkappt-defensive Körpersprache (Schulterzucken) niederschlägt, für dieses parasprachliche Phänomen (‹nicht-verbal vokal›) feststellt (im Gegensatz zum ‹Lächeln›).[92]

V. *Artefakte der N.* Für die Artefakte der N. (V.) hat die Rhetorik offenbar nur ein spezifisches Interesse, wenn es um die Aussagekraft der sichtbaren Entscheidungen der körperlichen Präsentation, somit auch um Anlässe der Interpretation, der Wertung und der Beeinflussung geht: um die Kleidung nämlich, bzw. als Reflex gesellschaftlicher Konventionen: um die Mode, deren Teil die Kleidung ist[93]. Für andere Artefakte mit kommunikativer Funktion, wie die *Haartracht* (nicht: Haare) die wären referentiell, somit nicht-kommunikativ; s. Abb. 1)[94] oder den *Duft* oder *Geruch* (nicht: ‹Parfüm›)[95] findet sich nichts (Relevantes) in den Handbüchern[96]; und für die *Maske* ist wegen ihrer theatralischen Heimat nicht die Rhetorik, sondern die Poetik der geeignete Ort der Reflexion[97].

a) Die *Kleidung* aber wird, direkt und in der rhetorischen Situation auch auf Entfernung hin erkennbar, als Aussagepotential des Akteurs interpretiert; deren Kommunikativität entsteht (i) aus der mehr oder weniger bewußten Wahl des Kleidungsstücks und seiner Gemeinschaft mit anderen, (ii) aus dem Bezug der Kleidung zur Trage-Situation (Angemessenheit, *aptum*), und (iii) aus der unbestreitbaren psychischen Wirkung, die beim Zuschauer entsteht, und die er in emotionaler Weise als Urteil über den Redner (und darüber hinaus über dessen Anliegen) ummünzt. Gerade vor diesem Hintergrund ist der Kleidung nicht nur eine rein körperliche Funktion zugedacht (Wärmespeicherung für den unbehaarten menschlichen Körper), sondern es eignet ihr als kulturgeschichtlichem Phänomen (nur der Mensch hat Kleidung) auch eine soziale (Signal-) oder soziopsychische (Appell-) Funktion. Diese schlägt sich im übrigen bis in die heutige Zeit in der Benimm-, Konversations-, Anstands-, Höflichkeits- oder Etiketteliteratur[98] nieder: als Problem des Zivilisationsprozesses eigens thematisiert mit dem Kodifizieren höfischer Lebensart zu Beginn der Renaissance[99] – dem Ideal des *uomo universale* in Italien, des *honnête homme* in Frankreich, des *caballero* in Spanien, des *gentleman* in England –, dann der aristokratischen und großbürgerlichen Salonkultur[100] der französischen Klassik, schließlich auch in der Aufklärungszeit[101] mit ihrer bewußten Normierung bürgerlicher Umgangsformen[102]. Die antike Rhetorik hat stärker die Wirkungsmächtigkeit im Situationsbezug des anstehenden Falles im Blick gehabt; hier spielt, wie Quintilian[103] an Beispielen breit ausführt, die Affektsteigerung mit dem gezielten Einsatz von Kleidung (aber auch von Schuhwerk und Haar: «et toga et calceus et capillus»[104]) als Mittel der Beeinflussung eine zentrale Rolle.[105]

Die Kleidung hat als kulturgeschichtliches Phänomen, nämlich als Mode, neben der persönlichen Entscheidung des einzelnen für oder gegen Stoffe, Formen oder Schnitte, Kombinationen, Farben, Accessoires (Schmuck, Orden, Stock, Fächer, Handtasche, Zigarette[nspitze] u.a.) stets auch einen *Gesellschaftsbezug*. Hier gelten die anthropologisch zentralen Züge von ‹Miteinandersein› (d.h. von *communis esse*, von ‹Kommunikation›), nämlich Identität und Alterität; darin wird die Art der sozialen Beziehungen geregelt: An der Kleidung erkennt man – nach entsprechender Lernerfahrung, also mit soziokulturellem Vorwissen – Gruppenzugehörigkeiten; so weiß man um das Selbstverständnis, die Erwartungen, die Macht und die Rechte sowie um die möglichen Reaktionen der Gruppenmitglieder: die Kleidung signalisiert Rollen, Ränge, Funktionen. Am offenkundigsten zeigt sich dies bei der Uniform oder speziellen Berufskleidung, bei der es um das vereinheitlichte Erscheinungsbild und somit um exakte Gleichheit von Autorität, Entscheidungsmacht u.a. geht, was die Individualität des einzelnen neutralisiert und egalisiert (eine persönliche Selbstdarstellung ist bei derartigen Bekleidungsnormen unmöglich geworden).

Die Kulturgeschichte der Bekleidung, die mit der des Menschen identisch ist und so von heute etwa 6000 Jahre zurückreicht, weist die Uniform der heutigen Zeit mit ihrer Identitätsfunktion, ihrem Zwang und den Sanktionen bei Verstoß gegen die Kleiderordnung als ein Relikt der Bekleidungsvorschriften vergangener Zeiten aus. Das *Altertum*, in Bezug auf Kleidermode für uns quellenhistorisch gut faßbar beginnend mit der ägyptischen Kultur (ab ca. 4000 v.Chr.), über Griechen, Etrusker und Römer reichend und mit den Germanen schließend, kannte nach den vorliegenden Zeugnissen den verschiedenen gesellschaftlichen Gruppen (Stände, Berufe, Männer/Frauen, Jugend/Alter, Krieger, Gelehrte/Lehrer/Priester u.a.) zugeordnete Bekleidungsgewohnheiten oder -vorschriften. Die *mittelalterliche Gesellschaft* hatte strenge Ordnungen mit harten Strafen bei Nichtbeachtung, oft bis ins Detail (z.B. Anzahl der Knöpfe, die Farbe, die Höhe des Hutes) geregelt, die als nonverbale Kommunikationsmittel bereits vor dem Reden Einschätzungen schafften und Verhältnisse bestimmten: dies bezog sich auf den sozialen Rang und die sich daraus ableitenden Rechte und Pflichten. Die Entwicklungen der *Neuzeit*, beginnend mit der italienischen Frührenaissance des frühen 15. Jh., sind so vielfältig in den verschiedenen Ländern und so reich an Bekleidungsmitteln, daß sich «Kostümkunden» und «Kulturgeschichten der Mode» detailliert damit auseinandersetzen und dabei prinzipiell den Blick auf die soziale Funktion der Bekleidung richten.[106] Die Signalwirkung auf den Sehenden ist bis in die *Moderne* vorhanden und wird auch in der heutigen aufgeklärten Zeit weiter so verstanden: z.B. in der Wahl einer bestimmten Marke, damit verbunden mit der impliziten Angabe einer bestimmten Preiskategorie, somit Kundgabe eigener finanzieller Kraft, folglich einer gehobenen sozialen Stellung, daraus abgeleitet der selbstgestellte Anspruch auf eine bestimmte Einschätzung und Behandlung durch die Mitmenschen.

Die extrovertiert – d.h. mit bewußtem oder unbewußtem Blick auf ihre Appellkraft an den sehenden Partner – im Spektrum der gesellschaftlichen Konventionen (und auch außerhalb davon) gewählte Bekleidung läßt sich als gesellschaftliche Form rhetorischer Kommunikation auffassen: *inventio, attentum et benevolum facere, dispositio, elocutio*, das Prinzip von *virtutes et vitia*, das Prinzip des *ornatus, aptum* – sie (als Großbereiche) und wohl noch weitere lassen sich als rhetorisch-sprachliche strategische Mittel durchaus in Analogie zum gesellschaftlichen nonverbalen kommunikativen Verhalten mit ‹Textilien› bringen (*textum* als ‹Gewebe› hat ab Mitte der sechziger Jahre metaphorisch einen neuen ‹Text›-Begriff ins Leben gerufen und die Textlinguistik begründet[107]; zwar spricht die antike Rhetorik nicht von ‹Text›, aber von *oratio* ‹Rede› [s. A.IV.] und beachtet dort natürlich neben den *verba singula* systematisch die *verba coniuncta*[108]).

Die rhetorische Kommunikation der Bekleidung hat aus semiotischer Sicht eine Ideologiekritik der Mode erhalten, indem das Wechselspiel zwischen Denotation und Konnotation geprüft wird: Mode, so argumentiert R. BARTHES (1915–1980) im Rahmen seiner Angewandten Semiotik[109], verkündet «immer nur eine Nachricht, ob nämlich etwas modisch oder unmodisch sei […]. In dieser einfachen (binären) Semantik liegt die einzige denotative Botschaft der Mode. […]. Durch den Widerspruch zwischen der extrem simplen Botschaft der Denotation und der höchst elaborierten Botschaft über die vielen Konnotationen der Mode entsteht nun ein einzigartiges Paradox»[110]: «Ohne Inhalt, wird sie […] das Spektakel, das die Leute sich selbst vormachen, das Spektakel von der Macht, die sie haben, das Unbedeutende bedeutsam zu machen»[111].

Der Gesellschaftsbezug schließt *ästhetische Regulative* mit ein, nämlich ‹Geschmack› oder ‹Sitte› oder ‹Stil› sowie ‹Schönheit(sideal)›. Der ‹Stil›-Begriff, der mit der

Gemeinschaft von Inhalt und Form und folglich mit dem Begriff des (Rede-)Schmucks (*ornatus*) eng verflochten ist, wird aus semiotischer Sicht eher als Auswahlmöglichkeit aus alternativen Botschaften, ja als Abweichung von einer kodierten Norm verstanden, so daß er auch in anderen Künsten, etwa der Malerei oder der Architektur, oder in der Mode anwendbar ist. [112] So findet die Flüchtigkeit in der Mode die Petrifizierung ihrer gesellschaftlichen Aussagen in der Architektur: Der schweren, lastenden Kleidung der mittelalterlichen Romanik entsprechen die Prinzipien der Erdenschwere und Gedrungenheit bei den zeitgenössischen Kirchen- und Profanbauten (vgl. Abb. 7); die himmelan strebende, lichtdurchflutete Sakralarchitektur der Gotik findet ihr Gegenstück in dem dominanten Vertikalbezug der lang fließenden, transparent fallenden gotischen Gewänder, wie man sie z. B. auf Grabsteinplatten oder in den Buchmalereien der Hochgotik bewundern kann; die üppigen Formen der schwingenden, kaskadenhaften, lebensbejahenden Barockarchitektur spiegeln sich in den lichterschimmernden Stoffen der bauschenden, wallenden, vielschichtig drapierten Gewänder, wie sie sich auf zeitgenössischen Gemälden darbieten; derartige Analogien lassen sich bis hin zum Jugendstil und Art Deco zu Beginn des 20. Jh. verfolgen, zur neuen Sachlichkeit der fünfziger und sechziger Jahre, schließlich auch zur inventionsarmen Orientierungslosigkeit der Sammelrichtung ‹Postmoderne› mit ihrer geschmacklichen Liberalität und ihren Zitatanleihen aus der Vergangenheit.

Es sei auch nicht die *Nacktheit* vergessen, als Abwesenheit von Kleidung, als unverhüllte Leiblichkeit und somit, wie es das Leben vormacht und die Kunst nachahmt [113], als Möglichkeit direkt wirkender Körperkommunikativität (‹Verführung›, ‹Ästhetik der Liebe›, ‹Schönheit›, u.a.), aber auch als Herausforderung an Mentalitäten, Konventionen, gesellschaftliche Codes (so mußte Michelangelo die Nackten in seinem Fresko ‹Das Jüngste Gericht› [1535–1541] an der Altarwand der Sixtinischen Kapelle in der 'Schamgegend' übermalen; oder man denke nur an den Skandal, den ‹La Danse› [1869] von Jean-Baptiste Carpeaux an der Außendekoration der Pariser Oper hervorrief [114]). Zwischen ‹Nacktheit› und ‹Schweigen› (s.o. C.III.) lassen sich phänomenologisch durchaus Analogien ziehen.

b) Das ‹*Bild*› als nicht-vokales nicht-verbales Mittel der Kommunikation ist hier als Visualisierung von Information zu verstehen, sei sie alltäglicher, fachbezogener oder ästhetischer Art; als sprachliches Verfahren der Rhetorik und Poetik, wie es auch schon in der Antike als ‹Vergleich› oder komplexer als ‹Gleichnis› (nicht aber als ‹Metapher› [Aristoteles, Quintilian]) verstanden wurde [115], gehört es zur ‹verbalen Kommunikation›. Das Bild ist ein Phänomen der Schriftlichkeit, und es steht der Körpersprache als dem System für mündliche Kommunikationssituationen zur Seite (s. Abb. 4) [116]. In dieser Konstellation korrelieren also zwei Dimensionen: (i) die *semiotische*, die sich auf die Verbalität und die Nonverbalität bezieht, und (ii) die *mediale*, die die Mündlichkeit und die Schriftlichkeit einbringt (s. Abb. 8).

Das Bild stellt Wirklichkeiten dar (Mimesis) oder konstituiert solche (Phantasma) und gilt deshalb eher als ‹Abbildung›. Seine Darstellungsweise reicht hier vom jeweiligen Stand der Technik abhängig, vom Photo über das Gemälde und die Zeichnung zu Skizze oder Riß bis hin zu fachspezifischen Informationsträgern [117] wie Diagramm, Koordinatensystem, u.a. [118]. Wie hier die

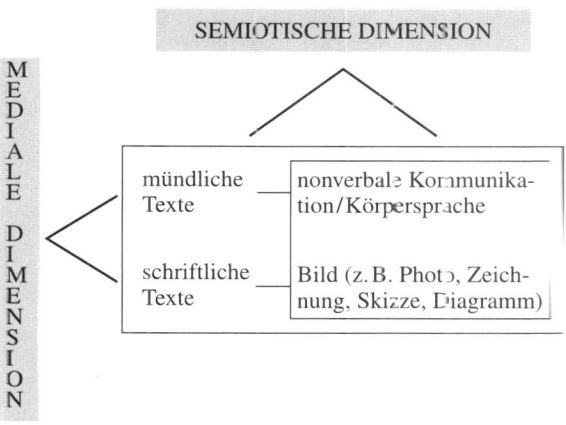

Abb. 8

einzelnen Teile ein Ganzes konstituieren, ist insbesondere in der Semiotik diskutiert worden; so lag es nahe, den Aufbau eines Bildes (*dispositio, compositio*) als Zusammenspiel von distinkten Teilganzen zu sehen und analog zum Aufbau des Sprachsystems – und übrigens auch des Systems von Körpersprache [119] – zeichenwertige Grundeinheiten (wie ‹Vokabeln› des ‹Lexikons›) anzunehmen, deren Verknüpfungsweisen (‹Syntax›) im Regelwerk eines Kanons, einer Kunstrichtung, einer Geschmacksdominante c.ä. (‹Grammatik›) zu einem verwobenen Ganzen (‹Text›) im Bezugsrahmen von Handlungsketten (‹Pragmatik›) in Kultureinbettung (‹Kulturspezifik›) führen, eben als Endprodukt ‹Bild›. Hierzu hat sich eine reiche Diskussion insbesondere in der Semiotik – spezieller der Mediensemiotik – entwickelt [120].

Analog zu der Fähigkeit, Körpersprache als Kulturspezifikum zu dekodieren (auch mit der Möglichkeit des Mißverständnisses durch Fehlinterpretation) (s.o. C.II.c)) ist auch hier beim Bild eine ‹*Ersehenskompetenz*› vonnöten [121]; eine (fachliche oder ästhetische) Bildaussage zu verstehen, setzt Kriterienkenntnis und folglich Lernwissen voraus.

Es scheint aber möglich zu sein, die *Bildaussage* in zwei miteinander korrelierenden Dimensionen zu fassen: (i) in der Bewegungsdarstellung mit den Polen ‹statisch› und ‹dynamisch›; und (ii) in der Informationsvernetzung, die die Vorkommensweise des Darzustellenden in der Abbildung betrifft, mit den Polen ‹punktuell› und ‹systematisch›. Daraus ergeben sich vierfache Beziehungsgemeinschaften, von denen eine stets prinzipiell vorhanden ist: ‹statisch – punktuell›; ‹statisch – systematisch›; ‹dynamisch – punktuell›; ‹dynamisch – systematisch› [122].

Der Eigenwert der Bildaussage wird gerade in den rhetorischen Situationen durch umgebende Reden, also durch verbalen Kontext, gestützt, ergänzt oder marginalisiert. Umgekehrt kann in einer solchen dialektischen Beziehung zwischen Bild und Text auch die verbale Version Stützung, Klärung, Ökonomie bei der Informationsvermittlung erhalten. Das *Verhältnis von Text und Bild* in ihren Informationsverschränkungen muß sicherlich noch genauer analysiert werden [123], und gerade im Rahmen der Technischen Redaktion ('adressatenspezifische Texte-Optimierung', 'Technical Writing') wären detailliertere Kenntnisse vonnöten [124], aber man kann in einer ersten Annäherung durchaus das funktionale Gewicht zwischen Text- und Bildinformation einteilen nach (i) ‹gleichwertig› (das Einbettungsverhältnis des

Bildes im Text ist textintegriert), (ii) ‹überwertig› (das Bild ist textdominierend) und (iii) ‹unterwertig› (das Bild ist textergänzend) [125].

VI. *Disziplinen mit Interesse an (der Wirkung von) N.* Die Wirkung von N. wird inzwischen von etlichen Disziplinen (VI.) aus den ihnen eigenen Perspektiven mit den ihnen eignenden Methoden und Instrumentarien untersucht. Die Rhetorik hatte hier weniger ein System entwickelt, als vielmehr eine Vielzahl recht bedeutsamer Beobachtungen zusammengetragen; sie bietet diese – wie Quintilian im Buch XI, 3 – als empirischen Fundus für bewußtes körperliches Ausdrucksverhalten während des Vortrags an, wobei sie die Elemente der (heute so genannten) N. (damals *actio*) doch eher als Begleitphänomen zu dem viel stärker im Vordergrund des analytischen Interesses stehenden Verbalen wahrnahm (was sich ja bei Quintilian neben der relativ unsystematischen Zusammenstellung auch in der Quantität – 1 Kapitel in 12 Büchern, d.i. rund 9% des Gesamttextes – offenbart). Aber auch andere Disziplinen interessieren sich für die psychische Beeinflussung, die Affekte, die Emotionen, die Ästhetik der Gefühle, die Deutung körperlicher Merkmale, die Beschreibung und Erklärung von Körperausdruck sowie für die Interpretation von Eindrucksqualitäten; auch sie nehmen die komplexe Bedingungsgemeinschaft von (i) *Ausdrucksträger* (Körperteile wie Stirn, Augen, Schultern, Finger), (ii) *Ausdruck* (Regung, kommunikatives Verhalten, Ausdrucksrepertoire als Erscheinung[sbild]; wie Augenrollen oder mit den Hüften wackeln) und (iii) *Ausdrucksbedeutung* (Funktion des Ausdrucks [s.o. B. I.]: expressiv [Sender], referentiell [Gegenstände, Sachverhalte, Handlungszusammenhänge], appellativ [Rezipient]) in den Blick.

a) Es bietet sich also an, eine Kooperation anzustreben und die N. in einem interdisziplinären Zugriff zu untersuchen. Als Dach könnte sich dazu die *Anthropologie* von Nutzen erweisen; sie hat ein außerordentlich weit ausgelegtes Format, definiert sich ausschließlich und somit fundamental aus dem Blickwinkel ἄνθρωπος, ánthrōpos ‹Mensch› und widmet sich seit alters her dem Körper [126].

Als dem Profil der Rhetorik besonders affin sind allerdings hier im HWRh die *Psychologie* und die *Affektenlehre* (die ihrerseits ja in allen fünf Bearbeitungsphasen – *inventio, dispositio, elocutio, memoria, pronuntiatio* – präsent ist [127]) als die auf Emotionen zielenden Richtungen (‹S – E›) ausgewiesen. – Die *Physiognomik* nimmt dazu noch stärker den ‹Gegenstand›, nämlich die Formen des festen Gesichts, in den analytischen Blick (‹S – R – E›) [128]. – Die Ziele der *Stimmkunde* und *Chironomie* sind stark senderbestimmt (‹S›), wie man aus deren Lehrformen (der Sprecher setzt die Stimme ein, der Sprecher führt die Hand zur Rede) ableiten kann [129], sie rechtfertigen sich aber aus spezifischem Anliegen zur Darstellung oder Illustration von Gegenständen, Sachverhalten und Handlungszusammenhängen, und dies in Bezug auf die Publikumswirkung; von daher ist es hier angemessen, die Faktorenkonstellation mit ‹S – R – E› zu beschreiben.

b) Die *Linguistik* hat in ihrer langen Tradition, anfänglich als Philologie des frühen 19. Jh., sich stets ausschließlich mit der Verbalität von Sprache beschäftigt. Die Texte, ihre Lexik und Syntax waren schriftliche Zeugnisse. Mit der ‘Entdeckung’ der Mündlichkeit [130] ab den siebziger Jahren (wohl ausgehend von der Romanischen Sprachwissenschaft [131]) und der Etablierung von Disziplinen wie Gesprächs-, Konversations-, Dialoganalyse hätte neben der mündlichen Kommunikationssituation auch die Körperlichkeit der Dialogpartner und die Nonverbalität konstitutiver Faktoren des Kommunikationsprozesses in den Blick geraten müssen. Doch hat die Linguistik, auch ihre Spezifizierungen wie Text- und Pragmalinguistik, hier das Feld der offenbar dafür prädestinierten Rhetorik überlassen; diese hat ja seit alters her das Bewußtsein für Nonverbalität gepflegt und, wenn auch nicht systematische, so doch kategorielle Beschreibungsweisen dafür entwickelt und sie auch didaktisch oder jedenfalls instruktiv umgesetzt. Ein gewisses Interesse erhalten die parasprachlichen Phänomene von seiten der *Paralinguistik*. [132] Ansonsten finden sich in sprachwissenschaftlichen Handbüchern, Einführungs- oder Überblickswerken keine erwähnenswerten Hinweise zur N.

c) Jene Disziplinen oder Interessenbereiche, die die N. stärker beachten und in ihre sonstigen Überlegungen mit einbeziehen, haben auch starke Bezüge zur Rhetorik, zu einer in diesem Falle ‹Angewandten Rhetorik›. Hier wäre an (i) die *Translationswissenschaft* (spezieller an die Dolmetschwissenschaft) und an (ii) die *Interkulturelle Wirtschaftskommunikation* zu denken.

Die Dolmetschsituation ist in ihren mündlichen Translationsprozessen eine spezifisch kommunikative, partnergerichtete, interkulturell herausfordernde und je nach Dolmetschtyp (Flüster-, Simultan-, Konsekutivdolmetschen, aber nicht Kabinen- oder Konferenzdolmetschen) auch eine körperreaktive und proxemisch sensible Konstellation. Hier bedeutet die Bewußtmachung nonverbaler Phänomene zugleich auch die Klärung kultureller Spezifika, die im interkulturellen Verkehr möglicherweise zu Kommunikationskonflikten führen können. [133]

Die Wirtschaftskommunikation, deren heutige Attraktivität wohl in der blühenden Wirtschaftslinguistik der dreißiger Jahre wurzelt [134] und nun durch die Anforderungen der globalisierten Kommunikation und der internationalen Handelsbeziehungen als besonderer gesellschaftlicher Bedarf in den Blick rückt [135], hat als *Interkulturelle Wirtschaftskommunikation* die rhetorischen Komponenten der N. für sich (neu) entdeckt: Diese Wiederentdeckung aus pragmatischen Zwängen heraus wurde insbesondere durch den Bedarf der Unternehmen, auch durch die Sorge um das Corporate Identity, erzwungen: (i) Gesprächsstrategien, (ii) Verhandlungsrhetorik, (iii) internationale Unternehmenskommunikation, bei denen es um Aufbau und Erhalt zwischenmenschlicher Sympathie, um fremdsprachliches Verstehen, um kulturenkontrastives Verständnis, um partnergerichtete Achtung, um soziale und interaktive Kompetenz geht, entwickeln sich seit den neunziger Jahren zu wichtigen und zunehmend kritisch evaluierten Bestandteilen der Unternehmenskultur; sind diese Befähigungen bzw. Fertigkeiten nämlich nicht gegeben, ergeben sich Einbußen bei Vertragsabschlüssen, finanzielle Verluste, mangelnde Anschlußaufträge, schlechtes Image. Ein kulturensensibilisiertes Management muß zugleich eine rhetorisch geschulte, und hier speziell in der N. bewußte Kompetenz erwerben und anwenden. [136] Seit den achtziger Jahren gibt es hierzu eigene Schulungen, vorwiegend noch von den Unternehmen selbst eingerichtet; die Lehrmaterialien halten allerdings nur selten einer kritischen Evaluation stand und wirken oft eher introspektiv und intuitionistisch.

Daß aber Bedarf für Anleitung und an Ratgeberliteratur besteht, zeigt sich auf dem Buchmarkt mit einer wachsenden Zahl von einschlägigen Titeln wie ‹Global Business Behaviour›, ‹Körpersprache im Beruf›, ‹Körpersignale der Macht›, ‹Die Körpersprache des Bosses›, ‹Körpersprache für Manager›, ‹Japan-Knigge für Manager›, ‹Rußlandknigge›, u.v.a. [137] Die Gefahr bei vielen solcher 'Sachbücher' liegt allerdings in der oft mangelhaften Qualität und dem Tradieren von Vorurteilen und Stereotypen [138] sowie in unwissenschaftlichen Darstellungsweisen [139].

D. *Komplexe Perspektiven. I. N. im Rahmen von Kulturmodellen.* Diejenigen unter den Kulturwissenschaftlern, die eher pragmatisch ausgerichtet arbeiten, bemühen sich, hilfreiche Kriterienraster zu erarbeiten, nach denen sich Kulturspezifika (s. B.I.a)) aus der Vielfalt der individuellen Lebenspraxis herausfiltern und an Fremdkulturelle bewußt vermitteln lassen. Dies dient nicht nur der Beschreibung von kulturellen Identitäten und (im interkulturellen Vergleich) von Alteritäten, sondern verfolgt auch den pragmatischen Zweck, Verhaltenskollisionen, Erwartungsenttäuschungen, Mißdeutungen und Mißverständnisse, Vorurteile und mögliche Konflikte schon im Vorfeld der verbalen Kommunikation abzufangen und Formen der Selbstinszenierung und beabsichtigten Fremdwirkung, wie sie vom Alltag bis zum beruflichen Umgang reicht [140], zu erkennen (bzw. zu durchschauen). Kommunikationspragmatik und Verhandlungsrhetorik können so fremdkulturell sensibel aufeinander abgestimmt werden. Zu den Kriterien gehört die speziell im geschäftlich kommunikativen Umgang miteinander ja stark auffallende und als primäre Eindrucksqualität von Begegnungen dann auch (positiv, negativ, u.a.) bewertete Nonverbalität in all ihren Ausformungen (s. Abb. 4).

Dieses Format geht nicht zuletzt auf die in der ersten Hälfte des 20. Jh. angestellten Überlegungen von Anthropologen zurück – hier insbesondere von R. BENEDICT (1887–1948) und M. MEAD (1901–1978) –, daß die verschiedenen Gesellschaften mit bestimmten Phänomenen und Herausforderungen der Lebensgestaltung zwar gleichermaßen konfrontiert sind, aber dafür jeweils durchaus andere Verwirklichungsmöglichkeiten und Lösungsformen gefunden haben. Dazu gehören (i) das Verhältnis zur Obrigkeit bzw. zu Vorgesetzten, (ii) das Selbstbild, hier insbesondere (ii.1) das Verhältnis zwischen dem Einzelnen und der Gesellschaft und (ii.2) die Einschätzung von Maskulinität und Femininität in kooperativen Prozessen, sowie (iii) die Formen der Konfliktverarbeitung, wobei Aggressionen und Formen des Gefühlsausdrucks mit einbezogen sind. [141]

Aus diesem Raster hat, basierend auf empirischen Analysen in den siebziger Jahren, G. HOFSTEDE fünf Dimensionen der Kulturalität erarbeitet, die in den Gesellschaften jeweils unterschiedlich skalar besetzt sind: (i) *power distance*, (ii) *collectivism* gegenüber *individualism*, (iii) *femininity* gegenüber *masculinity*, (iv) *uncertainty avoidance*, (v) *long-term orientation in life* gegenüber *short-term orientation*. [142] Die hier versammelten Bereiche haben in ihrer Ausgestaltung viel, oft wesentlich mit N. [143] und mit rhetorischen Gesprächsstrategien zu tun (z.B. bei der Langzeit- bzw. Kurzzeitorientierung: s.o. (v)) und wirken im internationalen Verkehr als jeweils kulturspezifische Wettbewerbsvorteile [144], die es im globalisierten Management, in der interkulturellen Wirtschaftskommunikation, in der fremdkulturellen Kommunikationspragmatik, in der konkreten transkulturellen Verhandlungssituation bewußt zu kennen und zu beachten gilt.

Ähnlich zielen E.T. HALL und M. REED HALL [145] darauf, ein Raster für Kulturenvergleich zu erstellen, in das die individuellen Gegebenheiten der verschiedenen Gesellschaften eingepaßt werden können: (i) *time*, bei der zwischen ‹monochronen› und ‹polychronen Kulturen› unterschieden wird; (ii) *context* mit den Graden *high context* («a high context communication or message is one in which *most* of the information is already in the person, while very little is in the coded, explicit, transmitted part of the message») und *low context* («a low context communication is just the opposite; i.e., the mass of the information is vested in the explicit code») [146], (iii) *fast messages* gegenüber *slow messages*, (iv) *space*, bei dem es um das Raumverhalten geht. Das Ineinandergreifen von verbaler und N. wird auch hier prinzipiell betont, und die Signalisierung von Kulturspezifik geschieht offensichtlich in erster Linie über Indikatoren der N. (Proxemik, Mimemik, Artefakte, u.a.). Die kulturellen Gepflogenheiten, wie sie in der Wirtschaftskommunikation und somit in der interkulturellen Verhandlungsrhetorik zum Tragen kommen und dort entweder zu Sympathie, gegenseitigem Respekt und freundschaftlich-vertrauensbasierten Verhaltensweisen und schließlich zu Vertragsabschlüssen zwischen der Handelspartnern führen oder aber bei Mißlingen (den berühmten 'Fettnäpfchen' oder 'Kulturschocks') in deren Gegenteil kippen, lassen sich im Wirtschaftskontext auf einige Grundzüge zurückführen, die sich aus den Erkenntnissen der allgemeinen Kulturalitätsforschung (s.o.) ableiten, allerdings diese auch in spezifischer Weise ergänzen:

(1) Die auffälligste Trennung zwischen 'Business-Kulturen' ist einerseits der ausdrücklich verfolgte kaufmännische Wunsch, nämlich der Vertragsabschluß ('abschlußorientiert'), und andererseits das deutliche Interesse an Aufbau und Pflege einer persönlichen Verbindung zum Geschäftspartner ('beziehungsorientiert'). Zu den 'abschlußorientierten Kulturen' gehören Nord- und Nordwesteuropa, Großbritannien, Nordamerika, Australien und Neuseeland, Südafrika; zu 'zurückhaltend abschlußorientierten Kulturen' gehören Süd- und Osteuropa, der Mittelmeerraum, Hongkong, Singapur; 'beziehungsorientierte Kulturen' sind die arabischen Länder, der größte Teil Afrikas wie auch Asiens, sowie Lateinamerika. – (2) Direktes gegenüber indirektem Ansprechen der Sachprobleme sowie 'formelles' (hierarchische Gesellschaften) gegenüber 'informellem' Handeln (relativ egalitäre Kulturen): Aspekte wie berufliche Hierarchie, kompetenzieller Status, Respekterweisung, nonverbale Signalsetzungen, Geschlecht, Alter, auch soziale Herkunft und Bildung spielen hier eine je spezifische Rolle. 'Sehr informelle Kulturen' sind Australien und die USA; 'gemäßigt informelle' sind Kanada, Neuseeland, Dänemark, Norwegen; zu den 'förmlichen Kulturen' gehören der größte Teil Europas wie auch Asiens, der Mittelmeerraum, die arabischen Länder. Lateinamerika. – (3) 'Zeit- oder terminfixierte' (Pünktlichkeit, kontinuierlicher Beratungsverlauf, «monochron» nach Hall, s.o.) gegenüber 'zeitoffenen Kulturen' («polychron»): 'Stark monochrone Geschäftskulturen' finden sich im nördlichen und deutschsprachigen Europa, in Nordamerika und Japan; zu den 'relativ monochronen Kulturen' zählen Ost- und Südeuropa, Australien und Neuseeland, Singapur, Hongkong, Taiwan, China sowie Südkorea; zu den 'polychronen Geschäftskulturen' gehören die arabischen Länder, Afrika, Lateinamerika. Süd- und Südostasien. – (4) Die zentrale Signalwirkung der N. zeigt sich in der Unterscheidung zwischen 'expressiven' und 'reser-

vierten Kulturen'; gerade hier ist in rhetorischen Situationen große Sensibilität gegenüber fremdkulturellem Erwartungsstand geboten und deswegen auch verstärkte Lehrarbeit bei der Herausbildung von Bewußtheit konfliktträchtiger Kulturendifferenzen zu investieren. 'Stark expressive Kulturen' sind im Mittelmeerraum angesiedelt (romanisches Europa) und in Lateinamerika; zu den 'relativ expressiven Kulturen' gehören Osteuropa, Südasien, Australien und Neuseeland, die USA und Kanada; zu den 'reservierten Kulturen' zählen Ost- und Südostasien, Skandinavien, Großbritannien, Holland und der deutschsprachige Raum. Gerade die sozialen Beziehungen und die Einschätzungen des Geschäfts- und Gesprächspartners bestimmen sich über (i) die Stimmstärke und Stimm-Modulation des anderen, über (ii) das Schweigen (Redepausen) im Verhandlungsverlauf, (iii) die Erstreitung und Aufrechterhaltung von Rederecht und Redewechsel sowie deren Indikatoren, ferner über (iv) das Raumverhalten (Proxemik) (dicht, d.h. 20–35 cm: arabische Länder, Mittelmeerraum, romanisches Europa, Lateinamerika; auf Abstand, d.h. 40–60 cm: die meisten Asiaten, Nord-, Mittel- und Osteuropäer, Nordamerikaner), über (v) den Blickkontakt (intensiv: arabische Länder, Mittelmeerraum, romanisches Europa, Lateinamerika; fest bis gemäßigt: Nordeuropa, Nordamerika, Korea, Thailand; indirekt: größter Teil Asiens) sowie über (vi) die Gestik und Mimik (Bekundung von Interesse und Aufmerksamkeit), die beide jeweils (zum Teil gravierend) unterschiedliche Bedeutung in den verschiedenen Kulturen innehaben und entsprechend interpretiert werden können (z.B. ‹hochgezogene Augenbrauen› bei Nordmerikanern: Interesse, Überraschung, bei Briten: Skepsis, bei Deutschen ‹Sie sind aber clever!›, bei Filipinos ‹Hallo!›, bei Arabern ‹Nein!›, bei Chinesen: Ablehnung; oder bei Gesten: das Fassen mit dem rechten Zeigefinger auf die eigene Nase bezeichnet im Japanischen: ‹ich›, im arabischen Kulturraum ‹ich werde das tun, worum du mich bittest›) und über (vii) die Körperbewegungen (Kinesik), schließlich auch über (viii) das Berührverhalten (Haptik), wozu auch Höflichkeitsformen wie Handgeben, Händeschütteln gehören (Kulturen mit 'großem Körperkontakt': arabische Länder, Mittelmeerraum, romanisches Europa, Lateinamerika; Kulturen mit 'mäßigem Körperkontakt': Osteuropa, Nordamerika, Australien; Kulturen mit ‹geringem Körperkontakt›: größter Teil Asiens, Nordeuropa, Großbritannien).

Aus dem Zusammenwirken dieser vier Kulturalitätsindikatoren (1) bis (4) lassen sich, in grober Orientierung, sieben Gruppen als Kulturenprofile erstellen, deren Kenntnis für die interkulturelle Wirtschaftskommunikation von konfliktvermeidender Wichtigkeit sein kann [147]: 1. Gruppe: ‹Beziehungsorientiert, formell, polychron, reserviert›, zu den Handelspartner-Ländern wie Indien, Vietnam, Indonesien, Thailand, die Philippinen gehören; – 2. Gruppe: ‹Beziehungsorientiert, formell, monochron, reserviert› mit Handelspartnern wie Japan, China, Südkorea, Singapur; – 3. Gruppe: ‹Beziehungsorientiert, formell, polychron, expressiv›, zu der Saudi-Arabien, Ägypten, Griechenland, Brasilien oder Mexiko gehören; – 4. Gruppe: ‹Beziehungsorientiert, formell, polychron, beschränkt expressiv›, mit Rußland als Repräsentanten; – 5. Gruppe: ‹Zurückhaltend abschlußorientiert, formell, beschränkt monochron, expressiv›, wozu Frankreich, Belgien, Italien zählen; – 6. Gruppe: ‹Abschlußorientiert, beschränkt formell, monochron, reserviert› mit Handelspartner-Ländern wie Deutschland, Dänemark, Finnland, Holland; – 7. Gruppe: ‹Abschlußorientiert, informell, monochron, reserviert›, was für Australien, Kanada und die USA gilt.

Wenn das Höflichkeits- und somit, im Wirtschaftskontext, auch Effizienzdiktat gelten soll, daß sich der Verkäufer stets dem Käufer und seinem Lebenskontext anzupassen hat, muß er für sein Auftreten im fremdkulturellen Dialog derartige Kulturspezifika der verbalen und der N. kennen und entsprechend, im Rahmen seiner Möglichkeiten, beherzigen. Gerade Marketing, Verkauf, Verhandlungen und Management im kulturellen Brückenschlag betreiben zu wollen, setzt voraus, daß Konflikte, wie sie durch jeweils verschiedene Erwartungsmuster, Gesprächshaltungen, rhetorisch-pragmatische Strategien, nonverbale Verhaltens- und Interpretationsweisen entstehen können, vermieden oder bewältigt werden, indem Bewußtheit der Unterschiede (und Gleichheiten!), erlernte Kenntnisse zur Bewältigung und geeignete praktische Anwendung fremdkultureller Spezifika in die interkulturelle Wirtschaftskommunikation mit einfließen.

II. *N. als Forschungsformat für eine Angewandte Rhetorik.* Hier ist die Rhetorik als ‹Angewandte Rhetorik› oder – enger, in der Tradition der Anweisung zur praktischen Rede- und Schreibübung gesehen [148], als ‹Praktische Rhetorik› – in der Fort- und Weiterbildung aufgerufen, gerade in ihrem genuinen Gebiet der N. wissenschaftlich weiter zu forschen und ihre Ergebnisse den Interessengruppen in der Gesellschaft – Managern, Verkäufern, Rednern, Politikern u.a. – anzubieten. Dazu muß allerdings der Trend gesehen werden, daß die Rhetorik dann nur noch auf die persuasive Kunst reduziert wird, sich so auch lediglich ergebnisorientiert bemißt (z.B. gelungener Vertragsabschluß mit dem fremdkulturellen Partner), so daß die moralischen Komponenten in einer solchermaßen zur effizienten Techniklehre geschrumpften 'Anweisungspragmatik der beruflichen Bedarfslagen' verlorengehen; darin behielte dann PLATON (428–347 v.Chr.) mit seiner Kritik an der Rhetorik (Dialoge ‹Gorgias›, ‹Phaidros›) schließlich doch Recht. Um dem zu begegnen, werden inzwischen auch die äußeren wirkungsmächtigen und kommunikativen Formen des Redens bzw. der Rede gezielt in den Blick genommen: massenmediale Kommunikation, Werbung, Wissenschaftssprache, Alltagskommunikation, sozialpsychologische Grundlagen von Sprechverhalten, soziokulturell bedingte Rezeptionsweisen, und dann natürlich auch die Wirksamkeit des Rhetorischen außerhalb der gesprochenen Sprache: in Bildern (‹Rhetorik der Bilder›) und in der Musik (‹Rhetorik der Musik›). [149] In dieses Programm gälte es hier allerdings noch, die N. miteinzubeziehen.

Die Angewandte Rhetorik, die sich der Leiblichkeit von Kommunikation stärker widmen würde und sich dazu auch an die – seit den mittsechziger Jahren gewachsene – Kommunikationspsychologie annähern könnte (F. SCHULZ VON THUN, P. WATZLAWICK, u.a.), verstünde sich dann in diesem wichtigen Bereich als eine «anthropologische Rhetorik» [150]: als eine Rhetorik, die sich der Körperkommunikation als menschlichem Ausdrucksmittel widmet.

In diesem Sinn kann die Angewandte Rhetorik für ein Programm, das die N. für die pragmatischen Kontexte des interkulturellen Bedarfs berücksichtigen, auf vier Zentralbegriffe zurückgreifen (Abb. 9): die *Körperbezogenheit,* (2) die Bindung an die *Kommunikationssituation,* (3) die *Semiose* (Semiotizität) und (4) die *Kulturspezifik*

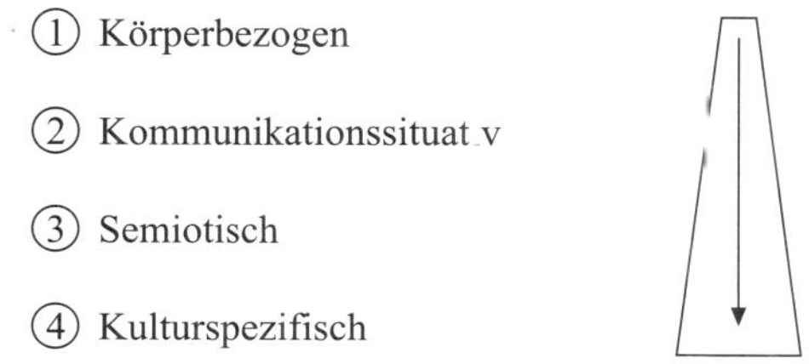

① Körperbezogen
② Kommunikationssituativ
③ Semiotisch
④ Kulturspezifisch

Abb. 9

(Kulturalität). Diese lassen sich aus ihrer bisherigen Arbeitstradition ableiten und stellen mit wachsender Komplexität (wie sie der sich verbreitende Pfeil andeutet) einen jeweils sich steigernden Anspruch auch an die Interdisziplinarität [151] der Rhetorik – hier mit evidenten Brückenschlägen insbesondere zur Semiotik [152], zur Anthropologie [153], Humanethologie [154], Psychobiologie [155], zu den Persönlichkeitstheorien [156] sowie zur Ausdruckspsychologie [157].

Die vier Zentralbegriffe als forschungsleitende Marken lassen sich auch systematisch zurückbinden an die Gegebenheiten der Kommunikationsprozesse (Abb. 10),

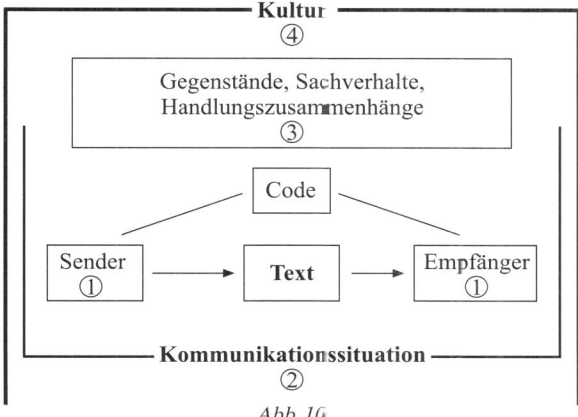

Abb. 10

zu denen die N. konstitutiv gehört und die ja auch die genuine Heimat der Rhetorik prinzipiell bilden: Die Körperbezogenheit (1) bezieht sich auf die einander zugewandten Kommunikationspartner; die Bindung an das situative Umfeld (Kontexte) (2) nimmt die Kommunikationssituation auf, in der überhaupt nur der Austausch von Texten und natürlich von N. funktioniert; die semiotischen Züge der N. (3) referieren auf die Gegenstände, Sachverhalte und Handlungszusammenhänge; die Kulturspezifik, im Vergleich mit der Fremdkultur dann auch die Interkulturalität (4), bringt der Begriff der Kultur als den obersten Rahmen von Kommunikation überhaupt ein und prägt damit auch das weit ausgelegte Format für die – insbesondere die N. betreffenden – Forschungs- und Lehraufgaben der Angewandten Rhetorik.

Anmerkungen:
1 E.R. Curtius: Zur Literarästhetik des MA I, II, III, in: ZRPh 58 (1938) 1–50, 129–232, 433–479. – 2 J. Kopperschmidt: Allg. Rhet. (1973) 135. – 3 B. Spillner: Das Interesse der Linguistik an Rhet. in: H.F. Plett (Hg.): Rhetorik. Kritische Positionen zum Stand der Forsch. (1977) 93–108. – 4 M.F. Loebbert (Hg.): Rhet. (1991). – 5 Plett [3]. – 6 H. Kalverkämper: Vorläufer der Textlinguistik: die Rhet., in: G. Antos et al. (Hg.): Text- und Gesprächslinguistik / Linguistics of Text and Conversation (2000) Art. 1, 1–17, Punkt 3.5. – 7 vgl. ders.: Translationswissenschaft als integrative Disziplin, in: H. Gerzymisch-Arbogast et al. (Hg.): Wege der Übersetzungs- und Dolmetschforsch. (1999) 55–76, bes. 58ff. – 8 Quint. II, 14, 5; 15, 16; 17, 37. – 9 ebd. II, 14, 5. – 10 Lausberg Hb. §32. – 11 Quint. XII, 1, 1 – 12 vgl. H. Kalverkämper: Antike Rhet. und Textlinguistik. Die Wiss. vom Text in altehrwürdiger Modernität, in: M. Faust et al. (Hg.): Allg. Sprachwiss., Sprachtypologie und Textlinguistik, FS P. Hartmann (1983) 349–372, bes. 366ff. – 13 vgl. ders.: Art. ‹Körpersprache› in: HWRh Bd. 4 (1998) 1339–1371; V. Kapp (Hg.): Die Sprache der Zeichen und Bilder. Rhet. und N. in der frühen Neuzeit (1990). – 14 Ueding / Steinbrink 255f.; Lausberg: El. §§ 29–33; ders. Hb. §§ 79–138. – 15 H. Weinrich: Sprache in Texten (1976) 24. – 16 M. Fuhrmann: Die linguist. Pragmatik und die rhet Status-Lehre, in: H. Weinrich (Hg.): Positionen der Negativität (1975) 437–439. – 17 vgl. Art. ‹Körpersprache› [13], ebenso Art. ‹Gebärde› u. ‹Gestik› in: HWRh Bd. 3 (1996) 564–579 u. 972–989 sowie Art. ‹Mimik› in: HWRh Bd. 5 (2001); V. Kapp: Die Lehre von der actio als Schlüssel zum Verständnis der Kultur der frühen Neuzeit, in: ders. (Hg.) [13] 40–64. – 18 vgl. z.B. D. Barnett: The Art of Gesture: The Practices and Principles of 18th Century Acting (1987); W. Pfaff et al. (Hg.): Der sprechende Körper. Texte zur Theateranthropologie (1996). – 19 vgl. L. Pfandl: Span. Kultur und Sitte des 16. u. 17. Jh. Eine Einf. in die Blütezeit der span. Lit. und Kunst (1924); Chr. Hofmann: Das Span. Hofzeremoniell von 1500–1700 (1985); Chr. Hofmann: Das Span. Hofzeremoniell – eine spezifische Ausdrucksform nicht-verbaler Sprache, in: Kapp [13] 142–148. – 20 vgl. Ch. LeBrun: Méthode pour apprendre à dessiner les passions, proposée dans une conférence sur l'expression générale et particulière (Amsterdam 1702; ND Hildesheim / Zürich / New York 1982); L.O. Larsson: Der Maler als Erzähler: Gebärdensprache und Mimik in der frz. Malerei und Kunsttheorie des 17. Jh. am Beispiel Charles LeBruns, in: Kapp [13] 173–189. – 21 P. Watzlawick, J.H. Beavin, Don D. Jackson: Pragmatics of Human Communication. A Study of Interactional Patterns, Pathologies, and Paradoxes (New York 1967) – 22 H. Kalverkämper: Kulturelle erkennen, lehren und lernen Eine kontrastive und interdisziplinäre Herausforderung an die Forsch. und Vermittlungspraxis, in: Fremdsprachen Lehren und Lernen 24 (1995) 138–181, hier insbes. Kap. 3 u. 4. – 23 K. Bühler: Sprachtheorie. Die Darstellungsfunktion der Sprache (²1965). – 24 E. Oksaar: Kulturemtheorie. Ein Beitr. zur Sprachverwendungsforsch. (1988). – 25 Kalverkämper [22] 138ff.; [7] 67ff.; ders.: Die Wiederentdeckung des kommunikativen Körpers – Rhet., Theatralik und Interkulturelle Wirtschaftskommunikation, in: Hermes (Aarhus) 23 (1999) 115–152, bes. 120ff. – 26 dazu L. Schippel: Medienkommunikativer und kultureller Wandel. Mündliche Distanzdiskurse in rumänischer televisueller Praxis (Habil.-Schr. HU Berlin 2002). – 27 vgl. Art. ‹Körpersprache› [13] spez. A.2., prinzipiell zum Verfahren des Negierens H. Weinrich (Hg.): Positionen der Negativität (1975). – 28 vgl. C.III. – 29 vgl. C.V.b). – 30 vgl. C.V.a) [Kleidung] sowie Art. ‹Mimik› [17] spez. B.II.3. [Maske]. – 31 Lausberg Hb. § 47. – 32 ders. El. §§ 31ff. – 33 Lausberg Hb. §§ 315, 528–537. 1067–1070. – 34 ders. El. § 369; ders. Hb. §§ 810–819; vgl. auch Art. ‹Evidentia, Evidenz› in: HWRh Bd. 3 (1996) 33–47, B.III – 35 Lausberg Hb. § 810. – 36 ebd. – 37 Isid. Etym. II, 21, 33. – 38 Quint. IV, 2, 123. – 39 ebd. XI, 3. – 40 vgl. Art. ‹Körpersprache› [13] B.1. – 41 Quint. XI, 3, 14–52. – 42 vgl. auch K.-H. Göttert: Gesch. der Stimme (1998). – 43 Quint. XI, 3, 68–71, insbes. 72–81. – 44 ebd. XI, 3, 65–67, 83–124. – 45 G.W. Kolschanski: Paralinguistik, ins Dt. übers. u. hg. v. H. Zikmund (1978; Russ. Origin. 1974); W. Nöth: Hb. der Semiotik (²2000) 365–368, VI.6. – 46 Quint. XI, 3, (5-) 55–56(-60). – 47 vgl. Art. ‹Körpersprache› [13] B.1. – 48 E.T. Hall: The Hidden Dimension (Garden City, N.Y. 1966). – 49 J. Fast Versteckte Signale. Berufserfolg durch Körpersprache (1993). – 50 A. Guglielmi: Il linguaggio segreto del corpo (Casale Monferrato 1999). – 51 J. Fast: Körpersprache (1971). – 52 B. Schwertfeger: Macht ohne Worte. Wie wir mit dem Körper sprechen (1988; ²1989). – 53 Ph. Lersch: Gesicht und Seele. Grundlinien einer mimischen Diagnostik (1932; ⁷1971); K. Leonhard: Ausdrucksprache der Seele. Darst. der Mimik, Gestik und Phonik des Menschen (1949; 1976). – 54 S. Molcho: Körpersprache (1983). – 55 M. Argyle: Bodily Communication (London 1975); A.E. Scheflen: Körpersprache und soziale Ordnung. Kommuni-

kation als Verhaltenskontrolle (1976); K.R. Scherer, H.G. Wallbott (Hg.): N.: Forschungsberichte zum Interaktionsverhalten (1979; ²1984); D. Morris: Körpersignale. Bodywatching (1986); S. Molcho: Körpersprache als Dialog. Ganzheitliche Kommunikation in Beruf und Alltag (1988). – **56** I. Eibl-Eibesfeldt: Die Biologie des menschlichen Verhaltens. Grundriß der Humanethologie (³1995). – **57** vgl. z.B.R. Campe, M. Schneider (Hg.): Geschichten der Physiognomik. Text, Bild, Wissen (1996); W. Hausenstein: Der Körper des Menschen in der Gesch. der Kunst (1916); N. Borrmann: Kunst und Physiognomik. Menschendeutung und Menschendarst. im Abendland (1994); I. Barta-Fliedl et al. (Hg.): Rhet. der Leidenschaft. Zur Bildsprache der Kunst im Abendland (1999); I. Barta Fliedl, Chr. Geissmar (Hg.): Die Beredsamkeit des Leibes. Zur Körpersprache in der Kunst (Salzburg/Wien 1992); K. Herzog: Die Gestalt des Menschen in der Kunst und im Spiegel der Wiss. (1990); M. Albert: Unausgesprochene Botschaften. Zur N. in den Romanen Stendhals (1987); Fr.R. Hausmann: Seufzer, Tränen und Erbleichen – nicht-verbale Aspekte der Liebessprache in der frz. Lit. des 16. und 17. Jh., in: Kapp [13] 102–117; H. Kalverkämper: Lit. und Körpersprache, in: Poetica 23 (1991) 328–373; Th. Koch: Lit. Menschendarstellung. Stud. zu ihrer Theorie und Praxis (1991); B. Korte: Körpersprache in der Lit.: Theorie und Gesch. am Beispiel englischer Erzählprosa (1993); W. Groddeck, U. Stadler (Hg.): Physiognomie und Pathognomie. Zur lit. Darst. von Individualität, FS K. Pestalozzi (1994); R. Schenda: Gut bei Leibe. Hundert wahre Gesch. vom menschl. Körper (1998). – **58** vgl. Art. ‹Körpersprache› [13] D.2. sowie Art. ‹Physiognomik› in: HWRh Bd. 6; C. Schmölders: Das Vorurteil im Leibe. Eine Einf. in die Physiognomik (1995, ²1997); dies.: (Hg.): Der exzentrische Blick. Gespräch über Physiognomik (1996). – **59** vgl. Kalverkämper [22]. – **60** S. Frey: Die N. (1984) 30; eine differenziertere, kulturhist. orientierte Segmentation des Körpers bei Morris [55]: s. Art. ‹Körpersprache› [13] C.2.(a); vgl. auch Kalverkämper [22] 144ff. – **61** aus: Frey [60] 30f. – **62** ebd. – **63** siehe Kolschanski [45]. – **64** Chr. Tramitz: Irren ist männlich. Weibl. Körpersprache und ihre Wirkung auf Männer (1993). – **65** vgl. L. Weinrich: Verbale und nonv. Strategien in Fernsehgesprächen (1992). – **66** H. Kalverkämper: Fachl. Körpersprache, in: Kl.-D. Baumann et al. (Hg.): Sprachen im Beruf (2000) 45–81. – **67** W. Ulrich: Uta von Naumburg. Eine dt. Ikone (1998). – **68** Lausberg El. § 65. – **69** ebd. § 69. – **70** ebd. § 68. – **71** ebd. § 209. – **72** vgl. Art. ‹Anspielung› in: HWRh Bd. 1 (1992) 652–655. – **73** Quint. IX 2, 22–23; Ueding/Steinbrink 313. – **74** vgl. E. Zundel: Clavis Quintilianea (1989). – **75** Lausberg Hb. § 887–889; Ueding/Steinbrink 322f. – **76** Quint. IX, 2, 54–57; Lausberg Hb. § 880. – **77** Quint. VIII, 3, 85. – **78** vgl. K. Meise: Une forte absence. Schweigen in alltagsweltlicher und lit. Kommunikation (1996); D. Kamper, Chr. Wulf (Hg.): Schweigen. Unterbrechung und Grenze der menschl. Wirklichkeit (1992). – **79** nur als erste Hinweise: Heinrich Böll: Doktor Murkes gesammeltes Schweigen (1958); Vercors [Jean Marcel Bruller]: Le silence de la mer (1942); Samuel Beckett: En attendant Godot (1953). – **80** nur als erste Hinweise: René Magritte: La voix du silence (1928); oder versch. Gemälde des nordamerikanischen Realisten Edward Hopper (1882–1967). – **81** vgl. Art. ‹Angemessenheit› in: HWRh Bd. 1 (1992) 579–604. – **82** Lausberg El. § 464; ders. Hb. §§ 1055–1062. – **83** Lausberg El. § 464. – **84** siehe dazu auch Lausberg Hb. §§ 1055–1062. – **85** ebd. §§ 34–38. – **86** vgl. Ueding/Steinbrink 91–95. – **87** Lausberg El. §§ 29–38. – **88** ebd. § 4. – **89** ebd. § 465; Lausberg Hb. §§ 1078–1082; Ueding/Steinbrink 226–229. – **90** Quint. VI, 3. – **91** ebd. VI, 3, 11–13. – **92** vgl. Art. ‹Körpersprache› [13] C.2; Eibl-Eibesfeldt [56] 193f., 448, 628. – **93** vgl. z.B.S. Bovenschen: Kleidung, in: Chr. Wulf (Hg.): Vom Menschen. Hb. Hist. Anthropologie (1997) 231–242. – **94** vgl. M. Jedding-Gesterling, G. Brutscher: Die Frisur. Eine Kulturgesch. der Haarmode von der Antike bis zur Gegenwart (1988). – **95** vgl. z.B. A. Corbin: Pesthauch und Blütenduft. Eine Gesch. des Geruchs (1988); G. Vigarello: Wasser und Seife, Puder und Parfüm. Gesch. der Körperhygiene seit dem MA (1992); A. Le Guérer: Die Macht der Gerüche. Eine Philos. der Nase (1994). – **96** keine einschlägigen Belege in Zundel [74]. – **97** siehe Art. ‹Mimik› [17] B.II.3. – **98** hierzu vgl. Art. ‹Anstandslit.› in: HWRh Bd. 1 (1998) 658–675. – **99** B. Castiglione: Das Buch vom Hofmann. Il libro del Cortegiano (1528), übers. u. erl. v. F. Baumgart (1960). – **100** vgl. Chr. Strosetzki: Konversation. Ein Kap. gesellschaftlicher und lit. Pragmatik im Frankreich des 17. Jh. (1978). – **101** vgl. A. Freiherr von Knigge: Über den Umgang mit Menschen (1788), hg. v. G. Ueding (1977). – **102** Ueding/Steinbrink 100–133. – **103** Quint. XI, 3, 137–149. – **104** ebd. XI, 3, 137. – **105** vgl. Art. ‹Kleidung› in: HWRh Bd. 4 (1998) 1104–1106. – **106** vgl. z.B. R. Klein: Lex. der Mode. Drei Jahrtausende europäischer Kostümkunde (1950); L. Kybalová, O. Herbenová, M. Lamarová: Das große Bilderlex. der Mode. Vom Altertum zur Gegenwart (1966; Neuaufl. 1981); G. Lenning: Kleine Kostümkunde (⁷1977); E. Thiel: Gesch. des Kostüms. Die europ. Mode von den Anfängen bis zur Gegenwart (1980); R. König (Hg.): Menschheit auf dem Laufsteg – die Mode im Zivilisationsprozeß (1985); S. Bovenschen (Hg.): Die Listen der Mode (1986); B. Vinken: Mode nach der Mode (1993). – **107** Weinrich [15]; W.-D. Stempel (Hg.): Beitr. zur Textlinguistik (1971); vgl. H. Kalverkämper: Der Bestand der Textlinguistik, in: Dt. Sprache 9 (1981) 224–270, 329–379. – **108** hierzu Kalverkämper [6] u. [12] sowie ders.: Orientierung zur Textlinguistik (1981) u. H. Junker: Rhet. und Textgrammatik, in: RF 88 (1976) 378–382. – **109** hier R. Barthes: Système de la mode (Paris 1967), dt.: Die Sprache der Mode (1985). – **110** Nöth [45] 109. – **111** Barthes [109] 287, zit. Nöth [45] 109. – **112** vgl. Nöth [45] 394–399: Rhet. und Stilistik; H.U. Gumbrecht, K.L. Pfeiffer (Hg.): Stil. Geschichten und Funktionen eines kulturwiss. Diskursbegriffs (1986); G. Stickel (Hg.): Stilfragen (1995); U. Fix, G. Lerchner (Hg.): Stil und Stilwandel, FS B. Sowinski (1996). – **113** W. Hausenstein: Der nackte Mensch in der Kunst aller Zeiten (⁵1918); K. Clark: The Nude. A Study of Ideal Art (London 1956), dt.: Das Nackte in der Kunst (1958); E. Lucie-Smith: The Body. Images of the Nude (London 1981). – **114** vgl. A.M. Wagner: Jean-Baptiste Carpeaux, Der Tanz. Kunst, Sexualität und Politik (1989). – **115** Art. ‹Bild, Bildlichkeit› in: HWRh Bd. 2 (1994) 11. – **116** H. Kalverkämper: Das fachliche Bild. Zeichenprozesse in der Darst. wissenschaftlicher Ergebnisse, in: H. Schröder (Hg.): Fachtextpragmatik (1993) 215–238, hier 219f. – **117** dazu vgl. ders.: Darstellungsformen und Leistungen schriftlicher Fachkommunikation: diachrone und synchrone Aspekte, in: L. Hoffmann et al. (Hg.): Fachsprachen. Ein int. Hb. zur Fachsprachenforsch. u. Terminologiewiss., Bd. 1 (1998), Art. 4, 60–92. – **118** systemat. Aufstellung bei H. Kalverkämper: Bildsemiotik fachlicher Informationsanliegen – zugleich eine diachrone Argumentation für das narrative wiss. Bild, in: L. Danneberg, J. Niederhauser (Hg.): Darstellungsformen der Wissenschaften im Kontrast (1998) 349–410 (mit weiterführender Lit.), hier Anm. 39; St.-P. Ballstaedt: Bildverstehen, Bildverständlichkeit, in: H.P. Krings (Hg.): Wiss. Grundlagen der Technischen Kommunikation (1996) 191–233. – **119** Kalverkämper [22] 144; Art. ‹Körpersprache› [13] B.2. – **120** Nöth [45] 471–480, Kap. IX.2. – **121** Kalverkämper [116]; ders. [117] 76f.; ders. [118]. – **122** Kalverkämper [116] 224–228, auch dem. [118] Anm. 106. – **123** Nöth [45] 481–486, Kap. IX.3. – **124** Krings [118]. – **125** Kalverkämper [116] 222f. – **126** F. Hager (Hg.): KörperDenken: Aufgaben der hist. Anthropologie (1996); Wulf [93]. – **127** Lausberg Hb. § 255; ders. El. §§ 68–70. – **128** siehe Art. ‹Körpersprache› [13] D.2. sowie Art. ‹Physiognomik› [58]. – **129** siehe Art. ‹Chironomie› in: HWRh Bd. 2 (1994) 175–190. – **130** siehe Art. ‹Kommunikationstheorie› in: HWRh Bd. 4 (1998) 1187–1209, B.III.; W.J. Ong: Orality and Literacy. The Technologizing of the Word (London 1982), dt.: Oralität und Literalität. Die Technologisierung des Wortes (1987). – **131** L. Söll: Gesprochenes und geschriebenes Frz. (³1985); P. Koch, W. Oesterreicher: Gesprochene Sprache in der Romania: Frz., Ital., Spanisch (1990); R. Rath: Zur Erforschung der ‹Gesprochenen Sprache›, in: H. Scherer (Hg.): Sprache in Situation. Eine Zwischenbilanz (1989) 10–26; L. Schippel: Geschriebenes und gesprochenes Französisch (2001). – **132** Kolschanski [45]. – **133** dazu Kalverkämper [7]. – **134** E.E.J. Messing (Hg.): Zur Wirtschaftslinguistik. Eine Auswahl von kleineren und grösseren Beitr. über Wert und Bedeutung, Erforschung und Unterweisung der Sprache des wirtschaftl. Verkehrs (Rotterdam 1932); E. Carell: Wirtschaftswiss. als Kulturwiss. Unters. zur verstehenden Nationalökonomie insbesondere (1931); H. Picht: Wirtschaftslinguistik: ein hist. Überblick, in: Hoffmann et al. (Hg.) [117] Art. 30, 336–341. – **135** R. Lay: Dialektik für Manager (1975); B.-D. Müller: Interkulturelle Wirtschaftskommunikation (²1993); J. Bolten (Hg.): Cross Culture – Interkulturelles Handeln in der Wirtschaft (1995); A. Derieth: Unternehmenskommunikation. Eine theoretische und empirische Analyse zur Kommunikationsqualität von Wirtschaftsorganisationen (1995); J. Bolten (Hg.): Studien zur int. Unternehmenskommunikation (1998). – **136** Kalverkämper [25]. – **137** A. Baumbart, B. Jänecke: Rußlandknigge (1997); Ch.-N. Chu: The Asian Mind Game (New York 1991), dt.: China-Knigge für Manager (1993); J. Fast: Körpersignale der Macht. Der kreative Weg zu mehr Erfolg und Einfluß (1988); R.R. Gesteland: Global Business Behaviour. Erfolgreiches Verhalten und Verhandeln im int. Geschäft (Zürich 1999); S. Molcho: Körpersprache im Beruf (1997); D. Rowland: Japanese Business Etiquette (New York 1993), dt.: Japan-Knigge für Manager (1994); H. Rückle: Körpersprache für Manager. Signale des Körpers erkennen und erfolgreich umsetzen (1981; ⁸1991); ders: Körpersprache für Manager (1998); B. Schwertfeger, N. Lewandowski: Die Körpersprache der Bosse (1990). – **138** dazu H. Kalverkämper: Das Vorurteil in interkulturellen Zeichenprozessen, in: U. Dietrich, W. Winkler (Hg.): Okzidentbilder – Konstruktionen und Wahrnehmung (2000) 63–82; ders.: Der transformierte Dialog: Das Vorurteil in der interkulturellen Begegnung, in: M. Anghelescu, L. Schippel (Hg.): Im Dialog: Rumänische Kultur und Lit. (2000) 37–47. – **139** Kritik in Kalverkämper [22]. – **140** vgl. z.B. E. Goffman: The Presentation of Self in Everyday Life (New York 1959), dt.: Wir alle spielen Theater. Die Selbstdarst. im Alltag (1969; ⁶1988); ders.: Interaction Ritual. Essays on Face-to-Face Behavior (New York 1967), dt.: Interaktionsrituale. Über Verhalten in direkter Kommunikation (1971; ⁴1996). – **141** A. Inkeles, D.J. Levinson: National Character: the Study of Modal Personality and Sociocultural Systems, in: G. Lindzey (Hg.): The Handbook of Social Psychology, Bd. 4. (Reading, Mass. ²1969) 418–506. – **142** G. Hofstede: Cultures and Organizations: Software of the Mind: Intercultural Cooperation and its Importance for Survival (London 1991). – **143** auch Oksaar [24]. – **144** Hofstede [142] 240, Table 10.1. – **145** E.T. Hall, M. Reed Hall: Understanding Cultural Differences: Germans, French and Americans (Yarmouth, Maine 1989). – **146** ebd. 6. – **147** R.R. Gesteland [137]. – **148** vgl. G. Ueding: Rhet. des Schreibens. Eine Einf. (1995); Chr.-R. Weisbach: Professionelle Gesprächsführung. Ein praxisnahes Lese- und Übungsbuch (³1997). – **149** Ueding/Steinbrink (²1986) 186–189. – **150** Kalverkämper [25] 119f.; s. auch Art. ‹Körpersprache› [13] E. – **151** J. Kocka (Hg.): Interdisziplinarität. Praxis, Herausforderung, Ideologie (1987); H. Kalverkämper: Fach und Fachwissen, in: Hoffmann et al. (Hg.) [117] Art. 1, 1–24, hier Kap. 1.5., 12–14. – **152** R. Luccio: Body Behavior as Multichannel Semiosis, in: R. Posner et al. (Hg.): Semiotik / Semiotics. Ein Hb. zu den zeichentheoret. Grundlagen von Natur und Kultur, Bd. 1 (1998) Art. 13, 345–356; F.M. Wuketits: Anthroposemiose, ebd., Art. 25, 532–548; K. Grammer: Körpersignale in menschl. Interaktion, ebd. Bd. 3, Art. 168 (i. Dr.); E.W.B. Hess-Lüttich: Multimediale Kommunikation, ebd. Bd. 3. Art. 169 (i. Dr.). – **153** Wulf [93]. – **154** Eibl-Eibesfeldt [56]. – **155** K. Immelmann et al. (Hg.): Psychobiologie. Grundlagen des Verhaltens (1988). – **156** C.S. Hall, G. Lindzey: Theorien der Persönlichkeit, 2 Bde. (1978/79); K.A. Schneewind: Persönlichkeitstheorien, 2 Bde. (o.J.); J.B. Asendorpf: Psychol. der Persönlichkeit (1996). – **157** vgl. R. Buser: Ausdruckspsychologie. Problemgesch., Methodik und Systematik der Ausdruckswiss. (1973).

H. Kalverkämper

→ Actio → Affektenlehre → Angemessenheit → Chironomie → Gebärde → Gestik → Intonation → Kleidung → Körpersprache → Lachen, das Lächerliche → Mimik → Mode → Physiognomik → Pronuntiatio → Prosodie → Psychologie → Rednerbühne → Stimme, Stimmkunde → Wirkung

Notariatskunst (lat. *ars notariae, ars notaria*)

A. N. ist die Lehre von der schriftlichen Fixierung rechtserheblicher Handlungen zum Zwecke ihrer Beglaubigung (Beurkundung). In ihrer historischen Entwicklung stand die N. immer in einem Spannungsverhältnis zwischen Rhetorik und Jurisprudenz. Dort, wo die urkundlichen Erzeugnisse neben ihrem rechtlichen auch einen zeremoniellen oder repräsentativen Charakter aufweisen, bezieht die N. Elemente der Rhetorik, vor allem der *ars dictandi* mit ein, ja erscheint sogar als Teil derselben. Gleichzeitig stehen Urkunden aber unter den normierenden Vorgaben der in Formularbüchern oder Gesetzestexten niedergelegten Rechtstraditionen, so daß dort, wo sich das schriftliche Formulieren auf die blinde Imitation vorgegebener Formen beschränkt oder sich in strenger Anbindung an eine Rechtssystematik vollzieht, der Bezug zur Rhetorik schwächer wird oder abreißt.

Dieses Spannungsverhältnis spiegelt sich auch in der unterschiedlichen Verwendung des Ausdrucks N. wider. Er geht auf die *ars notariae* zurück, die sich seit dem ersten Drittel des 13. Jh. in Italien an Schulen und Universitäten in Abgrenzung zur *ars dictandi* als Unterrichtsfach etabliert und eine eigene Literaturgattung begründet. Der Ausdruck *notaria* bezeichnet dabei das Notariat, das Amt des öffentlichen Schreibers (*notarius publicus, tabellio*), der vom Herrschaftsträger (Papst, Kaiser, Pfalzgrafen, Magistraten der italienischen Stadtstaaten) dazu ermächtigt wird, beglaubigte Urkunden abzufassen. Die öffentlichen Notare sind in Standesorganisationen zusammengeschlossen, die den Zugang zum Beruf kontrollieren und Notariatsschulen zur Ausbildung des Nachwuchses einrichten. In Bologna, später auch an den Universitäten anderer Städte, wird die *ars notariae* als eigenständiges Unterrichtsfach der Artistenfakultät eingerichtet. Dies ermöglicht eine systematische Trennung des Unterrichtsstoffes. Grammatische und rhetorische Kompetenz im schriftlichen Ausdruck werden im Rahmen der *ars dictandi* gelehrt, während sich die Lehrer der *ars notariae* auf die juristischen Grundlagen ihres Fachgebietes konzentrieren. Dementsprechend wird die *ars notariae* von ihren maßgeblichen Lehrern als Teil der Jurisprudenz begriffen und der rhetorischen Ausbildung im Rahmen der *ars dictandi* die Funktion einer Propädeutik zugewiesen. In den aus dieser Schule hervorgegangenen Werken der *ars notariae* finden sich keinerlei Überschneidungen mit dem rhetorischen System mehr. Ihr terminologischer Apparat macht kaum Anleihen bei der Schulrhetorik oder der *ars dictandi*; Anleitungen zur Grammatik und allgemeinen Stilistik sind ausgeschieden. Das Rangverhältnis der beiden Briefpartner, das in der *ars dictandi* ein konstitutives Element der Textproduktion darstellt und sowohl die kommunikativen Handlungen als auch die stilistische Ausgestaltung des Textes bestimmt, ist in der *ars notariae* ohne Bedeutung. In ihrem Rahmen meint die fallangemessene Textproduktion vielmehr die korrekte Einordnung des zu fixierenden Rechtsgeschäfts im juristischen System; die Bewertung der beteiligten Personen erfolgt auf ihre juristische Geschäftsfähigkeit und persönliche Glaubwürdigkeit hin, die vom Notar zu überprüfen sind. RAINERIUS, der Begründer der *ars notariae*, betont in seiner ‹Summa notariae›, daß die einzelnen juristischen Teilbereiche über ihre je eigene Terminologie verfügten, die sich nicht übertragen lasse.

In einer allgemeineren (literaturwissenschaftlichen) Bedeutung beschränkt sich der Ausdruck N. hingegen nicht auf die Tradition des öffentlichen Notariats, sondern findet (häufig unter der Bezeichnung *ars notaria*) auch auf die Urkundentheorie und -praxis Anwendung, die sich – zeitlich der italienischen *ars notariae* sowohl vorausgehend als auch parallel zu ihr – an den Kanzleien der Päpste, Kaiser und anderer Herrschaftsträger herausgebildet hat. Die an diesen Kanzleien geübte Urkundenpraxis wurzelt nicht im römischen Tabellionat, sondern in der spätrömischen Kaiserurkunde. Die Wissensvermittlung zur Abfassung rechtserheblicher Dokumente erfolgte mit Hilfe von Formularsammlungen (Formelbüchern)[1] und seit dem letzten Drittel des 10. Jh. durch kleinere theoretische Schriften zur Urkunde, die im Gefolge der *ars dictandi* entstehen. Daß diese frühen Urkundentheorien in so engem Verbund mit der *ars dictandi* erscheinen, hat zwei Gründe: Erstens beschränkt sich die Berufspraxis der Notare an den Kanzleien nicht auf das Ausstellen von Urkunden, sondern schließt ein breites Spektrum administrativer Tätigkeiten, darunter die Führung der Korrespondenz, mit ein. Zweitens weisen die an den Kanzleien abgefaßten Urkunden zahlreiche Überschneidungen mit Briefen auf. In den Kaiser- und Papsturkunden nehmen die feierlich-sakralen protokollarischen Bestandteile einen breiten Raum in der Makrostruktur der Urkunde ein. Dies erfordert eine gründliche Schulung des Prosastils. Obwohl besonders für die spätmittelalterliche Privaturkunde die Gemeinsamkeiten mit dem Brief weitgehend verschwinden und spätestens in den volkssprachlichen Handbüchern auch das Lehrschrifttum der *ars notariae* Eingang findet, hat die Verbindung aus Brief- und Urkundenlehre noch für das spätmittelalterliche und neuzeitliche Lehrschrifttum Vorbildcharakter. Typischerweise prägen bis ins 18. Jh. Brief-, Urkundenlehre und Formularsammlung, zu dickleibigen Kompendien der Schreiberei zusammengefaßt, das Bild der N. Die ursprüngliche enge Bindung an die *ars dictandi* führt dazu, daß die N. häufig unter die Rhetorik gefaßt wird, selbst dort, wo keine Verbindung mehr besteht.

B. I. *Antike.* Eine N. im Sinne einer schriftlich niedergelegten Urkundenlehre ist aus der griechischen Antike nicht überliefert. Doch hat die Ausbildung eines Urkundenwesens und eines öffentlichen Notariats die abendländische Rechtspraxis stark beeinflußt. In Griechenland werden spätestens seit dem 4. Jh. v. Chr. Verträge in Schriftform niedergelegt, und vermutlich werden diese Urkunden bereits von berufsmäßigen Schreibern verfaßt. Überregional übereinstimmende äußere Formen und sterotype Wortwahl lassen auf einen einheitlichen Enwicklungsprozeß und auf Austausch schließen; mit einiger Sicherheit sind auch Formularbücher in Gebrauch, von denen zumindest Überreste überliefert sind. In Ägypten werden seit der hellenistischen Zeit Verträge von einem staatlichen Notar, dem ἀγορανόμος (agoranómos) oder dem γραφεύς (grapheús) aufgesetzt und Abschriften in Zentralarchiven gelagert.[2]

In Rom weist man bis zur Zeit des Prinzipats die Konzeption von privatrechtlichen Verträgen, die sich in mündlicher Form vollziehen, besonders geschulten Juristen zu. CICERO zählt in ‹De oratore› neben dem Beistand im Prozeß (*agere*) und dem Erstellen von Gutachten (*respondere*) auch das Aufsetzen von Verträgen und Testamenten (*cavere*) als Akte der vorsorgenden Absicherung zu den Aufgaben des Juristen.[3] In der nachklassischen Zeit werden unter hellenistischem Einfluß Verträge in Schriftform abgefaßt und von gewerbsmäßigen Tabellionen geschrieben. Diese residieren in an öffentlichen Plätzen gelegenen ‹Stationen› und setzen für Privatpersonen Vertragsurkunden, Testamente, Prozeßschriften auf, die sie durch ihre Schüler oder Schreibergehilfen schriftlich fixieren lassen. Der Ausdruck *tabellio* leitet sich von dem mit Wachs überzogenen Holztäfelchen (*tabella*, Diminutiv von *tabula*) her, auf denen bis zur Zeit des Prinzipats die Verträge aufgezeichnet und versiegelt werden. In der Praxis der Urkundenschreiber entwickelt sich ein einheitliches Formular für die Urkunden. Unter Justinian wird die Beurkundungspraxis der Tabellionen gesetzlich geregelt[4]: Die Urkunde muß, um beweiskräftig zu sein, in Reinschrift vorliegen und von den anwesenden Vertragsparteien bestätigt werden; dem Tabellio wird die persönliche Anwesenheit bei der Ausfertigung der Urkunde zur Pflicht gemacht. Eingeführt werden auch die Datierung nach dem Regierungsjahr des Kaisers und die Indiktion, die sich bis in die Neuzeit erhalten haben.[5]

Der zweite Traditionsstrang, der die Urkundentheorie und -praxis des Mittelalters nachhaltig beeinflußt, geht von den Kaiserurkunden des Prinzipats und Dominats aus. Sie haben ihren Ursprung in den Reskripten und Edikten des Kaisers und der bevollmächtigten Magistrate. Sie sind seit dem 4. Jh. nicht mehr im Stile von Verkündigungen oder Reden, sondern in Briefform gehalten.[6] Abgefaßt werden diese Urkunden von den Notaren (*notarii*). Die Notare sind Schreiber (Sekretäre) des Hofrats und in einer festen Gruppe zusammengefaßt (*schola notariorum*), die direkt dem Kaiser unterstellt ist. Ihr Tätigkeitsfeld beschränkt sich jedoch nicht auf die Ausstellung von Urkunden. Sie erledigen im Sonderauftrag des Kaisers diplomatische und verwaltungstechnische Aufgaben und fungieren als Beamte mit Sonderwissen politischer und fachlicher Art. Unter diesen Notaren sind namhafte Rhetoren oder Schriftsteller bezeugt. Gegen Ende des 4. Jh. nehmen Einfluß und Ansehen der Notare sehr zu. Die Zahl steigt von ursprünglich wenigen bis auf mehrere hundert.[7]

II. *Mittelalter.* Nach dem allgemeinen Zusammenbruch der administrativen Schriftlichkeit im 9. Jh. beschränkt sich die Ausstellung von Urkunden weitgehend auf die Kanzleien der Päpste, Kaiser und Könige. Deren Schreiber werden in bewußter Anknüpfung an die römische Verwaltungsorganisation als *notarii* bezeichnet, und hier wird die Tradition der spätantiken Kaiserurkunde fortgesetzt. Das Personal der königlichen, bischöflichen und städtischen Kanzleien rekrutiert sich bis ins 14. Jh. nahezu ausschließlich aus Klerikern, die an Kloster- oder Stiftsschulen ausgebildet werden. An diesen Schulen liegt das Schwergewicht nicht nur auf der juristischen Ausbildung, sondern auch auf dem Trivium von Grammatik, Rhetorik und Dialektik. Die juristische Unterrichtung dieser angehenden Schreiber erfolgt seit dem Frühmittelalter durch eine reichhaltige Literatur von Formularsammlungen (Formelbüchern). Zum Ende des 11. Jh. entstehen im Kontext der *ars dictandi* auch erste theoretische Anleitungen zum Abfassen von Urkunden.[8] ALBERICH VON MONTECASSINO stellt in seinem 1077 entstandenen ‹Breviarium› Überlegungen zu Gemeinsamkeiten zwischen Brief und Urkunde an. Er sieht Überschneidungen im stilistischen Bereich und bei der *salutatio*. In seinen ebenfalls 1077 entstandenen ‹Abfassungsanleitungen› für Urkunden beschreibt er den rechtlichen Charakter der verschiedenen Urkundentypen, ihre Form im Gebrauch und gibt Kriterien für ihre Glaubwürdigkeit.[9] Eine bemerkenswerte Weiterentwicklung erfolgt durch die zwischen 1153 und 1155 entstandene französische anonyme ‹Aurea gemma Gallica›. Die in diesem Werk enthaltene Urkundenlehre ‹Doctrina cartarum› hebt sich aufgrund ihrer systematisch ordnenden Erfassung des Urkundenwesens qualitativ deutlich von ihren Vorgängern ab. Wie schon bei Alberich von Montecassino kommt die Abgrenzung zur Brieflehre auch dadurch zum Ausdruck, daß die Urkunde als eigenständige Textsorte definiert wird. In einer herkunftsgeschichtlichen Erörterung wird die Funktion der Urkunde als zeugenunabhängige, dauerhafte Beglaubigung wichtiger Rechtsgeschäfte bestimmt. Daß die Urkundenlehre der ‹Aurea gemma Gallica› den *artes notariae* schon sehr nahe kommt, zeigen u.a. das breite Spektrum von Urkundenformen und die Differenzierung nach unterschiedlichen Rechtsträgern innerhalb der einzelnen Urkundentypen, auf die sich die theoretischen Anleitungen beziehen: Testamente unter gesonderter Betrachtung der kaiserlichen und päpstlichen Testamente; Privilegien für natürliche Personen, Amtsträger, Kirchen und Städte; Urkunden über Schenkungen des Kaisers, der Könige, Fürsten etc. an Kirchen oder Klöster; Bezeugungen von Kauf, Kreditgabe, Besitztausch, Freilassung. In einer Redaktion der zwischen 1138 und 1143 entstandenen ‹Rationes dictandi› des MAGISTER BERNARDUS findet sich eine Urkundenlehre, welche die Urkundenlehre in den ‹Flores dictaminum› des BERNHARD VON MEUNG (um 1187) und in der RUDOLF VON TOURS zugeschriebenen ‹Summa dictaminis› (um 1180) stark beeinflußt.[10] Die ‹Flores dictaminum› Bernhards sind das am häufigsten bearbeitete Exempel der *ars dictandi* des 12. Jh. und finden über die Vermittlung durch die Zisterzienser auch in Deutschland und England weite Verbreitung. Ihre Überlieferung reicht bis ins 15. Jh. Auch sie formulieren Regeln für die Abfassung der verschiedenen Urkundentypen (Kaiser-, Papstprivilegien, Bischofsdekrete). Ihre Ausrichtung auf die Kanzleipraxis läßt sich besonders an den Ausführungen Bernhards von Meung zum Siegel, zur Theorie und Anwendung der Datierung nach der Indiktion und vor allem an ihrer umfangreichen Formularsammlung ablesen.[11]

Das 13. und 14. Jh. ist geprägt von einem Anstieg der allgemeinen Schriftlichkeit, der eine Ausweitung der Beurkundungspraxis nach sich zieht. An den Fürstenhöfen und in den Städten werden Kanzleien unterhalten, an denen zunehmend für Privatpersonen Urkunden ausgestellt werden. In Italien erhält die Notariatsurkunde durch ein Dekret von Papst Alexander III. volle Beweiskraft. Hier wird das Notariat zu einem öffentlichen Amt, das in lehensrechtlicher Form durch den Papst, den Kaiser oder durch einen von letzterem ermächtigten Hofpfalzgrafen verliehen wird. Die vom Notar ausgestellten Urkunden (Notariatsinstrumente) unterliegen strengen Formvorgaben, bedürfen zu ihrer Glaubwürdigkeit aber nicht mehr des Siegels eines Herrschaftsträgers, sondern nur der Unterschrift bzw. des Signets des Notars. Der Notar muß dazu vor einer aus Fachleuten gebildeten Kommission seine Kenntnisse der *ars notariae* und der Institutionen des ‹Corpus iuris civilis› nachweisen. Diese institutionelle Festigung des Notariats begünstigt berufsständische Zusammenschlüsse und die Einrichtung von Schulen, in denen die *ars notariae* gelehrt wird. Diese kann sich seit Mitte des 13. Jh. sogar als universitäres Unterrichtsfach an der Artistenfakultät etablieren. In den einzelnen Städten entstehen für den Unterricht konzipierte Formularbücher.[12] Eine um 1200 abgefaßte, fälschlich Inerius zugeschriebene Sammlung enthält bereits juristische Erklärungen. In Bologna verfaßt der Notar RAINERIUS PERUSINUS (1185–1245) 1214 einen dem Titel nach als Formularsammlung konzipierten ‹Liber formularius›, in dem das Notariat als *scientia* bezeichnet wird und der Ansätze zu einer systematisch gefaßten Theorie der *ars notaria* zeigt. 1226 und 1233 verfaßt Rainerius die erste ‹Ars notariae›.[13] Rainerius teilt die Materie in drei große, rechtssystematisch begründete Abschnitte: die Lehre von den Verträgen (*de contractibus et pactis*), vom Gerichtsverfahren (*de iudiciis*) und von den Testamenten (*de voluntatibus ultimis*). Am Schluß stehen allgemeine Handlungsmaximen für den Notar. Seine Schrift ist stark auf Bologna beschränkt und spiegelt den spezifischen Geschäftsgang der Stadt wieder. Obwohl Rainerius' ‹Ars notariae› später nicht mehr verbreitet wird, wirkt er doch beispielgebend auf andere Autoren, wobei Teile seines Werkes in Kompilationen Eingang finden. Die 1242 in einer ersten und 1254 in einer zweiten Fassung erschienene ‹Ars notariae› des SALATHIEL (gest. 1280) schließt konzeptionell eng an Rainerius an. Salathiel ordnet die *ars notariae* eindeutig der Rechtswissenschaft zu.[14] Das für die folgenden Jahrhunderte gültige Standardwerk der *ars notariae* verfaßt der Bologneser Lehrer der N. und seit 1284 Praeconsul (Obervorsteher der Zunft), ROLANDINUS PASSAGERIUS (1215/16–1300). Es handelt sich um einen ganzen Werkkomplex. Seine ab 1255 entstandene ‹Summa artis notariae› ist ein für die notarielle Praxis bestimmtes Werk: Die theoretischen Abhandlungen beschränken sich auf knappe prägnante Kommentare; im ersten Teil über die Verträge dominieren Formulare. Rolandinus erweitert sein Werk um einige theoretische Abhandlungen: ‹De notulis›, ‹Flos ultimarum voluntatum› und ‹De officio tabellionatus in villis et castris›. Seine Testamentslehre versieht er mit einem unvollendeten Kommentar (*Aurora*), der von PETRUS DE UNZOLA unter dem Titel ‹Meridiana› fortgesetzt wird. Die Sammlung wird unter der Bezeichnung ‹Summa Rolandina› in ganz Europa bekannt. In Deutschland findet diese *ars notariae* durch das ‹Speculum iudiciale› des GUILELMUS DURANTIS vermittelt Verbreitung. In den folgenden Jahrhunderten wird der zentrale Bestandteil des Corpus, die ‹Summa artis notariae›, zunehmend von Kommentarliteratur überwuchert.[15] Der Ingolstädter ANDREAS PERNEDER übersetzt Teile der ‹Summa› ins Deutsche.[16] Rolandinus, aber auch Rainerius und Salathiel prägen die spätere Notariatsliteratur nachhaltig: Die ‹Summa artis notariae› von Rainerius wird nahezu vollständig in das o.g. ‹Speculum iudiciale› übernommen und beeinflußt auch die Formularsammlungen der päpstlichen Kurie ‹Formularium notariorum curiae› (1327). Die ‹Summa notaria pro ecclesiastico› (1337) des österreichischen Notars PETER VON HALL und der 1475 in Speyer gedruckte ‹Tractatus notariatus› übernehmen Teile aus dem ‹Tractatus notularum›.[17] Einen großen Einfluß übt auch die vermutlich 1289 von JOHANNES VON BOLOGNA verfaßte ‹Summa notariae› aus, die zur Unterrichtung von englischen Klerikern konzipiert war.

Unter Urban V. (1362–1370) entsteht der ‹Formularius publici notariatus oficii›, der im Gegensatz zu den früheren Formularsammlungen der päpstlichen Kurie eine theoretische Einleitung enthält, die aus den Werken Rainerius' und Salathiels schöpft. Dieses Kompilat wiederum findet Eingang in die im letzten Drittel des 14. Jh. entstandene ‹Ars notariatus›, die zusätzlich noch Teile der ‹Summa artis notariae› von Rolandinus verarbeitet und die in der Forschungsliteratur lange ausschließlich Salathiel zugeschrieben wurde.[18] Das kleine Werk wird 1474 in Rom gedruckt und findet, wie die zahlreichen Nachfolgedrucke bis ins 16. Jh. belegen, in Italien, Deutschland, Frankreich und in den Niederlanden weite Verbreitung.[19] 1502 erscheint in Nürnberg eine deutsche Übersetzung unter dem Titel ‹Kunst deß Notariat und wie sich der Notarius in seinem Ampt halten und regieren solt›.[20] Eine Bearbeitung dieser Übersetzung erscheint seit 1529 in den Notariatshandbüchern, die der Frankfurter Drucker Egenolff in zahlreichen Neuauflagen auf den Markt bringt.[21]

Auf diese Weise fließt die *ars notariae* mit den seit Mitte des 15. Jh. entstehenden Schreiberhandbüchern zusammen, die mit ihrer Kombination von Brief- und Urkundenlehre sowie Formularsammlung einen fernen Reflex auf die *ars dictandi* -Tradition darstellen. Diese wird von öffentlichen Notaren wie auch von angestellten Schreibern zur Unterrichtung ihrer Schüler herangezogen. Das älteste gedruckte Schreiberhandbuch (ca. 1479) ‹Formulare und deutsch Rhetorika› beschränkt sich auf Brieflehre und Formularsammlung und weist nur spärliche Ansätze zu einer Urkundentheorie auf.[22] Aber in der Formularsammlung finden sich bereits Notariatsurkunden. Die beiden 1479 gedruckten Schreiberhandbücher von FRIEDRICH RIEDERER und HEINREICH GESSLER zeigen, wie sich an den am Römischen Recht orientierten Kommentaren zu den Urkundentypen ablesen läßt, bereits Ansätze zur Aufnahme der *ars notariae*.

III. *Neuzeit.* In der Neuzeit gewinnt das öffentliche Notariat, ausgenommen in England, immer größere Bedeutung. Eine eigene *ars notariae* ist nicht mehr entstanden, vielmehr werden die Werke der Klassiker der Notariatsliteratur weitergeführt. Der seit dem 16. Jh. in zahllosen Auflagen vertretenen Notariatsliteratur stehen Klagen über den allgemeinen Verfall des Notariatswesens gegenüber. Daraus resultieren verschiedene Versuche der Gesetzgeber, diesem Mangel durch gesetzliche Regelungen Abhilfe zu schaffen. Den bekanntesten Versuch stellt die unter Kaiser Maximilian I. erlassene Reichsnotariatsordnung von 1512 dar, die formal bis 1806 Gültigkeit besitzt. Eine durchgreifende Änderung bringen erst die großen Gesetzeskodifikationen wie das ‹Preußische Landrecht› oder der ‹Code Napoléon›, welche die Organisation des Notariats, unter anderem die Ausbildung, regeln und eine in der Rechtssystematik begründete Terminologie verbindlich vorschreiben.

Heute meint die N., wenn man überhaupt von einer ‹Kunst› sprechen will, die Kompetenz, den mündlich erklärten Willen des Antragstellers zu ermitteln und diesen in eindeutige Termini gefaßt, dem Rechtssystem entsprechend zu formulieren.[23]

Anmerkungen:
1 J. Knape, B. Roll: Art. ‹Formularbuch›, in: RDL³, Bd. 1 (1997) 621–623. – **2** H.J. Wolff: Das Recht der griech. Papyri Ägyptens in der Zeit der Ptolemaeer und des Prinzipats, Bd. 2 (1978) 8. – **3** H. Frischen: Zur Gesch. der Ars Notarii. Ausgewählte Bsp. der Kautelarjurisprudenz im röm. Recht, in: Notar und Rechtsgestaltung. Trad. und Zukunft (1998) 713–739; Cic. De or. I, 212. – **4** Corpus Iuris Civilis: Novellen 44 und 47, Codex 4, 21, 17. – **5** M. Kaser: Das röm. Privatrecht, Abschnitt 2: Die nachklassische Entwicklung (1959) 50–55. – **6** P. Classen: Kaiserreskript und Königsurkunde. Diplomatische Stud. zum Problem der Kontinuität zwischen Altertum und MA (1977) 16, 30, 60. – **7** J. Bleicken: Verfassungs- und Sozialgesch. des Röm. Kaiserreiches, Bd. 1 (1978) 171; Classen [6] 87. – **8** J. Meisenzahl: Ars notaria, in: Lebendige Trad. 400 Jahre Humanist. Gymnasium in Würzburg (1961) 127–151. – **9** F.J. Worstbrock, M. Klaes, J. Lütten: Repertorium der Artes dictandi des MA, T. 1 (1992) 7–18. – **10** ebd. 119–122, 24–62. – **11** ebd. 24–62; J. Meisenzahl: Die Bedeutung des Bernhard v. Meung für das ma. Notariats- und Schulwesen, seine Urkundenlehre und deren Überlieferung im Rahmen seines Gesamtwerks (Diss. masch. 1960). – **12** P. Weimar: Art. ‹Ars notariae›, in: LMA, Bd. 1, Sp. 1045–1047. – **13** L. Wahrmund: Die Ars notariae des Rainerius Perusinus, in: Quellen zur Gesch. des röm.-kanonischen Prozesses im MA, Bd. 3, 2 (1917). – **14** ebd. – **15** Summa totius Artis notariae Rolandini Rodulphini (Venedig 1546). – **16** Summa Rolandina, Das ist ein kurtzer bericht ... (Ingolstadt 1545); Verzeichnis der im dt. Sprachbereich erschienenen Drucke des 16. Jh. (= VD 16): R 2936–2952. – **17** H. Coing: Röm. Recht in Deutschland, Bd. 1 (1964) V 6, 205. – **18** S. Furtenbach: Ars Notariatus. Ein kurialer Notariatstraktat des 15. Jh, in: Österreich. Arch. für Kirchenrecht 30 (1979) 3–22, 299–327. – **19** Gesamtkatalog der Wiegendrucke, Bd. 2 (1926) 738–745. – **20** VD 16 [16] A 3824. – **21** R. Feenstra: Deux traités notariaux du XVe siècle: L' ‹Ars notariatus› anonyme et le ‹Doctrinale florum artis notarie› d'Etienne Marcillet. Une orientation bibliographique, in: Een Rijk Gerecht. Opstellen aangeboden aan prof. mr. P.L. Nève (Nijmegen 1998) 149–175, 158f; VD 16 [16] N 1865–1878. – **22** Gesamtkatalog der Wiegendrucke, Bd. 9 (1991) 33f. (Nr. 10178). – **23** C. Reithmann: Hb. der notariellen Vertragsgestaltung (1995) 4f.

Literaturhinweise:
F. Oesterley: Das deutsche Notariat, 2 Bde. (1842/1845). – R. Stintzing: Gesch. der populären Lit. des röm.-kanonischen Rechts in Deutschland am Ende des 15. und im Anfang des 16. Jh. (1867). – C.R. Cheney: Notaries Public in England in the thirteenth and fourteenth Centuries (Oxford 1972). – P.-J. Schuler: Gesch. des südwestdt. Notariats. Von seinen Anfängen bis zur Reichsnotariatsordnung von 1512 (1976). – Per una storia del Notariato meridionale (Rom 1982). – G. v. Dievoet: Les coutumiers, les styles, les formulaires et les ‹artes notariae›, in: Typologie des sources du moyen âge occidental 48 (Tournhout 1986).

B. Roll

→ Ars dictandi, dictaminis → Briefsteller → Formelbücher → Kurialstil → Urkunde

Nouvelle Rhétorique
A. Def. – B. Geschichte. – I. Entstehung. – II. – Systematik. – III. Rezeption und Fortwirkung.

A. Unter N. versteht man die von CHAIM PERELMAN entwickelte Fortführung der antiken – insbesondere: der aristotelischen – Rhetorik, die vor allem als Theorie der Argumentation zu verstehen ist. Die N. tritt damit der traditionell verbreiteten Reduktion der Rhetorik auf eine reine Stiltheorie und Figurenlehre entgegen. ‹Perelman› konzipiert die N. auf der Grundlage einer grundsätzlich pluralistischen Philosophie als Theorie des plausiblen, stets auf das jeweilige Auditorium hin orientierten, damit prinzipiell dialogischen Argumentierens, das er scharf von den zwingenden Beweisen der formalen Logik abhebt. Im Rahmen seiner N. versteht Perelman das Argumentieren als zwar fehleranfällige, jedoch ständig revidier- und optimierbare und deshalb keinesfalls willkürliche Grundlage des praktischen Handelns. Das Argumentieren im Sinne der N. steht somit zwischen den absoluten Gewißheiten des Dogmatismus und dem totalen Zweifel des Skeptizismus. Nicht so verbreitet ist der Gebrauch des Terminus ‹N.› für weitere zeitgenössische Traditionen in der Rhetorikforschung. So bezeichnet z.B. der französische Philosoph P. Ricoeur die ‹Allgemeine Rhetorik› (‹Rhétorique générale›) der Lütticher Gruppe um J. DUBOIS (‹groupe μ›), die eine Typologie der stilistischen Techniken auf der Grundlage einer Deviationstheorie entwickelt hat, als ‹nouvelle rhétorique›. Ferner ist im englischen Sprachraum der Terminus ‹New Rhetoric› verwendet worden, um eine sozialpsychologische Tradition der Erforschung persuasiver Effekte mittels empirischer Methoden (Experimente, Fragebögen) zu bezeichnen.[1]

B. I. Die N. ist vor allem das Werk des Philosophen CHAIM PERELMAN (1912–1984). In seiner Studie ‹De la justice› (1945), einem noch stark auf einer positivistischen und formallogischen Grundlage operierenden Versuch, den Begriff der Gerechtigkeit zu klären, kommt Perelman nach der kritischen Diskussion sechs konkreter Gerechtigkeitsprinzipien (darunter: «Jedem dasselbe», «Jedem nach seinen Verdiensten»; «Jedem nach seinen Bedürfnissen», «Jedem nach seinem Rang») zum Schluß, daß alle diese inhaltlichen Prinzipien problematisch sind und sich als ihr gemeinsamer Nenner nur ein formaler Gerechtigkeitsbegriff präzise definieren läßt: «On peut donc définir la justice formelle ou abstraite comme un principe d'action selon lequel les êtres d'une même catégorie essentielle doivent être traités de la même façon» (Man kann daher die formale oder abstrakte Gerechtigkeit als ein Handlungsprinzip definieren, nach welchem die zu derselben Kategorie gehörigen Entitäten auf dieselbe Weise zu behandeln sind). Diese abstrakte Gerechtigkeitsdefinition reicht jedoch nicht aus, um in konkreten Einzelfällen zu entscheiden, was gerecht ist und muß daher durch weitere, nicht mehr streng formal faßbare Prinzipien wie ‹équité› (‹Billigkeit›) und ‹charité› (‹Nächstenliebe›, ‹Barmherzigkeit›) ergänzt werden.

Dies führt Perelman zu dem folgenden Dilemma: Einerseits ist im Falle von ethischen Wertbegriffen eine methodisch strenge inhaltliche Klärung mit den Mitteln der formalen Logik nicht hinreichend möglich, andererseits ist für ihn das Zugeständnis, daß bei Werturteilen arbiträre bzw. subjektive Kriterien unvermeidlich seien, ebenfalls unbefriedigend.[2]

Perelman begibt sich daher auf die Suche nach einer Methodik, die es erlauben soll, auch Fragen der Ethik, des Rechts und des praktischen Handelns in einer nicht-arbiträren Weise zu behandeln. Bei dieser Suche stößt er auf die Jahrtausende alte Tradition der Rhetorik, insbesondere auf ARISTOTELES' klassische Abhandlungen zum rhetorischen und dialektischen Argumentieren. Seit 1947 entwickelte er zusammen mit der Soziologin LUCIE OLBRECHTS-TYTECA (1900–1987) die klassische Rhetorik zur N. weiter. Die Ergebnisse dieser gemeinsamen Untersuchungen veröffentlichten Perelman und Olbrechts-Tyteca 1958 in ihrem monumentalen Hauptwerk ‹Traité de l'argumentation. La nouvelle rhétorique›, das mittlerweile zu einem Klassiker der zeitgenössischen Argumentationstheorie geworden ist.[3]

In den folgenden Jahren wendete Perelman die N. vor allem auf dem Gebiet des Rechts an und veröffentlichte 1976 eine ‹Logique juridique› (juristische Logik) sowie zahlreiche weitere Arbeiten zu Themen wie Gerechtigkeit, Logik und Argumentation, Geschichte der Rhetorik und Dialektik, Pluralismus in der Philosophie.[4] Für seine Leistungen ist Perelman mehrfach preisgekrönt und mit Ehrendoktoraten ausgezeichnet worden. Die N. wurde in Europa und den U.S.A. intensiv rezipiert und entwickelte nicht nur in Rhetorik und Philosophie, sondern auch in Disziplinen wie Jurisprudenz und Linguistik einen starken Einfluß.[5]

II. Die Systematik der N. soll im folgenden vor allem auf der Grundlage des von Perelman und Olbrechts-Tyteca verfaßten Hauptwerks ‹Traité de l'argumentation› dargestellt werden.[6]

In dieser umfassenden Abhandlung werden zunächst formales Beweisen und dialektisches Argumentieren voneinander abgegrenzt. Ein Beweis im Rahmen eines formallogischen Kalküls ist im Unterschied zum Argumentieren in natürlicher Sprache eine zwingende Ableitung von Sätzen aus den Axiomen des Kalküls, somit völlig unabhängig von der Zustimmung einer Zuhörerschaft. Argumentieren zielt dagegen stets darauf ab, die Zustimmung einer mehr oder weniger großen Zuhörerschaft zu gewinnen («toute argumentation vise à l'adhésion des esprits»). Die Zuhörerschaft (‹l'auditoire›) wird als das Ensemble all derer definiert, die durch die Argumentation beeinflußt werden sollen («l'ensemble de ceux sur lesquels l'orateur veut influer par son argumentation»).

Spezialfälle von Zuhörerschaft sind gegeben, wenn man allein, in Form eines ‹Selbstgesprächs›, Pro- und Kontra-Argumente abwägt, oder wenn man einen Dialog in Form eines Zweiergesprächs führt oder schließlich wenn man sich an alle erwachsenen, vernünftigen Menschen wendet («tous les hommes adultes et normaux»), an das sogenannte «universelle Auditorium» («l'auditoire universel»). Letzteres ist realiter natürlich nie möglich. Der Begriff des universellen Auditoriums ist also ein Wertmaßstab, der einer Argumentation nicht faktisch, aber normativ den Anspruch auf universale Akzeptabilität zuschreibt («L'accord d'un auditoire universel n'est donc pas une question de fait, mais de droit») und damit Überzeugen (‹convaincre›) vom Überreden (‹persuader›) eines bestimmten, begrenzten Auditoriums abheben soll.

Im ‹Traité› werden ferner Ausgangspunkte (Prämissen) der Argumentation dargestellt. Nach ihrer Komplexität und dem Grad ihrer Allgemeinheit bzw. Verbindlichkeit werden dabei deskriptive Ausgangspunkte (Fakten, Wahrheiten, Annahmen) von normativen Ausgangspunkten (Werte, Werthierarchien, Loci) unterschieden, wobei auch Fragen der Auswahl von Prämissen und ihrer Präsentation behandelt werden. Das Kernstück des ‹Traité› bildet eine umfassende Typologie von Techniken der Argumentation. Schließlich wird auch das Zusammenspiel der einzelnen Argumente und ihre Anordnung in der Rede erörtert.

Im folgenden wird besonders die Typologie der Argumentationstechniken ausführlicher behandelt. Anders als ST. TOULMIN haben Perelman/Olbrechts-Tyteca im Rahmen der N. kein allgemeines prototypisches Argumentationsschema entwickelt, obwohl sie dies als Möglichkeit durchaus ins Auge fassen.[7] Stattdessen haben sie eine umfassende Typologie von Schemata der Argumentation entwickelt, die auf der antiken Topiktradition aufbaut. Diese Typologie ist jedoch anders strukturiert als der Standardkatalog argumentativer Topoi, wie er in der aristotelischen Tradition in Antike und Mittelalter überliefert ist, und enthält auch eine Reihe von neuen Typen und Mustern.

Perelman/Olbrechts-Tyteca unterscheiden zwei Haupttypen von Mustern der Argumentation: Schemata der Assoziation, die Verbindungen zwischen begrifflichen Elementen herstellen, und Schemata der Dissoziation, die im Gegenteil versuchen, begriffliche Elemente zu trennen, die in einem Denksystem als untrennbares Ganzes aufgefaßt werden. Obwohl sie die Schemata der Dissoziation nicht genau in derselben Weise untergliedern und darstellen wie die entsprechenden assoziativen Schemata, stellen sie doch fest, daß ein und dasselbe Paar von Begriffen einmal als Resultat einer Dissoziation, einmal als Resultat einer Assoziation dargestellt werden kann. z.B. Mittel-Zweck, Handlung-Person, Individuum-Gruppe.[8] Daher können dieselben Schemata als Mittel der Assoziation und der Dissoziation aufgefaßt werden, oder mit anderen Worten., als Mittel der argumentativen Begründung (Pro-Argumente) und als Mittel der argumentativen Widerlegung (Kontra-Argumente).[9] Es sollen daher im folgenden nur die assoziativen Schemata dargestellt werden [10]:

Schèmes de liaison (assoziative Schemata):

I. Les arguments quasilogiques (quasilogische Argumente):
 1. contradiction et incompatibilité (Kontradiktion und Inkompatibilität)
 2. identité et definition (Identität und Definition)
 3. tautologie (Tautologie)
 4. la règle de justice (Gerechtigkeitsregel)
 5. arguments de reciprocité (Reziprozitätsargumente)
 6. arguments de transitivité (Transitivitätsargumente)
 7. l'inclusion de la partie dans le tout (Inklusion des Teils ins Ganze)
 8. la division du tout en ses parties (Teilung des Ganzen in seine Teile)
 9. les arguments de comparaisons (Vergleichsargumente)
 10. l'argumentation par le sacrifice (‹Opfer›-Argument)
 11. probabilités (Wahrscheinlichkeiten)

II. Les arguments basés sur la structure du réel (Argumente, die auf der Struktur der Wirklichkeit beruhen):
 A. les liaisons de succession (Sukzessionsverbindungen):
  1. le lien causal (Kausalverbindung)
  2. l'argument pragmatique (Pragmatisches Argument)
  3. moyen-fin (Mittel-Zweck)
  4. l'argument du gaspillage (‹Verschwendungs›-Argument)
  5. l'argument de la direction (‹Richtungs›-Argument)
  6. le dépassement (‹Überschreitungs›-Argument)
 B. les liaisons de coexistence (Koexistenzverbindungen):
  1. la personne et ses actes (Person-Handlungen)
  2. l'argument d'autorité (Autoritätsargument)
  3. le discours comme acte de l'orateur (Rede als Handlung des Redners)
  4. le groupe et ses membres (Gruppe und ihre Mitglieder)
  5. l'acte et l'essence (Handlung und Wesen)
  6. la liaison symbolique (Symbolverbindung)
 C. l'argument de double hiérarchie (Doppelhierarchie-Argument)
 D. arguments concernant les différences de degré et d'ordre (Argumente, die graduelle und wesentliche Unterschiede betreffen)

III. Les liaisons qui fondent la structure du réel (Verbindungen, die die Struktur der Wirklichkeit begründen):
 A. le fondement par le cas particulier (Begründung durch den Einzelfall):
  1. exemple (Beispiel)
  2. l'illustration (Illustration)
  3. modèle/antimodèle (Modell/Gegenmodell)
 B. le raisonnement par analogie (Analogie-Argumentation):
  1. analogie (Analogie)
  2. métaphore (Metapher)

Zum besseren Verständnis der 3 Hauptklassen und ca. 30 Unterklassen dieser Typologie sei folgendes hinzugefügt: Die erste Hauptklasse ist allgemein durch die Ähnlichkeit der in ihr enthaltenen Argumentationsschemata mit formallogisch gültigen Schlußregeln charakterisiert, ohne daß jedoch die quasilogischen Argumente tatsächlich mit formallogischen Schemata identisch wären.[11] Die zweite Hauptklasse enthält Schemata, die plausibel aufgrund angenommener Strukturen der Wirklichkeit sind. Perelman/Olbrechts-Tyteca betonen, daß sie nicht einer bestimmten Weltsicht verpflichtet sind, sondern nur daran interessiert sind, wie Menschen bestimmte Realitätsstrukturen voraussetzen, um ihre Zuhörerschaft zu überzeugen.[12] Die dritte Hauptklasse besteht aus Argumentationsmustern, die zur Begründung einer angenommenen Wirklichkeitsstruktur durch Einzelfälle (Beispiele) und Analogien verwendet werden.

Die meisten Untertypen der Hauptklasse I beruhen auf semantischen Relationen, die in der Tradition der argumentativen Topik wohlbekannt sind: Gegensätze, Gleichheit, Ähnlichkeit, Teil-Ganzes und Art-Gattung. Perelman/Olbrechts-Tyteca klassifizieren einen Spezialfall der Gleichheitsrelation als Untertyp mit der Bezeichnung ‹Gerechtigkeitsregel› (I.4.). Das ist ein Argumentationsschema, das eine allgemeine Prämisse enthält, die die gleiche Behandlung von beliebigen Größen (z.B. Personen, Handlungen oder Situationen) fordert, die unter ein und dieselbe Kategorie fallen: «La règle de justice exige l'application d'un traitement identique à des êtres ou à des situations que l'on intègre à une même catégorie.»[13] Subtyp I.10. ist ein Spezialfall von Vergleichsargumenten (I.9.): ‹Opfer›-Argumente erhöhen den Wert eines Ziels, indem es mit dem hohen Aufwand verglichen wird, der eingesetzt worden ist, um das Ziel zu erreichen. Auch I.11. ist ein Spezialfall von I.9.: irgendwelche realen Größen werden als hinlänglich ähnlich angesehen, um sie als Grundlage probabilistischer Schlußfolgerungen zu nützen, die jedoch im Normalfall nur ‹quasilogisch› erfolgen und nicht streng quantitativ-statistisch abgestützt sind.

Auch die Hauptklasse II beruht auf Kategorien, die aus der Topiktradition wohlbekannt sind: die Ursache-Wirkungsbeziehung (II.A.), speziell das pragmatische Argument (II.A.2.), bei dem von positiv bewerteten (nützlichen) bzw. negativ bewerteten (schädlichen) Wirkungen auf die entsprechende Bewertung der Ursachen geschlossen wird; Argumente, die Personen und Gruppen betreffen (II.B.); Vergleiche ‹A maiore/a minore› (z.B. ‹A minore›: «qui a tué, n'hésitera pas à mentir» (Wer getötet hat, wird (erst recht) nicht zögern, zu lügen; II.C.)[14]; Unterschiedsargumente (II.D.). Aber Perelman/Olbrechts-Tyteca fügen auch wichtige neue Subklassen hinzu, z.B. II. 4.-6.: das ‹Verschwendungs›-Argument wird verwendet, um gegen den Abbruch einer Handlung vor dem Ereichen des Handlungsziels zu argumentieren, mit der Begründung, bei einem vorzeitigen Abbruch der Handlung sei die Energie verschwendet worden, die für die ersten Phasen der Handlung bereits aufgewendet worden ist. Das ‹Richtungs›-Argument (II.5.) wird benützt, um einen definitiven (oft: katastrophalen) Endpunkt in einer Kette von Ursachen und Wirkungen vorherzusagen. Das ‹Überschreitungs›-Argument (II.6.) wird im Gegenteil dazu gebraucht, um eine prinzipiell unbegrenzte (und dabei oft positive) Weiterentwicklung kausaler Ketten von Ursachen und Effekten vorherzusagen.

Schließlich werden eine Reihe von Subklassen neu unterschieden, die Spezialfälle der Person-Handlungs-Relation darstellen: Autoritätsurteile werden als Handlungen von Autoritätspersonen interpretiert (II.B.2.), Äußerungen als spezielle Handlungen der sprechenden Personen (II.B.3.), Mitglieder als ‹Manifestationen› der Gruppe, der sie angehören (II.B.4.), Handlungen, die sich typischerweise auf eine ‹Essenz› (eine historische Epoche, einen Kunststil, ein politisches Regime) zurückführen lassen, werden als ‹Manifestationen› dieser ‹Essenz› aufgefaßt (II.B.5.). Schließlich wird von Symbolen auf die von ihnen ikonisch abgebildeten Objekte (z.B. ‹Kreuz› – ‹Christentum›) geschlossen und umgekehrt (II.B.6.).

Die Hauptklasse III besteht aus Argumenten, die mit Einzelfällen operieren: Beispiele (III.A.1.) können entweder für induktive Verallgemeinerungen verwendet oder zur Illustration (III.A.2.) bereits bekannter allgemeiner Regeln genützt werden. Modelle und Antimodelle (III.A.3.) dienen zur normativen Präsentation von Einzelfällen (z.B. historischen Persönlichkeiten), deren Beispiel befolgt oder vermieden werden soll. Analogie-Argumente (III.B.1.) unterscheiden sich von Beispielargumenten dadurch, daß der jeweils als äquivalent eingestufte analoge Fall zu einem qualitativ anderen Bereich der Realität gehört als der Fall, der durch die Analogie argumentativ beleuchtet werden soll. Metaphern (III.B.2.) schließlich sind verkürzte Analogie-Argumente.

Die hiemit vollständig vorgestellte Typologie von Argumentationsmustern stellt einen wichtigen Kernbereich der N. und eine ihrer theoretischen und systematischen Glanzleistungen dar. Sie wurde daher von H.W. Johnston Jr. zurecht als «masterpiece of presentation and documentation» bezeichnet.[15] Trotzdem enthält sie eine Reihe von Schwächen, die im folgenden kurz kommentiert werden sollen.

Der Begriff des universellen Auditoriums ist zu allgemein, um im Einzelnen zwischen plausiblen, schwachen oder gar trugschlüssigen Verwendungen von Argumenten nach einem bestimmten Schema einigermaßen befriedigend unterscheiden zu können. Eine solche Unterscheidung wird auch dadurch erschwert, daß Perelman/Olbrechts-Tyteca nur sehr selten explizite Rekonstruktionen der internen Struktur von Argumenten nach den einzelnen Mustern bieten. Dennoch sind Versuche unternommen worden (z.B. von J. Crosswhite und J.L. Golden), Konzepte der N. für die Analyse von Trugschlüssen zu nützen und den Begriff des universellen Auditoriums zu spezifizieren.[16]

Die in der N. verwendete Terminologie ist teilweise inkonsistent. Z.B. werden die Argumentationsschemata einerseits als «lieux de l'argumentation» (loci der Argumentation) bezeichnet. Als ‹loci› werden aber auch allgemeinste normative Prämissen von argumentativen Schemata bezeichnet. Konsistenter und historisch angemessener wäre es, ‹loci› als Bestandteile von Argumentationsschemata anzusehen, nach denen sie klassifiziert werden können, mit denen sie aber nicht gleichzusetzen sind.[17]

Perelman/Olbrechts-Tyteca verzichten ausdrücklich darauf, systematisch Kriterien zu entwickeln, nach denen die einzelnen Subklassen, aber auch die drei Hauptklassen von argumentativen Schemata voneinander abgegrenzt werden könnten. Tatsächlich beruhen auch die ‹quasilogischen› Muster der Hauptklasse I. auf inhaltlichen Relationen (z.B. Gleichheit, Ähnlichkeit, sowie verschiedenen Gegensatztypen) so daß sich die Hauptklassen I. und II. nicht durch den Gegensatz zwischen Form und Inhalt, sondern hauptsächlich dadurch unterscheiden, daß ihre Subklassen auf unterschiedlichen inhaltlichen Relationen beruhen.[18]

III. Neben ihrer besonders intensiven Rezeption und Diskussion in den Disziplinen Rhetorik und Philosophie hat die N. auch einen starken Einfluß auf Fächer wie Jurisprudenz, Politologie, Pädagogik und Linguistik ausgeübt. Die folgenden Beispiele stellen nur eine kleine Auswahl der Arbeiten aus diesen verschiedenen Disziplinen dar, wobei die Beiträge den Disziplinen im übrigen nicht immer eindeutig zugeordnet werden können.

In der Philosophie (insbesondere in Arbeiten zu Problemen der Erkenntnistheorie, Logik, Argumentation und Wissenschaftstheorie) sind es naheliegenderweise vor allem die Beiträge Perelmans zu Logik und Argumentationstheorie, die häufig aufgegriffen wurden.

So hat z.B. der belgische Philosoph M. Meyer Perelmans N. zum Ausgangspunkt genommen, um einen neuen, stärker auf problematisierende Fragen konzentrierten Ansatz (‹problématologie›) zu entwickeln. Als elementare diskursive Einheit wird nicht mehr die Proposition, sondern die Frage-Antwort-Sequenz gesehen. Da jede Antwort argumentativ, d.h. durch das Aufwerfen neuer Fragen, problematisiert werden kann, unterscheidet sich Argumentation in natürlicher Sprache grundsätzlich vom deduktivem Schließen, in dem das formale System die Antworten definitiv vorgibt: rhetorisches Argumentieren ist dadurch gekennzeichnet, daß es möglich ist, entgegengesetzte Urteile zu derselben Frage zu vertreten («Rhetoric is a discourse in which one can hold opposite judgments on the same question»).

In der Schweiz sind im Rahmen der von J.-B. Grize an der Universität Neuchâtel begründeten Tradition der ‹Natürlichen Logik› (‹logique naturelle›) ebenfalls Aspekte der N. aufgegriffen worden.[19]

Im Grundtenor deutlich positiv, jedoch durchaus kritisch hat sich der amerikanische Philosoph H. Johnston jr. mit der N., insbesondere dem Begriff des universellen Auditoriums, ausführlich auseinandergesetzt und war auch der Herausgeber eines 1993 zur Gänze Perelman gewidmeten Themenhefts der Zeitschrift ‹Argumentation›.

Im deutschen Sprachraum hat sich z.B. U. Berk mit der N. befaßt. Berk hat aus der Perspektive der Erlanger Schule eine konstruktive Argumentationstheorie entwickelt und dabei den Ansatz der N. kritisch diskutiert. Ferner hat z.B. P. Mengel bei seinem Versuch, Analogien als Argumente ernstzunehmen und ihre Funktion zu klären, die Darstellung von Analogie-Argumenten in der N. ausführlich einbezogen.

Schließlich hat M. Maneli, Jurist, Politologe und humanistischer Denker, zudem langjähriger Gesprächspartner Perelmans, einen breit angelegten Versuch unternommen, die N. als neuen philosophischen und methodologischen Ansatz zur Lösung ethischer, juristischer und politischer Probleme an der Schwelle zum 21. Jh. zu propagieren. Maneli vertritt die These, daß die pluralistische Grundlage der N. («The essence and basis of the New Rhetoric is tolerance») für eine Epoche besonders geeignet sei, in der nahezu alle traditionellen ideologischen, philosophischen und religiösen Systeme ihre konsensstiftende Kraft zunehmend eingebüßt haben.[20]

Im Rahmen der Rhetorik (im angelsächsischen Raum vor allem in einschlägigen Forschungen an ‹Speech Communication Departments›) und Linguistik (Text- und Pragmalinguistik, speziell Sprechakttheorie, Gesprächsanalyse) ist besonders die im Rahmen der N. entwickelte Klassifikation von Mustern der Argumentation als Beschreibungsinstrument einer deskriptiven Argumentationsanalyse kritisch diskutiert (z.B. von P.J. Schellens, B. Garssen) sowie weiterentwickelt und angewendet worden (z.B. von B. Warnick/S.L. Kline, M. Kienpointner, J. Kopperschmidt). Darüberhinaus ist von Autoren wie W. Brockriede und W.R. Fisher versucht worden, Querverbindungen zwischen Perelmans ‹auditoire universel› und Habermas' idealer Sprechsituation herzustellen bzw. die unterschiedliche Qualität von Auditorien als Kriterium für die Plausibilität von Argumenten präziser zu fassen. Schließlich hat die Mitbegründerin der N., L. Olbrechts-Tyteca, sie angewendet, um die Rolle des Komischen in der Rede umfassend darzustellen.[21]

Darüberhinaus hat Perelman der Rechtsphilosophie neue Wege gewiesen 1) mit seinem steten Versuch, systemgebundene Rationalität und dialogisch-argumentative Vernünftigkeit begrifflich zu unterscheiden, 2) weder den herkömmlichen Rechtspositivismus noch Naturrechtstheorien unkritisch zu akzeptieren, sowie 3) eine ‹juristische Logik› (*logique juridique*) mit typischen Schlußformen (z.B. ‹a pari›, ‹a contrario›, ‹a fortiori›) zu entwickeln, die weder formal zwingend noch deshalb inhaltlich beliebig ist. Insbesondere betont Perelman, daß eine juristische Logik zum Unterschied von der formalen Logik stets mit Problemen der Interpretation von Gesetzen, sowie der Lücken und Antinomien im Recht fertig werden muß.

Perelman nimmt damit eine mittlere Position zwischen zwei polar entgegengesetzten Traditionen ein: deren eine will grundsätzlich juristische Urteile durch Subsumption von Einzelfällen unter generelle Rechtsnormen logisch ableiten, während die andere alle Werturteile für prinzipiell subjektiv erklärt.[22] Perelmans Ansatz ist in der Jurisprudenz zwar auf Kritik gestoßen (z.B. von R. ALEXY, E. FETERIS [23]), jedoch vielfach auch als fruchtbare Anregung aufgenommen worden (z.B. von G. TARELLO, R.D. RIEKE, G. HAARSCHER [24]).

Zusammenfassend läßt sich feststellen: zwar sind Versuche wie der Manelis, Perelmans Denken als *die* Philosophie und Methodologie für das 21. Jh. zu propagieren, vielleicht insgesamt zu optimistisch und programmatisch-allgemein.[25] Das vielseitige Werk Perelmans verdient es jedoch ohne jeglichen Zweifel, als Vermächtnis eines großen europäischen Denkers der aufklärerischen und humanistischen Tradition und als Quelle zahlreicher wertvoller theoretischer und praktischer Anregungen in noch stärkerem Ausmaß als bisher genutzt zu werden.

Anmerkungen:
1 vgl. P. Ricoeur: La métaphore vive (Paris 1975) 177ff.; J. Dubois et al.: Rhétorique générale (Paris 1970); zur New Rhetoric als Persuasionsforschung vgl. z.B. C.I. Hovland et al.: Communication and Persuasion (New Haven 1953). – **2** Ch. Perelman: De la justice (Brüssel 1945), wiederabgedr. in: Ch. Perelman: Éthique et droit (Brüssel 1990) 13–89; vgl. bes. 30 (Def. ‹justice›), 50, 61, 80ff. – **3** Ch. Perelman, L. Olbrechts-Tyteca: Traité de l'argumentation. La nouvelle rhétorique (Brüssel 1983); – **4** Ch. Perelman: Logique juridique (Paris 1976); dt. Übers.: Juristische Logik als Argumentationslehre (1979); ders.: L'empire rhétorique (Paris 1977); dt. Übers.: Das Reich der Rhet. (1980); ders.: Logik und Argumentation (Königstein, Ts. 1979); ders.: The New Rhetoric and the Humanities (Boston 1979); ders.: La philosophie du pluralisme et la Nouvelle Rhétorique, in: Revue Internationale de Philosophie 127–128 (1979) 5–17. – **5** vgl. z.B. R. Alexy: Theorie der juristischen Argumentation (1978); G. Tarello: La nouvelle rhétorique et le droit, in: Revue Internationale de Philosophie127–128 (1979) 294–302; M. Meyer: De la problématologie (Brüssel 1986); J.L. Golden, J.J. Pilotta (Hg.): Practical Reasoning in Human Affairs (Dordrecht 1986); J. Kopperschmidt: Methodik der Argumentationsanalyse (1989); B. Warnick, S.L. Kline: The New Rhetoric's Argument Schemes: a Rhetorical View of Practical Reasoning, in: Argumentation and Advocacy 29 (1992) 1–15; M. Kienpointner: Alltagslogik (1992); ders.: The Empirical Relevance of Perelman's New Rhetoric, in: Arg 7 (1993) 419–437; M. Maneli: Perelman's New Rhetoric as Philosophy and Methodology for the Next Century (Dordrecht 1994); P. Mengel: Analogien als Argumente. (1995); F.H. van Eemeren et al.: Fundamentals of Argumentation Theory (Mahwah, N.J. 1996). – **6** zum folgenden vgl. Perelman, Olbrechts-Tyteca [3] 18, 25 (Def. ‹auditoire›), 39, 41, 87ff., 251ff., 610ff. sowie den knappen Abriß in: Ch. Perelman: Old and New Rhetoric, in: Golden, Pilotta [5] 1–18; – **7** Perelman, Olbrechts-Tyteca [3] 258. – **8** ebd. 256. – **9** ebd. 565. – **10** ebd. 259ff. – **11** ebd. 259. – **12** ebd. 352f. – **13** ebd. 294; vgl. auch Perelman [2] (1945). – **14** Perelman, Olbrechts-Tyteca [3] 402, 461. – **15** H. Johnston jr.: Validity and Rhetoric in Philosophical Argument (Univ. Park, Pennsylvania 1978) 102. – **16** Perelman, Olbrechts-Tyteca [3] 251; J.L. Golden: The Universal Audience Revisited, in: Golden, Pilotta [5] 287–304; J. Crosswhite: Being Unreasonable: Perelman and the Problem of Fallacies, in: Arg 7 (1993) 385–402. – **17** Perelman, Olbrechts-Tyteca [3] 112ff., 255. – **18** ebd. 258, 263, 307; vgl. P.J. Schellens: Redelijke Argumenten (Utrecht 1985) 57ff.; Kienpointner [5] (1992) 193ff.; van Eemeren et al. [5] 119ff. – **19** vgl. M. Meyer: Problematology and Rhetoric, in: Golden, Pilotta [5] 119–152, bes. 136; M. Meyer [5], passim; ders.: Argumentation without Proposition, in: F.H. van Eemeren et al.: Argumentation: Across the Lines of discipline (Dordrecht 1987) 121–127; D.L. Jamison: Michel Meyer's Theory of Problematology: Toward a New Theory of Argument, in: Arg 5 (1991) 57–68; J.L. Golden: An Application of Michel Meyer's Theory of Problematology to David Hume's Dialogues Concerning Natural Religion, in: Arg 5 (1991) 61–89; zur ‹Natürlichen Logik› vgl. z.B. D. Miéville et al.: La négation (Neuchâtel 1989) 8ff. – **20** vgl. Johnston jr. [15] 101ff.; ders. (Hg.): Perelman's Theory of Argumentation: The Next Generation Reflects. Arg 7 (1993); U. Berk: Konstruktive Argumentationstheorie (1979) 195ff.; P. Mengel: Analogien als Argumente (1995) 93ff.; Maneli [5] passim u. 129. – **21** vgl. B. Garssen: Argumentatieschema's in pragma-dialectisch perspectief (Amsterdam 1997) 55ff.; W. Brockriede: Arguing: The Art of Being Human, in: Golden, Pilotta [5] 53–67; ähnlich schon J. Kopperschmidt: Argumentation (1980) 118ff.; W.R. Fisher: Judging the Quality of Audiences and Narrative Rationality, in: Golden, Pilotta [5] 85–103; M. Kienpointner: Argumentationsanalyse (1983) 92ff.; ders. [5] (1992) 187ff.; ders. [5] (1993) passim; Kopperschmidt [5] 196ff.; L. Olbrechts-Tyteca: Le comique du discours (Brüssel 1974); P.J. Schellens [18] 52ff.; Warnick, Kline [5] passim. – **22** vgl. z.B. Ch. Perelman: Droit positif et droit naturel, in: ders. [2] (1990) 461–468; ders.: Peut-on fonder les droits de l'homme?, ebd. 469–477; ders.: Propos sur la logique juridique, ebd. 636–648; ders.: Les antinomies en droit, ebd. 755–769; ders.: Le problème des lacunes en droit, ebd. 770–787. – **23** vgl. z.B. Alexy [5] 197ff.; E.T. Feteris: Discussieregels in het recht (Dordrecht 1989) 4ff.; U. Diederichsen: Rechtswiss. und Rhet., in: C.J. Classen, H.J. Müllenbrock (Hg.): Die Macht des Wortes. Aspekte gegenwärtiger Rhetorikforschung (1992) 205–236. – **24** vgl. Th. Viehweg: Topik und Jurisprudenz (⁵1974) 8; Tarello [5]; R.D. Rieke: The Evolution of Judicial Justification: Perelman's Concept of the Rational and the Reasonable, in: Golden, Pilotta [5] 227–244; G. Haarscher: Perelman and the Philosophy of Law, in: dies. [5] 245–255; Maneli [5] 83ff. – **25** vgl. J. Crosswhite: Review of M. Maneli, Perelman's New Rhetoric as Philosophy and Methodology for the Next Century, in: Arg 9 (1995) 519–523.

Literaturhinweise:
M. Meyer (Hg.): De la métaphysique à la rhétorique (Brüssel 1986). – M. Meyer, A. Lempereur (Hg.): Figures et conflits rhétoriques (Brüssel 1989). – G. Haarscher (Hg.): Chaim Perelman et la pensée contemporaine (Brüssel 1994).

M. Kienpointner

→ Analogie → Argumentation → Dialektik → Ethik → Groupe μ → Inventio → Juristische Rhetorik → Konsenstheorie → Locus communis → Logik → Metapher → New Rhetoric → Philosophie → Topik

Novelle (engl./ital. novella; frz. nouvelle)
A. Def. – B. Geschichte.

A. Vielfach wird der Begriff ‹N›. (von lat. ‹novus›, nlat. ‹novellus›: neu; ital. ‹novella›: kleine Neuigkeit) aus dem juristischen Bereich abgeleitet und als Gesetzesnachtrag verstanden. N. im Sinn von ‹Gesetzesergänzung› entstammt demnach der Zeit des Kaisers THEODOSIUS II. (480–450; Codex Theodosianus) und des Kaisers JUSTINIAN (527–565) sowie dem ‹Corpus iuris civilis›. Die literarische Textform N. scheint dieser Begriff jedoch zunächst nicht zu bezeichnen.

Neben ‹favola› oder ‹istoria› tritt ‹novella› als noch recht unspezifische Bezeichnung für eine Prosaerzählung kürzerer oder mittlerer Länge etwa zur Zeit der Frührenaissance in Italien auf. Das italienische Wort ‹novella› meint dabei ‹kleine Neuigkeit›, was nicht heißt, daß der Inhalt der Geschichten vollkommen neu zu sein hat, sondern daß er in einem Prosatext auf neue Art erzählt werden soll.

Vorläufer und Vorformen der N. gibt es in allen Sprachen und zu allen Zeiten. Besonders entscheidend für die Herausbildung der italienischen N. sind lateinische *exempla*, orientalische Märchen, antike Historien und die kursierenden Biographien französischer Troubadours.

Unterschiedliche Vorlagen und Vorbilder bewirken eine große Heterogenität der N. vor ihrer Theoretisierung im 18. und 19. Jh. Die Textform der N. scheint sich stets gegen eine zu genaue Definition gesperrt zu haben, wohl wegen ihres deutlichen Bezugs zum mündlichen Erzählen, das genaue Vorgaben prinzipiell unmöglich macht. BOCCACCIO, der mit seinem ‹Decameron› (1349/51) das Muster der europäischen Novellensammlung schafft, legt sich noch nicht einmal auf eine genaue Bezeichnung der Geschichten fest. In der Vorrede seiner Novellensammlung nennt er die Erzählungen deshalb unspezifisch «novelle, o favole o parabole o istorie» (Novellen oder Fabeln oder Parabeln oder Historien). [1]

Kennzeichen der frühen N. ist ihre Nähe zur Mündlichkeit und zur rhetorischen Praxis. Das zeigt sich nicht nur daran, daß die meisten N. der Anfangszeit, z.T. noch die der Neuzeit, als mündlich erzählte Geschichten in eine Rahmenerzählung eingebettet werden. Von Beginn an versteht man die italienischen Prosaerzählungen zudem als rhetorische Muster. So nennt das ‹Novellino› (Ende des 13. Jh.) in der Vorrede die Geschichten u.a. *fiori di parlare* (Blüten des Redens), die als Vorbilder für das einfache Volk gelten sollten. Auch im ‹Decameron› gibt es zahlreiche Beispiele gelungener Redekunst. Die italienische Prosanovelle der Renaissance demonstriert demnach die Möglichkeiten der Volkssprache in alltäglicher Kommunikation und vermittelt so Kenntnisse praktischer Rhetorik. Zudem tragen die Texte zur Herausbildung einer italienischen Literatursprache und einer Aufwertung von Prosa bei.

Systematisch ist die N. in Verbindung mit der ‹Erzählung›, der διήγησις (diégēsis) oder *narratio* als dem zweiten Teil der Rede nach dem *exordium* zu sehen. Auf der Basis von Ciceros Unterscheidung zwischen verschiedenen Genera der *narratio* in ‹De inventione› [2] (*fabula, historia, argumentum*) wird seit der Spätantike eine lang anhaltende Diskussion um die Eigenschaften fiktionaler Prosatexte geführt. Die Differenzierung späterer Zeiten orientiert sich offensichtlich vor allem am Wahrheitsgehalt und der Wahrscheinlichkeit (*verisimilitudo*) der Erzählung. Die beständige, gattungskonstitutive Forderung nach ‹Wahrheit› der N. dürfte ein Relikt dieser Diskussion sein, bei der es nie um Gattungsmerkmale ging.

Vermutlich war der Terminus ‹N.› in der Frühzeit ein Oberbegriff für kurze Prosaerzählungen verschiedener Ausprägungen. Dafür sprechen zum einen die Vielfalt der N. des ‹Decameron›, die schwankhaft, historisch, exempelhaft oder aus dem Alltag gegriffen sein können und dennoch alle gleichberechtigt nebeneinander stehen. zum anderen die heterogenen Novellensammlungen anderer Novellisten der Renaissance, die teilweise sehr märchenhaft oder aber sehr didaktisch werden, ohne deshalb auf die Titulierung ‹novelle› zu verzichten (SACCHETTI, SER GIOVANNI FIORENTINO, SERCAMBI, BANDELLO u.a.). Als narrativer Bericht aktueller Ereignisse stehen N. auch in engem Zusammenhang mit den ‹Neuen Zeitungen› der Frühen Neuzeit, d.h. handgeschriebenen Nachrichtenbriefen, die als Vorläufer gedruckter Zeitungen gelten. Fingierte Mündlichkeit und klare Rede bewirken die immer wieder konstatierte Geschlossenheit und Prägnanz der N., die folglich mit einer eng begrenzten Anzahl von Personen und einem bzw. wenigen Handlungssträngen auskommt. Dies wiederum führt zu dem oftmals dramenähnlichen Aufbau mit Wendepunkt – teilweise werden N. in Dramen umgearbeitet. Ein Dingsymbol, wie es später meist für die Gattung gefordert wird, findet sich dagegen bei weitem nicht in aller N.

Eine Definition der N. ist ebenso schwierig wie ihre Abgrenzung von anderen Arten der Erzählung – z.B. von kurzen Erzählformen, die vor und neben der Prosanovelle der Renaissance vorkommen. Bezüglich des deutschen ‹Märe› und des französischen ‹Fabliau› gelingt die Unterscheidung am ehesten über die gebundene Form, schwieriger wird dies beim lateinischen *exemplum* oder dem Kasus, die beide inhaltlich konzentrierter erscheinen. Im Vergleich zum Apophthegma oder zur Anekdote weist die N. eine viel größere narrative Breite auf. Versuche der Differenzierung finden sich bei Neuschäfer. [3] Als undefinierte Prosaerzählung konkurriert die N. auch mit anderen populären Erzählformen, wie dem Märchen, dem Schwank und der Fabel, ohne daß eine genaue Unterscheidung immer gelingt. Hauptkonkurrent der N. wird im 18. und 19. Jh. der Roman.

Die Entwicklung einer Novellentheorie beginnt in Deutschland im 18. Jh. Anders als in den romanischen Ländern orientiert man sich hier auffälligerweise nur wenig an der tatsächlichen Gattungsgeschichte. WIELAND verwendet 1764 im ‹Don Sylvio von Rosalva› den Begriff und grenzt die N. durch ihre Einfachheit und Kürze der Handlung vom Roman ab. In Wielands ‹Hexameron von Rosenhain› von 1805 findet sich die inhaltliche Beschränkung auf Begebenheiten, die faktisch möglich wären, aber nicht so passiert sein müssen. Besonders wirkungsmächtig ist GOETHES ‹Definition› der N. als «sich ereignete unerhörte Begebenheit» [4] in seinem Gespräch mit ECKERMANN vom 29. Januar 1827. Sowohl F. SCHLEGEL als auch A.W. SCHLEGEL betonen die Bedeutung Boccaccios für die Entstehung der N., A.W. Schlegel (‹Vorlesungen über schöne Literatur und Kunst›, 1803/04) hebt ihre Objektivität hervor und sieht sie damit zum einen in der Nähe des Dramas, zum anderen im Gegensatz zum Roman. Er führt erstmals den Wendepunkt als Merkmal der Gattung an, was TIECK 1829 aufgreift und vertieft

Die Kennzeichnung der N. als objektiver Gattung gegenüber dem subjektiven Roman ebnet den Weg zu einer Textform, deren Aufgabe es sein soll, den einzelnen Menschen in seinem (gespannten) Verhältnis zur Gesellschaft zu zeigen. MUNDT zufolge (‹Ästhetik›, 1845) hat die N. nicht einen einzelnen Charakter darzustellen, sondern die objektiven Lebensbedingungen einer Person. Entsprechend betrachtet er den Schluß bzw. die Pointe als ihr wesentliches Merkmal.

Am weitesten bei der Definition der Gattung geht 1871 P. HEYSE, der anhand der sogenannten ‹Falkennovelle› aus Boccaccios ‹Decameron› (V,9) die «Silhouette» als konstitutiv bestimmt. Jeder N. hat ein Konflikt zugrunde zu liegen, der sich in einem «Falken» sinnbildlich darstellt. Wie bei den Theoretikern vor ihm wird damit abermals deutlich, daß sich die N. auf die konfliktreiche Beziehung von Individuum und Umgebung zu beschränken hat. Diese Ansicht gipfelt im Diktum MUSILS («Die Novelle als Problem», 1914), der Autor einer N. sei reines Medium eines objektiven Geschehens, auf das er keinen Einfluß habe. «Die Novelle erscheint als die adäquate Aussageweise modernen Bewußtseins, in dem die Einschränkung und Begrenzung individueller Verfügungsgewalt durch kollektive Mächte Gestalt gewinnen.» [5]

Zu Beginn des 20. Jh. steht die Definition der N. im wesentlichen fest. Sie orientiert sich an der Theorie des 19. Jh. und versucht, deren Maßstäbe zu erfüllen. Mehr als bei anderen Textformen beeinflussen sich folglich bei der N. theoretische Diskussion und literarische Praxis in erheblichem Maße gegenseitig. Aus Texten werden Merkmale herausgelesen, durch Texte werden neue geschaffen.

B. In der Tradition und mit Kenntnis der zahlreichen novellenartigen Texte der Antike (Aristeides von Milet: ‹Μιλησιακά› um 100 v. Chr.; Novelleneinschübe in Petrons ‹Satyricon› u.a.) und des Mittelalters (Heiligenlegenden, Exempel, Versnovellen) schreibt BOCCACCIO um 1349/51 zu Beginn der *Renaissance* sein ‹Decameron›, eine Novellensammlung, die mit ihrem Erscheinen zum Gattungsvorbild wird. Auf der Flucht vor der Pest ziehen sich zehn junge Florentiner (sieben Frauen, drei Männer) aufs Land zurück, wo sie sich unter wechselndem Vorsitz einer Königin oder eines Königs an zehn Tagen je zehn N. erzählen. Viele der Geschichten drehen sich um Liebe und Sexualität. Neben der Unterhaltung zielen aber einige Erzählungen zugleich darauf ab, Wissen zu vermitteln. Besonders die kommunikative Kompetenz der Protagonisten ist immer wieder Gegenstand der Geschichten. Eloquenz und Talent zum Geschichtenerzählen sind in der Renaissance Konstituenten des sozialen Lebens. Die N. der Zeit sind Ausdrucksmittel dieser Forderung und dienen zugleich als Lehrgegenstand. Das ‹Decameron› ist ein Meisterwerk hinsichtlich Aufbau, Sprache und Stil, das für die volkssprachliche Prosa in Italien eine enorme Aufwertung bedeutet. Diese Novellensammlung ist Anstoß einer reichhaltigen Novellenproduktion in den folgenden Jahrhunderten – nicht nur in Italien.

In Frankreich knüpfen die anonymen ‹Cent Nouvelles nouvelles› von ca. 1462 (gedruckt 1486) sowie das ‹Heptaméron› der MARGUERITE DE NAVARRE (1559) direkt an Boccaccio an. Beide halten an der Erzählerfiktion und damit an einer Rahmenhandlung fest. In der Folge Boccaccios ist gerade der Rahmen eines der Hauptkennzeichen der N. Die letzte Erzählung der ‹Cent Nouvelles nouvelles› diente als Quelle für GOETHES ‹Prokuratornovelle› in den ‹Unterhaltungen deutscher Ausgewanderten› von 1795, die oft als die erste deutsche N. bezeichnet wird.

Ähnlich einflußreich wie das ‹Decameron› werden die 1613 veröffentlichten ‹Novelas ejemplares› des MIGUEL DE CERVANTES. Cervantes bewegt sich gleichermaßen in der Novellentradition, wie er Neues begründet. Er verzichtet auf einen Rahmen und auf eine aufwendige Komposition. Die Erzählungen orientieren sich am italienischen Muster, weisen aber deutlichere Gesellschaftskritik auf. Bekannt ist vor allem die letzte N., ‹Coloquio de los perros›, das Gespräch der beiden Hunde Cipion und Berganza, in dem es um die sittliche Verderbtheit und Korruption der Welt geht.

Neben den schriftlichen Rezeptionszeugnissen ist gerade bei der N., die stets orale Affinität aufweist, in hohem Maße mit einer mündlichen Tradierung der Geschichten zu rechnen. Dies gilt besonders für Deutschland, wo ein Beginn der Rezeption italienischer Novellistik erst vom 15. Jh. an durch schriftliche Bearbeitungen nachweisbar ist. Einzelne Erzählungen des ‹Decameron› werden jedoch sicherlich durch den engen wirtschaftlichen und kulturellen Kontakt mit Italien nach Deutschland gebracht – gedruckt werden nur sehr wenige. Für die Vermittlung zu Beginn der Frühen Neuzeit sind deutsche Humanisten ebenfalls sehr bedeutsam, die die literarische Entwicklung in Italien aufmerksam verfolgen und auch Decameronnovellen nach Deutschland bringen, vor allem, wenn sie von einem italienischen Humanisten ins Lateinische übersetzt und damit rezipierbar wurden. Das berühmteste Beispiel für eine Boccaccio-N., die durch eine lateinische Bearbeitung in Deutschland zum beliebten Lesestoff wird, ist die ‹Griseldis›, die letzte N. des ‹Decameron›, die Petrarca ins Lateinische überträgt und bearbeitet. Die erste deutsche Gesamtübersetzung der Novellensammlung Boccaccios stammt aus der Zeit um 1476. Der Übersetzer nennt sich Arigo, seine Identität ist bis heute nicht zweifelsfrei geklärt.

Trotz offensichtlichen Interesses der Leser an den italienischen Geschichten kommt es in Deutschland zunächst nicht zu einer Welle nachahmender Produktion wie in Frankreich oder Spanien. Die Stoffe werden zwar durchaus übernommen und verarbeitet, nicht immer jedoch in Form von Prosanovellen.

Auch die im *Barock* entstandenen novellenartigen Geschichten HARSDÖRFFERS, beispielsweise in dem Werk ‹Der Grosse SchauPlatz Jämmerlicher Mord-geschichte› von 1649/50, reichen nach Meinung der Forschung nicht an die romanischen Vorbilder und die deutschen N. nach Goethe heran. Prosaerzählungen gelten offensichtlich in der Poetik der Frühen Neuzeit immer noch nicht als besonders kunstvoll, und da gattungstheoretische Überlegungen fehlen, vermißt man Beispiele für N., die auf den ersten Blick als solche erkennbar wären.

Dies ändert sich Ende des *18. Jh.*, als Theorie und Praxis der N. zusammenfallen. Für die meisten Germanisten beginnt die Geschichte der deutschen N. nach wie vor mit Goethe. Dessen ‹Unterhaltungen deutscher Ausgewanderten› (1795) sind offenkundig Boccaccio und dem ‹Heptaméron› verpflichtet. Ähnlich wie im ‹Decameron› dient das Erzählen von Geschichten der Bewältigung von Gefahr und dem Errichten einer festen Ordnung. Die Erzählungen aus ‹Wilhelm Meisters Wanderjahren› (1821/1825–29) sowie die ‹Novelle› von 1828 lassen die Gattung zunehmend an Bedeutung gewinnen.

Seinen Niederschlag findet dies in der Novellenproduktion des *19. Jh*. Bei KLEISTS ‹Erzählungen› von 1810/11 wird deutlich, wie geeignet diese Textform ist, die Ohnmacht des einzelnen Menschen in einer Welt des Chaos prägnant und zugespitzt darzustellen. Die ‹Marquise von O.›, ‹Michael Kohlhaas› und ‹Das Erdbeben in Chili› als bekannteste Beispiele von Kleists Novellistik brechen mit traditionellen Vorgaben insofern, als sie – eher in der Tradition von Cervantes – auf einen Rahmen verzichten und sich auf individuelle Schicksale in den Geschichten konzentrieren.

In der Romantik nimmt die N. nicht nur in den theoretischen Diskussionen breiten Raum ein, sie ist auch Gegenstand einer Reihe von literarischen Experimenten. Ein vielfältigeres Spektrum verschiedener Novellentypen findet sich zu keiner Zeit deutscher Literaturgeschichte. BRENTANOS ‹Geschichte vom braven Kasperl und vom schönen Annerl› tendiert ebenso wie eine Reihe der Erzählungen E.T.A. HOFFMANNS und TIECKS zum Märchen. Hoffmanns ‹Fräulein von Scuderi› begründet die kriminalistische N. Auffälligerweise wird die Einbindung in eine Rahmenerzählung zunehmend aufgegeben und Hoffmanns ‹Serapionsbrüder› von 1819–21 ist einer der letzten modernen Novellenzyklen.

Ihren Höhepunkt erreicht die Gattung Mitte des 19. Jh. im Realismus (KELLER, STORM, C.F. MEYER). Nach Meinung damaliger Theoretiker stellt sie das beste Mittel dar, die Bedingungen menschlicher Existenz in einer Zeit sozialer und politischer Veränderungen in objektiver Weise darzustellen. Diese zentrale Stellung der novellistischen Erzählung ist zu dieser Zeit nicht nur in Deutschland zu beobachten. In Frankreich (STENDHAL, MAUPASSANT), Rußland (PUSCHKIN, TOLSTOI, TSCHECHOW) und England bzw. den USA (STEVENSON, POE) erfreut sich die N. ebenso großer Beliebtheit. Zahlreiche Novellensammlungen kommen auf den Markt, am bekanntesten ist wohl der von Heyse herausgegebene ‹Deutsche Novellenschatz› (1871–76, 24 Bände). Zudem werden Zeitungen und Zeitschriften zum wichtigen Publikationsforum als N. bezeichneter kürzerer Prosatexte.

Trotz der enormen Übersättigungsgefahr bleibt die N. auch im *20. Jh.* fester Bestandteil des literarischen Marktes. HAUPTMANN, SCHNITZLER, HOFMANNSTHAL, TH. MANN und KAFKA schaffen Klassiker der Gattung und Autoren wie G. ROTH, GRASS, M. WALSER und SÜSKIND führen die Tradition nach 1945 fort.

Nach wie vor fällt eine zufriedenstellende Definition der Gattung N. schwer, da sie sich im 20. Jh. nicht nur gegen den Roman, sondern auch gegen die amerikanische *short story* zu behaupten hat. Abgrenzungen über den Umfang oder gattungskonstitutive Merkmale wie ‹Wendepunkt› oder ‹Dingsymbol› greifen in der Regel ebensowenig. Inhaltliche Festlegungen, die dem Protagonisten der typischen N. keinerlei selbstbestimmtes Handeln zusprechen wollen, sind das Resultat divergierender Interpretationen und nicht immer einleuchtend. Die N. bleibt eine facettenreiche Form der Prosaerzählung mit einer vielfältigen Tradition. Eine definitorische Festlegung würde eine unnötige Einschränkung einer lebendigen und produktiven Textform bedeuten.

Anmerkungen:
1 G. Boccaccio: Decameron, Proemio, a cura di V. Branca (Mailand 1985) 7. – 2 Cic. Inv. I, 19–21. – 3 H.-J. Neuschäfer: Boccaccio und der Beginn der N. (1969). – 4 Goethe, Sämtl. Werke, hg. von Chr. Michel, Bd. 12/39 (1999) 221. – 5 W. Freund: N. (1998) 19; s. R. Musil: Tagebücher..., hg. von A. Frisé (1955) 684f.

Literaturhinweise:
K.K. Polheim: Novellentheorie und Novellenforsch. (1965). – W. Pabst: Novellentheorie und Novellendichtung (²1967). – H.H. Wetzel: Die romanische N. bis Cervantes (1977). – H. Schlaffer: Poetik der N. (1992). – Th. Degering: Kurze Gesch. der N. (1994). – H. Aust: N. (²1995).

U. Kocher

→ Erzähltheorie → Fabel → Kurzgeschichte → Narratio → Parabel → Prosa

O

Obscuritas (griech. σκότος, skótos; ἀσάφεια, asápheia; engl. obscurity; frz. obscurité; ital. oscurità; dt. Dunkelheit. – Gegensatz lat. perspicuitas; griech. σαφήνεια, saphéneia)

A. Def.: I. Terminologie und Wortgebrauch. – II. Phänomene der O. – B. Gesch.: I. Antike: 1. Überblick über die unterschiedlichen Diskussionen über die O. in der Antike (Religion, Literatur, Philosophie, Rhetorik, Recht) – 2. Die Perspektive der Klassischen Rhetorik. – II. Mittelalter. – III. Humanismus, 16. und 17. Jh. – IV. Barock und Klassizismus. – V. Aufklärung. – VI. Romantik. – VII. Moderne.

A. *Def.* **I.** *Terminologie und Wortgebrauch.* Mit dem lateinischen Substantiv ‹O.› bzw. dem Adjektiv *obscurus* wird in der klassischen Rhetorik oft das der *virtus* der *perspicuitas* [1] entgegengesetzte *vitium*, faktisch also die Absenz der *perspicuitas* bezeichnet. Griechische Begriffe für ‹O.› sind u.a. das Substantiv σκότος (skótos, 'Dunkelheit') bzw. das Adjektiv σκοτεινός (skoteinós) oder auch Antonyme von σαφήνεια (saphéneia, 'Klarheit') wie ἀσάφεια (asápheia, 'Unklarheit').

Ein Blick auf die nicht auf den rhetorischen Gebrauch zugeschnittene Verwendung von *obscurus* und Derivaten [2] (erstmals belegt bei dem römischen Dichter ENNIUS) kann die Natur der rhetorischen O. beleuchten: Die Grundbedeutung von *obscurus* ist ‹bedeckt›, ‹verhüllt›. [3] Das Adjektiv *obscurus* wird nicht nur (aktiv) verdunkelnden oder dunklen Entitäten wie *nox, umbra, lucus, nubes* und verdunkelten Objekten (z.B. in Dunkel gehüllte Personen, auch im übertragenen moralischen Sinn), sondern auch mit Begriffen aus dem Wortfeld *lux* verbunden. [4] Dementsprechend bezeichnet *obscuritas* weniger die völlige Dunkelheit als das fahle Dämmerlicht, in dem sich mit der Zeit die Konturen der Gegenstände und Wesen erahnen lassen. Übertragen auf die Rhetorik bedeutet dies, daß der Rezipient eines 'verdunkelten' Textes, dessen Sinn nicht offen zutage liegt, durch den Prozeß der Sinnerschließung (= die Adaptation an die Lichtverhältnisse) zu dessen Bedeutung durchdringen kann, auch wenn er alternative Lösungen gelten lassen muß. Wegen ihres ambivalenten Charakters kann O. nicht als genaue Umkehr der *perspicuitas* definiert werden, bedeutet also nicht 'Undurchsichtigkeit', sondern Mangel an Klarheit.

II. *Phänomene der O.* Bei der O. handelt es sich um ein bei der Rezeption von sprachlichen Äußerungen zwangsläufig auftretendes Phänomen, das sich aus der Interaktion von Rezipient und Text ergibt. [5] Das insofern ubiquitäre und kulturunabhängige Problem der O. wird in allen Bereichen diskutiert, die sich mit sprachlichen Aussagen beschäftigen (Linguistik, Philosophie, Religion, Psychologie, Literatur, Recht, Rhetorik). Die stark kultur- und zeitabhängige *Bewertung* der O. hängt in hervorragendem Maße von den Funktionen und Rollen ab, die der Sprache in diesen Bereichen zugeteilt werden.

Schon in der Antike werden mit Begriffen aus dem Wortfeld ‹O.› offensichtlich wesensverschiedene sprachliche Phänomene in Wortschatz, Grammatik, Stilistik und Argumentation (= Darstellungslogik) bezeichnet. Auch eine undeutliche Aussprache [6] oder gar die natürliche Kompliziertheit von Sachverhalten, etwa Rechtsfällen, wird 'dunkel' genannt. So gibt es in der rhetorischen Lehre von den Vertretbarkeitsarten, die die vom Redner zu behauptenden Positionen im Hinblick auf ihre zu erwartende vorgängige 'Akzeptanz' beim

Publikum klassifiziert, ein *obscurum genus* von kognitiv schwierigen, verwickelten Fällen, deren Darstellung hohe Anforderungen an die didaktische Kompetenz des Redners stellt.[7]

Die Ursachen der *sprachlichen* O. lassen sich grob in zwei Kategorien teilen: (1) O. aus mangelndem Verständnis und Können des Textproduzenten; (2) O. aus bewußter Intention, wobei die Grenze zu (1) jedoch fließend ist. Die Rolle des Textrezipienten im Vorgang der Interpretation, der kein simpler Vorgang der Dechiffrierung ist, muß von Fall zu Fall neu definiert werden.

Im Folgenden ist primär von der intendierten O. die Rede. Hierbei ist zwischen der z.T. konventionellen Dunkelheit literarischer Ausdrucksweise, die im Kontext immer noch auf relative Eindeutigkeit abzielt, und Extremformen wie Rätsel (Ainigma), Magie, Hermetische Dichtung etc. zu unterscheiden. Zudem hat die O. in verschiedener Hinsicht eine historische Komponente: ein Text kann durch sein Alter, durch die Änderung des sprachlichen und kulturellen Hintergrundes 'obskur' oder umgekehrt auch verständlich werden. Diese sekundäre (i.e. vom Verfasser nicht intendierte), historisch bedingte O. diskreditiert weder den Textproduzenten noch den Rezipienten als unfähig oder unwissend. Kultur- und zeitspezifisch dürften auch das Ausmaß und die Wertschätzung der O. sein, da sich z.B. in der Literatur immer wieder ein quantitativer Anstieg der jeder sprachlichen Aussage innewohnenden O. beobachten läßt.

B. *Geschichte.* **I.** *Antike.* **1.** *Überblick über die unterschiedlichen Diskussionen der O. (Religion, Literatur, Philosophie, Rhetorik, Recht).* Das Phänomen der O. wird in der griechisch-römischen Antike in verschiedenen Diskursen mit z.T. kontroverser oder zumindest ambivalenter Bewertung selbst innerhalb eines einzelnen Bereichs diskutiert. Während sie etwa in der 'manieristischen' Dichtung des Hellenismus und der frühen Kaiserzeit eine (in Maßen) gesuchte Qualität ist, steht sie in bestimmten Philosophenschulen oder in der juristischen Literatur in Mißkredit. Die wichtigsten theoretischen Äußerungen finden sich zweifellos in der Rhetorik. In ihrer negativen bis ambivalent-positiven Einschätzung der O. ist diese in vielfacher Hinsicht Antipode der für die Nachwirkung des antiken O.-Begriffs nicht minder bedeutungsvollen Positionen der philosophischen Literaturästhetik, die sich auf Aristoteles zurückführen lassen.

Das Phänomen der Interpretationsbedürftigkeit von Zeichen und sprachlichen Aussagen wird außerhalb der bisher genannten Bereiche früh im Kontext der in der griechischen Religiosität zentralen *Mantik* thematisiert, wenngleich zum Teil noch nicht mit den später sich etablierenden Termini benannt. Schon in der ‹Odyssee› wird in Zusammenhang mit dem Traum der Penelope[8] auf die Schwierigkeit der Interpretation von sprachlichen Aussagen verwiesen. Der Vorsokratiker Heraklit (um 500 v. Chr.) notiert in seiner berühmten Aussage über den Orakelgott Apollon «Der Herr, dem die Orakelstätte zu Delphi gehört, sagt nichts und verbirgt nichts, sondern er deutet an»[9] den Rätselcharakter der Orakelsprüche als Spezifikum im komplizierten Umgang der Götter mit den Menschen. Der mit diesen verhüllten göttlichen Botschaften konfrontierte Mensch kann und muß sich bemühen, den Sinn der Aussagen zu entschlüsseln, oder ist zum Scheitern verurteilt. Er wird also keinesfalls boshaft durch eine völlig sinnlose Aussage hinters Licht geführt, doch muß er sein Nicht-Verstehen einsehen und gegebenenfalls noch einmal bei der Orakelstätte nachfragen. Andernfalls können sich die Sprüche in für ihn paradoxer, nicht kalkulierbarer Weise erfüllen. Hierfür ist die Geschichte des Lyderkönigs Kroisos exemplarisch, dem das Orakel von Delphi und der Seher Amphiaraos die Auskunft erteilten, er werde ein großes Reich zerstören, wenn er den Grenzfluß Halys überschreite. (er nahm an, das seiner Gegner, gemeint war sein eigenes).[10]

Im religiösen Kontext herrscht ein positiver Begriff von dunklem, verborgenem Sinn. Die speziell von den Göttern Dionysos und Apollon inspirierten Seher geben in der Ekstase, Zuständen höchster Verzückung, zusammenhanglose 'dunkle' Wortkonglomerate von sich[11], aus denen man durch Deutung den göttlichen Willen gewinnen zu können glaubt. Diese pathetisch-feierliche, sich nicht an ästhetischen Konventionen orientierende Ausdrucksweise findet in der künstlerisch-gemäßigten O. des Dithyrambos[12], einer Gattung der frühen Chorlyrik, ein literarisches Gegenstück. Die Chorlieder Pindars und der attischen Tragiker Aischylos[13] bewegen sich in ihrer von der Inspirationsmantik beeinflußten, gleichzeitig urtümlichen und mit Manierismen durchsetzten Sprache in einer Grenzzone der damals vorherrschenden Ästhetik.

Die im 5. vorchristlichen Jh. verstärkt aufkommende Diskussion der in der *Literatur* der Zeit vermehrt zu beobachtenden O. wird innerliterarisch in den ‹Fröschen› des Aristophanes (405 v. Chr.) reflektiert, der – schon unter dem Eindruck der sich prinzipiell mit Sprache auseinandersetzenden Sophistik – den archaisch-obskuren Aischylos mit dem modern-klaren Euripides ein Streitgespräch über 'Obskuritätslizenzen' führen läßt: Aischylos verficht als Vertreter des 'erhabenen Stils' die Ansicht, daß erhabene Gedanken auch erhabene Worte fordern. Auch unter den Prosaschriftstellern dieses Jh. finden wir mit Thukydides und Demosthenes Vertreter des sich als Stilkategorie etablierenden 'erhabenen Stils', der durch Pathos, Verdunklung durch Ellipse, kühne Metaphorik und herb-schöne Schroffheit dem ernsten Stoff Würde verleihen soll.

Die Ausführungen des Aristoteles, der sich in der ‹Poetik›[14] und der ‹Rhetorik›[15] mit der O. literarischer Texte auseinandersetzt, sind letztlich in diesem Spannungsfeld der religiös-pathetisch-ernsten O. und entsprechender Phänomene in der Literatur der Zeit zu sehen. Ausgangspunkt seiner Betrachtungen ist die sapheneia, die aber von dem Postulat relativiert wird, daß in der Sprache der Dichtung das Ungewöhnliche und die künstlerische Notwendigkeit die Maßstäbe bilden.[16] Der Dichtung wird ein höheres Maß an sprachlich-stilistischer O. als der Prosa zugestanden.[17] Zulässigkeit und Wünschbarkeit der O. sind nach Aristoteles eine Funktion der Textgattung.

Von Aristoteles führt eine direkte, teils der rhetorischen Tradition sekundierende, teils zu dieser in Widerspruch stehende Linie der literaturästhetischen Betrachtung u.a. zu Ps.-Longinos' ‹De sublimate› (Περὶ ὕψους)[18] und DEMETRIOS' ‹De elocutione› (Περὶ ἑρμηνείας). Diese setzen sich mit der z.T. eine obskure Sprechweise pflegenden erhabenen Stil der Dichtung auseinander[19], der den Rezipienten auf der emotionalen *und* intellektuellen Ebene anspreche.[20] In dieser letztlich Aristotelischen Tradition ist auch der römische Dichter und Literaturästhet Horaz zu sehen, der in seiner ‹Ars Poetica› die Schwierigkeiten des Dichters schildert, den richtigen Stil zu finden. Scheinbar verzweifelt ruft er aus: «brevis esse laboro / obscurus fio» (Ich strebe nach

Knappheit – und werde dunkel)[21], wobei die als schwer verständlich und handhabbar eingestufte prägnante Kürze *ad oculos* demonstriert wird.

Außerhalb der religiösen Sphäre gibt eine sprachliche 'Dunkelheit' (z.B. in der Extremform des *Rätsels*) ein intellektuelles Problem, auch allgemein moralischer Natur, auf. Dieses eher rationale als emotional aufwühlende 'Spiel' ist dem Pathos in der Regel abgeneigt. Gehäuft tritt dieser Phänotyp der O. in der Dichtung des Hellenismus auf. In den Werken des KALLIMACHOS, LYKOPHRON, EUPHORION und PARTHENIOS ist die verhüllte, anspielungsreiche Ausdrucksweise eine Darstellungsstrategie.[22] (Die ‹Alexandra› des Lykophron[23], die in über 1000 Versen die Prophezeiungen der in göttlicher Ekstase rasenden Seherin Kassandra beschreibt, ist gleichsam eine spielerische Mischung von intellektuellem Rätsel und Inspirationsmantik.) In dieser Epoche tritt die aus der O. fast zwangsläufig resultierende privilegierende oder ausgrenzende Funktion in den Vordergrund: O. als Bildungsnachweis sowohl der Produzenten wie der Rezipienten, die sich über intellektuelle O. als eingeweihte Elite definieren.

In der *römischen Literatur*, die sich in vielfacher Hinsicht im Sinne eines literarischen Programms an den griechischen Stilmodellen orientiert, läßt sich in der Dichtung der frühen Kaiserzeit (vor allem STATIUS, Epigrammatik) wieder ein Anstieg der O., gepaart mit einem zeitspezifischen Pathos, verzeichnen. Auch in der Prosa, besonders der Geschichtsschreibung, bleibt die Diskussion um den der Darstellung angemessenen Stil präsent: die *brevitas Sallustiana*, die bis an die Grenze der Dunkelheit gehende Kürze des römischen Schriftstellers SALLUST, der in der Nachfolge des Griechen Thukydides schreibt, wird von Quintilian als Stilmodell diskutiert. Theoretische Ausführungen zur Problematik der klaren Darstellung in der Geschichtsschreibung finden sich in LUKIANS nur scheinbar spielerischem Traktat ‹Wie man Geschichte schreiben soll›.[24]

In der *Philosophie* wird unabhängig von den literarästhetischen Reflexionen teils offen, teils implizit durch die Darstellung ein Streit über die Notwendigkeit oder Möglichkeit sprachlich klarer Aussagen geführt – eine Linie, die sich von HERAKLIT über PLATON bis in die analytische Sprachphilosophie der Gegenwart fortführen läßt. Grob lassen sich hier zwei Grundtendenzen unterscheiden: Auf der einen Seite wird die Frage aufgeworfen, inwieweit Sprache überhaupt in der Lage ist, Sachverhalte klar und angemessen wiederzugeben.[25] Auf der anderen Seite steht die Auffassung, daß allein das fast religiöse, auch auf uneigentliche Redeweise angewiesene Pathos die erhabenen philosophischen Gedanken in angemessener Form zum Ausdruck bringen kann. In diesem Kontext wird immer wieder der schon in den Folgegenerationen mit dem Beinamen ὁ σκοτεινός, 'der Dunkle' titulierte Vorsokratiker HERAKLIT als hervorragendstes Beispiel[26] genannt. Wenn in der von Diogenes Laertios[27] referierten (antiken) Diskussion die Gründe für Heraklits Dunkelheit im Bereich von Sprache und Darstellungslogik in Unfähigkeit oder gar in der den 'Pöbel' ausgrenzenden Funktion der O. gesucht werden, so geht das an der Sache vorbei: Sie muß vielmehr aus der zeitlichen Distanz als Beleg für die historisch geprägte Wirkweise der O. gesehen werden. Heraklits scheinbar aus zusammenhanglosen 'dunklen' Sentenzen und Aphorismen bestehendes philosophisches Werk ist Ausdruck seines Weltbildes, in dessen Zentrum der sich im harmonischen Spannungsfeld der Gegensätze begriffene *logos* steht.[28] Aus der Perspektive der späteren philosophischen Fachschriftstellerei, die in der Regel auf die systematische Darstellung eines Lehrgebäudes abzielt, muß das heraklitsche Œuvre unverständlich oder mehrdeutig scheinen, zumal die von ihm z.T. erst geprägten philosophischen Termini in der Folgezeit eine extreme Sinnauflading oder auch Präsierung erfuhren. Die bewußte Ausgrenzung «der großen Menge als potentiellen Lesepublikums» kann ausgeschlossen werden, weil diese ohnehin nicht in Heraklits Blickfeld war noch die Interesse und die Bildung gehabt hätte, um seine Texte zu lesen.[29]

Die in der philosophischen Darstellung immer wieder auftretende O., z.B. in der Mystik des Neuplatonismus und insbesondere im ‹Corpus Hermeticum›, ist nicht auf Heraklits Dunkelheit zurückzuführen, sondern ein zeit- und kulturbedingtes Phänomen.

Einen Sonderfall stellt die stoische 'Rhetorik' dar, die als stilistische *virtus* die *brevitas* hochhält, weil diese die Affekterregung gering halte. Dadurch nimmt sie das *vitium* der O. bewußt in Kauf. Bei dem Satiriker PERSIUS (1. Jh. n.Chr.), der nicht nur bereits den Zeitgenossen als dunkel galt, sondern auch über die Jahrhunderte das topische Beispiel der O. blieb, liegt aufgrund der Verbindung von stoischer Doktrin und dunklem Pathos wieder eine Rückkehr zur kündenden, pathetischen O. vor.[30]

In der Tradition der *Rhetorik* ist keine Schrift überliefert oder bekannt, die ausschließlich dem Thema der O. gewidmet gewesen wäre. Aus den verstreuten Aussagen ergibt sich jedoch nach Art eines Mosaiks ein relativ klares Bild. Da für alle Teile und Aspekte einer gut formulierten sprachlichen Aussage (insbesondere einer Gerichtsrede) das Postulat der *perspicuitas* gilt, wird die O. konsequenterweise mindestens in zwei Rubriken, nämlich zum einen in der Behandlung der seit dem 5. Jh. v.Chr. üblichen Klassifikation der Redeteile (vor allem unter *prooemium* und *narratio*), zum anderen in der *elocutio*, die sich mit den stilistischen Mitteln und Stiltheorien befaßt, abgehandelt. Schon der älteste rhetorische Traktat, die pseudo-aristotelische ‹Alexander-Rhetorik›, stellt einen Katalog genereller, Klarheit bezweckender Stilvorschriften auf.[31] In der Folgezeit beschäftigen sich die römischen Theoretiker der Rhetorik, der ANONYMUS ad HERENNIUM[32], CICERO[33], SULPICIUS VICTOR[34] und IULIUS VICTOR[35] *en passant* in den genannten Bereichen mit den verschiedenen Phänomenen und Graden der O. Der einschlägige Referenztext, in dem literarästhetische Reflexionen den rhetorischen O.-Begriff relativieren, ist jedoch die ‹Institutio oratoria› QUINTILIANS (1. Jh. n.Chr.).[36]

Eng mit der Rhetorik zusammen hängt das Problem der juristischen und wissenschaftlichen *Fach- und Sondersprachen*. In der Rechtsschriftstellerei mußte eine sich möglicherweise auch unbeabsichtigt einschleichende Mehrdeutigkeit[37], etwa von Gesetzestexten und Verträgen, vermieden werden, um willkürlichen Auslegungen vorzubeugen – eine Regel, die selbstverständlich noch heute ihre Gültigkeit hat.[38] Die Römer haben in ihrer «Juristensprache ein fachwissenschaftliches Verständigungsmittel von unüberbietbarer Klarheit hervorgebracht».[39] Da die O. in Rechtstexten einen Grenzfall zwischen Rechtslehre und Rhetorik darstellt, stellen nicht nur die Juristen[40], sondern auch die Rhetoriken[41] Anweisungen zur Auslegung obskurer Rechtssachverhalte bereit. Der Referenzrahmen der Auslegung wird außerhalb des Textes in der gängigen Praxis und der Wahrscheinlichkeit gesucht.

2. *Die Perspektive der Klassischen Rhetorik.* Die Rhetorik vertritt das Ideal einer dem Anlaß, der Sache und dem Adressaten perfekt angemessenen, sprachlich klaren Aussage. Trotz aller Gefahren der Demagogie, die sich aus diesem Ideal ergeben, sollte man unter dem Eindruck moderner Rhetorikkritik dieses Anliegen der 'Durchschnittsrhetorik' nicht verachten und sich dementsprechend auch davor hüten, die Ausführungen der Rhetoriker zur O. als reine Analysen von Fehlerquellen bei der Herstellung eines sprachrichtigen und logisch konstruierten Textes zu lesen. [42] Selbstverständlich kennt die Rhetorik kein Pardon für eine Fehlverwendung der Sprache (Wortschatz, Syntax, Darbietung der Gedanken, oder auch völlig unverständliche Wortkombinationen). Zweifellos muß im Kontext der (Gerichts-)Rhetorik die Interpretationsbedürftigkeit als *vitium* gesehen werden.

Trotz dieser engen Rahmensetzung wird auch in den rhetorischen Handbüchern deutlich, daß zwischen *perspicuitas* und O. eine fließende Grenze besteht. [43] Selbst die (Schul-)Rhetorik konzediert, daß durch bewußt eingesetzte O. ein bestimmter Sachverhalt um so klarer zum Ausdruck gebracht werden kann. Oft wird die O. auch notwendig durch die Kompliziertheit und Schwierigkeit der behandelten Sache, so daß sie paradoxerweise transparenter, deutlicher sein kann, als eine 'falsche', sachunangemessene Pseudo-Genauigkeit, die simplifiziert. Bewußte Verrätselung der Aussage kann zudem ein wirksames Mittel zur Erweckung der Aufmerksamkeit der Rezipienten (*attentum facere*) sein und diesen das Gefühl vermitteln, vom Textproduzenten gefordert zu werden. [44]

Semantische Unschärfe kann – im positiven wie negativen Sinne – die Zuhörer über Schwächen der eigenen Argumentation hinwegtäuschen. [45] In manchen Fällen, etwa wenn eine politische Situation zum Selbstschutz eine verhüllte Meinungskundgabe fordert, kann O. sogar eine notwendige Bedingung des Sprechens (bes. in der Form der Amphibolie / Ambiguität) sein. Auch wenn sich insgesamt eine Tendenz zur kontextangemessenen Zurückhaltung abzeichnet, läßt diese differenzierte Einschätzung die O. keineswegs zum simplen Gegenstück der *perspicuitas* werden.

Die O. bewegt sich auf dem schmalen Grat zwischen *vitium* und *virtus dicendi*. Die kategorische Bewertung der O. als *vitium* ist selbst in genuin rhetorischen Situationen, d. h. in solchen, in denen es um ein argumentatives Überzeugen geht, zu relativieren. Insbesondere bei allen Phänomenen der uneigentlichen Rede (den Tropen etc.), denen eine Art natürlicher O. anhaftet, wird der erlaubte Grad ausgeleuchtet und die Leistung der O. in der Erkenntniserhellung herausgestrichen. [46]

Quintilian kennt aber nicht nur die Dunkelheit einer sprachlichen Aussage, sondern setzt selbst die einfachste Gliederung der O. entgegen. [47] Er legt dar, daß im *prooemium* und bei einer den Fall näher beschreibenden, aber zu knapp ausfallenden *narratio* [48] sich O. besonders negativ auf das Verständnis des Rezipienten auswirken. Dies gilt insbesondere dann, wenn es sich um von Natur aus obskure Sachverhalte handelt, die hohe Anforderungen an die Darstellungslogik stellen. [49]

In der Rhetorik hat man früh erkannt, welche Mittel geeignet oder besonders gefährlich sind, einen Text zu verdunkeln (*obscurare*). [50] Quintilian zählt diese ungleichnamigen sprachlichen Ausdrucksmittel fast systematisch auf. [51] Auf dem immer mitzulesenden Hintergrund von Ἑλληνισμός, Hellēnismós bzw. *Latinitas* unterscheidet er u. a. zwischen O. des Einzelwortes und des zusammengesetzten Satzes. Im Falle der O. des *Einzelwortes* (*in verbis singulis*), der lexikalischen O. (Gegenstück *sermo lucidus* [52]), postuliert Quintilian, daß es meist ein den Sachverhalt am besten zum Ausdruck bringendes Wort, das *proprium*, gibt. [53] Diesem ist das *improprium*, die Verwendung eines 'falschen' (= obskuren) Worts oder Ausdrucks gegenübergestellt. [54] *Proprietas* und *improprietas*, die primär die Fähigkeiten des Textproduzenten markieren, stehen zueinander im Verhältnis der *immutatio*. [55] Die *impropria* haben alle einen als *licentia* gewerteten Anwendungsbereich im Rahmen des Redeschmucks (*ornatus*).

Unschärfe des Ausdrucks ergibt sich etwa aus dem Gebrauch nicht auf die *res* zutreffender Synonyme [56] oder durch im Kontext nicht zu unterscheidende Homonyme (z. B. Taurus als Berg, Sternzeichen etc. [57]). Es sei dahingestellt, wie weit selbst solche *ambigua* dem Rezipienten nach Erkennen der 'Fehlerquelle' nicht doch im intendierten Sinne verständlich sein können. Dieser eher kognitionspsychologische Aspekt der O. wird von Cicero diskutiert. [58]

In den übrigen Spielarten der Wort-O. werden unter Vernachlässigung allgemeiner Verständlichkeit bestimmte Rezipientenkreise bevorzugt bzw. ausgegrenzt. Erfundene Wörter (*verba ficta* [59]) sowie kühne und ungewohnte Tropen erzeugen lexikalische Ambiguität, die von einem intelligenten Leser aufgelöst werden kann. Zum Bildungsgut gelehrter Kreise gehörende Archaismen (*verba ab usu remota* [60]), Regionalismen, also dialektale Varianten oder Einsprengsel aus fremden Sprachen (*verba regionibus quibusdam magis familiaria* [61]) wie Technizismen (*verba artium propria* [62]) sind vom Standpunkt der *Latinitas* und des Allgemeinverständlichkeitsideals aus unschön, aber für bestimmte Rezipienten problemlos verständlich.

O. im *Satzzusammenhang* (*in verbis coniunctis*), die syntaktisch-semantisch-stilistische O., deren Gegenstück der *sermo distinctus* [63] bzw. die *oratio distincta* [64] ist, wird gemäß den drei verbleibenden Änderungskategorien – die *immutatio* ist durch die O. *in verbis singulis* abgedeckt – folgendermaßen unterteilt: Zwischen den Gegenpolen *detractio* und *adiectio* steht die O. zwischen verständniserleichternder und sinnbehindernder Redundanz auf der einen Seite und präziser und sinnverstellender Kürze auf der anderen Seite. Durch *detractio* wird u. U. eine extreme, elliptische Kürze [65] erzeugt. Quintilian verurteilt affektierte, zwischen Prägnanz und Unverständlichkeit oszillierende *brevitas* [66], wie sie insbesondere von den Prosaautoren des 1. nachchristlichen Jh., allen voran vom Philosophen Seneca, gepflegt wurde. [67]

Auch die durch Hinzufügung (*adiectio*) entstehende Redundanz (Makrologie) kann durch mangelnde sprachliche oder gedankliche Disziplin in der Darstellungslogik ein *vitium* sein. Hierzu gehören so unterschiedliche Phänomene wie zu lange Perioden [68] und weite Sperrungen syntaktisch zusammengehöriger Satzteile (Hyperbaton, Parenthese [69]) oder umständlich-unklare Beschreibungen und Paraphrasen [70] (das spezielle *vitium* der Paraphrase heißt περισσολογία, perissología). O. der Periphrase kann vom Autor beabsichtigt sein, wenn er weiß, daß sein Publikum die anspruchsvolle Dunkelheit, die ihre aktive geistige Mitarbeit fordert, schätzt. [71]

Eine *transmutatio*, i. e. Vertauschung oder Vermischung der Wortreihenfolge (*mixtura verborum*) etwa durch Hypallage, kann im Extremfall zu einer völligen Auflösung des Satzzusammenhangs führen. [72] Einen Sonderfall bildet die syntaktische Ambiguität, die zwei verschiedene Lesarten zuläßt. [73] Kommt dieser Fall in einem Gesetzestext vor, bildet er einen *status*, nämlich das *genus obscurum*. [74]

Auch der Fall völliger Unverständlichkeit sprachlicher Aussagen, in denen Signale für das eigentlich Gemeinte gänzlich fehlen, wird diskutiert. Quintilian gesteht in diesem Falle der sog. ἀδιανόητα, adianóēta den Dichtern eine größere Freiheit zu. [75] Ebenso notiert Quintilian einen Effekt der doppel- oder mehrdeutigen Satzkonstruktionen: durch diese könnten sich unbeabsichtigte, ja absurde Assoziationen der Rezipienten in den Wortsinn mischen und die Gedanken ablenken. In der Dichtung freilich kann dies ein gewünschter Effekt sein. [76]

Zur O. des Einzelwortes und der Syntax tritt auf einer abstrakteren, die Wort- und Inhaltsebene überlagernden Ebene die *pragmatische* O., die aus der falschen Einschätzung der Sprechsituation [77], des sozialen Horizontes des Zuhörer, der Fehlbeachtung der Rede- oder literarischen Gattung o.ä. entsteht. Selbst hier ist keine pauschale Ablehnung der O. zu verzeichnen, sondern es werden die Grenzen des jeweils Erlaubten markiert. [78]

Einen Sonderfall bilden innerhalb der rhetorischen Tradition die Regeln für die sachgerechte Abfassung von *Briefen*, die als Mittelding zwischen mündlicher und schriftlicher Rede aufgefaßt werden. Nicht nur sei hier die pragmatische Einschätzung des Bildungsgrades und des Verständnisses des Briefempfängers essentiell. [79] Es müsse jede Art von O. – etwa durch *brevitas*, mehrdeutige oder unverständliche Aussagen (wie unbekannte Sprichwörter oder Anspielungen auf nicht bekannte Anekdoten) oder sachundienliche Zusätze – vermieden werden, um den Empfänger, der bei der Interpretation des Wortlauts auf sich verwiesen ist, nicht über die genaue Bedeutung des Briefinhalts im unklaren zu lassen.

Die Bewertung der O. durch die Rhetorik kann für die Literatur der Zeit nur eine begrenzte Aussagekraft haben, auch wenn die rhetorischen Theoretiker ihre Maximen z. T. auch auf literarische Kunstwerke übertragen haben. Nicht nur relativiert Quintilian in den eben genannten Kontexten die Verurteilung der O. durch literaturästhetische Reflexionen, wodurch er die Grenzen einer auf begrenzte Zwecke ausgerichteten Alltagsrhetorik weit überschreitet. Insbesondere in der berühmter 'Literaturgeschichte' des zehnten Buches reagiert der moderate Ciceronianer Quintilian auf die Tatsache, daß das erste nachchristliche Jh. ein Laboratorium der Sprache war, in dem die verschiedensten Stilmodelle sich zwischen den Extremen der dunklen Kürze (eines SENECA, TACITUS oder PERSIUS) und der nicht minder dunklen gelehrten Paraphrase (eines STATIUS oder VALERIUS FLACCUS) bewegten. Hier billigt Quintilian der (schönen) Literatur ein weitaus höheres Maß an O. zu: sei die *brevitas Sallustiana* im literarischen Kontext angemessen, wirke aber bei einer Rede störend oder sinnbehindernd. [80] Gleichwohl wendet er sich nicht nur gegen den rhetorischen Bombast und die Affektiertheit der kaiserzeitlichen Rhetorenschulen, sondern auch gegen allzu übertriebene O. in der Literatur, die dazu führe, daß man nur noch einen durch Interpretation zu erschließenden Text als gelungen ansehe. [81] Da sich aber aufgrund dieses Wildwuchses der O. eine nicht schließbare Kluft zwischen *verbositas* und dürftigem (latentem) Gehalt auftue, diene diese den Mitspielern lediglich als zweifelhafter Nachweis der eigenen Bildung [82]: «Auf ein solch übles Produkt wird von gewissen Leuten sogar mit aller Kraft hingearbeitet! Und der Fehler ist nicht neu, da ich schon bei einem Titus Livius einen Lehrer erwähnt finde, der seinen Schülern die Anweisung gab, das, was sie sagten, zu verdunkeln, wobei er das griechische Wort (σκότισον, skótison Verdunkle!) gebrauchte. Daher gewiß der treffliche Lobspruch "Um so besser – nicht einmal ich habe es verstanden"». [83]

3. *Ausblick*. Der Diskurs um die O. von sprachlichen Aussagen wird in der griechisch-römischen Antike in verschiedenen Kontexten geführt, die zusammengenommen das bilden, woran Mittelalter und Neuzeit anknüpfen konnten oder hätten anknüpfen können: ‹O.› zieht viele Phänomene in einem Begriff zusammen, die eine heterogene Qualität haben. Hierbei weisen verschiedene Fluchtlinien in die Neuzeit. Angesichts der Tatsache, daß die Wertschätzung der O. aber auch eine stark kultur- und zeitspezifische Komponente hat, können diese antiken Vorstellungen nicht als ausschließlich grundlegend für die folgenden Epochen gelten. Dies ist nicht zuletzt deshalb so, weil Griechisch und Latein Sprachen sind, die aus je unterschiedlichen Gründen der O. Vorschub leisten (Beide Sprachen sind durch ihren Formenreichtum besonders vieldeutig und nuancenreich; zusätzlich neigt das Lateinische zu apodiktisch-knappen Formulierungen in obskurer *brevitas*.)

Rück- und ausblickend kann konstatiert werden, daß die Einschätzung – Verurteilung oder Wertschätzung – der O. in der Antike sich zwischen den Polen von pragmatisch bedingter Ablehnung und begrenzter Akzeptanz in bestimmten Kontexten (Religion, Philosophie, Literatur) bewegt. In der Sekundärliteratur wird zuweilen die negative Einschätzung der O. durch die Rhetorik unreflektiert übernommen oder überbewertet, obwohl dort gerade das Paradoxon des verhüllten, aber gerade in der Verhüllung um so deutlicheren Sprechens im Vordergrund steht.

Immer wieder ist in der Antike der Versuch zu beobachten, die eindeutig dem Irrationalen und Gefährlichen zuzuordnende O. – wie etwa auch das manifeste Traumbild in der Traumdeutung – durch verschiedene Begrenzungs- oder gar Ausgrenzungsmechanismen zu kontrollieren und zu bändigen. Ausmaß und Wünschbarkeit der O. sind aber eminent an den sozialen Kontext und die literarische Gattung gebunden. Lediglich in der griechischen Inspirationsmantik wird der O. ein Raum zugebilligt, der aber durch die Interpretationsanstrengung auf Eindeutigkeit des Sinns reduziert wird.

In der Sprache der römischen Juristen ist die Bändigung der O. unabdingbar. Hinter ihr verbirgt sich letztlich das politische Ideal, jedem römischen Bürger das Höchstmaß an Gerechtigkeit und Rechtssicherheit widerfahren zu lassen. Dem stünden uneindeutige Formulierungen, die eine willkürliche Auslegung ermöglichten, im Wege.

Die Dichtung und als Folge davon die Literaturästhetik kennt größere Obskuritätslizenzen, ja die Verdichtung und hermeneutische Undeterminiertheit sprachlicher Aussagen mag dem einen oder anderen Betrachter, besonders unter dem Eindruck moderner Lyrik [84], sogar als eigentliches Insigne der Dichtung erscheinen. Doch wird man diese Wertschätzung gerade nicht auf die Antike rückprojizieren können, weil in der antiken Dichtung der O. keine prinzipielle Akzeptanz zuteil wird, sondern immer noch auf eine relative Verstehbarkeit abgezielt wird.

Die mit der Absicht sozialer Ausgrenzung bzw. Elitenbildung und Initiation verwendete O. pervertiert in gewisser Weise die der O. innewohnenden innovativen Ressourcen. Sie wird bewußt, gleichsam in künstlerischer Abstraktion und darum sozial manipulativ eingesetzt. Dies ist eine andere Form von Obskurität als in der Inspirationsmantik, weil sie das Dunkle nicht in seiner schweren Faßbarkeit, sondern in rationaler Imitation als *billet d'entrée* denaturiert.

In der Bewertung des Heraklit, dessen Dunkelheit primär aus seiner philosophischen Weltsicht und seiner frühen Position in der Philosophiegeschichte resultieren dürfte, wird diese Funktion des Bildungsnachweises und der sozialen Aus-/Abgrenzung rückprojiziert und zeigt eben darin die wichtige Rolle der O. in der Zeit seiner Kritiker und Interpreten.

Infolge der rhetorischen Diskussion wird bis in die Neuzeit, etwa in Lausbergs Systematisierung der lexikalischen und syntaktischen O., immer die Begrenzung des Phänomens O. in den Vordergrund gerückt. In einigen Ausführungen Quintilians zeichnet sich dagegen eine Würdigung ab, die dem Phänomen gerechter wird: In der Gegenüberstellung von Archaismen und Neologismen [85] wird deutlich, daß der O. im menschlichen Denken und insbesondere in der nie abgeschlossenen Produktivität der Sprache eine wichtige Rolle zugeteilt wird. So kann eine (temporär) nicht verständliche Sprachneuschöpfung sich dauerhaft einbürgern, wenn sie eine Verständnislücke füllt. Doch bedeutet dies nicht, daß die Literatursprachen Griechisch und Latein sich in einem ständigen Prozeß der perfekten *perspicuitas* annäherten; vielmehr erweist sich die immer wieder neu auftretende O. als der Sprache wesensgemäß.

Die Auseinandersetzung mit der O. ist ein entscheidender Faktor in der Weiterentwicklung des sprachlichen wie ästhetischen Ausdrucks. Im Versuch, komplizierten, 'obskuren' Sachverhalten eine allgemein verständliche Versprachlichung zu geben, ist die O. ein wichtiger Gegenspieler, der die (relativen) Grenzen der humanspezifischen kognitiven Kapazitäten erkennen läßt und damit zu deren Erweiterung beiträgt.

Auch in Quintilians Aussage, daß Obskuritäten in Syntax und Wort beim Rezipienten unpassende, gar das Verständnis störende Assoziationen freisetzen können, wird der O. eine wichtige Rolle im Denkprozeß und in der Phantasieproduktion zugeschrieben. Dies ist als kognitionspsychologische Beobachtung bemerkenswert.

Anmerkungen:
1 Quint. VIII, 2, 22; *sermo manifestus*: Sulp. Vict. 15; griech. σαφήνεια oder λέξις σαφής: Arist. Rhet. III, 2, 1404b 1. – 2 vgl. aber das gelehrte Kompositum *obscuridicum* bereits bei dem frühröm. Tragiker Accius (‹Alphesiboea›, Frg. III, 625 ed. Dangel). – 3 zur Etymologie siehe z.B. A. Ernout, A. Meillet: Dictionnaire étymologique de la langue Latine (Paris ⁴1959) s.v. *obscurus*. – 4 zur Wortverwendung siehe ThLL, z.B. s.v. *obscuritas, obscuro, obscurus*; allgemein: M. Fuhrmann: Obscuritas. Das Problem der Dunkelheit in der rhet. und literarästhetischen Theorie der Antike, in: W. Iser (Hg.): Immanente Ästhetik. Ästhetische Reflexion (1966) 47–72, hier 50. – 5 vgl. Quint. VII, 9, 1 zur *amphibolia*. – 6 z.B. Quint. XI, 3, 30ff; 39; 64. – 7 vgl. etwa Lausberg Hb. § 64 5). – 8 Homer, Odyssee XIX, 508ff. – 9 Plutarch, De Pythiae oraculis 404D = VS Frg. B 93. – 10 Herodot I, 91; vgl. eine andere Anfrage I, 55. – 11 siehe z.B. Heraklits Beschreibung der Sibylle bei Plutarch [9] 397 = VS Frg. B 92. – 12 B. Zimmermann: Dithyrambos. Die Gesch. einer Gattung, 1992; vgl. ders. s.v. ‹Dithyrambos›, in: DNP, Bd. 3, Sp. 699–701. – 13 vgl. das zwiespältige Urteil bei Quint. X, 1, 66. – 14 Arist. Poet. 22, 58a 18. – 15 Arist. Rhet. III, 2, 1404b 1f.. – 16 vgl. Fuhrmann [4] 60. – 17 Arist. Rhet. III, 1, 1404a 24ff. – 18 zur Wirkung der Figuren: 20, 3; 22, 1. – 19 vgl. die Ausführungen in der Rhet.: Auct. ad Her. IV, 11; Cic. Or. 69–99; Quint. XII, 10, 58–65. –
20 zu dieser Entwicklung insgesamt Fuhrmann [4] 62ff. – 21 Hor. Ars 25f. – 22 U. von Wilamowitz-Moellendorff: Hellenistische Dicht. in der Zeit des Kallimachos (1924) Bd. 2, 150ff. – 23 dazu G.O. Hutchinson: Hellenistic Poetry (Oxford 1988) 257ff. – 24 siehe Lukian, Quomodo historia conscribenda sit, hg. und erl. von H. Homeyer (1965) Register s.v. σαφής. – 25 Plat. Phaidr. 277c-d; Sophistes 254c u.ö.; zum Unterschied zwischen rhet. und philos. Ausdrucksweise Cic. Inv. I, 77; vgl. auch Macrobius, Commentarii in Ciceronis Somnium Scipionis I, 1–3 über ähnliche Probleme auf der Darstellungsebene; allg.: H.-P. Göbbeler s.v. ‹Perspikuität›, in: HWPh Bd. 7 (1989) Sp. 377–379. – 26 Cicero, De finibus bonorum et malorum II, 15; Clemens Alexandrinus, Stromateis V, 89. – 27 Diogenes Laertius IX, 6. – 28 U. Hölscher: Heraklit zwischen Trad. und Aufklärung, in: Antike und Abendland 31 (1985) 1–24. – 29 J. Latacz (Hg.): Die griech. Lit. in Text und Darst.: Die archaische Periode (²1998) 558ff., bes. 562. – 30 dazu A. Franchino: Il problema dell' oscurità in Persio, in: AFBM 13 (1973/74) 675–683; H. Erdle: Elemente des Manierismus in den Satiren des Persius, in: FS F. Egermann, hg. v. W. Suerbaum (1985) 133–140. – 31 Anax. Rhet. 30, in: Rhet. Graec. Sp.-H., Bd. 1 (1894) p. 72, 1ff. – 32 Auct ad Her. I, 15; IV, 17 u.ö. – 33 z.B. Cic. Inv. I, 29; De or. III, 49; Part. 19; vgl. aber auch seine Äußerungen als Praktiker in verschiedenen Gerichtsreden, z.B. Pro Cluentio 1, 9; In Verrem II, 2, 48. – 34 Sulp. Vict. 19, p. 322, 36ff. – 35 Iul. Vict. 16, p. 424, 22–26 und 20, p. 431, 14–16 Rhet. Lat. min. – 36 z.B. Quint. IV, 2, 31–51; VIII, 2 u.ö. – 37 weiteres bei Lausberg Hb. § 214. – 38 zur Formulierung und Auslegung von Gesetzestexten (insbes. im Kontext der offiziellen Dreisprachigkeit der Schweiz, die zu unkalkulierbarer O. führt) siehe B. P. Tuor: Das Schweizerische Zivilgesetzbuch, neu erg. und bearb. von B. Schneider u. J. Schmid (Zürich ¹¹1995) 31–48. – 39 Fuhrmann [4] 50. – 40 etwa in den ‹Digesta Iustiniani› L, 17, 114. – 41 z.B. Auct. ad Her. I, 20; Cic. Inv. II, 65; 116–121; Quint. VII, 9. – 42 contra Fuhrmann [4] 55. – 43 Quint. VIII, 2, 12. – 44 ebd. – 45 Cic. Inv. I. 30. – 46 Quint. VIII, 3, 73; zur Metapher: VIII, 6, 14ff; vgl. Cic. De or. III, 167; Allegorien: Quint. VIII, 6, 52. – 47 ebd. IV, 4, 4; 5, 25f. – 48 vgl. auch Cic. Part. 15; 121; De or. II, 329. – 49 Cic. Inv. I, 20, 29; Part. 64; Quint. IV, 1, 40ff.; Fortun. Rhet. 13, p. 108, 30ff. Rhet. Lat. min.; Isid. Etym. II, 8; zur Modifizierung dieses Sachverhalts in den von der Gerichtspraxis sich teilweise emanzipierenden Deklamationen der Kaiserzeit siehe J. Dingel: Scholastica Materia. Unters. zu den Declamationes minores und der Institutio Oratoria Quintilians (1988) 131f. u.ö. – 50 Cic. Part. 19; Quint. VIII, 2, 19. – 51 s. auch die noch weitergehenden Systematisierungen Lausbergs («Linguistik der O.») im Hb. §§ 1067–1073. – 52 Quint. V, 14, 33. – 53 vgl. Cic. Part. 17 (auch zur möglichen Schmuckfunktion). – 54 vgl. Lausberg Hb. § 533. – 55 ebd. § 536. – 56 Quint. VIII, 2, 1ff. – 57 ebd. VII, 9,13. – 58 Cic. De or. III, 215. – 59 Quint. VIII, 2, 12. – 60 ebd. – 61 ebd. § 13. – 62 ebd. – 63 ebd. V, 14, 33. – 64 Cic. De or. III, 25, 100. – 65 Quint. VIII, 3, 50. – 66 ebd. VIII, 2, 19; VIII, 3, 82. – 67 ebd. X, 1, 125f.; vgl. Norden Bd. 1, 280ff.; zum Sonderfall der *brevitas* und *obscuritas* in der Rhet. der stoischen Philos. s. G. Moretti: Acutum dicendi genus: brevità, oscurità, sottigliezze e paradossi nelle tradizioni retoriche degli Stoici (Bologna 1985). – 68 Quint. VIII, 2, 14. – 69 ebd.; hingegen zu einer positiven Wirkung des Hyperbatons s. Ps.-Long. Subl. 22, 1. – 70 Quint. VIII, 6, 61. – 71 zu Exzessen in der (scheinbar) intellektuellen Verdunkelung Quint. VIII, 2, 17–21. – 72 ebd. §§ 14ff. – 73 Herm. Stat. 12, 62–64; Quint. VII, 9,5; Cic. Inv. I, 88. – 74 Quint. VII, 6, 2–4; 10, 2. – 75 ebd. VIII, 2, 20. – 76 z.B. ebd. §§ 22ff.. – 77 vgl. Cic. De or. I, 59. – 78 vgl. Cic. Part. 22. – 79 z.B. Iul. Vict. in: Rhet. Lat. min. p. 448, 1ff.; Excerpta rhetorica, ebd. p. 589, 12ff.; dazu P. Cugusi: Evoluzione e forme dell' epistolografia Latina nella tarda repubblica e nei primi due secoli dell' impero con cenni sull' epistolografia preciceroniana (Rom 1983) 34–35, 45. – 80 Quint. IV, 2, 44f. – 81 ebd. VIII, 2, 17ff. – 82 ebd. § 2. – 83 ebd. § 18. – 84 zum Verhältnis der antiken O. und der modernen Lyrik insgesamt Fuhrmann [4]. – 85 Quint. VIII, 3, 24ff.

Chr. Walde

II. *Mittelalter.* Die Schwierigkeit eines Nachvollzugs antiker O.-Vorstellungen in Mittelalter und Neuzeit liegt darin, daß sich die Einheit juristisch-argumentativer, stilistischer und ästhetischer Aspekte der Rhetorik auflöst.

In jedem dieser drei Bereiche lebt der Begriffsinhalt mit Modifikationen weiter, ist aber oft nicht mehr an den ursprünglichen Terminus geknüpft und wird überwiegend nicht mehr als dezidiert *rhetorischer* verstanden. In den Quellen reicht die Terminologie für eine Identifikation bewußter Traditionsanknüpfung oft nicht aus – weder die lateinische (O. ist kein exklusiv rhetorischer Begriff), noch die volkssprachliche (es ist nie eindeutig auszumachen, ob es sich um direkte Übersetzungsversuche handelt). So ist unklar, ob MATTHAEUS VON VENDÔME in seiner Rätseldefinition *obscuritas* als rhetorischen Terminus verwendet. Und MEISTER SIMON gebraucht die Adjektive *obscurus* und *amphibolicus* sicher nicht als Fachbegriffe, wenn er es für erlaubt hält, *amphibolicae orationes* und *obscurae dictiones* in lateinischen Texten mit deutschen Worten zu erklären.[1] Systematisierungen wie z.B. bei Lausberg sind für spätere Zeiten oft nicht mehr möglich; auch den Bestand an Stilistika, die nach antiker Anschauung O. erzeugen, kann man nicht ohne Relativierungen auf spätere Zeiten übertragen; so vermutet Fuhrmann[2], daß das Asyndeton in der Antike nur deswegen als Stilmittel der O. erschienen sei, weil sich bei nichtinterpungierten Texten das Fehlen von Konjunktionen stärker ausgewirkt habe.

In der neuzeitlichen Forschung wird über O. im Mittelalter selten gehandelt; bei Baldwin[3] fehlt der Begriff sogar im Register. Dem üblichen Verfahren im Umgang mit antikem Wissen entsprechend, erfolgt die Rezeption von Anschauungen über O. im Mittelalter eklektizistisch. So geht ULRICH VON BAMBERG in seiner u.a. aus Exzerpten der Quintilian-Bücher VIII und IX bestehenden Rhetorik auf *translatio*, Synekdoche, Periphrase und Hyperbaton ein und erwähnt bei ersterer sogar eine größere Lizenz zu ihrem Gebrauch bei den Dichtern[4]; von *obscurus* ist aber nur bei der Definition des Rätsels die Rede. Da jedoch die Tatsache, daß ein Text aufgrund seiner Wortwahl, seiner Syntax, seiner Bildlichkeit usw. 'unklar' sein und daß diese 'Unklarheit' als 'Dunkelheit' von Autoren bewußt eingesetzt werden kann, ubiquitär und überzeitlich ist, hat sich das Phänomen als solches, gespeist aus einheimischen Traditionen (wie bei den germanischen *kenningar*) oder auch mehr oder weniger autochthon (wie im provenzalischen *trobar clus*) entfalten können. Ubiquität und Überzeitlichkeit erschweren andererseits die Konstruktion von Verbindungslinien, was sich am Beispiel des *trobar clus* zeigt: «Alle mittelalterlichen lateinischen Theorien des *clause vel obscure dicere* treffen sich mit der Theorie des *trobar clus* nur in einem Punkt», nämlich in der «Rechtfertigung und Wertschätzung des dunklen Ausdrucks»[5]. Techniken, die gemäß der Rhetorik O. hervorrufen, werden wie in der Spätantike häufig als Bildungsbeweis eingesetzt. Zur Neuzeit hin scheint sich die O. dann mehr von der reinen Rhetorik abzukoppeln und primär zu einer Erscheinung von Stilistik und Poetik zu werden. Im juristischen Bereich leben O.-Vorstellungen über das Römische Recht weiter. So fordern die ‹Digesta Iustiniani› die Auslegung eines durch O. gekennzeichneten Gesetzes nach Wahrscheinlichkeit oder gängiger Praxis[6]; über die Rezeption der Digesten wird also eine entsprechende Vorstellung weitergegeben.

Der Schwerpunkt der mittelalterlichen Rezeption scheint im Bereich des Wortmaterials zu liegen. Hinweise auf O. durch komplizierte Syntax erscheinen fast nur in Schriften, die Übersetzungen oder Bearbeitungen antiker Texte sind.[7] Neu ist im Mittelalter O. als *religiöse* Kategorie. In der Bibelexegese erhalten die Eigenschaften *obscurus/clausus* eine positive Wertigkeit. AUGUSTINUS spricht von der *docta obscuritas* des Bibeltextes; das macht Schule über GREGOR DEN GROSSEN und HRABANUS MAURUS.[8] Die christliche Allegorie, die keine nur rhetorische Erscheinung ist, sondern ein ontologisches Darstellungsprinzip, das die Existenz im Materiellen (auch in Texten) verborgener Sinne demonstriert, setzt einen positiven Begriff von dunklem Sinn voraus. Dieser Sinn ist von Gott in unverhüllter Form absichtlich nicht zugänglich gemacht worden, weil das 'helle Licht der vollkommenen Wahrheit' den Menschen blenden würde. O. in der christlichen Allegorie ist also kein Hindernis, sondern Schutz (und – ideologiekritisch gesehen – ein Faktor, der die Funktion der interpretationsfähigen Kleriker rechtfertigt). Offensichtlich ist die Allegorie aber auch literarisch erfolgreich, denn sie wird in breitem Umfang in der *weltlichen* Literatur des Mittelalters verwendet. Bis ins 18. Jh. kann man von einer «Tradition der Verschmelzung rhetorisch-argumentativer, christlich-spiritueller und poetischer Sinn-Konstitution und Sinn-Findung»[9] sprechen. Eine Trivialisierung der Auffassung von der *docta obscuritas* läßt sich auch im Bereich der sog. glossematischen Literatur des Mittelalters beobachten: Archaismen, Neologismen, Fremdwörter und seltene Wörter werden gesammelt und für eine Benutzung aufbereitet; noch bis in den Humanismus dient ihre Benutzung dem Nachweis von Gelehrsamkeit. Beispiele für Autoren und Texte glossematischer Literatur sind VIRGIL VON SALZBURG, ARBEO VON FREISING, die ‹Hisperica famina›, HINCMAR VON LAON, ABBO VON SAINT-GERMAIN-DES-PRÉS, OSBERN VON GLOCESTER, HUGUTIO VON PISA. Vor Barbarismen und Neologismen warnt dagegen EKKEHARD IV. VON ST. GALLEN[10], freilich ohne die Gefahr von O. beim Namen zu nennen. Falls bei der Erwähnung von Neologismen auf Quintilian[11] oder Cicero zurückgegriffen worden sein sollte, wird meist deren Einteilung in unterschiedlich bewertete onomatopoetische Neubildungen und Neologismen durch Derivation unterschlagen; Ausnahme ist JOHANNES VON GARLANDIA, der in seiner ‹Poetria› bei Neologismen mit einem Horaz-Zitat die Beschränkung auf einen durch *iunctura* erzeugten neuen Sinn eines *verbum notum* empfiehlt, aber den Zusammenhang des Themas mit O. ebenfalls nicht erwähnt.[12] Stellungnahmen zu einzelnen Stilistika ohne explizite Kontextualisierung in bezug auf *perspicuitas/obscuritas* sind auch sonst nicht selten; EBERHARD DER DEUTSCHE[13] erwähnt auf diese Weise Neologismen und das Hyperbaton, Johannes von Garlandia[14] das «ebene und verständliche Schreiben». In GALFRIDS VON VINSAUF ‹Poetria nova› dagegen findet die Warnung vor «verschlüsseltem Sinn und lichtlosem Sprechen» ihre Konsequenz in der Empfehlung: «Schiebe dunklen (obscuris) Worten einen Riegel vor»[15]; und in seinem ‹Documentum›[16] wird O. dezidiert als *vitium* bezeichnet und als eine ihrer Ursachen große *brevitas* genannt, wobei die Horaz-Stelle ‹Ars poetica› 25f. zitiert wird. *Obscura brevitas* erwähnt auch Johannes von Garlandia[17], aber nur als spezielles *uicium* metrischer Dichtung.

Über Aristotelische O. handelt BOETHIUS; einen Reflex darauf findet man in GUNZOS ‹Epistola ad Augienses›. Belege für Cicero- und Herennius-Rezeption bezüglich der *ambiguitas* bieten Passagen in ANSELMS VON BESATE ‹Rhetorimachia›.[18] Durch den Fortfall antiker Öffentlichkeitskonzepte wird die Fixierung auf 'Allgemeinverständlichkeit' aufgelöst, so daß O. nun häufiger zu einer *virtus* werden kann, indem sie

Gelehrsamkeit demonstriert bzw. dem (ausgewählten) Publikum Teilhabe an solcher Gelehrsamkeit zu suggerieren in der Lage ist. Reste antiker Vorstellungen finden sich allerdings bei Galfrid, wenn er Sprache und Wissen trennt: «Sprich wie die Mehrheit, wisse wie wenige»[19]; entsprechend wendet er sich gegen *obscura verba* und *translatio obscura*.

Ohne daß die verwendeten Techniken direkt auf eine antike Tradition zurückführbar wären, gibt es in den einzelnen Nationalliteraturen immer wieder Phasen und 'Epochenstile', die durch Techniken gekennzeichnet sind, die mit O. in Verbindung gebracht werden können, etwa im deutschen Bereich das sog. 'Blümen'. Eine Reihe von Eigenheiten des geblümten Stils (Fremdwörter, seltene Wörter, Dialektwörter, Umschreibungen, Wortfülle, Gedankenemphase, Metaphern, Allegorien, Asyndeta, Hyperbeln) gehören zu den Mitteln, die O. hervorrufen können. Solche Techniken des exquisiten *ornatus* (Vertreter sind u.a. KONRAD VON WÜRZBURG, FRAUENLOB, EGEN VON BAMBERG, HEINRICH VON MÜGELN, HERMANN VON SACHSENHEIM; kontrovers bewertet wird die Zugehörigkeit GOTTFRIEDS VON STRASSBURG) werden aber im Mittelalter als eine *Verstandes*leistung apostrophiert; insofern eine Folge davon O. sein kann, hat man im Einsatz der Dunkelheit zu poetischen Zwecken damit einen Unterschied zum 19. Jh., wo der Verstand durch 'Dunkelheit' gerade in seine Grenzen verwiesen werden soll.

Ein weiteres Problem stellt die Tatsache dar, daß im Mittelalter Bestandteile der Rhetorik verschoben werden. Schon bei ISIDOR VON SEVILLA sind die Redefiguren als Teil der *Grammatik* behandelt; im 15. Jh. begründet R. AGRICOLA die Zugehörigkeit der *inventio* zur Dialektik (sprachliche O. – anscheinend prinzipiell negativ – und O. des Redegegenstandes werden aber nur pauschal und ohne Nennung von Ursachen erwähnt). Für einen Übergang der spätmittelalterlichen Vorliebe für 'Dunkelheit' von der Rhetorik in ganz andere Bereiche sprechen Parallelen in Malerei, Plastik und Architektur.[20]

Anmerkungen:
1 s. G. Streckenbach: Stiltheorie und Rhet. der Römer im Spiegel der humanist. Schülergespräche (1979) 241. – **2** M. Fuhrmann: Obscuritas. Das Problem der Dunkelheit in der rhet. und literarästhet. Theorie der Antike, in: W. Iser (Hg.): Immanente Ästhetik (1966) 47–72, 49. – **3** Ch.S. Baldwin: Medieval Rhetoric and Poetic (to 1400) (New York 1928). – **4** P. Lehmann: Die Institutio oratoria des Quintilianus im MA, in: Philologus 89 (1934) 349–383, 376. – **5** U. Mölk: Trobar clus. Trobar leu (1968) 139; 142. – **6** Digesta Iustiniani L, 17, 114; vgl. A. Berger: Encyclopedic Dictionary of Roman Law (Philadelphia 1953) 605. – **7** vgl. z.B. B.V. Wall (Hg.): A Medieval Latin Version of Demetrius' De elocutione (Washington DC 1937) 93, Z. 8; 94, Z. 12; 95, Z. 1, 10; 98, Z. 10. – **8** H.-I. Marrou: Saint Augustin et la fin de la culture antique (Paris 1938). – **9** W. Mohr: Art. ‹Topik›, in RDL² Bd. 4 (1984) 456–475, 457. – **10** Faral 104; vgl. E. Dümmler: Ekkehard IV. Von St. Gallen, in: ZfdA 14 (1869) 1–73; darin 33–34: Ymmoni fratri post abbati Ekkehart de lege dictamen ornandi. – **11** vgl. K. Barwick: Quintilians Stellung zu dem Problem sprachlicher Neuschöpfungen, in: Philologus 91 (1936) 89–113. – **12** Joh. v. Garl. 29. – **13** Faral 336ff. – **14** Joh. v. Garl. 32. – **15** Galfrid von Vinsauf, Poetria nova, ed. Faral, Vv. 1061ff. – **16** ders., Documentum de modo et arte dictandi et versificandi, in: Faral 313. – **17** Joh. v. Garl. 84f. – **18** Gunzo: Epistola ad Augienses u. Anselm v. Besate: Rhetorimachia, hg. v. K. Manitius (1958) 37; 110f.; 115. – **19** Mölk [5] 180. – **20** siehe etwa zur Sakralarchitektur L.B. Albertis Borinski Bd. 1, 157.

III. *Humanismus, 16. und 17. Jh.* Die eklektizistische Behandlung antiker Quellen wird im Humanismus abgelöst durch eine systematischere Beschäftigung. Dabei geht es jedoch nicht um abstrakte Historizität; das zeigt sich an der Interpretation sprachlicher *consuetudo*. Zwar gilt in Anlehnung an Quintilian: «odium parit, si obscure confeceris» (Widerwillen entsteht, wenn du [ein Werk] dunkel vollendest)[1], aber Quintilians relativierendes Verständnis vom Sprachgebrauch als einem jeweiligen wird ebenso zu einer ausgrenzenden Eliten-*consuetudo* umgebogen wie die von Cicero geforderte Orientierung am *genus vulgare orationis* und der *consuetudo communis*.

Die lateinische Schulrhetorik des 16. Jh. hat besonders in Frankreich Einfluß gehabt. G. DU VAIR versucht antike *perspicuitas*-Ideale wiederzubeleben[2]; noch einflußreicher ist F. DE MALHERBE geworden, indem dieser nämlich rhetorische Vorschriften auch auf Dichtung anwendet und damit die von der ‹Pléiade› vorangetriebenen Entwicklungen rückgängig macht. Man hat nachweisen können, in welchem Umfang seine Verdikte dabei gegen Verfahrensweisen gerichtet waren, die nach antiker Tradition unter O.-Verdacht standen. Ciceronianische Ideale wirkten weiter über P. RAMUS.

In J.C. SCALIGERS ‹Poetices libri VII› wird IV 1 O. als Gegenbegriff zu *perspicuitas* bestimmt, III 83 als Eigenschaft, welche Bedeutungen nur für *sapientes* entschlüsselbar mache; IV 5 finden sich Differenzierungen für O. *in verbis singulis*. Scaligers Sohn JOSEPH JUSTUS kritisiert PERSIUS wegen dessen O.[3], reanimiert damit aber nur einen bereits von antiken Zeitgenossen erhobenen Vorwurf. Persius bleibt über die Jahrhunderte ein geradezu topisches Beispiel für O., z.B. bei BOILEAU, BLOUNT, GAGNER, HAMANN, LESSING. J.C. Scaliger rückt die Persiussche O. außerdem in die Nähe von Orakelsprüchen, eine Analogie, die nicht selten ist.

Die volkssprachlichen deutschen Rhetoriken aus der Zeit des Humanismus sind meist kurz gefaßt und beschränken sich auf Anweisungen für die Alltagspraxis; in einem vergleichbaren englischen Text des 16. Jh. finden sich immerhin Rekurse auf Archaismen und die *obscura brevitas* aus der *elocutio*-Lehre[4], die freilich die Kenntnis der antiken Rhetorik in diesem Punkt eher voraussetzten als daß sie eine Lehre neu vermitteln würden. In der englischen Literaturkritik des 16. Jh. wird der *obscure style* wenig geschätzt, seine Schmuckfunktion für begrenzte Fälle jedoch anerkannt. Bemerkenswert ist, daß in der elisabethanischen Lyrik die Syntax wieder eine Rolle für die bewußte Erzeugung von O. spielt, wie umgekehrt 'sinnverschleiernde' Syntax für die zeitgenössische Kritik Grund für O.-Vorwürfe sein kann; auch Metrik und Versbau sind, etwa bei J. DONNE, daran beteiligt.

In der reformatorischen Polemik gegen die katholische Kirche spielt der Begriff ‹O.› eine große Rolle. Den Altgläubigen wird vorgehalten, daß sie die *perspicuitas* der Bibel negierten, indem sie diese für interpretationsbedürftig ausgäben und ihr mithin O. unterstellten.[5] Interpretationen der Bibel gelten schon als Kennzeichen von Obskurantismus, zumal wenn sie im Verdacht intellektueller Defizienz stehen (vgl. die ‹Epistolae obscurorum virorum›). Bei den Verfassern der ‹Dunkelmännerbriefe› ist ebenso Kenntnis des rhetorischen Hintergrundes vorauszusetzen wie eine teils mehr, teils weniger bewußte Abkehr von der 'ontologischen' Allegorie zu konstatieren. Der ontologische Aspekt entfällt allerdings auch im reformatorischen Kontext nicht, nur wird statt des *secretum*/*mysterium* die ebenfalls traditionell ontologisch besetzte Gleichung *lux*/*claritas* = *veritas* in den Vordergrund gestellt. In bezug auf die Bibellektüre ist wichtig, daß die im *trobar clus* und im *blüemen*, aber auch im Kontext der Selbstrechtfertigung der alten Amtskirche wichtige Funktion der O., über begrenzte Verständlichkeit eine bildungsbezogene Eingrenzung zu bewirken, für die Reformatoren entfallen muß, denn ihre These ist ja, daß die Bibel auch Laien unmittelbar einsichtig sei. In humanistischen Kreisen dagegen hat der Gedanke Bedeutung, daß *perspicuitas* eine relative Kategorie ist, die immer zu messen sei an der Bildung derer, für die man schreibt, die Gebildeten. Implizit bedeutet das auch, daß O. einen Teil ihrer Lizenzen nach wie vor aus der Eigenschaft gewinnt, ausgrenzende Funktionen zu übernehmen.

Reichhaltig belegen läßt sich die Thematisierung einzelner Mittel, die O. erzeugen so handeln zahlreiche Figurenlehren über *ambiguitas, anapodoton, detractio, dissimulatio,* Hyperbaton/*transgressio*. [6] Handbuchartige Rhetoriklehrbücher für Lehre und Praxis ohne Anspruch auf eigene Theorien präsentieren eine 'klassische', aber sozusagen synthetisierte O.-Lehre. So stellt G.J. VOSSIUS einen umfänglichen Katalog möglicher Ursachen für O. zusammen und erläutert sie. [7] TH. BLOUNT bezeichnet im Kontext der Periphrase *obscure* und *unfamiliar meaning* von Wörtern als inakzeptabel und steht damit in antiker Tradition; er unterschlägt aber die von Quintilian gerade bei der Periphrase gewährte *licentia*. [8] Wie J. Smith und Hoskins setzt Blount in England eine ciceronianische Tradition der Rhetorik fort. Im Gegensatz zu Quintilian, der auch den Gebrauch von Fachvokabular als O.-fördernd bezeichnet, empfiehlt Blount dergleichen, «um die Gebildeten zu erfreuen». Etwas detailliertere Einblicke in zeitgenössische Meinungen über O. liefern Blounts ‹Remarks Upon Poetry›. *Obscurity* gilt als einer der größten Fehler «in Discourse»; als Beispiele für 'obskure' Dichter werden angeführt der Portugiese CAMÕES (1580) und DANTE. [9] Verstreuter sind Bemerkungen in A. GILS ‹Logonomia anglica›; nach dem Dictum, daß *summa virtus* der *oratio* die *perspicuitas* sei, aber ohne Nennung des *vitium* der O., werden Cicero und Quintilian zu den Themen *sermo planus,* Fremdwörter, Archaismen, Barbarolexis zitiert; die *interpretatio* erscheint als Möglichkeit des *explicare* einer *obscura vox* [10]; über die *figurae sententiae* wird gesagt, ihr *ordo* sei im Fall der Synchysis *obscurus,* beim Hyperbaton *turbatus* (während in der klassischen Rhetorik die Eigenschaft der O. stets dem Hyperbaton zugeordnet wird).

In Frankreich kommt der Einfluß der Schulrhetorik im 17. Jh. zur vollen Geltung, verbindet sich mit sprachpflegerischen Bemühungen und prägt den Topos von der besonderen *clarté* der französischen Sprache, die gleichzeitig fast schon zum Kampfbegriff gegen die *obscurité* wird, der man so gut wie keine Berechtigung mehr zuerkennt.

Als Beispiel für das Weiterleben von O. als Bezeichnung für die Eigenart esoterischen Wissens kann gelten eine Zusammenstellung von Informationen über ägyptische, antike und keltische Geheimwissenschaften bzw. 'magisch' erscheinende wissenschaftliche Praktiken von FALCK (1692). [11] Erwähnt werden Änigmatisches, Zahlensymbolik, Mysterien. Als äußeres Kennzeichen gilt eine Schreibweise, die «tum tropice, tum allegorice» verfährt.

Anmerkungen:
1 P. Schneevogel (Niavis), zit. G. Streckenbach: Stiltheorie und Rhet. der Römer im Spiegel der humanist. Schülergespräche (1979) 108. – 2 G. du Vair: De l'éloquence française, hg. v. R. Radouant (Thèse Paris 1907). – 3 G.W. Robinson Joseph Scaliger's Estimates of Greek and Latin Authors, in: Harvard Studies in Class. Philology 29 (1918) 133–176, 163. – 4 Wilson's Arte of Rhetorique (1560), ed. by G.H. Mair (Oxford 1909) 3; das ‹Oxford English Dictionary› bringt aus Wilson s.v. ‹obscure›: «In seekyng to be short be not obscure.» mit der Stellenangabe «61b»; die dort verwendete Ausgabe war für uns nicht greifbar. – 5 vgl. z.B. J. Kruegerius: Disputatio theologica de luce et perspicuitate Sacrae Scripturae, opposita friuolis Papistarum accusationibus de obscuritate eiusdem ... (Tübingen 1613); F.G. Gotter: Dissertatio de obscuritate epistolis Pauli falso attributa (Diss. Jena 1692). – 6 s. die Nachweise bei L.A. Sonnino: A Handbook to Sixteenth-Century Rhetoric (London 1968). – 7 Vossius, Pars II, p. 30–39. – 8 Th. Blount: The Academie of Eloquence (London 1654; ND ebd. 1974). – 9 Th. P. Blount: De Re Poetica Or, Remarks Upon Poetry. [Beigel. mit eigener Paginierung:] Characters and Censures (London 1694; ND New York 1974). – 10 A. Gil: Logonomia Anglica ... (London ²1621 [¹1619]) Microfiche-Ed., 111. – 11 N. Falck: Programma acad[emicum], quam male philosophia obscuritatibus contaminata fuerit (Wittenberg 1692).

IV. *Barock und Klassizismus.* Der aus der Kunstgeschichte stammende und auch in der Literaturgeschichte zum Epochennamen gewordene Begriff ‹Barock› bezeichnet Stileigenschaften v.a. im Bereich von Metaphorik und Syntax, die traditionell als O.-generierend angesehen werden, so daß ‹Barock› auch als überzeitliches Epitheton verwendet werden kann[1]; gleiche Tendenz hat das Aufgreifen des Begriffs ‹Asianismus› schon im 15. Jh. [2]. Nach barocker Rhetoriklehre steht die Metaphorik jedoch nicht im Dienst von O., sondern soll Zeugnis von der geistigen Leistungsfähigkeit der Autoren ablegen. In dieser Hinsicht zeigen Rhetorik und Poetik der Barockzeit auch schon deutlich aufklärerisch-rationalistische Züge: OPITZ [3] warnt vor Dunkelheit, die nicht nur aus unverständlichen Wörtern resultieren könne, sondern auch aus unklarer Syntax (z.B. «das weib das thier ergrieff» [4] – also dasselbe wie Lausbergs «richtungs-unentschiedene O. durch Wortstellung» [5]; vgl. auch die syntaktische *ambiguitas/amphibolia* als Ursache von O. bei Quintilian). J.M. MEYFART kritisiert mangelnde Deutlichkeit (der Begriff ‹Dunkelheit› fällt aber nicht) von dialektalen und Fremdwörtern und erteilt für erstere nur den 'Poeten' eine gewisse Lizenz. G.PH. HARSDOERFFER nimmt Bezug auf die Arkansprache von «Chimisten oder Schmeltzkünstler[n]»: wer verstanden werden wolle, müsse sich der «Deutlichkeit [...] befleissigen». Damit wird die Funktion von O. also auf ein Schreiben für Eingeweihte reduziert, das Mittel zu ihrer Erzielung nur im Gebrauch von Tropen ('Bildereyen') gesehen. A. TSCHERNING (1659) hebt die verdeutlichende Wirkung orthographischer Varianten bei Homonymen hervor. THOMASIUS (1687) rückt die Eigenschaft «zweydeutig oder [!] dunckel» in die Nähe der «Oracula und Rätzel». [6]

Rhetorik erhält im 17. Jh. eine stilpädagogische Funktion im Kampf gegen den sog. 'Schwulst' mit exzessiver Metaphorik und undurchschaubarer Syntax. Erst im 18. Jh. jedoch werden Beispiele antiker O. in die Schwulst-Diskussion mit einbezogen. [7] Viele Autoren stehen unter dem Einfluß DESCARTES' und der französischen Grammatik von Port-Royal mit ihrer Option für die *clarté.* Hier will man sich in bezug auf die *Wissenschaftssprache* ganz von der rhetorischen Tradition lösen, da man sich von Rhetorikfreiheit unmittelbare Verständlichkeit verspricht. Descartes selbst nennt in seinen ‹Principia philosophiae› eine Reihe von Vorbedingungen für «clara et distincta perceptio», die sich auf antike Vorschläge zur Vermeidung von O. abbilden lassen. Einen folgenreichen erkenntnistheoretischen Angriff auf die Rhetorik, von dem auch Tropen und Figuren betroffen sind, führt LOCKE in ‹An Essay concerning Human Understanding›: Für ihn dient bildhaft-figürliche Rede gewolltem Betrug durch Kaschierung 'falscher' Ideen und Emotionalisierung. Das Lehrgedicht ‹L'art poétique› von N. BOILEAU ist in seinen Äußerungen zur O. sehr allgemein; da frz. *obscur/obscurité/obscurcir* sprachgeschichtlich direkt auf ihre lateinischen Vorläufer zurückgehen, lassen sich aus der Terminologie keine Rückschlüsse auf bewußte Anknüpfung an die rhetorische O.-Lehre ziehen: *obscur* wird als ‹nicht gut verständlich› bestimmt, *obscurcir* als ‹wenig verständlich wiedergeben›, *obscurité* als ‹Mangel an Klarheit in Gedanken und Ausdruck›. Für einen neuen Typ rhetorischer Lehrbücher steht B. LAMYS ‹De l'art de parler›: Schwerpunkte sind einerseits die *elocutio* (die *inventio* bleibt fast ganz ausgeklammert), andererseits die «emotionspsychologische, auf Theoremen der cartesianischen Physiologie aufbauende Fundierung etwa der Prosodie, der Stil- und Figurenlehre»[8]. *Perspicuitas* und O. werden nicht als gesonderte Kategorien behandelt. Inhaltlich lassen sich darauf beziehen Äußerungen über die Wortstellung, zum *usage* (mit Bemerkungen zu Neologismen und Archaismen, die den Sinn *obscur* machen können) sowie zu den Tropen. Allegorien erzeugen für Lamy nicht grundsätzlich O.; für dunkle Allegorien benutzt er den Terminus *énigmes* (Rätsel). Tropen können aus drei Ursachen *obscur* werden: wenn sie inhaltlich zu weit vom Bezeichneten abliegen, wenn zwischen Tropus und bezeichneter Sache eine zu geringe Verbindung besteht, wenn sie durch zu häufigen Gebrauch undeutlich geworden sind. Für Figuren dagegen wird behauptet, daß sie «dunkle Wahrheiten erhellen»[9].

Anmerkungen:
1 s. Lausberg Hb. § 1069. – 2 Melanchthon, ed. Knape 165. – 3 Eine Zusammenstellung der hier und im f. erwähnten Passagen bei Opitz, Meyfart, Schottel, Leibniz, Harsdoerffer, Tscherning, Thomasius gibt O. Reichmann: Deutlichkeit in der Sprachtheorie des 17. und 18. Jh., in: Verborum Amor. FS S. Sonderegger, hg. v. H. Burger, A.M. Haas u. P. von Matt (1992) 448–480. – 4 zit. ebd. 460. – 5 Lausberg El. § 161. – 6 vgl. ebd. § 133 zur Vergleichbarkeit von ‹richtungs-unentschiedener› O. bei Tropen und Orakelsprüchen; § 423 zum Terminus ‹Rätsel› für eine «in sich geschlossene Allegorie, deren gemeinter Gedanke schwer [...] zu erkennen ist». – 7 s. P. Schwind: Art. ‹Schwulst›, in: RDL² Bd. 3 (1977) 785–795, 789. – 8 B. Lamy: De l'art de parler (²1676) / B. Lamy: Kunst zu reden (Übers. von J.Chr. Messerschmidt, 1753), hg. von E. Ruhe, mit e. einl. Essay ‹Perspektiven für eine Lektüre des *l'art de parler* von Bernard Lamy› von R. Behrens (1980) 18. – 9 ebd. 64, 68–70, 109.

V. *Aufklärung.* Eine Reihe zentraler Themen sprachpflegerischer Bemühungen des 17. Jh. zur Verhütung von 'Dunkelheit'/Undeutlichkeit taucht auch im 18. Jh. auf. Die Rolle korrekter Syntax betonen J. HEMMER und J.F.A. KINDERLING, letzterer wendet sich außerdem zwar nicht pauschal, aber doch überwiegend gegen Archaismen, Neologismen, Fremdwörter und Regionalismen.[1] Der Begriff 'Deutlichkeit' spielt überhaupt in der deutschen Sprachtheorie der Aufklärung eine große Rolle und weist Affinitäten zur *perspicuitas* auf. In den sprachtheoretischen Werken ist ‹Dunkelheit›/‹dunkel› sehr häufig belegt und negativ konnotiert. Die O., die nach Auffassung der Aufklärer die Emanzipation der Menschen verhindert, ist keine rhetorische Kategorie mehr, sondern Metapher für alles Irrationale und 'Abergläubische'. Die Lichtmetaphorik der Aufklärung und der rationalistischen Philosophie darf jedoch nicht überbewertet werden: Sie gehört zum traditionellen Metaphernbestand und wird nur einmal mehr in einen neuen Kontext verpflanzt. Für WOLFF ist ein «Begriff [...] dunckel, wenn er nicht zulangen will, die Sache wieder zu erkennen». Für MENANTES sind Ursachen für einen «dunckeln und verworrenen Stylum [...] ungebräuchliche Wörter [...], National-Redens=Arten [...], ungereimte Beschreibung». Auf die Rolle der Syntax für eine *deutliche* Vermittlung von Gedanken geht mehrmals GOTTSCHED ein; hier kann man die meisten Fälle von O. *in verbis coniunctis* antreffen. Auch einige Fälle von potentieller O. *in verbis singulis* werden erwähnt, wobei aber in bezug auf Archaismen und Neologismen «die Deutlichkeit gar wohl bestehen» könne. An die in der *narratio* zu vermeidende O. erinnert die Verpflichtung auf den *ordo naturalis*; ferner wird *brevitas* verlangt.

Der nicht mehr der Aufklärung verpflichtete BREITINGER bezieht seine Forderung nach Deutlichkeit auch auf Aussprache und *Wohlklang*, hat also nicht mehr nur den geschriebenen Text im Auge[2]; Breitingers Äußerungen zum Fremdwortgebrauch sind differenziert; «Dunckelheit» kann für ihn auch eine Folge des Mangels an «Bey= und Neben=Wörter[n]» sein. Letzteres mag an das Entstehen von O. durch ein 'Zuwenig' erinnern. An anderer Stelle geht Breitinger auf die «Hülffe» von «Gleichniß=Bildern»[43] bei der Erklärung von «dunckeln Begriffen» ein.

Erörterungen, in denen O. eine Rolle spielt, wechseln von den Rhetoriken immer mehr in allgemein orientierte Abhandlungen über; hier sind Kenntnisse *antiken* Schrifttums klarer nachzuweisen. Kenntnis der von Quintilian aus Livius überlieferten Anekdote von dem Rhetoriklehrer, der als Rezept zur Textherstellung die Empfehlung abgab: «Mach's dunkel!», verrät ein Zitat bei CLEEMANN.[4] Wie Falck (s.o. III.) geht es ihm zunächst um eine Zusammenstellung von Autoren und Kulturen, deren Wissenschaften durch O. gekennzeichnet waren. Cleemann bezieht aber ausführlicher rhetorische Mittel ein, verweist nicht nur auf Allegorisierungen, sondern unterscheidet auch zwischen O. *in verbis singulis* und komplexeren Formen. Betont werden die Nähe zu *aenigmata* und *oracula* sowie die verhüllende Funktion von *fabulae*. Aus der christlichen Theologie werden AUGUSTINUS und BASILIUS erwähnt. Tendenz ist, den Fortschritt der Wissenschaft in Richtung auf das 'Licht der Wahrheit' zu befördern. Ergiebig für den Stand der O.-Diskussion hinsichtlich ihrer Einbettung in größere Zusammenhänge im 18. Jh. ist eine kleine Schrift von A. GAGNER.[5] Dieser stellt eine Art Katalog solcher Ursachen zusammen; verantwortlich für O. seien besonders 'die Schwäche des menschlichen Geistes', begrenztes Wissen, Vorurteile, Vertrauen auf das bloße Alter von Lehrmeinungen und auf Autoritäten, umgekehrt Gier nach Neuem als Selbstzweck, Mangel an einer klaren und abgegrenzten Vorstellung, Verwirrung der Fähigkeiten des menschlichen Verstands, übertriebene *subtilitas*. Bei letzterem geht Gagner auch auf sprachlich bedingte O. ein, wobei gleichzeitig ein Abriß religiöser Geheimlehren nebst *fabulae, symbola, aenigmata, oracula* geliefert wird. § 10 nennt die Wissenschaften, in deren Aufgabenbereich die Vermittlung solider Grundlagen zur Verhinderung von O. gehöre: «Philologia & Philosophia», letztere bestehend aus Grammatik, Rhetorik, Poetik, «Philologia stricte sic dicta & Critica». Gegen eine Herleitung von Gagners O.-Verständnis aus der Antike könnte sprechen, daß er bei der Aufgabenbeschreibung der Rhetorik nur die Stichworte *copiose* und *eleganter* liefert. Auf die o.a. Quintilian-Anekdote nimmt auch FACCIOLATUS [6] Bezug, und zwar unter direkter Anführung der Passage. Die Stelle wird aber nicht in einen rhetorischen, sondern in einen pädagogischen und 'kommunikationsethischen' Zusammenhang gestellt: Der Vortrag wendet sich gegen philosophisch-wissenschaftliche O., die für Facciolatus nicht durch sprachliche Fehler, sondern durch mangelnde logische Akkuratesse oder bewußte Verdrehungen hervorgerufen wird. Daß sein Interesse an der reinen Rhetorik gering ist, zeigt wohl die Tatsache, daß er aus Prestigesucht betriebene O. nicht als Verstoß gegen das Gebot der *dissimulatio artis* (Cicero, Quintilian) wertet.

Anmerkungen:
1 Die hier erwähnten und zitierten Meinungen von Hemmer, Kinderling, Wolff, Zedler, Menantes, Gottsched, Breitinger ebenfalls bei O. Reichmann: Deutlichkeit in der Sprachtheorie des 17. und 18. Jh., in: Verborum Amor. FS S. Sonderegger, hg. v. H. Burger, A. M. Haas u. P. von Matt (1992) 448–480. – **2** vgl. Lausberg El. § 132, 1 zur ‹richtungslosen› O. durch mangelhaftes Sprechen des Redners. – **3** vgl. Quint. VIII, 3, 37 zu Anforderungen an die *similitudo*. – **4** A. Chr. Cleemannus: De affectatione obscvritatis singvlari vetervm qvorvndam philosophorvm strategemate scholastico (Dresden 1753) 3; vgl. Quint. VIII, 2, 17. – **5** A. Gagner: Diss. academica De Caussis Obscuritatis Philosophorum ... (Uppsala 1733). – **6** J. Facciolatus: De obscuritate in disputando acroasis ... (Passau 1733).

VI. *Romantik.* Schon angesichts der zeitlichen Verschiebungen zwischen einzelnen romantischen Tendenzen kann ‹Romantik› hier nicht als fester Epochenbegriff abgehandelt werden; inhaltlich und hinsichtlich des in den verschiedenen nationalen Kulturen sehr unterschiedlichen Einflusses auf andere Bereiche wie Malerei, Musik, Philosophie, Politik, Religion und Religionswissenschaft ergibt sich ebenfalls kein einheitliches Bild. Immerhin existieren drei den romantischen Richtungen der Literatur in allen europäischen Ländern gemeinsame Tendenzen, die sich unter der Perspektive der O. betrachten lassen: im Motivisch-Gehaltlichen eine Vorliebe für das Dunkle und Geheimnisvolle; im sprachlich-stilistischen Bereich gleichermaßen eine Abkehr von aufklärerischer Regelpoetik und klassisch-klassizistischen 'Klarheits'idealen (in Frankreich stärker als in Deutschland, wo einige Formtraditionen durchaus fortgeführt werden); in bezug auf die Darstellungsart eine Abwendung vom Realismus. In dieser Hinsicht kann man also behaupten, daß O. weiterlebt bzw. wiederbelebt wird als O. des Redegegenstandes und als Gegenmodell zum *claritas*- bzw. *perspicuitas*-Ideal. Traditionelle Merkmale 'obskurer' Sprache werden jedoch sowohl in den einzelnen Nationalliteraturen als auch bei den einzelnen Autoren einer Nationalliteratur nur höchst unterschiedlich realisiert. So verbleibt im englischen und amerikanischen Schauerroman (C. REEVE, S. LEE, Ch. SMITH, A. RADCLIFFE, M.G. Lewis, Ch.B. BROWN u.a) O. meist auf motivischer Ebene; entsprechende distinktive Merkmale von O. auf sprachlicher Ebene fehlen in dieser Gattung. Wo hinter romantisch-dunklem Sprechen ein poetologisch-philosophisches Programm steht, handelt es sich um den Versuch, die Alltagsrealität als eine nur scheinhafte darzustellen und mit dem dichterischen Text zumindest eine Ahnung von der Existenz tieferer Wahrheiten zu vermitteln. Das Reden über das Verborgene und das Geheimnis bleibt aber nicht ohne Folge für die eingesetzten sprachlichen Mittel. Daß Spezifika dieser Sprache dann mit rhetorischen Kategorien beschreibbar sind, läßt sich neben dem Bildungshintergrund der Autoren vor allem daraus erklären, daß die Möglichkeiten, Sprache zu 'verdunkeln', letzten Endes begrenzt sind, damit analysierbar werden und sich den gängigen rhetorischen Beschreibungsmustern einfügen lassen. Auch Variationen ergeben sich natürlich: Nicht wie in der klassischen Rhetorik Fremdwörter, sondern der Gebrauch einer fremden Sprache dient in V. HUGOS Roman ‹Les Travailleurs de la Mer› der Erzeugung von 'Dunkelheit', indem er nämlich die Geister untereinander auf Spanisch reden läßt. Die von A. MANZONI betonte Überwindung der «Autorität der Rhetoriker» durch die Romantik [47] impliziert also in der Praxis keinen völligen Bruch. Deutliche Kenntnis von antiken O.-Theorien zeigt etwa J.G. HAMANN. Dem entspricht der Gebrauch spezifischer rhetorischer Mittel zur Erzeugung von O. in Hamanns Schriften. Funktionalisiert wird dieser Stil im Sinn seiner anti-aufklärerischen Tendenz auch durch die Evozierung von Orakel- und Rätselhaftem; Schmidt spricht von einer «Mischung» zweier 'dunkler Dichtungstypen', «des prophetischen Orakelstils und der alexandrinisch-artistischen Gelehrsamkeit» [48]. Typisch sind auch die Gegenreaktionen: Der Heidelberger Literaturkreis um J.H. Voss sieht in der Romantik Züge eines neuen Obskurantismus und versucht dagegen u.a. mit Parodien vorzugehen; was parodierbar ist, trägt das Muster seiner Parodierbarkeit schon in sich. ‹Obskurant› bleibt noch über das 18. Jh. hinaus ein fester Terminus in literarisch-philosophischen Polemiken, so wie ja auch der Begriff 'romantisch' geradezu als Schimpfwort verwendet werden konnte. Wichtig ist, daß der Kampf zwischen Romantik und Gegenromantik auch ein Kampf um die grundsätzliche Legitimität des Dunklen ist. In der Frühromantik, besonders bei NOVALIS, ergibt sich eine Aufwertung des 'dunklen Sprechens', die zur rhetorischen Tradition in einem sehr komplizierten Verhältnis steht: Der eigenen Theorie nach hat Novalis für seine poetische Sprache keinerlei rhetorische Funktion vorgesehen; außerdem findet eine Umkehrung antiker O.-Konzepte statt, indem nämlich gerade von den ursprünglich besonders für 'klare' Diskurse geeigneten Alltagswörtern angenommen wird, daß sie durch häufigen Gebrauch ihre Eindeutigkeit verloren hätten, damit jedoch besonders geeignet für die Sprache der Dichtung geworden seien. Da ein weiteres Mittel der Mystifizierung Tropen und Symbole sind, ergibt sich dann aber letztlich doch noch eine rhetorische Tradition. Die große Nähe zum *genus obscurum*, in die Lausberg romantische und andere moderne Verfremdungsphänomene gerückt hat, ist jedoch dem jeweiligen historischen Stellenwert beider Phänomene nicht unbedingt angemessen. In F. SCHLEGELS Aufsatz ‹Über die Unverständlichkeit›, in dem betont wird, daß sprachliche Unverständlichkeit nicht ein über Schulung behebbarer Mangel, sondern unvermeidliche Folge eines Unverständlichwerdens der 'Welt', der mit Sprache bezeichneten Objekte ist, rücken rhetorische Mittel in den Vordergrund, die in der Antike seltener mit O. in Verbindung gebracht werden: Paradox und Ironie.

Im religiösen Bereich finden sich in der Romantik einige Berührungen mit mittelalterlichen O.-Konzepten. CHATEAUBRIAND sieht in der Bibel, den Sakramenten, den Wundern der Natur und der Harmonie der Welt verborgene Hinweise auf die Existenz Gottes. Die religiös ausgedeutete Weltharmonie ist auch ein wesentliches

Motiv bei LAMARTINE, dessen Lyrik Elemente des symbolistischen *le vague* vorausnimmt. JEAN PAUL plädiert für eine Gleichsetzung romantischer mit christlicher Dichtung; ähnlich, aber im kritischen Sinn äußerte sich HEINE. TIECK verlegt den Höhepunkt romantischer Poesie in die Renaissance bzw. sogar ins Mittelalter. Was im 17. Jh., etwa bei Falck (s.o.), mit der Sigle *obscurus* versehen wurde, die Mysterien speziell alter Kulturen und fremder Nationen, wird in der Romantik zu einem Lieblingssujet vieler Autoren, oft genug als Resultat eifrigen Bücherstudiums, gelegentlich sogar als Folge einer 'Einweihung' wie bei G. DE NERVAL, der auf einer Orientreise zum Adepten verschiedener Religionen und Kulte wurde. An die mittelalterlich-christliche Lehre von der O., die gleichermaßen das göttliche Geheimnis vor Profanierung wie umgekehrt den Menschen vor einer ihm nicht zuträglichen, 'blendenden' Wahrheit schützt, mag entfernt M. DE GUÉRINS ‹Le Centaure› erinnern, in dem Macarée, der letzte Kentaur, von seiner vergeblichen Suche nach dem Weltgeheimnis erzählt; Motiv für die O., in der dieses Geheimnis für immer versteckt bleiben wird, ist dort aber die Eifersucht der Götter.

Indirekt Bedeutung für romantische O.-Tendenzen gewinnt die in der Antike verbreitete, aber auch im Mittelalter und im Barock erwähnte Ansicht, Dichter besäßen ein Recht auf die Verwendung ansonsten verpönter O., wo das Romantische mit dem Poetischen schlechthin gleichgesetzt wird; programmatisch in dieser Hinsicht ist F. Schlegels Konzept der ‹Universalpoesie›, vielleicht auch noch V. Hugos Formulierung: «Der Schatten ist ein Dichter» (im Gedicht ‹Ce que dit la Bouche d'Ombre›). In bezug auf O. greift die Romantik aber nicht nur Traditionen auf, sondern bereitet auch spätere Entwicklungen innovativ vor: Die englische romantische Naturlyrik zeigt eine schon geradezu 'modern' verdichtete Bildlichkeit der Sprache; bei dem unter dem Einfluß der dt. Romantik stehenden Franzosen CH. NODIER finden sich Züge sprachlicher Verfremdung, die auf die späteren Formen moderner O. bei Baudelaire verweisen; gleichermaßen Romantiker wie Vorläufer des Symbolismus ist G. de Nerval.

Die *direkte* Weitergabe antiken Wissens über O. reduziert sich immer mehr auf den wissenschaftlichen Bereich, der allerdings noch weiter als heute in den Bereich des höheren Schulwesens ausgreift. Vom Ende des 18. Jh. stammt das viel benutzte ‹Lexicon technologiae Latinorum rhetoricae› ERNESTIS, das die Lemmata *obscurare* und *obscurus* enthält. Die Informationen sind allerdings begrenzt, unsystematisch und mit heute beliebig erscheinenden Quellenangaben versehen. Interessant ist, daß unter Verweis auf Cicero auch 'Dunkelheit' = Unverständlichkeit in der *pronuntiatio* behandelt wird, was entweder als musealer Nachklang oder aber als Revalorisierung im Zeichen eines neuen Interesses an praktischer *Rede*fertigkeit begriffen werden kann. Erwähnung findet auch der juristische Bereich (*genus obscurum* als Vertretbarkeitsgrad nach Cicero und Quintilian). An Stilistika erscheinen Meiosis, Archaismen und «Wörter, die nur von wenigen Gebildeten verstanden werden»; als recht exquisite Quelle dafür dient FORTUNATIAN. [3]

Anmerkungen:
1 E. Behler: Art. ‹Romantik, das Romantische›, in: HWPh Bd. 8 (1992) 1076–1086, 1085. – 2 J. Schmidt: Die Gesch. des Genie-Gedankens in der dt. Lit., Philos. und Politik 1750–1945, Bd. 1 (²1988) 104f. – 3 Ernesti Lat. s. vv. ‹obscurare› ‹obscurus›.

VII. *Moderne*. Obwohl die klassische Rhetorik als Begründung für poetische Anforderungen einen zunehmend schwereren Stand hat, bleibt, wo sich Tendenzen der Aufklärung fortsetzen, O. zunächst negativ konnotiert. Mit dem Übergang zur Moderne, im englischen Roman der 80er Jahre des 19. Jh. oder in der Lyrik mit BAUDELAIRE, RIMBAUD, MALLARMÉ, findet diese Kritik vermehrt Anlässe, weil O. nun in breiterem Ausmaß zum Programm wird – freilich nicht die traditionelle, in hergebrachten Kategorien der Rhetorik beschreibbare und nur aus deren Tradition heraus verständliche. Die Gründe moderner O. sind vielfältig, zum Teil umstritten. Den Selbstaussagen der Autoren nach können sie bis auf die Ebene des Individuums hinab verschieden sein und Entwicklungen zeigen. [1] Literatursoziologisch könnte man die moderne Option für O. erklären als Reaktion der Autoren auf einen neuen Lesertypus, der unter dem Einfluß von Soziologie und Psychologie in Texten Hinweise auf die Autorpersönlichkeit sucht. Bei den Selbstaussagen der Autoren ist darauf hinzuweisen, daß sie gerade wegen ihrer schroffen Ablehnung der Tradition diese voraussetzen. Eine gewollte Anknüpfung an die Tradition stellt, wie schon in der Romantik, die Verbindung von Dunkelheit, Sprachmagie und Okkultismus dar; die von MICHELET empfohlene Übertragung des Begriffs *hermétisme* von spätantiken Geheimlehren auf Dichtung ist von der Literaturwissenschaft des 20. Jh. aufgegriffen worden, wobei diese mit ‹hermetisch› jedoch eher das Merkmal der Abgeschlossenheit gegenüber einem allgemeinen Verständnis meint.

Die neue Hermeneutik des 19. Jh. stellt implizit das Axiom der klassischen Rhetorik, daß O. gesteuert, also nach Wunsch vermieden oder funktional eingesetzt werden könne, in Frage, indem sie die grundsätzliche Interpretationsbedürftigkeit von Texten betont. Unter dem Einfluß der Romantik und verwandter Richtungen in Literatur und Philosophie bleibt aber im 19. Jh. O. als 'Dunkelheit' z.T. ein Positivum und gewinnt dabei neben dem ästhetischen erneut einen ontologischen Charakter. Ein Bruch mit der rhetorischen Tradition findet statt, wenn die Verständnislosigkeit der Gesellschaft für den Dichter betont bzw. dessen Gesellschaftsenthobenheit gefordert wird; zum Credo stilisiert findet sich die Anschauung, daß Dichtung, besonders Lyrik, inkommunikabel sei [2]. Daß sie dies sein *soll*, führt ebenfalls zur Forderung nach Dunkelheit. Dunkelheit wird aber nicht mehr durch gezielte Handhabung von Sprache erreicht, sondern ist Produkt einer Sprach*zerstörung*. In der hermetischen Lyrik des 20. Jh. wird man teilweise wieder auf Allegorisierungen stoßen. Solche Wechsel zwischen partiellen Traditionsbezügen, Neufunktionalisierungen von Traditionen und Traditionsbrüchen illustrieren, daß sich in der Moderne seit dem 19. Jh. bezüglich hergebrachter O.-Vorstellungen nur noch vage, in der Regel außerdem unbewußte oder indirekte Berührungen feststellen lassen. Angesichts der Trennung der Poetik von der Rhetorik seit dem 18. Jh. gilt die moderne Selbstreferentialität der Dichtung nur noch ersterer.

Unter dem Einfluß der Moderne des 19. Jh. meint O. auch nach der Jahrhundertwende überwiegend nur noch 'Dunkelheit von Sinn und Aussage'; die *Gründe* für die Zuweisung der Eigenschaft 'dunkel' sind nach wie vor verschieden ('dunkle Bildlichkeit', Metaphorik, Symbolik, aber auch Syntax, 'unrealistische' Handlung oder Szenerie, nur andeutendes statt ausführlichen Erzählens). Explizite Bezüge auf Traditionen sind meist nicht auf das antike Rhetoriksystem gerichtet, sondern auf

Autoren und Gattungen; erst wo diese ihrerseits in rhetorischer Tradition stehen, ergeben sich Verbindungslinien 'zweiten Grades'. Wo Metaphern mangels eines identifizierbaren *tertium comparationis* nicht zu entschlüsseln sind, benutzt man oft den Begriff ‹Chiffren›. Friedrich betont, daß die Symbolik moderner Autoren «autark» sei: «Auch dies ist ein erheblicher Unterschied zum dunklen Dichten älterer Art. Der moderne Symbolstil, der alles in Zeichen für ein Anderes verwandelt, ohne das Andere in einem verbindlichen Sinngefüge zu sichern, muß notwendigerweise mit autarken Symbolen arbeiten, die einem begrenzenden Verstehen entzogen bleiben.»[3] Eine Sonderrolle spielt der Symbolismus, wenn man darunter nicht einen Epochenbegriff versteht, sondern mit Beriger einen Gebrauch von Symbolen, der gekennzeichnet ist durch «Lockerung oder völlige Aufhebung der Beziehung von Geschehen und Sinn. Gestalt, Geschehen, Motiv können beliebig gedeutet werden, keine Deutung erscheint zwingend.»[4] Da die Möglichkeit 'zwingender' Deutungen jedoch unter dem Einfluß neuerer Sprach- und Literaturtheorien zunehmend generell bezweifelt wird, ist dieses Kriterium nicht unbedingt stichhaltig; ein warnendes Exempel ist die Geschichte der KAFKA-Interpretation: 'Dunkelheit' ist für die meisten seiner Werke ein topisches Epitheton, aber es hat nie an Versuchen gefehlt, die Symbolik unter verschiedenen Perspektiven zu entschlüsseln.

Für die Frage nach Traditionen aufschlußreich ist die Beobachtung, daß sprachliche Mittel 'dunklen' Schreibens sich von Gattungen, die ihnen bisher affin waren, lösen können, was gerade in der Lyrik des 20. Jh. schon fast einem Traditions*bruch* gleichkommt.[5] Wo in der *Sekundär*literatur explizit von O. gesprochen und diese in eine rhetorikgeschichtliche Tradition gestellt wird (in den wichtigsten literaturwissenschaftlichen Wörterbüchern fehlen eigene O.-Artikel; einige historische Wörterbücher zur Rhetorik behandeln ihn dagegen natürlich), wird sie nur noch als ästhetische Kategorie behandelt. Diese mangelnde *direkte* Verbindung zur Rhetorik könnte sozial- und bildungsgeschichtlich bedingt sein: durch den Verlust einer «gemeinsamen Kultur, die früher durch klassische Bildung und soziale Homogenität gesichert wurde»[6]. Ein Interesse am Phänomen der Dunkelheit als solchem ergibt sich aus Berührungen mit linguistischen und sprachphilosophischen Grundproblemen wie Vagheit, Ambiguität, Indeterminiertheit, wie sie etwa von B. RUSSELL oder L. WITTGENSTEIN behandelt wurden, in jüngerer Zeit aus dem Mißtrauen des Poststrukturalismus gegenüber der 'Sinn'vermittlungsfähigkeit von Sprache. Für die Literaturtheorie ist hinsichtlich dieses Themas auch auf R. INGARDEN und W. ISER zu verweisen.[7] Es hat aber noch in der Literaturästhetik der zweiten Jahrhunderthälfte dezidierter Plädoyers bedurft, um einen Eigenwert der O. zu restituieren.[8]

Auf dem Hintergrund der jahrhundertelangen Auseinandersetzung um den Wert oder Unwert der O. hat als ebenso ahistorisch-normativ wie ein spätaufklärerisch wirkendes Anathema über 'kommunikationsfeindliche' Unverständlichkeit dunkler Texte[9] auch die entgegengesetzte Meinung zu gelten, nach der Unbestimmtheit geradezu ein Qualitätsmerkmal wertvoller Literatur sei. Ob man «auf der Grundlage des Ideals vom *poeta doctus*» eine «Gemeinsamkeit antiker O. und neuzeitlicher Dunkelheit» konstruieren kann[10], ist eher fraglich. Ein besonderes Kennzeichen der O. moderner Texte dürfte sein, daß die sprachlichen Mittel zu ihrer Erzeugung nicht mehr lehrbuchartig zusammengefaßt werden können; so hat Plett nachgewiesen, daß 'dunkle' Multivalenz sprachlicher Zeichen bei S. BECKETT und H. PINTER einerseits, T.S. ELIOT andererseits durch völlig konträre Verfahrensweisen erzeugt wird.[11]

Eine Fortsetzung der Wiederlebung des Gedankens vom Zusammenhang zwischen O. und Magie findet sich in APOLLINAIRES Begriff der «urlyrische[n] Alchimie»[12]. Ablehnung von 'Unverständlichkeit' literarischer Texte kennzeichnet im 20. Jh. hauptsächlich Richtungen, die eine politische Funktion von Literatur postulieren. Gerade politische Texte können umgekehrt wie zu allen Zeiten natürlich auch im 20. Jh. wieder O. als Mittel der Vorsicht oder, da Tendenzdichtung oft als nicht 'poetisch' gilt, zum Zweck poetischer Sublimierung einsetzen.[13] O.-Vorstellungen werden also nur bis ins 18. Jh. noch in Formen vertreten, die sich unter Zuhilfenahme klassisch-rhetorischer Konzepte verstehen lassen, auch wenn sie diese Konzepte angesichts geringerer Komplexität nicht mehr vollständig ausfüllen. O. wird jedoch schon im Spätmittelalter zumindest in der *Praxis* von einer rhetorischen zu einer stilistischen, poetischen und ästhetischen Kategorie. Der Bruch mit der rhetorischen Tradition und neue literaturtheoretische Entwicklungen führen dazu, daß die ontologische Dimension diejenige zu sein scheint, die sich neben der keiner rhetorischen Theorie bedürftiger Anschauung von O. als Mittel gegen ungewollte Rezipienten als die überlebensfähigste erwiesen hat. Daß zu allen Zeiten komplizierte Syntax, 'dunkle' Worte, Bilder und Symbole einen Text 'obskur' machen, resultiert nicht aus einem Fortwirken rhetorischer Lehren, sondern aus grundsätzlichen sprachlichen Gegebenheiten. Die Feststellung, daß es «Schwierigkeiten» macht, sich die moderne Lyrik in bezug auf antike O.-Konzepte «allzu evolutionistisch vorzustellen»[14], läßt sich in diesem Zusammenhang mit Sicherheit auf andere Gattungen und Epochen übertragen. Inwieweit in der modernen Gebrauchsrhetorik durch bestimmte Empfehlungen für eine 'klare' Sprache eine trivialisierte Reaktivierung stattfindet, müßte noch untersucht werden. Ohne Bezug zur Rhetorikgeschichte findet die Diskussion um 'Verständlichkeit' in der politischen Sprache statt.[15] – Daß die Bewertung von 'Dunkelheit' als Mangel oder besondere Qualität ein überzeitlich-ubiquitäres Phänomen ist, zeigt sich besonders beim Blick auf außereuropäische Kulturen. So hat eine Gruppe chinesischer Lyriker Ende der 70er Jahre unseres Jh. die Obskurantismus-Vorwürfe der offiziellen Kritik zur Selbstkennzeichnung für ihre neue Ästhetik gemacht (‹Menglongshi› ≈ 'unklares', 'obskures', 'verschwommenes' Gedicht[16]). Afrikanische und südamerikanische Literaturen setzen, z.T. unter Aufnahme von einheimischen Traditionen, O.-verwandte Erscheinungen zur Abgrenzung gegen koloniale Literaturmuster ein; häufig sind dabei auch magische Motive festzustellen.

Anmerkungen:
1 zum Unterschied zwischen Früh- und Spätwerk Mallarmés s. H. Friedrich: Die Struktur der modernen Lyrik (⁵1979) 119f. – 2 s. ebd. 146 zu Benn. – 3 ebd. 119f. – 4 L. Beriger: Die lit. Wertung (1938) 67. – 5 zu CELANS Gebrauch identischer Stilistika in seinen 'seriösen' und den Nonsensgedichten, s. A. Colin: Nonsensgedichte und hermetische Poesie, in: Lit. und Kritik 141 (Februar 1980) 90–97. – 6 A.K. Moore: The Case for Poetic Obscurity, in: Neophilologus 48 (1946) 322–340, 323. – 7 zusammenfassend H.F. Plett: Dramaturgie der Unbestimmtheit. Zur Ästhetik der obscuritas bei Eliot, Beckett und Pinter, in: Poetica 9 (1977) 417–445. – 8 s. Moore [6]. – 9 M. Eastman: The Literary Mind (New York / London 1931). – 10 P. Schwind: Art.

‹Schwulst›, in: RDL² Bd. 3 (1977) 785–795, 789. – **11** s. Plett [7]. – **12** Friedrich [1] 147. – **13** zu R.A. Schröder, E. Jünger, G.F. Jünger s. K. Korn: Trobar Clus. Anm. zu R.A. Schröders ‹Ballade vom Wandersmann›, in: Sprache und Politik. FS D. Sternberger, hg. v. C.-J. Friedrich u. B. Reifenberg (1968) 78–89. – **14** M. Fuhrmann: Obscuritas. Das Problem der Dunkelheit in der rhet. und literarästhet. Theorie der Antike, in: W. Iser (Hg.): Immanente Ästhetik (1966) 47–72, 49. – **15** s. E. Oksaar: Verständigungsprobleme im Sprachbereich 'Politik', in: Wortschatz und Verständigungsprobleme, hg. v. H. Henne u. W. Mentrup (1983) 119–133 sowie die dort angegebene Lit. – **16** s. K.-H. Pohl: Auf der Suche nach dem verlorenen Schlüssel. Zur 'obskuren' Lyrik (menglong shi) in China nach 1978, in: Zs. f. Sprache, Kunst und Kultur der Länder 29 (1982) 148–160.

Literaturhinweise:
G. Goetz: Über Dunkel- und Geheimsprachen im späten und ma. Latein. Ber. der kgl. sächs. Ges. d. Wiss. 48, 5. (1896) 62–92. – O. Mordhorst: Egen v. Bamberg und 'die geblümte Rede' (1911). – D. Mornet: Histoire de la clarté française (Paris 1929). – A. Stein: Donne's Obscurity and the Elizabethan Tradition, in: English Literary History 13 (1946) 98–118. – H. Lausberg: Zur Stellung Malherbes in der Gesch. der frz. Schriftsprache, in: RF 62 (1950) 172–200. – F. Russell: Three Studies in Twentieth Century Obscurity (Aldington u. a. 1954). – J. Press: The Chequer'd Shade. Reflections on Obscurity in Poetry (London u. a. 1958). – L. Pollmann: Trobar clus (1965). – K. Stierle: Dunkelheit und Form in Gérard de Nervals 'Chimères' (1967). – K. Nyholm: Stud. zum sog. geblümten Stil (Åbo 1971). – F. Schülein: Zur Theorie u. Praxis des Blümens (1976). – A. White: The Uses of Obscurity (London u. a. 1981). – B. Witte: Zu einer Theorie der hermet. Lyrik, in: Poetica 13 (1981) 133–148. – R. Dubnick: The Structure of Obscurity: Gertrude Stein, Language, and Cubism (Urbana, Il. 1984). – C. Grundberg: Ezra Pound and Trobar Clus, in: San Jose Studies 12, H. 3 (1986) 119–124. – G. Ueding: Klassik und Romantik. Deutsche Literatur im Zeitalter der frz. Revolution (1987. – D.E. Wellbery: Rhetorik und Literatur. Anmerkungen zur poetologischen Begriffsbildung bei Friedrich Schlegel. In: E. Behler/J. Hörisch (Hg.): Die Aktualität der Frühromantik (1987) 161–173. – R. Götisch (Hg.): Perspektiven der Romantik (1988). – J.G. Pankau: Unendliche Rede. Zur Formulierung des Rhet. in der dt. Romantik (1990). – P.A. Sitney: Modernist Montage. The Obscurity of Vision in Cinema and Literature (New York 1990). – K.-H. Göttert: Ringen um Verständlichkeit, in: DVjs 65 (1991) 1–14. – H.-J. Mähl: Verfremdung und Transparenz, in: Jb. des Freien Dt. Hochstifts (1992) 161–182. – R. Schmitz (Hg.): Die ästhetische Prügeley. Streitschriften der antiromantischen Bewegung (1992). – Rhetorik 12: Rhetorik im 19. Jh. (1993). – A. Sieber: Dt. Rhetorikterminologie in MA und früher Neuzeit (1996).

R. Brandt, J. Fröhlich, K. O. Seidel

→ Aenigma → Amphibolie, Ambiguität → Änderungskategorien → Archaismus → Aufklärung → Barock → Brevitas → Elocutio → Hermeneutik → Geheimsprache → Integumentum → Inversion → Klassik, Klassizismus → Makrologie → Manierismus → Moderne → Poetik → Neologismus → Perspicuitas → Philosophie → Romantik → Stil → Stillehre

Obsecratio (lat. auch obtestatio, deprecatio; gr. δέησις, déēsis; dt. Bitte, Beschwörung)

A. Der Ausdruck ‹O.› bezeichnet die «meist durch per … ‹um … willen› eingeleitete Bitte». [1] Lausberg hält sie für eine Form der *deprecatio* und ordnet sie damit der Statuslehre, genauer derjenigen Unterart der *qualitas assumptiva* zu, die sich mit der Verteidigung des Täters als Person beschäftigt. [2] In dieser Verwendung ist die O. Teil der Exordialstrategien des *benevolum parare*, die auf das Eigenlob des Redners als eines *vir bonus* zielen. [3] Die terminologische Verwendung des Ausdrucks ‹O.› als Bezeichnung für eine *rhetorische Figur* ist demgegenüber in der antiken Rhetoriktheorie von nachrangiger Bedeutung und wird erst in den Frühen Neuzeit dominant.

B. Die ältesten Belegstellen finden sich in CICEROS Jugendschrift ‹De inventione›. [4] Dort bezeichnet er – ganz in dem von Lausberg favorisierten Sinne – die O. als Mittel, bei den Richtern das Wohlwollen (*benivolentia*) in Hinblick auf die eigene Person zu erwerben: «Ab nostra [persona], si de nostris factis et officiis sine arrogantia dicemus; si crimina illata et aliquas minus honestas suspiciones iniectas diluemus; si, quae incommoda acciderint aut quae instent difficultates, proferemus; si prece et obsecratione humili ac supplici utemur» (Von unserer Seite [erwirbt man Wohlwollen], wenn wir von unseren Taten und pflichtgemäßen Handlungen ohne Anmaßung sprechen; wenn wir die vorgebrachten Beschuldigungen und irgendwelche hingeworfenen Verdächtigungen, die weniger ehrenhaft sind, entkräften; wenn wir frühere Ungelegenheiten oder bevorstehende Schwierigkeiten vorbringen; wenn wir die unterwürfige und flehentliche Bitte und Beschwörung verwenden). [5] Demgegenüber empfiehlt QUINTILIAN in seiner ‹Institutio oratoria› die O. mit der Intention einer abschließenden Wirkungsmaximierung besonders für den Schlußteil (*peroratio*) der Rede: «At hic, si usquam, totos eloquentiae aperire fontes licet» (Hier dagegen kann man, wenn überhaupt irgendwo, alle Schleusen der Beredsamkeit öffnen). [6] Dabei betont er nachdrücklich die der O. eigentümliche performative Wirkung: «Non solum autem dicendo, sed etiam faciendo quaedam lacrimas movemus» (Nicht allein durch Reden aber, sondern auch durch bestimmte Handlungen rühren wir zu Tränen). [7] Nach Lausberg nennen andere Theoretiker diese Strategien zur Gewinnung der Sympathie des Publikums am Redeschluß auch *conquestio*, *commiseratio*, *miseratio*, ἔλεος (*éleos*) oder οἶκτος (*oíktos*). [8]

Die Tradition der Verwendung von ‹O.› als Terminus für eine rhetorische Figur begründet Cicero in ‹De oratore›. Im dritten Buch nennt er die O. zusammen mit affektischen Gedankenfiguren (*lumina orationis*) wie *iracundia*, *obiurgatio*, *promissio*, *declinatio* und *deprecatio*. [9] Einen Synonymbegriff (*obtestatio*) und eine griechische Entsprechung (δέησις) führt der spätantike Autor Ps.-IULIUS RUFINIANUS (4. Jh.) in seinem Figurentraktat ‹De schematis lexeos› ein: «δέησις, *obsecratio vel obtestatio*, qua deos oramus aut homines» (δέησις, obsecratio oder obtestatio, durch die wir die Götter oder die Menschen [um etwas] bitten). [10] Im *Mittelalter* ist die O. als rhetorischer Terminus technicus kaum belegt. [11]

Für die *Frühe Neuzeit* wird MELANCHTHONS Behandlung der *obtestatio* in seinen ‹Elementa rhetorices› (1531) musterbildend. Innerhalb von Melanchthons «Secundus ordo figurarum», der Gruppe der affektischen Figuren, bezeichnet die *obtestatio* zusammen mit der *imprecatio* und *ominatio* eine Unterart der *exclamatio*. [12] Im Gegensatz zur *ominatio* kommt er aber bei der Behandlung der παθοποιΐα (*pathopoiía*) im «tertius ordo figurarum», der Gruppe der Amplifikationsfiguren, nur auf die *deprecatio*, nicht aber auf die O. zurück. [13] Die Definitionen Melanchthons übernimmt J. SUSENBROTUS in seine ‹Epitome troporum ac schematum› (um 1554); zusätzlich nennt er das griechische Synonym *deesis*. [14] Die Figurensystematik Melanchthons liefert auch das Modell für H. PEACHAMS ausführlichen ‹Garden of Eloquence› (²1593), wo die *obtestatio* den affekthaltigen «Figures of Exclamation» zugeordnet wird: «OBtestatio is a forme of speech, by which the Orator expresseth his most earnest request, petition, or praier» (Obtestatio ist eine Redeweise, durch die der Redner seinen dringlichen Wunsch oder eine inständige Bitte ausdrückt).[15] Dabei gibt er folgende Ratschläge, die den richtigen Gebrauch der Figur betreffen: «The vse of this figure. This is that forme of speech, which men in necessitie and distresse do vse ase a meane whereby to seeke and obtaine reliefe and comfort in their miseries, as in hunger for food, in perplexity for counsaile, in perill for defence, in trouble for delivereance, in the state of condemnation for mercy and life» (Diese Redeweise gebrauchen Leute in Not und Elend, um Hilfe und Trost in ihren Nöten zu suchen und zu erhalten, so im Hunger um Nahrung, in Verlegenheit um Rat, in Gefahr um Verteidigung, in Bedrängnis um Befreiung, in der Verdammung um Gnade und Leben). [16] Schließlich kommt er im Kontext der Amplifikationsfiguren nochmals auf die *obtestatio* zu sprechen. Zu den Unterarten der ‹Pathopeia›, worunter Peacham eine stark affekthaltige Form der *apostrophe* versteht, zählt er auch Figuren, die dem Redner zur Erregung seiner eigenen Affekte dienen. Als Oberbegriff für diese Figuren wählt er den Begriff der *Imagination* und faßt darunter «diuerse vehement figures [...] as Exclamatio, Obtestatio, Imprecatio, Optatio, Exsuscitatio, Interrogatio».[17] In seinen ‹Poetices libri septem› (1561) liefert J.C. SCALIGER mit dem Begriff *asseveratio* (Beteuerung) schließlich ein weiteres Synonym für O.: «Haud longe abest ab attemperatio asseveratio [...]. Hanc etiam obtestationem dicere possumus› (Die *asseveratio* (Beteuerung) unterscheidet sich nur wenig von der *attemperatio* (Mäßigung) [...]. Diese Figur können wir auch *obtestatio* (Beschwörung) nennen).[18] «Die obtestatio entspricht gewöhnlich der δέησις (Iul. Ruf. 16); die Verwendung des Begriffs als Synonym für die *asseveratio* geht offenbar auf Scaliger zurück.»[19] In dem jesuitischen Schulbuch ‹De arte Rhetorica› (1577) des C. SOAREZ ist die O. eine Form der *deprecatio*.[20] E. TESAURO schließlich reiht sie unter die «figure Patetiche» ein und nennt als italienische Synonymbegriffe «ossecratione» und «preghiera».[21] Auch im 18. Jahrhundert ist der Terminus noch nachweisbar; dabei rechnen die Theoretiker die O. zu den stark affekthaltigen *figurae affectuosae*. So etwa bei E. UHSE in seinem weitverbreiteten ‹Wohl=informirter Redner› (⁵1712), J.A. Fabricius in seiner ‹Philosophischen Oratorie› (1724) und F.A. Hallbauer in der ‹Anweisung zur verbesserten Teutschen Oratorie› (1725).[22] Hallbauer definiert: «Obsecratio, eine große Bitte. Ich bitte dich um Gottes willen, hilf mir aus der Noth.»[23] Am Ende des Jahrhunderts schließlich schreibt J. Chr. ADELUNG in seiner Abhandlung ‹Ueber den deutschen Styl› (1785) über die ‹Beschwörung›: «Eine heftige Bitte mit Anführung der triftigsten Beweggründe.»[24]

Anmerkungen:
1 Lausberg Hb. §760; vgl. F.E. Petri: Rhet. Wörter-Büchlein zunächst für Gelehrten-Schulen (1831) 153. – **2** Lausberg Hb. §§177, 192; vgl. H. Peters, G. Kalivoda: Art. ‹Deprecatio›, in: HWRh Bd.2 (1994) Sp.546–548. – **3** vgl. Lausberg Hb. §§273–275. – **4** Belegstellen ThLL 9/2, Sp.174f. s.v. ‹O.›. – **5** Cic. De inv. I, 22. – **6** Quint. VI, 1, 51. – **7** ebd. 30. – **8** Lausberg Hb. §439f. – **9** Cic. De or. III, 205; vgl. Quint. IX, 1, 32. – **10** Ps.-Iul. Ruf. §16, in: Rhet. lat. min 43. – **11** vgl. etwa aus dem 9. Jh. Godescalcus Saxo (Gottschalk von Orbais): Opuscula grammaticalia II, in: Opera theologica et logica, ed. C.D. Lambot (Löwen 1945) 424, 15; hier nach: Novum glossarium mediae Latinitatis. ed. F. Blatt, Y. Lefvre, Bd. ‹O› (Kopenhagen 1980) 127 s.v. ‹O.›. – **12** Melanchthon Sp.477; vgl. P. Mosellanus: Tabulae de Schematibus [...] In Rhetorica Philippi Melanchthonis. In Erasmi Roterodami libellum de duplici copia (1536) Bl. c5ʳ (Ex. UB Tübingen: Dh 179); D. Till: Art. ‹Ominatio›, in: HWRh Bd.5. – **13** ebd. Sp.491. – **14** J. Susenbrotus: Epitome troporum ac schematum et grammaticorum et rhetorum (Zürich um 1554) 61. – **15** Peacham 71; vgl. L.A. Sonnino: A Handbook to Sixteenth-Century Rhetoric (London 1968) 135. – **16** ebd. – **17** Peacham 144. – **18** Scaliger Bd.II, lib. III, cap.37. – **19** L. Deitz, in: Scaliger Bd. II, S.50 Anm.164. – **20** Soarez 120. – **21** E. Tesauro: Il Cannocchiale Aristotelico (Turin 1670), ND hg. u. eingel. v. A Buck (1968) 224. – **22** E. Uhse: Wohl=informirter Redner (⁵1712; ND 1974) 44; Fabricius 197; Hallbauer Orat. 488. – **23** ebd. – **24** J. Chr. Adelung: Ueber den dt. Styl (1785; ND 1974) Teil I, 474.

D. Till

→ Affektenlehre → Deprecatio → Exclamatio → Exsecratio → Gedankenfigur → Ominatio → Optatio → Pathopoeia

Offener Brief
(öffentlicher Brief, Sendschreiben, Sendbrief, Missive, Epistel; engl. open letter; frz. lettre ouverte; ital. lettera aperta)

A. Der O. ist eine publizistische Sonderform des Briefes, die sich seit der Antike in allen Schriftkulturen und politischen Systemen findet. Mit ihm wendet sich in der Regel ein (bedeutender) Verfasser mit einem aktuellen Thema vermuteter gesellschaftlicher Relevanz gleichzeitig an einen (bedeutenden), meist expliziten Adressaten und an eine disperse Öffentlichkeit, den zweiten, meist impliziten Adressaten. Diese «Mehrfachadressierung»[1] charakterisiert den O. besonders, ist ihm das Mitlesen der Öffentlichkeit doch kein Akzidenz, sondern notwendig zur vollen Sinnkonstitution und zur Funktionserweiterung des Textes. Zusätzlich unterscheidet er sich von Hirtenbriefen durch die mangelnde Weisungsbefugnis, von Leserbriefen durch die Themenfreiheit und selbstgewählten Anlaß, von Rundschreiben durch die allgemeine Zugänglichkeit.

Die Begriffsgeschichte ist insofern problematisch, als über Jahrhunderte kein spezieller Terminus verwendet wird und der Begriff selbst anderes bezeichnet. So heißen im Mittelalter nichtgeheime Urkunden ‹litterae patentes› und bis ins 18. Jh. kaiserliche Befehle ‹O.›. Erst im 19. Jh. setzt sich die heutige Bedeutung des Begriffs ‹O.› durch.

In Sprache, Argumentation und Funktion ist der O. unmittelbar beeinflußt durch den Wandel der Öffentlichkeit, weil sich damit im gesellschaftlichen System Publikationsmöglichkeiten und Reichweite des Textes, Zahl und Zusammensetzung der Rezipienten und die Rollen von Verfasser, explizitem und implizitem Adressaten verändern. Die Öffentlichkeit erreicht der O. durch Vorlesen, durch handschriftliche oder gedruckte Abschriften in Form von Wandanschlägen oder Flugschriften, als Widmungsschreiben in Büchern oder durch Publikation in Medien wie Zeitungen, Zeitschriften, Radio, Fernsehen oder dem Internet. Dabei kann, muß aber nicht ein Exemplar dem expliziten Adressaten direkt zugeschickt werden.

Grundsätzlich folgt der O. in seinem Aufbau und seiner Gestaltung bis weit ins 19. Jh. hinein den geltenden Briefkonventionen, orientiert sich allerdings häufig auch an Modellen der öffentlichen Rede und kann dabei zum rhetorisch ausgearbeiteten Plädoyer oder anderen Argumentationsformen (Aufruf, Traktat, Enkomion etc.) ausgebaut sein. Die Textlänge kann nur einige Zeilen betragen, aber auch von erheblicher Länge sein.

Unübersehbar dient der O. der Personalisierung von Themen, Konflikten, Zuständen, Beziehungen.[2] Einerseits macht der Adressant sie zu seiner Sache, markiert seine Position und setzt seine Autorität für sie ein. Andererseits stellt er Bezug, Verantwortung oder Eingriffsmöglichkeit des expliziten Adressaten ihnen gegenüber heraus. Der implizite Adressat wird zwar teilweise ebenfalls in die Verantwortung genommen, doch zielen Autoren vornehmlich auf die Verstärker- und Kontrollfunktion der Öffentlichkeit. Der virtuose, oft ironische Umgang mit Titulatur und Anreden überhaupt kennzeichnet deshalb zahlreiche O., womit die Relation Adressat-Adressant, die häufig gar nicht persönlich besteht, vor den Lesern inszeniert wird. Gleichzeitig nützen O. Personalpronomina ausgiebig, um In- und Out-Groups zu definieren, wie es schon Isokrates tut.[3] Die Spannung zwischen dem stets präsenten Modell bzw. den Charakteristika des Privatbriefs und dem O. nützen viele Verfasser, um die Intensität des Textes allgemein, speziell aber, um Ironie, Polemik, Spott zu verstärken und ein gewisses voyeuristisches Intersse seitens der Öffentlichkeit zu bedienen.

Da in aller Regel die Verfasser O. nicht aus einer offiziellen Machtposition heraus schreiben, rechtfertigen sie, meist zu Beginn, ihre Wendung an ihnen hierarchisch Höhergestellte. Außer den üblichen *captationes benevolentiae* berufen sie sich auf das Recht des Rhetors / Autors / Intellektuellen, über alle Gegenstände zu reden (Parrhesie), auf ihre besondere Qualifikation im Denken und ihre Autorität im Reich des Geistes, die sie verpflichten, sich für das öffentliche Wohl einzusetzen. All das erlaube einen – im Gegensatz zu den Herrschenden – von Pragmatik und politischen Alltagsgeschäften ungetrübten Blick. Eng verbunden mit dieser Feststellung ist der Topos vom Unwissen des Adressaten über den Gegenstand des O. Damit hat der Autor die Möglichkeit, seine Informationen ausführlich darzulegen, und, sollte es sich um Kritik handeln, den Adressaten, dessen Informationsstand nun allerdings die Öffentlichkeit teilt, davon auszunehmen.

Die berühmtesten Beispiele dieser Sonderform der literarischen Gattung Brief sind zwar politischen Charakters und appellativ in Stil und Intention mit «konnotativ aufgeladenen Elementen, insbesondere zustimmungsheischenden Wertadjektiven»[4], doch wird der O. ebenso als Mittel wissenschaftlichen Diskurses, literarischer Kritik, (kollegialer) Ehrung, persönlichen Bekenntnisses oder, in neuester Zeit, sogar der Werbung verwendet.

Die These von der Wirkungslosigkeit der O.[5] ist nicht haltbar, fehlt auch durchweg eine unmittelbare Reaktion im Sinne des Verfassers. Da oft das öffentliche Bekenntnis oder die Information der Öffentlichkeit im Vordergrund steht, erreichen viele ihr Ziel. Dazu beeinflussen O. langfristig die öffentliche Meinung. Schließlich gibt es ungewollte, teils der gewünschten entgegengesetzte Wirkungen einschließlich Repressalien für den Verfasser – bis hin zur Todesstrafe wie bei Q. Kuhlmann (1689).

Trotz häufiger Verwendung der Textart und teils scharfer Kritik an ihr bildet sich über die Jahrhunderte hinweg *kein* «Ritual des "offenen Briefes"»[6], bleibt sie individuell und variantenreich.

B. Als Prototyp der Gattung, in dem wichtige Topoi schon vorhanden sind, kann in der *Antike* der O. von ISOKRATES an Philipp von Makedonien gelten (ca. 346 v.Chr.), der in der Tradition symbuleutischer Rede den König zu einem Perserkrieg bewegen will. Der 155 Abschnitte umfassende Brief wurde am Hofe Philipps sowie in gelehrten Versammlungen und auf öffentlichen Plätzen vorgetragen. In ihm präsentiert sich der Rhetor der Öffentlichkeit und dem König als ein Experte im Denken, des εὖ φρονεῖν (eu phroneín), der gemäß der Parrhesia freimütig sprechen dürfe, ja müsse, und Philipp, dem Experten des richtigen Handelns, εὖ πράττειν (eu práttein), ebenbürtig gegenübertreten könne. Mindestens ebenso wichtig wie das Thema Perserkrieg ist im isokrateischen O. die Verbesserung von Philipps Ruf in der griechischen Öffentlichkeit und das Reklamieren einer relevanten Position im hellenischen Gemeinwesen. Für die Wirkung des Briefes ‹An Philippos› spricht nicht nur, daß Philipp Argumentationsmuster aus ihm in seine Propaganda übernimmt, sondern auch, daß ihm ein O. des SPEUSIPPOS antwortet, in dem Isokrates und sein Schreiben scharf kritisiert werden.[7]

Über die Rhetoriklehrpläne gelangt das Vorbild Isokrates nach Rom, wo Briefe von SALLUST und CICERO an Caesar, später auch die christliche Antike die Tradition des O. nach dem Modell des ‹Protreptikos› des Aristoteles oder symbuleutischer Schreiben weiterführen. Die Episteln des Apostels Paulus werden zwar nicht zur Gattung der O. gezählt, wirken allerdings stilistisch und formal stark auf die weitere Entwicklung der Textart ein. Ein spezieller Terminus existiert in der Antike nicht, doch schreibt Cicero von «in publico proposuit epistulam illam».[8] Die damalige Öffentlichkeit umfaßt zuerst die dünne Schicht Gebildeter, dann auch die plebs, die durch Vorlesen erreicht werden konnte.

Im *Mittelalter* begegnen O. z.B. in den Auseinandersetzungen zwischen Kaiser- und Papsttum wie in dem vielfach abgeschriebenen Brief HEINRICHS IV. an Gregor VII. (1076), doch nähern sie sich autoritativen Schreiben. Die eschatologische Polemik in den O. des PETRUS DE VINEA an Gregor IX. (1240), die er im Namen Friedrichs II. verfaßt, wirkt noch auf Luther ein. Mit DANTES Schreiben an Heinrich VII. (1310/11) und PETRARCAS Briefen an Karl IV. (1351–54) liegen Beispiele vor, in denen gekrönte Dichter mit großem Selbstbewußtsein und in explizitem Bezug auf Cicero und dessen Rhetorenrolle den Kaisern gegenübertreten und sie zu aktiver Italienpolitik drängen. Obwohl Petrarca in seinen O. grundsätzlich das einem Herrscher gegenüber inadäquate *genus humile* verwendet und mit geradezu frechen rhetorischen Fragen und Vorwürfen nicht spart[9], antwortet ihm Karl IV. nicht nur, sondern versucht sogar, ihn an seinen Hof zu ziehen, um von seiner Wortgewalt zu profitieren.

LUTHER ist der erste Verfasser von O., dessen Texte heute noch bekannt sind und rezipiert werden. Seine religiös-politischen Sendschreiben in paulinischer Tradition an Kaiser, Könige, Fürsten, den Papst, Gegner und Anhänger dienen, wie z.B. sein ‹sendbrieff an Bapst Leo. den czehenden› (1520), mit ihrem individuellen, scheinbar kunstlosen, oft appellativen, zuweilen grobianischen Ton und vor allem mit ihrer konsequenten Personalisierung als Modell nicht nur für die *Reformationszeit*. Einzelne Texte entwickeln eine die Gegner vernichtende Wirkung, so der gegen TH. MÜNTZER gerichtete ‹Brieff an die Fürsten zu Sachsen von dem auffrurischen geyst› (1524). In der kurzen Phase reformatorischer Öffentlichkeit ermöglicht die Etablierung der Bibel als einziger Autorität jedermann persönliche Stellungnahmen in O., sogar Frauen (A. V. GRUMBACH, K. ZELLER). Katholische Publizisten wie H. EMSER oder TH. MURNER hingegen geraten in ein Dilemma, da sie von den reformatorischen O. persönlich provoziert werden, Paroli zu bieten, öffentliche Diskussion religiöser Themen aber für unerlaubt und schädlich halten.

Im *17.* und im frühen *18. Jh.* behindert amtlich gesteuerte repressive Öffentlichkeitspolitik die Entfaltung der Gattung, die dennoch für gelehrte Dispute und religiöse Publizistik genutzt wird (Q. KUHLMANN, P.J. SPENER). Mit der *Aufklärung* und der qualitativen wie quantitativen Erweiterung der Öffentlichkeit vermehren sich die Spielarten, Themen und Verbreitungsmöglichkeiten des O. LESSING läßt sich im ‹Fragmentenstreit› von Luthers Sendschreiben inspirieren, und auch für literarische und genuin politische Diskurse setzt man den O. ein, so daß es schon im Konversionsstreit zwischen MENDELSSOHN und LAVATER (1769) zu einem lebhaften Wechsel von O. kommt. Mit jakobinischen Briefen, wie sie F.G. PAPE in einzigartiger Schärfe an den preußischen König schreibt, setzt sich die Politisierung der Gattung fort, die im *19. Jh.* im Vormärz (HEINES ‹An eine hohe Bundesversammlung›, 1835) und während der 48er Revolution eine Blüte, vor allem in parodistischer Form, erlebt. Zunehmend veröffentlichen Zeitschriften und Zeitungen solche Texte. G. HERWEGHS ‹Brief an den König von Preußen› (1842), der zu seiner Verbannung führt, zeigt, daß sich Texte erst zu O. entwickeln können, wird hier doch ein Privatbrief in Abschriften Freunden zugänglich gemacht, die ihn der ‹Leipziger Allgemeinen Zeitung› zuspielen.

Eine Wegscheide der Gattung ist ZOLAS O ‹J'Accuse› in der Dreyfusaffäre von 1898. Mit seiner hochpathetischen Sprache, seiner ausgefeilten Gerichtsmetaphorik, seiner Iterationstechnik, seiner Emotionalisierung der Sache durch *exclamatio*, Apostrophe und dramatisierende Effekte, seiner Zweifel nicht duldenden Thetik, mit seinen simplifizierenden Erklärungsmustern und seiner provozierenden expliziten Mißachtung von Gesetzen ist er eine Ikone dieser Textart. Er gilt als Wendepunkt der Dreyfus-Affäre und als Geburtsstunde des ‹Intellektuellen› – der Begriff entsteht in direktem Zusammenhang mit dem O. –, so daß Zolas Text im ganzen Land und weit darüber hinaus gewaltige und gewalttätige Reaktionen auslöst. Nicht nur das «Ich klage an» setzt sich international durch, ebenso das Rollenklischee des (linken) Schriftstellers, der sich für die Menschenrechte und gegen gesellschaftliches Unrecht besonders einzusetzen hätte. Der scheinbare Erfolg des O. – Dreyfus wird rehabilitiert – macht ‹J'Accuse› zum immer wieder kopierten Modell, zum Mittel für die Intellektuellen.

Im *20. Jh.* erwartet man geradezu, daß Intellektuelle sich mit O. zu (Für-)Sprechern machen, in ihnen ein politisches oder auch ästhetisches Bekenntnis ablegen. Schweigen kann zum Pflichtverstoß erklärt werden. Das in der Regel selbstgewählte Sprecheramt für allerlei Gruppen oder einzelne Personen thematisieren zahlreiche Texte, wobei das Engagement immer wieder über nationale Grenzen hinausgeht, so bei A.T. WEGNERS ‹Armenien ... O. an den Präsidenten der Vereinigten Staaten› (1919) oder TUCHOLSKYS O. zur Verhinderung der Exekution von Sacco und Vanzetti (1927). In der Weimarer Republik bedienen sich zunehmend auch konservative, links- und rechtsextreme Autoren des O., um ihre Positionen kenntlich zu machen (BECHER, JOHST, GOEBBELS, HITLER). Durch die Vielzahl der Texte erhalten fast nur noch die O. von Prominenten (H. und TH. MANN, G. HAUPTMANN) größere Aufmerksamkeit.

Nach 1933 gibt es innerhalb Deutschlands, wenngleich in stark eingeschränkter Zahl, weiterhin O. So proklamiert BENN in der ‹Antwort an die literarischen Emigranten› (1933) seine Loyalität gegenüber dem neuen Regime. Gleichzeitig versuchen Autoren aus dem Exil, nach Deutschland hineinzuwirken und international ihren Widerstand gegen das Dritte Reich zu demonstrieren. O. wie K. MANNS ‹An die Staatsschauspielerin Emmy Sonnemann-Göring› (1935) erscheinen in ausländischen Tageszeitungen und als Tarnschriften, die nach Deutschland geschmuggelt werden. Internationales Aufsehen erregt TH. MANNS ‹Bonner Brief› (1937), in dem er die Aberkennung seiner Ehrendoktorwürde zu einer öffentlichen Verurteilung der Nationalsozialisten nutzt. Die Klimax in Thematik, Stil und Aufbau prägt diesen Text besonders, der sich von satirisch-leichter Abkanzelung des Bonner Dekans zu einer pathetischen Entlarvung des kriegstreiberischen Reiches steigert. Ähnlich starke Rezeption findet Th. Manns Antwort an W. v. Molo (1945), in der er begründet, warum er nicht nach Deutschland zurückkehre.

In der Bundesrepublik kommt – in Aufnahme des Programms der ‹engagierten Literatur› – für einzelne Schriftsteller das Wort vom ‹Gewissen der Nation› auf, das vor allem auf GRASS und BÖLL angewendet wird, die es aber für sich ablehnen. In ihren nach Dutzenden zählenden O. findet sich neben der Berufung auf die Pflicht, nicht zu schweigen, häufig der Vergeblichkeitstopos, Hinweis darauf, daß es hier vor allem um ein Bekenntnis geht, um eine «Eintragung [...] in das Beschwerdebuch der Epoche».[10] In der DDR gibt es systeminterne O., die in bestimmten Grenzen geduldet oder sogar erwünscht sind wie BRECHTS ‹O. an die deutschen Künstler und Schriftsteller› (1951), und solche, die durch Veröffentlichung im Westen ins Land zurückwirken sollen, wie bei der Biermann-Ausbürgerung (1976), die staatliche Repressalien zur Folge hatte. Nach der Vereinigung erscheinen ähnlich wie nach 1945 mehrere O., in denen Exilschriftsteller in der DDR gebliebene Kollegen angreifen oder verteidigen (z.B. L. KOPELEW ‹Für Christa Wolf›, K. POCHE ‹O. an Günter de Bruyn›, M. MARON ‹Diskuswerfer und heroische Poseure›).

Im Rahmen von Informationsflut und Medienkonkurrenz verringert sich der Aufmerksamkeitswert O., zumal sie in den 80er und 90er Jahren fast inflationär verwendet werden: von Politikern, Institutionen, Bürgern, Terroristen und schließlich für Werbezwecke. Dennoch bleiben sie, wie jüngste Auseinandersetzungen zeigen – R. GIORDANOS O. an H. Kohl (1992), M. REICH-RANICKI an Grass (1995) –, genuines Mittel gerade für Schriftsteller, um öffentlich Position zu beziehen.

Anmerkungen:
1 H. Wellmann: Der O. und seine Anfänge. Über Textart und Mediengesch., in: Sprache – Kultur – Gesch. Sprachhist. Stud. zum Dt. (FS H. Moser), hg. von M. Pümpel-Mader und B. Schönherr (Innsbruck 1999) 361–384, 366f – **2** C. Sauer: Ein offener Brief im Dienste der NS-Sprachpolitik in Holland, in: DU 37 (1985) H. 2, 84–93, 85f. – **3** s. R.-B. Essig: Der O. Gesch. und Funktion einer publizist. Form von Isokrates bis Günter Grass (2000) 35f. – **4** Wellmann [1] 369. – **5** B. Dücker: Der offene Brief als Medium gesellschaftl. Selbstverständigung, in: Sprache und Lit. in Wiss.u. Unterricht 23, H. 1 (1992) 32–42, 32, 36, 39f.; R.M.G. Nickisch: Schriftsteller auf Abwegen? Über politische ‹O.› dt. Autoren in Vergangenheit und Gegenwart, in: The J. of English and Germanic Philology 93 (Urbana, Ill. 1994) 469–484, 480f. – **6** H. Böll: In eigener Sache. Schriften und Reden (1988) Bd. 8, 113–116, 113. – **7** M.M. Markle III.: Support of Athenian Intellectuals for Philipp: A Study of Isocrates' ‹Philippus› and Speusippus' ‹Letter to Philipp›, in: J. of Hellenic Studies 96 (1976) 80–99. – **8** Cicero, Ep. ad Atticum VIII, 9, 2. – **9** F.-

R. Hausmann: Francesco Petrarcas Briefe an Kaiser Karl IV. als ‹Kunstprosa›, in: F. J. Worstbrock (Hg.): Der Brief im Zeitalter der Renaissance (1983) 60–80. – **10** W. Haacke: Aussageformen der Zs., in: E. Dovifat (Hg.): Hb. der Publizistik (1969) 433–458, 440.

R.-B. Essig

Adressant/Adressat → Anrede → Appell → Argumentation → Ars dictandi, dictaminis → Auctoritas → Brief → Briefsteller → Gebrauchsliteratur → Massenkommunikation → Öffentlichkeit → Pamphlet → Plädoyer → Traktat

Öffentlichkeit (engl. public, publicity; frz. public, publicité; ital. pubblicità, pubblico)
A. I. Def. – II. Der Öffentlichkeitsbegriff in den Disziplinen. – 1. Rhet. – 2. Soziologie und Sozialwiss. – 3. Medienwiss. – B. Geschichtl. Entwicklung. – I. Überblick. – II. Antike. – III. Mittelalter – IV. 15. bis 17. Jh. – V. 18. Jh. – VI. 19. Jh. und Moderne.

A. I. *Definition.* ‹Ö.› bezeichnet einerseits einen Zustand, nämlich «die Tatsache des Offenseins».[1] In diesem faktischen Sinn einer Zustandsbeschreibung hat Ö. in den verschiedenen Bereichen der Gesellschaft ganz unterschiedliche Bedeutungen: So bedeutet Ö. z. B. im Gerichtswesen, daß die Gerichtsverhandlungen unbeteiligten Personen zugänglich sind. In der Soziologie kann Ö. mit der Gesellschaft überhaupt gleichgesetzt werden; oder sie ist hier als ‹öffentliche Meinung›[2] eine z. B. durch Meinungsumfragen ermittelbare Größe. In der Politologie werden Öffentlichkeitskonzepte z. B. im Zusammenhang mit Fragen der Repräsentation in Demokratien diskutiert.[3] In der Publizistik gehört Ö. zu den Grundbegriffen[4] und benennt im weiten Sinn die Möglichkeit der freien Zugänglichkeit auf Menschen, damit die Grundvoraussetzung einer freien Presse überhaupt. Im spezifischen Sinn benennt Ö. hier den Bereich der Kommunikation außerhalb privater Kommunikation, was ‹Medienöffentlichkeit› bzw. ‹publizistische Ö.› genannt wird.[5] Zum anderen jedoch ist Ö. seit der Aufklärung eine «Kategorie des politisch-sozialen Lebens»[6], verstanden als politisch einzulösende Forderung nach freier Teilnahme aller am politischen und gesellschaftlichen Geschehen, z. B. im diskursiven Austausch von Argumenten. In diesem normativen Sinn ist Ö. mit einer ideal verstandenen *res publica* identisch.[7]

Dieses Ideal von Ö. als Sphäre der Kritik, der Kontrolle und der Entscheidungsfindung sieht J. HABERMAS – zumindest ansatzweise – in den literarisch-politischen Institutionen der Ö. im 17. und 18. Jh. verwirklicht, in den Salons, Kaffeehäusern, Tisch- und Sprachgesellschaften: Dort nämlich habe sich «eine der Tendenz nach permanente Diskussion unter Privatleuten», «tendenziell der Takt der Ebenbürtigkeit» und «die Autorität des Arguments gegen die der sozialen Hierarchie»[8] durchgesetzt. Machte man sich die Habermas'schen Forderungen zu eigen, so wären alle Gestalten einer nicht von einer kommunikativen Rationalität[9] beherrschten Ö. als ihre Vorformen bzw. Degenerationen anzusehen.[10] Neuere Forschungen insbesondere zur Rhetorik und Mediengeschichte bestimmen Ö. jedoch nicht unter diesen idealen kommunikationstheoretischen Prämissen, sondern operieren mit einem diffuseren bzw. pluralen Begriff von Ö., den auch schon der amerikanische Pragmatiker J. DEWEY gebrauchte, wenn er sagte, daß «in jedem Zeitalter und an jedem Ort [...] die Ö. eine andere»[11] sei. Somit wären die verschiedensten Formen von Ö. anzunehmen, wobei dann die Frage entsteht, ob es überhaupt sinnvoll ist, den Begriff ‹Ö.› zu verwenden, bezeichnet er doch im Laufe seiner semantischen Karriere ganz unterschiedliche Gegebenheiten, die wenig oder (fast) nichts gemeinsam haben. Gegenüber einem normativ feststehenden Begriff von Ö. erscheint ein graduelles Verständnis von Ö. in Hinsicht auf den kommunikativen Bereich der Gesellschaft sinnvoller: Stufen von Ö. würden sich dann an der Zugänglichkeit zum Kreis derjenigen bemessen, die miteinander kommunizieren, Zugang zu Informationen und Fähigkeiten, diese zu verstehen, haben.[12]

Für das neuzeitliche Verständnis der Ö. ist die Abgrenzung von der Nicht-Öffentlichkeit des Privatbereichs (der Individualität, Intimität, Familie, aber auch der wirtschaftlichen Entscheidungen) fundamental[13], ja man könnte sogar in Hinsicht auf Ö. und Privatheit von Antonymen sprechen.[14] Dabei ergibt sich ein grundsätzlicher Konflikt daraus, daß Privatangelegenheiten von öffentlichem Interesse sein können – und zwar dann, wenn bestimmte Handlungen in ihren Wirkungen «über die unmittelbar mit ihrer Hervorbringung Befaßten hinaus»[15] gehen. Sobald dieses geschieht, sollte – und faktisch geschieht dieses in vielen Bereichen der Gesellschaft ja auch – eine staatliche Kontrolle dieser Handlungen stattfinden. So hat z. B. die Ausübung bestimmter Berufe, an sich eine Privatangelegenheit, «so weitreichende Folgen, daß die Prüfung und Lizensierung der sie praktizierenden Personen eine öffentliche Angelegenheit wird.»[16] Streitpunkte entstehen durch Ausweitungen bzw. Reduzierungen des allgemeinen Verständnisses von ‹öffentlichem Interesse›. So besteht z. B. kaum noch öffentliches Interesse an der Legalisierung einer eheähnlichen Verbindung; verstärkt hingegen hat sich dieses Interesse an (privat-) wirtschaftlichen Unternehmensentscheidungen, so daß hier immer wieder Forderungen nach öffentlicher Kontrolle erhoben werden. Wie immer das Verhältnis der öffentlichen zur privaten Sphäre gefaßt wird, so erscheint doch die Sicherung eines Privatbereichs gegenüber den Ansprüchen des Öffentlichen unbestritten; umgekehrt aber auch wird, etwa von dem amerikanischen Sozialwissenschaftler R. SENNETT, das Eindringen des Privaten, vor allem in Formen der Äußerung «intimer Empfindungen»[17], in den Bereich der öffentlichen Kommunikation kritisiert, die dadurch «verfalle».

Öffentliche Kontrolle und Organisation geschieht durch den Staat, d. h. durch Amtspersonen (Beamte), die ihn bzw. die Ö. repräsentieren, kann man den Staat doch als «organisierte Ö.»[18] verstehen, obwohl die Ö. «in sich selbst [...] unorganisiert und formlos»[19] ist. Zwischen staatlich organisierter und unorganisierter Ö. besteht ein dauerndes Spannungsverhältnis, welches sich z. B. in der Kritik von Bürgern an staatlichen Maßnahmen oder am Fehlverhalten von Beamten und Politikern äußert. Diese Kritik kann sich in neuen Formen organisierter Ö. institutionalisieren; Habermas spricht in dieser Hinsicht von einer ‹Zivilgesellschaft› als einer «nichtvermachteten politischen Ö.».[20]

Aus rhetorischer Perspektive betrachtet, ist «Ö. [...] ein Konstituens der Rede»[21], da sich der Redner in seiner Wirkungsabsicht immer an bestimmte Adressaten, an ein bestimmtes Publikum (‹Präsenzpublikum›)[22] wendet, welches bestimmte (Teil-) Öffentlichkeiten repräsentiert bzw. als Personifikation der Ö. aufgefaßt werden kann.[23] Strittig ist es in der theoretischen Diskussion, ob Ö. als allgemeine oder als je besondere zu denken ist. CH. PERELMAN spricht von einer ‹universalen Ö.› (auditoire universel) und gewinnt damit ein Kriterium, um die vieldiskutierte Frage nach Möglichkeiten der Unterscheidung von ‹Überreden› und ‹Überzeugen› zu beantworten – für Perelman sind «Reden an einige Wenige» auf Überredung, Reden hingegen, «die für alle gültig sein sollen» [24] (also für die ‹universale Ö.›) auf Überzeugung angelegt. P.L. OESTERREICH hingegen spricht in seiner ‹Fundamentalrhetorik›, u.a. im Rückgriff auf die Phänomenologie E. HUSSERLS, von einer lebensweltlichen Ö. als Region rhetorischer und inartifizieller Sinn- und Bedeutungsbildung; es ist dies die Region der alltäglich-unspektakulären persuasiven Redepraxis. [25] Wie immer man auch Ö. theoretisch bestimmen mag, ob universal, ob lebensweltlich, so ergibt sich doch in praktischer Hinsicht auf jeden Fall die Notwendigkeit, daß sich der Redner, um durch seine Rede wirksam handeln zu können, auf sein Publikum, d.h. die durch es repräsentierte (Teil-)Ö., einstellen muß. Das Publikum ist, neben dem Redner und der Rede selbst, der wichtigste Faktor bei rhetorischen Überlegungen: Seine psychischen Dispositionen und seinen Affekthaushalt analysierte die Rhetorik von ihren Anfängen an unter dem Problem des ‹äußeren aptum› «im Sinn einer optimalen Anpassung der Äußerungen an die gegebenen Umstände (Ort, Zeitlage, Publikumsgliederung)». [26] Diese Anpassung geschieht sowohl bei der Festlegung der Redegattung (der drei genera) als auch in Hinsicht auf die Gestaltung der fünf Produktionsstadien der Rede (rhetorices partes) (Invention, Disposition, Elokution, Memoria und Aktion) und auch noch in Hinsicht auf die verschiedenen Redeteile (partes orationis): So wird der Redner beispielsweise in seiner Argumentation die dem Publikum «vertrauten Thesen als Prämissen [...] nehmen.» [27] Je mehr Kenntnisse er über die «Gruppenwerte» [28] seines Publikums hat, desto wirkungsvoller wird er seine psychagogischen und persuasiven Instrumente einsetzen können, um seine Zuhörer dazu zu bringen, die Ansichten zu akzeptieren, die er selbst für richtig hält. Der Redner muß so einerseits auf die öffentlich-oratorische Situation Rücksicht nehmen; andererseits aber ist die Rhetorik zugleich in ihrer – gerade durch diese Rücksichtnahme erreichten – persuasiven Wirkungsmächtigkeit eines der wichtigsten ‹Produktionsmittel› des öffentlichen Bewußtseins. [29]

Aus dieser fundamentalen Verbindung von Rhetorik und Ö., aus dem Verständnis der Ö. als «eigentümliche Daseinssphäre des Rhetorischen» [30], ergibt sich auch die Abgrenzung zum Privatbereich: Nach Aristotelischem Verständnis wäre eine Privat-Rhetorik, z.B. in der familiären oder freundschaftlichen Kommunikation, absurd; das Wirkungsfeld der Rhetorik eröffnet sich erst in der Ö., weshalb ARISTOTELES auch festlegt, daß sich die rhetorische Argumentation auf die allgemeinen Gesichtspunkte einer Kommunikationsgemeinschaft, die Topoi, zurückbeziehen muß. [31] Zum andern ergibt sich durch diese Festlegung des Rhetorischen auf die doxale Sphäre des öffentlichen Meinens eine Gegenstellung zu einem philosophischen Wahrheitsanspruch. Dieser Sphäre des Öffentlichen und damit Rhetorischen in ihrer doppelten Abgrenzung vom Privaten und strengen Wissen entspricht die Idealform des homo rhetoricus, dessen ‹öffentliches Selbst› sich in seiner Distanzierung vom bloß Privaten, der Identifikation mit den Weltsichten der anderen und dem Entwurf von gemeinsamen Sinnperspektiven inmitten seiner geschichtlichen Lebenswelt konstituiert. [32]

Anmerkungen:
1 R. Smend: Zum Problem des Öffentlichen und der Ö., in: O. Bachof u.a. (Hg.): Forsch. und Ber. aus dem öffentl. Recht. Gedächtnisschr. für W. Jellinek (1955) 12 – 2 vgl. K. Koszyk, K.H. Pruys: Hb. der Massenkommunikation (1981) 214. – 3 vgl. U. Thaysen: Ö. aus politolog. Sicht, in: W. Faulstich (Hg.): Konzepte von Ö., 3. Lüneburger Kolloquium zur Medienwiss. (1993) 11. – 4 vgl. E. Dovifat (Hg.): Hb. der Publizistik, Bd. 1: Allg. Publizistik (1968) 13–20. – 5 vgl. L. Döhn, K. Klöckner: Medienlex. Kommunikation in Ges. und Staat (1979) 169. – 6 L. Hölscher: Ö., in: O. Brunner, W. Conze, R. Koselleck (Hg.): Gesch. Grundbegriffe. Hist. Lex. zur politisch-sozialen Sprache in Deutschland, Bd. 4 (1978) 413. – 7 vgl. H. Plessner: Das Problem der Ö. und die Idee der Entfremdung, in: H. Plessner: Gesamm. Schr. X (1985) 214. – 8 J. Habermas: Strukturwandel der Ö. Unters. zu einer Kategorie der bürgerlichen Ges., mit einem Vorwort zur Neuaufl. 1990 (⁵1996) 97. – 9 vgl. ders.: Theorie des kommunikativen Handelns (1981). – 10 vgl. R. Heming: Ö., Diskurs und Ges. Zum analytischen Potential und zur Kritik des Begriffs der Ö. bei Habermas (1997). – 11 J. Dewey: Die Ö. und ihre Probleme (1996) 42. – 12 vgl. R. Giel: Polit. Ö. im spätma.-frühneuzeitl. Köln (1450–1550) (1995) 35; E.-B. Körber: Ö. der frühen Neuzeit: Teilnehmer, Formen, Institutionen und Entscheidungen öffentl. Kommunikation im Herzogtum Preußen von 1525 bis 1618 (1998) 20. – 13 vgl. R. Schnell: Die ‹Offenbarmachung› der Geheimnisse Gottes und die «Verheimlichung» der Geheimnisse der Menschen. Zum prozeßhaften Charakter des Öffentlichen und Privaten, in: G. Melville, P. v. Moos (Hg.): Das Öffentliche und das Private in der Vormoderne (1998) 364. – 14 vgl. P. v. Moos: Das Öffentliche und das Private im MA. Für einen kontrollierten Anachronismus, in: Melville Moos [13] 23. – 15 Dewey [11] 43. – 16 ebd. 56f. – 17 R. Sennet: Verfall und Ende des öffentl. Lebens. Die Tyrannei der Intimität (1986) 19. – 18 Dewey [11] 61. – 19 ebd. 68f. – 20 Habermas [8] 45; vgl. H. Fehr: Unabhängige Ö. und soziale Bewegung. Fallstudien über Bürgerbewegungen in Polen und der DDR (1996). – 21 H. Geißner: Rede in der Ö. Eine Einf. in die Rhet. (1969) 35. – 22 vgl. H. Schanze: Medialisierung der Rhet., in: H.F. Plett (Hg.): Die Aktualität der Rhet. (1996) 48. – 23 vgl. Smend [1] 16. – 24 Ch. Perelman: Das Reich der Rhet. Rhet. und Argumentation (1980) 26. – 25 vgl. P.L. Oesterreich: Fundamentalrhet. Unters. zu Person und Rede in der Ö. (1990) 5. – 26 vgl. W. Jens: Art. ‹Rhet.›, in: RDL² Bd. 3, 444. – 27 Perelman [24] 32. – 28 ebd. 36. – 29 vgl. Geißner [21] 27. – 30 Oesterreich [25] 45. – 31 vgl. Arist. Rhet. 1358a; Oesterreich [25] 45 – 32 vgl. ebd. 104.

Literaturhinweise:
W. Bauer: Die öffentliche Meinung in der Weltgesch. (1930). – W. Martens: Ö. als Rechtsbegriff (1969). – S. Smid: Ö., öffentliche Meinung, in: H.J. Sandkühler (Hg.): Europäische Enzyklop. zu Philos. und Wiss., Bd. 3 (1990) 594–660. – C. Winter: Arbeitsbibliogr. ‹Ö›, in: Faulstich [2] 249–263.

II. *Der Öffentlichkeitsbegriff in den Disziplinen.* 1. *Rhetorik.* Begreift man Rhetorik als Theorie und Praxis der Vermittlung von Wissen oder Absichten mit dem allgemeinen gesellschaftlichen Bewußtsein [1], also mit Ö., so muß ein Verständnis dieser Ö., als dem unmittelbaren Adressaten von Rhetorik, in ihrem ureigensten Interesse liegen. Als *sensus communis* stellte Ö. solange diese in Europa als geistesgeschichtliche Einheit zu denken war, eine rhetorische Kategorie dar [2], die jedoch zugleich auch als ideales Ziel von Rhetorik gedacht werden kann. So sieht W. JENS es als «die eigentliche Aufgabe der Rhetorik» an, «einen *sensus communis* befördern zu helfen», worunter er «ein Maximum von Gemeinsamkeit» versteht, «das es ermöglicht, zu einer raschen und sicheren Übereinkunft auf der Basis des Wahrscheinlichen, dem Fundament des begründet glaubhaft Gemachten zu gelangen.» [3] Damit knüpft er besonders an dem von VICO geprägten Verständnis des ‹natürlichen Allgemeinsinns› an, des Sinns für das Rechte und das gemeine Wohl, der in allen Menschen lebt [4] und sich zwar nicht vom ‹Wahren›, aber doch vom ‹Wahrscheinlichen› (*verisimile*) leiten läßt[5] – und der als ‹common sense› in England große, als ‹Gemeinsinn› in Deutschland allerdings kaum Wirkung zeitigte.[6]

Themen und Fragestellungen, die aus rhetorischer Perspektive in Hinsicht auf Ö. diskutiert werden, umfassen folgende Bereiche: Geschichte und gegenwärtiger Zustand des öffentlichen Sprachgebrauchs, z.B. in bezug auf politische Leitvokabeln[7] oder auf veränderte Formen politischer Rhetorik im Zusammenhang mit neuen Öffentlichkeitsformen[8]; Entwurf und Beschreibung von Mitteln und Strategien öffentlichkeitswirksamen Redens in den Medien[9], die sich im elektronischen Zeitalter der ‹zweiten Mündlichkeit› (secondary orality)[10] wieder an Empfehlungen der antiken Rhetorik orientieren können[11]; rhetorische Reflexionen über Lösungsmöglichkeiten für Kommunikationsprobleme zwischen den einzelnen Teilöffentlichkeiten, z.B. zwischen Ö. und Wissenschaft.[12] Ein zentraler anwendungsbezogener Bereich der Rhetorik in Hinsicht auf Ö. betrifft die Public Relations (Öffentlichkeitsarbeit), die es in Deutschland seit den 50er Jahren gibt. Diese benennt «die von Unternehmen und Organisationen kontinuierlich und systematisch betriebene Kommunikation mit unterschiedlichen Zielgruppen in ihrer externen und internen Umwelt.»[13] Gegenwärtig entwickelt sie sich «zu einer Art Leitsystem der Gesellschaftskommunikation»[14], die zunehmend auch solche Aufgaben übernimmt, die früher der Werbung oder dem Journalismus vorbehalten waren. Fortgeschrittene Überlegungen zu Public Relations gehen nicht mehr von einem fixen Öffentlichkeitsbegriff aus, sondern definieren Ö. als etwas je Herzustellendes: Nicht Themen oder Rezipienten sind entscheidend, sondern die mediale Steuerung und Kontrolle, die über die selektive Aufnahme bestimmter Sachverhalte (Agenda Setting-Idee)[15], über ihre Strukturierung und Gewichtung, über die Vermittlung von Sichtweisen und Interpretationsmustern und anderen Steuerungsmitteln ‹Wirklichkeit› und die ihr zugeordnete Ö. inszeniert bzw. konstruiert.[16]

2. *Soziologie und Sozialwissenschaften.* Aus wissenschaftlicher Perspektive wird Ö. seit den 50er Jahren besonders von der Soziologie thematisiert. Nachdem 1953 H. SCHELSKY in seiner empirischen Analyse der Wandlungen deutscher Familienstrukturen[17] auf eine fortschreitende Entpolitisierung hinwies, auf eine immer stärker werdende Polarisierung von privatem Lebensbereich und öffentlicher Sphäre und damit auf den Zerfall der Ö. politisch Interessierter, nimmt J. HABERMAS 1962 mit seiner historisch-soziologische Analyse ‹Strukturwandel der Ö.› diese Problemstellung auf. Er konzentriert sich auf den «Idealtypus bürgerlicher Ö.»[18], der sich im 18. Jh. aus der Differenzierung von und im Spannungsfeld zwischen Staat und Gesellschaft gebildet habe. Diese ‹bürgerliche Ö.› sei zunächst «die Sphäre der zum Publikum versammelten Privatleute» gewesen, als deren eigentümliches und vorbildloses Medium der politischen Auseinandersetzung er «das öffentliche Räsonnement»[19] ansieht. Die zunächst literarische bzw. literaturkritische Ö.[20] werde dann zu einer politischen umfunktioniert.[21] Für die Gegenwart konstatiert Habermas den Zerfall der liberalen bürgerlichen Ö., das Entstehen einer Sozialsphäre, die weder öffentlich noch privat, sondern intermediär sei. Dieser Zwischenbereich einer «vermachteten Ö.»[22] werde weitgehend von den Massenmedien kontrolliert, die statt Räsonnement Kulturkonsum förderten.[23] Dieser Strukturwandel der Ö. habe das kritisch-kontrollierende Grundprinzip der Ö. vernichtet.[24]

An diesem Modell einer diskursiven Ö., in dem unschwer eine Idealisierung der liberalen Ö. des 18. und frühen 19. Jh. zu erkennen ist, hat man vor allem deshalb Kritik geübt, weil es sich bislang weder politisch noch massenmedial realisieren konnte[25]; vor allem aber werde dieses Modell der *einen* bürgerlich-liberalen Ö. der heutigen Vielzahl von Teil- oder Einzelöffentlichkeiten mit ganz unterschiedlichen Funktionen überhaupt nicht gerecht.[26] Auf einen wesentlichen Widerspruch im bürgerlichen Öffentlichkeitsverständnis, der darin liege, Ö. ideell allen zu öffnen, faktisch jedoch Ausschluß- und Selektionsmechanismen zu produzieren, machen – stärker noch als Habermas, der gleichwohl die Verschränkung von Ideologie und Utopie im bürgerlichen Öffentlichkeitsbegriff sieht[27] –, O. NEGT und A. KLUGE in ihrer Untersuchung ‹Ö. und Erfahrung› (1972) aufmerksam[28], wenn sie nach der proletarischen Ö. fragen. Negt und Kluge arbeiten besonders die spezifische Erziehungs- und Sozialisationssituation heraus, die bestimmend für die Zugangsmöglichkeiten eines Individuums zu öffentlichen Gütern (wie z.B. Bildung) erscheinen. So würden z.B. Arbeiterkinder in der Schule mit einer völlig anderen Ökonomie des Redens als in ihren Familien konfrontiert werden, die als Ausgrenzungsmechanismus der bürgerlichen Ö. funktionieren würde.[29] Die Kritik an Habermas, zu sehr auf *ein* Modell von Ö. fixiert zu sein, läßt sich auch auf Negt und Kluge übertragen: Ihre Thematisierung der im übrigen empirisch nicht nachweisbaren einheitlichen Erfahrungsform einer ‹proletarischen Ö.› verkennt die Vielzahl von alternativen Ö. bzw. Gegenöffentlichkeiten, für die der Widerspruch von Kapital und Arbeit nicht mehr der entscheidende zu sein scheint.[30] Vielmehr ist gegenwärtig eine extreme Differenzierung in verschiedene schichten-, generationen-, geschlechts- und kulturellspezifische ö. zu beobachten, die nicht auf den gemeinsamen Nenner einer einheitlichen Erfahrungsform zu bringen sind.

Thematisieren diese sozialgeschichtlichen Arbeiten, zu denen auch noch R. SENNETT mit seinem Buch ‹Verfall und Ende des öffentlichen Lebens. Die Tyrannei der Intimität› (1974)[31] zu zählen ist, Ö. vornehmlich «im Modus der Klage»[32], wie dies R. DAHRENDORF polemisch konstatiert, da ihnen ein bestimmtes normatives Konzept von Ö. zugrunde liegt, so fragt N. LUHMANN in seiner soziologischen Systemtheorie schlicht nach der Funktion von Ö. Ausgangspunkt seiner Überlegungen ist die Feststellung, daß moderne Gesellschaften sich immer weiter funktional differenzieren und in spezifische Teilsystemen entwickeln. Damit stellt sich die Frage nach einer Integration der Gesellschaft, die die Aufklärung der Ö. zusprach, da sich in ihr «keinem Teilsystem besonders verbundene Meinungen»[33] artikuliert hätten. Doch diese Integrationsleistung sei angesichts fortschreitender gesellschaftlicher Differenzierung hinfällig geworden. Welche Funktion hat aber Ö. dann heute? Luhmann bestimmt sie damit, daß Ö. bestimmte Themen politischer Kommunikation institutionalisiere – d.h., daß die Bereitschaft, «sich in Kommunikationsprozessen mit ihnen zu befassen, unterstellt werden kann. Ö. wäre demnach die Unterstellbarkeit der Akzeptiertheit von Themen.»[34] Ist ein Thema erst einmal im aktuellen öffentlichen Kommmunikationsprozeß aufgenommen (genauer gesagt: wird ihm unterstellt, dort aufgenommen zu sein), ist es schwierig, ja unmöglich, darüber nicht zu sprechen: «Die Ö. der Meinung dient als Legitimation dafür, auch die Herrschenden zur Kommunikation zu zwingen, wenn nicht gar moralisch zu manipulieren.» [35] Themen im Rahmen dieser Kommunikation durchlaufen eine Art «Lebensgeschichte», die von einer «latenten Phase», über den «Durchbruch», die «Popularität», den «Kulminationspunkt», über «Ermüdungserscheinungen» und «Abwendung» bis hin zu einer möglichen Wiedergeburt als «neues Thema» reicht. [36] Zwar können bestimmte Themen im Rahmen des politischen Systems nicht beliebig erzeugt und entwickelt werden, doch ist die «Benutzung und Weiterführung von Themen der öffentlichen Meinung» [37] Sache von dafür besonders qualifizierten «Meinungsbildnern» und «Öffentlichkeitsarbeitern» geworden.

Im Unterschied zur Zeit der Aufklärung, wo Integration in und durch Ö. anscheinend zuweilen gelang, sieht Luhmann die gegenwärtige Integrationsleistung von Ö. nur noch «symbolisch»; Ö. wäre demnach ein «Integrationssymbol», welches «eine vage Vorstellung von der Möglichkeit der Mitsprache bei gesellschaftlich bedeutsamen Entscheidungen» [38] aufruft.

Arbeiten im Anschluß an Luhmann simplifizieren oft seine komplexen systemtheoretischen Überlegungen in technizistischer Weise. So verstehen z.B. J. GERHARDS und F. NEIDHARDT Ö. als «ein intermediäres System, dessen politische Funktion in der Aufnahme (Input) und Verarbeitung (Throughput) bestimmter Themen und Meinungen sowie in der Vermittlung der aus dieser Verarbeitung entstehenden öffentlichen Meinungen (Output) einerseits an die Bürger, andererseits an das politische System besteht.» [39]

3. *Medienwissenschaften.* Sowohl sozialgeschichtliche als auch systemtheoretische Untersuchungen zur Ö. vernachlässigen den medialen Aspekt. Aus mediengeschichtlicher Perspektive ist die jeweilge Form der Ö. und die ja sie spezifischen Ausprägungen der in ihr agierenden Kommunikatoren und Rezipienten vom jeweiligen medialen Entwicklungsstand der Gesellschaft abhängig. [40] Folgende Etappen lassen sich dabei mediengeschichtlich unterscheiden: In der Antike entspricht dem ‹Primärmedium Mensch› [41] bzw. ‹Redner› das Präsenzpublikum auf der Agora bzw. dem Forum. Für die Fassungskraft dieses Publikums ist die Theorie der Rede ursprünglich ausgearbeitet worden. [42] Mit dem Zerfall dieser direkten forensischen Situation findet eine zweite Medialisierung – oder eben auch erste, wenn man den Redner nicht als Medium ansehen will [43] – statt: Mündlichkeit wird zur Schriftlichkeit, *memoria* wird zunächst zur handgeschriebenen Schriftrolle, zum Manuskript oder zum Brief für ein relativ kleines Publikum von Gelehrten. Mit GUTENBERGS Erfindung der beweglichen Lettern aus Metall im Buchdruck entsteht auch für die Schriftlichkeit eine größere Ö. Das Manuskript wird zur Rhetorik technifiziert [44], um dann gegen Ende des 18. Jh. vollends zu einer ‹Buchrhetorik› [45] transformiert zu werden. Mit den audiovisuellen Medien (Film, Fernsehen, Rundfunk) Ende des 19. Jh. kehrt die Unmittelbarkeit der direkten Rede scheinbar wieder, nun aber technisch vermittelt. In dieser Massenkommunikation zerfällt Ö. in die einzelnen Radio- und Fernseh-Empfänger, wobei diese, dem medial-linearen Kommunikationsprozeß unterliegend, ausschließlich auf den Status von passiven Rezipienten festgelegt sind. [46] Eine vorerst letzte Medialisierung geschieht gegenwärtig durch die sogenannten ‹neuen› bzw. ‹digitalen Medien›: Durch ihre Interaktivität hat das «disperse Publikum» [47] Möglichkeiten zur Selbst-Artikulation und zur Formierung neuer Ö.en. Nicht zufällig nämlich kehrt im digitalen Computermedium der rhetorische Ort par excellence, das Forum, in der Vielzahl von ‹Diskussionsforen› wieder. Freilich finden diese Formierungs-Aktivitäten von Ö. im virtuellen Raum der Medien selbst statt [48]: Pessimistisch könnte man somit von ausschließlich simulierten Ö. sprechen; optimistisch wären Effekte dieser ‹digitalen Ö.› auf die Wirklichkeit selbst zu erkennen, sofern man diese in der medialen Zone der Indifferenz überhaupt noch von Virtualität unterscheiden kann.

Neben diesen mediengeschichtlichen Überlegungen verbinden sich medientheoretische Ansätze auch mit sozialkritischen, z.B. durch den Begriff der ‹Scheinöffentlichkeit› [49], der benutzt wird, um auf die Diskrepanz zwischen den sich in jüngster Zeit vervielfachenden Informationsangeboten und den begrenzten menschlichen Möglichkeiten, diese aufzunehmen, hinzuweisen: Der vielfache Überhang der Verbreitung von Informationen gegenüber ihrer Rezeption bedeutet, daß öffentlich zugängliche Informationen nur teilweise oder überhaupt nicht mehr Ö. konstituieren. Auch einige postmoderne Denker teilen diese medienkritische Haltung. P. VIRILIO z.B. sieht den öffentlichen Raum und das öffentliche Leben zunehmend durch Bild und Blick der elektronischen Massenmedien, durch eine «Automatisierung der Wahrnehmung» [50], ersetzt; und V. FLUSSER konstatiert, daß das Ende der privaten (und damit eben auch öffentlichen) Sphäre dadurch gekommen sei, daß diese Medien alle Begrenzungen des Privaten zugunsten einer gleichsam universalen Verkabelung durchdringen würden. [51] Obwohl die verschiedenen wissenschaftlichen Disziplinen, je ihren Forschungsinteressen entsprechend, jeweils andere Aspekte von Ö. thematisieren, ist doch besonders im deutschsprachigen Bereich die deutliche Bevorzugung eines ideell-politischen Öffentlichkeitsverständnisses zu finden. Demgegenüber sind interdisziplinäre Arbeiten, die verschiedene, durchaus autonome Teilöffentlichkeiten, auch außerhalb der traditionellen Kommunikationsbereiche in der Politik, voneinander unterscheiden, diese dann aber auch wiederum in einen integrativen Bezugsrahmen stellen würden, gegenwärtig noch nicht zu finden. [52]

Anmerkungen:
1 vgl. W. Jens: Art. ‹Rhet.›, in: RDL² Bd.3 432. – 2 vgl. Jens ebd. 438f. H.-G. Gadamer: Wahrheit und Methode. Grundzüge einer philos. Hermeneutik (³1972) 16–27. – 3 Jens [1] 447. – 4 vgl. Gadamer [2] 19. – 5 vgl. Vico Stud. 27; L. Hölscher: Ö., in: O. Brunner, W. Conze, R. Koselleck (Hg.): Gesch. Grundbegriffe. Hist. Lex. zur politisch-sozialen Sprache in Deutschland, Bd.4 (1978) 441f. – 6 vgl. P. Ptassek u.a.: Macht und Meinung. Die rhet. Konstitution der polit. Welt (1992) 5. – 7 vgl. K. Böke, F. Liedtke, Martin Wengeler: Polit. Leitvokabeln in der Adenauer-Ära (1996); G. Stözel, M. Wengeler: Kontroverse Begriffe. Gesch. des öffentl. Sprachgebrauchs in der Bundesrepubl. Deutschland (1995). – 8 vgl. J. Volmer: Auf der Suche nach einer neuen Rhet. Ansprachen auf den Massendemonstrationen Anfang November '89, in: A. Burkhardt, K.P. Fritzsche (Hg.): Sprache im Umbruch. Polit. Sprachwandel im Zeichen von 'Wende' und 'Vereinigung' (1992) 59–110. – 9 vgl. S. Kowal: Über die zeitliche Organisation des Sprechens in der Ö. Pausen, Sprechtempo und Verzögerungen in Interviews und Reden von Politikern (1991); M. Moilanen, L. Tiittula (Hg.): Überredung in der Presse. Texte, Strategien, Analysen (1994). – 10 vgl. W.J. Ong: Orality and Literacy. The Technologizing of the World (1982) 3. – 11 vgl. Kowal [9] 8–14. – 12 vgl. K. Ermert (Hg.): Wiss., Sprache, Ges. Über Kommunikationsprobleme zw. Wiss.

und Ö. und Wege zu deren Überwindung (1982); R. Seising, T. Fischer (Hg.): Wiss. und Ö. (1996); H.-G. Gadamer: Rhet., Hermeneutik und Ideologiekritik. Metakrit. Erörterungen zu ‹Wahrheit und Methode›, in: ders.: Kleine Schr. I. Philos. Hermeneutik (1967) 113–130. – **13** M. Krzeminski: Werbung, Öffentlichkeitsarbeit und Social Marketing – ein Beitr. zur Definition zentraler Begriffe, in: L. Rademacher (Hg.): Die Ö. im Visier. Konzepte und Praxisbeispiele moderner Öffentlichkeitsarbeit (1996) 16. – **14** ebd. 12. – **15** vgl. K.-P. Wiedmann: Ö. aus managementwiss. Sicht, in: W. Faulstich (Hg.): Konzepte von Ö., 3. Lüneburger Kolloquium zur Medienwiss. (1993) 171. – **16** vgl. ebd 162f. – **17** vgl. H. Schelsky: Wandlungen der dt. Familie in der Gegenwart (1953). – **18** J. Habermas: Strukturwandel der Ö. Unters. zu einer Kategorie der bürgerlichen Ges., mit einem Vorwort zur Neuaufl. 1990 (^{5}1996) 12. – **19** ebd. 86. – **20** vgl. P.U. Hohendahl: Literaturkritik und Ö. (1974) . – **21** vgl. Habermas [18] 116. – **22** ebd. 28. – **23** vgl. ebd. 248ff. – **24** vgl. ebd. 273f. – **25** vgl. H. Rust: Massenmedien und Ö. Eine soziol. Analyse (1977) 21. – **26** vgl. C. Winter: Kulturelle Ö.? Kritik des Modells bürgerlich-liberaler Ö., in: Faulstich [15] 35f. – **27** vgl. Habermas [18] 160ff. – **28** vgl. O. Negt, A. Kluge: Ö. und Erfahrung. Zur Organisationsanalyse von bürgerlicher und proletarischer Ö. (^{5}1977) 10f. – **29** vgl. ebd. 88. – **30** vgl. K.-H. Stamm: Alternative Ö. Die Erfahrungsproduktion neuer sozialer Bewegungen (1988) 278. – **31** vgl. R. Sennett: Verfall und Ende des öffentlichen Lebens. Die Tyrannei der Intimität (1986). – **32** R. Dahrendorf: Aktive und passive Ö., in: M. Löffler (Hg.): Das Publikum (1969) 1. – **33** N. Luhmann: Öffentl. Meinung, in: W.R. Langenbucher (Hg.): Politik und Kommunikation. Über die öffentl. Meinungsbildung (1979) 45. – **34** ebd. 46. – **35** ebd. 48. – **36** vgl. ebd. 41f. – **37** ebd. 51. – **38** Rust [25] 32. – **39** J. Gerhards, F. Neidhardt. Strukturen und Funktionen moderner Ö.: Fragestellung und Ansätze, in: S. Müller-Doohm, K. Neumann-Braun (Hg.): Ö., Kultur, Massenkommunikation. Beiträge zur Medien- und Kommunikationssoziol. (1991) 34f; U. Wuggenig: Ö. und öffent. Meinung. Die soziol. Perspektive, in: Faulstich [15] 25. – **40** vgl. P. Ludes: Scheinöffentlichkeiten. Medienwiss. Aufklärungsversuche, in: Faulstich [15] 59. – **41** vgl. W. Faulstich (Hg.): Grundwissen Medien (^{2}1995) 19 und 30. – **42** vgl. H. Schanze: Medialisierung der Rhet., in: H.F. Plett (Hg.): Die Aktualität der Rhet. (1996) 48. – **43** vgl. ebd. 48–49 und Faulstich [41] 30f. – **44** vgl. H. Schanze: Problems and Trends in the History of German Rhetoric to 1500, in: Murphy RE 124. – **45** vgl. Schanze [42] 50. – **46** vgl. W. Schulz: Kommunikationsprozeß, in: Fischer Lex. Publizistik: Massenkommunikation (1989) 104f. – **47** Schanze [42] 51. – **48** vgl. M. Faßler: Mediale Interaktion. Speicher, Individualität, Ö. (1996) 388. – **49** vgl. Ludes [40] 70–80. – **50** P. Virilio: Das öffentl. Bild (1991) 33. – **51** vgl. V. Flusser: Ende der Gesch., Ende der Stadt? (1992) 44. – **52** vgl. Wuggenig [39] 25f

Literaturhinweise:
E. Wasen: Medien der Ö. (1970). – P. Ludes: Auf dem Weg zu einer 'fünften Gewalt': Die Auflösung von Ö. in Public Relations, in: Medium 2 (1983) 8–11. – K. Böke (Hg.): Öffentlicher Sprachgebrauch (1996). – P. Hunziker: Medien, Kommunikation und Ges. Einf. in die Soziol. der Massenkommunikation (^{2}1996). – N. Luhmann: Die Realität der Massenmedien (^{2}1996). – G. Ruhrmann: Ö., Medien und Wiss. (1996). – D.M. Hug: Konflikte und Ö. Zur Rolle des Journalismus in sozialen Konflikten (1997). – Z. Baumann: Die neue Ö. (1999). – G. Stickel: Sprache, Sprachwiss., Ö. (1999).

B. *Geschichtliche Entwicklung.* **I.** *Überblick.* Sprachgeschichtlich ist das Wort ‹Ö.› aus dem Adjektiv ‹öffentlich› Ende des 18. Jh., in Anlehnung an das aus dem Französischen stammende deutsche Lehnwort ‹Publizität›, gebildet worden [1]; vorher sind Wortverbindungen mit dem Adjektiv ‹öffentlich› gebräuchlich (z.B. ‹öffentliches Gebäude›, ‹öffentliche Person›, ‹öffentliches Recht› etc.). Bis Mitte des 19. Jh. ist Ö. noch kein politisch-sozialer Begriff, sondern bezeichnet lediglich «die Eigenschaft einer Sache, da sie öffentlich ist, oder geschiehet». [2] Im Vormärz wird Ö. zu einem politischen Schlagwort, welches von liberalen und demokratischen Kreisen in die deutsche Verfassungsdebatte eingeführt wurde, um der «Forderung nach Beteiligung des Volkes an der politischen Herrschaft Nachdruck zu verleihen.» [3] ‹Freiheit› und ‹Ö.› treten in eine enge begriffliche Beziehung und strukturieren den politisch-moralischen Diskurs in Form eines dichotomischen Modells: Hier Freiheit und Ö., dort Unfreiheit und Geheimnis. [4] Spricht man also von Ö. vor dem 18. Jh., so überträgt man damit diesen späteren Begriff mit seinen spezifischen Bedeutungen auf frühere Zeiten und Verhältnisse, was methodisch zumindest reflektiert werden sollte. [5]

II. *Antike.* Eine antike Ö. entsteht in Griechenland nach dem Ende der mykenischen Palastherrschaften im 12. Jh. v.Chr. im Zusammenhang mit dem neuen Typus der städtischen Gemeinschaft, der Polis, die sich durch eine Verlagerung der Handlungen, Rechte und Verantwortungen von den einzelnen Familien auf die Gemeinschaft der Bürger und ihre Institutionen auszeichnen. Charakteristisch für die Polis sind Orte eines gemeinschaftlichen, öffentlichen Handelns, die Agorai, die zunächst einfach freie Plätze für die Versammlungen der Bürger waren. [6] Im 7. und 6. Jh. v.Chr. werden sie nach und nach mit Bildwerken und Gebäuden von öffentlichen Funktionen bebaut; auch Laufbahnen für Wettkämpfe sind auf vielen Agorai nachgewiesen. [7] Die Agorai sind Orte der politischen Versammlung, der Rechtsprechung und der athletischen und musischen Wettstreits. [8] Getrennt von diesen eher politischen Zentren sind die großen Polis-Heiligtümer (in Athen die Akropolis), die öffentlichen Räume der Religion. Wie die griechische Agora wird das römische Forum, wie z.B. das Forum Romanum, mit ganz ähnlichen öffentlichen Funktionen benutzt, und Verwaltungs-, Versammlungs- und Geschäftsgebäude haben ebenfalls öffentliche Aufgaben. Es ist jedoch zu beachten, daß weder in der griechischen noch in der römischen Antike Ö. eine Kategorie des politisch-sozialen Lebens ist. Vielmehr bezeichnet das Attribut *publicus* alles, was sich ‹draußen›, im Gegensatz zum Haus, ereignet und befindet; vor allem ist damit ein Besitzverhältnis ausgedrückt. So sind z.B. Straßen, Plätze, Theater *publicus*, Haus und Boden dagegen *privatus*. [9] Auch der Ausdruck *res publica* hat keine staatliche Bedeutung, sondern dient einer allgemeinen Bezeichnung für das Gemeinwesen, bezeichnete konkret «nur eine im Besitz, bzw. Gebrauch der Gemeinde stehende Sache [...].» [10]

III. *Mittelalter.* Das Mittelalter ist in vielen Bereichen von einer Öffentlichkeitsintensität geprägt, die in späteren Zeiten nur noch eingeschränkt zu finden ist. [11] So findet z.B. das Rechtsleben – Rechtsfindung, Gericht und Urteilsvollstreckung – öffentlich statt: Sogenannte ‹öffentliche› Verbrechen (wie Ketzerei, Aufruhr, Mord, Diebstahl) werden durch ‹öffentliche Bestrafung› gesühnt. [12] Allerdings ist die mittelalterliche Ö. weniger eine politisch-soziale als vielmehr eine ‹repräsentative› [13] der Machtentfaltung der jeweils handelnden Personen oder Institutionen (der Päpste, Kaiser, Könige, Reichstage), die an spezifische Situationen (wie z.B. Heerschauen, Jagden, Autodafés, Turniere, Feste, Fürstentage, Gerichtstage etc.) [14] und bestimmte Attribute der Person geknüpft ist. Dazu gehören, neben Insignien, Habitus, Gestus, auch die Rhetorik der ‹förmlichen› oder ‹repräsentativen Rede›. [15] Hierbei sind verschiedene Grade von Ö. zu unterscheiden. Je mächtiger eine Person ist, desto öffentlicher – und damit desto reichhaltiger mit Attributen ausgestattet – ist sie.[16] Neuere Forschungen zeigen, daß diese repräsentative Ö. mittelalterlicher Machtdarstellung bereits schon mit bestimmten Formen politischer Kommunikation durchsetzt wird.[17] Dieses läßt sich am Beispiel der mittelalterlichen Stadt zeigen, die in ihrem Dualismus von Rat und Gemeinde ein primärer Hort von Ö. ist.[18] So benutzt z.B. der Rat verschiedene Medien, um mit der Bevölkerung mündlich und schriftlich zu kommunizieren, wie Kirchspiele, Verkündigungen von Pfarrern, Edikte etc.[19]

IV. *15. bis 17. Jh.* Mit Gutenbergs Erfindung des Buchdrucks um 1440 ist die technische Voraussetzung für die Verbreitung einer Reihe von Druckmedien wie Brief, Kalender, Heft, Flugblatt (Einblattdruck, Pamphlet, Flugschrift) gegeben, die diesen politisch-kommunikativen Aspekt verstärken, ja letztlich zu ganz neuen Formen der Ö. führen.[20] Die durch diese damals neuen Medien, die man als Vorform der Massenkommunikation ansehen kann[21], gebildete Ö. stellt eine Bedrohung der Herrschenden, der etablierten Kirche und des Adels, dar. Gerade das Flugblatt bzw. das Heft ist das wichtigste Medium für die Verbreitung der reformatorischen Schriften M. LUTHERS, der auch noch durch Predigt und Liturgie an dem in der Bibel sozusagen vorformulierten Öffentlichkeitsauftrag der Kirche anknüpft («Darum gehet hin und lehret alle Völker [..]», Mt 28, 18f.)[22] und eine «reformatorische Ö.»[23] herzustellen versucht. Neben der Reformation ist im 16. Jh. der Humanismus die zweite große Erziehungs- und Bildungsbewegung, die an den Universitäten zur Entstehung einer gelehrten Ö. mit den ihr zugehörigen Kommunikationsformen wie z.B. Vorlesung und Disputation führt. Auch wird der Brief, der bereits im Mittelalter ein bedeutendes Medium der lateinischen Ö. gewesen war[24], im Humanismus zum wichtigsten Kommunikationsmittel für Gelehrte. In Anleitungen zum Schreiben von Briefen findet die klassische Rhetorik ihre Anwendung, wie z.B. in ERASMUS' ‹De conscribendis epistolis› (1522).[25]

An Fürstenhöfen bilden sich im Laufe des 17. Jh. ebenfalls Formen von Ö. Zwar ist die höfische Rhetorik, auch geleitet von dem «Vorstellungsmodell theatrum mundi»[26], ein im wesentlichen streng in zeremonielle Abläufe eingebundenes Höflichkeitssystem, in dessen Mittelpunkt das ‹Compliment› des Hofmanns gegenüber dem Fürsten steht, doch werden in diese standardisierte höfische Kurzrede zuweilen individuelle und abweichende Redeintentionen eingeflochten, oft als Insinuationen, die z.B. politisch-mahnenden Charakter haben.[27]

Mit der Ausbildung des modernen Staatsrechts im 17. Jh. nimmt das Attribut ‹öffentlich› «eine bisher unbekannte politisch-soziale Bedeutung»[28] an. Die Zahl neuer Wortzusammensetzungen mit ‹öffentlich› erhöht sich besonders in der Verwaltungs- und Juristensprache. ‹Öffentlich› wird weitgehend zu einem Synonym von ‹staatlich›.[29] In der Staatstheorie wird die Anerkennung einer einheitlichen höchsten Gewalt, z.B. durch den englischen Philosophen TH. HOBBES gefördert, der diese mit dem Attribut *publicus* bezeichnet. *Publicus* erstreckt sich immer mehr auf die «Ordnungsfunktion einer selbständigen Obrigkeit»[30]: Die ‹öffentliche› (fürstenstaatliche) Verwaltung greift, z.B. in Form von Polizeiverordnungen, in ein bis dahin oft unreglementiertes öffentliches Alltagsleben ein (seit dem Augsburger Religionsfrieden [1555] war den protestantischen Fürsten die Sorgepflicht für die öffentliche Ordnung (*disciplina publica*) übertragen worden).[31] Und schließlich werden im 17. Jh. jene ‹öffentlichen› Institutionen, wie Irrenhaus, Gefängnis, Asyl, für all diejenigen geschaffen, die sich in diese neue öffentlich-staatliche Ordnung nicht einfügen lassen.[32]

V. *18. Jh.* Mit dem Aufstieg des Bürgertums und der Aufklärung ist im 18. Jh. eine wesentliche Bedeutungsveränderung des Wortes ‹öffentlich› zu beobachten. Von jetzt an bezeichnet es nicht mehr «nur den Geltungsbereich staatlicher Autorität, sondern zugleich den geistigen und sozialen Raum, in dem diese sich legitimieren und kritisieren lassen muß.»[33] Ö. wird zum sprachlichen Äquivalent für ein sich zunächst ‹gesellig› (im Konzerten, Theatern, Salons, Kaffeehäusern, Lesezirkeln und Zeitschriften) bildendes bürgerliches Publikum. Mit diesen neuen Kommunikationszentren entfalten sich auch neue Formen von Ö. und mit ihnen neue Institutionen wie ‹öffentliches Konzert›, ‹öffentliche Zeitung›, in denen ein sich bildendes und gebildetes Publikum miteinander kommunizieren kann. Diese als Publikum versammelte Ö. zeichnet sich, im Unterschied zur staatlichen Sphäre, durch allgemeine Zugänglichkeit aus, freilich unter der Voraussetzung von materieller und sachlicher Qualifikation, von Besitz und Bildung als Zulassungskriterien.[34] So entsteht jenseits der politischen Machtsphäre eine vor allem literarisch und kunstkritisch gebildete bürgerliche Ö., die dann aber durch die Aufklärung und die Französische Revolution politisiert wird.[35] Der Begriff ‹Ö.› selbst, mit politischer Vernunft nun weitgehend identifiziert, wird ein zentrales Instrument der Aufklärung insbesondere im Kampf gegen die bis dahin gültige «Arkanpraxis absolutistischer Kabinettspolitik und Verwaltung».[36] Unter der liberalen Parole «Das Öffentliche soll öffentlich sein»[37] wird eine universale Ö. gefordert, die faktisch die eines gebildeten Publikums sein soll. Welche weitreichenden Auswirkungen man sich von der mit Vernunft identifizierten Ö. verspricht, zeigen die Überlegungen KANTS. Für ihn ist Ö. die Bedingung von Aufklärung: In Freiheit, mit dem öffentlichen Gebrauch der Vernunft, würde sich das Publikum selbst wechselseitig aufklären.[38] Ö. bewirke Humanität, Vernünftigkeit und Gerechtigkeit.[39] Provokant vertauscht Kant die bis dahin geläufige Bedeutung von ‹öffentlich› im Sinne von ‹staatlich› mit ‹privat›: «Ich verstehe aber unter dem öffentlichen Gebrauche seiner eigenen Vernunft denjenigen, den jemand *als Gelehrter* von ihr vor dem ganzen Publikum der *Leserwelt* macht. Den Privatgebrauch nenne ich denjenigen, den er in einem gewissen ihm anvertrauten *bürgerlichen Posten* oder Amte von seiner Vernunft machen darf.»[40] Die Aufhebung des Widerspruchs von öffentlichem Gebrauch und Privatgebrauch wird so zu einem gleichsam 'natürlichen' Ziel von Aufklärung. In diesem aufklärerischen Sinne sind Äquivalente von Ö. Transparenz, Kontrollierbarkeit, Aufklärungsrechte, Partizipationsmöglichkeiten, überhaupt Informations- und Kommunikationszugang.

VI. *19. Jh. und Moderne.* Die aufklärerischen Forderungen in Hinsicht auf Ö. werden jedoch erst teilweise im 19. Jh. durch eine fortschreitende Informationspflicht von Institutionen, z.B. durch Ö. der Gerichte und Parlamente, erfüllt. Die Durchsichtigkeit staatlicher Entscheidungsprozesse, insbesondere die Ö. der Parlamentsverhandlungen, wird eine zentrale politische Forderung des Liberalismus im Vormärz.[41] Auch ist die wichtige Rolle einer freien Presse bei der Bildung einer politischen Ö. hervorzuheben.[42] Allerdings wird auch an diesem liberalen Modell der Koppelung von Ö. mit Wahrheit, Vernunft, Gerechtigkeit, «redlicher Gesinnung»[43] etc. Kritik geübt, z.B. von F. TÖNNIES, der Gemeinschaft und Gesellschaft als Gegensätze auffaßt, wobei er die Gemeinschaft als das Vertraute, die Gesellschaft hingegen als die ‹Ö.›, die ‹Welt› und das ‹Fremde› ansieht.[44] M. HEIDEGGER versteht Ö. als alles verdunkelnde «Seinsweise des Man»[45], d.h. als die «Region vorwissenschaftlicher, doxaler Erfahrungswelt».[46] Vor ihm hatte C. SCHMITT den Liberalismus heftig attackiert, dem er einen metaphysischen Glauben an Ö. vorwarf. Schmitt sieht Liberalismus und Parlamentarismus dadurch gekennzeichnet, daß in ihrem Verständnis Ö. ein «absoluter Wert», ein «Allheilmittel gegen jede politische Krankheit und Korruption»[47] sei; allerdings seien Ö. und Diskussion «in der tatsächlichen Wirklichkeit des parlamentarischen Betriebes zu einer leeren und nichtigen Formalität geworden», wodurch «das Parlament [...] seinen Sinn verloren»[48] habe. Wenn auch diese anti-aufklärerische und anti-liberale Öffentlichkeitskritik besonders durch die historischen Erfahrungen des 20. Jh. überzogen, ja fatal erscheinen muß, so macht sie doch auf einige bis heute ungelöste Probleme aufmerksam. Ungelöst erscheint vor allem das Problem der Öffentlichkeitskommunikation. Wie Dewey bemerkt, sei es sowohl für Platon als auch für Rousseau nahezu selbstverständlich gewesen, «daß ein wahrhafter Staat schwerlich größer sein könne als die Zahl der Menschen, die persönlich miteinander bekannt sein können»[49], daß also die (staatliche) Ö. nicht über die Grenzen der von Angesicht zu Angesicht bestehenden Gemeinschaft (face-to-face-community) hinausreichen dürfe. Jede größere Ö., die diese überschaubare Gemeinschaft, deren Idealform sicherlich die griechische Polis ist, überschreitet, bedarf der Medien der Massenkommunikation, die die Gefahr des Mißbrauchs, der Propaganda, Manipulation etc., gegenüber einer direkten face-to-face-Kommunikation erheblich vergrößern.[50] Die Situation einer vollständig ‹mediatisierten Ö.›[51] erscheint gegenwärtig gegeben zu sein, da Ö. heute in erster Linie als Produkt bestimmter medialer Formationsstrategien (der ‹Öffentlichkeitsarbeit›) angesehen werden muß.

Weiter zerfallen größere Ö. in viele, nur noch lose miteinander verbundene Teil-Öffentlichkeiten[52], deren Interessen und Handlungen einander durchkreuzen und die oft auch keine gemeinsame Basis mehr finden können. Damit läßt sich der gegenwärtige Prozeß, in dem die Ö. begriffen ist, als ‹Ausdifferenzierung›, ‹Fragmentierung› oder ‹Partikularisierung› beschreiben. Die Informationsangebote der Medien und die Leistungsangebote von Wirtschaftsunternehmen, Behörden, Institutionen etc. erreichen die Menschen immer weniger als «Mitglieder einer allgemein oder nach großen Interessengruppen gegliederten Ö.»[53], sondern immer mehr als Angehörige wechselnder und sich *ad hoc* bildender sozialer Segmente. Die sogenannten ‹neuen Medien› (interaktives Fernsehen, globale digitale Datennetze, Online-Dienste) leisten dieser Segmentierung, die zum absoluten Zerfall der Ö. führen kann, Vorschub, indem sie Menschen als sozial isolierte Individuen je nach ihren besonderen (Konsum-)Eigenschaften ansprechen. Ö. hätte dann als Sammelbegriff für voneinander isolierte Konsumenten jeglichen kommunikativen oder kritischen Anspruch verloren. Als Gegenentwurf dazu könnte man sich an Deweys Idee einer ‹artikulierten Ö.› orientieren, die sich durch eine «Kunst der Kommunikation»[54]

verständigen würde. In einer solchen artikulierten oder kommunikativen Ö. hätte eine um medienkundliches Wissen erweiterte Rhetorik eine Schlüsselstellung inne, da sie das Wissen und die Fertigkeiten zu eben dieser Kommunikation und Artikulation liefern könnte.

Anmerkungen:
1 vgl. J. Habermas: Strukturwandel der Ö. Unters. zu einer Kategorie der bürgerlichen Ges., mit einem Vorwort zur Neuaufl. 1990 (⁵1996) 137; L. Hölscher: Ö. und Geheimnis. Eine begriffsgesch. Unters. zur Entstehung der Ö. in der frühen Neuzeit (1979) 118f. – **2** J.C. Adelung: Gramm.-krit. Wtb. der Hochdt. Mundart, Dritter Theil (1807) 586; vgl. Hölscher [1] 118. – **3** ebd. 120. – **4** vgl. ebd. 125. – **5** vgl. P. v. Moos: Das Öffentliche und das Private im MA. Für einen kontrollierten Anachronismus, in: G. Melville, P. v. Moos (Hg.): Das Öffentliche und das Private in der Vormoderne (1998) 10ff. – **6** vgl. T. Hölscher: Öffentl. Räume in frühen griechischen Städten (1998) 16. – **7** vgl. ebd. 31. – **8** vgl. ebd. 38. – **9** vgl. L. Hölscher: Art. ‹Ö.›, in: O. Brunner, W. Conze, R. Koselleck (Hg.): Gesch. Grundbegriffe. Hist. Lex. zur politisch-sozialen Sprache in Deutschland, Bd.4 (1978) 420. – **10** ebd. 421. – **11** vgl. G. Jaritz: Zwischen Augenblick und Ewigkeit. Einf. in die Alltagsgesch. des MA (1989) 93. – **12** vgl. Hölscher [1] 23. – **13** vgl. Habermas [1] 58–69 und H. Ragotzky, H. Wenzel (Hg.): Höfische Repräsentation. Das Zeremoniell und die Zeichen (1990). – **14** vgl. H. Wenzel: Öffentliches und nichtöffentliches Herrschaftshandeln im ‹Erec› Hartmanns von Aue, in: Melville, Moos [5] 214. – **15** vgl. Habermas [1] 62. – **16** vgl. E.-B. Körber: Ö. der frühen Neuzeit: Teilnehmer, Formen, Institutionen und Entscheidungen öffentl. Kommunikation im Herzogtum Preußen von 1525 bis 1618 (1998) 8. – **17** vgl. B. Thum: Ö. und Kommunikation im MA. Zur Herstellung von Ö. im Bezugsfeld elementarer Kommunikationsformen im 13. Jh., in: Ragotzky, Wenzel [13] 65–87. – **18** vgl. R. Giel: Politische Ö. im spätma.-frühneuzeitl. Köln (1450–1550) (1995) 14 und 30. – **19** vgl. ebd. 46f. – **20** vgl. W. Faulstich (Hg.): Grundwissen Medien (²1995) 32f. – **21** vgl. K. Koszyk: Vorläufer der Massenpresse. Ökonomie und Publizistik zwischen Reformation und Frz. Revolution. Öffentliche Kommunikation im Zeitalter des Feudalismus (1972). – **22** vgl. Hölscher [1] 30. – **23** vgl. R. Wohlfeil: ‹Reformatorische Ö.›, in: L. Grenzmann, K. Stackmann (Hg.): Lit. und Laienbildung im Spätmittelalter und in der Reformationszeit. Symposion Wolfenbüttel 1981 (1984) 41–52. – **24** vgl. W. Faulstich: Medien und Ö. im MA. 800–1400 (1996) 251–268. – **25** J.R. Henderson: Erasmus on the Art of Letter-Writing, in: Murphy RE 331–355. – **26** vgl. Barner 117. – **27** vgl. G. Braungart: Hofberedsamkeit. Studien zur Praxis höfisch-politischer Rede im dt. Territorialabsolutismus (1988) 235. – **28** Hölscher [1] 56. – **29** ebd. 57; Hölscher [9] 413. – **30** ebd. 425. – **31** vgl. Hölscher [1] 77. – **32** vgl. M. Foucault: Wahnsinn und Ges. Eine Gesch. des Wahns im Zeitalter der Vernunft (1973) . – **33** Hölscher [9] 438. – **34** vgl. Habermas [1] 156f. – **35** vgl. ebd. 154. – **36** vgl. L. Hölscher: Art. ‹Ö.›, in: HWPh Bd.6, Sp.1138. – **37** vgl. K. Blesenkemper: ‹Public age›. Stud. zum Öffentlichkeitsbegriff bei Kant (1987) 45. – **38** vgl. I. Kant: Beantwortung der Frage. Was ist Aufklärung?, in: E. Bahr (Hg.): Was ist Aufklärung? Thesen und Definitionen (1974) 10. – **39** vgl. I. Kant: Zum ewigen Frieden, in: K. Vorländer (Hg.): I. Kant. Kleinere Schr. zur Geschichtsphilos., Ethik und Politik (1959) 163. – **40** Kant [38] 11; Hervorhebungen vom Autor; vgl. J. Schiewe: Sprache und Ö. C.G. Jochmann und die politische Sprachkritik der Spätaufklärung (1989) 165. – **41** vgl. Hölscher [9] 457; Habermas [1] 154. – **42** vgl. K. Schottenloher: Flugblatt und Ztg. Ein Wegweiser durch das gedruckte Tagesschrifttum, Bd.2: Von 1848 bis zur Gegenwart, neu verfaßt von J. Binkowski (1985) 6. – **43** vgl. Hölscher [9] 457. – **44** vgl. F. Tönnies: Gemeinschaft und Ges. Grundbegriffe der reinen Soziol. (1979) 3. – **45** M. Heidegger: Sein und Zeit (¹¹1967) 127. – **46** P.L. Oesterreich: Die Rhet. der Metaphysik im Zeitalter neuer Sophistik, in: H.F. Plett (Hg.): Die Aktualität der Rhet. (1996) 11. – **47** C. Schmitt: Die geistesgesch. Lage des heutigen Parlamentarismus (1923) 48. – **48** ebd. 63. – **49** J. Dewey: Die Ö. und ihre Probleme (1996) 103. – **50** vgl. R. Zoll (Hg.): Manipulation der Meinungsbildung. Zum Problem hergestellter Ö. (1971) . – **51** vgl. Haber-

mas [1] 273. – **52** vgl. Faulstich [24] 21; Thum [17] 70. – **53** M. Krzeminski: Werbung, Öffentlichkeitsarbeit und Social Marketing – ein Beitrag zur Def. zentraler Begriffe, in: L. Rademacher (Hg.): Die Ö. im Visier. Konzepte und Praxisbeispiele moderner Öffentlichkeitsarbeit (1996) 5. – **54** Dewey [49] 155.

Literaturhinweise:
G. v. Graevenitz: Innerlichkeit und Ö., in: DVjs 49 (1975) 1–82. – M. Fuhrmann: Rhet. und öffentliche Rede. Über die Ursachen des Verfalls der Rhet. im ausgehenden 18. Jh. (1983). – H. Wenzel: Zentralität und Regionalität. Zur Vernetzung ma. Kommunikationszentren in Raum und Zeit in: A. Schöne (Hg.): Kontroversen, alte und neue, Bd. 7 (1986) 14–26. – H. Haferland: Höfische Interaktion. Interpretationen zur höfischen Epik und Didaktik um 1200 (1988). – F. Schneider: Ö. und Diskurs. Stud. zu Entstehung, Struktur und Form der Ö. im 18. Jh. (1991). – J. Flemming: Nivellierung und Fragmentierung. ‹Ö.› als Begriff und Herausforderung der hist. Forschung, in: W. Faulstich (Hg.): Konzepte von Ö., 3. Lüneburger Kolloquium zur Medienwiss. (1993) 47–57. – M. North (Hg.): Kommunikationsrevolutionen. Die neuen Medien des 16. und 19. Jh. (1995). – H. Koopmann, M. Lauster (Hg.): Vormärzlit. in europ. Perspektive I. Ö. und nat. Identität (1996). – S. Hellekamps: Die Gründung der Republik. Bildungstheoretische Analysen zur Differenz von politischer Ges. und räsonierender Ö. nach 1789 (1997). – G.G. Kopper (Hg.): Europ. Ö. Entwicklung von Strukturen und Theorie (1997). – U. Röttger (Hg.): Über die Inszenierung von Ö. (1997). – H. Pöttker: Ö. als ges. Auftrag (1999).

Th. Pekar

→ Flugblatt → Gelehrtenrepublik → Journalismus → Manipulation → Massenkommunikation → Meinung, Meinungsfreiheit → Persuasion → Presse → Propaganda → Public Relations → Publikum → Sensus communis

Officium

A. Der Begriff ‹O.› (bzw. im Plural *officia*, ‹Pflicht›, ‹Aufgabe›) bezeichnet in den lateinischen Standardwerken der Rhetorik verschiedene, jedoch im Kern zusammenhängende Sachverhalte. Diese Bedeutungsnuancen sind nicht durch einen einzigen griechischen Terminus abgedeckt, vor allen Dingen deshalb, weil das lateinische ‹O.› eine stark kulturelle römische Färbung zeigt.

B.I. *Wortgeschichte und -bedeutung.* Das sich aus *op[i]-fici-om* (= 'Werk-Tun') ableitende ‹O.› [1] ist zuerst bei dem Komödiendichter PLAUTUS (* vor 250, † 184 v.Chr.) belegt. [2] Schon bei Plautus wird ‹O.›, das ursprünglich ‹Tun›, ‹Handlungsweise›, ‹Tätigkeit› bedeutet haben dürfte, mit einer deutlichen Einfärbung von ‹Pflicht, Dienst, Verpflichtung, Schuldigkeit› verwendet. Wie auch in der späteren Wortgeschichte [3] ist hierbei prinzipiell zu differenzieren zwischen ‹freiwilliger Dienstleistung› (aus persönlichem Entgegenkommen) und ‹Handeln aus Verpflichtung›, sei es durch äußeren Zwang (z.B. Plautus, Stichus, wo ‹O.› den Pflichtenkanon des Sklaven bezeichnet), sei es aufgrund einer verbindlichen ethischen Norm (frühester Beleg bei dem Komödiendichter CAECILIUS STATIUS [† ca. 168 v.Chr.]: «homo homini deus, si suum officium sciat» [Der Mensch ist dem Menschen ein Gott, wenn er sein O. kennt] [4]). Synonyme für beide Bedeutungsnuancen sind Gerundiv-und Genitiv-Konstruktionen [5] sowie Junkturen mit *debere*, *oportere* und *proprium est* [6].

‹O.› avanciert mit CICEROS Festlegung zum prägnant verwendeten Terminus der (stoischen) Ethik [7], mit dem er das griech. καθῆκον (kathékon, ‹das Geziemende›, ‹Pflicht› sc. des Menschen) wiedergibt: «Mihi non est dubium quin, quod Graeci καθῆκον nos ‹officium›. [...] Nonne dicimus ‹consulum officium›, ‹senatus officium›, ‹imperatoris officium›? Praeclare convenit: aut da melius» (Ich habe keinen Zweifel daran, daß wir das, was die Griechen *kathékon* nennen, *officium* nennen. [...]. Sagen wir denn nicht, daß etwas das *officium* der Konsuln, des Senats *officium*, des Feldherrn *officium* sei? Es paßt in hervorragender Weise – oder gib mir eine bessere Übersetzung). Cicero wird seiner eigenen Ethik der Pflichten in Anlehnung an das Standardwerk des Stoikers PANAITIOS Περὶ καθήκοντος (Perí kathékontos) den Titel ‹De officiis› geben. Diese ethische Besetzung findet nicht zuletzt im Einklang und in Wechselwirkung mit der strikten Pflichtauffassung der Römer (in Staat, Religion und familiär-zwischenmenschlichem Bereich) auch ihren Niederschlag in der außerphilosophischen Verwendung von ‹O.›.

II. ‹O.› *in der rhetorischen Fachliteratur.* Im rhetorischen Schrifttum ist zwischen folgenden prägnant terminologischen und unspezifischen Verwendungen von ‹O.› zu unterscheiden:

(1) ‹O.› (= Äquivalent des griech. ἔργον, érgon; terminologische Verwendung im Singular) ist neben *facultas* (‹Gelegenheit›), *finis* (‹Zweck›), *materia* (‹Gegenstand›), *partes* (‹Teile›) in der allgemeinen Theorie der Künste eines der fünf Bestimmungsstücke einer *ars* (‹Lehre›). [8]. Im Unterschied zum *finis* enthält das O. nur das prinzipiell in der Macht des Künstlers stehende Handeln, das auch bei optimaler Ausführung seinen Zweck (*finis*) verfehlen kann. Angewendet auf die Rhetorik: der Redner kann das Ziel, das Publikum zu überzeugen, auch beim Einsatz all seiner Kompetenz verfehlen. Trotz bestimmter Konstanten definieren die römischen Theoretiker das O. des Redners unterschiedlich und verbinden damit nicht zwangsläufig auch einen ethischen Anspruch. Der AUCTOR AD HERENNIUM («Oratoris officium est de iis rebus posse dicere, quae res ad usum civilem moribus ac legibus constitutae sunt, cum assensione auditorum, quoad eius fieri poterit» [Aufgabe des Redners ist es, über die Angelegenheiten sprechen zu können, welche um der Wohlfahrt der Bürger willen durch Sitten und Gesetze festgelegt sind, und zwar mit der Zustimmung der Zuhörer, soweit diese erlangt werden kann] [9]) und FORTUNATIAN («bene dicere in civilibus quaestionibus» [gut sprechen in den Fragen, die die Bürger betreffen] [10]) setzen die Aufgabe des Redners in den gesellschaftlichen, handlungsdeterminierenden Kontext des *usus civilis* (Staat und Rechtswesen). Allgemeiner bestimmt Cicero in ‹De inventione› «id quod facere debet orator» [das, was der Redner tun muß]) das *officium oratoris* als «dicere apposite ad persuasionem» (in einer zum Überzeugen geeigneten Weise zu sprechen) [11]. In ‹De oratore› läßt er Antonius, Crassus und ihre Dialogpartner die verschiedenen Positionen diskutieren [12], die von reiner Beherrschung der rhetorischen Techne (Vorbringen einer erfolgversprechenden Argumentation bei Nutzung der stimmlichen Voraussetzungen und mit gutem Vortragstalent [13]) bis zu der Aussage, daß nur der Weise, der um die Wahrheit der Dinge wisse und über eine fast grenzenlose Allgemeinbildung verfüge, das O. des Redners erfüllen könne [14].

(2) Die drei Wirkungsfunktionen einer Rede, *docere, delectare, movere* werden prägnant als *officia oratoris* (immer im Plural) bezeichnet, z.B. von Cicero, der diese Aufgaben des Redners mit den drei Stilarten korreliert: «sed quot officia oratoris, tot sunt genera dicendi» (so viele Aufgaben des Redners, so viele Stilarten gibt es auch) [15]. Dies ist neben (1) die maßgebliche Tradition der Begriffsverwendung.

(3) Als *officia oratoris* werden in der Spätantike von SULPICIUS VICTOR (4. Jh. n.Chr.) auch die Arbeitsschritte beim Verfertigen einer Rede bezeichnet [16]; ähnlich spricht FORTUNATIAN (4. Jh. n.Chr.) im Zusammenhang der fünf 'klassischen' Produktionsstadien einer Rede (griech. ἔργα τοῦ ῥήτορος, érga tū rhétoros) von *partes oratoris officii* [17]. Diese Definition ist verabsolutiert in Hommels rhetorischer Systemübersicht im ‹Lexikon der Alten Welt› [18] sowie in Fuhrmanns Einführung in die antike Rhetorik [19] und hat durch deren Popularität Kreise gezogen. Dies führt in der Folge zuweilen zu terminologischen Missverständnissen.

(4) Im weiteren Sinne ist neben einer unterminologischen Verwendung als Pflicht im Allgemeinen [20] *officium oratoris* alles, was in den Aufgabenbereich des Redners fällt und womit er sich beschäftigen muß [21]. Dazu zählen nicht nur jede einzelne Rede [22] oder jeder einzelne Arbeitsschritt, den der Redner bei der Abfassung einer Rede zu bewältigen hat [23] – Quintilian betont, daß durch Zufall jeder beliebige Redegegenstand zur Aufgabe eines Redners werden könne [24] –, sondern auch die Pflichterfüllung gegenüber den Klienten bzw. der Sache [25]. Insbesondere im zweiten Buch von ‹De Oratore› präsentiert Cicero unter starker Akzentuierung der Techne (hier fällt sogar der Begriff *officina rhetoris*, ‹Werkstatt des Redners›) die höchst unterschiedlichen *officia* eines Redners, die aber in den zu seiner Zeit existierenden Lehrbüchern kaum thematisiert würden: «Dasselbe Schweigen liegt noch über vielen anderen Aufgaben (*officia*), die die Redner haben, Ermahnungen, Anweisungen, Trostreden oder Warnungen, die alle mit sehr viel Gewandtheit zu behandeln sind, doch keinen eigenen Platz in den überlieferten Systemen finden» [26]. Nicht nur müsse der Redner über jedes beliebige Thema angemessen reden können, er müsse zumindest in Grundkenntnissen mit allem vertraut sein, «was die praktischen Bedürfnisse der Bürger und die menschlichen Sitten angeht, was in Beziehung steht mit dem Alltagsleben, der Staatsführung, der Gesellschaft und dem gesunden Menschenverstand» [27]. Auch wenn Cicero die verschiedenen Positionen, worin das *officium oratoris* besteht, in Wechselrede vortragen läßt, wird doch deutlich genug, daß er eine Synthese des philosophischen mit dem rhetorischen O.-Begriff anstrebt. Doch erst QUINTILIAN schreibt im engen und zugleich horizonterweiternden Anschluß an Cicero diese Synthese explizit als O. des Redners (im Sinne von (1)) fest, auch wenn er nicht so weit geht, nur dem Philosophen den Status des guten Redners zuzubilligen. Neben ‹O.› als spezifische ‹Kompetenz› des Redners (Technik und Zuständigkeiten) tritt das O. als zugleich von außen herangetragener und (im Idealfall) vom Redner an sich selbst gestellter ‹Anspruch›, nämlich in Form der gewissenhaften Reflexion und Ausübung ethischer [28] und staatsbürgerlicher Pflichten [29].

Anmerkungen:
1 zur Etymologie siehe z.B. A. Ernout, A. Meillet: Dictionnaire étymologique de la langue Latine (Paris ⁴1959) s.v. ‹O.›; vgl. Donatus, Kommentar zu Terentius, Andria 236, 7, der ‹O.› von *efficere* (‹bewirken›) herleitet, im Sinne, daß ‹O.› dasjenige sei, was jedem nach der Stellung und den Möglichkeiten seiner Person zu bewirken zukomme. – 2 z.B. Captivi 297; Casina 508; Curculio 280; Stichus 58–61. – 3 dazu immer noch einschlägig E. Bernert: De vi atque usu vocabuli officii, (Diss. Breslau 1930); vgl. auch: ThLL, Bd. 9 (1981) 518–527 s.v ‹O.›. – 4 Caecilius Statius, Frg. 265 Ribbeck. – 5 vgl. etwa Cic. De or. II, 67 «dicendum oratori». – 6 Cic. De or. II, 122. – 7 siehe R. Rieks: Art. ‹O.›, in: HWPh, Bd. 6 (1984) Sp. 1140–1142. – 8 Cic. Inv. I, 6ff. – 9 Auct. ad Her. I, 2. – 10 Fortun. Rhet. I, 1. – 11 Cic. Inv. I, 6; vgl. Cic. De or. II, 138. – 12 ebd. I, 82; 213ff.. – 13 ebd. I, 260ff., bes. 262. – 14 ebd. I, 264. – 15 Cic. Or. 69. – 16 Sulp. Vict. p. 315, 6. – 17 Fortun. Rhet. – 18 H. Hommel: Art. ‹Rhet.›, in: LAW 2623f. – 19 Fuhrmann Rhet. 75 u. 77. – 20 z.B. Auct. ad Her. I, 5, 1. – 21 Quint. II, 21, 19; III, 4, 6. – 22 Cic. De or. II, 348. – 23 Auct. ad Her. I, 3. – 24 Quint. II, 21, 19. – 25 Auct. ad Her. II, 14; Cic. Part. 28; 62 u.ö. – 26 Cic. De or. II, 64. – 27 ebd. 68, Übers. Verf. – 28 Quint. XII pr. 4. – 29 ebd. X, 3, 11.

Chr. Walde

→ Ars → Ethik → Persuasion → Rhetorices partes → Wirkungsfunktionen

Ominatio (dt. Weissagung, Prophezeiung)

A. Das nachklassische Nomen ‹O.› ist vom lateinischen Verb *ominari* (weissagen, prophezeien, anwünschen) abgeleitet. [1] Es bezeichnet in der rhetorischen Theorie der Frühen Neuzeit die der *exclamatio* verwandte rhetorische Figur des Weissagens und Prophezeiens. [2]
B. Der Status des Begriffs ‹O.› als *terminus technicus* der Rhetorik ist, da die Belege für den Ausdruck äußerst spärlich sind, grundsätzlich unsicher. [3] Als Bezeichnung einer rhetorischen Figur scheint die O. zuerst in MELANCHTHONS ‹Elementa rhetorices› (1531) aufzutreten, wo zwei variante Verwendungen belegt sind: In Melanchthons «secundus ordo figurarum», der Gruppe der affektischen Figuren, bezeichnet die O. zusammen mit der *imprecatio* und *obtestatio* zunächst eine Unterart der *exclamatio*. [4] In den auf einer Anwendung der *loci dialectici* [5] basierenden Figuren des «tertius ordo figurarum», der Gruppe der Amplifikationsfiguren, ist die O. dann der aus dem Topos «ex circumstantiis» entstehenden Figur der παθοποιΐα (pathopoiía) zugeordnet. Diese umfaßt die stark affekthaltigen Figuren *exclamatio*, *deprecatio*, *votum* und O. [6] Beide Definitionen Melanchthons übernimmt dann J. SUSENBROTUS in seine ‹Epitome troporum ac schematum› (um 1554). [7] H. PEACHAM behandelt die O. in seinem ‹Garden of Eloquence› (²1593) im Kontext der «Figures of Moderation»: Diese seien weniger affekthaltig als die Exklamationsfiguren und versuchten, «milde affections» zu bewegen. [8] Im Hinblick auf die *pronuntiatio* erforderten diese Figuren eine «more moderate forme of pronuntiation and vtterance». [9] Bei der Behandlung der O. unterscheidet Peacham zunächst eine positive und eine negative Bedeutung der Figur. In der positiven Bedeutung ist sie mit dem *Euphemismus* identisch. In ihrer eigentlichen, negativen Bedeutung definiert er sie als «a forme of speech, by which the Orator foretelleth the likeliest effect to follow of some evill cause» (eine Redeweise, mit der der Redner die wahrscheinlichste Wirkung, die aus einer bösen Ursache folgt, voraussagt). [10] Im Anschluß an Melanchthons Figurensystematik kommt auch Peacham im Kontext der Amplifikationsfiguren nochmals auf die O. zu sprechen. Als Unterart der «Pathopoeia», worunter er eine stark affekthaltige Form der Apostrophe versteht, zählt er auch solche Figuren, die dem Redner zur Erregung seiner eigenen Affekte dienen. Als Oberbegriff für diese Figurengruppe wählt er den Begriff der *Imagination* und versteht darunter «diuerse vehement figures» wie *exclamatio*, O., *imprecatio*, *optatio*, *exsuscitatio* und die *interrogatio*. [11]

Anmerkungen:
1 Lanham 104; L.A. Sonnino: A Handbook to Sixteenth-Cen-

tury Rhetoric (London 1968) 136. – **2** vgl. D. Till: Art. ‹Exclamatio›, in: HWRh, Bd. 3 (1996) Sp. 48–52; ders.: Art. ‹Exsecratio›, ebd. Sp. 181–183. – **3** Belegstellen: ThLL 9/2, Sp. 579 s.v. ‹O.› – **4** Melanchthon, Sp. 477; vgl. P. Mosellanus: Tabulae de Schematibus [...] In Rhetorica Philippi Melanchthonis. In Erasmi Roterodami libellum de duplici copia (1536) Bl. c5ᵃ (Ex. UB Tübingen: Dh 179). – **5** Melanchthon Sp. 479. – **6** ebd. Sp. 491. – **7** J. Susenbrotus: Epitome troporum ac schematum et grammaticorum et rhetorum (Zürich um 1554) 51 (Ex. HAB Wolfenbüttel: P 1004.8⁰ Helmst. (2)). – **8** Peacham 84. – **9** ebd. – **10** ebd. 90. – **11** ebd. 144.

D. Till

→ Affektenlehre → Amplificatio → Exclamatio → Exsecratio
→ Gedankenfigur → Obsecratio

Oppositio (dt. Entgegensetzung)

A. Der Ausdruck ‹O.› wird seit der Spätantike gelegentlich verwendet zur Bezeichnung spezieller Typen der Antithese. Ps.-JULIUS RUFINIANUS (4. Jh.) verwendet ihn in doppeltem Sinne: a) als lateinische Übersetzung (neben *contrarium*; Gegensatz) der Wortfigur ἀντίθεσις (antíthesis), durch die «ein Wort einem Worte von gleicher Kraft als Gegensatz gegenübergestellt wird»[1], wie zum Beispiel in VERGILS ‹Aeneis›: «Er wälzt sich und speit erkaltend den heißen Strom aus der Brust»[2] oder bei HORAZ: «[...] Empedokles in des Ätnas Gluten kaltblütig sprang»[3]; b) als lateinische Entsprechung (neben *obiectio*; Einwand) der Gedankenfigur ἀνθυποφορά (anthypophorá; Gegeneinwand), der Widerlegung eines möglichen gegnerischen Einwands.[4]

Die erste dieser beiden Verwendungen knüpft insofern an frühere Formulierungen an, als das Verb *opponere* (entgegensetzen) oft zur Erläuterung der Antithese verwendet wird, z.B. von QUINTILIAN (1. Jh.), wenn er das ἀντίθετον (antítheton), von ihm als *contrapositum* oder *contentio* übersetzt, in drei syntaktische Formen differenziert: Es werden entweder einzelne Wörter oder Wortpaare oder Sätze einander entgegengesetzt (*opponuntur*).[5] Entsprechend wird das *antíthetor* auch von AQUILA ROMANUS (3. Jh.) erläutert, ferner im ‹Carmen de figuris› (um 400), von ISIDOR VON SEVILLA (um 600)[6] sowie – ein Jahrtausend später – noch von G.J. VOSSIUS (1630), der in weitester Fassung des Begriffs 13 *schemata oppositionis* unterscheidet, von der *dubitatio* bis zum Oxymoron, darunter die Antithese.[7]

B. Die mittelalterliche Poetik widmet ihre Aufmerksamkeit einer spezifischen Ausprägung der Antithese, die sich zur quantitativen Amplifikation eignet. Es handelt sich um die doppelte «Bezeichnung ein und derselben *res*»[8] durch positive Benennung sowie durch Negierung eines Gegenbegriffs. Diese Figur wird von GALFRID VON VINSAUF (‹Poetria nova›, vor 1215[9]) sowie von EBERHARDUS ALEMANNUS (‹Laborintus›, vor 1250[10]) als achter Modus der *amplificatio* eingeführt, als O. annotiert[11] und in zwei Spielarten belegt: Seien P und Q konträre oder kontradiktorische Prädikate, so wird entweder amplifiziert *P(a), nicht Q(a)*: «Er besitzt den Geist des Alters, nicht der Jugend» oder *nicht P(a), sondern Q(a)*: «Dies ist nicht die Wange des Alters, sondern der Jugend».[12]

Obwohl die amplifizierende O. bereits in der hebräischen und der altgriechischen Literatur begegnet – «Ich werde dich züchtigen nach gerechtem Maß und dich keinesfalls ungestraft lassen» (Jer.)[13]; «Durch die Tat, nicht durch das Wort wird die Erde erschüttert» (AISCHYLOS)[14] –, kennt sie die klassische Rhetorik nicht. Erst spätantike Figurenlehren (Ps. – RUFINIANUS, ‹Carmen de figuris› u.a.) erwähnen den Typ *Nicht P(x), sondern Q(x)* als Spielart der *correctio* (z.B. ALEXANDER NUMENIU, 2. Jh.: «Dies ist nicht Freundschaft, sondern Liebe»[15]), und nur einmal nennt HERODIANUS (2. Jh.) die Form *P(x), nicht Q(x)* als ersten Subtyp der Wortfigur *antíthesis*: «Im Kriege verschafft der Reichtum Stärke, nicht die Armut»[16] Umso zahlreicher finden sich jedoch Beispiele für diese O. in der altfranzösischen (z.B. im Rolandslied[17]) und mittelhochdeutschen Literatur, hier u.a. in HEINRICHS VON VELDEKE ‹Eneit› (vor 1190)[18], bei HARTMANN VON AUE, z.B. ‹Iwein› 1690: «ez ist ein engel und niht ein wîp» (sie ist ein Engel, keine Frau) (vor 1205)[19], sowie häufig bei WOLFRAM VON ESCHENBACH (vor 1225)[20], z.B. ‹Parzival› 318, 25: «diu maget trûrec, niht gemeit» (die traurige, nicht fröhliche junge Frau) oder ‹Titurel› 28, 4: «die jungen zwuo gespilen, niht die alten» (die beiden jungen, nicht alten Gespielinnen).

Derartige Verbindungen «einer Litotes mit einer entsprechenden [...] positiven Behauptung»[21] wirken gerade nicht im Sinne der Litotes ironisch-untertreibend[22], sondern unterstreichen die positive Aussage durch den Kontrast mit dem negierten, gegebenenfalls erwartbaren Gegenteil; und diese Wirkung ist umso stärker, je größer oder kontextabhängiger die polare Spannung ist. Aussagereich wirken auch indirekte O., die der Text via Implikatur vermittelt, so z.B. im ‹Parzival› 314, 12 die Charakterisierung Cundrîes als «trûrens urhap, freuden twinc» (Urheberin des Trauerns, Bezwingerin der Freude), denn durch Cundrîe werden Menschen «trûrec, niht gemeit».

Rhetoriken der Neuzeit geben der amplifizierenden O. keinen eigenen Namen. Sie lebt fort in Beispielen der Antithese, etwa bei H. PEACHAM (1577), der die *contraryetye of words* u.a. mit PAULUS-Zitaten belegt: «I haue loued peace, and not hated it: I haue saued hys lyfe, and not destroyed it [...]» (Ich habe den Frieden geliebt und ihn nicht verabscheut: ich habe sein Leben gerettet und es nicht zerstört)[23], oder bei J.M. MEYFART (1634[24]) und sie findet sich hier und da reicher entfaltet in der Dichtung, z.B. in SCHILLERS ‹Braut von Messina›: «Der Not gehorchend, nicht dem eignen Triebe»[25] oder in ‹Brod und Wein› von HÖLDERLIN: «Denn nicht immer vermag ein schwaches Gefäß sie zu fassen, / Nur zu Zeiten erträgt göttliche Fülle der Mensch».[26]

Anmerkungen:

1 [Julii Rufiniani] de schematis lexeos, §13, in: Rhet. Lat. min. 51 – **2** Verg. Aen. IX, 414, zit. [Jul. Ruf.] [1]. – **3** Hor. Ars 465. – **4** [Julii Rufiniani] de schematis dianoeas, §4, in: Rhet. Lat. min. 60f. – **5** s. Quint. IX, 3, 81. – **6** Aquilae Romani de figuris sententiarum et elocutionis liber, in: Rhet. Lat. min. 18; Carmen de figuris, 22ff., ebd. 64; Isid. Etym. I, Bd. 1, 36, 21. – **7** Vossius, lib. V, cap. 11f. – **8** Lausberg Hb. §791. – **9** Galfrid 668ff., in: Faral 217f. – **10** Eberhardus, Laborintus 333ff., in: Faral 348. – **11** daß der Terminus ‹O.›, den die Texte vermeiden tatsächlich wie in Farals Edition als Marginalie auftritt, bestätigt die Wolfenbütteler Laborintus-Hs. cod. Helmst. 618, fol. 18ᵛ. Zuweilen heißt die Figur auch *contrarietas*, s. Faral 62. – **12** Galfrid 678, 680, Übers. Verf. – **13** J. Krašovec: Antithetic Structure in Biblical Hebrew Poetry (Leiden 1984) 91. – **14** F. Heinimann: Nomos und Physis. Herkunft und Bedeutung einer Antithese im griech. Denken des 5. Jh. (1978) 44f., 52f. – **15** Alexándrou perí tōn tēs léxeōs schēmátōn, in: Rhet. Graec. Sp., Bd. 3, 40; vgl. Lausberg Hb. §785, 1. – **16** Ailíou Hērōdianū perí schēmátōn, in: Rhet. Graec. Sp. 98; vgl. Lausberg Hb. §791. – **17** altfrz. Beispiele s. Arbusow 87; Faral 85. – **18** Beispiele nennt H. Roetteken: Die epische Kunst Heinrichs von Veldeke und Hartmanns von Aue (Halle

1887) 101f. – **19** Hartmann von Aue: Iwein, hg. v. G.F. Benecke und K. Lachmann, 7. Ausg. neu bearb. v. L. Wolff (1968). – **20** Wolfram von Eschenbach, 6. Ausg. von K. Lachmann (1926/1962). – **21** Arbusow 87. – **22** vgl. Lausberg Hb. § 586. – **23** Peacham s.v. Anthitesis; vgl. auch N. Schneider: Die rhet. Eigenart der paulin. Antithese (1970). – **24** Meyfart 300. – **25** Schiller: Die Braut von Messina, in: Werke. Nationalausg., Bd. 10, hg. v. S. Seidel (1980) 21. – **26** Hölderlin: Brod und Wein, in: Sämtl. Werke. Große Stuttgarter Ausg., Bd. 2, 1, hg. v. F. Beissner (1957) 93.

H. Rehbock

→ Amplificatio → Antithese → Contrapositum → Correctio → Litotes → Wortfigur

Optatio (dt. Wunsch, Bitte)

A. Der Ausdruck ‹O.› (Wunsch, Bitte) bezeichnet allgemein ein stilistisches Ausdrucksmittel, bisweilen terminologisch auch eine rhetorische Figur, in welcher der Redner einen (schwer erfüllbaren) Wunsch an Gott oder Menschen richtet.[1] In diesem Sinne behandelt CICERO in ‹De oratore› die O. zusammen mit der *exsecratio* als eine derjenigen Gedankenfiguren (*lumina orationis*), die eine besonders starke affektische Wirkung hervorbrächten.[2] In der ‹Institutio oratoria› bezeichnet QUINTILIAN die O. als unerläßliches Stilmittel zur Steigerung (*amplificatio*) der Wirkung einer Rede.[3] Gemeinsam ist allen Definitionsversuchen der Hinweis auf die starke Affekthaltigkeit der O. und die Nähe zur *exclamatio* und *apostrophe*.

B. Für die Begriffsgeschichte in der *Antike* bleiben die erwähnten Belege bei Cicero und Quintilian vereinzelt.[4] Einen festen terminologischen Status als rhetorische Figur scheint die O. erst in der *Frühen Neuzeit* erlangt zu haben. Noch J.C. SCALIGER erwähnt sie in seinen ‹Poetices libri septem› (1561) lediglich kurz bei seiner Behandlung der *extenuatio*, ohne aber näher auf die O. einzugehen.[5] Th. WILSON gibt im Kontext einer Aufzählung affekthaltiger Figuren (u.a. der *deprecatio* und *exsecratio*) in ‹The Arte of Rhetorique› (1553) folgende kurze Definition: «Optatio. Sometymes we wishe unto God for redresse of evil» (Optatio. Manchmal bitten wir Gott darum, etwas Böses zu beseitigen).[6] H. PEACHAM behandelt die O. in seinem ‹Garden of Eloquence› (²1593) im Kontext der affekthaltigen «Figures of Exclamation»: «OPtatio is a forme of speech, by which the speaker expresseth his desire by wishing to God or Men» (Die O. ist ein Ausdrucksmittel, mit dem der Redner einem Wunsch Ausdruck verleiht, indem er sich an Gott oder Menschen wendet).[7] Allerdings dürfe man sich keine solchen Dinge wünschen, die illegal oder unmöglich sind. E. TESAURO zählt sie in seinem ‹Cannocchiale Aristotelico› (1670) zu den *figure patetiche*: «Dalle medesime passioni proviene il *disiderio*: figura patetica molto & morale» (Von denselben Leidenschaften kommt das Verlangen her, eine sehr pathetische und moralische Figur).[8]

Auch im 18. Jh. kommt die O. – dann stets unter ihrer deutschen Bezeichnung ‹Wunsch› – noch in rhetorischen Handbüchern vor. So faßt etwa J.G. LINDNER in seinem ‹Kurzen Inbegriff der Ästhetik, Redekunst und Dichtkunst› (1771–72) den ‹Wunsch› zusammen mit «Fluch, Schwur, Beschwörung» und «Anrufungen der Götter zu Zeugen»[9] unter die Figuren zur «Bewegung der Affekten, als Donner der Rede, (fulmina orationis) jener natürlichen Sprache, rührende Figuren».[10] Gleichzeitig äußern die Theoretiker mehr und mehr Zweifel an der Systematisierbarkeit dieser Affektfiguren, so auch J. Chr. ADELUNG in seinem Werk ‹Ueber den deutschen Styl› (1785). Der ‹Wunsch› gehört für Adelung zur Gruppe der «Figuren für die Gemüthsbewegungen und Leidenschaften».[11] Seine Definition betont die Nähe zur *exclamatio*: «Der gewöhnliche Ausbruch eines starken Verlangens, einen Gegenstand zu besitzen oder zu entfernen. Da dieses mit sehr verschiedenen Gemüthsbewegungen verbunden sein kann, so entstehen daraus verschiedene Arten der Wünsche, deren Aufsuchung und Eintheilung aber keinen einen Nutzen bringen kann. Ich bemerke daher nur, daß sich der Wunsch allemahl in einen Ausruf einkleidet.»[12] Dabei gibt er folgendes Beispiel aus dem 4. Gesang von F.G. KLOPSTOCKS ‹Messias› (1751), in dem der Hohepriester Kaiphas folgende Worte spricht: «Daß du, statt Hosianna, den Fluch des Ewigen hörtest! | Daß im betäubten Ohre dir des Donnerers Stimme, | Statt des Triumphtons, schallte!»[13]

Anmerkungen:
1 vgl. L.A. Sonnino: A Handbook to Sixteenth-Century Rhetoric (London 1968) 136; Lanham 105; F.E. Petri: Rhet. Wörter-Büchlein zunächst für Gelehrten-Schulen (1831) 156. – **2** Cic. de or. III, 205; Or. 40; vgl. Quint. IX, 1, 32. – **3** Quint. IX, 2, 3. – **4** Belegstellen: ThLL 9/2, Sp. 817 s.v. ‹O.›. – **5** Scaliger Bd. 3, lib. III, cap. 80. – **6** Wilson 397. – **7** Peacham 72; vgl. ebd. 144; D. Till: Art. ‹Ominatio›, in: HWRh Bd. 5. – **8** E. Tesauro: Il Cannocchiale Aristotelico (Turin 1670), ND hg. u. eingl. v. A. Buck (1968) 224. – **9** J.G. Lindner: Kurzer Inbegriff der Ästhetik, Redekunst und Dichtkunst, T. 2 (1772; ND 1971) 72f. – **10** ebd. 68. – **11** J. Chr. Adelung: Ueber den dt. Styl (1785; ND 1974) Theil I, 456ff. – **12** ebd. 473. – **13** F.G. Klopstock: Der Messias, hg. v. E. Höpker-Herberg, Bd. 1: Text (1974) 66, vv. 50–52.

D. Till

→ Affektenlehre → Apostrophe → Deprecatio → Exclamatio → Exsecratio → Gedankenfigur → Obsecratio → Ominatio → Pathopoeia

Oratorie (lat. (ars) oratoria; dt. Redekunst; engl. oratory; frz. art oratoire; ital. oratoria)

A. O. ist die Kunst, gut und wirkungsvoll zu reden. Als Fremdwort ist ‹Oratoria ars› im deutschen Sprachraum zuerst 1571 notiert.[1] Im 18. Jh. wird die germanisierte Form ‹O.› gebräuchlich. Wie der mit ihm konkurrierende Begriff der ‹Rhetorik› (und wie die deutsche Umschreibung mit ‹Kunst›) ist der Begriff ‹O.› mehrdeutig: Er kann sich sowohl auf die Anleitung zum wirkungsvollen Reden wie auch auf dessen Ausübung beziehen (im letzteren Falle tritt er in die Nähe zu ‹Beredsamkeit›/‹Eloquentia›). Ausgehend von dem in der römischen Antike etablierten Gegensatz zwischen *rhetor* (Lehrer der Redekunst) und *orator* (Redner) existieren in der Vergangenheit allerdings Ansätze zu einer begrifflichen Ausdifferenzierung: Während ‹Rhetorik› strenger auf die Ebene des theoretischen Regelinventars, vor allem der *elocutio*, verwies, erstreckte sich ‹O.› eher auf den operationalen Gesamtzusammenhang der Elemente der Redekunst in ihrem Anwendungsbezug.[2] Diese Differenzierung hat sich im Deutschen allerdings nicht durchgesetzt. Als ‹guter Rhetoriker› wird heute der gute Redner, nicht etwa nur der gute Rhetorik-Lehrer, bezeichnet; demgegenüber ist ‹O.› (samt ihrer Entlehnungs-Variante ‹Oratorik›) aus der Alltagssprache vollständig verschwunden. In anderen Sprachen scheint der

Begriff dagegen teilweise noch eine distinktive Funktion wahrzunehmen. [3]

B. Bedingt durch die weitverbreitete philosophische Geringschätzung sophistischer Rhetorik, gab es in der römischen Antike die Tendenz, zwischen der vom *rhetor* in der Schule gelehrten und der vom *orator* öffentlich praktizierten Redekunst zu differenzieren. [4] Galt die erstere als formverliebt, pathetisch und sich in leerem technischen Können erschöpfend, wurde die sachliche Fundiertheit als primäres Kennzeichen der letzteren angesehen, gemäß der Forderung CATOS D. Ä.: «Rem tene, verba sequentur» (Ergreife die Sache, die Worte werden folgen.). [5] Kritik an der Praxisferne und inhaltlichen Beliebigkeit der Übungsreden des Rhetorik-Unterrichts, verbunden mit der Forderung nach Sachhaltigkeit der Rede und nach dem Lernen am praktischen Beispiel, wird etwa in CICEROS ‹De oratore› und in TACITUS' ‹Dialogus de oratoribus› formuliert. Die Erhebung der oratorischen über die rhetorische Redekunst hatte jedoch keine terminologischen Konsequenzen. In seiner ‹Institutio oratoria› erwähnt QUINTILIAN *oratoria* (neben *oratrix*) als gängige lateinische Übersetzung von ‹Rhetorik›: «*Rhetoricen in Latinum transferentes tum oratoriam, tum oratricem nominaverunt.*» (Die Rhetorik hat man bei der Übertragung ins Lateinische bald als *oratoria*, bald als *oratrix* bezeichnet.) [6] Er selbst zieht aus klanglichen Gründen den griechischen Begriff vor [7], den er als *bene dicendi scientia* (Wissenschaft, gut zu reden) definiert. [8]

Der Mangel an begrifflicher Distinktion setzt sich von der Antike bis über das Mittelalter hinweg fort. Im 16. und 17. Jh. lassen sich dann zwei verschiedene, zum Teil widersprüchliche Differenzierungsprozesse beobachten. Zum einen wird die von der Antike herrührende Unterscheidung zwischen *rhetor* und *orator* auf die dazugehörigen Abstrakta ausgedehnt, so daß ‹Rhetorik› mit der Theorie und ‹O.›, synonym mit ‹Eloquentia›, mit der Praxis der Redekunst gleichgesetzt wird. [9] So heißt es in C. DIETERICHS ‹Institutiones rhetoricae›: «*Orator enim est, qui in judiciis & concionibus causas agit: Rhetor vero est, qui bene dicendi praecepta tradit [...]. Rhetorica praecepta bene dicendi continet. Eloquentia & Oratoria haec ipsa ad usum & praxim transfert ac legitime accommodat.*» (Der Redner ist nämlich der, welcher in Gerichtsverhandlungen und Volksversammlungen eine Sache verteidigt; der Redelehrer aber ist der, der die Vorschriften des guten Redens weitergibt [...]. Die Rhetorik enthält die Regeln des guten Redens. Die Beredsamkeit bzw. O. setzt diese lediglich in Gebrauch und Praxis und paßt sie gebührend an.) [10]

Zum anderen wird, bedingt durch die Zuordnung der Topos- und Argumentationslehre (*inventio* und *dispositio*) zur Logik und Dialektik seit dem 16. Jh., die Rhetorik auf den Bereich der Stillehre (*elocutio*) sowie des Vortrags (*pronuntiatio, actio*) beschränkt. [11] Der Begriff der ‹O.› deckt dagegen weiterhin die übrigen Bereiche der Redekunst ab. [12] Dieterich behandelt in seinen ‹Institutiones Rhetoricae› (²1615) lediglich *elocutio* und *actio*, während er in den ‹Institutiones Oratoriae› (²1615) auf *inventio, dispositio* und auf die Gattungen der Rede zu sprechen kommt. Die gleiche Systematik bestimmt die Abschnitte zu ‹Rhetorica› und ‹Oratoria› in J.H. ALSTEDS ‹Encyclopaedia› (1630).

In gewisser Hinsicht sind beide hier beschriebenen Ausdifferenzierungen von ‹Rhetorik› und ‹O.› – in ‹Theorie› und ‹Praxis› einerseits, in «Redzierkunst» und «Rednerkunst» [13] andererseits – als einander entsprechend zu betrachten. Denn die *elocutio* neigt aufgrund ihrer weitverzweigten Terminologie und ihres dekorativen Charakters am ehesten zu konzeptioneller Verselbständigung, während die anderen Elemente der Redekunst, das Auffinden und Verknüpfen der Argumente sowie die Frage nach der Gattung (Gerichtsrede, politische Rede usw.), enger mit dem außersprachlichen pragmatischen Kontext verbunden sind. Bei einigen Autoren vermischen sich denn auch beide Differenzierungsebenen. Dies scheint z.B. bei dem Alsted-Schüler J.A. COMENIUS der Fall zu sein, wenn er in seiner ‹Schola ludus› der Rhetorik ganz im Sinne von *elocutio* die Aufgabe zuweist, die Rede auszuschmücken (ornare ad elegantiam), während er ‹O.› pragmatisch als die Kunst definiert, die geschmückte Rede wirksam zu gebrauchen, um zu überzeugen (uti potenter, ad quidvis persuadendum), und in diesem Zusammenhang dann Gattung und Aufbau der Rede bespricht. [14] Auch Alsted hält sich nicht streng an eine der beiden Differenzierungskategorien, wenn er einerseits die Rhetorik mit der *elocutio* identifiziert, andererseits aber auch im Abschnitt über die O. auf Stilfiguren zu sprechen kommt – und dies mit dem Hinweis auf das Praxis-Kriterium begründet: «*Porro Rhetorica explicat formulas troporum et figurarum, Oratoria ipsarum usum ostendit.*» (Ferner *erklärt* die Rhetorik die Regeln der Tropen und Figuren, wogegen die O. deren *Gebrauch* zeigt.) [15]

Diese Mischdefinitionen dürfen aber nicht darüber hinwegtäuschen, daß es sich im Grunde um zwei verschiedene und letztlich unvereinbare Ansätze zur begrifflichen Unterscheidung handelt. Erstens widerstreitet die Verengung des Begriffs der Rhetorik auf *elocutio* und *actio* ihrer Bestimmung als ‹Theorie› der Redekunst. Zweitens wird der Begriff der O. durchaus auch zur Bezeichnung theoretischer Redeanleitungen herangezogen, sofern diese eben nicht nur von der *elocutio* handeln. Schon Alsted definiert die ‹Oratoria› als «*ars copiose dicendi: seu est institutio eloquentiae*» (Kunst wortreich zu reden: oder die *Anweisung* zur Beredsamkeit) [16] Im 18. Jh. mehren sich dann die theoretischen Regelwerke, die die Bezeichung ‹Oratoria› oder ihre Ableitungen im Titel führen. J. HÜBNER verfaßt mit ‹Kurze Fragen aus der Oratoria› (⁵1709) ein Handbuch zum Gesamtgebiet der Redekunst. H. FREYER unterscheidet in seiner ‹Oratoria› zwischen einer *oratoria dogmatica* «quae praecepta eloquentiae tradit» (welche die Vorschriften der Beredsamkeit weitergibt) und einer *oratoria practica* «quae [...] praecepta ad ipsum usum transfert.» (welche [...] die Vorschriften zum Gebrauch selbst übermittelt.) [17] C. WEISE definiert in seinem ‹Oratorischen Systema› die O. als «Lehre von der Beredsamkeit». [18] Bei Weise wie bei einer Reihe weiterer Autoren des 18. Jh. steht ‹O.› gerade für die *Theorie* der Redekunst, während für die Praxis ‹Beredsamkeit› eintritt). [19] Möglicherweise kann die Konjunktur des Terminus ‹O.› zu Beginn des 18. Jh. im Kontext der Frühaufklärung als Ausweichmanöver erklärt werden: Der Begriff ‹Rhetorica› war – im Gefolge des Ramismus – doch teilweise stark mit einem Akzent auf der *elocutio* versehen worden, so daß die Annäherung an Verfahren der Logik, wie sie für die Entwicklung einer ‹philosophischen O.› um 1700 charakteristisch ist [20], die Verwendung von ‹Rhetorik› erschwerte, während ‹O.› den Theorie-Aspekt zu betonen erlaubte. Auffällig ist jedenfalls, daß die rationalistische Umdeutung der Rhetorik mit einer Blüte des Terminus ‹O.› einhergeht. Die Vorwürfe, die traditionell gegen den Rhetorik-Unterricht erhoben wurden – Praxisferne, stilistische Extravaganz, übertriebener theoretischer Aufwand usw. –, können jetzt im pejorativen Gebrauch des Wortes ‹Schuloratorie› mitschwingen, z.B. bei F.A. HALLBAUER und später noch bei J.G. HERDER.[21]

Die Widersprüchlichkeit der verschiedenen begrifflichen Differenzierungen führt schließlich dazu, daß jegliche Unterscheidung zwischen Rhetorik und O. aufgegeben wird. J.H. ZEDLER rekurriert in seinem Lexikon-Artikel zu ‹Rhetorick› zwar noch auf beide Unterscheidungsansätze und scheint sich sogar noch für die Beschränkung der Rhetorik auf *elocutio* und *pronuntiatio* auszusprechen: «Bey den Alten war hierinnen ein Unterschied, daß nehmlich die Rhetoric Anleitung und Regeln zur Wohlredenheit gab; die Oratorie aber zeigte, wie man die gegebene Anleitung in die Ubung bringen solte [...] Doch ist dieser Unterschied bey den Alten nicht jederzeit in acht genommen worden [...] Wolte man ja die Rhetoric von der Oratorie unterscheiden, so könnte man unter der Oratorie die gesammte Wissenschaft von der Beredsamkeit, oder Eloquentz verstehen, und die Rhetoric als denjenigen Theil davon ansehen, worinnen die Ausdrückung und der manierliche Vortrag der Gedancken, als das vornehmste Stück bey der Beredsamkeit gelehret wird.»[22] Doch stellt Zedler diesen Ausführungen die Feststellung voran, daß Rhetorik «insgemein vor ein gleichgültiges Wort mit dem Wort Oratorie» genommen werde.

Zedlers Feststellung wird durch die meisten zeitgenössischen Lehrwerke zur Redekunst bestätigt. F.A. HALLBAUER wendet sich in seiner ‹Anweisung zur verbesserten teutschen O.› ausdrücklich dagegen, zwischen Rhetorik und O. in der Weise zu unterscheiden, «daß iene die Anweisung, diese die Übung gebe, oder daß iene die Ausdrückung der Gedancken und den Vortrag lehre; diese aber die gesammte Wissenschaft von der Beredsamkeit unter sich begreife.»[23] Zur ersten Unterscheidung fügt er hinzu: «[...] wer Regeln ohne Ubung geben wollte, würde in der That keine geben, weil iene ohne diese todt und ohne Nutzen sind.» Ebenso verwahrt sich J.A. FABRICIUS in seiner ‹Philosophischen O.› gegen eine Trennung der Begriffe.[24] J.C. GOTTSCHED und D. PEUCER schließlich gehen auf diese Diskussion gar nicht mehr oder nur noch am Rande ein und behandeln die Begriffe ‹O.›, ‹Rhetorik› und ‹Redekunst› als selbstverständliche Äquivalente.[25] Mit dem Wegfall jeglicher distinktiver Funktionen erweist sich der Begriff der ‹O.› als überflüssig und wird im weiteren Verlauf des 18. Jh. von seinem griechischen und deutschen Pendant verdrängt.

Anmerkungen:
1 vgl. S. Roth: Ein Teutscher Dictionarius, hg. von E. Öhmann (1936) 334. – **2** ähnlich liegt auch der Unterschied zwischen ‹Rhet›. und ‹Beredsamkeit›, siehe dazu F.-H. Robling: Art. ‹Beredsamkeit›, in: HWRh Bd.1, insbes. Sp.1455f., 1459f., 1471f. – **3** vgl. Collier's Encyclopedia (New York u.a. 1971) Bd.20, s.v. ‹Rhetoric›, wonach ‹rhetoric› sich nur auf die Auswahl und Anordnung der Wörter bezieht, während ‹oratory› Aspekte wie ‹vocal style› und ‹physical gestures› mitumfaßt. – **4** vgl. R. Schottlaender: Die ethische Überordnung der oratorischen über die rhet. Redekunst. Zum theoretischen Gehalt von Ciceros ‹De oratore›, in: Rhetorik 7 (1988) 1–12. – **5** Cato, Ad Marcum filium, in: M. Porci Catonis scripta quae manserunt omnia, hg. von O. Schönberger (1980) 278, Frg. 371; vgl. Hor. Ars 311; Übers. hier wie im folgenden – außer Anm. 6 – von der Red. – **6** Quint. II, 14, 1. – **7** vgl. Quint. II, 14, 1–4. – **8** vgl. Quint. II, 15, 38. – **9** vgl. L. Fischer: Gebundene Rede. Dichtung und Rhet. in der lit. Theorie des Barock in Deutschland (1968) 24. – **10** C. Dieterich: Institutiones rhetoricae ... (^{2}1615) 1. – **11** vgl. H.J. Lange: Aemulatio veterum sive de optimo genere dicendi. Die Entstehung des Barockstils im XVI. Jh. durch eine Geschmacksverschiebung in Richtung der Stile des manieristischen Typs (Diss. Bonn 1973) 35–41. – **12** vgl. J. Dyck: Ornatus und decorum im protestantischen Predigtstil des 17. Jh., in: Zs. für dt. Altertum 94 (1965) 226; Dyck 32. – **13** Dyck 32. – **14** J.A. Comenius: Schola Ludus seu Encyclopaedia Viva ... pars V, actus II, scena VIII, in: Opera Didactica Omnia (1657) tom. II, pars III–IV, Sp. 955–958. – **15** Alsted lib. VII, cap. III, reg. I, p.374 (Hervorhebung Verf.). – **16** Alsted lib. IX, sect. I, cap. I, p. 468 (Hervorhebung Verf.). – **17** H. Freyer: Oratoria ... (^{5}1732) 3. – **18** vgl. C. Weise: Oratorisches Systema ... (1707) § I, 2. – **19** vgl. U. Stötzer: Dt. Redekunst im 17. und 18. Jh. (1962) 96. – **20** M. Beetz: Rhet. Logik (1980) bes. 115, 167, 180. – **21** vgl. Hallbauer Orat. Vorrede; J.G. Herder: Frg. über die neuere dt. Lit., Dritte Slg. I, 4, in: Sämtl. Werke, hg. von B. Suphan, Bd. 1 (1877) 384; vgl. dazu auch Barner 172, 319. – **22** Zedler, Bd.31 (1742) s.v. ‹Rhetorick›, Sp.1139; vgl. auch Bd.30 (1741) s.v. ‹Rede-Kunst›, Sp.1605. – **23** vgl. Hallbauer 202. – **24** vgl. Fabricius 2. – **25** vgl. J.C. Gottsched: Ausführliche Redekunst, in: Ausg. Werke, hg. von P.M. Mitchell, Bd.7, T. 1 (1975) 86; D. Peucer: Erläuterte Anfangs-Gründe der Teutschen O. ... (1765) 2, 45.

Literaturhinweise:
M. Kyralov: Die Rhet. Komenskys im Kontext seiner Zeit, in: Acta Comeniana 8 (1989) 101–110.

L.-H. Pietsch, G. Braungart

→ Beredsamkeit → Eloquentia → Exercitatio → Schulrhetorik → Wohlredenheit

Ordo (griech. τάξις, táxis; κόσμος, kósmos; οἰκονομία, oikonomía)

A. Der lateinische Begriff ‹O.› bezeichnet wie seine deutsche Entsprechung 'Ordnung' ein gegliedertes, organisiertes Verhältnis zwischen den Teilen eines Ganzen. In der Rhetorik erscheint er überall dort, wo es gilt, größere oder kleinere gedankliche (*dispositio*) bzw. sprachliche (*elocutio*) Einheiten der Rede (*partes orationis*, Argumente, Stadien eines erzählten Vorganges bzw. Sätze, Wörter, Silben) in eine sachlich angemessene, taktisch zweckmäßige oder ästhetisch ansprechende Reihenfolge zu bringen. Dies ist zunächst der Fall (1) im *officium* der *dispositio*, der Anordnung der funktionalen Teile der Rede, die entweder nach einem schulrhetorisch vorgegebenen Schema oder individuell nach den Erfordernissen der jeweiligen Redesituation erfolgen kann. Für die Poetik und Narratologie bedeutsam, hat der Begriff weiterhin seinen Ort (2) innerhalb des Redeteils *narratio*: Die relative Chronologie eines erzählten Geschehens kann entweder eingehalten (*ordo naturalis*) oder kunstvoll umorganisiert (*ordo artificialis*) werden.[1] Eine artifizielle Umkehrung der Chronologie in der narrativen Mikrostruktur liegt in der Figur des Hysteron proteron bzw. der Hysterologie vor. (3) In der *elocutio* entsteht eine Klasse von Figuren (*ordo figurarum*) durch Abweichung vom syntaktischen (z.B. Anastrophe, Hyperbaton, Isokolon) oder semantischen O. (z.B. Hypallage). Dabei werden im Satzbau (*compositio*) durch kunstvolle Anordnung der Wörter akzentuierende, rhythmische und klangliche Effekte erzielt (Prinzip der wachsenden Glieder; Klausel, Homoioteleuton usw.). (4) Im Bereich der *memoria*, genauer des künstlichen Gedächtnisses, bedeutet O. die räumliche bzw. serielle Organisation der Merkzeichen.

B.I. *Antike.* In den römischen Rhetoriken werden im Rahmen der *dispositio*, die als mit der *inventio* verklammert angesehen wird[2], nicht nur verschiedene Bautypen der Rede wie z.B. Zwei-, Drei- und Viergliedrigkeit, sondern auch die beiden Grundformen des *ordo naturalis* und *artificialis* traktiert. CICERO definiert O. als «compositio rerum aptis et accommodatis locis» (Gruppierung von Dingen an passenden und ihnen zukommenden Stellen)[3] und verwendet den Begriff auch im Zusammenhang mit der rhetorischen *dispositio*: «dispositio est rerum inventarum in ordinem distributio» (Die Anordnung des Stoffes ist die geordnete Einteilung der aufgefundenen Punkte).[4] Er unterscheidet sechs Teile der Rede: «exordium, narratio, partitio, confirmatio, reprehensio, conclusio»[5] und betont, daß man um der Klarheit willen bei der *narratio* die Reihenfolge der Geschehnisse und Zeiten (*rerum ac temporum ordo*) einzuhalten habe.[6] Im Hinblick auf die Beweisführung setzt Cicero fünf Teile an: *propositio* (Vordersatz), *approbatio* (Beweis), *assumptio* (Untersatz), *assumptionis approbatio* (Beweis des Untersatzes), *complexio* (Zusammenfassung).[7]

Für die ‹Rhetorica ad Herennium› signifikant sind u.a. Aussagen zur ars memorativa, nach denen es zwei Arten von Gedächtnis gibt, die *memoria naturalis* und die *memoria artificiosa*.[8] Im künstlichen Gedächtnis sind die Gedächtnisinhalte in Bilder einzukleiden und an bestimmten Orten «ex ordine» zu fixieren, wobei ein Durcheinanderbringen der Reihenfolge (*perturbatio ordinis*) nur hinderlich wäre.[9]

Breitgefächert ist der Begriffsgebrauch bei QUINTILIAN. So charakterisiert O. im Sinne von Methode zunächst jedwede Art von *ars* und damit auch die Rhetorik.[10] Wie die Natur auf einer Ordnung beruht, durch deren Verwirrung alles zugrunde gehen würde, müsse auch die Rede ohne Ordnung letztlich in die Irre führen.[11] Eingehend wird von Quintilian referiert, wie seine Vorgänger die Kategorie O. in das rhetorische System eingefügt haben.[12] In der Grammatik bezeichnet O. ähnlich wie *numerus* im Rahmen der *poetarum enarratio*, der Dichtererklärung, einen Katalog vorbildlicher Autoren.[13] Bei der Versifizierung eines Redekontinuums kommt der Begriff ‹O.› in einem metrischen Sinn zum Tragen: «constant metra [...] ordine» (Die Versmaße bestehen in einer [...] Reihenfolge)[14], während er in Konnex mit dem *aptum*-Präzept den sozialen Rang des Redners bezeichnen kann.[15] Im Rahmen des *genus demonstrativum* konstatiert O. et al es ein Aufbaumodell des Personenlobs die Orientierung an den «aetatis gradus gestarumque rerum ordinem» (Altersstufen und der Reihenfolge der Taten).[16] Bei der Gerichtsrede sollen die Gesichtspunkte der Beweisführung so angeordnet sein, daß die stärksten am Anfang und am Ende stehen.[17] Für die Wortfolge als Teilbereich der *compositio* sind nach Quintilian drei Elemente bestimmend, *ordo* (Wortstellung), *iunctura* (Euphonie) und *numerus* (Rhythmus).[18] O., sofern auf die syntaktische Position der Wörter bezogen, betrifft vor allem die koordinierte Aufzählung, die sich an dem Gesetz der wachsenden Glieder zu orientieren hat.[19] Nicht nur für die Rhetorik, sondern auch für die Narrativik von Bedeutung ist Quintilians Definition der Abschweifung als «extra ordinem excurrens tractatio» (eine Darlegung, die aus der Reihenfolge ausschert).[20] Wenn die *utilitas* es erfordert, kann im Rahmen der *dispositio* auch der *o. artificiosus* gewählt werden, den schon Homer in seiner ‹Odyssee› und Vergil in der ‹Aeneis› präferiert haben.[21] FORTUNATIAN differenziert später sogar acht Modi des *ordo naturalis* (*per tempora, per incrementa, per status, per scriptorum partes atque verba, per confirmationis ac reprehensionis discrimen, per generales et speciales quaestiones, per principales et incidentes*).[22] Blickt man über den engeren Bereich der Rhetorik hinaus, so werden Probleme der Gliederung und Tektonik in der Antike auch im Rahmen der Dichtungstheorie behandelt: Nachdem schon Aristoteles in seiner ‹Poetik› den Aufbau von Gattungen, z.B. der Tragödie, mit einer geschlossenen, Anfang, Mitte und Ende umfassenden Handlung besprochen hat[23], thematisiert HORAZ, auf den Begriff ‹O.› rekurrierend, in seiner ‹Ars poetica› die Frage des narrativen Aufbaus einer Dichtung.[24] Einen zwar extraliterarischen, wohl aber von der Rhetorik beeinflußten Strang römischen Ordnungsdenkens repräsentiert VITRUVS Architekturtraktat, der als ästhetische Grundbegriffe der Baukunst *ordinatio* (griech. τάξις, táxis), *dispositio* (griech. διάθεσις, diáthesis), *eurhythmia, symmetria, decor* und *distributio* (griech. οἰκονομία oikonomía) festlegt.[25] Die Wirkung der antiken Schrift auf die hochmittelalterliche Poetik bezeugt Gervais von Melkley.[26]

In der christlichen Spätantike erhält der Ordogedanke eine neue Dimension im Denken des Kirchenvaters AUGUSTINUS, die auch metrische, rhetorische und literarästhetische Aspekte berührt. In seiner Schrift ‹De musica›[27] behandelt er in den ersten fünf Büchern die Technik von Rhythmus und Vers, die durch die Zahlenbeziehungen zwischen langen und kurzen Silben geprägt ist, und stellt dabei eine Rangordnung der Zahlen auf. Im sechsten Buch will er, über die Numerologie der quantitierenden Prosodie hinausgehend, schließlich aufzeigen, wie Rhythmus und Zahl uns zum Ewigen hinleiten. Gott erscheint in der geschichtstheologischen Sicht Augustins als Ordner der Zeiten, dessen Werk, die Heilsgeschichte, im Bilde des *ordo metricus* mit einem Weltgedicht verglichen wird.[28] Ein rhetorisches Ordoverständnis wird greifbar, wenn Augustin in ‹De ordine› im Rahmen einer Theodizee die Gut-Böse-Spannung in der Welt mit dem Hinweis auf die Antithesen «in einer bekömmlichen Rede» legitimiert.[29] Vermutlich beeinflußt von Cicero, definiert Augustin den Begriff ‹O.› in seinem geschichtstheologischen Hauptwerk ‹De civitate Dei›: «Ordo est parium dispariumque sua cuique tribuens loca dispositio» (Ordnung ist die Verteilung gleicher und ungleicher Elemente, die jedem seinen Platz zuweist).[30] Bei ihm wird neben der antiken Tradition ein christlicher Grund für das Ordoverständnis in dem Rekurs auf das Schriftzitat «omnia in mensura, numero et pondere disposuisti» (Du hast alles nach Maß, Zahl und Gewicht geordnet – Weish 11, 21)[31] faßbar, sofern der Kirchenvater im Sinne einer dynamischen Ontologie *mensura* auf die Herkunft (*ex*-Dimension), *numerus* auf die Form (*in*-Dimension) und *pondus* auf die Inklination des Seienden zur Vollendung (*ad*-Dimension) bezieht.[32] Der Begriff ‹O.› markiert dabei nicht nur die Seinsordnung, sondern auch die rechte Denkordnung[33] und darüber hinaus das sittliche Verhalten, das zu Gott führt: «Ordo est, quem si tenuerimus in vita, perducet ad Deum» (Es ist die Ordnung, die uns, wenn wir sie im Leben einhalten, zu Gott geleitet).[34] O. gewinnt bei Augustin im Kontext von Begriffen wie *pulchritudo* und *numerus* eine ästhetische Dimension,[35] wird in pointierter Weise als numerische Form verstanden[36] und auf Gott als *artifex* bezogen.[37] Die zahlhafte Prägung des Ordobegriffs verbindet sich schon bei Augustin mit einem allegorischen Verständnis der Zahlen, das in der Folgezeit große Relevanz für die literarischen Kompositionsformen des Mittelalters gewinnt.[38]

II. *Mittelalter.* Die theologisch fundierte augustinische Ordoästhetik beeinflußt namentlich die zahlentektonische Literatur der Karolingerzeit. Der Weg der Zahlenkomposition führt über ALKUIN bis hin zu HRABANUS MAURUS und seiner Fuldaer Schule, der sich auch OTFRID VON WEISSENBURG zuordnen läßt, der seinem ‹Evangelienbuch› eine zahlensymbolische Bauform verliehen hat, bei deren theoretischer Explikation die augustinische Ordokategorie der *aequalitas* zur Anwendung kommt.[39] Die augustinischen Vorstellungen vom *ordo metricus* haben auch die Versästhetik des Hrabanschülers beeinflußt, der als Begründer der europäischen Endreimdichtung gilt.[40] Schließlich kombiniert Otfrid *ordo naturalis* und *artificialis*, insofern er in den Anfangs- und Schlußteilen des Werkes *ordinatim*, im Sinne einer vollständigen und chronologisch richtigen Wiedergabe der biblischen Ereignisse, verfahren ist, während er, nach eigenen Worten gestützt auf seine *parva memoria*, in der Mitte *non ordinatim* vorgegangen ist: «Ni scríbu ih nu in alawár / so sih ther órdo drégit thár, // súntar so thie dáti / mir quément in githáhti» (Ich werde freilich nicht der Reihenfolge nach schreiben, sondern so, wie sich die Ereignisse meinem Sinn darbieten).[41] Hraban selbst verwendet den Terminus ‹O.› zusammen mit dem Begriff *disponere* zur Charakterisierung literarischer Gliederungsformen[42], appliziert ihn ferner auf die Stufen des allegorischen Schriftsinns[43] und gebraucht ihn außerdem für die artifizielle Schriftordnung (*conscriptionis ordo*) seiner als *carmina figurata* gestalteten Kreuzgedichte, die nach seiner Anweisung beim Abschreiben nicht zerstört werden dürfe.[44] Hrabans ‹Liber de laudibus Sanctae Crucis›, der nach dem tektonischen Modell des *numerus perfectus* aus achtundzwanzig Gedichten besteht, ist vielleicht der bedeutendste literarische Ausdruck mittelalterlichen Ordodenkens.[45] Im Hochmittelalter schließt HUGO VON ST. VICTOR in seinem ‹Didascalicon› drei Aspekte des Ordogedankens zusammen: die Ordnung des Lesens, die des Gliederns und die des geistlichen Sinnes.[46]

Im Bereich der Poetologie begegnet der Begriff des *ordo librorum* schon früh in den ‹Accessus ad auctores› als Bezeichnung für die Reihenfolge der Werke eines Dichters.[47] In den Poetiken des 13. Jhs. wird die Diskussion der zwei Aufbauformen des *ordo naturalis* und *artificialis* wieder belebt, nachdem sich zuvor bereits die höfisierenden Antikenromane mit diesen beiden Aufbaumustern implizit auseinandergesetzt haben.[48] GALFRID VON VINSAUF unterscheidet acht verschiedene Methoden des *ordo artificialis*, sofern ein Werk mit dem Anfang, der Mitte oder dem Ende der Handlung beginnen kann, und dies jeweils in Kombination mit einer Sentenz oder einem Exemplum.[49] JOHANNES VON GARLANDIA entwirft ein dreigliedriges System der Stile, das auf einer ständischen Rangordnung basiert, die, demonstriert an Vergils Werktrias, gemäß der *ordo-temporum*-Theorie als ein Gleichnis menschlicher Kulturentwicklung nach der Hirten-, Bauern- und Kriegerexistenz firmiert.[50] Nachdem schon im Frühmittelalter in literarischen Widmungsbriefen der soziale O., etwa bei der *inscriptio* und *intitulatio*, stilprägend gewirkt hat[51], entwickelt sich im 12. Jh. die *ars dictandi*, deren Traktate das traditionelle Dispositiomodell der Rhetorik häufig in folgender Reihung modifizieren: *salutatio*, *captatio benevolentiae*, *narratio*, *petitio* und *conclusio*.[52] Der Einfluß der *ars epistolaria* läßt sich auch an den Bauformen der eingelegten, versifizierten und fiktionalisierten, Briefe im höfischen Roman (z.B. ‹Roman d'Eneas›, Wolframs ‹Parzival›) nachweisen.[53] Außerhalb dieser literarästhetischen Tradition begegnet der Begriff ‹O.› schließlich auch im Kontext von mittelalterlichen und frühneuzeitlichen Formen präskriptiver pragmatischer Schriftlichkeit wie liturgischen Ordines[54], Krönungsordines[55], Kleiderordnungen[56] und Policeyordnungen[57]. Als Indikatoren für eine Krise des traditionellen Ordoverständnisses in Mittelalter und Früher Neuzeit gelten Sangspruchdichtungen mit Zeitklagen[58], Versepen mit einem negativen Helden[59], die 'Verwilderung' des höfischen Romans[60] und satirisch ausgerichtete literarische Werke mit dem strukturbildenden Thema der 'verkehrten Welt'.[61]

III. *Neuzeit.* Spätestens vom 16. Jh. an werden Veränderungen der mittelalterlichen Ordovorstellung auch verstärkt auf literarischem Gebiet sichtbar: Eine neue kombinatorische Dichtung, die sich aus dem Lullismus[62] herleitet, bricht mit traditionellen Formen einer statischen *dispositio*[63], die *ars memorativa* expandiert in zahllosen Traktaten mit originellen räumlichen Ordnungsvorstellungen[64] und ein neuer Geist der Polymathie führt zu einer Blüte der Gattung Enzyklopädie. Auf dem Gebiet der Rhetorik befaßt sich der Protestant MELANCHTHON in seinen ‹Elementorum rhetorices libri duo› einläßlich mit der *dispositio*, wobei er neben antiken Quellen auch auf die Bibel, hier den Römerbrief des Paulus, eingeht.[65] Nach der Konstituierung der *ars praedicandi* im 12. Jh., die das traditionelle rhetorische Dispositioschema variiert[66], bietet in der Frühen Neuzeit namentlich die katholische Barockpredigt signifikante Beispiele für Bauformen auf der Folie des Ordogedankens. Der Jesuit FRANZ BORGIA betont die Notwendigkeit einer klaren Gliederung für die Mnemonik der *ars concionandi*: «Dici enim non potest, quantum ordo dispositioque memoriam iuvet» (Es ist nicht auszudrücken, wie sehr Ordnung und Gliederung das Gedächtnis unterstützen)[67], und bezieht darüber hinaus die gestufte *dispositio* der Predigt auf die kosmische Schöpfungsordnung nach dem Sechs-Tage-Werk.[68] Auch manierierte, besonders formalistische Züge begegnen in der barocken Predigtliteratur: strukturell etwa in den artistischen Dispositionsformen von 'akrostichischen' Buchstabenpredigten und auf theoretischer Ebene in den neunundzwanzig Typen der *dispositio*, die der Italiener CAROLUS REGIUS in seinem ‹Orator christianus› von 1611 offeriert.[69] Spezielle Partien zur *ars memorativa* tradieren Enzyklopädien, wie an FRANCIS BACONS Werk ‹De Dignitate et Augmentis Scientiarum› (1623) gezeigt werden kann, in dem als Hilfsmittel für das Gedächtnis neben der Vorkenntnis (*praecognitio*) und dem Sinnbild (*emblema*) auch die Ordnung (*ordo*) postuliert wird.[70] Überhaupt sind die Enzyklopädien des Mittelalters und der Frühen Neuzeit eine ergiebige Quelle für Ordovorstellungen, weil sie in ihrem Aufbau, der sich im Inhaltsverzeichnis bzw. Kapitelregister, dem *ordo rerum*, spiegelt, Weltbilder und Wissensordnungen manifestieren.[71]

Die tragenden Ideen des mittelalterlichen Ordodenkens, Gott als Urgrund aller Ordnung, die Welt als ein in sich gestufter Kosmos, die Heilsgeschichte als planvoll gegliedertes Werk göttlicher Heilsökonomie, die menschliche Gemeinschaft als eine Hierarchie von Ständen, der Mensch als eingebunden in eine ethische Wertordnung, werden in der Moderne angegriffen, unterwandert oder destruiert. An ihre Stelle treten nach und nach Immanentismus, kausal-mechanisches Weltbild, profanierte Geschichtsbetrachtung, demokratisches Staatsverständnis, der Mensch als sich selbst bestimmendes, sittlich autonomes Subjekt. Durch diesen Wandlungsprozess verändern sich langfristig auch literarische Gattungen und tektonische Bauformen, wie z.B. die mit MONTAIGNE beginnende Gattung des Essays dokumentiert, für die der *ordo neglectus*, eine lockere Folge von Gedanken, charakteristisch ist. N. BOILEAU-DESPRÉAUX lobt, wiewohl er die Dichtung auf den *ordre naturel* verpflichtet, die «schöne Unordnung» (*beau desordre*) der Ode in der Tradition Pindars.[72] Wenngleich im 18. Jh. die Idee des O. noch in der profanen Ästhetik A.G. BAUMGARTENS weiterlebt, wie das Dictum «nulla perfectio sine ordine» (Keine Vollkommenheit ohne Ordnung) bezeugt[73], gerät die Rhetorik in dieser Zeit in eine Krise. Der Sturm und Drang bricht radikal mit traditionellen literarischen Ordnungskonzepten, wenn er die Regeln verwirft und das Genie inthronisiert. Eine Abwendung von Einheits- und Ganzheitsvorstellungen der Ordoästhetik dokumentiert die sich in der Romantik etablierende Ästhetik des Fragmentarischen, die bei F. SCHLEGEL auch ein neues Verständnis des Romans generiert: «Das Wesentliche im Roman ist die chaotische Form.»[74] Die rhetorischen und literarischen Ordokonzepte werden schließlich in der Montage- und Collage-Ästhetik der Avantgarden zu Anfang des 20. Jh. scheinbar endgültig zu Grabe getragen. Der Gedanke der Kontingenz siegt in der Moderne über die mittelalterliche Ordo-Idee mit ihren Implikaten *providentia Dei* und Theodizee.[75] Überraschenderweise lebt jedoch die mittelalterliche Ordoästhetik unter neuen Vorzeichen in der Postmoderne wieder auf, in der U. Ecos Roman ‹Der Name der Rose›[76] bei allem 'Dekonstruktivismus' noch einmal das mittelalterliche Weltbild samt seiner Krise heraufbeschwört und sich mit seiner zahlenkompositorischen Bauform an die mittelalterliche Ordoästhetik anlehnt.[77] Sein Landsmann I. CALVINO schließlich knüpft mit seinem Roman ‹Die unsichtbaren Städte›, der kompositorisch auf einen komplizierten Algorithmus aufbaut, an den postmodernen Gedächtnisdiskurs an, sofern hier die Stadt auch als mnemotechnisches Ordnungssystem begriffen wird.[78] Dennoch läßt sich ein dominantes Wiederaufleben mittelalterlicher Ordnungsvorstellungen auch in der Postmoderne nicht konstatieren: Überkommene Ordokonzeption und Chaostheorie erscheinen vielmehr zitathaft als koexistierende Bestandteile eines postmodernen Synkretismus.

Anmerkungen:

1 vgl. U. Ernst: Die natürliche und die künstliche Ordnung des Erzählens. Grundzüge einer hist. Narratologie. in: Erzählte Welt – Welt des Erzählens, FS D. Weber, hg. von R. Zymner (2000) 179–199. – 2 Lausberg Hb. §444. – 3 Cicero, De officiis, hg. und übers. von H. Gunermann (1976) I, 142. – 4 Cic. Inv. I, 9. – 5 ebd. I, 19. – 6 ebd. I, 29 – 7 ebd. I, 67. – 8 Auct. ad Her. III, 28. – 9 ebd. III, 30. – 10 Quint. I, 10, 37; II, 17, 41. – 11 ebd XII, Pr., 3. – 12 ebd. III, 3, 8f. – 13 ebd. I, 4, 3; X 1, 54. – 14 ebd. IX, 4, 46. – 15 ebd. VIII, 2, 1. – 16 ebd. III, 7, 7–9 – 17 ebd. VI, 4 22. – 18 ebd. IX, 4, 22. – 19 ebd. IX, 4, 23. – 20 ebd IV, 3, 14. – 21 ebd. IV, 2, 83 u. 87; VII, 10, 11. – 22 Fortun. Rhet. III, 1; Lausberg Hb. §449. – 23 Arist. Poet. 1450b. – 24 Hor. Ars Vv. 40–45. – 25 Vitruv, De architectura libri decem, hg. und übers. von C. Fensterbusch (1976) I, 2, 1, 36–43. – 26 vgl. St. Schuler: Vitruv im MA. Die Rezeption von ‹De architectura› von der Antike bis in die frühe Neuzeit (1999) 67f. – 27 Augustin, De musica, in: ML, Bd. 32, 1081–1194. – 28 ebd. 1179. – 29 Augustin: Die Ordnung, übers. von C.J. Perl (1952) XVIII, 18. – 30 Augustin, De civitate Dei, in: ML, Bd. 41, 640. – 31 vgl. I. Peri: Omnia mensura et numero et pondere disposuisti: Die Auslegung von Weish. 11, 20 in der lat. Patristik, in: A. Zimmermann (Hg.) Mensura. Maß, Zahl, Zahlensymbolik im MA, Bd. 1 (1983) 1–21. – 32 Augustin, De genesi ad litteram, in: ML, Bd. 34, 239; vgl. H. Krings: O. Philos.-hist. Grundlegung einer abendländischen Idee (²1982) 245f.; W. Haubrichs: O. als Form. Strukturstudien zur Zahlenkomposition bei Otfrid von Weißenburg und in karolingischer Lit. (1969) 23. – 33 Augustin, De ordine, in: ML, Bd. 32, 1000. – 34 ebd. 990. – 35 Augustin: De libero arbitrio, in: ML Bd. 32, 1263ff.; vgl. Haubrichs [30] 29–31. – 36 vgl. J. Rief: Der Ordobegriff des jungen Augustinus (1962) 203ff. – 37 Augustin, De genesi contra Manichaeos, in: ML, Bd. 34, 185f. – 38 vgl. H. Meyer, R. Suntrup: Lex der ma. Zahlenbedeutungen (1987). – 39 vgl. U. Ernst: Der Liber Evangeliorum Otfrids von Weißenburg. Literarästhetik und Verstechnik im Lichte der Tradition (1975), Register s.v. ‹O.› – 40 ebd. 434–436. – 41 Otfrid von Weißenburg: Evangelienbuch III, 1, 7f., Übers. G. Vollmann-Profe. – 42 Hrabanus Maurus, Commentaria in Matthaeum, Praef., in: ML, Bd. 107, 729C–730A. – 43 Hrabanus Maurus, Carmina, II, 2, V 18., in: MGH Poet. II, 163. – 44 ders.: Epistolae, in: MGH Epp. V, 383; vgl. U. Ernst: Carmen figuratum. Gesch. des Figurengedichts von den antiken Ursprüngen bis zum Ausgang des MA (1991) 322. – 45 Rabanus Maurus, In honorem Sanctae Crucis, hg. von M. Ferrin (Turnhout 1997); vgl. U. Ernst: Zahl und Maß in den Figurengedichten der Antike und des Frühma. Beobachtungen zur Entwicklung tektonischer Bauformen, in: Zimmermann [29] Bd. 2 (1984) 327–332. – 46 Hugo von St. Victor, Didascalicon de studio legendi, lat.-dt., hg. von Th. Offergeld (1997) 3, 8, S. 242–244. – 47 vgl. P. Klopsch: Einf. in die Dichtungslehren des lat. MA (1980) 48f. – 48 H. Fromm: Die ma. Eneasromane und die Poetik des *ordo narrandi*, in: H. Haferland, M. Mecklenburg (Hg.): Erzählungen in Erzählungen. Phänomene der Narration in MA und Früher Neuzeit (1996) 27–40. – 49 Galfrid von Vinsauf, Poetria nova, Vv. 87ff., in: Faral 200; vgl. A.N. Cizek: Imitatio et tractatio. Die lit.-rhet. Grundlagen der Nachahmung in Antike und MA (1994) 170f. – 50 Klopsch [45] 151. – 51 vgl. G. Simon: Unters. zur Topik der Widmungsbriefe ma. Geschichtsschreiber bis zum Ende des 12. Jh., T. 1, in: Archiv für Diplomatik 4 (1958) 52–119; T. 2, ebd 5/6 (1959/60) 72–153. – 52 vgl. F.-J. Worstbrock, M. Klaes, J. Lütten: Repertorium der Artes dictandi des MA, T. 1 (1992). – 53 vgl. U. Ernst: Formen der Schriftlichkeit im höfischen Roman des hohen und späten MA, in: Frühma. Studien 31 (1997) 309ff. – 54 H. Schneider: O., II. Liturgische Ordines, in: LMA, Bd. 6 (1993) 1437f. – 55 H.H. Anton: O., III. Krönungsordines, ebd. 1439–1441. – 56 vgl. V. Sinemus: Stilordnung, Kleiderordnung und Gesellschaftsordnung im 17. Jh., in: A. Schöne (Hg.): Stadt – Schule – Universität – Buchwesen und die dt. Lit. im 17. Jh. (1976) 22–43. – 57 vgl. J. Baader (Hg.): Nürnberger Polizeiordnungen aus dem XIII. bis XV. Jh. (1861; ND 1966). – 58 vgl. R. Zitzmann: Der O.-Gedanke des ma. Weltbildes und Walthers Sprüche im ersten Reichston, in: DVjs 25 (1951) 40–53; auch in: G. Eifler (Hg.): Ritterliches Tugendsystem (1970) 220–237. – 59 vgl. A. Schwob: Das mhd. Märe vom ‹Helmbrecht› vor dem Hintergrund der ma. ordo-Lehre, in: D. McLintock u.a. (Hg.): Geistliche und weltliche Epik des MA in Österreich (1987) 1–16; P. Menke: Recht und O.-Gedanke im Helmbrecht (1993). – 60 vgl. K. Sterle: Die Verwilderung des Romans als Ursprung seiner Möglichkeit, in: H. U. Gumbrecht (Hg.): Lit. in der Ges. des Spätma. (1980) 253–313. – 61 vgl. P. Kabus: Verkehrte Welt. Zur schriftstellerischen und denkerischen Methode Grimmelshausens im ‹Abenteuerlichen Simplicissimus Teutsch› (1993). – 62 vgl. W. Schmidt-Biggemann: Topica universalis. Eine Modellgesch. humanistischer und barocker Wiss. (1983) 155ff. – 63 vgl. U. Ernst: Permutation als Prinzip in der Lyrik, in: Poetica 24 (1992) 225–269. – 64 vgl. F.A. Yates: Gedächtnis und Erinnern. Mnemotechnik von Aristoteles bis Shakespeare (1990) 102ff. – 65 J. Knape: Philipp Melanchthons ‹Rhet.› (1993) 85–88, 455–458. – 66 vgl. H. Bakkes: Bibel und Ars praedicandi im Rolandslied des Pfaffen Konrad (1966) 19–25. – 67 Franciscus Borgia. De ratione concinnandi libellus, in: Vita Francisci Borgiae ... à P Ribadeneira (Antwerpen 1598) 444. – 68 ebd. 445; vgl. U. Herzog: Geistliche Wohlredenheit. Die kath. Barockpredigt (1991) 216f. – 69 Carolus Regius, Orator Christianus (Köln 1613); vgl. Herzog [65] 225. – 70 F. Bacon: De dignitate et augmentis scientarum, V, 5, in: The Works of F.B., Faksimile-Neudr. der Ausg. von Spedding, Ellis und Heath 1857 – 1874, Bd. 1 (London 1963) 647–649. – 71 N. Boileau: L'Art poétique, hrsg. und übers. von U. und H. L.

Arnold (1967) II, 72, S. 26. – **72** vgl. H. Meyer: O. rerum und Registerhilfen in ma. Enzyklopädiehss., in: Frühma. Studien 25 (1991) 315–339; M.B. Parkes: The Influence of the Concepts of Ordinatio and Compilatio on the Development of the Book, in: J.J.G. Alexander, M.T. Gibson (Hg.): Medieval Learning and Literature (Oxford 1976) 115–141. – **73** A.G. Baumgarten: Aesthetica (Frankfurt a.d. Oder 1750; ND 1970) §19, S. 8. – **74** F. Schlegel: Fragmente zur Poesie und Litteratur II und Ideen zu Gedichten (1799) Nr. 1804, in: H. Eichner (Hg.): F.S., Literary Notebooks 1797–1801 (London 1957) 180. – **75** vgl. G. von Graevenitz, O. Marquard (Hg.): Kontingenz (1998). – **76** U. Eco: Der Name der Rose, übers. von B. Kroeber (1982). – **77** vgl. U. Ernst: Typen des experimentellen Romans in der europ. und amerikanischen Gegenwartslit., in: arcadia 27 (1992) 225 ff. – **78** vgl. I. Calvino: Die unsichtbaren Städte, übers. von H. Riedt (1977) 21.

Literaturhinweise:
B. Hesse: Ordre naturel und inversion. Stud. zur Sprach- und Dichtungstheorie des frz. 17. und 18. Jh. (Diss. 1974). – A. Scaglione: Komponierte Prosa von der Antike bis zur Gegenwart, Bd. 1: Die Theorie der Textkomposition in den klassischen und den westeuropäischen Sprachen (1981). – U. Ernst: Kontinuität und Transformation der ma. Zahlensymbolik in der Renaissance, in: Euph 77 (1983) 247–325. – W. Hübener u.a.: Art. ‹Ordnung›, in: HWPh, Bd. 6 (1984) 1249–1309. – G. Becker u.a. (Hg.): Ordnung und Unordnung, FS H. von Hentig (1985). – G.F. Gässler: Der O.-Gedanke unter bes. Berücksichtigung von Augustinus und Thomas von Aquino (1994). – S. Matuschek: Art. ‹Dispositio›, in: RDL³ (1997) 374–376. – B. Greiner, M. Moog-Grünewald (Hg.): Kontingenz und Ordo (2000).

U. Ernst

→ Aleatorik → Allegorie → Ars dictandi → Ars poetica → Ars praedicandi → Ästhetik → Compositio → Dispositio → Distributio → Erzähltheorie → Gesetz der wachsenden Glieder → Hierarchien → Hysteron proteron → Kombinatorik → Konzept → Lullismus → Medias-in-res → Memoria → Montage

Ornament (lat. ornamentum, ornatus; engl. ornament; frz. ornement; ital. ornamento)
A. Def. – B.I. Antike Wurzeln. – II. Humanismus, Renaissance, französischer Klassizismus. – III. Die moderne O.-Problematik. – IV. Schluß und Ausblick.

A. Das O. ist ein genuin rhetorischer Begriff, der seinen Ursprung in der antiken Rhetorik hat. Von HORAZ' ‹Ars poetica› (‹Epistula ad Pisones›) bis zu ALBERTIS ‹De re aedificatoria› ist es aber von der allgemeinen Kunst nicht zu trennen. Horaz prägt nicht nur die berühmte Formel *ut pictura poesis*, sondern er überträgt damit zugleich das grundlegende Prinzip des *decorum* – des Schicklichen, Geziemenden – von der Rhetorik auf die Poesie und die bildende Kunst. Es ist deshalb kein Zufall, wenn im 18. Jh. – vornehmlich bei LESSING – die Verabschiedung des Horazischen *ut pictura poesis* die endgültige Loslösung der Ästhetik von der Rhetorik bedeutet. [1] Im Zeitraum zwischen GOTTSCHED und Lessing löst sich die Literatur von der rhetorisch-poetischen Tradition, die die Poetiken des 16. und 17. Jh. noch beherrscht. Damit ist freilich die Karriere des O. in den bildenden Künsten keineswegs beendet.

B.I. *Antike Wurzeln.* Die *elocutio*, deren Funktion in der antiken Rhetorik darin besteht, «mit Worten zu schmücken» (*ornare verbis*), trägt zusammen mit den anderen vier Operationen, insbesondere der *inventio* und der *dispositio*, zur richtigen, d.h. *angemessenen* Darstellung des Sachverhalts bei. Sie erweist sich sogar insofern als entscheidend, als es ja vor allem vom Redeschmuck abhängt, ob die Zuhörer überhaupt zuhören und sich überzeugen lassen. [2] Noch für CICERO dient die schmuckvolle Rede dazu, die gefundenen Gedanken in «rechten Worten» zum Ausdruck zu bringen, und das heißt nicht nur deutlich, sondern auch auf unterhaltende und hinreißend einleuchtende Weise. [3] Schon ARISTOTELES warnt freilich in seiner Poetik vor einer «allzu blendenden Sprache», welche «die Charaktere und die Gedankenführung [verdunkelt]». [4] Er faßt nämlich das Problem des Ornaments ontologisch auf: Die Metapher, d.h. der Umstand, daß etwas ist, und daß es zwar so ist, aber zugleich auch anders, bildet den Kern seiner Figurenlehre. Er warnt vor deren unkontrolliertem Gebrauch [5] – räumt aber zugleich ein, daß darin die Spezifik des «Poetischen» besteht. Er empfiehlt, Maß zu halten, d.h. übliche Redewendungen und ungewöhnlichere Formulierungen abwechseln zu lassen: «Man muß also die verschiedenen Arten irgendwie mischen. Denn die eine Gruppe bewirkt das Ungewöhnliche und Nicht-Banale durch die Glosse [6], die Metapher, das Schmuckwort [κόσμος, kósmos] und alle übrigen genannten Arten; der übliche Ausdruck hingegen bewirkt Klarheit.» [7] Dabei dürfen allerdings die geforderte Klarheit und selbst der mit ihr verbundene klare Ausdruck des Charakters mit dem modernen Wahrheitsanspruch oder mit ethischen Ansprüchen nicht verwechselt werden.

Immer mehr wurde aber die Rhetorik mit Ansprüchen belastet, die der antiken τέχνη ῥητορική, téchnē rhētoriké fremd waren. Sie zielt nicht auf das Wahre, wie die Philosophie, sondern auf das Angemessene und Geeignete. Sowohl PLATON als auch Aristoteles trennen sie aus diesem Grund von der Dialektik als der Erkenntnis des Wahren. In Platons ‹Phaidros› definiert sie Sokrates folgendermaßen: sie lehre, «wie man in Anklage und Verteidigung zu verfahren hat»; die Rhetoren, u.a. GORGIAS, hätten «verstanden, daß das Wahrscheinliche (εἰκός, eikós) beachtenswerter ist als das Wahre»; «durch die Kraft ihrer Rede lassen sie Sachen, die klein sind, als groß und umgekehrt große Sachen als klein erscheinen». [8] Cicero meint womöglich noch eindeutiger im ‹Orator›, die Eloquenz bestehe ganz und gar in der *elocutio* (id est oratione), die alles andere auch umfasse. [9]

Bei QUINTILIAN, der im 1. Jh. n. Chr. die Lehre des Cicero übernimmt und weiterentwickelt, heißen Weisheit und Eloquenz (die beiden *partes oratoris praecipuae*) *vis ingenii* (Geisteskraft der *inventio*) und Wortgewalt (*copia dicendi*). [10] Wie Aristoteles kommt es Quintilian nur auf das Glaubhaftmachen des relativ Wahren und Wahrheitsähnlichen (τὸ ὅμοιον τῷ ἀληθεῖ, to hómoion tō aletheí [11]) an – d.h., daß es der Rhetorik nur um das *persuadere* geht – um die πίστις, pístis. Um dies zu erreichen, geht sie von den allgemein gängigen Meinungen (τὰ ἔνδοξα, ta éndoxa [12]) und den allgemeinen Begriffen (τὰ κοινά, ta koiná [13]) aus und bedient sich vornehmlich des ἐνθύμημα, enthýmēma, eines populären Syllogismus, dessen Prämissen nicht absolut notwendig, sondern bloß wahrscheinlich zu sein brauchen [14] – ‹enthýmēma› bedeutet ja im Griechischen nicht nur Einfall bzw. Erfindung, sondern Erfindung auch im Sinn von Strategem und Kriegslist, und bezeichnenderweise auch Beweggrund, Motiv (vgl. ἐνθυμέομαι, enthyméomai: beherzigen, erwägen). Kurzum: die antike Rhetorik ist entschieden pragmatisch; wenn ihr ethische Vorstellungen nicht fremd sind, dann nur, insofern das ἦθος, éthos die Fähigkeit ist, die persönliche Glaubwürdigkeit als Überzeugungsmittel zu gebrauchen. In diesem Sinn unterscheidet Aristoteles in der ‹Rhetorik› [15] drei Bereiche, in denen der Stil angemessen sein solle: πάθος, páthos; ἦθος, éthos und πράγματα, prágmata. «Die rechte Relation aber liegt vor, wenn man nicht über Erhabenes ohne Sorgfalt und über Geringfügiges erhaben spricht, sowie, wenn einem geringfügigen Wort kein schmuckvolles Epitheton beigegeben wird.» [16]

Schon in der antiken Rhetorik geraten allerdings *inventio* und *elocutio* in Konflikt. Platon erkennt einigen Rhetoren wie ISOKRATES zwar eine echte Sorge um die Wahrheit zu [17], aber er besteht darauf, daß die Rhetorik erst zu einer vollberechtigten Kunst wird, wenn sie sich von dieser Sorge leiten läßt. [18] Wenn aber gegen Ende des 1. Jh. v. Chr. in Rom zwei rhetorische Schulen wetteifern, die attizistische und die asianische, so bildet den Kern dieser Debatte keineswegs die Wahrheit im ontologischen Sinn, sondern wiederum nur die Auffassung des Angemessenen oder Schicklichen. Von letzterem haben die Peripatiker und die Stoiker einen ganz verschiedenen Begriff; ersteren ist sie die Übereinstimmung zwischen Natur und Gesellschaft und drückt sich als harmonische Gesellschaftlichkeit bzw. als Höflichkeit aus, während es den Stoikern auf das Wahre ankommt; daraus entsteht der kynisch-stoische Stil. [19] Der *Attizismus* beruft sich auf LYSIAS und betrachtet die Sprachrichtigkeit (*puritas*), die Klarheit (*perspicuitas*) und die Nüchternheit als die höchsten rhetorischen Tugenden; er verabscheut sowohl die O. als auch die leidenschaftlichen Ergießungen und die pathetische Amplifikation. Nach den kritischen Äußerungen von Cicero charakterisiert sich hingegen der *Asianismus* durch seinen übermäßigen Gebrauch der Figuren und durch einen inkantatorischen Stil, der sich alle sonst üblichen Mittel der versifizierten Poesie zu eigen macht. [20] Cicero ist der Meinung, daß eine Rede erst dann vollkommen ist, wenn sie sich über die einzelnen Umstände erhebt und die allgemeine These auf den Begriff bringt. Gerade diese Fähigkeit nennt er *ornatus*. [21] Somit bekämpft er zwar die Exzesse des Asianismus, doch ohne den Rahmen der rhetorischen Tradition zu sprengen. Wie sehr er sich auch für die Einfachheit einsetzt, so hält er den *ornatus* doch keineswegs für überflüssig: auch er befürwortet eine Stilmischung, oder zumindest eine Pluralität der Stile, die, durch eine ständige Abwechslung der demonstrativen Klarheit, des Angenehmen und des Erhabenen, der Angemessenheit, d.h. der Notwendigkeit und der Harmonie der einzelnen Teile der Rede dienen soll. [22] Dabei führt er im Sinne des *decorum* Kriterien für den Einsatz verschiedener Stilfarben in einer Rede an; diese Kriterien machen seine Dreistillehre aus. Es gibt drei Gattungen, in die jede nicht fehlerhafte Rede gehört: die erhabene, die mittlere und die schlichte. [23] Die Dreistillehre wird somit zum Eckstein der poetischen Auffassung der Angemessenheit als Gattungskriterium, vor allem bei Horaz.

Von früh an – beginnend schon bei Isokrates – gibt es für die angestrebte pragmatische Angemessenheit einen Begriff: das πρέπον, *prépon*. Im Sinn von schicklich bzw. angemessen hat dieser Begriff in der Rhetorik eine grundlegende Bedeutung. Insbesondere über THEOPHRAST geht er dann in die römische Rhetorik und Poetik ein. Die wichtigste Forderung an die Rede ist, klar und angemessen zu sein, um in jedem anstehenden Fall das Überzeugende zur Geltung zu bringen. Sprache und Gegenstand sollen aufeinander abgestimmt sein: ein erhabenes Thema verlangt einen erhabenen, ein schlichtes Thema einen schlichten Stil. Darüber hinaus bezieht sich die Angemessenheit ethisch auf den Rezipienten: man soll ja wissen, welche Menschen durch welche Art vor Rede beeinflußt werden, um sie gewinnen zu können. Der Aristoteles-Schüler Theophrast bringt das *prépon* mit dem Konventionellen und Typischen in Verbindung, weil ja die Erwartungshaltung der Zuhörer von der Wiederkehr typischer, aus dem Alltag vertrauter bzw. konventionell normierter Situationen bedingt ist. Allgemein ist das *prépon* vom Wahrscheinlichen untrennbar. Bei HORAZ und seinen Kommentatoren im Frühhumanismus und in der Frührenaissance (vgl. u.a. M.G. VIDAS ‹De arte poetica›, 1527) bestimmt es die Harmonie zwischen der *verisimilitudo* einerseits und der *audacia* bzw. *variatio* andererseits. *Verisimilitudo* und *decorum* sind die beiden Grundprinzipien einer gelungenen Mimesis der Natur – selbst bei VITRUV, der bei seiner Bemühung um eine Auflösung der Asianismus-Attizismus-Debatte Variationen zuläßt: je nach Gegebenheit von Satzung, Brauch und Natur sind viele Schönheiten möglich. Insofern ist das *prépon* mit dem *ornatus* aufs engste verbunden. Im Griechischen bedeutet es zugleich das Ziemende und das Auszeichnende: πρέπειν διὰ πάντων (sich von allen anderen unterscheiden); πρέπειν ἐσθῆτι καὶ κόσμῳ (durch Kleidung und Schmuck hervortreten). Schließlich ist das *prépon* oder *decorum* von der Schönheit nicht zu unterscheiden; im (pseudo-) platonischen ‹Hippias major› wird behauptet, daß Schönheit sich auf Angemessenheit reduzieren lasse. [24]

Rhetorik und Poetik sind in der Antike eng verbunden, ja komplementär. Erstere befaßt sich nach Aristoteles mit dem Seienden, letztere mit dem, was zwar nicht ist, aber sein könnte (von daher die Bedeutung der Mimesis, d.h. des Wahrscheinlichen in der Fiktion). Auf der einen Seite gehören also Rhetorik und Poetik in denselben ontologischen Rahmen; anderseits hat Aristoteles' Unterscheidung zwischen Seiendem und Möglichem einer modernen Denkweise vorgearbeitet, die sich allerdings zunächst nur darin niederschlug, daß die Poetik immer mehr auf eine bloße «Rhetorik der Figuren» beschränkt wurde. Das O. zeichnet in der antiken Rhetorik bestimmte Diskursarten, Stilebenen und Gattungen aus. Jeder Diskursart und jeder Gattung entspricht eine bestimmte Art der *elocutio*. [25] Das gilt natürlich in erster Linie von den drei Gattungen der Rede, die Aristoteles am Anfang des ersten Buchs seiner Rhetorik [26] unterscheidet – dem *genus laudativum*, dem *genus deliberativum* und dem *genus iudiciale*, läßt sich aber auf alle möglichen Situationen und selbstverständlich auch auf die literarischen Gattungen übertragen. Bevor es infragegestellt wurde, hat das O. deshalb in den Poetiken eine zentrale Rolle gespielt.

II. *Humanismus, Renaissance, französischer Klassizismus.* Der Übergang von der Rhetorik zur Ästhetik ist mit einem allmählichen Auseinandertreten von *ornatus* - im Sinne von ‹Schmuck› - und *ornamentum* – im Sinne von ‹Verzierung, Zierat, Parergon, Zutat› - verbunden. Dieses Auseinandertreten vollzieht sich auf einem Umweg, der zugleich seine Bedeutung für den ganzen ästhetisch-künstlerischen Bereich begründet. VITRUV, der Theoretiker des ‹Augusteischen Klassizismus›, bekennt sich zum asketischen Geschmack der römischen Aristokratie und verwirft die hellenistischen Versuchungen, die sich schon damals in jenem Manierismus niederschlugen, den man später ‹Groteske› nennen wird. In seinem Traktat ‹De architectura› [27] überträgt Vitruv das rhetorische Gesetz der Angemessenheit auf die Architektur und führt zugleich einen *ornamentum*-Begriff ein, den er nun ausdrücklich im Sinn von «Schmuck» gebraucht, obwohl er die O. als einen wichtigen Aspekt des Bauens und vor allem als integralen Bestandteil der Tempelarchitektur[28] behandelt. Vitruvs Traktat bleibt bis zur Renaissance und über sie hinaus *das* Standardwerk, das immer wieder neu aufgelegt, kommentiert bzw. nachgeahmt wird; sein Einfluß ist sowohl in L.B. ALBERTIS ‹De re aedificatoria› (Florenz 1485) als auch in A. PALLADIOS ‹Quattro Libri dell' architettura› (Venedig 1570) festzustellen. Sosehr es auch der rhetorischen Tradition verhaftet bleibt, bahnt es dennoch Neues an, das in dessen Rezeption dann auch zur Geltung gelangt, indem es eine gleichsam enzyklopädische Bildung des Architekten in Geometrie, Optik, Arithmetik, Geschichte, Musik, Philosophie, Medizin, Jurisprudenz und Astronomie fordert und somit den überkommenen ethischen Anspruch (die *bona fama*) mit einem wissenschaftlichen Anspruch verbindet, dem in den Vorreden eine nachdrückliche Berufung auf die Physik entspricht.

Mit dem Vitruvschen *ornamentum*-Begriff bildet sich – vornehmlich in der Architekturtheorie – die neuzeitliche O.-Problematik. LE VIRLOYS' ‹Dictionnaire d'architecture› faßt sie noch um 1770 folgendermaßen zusammen: «ORNAMENT: Bezeichnet allgemein jede Skulptur, die zur Verschönerung eines Bauwerks oder eines Gemäldes beiträgt.»[29] Diese Definition kristallisiert die Bewußtwerdung eines Problems: Entweder ist das O. integraler Bestandteil der Sache selbst, oder es ist nur etwas Hinzugefügtes. Unter *ornamento* verstand man nämlich im Italienischen auch das Gebälk einer Säulenordnung – eine Wortbedeutung, die auch in den anderen Sprachen wegen der gemeinsamen Quellen, auf welche die Theoretiker sich beziehen, die Vitruvsche Lehre der drei Säulenordnungen und die mit ihr einhergehende Auffassung des *decorum* weiterhin einschließt. Nun haben die Säulenordnungen als schmückende Bauteile einen ambivalenten Charakter: sie sind «nicht bloße Applik, sondern zugleich – wenn auch oft nur mehr scheinbar – unterstützende und darum konstruktive Bauelemente» und dienen also sowohl der Festigkeit als auch der Schönheit.[30] Man darf annehmen, daß die moderne Debatte zwischen Nützlichkeit und O. hier ihren Ursprung nimmt.

Den *ornamentum*-Begriff und den mit ihm zusammenhängenden Gegensatz zwischen Nützlichkeit und O. übernimmt in der Renaissance L.B. ALBERTI, dessen bis zum 18. Jh. einflußreiche theoretische Traktate dem Topos des O. als bloßem Zutat zur Geltung verhelfen. Die Schönheit (*pulchritudo*) gehört für ihn auf die Seite des Substantiellen, Schmuck dagegen ist bloßes Akzidens, ein der Schönheit additiv angestücktes Beiwerk, «gleichsam ein die Schönheit unterstützender Schimmer und etwa deren Ergänzung».[31] Auch Alberti orientiert sich noch nachdrücklich an den rhetorischen Kategorien. An Vitruv anknüpfend, unterzieht er dessen Traktat einer Umstrukturierung, die sich nach Cicero richtet. In den ersten zwei Büchern behandelt er die *delineamenta* und die Materie; die Bücher III bis V handeln von den Werken (*de opere*), die Bücher VI bis IX von den O. (*de ornamento*). Im X. Buch geht es abschließend um die Mittel zur Vermeidung der architektonischen Fehler. Für Alberti soll der Baumeister auf das Notwendige, auf das Nützliche und auf das Schöne, das zugleich angenehm und moralisch gut (*honestum*) sein soll, bedacht sein. Diese Denkweise verrät den Einfluß CICEROS, der das Verhältnis zwischen Nützlichkeit und *honestum* vor allem in ‹De officiis› dargelegt hat. Noch eindeutiger kommt Ciceros Einfluß in der Anwendung des Begriffs *concinnitas* zum Zuge, der sich bei diesem auf den Wohllaut der Wörter und Silben bezog, in der Definition der Schönheit zum Zuge: Die Schönheit ist die harmonische Zusammenhang aller Teile, von denen keiner hinzugefügt, beseitigt oder geändert werden kann. Diese Definition findet man in kaum veränderter Form in allen architektonischen Traktaten bis hin zum 18. Jh. wieder, wobei freilich die kleinen Differenzen entscheidend sind – so bei CH. PERRAULT, der diese *concinnitas* mit der *bienséance* gleichsetzt.[32] Während Cicero sowohl zwischen der Schönheit und der Anmut wie auch zwischen *ornatus* und *decorum* unterscheidet, werden bei Alberti beide Begriffe weitgehend gleichgesetzt. Das weist in die Richtung der *bienséance* und zugleich auch der *Repräsentation*. In beiderlei Hinsicht, sowohl wegen der schon modernen Spannung zwischen Nützlichkeit und O. als auch wegen der Vereinnahmung des *decorum* durch die Repräsentation bahnt sich bei Alberti die moderne O.-Problematik an.

III. *Die moderne O.-Problematik.* Die Unterscheidung zwischen Poetik und Ästhetik markiert den Umbruch, aus dem die moderne O.-Problematik resultiert. Die Abhandlungen über die Tropen bis hin zu den Poetiken des 16. Jh. – zum Teil auch noch im 17. Jh. – enthalten in aller Regel einen Teil, der den O. der Rede vorbehalten ist. Diese Poetiken haben einen ausdrücklich normativen Charakter – von daher der Titel ‹Gradus ad Parnassum›, den viele von ihnen führen[33] – und sie verfahren taxonomisch, d.h., daß sie, wie die antike Rhetorik, die verschiedenen Mittel aufzählen und beschreiben, die eine «poetische» Redeweise konstituieren sollen. Schon die Römer hatten die Poetik immer mehr in die Nähe einer Kunstlehre und einer erwerbbaren Fertigkeit gerückt, selbst wenn bei HORAZ und anderen Anlage und Talent ausdrücklich betont wurden. Über Horaz und die zahlreichen Horaz-Kommentare des Frühhumanismus und der Renaissance bestimmt die antike rhetorisch-poetische Tradition das Denken über Dichtung und Kunst bis ins 17. Jh. hinein. Die italienischen und die französischen Poetiken übernehmen von der Rhetorik die traditionelle Gliederung der *inventio*, der *dispositio*, der *elocutio* und der *actio*. In ihnen beschränkt sich aber die ehemals allgemeine Wissenschaft, die Rhetorik, im wesentlichen auf die *elocutio*, auf eine bloße Lehre der geschmückten, «poetischen» Redeweise. Zwar gibt es im Zuge der Platon-Renaissance bei L. BRUNI, M. FICINO, C. LANDINO oder F. PATRIZI bzw. PATRICIO (‹Della Rettorica›, Venedig 1560) entschiedene Versuche, durch einen Rückgriff auf die Enthusiasmuslehre den Primat des *furor divinus* und somit die Überlegenheit der Dichtung innerhalb, oder gar über den *artes* zu behaupten. Aber das rhetorisch-poetische Paradigma übersteht die Angriffe, die rhetorische Trias *delectare, docere, movere* beschränkt die Funktion der poetischen Redeweise auf das *movere* und das *decorum* bleibt, wie z.B. bei P. BEMBO, dichtungstheoretisch auf die kanonisch gewordenen Unterscheidung der drei Stilarten eingeengt.

Auch in Deutschland sind die meisten der etwa hundert poetischen Lehrbücher, die zwischen OPITZ' ‹Buch von der deutschen Poeterey› aus dem Jahre 1624 und GOTTSCHEDS ‹Critischer Dichtkunst› (1730) erscheinen, noch Traktate über Euphonie und Prosodie oder Reimlexika. Wenn Gottsched die barocke Dichtung schonungslos kritisiert, dann weil sie sich in seinen Augen auf diese technischen Feinheiten beschränkt. In den Poetiken von Opitz, Buchner, Kindermann, Zesen, Menantes, Roth, schreibt er 1732 in seiner ‹Weltweisheit›, vermisse man «einen recht deutlichen Begriff von dem wahren

Wesen der Dichtkunst, aus welchem alle besonderen Regeln hergeleitet werden könnten [...] Das Wesen der Dichtkunst bestünde im scandiren und reimen; die Poesie sey nichts anders als eine gebundene Beredsamkeit».[34] Die Bemühungen um die deutsche Sprache führen sogar zu vermehrten wortkunsttheoretischen Anstrengungen. Gottscheds Feldzug ist deshalb epochemachend, weil er grundsätzlich an der Nützlichkeit der metaphorischen Übertragung, d.h. an der Funktion der *elocutio* zweifelt – um so mehr, als das Kriterium des Übertragens nicht mehr eigentlich die Angemessenheit, d.i. die Wirksamkeit der Alten ist, sondern die *bienséance*, die herrschende kulturelle Norm, die sich die geforderte Entsprechung zwischen Thema, Gattung und Stilebene zu eigen gemacht hat. Daran rüttelt auch der Franzose DU MARSAIS, wenn er 1730 schreibt, daß «an einem einzigen Markttag mehr Figuren geprägt [werden] als in langwierigen akademischen Debatten».[35] Selbst wenn sie aus bestimmten Diskursgattungen nicht ganz verschwindet, reduziert sich die Rhetorik immer mehr auf eine Lehre des vornehmen oder anständigen Redens, die sozio-kulturellen Normen gehorcht und zur Unterscheidung der Gattungen nach ihren Stilebenen dient.

Die Krise, in die Rhetorik und Poetik allmählich geraten, läßt sich am sich ändernden Verhältnis der *partes rhetorices* zueinander feststellen: der *invertio* kommt eine immer größere Bedeutung zu – eine Entwicklung, die sich schon im 16. Jh. abzeichnet.[36] Im 17. Jh. verdrängt die Inanspruchnahme der ehemaligen *inventio* durch den Rationalismus die *elcutio* in eine untergeordnete Rolle, die PASCAL schlicht und brutal zusammenfaßt: «Wahre Beredsamkeit spottet der Eloquenz.»[37] Im ‹Discours de la méthode› meint DESCARTES nichts anderes, wenn er schreibt: «Ich schätze sehr die Beredsamkeit und liebte die Poesie, aber ich war der Meinung, daß beide eher geistige Gaben als Früchte des Studiums sind. Diejenigen, die starke Argumente haben und über ihre Gedanken so lange brüten, bis sie klar und verständlich werden, werden immer am ehesten überzeugen, möchten sie auch nur niederbretonisch reden und die rhetorische Kunst nie gelernt haben.»[38] Eine mittlere Position nehmen diejenigen ein, die wie CH. BATTEUX zwischen einer Logik des Verstandes und einer Logik des Herzens unterscheiden; aber auch sie beschränken die rhetorische Angemessenheit auf das aristotelische *éthos* und die *elocutio*, während die verstandesmäßige Angemessenheit ausdrücklich als ein metaphysisches Anliegen aufgefaßt wird: «Es gibt zwei Arten, die Worte zu ordnen: die eine richtet sich nach dem Geist, die andere nach dem Herzen desjenigen, der sie ausspricht, oder derjenigen, die sie empfangen haben. [...] Beide Arten sind allerdings in ihrem jeweiligen Genre angemessen: erstere im grammatikalischen und metaphysischen, letztere im oratorischen und praktischen.»[39]

Die Wirkungen dieses Verfalls kann man in der Poetik an dem Unterschied zwischen Opitz und Gottsched erkennen. Bei letzterem wird die Normativität nicht mehr von der Rhetorik geliefert, sondern von einer philosophischen (deduktiven) Begründung der ästhetischen Kategorien. Der französische und deutsche Rationalismus cartesianischer oder Leibniz-Wolffscher Prägung bemüht sich, den modernen Ausdifferenzierungsprozeß von Kunst und Erkenntnis durch die metaphysische Neubegründung der göttlichen Weltordnung zu bewältigen: Die Kunst ist Mimesis, sie drückt diesen vernünftig-gottgewollten Zusammenhang aus, den der Verstand seinerseits zu erkennen versucht.

Im französischen Klassizismus des 17. Jh. wirkt zwar die alte *aptum*-Lehre als *biensaénce* und *convenance* fort, aber sie ist wie der *vraisemblance*-Begriff der *raison* zuzuordnen.

Dieser Stabilisierungsversuch vermag aber gerade deshalb die Entstehung der philosophischen Ästhetik nicht zu verhindern; er hat sie zugleich retardiert und vorbereitet. Für die Ästhetik des 18. Jh. gibt sich das Genie selber die Regeln seines Schaffens (vgl. KANT und schon LESSING), anstatt sie von der Rhetorik zu beziehen oder philosophisch zu deduzieren. Diese Autonomie des Kunstwerks und des Künstlers setzt die normative Funktion der Rhetorik endgültig außer Kraft; sie hört auf, für die Literatur konstitutiv zu sein, und die Entstehung einer von der Rhetorik befreiten philosophischen Ästhetik verändert zugleich grundsätzlich den Status des O. Dieses, das in der alten Rhetorik für den gelungenen – d.h. auch richtigen – Ausdruck konstitutiv war, wird zum bloßen Zierat. In seinem Kommentar zu Du Marsais' Tropen wird FONTANIER, dessen ‹Figures du discours› als ein Dokument des Übergangs von der normativen zur philologisch-historischen Rhetorik angesehen werden kann, 1818 meinen: «Die Figuren weichen insofern von der einfachen, alltäglichen und gemeinen Redeweise ab, als man sie durch alltäglichere und gemeinere Ausdrucksformen ersetzen könnte.»[40] Mit anderen Worten besteht zwischen der Anständigkeit und der Richtigkeit kein notwendiger Zusammenhang mehr; etwas Richtiges kann auf mehr oder weniger vornehme, anständige oder gar angenehme Art ausgedrückt werden; das O. wird, wenn auch nicht ganz überflüssig, so doch höchst fragwürdig.

KANT dokumentiert das Auseinanderfallen von Wahrheit und Rhetorik, indem er in der ‹Kritik der Urteilskraft› zwei Weisen der Rhetorik unterscheidet: Beredtheit und Wohlredenheit. Zwar gehören beide zu den schönen Künsten, aber die bloße Rednerkunst (*ars oratoria*) «ist, als Kunst sich der Schwächen der Menschen zu seinen Absichten zu bedienen (diese mögen immer so gut gemeint oder auch wirklich gut sein, als sie wollen), gar keiner *Achtung* würdig».[41] An anderer Stelle bezeichnet er sogar die Beredsamkeit als eine «hinterlistige Kunst», als die Kunst, «durch den schönen Schein zu hintergehen», und er setzt sie der Dichtkunst entgegen, denn sie ist «eine Dialektik, die von der Dichtkunst nur so viel entlehnt, als nötig ist, die Gemüter vor der Beurteilung, für den Redner zu *dessen* Vorteil zu gewinnen, und dieser die Freiheit zu benehmen».[42]

Am Ausgang des 18. Jh. empfindet SCHILLER diesen Umbruch als eine tiefe kulturelle Krise. Die Art und Weise, wie er in den Jahren 1792–94 in verschiedenen brieflichen Äußerungen das philosophische Vorhaben umreißt, das in den ‹Briefen über die ästhetische Erziehung des Menschen› seinen Niederschlag finden wird, zeigt, daß er gleichsam nichts anderes anstrebt als eine *moderne* Wiederherstellung der antiken rhetorischen Einheit, um der neuen Barbarei, die aus der «Tyrannei der Vernunft» resultiert, abzuhelfen.[43] «Ein Meister in der guten Darstellung», heißt es in einem Brief an den dänischen Erbprinzen Friedrich Christian von Augustenburg am 21.11.1793, «muß [...] die Geschicklichkeit besitzen, das Werk der Abstraktion augenblicklich in einen Stoff für die Phantasie zu verwandeln, Begriffe in Bilder umzusetzen, Schlüsse in Gefühle aufzulösen, und die strenge Gesetzmäßigkeit des Verstandes unter einem Schein von Willkür zu verbergen.»[44] Diese Formulierung erinnert an den berühmten Satz aus den Kallias-

Briefen, nach welchem Freiheit in der Erscheinung mit der Schönheit eins ist[45], wirft aber im Hinblick auf die intendierte moderne Wiederherstellung der alten rhetorischen Wirkungsfähigkeit die Frage auf, was es mit diesem «Schein» auf sich hat. Denn für die antike Rhetorik kam es, wie gesehen, nicht auf das Wahre, sondern nur auf das Überzeugende an. In demselben Brief stellt Schiller sogar eine für unser Thema besonders aufschlußreiche Verbindung her zwischen dem «schönen Vortrag» und dem O., zu dem die spät- und nachantike Rhetorik eben verkommen war: «Wenn der dogmatische Vortrag in geraden Linien und harten Ecken mit mathematischer Steifigkeit fortschreitet, so windet sich der schöne Vortrag in einer freyen Wellenbewegung fort, ändert in jedem Punkt unmerklich seine Richtung, und kehrt ebenso unmerklich zu derselben zurück.» [46] Entweder ist also die von Kant selbst gebilligte 'Schlangenlinie' – bekanntlich eine ornamentale Grundfigur – eine bloße Ornamentalisierung und *captatio benevolentiae*, die sich des *delectare* und der *voluptas* bedient, um zu überreden, oder sie ist nicht nur ein Darstellungs-, sondern auch ein Erkenntnismittel, das dem Verstand bzw. der Vernunft nicht widerspricht und vielleicht sogar neue Erkenntnisse vermitteln kann.

IV. *Schluß und Ausblick.* Bei SCHILLER, der sich noch ausdrücklich rhetorischer Kategorien und Denkmuster bedient und sie ‹kantisch› verarbeitet und 'modernisiert', gelangt das antike rhetorisch-poetische Paradigma an sein Ende. Zwar überlebt es als Bildungsmuster – nicht zuletzt im Gymnasialunterricht des 19. Jh. –, aber es wird von einer ganz anderen O.-Problematik abgelöst, die nur noch gelegentlich mit der antiken rhetorischen Tradition und Begrifflichkeit zu tun hat. Ab und zu wird man sich noch auf diese beziehen, um in den Debatten der Moderne Positionen zu identifizieren: so tauchen rhetorische Begriffe nicht nur in der Altphilologie, sondern auch in literaturtheoretischen Debatten auf, die allgemeine Tendenzen in der Kunst beschreiben, normativ definieren oder prägen wollen; zu ihnen gehört das Paar Asianismus-Attizismus, auf welches WILAMOWITZ um 1900 zurückgreift.[47] Auch in der sog. ‹Postmoderne› ist eine Tendenz festzustellen, nach der Verabschiedung der «großen Erzählungen» an die antike Überredungskunst wieder anzuknüpfen. Diese Tendenz entspricht der Absicht der postmodernen Architektur, mit der Dualität von Schönheit und Funktion entschieden pragmatisch umzugehen. CH. JENCKS' linguistisches Paradigma mündet zum Beispiel in ein rein pragmatisches rhetorisches Ethos.[48]

Anmerkungen:
1 G.E. Lessing, ‹Laokoon›, in: Werke und Briefe in 12 Bdn. hg. von W. Barner, Bd. 5-2 (1990). – 2 vgl. Quint. VIII, 3, 4–5, und Cic. De or III, 104, auch Cic. Or. 91.96. – 3 Cic. De or. III, 104. – 4 Arist. Poet., 1460b. – 5 ebd. 1458a. – 6 das sich auszeichnende Wort, griech. γλῶττα, glótta. – 7 ebd. – 8 Plat. Phaidr. 267a, Übers. hier wie auch sonst vom Verf. – 9 Cic. Or. 61. – 10 Quint. III, 3, 11. – 11 Arist. Rhet. 1355a14. – 12 ebd. 1357a. – 13 ebd. 1355a. – 14 ebd. 1355a, 1357a. – 15 Arist. Rhet. III, 7. – 16 I. Rutherford: Art. ‹Decorum›, in HWRh Bd. 2 (1994), Sp. 427. – 17 Plat. Phaidr. 278e-279b. – 18 ebd. 260d-e. – 19 vgl. A. Michel: La parole et la beauté (Paris 1994) 54. – 20 vgl. Cic. Brut. 325. – 21 Cic. De or. III, 120. – 22 vgl. ebd. II, 307ff.; Cic. Or. 99. – 23 vgl. K. Spang: Art. ‹Dreistillehre› in: HWRh Bd. 2 (1994) Sp. 926f. – 24 Hippias maior, griech. u. dt. hg. v. B. Vancamp (1996). – 25 vgl. Arist. Rhet. III, 12. – 26 ebd. I, 3. – 27 Vitruv, De architectura, hg. v. L. Callbat, P. Bouet, P. Fleury, M. Zuinghedau, 2 Bde. (Hildesheim/Zürich 1984). – 28 so in den Büchern III u. IV – 29 vgl. Art. ‹Ornement›, in: Ch.-F. Roland Le Virloys: Dictionnaire d'architecture, militaire et navale, ancienne et moderne, et de tous les arts qui en dépendent (o.O. 1770) Bd. 2, 350. – 30 U. Schütte: ‹Ordnung› und ‹Verzierung›. Unters. zur deutschsprachigen Architekturtheorie des 18. Jh. (Diss. Heidelberg 1979) 47. – 31 L.B. Alberti: Zehn Bücher über die Baukunst, hg. v. M. Theuer (Wien/Leipzig 1912) 294; vgl. F.-L. Kroll: Beitr. zu einer Geistesgesch. des O., in: Zs. f. Ästhetik und allg. Kunstwiss. 36/1 (1986) 81. – 32 Ch. Perrault: Commentaire de Vitruve. Les Dix livres d'architecture (Paris 1836–37) 95. – 33 P. Chastillon: Gradus ad Parnassum sive Novus synonymorum, epithetorum et phrasium poeticarum thesaurus, ab uno e Societate Jesu (Paris 1688); P. Aller: Gradus ad Parnassum, sive Novus synonymorum, epithetorum et phrasium poeticarum ac versuum thesaurus (Paris 1722); J.J. Fux: Gradus ad Parnassum, in: Sämtl. Werke, Bd. 7-1: Theoretische und päd. Werke (Wien 1725, ND Graz 1967). – 34 J. Chr. Gottsched: Erste Gründe der gesammten Weltweisheit (1733), in: ders.: Ausg. Werke, hg. v. P.M. Mitchell, Bd. 5/2 (1983) 29ff. – 35 C. Chesneau du Marsais: Des tropes (Paris 1730, ND Genf 1967) 3f. – 36 vgl. H. Blumenberg: Säkularisierung und Selbstbehauptung (1974) 124. – 37 B. Pascal: Pensées (1670), in: ders., Œuvres compl., hg. v. L. Lafuma (Paris 1963) 576. – 38 R. Descartes: Discours de la méthode, in: ders.: Œuvres et lettres (Paris 1953) 127f. – 39 Ch. Batteux: Principes de littérature, éd. revue (Paris 1824) Bd. 5, 222f. – 40 P. Fontanier: Commentaire raisonné sur les tropes de Du Marsais (1818), in: C. Chesneau: Du Marsais, Des tropes (1730), hg. v. P. Fontanier (ND Genf 1967) 3f. – 41 Kant K U, Bd. 8 der Werke in 10 Bd., hg. von W. Weischedel (1957) 431, § 53. – 42 ebd. 430. – 43 vgl. F. Schiller: Über die ästhet. Erziehung des Menschen, in: Die Horen 1 (1795); vgl. hierzu H. Meyer: Schillers philos. Rhet., in: Euphorion 53 (1959) 340. – 44 F. Schiller an F. Chr. v. Augustenburg (21.11. 1793), in: ders.: Briefe, hg. v. F. Jonas (1982) Bd. 3, 395f. – 45 vgl. F. Schiller: Kallias oder Über die Schönheit, in: Werke (1966) Bd. 4, 82. – 46 Schiller [44] Bd. 3, 397. – 47 U. v. Wilamowitz-Möllendorf: Asianismus und Attizismus, in: Hermes 35 (1900) 1–52. – 48 vgl. Ch. Jencks: The Language of Post-modern Architecture (London 1977).

Literaturhinweise:
F.A. Krubsacius: Gedanken über den Ursprung, Wachsen und Zerfall der Dekoration in den schönen Künsten (1759). – P. Meyer: Das O. in der Kunstgesch. (1944). – H.G. Gadamer: Wahrheit und Methode (1960). – E. Grassi: Theorie des Schönen in der Antike (1962). – K. Dockhorn: Macht und Wirkung der Rhet. Vier Aufsätze zur Ideengesch. der Vormoderne, in: Res publica Literaria 2 (1968). – T. Todorov: Théories du symbole (1977). – H. Wiegmann: Gesch. der Poetik. Ein Abriß (1977). – M. Müller: Schöner Schein (1987). – G. Raulet, B. Schmidt (Hg.): Krit. Theorie des O. (1994). – G. Raulet (Hg.): Von der Rhet. zur Ästhetik (1995). – U. Franke, H. Paetzold (Hg.): O. und Gesch. (1996). – J. Frank, F. Hartung: Die Rhet. des O. (2000).

G. Raulet

→ Architektur → Ästhetik → Decorum → Dreistillehre → Elocutio → Figurenlehre → Ornatus → Plastik → Poetik

Ornatus (lat. auch ornamentum; griech. κόσμος, kósmos; κατασκευή, kataskeué; dt. Redeschmuck, kunstvolle Redegestaltung)

A. Der Begriff ‹O.› bezeichnet Phänomene der Wohlgeformtheit, Wohleingerichtetheit, Wohlgeordnetheit und kunstvollen Gestaltung des Textes mittels Wortwahl, Satzbau, Klang und Rhythmus. Im Deutschen läßt sich der Begriff nur bedingt durch das Wort ‹Schmuck› wiedergeben, weil schmuckhafte Textelemente oft nur als verzichtbare Applikationen angesehen werden.[1] Griechische Termini für den Ornatus sind kósmos und kataskeué; als lateinisches Synonym findet sich in den Quellen vielfach auch *ornamentum*.[2] In der klassischen *officia*-Systemrhetorik gehört der O. in den Makrobereich der Stilistik und Formulierungslehre (*elocutio*), hat seine Systemstelle unter den Sprachgebrauchsprinzipien oder Stilqualitäten (*virtutes elocutionis*): Noch wirkungsvoller als die Normen und *virtues* des *aptum*, der *latinitas* und der *perspicuitas* befördert der O. die Behandlung der *causa*. Er vermittelt eine *delectatio* und dient dem *attentum parare* und damit der Intention des Redners. Der ‹O.› gilt auch als Oberbegriff für die kunstvolle Textüberformung mit Hilfe der Tropen/Figuren und der Prosakompositionslehre (*compositio*). [3] Die Artikel ‹Elocutio› und ‹Figurenlehre› spezifizieren in diesem Sinne die Theorie und Geschichte der ornativen Mittel. [4]

Texttheoretisch lassen sich in der Geschichte der O.-Lehre zwei gegensätzliche Positionen unterscheiden: Die *Schmuck*-Theorie betrachtet den O. als etwas, das dem auf eigentliche Ausdrucksformen beschränkbaren Text als *Ornament* oder als Applikation hinzugefügt wird und ihm äußerlich bleibt, während die *Ausdrucks*- oder *Expressions*-Theorie Inhalt und sprachliche Oberfläche auch im Falle ornativer Mittel als funktionale Einheit betrachtet. Die Geschichte des ‹O.›-Begriffs oszilliert zwischen diesen beiden Konzepten.

B.I. *Antike und Mittelalter.* Die vier in der Antike tradierten Sprachgebrauchsprinzipien gehen in ihrer Systematik auf THEOPHRAST (372–286 v.Chr.) zurück [5]: Sprachkorrektheit (*latinitas*), Klarheit (*perspicuitas*), Angemessenheit (*aptum*) und Wohlgeformtheit (*ornatus*). Davor gibt es nur unsystematische Reflexionen: ISOKRATES postuliert, daß εὐρυθμία, eurhythmía (Rhythmus) und ποικιλία, poikilía (Schmuck) die Rede «nicht blos angenehmer, sondern auch glaubwürdiger und überzeugender» machen. [6] ARISTOTELES diskutiert im dritten Buch seiner ‹Rhetorik› (III, 2–12) verschiedene Elemente der späteren O.-Systemstelle unter dem Begriff der λέξις, léxis.

In der ältesten erhaltenen lateinischen Rhetorik, der des AUCTOR AD HERENNIUM, ist diese Systemstelle auch begrifflich etwas anders konturiert. Der Auctor spricht von Eleganz, gehöriger Anordnung und würdiger Darstellung (*elegantia, conpositio, dignitas*; IV,12,17). Mit würdiger Darstellung ist gemeint, daß durch Abwechslung (*varietas*) ein wohlgestalteter Redetext (*ornata oratio*) entsteht. Die Wohlgestaltetheit eines Textes wird im Produktionsvorgang durch seine Ausstattung mit besonders ansprechenden und passenden Formen erzeugt, für die der Auctor den Begriff *exornatio* verwendet. Die Exornation kann aus Worten oder Gedanken bestehen: «Die Wohlgestaltung von Worten (*verborum exornatio*) ist diejenige, welche auf einer außerordentlichen Ausfeilung der Rede als solcher [*ipse sermo* = Oberflächenstruktur] beruht. Die Wohlgestaltung von Gedanken (*sententiarum exornatio*) ist diejenige, welche nicht in den Worten, sondern in den Inhalten selbst [= Tiefenstruktur] eine gewisse würdige Darstellung besitzt.» (Auct. ad. Her.; IV,13,18) Bestimmte Figuren allerdings, wie etwa «Sinnsprüche (*sententias*) soll man nur selten einfügen, damit wir den Eindruck erwecken: Sachwalter des Falles, nicht Lehrer für das Leben zu sein. Wenn sie auf diese Weise eingefügt werden, bringen sie viel stilistischen Schmuck» (*cum ita interponentur, multum adferent ornamenti*; IV,17,25).

CICERO bedient sich bei seiner Ausführungen zur Formulierungskunst in ‹De inventione› der Kleidermetapher. [7] Die *elocutio* liefere «das sprachliche Gewand», also bestimmte Ausdrucksmittel für die gefundenen Gedanken, und gebe ihnen im Text Wohlgestalt nach der Regel: *inventa vestire atque ornare oratione* (I,7,9). In ‹De oratore› spricht Cicero davon, daß die *ornamenta dicendi* zu den Spezialitäten der Redner (*propria oratorum*) gehören (I,43). Zugleich warnt er aber vor übertriebener Sprachartistik, wenn er (III,100) sagt, daß neben der Wonne des Genusses immer auch die Gefahr des Überdrusses liege. Die Erfahrung mit Dichtern und Oratoren lehre, daß der harmonische, gut betonte, sprachlich geschmückte und glanzvolle Text (*oratio concinna, distincta, ornata, festiva*) auf die Dauer zu Übersättigung führe. Der O., wie er sich in der schmuckvollen Ausgestaltung eines Themas zeigt, ist für Cicero das höchste Lob der Beredsamkeit (*Summa autem laus eloquentiae est amplificare rem ornando*; III,104). In seinem späten ‹Orator›, der nachhaltig von den zeitgenössischen Kontroversen um Asianismus und Attizismus geprägt ist, stellt Cicero einen als äußerlichen *Schmuck* verstandenen O. der attizistischen *venustas* (Anmut/Eleganz) gegenüber; der am attischen Stil orientierte Redner soll allen aufgesetzten Schmuck vermeiden: «Seine Sprache wird rein sein und echt lateinisch, der Ausdruck klar und deutlich, sein Ziel die Angemessenheit» (*sermo purus erit et Latinus; dilucide planeque dicetur; quid deceat circumspicietur*; Or. 79). Bei den drei Sprachstilen (*genera dicendi*) gibt der O. schon dem mittleren Stil die Feinheit (vgl. Or. 96), doch ist er v.a. Kennzeichen des dritten, hohen Stils. Den weitausgreifenden, wortreichen und wortgewaltigen Orator erkennt man textstruktural am entsprechenden O., der zu höchster Wirkungskraft führt, denn hier kommt die mündlich vorgetragene Rede auf der Ausdrucksebene mitreißend «in mächtigem Schwung mit lautem Klang» (*cursu magno sonituque*) daher (Or. 97).

Für QUINTILIAN ist der O., also das Wohlgeformte und damit Schmuckvolle eines Redetextes etwas, «das mehr ist als nur durchsichtig und einleuchtend» (*ornatum est, quod perspicuo ac probabili plus est*; VIII,3,61). Dieser Texteigenschaft lassen sich verschiedene Ausdrucksqualitäten zusprechen: Strahlkraft (*nitor*; VIII,3,3), kraftvolle Männlichkeit (*ornatus virilis*; VIII,3,6), Scharfsinnigkeit (*acutum*; VIII,3,49), Reichhaltigkeit; (*copiosum*; VIII,3,49), Munterkeit (*hilare*; VIII,3,49), Annehmlichkeit (*iucundum*; VIII,3,49) und Sorgfalt (*accuratum*; VIII,3,49). [8]

Quintilian erklärt das "wohlgeformt Reden (*ornate dicere*)" mit Cicero zur Spezifik des eloquenten Orators, wohingegen es dem bloß Redefertiger (*disertus*) schon genüge nur zu sagen, was nötig ist (VIII pr. 13). Damit wird der O. zum Kennzeichen der kunstvollen Eloquenz-Rhetorik; *cultus* (Pflege) und O. sind für Quintilian synonym (VIII,3,2). Entsprechend ordnet Quintilian die Ausdruckslehre (*elocutio*), zu deren Kernbestandteil die O.-Lehre gehört, dem Redemodus des *delectare* zu, also dem Modus der Erzeugung ästhetischen Wohlgefallens (VIII pr. 7). Damit soll allerdings nicht dem luxuriösen Schmücken das Wort geredet sein, das Quintilian unter dem Begriff des κακόζηλον, kakózēlon, der *mala affectatio* (VIII,3,56) als Fehler (*vitium*) des O. behandelt, sondern der angemessenen und maßvollen Sorgfalt (*cura, diligentia*) in der Ausgestaltung von Worten und Gedanken (VIII pr. 20–22). In den zeitgenössischen rhetorischen Vortragssituationen lösen eben Erhabenheit, Großartigkeit, der Glanz und das Gewicht der Worte (*sublimitas, magnificentia, nitor et auctoritas*) den gewünschten stürmischen Beifall aus (VIII,3,3). Trotz dieser Betonung der ästhetischen Funktion des O. wendet sich Quintilian gegen eine reine Applikationstheorie, nach der der O. letztlich aus verzichtbarem, weil funktionslosem Schmuck bestünde. Hintergrund für diese wirkungsfunktionale Betrachtungsweise des O. sind die Bedingungen der alten Mündlichkeit. Sie ließen für eine bessere Wahrnehmung und mentale Verarbeitung akustischer Texte die besonderen Arten ästhetischer Überformung geradezu notwendig erscheinen: Der O. der Rede sei auch für die Sache, den verhandelten Fall (die *causa*), keineswegs unwichtig. «Denn Hörer, die gern zuhören, passen besser auf und sind leichter bereit zu glauben, werden meist schon durch den Genuß gewonnen, ja manchmal durch Bewunderung mitgerissen.» (VIII,3,5).

Im *Mittelalter* leisten insbesondere die Werke der *Ars poetriae*-Tradition einen Beitrag zur O.-Lehre.[9] Den Anfang macht die ‹Ars versificatoria› des MATTHAEUS VON VENDÔME (um 1175). Im zweiten Buch seiner Ars geht es um den *color dicendi*, den er auch Oberflächenschmuck auf Wortebene (*superficialis ornatus verborum*) nennt (2,9) und den er in Form kapitelfüllender Sammlung *eleganter* Ausdrücke dokumentiert. Der O. besteht für ihn aus *scemata, tropi* und *colores rhetorici*.[10] Folgenreich wird die Stilartenlehre des GALFRID VON VINSAUF (um 1210) mit der Unterscheidung von *ornatus difficilis* und *ornatus facilis*. Galfrid selbst spricht von *ornata difficultas* und *facilitas*.[11] Die *ornata difficultas* resultiert allein aus dem Tropengebrauch. Dabei hält Galfrid aber am Deutlichkeits-Postulat fest, d.h. stilistische *gravitas* darf nicht zur semantischen Verdunkelung führen.[12] Die *ornata facilitas* entsteht durch den Gebrauch der Ausdrucks- und Inhaltsfiguren. Beiden Stilarten gibt erst JOHANNES VON GARLANDIA (Mitte 13. Jh.) den heute geläufigen Namen *ornatus difficilis* bzw. *facilis*.[13] Wie bei Galfrid kennzeichnet den *ornatus facilis* nicht der Gebrauch von Figuren, sondern die *determinacio*, d.h. die Attribuierung von Verben, Adjektiven und Substantiven.[14]

II. *Renaissance-Humanismus, Barock*. Die eigenständigen Ausprägungen von O.-Theorien werden im Renaissance-Humanismus einer gründlichen Revision unterzogen. Die humanistischen Rhetoriktheoretiker knüpfen dabei programmatisch an die antiken Gewährsmänner an.[15] Die Autoren betonen einstimmig die Notwendigkeit des O., doch führt dies nicht dazu, daß der O. als eigenständiger Systembereich in allen Rhetoriken gleichermaßen vertreten ist.

F. RIEDERER folgt in seinem ‹Spiegel der waren Rhetoric› (1493) der Herennius-Rhetorik und übersetzt *ornamenta* mit «zierung».[16] MELANCHTHON nimmt in seinen ‹Elementa rhetorices› (^{1}1531) eine bemerkenswerte Haltung ein, was die Frage nach Schmuck bzw. Ausdruck betrifft; er unterscheidet terminologisch klar zwischen dem ‹O.› als natürlichem ‹Ausdruck› und den *ornamenta*, welche eine logische Struktur schmücken und ihr damit erst zur Wirkung verhelfen. «Doch ist es falsch, zu glauben, der rednerische Schmuck (*ornatus*) sei Schminke (*fucus*), die man widernatürlich aufgetragen hätte. Es ist das natürliche Aussehen der Rede, über das hier Regeln aufgestellt werden».[17] Gekonntes Formulieren besteht deshalb, wie Melanchthon in einem fiktiven Brief an den italienischen Humanisten Pico della Mirandola breit ausführt, weder im Verzicht auf jeglichen O., noch in der Applikation funktionsloser Schmuckelemente. Grundsätzlich ist auf eine «natürliche Kolorierung der Gedanken» (*nativus sententiae color*) zu achten. Gerade bei philosophischen Texten ist ein allzu üppiger und überflüssiger O. zu vermeiden.[18]

Melanchthons Klassifikation der Figuren basiert auf der Differenzierung zwischen Grammatik und Rhetorik (in Anschluß an Quint. VII,3,15), für die er auch das Schmuckkriterium heranzieht. Die rhetorischen Figuren und die *amplificatio* werden – in Abwandlung der Systematik in Ciceros ‹De oratore› – der Rhetorik zugesprochen, hinsichtlich Sprachrichtigkeit und Deutlichkeit sieht er eine Nähe zur Grammatik.[19] Die auf die *amplificatio* zielende Gruppe von Figuren erläutert Melanchthon durch Rekurs auf die Lehre von den dialektischen *loci*: Figuren und Argumentationstechniken entstehen durch Anwendung derselben Operationen, etwa durch Zurückführung eines konkreten Falles auf einen Gemeinplatz (*locus communis*). Erst der funktionale Kontext entscheidet hier über die Einordnung der sprachlichen Form als ‹Ornament› oder ‹Argument›.[20] Dies zeigt, daß sich bei Melanchthon neben der *Ausdrucks*-Theorie auch die Theorie vom äußerlichen Schmuck findet,[21] die zudem für seine Unterscheidung von Dialektik und Rhetorik zentral ist.[22]

Die Schulrhetoriken des 16. und 17. Jh. haben das differenzierte Niveau der Argumentation Melanchthons nur selten erreicht. R. SHERRY wiederholt in seinem ‹Treatise of Schemes and Tropes› (1550) knapp die einschlägigen Ausführungen Ciceros und Quintilians; Ziel der Rhetorik sei es, die Rede «aptely, distinctly, and ornately» einzurichten.[23] Die Jesuitenrhetorik ‹De arte rhetorica› (^{1}1560) des C. SOAREZ behandelt den O. kurz im Kapitel über die *elocutio*; Ziel des O. ist die Vermeidung von Überdruß (*satietas*) beim Zuhörer.[24] Mit Nachdruck wiederholt Soarez die antike Forderung, daß der Redeschmuck den Redegegenständen angemessen sein soll: «Die Fülle der Gegenstände bringt nämlich die Fülle der Ausdrücke hervor» (*Rerum enim copia verborum copiam gignit*); aus den entsprechenden Sachverhalten entsteht der Glanz in den Worten (*splendor in verbis*) und der Redeschmuck (*apparatus*; *ornatus*) von selbst.[25] Das umfangreiche Kapitel ‹Of Ornament› in G. PUTTENHAMS ‹The Arte of English Poesie› (1589) knüpft an den *exornatio*-Begriff der ‹Rhetorica ad Herennium› an. Der Redeschmuck ermögliche «a certaine noveltie and strange maner of conveyance» (eine gewisse neuartige und ungewöhnliche Form der Mitteilung).[26] In J.C. SCALIGERS ‹Poetices libri septem› (^{1}1561) tritt der elokutionäre *figura*-Begriff an die Stelle des O.[27]

In den in der Frühen Neuzeit weit verbreiteten, auf die *officia* der *elocutio* und *actio/pronuntiatio* reduzierten ‹ramistischen› Rhetoriken entfällt eine eigenständige Systemstelle O. schließlich ganz. In J.M. MEYFARTS ‹Teutscher Rhetorica› (1634) wird ihr Aufgabenbereich unter der *elocutio* abgehandelt, die der «Außstaffierung der Rede» diene.[28] Auch in G.J. VOSSIUS' rhetoriktheoretischen Werken gibt es keine eigenständige Erörterung des O.; Vossius bevorzugt den Terminus *dignitas* aus der Herennius-Tradition, der bei ihm die Lehre von den Tropen und Figuren, nicht aber die *compositio* umfaßt.[29] Die figural ausgestaltete Rede unterscheidet sich für Vossius von der einfachen Rede (*recta oratio/propria oratio*) durch das Fehlen des O.[30] In seiner ‹kleinen› Rhetorik, den ‹Rhetorices contractae, sive partitionum oratoriarum libri quinque› (^{1}1621), unterteilt er die *elocutio* in *elegantia* (mit Überlegungen zur *latinitas* und *perspicuitas*), *dignitas* und *compositio*.[31] Die *dignitas* ist für die übertragenen und die eigentlichen Ausdrücke zuständig; ein eigenständiges Kapitel über den O. fehlt.[32] Will der Orator seine Rede wirkungsvoll gestalten, so genügt es nicht, daß sie korrekt und verständlich ist: wie bei einem Haus, in dem nicht so sehr das, was notwendig ist (*quae ad necessitatem pertinent*), einen großartigen Eindruck macht, sondern das, was geschmückt sei (*quae ad ornatum [pertinent]*).[33] Auf die unter der Rubrik *elegantia* verhandelten Gesichtspunkte der Sprachrichtigkeit, die für Vossius in das Zuständigkeitsgebiet der Grammatiker fallen, setzt der Rhetoriker einen doppelten O., der aus *dignitas* und *compositio* besteht: einen, der auf den Worten und Inhalten basiert, einen anderen, der aus der schönen Anordnung der Worte (ihrer Zusammenstellung) resultiert (*unum ex verbis sententiisque; alterum ex venusto verborum situ, ac collocatione*).[34]

Eine eigenständige Systemstelle ‹O.› kann sich also in den Rhetoriktheorien des 16. und 17. Jh. nicht durchsetzen, doch wirkt das Postulat, daß ein wirkungsvoller Text geschmückt sein muß, ungebrochen fort. Diese Forderung gilt, wie J. Dyck herausgearbeitet hat, auch für die poetischen Texte: «Ein Gedanke mag noch so tief, eine Aussage noch so gedankenreich sein: Fehlt der Rede der sprachliche Glanz, so verblaßt auch ihr Inhalt. [...] Der Weg zum Herzen des Lesers führt über den Ornatus.»[35] J.H. ALSTED setzt in seiner ‹Encyclopaedia› (1630) das *bene dicere* in antiker Tradition mit dem *ornate dicere* gleich.[36] Noch J. CHR. MÄNNLING führt in seinem ‹Expediten Redner› (1718) die «Particulae connexionis» (= *compositio*) und die «Figurae aus der Rhetorica» als Mittel an, mit der ein Redner seinem Text «die gröste Zierlichkeit» geben kann[37]

III. *Aufklärung, Romantik.* Obwohl die Theoretiker des 16. und 17. Jh. den O. keineswegs einseitig als ‹Schmuck› interpretieren, kommt es doch im Gefolge des cartesianischen Rationalismus in der Mitte des 17. Jh. zu einer radikalen Kritik am Konzept eines 'aufgesetzten' O., der als ein zentrales Charakteristikum der stark kritisierten (Schul-)Rhetorik aufgefaßt wird. Zentral für die nachfolgende Diskussion bis weit ins 18. Jh. ist die Unterscheidung von Haupt- und Nebenbedeutungen (*idées accessoires*), die A. ARNAULD und C. NICOLE in der ‹Logik von Port Royal› (‹Logique ou l'art de penser›, ¹1662) vornehmen.[38] In den sprachlichen Nebenbedeutungen schreiben sich die Affekte des Redners unbewußt und ohne Applikation der rhetorischen *téchnē* ein und generieren dabei sprachliche Strukturen, wie sie in der *officia*-Rhetorik unter dem Begriff des O. dargestellt werden. Wie die Gestik oder die Stimme ist auch die *Wohlgeformtheit* eines Textes ein natürliches Zeichen für die Affekt-Disposition des Redners[39]: Arnauld/Nicole nehmen hier Quintilians Ansicht, daß die Figuren der menschlichen Mimik gleichen, in der sich die Leidenschaften gleichsam spiegeln (II,13,11), auf, wenden sie aber radikal gegen die traditionelle *Kunst*-Rhetorik. Überhaupt nehmen Arnauld/Nicole eine grundsätzlich kritische Haltung mit Blick auf die Notwendigkeit des O. ein; er verdecke oft die Wahrheit und werde insgesamt nur von solchen Menschen benötigt, die zu wenig Vernunft besäßen, um die nackten Wahrheiten einzusehen. Ein solche philosophische Kritik am 'verhüllenden' Charakter des O. findet sich auch bei anderen zeitgenössischen philosophischen Autoren wie TH. HOBBES, J. LOCKE oder CHR. WOLFF.[40] B. LAMY knüpft in seinem Werk ‹La Rhétorique ou l'art de parler› (¹1675) an die cartesianischen Positionen der Logik von Port Royal an; neben der Ausdrucks-Theorie, welche die Figuren (und den O.) als eine natürliche *Affektsprache* bestimmt, findet sich bei ihm auch eine auf dem Repräsentationsmodell der Sprache basierende Schmuck-Theorie, die den O. mit den Farben (*les couleurs*) der Malerei vergleicht, welche die vorgängigen *res* einkleiden.[41] Für die Erklärung der Entstehung der Figuren greift er allerdings auf das «Expressivitätstheorem»[42] von Arnauld/Nicole zurück. Der O. ist Ausdruck der Affektlage der ‹Seele›; die ornativen Mittel sind geradezu die sprachlichen ‹Waffen› der Seele: «Les paroles sont les armes spirituelles de l'ame, qu'elle employe pour persuader ou pour dissuader.»[43] Lamy weist deshalb die Ansicht, der O. schmücke die Rede nur äußerlich («pour orner le discours»[44]) nachdrücklich zurück. Die Leidenschaften ‹malen› sich vielmehr ‹von selbst›, d.h. ohne Mitwirkung oder Kenntnis der Rhetorik, in der Rede ab; sie sind Mittel des Ausdrucks, nicht des Schmucks und dürfen deshalb nicht gesucht sein («Les Figures propres pour persuader ne doivent point estre recherchées»[45]). Konsequenterweise gibt es deshalb bei Lamy zwar durchaus einen ausführlichen Katalog von rhetorischen Figuren, aber keine Systemstelle für den funktionslos gewordenen O.

Die Rhetoriktheoretiker der Aufklärung knüpfen an diese gegen die traditionelle Schulrhetorik gerichtete Position an, so etwa C.C. DU MARSAIS in seinem wichtigen ‹Traité des Tropes› (1730).[46] Auch in den deutschen Rhetoriken der Frühaufklärung (F.A. HALLBAUER, J.A. FABRICIUS, J. CHR. GOTTSCHED u.a.) gibt es keine Systemstelle O., der als unnatürlicher und affektierter Schmuck abqualifiziert wird; mit der Tropen-und Figurenlehre gerät auch der O. in Mißkredit.[47] Wie die ‹Logik von Port Royal› postuliert, schreiben sich für Fabricius die Affekte als «neben=ideen» in Form von rhetorischen Figuren unwillkürlich («ohne zwang») in den Text der Rede ein.[48] Auch für Gottsched repräsentieren die Figuren die «Sprache der Leidenschaften».[49] Ausführliche Erörterungen über den O. gibt es deshalb in seiner ‹Ausführlichen Redekunst› (¹1736) nicht, obwohl Ausdrücke wie derjenige des «verblümten Ausdrucks»[50] zeigen, daß er klar am aufklärerischen Repräsentationsmodell der Sprache festhält. In J.G. SULZERS ‹Allgemeiner Theorie der schönen Künste› (¹1771/74) heißt es, daß der Ausdruck des Herzens den «Schmuk» verschmäht[51]: «Der Dichter soll bedenken, daß aller dieser Schmuk höhern und wichtigern Eindrüken nothwendig muß untergeordnet seyn.»[52] Sulzer beurteilt den Figurenschmuck insgesamt kritisch; statt des «gekünstelten Schmuks» solle sich der Künstler besser die «edle Einfalt der alten Griechen»[53] zum Vorbild nehmen. Sulzer kann damit als repräsentativ für eine rhetorikkritische Strömung des 18. Jh. gelten, die dem als künstlich oder mechanisch abgewerteten O. Konzepte wie Natürlichkeit, Anmut oder Naivität entgegenstellt.

Deutlich negativ wird der O. auch in den aufklärerischen Sprachtheorien beurteilt. E.B. DE CONDILLAC entfaltet in seinem ‹Essai sur l'origine des connaissances humaines› (¹1746) eine Theorie des Sprachursprungs, die von der Annahme ausgeht, daß die Sprache der ersten Menschen bildlich, metaphorisch und poetisch war («Le style, dans son origine a été poétique»[54]). Die Unterscheidung zwischen einem einfachen und einem geschmückten Stil tritt erst im Fortgang der Menschheitsentwicklung zu Tage In diesem – von Condillac durchaus zivilisationskritisch bewerteten – Stadium entsteht auch der O. als äußerlicher Schmuck.[55] J.-J. ROUSSEAU radikalisiert diese Auffassung in seinem ‹Essai sur l'origine des langues› (entst. 1753/54), indem er eine ursprünglich bildhafte Sprache postuliert, die keine

Unterscheidung von eigentlichem und figural-uneigentlichem Ausdruck erlaubt und damit der traditionellen O.-Lehre den Boden entzieht. [56] J.G. HERDER wird in Deutschland an diese sprachtheoretischen Positionen anknüpfen, die letztlich in die Kritik am Repräsentationsmodell der Sprache münden und aus denen die organische Sprachauffassung der Romantik hervorgeht. [57]

In den Rhetorik-Theorien um 1800 hat der dem Begriff des O. implizite Schmuck-Gedanke keinen Platz mehr. J.J. ESCHENBURG und J.CHR. ADELUNG ersetzen deshalb in ihrer Erörterung der *virtutes dicendi* den O. durch das wirkungsästhetisch grundierte Konzept der «Lebhaftigkeit» [58], mit dem diese Autoren nahtlos an die affektpsychologischen Diskussionen des 17. Jh. anknüpfen können. Adelung weist in seinem Werk ‹Ueber den Styl› ([1]1785) die Begriffe ‹Zierlichkeit› und ‹O.› nachdrücklich zurück [59] und propagiert eine Figurenlehre, die auf den einzelnen psychologischen Vermögen der Seele («die Aufmerksamkeit, die Einbildungskraft, die Gemüthsbewegungen, der Witz und der Scharfsinn» [60]) basiert.

Die Auffassung vom tropischen Charakter der ursprünglichen Sprache ist das zentrale Theorem in G. GERBERS ‹Die Sprache als Kunst› ([1]1871–74): «‹Eigentliche Worte› d.h. Prosa giebt es in der Sprache nicht.» [61] Die für die O.-Lehre insgesamt zentrale Auffassung vom Unterschied zwischen eigentlichen und uneigentlichen (tropisch-übertragenen) Ausdrücken wird damit radikal in Frage gestellt. An Gerber knüpft NIETZSCHE in seinen Basler Rhetorik-Vorlesungen von 1874 an: «Die Sprache ist Rhetorik.» [62]

Anmerkungen:
1 vgl. B. Vickers: In Defence of Rhetoric (Oxford 1988) 314f. – **2** J. Stroux: De Theophrasti virtutibus dicendi (1912) 28; vgl. zu *ornamentum* Auct. ad Her. IV, 17, 25; Cic. Or. 81; Cic. De or. I, 43; ThLL 9/2, Sp. 1016. – **3** vgl. Lausberg Hb. §§ 538–540; Martin 259ff.; Volkmann 410ff. – **4** J. Knape: Art. ‹Elocutio›, in: HWRh II; ders.: Art. ‹Figurenlehre›, in: HWRh III. – **5** Fuhrmann Rhet. 114. – **6** Isocr. Or. V, 27; Volkmann 410. – **7** zur Kleidermetapher vgl. W.G. Müller: Topik des Stilbegriffs. Zur Gesch. des Stilverständnisses von der Antike bis zur Gegenwart (1981) 52ff. – **8** vgl. auch Lausberg Hb. § 540. – **9** J. Knape, Elocutio [4] 1037ff. – **10** Matth. v. Vend. – **11** Galfrid von Vinsauf, Documentum, in: Faral 265ff., hier Kap. II,3; vgl. F. Quadlbauer: Die antike Theorie der genera dicendi im lat. MA (Wien 1962) 126. – **12** Galfrid vv. 843f. u. 1068f. – **13** Joh. v. Garl. Kap. II, 44ff. – **14** ebd. II, 147ff. – **15** J. Knape: Elocutio [4] 1046ff. – **16** J. Knape, A. Sieber: Rhet. - Vokabular zur zweisprachigen Terminologie in älteren dt. Rhet. (1998) 70. – **17** Ph. Melanchthon: Elementa rhetorices, hg. u. übers. v. V. Wels (2001) 172f. (Übers. leicht verändert). – **18** J. Knape: Philipp Melanchthons ‹Rhet.› (1993) 20. – **19** Melanchthon [17] 172f.; vgl. auch 24/25. – **20** ebd. 236f. – **21** ebd. 300f. – **22** ebd. 26f. – **23** R. Sherry: A Treatise of Schemes and Tropes (1550), ND ed. H.W. Hildebrandt (Gainesville 1961) 19. – **24** Soarez 79 (Ex. UB Tübingen: Dh 129). – **25** ebd., 80. – **26** G. Puttenham: The Arte of English Poesie (1589), ed. G.D. Willcock, A. Walker (Cambridge 1936) 137. – **27** J.C. Scaliger: Poetices libri septem (1561), ND hg. v. A. Buck ([2]1987) 120ff. – **28** Meyfart I, 61; ebenso: J. Smith: The Mysterie of Rhetorique unvail'd (1657; ND 1973) 2. – **29** Vossius Pars II, 3ff.; 80ff. – **30** ebd. Pars II, 81. – **31** G.J. Vossius: Rhetorices contractae, sive partitionum oratoriarum libri quinque (Leipzig 1660) 283. – **32** ebd. 285. – **33** ebd. 310. – **34** ebd. – **35** Dyck 76, 82. – **36** Alsted lib. VII, cap.II, reg.II, 373, zit. Dyck 76 u. 82. – **37** J. Chr. Männling: Expediter Redner (1718; ND 1974) 9. – **38** A. Arnauld, C. Nicole: L'art de penser. La logique de Port-Royal (1662), ND hg. v. B. Baron v. Freytag Löringhoff, H. Brekle, 2 Bd. (1965–67) I, 93. – **39** ebd. I, 96. – **40** vgl. dazu K. Müller-Richter, A. Larcati: ‹Kampf der Metapher!› Stud. zum Widerstreit des eigentlichen und uneigentlichen Sprechens (Wien 1996) passim. – **41** Lamy 4ff. – **42** R. Behrens: Problematische Rhet. Stud. zur frz. Theoriebildung der Affektrhet. zwischen Cartesianismus und Frühaufklärung (1982) 149. – **43** Lamy 82. – **44** ders. 81. – **45** ders. 118f. – **46** C.C. Du Marsais: Traité des tropes (Paris 1977) 22ff. – **47** vgl. F.A. Hallbauer: Einl. in die nützlichsten Übungen den dt. Stili (Jena 1727) 361. – **48** Fabricius 121. – **49** Gottsched Redek. 273. – **50** ebd. 257. – **51** J.G. Sulzer: Allg. Theorie der schönen Künste ([1]1771/74) 912. – **52** ebd. I, 373. – **53** ebd. I, 445. – **54** E.B. de Condillac: Essai sur l'origine des connaissances humaines (Auvers-sur-Oise 1973) 227ff. – **55** ebd. 265. – **56** J.-J. Rousseau: Essais sur l'origine des langues, ed. Ch. Porset (Paris 1970) 171f. – **57** vgl. A. Gardt: Gesch. der Sprachwiss. in Deutschland (1999) 245ff. – **58** J.J. Eschenburg: Entwurf einer Theorie und Lit. der schönen Wiss. (1783, ND 1976) 231; J. Chr. Adelung: Ueber den dt. Styl (1785, ND 1974) I, 274ff. – **59** Adelung [58] I, 276. – **60** ebd. I, 283. – **61** G. Gerber: Die Sprache als Kunst ([2]1885) I, 309. – **62** F. Nietzsche: ‹Darstellung der antiken Rhet.›, in: ders.: Vorlesungsaufzeichnungen WS 1871/72-WS 1874/75. KGA II/4. Bearb. v. F. Bornemann, M. Carpitella (1995) 425.

J. Knape, D. Till

→ Amplificatio → Angemessenheit → Asianismus → Attizismus → Color → Colores rhetorici → Compositio → Dreistillehre → Elocutio → Elegantia → Figurenlehre → Ornament → Perspicuitas → Res-verba-Problem → Sprachrichtigkeit → Stillehre → Virtutes/Vitia-Lehre

Orthographie (griech. ὀρθογραφία, orthographía; lat. orthographia; dt. auch Rechtschreibung; engl. orthography; frz. orthographe; ital. ortografia)
A.I. Etymologie, Def. i.e.S. – II. O. im System der *artes*: 1. Grammatik. – 2. Trivium. – 3. Rhetorik. – III. Zentrum ‹Sprache›: 1. Binnengliederungen. – 2. Dilemma *vitium/virtus* – 3. Wandel und Reform der O. – B.I. Antike: 1. Def., Begriffsumfang, Begriffsentwicklung. – 2. Griechisch. – 3. Lateinisch. – 4. Orthographische Probleme in der griech. und lat. Grammatik. – 5. Kriterien zur Festlegung der richtigen Schreibweise. – II. Byzanz. – III. Lat. MA und Humanismus. – IV. Neuere Zeit (ab ~ 1500): 1. Rhetorisch gekleidete Reflexion über Sprache. – 2. Rhetorisch gegründete O. – 3. O.-Reform.

A.I. *Etymologie, Definition i.e.S.* Das Wort ‹O.› ist, anfangs in Varianten, im Deutschen seit Ende des 15. Jh. nachgewiesen. Vom 16. Jh. an wird es durch Schriften u.a. zur O. und zur Grammatik weit verbreitet; daneben findet sich das Adjektiv ‹orthographisch› und u.a. die dt. Äquivalente ‹Recht [buchstäbig] Deutsch schreiben›, ‹Rechtschreibung›, ‹Wortschreibung›, ‹[Recht-]Schreibekunst›, ‹Schreibrichtigkeit›, ‹Rechtschreibung›. Grundlage sind lat. *orthographia* bzw. griech. ὀρθογραφία (orthographía), Ableitung von ὀρθογράφος (orthográphos) – ‹jemand, der richtig schreibt›; ‹Orthograph[ielehrer]› aus ὀρθός (orthós) ‹richtig› und γράφειν (gráphein) ‹schreiben›; daraus spätlat. *orthographus*, auch adjektivisch: ‹richtig schreibend›.

‹O./Rechtschreibung› bedeutet, wie schon ὀρθογραφία: 1) ‹[regelhaft festgelegte, richtige] Schreibung, Schreibnorm›; 2) ‹linguistische Teildisziplin, Unterrichtsgegenstand›; 3) ‹Lehr-, Schul-, Lernbuch›.[1] Aufgehoben in der *loquendi regula* spielen Richtlinien der O. (κανόνες τῆς ὀρθογραφίας; kanónes tēs orthographías), die sich im Deutschen fortsetzen, eine zentrale Rolle. Die Zusammensetzung der O. hat sich im Verlauf sehr geändert. [2]

II. *‹O.› im System der artes.* **1.** *Grammatik.* Im System der Grammatik, nach antiken Vorgaben bis zum Mittelalter herausgebildet, ist die O. konstitutiver Bestandteil in Erstposition. Einteilung nach PH. MELANCHTHONS

(1497–1560) ‹Grammatica Latina›: 1) *Orthographia: littera*, Laute; 2) *Prosodia: syllaba* Quantität, Wortakzent; 3) *Etymologia: partes orationis* (8 Wortarten) *accidentia*: Wortbildung, Formenlehre; 4) *Syntaxis*: Wortgruppen, Kongruenz; Redeteile, Satzlehre; *De periodis* (Wortstellung); *De distinctionibus* (Interpunktion). Diese Einteilung setzt sich in deutschen Grammatiken bis ins 20. Jh. fort. Eine der Modifikationen betrifft die Prosodie. Für STIELER (1691) ist dies die Lehre von der Aussprache überhaupt, der die O. folgt; HEYNATZ (1770) unterscheidet ‹Rechtsprechung oder Orthoepie›, ‹Rechtschreibung oder O.› [3] Von diesen Norm-Begriffen sind die deskriptiven Begriffe ‹Phonetik›, ‹Phonem[at]ik, Phonologie›; ‹Graphetik›, ‹Graphem[at]ik› abzuheben. [4]

2. Trivium. Grammatik und Rhetorik bilden, mit Dialektik, das *Trivium* sprachlich-philologischer Disziplinen innerhalb der [*septem*] *artes liberales*. Zugrunde liegt das seit der Sophistik (5. Jh. v.Chr.) entwickelte Programm einer universalen Bildung durch Wissen, das seine kanonische Form im 'Kreis' (ἐγκύκλιος παιδεία, enkýklios paideía) zusammenhängender theoretischer Wissensbereiche und praktischer Unterrichtsgegenstände findet, wie er klassisch von QUINTILIAN (~35–100 n.Chr.) in der ‹Institutio oratoria› beschrieben wird. [5] Grammatik ist als zweiteilige (ASKLEPIADES VON MYRLEA; ~100 v. Chr.) Propädeutik Grundvoraussetzung aller folgenden Fächer. 1) *ratio loquendi*: Sprachlehre *methodice* mit Regeln (*regulae*), praktisch mit *imitatio* von *exempla* (Zitatsätzen, moralischen Maximen); 2) *enarratio poetarum*: Lektüre, philologisch-grammatische Interpretation (*historice*) von Werken der *optimi auctores* als *exempla* zur *imitatio* in Sprachrichtigkeit, Stil, literarischer Gestaltung. [6] Zwischen Grammatik und Rhetorik besteht ein genuiner Zusammenhang. Zentrum beider ist 'Sprache': *ars* [*recte* bzw. *bene*] *dicendi*.

3. Rhetorik. Innerhalb der rhetorischen Handlung gehört Grammatisches einschließlich der O. (Orthoepie) zur *elocutio*.

a. Etwas 'sagen' als sprachliche, bedingt kommunikative Handlung des Sprechens (*dicere*) oder Schreibens (*scribere*) wird hier als dynamisches Wirkungssystem mit der pragmatischen W-Kette strukturiert und durch Konkretisierung der Anaphern dargestellt: *Wer* (1) 'sagt' (2) *wann* (3) *wo* (4) *warum* (5) *wie* (6) *womit* (7) *was* (*über was*) (8) *zu wem* (9) *wozu* (10) *mit welchem Effekt* (11)? [7] Die Formel «quis […] quid» [8] strukturiert das zu verhandelnde 'Tun' [9] (Abb. 1).

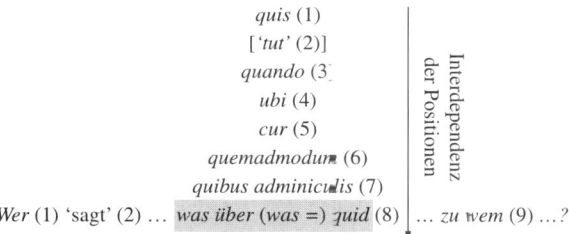

Abb. 1: *Handlungsgefüge: etwas darüber 'sagen', was wer 'tut' (Sprachhandlungsraum)*

Das *aptum* (Angemessenheit) stellt den Vollkommenheitsanspruch an den *perfectus orator* dar, im Gesamt seines rhetorischen Handelns Übereinstimmung herzustellen; das 'innere' *aptum* zielt u.a. auf Entsprechung (Cicero: *vestire*) sprachlicher Ausdrücke (*verba*) und Begriffe (*res*) [10] (*was* (*über was*) (8)), insgesamt, im richtigen Stil, auf Harmonie (*wie* (6); *bene* impliziert *recte*) aller Bezüge; das *'äußere' aptum* auf Anpassung an außersprachliche Gegebenheiten (*res; materia*) (Abb. 2).

Wer (1)	wann (3)	wo (4)	über was (8)	zu wem (9)
rhetor	tempus	locus	res, thema	qui audiunt, legunt
Akteur	Zeitpunkt	Ort	Gegenstand	Zuhörer, Leser

Abb. 2: *'Äußeres' aptum: Bezugsgrößen*

Richtunggebende Instanz [11] ist der Adressat, das *Publikum*, bei geschlossenem Kommunikationskreis als Rezipient. An ihn wendet sich der Akteur aus je spezifischen Gründen (*warum* (5)) mit seinem Text (*womit* (7)), auf ihn richtet er seine Handlungsintention (*wozu* (10)). Es ist wie der Ort als die Spitze des Speeres, auf den hin sich alles richtet, der alles einholend in sich versammelt. Die Wirkung (*mit welchem Effekt* (11)) zeigt sich in der Reaktion des Publikums.

b. *Recte dicere, puritas, latinitas* betrifft grammatische Richtigkeit. Am Anfang der Skala sich steigernder Vollkommenheitskategorien stehend, gilt sie als Voraussetzung für das *bene dicere*. Dafür sind weitere *virtutes* maßgebend: *perspicuitas* (Klarheit, Verständlichkeit), *ornatus* (Schmuck, Schönheit; *variatio* durch metaphorische Synonyme), *brevitas* (Kürze). Als Norm der *latinitas* gelten vier Richtlinien (TRYPHON; 2. Hälfte 1. Jh. v.Chr.): 1) *ratio*: folgerichtiger Aufbau der Sprache. Entsprechend vorausgesetzter Ähnlichkeitsstruktur und historisch vorgegebener Verwandtschaft lassen sich (1.1 *analogia*) Unbekanntes aus Bekanntem erschließen bzw. (1.2 *etymologia*) Wörter durchsichtig machen. 2) *vetustas*: Tradition der Wörter, besondere Würde. 3) *auctoritas*: Werke früherer *optimi auctores* (*ordo, optima legendo atque audiendo*). 4) *consuetudo*: vorfindlicher Sprachgebrauch. Übereinkunft der Gebildeten (*consensus eruditorum*). Gelegentlich findet sich als Kriterium ‹Unterscheidungsschreibung› (*Aal/Ahle, Seite/Saite*). In Zweifelsfällen, bei in der *ratio* angelegten Alternativen (z.B. *unwichtix, irelevand*) bzw. mit Wörtern *vetustas* (*böte, gäbe*), ist die *consuetudo* entscheidend. Ist diese korrumpiert, wird die *auctoritas* zum Maß [12] (Abb. 3).

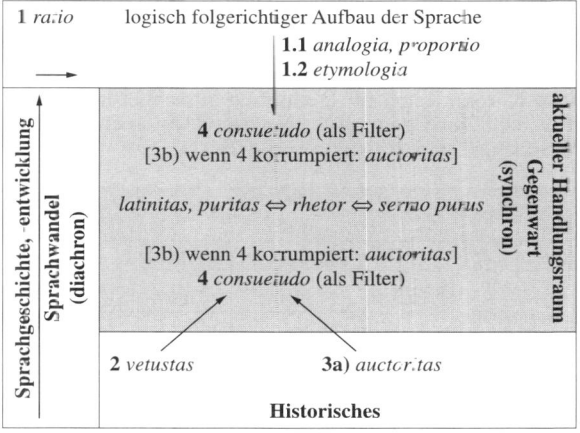

Abb. 3: *loquendi regula*: ratio, vetustas, auctoritas, consuetudo

c. «Prima virtus est vitio carere»; umgekehrt: *vitium* ist Mangel an *virtus*. Ein Verstoß gegen die *latinitas in verbis singulis* (Einzelwörtern), *verba Latina*, heißt *barbaris-*

mus. Beim *Einzelwort als Ganzem* betrifft dies (*electio verborum* aus dem Wortschatz) neben Provinzialismen insbesondere *verba peregrina* (fremdsprachige Wörter, Bedeutungen); es sei denn, sie haben, wie entlehnte *verba Graeca* zur Kultur gehörig, Bürgerrecht in der Muttersprache, oder es gibt in dieser für etwas keine Bezeichnung. [13] Bezogen auf *einzelne Wortteile* geht es um Abweichungen von der richtigen Zusammensetzung von Lauten ~ Buchstaben [auch] im Schriftbild (*littera, syllaba*) oder nur in der Aussprache (*accentus*). Ein Verstoß gegen die *latinitas in verbis coniunctis* (Wortgruppen), *verba emendata*, heißt *soloecismus*. Hier geht es um syntaktisch-idiomatische Richtigkeit. Wie auch in anderen Bereichen werden Diskrepanzen und Inkongruenzen in vier Änderungskategorien (*quadripartita ratio*) eingeteilt (mit Beispielen): 1) *adiectio: appositio* (*coperit/operit*), *pleonasmus*; 2) *detractio: syncope* (*vilam/villam*), *apocope* (*sat/satis*), *synaloephe* (Vokalverschmelzung); 3) *transmutatio*: Umstellung (*plerum/prelum*); 4) *immutatio*: Austausch (*bobis/vobis;* maskulin statt feminin, Singular statt Plural). Barbarismen und Soloecismen können geduldet (*licentia*), als *virtus* gewertet werden: Aussprache- und Schreibvarianten als *Metaplasmen*; Form-, Konstruktions-, Wortvarianten (Synonyme) als *schemata, figurae*: Insgesamt der zentrale Schnittbereich von *grammatica* (einschließlich *orthographia*) und *rhetorica*, wobei nur Schreibvarianten (*Muth/Mut*) Gegenstand der O. sind (APOLLONIOS DYSKOLOS; 2. Jh. n.Chr.).

III. Zentrum 'Sprache'. **1.** *Binnengliederungen*. Unterschieden werden vier Existenzweisen von 'Sprache' (Polenz), damit auch von 'Grammatik' und 'O.' [14] (Abb. 4.1).

Merkmale	virtuell (abstrakt)	realisiert (konkret)
sozial	*Sprachsystem*	*Sprachverkehr*
individuell	*Sprachkompetenz*	*Sprachverwendung*

Abb. 4.1: Objektsprachlich-funktionell: Existenzweisen von Sprache

Als Teilbereiche des Sprachsystems werden *Sprachbrauch* ‹normal, üblich, bekannt, geläufig› und *Sprachnorm* ‹genormt, korrekt, vornehm, gut› (nach Polenz) sowie, über diese hinaus, *Sprachgesetz* ‹amtlich normiert, per Erlaß verordnet› eingerichtet und auch bei der Sprachkompetenz angesetzt, mit sich steigerndem Grad an Geltung und Restriktivität. ‹Sprachgesetz› als politische Kategorie gilt im Deutschen ausschließlich für O., also nicht für Grammatik insgesamt wie auch nicht für Wortschatz und Stilistik (Abb. 4.2).

	virtuell (abstrakt)			realisiert (konkret)
metasprachl.:	deskriptiv	präskriptiv	sanktioniert	
System	Brauch	Norm	Gesetz	Verkehr
Kompetenz				Verwendung

Abb. 4.2: Metasprachlich-institutionalisiert: Teilbereiche des Sprachsystems und der Sprachkompetenz

Texte in Kommunikation sind der Sprachverwendung, dem Sprachverkehr zuzuordnen (*dictum, scriptum*). Der Kommunikationskreis ist geschlossen, wenn der Adressat den Text gehört, gelesen, rezipiert hat (*auditum, lectum*). Seine Antwort (*responsum*) eröffnet das Wechselspiel der Rollen im dialogischen Handlungsraum, bei *controversia* «ort widar orte». *Geschriebene Sprache* und *Gesprochene Sprache* gelten hier nicht als Bereiche des Sprachsystems oder der Sprachkompetenz. Der spezifische Teilhabe-Bereich an diesen ist deren *phon[emat]ische* bzw. *graph[emat]ische* Komponente: Sprech-, Lautsystem bzw. Schreib-, Zeichensystem (-kompetenz). Andere sprachliche Bereiche wie Morphologie, Syntax, Semantik sind bezüglich ‹geschrieben/gesprochen› neutral, nicht markiert und für die O. allenfalls in anderer Hinsicht relevant.

2. *Dilemma vitium/virtus*. Für die Anaphern der W- und Q-Kette besteht mehr als eine Möglichkeit, sie zu konkretisieren. Gäbe es nur eine, stünde nichts in Frage. Zur phonischen oder graphischen Realisierung eines gedanklichen Konzepts stehen *unterschiedlichgestaltige* sprachliche *Varianten* zur Verfügung, sind *unterschiedlichwertige* Richtlinien im Spiel. Dies begründet die Unterscheidung von *virtus/vitium* als einander bedingenden, ermöglichenden Größen. Gäbe es kein *vitium*, gäbe es keine *virtus* und umgekehrt. Im Brennpunkt stehen sprachliche Phänomene des Schnittbereichs von *grammatica* (einschließlich *orthographia*) und *rhetorica*. Kann der Akteur zwischen den Alternativen auch wählen, so muß er *in concreto* sich doch für eine, die angemessenste entscheiden, womit die zu dieser konträren verworfen sind. Im aktuellen Handlungsraum gilt das *Entweder-Oder*. Aufgehoben sind sie im *abstrakten* Sprachsystem, Möglichkeiten als komplementäre Gegen-Größen i.S. des *Sowohl-als-Auch*. Auch nach einer Norm unkorrekte Schreibvarianten finden im übergreifenden System ihre Begründung, abstrakte[re]n Regeln gemäß entsprechen oft einem Laut (Phonem) verschiedene Buchstaben (Grapheme) und umgekehrt. In Folge werden Sprachanwender zu systemmöglichen Varianten verführt, als 'Fehler' konträr zu geltenden Normen – ein unaufhebbares Dilemma. Würde jeder alle Möglichkeiten konsequent nutzen, stünde das orthographische Chaos ins Haus, wenngleich Verstöße, als verfestigter Schreibbrauch, gelegentlich das Sprachgesetz beeinflussen (Abb. 5).

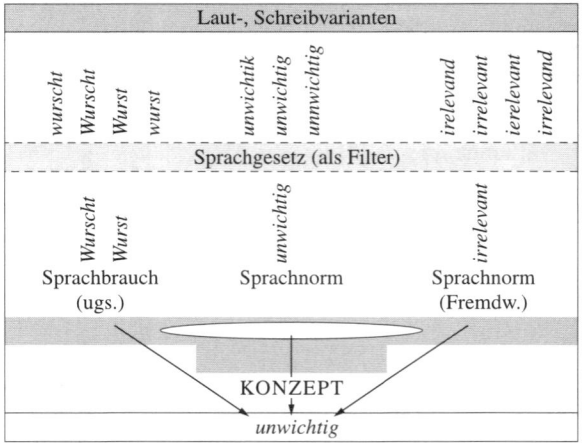

Abb. 5: Im Brennpunkt: Varianten mit Bezug auf Konzept und Realisierung

3. *Wandel und Reform der O*. Vielfältigkeit der Varianten bringt Variation der Sprache zum Ausdruck, eingebettet in den Wandel der Zeiten und Dinge. *Consuetudo, hic et nunc*, lenkt das Augenmerk auf die gegenwärtige Variation, *synchron* ausgeweitet durch Ausblick auf

Umgangssprache, Fach- und Gruppensprachen, Mundarten als Groß-Varietäten in lebendigem Austausch. *Vetustas* und *auctoritas* machen aufmerksam auf die historische Variation, *diachron* vertieft durch Rückblick z.B. auf das Frühneuhochdeutsche, Mittel-, Althochdeutsche als Groß-Varietäten in zeitlicher Folge. *Verba peregrina* bringen die Einwirkung anderer Sprachen, toter wie lebendiger, in Gegenwart wie Vergangenheit, zu Worte. Die vertikal-horizontale Verknüpfung von *Vergangenheit und Gegenwart* mit der vom Schnittpunkt aus gestifteten Orientierung in die *Zukunft* bringt den prozeßhaften Gesamtzusammenhang ins Blickfeld: die eng miteinander verflochtene Geschichte von Sprache und Literatur im Verein mit der rhetorisch-grammatischen Tradition sowohl der auf beide hin ausgerichteten theoretisch wissenschaftlichen Beschäftigung als auch des praktisch schulischen Unterrichts als des all dies in sich einholenden Ortes der Vermittlung für viele.[15] *Entwicklung* steht für Veränderung, Veränderbarkeit, Wandelbarkeit. Das *vitium von gestern* ist *heute virtus*, die *virtus von heute* ist *morgen vitium*. Was sich ändert, kann, so heißt es oft, auch geändert werden. Entsprechend über Jahrtausende hin die übergroße Zahl an Vorschlägen zur *Rechtschreibreform*. Im Zentrum stehen die Phonem-Graphem-Korrespondenzen mit den seit Beginn der jeweiligen Verschriftlichung bestehenden *Diskrepanzen* zwischen Lauten und Schriftzeichen und umgekehrt. Doch eine gezielte, nur halbwegs konsequente Anwendung des phonetischen Prinzips, verkürzt: «Schreib, wie du sprichst» Aussprache → Schreibung, würde viele der seit Beginn des Schreibens beklagten *Inkongruenzen* beheben. Der Konjunktiv zeigt, daß noch die deutsche Rechtschreibung über Jahrhunderte hin bis zur amtlichen 1996 von all dem weit entfernt ist.

Amerkungen:
1 R. Vortisch: Grammatikal. Termini im Frühnhd. 1500–1663 (1910) 10–13; W. v. Strzelecki: Art. ‹O.›, in: RE, Halbbd. 36, 1. Drittel (1942) 1437ff. – **2** Einteilung der griech. Abh.: 1) σύνταξις ('Zusammensetzung') Silbentrennung; 2) ποιότης (Qualität), 3) ποσότης (Quantität) Schreibweise von Konsonanten, Vokalen; Dt. Rechtschreibung, Regeln und Wörterverzeichnis, Amtl. Regelung (1996): Von 1) Laut-Buchstaben-Zuordnungen bis 6) Worttrennung am Zeilenende. – **3** K. Stieler: Von der Hochteutschen Sprachkunst, Anhang von: Der Teutschen Sprache Stammbaum und Fortwachs oder Teutscher Sprachschatz (Nürnberg 1691, ND 1968); J.F. Heynatz: Dt. Sprachlehre (1770), in: M.H. Jellinek: Gesch. der nhd. Gramm., Bd. 1 (1913) 24, Bd. 2 (1914) 1–3, 6. – **4** vgl. M. Kohrt: Problemgesch. des Graphembegriffs und die frühen Phonembegriffs (1985). – **5** Plat. Pol. VII, 531 c–d; Cic De or. III, 21; Quint. I, 10, 1. – **6** Quint. I, 4, 1–2; I, 9, 1; X, 1, 24; X, 1–3; Lausberg Hb. 35–39. – **7** H. Prakke: Die Lasswell-Formel und ihre rhet. Ahnen, in: Publizistik Zs. für die Wiss. von Presse […] Meinungsbildung 10 (1965) 285–291; W. Mentrup: Zur Pragmatik einer Lexikogr., in: Forschungsber. des IdS Bd. 66 (1988) bes. 17–22. – **8** vgl. Marius Victorinus: Cicero-Kommentar, in: Rhet. Lat. min. 207. – **9** Quint. IV, 2, 55; Lausberg Hb. 183; Prakke [7] 287. – **10** Cic. De or. I, 142; Ueding/Steinbrink 213ff.; Lausberg Hb. 248ff. – **11** Arist. Rhet. I, 3, 3 (1358a); Ueding/Steinbrink 216 – **12** Quint. I, 4, 3; X, 1, 54; I, 6, 1–5, 42; I, 7, 1; X, 1, 24; X, 2, 15; X, 1, 8; I, 6, 45; Ueding/Steinbrink 221–222; Lausberg Hb. 254–257. – **13** Quint. I, 5, 3; I, 5, 55; I, 5, 57–58; Lausberg Hb. 258ff.; Ueding/Steinbrink 222. – **14** P. v. Polenz: Sprachnorm, Sprachnormung, Sprachkritik, in: H. Steger (Hg.): Soziolinguistik (1982) 373–384; Mentrup [7] 1–59; ders.: Texte in Medizin-orientierter Kommunikation, in: Dt. als Fremdsprache, 1. Halbbd. (2001) 565–573. – **15** R. v. Raumer: Der Unterricht im Dt., in: K. v. Raumer: Gesch. der Päd. III. Theil II. Abth. (1852) 15–151.

W. Mentrup

B. *Geschichte.* **I.** *Antike.* **1.** *Def., Begriffsumfang, Begriffsentwicklung.* ‹O.› (von griech. ὀρθός, orthós: 'richtig' und γράφειν, gráphein: 'schreiben') bedeutet ‹die Lehre vom› bzw. ‹die Kunst des richtigen Schreibens›. Nach APOLLONIOS DYSKOLOS (griech Grammatiker des 2. Jh. n.Chr.) lassen sich zwei mögliche Arten von Schreibfehlern unterscheiden: die einen kann man leicht mit dem Gehör wahrnehmen (z.B. dt. *Strasse* statt *Straße*); die Verstöße der zweiten Kategorie sind akustisch nicht erfaßbar und durch Lesen nicht reproduzierbar (z.B. *Wage* statt *Waage*). Nur diese zweite Art von Fehlern gehört nach Apollonios in das Aufgabenfeld der O.[1] Die gleiche Unterscheidung trifft der lateinische Autor VELIUS LONGUS (hadrianische Zeit), der die umfangreichste lateinische Spezialschrift zur O. verfasst hat. Nach Velius' Unterscheidung von O. und Orthoepie liegen orthographische Probleme dann vor, wenn Lautbestand und Aussprache eines Wortes feststehen und nur die schriftliche Wiedergabe unsicher ist.[2] Orthographische Fehler im engeren Sinn entstehen durch graphische, nicht durch lautliche (prosodische, orthoepische) Ambiguitäten. Im Unterschied zur griechischen grammatischen Literatur erfährt der Begriff in lateinischen Spezialschriften zur O. im Lauf der Geschichte eine deutliche Ausweitung: *orthographia* bezeichnet hier die ‹grammatische Richtigkeit› im weitesten Sinn.[3]

2. *Griechisch.* Der Vorgang, das ursprünglich 'fremde' phönikische Alphabet dem griechischen Lautbestand anzupassen, spielte sich in Griechenland bereits in vorwissenschaftlicher Zeit ab und spielt in der grammatischen Literatur der Griechen kaum eine Rolle. Fragen der Rechtschreibung werden in den künstlerisch-wissenschaftlichen Jahrhunderten im Zusammenhang mit der Herausgabe und Erklärung der klassischen Dichter, vor allem Homers, erörtert. Die alexandrinischen Philologen ZENODOT (um 330–nach 260 v.Chr.), ARISTOPHANES VON BYZANZ (ca. 257–180 v.Chr.) und vor allem ARISTARCH (ca. 217–147 v. Chr.) gehen bei der Homerdiorthose den Fragen nach, welche Schreibweise man als gültig erachten und in den Homertext aufnehmen könne und welche Kriterien dafür maßgebend seien. Die Forschungen der Homerphilologen haben die Herausbildung einer wissenschaftlichen Grammatik – und mit ihr der O. – wesentlich beeinflußt. Grammatik im heutigen Sinn des Wortes ist ein Kind der Philologie. Die früheste authentische Aufgliederung der γραμματική, grammatiké, die sowohl Philologie als auch Sprachwissenschaft umfasst, geht auf ASKLEPIADES VON MYRLEA (ca. 100 v.Chr.) zurück. Er gliedert die Grammatik in ein τεχνικόν, ἱστορικόν und γραμματικόν μέρος (technikón, historikón, grammatikón méros). In den beiden letzten Punkten wird die Literaturtheorie behandelt (d.h. die literaturspezifischen mythologischen und geographischen Realien und die Prinzipien der Exegese), der erste Gliederungspunkt, das technikón, umfaßt die normative Sprachtheorie: den Hellenismos und die O.[4]

Ein Bedürfnis nach selbständigen Darstellungen orthographischer Fragen kommt erst in späthellenistischer Zeit auf, als Diskrepanzen zwischen Schreibung und Aussprache zunehmen und für einen Laut, vor allem den i-Laut, mehrere Schreibweisen zur Verfügung stehen. Schriften zur O. sind in größerem Umfang deshalb erst seit dem 1. Jh. v.Chr. nachweisbar. Maßgebend ist die Schrift Περὶ ὀρθογραφίας, Perí orthographías, des Grammatikers TRYPHON (2. Hälfte 1.Jh. v.Chr.), der vor allem die systematische Lehre von den Kriterien der O. nachhaltig beeinflußt.[5] Von seinen wie von anderen orthographischen Schriften (von DIDYMOS, 1. Jh. v.Chr.; Apollonios Dyskolos, s.o. A.; HERODIAN, 2.Jh. n.Chr.; Asklepiades von Myrlea) sind lediglich Fragmente erhalten. Aus der späten Kaiserzeit bzw. aus byzantinischer Zeit stammen die O. des CHOIROBOSKOS (6. oder 7.Jh. n.Chr.)[6], die orthographischen Κανόνες, Kanónes des THEOGNOST (9.Jh. n.Chr)[7] sowie ein anonymer[8] und ein unter dem Namen CHARAX[9] überlieferter Traktat ‹Perí orthographías›. Alle diese Schriften behandeln orthographische Probleme im engeren Sinn des Begriffs, d.h. graphische (nicht lautliche) Ambiguitäten.

3. *Lateinisch*. Die römische O. ist von den literarischen Anfängen bis zur spätrepublikanischen Zeit durch das Bestreben geprägt, das übernommene Alphabet dem lateinischen Lautbestand anzupassen. Das lateinische Alphabet stammt von dem griechischen der chalkidischen Kolonien, namentlich der campanischen (vor allem zu nennen: Kyme und Neapolis). Es besteht bis zum 1.Jh. v.Chr. aus 21 Buchstaben (ABC–DEF–GHI–KLM–NOP–QRS–TVX). In der Zeit des Augustus treten zur Schreibung griechischer Lehnwörter die Zeichen Y und Z hinzu, die zuvor durch V bzw. S wiedergegeben worden sind. Umstritten bezüglich ihrer Eignung zur Wiedergabe lateinischer Laute sind allerdings c (an dritter Stelle, dem griechischen γ entsprechend), k, q und x. Bereits APPIUS CLAUDIUS CAECUS (Konsul 307 v.Chr.), den man zu Recht als den Begründer der lateinischen Literatur bezeichnen kann, beschäftigt sich mit orthographischen Fragen. Auf ihn ist die Schreibung des intervokalischen r statt s (also *Valerii* statt *Valesii* oder *Furii* statt *Fusii*)[10] und ebenso die Ausscheidung des z (das allerdings kaum gebraucht wurde) aus dem lateinischen Alphabet zurückzuführen. Der Freigelassene des Konsuls von 234, SPURIUS CARVILIUS, schafft, da das Bedürfnis der Unterscheidung zwischen dem stimmhaften und dem stimmlosen gutturalen Verschlußlaut drängend wird, durch leichte Veränderung der Kapitale C den Buchstaben G. Er setzt g an die Stelle von z, das erst in der ciceronischen Zeit, zusammen mit y, wieder gebräuchlich wird und nun seinen Platz am Ende des Alphabets erhält. Andere orthographische Neuerungen werden an die Namen von Dichtern geknüpft: ENNIUS (239–169 v.Chr.) soll zuerst die Verdoppelung von Konsonanten eingeführt haben, d.h. die späteren Gelehrten konnten sie zuerst bei ihm nachweisen.[11] LUCILIUS (ca. 180–103 v.Chr.) gibt Anweisungen zur graphischen Unterscheidung von *i* und *ei*. ACCIUS (170–ca. 86 v.Chr.) kennzeichnet die Länge der Vokale *a*, *e* und *u* durch Verdoppelung. Einen dauerhaften Einfluß auf die Rechtschreibung üben die Schulen aus, denen es wohl zu verdanken ist, daß sich allmählich eine gleichmäßige orthographische Praxis herausbildet.[12] Bis zum 2. vorchristlichen Jh. wird, offensichtlich ebenfalls unter dem Einfluß der Schulen, aber auch durch offizielles Eingreifen, auch die O. der Vokale geregelt. In der älteren Sprache finden sich viele Schwankungen zwischen *o* und *u* sowie zwischen *i* und *e*, ferner auch zwischen *ai* und *ae*, *ei* und *i*, *ou* und *u*. Erst gegen Ende des 3.Jh. v.Chr. weichen in den Inschriften *o* und *e* in Flexionsendungen; statt ihrer setzen sich *u* und *i* durch: allerdings werden die Lautfolgen *uv*, *vu*, *uu* und *ii* weiterhin vermieden. Die griechischen Aspiraten (χ, ϑ, φ) gab man anfänglich durch die entsprechenden Tenues (*c, t, p*) wieder. Seit etwa 150 v.Chr. beginnt man sie durch die Zeichen *ch*, *th* und *ph* darzustellen. Hier, wie auch in der Aufnahme von *y* und *z*, erkennt man das Bestreben, sich den griechischen orthographischen Gepflogenheiten anzunähern.

Im 1.Jh. v.Chr. entstehen unter dem Einfluß der gleichzeitigen Entwicklung in Griechenland systematische Abhandlungen über die O. Im letzten Kapitel der lateinischen Grammatiken (*ars grammatica*) werden seit VARRO[13], wie im stoischen Grammatik-Teilgebiet περὶ φωνῆς τόπος, perí phōnḗs tópos, die *virtutes* und *vitia dicendi* behandelt. Dazu gehört auch die *latinitas*, deren integraler Bestandteil die O. ist. Spezialschriften zur O. haben VERRIUS FLACCUS (1.Jh. v.Chr.–1.Jh. n.Chr.)[14], sowie im 2. nachchristlichen Jh. TERENTIUS SCAURUS[15] und VELIUS LONGUS[16] geschrieben. Systematische orthographische Untersuchungen haben zudem ihren festen Ort in der oratorischen Bildung und entsprechend in den rhetorischen Schriften. Das bekannteste Zeugnis dafür ist das Kapitel I, 7 der ‹Rednererziehung› (*institutio oratoria*) QUINTILIANS. Wertvoll ist das orthographische Kapitel Quintilians vor allem auch wegen seiner zahlreichen Hinweise auf die Geschichte der O. In vielfältigen Beispielen stellt er den Wandel von der archaischen zur 'modernen' Rechtschreibung seiner Zeit dar. Zeugnisse für die Weiterwirkung der O. im Rahmen des Rhetorikunterrichts sind neben Quintilian die Kompendien der spätlateinischen Grammatiker und Rhetoren, namentlich des MARIUS VICTORINUS (4.Jh. n.Chr.)[17]. Hinzu kommen CASSIODOR (um 485–gegen 580 n.Chr.) und ISIDOR VON SEVILLA (600/601–636 n.Chr.).

4. *Orthographische Probleme in der griech. und lat. Grammatik*. Der wichtigste Grund für orthographische Unsicherheiten liegt in der mangelnden Eins-zu-eins-Entsprechung von Lauten und Buchstaben: Alphabet und Schreibgewohnheit halten häufig zur schriftlichen Darstellung eines Lautes keine oder mehr als eine graphische Möglichkeit bereit. Ein zweiter Grund sind Unsicherheiten auf dem Gebiet der Silbentrennung. Das heute virulente Problem der Interpunktion spielt bei den antiken Grammatikern keine Rolle.

Die griechischen Abhandlungen ‹Perí orthographías› teilen das zu behandelnde orthographische Material in σύνταξις (sýntaxis), ποιότης (poiótēs) und ποσότης (posótēs). Unter sýntaxis (Zusammensetzung) versteht man hier die bei der Silbentrennung zu berücksichtigende richtige Verteilung eines Wortes auf die einzelnen Silben. Ein Frage der sýntaxis ist z.B., ob das σ in ἀσθενής (asthenḗs: schwach) das Ende der ersten oder den Anfang der zweiten Silbe bildet.[18] In dem poiótēs (Qualität) genannten Teil der O. behandeln die Grammatiker die graphische Wiedergabe von Konsonanten, denen keine einheitliche graphische Darstellung zugewiesen werden kann. SEXTUS führt[19] als Beispiele die Schreibung von Σμύρνα, Smyrna, und σμίλιον, smílion (Messerchen), an, die wegen der Abundanz graphischer Möglichkeiten zur Wiedergabe des stimmhaften s unsicher ist. Der stimmhafte s-Laut kann sowohl durch σ als auch durch das seit dem 4.Jh. v.Chr. wie s ausgesprochene ζ dargestellt werden. Bei Herodian geht es in diesem Abschnitt z.B. um die Schreibung des Gutturalnasals, dem kein Buchstabe des Alphabets entspricht und der entweder mit ν oder mit γ oder, in etymologischer Schreibweise, mit γγ – vgl. φθέγγμα, phthéngma (Stimme) – wiedergegeben werden kann.[20] Hauptsächlich jedoch behandelt Herodian in diesem Teil die Fälle zweifelhafter π-φ, κ-χ und τ-ϑ-Schreibung, deren Lautwerte jeweils eng beieinander liegen: φ, χ und ϑ werden bis ins 3. nachchristliche Jh. nicht als Spirantien, sondern als aspirierte Tenues gesprochen. Der Traktat ‹Perí orthographías›[21] weist der poiótēs die Frage zu, ob ἔμπορος, émporos (Reisender) mit μ oder mit ν zu schreiben sei: Offensichtlich handelt es sich um eine Opposition zwischen etymologischer und phonetischer Schreibweise. In den byzantinischen O. treten die Erwägungen zur richtigen Konsonantenschreibung in den Hintergrund. Sie beschränken sich auf die Frage, ob einfacher Konsonant oder Geminate zu setzen sei, die, wie heute im Neugriechischen, schon damals lautlich nicht mehr unterschieden werden.[22]

Der Bereich der O., in dem es um die schriftliche Wiedergabe der Vokale geht, heißt posótēs (Quantität). Er kann diesen Namen zu Recht tragen, weil es sich hier bis zu Herodian lediglich um das Problem monographischer oder digraphischer Schreibweise handelt. Den größten Raum nehmen die Fälle fraglicher ι- oder ει-Schreibung ein (s.o.): beide Lautzeichen werden seit dem Ende des 4. Jh. v.Chr. unterschiedslos als ι gesprochen.[23] Außerdem beschäftigt sich die O. Herodians mit dem ι ἀνεκφώνητον, ióta anekphónēton (stummes i), in den Langdiphthongen und mit den gleich ausgesprochenen οι-υ und αι-ε. Zu diesen Fragenkomplexen treten in den byzantinischen O. die Verwechslung von η, ι, ει und von ο und ω.

Im Unterschied zu den griechischen behandeln die lateinischen O. nicht nur orthographische, sondern auch orthoepische Diversitäten. Velius Longus, der das eigentliche Abgrenzungskriterium von O. und Orthoepie kennt (s.o.), weist an verschiedenen Stellen auf die Vermischung orthographischer und orthoepischer Fragen in seinem eigenen Traktat und bei seinen Vorgängern – gemeint ist in erster Linie Terentius Scaurus[24] – hin.

Zum Teil handelt es sich dabei um Abweichungen der Gebildetensprache von der Volkssprache. Ein Hauptproblem ist die graphische und prosodische Verwendung des Hauchlauts. Velius Longus gibt Anweisungen, wann man den Hauchlaut nicht zu schreiben, sondern auch sprechen solle.[25] Der in der Umgangssprache längst verlorene Hauchlaut wird in der Sprache der Gebildeten sorgfältig beachtet.[26] Ebenso sind *mensor – mesor,* die in der O. des Scaurus behandelt werden[27] schichtenspezifische orthoepische Varianten. Scaurus plädiert für die Aussprache des *n,* weil das Wort dann voller klinge.

Ein Hauptbestandteil der lateinischen Orthographien sind die langen Kapitel über die Konsonantenassimilationen von *verba composita.*[28] Quintilian tritt in seiner insgesamt praxisorientierten Einstellung vorsichtig für die assimilierende statt der etymologischen Schreibweise ein. Fragen der Silbentrennung werden außer bei Quintilian[29], Terentius Scaurus und Velius Longus auch bei Cassiodor[30] und Servius[31] behandelt. Das umfangreiche antike Regelwerk ist bei Sommer und Kühner-Stegmann differenziert dargestellt.[32] Weitere in den lateinischen orthographischen Schriften häufiger behandelte Themen sind die graphische Darstellung des halbkonsonantischen *i* und *u* sowie die Wiedergabe des *k*-Lautes. Die O. des Pseudo-Caper schließlich enthält das gesamte Spektrum prosodischer, morphologischer und semantischer Probleme, die im Einzelwort auftreten können.[33]

Die größere Materialvielfalt der römischen Traktate und die weniger genaue Begriffsabgrenzung gegenüber griechischen Schriften gehen einher mit einer geringeren Übersichtlichkeit. In manchen römischen Traktaten schimmern Gliederungsansätze durch, wie vor allem das rhetorische Schema zur Einteilung der Stilfiguren, aber auch der Barbarismen: *adiectio, detractio, immutatio, transmutatio,* so in der O. des Scaurus, in der allerdings *immutatio* und *transmutatio* unter dem Begriff *mutatio* zusammengefasst werden und anschließend ein Gliederungspunkt zur falschen *conexio* (Silbentrennung) folgt. Durchweg ist die definitorische und kompositorische Uneinheitlichkeit der römischen Orthographien offensichtlich durch die Kompilation unterschiedlicher grammatischer Nachbartraktate zu erklären: Sie werden durch die Schriften bzw Kapitel ‹De barbarismis, qui scribendo fiunt› und die Abschnitte ‹De littera› beeinflußt.[34] Die alphabetischen O. schließlich, vor allem auch die alphabetischen Teile der O. des Velius Longus[35] sind sichtlich durch Bedeutungswörterbücher beeinflußt. Zu denken ist vor allem an Verrius Flaccus' Schrift ‹De verborum significatu›. Velius nimmt eine Reihe von Synonymendifferenzierungen in seine O. auf.

5. *Kriterien zur Festlegung der richtigen Schreibweise.* Im griechischen wie im lateinischen Spezialschrifttum zur O. existiert eine weitgehend konstante Kriterienzusammenstellung. Die griechischen κανόνες τῆς ὀρθογραφίας (kanónes tēs orthographías, Richtlinien der O.)[36] sind: ἀναλογία (analogía), διάλεκτος (diálektos), ἐτυμολογία (etymología) und ἱστορία (historía). Die entsprechenden lateinischen Begriffe heißen bei Scaurus[37] *historia, originatio* (= etymología) und *proportio* (= analogía). Die diálektos spielt im lateinischen Bereich naturgemäß keine Rolle. Die Zusammenstellung der orthographischen Kriterien geht auf Tryphon zurück. Der Kriterienkanon selbst ist allerdings wesentlich älter. In der Dichter-Diorthose ist er schon seit den frühesten alexandrinischen Grammatikern nachzuweisen. Diese haben ihn ihrerseits aus der Medizin übernommen.[38]

Analogie ist ursprünglich der Vergleich mit einem ähnlichen Wort (wozu Ähnlichkeitskriterien zu beachten sind). So ergibt sich die fragliche Prosodie des Wortes πηρός (pērós, verstümmelt) aus dem formal ähnlichen und darum als Bildungsmuster geeigneten πηλός (pēlós, Lehm, Schlamm). In späterer Zeit versteht man unter Analogie die Angabe einer Regel (eines κανών, kanón). Die Frage z.B., ob ἡμερινός (hēmerinós, täglich) oder νυκτερινός (nykterinós, nächtlich) mit ι oder mit ει zu schreiben sei, wird durch die Regel entschieden, daß alle Zeitadjektive auf -ρινος, -rinos, ι haben.[39] In der späteren grammatischen Literatur ist diese Form des analogischen Verfahrens herrschend geworden. In der O. gibt es insbesondere Regeln für die sýntaxis (Worttrennung) und die posótēs (richtige Schreibung der Vokale und Diphthonge, hier vor allem zur Frage der ι-ει-Schreibung).

Das Kriterium der *Etymologie* kommt in allen drei Teilgebieten zur Anwendung. Wie man sie bei der Worttrennung benutzt, zeigt Quintilian[40]: Durch das Kriterium der Etymologie läßt sich z.B. die Zugehörigkeit des *s* in *abstemius* (abstinent) aufzeigen. Auch Scaurus benutzt etymologische Erwägungen zur Feststellung der richtigen Trennung (*conexio*). Er entscheidet sich mit Hilfe der Etymologie dafür, das *s* in *nescio* (ich weiß nicht) und *exsul* (verbannt) jeweils der zweiten Silbe zuzuweisen[41] und das *g* in *negotium* wegen der vermeintlichen Zusammensetzung aus *nec-otium* zur ersten Silbe zu rechnen. In der Frage der richtigen Konsonantenschreibung wird die Etymologie z.B. bei dem Wort σπυρίς (spyrís, Korb) benutzt: Es muß mit π (statt mit σ) geschrieben werden, da es mit πυρίς, pyrís/πυρός, pyrós, (Weizen) zusammenhänge. Die zahlreichsten Beispiele für etymologisch ermittelte Schreibweisen gehören in den Bereich der Vokal- und Diphthongschreibung (posótēs). So wird durch die Etymologie die richtige

Schreibweise von ἤπειρος (épeiros, Festland) festgelegt. Die zweite Silbe ist digraphisch zu schreiben, da der erste Bestandteil des Digraphs, ε, noch in dem verwandten πέρας (péras, Ende, Grenze) enthalten ist.

Dialektformen (diálektos) sind im Griechischen als Kriterien der O. in einzelnen Fällen hilfreich. Sie beruhen in den meisten Fällen auf den Erscheinungen, daß attisch ει dorisch und äolisch η, attisch ε dorisch α (z. B. τρέχω, tréchō/τράχω, tráchō: 'ich laufe') entspricht, und auf der äolischen Konsonantengemination (z. B. äolisch ἄμμιν, ámmin, gegenüber attisch ἡμῖν, hēmín: 'uns').

Als *historía* (auch παράδοσις, parádosis; lateinisch *historia*, gelegentlich *auctoritas*) wird die Berufung auf die literarische Tradition bezeichnet, namentlich auf den Schreibgebrauch in den Ausgaben der kanonischen Autoren. Das Kriterium bleibt in der O. auf die Fälle beschränkt, in denen eine Entscheidung vermittels der anderen Kriterien nicht möglich ist. [42]

Als weiteres, zeitweilig geltendes, Prinzip ist die orthographische Homonymendifferenzierung zu nennen. Sie wird in den Kriterienzusammenstellungen nicht erwähnt, hinterläßt jedoch gerade in der römischen Grammatik zahlreiche Spuren. Ihr entsprechend werden gleichklingende Formen unterschiedlicher Bedeutung durch variierte Schreibweise unterschieden, ein Prinzip, das ja auch in der deutschen O. gelegentlich angewandt wird (vgl. *Lerche – Lärche*; *Färse – Ferse*; *wider – wieder*, *Miene – Mine*). Im Lateinischen sind zwei Fälle zu unterscheiden; einmal geht es um Wörter, die auch phonetisch geringfügig differieren, deren Schriftbild allerdings gleich ist, wie *mālus* (Apfelbaum) und *malus* (schlecht). Hier schlägt Quintilian [43] die Differenzierung durch ein Längenzeichen (Apex) vor. Häufiger ist der zweite Fall: zwei völlig gleiche Formen sollen durch ihr Schriftbild voneinander abgehoben werden: so *artubus* von *artus* (Gelenk), *artibus* von *ars* (Kunst). Solche Unterscheidungen sind auf Lucilius [44] zurückzuführen. Die Grammatiker späterer Zeiten lehnen das Prinzip der Homonymendifferenzierung zunehmend ab. Varro möchte noch homonyme Singular- und Pluralformen unterscheiden. [45] Nach Quintilians Ansicht [46] sind Differenzierungen wie *aurei* ('Goldmünze', Gen. Sg.) und *aureei* (Nom. Pl.) überflüssig, unbequem und für Leseanfänger hinderlich. Scaurus und Longus sprechen sich aus zwei Gründen noch entschieden gegen derartige Differenzierungen aus: Einmal sei es bei phonetischer Schreibung, die in Rom die Regel ist, inkonsequent, denselben Laut mit unterschiedlichen Buchstaben dazustellen; zweitens sei eine durchgehende Homonymendifferenzierung ohnehin nicht möglich: man könne nicht unterschiedliche Schreibweisen für *caveas* als Verbform von *caveo* (ich hüte mich) und als Nominalform von *cavea* (Käfig) einführen. [47] Insgesamt hat sich in Rom gegenüber den orthographischen Bemühungen der republikanischen Zeit, wie vor allem in den orthographischen Kapiteln von Quintilian, Scaurus und Velius zu erkennen ist, die reformierte Schreibweise der frühen Kaiserzeit durchgesetzt.

Anmerkungen:
1 Apollonios Dyskolos, De constructione VII, 6. – **2** K. Sallmann (Hg): Die Lit. des Umbruchs; in: Hb. der lat. Lit. der Antike, hg. v. R. Herzog und P.L. Schmidt, Bd. 4 (1997) 2276; Velius Longus, De orthographia, in: Gramm. Lat. Bd. 7, p. 72, 2 – **3** E. Siebenborn: Die Lehre von der Sprachrichtigkeit und ihren Kriterien (Amsterdam 1976) 43. – **4** Sextus Empiricus (der die Einteilung des Asklepiades mit geringen Abweichungen in der Terminologie und der Reihenfolge übernimmt), Adversus mathematicos I, 92. – **5** Siebenborn [3] 159–163. – **6** in: Anecdota Graeca e codicibus manuscriptis bibliothecarum Oxoniensium, ed. J.A. Cramer (Oxford 1835–37; ND Amsterdam 1963), Bd. 2, 167ff. – **7** ebd. 1ff. – **8** in: Anecdota Graeca, hg. von I. Bekker, Bd. 2 (Berlin 1816; ND Graz 1965) 1127. – **9** in: Anecdota [6] Bd. 4, 331,21. – **10** Pomponius in Corpus Juris Civilis, Digesta I, 2, 2, 36; Zusammenstellung der Frgg. in: W.S. Teuffel, W. Kroll, F. Skutsch: Gesch. der röm. Lit., Bd. 1 (1916) 148. – **11** s. Festus, De verborum significatione s.v. *solitaurilia*. – **12** Teuffel u.a. [10] 160ff. – **13** vgl. die Gliederung der varronischen ‹Ars grammatica›, des ersten Buches der ‹Disciplinarum libri›, Varro Frg. 110 Goetz-Schoell. – **14** Frg. A 111 in: Grammaticae Romanae fragmenta, ed. G. Funaioli (1907; ND 1969) 150. – **15** in: Gramm. Lat. Bd. 7, p. 29ff. – **16** ebd. p. 81ff. – **17** zum gesamten Bereich s. Strzelecki in RE Bd. 18, 1, 1456ff. – **18** Anecdota [6] Bd. 4, 331, 21. – **19** Sextus [4] I, 169. – **20** Herodiani Technici Reliquiae, ed. A. Lentz, in: Grammatici Graeci, Bd. 3/2, p. 408, 23 s.v φθέγμα. – **21** Anecdota [6] Bd. 4, 331,21. – **22** Siebenborn [3] 39f. – **23** W.S. Allen: Vox Graeca (Cambridge 1968). – **24** Velius [2] p. 66, 12; 71, 8; 72, 22. – **25** ebd. p. 68, 16 u.ö. – **26** lit. Zeugnisse: Catull, Carmen 84; Gellius, Noctes Atticae XIII, 6, 3; Augustinus, Confessiones I, 18. – **27** Gramm. Lat. Bd. 7, p. 20, 9. – **28** Quint. I, 7, 7f.; Scaurus in Gramm. Lat. Bd. 7, p. 25, 17–27, 2; Velius, ebd. p. 60, 6–66, 21. – **29** Quint. I, 7, 9. – **30** Gramm. Lat. Bd. 7, p. 205, 9 – **31** ebd. Bd. 4, p. 427, 20. – **32** F. Sommer: Hb. der lat. Laut- und Formenlehre (1914) 279–282; R. Kühner, F. Holzweissig: Ausführl. Gramm. der lat. Sprache, Bd. 1 (²1912; ND 1966) 249–252. – **33** s. die Zusammenstellung bei Siebenborn [3] 43, Anm. 2. – **34** zur kompilatorischen Darstellungsweise des Velius Longus vgl. auch Sallmann [2]. – **35** Gramm. Lat. Bd. 7, p. 74, 10ff. – **36** Stellen bei Siebenborn [3] 54, vgl. auch ebd. Anm. 3. – **37** Gramm. Lat. Bd. 7, 12, 5. – **38** Siebenborn [3] 56ff. – **39** Charax, in: Anecdota [6] Bd. 4, 331, 32. – **40** Quint. I, 7, 9. – **41** Gramm. Lat. Bd. 7, p. 12, 1; 28, 15. – **42** s. Th. Gaisford (Hg.): Etymologicon magnum... (Oxford 1848; ND Amsterdam 1967) 792, 6 s.v. ΦΗΙΣ. – **43** Quint. I, 7, 2. – **44** Lucilius, Frg. 9, 358–370 Marx. – **45** Varro, Frg. 69 Goetz-Schoell. – **46** Quint. I, 7, 16. – **47** Scaurus in Gramm. Lat. Bd. 7, p. 25, 8; Velius ebd. p. 57, 28.

E. Siebenborn

II. *Byzanz.* Die geänderte Aussprache erfordert für den Schulbetrieb orthographische Regelwerke, aber auch in der Ausbildung der byzantinischen Literatur nimmt die Kenntnis der O. einen hohen Stellenwert ein. Von Grammatikern – in der Nachfolge Herodians – sind zu nennen: JOHANNES CHARAX im 6. Jh., THEOGNOSTOS (1006 Regeln ‹Über die O.› an Kaiser Leon V., 813–820); GEORGIOS CHOIROBOSKOS (Lehrer, Diakon und Chartophylax [Archivar] der Hagia Sophia, Anfang 9. Jh.); NIKETAS, Metropolit von Herakleia (ca. 1030–1117, Diakon, dann Didaskalos an der Hagia Sophia, orthographische Hymnen); GEORGIOS SCHOLARIOS (= Patriarch Gennadios II., ca. 1405–1472, orthographisches Lexikon). Weitere Werke sind anonym bzw. ungedruckt.

In den Schreiberschulen der Klöster sind die Kopisten bei Androhung von Strafe gehalten, korrekt abzuschreiben, besonders die ἀντίστοιχα (antístoicha – 'gleichlautende Buchstaben'), vor allem Vokale. Ein orthographisches Lexikon heißt ἀντιστοιχάριον (antistoichárion) oder ἀντιστοιχικόν (antistoichikón). Nach dem Prinzip der Antistoichie erfolgt die Ordnung der byzantinischen Lexika (‹Suda› etc.): αι wird vor ε behandelt, ει / η / ι gemeinsam nach ζ, ω nach ο und οι vor υ. Handschriften und besonders Urkunden zeigen häufig orthographische Eigenheiten, die z.T. auf gefestigte byzantinische Konventionen hindeuten. So finden sich Zusammenschreibungen, besonders bei geläufigen präpositionalen Ausdrücken, z.B. ἀπαρχῆς, διακενῆς, διαπαντός, διαταῦτα, διαταχέος, διόλου, ἐξόλης, ἐπιπλέον, καθόσον, καταρχάς, μεθημέραν, μεταυτῶν, μηδόλως, μονονού, οὐδόλως, πρινή, ταπολλά, ταποτοῦδε, τολοιπόν, τοπαραπάν, τουνῦν. Gelegentlich begegnet aber auch eine Trennung des Wortes durch den Akzent: παρὰ καλοῦντες, μὴδὲ. Besonders in Urkunden findet sich eine doppelte Akzentuierung: ὡσὰ᾽ν, μὲ᾽ν u a. Beispiele für die Weglassung des *iota subscriptum*: ἄδης, ἀθῶος, ληστής, μητρῶος, πρώην, ῥοδίως, ὑπερῷον. Abweichende Akzentuierung bei Enklitika: z.B. ὥσπέρ τι, ἄλλό τι, εἴ τι που, τὶς τῶν οἰκειακῶν. Falsche Geminaten (ἀεννάως, γεννητῆς, ἐκείννων ἐλλεγχθείς, μυσσαρῶν) weisen auf Aussprache als einfache Konsonanten. Orthographische Fehler nicht nur in Handschriften der Volksliteratur, sondern auch in Inschriften, Siegeln und Privaturkunden zeigen, daß der Großteil der byzantinischen Gesellschaft der O. geringere Bedeutung beimaß, als es die Grammatiklehrer erwarteten.

Literaturhinweise:
P. Egenolff: Die orthograph. Stücke der byz. Litteratur (Progr. Gymn. Heidelberg 1888). – K. Krumbacher: Gesch. der byz. Litteratur (²1897) 576–588. – A. Ludwich: Anekdota zur griech. O. (Univ. Königsberg 1905–1912). – Tusculum-Lex. griechischer und lat. Autoren des Altertums und des MA, hg. von W. Buchwald u.a. (³1982) s.v. ‹Charax›, ‹Choiroboskos›, ‹Theognostos›, ‹Niketas von Herakleia›. – E. Follieri: Ἀντίστοιχα, in: Diptycha 4 (Athen 1986) 217–228. – The Oxford Dictionary of Byzantium, hg. v. A.P. Kazhdan (New York 1991) s.v. ‹Iotacism›, ‹Orthography›.

E. Trapp

III. *Lat. Mittelalter und Humanismus.* Im unscharfen Übergangsfeld zwischen Spätantike und Frühmittelalter überlebt das klassische Erbe der O. vom 5. bis 8. Jh. in den O.-Traktaten der Bischofshöfe und Klöster (AGROECIUS VON SENS [1], CASSIODOR [um 490–um 583] [2], der für die Definitionsgeschichte besonders wichtige ISIDOR VON SEVILLA [um 560–636] [3], BEDA VENERABILIS [672/3–735] [4], ALKUIN VON YORK [um 730–804] [5]), wobei die O. im engeren Sinne gegenüber Fragen des richtigen Wortgebrauchs in Morphologie ('Rekomposition'), Lexik und vor allem Etymologie (im spezifisch antik-mittelalterlichen Sinne) nur einen kleinen Raum einnimmt. Die Völkerwanderung sowie die fortschreitende Christianisierung mit ihren Anforderungen an Verschriftung fremder (germanischer) Sprachen und Dialekte als Superstrat-Idiome der aristokratischen Eliten bricht die klassischen lateinischen Laut-Buchstaben-Entsprechungen endgültig auf. So gehen die bei Varro normierten Vokallängen bereits im 3. Jh. verloren (mit Auswirkungen auf die Abgrenzungen von *i* und *e*, *u* und *o* in bestimmten Umgebungen). Die semiotische Trias der *accidentia litterae: nomen, figura* und *potestas/vis* (Benennung, graphische Gestalt und Lautwert der Buchstaben) [6] verlangt an problematisch gewordenen Stellen nach Neudefinitionen, zumal für den mittelalterlichen Theoretiker die *litterae* geschrieben *sowie auch* gesprochen werden können. Bereits die simple, für orthographische Homogenisierungsbestrebungen typische binäre Wortliste der ‹Appendix Probi› [7] (wohl 3. Jh.) zeigt, daß es sich bei Fehlschreibungen, die den korrekten Formen nachgestellt sind (z.B. *baculus non vaclus*; *vacua non vaqua*; *globus non glomus*), um verbreitete subnormative Varietäten der Umgangssprache handelt, die sich unter dem Einfluß des Vulgärlateins und der spezifischen Dialekte herausgebildet haben. Später, wenn die reformierten Normen des klassischen Lateins und die der neuen romanischen Einzelsprachen und ihrer Graphien hinlänglich getrennt bleiben, reduzieren sich die Wortlisten auf kürzere Gliederungspunkte innerhalb der Grammatiken. So findet sich der Name des Bischofs Agroecius von Sens (5. Jh.) in den Handschriften seiner ‹Ars› auch als *Agroitius*, *Agrecius*, *Agricius*, *Agritius* und *Agrycus*, ohne daß aufgrund der Graphien auf unterschiedliche Aussprachen geschlossen werden dürfte. [8] Es ist schwierig, gültige Regeln, die zudem noch regional, national sowie historisch variierten, anzugeben. Fast immer gibt es reversible Graphien, manchmal in ein und demselben Text von derselben Hand. Für -*t*- kann -*d*- stehen, für -*d*- auch -*t*-. [9] Ähnliches gilt für -*f*- und -*v*-, -*c*- und -*s*-, -*x*- und -*s*-, aber auch für Vokalbuchstaben (wie -*o*- und -*u*), abhängig vom Kontext. Haplographien wechseln mit Dittographien, Aphäresen mit Prothesen; manche Konsonantenbuchstaben werden mit speziell diakritischer Funktion eingeschoben: von den Iren (*hiberni*) stammt das prothetische *h* ('falsche Aspiration'). Das epenthetische *p* in *sollempnitas* etwa ist kein Fehler, sondern soll die Assimilation von *m* an *n* verbieten.

Das kenematische System der ursprünglich phonetischen Schreibung des Lateinischen verwandelt sich zu einem morphologisch-semantischen, ganz besonders im Bereich der Notariatskanzleien. Die Schriftsprache erhält einen logographisch-plerematischen Charakter, ihre Texte müssen wie «orthographische Palimpseste» in verschiedenen Schichten gelesen und grapho-lexemisch konvertiert werden. Extrem formuliert: Der spanische Notariatsscriba des 13. Jh. schreibt *occiderit*, liest aber laut *matár*. [10]

Gerade in juristischen Texten ist die Diskrepanz zwischen archaischer Terminologie nebst O. und den Anforderungen an die Fixierung alltäglicher Rechtssachen besonders groß. Es verwundert daher nicht, wenn einige der mittelalterlichen Orthographen von ihrer Ausbildung her Juristen und Notare sind, wie PARISIUS DE ALTEDO aus Bologna, dessen O.-Traktat von 1297 überliefert ist. [11]

Die Dynamik des fränkischen Königtums wirkt sich, nach Präreformen seitens der irisch-angelsächsischen Mission, direkt auf die O. aus und führt zur sog. karolingischen Reform. In seinen 786–800 entstandenen Kapitularien und Episteln weist KARL DER GROSSE [12] die kirchliche Hierarchie zur Reform des Schriftwesens, der O. und der Orthoepie/Orthophonie an. Die lateinische O. wird im gesamten Frankenreich amtlich standardisiert und normiert. Karls Hofgelehrter ALKUIN liefert dabei mit seinem in Tours entstandenen O.-Traktat, der konstruktiv und eigenständig auf seine Vorgänger sowie den Grammatiker Priscian eingeht, ein Modell für ein nach der insularen Tradition reformiertes Latein, das endlich dem Ideal der Graphem-Phonem-Korrelation gehorcht, so daß die liturgischen Texte von allen Priestern laut rezitiert werden können. Damit ist nun die Trennlinie zwischen lateinischer Schriftsprache und gesprochener Volkssprache endgültig und eindeutig gezogen, wie das Konzil von Tours 813 im Kanon 17 anerkennt und das Konzil von Mainz 847 bekräftigt. Predigten sollen nunmehr im *sermo rusticus* erfolgen. Das Latein als Sprache der katholischen Kirche ist dreifach definiert als heilige, geheim-esoterische und geschriebene Sprache mit einer besonderen symbolischen Kraft, deren Funktionieren, wie schon Karl herausstellt, korrekte O. voraussetzt. Vereinheitlichung der Graphem-Phonem-Korrelationen und darauf beruhende supervisierte Textemendationen sollen die einheitliche *recitatio* der Liturgie im gesamten Frankenreich gewährleisten. Die auch für die Gebildeten nur schwer zu beherrschende semiotische Bindung der vernakularen Lautungen an ihre schriftlateinischer

Schreibungen kann nun endlich entkoppelt werden. Gleichzeitig wird damit das Latein, seiner Rolle als Umgangssprache beraubt, korrekter und orthographischer, als es in klassischer Zeit je war.[13] Der neue artifizielle Status des Schriftlatein seit dem 9. Jh. kann aber nicht verhindern, daß es auch in späteren Phasen des Mittelalters immer wieder zu regional charakteristischen Umdefinitionen einzelner Phonem-Graphem-Korrelationen kommt.

Lesefähigkeit bedeutet im Mittelalter nicht zugleich auch Schreibfähigkeit. Viele Priestermönche können nur lesen – für ihren Beruf reicht das völlig aus. Schreiben, historisch zunächst nach Diktat, später dann auch still, ist eine hochspezialisierte Tätigkeit, eine Art Zeichnen, jedenfalls eine *ars mechanica*. Nicht ohne Grund adressiert im 11. Jh. SIGUINUS seine ‹Ars lectoria› an *lectores, scriptores, scribae,* und *emendatores codicum.*[14] O. ist ihm via Orthoepie Voraussetzung für die wichtige Euphonie.

Seit dem 9. Jh. gibt es wieder Bestrebungen, die gesprochenen Vernakularsprachen (Romanisch und Germanisch) zu verschriften, mit sehr spezifischen Ansprüchen an das verwendete Schriftsystem und die orthographischen Normen. Das Bemühen des Hraban-Schülers OTFRID VON WEISSENBURG (ca. 870) um die Verschriftung des Fränkischen, einer, wie er befindet, «lingua agrestis», einem rohen Idiom, führt ihn zu Spekulationen über notwendige Veränderungen am Zeichensatz, um das Unlateinisch-Barbarische dieser Sprache ästhetisch abmildern zu können. So will er y (als *sonus medius* für *a, e, i, u*), z und k verwenden und denkt über die mögliche Kombination *uuu* nach, die ihm, mit den üblichen Mitteln geschrieben, untragbar erscheint. Für die Lösung eines ähnlich gelagerten Problems hatte schon gegen Ende des 6. Jh. der exzentrische Merowingerkönig CHILPERICH I. die Buchstabenfolge *uui* verwendet und graphisch auf Runenvarianten zurückgegriffen.[15] Die Angelsachsen haben tatsächlich zum Runeninventar gegriffen und die Wynn-Rune für *uu* (das spätere *w*, in Italien auch *gu*), die Thorn-Rune für *th* (wie zudem das Yogh für *g/j*) elegant und unauffällig in das Schriftbild der altenglischen Manuskripte integriert, wie auch ABBO VON FLEURY (940/50–1004) hervorhebt.[16]

Im 15. Jh. fordert der Kanzler der Pariser Universität, JEAN GERSON (1363–1429), in seinem an der Bibliothek von Alexandria und Augustinus ausgerichteten rhetorischen Entwurf eines ‹Thesaurus bibliothecae Ecclesiae› Bücher in 'Lombardischer Schrift' und in der nicht näher spezifizierten «orthographia vera».[17]

JOHANNES TORTELLIUS (1400–1466), in antiker wie zeitgenössischer Grammatik, O. und Typographie ebenso bewandert wie in den Arbeiten der byzantinischen Grammatiker, liefert mit seiner ‹Orthographia›[18], in der er römische Inschriften als Belege beizieht, ein autoritatives, von humanistischen Renaissancephilologen wie von der deutschen Spätscholastik zuzurechnenden Grammatikern geschätztes Manual, eine wichtige Quelle auch für die Beurteilung der Orthographiegeschichte, die ansonsten nur in Bruchstücken (wie bei Cassiodor) überliefert ist.

Zu Beginn des 15. Jh. entwickelt der böhmische Reformator JOHANNES HUS Diakritika (statt der umständlichen und unsystematischen Digraphen) zur Verschriftung des Tschechischen auf lateinischer Grundlage.[19]

Der Buchdruck der Inkunabelnzeit neigt vor der Anwendung orthotypographischer Kriterien zu starker Verwendung logogrammartiger, konsonanten- und ligaturenbasierter, ressourcenschonender Abbreviationen bis hin zu ideogrammartigen Elementen. Diese können im Laufe ein und desselben Textes eingeführt und dann immer stärker angewandt werden. Sie setzen beim Leser sehr gute Orthographiekenntnisse für Fachsprachen voraus. Bereits die spätmittelalterlichen Handschriften bieten gute Beispiele für solche Tendenzen. Ein Beispiel für die extreme Anwendung solcher Abbreviationen ist der Druck der ‹Logica› des Paulus Venetus[20].

Als eine letzte Epitome der O. einer zusammenhängenden Latinität kann das umfassende Werk des CLAUDE DAUSQUE (1566–1644) angesehen werden.[21]

Literaturhinweise:
W. Brambach: Die Neugestaltung der lat. O. in ihrem Verhältniss zur Schule (1868) 49–69. – Ch. Beaulieux: Histoire de l'orthographe française, Bd. 1 (Paris ²1967). – D. Norberg: Manuel pratique de latin médiéval (Paris 1968). – F. Desbordes: Idées romaines sur l'écriture (Villeneuve-d'Ascq 1990). – R. Hanciaux: Graphies latines vulgaires et variantes orthographiques tirées des manuscrits, Bd. 1–7 (Mons 1989–95).

Anmerkungen:
1 Agroecius: Ars de orthographia, in: Gramm. Lat. Bd. 7, p. 113–125; hg. von M. Pugliarello (Mailand 1978). – **2** Cassiodor: De orthographia, in: Gramm. Lat. Bd. 7, p. 145–210. – **3** Isid. Etym. I, 27; vgl. auch ders.: De differentiis, in: Diferencias, hg. von C. Codoñer (Paris 1992); vgl. noch Vinzenz von Beauvais: Speculum maius II, 185; weitere Def. im Anschluß an Isid. in: Novum glossarium mediae Latinitatis, Bd. O (Kopenhagen 1983) 834f. – **4** Beda: Liber de orthographia, in: Gramm. Lat. Bd. 7, p. 261–294; ed. Ch. W. Jones, CChr.SL 123 A (Turnhout 1975) 7–57; dazu E. Zaffagno: La dottrina ortografica di Beda, in: Romanobarbarica 1 (1976) 325–339. – **5** Alkuin (s.v. Albinus Magister): Orthographia, in: Gramm. Lat. Bd. 7, p. 295–312 (u.ö.); hg. S. Bruni (Florenz 1997). – **6** vgl. Priscian: Institutiones grammaticae, in: Gramm. Lat. Bd. 2, p. 7. – **7** vgl. Gramm. Lat. Bd. 4, 193–204; auch in V. Väänänen: Introduction au latin vulgaire (Paris ³1981) 200–203. – **8** dazu R.L. Politzer: The Phonemic Interpretation of Late Latin Orthography, in: Language 27 (1951) 151–154. – **9** diskutiert von Petrus Helie: Summa super Priscianum, hg. J.E. Tolson, in: Cahiers de l'Institut du Moyen Âge grec et latin 27/28 (Kopenhagen 1978) 76; auch in Ch. Thurot: Extraits de divers manuscrits latins pour servir à l'histoire des doctrines grammaticales au Moyen Âge (Paris 1869; ND Frankfurt a.M. 1964) 144. – **10** dazu A. Emiliano: Latin or Romance? Graphemic Variation and Scripto-linguistic Change in Medieval Spanish, in R. Wright (Hg.): Latin and the Romance Languages in the Early Middle Ages (London/New York 1991) 233–247. – **11** Parisius de Altedo: Tractatus de orthographia (Liste der 9 bekannten Hss. in: Scriptorium 51 (1997) 380f.; krit. Ed. in Vorb. durch F.-L. Schiavetto); Auszüge in Thurot [9] 135–146 (Sigle U). – **12** Carolus Magnus, Ep. ad Baugulfum, in: ML Bd. 98, 895f.; Ep. generalis, in: MGH Leges II, I (Hg. A. Boretius) 80f.; Admonitio generalis, ebd. 52–62; Ep. de litteris colendis, ebd. 79; dazu R. Wright: Late Latin and Early Romance in Spain and Carolingian France (Liverpool 1982) 104–144. – **13** dazu R.L. Politzer: The Interpretation of Correctness in Late Latin Texts, in: Language 37 (1961) 209–214. – **14** Magister Siguinus: Ars lectoria, hg. von C.H. Kneepkens, H.F. Reijnders (Leiden 1979) XXXVI. – **15** vgl. Gregor von Tours: Historia Francorum V, 44, in: MGH 50, Scriptores I, 237 (u.ö.). – **16** Abbo von Fleury: Quaestiones grammaticales 28, hg. von A. Guerreau-Jalabert (Paris 1982) 245. – **17** Jean Gerson: De laude scriptorum, in: Œuvres complètes, hg. von P. Glorieux, Bd. 9 (Paris 1973) 430. – **18** Liste der Drucke seit 1471 bei J.-L. Charlet, M. Furno: Index des lemmes du *De orthographia* di Giovanni Tortelli (Aix-en-Provence 1994) 12 f. – **19** Johannes Hus: Orthographia bohemica, hg. von J. Schröpfer (1968) 58–91. – **20** Venedig 1472, ND Hildesheim/New York 1970. – **21** C. Dausquius: Antiqui novique Latii orthographica, 2 Bde. (Tournai 1632); ders.: Orthographia latini sermonis vetus et nova (Paris 1677).

L. Kaczmarek

IV. Neuere Zeit (ab ~ 1500). 1. Wandel der Zeiten und Dinge – Rhetorisch gekleidete Reflexion über Sprache.
a. Um 865, «als tütsch zů schryben wenig zyts darvor den anfang gehebt»[1], begleitet OTFRID VON WEISSENBURG sein Bemühen, mit dem überkommenen lateinischen Alphabet das ‹Leben Jesu› in *lingua nativa* (Fränkisch) niederzuschreiben – aus der Autorenperspektive und mit Blick auf *latinitas* als Ideal – mit einer Klage über *lingua nostra: inculta, corrupta; barbarismen, soloecismen, vitia; superfluas* (adiectio); *synaloephe* als *metaplasmus* (detractio); y für i; *feminin* statt *masculin, plural* statt *singular* (immutatio). Bezogen auf *scriptio, sonoritas* sowie *verba (grammatica*, Wortschatz) ist die *lingua theotisca* untauglich zur Schriftlichkeit. Ursache ist ein zweifaches Defizit: «A propriis nec scriptura nec arte aliqua ullis est temporibus expolita» (Sie ist von denen, die sie sprechen, zu keiner Zeit durch schriftliche Fixierung oder durch irgendeine Art grammatisch-rhetorischer Studien kultiviert). [2]
b. Um 1500 besteht dieses Defizit nicht mehr. Seit Anfang des Schreibens (8. Jh.) – Voraussetzung das Christentum (Althochdeutsch: religiöse Gebrauchstexte, Christianisierung des Wortschatzes) [3] – haben sich in einem vielschichtigen *Wandlungsprozeß* Gesellschaft, Staat, Wirtschaft; Sprache, Kultur, Wissenschaft, [Schul-]Bildung; Medien, Textsorten tiefgreifend verändert. [4] Spezifische Entwicklungen: 1) Im Verein mit dem Wandel der Sprache Herausbildung größerer Schreiblandschaften durch überregionalen Ausgleich unter Einwirkung u.a. von Kanzleien, Druckereien hin zur *neuhochdeutschen Schriftsprache* über den Mundarten. 2) Unter Beteiligung immer weiterer Kreise die *Ausbreitung von Schriftlichkeit* hin zu einer thematisch stark ausgefächerten Literatur. 3) Markante Ereignisse: Mitte 15. Jh. die Erfindung der *Buchdruckerkunst*, die «der Kunst des Lesens die Möglichkeit einer weiteren Verbreitung» gibt; ab 1522 LUTHERS *Bibelübersetzung*, die «dem Volk das Lesenkönnen zum Bedürfnis» macht; gleichzeitig das Aufblühen der *Teutschen Schulen*, die selbst «in den kleinen Dörffern und Flecken» ermöglicht, «lesen, schreiben […] zu lernen». [5]
c. Wird auch weiterhin (~ 1120–1401) die Schreibuntauglichkeit der deutschen Sprache aus der Autorenperspektive beklagt [6], so schlägt sich der allgemeine Wandel doch auch in ihrer Einschätzung nieder. In einer Hinsicht hat sie *höchstes Ansehen* (~ 1150 bis Luther) [7]: «Germanica autem lingua omnium est perfectissima» (Die deutsche Sprache jedoch ist die vollkommenste von allen). Hoch gelobt in der *virtus* ihrer *ratio (Sprachsystem)*, ist sie geeignet zu schriftlicher Anwendung: «rein und klar teutsch […] kans ein yeder lesen und meistern» (Luther). [8] In anderer Hinsicht liegt sie *sehr im Argen*: «ein itlicher [schreibt die teutschen buch …] nach seinem dorff […] Vnd darvmb so können sie die auch nicht recht schreiben» (Scriptor 1449). Scharf getadelt werden die Sprachanwender in ihren Schreib-*vitia (Sprachverwendung, -verkehr)*, die sich aus der Diskrepanz zwischen angeborener Sprech- und angelernter Schreibsprache erklären, wegen ihres mutwilligen Gebrauchs von Provinzialismen und «seltzamen terminis vnd so böser construction» (Franck 1541) [9]: insgesamt in ihrer mangelhaften *facultas (Sprachkompetenz)*. Beides führt, festgemacht an den Veränderungen der Sprache (Franck 1534) und ihrem Wandel (Scriptor 1449) – magisch verschlüsselt: «Sölche enderung gebirt hinschlychende zyt» (Tschudi 1538) – zu der Dichotomie hic «gefallene Sprache» (Agricola 1529) – illic «ihre Cultur» (Weise, Ende 17. Jh.). [10]

2. Rhetorisch gegründete O. – allmähliche Verselbständigung. Das Dilemma ‹Kultur/Verfall› erklärt, daß auch Grammatiker und Orthographen (Lexikographen) zwangsläufig in die Gesamtentwicklung eingebunden sind (ihre Einschätzung von ‹Sprache›: Abb.1). [11]

Merkmale	virtuell (abstrakt)	realisiert (konkret)
Existenzweisen	Sprachsystem	Sprachverkehr und -verwendung
Gesamteinschätzung (1531)	*an jr selbs rechtfertig vnd klar emendirst vnnd reinist*	*nicht gantz lauter vnd rein gefurt straffwirdigs oder mistreuchiges*
Großbereiche	Grammatik	realisiert Grammatisches
Einschätzung	*von grosser nutzbarkeit vnnd feiner lieblichait* (1534)	*verwüstet verfelschet vnd verderbt* (1534)
	Wortschatz	Vokabular
	Fülle, Pracht, Geschmeidigkeit, Reichthum (1541)	*durch fremde Barbarische sprachen verdunckelt* (1554)
Auswirkung der Dissonanz	Rückwirkung der negativen Einschätzung auch auf das System	

Abb. 1: 'Deutsche Sprache': Einschätzungen rhetorisch-ethisch geprägter dt. Termini

Das Ziel sprachkundiger Schulleute [12] ist «rettung […] vnser gemainen Teütschen sprach» (Ickelsamer 1534), «*Excolierung*» ihrer «*korrumpierten*» Zuständlichkeit (Chlorenus 1735). [13] Das Bemühen setzt an beim Verursacher des Problems. Der Weg ist, mit Lehrbüchern zur O. und Grammatik im Schul- und Selbstunterricht die Sprachkompetenz des *Layen* [14] auch in der O. («Recht buchstäbig Deutsch schreiben oder reden, lesen», Frangk 1531; Ickelsamer 1534) auszubilden und zu verbessern, damit über die *reformierte Sprachanwendung* (Ickelsamer 1534) rückwirkend die Sprache an ir selbs «wider in die vorig ordnung vñ wesen gebracht / auff ein news angerichtet» (Roth 1571) werde. [15] Eingangs seiner O.-Definition distanziert sich Frangk von dem «Rein höflich deutsch / mit geschmůckten verblümbten worten / ordentlich vnd artlig nach dem synn […] schreiben» als zur «Redkündiger schule gehörig». Mit der Forderung an künftige Grammatikverfasser, die «acht tayl der rede […] mit jren accidentijs […] sampt ainer gůten Syntaxi oder Construction» nicht wie in den «gemainen kinder Donäten», sondern ihren rechten Brauch in deutscher Rede darzustellen, setzt sich ICKELSAMER von Nachfahren des Grammatikers DONATUS (4. Jh. n.Chr.) ab, wie auch mit seiner Lautiermethode (Giesecke) «von der 'Buchstabiermethode' der lateinischen Lehrtradition». [16] Einschlägig ist auch die durchgängig deutsche Übertragung grammatischer und rhetorischer Termini. Erscheint bei einer zweiten Gruppe, den Kanzlei- und Formularbüchern, die Rhetorik schon im Titel [17], so sind allerdings auch die oben genannten ihr stark verhaftet. Alle beziehen sich auf heilige Sprachen, u.a. Ickelsamer auf Autoritäten (etwa Quintilian); sprachbezogene Kennzeichnungen (hic *reinist feine lieblichait, gůt – illic straffwirdig, verwůstet, verfelschet*) sind rhetorisch-ethisch geprägt. Weiteres Überkommene betrifft *quadripertita ratio, verba peregrina, loquendi regula*.
2.1. Die Änderungskategorien (*quadripartita ratio*) bilden den Kern in FRANGKS O.-Definition 1531: «Wenn ein

jdlich wort [...] recht und rein geschrieben [odder geredt] wird / also / das kein buchstab müssig / odder zuuiel noch zu wenig / Auch nicht an stat des andern gesetzt nach versetzt» wird. [18] Sie dienen im Bereich ‹Laute, Buchstaben› der Klassifizierung oft mundartlich angelegter Diskrepanzen bzw. bedingter Inkongruenzen sowie der weiteren Gliederung (Abb. 2). [19]

Rhetorik	‹adiectio	detractio	transmutatio	immutatio›
Scriptor 1449	zu vil	zu wenig	verkert	wandelt
Frangk 1531	zuuil, vberfluss müssig[gang]	zu wenig, mangel verkürtzerungen	versetzung	stat andern wechssel
Ickelsa. 1534	zůuil, überfluß	zů wenig, mangel		verwandlung
Kolroß 1530		abschnydung Syncopa kürtzg		eins für daz ander
Pudor 1672	Erweiterung	Zusammenziehg.	Versetzung	Verwechselg.

Abb. 2: Rhet. Kategoriensystem in dt. Fachtermini

All dies führt im Schnittbereich von Grammatik (einschließlich O.) und Rhetorik zu einer eigentümlichen Mischung von Schreib- (*Muth/Mut, Vater/Fater*), Form- (*priefe die mintz/prüfe die müntz*), Konstruktions- (Dat. *am tage Barbare*/Dat. *tage Barbare*) und Wortvarianten, Synonymen (*vor/für*). [20] Sind nach antikem Verständnis nur Schreibvarianten, die Raumer 1855 scharf von all den andern trennt (*Fater/Vater, Eräugnis/Ereignis*) [21], Gegenstand der O., so erklärt die rhetorisch umgreifendere Grundvorstellung von den Änderungskategorien, daß trotzdem bis heute vielfältig Weiteres mitgeführt wird.
a. *Grammatisches.* ICKELSAMER (1534) verbindet im Titel *Grammatica* mit *Orthographia* und versucht sich am deutschen Partizip, Bödiker 1690 an den *Vorwörtern* (*Aus=, Ein=, Über*fall). [22] Empfiehlt FREYER (1722) ‹Erster Theil I Capitel› grundsätzlich auch, die Änderungskategorien zu beachten, doch fordert er ‹V Capitel Von der Construction› doch, nach grammatischen Kategorien recht zu schreiben. Er demonstriert u.a. an *mir/mich*, wie «Wörter mit einander confundiret werden», gefolgt von Deklinations- und Konjugationsparadigmata. [23] BRAUNS ‹orthographisch-grammatisches Wörterbuch› 1793 enthält «Declinationes und Conjugationes», auf die aus dem Wörterteil verwiesen wird. [24] Im 19.Jh. ist in Titeln ‹orthographisch-grammatisch› bis 1884 [25], die Nennung des *Dativs, Akkusativs,* der *Vorwörter* von 1812–1838 bekannt [26] sowie die *grammatischer Teilbereiche* durchgängig. [27] DUDEN begründet 1880 im Regelteil die im Wörterbuch angeführten grammatischen Formen, was sich bis 1996 fortsetzt. 2000 ist im Regelteil Grammatisches nicht mehr zu finden, geblieben sind die Formen in diesem, was die Auskunft «Angaben [...] zur Grammatik» erklärt. [28]
b. *Vielfältigkeit der Varianten.* 1531 stellt FABRITIUS nach dem O.-Teil Listen ‹gleych stymender worther aber vngleichs verstandes› zusammen; 1607–1658 verbindet SATTLER die O. mit *Phraseologie* und *Synonymik*, was sich fortsetzt. [29] Freyers ‹Anderer Theil› 1722 besteht aus sieben Kapiteln mit alphabetisch geordneten Wortlisten (Abb. 3).

(219)	Freyer 1722 ‹Anderer Theil›			
	Pronuntiation			
Capitel (S.)	geschrieben	Laut	Bedeutung	Beispiel
I (222)	einerley	einerley	unterschieden	*Acht* (8), die *Acht*
II (248)	unterschieden	einerley	unterschieden	der *Aal*, die *Ahl*
III (260)	unterschieden	fast gleich	unterschieden	der *Aal*, *all* das
	nebst der *Pronuntiation* insbes. mit zu sehen			
IV (321)	auf die *Derivation*			*Abends*, nicht *Abens*
V (337)	auf die *Analogie*			*adlich, adelich*: g
VI (371)	auf den *vsum*			*Abend*, nicht *Abent*
VII (390 bis 418)	aus andern Sprachen genommen			*Demant, Diamant*

Abb. 3: ‹Von dem Gebrauch der angewiesenen Regel und Richtschnur recht zu schreiben›

I bis III differenzieren das von Fabritius Angegangene, das sich fortsetzt. [30] IV bis VI sind nach weiteren Hauptgesichtspunkten eingerichtet, wobei rhetorische Kategorien, wie weiterhin auch [31], im Spiele sind. Am Schluß finden sich drei Register. Insbesondere II ‹über die unrichtigen Wörter und Constructionen› besteht aus einer Abfolge verschiedenartiger Varianten (*betrügen/betriegen, Ereignen/eräugen,* in der Kirche gehen/in die Kirche gehen, *Mintze/Müntze, Nåchtenabend/gesternabend, Vaß/Faß*), doch die alphabetische Anordnung sichert das Auffinden des Einzelfalles, der Regel-Verweis dessen systematischen Ort im Gesamten.
c. *Amtliche Verengung* Aufstellungen solcher Art markieren den weiteren Verlauf, 1849 als ‹Beitrag zur Herstellung einer gleichmäßigen deutschen O.› ausgewiesen. [32] Auf der gescheiterten Orthographischen Konferenz 1876 wird eine Varianten-Liste zusammen- und in der Schreibung festgestellt. [33] Duden registriert seit 1880 in Wörterteil-Fußnoten Varianten der regional amtlichen Orthographiebücher (ab 1879 u.a. Bayern, Preußen). Sind auch «die in der 13. Auflage (1947) noch vermerkten zahlreichen Sonder- und Doppelformen entschieden» verringert (1954), so bleiben solche in den Wiesbadener Empfehlungen 1959 bis hin zur Neuregelung 1996 doch im Spiel. [34] Nach der erfolgreichen Orthographischen Konferenz 1901 kommt als neuer Typ ‹alt/neu› oder ‹vorher/nachher› auf, der nach 1996 reüssieren sollte. [35]
2.2. In der *electio verborum* wird ein Spannungsfeld durch ‹verba domestica/verba peregrina› aufgebaut. Diese erfahren dabei eigentümliche Schicksale.
a. *Vorboten des Schriftstreits.* SATTLER (1617) berichtet, daß Schriftsetzer *Commissio* u.ä. wegen lateinischer Endung mit lateinischen Buchstaben setzen, *Commission* usw. wegen deutscher mit deutschen. Er selbst plädiert generell für lateinische. FREYER (1722) empfiehlt, anderssprachige *ganze Wörter* lateinisch zu schreiben, vor allem deklinierte: Demosthenis Reden; doch undeklinierte und Eigennamen deutsch: Ich lese Cicero. Bei deutscher Endung werden dieser *Wortteil* «Teutsch, und das übrige Lateinisch geschrieben»: Renovirung, doch gebräuchliche ganz deutsch: Universität. Letzteres sieht auch AICHINGER (1754) vor. Wörter mit fremder Endung gehen «in ihres Vaterlandes Tracht einher»; doch deut-

sche und lateinische Buchstaben in einem Wort lehnt er ab. U.a. HEYSE (1822) erhebt den Gegenpol zu Sattlers Position 1617 zu einer «Hauptregel»: Auch Fremdwörter und Eigennamen in deutscher Schrift. [36] Hintergrund: Im 16. Jh. entwickelt sich die deutsche Schrift «zum typographischen Kennzeichen für deutschsprachiges Schrifttum», die lateinische wird «für fremdsprachiges Schrifttum sowie für Fremdwörter und fremde Namen in deutschen Texten üblich». Diese Opposition setzt sich – auf anderer Ebene und mit verschobenen Akzent – im Schriftstreit Fraktur/Antiqua (~ 1750–1918) fort; es folgt die ideologisch konforme, fraktur-positive Schriftpolitik der Nationalsozialisten bis 1939; die Einführung der Antiqua als Normal-Schrift (3.1.1941), von Hitler i.S. der kultur-expansiven Machtpolitik unter Verunglimpfung der Fraktur («Schwabacher Judenlettern») intern verfügt; schließlich deren Umsetzung für Schulen durch Reichserziehungsminister Rust (Erlaß vom 1.9.1941). [37] Scheint damit das Spannungsfeld ‹Fraktur/Antiqua› auch aufgelöst, so wird 1948–1952 erneut, als wäre nichts gewesen, die lateinische Schrift statt der deutschen gefordert. [38] Erklärbar ist dies vielleicht durch den Ausschluß von Presse und Öffentlichkeit bei der Entscheidung von 1941.

b. *Kandidaten der Eindeutschung.* Das Rustsche Ministerium gibt 1944 für Schulen ein Orthographiebuch (Zulassung 20.2.1944) mit zahlreichen Änderungen heraus, so bei Fremdwörtern neben *ph, rh, th* auch *f, r, t*. Im August 1944 stoppt Hitler diesen Vorstoß, weil nicht kriegswichtig. [39] Gegner der Neuregelung von 1996 sehen eine inhaltliche Übereinstimmung dieser mit der Rustschen und konstruieren in abstruser Weise eine auch ideologische Nachfolge. [40] Doch selbst wenn das inhaltlich zuträfe: Die eindeutschende Schreibung ist 1944 weder neu noch NS-spezifisch. Die meisten der 37 Reformvorschläge 1902–1944 (JANSEN-TANG) sehen die Umstellung der *h*-Gruppen vor, die bereits 1901 (2. Orthographische Konferenz) abgelehnt wurde. 1908 prophezeit DUDEN, man werde bald auch *Frisör* und *Büro* schreiben, wie dann 1944 unter Rust. 1898 fordert Duden, Überflüssiges wie *ph, th* zu beschränken, was 1876 (1. Orthographische Konferenz) abgelehnt war. AICHINGER (1754) toleriert Wörter mit *f*; doch «Filosofen und Profeten […] sehen etwas verwunderlich aus». Ickelsamer 1534: «Das/ *th*/brauchen die teütschen ongefär für ein/ *t* [...] wissen aber [...] nit was der *wind h* hie für ein zierde gibt/darumb es auch selten recht brauchen». [41] Kritisiert er dies auch als Mangel, so nimmt dieser doch vorweg, was Generationen von Reformern nach ihm zu erreichen versuchen sollten.

c. *Perversion zum Purismus: puritas → Purismus.* ICKELSAMERS Ausgangsvorstellung 1534: Alle Sprachen «sein all vnter ainander vermischet». Deshalb sollten die Deutschen «sich auch nit schämen etwa fremmder wörter bedeütung zū lernen». Er unterscheidet solche: 1) die «die teütschen [...] gantz vnd allain teütsch sein gedencken»: *mantel,* die später sog. Lehnwörter; 2) die «eben so gemain als die teütschen wörter selbs»: *Policey.* GUEINTZ 1641 ergänzt 3) wenn man «gleich wie auch die Latini die Griechischen» Kunstwörter ohne deutsche Entsprechungen gebraucht. Den Laien sind diese unbekannt und gehören deshalb in das Register ‹Technica Kunstwörter› wie z.B. *Orthographia Wortschreibung* (Gueintz), *Rechtschreibung, Rechtschreibekunst Orthographia* (Braun 1766). [42] Viele insbesondere aus 2) kleiden sich nach der Mode des neuen Landes (Aichinger 1754) [43]: *Heimatrecht* für Fremde *in der Fremde.*

Aufgenommen sind sie auch in Wörterbüchern (Roth 1571), in Registern zur O. (Sattler 1617, Freyer 1722): *Auslegung, Explikation.* [44] Doch gilt all dies nicht für alle und immer. BRAUN (1766) nimmt «nur gute deutsche Wörter» und ausländische nur mit Bürgerrecht auf; «die übrigen sind in ein besonders Register gezogen»: *Selektion, Ghettoisierung;* mit guten deutschen Entsprechungen: *Ersatz* der «Eindringlinge, die unsere Sprache verunstalten» (Duden 1880). Die amtliche Regelung 1902 steigert direktiv: «entbehrliche Fremdwörter soll man überhaupt vermeiden» [45]: *Meidung.* Hintergrund: Im 17. Jh. hat die Sprachreinigung ihre erste Blüte. Ausgangsvorstellung: Allein die deutsche Sprache ist ursprünglich unvermischt: «reine Jungfrau» (Gueintz 1641). Doch Sprachanwender haben «das köstliche Kleid» mit «außgebettelten Lappen» verunziert (Pudor 1672): «unsere arme *gemißhandelte Sprache*» (Campe 1801). Reaktion: «*Ausrottung dieses Krebsgeschwürs* am Leibe [...] deutschen Volkstumes, deutscher Ehre» (ENGEL 1918). [46] 1920 wird die Direktive von 1902 resultativ präzisiert: «Sprachreinheit» = «fremdwortfreie [...] Sprache»: *judenfreie Städte, national befreite Zonen;* und direktiv mental radikalisiert: «Man denke nicht erst in Fremdwörtern, [...] sondern [...] alles gleich deutsch»: *Rein-Deutschdenk.* All dies setzt sich fort bis in die 40er Jahre, doch ideologisch zeitgemäß ist es plötzlich nicht mehr. 19.11.1940: Hitler mißbillige ‹Eindeutschungen [...] längst ins Deutsche eingebürgerter Fremdworte›. [47] Dennoch: Die Forderungen nach der 'Ausweisung' der *verba peregrina,* nach einem Sprachschutz- und Sprachreinigungsgesetz sind bis in die Gegenwart nicht verstummt. [48]

2.3. Die *Richtlinien* (*loquendi regula*) *der latinitas* setzen sich im Deutschen fort. In Zweifelsfällen ist die *consuetudo* entscheidende Instanz. Ist diese korrumpiert, wird die *auctoritas* zum Maß.

a. *Regeln.* Dem, der «jnncongrue» schreibt oder redet, werden Einzelfall-übergreifende «muster vnd regel» (Frangk 1531) an die Hand gegeben [49], um «vil vnnützer oder vnrechter büchstaben» zu meiden (Ickelsamer). Schon dieser stellt 1534 ein Regel-Gefüge vor: «zwū Regel/das man in allen wörtern/der eren rath hab/wie es aigentlich kling/Vnd zum andern/auff des worts rechte signification oder bedeütung dencke [...] was dann der gewonhait vnd dem gemainen brauch/welchem auch die Orthographia zeytten dienet vnd weichet/wie der Fabius sagt/nachzūlassen vnd zū geben wer/würdt sich auch wol schicken». [50] Für die Realisierung in der *ratio* systemhaft verfügbarer *Laute ~ Buchstaben* gilt: *Aussprache → Schreibung* [51] bzw. *Schriftliches → Aussprache.* [52] *Etymologia* (*Bedeutung, Composition, Ursprung*) sichert die morphologisch-grammatische Durchsichtigkeit des Wortstamms. [53] Mit Blick auf «Orthographia vnd Etymologia» gilt, «daß man vmm jrent willen/den leydenlichen gemainen brauch in den wörtern vnd sprachen nit verlassen soll». [54] Zudem wird ‹unterschiedliche Schreibung› geführt (*ist/ißt, den/denn*). [55] 1722 strukturiert FREYER sein Werk systematisch nach vier «Hauptregeln»: Pronuntiation, Derivation, Analogie (*Gewinst, Brunst,* aber *gewinnen, brennen*) und *usus.* [56] Die rhetorischen Richtlinien mit Geltung für 'Sprache', 'Grammatik' und 'Wortschatz' werden in die O. mit ihrer enge[re]n Extension eingebracht; die weiter mitgeführte Etymologie oder Derivation erscheint als Regulativ speziell der O. Wirkt auch schon Freyer 1722 wie ein Höhepunkt der Entwicklung, so wird doch mit der *systematisch-phonetischen Richtung* (KLOP-

STOCK 1778: Ein Laut ~ ein Buchstabe und umgekehrt)[57] ein Gegenpol markiert; ein weiterer mit der *historischen Richtung* (J. GRIMM 1822: *Dohle, Gemahl, Diele*, aber *Lon, allmälich, Bine*), die die gegenwärtige O. nach älteren Sprachzuständen ausrichten will: eine ahistorische Verleugnung des Sprachwandels.[58] Beide verabsolutieren je ein Prinzip. Aufgehoben wird dieser Antagonismus in der *historisch vertieften phonetisch-praktischen Richtung* (RAUMER). Dieser bringt 1855 die Grundsätze des Schreibens oder Sprechens in Einklang. Hintergrund: «Bei ihrem Beginn richtet sich die Schrift ganz nach der Aussprache. Ist die Schrift erst festgestellt, so wirkt sie regelnd auf die Aussprache zurück.» (Abb. 4).

Grundsatz 1	Schreib, wie du sprichst.
	Aussprache ———▶ Schreibung
Grundsatz 1	Sprich, wie du schreibst.
	Aussprache ◀——— Schreibung
phonet. Princip	Bring deine Schrift und deine Aussprache in Uebereinstimmung.
	Aussprache ◀——— Schreibung

Abb. 4: Raumer: Phonetisches Prinzip

Mit der «Fülle classischer Schriftwerke» in ihrer überlieferten Schreibung als *auctoritas* begründet Raumer 1856 den Anspruch auf «echte Geschichtlichkeit» für sich und sein «historisch-phonetisches Princip».[59]

b. *auctoritas: ordo optimorum.* Dem, der rechtförmig deutsch schreiben oder reden will, empfiehlt Frangk 1531, «gutter deutscher bůcher vnd verbriefungen» zu lesen und ihnen nachzufolgen; es sei denn, die «Alten» enthalten Schreibweisen, «so jtzunt vermieden», ohne *vetustas* (*freundthlichenn*). Konkret nennt er *Luthers Schreibsprache*, eines der «emendirsten vnnd reinisten» *exempla*.[60] Dieser gehört, außerhalb der Regel, schon zu Lebzeiten zum *ordo*. Religiöse Texte und moralische Maximen sind fester Bestand der Schulbücher auch für O. und Grammatik, mit Fernwirkung bis ~ 2000.[61] In CLAJUS 1578 ist Luthers Sprache «ausgewähltes Werkzeug» des Hl. Geistes, Gegenstand der Beschreibung, alleinige Norm.[62] Für GUEINTZ 1641 bildet er die *Zäsur* zwischen alten und neuen «Scribenten daraus die Deutsche sprache zu erforschen und zu lernen».[63] Führt die früheste Geschichtsdarstellung deutscher O. und Grammatik (REICHARD 1747) Luther «noch itzo [als ...] claßischen Auctor», so setzt schon FREYER 1722 ein Zeichen der Wende. Innerhalb des weiten Kreises seiner Autoritäten, der die deutsche Sprache «excoliret», nennt er zwar noch Luthers Bibelübersetzung, doch Bibelstellen (HEINLE) zitiert er nach Drucken seiner Zeit in deren O.[64] GOTTSCHED (1748) setzt mit OPITZ eine neue Zäsur, HEYSE (1822) ergänzt um den weiteren Verlauf: ‹Von Opitz bis auf Klopstock. 1625 bis 1751›, ‹Von Klopstock bis auf unsere Zeit. 1751 bis 1821›. Beide sehen sich im ‹goldenen [Zeit-]Alter› der deutschen Sprache [65], auf dem Höhepunkt der Entwicklung des Verbundes von Literatur, Sprache und Grammatik einschließlich O., Wissenschaft und Unterricht. Auch 1876 (1. Orthographische Konferenz) wird in der Generaldebatte all dies aufgerufen, doch lauten die obersten Ziele ‹Einheitlichkeit, Vereinfachung!›. Das Kaleidoskop hat sich gedreht. Aus «der überlieferten Literatur [seien] zwar Schwierigkeiten abzuleiten», doch «Bestimmungsgrund für das Maß der Reform» sei sie nicht; sie werde gemäß der durch ihre Ablösung verselbständigten amtlichen O. umgeschaffen werden. Auch der Schreibbrauch, dokumentiert etwa in der Presse, würde nunmehr dieser «gern folgen». Die amtlichen Weichen sind gestellt, die Schiene führt über 1901 bis hin zur Neuregelung 1996.[66]

c. *Etymologisches; grammatisches Prinzip, ein Irrtum?* Die Prinzipiendiskussion ist damit nicht abgeschlossen. Seit 1955 wird eine Vielzahl an Modellen [67] angeboten, deren verwirrende Unterschiedlichkeit hier beiseite bleibt. Wird auch in diesen der *Sprachbrauch* nicht geführt, so ist er seit 1901 indirekt doch im Spiel. Seit 1915 hat die Dudenredaktion, so die Auskunft, die amtlichen Regeln von 1902 gemäß dem jeweiligen Sprachgebrauch als «Norm neu bestimmt».[68] Die 'Fehler'-Schwerpunkte insbesondere bei Kommasetzung und *s*-Schreibung stellen, positiv gesehen, einen verfestigten Schreibbrauch jenseits der Norm dar, der die Neuregelung 1996 erheblich beeinflußt hat.[69] Das *vitium* von gestern ist zumindest in diesen Fällen heute amtlich sanktionierte *virtus*. In allen Modellen werden, unterschiedlich benannt, u.a. (die Zahl der Prinzipien reicht von 4–10) das ‹phonetische› und das ‹grammatische› (etymologische, morphematische usw.) *Prinzip* geführt. In ‹Deutsche O.› 1989 ist die Realisierung aller Prinzipien ausschließlich auf den graphischen Bereich gerichtet als Ort, der alles einholend in sich versammelt (Abb. 5). [70]

phonische Morphemform	[syllabisches]	graphische Morphemform	morphemat.	Morphembedeutung
	Prinzip		Prinzip	
Phonem	phonemat.	Graphem		Sem
	Prinzip			
phonologische Ebene		graphische Ebene		semantische Ebene

Abb. 5: Dt. O. (1989) 73 (Ausschnitt)

Einerseits erscheint hier die graphische Morphemform als *abhängig* von der phonischen, als Abbild, was über Quintilian bis auf Aristoteles Tradition hat. Doch dieser wird entgegengestellt: Grapheme wie Phoneme seien zunächst *autonom*, ohne Bezug aufeinander zu definieren und erst dann die wechselseitigen Korrespondenzen fest- und darzustellen.[71] Andererseits hat offenbar nur die graphische Morphemform Bedeutung, die phonische nicht. Doch ein *morphologisches* (morphematisches) *semantisches Konzept* kann nicht nur *graphisch*, sondern auch *phonisch* realisiert werden. Beide Morphemformen vermitteln «mit den für sie spezifischen Mitteln» (EISENBERG 1983) morphologische, syntaktische, semantische Informationen. Morphologie, Syntax, Semantik sind «gegenüber der Dichotomie Geschriebenes vs. Gesprochenes neutral», nicht markiert. Insofern geht es nicht an, von einem ‹grammatischen› Prinzip «im gleichen Sinne zu sprechen» wie vom ‹phonetischen› (Eisenberg 1985)[72]; ein grammatisches Prinzip als «ein dem phonetischen ebenbürtiges Princip» anzusetzen, hat schon Raumer 1855–1862 mehrfach strikt abgelehnt.[73] Beansprucht AUGST 1987 auch, «die deskriptive Prinzipienlehre [...] 1974 im Anschluß an Raumer und H. Moser wiederbelebt» zu haben[74], so steht er mit seinem Stamm- und grammatischen Prinzip doch inhaltlich in krassem Gegensatz zu Raumers Auffassung, wobei er in seinem Prinzipienartikel 1974 auf diese Diskrepanz nicht eingeht und Raumer und dessen Prinzipien mit keinem Wort erwähnt. Insgesamt gilt: Die morphologisch-semantischen Konzepte sind Gegenstand von Verlautung wie Verschriftung (Abb. 6).

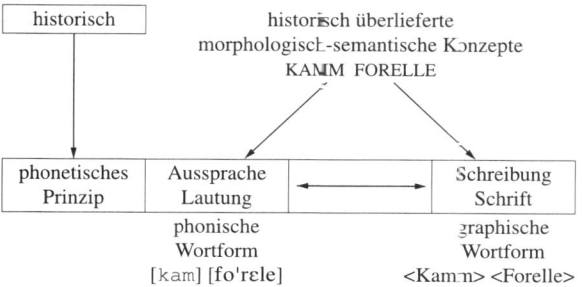

Abb. 6: Raumer: Historisch-phonetisches Prinzip

Das grammatische Prinzip, von der Rhetorik nahegelegt und aus ihr überkommen, ein innerhalb der eng[er]en Extension der O. über Jh. hin weitergeführter durchgängiger Irrtum der Orthographen?

3. *O.-Reform.* Zur Geschichte der deutschen ‹O.›, eingebettet in die Entwicklung, der Wandel von Literatur, Sprache, wissenschaftlicher Beschäftigung und schulischer Vermittlung über Jh. hin, gehören nicht nur ihre allmähliche Verfestigung, ihre im 19. Jh. einsetzende Amtlichkeit [75] und ihre Verselbständigung, sondern auch das Bemühen, um ihre Vereinfachung und *Reform*. Setzt sich die gescheiterte Orthographische Konferenz 1876 mit ‹Einheitlichkeit, Vereinfachung› auch zwei Ziele, so bleibt auf der 2. Konferenz 1901 die Vereinfachung doch weitgehend unberücksichtigt. Gerechtfertigt wird dieser Kompromiß, dieses «Zwischenziel» (1902) mit der endlich erreichten Einheitlichkeit. Die Vereinfachung wird der Zukunft anheimgegeben. [76] Auch die Neuregelung 1996 wird von ihren Befürwortern angesehen als *Kompromiß* auf kleinstem Nenner (1996). Gerechtfertigt wird dieser – die Einheitlichkeit steht nicht mehr zur Verfügung – mit der Vereinfachung einiger Fälle und Regeln. Eine gründliche[re] Reform könne späterhin erfolgen. [77] Doch mit der Etablierung der Neuregelung ist der Zugang zu einer solchen Reform, insbesondere bei den Phonem-Graphem-Korrespondenzen und bei der Groß- und Kleinschreibung, für unabsehbare Zeit versperrt. Ickelsamers Prophezeiung, seit 1534 wie ein *düsterer Fluch* auf den Deutschen und ihrer O. lastend, gilt noch heute: Es «werden sich auch die teütschen hierinn [in den vngeschicklikaitten der Orthographien/ja mehr Cacographien] nit Reformiern lassen». Die Schere, hic *Ortho* – illic *Caco*, ist über die Jh. hin weit offen geblieben, eine Schließung nicht in Sicht. Was bleibt, ist der Ausweg zurück in die Vergangenheit, die Flucht ins *Mythisch-Imaginäre*: «daß der Teutschen Vor-Eltern bey der Erbauung des Babylonischen Thurms nicht gewesen; sondern allbereit damals auß selbigem Lande gezogen, vnd also die Reinigkeit dieser vhralten Spraach beständig erhalten hetten» (1656). [78]

Ausblick: Innerhalb der Sprachen, in denen die Antiqua verwendet wird, lassen sich mit Blick auf die gegenwärtige Regelung der O. grob zwei Gruppen unterscheiden. In der einen Gruppe ist die Regelung aufgrund von im 19. und 20. Jh. durchgeführten Reformen nicht mehr reformbedürftig (wie das Italienische und Spanische) oder nur noch in geringerem Maße. Dies gilt etwa für die Niederlande und Belgien, wo Mitte des 20. Jh. u.a. die Vereinfachung der Fremdwortschreibung beschlossen wird (z.B. *f* statt *ph*), sowie, bezogen auf die Abschaffung der Großschreibung der Substantive, für das Norwegische (auf den Schulen bereits 1877, offiziell auch in der Presse 1907) und Dänische (1949). Gemeinsam ist den Sprachen der anderen Gruppe z.B. das *ph* für den *f*-Laut in Fremdwörtern. Hinzukommt für das Englische, daß das Alphabet für den komplizierten Lautbestand nicht ausreicht; für das Französische die große Anzahl an Homonymen und für das Deutsche insbesondere die unterschiedliche Kennzeichnung langer Vokale und, nur noch hier, die Großschreibung der Substantive. [79] Für zukünftige Reformbemühungen insgesamt ein weites Feld.

Anmerkungen:

1 Ae. Tschudi (1538), in: A. Socin: Schriftsprache und Dialekte im Dt. (1888; ND 1970) 290. – 2 Otfrids Evangelienbuch: Vorrede, hg. v. L. Wolff (⁴1962) 4–7; E. Straßner: Dt Sprachkultur (1995) 2–4 (Übers. G. Vollmann-Profe). Die in a. kursiv gesetzten Ausdrücke finden sich neben weiteren bei Otfrid. – 3 R. v. Raumer: Die Einwirkung der Christenthums auf die ahd. Sprache (1845). – 4 P. v. Polenz: Dt. Sprachgesch. vom Spätma. bis zu Gegenwart, Bd. 1 (1991), Bd. 2 (1994), Bd. 3 (1999). – 5 R. v. Raumer: Der Unterricht im Dt., in: K. v. Raumer: Gesch. der Päd.. III. Theil, II. Abth. (1852) 49. – 6 Beispiele: (Ende 12. Jh.); (~ 1260); (1401), in: Straßner [2] 10, 11, 26. – 7 Beispiele: (~ 1300); (1349–1359); (1406), ebd. 26, 36. – 8 Luther: Tischreden; Sendbr. vom Dolmetschen (1530), in: ebd. 51; weitere Beispiele: (Mitte 12. Jh.); (1170); (1527), ebd. 11, 34. – 9 Nürnberger Scriptor; S. Franck, ebd. 46f. – 10 Tschudi [1]; S. Franck; Scriptor: J. Agricola; Chr. Weise, ebd. 46, 87. – 11 F. Frangk: Orthographia Deutsch (1531), in: Johannes Müller: Quellenschr. und Gesch. des deutschsprachigen Unterrichts bis zur Mitte des 16. Jh. (1882; ND 1969) 94; V. Ickelsamer: Teutsche Grammatica ... Orthographian mangel vñ überfluß (1534), ebd. 149; J. Frisius: Dt.-Lat. Wtb. (1541), in: Socin [1] 305f.; U. Haß: L. Schwartzenbachs «Synonyma [1554]» (1986) 109f. – 12 J. Kolroß: Enchiridion, das ist Handbüchlin tütscher Orthographi ... (1530), in: Müller [11] 64; Frangk [11] 92, 93; Ickelsamer [11] 397. – 13 Ickelsamer [11] 130; Chlorenus (= J.H. Lochner): Neu verbeßerte Teutsche O. ... (1735), in: M.H. Jellinek: Gesch. der nhd. Gramm., Bd. 1 (1913), Bd. 2 (1914) 63. – 14 Frangk [12] 65; Frangk [11] 93; Ickelsamer [11] 120; 123. – 15 Frangk [11] 95; Ickelsamer [11] 131, 154; Kolroß [12] 64; S. Roth: Ein Teutscher Dictionarius (1571), hg. von E. Öhmann (1936) *Reformirn*. – 16 Frangk [11] 95; Ickelsamer [11] 120; M. Giesecke: Schriftspracherwerb und Erstlesedidaktik – eine regressive. Interpretation der Lehrbücher V. Ickelsamers, in: Osnabrücker Beitr. 11 (1979) 55. – 17 z.B. ‹Formulare und teutsch Rhetorica› (~ 1480); Raumer [5] 27ff.; U. Götz: Die Anfänge der Gramm.schreibung des Dt. in Formularbüchern des frühen 16. Jh. (1992) 49, 56; anders als sonst durchgängig wird Frangks ‹Orthographia Deutsch› hier der ersten Gruppe zugeordnet. – 18 Frangk [11] 95, auch 109; fast wörtlich Roth [15] *Orthographei*, Recht schreibung. – 19 Nürnberger Scriptor [9]; Frangk [11] 95, u.a. 101–103; Ickelsamer [11] 120 Titel, 134, 137–143; Kolroß [12] 70, u.a. 79–84; Chr. Pudor: Der Teutschen Sprach Grundrichtigkeit ... (1672; ND 1975) Titel, u.a. 64–71. – 20 Frangk [11] 101–109; Kolroß [12] 78–83. – 21 R. v. Raumer: Das Princip der dt. Rechtschreibung (1855), in: Gesamm. sprachwiss. Schr. (1863) 124. – 22 Ickelsamer [11] 120ff.; J. Bödiker: Grund-Sätze der Dt. Sprachen im Reden und Schreiben, vom rechten Gebrauch der Vorwörter (1690), in: Jellinek [13] Bd. 1, 6. – 23 H. Freyer: Anweisung zur Teutschen O. (1722) 10f., 101, 103–168. – 24 H. Brauns dt. orthogr.-gramm. Wtb. ... (1793) I-XVIII. – 25 M. Kunitsch: Gramm.-orthogr. Wtb. der Homonyme (1805); bis hin zu: Th. P. Heichen: Dt. Reichs-Orthograph (1884). – 26 J. Chr. Vollbeding: Über Mir und Mich, Vor und Für; prakt. Ratgeber in der dt Sprache (²1812); bis hin zu: W.F. Salzmann: Alphabet. Wtb. zur gramm. Rechtschreibung. Vorwörter mit ihren Fällen, um die so häufige Verwechslung des Dativs und Accusativs, oder Mir und Mich, Sie und Ihnen sowohl im Sprechen als Schreiben

zu verhüten (^{2}1838). – **27** J. Chr. Adelung: Vollständige Anweisung zur Dt. O. nebst einem kleinen Wtb. für die Aussprache, O., Biegung und Ableitung (1788; ND 1978); bis hin zu: Th. Matthias: Vollständiges kurzgefaßtes Wtb. der dt. Rechtschreibung mit zahlr. Fremdwortverdeutschungen und Angaben über Herkunft, Bedeutung u. Fügung der Wörter (1899). – **28** K. Duden: Vollständiges Orthogr. Wtb. der dt. Sprache (1880) XVI-XX; Duden Rechtschreibung (^{21}1996); (^{22}2000) Einbd. vorne außen. – **29** H. Fabritius: Eyn Nutzlich buchlein etlicher gleych stymender worther ... (1532), hg. v. J. Meier (1895); J.R. Sattler: Teutsche Orthographey Vnd Phraseology (^{3}1617; ND 1975); C. Moulin-Fankhänel: Bibliogr. der dt. Gramm. und O.lehren, Bd. 1: 16. Jh. , 62; Bd. 2: 17. Jh., 267–271; bis hin zu: J.A. Ditscheiner: Neuestes und vollständiges gramm.-orthogr.-stylistisches Wtb., Synonyme, Homonyme und Tropen (1847). – **30** Kunitsch [25] bis hin zu: Ditscheiner [29]; W. Mentrup: mahlen oder malen? Gleichklingende, aber verschieden geschriebene Wörter im Dt., Duden-Taschenb. Bd. 13 (1971). – **31** Freyer z.B.: «[…] apocope […] syncope […]» [23] 346; anderenorts: J. Chr. Vollbeding: Kurze Anleitung zur dt. Rechtschreibung und Sprachrichtigkeit (1789); D. Sanders: Katechismus der dt. O. (1856) V: «die O. ein Gewand der Sprache»; bis hin zu: K. Erbe: Leichtfaßliche Regeln für die Aussprache, dt. Rechtschreibung (1893) Titelseite: «Einfachheit, Folgerichtigkeit, Wohllaut, Deutlichkeit». – **32** C.F. Aichinger: Versuch einer teutschen Sprachlehre: «Verzeichnuß der Wörter, deren Schreibart zweifelhafft; auf einerley Art ausgesprochen, aber zweyerley Schreibart und Bedeutung» (1754; ND 1972) 39–59, 59–85; E.A. Bach: Verzeichnis der in Schreibung und Aussprache schwankenden dt. Wörter, ein Beitr. zur Herstellung einer gleichmäßigen dt. O. (1849); K. Strackerjan: Regeln für die dt. Rechtschreibung, landschaftl. Eigenthümlichkeiten, falsche Gewöhnungen (1869). – **33** Verh. der zur Herstellung größerer Einigung in der Dt. Rechtschreibung berufenen Konferenz. Berlin, 4.-15. 1. (1876) u.a. 100, 108, 110, 141. – **34** Duden [28]; Duden Rechtschreibung (^{14}1954) Vorwort; Wiesbadener Empfehlungen: Doppelformen u.ä., Dudenbeitr., Bd. 2 (1959) 18–27; Dt. Rechtschreibung, Regeln und Wörterverzeichnis, Amtl. Regelung (1996) 25, 31. – **35** Beratungen über die Einheitlichkeit der dt. Rechtschreibung 17.-19.6. (1901); in: D. Nerius, H. Scharnhorst: Theoret. Probleme der dt. O. (1980) 330–350; B. Stanze: Systemat. Bibliogr. der dt. Rechtschreibbücher: alte und neue Rechtschreibung (1994) 199–202; K. Heller: Rechtschreibreform: alte und neue Schreibung, in: Sprachreport, Extra-Ausg. (Dez. 1998) u.a. 5, 6. – **36** Sattler [29] 15–16; Freyer [23] 95–96; Aichinger [32] 91–92; J. Chr. A. Heyse: Theoret.-prakt. dt. Gramm. (^{3}1822) 143. – **37** S. Hartmann: Fraktur oder Antiqua (1998) 26ff., 257 (3.1. 1941), 292 (1.9. 1941). – **38** E. Haller: Bilanz aus den vorschlägen zur reform der dt. rechtschreibung, in: Zs. für Phonetik und Allg. Sprachwiss. 6 (1952) 173. – **39** Reichserziehungsministerium (Rust): Regeln für die dt. Rechtschreibung und Wörterverzeichnis (1944); H. Strunk: «Gab es etwas einzustampfen?», in: DU 50 (1998) H. 2, 90–95. – **40** u.a. Th. Ickler: Die sog. Rechtschreibreform: ein Schildbürgerstreich (1997). – **41** D. Jansen-Tang: Ziele u. Möglichkeiten einer Reform der dt. O. seit 1901 (1988) 65–84, 563–564; Beratungen [35] 343f.; K. Duden: Rechtschreibung, in: W. Rein: Encyklop. Hb. der Päd., Bd. 7 (^{2}1908) 336; Bd. 5 (1898) 767; Verh. [33] 104; Aichinger [32] 12; Ickelsamer [11] 138–139, Anm. 120–123. – **42** Ickelsamer [11] 149, 148; Chr. Gueintz: Deutscher Sprachlehre Entwurf (1641; ND 1978) 10–11, 122–125 lat.-dt., dt.- lat. – **43** Aichinger [32] 93. – **44** Roth: «außleger schwerer/vnbekanter Griechischer u.a. wörter»[15] Titel; Sattler: «Lateinische Wörter explication/vnd bedeutung». [29] 484–566; Freyer: «Wörter aus andern Sprachen»[23] 390–416. – **45** Braun [42] 5; Duden [28] X; [Preußen] Regeln für die dt. Rechtschreibung nebst Wörterverzeichnis (1902) 22; W. Mentrup: Wo liegt eigentlich der Fehler? Rechtschreibreform Hintergründe (1993) 91, 116. – **46** Gueintz [42] 10; Pudor [19] 60; J. Chr. Campe: Wtb. zur Verdeutschung der unserer Sprache aufgedrungenen fremden Ausdrücke (1801) VII; E. Engel: Entwelschung (1918) 22. – **47** Preußen [45] (1920–1941) 20–21; Erlaß vom 19.11. 1940, in: Dt. Wiss. Erziehung und Volksbildung, Amtsbl. des Reichsministeriums für Wiss. (4.12. 1944) 534. –

48 Mentrup [45] 119–120; Institut für deutsche Sprache: Presse-Echo (2000–2001) 89–194. – **49** Ickelsamer [11] 131; Frangk [11] 109f. – **50** Ickelsamer [11] 142. – **51** ebd. 132; Frangk [11] 99f.: «aussprechen […] denn so/ein Buchstab […] starck [lautet] so wird er duplet gezogen»; Kolroß [12] 74: «wo das s. gantz sanfft vnd lyß vß gesprochen würt/do schrybt man ein z. dran (also ß. oder ouch also sz.)». – **52** Frangk [11] 96: «Jre recht aussprechung/jnn diesen nachgesetzten vnd anderen worten/gemerckt wird/Als/täglich/möglich/hübsch»; Kolroß [12] 76: «wo nach der silben ti. ein stimmbüchstab […] volget/das du ci vnd nit ti läsest […] Potentiana». – **53** Ickelsamer [11] 147; Kolroß: [12] 68; Frangk: [12] 98. – **54** Ickelsamer [11] 152f.; Frangk: [11] 99. – **55** Kolroß: [12] 74; Frangk: [11] 101; Ickelsamer: [11] 155. – **56** Freyer [23] 3, 11, 13, 18. – **57** F.G. Klopstock: Ueber di deütsche Rechtschreibung (1778), in: B. Garbe: Die dt. rechtschreibung und ihre reform 1722–1974 (1978) 28. Diese Richtung hält sich bis zur Mitte des 20. Jh.; Haller [38]. – **58** J. Grimm: Dt. Gramm. Erster theil (^{2}1822) Vorrede, in: Garbe [57] 47. Diese Richtung spielt spätestens seit 1900 keine Rolle mehr. – **59** Raumer [21] 113; ders.: Die Consequenzen der neuhist. Rechtschreibung und das hist.-phonet. Princip (1856), in: Schr. [21] 219, 237f. – **60** Frangk [11] 94, 101–102; Raumer [5] 28. – **61** z.B V. Ickelsamer: Die rechte weis […] lesen zu lernen: 10 Gebote, Vater unser usw (1527), in Müller [11] 52; Kolroß: Register zur Bibel [12] 87ff.; Mentrup [45] 143–149. – **62** Grammatica Germanicae linguae M. Johannis Claji: Ex Bibliis Lutheri Germanicis et aliis eius libris collecta (1578), R. Bergmann: Der rechte Teutsche Cicero oder Varro, in: Sprachwiss. 8 (1983) 268. – **63** Gueintz [42] 4, 6–7; Raumer [5] 60; Bergmann [62] 270. – **64** E.C. Reichard: Versuch einer Historie der dt. Sprachkunst (1747; ND 1978) 20; Freyer [23] 9; E.-M. Heinle: Hieronymus Freyers Anweisung zur Teutschen O. (1982) 281–299; Bergmann [62] 275. – **65** J. Chr. Gottsched: Dt. Sprachkunst (^{5}1762; ND 1970) 400, 19 (^{1}1748); Heyse [36] 42, 57, 134f. – **66** Verh. [33] 83; Amtl. Regelung [34]. – **67** u. v.a.: H. Moser: Rechtschreibung und Sprache Von den Prinzipien der dt. O., in: DU 7 (1955) H. 3, 5–29; G. Augst: Die linguist. Grundlagen der Rechtschreibung, in: Dt. Rechtschreibung mangelhaft? (1974) 9–47; [Autorenkollektiv, Leitung: D. Nerius]: Dt. O. (^{2}1989) 68–78. – **68** G. Drosdowski: Der Duden – Gesch. und Aufgabe eines ungewöhnlichen Buches (1980) 11. – **69** W. Mentrup: Die «Kommission für Rechtschreibfragen» des IdS, in: IdS-Kommission (Hg.): Die Rechtschreibung in ihrer Neuregelung (1985) 9–48; Übersicht über Fehleruntersuchungen 21–25. – **70** Dt. O. [67] 73 Graphik. – **71** vgl. M. Kohrt: Problemgesch. des Graphembegriffs und des frühen Phonembegriffs (1985). – **72** P. Eisenberg: Graphemtheorie und phonolog. Prinzip, in: G. Augst (Hg.): Graphematik und O. (1985) 127f.; O. und Schriftsystem, in: K.-B., H. Günther (Hg.): Schrift, Schreiben, Schriftlichkeit (1983) 65. – **73** Raumer, in: Schr. [21] 249 (1857); ähnlich auch 171 (1855), 284–288 (1857), 292 (1857), 296 (1862). – **74** G. Augst: Helmut Glück (1887): Schrift und Schriftlichkeit, in: Mu 99 (1989) 85; 1974 [67]. – **75** M. Schlaefer: Grundzüge der O.gesch. 1800–1870, in: Sprachwiss. 5 (1980) 276–319; ders.: Der Weg zur dt. Einheitso. 1870–1901, in: Sprachwiss. 6 (1981) 391–438; Mentrup [45]; ders.: Neuregelung der Rechtschreibung: Zur Anhörung des Bundesverfassungsgerichts 12.5. 1998 www.ids-mannheim.de/reform/bvg5-98 (1998); ders.: Sprache – Schreibbrauch – Schreibnorm – Amtliche Norm, in: M. Pümpel-Mader, B. Schönherr (Hg.): Sprache – Kultur – Gesch. FS H. Moser (1999) 183–205. – **76** K. Duden: Orthograph. Wtb. (^{7}1902) IV; Mentrup [45] 51ff. – **77** G. Augst: «Allzu zaghaft ‚reformiert'»? Aber mehr war nicht drin, in: DU 48 (1996) H.4, 85. – **78** W.F. Schubert: Ueber den gebrauch der großen buchstaben (1817) 24, in: W. Mentrup (Hg.): Materialien zur hist. entwicklung der gross- und kleinschreibungsregeln (1980) 30. – **79** O.C. Schmitt: Die Rechtschreibreformen und -reformbewegungen im Ausland seit 1900 und die dt. Reformbewegung, in: Mitt. des Instituts für Auslandsbeziehungen 5 (1955) 60ff.

W. Mentrup

→ Grammatik → Interpunktion → Intonation → Lexikographie → Orthoepie → Prosodie → Purismus → Sprachgebrauch → Sprachgesellschaften → Sprachrichtigkeit

Oxymoron (griech. ὀξύμωρον, oxýmōron; lat. oxymoron, oxymora verba; als Glosse zur griech. Wortbedeutung: acutifatuum, acutistultum – 'stechend-stumpf', 'scharfsinniger Stumpfsinn'; engl. oxymoron; frz. oxymore, alliance des mots; ital ossimoro)

A. *Def.* Das O. gilt als eine Sonderform der antithetischen Wortbeziehung, bei der zwei Ausdrücke von evidenter Gegensätzlichkeit (*opposita*) in einem Syntagma zusammengefaßt werden.[1] Dabei stehen die beiden syntaktisch aufeinander bezogenen Glieder in einem Verhältnis logisch-semantisch unaufhebbarer Widersprüchlichkeit zueinander (*contradictio in adiecto*), indem das eine, attribuierte Element das andere in einer wesensbestimmenden Eigenschaft in sein kontradiktorisches Gegenteil verkehrt und damit den Gesamtausdruck in referentieller Hinsicht verneint. Beispiele dafür sind das «eiserne Holz», die «schwarze Milch» (CELAN), das «deterministische Chaos», Sprichwörter nach dem Muster Σπεῦδε βραδέως (Speûde bradéōs – Eile mit Weile) oder Sentenzen wie CICEROS «dum tacent, clamant» (Ihr Schweigen ist beredt).[2] Der Terminus ‹O.› zeigt in diesem Kontext seinen eigenen Beispielstatus, indem er der Wortbedeutung nach zwei sich ausschließende Vorstellungen – Scharfsinn und Stumpfsinn – in einer grammatisch korrekten Wortbildung – ‹oxý› ist adverbielle Bestimmung des Adjektivs ‹mōros› – aneinanderkoppelt.[3] Der referentiellen Unmöglichkeit des O. und seiner Negativität auf logischer und semantischer Ebene steht somit seine Positivität aufgrund der syntaktischen Realisierbarkeit des Ausdrucks gegenüber. Auf diese Weise bildet das O. eine aus zwei Teilen zusammengesetzte, nicht weiter reduzible Formel, die durch die Faktizität ihrer sprachlichen Setzung die Möglichkeit einer Vereinigung der Gegensätze – wie ein Paradoxon – andeutet, ohne daß dieser Vereinigung – im Unterschied zum Paradoxon – eine andere Realität zugedacht werden kann als eben die ihrer Konstruktion als oxymorale Formel.

Da die sprachliche Suggestion einer Einheit im Widerspruch strikt auf die Syntax des O. und sein lexikalisches Material beschränkt bleibt, neigen Einzelwortantithesen, um den Ausfall sachlicher Evidenz zu kompensieren, zur Erzeugung eines Scheins von Einheitlichkeit über die Angleichung der Signifikanten aneinander: sei es durch etymologische («symphonia discors») – übelstimmendes Konzert [4]) oder klangliche Nähe der Wortkörper (Paronomasie, *annominatio*: «Eile mit Weile»), sei es durch Identität des Wortstamms. In letzterem Fall kommt die Antithese dann durch explizite Negation des Attributs zum Ausdruck: z.B. in AISCHYLOS' νόμον ἄνομον (nómon ánomon – klangloser Gesang) [5] oder in GALFRIDS VON VINSAUF «forma deformis» (ungestalte Gestalt) [6]. Insofern läßt sich das O. auch als Inversion einer pleonastischen bzw. als Negation einer tautologischen Attribution (*adiectio*) verstehen: z.B. «schwarze Milch» als Umkehrung des Pleonasmus «weiße Milch» bzw. «ánomon nómon» als Tautologie eines in der Negation wiederholten Wortes.

Diese Charakteristik des O. läßt sich in unterschiedlicher Weise akzentuieren – je nachdem, ob seine Funktion unter dem Aspekt der grammatischen Struktur, ihrer rhetorischen Transformation oder des von ihr angestoßenen dialektischen Erkenntnisprozesses betrachtet wird. Nach Lausbergs Definition, die auf grammatischer Ebene ansetzt, ist das O. «eine gerafftenge syntaktische Verbindung widersprechender Begriffe zu einer Einheit, die dadurch starke Widerspruchsspannung erhält» [7]. Die Bauart dieser Spannung läßt sich beschreiben als eine «zwischen Qualitätsträger (Substantiv, Verbum, Subjekt) und Qualität (Attribut, Adverb, Prädikat)» bzw. «zwischen [zwei] Qualitäten (Adjektiven, Adverbien)» [8]. Ihre Konstruktionstypen umfassen neben jeder Art von Attribution und adverbieller Bestimmung auch Komposita (γλυκύπικρον, glykýpikron – bittersüß) [9] und Asyndeta («nolens volens»), wobei es sich selbst in den Fällen stilistischer Beiordnung sinngemäß stets um eine Unterordnung des negierenden Antonyms handelt und nie um eine wechselseitige Verneinung gleichberechtigter Glieder. Dieser Umstand hat für das logische Verständnis des O. weitreichende Konsequenzen. Denn wiewohl es widersinnig und irreal erscheint, einen einheitlich weißen Gegenstand schwarz zu nennen, weil die einheitbildende Qualität nicht ihr eigenes Gegenteil mit umfassen kann, ist ein «schwarzer Schimmel» gleichwohl noch als Pferd zu denken. Nach der auf ARISTOTELES zurückgehenden Unterscheidung konträrer (realitätskonformer) und kontradiktorischer (rein innersprachlicher) Gegensätze bedeutet dies, daß das O. kontradiktorische Widersprüche von Qualitäten als konträre Gegensätze vorspiegelt, die sich in einem übergeordneten Dritten (als deren gemeinsamer Substanz) auflösen lassen müssen, die aber tatsächlich die Sprachlichkeit der Kontradiktion (als Zeugma von Widersprüchen) nicht oder nur unter Auslöschung der O.-Formel überschreiten können. Das O. ist mithin die in einer Dopplungsfigur indizierte Verweigerung des dritten, die Antithese aufhebenden Terms und markiert zugleich in seiner durch Kürze geschärften Antithetik dessen Stelle.

In diesem Sinne ist das O. aus literaturästhetischer Sicht auch als «Steigerung der Katachrese» [10] bzw. als Spielart der «kühnen Metapher» [11] interpretiert worden: Als Katachrese tritt es wie ein fehlender, durch metaphorische Verschränkung erzeugter Name (*nomen*) auf, der eine Lücke im Lexikon einer Sprache ergänzt, ohne daß diesem verbalen Supplement etwas Reales (*res*) entspräche. Die mögliche Steigerung liegt dabei in der Unterstellung einer lückenhaften Realität und in der gleichzeitigen Selbstwiderlegung dieser Unterstellung durch den Widersinn ihrer Formulierung, die gleichwohl durch Kombination des Sprachmaterials zur supplementären Darstellung gelangt. Als kühne Metapher wirkt das O. aufgrund seiner Ableitbarkeit aus Pleonasmus oder Tautologie, die beide die metaphorische Bildspanne derart kurz halten, daß seine Negativität, vermittelt über die Metaphorisierung der Negation, überraschend hervorsticht. Trotz des Primats der Syntax bei seiner Realisierung erscheint das O. daher insgesamt als eine Figur der Interferenz von Grammatik, Rhetorik und Logik.

B. *Geschichte*. Als Bezeichnung und Beispiel dieser Interferenz fehlt dem O. in den historischen Systementwürfen der Rhetorik der feste Platz. Entsprechend problematisch bleibt seine begriffsgeschichtliche Rekonstruktion. Dies liegt zuerst am krassen Mißverhältnis zwischen der Belegfülle des stilistischen Phänomens und dem Mangel an terminologischer Nachweisbarkeit und begrifflicher Klärung. Jener Mangel führt im Rahmen der Figurenlehre zur Frage nach der funktionellen Zuordnung und strukturellen Reichweite des O. in Texten bzw. nach seiner Verankerung in besonderen gattungs- und epochentypischen Rede- und Denkweisen. Schließlich kehrt das Bestimmungsproblem außerhalb des traditionellen Rhetorikkontextes in der modernen Poetik und Literaturtheorie wieder. Deren topisch-semiologische Verfaßtheit [12] hat die aporetische Struktur des O. und seine gleichzeitige artifiziell hergestellte Euporie zu einem impliziten Modell von literarischer Allegorizität und Signifikanz gemacht.

Als stilistische Phänomene lassen sich O. seit den homerischen Epen belegen. In der Funktion sententiös zugespitzter Pathosformeln oder hyperbolisch formulierter Argumente erfahren sie eine erste Konjunktur in der griechischen Tragödie und Redepraxis. [13] Schulmäßige Beispiele der lateinischen Literatur stammen vornehmlich aus Komödie (TERENZ: «cum ratione insanias» – Bei klarem Verstand sollst du wahnsinnig sein[14]), politischer Rede und Kunstprosa (CICERO: «Quocirca [amici] et absentes adsunt, et egentes abundant, et imbecilles valent, et, quod difficilius dictu est, mortui vivunt» – Daher sind Freunde auch abwesend anwesend, und als Arme reich und als Schwache stark und, was sich kaum in Worte fassen läßt, als Tote noch lebendig[15]), dem Epos (VERGIL: «Num capti potuere capi» – Waren, gefangen bereits, sie zu fangen?[16]) und der Lyrik (HORAZ: «insaniens sapientia» – irregewordene Weisheit[17]). Der Begriff läßt sich dagegen erst ab dem 4. Jh. n.Chr. belegen. Er wird zuerst in der Kommentierung lateinischer Texte durch die Grammatiker DONAT[18] und SERVIUS[19] greifbar, die ihn ohne Definition, aber in einem charakteristischen terminologischen Umfeld gebrauchen. Von DONAT wird das O. als Stilfehler angeführt (κακόζηλον, kakózēlon, mala affectatio), von SERVIUS glossiert mit der Bemerkung «cum felle dictum» (mit galligem Humor gesagt), worin Lausberg eine Rechtfertigung des stilistischen Verstoßes «durch verfremdend-ironische Aussage-Intention»[20] sieht.

Vermittelt über sententiöse Formeln im NT (z.B. 1 Kor 1, 25: τὸ μωρὸν τοῦ θεοῦ, to mōrón tū theū – die Torheit Gottes; τὸ ἀσθενές τοῦ θεοῦ, to asthenés tū theū – die Schwachheit Gottes), wird das O. in der christlichen Tradition zu einem Modus hyperbolischer Adressierung des menschgewordenen Gottes. Im ‹Carmen de Deo› des DRACONTIUS (5. Jh.) entsteht eine Stilform, die unter der Voraussetzung der sprachlich und gedanklich unerreichbaren Größe Gottes O. in Paradoxa aufgehen läßt: «Quem penes et sensu praecordia muta loquuntur, / Et, lingua reticente, sonat super aethera sermo» ([Gott], den im Inneren selbst das an Vernehmbarkeit stumme Herz nennt / und den bei schweigender Zunge seine Rede über den Himmel hinaus ertönen läßt).[21] Im Kontext der theologischen Schriftallegorese des Mittelalters lassen sich O. wie das der «schönen Häßlichkeit» des Gekreuzigten entsprechend nicht nur syntagmatisch herstellen, sondern auch paradigmatisch auslegen, da stets die Möglichkeit besteht, vom historischen Sinn (der buchstäblichen Häßlichkeit in ästhetischer Hinsicht) zum tropologischen (der schönen Tat in ethischer Hinsicht) überzuwechseln, ohne den Wechsel des Systems von der Referenz zur Signifikanz anzuzeigen: «Die Verwirrung ist eine grammatische»[22], weil syntaktisch hergestellte. Vor dem Hintergrund der mittelalterlichen Rezeption der Aristotelischen Aussagenlogik und ihrer Reflexion von Widerspruchs- und Negationstypen erhält das O. eine besondere Relevanz als Denkfigur negativer Theologie in der Mystik MEISTER ECKHARTS (in Wendungen wie «wîse âne wîse» – weiselose Weise, oder in der Charakterisierung der höchsten Stufe der Abgeschiedenheit als «von bekennene kennelôs und von minne minnelôs und von liehte vinster», von Erkennen erkenntnislos und von Liebe liebelos und von Licht finster).[23] In Anknüpfung daran und im Zuge zunehmender Konkretisierung des Erkenntnisinteresses dienen bei NIKOLAUS VON KUES O.-Formeln wie die der *docta ignorantia* (wissendes Nicht-Wissen), der *coincidentia oppositorum* (Zusammenfall der Widersprüche) oder des *incomprehendibiliter attingere* ([die Wahrheit] auf nichtberührende Weise berühren) der scharfen Akzentuierung eines – gegenüber scholastischen Distinktionen – radikalisierten intellektuellen Drängens auf Einheitserkenntnis: «Wenn wir fragen, ob es die unendliche Einheit gibt, oder ob es sie vielleicht nicht gibt, beweisen wir nur, daß wir nicht zu sagen gelernt haben, was wir meinen. [...] Wir sollen jene Einheit denken lernen, die vor der Alternative von Sein und Nicht-Sein steht», ohne daß davon abzusehen wäre: «intellectus [...] nequit transilire contradictoria» (die Vernunft vermag die Widersprüche nicht zu überspringen).[24]

In weltlicher Dichtung erscheint das O. auf der Schwelle vom 12. zum 13. Jh. als «Meistertropus» des höfischen Romans, bei WOLFRAM VON ESCHENBACH und GOTTFRIED VON STRASSBURG nicht selten in amplifikatorischer Häufung.[25] Die Technik eines an mythischmärchenhaften Schemata ausgerichteten und durch die binäre Zeichenlogik mittelalterlicher Topik gebrochenen Erzählens läßt hier erstmals das poetische Potential des O. zum Vorschein kommen, indem das oxymorale Prinzip von der Wort- und Satzsyntax auf die Erzählsyntax übertragen werden kann und von dort alle Ebenen der Romantextur erfaßt. Derartige Übertragungen betreffen dann Aktantenkonstrukte (Gottfrieds Tristan als «lebelîcher tot», Wolframs elsternfarbene Feirefiz-Figur als verkörperte Identität von Schwarz und Weiß, ULRICHS VON ZATZIKHOVEN Lancelet als Montage von äußerster Tapferkeit und äußerster Zaghheit) ebenso wie Motivkonstrukte (das weiße, als schwarz gemeldete Segel in Tristans Todesszene) und thematische Problemkonstrukte (die «Tristan-Minne» als Einheit in der Zweiheit und unaufhebbare Zweiheit in der Einheit). Die Irreduzibilität einer solchen umfassenden Widerspruchsstruktur wird, J. Kristeva zufolge, zum Kennzeichen eines neuen Typs der literarischen Signifikanz im Übergang von der symbolischen zur zeichenhaften Repräsentation: «Die Unbefangenheit des Symbols wird von der spannungsgeladenen Ambivalenz der Zeichenbeziehung abgelöst, die auf Ähnlichkeit und Identität der von ihr verknüpften Elemente schließen läßt, obwohl sie vorab deren radikale Differenz postuliert».[26] In einer eigenen O.-Formel bezeichnet sie die Grundfigur dieser Signifikanz als «Non-Disjunktiv» und führt als deren Konsequenz die Dopplungsstruktur des mittelalterlichen Romans an, in der die einfache Negativität disjunktiver Verhältnisse durch die Form des «geschlossenen Textes» als einer mimetischen Negativität zweiten Grades zusammengehalten wird. Der textsemiotischen Analyse dieser strukturprägenden oxymoralen Negation der Negation geht ihre philosophisch-poetologische Erschließung durch die Frühromantik und deren Mittelalter-Rezeption voraus: So hat FRIEDRICH SCHLEGEL die Gattung Roman mit Blick auf ihre mittelalterlichen Anfänge als «außerhalb der natürlichen Grenzen der Poesie» liegend bestimmt und durch das ebenfalls mittelalterliche O. der «formlosen Form» (Galfrid von Vinsauf) charakterisiert.[27]

Die Gestaltung der Liebesthematik durch den Dualismus von O.-Formeln wird besonders durch PETRARCAS

‹Canzoniere› und die europäische Tradition des Petrarkismus zum Modell einer oxymoralen Konstitution des lyrischen Subjekts und seiner Affekte. Im 16./17. Jh. schafft die Dramatik SHAKESPEARES (z.B. wiederum im Liebessujet von ‹Romeo and Juliet›) [28] einen zusätzlichen Fokus der «paralogischen» Poetologie des O.: «Wenn es wahr ist, daß Shakespeare das Theaterstück als eine «verlängerte Metapher ansah», so hat diese Metapher den bezeichnenden Charakter des O.» (G.R. Hocke).[29] Nach Hocke wird das O. in der manieristischen und barocken Literatur zur charakteristischen und erkenntnisleitenden Stilfigur. Von dort her erscheint sie als Exponentin eines universellen kunsttypologischen Manierismus beschreibbar, der weiterhin die moderne Ästhetik der Avantgarden im Wechselspiel mit normativ-klassischen Gegenbewegungen prägt.

Die Versuche einer systematischen Einordnung des O. setzen – R. Volkmann und H. Büchner zufolge [30] – mit dem Kommentar zu OPPIANS ‹Kynegetikon› von C. RITTERSHUSIUS (1597) ein. Neben einer philologischen Bestandsaufnahme des Materials findet sich dort die folgende Bestimmung: «Quod loquendi genus ὀξύμωρον vel etiam σιδηρόξυλον appelarunt veteres: alii implicationem contradictionis: quidam contrarium ἐν προσκειμένῳ. Aristoteles χιμαίρας vel τερετίσματα vocare solet» (Diese Redeweise nennen die Alten O. oder sidēróxylon [eisernes Holz], andere sprechen von implizitem Widerspruch, manche von einem Gegensatz in der Hinzufügung. Aristoteles nennt sie gelegentlich chimaíras [Chimären] oder teretísmata [Grillengezirp]).[31] Mit dem Hinweis auf Aristotelische Terminologie gibt der Oppian-Kommentar weniger Synonyme als vielmehr Gebrauchskontexte des O. an, die in den Rahmen der antiken dialektischen Topik gehören. Der «Gegensatz in der Hinzufügung» deutet u.a. auf die Diskussion in der ‹Hermeneutik› zu den akzidentiellen Fehlschlüssen hin, die entstehen, wenn sprachlich als notwendige Einheit erscheint, was lediglich aus beiläufig Zutreffendem zusammengefügt ist.[32] Die Vorstellung der Chimäre dient in der Kommentartradition zur Aristotelischen Logik als Schulbeispiel für die Denkbarkeit von unmöglichen Gegenständen (ἀδύνατα adýnata; impossibilia), denen nichts Existentes entspricht und dennoch ein erkenntnistheoretischer Stellenwert zukommt. Die Rede vom «Grillengezirp» bezieht sich auf die polemische Distanzierung des Aristoteles von der Platonischen Ideenlehre in den ‹Zweiten Analytiken›. Sie steht dort ebenfalls in einem Zusammenhang, in dem es um die vernunftwidrige Hypostasierung eines Akzidens als Substanz geht.[33] Auch die Verschränkung von Eisen und Holz könnte auf einen Aristotelischen Kontext zurückgehen. In der Schrift ‹De motu animalium› wird die Verbindung beider Materialien in mechanischen Gliederpuppen (αὐτόματα, autómata) erwähnt, die gegenüber Knochen und Sehnen als Bedingungen tierischer Bewegung gleichsam oxymorale, weil aus starrem Material zusammengefügte, unmögliche Rekonstruktionsversuche der organisch bewegten Einheit darstellen.[34] Zusätzlich findet sich bei Rittershusius eine Reflexion auf den Umfang des O.: «vel in una dictione, sed composita, [...] vel in duabus dictionibus vel in tota oratione» (entweder in einem einzigen, aber zusammengesetzten Wort oder in zwei Wörtern oder in ganzen Satz).[35] Im Anschluß an Rittershusius' Beispielsammlung nennt VOSSIUS das O. in der zweiten seiner beiden Listen zu den Gedanken- und den Wortfiguren ab oppositis neben und im Unterschied zur συνοικείωσις (synoikeíōsis, lat. synoeciosis) als einer Vereinigung widersprüchlicher Sätze.[36] Auch in Rhetoriken des 18. Jh. wird die Überschreitung der Satzgrenze durch das O. nicht erwogen: Es wird bei CHR. SCHRÖTER als pointiertes Element inschriftlicher argutia [37] oder bei HALLBAUER als «tiefsinniger Beysatz»[38] geführt und verliert in der Zuordnung zu den Figuren sententiöser Amplifikation sein spezifisch geschärftes Profil: «Es ist aber unnöthig, die Zahl der Figuren in ganzen Sätzen durch das Oximoron zu vergrößern [...]; da es weit besser zu der sinnreichen Lehrsprüchen gerechnet werden kann» (GOTTSCHED).[39]

Unabhängig von dieser Marginalisierung durch die Schulrhetorik hat sich die Ausformung des O. zu einer strukturbildenden Figur moderner Poetikkonzepte fortgesetzt. Im Sinne einer Autonomieerklärung jeglicher artifiziellen Syntax gegenüber abbildlich-referentieller Mimesis reicht seine Anwendung von der komischen bzw. aphoristisch zugespitzten Pointe (z.B. KARL KRAUS: «Der Zustand, in dem wir leben, ist der wahre Weltuntergang: der stabile»)[40] über Verrätselung und Hermetik etwa der Lyrik GERARD MANLEY HOPKINS' (z.B. in ‹The Pied Beauty›, gescheckte Schönheit) oder PAUL CELANS (z.B. in ‹Todesfuge›) bis zu seiner Verdinglichung und Umkehrung im Kontext der Bildenden Kunst (z.B. in Objekt- und Fotomontagen MARCEL DUCHAMPS und MAN RAYS, s. dessen ‹Le cadeau›, ein Bügeleisen mit nagelbesetztem Boden). Von der Objektseite her führen solche visuellen O. vor Augen, daß noch die Wahrnehmung der Dinge syntaxabhängig ist: «In the visual version of oxymoron, the material of which a thing is made (or appears to be made) takes the place of the adjective, and the thing itself (or thing represented) takes the place of the noun».[41] Im Bereich der Erzähl- und Reflexionsprosa hat seit den siebziger Jahren BOTHO STRAUSS eine prononcierte, inner- und intertextuell wirksame «Poetik des O.» entwickelt.[42] Hier übernimmt das O. die Funktion, die in der theologischen Schriftauslegung dem allegorischen Sinn und seinen heilsnähernden Steigerungen zukam. Anders als beim allegorischen Schriftsinn operiert der oxymorale Text aber nicht mit dem Versprechen auf Sinnerfüllung und Transzendenz der «Andersrede». Statt dessen stellt er die Koinzidenz von Sinn und Sinnverkehrung her. Diese erfolgt auf der Ebene der ideologischen Denkgewohnheiten im polemischen Weltbildsturz und durch das von neuem mythenbildende Prinzip einer Umkehrung der gestürzten Mythen: «Das Gute so nah beim Bösen, daß Kritik niemals bis in die wirkliche Gefahrenzone vordringt. Da lebt das Oxymoron, das Untier des Geistes. Gedeih, kontaminiert mit Verderb. Foul is fair and fair is foul: nicht verkehrte Welt, sondern innigstes Oxymoron, mit feinsten Lamellen ineinander verklappte Ausschließungen, Gegensätze. Das Oxymoron – wörtlich: der stumpfe Scharfsinn – ist der in unsere Vernunft eingeschlagene Lichtstein der Offenbarung, Bruchstück des barmherzigen Vergelters.»[43] Bei Strauß wird das O. zur Figur der Synchronisation von Pathos und Entwertung. In ihr öffnet sich einerseits die Möglichkeit, die für das 19. u. 20. Jh. kennzeichnende «Faszination durch die technische Erfindungskraft im gleichen Zug mit mythischer Rückbindung und Vereinfachung der Gefühle» zur Darstellung zu bringen. Dabei liefert das O. die rhetorische Apparatur, mit deren Hilfe das ideologische Problem der «nicht geschlossenen Kluft zwschen Mythos und Technik» [44] sprachlich simuliert werden kann. Andererseits zeichnet sich in der Straußschen Verschränkung von Gesellschaftstheorie und Ästhetik das Problem der Ontologisierung des O. ab. Durch das Überspringen seiner Grammatikalität droht es als affektbezogenes Element rhetorischer Technologie und paralogisches Instrument der Remythisierung aus der figürlichen Totalität der Widersprüche in die Affirmation politischer Totalität und Uniformität umzuschlagen.

Anmerkungen:
1 vgl. Ueding / Steinbrink 313f. – **2** Cicero, In Catilinam I, 8, 21. – **3** vgl. Vossius, Pars II, p. 413. – **4** Hor. Ars 374. – **5** Aischylos, Agamemnon 1142. – **6** Galfrid von Vinsauf, De coloribus rhetoricis, in: Faral 323, s.v. *annominatio.* – **7** Lausberg Hb. 398, § 807. – **8** Lausberg El. 126, § 389,3. – **9** Sappho, Frg. 40 Bergk = 137 Diehl; 238a Page. – **10** W. Kayser: Das sprachliche Kunstwerk (⁸1962) 112f. – **11** H. Weinrich: Semantik der kühnen Metapher, in: A. Haverkamp (Hg.): Theorie der Metapher (²1996) bes. 328–333. – **12** vgl. R. Barthes' Bestimmung der Signifikanz als des O. von «l'obvie et l'obtus» (entgegenkommendem und stumpfem Sinn), Krit. Essays Bd. 3 (dt. 1990). – **13** H. Büchner: Das O. in der griech. Dichtung von Homer bis in die Zeit des Hellenismus mit einem Überblick über seine Entwicklung (Diss. Tübingen 1951). – **14** Terenz, Eunuchus I, 1, 18. – **15** Cicero, Laelius 7, 23. – **16** Verg. Aen. VII, 295. – **17** Hor. Carm. I, 34, 2– **18** Donat, Ad Terentii Eunuchum II, 2, 12. – **19** Servius, Ad Vergilii Aeneidem VII, 295. – **20** Lausberg [8], Anm. 1. – **21** Dracontius, Carmen de Deo I, 567f., in: ML Bd. 60, Sp. 747. – **22** P. Michel: ‹Formosa deformitas›. Bewältigungsformen des Häßlichen in ma. Lit. (1976) 240f. – **23** Meister Eckhart: Die deutschen Werke, hg. v. J. Quint (1936ff.) Bd. 3, 124, 4 (Predigt 66) u. 5, 428, 8f. (Traktat 3). – **24** K. Flasch: Nikolaus von Kues. Gesch. einer Entwicklung (1998) 70, 113 (Cusanus-Zitat). – **25** W. Freytag: Das O. bei Wolfram, Gottfried und anderen Dichtern des MA (1972). – **26** J. Kristeva: Der geschlossene Text, in: P.V. Zima (Hg.): Textsemiotik als Ideologiekritik (1977) 194–229, hier: 198f. – **27** Fr. Schlegel: Rez. ‹Goethes Werke, 1808›, in: Krit. Schriften und Fragmente, hg. von E. Behler u. H. Eichner, Studienausg. Bd. 3 (1988) 145. – **28** E. Weber: Das O. bei Shakespeare (Diss. Hamburg 1963). – **29** G.R. Hocke: Manierismus in der Lit. (1959; Neuausg. 1987) 460. – **30** Volkmann 434f.; Büchner [13] 8. – **31** C. Rittershusii Commentarium in Cynegeticon Oppiani (zu I, 260), in: Oppiani Poetae Cilicis de venatione lib. III (1597) 29–32; zit. Weber [28] 19. – **32** Aristoteles, De interpretatione 21a 21, vgl. auch Analytica priora 30a 1, Metaphysik 1029b 31. – **33** ders., Analytica posteriora 83a 33. – **34** ders., De motu animalium 701b 7. – **35** Rittershusius [31]. – **36** Vossius, Pars II, p. 407–413. – **37** Chr. Schröter: Gründliche Anweisung zur dt. Oratorie (1704; ND 1974) II, 513f. – **38** Hallbauer Orat. 483. – **39** J.Chr. Gottsched: Handlexicon oder Kurzgefäßtes Wörterbuch der schönen Wissenschaften und freyen Künste (Leipzig 1760, ND 1970) Sp. 1230. – **40** Karl Kraus: Nachts, in: Aphorismen, Schriften Bd. 8, hg. v. Chr. Wagenknecht (1986) 452. – **41** P. Hughes: More on O. (London 1984) 47. – **42** H.J. Scheuer: Illuminat und Dunkelmann. Die Poetik des O. bei Botho Strauß, in: Lit. für Leser 21 (1998) 334–348. – **43** B. Strauß: Beginnlosigkeit. Reflexionen über Fleck und Linie (1992) 119. – **44** ebd. 118f.

H.J. Scheuer

→ Aenigma → Antithese → Argutia-Bewegung → Coincidentia oppositorum → Contradictio in adiecto → Contrapositum → Euphuismus → Manierismus → Mystik → Obscuritas → Paradoxe, das → Paradoxon → Widerspruch

P

Pädagogik (griech. παιδαγωγία, paidagōgía als Erziehung, Leitung, Aufgabe des παιδαγωγός, paidagōgós; lat. educatio, ars educandi; engl. pedagogy; frz. pédagogie; ital. pedagogia)

A. Der Begriff ‹P.› leitet sich von dem griechischen Wort παιδαγωγία (paidagōgía) [1] her, mit dem ursprünglich die Tätigkeit des Sklaven, des παιδαγωγός (paidagōgós), bezeichnet wird, der die Kinder aus dem Haus der Eltern in die Schule oder das Gymnasion und wieder nach Hause zurück führt. [2] Als Aufsichtsperson ist er bald auch für die sittliche Erziehung als Ergänzung zur schulisch-fachlichen Ausbildung der Kinder zuständig. [3] Grundbegriff für das Erziehungsdenken der Antike ist seit dem 5. Jh. v. Chr. allerdings der Terminus παιδεία (paideía) [4], der sowohl den Weg als auch das Ergebnis der Erziehung bezeichnet. Für die Erziehungstätigkeit im besonderen ist zudem schon bei den Sophisten der Begriff παίδευσις (paídeusis) nachweisbar. [5] Terminologisch getrennt werden die verschiedenen Bedeutungselemente von ‹paideía› erst in Rom, wo v.a. CICERO zwischen dem Ziel der Erziehung (der *eruditio* [6], genauer: der *humanitas* [7]), dem Erziehungsprozeß (ebenfalls *eruditio* [8], auch *educatio* [9]) und dem Vorgang des Unterrichtens (*institutio* [10]) unterscheidet. Wird in Rom der (häufig aus Griechenland stammende) Sklave, der die Kinder zur Schule begleitet und sie schließlich auch selbst unterrichtet, als ‹paedagogus› bezeichnet [11], so wird doch die Benennung seiner Tätigkeit nicht ins Lateinische übertragen. Erst in der griechischen Patristik werden ‹paidagōgía› und ‹paídeusis› (mehr als ‹paideía›) zu Leitbegriffen vor allem der Lehre von der Führung der Seele durch den ‹Paidagōgós› Christus. [12] In dieser spezifischen Bedeutung findet ‹Paidagōgía› auch noch im 16. Jh. (etwa bei J. CALVIN [13]) Verwendung. Von hier aus geht der Begriff in das Englische und Französische ein, wo er im 17. Jh. eine Erweiterung seiner Bedeutung in Richtung auf die heutige Verwendung des Wortes im Sinne von Kunst (und später: Wissenschaft) der Erziehung erlangt. [14] Ein Sammelbegriff für die Erziehungsvorstellungen der verschiedenartigen Lebensformen im Mittelalter (vom monastischen Ideal bis zur ritterlich-höfischen Kultur) wurde nicht ausgebildet. Auch die Gelehrten der Renaissance haben keinen spezifischen Terminus für ihre Erziehungslehren. In Deutschland wird der Begriff ‹P.› erst im 18. Jh. geprägt [15] – im Anschluß an zahlreiche bereits im Umlauf befindliche neulateinische Wortbildungen wie ‹Paedagogus› und ‹Paedagogium› [16]. In der nachfolgenden Zeit ist verschiedentlich versucht worden, (wie im Französischen und Englischen) die alte Bezeichnung ‹Pädagogie› für die allgemeine Erziehungskunst im Unterschied zur P. als Erziehungswissenschaft und Erziehungskunde durchzusetzen. [17] Dem war jedoch genauso wenig Erfolg beschieden wie dem Vorschlag, den Pädagogen als praktischen Erzieher vom Pädagogiker als Erziehungstheoretiker zu unterscheiden. [18] P. bezeichnet so im Deutschen seit dem 18. Jh. die Theorie und die Praxis der Erziehung und Bildung.

B. I. *Antike.* Der Prozeß, die Inhalte und die Ziele der Erziehung sind seit jeher mit dem Aufwachsen und der Vergesellschaftung des Menschen verbunden. Zeugnisse einer Erziehungslehre im europäischen Kulturraum sind jedoch erst Ende des 5. Jh. v. Chr. in Griechenland nachweisbar. Die Sophisten sind die ersten Gelehrten, die ausdrücklich als Lehrer auftreten und versprechen, die ursprünglich nur dem Adel als natürlich zugeschriebene Tüchtigkeit (ἀρετή, areté) jedem Interessierten vermitteln zu können.[19] Neben der Ausbildung eines Lehrkanons, der außer sprachlicher Unterweisung auch die Dichterauslegung[20] und die Beschäftigung mit Arithmetik, Geometrie, Musik und Astronomie umfassen kann[21], ist allen Sophisten gemein, daß sie der Redekunst eine zentrale Stelle bei der Ausbildung ihrer Schüler zuweisen. Die Rede verspricht nach ihrer Lehre neben politischer Wirksamkeit auch privaten Erfolg. Der Sophist GORGIAS sieht sich daher aufgrund seiner Lehrtätigkeit als Bewirker höchsten Guts für den Menschen.[22] Gegen diese Ansicht tritt v. a. PLATON auf.[23] Seine Kritik an den Sophisten richtet sich in erster Linie dagegen, daß sie die areté als lehrbar ansehen und daß es ihnen offensichtlich nicht um objektive Wahrheit, sondern um subjektive Interessen geht. Wie sein Lehrer SOKRATES und später sein Schüler ARISTOTELES bemüht sich Platon um eine Grundlegung der P. in der Philosophie.[24] Ziel der Philosophen ist es, die Menschen zuallererst anzuleiten, zur Erkenntnis der Wahrheit über die Erscheinungen in der Welt und über den Menschen zu gelangen. Auch wenn Platon und Aristoteles das Wesen des Menschen und seiner Bildung scharf erfaßt haben, war ihren Lehren in der pädagogischen Praxis keine nachhaltige Wirkung beschieden. Als eigentlicher Vater pädagogisch-humanistischer Lehren kann ISOKRATES angesehen werden. Der Schüler des Gorgias hatte 393 v. Chr. in Athen eine äußerst erfolgreiche Redeschule gegründet.[25] In seiner Lehre, die er vor allem in seiner Schrift Περὶ ἀντιδόσεως (Perí antidóseōs, Vom Vermögenstausch) niederlegt, nimmt er eine vermittelnde Position zwischen den Sophisten und den Philosophen ein: von ersteren übernimmt er den Gegenstand seines Unterrichts, die Rhetorik, von letzteren das Ziel: die Bildung des Menschen. Isokrates geht davon aus, daß den Menschen absolute Erkenntnis nicht gegeben ist, daß sie vielmehr auf Meinungen angewiesen sind, die gewöhnlich das Bestmögliche der Erkenntnis treffen, und die eine gewisse Verständigkeit im allgemeinen Leben bewirken.[26] Diese Verständigkeit kann durch die Rede geweckt werden, die dadurch Mittel der Bildung (im Wortsinn) ist. Isokrates ist der Ansicht, daß Verständigkeit und gutes Redevermögen zugleich im Menschen entstehen.[27] Nicht nur der Gegenstand der Rede ist für ihn erhaben und hoch, sondern auch Rede und Sprache selbst (für beides: λόγος, lógos) sind Stifterinnen alles Menschlichen.[28] Um sinnvolles Reden zu ermöglichen, sieht Isokrates – über die Redeschulung hinaus – die (ohne nähere fachliche Spezialisierung erfolgende) Beschäftigung mit dem von den Sophisten ausgearbeiteten Fächerkanon als zweckmäßig an.[29] Dieser Kanon, der im Laufe des 4. Jh. v. Chr. immer deutlicher herausgebildet wird, erfährt allerdings bald von seiten jüngerer philosophischer Schulen z. T. scharfe Ablehnung. So wird von ANTISTHENES, dem Begründer der kynischen Schule, berichtet, er habe die Ansicht vertreten, es bedürfe nur der ethischen Stärke eines Sokrates, um der Glückseligkeit als dem höchsten Ziel des Menschen teilhaftig zu werden; vieler gelehrter Worte bedürfe es dazu nicht.[30] ARISTIPP, der in Kyrene eine eigene Schule ins Leben ruft, verachtet die mathematischen Fächer.[31] Aus den Reihen der Stoiker, für die (wie für die Kyniker) die areté im Zentrum der Ausbildung des Menschen steht, relativieren etwa der Schulbegründer ZENON und sein Schüler ARISTON VON CHIOS den Wert von Fachstudien gegenüber der für sie entscheidenden Ethik.[32] Und für SEXTUS EMPIRICUS hat mit EPIKUR und PYRRHON (dem Vater der Skeptiker) die Kritik besonders an mathematischen Fächern begonnen.[33] Die Ablehnung des später als ἐγκύκλιος παιδεία (enkýklios paideía) bezeichneten[34] Kanons von Fächern, die der Allgemeinbildung dienen sollten, findet in Griechenland allerdings weder grundsätzlich Verbreitung, noch wird sie etwa von allen Stoikern geteilt, die sich durchaus mit Fragen der Kosmologie befassen und Naturspekulation betreiben.[35] Die pädagogischen Gedanken der Griechen und der Fächerkanon der ‹enkýklios paideía› werden jedenfalls v. a. seit der ersten Hälfte des zweiten Jh. v. Chr. nach Rom weitervermittelt. Durch die Eroberungszüge der Römer im Osten kommen nun gebildete Griechen häufig als Sklaven nach Rom und unterrichten schon bald die Kinder ihrer Herren. Nach anfänglichem Widerstand v. a. eines M. PORCIUS CATO finden die Errungenschaften der griechischen Kultur besonders im Umkreis des SCIPIO AEMILIANUS große Zustimmung.[36] Hier spielen zunächst weniger die schulisch vermittelten Künste eine Rolle, als vielmehr eine von der Stoa geprägte Geisteshaltung, die die europäische Bildungsgeschichte durch das Ideal der *humanitas* noch wesentlich bestimmen wird. Besonders CICERO hat den Gedankenkomplex um die *humanitas* erweitert, vertieft und zum Angelpunkt seiner Bildungslehre gemacht. In seiner Schrift ‹De oratore› knüpft er in der Ablehnung der Trennung von Philosophie und Rhetorik direkt an die Bildungs-Kontroverse zwischen Isokrates, Platon und Aristoteles an.[37] Für Cicero umfaßt die *vis dicendi* als *ratio cogitandi pronuntiandique* Denken, Reden und Handeln.[38] Rechtes Handeln und gutes Reden gehören für ihn unmittelbar zusammen.[39] Das menschliche Ideal sieht er daher im gebildeten Redner (*doctus orator*).[40] Kern von Ciceros Bildungstheorie ist die Auffassung, daß es nur eine einzige, unteilbare Unterweisung (*doctrina*) gibt, die gleichermaßen zu Beredsamkeit und Gelehrsamkeit führt, die unabhängig voneinander nicht denkbar sind.[41] Diese Verbundenheit stellt sich auch über die enge Beziehung zwischen *ornatus* und *res*, also über den rednerischen Schmuck und die Sachkenntnis her: eine schöne Rede ohne sachlichen Gehalt ist leerer Schall.[42] Da der Redner die Menschen bewegen will, muß er alles kennen, was zum Menschsein gehört.[43] Durch diese Beschäftigung mit dem Menschlichen wird er schließlich selbst menschlich.[44] Insofern stellt der menschlich-gelehrte Redner für Cicero das höchste Bildungsideal dar.

QUINTILIAN, der die umfangreichste Lehrschrift der Antike zur Rhetorik verfaßt hat, greift für die Bestimmung seines idealen Redners als «vir bonus dicendi peritus» (rechtschaffener Mann, der des Redens kundig ist)[45] auf eine Formulierung Catos zurück. Fragen der P. mit dem Ziel der Heranbildung eines so verstandenen Redners behandelt er vor allem im ersten Buch seiner ‹Institutio oratoria›. Ausgehend von der individuellen Begabung von Kindern entwirft Quintilian sodann einen Bildungsplan, der die Beschäftigung mit den freien Künsten (*artes liberales*) im Sinne der ‹enkýklios paideía› umfaßt.[46] Sie bilden für den in allen Techniken der Rhetorik ausgebildeten Redner den geistigen Hintergrund für rechtschaffenes Argumentieren: Redekunst und fachliche Bildung sind nicht mehr (wie bei den Sophisten) Mittel egoistischer Machtausübung, sondern dienen bei dem vollkommenen Redner Quintilians höchsten moralischen Zielen.

Diese innerweltlichen Ziele einer weitgehend von der Rhetorik her verstandenen P. werden in der patristischen Literatur der Spätantike verabschiedet. Fragen der Erziehung werden nun (etwa bei CLEMENS VON ALEXANDRIEN [47] und AUGUSTINUS [48]) vor allem aus der Sicht des Lehrers als Fragen des Unterrichts oder der Unterweisung in der christlichen Lehre behandelt. Die seit BOETHIUS, CASSIODOR und ISIDOR VON SEVILLA als die ‹sieben freien Künste› (*septem artes liberales*) [49] bezeichneten Fächer zur sprachlichen und mathematischen Ausbildung werden zur Vorbereitung auf die Lektüre der Bibel und kanonisierter Werke christlicher Autoren gelehrt.

II. *Mittelalter.* Das Erbe der Antike, das im Mittelalter zunächst nur den Geistlichen und Mönchen geboten wird, ist stark eingeschränkt. Ein Wandel setzt hier mit KARL D. GR. ein, der sich auch um eine Ausweitung des Schulwesens bemüht: 789 plädiert er in einer ‹Admonitio generalis› für Schulen, die nicht nur Weltgeistlichen und Mönchen zugänglich sind, und unterstreicht dies noch einmal im ‹Kapitulare› von 802. [50] Zudem hebt er in seinem Brief ‹De literis colendis› die Bedeutung guter sprachlicher Ausdrucksfähigkeit hervor. [51] In diesem Sinne bemühen sich Karls Vertrauter ALKUIN und dessen Schüler HRABANUS MAURUS (und später auch z.B. LUPUS VON FERRIÈRES) um eine Systematisierung der Fächer der *septem artes* und ihre Harmonisierung mit den christlichen Lehren. [52] Das Ziel der *artes* sehen sie wie die christlichen Autoren der Spätantike in ihrem Beitrag zum besseren Verständnis der Heiligen Schrift. [53] In der Vermittlung der Künste und ihrer Bewertung gibt es dabei durchaus unterschiedliche Auffassungen; auch werden sie nicht einheitlich-starr und nach einer strikten Ordnung gelehrt. Für die Unterrichtsmethode jedoch gilt allgemein, daß sie dem festen Schema von Lesen und Kommentieren folgt, wobei den gelesenen Autoren und ihren Texten absolute Autorität zukommt.) (Nicht zuletzt deshalb wird es auch als wichtig angesehen, die zu lesenden Autoren verbindlich festzulegen. Die Wirklichkeit der Welt tritt bei dieser Lektüre und Kommentierung hinter dem Text zurück: «Der Gegenstand des Wissens ist nicht der Mensch, sondern das, was in bestimmten Texten über Mensch und Welt ‹geschrieben steht›. Das Ziel des Wissens ist nicht eine Bildung [...], eine Befreiung des Menschen, sondern die Aneignung von Techniken, bewundernswert wegen ihrer Feinheit und Spitzfindigkeit, erfunden um die Texte zu verstehen, die zweifelhaften Stellen bei der Lektüre zu klären, die Streitfragen zu beseitigen, die sich aus einander widersprechenden, aber möglichen Meinungen ergeben.» [54]

III. *Neuzeit.* Auch wenn schon im Mittelalter (etwa von JOHANNES VON SALISBURY) Kritik am weltfremden Formalismus der Scholastik geübt wird [55], setzt erst mit der Renaissance im 14. Jh. ein Wandel ein. Ziel der Gelehrten der Renaissance ist es, wie überhaupt die Wirklichkeit so auch den Einzelmenschen unverstellt in den Blick zu nehmen und auszubilden. Dabei versuchen sie u.a., der Beschäftigung mit den Schriften und Lehren der antik-heidnischen Autoren gegenüber der biblisch-christlichen Lektüre mehr Raum zu geben und überhaupt aus christlich-moralischer Reglementierung zu befreien. Die von den Renaissance-Gelehrten zunehmend angestrebte Ausbildung der Menschen zu individuellen Persönlichkeiten erfolgt zunächst noch ohne das spezifische Programm einer P. [56] So weist z.B. F. PETRARCA im 24. Buch seiner ‹Epistolae Familiares› (das als sein geistiges Testament begriffen werden kann [57]) auf seine gerade nicht schulisch vermittelte Antikenbildung hin [58] und empfiehlt den individuellen und persönlichen Umgang mit den Klassikern. [59] Und auch L. BRUNI läßt in seinen ‹Dialogi ad Petrum Paulum Histrum› den Florentiner Humanisten C. SALUTATI gegenüber jüngeren Gelehrten auf die weniger durch Lehrer als durch Eigeninitiative (v.a. in der Klassikerlektüre) erwerbbare Gelehrsamkeit hin. [60] Erst im Laufe des 15. Jh. treten neben Erziehungstheoretikern wie P.P. VERGERIO und M. VEGIO [61] die Schulpädagogen GUARINO DA VERONA und VITTORINO DA FELTRE auf, die in ihre Erziehungsprogramme die neuen, an Ciceros Humanitas-Ideal orientierten, der Menschenbildung dienenden Studien, die *studia humanitatis*, integrieren. [62] Seit der Mitte des 16. Jh. richten sich die Jesuiten bei der Erarbeitung des Studienprogramms für ihre Kollegien, der ‹Ratio studiorum›, in Fragen der sprachlich-literarischen Ausbildung an den Lehrplänen der Humanisten aus und haben damit lange Zeit großen Erfolg. [63] Von protestantischer Seite setzt sich PH. MELANCHTHON für die Einrichtung von Schulen ein, in denen die Schüler eine sorgfältige Unterweisung in sprachlichen Kompetenzen (auch im Griechischen) erfahren. [64] Folglich bildet die Rhetorik eines der Kernfächer der an Melanchthons Vorstellungen orientierten protestantischen Gelehrtenschule, die im 17. Jh. den in den deutschsprachigen Gebieten verbreitetsten Schultypus darstellt. [65] Auf diese Weise wird Ciceros rhetorisch-sprachorientiertes Verständnis der *humanitas* jenseits konfessioneller Differenzen in der P. bis ins 17. und 18. Jh. fortgeschrieben. Keine grundsätzlichen Änderungen in ihrer Ausrichtung, aber Ergänzung und Erweiterung in Theorie und Praxis erfährt die Erziehungs- und Bildungslehre im 17. Jh. durch den Kreis um W. RATKE und die Arbeiten von J.A. COMENIUS. Ratke führt 1613 mit seiner Schrift ‹Kurzer Bericht von der Didaktika oder Lehrkunst Wolfgangi Ratichii› den Begriff der ‹Didaktik› für die wissenschaftliche Beschäftigung mit Lehrplänen sowie mit der Methodik und Organisation des Unterrichts in die Erziehungslehre ein und trägt damit wesentlich zur (erst im 18. Jh. endgültig auch begrifflich vollzogenen) Loslösung der P. von der Rhetorik und damit ihrer Ausbildung als selbständiger Wissenschaft bei. [66] Die Didaktik als eine umfassende, auf Erfahrungswissen aufbauende praktische Theorie der (schulischen) Erziehung, die deutlich in der Tradition Quintilians steht, beschäftigt auch Comenius, der mit seiner ‹Magna Didactica› 1657 das umfassendste didaktische System seiner Zeit vorlegt. [67] Er ist der Auffassung, daß der Mensch an der Schöpfung in Gottes Auftrag mitzuwirken hat, und plädiert deshalb dafür, daß in der Schule nicht nur (wie auch schon von Ratke gefordert) die Muttersprache und Latein gelehrt, sondern auch Sachunterricht erteilt und die Beschäftigung mit der Natur in die Lehre einbezogen wird. [68] Der hier geforderte Natur- und Praxisbezug der Ausbildung wird dann im pietistischen Erziehungswesen umgesetzt werden. [69] Markantestes Beispiel dafür ist das Lehrprogramm der von A.H. FRANCKE gegründeten Stiftungen in Halle an der Saale. [70] Im 18. Jh. gewinnt dann der Sachunterricht (die Unterweisung in ‹Realien›) gegenüber der sprachlich-literarischen Ausbildung an Bedeutung. Am deutlichsten ablesbar ist diese Tendenz am Erfolg der (am Ende des 18. Jh. aufkommenden) pädagogischen Reformbewegung des Philanthropinismus, die sich an den Lehren J.B. BASEDOWS orientiert. [71] Basedow und seine Anhänger (wie z.B. E.C. TRAPP und H. CAMPE) plädieren für eine Erziehung, die den natürlichen Kräften des Kindes freie Entfaltung läßt und der Ausbildung seiner Vernunft dient.[72] In der Absicht, Menschen- und Bürgerbildung zu vereinigen, zielt das Lehrprogramm der Philanthropinisten auf die Unterweisung in beruflichen, dem einzelnen wie der Allgemeinheit nützlichen Kompetenzen und umfaßt einen Lehrplan, der vom Sachunterricht über die Ausbildung in modernen Sprachen und Leibesübung bis zum Werkunterricht reicht.[73] Gegen diese utilitaristisch-eudämonistische P. der Aufklärung mit ihrer (aus seiner Sicht) Überbetonung des Sachunterrichts und gegen ihre idealisierende Auffassung von Humanität wendet sich zu Beginn des 19. Jh. F.I. NIETHAMMER.[74] Er und seine Anhänger fordern einen Unterricht, der auf die Menschenbildung zielt und auf die dazu notwendige Vermittlung der griechisch-römischen Bildung aufbaut. Im Anschluß an die von Petrarca und seinen Nachfolgern gepflegten *studia humanitatis* bezeichnet Niethammer seine Bildungsidee als ‹Humanismus›.[75] Im «Streit zwischen Philanthropinismus und Humanismus in der Theorie der Erziehungsunterrichts»[76] zeichnet sich bereits exemplarisch ein Grundkonflikt ab, der seitdem ein zentrales Problem in der P darstellt: die Frage, ob eine adäquate schulische Ausbildung der Gesamtpersönlichkeit und Menschlichkeit eher durch eine Beschäftigung mit ‹Realia› oder mit ‹Humaniora› zu erzielen sei. Bereits im 19. Jh. zeigt sich, daß ein Vordringen der Sachfächer und des Schulfachs Deutsch auf Kosten der klassischen Sprachen nicht aufzuhalten ist.[77] Der Ort der Rhetorik ist bald schon hauptsächlich der Deutschunterricht, in dem die Ausbildung praktischer rednerischer Fertigkeiten hinter der Vermittlung der Anwendung rhetorischer Kompositionstechniken in der Aufsatzlehre zurücktritt.[78] Daß der Ausbildung in sprachlich-performativen Fertigkeiten auch noch im 20. Jh. eine prägende menschenbildende Wirkung zugeschrieben wird, zeigt die Bewegung der Sprecherziehung, die als einen Zweig der pädagogischen Reformbewegungen zu Beginn des Jahrhunderts entsteht.[79] Durch Übungen in «Schreibrichtigkeit, Sprachrichtigkeit und Stilangemessenheit» strebt sie das Ziel an, die «Erziehung zum deutschen Menschen» zu fördern.[80] Die Pflege deutscher Beredsamkeit steht für die Sprecherzieher im Mittelpunkt deutscher Bildung; sie ist in ihrer ideologischen Verkürzung der Vorstellungen von einer Charakter- und Persönlichkeitsbildung konform, die wenig später das nationalsozialistische Erziehungswesen ausbilden sollte.[81] So greifen auch die unter der Herrschaft der Nationalsozialisten verfaßten Rhetoriken häufig die schon vor 1933 ausgeprägten Vorstellungen von einer den deutschen Menschen bildenden Redekunst auf.[82] In der Bundesrepublik Deutschland wird das Erbe der antiken Rhetorik (abgesehen von der universitären Ausbildung in den klassischen Sprachen) vor allem (wenn auch stark vereinfacht) im Deutschunterricht fortgeschrieben: sowohl in der Aufsatzlehre als auch in kommunikativen Übungen (Referat, Diskussion, Debatte).[83] Die Rhetorik nimmt in der P. (wie seit den Anfängen in Griechenland) eine schon aus der Etymologie von ‹P.› bedingte zentrale Stelle in der (schulischen) Ausbildung der Jugend ein. Auch mit der Entstehung der P. als Wissenschaft von der Erziehung im 18. Jh.[84] und ihrer nachfolgenden Auffächerung in zahlreiche Teilgebiete hat sich daran nichts wesentliches geändert. Erst in jüngerer Zeit hat aufgrund von Veränderungen in der (stark von den rhetorischen Verfahrensweisen geprägten) Medienwelt und (nicht zuletzt damit verbundener) neuer beruflich-kommunikativer Erfordernisse die Rhetorik auch in der Erwachsenen- und Fortbildungs-P. an Gewicht gewonnen.

Anmerkungen:

1 Euripides, Orest 883; Platon, Timaios 89d; ders. Pol. VI, 491e. – 2 Herodot VIII.75; Platon, Lysis 208c u. 223a; ders., Symposion 183c; Euripides, Ion 725; Helena 287. – 3 dazu das Verb παιδαγωγεῖν (paidagōgeín) im Sinne von leiten, erziehen und überhaupt unterrichten, erziehen bei: Euripides, Bacchen 193; ders., Herakles 729; Platon, Theaitetos 167c; ders., Gesetze I, 641b. – 4 als Erziehung und Unterrichten des Kindes: Aischylos, Sieben gegen Theben 18; Aristophanes, Wolken 968; Thukydides II, 39; Platon, Gesetze II 659d; ders., Pol. II, 376e; ders., Symposion 187d; ders., Protagoras 338e; als wissenschaftliche und künstlerische Bildung Platon, Ep. VII, 328a; ders., Gorgias 470eff; Arist., Pol. VIII, 3,5. – 5 Antiphon, VS 87 B 60; auch: Protagoras VS 80 B 11 u. 12 sowie VS 80 A 5; ferner Prodikos VS 84 B 2; zuvor schon Archytas, aber vermutlich unecht: VS 47 B 9. – 6 z.B. Cic. De or. I, 17 u. II, 1; ders., Tusculanae disputationes II, 27; allgemein: ThLL V Sp.834. – 7 vgl. F. Wehrli: Vom antiken Humanitätsbegriff (1939) u. F. Renaud: Art. ‹Humanitas›, in: HWRh Bd. 4 (1998) 80–86, bes. 81ff. – 8 in der Bedeutung bei Cicero selten, aber z.B.: Ad Quintum fratrem III, 1,14. ThLL V, Sp. 833. – 9 Cic. De or. III, 125; Pro Sextio Roscio Amerino 63; De finibus bonorum et malorum V, 39; Inv. I, 107; De legibus III, 29; auch schon Auct. ad Her. III,6,10; ThLL V 112. – 10 Cic. De or. II,1 u. III,35; auch schon Auct. ad Her. III,16,14; ThLL VII 1, Sp. 1997. – 11 Plautus, Bacchides 441; Cicero, De amicitia 74; Seneca, Ep. 60,1 u. 94,9. – 12 so z.B. Clemens von Alexandrien, Paedagogus, in: MG Bd. 8, 55,1; auch Origenes, Commentarius in Matthaeum 10,9, in: MG Bd. 13, 855–858, dazu: H. Koch: Pronoia und Paideusis. Stud. über Origenes und sein Verhältnis zum Platonismus (1932). – 13 J. Calvin: Institutio Christianae religionis (1559) 2,11,2. – 14 für das Englische: Art. ‹Pedagogy›, in: The New English Dict., hg. J.A.H. Murray, Bd. 7 (1905) 604; dass. in: The Oxford English Dictionary Second Edition. Prepared by J.A. Simpson and E.S. Weiner, Vol. XI (1989) 418, für das Französische: Art. ‹Pédagogie›, in: La grande Encyclopédie inventaire raisonné des sciences, des lettres et des arts (1885–1901) Bd. 25, 211–220; dass., in: Grand dictionnaire encyclopédique Larousse (Paris 1984) Bd. 8, 7931; J. Bellerot: Contribution à l'analyse de la notion pédagogie, in: Revue française de Pédagogie 64 (1983) 7–12. – 15 Zedler Bd. 26 (1740) 188; Nachweise (unvollst.) auch in: Grimm Bd. 7, 1406. – 16 ebd. – 17 dazu z.B. J.B. Basedow: Elementarwerk I (²1785) 1; J. Chr. Greiling: Über den Endzweck der Erziehung und über den ersten Grundsatz einer Wiss. ders. (1793) § 91; F.A.W. Diesterweg: Auswahl aus seinen Schr., hg. v. E v. Sallwürck (1900) Bd. 3, 159: Lex. d. P. der Gegenwart, hg. v. J. Spieler (1932) 530; Staats-Lex., hg. v. C. Rotteck, C. Welcker Bd. 10 (²1848) 427. – 18 dazu ebenfalls die in [17] genannten Arbeiten. – 19 vgl. z.B. Platon, Protagoras 317b u.ö; zum Hintergrund: J. Dolch: Lehrplan des Abendlandes (1965) 18ff. – 20 Platon, Protagoras 338e-339a. – 21 ebd. 318d-e, wo deutlich wird, daß die Lehre dieser Fachwiss. nicht von allen Sophisten betrieben wurde. – 22 Platon, Gorgias 452e u. 546a-457c. – 23 bes. im Dialog ‹Gorgias›; gegen die Rhet. der Sophisten z.B. 462b-265e u.ö. – 24 vgl. die Zusammenstellung bei Th. Ballauff: P. I (1969) 58ff. – 25 Cic. De or. II, 94. – 26 Isocr. Or. XV (Antídosis) 270–280. – 27 ebd. 253–257. – 28 ebd. – 29 ebd. 186–192. – 30 Diogenes Laertius VI, 11; ähnlich dazu Diogenes von Sinope, ebd. VI,73; gemeinsame Lehrsätze der Kyniker ebd. VI,103ff. – 31 Aristoteles, Metaphysik II, 2, 996a32. – 32 zu Zenon: Diogenes Laertius VII, 32; zu Ariston, ebd. VII,160. – 33 vgl. Sextus Empiricus, Adversus Mathematicos I, 1 und I, 5. – 34 erster Nachweis erst aus dem 1. Jh. v. Chr.: Diodor XXXIII,7,7; Dionysios von Halikarnassos, De Demosthene 15, 999; De compositione verborum 25, 206; Strabon, Geographica XIV,5,13. – 35 M. Pohlenz: Die Stoa. Gesch. einer geistigen Bewegung, Bd. 1 (⁷1992) 64ff. – 36 vgl. Dolch [19] 59ff. – 37 Cic. De or. III, 64–71. – 38 ebd. – 39 ebd. III, 140–143. – 40 ebd. III, 143. – 41 ebd. – 42 ebd. I, 50–53 u. I,20. – 43 ebd. I, 71–73. – 44 Cicero, De finibus bonorum et malorum V, 54. – 45 Quint XII,1.1; bei Cato: M. Catonis praeter librum de re rustica quae exstant, hg. v. H. Jordan (1860) Frg. 14, S. 80,1. – 46 Quint.

I,10,1–8. – **47** v.a in seinem Werk Paidagogos, der ersten christl. Ethik. – **48** vgl. Dolch [19] 71ff.; Augustinus, De magistro. – **49** Boethius, De institutione arithmetica libri duo, de institutione musica libri quinque, hg. von G. Friedlein (1867) 725; Dolch [19] 78ff., 99–108. – **50** MGH Legum sectio II, 1, Capitularia Regum Francorum I (1883) 59f.; zu Karls Bildungsprogramm siehe P. Riché: Die Welt der Karolinger (²1981) 230ff. – **51** ebd. 79. – **52** vgl. E. Garin: Gesch. und Dokumente der abendländischen P., Bd.1: MA (1964) 11f., 93ff. – **53** ebd. 12; dazu z.B. Alkuin, De Grammatica, in: ML Bd.101, 854 A. – **54** vgl. Garin [52] 23. – **55** vgl. z.B. Johannes von Salisbury, Metalogicon, in: ML Bd.199, 864; dazu D.D. McGarry: Educational Theory in the Metalogicon of John of Salisbury, in: Speculum 23 (1948) 659–675. – **56** einzelne Entwürfe erst ab dem 15. Jh. bei Garin [52] II. Humanismus (1966); daher auch für das 14. Jh. Erklärungsschwierigkeiten bei G. Müller: Bildung und Erziehung im Humanismus der ital. Renaissance, Grundlagen – Motive – Quellen (1969). – **57** vgl. F. Neumann: Nachwort, in: F. Petrarca: Epistolae familiares XXIV. Vertrauliche Briefe, lat.-dt., übers., komm. und mit einem Nachwort v. F. Neumann (1999) 295–342, hier: 333. – **58** Petrarca, Epistolae Familiares XXIV,1,5. – **59** dazu seine Br. XXIV,2–11 an Cicero, Seneca, Varro, Quintilian, Livius, Pollio, Horaz und Vergil. – **60** L. Bruni: Dialogi ad Petrum Paulum Histrum, a cura di S. Baldassarri (Florenz 1994) 238f. – **61** vgl. Müller [56]; M. Vegio, ebd., 39ff.; P.P. Vergerio, ebd., 165ff. – **62** vgl. ebd. u, bes. zu V. da Feltre: G. Müller: Mensch u. Bildung im ital. Renaissance-Humanismus. Vittorino da Feltre und die humanistischen Erziehungsdenker (1984). – **63** vgl. bes. A. Scaglione: The Liberal Arts and the Jesuit College System (1986) u. A.P. Farrell, S.J.: The Jesuit Code of Liberal Education. Development and Scope of the Ratio Studiorum (Milwaukee 1938). – **64** dazu sein Rhet.-Lehrwerk ‹Elementa Rhetorices› (1531), in: Corpus Reformatorum XIII (1846) 417–506 und seine ‹Erotemata Dialectices› (1547), ebd. 513–752. – **65** vgl. Barner 258–261. – **66** vgl. I. Knecht: Zur Gesch. des Begriffs Didaktik, in: ABG (1984) 100–122, hier bes. 104–108; Ballauff [24] P. II., 153–163. – **67** zu Comenius u. seinem Programm: Ballauff [24] P. II., 163–199. – **68** so in seiner Schrift ‹Pampaedia› (1566); vgl. dazu K. Schaller: Die P. des Johann Amos Comenius und die Anfänge des päd. Realismus im 17. Jh. (²1967). – **69** vgl. Hb. der dt. Bildungsgesch. I. 15. bis 17. Jh. Von der Renaissance und der Reformation bis zum Ende der Glaubenskämpfe, hg. v. N. Hammerstein. Unter Mitwirkung v. A. Buck (1996) 409f. – **70** ebd. 410ff. – **71** Ballauff [24] P. II, 338ff. – **72** ebd. – **73** ebd. 349ff. – **74** v.a. in seiner Schrift ‹Der Streit des Philanthropinismus und Humanismus in der Theorie des Erziehungsunterrichts unserer Zeit› (1808); zum Kontext: R.A. Müller: Akad. Ausbildung zwischen Staat u. Kirche. Das bayerische Lyzealwesen 1773–1849, I (1986) 117ff. – **75** vgl. W. Rüegg: Cicero und der Humanismus. Formale Unters. über Petrarca und Erasmus (1946). – **76** so nach dem Titel von Niethammers wichtigster Publikation, dazu [74]. – **77** vgl. F. Paulsen: Gesch. des gelehrten Unterr. auf den dt. Schulen und Univ. vom Ausgang des MA bis zur Gegenwart, Bd. 2 (³1921, ND 1960) 293f. – **78** vgl. O. Ludwig: Der Schulaufsatz (1988) 302ff. – **79** ebd. 362. – **80** R. Hethey: Von der Mündlichkeit in die Unmündigkeit: Einige notwendige krit. Blicke auf die Gesch. der Rhet. im 20. Jh., in: Rhet. 7 (1988) 133–141, hier 135. – **81** vgl. ebd. 136ff.; N. Hopster, U. Nassen: Lit. und Erziehung im Nationalsozialismus (1983) 39. – **82** ebd. – **83** Ludwig [80] 391; E. Ockel: Rhet. im Deutschunterricht (1974) 217–362; ders.: Rezeption der Rhet., in: Curriculumentwicklung und Fachdidaktik, in: WW 27 (1977) 81–104. – **84** vgl. A. Hügli: Art. ‹P.›, in: HWPh 7 (1989) Sp.5–9.

Literaturhinweise
Th. Ballauf: Philos. Begründungen der P. (1966). – J. Bowen: A History of Western Education (1975). – J.L. Blass: Modelle päd. Theoriebildung, 2 Bde. (1978). – R. Klaus: Rhet. und P. Versuch einer Verhältnisbestimmung (1984). – W. Fischer, D.-J. Löwisch (Hg.): Päd. Denken von den Anfängen bis zur Gegenwart (1986). – Th. Ballauf: P. als Bildungslehre (²1989). – H. Blankertz: Die Gesch. der P. von der Aufklärung bis zur Gegenwart (1989). – H. Scheuerl (Hg.): Klassiker der P., 2 Bde. (1991).

F. Neumann

→ Allgemeinbildung → Artes liberales → Didaktik → Elementarunterricht → Enkyklios paideia → Eruditio → Erziehung, rhetorische → Humanismus → Schulrhetorik → Sophistik → Studium

Palindrom (griech. παλίνδρομον, palíndromon; engl., frz. palindrome; ital. palindromo; Varianten: ἀναστροφή, anastrophé; inversio, reversio, perversio; Rückling, Krebs; versbezogen: versus anacyclicus, cancrinus, recurrens, reciprocus, retrogradus; vers- und sinnbezogen: sotadeus)

A. Abgeleitet aus griech. παλίνδρομος (palíndromos, rücklaufend), bezeichnet der Begriff P. eine vor- und rückwärts bedeutungshaft lesbare Spracheinheit (vorfindlich wie ANNA und ESEL-LESE oder neukreiert wie MARKTKRAM); Wortgrenzen, Satzzeichen und Diakritika werden ignoriert. Grundform ist das Buchstabenpalindrom, daneben gibt es P. auf der Basis von Silbe, Wort, Reim, Vers, Strophe, Satz, Absatz. Die retrograde Lektüre kann denselben oder einen anderen Sinn ergeben. Obszönen Umkehrsinn hatten die Sotadeen, anazyklische Verse des ersten namentlich bekannten Palindromautors SOTADES (alexandrinischer Poet, 3. Jh. v. Chr.). Es gibt tradierte literarische Exempel ebenso wie anonyme folkloreske Formeln, seit der Moderne auch künstlerisch anspruchsvolle Palindrompoesie. Von den archaischen volkskulturellen Ursprüngen des P. zeugt die sprachmagische Funktion (Zauberspruch, *versus diabolicus*, Sakralinschrift). Später tritt die artistisch-ludistische und die manieristisch-concettistische Funktion hervor. Metaliterarisch werden autoreflexive und autothematische Formen gebildet (RETROWORTER; MORDNILAPSUSPALINDROM).[1] Das P. ist ein Spezialfall der anagrammatischen Buchstabenpermutation. Als ‹Sehtext› hat das P. konstitutive Affinitäten zur visuellen Poesie. Seltener sind die Lautpalindrome. Das P. ist eine transkulturelle Konstante und auch in nichtalphabetischen Schriften (z.B. Chinesisch) anzutreffen.

P. ist kein Begriff der Redelehre und fehlt als solcher im klassischen rhetorischen Schrifttum, jedoch korreliert die Palindromtechnik bestimmten rhetorischen Verfahrensweisen und kann im rhetorischen System methodisch verankert und beschrieben werden.

B. I. *Bereiche und Disziplinen*. Als rhetorisches Verfahren läßt sich das P. dann einordnen, wenn man es als eine Spielart der Umkehrung versteht, die zunächst durch das Interesse der lateinischen Schulbuchpoesie an artifiziellen Spielformen und neuerdings durch das Interesse der strukturalistischen Neorhetorik an systematischer Klassifikation kanonisiert wurde.

Innerhalb der an den vier Änderungskategorien ausgerichteten Figuren-Taxonomie von DUBOIS et al. steht das P. an der Systemstelle der *transmutatio* (Inversion) und wird insofern nachträglich als rhetorische Figur (Metabolie) klassifiziert.[2] Die klassische Figurenlehre nennt nur syntaktische und argumentativ-logische Umkehrungsformen wie Chiasmus, Antimetabole, Hysteron proteron oder Anastrophe [3] und verzichtet auf den Palindrombegriff. Auch die in der Palindromforschung häufig genannte Stelle in QUINTILIANS ‹Institutio›[4] behandelt die Reversibilität zweier Exempel unter rein metrischen Gesichtspunkten, ohne den palindromischen Spezialeffekt, die durch Wörterumstellung erzielbare zweite Lektüre, zu thematisieren. Von *ornatus*-relevanten Wiederholungsstrukturen kann man eigentlich erst bei der nicht nur potentiell umkehrbaren, sondern tatsächlich umgekehrten Vollform sprechen.

Der als Buchstabenpalindrom realisierte Krebsvers *(versus cancrinus)* stellt im Hinblick auf τέχνη, téchnē/*ars* ein anspruchsvolles eigenes Genre dar. Er ist deutlich dem Bereich des *lusus* zugehörig und von der Funktion des *delectare* bestimmt. Darüberhinaus zielt die hochartifizielle Machart auf Bewunderung, Verblüffung, Staunen *(stupor)*. Wegen seiner sprachspielerisch-scharfsinnigen Qualität *(argutia)* zählt der Krebsvers zum concettistisch-manieristischen Formenkreis. Insofern der Krebsvers eine minimalistische Struktur von hochkonzentrierter Bedeutungspotenz darstellt, wirkt er brachylogisch *(brevitas)*. «Muse, her da, dreh es um!»[5]

Das P. unterläuft aufgrund der virtuellen doppelten Leserichtung die auditive Wahrnehmbarkeit und ist für eine auf *persuasio* ausgerichtete oratorische Praxis nicht geeignet. Diese auf Schriftlichkeit angewiesene Komplexität macht die Abwesenheit des Palindrombegriffs und die Seltenheit der Palindromidee in der alten Rhetorik erklärbar.

Da ausschließlich die Subkategorie der anazyklischen Verse in den ältesten Quellenbelegen vorkommt (Verszitate bei PLATON und QUINTILIAN [6]; zitatlos erwähnt bei MARTIAL und Quintilian [7]), muß man sich das Palindromphänomen zunächst von den Charakteristika des Sotadeus geprägt vorstellen: potentielle Reversibilität, aufgelöster Versrhythmus und inhaltlich pornographische Prägung. So haftet dem Palindromkonzept anfangs der Ruch des Haltlosen, Ungeordneten und Unlogischen, ja Nichtrhetorischen an. Schon im ‹Phaidros› dient eine rückwärts lesbare Grabinschrift als rhetorikkritische Illustration einer allzu beliebigen Disposition der Argumente. Begreift man Umkehrung und Verdrehung nicht nur als technische, sondern auch symbolhafte Eigenschaft, kann palindromische Reversibilität als ein «pararhetorischer» und «paralogischer» (im Sinne von Hocke [8]) Kunstgriff erscheinen.

Manierismus und Sprachspiel sind die literaturwissenschaftlich wesentlichen Seiten des P. Sie fokussieren die Materialität des Zeichens und die Textkonstruktion und unterstützen das Zusammenwirken von Palindromkunst und -theorie. Die Ästhetik des P. umfaßt Aspekte wie: metrisches Experiment, neologistische Wortschöpfung, Doppelsinnstrukturen, Nonsense, Änigma, Kryptographie, Dialogizität, Textgenerativität, Vertextung und Kontext- bzw. Sujetfunktion, Minimalismus. Autoreferentialität und Selbstthematisierung, Visualität und Intermedialität, Mehrsprachigkeit und Übersetzung. [9] Von literaturhistorischem und -philosophischem Belang sind die esoterisch-okkulten Aspekte der Palindromtradition: die Affinität zur *ars combinatoria* [10] und zur kabbalistischen Buchstabenspekulation, aber auch die volkskulturelle Verankerung im Buchstabenzauber. [11]

Beispiel für ein Palindromrätsel: «*Vorwärts* wie *rückwärts*, beständig verfehlt es die Mitte der Sache. / Nimmer erreichst du das Ziel, bleibst du dem Worte vereint.»[12]

Das P. ist nicht nur als Bestandteil (Intext) alter *carmina figurata* (siehe Abb. MITRA), sondern überhaupt als Spezialform der visuellen Poesie erkannt worden, gekennzeichnet durch geometrische Darstellungsformen (Kreis, Quadrat, Kreuz, Bustrophedon) und spatiale Strukturen, die raffinierte «lesepermutative» Rezeptionsstrategien fördern. [13] Ein originelles Beispiel gibt das abgebildete Kasualgedicht von 1753 (Gratulation für einen Benediktinerabt [Abb. 1] [14]): Die Umrißlinien und die retrograden Verse sind aufeinander abgestimmt, außerdem wird die Palindromstruktur durch kopfständige Lettern visualisiert, sowohl in der Figur als auch in der *clavis*, die das Textbild durch die Gattungsbezeichnung *carmen cancrinum*, Leseanweisung und Deutung entschlüsselt. Der Nimbus des P. und die geistlichen Insignien Mitra und Szepter korrespondieren einander.

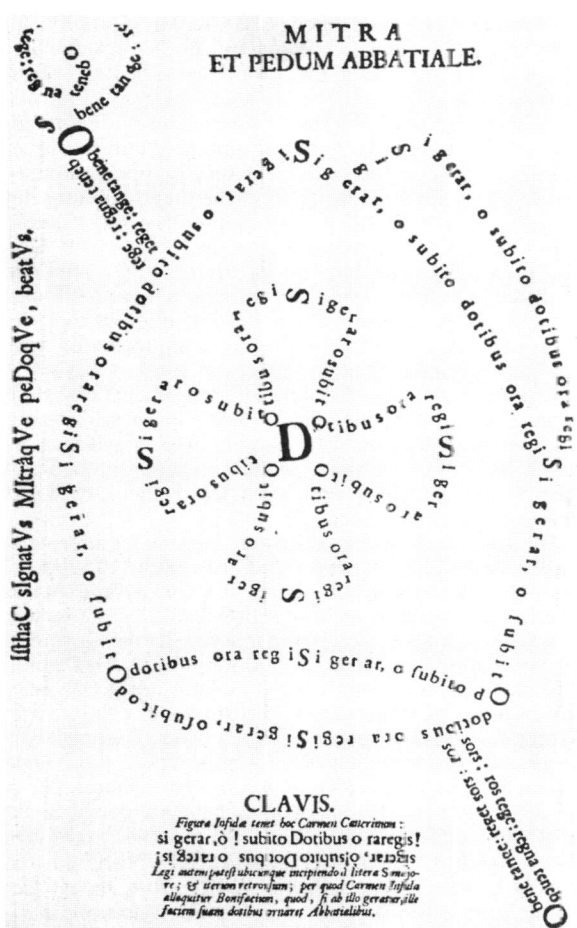

Abb. 1: Mitra; Universitätsbibliothek Köln, rh. fol. 2354-21-Nr. 39. fol. H 1 v

Der neuere kulturwissenschaftliche Ansatz untersucht das P. als kultursemiotische Ausdrucksform. Da im P. die Linearität der Sprachhandlung virtuell durchkreuzbar ist, bietet es sich als Denkbild für die Reversibilität von Zeit an, es erlaubt Geschehenes symbolisch rückgängig zu machen und die Umkehrbarkeit von Historie zu imaginieren. Das P. erweist sich als jenes künstlerische Genre, das metaphorologisch am engsten mit der Idee der Reversion assoziiert ist und sich somit als eine symbolische Form für ‹Wende› (sei es Revisionswunsch oder -angst) verstehen läßt, was sich in der Palindromliteratur um 1989 (deutsch, russisch, südslavisch) quantitativ und thematisch manifestiert. [15] Die Palindromanie der späten Postmoderne erscheint als ein Reflex der Jahrtausendwende.

Aufgrund der Rückbezüglichkeit dient das P. in Kognitionswissenschaften und Systemtheorie als Paradebeispiel von Autorekursivität und Autopoiesis. [16]

Für die Linguistik ist das P. bei der Untersuchung sprachlicher Strukturen bedeutsam: sie erstellt eine Phänomenologie des P., präzisiert Kriterien für eine Typologie und schlägt immer neue Subtermini vor, prüft die Palindromtauglichkeit der Einzelsprachen und die Übersetzbarkeit, analysiert systematisch die linguo-ästhetischen Implikationen. [17]

Musikwissenschaftlich läßt sich das P. mit dem Krebs vergleichen (krebssymmetrische Kompositionen im Spätmittelalter bei G. de Machaut, im Barock bei J.S. Bach, in der modernen Zwölftontechnik bei A. Schönberg).

In den Naturwissenschaften bezeichnet der Palindrombegriff bei der Genanalyse eine pro- und retrograd identische Nucleotidsequenz auf DNA-Doppelstrangmolekülen, was die Bedeutung von Schrift und Rhetorizität für die wissenschaftliche Konzeptualisierung zunehmend komplexer Sachverhalte belegt.

II. *Geschichte.* Das häufig QUINTILIAN zugeschriebene Buchstabenpalindrom «Signa te signa, temere me tangis et angis: / Roma tibi subito motibus ibit amor» ist bei ihm nicht nachweisbar. Daß es alternativ namenlos überliefert und symbolisch dem Teufel attribuiert wird[18], belegt die nachhaltige Präsenz des magischen Volksglaubens. Die buchstabenmagische Kraft leitet sich daraus ab, daß ein palindromischer Zauber, weil er schon rückläufig formuliert ist, nicht mehr rückgängig und damit unwirksam gemacht werden kann. Das P. bleibt Inbegriff der apotropäischen Formel.

Die (nicht sehr zahlreichen) ältesten wort- oder versweise gebildeten Zeugnisse sind griechisch.[19] Die bei PLATON anazyklisierte Grabinschrift für König Midas von Phrygien gilt als nichtintentionales P.[20] Originale von SOTADES fehlen.[21] Anonyme reversible Verse sind in der ‹Anthologia Graeca› gesammelt.[22] Die ersten buchstabenweisen καρκίνοι στίχοι, karkínoi stíchoi (*versus cancrini*, Krebsverse) verzeichnet die ‹Anthologia Planudea›[23] aus byzantinischer Zeit, darunter die kreisrunde Inschrift eines Weihwasserbeckens der Hagia Sophia bzw. eines Taufbrunnens auf dem Athos: «Νίψον ἀνομήματα, μὴ μόναν ὄψιν» (Wasch die Sünden ab, nicht bloß dein Gesicht!)[24]. Das änigmatische lateinische Sator-Quadrat, pagan wie christlich interpretierbar, ist seit 79 n. Chr. wiederkehrend als Graffito belegt.[25] Lateinische *versus cancrini* sind von Sidonius Apollinaris im 5 Jh. belegt: «Sole medere pede, ede pedere mede» (Um dem Fuß weiterzuhelfen, laß volltönenden Gesang erschallen).[26]

Für kontinuierliche Tradierung der Palindromtechnik im Mittelalter sorgt das *carmen figuratum*.[27] Alsteds lateinische Enzyklopädie bringt 1630 ein Typenspektrum und das erste Langgedicht aus 58 Krebsversen.[28] Vulgärsprachlich verbreiten die okzitanischen ‹Leys d'Amors› das Palindromschema in verschiedenen *rims retrogradatz* [29], und nach den rekurrenten Versen Walthers von der Vogelweide finden sich in den Barockpoetiken erste deutsche Buchstabenpalindrome.[30] Das Jahrhundert mit der Palindromzahl XX bringt dem Genre international enorme Verbreitung und Diversifizierung: Palindromsonett, -drama und -hörspiel, -festivals und -wettbewerbe, Palindrompalindrome, ‹Videopalindrome› sowie kinetische ‹Ambigramme› im Internet.[31] Das Palindromdenken fundiert Autopoetiken (Velimir Chlebnikov, André Thomkins, Oskar Pastior, Aleksandr Bubnov[32]) und beeinflußt Strömungen und Gruppen (Konkrete Poesie, OuLiPo [33]).

Anmerkungen:
1 A. Thomkins: Labyrinthspiel. André Thomkins-Retrospektive (1989). Bd. 1, 186; O. Pastior: Mordnilapsuspalindrom, in: H. Wiesner (Hg.): Anthropophagen im Abendwind (1988) 53–72. – **2** Dubois 78, 104; H. Plett: Systematische Rhet. (2000) 215f. – **3** s. Ueding/Steinbrink 337; Lausberg El. § 330. – **4** Quint. IX, 4, 90. – **5** H. Pfeiffer: Wende-Köpfe (1993) VIII. – **6** Plat. Phaidr. 264d/e; Quint. IX, 4, 90. – **7** Martial, Epigrammata II, 86; Quint. I, 8, 6. – **8** G.R. Hocke: Manierismus in der Lit. (1959) 61. – **9** E. Greber: Παλίνδρομον – revolutio, in: Russian Literature 43 (1998) 159–204. – **10** ebd. . – **11** F. Dornseiff: Das Alphabet in Mystik und Magie (1925, ND 1980) 63; K. Preisendanz: Art. ‹P›., in: RE 36, 133–39. – **12** F. Brentano: Aenigmatias. Rätsel (1878, 1962) 50. – **13** U. Ernst: Carmen figuratum (1991) 52f, 216f. – **14** U. Ernst: Lesen als Rezeptionsakt. Textpräsentation und Textverständnis in der manieristischen Barocklyrik, in: LiLi 57/58 (1985) 67–94, hier 74. – **15** E. Greber: Chronotope of Revolution: The Palindrome from the Perspective of Cultural Semiotics, in: The Palindromist 6 (1998) 29. – **16** s. D.R. Hofstadter: Gödel, Escher, Bach (1985); D. Schwanitz: Systemtheorie und Lit. (1990) 64. – **17** zu H. Pfeiffers Artikelserie s. Greber [9] 203f; G. Freidhof: Anaphonische Wortspiele und Übersetzung I (Schüttelreim, Anagramm, P.), in: W. Girke, H. Jachnow (Hg.): Aspekte der Slavistik. FS Josef Schrenk (1984) 26–41; A. Bubnov: Palindromija s točki zrenija...: Samaja ob"emnaja kniga o russkom palindrome: Naučno-chudožestvennoe izdanie (Kursk/Sankt Petersburg 1998). – **18** Alsted I, 553; Ph. Dubois: (Petite) Histoire des Palindromes, in: Littératures 7 (1983) 130. – **19** Preisendanz [11]; Dubois [18] 129f. – **20** A. Liede: Dichtung als Spiel (1963, 1992) Bd. 2, 103. – **21** M. Saltveit: Sotades the Obscene, Inventor of the Palindrome, in: The Palindromist 1 (1996) 5–7, 18–22, 26–30. – **22** Anthologia Graeca VI, 314–320 und 323. – **23** Anthologia Graeca, Appendix Planudea XVI, 387b, c. – **24** ebd. 387c, 5, bzw. V. Gardthausen: Griech. Palaeographie (1911, 1913) Bd. 2, 64. Übers. von H. Beckby, in: Anthologia Graeca (1958) Bd. 4, 509. – **25** H. Hofmann: Art. ‹Satorquadrat›, in: RE 15, 477–565; U. Ernst: Das Sator-Quadrat in Antike und MA, in: ders. [10] Kap. X. – **26** Liede [20] 104. – **27** Ernst [13] Abb. 92, 289f u.ö. – **28** Sect. IV, Cap. V: De technopaegnio poetico Latino, X: Anastrophe poetica (Alsted I, 552f). – **29** Liede [20] 105. – **30** ebd. 107, 108f. . – **31** E. Greber: Anagrammatisches und Anazyklisches oder: KLEBE DIR IRRGRAPHE, in: Émile 16/17 (1993) 39–66; D. Hofstadter: Ambigrammi (Florenz 1987); E. Greber: Bildwörter, Wortbilder: P. und Ambigramm als minimalistische Kunstformen, in: M. Goller, G. Witte (Hg.): Minimalismen (Wien 2001). – **32** Greber [1]. – **33** E. Gomringer: Definitionen zur visuellen Poesie: P., in: ders. (Hg.): Konkrete Poesie (1972) 164; OuLiPo. Atlas de littérature potentielle (Paris 1981) 218–26; H. Boehncke, B. Kuhne: Werkstatt für potentielle Lit. 6. Regal: Das P., in: dies.: Anstiftung zur Poesie: Oulipo (1993) 114–19; U. Ernst: Permutation als Prinzip in der Lyrik, in: Poetica 24 (1992) Abschnitt Palindromtechnik, 232–35.

E. Greber

→ Anagramm → Änderungskategorien → Argutia → Figurengedicht → Figurenlehre → Inversion → Kombinatorik → Lusus ingenii → Manierismus → Pararhetorik → Wortspiel

Pamphlet (dt. Streit- bzw. Schmähschrift; engl., frz. pamphlet)

A. Def. – B.I. 16. und 17. Jh. – II. 18. Jh. bis Gegenwart.

A. Der Begriff ‹P.› entsteht aus populären Bezeichnungen für eine im späten Mittelalter in lateinischen Schulen im romanischen und nordwestlichen Europa viel gelesene, im 12. Jh. entstandene kleine Elegienkomödie eines unbekannten Verfassers, ‹Pamphilus seu de amore›[1], von denen das mittelfrz. *pamphilet* als erste um 1245 belegt ist (abgeleitet von ‹Pamphilus› wie ‹Esopet› von ‹Aisopos›). Die mittelengl. und mittelndl. Ableitung *panflet* wird bereits im 14. Jh. als Andeutung für kleine, anspruchslose Schriften verwendet, wie der erste Beleg von P. in diesem Sinne aus dem Jahre 1344 im ‹Philobiblion› von R. DE BURY andeutet: er bevorzuge «panfletos exiguos phaleratis praetulimus palescedis» (schlichte P. über schön aufgezäumte Kampfpferde).[2] Im gleichen Sinne taucht die Bezeichnung u.a. bei CHAUCER und CAXTON (als *paunflet*) auf.

In der Verwendung des Wortes ‹P.› lassen sich drei größere Bedeutungskomponenten unterscheiden. Erstens gilt als P. jede selbständige, in der Regel mehrseitige kleinere Druckschrift, die aufgrund ihrer geringen Seitenzahl oder auch durch das Fehlen eines ordentlichen Einbands nicht als Buch anzusehen ist. Bezeichnend ist hier S. JOHNSONS historisch nicht haltbare Etymologie des Wortes ‹P.›: ‹par un filet› (mit einem Draht).[3] In diesem neutralen Sinne, der auch einer besonderen Steuerverordnung für P. (der sog. ‹pamphlet duty›) durch die englische Regierung im Jahre 1712 zugrunde lag, deckt sich die Bedeutung von P. weitgehend mit dem modernen Begriff der Broschüre, obwohl die Obergrenze der Seitenzahl mancher als P verstandenen Publikationen in einigen niederländischen P.-Katalogen weit über 100 Seiten liegt.[4]

Für P. wie für Broschüren gilt, daß ihre Verteilung nicht so sehr über den regulären Buchhandel verläuft als über andere Kanäle – im Fall des P. bis ins 19. Jh. über ambulante Händler, Hausierer und Straßenverkäufer, seitdem wegen ihres oft tagespolitischen Inhalts über gesellschaftliche Organisationsstrukturen wie politische Parteien und Interessenverbände.[5] Bevor sich diese neue Verteilungsform durchsetzt, ist P. eine typische Form der Straßenliteratur und so in doppeltem Sinne mit der Flugschrift verwandt, die auch derselben Öffentlichkeit zuzuordnen ist und wie das P. als Broschüre verstanden werden kann.[6]

Zweitens dient das Wort ‹P.› als Bezeichnung für aktualitätsbezogene Gelegenheitspublikationen, in denen mit rhetorischen Mitteln in Prosa-, Vers- oder Dialogform manchmal für, in der Regel aber polemisch oder satirisch gegen bekannte Persönlichkeiten des öffentlichen Lebens, zumeist Hoheitsträger, oder bestimmte politische, militärische, religiöse, soziale, ökonomische und kulturelle Ereignisse und Entwicklungen Stellung bezogen wird. Die Wirkungsabsicht des P. zielt auf sofortige Meinungsbeeinflussung in der Sphäre der Tagespolitik, benutzt aber *delectare, movere* oder gar *concitare*, stellt dabei *docere* und *probare* in den Hintergrund und opfert *perspicuitas* und *decorum* leicht der propagandistischen Agitation. Bei der Beeinflussung durch P. dominieren in der Regel offensive Stilfiguren; grundsätzlich können aber alle rhetorischen Mittel verwendet werden, was namentlich dann gilt, wenn P. im allgemeinen Sinne als nicht-fiktionale Artikulationsform ideologischer Ziele aufgefaßt werden.[7] In dieser Hinsicht ist das P. nicht nur synonym oder zumindest eng verwandt mit Schmähschrift, Libell, Pasquill, Invektive, Diatribe und Satire, sondern es liegt auch der Vergleich mit dem *Manifest* nahe. Dabei gilt zunächst, daß die Grenze zwischen P. und Manifest fließend ist, da ein Manifest auch als Flugblatt oder P. im Sinne einer kleineren Druckschrift selbständig verbreitet werden kann. Als kleinere kommerzielle Form der Straßenliteratur unterscheidet sich das P. bis zum 19. Jh. insofern vom Manifest, als letzteres im Sinne einer staatlichen oder fürstlichen Proklamation nicht primär als Handelsware konzipiert ist, sondern in der Regel offiziell ausgehängt oder in anderer Form verbreitet wird. Obwohl das P. im wertneutralen Sinne einer kleinen Druckschrift auch offizielle Bekanntmachungen umfassen kann, wie die P.-Kataloge des 19. und frühen 20. Jh. andeuten, unterscheidet sich P. in der Bedeutung von ‹Schmähschrift› und ‹Libell› bis zum 19. Jh. grundsätzlich vom Manifest, da ein Manifest – anders als ein P. – sich gegen fürstliche oder staatliche Autoritäten richtet. Seit dem 19. Jh., in dem das Manifest mehr und mehr die Bedeutung von ‹Programmschrift› annimmt, unterscheiden sich P. und Manifest tendenziell nur dadurch, daß ein Manifest ein eigenes Programm zu entfalten sucht, ein P. eher einen (programmatischen) Angriff auf Andere darstellt. Diese tendenzielle Unterscheidung wird namentlich von der künstlerisch-literarischen Avantgarde des frühen 20. Jh. aufgehoben, insbesondere durch die Einführung des Anti-Manifests.

Drittens erscheint das P. als Andeutung für – meistens aktualitätsbezogene – Texte und Veröffentlichungen, denen mit dieser Bezeichnung eine bedenkliche Qualität zugeschrieben wird, wobei angeblich nicht Wahrheitssuche, sondern tendenziöse, unzuverlässige Stimmungsmache und damit eine rhetorische Wirkungsabsicht dominiert. Obwohl sich diese pejorative Qualifizierung oft als Konnotation mit einer oder beiden vorgenannten Bedeutungen verbindet, wird sie auch in übertragenem Sinne für andere Texte und Publikationen verwendet, die weder Schmähschrift noch kleinere Druckschrift sind. Metonymisch können in dieser Weise auch andere literarische wie nicht-literarische Phänomene, z.B. Romane, Gemälde oder Filme, als P. aufgeführt werden. Dieses Verdikt über das P. berührt zugleich direkt ihren Urheber, den Pamphletisten, der in diesem Zusammenhang als lügnerisch und unzuverlässig ins Zwielicht gerät, wohl nicht zuletzt noch dadurch verstärkt, daß er seine P. oftmals im Auftrag gegen Bezahlung verfaßt, was – rückwirkend – wiederum den Ruf des P. weiter schmälert.

Während das P. in der thematisch und inhaltlich-formal indifferenten Bedeutung einer kleinen Druckschrift keine eindeutige Einordnung in das rhetorische System zuläßt, kann man die letztgenannte Bedeutung von P., wobei die Bezeichnung eines Textes oder einer Publikation als P. den Charakter eines Verdikts über die betreffende Schrift und ihren Verfasser annimmt, als verhüllte *laesio* (Verletzung, Schmähung) begreifen. Auffällig sind hier P. im ersten Sinne, die sich nicht selbst als P. ausweisen, sondern sich in ihrem Titel gegen eine andere Publikation richten, die dann als P. bezeichnet wird, obwohl auch diese Schrift sich wiederum nicht P. nennt.[8] Zugleich läßt sich die mit diesem Verdikt verbundene Disqualifizierung des Pamphletisten mit dem schwindenden Ansehen der Rhetorik im 18. Jh. verbinden, insofern der Pamphletist in die unverdächtigte Rolle des bezahlten Rhetors schlüpft, der es mit der Wahrheit nicht so genau nimmt.[9] Denn beim P. im Sinne der polemisch-satirischen Kampfschrift handelt es sich oft weniger um Tatsachen oder sachliche Argumente als in erster Linie um die Erregung der Affekte und somit um den Mißbrauch des Kernstücks der Rhetorik, der *elocutio*, die die Hauptwaffe des Pamphletismus ist. Dazu kommen auf argumentativer Ebene eristische Taktiken jeder Art.

B.I. *16.–17. Jh.* Nach der Verbreitung der Buchdruckkunst findet der Begriff ‹P.› im frühen 16. Jh. vorerst nur im Englischen als Bezeichnung für eine Druckschrift geringen Umfangs Eingang. Bald setzt sich im weiten Feld kleinerer Druckschriften der Begriff in der mehr spezifischen Bedeutung eines ‹Libell› (Büchleins) durch, in dem zu aktuellen politischen, militärischen, religiösen, sozialen, ökonomischen und kulturellen Ereignissen und

Entwicklungen in polemischer Weise Stellung bezogen wird, wobei Mißstände und ihre Urheber attackiert werden. Zugleich können in P. freilich auch vollkommen andere Stoffe und Themen auftauchen – unterhaltsame, rein fiktionale Erzählungen und Verse, neue Erfindungen und Entdeckungen, philosophische Reflexionen, sensationelle Kriminalfälle, Hinrichtungen, Naturkatastrophen oder -wunder, untertänige Bittschriften und umsichtige Adressen, offizielle Bekanntmachungen und Verordnungen, zuletzt alles, worüber sich schreiben läßt. [10] Indessen dominiert die Tagespolitik im weitesten Sinne das P., wobei sich diese Form der Druckschrift neben dem Flugblatt als Medium der tagespolitischen Auseinandersetzung anbietet.

Als Grund dafür lassen sich zum einen die relativ niedrigen Produktionskosten angeben; oft umfaßt ein P. nur ein oder zwei Bögen. Daneben besitzen P. einen hohen Zirkulationsgrad und somit die Möglichkeit, eine verhältnismäßig breite Öffentlichkeit zu erreichen. Sie werden bis zum 18. Jh. überwiegend von ambulanten Händlern von Tür zu Tür verkauft, auf Marktplätzen vertrieben, dabei vielfach vorgelesen oder zumindest öffentlich angepriesen. P. sind außerdem relativ billig, obwohl für die unteren Schichten zunächst noch unerschwinglich und von ihrer Preislage eher an die mittleren und höheren Klassen gerichtet, bis der Papierpreis durch die Verwendung von Holz als Grundstoff im 19. Jh. erheblich sinkt. Auch bieten P. die Gelegenheit, anonym zu agieren und vor möglichen Gegenmaßnahmen relativ geschützt eine Meinung äußern zu können, da die Verteilung über den ambulanten Handel schwieriger durchschaubar ist als der Vertrieb im Buchladen. Daß dieser Schutz nur beschränkt wirkt, zeigen viele Fälle, in denen eine aktive Fahndung zur Verhaftung und oft schweren Bestrafung führt, wenn Autoritäten allzusehr herausgefordert werden. Das Erscheinen von P. als Kommunikationsmittel der Tagespolitik bedarf daher auch eines gewissen Handlungsspielraums, einer relativen Meinungsfreiheit und nachlassenden Zensur. Darüber hinaus erfordert es eine sozialpolitische Konstellation, in der breitere Schichten sich am politischen Prozeß beteiligen, wie in Mitteleuropa in der Reformationszeit, in den Niederlanden während des Achtzigjährigen Kriegs gegen die spanische Bevormundung, im 16.–17. Jh. auf den britischen Inseln während der Epoche von Commonwealth und Restauration sowie in Frankreich in der Zeit des Fronde-Aufstandes (wo P. unter der Bezeichnung *mazarinade* erschienen, abgeleitet vom Eigennamen des Premierministers MAZARIN, gegen den sich die Fronde richtete).

Die Anonymität der Produzenten vieler P. hat aber noch einen anderen Grund: P. sind nicht nur oft Schmähschriften gegen andere, sondern es gilt schon seit dem 16. Jh. als schmählich, Verfasser, Drucker, Verteiler von oder Händler von P. zu sein. So betrachtet T. BODLEY, Begründer der Bodleian Library in Oxford, um 1600 P. ausdrücklich als Schriften, die es nicht wert sind, von seiner Bibliothek aufbewahrt zu werden, ja sogar dem Ruf der Bibliothek zu schaden drohen, weil es sich um ‹baggage bookes› handle. [11] *Baggage* ist in diesem Verdikt sowohl als Gepäck oder tragbarer Besitz zu begreifen wie auch im Sinne von «wertlos», «minderwertig» und «miserabel» zu verstehen. In Bodleys Zeit ist *baggage* als Adjektiv im pejorativen Sinne eine geschlechtsspezifische Qualifizierung für Frauen, die in ihrer Lebensführung oder in ihrem Sprachgebrauch durch Promiskuität auffallen. Als Substantiv ist das Wort synonym mit ‹Dirne›, ‹Hure›, ‹Schlampe›, ‹Luder›, ‹Aas›. Damit werden einige semantische Koordinaten benannt, die als konnotative Bedeutungen im Gebrauch der Bezeichnung ‹P.› dem Begriff eine pejorative Färbung verleihen, die oftmals zu seiner Hauptbedeutung wird: P. als Textsorte oder Publikationsform, in der keine großen Themen aufgegriffen werden, keine inhaltliche Qualität angestrebt wird; P. als Straßenliteratur, in der Quantität über Qualität geht, nur auf flüchtige Aktualität in einer unaufrichtigen, tendenziösen, oft niederträchtigen und auf unmittelbare Wirkung bedachten Weise gezielt wird; P. als Erscheinung der ‹niederen› Öffentlichkeit des Marktplatzes und der Straße; P. als eine mit zwielichtigen, hinterhältigen Motiven, manchmal mit primär kommerziellen Interessen verbundene Publikationsform. Die Verwendung von P. in diesem Sinne kommt einem Verdikt gleich, der ebenfalls die Urheber des P., die *pamphleteers*, die ‹Pamphletisten› trifft.

II. *18. Jh. bis Gegenwart.* Während schon im 17. Jh. auf dem europäischen Festland manchmal auf die englische Bezeichnung ‹P.› hingewiesen wird, z.B. bereits 1653 im Französischen, findet P. erst im Laufe des 18. Jh. – zunächst in der Bedeutung einer kleinen Druckschrift – auch Verbreitung auf dem Kontinent, zuerst im Französischen (1705), in den folgenden Jahrzehnten auch in anderen Sprachen, u.a. im Deutschen (1760) und Niederländischen (1790). Gemeinsam mit dem erst 1718 gebildeten Begriff ‹Broschüre› verdrängt ‹P.› in diesen Spra-

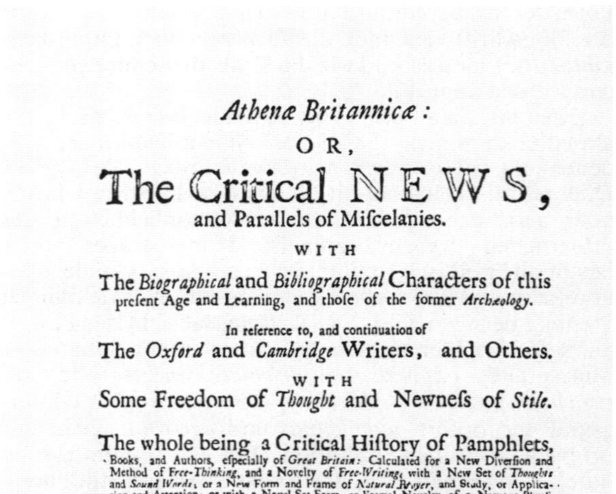

Athenæ Britannicæ:
OR,
The Critical NEWS,
and Parallels of Miſcelanies.
WITH
The *Biographical* and *Bibliographical* Characters of this preſent Age and Learning, and thoſe of the former *Archæology*.
In reference to, and continuation of
The *Oxford* and *Cambridge* Writers, and Others.
WITH
Some Freedom of *Thought* and Newneſs of *Stile*.
The whole being a Critical Hiſtory of Pamphlets, Books, and Authors, eſpecially of *Great Britain*: Calculated for a New Diverſion and Method of *Free-Thinking*, and a Novelty of *Free-Writing*, with a New Set of *Thoughts* and *Sound Words*; or a New Form and Frame of *Natural Prayer*, and Study, or Application and Attention; or with a Novel Set-Form, or Formal Novelty of a Nervous Phraſe and a Studyed Expreſſion, as well as with an uncommon *Command* of Thoughts and Words. For proving, or approving or reproving of ſome, and Improving of others.
Vol. IV.
By the Author of the Three Firſt Volumes of the *Athenæ Britannicæ*. All the Four Volumes being the Laborious Collections and Learned *Readings* of MYLES DAVIES, late of *Trerabbat*, in the County of *Flint*, Counſellour at Law, Eſq;
Sold only by the ſaid Author *Myles Davies*, at the Corner of *Little Queen-Street*, *Holbourn*.

Abb. 1: Titelblatt einer Geschichte des Pamphlets aus dem frühen 18. Jh. (Myles Davies: Athenae Britannicae [1716–1719], vol. IV; sel., with an introd., by R. George Thomas. – Millwood, N. Y.: Kraus Reprint, 1975).

chen ältere Parallelbegriffe wie *opusculum*, ‹Traktat›, ‹Flugschrift›, ‹Libell› und ‹Blaubüchlein›. Dagegen findet P. beispielsweise im Italienischen keine Aufnahme; dort behaupten sich die älteren Begriffe *opuscolo* und *libello*.

Im Englischen und insbesondere auch im Niederländischen hat sich der weitgehend wertneutrale, nur an einer bestimmten Größe und am Umfang einer Schrift orientierte Pamphletbegriff bis auf den heutigen Tag gehalten, nicht zuletzt weil ‹P.› dort seit der Mitte des 19. Jh. als bibliothekarische Ordnungskategorie Anwendung findet. Lehnte Bodley die bibliothekarische Sammlung von P. noch strikt ab, so läßt sich schon ein Jahrhundert später eine zunehmende Sammeltätigkeit durch Privatpersonen wie S. Pepys und von öffentlichen Bibliotheken verzeichnen, die in England besonders in der Harleian Library und in der 1753 gegründeten Bibliothek des British Museum ausgeprägt ist und dort bald Hunderttausende von kleinen Druckschriften umfaßt, die von S. Johnson in einem dem Katalog dieser Schriften vorangestellten Essay ‹On the Origin and Importance of Small Tracts and Fugitive Pieces› als unverzichtbare Quelle jeden Historikers angepriesen werden: «From Pamphlets [...] is to be learned the Progress of every debate [...].» [12] (Von *Pamphleten* kann der *Fortschritt* jeder Debatte gelernt werden.) In diesem Sinne werden die anwachsenden P.-Sammlungen im 18. und 19. Jh. wiederum durch voluminöse P.-Kataloge erschlossen. Zu nennen ist hier namentlich eine Reihe großer niederländischer P.-Kataloge, die kleinere Druckschriften des 16. bis 18. Jh. sammeln, nicht zuletzt auch als Quellensammlungen für die Rekonstruktion der niederländischen Nationalgeschichte, in welcher gerade die Zeit des durch solche Druckschriften dokumentierten Aufstands gegen die Spanier im 16./17. Jh. als glanzvoller, ja «goldener»Höhepunkt gilt. [13] Die weit verbreitete Annahme, daß P. habe insbesondere in diesem Zeitraum in den Niederlanden eine Hochkonjunktur erlebt, kann maßgeblich dieser nachträglichen Sammeltätigkeit zugeschrieben werden, die mehrere Zehntausende von kleinen Druckschriften zusammenbrachte, so daß sie gerade durch die Aufnahme in diese Kataloge im nachhinein zu P. avancierten. Während ‹P.› historisch für eigenständige Publikationen verwendet wird, zeichnet sich bis zur Gegenwart im Anschluß an den positiven Pamphletbegriff englischer und niederländischer Bibliothekare die Tendenz ab, sogar halboffizielle und wissenschaftliche Reihen kleinformatiger Schriften als P.-Serien zu präsentieren. [14]

Parallel zur wertneutralen und positiv konnotierten Bedeutung von P. im Sinne einer kleinen Druckschrift wird im späten 18. Jh. auch die zweite Bedeutung von P. – als Libell und Schmähschrift – auf dem Kontinent, zunächst 1778 von Diderot, übernommen. Dabei wird dem P. zwar eine polemisch-satirische Stoßrichtung zugeschrieben, eben diese Tendenz aber nicht zum Anlaß eines Verdikts genommen. Ein solches Verständnis des P. wird bereits 1715 vom englischen Pamphletisten M. Davies in einer der ältesten, unter dem Namen «A Gentleman of the Inns of the Court»anonym veröffentlichten Geschichten des P.: ‹Icon Libellorum, or a Critical History of Pamphlets›, vorbereitet. Hauptbedeutung ist P. darin ‹Libell›, das – wie P. – zugleich kleines Büchlein und Schmähschrift bedeutet. P. als Schmähschriften sind für Davies unterdessen keine zweitrangige Schriften, sondern vielmehr artikuliert sich im P. das «Genius of the Age» [15], das Genie der Zeit in all seinen Aspekten. Damit wird ein neues Verständnis von P. vorbereitet, das sich am Vorabend der Französischen Revolution in Frankreich und auch in anderen Ländern durchsetzt, wobei der agitatorische Pamphletbegriff erweitert wird. ‹P.› bezeichnet nunmehr im Anschluß an die ältere Tradition der Satire eine satirische Kampfschrift, in welcher ein Autor mit hohen Idealen sich gegen etablierte Autoritäten und vorherrschende Meinungen richtet und diese Ideale darzulegen sucht. Wichtig ist hier, daß nun allmählich P. als selbstgewählte Titelbezeichnung Eingang findet. Die Bezeichnung entwickelt sich zu einem produktiven Gattungsbegriff, der ein Genre zwischen Polemik und Satire bezeichnet. Durch die P.-Kataloge mit einer Vorgeschichte versehen, wird es nicht mehr (ausschließlich) durch seinen Umfang definiert, sondern primär, wie M. Angenot ausführt, durch eine bestimmte Schreibweise, *la parole pamphlétaire*, die pamphletistische Rede. Insofern diese Schreibweise sich in ideologischen Schriften jeder Art manifestieren kann, führt dies zu einer neuartigen Ausweitung und Aufweichung des Pamphletbegriffs, die T. Tzara bereits 1920 zur These verleitet: «Il n'y a que deux genres le poème et le pamphlet». (Es gibt nur zwei Gattungen, das Gedicht und das P.) [16]

Anmerkungen:
1 F.G. Becker: Pamphilus. Prolegomena zum ‹Pamphilus (de amore)› und krit. Textausg. (1972). – **2** H. Van der Hoeven: Verzamelaars en pamfletten, in: W.P.C Knuttel: Catalogus van de pamfletten-verzameling berustende in de Koninklijke Bibliotheek, T. 1 (Utrecht 1978²) IX – **3** S. Johnson: A Dictionary of the English Language, T.2 (London 1755) o.S. – **4** vgl. Van der Hoeven [2] XIV-XVI. – **5** vgl. M. Hunink et al.: Alphabetical Catalogue of the Books and Pamphlets of the International Institute of Social History Amsterdam (Boston, Mass. 1970) – **6** vgl. L. Shepard: The History of Street Literature (Newton Abbot 1973). – **7** vgl. M. Angenot: La Parole pamphlétaire Contribution sur la typologie des discours modernes (Paris 1982). – **8** vgl. M. Tindall: The Nation Vindicated from the Aspersions Cast on it in a Late Pamphlet, Intitled, A Representation of the Present State of Religion ... (London 1711–1712); S. Daniel: A Defence of Ryme Against a Pamphlet entituled: Observations in the Art of English Poesie, 1603 (Edinburgh 1966). – **9** vgl. zur Rednerethik C. Ottmers: Rhet. (1996) 29. – **10** J.F. van Someren: Pamfletten, niet voorkomende ... in andere openbare Nederlandsche Bibliotheken, T. 1 (Utrecht 1915) V. – **11** A. Halasz: The Marketplace of Print. Pamphlets and The Public Sphere in Early Modern England (Cambridge 1997) 1. – **12** zit. Shepard [6] 26; vgl. W. Oldys: The Harleian miscellany, or A collection of scarce, curious, and entertaining pamphlets and tracts ... found in the Earl of Oxford's library ... (London 1744–1746). – **13** vgl. P.A. Tiele: Bibliotheek van Nederlandsche pamfletten. ... (Amsterdam 1858–1861); J.K. van der Wulp: Catalogus van de tractaten, pamfletten, enz. over de geschiedenis van Nederland ... (Amsterdam 1866–1868); L.D. Petit: Bibliotheek van Nederlandsche pamfletten. ... (Den Haag/Leiden 1882–1934); W.P.C Knuttel: Catalogus van de pamfletten-verzameling berustende in de Koninklijke Bibliotheek (Den Haag 1890–1920); Van Someren [10]. – **14** vgl. Board of Education (Hg.): Educational Pamphlets (London 1908ff.); Oxford Pamphlets on World Affairs (Oxford 1939–1945) Nr. 1–72; International Monetary Fund (Hg.): Pamphlet Series (Washington D.C. 1954ff.); Princeton pamphlets (Princeton, N.J, 1966ff.). – **15** zit. Shepard [6] 25, vgl. Van der Hoeven [2] VIII. – **16** zit. Angenot [7] 62.

Literaturhinweise:
P.L. Courier: P. des pamphlets (Paris 1824). – P.J Blok: Wat is een pamflet?, in: Het Boek 5 (1916) 305–310. – D.J.H. ter Horst: Over het begrip ‹pamflet›, in: Bibliotheekleven 17 (1932) 16. – G. Orwell, R. Reginald (Hg.): British Pamphleteers (London 1948–1951). – D.V. Welsh: A Checklist of French Political Pamphlets 1560–1644 in the Newberry Library (Chicago 1950) –

D. V. Welsh: A Second Checklist ... (Chicago 1955). – P. A. M. Geurts: De Nederlandse opstand in de pamfletten, 1566–1584 (Nijmegen 1956). – O. Giraldo: Van pamflet en traktaat tot vlugschrift: een oud probleem opnieuw belicht, in: Handelingen van het 26e Vlaamse filologencongres (1967), 536–546. – R. O. Lindsay, J. Neu: French Political Pamphlets 1547–1648. A Catalogue of Major Collections in American Libraries (Madison/London 1969). – L. Fischer: Die Lutherischen P. gegen T. Müntzer (1976). – M. Angenot (Hg.): Le Pamphlet, in: Études littéraires 11 (1978) 2. – H. Duccini: Regard sur la literature pamphlétaire en France au XVII⁰ siècle, in: Revue Historique 260 (1978), 313–340. – R. Aulotte: Le Pamphlet en France au XVI⁰ siècle (Paris 1983). – M. A. Pegg: A Catalogue of German Reformation Pamphlets (1516–1550) in Swiss Libraries (1983). – A. E. van Puffelen: Aernout van Geluwe, disputant en pamflettist. Disputatie, pamflet en taalgebruik ... (Den Haag 1984). – P. A. Russell: Lay Theology in the Reformation. Popular Pamphleteers in Southwest Germany, 1521–1525 (Cambridge 1986). – C. Harline: Pamphlets, Printing and Political Culture in the Early Dutch Republic (Dordrecht 1987). – K.-H. Walker: Typologische und terminologische Unters. zur frz. Pamphletlit. des frühen 17. Jh. (1987). – J. K. Sawyer: Printed Poison. Pamphlet Propaganda, Faction Politics, and the Public Sphere in Early Seventheenth-Century France (Berkeley, CA 1990). – P. J. Verkruijsse: ‹Dien langen Duyvel van Nieukoop›. Twee pamfletten uit 1651 (Noorden 1998).

H. van den Berg

→ Agitation → Demagogie → Flugblatt, Flugschrift → Invektive → Manifest → Pasquill → Polemik → Presse → Propaganda

Panegyrik (griech. πανηγυρικὸς λόγος, panēgyrikós lógos; lat. panegyricus; engl. panegyric; frz. panégyrique; ital. panegirico)

A. Der äußerst facettenreiche Sammelbegriff ‹P.› geht auf das griechische Adjektiv πανηγυρικός, panēgyrikós zurück und bedeutet ‹zur Festversammlung gehörig› sowie auch ‹prahlend, feierlich›. Damit besitzt dieser Terminus anfangs eine inhaltliche Offenheit, die im Laufe des 4. Jh. v.Chr. immer mehr im Sinne einer Lob- und Prunkrede (πανηγυρικὸς λόγος, panēgyrikós lógos) eingegrenzt wird, obgleich der ‹Panegyricus› des ISOKRATES 380 v.Chr. während der Olympischen Spiele noch als 'bloße' Rede vor einer Festversammlung (πανήγυρις, panēgyris) zu verstehen ist.[1] P. behält aber einiges an Offenheit, denn der Terminus ist nicht a priori auf den Vortrag einer Rede zu beschränken. Panegyrische Elemente begegnen uns in verschiedenen Epen wie in VERGILS ‹Aeneis› auf Augustus [2] oder in der ‹Austrias› BARTOLINIS zu Beginn des 16. Jh. auf Kaiser Maximilian I. [3] P. enthält auch die ‹Historia Augusta›, eine Sammlung von Biographien römischer Kaiser von Hadrian bis Numerianus (117–285 n.Chr.).[4] Man findet panegyrische Elemente in der Geschichtsschreibung [5], so in dem Geschichtswerk des spätantiken Historikers AMMIANUS MARCELLINUS.[6] Auch die Dichtung neben der hohen Form des Epos ist nicht frei von P. Erinnert sei an HORAZ, MARTIAL oder P. OPTATIANUS PORFYRIUS oder an verschiedene, zum Teil unbekannte Dichter des Mittelalters.[7]

Erklärbar ist die scheinbare Omnipräsenz der P., die gleichsam in alle literarischen Genera infiltriert zu sein scheint und die eine klare Definition und Abgrenzung schwierig werden läßt, durch die Dominanz der Rhetorik in der antiken, mittelalterlichen und auch noch neuzeitlichen Erziehung. Die Kunst, reden zu können, erreicht oft ihren Höhepunkt darin, eine interessante Lob- oder Prunkrede, nicht selten auf den Herrscher, zu halten. Der spätantike Panegyriker EUMENIUS informiert uns in einer Rede aus dem Jahr 298 über den herausragenden Nutzen der Beredsamkeit, der in dem Lob kaiserlicher Taten bestehe.[8] Somit treten die beiden anderen Gattungen der Rhetorik, die Gerichtsrede (*genus iudiciale* / γένος δικανικόν, génos dikanikón) und die beratende Rede (*genus deliberativum*, γένος συμβουλευτικόν, génos symbuleutikón) gegenüber der Lob- und Prunkrede (*genus demonstrativum* / γένος ἐπιδεικτικόν, génos epideiktikón) zurück.[9] P. und ἐπίδειξις, epídeixis sind demnach komplementäre Begriffe, wobei Curtius zu Recht auf eine Nuancierung hingewiesen hat: Der Begriff ἐπίδειξις betont eher den Prunkcharakter, wohingegen πανηγυρικός den äußeren Rahmen und den Anlaß einer Versammlung unterstreicht.[10]

Wichtige Elemente der epideiktischen Beredsamkeit und damit auch Inhalt eines panegyrischen Werkes oder Vortrages sind für die antiken Theoretiker Lob und Tadel eines Gegenstandes oder eines Menschen.[11] Dabei soll der Zuhörer vor allem Vergnügen haben, wenn er schon durch die Rede wenig oder gar keine Information erhält.[12] Bei MENANDER RHETOR, der wohl im 3. Jh. Redelehrer und Redner war, finden wir in dessen erstem Traktat zur epideiktischen Beredsamkeit eine Einteilung der Lobreden. Einerseits ist es möglich, Götter zu loben, so daß hier der Terminus ‹Hymnus› verwendet wird, andererseits sind sterbliche Dinge wie Städte, Länder oder Lebewesen Themen des Lobes.[13] In diesem Zusammenhang verwendet Menander für Lob den Begriff ἔπαινος, épainos [14], aber auch einige Zeilen später für die Gattung der Lobreden ἐγκώμια, enkómia.[15] Die Differenzierung zwischen Epainos und Enkomion geht auf ARISTOTELES zurück. Während der Epainos als Art der Lobrede die Tugenden vor Augen stellt und die Taten diesen zuordnet, stehen im Enkomion die Leistungen der zu lobenden Person im Zentrum.[16] Leistungen, Taten und Tugenden sind aber auch unverzichtbare Bestandteile panegyrischer Reden und Schriften. Enkomiastische Elemente prägen somit die P. entscheidend mit.

Epideiktische Beredsamkeit war eine Domäne des griechischsprachigen Ostens bis in die byzantinische Zeit hinein.[17] Die römische Republik war abgesehen von der *laudatio funebris* [18] mit diesem Genus der Rhetorik wenig vertraut, nicht zuletzt fehlt ein entsprechendes terminologisches Äquivalent. Auch der Begriff *panegyricus* kann diese Entsprechung nicht leisten, denn im Laufe der Kaiserzeit degeneriert dieser Terminus zur vorherrschenden Lobpreisung des amtierenden Herrschers.[19] Das Synonym ist nun *laudatio*.[20] Obwohl der vorrangige Adressat von Panegyriken in der römischen Kaiserzeit der Kaiser selbst ist, existieren auch panegyrische Werke auf andere Persönlichkeiten. So ist uns im ‹Corpus Tibullianum› ein Lobgedicht auf einen gewissen Messalla aus dem 1. Jh. v.Chr. oder die schwer zu datierende ‹Laus Pisonis› eines Anonymus aus späterer Zeit erhalten.

Auch die epideiktische Beredsamkeit in ihrem Facettenreichtum ging während der Kaiserzeit nicht gänzlich verloren, wenn man an die zahlreichen Werke eines LUKIAN, vor allem an das berühmte ‹Muscae encomium› (Lob der Fliege) aus dem 2. Jh. denkt oder an die griechischen Lobreden des AELIUS ARISTIDES auf Städte, insbesondere Rom und Athen. Viele epideiktische und panegyrische Werke werden in dieser Zeit oft zu inhaltsleeren Vortrags- und Unterhaltungsreden, oder sie werden zu Übungszwecken im Schulunterricht [21] instrumentalisiert. Ein unmittelbarer, zwingender äußerer oder offizieller Anlaß für eine Prunkrede ist nicht immer zweifelsfrei auszumachen. Da der Kaiser in das Zentrum der P. tritt, ist es nur folgerichtig, daß Menander Rhetor zu Beginn seines zweiten Traktates Ausführungen zu einer Lobrede auf einen Herrscher im Rahmen eines βασιλικὸς λόγος, basilikós lógos trifft.[22] Dabei gebraucht er als gattungsspezifischen Begriff erneut das Wort ‹Enkomium›.[23] Wenn man sich die fünf Hauptaufgaben des Redners (inventio: Finden und Sammeln des Materials; dispositio: Gliederung; elocutio: Formulierung und Stil; memoria: Auswendiglernen; pronuntiatio oder actio: Vortrag[24]) vor Augen führt, ist für den kaiserzeitlichen Panegyriker die elocutio von eminenter Bedeutung. Auch der Vortrag der Rede, häufig im Rahmen eines stereotyp ablaufenden Zeremoniells [25], ist wichtig. Die inventio ist dem Panegyriker durch die Fokussierung auf den Herrscher oder den zu Lobenden weitgehend vorgegeben. Ebenso existieren für die dispositio verschiedene Schemata und Topoi. Der Autor der ‹Rhetorica ad Herennium› will Herkunft, Geschlecht, Erziehung, Reichtum, Besitz, Freundschaften, Ämter, aber auch körperliche Eigenschaften wie Schnelligkeit, Kraft, Aussehen, Schönheit und Gesundheit angesprochen wissen. Als Eigenschaften des Geistes sollen vor allem die Tugenden der Weisheit, der Gerechtigkeit, des Mutes und der Mäßigung thematisiert werden.[26] Ähnlich verfährt Menander, wobei aber die Leistungen des Regenten in Kriegs- und Friedenszeiten ins Blickfeld rücken.[27]

Da der Inhalt verschiedener Panegyrici den Zuhörern und Lesern durchaus bekannt war, gewinnen rhetorische Mittel vor allem im Rahmen der elocutio an Bedeutung, um nicht gähnende Langeweile auszulösen. Vordringliche Aufgabe ist es dabei, den Gegenstand oder die zu lobende Person zu steigern und auszuschmücken.[28] Der Fachbegriff ist αὔξησις, aúxēsis bzw. amplificatio.[29] Der Panegyriker hat mehrere Möglichkeiten, dem Auditorium die Größe seines Sujets vor Augen zu führen. Zum einen beteuert er seine Unfähigkeit, der zu lobenden Person mit seinen geringen sprachlichen und rhetorischen Fähigkeiten gerecht zu werden.[30] Insbesondere einen Herrscher kann man selten angemessen würdigen.[31] Zum anderen bietet es sich an, die zu lobende Person mit anderen zu vergleichen. Dabei existieren prinzipiell zwei Vorgehensweisen: Entweder wird für die Synkrisis eine herausragende Persönlichkeit [32] oder eine schlechte Person gewählt.[33] In beiden Fällen gereicht der Vergleich zum Lob. In diesem Zusammenhang erlangt die Nennung eines Namens häufig den Charakter eines Beispiels (παράδειγμα, parádeigma / exemplum).[34] Wichtig für die panegyrischen Werke sind vor allem die exempla virtutis.[35] Abgesehen von der amplificatio beinhalten diese auch einen paraenetischen Gesichtspunkt, denn der zu Lobende soll den Vorgaben des exemplum gerecht werden. Damit rückt P. in die Nähe von Fürstenspiegeln, wie sie etwa von SENECA, DION CHRYSOSTOMOS oder von MACHIAVELLI vorliegen. So will der Panegyricus des PLINIUS auf Trajan aus dem Jahr 100 ein Fürstenspiegel für zukünftige Regenten sein.[36] P. ist im zeremoniellen Rahmen zudem Bestätigung des anwesenden Herrschers in seiner Funktion, besitzt also affirmativen Charakter[37], ist aber auch gleichzeitig Medium, um Bitten, Wünsche und weitere Anliegen vorzutragen.[38]

P. als bloße Lobhudelei und inhaltsleere Rhetorik abzutun, obwohl zahlreiche Panegyrici (wohl mit Recht) nicht überliefert wurden, ist dem Begriff nicht angemessen, insbesondere wenn man an den feierlichen Rahmen denkt, in dem der Regent nicht selten als vergöttlichter Herrscher apostrophiert wird. Deshalb ist der panegyrische Vortrag eines ausgesprochenen Dilettanten undenkbar. Abgesehen von den ‹echten› Panegyriken wird es eine Unmenge schulischer Produkte gegeben haben, die vielleicht zum Glück die Mauern des Schulgebäudes nie verlassen haben, denn auch das Handwerk eines Panegyrikers galt es zu erlernen, falls P. nicht a priori eine Schulübung blieb.[39]

B. *Geschichte.* **I.** *Antike.* Der folgende Abriß kann nur skizzenhaft und unvollständig sein, da – wie bereits angedeutet – P. in zahlreichen verschiedenen literarischen und rhetorischen Genera zu finden ist. P. reicht vermutlich bis in die Anfänge der Menschheitsgeschichte zurück, zumindest seit Menschen begannen, sich in Hymnen oder Invokationen an überirdische Wesen und Götter zu wenden. Vieles bleibt hier natürlich auf Grund fehlender Schriftlichkeit spekulativ. Erste Wörter, die mit P. in Verbindung zu bringen sind, liegen uns auf Inschriften, insbesondere Weihinschriften, vor. So haben wir etwa aus der Zeit des ägyptischen Pharao Amenophis IV. Echnaton (14. Jh. v.Chr.) inschriftlich einen Hymnus auf den Sonnengott Aton.[40] Im Buch Exodus des AT ist uns das Meereslied des Moses und der Israeliten nach ihrem Auszug aus Ägypten (vermutlich im 13. Jh. v.Chr.) zum Lob ihres Gottes Jahwe erhalten.[41] Dieser wird entsprechend der damaligen Situation nach der Vernichtung der Ägypter vor allem als Kriegsheld stilisiert. [42] Auch in späterer Zeit ist der Erfolg im Krieg ein wichtiges Thema für P.[43] Erfolg, auch auf anderen Gebieten, ist häufig Anlaß für P., wenn man beispielsweise an die Epinikia (Siegeslieder) der Griechen PINDAR, SIMONIDES oder BAKCHYLIDES (6./5. Jh. v.Chr.) denkt. Gefeiert werden in diesen Epinikien die Sieger in verschiedenen Sportdisziplinen der panhellenischen Spiele, von denen die in Olympia die bekanntesten sind.

Der erste, der politisch bedeutsame Zeitgenossen in das Zentrum panegyrischer Verherrlichung stellt, ist der bereits erwähnte Isokrates mit seiner posthum verfaßten Lobrede auf Euagoras von Salamis aus dem Jahr 374 oder 373 v. Chr.[44] Ebenso verfährt einige Jahre später der Historiker XENOPHON mit einem Enkomion auf den spartanischen König Agesilaos.[45] P. konzentriert sich somit in einer Form auf den Herrscher, in griechischer und hellenistischer Zeit auf Könige oder Tyrannen und in späterer Zeit auf den römischen Kaiser. Herausragendes Medium werden neben den Lobgedichten die eigentlichen Lobreden. Höhepunkt griechischer P. ist dabei allerdings erst die Spätantike, in der vor allem THEMISTIOS mit seinen zahlreichen Lobreden auf die Kaiser Constantius II., Valens, Gratian und besonders auf Theodosius I. herausragt. Erhalten sind neben der Rede des EUSEBIOS auf Konstantin die Panegyrici des LIBANIOS auf Constantius II. und Julian. Der letztgenannte Kaiser versuchte sich dabei während seiner Zeit als Caesar (nach 355) sogar selbst als Panegyriker, womit erneut angedeutet ist, daß P. zu Ehren des Herrschers eine bedeutsame Angelegenheit war. Im oströmisch-byzantinischen Reich setzt sich die Tradition der P. für den Herrscher fort, wie z.B. die Rede des PROKOP für Anastasius aus dem Jahr 501 beweist.

Mit der Sammlung der ‹Panegyrici Latini› haben wir ein Corpus lateinischer Lobreden, das so in griechischer Sprache unbekannt ist. Hier sind Panegyrici zusammengestellt, von denen elf aus der Spätantike stammen (289–

389). Ihnen ist die Danksagung (*gratiarum actio*) von Plinius d.J. für die Verleihung des Konsulats durch Trajan im Jahr 100 schon in der Antike als Muster vorangestellt worden. Deshalb ist es gut vorstellbar, daß das Corpus bereits in der Antike aus didaktischen Erwägungen heraus in der Rhetorenschule eingesetzt wurde, um den Schülern beispielhafte Lobreden vor Augen zu führen. Uns sind nicht alle Redner namentlich bekannt. Nach ihrer Wiederentdeckung im 15. Jh. war die Sammlung bis in das 18. Jh. als Vorbild für vergleichbare Reden an verschiedenen Höfen in Europa beliebt[46], wenn auch GOTTSCHED sie in seiner ‹Redekunst› von 1736 auf Grund ihres hochtrabenden und schwülstigen Stils nicht sonderlich gut beurteilte.[47] Inwiefern die uns erhaltenen Panegyrici tatsächlich so gehalten wurden, wie wir sie lesen können, erscheint doch sehr fraglich. Insbesondere die Rede des Plinius ist im nachhinein stark überarbeitet und ausgeweitet worden.[48] Dies wird wohl auch für einen Großteil anderer panegyrischer Werke gelten, die den zu Lobenden unter Umständen später schriftlich dediziert wurden. So wird der Panegyricus des ENNODIUS auf den Ostgotenkönig Theoderich den Großen zu Beginn des 6. Jh. nie vor einem Auditorium gehalten worden sein. Aus der Spätantike bzw. dem frühen Mittelalter sind uns Panegyriken von SYMMACHUS, AUSONIUS, CLAUDIUS CLAUDIANUS, Fragmente von FLAVIUS MEROBAUDES und gegen Ende des Weströmischen Reiches von SIDONIUS APOLLINARIS bekannt. Zu dieser Zeit wählt der Dichter CORIPPUS zur Huldigung eines Feldherrn Justinians (Johannis) und für Justin II. die Form des Epos.[49] Für das 6. Jh. sind uns außerdem panegyrische Werke von PRISCIAN, CASSIODOR und VENANTIUS FORTUNATUS bekannt.

II. *Mittelalter und Neuzeit.* Da im Mittelalter und der frühen Neuzeit die Funktionen und die rhetorischen Stilmittel der P. im wesentlichen dieselben sind wie in der Antike, wie z.B. ein Blick in die Abhandlungen von GOTTSCHED und HALLBAUER aus dem 18. Jh. beweist[50], genügen hier einige Bemerkungen. Die Sprache der P. bleibt (neben dem Griechischen) lange Zeit das Lateinische, so daß Anliegen und Unterhaltungswert von P. nur einem exklusiven Kreis von Gebildeten erschlossen wurden. Von daher ist es nicht gerechtfertigt, in P. das Medium politischer Propaganda im größeren Stil zu sehen. Dies ändert sich erst sehr viel später, im Zeitalter der Medien, also vor allem im 20. Jh. Latein als Sprache von P. zu wählen, erleichtert es dem Verfasser, seine klassische Bildung mit Rückgriffen auf antike Autoren in Form von Zitaten oder inhaltlichen Anleihen unter Beweis zu stellen. So verfährt beispielsweise der Anonymus in seinen ‹Gesta Berengarii imperatoris›, in denen Aspekte der Herrschaft des karolingischen Kaisers Berengar I. (ca. 850–924) betrachtet werden.[51] Ähnlich geht auch der sog. ARCHIPOETA in einem Hymnus auf Kaiser Friedrich Barbarossa vor, indem er an Cicero oder an Augustus erinnert. In seinem Werk orientiert der Dichter sich an den Vorgaben, die Menander Rhetor formuliert hat. Der vorbildliche Herrscher erweist seine Tugenden sowohl im Krieg als auch im Frieden. Vergleiche mit anderen Herrschern gereichen Barbarossa zum Lob.[52] Zeitgenössische Herrscherdarstellungen, insbesondere die Biographie, unterliegen allzuoft der P. So erhält man aus der Vita Karls des Großen von EINHARD aus der ersten Hälfte des 9. Jh. ein sehr positives Bild.[53] Der Karolinger wird zum *exemplum* und Maßstab nachfolgender Regenten. P. bietet somit seit ihren Anfängen die Möglichkeit, Idealvorstellungen zu vermitteln, wenn auch Autoren wie ISIDOR oder ERASMUS, der selbst im Jahr 1504 einen Panegyricus auf Philipp den Schönen verfaßte, hierbei ihre ‚Bauchschmerzen‘ artikulieren.[54] Von Erasmus ist ebenfalls das ‹Lob der Torheit› (Encomion morias seu laus stultitiae, 1509) in klassischer Tradition der Epideixis bekannt.[55] Abgesehen von P. in lateinischer Sprache besitzen wir mit zunehmender Ausprägung der einzelnen Nationalstaaten poetische und rhetorische Werke in den jeweiligen Muttersprachen. P. wird somit einem größeren Adressatenkreis verständlich, ohne daß dabei allerdings die Vorbildfunktion der Antike für dieses Genre verlorengegangen ist. So empfiehlt der Nürnberger SIGMUND VON BIRKEN in seiner Poetik von 1679 analog zu Menander Rhetor, bei Personen Geburt, Herkunft, Aussehen sowie Tugenden in Krieg und Frieden zu loben. Auch die Synkrisis mit schlechten Herrschern zur Hervorhebung des Lobes findet Erwähnung.[56] Ähnlich verfährt HALLBAUER in seiner ‹Anleitung zur politischen Beredsamkeit› von 1736, indem er auf die Möglichkeiten von *exempla* und der *amplificatio* verweist.[57] GOTTSCHED greift den Rat Menanders auf, in Panegyrici die Wahrheit bisweilen hintanzustellen.[58] Bereits AUGUSTINUS hat auf die Verlogenheit in Lobreden hingewiesen[59], die vor allem in Trauerreden weit verbreitet ist.[60] Allzu grobe Entstellungen der Wahrheit empfehlen sich freilich nicht, denn sie fallen negativ auf.

Das Zeitalter des Barock bietet nicht zuletzt auf Grund der höfischen Kultur gute Voraussetzungen für die P. So haben wir beispielsweise ein Lobgedicht von M. OPITZ auf Wladislaw IV., König von Polen (1644).[61] Gottsched fügt seinen Ausführungen zu den Panegyrici zeitgenössische Beispiele in deutscher Sprache an[62], u.a. eine Lobrede auf den preußischen König Friedrich Wilhelm I. an dessen Geburtstag im Jahr 1714. Panegyrici in französischer Sprache existieren zu Ehren Ludwigs XIV. Orte für P. sind nicht ausschließlich der Hof in Gegenwart des Herrschers, sondern auch Universitäten und Schulen, wo in Abwesenheit des zu Lobenden P. vorgetragen wird.

In der folgenden Zeit verstärkter politischer Demokratisierung verliert P. an Bedeutung, indem Paraenese, Affirmation und auch Petition gegenüber dem zu lobenden Herrscher überflüssig werden. Ausnahmen hiervon sind die adulatorischen Lobeshymnen auf Diktatoren wie Stalin oder Hitler, die gleichzeitig zu Propagandazwecken instrumentalisiert wurden. Damit hat P. eines ihrer ursprünglichsten Anliegen, das *delectare* (Erfreuen) des Zuhörers durch rhetorische Finessen, eingebüßt. Die Frage nach historischer Wirklichkeit und echter Überzeugung des Panegyrikers wird dabei dem Genre der P. nicht gerecht. Bis in unsere Zeit hinein gilt es, durch P. zu unterhalten, denn der Informationsgehalt beispielsweise von Geburtstagsreden oder anderen öffentlichen Lobpreisungen ist sekundär.

Anmerkungen:
1 vgl. K. Ziegler: Art. ‹Panegyrikos›, in: RE XVIII, 2, 2 (1949) 559f. – **2** vgl. E. Norden: Ein Panegyricus auf Augustus in Vergils Aeneis, in: RhM 54 (1899) 466–482. – **3** vgl. S. Füssel: Riccardus Bartholinus Perusinus. Humanistische P. am Hofe Kaiser Maximilians I. (1987) 141–206. – **4** vgl. W. Hartke: Gesch. und Politik im spätantiken Rom. Unters. über die Scriptores Historiae Augustae (1940) 118–128. – **5** so schon Lukian, De historia conscribenda 7–13. – **6** vgl. H. Gärtner: Einige Überlegungen zur kaiserzeitlichen P. und zu Ammians Charakteristik des Kaisers Julian (1968). – **7** vgl. Curtius 164f.; zum MA A. Georgi: Das lat. und dt. Preisgedicht des MA, in der Nachfolge des genus demon-

strativum (1969) bes. 177–183 mit einem Verzeichnis von Lobgedichten. – **8** Panegyrici Latini 5 (9) 10, 2. – **9** vgl. u.a. Arist. Rhet. I, 3, 3. – **10** Curtius 78 Anm. 1. – **11** vgl. Arist. Rhet. I, 3, 3–6; I, 9, 1; Cic. Inv. I, 7; Cic. Part. 70; Quint. III, 4, 3; III, 4, 12; III, 7, 1; Anax. Rhet. 2, 35 (1425b 34f.); Auct. ad Her. III, 6, 10. – **12** vgl. Quint. II, 10, 10. – **13** Menander 331, 18–332, 19. Ähnlich auch Quint. III, 7, 26–28. – **14** Menander 331, 18; 332, 9 und 332, 13. – **15** ebd. 332, 22 und 332, 25. – **16** Arist. Rhet. I, 9, 33. – **17** vgl. generell Th. Burgess: Epideictic Literature, in: Studies in Classical Philology 3 (1902) 89–261, bes. 249–254 mit einer Liste zu Autoren der Epideixis; zu Byzanz L. Previale: Teoria e prassi del panegirico bizantino, in: Emerita 17 (1949) 72–105 und 18 (1950) 340–366. – **18** vgl. Kennedy Rom. 21–23. – **19** vgl. W. Eisenhut: Einf. in die antike Rhet. und ihre Gesch. (⁵1994) 77. – **20** vgl. Martin 204. – **21** vgl. etwa Marrou 253. – **22** Menander 368, 3–377, 30. – **23** ebd. 368, 3. – **24** vgl. neben anderen Eisenhut [19] 31 und 82. – **25** vgl. S.G. MacCormack: Art and Ceremony in Late Antiquity (Berkeley/Los Angeles/London 1981) 1–14. – **26** Auct. ad Her. III, 6, 10. – **27** Menander 372,25–376,23. – **28** vgl. Quint. III, 7, 6. – **29** vgl. W. Plöbst: Die Auxesis (Amplificatio). Stud. zu ihrer Entwicklung und Anwendung (Diss. München 1911); Lausberg Hb. 220–227. – **30** vgl. zum Unsagbarkeitstopos Curtius 168–171. – **31** Menander 368, 8–11; 368, 21–369, 2. – **32** Arist. Rhet. I, 9, 38; Cic. De or. II, 348. – **33** Anax. Rhet. 3, 8f. (1426a 28–35). – **34** vgl. H. Kornhardt: Exemplum. Eine bedeutungsgesch. Studie (1936); B.J. Price: Παράδειγμα and *Exemplum* in Ancient Rhetorical Theory (Diss. Univ. of California, Berkeley 1975). – **35** vgl. Kornhardt [34] 13–24. – **36** Plin. ep. III, 18, 2f. – **37** vgl. MacCormack [25] 9. – **38** vgl. G. Sabbah: De la Rhétorique à la communication politique: les Panégyriques latins, in: BAGB 43 (1984) 378. – **39** vgl. für den Rhetorikunterricht der Neuzeit schon F. Paulsen: Gesch. des gelehrten Unterrichts auf den dt. Schulen und Universitäten vom Ausgang des MA bis zur Gegenwart, Bd. 1 (³1919) u.a. 301 und 423f. – **40** in dt. Übers. zu finden in H.-G. Ferries, E. Kaier, H. Meyer (Hg.): Grundzüge der Geschichte. Oberstufe. Ausgabe B. Hist.-politisches Quellenbuch. Bd. 1 (²1967) 241. – **41** Ex 15, 1–18. – **42** vgl. vor allem Ex 15, 3–10. – **43** vgl. Menander 373, 14–375, 4. – **44** Isokr. Or. 9; dazu V. Buchheit: Unters. zur Theorie des Genos Epideiktikon von Gorgias bis Aristoteles (1960) 64–75. – **45** vgl. D. Krömer: Xenophons Agesilaos. Unters. zur Komposition (1971). – **46** vgl. Ziegler [1] 576f. – **47** vgl. Gottsched Redek. I,73f. – **48** vgl. Plinius ep. III, 18, 1. – **49** vgl. Th. Nissen: Hist. Epos und Panegyrikos in der Spätantike, in: Hermes 75 (1940) 298–325. – **50** vgl. Gottsched Redek. II, 88–95; Halbauer Polit. Bered. 367f. und 453. – **51** vgl. F. Bittner: Stud. zum Herrscherlob in der mlat. Dichtung (1962) 122–124; M. Lawo: Panegyricus Berengarii imperatoris, in: LMA Bd 6 (1993) 1653f. – **52** vgl. J. Rettberg: "Relevat in pristinum gradum rem Romanam". Der Kaiserhymnus des Archipoeta im Unterricht, in: AU 41, H. 4/5 (1998) 68–76, bes. 70–73 sowie die Textbeilage 61–67. – **53** vgl. J. Semmler: Der vorbildliche Herrscher in seinem Jh.: Karl der Große, in: H. Hecker (Hg.): Der Herrscher. Leitbild und Abbild in MA und Renaissance (1990) 43–58. – **54** vgl. R. Düchting: Panegyrik, in: LMA Bd. 6 (1993) 1654; Th. Verweyen: Barockes Herrscherlob. Rhet. Trad., sozialgesch. Aspekte, Gattungsprobleme, in: DU 28, H. 2 (1976) 37. – **55** zum ‹Panegyricus› und ‹Moriae Encomium› des Erasmus R.J. Schoeck: "Going for the Throat". Erasmus' Rhetorical Theory and Practise, in: Plett 49–51. – **56** zit. Verweyen [54] 27 mit Anm. 12. – **57** Hallbauer Polit. Bered. 367. – **58** Gottsched Redek. II, 91; Menander 371, 10–14. – **59** Augustinus, Confessiones VI, 6, 9. – **60** vgl. für die *laudationes funebres* in Rom Kennedy Rom. 23. – **61** vgl. Verweyen [54] 28–31 sowie den Anhang, 38–43. – **62** Gottsched Redek. II, 88–233.

Literaturhinweise:
P.L. Schmidt: Politik und Dichtung in der P. Claudians (1976). – W. Portmann: Gesch. in der spätantiken Panegyrik (1988). – B. Müller-Rettig: Der Panegyricus des Jahres 310 auf Konstantin den Großen. Übers. und hist.-philologischer Kommentar (1990). – P. Zoberman (Hg.): Les panégyriques du roi prononcés dans l'Académie française (Paris 1991). – M. Mause: Die Darst. des Kaisers in der lat. P. (1994). – C.E.V. Nixon, B. Saylor Rodgers: In Praise of Later Roman Emperors. *The Panegyrici Latini*.

Introd., Transl., and Hist. Commentary, with the Latin Text of R.A.B. Mynors (Berkeley/Los Angeles/Oxford 1994). – M. Berggren (Hg.): Andreas Stobaeus. Two Panegyrics in Verse, with Introd., Transl. and Commentary (Uppsala 1994). – Chr. Rohr: Der Theoderich-Panegyricus des Ennodius (1995). – J.J. Kariger: Geist-Weihen. Neue Prägung der F. (London 1997). – K. Heldt: Der vollkommene Regent. Stud. zur panegyrischen Casuallyrik am Beispiel des Dresdner Hofes Augusts des Starken (1997). – M. Whitby (Hg.): The Propaganda of Power. The Role of Panegyric in Late Antiquity (Leiden/Boston/Köln 1998). – B. Merfeld: P. – Paränese – Parodie? Die Einsiedler Gedichte und Herrscherlob in neronischer Zeit (1999).

M. Mause

→ Eloge → Elogium → Enkomion → Epideiktische Beredsamkeit → Festrede → Fürstenspiegel → Gelegenheitsgedicht → Gelegenheitsrede → Herrscherlob → Höfische Rhetorik → Hymne → Laudatio → Lobrede → Tugendkatalog

Parabel (dt. auch Gleichnis, Fabel; griech. παραβολή, parabolé; lat. similitudo, parabola; engl. parable; frz. parabole; ital. parabola)
A. I. Definitorische Aspekte. – II. Bereiche und Disziplinen: 1. Rhetorik, Grammatik, Poetik Hermeneutik. – 2. Jüdisch-christliche Trad. – 3. Moderne Gattungstheorie. – B. Gattungsgeschichte.

A.I. *Definitorische Aspekte.* Mit dem Ausdruck ‹P.› bezeichnet man in einem engeren literaturwissenschaftlichen Sinn eine (literarische) Gattung, in einer etwas weiteren (bes. rhetorikstämmigen) Wortverwendung sodann Vergleiche oder vergleichend-veranschaulichende Ausdrucksformen und schließlich einen Rezeptions- oder Verarbeitungsmodus von Literatur oder Artefakten oder Sachverhalten im allgemeinen (wenn also etwa ein Text oder ein anderes Artefakt, aber auch nichtkünstlerische Sachverhalte, als oder wie P. rezipiert werden, obwohl tatsächlich weder von der Gattung P. gesprochen werden kann, noch von einer etwa textstrukturell erkennbaren, irgend gearteten vergleichenden Ausdrucksform).[1] Was die Gattung P. betrifft, so läßt sich folgende Explikation festhalten: Eine P. ist ein (1) episch-fiktionaler Text mit (2) mindestens einem *impliziten* oder *expliziten Transfersignal* (z.B. «Das Himmelreich ist gleich einem Mann, ...»), das darauf aufmerksam macht, daß die Bedeutung des Erzählten vom Wortlaut des Textes zu unterscheiden ist, und das eben dadurch zudem dazu auffordert, eine vom Wortlaut des Textes unterschiedene Bedeutung zu suchen, also eine 'Richtungsänderung des Bedeutens' vorzunehmen. Diese Richtungsänderung wird (3) entweder durch Ko- oder Kontextinformationen gelenkt, oder sie bleibt offen im Rahmen des Bedeutungspotentials des Textes. Die einzige inhaltliche Beschränkung der P. liegt darin, daß (4) in keinem Fall textübergreifend anthropomorphisiertes Figural vorkommen darf, das an sich aus der bekannten Realität vertraut ist (wie 'die sprechende Eiche' oder 'der sprechende Löwe' in der Fabel). Ein nur typisches, aber weder notwendiges noch gar hinreichendes Merkmal der P. ist ihre Kürze bzw. die skizzenhafte Verknappung. Typologisch unterscheidend ist neben der (a) Art des Transfersignals (explizit oder implizit) auch die (b) Vers- bzw. Prosaform sowie die (c) Funktion als (religiöse) Erbauungsparabel oder als (offene) Entdeckungsparabel. Das Kriterium (1) unterscheidet die P. im engeren Sinn von häufig auch als P. bezeichneten (und durch pragmatische Fiktionalität [2] ausgezeichneten) Dramen ebenso wie von nichtfiktionalen historischen Exempeln oder Beispielgeschichten und von dem wenigstens nicht *episch*-fiktionalen, sondern hypothetisch-fiktionalen Gleichnis (die P. ist also eine 'Illusionserzählung', manche – aber nicht alle – Formen des Gleichnisses dagegen sind 'Imaginationserzählungen'[3]); das Kriterium (2) unterscheidet die P. weiter durch ihre gattungsspezifische Appellstruktur der Uneigentlichkeit von Literatur im allgemeinen mit ihrer allgemeinen hermeneutischen Disposition, deutendes oder vom Wortlaut eines Textes abweichendes, sinnkonstituierendes Verstehen zu ermöglichen. Das Kriterium (3) hält fest, daß die von der P. geforderten und ermöglichten Deutungen nicht beliebig sind, sondern durch den Wortlaut des Textes ebenso wie durch den Kontext determiniert werden; die Offenheit der Deutung im Rahmen des Bedeutungspotentials des Textes unterscheidet die P. jedoch auch in einem weiteren Punkt von der Beispielgeschichte, die immer ein bestimmtes semantisches Verhältnis, nämlich die Subsumption eines besonderen und als Erzählung gestalteten (Muster-) Falls unter einen allgemeinen Aspekt darstellt. Das Kriterium (4) unterscheidet die P. schließlich z.B. von der global anthropomorphisierten Fabel. Eine trennscharfe Unterscheidung der P. von der Allegorie ist hingegen nicht möglich, es gibt vielmehr auch allegorische P. – und zwar sowohl P. mit allegorischem Figural als auch P. mit einer allegoreseartigen expliziten Exegese.[4] Neben Bestimmungen in der Nähe dieses Explikats halten sich bis in die Gegenwart insbesondere im englischsprachigen und französischsprachigen Raum Wortverwendungsweisen, die die Ausdrücke *parable* bzw. *parabole* bestimmten (insbesondere jesuanischen) Gleichnissen in der Bibel vorbehalten (unabhängig von weiteren außerbiblischen gattungssystematischen Unterscheidungsmöglichkeiten) oder eben ganz allgemein im Sinne von ‹Vergleich› verstehen.

II. *Bereiche und Disziplinen.* **1.** *Rhetorik, Grammatik, Poetik, Hermeneutik.* Alle genannten Bedeutungszuschreibungen führen wort- und sachgeschichtlich in die Antike zurück und leiten sich u.a. aus der Rhetorik als einem der großen historischen Wortverwendungsbereiche (neben dem der jüdisch-christlichen Tradition und dem der Poetiken – die Fachsprache der Mathematik bleibt hier unberücksichtigt) für P. bzw. die griechischen oder lateinischen Entsprechungen her. Der P. als einer Evidenz erzeugenden Argumentationsform, die ihr Vergleichsmaterial nicht (wie das *exemplum*) aus der Geschichte, sondern aus Natur, Mythologie und sozialer Alltagserfahrung schöpft, wird schon in der klassischen Rhetorik sowohl eine verdeutlichende und veranschaulichende, als auch eine schmückende Funktion zugesprochen, sie ist systematisch gesehen daher sowohl Gegenstand der *inventio* als auch der *elocutio*. Einer der frühesten und zugleich wirkungsmächtigsten Belege für die Verwendung des griech. Ausdrucks παραβολή (parabolḗ) findet sich in der Rhetorik des Aristoteles. Im 20. Kapitel von Buch II der ‹Rhetorik› behandelt Aristoteles das παράδειγμα (parádeigma) als ein allen Redegattungen gemeinsames Beweisverfahren neben dem Enthymem. Im Falle des παράδειγμα unterscheidet Aristoteles zwei Arten. Die eine Art bestehe darin, früher geschehene Taten zu berichten, die andere darin, etwas Ähnliches zu erdichten. Im Hinblick auf die zweite Art von παράδειγμα unterscheidet Aristoteles weiter zwischen zwei Unterarten, nämlich der Fabel und der παραβολή, die Aristoteles als 'sokratischen Gebrauch des Beispiels' nur knapp behandelt und mit nur referierten und nicht ausgeführten Beispielen andeutend illustriert (im Unterschied zur Fabel nach Art des Äsop, die er mit gleich zwei ausgeführten Beispielen erläutert). Für die παραβολή nennt Aristoteles auch keine formalen Regeln, die referierten Beispiele deuten aber darauf hin, daß Aristoteles den Ausdruck παραβολή hier im Sinne von ‹(kurzer) Vergleich› und nicht im Sinne von ‹gleichnisartiger Erzähltext› verwendet[5] – und überhaupt kann man feststellen, daß sich die heute mit Namen wie ‹Märchen›, ‹Fabel›, ‹Parabel›, ‹Witzwort›, ‹Schwank›, ‹Novelle› oder auch ‹Paradoxon› bezeichneten Gattungen und Formen bei den Griechen unter gelegentlich wechselnden Namen – wie zunächst αἶνος (aínos), später dann μῦθος (mýthos), λόγος (lógos) und ἀπόλογος (apólogos) – in den wachsenden Bereich der Unterhaltungsliteratur einreihen, ohne daß man sie auch schon durch eigene Gattungsbezeichnungen trennscharf von einander unterschieden hätte.[6] Die παραβολή als Unterart des παράδειγμα wird in der aristotelischen Rhetorik als ein dem Induktionsbeweis ähnliches Beweismittel behandelt, mit der Tropenlehre der Stoa wird die παραβολή dann aber auch unter den rhetorischen Figuren der zusammenhängende Rede (σχήματα, schḗmata) systematisierend erfaßt und zu denjenigen Figuren der Übertragung gezählt, die nicht durch Ersetzung, Vertauschung oder Verschiebung zustande kommen, sondern durch Hinzufügung.[7] In der ‹Herennius-Rhetorik› wird der Ausdruck *parabola* zwar nicht verwendet, die Sache verbirgt sich jedoch hinter dem Ausdruck *similitudo*, der einmal als Oberbegriff für *exemplum, imago, conformatio* und *significatio per similitudinem* verwendet wird, dann aber auch in einer Reihe mit diesen Elementen der *elocutio* steht. Der Bestimmung der *similitudo* als *simile* zwischen ungleichen *res* in der ‹Herennius-Rhetorik› entspricht bei CICERO die *collatio*, die in seiner Rhetorik zusammen mit *imago* und *exemplum* die *partes* des *comparabile* bilden.[8] QUINTILIAN verwendet in seinen ‹Institutiones oratoriae› den nicht latinisierten Ausdruck παραβολή fast bedeutungsgleich mit *similitudo* und *collatio*: «Nostri fere similitudinem vocare maluerunt, quod ab illis παραβολή dicitur, [...] quam Cicero collationem vocat» (Unsere lateinischen Schriftsteller bevorzugen in der Regel die Bezeichnung *similitudo* (‹Ähnlichkeit›) für das, was im Griechischen παραβολή heißt, [...] die Cicero *collatio* (‹Vergleich›) nennt»).[9] Quintilian behandelt die παραβολή dabei sowohl als Form des induktiven Beweises auf der Basis von Ähnlichkeit neben *exemplum, poeticae fabulae* und εἴκονες (eíkones)[10], als auch im Bereich der Schmucktropen als Oberbegriff für mehrere Arten der *similitudo*.[11] Quintilian bedenkt hier zwar auch die Möglichkeit einer eingliedrigen P., hat aber weder durchweg eine geschlossene erzählende Gattung im Auge (die fallen unter die *poeticae fabulae*), noch denkt er durchgehend an Uneigentlichkeit. Vielmehr ist die Uneigentlichkeit bei Quintilian ein Kennzeichen der ἀλληγορία (allēgoría)[12], die er im Bereich der Tropen ansiedelt und hier unter anderem als *metaphora continua* oder *continuata*, also als ‹fortgesetzte Metapher› bezeichnet, was dem Gattungsbegriff der P. nahe kommt und auch seinen Widerhall in modernen Theorien der P. findet (vgl. u.). Zumal seine Unterscheidung zwischen *allegoria tota* und *allegoria permixta* hat man als Entsprechung zu der Gattungsunterscheidung von P. mit explizitem und implizitem Transfersignal betrachtet.[13] Wort-, Sach- und Begriffsgeschichte der P. sind von der ausgehenden Antike durch das Mittelalter hindurch von einer zunehmenden Überformung der antiken durch die jüdisch-christliche Tradition geprägt. Rhetoren des 4. Jh. n.Chr – wie FORTUNATIAN, IULIUS VICTOR oder MARTIANUS CAPELLA – bestimmen dabei die *similitudo* sowohl als *locus* innerhalb der rhetorischen Topik als auch als Figur der *comparatio*, freilich nicht mehr in der Funktion des *ornatus*.[14] Bei diesen Rhetoren meint παραβολή oder *collatio* einen Vergleich in seiner allgemeinsten Form. Grammatiker der späten Kaiserzeit (CHARISIUS, DIOMEDES, DONATUS) bieten darüber hinaus im Bereich der Formen der gleichnishaften oder vergleichenden Rede Definitionen, die für lange Zeit ihre Verbindlichkeit behielten.[15] Die *parabola* oder *collatio* vergleiche demnach Dinge oder Verrichtungen aus der Natur (nicht aber, wie das narrative *exemplum*, aus der Geschichte). Formal versteht man unter *parabola* oder *collatio* noch immer einen ausgeführten Vergleich. Die Formen der *similitudo* werden bei den spätantiken Grammatikern aber auch wieder als Tropen der Übertragung (und nicht als Gedankenfiguren, wie in der spätantiken Rhetorik) behandelt, so daß hier einer Verschleifung des Unterschiedes zwischen metaphorischer und vergleichender Rede Vorschub geleistet wird. Die Bibelkommentatoren der ausgehenden Antike und des christlichen Mittelalters übernehmen die Bestimmungen der Grammatiker bei ihrer Kommentierung der Heiligen Schrift, wie überhaupt vielfach das klassische rhetorisch-grammatische Vokabular. Tut dies HIERONYMUS noch im Bewußtsein einer Überlegenheit antiker Wissenschaften und Künste, so verschiebt sich das Verhältnis zwischen rhetorischem bzw. grammatischen Analyseinstrumentarium bzw. antiken Schrifttum und kommentiertem Bibel-Text schon bei AUGUSTINUS hin zu einer Gleichwertigkeit (die biblischen Schriftsteller hätten alle Redefiguren gebraucht, die die Grammatiker mit dem griechischen Namen *tropi* nennen [16], und bei CASSIODOR schließlich zu der Annahme eines Vorrangs der Heiligen Schrift, in der nun der Ursprung der *artes* zu suchen sei.[17] Bei Cassiodor wird der Ausdruck *parabola* u.a. auch auf die Metapher und den metaphorischen Vergleich angewendet [18], so daß es hier zu einer Annäherung zwischen *parabola* und Allegorie um der deutenden Allegorese willen kommt. Die durch Hieronymus, Augustinus und Cassiodor vorbereitete Übertragung des Instrumentariums der antiken Rhetorik und Grammatik auf den Bibeltext wird von Autoren wie ALDHELM VON MALMESBURY und BEDA VENERABILIS vollendet und mit der karolingischen Renaissance auch in die mittelalterliche literarische Bildung eingebracht. Der ursprünglich enger gefaßte rhetorische bzw. grammatische Ausdruck *parabola* übernimmt nun auch nach seiner 'bibelhermeneutischen Erweiterung' (s.u.) in Schulgrammatiken und Poetiken des 12. und 13. Jh. den Bedeutungsumfang des griechischen παραβολή bzw. des in der Vulgata hierfür neben *parabola* auch verwendeten Ausdrucks *proverbium*. Erstmals kann man nun, im 12. und 13 Jh., unter *parabola* oder παραβολή auch eine Erzählung verstehen, deren Form in rhetorischen und grammatischen Systematisierungsversuchen zuvor dem *exemplum* bzw. der fiktionalen *fabula poetica* vorbehalten war. *Exemplum*, *fabula* und *parabola* rücken also systematisch näher zusammen, was das Bedürfnis nach Unterscheidung zwischen diesen nun auch als erzählende Formen gedachten Redeformen nährt. Ein Ergebnis dieser Unterscheidungsbemühungen ist etwa, daß in der ‹Ars poetica› des GERVASIUS VON MELKLEY eine Gleichsetzung der *parabola* mit den biblischen Gleichnissen vorgenommen, die alte Position der rhetorisch-stilistischen *parabola* aber nun von der *comparatio* eingenommen wird; zugleich wird die hier als *apologus* bezeichnete fiktionale Fabel bei Gervasius von der *parabola* durch ihr Personal unterschieden: Der *apologus* weise eben nicht vernünftiges Figural auf.[19] Immerhin wird hier im 12. Jh. mit der Durchlässigkeit der Grenzen zwischen biblischen *parabolae*, episch-fiktionalen *fabulae* und erbaulich-ermahnenden, ebenfalls narrativen *exempla* auch der Übergang zur P. als einer erzählenden, lehrhaften Literaturgattung gebahnt. Auch wird die *parabola* als *inexpressa comparatio* betrachtet und dadurch die «Ineinssetzung mit einem deutungsbedürftigen, Allegorese fordernden Text, mit der Allegorie, erneuert».[20] In der Hochscholastik findet sich dann bei THOMAS VON AQUIN die interpretationsleitende Differenzierung zwischen *sensus parabolicus* und *sensus allegoricus*. Ist letzterer der Rede Gottes vorbehalten, meint ersterer den uneigentlichen Litteralsinn menschlicher Rede, der durch Metaphern und Vergleiche einen tieferen Sinn verhüllt. Neben die alte rhetorische Funktion der Veranschaulichung und Erhellung tritt nun also auch die der Verhüllung durch parabolische Rede.[21] Freilich bestimmt Thomas von Aquin auch, daß die vom Menschen erdachten Parabel-Allegorien lediglich profane Wahrheiten veranschaulichen können sollen – eine Bestimmung, über die man sich später hinweggesetzt. *Parabolae* in erzählender Form werden etwa ab dem 13. Jh. als *integumenta*, als Erzählungen, die eine Wahrheit verhüllen, gelesen – ebenso wie die *fabulae* nach äsopischem Muster, die man auch in der Bibel entdeckt.[22] Die etwa von Thomas von Aquin gezogene Unterscheidung zwischen profaner Dichtung und Heiliger Schrift wird überspielt, so daß z.B. ENGELBERT VON ADMONT auch profane *parabolae* zuläßt, sofern diese nur allegorisch gedeutet werden können.[23] Die Ähnlichkeit in Form und Funktion unterstützt eine Verwischung der Grenzen zwischen erzählender *parabola* und *fabula* und darüber hinaus auch zum *exemplum*; eine Konsequenz ist u.a. die Vermischung der Gattungen z.B. in spätmittelalterlichen Exempla-Sammlungen. Bei BOCCACCIO stößt man dann explizit auf die Ansicht, daß auch Fiktionen göttliche Wahrheit und Erkenntnis vermitteln können, und insbesondere der P. spricht später FRANCIS BACON diese Fähigkeit zu, ohne die *parabola* jedoch noch an die Vermittlung einer geistlichen Wahrheit zu binden.[24] Noch hat sich unter dem Namen *parabola* allerdings keine eigenständige Erzählgattung gattungsgeschichtlich etabliert, obwohl es der Sache nach P. auch in einem modernen Gattungsverständnis gibt; noch fallen Belegfälle für die Textsorte P. zusammen mit anderen Formen der Sprachverwendung unter den Ausdruck *parabola* bzw. eine seiner zahlreichen Entsprechungen, und noch kann mit dem Ausdruck *parabola* (bzw. seinen Entsprechungen) der rhetorisch-stilistische Sachverhalt (vergleichende Redeformen) ebenso gemeint sein wie die Erzählgattung. Deutschsprachige Varianten für *parabola* sind im Mittelalter insbesondere die Ausdrücke *bîspel*[25] und ‹Gleichnis› (bzw. ahd. *galîhnissa* oder *galîhnissi*, nhd. *Gleichnus* u.a.m.; und ‹Gleichnis› bleibt ja bis in die Gegenwart ein unscharfer Prädikator für beinahe alle Formen der Uneigentlichkeit oder auch der allgemeinen Deutungsoffenheit, hierin vergleichbar mit dem Ausdruck ‹Bild›). Das Nebeneinander von Vergleich, Gleichnis und der Erzählgattung P., die alle unter den Ausdruck *parabola* fallen, das Nebeneinander auch von schmückender oder enthüllender oder auch verhüllender Funktion parabolischer Rede bleibt über das 16. Jh. wenigstens bis ins 17. Jh. erhalten – bis es hier zu einer

Konstituierung der Erzählgattung P. durch G. PH. HARSDÖRFFER kommt.

2. *Jüdisch-christliche Tradition.* Wort-, Begriffs- und Sachgeschichte der P. sind auch nicht ohne die jüdisch-christliche, aus der Antike heraufreichende Tradition zu verstehen. Der Ausdruck παραβολή dient nämlich schon in der Übersetzung der alttestamentarischen Schriften ins Griechische der Septuaginta (3. Jh. v.Chr.) als Entsprechung für den hebräischen Ausdruck *maschal*. Dieser bezeichnet ganz allgemeine alle Aussprüche, die einen Vergleich enthalten. Hierzu zählen Gattungen wie das Sprichwort (1 Sam 24,14), die Spottrede (Jes 14,4, Hab 2,6), der rätselhafte und geheimnisvolle Orakelspruch (Num 23f.) und der Weisheitsspruch (Spr 25, 11–13), aber auch Allegorie, Exempel, Fabel, P., einfacher Vergleich u.a.m. Bereits im 1. Jh. n. Chr. stößt man auch im Zusammenhang mit dem rabbinischen *maschal* auf allegorische Deutungen durch sogenannte 'Ausleger von Angedeutetem', eine Tendenz, die sich mit der Auffassung der Tora als Geheimnis verstärkt. Die Allegorese, die durch Indikatoren wie Homonymie, Wortspiele aber auch Eigennamen motiviert wird, führt über das hellenistische Judentum bis weit ins Mittelalter. Die rabbinischen Gleichnisse selbst gelten nach rabbinischer Theorie als Teil der Haggada (d.h. der Darstellung und Deutung des alttestamentarischen Stoffes nach sittlichen, erbaulichen oder auch geschichtlichen Gesichtspunkten), als deren Urheber Salomo betrachtet wird (vgl. 1 Kön 5,22). Sie dienen also der Erfassung der Worte der Tora. Die *meschalim* in Talmud und Midrasch werden als Vorbilder einer charakteristischen Redeform Jesu betrachtet, die in den synoptischen Evangelien mit dem Ausdruck παραβολή bezeichnet wird. Die mit dem Wort παραβολή bezeichneten Texte der synoptischen Evangelien decken dabei ein breites Spektrum der Erscheinungsformen des *maschal* ab, insbesondere auch solche, die zu einer allegorischen Auslegung reizen.[26] Das Korpus der synoptischen Gleichnistexte und der hiermit verbundene Ausdruck παραβολή unterstützt zwar auch insgesamt die Vorstellung von der P. als einer erzählenden Gattung. Wichtiger ist zunächst jedoch, daß den jesuanischen Gleichnissen wegen ihrer Nähe zur jüdischen Apokalyptik zunehmend der Charakter der Dunkelheit und des Geheimnisvollen zugeschrieben wird, der die Jünger und Evangelisten zu Auslegungen nötigt. Die παραβολή kann nun auch in diesem Kontext als Verhüllung einer Wahrheit begriffen werden (und nicht mehr ausschließlich als Redeform im Dienste der Veranschaulichung und Verdeutlichung). Begleitet wird diese Entwicklung von der seit Platon anzutreffenden Vermutung eines tieferen, durch Auslegung bestimmbaren Sinns von Mythen im allgemeinen, der sogenannten ὑπόνοια (hypónoia). Nach einer identifizierenden Zusammenführung von ἀλληγορία und ὑπόνοια im 1. Jh. v. Chr. wird ἀλληγορία «zum terminus technicus für die Hermeneutik religiöser Rede»[27], und zwar nicht nur im Hinblick auf metaphorische oder uneigentliche Stellen, sondern auch im Hinblick auf eigentliche Rede. Bezeichnet werden mit ihm sowohl verhüllende Texte selbst als auch deren Exegese. Im Sinne des hermeneutischen ἀλληγορία-Verständnisses taucht der Ausdruck παραβολή an wenigstens zwei Stellen des Neuen Testamentes auf.[28] Somit kann auch unter παραβολή eine verkleidende, verhüllende Rede verstanden werden, die sich an Eingeweihte richtet – dies eine Auffassung, die dem aristotelischen Verständnis von παραβολή als einer verdeutlichenden, veranschaulichenden Redeform entgegensteht. Die christliche Begriffsgeschichte von παραβολή oder seinen anderssprachigen Entsprechungen entfaltet sich bis zur einsetzenden modernen Bibelkritik im Spannungsfeld der Auffassungen von παραβολή als verhüllender oder auch als enthüllender Rede. Bereits die Aufzeichnungen der jesuanischen Gleichnisreden wurden von einem Verständnis von παραβολή als verhüllende Rede beeinflußt. Als Berufungsinstanz für eine Allegorese-Praxis im Hinblick auf die jesuanischen παραβολαί dient dabei der Evangelist MARKUS mit seiner sogenannten 'Verstockungstheorie' (Mk 4,10f.), die allein den Jüngern das Verständnis der Gleichnisse vorbehält. Andererseits rücken um 200 n.Chr. IRENÄUS und TERTULLIAN von Allegorie und Allegorese ab, während wenig später die Schule von Alexandrien mit CLEMENS († ca. 220 n.Chr.) und ORIGENES († 254) eine Allegorese der gesamten Heiligen Schrift durchzusetzen versuchen, die natürlich auch die παραβολαί betrifft. Die Auffassung von παραβολή schwankt in der christlichen Deutungstradition hin und her. In der Schule von Antiochien z.B. wird die Allegorese der παραβολή wiederum als unnötig, ja abwegig betrachtet, da diese die Rede – etwa nach IOHANNES CHRYSOSTOMOS († 407 n.Chr.) – einprägsamer und lebhafter mache. Die Allegoresepraxis wird jedoch erst im 16. Jh. von LUTHER und CALVIN grundsätzlich verworfen, die allegorische Exegese als Deutungsform der biblischen P. hält sich allerdings noch mindestens bis ins 19. Jh.

3. *Moderne Gattungstheorie.* Entsprechend den historischen Sachbereichen, in denen man es mit P. (in welcher Bedeutungszuschreibung auch immer) zu tun hat, widmen sich vor allem Literaturwissenschaft und Theologie der Parabelforschung. In beiden Disziplinen steht insbesondere die Unterscheidung der P. von anderen parabolischen Gattungen und kurzen literarischen Formen (wie Gleichnis, Beispielgeschichte, Fabel, Kurzgeschichte, Märchen, Denkbild, Anekdote usw.) im Mittelpunkt des Interesses. Die literaturwissenschaftliche Parabelforschung orientiert sich dabei weithin an Positionen der theologischen Parabelforschung und gewinnt erst in jüngster Zeit ein eigenständiges Profil, während man sich von theologischer Seite her unter dem Einfluß strukturalistischer Analyseverfahren literaturwissenschaftlichen Positionen annähert. Von bedeutendem Einfluß sind für beide Disziplinen die Arbeiten des Theologen A. JÜLICHER. Insbesondere sein Buch ‹Die Gleichnisreden Jesu› (1886) gilt als der Beginn einer modernen Parabelforschung, die sich weiter in formgeschichtliche (BULTMANN)[29], existenzial-hermeneutische (FUCHS, JÜNGEL, LINNEMANN, KOCH-HÄBEL)[30], historische ('Sitz im Leben': JEREMIAS)[31], metapherntheoretisch orientierte (DODD, RICŒUR, KLAUCK, WEDER, HARNISCH)[32], semiotische (WITTIG, ALMEIDA)[33], textlinguistische (GÜTTGEMANNS)[34], handlungstheoretische (ARENS)[35], pragmatische (MICHEL)[36] und sprachanalytische (ZYMNER)[37] Ansätze aufspaltet. Jülichers Hauptinteresse ist es, der immer noch üblichen Allegorese-Praxis entgegenzutreten und damit Jesus auch als Weisheitslehrer zu profilieren, wie er einer aufgeklärt protestantischen Sichtweise entspricht. Jülicher wertet deshalb die Allegorie und alle ihr zugeordneten Redeformen ab und stellt ihnen Vergleich, Gleichnis und P. gegenüber, wobei die erzählende P. ausdrücklich als «Parabel im engeren Sinn» ausgezeichnet und zusammen mit der Fabel als rhetorisches Beweismittel betrachtet wird, das durch 'Zweigliedrigkeit' charakterisiert werde.[38] In der judaistischen Parabelforschung ist man vor dem Hintergrund rabbinischer Rhetoriktradition Jülichers schroffer Unterscheidung zwischen P. und Allegorie allerdings schon früh entgegengetreten, zudem betont man, daß Jesu P. in der Tradition der rabbinischen Gleichnisse stehen, die stets auch allegorische Züge tragen [39] Insbesondere die formgeschichtliche Arbeit von Bultmann stellt im Anschluß an Jülicher Merkmale für den Formtypus der erzählenden P. zusammen, die u.a. auch in der Literaturwissenschaft aufgegriffen wurden. Diese Merkmale sind: Knappheit der Erzählung, Begrenztheit der Personen bzw. Gruppenzahl, szenische Zweiheit, einsträngige Perspektive, Charakterisierung der Figuren allein durch ihr Reden und Handeln, sparsame Verwendung von Affekten und Motiven, sparsame Charakterisierung von Nebenpersonen, konkreter Ausdruck, reiche Verwendung der direkten Rede und des Selbstgesprächs, Wiederholung, Dreizahl, Achtergewicht durch Zuspitzung auf eine Pointe, Provokation eines Hörerurteils in jedem Fall. [40] In den verschiedenen literaturwissenschaftlichen und theologischen Arbeiten lassen sich nun zusammenfassend sieben gattungstheoretische, einander widersprechende P.-Konzepte voneinander unterscheiden. Die (1) 'Reine Vergleichstheorie' beruht auf der von Jülicher eingeführten Unterscheidung zwischen ‹Bildhälfte› (dem Gesagten) und ‹Sachhälfte› (dem Gemeinten) sowie dem beide 'Hälften' verbindenden ‹Vergleichspunkt›, und sie vertritt zwei Hypothesen: (a) das Grundelement der Parabel ist der Vergleich; (b) die ‹Bildhälfte› der Parabel ist eigentlich, also in keiner Weise metaphorisch. Vielmehr sei es so, daß die P. selbst deute, sie könne jedoch nicht gedeutet werden [41]. Ein Variante der 'Reinen Vergleichstheorie' ist sodann (2) die 'Gemischte Vergleichstheorie'. Die 'Gemischte Vergleichstheorie' wird wie die 'Reine Vergleichstheorie' von der Hypothese getragen, daß (a) das Grundelement der Parabel der Vergleich sei, sie betrachtet im Unterschied zur 'Reinen Vergleichstheorie' jedoch (b) die ‹Bildhälfte› als uneigentlich, denn «das Gesagte ist nicht bereits das Gemeinte, sondern es ist die Darbietung des Gemeinten durch Konkretisierung und Hinweis auf das Gemeinte» [42]. Ein drittes parabeltheoretisches Konzept ist (3) die 'Hermeneutische Theorie', deren zentrale Hypothese darin besteht, in der Parabel eine den Erkenntnisprozeß fordernde hermeneutische Gattung zu sehen. [43] Dieses Konzept ermöglicht es freilich weder, die P. von deutungsoffener Literatur im allgemeinen zu unterscheiden, noch gelingt damit eine überzeugende Unterscheidung der P. von anderen parabolischen Gattungen. Weitere parabeltheoretische Konzepte sind ferner (4) die 'Theorie der P. als kohärente Allegorie' sowie (5) die 'Theorie der P. als Verkettungsallegorie'. Beide Konzepte vertreten die Hypothese, daß die P. eine Form der Allegorie sei. In theologischen Untersuchungen findet sich diese Position in dezidiertem Widerspruch zu Jülichers Position und der Annahme eines und nur eines Vergleichspunktes, in literaturwissenschaftlichen Arbeiten findet sich diese Position hingegen in Arbeiten, die Jülichers Position nur oberflächlich oder gar nicht berücksichtigen. Die beiden Allegorie-Konzepte der P. unterscheiden sich vor allem in ihren Auffassungen von dem, was eine Allegorie sein soll. Während die Kohärenz-Theorie behauptet, die P. sei eine «totale Allegorie», man habe eine in sich geschlossene «Erzählseite», bei der sich keine Hinweise auf die «Sinnseite» finden und die deshalb einer entschlüsselnden Auslegung des Erzählten bedürfe [44], betrachtet die 'Verkettungs-Theorie' die P. als einen Erzähltext, der eine Kette von über den Text verteilten Metaphern (und damit mehrere Vergleichspunkte) aufweise und deshalb als allegorisch zu bezeichnen sei [45]. Zwei weitere Parabeltheorien betrachten hingegen die P. insgesamt als metaphorischen Erzähltext, doch während die eine Position (6) konsequenterweise damit auch die Auffassung verbindet, es handele sich bei der P. um einen uneigentlichen Text [46], vertritt man in der anderen Position (7) die Auffassung, die P. sei (als Form religiösen Sprechens) zwar ein metaphorischer, aber dennoch eigentlicher Erzähltext. [47] Insgesamt zeigt sich, daß ein Zentralproblem bei der Klärung gattungstheoretischer und gattungssystematischer Fragen im Bereich der parabolischen Formen darin besteht, zu bestimmen, was Uneigentlichkeit ist und wie sie (zumal in Erzähltexten) funktioniert. Einen Klärungsvorschlag bietet Zymner mit seinem Modell der textuellen 'Appellstruktur der Uneigentlichkeit', das aus folgenden Elementen besteht: «(1) Initialsignal der Uneigentlichkeit und dadurch (2) Transfersignal zur Richtungsänderung der semantischen Kohärenzbildung; (3) Richtungsbestimmung des Transfers allein durch den Wortlaut des Kotextes; (4) Richtungsbestimmung des Transfers durch den Kontext». [48]

B. *Gattungsgeschichte.* Eine Geschichte der Gattung P. kann zwar in Einzelfällen Belege für die Textsorte schon in der antiken Literatur zeigen, eine kohärente Gattungsgeschichte ist jedoch bisher lediglich für die deutsche Literatur rekonstruiert worden. In der deutschen Literatur sind Texte, die unter den Gattungsbegriff P. fallen, bereits im Mittelalter und der frühen Neuzeit anzutreffen, es gibt hier allerdings noch keine Hinweise darauf, daß sich die Gattung auch schon als gewußte, gewollte und in ihrer Eigenständigkeit von anderen unterschiedene erzählende (und nur erzählende) Form konstituiert hat. Beispiele für Erzählungen, die unter den Textsortenbegriff der P. fallen, aber noch keiner etablierten Gattung P. angehören, finden sich etwa in RUDOLFS VON EMS ‹Barlaam und Josaphat› [49], auf die hier anzutreffenden P. stößt man auch, allerdings in lateinischer Fassung, in ODOS VON CERITONA ‹Liber parabolarum›. [50] Diese Beispiele lassen sich dem Bereich der mittelalterlichen «allegorischen Exemplarik» [51] mit seiner spezifischen Ausrichtung auf religiöse Inhalte und einer detailübersetzenden religiösen Allegorese zuordnen. Ein weiterer literarischer Bereich, in dem man im Mittelalter und der Frühen Neuzeit auf P. im definierten Sinn stoßen kann, ist derjenige der ‹Aesopica› – also jenes Korpus von Texten, die sich als 'aesopische' Fabeln entweder direkt auf die griechischen Sammlungen und Bearbeitungen des Babrios und des Phädrus zurückführen lassen oder aber erst im Mittelalter nach dem Muster der aesopischen Fabeln erfunden wurden. So stößt man z.B. im ‹Esopus› (1476) des Ulmer Humanisten H. STEINHÖWEL auch auf Belegfälle für Parabeln Vereinzelt sind P. zudem in Promptuarien wie J. PAULIS ‹Schimpf und Ernst› (1522) anzutreffen, bis zum ersten großen Einschnitt in der Geschichte der deutschen P. im 17. Jh. ist die Textsorte jedoch unter quantitativen Gesichtspunkten unbedeutend. Deshalb ist auch die Rolle der Bibelübersetzungen ins Deutsche und insbesondere der Bibelübersetzungen Luthers für diese Frühphase der Gattungsgeschichte nicht zu überschätzen. Vor Luthers Übersetzungen hatte es bislang nicht so viele deutschsprachige P. in einem zusammenhängenden, geschlossenen Korpus und in einer vergleichbar hohen poetischen Qualität mit vergleichbar hohem Verbreitungsgrad gegeben. Hieran knüpfen sich zudem weitere Verwendungen und Bearbeitungen von P. im erbauungsliterarischen Bereich – etwa als Kirchenlied wie in N. HERMANNS ‹Die Sonntags-Evangelia› (1561), in Exempel-Promptuarien (z.B. A. HONDORFFS ‹Promptuarium Exemplorum›, 1571) oder auch im protestantischen Schultheater. Die P. kann jedoch noch nicht als eigenständige etablierte Gattung der deutschsprachigen Literatur betrachtet werden. Die erste Etablierungsphase eines deutschsprachigen Parabelgenres trifft man dann im 17. Jh. an. Sie setzt ein mit den gattungssystematischen Arbeiten G.Ph. HARSDÖRFFERS seit seinen ‹Frauenzimmer=Gesprechspielen› von 1646, und reicht mindestens bis zu den ‹Nützliche(n) Lehrgedichte(n)› J.G. RABENERS (1691). Harsdörffer selbst und seine Nachfolger bezeichnen die P. mit dem Ausdruck ‹Lehrgedicht›, weshalb diese erste Etablierungsphase zwischen 1646 und 1691 auch ‹Lehrgedichtphase› genannt werden kann. Über die als neu empfundene «Gedichtart», die «noch von keinem Teutschen Poeten zu Werke gebracht worden», führt Harsdörffer unter anderem aus: «Wir nennen es Lehrgedichte / weil die Lehr in denselben / durch eine Erzehlung ausgedichtet wird / und deswegen eine Mittelsache ist zwischen der gemahlten Geschichte / und dem erdichten Sinnbild / jedoch dergestalt / daß es von beeden etwas an sich hat / und eine erdichte Geschichte / wegen besagter Erzehlung / und ein geschehenes Sinnbild / wegen der verborgenen Lehre genennet werden mag.»[52] Harsdörffer äußert sich an mehreren Stellen seines Œuvres über das ‹Lehrgedicht›, in seinem Buch ‹Nathan und Jotham› (1650) kommt er jedoch auch zu einer sehr genauen und trennscharfen Gattungsbestimmung der P.: «Das Lehrgedicht (Parabola) erzehlet eine kurze Geschicht / welche ihre Deutung hat / und zuweilen auch geschehen könnte: Die Fabel aber erzehlet vielmahls was nicht geschehen kann / und machet nicht nur die Thiere / sondern auch die Steine reden.»[53] Der leitende poetische Gesichtspunkt der Parabelproduktion in dieser Zeit ist die Verbindung von ‹geistlichen Sachen› und ‹poetischem Geist›, wie auch solche von P. und Gleichnissen durchsetzten Bücher wie z.B. J.V. ANDREAES lateinschsprachige ‹Mythologia Christiana› (1619) oder auch S. VON BUTSCHKYS ‹Pathmos› (1677) und CHR. SCRIVERS ‹Gottholds zufälliger Andachten Vier Hundert› (1679) bestätigen; freilich stoßen wir gerade auch bei Harsdörffer selbst nicht nur auf religiöse Erbauungsparabeln, sondern auch schon auf Entdeckungsparabeln – ausdrücklich heißt es ja auch im Untertitel seiner Sammlung ‹Nathan und Jotham›: ‹Das ist Geistliche und Weltliche Lehrgedichte›. Mit seinen gattungstheoretischen Klärungen und seinen zahlreichen Beispielen für ‹Lehrgedichte› (die in manchen Fällen als Nachdichtungen noch bei C. BRENTANO wieder auftauchen[54]) wird Harsdörffer – auch aus der Sicht der Zeitgenossen[55] – zum eigentlichen Begründer der Gattung P. in der deutschen Literatur. Auf die Lehrgedichtphase folgt in der Geschichte der deutschsprachigen P. die ‹Latenzphase›. Diese Phase von etwa 1738 bis 1778 ist in erster Linie durch eine poetologische Auseinandersetzung mit den Mustern der Lehrgedichtphase gekennzeichnet. CHR.F. GELLERT etwa würdigt Autoren wie Harsdörffer und Rabener, kritisiert jedoch, daß man in dem «schematischen Weltalter», in dem sie gelebt haben, «recht tapfer allegorisieren mußte, wenn man witzig seyn wollte».[56] Die gattungssystematischen Unterscheidungen Harsdörffers werden in der Latenzphase nicht weitergeführt, und alle Gattungsunterschiede werden mit dem Ausdruck ‹Fabel› nivelliert. In der Latenzphase stößt man gleichwohl auf eine Reihe von Texten, die unter den vorgeschlagenen Gattungsbegriff fallen – so z.B. F. VON HAGEDORNS Nachdichtung der biblischen Schäfchenparabel (2 Sam 12) in seinem ‹Versuch in poetischen Fabeln und Erzählungen› (1738), Gellerts ‹Die Geschichte von dem Hute› u.a., M.G. LICHTWERS allegorische P. ‹Die beraubte Fabel› oder auch LESSINGS ‹Die eherne Bildsäule›, ‹Der Besitzer des Bogens› und ‹Der Riese›.[57] Wenn solche Texte aber überhaupt eigens besprochen werden, dann als Sonderform der Fabel. Hierin unterscheiden sich auch Lessings ‹Abhandlungen über die Fabel› noch nicht von der allgemeinen Tendenz der Latenzphase. «Der einzelne Fall, aus welchem die Fabel bestehet, muß als wirklich vorgestellet werden. Begnüge ich mich an der Möglichkeit desselben, so ist es ein Beispiel, eine Parabel»[58], schreibt Lessing und unterscheidet damit in seinen ‹Abhandlungen› die episch-fiktionale Fabel von der hypothetisch-fiktionalen P., der Ausdruck ‹P.› deckt also hier noch den Bereich des Gleichnisses ab, ohne auch schon die P. im Sinne des rekonstruierten Gattungsbegriffes einzuschließen. Wie auch sonst in der Latenzphase, ist die P. für Lessing (bis zu der von ihm eingeleiteten Morgenlandphase) keine eigenständige Erzählgattung. Eine Ausnahme bilden hier allenfalls biblische P., die fallweise von den 'gewöhnlichen' Fabeln wegen ihrer besonderen (religiösen) Ausrichtung unterschieden werden. Auf die Latenzphase folgt die sogenannte 'Morgenlandphase' in der Geschichte der deutschsprachigen P. Sie setzt ein mit Lessings ‹Eine Parabel› von 1778 und dauert bis etwa 1823 (phasenbegrenzendes Textereignis ist hier F. RÜCKERTS ‹Es ging ein Mann›). Die P. in dieser Phase zeichnen sich zum Teil selbst durch 'morgenländische' Einkleidungen oder auch Konxtetualisierungen aus (wie Lessings ‹Ring-Parabel› von 1779 oder Rückerts ‹Mann im Syrerland›), und die Gattung P. wird als ganze (ihrer Herkunft sowohl als auch ihrer Ausgestaltung wegen) in gattungstheoretischen Ausführungen auch als 'morgenländische' Gattung betrachtet. Mit der Morgendlanphase kommt es insbesondere durch Lessings ‹Eine Parabel› (1778) und die ‹Ring-Parabel› (1779) nach der Lehrgedichtphase nun zu einer zweiten Etablierungsphase in der Geschichte der Gattung, und seit der Morgenlandphase verbindet sich mit dem Begriff auch der Ausdruck ‹P.›. Ein bis in die Gegenwart als musterhaft betrachteter Parabelautor der Morgenlandphase ist F.A. KRUMMACHER[59], ein in der modernen Parabelforschung nahezu vergessener Klassiker der Gattung ist GOETHE.[60] Auf die Morgenlandphase folgt die 'Konservierungsphase', ihre phasenbegrenzenden Textereignisse sind die ‹Parabeln› (1829) von A. FRANZ einerseits und der Artikel ‹P.› in PIERERS ‹Konversations-Lexikon› (1892) andererseits.[61] Die Konservierungsphase ist dadurch gekennzeichnet, daß die Gattungskontinuität durch einen permanenten affirmativen Rückbezug auf die Klassiker der Morgenlandphase (neben Lessing, Herder, Rückert und Krummacher auch Goethe) sowie durch den Bezug auf und die Adaptation von biblischen Parabeln gewährleistet wird. Eine eigenständige neue Parabelproduktion läßt sich hingegen in der Konservierungsphase nur in einigen wenigen Fällen zeigen – etwa bei G.HERWEGH, F. GRILLPARZER oder auch G. KELLER.[62] Spätestens ab 1913 ist dann von einer 'Erneuerungsphase' der P. in der deutschen Literatur zu sprechen. Wie in der Konservierungsphase wird die Kontinuität der Gattung allein schon durch eine permanente Beschäftigung und eine Adaptation von jesuanischen Parabeln gewährleistet. Neben heute vergessenen Autoren tragen dabei auch bekanntere Schriftsteller wie R.A. SCHRÖDER mit seinen metrisch regulierten ‹Parabeln aus den Evangelien› (1951) zur Gattungskontinuität bei, die sich auf den Typus der Erbauungsparabel stützt. Eine wichtige Ergänzung findet dieser gattungssichernde Typus in den Übersetzungen von Textsammlungen M.J. BIN GORIONS (‹Der Born Judas›, dt. 1916) und M. BUBERS (‹Die Erzählungen der Chassidim›, 1949). Die Erneuerungsphase wird aber vor allen Dingen durch die Texte BRECHTS (‹Balkankrieg›, ‹Form und Stoff›, ‹Herr Keuner und die Flut›, ‹Das Gleichnis des Buddha›, ‹Gleichnis›) und KAFKAS (‹Vor dem Gesetz›, ‹Ein altes Blatt›, ‹Eine kaiserliche Botschaft›; nicht aber ‹Von den Gleichnissen›) in qualitativer wie auch in quantitativer Hinsicht begründet und durch die Rezeption der beiden 'modernen' Klassiker der Gattung seit etwa 1945 wird die Erneuerungsphase fortgeführt. In der Erneuerungsphase tritt vor allem der Typus der Entdeckungsparabel mit implizitem Transfersignal in den Vordergrund, zahlreiche Autoren wie F. DÜRRENMATT, G. ANDERS, E. FRIED. W. WEYRAUCH, G. KUNERT u.a. wären hier in der Brecht- bzw. Kafka-Nachfolge zu nennen, Schriftsteller wie E. ROTH, H.E. NOSSACK, H. HEISSENBÜTTEL, G. RÜHM, I. BACHMANN oder auch A. SCHMIDT wären daneben Autoren, die sich in keine der beiden, von Kafka und Brecht ausgehenden Traditionslinien stellen lassen.[63] Der Typus der Entdeckungsparabel mit implizitem Transfersignal wird im 20. Jh. und insbesondere nach dem zweiten Weltkrieg zu dem produktivsten P.-Typus in der deutschen Literatur.

Anmerkungen:
1 vgl. R. Viehoff: Lit: Verstehen, in: IASL 13 (1988) 1–39. – 2 vgl. R. Zymner: Uneigentlichkeit. Stud. zu Semantik und Gesch. der P. (1991) 103–115. – 3 vgl. D. Weber: Erzähllit. (1999) 28. – 4. Zymner [2]. – 5 vgl. F. v. Heydebrand: Parabel. Gesch. eines Begriffs zwischen Rhet. Poetik und Hermeneutik, in: ABG 34 (1991) 27–122, hier 44. – 6 vgl. A. Hausrath: Art. ‹Fabel› in: RE Bd. 4, 1704–1736; K. Grubmüller: Meister Esopus (1977) 9. – 7 v. Heydebrand [5] 45; K. Barwick, Probleme der stoischen Sprachlehre und Rhet. (1957) 88–97. – 8 Cic. Inv. I, 30, 49. – 9 Quint. V, 11, 1 u. 23. – 10 ebd. V, 11, 5 u. 34. – 11 ebd. VIII, 3, 77f. – 12 ebd. VIII, 6, 44. – 13 v. Heydebrand [5] 48. – 14 U. Krewitt: Metapher und tropische Rede in der Auffassung des MA (1971) 79 u. 84. – 15 ebd. 155. – 16 Aug. Doctr. III, 29, 40 (p.101). – 17 vgl. Curtius 49ff. – 18 Cassiodor: Expositio psalmorum, in: CChr. SL Bd. 98, 710. – 19 Gervais von Melkley: Ars poetica, hg. v. H.-J. Gräbener (1965) 150ff. – 20 v. Heydebrand [5] 61. – 21 vgl. Krewitt [14] 453; H. Brinkmann: Ma. Hermeneutik (1980) 166–168. – 22 Konrad von Hirsau: Dialogus super auctores, hg. v. R.B.D. Huygens (1955) 383–508, deutet biblische fabulae im Anschluß an Macrobius und Isidor nach dem sensus spiritalis. – 23 vgl. F.P. Knapp: Ma. Erzählgattungen im Lichte scholastischer Poetik, in: W. Haug, B. Wachinger (Hg.): Exempel und Exempelslgg. (1991) 1–22. – 24 vgl. v. Heydebrand [5] 59. – 25 H. de Boor: Über Fabel und Bîspel (1966); K. Grubmüller: Fabel, Exempel, Allegorese (1991) 69–76. – 26 P. Fiebig: Altjüdische Gleichnisse (1904) 2f. – 27 H.-J. Klauck: Allegorie und Allegorese in synoptischen Gleichnistexten (1978) 44. – 28 Hebr. 9, 8f.; 11, 19; vgl. auch A. Jülicher: Art. ‹Parables›, in: Encyclopaedia Biblica, Bd. 3 (London 1902) 3563–3567. – 29 R. Bultmann: Die Gesch. der synoptischen Trad. (1921). – 30 E. Fuchs: Hermeneutik (1954); E. Jüngel: Paulus und Jesus (1962); E. Linnemann: Die Gleichnisse Jesu (1961); B. Koch-Häbel: Unverfügbares Sprechen (1993). – 31 J. Jeremias: Die Gleichnisse Jesu (1947). – 32 Ch.H. Dodd: The parables of the kingdom (London 1935); Paul Ricœur on biblical hermeneutics, hg. von J.D. Crossan (Missoula, Mont. 1975); Klauck [27]; H. Weder: Die Gleichnisse Jesu als Metaphern (1978); W. Harnisch: Die Gleichniserzählungen Jesu (1985). – 33 S. Wittig: Meaning and modes of signification. Toward a semiotic of the parable, in: D. Patte (Hg.): Semiology and parables. Exploration of the possibility offered by structuralism for exegesis (Pittsburgh 1976) 319–347; Y. Almeida: L'opérativité sémantique des récits-paraboles (Löwen 1978). – 34 E. Güttgemanns: Bemerkungen zur linguistischen Anal. von Matthäus 13, 24–30, 36–43, in: E. Gülich, W. Raible (Hg.): Textsorten (²1975) 81–97. – 35 E. Arens: Kommunikative Handlungen (1982). – 36 P. Michel: Alieniloquium (1987). – 37 Zymner [2] – 38 Jülicher [28] Bd. 1 (London 1899) 98–101. – 39 vgl. Fietig [26]. – 40 Bultmann [29] 203–208. – 41 Jülicher [28] Bd. 1 (London 1899) 106; vgl. z.B. K.-P Philippi: Parabolisches Erzählen, in: DVjs 43 (1969) 297–352. – 42 W. Brettschneider: Die moderne dt. P. (²1980) 9. – 43 vgl. Th. Elm: Die moderne P. (1982; ²1991). – 44 vgl. H. Lindner: Einl.: Zur Problematik der Def. der Gattung ‹Fabel›, in: ders. (Hg.): Fabeln der Neuzeit (1978) 12–46. – 45 vgl. Klauck [27]. – 46 vgl. Ricœur [32]. – 47 vgl. Jüngel [30]. – 48 Zymner [2] 62. – 49 Barlaam und Josaphat von Rudolf von Ems, hg. v. F. Pfeiffer (1843). – 50 vgl. U. Schwab: Die Barlaamparabeln im Codex Vindobonensis 2705 (Neapel 1966). – 51 J. Heinzle: Vom MA zum Humanismus, in: K K. Polheim (Hg.): Hb. der Dt. Erzählung (1981) 19. – 52 G.Ph. Harsdörffer: Frauenzimmer Gesprächspiele, hg. v. I. Böttcher, VI. Teil (1969) 603. – 53 G.Ph. Harsdörffer: Nathan und Jotham: Das ist Geistliche und Weltliche Lehrgedichte (1550) Bd. 2, fol. 6v. – 54 vgl. R. Zymner: Harsdörffer und die Parabeln Clemens Brentanos, in: Daphnis 17 (1988) 359–367. – 55 vgl. G. Neumark: Poetische Tafeln, hg.v. J. Dyck (1971) 35f. – 56 Ch.F. Gellert: Nachricht und Exempel von alten dt. Fabeln (1746), in: ders.: Schr. zur Theorie und Gesch. der Fabel, hg. v S. Scheibe (1966) 146. – 57 F. v. Hagedorn: Versuch in poetischen Fabeln und Erzählungen (1738; ND 1974) 4; Ch. F. Gellert: Fabeln und Erzählungen (1746), hg. v. S. Scheibe (1966) 75; M.G. Lichtwer: Vier Bücher Aesopischer Fabeln in gebundener Schreib-Art (1748) 8; G.E. Lessing: Werke, hg. v. H.G. Göpfert (1970–1979) Bd. 1, 244, 259, 272. – 58 ebd. Bd. 5, 379. – 59 F.A. Krummacher: Parabeln, 3 Bde. (1805ff.). – 60 vgl. hierzu Zymner [2] 239–253. – 61 Art. ‹P.› in: Pierers Konversations-Lexikon, hg. v. J. Kürschner, Bd. 10 (1892) 145. – 62 Georg Herwegh: Parabel (1843), in: Herweghs Werke. hg. v. H. Tardel, T. II (1909) 127f.; F. Grillparzer: Deutsche Ansprüche (1846), in: Sämtliche Werke, hg. v. P. Frank u. K. Pörnbacher Bd. 1 (1960) 306f.; G. Keller: Parabel (1881), in: Sämtliche Werke und ausgewählte Briefe, hg. v. C. Heselhaus (²1963) Bd. 2, 1238. – 63 vgl. Zymner [2] 265ff.

Literaturhinweise:
Ernesti Graec. 241f. – Lausberg: Hb. §§ 422–425. – G. Schneider (Hg.): Die Wiederkehr der P. (³1975). – S. Suleiman: Le récit exemplaire. Parabole, fable, roman à thèse, in: Poétique 32 (1977) 468–489. – Th. Poser: Parabeln (1978). – J. Billen (Hg.): Dt. Parabeln (1982). – W. Harnisch (Hg.): Die neutestamentliche Gleichnisforschung im Horizont von Hermeneutik und Literaturwiss. (1982). – ders.: Gleichnisse Jesu. Positionen der Auslegung von Adolf Jülicher bis zur Formgesch. (1982). – J. Billen (Hg.): Die dt. Parabel. Zur Theorie einer modernen Erzählform (1986). – Th. Elm. H.H. Hiebel (Hg.): Die P. Parabolische Formen in der dt. Dicht. des 20. Jh. (1986). – C. Thoma: Parable and story in early Judaism and Christianity (New York u.a. 1989). – B. Heininger: Metaphorik, Erzählstruktur und szenisch-dramatische Gestaltung in den Sondergutgleichnissen bei Lukas (1991). – Th. Elm, P. Hasubek (Hg.): Fabel und P. Kulturgeschichtliche Prozesse im 18. Jh. (1994). – R. Dithmar (Hg.): Fabeln, Parabeln und Gleichnisse (1995). – S. Grasso: Lectio divina delle parabole di Gesù (1998). – J. Knape, A. Sieber: Rhet.-Vokabular zur zweispr. Terminologie in älteren dt. Rhetoriken (1998).

R. Zymner

→ Allegorie, Allegorese → Analogie → Argumentation → Collatio → Exemplum → Fabel → Gleichnis, Gleichnisrede → Imago → Integumentum → Inventio → Similitudo

Paradiegesis (griech. παραδιήγησις, paradihḗgēsis; lat. adnarratio)

A. Die P. ist eine die *narratio* (die Darstellung der Sache, vor allem eines zur Entscheidung anstehenden Rechtsfalles) ergänzende Erzählung, die, anders als jene, darlegt, was nicht unmittelbar zum Gegenstand der Rede gehört, jedoch mit ihm in Zusammenhang steht und geeignet ist, die eigene Argumentation zu stützen und im Prozeß die Richter günstig zu stimmen. Die zugehörigen Gesichtspunkte können an verschiedenen Stellen oder als in sich geschlossener Abschnitt vorgebracht werden. Eine ablehnende Stellungnahme des ALEXANDROS, die der ANONYMUS SEGUERIANUS überliefert, bezeugt, daß daneben manche griechische Rhetoren die P. als Exkurs verstanden.[1]

B. Schon ARISTOTELES verwendet das Verb παραδιηγεῖσθαι, paradiēgeísthai, wenn er empfiehlt: «Nebenher ist in die Erzählung das einzubringen, was für deine eigene Tugendhaftigkeit [in den Augen des Zuhörers] zuträglich ist», sowie «Dinge, die für die Richter angenehm sind»[2]. QUINTILIAN kennt zwei Formen der Erzählung, «alteram ipsius causae, alteram in rerum ad causam pertinentium expositione» (deren eine den Fall selbst bietet, während die andere in der Darstellung der Tatsachen besteht, die mit dem Fall in Beziehung stehen)[3], ohne letztere ‹P.› zu nennen. Er verwendet den Terminus erst bei der Diskussion der Gedankenfiguren. Ihnen will er die P. nicht zugerechnet wissen.[4] Unter den nachfolgenden antiken Autoren kennen sie noch FORTUNATIANUS und MARTIANUS CAPELLA. Ersterer führt sie als eine von acht Formen der *narratio* auf. Sie liege vor, «sooft wir Sachverhalte außerhalb des Falles einführen, durch die der Richter in der Überzeugung bestärkt werden soll, die der Fall [in unserem Interesse] fordert»[5]. Letzterer nennt sie, indem er sich, abweichend vom Zeugnis des Aristoteles[6], auf THEODOROS VON BYZANZ beruft, als eines von fünf Genera der Erzählung.[7] Mittelalterliche Belege sind bislang nicht beizubringen. In rhetorischen Schriften der Renaissance begegnen von den antiken Zeugnissen abweichende Auffassungen der P. I.C. SCALIGER betrachtet den Terminus als synonym mit *adnarratio* und sieht in der P. eine Erzählung, die der Fallschilderung der anderen Seite entgegengesetzt wird und diese «entweder bestreitet oder entstellt oder auslegt oder verdunkelt oder ins Zwielicht rückt»[8]. Gemeint ist offensichtlich jene Form der Darlegung, die Fortunatianus unter dem Namen *antidiegesis*[9] kennt. Bei PEACHAM ist die Bindung an die Gerichtsrede aufgegeben, wenn als Musterbeispiel die Eröffnung von Paulus' Ansprache an die Athener Apg 17, 22f. angeführt wird.[10]

Anmerkungen:
1 Rhet. Graec. Sp. Bd. 1, p. 364, 4ff. – **2** Arist. Rhet. III, 16, 1417a 5. – **3** Quint. IV, 2, 11. – **4** ebd. IX, 2, 107. – **5** Fortunatianus p. 112, 8–10 Rhet. Lat. min. (Übers. Verf.). – **6** Arist. Rhet. III, 13, 1414b 5. – **7** Mart. Cap. V, 552. – **8** Scaliger B. III, 72. – **9** Fortunatianus p. 112, 6 Rhet. Lat. min. – **10** B.-M. Koll (Hg.): Henry Peachams ‹The Garden of Eloquence› (1593) (1995) 95f.

V. Hartmann

→ Adnarratio → Causa → Exkurs → Gerichtsrede → Narratio → Partes orationis

---

Paradoxe, das (griech. παράδοξον, parádoxon; lat. paradoxon, inopinatum, admirabile; engl. paradox; frz. paradoxe, ital. paradosso)
A. Definitorische Aspekte. – B. Historische Entwicklung. – I. Antike – II. Mittelalter. – III. Renaissance. – IV. Neuzeit und Moderne.

A. Im allgemeinen Sprachgebrauch charakterisiert das Adjektiv ‹paradox› (aus griech. παρά, pará ‹gegen› und δόξα, dóxa, ‹Meinung›) Sachverhalte oder Aussagen, die zunächst der geläufigen Meinung oder Erwartung als alogisch, widersprüchlich und widersinnig erscheinen, jedoch bei genauerer Betrachtung etwas für sich haben. In den Wissenschaften bezeichnet das im Neutrum Singular und Plural auch substantivisch gebrauchte griechische Adjektiv παράδοξον, parádoxon, das als Fremdwort ins Latein und so in die europäischen Fachsprachen gekommen ist, widersinnige, nach Methode und Inhalt den herkömmlichen Auffassungen und Erwartungen zuwiderlaufende Aussagen, Folgerungen, Begriffe. Da die Abweichung von der allgemeinen Meinung bzw. dem Augenschein vom Merkwürdig-Erstaunlichen über vermeintlichen Unsinnigen bis zum offensichtlichen Fehler, zum Gegensatz oder zum kontradiktorischen Widerspruch variieren kann, überschneidet sich das Paradox mit Absurdität, Aporie und Antinomie. Anders als im älteren Sprachgebrauch, der deutlich zwischen Antinomien als ‹wirklichen› und Paradoxien als nur ‹scheinbaren Widersprüchen› unterschieden hat, ist diese Differenzierung durch die Verbreitung des beide Bedeutungen umfassenden englischen Begriffs paradox verschwunden. Abgesehen von der Logik werden in der Wissenschaft heute ‹Paradoxie› und ‹Paradoxon› als Synonyme betrachtet. Einschlägige Definitionen[1] konvergieren darin, daß sie das Paradoxon, als eine einen wahren Kern durch scheinbare Selbstwidersprüche verbergende Denk- bzw. Sprechweise bestimmen und auf seine überraschende, befremdliche, provozierende Wirkung hinweisen, die im Rezipienten sozusagen schockartig psychisch-kognitive Reaktionen initiiert: das Stutzen über das offenbar Widersinnige und das schlechthin Unerwartete, das zum Überdenken der bisher gültigen Vorstellungen und Begriffe motiviert. Paradoxa, die das, was man nach allgemeiner Meinung und Kenntnis gerade nicht erwartet, zur Sprache bringen, wird daher eine erkenntniskritische und erkenntnisfördernde Funktion zugeschrieben. Das Kontradiktorische des Paradoxon ruht jedoch nicht in ihm selbst, sondern entsteht aus der Relation zu dem jeweils gültigen Verständnissystem, vor dessen Hintergrund es formuliert wird. Das Paradoxon bleibt stets auf die öffentliche Meinung bezogen, obwohl es von deren Ablehnung lebt. Insofern es im Sinne des Etymons das vorhandene Meinungswissen affiziert, bereitet es die eigene Erledigung vor. Seiner logischen, seiner ontologischen und seiner kognitiven Dimension als scheinbarer Selbstwiderspruch, verborgene Wahrheit und Erkenntnisakt entsprechend ist das Paradox in verschiedensten Disziplinen[2] (Philosophie, Theologie, Rhetorik, Philologien, Mathematik[3], Naturwissenschaften) aus unterschiedlichen Erkenntnisinteressen von Relevanz. Auf sprachlicher Ebene verwirklicht sich das P. in verschiedenen rhetorischen Wort- und Sinnfiguren wie Chiasmus, distinatio negativa, Hyperbel, Ironie, Paronomasie, Periphrase, Rätsel, rhetorische Frage, Sentenz und Zeugma. Prägnantester Typ rhetorischer Paradoxie ist das Oxymoron.

B. I. Im Griechischen ist παράδοξος, parádoxos verwendet worden, um Aussagen oder Sachverhalte als ‹befremdlich›, ‹der Erläuterung bedürftig› (Xenophon), als ‹überraschend›, ‹schockierend› (Demosthenes), als ‹unerwartet›, ‹wundersam› (Menander), oder als ‹von der allgemeinen Meinung abweichend› (Plutarch) zu spezifizieren.[4] HERAKLIT, der paradoxe Aussagen so verknüpft, daß sie einen erkennbaren Sinn ergeben, initiiert eine philosophische Tradition, die das Paradox für die Erkenntnis des Wahren fruchtbar macht[5]. Um die Aufmerksamkeit für Fehler im Denken zu schärfen, die aus der ungeprüften Hinnahme des herrschenden Meinungswissens resultieren, sucht ZENON VON ELEA dessen paradoxalen Charakter offenzulegen. Seine Beweise, die das Meinungswissen als logische Paradoxie entlarven wollen, werden, da sie der unmittelbaren Evidenz und Erfahrung augenscheinlich Widersprechendes (z.B. der fliegende Pfeil ruht) formulieren, zu Paradoxien.[6] Seine Achilles-Paradoxie, derzufolge der schnelle Held die langsame Schildkröte, wenn diese einen Vorsprung hat, nie einholen kann, wird bis heute diskutiert wie auch das älteste, später dem EUBULIDES zugeschriebene Lügnerparadoxon: «Epimenides sagt: Alle Kreter sind Lügner. Nun ist aber Epimenides selber Kreter».[7] Die Sache (Paradox) ohne das Wort bildet den Kern von Platons Erkenntnislehre.[8] Da seinem Weltbild gemäß die Phänomene den Sinnen nur ein defizitäres Abbild der Wahrheit bieten, ist PLATON zufolge das, was der allgemeinen Meinung widerspricht der Wahrheit näher als das, was mit dem Meinungswissen übereinstimmt. Im ‹Organon› vollzieht ARISTOTELES die Scheidung der logisch-philosophischen von der rhetorisch-praktischen Seite des Paradox. Bei ihm erhält das von ihm mit ἄδοξος, ádoxos (‹abweichend von der anerkannten Meinung›)[9] synonym gesetzte παράδοξος einen neuen Sinn, da er es auf die Erwartung bezieht, die das Publikum einer Rede oder der Argumentation des Redners entgegenbringt. Vor der Folie des Gegenbegriffs ἔνδοξος, éndoxos (‹allgemein anerkannt, gebilligt›)[10] charakterisiert er das Paradox als eine «Ausführung entgegen der geläufigen Meinung»[11], die nicht «mit der geweckten Erwartung»[12] kongruiert. Als eine dem Augenschein und der gewöhnlichen Meinung zuwiderlaufende Behauptung bedarf sie laut Aristoteles einer sorgfältigeren Begründung. Da er seine Überlegungen auch als Strategie gegen die sophistischen Scheinsiege angelegt hat, gibt er Hinweise, wie einer paradoxen Gedankenführung und Redeweise zu begegnen ist.[13] Bei MENANDER VON LAODIKEIA findet sich das Paradox in den Kontext der Epideixis eingeordnet. Analog zu den aus der Gerichtsrede übernommenen Vertretbarkeitsstufen differenziert er zwischen ἔνδοξα, éndoxa (Lob anerkannt lobenswerter Gegenstände), ἄδοξα, ádoxa (Lob ernstlicher Übel), ἀμφίδοξα, amphídoxa (Lob von Gegenständen, die teils manifest lobwürdig, teils tadelnswert sind) und παράδοξα, parádoxa (unerwartetes Lob nicht lobenswerter Gegenstände). Die Römer übernehmen den Begriff in griechischer Form und Bedeutung.[14] So bezeichnet CICERO in seinen ‹Paradoxa Stoicorum›, die berühmte paradox formulierte stoische Lehrsätze sammeln, um sie für die Redekunst fruchtbar zu machen, als «admirabilia contraque opinionem omnium» (Wunderlichkeiten gegen die Meinung aller).[15] Wie QUINTILIAN[16] beschreibt IULIUS RUFINIANUS das Paradox bezüglich seiner Wirkung als In-Spannung-Versetzen und Hinhalten (sustentatio) des Publikums und bezüglich des Redeinhalts als das Unerwartete und das Verblüffende (inopinatum).[17] Die unter dem Namen von Augustinus tradierte ‹Rhetorica›

charakterisiert das Paradox als figura controversarium.[18] Die antiken Äquivalente ὑπομονή, hypomoné, sustentatio, inopinatum weisen das Paradox primär als rhetorische Figur und damit als eine Wirkungskategorie des ornatus aus. Das wider die herrschende Meinung argumentierende Paradox kann in alle Redegattungen Eingang finden und sich dort in Umkehrung der erwarteten persuasorischen Strategie als Verteidigen des Unrechten, Anraten des Schädlichen, Loben des Tadelnswerten und Anklagen des Rechten, Abraten vom Nützlichen, Tadeln des Lobenswerten realisieren. Den Erfolg dieses gegen die Orthodoxie des Meinens gerichteten und das herrschende Meinungswissen destabilisierenden Redeakts ermöglicht nach Cicero und Quintilian die Insinuation, die dem Redenden als Einstellung die Dissimulation, das Verbergen der eigenen Ansicht, abverlangt.[19] Die Kunstfertigkeit, durch Paradoxa zu verblüffen, wird bevorzugt im genus demonstrativum praktiziert und bringt eine eigenständige Variante hervor: das paradoxe Enkomium.[20] Sein den Verstand und die Einbildungskraft bewegendes Potential verschafft dem Paradox seit der Antike in der Literatur eine privilegierte Rolle. Als ein zu pointierter Formulierung dienliches Mittel nützen es Schriftsteller, wenn es in realitätshaltigen und fiktionalen Genera gilt, psychische Vorgänge und unbegreifliche Erfahrungen zu versprachlichen. Ist es Lyrikern das adäquate Mittel, die Macht der Emotionen zu verdeutlichen, so erweist es sich auf thematischer und darstellungstechnischer Ebene fruchtbar in narrativen Formen, die Mögliches, den Regeln der (psychologischen) Wahrscheinlichkeit aber Zuwiderlaufendes schildern, z.B. in Geschichten von einer ‹verkehrten Welt› oder in phantastischen Erzählungen, die von einem für den Leser nicht befriedigend erklärbaren Einbruch des scheinbar oder tatsächlich Übernatürlichen in die Normalwelt handeln. Strukturbildend wird das Paradoxe in den dramatischen Gattungen mit ihrer Veranschaulichung von Unvereinbarkeiten menschlicher Existenz, die in der Tragödie in die Katastrophe und in der Komödie zum glücklichen Ausgang führen.[21] Das von Verfassern wie vom Publikum geteilte Interesse am Seltsam-Befremdlichen und Wunderbaren läßt in der Antike die der Kulturgeschichtsschreibung verwandte Paradoxographie[22] entstehen, d.h. Berichte über im doppelten Sinn des Worts merkwürdige, weil den Alltagserfahrungen zuwiderlaufende, naturkundliche, geographische und ethnologische Phänomene der erforschten Welt.

II. Das *Mittelalter* benutzt selten den Begriff, kennt das Paradox aber der Sache nach. Aus der Antike überlieferte Paradoxa sind Gegenstand des Unterrichts in Rhetorik und Dialektik, in Mathematik und Geometrie.[23] Durch PAULUS, der das Paradox des christlichen Glaubens (Tod des Gottessohnes am Kreuz, in dem sich die Herrlichkeit Gottes erweist) formuliert und die Glaubwürdigkeit der *theologia crucis* mit den ihr existentiell entsprechenden Paradoxien begründet[24], ist diese Gedankenfigur und Aussageform in der von Disputierkunst geprägten Denk- und Gesprächskultur mittelalterlicher Theologen präsent. Wegen der auf AUGUSTINUS und BOETHIUS zurückgehenden Vorstellung, daß kirchliche Lehren nicht einfach geglaubt, sondern auch verstanden werden sollen, suchen sie christliche Offenbarungssätze rational zu durchdringen. Zum Anliegen der neuen, als Wissenschaft vom Glauben konzipierten scholastischen Theologie wird es daher, Glauben und Wissen zu differenzieren, aber auch in Konkordanz zu bringen. [25] Parallel zu diesem intellektuellen Zugriff zeigen sich nach Ausweis einer langen Kommentartradition die Auffassungen wichtiger mittelalterlicher Theologen von JOHANNES SCOTUS ERIUGENA über HUGO VON ST. VIKTOR, BONAVENTURA, ALBERTUS MAGNUS, THOMAS VON AQUIN bis NIKOLAUS VON KUES durch die von DIONYSIUS AREOPAGITA begründete *negative Theologie* [26] beeinflußt. Diese kreist um das Problem, Gott, der das Fassungsvermögen des Menschen übersteigt, aber durch seine Namen und Attribute erkennbar ist, sprachlich zu erfassen. Aufgrund des Ungenügens menschlicher Ausdrucksfähigkeit vor Gott empfiehlt Dionysius Areopagita daher, Aussagen über ihn negativ, d.h. als Verneinung seiner Eigenschaften zu formulieren. Denn durch das Kombinieren von Worten mit ihrem Gegenteil, die je einzeln den Sinn verfehlen, wird das sprachliche Defizit dergestalt kompensiert, daß die Beziehung zwischen den jeweils den Sinn nicht treffenden Bezeichnungen das Bezeichnete darstellt. [27] Insofern dieses nach Dionysius auf eine «per dissimiles formationes manifestatio» abzielbare Sprechen, die engste Annäherung an das Mitteilbare ist, erlaubt es die dem Menschen größtmögliche Erkenntnis. Dieser in der negativen Theologie und Mystik [28] gepflegte, auf Paradoxa rekurrierende Diskurs behält im theologisch-philosophischen Bereich weit über das Mittelalter hinaus seine Wirksamkeit. Immer wieder dient er dazu, Zumutungen des Glaubens an den Verstand zu thematisieren (LUTHER [29], S. FRANCK [30], ANGELUS SILESIUS [31]), oder Versuchen zu wehren, das Transzendente in den Kategorien dieser Welt aufgehen zu lassen (KIERKEGAARD [32]) bzw. als Medium, das eine die Eigenart des Religiösen wahrende Sagbarkeit der christlichen Offenbarungsinhalte ermöglicht, denen diskursiv-argumentativ nicht entsprochen werden kann (Dialektische Theologie [33], A. NYGREN [34]).

Vor der Folie dieses dem Unfaßbaren korrespondierenden Diskurses der negativen Theologie versteht sich die von provenzalischen Troubadours kreierte und von europäischen Dichtern das ganze Mittelalter hindurch kongenial weiterentwickelte *Minnelyrik*. Grundsituation dieser im Zeichen des Paradoxes stehenden Dichtung ist die unerfüllt bleibende Liebe eines Liebenden, der dennoch unablässig um die Gunst einer Dame wirbt. Die Erfolglosigkeit seiner Werbung nötigt zu einer – stetig variierten – Wiederholung des Gleichen, die sich als ein differenzierendes Sprechen des unerfüllten Begehrens entfaltet. Es kreist zum einen in als defizitär markierten Vergleichen um das unerreichbare Objekt der Begierde: die unvergleichlich schöne, moralisch vollkommene Frau. Zum anderen konzentriert sich die Rede auf das zugleich leid- und lustvoll erlebte Wesen und Wirken des den Moraltheologen suspekten Eros, das sie auch mit Theologumina im Sinn einer *scientia amoris* zu ergründen und mittels einer komplexen Rhetorik des Paradoxen in Worte zu fassen sucht. Adynata, Oxymora sowie eine Metaphorik, deren Bildlogik sich der Paradoxie bedient, versprachlichen eine Liebespathologie, deren gegennatürliche Kultivierung den Adel der Empfindung indiziert und die huldigende Unterwerfung des Liebenden unter die vergottete Dame zu seiner Erhöhung verwandelt. [35]

III. Die europaweite Nachahmung dieses vom Vater des Humanismus, PETRARCA, in seinem ‹Canzoniere› zur Vollendung geführten Dichtungsmodells (Petrarkismus) trägt in der Renaissance zur ‹Paradoxia epidemica› [36] bei. In den unzähligen Rhetoriktraktaten der Zeit findet sich aber weder der Begriff des Paradoxes noch ähnliche Termini ausführlichere Betrachtung, da das Paradox als logische Figur in aristotelischer Tradition vorwiegend der Dialektik zugeordnet wird. Deshalb wird es damals als Satz- bzw. Gedankenfigur selbst in komplexen Stilistiken nur dürftig kommentiert. Diese charakterisieren das Paradox zwar als Äußerung von erstaunendem Unvermutetem, deuten aber nur an, wie die Verblüffung des Publikums bewirkt werden soll. In Anlehnung an Quintilian wird das Paradox in die Nähe des gespielten Zweifels *(dubitatio)* oder der gespielten Mitteilung *(communicatio)* gerückt und als Simulationsfigur vorgestellt, die gewisse Erwartungen weckt, um sie effektvoll zu enttäuschen. Wie in den antiken Vorbildern findet sich das Paradox in den Renaissance-Rhetoriken als Wirkungskategorie behandelt, die in *inventio* und *elocutio* Eindruck macht. Die humanistische Hochschätzung der Beredsamkeit läßt das paradoxe Enkomion beliebt werden, da es als ein auf die Umkehrung des Meinungswissens gerichteter Persuasionsakt besonders kunstfertige Argumentations- und Sprachgestaltung erfordert. Freude am aphoristischen Gedanken- und Wortspiel und die satirischen Möglichkeiten führen zu einer Fülle von Lobreden, die in Umwertung der geläufigen Wertigkeiten die Vorzüge der Armut, der Häßlichkeit, der Krankheit (Syphilis/ Wahnsinn) oder des Nichts preisen. Als Hilfestellung für diese Inversionsrhetorik werden einschlägige *loci-communes*-Kataloge ‹wider die allgemeine Meinung› erarbeitet. Europaweit wirken insbesondere ORLANDO LANDIS ‹Paradossi, cioè sententie fuori del comun parer nouellamente venute in luce› (1543). [37] Daß sich paradoxe Enkomiastik nicht in steriler Erörterung eines widersinnigen Standpunkts erschöpft, zeigt das ‹Enkomium Moriae› (1511) des ERASMUS VON ROTTERDAM. [38] Diese Harmonisierung antiker (stoischer) und christlicher (paulinischer) Vorstellungen von Torheit als Weisheit und Weisheit als Torheit verdeutlicht, wie der Mensch nicht nur die Vernunft, sondern auch die Torheit braucht, da er nur aus den von ihm gemachten Fehlern lernt.

Durch die in der Renaissance einsetzende und im Barock extreme, auf Wirkung zielende Rhetorisierung der Poetik entsteht ein neues Dichtungsideal, das durch paradoxe Formulierungen oder geistreich zugespitzte Gedankenführung auf Verblüffung ausgeht. Dichter suchen dieses Ziel zu erreichen, indem sie Aussagen durch rhetorische Kunstmittel systematisch so verrätseln, daß sie dem Rezipienten erlauben, eine überraschend sinnvolle Verbindung zwischen dem ungewöhnlichen Ausdruck und dem Gemeinten zu finden. Dieses auf das kognitive Potential des Paradoxen setzende und daher als *concors discordia* bzw. *discors concordia* beschriebene Vertextungsverfahren (concetto bzw. *acutezza*) charakterisieren zeitgenössische Theoretiker als Mittel der Erkenntnis, das in der Welt verborgene Zusammenhänge und Wahrheiten erschließt. [39]

IV. Wie der Makrokosmos erweist sich in der frühen Neuzeit auch der Mikrokosmos als erkundungsbedürftig. Den Versuch, erlebte Paradoxalität sprachlich zu erfassen, unternehmen Moralisten im Gefolge MONTAIGNES. [40] So studiert PASCAL in empirischer und metaphysischer Perspektive den Menschen. Mit rhetorischen, theologischen und mathematischen Paradoxa präsentiert er ihn als vernunftbegabtes, zwischen Gut und Böse zerrissenes Wesen, das zwischen dem unendlich Großen und dem unendlich Kleinen eine unbefriedigende Mittelstellung einnimmt (fr. 72). Seine Annäherung zeigt den Menschen als die Vereinigung von Unvereinbarkeiten, als lebendiges Paradox: «Welches Trugbild ist denn der Mensch? Welches noch nie dagewesenes Etwas, welches Monstrum, welches Chaos, welcher Hort von Widersprüchen, welches Wunderding? Ein Richter über alle Dinge, ein schwacher Erdenwurm, ein Hüter der Wahrheit, eine Kloake der Ungewißheit und des Irrtums, Ruhm und Abschaum des Weltalls. [...] Erkenne also, zu Hochmütiger, welches Paradoxon du für dich selbst bist» (fr. 434). Durch die als suggestiver Persuasionsakt angelegten ‹Pensées› soll der Leser sich zugleich seiner Misere, aber auch seiner Größe bewußt werden, die in der Einsicht in seine paradoxale Lage als «denkendes Schilfrohr» (fr. 347) besteht.[41]

Schätzen die Moralisten das Paradox wegen seiner Fähigkeit, Unbegreifliches zur Sprache zu bringen, so setzen die Aufklärer auf die provokative und erkenntnisfördernde Kraft paradoxer Formulierungen. Sie verwenden diese bevorzugt in der Art, daß ein der allgemeinen Meinung zuwiderlaufendes, daher aufrüttelndes Paradox die anschließend diskursiv entwickelte, durch Vernunft oder Empirie gewonnene Wahrheit ankündigt. So verfährt P. BAYLE in den ‹Pensées diverses sur la comète› (1682), in denen er das den Kulturkampf der Aufklärung eröffnende Paradox, Atheismus sei besser als Aberglauben, formuliert. In paradoxer Zuspitzung äußert hingegen ROUSSEAU seine Distanzierung von der kulturoptimistischen Fortschrittsgläubigkeit seiner Zeitgenossen. Derartige Praxis veranlaßt A. MORELLET, in seiner ‹Théorie du Paradoxe› (1775) gegen den übermäßigen Gebrauch des Paradox und vor allem gegen seine antiaufklärerische Instrumentalisierung zu polemisieren.[42]

Die Neuorientierung der Kunsttheorie, die Abbé DU BOS in seinen ‹Réflexions critiques sur la poésie et sur la peinture› (1719) mit dem Paradox eingeleitet hat, daß erhöhtes ästhetisches Wohlgefallen von der Darstellung des Leidens anderer ausgeht, setzt sich in dem um 1800 formulierten Programm für eine romantische, d.h. moderne Kunst fort. Diese auf die wechselseitige Durchdringung mit dem Leben ausgerichtete «progressive Universalpoesie [...], die ewig nur werden, nie vollendet sein kann»[43] legt F. SCHLEGEL auf die Paradoxie einer unabschließbaren Universalität fest. In der als neue Vereinigung von Poesie, Philosophie und Rhetorik, also einer neuen Einheit von Erfinden, Denken und Reden konzipierten Kunst kommt der Ironie – für Schlegel «die Form des Paradoxen»[44] – eine grundlegende Rolle zu. Denn er entgrenzt die Ironie vom punktuellen rhetorischen Tropus zu einer philosophisch-existentiellen Grundfigur. Er potenziert Ironie zu einer Haltung im Sinne eines Denkens und Gegendenkens in progressiver Bewegung, das sich der Auflösung in Eindeutigkeit verweigert und durch die absolute Synthese der produktiven Einbildungskraft aus scheinbar unvereinbaren Gegensätzen ein Universum hervorbringt.[45]

Interesse an den Möglichkeiten und Grenzen des Menschen, dem seine Entlassung in die Autonomie zugleich die aus dieser Verantwortung erwachsende Angst vor dem Scheitern beschert, verschafft dem Paradox in der Philosophie (Existenzialismus) und der Literatur der Moderne breiten Raum. Angesiedelt zwischen dem Verlust der gewohnten und dem (möglichen) Finden einer neuen Orientierung dient es dort als sprachliche und textorganisierende Struktur, um ein Lebensgefühl zu thematisieren, das sensibel auf die Spannungen und Bedrohungen der Moderne reagiert. Durch ihre konsequente Verwendung von sich potenzierenden Paradoxien auf verschiedensten Textebenen stellen moderne [46] und postmoderne [47] Autoren die Möglichkeit der Sprache zur Erfassung und Kommunikation der Wirklichkeit ebenso in Frage wie auch herkömmliche Vertextungsverfahren. Derartige Texte, die den überkommenen literarischen Codes und Kategorien wie Kohärenz oder Kausalität zuwiderhandeln, fungieren als Paradox gegenüber einem auf eine realistisch-mimetische Schreibweise verpflichteten Literatursystem. Indem die postmimetische Literatur [48] zunehmend die Fähigkeit bzw. das Versagen ihres sprachlichen Materials auslotet, legt sie die paradoxe Grundstruktur der Sprache offen, die aus der Arbitrarität der Zuordnung von Bezeichnendem und Bezeichneten sowie aus den relationalen Beziehungen der Zeichen innerhalb eines Sprachsystems entsteht: nur durch Begrenzung zu bedeuten, aber unbegrenzt bedeuten zu können [49].

Ist für Vertreter des New Criticism die Literatursprache durch eine Mehrdeutigkeit (Polyvalenz) ausgezeichnet, die sie mit dem noch eine Einheit der Gegensätze unterstellenden Terminus ‹paradox›[50] beschreiben, gehen Vertreter der Dekonstruktion weiter. Überzeugt von der vom offenen Prozeß der Semiose bewirkten Unmöglichkeit der semantischen Begrenzbarkeit der sprachlichen Zeichen suchen sie in Texten den Punkt, an denen diese den sich selbst auferlegten Gesetzen zuwiderhandeln und einander zuwiderlaufende, doch gleichermaßen zwingende Bedeutungen hervorbringen. Ihr Nachweis der literarischen wie nichtliterarischen Texten eigenen Tendenz, durch ihre je spezifische Sprache, Form und Organisation die eigene Bedeutungskonstruktion zu unterminieren bzw. zu dementieren, macht auf diese (je)dem Sprachhandeln inhärente Paradoxie aufmerksam, die in seinem Doppelcharakter als logischem und sprachlichem Gebilde angelegt ist.[51]

Anmerkungen:

1 vgl. P. Probst, H. Schröer, F. von Kutschera: Art. ‹Paradox, das Paradox(e), Paradoxie›, in: HWPh Bd. 7 (1989) 81–97; K. Wuchterl, H. Schröer: ‹Paradox I, II›, in: TRE Bd 25 (1995) 726–737; C. Thiel: Art. ‹paradox›, ‹Paradox›, ‹Paradoxon›, in: EPW Bd. 3 (1995) 40, 46f.; W. Bühlmann, K. Scherer: Stilfiguren der Bibel (1973) 93; R. Lanham: A Handlist of Rhetorical Terms (Berkeley 1969) 71; A. Marchese: Dizionario di retorica e stilistica (Mailand ⁷1988) 231; H. Suhamy: Les figures de style (Paris ²1983) 118f. – 2 zur Vielfalt der verschiedenen Sparten vgl. P. Geyer, R. Hagenbüchle (Hg.): Das Paradox. Eine Herausforderung des abendländischen Denkens (1992). – 3 zu den mathematisch-logischen Paradoxien vgl. R.M. Sainsbury: Paradoxien (1993). – 4 vgl. H. Schilder: Zur Begriffsgesch. des ‹Paradoxon› (1933) 3–18. – 5 vgl. H. Fränkel: Eine heraklitische Denkform, in: H. Fränkel: Wege und Formen frühgriech. Denkens (²1960) 253–283; U. Hölscher: Heraklit über göttliche und menschliche Weisheit, in: A. Assmann (Hg.): Weisheit (1991) 73–80. – 6 vgl. A. Grünbaum: Modern Science and Zeno's Paradoxes (London 1967); R. Ferber: Zenons Paradoxien der Bewegung und die Struktur von Raum und Zeit (²1995); R. Reinwald: Die Achilles-Paradoxie in der modernen Diskussion, in: J. Czermak (Hg.): Philos. der Mathematik (1993) 383–392. – 7 vgl. J. Barwise, J. Etchemendy: The Liar. An Essay on Truth and Circularity (New York 1987); B. Godart-Wencling: La verité et le menteur. Les paradoxes suifalsificateurs et la sémantique des langues naturelles (Paris 1990). – 8 vgl. K. Bormann: Platon (²1993); W. Wieland: Platon und die Formen des Wissens (²1999). – 9 Arist. Soph. el. 172b 9–35. – 10 Arist. Top. 104a 8–15. – 11 Arist. Rhet. 1412a 27. – 12 Arist. Top. 104b 24. – 13 Arist. Soph. el. 172b–173a. – 14 Menander in: Rhet. Graec. Sp. Bd.3 (1856) 346; M van der Poel: Paradoxon et adoxon chez Ménandre le Rhéteur in: R. Landheer, P.J. Smith (Hg.): Le Paradoxe en linguistique et en littérature (Genf 1996) 199–220. – 15 Cicero, Paradoxa Stoicorum pr. 4. – 16 Quint. IX, 2, 22–24. – 17 Iulius Rufinianus, De

figuris, in: Rhet. Lat. min. p. 46. – **18** ‹Augustinus›, De rhetorica, ebd. p. 147f. – **19** vgl. Cic. Inv. I, 20 und Quint. IV, 1, 42; H.F. Plett: Das Paradoxon als rhet. Kategorie, in: Geyer, Hagenbüchle [2] 93. – **20** vgl. Martin 202f.; T. Cole: The Origins of Rhetoric in Ancient Greece (Baltimore u.a. 1991) 143. – **21** vgl. J.P. Guépin: The Tragic Paradox. Myth and Ritual in the Greek Tragedy (1968); M. Landfester: Die Ritter des Aristophanes (1967) 89–94; E. Lefèvre: Die Bedeutung des Paradoxen in der röm. Lit., in: Geyer, Hagenbüchle [2] 209–246. – **22** K. Ziegler: Art. ‹Paradoxographoi›, in: RE XVIII, 3 (1949) 1137–1166. – **23** vgl. Schilder [4] 19–25. – **24** vgl. G. Hotze: Paradoxien bei Paulus. Unters. einer elementaren Denkform in seiner Theol. (1997). – **25** vgl. M. Grabmann: Die Gesch. der scholast. Methode (1911). – **26** vgl. J. Vanneste: Le mystère de Dieu. Essai sur la structure rationale de la doctrine mystique de Ps.-Denys l'Aréopagite (Paris 1959); P. Scazzoso: Ricerche sulla struttura del linguaggio dello Ps.-Dionigi Areopagita (Mailand 1967); A. Brontesi: L'incontro misterioso con Dio. Saggio sulla teologia affermativa e negativa nello Ps.-Dionigi (Brescia 1970); J. Hochstaffl: Negative Theologie. Ein Versuch zur Vermittlung des patristischen Begriffs (1976); M.-J. Krahe: Von der Wesensart negativer Theologie. Ein Beitr. zur Erhellung ihrer Struktur (Diss. München 1976). – **27** vgl. M. de Certeau: L'absent de l'histoire (Paris 1973) 63f. – **28** vgl. J. Keller: The Function of Paradox in the Mystical Discourse, in: Studia Mystica 6 (1983) 3–19; A.M. Haas: Mystische Erfahrung und Sprache, in: ders.: Sermo mysticus (Freiburg, Schweiz ²1989) 18–36. – **29** Da die Thesen seiner Heidelberger Disputation 1518 gegen die scholastischen Lehrmeinungen angehen, nennt sie der Reformator ‹theologica paradoxa›; vgl. Luther, Werke in Auswahl, hg. von O. Clemen, Bd. 5 (³1963) 377ff; J. Lebeau: Le paradoxe chez Erasme, Luther et Sebastien Franck, in: M.T. Jones-Davies (Hg.): Le paradoxe au temps de la renaissance (Paris 1982) 145–154. – **30** Mit seiner Slg. paradox formulierter Argumentationshilfen realisiert Franck die Rhetorisierung des theol. Paradoxons; vgl. seine Vorrede zu S. Franck: Paradoxa, hg. von S. Wollgast (1966); V. Klemm: Das Paradox als Ausdrucksform der spekulativen Mystik S. Francks (Diss. Leipzig 1937). – **31** Seine im ‹Cherubinischen Wandersmann› gesammelten Verse bezeichnet Angelus Silesius als Paradoxa, da sie geläufige Glaubenswahrheiten im neuen Licht erscheinen lassen; vgl. dazu A.M. Haas: Die Welt – ein wunderschönes Nichts, in: Haas [28] 378–391. – **32** vgl. N.H. Soe: Kierkegaard's Doctrine of the Paradox, in: H.A. Johnson, N. Thulstrup (Hg.): A Kierkegaard Critique (New York 1962) 207–227; J. Steilen: Der Begriff Paradox. Eine Begriffsanalyse im Anschluß an S. Kierkegaard (Diss. Trier 1974); J. Walker: The Paradox in Fear and Trembling, in: Kierkegaardiana 10 (1977) 133–151; H. Garelick: Gegenvernunft und Übervernunft in Kierkegaards Paradox, in: W. Greve, M. Theunissen (Hg.): Materialien zur Philos. S. Kierkegaards (1979) 369–384. – **33** vgl. H. Schröer: Die Denkform der Paradoxalität als theol. Problem (1960). – **34** vgl. A. Nygren: Sinn und Methode (1979).; vgl. auch B. Beuscher: Positives Paradox. Entwurf einer neostrukturalist. Religionspädagogik (1993). – **35** vgl. H. Friedrich: Epochen der ital. Lyrik (1964) 1–234; A. Kablitz: Die Minnedame – Herrschaft durch Schönheit, in: M. Neumeyer (Hg.): Ma. Menschenbilder (2000); reichhaltiges europ. Material bei R. Gigliucci: Oxymoron amoris. Retorica dell'amore irrazionale nella lirica italiana antica (Anzio 1990). – **36** vgl. R.L. Colie: Paradoxia epidemica. The Renaissance Tradition of Paradox (New Jersey 1966); Jones-Davies [29]. – **37** vgl. Plett [19] 95–101. – **38** vgl. W. Kaiser: Praisers of Folly. Erasmus, Rabelais, Shakespeare (Cambridge, Mass. 1963); S.M. Geraldine: Erasmus and the Trad. of Paradox, in Studies in Philology 61 (1964) 41–63; Lebeau [29]. – **39** vgl. E. Tesauro: Il Cannocchiale Aristotelico (1655), hg. von A. Buck (1968) passim und den der ‹acudeza paradoja› gewidmeten Discorso XXIII in B. Gracián: Agudeza y arte de ingenio (1648), hg. von E. Correa Calderón (Madrid 1980). – **40** A. Glauser: Montaigne paradoxal (Paris 1972); Y. Bellenger: Paradoxe et Ironie dans les Essais de 1580, in: Jones-Davies [29] 9–22; P.J. Smith: «J'honnore le plus ceux que j'honnore le moins». Paradoxe et discours chez Montaigne, in: Landheer, Smith [14] 173–197. – **41** Übers.: B. Pascal: Gedanken über die Religion und einige andere Themen, hg. von J.-R. Armogathe, dt. von K. Kunzmann (1997) 89f.; H. Friedrich: Pascals Paradox. Das Sprachbild einer Denkform, in ZRPh 56 (1936) 322–370. – **42** vgl. H. Sckommodau: Die Thematik des Paradoxes in der Aufklärung (1972). – **43** F. Schlegel: 116. Athenäumsfrg., in: Kritische F. Schlegel-Ausg., hg. v. E. Behler u.a. Bd. 2 (1958ff.) 82f. – **44** ders.: 48. Lyceums-Frg., ebd. 153. – **45** vgl. W. Menninghaus: Unendliche Verdopplung. Die frühromant. Grundlegung der Kunsttheorie im Begriff absoluter Selbstreflexion (1987); I. Strohschneider-Kohrs: Die romant. Ironie in Theorie und Gestaltung (²1977); P.L. Österreich: Ironie, in: H. Schanze (Hg.): Romantik-Handbuch (1994) 351–365. – **46** Stellvertretend seien hier Franz Kafka, Jorge Luis Borges und Samuel Beckett genannt; vgl. G. Neumann: Umkehrung und Ablenkung. Franz Kafkas ‹gleitendes Paradox›, in: H. Politzer (Hg.): Franz Kafka (1973); H.H. Hiebel: Das Zeichen des Gesetzes (²1989) 21–35; B. Lorich: Borges' Puzzle of Paradoxes, in: Southwest Review 58 (1973) 53–65; E. Geisler: Paradox und Metapher. Zu Borges' Kafka-Rezeption, in: Romanist. Zs. für Literaturgesch. 10 (1986) 219–243; K. Blüher: Paradoxie und Neophantastik im Werk von J.L. Borges, in: Geyer, Hagenbüchle [2] 531–549; M. Hench: The Use of Paradox as Artistic Technique in Beckett's Plays (Amherst, Mass. 1969); P. Breuer: Die Kunst der Paradoxie. Sinnsuche und Scheitern bei S. Beckett (1976). – **47** vgl. J.L. Chamberlain: Magicking the Real. Paradoxes of Postmodern Writing, in: L. McCaffery (Hg.): Postmodern Fiction. A Bio-Bibliographical Guide (New York u.a. 1986) 5–21; zum postmodernen Verständnis des Paradoxes vgl. P. Hughes, G. Brecht (Hg.): Die Scheinwelt des Paradoxons. Eine kommentierte Anthologie (1978); N. Falletta: Paradoxon. Widersprüchliche Streitfragen, zweifelhafte Rätsel, unmögliche Erläuterungen (1988). – **48** vgl. M. Andreotti: Die Struktur der modernen Lit. (Bern u.a. 1983). – **49** C. Bode: Das Paradox in postmimetischer Lit., in: Geyer, Hagenbüchle [2] 629. – **50** vgl. C. Brooks: The Well Wrought Urn. Studies in the Structure of Poetry (New York 1947); ders.: Metaphor, Paradox, and Stereotype, in: British J. of Aesthetics 5 (1965) 315–328. – **51** vgl. P. de Man: Blindness and Insight. Essays in the Rhetoric of Contemporary Criticism (New York 1971); ders.: Allegories of Reading. Figural Language in Rousseau, Nietzsche, Rilke and Proust (New York 1979).

M. Neumeyer

→ Antithese → Barock → Dekonstruktion → Endoxa → Expressionismus → Manierismus → Mystik → New Criticism → Oxymoron → Paradoxon → Petrarkismus → Verfremdung → Vertretbarkeitsgrade → Widerspruch

Paradoxon (griech. παράδοξον, parádoxon, auch ἀπροσδόκητον, aprosdóketon bzw. ὑπομονή, hypomoné lat. improvisum, inopinatum bzw. sustentatio).

A. In der antiken Rhetorik bezeichnet ‹P.› (‹das wider die Meinung/Erwartung Stehende›, ‹das Unvermutete›) eine Gedankenfigur, durch die der Redner in seinen Vortrag etwas Unvorhergesehenes, Unerwartetes einführt, um seine Zuhörer zu überraschen, z.B. «Nimm jetzt diese Mandeln hier und knacke sie auf deinem Kopf mit einem Stein.» [1]

B. Das dem griechischen ‹P.› entsprechende lateinische *improvisum* ist als rhetorischer Terminus erstmals in einem Figurenkatalog in CICEROS ‹De oratore› belegt [2]; eine Erläuterung des P./inopinatum erhalten wir jedoch erst von QUINTILIAN. [3] Dort wird es zunächst als effektvolle Schlußwendung der *communicatio*, der rhetorischen Frage an das Publikum um Rat, eingeführt. Indem der Redner sich gleichsam ratlos an den Zuhörer wendet, aktiviert er dessen gespannte Teilnahme am Vorgetragenen, und er wird ihn emotional immer stärker beteiligen und mit wohlüberlegten aufschiebenden Pausen fesseln, bis er ihn von der Richtigkeit der eigenen These überzeugt hat. Doch entspricht beim P. die künstlich erzeugte Erwartung nicht der Wichtigkeit, dem Ernst dessen, was eröffnet wird: «Manchmal fügen wir, während wir versuchen, den Zuhörer zu beteiligen, etwas Unerwartetes hinzu – was schon für sich eine Stilfigur ist –, so wie Cicero es in seiner Rede gegen Verres tut [4]: "Und? Woran denkt ihr? An Diebstahl oder irgendeinen Raub?" Dann, nachdem er die Richter lange in der Schwebe gelassen hatte, nannte er schließlich eine viel größere Missetat. Celsus nennt diese Figur ‹Hinhalten› (*sustentatio*). Von ihr gibt es zwei Spielarten: denn es geschieht auch oft, daß wir ganz im Gegenteil, nachdem wir bei den Zuhörern die Erwartung sehr schwerer Anschuldigungen erzeugt haben, uns auf etwas beschränken, das nicht schlimm oder überhaupt nicht verbrecherisch ist. Aber da dies üblicherweise nicht nur über die Einbeziehung [des Zuhörers] (*communicatio*) erfolgt, haben es andere παράδοξον, d.h. ‹Unerwartetes› (*inopinatum*) genannt.»

Der mit Sicherheit am weitesten verbreitete Gebrauch des P. ist jener, den wir in der Formulierung bissiger, ironischer *sententiae* beobachten: «Iam haec magis nova sententiarum et elocutionis genera: ex inopinato, ut dixit Vibius Crispus in eum qui, cum loricatus in foro ambularet, praetendebat id se metu facere: "Quis tibi sic timere permisit?" Et insigniter Africanus apud Neronem de morte matris: "Rogant te, Caesar, Galliae tuae ut felicitatem tuam fortiter feras."» (Hier sind die neueren Arten von wirkungsvollen Aussprüchen: jene unerwarteten wie der, den [der bekannte Denunziant] Vibius Crispus an jenen mit einem Panzer gerüsteten Passanten auf dem Forum richtete, der erklärte, dies aus Angst zu tun: "Wer hat dir erlaubt, so ängstlich zu sein?" Ausgezeichnet ist auch jener Satz, den Africanus gegenüber Nero bezüglich des Todes seiner Mutter äußerte: "Caesar, deine gallischen Provinzen bitten dich, dein Glück tapfer zu ertragen.") [5] Es kann sich beim P. auch um ein überraschendes Witzwort von unwiderstehlicher Komik handeln. Vor allem dieser letzten Form des Unerwarteten gilt in der westlichen Kultur die größte Aufmerksamkeit der Forschung, auch im Zusammenhang mit der Frage der Zugehörigkeit des Komischen zur Rhetorik. [6] Von Aristoteles bis Freud [7], um nur zwei bedeutende Pole der Forschung zu nennen, wurden die logischen Mechanismen, die philosophischen, psychologischen und psychoanalytischen Aspekte, der sprachliche Ausdruck und die diskursiven Verfahren, die dem Witz innewohnen, untersucht. In ihrer Kürze und Verdichtung ähnelt die witzige Antwort der Metapher, und beide erweisen sich als wirksame und besonders rasche Hilfsmittel der Erkenntnis. Das Lachen, das ein unerwarteter Witz hervorruft, kennzeichnet den Moment des erkennenden Staunens: ἔστιν δὲ καὶ τὰ ἀστεῖα τὰ πλεῖστα διὰ μεταφορᾶς καὶ ἐκ τοῦ προσεξαπατᾶν. μᾶλλον γὰρ γίγνεται δῆλον ὅ τι ἔμαθε παρὰ τὸ ἐναντίως ἔχειν, καὶ ἔοικε λέγειν ἡ ψυχὴ "ὡς ἀληθῶς, ἐγὼ δὲ ἥμαρτον". (So entstehen die geistreichen Sätze meistenteils aus der Metapher und dem Überraschen durch Täuschung; denn wenn die Dinge sich konträr zur Erwartung verhalten, wird es um so deutlicher, daß man dazugelernt hat, und wir sagen uns gleichsam: "So ist es in Wirklichkeit, ich aber habe mich getäuscht.") [8]; oder auch: «scitis esse notissimum ridiculi genus, cum aliud exspectamus, aliud dicitur: hic nobismet ipsis noster error risum movet» (Ihr wißt, daß wir dann die bekannteste Form des Lächerlichen haben, wenn wir eine Sache erwarten und eine andere gesagt wird. Dann müssen wir über unseren eigenen Irrtum lachen). [9] Von den Witzen, die auf dem P. beruhen (*genus decipiendi opinionem*) und von den Arten des ‹Mißverständnisses› (*genus dicta aliter intelligendi*) spricht auch Quintilian [10], der in diesem Punkt, wie in der gesamten Behandlung des Komischen, Cicero folgt.

Die komische Täuschung, die im geistreichen Witz durch Worte erfolgt, ist jener sehr ähnlich, die sich in der antiken Komödie durch Fakten ereignet: ein plötzlicher Widerspruch in den Situationen schafft jene typische enttäuschte Erwartung, jene Form des Unerwarteten (παρὰ προσδοκίαν, pará prosdokían; aprosdóketon), die der Kern der Peripetie in der Komödie und «der Ausweg, aber auch das bekannteste Prinzip [...] der Theorie und Praxis des Komischen in der Antike» [11] ist.

In spätantiken Figurentraktaten wird das P. unter verschiedenen Benennungen als Gedankenfigur mit der von Cicero und Quintilian erörterten Wirkungsweise beschrieben. [12] Scheint es in der Theorie des Mittelalters weitgehend unbekannt gewesen zu sein, so tritt es mit veränderter Definition wieder in der Renaissance-Rhetorik auf. Man versteht nun unter ‹inopinatum› oder ‹P.› eine Figur, mit der der Redner nicht beim Zuhörer Verblüffung erzeugt, sondern nur seiner *eigenen* Verwunderung und Überraschung angesichts einer ungewöhnlichen Tatsache Ausdruck gibt. [13] Derartige Wendungen als Figur zu bezeichnen, hatte schon Quintilian abgelehnt [14], wie es sich überhaupt bei einigen der zahlreichen ‹Figuren› der Renaissance-Rhetorik tatsächlich um Topoi handelt. Von späteren Theoretikern wird das P. in seiner ursprünglichen Konzeption, der prompten oder kunstvoll verzögerten Enthüllung eines überraschenden Sachverhalts, wiederhergestellt. [15]

Anmerkungen:
1 Aristophanes Frg. 605 Kassel-Austin. – **2** Cic. De or. III, 207. – **3** Quint. IX, 2, 22f. – **4** Cicero, In Verrem V, 5, 10 – **5** Quint. VII, 5, 15. – **6** vgl. L. Olbrechts-Tyteca: Le comique du discours (Brüssel 1974). – **7** S. Freud: Der Witz und seine Beziehung zum Unbewußten (Wien 1905). – **8** Arist. Rhet. III, 11, 1412a 19ff. – **9** Cic. De or. II, 255; vgl. ebd. 260, 284f. – **10** Quint VI, 3, 84ff. – **11** M. G. Bonanno: Metafore redive e non parlanti (sui modi del *Witz* in Aristofane), in: Filologia e forme letterarie. Studi offerti a F. Della Corte, Bd. I (Urbino 1987) 223; vgl. Ps.-Hermogenes, Περὶ μεθόδου δεινότητος 451, 10ff. Rabe; Ernesti Graec. 295 s.v. προσδοκία. – **12** vgl. Iulius Rufinianus, De figuris sententiarum et elocutionis 34 «παράδοξον sive ὑπομονή», in: Rhet. Lat. min. 46, 24–29; Tiberius, Περὶ τῶν παρὰ Δημοσθένει σχημάτων (De figuris Demosthenicis) 16 ‹παρὰ προσδοκίαν›, ed. G Ballaira (Rom 1968) 20. – **13** vgl. z.B. J Susenbrotus: Epitome troporum ac schematum... (Zürich 1540) 68; Melanchthon Sp. 477; dazu L. A. Sonnino: A Handbook to Sixteenth-Century Rhet. (London 1968) 113. – **14** vgl. Quint. IX. 2, 24. – **15** vgl. z.B. Vossius, Pars altera 386f.; Ernesti [11].

M. S Celentano, A. Ka.

→ Communicatio → Humor → Komik, das Komische → Lachen, das Lächerliche → Paradoxe, das → Sustentatio → Witz

Paragoge (griech. παραγωγή, paragōgé; lat. paragoge, appositio ad finem dictionis; engl. paragoge; frz. paragogue; ital. paragoge)

A. *Def. und Bereiche.* Die P. (1) gehört neben der Prosthese, der Dihairese und der Epenthese als ein Aspekt der *quadripertita ratio* in den Bereich des *metaplasmus per adiectionem*, der sich vom *barbarismus* als ein lizensierter Sonderfall unterscheidet, sofern er absichtlich mit dem Ziel des *decus (ornatus)* der Rede oder aus metrischen Gründen (als Reimmetaplasmus) eingesetzt wird. In Anlehnung an ältere griechische Grammatiker, z.B. TRYPHON im 1. Jh. v. Chr. und APOLLONIOS DYSKOLOS im

2. Jh. n. Chr., erklärt DIOMEDES die P. in seiner ‹Ars grammatica› (4. Jh. n. Chr.) folgendermaßen: «Paragoge est cum ad ultimam simplicis dictionis clausulam aut littera adiungitur aut syllaba: littera, ut apud Plautum, 'quo ted hoc noctis' pro te; syllaba, ut 'potestur' pro potest.» (Eine Paragoge ist es, wenn am Ende eines einzelnen Wortes entweder ein Buchstabe oder eine Silbe hinzugefügt wird: ein Buchstabe, wie z.B. bei Plautus, "quo ted hoc noctis" statt te; eine Silbe, wie z.B. 'potestur' statt 'potest'.)[1] Die P. betrifft im rhetorischen System die *virtutes et vitia elocutionis* und die Figurenlehre. Aus der sprachlichen *licentia* des Dichters oder Redners abgeleitet, steht die P. allerdings immer in einem Spannungsverhältnis zur jeweiligen Norm der sprachlichen Korrektheit (z.B. der *latinitas*), auf deren Hintergrund sich erst ihre Wirkung entfalten kann. Klassische Grammatiken und Traktate zur Rhetorik empfehlen nur einen sparsamen Einsatz der P. Sie wird häufiger in solchen Zeiten eingesetzt, in denen die Autoren oder Redner der Affekterregung bei den Zuhörern und Lesern eine große Bedeutung beimessen und die gegenüber der absichtlichen Verletzung der korrekten Wortform tolerant sind.[2] Beispiele hierfür bieten in der Antike die asianische Rhetorik und der Pointenstil der Silbernen Latinität, später die Poetik und Rhetorik des Manierismus und des 20. Jh.

Von der P. als einer *species* des Metaplasmus scharf zu trennen ist die P. (2) im Rahmen des griechisch-römischen Gerichtsverfahrens und der Gerichtsrede. Das Vorführen von Kindern, Frauen, anderen Verwandten oder Freunden der Angeklagten zur Erregung des Mitleides der Richter wird als παραγωγή προσώπων, *paragōgḗ prosṓpōn*, oder auch παράκλησις, *paráklēsis*, lateinisch als *productio* bezeichnet.[3] Absicht dieses Brauches war es, durch ein *spectaculum funeste* (trauriges Schauspiel), also ein außersprachliches Kunstmittel, die Wirkung der vorherigen Ausführungen des Redners bei den Richtern zu verstärken und Mitleid oder Sympathie für eine Partei zu erregen.[4] Diese P. betrifft den Bereich des *movere* und wird am Ende des Epiloges (*peroratio*) der Gerichtsreden als ein legitimes Mittel des rhetorischen Appells eingesetzt. Auch CICERO anerkennt die P. als Verstärkung der *peroratio*.[5] Ihre Wirkung beruht großteils auf einem überwiegend mündlichen Verfahren und auf der starken Position von mit Laienrichtern besetzten Richterkollegien. Nachdem die Gerichtsverfahren in neuzeitlichen Staatswesen weitgehend verschriftlicht worden sind und der Einfluß professionell ausgebildeter Richter stark gestiegen ist, ist diese P. als *methodus oratoria* unüblich geworden. Es haben sich aber unter Ausnutzung moderner Massenmedien ähnliche verfahrensbegleitende Vorgehensweisen außerhalb des Gerichtssaales entwickelt.

B. *Historische Aspekte.* In seiner ‹De barbarismis et metaplasmis ars› definiert CONSENTIUS auch die P. als Unterart des Metaplasmus (mit bekannten Beispielen): «Paragoge est, quae eadem paralempsis dicitur, adiectio litterae syllabaeve ad finem dictionis, litterae, ut 'magis' pro 'mage'; syllabae, ut 'admittier orant' pro 'admitti' et 'potestur' pro 'potest'.» (Eine Paragoge, die auch Paralempsis genannt wird, ist eine Hinzufügung eines Buchstabens oder einer Silbe am Ende des Wortes, eines Buchstabens wie z.B. 'magis' statt 'mage', einer Silbe, wie z.B. 'admittier orant' statt 'admitti' und 'potestur' statt 'potest'.)[6] Die vielleicht einflußreichste Definition legt DONATUS im 5. Kapitel des 3. Buches seiner ‹Ars maior› ein. Er nennt die P. als dritte unter insgesamt vierzehn *species* des Metaplasmus: «Paragoge est appositio ad finem dictionis litterae aut syllabae, ut *magis* pro *mage* et *potestur* pro *potest*. Hanc alii prosparalepsin appellant.» (Paragoge ist eine Hinzufügung eines Buchstabens oder einer Silbe am Ende des Wortes, wie z.B. *magis* statt *mage* und *potestur* statt *potest*. Diese Paragoge nennen andere eine Prosparalepsis.)[7] Beliebt sind bei antiken und mittelalterlichen Grammatikern Beispiele für die P. aus den Werken der kanonischen Dichter, insbesondere Vergil oder Plautus. Auf Donatus und den Kommentar des SERVIUS zu Vergils ‹Aeneis› gestützt erklärt auch ISIDOR VON SEVILLA in den ‹Etymologiae› die P. als eine *adpositio in finem*.[8] Die antike Differenzierung der *species* des Metaplasmus und damit auch die Definition der P. werden bis zum Ende des 18. Jh. ohne substantielle Änderungen übernommen und zunächst durch Donatus, PRISCIAN und Isidor von Sevilla dem mittelalterlichen Grammatikunterricht im Rahmen des *Trivium* vermittelt. Auch die Lehrbücher zur Figurenlehre der Humanisten- und Barockzeit übernehmen die antike Bestimmung der P. Noch im 18. Jh. faßt ZEDLERS ‹Universallexikon› zusammen: «P. ist eine grammaticalische und insonderheit orthographische Figur, da zu Ende eines Worts noch ein Buchstabe oder eine Sylbe hinzugesetzet wird, z.E. Dicier vor Dici, Dominarier vor Dominari.»[9] Manche modernen Lexika, z.B. R.A. LANHAMS ‹A Handlist of Rhetorical Terms› oder B. DUPRIEZ' ‹Gradus. Les procédés littéraires›[10] beschränken sich auf knappe Begriffserklärungen und prägnante Beispiele. Doch in bestimmten Richtungen der Neuen Rhetorik des 20. Jh., z.B. in der ‹Allgemeinen Rhetorik›, einer modernen Theorie der *elocutio* und Figurenlehre der ‹Groupe μ› um J. DUBOIS[11], wird die P. intensiver diskutiert.

Anmerkungen:
1 Ausg.: Gramm. Lat. Bd. 1, 441,17–19, Beispiel aus Plautus ‹Der Parasit Curculio› 1, 1, 1: «Quo ted hoc noctis dicam proficisci foras»; Übers. aller Zitate vom Verf. – **2** vgl. Art. ‹Affektenlehre›, in: HWRh Bd. 1 (1992) Sp. 218–248; M. Kraus: Art. ‹Affectatio›, ebd. 209–218; Ernesti Graec. 242. – **3** Volkmann 282; Lausberg Hb. § 462,1c. – **4** Ernesti Graec. 242–243. – **5** vgl. Hypereides pro Euxenippo 41 Jensen; Cic. Or. 38, 131; De or. II, 124; pro M. Fonteio 46–48. – **6** M. Niedermann (Hg.): Consentii ars de barbarismis et metaplasmis (Neufchâtel 1937) 4, 10–14; Beispiel ‹admittier orant› aus Vergil, Aeneis IX,231. – **7** Ausg.: Gramm. Lat. Bd. 4,396, 6–7. – **8** Isid. Etym. 1, 35, 3. – **9** Zedler, Bd. 26 (1740; ND Graz 1982) Sp. 786. – **10** Lanham 108 z.B. befor**ne** statt before; Dupriez 319 z.B. sion jusques au ciel élevée autrefois. – **11** Dubois 89 s.v. paragogue mit Beispiel ‹avecque› statt ‹avec›.

J. Engels

Affectatio → Affektenlehre → Änderungskategorien → Appell, rhetorischer → Barbarismus → Dihaerese → Epenthese → Groupe μ → Metaplasmus → Movere → Prosthese → Virtutes et vitia-Lehre

Paragone
A. Def. – B.I. Antike und Mittelalter. – II. Renaissance und Barock in Italien. – III. Renaissance und Barock im übrigen Europa. – IV. Späteres 18. und 19. Jh.

A. Der italienische Begriff des ‹P.› (Vergleich) bezeichnet den Rang- und Wettstreit der Bildenden Künste, und zwar sowohl ihre Konkurrenz zu den *artes liberales* – hier vorrangig zu Dichtung, Rhetorik und Musik – als auch die Konkurrenz von Malerei, Skulptur bzw. Plastik, Architektur sowie seltener auch von Garten- und Tanzkunst untereinander. Neben den v.a. seit dem 15. Jh. in großer Zahl überlieferten theoretischen Äußerungen zum P. steht gleichberechtigt eine Reihe von Kunstwerken, die als 'anschauliche' Argumente in diesem Diskussionskontext zu begreifen sind.

Eingeführt wird der Begriff ‹P.› in diesem Sinne erst von G. MANZI, der 1817 den wenige Jahre zuvor wiederentdeckten ‹Codex Vaticanus Urbinas Latinus 1270› publiziert – eine posthume Kompilation (16. Jh.) von Schriften des Leonardo da Vinci, deren *Parte Prima* die großenteils nur hier überlieferten und zuvor weitgehend unbekannten Äußerungen Leonardos zum P. versammelt.[1] Vor Manzi wird der Rangstreit als *disputà sulla maggioranza* (bzw. *nobiltà*) *dede arti*, als *combattimento* oder *contesa* umschrieben. Die Begriffe ‹paragone›, ‹paragonare› und ‹paragonabile› finden sich dagegen in der Kunstliteratur zumindest bis ins späte 16. Jh. äußerst selten: Zu den Ausnahmen zählen eine Bemerkung des Bildhauers T. Lombardo (1525), die Skulptur sei aufgrund ihrer größeren Dauerhaftigkeit auf «keine Weise mit der Malerei zu vergleichen» (non da parrangonar con pittura per niun modo), die Erwähnungen von ‹P.› in A.F. Donis Traktat ‹Disegno› (1549), hier allerdings nicht ausschließlich für den Rangstreit der Künste benutzt, und insbesondere zwei Gedichte des G.P. LOMAZZO (vor 1587) mit dem Titel ‹Paragon del scrivere co'l dipingere› und ‹Paragon de la Pittura con la Scultura›.[2] Seit dem 17. Jh. läßt sich der Begriff ‹P.› dann in Buchteils nachweisen.[3] Außerdem werden als *Pietra di paragone* einige äußerst harte, schwarz glänzende Gesteinssorten bezeichnet, die als ‹Prüfsteine› für den Vergleich von Edelmetallen fungieren.[4]

Den Paragonediskussionen liegt die zentrale und seit Begründung der Semiotik erneut aktuelle Frage nach den Gemeinsamkeiten und Unterschieden, Möglichkeiten und Grenzen von Sprache bzw. Text, Musik und den verschiedenen visuellen Medien zugrunde.[5] Da insbesondere während Antike, Renaissance und Barock eine prinzipielle Vergleichbarkeit von Malerei und Dichtung hinsichtlich ihrer künstlerischen Mittel und Ziele postuliert wird (*ut pictura poesis*), muß im Gegenzug zwangsläufig ein Bedürfnis nach Abgrenzung und Bewertung der eigenen Disziplin entstehen, das sich im P. äußert.[6] Mit den theoretischen Überlegungen gehen die Bemühungen der Künstler um Aufwertung ihres sozialen Status und häufig auch ganz praktische finanzielle Interessen einher.

Die im Kontext des P. zumindest bis ins frühe 19. Jh. immer wieder in verschiedener Gruppierung und Gewichtung bemühten Überlegungen zur Würde, epistemologischen Relevanz und künstlerischen Vollendung der einzelnen Gattungen lassen sich in sieben große Argumentationsstrategien einordnen, wobei einzelne Begründungen durchaus mehrfach und je nach Sichtweise sowohl als Pro- wie auch als Contra-Argumente für eine der Künste nutzbar waren: 1. Ursprung und Anfänge: unter Verweis auf den Topos vom ‹Gott als Künstler› wird der menschliche dem göttlichen Schaffensprozeß als dem würdigsten und ältesten Vorbild angenähert, Begabung (*ingenium*), Phantasie und Inspiration auf göttliche Eingebung zurückgeführt. 2. Das Kriterium der Wahrheit fragt danach, welche *ars* die Wirklichkeit am getreuesten darstellen und als möglichst universales und allgemeinverständliches Zeichensystem fungieren könne. Besondere Bedeutung gewinnt dabei das *anima-corpus*-Modell, das die Bildkünste auf die Wiedergabe der äußeren Erscheinung beschränken möchte, wogegen allein Sprache ‹Seele› und ‹Geist›, d.h. das eigentliche Wesen des Darzustellenden, festzuhalten vermag. Hier schließen sich auch Überlegungen zur Hierarchie der einzelnen Sinne an. 3. Die mathematisierbaren Grundlagen und damit die Wissenschaftlichkeit der bildenden Künste (z.B. durch Perspektiv- und Proportionslehre) wie auch die Bildung des Künstlers selbst sind unverzichtbar für eine Einschätzung als *ars liberalis*. 4. Nach dem Vorbild des *prodesse, movere* und *delectare* der antiken Rhetoriktheorie wird die Rezeption der bildenden Künste im Hinblick auf den (sittlichen und staatlichen) Nutzen, die emotionale Wirkung und das ästhetische Gefallen beurteilt. 5. Künstlerische Argumente wägen etwa die Anteile geistiger und körperlicher Arbeit, die Schwierigkeit des Entwurfsprozesses und der Materialbehandlung, die jeweiligen Möglichkeiten und Grenzen der Sinnestäuschung etc. gegeneinander ab. 6. Der Fundus antiker Künstlerlegenden und (vermeintlich) historischer Beispiele liefert eine Reihe von wertenden Informationen: So gibt ein Bericht über den Besuch Alexanders d. Gr. in der Werkstatt des Apelles Hinweise auf die außerordentlichen Ankaufspreise antiker Meisterwerke, und die Nachricht Plutarchs, im klassischen Griechenland habe Zeichnen zum Ausbildungskanon eines freien Bürgers gezählt, liefert Kriterien für den sozialen Status des Künstlers und den Rang seiner Kunst. 7. Das *exegi monumentum*-Argument stuft im Anschluß an Horaz die Künste danach ein, welche für Auftraggeber und Künstler größeren und länger währenden Nachruhm garantieren.

Als Resultat der jahrhundertelangen Paragonediskussionen ist nicht nur die gesellschaftliche Aufwertung des Künstlers und der im 18. Jh. erfolgte Zusammenschluß von Malerei, Skulptur, Architektur, Dichtung und Musik in der von den Wissenschaften und *artes mechanicae* unabhängigen Kategorie der ‹Schönen Künste› zu sehen. Der Diskurs trägt auch dazu bei, daß sich seit der Frühen Neuzeit ein Begriffsapparat für die ästhetische Beschreibung und Beurteilung von Kunstwerken entwickelt und die verschiedenen künstlerischen Gattungen präzise definiert und unterschieden werden.[7]

B.I. *Antike und Mittelalter.* Der Vergleich zwischen Sprache und Bildkünsten erscheint als ein Grundmotiv antiker Literatur: Bereits Homers berühmte ‹Schildbeschreibung› in der ‹Ilias› impliziert einen Wettstreit der beiden Medien, den spätere Ekphraseis stets aufgreifen.[8] Die Parameter des Vergleichs bringt das indirekt überlieferte Diktum des SIMONIDES VON KEOS von der Malerei als stummer Dichtung und der Dichtung als sprechender Malerei auf eine erste und einflußreiche Kurzformel.[9] Um dieselbe Zeit hält PINDAR seine Schriften für zuverlässigere Garanten des Nachruhms als alle Monumente – ein Gedanke, der sich im übrigen schon bei den Ägyptern findet.[10] PLATONS Verdikt gegen die mimetischen Künste und ihr Ausschluß aus dem Idealstaat sollte dann deren langes Ringen um Anerkennung provozieren, wogegen ARISTOTELES die entscheidende Vergleichsgrundlage des P. begründet, indem er für Dichtung, Rhetorik, Bildkünste, Tanz und einige Arten der Musik die Naturnachahmung zum gemeinsamen Ziel erklärt.[11] Daß Aristoteles selbst mit dem Hinweis auf die ganz unterschiedlichen formalen Mittel diese Vergleichbarkeit sofort wieder einschränkt, und später auch das berühmte *ut pictura poesis* des Horaz im ursprünglichen Kontext nicht normativ als: «wie die Malerei so sei die Dichtung!» zu lesen ist, sollte dagegen wenig Beachtung finden.[12] Insgesamt genießen die antiken Künstler als Handwerker wenig Ansehen, wenn auch einige Autoren wie Vitruv und Galen Architektur bzw. Malerei zu den freien Künsten rechnen, und Cicero erstmals für die Verbindung der Künste untereinander die später so erfolgreiche Metapher vom ‹Verwandtschaftsverhältnis› bemüht.[13]

Ausführlichere Äußerungen zum P. finden sich seit der römischen Kaiserzeit: DION CHRYSOSTOMOS möchte im Hinblick auf Darstellung und Verehrung der Götter die Überlegenheit der Dichtung aus dem Vergleich von Homers Beschreibung des Zeus und der entsprechenden Statue des Phidias begründen.[14] In LUKIANS ‹Somnium› argumentieren Personifikationen der Bildung und der deutlich unterlegenen Skulptur über ihre jeweiligen Vorzüge. Der gleiche Autor diskutiert in seinen beiden Dialogen zum Porträt die verschiedenen Wiedergabemöglichkeiten von Sprache und Bild. Dieser Vergleich war schon um 400 v. Chr. bei Xenophon angeklungen, der die Gespräche des Sokrates mit dem Maler Parrhasios und dem Bildhauer Kleiton über die Darstellung von Lebendigkeit und Seele schildert. Aber v.a. die kurzen Bemerkungen dazu von CICERO, SENECA oder SALLUST sollten dann in der Frühen Neuzeit aufgegriffen und zum *anima-corpus*-Modell weiterentwickelt werden.[15] Selbstverständlich scheinen den Literaten auch ihre geschriebenen Werke länger andauernden und umfassenderen Nachruhm zu garantieren als Bildnisse oder Monumente.[16] Dagegen können die Gemälde-Ekphraseis der beiden PHILOSTRAT und die Skulpturenbeschreibungen des KALLISTRATOS als gleichberechtigtes Lob der Bild- und Beschreibungskünste gelesen werden – Kallistratos konzediert dem Bildhauer selbst die bislang Dichtern vorbehaltene göttliche Inspiration.[17] Für die ausgezeichnete soziale Stellung einiger Künstler und für die überragende Lebendigkeit ihrer Meisterwerke liefern insbesondere die ‹Naturkunde› des PLINIUS, die ‹Anthologia Palatina› und VALERIUS MAXIMUS reiches Material.[18] Sogar ein Vorrang der Bildkünste ließe sich ansatzweise aus Bemerkungen des QUINTILIAN und HORAZ über die größere Wirkkraft der Anschauung oder dem Lob des FLORUS über die Universalität der Malerei deduzieren.[19] Im übrigen dient in der antiken Dichtungs- und Rhetoriktheorie der Vergleich von Sprache und Bild zumeist dazu, literarische Stilformen und Sprachfiguren durch analoge Beispiele der Malerei und Skulptur anschaulich zu machen.

Der Übergang zum Christentum mit seiner *logos*-Zentrierung bestätigt im Westen den Vorrang des Wortes vor dem Bild. Dagegen führt der Versuch der Ostkirche, beide Medien im Kult annähernd gleichberechtigt einzusetzen, nicht nur zum Bilderstreit in Byzanz; unter Karl d. Gr. verurteilen die ‹Libri Carolini› auf das Schärfste diese Gleichstellung.[20] Vielmehr sollen nach Gregor d. Gr. Bilder allein als *litterae laicorum* das Belehren, Erinnern und Ermahnen der Laien bzw. Leseunkundigen übernehmen.[21] Diese berühmte Definition wird zwar bis mindestens ins 16. Jh. aufgegriffen, beschreibt aber keineswegs das tatsächliche komplexe Verhältnis von Text und Bild im Mittelalter.[22] Auch die Hierarchie der menschlichen Tätigkeiten wird nun – ausgehend von antiken Systematisierungsversuchen – festgeschrieben: Neben dem spätestens seit Martianus Capella etablierten Kanon der ‹Sieben Freien Künste› erscheint bei Johannes Scotus Eriugena und dann endgültig im 12. Jh. bei Hugo von St. Victor eine Siebenzahl der Mechanischen Künste, darunter Architektur, Malerei und Skulptur als Unterarten der *armatura*.[23] Aber auch hier gehen Theorie und Praxis auseinander: Die frühen Künstlersignaturen spiegeln ein hohes Selbstbewußtsein und zumindest die für Großbauten verantwortlichen Architekten scheinen eine gesellschaftliche Sonderstellung genossen zu haben.[24] Jedenfalls provozieren diese Klassifikationen der *artes* verschiedene Formen einer Rangstreitliteratur, die allerdings nur in den seltensten Ausnahmen auch die bildenden Künste erwähnt.[25] Gut belegen lassen sich dagegen seit dem 11. Jh. von den antiken Ruinen und Fundstücken ausgehende Überlegungen, ob Schriften oder Monumente längeren Nachruhm gewähren.[26] Eine neue Einstellung der Literaten zum Bild scheint sich dann in den ausführlichen Kunstekphraseis des Spätmittelalters (‹Roman de la Rose›, G. Chaucer etc.) abzuzeichnen; in Dantes ‹Purgatorio› negieren die beschriebenen 'sprechenden' Reliefs selbst die Gattungsgrenzen.[27] Mehr noch als das Verhältnis von Wort und Bild bleibt dasjenige von Malerei und Skulptur ambivalent: Zwar haftet der Malerei stets das Stigma der *fictio*, d.h. der täuschenden Illusion und daher der Lüge an, wogegen die plastischen Künste durch ihre Materialität Naturnähe und Wahrheit auszeichnet, andererseits fördern alle Statuen gerade dadurch potentiell die heidnische Idolatrie.[28] Möglicherweise reagiert die spätmittelalterliche Malerei insbesondere der Niederlande und Italiens auf diese Vorwürfe mit einem kunstimmanenten P., bei dem die Malerei über die innerbildliche Darstellung von Skulpturen ihren künstlerischen Status zu reflektieren beginnt.[29]

II. *Renaissance und Barock in Italien.* Im späten 13. und im 14. Jh. wird das starre System der mittelalterlichen *artes* und seiner epistemologischen Grundannahmen langsam aufgelöst: Die neue Bedeutung der Anschauung für den Erkenntnisprozeß und die Mathematisierbarkeit des Sehens und des Sichtbaren durch die Wissenschaft der Optik führt zur Aufnahme der (*ars*) *perspectiva* in den spätscholastischen Kanon der *artes liberales*.[30] Parallel dazu fordert die neue Bewegung des Humanismus für Rhetorik und Poetik als den zentralen Disziplinen der Erkenntnis und Lebensführung eine führende Stellung unter den freien Künsten.[31] Über den engen Anschluß sowohl an die gesetzmäßige Wissenschaft als auch die Sprachkünste versucht v.a. die Malerei an deren jüngstem Aufstieg zu partizipieren.[32] Ähnliche Entwicklungen eines Rangstreits lassen sich im übrigen parallel dazu bei Medizin und Jurisprudenz beobachten.[33] Vorwegnehmend sei festgehalten, daß sich zwar die soziale Stellung der Künstler entscheidend verbessert – abzulesen etwa daran, daß Zunftzwänge aufgehoben und (Hof)Künstler geadelt werden, oder auch an der zumeist lokalpatriotisch motivierten Aufnahme herausragender Meister in die Reihen der *uomini illustri*, so erstmals bei Boccaccio, F. Villani und D. di Bandino.[34] Andererseits existieren, bevor um die Mitte des 16. Jh. G. VASARI Malerei, Skulptur und Architektur unter dem Begriff der ‹arti del Disegno› zusammenschließt, weiterhin nur die zwei Kategorien der *artes liberales* und *mechanicae*: Und vereinzelten Beteuerungen zum Trotz, die Bildenden Künste seien den freien Künsten «nahe vergleichbar» (L. VALLA; G. MANETTI; E.S. PICCOLOMINI) oder gar selbst *artes liberales* (M. FICINO; LEONARDO; J. DE BARBARI; P. GAURICO), ordnen in ganz Europa nicht nur die philosophisch-humanistischen Klassifikationstheorien der menschlichen Tätigkeiten und Wissenschaften, sondern selbst einige Künstler Malerei und Skulptur weiterhin unter die mechanischen Künste ein (A. POLIZIANO; B. VARCHI; G. CARDANO; J.L. VIVES; K. GESNER; B. BANDINELLI).[35]

Schon F. PETRARCA, mit dem die humanistische Kunstliteratur ihren Anfang nimmt, äußert sich mehrfach – allerdings widersprüchlich – zum P. der Künste. In ‹De remediis utriusque fortunae› scheint Petrarca zwar die Skulptur wegen ihrer größeren Naturnähe, d.h. Dreidimensionalität und scheinbaren Lebendigkeit, der Malerei vorzuziehen. Obwohl er alle Bildkünste letztlich als eitles Vergnügen verurteilt, rühmt er doch auch Simone Martinis gemaltes Laura-Porträt und eine Madonna von der Hand Giottos. Und allein die zeitgenössische Malerei, nicht aber die Skulptur, hält der Dichter mit den Werken der Antike für vergleichbar. [36] Um die Wende zum 15. Jh. betont nicht nur F. SACCHETTI, daß Giotto aufgrund seiner universalen Gelehrtheit als «Meister der sieben freien Künste» zu gelten habe, sondern auch C. CENNINI plaziert in der Einleitung seines um 1400 entstandenen, noch weitgehend an mittelalterlicher Werkstatttradition orientierten ‹Libro dell'Arte› die Malerei direkt hinter der Wissenschaft und läßt sie von der Dichtung bekrönen. [37] In aller Konsequenz präsentiert dann der erste neuzeitliche Kunsttraktat von L.B. ALBERTI (‹De pictura›, 1435) im ersten Buch die Regeln der zentralperspektivischen Bildkonstruktion, um im zweiten, nach kurzem Hinweis auf die aus antiken Quellen belegbare Würde der Malerei, erstmals eine Kompositionslehre der Malerei zu entwickeln, die nun in Anlehnung an die grammatischen und rhetorischen Vorschriften offenbar auch für den Aufbau von Bildern das Kriterium der Regelhaftigkeit einführen soll. Schließlich verweist das dritte Buch den Maler für die Themenfindung an Dichter und Literaten. Die Potenz malerischer Mimesis reicht dabei für Alberti bis zur scheinbaren Verlebendigung des Dargestellten – der Künstler kann so beinahe den Rang eines «zweiten Gottes» einfordern. [38] Wenn für Alberti Malerei und Skulptur auch aus der gleichen Begabung resultieren und alle Künste ein gleiches Ziel mit verschiedenen Mitteln verfolgen, so scheint doch Alberti die intellektuelle und künstlerische Schwierigkeit der Malerei zu bevorzugen. In seinem Architekturtraktat (ca. 1452) schließlich wird Alberti die Malerei als natürliche, universale und allgemeinverständliche Sprache den konventionellen Schriftzeichen als überlegen bezeichnen, wogegen etwa Lorenzo Valla sowohl Text wie Bild für artifizielle Zeichensysteme erklärt. [39] Daneben spielen im gesamten 15. Jh. die eröffnenden Verse der Horazischen ‹Ars Poetica›, die Wagemut und künstlerische Freiheit bei Dichter und Maler beschwören, und der *exegi monumentum*-Topos eine zentrale Rolle. [40] So dürften sich nicht nur der Erfolg des neuen Mediums der Medaille, auf der sich Schrift und Bild mit den Vorzügen des dauerhaften, repräsentativen Materials, der Reproduzierbarkeit und leichten Transportierbarkeit verbinden, sondern auch eine Reihe anderer Kunstformen insbesondere der zweiten Jahrhunderthälfte als visuelle Reflexionen auf den P. verstehen lassen. [41] Die ausführlichste Zusammenstellung der Paragonediskussionen schreibt ab 1492 LEONARDO DA VINCI am Mailänder Hof der Sforza nieder. Für Leonardo, der den absoluten Vorrang der Malerei vor Dichtung, Musik [42] und Skulptur zu begründen versucht, ist diese – die «Göttin der Wissenschaft der Malerei» – eine Form der auf Erfahrung gründenden Philosophie, aus der sich alle übrigen Künste ableiten. Die losen Aufzeichnungen, wie sie uns heute v.a. in der postumen Kompilation des ersten Teils des ‹Codex Urbinas› überliefert sind, verschwinden allerdings wenige Jahre nach Leonardos Tod aus dem Blickfeld. [43] Insbesondere in Venedig scheint sein Einfluß jedoch unmittelbar greifbar in den malerischen Demonstrationsstücken Giorgiones, Savoldos, L. Lottos und Tizians, mit denen die Überlegenheit zweidimensionaler vor der skulpturalen Darstellung bewiesen werden soll. [44] Im Druck sorgt v.a. B. CASTIGLIONES zwar schon ab 1508 geschriebener, aber erst 1528 publizierter ‹Cortegiano› für die enorme Verbreitung der wichtigsten Paragoneargumente: Mit dem Disput am Hofe von Urbino zwischen dem Bildhauer G.C. Romano und dem Graf L. da Canossa als dem Verteidiger der Malerei werden solche aus dem 15. Jh. überlieferten Gespräche über Kunst endgültig und europaweit als Bestandteil höfischer Unterhaltung und Kennerschaft legitimiert. [45] Daneben finden sich um 1500 Äußerungen zum P. auch bei P. GAURICO, F. LANCILOTTI, A. LEONE und, später immer wieder aufgegriffen, unter gesellschaftspolitischem Blickwinkel bei F. PATRIZI. [46]

Eine neue Wendung erreicht der P. 1547 mit einer öffentlichen Lesung des Florentiner Gelehrten B. VARCHI, als zweiter Teil seiner ‹Due Lezzioni› 1550 publiziert. Ausgehend von der Einteilung der menschlichen *artes* im 6. Buch der ‹Nikomachischen Ethik› des Aristoteles untersucht Varchi zuerst die Rangfolge aller Künste, die für ihn die Medizin anführt, vergleicht dann unter den *arti fattive* Skulptur und Malerei, wobei er – trotz des beide vereinenden Grundprinzips der Zeichnung – unter Verweis auf den aristotelischen Substanzbegriff als der Einheit von Materie und Form letztlich die Skulptur bevorzugt. Schließlich werden Malerei und Dichtung gegenübergestellt. Um zu seinem Urteil zu gelangen, hatte Varchi die schriftliche Meinung von acht Künstlern – Michelangelo, J. da Pontormo, A. Bronzino, Vasari, Cellini, Tasso, F. de Sangallo, N. Tribolo – eingeholt. [47] Michelangelos Einschätzung, dessen subtile Ironie bei aller Beteuerung der Gleichheit der Künste die Bevorzugung der Skulptur erkennen läßt, verdient als eine der wenigen authentisch überlieferten Äußerungen des Meisters besondere Beachtung: «Ich behaupte, daß die Malerei für umso besser gehalten wird, je mehr sie sich dem [plastischen Effekt des] Relief annähert, und das Relief für umso schlechter, je mehr es der Malerei gleicht.» [48] Aus Protest, nicht gefragt worden zu sein, aber wohl auch wegen seines Ausschlusses aus der ‹Accademia Fiorentina› dürfte zudem der Bildhauer B. Bandinelli in diesen Jahren einen heute offenbar verlorenen P.-Traktat verfaßt haben. [49] Im Zusammenhang mit Varchis Erhebung scheinen auch einige doppelseitig bemalte Bilder von Daniele da Volterra und Bronzino entstanden zu sein, die die Möglichkeiten der Malerei auszuloten versuchen. [50] U.a. als Reaktion auf diese von florentinischen Kunstkriterien dominierte Paragonediskussion erscheinen in Venedig 1548 P. PINOS ‹Dialogo di pittura› und ein Jahr später M. BIONDOS ‹Della nobilissima pittura›, in denen der P. zu einer Frage über den Vorzug von Zeichnung (*disegno*) als dem Merkmal florentinisch-römischer Malerei gegenüber der Farbe (*colorito*) der venezianischen Künstler ausgeweitet wird. Den Florentiner Standpunkt und den Vorrang der Skulptur verteidigt daraufhin A.F. DONI. [51] Dagegen postuliert VASARI im Vorwort seiner ‹Vite› (1550) einen bereits bei Varchi und schon zuvor etwa bei Petrarca, L. Ghiberti, G. Santi und B. Castiglione angedeuteten Ausgleich: Alle Bildkünste rekurrieren auf den Disegno, entstammen als «Schwestern» diesem einen «Vater». [52] Unabhängig davon formuliert gleichzeitig G. CARDANO eine fein differenzierte Rangfolge von Malerei, Vollskulptur, Relief und Plastik. [53] Mit der Gründung der

Florentiner ‹Accademia del Disegno› 1563 nach dem Vorbild literarischer Akademien ist das Ziel offizieller Anerkennung und Gleichstellung der Bildenden Künste vorläufig erreicht.[54] Der P. – über dessen Nutzlosigkeit sich schon P. Aretino (1553) mokierte – scheint in den nächsten Jahrzehnten an Aktualität verloren zu haben, wenn auch die Errichtung eines Katafalks zur Beerdigung Michelangelos 1564 mit den Personifikationen der Malerei, Skulptur, Architektur und Dichtung nochmals Anlaß zu heftiger Polemik liefert: Auf die Angriffe des Bildhauers B. Cellini, der ausgerechnet die Skulptur zurückgesetzt glaubt, reagiert der Vorsitzende der Accademia, VINCENZIO BORGHINI, mit einer neuen Bewertung der Argumente auf der Grundlage von Varchis Umfrage.[55] In die Zeit von 1576–1586 fallen auch die ersten Ansätze einer prinzipiellen Kritik am Vergleich von Dichtung und Malerei, wodurch dem P. letztlich die Grundlage entzogen werden sollte: Schon Leonardo und Varchi hatte die unterschiedlichen Zeitstrukturen von Literatur und Kunstwerk analysiert, aber erst L. CASTELVETRO weist in seinem Kommentar zur aristotelischen Poetik das *ut pictura poesis* in vieler Hinsicht, F. PATRIZI in seiner Dichtungslehre überhaupt die Nachahmung als Grundlage des Vergleichs zurück.[56]

Nach der Rückstufung der Künstler durch die gegenreformatorische Kunstkritik und -praxis muß die erneute, ausführliche Begründung der Würde und der intellektuellen Grundlagen der Bildenden Künste – stets unter Bevorzugung der Malerei – in den Traktaten von R. BORGHINI (1584), G.P. LOMAZZO (1584/1590), R. ALBERTI (1585), G.B. ARMENINI (1586) und schließlich F. ZUCCARI (1607) als Gegenreaktion verstanden werden.[57] In diesen Kontext fügt sich auch 1593 die Gründung der römischen ‹Accademia di S. Luca›, in der eingedenk des gemeinsamen Ziels aller Künste jede interne Diskussion über den Vorrang (*preminenza*) von Malerei, Skulptur und Architektur ausdrücklich verboten wird. [58] Schließlich scheinen im späten 16. Jh. Zeichnung und Malerei sogar als eine für alle übrigen Wissenschaften und Künste grundlegende und zugleich umfassende Disziplin – als eine Art Metatechne – verstanden worden zu sein.[59]

Nachdem zu Beginn des 17. Jh. die Stellung der Bildkünste und der soziale Rang der Künstler fest begründet sind, konzentrieren sich die Paragonediskussionen auf den Wettstreit zwischen Malerei und Skulptur und hier zunehmend auf die Frage, welche der beiden Disziplinen die größere artifizielle Illusion und Täuschung (*inganno*) erzeugt, wobei für die Theoretiker die Entscheidung trotz der für das klassizistische Kunsturteil vorbildlichen antiken Skulptur zumeist zugunsten der Malerei ausfällt. [60] In der Kunst des frühen 17. Jh. liefern dagegen insbesondere A. Carracci mit den Perseus-Fresken der Galleria Farnese und G.L. Bernini mit den frühen Statuen für S. Borghese programmatische Aussagen zu den künstlerischen Möglichkeiten ihres Mediums.[61] Dabei scheint die jeweilige künstlerische Leistung umso höher bewertet zu werden, je weiter das Medium der Nachahmung vom Original entfernt ist – d.h. mimetische Schwierigkeit (*difficoltà*) wird ein Hauptkriterium. G. Galilei begründet diesen neuen Aspekt der medialen Disparität, der bei Borghini bereits angeklungen war, in einem Brief 1612 an den befreundeten Maler L. Cigoli offenbar erstmals ausführlich. In Berninis – allerdings nur indirekt überlieferten – Äußerungen zur Kunst spielt er dann eine zentrale Rolle.[62] Eine grundlegend veränderte Auffassung dürfte sich dagegen in der 1688 erschienenen Bernini-Biographie des F. Baldinucci abzeichnen, der anscheinend entgegen Berninis eigenen Intentionen dessen v.a. in Kapellendekorationen greifbare Verbindung von Architektur, Malerei und Skulptur nicht mehr unter dem Gesichtspunkt des P., sondern einer Gesamtwirkung und neuen theoretischen Einheit der Gattungen deutet: Es sei nämlich «allgemeine Ansicht, daß er [Bernini] der erste gewesen sei, der versucht habe, die Architektur mit der Skulptur und der Malerei dergestalt zu vereinen, daß aus allen ein schönes Zusammengesetztes (*bel composto*) entstünde […].»[63]

III. *Renaissance und Barock im übrigen Europa.* Außerhalb Italiens verbreiten sich die kunsttheoretischen Überlegungen zum Wettstreit der Künste mit der Rezeption des Humanismus und italienischer Kunstformen v.a. im Laufe des 16. Jh. Vor dem späteren 17. Jh. bewegen sich diese Paragonezeugnisse zwar teils mit nationalen Akzenten, aber doch insgesamt ganz in traditionellen Bahnen.

Von einigen exzeptionellen Andeutungen bei N. Cusanus und den in Ferrara geschriebenen, dem italienischen Diskurs einzufügenden Überlegungen des R. Agricola abgesehen [64], zeigen sich erste Einflüsse einer Paragonediskussion in Deutschland in den Jahren um 1500 in Dürers Werken und bei den Humanisten seines Umkreises. Der 1501/2 verfaßte Brief des Italieners Jacopo de' Barbari an den Kurfürsten Friedrich den Weisen fügt sich in diesen Kontext.[65] Ein erster Höhepunkt scheint – mitbedingt auch durch den Bilddiskussionen der Reformation – in den späten 1510er und 20er Jahren erreicht.[66] Ab 1532 liegt zudem eine deutsche Übersetzung von Petrarcas ‹De remediis utriusque fortunae› vor. Eine nennenswerte Paragonediskussion – die etwa über H. Vogtherrs (1539) oder J. Fischarts (1576) kurze Bemerkung zu den «subtilen und freyen Künsten» und der «gmalt Poesi» bzw. «gmalt Philosophi» hinausginge – wird dadurch in der deutschen Kunstliteratur allerdings nicht provoziert. Das erstaunt umso mehr, als das Vorherrschen von Perspektiv- und Proportionslehren nicht nur praktisches Interesse, sondern eben auch ein Bestreben nach wissenschaftlicher Fundierung und damit Aufwertung der Malerei vermuten läßt. Für den neuen Status der Bildenden Künste spielt schließlich auch der Prager Hof Rudolfs II. mit seiner Rhetorisierung der Kunstbetrachtung eine wichtige Rolle.[67] Daß der P. im 17. Jh. jedenfalls als bestens bekannt vorauszusetzen ist [68], zeigen J. VON SANDRARTS mit leicht überdrüssiger Ironie vorgetragene Bemerkungen (1675) zum Rangstreit zwischen Malerei und Skulptur, in dem er den Vorzug nicht pauschal einer der beiden Gattungen, sondern allein dem von Fall zu Fall besseren Künstler geben wolle.[69]

In den Niederlanden scheinen die Auseinandersetzung mit dem Thema P. – von dem Maler und Dichter L. de Heere 1565 erstmals ausführlich rezipiert und dann aufgegriffen bei D. Lampsonius und in K. van Manders ‹Lehrgedicht› [70] – vor allem auch von den Malern selbst in ihren Bildern geführt worden zu sein: Bezeichnende Beispiele sind die vielen Pictura-Allegorien, Darstellungen der Fünf Sinne oder auch die Dekorationen der Künstlerhäuser von F. Floris und Rubens.[71] Dabei scheint sich im Gefolge von Reformation und katholischer Reform dem flämischen Lob des Sehsinns eine holländische Hochschätzung des Hörens entgegenzustellen.[72] F. JUNIUS gibt dann einen systematischen, an Gelehrsamkeit das gesamte Jahrhundert hindurch nicht übertroffenen Überblick zu den Paragoneargumenten: Die in England entstandene lateinische Originalversion

(1637) übersetzt der Autor selbst 1638 ins Englische, 1641 erscheint eine niederländische Fassung.[73] Von den späteren Autoren bewegt s ch v.a. PH. ANGEL in seinem Gefolge, wogegen W. GOEREE etwa auf Leonardo rekurriert.[74] Hier läßt sich auch der bedeutende, 1669 in Nürnberg publizierte Traktat ‹Graphice› des Schweden J. SCHEFFERUS anschließen der italienische und v.a. niederländische Gedanken weiterentwickelt.[75]

Die wohl reichste Literatur zum P. entsteht neben Italien im Spanien des 17. Jh., hier zumeist aus der rückständigen gesellschaftlichen und wirtschaftlichen Situation der Künstler zu erklären. Häufig im Zusammenhang mit Gerichtsverfahren zu Steuererhebungen, in denen die Künstler wie Handwerker und Gewerbetreibende klassifiziert werden, oder anläßlich von Streitigkeiten zwischen Malern und Bildhauern werden entsprechende Traktate verfaßt. Nach Andeutungen bei D. DE SAGREDO (1526), der die Malerei den Freien Künsten zuordnet, J. DE ARFE Y VILLAFANE (1585), L. DE VELASCO (1550–65) und noch J.B. DE VILLALPANDO (1596–1604), welche Skulptur und Architektur bzw. die Architektur als Gipfel der Künste bezeichnen, eröffnet G. GUTIÉRREZ DE LOS RÍOS im Jahr 1600 eine auf Varchi und Vasari basierende Paragonediskussion, deren zentrales Element – der Ausgleich des Streits durch die allen Künsten zugrundeliegende Zeichnung (*artes del dibujo*) – jedoch im folgenden kaum aufgegriffen wird. Die Abhandlungen von J. DE JÁUREGNI Y AGUILAR (1618), F. PACHECO (1618, 1622), J.A. DE BUTRÓN (1626), J. DE VALDIVIELSO (1629), V. CARDUCHO (1633) bis schließlich zu CALDERÓN (1677) begründen den Status einer freien Kunst allein für die Malerei. Mit einem *memorial* von 1677 versuchen dann etwa die Zaragozaner Bildhauer gleichzuziehen.[76] In Portugal bietet sich zwischen der ‹Diálogos de Roma› (1538) von FRANCISCO DE HOLANDA (1547–49) und F. DA COSTAS ‹Antiquidade da Arte da Pintura› (1696) ein ähnliches, freilich viel weniger dichtes Bild.[77]

Auch in England belegen zumeist kurze Bemerkungen von Th. More bis E. Spencer und W. Shakespeare die Kenntnis des P., wobei insbesondere die Malerei als ‹Freie Kunst› verteidigt wird.[78] Erst eine anonym verfaßte Theateraufführung von 1598 und dann um 1600 N. HILLIARD in seinem als Ergänzung zur englischen Lomazzo-Übersetzung (1598) entstandenen ‹Treatise concerning the Arte of Limning› resümieren den Rangstreit zwischen Malerei und Poesie bzw. Skulptur für eine englische Leserschaft, die mit der Jahrhundertwende ein neues Interesse an Kunst zu zeigen beginnt.[79] Wenig später führen B. JONSON und I. JONES den P. zwischen Dichtung und Architektur vor, und H. PEACHAMS zwischen 1606 und 1634 entstandene Kunstmanuale für den Gentleman etablieren zunehmend die Bedeutung der nun als *ars liberalis* verstandenen Zeichenkunst im Rahmen eines vollendeten gesellschaftlichen Auftretens des englischen *virtuoso* im 17. Jh.[80] Mit der englischen Übersetzung von F. JUNIUS' Enzklopädie zur antiken Malerei – ‹The Painting of the Ancients› (1638) – ist dann das gesamte Spektrum der Paragoneargumente leicht zugänglich.

Obwohl Frankreich mit Leonardo in den Jahren 1516–19 und dann mit Bernini 1665 zwei Hauptvertreter der italienischen Paragonedebatte beherbergt, tritt diese dort zunächst nicht besonders hervor – unter den Dichtern der Pléiade verdienen die Äußerungen RONSARDS die größte Beachtung.[81] Um die Mitte des 17. Jh. führt das Bestreben, die immer noch wenig angesehene Malerei [82] über eine an der Dichtungs- und Rhetoriktheorie orientierte Intellektualisierung und Theoretisierung aufzuwerten, wie sie v.a. Poussin in praxi betreibt, zur Gründung der ‹Académie Royale de Peinture et de Sculpture› (1648) und, zur bislang konsequentesten Ausformulierung der *ut pictura poesis*-Doktrin: Neben den ‹Conférences› der Académie sind etwa H. PADERS ‹La peinture parlante› (1653) und insbesondere CH.-A. DU FRESNOYS posthum publiziertes Gedicht ‹De Arte Graphica› (1668) zu nennen, das programmatisch das Horaz-Zitat voranstellt: «Ut pictura poesis erit; similisque poesi / sit pictura […].»[83] Dagegen stellt den Vorzug der Malerei bereits A. FÉLIBIEN, am deutlichsten im ‹Songe de Philomathe›, heraus, wobei die explizite Ausrichtung der Künste auf die Glorifikation Ludwigs XIV. als neuer Aspekt des P. gelten kann.[84] Der heftigste Widerspruch zu dieser forciert klassizistischen Kunsttheorie, wie ihn die unter dem Banner von Rubens und der Farbe versammelten Künstler und Theoretiker gegen die Poussin-Anhänger vortragen, provoziert dann in Frankreich und England im späteren 17. und frühen 18. Jh. neue Überlegungen zum Verhältnis und P. der Künste.[85] Dabei argumentieren die 'Rubenisten' mit ihrer Verteidigung der Farbe und der eigenständigen Möglichkeiten der Malerei nicht nur gegen den Primat der Sprachkünste und Zeichnung, sondern zugleich gegen die Skulptur und ansatzweise überhaupt gegen das *ut pictura poesis*. ROGER DE PILES, J.-B. DUBOS und J. DRYDEN, um nur die wichtigsten Theoretiker zu nennen, parallelisieren die Künste erstmals konsequent nach ihren formalen Mitteln, nicht mehr vorrangig aufgrund ihres mimetischen Darstellungsinhaltes. Dabei erscheint Malerei «als natürliches und universales Zeichensystem» der «künstlichen» Poesie insbesondere auch deshalb überlegen, da sie ohne Sujet allein als visuelle Konfiguration erfreuen kann, wogegen Schrift immer vom Inhalt abhängig bleibt.[86]

Ein zweiter Richtungsstreit neben demjenigen der Poussin- und Rubens-Anhänger gibt dem P. ebenfalls entscheidend neue Impulse. Im Verlauf der *Querèlle des Anciens et des Modernes* wird die unzweideutige Überlegenheit der Moderne auf dem Gebiet der Wissenschaften deutlich, wogegen die Einschätzung von Malerei, Skulptur, Architektur, Rhetorik und Dichtung stark vom persönlichen Geschmack abhängig bleibt. Diese Einsicht führt bei CH. PERRAULT (1688) zur Aufspaltung der alten Kategorie der *artes liberales* in Wissenschaften und ‹Schöne Künste›.[87] Nach DuBos' und J. Addisons Versuchen, die theoretische Fundierung und Einheit dieser *beaux arts* im *génie* bzw. in der Einbildungskraft zu begründen, unterscheidet CH. BATTEUX 1746 (Les beaux arts réduits à un même principe) die auf Naturnachahmung basierenden Künste in solche, die dem Bedürfnis, dem Nutzen oder dem Vergnügen dienen, wobei allein letztere als *schön* zu definieren seien, eine Sicht, die darauf aufbauende Einleitung zur ‹Encyclopédie› 1751 weiteste Rezeption garantiert.[88] Nachdem so die ‹Schönen Künste› als Kategorie etabliert und die eigenständigen künstlerischen Möglichkeiten von Dichtung und Malerei zumindest ansatzweise erkannt sind, begründet schließlich A.G. BAUMGARTENS ‹Aesthetica› (1750/58) die Gleichstellung von sinnlicher und geistiger Erkenntnis als philosophische Disziplin, wenngleich er dies fast ausschließlich am Beispiel von Dichtung und Rhetorik darstellt.[89]

IV. *Späteres 18. und 19. Jh.* Daß in der zweiten Hälfte des 18. Jh. in ganz Europa nochmals umfangreiche

Zusammenfassungen der Paragoneargumente vorgetragen und publiziert werden, läßt sich als kritische Reaktion zum einen auf Batteux' einflußreiche Theorie vom gemeinsamen Grundprinzip aller Schönen Künste verstehen, zum anderen auf die Hochschätzung des Klassizismus für antike Skulpturen und auf die damit einhergehende Zurückstufung der Malerei – mit J.J. WINCKELMANN als wichtigstem Protagonisten. [90] Daneben dürften die Veränderungen in der gesellschaftlichen Bedeutung der Schönen Künste – u.a. der Aufstieg der Musik (s. die Beiträge von J. Harris, W.L. Gräfenhahn, Ch. Avison, J.G. Herder, G.A. Will, C.L. Junker, J.J. Engel, A.F. Bertrand) [91] –, die Neubewertung der Sinneswahrnehmung in der Tradition eines empiristischen Sensualismus, die Aufwertung von ‹Geschmack› und ‹Empfindung› als Urteilsinstanzen vor der Vernunft, d.h. die schon bei DuBos erfolgte Etablierung einer Gefühls- und Wirkungsästhetik, und schließlich die bereits von den Zeitgenossen konstatierte Tatsache, daß sowohl durch die institutionalisierten Akademie-Debatten als auch die neue Rezipientenschicht der Kunstliebhaber und Dilettanten eine umfangreiche, teils wenig originelle Produktion von Kunstliteratur in Gang kommt, eine wichtige Rolle spielen. [92]

Der in diesem Kontext formulierte, entscheidend neue Denkansatz jedoch versucht nicht mehr eine Hierarchisierung der Künste, sondern bringt mit der Anerkennung der je eigenständigen künstlerischen Medien und dem Versuch einer semiotisch begründeten Gattungssystematik die Auflösung des ut pictura poesis-Prinzips und damit auch das Ende des klassischen P. mit sich. In diese Richtung zielen bereits DuBos, D. Diderot etwa in der ‹Lettre sur les aveugles› (1749) bzw. der gegen Batteux gerichteten ‹Lettre sur les Sourds et Muets› (1751) und Edmund Burkes ‹Philosophical Enquiry into [...] the Sublime and the Beautiful› (1757). [93] In ‹Laokoon: oder über die Grenzen der Malerei und Poesie› (1766) bestreitet G.E. LESSING endgültig die Vergleichbarkeit von Sprach- und Bildkünsten: Poesie wird als Kunst des Nacheinanders willkürlicher Zeichen in der Zeit gegen die Malerei bzw. Skulptur als Künste des Nebeneinanders natürlicher Zeichen im Raum gesetzt. [94] In einem weiteren Schritt begründet J.G. HERDER mit seiner Schrift ‹Plastik› (1778) nun auch Malerei und Skulptur als autonome Kunstgattungen, deren Vollkommenheit gerade nicht im vergleichbar Gemeinsamen, sondern ihrem je Spezifischen zu finden sei. [95]

Die Diskussion über das Verhältnis der Künste bricht damit zwar nicht ab, verliert aber ihre zentrale Relevanz: Die Extrempositionen markieren nun einerseits Versuche, eine Synthese aller Künste sei es unter dem Schlagwort einer ‹Universalpoesie› oder des ‹Gesamtkunstwerks› zu erreichen, andererseits der spöttische Rückblick auf den alten Disput, wie ihn etwa W. Busch mit seinem ‹Maler Klecksel› nochmals vorführt. [96] Allerdings stellt sich in gewandelter Form seit dem zweiten Viertel des 19. Jh. die Frage nach Abgrenzung und Zuständigkeit der jeweiligen Kunstformen erneut: Die Entwicklung der Fotografie und des Films bieten zunächst nicht nur vermeintlich getreuere Wiedergabemöglichkeiten des Sichtbaren und wirken dadurch an der Erweiterung des Kunstbegriffs mit. Sie erringen – ähnlich wie jüngste Computertechnologien – ihrerseits den Status vor geschätzten künstlerischen Medien vor dem Hintergrund einer Entwicklung, die zur endgültigen Auflösung der traditionellen Gattungen führt. [97]

Anmerkungen:
1 C. Farago: Leonardo da Vinci's ‹P›. (Leiden u.a. 1992) 3–17. – 2 L. Puppi: Per Tullio Lombardo, in: Arte Lombarda 36 (1972) 103; A.F. Doni: Disegno, hg. von M. Pepe (Mailand 1970) fol. 13v, 21v, 25r-v, 30v, 33v, 35r-v, 40v-41r, 58v; G. P. Lomazzo: Rime (Mailand 1587) 125–127. – 3 z.B. bei A. Tassoni: P. degli Ingegni antichi e moderni (Carpi 1620); P. Calepio: P. della poesia tragica d'Italia con quella di Francia ... (Zürich 1732). – 4 F. Baldinucci: Vocabolario toscano dell'arte del Disegno (Florenz 1681) 118. – 5 S. und P. Alpers: Ut Pictura Noesis? Criticism in Literary Studies and Art History, in: New Literary History 3 (1972) 437–458; O. Bätschmann: Bild-Diskurs. Die Schwierigkeit des Parler Peinture (1977); W.J.T. Mitchell: Iconology: Image, Text, Ideology (Chicago 1986); M. Krieger: Ekphrasis: The Illusion of the Natural Sign (Baltimore 1992); J. Knape: Rhetorizität und Semiotik. Kategorientransfer zw. Rhet. und Kunsttheorie in der Frühen Neuzeit, in: W. Kühlmann, W. Neuber (Hg.): Intertextualität in der Frühen Neuzeit. Stud. zu ihren theoret. und praktischen Perspektiven (1994) 507–532. – 6 R.W. Lee: ‹Ut Pictura Poesis›: The Humanistic Theory of Painting, in: Art Bulletin 22 (1940) 197–269 (Buchausg. New York 1967); H. Markiewicz: ‹Ut pictura poesis ...›. A History of the Topos and the Problem, in: New Literary History 18 (1987) 535–558. – 7 J. Geissler: Il ‹P. Nuovo›, über sog. reine und angewandte Kunst, in: ‹Ruperto Carola›, Mitt. der Vereinigung der Freunde der Studentenschaft der Univ. Heidelberg 18 (1965) 2–8; J.V. Mirollo: Sibling Rivalry in the Arts Family: The Case of Poetry vs. Painting in the Italian Renaissance, in: A. Hurley, K. Greenspan (Hg.): So Rich a Tapestry. The Sister Arts and Cultural Studies (Lewisburg / London 1995) 29–71. – 8 J.A.W. Heffernan: Museum of Words: The Poetics of Ekphrasis from Homer to Ashbery (Chicago 1993); A. Sprague Becker: The Shield of Achilles and the Poetics of Ekphrasis (Lanham / London 1995). – 9 Hor. Ars 361; Plutarch, Moralia 346F–347A; auch 18A, 748A; ähnlich Auct. ad Her. IV, 28, 39. – 10 Pindar, Nemeische Ode 5, 1–6; H. Häusle: Das Denkmal als Garant des Nachruhms (1980); J. Assmann: Schrift, Tod und Identität. Das Grab als Vorschule der Lit. im alten Ägypten, in: A. Assmann u.a. (Hg.): Schrift und Gedächtnis (1983) 64–93. – 11 J.H. Hagstrum: The Sister Arts. The Tradition of Literary Pictorialism and English Poetry from Dryden to Gray (Chicago 1958); U. Zimbrich: Mimesis bei Platon (1984); G.F. Else: Plato and Aristotle on Poetry (Chapel Hills u.a. 1986). – 12 Hagstrum [11] 3–10; 57–61; W. Trimpi: The Meaning of Horace's ut pictura poesis, in: J. of the Warburg and Courtauld Institutes 36 (1973) 1–34; M. Franz: Von Gorgias bis Lukrez. Antike Ästhetik und Poetik als vergleichende Zeichentheorie (1999). – 13 Vitruv, De architectura 1, 1, 3ff.; Galen, Protrepticus, in: ders., Opera, hg. von C.G. Kühn, Bd. 1 (1821) 39; Plinius, Naturalis Historia 35, 76f.; Cicero, Pro Archia 17; dagegen etwa Seneca, Epistulae morales 88, 18. – 14 Dion Chrysostomos, 12. Olympische Rede. – 15 Cicero [13] 30; ders., Epistulae familiares V, 12, 7; Sallust, Bellum Iugurthinum 4, 5f.; Seneca, Epistulae morales 84, 8; Aristot. Pol. 1340a; Martial, Epigrammata 10, 32; Horaz, Epistulae II, 1, 248ff.; Tacitus, Agricola 46; vgl. Th. Pekáry: Plotin und die Ablehnung des Bildnisses in der Antike, in: Boreas 14 (1994) 177–186. – 16 Horaz, Carmen III, 30; Properz, Elegiae III, 2, 18–26. – 17 Philostratos, Die Bilder, hg. von O. Schönberger (1968); M. Boeder: Visa est Vox. Sprache und Bild in der spätantiken Lit. (1996). – 18 E. Kris, O. Kurz: Die Legende vom Künstler (Wien 1934). – 19 Quint. XI, 3, 67; Hor. Ars 180–182; Florus: Epitomae 1, prooem. 1–3. – 20 H. Belting: Bild und Kult (1990); Testo e Immagine nel Alto Medioevo (Spoleto 1994); P. Weitmann: Sukzession und Gegenwart. Zu theoretischen Äußerungen über bildende Künste und Musik von Basileios bis Hrabanus Maurus (1997). – 21 C.M. Chazelle: Pictures, books and the illiterate: Pope Gregory I's letters to Serenus of Marseilles, in: Word & Image 6 (1990) 138–153. – 22 L. Duggan: Was art really the ‹book of the illiterate›?, in: Word & Image 5 (1989) 227–251; H. Wenzel: Hören und Sehen, Schrift und Bild. Kultur und Gedächtnis im MA (1995); M. Carruthers: The craft of thought: meditation, rhetoric and the making of images (Cambridge 1998). – 23 J. Weisheipl: Classification of the Sciences in Medieval Thought, in: Medieval Studies 27 (1965) 54–90; P. Sternagel: Die artes mechanicae im MA (1966); D.L. Wagner (Hg.): The Seven Liberal Arts in the

Middle Ages (Bloomington 1983); Ch. Meier: *Labor improbus oder opus nobile?* Zur Neubewertung der Arbeit ..., in: Frühma. Stud. 30 (1996) 314–342; Ursula Schaefer (Hg.): *Artes* im MA (1999). – **24** P.C. Claussen: Kathedralgotik und Anonymität 1130–1250, in: Wiener Jb. für Kunstgesch. 46/47 (1993/94) Bd. 1, 141–160; G. Binding: Der früh- und hochma. Bauherr als ‹sapiens architectus› (²1998). – **25** M Steinschneider: Rangstreitlit. (Sber. der philos.-hist. Kl. 155, Akad. der Wiss. Wien 1908); H. Walther: Das Streitgedicht in der lat. Lit. des MA (1920); I. Kasten: Stud. zu Thematik und Form des mhd. Streitgedichts (Diss. Hamburg 1973); Th. Reed: Middle English debate poetry and the aesthetics of the irresolution (Columbia u.a. 1990). – **26** I. Herklotz: Antike Denkmäler in den Proömien mittelalterlicher Geschichtsschreiber, in: A. Cadei u.a. (Hg.): Arte d'Occidente. FS für A.M. Romanini (Rom 1999) 971–986. – **27** Heffernan [8] 37–45; A. Kablitz: Jenseitige Kunst oder Gott als Bildhauer. Die Reliefs in Dantes Purgatorio (Purg. X-XII), in: A. Kablitz, G. Neumann (Hg.): Mimesis und Simulation (1998) 309–356. – **28** M. Camille: The Gothic Idol (Cambridge 1989). – **29** R. Preimesberger: Zu Jan van Eycks Diptychon der Sammlung Thyssen-Bornemisza, in: Zs. für Kunstgesch. 54 (1991) 459–489; M. Krieger: Die niederländische Grisaillemalerei des 15. Jh., in: Kunstchronik 49 (1996) 575–588. – **30** G. Federici-Vescovini: L'inserimento della ‹perspectiva› tra le arti del quadrivio, in: Arts libéraux et philosophie au moyen âge (Montreal / Paris 1969) 969–974; D. Summers: The Judgement of Sense. Renaissance Naturalism and the Rise of Aesthetics (Cambridge 1987); K.H. Tachau: Vision and Certitude in the Age of Ockham. Optics, Epistemology and the Foundations of Semantics, 1250–1345 (Leiden / Köln 1988). – **31** B. Weinberg: A History of Literary Criticism in the Italian Renaissance (Chicago 1961); J.E. Seigel: Rhetoric and Philosophy in Renaissance Humanism. The Union of Eloquence and Wisdom, Petrarch to Valla (Princeton 1968); B. Vickers: In Defense of Rhetoric (Oxford 1988). – **32** M. Pepe: Il ‹paragone› tra pittura e scultura nella letteratura artistica rinascimentale, in: Cultura e Scuola 30 (1969) 120–131; K.B. Lepper: Der «P.». Stud. zu den Bewertungsnormen der bildenden Künste im frühen Humanismus: 1350–1480 (1987). – **33** E. Garin: La disputa delle arti nel Quattrocento (Florenz 1947); E. H. Kantorowicz: The sovereignty of the artist. A note on legal maxims and Renaissance theories of art, in: M. Meiss (Hg.): De artibus opuscula XL. Essays in honor of Erwin Panofsky (New York 1961) 267–279. – **34** S. Rossi: Dalle botteghe alle accademie. Realtà sociale e teorie artistiche a Firenze dal XIV al XVI secolo (Mailand 1980) M. Warnke: Hofkünstler (1985). – **35** P.O. Kristeller: The Modern System of the Arts, in: J. of the History of Ideas 12 (1951) 496–527 und 13 (1952) 17–46; C. Farago: The Classification of the Visual Arts in the Renaissance, in: D.R. Kelley, R.H. Popkin (Hg.): The Shapes of Knowledge From the Renaissance to the Enlightenment (Dordrecht u.a. 1991) 23–48; H. Mikkeli: The Status of the Mechanical Arts in Aristotelian Classifications of Knowledge in the Early Sixteenth Century, in: P.R. Blum (Hg.): Sapientiam amemus. FS E. Kessler (1999) 109–126. – **36** P. Seiler: Petrarcas kritische Distanz zur skulpturalen Bildniskunst seiner Zeit, in: R.L. Colella u.a. (Hg.): Pratum Romarum. FS R. Krautheimer (1997) 299–324. – **37** N. Gramaccini: Cennino Cennini e il suo ‹Trattato della Pittura›, in: Res publica litterarum 19 (1987) 143–151. – **38** M. Baxandall: Giotto and the Orators. Humanist observers of painting in Italy and the discovery of pictorial composition, 1350–1450 (Oxford 1971); E. Barelli: The ‹Sister Arts› in Alberti's ‹Della Pittura›, in: The British J. of Aesthetics 19 (1979) 251–262; C.W. Westfall: Painting and the Liberal Arts. Alberti's View, in: J. of the History of Ideas 30 (1969) 487–506. – **39** L.B. Alberti: De re aedificatoria, hg. von G. Orlandi, P. Portoghesi (Mailand 1966) Bd. 2, 696f.; L. Valla: Repastinatio dialectice et philosophie, hg. von G. Zippel (Padua 1982) Bd. 2, 433f. – **40** P. Casciano: Storia di un ‹topos› della storiografia umanistica: *exempla* e *signa*, in: A. Di Stefano u.a. (Hg.): La storiografia umanistica, Bd. 1/1 (Messina 1992) 75–92; U. Pfisterer: Künstlerische *potestas audendi* und *licentia* im Quattrocento, in: Röm. Jb. der Bibliotheca Hertziana 31 (1996) 107–148. – **41** M. Baxandall: Guarino, Pisanello and Manuel Chrysoloras, in: J. of the Warburg and Courtauld Institutes 28 (1965) 183–204; J. Pope-Hennessy: The Interaction of Painting and Sculpture in Florence in the Fifteenth Century, in: The J. of the Royal Society for Encouragements of Arts, Manufactures and Commerce (1969) 406–424; D. Summers: *Figure come fratelli*: A Transformation of Symmetry in Renaissance Painting, in: Art Quart. N.S. 1 (1977) 59–88. – **42** R. Hammerstein Musik und bildende Kunst. Zur Theorie und Gesch. ihrer Beziehungen, in: Imago Musicae 1 (1984) 1–28; J. Onians: On how to listen to High Renaissance Art, in: Art History 7 (1984) 411–437. – **43** I.A. Richer: P. A Comparison of the Arts by Leonardo da Vinci (London / New York 1939. 1949); Farago [1]; Leonardo da Vinci: Il paragone delle arti, hg. von C. Scarpati (Mailand 1993); C. Vecce: Il *Paragone* di Leonardo. Appunti su due recenti edizioni, in: Giornale storico della letteratura italiana 171/555 (1994) 435–449. – **44** L. Freedman: «The Schiavona»: Titian's Response to the *Paragone* between Painting and Sculpture, in: Arte Veneta 41 (1987) 31–40; A.J. Martin: Savoldos sog. ‹Bildnis des Gaston de Foix›. Zum Problem des P. in der Kunst und Kunsttheorie der Renaissance (1995); G. Helke: Giorgione als Maler des P., in: Jb. des Kunsthistorischen Mus. Wien 1 (1999) 11–79. – **45** M. Collareta: Le «arti sorelle». Teoria e pratica del «paragone», in: La pittura in Italia. Il Cinquecento (Mailand 1988) Bd. 2, 569–580; S. La Barbera: Il paragone delle arti nella teoria artistica del Cinquecento (Bagheria 1997). – **46** P. Gauricus: De Sculptura (1504), hg. von A. Chastel, R. Klein (Genf 1969); F. Lancilotti: Tractato di pictura [1509], in: P. Barocchi: Scritti d'arte del Cinquecento, Bd. 1 (Mailand / Neapel 1971) 742–750; A. Leone: De Nobilitate Rerum (Venedig 1525) Kap. xli; F Patrizi: De Institutione Reipublicae (Paris 1518) fol. 17v-19v. – **47** L. Mendelsohn: *Paragoni*: Benedetto Varchi's *Due Lezzioni* and Cinquecento Art Theory (Ann Arbor 1982); F. Quiviger: Benedetto Varchi and the Visual Arts, in: J. of the Warburg and Courtauld Institutes 50 (1987) 219–224. – **48** D. Summers: Michelangelo and the Language of Art (Princeton 1981) 269–278; J. Dundas: The *Paragone* and the Art of Michelangelo, in: Sixteenth Century J. 21 (1990) 87–92; L. Berti: Michelangelo and the Dispute over Sculpture and Painting, in: The Genius of the Sculptor in Michelangelo's Work, Ausstellungskatalog (Montreal 1992) 45–65. – **49** A Colasanti: Il memoriale di Baccio Bandinelli, in: Repertorium für Kunstwiss. 28 (1905) 430. – **50** J. Holderbaum: A Bronze by Giovanni da Bologna and a Painting by Bronzino, in: Burlington Magazine 98 (1956) 439–445; Ben Thomas: „The lantern of painting": Michelangelo, Daniele da Volterra and the ‚paragone', in: Apollo 154 (2001) 46–53. – **51** s. D. Rosand: The Crisis of the Venetian Renaissance Tradition, in: L'Arte 11–12 (1970) 5–53; Th. Puttfarken: The Dispute about *Disegno* and *Colorito* in Venice. Paolo Pino, Lodovico Dolce and Titian, in: P. Ganz u.a. (Hg.) Kunst und Kunsttheorie 1400–1900 (1991) 75–99. – **52** M.L. Gengaro: Il «tema» del «rapporto tra le arti» nella critica di Giorgio Vasari, in: Studi Vasariani (Florenz 1952) 57–61; B. Roggenkamp: Die Töchter des «Disegno». Zur Kanonisierung der drei Bildenden Künste durch Giorgio Vasari (1996). – **53** G. Cardano: De subtilitate (Nürnberg 1550) Kap. xvii (De artibus, artificiosisque rebus). – **54** s. K.E. Barzman: The Florentine Accademia del Disegno. Liberal Education and the Renaissance Artist, in: Leids Kunsthistorisch Jaarboek V-VI (1986/87) 14–32. – **55** R. und M. Wittkower: The Divine Michelangelo: The Florentine Academy's Homage on his Death in 1564 (London 1964); P. Barocchi (Hg.): Benedetto Varchi, Vincenzio Borghini – Pittura e Scultura nel Cinquecento (Livorno 1998). – **56** L. Castelvetro: Poetica d'Aristotele vulgarizzata e spostata, hg. von W. Romani (Rom / Bari 1978–1979) Bd. 1, 27–29, 100–103, 193f., 446; Bd. 2, 213–221, 256; F. Patrizi: Della Poetica ... (Ferrara 1586) 53; vgl. auch A. Ferrari-Bravo: «Il Figino» del Comanini (Rom 1975) 44–48. – **57** L. Spezzaferro: Il recupero del Rinascimento, in: Storia dell'arte italiana, Bd. II/2, hg. von F. Zeri (Turin 1981) 183–274; N. Heinich: La peinture, son statut et ses porte-parole: le *Trattato della nobiltá* della pittura de Romano Alberti, in: Mélanges de l'école Française de Rome 97 (1985) 929–939; vgl. D.R. Coffin: Pirro Ligorio on the Nobility of the Arts, in: J. of the Warburg and Courtauld Institutes 27 (1964) 191–210. – **58** R. Alberti: Origine, et Progresso dell'Accademia del Disegno de'Pittori, Scultori, e Architetti di Roma (Pavia 1604) 13. – **59** R. Williams: Art, Theory, and Culture in Sixteenth-Century Italy (Cambridge 1997). – **60** vgl. etwa G. del

Monte: Perspectivae libri sex (Pisa 1600); G.B. Marino: Dicerie Sacre e la Strage de gl'Innocenti, hg. von G. Pozzi (Turin 1960) 81–87; P. Accolti: Lo Inganno de gl'Occhi ... (Florenz 1625) 1f.; Sforza Pallavicino: Arte dello Stile (Bologna 1647) cap. XI/3 und cap. XVII/3–4, 106f. und 136–138, ausführlicher in der 2. Aufl.: Trattato dello Stile e del Dialogo (Rom 1662) 154–156; G.D. Ottonelli, P. Berrettini: Trattato della pittura e scultura ..., hg. von V. Casale (Treviso 1973) 10–17; O. Boselli: Osservazioni sulla scultura antica, hg. von A.P. Torresi (Ferrara 1994) 79–83; D. Bartoli: La Ricreatione del Savio ... (Rom 1659) lib. II, cap. 4, 338–352; G.B. Passeri: Il Silenzio, Discorso sopra la Pittura ... (Rom 1670); G.P. Bellori: Dafne trasformata in Lauro, in: Ritratti di alcuni celebri pittori del secolo XVII ... (Rom 1731) 253–271, hier 264f. das Kap. ‹Differenza tra la Pittura e la Poesia›; Brief des B. Bresciani von 1695, in: G. Bottari, S. Ticozzi (Hg.): Raccolta di Lettere sulla Pittura, Scultura ed Architettura (Mailand 1822) Bd. 2, 87–97; vgl. dazu N. Turner: Four Academy Discourses by Giovanni Battista Passeri, in: Storia dell'Arte 19 (1973) 231–247; G. Ackerman: Gian Battista Marino's Contribution to Seicento Art Theory, in: Art Bulletin 43 (1961) 326–336; C. Nativel: Peinture et poésie: quelques remarques sur leurs relations selon Marino et Junius, in: Rhetorica 9 (1991) 157–167. – **61** C. Robertson: Ars vincit omnia: the Farnese Gallery and the Cinquecento Ideas about Art, in: Mélanges de l'école Française de Rome 102 (1990) 7–41; M. Winner: Annibale Carracci's Self-Portraits and the Paragone Debate, in: I. Lavin (Hg.): World Art (Univ. Park / London 1989) Bd. 2, 509–515; R. Preimesberger: Themes from Art Theory in the Early Works of Bernini, in: I. Lavin (Hg.): Gianlorenzo Bernini ... (New York 1985) 1–18. – **62** E. Panofsky: Galileo as a Critic of the Arts (Den Haag 1954). – **63** F. Baldinucci: Vita del Cavaliere Gio. Lorenzo Bernino, hg. von A. Riegl (Wien 1912) 234; dazu R. Preimesberger: Berninis Cappella Cornaro, in: Zs. für Kunstgesch. 49 (1986) 190–219 gegen I. Lavin: Bernini and the Unity of the Visual Arts (Princeton 1980). – **64** P. Mack: Agricola's Use of the Comparison between Writing and the Visual Arts, in: J. of the Warburg and Courtauld Institutes 55 (1992) 169–179. – **65** D. Wuttke: Dürer und Celtis ..., in: J. of Medieval and Renaissance Studies 10 (1980) 73–129; J. Gaus: Amant enim se artes hae ad invicem. Albrecht Dürers Erasmusbild und die Rhet., in: U. Ernst, B. Sowinski (Hg.): Architectura poetica. FS J. Rathofer (1990) 371–388; G. Rohowski: Albrecht Dürer – „Alamanis pictor clarissime terris". Zur Gesch. einer Künstlerlegende (1994). – **66** E. Panofsky: Erasmus and the Visual Arts, in: J. of the Warburg and Courtauld Institutes 32 (1969) 200–227; P.-K. Schuster: *Individuelle Ewigkeit*: Hoffnungen und Ansprüche im Bildnis der Lutherzeit, in: A. Buck (Hg.): Biogr. und Autobiogr. in der Renaissance (1983) 121–173; S. Michalski: Bild, Spiegelbild, Figura, Repräsentatio. Ikonizitätsbegriffe im Spannungsfeld zwischen Bilderfrage und Abendmahlskontroverse, in: Annuarium Historiae Conciliorum 20 (1988) 458–488; W. Ludwig: Das bessere Bildnis des Gelehrten, in: Philologus 142 (1998) 123–161. – **67** Th. DaCosta Kaufmann: The eloquent artist: towards an understanding of the stylistics of painting ..., in: Leids Kunsthistorisch Jaarboeck 2 (1982) 119–148; ders.: A ‚modern' sculptor in Prague: Adriaen de Vries and the ‚Paragone' of the arts, in: A. Gnann, H. Widauer (Hg.): Festschrift für Konrad Oberhuber (Mailand 2000) 283–293. – **68** vgl. etwa ab der 3. Aufl. J. Pontanus: Poeticarum Institutionum libri III (Ingolstadt 1600) 239–250: ‹Auctarium. Collatio Poetices cum pictura, et musica›. – **69** J. von Sandrart: Teutsche Academie der Edlen Bau-, Bild- und Mahlerey-Künste ... (Nürnberg / Frankfurt 1675) Bd. 1, 4f. – **70** J. Becker: Zur niederländischen Kunstlit. des 16. Jh.: Lucas de Heere, in: Simiolus 6 (1972/73) 113–127; ders.: Zur niederländischen Kunstlit. des 16. Jh.: Domenicus Lampsonius, in: Nederlands Kunsthistorisch Jaarboeck 24 (1973) 45–61; K. van Mander: Den grondt der edel vry schilder-const, hg. von H. Miedema (Utrecht 1973) Bd. 1, Prol. und Kap. 1. – **71** P. Hecht: The Paragone Debate: Ten Illustrations and a Comment, in: Simiolus 14 (1984) 125–136; Z.Z. Filipczak: Picturing Art in Antwerp, 1550–1700 (Princeton 1987). – **72** J. Müller Hofstede: ‹Non saturatur oculus visu› – Zur «Allegorie des Gesichts» von Peter Paul Rubens und Jan Brueghel d.Ä., in: H. Vekeman, J. Müller Hofstede (Hg.): Wort und Bild in der niederländischen Kunst und Lit. des 16. und 17. Jh. (1984) 243–289. – **73** Ph. Fehl: Franciscus Junius and the Defense of Arts, in: Artibus & Historiae 3 (1981) 9–55; C. Nativel: La comparaison entre la peinture et la poésie dans le *de Pictura Veterum* (1,4) de Franciscus Junius (1589–1677), in: Word & Image 4 (1988) 323–330. – **74** Vgl. Ph. Angel: *Praise of painting*, hg. von M. Hoyle, H. Miedema, in: Simiolus 24 (1996) 227–258; Vorwort des gleichnamigen Neffen von F. Junius zu G.J. Vossius: De quatuor artibus popularibus (Amsterdam 1650); C. de Bie: Het gulden cabinet van de edele vry Schilder-const (Antwerpen 1661–62) 22 u. 467–471; W. Goeree: Inleyding tot de Practyk der Algemeene Schilderkonst (Middelburg 1670) 22–26. – **75** A. Ellenius: De Arte Pingendi. Latin Art Literature in Seventeenth-Century Sweden and its International Background (Uppsala / Stockholm 1960). – **76** s. Curtius, Exkurse XXII u. XXIII; K. Hellwig: Die span. Kunstlit. im 17. Jh. (1996); H.C. Jacobs: Schönheit und Geschmack. Die Theorie der Künste in der span. Lit. des 18. Jh. (1996). – **77** s. G. Kubler (Hg.): The Antiquity of the Art of Painting (New Haven / London 1967); S. Deswarte: Ideias e imagens em Portugal na época dos descobrimentos. Francisco de Holanda e a teoria da arte (Lissabon 1992). – **78** L. Salerno: Seventeenth-Century English Literature on Painting, in: J. of the Warburg and Courtauld Institutes 14 (1951) 234–258; Hagstrum [11] 69–92; J. Dixon Hunt: Shakespeare and the *Paragone*: A Reading of Timon of Athens, in: W. Habicht u.a. (Hg.): Images of Shakespeare (Newwark 1988) 47–63; D. Evett: Literature and the Visual Arts in Tudor England (Athen / London 1990). – **79** s. L. Hotson (Hg.): Queen Elizabeth Entertainment at Mitcham (New Haven 1953); A.F. Kinney, L. Bradley Salamon (Hg.): Nicholas Hilliard's Art of Limning (Boston 1983); Ph. Fehl: Poetry and the Entry of the Fine Arts into England: ut pictura poesis, in: C.A. Patrides, R. Waddington (Hg.): The Age of Milton (Manchster 1980) 273–306. – **80** s. D.J. Gordon: Poet and Architect: The intellectual setting of the quarrel between Ben Jonson and Inigo Jones, in: J. of the Warburg and Courtauld Institutes 12 (1949) 152–178; F.J. Levy: Henry Peacham and the Art of Drawing, in: J. of the Warburg and Courtauld Institutes 37 (1974) 174–190. – **81** s. R.E. Campo: Ronsard's Contentious Sisters. The P. between Poetry and Painting in the Works of Pierre de Ronsard (Chapel Hills 1998); J. Thuillier: Doctrines et querelles artistiques en France au XVIIe siècle: quelques textes oubliés ou inédits, in: Archives de l'art français N.S. 23 (1968) 125–217. – **82** D. Posner: Concerning the ‹Mechanical› Parts of Painting and the Artistic Culture of Seventeenth-Century France, in: Art Bulletin 75 (1993) 583–598; N. Heinich: Du peintre l'artiste. Artisans et académiens à l'âge classique (Paris 1993). – **83** P. Duro: The Academy and the Limits of Painting in Seventeenth-Century France (Cambridge 1997). – **84** J. Lichtenstein: La couleur éloquente. Rhétorique et peinture à l'âge classique (Paris 1989) 117–127; S. Germer: Kunst – Macht – Diskurs. Die intellektuelle Karriere des André Félibien (1997) 256–268. – **85** B. Teyssèdre: Roger de Piles et les débats sur le coloris au siècle de Louis XIV (Paris 1965); Th. Puttfarken: Roger de Piles' Theory of Art (New Haven / London 1985). – **86** P. Marcel: Un débat entre les Peintres et les Poètes au début du XVIIIe siècle, in: Chronique des Arts (1905) 182f. u. 206f.; R.G. Saisselin: *Ut Pictura Poesis*: Dubos to Diderot, in: J. of Aesthetics and Art Criticism 20 (1961) 145–156; S. Alderson: *Ut pictura poesis* and its discontents in late seventeenth- and early eighteenth-century England and France, in: Word & Image 11 (1995) 256–263. – **87** Ch. Perrault: Parallèle des anciens et des modernes ..., hg. von H.R. Jauss (1964). – **88** s. B. Steinwachs: Epistemologie und Kunsthistorie. Zum Verständnis von *arts et sciences* im aufklärerischen und positivistischen Enzyklopädismus, in: H.U. Gumbrecht, B. Cerquiglini (Hg.): Der Diskurs der Lit.- und Sprachtheorie (1983) 73–110; L. Tavernier: L'imitation de la belle nature. Zum Verständnis des Künstlers in der Nachahmungstheorie von Charles Batteux, in: H. Körner u.a. (Hg.): Empfindung und Reflexion ... (1986) 49–98. – **89** F. Solms: Disciplina aesthetica. Zur Frühgesch. der ästhet. Theorie bei Baumgarten und Herder (1990). – **90** vgl. auch A.C. Ph. de Tubiers, Conte de Caylus: Réflexions sur la sculpture, in: Mercure de France I (April 1759) 174f.; F. Hemsterhuis: Lettera sulla Scultura [1769], hg. von E. Matassi (Palermo 1994) 37–47. – **91** s. M.H. Schueller: Literature and Music as Sister Arts: An Aspect of Aesthetic Theory in Eighteenth-Century Britain, in: Philological Quarterly, 26 (1947) 193–205; J. Heidrich: «Zwischen Pergolese und Correggio, welche Familien Aehnlichkeit!» – Zu Verbindung von Musik und Malerei im kunsttheoretischen Schrifttum des 18. Jh., in: A. Middeldorf Kosegarten (Hg.): Johann Dominicus Fiorillo (1997) 420–449. – **92** N. Schweizer: The *Ut pictura poesis* Controversy in Eighteenth-Century England and Germany (Bern 1972); J.S. Malek: The Arts Compared: An Aspect of Eigtheenth-Century British Aesthetics (Detroit 1974); L. Lipking: The Ordering of the Arts in the Eighteenth Century (Princeton 1976). – **93** s. Mitchell [5] 116–149; H. Kohle: Ut pictura poesis non erit. Denis Diderots Kunstbegriff (1989); J. Lichtenstein: «La peinture et la sculpture ont entre elles la même relation que l'éloquence et la poésie» (Winckelmann), in: O. Bonfait (Hg.): Peinture et Rhétorique (Paris 1994) 105–128; H. Körner: P. der Sinne. Der Vergleich von Malerei und Skulptur im Zeitalter der Aufklärung, in: Mehr Licht. Europa um 1700, Ausstellungskatatalog (1999) 365–378. – **94** K.-H. Stierle: Das bequeme Verhältnis. Lessings ‹Laokoon› und die Entdeckung des ästhet. Mediums, in: G. Gebauer (Hg.): Das Laokoon-Projekt (1984) 23–58; D. Wellbery: Lessing's ‹Laocoon›: Semiotics and the Age of Reason (Cambridge 1984). – **95** J.G. Herder: Plastik, in: Bibl. der Kunstlit., Bd. 3, hg. von H. Pfotenhauer, P. Sprengel (1995); R. Norton: Herder's Aesthetics and the European Enlightenment (Ithaca, London 1991); M. Fodro: Un traité de Herder: Plastik, in: É. Pommier (Hg.): Histoire de l'histoire de l'art (Paris 1995) 327–343; U. Zeuch: Umkehrung der Sinnenhierarchie. Herder und die Aufwertung des Tastsinns seit der Frühen Neuzeit (2000). – **96** s. R. Park: *Ut Pictura Poesis*: The Nineteenth-Century Aftermath, in: J. of Aesthetics and Art Criticism, 28 (1969) 155–169; T. Koebner (Hg.): Laokoon und kein Ende. Der Wettstreit der Künste (1989) – **97** W. Kemp: Theorie der Fotografie I-III (1980–1983); Th. Zaunschirm: Distanz-Dialektik in der modernen Kunst. Bausteine einer P.-Philos. (1982); J. Paech: Bilder von Bewegung – bewegte Bilder. Film, Fotografie und Malerei, in: M. Wagner (Hg.): Moderne Kunst (1991) Bd. 1, 237–264; H. U. Reck: Der Streit der Kunstgattungen im Kontext der Entwicklung neuer Medientechnologien, in: Kunstforum international 115 (1991) 81–98.

Literaturhinweise:
E. Panofsky: Idea (1924). – J. von Schlosser: Die Kunstlit. (Wien 1924). – A. Blunt: Artistic Theory in Italy 1450–1600 (London 1949). – R. Wittkower: The Artist and the Liberal Arts, in: Eidos I (1950) 11–17. – J. White: P.: Aspects of the Relationship between Sculpture and Painting, in: Ch. Singleton (Hg.): Art, Science and History in the Renaissance (Baltimore 1967) 43–109. – L.O. Larsson: Von allen Seiten gleich schön – Stud. zum Begriff der Vielansichtigkeit in der europ. Plastik von der Renaissance bis zum Klassizismus (Uppsala 1974). – M. Praz: Mnemosyne: The Parallel Between Literature and the Visual Arts (Princeton 1974). – W. Kemp: Disegno. Beitr. zur Gesch. des Begriffs zwischen 1547 und 1607, in: Marburger J. für Kunstgesch. 19 (1974) 219–240. – J. Dobai: Die Kunstlit. des Klassizismus und der Romantik in England, 4 Bde. (Bern 1974–1984). – L. Vinge: The Five Senses. Studies in a Literary Tradition (Lund 1975). – W. Prinz: Das Motiv «Pallas Athena führt die Pictura in den Kreis der septem artes liberales» ein und die sogennante Cellini-Schale, in: FS P.W. Meister (1975) 165–175. – F. Würtenberger: Malerei und Musik. Die Gesch. des Verhaltens zweier Künste zueinander ... (1979). – W. Tatarkiewicz: A history of six ideas (Den Haag / Boston / London 1980). – J.M. Croisille: Poésie et art figuré de Néron aux Flaviens, 2 Bde. (Paris 1982). – B. Cohen: P.: Sculpture versus Painting, Kaineus and the Kleophrades Painter, in: W.G. Moon (Hg.): Ancient Greek Art and Iconography (Madison 1983) 171–192. – R. Wendorf (Hg.): Articulate Images: The Sister Arts from Hogarth to Tennyson (Minneapolis 1983). – R. Nicolich: Painting, poetry and signs: Molière's *La Gloire du Val-de-Grâce* and Perrault's *Poème de la peinture*, in: Semiotica 51 (1984) 147–165. – J. Barrell: The Political Theory of Painting from Reynolds to Hazelitt (New Haven 1986). – F.H. Jacobs: An Assessment of Contour Line: Vasari, Cellini and the P., in: Artibus & Historiae 18 (1988) 139–150. – C. Hulse: The Rule of Art – Literature and Painting in the Renaissance (Chicago / London 1990). – M. Roston: Changing Perspectives in Literature and the Visual Arts, 1650–1820 (Princeton 1990). – V. Schroder: Le langage de la peinture est le langage des muets. Remarques sur un motif de l'esthétique classique, in R. Démoris (Hg.): Hommage à Élisabeth-Sophie Chéron (Paris 1992) 95–110. – V. Stoichita: Das selbstbewußte Bild. Über den Ursprung der Metamalerei (1998). – D. Aragó Strasser: A cerca de la presencia del motivo del paragone en dos pinturas de Ribera, in: Boletín del Museo e Instituto ‹Camón Aznar› 64 (1996) 127–162. – V. von Flemming: Harte Frauen – weiche Herzen? Geschlechterverhältnis und P. in Bronzinos Porträt der Laura Battiferri, in: Ars naturam adiuvans. FS M. Winner, hg. von V. von Flemming, S. Schütze (1996) 272–295. – P. Bornedal: The Interpretation of Art (Lanham u.a. 1996). – G.C. Bott: Der Klang im Bild. Evaristo Baschenis und die Erfindung des Musikstillebens (1997). – F. Fehrerbach: Licht und Wasser. Zur Dynamik naturphilos. Leitbilder im Werk Leonardo da Vincis (1997). – M. Boudon: Le relief d *Ugolin* de Pierino da Vinci: une réponse sculptée au problème du *paragone*, in: Gazette des beaux-arts 132 (1998) 1–18. – N.E. Land: Giovanni Bellini, Jan van Eyck, and the *Paragone* of Painting and Sculpture, in: Source 19 (1999) 1–8. – E. Campbell: The gendered *paragone* in late sixteenth-century art theory, in: Word & Image 16 (2000) 227–238. – I. Baxmann u.a. (Hg.): Das Laokoon-Paradigma (2000). – H. Körner: Der fünfte Bruder. Zur Tastwahrnehmung plastischer Bildwerke von der Renaissance bis zum frühen 19. Jahrhundert, in: artibus & historiae 42 (2000) 165–196. – R. Preimesberger: Motivi del ‚paragone' e concetti teorici nel Discorso sopra la Scultura di Vincenzo Giustiniani, in: S. Danesi Squarzina (Hg.): Caravaggio e i Giustiniani (Mailand 2001) 50–56. – D. Caldwell: The *paragone* between word and image in *Impresa* literature, in: Journal of the Warburg and Courtauld Institutes 63 (2001) 277–286.

U. Pfisterer

→ Architektur → Kunstgeschichte → Malerei → Plastik → Querelle → Ut-pictura-poesis

Parallelismus (griech. παρίσωσις, parísōsis, daneben auch: ἰσόκωλον, isókōlon, πάρισον, párison lat. compar, aequalia membra, exaequatio; engl. parallelism; frz. parallélisme; ital. parallelismo)

A. Der Terminus ‹P.› gehört nicht zur traditionellen Rhetorik-Terminologie. Er leitet sich von griech. παρ' ἀλλήλων, (nebeneinander [herlaufend]) bzw. dem entsprechenden Adjektiv παράλληλος (nebeneinander, Seite an Seite) ab. Der griechische Begriff παραλληλισμός wird offenbar erstmals im 12. Jh. von dem byzantinischen Homerkommentator EUSTATHIOS verwendet, steht bei ihm aber für ein Kompositum, dessen Teile jeweils den gleichen semantischen Inhalt besitzen. [1] ‹P.› wird im Deutschen erst seit dem 18. [2] und verstärkt im 20. Jh. in der philologischen, literaturwissenschaftlichen bzw. textlinguistischen Forschungsliteratur verwendet.

Der Terminus ‹P.› bezeichnet im engeren Sinne

1. als semantisches Strukturprinzip (*P. membrorum* – Gedankenparallelismus) die Wiederholung eines Gedankens in zwei oder mehr Satzteilen oder ganzen Sätzen, wobei der Gedanke variieret wiederholt (Synonymie), fortgeführt bzw. erweitert (synthetischer P.) oder auch antithetisch gebrochen werden kann.

2. als syntaktisches Strukturprinzip (*P. der Form*) die syntaktische Äquivalenz zweier oder mehrerer aufeinanderfolgender Sätze oder Satzteile. Häufig sind die verschiedenen Kola zusätzlich durch Anapher, Epipher oder Homoioteleuton verbunden. P. steht hierbei als ein Oberbegriff für die verschiedenen Figuren der syntaktischen Äquivalenz. [3]

3. als quantitatives Strukturprinzip (*P. der Silben*) die Übereinstimmung zweier oder mehrerer aufeinanderfolgender Satzteile oder Sätze, die in ihrer Silbenzahl oder

in ihrem Rhythmus übereinstimmen und daher als parallel anzusehen sind. Meist erscheint diese Übereinstimmung in Verbindung mit der Definition unter 2. [4]

Verwendet man den Begriff ‹P.› auch für Phänomene in antiker Rede und Literatur, so steht ‹P.› dabei als eine Art Obergriff für verschiedene andere Termini der Parallelität. Am ehesten entspricht ‹P.› im Griechischen der παρίσωσις, parísōsis, daneben steht auch: ἰσόκωλον, isókōlon und πάρισον, párison; im Lateinischen werden hierfür die Ausdrücke compar, aequalia membra und exaequatio verwendet. Die Parisosis wäre der unbestimmteste Begriff, ‹Parison› [5] und ‹Isokolon› [6] werden meist nur zur genaueren Beschreibung der Parisosis verwendet. P. ist in diesem Zusammenhang eine Wortfigur der transmutatio (Umstellung) und dient einer gleichmäßigen compositio (Periodenbau). Die Verwendung von Parallelismen entspricht dem Ideal der harmonischen Wortfügung (concinnitas).

Der P. der Form ist ein wesentliches Strukturmerkmal der griechischen und lateinischen Kunstprosa. [7] NORDEN sieht in ihm das «Substrat des Reims» und damit die «Urform der Poesie». [8] Die Struktur von Dichtung wird daher auch als «fortlaufender P.» bezeichnet. [9] Der P. ist ein äußerst komplexes Phänomen, da er «das Ineinandergreifen von syntaktischen, morphologischen und lexikalischen Gleichheiten und Verschiedenheiten, die unterschiedliche Arten von semantischen [...] Ähnlichkeiten» hervorbringen, impliziert [10] und somit oft in Verbindung der verschiedenen Definitionen unter 1. – 3. erscheint. Das Phänomen P. läßt sich nicht auf einzelne Sprachen oder Sprachräume beschränken, sondern ist u.a. außer für die europäischen Sprachen für das Hebräische [11] sowie andere semitische Sprachen [12], das Chinesische [13], das Mongolische [14] sowie das Russische [15] nachgewiesen. Im Deutschen existiert das Phänomen P. bereits in althochdeutscher und frühmittelhochdeutscher Literatur. [16] Als Oberbegriff für die Reihung sprachlich äquivalenter Strukturen gehört der P. zu den «fundamentalen Grundkategorien sprachlicher Gestaltung». [17]

Im weiteren Sinne kann ‹P.› auch für die wiederholte Schilderung von Geschehnissen, Dingen, Personen o.ä. als Strukturelement eines Märchens, Romans oder Dramas erscheinen (z.B. im Drama als Wiederholung von Handlungen auf zwei sozialen Ebenen, z.B. Adelsliebespaar / Dienerliebespaar).

B. *Wort- und Bedeutungsgeschichte.* **I.** *Antike.* Der P. (unter der Bezeichnung παρίσωσις, parísōsis) gehört zu den von GORGIAS, dem Begründer der attischen Kunstprosa, verwendeten Stilfiguren, die der Affekterregung beim Zuhörer dienen sollen. [18] Die Parisosis wird den Figuren der Sprachführung (figurae verborum) zugerechnet, im Gegensatz zur Antithese, die zu den Figuren der Gedankenführung (figurae sententiae) gehört. [19] ISOKRATES lehnt die übermäßige Verwendung von Parallelismen mit Bezug auf Gorgias und seine eigenen früheren Reden ab. Im ‹Panathenaikos› gibt er der einfachen – ohne viele Wortfiguren ausgeschmückten – Rede den Vorzug. [20]

In der ‹Téchnē rhētoriké› von ANAXIMENES wird die Parisosis bei den Wortfiguren abgehandelt. Um eine Parisosis handelt es sich dann, wenn zwei gleichlange Kola nebeneinanderstehen oder auch mehrere kleine Kola wenigen großen gleichgestellt werden. Für die Parisosis ist daher die Quantität der Silben entscheidend (Def. 3). Inhaltlich muß keine Parallelität bestehen, diese wird jedoch durch die äußere Struktur zumindest nahegelegt. [21] Anaximenes gibt ein Beispiel für eine typische Parisosis: «ἢ διὰ χρημάτων ἀπορίαν ἢ διὰ πολέμου μέγεθος» (entweder wegen der Knappheit der Mittel oder wegen der Größe des Krieges). [22] Neben der Parisosis behandelt er die Parhomoiosis, die für ihn noch gewichtiger ist. Bei der Parhomoiosis werden nicht nur gleich große Kola nebeneinandergestellt, sondern auch ähnliche Wörter. Besonders wichtig ist hierbei, daß die Endsilben bzw. Flexionsformen der Wörter gleich sind, d.h. durch Epipher gebunden. [23] Auch hierfür gibt Anaximenes ein Beispiel: «πλήθει μὲν ἐνδεῶς, δυνάμει δὲ ἐντελῶς» (Gering an Masse, perfekt an Klasse.). [24]

ARISTOTELES übernimmt diese Definition in seiner ‹Rhetorik›. «Parisosis (Isokolon) liegt vor, wenn die Kola von gleicher Art sind». [25] Wie Anaximenes behandelt er die P. bei den Wortfiguren, wobei Aristoteles neben ‹Parisosis› auch den Begriff ‹Isokolon› verwendet. Er gibt mehrere Beispiele auch für die Parhomoiosis und fügt an, daß ein und derselbe Satz sowohl eine Antithese, P. und Homoioteleuton aufweisen kann. [26] Hier wird deutlich, daß – besonders im Hinblick auf die Antithese, die er zuvor behandelt – bei syntaktischem P. meist auch semantische Aspekte eine Rolle spielen. Die Zurechnung des P. zu den Figuren der Sprachführung im Gegensatz zu den Figuren der Gedankenführung läßt sich so strikt also nicht durchführen. Rein syntaktischer P. erscheint eher selten. Auch die Unterscheidung zwischen syntaktischem P. und Silben-P. ist schwierig. Aristoteles läßt beides als Möglichkeit der Parisosis zu. [27]

Die Parhomoiosis durch gleiche Endsilbe bzw. Flexionsform als eine Unterart des P. ergibt sich im Griechischen (und auch Lateinischen) oft auf natürliche Weise, da beide Sprachen – im Gegensatz z.B. zum Deutschen – stark flektierend sind. Ein Gleichklang in der Endsilbe entsteht aus dem Sprachgebrauch und erscheint dem Zuhörer daher nicht als gesuchtes Stilmittel.

Von HERMOGENES wird der P. unter der Bezeichnung ‹Parisosis› beschrieben, die «parallel gebaute [...] Kola» bezeichnet. [28] Die Parisosis soll der Rede besonderen Schmuck und Anmut (κάλλος, kállos) verleihen. Allerdings sollte sie um der Glaubwürdigkeit der Rede willen nicht übertrieben verwendet werden. Man sollte den P. nicht als Schema auffassen, in das die Sätze bzw. Gedanken hineingezwungen werden. Hermogenes gibt an, daß sich P. vor allem bei Isokrates finden, von Demosthenes hingegen nur maßvoll gebraucht werden. Strikte Parallelität, d.h. syntaktisch vollkommen gleicher oder gar silbengleicher P. wird von Demosthenes bewußt vermieden und auch von Hermogenes abgelehnt. [29]

In der ‹Rhetorica ad Herennium› wird die Definition von Aristoteles übernommen. Die Phänomene des P. werden hier unter compar (als Synonym für Isokolon, Parison) behandelt. Hier liegt der Schwerpunkt auf der Silbengleichheit. Ein P. soll allerdings nicht künstlich erzeugt werden, sondern sich durch Gewohnheit und Übung (usus et exercitatio) ergeben. Als Beispiel für ein compar wird angeführt: «Illi fortuna dedit felicitatem, huic industria virtutem conparavit.» [30] (Jenem gab das Schicksal Glück, diesem verlieh der Fleiß Tugend). An diesem Beispiel wird wiederum klar, wie stark alle drei Definitionen des P. ineinandergreifen.

CICERO erwähnt die Möglichkeit des P. in der Rede im Zusammenhang mit der Lobrede: «[...] non ex insidiis sed aperte ac palam elaboratur, ut verba verbis quasi demensa et paria respondeant, ut crebro conferantur pugnantia comparenturque contraria et ut pariter extrema terminentur eundemque referant in cadendo sonum.» (Absichtlich nicht versteckt, sondern frei und offen trachtet sie danach, daß Wörter anderen Wörtern gewissermaßen abgezirkelt und genau entsprechend antworten, daß Widerstreitendes häufig zusammengestellt, daß Gegensätze miteinander konfrontiert werden, daß die Sätze in gleicher Form enden und auf denselben Laut kadenzieren.)»[31] Er lehnt die Verwendung allerdings als «Ziererei oder besser gesagt Abgeschmacktheiten» ab.[32] Eine genauere Beschreibung der Phänomene des P. fehlt.

Das *compar* wird bei QUINTILIAN unter den Bezeichnungen ‹Isokolon› und ‹Parison› behandelt. Zusammen mit dem Homoioteleuton und dem Homoioptoton gehören beide zu den vier Formen der Verwendung des Ähnlichen. «Eius fere videntur optima, in quibus initia sententiarum et fines consentiunt, [...] et similia sint verbis et paribus cadant et eodem modo desinant. Etiam ut sint, quod est quartum, membris aequalibus» (Die beste Ausführung ist wohl offenbar die, wobei die Satzanfänge und -schlüsse übereinstimmen, so daß sowohl ähnliche Wörter als auch Schlüsse von gleicher Silbenzahl und gleichem Klang – ja, daß sie sogar ganz gleichgestaltete Satzbilder bilden.)[33] Diese Definition bezeichnet Isokolon mit gleichzeitigem Homoioptoton. ‹Parison› wird für die Verwendung zweier gleichklingender Wörter verwendet. Diese Definition geht allerdings eher in Richtung der Paronomasie.

Der P. bildet das wichtigste Strukturprinzip der hebräischen Texte des Alten Testaments; er strukturiert dabei die einzelnen Verse. Der P. wird dabei nicht hauptsächlich quantitativ bzw. metrisch strukturierend verwandt, sondern er erscheint vor allem in seiner Def. unter 1. als Gedankenparallelismus (*P. membrorum*). Der gleiche Gedanke wird variierend wiederholt ausgesprochen: «Ich will den Herrn loben/ solange ich lebe/ Und meinem Gott lobsingen/ weil ich hie bin.» (Ps 146, 2).[34] In den meisten Psalmen taucht der *P. membrorum* aber zusammen mit anderen parallelen Strukturen auf (grammatischer, syntaktischer und quantitativer P).[35] Die Frage nach einem System des P. ist in diesem Zusammenhang nur schwer zu lösen. Bereits 1753 stellt B.R. LOWTH das erste System des P. innerhalb des Alten Testaments auf. Er unterscheidet dabei drei Formen des P. der Bibel: 1. synonymer P. (ein Gedanke wird variierend wiederholt) 2. antithetischer P. (ein Gedanke wird antithetisch gebrochen) und 3. synthetischer P. (alle anderen Formen).[36] Dieses System, das sich auf den *P. membrorum* und damit auf die semantische Ebene bezieht, wird in der heutigen Forschung kritisch betrachtet.[37] Besonders der Bezug auf rein semantische Phänomene erscheint als nicht mehr ausreichend. So wird die syntaktische Ebene mit in die Betrachtung eingeschlossen.[38] Durch die extreme Verschiedenartigkeit der Struktur der Bibeltexte – schon die Unterscheidung zwischen Prosa und Vers ist problematisch[39] – erscheint es jedoch schwierig, alle Phänomene der Parallelität und des P. innerhalb der Bibel überhaupt sinnvoll zu systematisieren.[40]

II. *Spätantike und Mittelalter*. Phänomene der Parallelität werden in den rhetorischen Lehrbüchern der Spätantike und des Mittelalters ähnlich wie in der Antike zumeist unter den Stichworten ‹Isokolon› und ‹Parison› abgehandelt. Der Terminus ‹Parisosis› taucht fast nicht mehr auf. Auch stehen bei der Behandlung von Phänomenen der Parallelität mehr semantische und syntaktische als quantitative Aspekte im Vordergrund.[41] AQUILA ROMANUS unterscheidet zwischen Isokolon (*exaequatum membris*) und Parison (*prope aequatum*). Während das Isokolon aus der gleichen Anzahl Wörter in zwei oder mehr Kola besteht, unterscheidet sich das Parison nur durch seine ungefähre Gleichheit der Kola. «Hic uno, vel altero addito», es kann also das ein oder andere Wort hinzugefügt sein.[42] Eine ähnliche Definition findet sich bei MARTIANUS CAPELLA[43] und in den ‹Schemata dianoeas›.[44] Diese Definitionen von P. bleiben auch im Mittelalter gültig, da vor allem die ‹Rhetorica ad Herennium› die Grundlage für die mittelalterliche Schulrhetorik bildet. Bei Augustinus finden sich Formen des Isokolon und Parison.[45] EBERHARDUS ALEMANNUS und GALFRID VON VINSAUF geben Beispiele für ein *compar*.[46]

III. *Neuzeit*. Bei I.C. SCALIGER werden Isokolon und Parison als identisch unter den Stichwörtern ‹Parison› bzw. παρισότης, parisótēs und *exaequatio* behandelt. Für ihn ist vor allem die Wortanzahl und -länge wichtig. P. entsteht aus der gleichen Quantität an Wörtern, die zumeist auch noch gleich lang sind. Scaliger bezieht sich bei seinen Ausführungen ausdrücklich auf die Verwendung des P. bei Gorgias und Isokrates sowie auf einen Vers Homers.[47] Er weist jedoch auch darauf hin, daß die Verwendung des P. nicht unbedingt einer besonderen *virtus* entspreche, sondern auch als *vitium* aufgefaßt werden könne.[48]

C. SOAREZ behandelt den P. mit Bezug auf die ‹Rhetorica ad Herennium› und Quintilian unter *compar* (Isokolon und Trikolon)[49], ebenso H. PEACHAM in seinem ‹Garden of Eloquence›[50]. Wichtig ist für Peacham – ähnlich wie für Hermogenes –, daß der P. nicht durch bloßes Abzählen der Silben entsteht, sondern sich wie natürlich durch Übung (*exercitatio*) ergibt. Gleichzeitig weist Peacham auch darauf hin, daß der zweite Teil des P. auf den ersten antworten kann und gibt dafür zwei Beispiele aus der Bibel. Der zweite Teil des P. kann dabei auch antithetisch zum ersten sein. Bei Peacham findet sich damit also sowohl der syntaktische wie der semantische Aspekt des P. So ist für Peacham der P. –in Bezug auf das Drama – mehr für unterhaltsame und heitere Gegenstände («pleasant matters») als für ernste Dinge («graue causes») sinnvoll, er ist deshalb in der Komödie angebracht, in der Tragödie hingegen zu vermeiden.[51]

Bei VOSSIUS[52] wird mit direktem Bezug auf Aquila Romanus zwischen Isokolon und Parison unterschieden, bei STIELER wird der P. unter dem Stichwort ‹Gleichglied› bzw. ‹Wortgleichung› behandelt. Dabei wird die Silbengleichheit in den Vordergrund gestellt. Stieler besteht auf das «Sylben Zehlen» und weist die Verwendung des Gleichglieds dem Redner zu. Dichter verwenden den P. nur dann, wenn sich eine Verbindung von syntaktischen und semantischen Aspekten ergibt.[53] Durch das Natürlichkeitspostulat verschwindet im 18. Jh. mehr und mehr die Bedeutung des formalen Periodenstils und damit auch dessen Behandlung in Regelpoetiken.

Seit dem 18. Jh. gibt es vermehrt Untersuchungen zum Phänomen P. aus philologischer Sicht. So beschäftigt sich R. LOWTH mit seiner Studie ‹De sacra poesi Hebraeorum ...› von 1753 mit dem P. des biblischen Hebräisch[54]. J.G. HERDER beschreibt 1782 die Wirkung des biblischen P. in seiner Schrift ‹Vom Geiste der ebräischen Poesie›, die als Antwort auf Lowth gelten kann: «Die beiden Glieder [des P.] bestärken, erheben, bekräftigen einander.»[55] Im 1. Gespräch von Herders Schrift nennt Eutyphron den Alciphron einen «großen Verteidiger des P.»[56] Herder wendet sich gegen die Auffassung, der P. sei lediglich ein monotones Stilmittel, sondern er sieht in dem P. eine grundlegende poetische Verfahrensweise.[57] Lowths und Herders Studien folgen zahlreiche Untersuchungen zum biblischen P. im 19. und 20. Jh.[58]

G.M. HOPKINS setzt sich 1865 in seiner Schrift über die Struktur der Dichtung auch mit dem Phänomen des P. auseinander.[59] Seine Ausführungen werden in allen nachfolgenden Studien als grundlegend anerkannt. Hopkins beschreibt, wie die syntaktische bzw. quantitative Parallelität eines Reimes immer auch eine semantische nach sich zieht. «Nun liegt die Stärke dieser Wiederholung [des P.] darin, daß sie eine entsprechende [...] Parallelführung in den Worten oder den Gedanken erzeugt. [...] Zu der deutlich abgesetzten oder schroffen Art des P. gehören Metapher, der Vergleich, die Parabel usw., bei denen die Wirkung auf der Gleichheit von Dingen beruht [...].»[60] R. JAKOBSON entwickelt diese Gedanken u.a. in seinen Studien ‹Closing statements: Linguistics and poetics› von 1960[61] und ‹Grammatical parallelism and its Russian facet› von 1966[62] weiter. Er wendet sich gegen die auch von Norden vertretene Auffassung, daß der Reim nur ein verdichteter P. sei. Für ihn handelt es sich vielmehr um zwei verschiedene Verfahren. Während die Äquivalenz des Reimes durch die Äquivalenz auf der phonetischen Ebene entsteht und diese phonetische Gleichheit obligatorisch für den Reim ist, kann der P. in seinen verschiedenen Ausprägungen sich auf alle Sprachebenen, d.h. phonetische, syntaktische und semantische beziehen. Diese Wahlmöglichkeit macht den P. – im Gegensatz zum Reim – zu dem wichtigsten dichterischen Mittel der Variation in poetischen Texten.[63] Der P. konstituiert für Jakobson so die poetische Sprachfunktion.[64] Dieser Annahme sind die meisten der wissenschaftlichen Untersuchungen zum P. gefolgt.[65] Anzumerken ist allerdings, daß der P. neben seiner konstituierenden Funktion für poetische Texte auch in sog. Gebrauchstexten zu finden ist.[66] Als Unterscheidungsmerkmal für literarische oder poetische Texte ist er daher nicht geeignet, vielmehr muß der P. als grundsätzlich textkonstituierend angesehen werden.[67]

Anmerkungen:
1 vgl. Eustathios: Commentarii ad Homeri Iliadem et Odysseam, ad fidem exempli Romani (1825–30) 437, 25. – 2 Grimm Bd.13, Sp.1459. – 3 vgl. H. Plett: Textwiss. und Textanalyse: Semiotik, Linguistik, Rhet. (²1979) 240–246; ders.: Einf. in die rhet. Textanalyse (2001) 38f. – 4 vgl. z.B. Norden 615ff., 816f.; Arbusow 31–33; P. Habermann: Art. ‹P.›, in: RDL, Bd.2 (1926/1928) 629f.; Preminger 877–879, Martin 310f. – 5 vgl. Ph. Ostrowicz: Art. ‹Parison›, in: HWRh, Bd.6 (2002). – 6 vgl. W. Neuber: Art. ‹Isokolon›, in: HWRh, Bd.4 (1998) Sp.655–658. – 7 vgl. Norden 816. – 8 vgl. ebd. 813. – 9 vgl. G.M. Hopkins: Poetic Diction, in: H. House, G. Storey (Hg.): The Journals and Papers of Gerard Manley Hopkins (London 1959) 84–85, hier 84. – 10 vgl. R. Jakobson: Poezija grammatiki i grammatika poezii, in: ders.: Poetics – Poetyka – Poetika (Warschau 1961) 397–417, dt.: Poesie der Grammatik und Grammatik der Poesie, in: H. Kreuzer, R. Gunzenhäuser (Hg.): Mathematik und Dichtung: Versuche zur Frage einer exakten Literaturwiss. (1965) 21–32, hier ca. 29. – 11 vgl. B.R. Lowth: De sacra poesi Herbraeorum ... (Oxford 1753). – 12 vgl. R. Jakobson: Grammatical Parallelism and its Russian Facet, in: Language 42 (1966) 399–429, dt.: Der grammatische P. und seine russische Spielart, in: ders.: Poetik. Ausgewählte Aufsätze 1921–1971, hg. v. E. Holenstein, T. Schelbert (1979) 264–310, hier 265–269. – 13 ebd. – 14 vgl. N. Poppe: Der P. in der epischen Dichtung der Mongolen, in: Ural-Altaische Jb. 30 (1958) 195–228. – 15 vgl. Jakobson [12] 272–305. – 16 vgl. z.B.R. Strümpell: Der P. als stilistische Erscheinung in der frühmhd. Dichtung, in: Beiträge zur Gesch. der dt. Sprache und Lit. Bd.49 (1925) 163–191; E.U. Boucke: Der Prosastil, in: Grundzüge der Deutschkunde, hg. von W. Hofstaetter (1925) 71–133. – 17 vgl. B. Spillner: Semantische und stilistische Funktionen des P., in: J. Esser, A. Hübler (Hg.): Forms and Functions, FS V. Fried (1981) 205–223, hier 207. – 18 vgl. Th. Buchheim: Art. ‹Gorgianische Figuren›, in: HWRh, Bd.3 (1996), Sp.1025–1030 sowie Norden 816. – 19 vgl. Buchheim [18] 1025. – 20 vgl. Isokrates, Panathenaikos 2f. – 21 Anax. Rhet. 27, 1–28, 1. – 22 ebd. 27, 1, Übers. Red. – 23 ebd. 28,1. – 24 ebd., Übers. Red. – 25 Arist. Rhet. 1410a. – 26 ebd. 1410b. – 27 ebd. – 28 Hermogenes, Perí methódū deinótētos 16, in: Rhet. Graec Sp.-H., Bd.6, ed. H. Rabe (1913) 432. – 29 ebd. – 30 Auct. ad Her. IV, 27f. – 31 Cic. Or. 12. – 32 ebd. – 33 Quint IX, 3, 79f. – 34 vgl. J.L. Kugel: The Idea of Biblical Poetry. Parallelism and its History (New Haven / London 1981) 2f. – 35 ebd. 49. – 36 vgl. Lowth [11]. – 37 so z.B. von M. O'Connor: Hebrew Verse Structure (Winsona Lake ²1997). – 38 ebd. – 39 vgl. Kugel [34] 85. – 40 vgl. M. O'Connor: Art. ‹Parellelism›, in: Preminger 877–879. – 41 vgl. W. Neuber [4]. – 42 Aquila Romanus: De figuris sententiarum et elocutionis, §§ 23f., in: Rhet. Lat. min. p.22–37, hier 30. – 43 Martianus Capella: Liber de arte rhetorica, in: Rhet. Lat. min. p.449–492, hier: 480. – 44 Iulius Rufinianus: De schematis dianoeas, § 41, in: Rhet. Lat. min. p.59–77. – 45 Augustinus: Sermo 191, in: ML Bd.38, 979–984, vgl. dazu Norden 84, Arbusow 74f. – 46 Galfrid von Visauf: Poetria nova, in: Faral 194–262, hier 232. – 47 vgl. Scaliger, lib. IV, cap. XXXIX. – 48 ebd. – 49 Soarez 107. – 50 Peacham 58f. – 51 ebd. 59. – 52 Vossius, lib. IV, Pars II, p.312. – 53 vgl. K. Stieler: Die Dichtkunst des Spaten (1685; ND Wien 1975) 3521–3526. – 54 vgl. Lowth [11]. – 55 J.G. Herder: Vom Geiste der ebräischen Poesie, in: Werke in 10 Bdn., Bd.5, hg. von R. Smend (1993) 661–1303, hier 685. – 56 ebd. 686. – 57 ebd., im Gespräch I, 671–694 passim. – 58 vgl. z.B.H.L. Ginsberg: The Legend of King Keret, in: Bulletin of the American School of Oriental Research, Supplementary Studies, Nos. 2–3 (1946); F. Albright: A Catalogue of Early Hebrew Lyric Poems, in: The Hebrew Union College Annual 23, 1 (1950/51); S. Gevirtz: Patterns in the Early Poetry of Israel (Chicago 1963). – 59 vgl. Hopkins [9]. – 60 ebd. 84f. – 61 R. Jakobson: Closing Statements: Linguistics and Poetics, in: Style in Language, hg. v. Th. A. Sebeok (Cambridge, Mass. 1960) 350–377. – 62 Jakobson [12]. – 63 ebd. 264. – 64 vgl. Jakobson [61] 358. – 65 vgl. Spillner [17] 207. – 66 vgl. M. Hiat: The Prevalence of Parallelism : A Preliminary Investigation by Computer, in: Language and Style 6, 117–126. – 67 vgl. Spillner [17] 209.

Ph. Ostrowicz

→ Adiunctio → Antithese → Chiasmus → Compositio → Concinnitas → Disiunctio → Figurenlehre → Gorgianische Figuren → Homoioptoton → Homoioteleuton → Isokolon → Kolon → Komma → Parison → Periode → Wiederholung → Wortfigur

Paränese (griech. παραίνεσις, paraínesis; lat. adhortatio, exhortatio; engl. admonition, exhortation; frz. exhortation; ital. ammonizione)

A. Der Begriff der P. hat allein Sinn als Sammelbegriff für eine Vielfalt von literarischen Gattungen und inhaltlichen Ausrichtungen. Ganz allgemein kann P. stehen für Ermahnen, Aufrufen, Ratschlag geben, Anweisung erteilen, aber auch für Ermutigung und Zuspruch. Eine P. ist ein schriftliches oder mündliches Zureden in der Regel auf eine freundliche, aber dennoch bestimmte Weise, die auf ein besonderes Verhalten oder Handeln abzielt und sowohl kognitive wie emotionale Aspekte berücksichtigt. P. ist somit im strengen Sinn kein terminus technicus der antiken Rhetorik, gleichwohl lassen sich rhetorische Konturen in all der Formen- und Inhaltsvielfalt der P. erkennen. Zu warnen ist gleichwohl vor Verwendungen des Begriffs der P., «die sich sicherer geben, als sie es sein dürften».[1]

Bereits das zugrundeliegende griechische παραινέω, paraineō kann ein breites Bedeutungsspektrum abdekken: Rat erteilen [2]; anraten und abraten [3]; Mut zusprechen [4]; Zuspruch erteilen [5]; trösten [6]; unterweisen, lehren [7]; mahnen [8]. Mit diesem Bedeutungsgehalt gerät der Begriff der P. in sachliche Nähe sowohl zur *adhortatio* wie zur συμβούλευσις, symbúleusis und zum λόγος προτρεπτικός, lógos protreptikós. [9]

In den Lehrbüchern der Rhetorik findet die P. kaum Erwähnung. Offensichtlich wird sie bereits dort nicht als eine genuin rhetorische Gattung verstanden, sondern als ein Sammelbegriff, der keine eigenständige Entfaltung im System der antiken Rhetorik verlangt. Eine gewisse Ausnahme stellt in dieser Hinsicht QUINTILIAN dar, der immerhin unter den geschilderten Redefiguren des GORGIAS von «exhortatio, παραινετικόν, parainetikón» [10] spricht. Die antike Fabeltheorie faßt unter dem Begriff der P. den Vorgang der Entschlüsselung des hinter der vordergründigen Texthandlung liegenden eigentlichen Sinngehalts. [11]

In der ausgehenden Antike wird dann die P. als Unterbereich der Lehre von der Kunst des Ratgebens, der Symbuleutik, systematischer ausformuliert. So heißt es etwa in den Definitionen Ps.-PLATONS: «Ein Rat (symbúleusis) ist eine P. an jemanden betreffend einer Praxis, auf welche Weise zu handeln sei»; auf ähnliche Formulierungen stoßen wir bei Ps.-LIBANIOS und DEMETRIOS. [12]

B. I. *Antike.* Entsprechend dem breiten Spektrum der Formen und Bedeutungen vor P. begegnen uns Texte paränetischen Gehalts in der antiken Literatur in reichem Maße.

In der *Geschichtsschreibung,* vor allem bei THUKYDIDES und HERODOT, finden wir vornehmlich im Zusammenhang von Schlachtbeschreibungen paränetische Reden von Heerführern an die Soldaten. In diesen Reden werden die Soldaten zu einem beherzten Eintreten in die Schlacht ermuntert. Rhetorisch sind die Reden vor allem unter dem Gesichtspunkt gestaltet, daß sie die Gefühle der Soldaten anzusprechen vermögen: die schrecklichen Konsequenzen einer Niederlage oder die Grausamkeit des Feindes werden geschildert, und/oder es werden den Soldaten die Früchte eines möglichen Sieges vor Augen geführt. Außer in den Schlachtbeschreibungen hat die P. in der antiken Geschichtsschreibung vor allem als generalisierende Lehre aus der Geschichte ihren Platz. In der berühmten Sentenz, die Herodot dem Solon in den Mund legt: «Es ist aber bei jedem Ding zu bedenken, wie das Ende auslaufen wird» [13], wird deutlich, daß sich die antike Geschichtsschreibung insgesamt als gegenwartsbezogene P. begreifen läßt.

In der klassischen antiken *Philosophie* hat die P. vor allem in den Dialogen PLATONS eine wichtige Funktion. In sachlicher Nähe zum *lógos protreptikós* transzendiert Platon ein rein technisches, auf 'bloße' Wirkung bezogenes Verständnis der P. und gibt dieser eine genuin philosophische Form und einen dieser Form entsprechenden Gehalt. Bei ihm «[...] setzt die Paränese immer ein, wo das elenktische Untersuchen durch eine Besinnung vor dem Zerfall in der Unverbindlichkeit bewahrt werden muß.» [14] P. hat also bei Platon nicht allein einen verhaltensbezogenen, sondern einen explizit philosophisch-erkenntnistheoretischen Charakter.

SENECA siedelt demgegenüber die P. wiederum ausdrücklich im Kontext der *Ethik* an. In seinen ‹Epistolae morales› ordnet er die P. bevorzugt jenen Teilen der Philosophie zu, die für die einzelnen Individuen spezielle ethische Ermahnungen auszuformulieren haben («propria cuique personae praecepta dare»), etwa Ermahnungen an den *pater familias* oder an den Hauslehrer für junge Adlige, etc. Zugleich gibt Seneca in diesem Zusammenhang spezifische rhetorische Ratschläge, die die Wirkungskraft der P. steigern sollen: etwa die Einbindung der ethischen Ermahnung in einen größeren prosaischen oder poetischen Zusammenhang; die Formulierung kurzer einprägsamer Sentenzen; der Hinweis auf sittliche Vorbilder. Aufgabe der P. insgesamt ist es für Seneca, die sittlichen Kräfte, die in jedem Menschen schlummern, zu wecken, auszubilden und zu stärken.

II. *Frühes Christentum.* Der weitere Verlauf der inhaltlichen und formalen Ausbildung der P. wird durch das Entstehen des Christentums entscheidend beeinflußt. Das Neue Testament ist durch die Stilform der P. in weiten Teilen bestimmt. Bahnbrechend sind hierzu die Forschungen von M. Dibelius, der die neutestamentliche P. folgendermaßen definiert: «Unter P. verstehen wir [...] einen Text, der Mahnungen allgemein sittlichen Inhalts aneinanderreiht. Gewöhnlich richten sich die Sprüche an eine bestimmte (wenn auch vielleicht fingierte) Adresse oder haben mindestens die Form des Befehls oder Aufrufs; das unterscheidet sie von dem Gnomologium, der bloßen Sentenzen-Sammlung.» [15] Zwar hat die Verkündigung des historischen JESUS VON NAZARETH paränetische Elemente, doch ist die Überlieferung seiner Lehre in den synoptischen Evangelien gleichwohl nicht in eine konsequente Form antiker P. gegossen. Demgegenüber enthält das Textcorpus der Briefe des PAULUS VON TARSOS P. im Sinne der Definition von Dibelius. Als Gegensatz zur kynisch-stoischen Diatribe bekommt die P. des Paulus eine ihr eigentümliche inhaltliche Ausrichtung und formale Gestalt. 1. Korinther 7 kann als klassisches Exemplum paulinischer P. gelten: Bestimmte kasuistische Situationen werden durch präzise Verhaltensforderungen gekennzeichnet, wobei die Gründe für ein bestimmtes Verhalten weniger aus allgemeinen Normen abgeleitet werden, sondern aus expliziter theologischer Argumentation, vor allem christologischer und eschatologischer Provenienz, erwachsen. Die späteren Briefe der neutestamentlichen Überlieferung stehen wieder sehr viel näher an der allgemein verbreiteten P. der ausgehenden Antike. Vor allem durch die Form der Haustafeln ist diese spätneutestamentliche P. gekennzeichnet. Die Haustafelethik ist eine kasuistische Standesethik, deren wirkungsgeschichtliche Spuren bis in unsere Gegenwart hinein zu verfolgen sind. Bei all den genannten Unterschieden ist die P. des Neuen Testaments insgesamt jedoch auch durch Gemeinsamkeiten bestimmt: Sie formuliert sich grundsätzlich als aktuelle Konkretisierung des Willens Jesu Christi; sie versteht sich als ethische Konsequenz der durch Jesus von Nazareth verkündigten Gottesherrschaft; schließlich ist die neutestamentliche P. pointierte Gemeinschaftsethik, in dem Sinne, daß sie sich stets an einen konkreten Adressatenkreis richtet: nämlich an die sich allmählich aus den verschiedenen Gruppen der Jesusnachfolge herausbildende christliche Kirche.

III. *Mittelalter, Reformation, Neuzeit.* Die weitere Entwicklung der P. in inhaltlicher wie stilistischer Hinsicht vollzieht sich in der abendländischen Geschichte bis hin zur frühen Neuzeit primär unter theologischen bzw. homiletischen Prämissen. In der christlichen Predigt der ersten drei Jahrhunderte der Christentumsgeschichte verschmelzen die Vorgaben neutestamentlicher und außerchristlicher paränetischer Tradition und Überlieferung zur Gattung der Mahnpredigt, die neben ethischen Gesichtspunkten immer auch seelsorgerliche Aspekte enthält. Bis in das Hochmittelalter hinein sind von den großen Predigern der Christenheit – wie JOHANNES CHRYsostomos, Gregor von Nyssa, Bernhard von Clairvaux – Predigten paränetischen Inhalts überliefert, die von einem hohen Niveau der theologischen Reflexion wie auch der rhetorischen Gestaltung Zeugnis geben. Die sogenannte Volkspredigt im 13. und 14. Jh., als deren Vertreter Prediger wie Richard Fitzralph von Armagh, Jacobus de Voragine, Antonius von Padua und Berthold von Regensburg gelten können, reichert die homiletische P. mit der Schilderung drastischer, meist abschreckender Beispiele in ebenso drastisch-anschaulicher Sprache an.

Unter dem Einfluß der Reformation bekommt die P. eine neue theologische Bestimmung, die auch deren sprachliche Gestaltung beeinflußt. Diese Entwicklung läßt sich exemplarisch an der P. im Schrifttum und der Predigttätigkeit M. Luthers erkennen. Auf der einen Seite wird durch die reformatorische Rechtfertigungslehre (die Seligkeit wird allein durch den Glauben und nicht durch die Werke erlangt) die P. theologisch depotenziert. Als Folge des Glaubens jedoch werden auch durch die reformatorische Theologie die menschlichen Handlungen gewürdigt und durch entsprechende paränetische Bemühungen begleitet. Nicht wenige Schriften Luthers machen das paränetische Interesse schon in der Titelformulierung deutlich (‹Vermahnung zum Frieden auf die zwölf Artikel der Bauernschaft in Schwaben› [1525]; ‹Vermahnung an die Geistlichen, versammelt auf dem Reichstag zu Augsburg› [1530]; ‹Warnunge D. Martini Luther an seine lieben Deutschen› [1531]). Der Stil dieser reformatorischen Mahnschriften ist auf der einen Seite geprägt durch eine leidenschaftliche, auch persönliche Sprache. Auf der anderen Seite ist unverkennbar, daß die P. unter dem Einfluß der reformatorischen Weltsicht sich auch der Dimension der politisch-argumentativen Vernunft öffnet. Diese Doppelung von theologisch-ethischen und politisch-vernünftigen Sprachwelten kennzeichnet die weitere formale und inhaltliche Entwicklung der P. Das hat dann im Verlauf der neuzeitlichen Säkularisierungs- und Individualisierungsprozesse dazu geführt, daß neben der homiletischen P. sich eine quasi säkularisiert-politische P. herausbildet, die gleichwohl ihre theologischen Wurzeln gerade auch in ihrer Rhetorik immer wieder erkennen läßt. So leben sowohl die Metaphorik der revolutionären P. des 19. und 20. Jh. («Kampf des Guten gegen das Böse») wie auch die Metaphorik einer gegenwärtig virulenten P. im Umfeld der ökologischen Bewegung («Bewahrung der Schöpfung») aus dem Sprachfundus der Religion.

Anmerkungen:
1 W. Popkes: P. und NT (1996) 9. – 2 Herodot I, 59; Thukydides I, 92. – 3 Plat. Phaidr. 234b; Xenophon, Kyrupädie 3,50. – 4 Thukydides II, 45. – 5 Thukydides VII, 69. – 6 Euripides Frg. 1079 Nauck V.2. – 7 Pindar, Pythien 6,23. – 8 Thukydides IV, 59. – 9 vgl. dazu K. Gaiser: Protreptik und P. bei Platon (1959). – 10 Quint IX, 2, 103. – 11 Lausberg Hb § 1109. – 12 vgl. zu den einzelnen Nachweisen Popkes [1] 18f. – 13 Herodot I, 32. – 14 Gaiser [9] 197. – 15 M. Dibelius: Der Brief des Jakobus ([11]1964) 16f.

Literaturhinweise:
K. Berger: Formgesch. des NT (1984). – A.J. Malherbe: Moral Exhortation. A Greco-Roman Sourcebook (Philadelphia 1986). – L.G. Perdue, J.G. Gammie (Hg): Paraenesis: Act and Form (Atlanta 1990). – J.-U. Schmidt: Adressat und Paraineseform. Zur Intention von Hesiods ‹Werken und Tagen› (1996).

A. Grözinger

→ Adhortatio → Christliche Rhetorik → Diatribe → Homiletik → Politische Rede → Predigt → Promythion/Epimythion → Protreptik

Paraphrase (griech. παράφρασις, paráphrasis; lat. paraphrasis; engl., frz. paraphrase; ital. parafrasi)
A. Def. – B. Geschichte: I. Antike. – II. Mittelalter. – III. Neuzeit. – IV. Gegenwart.

A. Das griech. παράφρασις, paráphrasis (aus παρά, pará – ‹neben›, ‹in der Nähe› und φράσις, phrásis – ‹Wort›, ‹Rede›) – ‹Umschreibung› (zu παραφράζειν, paraphrázein – ‹erklärend ausdrücken›, ‹umschreiben›) [1] wird seit dem frühen 16. Jh. ins Deutsche entlehnt, zunächst noch in lateinischer Form (*paraphrasis*), dann deutsch flektiert. Seit dem 17. Jh. mit ‹Umschreibung› ins Dt. übersetzt, hat das Wort eine reiche Bedeutungsentfaltung erfahren, die heute von ‹sinngemäße Wiedergabe› über ‹erklärende Umschreibung› bis hin zu ‹Übersetzung› (in eine andere Sprache oder ein anderes Medium) bzw., z.B. im deutschen Aufsatzunterricht und der gehobenen Umgangssprache, zu ‹verdeutlichende Nacherzählung› reicht.

Die P. ist eine von Quintilian im 1. Jh. n.Chr. in seiner ‹Institutio oratoria› [2] und im 2. Jh. von Theon in den ‹Progymnasmata›, dem ersten Lehrbuch dieser rhetorischen Vorübungen, zum Zweck der Erweiterung der Ausdrucksfähigkeit empfohlene rhetorische Übung [3], bei der Texte unter der Prämisse der *ars bene dicendi* und unter Bewahrung ihrer Aussage aus einer Gattung oder einer Stilprägung in eine andere zu überführen sind, vor allem Verse gebundener Rede in Prosa und umgekehrt. Während das Wort ‹P.› für diese Art der stilistischen Variation in Aufzählungen der rhetorischen Vorübungen, wie sie in den Progymnasmata-Lehrbüchern der Spätantike zu finden sind (Theon, Aphthonios u.a.), zumeist fehlt [4], ist die Übung selbst und mithin der Begriff der P. weithin bekannt und wesentlich älter als das Wort. So erscheint, unter anderen Benennungen geführt, die P. beispielsweise schon bei Demosthenes im 4. Jh. v.Chr. und später, als *expolitio*, in der ‹Rhetorica ad Herennium› sowie, laut Roberts erstmalig als unabhängige rhetorische Übung, bei Cicero. [5] Als frühestes Muster der rhetorischen Übung P. gilt der P. Platons zu Teilen der Ilias; Theon hat weitere Musterparaphrasen antiker Autoren als Vorbilder zusammengetragen. [6]

Quintilian beschreibt die P. als ästhetisch und rhetorisch inspirierte, zum Zwecke der Rede- und Schreibübung angefertigte Umarbeitung (*conversio*) vornehmlich literarischer Texte sowie berühmter Reden. In seinen ‹Institutionis oratoriae Libri XII› kommt er verschiedentlich auf die P. zu sprechen, wobei er das Wort als Oberbegriff für rhetorische Umformulierungsübungen gebraucht, die einen gegebenen Inhalt schöner zu sagen trachten. So empfiehlt er beispielsweise die P. äsopischer Fabeln als rhetorische Übung und unterscheidet sie ausdrücklich als kunstvolle Umschreibung von der bloß lexikalisch gewandelten Wiedergabe: «versus primus solvere, mox mutatis verbis interpretari, tum paraphrasi audacius vertere, qua et breviare quaedam et exornare salvo modo poetae sensu permittitur» (zuerst die Verse aufzulösen, dann mit anderen Worten wiederzugeben, dann freier zu paraphrasieren, wobei es gestattet ist, manches zu kürzen und auszuschmücken, wenn nur der Sinn der Dichtung gewahrt bleibt) [7]. Die P. ist hier Teil einer Theorie der *imitatio* und eine Vorübung zu vielerlei Arten der Variation, sowohl zur *abbreviatio* wie zur *amplificatio*, zur ästhetischen *expolitio* (verbis commutare) [8] wie zur kognitiven *argumentatio*; sie ist damit auch Vorübung zur *elocutio* als einem der fünf rhetorischen Schritte zur Verfertigung einer Rede. Zwar ist auch bei Quintilian diese Art des Anderssagens mittels der P. zugleich *interpretatio*, doch steht im Vergleich zu einer solchen bloß 'grammatischen' P., die sich mit dem «mutatis verbis» zufrieden geben könnte, bei ihm das Moment des rhetorischen Wettstreits und des Eifers, etwas schöner zu sagen, zweifellos im Vordergrund: «neque ego paraphrasin esse interpretationem tantum volo, sed circa eosdem sensus certamen atque aemulationem» (auch möchte ich nicht, daß die Paraphrase [der Dichtung] nur eine Übersetzung liefert, sondern es soll um die gleichen Gedanken ein Wettkampf und Wetteifern stattfinden).[9] Quintilian differenziert also eine kognitiv inspirierte P. im Sinne der *interpretatio* von einer ästhetisch-rhetorisch inspirierten P., und er gibt dafür sogar den Arbeitsprozeß sowie unterschiedliche Modi an [10]: Werden Gedichte in Prosatexte überführt, so erfolgt dies in den drei Phasen 1) Auflösung des Versmaßes, 2) *interpretatio*, d.h. Umschreibung des poetischen Wortschatzes mit Prosa-Wortschatz ('lexikalische Periphrase') und 3) Formung des Textes unter Zugrundelegung verschiedener *modi*. Diese sind denn auch bei der Umarbeitung von Prosatexten zentral. Quintilian nennt aus der unzähligen Menge («innumerabiles sunt modi»)[11] folgende Modi: «sua brevitati gratia, sua copiae, alia translatis virtus, alia propriis, hoc oratio recta, illud figura declinata commendat» (die Kürze hat ihren eigenen Reiz, den ihren auch die Fülle, ein Vorzug liegt in Metaphern, ein anderer im eigentlichen Ausdruck, diesen Umstand empfiehlt die unmittelbare, jenen die durch eine Figur vermittelte Rede). Mit P. ist bei Quintilian also nicht die Beziehung zwischen Vorlage und Umarbeitung gemeint, sondern die Handlung des Umarbeitens und das Produkt derselben. Schon daraus ergibt sich, daß Quintilians Begriff der P. nicht relational ist im aussagenlogischen Sinne wechselseitiger Austauschbarkeit, insofern die Vorlage nicht zugleich auch P. des neuen Textes ist.

B. I. Nachdem Quintilian sie erwähnt hatte, findet man in der antiken Literatur nurmehr verhaltene Hinweise auf die P. in der klassischen Rhetorik, etwa bei Quintilians Schüler Plinius dem Jüngeren, bei Sueton, Theon, Dion von Prusa, Hermogenes u.a. [12] Dabei erscheint die P. auch als bloße Übungsform nicht unumstritten. Quintilian selbst setzt sich mit Ciceros Ansichten zur P. auseinander, nach denen, eben weil die zu paraphrasierenden Reden selbst bereits rhetorische Kunstwerke seien, «das Beste schon vergeben» sein könne: «quia optimis occupatis, quidquid aliter dixerimus, necesse sit esse deterius» (weil ja, da das Beste schon vergeben sei, alles, was wir anders ausdrückten, zwangsläufig schlechter würde). [13] Gleichwohl verteidigt er die P. als rhetorische Übung gegenüber den Skeptikern (wie eben Cicero, der Crassus als Übung die verwandte *translatio* bevorzugen läßt [14]), indem er ausführt, daß derselbe Gedanke durchaus mehrmals trefflich auszudrücken sei; in diesem Sinne äußert sich dann auch Theon. [15]

Die antiken Autoren belegen indes nicht nur die Existenz der P. als rhetorische Übung, sondern auch das Bestreben, sie von anderen rhetorischen Formen der Umschreibung abzugrenzen (allerdings zumeist gerade nicht von der Metaphrase; eine Ausnahme bildet hier u.a. der byzantinische Grammatiker Georgios Choiroboskos [16]). Doch trotz dieser Versuche und trotz der fortwährenden Pflege der P. in den rhetorischen Übungen (so berichtet noch Augustinus davon, daß er als Schüler Verse aus Vergils ‹Aeneis› zu paraphrasieren hatte [17]), ist die P. auf dem Wege, sich von der rhetorischen Übung zunächst zu einer stilistischen Form und sodann zu einer eigenständigen literarischen Gattung (zu hermeneutischen wie pädagogisch-didaktischen wie auch ästhetischen Zwecken) zu entwickeln. Die spätantiken und frühmittelalterlichen Definitionen der P. begleiten diesen Weg. [18]

II. Das *Mittelalter* führt einerseits den Begriff der P. im Sinne der antiken Rhetorik grundsätzlich fort, insofern, beginnend im Deutschen im 8. Jh., die formale Vielfalt der P. als Technik genutzt wird, um lateinische Texte nicht nur zu kommentieren, sondern kommentierend ins Deutsche zu übertragen [19] Damit sind zugleich endgültig die Grenzen der P. zur *translatio* überschritten, wie am Werk Notkers des Deutschen besonders deutlich zu beobachten ist. Darüber hinaus entwickelt sich, andererseits, aus den bloßen Übungen zur Ausdrucksvariation über die kognitiv (hermeneutisch und interpretativ) inspirierte Umschreibung antiker literarischer, philosophischer und religiöser Texte (*enarratio*) schließlich gar eine eigene Kunstgattung mit sowohl kognitiven wie auch ästhetischen Ansprüchen, vornehmlich im Umfeld christlicher, sodann aber auch weltlicher literarischer Texte. [20] Aus der rhetorischen Vorübung zur Anverwandlung der Ästhetik eines Textes wird zunächst, im Rahmen der *enarratio poetarum*, also der Interpretation antiker Autoren, sowie der Bibelexegese und -kommentierung, eine hermeneutische Technik, die zwar nicht frei ist von ästhetischen Ansprüchen, aber doch in erster Linie kognitiven Zwecken dienen soll, und sodann eine literarische Gattung, die als Nachschöpfung mit eigener Wertschätzung bedacht wird. [21] Gegen Ende des Mittelalters und zu Beginn der Neuzeit wird zudem eine pädagogisch-(sprach)didaktische Funktion der rhetorischen P. faßbar, die deren Sinn für Sprachlehrzwecke umdeutet, so beispielsweise in Melanchthons Schulordnung von 1528, in der paraphrasierende Stilübungen empfohlen werden. [22] Zum Begriff der P. zählen dabei wiederum mehrere Arten der Umschreibung, von der Glossierung einzelner Wörter über stilistische und strukturell-syntaktische Variationen bis hin zur erläuternden Zusammenfassung längerer Textpassagen.

III. In der späteren *Neuzeit* verliert sich endgültig die Spur der P., zumindest terminologisch, in der Rhetorik. Die berühmten rhetorischen Lehrbücher (etwa Hallbauer, Kindermann, Weise) führen den Terminus nicht mehr auf, selbst in Ernestis Überblicken über die antike Rhetorik ist er nicht vertreten [23], und weiter hin zur Gegenwart findet die P. terminologisch nicht einmal mehr in den einschlägigen rhetorischen Werken Erwähnung, weder als allgemeine Übungsform noch als besondere Figur des Anderssagens. Gleichwohl lebt der Begriff der rhetorischen P. in stilistischen und grammatischen Übungen im (schulischen) Sprachunterricht fort. Die P. erscheint als eine stilistische Vorübung für Textsorten wie Nacherzählung, Inhaltsangabe oder Schulaufsatz (Imitationsaufsatz) sowie als grammatische Übung der Sprachkompetenz im Bereich der (Fremd)sprachendidaktik (Umformulierungs- oder Umschreibungsübungen etwa im Sinne der Passivtransformationen oder der Überführung eines Gesprächs in einen Bericht in indirekter Rede).

IV. In *neuester Zeit* (im Zuge der «pragmatischen Wende» der Linguistik um 1970) wird die rhetorische P. zunehmend auf die pragmatische bzw. funktionale Äquivalenz und nurmehr mittelbar auch auf die ästhetische Wirkung hin definiert. Die rhetorisch inspirierte P. wird dadurch auch zum Gegenstand der linguistischen Pragmatik, insonderheit im Rahmen der Sprechakttheorie und einer sprachpragmatisch gegründeten Rhetorik.[24] Eine Äußerung *a* erscheint als pragmatische P. einer Äußerung *b*, insofern sie in einer bestimmten Situation konventionell in einer funktionalen Äquivalenzbeziehung zu ihr steht, obgleich propositionale und stilistische, aber auch feinere illokutionäre und perlokutionäre Unterschiede zwischen beiden Äußerungen bestehen bleiben (können). Das klassische Beispiel stammt aus der Sprechaktklasse der Direktiva: *Monika, würdest du bitte mal das Fenster zumachen?* versus *(Monika,) es zieht!*

Darüber hinaus werden rhetorisch-ästhetisch inspirierte P. und kognitiv inspirierte P. miteinander in Beziehung gesetzt im Rahmen kommunikativer Akte, die die P. als didaktisches, mnemotechnisches oder metakommunikatives Mittel im Zusammenhang mit Sprachhandlungen des Unterweisens und Erklärens, des Problem- und Konfliktlösens sowie der Vermittlung zwischen Fachsprachen und Standardsprache bzw. Umgangssprachen einsetzen. Insonderheit in diesem Bereich der Verständlichmachung komplexer und komplizierter Sachverhalte tritt die moderne P. das Erbe der zu pädagogisch-didaktischen Zwecken eingesetzten kognitiv inspirierten P. der christlichen Unterweisung an.[25] Damit einher geht eine Erweiterung des rhetorischen P.-Begriffs, insofern nicht mehr nur paradigmatische Ersetzungsoperationen, sondern nunmehr auch syntagmatische Reformulierungen, etwa zur Verständlichmachung schwieriger Textpassagen, darunter verstanden werden können, für die im Lauf der Sprachgeschichte einzelsprachliche feste Wendungen ausgebildet wurden (*d.h., bzw., mit anderen Worten, nämlich* usw.).

Außerhalb von Fremdsprachunterricht und Sprachpragmatik erscheint der Begriff der P. heute von rhetorischen Zusammenhängen weitgehend gelöst, findet vielmehr in mehreren Disziplinen Verwendung und benennt dabei im allgemeinsten Verstand die Substitution eines Elements durch ein semantisches oder funktionales Äquivalent.

In der *Sprachwissenschaft* ist der Begriff der P. weit gestreut und reicht von formalen Variationen (syntaktische P.) über semantische (lexikalische P., idiomatische P.) bis zu kontextuell-stilistischen (pragmatische P.) Ausdrucksvarianten.[26] In jedem Fall handelt es sich bei der P. im linguistischen Sinn um eine inhaltsseitige Äquivalenzbeziehung ausdrucksseitig unterschiedlicher sprachlicher Mittel (Wörter, Sätze, Texte), die indes keine Identität der beiden Teile im Sinne der Aussagenlogik verheißt und die zudem abhängig ist von sprecherseitigen und kontextuellen Bedingungen.[27] Wunderlich hat deshalb vier «Fälle von Paraphrasierbarkeit» vorgeschlagen, jeweils in Abhängigkeit von kommunikativen Bedingungen (insbesondere den Sprechern und dem situativen Kontext): a) zwei Formulierungen drücken für alle Sprecher in jedem Kontext dasselbe aus; b) zwei Formulierungen drücken für alle Sprecher in einigen Kontexten dasselbe aus, in anderen Kontexten nicht; c) zwei Formulierungen drücken für einige Sprecher in allen Kontexten dasselbe aus, für andere Sprecher nicht; d) zwei Formulierungen drücken für einige, aber nicht für alle Sprecher in einigen, aber nicht in allen Kontexten dasselbe aus.[28]

In der *Syntax* gehört die («sinnexplizierende») P. als «Umformungsprobe» seit jeher zum traditionellen Bestand syntaktischer Operationen. In der generativen Syntax erhält sie darüber hinaus einen besonderen theoretischen Status, insofern semantisch äquivalente, formal indes unterschiedliche Oberflächenstrukturen als unterschiedliche P. einer gemeinsamen Tiefenstruktur gefaßt werden. Als Transformationen, die die P.-Beziehung zwischen Oberflächen- und Tiefenstruktur konkretisieren, gelten u.a. die Passiv-, Nominalisierungs- und Tilgungstransformation.[29]

In der *lexikalischen Semantik* benennt die P. die Operation der Bedeutungserklärung, für die es in der einsprachigen Lexikographie drei Modi gibt: «(1) Wortsynonymerklärung, Typus: *Bedeutung* ist *Sinn*; (2) Definitionserklärung, Typus: *Spiel* ist *eine Betätigung, die man selbst will*; (3) Kombination dieser Techniken, Typus: *Stehlen* ist *widerrechtlich wegnehmen, entwenden.*»[30] Schon an diesen Beispielen wird deutlich, daß der lexikographische Begriff der P. Elemente der antiken Rhetorik in die moderne Semantik überführt hat, darf man doch in der Definitionserklärung durchaus auch eine (kognitiv inspirierte) Expansion im Sinne der *periphrasis* sehen und in der Umkehrung, beispielsweise der Synonymerklärung von Wortgruppenlexemen durch einfache Lexeme, eine Reduktion im Sinne der *brevitas*.

In der neueren *Übersetzungstheorie* schließlich wird der P.-Begriff als Komplement zum Begriff der Translation in dem Sinne gebraucht, daß die Übersetzung der Vorlage möglichst wörtlich äquivalent, die P. hingegen in erster Linie dem Sinn nach adäquat zu sein hat. Der P. ist im Rahmen der Überführung eines Textes in eine andere Sprache also ein größerer Spielraum in syntaktischer, semantischer und pragmatisch-stilistischer Hinsicht gegeben als der wörtlichen Übersetzung[31], und darin ist durchaus eine Fortführung der Unterscheidung Quintilians zwischen der bloß wörtlichen *interpretatio* und der ästhetisch-rhetorischen P. zu erblicken.

In der *Literaturwissenschaft* benennt das Wort ‹P.› die vor allem mit einem Gattungswechsel verknüpfte Nachschöpfung bzw. Bearbeitung eines Werkes, vornehmlich bei Übertragungen von Prosatexten in lyrische Texte oder bei der Anfertigung von Bühnenfassungen auf der Grundlage von Prosatexten. Die literarische P. entwickelte sich schon in spätantiker und frühmittelalterlicher Zeit (christliche Stoffe seit dem 3. Jh.: GREGORIOS THAUMATURGOS) aus der Übertragung und Kommentierung altgriechischer erzählender Texte und Fabeln sowie biblischer Geschichten und wurde schließlich zu einer eigenen Gattung geführt, indem sie über die ‹grammatische› P. zum Zweck der *interpretatio* (Exegese) und der rhetorischen P. zum Zweck der Rede- und Schreibschulung hinausging und die didaktischen wie ästhetischen Stränge zu fiktionalen Zwecken zusammenführte.[32] Die P. des Johannes-Evangeliums von NONNOS (5. Jh.) und die P. des Hohen Liedes aus der Feder WILLIRAMS (um 1065) sind Beispiele dafür, wie biblische Stoffe im Wege der P. nachgeschaffen werden. Diese literarischen Bibelparaphrasen sind streng zu unterscheiden von den hermeneutisch exegetischen, kognitiv inspirierten P. biblischer Textstellen, was sich schon darin zeigt, daß sie der *amplificatio* (*variatio, exornatio*) in ihren verschiedensten Schattierungen große Bedeutung zumessen. Darüber hinaus kehren sie die Richtung der antiken P. (von gebundener Rede in die Prosa) um und bringen biblische Prosa ins Versmaß (zumeist Hexameter). Ähnliches gilt auch für weltliche Stoffe, und so können auch die mittelhochdeutschen Epen WOLFRAMS VON ESCHENBACH, GOTTFRIEDS VON STRASSBURG, HARTMANNS VON AUE als nachschöpfende P. ihrer französischen Vorlagen betrachtet werden.[33]

Die *Religionswissenschaft* bedient sich der kognitiv inspirierten P. im Sinne einer didaktisierend-exegetischen Umschreibung und Ausdeutung von Bibelstellen. Eine Blütezeit erlebt die P. in dieser Funktion im Humanismus (vgl. ERASMUS' P. des NT und seine Definition der P. als «sic aliter dicere ut tamen non dicas alia» [anders sagen, ohne dennoch Anderes zu sagen[34]) sowie in der Auseinandersetzung zwischen katholischer und reformatorischen Theologen. Insofern mit der Exegese auch ein missionarisch-didaktischer Anspruch verknüpft sein kann, sind die Grenzen zur ästhetisch-rhetorisch inspirierten P. und dabei insonderheit zur literarischen P. biblischer Stoffe fließend. Zumal in früher Zeit sind die P. die maßgebliche Form volkssprachlicher Bibelübersetzung (vgl. z.B. den althochdeutschen ‹Heliand› oder OTFRIDS VON WEISSENBURG ‹Evangelienbuch›).[35] Darüber hinaus besteht auch das Kirchenlied der reformierten und lutherischen Kirchen sehr häufig aus volkssprachlichen P. biblischer Texte (vgl. LUTHERS ‹Ein feste Burg ist unser Gott› (Evangelisches Kirchengesangbuch [EKG] 201) als P. zu Psalm 46).[36]

Wie in der Literaturwissenschaft erscheint die P. seit dem 19. Jh. überdies in der Musikwissenschaft als nachschöpfend kreative Umschreibung von Lieder- und Opernmelodien, vornehmlich beim Arrangement für andere als die ursprünglich vorgesehenen Instrumente (vgl. z.B. LISZTS P. des ‹Rigoletto› Verdis); Liszt prägte dafür den Terminus ‹Transkription›.[37]

Die Erweiterungen des Begriffsumfangs in den verschiedenen Disziplinen der Neuzeit machen es heute schwierig, die P. von anderen Formen der Äquivalenzbeziehung abzugrenzen, etwa, wie schon in der antiken Rhetorik, vom Begriff der Metaphrase oder wie in der Sprachwissenschaft, vom Begriff der Synonymie und dem der Übersetzung. Es scheint deshalb hilfreich, die P. als an bestimmte Zwecke geknüpfte Ausdrucksvariation zu definieren und sodann in Bezug auf die Zwecke zu unterscheiden zwischen a) erläuternder, erklärender, erhellender Umschreibung (kognitiv inspirierte P.) einerseits und b) ausschmückender, kreativer, kunstvoller Umschreibung (ästhetisch oder rhetorisch inspirierte P.) andererseits. Diese Unterscheidung ist überdies bereits bei Quintilian angelegt, wenn er die P. nicht nur als kognitiv inspirierte (bzw. 'grammatische') *interpretatio*, sondern als ästhetisch-rhetorisch inspirierte Neuschöpfung verstanden wissen will.[38] Und in diesen zweckgebundenen Räumen findet die P. auch heute noch ihren eigenen Ort und vermag dann gar das Lehrhafte mit dem Schönen zu verbinden.

Anmerkungen:
1 Schulz, Bd. 2, s.v. ‹P.›. – 2 Quint. X, 5, 4ff. – 3 vgl. RE Suppl. VII, 1118f.; vgl. M. Roberts: Biblical Epic and Rhetorical Paraphrase in Late Antiquity (Liverpool 1985) 6ff. – 4 vgl. A.N. Cizek: Imitatio et tractatio. Die lit.-rhet. Grundlagen der Nachahmung in Antike und MA (1994) 228ff. – 5 Demosthenes, Or. VIII, 2; Auct. ad Her. IV, 54ff.; Cic. De or. I, 154; zu diesen Belegstellen ausführlich Roberts [3] 7ff. – 6 vgl. E. Stemplinger: Das Plagiat in der griech. Lit. (1912; ND 1990) 212. – 7 Quint. I, 9, 2. – 8 vgl. z.B. Lausberg Hb. §§ 830ff. – 9 Quint. X, 5, 5; vgl. Roberts [3] 37ff. – 10 Quint. X, 5, 7ff.; vgl. Theon, Progymnasmata, in: Rhet. Graec. Sp. Bd. 2, p. 62, 20; zum folgenden vgl. Lausberg Hb. §§ 1099ff. – 11 Quint. X, 5, 8. – 12 vgl. Plinius, Ep. VII, 9, 3–5; Sueton, De grammaticis et rhetoribus 4, 3; Theon [10] p. 62, 10–24; 65, 22–23; Dion von Prusa, Or. XVIII, 18; Hermog. Prog. p. 440, 6ff.; ausführlich zu diesen Belegstellen Roberts [3] 19ff., Stemplinger [6] 118ff. – 13 Quint. X, 5, 5. – 14 Cic. De or. I, 154f. – 15 Theon [10] p. 62, 10–24. – 16 vgl. Stemplinger [6] 118. – 17 Augustinus, Confessiones I, 17, 27. – 18 vgl. Roberts [3] 20ff.; 61ff. – 19 R. Copeland: Rhetoric, Hermeneutics, and Translation in the Middle Ages. Academic Traditions and Vernacular Texts (Cambridge 1991) 87ff. – 20 Curtius 155f.; Copeland [19] 22. – 21 ebd. 83; Stemplinger [6] 212ff. – 22 vgl. HWRh Bd. 2 (1994) 556. – 23 Ernesti Graec./ Lat. – 24 vgl. D.-W. Allhoff, W. Allhoff: Rhet. und Kommunikation. Ein Lehr- und Übungsbuch zur Rede- und Gesprächspädagogik ([11]1996) 242. – 25 vgl. A. Steudel-Günther Analogie und P. in Fach- und Gemeinsprache. Modalitäten der Wort- und Terminologieschöpfung (1995) 213ff.; A. Wenzel: Funktionen kommunikativer P., in: P. Schröder, H. Steger (Hg.): Dialogforschung (1981) 385–401. – 26 D. Wunderlich: Arbeitsbuch Semantik (1980) 81ff. – 27 vgl. D. Handwerker: Zum Begriff der P. in Linguistik und Übersetzungstheorie, in: LiLi 21, H. 84 (1992) 14–29, 17ff. – 28 Wunderlich [26] 92f. – 29 vgl. R. Nolan: Foundations for an Adequate Criterion of Paraphrase (The Hague/ Paris 1970); C. Fuchs: La paraphrase (Paris 1982). – 30 H. Henne: Prinzipien einsprachiger Lexikographie, in: L. Zgusta (Hg.): Probleme des Wtb. (1985) 222–247, 235 – 31 Handwerker [27] 23ff.; D. Wirth: P. und Übers. in einem Inhalt ↔ Text-Modell (1996). – 32 vgl. K. Thraede: Art. ‹Epos›, in: RAC Bd. 5 (1962) 983–1042, 991f.; 999ff.; 1022ff.; Curtius 155f. – 33 vgl. Stemplinger [6] 214f. – 34 TRE Bd. 10 (1982) 10. – 35 zu weiteren Beispielen vgl. LThK[2] Bd. 8 (1963) 82ff. – 36 Riemann Sachlex. Musik ([12]1967; ND 1996) 702; RGG[3] Bd 3 (1959) 1458ff. – 37 Riemann [36] 702. – 38 Quint. X, 5, 5.

J. Kilian

→ Antonomasie → Emphase → Euphemismus → Exercitatio → Expolitio → Hyperbel → Katachrese → Metonymie → Periphrase → Progymnasmata, Gymnasmata → Synekdoche → Synonymie → Übersetzung

Para-Rhetorik

A. Der Begriff ‹P.› (von griech. παρά, pará: neben, über, hinaus, abweichend) ist kein Terminus der rhetorischen Tradition, sondern eine Neuprägung durch G. R. HOCKE als Bezeichnung «für die im Manierismus bewußt veränderte Aristoteles-Überlieferung, d.h. alles, was ARISTOTELES als fehlerhaft für die Rhetorik bezeichnete, wird im Manierismus für die Dichtung als vorbildlich gepriesen.»[1] Hocke konstruiert den Begriff P. in ‹Die Welt als Labyrinth – Manier und Manie in der europäischen Kunst› (1957) und ‹Manierismus in der Literatur – Sprach-Alchemie und esoterische Kombinationskunst› (1959) als Analogiebildung zu ‹Para-Logik› und ‹Para-Statik›. ‹Para-Logik› entnimmt Hocke der manieristischen Traktatenliteratur der Frühen Neuzeit, wenngleich eher der bewußt täuschend eingesetzte Sophismus als der unwissentlich begangene Paralogismus[2] den Kern von Hockes Intention träfe. ‹Para-Statik› ist A. KIRCHERS Abhandlung über optische Täuschungen geschuldet.[3]

Hockes Para-Rhetorikbegriff steht in der Tradition seines Lehrers E. R. CURTIUS, der unter dem Sammelbegriff des Manierismus überzeitlich alle künstlerischen Phänomene zusammengefaßt hatte, die vor der klassischen Norm abweichen.[4] Hocke faßt P. als mit den formalen Mitteln der Rhetorik operierende Technik, die sich allerdings der Affektorientierung der klassischen Rhetorik verweigert, wobei Hocke nicht zwischen Affektenlehre und modernem Gefühlsbegriff unterscheidet. Diese abweichende Kommunikationsintention kennzeichnet er mit der antithetischen Vorsilbe ‹pará-›, «die gleichzeitig Nähe und Entfernung, Ähnlichkeit und Unterschied, Innerlichkeit und Äußerlichkeit bezeichnet [...], etwas, das zugleich diesseits und jenseits einer Grenze, einer Schwelle oder eines Rands liegt, den gleichen Status besitzt und dennoch sekundär ist.»[5]

Für Hocke ist die Vorsilbe ‹pará-› geeignet, die manieristische Kunstproduktion aller Gattungen zu charakterisieren. Der pararhetorischen Dichtung entspricht daher «paraakustische Musik» ebenso wie «parastatische Plastik und parachromatische Malerei».[6] Aber nicht nur die gesuchte Farbgebung, sondern auch die «paradoxe» Formensprache – wie die zeitlupenartige 'Explosion' der Engelsflügel als Beispiel einer 'Para-Statik' in TINTORETTOS ‹Himmelfahrt› in der Scuola di San Rocco in Venedig[7] – kennzeichnen manieristische Malerei. Der manieristische Roman ist definiert durch «skurrile Para-Epik», die sich wiederum durch «virtuose epische Wortmaschinen» und «phantastisch geometrisierende Wort-Gaukeleien» auszeichnet.[8] Mit W. Sypher spricht Hocke darüber hinaus von einer Para-Moral des Manierismus und vom paralogischen Charakter manieristischer Bühnenfiguren[9], beispielsweise in SHAKESPEARES ‹Measure for Measure›. Kennzeichnend sind sprunghafte, unmotivierte Wendungen in der Handlung, nicht existente Tragik sowie ein Bezug zur schwarzen und weißen Magie.

Grundgelegt sieht Hocke die manieristische Ausdrucksform auf der anthropologischen Ebene. Das «Schattenreich des Manierismus» sei insbesondere von einem Menschentyp bevölkert: den Paranoikern.[10] In einer an G. BENN orientierten Psychopathologie wird der Manierismus aller Zeiten zur «Erscheinungsform der psychischen Struktur des problematischen Menschen».[11] Mit der Identifikation von Affekt und Gefühl konstruiert Hocke die P. als Gegenprogramm zur Idyllik, das vielmehr «mit Seltsamkeiten, Effekten, überraschenden, staunenerregenden Wendungen, mit dem Wunderbaren, Seltenen, Geheimnisvollen, Hintergründigen usw.» zu unterhalten versucht und damit das *delectare* refunktionalisiert.[12]

Hocke nennt als prominenteste pararhetorische Mittel aller Epochen die sprachinnovative Katachrese, das paradoxe Oxymoron, die verrätselnde Synekdoche, die übertreibende Hyperbel sowie die verknappende Ellipse.[13] Nachdem sich die P. der traditionellen rhetorischen Formen bedient, ist P. nicht allein anhand der Manifestation eines gewissen rhetorischen Figuren-Repertoires diagnostizierbar. Die überepochale Konstruktion der P. nimmt dem Begriff seine Leistungsfähigkeit, weshalb bei der Textanalyse – eine der Unschärfen, die die Forschung moniert hat – gemeinsame Gestaltungstechniken im Vordergrund stehen (müssen). Als Analysekategorie ermöglicht ‹P.› nur phänomenologische Stilvergleiche.[14]

In den 60er Jahren wird der Begriff im Rahmen der Debatte über die Abgrenzung von Barock und Manierismus diskutiert. Insbesondere, daß die Systematik der Rhetorik auch im Manierismus nicht angetastet wird[15] und daß die P. genau wie die Rhetorik von einer affektiven Wirkungsintention – sie will im Sinne der *acutezza*-Lehre Bewunderung und Staunen erregen – getragen ist[16], wird kritisiert. Affirmativ genutzt wird ‹P.› zur Beschreibung von KLAJS Redeoratorien.[17] Eine breitere Wirkung bleibt dem Terminus versagt, er spielt in der aktuellen Forschung keine Rolle.

Seine Beispiele konzentriert Hocke auf Frühe Neuzeit und Moderne, wenngleich er fünf manieristische Epochen Europas definiert: Alexandrien (ca. 350–150 v. Chr.), die ‹Silberne Latinität› in Rom (ca. 14–138), das späte Mittelalter, die «bewußte» manieristische Epoche von 1520 bis 1650, die Romantik, speziell die romanische von 1800 bis 1830 sowie die Epoche von 1880 bis 1950.[18]

B. I. *Antike*. Obwohl Hocke die Entstehung der P. in die Renaissance datiert[19], sieht er ihre Wurzeln in der Antike. Insbesondere die SOPHISTEN sind wegen ihres täuschenden Figurengebrauchs, z.B. der Homonymie als absichtsvoller Verwechslung der verschiedenen Bedeutungen desselben Wortes und des bewußten Einsatzes von Trugschlüssen als Manieristen legitimiert.[20] Aristoteles wird ex negativo zum «Lehrmeister einiger der wichtigsten formalen Manierismen».[21] Er moniert insbesondere das *vitium* des Frostigen (ψυχρόν, psychrón, *frigidum*), das vier fehlerhafte Ausdrucksweisen zusammenfaßt: zusammengesetzte Worte, Provinzialismen, also ungebräuchliche Ausdrücke, zu lange, unpassende oder zu zahlreiche Epitheta sowie Metaphern.[22] Der Stilfehler beruht jeweils auf einer Verletzung des *aptum* zwischen *res* und *verba*.[23] ARISTOTELES benutzt die Metapher des Frostigen, weil die genannten Fehler die affektive *persuasio* des Zuhörers verhindern. Als Phänomen des Manierismus bewertet Hocke retrospektiv auch den Asianismus, weil er durch pararhetorische und paralogische Kunstgriffe gekennzeichnet ist.[24]

II. *Frühe Neuzeit*. Anders als Curtius, der GRACIÁNS ‹Agudeza y arte de ingenio› als den zentralen Text der Manierismustheorie einstufte, verschiebt Hocke den Fokus auf E. TESAUROS ‹Cannocchiale Aristotelico› (1654) als Basistext der P. Vor dem Hintergrund der Scharfsinnspoetik und der Suche nach gewagten und neuartigen Concetti stellt Tesauro einen ‹Indice Categorico› vor, ein nach den aristotelischen Kategorien geordnetes Locicommunes-Buch, das die Kombinationselemente für unendlich viele Metaphern, argute Symbole und ingeniöse Concetti bereithält.[25] Insbesondere das Concetto klassifiziert Hocke als Synthese von Paralogismus und P.[26] Dadurch, daß Scharfsinn dann bekundet wird, wenn eine Beziehung zwischen zwei weit voneinander entfernten Dingen hergestellt wird, ermöglicht der kategorische Index eine uneingeschränkte Kombinatorik. Vor diesem Hintergrund der artifiziellen Kompositionstechnik Tesauros wertet Hocke jede kombinatorische Textproduktion als Ergebnis einer manieristischen P. Ausgeblendet bleiben dabei die je spezifischen Bedingungen, denen kombinatorisches Schreiben seit der Antike unterlag.

III. *20. Jahrhundert*. Tesauros Metaphernmaschine sieht Hocke im 20. Jh. gespiegelt in BENNS Postulat, daß Gedichte gemacht werden.[27] Benns Wendung gegen die Genie-Ästhetik mit ihrem Inspirations-Paradigma und seine Favorisierung von Rationalität, Formalismus und emotionaler Distanz bilden die wesentlichen Elemente von Hockes Para-Rhetorikbegriff vor.

Anmerkungen:
1 G. R. Hocke: Die Welt als Labyrinth. Manierismus in der europäischen Kunst und Lit. Durchges. u. erw. Ausg. hg. v. C. Grützmacher (1991) 42. – **2** I. Kant: Logik, in: Werke in 10 Bd., hg. v. W. Weischedel., Bd. 5 (1959, ND 1983) § 90. – **3** A. Kircher: Physiologia kircheriana experimentalis (Amsterdam 1680) 113. – **4** Curtius 277f. – **5** J. Hillis Miller: The Critic as Host, in: Deconstruction and Criticism (New York 1979), zit. G. Genette: Paratexte. Das Buch vom Beiwerk des Buches (1992) 9. – **6** Hocke [1] 432. – **7** ebd. 48. – **8** ebd. 465. – **9** W. Sypher: Four Stages of Renaissance Style. Transformations in Art and Literature, 1400–1700 (New York 1955). – **10** Hocke [1] 474. – **11** ebd. 272. – **12** ebd. 389. – **13** ebd. 395f. – **14** P. Schwind: Schwulst-Stil. Hist. Grundlagen von Produktion und Rezeption manieristischer Sprachformen in Deutschland 1624–1738 (1977) 21. – **15** L. Fischer: Gebundene Rede. Dicht. und Rhet. in der lit. Theorie des Barock in Deutschland (1968) 275. – **16** Barner 39. – **17** C. Wiedemann: Johann Klaj und seine Redeoratorien. Unters. zur Dichtung eines dt. Barockmanieristen (1966). – **18** Hocke [1] 18. – **19** ebd. 381. – **20** ebd. 325. – **21** ebd. 340. – **22** Arist. Rhet. III, 3. –

23 ebd. Anm. 283. – 24 Hocke [1] 271. – 25 E. Tesauro: Il Cannocchiale Aristotelico (Turin 1670; erstmals 1654) 107. – 26 Hocke [1] 402f. – 27 G. Benn: Probleme der Lyrik (1951), in: GW. in der Fassung der Erstdrucke. 4 Bde., Bd. 2: Essays und Reden, hg. von B. Hillebrand (1989) 505–535.

Literaturhinweise:
A. Liede: Dicht. als Spiel. Stud. zur Unsinnspoesie an den Grenzen der Sprache. Mit einem Nachtrag, Parodie, ergänzender Auswahlbibliogr., Namenregister und einem Vorwort neu hg. v. W. Pape (²1992). – R. Zymner: Lit. Manierismus. Aspekte der Forschung. In: Colloquium Helveticum 20 (1994) 11–49.

A. Traninger

Acutezza → Argutia-Bewegung → Asianismus → Attizismus → Barock → Conceptismo → Drama → Euphuismus → Gongorismus → Kanon → Klassizismus, Klassik → Kombinatorik → Lullismus → Lyrik → Manierismus → Marinismus → Poetik → Stil → Stilbruch → Stillehre, Stilistik

Parataxe/Hypotaxe (dt. Beiordnung, Reihung/Fügung, Schachtelung; engl. compound sentence/constituent s., hypotactic; vgl. main clause/subordinate cl.; frz. proposition principale/pr. subordonnée, phrase constituante; ital. proposizione principale/pr. dipendente, secondaria)
A.I. *Def.* Parataxe/Hypotaxe ist ein Begriffspaar der Grammatik, mit welchem die Linguistik im Bereich des Satzbaus den Unterschied bezeichnet zwischen reihendem Nebeneinander (gr. παρα-τάττω, para-táttō: zur Seite stellen) gleichberechtigter (koordinierender) Hauptsätze (symmetrische Relation) sowie syntaktischer Unterordnung (gr. ὑπο-τάττω, hypo-táttō: unterstellen; lat. *sub-ordinare*) einzelner Gliedsätze (bzw. Satzglieder) in Abhängigkeit sowohl von einem Hauptsatz als auch wiederum untereinander (asymmetrische Relation). Das zeitliche wie logisch-semantische Verhältnis, der Zusammenhang der jeweiligen Bauteile eines Gedankens wird im ersten Falle durch gleichordnende Bindeworte ([Koordinations-] *Kon-junktionen*), also *syndetisch* ausgedrückt (kopulativ, disjunktiv, adversativ, konklusiv, kausal), oder aber die Satzreihe wird als Hauptsatzfolge, durch Punkt oder Komma getrennt, *a-syn-detisch* hergestellt. Im zweiten geschieht dies durch unterordnende (Subordinations-) *Sub-junktionen* (temporal, modal, kausal, final, konsekutiv, adversativ, konzessiv, konditional), Frage- oder Relativpronomina/adverbien (auch durch Konjunktiv, Wortstellung oder Intonation). Das Satzgefüge zeigt als Folge von Haupt- und Nebensätzen syntaktische Integration und Abhängigkeit (Matrix- und Konstituentensätze). Auch subordinierte Sätze können koordinativ miteinander verknüpft werden; sind sie ihrerseits einander subordiniert (geschachtelt), spricht man von Nebensätzen zweiten, dritten, vierten usw. Grades (hierarchische Struktur). Bei Hypotaxe bezieht sich der untergeordnete Satz entweder auf ein Satzglied des übergeordneten Satzes (nimmt also seinerseits in diesem eine Satzgliedfunktion ein) oder aber auf diesen als ganzen; diese Beziehung ist nicht umkehrbar. Man unterscheidet dabei Subjekt- und Objekt-, Attribut- und Adverbialsätze.

In der *oratio perpetua* (λέξις εἰρομένη, léxis eiroméne)[1] schreitet der Gedanke geradlinig, parataktisch und ohne absehbares Ende fort, während die *periodus* (λέξις κατεστραμμένη, léxis katestramménē) einen gedanklich abgestuften, hypotaktischen Bau in abgerundeter Form (*ambitus*) aufweist; von diesen beiden gewollten Stilformen zu unterscheiden ist die zufälligkunstlose Nebeneinanderstellung mehrerer Gedanken in der alltagssprachlichen *oratio soluta* [2]
II. *Anwendungsbereiche.* In der rhetorischen Theorie dienen Parataxe und Hypotaxe als stilistische (*elocutio*; λέξις, léxis) Unterscheidung dem Redeschmuck (*ornatus*, hier: *in verbis coniunctis*) beim Bau (*compositio*) des Satzganzen. Dabei ordnet man die parataktische Fügung als Kennzeichen einfacher, primitiv-volkstümlicher Redeweise (und Dichtung) eher dem restringierten Code kindlich-naiven Ausdruckes (etwa in Märchentexten oder im Lied) zu, während die hypotaktische Konstruktion (auch aus soziolinguistischer Sicht[3]) als die elaborierte, differenzierte und stilistisch ansprechende Variante des Satzbaus gilt. In diesem Sinne wird, historisch gesehen, für den archaischen Charakter parataktischer Diktion noch Herodot als Musterbeispiel angeführt.[4] Erst die sich anschließende Kunstprosa seit THRASYMACHOS VON CHALKEDON und GORGIAS VON LEONTINOI (5. Jh. v.Chr.) entwickelt eine periodische Ausdrucksweise, welche mit *Isokrates*[5] und *Demosthenes*[6] in der attischen Beredsamkeit des 4. Jh. zur Vollendung gelangt und im römischen Bereich im ciceronischen *ambitus* gipfelt [7]. Gleichwohl sind Parataxe und Hypotaxe als grammatisch-stilistische Formen der Satzverknüpfung zu unterscheiden von *ambitus*, περίοδος (períodos) als rhythmisch-stilistischer Struktur eines im (semantischen wie syntaktischen) Verhältnis seiner Elemente nach *quadrum* und *numerus* wohl definierten und kyklisch auslaufenden Satzgefüges.[8]
B. *Geschichte.* ARISTOTELES unterscheidet die ‹aneinandergereihte› von der ‹gewundenen› Diktion: «Der sprachliche Ausdruck aber muß notwendig entweder ein parataktischer [...] oder ein hypotaktischer sein [...] Der parataktische Stil also ist der altertümliche [...] Dieses Stils bedienten sich nämlich früher alle, heute jedoch nicht mehr viele. Aneinanderreihend aber nenne ich die Darstellungsweise, die für sich selbst kein Ende hat, wenn nicht der zur Debatte stehende Sachverhalt abgeschlossen ist. Sie ist ohne Annehmlichkeit wegen ihrer Unbegrenztheit; denn das Ende wollen alle wahrnehmen [...] die hypotaktische [...] findet sich in den Perioden. Periodisch aber nenne ich eine Ausdrucksweise, die an und für sich einen Anfang und ein Ende und einen gut zu übersehenden Umfang hat. Eine solche aber ist angenehm und gut verständlich: angenehm, weil [...] der Zuhörer immer etwas zu haben glaubt, da immer etwas für ihn abgeschlossen ist. Dagegen nichts voraussehen zu können und nichts zu vollenden ist unerfreulich. Gut verständlich aber ist die Ausdrucksweise, weil sie leicht zu behalten ist: dies jedoch, weil die in Perioden gegliederte Ausdrucksweise einen Numerus besitzt.»[9] Es reihen sich vornehmlich Hauptsätze, ergänzt ggfs. durch fortsetzende Neben- (wie Relativ-)sätze oder Parenthesen, in der natürlichen Abfolge ihrer Inhalte. Das Fehlen gedanklicher Verästelung und Abrundung vermittelt den Eindruck des Formlosen, so daß Demetrios die ‹διηρημένη ἑρμηνεία, diērēménē hermēneía›, den ‹auseinandergerissenen Stil› («[...] ἡ εἰς κῶλα λελυμένη οὐ μάλα ἀλλήλοις συνηρτημένα»; aufgelöst in Kola, welche aber nicht untereinander verknüpft sind[10]), in seiner Einförmigkeit und Ruhe mit der archaischen Plastik gleichsetzt, deren Kunst in ihrer zweckmäßigen Schlichtheit bestehe, während der Stil nachfolgender Autoren der ausgearbeiteten Erhabenheit der Werke des Pheidias entspreche. Demgemäß werden als Zeugen – wie später die römischen Annalisten – besonders die früh-

griechischen Logographen von Hekataios von Milet (6./5. Jh.) und Pherekydes von Athen (5. Jh. v.Chr.) bis Herodot genannt.[11] Andererseits lobt DIONYSIOS VON HALIKARNASSOS (geb. um 60 v. Chr.) an Lysias die Verbindung von Ethopoiie mit einem Stil, dessen Kunst sich gerade in seiner scheinbaren Kunstlosigkeit (*oratio soluta*) zeige: «[…] δέδεται τὸ λελυμένον» (das Ungebundene ist sorgfältig gebunden).[12] Stilform und Stilhöhe können zu allen Zeiten auch zur Charakterzeichnung eingesetzt werden.

In der Figurenlehre des Rhetors AQUILA ROMANUS (3. Jh. n. Chr.) ist die Parataxe besonders historischer und beschreibender Darstellung, auch – als eine Art gedrängter, zugespitzter ‹Durchlauf› – im Rahmen der Gerichtsrhetorik, zugewiesen: «oratio perpetua […] praecipue historiae et descriptioni convenit […]. Habet et saepe in iudiciali genere dicendi usum necessarium, si quando quasi *decursu* quodam uti volumus» (Die anreihende Redeweise eignet sich besonders für Geschichtsschreibung und Schilderung […]; oft ist ihre Verwendung auch notwendig in der Gerichtsrede, wenn wir etwas sozusagen 'in einem Durchlauf' darstellen wollen).[13] Damit eignet sie sich gleichfalls für den Redeteil *narratio* sowie die (zumal frühe) Fachschriftstellerei.

In ihrer Reinform entspricht der Parataxe zweier (oder mehr) selbständiger Sätze das sprachliche Nebeneinander zweier Aussagen, die inhaltlich entweder vom Allgemeineren zum Besonderen, vom Abstrakten zum Konkreten schreiten, die folgende die vorangehende Aussage verdeutlicht, ‹entfaltet›, oder aber beide in einem Steigerungs- bzw. antithetischen Verhältnis zueinander stehen; andererseits kann *eine* Aussage in zwei Sätze zerlegt, *eine* Sache von zwei Seiten aus betrachtet, *ein* Vorgang in zwei Schritten gezeigt werden. Selbst eine zeitliche, relative wie gedankliche *Unter*ordnung kann in einer wenngleich *para*taktischen Fügung mitschwingen. Die reihende Aussagenkette vermittelt eine logisch-kausale Bindung trotz weitgehenden Fehlens von hinweisenden Partikeln oder Konjunktionen allein durch die geschilderte Sache[14]; zugleich läßt das Fehlen festlegender Konjunktionen der Deutung aus dem Kontext freieren Raum. Die Satzreihe als die natürlichere Sprechweise drückt Sachlichkeit und Genauigkeit aus; sie kann nach dem Gesetz der wachsenden Glieder (αὔξησις, aúxēsis; *incrementum*) gebaut sein, kann - asyndetisch koordiniert - sentenziös oder emphatisch wirken: der absichtsvolle, kunstgemäße Gebrauch der Parataxe bei Autoren wie Vergil oder dem jüngeren Seneca zeigt, daß, wenn auch die hypotaktische Fügung sich aus der paratraktischen heraus entwickelt hat, eine generelle Gleichsetzung von Parataxe mit primitiver Satzgestaltung nicht zulässig ist.[15] Entsprechend umstritten ist der sog. ‹Subordinationsindex› zur Bestimmung des Komplexitätsgrades eines Satzes und einer davon ableitbaren Stufe der sprachlichen und überhaupt kognitiven Entwicklung.[16]

Die ἑρμηνεία κατεστραμμένη, hermēneía katestramménē (DEMETRIOS) als Stilform, bei QUINTILIAN «oratio alia vincta atque contexta, […] conexa series» (gebundene und verwobene, verflochtene Redeweise)[17], «οἷον ἡ κατὰ περιόδους ἔχουσα» (wie z.B. die in Perioden gebaute)[18] bedient sich also der περίοδος, períodos, welche laut CICERO «[…] nos tum ambitum, tum circuitum, tum comprehensionem aut continuationem aut circumscriptionem dicimus» (wir bald Umgang, bald Rundgang, bald Umfassung oder Fortführung oder Umschreibung nennen)[19]; «ipsa enim natura circumscriptione quadam verborum comprehendit concluditque sententiam» (denn die Natur selbst umfaßt und umschließt mit einer sozusagen Umschreibung der Worte den Satz)[20]; ebenso AQUILA ROMANUS: «est autem ea [ambitus/περίοδος], quae sententiam certa quadam circumscriptione definit atque determinat» (diese *periodos* beendet und begrenzt den Satz mit einer Art fester Umschreibung)[21]. Im Unterschied zum linearen Fortgang der Parataxe bildet der periodische Stil eine kreisförmige Struktur seiner Gedankenelemente, den *ambitus*: Der spätantike Redelehrer C.I. VICTOR (Ende 4. Jh.) spricht wie Cicero von der ‹periodos› als einer «longo ambitu et pleno circuitu *orationis* circumacta *conversio*» (in langem Umgang und voller Kreisform herumgeführten Wendung der Rede)[22], C. CONSULTUS FORTUNATIANUS (5. Jh.) im gleichen Sinne von der «[compositio = structura …] rotunda […], id est volubilis» (periodisch abgerundeten, d.h. gewandten Satzstruktur)[23]. Anfangs noch unfertige Teilsätze werden am (erwarteten und vorhersehbaren) Ende zu einem sprachlich (und rhythmisch) abgeschlossenen Sinnganzen zusammengeführt, auf welches hin auch die Mittelteile orientiert werden.[24] In der einfachen Hypotaxe kann der Nebensatz dem Hauptsatz folgen oder ihm voraufgehen; dieser trägt in der Regel (außer etwa bei indirekter Rede oder Frage) auch die Hauptaussage (bewußt anders: Thukydides und Tacitus). Stilisierter ist schon die Einbettung des Nebensatzes in den Hauptsatz; als Periode wird das Satzgefüge vollends als künstlich und unverständlich empfunden, wenn diese nicht durch strukturbildende Wörter und Rhythmen gegliedert ist.

Noch Demetrios empfiehlt für die Rede (im Unterschied zu Gorgias) eine Mischung beider Stilarten, um aus den Vorzügen der paratraktischen wie der hypotaktischen, der Schlichtheit wie der sorgsamen Ausarbeitung, beim Hörer Gefallen und Glaubwürdigkeit zu erzeugen, und schon Dionysios von Halikarnassos tadelt an der Periodik von Isokrates das Übermaß.[25] Die weitere *spätantike* und *mittelalterliche Grammatik* und *Rhetorik* gibt hingegen die antiken *praecepta* im Wesentlichen im Sinne des hypotaktischen, als Kunstform periodischen Prosastiles weiter: MARTIANUS CAPELLA (um 470) aus Karthago, fußend auf Aquila und Fortunatian, bestimmt die λέξις εἰρομένη, léxis eiroméně unter den *elocutionum figurae* (Stilfiguren) als «familiaris omni narrationis generi […] quae ita conectitur, ut superiorem elocutionem semper proxima consequatur: ea historiae convenit et narrationi, et non conversum neque circumscriptum eloquendi genus desiderat, sed fusum atque continuum […] alia, quam περίοδον Graeci appellant, quae sententiam quadam circumscriptione definit atque determinat» (jeder Art von Erzählung verwandt, welche in der Weise verknüpft wird, daß der vorangehenden Aussage stets die nächste folgt: diese kommt der Geschichtsschreibung zu und verlangt keine umlaufende oder umschreibende Stilart, sondern eine gleichmäßige und fortlaufende […] eine andere, welche die Griechen *periodos* nennen, die den Satz mit einer Art Umschreibung beendet und begrenzt).[26] Für ISIDOR VON SEVILLA (um 560–636) wird – mit Cicero – «conponitur autem instruiturque *omnis oratio* verbis, comma et colo et periodo […] Periodos ambitus vel circuitus» (*jede Rede* zusammengesetzt und eingerichtet durch Einzelworte, Komma, Kolon und Periode. Die Periode ist Umgang oder Rundgang)[27]; von dort aus finden diese Bestimmungen Eingang in die zahlreichen, seit dem 11. Jh. hauptsächlich von Oberitalien ausgehenden ‹Artes Dictandi/Dictaminis›, so bei

HUGO VON BOLOGNA (1119–1124) [28], und führen im Kommentarwerk eines Goslaer MEISTERS SIMON (Mitte 14. Jh.) «sicut dicit Tulius in rethorica sua» (wie Cicero in seiner Rhetorik sagt) zur «sciencia scribendi prosaice» (Kenntnis, in Prosa zu schreiben), zu «ambitus» und «peryoda, periodus» [29]. Für E. UHSE (1712) stellt Hypotaxe jeder Art im Rahmen des Periodenbaus eine *amplificatio* dar. [30]

Die *moderne Linguistik* sieht in der Parataxe eine nur strukturelle Selbständigkeit und nur formale, grammatische Unabhängigkeit der Einzelsätze; eine gewisse Art von Hypotaxe derart, daß semantisch ein Satz den anderen bestimmt oder bedingt, liegt stets, reine Parataxe mit mehr als nur syntaktischer Gleichwertigkeit allein in dem Sinne vor, daß die beiden Sätze sich *wechselweise* bestimmen. Analog kann in manchen Satzgefügen gegenseitige Hypotaxe bestehen: «kaum hatte er das Haus verlassen, da stürzte das Dach ein»; die Beobachtung inhaltlicher Hypotaxe bei formaler Parataxe führt in der *historischen Grammatik* [31] zu der Annahme, «daß die Hypotaxe nicht in allen Fällen aus der Parataxe entstanden ist» [32].

Die Parataxe gilt als Merkmal gesprochener Sprache und findet Verwendung besonders in der Dichtung, die für mündlichen Vortrag abgefaßt ist, etwa der antiken und mittelalterlichen Epik: sie entspricht dem Wunsch nach Übersichtlichkeit der gedanklichen Entwicklung, bringt aber auch, wie zu Beginn des 20. Jh. im *Expressionismus*, Unruhe, Erregung und Leidenschaft zum Ausdruck; beliebt ist sie in der modernen Kurzgeschichte (Borchert). Die Hypotaxe dient der gliedernden, abgestuften und straffen Überschau von Haupt- und Nebensächlichem, umgekehrt bei Kleist aber auch der Wiedergabe ungeordneten, aus dem Moment geborenen Sprechens oder bei Proust sich verlierender Nervosität. [33] Das Nebeneinander von Parataxe und Hypotaxe in kunstvollen Perioden (als «übersatzmäßigen Formen» [34]) schafft beim Leser Spannung, indem sich ihm der Grundgedanke erst stufenweise erschließt, und neben den kunstvollen Perioden etwa eines Thomas Mann verfolgt die neuere Literatur, damit im Sinne des antiken Ideals des Demetrius, eine ausgewogene Verbindung dieser Stilformen.

Anmerkungen:

1 Arist. Rhet. 1409 a 24ff.; Aquila Romanus, De figuris § 18, in: Rhet. Lat. min., p. 27. – **2** Quint. IX, 4, 19; ebenso Aquila [1]; Lausberg Hb. §§ 913–924; ders. El. §§ 449–452; Mortara Garavelli 274. – **3** U. Oevermann: Sprache und soziale Herkunft (1967); G. Schulz: Die Bottroper Protokolle (1973); B. Wald: Syntax/Discourse Semantics, in: Hb. zur Sprach- u. Kommunikationswiss. 3 (Soziolinguistik) Bd. 2 (1988) 1164–1174 (mit Auswahlbibliogr.). – **4** Arist. Rhet. 1409 a 27–29. Ps.-Demetr. Eloc. 12; H. Diels: Hermes 22 (1887) 424; Norden 36ff. – **5** Dion. Hal. Or. vet. II, 12,3 – 14,7 (kritisch); Ps.-Long. Subl. 34,2; Hermog. Id. II, 11, p. 397,14 – 398, 14; Blass II (²1892) 160–176; Norden 113–119; G. Wolgast: Zweigliedrigkeit im Satzbau des Lysias und Isokrates (1962). – **6** Dion. Hal. Or. vet. V 43; Ps.-Long. Subl. 12,4f. und 34,3f.; Blass III, 1 [5] 112–124; Norden 120f. – **7** H. Stammerjohann (Hg.): Hb. d. Linguistik (1975); Morier 852; C. Träger (Hg.): Wtb. d. Literaturwiss. (²1989); G. v. Wilpert (Hg.): Sachwtb. d. Lit. (⁷1989); H. Bußmann (Hg.): Lex. d. Sprachwiss. (²1990); G. u. I. Schweikle (Hg.): Metzler Lit.-Lex. (²1990); Preminger (1993) s.v. ‹Hypotaxe› u. ‹Parataxe›; H. Glück (Hg.): Metzler-Lex. Sprache (1993) s.v. ‹Koordination› u. ‹Subordination› 1; P. Matthews: Central Concepts of Syntax, in: Hb. [3] 9 (Syntax) 1 (1993) 101, 107f., 115f. – D. Battisti: Art. ‹Ambitus›, in: HWRh 1, Sp. 432ff. – **8** Cic. Or. 204/208ff.; De or. 3, 186; Norden 213–233; Lausberg El. § 452; ders. Hb. § 924. – **9** Arist. Rhet. 1409 a 24–b 6. – **10** Ps.-Demetr. Eloc. 12–14. Frg. der griech. Historiker, ed. F. Jacoby (1923) 1 F 15, 299 und 305, zu Pherekydes ebd. 3 F 18a, 33 und 105, zu Herodot I. 8, 1; 31, 2f.; II, 70–73 (= Hekataios F 324 b); 82–90; V 57–61 sowie J. Haberle: Unters. zum ionischen Prosastil (1937); P. Dräger: Stilistische Unters. zu Pherekydes von Athen – ein Beitr. zur ältesten ionischen Prosa (1995) 33–43; E. Lamberts: Stud. zu Parataxe bei Herodot (Wien 1970); H. Fränkel: Wege und Formen frühgriech. Denkens (³1968) 62–68, 83ff. – **12** Dion. Hal. Or. vet. II, 8, 6; Quint. IX, 4, 17; Blass I (²1887) 388–406. – **13** Aquila [1] 18 mit Cicero, Pro Milone 72–75; vgl. Lausberg Hb. § 881. – **14** kommentierte Beispielslg. aus Herodot II u. VIII bei Lamberts [11] 54–105; G. Klemke: Beobachtungen zur Vergilschen Parataxe: Das Phänomen der Entfaltung in der Aeneis (1990); zur ‹Kette› Fränkel [11] 67f. – **15** G. Rübens: Parataxe und Hypotaxe in dem ältesten Teil der Sachsenchronik (1915; ND 1973) 33–39; F. Sommer: Vergleichende Syntax der Schulsprachen (³1931; ND 1959) 105–110; W. Kayser: Das sprachl. Kunstwerk (Bern/München ¹²1967) 143f.; M. Landfester: Einf. in die Stilistik der griech. und latein. Literatursprachen (1997) 122–126. – **16** Schulz [3] 16f., 34f., 46f.; Th. Lewandowski: Linguist. Wtb. (⁵1990) s.v. ‹Subordinationsindex›. – **17** Quint. IX, 4, 19/22. – **18** Ps.-Dem. Eloc. 12. – **19** Cic. Or. 204; Brut. 162. – **20** Cic. Brut. 34. – **21** Aquila [1] 18 mit Cicero, Pro Caecina 1. – **22** Vict. Ars rhet. 22, in: Rhet. Lat. min., p. 439, 26f.; vgl. Cic. De or. 3, 186; Carmen de fig. 10, in: Rhet. Lat. min., p. 63. – **23** Fortunatianus Ars rhet. 3,10, in: Rhet. Lat. min., p. 127. – **24** Lausberg Hb. § 924; ders. El. § 452 – **25** Ps.-Dem. Eloc. 15; Dion. Hal. Or. vet. III 13, 6f., 14; Volkmann 511. – **26** Mart. Cap. 5 (= rhet.) 39 in: Rhet. Lat. min., p. 479. – **27** Isid. Etym. II, 18 (vgl. Cic. Or. 204). – **28** Hugo Bononiensis, o. Anm. in: Rockinger 58. – **29** Magister Symon in: Rockinger 970f., Anm. 1. – **30** E. Uhse: Wohlinformirter Redner (⁵1712, ND 1974) lib. II, c. 2, p. 82–93 (Gegenverfahren [*minutio*] p. 93–97). – **31** Lewandowski [16] s.v. ‹historische Grammatik›; J. Erben: Syntax des Frühnhdt., in: Hbb. [3], 2 (Sprachgesch.), 2 (1985) 1341–1348, insbes. 1345f.; W. Thümmel: Gesch. der Syntaxforsch. – Westl. Entwicklungen, ebd. 9 (Syntax) 1 (1993) 169–173. – **32** H. Paul: Prinzipien d. Sprachgesch. (⁶1960, ND 1995) 148; Lewandowski [16] s.v. ‹Parataxe; Hypotaxe›; L. Campbell: History of the Study of Historical Syntax, Hbb. [3] 9, 2 (1995), 1152f. (ausführl. Bibliogr. 1159–1166). – **33** Kayser [15] 144f. – **34** ebd. 149f.

Literaturhinweise:
E. Kuhr: Die Ausdrucksmittel der konjunktionslosen Hypotaxe in d. ältesten hebräischen Prosa (1929, ND 1968). – K. Sandfeld: Les Propositions subordonnées (Paris 1936). – B. Pottier: Introd. à l'étude de la morphosyntaxe espagnole (Paris 1959). – J. Schmitt Jensen: Subjonctif et Hypotaxe en italien (Odense 1970). – F.R. Kraus: Sonderformen akkadischer Parataxe (Amsterdam 1987). – H.-J. Pasenow: Die konjunktionale Hypotaxe in der Nikonchronik (1987). – H. Hettrich: Unters. zur Hypotaxe im Vedischen (1983).

M.P. Schmude

→ Ambitus → Compositio → Elocutio → Kunstprosa → Periode → Stillehre

Paratext (engl. paratext; frz. paratexte)

A. Der Begriff ‹P.› (gr. παρά, pará: neben, entlang, vorbei, [ent]gegen) wurde 1987 von GÉRARD GENETTE in seinem Buch ‹Seuils› – wörtlich: «Schwellen» (dt. Titel ‹Paratexte›, 1989; engl. ‹Paratexts›, 1997) – geprägt und ist in Genettes textueller Systematik neben Metatextualität, Architextualität, Intertextualität und Hypertextualität einer der fünf Typen von Transtextualität. [1] Das Phänomen wird folgendermaßen umschrieben: «Der Paratext ist also jenes Beiwerk, durch das ein Text zum Buch wird und als solches vor die Leser und, allgemeiner, vor die Öffentlichkeit tritt. Dabei handelt es sich weniger um eine Schranke oder eine undurchlässige Grenze als um eine *Schwelle* oder [...] um ein "Vestibül", das jedem die Möglichkeit zum Eintreten oder Umkehren bietet; um eine "unbestimmte Zone" zwischen innen und außen, die selbst wieder keine feste Grenze nach innen (zum Text) und nach außen (dem Diskurs der Welt über den Text) aufweist; oder wie Philippe Lejeune gesagt hat, um "Anhängsel des gedruckten Textes, die in Wirklichkeit jede Lektüre steuern"».[2] Der P. entspricht dabei «definitionsgemäß der Absicht des Autors».[3] Zur Differenzierung des P. dient ein räumliches Kriterium, mit dem der *Peritext*, der sich innerhalb ein und desselben Bandes lokalisieren läßt, vom *Epitext*, welcher alle Mitteilungen des Autors zum Text umfaßt, die außerhalb desselben angesiedelt sind, unterschieden wird: «Paratext = Peritext + Epitext».[4] Unter dem Nenner Peritext behandelt Genette: 1. den verlegerischen Peritext (Format, Typographie, Papier, Reihe usw.; Berührungspunkte zur Bücherkunde[5]), 2. den Namen des Autors, 3. Titel, 4. den Waschzettel, 5. Widmungen, 6. Mottos, 7. Vorworte, Nachworte, 8. Zwischentitel, 9. Anmerkungen. Den Epitext unterteilt Genette in öffentlichen (etwa Interviews, Gespräche, Prospekte) und privaten (Briefwechsel, Tagebuch), bei letzterem muß ein primärer, vollwertiger Adressat vorhanden sein.

Der P. ist rhetorisch-systematisch als Peritext zunächst dem *exordium* zuzuweisen (Autorname, Titel, Widmungen, Mottos, Vorworte). Hierher gehören Bezüge zu *ornatus*, *auctoritas* und *amplificatio*. Das Wohlwollen der Leser in Zueignung/Widmung und/oder Vorwort zu gewinnen (*captatio benevolentiae*), kann dabei als Vorbereitung der impliziten und expliziten Steuerung der Rezeption des Nachfolgenden im Sinne der Autorintention dienen: Das ist der Fluchtpunkt des gesamten Paratextes. Von zentraler Bedeutung für die Verwendung und Anwendung der P. ist dabei die *Topik*, mit deren Hilfe der Gegenstand in möglichst vielen Facetten dargestellt werden kann (*copia*).

B. I. *Geschichte.* Unbeschadet der Tatsache, daß einzelne Aspekte des P. wie Autorname, Titel, Zwischentitel, Zueignung (προσφώνησις, prosphōnēsis) und Vorwort Wurzeln haben, die bis in die griechische Antike zurückreichen, beginnt die Geschichte des P. im 15. Jh. mit dem Buchdruck. Das entscheidende Argument für eine solche Chronologie ist die aus der zunehmend mechanisierten Produktion der Bücher resultierende Ausdifferenzierung einzelner P., wie etwa des Titels, der erst 1475/80 einen festen Platz im Buch auf einem eigenen Titelblatt erhält. Zuvor konnte der Titel in den ersten Zeilen eines Werks enthalten, mitunter als eine Art Zettel (*titulus*) bei antiken Buchrollen am Knauf befestigt oder bei Codices im Kolophon am Ende des Bandes gemeinsam mit dem Namen des Druckers und dem Druckdatum untergebracht sein.[6] Die zunehmende Differenzierung und Formalisierung hat zu vier Orten geführt, an denen heutzutage der Titel zu finden ist: neben dem Schmutztitel und dem Titelblatt sind noch – im wesentlichen erst seit der Einführung des gedruckten Umschlags im 19. Jh.[7] – der Buchrücken und die erste Umschlagseite zu nennen – bisweilen auch Umschlagseite vier. Die Funktionen des Titels umfassen dabei Identifizierung, Beschreibung von Inhalt und Form (thematische und rhematische Titel), Konnotationswert (etwa: Nüchternheit) und Verführung zur Aneignung bzw. zur Lektüre, was, mutatis mutandis, auch für die Zwischentitel gilt.[8] Parallel hierzu verläuft das Heraustreten des Autornamens aus dem Text, in dem er etwa noch bei den ‹Historien› (‹Herodot› als erstes Wort), der ‹Georgica› (‹Vergil› in den letzten Versen) oder dem mittelniederländischen ‹Van den vos Reynaerde› (‹Willem› als erstes Wort) untergebracht war. Auch die paratextuelle Vorgeschichte von Zueignung und Widmung reicht von Erasmus' Thomas Morus gewidmetem ‹Lob der Torheit› über Horaz' ‹Ars poetica› – den Söhnen des Piso gewidmet – zurück bis ins 5. Jh. v.Chr. in Griechenland – 'neu' war vom 16. Jh. an lediglich die offizielle und formelle Eintragung in den Peritext, etwa in Form einer vom Text abgehobenen kurzen Erwähnung des Adressaten oder eines Widmungsbriefs. All diese Entwicklungen sind jedoch keineswegs im Sinne einer linearen Ausdifferenzierung zu verstehen. So verweigert bereits Montesquieu den Widmungsbrief mit dem Argument «Wessen Beruf das Verkünden der Wahrheit ist, der darf auf Erden keinen Schutz erhoffen» und Balzac erklärt den Tod der Zueignung, da der Autor seinen Auftrag nicht mehr von den Königen und Großen beziehe, sondern von Gott.[9] So verlieren Anfang des 19. Jh. etwa gleichzeitig die ökonomische Funktion der Zueignung als auch der Widmungsbrief radikal an Bedeutung. Eine entscheidende Stimme im paratextuellen Konzert übernimmt das Vorwort, dem im allgemeinen zwei zentrale Funktionen zugeschrieben werden: zu bewirken, daß der folgende Text gelesen wird und zu bewirken, daß er gut gelesen wird, abzulesen etwa an der Vorrede an den «großgunstigen Leser» in Andreas Gryphius' Trauerspiel ‹Catharina von Georgien› (1657). Novalis betont gezielt: «Der Gebrauch des Buches wird in der Vorrede gegeben.»[10] Erst mit dem Buchdruck erhält das Vorwort eine vom Text abgehobene Aufmachung, wobei die meisten Themen und Verfahren jedoch bereits seit dem 16. Jh. vorliegen.[11] So kann das Vorwort neben der Steuerung der Rezeption im Sinne der Autorintention auch, bei späterem Erscheinen in neuen Auflagen, auf die erste Rezeption reagieren und diese kommentieren, Korrekturen anbringen, Entstehungsumstände erläutern, bei fiktiven Vorworten wie in vielen Waverley-Romanen Walter Scotts, die Fiktionalität als solche inszenieren. Auch das Motto tritt im Laufe des 16. Jh. als eigenes, meist als Zitat gefaßtes Element der Lesersteuerung auf, wobei es entweder auf den nachfolgenden Text oder auf den Autor desselben bezogen wird.[12] Sind Anmerkung und Waschzettel – i.e. der v.a. im 19. Jh. ins Buch eingelegte oder eingeheftete Text, der zunehmend in den Klappentext oder in den Amerikanischen so genannten ‹Blurb› der Umschlagseite vier eingegangen und heute so gut wie verschwunden ist[13] – Peritexte, denen Genette geringere Bedeutung zumißt, so steht die enorme Bedeutung des Epitexts im literarischen Betrieb des 19. und 20. Jh. außer Frage. Zu denken ist dabei an die öffentlichen Formen des Gesprächs und des Interviews einerseits und die privaten Formen der editorischen Paralipomena, Briefe oder Tagebücher andererseits. Die Bedeutung wird reflektiert in der Tendenz, viele Epitexte in große wissenschaftliche Editionen aufzunehmen und sie so zu Peritexten zu machen: «Alles endet in der Pléiade.»[14]

II. *Anwendung.* Die typologischen und funktionalen Überlegungen Genettes zum P. werden in der heutigen Literaturwissenschaft von den verschiedensten Ansätzen aufgegriffen. Aus Sicht der Intertextualitätsforschung interessieren unter anderem die Prozesse der Produktion von Bedeutung, die aus der Konfrontation von verschiedenen Texten und Textsorten entstehen.[15] Genettes Blick auf P. sensibilisiert zugleich für die materielle Basis von Texten und die Veränderungen, die sich aus neuen Entwicklungen etwa im Bereich des

Internets und der nicht-hierarchischen *links* der Hypertexte ergeben.[16] Bei all diesen Anknüpfungspunkten geht es immer wieder um das Bestreben, eine adäquate Interpretation eines Textes vorzulegen, wie es exemplarisch anhand des paratextuell besonders ergiebigen ‹Tristram Shandy› von Laurence Sterne gezeigt worden ist.[17] Demgegenüber ist der von Genette als P. bezeichnete Gegenstand auch aus literatursoziologischer Sicht interessant, und zwar im Rahmen von Versuchen, die Strategien zu analysieren, mit denen Autoren und Verlage eine bessere Position im literarischen Feld anstreben.[18] Letzterer Ansatz trifft sich dabei mit einem zentralen Anliegen Genettes: der Relativierung der poststrukturalistischen Formel vom Tod des Autors.[19] Die moderne ‹Vulgata› (Genette), die dem Autor jede Kontrolle über den Sinn seines Textes abspricht, gerät da in Erklärungsnot, wo sich P. als Funktion der Autorintention[20] erweisen.

Anmerkungen:
1 vgl. G. Genette: Palimpseste (1993). – **2** G. Genette: P. (1992) 10. – **3** ebd. 11. – **4** ebd. 12f. – **5** vgl. F. Funke: Buchkunde (³1972). – **6** Genette [2] 66f. – **7** Funke [5] 282ff. – **8** Genette [2] 77ff., vgl. L.H. Hoek: La marque du titre (Den Haag 1981). – **9** vgl. Genette [2] 119ff. – **10** Novalis: Schriften, Bd. 3 (1960) 361. – **11** Genette [2] 159ff. – **12** ebd. 141ff.; vgl. J.E. Antonsen: Text-Inseln (1998). – **13** Genette [2] 103ff. vgl. D. Strigl: Kleine Typologie des Klappentextes, in: Lit. und Kritik (1999) H. 335/336. – **14** Genette [2] 384. – **15** vgl. S. Holthuis: Intertextualität (1993); H. Meyer: Gattung, in: M. Pechlivanos e.a.: Einf. in die Literaturwiss. (1995) 66ff. – **16** vgl. J. Paech: Intermedialität. Mediales Differenzial und transformative Figurationen, in: J. Helbig (Hg.): Intermedialität (1998) 60f. – **17** vgl. C.M. Laudando: Parody, P., Palimpsest (Neapel 1995). – **18** vgl. P. Bourdieu, L. Boltanski: Titel und Stelle. Zum Verhältnis von Bildung und Beschäftigung, in: P. Bourdieu, H. Köhler (Hg.): Titel und Stelle (1981) 95; W. Karrer: Titles and Mottoes as Intertextual Devices, in: H.F. Plett (Hg.): Intertextuality (1991), 122–134. – **19** vgl. Genette [2] 389f. und passim; R. Barthes: La mort de l'auteur (1977); M. Foucault: Qu'est-ce qu'un auteur? (1979). – **20** vgl. R. Grüttemeier: Intentionalität als Kippfigur (1999).

Literaturhinweise:
G. Blanchard: Pour une sémiologie de la typographie (Paris 1979). – A.-M. Christin: Rhétorique et typographie. La lettre et le sens, in: Rev. d'esthétique (1979) 1,2: Rhétoriques, sémiotiques, 297–323. – H. Stang: Einleitung – Fußnote – Kommentar. Fingierte Formen wiss. Darstellung als Gestaltungselemente moderner Erzählkunst (1992). – P.N. Lane: La périphérie du texte (1992). – J. Brand: Der Text zum Bild (Diss. Marburg 1994). – D. Niefanger: Sfumato. Traditionsverhalten in P. zwischen ‹Barock› und ‹Aufklärung›, in: LiLi 98 (1995) 94–118.

R. Grüttemeier

→ Autor → Dedikation → Intertextualität → Motto → Text → Titulus → Vorwort/Nachwort → Zitat

Parenthese (griech. παρένθεσις, parénthesis; lat. interpositio, interclusio; dt. Einschaltung, Einschub, Schaltsatz; engl. parenthesis; frz. parenthèse; ital. parentesi)

A. Unter ‹P.› wird ein Ausdruck verstanden, der den grammatischen Zusammenhang eines anderen Satzes unterbricht[1] und den Eindruck einer zweiten simultanen Äußerung hervorruft.[2] Wichtige Merkmale sind Stellungsverhalten und Selbständigkeit; der Umfang der P. kann von einzelnen Wörtern bis zu ganzen Sätzen reichen, soweit sie diese Kriterien erfüllen. Neben der prototypischen *Mesothese* (Einschaltung der P. in der Mitte eines Satzes) sind *Prosthothese* (Initialstellung) und *Opisthothese* (Schlußstellung) möglich. Typisch ist die asyndetische Einfügung der P., aber das gedankliche Verhältnis zum Trägersatz kann auch durch eine Anbindung über Partikeln oder Konjunktionen ausgedrückt werden. Visuell wird die P. durch Klammern, Gedankenstriche oder Kommata kenntlich gemacht, intonatorisch durch Pausen oder Stimmlagenwechsel.

Problematisch und in Einzelfällen nicht immer zu entscheiden ist die Abgrenzung von Satzparenthesen zur *digressio*, zum Relativsatz und zum Anakoluth und die von Wortparenthesen zum Hyperbaton, zur Apposition und Interjektion. Der Begriff ‹P.› löst sich in den Nationalsprachen (Frz., Engl., Ital.) teilweise von der syntaktischen Bedeutung: *in parentheses* (in Klammern, beiläufig). Im Deutschen bleibt P. grammatikalisch gebunden und *Einschaltung*, *Einschub* und *Schaltsatz* sind nur teilweise synonym.

B. I. *Antike*. Die ‹P.› als terminus technicus der Rhetorik läßt sich erst bei QUINTILIAN belegen.[3] In den erhaltenen griechischen Zeugnissen bezeichnet die P. eine grammatikalische Erscheinung und bedeutet die Einfügung einzelner Laute oder Silben in ein Wort.[4] Das Phänomen der P. wird in alexandrinischer Zeit als Problem der Abgrenzung von Einschüben im homerischen Text diskutiert. Die Interpunktion des bislang fortlaufend überlieferten kanonischen Textes soll dessen richtiges Verständnis garantieren.[5] Im Anschluß daran gebrauchte HERODIAN die Bezeichnung διὰ μέσου (diā mésū)[6], die für die griechische Spätantike bestimmend ist, sich aber in der Folge nicht durchsetzt. Insgesamt behandeln die antiken Theoretiker die P. eher deskriptiv als normativ. Dies mag daran liegen, daß die P. nicht, wie das Anakoluth, einen Verstoß gegen die Regelgrammatik darstellt, obwohl beiden ursprünglich Satzbaupläne der mündlichen Rede zugrunde liegen.

Die Verwendung in sämtlichen Gattungen der antiken Literatur belegt die P. bereits als Stilmittel der Schriftlichkeit. Im Epos tritt sie am häufigsten in direkter Rede auf (κεῖσε δ'ἐγὼν οὐκ εἶμι – νεμεσσητὸν δέ κεν εἴη-/κείνου πορσανέουσα λέχος [dorthin werde ich nicht gehen – es wäre verwegen – um jenem das Bett zu rüsten])[7], seltener in Elegie[8], Iambos[9] und Melos. In der altionischen Prosa finden sich v.a. begründende und explizierende P. Bereits bei den attischen Rednern aber zeigt sich die Tendenz, sie verstärkt als Redeschmuck einzusetzen.[10] Im Lateinischen erscheint sie zunächst v.a. im Drama, sonst eher selten. Häufig ist sie beim AUCTOR AD HERENNIUM, bei NEPOS und CICERO, nicht allerdings in seinen frühen Reden.[11] Zu einem beliebten Stilmittel wird die P. in der Dichtung augusteischer Zeit bei VERGIL und OVID.[12] So ist die P. bereits in der Antike einerseits Kennzeichen der fingierten mündlichen Vortragssituation, v.a. in Rede und Dialog, und wird andererseits in der Dichtung primär dazu eingesetzt, komplexe Aussagen in gedrängter Form zu fassen.

II. *Mittelalter*. Die im Mittelalter fortwirkenden Grammatiker der Spätantike (DIOMEDES, DONAT und ISIDOR)[13], heben die Störung (*interruptio, turbatio*) des regelmäßigen Satzbaus durch die P. hervor, die bereits Quintilian gesehen hatte, und systematisieren die P. entsprechend als eine der fünf Unterkategorien des Hyperbaton (neben *anastrophe, hysteron proteron, mesis, synthesis*). Gleichzeitig wird zum ersten Mal die gestalterische Möglichkeit der P. betont, einen erzählerischen Kommentar einzuflechten. Diese Auffassung setzt sich bis ins Hochmittelalter fort[14]; gleichzeitig erreicht die

Verwendung grammatischer Termini als dichterische Metaphern einen Höhepunkt.[15] So bezieht ALANUS die P. allegorisch in seine Beschreibung von Homoerotik als Barbarolexis ein.[16]

Die Verwendung der P. in der *lateinischen* Literatur des Mittelalters ist noch nicht untersucht, aber augenscheinlich wird die P. in Fortführung der überkommenen literarischen Tradition weiterverwendet, z.B. in der Briefliteratur[17]. Ein verstärkter Gebrauch der explizierenden P. ergibt sich durch die Glossierungs- und Kommentierungspraxis im Wissenschaftsbetrieb. So können Glossen in den fortlaufenden Text integriert werden (typische Wendungen: *scilicet, id est, dicitur*). Entsprechend den überlieferten Varianten der Glossierung reicht dies von einfachen Wortparenthesen zur Erläuterung einzelner Vokabeln bis hin zu Einschüben von mehreren Sätzen. Der Gebrauch kommentierender P. in *volkssprachiger* Dichtung spiegelt v.a. in der Heldendichtung den Einfluß der Mündlichkeit.[18] Hier begegnen häufig formelhafte Wendungen, die auch zur Auffüllung metrischer Schemata verwendet werden («als ich gesaget hân», [wie ich gesagt habe]).[19] Auch in nicht mündlich konzipierter gebundener Dichtung nimmt die P. einen festen Platz ein, häufig z.B. bei OTFRID VON WEISSENBURG. Für den höfischen Roman haben Lühr und Lähnemann/Rupp die Funktionen und Verwendungsformen der P. untersucht.[20] Weitere einschlägige Untersuchungen fehlen, aber als performative Gattung weist beispielsweise die Predigt einen häufigen Einsatz von P. auf.[21]

III. *Humanismus.* Bereits im Humanismus wird die P. als orthographisches Phänomen behandelt. STEINHÖWEL erläutert 1473 im Nachwort seiner Verdeutschung von ‹De claris mulieribus› die auf bessere Lesbarkeit zielende drucktechnische Einrichtung der Ausgabe und beschreibt die durch zwei einander zugewandte «mönlun» (kleine Monde) gebildete Klammer als «zaichen perentisis», die eine «yngeworfne red» bezeichne, durch die der Sinn des Gesamtsatzes nicht verändert werde[22]; ähnlich auch NIKLAS VON WYLE[23]. Entsprechend wird noch in der Grammatik von SCHOTTEL 1663 die P. im letzten Kapitel der Syntax unter der Überschrift «Von der Schriftscheidung» behandelt.[24] Die barocke Musiktheorie greift dagegen auf die Bedeutung der P. als Einschub zurück und schreibt für die musikalische Umsetzung die Wahl einer tieferen Stimmlage vor.[25]

Mit der verstärkten Antikenrezeption im Humanismus werden auch formale Aspekte der lateinischen P. im Deutschen durch die Übersetzung der Partikeln vermehrt sichtbar (*denn*, *nämlich* für *nam*, *enim* bzw. γάρ, δέ [gár, dé]).

IV. *Neuzeit.* Im Zuge neuer Ansätze der gegenwärtigen Sprachwissenschaft wird auch die P. neu problematisiert.[26] So spielt z.B. in der Transformationsgrammatik die variable Stellung der P. (*Parenthesenische*) eine Rolle.[27] Die Diskurs-[28] und Kommunikationsanalyse interessiert sich in besonderem Maße für die Bedeutung der P. in ihrer Stellung zwischen mündlichem und schriftlichem Sprachgebrauch.[29] Theoretisch und deskriptiv skizzieren den Forschungsstand Pittner[30] und Schindler[31], der aufführt, welche syntagmatischen Elemente in den verschiedenen Ansätzen jeweils als P. gezählt werden.

Die P. ist nach wie vor ein usuelles Element der gehobenen Sprache, sowohl in zu mündlichem Vortrag bestimmten Texten (öffentlichen Reden) als auch in zur Lektüre verfaßten Schriften (Fachtexten[32] und belletristischer Literatur). In signifikanter Häufung taucht die P. bei Autoren mit bewußt elaborierter Syntax auf, reflektierend, kommentierend, aber auch als Träger ironischer Kommentare (z.B. J. Paul: ‹Schulmeisterlein Wuz›). Th. Mann charakterisiert im ‹Dr. Faustus› den Erzähler gleich in den ersten Sätzen mit einer Kaskade von P. Die P. wird nachgerade zu einem Stilmittel der Moderne: Die Möglichkeit polyphonen Erzählens im asyndetischen Nebeneinander (*stream of consciousness*) entspricht dem Bedürfnis konzentrierter Komplexität.

Anmerkungen:
1 E. Schwyzer: Die P. im engern und im weitern Sinne (1939) 31. – **2** S. Grosse: Syntax, in: H. Paul: Mhd. Gramm. ([23]1989) 285–473, hier 471. – **3** Quint. IX, 3, 23. – **4** Rhet. Graec. W. III, 567. – **5** Scholien zu Homer, Ilias II, 333–5, hg. v. H. Erbse (1966). – **6** Rhet. Graec. Sp. III, 95; J. Baar: Unters. zur Terminologie der Iliasscholien (Diss. masch. 1952). – **7** Homer, Ilias III, 410f. – **8** Theokrit, Θύρσις (Ode 1) 83–85, hg. v. A. Gow ([2]1952). – **9** Archilochos, hg. v. G. Tarditi (1968), Fr. 193 3–7. – **10** Demosthenes Or. XIX, 44, hg. v. Butcher (1903). – **11** A. Roschatt: Über den Gebrauch der P. in Ciceros Reden und rhet. Schr., in: Acta Seminarii Philologici Erlangensis 3 (1884) 189–244. – **12** M. v. Albrecht: Die P. in Ovids Metamorphosen und ihre dichterische Funktion (1963). – **13** Diomedes, in: Gramm. Lat. I, 460f; Donat, Gramm. Lat. IV, 401; Isid. Etym. I, 37,18. – **14** Beda, De tropis (Rhet. Lat. min. 614); Johannes de Garlandia, Compendium gramatice, hg. v. Th. Haye (1995) III, 155ff. – **15** Vgl. J. Alford: The Grammatical Metaphor: A Survey of Its Use in the Middle Ages, in: Speculum 57 (1982) 728–60. – **16** Alanus ab Insulis: De planctu naturae, hg. v. N. Häring (1978) 838,161ff. – **17** Bernhard v. Clairvaux: Epistulae, hg. v. J. Leclercq (1974/77). – **18** S. Grosse: Spuren gesprochener Sprache in mhd. Versdicht., in: R. Bergmann u.a. (Hg.): Ahd. I (1987) 809–818. – **19** Nibelungenlied, hg. v. H. de Boor ([22]1988) 8, 1. – **20** R. Lühr: Zur P. im Mhd. Eine pragmalinguistische Unters., in: Sprachwiss. 16 (1991) 162–226; H. Lähnemann, M. Rupp: Erzählen mit Unterbrechungen. Zur narrativen Funktion parenthetischer Konstruktionen in mhd. Epik, in: Beitr. zur Gesch. der dt. Sprache u. Lit. 123 (2001) 353–378. – **21** Berthold v. Regensburg, hg. v. F. Pfeiffer (1862). – **22** S. Höchli: Zur Gesch. der Interpunktion im Deutschen. Eine krit. Darst. der Lehrschr. von der 2. Hälfte des 15. Jh. bis zum Ende des 18. Jh.] (1981) 19. – **23** ebd. 14. – **24** Schottelius: Ausführliche Arbeit von der Teutschen HauptSprache I, hg. v. W. Hecht (1967). – **25** D. Bartel: Hb. der musikalischen Figurenlehre ([2]1992) 228f. – **26** A. Bassarak: Zu den Beziehungen zwischen P. und ihren Trägersätzen, in: ZPSK 38 (1995) 368–75. – **27** G. Schreiter: Das Zusammenwirken von Regeln der Satz- und Textkonstitution am Beispiel der P., in: E. Feldbusch u.a. (Hg.): Neue Fragen der Linguistik 1 (1991) 363–7. – **28** V. Rouchota: Procedural Meaning and Parenthetical Discourse Markers, in: H. Jucker (Hg.): Discourse Markers. Descriptions and Theory (1998) 97–126. – **29** A. Betten: Ellipsen, Anakoluthe und P. Fälle für Grammatik, Stilistik, Sprechakttheorie oder Konversationsanalyse?, in: DS 4 (1976) 207–30; B. Schönherr: Prosodische und nonverbale Signale für P. 'Parasyntax' in Fernsehdiskussionen, in: DS 21 (1993) 223–43. – **30** K. Pittner: Zur Syntax von P., in: Linguistische Ber. 156 (1995) 85–108. – **31** W. Schindler: Unters. zur Grammatik appositionsverdächtiger Einheiten im Deutschen (1990) 208ff. – **32** I. Rahnenführer: Zur Funktion von P. in der geschriebenen Sprache, in: Feldbusch u.a. [27] 553–7.

Literaturhinweis:
L. Hoffmann: P., in: Linguistische Ber. 175: Funktionale Syntax (1998) 299–328.

H. Lähnemann, M. Rupp

→ Anakoluth → Apposition → Digressio → Hyperbaton → Interjektion

Parenthyrsos (griech. παρένθυρσος, parénthyrsos, oder παρένθυρσον, parénthyron; auch: παρένθυρσις, parénthyrsis; lat. parenthyrsus, parenthyrsum; dt. Scheinraserei, das Rasende, Ausdruck falscher Begeisterung, Schwulst, pathetische Überladung der Rede, hohles Pathos, wilde Begeisterung in der Rede, Redewut, Übertreibung; engl. bogus bacchanalian; frz. fureur hors de saison)

A. Als ‹P.›, von griech. θύρσος, thýrsos, dem mit Efeu und Reben bekränzten Stab des Dionysos-Kults, bezeichnet wahrscheinlich in der ersten Hälfte des 1.Jh. n. Chr. Ps.-LONGINOS unter Berufung auf THEODOROS VON GADARA (1. Jh. v. Chr.) eine vom Redner zu meidende Verhaltensweise, die «Scheinraserei». «Es ist ein verfehltes und damit ein hohles Pathos, oder ein unmäßiges, wo ein maßvolles nötig ist. Denn gewisse Leute werden oft wie aus Trunkenheit zu Leidenschaften fortgerissen, die nicht mehr der Sache, sondern ihrem eigenen einstudierten Geist entspringen.»[1] Der P. hat mithin seinen systematischen Ort in der Affekten-, insbesondere der Enthusiasmuslehre und zählt des weiteren als Sonderfall der *affectatio* zu den *vitia*, den rhetorischen Fehlern. Wo er in der *elocutio*, der stilischen Formulierung, seinen Niederschlag findet, verstößt er gegen das Prinzip des inneren *aptum*, etwa im Hinblick auf Gattung und Gegenstand der Rede. Soweit er sich in Gestik, Mimik und Lautstärke zu erkennen gibt, verstößt er gegen die Forderung nach einem adäquaten äußeren *aptum* des Vortrages. Im 18.Jh. wird die Auffassung vom Enthusiasmus als erhabener Stil teilweise derart weiterentwickelt, daß die bei Ps.-Longinus noch gegebene Rückbindung an die kultische Besessenheit sowie die Zuordnung zur Rede aufgegeben wird. P. kann dann ein Merkmal der bildenden Kunst wie auch der Poesie sein und allgemein eine Maßlosigkeit des Stils bezeichnen.

B. ‹P.› ist im Griechischen als Lexem und rhetorischer Terminus nur bei Ps.-LONGINOS nachweisbar und auch als Fremdwort im antiken lateinischen Schrifttum zur Redelehre nicht zu belegen. Vor diesem Hintergrund kann es nicht überraschen, daß sich Nachweise für die Verwendung des Begriffs im Mittelalter und der Renaissance bislang nicht beibringen lassen. Der Gebrauch von ‹P.› bleibt abhängig von der Rezeption des Ps.-Longinos. Diese setzt, trotz erster Ausgaben im Humanismus[2], erst mit BOILEAUS französischer Übersetzung (1674) ein und entfaltet sich im 18.Jh. So konzediert WINCKELMANN in seinen ‹Gedanken über die Nachahmung der griechischen Werke› (1755), daß es griechische Kunstwerke gebe, die nicht der von ihm vertretenen klassizistischen Ästhetik entsprächen. «Alle Handlungen und Stellungen der griechischen Figuren, die mit diesem Charakter der Weisheit nicht bezeichnet, sondern gar zu feurig und zu wild waren, verfielen in einen Fehler, den die alten Künstler *Parenthyrsis* nannten.»[3] Diese Auffassung von P. weist LESSING in seinem ‹Laokoon› (1766), wo es ihm in der kritischen Auseinandersetzung mit Winckelmann um die Abgrenzung der bildenden Kunst gegenüber Rhetorik und Poesie geht, zurück: «Denn Parenthyrsus war ein rhetorisches Kunstwort, und vielleicht, wie die Stelle Longins zu verstehen zu geben scheint, auch nur dem einzigen Theodor eigen. […] Ja ich zweifle sogar, ob sich überhaupt dieses Wort in die Malerei übertragen läßt. Denn in der Beredsamkeit und Poesie giebt es ein Pathos, das so hoch getrieben werden kann als möglich, ohne Parenthyrsus zu werden; und nur das höchste Pathos an der unrechten Stelle, ist Parenthyrsus. In der Malerei aber würde das höchste Pathos allezeit Parenthyrsus sein, wenn es auch durch die Umstände der Person, die es äußert, noch so wohl entschuldigt werden könnte.»[4] HERDER faßt in seinen ‹Briefen zur Beförderung der Humanität› (1793/97) bei seinem ablehnenden Urteil über E. YOUNGS ‹Nachtgedanken› (1742/45) den P. als im Hinblick auf die kognitive Leistung negativ bewertete rhetorische Figur auf. Youngs «höchste und liebste Figur in den Nachtgedanken heißt *Parenthyrsus* (Übertreibung), die zwar allenthalben die witzigsten Tiraden, Eine aus der Andern hervortreibt und unsäglich viel schöne Sachen saget, am Ende aber doch nichts tut, als den menschlichen Verstand über seine natürliche Höhe schrauben. Mich wundert, daß man Young je für einen tiefsinnigen Dichter gehalten hat: ein äußerst witziger, parenthyrsisch-beredter, nach Originalität aufstrebender Dichter ist er auf allen Seiten. Reich an Gedanken und Bildern, wußte er in ihnen weder Ziel noch Maß»[5]. ERNESTI folgt demgegenüber Ps.-Longinos und definiert ‹P.› als «voll von einer nicht bacchischen, sondern falschen und eigenem Entschluß entsprungenen Raserei [zu sein].»[6] Diese Begriffsbestimmung übernimmt im 19.Jh. PETRI[7], als die ästhetische Rezeption des Ps.-Longinus schon ihr Ende gefunden hatte. Ein Fremdwörterbuch kennt den P. noch in der ersten Jahrhunderthälfte als Teil des deutschen Wortschatzes.[8]

Anmerkungen:

1 Ps.-Long. Subl. 3,5. – 2 B. Weinberg: Translations and Commentaries of Longinus' ‹On the Sublime› to 1600 A Bibliography, in: Modern Philology 47 (1950) 145–151. – 3 J.J. Winckelmann: Gedanken über die Nachahmung der griech. Werke in der Malerei und Bildhauerkunst. Sendschreiben. Erläuterung. Hg. von L. Uhlig (1969) 21. – 4 G.E. Lessing: Werke 1766–1769, hg. v. W. Barner (1990) Bd. 5/2, 201f. – 5 J.G. Herder: Briefe zur Beförderung der Humanität, in: Werke Bd.7, hg. v. H.D. Irmscher (1991) 544f. – 6 Ernest: Graec 249, Übers. Verf. – 7 F.E. Petri: Rhet. Wörter-Büchlein, zunächst für Gelehrtenvereine (1831) 161. – 8 Th. Heinsius: Vollständiges Wtb. der Dt. Sprache mit Bezeichnung der Aussprache und Betonung für die Geschäfts- und Lesewelt (1840) 358.

V. Hartmann

→ Affectatio → Affektenlehre → Enthusiasmus → Erhabene, das → Pathos → Virtutes-vitia-Lehre

Parison (griech. πάρισον, párison; lat. [prope] aequalia membra, compar, exaequatio; dt. Gleichgliedrigkeit engl. parison; frz. parison; ital. parisosi)

A. Das P.[1] ist eine Wortfigur der *transmutatio* (Umstellung) und dient einer gleichmäßigen *compositio* (Periodenbau). Es besteht aus der Nebeneinanderstellung zweier oder mehrerer Sätze oder Teilsätze (Kola, Kommata), die 1.) in Silben- bzw. Wortzahl fast gleich sind sowie zudem parallelen syntaktischen Bau aufweisen können und damit auch klanglich und rhythmisch verbunden sind und 2.) oft zusätzlich nach gedanklichem Inhalt parallele Strukturen aufweisen. Zumeist sind die Kola bzw. Kommata 3.) durch Homoioteleuton gebunden.[2] Die Verwendung von P. entspricht dem Ideal der harmonischen Wortfügung (*concinnitas*), eine übertrieben häufige Verwendung kann jedoch auch – als Verstoß gegen die *variatio* – als *vitium* aufgefaßt werden.

Eine durch die Epochen stringente Definition des P. ist schwierig: P. wird zwar stets als Bezeichnung für Satzphänomene der Parallelität (unter dem Überbegriff πάρίσωσις, parísōsis) verwendet, die beschriebenen Phänomene differieren jedoch stark voneinander. Auch die Abgrenzung zwischen P. und Isokolon erscheint schwer, da beide Begriffe – vor allem in den Rhetoriken der Renaissance – oft synonym verwendet werden.

B. I. *Antike.* Das P. gehört zu den von GORGIAS, dem Begründer der attischen Kunstprosa, verwendeten Stilfiguren, die der Affekterregung beim Zuhörer dienen sollen.[3] Der Hörer soll besonders durch die klangliche und rhythmische Wirkung dieser Stilmittel angesprochen werden, damit der Redner die von ihm beabsichtigte Wirkung der Rede erzielen kann.[4] Das P. läßt sich schon in der Odyssee und der Ilias des Homer nachweisen.[5] ARISTOTELES behandelt das P. unter dem Terminus ‹Parisosis› bzw. ‹Isokolon›, das die Gleichartigkeit der Kola bezeichnet und zur Paromoiosis wird, wenn die Kola auf der gleichen Schlußsilbe oder Flexionsform enden.[6]

Im Griechischen (und auch Lateinischen) kann sich eine gleiche Schlußsilbe in zwei aufeinanderfolgenden Kola in der Prosa durchaus natürlich ergeben, da es sich – im Gegensatz z.B. zum Deutschen – bei beiden um stark flektierende Sprachen handelt. Der Gleichklang in der Schlußsilbe wirkt also nicht gesucht und damit gekünstelt, sondern ergibt sich quasi automatisch aus dem Sprachgebrauch. Es liegt daher nahe, daß sich der klangliche bzw. auf identische Silbenzahl abzielende Aspekt dieser Definitionen später, z.B. in den Lehrbüchern der Renaissance, durch das Zurücktreten des Griechischen und Lateinischen hinter den Nationalsprachen mehr in Richtung auf Wortanzahl und syntaktisch parallelen Bau der Kola verändert. Zugleich findet sich eine stärkere Betonung der Künstlichkeit dieses Stilmittels.

Ähnlich wie Aristoteles definiert die ‹Rhetorica ad Herennium›. Das P. wird unter dem Synonym *Compar* behandelt und als Silbengleichheit in mehreren aufeinander folgenden Kola definiert. Hier steht also die Quantität der Silben und damit auch die klanglich-rhythmische Wirkung im Vordergrund. Es sollen jedoch die Silben nicht abgezählt werden, «denn das wäre freilich kindisch –, sondern soweit wird es die Gewohnheit und Übung der Fähigkeit bringen, daß wir gewissermaßen durch ein inneres Gespür ein gleiches Glied dem vorangegangenen anfügen können.»[7] Die Betonung liegt auf der ungefähren Gleichheit der Kola, die zwar nicht völlig identisch in der Zahl der Silben sein müssen, aber durch deren verschiedene Qualität («longior aut [...] plenior») gleich lang erscheinen, d.h. weniger lange oder volle Silben wiegen mehrere kurze Silben auf.[8] Als Beispiel wird angegeben: «In proelio mortem parens obpetebat, domi filius nuptias conparabat; haec omina gravis casus administrabant.» (In der Schlacht suchte der Vater den Tod, zu Hause bereitete der Sohn die Hochzeit vor; diese Vorzeichen brachten schweres Unglück.)[9] Schon DIONYSIOS VON HALIKARNASSOS spricht sich gegen die zu häufige Verwendung von künstlichen syntaktischen Strukturen aus. Für ihn ist das P. mit seiner parallelen Struktur und seinem damit verbunden ähnlichen Klang kein adäquates Kunstmittel. Der Stil einer Rede müsse frei sein.[10] Bei QUINTILIAN findet sich eine Unterscheidung zwischen P. und Isokolon. Beide gelten – zusammen mit Homoioteleuton und Homoioptoton – als eine Form der Verwendung des Ähnlichen.[11] Während das Isokolon ähnlich wie in der Rhetorica ad Herennium das *compar* definiert ist, bezeichnet Quintilian das P. – mit einem Hinweis auf den Stoiker Theon – als die Wiederaufnahme eines Wortes durch ein ähnlich klingendes oder zumindest in den Endsilben gleiches Wort. Diese Definition geht eher in die Richtung dessen, was zumeist mit Paranomasie bezeichnet wird.[12]

Bei HERMOGENES im ‹Peri ideon› wird das P. – wie bei Aristoteles – unter dem Terminus Parisosis definiert, der «parallel gebaute [...] Kola» bezeichnet.[13] Für Hermogenes ist wichtig, daß diese maßvoll angewendet werden, um der Glaubwürdigkeit der Rede durch übertriebenen Schmuck nicht entgegenzuwirken. Demosthenes – den er als Beispiel anführt – vermeidet bewußt allzu strenge symmetrische Parallelismen auch dort, wo sie sich natürlicherweise ergeben würden; er hebt den Parallelismus durch eine unerwartete asymmetrische Schlußwendung abrupt auf: τὸ λαβεῖν οὖν τὰ διδόμενα ὁμολογῶν ἔννομον εἶναι, τὸ χάριν τούτων ἀποδοῦναι παρανόμων γράφῃ (Während du also stillschweigend anerkennst, daß die Annahme der Spenden gesetzmäßig ist, klagst du es als gesetzwidrig an, Dank dafür abzustatten).[14] Isokrates dagegen verwendet das P. häufiger, da für ihn – so Hermogenes – die Anmut (κάλλος, kállos) der Rede wichtiger sei.[15] Im Werk von Hermogenes wird die Definition von P. nicht einheitlich verwendet. In ‹Perí methódū deinótētos› definiert Hermogenes P. als «eine Figur, wenn dasselbe Wort, indem es eine oder mehrere Silben hinzunimmt, verschiedene Bedeutungen erhält.»[16] Er gibt ein Beispiel von Isokrates: «ἐὰν ᾖς φιλομαθής, ἔσῃ πολυμαθής» (Wenn du bildungsbeflissen bist, wirst du vielgebildet sein).[17] Damit wird die Bestimmung des P. wieder der Paronomasie angenähert. GREGOR VON KORINTH (11./12. Jh.) problematisiert diese Definition in seinem Hermogenes-Kommentar: «Er hätte nicht Silbe sagen sollen, sondern Wort. Denn poly, philos [...] sind Wörter, keine Silben.»[18]

II. *Spätantike und Mittelalter.* Die Definitionen der Spätantike sind sich inhaltlich sehr ähnlich, wobei stets eine Unterscheidung zwischen P. und Isokolon getroffen wird.[19] So definiert AQUILA ROMANUS das P. in Abgrenzung zum Isokolon. Während Isokolon die genau gleiche Wortanzahl in den Kola bezeichnet (*exaequatum membris*), läßt das P. geringe Abweichungen in der Wortanzahl zu (*prope aequatum*), die Kola enden beim P. gleich.[20] So kann z.B. bei drei oder mehr Kola das Endkolon länger sein als die vorherigen. MARTIANUS CAPELLA schließt sich dieser Definition an, auch bei ihm liegt der Schwerpunkt auf der annähernd gleichen Wortanzahl.[21] Eine ähnliche Definition liefern auch die ‹Schemata dianoeas›, die jedoch den Kola antithetischen Inhalt zuschreiben.[22] Diese Definitionen aus der Spätantike bleiben auch im Mittelalter gültig, gehören die zitierten Rhetoriken doch zur Grundlage der mittelalterlichen Schulrhetorik.[23] Daneben bleibt die ‹Rhetorica ad Herennium› die wichtigste Grundlage für die mittelalterlichen Definitionen, so daß das P. stets unter dem Namen *compar* behandelt wird. EBERHARDUS ALEMANNUS führt als Beispiel für ein *compar* an: «Sit tibi pura fides: epistet pietate fideles; sit tibi spes melior; sit tibi firmus amor» (Deine Treue sei rein, denn die Treuen sind stark durch Frömmigkeit; Deine Hoffnung sei besser; und Deine Liebe stark.)[24], ähnlich das Beispiel bei GALFRID VON VINSAUF.[25] AUGUSTINUS, der der antiken Kunstprosa verpflichtet ist, verwendet das von Cicero übernommene Mittel des Isokolon bzw. P. in seinen Predigten.[26]

III. *Neuzeit.* Im Gegensatz zur Antike wird in der Renaissance P. häufig als Synonym für Isokolon verwendet und umgekehrt. Bei J.C. SCALIGER wird das P. (auch: griech. παρισότης, lat. exaequatio) als Gleichheit definiert. Die Kola sind sowohl in Wort- wie in Silbenzahl gleich. Scaliger liefert damit die strengste Eingrenzung des P. Als Beispiel gibt er einen Vers aus einem Epigramm auf ihn selbst: «semivirumque deum, semideumque virum» (und ein Mensch, zur Hälfte Gott, und ein Gott zur Hälfte Mensch). Häufige Belege fänden sich schon bei Homer, Gorgias und Isokrates. Scaliger sieht in der Verwendung von P. allerdings keine besondere Kunstfertigkeit, sondern weist daraufhin, daß der Gebrauch des P. durchaus auch als *vitium* gelten kann.[27] H. PEACHAM, der das P. unter dem Synonym *Compar* behandelt, geht ebenso von einer Identität zwischen P. und Isokolon aus. Seine Definition geht auf die ‹Rhetorica ad Herennium› zurück, da er besonderen Wert darauf legt, daß die Silbengleichheit nicht durch bloßes Abzählen an den Fingern, sondern durch Übung und Geschick hergestellt werden soll.[28] G.I. VOSSIUS unterscheidet – im Anschluß an Aquila – zwischen P. und Isokolon. In seiner Definition geht er dabei sowohl auf den Inhalt wie auf den Bau der einzelnen Kola ein. Die Kola sind nicht vollkommen gleichartig wie beim Isokolon und stehen nicht – wie bei der Antithese – inhaltlich gegeneinander. Ferner kann ein Kolon länger und die einzelnen Kola durch gleiche Endsilben zusätzlich gebunden sein. Als Beispiel für ein einfaches P. gibt Vossius die Beschreibung eines Kentauren «ἵππος ἐρεύγεται ἄνδρα, ἀνὴρ δ'ἀποπέρδεται ἵππον» (Ein Pferd würgt einen Mann, ein Mann furzt ein Pferd aus).[29] J. MEYFART definiert: «Isokolon oder Parison [...] ist, wenn zwey oder mehr Stücke in den Sprüchen fast gleiche Anzahl der Syllaben haben».[30] Bei K. STIELER findet sich das P. unter dem Namen ‹Gleichglied›: ‹Gleichglied und Wortgleichung bestehn in Sylben Zehlen/ und gehen zuförderst an die Redner, die sie wehlen:/ Doch mischt ein Dichter auch sich hier bisweilen ein,/ zumal, wenn Sach' und wort zusammen Wollauts seyn.»[31] Im 18. Jh. schließlich verschwindet die Bedeutung des formalen Periodenstils durch das Natürlichkeitspostulat. In der modernen Literaturwissenschaft wird das P. zumeist unter dem weniger präzisen Überbegriff ‹Parallelismus› gefaßt, der sich vornehmlich jedoch auf syntaktisch gleiche Einheiten bezieht.

Anmerkungen:
1 Nachweise bei Lausberg Hb. §719ff.; Martin 310; L.A. Sonnino: A Handbook to Sixteenth Century Rhetoric (London 1968) 43f.; Ernesti Graec. 250. – 2 vgl. Lausberg Hb. §724. – 3 vgl. Th. Buchheim: Art. ‹Gorgianische Figuren›, in: HWRh, Bd. 3, Sp. 1025–1030. – 4 vgl. Th. Nüßlein: Einf. zu: Auct. ad Her. 322f. – 5 vgl. Eustathius, Commentarii ad Homeri Iliadem pertinentes, hg. v. M. van der Valk, Bd. 1 (1971) praef. LVf. und Indexbd. (1995) hg. v. H.M. Keizer Index III sowie Eustathius, Commentarii ad Homeri Odysseam, Indexbd. hg. v. M. Devarius (1960) 370. – 6 vgl. Arist. Rhet. 1410a. – 7 Auct. ad Her. IV, 20, 27. – 8 ebd. §28. – 9 ebd. §27. – 10 Dion. Hal. Comp. 22. – 11 Quint. IX, 3, 75. – 12 ebd. §§76f., vgl. E. Zundel: Clavis Quintilianea (1989) 72. – 13 Hermogenes, Perí ideón I, 3, in: Rhet. Graec. Sp.-H., Bd. 6, ed. H. Rabe (1913) 299 – 14 Hermogenes, ebd., das Zitat: Demosthenes 18, 119, Übers. W. Zürcher. – 15 Hermogenes, ebd. 301. – 16 Peri methódū deinótētos 16, in: Rhet. Graec. Sp.-H., Bd. 6, ed. H. Rabe (1913) 432. – 17 ebd. – 18 Gregor von Korinth: Scholien zu Hermogenes' Perí methódū deinótētos, in: Rhet. Graec. W., Bd. 7/2, 1263. – 19 vgl. H. Plett: Textwiss. und Textanalyse (²1979) 241. – 20 Aquila Romanus: De figuris sententiarum et elocutionis liber, in: Rhet. Lat. min. 22–37, hier 30 (§§ 23/24). – 21 Martianus Capella: Liber de arte rhetorica, in: Rhet. Lat. min. 449–492, hier 480. – 22 Iulius Rufinianus: De schematis dianoeas, in: Rhet Lat. min. 59–77, §41. – 23 vgl. P. Abelson: The Seven Liberal Arts, a study in mediaeval culture (New York 1965) 52–60. – 24 Eberhardus Alemannus, Laborintus, in: Faral 336–377, hier 353. – 25 vgl. Galfrid von Vinsauf, Poetria nova, in: Faral 194–262, hier 232. – 26 vgl. Augustinus, Sermo 191, in: ML Bd. 38, 979–984, vgl. dazu Norden 84; Arbusow 74f. – 27 vgl. Scaliger, lib. IV, cap. XXXIX. – 28 vgl. Peacham 58f. – 29 Vossius, lib. IV, p. 312, das Beispiel aus: Anthologia Planudea, hg. v. H. Stadtmüller (1894–1906) Bd. 4, 115. – 30 Meyfart 29. – 31 K. Stieler: Die Dichtkunst des Spaten (1685; ND Wien 1975) 3521–3526.

Ph. Ostrowicz

→ Antithese → Chiasmus → Compositio → Concinnitas → Disiunctio → Figurenlehre → Gorgianische Figuren → Homoioptoton → Homoioteleuton → Isokolon → Kolon → Parallelismus → Paronomasie → Wortfigur

Parlamentsrede (engl. parliamentary speech; frz. discours parlementaire; ital. discorso parlamentare)
A. Def. – B. I. Geschichte. – 1. Vorformen der P. – a. Antike. – b. Mittelalter. – 2. P. im englischen Sprachraum. – 3. P. im romanischen Sprachraum. – 4. P. in Deutschland. – II. Moderne P.

A. Mit P. werden vor allem öffentliche Debattenreden im Plenum von Parlamenten bezeichnet. Unter parlamentstheoretischen Gesichtspunkten ist dieser alltagssprachliche Begriff von P. allerdings zu eng. P. im weiten Sinne sind alle Redetypen, die für die Institution Parlament charakteristisch sind. Einige lassen sich den klassischen rhetorischen Genera zuordnen: die Debattenrede als Haupttypus dem γένος συμβουλευτικόν (génos symbuleutikón; *genus deliberativum*; Beratungsrede), die parlamentarische Gedenkrede dem γένος ἐπιδεικτικόν (génos epideiktikón; *genus demonstrativum*; Rede zu einem Fest- oder Gedenktag) und Anklagereden wie Ciceros Rede gegen Catilina vor dem römischen Senat oder Helmut Kohls Verteidigungsrede am 29. 6. 2000 vor dem parlamentarischen Untersuchungsausschuss des Deutschen Bundestages zur CDU-Spendenaffäre – mit Einschränkungen – dem γένος δικανικόν (génos dikanikón; *genus iudiciale*; Gerichtsrede). Andere Formen, z.B. des Befragens, des Berichtens, des Auskunft-Gebens und des Verhandelns sind unter die klassischen Genera nicht subsumierbar. Da P. stark davon abhängt, in welchem parlamentarischen Gremium sie stattfindet und an welcher Stelle innerhalb einer Beratung sie plaziert ist, variieren Umfang, Aufbau und dominierende Sprechhandlungsmuster von P. erheblich.

Unter den Systembedingungen der Parlamentarischen Demokratie sind Parlamente die zentralen staatlichen Institutionen der Legislative. Sie sind regelmäßig tagende Versammlungen politischer Repräsentanten, die insofern Volksvertreter sind, als sie aus allgemeinen, freien, gleichen und geheimen Wahlen hervorgehen. Ihre Hauptaufgabe ist Gesetzgebung auf der Basis von Beratung. Dazu kommt, vor allem als Aufgabe der Opposition, die Kontrolle der Regierung. Parlamentarische Beratung erfolgt mündlich, allerdings meist mit Bezug auf schriftliche Vorlagen, z.B. Gesetzentwürfe. Der Mündlichkeit verdankt die Institution ihren Namen: Aus altfrz. *parler* (sprechen) – abgeleitet aus mittellat. *parabolare, parlamentare* – entsteht altfrz. *parlement* und als mhd. Lehnwort im 13. Jh. *parlament* (Besprechung, Versammlung), das im 17 Jh. nach dem Vorbild des engl. *parliament* die Lehnbedeutung ‹Versammlung der Volksvertreter› annimmt [1]

P. sind themengebunden. Das gilt für den (selteneren) Fall der Einzelrede (z.B. Gedenkrede zu einem historischen Datum) ebenso wie für den Haupttypus, die Debattenrede. Gegenstand von Parlamentsdebatten können alle Themen im Rahmen der Zuständigkeit des

Parlaments sein. P. sind parteilich bestimmt. Die Redner gehören durchweg parteigebundenen Fraktionen an. Parlamente gliedern sich meist nach dem binären Schema Regierungsfraktion(en) – Oppositionsfraktion(en). Daher werden Pro und Contra im Parlamentplenum meist scharf profiliert. Der Dissenscharakter von Plenardebatten wird zusätzlich dadurch begünstigt, daß sie im Hinblick auf die anschließende Abstimmung nicht mehr entscheidungsrelevant sind, da die Entscheidungen über das Abstimmungsverhalten der Abgeordneten spätestens in vorherigen Fraktionssitzungen gefallen sind: Wenn es keine Chance gibt, Mitglieder anderer Fraktionen durch Rede noch umzustimmen, fehlt ein wichtiges Motiv, mit der politischen Konkurrenz schonend umzugehen.

Plenarreden unterscheiden sich u.a. nach ihrem parlamentarischen Status und ihrer diskursiven Position voneinander. Regierungserklärungen zu Beginn einer Legislaturperiode oder nach einem Regierungswechsel pflegen über weite Strecken katalogartige Aufzählungen von Regierungsvorhaben mit Nennung der Bevölkerungsgruppen, denen die Maßnahmen zugute kommen sollen, zu enthalten. Regierungserklärungen im Anschluß an internationale Konferenzen u.ä. enthalten oft erhebliche Anteile berichtender und darstellender Passagen. Regierungserklärungen und auch Ministerreden zur Begründung regierungsseitig vorgelegter Gesetzentwürfe unterscheiden sich von den auf sie bezogenen Debattenbeiträgen vielfach dadurch, daß in ihnen die politische Gegenseite nicht oder nur am Rande explizit attackiert wird. Es dominiert ganz die Positiv-Darstellung und die Legitimation der eigenen Politik – vielfach in staatsmännischem Gestus und unter Verwendung von Hochwertvokabular, das den Allgemeinwohlcharakter des Regierungshandelns unterstreichen soll. Von diesem Schema wird allerdings dann häufig abgewichen, wenn die vorgängige öffentliche Auseinandersetzung derart spektakulär war, daß ein Übergehen der Gegenposition wie Schwäche aussehen würde, oder auch wenn oppositionsseitige Zwischenrufe oder Zwischenfragen den Redner zur Gegenattacke veranlassen. In den weiteren Debattenreden ist die Thematisierung sowohl von Pro als auch von Contra geradezu obligatorisch. Da Plenarreden überwiegend vor der Debatte konzipiert und weitgehend schriftlich fixiert werden, erfolgt unmittelbarer Bezug auf die vorhergehenden Debattenbeiträge häufig nur punktuell oder in knappen, vom vorbereiteten Text abweichenden Sequenzen.

In parlamentarischen Demokratien gliedert sich das Parlament in Fraktionen, die durch gemeinsame Parteizugehörigkeit bestimmt sind und deren Größe sich nach den Stimmenanteilen bei der Wahl und/oder nach der Zahl der gewonnenen Wahlkreise richtet. In vor- und frühparlamentarischen sowie in marxistisch-leninistisch geprägten Systemen pflegte die interne Gliederung von ‹Volksvertretungen› nach anderen Gesichtspunkten zu erfolgen, vor allem nach vorab festgelegtem Proporz zwischen den Ständen bzw. – so in der DDR-Volkskammer – zwischen den Parteien der ‹Nationalen Front› und sog. ‹Massenorganisationen›.[2] Neben der Gliederung nach Fraktionen pflegen Parlamente ihre Mitglieder nach dem Gesichtspunkt thematisch-funktionaler Arbeitsteilung in Ausschüsse (Kommissionen, Komitees u.ä.) aufzuteilen.

Die interne Gliederung in Fraktionen und Ausschüsse erzeugt Gremien und Rollen, die je spezifische rhetorische Anforderungen stellen. So gibt es, anders als im Plenum, wo der Präsident auf die formale Leitung der Sitzung beschränkt ist, in Fraktionen die zentrale Rolle des Fraktionsvorsitzenden, der seine Führungsrolle nicht nur dadurch wahrnimmt, daß er in Plenar- und Fraktionsdebatten pro oder contra plädiert, sondern vor allem auch dadurch, daß er Fraktionsdebatten strukturiert, akzentuiert, u.U. den Beschlußvorschlag formuliert oder zum geeigneten Zeitpunkt Kompromisse einbringt. Ein wichtiges Führungsinstrument kann auch der ‹Bericht des Vorsitzenden› zu Beginn von Fraktionssitzungen sein.

Trotz ihrer immensen Bedeutung für die politischen Entscheidungen ist die Rhetorik der innerparlamentarischen Gremien kaum untersucht. Wegen Nichtöffentlichkeit ist der Zugang zu Fraktions- und Ausschußdebatten und zu Verhandlungen in Führungsgremien schwierig. Debattenreden im Plenum bewegen durchweg keine Abgeordnetenstimme mehr, weil sich zuvor in den Fraktionssitzungen entscheidet, wie im Plenum abgestimmt wird. Dementsprechend kommt es in Plenarreden darauf an, die eigene Position öffentlich zu dokumentieren und zu legitimieren und die des politischen Gegners zu delegitimieren. Dagegen besteht in Fraktionsdebatten und – zumindest manchmal – in Ausschußdebatten die Chance, durch überzeugendes Reden andere Abgeordnete auf die eigene Seite zu ziehen. Dies führt zu kooperativen Formen des Argumentierens und Aushandelns, die mit dem Dissens forcierenden, manchmal rüde-aggressiven Stil von Plenardebatten wenig gemein haben.

P. in diesen Gremien, vor allem in Fraktionsdebatten, sind für politische Entscheidungen wichtiger als P. im Plenum. Fraktionsdebatten pflegen daher einen stärker deliberativen Charakter als Plenardebatten zu haben. Während P. im Plenum vielfach gekennzeichnet sind durch Abwertungen, Vorwürfe, Beschuldigungen, Diskreditierungen, Sarkasmen und herabsetzende Attacken an die Adresse des politischen Gegners sowie durch selektiven und verzerrenden Umgang mit dessen Positionen und Argumenten, sind offen aggressive Sprechakte in Fraktionsdebatten selten. Dort ist auch kontroverses Argumentieren eher verknüpft mit Warnungen, Empfehlungen, Erklärungen, Konzedieren von Teilpositionen und Bekunden von Respekt.

Parlamente sind Institutionen, die wie kaum andere durch eine Vielfalt sprachlicher Handlungen, mündlicher wie schriftlicher, bestimmt sind. Sie haben ihre Bezugsachse in der Handlungssequenz: Vorschlag – Beratung – Abstimmung. Es geht fast immer um legislatorisches Eingreifen in politische und gesellschaftliche Verhältnisse. Parlamentarische Beratungen enthalten als Basis für gesetzgeberisches Handeln, für Forderungen oder Ablehnungen zu allen Zeiten: (1) den Bezug auf angenommene Ausgangsdaten, (2) Hypothesen über künftige Konsequenzen aus diesen Daten, (3) Bewertungen der Ausgangsdaten u./o. ihrer Konsequenzen als politische Motivation, (4) daraus sich ergebende Zielsetzungen. Dazu kommt häufig (5) die Berufung auf Prinzipien oder Werte, die Datenbewertung und Zielsetzung zugrunde liegen.

Dies sind feste Bestandteile des parlamentarischen Diskurses, gleichgültig um welches Thema es sich handelt und wie die durch parteiliche Perspektivik geprägte Konkretisierung aussieht. In argumentativen Kontexten haben sie daher den Status von Topoi (Argumentationsschemata) im Aristotelischen Sinne (Topos). Insofern sie durch handlungslogische Folgerungsbeziehungen verknüpft sind, die sich im argumentativen Gebrauch als

Argumentationshierarchie niederschlagen, bilden sie ein komplexes topisches Muster [3]:

Während der Prinzipien- und der Konsequenztopos manchmal nicht explizit artikuliert werden, fehlen die anderen Topoi in längeren parlamentarischen Redebeiträgen so gut wie nie. Gewichtung und kontextuelle Vernetzung der Bestandteile dieses Musters können je nach Epoche, nach innerparlamentarischem Gremium, nach Rede- und Textsorte, auch von Rede zu Rede unterschiedlich ausgeprägt sein. Am klarsten ist das Muster in den schriftlichen Begründungen von Gesetzen erkennbar.

So universell das Muster ist, so vielfältig sind die Möglichkeiten seiner inhaltlichen Füllung. Wo Uneinigkeit über Geltung, Relevanz oder Deutung der leitenden Prinzipien und Präferenzen, über die anzunehmenden Daten und deren Bewertung sowie über die daraus abzuleitenden operativen Ziele herrscht, ist Verständigung per Argumentation kaum möglich. Dies ist vor allem dann der Fall, wenn unüberbrückbare ideologische Gegensätze herrschen und/oder inkompatible «Begründungssprachen» und «Problemverständnisse» vorliegen.[4] Aber auch wenn die Topoi des Musters übereinstimmend belegt werden, ist es z.B. möglich, daß eine Opposition daraus andere politische Handlungskonsequenzen zieht als die Regierung.

Der Status von Parlamenten oder parlamentähnlichen Versammlungen innerhalb des politischen Systems ist entscheidend für die Rolle, die sie innerhalb der jeweils systemspezifischen politischen Kommunikation spielen oder, um es mit GRÜNERT an WITTGENSTEIN orientiert auszudrücken: welches ‹Sprachspiel› in der Außenkommunikation des Parlaments vorherrscht.[5] Wo Parlamente oder verwandte Versammlungen nicht das Volk als Souverän repräsentieren, sondern, wie vor allem in monarchistisch-(teil)absolutistischen Staaten, einem Monarchen als Machthaber und Souverän gegenüberstehen oder besser: als Repräsentationsorgan der Untertanen diesem untergeordnet sind, kann dieser gegenüber dem Parlament (und Volk) das ‹regulative Sprachspiel› spielen, d.h. er beherrscht die politische Kommunikationsarena durch präskriptive und definitorisch-deklarative Sprachhandlungen verschiedenster Art, ohne von der Zustimmung anderer abhängig zu sein: vom Erlaß eines ‹Patentes› über die Zurückweisung von Forderungen des Parlamentes bis zum Oktroy einer Verfassung. Da bleibt dem Parlament, sofern es sich nicht im Untertanengestus auf Dankadressen und demutsvolles Bitten beschränkt, nur Forderung und/oder Widerstand – Grünerts «instrumentales/begehrendes Sprachspiel».

In modernen Parlamentarischen Demokratien repräsentiert das Parlament selbst den Souverän, das Volk.

Um hier die kommunikative Rolle des Parlaments zu charakterisieren, bedarf es sprecher-, adressaten- und funktionsbezogener Spezifizierungen. Als legislatives Verfassungsorgan spielt es eine regulative Rolle. Als um Zustimmung bemühte Politiker spielen die Parlamentarier dem Wahlvolk gegenüber das persuasiv-werbende Sprachspiel. Als Angehörige konkurrierender politischer Gruppierungen spielen sie dies, indem sie im Hinblick auf die eigenen Reihen integrativ-solidarisierend kommunizieren, im Hinblick auf die politische Konkurrenz dagegen kompetitiv-oppositiv.

Anmerkungen:
1 H. Paul: Dt. Wtb., 9. vollst. neu bearb. Aufl. v. H. Henne, G. Objartel (1992) 639. – 2 DDR-Handb., hg. vom Bundesministerium für innerdt. Beziehungen (1975) 912 ff. – 3 vgl. J. Klein: Komplexe topische Muster, in: T. Schirren, G. Ueding (Hg.): Topik und Rhet. (2000) 626 ff. – 4 J. Kopperschmidt: Methodik der Argumentationsanalyse (1989) 143 ff. – 5 H. Grünert: Politische Gesch. und Sprachgesch., in: SuL 52 (1983) 45 ff.

J. Klein

B.I. *Geschichte.* **1.** *Vorformen der P.* **a.** *Antike.* α. *Griechenland.* Die griechischen Vorformen der P. sind an die demokratischen Stadtstaaten (πόλεις, póleis) des 5. und 4. Jh. v. Chr. gebunden. Reiches Quellenmaterial in Form von Testimonien und erhaltenen Reden liegt nur aus Athen vor, die dortigen Gegebenheiten sind aber weitgehend auf andere demokratische Poleis übertragbar. P. und politische Rede sind definitorisch nicht voneinander zu trennen, da die Volksversammlung (ἐκκλησία, ekklēsía), an der alle männlichen erwachsenen Bürger einer Stadt teilnahmeberechtigt waren, als oberster Souverän den Schauplatz für alle Formen öffentlicher Beredsamkeit abgab.[1] Die Tagesordnung einer jeden der ca. 40 Volksversammlungen, die pro Jahr in Athen stattfanden, wurde zuvor vom Rat (βουλή, būlḗ) festgelegt. Ziel der politischen Rede, der antiken Rhetorik mit dem Begriff ‹Beratungsrede› (γένος συμβουλευτικόν, génos symbūleutikón)[2] klassifiziert wurde, war die rhetorisch-argumentative Überzeugung des Auditoriums zum Zweck der Mehrheitsgewinnung; die Rede konnte in einen Antrag (ψήφισμα, pséphisma) münden. Theoretisch hatte jeder Teilnehmer das Recht, in vollständiger Redefreiheit (παρρησία, parrhēsía) seine Meinung zu äußern, wobei Gegenrede, aber keine Diskussion erlaubt war und über jeden Antrag vom Plenum abgestimmt wurde; praktisch wurde die Rednertribüne (βῆμα, béma) aber von einigen Dutzend durch professionelle Redelehrer ausgebildeten Berufsrednern beherrscht, die durch ihre politischen Ratschläge die Entscheidungsfindung der Zuhörer bestimmten und damit zwar über keinerlei verfassungsmäßige, aber große faktische Macht verfügten. Zu den wichtigsten Redegegenständen gehörten Außen- und Finanzpolitik, Wahl von Magistraten, Gesetzesinitiativen und Bürgerrechtsverleihungen.

Bei den ältesten erhaltenen politischen Reden im Werk der Historiker HERODOT (ca. 485–ca. 425) und THUKYDIDES (ca. 460–ca. 400) steht die literarische Überarbeitung durch die Autoren außer Frage (bei Herodot ist mit Neukomposition realer Reden zu rechnen [3], bei Thukydides mit stilistischer Umgestaltung unter Beibehaltung der originalen Argumentation [4]). Exemplarisch sind die letzte Rede des Perikles (gehalten 429 v.Chr.), in der er seine Politik in den ersten Jahren des Peloponnesischen Krieges verteidigt [5], sowie Rede und Gegenrede (gehalten 427 v.Chr.) über die fällige Bestrafung abtrünniger Verbündeter: Der Politiker Kleon spricht sich für die Hinrichtung aller männlichen Bürger zur Statuierung eines abschreckenden Exempels aus [6], sein in der folgenden Abstimmung obsiegender Kontrahent Diodotos für eine milde Bestrafung, die die athenische Position in Griechenland festigen sollte. [7] Die wichtigste Quelle für die politische Rede in Athen sind die Reden 1–10 und 13–17 im Corpus des DEMOSTHENES (384–322) (wovon 7, 13 und 17 nicht authentisch sind [8]). Aus dem Umkreis seiner politischen Freunde (Hypereides) und Gegner (Aischines, Demades) sind keine politischen Reden, sondern nur politische Reflexe in Prozeßreden erhalten. Die zeitlich frühesten Reden 14–16 aus den Jahren 354–352 enthalten Ratschläge für den Umgang mit verschiedenen auswärtigen Mächten, alle anderen (gehalten zwischen 351 und 341) sind dem Kampf gegen die Expansionsbestrebungen des makedonischen Königs Philipp II. (382–336) gewidmet, wobei die Tonlage der jeweiligen politischen Situation angepaßt ist. Während Demosthenes in der 5. Rede von 346 zur Einhaltung des kurz zuvor geschlossenen Friedens mit Makedonien aufgrund der militärisch-politischen Probleme Athens rät, schlagen die vier sogenannten ‹Philippischen Reden› (4, 6, 9, 10) einen kämpferischen Ton an, allen voran die schon in der Antike hochberühmte 9. Rede von 341, in der mit äußerster Schärfe die unerläßliche Notwendigkeit eines baldigen Krieges mit Philipp dargelegt wird. [9] Die Reden des ‹Corpus Demosthenicum› sind die einzigen direkt erhaltenen P. Athens, die ihre Überlieferung hauptsächlich der schriftlichen Fixierung als politische Propagandaschriften verdanken, wobei mit Veränderungen gegenüber den in der Volksversammlung vorgetragenen Fassungen zu rechnen ist, da die Redner üblicherweise frei (auf der Grundlage von Notizen) ihren Text vortrugen. [10] Mit dem Verlust der politischen Unabhängigkeit Athens nach der Niederlage bei Chaironeia gegen Philipp (338 v. Chr.) verliert die P. infolge des Niedergangs der Demokratie ihre Bedeutung.

β. *Rom.* Für die römische Republik des 2. und 1. Jh. v. Chr. (für die ältere Zeit ermöglicht die schlechte Quellenlage kaum sichere Aussagen) sind zwei, wie in Griechenland frei vorgetragene Vorformen der P. zu unterscheiden, die auch für Rom definitorisch nicht von politischer Rede abgesetzt werden können: Schauplatz der ersten Form war die Volksversammlung (*contio*), an der alle männlichen römischen Bürger teilnahmeberechtigt waren. Da die *contiones* keine politischen Befugnisse besaßen, kommt dieser Form der P. erheblich geringere Bedeutung zu als in Griechenland. Die Teilnehmer wurden über politische Ereignisse, Senatsbeschlüsse und Magistratenedikte informiert, und es fanden, ohne daß es ein Initiativrecht gegeben hätte, Debatten über außenpolitische Fragen, Gesetzesvorlagen, Wahlvorschläge und Strafanträgen statt. [11] Die Abstimmungen darüber wurden jedoch ohne vorherige Diskussion ausschließlich in den nach Zensus eingeteilten Bürgerversammlungen der Zenturiatskomitien (*comitia centuriata*) vorgenommen. [12] P. in den *contiones* dienten auf diese Weise nur indirekt der politischen Gestaltung, indem sie die öffentliche Meinung beeinflußten; vor allem den Volkstribunen [13] bot sich hier ein Forum für politische Agitation.

Erheblich bedeutsamer war die P. vor dem zunächst 300, seit ca. 80 v. Chr. 600 Mitglieder umfassenden Senat, der sich im wesentlichen aus den ehemaligen hohen Exekutivbeamten (Konsuln, Prätoren, Ädilen, Quästoren) rekrutierte, da er *de facto* die Entscheidungen, die in den Komitien getroffen werden sollten, durch ein eigenes Votum im voraus beeinflußte oder vorwegnahm; vor allem die Verabschiedung von Gesetzen oder die Wahl von Magistraten war ohne Zustimmung des Senats (*auctoritas patrum*) nicht möglich. [14] Hier zielten die P. konkret auf Stimmengewinn in den Voten über Anträge ab, dienten der Paränese zu bzw. dem Abraten von politischen Maßnahmen oder ihrer Rechtfertigung bzw. Verurteilung.

Unter den zahlreichen Testimonien zur Praxis der römischen P. steht an erster Stelle Ciceros Dialog ‹Brutus› mit einem Abriß zur Geschichte der römischen Beredsamkeit. Für die Reden, die in historiographischen Werken (Sallust [15], Livius, Tacitus) überliefert sind, ist wie in der griechischen Literatur mit literarischer Umformung zu rechnen. Die wichtigste Quelle stellen die 25 erhaltenen P. von CICERO (106–43) dar. [16] Die erste P. vor dem Senat, ‹De imperio Gnaei Pompei› (Über den Oberbefehl des Gnaeus Pompeius) empfiehlt die Annahme eines Gesetzesantrages, der außerordentliche Vollmachten für den Feldherrn Pompeius im Krieg gegen Pontos vorsah (66 v. Chr.). Hochberühmt wurden die während Ciceros Konsulat (63), teils in der *contio* (Nr. 2 und 3), teils vor dem Senat (Nr. 1 und 4), gehaltenen vier Reden gegen den Revolutionär Catilina, die der Aufdeckung eines von diesem geplanten Staatsstreichs dienten. An ihrer unterschiedlichen Ausgestaltung lassen sich die verschiedenartigen Anforderungen der beiden Redenschauplätze gut beobachten: In den Reden vor der *contio* werden Fakten referiert, vor dem Senat überwiegt die Argumentation. Drei weitere Reden aus dem Konsulatsjahr ‹De lege agraria› (Über das Ackergesetz) [17] enthalten ein Votum gegen die Veräußerung von Staatsgebiet. In zwei Reden aus dem Jahr 57 dankt Cicero unter Rechtfertigung der politischen Maßnahmen während seines Konsulats Senat und Volk für seine Rückberufung aus dem Exil. Im Jahr 56 plädiert er in der Rede ‹De provinciis consularibus› (Über die Konsularischen Provinzen) vor dem Senat für die Verlängerung von Caesars Statthalterschaft in Gallien. Die 14 ‹Philippischen Reden› (44/43) schließlich tragen ihr Programm im Namen: In Anlehnung an die Opposition des Demosthenes gegen Philipp II. bekämpft Cicero mit unerbittlicher Schärfe erfolglos die Machtansprüche des Antonius, der nach Caesars Ermordung dessen politisches Erbe anzutreten versuchte. [18] Mit der Etablierung des Prinzipats durch Augustus in den Jahren nach 31 v. Chr. verliert die P. auch in Rom jegliche politische Bedeutung.

Anmerkungen:
1 zur Volksversammlung generell: J. Bleicken: Die athenische Demokratie (⁴1995) 190–216 und M.H. Hansen: Die Athenische Demokratie im Zeitalter des Demosthenes (1995) 128–166. – **2** Arist. Rhet. I, 3, 1358a36-b8; Fuhrmann Rhet. 81f. – **3** L. Solmsen: Die Reden in Herodots Bericht des Ionischen Aufstands, in: W. Marg (Hg.): Herodot (²1965) 629–644 und: Die Reden in Herodots Bericht der Schlacht von Plataä, ebd. 645–667. – **4** Thukydides I, 22, 1; das Ausmaß des Eigenanteils des Autors ist umstritten; Zusammenfassung der Positionen in: O. Luschnat: Thukydides der Historiker (²1978) Sp. 1162–1183. – **5** Thukydides II, 60–64. – **6** ders. III, 37–40. – **7** ders. III, 42–48. – **8** die lange angezweifelte Echtheit von 10 darf mittlerweise als erwiesen gelten; vgl. W. Unte (Hg.): Demosthenes. Polit. Reden (1985) 287. – **9** Analyse in: L. Pearson: The Art of Demosthenes (1981) 150–155. – **10** Fuhrmann Rhet. 79. – **11** I. König: Der röm. Staat I. Die Republik (1992) 131. – **12** ebd. 129f. – **13** ebd. 136–138. – **14** ebd. 144–146. – **15** berühmt sind die Senatsreden von Caesar und Cato (*Catilina*, 51f.) mit den Plädoyers gegen bzw. für eine Hinrichtung der führenden Catilinarier. – **16** Zusam-

menstellung bei M. von Albrecht: Gesch. der röm. Lit. (²1994) 417-423. – **17** die 1. ist nur zum Teil erhalten. – **18** M. Fuhrmann: Cicero und die röm. Republik (1992) 250-255, 265-287.

Th. Paulsen

Literaturhinweis:
J. Bleicken: Die Verfassung der röm. Republik (³1982). – D. Lotze: Die Funktion des Redners in der Polis-Demokratie, in: Philologus 135 (1991) 116-123. – K. Treu: Rede als Kommunikation: der attischen Redner und sein Publikum, in: Philologus 135 (1991) 124-134. – I. Worthington (Hg.): Persuasion. Greek Rhetoric in Action (London 1993). – K.-J. Hölkeskamp: Oratoris maxima scaena. Reden vor dem Volk in der politischen Kultur der Republik, in: M. Jehne (Hg.): Demokratie in Rom? (1995) 11-49.

b. *Mittelalter.* In politischen Versammlungen des Mittelalters bleibt die Rede unter eigenen Bedingungen konstitutiv. Obwohl das polyvalente Wort ‹parlamentum›[1] diese Bedeutung etymologisch unterstreicht, wird es dennoch leicht zum Anachronismus, für das Mittelalter von P. zu sprechen. Der Begriff ‹Parlament› ist daher möglichst weit, für alle im Hoch- und Spätmittelalter sich vielfältig ausformenden zentralen oder regionalen Reichs- und Ständeversammlungen Alteuropas zu fassen (États généraux, Cort(e)s, Rigsdag, Reichstag, Parliament, Sejm etc.; États provinciaux, Landtage etc.). Nur mit größter Zurückhaltung können diese privilegierten Corpora als Vorstufen moderner Parlamente verstanden werden. Die Unterscheidung Otto Hintzes von Zweikammer- und Dreikurienmodell kann weiterhin – nur idealtypisch – der Klassifikation dienen. So sind Funktion und Ort der P. als institutionalisierter Kommunikation (D. Mertens) in engem Zusammenhang mit dem Typus der Versammlungen und dem Grad ihrer Verfahrensregelung (Geschäftsordnung) zu sehen; insofern kann entfernt auch hier das antike Modell anregen, den Zustand der Rhetorik als Indikator für den Zustand der politischen Verfassung zu nutzen. Diese Verfassung ist im Mittelalter fast durchgängig monarchisch: Ständeversammlungen tagen daher nicht autonom, sondern werden okkasionell vom König einberufen. Sie sind Ausdruck politischer Partizipation, aber zugleich mehr oder weniger eingebunden in die monarchische Repräsentation (*King in parliament*), die sich dann in einer «rhétorique du concorde»[2] niederschlägt. So bleibt auch die ursprüngliche Bindung an den königlichen Hof bzw. im engeren Sinne an dessen Rat (*conseil du roi, king's council, rigsråd*) bei aller Verselbständigung (vom Hoftag zum Reichstag; P. Moraw) in irgendeiner Form erhalten. Die Übergänge von bloß dem Herrscher ratenden (*konsultative*) bzw. ihm akklamierenden Versammlungen zu selbst exklusiv beratenden (*deliberative*) und mitentscheidenden sind nach Bisson daher ebenso fließend wie derjenige zwischen zeremonieller und politisch-diskursiver Oratorik (*ceremonial/political oratory*).[3] Die Rede kann selbst Teil des Zeremoniells sein, aber dennoch von diskursiver Intention sein; das Zeremoniell wiederum besitzt seine eigene Rhetorik.

Die P. bildet einen besonderen Fall der politischen Kasualrede.[4] Auszugehen ist bei politischen Versammlungen von einem Set oratorischer Standardsituationen (Braungart: «Basisakten»[5]), welche die meisten Versammlungen rituell strukturieren: Nach einer Heiligen Messe folgt 1. die Eröffnungssitzung (Rede des Königs oder seines Vertreters: Proposition; Antwortrede durch Vertreter der Stände); 2. die Beratung, in der Regel nach Rückzug (*retrait*) in kleinere informelle oder in Ständekurien separierte Gremien; hier kann die Möglichkeit von Debatten [6] bestehen, deren Wortlaut meist unfixiert bleibt. Abstimmungen finden oft mit dem alten, bei Gericht etablierten Mittel der Umfrage statt; 3. die Antwortrede der Stände als Resümee der Beratung; 4. die Schlußsitzung (Rede des Königs oder Vertreters, Antwort der Stände).[7] Eine weitere Standardsituation stellt der oratorische Auftritt (Audienz) von auswärtigen Gesandtschaften dar; sie bringt die P. in engen Kontakt zum Komplex Diplomatie und Gesandtschaftswesen.[8] – Frühester und stets wichtigster Anlaß zu argumentativ-persuasiver P. ist die Steuer: Der Fürst muß den Großen bzw. Ständen, von deren Bewilligung er abhängig ist, verbal plausibel machen, warum die Erhebung einer Steuer und ihre Höhe nötig und dringlich sei. Die Stände haben darauf oratorisch zu reagieren.

Besondere Probleme stellen sich 1. bei der Frage der Authentizität von Redetexten. Oft ist nur die Tatsache einer *actio*, aber kein Text überliefert; liegt ein Text vor, so ist der Prozeß – vorhergehender oder nachträglicher – Verschriftlichung durch den Orator oder durch Dritte oft nicht nachvollziehbar; 2. bei der Rekonstruktion des situativen Zusammenhangs, des Orts und des jeweiligen Auditoriums einer P. (‹Plenum› oder Teilgruppen); 3. beim Versuch der Bestimmung einer P. als solcher unter den vielfältigen Formen parlamentarischer Mündlichkeit wie etwa einer kurzen Stellungnahme oder der Verlesung von Gesetzen und Akten etc.; 4 bei Bestimmung eines spezifischen Genres einer P., also vor allem der häufig genannten *arenga* (*harangue*; Beratungsrede), etwa im Vergleich zur Gesandtschaftsrede und zur Predigt.

1) *Früh- und Hochmittelalter.* Eine Partizipation der Großen an wichtigen politischen Entscheidungen in Versammlungen (Hoftagen etc.) ist durchgängig gegeben. Es darf unterstellt werden, daß gerade in einer oral geprägten Gesellschaft wie der des frühen und hohen Mittelalters das gesprochene Wort, die ritualisierte Rede des Herrschers vor Volks- und Heeresversammlungen (mit dem situativen Fall der Feldherrnrede vor oder während der Schlacht)[9], beim Empfang von Gesandtschaften, bei Gericht besondere Bedeutung zukommt [10] «Herrschaft und Rede waren innig miteinander verschränkt.»[11] So ist P. oft genug Herrscherrede. Bis in das 13. Jh., vor der Entstehung deliberativer Ständeversammlungen, ist auch P. in der Regel nur als erinnerte, in der Geschichtsschreibung nachstilisierte Rede faßbar. Daß tatsächlich eine rituelle *actio* stattgefunden hat, ist zwar oft wahrscheinlich, aber es besteht meist keine Möglichkeit, einen authentischen Wortlaut zu gewinnen. Das gilt etwa für Kaiser Ottos III. (993-1002) ‹Rede an die Römer 1001›, geformt als *indignatio* über den Undank der Römer.[12] Es trifft ebenso für die Synodalpredigten Kaiser Heinrichs III. (1039-1056), seine Mahnungen zum Frieden (Konstanz 1043) und gegen die Simonie (wohl 1046)[13] zu, wie für die durch Otto von Freising und Rahewin frei stilisierten Reden des angeblich illitteraten Friedrich I. Barbarossa (1152-1190): so u.a. die Antwort an die Gesandten der Stadt Rom 1155 und an die zum Hoftag von Roncaglia Versammelten im Nov. 1158.[14] Vom Hoftag zu Augsburg 1275 unter Rudolf v. Habsburg (1273-91) ist eine provokative lateinische Rede des Bischofs Werner für Ottokar v. Böhmen in dichterischer Fassung bekannt[15]; vom Tag in Frankfurt am 18. Mai 1338 nur die Tatsache, daß Kaiser Ludwig der Bayer (1310-47) seine Politik gegenüber der

Kurie darlegte.[16] Als redebegabtester deutscher Monarch vor Maximilian I. (1486–1518) gilt jedoch Siegmund (1410–37).[17]

2) *Deutsches Reich im späten Mittelalter*. Der Reichstag als größte europäische Ständeversammlung formiert sich aus älteren Vorformen erst im Lauf des 15. Jh.[18] Als Redeforum wie selbst als oratorisch vermitteltes Phänomen wird er erstmals von F.H. Schubert in den Blick genommen.[19] Es lassen sich derzeit, zu einem Teil in den ‹Deutschen Reichstagsakten›[20] publiziert, für das 15.–16. Jh. mindestens 70 Reden ermitteln, die tatsächlich zur *actio* gekommen und in verschriftlichter Form erhalten sind. Es zeichnen sich deutlich zwei Phasen ab, deren dominante Themen zuerst die Kirchenpolitik, die Auseinandersetzung um das Basler Konzil (1431–1449)[21], dann nach dem Fall Konstantinopels (29. Mai 1453) dauerhaft der Türkenkrieg waren.[22] Dem entspricht auch ein Wechsel des prägenden Genres der P.:

(a) *Die Traktatrede*. Sie erscheint erstmals im Jan. 1409 auf König Wenzels (1378–1400/19) Tag zu Frankfurt in Gestalt der ‹Conclusiones› des päpstlichen Gesandten und Doktors beider Rechte ROBERT DE FRONZOLA zur Frage des Schismas; zugleich handelt es sich um die erste textlich bekannte ‹Reichstagsrede›.[23] Zu Zeiten des Basler Konzils (1431–49) werden die Reichsversammlungen zur oratorischen Kampfarena der kirchenpolitischen Parteien. Man wirbt um die Obedienz der deutschen Fürsten, die sich 1438 im Konflikt zwischen Papst und Konzil für 'neutral' erklärt hatten. Medium ist der scholastische *sermo* nach Vorbild der Universitäten und des Konzils, agonal mit Abfolge von Pro und Contra organisiert, vorgetragen von bedeutenden Juristen und Theologen. Diese Form der P. ist gelehrt und meist von enormer Länge (Redeeauer bis zu sieben Stunden), aber zugleich doch politisch-persuasiv und polemisch: das fürstliche Publikum bzw. zunächst dessen gelehrte Räte sollen argumentativ zur Parteinahme überredet werden. Berühmte Beispiele gaben der Kanonist NIKOLAUS VON KUES auf päpstlicher, der Theologe JOHANN VON SEGOVIA und der Kanonist NICCOLLÒ TUDESCHI (PANORMITANUS) auf Konzilsseite.[24] Die politische Wirkung dieser hochakademisierten P. bleibt strittig.

(b) *Die humanistische Aktionsrede*. Auf den Konzilen von Konstanz und Basel bereits von einigen italienischen Rednern nördlich der Alpen demonstriert[25], findet sie auf Reichsversammlungen seit den Tagen von Regensburg, Mai 1454, Frankfurt, Okt. 1454, und Wiener Neustadt, Febr. – Mai 1455 durch den kaiserlichen Gesandten ENEA SILVIO PICCOLOMINI Einzug, der als Papst Pius II. (1458–64) zum berühmtesten Redner seiner Zeit avanciert. Zugleich treten 1454/55 auch die Humanisten JOHANNES VITÉZ als böhmisch-ungarischer Gesandter und GIOVANNI DA CASTIGLIONE, Bischof von Pavia, als päpstlicher Legat durch P. hervor. Thema ist immer der Türkenkrieg. Vor allem die ca. fünfzigmal handschriftlich überlieferte Frankfurter ‹Constantinopolitana Clades› (15. Okt.) sollte nach Form und Inhalt[26] zum Muster des künftig auf Reichstagen fest etablierten Typs der ‹Türkenrede› werden, einer Mischung aus Greuelbericht, Kriegsadhortation und moralischer Selbstkritik, in der vor allem die affektiven Mittel der antiken Rhetorik ebenso wie die Mittel der geistlichen Predigt wirksam werden.[27] Die Frankfurter Rede begründet argumentativ, daß es nötig, gerecht und praktikabel sei, gegen die Türken zu ziehen. Sie ist als klassische Beratungsrede konzipiert, dabei deutlich CICEROS ‹De lege Manilia› folgend, mit den drei Punkten des *iustum*, *utile* und *facile*.

Zugleich mobilisiert der Italiener erstmals protonationale Tapferkeitsmythen (Geburt des deutschen Germanenmythos). Auf dem Regensburger Tag 1471 konzipiert GIANNANTONIO CAMPANO eine ähnliche, das Vorbild manieristisch überbietende Rede, darf sie aber nicht vortragen.[28] Als oratorisches Großereignis ist auch der von Pius II. inaugurierte und durch seine Reden geprägte Türkenkongreß von Mantua (1459) zu bewerten.[29]

Eine weitere Hochphase humanistischer P. erlebt die *aetas maximilianea*, als Humanisten vom Kaiser mit dem Ziel einer Politisierung des (Habsburg-) Mythos eingesetzt werden.[30] Vom Reichstag zu Augsburg 1518 sind fünf zur *actio* gelangte Reden, alle wesentlich zur Türkenthematik, textlich bekannt. Die Redner: Kaiser MAXIMILIAN selbst, der Legat THOMAS CAJETAN, der ungarische Gesandte ERASMUS VITELLIUS (CIOLEK), RICCARDO BARTOLINI, Humanist im kaiserlichen Dienst, ANDRONICUS TRANQUILLUS PARTHENIUS aus Kroatien sowie ein publizierter Text einer nicht gehaltenen Rede (ULRICHS VON HUTTEN).[31] Oratorisches Forum der Reformationskontroverse wird der Reichstag, ungeachtet Luthers Auftritt in Worms 1521, nur bedingt. Die Verfestigung des Procedere im Reichstag des 16. Jh. unter weitestgehender Verschriftlichung der jetzt in drei Kurien (Kurfürsten, Fürsten, Städte) ablaufenden Beratungen engt die Möglichkeiten der P. ein; sie behält aber ihre Bedeutung bei den Standardanlässen.

3) *England*. Das im 14. Jh. ausgebildete Zweikammer-Parlament (Lords and Commons) verliert nicht den Charakter des Gerichtshofs bei enger Bindung des Oberhauses an den königlichen Hof und dessen Behörden. Nach einer Eröffnungs-Predigt durch einen hohen Prälaten «in pleno Parliamento et in presentia regis» (im voll versammelten Parlament in Gegenwart des Königs, so 1430 der Oxforder Jurist und Theologieprofessor William von Lyndwood; 1483 John Russel, Bischof von Lincoln und Kanzler von England[32]), trägt der Kanzler, der Oberjustiziar oder ein anderer dazu Erwählter die Angelegenheiten des Parlaments (*causas parliamenti*) vor. Dann richtet der König das Wort durch Einzelaufruf an alle drei Stände (*pronuntiatio*) und ermahnt zu einmütiger Arbeit. Alle, die – bei geltender Redefreiheit – das Wort ergreifen, sollen dabei stehen, damit sie von den Gleichberechtigten gehört werden können («stabunt omnes loquentes […], ut audiantur a paribus»).[33] Ein englisches Sonderphänomen stellt das Amt des Speakers der Commons dar, dem freilich mehr die rituelle Verfahrensvermittlung als die P. obliegt.[34]

4) *Aragón*. Die *Corts/Cortes* der spanischen Reiche gelten als die frühesten Ständeversammlungen in Europa. Für die Geschichte der P. singulär sind die *Corts* des zur Krone Aragón gehörenden Katalonien: Der König eröffnet die *Corts* mit einer volkssprachigen Rede (*proposición, razonamiento*). Allein aus der Zeit von 1228 bis 1412 sind einzigartigerweise 21 derartige Reden bekannt, insbesondere von den Königen Jakob II., Peter IV., Martin I., aber auch von Königinnen (1365 Eleonore, 1388 Violante, zwischen 1430 und 1450 sechsmal Maria). Als Genres sind die deliberative *arenga* und der «semi-learned» (Johnston) *sermo* zu klassifizieren, häufig eine Mischung aus beidem.[35]

König ROBERT VON NEAPEL-ANJOU (1309–1343) bleibt eine außerordentliche Einzelfigur, als von ihm nicht weniger als 263 Predigten im Stil des *sermo modernus* in politischen, religiösen und universitären Kontexten erhalten sind.[36] Redend, als *rex praedicans*, manifestiert dieser Herrscher die Tugenden des *rex sapiens*.

Ebenso in der Tradition politischer Predigt am Hof der Anjou steht der Logothet BARTHOLOMÄUS VON CAPUA (ca. 50 Texte erhalten), der u.a. 1316 vor den Städten des Regno für eine Kriegssteuer spricht.[37]

5) *Frankreich.* Zu beachten sind neben den im 14. Jh. etablierten Generalständen (États généraux aus Adel, Klerus, Städten) und den regionalen Provinzialständen (États provinciaux) die i.e.S. ‹Parlement› genannten, sich vom Hof verselbständigenden Justizbehörden. Auch der französische König eröffnet gelegentlich selbst die États durch eine Rede im Plenum, dann sprechen Vertreter der drei Stände. Wahrnehmbare Konzentration politischer Rede findet sich bereits im Konflikt der Krone mit Papst Bonifaz VIII. Die Anklagerede (Appellation) des GUILLAUME DE NOGARET vom 12. März 1303 vor dem Großen Rat (Grand Conseil) im Louvre (König, Bischöfe, Adel) ist zugleich P., Gerichtsrede und politische Propaganda.[38] Einen auch oratorischen Höhepunkt erreicht die in Frankreich immer nur kurzfristige Macht der États gegenüber der Monarchie in der Krise der Aufstände der Jahre 1355/57: Am 2. Dezember 1355 eröffnet der Erzbischof von Rouen eine fast permanente Serie redeträchtiger Sitzungen [39] Am 3. März 1357 spricht ROBERT LE COQ, Bischof von Laon, über die Mißstände des Royaume (67 Artikel).[40] Wegen ihrer stark politiktheoretischen Prägung (Thema: Kompetenz der Stände) ragte die 1484 vor den États gehaltene Rede des PHILIPPE POT DE LA ROCHE († 1494) heraus.[41] Zu den P. gehören – buchstäblich – auch diejenigen, die bei feierlichen Eröffnungssitzungen des Parlements (Justizbehörde) vom König oder vom Präsidenten der Behörde gehalten werden. Diese nach dem charakteristischen Thronsitz ‹Lit de justice› genannten Veranstaltungen nutzt die Monarchie zur Publikation politischer Manifeste in zeremonieller Selbstrepräsentation.[42] Normierend über Jahrhunderte wirkte der *stilus curiae parlamenti* des Advokaten GUILLAUME DE BREUIL († 1345), der auch oratorische Stilvorschriften enthielt.[43] – Auch in Burgund eröffnet gelegentlich der Herzog, häufiger der Kanzler die États généraux mit programmatischen, den Finanzbedarf und die Aufgabe der Stände begründenden P., so im Januar 1473 Herzog KARL DER KÜHNE, am 1. Dezember 1473 beispielhaft sein Kanzler GUILLAUME HUGONET.[44]

6) *Italien.* Hier besteht seit dem frühen 13. Jh. eine Tradition rhetorischer Theorie und – flankierend zu den älteren *artes dictandi* – Praxisanleitung in Gestalt der Musterreden enthaltenden *artes arengandi* bzw. *concionandi* (‹Oculus pastoralis›, GUIDO FABA, BONCOMPAGNO DA SIGNA, BRUNETTO LATINI etc.).[45] Entsprechende *aringhe* und *dicerie* besitzen früh einen anlaßgebundenen Platz in der politischen Öffentlichkeit, z.B. die Antrittsrede des Podestà. Weniger erforscht ist die oratorische Praxis in den vielgestaltigen kommunalen Gremien der italienischen Stadtstaaten (z.B. die *protestatio de iustitia*).[46] In Florenz werden gegen Ende des 14. Jh. in den Protokollen der ‹consulte e pratiche› die Wortbeiträge länger und durch antike Beispiele versetzt[47], Spuren neuer Ausdrucksformen ziviler Oratorik als *civic humanism* u.a. durch eine republikanische Umwertung der römischen Geschichte auf Grund der vollständigeren Kenntnis Ciceros.[48] In der öffentlichen Fest- und Trauerrede, die im wesentlichen dem *genus demonstrativum* angehört, findet die aufblühende neue ciceronisch–humanistische Oratorik (rhetorica nova), mitbegründet durch PIER PAOLO VERGERIO und personifizert in den Florentinern Kanzlern (SALUTATI, BRUNI, POGGIO MARSUP-PINI, DELLA SCALA etc.[49]), ein schon vorbestelltes Betätigungsfeld, das nun antikisch aufgeladen wurde.

Anmerkungen:

1 I. Höß: Parlamentum. Zur Verwendung des Begriffs im Sprachgebrauch der spätma. Reichskanzlei, in: H. Beumann (Hg.): Hist. Forschungen. FS W. Schlesinger (1974) 570–593. – **2** M. Hébert: Le théâtre de l'État: rites et discours dans les assemblées provençales de la fin du Moyen-Age, in: Historical Reflections 19 (1993) 269, 275–278. – **3** Th. N. Bisson: Celebration and Persuasion: Reflections on the Cultural Evolution of a Medieval Consultation, in: Legislative Studies Quarterly 7 (1982) 181–209; vgl. für die Frühzeit am Problem Beratung, inszenierte Öffentlichkeit, Diskretionszwang: G. Althoff: Colloquium familiare – Colloquium secretum – Colloquium publicum. Beratung im politischen Leben des früheren MA, in: Frühma. Stud. 24 (1990) 145–167; viele Parallelen weisen die auf kirchlichen Synoden gehaltenen Reden auf; vgl. Haye, Oratio [4] 17–41 (Gerbert von Reims 995), 143–165 (Arnulf von Lisieux 1063) sowie unten bei [23]–[24]. – **4** D. Mertens: Die Rede als institutionalisierte Kommunikation im Zeitalter des Humanismus, in: H. Duchhardt, G. Melville (Hg.): Im Spannungsfeld von Recht und Ritual. Soziale Kommunikation im MA (1997) 401–421; Th. Haye: Oratio: Ma. Redekunst in lat. Sprache (Leiden 1999), mit Texten; vgl. ders.: Rhet. Lehrbücher und oratorische Praxis. Einige Bemerkungen zu den lat. Reden des hohen MA, in: Das MA 3, 1 (1998) 45–54. – **5** G. Braungart: Hofberedsamkeit. Stud. zur Praxis höfisch-politischer Rede im dt. Territorialabsolutismus = Stud. zur dt. Lit. 96 (1988) 151. – **6** H.J. Schild: Art. ‹Debatte IV›, in: HWRh Bd. 2 (1996) 420f. – **7** exemplarisch Hébert [2] 267–278. – **8** G. Mattingly: Renaissance Diplomacy (London 1955) (Harmondsworth 1965; ND 1988); D.E. Queller: The Office of Ambassador in the Middle Ages (Princeton 1967); P. Chaplais: English Medieval Diplomatic Practice I 1: Documents and Interpretation (London 1981), Reden: 225–255 nr. 136–141. – **9** B. Hambsch: Art. ‹Feldherrnrede›, in: HWRh Bd. 3 (1996) 225–238; J.R.E. Bliese: Rhetoric and Morale: a Study of Battle Orations from the Central Middle Ages, in: Journal of Medieval History 15 (1989) 201–226; ders.: The Courage of the Normans – a Comparative Study of Battle Rhetoric, in: Nottingham Medieval Studies 35 (1991) 1–26. – **10** J. Fried: Der Weg in die Gesch. Die Ursprünge Deutschlands bis 1024 = Propyläen-Gesch. Deutschlands 1 (1994) 163–165, 326f.; 346; ders.: Mündlichkeit, Erinnerung und Herrschaft. Zugleich zum Modus ‹de Heinrico›, in: J. Canning, O.G. Oexle (Hg.) Political Thought and the Realities of Power in the Middle Ages (1998) 9–32. – **11** Fried, Mündlichkeit [10] 9. – **12** in der ‹Vita Bernwardi›, die dem Hildesheimer Domdekan und Zeitgenossen Thangmar zugeschrieben wird; MGH Scriptores IV (1841), c. 24, 770; dazu K. Görich: Otto III. Romanus, Saxonicus et Italicus (1993) 99–110. – **13** E. Steindorff: Jb. des dt. Reiches unter Heinrich III. Bd. 1 (1894) 185, 309, 497–500 (zur Datierung). – **14** Ottonis et Rahewini ‹Gesta Friderici I. Imperatoris›, ed. G. Waitz, B. Simson (MGH SS rer. Germ. in us. Schol. 46, [3]1912; ND 1978) 136–139, 232–204, 236f.: His dictis, magnus favor omnium prosequitur admirantium et stupentium, quod, qui litteras non nosset [...] in oratione sua tantae prudentiae tantaeque facundiae gratiam accepisset; vgl. Hambsch [9] 231. – **15** Ottokars Österreichische Reimchronik, hg. von J. Seemüller (MGH Dt. Chroniken 5,1) (1890) 173f. c. 112. – **16** vgl. den zeitgen. Bericht, ed. E.E. Stengel: Nova Alemanniae 1 (1921), nr. 519 S. 359: inchoavit enarrare, qualiter processit; er begann darzulegen, wie er vorgegangen sei; vgl. ders.: Avignon und Rhens (1930) 104–112. – **17** J.K. Hoensch: Kaiser Sigismund (1996) 363f., 484 (Staatsreden). – **18** P. Moraw: Art. ‹Reichstag, ältere Zeit›, in: Hwtb. zur dt. Rechtsgesch. Bd. 4 (1990) 781–786. – **19** F.H. Schubert: Die dt. Reichstage in der Staatslehre der frühen Neuzeit (1966) bes. 113, 115. – **20** 1376 einsetzend: Dt. Reichstagsakten (RTA), hg. durch die Hist. Kommission bei der Bayerischen Akad. der Wiss. Ältere Reihe] Bd. 1-19, 1 und 22, 1–2 (1876–2000); mittlere Reihe: Bd. 1 – 3, 5–6 (1972–2001); jüngere Reihe: Bd. 1-4, 7–8, 10 (1893–1992). – **21** J. Helmrath: Kommunikation auf den spätma. Konzilien, in: Die Bedeutung der Kommunikation für Wirtschaft und Ges., hg. von H. Pohl = Vierteljahresschr. für Sozial- und Wirtschaftsgesch. Beiheft 87 (1989) 116–172. – **22** J.

Helmrath: Reden auf Reichsversammlungen im 15. und 16. Jh., in: L. Kéry, D. Lohrmann, H. Müller (Hg.): Licet praeter solitum. FS L. Falkenstein (1998) 266–286; ders., Stud. zu Reichstag und Rhet. Die Reichstagsreden des Enea Silvio Piccolomini 1454/55, Habil.schr. (masch.) Köln 1994, 57–87: Katalog der Reden 1409–1594, dort auch zu den Reichstagen 1454/55, Interpretation der Frankfurter Rede. Edition künftig in RTA 19,2. – **23** RTA 6, nr. 269 S. 422–444. – **24** zu Nikolaus v. Kues: E. Meuthen, H. Hallauer (Hg.): Acta Cusana I 2 (1986) nr. 520 S. 376–421 (Frankfurt Juni 1442); ebd. nr. 599 S. 472–487 (Nürnberg Sept.(?) 1444); Johannes de Segovia: RTA 15, nr. 349 S. 648–759 (Mainz 28. März 1441); Niccolò Tudeschi: RTA 13, nr. 129 S. 195–216 (Frankfurt März 1438); RTA 16, nr. 212 S. 439–538 (Frankfurt 1442 Juni 14 bis 18); E. Meuthen: Johannes Grünwalders Rede für den Frankfurter Reichstag 1442, in: A. Kraus (Hg.): Land und Reich, Stamm und Nation, FS M. Spindler Bd. 1 (1984) 415–427. – **25** Helmrath [21] 140–154. – **26** Oravit ille duabus ferme horis, ita intentis animis auditus, ut nemo umquam screaverit, nemo ab orantis vultu oculos suos averterit, ... Orationem Enee ab omnibus laudatam multi transcripsere; Er sprach fast zwei Stunden, und man hörte ihm so angespannt zu, daß niemand sich zu räuspern wagte, niemand die Augen vom Gesicht des Redners abwandte ... Viele schrieben sich die Rede des Enea, die von allen gelobt wurde, ab; Pii II Commentarii rerum memorabilium que temporibus suis contigerunt, ed. A. van Heck, Bd. 1 (Vatikan 1984) 83 Z. 33–36 und 84 Z. 12. – **27** D. Mertens: «Europa, id est patria, domus propria, sedes nostra ...». Funktionen und Überlieferung lat. Türkenreden im 15. Jh., in: F.R. Erkens (Hg.): Europa und die osmanische Expansion im ausgehenden MA (1997) 39–58; ders. [4] 417–420; umfassendste Textslg.: Nicolaus L. Reusner: Selectissimarum Orationum et Consultationum de bello Turcico ..., 3 Bde. in 4 (Leipzig 1595 und o. J.); kroatische Redner: Govori protiv turaka, ed. v. Gligo = Splitski književni krug. Humanist. 7 (Split 1983) mit Faksimiles. – **28** J. Blusch: Enea Silvio Piccolomini und Giannantonio Campano. Die unterschiedlichen Darstellungsprinzipien in ihren Türkenreden, in: Humanistica Lovaniensia 28/29 (1979/80) 78–138. – **29** J.G. Russell: The Humanist Converge: The Congress of Mantua (1459), in: dies.: Diplomats at work. Three Renaissance Studies (Phoenix Mill 1992) 51–93. – **30** J.D. Müller: Gedechtnus. Lit. und Hofges. um Maximilian I. (1982) 48–79, 251–280; Mertens [4] 418 (Lit.). – **31** E. Böcking (Hg.): Ulrichi Hutteni Equitis Germani Opera/Ulrichs von Hutten Schr. Bd. 5 (1861; ND 1963) 162–167 (Cajetan); 176–181 (Ks. Maximilian); 217–227 (Parthenius); 237–245 (Vitellius); 247–63 (Bartolini); 97–134 (Hutten). – **32** Er spricht programmatisch vom *corpus politicum* Englands, das aus drei Ständen zusammengesetzt sei; E.H. Kantorowicz: Die beiden Körper des Königs (1990) 234. – **33** De modo tenendi parliamentum [um 1320], ed. N. Pronay, J. Taylor: Parliamentary Texts of the later Middle Ages (Oxford 1980) 103–115, c. 10–12 und 22; D.C. Douglas (Hg.): English Historical Documents 5: 1485–1588 (London 1967) 652–660; ebd. 597–605 nr. 71, I-III: Texte von den P., u.a. von Thomas More 1504 und Heinrich VIII. 1529. – **34** J.S. Roskell: The Commons and their Speakers in English Parliament, 1376–1523 (Manchester 1965). – **35** M.D. Johnston: Parliamentary Oratory in Medieval Aragon, in: Rhetorica 10,2 (1992) 99–117; Texte: E. Prat de la Riba: Corts catalanes i proposicions y respostes (Barcelona 1906); am besten zugänglich: R. Albert, J. Gassiot (Hg..): Parlaments a les corts catalanes. Text, introducció, notes i glossari (Barcelona 1928); L. Nicolau d'Olwer: Literatura catalana V: Una arenga de Jaume II (1323), in: Estudis Universitaris Catalans 8 (1914) 85–87; P. Cátedra: Acerca del sermón político en la España medieval (A propósito del discurso de Martín el Humano en las cortes de Zaragoza de 1398), in: Boletin de la Real Academia de Bueñas Letras de Barcelona 40 (1985–86) 17–47, ebd. 39–47: Text-Ed., mit der Antwort des Erzbischofs von Saragossa. – **36** D. Pryds: ‹Rex praedicans›: Robert d'Anjou and the Politics of Preaching, in: J. Hamesse (Hg.): De l'homélie au sermon. Histoire de la prédication médiévale (Löwen 1993) 239–262; S.F. Cawsey: Royal Eloquence, Royal Propaganda and the Uses of the Sermon in the Medieval Crown of Aragon, c. 1200–1410, in: Journal of Ecclesiastical History 50 (1999) 442–463. – **37** zuletzt Haye: Oratio [4] 299 – 320 (Text der Rede: 300 – 315); vgl. A. Nitschke: Die Reden des Logotheten Bartholomäus von Capua, in: Quellen u. Forschungen aus ital. Arch. und Bibl. 25 (1955) 226–274 (Text der Rede: 266–274); J.-P. Boyer: Parler du roi et pour le roi. Deux sermons de Barthélemy de Capoue, logothète du royaume de Sicile, in: Revue des Sciences philosophiques et théologiques 79 (1999) 193–248; vgl. F. Tateo: Le allocuzioni del potere pubblico, in: G. Musca, V. Sivo (Hg.): Strumenti, tempi e luoghi di comunicazione nel Mezzogiorno normanno-suevo (Bari 1995) 153–165. – **38** H.J. Bekker: Die Appellation vom Papst an ein allgemeines Konzil (1988) 59–71, bes. 62f.; zum oratorischen Umgang mit den États: J. Barbey: Etre Roi. Le roi et son gouvernement en France de Clovis à Louis XVI (Paris 1992) 262–287, 506–511; J. Le Goff: Saint Louis (Paris 1996) 595–607, dt.: Ludwig der Heilige (2000) 526–534. – **39** Et ou Palais Royal, à Paris, aux dessudiz des trois estas eust fait exposer par l'archevesque de Rouen les causes de la dicte convocation et fist conclurre afin d'avoir conseil des choses touchant l'honneur, proffit et estat du royaume de France; und im Palais Royal zu Paris läßt er (sc. der König) durch den Ebf. von Rouen den drei Ständen die Gründe der besagten Versammlung darlegen und läßt beschließen, um Rat zu erhalten betreffs Ehre, Nutzen und Zustand des Königreichs; R. Delachenal (Hg.): Journal des États Généraux de 1356, in: Nouvelle Revue du Droit français et étranger 24 (1900) 420–459, ebd. 429. – **40** G. Picot: Histoire des États généraux ... de la France de 1355 à 1614, Bd. 1 (Paris 1872; ND Genf 1979) 33–83. – **41** Bericht des Jean Masselin († 1500): Journal des États Généraux de France tenus a Tours en 1484 sous le règne de Charles VII, ed. A. Bernier (Paris 1835) 138–154; zum Inhalt: H. Bouchard: Philippe Pot et la démocratie aux États généraux de 1484, in: Annales de Bourgogne 22 (1950) 33–40; W. Eberhard: Herrscher und Stände, in: Pipers Hb. der politischen Ideen 2 (1993) 522–524; zumindest vorbereitet für die Actio auf den États von 1435 waren Reden des Jean Juvénal des Ursins; P.S. Lewis (Hg.): Écrits politiques de Jean Juvénal des Ursins 1 (1978) 47–91, 291–435. – **42** S. Hanley: The ‹Lit de Justice› of the Kings of France. Constitutional Ideology in Legend, Ritual, and Discourse (Princeton 1983) bes. 53–55; E.A.R. Brown, R.C. Famiglietti: The Lit de Justice: Semantics, Ceremonia, and the Parlement of Paris 1300–1600 (1994) 50f., 64–67, 97. – **43** Text: Guillaume de Breuil, Stilus curiae parlamenti, éd. F. Aubert (Paris 1909); vgl. M. Fumaroli: L'âge de l'éloquence (Paris 1980) 437–439; LMA 4 (1989) 1178 ff. (F. Autrand). – **44** Text: J. Cuvelier (Hg.): Actes des États Généraux des anciens Pays-Bas (Brüssel 1948) 178–189; dazu R. Wellens: Les États généraux des Pays-Bas des origines à la fin du règne de Philippe le Beau (1464–1506) (Heule 1974) 133–136, 313. – **45** P. Koch: Art. ‹Ars arengandi›, in: HWRh 1, Sp. 1033–40; F.H. Robling: Art. ‹Beredsamkeit II›, in: HWRh 1, Sp. 1465f.; E. Artifoni: I podestà professionali e la fondazione retorica della politica comunale, in: Quaderni storici 63 (1986) 687–719; ders.: Sull' eloquenza politica nel Duecento italiano, in: Quaderni medievali 35 (1993) 57–78; ders.: Retorica e organizzazione del linguaggio politico nel duecento italiano, in: O'Paolo Cammarosano (Hg.): Le forme della propaganda politica nel Due e nel Trecento (Rom 1995) 157–182; P. Koch: Urkunde, Brief und öffentliche Rede. Eine diskurstraditionelle Filiation im Medienwechsel, in: Das MA 3, 1 (1998) 13–44, bes. 32–44; Haye: Oratio [4] 250–259, zum ‹Oculus pastoralis›; dazu die Edition von T. Tunberg: Speeches from the Oculus pastoralis, ed. from Cleveland, Public Library, Ms. Wq78909M – C37, Toronto (Toronto 1990). – **46** U. Maier: Ad incrementum rectae gubernationis. Zur Rolle der Kanzler und Stadtschreiber in der politischen Kultur von Augsburg und Florenz im Spätmittelalter und früher Neuzeit, in: Gelehrte im Reich. Zur Sozial- und Wirkungsgesch. akademischer Eliten im Reich des 14. bis 16. Jh., hg. von R.Ch. Schwinges (1966) 477–503, hier 498–501; vgl. dazu das negative Urteil des Boncompagno, in: Haye: Oratio [4] 250f. – **47** G. Brucker: Florenz in der Renaissance (1990) [engl. 1968] 282. – **48** P. Herde: Politik und Rhet. in Florenz am Vorabend der Renaissance, in: Archiv für Kulturgesch. 47 (1965) 141–220; vgl. J.R. Banker: Giovanni di Bonandrea and Civic Values in the Context of the Italian Rhetorical Tradition, in: Manuscripta 18 (1974) 3–20; zur These von H. Baron über den Florentiner *civic humanism*: Q. Skinner: The Foundations of Modern Political Thought 1 (Cambridge 1978) 26–28, 41–48, 53–56, 69–112 (kritisch); J. Hankins: The Baron-Thesis After Forty Years, in: Journal of the History of Ideas 56 (1995) 310–338; R. Witt (Hg.): Hans Baron's Renaissance Humanism, in: American Historical Review 101 (1996) 107–144; K. Schiller: Hans Baron's Humanism, in: Storia della Storiografia 34 (1998) 51–99; J. Hankins (Hg.) Renaissance Civic Humanism (Cambridge 2000); darin ders.: Rhetoric, history and ideology: The civic panegyrics of Leonardo Bruni (143–178). – **49** E. Santini: Firenze e i suoi oratori nel Quattrocento (Mailand 1922); Meier [45]; J.M. Mac Manamon: Pier Paolo Vergerio the Elder: the Humanist as Orator (Tempe, AR. 1996); exemplarisch: C. Bianca: Le orazioni di Leonardo Bruni, in: P. Viti (Hg.): Leonardo Bruni, Cancelliere della repubblica di Firenze (Florenz 1990) 227–245. R.G. Witt: ‹In the footsteps of the Ancients›. The origins of Humanism from Lovato to Bruni (Leiden 2000) 338–391 u. passim.

J. Helmrath

2. *P. im englischen Sprachraum.* **a.** *Anfänge des Parlaments.* Die Anfänge des englischen Parlaments werden unter anderem in der ‹Constitutional History of England› von G.B. Adams [1] und von H.G. Richardson in ‹The Origins of Parliament› beschrieben. [2] Richardson schildert die im 13. Jh. parallele Entwicklung des französischen und des englischen Parlaments und faßt zusammen: «Where there is parliament there is conversation, discussion, debate. And a parliament which is at the same time a court is one at which there is something like free speech and free speaking.» (Wo ein Parlament besteht, da gibt es Gespräch, Diskussion, Debatte. Und in einem Parlament, das zugleich als Königshof eine gesetzgebende Versammlung ist, gibt es so etwas wie freie Rede und freie Aussprache.) [3] Über die Funktion dieser Einrichtung wird folgendes aus einem Brief des Erzbischofs GIFFORD an den Papst im Jahre 1271 zitiert: «Quinimmo parlamentis secularibus oportet it frequentius intendere, iracundie tempora mitigare, reconciliare discordes et que pacis sunt, cum ordinatione regni, pro viribus procurare.» (Ja man sollte sich sogar häufiger den weltlichen Parlamenten zuwenden, Zornesausbrüche beschwichtigen, zerstrittene Parteien wieder versöhnen und alles, was dem Frieden dient, mit der Ordnung des Reichs nach Kräften betreiben.) [4] In einer Art Musterpredigt [5], die vor Parlamenten gehalten werden soll, beschreibt der General des Dominikanerordens, HUMBERT VON ROMANS, Berater und Vertreter päpstlicher Interessen, drei Ziele des Parlaments: «That there the more important and public affairs after more searching consideration be the more wisely reserved; that there account may be rendered by the ministers of the realm; and that there order may be taken for the good government of the realm.» (Daß ihm die genaue Prüfung und Abwägung der bedeutenderen Angelegenheiten vernünftigerweise vorbehalten bleiben; daß dort die Minister des Königreiches Rechenschaft ablegen und daß dort Anweisungen für eine gute Regierung des Königreiches gegeben werden.) [6]

Zur Beurteilung der ersten Legislativen z.B. in der Geschichte Englands ist es wichtig, sich bewußt zu machen, daß moderne Kategorien des Politikverständnisses zu Mißverständnissen der Vorgänge in den mittelalterlichen und frühneuzeitlichen Vorläufern der heutigen Parlamente führen müssen. So gibt es keine selbstverständliche Vorstellung von Funktion und Aufgabe von *Opposition, Majorität* und von der notwendigen und möglichen Veränderung gesellschaftlicher Strukturen, insbesondere der legitimen Funktion einer Opposition und dem Konflikt zur Lösung politischer Probleme. G.O. Sayles wendet sich gegen die irrige Auffassung, daß das ‹House of Commons› sich hauptsächlich in Opposition zum König erschöpft habe. [7] Ziel sei vielmehr die Kooperation und die Mitwirkung gewesen. «Repräsentation ist eine Erweiterung der königlichen Ratsregierung und keine Antithese zu ihr [...]» sagt J.C. Holt in ‹The Prehistory of Parliament›. [8] J.G.A. Pocock weist darauf hin, daß man es in dieser Epoche mit einer Kultur zu tun hat, die konsequent davon ausgeht, daß nur das Universale, Unwandelbare und Zeitlose das wahrhaft Vernünftige ist. Verhandlungen und Veränderungen werden als irrational und ordnungszerstörend abgelehnt. Der Umgang mit Unordnung kann in diesem Zusammenhang nur bedeuten, die vorherige Ordnung wiederherzustellen. [9]

In diesem Sinne wird alle Kritik an Mißständen in der offiziellen Rhetorik damit begründet, daß der Zustand, der vorher geherrscht hatte, wieder hergestellt werden müsse, weil dies die Ordnung so gebietet. Noch im Sprachgebrauch des 18. Jh. bedeutet Veränderung an sich Verfall und Korruption, der nur mit der Wiederherstellung einer früheren und besseren Ordnung begegnet werden konnte. Auch für die Parteibildung und Opposition. wie sie heute institutionalisiert sind, gibt es keinen Platz in den historischen Parlamenten Englands und in den Anfängen des Parlamentarismus in Amerika. «In den großen Verfassungskämpfen unter Richard II. und den Lancasterkönigen vertraten die Commons die ihnen mit dem sozial führenden Stande der großen Lehensherren, den Lords, gemeinsamen Interessen ihrer Klasse; für politische Opposition, für Bildung wirklicher Parteien innerhalb des Hauses war da kein Raum. Das Parteiwesen jener Zeit ist rein factiöse Spaltung der herrschenden Klasse in die Anhänger der verschiedenen dynastischen Ansprüche, nicht mehr.» [10] Über die amerikanischen Gründungsväter in der Zeit von 1780–1840 berichtet Hofstadter: «Konflikt wurde nicht in seiner Funktion für die Gesellschaft erkannt und darüber hinaus hatte man kein Verständnis dafür, welchen Nutzen ein organisierter und parteilicher Konflikt haben sollte und ob er noch etwas anderes mit sich bringen könnte, als spaltend, zerreißend und gefährlich zu sein.» [11]

Von diesem nach Einigkeit in der Ordnung strebenden Geist, der das politische Verhalten bestimmt, berichtet auch A.S. Ford: «[...] solange der Souverän das Recht ausübte, seine Kritiker im Parlament abzustrafen und, wenn es zum letzten kam, eine Armee gegen sie aufzubieten, konnte sich eine verfassungsgemäße Opposition im modernen Sinne nicht herausbilden.» [12] Opposition wird, wo sie sich de facto schon im 13. Jh. entwickeln konnte, bekämpft und klein gehalten. Die Regierungen neigen dazu, sich die fähigsten Führer herauszugreifen und dadurch deren Gefolgschaft den Zusammenhalt zu nehmen, und Bündnisse, die sich zum Widerstand zusammenschließen, bleiben ohne Schutz gegen die auf Desintegration abgestellten Maßnahmen des Hofes. [13] Dieses Oppositionsverbot führt dazu, daß die Rhetorik der Parlamentarier auf verschiedene Fiktionen zurückgreifen muß, um eine politische Gegnerschaft zur Regierung des Königs zu rechtfertigen, etwa indem behauptet wird, daß man der bessere Kämpfer für die Verfassungsrechte sei, als die gegenwärtig situationsmächtigen Minister in der königlichen Regierung. [14]

Dies ist die Ordnungsvorstellung, die schon die Mitbestimmung und Beratung am königlichen Hof als dem mittelalterlichen Parlament bestimmt. J.G. Heinberg weist in einer historischen Übersicht darauf hin, daß das moderne Dogma der *majority rule* eine relativ neue Entwicklung darstellt. [15] Im germanischen Rechtsverständnis, so Heinberg mit Berufung auf Gierkes ‹Über die Geschichte des Majoritätsprinzips› gilt die juristische Fiktion, daß die Majorität eine Einstimmigkeit darstellt, weil die Minderheit zur Zustimmung verpflichtet ist.[16] Die Geltung der Majorität beruht auf der Vorstellung, daß sie nicht nur die *pars major,* sondern auch die *pars sanior* sei. Der Faktor *sanitas* erfüllt damit das Gebot der Einstimmigkeit (*doctrine of major and sanior pars*). In den politischen Versammlungen steht das Prinzip der Einstimmigkeit gegen das der Mehrheit.[17] Nicht vor 1430 wird das Mehrheitsprinzip ausschlaggebend bei Wahlen in das ‹British House of Commons› und nach Redlich findet man das numerische Prinzip nicht vor der zweiten Hälfte des 16. Jh. als eine für das ‹House of Commons› verbindliche Regel.[18]

Die heute noch geltenden ungeschriebenen Parlamentsrechte sind allerdings im 17. Jh. ausgebildet worden, in den Zeiten eines Kampfes zwischen Parlament und Krone, wobei es um politische und religiöse Fragen ging. In diesem historischen Konflikt wird die Geschäftsordnung des Parlaments, sozusagen das Verfahren einer Opposition entwickelt, wie dies J. Redlich in seinem 1905 erschienen Werk: ‹Recht und Technik des englischen Parlamentarismus: Die Geschäftsordnung des House of Common in ihrer geschichtlichen Entwicklung und gegenwärtigen Gestalt› ausführlich und für die Forschung maßgeblich dargestellt hat. Dieses offiziell stillschweigend anerkannte parlamentarische Erbe erlaubt es im 18. Jh., trotz Tabuisierung der politischen Opposition innerhalb und außerhalb des Parlaments, de facto eine eigenständige Politik gegen die königliche Regierung zu betreiben.

Solche technischen Mißverständnisse, die aus dem heutigen Politikverständnis resultieren, können so leicht das Verständnis für die grundsätzlichen Regeln und Ziele der legislativen Herrschaft verstellen. Die entscheidenden politischen Ziele der Nutzung einer Legislative zur Herrschaft sind: Vermeidung einer Destabilisierung durch Konflikte jeder Art, Verläßlichkeit einer gesellschaftlichen Ordnung mit einem angemessenen Interessenausgleich unter allen Beteiligten, mit einem Wort, die Stabilität von Herrschaft. Dazu gehört, die Politik von der Gewalt weg hin zu einem deliberativ erzeugten Konsens mit den Beherrschten zu führen.

B. Ginsberg[19] bringt den Interessenausgleich auf folgende Formel: «Monarchen in Europa waren im allgemeinen stärker um ihre Untertanen bemüht, wenn ihnen die militärische Macht und die Verwaltung dazu fehlte, benötigte Steuern zu erheben. In diesem Sinne sind die Anfänge repräsentativer Herrschaft im 13. und 14. Jh. eng mit den Finanzschwierigkeiten der Krone verbunden. Da ihr die Fähigkeit fehlte, dringend benötigte Einkünfte gewaltsam einzutreiben, sah sich die Krone genötigt, repräsentative Ritter und Bürger zusammenzurufen, um die Zustimmung für zusätzliche Steuererhebungen vor Ort zu erhalten.»[20]

Die so angesprochenen und geforderten Vertreter gesellschaftlicher Kräfte werden damit ihrerseits in die Lage versetzt, auch an der Regierung, wenn auch beschränkt, teilzunehmen, eigene Interessen zu vertreten und als Forderung nach *redress of grievances* (Beschwerdegründe abstellen) in solche Machtverhandlungen einzubringen. Damit ist die Rhetorik der Verhandlungen (*bargaining*) in der parlamentarischen Auseinandersetzung ein Kernelement der parlamentarischen Beredsamkeit.

b. *Forschungsansätze zur P.* In der Geschichte der Erforschung parlamentarischer Rhetorik läßt sich eine Schwerpunktbildung nachweisen: Im Vordergrund stehen die Person oder die rhetorische Kompetenz eines Redners – gemessen an den Regeln der klassischen Redelehre. In dieser Forschung wird die Dienstbarkeit der Rhetorik im jeweiligen legislativen Zusammenhang und ihre funktionale Unterordnung unter politische Verhandlungsziele vernachlässigt. Ein Beispiel für diese Richtung ist in Deutschland H. Gaugers ‹Die Kunst der politischen Rede›.[21] Sie bewertet rhetorische Leistung als persönliche Kunstfertigkeit in dafür relativ beliebig ausgesuchten Situationen sowohl innerhalb als auch außerhalb des Parlaments, wobei insbesondere die Kunst der parlamentarischen Beredsamkeit im England des 18. Jh. ihre besondere Aufmerksamkeit findet.[22] Die Auseinandersetzung der modernen amerikanischen Rhetorikforschung mit solchen Standpunkten findet erst 1962 auf einem Symposium statt unter dem Titel: ‹After Goodrich: New Resources in British Public Address: A Symposium›.[23] 1963 gibt A.C. Baird das Werk Ch.A. Goodrichs unter dem Titel: ‹Essays from the Select British Eloquence› mit einem entsprechenden Vorwort heraus.[24] Neben klassischen und humanistischen Auswahlkriterien gelten für den Forschungsansatz von Goodrich folgende Voraussetzungen, die für theoretische Überlegenheit auf dem Forum des Parlaments bürgen und bei der Bewertung der parlamentarischen Beredsamkeit beachtet werden sollen:

1) strong family background (eindrucksvolle familiäre Herkunft); 2) early and later familiarity with Greek and Latin languages and literature (frühzeitige und bleibende Vertrautheit mit griechischer und lateinischer Sprache und Literatur); 3) wide reading in later history, philosophy and literature (breite Belesenheit in neuerer Geschichte, Philosophie und Literatur); 4) ample training in essay writing and translating (ausgiebige Übung im Verfassen von Essays und Übersetzungen); 5) early experience in debate, discussion, ex tempore speaking and occasional theatricals (frühe Erfahrung im Umgang mit Debatte, Diskussion, freiem Sprechen und gelegentlichen Theateraufführungen); 6) and attendance at parliament or elsewhere to study speakers in action (Besuch von Parlament und Wahrnehmung anderer Gelegenheiten, Redner in Aktion zu erleben). Goodrich, so Baird, unterstellt dabei, daß der Redner nicht selten die Kräfte, welche die Geschichte bewegen, anzustoßen und zu dirigieren vermag.[25] Die Berücksichtigung solcher Kriterien bei der Bewertung der Parlamentsberedsamkeit einzelner Personen erlauben weder Goodrich noch Gauger eine Erklärung des politischen Zwecks oder Zusammenhangs, in dem die Reden gehalten werden, vielmehr bewegen sie sich mit ihrer Kritik in einer besonderen bürgerlichen Bildungswelt mit eigenen literarischen und rhetorischen Traditionen. Die Einbindung der P. und ihres Regelwerkes in die jeweiligen politischen und institutionellen Zusammenhänge werden besser verstanden mit dem Blick auf die politische Verfassungsgeschichte und auf die Funktion des Sprachgebrauchs für vorgegebene parlamentarische Zwecke in Diskussion, in Verhandlung, in Kommitees oder Debattenreden im Plenum (*on the floor*). Grundlage der Parlamentsrhetorik sind auf jeden Fall ihre Einbindung und ihre Stellung im festgelegten Procedere der jeweiligen Gesetzgebung in den verschiedenen Parlamentstypen. Eine maßgebende Übersicht über die Entwicklungsepochen der historischen Geschäftsordnung des britischen Unterhauses findet sich ausführlich dargestellt bei J. Redlich.[26]

Entscheidend ist hierbei, daß auch die institutionelle Gestaltung der Legislative, nämlich des Verfahrens, wie Gesetze eingebracht, verhandelt, debattiert, abgeändert, verworfen und verabschiedet werden, selber ein Ausdruck der verfassungsmäßigen Machtverteilung in der jeweiligen Regierungsform ist.[27] Es läßt sich nicht vermeiden, auf grundsätzliche Strukturen solcher Machtkonstellationen zu verweisen, weil ohne sie die jeweilige Aufgabe an die rhetorische Einzelleistung im Verfahren der Gesetzgebung nicht deutlich werden kann. Die Priorität des Forschungsberichtes kann hier nicht, wie bei Goodrich, auf der rhetorischen Leistung als Sprachspiel liegen, sondern auf der Funktion sprachlicher Mittel für ein Machtspiel. Dazu sollen im folgenden typische Abläufe der Gesetzgebung im englischen Parlament und im amerikanischen Kongress in ihren Grundlinien dargestellt werden.

c. *Gesetzgebungsverfahren in England.* Die Verfahren in der Gesetzgebung in England werden beispielhaft skizziert von G.B. Galloway.[28] Ein heutiger Gesetzentwurf wird von der Regierung, das heißt vom Kabinett als Vorschlag des Parlaments und als Regierungsprogrammpunkt der Partei in die Thronrede zu Beginn der Legislaturperiode aufgenommen (Regierungserklärung). Ein Kabinettsminister läßt diesen Programmpunkt in eine Gesetzesvorlage umschreiben und besorgt sich dafür einen Finanzrahmen beim Schatzminister des Kabinetts. Nach diesen Vorbereitungen wird die Vorlage (*bill*) als erste Lesung im Parlament eingebracht. Die dafür eventuell erforderlichen Erläuterungen und Begründungen werden dazu schriftlich von der Regierung als Memorandum oder als *white paper* beigegeben. Als 2. Lesung erfolgt eine Debatte über die Vorlage, die im Gegensatz zu anderen Parlamenten, welche solche Vorlagen vorher in Komitees oder Ausschüssen prüfen lassen, breit und grundsätzlich geführt wird. Das heißt, eine *bill* muß einen «victory in discussion on general principles» (Sieg in einer auf allgemeine Grundsätze bezogenen Diskussion) erzielen. Erst nach dieser Debatte gelangt die *bill* in die Komiteephase. Es gibt dafür mehrere Arten von Komitees: Die Vorlage wird entweder ins ‹Committee of the Whole›, das heißt dem ganzen Parlament als Arbeitsgremium, oder in einen der ständigen Fachausschüsse *(standing committees)* verwiesen. Ein solches ‹standing committee› umfaßt bei einem Quorum von 20 zwischen 40 und 85 Mitgliedern. Die Vorlage wird in dieser Komiteephase abschnittsweise beraten, verworfen, geändert oder ergänzt. Darüber wird jeweils abgestimmt. Gibt es besondere Interessen oder Fragen zu klären, kann die Vorlage auch an ein ‹select committee› verwiesen werden, das über Anhörungs- und Berichtsrechte verfügt. Nach Beendigung dieser Phase wird die Vorlage in das *House* zurück geschickt (*report*). Hieran schließt sich die 3. Lesung an, deren Debatte vom *speaker* des Parlaments restriktiv gehandhabt wird, weil nur neue Gesichtspunkte und versprochene Änderungen aus der Komiteephase beraten werden dürfen. Nach der Verabschiedung im Unterhaus geht die Vorlage in das Oberhaus, wo sie wiederum diskutiert wird und die nachträglich angebrachten Änderungen und Verbesserungen aus der 3. Lesung des Unterhauses besser in die Vorlage integriert werden. Wegen seiner politischen Entmachtung im Lauf der Parlamentsgeschichte kann das Oberhaus Einsprüche nur bedingt geltend machen. Diese sind politisch folgenlos. Dann kann die Vorlage mit königlicher Zustimmung Gesetzeskraft erlangen (*statute, law*).

d. *Gesetzgebungsverfahren in den USA.* Das Verfahren der Gesetzgebung im amerikanischen Kongress beschreibt u.a. R.B. Ripley.[29] G.B. Galloway zählt fünf verschiedene Wege (*calendars*) auf, wie bewerkstelligt werden kann, daß ein *bill* von der «Committee Stage» auf die «Floor Stage» (aus den Ausschußberatungen zum Plenum) gelangen kann, was jeweils andere Beziehungen, Verhandlungen, Einfluß, Vorbereitungen, Beratungen und Antragstellungen erforderlich macht.[30] Der Unterschied zum englischen Verfahren liegt nicht allein darin, daß die Einbringung der Haushaltsgesetze in den entsprechenden Fachausschuß (*Appropriations Committee*) und zwar sowohl im *House of Congress* als auch im *Senat* gesetzlich seit 1921 geklärt ist. Für jede Gesetzesvorlage (*bill*), die Gesetz werden soll, ist die Zustimmung in folgenden Instanzen zu besorgen: in zwei *subcommittees* (eines in jeder Kammer); in zwei *committees* (*standing committees*), eines in jeder Kammer, im *House Rules Committee*, das über Zulassung, Debattenzeit im Plenum (*floor*) fast aller Vorlagen entscheidet, dann erst im ganzen Haus (Plenumsdebatte), dann im ganzen Senat (Plenumsdebatte) und, wenn es unterschiedliche Beschlußlagen im *House* und im Senat gibt, in einem *Conference Committee*, in dem *House*- und *Senatsvertreter* versuchen, eine gemeinsame Verfassung zu erarbeiten, und schließlich die Zustimmung des Präsidenten.[31] Die Mitglieder des Kongresses können nicht nur in den *subcommittees* und *standing committees*, in deren Beratungen sie fachlich mitwirken, Änderungen in die Gesetzesvorlagen einarbeiten, wenn sie sich dafür die Zustimmung ihrer Kollegen und Kolleginnen in diesen Ausschüssen und vor allem das Einvernehmen mit dem jeweiligen Ausschußvorsitzenden eingeholt haben, sondern es steht ihnen die Möglichkeit offen, als Einzelpersonen oder Gruppenvertreter sogenannte *amendments* (Verbesserungen) oder *riders* (Zusatzklausel), d.h. verändernde Ergänzungen in Gesetzesvorlagen, die gerade auf dem *floor* debattiert werden, einzubauen. Eine *closed rule* (Zusatz- bzw. Veränderungsverbot) des *House Rules Committee* verhindert das jedoch möglicherweise, wenn ein Gesetz, wie verabredet, unverändert verabschiedet werden soll. Weitere Verfahrensregeln stärken die Rolle der zuständigen Ausschußvorsitzenden, welche, wenn sie nicht, wie das *Appropriations Committee*, das Vorrecht haben, ihre Vorlagen direkt zur Floordebatte zu bringen, diese mit dem *House Rules Committee* aushandeln können. Wie im *House of Commons* in England gibt es auch im *House of Congress* ein *Committee of the Whole*[32], d.h. das ganze Parlamentsforum verwandelt sich in ein Arbeitsgremium mit veränderten Spielregeln. Eine davon ist, daß das Quorum auf nur 100 *members present* (Anwesende) abgesenkt werden kann, damit dadurch die parlamentarische Arbeits- und Beschlußfähigkeit erleichtert und gesichert wird. Abänderungs- bzw. Amendmentsanträge, die im *Committee of the Whole* abgelehnt werden, dürfen dann in der letzten und entscheidenden Plenumsdebatte von den Antragstellern selbst nicht mehr gestellt werden. Komiteevorsitzende andererseits haben ihnen gegenüber den Vorteil, daß sie selbst Amendments, die im *Committee of the Whole* die Zustimmung erringen konnten, nochmals zur Debatte und Abstimmung stellen dürfen. Bei entsprechenden Verhandlungen in der Zwischenzeit bis zur letzten Abstimmung können Mehrheiten für solche gewonnenen Amendments wieder zur Minderheit gemacht werden. Sobald eine Vorlage aus dem *committee* kommt, ist es das Ziel, jede weitere Veränderung mit allen Verfahrenstricks und allen möglichen rhetorischen Ritualen und Argumenten abzuwehren.

Das gleiche geschieht dann nochmals im Senat, nur daß es dort kein *Rules committee* gibt. Einer der Gründe dafür, daß Verfahrensregeln nicht so rigoros heresthetisch (strategisch überlegt) eingesetzt werden[33], liegt darin, daß es im Gegensatz zum Repräsentantenhaus mit 435 Mitgliedern im Senat nur 100 Senatoren gibt. Diese haben übrigens in mehreren Unterausschüssen und Ausschüssen die Möglichkeit eines persönlichen Zugriffs auf die dort stattfindenden Verhandlungen einer Gesetzesvorlage und können ihre Interessen direkter in das legislative Verfahren einbringen, als das Abgeordneten aus dem Repräsentantenhaus möglich ist.

Der Unterschied zu England liegt, wie oben angeführt, in der jeweiligen Machtverteilung in den Verfassungen, auf denen die Legislative beruht. Während in England eine fast absolute Konzentration der Macht in einem Parlamentsgremium, dem Kabinett, liegt, das grundsätzlich für alles, was es politisch tut, das Vertrauen der herrschenden Parlamentsmehrheit als Legitimation reklamiert, ist die Macht des Kongresses in Amerika äußerst dezentralisiert, so daß sich neben den leitenden Parlamentsfunktionären, den *Speakers of the House*, den *House Majority Leaders*, den *Whips* u.a.m. vor allem die Vorsitzenden der Ausschüsse die tatsächliche politische Macht miteinander teilen. Eine Koordination und Umsetzung einer Gesetzesinitiative von einer Stelle aus und von vornherein, wie im englischen Parlament, kann unter diesen Umständen nicht stattfinden. Der legislative Prozeß ist im amerikanischen Kongreß in eine Reihenfolge von gestaffelten Verhandlungen aufgelöst, in denen sich die prüfende Rhetorik der Beratung und die agonale Rhetorik der Debatte miteinander abwechseln. «The nature of floor debate as final, public testing of the rationale for a policy innovation may operate respectively to reinforce the deliberate process at earlier stages» (Die Eigenart einer Plenumsdebatte als letzte, öffentliche Überprüfung der Begründung, welche der Erneuerung einer politischen Programmatik dient, kann diesbezüglich so wirken, daß sie den deliberativen Prozeß, welcher bereits in den vorangegangenen Beratungsphasen stattgefunden hat, nur noch verstärkt) faßt J.M. Bessette zusammen und verweist darauf, daß die öffentliche Parlamentsberedsamkeit im Plenum (dem *floor*) auf deliberativen Prozessen im Vorfeld der entscheidenden Schlußdebatten beruht.[34] Diese Vorgänge und Verhandlungen sind ihrerseits von weniger bekannten bzw. sichtbaren Formen von Parlamentsrhetorik geprägt. Dadurch ist eine Gesetzesvorlage bis zur Verabschiedung mit ganz unterschiedlichen legislativen und politischen Interessen konfrontiert. Jede Änderung, Weglassung, Ergänzung hat für den, der sie will, einen Preis, der in Kompromissen, Tauschhandeln (*pork barrelling, log rolling*), Stimmentausch, Zugeständnissen und Unterlassungen an dieser oder anderer Stelle des legislativen Verfahrens zu bezahlen ist. Jeder ist gehalten, solche Kompromisse zu schließen, weil keiner allein, am allerwenigsten einzelne oder kleinere Gruppen von Abgeordneten und auch nur selten *Majority Leaders* sowie die über das Senioritätsprinzip alteingesessenen Ausschußvorsitzenden der Mehrheitspartei und dann nur in günstigen Konstellationen die nötige Stimmenzahl erreichen, um ein bestimmtes Gesetzesvorhaben realisieren zu können. Auch dann droht dies noch an den widrigen Konstellationen der legislativen Kräfte der anderen Kammer, des Senats, oder noch am Veto des Präsidenten zu scheitern.

Diese legislativen Konstruktionen sind sowohl in England als auch in Amerika das Ergebnis eines historischen Entwicklungsprozesses, in dem unter veränderten Rahmenbedingungen jeweils noch ganz andere Voraussetzungen für eine parlamentarische Beredsamkeit herrschten.[35]

e. *Die Rolle des speakers.* Die Rolle des *speakers* als Machtfaktor, die es sowohl im Unterhaus als auch im *House of Congress* gibt, illustriert nicht nur weit auseinanderliegende historische Parallelen und Gemeinsamkeiten der Verfahrensmasnk in beiden Häusern, sondern beweist, welche Auswirkung die Machtfrage auf die Struktur einer Legislative hat.[36] Um den *speaker* des Unterhauses in seiner machtvollen Funktion als Vertreter der königlichen Interessen zu umgehen, verlegten die englischen Parlamentarier die entscheidenden Verhandlungen über gesetzliche Bestimmungen von der Plenumsdebatte weg in die Ausschüsse, wo der *speaker* keine Machtbefugnisse mehr ausüben konnte und die anderen Regierungsagenten über die Kontrolle über den legislativen Kommunikationsprozeß verloren. Dadurch konnte eine parlamentarische Opposition gegen die königliche Regierung aufgebaut werden.[37] Ein vergleichbarer Prozeß fand in der Abwahl bzw. der Entmachtung des *speaker* Cannon in den Jahren 1910/1911 im amerikanischen Kongreß statt. Dieser *speaker* hatte sich über die Macht der Partei die legislativen Machtmittel besorgt, z.B. durch seinen Vorsitz im *Rules Committee* und durch die Besetzung der Position der Ausschußvorsitzenden, um seine politischen Vorstellungen und Gesetzesvorlagen an allen vorbei durchzusetzen und verabschieden zu lassen. Die Beseitigung der Machtfülle des *speakers* und die Verlegung der legislativen Kommunikation zurück in die Ausschüsse stellten eine vergleichbare Umgehung einer zentralen Machtstellung und die Dezentralisierung der parlamentarischen Machtbefugnisse in der Legislative dar.[38]

f. *Das Recht der Abgeordneten.* Theoretisch sind im Parlament alle Abgeordneten dazu berechtigt, jederzeit das Wort zu ergreifen und an der Gesetzgebung mitzuwirken. Die Theorie und Praxis dieses Rechtes verändern sich im Lauf der Geschichte für die jeweiligen Parlamente. Das Recht galt noch im 18. Jh. Jeder konnte im *House of Commons* Anträge stellen. Selbst der Premierminister hatte nicht mehr zu sagen als alle anderen, da seine politische Autorität in dieser Phase der Parlamentsgeschichte noch nicht von der Parlamentsmehrheit, sondern vom König abhing. Diese Gleichberechtigung hat sich noch im amerikanischen Senat erhalten, wo es jedem Senator freisteht, solange zu sprechen, wie er will (bis zum Filibuster), sofern nicht über eine vereinbarte Einstimmigkeitsregelung eine zeitliche Beschränkung festgesetzt wird.

Dies gilt nicht für andere Parlamentsformen, wo die einzelnen Mitglieder dieses Recht im Laufe der Geschichte an ihre Führung abgetreten haben, dezentral, wie dies im *House of Representatives* gehandhabt wird, oder zentral, wie dies im englischen *House of Commons* an den Premierminister bzw. Parteivorsitzenden geschehen ist.[39]

g. *Debattenteilnahme.* Während die Teilnahme der Abgeordneten im 18. Jh. im englischen Parlament nur mäßig ausgeprägt war, mußte man nach den englischen Wahlrechtsreformen und wegen der Veränderung der Zusammensetzung der verschiedenen Interessenlagen im Parlament Verfahren entwickeln, um die Flut der Redebeiträge sowohl zu den Sachen als auch zur Beeinflussung und Verzögerung der Entscheidungsverfahren zu bändigen. Nachdem die Wahlrechtsreform im Jahre 1832 die Wählerschaft um 217.386 Wähler oder um 49% steigert, bringt die Parlamentsreform 1867 938.427 oder 88% mehr Wähler und die Wahlrechtsreform von 1884 1.762.087 oder 67% mehr Wähler dazu, das Parlament zu wählen.[40] Das Interesse an der Effektivierung des legislativen Geschäftsganges geht einher mit der Beschränkung der Parlamentsberedsamkeit für die einzelnen Abgeordneten und entwickelt sich zum Vorteil für das «agenda setting» zugunsten der Verfahrensmächtigen im Parlament.[41] Dies hat für die Beurteilung der P. Bedeutung, weil es wichtig wird festzustellen, wieviel Zeit den Abgeordneten für einen Debattenbeitrag vom Situationsmächtigen im Parlament eingeräumt wird. Dieser Zeitfaktor wird zum entscheidenden Element nicht nur für den Ablauf der Debatte, sondern auch für den Inhalt und die Form der rhetorischen Präsentation der einzelnen Beiträge. Nun wird, so J. Redlich, zum ersten Mal die Geschäftsordnung als ein selbständiges Problem des politischen Lebens des Parlamentsrechtes und damit der Verfassung erkannt.[42]

Als Gründe für die Veränderung der Geschäftsordnung und die damit einhergehende Veränderung parlamentarischer Reden können gelten: Im Zeitalter vor der Wahlrechtsreform 1832 wird über die relativ und absolut geringe Beteiligung der weitaus überwiegenden Mehrzahl der Abgeordneten an der Debatte berichtet. In der Regel bleibt der parlamentarische Kampf ein Wettstreit der Führer, der Protagonisten. Während des ganzen 18. Jh. wird über den schlechten Besuch des Hauses, über das häufige Fehlen selbst des Quorums geklagt. Diese rednerische Zurückhaltung und Abstinenz wird der mittlerweile im parlamentarischen Wettstreit des 18. Jh. immer komplizierter gewordenen Geschäftsordnung angelastet. Die Schöpfer der Geschäftsordnung müssen ihren ganzen Scharfsinn aufbieten, um den Abgeordneten Gelegenheiten zum Reden zu geben, sie dazu zu motivieren, ihre Meinung und die ihrer Wähler zu äußern.[43] Durch das im Vergleich zu modernen Parlamenten nur geringe Geschäftsaufkommen herrscht in den Parlamenten des 18. Jh. eine große Gestaltungsfreiheit für die Abgeordneten und eine relative Ungebundenheit des ganzen Hauses bei der Reihung der Geschäftsstücke und den daran geknüpften Debatten. Die treibende parlamentarische Kraft liegt wesentlich bei den persönlichen Initiativen der einzelnen Abgeordneten, wobei für die Parteiführer Raum genug bleibt, für einen ordnungsgemäßen Ablauf der parlamentarischen Arbeit zu sorgen.[44] Daß naheliegende Konfliktpotentiale nicht ausgeschöpft werden, wird, abgesehen von dem Patronagesystem, mit dessen Hilfe Mehrheiten organisiert wurden, letztlich auch aus der sozialen Struktur des Unterhauses jener Zeit erklärt.[45]

Die Abgeordneten sind Repräsentanten einer relativ kleinen Schicht der Nation, sind eine Auslese der wirtschaftlich und sozial herrschenden Klasse. Das soziale Zusammengehörigkeitsgefühl der Kontrahenten verhindert, die Geschäftsordnung selbst zum Objekt des Kampfes zu machen. Darum liegt die Taktik der Obstruktion der jeweiligen Minderheit jener Zeit ebenso fern wie der Mehrheit der Gedanke, ihre Majorität zu einer Unterdrückung der Minderheit oder zu einem Umbau der Geschäftsordnung zu mißbrauchen, wie das nach den Wahlrechtsreformen im 19. Jh. der Fall war.[46] Die soziale Prägung der Parlamentarier schlägt sich in der klassischen Rhetorik und der oratorischen Beredsamkeit nieder, die von Gauger und Goodrich gefeiert werden, ohne ihre historisch relativ beschränkte soziale und politische Gebundenheit als Faktor der P. richtig zu bewerten. Erschwerend kommt hinzu, daß der besondere politische und technische Charakter der Parlamentsrhetorik mit einer anderen Form der rednerischen Auseinandersetzung verwechselt wird. Auf solche Verwechslung weist R.J. Lamer in seinem Buch ‹Der englische Parlamentarismus in der deutschen politischen Theorie im Zeitalter Bismarcks (1857–1890)› hin. In dieser nur auf die literarische Rhetorizität achtenden Kritik wird, so Lamer, die Opposition häufig nicht als eine selbst zur Macht drängende, ständig präsente Alternative zur Regierung verstanden, sondern nur als Kontrahent der anderen Partei in einem grandiosen Prozeß, in dem es wie in einem akademischen Streitgespräch um die Formulierung der Politik geht, oder wie in einer literarischen Fehde um die Feststellung der Wahrheit. Natürlich haftet der Parlamentsarbeit rein äußerlich etwas vom Wesen eines Streitgespräches an, das man aus der Debattenkultur kennt, aber es ist falsch, hierin das *Wesen* der Auseinandersetzung zwischen Majorität und Opposition im modernen Sinne sehen zu wollen. Denn in Wahrheit ist der Parteienkampf eher ein Abwägen der Machtchancen, so Lamer weiter, als ein dialektischer Prozeß der Wahrheitsfindung, und die politische Entscheidung *nicht* eine aus der Vernunft der Sache sich selbst ergebende Konsequenz, vergleichbar etwa mit dem Resultat einer mathematischen Gleichung, sondern ein mit allen logischen Unzulänglichkeiten behafteter, weniger auf rationalen Elementen als auf bloßen Zweckmäßigkeitserwägungen beruhender Kompromiß rivalisierender Mächte.[47]

Die Parlamentsreformen und die Öffnung des Parlaments für neue und breitere Schichten ändern das Bild, das sich im 18. Jh. bietet. Die Zahl der Redner und Reden nimmt zu. Gleichzeitig wächst der zu bewältigende Geschäftsaufwand der Parlamente dramatisch. Die Parlamentspapiere der acht Jahre vor 1832 sind z.B. in 252 Bänden enthalten, die acht Jahre danach machen 400 Bände aus.[48] E.L. Woodward berichtet, was den Aufwand und Umfang betrifft, folgende Zunahme der legislativen Geschäftstätigkeit: Während es in der Phase von 1785–1789 insgesamt 880 Petitionen zu erledigen galt, waren es in den Jahren 1839–1843 insgesamt 94.292 Petitionen.[49] Die Häufung der Debatten und auch die Verlängerung der Reden im Parlament sind angesichts dieser vermehrten Aufgabenmenge ein Anstoß, die Geschäftsordnung zu verändern und damit die Bedingung der Möglichkeit, P. zu halten. Es ist der Beginn eines Prozesses, in dem nicht nur die Geschäftsordnung, sondern schließlich auch das Verhältnis zwischen Parlament und Exekutive Veränderungen erfährt, die die Formen und Funktionen der heutigen modernen Legislative und der P. bestimmen. Am Ende dieses Prozesses hat eine jeweilige Mehrheit im Parlament im englischen Kabinett die politische Verantwortung übernommen, und es gibt den historischen Gegensatz zwischen Parlament und König nicht mehr, wie er z.B. im 17. und 18. Jh. nachzuweisen ist.

Dies hat für die P. konkrete Folgen. Während es vor 1832 den Parlamentsmitgliedern noch freigestellt ist, Debatten über die von ihnen eingebrachten Petitionen (*Private Member's Bills*) zu eröffnen, wird dies nach 1832 unterbunden, schon weil solche Debatten Zeit beanspruchen, die dann zur Erledigung jener Geschäfte fehlt, an denen die Regierung interessiert sein mußte. Eine der

Maßnahme, solche Debatten einzuschränken, ist u.a. die Beschränkung solcher privaten Debatteninteressen auf zwei Abende in der Woche. Bereits nach 1846 werden die Anträge einzelner Mitglieder zunächst in ein fünfköpfiges Kommittee verwiesen.[50] All solche Änderungen dienen dazu, dem Regierungsgeschäft freie Bahn zu schaffen und die Möglichkeiten der Obstruktion und Verzögerung, deren Tradition bis ins 17. Jh. zurückreicht, zu neutralisieren oder zu entschärfen. Die Geschichte der Parlamentsreformen dreht sich nicht nur um die neuen Inhalte, die politisch zu regulieren sind, oder darum, neue Interessen, die nach Repräsentation drängen, unter Kontrolle zu bringen, sondern, was oft in seiner Bedeutung unterschätzt wird, gerade auch um eine Veränderung der Geschäftsordnung, die das Regieren favorisiert.[51] In der folgenden Übergangszeit des 19. Jh. haben die verschiedenen englischen Regierungen nicht mehr die Möglichkeiten, die ihren Vorgängern vor den Wahlrechtsreformen über Corpsgeist, selektierte Repräsentation und Patronage zur Verfügung standen. In der Mitte des 19. Jh. ist eine von drei Stimmen im Parlament frei von Bindungen oder Kontrolle. In den 15 Jahren zwischen 1850 und 1865 hat dies zur Folge, daß die Regierungen in jeder Sitzungsperiode im Schnitt 10 Abstimmungen verlieren, ohne daß sie deswegen (wie heute) zurücktreten. Selbst Abstimmungen der parlamentarischen Mehrheit richten sich manchmal auch gegen die eigene Regierung.[52] Einen weiteren destabilisierenden Einfluß hat die Praxis der neuen, noch nicht ausreichend repräsentierten radikalen Kräfte im Parlament, ihre Debattenreden als sogenannte ‹Fensterreden› an ihre Anhänger und die weitere außerparlamentarische Öffentlichkeit zu gestalten. Dies wird durch das in dieser Zeit schon entwickelte Pressewesen, das seit 1834 überdies offiziell Zugang zu den Parlamentstribünen hat, entsprechend gefördert und verstärkt. «Die Radikalen waren gezwungen, sich an eine breitere Öffentlichkeit zu wenden und über diese Öffentlichkeit im Haus zu reden».[53]

Damit ist historisch ein Zustand der relativen Instabilität und Unstetigkeit eingetreten, der den Zielen einer Legislative, d.h. der Verläßlichkeit bei konsensualem Interessenausgleich und der Vermeidung von Gewalteinsatz, entgegensteht. Durch verschiedene Wahlrechtsreformen erfolgt nicht nur eine Veränderung der Repräsentanz, sondern geändert werden auch die internen Bezugs- und Arbeitsstrukturen des Parlaments zugunsten einer Harmonisierung, Verstetigung und Stabilisierung in der Beziehung von Legislative und Exekutive. Das Ergebnis ist, daß sich aus der vorangegangenen Gegnerschaft von Parlament und Regierung schrittweise eine Kooperation zwischen parlamentarischer Mehrheit und Kabinett herausbildet. Redlich faßt diese historische Entwicklung wie folgt zusammen: War im 16. und 17. Jh. die Machtfülle in der Krone und ihrem geheimen Rat vereint, war im 18. und bis in die Mitte des 19. Jh. das Parlament das alles überragende Zentralorgan, von dem die kräftigsten Anstrengungen und der entsprechende Wille in der Politik, Gesetzgebung und Verwaltung ausgingen, so erscheint die 2. Hälfte des vorigen Jahrhunderts als jene Epoche, in der immer mehr Machtelemente und politische Kraft von beiden Seiten her – sowohl von der Krone wie vom Parlament – auf das Kabinett, das Ministerium übergegangen sind.[54] Den Grundstein dafür legt GLADSTONE 1882 mit einer Resolution zur Reform der Geschäftsordnung. Ihr Prinzip ist die Gebundenheit der Tagesordnung zugunsten der Regierung und deren Sicherung gegen die freie Initiative der Abgeordneten.[55] Wade bringt die Folgen des virtuellen Verschwindens der Unabhängigkeit des einzelnen Abgeordneten auf den für das Verständnis von Stil und Inhalt der P. wichtigen Punkt: «The debate on the floor of the House becomes a formality and the division which follows it a forgone conclusion.» (Die Debatte im Plenum des Hauses gerät zur Formalität und die darauf folgende Abstimmung ist eine vorbestimmte Entscheidung). Damit bleiben die eigentlichen Entscheidungsprozesse einer breiteren Öffentlichkeit wieder entzogen, denn, so Wade: «Nur was in der Verborgenheit der Parteiversammlung gesagt und getan wird, ist jetzt noch wirklich wichtig».[56]

Dies bestätigt theoretisch W.H. Riker, der dieses Verhältnis zwischen Rhetorik und ihrer strategischen Manipulation in der Ausgestaltung der rednerischen Situation als Forschungsaufgabe der ‹Herestetics› entwickelt hat, und zwar in der Feststellung: «In den meisten modernen Legislaturen haben die Abgeordneten die ihnen eigenen Kontrollrechte auf ihre Führer übertragen. Diese übertragene Autorität ist es, welche die parlamentarischen Führer so besonders stark macht.»[57] Die englische Regierung, die durch diese Entwicklung nunmehr politisch und staatsrechtlich ein Mandatar des Unterhauses wird, vereinigt in rasch ansteigendem Maße die legislatorische Initiative in ihrer Hand.[58] Ihr wird als Ausdruck des Vertrauens der jeweiligen Mehrheit (was sowohl praktisch als auch rhetorisch immer wiederholt und, sei es in ritualisierter Form, zum Ausdruck gebracht werden muß) der entscheidende Einfluß auf die formale und inhaltliche Tätigkeit des Hauses eingeräumt und die Führung überlassen. In diesem Sinne müssen P. im englischen Unterhaus abgestimmt, verfaßt und vorgetragen werden. Auch die Umgestaltung der Aufgaben und Funktionen des für den Rednereinsatz entscheidenden zentralen Amtes im Parlament, dem des *speakers*, zu einem überparteilichen Amt mit Richterbefugnis, laufen letztlich, so Redlich, auf einen Zweck hinaus: Nämlich die Tätigkeit des Parlaments in regelmäßigem Fortgang zu erhalten und auf jeden Fall die Besorgung der Staatsgeschäfte, die ohne den geordneten Verlauf der Verhandlungen des Unterhauses unmöglich wäre, zu sichern. In dieser Rolle ist der *speaker* auf eine strikte Unparteilichkeit festgelegt.[59]

Neben dieser Privilegierung der Regierung werden auch der Opposition bestimmte Rechte auf spezifische Rollen und Funktionen zugesichert. Im Hinblick auf die Freiheit der oppositionellen Redetätigkeit gilt (trotz bestehender Verzögerungsmöglichkeiten) das Einverständnis, daß keine notwendige Regierungsarbeit behindert werden darf.[60] Entsprechende Vereinbarungen zwischen Opposition und Regierungsmehrheit im Parlament ergeben sich in den sogenannten *usual channels* (üblichen Absprachverfahren)[61]

h. *Legislative Prioritäten und parlamentarische Umgangsformen: Parlamentarischer Verhaltenskodex und parlamentarische Rhetorik.* Aus den oben skizzierten parlamentarischen Spielregeln ergeben sich sowohl für das englische als auch für das amerikanische Parlamentssystem vergleichbare Prioritäten, was die Vorbereitung und die Inszenierung der P. betrifft. Politische Entscheidungen werden nicht dem Zufall rhetorischer Persuasion überlassen und werden in Absprachen, Verhandlungen und Verabredungen (vor)verlegt oder als Begleitung des parlamentarischen Geschäftsgangs getroffen und gehen als solche in die rednerische Auseinandersetzung in der entscheidenden Situation im Plenum ein. Sie sind nicht unmittelbares Ergebnis von Parlamentsdebatten, sondern werden durch sie ebenso vermittelt, wie sie ein vermitteltes Endprodukt eines vorangegangenen Beratungsprozesses sind, der sich dem Blick der Öffentlichkeit entzieht. Dieser auch herästhetisch konstruierte Charakter der P. bestimmt jeweils Stil, Inhalt, Geltung und Appellstruktur der Parlamentsrhetorik. Die grundlegende Zielsetzung einer pragmatischen Effektivierung des legislativen Verfahrens hat, wenn auch in sehr unterschiedlichen Formen, in den verschiedenen Parlamentssystemen in England und den USA vergleichbare Normen für den Charakter der parlamentarischen Auseinandersetzungen, das Verhalten der Parlamentarier und den Stil des rhetorischen Umgangs miteinander geschaffen.

Eine der wichtigsten Normen ist die Pazifizierung, d.h. die Begrenzung der ideologischen und persönlichen Konflikte auf ein kontrollierbares Maß und die Vermeidung von Grenzüberschreitungen, die entweder den allgemeinen politischen Grundkonsens (Verfassungsnormen) verletzen, die Regierungsfähigkeit beeinträchtigen, oder die persönliche Würde berühren und dabei so verletzend sind, daß das politische Geschäft in den Hintergrund tritt. Der Umkehrschluß dieser Regel findet seine Bestätigung in der rhetorischen Praxis des parlamentarischen Umgangs, die absichtlich übertreibend auf einen freundlichen und respektvollen Umgang miteinander und auf eine gute Stimmung hinarbeitet, um in Verhandlungen und auch in Debatten zu gemeinsamen Entscheidungen zu gelangen. Fenno gibt auch Beispiele für «open bargaining struck amidst the flow of amenities» (offenes Geschäftsabkommen inmitten eines Wortschwalls von verbindlichen Freundlichkeiten).[62] Dieses Freundlichkeitsgebot bedeutet, daß die Grenzen der Parteilichkeit und der psychologische Konflikthorizont außerhalb des Parlamentsgeschehens, d.h. aus der Perspektive des außenstehenden Beobachters, viel weitgehender und unbegrenzter sind als im Parlament selbst. Die Notwendigkeit, Kompromisse zu finden, vor allem im amerikanischen Kongreß, und zwar Kompromisse, die weder logisch zwingend, noch immer aus der Sache heraus begründbar sind, verlangt ein Verhalten, das bei aller unterschiedlicher und berechtigter Meinung immer noch zum Schluß eine Vereinbarung, wenn auch keine Einigung, möglich macht. Ein Ausdruck dafür ist in England u.a. die Parteilosigkeit in der Beratung der Geschäftsordnung, den Redlich als typischen und eminent charakteristischen Zug des englischen Parlamentarismus im 19. Jh. beschreibt und in diesem Sinne begründet.[63] Die unvorbereiteten Beobachter der parlamentarischen Auseinandersetzung zeigen sich oft verblüfft oder verärgert, wenn sie feststellen, durch welche Höflichkeit, Konzilianz und Vermeidung von expliziter und offener Polarität sich die P. auszeichnen, die auf ein im Vorfeld als möglich erachtetes vereinbartes oder für erreichbar gehaltenes Debattenziel oder Verhandlungsergebnis zusteuern.

Solche Aspekte untersucht u.a. A.J.W. Hilges in seiner Arbeit über die ‹Debatte›. Hilges zitiert schon den Autor der ‹De republica Anglorum› aus dem Jahr 1583, wo es heißt: «Beim Disputieren herrscht eine erstaunlich gute Ordnung im Unterhaus. Es versteht sich, daß derjenige, der sich ohne Kopfbedeckung erhebt, zur Gesetzesvorlage sprechen wird. Wenn mehrere zugleich aufstehen, spricht derjenige als erster der als erster wahrgenommen und bestimmt wird [...] da gibt es keinen Streit. Denn jedermann wendet sich in seiner Rede an den Speaker, nicht einander zu, denn das ist gegen die Regel des Hauses. Es wird ebenfalls als regelwidrig erachtet, denjenigen mit Namen anzusprechen, an den man sich wendet, es sei denn mit Umschreibung der Person [welche man meint] wie etwa «derjenige, der für» oder «derjenige, der gegen die Vorlage spricht.» [...] Wer einmal zur Vorlage gesprochen hat, darf auch dann, wenn ihm widersprochen worden ist, am selben Tage nicht mehr antworten, selbst wenn er seine Meinung geändert hätte. So daß man an einem Tag nicht zweimal zu einer Gesetzesvorlage sprechen darf, denn sonst würde die Auseinandersetzung die ganze Zeit verbrauchen. Keine kränkenden und verletzenden Worte dürfen verwendet werden. Denn dann gäbe es einen Aufschrei des ganzen Hauses, daß es gegen die Regel ist [...] So herrscht in einer so großen Menge und in einer solch großen Verschiedenheit von Ansichten und Meinungen die allergrößte Mäßigung und Zügelung der Rede, die es nur geben kann. Trotzdem verstehen sie es, ihre Argumente auch mit süßesten und zurückhaltenden Begrifflichkeiten so heftig gegeneinander vorzutragen, wie sie das auch üblicherweise getan hätten.» [64]

Diese Regeln, gerade was die beabsichtigte Zeitökonomie betrifft, gelten übertragen grundsätzlich auch im modernen Parlament. Neben dieser Übereinkunft finden sich weitere geschriebene und ungeschriebene Regeln z.B. in dem Gebot, daß kein ausgesprochener Bezug auf die Person des königlichen Herrschers (etwa zur Vermeidung von verfassungsbezogenen Konflikten) erfolgen soll und verräterische Äußerungen zu unterlassen sind. Erfaßt sind diese Regeln in Sir Th. Mays ‹Treatise on the Law, Privileges, Proceedings and Usages of Parliament›, ein Werk, das seit der ersten Auflage von 1844, also in einer Zeit, als neue Grenzen für die parlamentarische Auseinandersetzung in England überfällig waren, bis 1989 einundzwanzigmal wiederaufgelegt worden ist. Um das Übergreifen der Debatten auf an anderer Stelle geführte Diskussionen zu vermeiden, heißt es bei May in der Auflage von 1893 unter ‹Rules of conduct I, Members addressing the House› (Verhaltensregeln I, Abgeordnete, die zum Haus sprechen) wie folgt: «Ein Abgeordneter [...] darf sich nicht auf Debatten derselben Sitzungsperiode beziehen, die irgendeine Frage oder Vorlage betreffen, die nicht gerade zur Diskussion steht [...] noch auf die Beratungen in dem anderen Haus des Parlaments.» [65]

i. *Verhaltenskodex im Kongreß der USA und rhetorische Konsequenzen.* Beobachter des amerikanischen Kongresses berichten von einem vergleichbaren Verhaltenscodex, der die P. prägt. So beschreibt J.S. Nelson «die Rituale der öffentlichen Beratungen, welche in den Regeln des Senats zum Ausdruck kommen. [...] Die Rituale an sich weben an einer Legende, wie Senatoren überzeugend miteinander reden – in der Suche danach, weise Entscheidungen zu treffen, was geschehen ist, warum es geschehen ist und wie darauf zu reagieren ist.» Es gibt, so Nelson, dafür «Senatsregeln der Höflichkeit, wie andere Senatoren als Einzelpersonen oder als Gruppe anzusprechen sind. [...] Diese Regeln verbieten persönliche Angriffe, welche der Integrität oder dem Ansehen der anderen Senatoren abträglich sind.» Es gebe drei Rituale, die von dieser *rule of comity* (Höflichkeitsgebot) bestimmt werden: Etwa das Reden so zu wenden, daß Fälle und Positionen mit den Personen in Verbindung gebracht werden, die dafür entscheidende Schlüsselpositionen im Senat einnehmen, etwa um deren entsprechenden Verdienste dafür zu würdigen. Damit ist auch der Brauch verbunden, «daß die Senatoren, wenn sie auf einen Kollegen zu sprechen kommen, es selten unterlassen, eine reich und bunt ausgestaltete Bezeichnung seiner besonderen Merkmale oder Eigenheiten vor, hinter oder für seinen Namen zu setzen.» Dies steht in der Tradition des Circumlocution-Gebots und des Verbots der namentlichen Anrede. Weiter heißt es: «Vermittels dieser synekdochalen Inszenierung umfaßt dieses Ritual oft den Staat, den der Senator vertritt, seine Familie, seine Interessen, seine Verbindungen und andere derartige Dinge, die mit ihm in einem Zusammenhang stehen.» Das Ritual des persönlichen Kompliments ist eines von vielen Mitteln, eine gute Zusammenarbeit herbeizureden, «Interesse an den persönlichen Eigenheiten des Gesprächspartners zu zeigen und die Bedingungen zu schaffen, welche für einen effektiven und konstruktiven Meinungsaustausch beiderseits förderlich sind.» «Truly deliberative oratory tries to drive towards substantial agreement among the debaters.» (Wahrhaft deliberative Oratorik macht den Versuch, bei den Debattenteilnehmern auf eine Übereinstimmung in der Sache hinzuarbeiten).[66]

Ein Beispiel für dieses Ritual findet sich in einer Äußerung des Senators DOLE: «Mr. President, I wish to commend the distinguished Senator from Mississippi. Once again he has demonstrated that he is not only very learned and knowledgeable, but that he is also a statesman as he rises at this point in the history of our country to say some things that ought to be said now on the floor of the senate.» (Herr Präsident, ich möchte den ausgezeichneten Senator von Mississippi unserer Aufmerksamkeit empfehlen. Einmal mehr hat er bewiesen, daß er selbst nicht nur gelehrt und sachkundig ist, sondern daß er sich auch als Staatsmann in dieser historischen Stunde unseres Landes erhebt, um einige Dinge auszusprechen, die eben jetzt im Plenum des Senats einfach gesagt werden müssen.)

Die betonte Höflichkeit und lobende Verbindlichkeit impliziert dabei oft eine grundsätzliche Ablehnung oder Kritik in der Sache – so beispielsweise Senator HOLLAND: «Mr. President, I certainly enjoyed this exchange between the two able Senators whom I respect very much. I do not think I ever heard so much wisdom coupled with so much unrealistic idealism in my life, and that goes back a number of years.» (Herr Präsident, ich genoß diesen Wortwechsel zwischen den beiden tüchtigen Senatoren, die ich sehr respektiere. Soviel Weisheit verbunden mit soviel unrealistischem Idealismus, so glaube ich, habe ich in meinem ganzen Leben noch nicht vernommen, und das reicht nun einige Jahre zurück).[67] Wenn es z.B. dem *Appropriations Committee* des *House of Congress* auf Grund seiner Beratungen gelungen ist, seine internen Konflikte zu eliminieren oder einzugrenzen, dann hat dies rhetorische Folgen für den Auftritt der Mitglieder des Kommittees: «It displays its recommendations on the floor amidst a veritable orgy of self-congratulations.» (Das Komitee stellt seine Empfehlungen zur Schau, indem sich die Komiteemitglieder in einer wahren Orgie gegenseitiger Beglückwünschung ergehen.) Zunächst loben sich alle gegenseitig und stellen «hard work» (harte Arbeit), «length of service» (wie lange man schon als Abgeordneter dabei ist), «sterling individual qualities» (echte persönliche Qualitäten), «or unique contributions» (einmalige Beiträge, die die einzelnen geleistet haben) für jeden heraus.[68]

Solche *love feasts* (Feste der Liebeserklärungen), wie Fenno sie nennt, dienen nicht nur dem Zusammenhalt des Kommittes, sondern sollen die Zustimmung der anderen Abgeordneten bewirken.

Dodd stellt eine unmittelbare Verbindung her zwischen der Tatsache der dezentralen Machtverteilung im Kongress und dem Gebot, mittels derartiger Verhaltensnormen und Sprachregelungen solches durch die Machtzersplitterung bedingte Konfliktpotential entweder einzudämmen oder wenigstens nicht noch verstärkt zum Ausdruck kommen zu lassen: «The conflict [...] generated by a decentralized committee structure, unresponsive committee leaders and often unrepresentative committee composition was diffused by norms of courtesy, reciprocity, and institutional patriotism. A special emphasis on courtesy served to deny an intensive opposition the major sword they might use against committee power – aggressive, sustained attack based on moral principles and a questioning of motive.» (Der Konflikt [...] hervorgerufen durch die dezentralisierte Struktur der Komitees im Kongress, die Unansprechbarkeit der Vorsitzenden und durch die oft unrepräsentative Zusammensetzung der Komitees selbst wurde durch die Normen der Höflichkeit, der Gegenseitigkeit und durch den institutionellen Patriotismus entschärft. Eine besondere Betonung der Zuvorkommenheit diente dazu, einer drängenden Opposition das schärfere Schwert, das sie gegen die Macht der Kommittes hätten einsetzen können, zu verweigern, das Schwert des aggressiven und andauernden Angriffs, welcher sich auf moralische Prinzipien beruft und die Redlichkeit der Motivation [der Gegenseite] in Frage stellt.) «Reciprocity [Gegenseitigkeit wird definiert als «willingness to return favors»; Bereitschaft, Gefälligkeiten zu erwidern] helps guarantee majority votes on the floor for committee legislation that might actually be supported only by a congressional majority» (Gegenseitigkeit hilft, Mehrheitsvoten für die Gesetzgebungsarbeit der Kommittees im Plenum abzusichern, welche aktuell nur durch eine Mehrheit des ganzen Kongresses getragen werden kann).[69] Die Zersplitterung der Majoritäten in diesem Procedere hat Folgen für die Strategie und Taktik aller Arten von P. im Kongreß. Eine stringente und mehrheitsfähige Argumentation wird beeinträchtigt, wenn institutionelle Reglements oder spezifische Interessengruppen negativ auf sie einwirken. Es ist hierbei von einer multipel ausgehandelten, vorweg konstituierten Mehrheit auszugehen und nicht von einer im Gang der Debatte argumentativ hervorgebrachten Zustimmung.[70] Dies ist ein wichtiger situationsbezogener Unterschied in der herrschenden Argumentationsstruktur, wenn P. im britischen Unterhaus und im amerikanischen Kongreß verglichen werden.

Mit diesem Phänomen der 'zusammengestückelten', nicht rein sachlich-argumentativen, sondern jeweils aushandelbaren und ausgehandelten Mehrheit hängt ein anderes Merkmal der amerikanischen P. zusammen. Es handelt sich dabei um die Norm der *minimization of partisanship* (Herunterspielen der Parteilichkeit), d.h. um das Gebot, keine grundsätzliche, schon gar nicht erkennbare ideologische Parteilichkeit erkennen zu lassen. Solche Parteilichkeit könnte dazu führen, daß man bei der noch erforderlichen und unumgänglichen Werbung um die Stimmen anderer Abgeordneter, die der eigenen Sache für eine durchsetzungskräftige Mehrheit fehlen, in eine schlechte Verhandlungsposition gerät. Erkennbare *partisanship* führt dazu, bei Verhandlungen mehr Zugeständnisse als erforderlich machen zu müssen, es sei denn, ein Prinzip oder eine Parteiposition wäre wichtiger als eine Sachentscheidung. Nach Fenno sind Komiteemitglieder davon überzeugt, «daß eine zwischenparteiliche Abstimmung eine erforderliche Voraussetzung für ihre Einflußnahme im Haus ist. Eine Bedingung für diese Integration parteilicher Positionen liegt dabei in der Verknüpfung von und nicht im Konflikt zwischen der jeweiligen Schlüsselrolle der Vorsitzenden und der Rolle der ranghöheren Minoritätsvertreter in den Komittees.» [71] Deswegen ist neben der rituellen Beschwörung von Normen, die alle Kongreßabgeordneten des *House* anerkennen, wie *hard work* (harte Arbeit) und *specialization* (Spezialistentum) insbesondere die *bi-partisanship* (Überparteilichkeit), d.h. die innere Einheitlichkeit, mit der Abgeordnete verschiedener Parteizugehörigkeit, geographischer Herkunft und sonstiger Eigenheit agieren, eines der entscheidenden politisch-rhetorischen Merkmale. Diese rhetorisch beschworene Einigkeit, unterstrichen von gegenseitigem Lob, signalisiert, daß die Zusammensetzung einer Mehrheit gelungen ist, die nur noch mit der endgültigen Zustimmung aller anderen Abgeordneten des Hauses gewürdigt und bestätigt werden muß. Der Kern dieser Botschaft besagt, daß der essentielle Prozeß des Kompromisses, das entsprechende Geben und Nehmen (*do ut des*), eingehalten wurde. Es gibt keine Argumentation, so die gemeinsame Fiktion, die das gemeinsam erarbeitete Ergebnis wieder verändern könnte, weil mit der Bevorzugung eines Teils des zur Abstimmung stehenden Paketes der Zusammenhalt aller anderen Teile des Kompromißpaketes in Frage gestellt würde. Dies wird auch ganz offen artikuliert, wie folgendes Zitat beweist: «Die Gesetzesvorlage, die von ihnen heute beraten werden soll, ist das Ergebnis eines Kompromisses und einer Annäherung der individuellen Ansichten von sieben ihrer Kollegen. Sie ist das Ergebnis vieler Stunden von Diskussion, Beratung und der Berücksichtigung widerstreitender Gesichtspunkte, und das Ergebnis stellt die gemeinschaftliche Beurteilung des gesamten Subkomitees zur vorliegenden Frage dar.» [72]

Als weitere Merkmale der P. führt Fenno auf, daß zwecks Vermeidung von Konflikten, die offen auszubrechen drohen, zwei weitere rhetorische Strategien zum Einsatz in den P. kommen können: (1) *Proceduralising differences*, d.h. Antagonismen in der Sache durch Verlagerung des Konflikts auf Verfahrensfragen abschwächen bzw. aus dem Blick nehmen. (2) *Depersonalise conflicts*, d.h. Ausdruck der persönlichen Wertschätzung auch bei Ablehnung des Antrags in der Sache: «Die Ablehnung von vorgeschlagenen Änderungen wird stets begleitet von Beteuerungen persönlicher Wertschätzung für den Einzelnen, den die Ablehnung trifft.» [73] Ziel ist und bleibt, wie Fenno unterstreicht, die Konfliktvermeidung und Konfliktbewältigung: «Durch Umwandlung in Verfahrensfragen (proceduralizing), durch die Herausnahme von persönlichen Bezugnahmen (depersonalizing) während der Parlamentsdebatte machen die Mitglieder des Komitees den Versuch, die allgegenwärtigen Spannungen, welche zwischen dem Haus und dem Komitee herrschen, davor zu bewahren, in offenem Krieg auszubrechen.» [74]

Als Maßstäbe, die das parlamentarische Geschäft und die Rhetorik darin bestimmen, zählt Ripley [75] folgende vorherrschenden Normen in Repräsentantenhaus und Senat auf: *Institutional loyalty* (institutionelle Loyalität), *reciprocity and accommodation* (Gegenseitigkeit und Annäherungsbereitschaft), *to bargain in a way that always leaves room for compromise* (das Gebot, Verhandlungen in der Weise zu führen, daß immer Raum für Kompromisse bleibt), *mutual courtesy and deference* (gegenseitige Höflichkeit und Achtung), *reduce extreme partisanship* (das Gebot, extreme Parteilichkeit zu minimieren), *respect your fellow members* (Achtung vor den Mitabgeordneten) und schließlich «Do not let party or ideological stances get in the way of making mutually agreeable and profitable bargains» (Man soll nicht zulassen, daß parteiliche oder ideologische Standpunkte eine gegenseitig verträgliche und profitable Übereinkunft vermindern). [76]

Der Erfolg der Komitteearbeit im Plenum wird von Fenno auf die Fähigkeit zurückgeführt, «to manipulate the floor context» (sinngemäß: die Situation im Plenum fest im Griff haben) und zwar durch den Einsatz einer Kombination von heresthetischen Faktoren, d.h. der Nutzung begünstigender Umstände im Verfahren, Abrufen vorbereiteter Verpflichtungen im Vorfeld, Verabredung der Abstimmungsorganisation sowie durch den Einsatz typischer Appelle an anerkannte Normen des *House of Representatives*. Dabei bleiben *consens building* (Konsensbildung) im Komitee, *minimizing partisanship* (Minimieren von Parteilichkeit) und damit ein *high degree of unity* (hoher Grad an Einigung), auch als Norm explizit rhetorisch ins Feld geführt, die wichtigsten Standards der P. Dies dient der Nachhaltigkeit, Stabilität und Effektivität der parlamentarischen Arbeit im Dienst von politischer Zielsetzung. [77]

«The vocal appreciation of the participants' diverse virtues» (Die sprachlich geäußerte Wertschätzung der andersartigen Tugenden der Beteiligten) bestätigt Nelson als Ausdruck von drei Ritualen der Reden im Kongress, welche auf *mutuality, consensus and characterization* (Gegenseitigkeit, Konsens und Charakterisierung) abzielen, die auch im Senat gelten. Dieser Ausdruck der persönlichen Wertschätzung, so Nelson, «hilft genauer zu bestimmen, wie man sich in einer fortdauernden Gemeinschaft miteinander geteilter Betroffenheit zusammenfinden kann. Das Senatsritual der ständigen Komplimente ersetzt die Beratung zwischen aktiv beteiligten [Abgeordneten] mit einem Auftritt vor passiven Zuschauern, weil die rituellen Komplimente dazu verleiten, gemeinsam für sich eine ununterbrochene und öffentliche Teilhabe an den Verdiensten für die gemeinschaftlichen Errungenschaften einzufordern.» [78] Die Gegenseite oder Ergänzung dieses Rituals bildet die Entschuldigung für die Verletzung solcher vereinbarter Regeln und Rituale («to apologize promptly and profusely»; sich unvermittelt und umschweifig entschuldigen).

So erweist sich am Beispiel der amerikanischen Parlamentsrhetorik der bemerkenswerte Umgangsstil der Abgeordneten als eine Arbeitsfiktion, aus der mittels einer Rhetorik der Einigkeit und des gegenseitigen Einvernehmens bewirkt werden soll, daß die zentrifugalen politischen Kräfte der Institution, die aus der verfassungsmäßigen und historisch gewachsenen Machtverteilung resultieren, zusammengehalten, sozusagen aufgefangen und eingedämmt werden. Das Gebot der Einigkeit fördert damit auch die Verknüpfung von disparaten Interessen mittels Verhandlung (*negotiating bargaining*) und Kompromißbildung in heterogenen Majoritäten.

Diese Einheitlichkeit wird dagegen in England durch die erfolgte Zentralisierung der politischen Macht im Kabinett vorgegeben und bewirkt damit aber die Einschränkung des offiziell geduldeten rhetorischen Spielraums und die Bevormundung der einzelnen Abgeordneten unter einer ganz anderen Arbeitsfiktion. Diese hat sich im Laufe der Parlamentsgeschichte herausgebildet und behauptet, daß die Regierung in voller Übereinstimmung und im vollen Vertrauen der sie stützenden Mehrheit spricht und handelt. Eventuelle Konflikte werden in diesem Zusammenhang nicht in öffentlicher parlamentarischer Auseinandersetzung, sondern als Disput im Rahmen der Parteiorganisation ausgetragen.

Die Formen und Funktionen des *bargaining*, welche der Vorbereitung der P. im Plenum dienen, sind Gegenstand von Untersuchungen zur Parlamentsrhetorik, wie sie etwa von J.M. Bessette vorgenommen wurden. Bessette stellt fest, daß das *bargaining* neben dem Bestreben der Abgeordneten, wiedergewählt zu werden, die meisten politischen bzw. nondeliberativen Entscheidungsprozesse im Kongress betrifft. [79]

Diese enge Verknüpfung von sprachlichen und politischen Mitteln in der Geschichte der Machtausübung im englischen Sprachraum ist eine interdisziplinäre Fragestellung, die an den Forschungsergebnissen vieler beteiligter wissenschaftlicher Disziplinen partizipieren kann. Das ‹Handbook of Legislative Research› gibt Überblicke über die dafür in Frage kommenden Forschungsbereiche, die allerdings erst in der ersten Hälfte des 20. Jh. systematisch entwickelt wurden.[80] Dazu zählen die Arbeiten von L. Namiers ‹Research Consortium›: ‹History of Parliament Trust in Great Britain› (ab 1932) sowie die Studien der ‹International Commission for the History of Representative and Parliamentary Institutions› (ab 1935) und der ‹Kommission für die Geschichte des Parlaments und der politischen Parteien› (1982). [81] Dies zeigt die Ausmaße eines Forschungsgebietes, für das nach Thompson und Silbey folgender Schluß gilt: «Es fehlt uns noch vieles, um einen großen Teil des tatsächlichen Verhaltens zu beschreiben, geschweige denn das volle Ausmaß der vorplenaren Aktivitäten der Legislative zu begreifen, die interne Dynamik, die Mechanismen, mit welchen die Stichworte zum Redeeinsatz gegeben werden, den Druck von außen durch die Lobbyisten und durch die Wählerschaft, welcher in den Komplex eingeht, der die Entscheidungen ausmacht. Verbindungen bleiben noch ungeklärt zwischen den verschiedenen Aspekten der legislativen Aktivitäten, zwischen internen und externen Realitäten, zwischen der legislativen Arena und dem politischen System. Die Bedeutung all dieser Aktivitäten in einem größeren Zusammenhang bleibt noch unbestimmt.» [82]

Anmerkungen:
1 G.B. Adams: Constitutional History of England, revised by R. L. Schuyler (London [6]1939, ND 1948). – 2 H.G. Richardson: The Origins of Parliament, in: Transactions of the Royal Society 11 (1928) 137–183. – 3 ebd.142. – 4 Gifford, in: Historical Papers and Letters from Northern Registers, 36, hg. von J. Raine (London 1873, ND 1965). – 5 vgl. dazu D.L. d'Avray: The Transformation of the Medieval Sermon (Diss. Oxford 1970). – 6 Humbert von Romans, De Eruditione praedicatorum, lib. II, tract. ii. c. 86, in: La Pigne, Maxima Bibliotheca Veterum Patrum (1677) XXX, 559 und Richardson [2] 150. – 7 G.O. Sayles: The King's Parliament in England (London 1975) 18. – 8 J.C. Holt: The Prehistory of Parliament, in: R.G. Davies, J.H. Denton (Hg): The English Parliaments in the Middle Ages (Manchester 1981) 22, Übers. Red. – 9 J.G.A. Pocock: Politics, Language, and Time: Essays in Political Thought and History (New York 1989) 81f. – 10 J. Redlich: Recht und Technik des engl. Parlamentarismus: Die Geschäftsordnung des House of Commons in ihrer gesch. Entwicklung und ihrer heutigen Gestalt (1905) 51. – 11 R. Hofstadter: The Idea of a Party System: The Rise of Legitimate Opposition in the United States, 1780–1840 (Berkeley 1969) Einl. S. IX. – 12 A.S. Ford: His Majesty's Opposition 1714–1830 (Oxford 1964) 8. – 13 ebd. 68. – 14 ebd. 95, 137, 148, 153: *whig myth* . – 15 J.G. Heinberg: History of the Majority Principle, in: H.A. Bosmajian (Hg.): Readings in Parliamentary Procedure (New York 1968) 87–101. – 16 in: Sir Paul Vinogradoff (ed.): Essays in Legal History ... (London 1913) 315. – 17 Heinberg [15] 94. – 18 J. Redlich: The Procedure of the House of Commons, translated by A. Steinthal, Vol. 2 (London 1908) 263–264. – 19 B. Ginsberg: The Consequences of Consent: Elections, Citizen Control, and Popular Acquiescence (Reading 1982) 66. – 20 ders.: Fußnote mit Bezug auf Huskins: Growth of English Representative Government (New York 1960) Kap. 3. – 21 H. Gauger: Die Kunst der politischen Rede in England (1952). – 22 s. dazu kritisch auch dies. 189 und 190. – 23 von D. Bryant et al., in: Quarterly Journal of Speech 48 (1962) – 24 A.C. Baird (Hg.): Essays from the Select British Eloquence by Chauncey Allan Goodrich (Carbondale 1963) – 25 ebd., Einl. 29. – 26 Redlich [10] 17–91. – 27 s. dazu auch G.L. Huskins: The Growth of English Representative Government (Philadelphia 1948); J.N. Rakove: Declaring Rights: A Brief History with Documents (Boston 1947); E.L. Woodward: The Age of Reform 1815–1870 (Oxford 1938); J. Cannon: Parliamentary Reform 1640–1832 (Cambridge 1973); D. Wade: Behind the Speaker's Chair (Leeds 1978); Ph. Laundy: The Office of the Speaker (London 1960); N.W. Polsby: Congressional Behavior (New York 1971); J.F.S. Ross: Parliamentary Representation (London 1948); R.B. Ripley: Congress: Process and Policy (New York 1975); Th. Lowi, R.B. Ripley: Legislative Politics USA (Boston [3]1973); W. Notestein: The Winning of the Initiative by the House of Commons, in: Proceedings of the British Academy 1924–25 (London 1926) 125–176; W.H. Riker: Liberalism against Populism: A Confrontation between the Theory of Democracy and the Theory of Social Choice (Prospect Heights 1982, ND 1988); L.C. Dodd, R. Schott: Congress and the Administration (New York 1975); G.B. Galloway: History of the House of Representatives (New York 1976); H.G. Richardson: The Origins of Parliament, in: Transactions of the Royal Historical Society 11 (1928) 137; H.A. Bosmajian (ed.): Readings in Parliamentary Procedure (New York 1968). – 28 G.B. Galloway: Congress at the Crossroads (New York 1946)168–199. – 29 Ripley [27]. – 30 Galloway [28] 204. – 31 vgl. die Ausführungen von Dodd, Schott [27] zum *policy process* mit Angaben, wo Parlamentsreden verhandelt und wo sie vorbereitet werden, 152f. – 32 dazu R.F. Fenno: The Power of the Purse (Boston 1966) 432–435. – 33 die Beschäftigung mit solchen Strategien hat W.H. Riker als Lehre der *Heresthetics* begründet und u.a. in der Einl. von: The Art of Political Manipulation (New Haven 1986) beschrieben. – 34 J.M. Bessette: The Mild Voice of Reason: Deliberative Democracy and American National Government (Chicago 1994)175; vgl. dort auch «Persuasion through Floor Debate» 166f. – 35 vgl. u.a. dazu Galloway [28]: Evaluation of Committee System, 107ff und Appendix; ebd.: Organisation of the House, 377–380; zum Policy Process: Dodd, Schott [27] 152. – 36 vgl. dazu die Übersicht über die verschiedenen Funktionen des *speakers* in der engl. Gesch. bei Wade [27] 9 und Redlich [10] 417–431. – 37 vgl. Notestein [27] 125–176. – 38 zur Ablösung des *speakers* siehe u.a. Dodd, Schott [27] 66ff.; J.B. Cannon, H.B. Smith: Essay on the Limits of Leadership in the House of Representatives, in: Polsby [27] 203–224; Galloway [27] 56ff. und Riker [33] 129–141. – 39 vgl. Riker [33] 129f. – 40 vgl. auch J.F.S. Ross: Parliamentary Representation (London 1948) 24. – 41 H.L. Morris: Parliamentary Franchisereform in England from 1885 to 1948 (New York 1971) 134. – 42 Redlich [10] 7. – 43 ebd. 83. – 44 ebd. 86. – 45 nach Angaben von G.B. Adams [1] 397 waren 487 der 658 Mitglieder des Parlaments *virtually nominated*, also war ihre Wahl vorbestimmt von der aristokratischen Kontrolle des House of Commons; vgl. Wade [27] 175. – 46 Redlich [10] 87. – 47 R.J. Lamer: Der engl. Parlamentarismus in der dt. politischen Theorie im Zeitalter Bismarcks 1857–1890 (1963) 67. – 48 Woodward [27] 103. – 49 ebd. 88ff. – 50 ebd. 88ff. – 51 vgl. dazu die Bde. der Stud. zur Rhet. des 19. Jh., hg. von H. Viebrock, zu Disraeli (1968), Robert Lowe, John Bright: Reden zur Parlamentsreform 1866/67 (1970), Rhet. und Weltpolitik (1974) und Sozialreform und Rhet. (1984). – 52 Wade [27] 176. – 53 Woodward [27] 88,89. – 54 Redlich [10] 247. – 55 ebd. 141. – 56 Wade [27] 179. – 57 Riker [33] 129 und – posthum veröffentlicht – ders.: The Strategy of Rhetoric (New Haven 1996) 4ff. – 58 Redlich [10] 147. – 59 ebd.

411 und 587. – **60** s. Wade [27] 13f. – **61** ebd. 18f. – **62** Fenno [32] 477, 481ff. et passim. – **63** Redlich [10] 154. – **64** A.J.W. Hilges: Ein Beitr. zur Klärung der Worte und Begriffe des Parlaments und des öffentlichen Geprächs (Diss. Bonn 1961) 56, 57 zitiert Th. Smyth: De republica Anglorum (1583) 39. – **65** Th.E. May: Treatise on the Law, Privileges, Proceedings and Usages of Parliament (London ²¹1989) 308; auch in Hilges [64] 130, Übers. Verf. – **66** J.S. Nelson: Tropes of Politics: Science, Theory, Rhetoric, Action (Madison 1988) 194.195 und 196, Übers. Verf. – **67** Lowi, Ripley [27] 47, Übers. Verf. – **68** Fenno [32] 205, Übers. Verf. – **69** Dodd [27] 97, Übers. Verf. – **70** dazu auch M.P. Fiorina, D.W. Rhode: Home Style and Washington Work: Studies in Congressional Politics (Ann Arbor 1989) 237f. – **71** Fenno [32] 20. – **72** ebd. 443, Congressional Record, Daily Edition, Apr. 19, 1960, p.7633. – **73** s. Holland bei Lowi, Ripley [27]. – **74** Fenno [32] 447f. – **75** Ripley [27] 62. – **76** ebd. 65. – **77** Fenno [32] Conclusion, Kapitel 9: The House Committee's Decision II: Action on the Floor, 500–501. – **78** Nelson [66] 198. – **79** Besette [34] 56–63, 67f., 193f. – **80** G. Loewenberg, S.C. Patterson, M.E. Jewell: Handbook of Legislative Research (Cambridge 1985). – **81** s. dazu auch M.S. Thompson, J.H. Silbey: Historical Research on Nineteenth Century Legislatures, in: Loewenberg, Patterson, Jewell [80] 701–732; dazu gehören auch die ‹Studies in the History of Parliament› in: Legislative Studies Quarterly (1992) sowie die bibliogr. Slg. des ‹Office of the History of the US Senate› mit 800 Büchern und Artikeln und die Arbeit von W.O. Aydelotte: The History of Parliamentary Behavior (Princeton 1977). – **82** Thompson, Silbey [81] 725.

H.-J. Schild

3. P. im romanischen Sprachraum. a. Frankreich. (1) *16./17. Jh.* Im Jahre 1607 veröffentlicht Louis d'Orléans eine Sammlung von Reden unter dem Titel ‹Les Ouvertures de Parlemens›.[1] Diese soll der Verherrlichung des Pariser Justizpalastes dienen und die Bedeutung des *Parlement de Paris* als des der Tradition der *Curia Regis* entstammenden königlichen Rates unterstreichen.[2] Dem Parlament kommt vor allem eine legislative Rolle innerhalb der französischen Monarchie zu: die königlichen Edikte und Erlasse sollen durch die von ihm geleistete Arbeit in Einklang mit der Jurisprudenz gebracht werden. Es wurde erwartet, daß die dezidiert gelehrte und gallikanisch beeinflußte Ausprägung des Parlaments für ein Gleichgewicht zwischen gelehrt-geistlichem und höfischem Leben innerhalb des Königreiches sorgt. Dies veranlaßt Fumaroli dazu, vom Parlament als dem «Mentor des Königreiches» zu sprechen, in dessen Reihen sich eine «gallikanische Gelehrtenrepublik» etabliert habe.[3] Hierbei ist hervorzuheben, daß die Sprache des Parlaments als normbildende Varietät des 16. und frühen 17. Jh. fungiert. Darüber hinaus sind die Triebfedern des französischen Humanismus in den Reihen des Parlamentes, die humanistisch-sprachliche Realisierung in dessen Eloquenz zu suchen. Der Humanist G. Tory regt im Jahre 1524 eine Bereicherung des «stile de Parlement» und des «langage de Court» durch «certaines belles Figures et Fleurs de rhétorique»[4] an, um somit der jungen ‹Nationalsprache› mehr Gewicht gegenüber dem Lateinischen zu geben. In den folgenden Jahren hingegen wird, zunächst unter dem Einfluß Heinrichs III., der – dem Ideal der *éloquence royale* verpflichtet –, selbst als Redner auftritt, dann unter demjenigen Richelieus die normbildende Varietät des Französischen zu Ungunsten der von Tory propagierten Union von «parlamentarischem Stil» und «Sprache des Hofes» hin zu einer von der gestärkten *Noblesse de Robe* geprägten höfischen Sprache verlagert. Das Parlament hat in dieser Phase keinen schöpferischen Anteil an der Normbildung, der Herausbildung des *bon usage*, sondern ist allenfalls eine Kontrollinstanz der Sprache, die im Louvre verwendet wird.

Dies darf jedoch nicht über die Bedeutung der Sprache des Parlaments für die Ausprägung des Französischen als Nationalsprache hinwegtäuschen. Die Erkenntnis, daß das Parlament bereits seit langer Zeit die Verwendung des Französischen gegenüber dem Latein praktizierte und somit über einen langen Zeitraum nicht nur stil-, sondern vor allem auch sprachnormbildend war, ist einer Untersuchung A. François' zu verdanken, der darauf aufmerksam machte, daß lange vor der 1539 erlassenen *Ordonnance de Villers-Cotterets*, welche das Französische als obligatorische Amts-, Erlaß- und Gerichtssprache festlegt, im Pariser Parlament auf Französisch verhandelt wurde.[5] Stilistisch (und dies gilt insbesondere auch für den Bereich der *actio*) ist, wie Fumaroli nachweist, die hier artikulierte Sprache bis weit in das 16. Jh. hinein vor allem von dem im 14. Jh. von Guillaume du Breuil verfaßten Traktat ‹Stilus Curie Parlamenti› geprägt, das – der Tradition Senecas verpflichtet – neben einem moderaten Auftreten des Redners auch eine sparsame sprachliche Gestaltung propagiert, die der Findung und dem Ausdruck der Wahrheit diene: «Der Stil des *Parlement* ist also ein strenger Stil, Feind des Luxus und des Überflüssigen, von den – in letzter Konsequenz religiösen – Begriffen Verantwortung und Wahrheit durchdrungen und darum besorgt, diesen zu entsprechen.»[6] Es bleibt jedoch anzumerken, daß zumindest das 17. Jh. in Frankreich einen deliberativen Stil im eigentlichen Sinne nicht kennt: das Parlament geht stilistisch in der Tradition der die Kultur des *âge classique* prägenden Bereiche *chaire* und *barreau*, in epideiktischer Rede und Gerichtsrede auf.

(2) *Ancien Régime, 18. Jh., Französische Revolution.* Das *Ancien Régime* am Vorabend der Revolution wird verwaltungstechnisch charakterisiert durch eine zunehmende Schwächung des zentralistisch-absolutistischen Systems und eine Zunahme des Einflusses der Provinzialstände und provinziellen Parlamente (ständige provinzielle Gerichtshöfe). Letztere vertreten vorwiegend die Anliegen des Provinzadels, die rhetorische Gestaltung innerhalb dieser Parlamente steht der Tradition der Gerichtsrede nahe. Neben der *Assemblée des Estats* besteht eine zweite Versammlung innerhalb des französischen Staates, die *Assemblée du Clergé*, Versammlung des Klerus. Verspürt der König das Bedürfnis, sich mit der Gesamtheit seiner Provinzen zu beratschlagen, stehen ihm zwei Möglichkeiten zur Verfügung: die *Assemblée des notables*, oder aber die Generalstände, *États généraux* einzuberufen. Letztere Versammlung ist geprägt durch besonders lange Abstimmungs- und Wahlmodi, weshalb sie nur in besonderen Krisensituationen oder bei schwerwiegenden politischen Entscheidungen einberufen wird – so im Jahre 1787 nach Bekanntgabe des Staatsbankrotts. Dies ist die erste Einberufung der Generalstände seit 1614. Die Unzufriedenheit des *Tiers-État* mit seiner Repräsentationsgewalt und mit der Durchführung der Generalstände führt am 20. Juni 1789 zum Ballhausschwur und – wenige Tage später – zur Schaffung der *Assemblée nationale constituante*, die zum ersten revolutionären Parlament werden soll.

Die P. als von der Gerichtsrede emanzipierte Gattung erfährt nach einer langzeitigen quasi totalen Absenz ihre Blütezeit im revolutionären Frankreich (die rhetorischen Betätigungsfelder des *Ancien Régime* sind v.a. in den Bereichen *barreau*, Kanzel und Literatur zu suchen [7]). Sie wird in den drei sukzessiven parlamentarischen Versammlungen der Revolutionszeit *Constituante* (Frühjahr 1789–30. 9. 1791), *Législative* (1. 10. 1791–

20.9.1792) und *Convention* (20.9.1792 – 5 fructidor an 3 [22.8.1795]) sowie in der direktorialen Konstitution (ab 22.8.1795) institutionell verankert und steht für ihre Zeitgenossen im Zentrum des politischen Geschehens und öffentlichen Interesses. Welch hohen Stellenwert die P. in den Versammlungen hat, mag die Tatsache illustrieren, daß in allen *Assemblées* Redeordnungen, sog. *Règlements* erlassen werden, die den Ablauf der Sitzungen strukturieren und kontrollieren.[8] Ein weiterer Indikator für das allgemeine Interesse, das der P. geschenkt wurde, ist die Emotionalität, die den Hauptrednern der parlamentarischen Versammlungen entgegengebracht wird: von großer Popularität und zuweilen sakraler Bewunderung bis hin zu kollektivem Haß. Von zentraler Bedeutung innerhalb dieser populären Anteilnahme am revolutionären Tagesgeschehen sind die Abgeordneten des *Tiers-État* (MIRABEAU und SIEYÈS) und die populären Reihen der *Notables* (LAFAYETTE) für die *Constituante*, DANTON, COLLOT D'HERBOIS und TALLIEN für die *Législative*, BRISSOT, CONDORCET, ROBESPIERRE, SAINT-JUST, DANTON, COLLOT D'HERBOIS, FABRE D'ÉGLANTINE, BILLAUD-VARENNE, DESMOULINS, PHILIPPE ÉGALITÉ, BARÈRE, CAMBON, SIEYÈS für die *Convention*. Untersucht man den rhetorischen Charakter der Reden in den verschiedenen revolutionären Parlamenten, läßt sich ein dezidierter Unterschied zwischen denjenigen der *Constituante* und denjenigen der *Convention* feststellen. Während die Mitglieder der *Constituante* davon überzeugt sind, daß die Diskussionskultur und der Modus der Konsensfindung, wie sie in der Salonkultur der Aufklärung kultiviert wurden, in ihren Mechanismen einfach auf die Nationalversammlung übertragen werden können[9], geht die *Convention* dagegen von einem völlig anderen – wenn man so will: öffentlicheren – Verständnis von Rhetorik aus. Diese letzte revolutionäre parlamentarische Versammlung wird zunächst charakterisiert durch einen besonderen Reichtum an P., bedingt zum einen durch die beachtlichen Probleme, die zu lösen sind (innenpolitisch wie außenpolitisch drohende Gefahren [Föderalismus – Revolutionskriege]), dann durch die schwerwiegenden Entscheidungen, die es zu fällen gilt (Abstimmung über die Verurteilung des Königs, Prozeß des Königs [10]), zum anderen jedoch durch die innere Zerspaltung der *Convention* in ein System konkurrierender und schließlich verfeindeter Parteien: *Gironde*, *Plaine* und *Montagne*. Nachvollziehbar durch die beträchtliche Anzahl von Reden, die in dieser Zeit gehalten, detailliert protokolliert und publiziert werden (zunächst in verschiedenen Periodika wie dem ‹Journal des Débats›, dem ‹Moniteur› u.a., dann in autorisierten Einzeldrucken, schließlich in den ‹Archives Parlementaires›, 1834ff.), zeichnet sich die rhetorische Landschaft der *Convention* vor allen Dingen durch eine klare Dichotomie der Stile aus. Neben der «[…] starre[n] Dichotomisierung von *zwei* Stilen, die gleichzeitig auf die Zeitachse projiziert werden, das heißt als charakteristisch für *ancien régime* [*style d'images*] und *ère française* [*style d'analyse*] angesehen werden»[11], wird innerhalb des revolutionären Diskurses eine gruppenspezifische, ideologisch besetzte Stildichotomie propagiert. Innerhalb dieser wird von der *Montagne* der lakonische Stil propagiert, der sich nahtlos in eine holistische Rhetorikkritik der späteren Revolutionszeit einfügt.[12] Darüber hinaus konvergiert im Lakonismus ein spartanisch-republikanisches Rednerideal mit der der Französischen Revolution eigenen Antikenrezeption[13]: Sowohl der republikanisch-wahrhaftig konnotierte Lakonismus als auch der als verweichlicht-elo-

quent interpretierte attische Stil werden an Bezugspunkte der Antike geknüpft, mit denen sich die Revolutionäre zu identifizieren haben, wobei sie sich innerhalb eines von republikanischer Moral und Tugend durchsetzten Wertesystems für einen der beiden Stile entscheiden müssen. Diese Dichotomie gipfelt in der von VOLNEY formulierten Zuspitzung «Das beredsame Athen [Athènes éloquente] war ein Volk von Wirrköpfen; das schweigsame Sparta [Sparte silencieuse] war ein Volk von gesetzten und ernsten Männern […].»[14] Daß die theoretische Negierung jeglicher Eloquenz, wie sie durch die *Encyclopédie* vertreten wurde, und die praktische, höchst eloquente Gestaltung der Reden, insbesondere auch derjenigen Redner, die die Rhetorik als Mittel der Korruption abtun (unter ihnen Saint-Just und Robespierre), ein diskursives Problem darstellt, zeigen u.a. J. Guilhaumou und J.-P. Sermain.[15] Einer der Gründe für dieses Verhalten der Revolutionäre könnte in der tiefen Durchdringung des 18. Jh. und der gesamten Revolutionszeit durch die *énergie* liegen, der alle Parteien und stilistischen Ausrichtungen diskurstraditionell verpflichtet sind.[16] Die *énergie* wäre es demnach, die die Revolutionäre ihre eigenen glühenden Reden als von patriotischer *chaleur* und *ferveur* durchdrungen, diejenigen ihrer Gegner als korrumpierte Erzeugnisse der *intrigue* und *fureur* sehen lassen. Die qualifikatorischen Variablen sind für die entgegengesetzten Positionen der *Conventionnels* jeweils beliebig austauschbar und tragen maßgeblich zu einer Rede- und Streitkultur der Revolution bei, die von der Sorge um (Auto-)Identifikation und (Selbst-)Stilisierung gekennzeichnet ist und gleichzeitig eine ganze Epoche nachhaltig prägt, eine Epoche, die man – angesichts der in ihr institutionalisierten Rede- und Streitkultur – vielleicht auch als diejenige des *porte-parole* bezeichnen könnte.[17]

(3) *19. Jh.: Empire, Restauration, 2. und 3. Republik.* Die französische Rhetorik des 19. Jh. fand in der Forschung lange Zeit kaum Beachtung. Dies änderte sich mit den Artikeln von J.-P. Saint-Gérand und F. Douay-Soublin.[18] Letztere entkräftet, aufgrund umfangreicher empirischer Studien, Genettes Annahme von einer *rhétorique restreinte*, einer lediglich auf Figuren und Tropen reduzierten Rhetorik für das Frankreich des 19. Jh.[19] Im Gegenteil: Douay-Soublin stellt fest, daß in den Wörterbüchern und Enzyklopädien, diesen für das 19. Jh. so wichtigen Textsorten, eine beachtliche Ausweitung und Differenzierung der Klassifikation von Rhetorik oder Eloquenz stattfindet. Es handelt sich nicht länger um die klassische Dreiteilung von *éloquence délibérative, judiciaire, épidictique*, sondern um die Reihung *éloquence religieuse, judiciaire, parlementaire, militaire, académique*.[20] Man kann diese klassifikatorisch-stilistische Entwicklung als Besiegelung einer gesellschaftlichen Entwicklung sehen, die sich in Frankreich des ausgehenden 18. und beginnenden 19. Jh. vollzieht: von der aufgeklärten, dezidiert antirhetorisch orientierten Salonkultur der *Encyclopédistes*, über die *République des Lettres*, die politisch real gewordene *République française une et indivisible* hin zum Frankreich der napoleonischen Ära (Direktorium, Konsulat, Empire) und der späteren Restauration. Der *éloquence militaire* kommt hierbei sicherlich ein besonderer Status zu: Bereits während der Revolutionskriege ein wichtiger Aspekt politischen Handelns (z.B. Saint-Justs militärische Missionen), kommt ihr unter Napoleon eine zentrale Stellung zu und sie kann als praktischster, als energischster aller Redestile, als die aus dem Parlament auf das Schlachtfeld

transferierte P. interpretiert werden – zumal das Frankreich der Empirezeit kein Parlament besitzt. Die Restauration unter Ludwig XVIII. führt ein parlamentarisches Zweikammernsystem *(Chambre des Pairs, Chambre des Députés)* ein, das Louis-Philippe vertraglich bestätigt. In beiden Systemen herrscht jedoch Zensuswahlrecht. Das allgemeine Wahlrecht für Männer wird durch die Revolution von 1848 erreicht (2. Republik). Nach der Episode des *Second Empire* unter Napoleon III., der französischen Niederlage im Deutsch-Französischen Krieg (1870), der Niederschlagung der *Commune de Paris* (1871) wird die 3. Republik 1875 gewählt. Wie Douay-Soublin feststellt, ist die P. der bewegten Jahre des 19. Jh. durch den Kampf um das Recht, die *prise de parole* zu erlangen, und durch eine Stilisierungstendenz der Restauration bestimmt. Signifikant ist «das Gewicht, das die Abgeordneten selbst der öffentlichen Meinungsäußerung [parole publique] beimessen: vehement verteidigt, so lange es sich nur um eine verletzliche, bedrohte, umstößliche Eroberung handelt (1815–1870), wird dem Recht, das Wort zu ergreifen, in den Jahren 1880–1900, den Jahren seiner garantierten Zusicherung durch die in der Dritten Republik errichteten Institutionen, eine größere Kälte entgegengebracht. Im rhetorischen Gedächtnis des 19. Jh. bleibt der Anfang der Restauration das gesegnete Zeitalter»[21], dasjenige Zeitalter, das eine Identifikation der Redner des 19. Jh. mit denjenigen Athens und Roms zuläßt. Es fällt auf, daß einige parlamentarische Abgeordnete und aktive Redner der Versammlungen des 19. Jh. sich zugleich auch zu Chronisten der P. in Frankreich machen. Das einhundertjährige Jubiläum der Französischen Revolution wird auch mit der Schaffung eines Lehrstuhls für Revolutionsgeschichte an der Sorbonne begangen. Der erste Ordinarius, F. AULARD, widmet sich intensiv der Untersuchung der revolutionären P. Die konservatorische Wertschätzung der P. einerseits, das Bewußtsein um ihr demagogisches Potential und dessen Problematisierung andererseits, drittens die faktische Streichung der Rhetorik aus den Lehrplänen des französischen höheren Schulwesens 1890 bilden Pole, die erneut auch die Disparatheit des 19. Jh. in Frankreich aufzeigen, einem Jahrhundert, das zwischen Ablehnung der Rhetorik und der Forderung nach einer *éloquence populaire*, einer *éducation du citoyen à la parole* (LABOULAYE) oszillierte.

b. *Italien.* (1) *Spätmittelalter und Frühe Neuzeit.* Die politische Zergliederung Italiens in zahlreiche Territorialstaaten und Stadtrepubliken erschwert eine exhaustive Beschreibung der Stellung der P. innerhalb dieses Gefüges. Ähnlich wie in Frankreich nimmt sie, soweit es nachvollziehbar ist, auch in Italien zunächst eher den stilistischen und funktionalen Stellenwert der Gerichtsrede ein. Zunehmend kommt ihr aber auch repräsentativer Charakter in den Außenhandelsbeziehungen der norditalienischen Stadtrepubliken und in den Verhandlungen der vatikanischen Gesandtschaften zu.

(2) *18. Jh., 19. Jh., Risorgimento.* Die P. im eigentlichen Sinne entwickelt sich in Italien, ähnlich wie in Frankreich, erst – ansatzweise – im 18. Jh. und schließlich im 19. Jh. Für das 18. Jh. ist vor allem der Zeitpunkt nach der Ausrufung der Römischen Republik (1798) und der Parthenopäischen Republik Neapel (1799) von Bedeutung. Dies weniger in konkretem Sinne (die *Repubblica Napoletana* wird nach nur 4 Monaten niedergeschlagen), als vielmehr darin, daß ihr Scheitern nicht zuletzt einen wichtigen Schritt hin zur Einigung Italiens (1861) darstellt. Die Beschäftigung der italienischen Jakobiner [22] mit der Sprache vollzieht sich nach französischem Vorbild und tendiert in Richtung eines italienischen Nationalstaates, der durch eine italienische Koiné (Gemeinsprache) geeinigt und gefestigt werden müsse. Diese solle das gegenseitige Verständnis garantieren und einheitsstiftend wirken. Hiermit geht, ähnlich wie in Frankreich, die Forderung nach Klarheit der Sprache und des Stils einher, wie Vecchio bemerkt: «[...] man nimmt sich vor dem Mißbrauch der Wörter in Acht, man predigt die Richtigkeit der Definitionen und die Klarheit der Reden.»[23] Mehr noch: die Bemühungen um eine sprachliche Vereinheitlichung treten in den Hintergrund angesichts der Forderung, eine neue Rhetorik für die jungen italienischen Republiken zu schaffen: «In Neapel wie auch in den anderen italienischen Republiken des *triennio* ist die Sprachpolitik in Wahrheit eine Politik der Rhetorik.»[24] In der ersten Hälfte des 19. Jh. stehen bezeichnenderweise die höchst rhetorischen politischen Kanzonen G. LEOPARDIS (insb. ‹All'Italia›), die ihrerseits die zu schaffende italienische Rhetorik – und im Sinne Leopardis kann hierunter wohl auch eine zu schaffende P. subsumiert werden – zum Thema haben, für das geistige Patenamt der italienischen Einigung und somit des italienischen nationalstaatlich-parlamentarischen Wesens ein. [25] Die postjakobinische, zunächst romantische Suche nach der verlorenen Beredsamkeit Italiens, verbunden mit der Suche nach der Nationalsprache, wird zum zentralen Thema des jungen italienischen Staates. Allein die Tatsache, daß die Rhetorik in dieser, bereits lange vor der tatsächlichen staatlichen Vereinigung stattfindenden, theoretischen Diskussion eine zentrale Rolle spielt und kontrovers diskutiert wird (so z.B. die Haltung A. MANZONIS [26]), belegt die Absurdität von T. Madias These, derzufolge «Italien [...] in jedem Jahrhundert bzgl. der Eloquenz die Vorrangstellung einnimmt: nach zahlreichen Leerstellen kommt Frankreich, danach die restliche Welt.»[27], eine These, derzufolge, in letzter Konsequenz, eine solche Debatte gar nicht hätte stattfinden können, da das italienische Primat der Rhetorik über die Jahrhunderte hinweg unumstößlich sei. Wie nur wäre hiermit die Aussage G. I. ASCOLIS zu verbinden, Manzoni sei es gewesen, der «gekommen ist [..] um der italienischen Literatur, oder dem italienischen Denken [im Orig.: *cervello* = Gehirn] das uralte Krebsgeschwür der Rhetorik zu entreißen.»?[28]

Anmerkungen:
1 Les Ouvertures de Parlemens par Loys d'Orleans, ausquelles sont adjoustées cinq Remonstrances autrefois faictes en icelury (Paris 1607) – **2** vgl. M. Fumaroli: L'âge de l'éloquence (Genf 1980) 427ff. – **3** ders. 430f., Übers. Verf. – **4** G. Tory: Champfleury ou l'Art et la science de la proportion des Lettres (1524; Paris 1931) – **5** A. François: Origine et déclin de l'«bel usage» parlementaire, in: Revue d'histoire littéraire de la France Bd. 25 (1918) 201–210; vgl. Fumaroli [2] 435. – **6** ebd. 439, Übers. Verf. – **7** vgl. P. France: Rhetoric and Truth in France (Oxford 1972); F. Douay-Soublin: Y a-t-il *renaissance* de la rhétorique en France au XIXième siècle?, in: S. Ijsseling, G. Vervaecke (Hg.): Renaissances of Rhetoric (Löwen 1994) 51–154, spricht von «Praxisbedingungen der P. (éloquence de la tribune), die es seit der Antike nicht mehr gegeben hat.», 61, Übers. Verf – **8** hierzu: A. Aulard: Les orateurs de la Révolution (Paris 1906) sowie P. Brasart: Paroles de la Révolution (Paris 1988), hier werden die *Règlements* im Anhang zitiert (S. 197–222). – **9** B. Schlieben-Lange: Traditionen des Sprechens (Paris 1983) 7). – **10** vgl. M. Ozouf: Procès du roi, in: F. Furet, B. Schlieben-Lange (Hg.): Dictionnaire critique de la Révolution française, Bd. 3: Événements (Paris 1992) 241–259 sowie J.-F. Dominé: Rhétorique des conventionnels: le procès du roi, in: Langages de la Révolution

(Paris 1995) 209–213. – **11** B. Schlieben-Lange: »Athènes éloquente«/»Sparte silencieuse«. Die Dichotomie der Stile in der Frz. Revolution, in: H.U. Gumbrecht, K.L. Pfeiffer (Hg.): Stil (1986) 155–168, hier 157. – **12** vgl. zum Lakonismus: M. Delon: Le laconisme révolutionnaire, in: Dalla Rivoluzione alla Restaurazione (Neapel 1991) 121–129; B. Schlieben-Lange: Le style laconique, in: Langages de la Révolution (Paris 1995) 195–201; J. Hafner: Tugendhafte Sprachminimierung: Lakonismus und Antikendenken bei Saint-Just, in: Beitr. zur Gesch. der Sprachwiss. 10 (2000) 5–60. – **13** P. Brasart: Le recours à l'Antique dans le genre délibératif, 1789–1794, in: R. Chevallier (Hg.): La Révolution Française et l'Antiquité (Tours 1991) 13–24.; J. Bouineau: Les Toges du pouvoir ou la révolution du droit antique (1789–1799) (Toulouse 1986). – **14** C.F. Chassebœuf de Volney: Leçons d'Histoire (Paris 1852) 577, in Übers. zitiert bei Schlieben-Lange [11] 158. – **15** J. Guilhaumou: Rhétorique et antirhétorique à l'époque de la Révolution française, in: J. Ehrard (Hg.): La légende de la Révolution Française (Clermont-Ferrand 1988) 149–159; J.-P. Sermain: La part du diable. La rhétorique et ses enjeux pendant la Révolution française, in: Il confronto letterario (Pavia 1989) 95–113. – **16** zur *énergie*: M. Delon: L'idée d'énergie au tournant des Lumières (1770–1820) (Paris 1988). – **17** B. Conein: La position du porte-parole sous la révolution française, in: M. Glatigny, J. Guilhaumou (Hg.): Peuple et pouvoir (Lille 1981) 153–164. – **18** J.-P. Saint-Gérand: »Ces bouquets de feux d'artifice...«. Rhétorique et politique dans la France du XIXe siècle, in: Rhet. 12 (1993) 50–59; Douay-Soublin [7] 51–154. – **19** G. Genette: La rhétorique restreinte, in: Communications 16 (1970). – **20** Douay-Soublin [7] 68. – **21** ebd. 82. – **22** vgl. D. Cantimori (Hg.): Giacobini italiani (Bari 1956) vol. 1; ders., R. de Felice (Hg.): Giacobini italiani (Bari 1964) vol. 2. – **23** S. Vecchio: Democrazia linguistica (Palermo 1990) 64. – **24** ebd. 67. – **25** M. Bernsen: Giacomo Leopardis politische Kanzone *All'Italia* und das Ende rhet. Wirkungsmacht, in: Rhet. 12 (1993) 1–11. – **26** vgl. G. Nencioni: La lingua di Manzoni (Bologna 1993). – **27** T. Madìa: Storia dell'eloquenza (Mailand 1959) 503. – **28** G.I. Ascoli: Proemio all «Archivio glottologico italiano» (1873), in: Scritti sulla questione della lingua, ed. C. Grassi (Turin 1975) 31.

Literaturhinweise:
G. Picot: Histoire des États généraux considéré au point de vu de leur influence sur le gouvernement de la France de 1355 à 1614 (Paris 1872, ND Genf 1979). – F. A. Aulard: L'éloquence parlementaire pendant la Révolution française, 2 Bde. (Paris 1882–1886). – P. Trahard: La sensibilité révolutionnaire (ND Genf 1967). – H.U. Gumbrecht: Funktionen parlamentarischer Rhet. in der Frz. Revolution (1978). – R. Barilli: La retorica (Mailand 1983). – J.-P. Sermain: Raison et Révolution: le problème de l'éloquence politique, in: W. Busse, J. Trabant (Hg.): Les Idéologues (Amsterdam/Philadelphia 1986) 147–165. – J. Starobinski: La chair, la tribune, le barreau, in: P. Nora (Hg.): Les lieux de mémoire, vol. II, 3 (Paris 1986) 425–485. – B. Baczko: «Monstres sanguinaires» et «circonstances fatales». Les discours thermidoriens sur la Terreur, in: F. Furet, M. Ozouf (Hg.): The French Revolution and the Creation of Modern Political Culture, Bd. 3 (Oxford et al. 1989) 131–157. – L. Jaume: Le discours jacobin et la démocratie (Paris 1989). – J. Starobinski: Benjamin Constant: comment parler quand l'éloquence est épuisée, in: F. Furet, M. Ozouf (Hg.): The French Revolution and the Creation of Modern Political Culture, Bd. 3 (Oxford et al. 1989) 187–201. – M. Levinger: La rhétorique protestataire du parlement de Rouen (1753–1763), in: Annales. Histoire, Sciences Sociales 3 (1990) 589–613. – J. Guilhaumou: Décrire la Révolution française. Les porte-parole et le moment républicain (1790–1793), in: Annales. Histoire, Sciences Sociales 4 (1991) 949–970. – J.-P. Sermain: Rhétorique et politique dans la seconde moitié du 17ième siècle. Le modèle français, in: Rhet. 10 (1991) 1–15. – F.-R. Hausmann: Frz. Renaissance-Rhet., in: H.F. Plett (Hg.): Renaissance-Rhet. (1993) 59–71. – B. Schlieben-Lange: Idéologie, révolution et uniformité de la langue (Sprimont 1996). – K.-H. Göttert: Gesch. der Stimme (1998). – M. Fumaroli (Hg.): Histoire de la Rhétorique dans l'Europe moderne, 1450–1950 (Paris 1999).

J. Hafner

4. *P. in Deutschland*. Die Vorgeschichte des Parlamentarismus in Deutschland beginnt – als Folge der gegenläufigen Tendenzen von (Französischer) Revolution und von Restauration nach dem Wiener Kongreß – im frühen 19. Jh. Um 1820 bietet sich folgendes Bild [1]: Es gibt absolutistische Staaten ohne parlamentähnliche Institutionen, z.B. Kurhessen. Die großen absolutistisch regierten Staaten Österreich und Preußen besitzen lediglich Provinzialstände, also keine (ständische) Vertretung auf gesamtstaatlicher Ebene. In Österreich handelt es sich dabei um Versammlungen altständischer Art. In Preußen ist schon der Bauernstand einbezogen, das imperative Mandat ist aufgehoben. Die Stadtstaaten wie Hamburg kehren nach der französischen Besatzung wieder zu patrizischen Stadtverfassungen zurück. Einen großen Schritt in Richtung Parlament vollziehen einige Mittel- und Kleinstaaten, z.B. Hannover, indem sie gesamtstaatliche Landtage einrichten, die zwar noch nach ständischen Gesichtspunkten zusammengesetzt sind, doch dominieren die Kriterien Besitz und Bildung das Kriterium des Geburtsstandes.

Die Verfahrensordnungen dieser Vorparlamente gründen mit unterschiedlichen Schwerpunkten zum einen in einer westeuropäischen, auf die (ungeschriebene) Geschäftsordnungspraxis des englischen Parlaments zurückgehenden Traditionslinie, zum anderen in einer altständischen Verfahrenstradition [2], wie sie für den Reichstag im 16./17. Jh. und für altständische Landtage bekannt ist:

«Infolge der inneren korporativen Aufgliederung des Reichstages und der damit verbundenen Zweiung der Stimmen in Viril- und Kuriatstimmen konnten Reichstagsbeschlüsse nicht aus gemeinsamer Verhandlung aller Mitglieder hervorgehen. Jedes Kollegium, jede Bank beriet und beschloß gesondert. In einem umständlichen und zeitraubenden Verfahren mußte versucht werden, aus den Verhandlungsergebnissen der einzelnen Gruppen etwas Endgültiges zu gewinnen. [...] Auch in den Landtagen verhandelten die einzelnen Kollegien oder Kurien der Landstände gewöhnlich getrennt. Danach liefen die Dinge ähnlich wie im Reichstag (Re- und Korrelation). Es kam aber auch vor, daß die Landesherren mit den einzelnen Kurien separate Abmachungen trafen.» [3] Hier wird deutlich, wie wichtig schon in der vorparlamentarischen Tradition neben deliberativem Austausch von Argumenten das nicht-öffentliche Verhandeln und Kompromisse-Schließen war.

W. HOLLY zeigt anhand der Geschäftsordnungen der beiden Kammern des bayerischen Landtages, die mit der oktroyierten Verfassung von 1818 erlassen werden, wie weit man noch vom modernen Parlamentarismus entfernt ist. [4] Der Landtag besitzt kein Recht, sich selbst eine Geschäftsordnung zu geben. Er tagt alle drei Jahre zwei Monate lang. Die entscheidenden personellen und thematischen Weichenstellungen sind dem Monarchen vorbehalten. Seit 1825 ist den Abgeordneten das Recht versagt, Gesetzentwürfe zu beantragen. Die Sitzordnung wird, um Gruppenbildung zu vermeiden, durch Los bestimmt. Spontane Wortmeldungen sind unzulässig. Wer reden will, muß dies einen Tag vorher anmelden und erklären, ob er zum Verhandlungsgegenstand pro oder contra reden möchte.

Die preußischen Provinziallandtage dieser Zeit sind besonders unselbständig. Sie werden von einem königlichen Kommissar überwacht und von einem königlichen Landtagsmarschall autoritär geleitet. Im westfälischen Provinziallandtag sind Plenar- und Ausschußsitzungen nicht-öffentlich. Wortmeldungen sind vor der Sitzung anzuzeigen und inhaltlich zu geben. In der Rede dürfen nicht die Parlamentarier angesprochen werden, sondern nur der Marschall. [5] Das erschwert eine lebendige Debatte durch ritualisierte Adressierungen.

Unter dem Druck der Vormärz-Entwicklung beruft der preußische König FRIEDRICH WILHELM IV. 1847 den ersten gesamtstaatlichen ‹Vereinigten Landtag› ein. Hauptgegenstand der ersten Session ist die Ausarbeitung einer Stellungnahme zu einem ‹Patent› des Königs, mit dem er unterhalb der staatsrechtlichen Ebene einer Verfassung das Verhältnis zwischen Monarch und Ständevertretung autoritativ zu bestimmen versucht. Er bezieht sich dabei auf uneingelöste Verfassungsversprechen seines Vorgängers, bleibt mit dem Patent aber dahinter zurück. Dennoch herrscht dabei ebenso wie in der Thronrede, mit der er den Landtag eröffnet, der Ton huldvollen Gewährens, durchsetzt mit Belehrungen, Ermahnungen und Kampfansagen gegen demokratisch-republikanische Bestrebungen. 6] In dieser für das Ende der vorparlamentarischen Epoche in Deutschland typischen Situation werden bezeichnende Unterschiede zum modernen Parlamentarismus deutlich [7]:

Erster Kommunikationspartner für das Parlament ist nicht das Volk, sondern der Monarch. Daher besteht die erste Aufgabe darin, dem König auf Patent und Thronrede zu antworten. Die Debatte darüber bleibt unterhalb der Schwelle legislativer Rechtsausübung: Es geht darum, wie weit sich der Landtag auf den monarchischen Anspruch der Rechtsgewährung und auf den Umfang der eingeräumten Rechte einläßt. Das Meinungsspektrum reicht von uneingeschränktem Dank für das «Geschenk» des Königs – darum soll die Antwort eine «Dank-Adresse» sein – bis zum Bestehen auf umfangreicheren Befugnissen, die nicht in königlicher Huld gründen, sondern in alten (aus verbindlichen Zusagen früherer Monarchen sich ergebenden) «Rechten» und/oder in Verdiensten des Volkes in den Freiheitskriegen – darum soll die Antwort lediglich eine «Adresse» sein. Die Monarchie wird nicht in Frage gestellt. Die Debattenredner lassen Positionen zwischen Anerkennung der gemäßigt absoluten und der Favorisierung einer konstitutionellen Monarchie erkennen. Das Meinungsspektrum ist nicht identisch mit den Standesgruppen. Es gibt übereinstimmende Positionen, aber keine Fraktionen. Darum ist Meinungsbildung und persuasive Beeinflussung im Plenum möglich. Entsprechend ernsthaft ist das Bemühen, durch Plenarreden das Abstimmungsverhalten zu beeinflussen. Es kommt im mehr als 600 Abgeordnete umfassenden Plenum zu Abänderungs- und Kompromißvorschlägen (zu dem in einem Ausschuß erarbeiteten schriftlichen Adreß-Entwurf), die sich nach Aussprache teilweise als Mehrheitsbeschluß durchsetzen. Die Debattierenden gehen höchst respektvoll und ohne aggressive Töne miteinander um («Darum Achtung und Ehre einer jeden Meinung unter uns» [8]). Die Reden sind – in unterschiedlicher Gewichtung – teilweise geprägt von bekenntnishaftem Pathos, vielfach aber vom Stil staatsrechtlicher Auslegungsdiskurse, denen man heute eher vor einem Verfassungsgericht als in einem Parlament begegnen würde.

Neben diesen Unterschieden werden rhetorische Verfahren und Strategien praktiziert, wie sie moderne parlamentarische Kommunikation kennt: Architektur- und Gebäudemetaphern zur Konzeptualisierung staatlicher Strukturen und Entwicklungen, Weg-Metaphern zur Veranschaulichung politisch-historischer Prozesse; semantischer Wettbewerb [9] in Form von Konzeptkonkurrenz («Dank-Adresse» vs. «Adresse», «Standesvertretung» vs. «Volksvertretung»), Bezeichnungskonkurrenz («sogenannte Volksrepräsentanten» vs. «verfassungsmäßige Abgeordnete») und Bedeutungskonkurrenz – letztere wird vor allem auf dem Wege unterschiedlicher Kontextualisierung gemeinsamer Hochwertbegriffe ausgetragen: «Treue» gegenüber dem Monarchen vs. «Treue» gegenüber dem Volk und seiner Geschichte; das Prinzip der Monarchie und des Gottesgnadentums als «Rechtsboden» vs. das vor Jahren gegebene Verfassungsversprechen als «Rechtsboden». [10]

Mit der ‹Constituierenden Nationalversammlung› in der Frankfurter Paulskirche 1848 beginnt in Deutschland Parlamentarismus im eigentlichen Sinne. Allerdings ist es kein Parlament der laufenden Gesetzgebung, sondern primär eine verfassunggebende Versammlung. Es versteht sich als souveräne, keinem Landesherrn untergeordnete Volksvertretung. Seine Beschlüsse sind in sprechakttheoretischen Sinne deklarativ: die Erklärung der Grundrechte, die Einsetzung einer Bundesregierung und der Beschluß über die Verfassung sind Rechtsetzungsakte – wenn sie auch wegen des Wiedererstarkens der Monarchien weitgehend unwirksam bleiben.

In der Paulskirche gibt es zwar Ausschüsse, aber es dominiert die Plenardebatte. Es gibt keine Redezeitbegrenzung und keine vorbereiteten Rednerlisten. Das Gros der etwa 600 Abgeordneten organisiert sich in Clubs, die mit der Zeit an Bedeutung gewinnen, die aber weniger straff organisiert sind, weniger Druck auf die einzelnen Abgeordneten ausüben können und weniger Abstimmungspräjudizierungen schaffen als heutige Fraktionen. Im Plenum besteht die Chance, durch Reden Abstimmungen zu beeinflussen. Schon in den ersten Debatten kommt es im Plenum, obwohl die vier wichtigsten Gruppierungen (Rechte, rechtes Zentrum, linkes Zentrum, Linke) eigene Beschlußvorschläge einbringen, nach intensiver Debatte zu einem fast einstimmigen Beschluß. [11]

Wenn auch das gemeinsame Bewußtsein der Aufgabe, auf nationaler Ebene Verfassung und Regierungsstruktur zu schaffen, vor allem in den ersten Monaten eine politische Klammer schafft, so prallen in der Paulskirche erstmals in parlamentarischem Rahmen Gegensätze der Ideologien und Interessen aufeinander: Monarchisten und Republikaner, Kleindeutsche und Großdeutsche, Rechtsliberale und Sozialrevolutionäre, atheistische Liberale und klerikal gesinnte Katholiken. Was später im Reichstag z.T. zu haßerfüllter Feindrhetorik, zu Ausgrenzung und Kriminalisierung politischer Gegner führt, ist in der Paulskirche noch durch das Bewußtsein einer gemeinsamen nationalen Aufgabe und durch die Achtung der ‹Würde des Hauses› gezügelt. Man geht im Großen und Ganzen respektvoll miteinander um.

Die Redner bemühen sich um ‹hohen Stil›. Pathos und literarische Anspielungen sind häufig. In der vielfach komplexen Syntax zeigt sich der Einfluß klassisch-lateinischer Schulbildung. Daß man einander zuhört und die Argumente der anderen abwägt, schlägt sich nieder in dem hohen Anteil konzessiven Argumentierens (Schema: *a sei Ihnen zugestanden; aber dennoch gilt nicht b, sondern non-b; denn für mich ist c entscheidend*). [12]

Einige Reden im Paulskirchen-Parlament gelten als ‹große Reden›, nicht nur wegen ihrer formalen Qualitäten, sondern weil sie dem parlamentarischen Diskurs entscheidende Wenden geben, so die Rede des Präsidenten HEINRICH VON GAGERN, mit der er aus der paradoxen

Situation, in der sich ein Parlament ohne Regierung befindet, die Position eines ‹Reichsverwesers› ins Spiel bringt: «Ich tue einen kühnen Griff; und ich sage ihnen: Wir müssen die provisorische Zentralgewalt selbst schaffen.»[13] Das Paulskirchen-Parlament bleibt eine Episode, allerdings mit historischer Fernwirkung.

Ein nationales, jedoch kleindeutsches Parlament wird erst mit der Reichsgründung 1871 erneut eingerichtet: der Reichstag der 1918 mit Weltkriegsniederlage und Revolution endenden Wilhelminischen Ära. Dem Parlament steht eine ihm nicht verantwortliche, vom Kaiser ernannte Regierung gegenüber. Die politischen Kräfte treten nun als Parteien auf. Im Parlament schließen sich ihre Abgeordneten als Fraktionen zusammen. Wie im Plenum entschieden wird, wird zuvor in Fraktionssitzungen festgelegt. Das allgemeine Wahlrecht für Männer (Frauen sind erst ab 1918 wahlberechtigt) führt zu einem Erstarken der politischen Kräfte der Arbeiterbewegung, die zum großen Teil marxistisch orientiert sind und die vorhandene Gesellschaftsordnung grundsätzlich bekämpfen. Im Parlament herrscht z.T. ideologische und interessenbegründete politische Feindschaft, die sich vor allem in den Auseinandersetzungen um das Sozialistengesetz, um die Rechte der katholischen Kirche (‹Kulturkampf›) und um die Flottenpolitik niederschlägt. Die Fronten verlaufen meist zwischen den konservativen preußisch-evangelisch-feudalstaatlich gesinnten und den nationalliberal orientierten Parteien einerseits sowie den sozialistisch orientierten Kräften (SPD) oder dem katholischen Zentrum andererseits.

In den Plenardebatten hat diese Situation erhebliche Konsequenzen: Die Redner und ihre Reihenfolge werden meist durch die Fraktionen bestimmt. Das Abstimmungsverhalten ist im Plenum kaum noch beeinflußbar, höchstens durch Intervention des übermächtigen Reichskanzlers. Die Debatten werden kompetitiv, oft aggressiv geführt. Es wird nicht nur in der Sache gestritten. Vielfach verunglimpft man einander, indem man sich wechselseitig Unglaubwürdigkeit, Unbedachtheit, Unverantwortlichkeit, Maßlosigkeit, Unanständigkeit und Verstöße gegen die höchsten politischen und ethischen Werte vorwirft.

Der Reichstag ist auch schon ein ‹Arbeitsparlament›, so daß sich dort neben den Ideologen auch die Fraktionsexperten profilieren können. Die Sprache der Debattenredner wird zur Mischung aus Ideologievokabular, allgemeinsprachlichem Handlungs- und Meinungsvokabular, politischem Institutionenvokabular und dem Wortschatz von Fachressorts.

Bemerkenswert ist der Redestil des Reichskanzlers OTTO VON BISMARCK, der beherrschenden Persönlichkeit der beiden ersten Reichstagsjahrzehnte. Im Unterschied zu den meisten Spitzenrednern der Reichstagsfraktionen setzt er Pathos nur sparsam ein. Er argumentiert vorwiegend pragmatisch, indem er häufig und engmaschig auf die Konsequenzen politischer Maßnahmen, insbesondere auf zu erwartende Reaktionen von Freund, Feind und Dritten verweist – im Falle von *refutationes* auf ihm mißliebige Positionen oft sarkastisch, manchmal auch drastisch.[14]

Nach der Entlassung Bismarcks als Reichskanzler (1890) ändert sich der regierungsseitige Ton im Reichstag vor allem in außenpolitischer Hinsicht. Immer wieder schlägt nationalistisch-chauvinistisches Pathos durch, ohne daß Reaktionen des Auslandes mitbedacht werden. Die Kehrseite dieser Rhetorik ohne Rücksicht auf (ausländische) Reaktionen ist das Pathos der friedlichen Unschuld, mit dem WILHELM II. die Thronrede zur Eröffnung des deutschen Reichstags 1914 zur Rechtfertigung der Mobilmachung nutzt: «Die Welt ist Zeuge gewesen, wie unermüdlich wir in dem Drange und den Wirren der letzten Jahre in erster Reihe standen, um den Völkern Europas einen Krieg zu ersparen [...] In aufgedrungener Notwehr mit reinem Gewissen und reiner Hand ergreifen wir das Schwert.» Das dient gleichzeitig als Rechtfertigung, den parlamentarischen Pluralismus auszuschalten, inszeniert im (aufgenötigten) Modus der Selbstverpflichtung der Fraktionen: «Sie habe gelesen, Meine Herren, was Ich an Mein Volk vom Balkon des Schlosses aus gesagt habe. Hier wiederhole Ich: Ich kenne keine Parteien mehr, Ich kenne nur Deutsche. Zum Zeichen dessen, daß Sie fest entschlossen sind, ohne Parteiunterschiede, ohne Stammesunterschiede, ohne Konfessionsunterschiede durchzuhalten mit Mir durch dick und dünn, durch Not und Tod, fordere Ich die Vorstände der Parteien auf, vorzutreten und Mir das in die Hand zu geloben.»[15]

Ist der Reichstag von 1871 die Folge des militärischen Sieges über Frankreich vor dem Hintergrund politischer Kontinuität, so sind die verfassunggebende Deutsche Nationalversammlung (1919) und der Reichstag (1920) der Weimarer Republik die Konsequenz einer innerstaatlichen Revolution vor dem Hintergrund der militärischen Niederlage im Ersten Weltkrieg. Die neue, republikanische Verfassung knüpft vor allem mit den Grundrechten und der Regierungsverantwortlichkeit gegenüber dem Parlament an die nicht umgesetzte Paulskirchenverfassung an. Allerdings sieht sie einen Reichspräsidenten mit großen Vollmachten vor allem in Notlagen vor, was ab etwa 1930 zur weitgehenden Entmachtung des Parlaments führt (Notverordnungen; Verlagerung der politischen Macht auf das Umfeld des greisen Reichspräsidenten von Hindenburg). Zum ersten Mal haben Frauen aktives und passives Wahlrecht.

In der Weimarer Nationalversammlung und stärker noch im Reichstag sind von Anfang an Feinde der Verfassung und Verächter des Parlamentarismus (auf der linken Seite die Kommunisten, auf der rechten die Deutschnationalen, später die Nationalsozialisten) in erheblicher Zahl vertreten. Die Regierungen wechseln häufig und sind teilweise Minderheitskabinette vorwiegend der ‹bürgerlichen Parteien›. Vor dem Hintergrund schwieriger wirtschaftlicher Verhältnisse (Reparationen ab 1919, Inflation 1923, Weltwirtschaftskrise und Massenarbeitslosigkeit ab 1929) beherrscht politische Instabilität die meisten Jahre der Weimarer Republik. Am Ende sind die KPD, die die Diktatur des Proletariats anstrebt, und die NSDAP, die die nationalsozialistisch-völkische Führer-Diktatur propagiert, in der Mehrheit. Teilweise werden Reichstagssitzungen dazu genutzt, den Parlamentarismus lächerlich zu machen. HITLER bekennt offen, die Reichstagsabgeordneten der NSDAP «hätten ausdrücklich den Auftrag, mitzuhelfen, daß der Parlamentarismus recht bald sterbe».[16] Hitlers Parlamentsbild ist geprägt durch Besuche im Parlament des ‹cisleithanischen› (= nicht-ungarischen) Teils des Habsburgerreiches, im ‹Abgeordnetenhaus des k.k. Reichsrates›, die während seiner Wiener Jahre stattfinden. Dieses Parlament vermittelt in den Jahren vor dem Ersten Weltkrieg ein Zerrbild des Parlamentarismus. Es ist ein multiethnisches Parlament mit Fraktionen und Einzelvertretern von rund 30 Parteien und Gruppen, die aus politischen und/oder ethnischen Gründen vielfach verfeindet sind und sich in immer neuen Konstellationen wechselseitig blockieren. Vor allem eine gänzlich unzureichende Geschäftsordnung begünstigt eine weitgehende Arbeitsunfähigkeit: Zehn Verhandlungssprachen sind zugelassen, aber es gibt keine Dolmetscher. Die Redezeit ist nicht begrenzt, so daß jederzeit Verhandlungssabotage durch Dauerreden möglich ist, was auch häufig praktiziert wird. Mehrfach muß die jährliche Parlamentssession unter Verfall sämtlicher nicht verabschiedeter Gesetzesinitiativen vorzeitig abgebrochen werden.

Parlamentsdebatten haben im Reichstag der Weimarer Republik immer zwei Ebenen: die der themenspezifischen Auseinandersetzung und die des Fundamentaldissenses über das politische System. In Reden und Zwischenrufen lodert häufig offene politische Feindschaft auf. Basis dafür ist auf der rechten Seite der Vorwurf, die Weimarer Republik sei das Kind eines nationalen Verrats: die Revolution von 1918 als «Dolchstoß» in den Rücken einer «im Felde unbesiegten» Armee durch die «November-Verbrecher» des linken politischen Spektrums, die damit auch die Schuld am demütigenden und drückenden Versailler Vertrag trügen. Von kommunistischer Seite lautet der Vorwurf, am Elend der Arbeiterschaft sei die «kapitalistische Ausbeutung» schuld, die vor allem auch durch die SPD gestützt werde.

Der alle weiteren Debatten prägende Riß durch die Volksvertretung zeigt sich schon bei der Reaktion auf die ersten Sätze der Eröffnungsrede der Weimarer Nationalversammlung am 6.2. 1919 vor F. EBERT (SPD): «Die provisorische Regierung verdankt ihr Mandat der Revolution; sie wird es in die Hände der Nationalversammlung zurücklegen. In der Revolution erhob sich das deutsche Volk gegen die veraltete, zusammenbrechende Gewaltherrschaft.» Darauf vermerkt das Protokoll: «Zustimmung links. – Lebhafter Widerspruch rechts».[17]

Im Juni 1919 wird die Nationalversammlung mit dem Ultimatum der Weltkriegssieger vor eine ausweglose Situation gestellt: Annahme eines extrem ungerechten und belastenden Friedensvertrages oder Weiterführung des Krieges mit Invasion und möglicher Zerschlagung Deutschlands. Hier wird eine der wenigen Debatten geführt, in der die Redner schonend miteinander umgehen – offenbar in der Erkenntnis daß nicht nur der parlamentarische Gegner für eine schlimme Alternative stimmt, sondern daß die Alternative, für die man selber stimmt, ähnlich verheerend ist. [18] Diese Demütigung hat Langzeitwirkung. Je mehr Zeit vergeht, um so mehr wird die Mehrheit, die dem Vertrag schließlich zustimmt, für eben diesen mit verantwortlich gemacht.

Am Ende der Weimarer Republik geht man im Parlament nicht nur verbal gegeneinander vor: Nachdem Hitler Reichskanzler geworden ist, läßt die neue Regierung noch vor dem Reichstagsbeschluß über das Ermächtigungsgesetz die Mitglieder der kommunistischen Fraktion und z.T. der SPD-Fraktion verhaften. In der letzten Debatte des Reichstages, in der eben dieses den Parlamentarismus aushebelnde Ermächtigungsgesetz behandelt wird (23.3.1933), wird seitens der Nationalsozialisten gegen den SPD-Vorsitzenden O. WELS, der sich für seine Fraktion gegen das Gesetz wendet, nicht mehr argumentiert, sondern es wird nur noch höhnisch gelacht – vor allem am Ende der Rede, wo Wels in einer Art Abschiedsbotschaft sich den Opfern der nationalsozialistischen Gewalttätigkeiten zuwendet: «Wir grüßen die Verfolgten und Bedrängten. Wir grüßen unsere Freunde im Reich. Ihre Standhaftigkeit und Treue verdienen Bewunderung. Ihr Bekennermut, ihre ungebrochene Zuversicht – (Lachen bei den Nationalsozialisten. – Bravo! bei den Sozialdemokraten) verbürgen eine hellere Zukunft. (Wiederholter lebhafter Beifall bei den Sozialdemokraten. – Lachen bei den Nationalsozialisten.)» [19]

1949 beginnt mit dem Grundgesetz der Bundesrepublik ein neues Kapitel des Parlamentarismus in Deutschland. Es gibt eine vertikale Gewaltenteilung zwischen Bundes- und Länderebene ohne das Übergewicht eines Landes wie früher Preußens. Die Regierungschefs werden von den Parlamenten gewählt. Die Regierungen sind dem Parlament verantwortlich. Das Institut des Konstruktiven Mißtrauensvotums begünstigt die Stabilität von Koalitionsregierungen. Von Anfang an steht die überwältigende Mehrheit der Parlamentarier hinter der parlamentarischen Staatsform, nach den Verboten der KPD und der SRP Anfang der 50er Jahre der gesamte Deutsche Bundestag. Die Einrichtung eines Verfassungsgerichts, die Möglichkeit des Verbots verfassungsfeindlicher Parteien durch eben dieses und die Fünf-Prozent-Klausel begünstigen dies.

Diese ‹Gemeinsamkeit der Demokraten› führt allerdings nicht dazu, daß in Plenardebatten das deliberative Bemühen, im Stil des Paulskirchen-Parlaments durch Reden möglichst viele andere Abgeordnete bei Abstimmungen auf die eigene Seite zu ziehen, wieder auflebt. Die Gliederung des Parlaments in Fraktionen nach Parteizugehörigkeit und die Vorbereitung der parlamentarischen Entscheidungen in Koalitionsrunden, Fraktionsvorständen, Fraktionsdebatten und Ausschußsitzungen läßt nur selten Spielraum für Persuasionschancen im Plenum. Obwohl nach Art. 23 des Grundgesetzes die Abgeordneten nur ihrem Gewissen verantwortlich sind, sind Stimmabgaben im Plenum, die von der Mehrheitsentscheidung der jeweiligen Fraktion abweichen, selten. Reden von ‹Abweichlern› im Plenum sind noch seltener, weil sie durch das Recht der Fraktionen, Rednerlisten für die vereinbarte Debattenzeit aufzustellen, gehindert und auf den Weg einer schriftlichen Erklärung zur Abstimmung verwiesen werden können. Der Druck auf Fraktionen, homogen zu argumentieren und geschlossen abzustimmen, hat zumindest in Deutschland unter den Bedingungen der sog. ‹Mediendemokratie› noch zugenommen, da Nicht-Geschlossenheit von politischen Konkurrenten und von den Massenmedien weithin als Zerstrittenheit gedeutet wird und auf diese Weise das öffentlich gepflegte Bild von der *corporate identity* einer Fraktion beeinträchtigt wird.

Der Deutsche Bundestag arbeitet seit Beginn unter gänzlich anderen Medienbedingungen als frühere deutsche Parlamente. Während die Bürger noch in der Weimarer Republik fast ausschließlich auf die zusammenfassende, oft verzerrende Zeitungsberichterstattung über Parlamentsdebatten angewiesen sind, werden zumindest die großen Plenardebatten des Deutschen Bundestages ab 1949 im Hörfunk direkt übertragen. Nachdem das Fernsehen zum dominierenden Medium geworden ist, sind Plenardebatten den Fernsehzuschauern vor allem in zwei Formen zugänglich: erstens im politischen Teil der Nachrichtensendungen reduziert auf Kürzestausschnitte mit konfliktzuspitzenden Formulierungen der Hauptredner von Regierungs- und Oppositionsseite, zweitens als umfangreiche Direktübertragungen meist in Dritten Programmen oder in Spartenkanälen (‹Phoenix›) mit geringen Einschaltquoten.

Bundestagsdebatten haben daher immer schon Schaufensterfunktion und Legitimationscharakter: Es geht insbesondere bei den Spitzenrednern nicht nur darum, vor der Geschichte zu rechtfertigen, welche Gründe zu welchem Abstimmungsverhalten geführt haben, es geht auch nicht nur darum, vor der eigenen Fraktion als sachkundiger, fesselnder, den Gegner beeindruckender Redner dazustehen, sondern vor allem darum, von der Presse zitiert, möglichst aber mit griffigen Formulierungen in der Fernsehberichterstattung (in den frühen 50er Jahren im Hörfunk) präsent zu sein. Mehrfachadressierung [20] ist daher ein Hauptmerkmal moderner P. Wer hier erfolgreich reden will, darf nicht nur auf die unmittelbare Resonanz im Plenum achten, sondern muß versuchen, Hypothesen über die durch Medienberichterstattung zu erwartende Wirkung in der Öffentlichkeit – vom politisch interessierten laienhaften Bürger bis zum sachverständigen Interessenvertreter oder zu den politischen Kommentatoren relevanter Presseorgane – zu entwickeln. Mehrfachadressierung und Mehrfachfunktion von P. bringen es mit sich, daß in lexikalischer Hinsicht meist eine Mischung aus allgemeinsprachlichem Handlungsvokabular, fachsprachlichem Ressortvokabular, Ideologievokabular und gegnergerichtetem Aggressionsvokabular vorherrscht.

Anders als seit den 70er Jahren, seit denen die Medienpräsenz der Spitzenpolitiker sich mehr und mehr in Interview- und Talkshowsituationen verlagert, ist in den ersten Jahrzehnten der Bundesrepublik das Parlamentsplenum der vorrangige Ort, an dem Politiker medienwirksam auftreten. Der Erfolg des ersten Bundeskanzlers K. ADENAUER (CDU) auch als Parlamentsredner ist nicht zuletzt darauf zurückzuführen, daß seine P. durchaus ‹hörfunkgerecht› waren: einfaches Vokabular, relativ kurze Sätze, maßvolle Modulation und Lautstärke, die sich deutlich unterschied von der forcierten, oft in die Nähe des Schreiens kommenden Modulation, wie sie bei den politischen Versammlungsrednern der Weimarer Republik – nicht zuletzt als Folge unzureichender Lautsprechertechnik – verbreitet ist und wie sie Adenauers politischer Kontrahent K. SCHUMACHER (SPD) pflegt. In inhaltlicher Hinsicht konzentriert Adenauer sich in seinen Reden auf die Formulierung eindeutiger Positionen, gestützt durch einfach nachzuvollziehende Argumente, wobei er, seinen Informationsvorsprung als Verhandlungspartner vor allem der Westmächte nutzend, die Interessantheit seiner P. des öfteren durch Mitteilungen und Berichtselemente steigert.

In lexikalisch-semantischer Hinsicht werden die großen Plenardebatten der Adenauerzeit durch eine vor allem von CDU/CSU vertretene Polarisierung politischer Konzepte mit «Soziale Marktwirtschaft» und «freier Westen» als Positiv-Begriffen und «Planwirtschaft» und «kommunistische Diktatur»/«kommunistische Bedrohung» als Negativ-Begriffen dominiert, der die SPD-Opposition keine ähnlich eindeutige Begriffs-Konstellation entgegensetzen kann.

Vom Ende der 60er Jahre an kehrt sich in den Debatten des Deutschen Bundestages die semantische Dominanz um. Den Leitbegriffen der sozialliberalen Koalition aus SPD und FDP (ab 1969) «Entspannungspolitik», «Friedenspolitik», «Politik der Reformen», «Demokratisierung» hat die CDU/CSU-Opposition wenig entgegenzusetzen. Seit Mitte der 70er Jahre treten solche viele Jahre lang durchgehaltenen dominanten Begriffskonstellationen im Parlament in den Hintergrund. Es gibt themenspezifische, mehr oder weniger kurzfristig dominante Begriffsoppositionen, etwa Mitte der 90er Jahre die Bezeichnungskonkurrenz zwischen «Sicherung des Standorts Deutschland» (CDU/CSU, FDP) und «Sozialabbau» (SPD, GRÜNE, PDS) zur Charakterisierung von sozialgesetzgeberischen Maßnahmen der Regierung KOHL. Das ursprünglich außerparlamentarische Thema ‹Umwelt› wird im Laufe der 80er Jahre von allen Parteien lexikalisch und semantisch adaptiert. Über den ab 1989 sich vollziehenden Prozeß der deutschen Wiedervereinigung entsteht keine dauerhafte semantische Polarisierung. Hintergrund dafür ist das Fehlen von Kontroversen über die politische Grundorientierung von so tiefgreifender Natur, wie es sie in den 50er und dann wieder vom Ende der 60er bis Mitte der 70er Jahre gab.

‹Große› Debatten und ‹große› P. werden durch die modernen politischen und medialen Systembedingungen nicht begünstigt. Zur ‹großen Rede› gehört nicht nur ein besonders wichtiges Thema, sondern auch eine große Wirkung. Die aber ist nur möglich, wenn die Rede Überraschendes, Unerwartetes, vom Redner oder seiner politischen Gruppierung bisher nicht Vernommenes enthält. In der modernen Mediendemokratie ist jedes wichtige Thema, bevor es im Parlament behandelt wird, Gegenstand öffentlicher Diskurse, an denen sich Spitzenpolitiker zu beteiligen pflegen, bevor es zu Parlamentsdebatten kommt. Die parlamentarische Behandlung eines Themas beginnt nicht im Plenum, sondern in den Fraktionen. Vor allem bei öffentlichkeitswirksamen Themen sind die fraktionsinternen Meinungen und Auseinandersetzungen in den Medien bekannt, bevor etwa ein Gesetzentwurf zur Ersten Lesung ins Plenum kommt. Auch wenn Reden dort stilistisch noch so brillant sind: Im Plenum wird dadurch niemand umgestimmt und außerhalb des Parlaments vermischt sich die Wirkung der Rede mit der Resonanz auf vorgängige Beiträge einer Vielzahl parlamentarischer und außerparlamentarischer Beteiligter.

Selten ist darum das Plenum des Parlaments der Ort, an dem durch Reden überraschende oder überfällige Wenden bei wichtigen Themen vollzogen werden, wie etwa durch die berühmte Bundestags-Rede H. WEHNERS am 30. Juni 1960, mit der er überraschend die Annäherung der SPD an die bis dahin bekämpfte Adenauersche Außenpolitik öffentlich macht. Die Chance zur großen Rede vor dem Parlament besteht vor allem, wenn sie nicht Teil einer Debatte ist, sondern Teil eines meist langwierigen Gesetzgebungsverfahrens ist. Auch Regierungserklärungen am Anfang einer Legislaturperiode haben diese Chance normalerweise nicht – denn Regierungsprogramme und Koalitionsvereinbarungen, auf deren Grundlage sich jede Regierung bewegt, sind in der Öffentlichkeit vorher bekannt. Regierungsprogramme haben darüber hinaus das rhetorische Manko, über weite Strecken katalogartige Aufzählungen von Regierungsvorhaben im gesamten Spektrum der Ressortpolitiken und der davon betroffenen Bevölkerungs- und Interessengruppen zu sein. Eine Ausnahme stellt die Regierungserklärung des Ministerpräsidenten DE MEZIÈRE (CDU) nach der ersten freien Wahl in der DDR am 19. April 1990 vor der Volkskammer dar, in der dieser die Vereinigung mit der Bundesrepublik zum Hauptziel seiner Regierung erklärt und gleichzeitig vor dem Hintergrund der Geschichte der DDR den Part und den Anspruch der Ostdeutschen im wiedervereinigten Deutschland deutlich macht.

Keine übliche Parlamentsrede war auch die Gedenkrede im Bundestag, die der Bundespräsident RICHARD VON WEIZSÄCKER am 8. Mai 1985 auf Bitten der Fraktionen von CDU/CSU, SPD und FDP zum 40. Jahrestag der

Beendigung des Zweiten Weltkrieges hält. Die große Resonanz auf diese Rede hat ihre Gründe vor allem darin, daß es dem Redner in einer hinsichtlich des historischen Datums nervösen, z.T. aufgeheizten öffentlichen Atmosphäre gelingt, ein dissensbelastetes Thema (Bedeutung und Bewertung des 8. Mai 1945 unter politischen, ethischen, historischen, nationalen und internationalen Gesichtspunkten) in einer epideiktischen – und das heißt: konsensverlangenden – Redesituation zu einem weithin akzeptierten Konsens zu bringen, ohne die brisanten Themenaspekte zu umgehen oder auf konventionelle Konsensformeln auszuweichen.

Ähnliches versucht bei einer Gedenkveranstaltung des Deutschen Bundestages am 10. November 1989 zum 50. Jahrestag der Pogrome des nationalsozialistischen Regimes gegen die jüdische Bevölkerung (sog. «Reichskristallnacht») der Bundestagspräsident Ph. Jenninger. Dabei lassen sich viele Zuhörer insbesondere durch eine längere Passage irritieren, in der er dem Gros der damals lebenden Deutschen NS-beeinflußte Gedankengänge unterstellt, die er in Form der *erlebten Rede* artikuliert. Man wirft ihm vor, daß er die Distanz zum Nationalsozialismus nicht deutlich genug markiert habe – obwohl er stärker als von Weizsäcker die Deutschen der NS-Zeit als Tätervolk charakterisiert.[21] Ein öffentlicher Proteststurm führt zu seinem Rücktritt.

Parallel zur Bundesrepublik Deutschland wird 1949 in der sowjetischen Besatzungszone die ‹Deutsche Demokratische Republik› gegründet. Die dortige ‹Volkskammer› (1949–1989) ist insofern ein Pseudo-Parlament, als ‹Wahlen› nicht frei und geheim sind (daher ‹Wahlergebnisse› immer knapp unter 100%) und die Fraktionsstärken unbeeinflußt durch Wahlergebnisse festliegen. Die Zusammensetzung der Volkskammer ist so austariert, daß die SED (Sozialistische Einheitspartei Deutschlands) direkt oder – durch SED-Mitglieder in der Volkskammer vertretenen ‹Massenorganisationen›, z.B. des FDGB (Freier Deutscher Gewerkschaftsbund) – indirekt die unangefochtene Mehrheit besitzt und darüber hinaus die anderen parlamentarischen Gruppierungen vom Wohlwollen der SED abhängig sind.[22] Daher kommt es in der Volkskammer nicht zu kontroversen Debatten: Abstimmungsergebnisse sind immer einstimmig oder nahezu einstimmig. Der Kommunikationsmodus in Volkskammer-Reden bewegt sich in einem Spektrum zwischen Zustimmung, Dank, Gratulation oder auch rituellem Enthusiasmus gegenüber den Maßnahmen der Regierung, der SED-Führung oder den Beschlüssen des vorangegangenen SED-Parteitages.[23] Dies ändert sich im letzten Jahr der Existenz der DDR. Im Zuge der ‹friedlichen Revolution› 1989 gibt es in der Volkskammer erstmals deutliche Kritik an der SED-Führung. Im Winter 1989/90 übernimmt der sog. ‹Runde Tisch›, ein Gremium, in dem die SED-dominierte geschwächte Regierung vor allem den Vertretern der oppositionellen ‹Bürgerbewegungen› gegenübersitzt und in dem offene Diskussionen und Verhandlungen geführt werden, in gewisser Weise parlamentarische Funktion.[24] Die erste aus allgemeinen, freien, gleichen und geheimen Wahlen im März 1990 hervorgegangene Volkskammer debattiert wie ein ‹normales› Parlament und beschließt mit dem Beitritt der DDR zur Bundesrepublik Deutschland 1990 ihre eigene Auflösung.

Anmerkungen:
1 vgl. H. Boldt: Dt. Verfassungsgesch., Bd. 2 (1990) 81. – **2** W. Holly: Parlamentarische Geschäftsordnungen des 19. Jh., in: D. Cherubim, S. Grosse, K.J. Mattheier (Hg.): Sprache und bürgerliche Nation (1998) 423ff. – **3** G. Buchda: Reichsstände und Landstände in Deutschland im 16. u. 17. Jh., in: H. Rausch (Hg.): Die gesch. Grundlagen der modernen Volksvertretung, Bd. 2 (1974) 235. – **4** Holly [2]. – **5** ebd. 431. – **6** vgl. G. Kalivoda: Parlamentarische Rhet. und Argumentation (1986) 73ff. – **7** ebd. 93ff. – **8** E. Bleich: Der 1. Vereinigte Landtag in Berlin 1847. Reprint (1977) Bd. II, 22. – **9** vgl. J. Klein: Kann man Begriffe besetzen, in: F. Liedtke, M. Wengeler, K. Böke (Hg.): Begriffe besetzen (1991) 44ff. – **10** G. Kalivoda: Parlamentarischer Diskurs und politisches Begehren – Unters. zum Sprachgebrauch des 1. Vereinigten Landtags von 1847, in: R. Wimmer (Hg.): Das 19. Jh. Sprachgesch. Wurzeln des heutigen Deutsch (1991) 393ff. – **11** A. Burkhardt: «geredet, geträumt, gezögert, gezankt». Zur politischen Kommunikation in der Paulskirche, in: A. Burkhardt, K. Pape (Hg.): Sprache des dt. Parlamentarismus (2000) 75ff. – **12** ein Musterbeispiel konzessiven Argumentierens bietet die Rede von Ernst Moritz Arndt zur Frage der Abschaffung des Adels, in: G. Ueding (Hg.): Dt. Reden von Luther bis zur Gegenwart (1999) 480ff. – **13** F. Wiegard (Hg.) Stenograph. Bericht über d. Verh. der dt. constituierenden Nationalsammlung zu Frankfurt am Main (ND 1988) I, 521. – **14** ein Musterbeispiel für diesen Stil ist Bismarcks Rede in der Verfassungsdebatte im Reichstag des Norddt. Bundes, in: Ueding [12] 489ff. – **15** ebd. 506f. – **16** A. Hitler: Reden, Schr., Anordnungen. Bd. 3, Teil 1 (1994) 197. Rede auf NSDAP-Versammlung in München am 29.10. 1928 (hg. v. Institut für Zeitgesch., München); vgl. B. Hamann: Hitlers Wien. Lehrjahre eines Diktators (1998) 169–193. – **17** Ueding [12]. – **18** vgl. E. Felder: Handlungsleitende Konzepte in der Nationalversammlungsdebatte über die Unterzeichnung des Versailler Vertrages im Jahre 1919, in: Burkhardt, Pape [11] 111ff. – **19** in: Ueding [12] 542. – **20** vgl. P. Kühn: Mehrfachadressierung. Unters. zur adressatenspezifischen Polyvalenz sprachlichen Handelns (1995). – **21** vgl. u.a. P. von Polenz: Verdünnte Sprachkultur. Das Jenninger-Syndrom in sprachkritischer Sicht, in: DS 17 (1989) 289–316; H.-J. Heringer: Jenninger und die kommunikative Moral, in: SuL 65 (1990) 40–48; J. Kopperschmidt: Öffentliche Rede in Deutschland. Überlegungen zur politischen Rhet. mit Blick auf zwei Gedenkreden im Dt. Bundestag, in: Mu 99 (1989) 213–220; Y. Suzuki: Erlebte Rede versus Indirekte Rede – Ignaz Bubis zitiert Jenningers umstrittene Passage, in: Zs. für Angewandte Linguistik 33 (2000) 91–100. – **22** vgl. DDR-Hb., hg. vom Bundesministerium für innerdt. Beziehungen (1975) 911ff. – **23** vgl. R. Geier: Parlamentarische Reden in den Farben der DDR, in: Burkhardt, Pape [11] 419ff. – **24** R. Läzer: Von der «Demokratie der Straße» zum demokratischen Parlament. Politische Streitkultur in Verh. am Runden Tisch, in: Burkhardt, Pape [11] 431ff.

J. Klein

II. *Moderne P.* Vielfach wird die Idee des Parlamentarismus identifiziert mit ‹government by discussion›, wobei manchmal eine enge und idealisierte Vorstellung von ‹discussion› zugrunde gelegt wird: als punktueller, ausschließlich an sachlichen Aspekten orientierter, ergebnisoffener Austausch von Argumenten, an dessen Ende es zu einer möglichst konsensuellen Entscheidung kommt. Von diesem Idealbild, dem nicht einmal die Realität wissenschaftlicher Diskurse entspricht, ist die Wirklichkeit des Parlamentarismus – nicht nur des modernen – ziemlich weit entfernt. Geht man allerdings von einem weiter gefaßten Diskussionsbegriff aus, dessen wesentliches Merkmal es ist, daß Positionen und Argumente frei geäußert und in öffentlichem Pro und Contra ausgetragen werden – unabhängig davon, wie hoch die Bereitschaft der Beteiligten ist, sich von anderen überzeugen zu lassen, unabhängig davon, wie hoch die emotionalen, nicht unmittelbar an der Sache orientierten Anteile sind, und unabhängig davon, ob es sich um eine punktuelle Debatte oder um einen komplexen Diskurs auf unterschiedlichen Ebenen mit unterschiedlichen Beteiligten handelt, die nicht nur Argumente austauschen, sondern auch miteinander verhandeln –, dann ist Parlamentarismus tatsächlich ‹government by discussion›.

Die heute vor allem durch das Fernsehen mit seiner Vorliebe für Minimalausschnitte aus Plenardebatten suggerierte Vorstellung, Parlament sei identisch mit Plenum und Plenardebatte sei ausschließlich polemischer Schlagabtausch mit Hoffnung auf Öffentlichkeitswirkung, verkennt, daß hinter der Bühne des Plenums Parlamente vor allem als Arbeitsparlamente fungieren. In einer komplexen, ökonomisch und sozial empfindlichen, dem technologischen Wandel ausgesetzten Gesellschaft, die auf vielerlei Weise in die internationale Staaten- und Wirtschaftswelt verflochten ist, bedeutet Arbeit an der Gesetzgebung die Notwendigkeit von vielfältigem Verknüpfen und Rückkoppeln auf dem Niveau von Expertendiskursen.[1] Dies geschieht in Parlamentsausschüssen und Arbeitsgruppen der Fraktionen. Wirksame Rede bedeutet da: auf der Basis von Sachkennerschaft und Gespür für das jeweils Relevante Schwachpunkte von Vorschlägen aufzudecken, intelligente Alternativen präzis zu formulieren, Auswege aus Dilemmata zu weisen, auch hin und wieder neue Ideen zu kreieren – und dies dem jeweilgen Adressatenkreis angemessen: verbindlich oder energisch, selten provozierend, möglichst nicht langatmig. Vor allem ist auch Reformulierungskompetenz im Hinblick auf Bezugstexte unverzichtbar.

Auf der Ebene der nicht-öffentlichen Parlamentsgremien und noch mehr auf der Ebene von Gesprächen zwischen Beauftragten innerhalb solcher Gremien (z.B. zwischen den Berichterstattern der Fraktionen für ein bestimmtes Gesetz) ist vor allem Verhandlungskompetenz wichtig, d.h. Vorschläge und Gegenvorschläge zu machen, Konsequenzen und Alternativen durchzuspielen, Vorschläge zu bewerten, zu modifizieren oder anzunehmen, Druck auszuüben, Kompromisse auszuloten, Angebote zu machen oder zurückzuziehen. Das erfordert besonders die Sprechhandlungen des Darlegens, Vorschlagens, Erklärens, Begründens, Zurückweisens, Fragens, Forderns und Drohens auf flexible Weise themen-, interessen- und adressatengerecht handhaben zu können.[2]

Reden im Plenum verlangen demgegenüber das schmalere Sprechhandlungsspektrum des Pro- und Contra-Plädierens. Die Anlässe für Plenardebatten sind vielfältig und die Referenztexte für Plenumreden sind unterschiedlich, insbesondere Gesetzentwürfe, Entschließungsanträge, Regierungserklärungen und Große Anfragen. Während das Reden in den internen Parlamentsgremien meist ohne schriftliche Vorab-Fixierung erfolgt und die Grenze zwischen abgeschlossener Rede und Gesprächsbeitrag vielfach fließend ist, beruhen Reden im Plenum trotz aller Reformbemühungen zugunsten des freien Sprechens überwiegend auf mehr oder weniger detailliert ausformulierten Manuskripten. Allerdings ist Schlagfertigkeit bei Zwischenrufen gefordert.

Seit es Parlamentarismus gibt, gibt es Parlamentskritik.[3] Diese richtet sich heute, anders als in vormodernen Epochen, nicht gegen die mit dem Parlamentarismus eng verknüpften Grundprinzipien, wie die der politischen Pluralität, der freien, gleichen und geheimen Wahlen und des Mehrheitsprinzips. Es werden Phänomene des Kommunikationsstils kritisiert, etwa mangelnde Spontaneität der P. und die Abhängigkeit der Redner von Manuskripten. Dem wird die Notwendigkeit der Präzision bei Stellungnahmen zu komplexen politischen Materien entgegengehalten. Vielfach wird der aggressive Umgang der Debattenredner miteinander beklagt. Allerdings relativiert sich dieser Eindruck, wenn man Debatten in ihrer Gesamtheit betrachtet und sich nicht an medienvermittelten knappen Ausschnitten orientiert.

Grundlegender ist Kritik, die die Glaubwürdigkeit der Parlamentsredner und die Relevanz der Debatten betrifft. Vieles spricht dafür, daß das hohe Maß an Mißtrauen gegenüber ‹den Politikern› damit zusammenhängt, daß in der repräsentativen Demokratie die Parlamentarier Entscheidungen treffen, ohne daß das Volk darauf einen direkten Einfluß hat. Möglicherweise kann die Einführung partizipativer und plebiszitärer Elemente die Vertrauensbasis zwischen Parlamentariern und Bürgern verbessern.[4]

Die inhaltliche Kritik an der P. geht von zwei Ansätzen aus: Der erste betrachtet Plenardebatten aufgrund ihrer Unwichtigkeit für das Abstimmungsverhalten der Abgeordneten als ärgerliche Schauveranstaltungen.[5] Diese Auffassung verkennt, daß es für die politische Kommunikationskultur unverzichtbar ist, den beteiligten Akteuren am Ende eines komplexen Beratungsverfahrens und angesichts der entscheidenden Abstimmung die Gelegenheit zu geben, ihre Positionen vor der Öffentlichkeit und vor der Geschichte in konzentrierter und zugleich expliziter Form rednerisch deutlich zu machen.[6]

Kritisch wird auch ein zweifacher Funktionsverlust von Parlamenten und damit von P. gesehen: 1. Immer mehr andere ‹Arenen›, insbesondere die Medien und immer weniger die Parlamente, werden zu Plattformen und Brennpunkten der relevanten öffentlich-politischen Diskurse.[7] Diese Entwicklung scheint irreversibel zu sein. 2. Ebenfalls kritisiert wird, daß politische Entscheidungen vielfach aus dem Parlament in korporatistische Gremien (z.B. in der Zusammensetzung: Regierungsvertreter, Wirtschaftsvertreter, Gewerkschaftsvertreter) oder in ‹Koalitionsrunden›, bestehend aus den Spitzenpolitikern koalierender Regierungsparteien, verlagert werden. Solche Praktiken sind abhängig von Mehrheitsverhältnissen sowie vom politischen Interaktionsstil der jeweils regierenden Politiker und daher eher reversibel.

Anmerkungen:
1 vgl. W. Patzelt: Parlamentskommunikation, in: O. Jarren, U. Sarcinelli, U. Saxer (Hg.): Politische Kommunikation in der demokratischen Ges. (1998) 434f. – **2** J. Klein: Gespräche in politischen Institutionen, in: K. Brinker, G. Antos, W. Heinemann, S. Sager (Hg.): Text- und Gesprächslinguistik, 2. Halbbd. (2001). – **3** H. Wasser: Parlamentarismuskritik vom Kaiserreich zur Bundesrepublik. Analyse und Dokumentation (1974). – **4** vgl. J. Klein: Plebiszite in der Mediendemokratie, in: G. Rüther (Hg.): Repräsentative oder plebiszitäre Demokratie – eine Alternative? (1996) 244–260. – **5** z.B. W. Dieckmann: Ist die Parlamentarische Debatte ein «Organisiertes Streitgespräch»?, in: N. Gutenberg (Hg.): Hören und Beurteilen (1984) 79–99. – **6** J. Klein: Politische Textsorten, in: K. Brinker (Hg.): Aspekte der Textlinguistik (1991) 268ff. – **7** vgl. U. Sarcinelli: Von der parlamentarisch-repräsentativen zur medial-präsentativen Demokratie? Zum Legitimitätswandel demokratischer Politik, in: A. Burkhardt, K. Pape (Hg.): Sprache des dt. Parlamentarismus (2000) 161–171.

Literaturhinweise:
D.W. Allhoff: Rhet. Analyse der Reden u. Debatten des ersten dt. Parlamentes von 1848/49 (1975). – A. Burkhardt: Zwischen Diskussions- u. Schaufensterparlamentarismus, in: A. Dörner, L. Vogt (Hg.): Sprache des Parlaments u. Semiotik der Demokratie (1995) 73–106. – H. Diekmannshenke, I. Meißner (Hg.): Politische Kommunikation im hist. Wandel (2001). – M. Funke (Hg.): Die Republik der Friedlosigkeit. Äußere u. innere Belastungsfaktoren der Epoche von Weimar 1918–1933, in: Aus

Politik u. Zeitgesch., B 32–33 (1994) 11–19. – H. Grünert: Sprache u. Politik. Unters. zum Sprachgebrauch der «Paulskirche» (1974). – W. Holly: Politikersprache. Inszenierungen u. Rollenkonflikte im informellen Handeln eines Bundestagsabgeordneten (1990) – W. Ismayr: Der Dt. Bundestag (1992). – ders.: 50 Jahre Parlamentarismus in der Bundesrepublik Deutschland, in: Aus Politik u. Zeitgesch., B 20 (1999) 14–26. – G. Kalivoda: Stilistik der politischen Ausgrenzung, in: B. Sandig: Stilistisch-rhetor. Diskursanalyse (1988) 87–101. – ders.: Rhet. des Machtstaates. Unters. zum parlamentarischen Sprachgebrauch im Dt. Reichstag am Bsp. der Flottendebatten von 1898 u. 1900, in: A. Burkhardt, F. Hebel, R. Hoberg (Hg.): Sprache zwischen Militär u. Frieden: Aufrüstung der Begriffe? (1989) 269–284. – J. Klein: Politische Rhet., in: SuL 75/76 (1995) 62–99. – ders.: Textsorten im Bereich politischer Institutionen, in: K. Brinker, G. Antos, W. Heinemann, S. Sager (Hg.): Text- u. Gesprächslinguistik, 1. Halbbd. (2000) 732–755. – U. Sarcinelli: Repräsentation oder Diskurs?, in: Zs. für Politikwiss. 8, H. 2 (1998) 547–567. – C. Thimm: «Power-related talk» (PRT): Argumentationsstile in einer politischen Debatte, in: J. Klein, H. Diekmannshenke (Hg.): Sprachstrategien u. Dialogblockaden (1996) 123–148. – W. Zeh: Parlamentarismus. Historische Wurzeln – Moderne Entfaltung (³1990).

J. Klein

→ Debatte → Eristik → Gemeinwohl → Genera causarum → Konservative Rhetorik → Marxistische Rhetorik → Meinung, Meinungsfreiheit → Öffentlichkeit → Parteilichkeit → Paulskirchenrhetorik → Politik → Politische Rede → Politische Rhetorik → Rede → Redefreiheit → Rednerbühne → Revolutionsrhetorik → Sozialistische Rhetorik → Thronrede → Utile → Volksrede → Wahlkampf

Parodie (griech. παρωδία, parōdía, Gegen- oder Beigesang; dt. Parodie; engl. parody; frz. parodie; ital. parodia).

A.I. Begriffsbildung, Begriffsfeld. – II. P. und *imitatio*. – III. P. und *imitatio* in Kunst und Musik. – IV. P. und *aptum*. – V. Begriffsbestimmung der P. und verwandter Formen. – B.I. Antike und Renaissance. – II. Kontrafaktur in der Reformationszeit. – III. Komisches Epos im 18. Jh. – IV. 19. u. 20. Jh. – V. Unterhaltungs- und Lachtheater.

A.I. *Begriffsbildung und Begriffsfeld.* Der Begriff ‹P.› bezeichnet im engen Sinn eine spezifische literarische Schreibweise, die im wesentlichen durch zwei Merkmale gekennzeichnet ist: Sie ist (a) intertextuell auf eine Vorlage bezogen und (b) komisch. In der älteren Begriffsgeschichte wird als *genus proximum* der P. die Nachahmung bestimmt. Die *differentiae specificae* werden im funktionalen Verhältnis des Textes zur Vorlage (kritische, affirmative, neutrale Imitation), im strukturellen Verhältnis von Text und Vorlage (Imitation, Transformation, Transposition) oder in der Intention gesucht (heiter, scherzhaft, spöttisch, höhnisch, satirisch usw.). Die neuere Forschung bemüht sich verstärkt um eine semiotische und rezeptionsästhetische Konzeption der P.[1]

Im weiten Sinn ist ‹P.› der Überbegriff für verschiedene, meistens gattungskonstitutive Textverarbeitungsverfahren, zu denen neben der P. (im engen Sinn) weitere Gattungen wie Travestie, Kontrafaktur, Pastiche, Cento oder Palinodie gehören. Von diesen Formen wird die P. in der Theorie bevorzugt behandelt. Doch ist sie sachgeschichtlich keineswegs von größerer Bedeutung als die historisch äußerst erfolgreichen Verwandten Travestie und Kontrafaktur. Als Ersatz für ‹P.› im weiten Sinn werden der seit dem 17. Jh. gebräuchliche Ausdruck ‹Burleske›[2] und neuerdings das Kunstwort ‹Hypertextualität›[3] diskutiert.

II. *P. und imitatio.* In der Poetik der römischen Klassik[4] und der Renaissance[5] hat die Nachahmung eine zentrale Bedeutung als produktionssteuerndes Prinzip (*imitatio auctorum/veterum*).[6] Zusammen mit den rhetorischen Vorgaben der *praecepta* bestimmt ein festgelegter Kanon (*ordo, numerus*) vorbildlicher Texte (*exempla*) und musterhafter Autoren (*auctores imitandi*) die Dichtung. *Imitatio* unterwirft die Dichtung der normbildenden Tradition, wirkt aber umgekehrt auch als kanonbildendes Regulativ. Während der historische Stillstand der Literatur v.a. durch die Anpassungsfähigkeit des Kanons verhindert wird, sorgt das Komplementärprinzip der *aemulatio*, das die Nachahmer in Wettstreit mit der Tradition setzt, dafür, daß die Imitationslehre trotz des seit dem Humanismus und besonders im 17. Jh. zunehmenden Innovationsdrucks (*novitas*) Bestand hat.

Die parodistische Schreibweise ist aber nicht einfach eine Erfüllung des Imitationsgebotes im Rahmen der *aemulatio*; sie konstituiert sich vielmehr – so wie die das Unterordnungsverhältnis zwischen ‹Alten› und ‹Modernen› umkehrende Genieästhetik – als Kritik und Reflexion der *imitatio*. Während die klassische Nachahmungslehre ein Verbergen der *imitatio* (*dissimulatio*)[7] verlangt und die Genieästhetik *imitatio* negiert, stellt die parodistische Schreibweise die *imitatio* zur Schau und verstößt damit sowohl gegen das Gebot der *dissimulatio* als auch gegen das Imitationsverbot.[8]

III. *P. und imitatio in Kunst und Musik.* Sowohl die ursprüngliche Einheit von Musik und Literatur, die in der Frühgeschichte der P. zu berücksichtigen ist, als auch die kunst- bzw. musikhistorische Herkunft zentraler Begriffe (v.a. ‹Pastiche› bzw. ‹Kontrafaktur›) scheinen einen universalen, 'gemeinsamen' Parodiebegriff nahezulegen. Tatsächlich aber führt die codespezifische Eigengesetzlichkeit der verschiedenen Künste zu heteromorphen Anwendungen der *imitatio*.

Der besonders in der Renaissance-Kunst verbreiteten Nachahmung alter Meister im Pasticcio[9] (vgl. z.B. MICHELANGELOS antikisierende Figur eines schlafenden Cupido[10], ca. 1496) liegt eine Täuschungsabsicht zugrunde. Die *Fälschung*[11] unterscheidet sich vom Pasticcio – sowie von der (deklarierten) Kopie[12] – nur durch den betrügerischen Zweck der Täuschung. *Dissimulatio*, deren Mißachtung die P. definiert, ist also für den Pastiche eine Voraussetzung. Die besondere Bedeutung dieser Form der Nachahmung in der Kunst ist nur vor dem Hintergrund des spekulativen Kunsthandels und der Bindung des Werts an Unikate verständlich. Echte Formen der künstlerischen P., wie sie etwa in der Pop Art (z.B. in A. WARHOLS ‹Mona Lisa›-Parodie ‹Thirty Are Better Than One›, 1963) auftreten, können hier in der spielerischen Auseinandersetzung mit dem Waren- und Unikatcharakter der Kunst auf Methoden der (mechanisch-industriellen) Reproduktion zurückgreifen.[13] In der Literatur manifestiert sich in gelegentlichen Plagiatsvorwürfen, die v.a. gegen erfolgreiche Autoren erhoben werden (gegen BRECHT wegen Villon-Versen in der ‹Dreigroschenoper›, gegen DÜRRENMATT wegen Wedekind-Bezügen in ‹Die Ehe des Herrn Mississippi›) das schwierige Verhältnis zwischen Urheberrecht und ästhetischer Freiheit. Wirkliche Fälschungen spielen aber, von spektakulären Ausnahmen wie dem Briefwechsel von ABAELARD und HELOISE (13. Jh.) oder MACPHERSONS ‹Ossian›-Dichtungen (1760–1763) abgesehen, nur eine marginale Rolle.[14] Der *Pastiche* als literarische Form gewinnt nur dort eine gewisse Bedeutung, wo die betrügerische einer didaktischen oder experimentellen Absicht Platz macht (Pastiche als Stilübung)[15] oder wo der ‹pastiche volontaire› in PROUSTS Verständnis als defensives Mittel gegen die unbewußte Beeinflussung durch die Tradition (‹pastiche involontaire›) eingesetzt werden kann.[16]

In der *Musik* spielt die P. im Sinn einer dialogischen, evtl. sogar komisierenden oder satirischen intertextuellen *Bezugnahme* lange Zeit kaum eine Rolle. Von durchgehender Bedeutung sind dagegen v.a. in der Vokal- und Choralmusik unterschiedlichste Arten der Bearbeitung (z.B. von einstimmigen zu mehrstimmigen Werken), der Wiederverwendung oder Überarbeitung (häufig durch denselben Komponisten), der Vertonung (oder ‹Textierung›), der Ausschmückung (‹Tropierung›, ‹Paraphrase›) usw.[17] Diese Fertigungsmuster werden in der Musik, soweit es sich nicht um eigentliche Kontrafakturen handelt, als ‹P.› bezeichnet. Dem Hörer bleibt die Imitation entweder verborgen oder sie ist für das Verstehen der Komposition belanglos. Der Durchbruch zur Intertextualität gelingt erst im Übergang vom bloßen Materialzitat zum funktionalen Zitat in der Symphonik des 19. Jh. (z.B. in BERLIOZ' ‹Symphonie fantastique›)[18]; ein systematischer Gebrauch von parodistischen Bezügen findet sich in der Opernparodie (WAGNER-Parodien u.a.)[19] und in der ‹Neuen Musik› (z.B. in K. STOCKHAUSENS ‹Opus 1970› und M. KAGELS ‹Ludwig van›).[20] Da die Semantizität der Musik umstritten ist[21] und folglich Begriffe wie ‹musikalische Komik› oder ‹musikalische Satire› vage bleiben müssen, läßt sich der literarische Parodiebegriff auf diese Phänomene jedoch nur mit Einschränkungen anwenden.

IV. *P. und aptum.* Ein typisches Merkmal der parodistischen Intertextualität ist die Verwendung der Unangemessenheit als P.-Signal. Unangemessenheit entsteht, wenn die Transposition von Figuren, Motiven, Stilelementen usw. zu einer *kotextuellen oder kontextuellen Inkongruenz* führt. Wird die Transposition ‹störungsfrei› (d.h. unter Wahrung des *aptums*) vollzogen, müssen zusätzlich zur Transposition Verfahren *konterdeterminiearter Transformation* (‹Verfremdung›) hinzutreten, damit eine parodistische Wirkung erzeugt wird.

Ausgehend von dieser Betrachtungsweise läßt sich erklären, warum MANETS Bild ‹Le balcon› (vgl. Abb. 2) keine P. zu GOYAS ‹Las majas en el balcón› (vgl. Abb. 1) ist. Die Dekontextualisierung der Figurengruppe auf einem französischen Balkon wird nämlich aufgefangen durch die vollständige Rekontextualisierung in der Pariser Mode der Zeit. Erst MAGRITTES Bild ‹Perspective› (vgl. Abb. 3), das mit einer *verfremdenden* Kostümierung sowohl das schon von Manet angewandte Umkleidungsverfahren thematisiert als auch gegen das *aptum* verstößt, stellt eine P. dar. Dieser Unangemessenheit kann in der literarischen P. z.B. eine unangemessene Stilwahl entsprechen. Parodistisch ist neben der stilistischen Unangemessenheit allerdings auch die *stilistische Übertreibung*. Sowohl Unangemessenheit als auch Übertreibung müssen funktional sein. Magrittes Bildparodie ist insofern funktional, als die Einsargung von Manets Figuren im Hinweis darauf, daß Manets Modelle 70 Jahre nach der Entstehung des Bildes wahrscheinlich nicht mehr leben, eine zeitliche und indirekt auch eine ästhetische Distanz gegenüber dem Vorbild zum Ausdruck bringt.

V. *Begriffsbestimmung der P. und verwandter Formen.* Der intertextuelle Bezug eines Textes auf Einzeltexte (Prätexte) oder textübergreifende Merkmale ganzer Textklassen (Gattungsparodie, Stilparodie usw.) gilt

Abb. 1: F. J. Goya: Las majas en el balcón (ca. 1810–1820). © *The Metropolitan Museum of Art, Photograph Library, New York.*

dann als parodistisch, wenn (1) die Vorlage in augenfälliger Weise imitiert wird und der imitierende Text (Posttext) außerdem (2a) ‹an sich› komisch ist und/oder (2b) durch den Bezug auf die Vorlage eine satirische Funktion hat (Komisierung der Vorlage). Die Komisierung beruht (3) im wesentlichen auf einer Verletzung des *aptum* durch (A) Inkongruenz und/oder (B) Übertreibung. Neben dem Modus des Imitierens gibt es weitere intertextuelle Bezugsmodi, welche akzidentiell auch in der P. auftreten können. Das ist der Fall, wenn die Vorlage *zitiert* oder referentiell *thematisiert* wird oder wenn poetische Muster *demonstrativ angewendet* werden.

Faßt man den Begriff der *Kontrafaktur* nicht im engern Sinn des historischen Genres der geistlich-weltlichen Liedumdichtung auf, sondern als allgemeinen theoretischen Typus, so läßt sich die Kontrafaktur von der P. dadurch unterscheiden, daß sie (a) nicht komisch ist und (b) sich nicht satirisch gegen die Vorlage richtet, sondern deren kommunikatives Potential für ‹fremde Zwecke› benutzt.[22] *Beispiel:* «Cogito, ergo leaso» (Ich denke, darum lease ich).[23] Zu beachten ist, daß strikt nur die ‹Verspottung› der Vorlage ausgeschlossen ist. Möglich sind dagegen der satirische Bezug auf einen *von der Vorlage unabhängigen* Sachverhalt («NATO ergo bumm!»[24]) sowie im Extremfall auch der Bezug zur Vorlage in Form einer *nichtsatirischen* Umkehrung der Aussage («Cogito ergo non sum»[25], *contradictio*, Palinodie).

Zwischen der *satirischen* P. und der *ernsthaften* Kontrafaktur steht als dritter Typ die *burleske* Travestie.

Abb. 2: É. Manet: *Le balcon* (1869) © Photo RMN – Hervé Lewandowski.

Abb. 3: R. Magritte: *Le balcon* (1950) (*Perspective*) © Museum für Schöne Künste, Gent.

Diese ist (a) im Gegensatz zur P. nicht satirisch, (b) im Gegensatz zur Kontrafaktur aber komisch (nicht ernsthaft). *Beispiel:* «ich summe / also / bien ich.»[26] Parodietheoretisch ist also zwischen *kritischer* (‹satirischer›) und *spielerischer* (‹burlesker›) Komik zu unterscheiden.

Wie das folgende Schema verdeutlicht, sind die drei genannten Haupttypen also durch Familienähnlichkeit miteinander verbunden. Ihre Unterscheidung beruht auf den Kriterien satirisch/nichtsatirisch und komisch/nichtkomisch, wobei ‹komisch› und ‹nichtsatirisch› sich überschneiden, ‹nichtkomisch› und ‹satirisch› sich dagegen ausschließen.

satirisch	*nichtsatirisch*	
komisch		*nichtkomisch*
PARODIE	TRAVESTIE	KONTRAFAKTUR
satirisch	burlesk (spielerisch)	ernsthaft

Literaturhinweise:
E. Rotermund: Die P. in der modernen dt. Lyrik (1963). – A. Liede: P. [1966], in: ders.: Dichtung als Spiel. Stud. zur Unsinnspoesie an den Grenzen der Sprache. (^{2}1992), 319–421 (= RDL², s.v. ‹P.›). – J. v. Stackelberg: Lit. Rezeptionsformen. Übers., Supplement, P. (1972). – L. Hutcheon: A Theory of Parody. The Teachings of 20th-Century Art Forms (New York/London 1985). – M.A. Rose.: Parody/Metafiction (London 1979). – W. Freund: Die lit. P. (1981). – B. Müller (Hg.): Parody. Dimensions and Perspectives. (Amsterdam 1997).

B. I. *Antike und Renaissance.* Nach ARISTOTELES' und ATHENAIOS' Bericht hat der Rhapsode HEGEMON VON THASOS (vor 400 v.Chr.) als erster von der P. Gebrauch gemacht. [27] Der Parodiebegriff, der auch mit einer von der üblichen Rhapsodie abweichenden Vortragsweise verbunden wird [28], ist schon bei Aristoteles ein Textbegriff. Die P. bleibt in der antiken Poetik und Rhetorik bis zu QUINTILIAN der *imitatio* verbunden.[29] Wie weit in der literarischen Praxis Komisierung und intertextuelle Funktionalisierung von Bedeutung waren, ist ungewiß. [30] Mit Ausnahme der anonymen ‹Batrachomyomachia› (Der Froschmäusekrieg, 6./5. Jh. v.Chr.) sind aus der antiken Literatur keine eigentlichen Parodien überliefert. Dennoch finden sich in verschiedenen anderen Genres zerstreute Komponenten des ‹Parodistischen›: Spott in der *Menippeischen Satire*, Elemente niedriger Komik in *Satyrspiel* und *Komödie*, artistisch-spielerische Ausprägungen der Intertextualität in den aus Zitaten collagierten *Centonen*.[31] Im *Mittelalter* werden religiöse bzw. theologische Texte (Passionsgeschichte, Abendmahl, Messen, Katechismen, Marienlieder usw.) parodierbar.[32]

Die *Renaissance-Poetik* trägt zunehmend auch dem ‹adversativen› Element der P. Rechnung. SCALIGERS Definition der P. als «Rhapsodia inversa mutatis vocibus ad ridicula sensum retrahens» (verdrehte Rhapsodie, die durch Textveränderungen die Bedeutung scherzhaft verkürzt) [33] spricht das Verhältnis von Text und Vorlage zwar an. Den adversativen Charakter der P. begründet Scaliger aber nicht mit der ‹Dialogizität› dieses Verhältnisses, sondern mit der Stellung der P. im Gattungssystem: Sie ist die Inversions- und Komplementärgattung zu den kanonisierten Leitgattungen Epos und Tragödie. [34] Aber auch als solche bleibt sie in erster Linie deren Nachahmung. Immerhin ist durch die Konzeptualisierung einer scherzhaften neben der rein imitativen P. (‹parodia seria› im Sinne einer Adaptation) die wichtigste Voraussetzung geschaffen für die Abspaltung des Parodiebegriffs von der Imitationslehre und für die Zuspitzung des Inversionsmomentes zur satirischen Intertextualität. Realisiert wird diese Umakzentuierung allerdings erst in der modernen Komiktheorie (FLÖGEL [35]).

Besonders repräsentativ für die neuzeitliche Geschichte der P. – und außerdem exemplarisch für je einen der drei systematischen Grundtypen – sind im Bereich der Lyrik die Lied-Kontrafaktur (ernsthafte Imitation), für die Erzählliteratur das Komische Epos (tendenziell satirisch) sowie das bürgerliche Unterhaltungstheater im 19. Jh. (tendenziell burlesk).

Literaturhinweis:
O. Delepierre: La parodie chez les grecs, chez les romains et chez les modernes (London 1870).

II. *Kontrafaktur in der Reformationszeit.* Die geistliche Umdichtung weltlicher Lieder ist schon für die frühchristlichen Glaubenskriege bezeugt und findet sich noch im 15. Jh. in der katholischen Kirche (HEINRICH VON LOUFENBERG), bevor sie, ausgelöst durch den sprunghaft steigenden liturgischen Bedarf nach volkssprachlichen Liedern, den Höhepunkt ihrer Entwicklung in der Reformation erreicht (LUTHER, H. SACHS, H. KNAUST, H. VESPASIUS). [36] Sie dient der Verbreitung der neuen Konfessionen, dem Verdrängungskampf gegen das Volkslied – «damit das böse ergerliche weiß / unütze und schampare Liedlin / auff den Gassen / Felde / Häusern / unnd anderswo / zusingen / mit der zeit abgehen möchte / wann mann Christliche / gute nütze Texte und Wort darunter haben köndte» [37] – und nicht zuletzt dem direkten (von beiden Seiten geführten) Angriff auf die Glaubensgegner (vgl. Luthers Kontrafaktur gegen Herzog Heinrich von Braunschweig und Wolfenbüttel ‹Ach du arger Heintze›, was hastu gethan›, 1541, nach dem Passionslied ‹O du armer Judas, was hastu gethan› und das gegenreformatorische ‹Ein fest Haus ist die Römisch Kirch›, nach Luthers ‹Ein feste Burg ist unser Gott›). [38] Der polemische Aspekt der Kontrafaktur fließt später ein in die politische Lyrik des 19. Jh.

Der Anteil eigentlicher Kontrafakturen, die sich auch im Text auf ihre Vorlage beziehen, ist in den älteren Luthergesangbüchern noch gering, nimmt aber ab der Jahrhundertmitte zu. [39] Das Verhältnis zwischen Kontrafaktur und Textvorlage geht vom kurzen Anzitieren in der 1. Strophe (Luther: ‹Vom Himel hoch da kom ich her›, 1535, nach ‹Aus fremden Landen komm ich her›) bis zur fast vollständigen Übereinstimmung mit minimalen Textersetzungen (H. Knaust: ‹O Welt ich muß dich lassen›, 1571, nach ‹Innsbruck ich muß dich lassen›). Während in der Reformationszeit besonders häufig Liebeslieder als Vorlage dienen, gewinnt dann in der barocken Mystik bukolische Naturlyrik an Gewicht. [40]

Neben dem Typus der textbezogenen Kontrafaktur wird weiterhin auch die rein ‹musikalische Kontrafaktur› gepflegt, d.h. die mehrfache Verwendung bekannter Melodien (‹modi›, ‹Weisen›, ‹Töne›) ohne Textbezug, wie sie auch schon in der mittellateinischen Liedkunst (z.B. in geistlichen Sequenzen und Cantionen oder in den weltlichen Liedern der ‹Carmina Burana›), in provenzalischer Trobadorkunst, im Minnesang und Meistergesang üblich ist. Die weltliche Umdichtung geistlicher Texte z.B. in Gebetsparodien (v.a. im Rahmen der Vagantendichtung) verfügt im allgemeinen über eine satirische Tendenz und kann deshalb nur beschränkt als direktes Gegenstück zur geistlichen Kontrafaktur betrachtet werden.

III. *Komisches Epos im 18. Jh.* BOILEAU führt 1701 den Gattungsbegriff *poème héroï-comique* ein für sein zunächst als ‹poème héroïque› erschienenes Werk ‹Le lutrin› (Das Chorpult, 1674/83). Damit wird erstens die parodistische Lektüre dieses Genres, dessen Verhältnis zum Heroischen Epos zwischen der Erfüllung und der Komisierung von dessen Normen oszilliert, festgeschrieben. Und zweitens vollzieht der Begriff eine parodietheoretisch folgenreiche Abgrenzung: Schon im Vorwort der 1. Auflage hatte Boileau Wert auf die Feststellung gelegt, das im Gegensatz zum Burlesken der ‹Travestie›, in der Dido und Aeneas wie Waschweiber und Halunken sprechen würden, bei ihm «un burlesque nouveau» eine Uhrmacherin und einen Uhrmacher wie Dido und Aeneas sprechen lassen würde. [41] Er bezieht sich auf das *inaptum*-Kriterium, mit dem – bevor sich Parodie- und Travestiebegriff zu vermischen beginnen – nach allgemeinem theoretischen Konsens unterschieden wird zwischen der ‹Burlesken Travestie›, welche einen hohen Gegenstand in unangemessen niedriger Form behandelt, und der P., welche einen hohen Stil auf einen niedrigen und vulgären Stoff anwendet. [42] Die P. ist demnach ein *burlesque retourné* (PERRAULT). [43]

Diese P.-Travestie-Unterscheidung ist scheinbar klar; doch ihre Anwendung gerade auf das ‹Komische Heldengedicht›, dessen Situierung sie eigentlich dienen sollte, ist nicht unproblematisch, da weder die heroischkomische P. in Wirklichkeit eine (begrenzte) Absenkung der Stilhöhe oder die Ergänzung der niedrigen mit ‹heroisch› hohen Figuren ganz ausschließt [44] noch die ‹Burleske Travestie› den hohen Stoff immer unangetastet übernimmt. [45] Aus intertextualitätstheoretischer Sicht liegt der entscheidende Unterschied darin, das sich die ‹Burleske Travestie› auf einen bestimmten *Einzeltext* oder zumindest einen bestimmten Mythos, das ‹Komische Heldengedicht› dagegen auf eine ganze *Gattung* bezieht. Gattungsgeschichtlich und parodietheoretisch müssen denn auch die Gemeinsamkeiten der beiden Genres gegenüber den Unterschieden im Vordergrund stehen: Zum einen ist beiden Formen gemeinsam, daß sich die Komik aus dem intertextuellen Bezug ergibt. Im Sinne der vorliegenden Begriffsexplikation gehören also beide zum Typus der satirisch-komischen P. [46] Zum andern sind sie beide gemeinsam durch den intertextuell-parodistischen Bezug von andern (nicht, weniger oder in anderer Weise intertextuellen) Formen der äußerst vielfältigen scherzhaften Epik wie z.B. der englischen Sonderform des ‹Hudibrastischen Epos› [47] abzugrenzen.

Ausgehend von Vorläufern und Vorbildern in Italien und Frankreich (ARIOST und Ariost-P., TASSONI, BOILEAU, LALLI, SCARRON u.a.) [48] wandern ‹Komisches Heldengedicht› und ‹Burleske Travestie› über England (DRYDEN, POPE) [49] in den deutschen Sprachraum (ZACHARIÄ, BLUMAUER u.a.) [50], wo es eine Renaissance von Mythos und Heldenepik schon im 12. Jh. gegeben hat (HEINRICH VON VELDEKE, HERIBORT VON FRITZLAR, ohne direkten Einfluß auf das 18. Jh., da erst im 19. Jh. ediert). [51] Schließlich wird das komische Epos zunehmend vom sich parallel entwickelnden Komischen Roman verdrängt, sowie von Formen, die andere (z.B. nichtantike) Prätexte aktualisieren und/oder deren Komik mehr narratologisch als intertextuell bedingt ist. [52]

Literaturhinweise:
Ch. Craig: Chr. M. Wieland as The Originator of The Modern Travesty in German Literature (Chapel Hill 1970). – B. Becker-Cantarino: A. Blumauer and the Literature of Austrian Enlightenment (1973). – W. Freund: Prosa-Satire. Satirische Romane im späten 18. Jh., in: Harsers Sozialgesch. der dt. Lit. Bd. 3, hg. v. R. Grimminger (1980) 716–738. – J. v. Stackelberg: Vergil, Lalli, Scarron. Ein Ausschnitt aus der Gesch. der P., in: arcadia 17 (1982). 224–244. – B. Moennighoff: Intertextualität im scherzhaften Epos des 18. Jh. (1991). – C. G. Colomb: Designs on Truth. The Poetics of the Augustan Mock-Epic (Pennsylvania 1992).

IV. *19. und 20. Jh.* Unter dem zunehmenden Einfluß des antirhetorischen [53] Geniegedankens erodiert das *imitatio*-Modell ‹positiver› poetischer Selbstbegründung zur negativen Selbstwahrnehmung in der besonders für die 2. Hälfte des 19. Jh. typischen Kategorie des *Epigonentums*. Seit den Anfängen der modernen Literaturgeschichtsschreibung in der Romantik wird der Kanon durch Historisierung in seiner normsetzenden Kraft neutralisiert, aber auch als künstlerisches Material verfügbar gemacht. Unter diesen Voraussetzungen erklärt NIETZSCHE die Künstler im ‹studierten Zeitalter› zu «Parodisten der Weltgeschichte», zu Nachahmungs- und Verkleidungskünstlern. [54] Die Flut von Klassiker-P., die Verbreitung und Kanonisierung der P. in einschlägigen Anthologien [55] und Witzblättern [56] sowie das Auftauchen von spezialisierten ‹Parodisten› wie L. EICHRODT oder F. MAUTHNER, welche ‹Gedichte in allerlei Humoren› serienweise produzieren [57], gibt dieser Auffassung recht. Obwohl der P.-Begriff (in einem allerdings überstrapazierten Sinn) als Signum für den Zustand der Kultur überhaupt oder die Stellung des Künstlers in der Gesellschaft an Bedeutung gewinnt [58], wird die P. (im strengen Sinn einer spezifischen Schreibweise) nie zum reinen Spätzeit-Phänomen. Zwar demonstriert und betreibt sie, z. B. in der viktorianischen Literatur [59], die Abnutzung literarischer Verfahren und ist auf diese Weise Symptom eines literarhistorischen Innovationsbedarfs. Doch kann sie auch literarische Zukunftsperspektiven entwerfen. [60] Dies gilt z. B. im ‹bürgerlichen Lachtheater› (vgl. Abschn. V) dem es besser als dem ‹ernsten› Theater gelingt, auf die gesellschaftlichen Umwälzungen zu reagieren. [61]

Reine Klassiker-P. im Stil Eichrodts oder Mauthners verlieren, obwohl sie zu Beginn des 20. Jh. und auch in der frühen Nachkriegsliteratur noch recht beliebt sind (KLABUND, E. KÄSTNER, R. NEUMANN, F. TORBERG, R. MÜLLER-FREIENFELS, W. BUHL, A. EICHHOLZ) [62], als populäre Unterhaltungsliteratur im Laufe der zweiten Jahrhunderthälfte, trotz vereinzelter Ausnahmen (D. SAUPE, K. BARTSCH) [63], zunehmend an Bedeutung. Diese Tendenz steht im Zusammenhang mit dem wachsenden Angebot komischer Unterhaltung in anderen Medien (Karikatur, Cartoon, Comics, Slapstick-Filme, Fernseh-Soap Operas), möglicherweise auch im Zusammenhang mit dem 'Abbröckeln' des Kanons bzw. eines sich unter dem Einfluß poststrukturalistischer und dekonstruktivistischer Texttheorien verändernden Autorbildes. Anstoß zu satirischen P. geben neben Th. Mann vor allem Autoren und Texte des Ästhetizismus und des Expressionismus (George, Hofmannsthal, Rilke u. a.). Neue Impulse gehen aus vom literarischen Kabarett (F. WEDEKIND, W. MEHRING, H. VON GUMPPENBERG, MYNONA) und von der Lyrik (R. GERNHARDT, P. RÜHMKORFF). Der Bedeutungsverlust der P. als selbständiger Gattung wird kompensiert durch die Integration parodistischer und intertextueller Momente in die Schreibweisen von klassischer Moderne (J. JOYCE, A. DÖBLIN, B. BRECHT) und Postmoderne (U. ECO, A. KLUGE, H. MÜLLER, P. SÜSKIND).

V. *Unterhaltungs- und Lachtheater.* Das bürgerliche Unterhaltungs- und Lachtheater, das im 19. Jh. seinen Aufschwung nimmt und im 20. Jh. im Bouevardtheater weiterlebt, aber auch das literarische Kabarett oder F. Dürrenmatts Komödien [64] beeinflußt, soll abschließend zur Illustration des dritten P.-Typs, der burlesken Travestie, dienen. Im Lachtheater vom Volksstück bis zu Vaudeville und Operette wird die P. kombiniert mit Elementen der populären Lachkultur, Bühnenkomik und Musikunterhaltung (Hanswurstiade, Stegreifspiel; Einlagen von Sängern, Artisten, Virtuosen Zauberern; Quodlibet, Couplet usw.). Die beiden Hauptmerkmale dieses Theaters – niederer Stil und (klein-)bürgerliches Personal – welche Lokalbezug und Publikumsnähe garantieren, machen das ‹Lachtheater› der Vorstadtbühnen (Wien, Paris usw.) zur *Gegenform* von Hof-, Staats- und Bildungstheater. In dieser historischen Theaterkonstellation entspricht die Stellung und Funktion der P. exakt deren klassizistischer Definition als Inversions- und Komplementärgattung (‹Satyra ex Tragoedia› [65]), die sich letztlich immer aus Aristoteles' Bestimmung der Komödie als niederer Gegengattung zur hohen Tragödie herleitet und aus dieser das Kriterium der Standeshöhe übernimmt. [66]

Da Lachtheater selbst aber auch als Bildungstheater funktioniert – Nestroys ‹Judith und Holofernes› (1849) setzt möglicherweise größere Kenntnisse voraus als Hebbels unparodistische ‹Judith› (1841) – und Vorstadtbühnen neben P. teilweise auch deren Vorlagen im Repertoire haben (z. B. Schiller), sind die Grenzen zwischen Theater und ‹Gegentheater›, zwischen P. und freier Adaptation, trotz der Signalfunktion des Knittelverses, nicht immer einfach zu ziehen.

Größere Bedeutung im *Alt-Wiener Volkstheater* vor Nestroy haben *Mythentravestien* [67], z. T. ohne bestimmte Vorlage, *Opernparodien* [68], meistens mit Parodiebezug im Libretto und Lokalbezug in der Musik (Volkslied- und Couplet-Melodien), P. auf *Melodramen, Ritterstücke* und *pathetische Schicksalstragödien* [69] sowie *Schiller-* und *Shakespeare-P.*, in denen etwa Fiesco als Salamikrämer, ‹Othello› als ‹Mohr in Wien› und Hamlet als ‹Prinz von Tandelmarkt› erscheinen. [70]

Bei NESTROY wird der Begriff ‹P.› gelegentlich zum Synonym für ‹Posse› (auch ‹parodierende Posse›). Nestroys *Possen* sind spielerisch-burlesk; satirisch sind sie meistens nur insofern, als sie sich – im Sinne der Kontrafaktur – *mittels* einer Vorlage gegen Genres (‹Zauberposse›), gegen das Erhabene oder das Sentimentale an sich (Holtei-P.), überwiegend jedoch v. a. gegen gesellschaftliche Zeiterscheinungen richten. [71] Aus der teilweisen Ablösung des Burlesken vom Satirisch-Parodistischen ergaben sich im Lachtheater Entwicklungsmöglichkeiten, welche der Etablierung der Operette dienlich werden sollten. Nestroys eigene Opernparodien richten sich gegen das Pathos gruselromantischer Teufels- und germanischer Heldenopern, vertreten aber parodistisch das ‹ältere› Modell starker Vorlagenbezogenheit, so daß sie für die Operette trotz einiger Berührungspunkte nicht direkt modellbildend waren. [72]

Die *parodistische Operette* bezieht sich allgemeiner auf Mythe, Sage, Legende und Märchenwelt. Ihre klassische, von OFFENBACH geprägte Form ist die Mythentravestie [73], ihre Mittel sind Anspielung, Bildungszitat, Anachronismus usw. sowie die übliche Herabsetzung durch Dekontextualisierung. Anfänglich ist ihr Bezugshorizont das Mythenverständnis der Barockoper; die Mythenrenaissance des Fin de siècle gibt ihr neue Aktualität. [74]

Literaturhinweise:
M. Dietrich: Jupiter in Wien. Oder Götter und Helden der Antike im Altwiener Volkstheater (1967). – J. Hüttner: Lit. P. und Wiener Vorstadtpublikum vor Nestroy, in: Maske und Kothurn 18 (1972) 99–139. – H. Arntzen: Dementi einer Tragödie. Zu Hebbels und Nestroys ‹Judith›, in: Studici Germanici 10 (1972) 405–423. – P. des Wiener Volkstheaters. Hg. v. J. Hein (1986). – J. Hein: Das Wiener Volkstheater (³1997). – V. Klotz: Operette. Porträt und Hb. einer unerhörten Kunst (1997).

Anmerkungen:
1 vgl. W. Karrer: P., Travestie, Pastiche (1977); Th. Verweyen, G. Witting: Die P. in der neueren dt. Lit. Eine systematische Einf. (1979). – 2 K.F. Flögel: Gesch. des Burlesken (1794); R.P. Bond: English Burlesque Poetry 1700–1750 (New York 1932) 3ff.; U. Broich: Stud. zum Komischen Epos. Typologie und Gesch. des Komischen Epos im engl. Klassizismus 1680–1800 (1968) 42; Karrer [1] 187–189; vgl. dagegen ‹Burleske› als Unterbegriff zu ‹P.› bei U. Weisstein: Parody, Travesty, and Burlesque. Imitations with a Vengeance, in: Proceedings of the IVth Congress of the International Comparative Literature Association, hg. v. F. Jost (The Hague 1966) Bd.2, 811. – 3 G. Genette: Palimpsestes. La littérature au second degré (Paris 1982). – 4 Quint. X, 2; vgl. allg. H. Flashar: Die klassizistische Theorie der Mimesis, in: ders. (Hg.): Le classicisme à Rome aux I[ers] siècles avant et après J.-C. (Genf 1978) 79–97. – 5 Scaliger V, 1; vgl. allg. T.M. Greene: The Light in Troy. Imitation and Discovery in Renaissance Poetry (New Haven/London 1982); A. Kablitz: Intertextualität und die Nachahmungslehre der ital. Renaissance. Überlegungen zu einem aktuellen Begriff aus hist. Sicht, in: Ital. Stud. 8 (1985) 27–38, 9 (1986) 19–35. – 6 vgl. HWRh 4, s.v. Imitatio. – 7 vgl. Th. Verweyen, G. Witting: Die Kontrafaktur. Vorlage und Verarbeitung in Lit., bildender Kunst, Werbung und politischem Plakat (1987) 64–71. – 8 vgl. P. Stocker: Theorie der intertextuellen Lektüre. Modelle und Fallstud. (1998) 60 f. – 9 vgl. W. Hempel: P., Travestie und Pastiche. Zur Gesch. von Wort und Sache, in: GRM N. F. 15 (1965) 150–176, bes. 165–176. – 10 vgl. G. Vasari: La vita di Michelangelo, hg. v. P. Barocchi (Mailand u.a. 1962), Bd. 1, 15 f. – 11 vgl. den Ausstellungskatalog ‹Echt Falsch.› München, Villa Stuck (1991). – 12 vgl. H. Hutter (Hg.): Original, Kopie, Replik, Paraphrase (1980). – 13 vgl. J. Lipman, R. Marshall: Art about Art (New York 1978). – 14 vgl. K. Corino (Hg.): Gefälscht! Betrug in Politik, Lit., Wiss., Kunst und Musik (1988) bes. 138–341. – 15 vgl. den Zusammenhang von ars, imitatio, exercitatio (Kunstregeln, Nachahmung, Übung; Auct. ad Her. I, 3) in der klass. und humanistischen Rednerausbildung. – 16 vgl. M. Proust: Pastiches et mélanges (Paris 1919). – 17 vgl. MGG², s.v. ‹P. und Kontrafaktur›. – 18 vgl. P. Thissen: Zitattechniken in der Symphonik des 19.Jh. (1995) 43–50. – 19 A. Schneider: Die parodierten Musikdramen R. Wagners. Gesch. und Dokumentation Wagnerscher Opernparodien von der Mitte des 19.Jh. bis zum Ende des 1. Weltkrieges (1990). – 20 C. Kühn: Das Zitat in der Musik der Gegenwart. Mit Ausblicken auf bildende Kunst und Lit. (1972) 46–49. – 21 vgl. W. Nöth: Hb. der Semiotik. (²2000) 433–438. – 22 Th. Verweyen, G. Witting: P., Palinodie, Kontradiktio, Kontrafaktur. Elementare Adaptionsformen im Rahmen der Intertextualitätsdiskussion, in: Dialogizität, hg. v. R. Lachmann (1982) 202–236, hier 222; Verweyen, Witting: Kontrafaktur [7] 27, 86–103 et passim. – 23 Werbung 1979, zit. nach W. Mieder (Hg.): Verkehrte Worte aus Lit. und Medien (1997) 38. – 24 Anonym 1984, zit. nach Mieder [23] 45. – 25 E. Fried, zit. nach Mieder [23] 28. – 26 K. Marti, zit. nach Mieder [23] 41. – 27 Arist. Poet. 1448 a 12–13; Athenaios: Deipnosophistai (Das Gelehrtenmahl) 406e-407c. – 28 vgl. H. Koller: Die P., in: Glotta 35 (1956) 17–32. – 29 Quint. VI, 3, 96 f.; IX, 2, 35. – 30 vgl. F.W. Householder: ΠΑΡΩΔΙΑ. In: ClPh 39 (1944) Nr.1. 1–9; F.J. Lelièvre: The Basis of Ancient Parody. In: Greece and Rome 2 (1954), Nr. 1/2. 66–81; E. Pöhlmann: Parodia, in: Glotta 50 (1972) 144–156; Verweyen, Witting: P. [1] 6 f. – 31 vgl. Th. Verweyen u. G. Witting: Der Cento. Eine Form der Intertextmontage zur P., in: Euph 87 (1993) 1–27. – 32 P. Lehmann: Die P. im MA (1963). – 33 Scaliger, I, 42, 46 – 34 vgl. dazu Verweyen, Witting: P. [1] 10 f. – 35 vgl. Angaben in [2], sowie The Spectator, Nr.249, 15.12.1711; C.F. Flögel: Gesch. der komischen Lit. (1784), Bd. 1, 76 f.; vgl. dazu K. Schmidt: Vorstud. zu einer Gesch. des komischen Epos (1953), 2, 5 f., Genette [3] 28–30. – 36 H. Knaust: Gassenhawer / Reuter und Bergliedlin / Christlich moraliter unnd sittlich verendert (1571); H.Vespasius: Christlike Gesenge unde Lede up allerley ardt Melodien der besten olden Düdeschen Leder (1571). – 37 Vespasius [36]. – 38 vgl. K. Hennig: Die geistliche Kontrafaktur im Jahrhundert der Reformation. Ein Beitrag zur Gesch. des dt. Volks- und Kirchenliedes im 16.Jh. (1909, ND 1977) 199–204; E. Rotermund (Hg.): Gegengesänge. Lyrische P. vom MA bis zur Gegenwart (1964) 69–74. – 39 vgl. Hennig [38] 32. – 40 F. Spee: Trutz Nachtigall (1649); Angelus Silesius: Heilige Seelen-Lust oder Geistliche Hirten-Lieder der in ihren Jesum verliebten Psyche (1657). – 41 Boileau: Le lutrin (1674), «Au lecteur»; vgl. dazu Broich [2] 41; Genette [3] 151. – 42 vgl. [35]. – 43 vgl. F. Bar: Le genre burlesque en France au XVIIe siècle (Paris 1960); Genette [3] 150–151. – 44 A. Pope: The Dunciad (1728/43) (Stilhöhe); Wolcot: Lousiad (1785–1795, König als Figur), zu diesem Bsp. vgl. Broich [2] 84 f., 121 f. – 45 Travestie: Ch. Cotton: Scarronides. Or, Virgile Travestie (1664). – zu diesem Bsp. vgl. Broich [2] 51. – 46 vgl. dagegen Bohn. [2] 136, der das ‹mock-heroic poem› als rein komische P. betrachtet. – 47 S. Butler: Hudibras (1663–1678). – 48 Ariost: Orlando Furioso (1516–1532), A. Tassoni: La secchia rapita (Der geraubte Eimer, 1622), N. Boileau: Le lutrin (Das Chorpult, 1674/83); Travestie: G. Lalli: L'Eneide travestita (1634), P. Scarron: Typhon (1644), ders.: Virgile Travesti (1648–1653), Marivaux: Homère travesti ou l'Iliade en vers burlesque (1716). – 49 Komisches Heldengedicht: J. Dryden: Mac Flecknoe (1682); A. Pope: The Rape of the Lock (Der Haarlockenraub, 1712), The Dunciad (1728/43); Ch. Cotton: Scarronides s. Or, Virgile Travestie (1664) – 50 Komisches Heldengedicht: Chr. Wernicke: Ein Helden-Gedicht Hans Sachs genannt (1702), J. Chr. Rost: Das Vorspiel (1741), J.F.W. Zachariä: Der Renommiste (1744), J.J. Dusch: Der Schooshund (1756), K.A. Kortum: Die Jobsiade (1784); Travestie: A. Blumauer: Virgils Aeneis travestirt (1782–1788), B.J. Koller: Herkules travestirt in sechs Büchern (1786). – 51 Heinrich von Veldeke: Eneit (1170–1190?), Herbort von Fritzlar: Liet von Troye (nach 1210). – 52 H. Fielding: Joseph Andrews (1742), L. Sterne: Tristram Shandy (1759–1767); Chr. M. Wieland: Gesch. der Abderiten (1781); vgl. auch Wielands Rückgriff auf Ritterepik und Travestie in ‹Oberon› (1780), ‹Der neue Amadis› (1794). – 53 zum Verhältnis von P. und Rhetorikkritik vgl. W. Freund: Chr. L. Liscow. Die Vortrefflichkeit und Nothwendigkeit der elenden Scribenten. Zum Verhältnis von Prosasatire und Rhet. in der Frühaufklärung. In: ZDPh 96 (1977) 161–178. – 54 F. Nietzsche: Jenseits von Gut und Böse (1886) 223, in: ders.: Sämtliche Werke. Hg. v. G. Colli u. M. Montinari (1980) Bd.5, 157; vgl. S.L. Gilman: Nietzschean Parody. An Introduction to Reading Nietzsche (1976). – 55 C.F. Solbrig (Hg.): Almanach der P. und Travestien (1816); G.G. Röller (Hg.): Almanach der P. und Travestien. Zweyter Almanach (1818); K. Müchler (Hg.): P. Neue Ausg. (1820); Z. Funck (Hg.): Das Buch der P. und Travestieen (1840/41) – 56 Fliegende Blätter (1844), Kladderadatsch (1848), Schalk (1878). – 57 L. Eichrodt: Gedichte in allerlei Humoren (1853), Lyrische Karikaturen (1869); F. Mauthner: Nach berühmten Mustern (1878/79); H. v. Gumppenberg: Das Teutsche Dichterroß in allen Gangarten vorgeritten (1901). – 58 vgl. Th. Mann: Doktor Faustus (1947). – 59 vgl. A. Höfele: P. und lit. Wandel (1986). – 60 J. Tynjanov: Dostoevskij und Gogol (Zur Theorie der P.); In: J. Striedter (Hg.): Russischer Formalismus. Texte zur allg. Literaturtheorie und zur Theorie der Prosa (1971) 301–371; V. Sklovskij: Der parodistische Roman. Sternes ‹Tristram Shandy›, in: Striedter, 246–299; krit. dazu Verweyen, Witting [1] 62–69. – 61 vgl. V. Klotz: Bürgerliches Lachtheater. Komödie, Posse, Schwank, Operette (1987) 13–16. – 62 R. Neumann: Mit fremden Federn (1927); F. Torberg: Angewandte Lyrik von Klopstock bis Blubo (1932); R. Müller-Freienfels: Die Vögel dt. Dichter (1947); W. Buhl: Äpfel des Pegasus (1953). – 63 D. Saupe: Autorenbeschimpfung

(1972); K. Bartsch: Die Hölderlinie (1983). – **64** F. Dürrenmatt: Romulus der Große (1949); Herkules und der Stall des Augias (1963). – **65** Scaliger, I, 42, 46. – **66** Arist. Poet. 1448 a 10–15. – **67** K. Meisl: Orpheus und Euridice oder So geht es im Olymp zu (1813), Die Stärke und die Arbeiten des Herkules (1819). – **68** J. Perinet: Ariadne auf Naxos (1803), Telemach (1805); vgl. schon Joseph von Pauerspach: Alceste, Opera seria, wobey Kasperle den Höllengeist spielen wird (1783). – **69** J. Perinet: Kora, die Sonnenjungfrau (1812, zu Kotzebue), Dragon, der Hund des Aubri (1816, zu Pixérécourt: Der Hund des Aubry de Mont Didier); K. Meisl: Frau Ahndel (1817, zu Grillparzer: Die Ahnfrau), Kathi von Hollabrunn (1831, zu Kleist: Das Käthchen von Heilbronn); I.F. Castelli, A. Jeitteles: Der Schicksalsstrumpf (1818); J. Schickh: Enzian und Lucie oder Keine 6 Klafter tief, aber doch fatal (1832, zu Raupach: König Enzio). – **70** J.A. Gleich: Fiesko, der Salamikrämer (1813); A. Bäuerle: Maria Stuttgartin (1815, verschollen), Kabale und Liebe (1827); J. Schickh: Die verhängnisvolle Limonade oder Liebe und Kabale (1831); J.F. Kringsteiner: Othello der Mohr in Wien (1806), bearbeitet von K. Meisl: Othellerl der Mohr von Venedig, oder Die geheilte Eifersucht (1829); J. Perrinet: Hamlet, Prinz von Tandelmarkt (1807); vgl. schon K.L. Giesecke: Travestierter Hamlet (1794). – **71** J. Nestroy: Zampa der Tagdieb oder Die Braut von Gips. P. in drei Akten (1832, Gattungsbezeichnung der Handschr.: Parodierende Lokal-Zauberposse; zu Herold, Duveyrier-Mélesvilles), Weder Lorbeerbaum noch Bettelstab (1835, zu K. von Holtei), Die verhängnisvolle Faschingsnacht (1839, zu K. von Holtei: Trauerspiel in Berlin). – **72** J. Nestroy, A. Müller: Robert der Teuxel (1833, zu Meyerbeer, Scribe, Delavigne: Robert le diable), vgl. Grillparzer: Der wilde Jäger (1822, zu Weber: Der Freischütz); J. Nestroy, K. Binder: Tannhäuser (1857), Lohengrin (1859). – **73** J. Offenbach: Orphée aux enfers (1858), La Belle Hélène (1864), Barbe-Bleue (1866); F. v. Suppé: Die schöne Galathee (1865); F. Hervé: Chilpéric (1868); A. Sullivan: Iolanthe or The Peer and the Peri (1882). – **74** F. Lehár: Der Göttergatte (1904); C. Terrasse: Les Travaux d'Hercule (1901); O. Straus: Die lustigen Nibelungen (1904).

P. Stocker

→ Anspielung → Cento → Imitatio → Intertextualität → Komik, das Komische → Satire → Travestie

Paronomasie (griech. παρονομασία, auch παρήχησις, paréchesis, παρηγμένον, parēgménon; lat. adnominatio, denominatio, adfictio, assimilatio; dt. Wortspiel; engl. pun, play on words; frz. paronomase; ital. paronomasia)

A. Als P. bezeichnet man die Zusammenstellung von mindestens zwei Wortkörpern mit gleichem oder ähnlichem Klang, aber unterschiedlicher Bedeutung. Die Mehrzahl der Definitionen nennt als Charakteristikum der P. den geringfügigen, nur auf phonematischer Ebene bestehenden Klangunterschied (*levis immutatio*) von Wortkörpern bei zugleich großem Bedeutungsunterschied: «Alterum genus est, quod habet parvam verbi immutationem, quod in littera positum Graeci vocant παρονομασίαν, ut "Nobiliorem mobiliorem" Cato.» (Eine zweite Art [komischer Wirkung] beruht auf einer kleinen Änderung eines Wortes; die Griechen nennen sie, wenn sie sich auf einen Buchstaben bezieht, παρονομασία. So machte Cato den "Herrn von Geblüt" zum "Herrn von Gemüt".) [1] Der Bedeutungsunterschied zwischen den einzelnen Wortkörpern kann zuweilen bis ins Paradoxe gesteigert werden, wodurch die P. zu einem etymologischen Spiel gerät, innerhalb dessen die Herstellung von etymologischen Bezügen dem Rezipienten überlassen bleibt [2]; Seltener wird in den antiken Definitionen auf die mehrfache Benutzung desselben Wortkörpers mit jeweils verschiedener, z. B. konkreter und übertragener, Bedeutung verwiesen. [3] Die Anaklasis, die Benutzung des gleichen Wortes in entgegengesetzter Bedeutung, erscheint in diesem Zusammenhang als Unterform der P. [4] Als Veränderung der Flexionsformen eines oder mehrerer Eigennamen oder Wörter rückt die P. in die Nähe des Polyptotons. [5] Findet die Veränderung des Wortkörpers am Wortanfang statt, kann in der P. gleichzeitig ein Homoioteleuton erzeugt werden, das durch die Wiederkehr des gleichen Auslauts in korrespondierenden Satzgliedern bestimmt ist: «Scheiden bringt Leiden.» [6] Insofern figuriert im Einzelfall auch die *figura etymologica* als Sonderfall des Homoioteleutons unter P. [7] Schließlich fand die P. in der singulären Weise, wie GOTTSCHED sie in seinem ‹Versuch einer Critischen Dichtkunst› definierte [8], auch Eingang in die Musiktheorie und bedeutet dort eine Wiederholung mit besonderem Nachdruck. [9] Innerhalb des rhetorischen Systems gehört die P. zur Figurenlehre und damit zur *elocutio*.

B. In der diachronen Betrachtung zeigt die Phänomenologie der P. von der Antike bis ins 20. Jh. hinein keine wesentlichen Veränderungen. Das diffuse Erscheinungsbild in der Definition resultiert nicht aus einem Bedeutungswandel, sondern aus dem Bemühen schon der antiken Rhetoren, namentlich des AUCTOR AD HERENNIUM und QUINTILIANS, alle möglichen Erscheinungsformen der P. vorzustellen, wodurch sich eine Überschneidung mit anderen Figuren ergab. So präsentiert der Auctor [10], bei dem sich die älteste faßbare Bestimmung findet, zwölf verschiedene Arten der P. Er spielt zunächst acht verschiedene Möglichkeiten der Veränderungen im Lautbestand durch, die von unterschiedlicher Betonung und Aussprache über den Austausch einzelner Buchstaben bis zur Veränderung ganzer Silben reichen, ehe er Möglichkeiten der Deklination eines oder mehrerer Eigennamen innerhalb eines kurzen Redeabschnitts aufzeigt. Später wird mit Ausnahme von Quintilian im Bereich der lateinischen Grammatik- und Rhetorik-Handbücher nur noch auf die P. mit geringer Veränderung des Buchstabenbestandes abgehoben. Ein besonders häufig zitiertes Beispiel ist daher ein Vers aus TERENZ' ‹Andria›: «nam inceptio est amentium, haud amantium» (denn das Beginnen ist eine Sache von Wahnsinnigen, nicht von Liebenden). [11]

In Spätantike und Mittelalter ist die P. in allen Formen der Dichtung zu finden und erscheint dort zuweilen in kunstvoller Doppelung. So beschreibt etwa VENANTIUS FORTUNATUS (um 530–600) die Stadt Poitiers mit den Worten «qua sanctus Hilarius olim natus in urbe fuit, notus in orbe pater» (eine Stadt, in der vor langer Zeit der hl. Hilarius geboren wurde, der auf dem ganzen Erdkreis bekannte Vater). [12] Der paronomastische Intensitätsgenitiv in Wendungen wie «liber librorum» (das Buch der Bücher, d.h. die Bibel) «canticum canticorum» (das Lied der Lieder, d.h. das Hohelied), «rex regum» (der König der Könige, d.h. Christus) und «in saecula saeculorum» (in alle Ewigkeit) ist eine spätantike Prägung und bleibt im Mittelalter vornehmlich auf die Sprache der Kirche beschränkt. Bei den petrarkistischen Liebesdichtern der Renaissance, wie etwa PH. SIDNEY, sind vor allem Spiele mit den Wörtern «loue» und «liue» beliebt: «And all my life I will confesse, / The lesse I loue, I liue the lesse.» (Und mein ganzes Leben hindurch will ich bekennen: Je weniger ich liebe, desto weniger lebe ich.) [13]

Im 20. Jh. differenziert PREMINGER [14] die P. auf ganz andere Art als der Auctor ad Herennium. Er unterscheidet nach lexikalischer P., die auf der Mehrfachbedeutung gleicher oder ähnlicher Wortkörper beruht, grammatikalischer P., in der mit den verschiedenen Möglichkeiten grammatikalischer Bezüge innerhalb eines Satzes gespielt wird, und einer anspruchsvollen Form der P., die auf der Vermischung verschiedener Sprachebenen, der Codes verschiedener gesellschaftlicher Gruppen usw. basiert. Besonders artifiziell erscheint die P. innerhalb der von J. JOYCE und A. SCHMIDT verwendeten Etymtheorie, die auf der Annahme basiert, daß Sprache sich sowohl als Ausdruck des Bewußtseins wie des Unbewußten dekodieren lasse.[15] In welchem Umfang sich mit Hilfe dieser Theorie künstlerisch-witzige, aber auch erotisch konnotierte Sprachspiele inszenieren lassen, zeigt das Anna Livia Plurabelle-Kapitel aus Joyces ‹Finnegans Wake›: «Look at the shirt of him! Look a the dirt of it! He has all my water black on me. And it steeping and stuping since this time last wik.» (Sieh nur seine Jacke! Sieh nur, voller Kacke ist sie! Er hat mir mein Wasser schwarz gemacht. Und dabei weicht es und bleicht es schon seit heute vor einer Woche.)[16] A. SCHMIDT hat seit den sechziger Jahren die P. für seine «Verschreibkunst» instrumentalisiert, so vor allem in ‹Zettels Traum› und ‹Abend mit Goldrand›, dessen Untertitel ‹55 Bilder aus der L$_E^ä$ndlichkeit für Gönner der Verschreibkunst› dezidiert auf das Spiel mit der Mehrdeutigkeit von Sprache verweist.

Auffällig ist die inkonsistente Bewertung der P. Zwar wird sie in Antike, Mittelalter und Früher Neuzeit meist wertfrei als rhetorische Figur behandelt und ihre Verwendung sogar empfohlen[17], doch schon Quintilian[18] kritisiert einige ihrer Spielarten. SCALIGER[19] betrachtet sie als ungeeignet für ernste Dichtung und hält sie vor allem für Epigramm, Satire oder Komödie für angemessen. Die Shakespeare-Kritik (DRYDEN, ADDISON, DR. JOHNSON) nimmt im 17. und 18. Jh. wiederholt Anstoß an der Vielzahl von Wortspielen in Shakespeares Komödien.[20]

Anmerkungen:
1 Cic. De or. II, 256; vgl. in der griech. Antike: Alexander, Perí schematōn, in: Rhet. Graec. Sp., Bd. 3, 36, 14–25; Herodian, Perí schematōn, ebd. 95, 4–9; Hermogenes, Perí heuréseōs IV, 7, ebd. Bd. 2, 251, 9–29; Tiberios, Perí schematōn, ebd. Bd. 3, 71, 24–72, 5; Zonaios, Perí schematōn, ebd. Bd. 3, 168, 29 – 169, 2; Phoibammon, Perí schematōn, ebd. Bd. 3, 47, 13–15; Anonymos, Perí schematōn, ebd. Bd. 3, 185, 11–17; vgl. in der röm. Antike und im MA: Auct. ad Her. IV, 29–31; Cic. De or. III, 206; Cic. Or. 135; Quint. IX, 3, 67–70; Rutilius Lupus I, 4, in: P. Rutili Lupi De figuris sententiarum et elocutionis, ed. E. Brooks (Leiden 1970) 8; Aquila, in: Rhet. Lat. min. 30, 32 – 31, 6; Marius Plotius, Ars Grammatica I, in: Gramm. Lat., Bd. 6, 458, 18–24; Charisius, Ars Grammatica IV, ebd. Bd. 1, 282, 1–4; Donatus, Ars Grammatica III, ebd. Bd. 4, 398, 15–16; Iulius Rufinianus, De Schematis Lexeos, in: Rhet. Lat. min., 51, 23–25; Diomedes, Ars Grammatica II, in: Gramm. Lat. Bd. 1, 446, 13–23; Carmen de figuris, in: Rhet. Lat. min., 67, 109–111; Schemata dianoeas, in: Rhet. lat. min., 75, 12–15; Martianus Capella V, 532; Pompeius, Commentum Artis Donati, in: Gramm. Lat., Bd. 5, 303, 13–15; Isid. Etym. I, 36, 12; De Iuliano Toletano Grammatico cum excerptis ex eius opere deperdito ineditis, in: Gramm. Lat. Suppl., CCXXXVI,28–CCXXXVII,8; Beda 147,90–148,112; vgl. in der Frühen Neuzeit: Scaliger III, 55, Bd. 2, 470–473; IV, 33, Bd. 3, 514–517; A. Talaeus: Rhetorica (Paris 1548); zit. nach der Ausg. Paris 1577, 35b-36a; A. Fraunce: The Arcadian Rhetorike (1588; ND Menston 1969), D5r-6r; H. Peacham: The Garden of Eloquence (1593 [Erstdruck 1588]) hg. von B.-M. Kroll (1996) 60; G. Puttenham: The Arte of English Poesie (1589, London 1869) 212–213; vgl. im 18.-20. Jh.: Ernesti Graec. 251; Ernesti Lat. 21–22; Lausberg Hb., § 637; Plett 38; Preminger 1005–1006. – 2 vgl. Lausberg Hb. § 637.

– 3 vgl. Quint. IX, 3, 71–74; Tiberios [1] 71, 27–23; Phoibammon [1] 47, 15–17. – 4 vgl. Quint. IX, 3, 68; vgl. auch die Definition der Anaklasis bei Rutilius Lupus I, 5 [1] 9 mit gleichem Beispiel. – 5 vgl. Auct. ad Her. IV, 31; Quint. IX, 3, 66; I. Susenbrotus: Epitome Troporum ac Schematum et Grammaticorum et Rhetorum (Zürich 1541) 52. – 6 Gottsched Redek., 343. – 7 vgl. Diomedes [1] 446, 13–16. – 8 vgl. Gottsched Dichtk. 394,18–395,3. – 9 vgl. D. Bartel: Hb. der musikalischen Figurenlehre (1985) 230–231. – 10 vgl. Auct. ad Her. IV, 29–31. – 11 Terenz, Andria I, 3, 13, Übers. Verf. – 12 Venantius Fortunatus, Carmina VIII, 1, 14–15 (MGH AA IV, 1, 178), Übers. Verf. – 13 Puttenham [1] 212; Übers. Verf. – 14 vgl. Preminger 1005. – 15 zur Etymtheorie vgl. R.G. Czapla: Mythos, Sexus und Traumspiel. A. Schmidts Prosazyklus ‹Kühe in Halbtrauer› (1993) 35–42. – 16 J. Joyce: Finnegans Wake (1987) 196; Übers. Verf. – 17 vgl. Cic. De or. III, 206. – 18 vgl. Quint. IX, 3, 69–70. – 19 vgl. Scaliger III, 55, Bd. 2, 470–471; IV, 33, Bd. 3, 516–517. – 20 vgl. Preminger 1005.

R.G. Czapla

→ Anaklasis → Elocutio → Figurenlehre → Homoioteleuton → Polyptoton

Parteilichkeit (engl. partiality; frz. partialité; ital. parzialità)
A. Def. – I. P. und Zweckdienlichkeit. – II. P. in allg. und rhet. Hinsicht. – B. I. P. in den traditionellen Redegattungen. – 1. Systemgerechte P. – 2. Umstrittene P. – 3. Moralisch verantwortete P. – II. P. außerhalb der traditionellen Redegattungen. – 1. P. in der christlichen Glaubensverkündigung. – 2. P. in der Geschichtsschreibung. – 3. P. in der Dichtung.

A. I. *P. und Zweckdienlichkeit.* Die Rhetorik lehrt weniger das Reden schlechthin als das strategische, zweckbestimmte, parteiliche Reden. KORAX (5. Jh. v. Chr.), der legendäre Begründer dieser Fachwissenschaft, soll die Fertigkeit, die er gegen Honorar vermittelte, als ‹Herstellerin von Überzeugung› (πειθοῦς δημιουργός, peithús dēmiurgós) bezeichnet haben.[1] Die zahlungswilligen Syrakusaner wollten von ihrem Mitbürger lernen, wie man Vermögensansprüche vor Gericht erfolgreich vertritt. Die Überzeugung, deren Herstellung die Rhetorik seit ihren Anfängen lehrt, ist, bei Lichte besehen, die Anerkennung eines Parteistandpunktes: Die Richter sollen es für gerecht befinden, daß der einen und nicht der anderen Partei das Vermögen zufällt, das beide beanspruchen. Eine ausgeführtere Fassung der Definition des Korax legt Platon dem Sophisten Gorgias (ca. 487–ca. 380) in den Mund.[2] Mit Gorgias wiederum stimmt – laut Quintilian – der Rhetoriklehrer Theodektes (ca. 405–ca. 334) überein, der es als Zweck der Redekunst bezeichnet habe, «die Menschen durch Reden dorthin zu führen, wohin der Redner sie haben will» (ducere homines dicendo in id quod auctor velit).[3] Das Problem der rhetorischen Menschenführung hätte kaum eine eigene Disziplin hervorgebracht, wenn es die Rivalität der Menschenführer nicht gäbe. Der Redner, der seine Zuhörer zu einem bestimmten Ziel führen will, muß sie dem Einfluß eines Konkurrenten entziehen, der die umgekehrte Richtung einschlägt. Mit dem strategischen Charakter der Reden, deren Verfertigung die Rhetorik lehrt, ist die P. unlösbar verbunden. Dennoch kennt die antike Rhetorik für den Begriff der P. keinen geläufigen Ausdruck, wohl dagegen für den verwandten Begriff der Zweckdienlichkeit, der bei Quintilian *utilitas* heißt. Die Rede selbst und alle angewandten Kunstmittel unterstehen dem Prinzip der *utilitas*. Sogar die Regeln der Rhetorik gelten nur, solange ihre Anwendung die Zweckdienlichkeit der Rede fördert: «neque enim rogationibus plebisve scitis sancta sunt ista praecepta, sed hoc, quidquid est, utilitas excogitavit. non negabo autem sic utile esse plerumque, alioqui nec scriberem. verum si eadem illa nobis aliud suadebit utilitas, hanc relictis magistrorum auctoritatibus sequemur. equidem id maxime 'praecipiam ac repetens iterumque iterumque monebo': res duas in omni actu spectet orator, quid deceat, quid expediat.» (Denn diese Vorschriften sind nicht auf Grund von Gesetzgebungsverfahren und Volksbeschlüssen unantastbar; vielmehr ist alles dies nur unter dem Gesichtspunkt der Zweckdienlichkeit ausgedacht worden. Freilich will ich gern zugeben, daß es so [wie es die Rhetorik lehrt] meistens auch zweckdienlich ist, sonst würde ich dieses Buch nicht schreiben. Doch wenn uns ebendiese Zweckdienlichkeit etwas anderes rät, werden wir ihr folgen und von den gewichtigen Meinungen der Lehrer abweichen. Ich für mein Teil werde mit größtem Nachdruck folgendes 'vorschreiben und immer wieder aufs neue anmahnen': Der Redner soll bei jedem Auftritt zweierlei beachten: was zur Situation paßt und was dem Redezweck dient.) [4] Das weitverzweigte Regelwerk der Rhetorik enthält demnach nur Ausführungsbestimmungen zu einer doppelten Grundregel: Rede so, wie es die Umstände und der Zweck der Rede verlangen. Die Leitbegriffe *decor* und *utilitas* (Situationsgerechtheit und Zweckdienlichkeit) bestimmen das rhetorische System. Die Wörter ‹zweckdienlich› und ‹parteilich› sind nicht schlechthin synonym. Ein zweckdienliches Verhalten müßte nicht in jedem Fall auch parteilich sein. Die Rhetorik jedoch befaßt sich ursprünglich und vorwiegend mit Reden, deren Zweck es ist, die Interessen einer Partei gegen die Interessen einer konkurrierenden Partei durchzufechten. Deshalb fallen im Bereich der Rhetorik Zweckdienlichkeit und P. zusammen. Der Begriff der ‹P.› hebt die vorgängige Seitenwahl, die systematische Voreingenommenheit und den Antagonismus hervor, die nicht im bloßen Begriff der Zweckdienlichkeit enthalten, wohl aber im Falle rhetorischer Zweckdienlichkeit von der Sache her gefordert sind.

II. *P. in allgemeiner und rhetorischer Hinsicht*. Grimms ‹Deutsches Wörterbuch› unterscheidet zwei Bedeutungen des Wortes ‹P.›: ‹Spaltung in Parteien› und ‹einseitige Parteinahme›. [5] Die zweite Bedeutung kennzeichnet eine wesentliche Eigenschaft der rhetorisch konzipierten Rede. P. als Parteinahme setzt allerdings P. als Spaltung - oder, wie Grimm auch sagt: als ‹Parteiung› [6] – voraus. Parteiung wiederum verlangt ein Streitobjekt, das die Parteien spaltet, zugleich aber auch miteinander verklammert. Im Fall des verbalen Parteienstreites setzt die Verklammerung Einvernehmlichkeiten voraus: Ein vorgebrachtes Argument kann dem Gegner nur bei Geltung gemeinsamer Grundsätze verständlich werden; dem Streitobjekt erkennen beide Parteien bestimmte Merkmale übereinstimmend zu; denn Strittiges gibt es nur an Unstrittigem. Wenn in einem Mordprozeß der Ankläger auf schuldig und der Verteidiger auf unschuldig plädiert, besteht zumindest Einvernehmen über die Zuständigkeit des Gerichtes, die Geltung bestimmter Gesetze, die Strafwürdigkeit eines Mordes und die Identität des Angeklagten. Wenn der Staatsanwalt den Kopf eines ersten Angeklagten forderte und der Verteidiger den Freispruch eines zweiten, gäbe es kein Streitobjekt, folglich keine *causa* (keinen verhandelbaren Fall). Das rhetorische Schlüsselwort *causa* bezeichnet sowohl den Streitfall, der die Parteiung hervorbringt, wie auch den Standpunkt, den eine Partei innerhalb des Streitfalls vertritt. Wenn QUINTILIAN die *causa* als *quaestio finita* erklärt [7], sieht er sie als Streitfall, in dessen Rahmen gegensätzliche Positionen bezogen werden; wenn er dagegen zu bedenken gibt, daß nicht das Vermögen des Mandanten eine *causa* gerecht oder verwerflich mache [8], meint er die Position, die der Anwalt im Rahmen des Streitfalles vertritt. P. setzt außer einem Streitpunkt auch die Spaltung einer Gruppe in (mindestens zwei) Parteien voraus, die zu dem Streitpunkt kontrovers Stellung beziehen. Jede Partei ist, wie die - mittelbare - Herkunft des Wortes aus lat. *partire* (teilen) bezeugt, Teil eines in gegnerische Lager zerfallenen Ganzen. Es gibt also keine Partei ohne Gegenpartei, daher keine Parteinahme ohne Frontstellung. Eine Partei ist nicht minder durch die Gesamtheit, die der Streitpunkt spaltet, charakterisiert als durch den Gegenstand des Streites. Das umstrittene Problem der Willensfreiheit verteilt Philosophen der ganzen Welt auf (mindestens) zwei Lager; ein Krieg treibt (mindestens) zwei Völker gegeneinander; politische Parteien polarisieren die wahlmündige Bevölkerung eines Staates, und ein Zivilprozeß stellt die Mannschaft eines privaten Klägers der des Beklagten gegenüber. Eine Partei ändert ihr Wesen, wenn die Grenzen der Gesamtheit, deren Teil sie ist, neu gezogen werden, und erst recht, wenn der Streitpunkt wechselt. Freilich gibt es verwandte Streitpunkte, die innerhalb derselben Gesamtheit ähnliche Polarisierungen hervorrufen, weil sie ähnliche Grundsatzfragen aufwerfen. Gemeinsame Weltanschauungen oder gemeinsame ökonomische Interessen führen bei vielen Streitpunkten zu gemeinsamen Positionen. Dieser Tatsache verdanken politische Parteien ihren Fortbestand. Die Parteienlandschaft einer Demokratie zerfällt nicht, wenn ein umstrittenes Gesetz endgültig verabschiedet ist, und gliedert sich nicht jedesmal neu, wenn ein neues Gesetzesvorhaben beraten wird. Die Identität einer politischen Partei beruht weniger auf der Position zu einer einzelnen Streitfrage als auf der Wahl der Maßstäbe, die über die Position in wechselnden Streitfragen entscheiden. Wenn allerdings Maßstäbe veralten oder ihr Zusammenhang mit den konkreten Entscheidungen verblaßt, kann es dazu kommen, daß nur noch Personal und Organisation die Kontinuität der Partei gewährleisten. P. gibt es nicht nur in Worten, sondern auch im Denken und Handeln. Nicht nur die redegewandten Apologeten des Christentums sind parteilich, sondern auch seine stillen Anhänger, ferner die Missionare, die ihrer Sache durch gute Werke dienen, und die Kreuzritter, die ihr mit Waffengewalt zum Siege verhelfen. Dabei muß das Reden dem Denken und das Denken dem Handeln nicht notwendig entsprechen. Es gibt gespaltene P.: Ein Anwalt kann einem Angeklagten aus Professionalität zum Freispruch verhelfen, obwohl er ihn für schuldig, vielleicht sogar für gemeingefährlich hält. Ein freisinniger Intellektueller kann, ohne Marxist zu sein, dennoch dem Kommunismus zuarbeiten, dessen echte Anhänger ihn als ‹nützlichen Idioten› gewähren lassen. Nicht allen Redegattungen, in denen P. herrscht, schenkt die Rhetorik gleiche Aufmerksamkeit. Das Stammland des nach und nach erweiterten Reichs der Rhetorik bilden die Aristotelischen Gattungen der Gerichts-, Beratungs- und Lobrede. [9] Wenn man Redegattungen anhand ihrer Situationseinbettung unterscheiden will, zeigen die Aristotelischen Gattungen nur einen schmalen Ausschnitt aus dem Spektrum parteilicher Redeakte. Außer Betracht bleibt z. B. die Werberede – sowohl in der antiken Form des Protreptikos wie auch in den modernen Formen der Warenwerbung. Außer Betracht bleibt ferner die Verhandlungsrede, in der die Parteien unmittelbar zueinander sprechen anstatt – wie bei Gerichts- und Beratungsrede – zu einem überparteilichen Entscheidungsorgan. Die Verhandlung mit der Gegenpartei kann aus strategischen Reden bestehen, die den Gegner zu manipulieren suchen, oder aus einem ehrlichen Abwägen der gegenseitigen Ansprüche, das dem Habermasschen Ideal des ‹Diskurses› [10] nahekommt. Im ersten Fall bemüht sich die parteiliche Rede mit lauteren und unlauteren Mitteln – argumentierend, schmeichelnd, lockend und drohend – eine Situation zu schaffen, in der das Begehren des Redenden auch der Gegenpartei als bester Ausweg aus ihrer Notlage oder zumindest als kleineres Übel erscheint. Die Verhandlung der zweiten Art versucht, auf der Grundlage gemeinsamer Werte und Interessen einen Konsens zu finden, der die Parteiung aufhebt. Die meisten Verhandlungen liegen zwischen Strategie und Diskurs. In der Tarifrunde zählt z.B. neben dem gesamtwirtschaftlichen Argument auch die Drohung mit Streik einerseits und mit Verlagerung der Betriebe ins Ausland andererseits. Nicht jeder Parteienstreit wird auf dem Wege direkter Verhandlungen ausgeräumt. Manchmal setzt Waffengewalt die Verhandlung mit anderen Mitteln fort. Manchmal sprechen berufene oder unberufene Dritte ein Machtwort, und manchmal vertreibt die Zeit das Interesse am Streitobjekt. Das Habermassche Schlichtungsmodell des Diskurses, in dem die streitenden Parteien ehrlich, ohne Nötigung und ohne Bedauern dem sanften Zwang des besseren Argumentes nachgeben, ist ein Ideal, auf dessen Verwirklichung die menschlichen Geschäfte nicht warten können. Als einstweiliger Ersatz mag die Institutionalisierung geregelter Verfahren gelten, in denen situationsmächtige Dritte nach Anhörung der Parteien den Konflikt entscheiden. Die Rhetorik lehrt, die gewährte Anhörung zu nutzen.

B.I. *P. in den traditionellen Redegattungen.* **1.** *Systemgerechte P.* In den Glanzzeiten der antiken Rhetorik, in den demokratisch verfaßten Stadtstaaten der Griechen und später im republikanischen Rom kommen die Gattungen der Gerichts- und Beratungsrede im Rahmen geregelter Entscheidungsverfahren vor, auf die folgende Bestimmungen zutreffen: Die Entscheidung wird nicht zwischen den streitenden Parteien ausgehandelt, sondern von einer situationsmächtigen dritten Instanz (dem *arbitre de la situation* [11]) getroffen, die auch Adressatin der Parteireden ist («O Männer von Athen!», «O Männer im Richteramt!»). Parteien und Entscheidungsträger bekennen sich als Angehörige desselben Staatswesens zu gemeinsamen Grundsätzen, Normen und Wertvorstellungen, aus denen die Entscheidung – mindestens dem Anspruch nach – abgeleitet wird. Die Entscheidungsträger bilden in der Regel ein kleineres oder größeres Kollektiv – wie etwa in Athen des 5. Jh. v. Chr. die Volksversammlung (ἐκκλησία, ekklēsía) und das Volksgericht (ἡλιαία, hēliaía) –, das nach Anhörung der Parteien über die eingebrachten Anträge abstimmt. Die große Zahl der Stimmberechtigten nährt die Erwartung, daß sachfremde Einflüsse, sofern sie in verschiedene Richtungen drängen, einander neutralisieren. Bei Gerichtsverhandlungen müssen Kläger und Verteidiger zu Wort kommen, bei der Entscheidung politischer Fragen gibt es auch Anträge ohne Gegenmeinung. Es gehört gleichwohl zur Grundidee der Entscheidungsprozedur, daß Alternativen, sofern sie überhaupt Vertreter finden, vorgetragen und begründet werden. Die Athener Richter geloben in ihrem Amtseid, Kläger *und* Angeklagte mit gleicher Aufgeschlossenheit anzuhören. So will es auch der griechische Merkspruch: «Sprich kein Recht, bevor du die Rede beider Parteien gehört hast!»[12], dessen lateinische und neusprachliche Nachfahren in den Schatz der Volksweisheiten eingegangen sind.[13] Die richtige Entscheidung wird als Ergebnis einer Abwägung verstanden, zu der die Parteiredner die Waagschalen füllen. Deshalb ist die – komplementäre – P. der Antragsteller nicht nur erlaubt, sondern geradezu vom System gefordert. Die Regelung des gesamten Verfahrens, nicht unbedingt das Plädoyer der einzelnen Partei, zielt auf den Sieg der besseren Sache – wenn man als ‹besser› die Sache bezeichnen will, die am ehesten den überparteilichen Grundsätzen und Wertmaßstäben der Gemeinschaft entspricht, in deren Namen die Entscheidung fällt. Der Redner dient der besseren Sache – als *advocatus Dei* oder *diaboli* –, indem er die parteiliche Rolle spielt, die das Verfahren ihm zuweist. Allerdings gibt es auch wilde Formen der P., die nicht mehr als systemgerecht gelten: Im republikanischen Rom wurde ein Ankläger für wissentlich falsche Schuldzuweisung bestraft. Der Gedanke der systembedingten P. klingt auch noch in der deutschen Bundesrechtsanwaltsordnung an, wenn sie dem Anwalt die Vertretung «widerstreitende[r] Interessen» verbietet (§ 43,a,4). Von den Richtern dagegen wurde – und wird bis heute – Unparteilichkeit verlangt. Im deutschen Strafprozeß kann ein Richter «wegen Besorgnis der Befangenheit» abgelehnt werden, «wenn ein Grund vorliegt, der geeignet ist, Mißtrauen gegen [seine] Unparteilichkeit […] zu rechtfertigen.»[14] Die Entscheidungsorgane der demokratischen und republikanischen Antike gaben der besseren Sache eine gute Chance, aber keine Siegesgarantie. Die im allgemeinen funktionstüchtige Prozedur des Athener Volksgerichts, dessen Urteile grundsätzlich die Vermutung der Gerechtigkeit für sich hatten, führte jedoch im Verfahren gegen Sokrates trotz der hohen Zahl von 501 Richtern zu einem unberechtigten Todesurteil (399 v. Chr.).

2. *Umstrittene P.* Seit ihren Anfängen ist die Rhetorik – wie später der Journalismus – dem Vorwurf ausgesetzt, sie sei eine unwürdige Rivalin der Fachwissenschaften und der Philosophie, die über das Streitobjekt zuverlässiger Auskunft geben könnten als der fachfremde Redner. Zum Bannerträger der Rhetorikverächter wurde PLATON (ca. 427–347), dessen Dialog ‹Gorgias› die Rhetorik als schädliches Trugbild (εἴδωλον, eídōlon) eines nützlichen Wissens verurteilte.[15] Zu den Kritikpunkten gehört die Unabhängigkeit der rhetorischen Parteinahme vom Wert des Parteizieles. Nicht die Kunst der Rhetorik, sondern allenfalls der menschliche Anstand verlangt, nur die gute Sache zu übernehmen und die schlechte von sich zu weisen. Der professionelle Redner ergreift nicht Partei, weil er nach gewissenhafter Prüfung das Mandat für ehrenwert befunden hätte. Er folgt nicht dem Hilferuf der bedrohten Gerechtigkeit, sondern sachfremden Anstößen – etwa dem Willen eines zahlungskräftigen Auftraggebers. Die Rhetoriker gaben dem Vorwurf der beliebigen P. Nahrung, wenn sie sich – wie PROTAGORAS (ca. 485–ca. 411) – rühmten, für beide Parteien gleich gut sprechen (*in utramque partem dicere*)[16] und ‹die schwächere Sache zur stärkeren machen› zu können.[17] Die beliebig gewählte P. findet eine pessimistische Rechtfertigung im Relativismus des Protagoras[18]: Wenn Wahrheiten immer nur für das Individuum gelten, dem sie als gültig erscheinen, sind alle Standpunkte gleichwertig. Es gibt keine absolut gute und keine absolut schlechte Parteinahme. Der Beliebigkeit der Seitenwahl entspricht die Unverläßlichkeit der rhetorischen Beglaubigungsmittel. Nich nur der ‹ethischen› und ‹pathetischen› Verfahren der Meinungserzeugung fehlt der strenge Bezug zur Wahrheit, sondern auch den ‹logischen› Argumenten – Topoi, Enthymemen und Beispielen –, deren sich der Redner bedient. Platon mißt die rhetorische Argumentation zu ihrem Nachteil an den Forderungen der wissenschaftlichen Methode, deren Anwendungsergebnisse er für unerschütterlich hält. Die wissenschaftliche Methode, die Aristoteles in den ‹Analytica Posteriora› systematisch darstellt, rühmt sich des unmittelbaren Wahrheitsbezuges. Wer sie fachgerecht anwendet, kann nicht fehlgehen. Unwahre Ergebnisse beruhen auf Anwendungsfehlern. Die rhetorische Argumentation kann – bei aller Rationalität – einen unmittelbaren Wahrheitsbezug nicht für sich in Anspruch nehmen. Die fachgerechte Befolgung der rhetorischen Argumentationslehre verbürgt nicht die Wahrheit der gezogenen Schlüsse. Eine Behauptung kann nach allen Regeln der Kunst rhetorisch begründet und dennoch falsch sein. Angesichts dieses Befundes könnte man – mit dem Platon des ‹Gorgias› – rhetorisches Argumentieren für unseriös und damit einen Großteil der gesellschaftlichen Kommunikationspraxis für irrational halten. Diese Konsequenz vermeidet Aristoteles, indem er – zwischen dem unmittelbaren Wahrheitsbezug der wissenschaftlichen Methode und dem fehlenden Wahrheitsbezug sophistischer Rechthaberei – der Rhetorik einen mittelbaren Wahrheitsbezug vindiziert: «Die Rhetorik ist nützlich, weil das Wahre und Gerechte von Natur aus überzeugungskräftiger ist als sein Gegenteil. [..] Von den anderen Disziplinen argumentiert keine zu Gunsten gegensätzlicher Thesen, dies ist vielmehr die Besonderheit von Dialektik und Rhetorik; denn beide haben es gleichermaßen mit These und Gegenthese zu tun. Die Gegenstände, über die argumentiert wird, verhalten sich jedoch nicht alle gleich; denn aufs ganze gesehen läßt sich zu Gunsten des Wahren und Besseren leichter argumentieren und Überzeugenderes sagen.» [19] Zwei Parteien können mit gleicher Kunstfertigkeit argumentieren, ohne deshalb gleichermaßen überzeugend zu sein. Der fehlerfreie Einsatz der rhetorischen Argumentationsmittel gewährleistet weder die Wahrheit der verfochtenen These noch die angestrebte ‹Herstellung von Überzeugung›. Ob eine Rede überzeugt, hängt nicht allein von der Kunst des Redners ab, sondern auch von der natürlichen Überzeugungskraft der vertretenen Sache. Daher definiert Aristoteles die Rhetorik auch nicht – wie Korax und Gorgias – als ‹Herstellerin von Überzeugung› – denn daraus müßte man schließen, daß der unterlegene Redner die Rhetorik nicht beherrscht –, sondern als «die Fähigkeit zu erkennen, was jeder zu vertretende Standpunkt an Überzeugungschaffendem hergibt». [20] Wahrheit und Recht sind für die rhetorische Argumentation ergiebiger als Unwahrheit und Unrecht. Deshalb siegt – aufs ganze gesehen – bei gleicher Kunstfertigkeit der Redner die bessere Sache. Im Gegensatz zur wissenschaftlichen Methode zielt die rhetorische Argumentation nicht unmittelbar auf Ermittlung der Wahrheit, sondern auf Entbindung eines in der Sache verborgenen Überzeugungspotentials. Wenn aber, wie Aristoteles versichert, die bessere Sache ‹von Natur aus› das größere Überzeugungspotential bietet, unterhält die Rhetorik einen mittelbaren Bezug zur Wahrheit, insofern die rhetorische Nutzung des Potentiales die größere Überzeugungskraft des Wahren und Guten zur Geltung bringt. Das metarhetorische Argument des Aristoteles wurde von den späteren Apologeten der Rhetorik nicht mit dem verdienten Nachdruck aufgegriffen. Dabei gibt es der rhetorischen Argumentation bei voller Anerkennung des Abstandes zur Wissenschaft die rationale Pertinenz zurück, die Platon ihr abgesprochen hatte. Es rechtfertigt die in Volksversammlung und Volksgericht übliche Prozedur der Entscheidungsfindung durch Abwägen gegensätzlicher – systemgerechter – Parteireden. Solange wissenschaftliche Beweise fehlen oder nicht verstanden werden, hat es Sinn, auf die größere Überzeugungskraft der besseren Sache zu vertrauen. Die Komparative im Argument des Aristoteles – ‹überzeugungskräftiger›, ‹Überzeugenderes› – verdienen Beachtung: Offenbar ist eine rhetorische Argumentation für sich allein genommen nie endgültig überzeugend, sondern bestenfalls überzeugender als die Gegenargumentation. Solange nicht wissenschaftlich, sondern rhetorisch argumentiert wird, geben sich Wahrheit und Gerechtigkeit als Siegerinnen im Parteienstreit zu erkennen. Dazu muß jede Partei ihre argumentativen Ressourcen ausschöpfen. Systemgerechte P. ist der Weg zur Wahrheitsfindung. Leider begründet Aristoteles nicht, sondern behauptet nur, daß die bessere Sache das größere Überzeugungspotential in sich berge. Diese Behauptung rechtfertigt eine bis heute geübte Praxis, ist jedoch nicht gegen Einwände gefeit. Protagoras und Gorgias würden ihr ebenso widersprechen wie die Skeptiker der späten Akademie und die Pyrrhonisten. Platon scheint sogar der Ansicht, daß die bessere Sache den schwereren Stand hat: Ein krankes Kind nimmt eher von einem Zuckerbäcker eine ungesunde Süßigkeit als von einem Arzt eine bittere, aber heilsame Medizin. [21] Die Logik erlaubt, das Argument des Aristoteles umzudrehen: Wenn gilt, daß im Parteienstreit die Wahrheit überzeugender wirkt, so gilt auch umgekehrt: Was im Parteienstreit überzeugender wirkt, ist die Wahrheit. So kann man aus Aristoteles – bei entsprechender Interpretation der Einschränkung ‹aufs ganze gesehen› – eine Konsenstheorie der Wahrheit herauslesen, wie sie mit unterschiedlichen Akzentuierungen von CH. S. PEIRCE (1839–1914) [22] und J. HABERMAS (*1929) [23] vertreten wird: Wahr ist, was auf lange Sicht eine immer größere Kommunikationsgemeinschaft überzeugt. Ohne das Pathos einer Wahrheitstheorie und im Vertrauen darauf, daß eine seit Jahrtausenden in Philosophie, Politik und Rechtswesen geübte Praxis nicht bar jeder Vernunft sein kann, haben im 20. Jh. die Verfasser der ‹Nouvelle Rhétorique› – unter ausdrücklichem Rückgriff auf Aristoteles – dem rhetorischen Argumentieren den wichtigen Platz zuerkannt, den es als unverzichtbares Gegenstück zur wissenschaftlichen Methode im Leben der Gesellschaft ohnehin einnimmt. [24]

3. *Moralisch verantwortete P.* Aristoteles hatte die Zweischneidigkeit der Rhetorik nicht hinwegdiskutiert, sondern für unschädlich erklärt, falls die gute Sache ebenso beredte Parteigänger fände wie die schlechte. Späteren Verteidigern der Rhetorik ging diese Rechtfertigung, die ein faires Verfahren bei gleichwertigen Gegnern voraussetzt, nicht weit genug. Die unreine Kunst der beliebigen P. sollte zu einer Kunst der Parteinahme für die bessere Sache geläutert werden. Diese Läuterung gelingt am ehesten den Stoikern, die den vermißten unmittelbaren Bezug zwischen rednerischem Verfahren und Wahrheit herzustellen suchen. Sie verbannen die ethischen und pathetischen Beglaubigungsmittel, und von den klassischen Aufgaben des Redners – *docere, delectare, movere* (belehren, bezaubern, in Leidenschaft versetzen) – lassen sie nur die erste gelten. [25] Die Verfahren der Beleh-

rung wiederum müssen in der Rhetorik denselben Kriterien der Wohlfundiertheit genügen wie in der Philosophie. Die Rhetorik gilt bei den Stoikern neben der Dialektik als ein Teil der Logik [26], deren Gebrauch Wahrheit verbürgen soll. Von der Dialektik unterscheidet sich die Rhetorik nur durch die Darbietungsform der Gedanken: Dialektik entfaltet einen Sachverhalt in Frage und Antwort, Rhetorik in fortlaufender Rede. [27] Die rhetorische Darstellung ist breiter als die dialektische, aber von gleicher methodischer Strenge. Der Stoiker ZENON (386–264) soll das Verhältnis zwischen Dialektik und Rhetorik anhand des Gegensatzes von flacher Hand und geballter Faust versinnbildlicht haben. [28] Beide sind dasselbe Fleisch und Blut; beide können nur das Wahre als wahr und nur das Gute als gut darstellen, beide nur für die gute Sache Partei ergreifen. Daher bedeutet in der auf Chrysipp (ca. 291–ca. 208) zurückgeführten Definition der Rhetorik – ἐπιστήμη τοῦ εὖ λέγειν (epistḗmē tū eu légein; scientia bene dicendi; Wissenschaft des gut Redens) [29] – das Adverb ‹gut› nicht nur ‹kunstgerecht›, sondern auch ‹moralisch einwandfrei›. Übernimmt man auch die Kriterien für das Wahre und Gute von den Stoikern, so erlaubt deren gereinigte Rhetorik fast nur noch eine Parteinahme für die stoische Philosophie. Der beste stoische Redner ist der stoische Weise. [30] Wer die Rhetorik auf eine notwendige Parteinahme für das Wahre und Gute festlegen will, ohne ihr Vorgehen auf redliche Belehrung zu beschränken, gerät in Schwierigkeiten. Selbst Quintilian, der nicht müde wird, das enge Band zwischen Tugend und Redekunst zu beschwören [31], muß gestehen, daß die Beherrschung der rhetorischen Mittel auch einer schlechten Sache zugute kommen kann. [32] Der gefundene Weg in die zugleich saubere und voll orchestrierte Rhetorik kommt einer Sprachregelung gleich: Wer zwar die Redekunst beherrscht, aber seine Parteinahme nicht auf das Wahre und Gute festlegen will, verdient nicht die Bezeichnung ‹Redner› (orator), sondern allenfalls ‹Advokat› (litium advocatus) oder ‹Rechtsvertreter› (causidicus). [33] Diese Festlegung des Wortgebrauchs schafft jedoch das Ärgernis nicht aus der Welt, daß der ‹Redner›, der sich dem Wahren und Guten verschrieben hat, nach denselben Regeln ficht wie der ‹Advokat›, der für jede Parteinahme zur Verfügung steht. Die definitorische Festlegung des Redners auf ein moralisch verantwortetes P. ist Ausdruck eines Erziehungsideals, dessen Verwirklicher, der orator perfectus, nicht nur die Rhetorik beherrschen, sondern zugleich von höchster Bildung und edelster Gesinnung sein sollte. Zur Definition des idealen Redners übernimmt Quintilian eine Formulierung Catos d. Ä. [34]: ‹vir bonus dicendi peritus› (edel gesinnter und redegewandter Mann). [35] Die asyndetische Koordination der Attribute verbirgt nur mühsam, daß edle Gesinnung und Redekunst zwei verschiedene Reiche sind, die unter der Herrschaft des idealen Redners eine bloße Personalunion eingehen. Quintilians Bildungsprogramm fordert und fördert diese Verbindung, die eine P. für die schlechte Sache ausschließt. Die Stoiker gewährleisten die Parteinahme für das Wahre und Gute, indem sie die Redekunst auf die Mittel der redlichen Belehrung beschränken; Quintilian dagegen stattet den Redner bedenkenlos mit allen Waffen aus, die ein halbes Jahrtausend rhetorischer Überlieferung gesammelt hat, weil die gute Gesinnung über jeden Verdacht schlechter P. erhaben ist. Die gute Gesinnung dient sogar als Freibrief für den Einsatz rabulistischer Praktiken, wie nach gewissen jesuitischen Moraltheologen des 16. und 17. Jh. die Reinheit des Zweckes die Unlauterkeit der Mittel adelt. Pascal (1623–1662) legt einem Jesuitenpater folgende Lehre in den Mund: «Wenn wir die Tat nicht verhindern können, waschen wir wenigstens die Absicht rein; und so kompensieren wir die Unlauterkeit des Mittels durch die Reinheit des Zieles.» [36] Auch Quintilian glaubt, daß die gute Absicht eine eigentlich ungesetzliche Tat entschuldigen kann. Er glaubt sogar, daß der edel gesinnte Anwalt die Tat seines Mandanten wider besseres Wissen abstreiten darf, wenn er weiß, daß die Richter die gute Absicht als Entschuldigung nicht gelten lassen würden. [37] Die gute Gesinnung des Redners entscheidet in letzter Instanz über die Vertretungswürdigkeit eines Mandats. Gut ist nicht die Sache, die in einem ordentlichen Prozeß obsiegt, sondern die der vollkommene Redner aus der Höhe seiner Weisheit und Tugend für gut befindet. Bei der Auswahl seiner Mandate wird der ideale Redner einige Standesregeln beachten: Als gutmütiger Mensch wird er lieber verteidigen als anklagen. Gleichwohl wird er im Interesse der guten Sitten oder aus Treue zu den Opfern auch Anklagen übernehmen. [38] Wie er jedoch nicht wahllos anklagt, wird er auch nicht wahllos verteidigen. [39] Auf keinen Fall wird er wissentlich Unrecht schützen: «et certe non convenit ei, quem oratorem esse volumus, iniusta tueri scientem.» (Und gewiß steht es dem Manne, den wir uns als Redner wünschen, nicht an, unrechte Handlungen wissentlich vor Strafe zu bewahren.) [40] Quintilian verurteilt skrupellose P. Er legt dem Anwalt nahe, einen Fall erst dann zu übernehmen, wenn er ihn unter ethischen Gesichtspunkten geprüft und für vertretungswürdig befunden hat. Oft stelle sich die Unbilligkeit eines Anliegens erst bei näherer Einarbeitung in den schon übernommenen Fall heraus. Dann solle sich der Anwalt nicht scheuen, seinem Mandanten die Wahrheit zu sagen und das Mandat niederzulegen. [41] Sobald jedoch die causa endgültig für vertretungswürdig befunden ist, gibt Quintilian dem Redner das Recht zu rücksichtsloser P. Der Anwalt darf die Richter täuschen, wenn er glaubt, daß die Wahrheit sie zu einem – in seinen Augen – ungerechten Urteil verleiten würde. Er darf sie wie Marionetten manipulieren, um das Urteil zu erlangen, das er selbst vor Beginn des Prozesses für Recht erkannt hat. «verum et illud, quod prima propositione durum videtur, potest adferre ratio, ut vir bonus in defensione causae velit auferre aliquando iudici veritatem.» (Aber auch dazu kann vernünftige Überlegung führen – was beim ersten Vortrag hart erscheint –, daß nämlich der anständige Anwalt zur Verteidigung seines Anliegens dem Richter gelegentlich die Wahrheit vorenthalten will.) [42] Quintilian hält es für zulässig, wenn nicht gar für geboten, daß der moralisch zuverlässige Anwalt seine Rechtsauffassung gegen die der getäuschten Richter durchsetzt, die bei ungetrübter Kenntnis des Sachverhalts mit dem Buchstaben des Gesetzes gegen ihn entschieden hätten. Der aus der Staatskasse besoldete Rhetoriklehrer vollbringt das Kunststück, den hohen sittlichen Anspruch des vir bonus mit den Tricks und Finten des Winkeladvokaten zu versöhnen. Im Vertrauen darauf, daß die malae artes [43] in den Händen des vir bonus einer höheren Gerechtigkeit dienen, trägt Quintilian in aller Unschuld die anrüchige Lehre der colores (Färbungen) vor: Der Sachverhalt wird notfalls zu Gunsten der vertretenen Partei ‹umgefärbt›. [44] Was er dem Fall aus P. andichte, so wird der vir bonus belehrt, müsse aber wahrscheinlich klingen und dürfe nicht zu verräterischen Widersprüchen führen. Quintilian hält es sogar für zulässig, den wohlerworbenen Ruf des *vir bonus* zur Beglaubigung der Unwahrheit einzusetzen: «bonus quidem et dicet saepius vera atque honesta. sed etiam si quando aliquo ductus officio (quod accidere, ut mox docebimus, potest) falso haec adfirmare conabitur, maiore cum fide necesse est auciatur.» (Der anständige Anwalt wird in der Tat häufiger [als der korrupte] wahr und ehrenhaft reden. Aber auch wenn er einmal aus Pflicht dies fälschlich zu behaupten versucht – was, wie wir gleich vortragen werden, geschehen kann – wird er notwendigerweise größeren Glauben finden.)[45] Die Quintilianische P. verrät Geringschätzung der offiziellen Entscheidungsinstanz (*contempt of court*). Der *vir bonus dicendi peritus* steht innerlich über den staatlichen Organen. Eigentlich müßte er allein entscheiden dürfen. Da aber die Verhältnisse nun einmal staatlichen Organen die Entscheidungsgewalt zugespielt haben, ist es nur recht und billig, diesen Organen die richtige Entscheidung notfalls abzuschwindeln. Unter der Regierungsform des Dominats haben staatliche Instanzen zwar faktische und legale Gewalt, aber keine moralische Autorität. Der Quintilianische *vir bonus* fühlt sich ihnen im Gewissen nicht verpflichtet, sondern behandelt sie mit kluger Strategie, um in seinem Wirkungsbereich die eigene Rechtsauffassung durchzusetzen.

II. *P. außerhalb der traditionellen Redegattungen.* **1.** *P. in der christlichen Glaubensverkündigung.* Das frühe Christentum, eine Bewegung ‹von unten›, betrachtet die Kultur der heidnischen Oberschicht zunächst als Hindernis auf dem Weg zum Seelenheil. Als die neue Religion – etwa seit dem 3. Jh. – auch in rhetorisch gebildeten Kreisen des Römischen Reiches Fuß faßt, schwören einige Proselyten dem Bildungssystem ihrer Jugend ab. Der Kirchenvater HIERONYMUS (ca. 345–ca. 419) stammt aus einer christlichen Familie, geht aber ungetauft zum Rhetorikstudium nach Rom. Später, als getaufter Christ, wird er nicht müde, in seinen Briefen und theologischen Schriften die *rusticitas sancta* (heilige Unbildung) hoch über die *rhetorica peccatrix* (sündige Rhetorik) zu erheben.[46] Andere Christen tragen keine Bedenken, die heidnische Rhetorik nicht nur zu benutzen, sondern ohne christliche Einfärbung sogar zu lehren – wie etwa Prohairesios (ca. 275–ca. 367), der Basilius und Gregor von Nazianz zu Schülern hatte. Die erhaltenen Schriften der griechischen und lateinischen Kirchenväter können eine gründliche rhetorische Schulung nicht verleugnen. Die – eigentlich vorgängige – Frage, ob es überhaupt förderlich und statthaft sei, die vom Heidentum durchtränkte Kunst der Rhetorik in den Dienst der christlichen Verkündigung zu stellen, wird von AUGUSTINUS (354–430) abschließend beantwortet. In einer Argumentation, die an Aristoteles[47] erinnert, erklärt der Kirchenvater, daß die Rhetorik, als deren Lehrer er vor seiner Bekehrung Karriere gemacht hatte, sowohl wahre wie falsche Überzeugungen schaffen könne und es daher abwegig sei, den Parteigängern der Unwahrheit das Feld zu überlassen.[48] Im vierten Buch der Schrift ‹De doctrina christiana› (Über die christliche Lehre) behandelt Augustinus ausführlich das Problem des Beitrags der Rhetorik zur Werbung für die christlichen Wahrheit. Die drei klassischen Aufgaben des Redners – *docere, delectare, movere* – legt er in einem kunstvollen Trikolon, dessen Glieder durch Anapher und Epipher miteinander korrespondieren, auf die einzig würdige Parteinahme fest: «ut veritas pateat, ut veritas placeat, ut veritas moveat» (auf daß die Wahrheit zutage trete, auf daß sie gefalle, auf daß sie die Herzen rühre).[49] Trotz der Fürsprache des Augustinus wurde das reiche Angebot der antiken Rhetorik von der Predigtliteratur der Spätantike und des frühen Mittelalters nicht ausgeschöpft. Auch die seit dem 13. Jh. in großer Zahl publizierten Predigtlehren (*artes praedicandi*) stehen Cicero und Quintilian ferner als der bekehrte Rhetoriker Augustinus.

2. *P. in der Geschichtsschreibung.* Die traditionellen Redegattungen (Gerichts-, Beratungs- und Lobrede) sind parteiliche Nutzer der Geschichtsschreibung, die ihrerseits auf Unparteilichkeit verpflichtet war. Die Lobrede schöpft aus der Geschichte dankbare Themen, Gerichts- und Beratungsrede überzeugungskräftige Beispiele. Deshalb zählt QUINTILIAN die Kenntnis der Geschichtsschreibung zum unverzichtbaren Rüstzeug des Redners.[50] Spätestens seit dem 1. Jh. v. Chr.[51] tritt die Geschichtsschreibung nicht mehr nur als Funcgrube für Redestoff ins Blickfeld der Rhetorik, sondern auch als eine um ihrer selbst willen untersuchenswerte Literaturgattung. Zu den Forderungen der Rhetorik an den Historiker gehören Unparteilichkeit und Wahrheitstreue: «[...] quis nescit primam esse historiae legem, ne quid falsi dicere audeat? Deinde ne quid veri non audeat? Ne quae suspicio gratiae sit in scribendo? Ne quae simultatis?» (Wer wüßte nicht, daß das oberste Gesetz der Geschichtsschreibung fordert, sich nicht zu unterstehen, etwas Falsches zu sagen, und daß weitere Forderungen lauten, sich nicht zu unterstehen, etwas Wahres zu verschweigen, keinen Schatten von Bevorzugung beim Schreiben entstehen zu lassen und keinen Schatten von Abneigung?)[52] Zur Unparteilichkeit bekennt sich auch TACITUS (ca. 55–ca. 120), wenn er – zwar beiläufig, aber mit lautem Widerhall in der Nachwelt – versichert, er schreibe ohne Groll und Parteieifer: «sine ira et studio».[53] Wie die Römer Cicero und Tacitus verlangt auch der griechisch schreibende LUKIAN im 2. Jh. n. Chr. vom Historiker die lautere Wahrheit. Die historische Darstellung müsse wie ein getreuer Spiegel das Bild des erzählten Geschehens «in keiner Weise entstellt, verblaßt oder verzerrt» zurückwerfen.[54] Lukian hält – wie wohl alle antiken Theoretiker – die absolute historische Wahrheit für einen sinnvollen und verwirklichbaren Begriff. Gleichwohl weiß er, daß die Standortbindung den Schreibenden zu parteilichen Entstellungen verleitet. Deshalb müsse der Historiker «in seinem Werk ein Fremdling sein, vaterlandslos, autonom und keinem Herrscher untertan».[55] Wie ein spätes Echo auf Lukian klingt WACHSMUTHS Beschreibung des Historikers aus dem Jahre 1820: «Entwunden allen Banden der Nationalität, [...] allen Lockungen und Ansichten der Parthei, des Standes, aller Befangenheit durch Glauben, frei von Vorurteilen und Affekten [...], bildet er sein Werk für die Ewigkeit.»[56] Der naive Glaube an die Möglichkeit unparteiischer Geschichtsschreibung ist bei Wachsmuths Zeitgenossen schon ins Wanken geraten. Das Mittelalter hatte ihn noch unversehrt bewahrt; im Humanismus jedoch und vor allem in der Aufklärung wächst die Zahl der Skeptiker. J.M. CHLADENIUS (1710–1759) verficht die bis heute gültige These, daß der Historiker seine Bindung an einen Standort, der das Blickfeld einengt, durch keine geistige Askese überwinden könne. Vom ‹Sehe-Punkt› des Historikers aus zeige sich immer nur ein Teil des darzustellenden Geschehens; jede historische Darstellung sei perspektivisch begrenzt.[57] Die P. ist seit Chladenius in der Geschichtsschreibung als erkenntnistheoretischer Makel zum Problem geworden, nicht so sehr als Zwang zur Auseinandersetzung mit Andersdenkenden. Wie läßt sich Geschichte schreiben, wenn der Standort des Historikers unweigerlich die Sicht verfälscht? Eine Beschränkung auf ‹unparteiische› Quellenkritik bringt die Geschichte um alles, was sie interessant macht. H. von Sybel feiert es als Fortschritt des 19. Jh., daß die «objektiven, unparteiischen, blut- und nervenlosen Historiker» das Feld geräumt hätten.[58] Die Geschichtsforschung versucht, Standortbindung mit Aufschlußwert und Wissenschaftlichkeit der historischen Darstellung zu versöhnen. Sie erkennt nicht nur Standortnachteile, sondern auch Standortvorteile. Der spätere Standort kann der bessere sein. J.S. SEMLER (1725–1791) stellt die Forderung auf – die zum Leitsatz der Historiographie geworden ist –, daß jede neue historische Darstellung die Standortbindungen ihrer Vorgänger untersuchen und überwinden müsse.[59] Natürlich ist der Standort nicht nur durch die historische Situation bestimmt. Gleichzeitige Standorte können sich bei gleicher Quellenkenntnis durch die Wahl der Fragestellungen, der Bewertungsmaßstäbe und der erkenntnisleitenden Interessen unterscheiden. Im Streit um die Wahl des aufschlußreichsten Standorts fordert Hegel kurzerhand, man solle sich dort aufstellen, wo das Wesentliche ins Blickfeld trete: «Eine ordentliche Geschichtsschreibung aber muß wissen, was das Wesentliche ist; sie ergreift Partei für das Wesentliche [...].»[60] Nach J.G. DROYSEN (1808–1884) muß sich die fruchtbare Parteinahme des Historikers auf ein klar beschriebenes Fundament konsensfähiger sittlicher Normen sowie politischer und sozialer Theorien stützen.[61] Für den Marxismus-Leninismus ist der einzige Standort, den die Wissenschaft erlaubt, die Interessenlage des Proletariats. «Die Parteinahme für die Interessen der Arbeiterklasse ist gleichbedeutend mit der Parteinahme für den gesamtgesellschaftlichen Fortschritt. Da der revolutionäre Kampf der Arbeiterklasse [...] sich auf wissenschaftlicher Grundlage vollzieht, fällt die Parteinahme für diesen Kampf mit der wissenschaftlichen Objektivität ineins.»[62] Die ursprüngliche Forderung nach Unparteilichkeit der Geschichtsschreibung war der Einsicht in die unentrinnbare P. gewichen. Den Skrupeln des zur P. verurteilten Historikers hält der Marxist-Leninist sein Dogma entgegen, daß gerade die Unparteilichkeit gegen den Geist der Wissenschaft verstoße und nur die Parteinahme für das Proletariat der Wissenschaft Genüge leiste.

3. *P. in der Dichtung.* In der Antike gelten Dichtung und öffentliche Rede als nahe verwandt.[63] Dichterlektüre ist deshalb – wie Historikerlektüre – ein wichtiger Bestandteil der Ausbildung zum Redner.[64] Manchmal können Rede und Dichtung sogar ineinanderfließen, wenn etwa Gorgias mit poetischer Sprachgewalt die Unschuld der vielgescholtenen Helena nachweist[65] oder ein Schauredner der Kaiserzeit einen fiktiven Angeklagten vor einem fiktiven Tribunal verteidigt.[66] Die enge Verbindung zwischen Rede und Dichtung reizt die Rhetorik, ihren Kompetenzbereich auf die Dichtung auszudehnen. Die anonyme Schrift ‹Vom Erhabenen› (1. Jh. n. Chr.) ist ebensowohl Poetik wie Rhetorik. Dennoch bleibt die Vorstellung unangefochten, daß die öffentliche Rede in den Parteienkampf verstrickt, die Dichtung ihm jedoch entrückt sei. Die Klassiker der Rhetorik ziehen eine deutliche Grenze zwischen den benachbarten Gebieten von Dichtung und öffentlicher Rede. Nicht nur schärfen sie den Rednern ein, die Versmaße der Dichtung und die Kühnheiten der poetischen Sprache zu meiden[67], sie erinnern auch an den grundsätzlichen Gegensatz der Funktionen. QUINTILIAN vergleicht das Verhältnis zwischen Redner und Dichter mit dem Verhältnis zwischen Front- und Paradesoldat[68]:

Dichtung sei nur Schaustellung (*ostentatio*) und ziele auf bloßes Vergnügen (*voluptas*) ab; der Redner dagegen stehe waffenstarrend in vorderster Schlachtreihe, von seinem Erfolg hingen lebenswichtige Entscheidungen ab, und er ringe um den Sieg. Dichtung greift also nicht unmittelbar in den Lebenskampf ein; sie kennt keinen Gegner, den es auszustechen und keinen Einsatz, den es zu gewinnen gälte: sie ist – in diesem Sinne – unparteilich. Die öffentliche Rede dagegen ist parteilich; sie versucht gegen Widerstände, eine Maßnahme zum Wohle des Vaterlandes durchzusetzen oder den Kopf eines Angeklagten aus der Schlinge zu ziehen. Die beschriebene P. der öffentlichen Rede trifft am ehesten auf Beratungs- und Gerichtsreden zu, weniger auf Lobreden, deren Anteil an Unterhaltung und Vergnügen sie in die Nähe der Dichtung rückt.[69] Andererseits ist auch die Dichtung dem Parteienstreit nicht so fern wie der Paradesoldat dem Feldgeschrei. Sophokles ergreift in seiner Tragödie ‹König Ödipus› Partei gegen die sophistische Aufklärung, die von dunklen Schicksalsmächten, Orakelsprüchen und Seherweisheiten nichts wissen will.[70] Im Gegensatz zur P. der Geschichtsschreibung wird die P. der Dichtung weniger als erkenntnistheoretischer Makel behandelt. Man gesteht dem Dichter, der sich ohnehin in Phantasiewelten ergeht, Einseitigkeit, Überspitzung und Verkürzung großzügig zu. Außerdem gibt es innerhalb der Dichtung Tendenzen zur Wahrung der Unparteilichkeit. Die auf Aristoteles zurückgehende[71] und vom französischen Klassizismus übernommene Forderung nach ‹Wahrscheinlichkeit›[72] verlangt die Übereinstimmung der Handlung mit den Gesetzmäßigkeiten, die nach Ansicht des Publikums die Wirklichkeit bestimmen. Der Dichter darf den Lauf der Welt weder seiner Phantasie überlassen noch aus der ‹parteilichen› Perspektive philosophischer, religiöser oder wissenschaftlicher Eigenbrötler darstellen. Auch die ‹poetische Gerechtigkeit›[73], die freilich nicht in jeder Dichtung waltet, paßt die dargestellte Welt den Auffassungen des Publikums an: Der Autor verteilt Lob und Tadel, wie es die herrschende Moral verlangt. Als unparteischer Richter belohnt er, was als Tugend, und bestraft, was als Laster gilt. Natürlich ist die Unparteilichkeit einer wahrscheinlichen und gerechten Handlung bei Licht besehen eine Parteinahme für die Ansichten der Zielgruppe des Dichters. Diese Ansichten mögen in einem zeitlich, räumlich und sozial begrenzten Bereich ohne vernehmliche Gegenstimme sein; aus der Perspektive des nachgeborenen Literaturhistorikers erweisen sie sich als standortbedingt. Neben dem Aufschlußwert der zugrunde liegenden Darstellungsperspektive interessiert den Literaturhistoriker ihre Stellung im Widerspiel langfristiger Strömungen und aktueller Tagesmeinungen. Dichter sind auf andere Weise parteilich als Politiker und Advokaten. Der Vortrag einer Dichtung ist kaum je Teil eines geregelten Entscheidungsverfahrens, an dessen Ende das Parteiziel erreicht oder verfehlt ist. Wohl gibt es institutionalisierte Dichterwettkämpfe – wie etwa die Tragödienfestspiele in Athen. Der verliehene Preis gilt jedoch nicht – oder allenfalls mittelbar – der vertretenen Parteimeinung, sondern der Kunst des Dichters, der die Zuhörer begeistert. Parteiliche Dichtungen intervenieren in aller Regel nicht bei den Trägern einer unmittelbar anstehenden Entscheidung. Sie greifen schwelende Konflikte auf, bevor sie zu voller Entscheidungsreife gediehen sind. Die Parteinahme des Dichters rechnet nicht mit dem sofortigen Beifall der Mehrheit, sondern begnügt sich mit einem vernehmlichen Beitrag zu einem langfristigen Prozeß der Willensbildung. Das verfolgte Parteiziel ist weniger scharf umrissen, dafür aber von größerer Tragweite als das Anliegen vieler Beratungs- und fast aller Gerichtsreden. Es geht nicht um eine kleine Staatsrente, die ein Behinderter erschlichen haben soll (Lysias: Für den Krüppel), sondern um die weltanschaulichen Grundlagen des Athener Gemeinwesens (Sophokles: König Ödipus). Parteiliche Dichtung unterstützt oder bekämpft nicht notwendig eine schon organisierte Partei. Sie kann Parteiungen auch selbst hervorrufen oder zu vorgegebenen Frontverläufen querstehen: Die marxistische Literaturkritik rühmt den Realismus Balzacs (1799–1850), der Thron und Altar als die Retter Frankreichs empfiehlt, verwirft jedoch den arbeiterfreundlichen Naturalismus von Zola (1840–1902), dessen Anleihen bei Marx unübersehbar sind. [74] Dichter sind parteilich, indem sie empfehlen, was nicht nur Anhänger, und verwerfen, was nicht nur Gegner findet. Wenn sie ihr Publikum aufrufen, gegen die Bewahrer der bestehenden Ordnung gesellschaftliche Veränderungen durchzusetzen, nennt man ihre P. ‹engagiert›. [75] Brechts engagierte Lehrstücke (1929/30) verstehen sich als Einübung in die proletarische Revolution. Wenn ein Dichter die Parolen einer politischen Partei übernimmt, verengt sich die parteiliche Dichtung zur Parteidichtung. Der Vormärz bietet sowohl deutliche Beispiele versifizierter Parteipropaganda wie auch die – manchmal versifizierte – Auseinandersetzung um das Recht des Dichters, in die Niederungen des Parteigezänks hinabzusteigen. F. FREILIGRATH (1810–1876) fordert (an einem bestimmten Punkt seiner Entwicklung) die Unabhängigkeit des Dichters von politischen Frontverläufen: «Der Dichter steht auf einer höhern Warte, / Als auf den Zinnen der *Partei.*» [76] G. HERWEGH (1817–1875) entgegnet ihm: «Selbst Götter stiegen vom Olymp hernieder / Und kämpften auf den Zinnen der Partei!» [77] Das Leninsche Prinzip der ‹objektiven P.› (*partitarity* statt *partiality*) beansprucht Geltung für die Dichtung nicht weniger als für die Geschichtsschreibung [78]: Die Wahrheit der Dichtung gründet sich – wie die Wahrheit der Wissenschaft oder wenigstens aller Wissenschaften des historisch-sozialen Seins [79] – auf die Parteinahme für das Proletariat. Die Kommunistische Partei erwartet, daß der dichterische Einsatz für das Proletariat, als dessen legitime Sachwalterin sie auftritt, ihre offiziellen Verlautbarungen ‹künstlerisch› paraphrasiert. [80] Ein Dichter, der diesem Ansinnen nicht widersteht, droht zum Propagandisten abzusinken, der – wie der Quintiliansche *causidicus* [81] – das übernommene Mandat nicht am eigenen Urteil mißt. Der servilen Kunst des linientreuen Parteidichters steht die freie Kunst eines Autors gegenüber, der – wie der *orator* Quintilians – ein Mandat nur übernimmt, wenn es vor seinem Gewissen bestehen kann, oder der ohne fremdes Mandat aus eigenem Antrieb Partei ergreift.

Anmerkungen:
1 Rhet. Graec. W. IV, 19f. – **2** Plat. Gorg. 452e. – **3** Quint. II, 15, 10, Übers. Verf. – **4** ebd. II, 13, 6, übers. Verf. – **5** Grimm, Bd. 13, Sp. 1472. – **6** ebd. Sp. 1474. – **7** Quint. III, 5, 7. – **8** ebd. XII, 7, 6. – **9** Arist. Rhet. I, 3. – **10** J. Kopperschmidt: Methodik der Argumentationsanalyse (1989) 25ff.; J. Habermas: Theorie des kommunikativen Handelns, Bd. 1 (1981) 25ff. – **11** Lausberg El. § 4; ders: Rhet. und Dichtung, in: ders.: Opera minora, hg. von A. Arens (1993) 179ff. – **12** E.L. von Leutsch, F.G. Schneidewin (Hg.): Corpus paroemiographorum graecorum (1839) Bd. 2, 759 (ND 1965). – **13** G. Büchmann: Geflügelte Worte (³²1972) 610. – **14** Strafprozeßordnung, § 24,2. – **15** Plat. Gorg. 463 a ff. – **16** VS 74 A 20 = Seneca: Briefe 88,43. – **17** VS 74 A 25 = Arist. Rhet. II, 24, 10. – **18** VS 74 A 14. – **19** Arist. Rhet. I, 1, 12, Übers. Verf. – **20** ebd. I, 2, 1. – **21** Plat. Gorg. 404 d f. – **22** Ch. S. Peirce: Collected Papers, V, (Cambridge, Mass. ³1965) 311. – **23** J. Habermas: Vorstud. und Ergänzungen zur Theorie des kommunikativen Handelns (1995) 136f. – **24** Perelman, E.nl. – **25** Quint. V, prooem. 1. – **26** Diogenes Laërtius: Lives of Eminent Philosophers, Bd. 2 (London 1950) VII, 41. – **27** ebd. 42. – **28** Cic. Or. 32, 113; Quint. II, 20, 7. – **29** Chrysipp: Fragment 293f., in: SVF (1905) 95. – **30** Cic. De or. III, 18, 65. – **31** Quint. I, prooem. 9; 2 3; II,15,1 et passim, vor allem XII,1. – **32** ebd. II, 16, 10; II, 20,10. – **33** ebd. XII, 1, 25. – **34** Sen. Contr. II, praef. 9. – **35** Quint. XII, 1, 1. – **36** B. Pascal: Lettres provinciales, VII, in: ders.: Oeuvres complètes (Paris 1963) 397f. – **37** Quint. XI, 1, 36ff. – **38** ebd. XII, 7, 1f. – **39** ebd. XII, 7, 4. – **40** ebd. XII, 7, 7. – **41** ebd. XII, 7. 6. – **42** ebd. XII, 1, 36. – **43** ebd. XII, 1, 41. – **44** ebd. IV, 2,88. – **45** ebd. XII, 1, 11ff. – **46** F. Desbordes: La Rhétorique antique (Paris 1996) 66. – **47** Arist. Rhet. I, 1, 12. – **48** Aug. Doctr. IV, 2, 3 – **49** ebd. IV, 28, 61. – **50** Quint. XI, 1, 34; XII,4 – **51** Dionysios von Halikarnassos: Thukydides, griech. und frz. in: Denys d'Halicarnasse: Opuscules rhétoriques, Bd. 4 (Paris 1991). – **52** Cic. De or. II, 15, 62. – **53** Cornelius Tacitus: Annales I, 1, 3. – **54** Lukianos: Wie man Gesch. schreiben soll, hg. von H. Homeyer (1965) Kap. 52. – **55** ebd. Kap. 41. – **56** W. Wachsmuth: Entwurf einer Theorie der Gesch. (1820) 126. – **57** J.M. Chladenius: Allg. Geschichtswiss. (1752) Kap. 6, § 33. – **58** H. von Sybel: Über den Stand der neueren dt. Geschichtsschreibung, in: ders.: Kleine hist. Schr., I (²1869) 352. – **59** J.S. Semler: Neue Versuche, die Kirchenhistorie der ersten Jahrhunderte mehr aufzuklären (1788) 3ff. – **60** G.W.F. Hegel: Einl. in die Gesch. der Philos., hg. von J. Hoffmeister (³1959) 135. – **61** J.G. Droysen: Historik, hg. von P. Leyh, I (1977) 235ff. – **62** G. Klaus, M. Buhr: Philos. Wtb., Bd. 2 (²1972) 831. – **63** Cic. De or. I, 16, 70. – **64** Quint. I, 1, 35ff.; I, 4, 2ff.; I, 9, 2; X,1,27ff. – **65** Gorgias, Helena. – **66** Desbordes [46] 143ff. – **67** Arist. Rhet. III, 1, 8; Cic. Or. 20, 50ff. – **68** Quint. X, 1, 28f. – **69** Lausberg Hb. § 242. – **70** J. Schmidt: Sophokles, König Ödipus, in: ders. (Hg.): Aufklärung und Gegenaufklärung (1989) 33ff. – **71** Arist. Poet. Kap 8f. – **72** N. Boileau: Art poétique (1674) Chant III, Vers 47ff. – **73** W. Zach: Poetic Justice (1985). – **74** P. Lafargue: Aus ‹Das Geld› von Zola, in: H.Chr. Buch (Hg.): P. der Lit. oder Parteilit. (1972) 51f.; G. Lukács: Balzac und der frz. Realismus (1953). – **75** H.G. Coenen: Art. ‹Engagierte Lit.›, in: HWRh, Bd. 2, 1138ff. – **76** P. Demetz: Marx, Engels und die Dichter (1959) 117 – **77** ebd. – **78** P.W. Alexejew, A.J. Iljin: Das Prinzip der P. (1975). – **79** G. Lukács: Gesch. und Klassenbewußtsein (1923). – **80** H. Kramer: Lenin und die Wiss., Bd. 2 (1970) 107ff. – **81** Quint. XII, 1, 25.

Literaturhinweise:
I. Fetscher: Art. ‹P. II.›, in: HWPh, Bd. 7, 144f. – R. Koselleck et al (Hg.): Objektivität und P. (1977). – P. Leyh: Art. ‹P.I.›, in: HWPh, Bd. 7, 136ff. – D.-I. Michels: P. und Realismus (1981).

H.G. Coenen

→ Advocatus Dei/Diaboli → Causa → Engagierte Literatur → Interesse → Politische Rede → Streitgespräch → Utile → Vir bonus → Zweck, Zweckmäßigkeit

Partes orationis (griech. μέρη τοῦ λόγου, mérē tū lógū; dt. Redeteile; engl. parts of the speech; frz. parties du discours; ital. parti del discorso)

A Def., Anwendungsbereiche. – B.I. Antike. – II. Mittelalter. – III. Neuzeit. – 1. Renaissance. – 2. Barock, Aufklärung. – 3. 19. Jh. – Gegenwart.

A. *Def., Anwendungsbereiche.* Mit dem *terminus technicus* ‹P.› werden die Teile der Rede bezeichnet. Sie beziehen sich also auf deren *ordo*, bilden die Basis für die *inventio* und werden in der *dispositio* geordnet, tangieren aber darüber hinaus alle Bearbeitungsstadien der Rede und *officia oratoris*, also auch die *elocutio, memoria* und *actio.* Durch eine ausgewogene Bearbeitung der P. wird die Klarheit und Verständlichkeit der Rede gewährleistet und nach der klassischen Theorie der Rhetorik das Persuasionsziel besser erreicht. Da die einzelnen Redeteile in diesem Lexikon durch eigene Artikel dokumentiert sind, wird im folgenden primär die Herausbildung des gesamten Systems der P. in der griechisch-römischen Antike, seine historische Entwicklung bis zur Gegenwart und seine Ausstrahlung auf andere Bereiche der Literatur, u.a. das Drama, und die Musik hervorgehoben.

Nach einer seit früher Zeit verbreiteten Einteilung werden in Reden und anderen sprachlichen Kunstwerken mindestens drei Teile unterschieden: *initium*, *medium* und *finis* (Anfang, Mitte und Schluß).[1] Griechische und lateinische Handbücher der Rhetorik differenzieren jedoch insbesondere zwischen dem προοίμιον, prooímion bzw. *prooemium* (*exordium, principium*), d.h. der (direkten oder indirekten) Einleitung oder Vorrede, der διήγησις, diégēsis bzw. *narratio,* der, d.h. der Erzählung, der πίστις, pístis oder dem εἰκός, eikós bzw. *argumentatio,* d.h. der Beweisführung, die oft in *probatio* und *refutatio* aufgeteilt wird, sowie dem ἐπίλογος, epílogos bzw. der *peroratio (conclusio),* d.h. dem Redeschluß. Weit verbreitet sind vier- bis sechsteilige Ordnungen, z.B. indem nach der *narratio* die *partitio* als eigener Teil der Rede mit einer Aufzählung der *propositiones* folgt; einige Schemata der P. differenzieren aber noch weiter.[2] Der Redner kann allerdings auch von dieser schulmäßigen Ordnung abweichen und mit Rücksicht auf die spezifische Art der Rede und die Redesituation – *iudicio oratoris* – andere Gliederungen seiner Rede wählen, z.B. eine nur zweigliedrige, antithetische Disposition. Er kann die schulmäßige Reihenfolge der P. abändern oder einzelne P. ganz weglassen, z.B. nach dem Grundsatz *medias in res* das *exordium.* Aufgabe und ideale Gestalt der Einleitung der Rede in einzelnen Gattungen bleiben umstritten. Das klassische Muster für die Abfolge und die Aufgaben der P. bietet wegen ihrer fundamentalen Bedeutung im Rechtssystem der autonomen Polisstaaten und der römischen Republik die Gerichtsrede. In anderen Redegattungen fallen bestimmte, an deren Modell entwickelte P. häufig weg, z.B. in der Volksrede und in der Lobrede schon nach dem Rat des Aristoteles der Epilog.

Die Vollständigkeit der Redeteile und ihre harmonische Gewichtung nach dem Kriterium des inneren *aptum* verleihen der Rede eine klare Ordnung, Spannkraft sowie Überzeugungskraft (*utilitas*-Aspekt). Die Zuordnung der einzelnen Redeteile im Redeganzen und systematische Übungen zu einzelnen P. sind daher theoretischer Lehrgegenstand und praktischer Übungsinhalt schon der klassischen antiken ‹Progymnasmata› und bleiben es bis zum Niedergang der normativ geprägten Schulrhetorik. In der rednerischen Praxis, aber auch im muttersprachlichen Aufsatz, im Essay und (modifiziert) in den Anleitungen zur Abfassung von Briefen und sonstigen Schriftsätzen werden sie bis ins 20. Jh. beachtet.

Die rhetorischen P. sind deutlich abzugrenzen von den grammatischen Redeteilen, den *partes orationis grammaticae* (Wortarten), wie sie schon in antiken Grammatiktraktaten u.a. von DONAT und PRISCIAN definiert werden, z.B. dem Substantivum, Adiectivum usw.[3]

In der Rhetorik betrifft die am Modell der Gerichtsrede entwickelte Lehre von den P. alle Gattungen der Rede sowie alle fundamentalen *officia oratoris,* insbesondere aber – nicht nur in Perioden der Hochschätzung des *ingenium* – die *inventio.* Die Lehre von den P. nimmt ferner unmittelbar Einfluß auf die Herausbildung der Teile des klassischen Dramas. Man unterscheidet unter dem Einfluß der ‹Poetik› des ARISTOTELES und der ‹Ars poetica› des HORAZ drei (Anfang, Mitte und Schluß) – bzw. bei einer Aufteilung des Mittelteiles in drei ἐπεισόδια, epeisódia – fünf Teile der Tragödie.[4] Dies gilt auch später im klassischen Drama der modernen europäischen Nationalliteraturen, dessen Regeln u.a. während der Renaissanceepoche in J.C. SCALIGERS ‹Poetices libri septem› (Lyon 1561), für die klassische französische Literatur in P. BOILEAUS ‹Art Poétique› (Paris 1674) und für das Theater der Weimarer Klassik von G.E. LESSING in der ‹Hamburgischen Dramaturgie› (1768/69) entwickelt werden. Die rhetorische Lehre der P. gewinnt auch Einfluß auf die strengen Bauformen mancher Gattungen der hochsprachlichen Prosaliteratur, z.B. der Erzählung und Novelle, des Romans und der Monographie mit den typischen Werkteilen der Einleitung, der Einzelkapitel und des Schlusses (bzw. Epilogs oder Nachwortes).[5] In der Musik beeinflußt die Lehre von den P. die Aufteilung der klassischen Oper und des Oratoriums in Ouvertüre, drei, vier oder fünf einzelne Akte (mit Rezitativen und Arien) und Finale bzw. Schlußmusik, der Symphonien oder der Sonaten (bzw. der Streichquartette) mit der Vorstellung der Themen, ihrer Durchführung in mehreren Sätzen und der abschließenden Coda.[6]

Anmerkungen:
1 vgl. L. Calboli Montefusco: Exordium Narratio Epilogus. Studi sulla teoria retorica greca e romana delle parti del discorso (Bologna 1988). – **2** vgl. übersichtlich Volkmann 123–127 zur Gerichtsrede, 294–299 zur beratenden Rede und 314–322 zur epideiktischen Rede; Martin 58–60; Fuhrmann Rhet. 81–98; Lausberg Hb. §262 mit Schema S. 148–149; Ueding/Steinbrink 258–276 und 335–336 (Schema); K.-H. Göttert: Einf. in die Rhet. (²1994) 27–38. – **3** s. L. Jeep: Zur Gesch. der Lehre von den Redeteilen bei den lat. Grammatikern (1893); G.L. Bursill-Hall: Speculative Grammars of the Middle Ages. The Doctrine of *partes orationis* of the Modistae (The Hague 1971); Zedler s.v. *partes orationis grammaticae,* Bd. 26, Sp. 1038; V. Brøndal: Les parties du discours: partes orationis, études sur les catégories linguistiques (Kopenhagen 1948). – **4** Arist. Poet. 7, 1450b 25ff; Hor. Ars 189–190. – **5** vgl. A. Scaglione: Komponierte Prosa von der Antike bis zur Gegenwart, Bd. 1: Die Theorie der Textkomposition in den klass. und den westeuropäischen Sprachen (1981, Orig. Chapel Hill 1971); Norden. – **6** vgl. Ch. Rosen: Der klassische Stil: Haydn, Mozart, Beethoven (1983).

B.I. *Antike.* Schon KORAX und TEISIAS, den ältesten Verfassern eines rhetorischen Lehrbuches (τέχνη ῥητορική; téchnē rhētoriké) im 5. Jh. v. Chr., wird eine Einteilung der Rede in drei P., προοίμιον (prooímion), ἀγών (agōn) und ἐπίλογος (epílogos), vielleicht auch schon in vier P. durch die Untergliederung des Agon in διήγησις (diégēsis) und πίστις (pístis) zugeschrieben.[1] Für seine kleinteiligen Differenzierungen in der τάξις (táxis), der Disposition der Rede, ist THEODOROS VON BYZANZ[2] berühmt. Dieser, der Rhetor LIKYMNIOS[3] und andere Sophisten werden dafür von PLATON im ‹Phaidros› und von ARISTOTELES in der ‹Rhetorik› scharf kritisiert.[4] Eine für die Zukunft wegweisende und systematische Behandlung erfahren die P. erst in der ‹Rhetorik› des Aristoteles. Er kennt sowohl eine einfache Einteilung in nur zwei notwendige Redeteile, die próthesis (*narratio*) und die pístis (*argumentatio*) als auch eine differenzierte in vier P.: «Notwendige Teile (der Rede) sind also die kurze Zusammenfassung des zu beweisenden Sachverhaltes (πρόθεσις, próthesis) und die Glaubhaftmachung (πίστις, pístis). Diese sind folglich charakteristisch (für sie). Am häufigsten findet man (als Teile der Rede): Eingang (prooímion), Darlegung des Sachverhaltes (próthesis), Glaubhaftmachung (pístis) und Redeschluß (epílogos).»[5]

Die Stoiker nehmen unter Einfluß ZENONS vier P. an, προοίμιον, διήγησις, πρὸς τοὺς ἀντιδίκους, ἐπίλογος (prooímion, diēgēsis, prós toús antidíkous epílogos), wobei der dritte Teil, trotz seiner Benennung, auch den positiven Beweis einschließt.[6] In griechisch-römischen Lehrbüchern der Rhetorik variieren jedoch die Anzahl und die Benennung der P. bis in die Spätantike. Meist werden vier-, fünf- oder sechsteilige Einteilungen bevorzugt.

Der Verfasser der ‹Rhetorik an Herennius› erörtert im frühen 1. Jh. v. Chr. die P. zu Beginn seines Traktates schon im Rahmen der *inventio* «inventio in sex partes orationis consumitur: exordium, narrationem, divisionem, confirmationem, confutationem, conclusionem» (Die Auffindung des Stoffes erstreckt sich auf sechs Teile der Rede: die Einleitung, die Darlegung des Sachverhaltes, die Gliederung des Stoffes, die Begründung, die Widerlegung, den Schluß).[7] Von dieser schulmäßigen *dispositio* bzw. von dem *ordo artificiosus* unterscheidet er ausdrücklich verschiedene freiere Formen, die *oratoris iudicio* (nach dem Urteil des Redners) an die Zeitumstände und die Besonderheiten des Falles angepaßt werden.[8] CICERO erörtert die P. zuerst in seiner Jugendschrift ‹De inventione› um 80 v. Chr., zuletzt unter Einfluß des Akademikers ANTIOCHOS VON ASKALON in dem Traktat ‹Partitiones oratoriae› (ca. 54 v. Chr.) sowie ebenfalls in seinem rhetorischen Hauptwerk ‹De oratore› (55 v. Chr.). In ‹De inventione› ordnet er die P. den *officia oratoris* unter und versucht auf diese Weise einen Ausgleich zwischen den beiden grundlegenden Einteilungsprinzipien. Er unterscheidet im Rahmen der *dispositio* sechs P.: «exordium, narratio, partitio, confirmatio, reprehensio, conclusio» (die Einleitung, die Darlegung des Sachverhaltes, die Einteilung des Stoffes, die Bekräftigung, die Widerlegung, der Schluß).[9] Diese Differenzierung erlangt – mit der Einteilung der im Mittelalter irrtümlich für ciceronianisch erachteten ‹Rhetorik an Herennius› – weiten Einfluß. In ‹De oratore› werden die P. im Rahmen der *dispositio* bzw. beim Problem vom *ordo conlocatioque rerum* abgehandelt. «ut aliquid ante rem dicamus, deinde ut rem expcnamus, post ut eam probemus nostris praesidiis confirmandis, contrariis refutandis, deinde ut concludamus atque ita peroremus, hoc dicendi natura ipsa praescribit; ut vero statuamus ea, quae probandi et docendi causa dicenda sunt, quem ad modum componamus, id est vel maxime proprium oratoris prudentiae.» (Daß wir etwas sagen, ehe wir zur Sache kommen, daß wir sodann den Sachverhalt darlegen, daß wir ihn danach zu beweisen suchen, indem wir unsere Position erhärten und die feindliche erschüttern, daß wir dann schließen und so zum Ende kommen, das schreibt uns die Natur der Rede selber vor. Daß wir jedoch entscheiden, wie wir das anordnen, was wir, um zu beweisen und zu informieren, sagen müssen, das ist die ureigene Aufgabe rednerischer Klugheit.)[10] In den ‹Partitiones oratoriae› ist die begriffliche Präzision Ciceros zwar geringer, aber die *officia* und die nun vier P. (*principium, narratio, confirmatio* und *peroratio*) mit den wichtigen Aspekten der *amplificatio* und Steigerung des Ausdruckes und der *enumeratio* oder Zusammenfassung) werden klarer getrennt.[11] Ciceros eigene Reden bieten besonders eindrucksvolle Beispiele dafür, daß die besten römischen *oratores* sich – wie ihre Vorbilder unter den griechischen Rhetoren – souverän nach den Erfordernissen des Einzelfalles und des Zweckes ihrer Reden über die schematischen Lehren von den P. hinwegsetzen. Vermutlich nehmen die schriftlich publizierten Fassungen bedeutender antiker Reden stärker Rücksicht auf die schulmäßige Lehren von den P. als die ursprünglich mündlich vorgetragenen Fassungen, da die Schriftfassungen künftig primär als rhetorisch-stilistische *exempla* für den Rhetorik- und Literaturunterricht dienten.

Wohl das bedeutendste lateinische Lehrbuch der klassischen Rhetorik verfaßt QUINTILIAN mit den ‹Institutiones oratoriae›, in denen er zuerst ältere Lehren über die P. bespricht und dabei ebenfalls vom Modellfall der Gerichtsrede ausgeht.[12] Quintilian nennt unter Berufung auf die Meinung der meisten Autoritäten als die fünf Teile der Gerichtsrede *prooemium, narratio, probatio, refutatio* und *peroratio*. Für ihn sind das *prooemium* und die *narratio* vorbereitende Teile für die wichtigsten Redeteile: die *probatio* und *refutatio* (als die zwei Aspekte der *argumentatio*). Auch in dieser Wertung spiegelt sich die unter der Verfassung des Kaiserreiches schon anachronistische überragende Bedeutung der Gerichtsrede wider. Entgegen anderen Rhetoriklehrern lehnt Quintilian *partitio, propositio* und *excessus* (Gliederung, Ankündigung und Exkurs) als eigenständige P. ab, rechtfertigt aber ausdrücklich und abweichend z.B. von ARISTOTELES die Aufnahme der *refutatio*.[13] Quintilian weist den vier P. jeweils eine spezifische Funktion zu:«prooemiis praeparare. docere expositione, argumentis probare, adfectibus commovere» (durch Prooemien vorzubereiten, zu unterrichten durch die Darlegung des Falles, durch Argumente zu beweisen, durch Gefühlswirkungen zu rühren).[14] In anderem Kontext erwähnt er die *egressio* (den Exkurs) bzw. die *digressio* (die Abschweifung) als eigenständige Teile der Gerichtsrede. Unter der *egressio* subsumiert er alles, was außerhalb der fünf Teile der Rede gesprochen wird.[15] Einen streng schematischen Aufbau jeder Rede nach der Theorie der P. lehnt Quintilian jedoch deutlich ab. Entscheidend für den gelungenen Aufbau einer Rede seien keineswegs das genaue Umsetzen bestimmter Schemata, sondern die Beachtung der konkreten Redesituation und das aus der rhetorischen Erfahrung geschärfte *iudicium* des *orator*. Zudem sei zwischen allen P. die Kunst der eleganten Übergänge (*transitus*) anzuwenden, allerdings ohne Manierismus.[16]

Zahlreiche spätantike Rhetoren legen von Cicero und Quintilian abhängige, aber viel knappere ‹artes rhetoricae› vor, die sich durch eine leicht variierende Terminologie, Auswahl und Anordnung der P. sowohl von ihren klassischen Vorlagen als auch den zeitgenössischen Konkurrenten abzuheben versuchen. In diesen Werken erfolgt aber keine echte Weiterentwicklung der antiken Lehre der P. mehr. CONSULTUS FORTUNATIANUS bevorzugt im 4. Jh. n. Chr. in seiner in Frage- und Antwortform verfaßten ‹Ars rhetorica› selbst eine Unterteilung in vier P. (*principia, narratio, argumentatio, peroratio*). Namentlich nicht genannte ältere Autoren hätten indessen weit differenziertere Systeme entwickelt.[17] Sein Zeitgenosse C. IULIUS VICTOR unterscheidet in seinem Lehrbuch zwischen *principia, narratio, excessus, quaestiones* und *epilogi* und bemerkt, daß die Einleitung im Einzelfall weggelassen werden solle.[18] SULPICIUS VICTOR stellt seinen Lesern in den ‹Institutiones oratoriae› zwei Einteilungen der P. vor, eine in vier Teile (*exordium, narratio, argumentatio* und *peroratio*) sowie eine ausführlichere in sechs P., bei der die *partitio* hinzugefügt und die *argumentatio* in *confirmatio* und *reprehensio* aufgeteilt wird.[19]

Anmerkungen:
1 vgl. Radermacher B II 8; P. Hamberger: Die rednerische Disposition in der alten TEXNH PHTOPIKH (Korax – Gorgias – Antiphon) (1914) und Martin 54–55. – **2** Radermacher B XII. – **3** ebd. B XIV. – **4** vgl. Plat. Phaidr. 266 D – 267 C und Arist. Rhet. III, 13,5 p. 1414 b 7ff. – **5** Arist. Rhet. III, 13,4 = 1414 b 7–9 und zu einzelnen Redeteilen genauer Rhet. III, 14–19; Ausg. R. Kassel (Berlin/New York 1976); Übers. F.G. Sieveke (1980) 203; vgl. dazu Martin 58. – **6** vgl. Diogenes Laertios VII, 43 = SVF II Nr. 295. – **7** Auct. ad Her. I, 4 (3). – **8** Auct. ad Her. III, 9 (17). – **9** Cic. Inv. I, 19 (14), Ausg. E. Stroebel (1915; ND 1977), Übers. Th. Nüßlein (1998). – **10** Cic. De or. II, 307–308, vgl. zum Kontext insb. Cic. De or. II, 307–340 (76–83), Ausg. A.S. Wilkins (Oxford 1892; ND Hildesheim 1965). – **11** Cic. Part. § 3–26 zu den *officia* und § 27–60 zu den P. – **12** vgl. insb. Quint. III, 9,1–9; siehe E. Zundel: Clavis Quintilianea (1989) 72 zu weiteren Stellen aus der ‹Institutio oratoria›. – **13** vgl. Arist. Rhet. II, 26 und Quint. III, 9,5. – **14** ebd. IX, 4,4. – **15** ebd. IV, 3,15 und IX, 2,55. – **16** ebd. IV, 1,77. – **17** Fortun. Rhet. II, 12 p. 108, 22–29, Rhet. Lat. min.; vgl. dazu Martin 59–60. – **18** Iul. Vict. cap. XIV und XV, p. 421, 15–16 und 24–26, Rhet. Lat. min. – **19** Sulp. Vict. 17 p. 322, 4–9.

II. *Mittelalter.* Wie andere Teile der klassischen Schulrhetorik werden auch die P. dem frühen und hohen Mittelalter in maßgeblichen Zusammenfassungen älterer antiker Lehren in enzyklopädischen Werken u.a. des MARTIANUS CAPELLA, CASSIODOR und ISIDOR VON SEVILLA überliefert. Die P. werden hier als Teil des trivium-Faches Rhetorik im Rahmen der *inventio* und *dispositio* erläutert. Allerdings gewinnen die *elocutio* und eine kunstgerechte Anwendung der *colores rhetorici* gegenüber der Gliederung der Rede immer mehr Bedeutung.[1]

MARTIANUS CAPELLA differenziert im 4. Jh. im der Rhetorik gewidmeten 5. Buch seiner Enzyklopädie ‹De nuptiis Mercurii et Philologiae› in der *dispositio* zwischen dem *naturalis ordo*, «cum post principium narratio, partitio, propositio, argumentatio, conclusio epilogusque consequitur» (wenn nach dem Prooimion die Narratio, die Partitio, die Propositio, die Argumentatio, die Conclusio und der Epilog folgen) und der Ordnung der Rede nach dem *artificium oratoris*.[2] Er kennt auch andere Einteilungen in eine unterschiedliche Anzahl von P., deren wichtigste Eigenarten er knapp skizziert.[3] CASSIODOR schließt sich im ‹Liber de rhetorica› der ‹Institutiones› einer ausführlichen Einteilung in sechs P. an (*exordium, narratio, partitio, confirmatio, reprehensio* und *conclusio*).[4] ISIDOR bevorzugt im Abschnitt ‹De rhetorica› der ‹Etymologiae› wiederum eine Einteilung in vier P. (*exordium, narratio, argumentatio* und *conclusio*). Er fügt äußerst knappe Hinweise zur Hauptfunktion und zur *elocutio* eines jeden Teiles der Rede an: «Inchoandum est itaque taliter, ut benivolum, docibilem vel adtentum auditorem faciamus: benivolum precando, docibilem instruendo, adtentum excitando. Narrandum est ita, ut breviter atque aperte loquamur, argumentandum est ita, ut primum nostra firmemus, dehinc adversa confringamus; concludendum est ita, ut concitemus animum audientis inplere quae dicimus.» (Man muß daher so beginnen, daß wir den Hörer wohlgesonnen, aufmerksam für Belehrung und konzentriert auf die Rede machen: wohlgesonnen, indem wir ihn bitten, aufmerksam durch unsere Belehrung, konzentriert, indem wir ihn aufrütteln. Die Darlegung des Sachverhaltes ist so anzulegen, daß wir kurz und klar sprechen, die Beweisführung so, daß wir zuerst unsere Position bekräftigen, danach die gegnerische zerbrechen; die Rede soll man so beschließen, daß wir die Zuhörer veranlassen, in ihrem Sinn aufzunehmen, was wir sagen.)[5] BOETHIUS unterscheidet gegenüber den fünf *rhetoricae partes* (d.h. den *officia*) eine Einteilung der Rede selbst in sechs P., *prooemium* (*exordium*), *narratio, partitio, confirmatio, reprehensio* und *peroratio*.[6] Anknüpfend an Ciceros ‹De inventione› und Iulius Victors Rhetoriktraktat unterscheidet ALCUINUS in seiner dialogisch aufgebauten ‹Disputatio de rhetorica et de virtutibus› (ca. 801–804) sechs *singulae totius causae partes*.[7] Diese antike Tradition der Rhetorik im Rahmen des *trivium* ist noch in enzyklopädischen Werken des 12. Jh. greifbar, so im ‹Metalogicus› des JOHANNES VON SALISBURY.[8]

Andererseits wird im Hoch- und Spätmittelalter die antike Lehre der P. auf die wichtigsten epochenspezifischen und nun dominierenden Gattungen angewandt und für neuartige *artes* modifiziert.[9] In den seit dem 11. Jh. entstehenden *artes dictaminis / artes dictandi* werden oft die klassischen Redeteile in der Tradition Ciceros und des Auctor ad Herennium auf die Abschnitte eines Briefes und in den *artes arengandi* auf die formvollendete Abfassung einer Urkunde übertragen. Wegweisend werden die ‹Dictaminis radii› und das ‹Breviarium de dictamine› des ALBERICH VON MONTECASSINO (1070–1080). Es gibt aber z.B. in den ‹Rationes dictandi prosaice› (1119–1124) des HUGO VON BOLOGNA auch eine gröbere Einteilung in drei Teile. Gattungsspezifisch steht nach einer *salutatio* (Grußformel) das *exordium* als Fundament der folgenden *narratio* und der abschließenden *conclusio* im Mittelpunkt der Lehrwerke zum Brief- und Urkundenstil. Mit Hilfe fester Formeln wird der sogenannte *exordium-continuatio*-Ablauf eingeübt. Statt der rekapitulierenden der klassischen Gerichtsrede findet man im Brief meist eine offenere *conclusio* oder teils eine die *argumentatio* und *conclusio* ersetzende *petitio* (ein Gesuch).[10]

Wenig später als die *artes dictandi* entstehen die neuartigen Predigtlehrbücher, die *artes praedicandi*.[11] Die Teile der Predigt sind durch die antiken klassischen P., durch Schemata der Dialektik und das besondere geistliche Anliegen dieser Gattung geprägt. Häufig wird ein sechsteiliges Schema in den *artes* empfohlen: «1. Themenangabe (oft mit einem *Prothema* als Vorspann); 2. Einleitungsgebete; 3. Einführung in das Thema (auch *exordium* genannt); 4. Themeneinteilung (mit Angabe des Teilungsverfahrens); 5. Entfaltung (*dilatatio* bzw. *tractatio*) des Themas mittels mehrerer und unterschiedlicher Verfahren; 6. Konklusion als Zusammenfassung mit Ermahnung oder Lobpreisung».[12] Anzahl und Benennung der Teile einer Predigt schwanken aber. ALEXANDER VON ASHBY unterteilt in ‹De modo praedicandi› die Predigt in vier Teile: *prologus, divisio, confirmacio, conclusio*›.[13] THOMAS VON SALISBURY nennt in der ‹Summa de arte praedicandi› als sechs fundamentale Teile des aus universitärem Milieu stammenden *artistic sermon*: «1. Opening prayer for divine aid, 2. Protheme (antetheme) or introduction of theme, 3. Theme, or statement of a scriptural quotation, 4. Division, or statement of parts of the theme, 5. Development of the members named in the division, 6. Conclusion».[14] Einflußreich wird für die Schulpredigt auch ALANUS' AB INSULIS ‹De arte praedicandi›. Das Predigtthema wird meist aus der Bibel, einem Heiligenleben oder den Werken einer geistlichen Autorität genommen. Es bildet mit einem einleitenden Gebetsanruf ein Äquivalent zum rhetorischen *exordium*. Über *divisiones* und *subdivisiones* erfolgt die kunstvoll mit allen Techniken der *elocutio* entwickelte *dilatatio materiae*, die der klassischen *narratio* und *argumentatio* enspricht und das Kernstück der Predigt darstellt. Statt der rekapitulierenden *conclusio* der antiken (Gerichts-) Rede folgt in der Predigt meist eine *exhortatio* oder *dehortatio* der Gläubigen. Die einflußreichen städtischen Prediger der Bettelorden bevorzugen in ihren Predigten in der Volkssprache einen freien Umgang mit den rhetorischen Schemata der Teile der Predigt.

In neuartigen *artes poetriae* werden die alten rhetorischen Lehren von den P. auch auf die Disposition poetischer Werke übertragen. Typisch hierfür sind die Papst Innozenz III. gewidmete ‹Poetria nova› (ca. 1200) des GALFRID VON VINSAUF oder die einflußreiche ‹Ars versificatoria› des MATTHAEUS VON VENDÔME. [15]

Anmerkungen:
1 vgl. Murphy RM, Murphy ME und J. Fried: Vom Nutzen der Rhet. und Dialektik für das Leben, in: ders. (Hg.): Dialektik und Rhet. im frühen und hohen MA. Rezeption, Überlieferung und gesellschaftl. Wirkung antiker Gelehrsamkeit vornehmlich im 9. und 12. Jh., Schr. des Hist. Kollegs, Kolloquien 27 (1997) VII–XX. – **2** Ausg. A. Dick, J. Préaux (1969) § 543 p. 249,4–8, Übers. Verf. – **3** ebd. § 544–565 p. 271–284 mit starken Anlehnungen an Ciceros ‹De inventione› und Fortunatians ‹Ars rhetorica›. – **4** Cassiodor, Liber de rhetorica, cap. 9 p. 497,35 – 498,6 Rhet. Lat. min.; diese Textfassung ist identisch mit der in der Ausg. der ‹Institutiones› von R.A.B. Mynors (Oxford 1963). – **5** Isidor, De rhetorica, cap. VII p. 510, 23–28 Rhet. Lat. min. = Isid. Etym. II, 7,2, Übers. Verf. – **6** Boethius, De topicis differentiis, in: ML Bd. 64, 1208 C, Übers. und Komm. E. Stump: Boethius's De topicis differentiis (Ithaca/London 1978) 82. – **7** Alcuin. 468–472 p. 96. – **8** Joh. v. Sal., Ausg. J.B. Hall, K.S.B. Keats-Rohan, CChr.CM Bd. 98 (Turnhout 1991). – **9** vgl. Murphy RM; D.E. Luscombe: Dialectic and Rhetoric in the Ninth and Twelfth Centuries: Continuity and Change, in: Fried (Hg.) [1] 2–20. – **10** vgl. dazu Rockinger; zu Alberich von Montecassino s. die Ausg. M. Inguanez, H.M. Willard: Alberici Casinensis Flores rhetorici (Montecassino 1938); vgl. auch P. von Moos: Rhet., Dialektik und "civilis scientia" im Hochmittelalter, in: Fried (Hg.) [1] 133–155, insb. 150–151. – **11** vgl. Charland, H. Caplan: Medieval Artes Praedicandi. A Handlist, 2 Bde., Cornell Studies in Classical Philology 24–25 (Ithaca/New York 1934–1936); D. Roth: Die ma. Predigttheorie und das Manuale Curatorum des Johann Ulrich Surgant (Basel 1956); M. Briscoe: Artes praedicandi (Turnhout 1992). – **12** I.W. Frank: Art. ‹Predigt VI. MA›, in: TRE Bd. 27 (1997) 257, Anm. 5. – **13** Murphy RM 313, Anm. 56. – **14** ebd. 325. – **15** vgl. Faral und D. Kelly: The Arts of Poetry and Prose (Turnhout 1991).

III. *Neuzeit. 1. Renaissance und Reformation.* In den meisten Rhetoriklehrbüchern der Renaissance und der Reformationsepoche wird das antike System der P. unter Berufung auf die Lehren Quintilians und Ciceros weitgehend übernommen. [1] GEORGS VON TRAPEZUNT ‹Rhetoricorum libri quinque› (1433–34), die ‹Artis rhetoricae praecepta› des ENEA SILVIO PICCOLOMINI (1456), LORENZO VALLAS ‹Disputationes dialecticae› (1439) und der ‹Ciceronianus› des ERASMUS (1528), wenig später die ‹Dispositio in partes orationis rhetoricae, et brevis textus enarratio, evangelicorum etc.› des SIMON PAULI (1573) oder MELCHIOR JUNIUS' ‹Resolutio brevis orationum M.T. Ciceronis secundum causarum genera, orationum partes, materias› (1594) sind epochentypische Werke. Es entstehen aber auch neuartige Lehrbücher wie J. VIVES ‹Rhetorica, sive de recte dicendi ratione› (Basel 1536), die weniger auf klassische Schemata wie die P. Gewicht legen als vielmehr auf die Feinheiten des Ausdruckes, eine der jeweiligen Redesituation angemessene Stilhöhe und allgemein die *elocutio*. Die konfessionelle Spaltung in Protestanten und Katholiken hat für die Lehre von den P. im klassischen Lehrgebäude der Rhetorik kaum Folgen, wie man aus einem Vergleich der entsprechenden Passagen in MELANCHTHONS ‹Elementa rhetorices› (1521) und in ‹De Arte Rhetorica libri tres, ex Aristotele, Cicerone & Quinctiliano praecipue deprompti› (1558) des C. SOAREZ klar erkennen kann. Melanchthon schreibt z.B. ganz traditionell: «Es gibt sechs Redeteile: Einleitung (*exordium*), Darstellung des Sachverhaltes oder Ereignisbericht (*narratio*), Angabe des Beweiszieles in Form einer Hauptaussage oder Kernthese (*propositio*), Begründung (*confirmatio*), Zurückweisung oder Widerlegung (*confutatio*) und Schluß (*peroratio*)». [2]

2. Barock und Aufklärung. Die relativ schematische klassische Gliederung in vier bis sechs P. kann den Anforderungen des praktischen Alltags der Redner bei den verschiedenartigen Gelegenheitsreden des Barock- und Aufklärungszeitalters nicht mehr immer gerecht werden, wird aber dennoch weiterhin in populären Lehrbüchern tradiert, z.B. in G.J. VOSSIUS' ‹Commentariorum Rhetoricorum, Sive Oratoriarum Institutionum Libri Sex› (1606/⁴1643). [3] Hier wird allerdings die Erörterung der P. ein Teil der Lehre von der *dispositio*. Ihre traditionelle Beachtung bezeichnet Vossius im Unterschied zu seinen antiken Vorbildern als *ordo naturalis*, die freie Umstellung der P. nach dem *iudicium* des *orator* als *ordo artificialis*. Auch zur Analyse komplizierter rhetorischer Meisterwerke erweist sich das Schema der P. oft als unzureichend, da sich gerade die besten Redner seit Demosthenes und Cicero große Freiheiten im Hinblick auf den Redeaufbau erlauben. Daher thematisieren neuartige Lehrbücher v.a. die für die Zeitgenossen in der Praxis besonders bedeutsamen Formen wie die Komplimentiertexte (Barock) oder die Argumentation (Aufklärung).

Im englischen Sprachraum konzentrieren sich führende Lehrbücher des 16. Jh. stark auf die *elocutio* und *pronuntiatio*, schenken den P. dagegen wenig Aufmerksamkeit, z.B. TH. WILSONS ‹Arte of Rhetorique› (1553), H. PEACHAMS ‹Garden of Eloquence› (1577) oder unter den lateinischen Schulrhetoriken CH. BUTLERS ‹Rhetoricae libri duo› (1598). Eine Rückkehr zu einer ausgewogenen Darstellung der klassischen rhetorischen Lehren auch zu den P. beobachtet man dagegen in Werken des 17. Jh., z.B. in W. PEMBLES ‹Enchiridion oratorium› (1633) oder TH. FARNABYS mehrfach nachgedrucktem ‹Index Rhetoricus› (1633). [4] TH. HOBBES bietet mit ‹A Briefe of the Art of Rhetorique› (London 1637) eine viel benutzte, verkürzte englischsprachige Fassung der aristotelischen ‹Rhetorik›, die dessen Schema der P. vorstellt. J. NEWTONS ‹Introduction to the Art of Rhetorick› (1671) jedoch übt harte Kritik am überkommenen Schematismus der Schullehre der P. und will den Lesern eine zeitgemäße Lehre der gesamten Rhetorik und der Disposition von Reden in ihrer englischen Muttersprache vorlegen. Im 18. Jh. setzen sich endgültig neuartige rhetorische Lehren durch, welche teilweise unter französischem Einfluß die enge Verbindung von Logik und Rhetorik hervorheben, die klassische Lehre der P. offen als anachronistisch ablehnen und für alle damals bekannten Formen der mündlichen und schriftlichen rhetorischen Kommunikation und alle Redegattungen jeweils spezifische Dispositionsschemata fordern. Wegweisend für die modernen Lehren zur Disposition in der aufgeklärten Redeweise des 18. Jh. [5] werden im englischen Sprachraum u.a. J. HOLMES ‹The Art of Rhetoric Made Easy› (London 1755), J. WARDS ‹A System of Oratory, delivered in a Course of Lectures Publicly read at Gresham College› (London 1759) und insbesondere die Werke zweier schottischer Autoren: A. SMITH hebt in ‹Lectures at Edinburgh› (gehalten 1748–1751) und ‹Lectures at Glasgow› (gehalten 1751–1763) von den Teilen der Rede vor allem Behauptung und Beweis (*proposition and proof*) hervor und differenziert dabei noch zwischen einer analytischen und einer synthetischen Beweisführung. G. CAMPBELL (‹The Philosophy of Rhetoric›, London 1776) bleibt mit seiner flexiblen, an der jeweiligen Redesituation orientierten Meinung über die P. sogar bis weit ins 19. Jh. einflußreich.

Im französischen Sprachraum werden im Zeitalter der Renaissance und des frühen Barock im späten 16. und 17. Jh. zunächst die traditionellen rhetorischen Lehren über die P. erneut bekräftigt. Weite Verbreitung erlangt die Ordnung der P. in A. FOUQUELINS ‹La Rhétorique française›. R. BARY in ‹La Rhétorique françoise› (Paris 1653/1665) und LE GRAS in ‹La Rhétorique françoise› (Paris 1671) unterscheiden ebenfalls noch die *parties de l'oraison* nach der klassischen Tradition.[6] Für das klassische französische Drama sind die Lehrsätze der *elocutio* bedeutsamer als diejenigen der *dispositio*, aber Spuren der alten Lehren der P. lassen sich durchaus noch in den Reden der Personen in RACINES Stücken nachweisen.[7] Die Rhetorik wird im späten 17. und frühen 18. Jh. jedoch immer stärker von philosophischen und logischen Lehren beeinflußt (DESCARTES, PORT-ROYAL). Als rhetorische Programmschrift veröffentlicht z.B. der Logiker A. ARNAULD seine ‹Réflexions sur l'éloquence› (Paris 1700). In B. GIBERTS ‹La Rhétorique ou les règles de l'éloquence› (Paris 1730) werden zwar noch die traditionellen P. *exordium, narratio, confirmatio* und *peroratio* aufgezählt, doch wird vor allem eine Disposition der Rede gerühmt, bei der die Abfolge der Teile der Rede der natürlichen Logik der Sache und der *raison* entspricht oder zumindest eine kunstgemäße, schulmäßige Anordnung der P. für den Hörer bzw. Leser nicht mehr spürbar ist. Die systematischen Bemühungen der *Académie française* um die allgemeine Durchsetzung des Ideals der *perfection de la langue* und der *clarté* fördern die Klarheit, Korrektheit und Genauigkeit der Ausdrucksweise und der Gedankenführung einer Rede. Auch wenn die traditionelle, schulmäßige Gliederung der Rede nach den P. seit dem 18. Jh. immer mehr an Bedeutung verliert, wird im französischen Sprachraum bis heute die Forderung nach einer klaren Gliederung jeder Rede und nach erkennbaren Leitgedanken auch jedes einzelnen Redeabschnittes erhoben.[8]

B. LAMY legt mit ‹De l'art de parler› (Paris 1675) eine moderne, aufgeklärte und vernünftige Rhetorik unter Wahrung der wichtigsten Teile des traditionellen Systems vor. Im Kapitel IV., I. des ‹Discours›: ‹De la disposition et des parties dont un discours doit estre composé› hebt er *exordre, proposition* und *confirmation (ou l'établissement des preuves, et en même-temps la refutation)* als übliche P. hervor.[9] Das Ideal des natürlichen Flusses der eloquenten Rede und ausführliche Bemerkungen über Figuren- und Stillehre sind in französischen Rhetorikwerken des 18. Jh.[10] jedoch erheblich bedeutender als eine schulmäßige Gliederung der P., die dem Redner leicht den Vorwurf des Schematischen, Künstlich-Unnatürlichen einbringt. Dies betont auch bereits F. FÉNELON in den einflußreichen ‹Dialogues sur l'Éloquence› (verfaßt 1679, veröffentlicht Paris 1717). Abbé MALLET unterscheidet in seinem Artikel über *disposition* in der ‹Encyclopédie› (Paris 1754) zwischen der schulmäßigen *disposition artificielle* in vier oder sechs P. und der *disposition naturelle*. Für diese lassen sich keine festen Schulregeln und keine feste Abfolge der P. benennen, vielmehr rate die Natur selbst, um die Zuhörer zu überreden, zu folgendem: «1° il faut les disposer à écouter favorablement les choses dont on veut les entretenir. 2° Il faut leur donner quelque connoissance de l'affaire que l'on traite, afin qu'ils sachent de quoi il s'agit. 3° On ne doit pas se contenter d'établir ses propres preuves, il faut renverser celles des ses adversaires» (1. Man muß sie als geneigte Zuhörer für seine Anliegen gewinnen. 2. Man muß ihnen Kenntnisse über den behandelten Sachverhalt vermitteln, damit sie wissen, worum es geht. 3. Man darf sich nicht darauf beschränken, die eigenen schlagkräftigen Beweise anzuführen, man muß auch die Beweisführung der Gegner widerlegen). Mallet fährt dann – das klassische System der P. vereinfachend – fort, für moderne Autoren und Redner «un discours se distribue en exordre, division ou proposition, première, seconde, & quelquefois troisième partie, & peroraison» (gliedere sich eine Rede in die Einleitung, die Präzisierung des Sachverhaltes, den ein-, zwei- oder dreiteiligen Beweisgang und den Redeschluß).[11] Zu der in der Epoche der Romantik erhobenen Forderung nach unbedingter Originalität steht ein deutlich erkennbarer Aufbau einer Rede nach den schulmäßigen P. verständlicherweise im Widerspruch.

Als beispielhaft für die deutschsprachige Barockrhetorik sei CHR. WEISES Werk ‹Politischer Redner› (1683) mit seinen Bemerkungen zu *propositio* und *insinuatio* als Hauptteilen der Disposition eines ‹Complimentes› genannt. In seinem Werk ‹Neu-Erleuterter politischer Redner› (1684) hebt Weise drei Hauptteile einer ‹vollkommenen und weitleufftigen Oration› hervor, Exordium, Propositio und Tractatio, und kommentiert: «Insgemein sind sechs Stücke, doch Narratio gehöret zum Exordio, quia reddit Auditorem docilem, Confutatio ist ein Stück der Tractatio, da man die Sache a Contrario amplificiret, Conclusio ist ein Anhang der Tractatio».[12]

Auch im 18. Jh. bleiben die P. ein einflußreicher Lehrstoff der deutschsprachigen Schulrhetorik. Allgemein wird auf eine klare Disposition aller Reden Wert gelegt. F.A. HALLBAUER behandelt die «*Teile einer vollständigen Oration*» in seiner ‹Anweisung zur verbesserten Teutschen Oratorie› (1725) traditionell und nennt als vier Teile einer vollständigen Oration: *exordium, propositio, tractatio* und *conclusio*.[13] J.A. FABRICIUS hält in ‹Philosophische Oratorie. Das ist: Vernünftige Anleitung zur gelehrten und galanten Beredsamkeit›[14] die Proposition (Vortrag des Themas), die Tractation (Ausführung) und die Conclusion (Schluß) für unverzichtbare Teile aller Reden: «Alle und iede reden, sie mögen nahmen haben wie sie wollen, bestehen aus diesen Theilen».[15] Nach J. CHR. GOTTSCHEDS ‹Ausführlicher Redekunst› (1736) muß sich die Erfindung als die erste Pflicht eines Redners auf «I. Eingänge, II. Erklärungen, III. Beweisgründe, IV. Widerlegungen, V. Erläuterungen, VI. Bewegungsgründe, und VII. den Beschluß» richten.[16] Ähnlich hoch schätzt CHR.M. WIELAND in ‹Theorie und Geschichte der Red-Kunst und Dicht-Kunst› (1757) eine klare Disposition einer Rede und unterteilt sechs Hauptteile: «1° Exordium, oder der Anfang der Rede, durch welchen das Gemüth des Zuhörers vorbereitet und zur Aufmerksamkeit erweckt wird. 2° Expositio, oder Erzählung der Sache, welche man abhandeln will. 3° Divisio, die zum vorigen gehört und nur eine genauere Auseinandersetzung des Gegenstandes der Rede ist. 4° Confirmatio, die in einer Erzählung und nachdrücklichen Bekräftigung unsrer Gründe besteht. 5°Confutatio, die Widerlegung oder Vernichtung der Gegengründe und Einwürfe, womit unser Satz kann bestritten werden. Und 6° Conclusio, oder der künstliche Beschluß der Rede, worin der Redner hauptsächlich seine Stärke zusammenfassen und den Affect der Zuhörer auf den höchsten Grad treiben muß.»[17] Auch J.H. ZEDLERS ‹Großes vollständiges Universallexikon› diskutiert die P. unter dem Stichwort der *Dispositio* oder der guten Einrichtung einer Rede.[18] D. PEUCER hält in ‹Erläuterte Anfangs-Gründe der Teutschen Oratorie in kurzen Regeln und deutlichen Exempeln vor Anfänger› (⁴1765) fest, es gebe einerseits unverzichtbare Hauptteile einer Rede (*principales*, *essentiales* und *necessariae*), andererseits auch verzichtbare Teile (*accidentales* und *minus necessariae*): «Der Haupt=Theile, die wesentlich und nothwendig in einer Schulübungs=Rede gehören, sind vornehmlich zween, nehmlich 1. Propositio der Vortrag oder kurze Inhalt der Rede; 2. Confirmatio, der Beweis und die Erläuterung des Vortrages, welchen Theil andere tractationem, oder die Abhandlung nennen».[19] Je nach der besonderen Redesituation könne man auch das Exordium noch vor die Proposition setzen und die Conclusion an die Traktation anfügen. Als Hauptteile von Briefen nennt er *antecedens*, *connexio* und *consequens*, als Nebenteile die *formula initialis* und *finalis*.[20]

3. 19. Jh. bis Gegenwart. Auch im 19. und frühen 20. Jh. bleiben die P. noch im Bereich der Schulrhetorik und der muttersprachlichen Aufsatzlehre ein bedeutsames Schema, das auch nur durchschnittlich begabten Rednern oder Schülern eine klare Disposition ihrer Ausführungen ermöglicht. Aber es mehren sich die Vorwürfe von Sterilität und sturem Schematismus. Als Reaktion darauf erfolgt u.a. die Preisgabe der strengen Gliederung nach den P. im freien Aufsatz und in wichtigen Redegattungen. Das klassische Schema der P. wird unter dem Einfluß verschiedener Schulrichtungen der *Neuen Rhetorik* schließlich sogar ganz aufgegeben. Gegenüber dem Postulat der Vollständigkeit der Redeteile, ihrer angemessenen Gewichtung und einer bestimmten natürlichen Reihenfolge tritt jetzt die Beschäftigung mit einzelnen P., den Argumentationsstrukturen und mit rhetorischen Figuren in den Vordergrund.

Mit diesen Entwicklungen vergleichbar fällt auch in vielen zeitgenössischen Schauspielen das Gliederungsschema der klassischen Akte weg. Statt dessen treten improvisatorische Elemente, Montage- und Collagetechniken hervor. Falls man noch Akte, Szenen, Teile usw. unterscheidet, fehlt ihnen ihre klassische Qualität im Sinne einer bestimmten Reihenfolge sowie der Einheit der Handlung nach Zeit und Raum. Auch in der Musik finden statt der überlieferten strengen Gliederungsprinzipien nach Akten oder Sätzen oft neuartige Dispositionsformen nach Szenen, Abschnitten, Reihen, den Vorgaben der Chaostheorie oder der Computeralgorithmen Anwendung.

In einigen modernen Rhetoriktheorien (z.B. bei H.F. PLETT)[21] wird allerdings auch weiterhin der an sich evidente Gedanke hervorgehoben, daß eine vom Hörer klar erkennbare Form der Disposition der Rede mit Rücksicht auf ihre Verständlichkeit und zur Erreichung des Persuasionszieles unverzichtbar bleibe. Auch das einflußreiche Handbuch von C. PERELMAN und L. OLBRECHTS-TYTECA ‹Traité de l'argumentation. La nouvelle rhétorique› (Paris 1958; Brüssel ³1976) hat bezeichnenderweise nicht auf ein eigenes Kapitel über den *ordre du discours* verzichtet, in dessen Zentrum Überlegungen stehen, wie ein Redner seine Argumente anordnen solle, um ihnen die größtmögliche Plausibilität und Persuasionskraft zu geben. Bei dieser Aufgabe können das Studium älterer erfolgreicher Musterreden und die Behandlung der P. in rhetorischen Lehrbüchern nur erste Hinweise bieten. Entscheiden müssen die Erfordernisse jeder einzelnen rhetorischen Situation und die Einschätzung der Zuhörerschaft durch den Redner.[22] Perelman erkennt ausdrücklich an, daß die «Abfolge von Argumenten die Bedingungen ihrer Annahme» verändert. Er nennt zutreffend – und übereinstimmend mit den besten Rhetoren und Rhetoriklehrern von der Antike bis zum 19. Jh. – die eigentlich rhetorische Ordnung «die einem jeweiligen Publikum am besten angepaßte».[23]

Für fachwissenschaftliche Vorträge und Texte und in populärwissenschaftlichen Anleitungen für das Abfassen von Reden zu verschiedenen Gelegenheiten und von anderen Schriftsätzen (z.B. Geschäftsbriefen, juristischen Schriftsätzen, Arztbriefen, usw.) sowie in weitverbreiteten Stilkunden wirkt die alte Lehre der P. in der zeitlosen Hochschätzung einer klaren Gliederung ebenfalls in modifizierter Form fort. Jeglicher anspruchsvolle Text von einer gewissen Länge bedarf offenbar einer klaren Gliederung, so daß Elemente der klassischen Lehre der P. auch in Zukunft für alle Gattungen der Rede und andere Kunstprosatexte unverzichtbar bleiben werden.

Anmerkungen:

1 vgl. J. Seigel: Rhet. and Philosophy in Renaissance Humanism: The Union of Eloquence and Wisdom, Petrarch to Valla (Princeton 1968); Murphy RE passim und Conley 109–150. – 2 vgl. Melanchthon Sp. 431, Übers. J. Knape: Philipp Melanchthors ‹Rhetorik› (1993) 73. – 3 Vossius, lib. III, p. 321ff. – 4 vgl. D.L. Clark: Rhetoric and Poetry in the Renaissance. A Study of Rhetoric Terms in English Renaissance Literary Criticism (New York 1922); W.S. Howell: Logic and Rhetoric in England, 1500–1700 (Princeton 1956; ND New York 1961). – 5 vgl. W.S. Howell: Eighteenth-Century British Logic and Rhetoric (Princeton 1971). – 6 R. Bary: La Rhétorique françoise (Paris 1665; ND 1972); vgl. Y. le Hir: Rhétorique et stylistique de la Pléiade au Parnasse (Paris 1960); M. Fumaroli: L'Âge de l'éloquence. Rhétorique et ‹res literaria› de la Renaissance au seuil de l'époque classique (Genf / Paris 1980). – 7 vgl. P. France: Racine's Rhetoric (Oxford 1965). – 8 vgl. D. Mornet: Histoire de la clarté française (Paris 1929); A. Scaglione: Komponierte Prosa von der Antike bis zur Gegenwart, Bd. 1: Die Theorie der Textkomposition in den klass. und westeuropäischen Sprachen (1981; Orig. Chapel Hill 1972). – 9 Lamy 233–240. – 10 vgl. P. France: Rhetoric and Truth in France. Descartes to Diderot (Oxford 1972). – 11 Diderot Encycl. s.v. ‹dispostion›, Tome IV (Paris 1754) 1042–1043. – 12 Weise 1, 168–169 und Zitat Weise 2, 632. – 13 Hallbauer Orat. 459–463; vgl. auch Hallbauer Polit. Bered. – 14 Fabricius 371ff. – 15 ebd. 405. – 16 Gottsched Redek., in: P.M. Mitchell: Gottsched, Ausg. Werke, Bd. 7/1 bearb. von R. Scholl (Berlin / New York 1975) 126–127. – 17 C.M. Wieland: Gesamm. Schr., hg. von F. Homeyer, H. Bieber, Erste Abt., Vierter Bd. (1916) 308. – 18 Zedler s.v. ‹Dispositio›, Bd. 7, insb. Sp. 1055–1057. – 19 D. Peucer: Erläuterte Anfangs-Gründe der Teutschen Oratorie in kurzen Regeln und deutlichen Exempeln vor Anfänger entworfen (⁴1765; ND 1974) 10. Kap. §8, p. 450. – 20 ebd. 11. Kap. §14, p. 516–517. – 21 H.F. Plett: Einf. in die rhet. Textanalyse (³1975); vgl. auch HWRh Bd. 2, s.v. Dispositio. – 22 vgl. Perelman 655–664, §104. – 23 C. Perelman: Das Reich der Rhet. (1980) 148, 154.

J. Engels

→ Argumentatio → Compositio → Confirmatio → Confutatio → Dihaerese → Dispositio → Einleitung → Epilog → Exkurs → Exordium → Inventio → Medias in res → Narratio → Ordo → Partitio → Peroratio → Probatio → Prolog → Prooemium → Propositio → Refutatio → Text → Vorwort, Nachwort

Partitio (lat. auch divisio, distributio, propositio; griech. διαίρεσις, diháiresis, μερισμός, merismós, διάλυσις, diálysis; engl. partition, division; frz. division; ital. partizione)

A. Die P. ist (1) als dritter Teil der sechsteiligen klassischen Rede die Erklärung des Aufbaus der Rede mit der Aufzählung der Hauptargumente (*propositiones*), die in der *argumentatio* behandelt werden sollen. Ihr Zweck ist es, dem Hörer einen Überblick über den Argumentationsgang (*dispositio*) zu geben, damit er oder sie eine klare Vorstellung von der zeitlichen, logischen und memorativen Ordnung des Hauptteils der Rede erhält. Sie gehört nicht zu den obligatorischen Redeteilen; ihre Anwendung und Ausführung ist von logischen, psychologischen und beweistaktischen Erwägungen bestimmt. Hierbei steht sie in einem gewissen Spannungsverhältnis zur erwünschten Spontaneität und Lebendigkeit der Rede.[1]

‹P.› heißt auch (2) in der *inventio*, dem ersten Schritt im fünfteiligen Kanon der rhetorischen Arbeitsstadien, die Aufgliederung eines Themas in vielfache Unterabteilungen zum Zweck der Auffindung stützender Argumente. Sie ist hier also eine heuristische Methode, mit deren Hilfe topische Beziehungen erkundet werden, um den *status* eines Falles zu erhalten und entsprechende Hilfsmaßnahmen ausfindig zu machen. Diese P. (= griech. διαίρεσις, diháiresis; lat. meist als *divisio* bezeichnet) hat ihren Ursprung in der platonischen und aristotelischen Dialektik, wo sie ein spezifisches, aufgliederndes Verfahren der Begriffsbestimmung darstellt.[2] In diesem Sinne erscheint der Terminus ‹P.› auch im Titel einer rhetorischen Schrift Ciceros, ‹Partitiones oratoriae›.

Obwohl die Termini ‹P.› und *divisio* häufig synonym verwendet werden, erhält die inventorische Bedeutung in Spätantike, Mittelalter und Renaissance nahezu ausschließlich Geltung für *divisio*, während ‹P.› – wenn auch in der Fachliteratur seltener behandelt – als dritter Redeteil bestimmt bleibt. Diese Unterscheidung entspricht den im Lauf der Zeit wechselnden Auffassungen von der Rolle der *inventio* – entweder als ein Verfahren, um Beweisgründe für eine bereits aufgestellte Behauptung zu entdecken, oder als eine Untersuchungsmethode, um erst zu seinem Standpunkt zu gelangen. Bei der Untersuchung der Termini ‹P.› und *divisio* ist also notwendig zu prüfen, ob sie im Sinne der Schöpfung oder im Sinne der Anordnung einer Argumentation verwendet werden.

Sprechen die meisten frühen griechischen und römischen Rhetoren von der P. als dem auf die *narratio* folgenden Redeteil, so verwenden kaiserzeitliche Gelehrte wie der griechische Rhetor HERMOGENES (ca. 160–230 n.Chr.) den Terminus ‹diháiresis› bereits als Teil der *inventio* für die Aufteilung der strittigen Punkte in Kategorien, um zu dem bzw. die *status* des Falls zu erhalten.[3] Diese Verwendung der Aufgliederung zur Ordnung des Materials vor dem Vortrag erscheint wieder bei BOETHIUS zu Beginn des lateinischen Mittelalters und in der Renaissance bei GEORG VON TRAPEZUNT und PETRUS RAMUS. Ramus' Zuweisung von *inventio* und *dispositio* zur Logik führt dazu, daß der Stoff in verästelten Dichotomien auf passende Begriffe aufgeteilt wird, bevor seine rhetorische Darstellung erwogen wird. Die P. als Redeteil erscheint dagegen häufig in den rhetorischen Predigthandbüchern des 14. bis 16. Jh, bis ihre Notwendigkeit von den Vertretern der sog. 'Neuen Rhetorik', erstmals von F. FÉNELON, in Frage gestellt wird. Vom 19. Jh. bis in die Gegenwart behalten ‹P.› und *divisio* beide Definitionen bei; die meisten modernen Bezüge gehen jedoch auf den Ciceronischen Gebrauch: die nach der *narratio* erfolgende Gliederung der Rede.

B. I. *Antike*. ARISTOTELES verzeichnet die diháiresis unter den allgemeinen Topoi, die dem Redner helfen sollen, ein passendes Argument zu bilden: «Alle Leute, die Verbrechen begehen, tun dies aus drei Gründen […]».[4] Dieser Gebrauch stimmt offenbar mit der Definition A. (2) überein, während in der späteren klassischen Zeit deutlich die Definition (1) dominiert. Nach dem AUCTOR AD HERENNIUM zerfällt die *causarum divisio* in zwei Teile: zuerst eine Skizze der Punkte, über die Einverständnis herrscht und derer, die noch der Begründung bedürfen; sie soll «sichtbar machen, worüber wir mit der Gegenpartei übereinstimmen, […] und worüber die Meinungen gegensätzlich sind»; der zweite Teil (*distributio*) besteht in der aufzählenden (*enumeratio*) bzw. kurz erläuternden (*expositio*) Vorstellung der nunmehr auszuführenden Hauptpunkte der Argumentation.[5] Auch CICERO postuliert in ‹De inventione› eine zweiteilige P.; dabei hebt er hervor, eine Aufzählung der zu behandelnden Punkte mache «die ganze Rede anschaulich und klar» und helfe den Richtern, den Argumentationsgang im Gedächtnis zu behalten.[6] Zu diesem Zweck müsse die P. aber drei Kriterien erfüllen: sprachliche Ökonomie (*brevitas*), Vollständigkeit (*absolutio*) und logische Ökonomie (*paucitas*).[7] Ebenso unterscheidet MARTIANUS CAPELLA bei der Behandlung der *divisio* in Buch V der ‹Hochzeit der Philologie und des Merkur› zwei Teile; dabei rät er aber dem Redner, nur wenige ausgewählte Punkte aufzuzählen, um nicht die Richter zu verstimmen angesichts der Länge der zu erwartenden Rede.[8] Interessanterweise vertritt Quintilian eine etwas andere Auffassung. In Buch III der ‹Institutio oratoria› erklärt er, daß die P. nicht als gesonderter Teil der Rede betrachtet werden sollte, sondern als eine Ordnungskonzeption, die jeden Teil für sich durchdringt.[9]

In der späteren Antike erfolgt durch HERMOGENES in Περὶ στάσεων eine Neubestimmung der Rolle der diháiresis als Einteilung des Stoffes bei der *inventio*, um dem Redner die Übersicht und die Sammlung geeigneter Argumente zu erleichtern.[10] In diesem Sinne nimmt die *divisio* auch im rhetorischen Schulunterricht einen wichtigen Platz ein, wie schon der Titel der Deklamationen-Anthologie Senecas d.Ä.. zeigt: ‹Oratorum et rhetorum sententiae divisiones colores›.[11] Keine Erwähnung findet die P. merkwürdigerweise in der um das 3. Jh. n.Chr verfaßten ‹Rhetorik› des APSINES (ebenso wie κατάστασις, katástasis, πρόθεσις, próthesis und μερισμός, merismós); stattdessen ist hier ein Kapitel über die προκατάστασις, prokatástasis eingefügt, welches dem Redner Ratschläge für den Übergang vom *prooemium* zur Erzählung und zur Argumentation gibt.[12]

II. *Mittelalter und Renaissance*. Im großen und ganzen findet sich in allen *artes praedicandi* (Predigtlehrbüchern) des Mittelalters die *divisio* als Teil einer ordentlichen Predigt. So enthalten z.B. THOMAS' VON SALISBURY ‹Summa de arte praedicandi› (ca. 1210) sowie ROBERTS VON BASEVORN ‹Forma praedicandi› (ca. 1320) die Einteilung oder Aufgliederung des Stoffes als obligatorischen Abschnitt einer theologischen Ansprache. Meist wird für die *divisio* in der Predigt ein dreiteiliger Aufbau vorgeschrieben, dessen einzelne Punkte bestimmten Worten des Schriftzitats entsprechen sollen.[13] Hingegen weicht A.G. HYPERIUS von diesem Standardschema der *confirmatio* ab, indem er fünf aus der Schrift abgeleitete Teile verwendet: *doctrina, redargutio, correctio, institutio* und *consolatio*.[14] Seine fünffache Applikation dominiert die Predigttheorie der späten Reformation und der Folgezeit.[15] Diese Abwandlungen der *confirmatio* wirken auch auf die anderen Teile der Predigt ein; J. RAINOLDS lobt Hyperius' Predigtmodelle für ihre überlegene *divisio causae*.[16] Nach G.R. Owst wurde den Predigtformen (speziell auch der Aufgliederung der Themen in Unterpunkte) so übertriebene Aufmerksamkeit geschenkt, daß das Publikum unverhältnismäßig formbewußt wurde und den Inhalt demgegenüber vernachlässigte.[17]

Im 16. Jh. veröffentlicht P. RAMUS einige Abhandlungen zur Reform der Freien Künste und zur Neuordnung der Aufgabenbereiche von Dialektik und Rhetorik. Indem er *inventio* und *dispositio* der Logik zuschlägt, macht er die Aufteilung der Gegenstände in Unterpunkte zur Aufgabe der *inventio*. Ausdrücklich verwirft er auch die von den antiken Rhetoren überlieferte klassische Sechsteiligkeit der Rede; stattdessen empfiehlt er dem Redner, eine vom rhetorischen Gesamtzweck hergeleitete Einteilung zu verwenden.[18] Ramus' großer Einfluß auf die Rhetorik im allgemeinen und auf P. und *divisio* im besonderen läßt sich an H. PEACHAMs ‹Garden of Eloquence› (1593) beobachten. Seine Figurenlehre enthält jeweils eigene Einträge für *divisio* (Einteilung eines allgemeinen Gegenstandes in Spezifika) und *partitio* (Aufteilung eines Ganzen in seine Teile), ein Hinweis darauf, daß Ramus eine bis dahin unklare Spaltung im Gebrauch dieser einstigen Synonyme stabilisierte.[19]

III. Moderne. Im 18. Jh. folgt der europäische Rhetorikdiskurs großteils dem Beispiel von Ramus, indem er *inventio* und *dispositio* als Teile der Logik beiseiteläßt und die Rhetorik auf Studien über Stil und Vortrag beschränkt. HUGH BLAIR jedoch in seinen ‹Lectures on Rhetoric and Belles Lettres› bezieht die P. bei der Behandlung der Redeteile mit ein. Obgleich er bemerkt, daß ein solches Mittel manchmal überflüssig oder gar unangebracht ist, hält er fest, daß «man das heute gebräuchliche Verfahren, eine Predigt in Punkte einzuteilen, nicht aufgeben sollte»[20]. Blairs Einfluß läßt sich ersehen an der Formzentriertheit des Schreibunterrichts im Amerika des folgenden Jahrhunderts.

Wichtig sind auch F. FÉNELONS ‹Gespräche über die Beredsamkeit› (1717, erste engl. Ausgabe 1722), in denen einige klassische rhetorische Regeln zur *dispositio* hinsichtlich der Predigt entschieden in Frage gestellt werden. Fénelon «verwarf ausdrücklich den sechsteiligen Redeaufbau der Ciceronischen Tradition und ersetzte ihn durch einen Aufbau, der den Erfordernissen des Redegegenstandes gehorch»[21]. Ein Kanzelredner solle seine Predigt einfach und deutlich gliedern, immer mit dem letzten Ziel, mit dem Zuhörer zu kommunizieren; gesuchte Aufteilungen um ihrer selbst willen seien lästig und kontraproduktiv.[22] Gegen den barocken Schematismus der sachfremden, «von spitzfündigen Methodenkünstlern ersonnen[en]» *Abtheilungen* vor allem in der Homiletik wendet sich auch GOTTSCHED in der ‹Ausführlichen Redekunst› (1736).[23] Diese Isokrateische Aufforderung zur Schlichtheit wird im 20. Jh. aufgenommen von Rhetorikern wie I.A. RICHARDS und Kenneth BURKE, die anstatt klassischer rhetorischer Modelle für die Kommunikation als Ziel der Rhetorik plädieren.

Anmerkungen:
1 hierüber am ausführlichsten Quint. IV, 5; vgl. Volkmann 158–175. – **2** zur Herkunft auch der P. (1) aus der Philosophie vgl. Cic. Inv. I, 33; dazu L. Montefusco: La funzione della 'partitio' nel discorso oratorio, in: A. Pennacini (Hg.): Studi di retorica oggi in Italia (Bologna 1987) 69–85, hier 69 mit Anm. 1. – **3** Conley 54. – **4** Arist. Rhet. II, 23, 1398a 31. – **5** Auct. ad Her. I, 17. – **6** Cic. Inv. I, 31. – **7** ebd. § 32f. – **8** Mart. Cap. p. 488, 6–9 Rhet. Lat. min. – **9** Quint. III, 9, 2. – **10** Hermog. Stat. 1, p. 28, 10–13; 8f., p. 34, 16ff. – **11** vgl. Montefusco [2] 78 mit Anm. 31. – **12** M.R. Dilts, G.A. Kennedy (Hg.): Two Greek Rhetorical Treatises from the Roman Empire (Leiden u.a. 1997) 113. – **13** Conley 96f. – **14** A.G. Hyperius: De formandis concionibus sacris (1553; Marburg 1562) foll. 29f. – **15** J. Lares: Milton in the Context of Reformation Artes praedicandi, in: dies.: Milton and the Rhetoric of Religious Controversy (Diss. Harvard: Cambridge, Mass. 1994). – **16** L. Green (Hg.): John Rainolds's Oxford Lectures on Aristotle's Rhetoric (Newark 1986) 256f. – **17** G.R. Owst: Preaching in Medieval England (New York 1965) 311–313. – **18** Arguments in Rhetoric against Quintilian: Transl. and Text of Peter Ramus's *Rhetoricae distinctiones in Quintilianum* (1549), transl. by C. Newlands (DeKalb, Ill 1986) 191–195. – **19** Peacham 123f.; vgl. Ernsti Lat. 278f. – **20** W.S. Howell: Eighteenth-Century British Logic and Rhetoric (Princeton 1971) 513. – **21** J.L. Golden, E.P.J. Corbett: The Rhetoric of Blair, Campbell and Whately (Carbondale, Ill. 1990) 113. – **22** W. Stevenson: Dialogues Concerning Eloquence in General, zit. Howell [20] 514. – **23** Gottsched Redek. 79–84, hier 83.

E. Cole Bennett

→ Argumentatio → Dihaerese → Dispositio → Distributio → Enumeratio → Exposition → Gerichtsrede → Partes orationis → Perpicuitas → Propositio

Pasquill (nlat. *pasquillus*; dt. auch Pasquinade, Schmähschrift, Spottschrift, Kampfschrift, Famosschrift; engl. *pasquinade*; frz. *pasquinade*; ital. *pasquillo, pasquinata, pasquino*)

A. Das P. ist eine anonyme oder pseudonyme Schrift gegen eine bestimmte Person oder Personengruppe. Sie soll das öffentliche Ansehen des (bzw. der) Adressaten nachhaltig schädigen. GOTTSCHED differenziert 1758: «Man muß aber Streitschriften nicht mit Pasquillen verwechseln. In den ersten streitet man um Wahrheiten, Geschichte, gelehrte Meynungen, oder Lehrpuncte: in den andern aber geht es über die Personen her».[1] Das P. unterscheidet sich von der akademischen Streit-, Kontrovers- oder Disputationsschrift dadurch, daß sachliche Argumentation in ihr zweitrangig ist und ein aggressiv polemischer Grundton herrscht, – «daß man ohne seinen Namen zu nennen, einem andern ein grobes und schimpfliches Verbrechen, als Hurerey, Ehbruch, Mord, Diebstahl u.s.f. aus Bosheit fälschlich schuld giebt.»[2] Von den zuvor gebräuchlichen Formen personaler Satire und Schmähung – Jambus, Invektive, Epigramm, Sirventes – setzt sich das P. im Laufe seiner Entwicklung v.a. durch die zunehmende epische Breite und den Formenreichtum ab. Die ersten P. in Rom tragen den Namen aufgrund ihrer Entstehungssituation. Eine formale Unterscheidung von anderer personalsatirischer Dichtung kommt über Marginalien nicht hinaus.[3] Gegen die kleinen Formen der Schmähschrift: Libell (*libellus famosus*) und Pamphlet, Druckwerken mit gleichfalls nur wenigen Bogen Umfang, ist das P. durch die strikte Personenbezogenheit abgegrenzt.

B. Die italienischen Bezeichnungen ‹pasquillo›, ‹pasquino›, ‹pasquinata› entstehen *im frühen 16. Jahrhundert in Rom*, als 1501 an der Piazzetta di Parione der Überrest einer von Michelangelo für antik erklärten Figurengruppe – der römischen Kopie eines hellenistischen Meisterwerks, das evtl. den Menelaos oder den Aiax mit der Leiche des Patroklos zeigt – gefunden wird (er steht seit 1792 vor dem Palazzo Braschi). Über die Auffindung des Torsos kursieren später breit ausgeschmückte, unverifizierbare Darstellungen. Es heißt u.a., daß die Figur beim Niederriß der Werkstatt eines verstorbenen Schneiders, Flickschusters oder Schmieds namens PASQUINO zu Tage gekommen sei, der seine Mitmenschen so herzhaft verspottete, daß sein Arbeitsplatz meist von einer großen Zuhörerschaft umlagert war.[4] Im Volksmund habe man daher die auf Geheiß des Kardinals O. Carafa vor seinem Wohnpalast wieder aufgestellte Statue kurzerhand ‹Pasquino› bzw. diminuierend ‹Pasquillo› genannt. Anderen Versionen zufolge ist Pasquino ein Schulmeister, den man mit Spottversen an der Statue ärgerte.[5] P. ARETINO (1492–1556) schreibt in seiner ‹Cortigiana› (entstanden 1525, publiziert 1534) dem Pasquino scherzhaft göttliche Herkunft zu, indem er ihn zum Sohn der Musen und der vagabundierenden Dichter erklärt.[6] Beim Markusfest und anderen öffentlichen Feiern (etwa dem Fest des Apollo) gestattet es die Obrigkeit, nach einem von Carafa eingeführten Brauch, an der Hauswand hinter dem Pasquino personale satirische Epigramme, Sonette, Stanzen u.ä. (sog. ‹pasquinate›) anzuheften. Ein gleiches geschieht an weiteren Standbildern in der Stadt, etwa der auf dem Forum gefundenen und bei der Kirche Aracoeli aufgestellten, ‹Marforio› (*Mars fori*) genannten Statue, die in der urbanen Mythologie den ‹Bruder› Pasquinos verkörpert.[7] Es bürgert sich jedoch bald ein, das ganze Jahr über Texte anzubringen. 1509 zählt man schon an die 3000.[8] Nicht selten sprechen die Statuen (‹statue parlanti›) über die angebrachten Texte miteinander – ‹Marforio a Pasquillo›, ‹Riposta di Pasquillo a Marforio› – oder es werden Dialoge imaginiert: ‹Dialogo Pasquillo e Marforio in la Morte di Leone X [...]›.[9] Aretino, der sich neben A. LELIO um den ‹pasquinismo› besonders verdient macht, nutzt 1521/22 den Pasquino weidlich zur Agitation gegen den nachmaligen Papst Hadrian IV. Im Namen des aussichtsreichsten Gegenkandidaten G. Medici ernennt er sich zum ‹Kanzler Pasquins› und bringt gegenüber den zuvor meist akademischen und faden Tönen Zeitpolitik und «brilliante Frechheit»[10] an der Schandmauer. Die leichtlebigen Päpste und ihre Hofschranzen werden von den frühen Pasquillanten als Zielscheiben bevorzugt: «Dico Clemente cane, / bastardo, traditor, guercio, tiranno, / sentina d'ogni vizio e de ogni inganno» (Ich nenne Clemens einen Hund, einen Bastard, einen Verräter, einen Schieler, einen Tyrannen, ein Sammelbecken aller Laster und Fehler und allen Betrugs).[11] Auch wenn satirische Kritik prinzipiell hoch angesehen und wohl gelitten ist[12], leben die Angreifer gefährlich. Nach einem pasquillantischen Angriff Aretinos auf den päpstlichen Datar G.M. Giberti läßt dieser ein Attentat auf den Pasquillanten verüben. Gibertis Intimus F. BERNI verletzt Aretino zudem mit einem Schmähsonett «von fast einzig dastehender Bösartigkeit»[13], das selbst das Aretino-Bild späterer Zeiten verdunkelt. Andere Angegriffene beschreiten den Rechtsweg: Paul III. etwa strengt gegen seine pasquillantischen Widersacher einen Prozeß an, der auch in Deutschland Beachtung findet, wie ein Augsburger Druck von 1543 belegt: ‹Abgeschrifft eynes Proceß so wider den Pasquillo Im 1543. Jahr vom Papst Paulo deß Dritten unnd seynen Cardinälen zu Rom gestelt worden ist [...].›

Um die gelungensten Texte aufzubewahren und einem größeren Publikum zugänglich zu machen, werden sie gesammelt und gedruckt: ‹Carmina ad Pasquillum [...] posita› (Rom 1510); ‹Carmina apposita Pasquillo› (Rom 1511, 1512, 1520, 1525); ‹Versi posti a Pasquillo› (Rom 1513). Diese veränderte Publikationsform eröffnet ‹Pasquino› neue Existenzweisen in Wort und Bild. Er überschreitet die römische Stadtgrenze und wird eine gängige literarische Figur – die Personifikation des schmähenden Übeltäters und Inkarnation der politischen Satire. In dieser Funktion gilt ihm noch die späte dramatische Hommage von Henry FIELDING: ‹Pasquino. A Dramatic Satire on the Times.› (London 1736). Die ursprüngliche Publikationspraxis der handschriftlichen Schmähsprüche an der Säule lebt unterdessen bis ins 19. Jh. fort. Napoleon und die Franzosen etwa erhalten 1799 vom Pasquino die Lektion: «MARFORIO: E vero che i francesi sono tutti ladri? / PASQUINO: Tutti no, ma Buona-parte» (M.: Ist es wahr, daß alle Franzosen Gauner sind? / P.: Alle nicht, aber ein guter Teil. [= Napoleon Bonaparte]).[14]

P. heißen fortan v.a. die gedruckt verbreiteten Schmähschriften, in denen über andere hergezogen wird. Sie finden aufgrund ihres hohen Unterhaltungswertes von den zwanziger, dreißiger Jahren des 16. Jh. an rasche Verbreitung in Flugblatt- oder Flugschriftform. Auch im deutschen Sprachraum werden sie schon in der ersten Jahrhunderthälfte in Anthologien verbreitet: ‹Pasquillorum tomi duo› (Basel 1544); ‹Pasquillus Germanicus› (Wittenberg 1546); ‹Le pasquille d'Allemagne› (Paris 1546). Während der Reformation gewinnt das P. zentrale mediale Bedeutung als satirische Kampfschrift im religiösen und politischen Streit. Es dient der personalen Zuspitzung und Stimmungsmache, die der Sache beim einfachen Volk dienlicher ist als die gelehrten Traktate, Sendschreiben und trockenen Unterweisungsschriften. Neben lyrischen bestimmen nun auch epische und dramatische, dialogische Formen das Bild der Gattung. Die satirischen ‹Epistolae Obscurorum Virorum› (1515) zur Unterstützung REUCHLINS im Streit mit PFEFFERKORN liefern ein filigran versifiziertes neulateinisches Vorspiel zu den groben volkssprachlichen Feldzügen LUTHERS, die dem P. in Deutschland große Popularität verschaffen. Die allgemein tolerierten Grenzen der persönlichen Verunglimpfung, wie sie etwa im ‹Eccius dedolatus› (1520) oder in S. LEMNIUS' obszöner ‹Monachopornomachia› (1540) ausgelotet werden, verengen sich im Laufe des Meinungskampfes rasch. Mehrfach werden im Laufe des 16. Jahrhunderts in Deutschland Gesetze zum Verbot des P. und zur Strafverfolgung der Pasquillanten erlassen, zuerst im Reichstagsabschied von 1524. Freilich bestimmen platte Namensverunglimpfungen und Attribuierungen das Niveau der P. («Murr-Narr, Luder, Lotter (= Luther), Fröschlein (= Frischlin), Lugvola (= Loyola), Rausch (= Rauscher), Aurifabellus (= Aurifaber), [...] Bock ko Leipzig (= Emser), Stier zu Wittenberg, geiferndes Eberschwein, Bierpapst (= Luther)»[15]), doch bietet das P. auch in deutscher Sprache die Möglichkeit, «Polemik und Propaganda in einer Kunstform zu vereinen».[16] TH. MURNER etwa bündelt in ‹Von dem grossen Lutherischen Narren› (1522) sämtliche satirischen Darstellungsmittel meisterhaft zur Agitation gegen Luther als Person, gegen seine Anhängerschaft und die protestantische Lehrmeinung.

Vom *17. Jh. bis heute* spielt das P. eine für viele Literaten oft verhängnisvolle Rolle. J.V. ANDREAE muß 1607 nach einem P. gegen den württembergischen Kanzler sein Theologiestudium abbrechen. Doch auch ohne pasquillantische Absicht ist das personalsatirische Schreiben gefährlich, sobald es in die Nähe des P. gerät. Im juristischen Streit werden problemlos andere Gattungen und Intentionen zum P. erklärt, etwa Chr. REUTERS pseudonym veröffentlichte Komödie ‹L'Honnête Femme oder Die ehrliche Frau zu Plißine› (1695), mit der er weniger seine Zimmerwirtin als den Ungeist schlechthin anzuprangern gedenkt; dennoch sind ihm 15 Monate Karzer und zwei Jahre Universitätsverbot sicher, da Frau Müllers Klage gegen das vermeintlich ihr geltende «Pasquill» und seinen ermittelten Verfasser Erfolg hat. Oft verlieren bei pasquillantischen Auseinandersetzungen alle Beteiligten Ruf, Amt und Würden: C.F. BAHRDTS P. ‹Mit dem Herrn Zimmermann deutsch gesprochen› (1790) veranlaßt A. KOTZEBUE zum Eingreifen. Sein P. ‹Doctor Bahrdt mit der eisernen Stirn oder Die deutsche Union gegen Zimmermann. Ein Schauspiel [...] von Knigge› (1790) enthält ätzende Invektiven gegen Campe, Boie, Lichtenberg, Nicolai, Knigge (den vorgeblichen Autor) u.a., die sowohl J.G. Zimmermann, der eigentlich verteidigt werden soll, als auch den schließlich enttarnten Autor Kotzebue die Reputation kosten.

Das P. gilt in den Poetiken des 18. Jh. als moralisch verwerfliche Literaturform. Es verstößt gegen das neunte Gebot und ist daher exekutiv zu ahnden: «Denn wird ein solcher Pasquillant entdeckt, so mag er auch diejenige Straffe empfinden, welche in öffentlichen Rechten denjenigen Leibes=Straff andeutet, welche einen andern auff solche Art stinckend von den Einwohnern des Landes machen.» [17] Wiewohl die aufklärerische Satiretheorie das P. prinzipiell als unmoralisch verwirft, kommt es in der Praxis rege zum Einsatz. LESSINGS Kampf gegen Goeze (1777/78) anläßlich seiner Veröffentlichung der bibelkritischen Nachlaßschriften von Reimarus markiert in puncto Sprachbrillanz einen Höhepunkt deutscher Aufklärungsliteratur. Aber auch hier ist der moralische Abgrund der Gattung nicht fern: Ein P. A. WITTENBERGS, der sich, für Goeze eintretend, in den Streit mischt, «gipfelt in der zyn. Bemerkung, wenn Lessing tatsächlich der Verfasser des Anti-Goeze sei, wäre es für ihn besser gewesen, an seinem Hochzeitstag ertrunken zu sein».[18] Das herzogliche Publikationsverbot nach Lessings ‹Anti-Goeze› (1778) für die Streithähne verweist erneut auf die politische Brisanz des P. und seine blockbildende, die Gemüter erhitzende und somit aufrührerische Wirkung.

In Sturm und Drang, Klassik und Romantik bieten viele politische, philosophische, ästhetische, literarische und naturwissenschaftliche Fehden Gelegenheit zur Einmischung. Mit GOETHES und SCHILLERS ‹Xenien› (1796) z.B. erhält die Produktion polemischer Epigramme, wie sie der Pasquino-Säule würdig gewesen wären, vehementen Aufschwung. Die aufgescheuchten Gegner Weimars frohlocken: «Dux gregis ipse caper [Der Führer der Herde ist selber ein Bock], bahnet uns Göthe den Weg.» [19] Zahllose P. sind der Ertrag der klassischen Scheltoffensive.

Im Vormärz macht sich HEINE durch sein dem toten Börne nachgeschicktes P. ‹Ludwig Börne. Eine Denkschrift› (1840) vollends zum literarischen Außenseiter. G. WEERTH büßt für den gegen F. Lichnowski zu lesenden ‹Ritter Schnapphahnski› (1849) 1850 drei Monate lang im Kölner ‹Klingelpütz› und bekommt geraume Zeit das Bürgerrecht abgesprochen.

Im 20. Jh. tritt das P. nach der Nazizeit (aus der sich v.a. BRECHTS parodistischer Bänkelsang mit der ‹Moritat vom Reichstagsbrand› (1933), dem ‹Lied vom Anstreicher Hitler› (1933) und den ‹Hitler-Chorälen› (1933) nennen läßt) nur noch vereinzelt in Erscheinung. Pasquillantische Qualitäten, ohne letztlich P. zu sein, besitzen R. HOCHHUTHS ‹Der Stellvertreter› (1963; gegen den Vatikan), ‹Juristen› (1979; gegen H. Filbinger), K. STAECKS ‹Die Leiden des Axel Cäsar Springer› (1981) sowie H. ACHTERNBUSCHS ‹Breitenbach› (1986; gegen die CSU). Im Werk E. HENSCHEIDS jedoch erlebt das P. neuen Aufschwung – Politiker (‹Der Herr Dregger›, 1972; ‹Helmut Kohl – Biographie einer Jugend›, 1985), Entertainer (‹Harald Juhnkes großer Durst›, 1985) und Kulturbetriebsangehörige (‹Unser Lautester›, 1986; gegen M. Reich-Ranicki) bekommen es zu spüren. Insbesondere die Literaturkritik wird von Henscheid zur unerbittlichen Schriftstellerkollegenschelte (gegen Böll bis Zwerenz) erhoben. In die Fußstapfen der Neuen Frankfurter Schule tritt J. ROTH mit dem Feldzug gegen einen populären Fernsehfußballmoderator: ‹So werde ich Heribert Faßbender› (1995). Er widmet dem Opfer eine ganze erdichtete Werkausgabe: ‹Heribert Faßbender: Gesammelte Werke› (1998). Bei Roth stößt das P. indes, spätestens mit ‹Verona Feldbusch. Roman eines Lebens› (2000) an die Obergrenze des gattungsverträglichen Umfangs – die satirische Kunstform benötigt den personalen Gegenpart hier nur noch als einsatzgebende Größe.

Anmerkungen:
1 J.C. Gottsched: Beobachtungen über den Gebrauch und Missbrauch vieler dt. Wörter und Redensarten (1758) 229f. – 2 C.F. Flögel: Gesch. der komischen Lit., Bd. 2 (1785) 293. – 3 vgl. G. Cupaiuolo: Tra poesia e politica: le pasquinate nel 'antica Roma (1993) 151. – 4 Zedler Bd. 25, Sp. 1148. – 5 C. Rencina: Pasquino statua parlante ... (Rom 1991) 20. – 6 ebd. 22. – 7 ebd. 58. – 8 G. Bebermeyer: Art. ‹Schmähschrift›, in: RDL Bd. 4 (1984) 669. – 9 vgl. V. Marucci, A. Marzo, A. Romano (Hg.): Pasquinate romane del Cinquecento (Rom 1983) 95; 287; 535. – 10 H. Faust: Aretino in Rom, in: P. Aretino: Kurtisanengespräche, übers. von E.O. Kayser (1965) 628. – 11 Rendina [5] 41. – 12 Marucci et al. [9] XVI. – 13 Faust [10] 636. – 14 zit. Rendina [5] 52. – 15 Bebermeyer [8] 670. – 16 B. Könnecker: Dt. Lit. im Zeitalter des Humanismus und der Reformation. in: Neues Hb. d. Literaturwissenschaft, Bd. 10 (1972) 163. – 17 G.E. Scheibel: Die Anerkannte Suenden der Poeten (1734) 215. – 18 G. Schury: A. Wittenberg, in: W. Killy: Literaturlex. – Autoren und Werke deutscher Sprache, Bd. 12 (1992) 364. – 19 J.G. Dyck, J.K.F. Marso: Gegengeschenke an die Sudelköche in Jena und Weimar (1797) 30.

Literaturhinweise:
J. Rokkenbauch: Tractatus iuridico-politicus de famosis libellis, seu ut vulgo vocantur pasquillis (Straßburg 1660). – G.A. v. Mal titz: Das P. (1829). – J. Voigt: Über P., Spottlieder und Schmähschriften aus der ersten Hälfte des sechzehnten Jh., in: Raumers hist. Tb. (1838) 321–524. – O. Schade (Hg.): Satiren und P. aus der Reformationszeit (1856ff. ND 1966). – A. Luzio: Pietro Aretino e Pasquino, in: Nuova antologia di scienze, lettere ed arti 28 (1890) 679–708. – G. Niemann: Die Dialoglit. der Reformationszeit nach ihrer Entstehung und Entwicklung (1905). – F. Blei (Hg.) Dt. Literaturpasquille (1907). – W. Pfeiffer-Belli: Antiromantische Zs. u. Pasquille, in: Euphorion 26 (1925) 602–630. – A.E. Berger (Hg.): Die Sturmtruppen der Reformation (1931 ²1974). – P. Romano: Pasquino e la satira in Roma (Rom 1932). – ders.: Pasquino nel Settecento (Rom 1934). – G.A. Cesareo: Pasquino e pasquinisti nella Roma di Leone X (Rom 1938). – M Dell'Arco (Hg.): Pasquino statua parlante (Rom 1967). – F. u. R Silenzi: Pasquino. Quattro secoli di satira romana (Florenz 1958). – St. Heym: Die Schmähschrift (1970). – Der Schriftsteller im 18. Jh. Satiren und P. (1981). – V. Marucci (Hg.): Pasquinate del Cinque e Seicento (Rom 1988). – A. Marzo (Hg.): Pasquino e dintorni: testi pasquineschi del Cinquecento (Rom 1990).

Th. Wolf

→ Epideiktische Beredsamkeit → Epigramm → Flugblatt, Flugschrift → Invektive → Ironie → Pamphlet → Polemik → Publizistik → Satire → Spott → Streitgespräch → Tadelrede

Pathopoeia (griech. παθοποιία, pathopoiía; lat. pathopoeia; engl. pathop(o)eia; frz. pathopée; ital. patopoea)
A. Def. – B. Rhetorik. – C. Musik.

A. Unter P. wird allgemein die heftige Erregung von Affekten oder Gefühlen verstanden. Ausgehend von dem Verhältnis der griech. Begriffe *ethos* und *pathos* als 'normale' (charakteristische) und außergewöhnliche emotionale Befindlichkeit läßt sich die P. als Auslöser der «vehementen, momentan überwältigenden Wirkungen der Rede» begreifen.[1] Innerhalb dieser unspezifischen Bedeutung ist festzuhalten, daß P. einerseits im weiteren Sinne einer Stillage verstanden wird, die auf «jedwede Erregung von Pathos»[2] durch erschütternde oder erhabene Wortwahl und Satzfügung zielt. Andererseits aber wird die Figur P. speziell als Teil der *sermocinatio* aufgeführt, wo sie zur Charakterisierung von Personen «im Augenblick eines starken Affektausbruchs»[3] durch fiktive Rede dient und damit einen Spezialfall der *ethopoeia* darstellt.[4]

Anmerkungen:
1 vgl. R. Meyer-Kalkus: Art. ‹Pathos›, in: HWPh Bd. 7 (1989), Sp. 193. – 2 Lausberg Hb. 930. – 3 H. F. Plett: Einf. in die rhet. Textanalyse (⁶1985) 67. – 4 Lausberg [2] 408 und 930.

B. *Rhetorik.* Als rhetorischer Ausdruck begegnet P. erstmals im 4. Jh. n. Chr. Rufinianus erklärt den griech. Begriff παθοποιία, pathopoiía als Figur mit den Worten: «Hec vel odium vel iracundia vel misericordia commovetur.»[1] Betont er somit diejenigen Affekte, die negative Gefühle wie Haß, Zorn oder Schmerz auslösen, wie es auch in seinem Beispiel aus Vergils ‹Aeneis› deutlich wird («Aber von Ächzen und kläglichem Schrei erfüllt ist des Hauses Inneres ganz»[2]), so hebt demgegenüber Emporius in seiner Erklärung dezidiert auf den Unterschied zwischen *ethos* und *pathos* ab und beschreibt die P. im Gegensatz zur *ethopoeia* als Figur, die nicht die «natürlichen», sondern die «überfallartig» hereinbrechenden Gefühle nachzuahmen sucht.[3] Dabei ist davon auszugehen, daß im Verständnis der Zeit noch nicht ausschließlich Affekte wie Schmerz, Zorn, Haß usw. unter dem Ausdruck *pathos* subsumiert werden, sondern ebenfalls heftige Ausbrüche von Freude u.ä.[4] Auch die späteren Begriffserklärungen, die im 16. Jh. einsetzen, konzentrieren sich auf die Heftigkeit des Gefühlsausbruchs und auf den Aspekt der Wirkung schlechthin. J. Susenbrotus beschreibt die P. als Figur, die geeignet ist, die «Erregung und Vielfalt der Affekte» auszudrücken, je «nach den Umständen, der Haltung, dem Alter, dem Geschick, dem Ort, der Zeit, dem Anlaß, der Art und Weise, dem Gegenstand und den Personen»[5], eine Formulierung, die ähnlich auch bei L. Lossius wiederkehrt. Lossius ordnet zudem der P. die «species» (Arten) der Ausrufe, Fürbitten, Gelübde und Drohungen zu.[6] Weitaus größeren Raum nimmt die Erläuterung der P. bei H. Peacham ein, der sich dabei auf die Definition von R. Sherry stützt.[7] Peachams Erklärung, die von zwei Bedeutungen der P. ausgeht, führt gleichermaßen schmerz- wie lustvolle Gefühle an, die von «großen, grausamen, schrecklichen, wunderbaren, vergnüglichen und ähnlichen Inhalten» ausgehen, und betont dabei auch die Rolle, die die Gefühlsbewegung des Redners für die entsprechende Überzeugungskraft beim Zuhörer einnimmt. Zugleich bestimmt er wie Lossius die P. als zentrales Mittel der affektiven Wirkung, das in Verbindung mit anderen Figuren steht: «*Pathopoeia*, when the Oratoure mooueth the mindes of his hearers, eyther to indignation, anger, feare, enuy, hatred, hope, gladnesse, myrth, laughter, sorrow, or sadnesse, of this there be two kynds, the fyrst is when the Oratour being moued with any of those affections: except sorrow, doth apply and bend his speeche, to stirre his hearers to the same: and this kynde is called imagination, to this sharp figures do belong, as *Exclamation, Exustotation* [Exuscitation], *Optation, Obtestation, Interrogation* & this kinds [...]. The other is, when the Oratour by lamenting some pittiful case, maketh his hearers to weepe, and also moouuth them to pittye, and mercy, & to pardon offences.» (P. [entsteht dann bzw. ist es], wenn der Redner die Gefühle der Zuhörer zu Entrüstung, Angst, Furcht, Mißgunst, Haß, Hoffnung, Freude, Schönheit, Lachen, Kummer oder Traurigkeit bewegt. Dabei sind zwei Arten zu unterscheiden: Eine, wenn der Redner selbst durch einen dieser Affekte bewegt wird, was Einbildungskraft genannt wird: von Kummer abgesehen, beeinflussen diese Affekte sein Sprechen und lösen entsprechende in den Hörern aus. Zu diesen starken Figuren gehören *exclamatio, excusatio, optatio, obtestatio, interrogatio* usw. Die zweite Art entsteht, wenn der Redner einen bedauerlichen Sachverhalt beklagt, seine Hörer zu Tränen rührt und sie zu Mitleid, Gnade und Verzeihung bewegt.)[8] In der zweiten Auflage fügt Peacham einen Abschnitt an, der genaue Hinweise zur Anwendung der P. in der Rede enthält wie die wohl von Susenbrotus stammenden Betonung der Angemessenheit des Gegenstandes, Berücksichtigung der Umstände u.ä., und betont die Funktion der P. als zentrales Mittel der Rhetorik, da sie «pertaineth properly to moue affections, which is a principall and singular vertue of eloquution» (da sie ganz eigentlich zum Rühren der Affekte gehört, das ein hauptsächliches und einzigartiges Ziel der Beredsamkeit ist).[9]

Anmerkungen:
1 Rufinianus, De figuris sententiarum et elocutionis liber, in: Rhet. Lat. min. 47, 6f. – 2 Verg., Aen. II, 486f.; Übers. von L. Neuffers, W. Plankl (1981) 46. – 3 Emporius, De ethopoeia, in: Rhet. Lat. min. 562, 10f. – 4 vgl. etwa C. Julius Victor, Ars rhetorica, in: Rhet. Lat. min. 439, 32ff. – 5 J. Susenbrotus: Epitome troporum ac schematum & grammaticorum & rhetorum (Zürich 1541) fol. 38r.; Übers. Verf. – 6 L. Lossius: Erotemata Dialectica & Rhetorica (Frankfurt 1552) 200. – 7 vgl. R. Sherry: A Treatise of Schemes and Tropes (London 1550) fol. E1v.-E3r., und A Treatise of Grammar and Rhetorike (London 1555) fol. 46r.-v. – 8 H. Peacham: The Garden of Eloquence (London 1577) fol. Piij r. f.; Übers. Verf. – 9 Peacham [8] (London ²1593), zit. B.-M. Koll: H. Peachams ‹The Garden of Eloquence› 1593 (1996) 142; Übers. Verf.

C. *Musik.* Zwischen 1599 und 1624 läßt sich die P. als Begriff der musikalischen Figurenlehre innerhalb der *musica poetica* nachweisen. Auch in diesem Zusammenhang ist festzustellen, daß der damit angesprochene satztechnische Sachverhalt – die Verwendung von modus- oder tonartfremden Halbtönen bzw. von Chromatik in einem modernen Verständnis – im weitesten Sinne die (gesteigerte) 'affektive' Wirkung von Musik allgemein betrifft und nicht auf die Erregung spezifischer Gefühlsbereiche oder gar auf die Verdeutlichung eines bestimmten Textsinns (wie bei der Mehrzahl der musikalischen Figuren) gerichtet ist.[1] J. Burmeister beschreibt die P. als Phänomen, das entsteht, «quando textus semitoniis ita explicatur, ut quod affectus creët nihil ejus intentatum relinqui videatur» (wenn Halbtöne den Text dergestalt darstellen, daß nichts dessen unberührt gelassen scheint, was Affekt(e) schaffe). [2] Ausführlicher und mit einem – allerdings wohl irrtümlichen – Notenbeispiel sowie zahlreichen zutreffenden Stellenangaben bei Orlando di Lasso erklärt er in einer späteren Schrift die P. als «zur Hervorrufung von Affekten geeignete Figur, die durch Einfügung von Halbtönen entsteht», d.h. durch die Verwendung von *semitonia*, die nicht zur Tonart des Stückes gehören. [3] J. THÜRING hingegen akzentuiert die Bandbreite der durch die P. (hier «Parthopoeia») musikalisch intensivierten Wirkung, wenn er erläutert, daß diese die «Textstellen voller Affekte, voller Schmerz, Freude, Furcht, Lachen, Trauer, Unglück, Jubel, Zittern, Schrekken und ähnlichem dergestalt musikalisch ausschmückt, daß sie Sänger wie Zuhörer bewegen». [4]

Anmerkungen:
1 H.H. Eggebrecht: Zum Figur-Begriff der Musica poetica, in: Arch. für Musikwiss. 16 (1959) 66; vgl. aber auch das Beispiel bei R. Dammann: Der Musikbegriff im dt. Barock (³1995) 176. – **2** J. Burmeister: Hypomnematum Musicae Poeticae (Rostock 1599) fol. I1v.; Übers. Verf.; vgl. auch D. Bartel: Hb. der musikalischen Figurenlehre (1985) 234–236 und ders.: Musica Poetica: Musical-Rhetorical Figures in German Baroque Music (Lincoln/London 1997) 359–362, dessen Übers. allerdings teilweise fehlerhaft sind. – **3** J. Burmeister: Musica αὐτοσχεδιαστικοῦ [sic] (Rostock 1601) fol. Lr.; Übers. Verf.; auch in Burmeister: Musica Poetica (Rostock 1606) 61f. – **4** J. Thüring: Opusculum Bipartitum de Primordiis Musices (Berlin 1624) Teil II, 128; Übers. Verf.

M. Bandur

→ Affektenlehre → Elocutio → Emphase → Ethos → Figurenlehre → Pathos

Pathos (griech. πάθος, Plural πάθη, péthē; auch πάθημα, páthēma; lat. affectus, affectio, permotio/motus animi, perturbatio animi, aegritudo/morbus animi, passio, pathos; dt. Leidenschaft, Affekt, Gefühlsbewegung, Überschwang, Pathos; engl. passion, emotion, pathos, feeling, sentiment; frz. passion, émotion, pathos, le pathétique, emphase; ital. passione, pathos, enfasi, stile appassionato)
A. Def. – B.I. Antike. – II. Frühchristliche Zeit und Mittelalter. – III. Renaissance, Reformation, Humanismus. – IV. Barock. – V. Aufklärung, Empfindsamkeit, Sturm und Drang. – VI. Klassik, Romantik, Idealismus. – VII. Vormärz, Realismus, Moderne.

A. Unter P. versteht man: 1. zunächst im weitesten Sinne alles, was einer Person oder einem Ding zustößt oder widerfährt (z.B. Veränderungen, Sinneseindrücke, Lustempfindungen, Schmerzen); 2. daher auch das (körperliche oder seelische) Leid, auch und gerade in seiner Darstellung in Redekunst und Literatur (z.B. auf der tragischen Bühne); 3. sodann insbesondere ein spezifisches Erleidnis der Seele, die Leidenschaft oder den Affekt als vorübergehende heftige seelische Erschütterung oder Erregung; 4. die Äußerung und Artikulation dieser Erregung in Wort oder Gebärde als Ausdruck des inneren P. und als Mittel, gleichartiges P. im Adressaten zu erzeugen; 5. eine bestimmte Qualität von Stil oder Vortragsweise, die dem Ausdruck und der Erregung von Affekten angemessen ist.

P. als Affekt ist ein zwar akuter und temporärer, aber heftiger, spannungsreicher Gefühlsablauf, der durch ein Zusammenspiel von äußeren Ursachen, kognitiven Bewertungen und seelischen Dispositionen veranlaßt ist und am Ende meist in eine (häufig einen Handlungsimpuls beinhaltende) Affektentladung mündet, deren Verlauf in Tempo und Intensität vom individuellen Temperament bestimmt ist. Daraus ergibt sich ein dialektisches Spannungsverhältnis zwischen passiver Seelenerfahrung und aktiver Gefühlsäußerung.

Affekte können begleitet sein von physiologischen Symptomen wie Erblassen, Lachen, Weinen, Zittern, Erröten u.a. Sie können eingeteilt werden nach Qualität (lust-, unlustbestimmt), Zeitbezug (begleitend, antizipierend), Intensität (stark, schwach) und Verlaufsform (schlagartig, allmählich). Insgesamt ist das P. als heftige, akute und vorübergehende Seelenbewegung abzugrenzen vom Ethos als milderer, längerfristiger charakterlicher Disposition.

Die Übertragbarkeit des dichterisch oder rednerisch gestalteten P. auf den Zuhörer durch dessen Einfühlung (Empathie, Sympathie) in das P. des Sprechers und die daraus resultierende psychagogische Wirkung machen das P. zu einem wesentlichen Faktor der Wirkungsästhetik in Literatur und Redekunst.

Die affektive Stimulation des Rezipienten erfolgt dabei einerseits durch möglichst anschauliche Vergegenwärtigung affektauslösender Sachverhalte oder starker Affekte dritter Personen (Vor-Augen-Führen: ἐνάργεια, enárgeia; *illustratio, evidentia*), andererseits durch lebhaften Ausdruck der eigenen (echten oder vorgetäuschten) Affekte des Sprechers. Dementsprechend gibt es in Dichtung wie Redekunst sowohl ein inhaltlich bestimmtes als auch ein expressives P.

In der Rhetorik ist das P. der rednerischen Aufgabe des Erschütterns oder Bewegens (*movere, flectere*) zugeordnet. Es wirkt dabei in zwei gegensätzlichen Richtungen: als Erregung von Unwillen gegenüber der Gegenpartei (δείνωσις, deínōsis; *indignatio*) oder von Mitgefühl mit der eigenen Partei (ἐλεεινολογία, eleeinología; *miseratio*). In dieser Funktion wird es zu einem wichtigen und wirksamen Überzeugungsmittel neben der sachlichen Beweisführung (Logos) und dem Charakter des Redners (Ethos). Die stärkste Wirkung entfaltet der Appell an die Gefühlsebene in der Gerichtsrede, steht aber auch der übrigen *genera dicendi* offen. Sein bevorzugter Ort in der Rede ist der Epilog, doch kann er auch in anderen Partien wohldosiert mit Gewinn eingesetzt werden.

Innerhalb der Stillehre steht das P. mit dem erhabenen, hohen Stil (χαρακτὴρ μεγαλοπρεπής, charaktēr megaloprepés; ἁδρόν, hadrón; *genus grave, vehemens, grandiloquum*) in Verbindung, genauer nur mit dessen leidenschaftlich-heftiger Unterart, dem χαρακτὴρ δεινός (charaktēr deinós), im Unterschied zum feierlichen oder prunkvoll-pompösen, aber unpathetischen Stil.

Zum Ausdruck von P. stehen dem Redner oder Literaten verschiedenartige Kunstmittel zur Verfügung. So gelten als besonders dem pathetischen Stil eigene Figuren z.B. Ausruf, Apostrophe, Prosopopoiie, rhetorische Frage, Alliteration, Anapher, Hyperbaton, Asyndeton, Aposiopese oder Anakoluth, sowie der Einsatz von Interjektionen. In syntaktischer Hinsicht taugt knapper, kommatischer Satzbau zur Erregung von Unmut, die Periode eher zur Weckung von Mitleid. Außerdem greift pathetischer Stil besonders gerne zum Mittel der Amplifikation, weshalb heute oft an sich unrichtigerweise, jede Übersteigerung, auch die ins Feierliche und Erhabene, als P. apostrophiert wird.

Jedoch birgt der pathetische Stil, insbesondere bei nur vorgetäuschtem (affektiertem) P., stets die Gefahr des Übertreibens und Abgleitens in Schwulst und falsches, ‹hohles› P. (*tumor*, Bathos, Parenthyrsos).

Der moderne literarische P.-Begriff betrachtet das P. sogar fast ausschließlich unter diesem stilistischen Aspekt. Zudem tritt die wirkungsästhetische Komponente zugunsten einer rein produktionsästhetischen Auffassung vom P. als Ausdruck innerer Gemütsbewegung des Sprechers zurück. Der heutige P.-Begriff ist daher unter weitgehender Vergessenheit seiner historischen und begrifflichen Wurzeln zu einem wertenden Schlagwort sowohl im positiven Sinne für das Überwältigende, Würdevolle und Emphatische wie im negativen für das Übersteigerte und Unechte geworden.

B. I. *Antike.* Theorien des P. werden in der griechischen Medizin, Philosophie, Rhetorik und Poetik seit dem 5. Jh. v.Chr. entwickelt. Aus rhetorischer Sicht soll als erster der Sophist THRASYMACHOS VON CHALKEDON in einem ‹Eleoi› (Mitleidserregungen) betitelten Abschnitt seiner rhetorischen Techne über die Erzeugung von Emotionen gehandelt haben.[1] Wenig später entwirft GORGIAS VON LEONTINOI in seinem ‹Lob der Helena› eine am Vorbild medizinischer Diätetik orientierte Theorie der vom Logos nach Belieben bewirkten Zu- und Abfuhr von Affekten in der Seele, in der eine systematische Vierzahl von Grundaffekten (Schmerz, Freude, Furcht, Zuversicht) bereits ebenso begegnet wie die Vorstellung von der affektiven Wirkung von Dichtung und Prosarede durch Erregung eigenen P. im Hörer über das sprachlich vermittelte Miterleben fremder Schicksale.[2] Ähnlich befreit auch nach DEMOKRIT die Weisheit die Seele von P., wie die Heilkunst den Körper von Krankheiten.[3] Ebenfalls schon Demokrit sieht in der göttlichen Begeisterung (Enthusiasmus) Quelle und Legitimation pathetischer Dichtung.[4]

Als die am stärksten von P. geprägte unter den frühen griechischen Dichtungsgattungen gilt die attische Tragödie, und dies in mehrfacher Hinsicht: Zum einen ist das objektive schwere physische oder psychische Leid einer der konstitutiven inhaltlichen Gegenstände der Tragödie.[5] Bereits für ARISTOTELES ist P. in diesem Sinne, definiert als «vernichtendes oder schmerzliches Geschehen», eines von drei tragenden Elementen des tragischen Handlungsgefüges neben Peripetie und Wiedererkennung (Anagnorisis).[6] «Durch Leiden lernen» (πάθει μάθος, páthei máthos) ist in der Tat ein wichtiger Leitgedanke der Tragödien des Aischylos.[7] Entsprechend nennt Aristoteles auch das ‹pathetische› als eine von vier Grundformen der Tragödie (dieselbe Klassifizierung wird sekundär auch auf das Epos übertragen, dabei Homers ‹Ilias› ihres leidvollen Inhalts wegen als ‹pathetisch› eingestuft).[8]

Zum anderen ist die Tragödie gekennzeichnet von extensiven Äußerungen subjektiver Emotionen von Hauptfiguren und Chor als Reaktion auf diese Leiderfahrung.[9] Inneres P. kann ja im antiken Drama aufgrund der Verwendung von Masken außer durch Gestik allein durch Verbalisierung (z.B. in lauten Klagen) oder externe Beschreibung seitens anderer Figuren zum Ausdruck gebracht werden.[10] Am überzeugendsten gelingt solcher Ausdruck von P. nach Aristoteles, wenn der Dichter sich selbst in das jeweilige P. versetzt.[11]

Bestimmt daher schon F. SCHLEGEL das P. als «Hauptsache» und «das Objektive in der Materie» der Tragödie[12], so heben später G. FREYTAG, F. NIETZSCHE und TH. MANN hervor, das antike Drama habe gegenüber neuzeitlicher Handlungsdramatik nicht primär Handlung, sondern vor allem «grosse Pathosscenen»[13] bzw. «die pathetische Szene»[14] im Auge gehabt. Die zentrale Bedeutung des P. für die Tragödie, verstärkt noch durch die Wirkung der Musik[15], wird jedoch bereits in antiken Kommentaren und Scholien thematisiert[16] und spielt möglicherweise sogar in der Tragödiendeutung des Gorgias eine Rolle.[17] Derartiges P. entdecken die Scholien aber auch in der ‹Ilias›.[18]

Im Zentrum der Tragödientheorie des Aristoteles steht jedoch die affektive Wirkung auf den Zuschauer (präfiguriert in den Reaktionen des Chores[19]). Als die tragischen Leitaffekte bestimmt Aristoteles dabei den Angstschauder (φόβος, phóbos) und den tränenreichen Jammer (ἔλεος, éleos)[20], wie mit W. Schadewaldt gegen Lessings Wiedergabe als ‹Furcht und Mitleid› zu verstehen ist.[21] Die Methode zu deren Erzeugung beschreibt er vorwiegend inhaltsbezogen als Nachahmung von Schauderhaftem und Jammervollem in der tragischen Handlung[22], als Funktion von Peripetien und Wiedererkennungen[23] oder des Gedankengangs der Figurenrede[24]. Die der Tragödie eigentümlichen P. sind mithin nicht inszenierungsabhängig.[25] Ihr Wirkungsziel formuliert Aristoteles in der Lehre von der Katharsis, der homöopathischen Reinigung von derartigen Affekten durch ihre künstliche Erzeugung.[26]

Diese affektive Wirkungstheorie fußt letztlich auf schon bei Gorgias faßbaren medizinischen Grundlagen.[27] Von starken affektiven, ja sogar physischen Wirkungen von Tragödien auf die Zuschauer berichten antike Anekdoten.[28] Auch für Aristoteles gehört der überraschende Schock (ἔκπληξις, ékplēxis) zu den wesentlichen Effekten tragischer Handlung.[29]

Als besonders pathosgeladen gilt daher auch die Sprache der Tragödie. Vor allem Aischylos wird die Begründung einer stark überhöhten tragischen Diktion zugeschrieben.[30] ‹Tragisch› (τραγικόν, tragikón) ist im Sprachgebrauch des 5. und 4. Jh. v.Chr. sogar das übliche Wort für ‹pathetisch›[31] (während ‹dithyrambisch› eher unpathetische erhabene Feierlichkeit beschreibt[32]). Späteren gilt meist Euripides als der pathetischste der Tragiker.[33]

Für PLATON sind gerade die Nachahmung unter Affekt handelnder Personen und die dadurch im Zuschauer hervorgerufenen irrationalen seelischen Erschütterungen wesentliche Gründe für seine Kritik an Tragödie und Dichtung überhaupt.[34] Vielleicht deshalb geht Aristoteles, der Mimesis und P. zu Grundlagen der Tragödienpoetik macht, dabei auf die subjektiven Emotionen der Figuren kaum ein.[35]

Jedoch entwickelt auch Platon vor allem im ‹Timaios› und im ‹Philebos› eine ausgeprägte Affektenlehre, die die P. einem sterblichen Teil der Seele zuordnet[36] und sie (z.B. Zorn, Furcht, Sehnsucht, Trauer, Liebe, Ehrgeiz, Neid) als aus Lust und Unlust gemischte rein seelische Gefühle definiert und so von körperlichen Trieben deutlich abgrenzt.[37]

Für den rhetorischen Einsatz von P., den er nach Gorgias als Seelenführung (Psychagogie) beschreibt, hält Platon grundlegende Kenntnis der menschlichen Seele für unentbehrlich.[38] Den Dichtern billigt er kein Sachwissen, dafür aber göttliche Begeisterung (ἐνθουσιασμός, enthūsiasmós) und Ekstase zu, die auch P. und übertriebene Häufung stilistischer Kunstmittel rechtfertigten.[39] Für die Übertragung der affektiven Ergriffenheit auf den Zuhörer prägt er dabei das treffende Bild der magnetischen Kette.[40]

Bewertet Platon das P. mithin weitgehend negativ, so erfährt es bei ARISTOTELES eine deutliche Aufwertung. Der P.-Begriff bei Aristoteles ist allerdings sehr vielschichtig. Kennt schon Platon ein eigenes Vermögen des

Erleidens [41], so wird P. bei Aristoteles zu einer der zehn ‹Kategorien›. [42] In der ‹Metaphysik› definiert er es dann als «Qualität, die Veränderung zuläßt» oder diese Veränderung selbst, also als akzidentelle Qualität. [43]

Die Aristotelische Ethik unterscheidet in der Seele zwischen Affekten (P.), Vermögen (δυνάμεις, dynámeis) und Grundhaltungen (ἕξεις, héxeis). P. sind z.B. Begierde, Zorn, Furcht, Zuversicht, Neid, Freude, Liebe, Haß, Sehnsucht, Ehrgeiz, Mitleid, kurz alles, womit Lust oder Unlust verbunden ist. [44] Auch sind sie von körperlichen Vorgängen begleitet. [45] Die an sich irrationalen P. stehen dennoch mit der ethischen Tugend in Verbindung. [46] Denn auch im Bereich der Affekte gibt es eine vernunftgemäße Mitte zwischen Übermaß und Mangel, die in der ethischen Entscheidung jeweils zu treffen ist (Metriopathie). [47]

Wertschätzung genießt das P. auch in der Rhetorik des Aristoteles. Zunächst freilich übt dieser scharfe Kritik an der alleinigen Ausrichtung älterer Technographen auf die Pathoserregung. [48] Der Appell an Affekte scheint in der frühen attischen Redepraxis tatsächlich eine gewichtige Rolle gespielt zu haben. [49] Entsprechende Partien finden sich bei den Rednern seit ANTIPHON. [50] Perikles gilt als Meister der affektiven politischen Rede. [51] So behandelt auch die wohl ANAXIMENES VON LAMPSAKOS zuzuschreibende, der sophistischen Tradition verpflichtete ‹Rhetorik an Alexander› (Mitte 4. Jh. v.Chr.) die Erregung der Pathosformen Unwillen und Mitleid für die verschiedenen Redegenera. [52]

In auffälligem Kontrast zu dieser Kritik [53] weist Aristoteles jedoch danach selbst in seiner ‹Rhetorik› dem P. eine zentrale Funktion zu: die eines der drei technischen (d.h. vom Redner selbst zu verfertigenden) Überzeugungsmittel neben Sachargumentation (Logos) und Charakter des Redners (Ethos). Es wird dabei eindeutig der Seite des Adressaten zugeordnet und als dessen Versetzung in einen bestimmten Seelenzustand beschrieben. [54] Seine Bedeutung liegt in der Fähigkeit zur raschen Modifikation von Urteilen im Zuhörer durch seine eigene schnelle Veränderlichkeit. [55] Im Zusammenhang der Gerichtsrede wird auch P. als mögliches Handlungsmotiv kurz diskutiert. [56]

In Buch II, Kap. 1–11 gibt Aristoteles eine ausführliche Darstellung der P. Als dasjenige, wodurch die Menschen sich in veränderlicher Weise hinsichtlich ihrer Urteile unterscheiden und das von Schmerz bzw. Lust begleitet ist, werden sie zunächst global definiert. [57] Es folgt eine Reihe psychologischer Definitionen einzelner P., zu Gegensatzpaaren geordnet (Zorn/Sanftmut; Liebe/Haß; Furcht/Zuversicht; Scham/Frechheit; Dankbarkeit/Undank; Mitleid/Entrüstung; Neid/Ehrgeiz). [58] Jede Definition bezieht drei Faktoren ein: die Seelenverfassung der Person, das Objekt des P. bzw. des resultierenden Handlungsimpulses und den auslösenden Sachverhalt. [59] So ist z.B. Zorn ein von Unlust begleitetes Streben nach Vergeltung aufgrund empfundener Zurücksetzung der eigenen oder einer nahestehenden Person durch jemanden, dem dies nicht zusteht. [60]

Mehr als die von Platon ererbte Thematik von Lust und Unlust [61] stellt Aristoteles dabei den rationalen und kognitiven Anteil heraus, so daß auch die Beeinflussung dieser Faktoren durch den Redner durchaus rational und argumentativ geschehen kann. Die dadurch mögliche Verbindung zum Enthymem wird freilich in der Forschung kontrovers beurteilt. [62] Umstritten ist auch, ob aus dieser Liste Schlüsse auf die ‹Poetik› gezogen und etwa Wirkaffekte einer Komödienästhetik abgeleitet werden können. [63]

Im III. Buch gibt Aristoteles im Zusammenhang mit dem Ideal der Angemessenheit (πρέπον, prépon) auch Anweisungen für den Einsatz je adäquaten pathetischen Stils. Die Seele des Zuhörers erliege dabei einem Trugschluß durch Annahme der Echtheit des geäußerten P. und werde so «gleichgestimmt mitaffiziert». Aristoteles entwirft sogar ansatzweise eine Theorie pathetischer Stilmittel. Die Verwendung langer Wortungetüme, allzuvieler Beiwörter und altertümlicher Wörter (Glossen) rechtfertigt sich danach nur beim echten Enthusiasmus, der auch die Hörer mitreißt (womit eine Brücke zur Poesie geschlagen ist), und ist sonst nur in ironischer Brechung möglich. [64] Kategorial gehört der pathetische Stil als Unterart in den mündlichen Vortrags- und Debattenstil, nicht in den schriftlichen Stil. [65] Daher sind auch Instruktionen für den richtigen pathetischen Vortrag erforderlich. [66]

Dispositionell schließlich kann das P. nach Aristoteles grundsätzlich in allen Teilen einer Rede (Prooïmium, Erzählung, Beweisführung), besonders aber im Epilog eingesetzt werden. [67]

Während die hellenistische Dichtung (v.a. KALLIMACHOS) pathetisch-erhabene Töne programmatisch ablehnt, wird in der sogenannten ‹tragischen› Geschichtsschreibung des 4./3. Jh. v.Chr. (DURIS VON SAMOS, PHYLARCHOS) eine Übertragung des P. der Tragödie auch auf historiographische Prosa vorgenommen. [68]

In der hellenistischen Ethik setzen die Peripatetiker (v.a. THEOPHRAST, der ein Werk ‹Über Affekte› schreibt) die Aristotelische Mesonlehre fort und fordern nur die Lenkung der ethisch neutralen P. durch Vernunft und die Einhaltung des richtigen Maßes. [69]

Die Stoiker (ZENON VON KITION, 4./3. Jh. v.Chr.) hingegen definieren das P. als «von der Vernunft abgewandte und widernatürliche Bewegung der Seele» bzw. als «über das Ziel hinausschießenden Trieb» [70], sehen in ihm die Folge eines fehlerhaften Urteils über eine Vorstellung (phantasía) mit physiologischen Wirkungen wie Flattern, Kontraktionen der Seele u.ä. [71] Sie unterscheiden vier Hauptaffekte (Lust, Schmerz, Begierde, Angst) [72], aus denen sie in differenzierter Analyse zahllose Unterarten ableiten. [73] Als sittliches Ziel formulieren sie absolute Affektlosigkeit (Apathie). [74] Die spätere Anerkennung dreier positiver, weil vernunftgemäßer Affekte (εὐπάθειαι, eupátheiai: Freude, Vorsicht, Wille) ist demgegenüber bereits ein Zugeständnis. [75] Rigoristischer noch deutet CHRYSIPPOS (3. Jh.) das P. als Widerstreit der Vernunft mit sich selbst und damit als Krankheit der Seele. [76] Erst PANAITIOS (2. Jh.) und POSEIDONIOS (2./1 Jh.) kehren wieder zu einer stark dem Peripatos angenäherten Version der Auffassung Zenons zurück. [77]

Die Epikureer, die erkenntnistheoretisch das P. (als ‹Empfindung, Affekt›) als Wahrheitskriterium neben der Sinneswahrnehmung betrachten [78], rücken in ihrer Ethik die Lust als naturgemäßes Gut in diametralen Gegensatz zu den als Unlustempfindungen gedeuteten übrigen Affekten, die nach Möglichkeit zu bekämpfen sind, um Seelenruhe (Ataraxie) zu erreichen. [79] Der Epikureer PHILODEMOS VON GADARA (1 Jh. v.Chr.), der Traktate über Affekte wie Zorn, Liebe, Neid verfaßt, behandelt in seinen Rhetorica auch die Zweiheit von P. und Ethos. [80]

Vielleicht hat schon Theophrast, der die Stillehre des Aristoteles weiterentwickelt, auch eine Verschiebung des rhetorischen P. ins differenziert Stilistische und eine

Annäherung von Ethos an P. im Sinne einer nur graduellen Abstufung vorgenommen. [81]

Die Schrift ‹Über den Stil› des Ps.-DEMETRIOS VON PHALERON (vielleicht 1. Jh. v.Chr.) grenzt im Bereich des hohen Stils den von P. getragenen gewaltigen Stil (charaktḗr deinós) vom großartig-erhabenen (megaloprepḗs) als eigene, vierte Stilform ab, gibt ferner verstreute Hinweise auf stilistische P.-Mittel. [82]

V.a. durch Lukrez, Cicero, Varro und Horaz werden die griechischen P.-Konzepte nach Rom vermittelt. Dabei umschreibt CICERO, der in Buch III und IV der ‹Tusculanae disputations› eine Summe der hellenistischen P.-Lehren zieht, den Begriff regelmäßig durch *perturbatio* bzw. *motus animi* oder nach Chrysipps Vorgang durch *morbus*, *aegritudo* oder *aegrotatio animi*. [83] *Affectus* begegnet häufiger erst seit SENECA D.Ä. [84], *passio* ist wohl nicht schon Erfindung VARROS, sondern erst ab dem 2. Jh. n. Chr. (APULEIUS) geläufig. [85]

Stark von P. geprägt ist die altrömische Dichtung des 3. und 2. Jh. v.Chr., das frühe Epos (LIVIUS ANDRONICUS, NAEVIUS, ENNIUS) [86] ebenso wie die republikanische Tragödie (ENNIUS, PACUVIUS, ACCIUS) [87], ja offenbar sogar die Komödie (TRABEA, ATILIUS, CAECILIUS). [88] Selbst das Lehrgedicht des LUKREZ (1. Jh.) trägt in dieser Tradition deutlich pathetische Züge. [89]

In den römischen Lehrschriften zur Rhetorik wird das P. im Rahmen der *inventio* behandelt. Der AUCTOR AD HERENNIUM (um 85 v.Chr.) kennt wie Ciceros ‹De inventione› (ca. 84–82 v.Chr.) v.a. die auf den Epilog konzentrierte Unmuts- oder Mitleidserregung (mit entsprechender Topik). [90] Pathetische Stilfiguren wie *correctio*, Anapher, Asyndeton, Aposiopese oder Beschreibung dienen beiden Zielen, ebenso die Stimulierung der Zuhörer durch des Redners eigenes P.; nur im Vortragsstil gibt es Unterschiede. [91]

CICERO, der im I. Buch von ‹De oratore› fast platonische Forderungen nach Kenntnis der anthropologischen Grundlagen des P. für den Redner stellt [92], läßt im II. Buch M. Antonius die *inventio* nach den drei Aristotelischen Überzeugungsmitteln Belehren (*docere*), Geneigtmachen (*conciliare*) und Erregen (*movere*, *concitare*) einteilen. Wird Ethos dem *conciliare* (im *exordium*), so P. dem *movere* (in der *peroratio*) zugeordnet. [93] Die ausführliche Behandlung des P. geht auf die Nutzung der Prädisposition des Adressaten ebenso ein wie auf die Selbststimulierung des Redners durch entsprechende Inventionstopoi und gibt praktische Anweisungen für die rhetorische Behandlung der einzelnen Affekte. [94]

Im ‹Orator› werden die rednerischen Aufgaben *probare*, *delectare* und *flectere* schließlich auch mit der Dreistillehre in Verbindung gebracht, dabei dem P. als machtvollster Überzeugungsmethode allein die höchste Stilebene, das *genus vehemens* zugeteilt. [95]

Das knappe Kompendium der ‹Partitiones oratoriae› unterscheidet in der *inventio* nur zwischen Sachdarstellung und Gemütserregung, wobei letztere offenbar Ethos wie P. einschließt. [96]

Insgesamt findet schon bei Cicero über die Unterscheidung von heftigeren (*duriores*) und milderen (*mitiores*) Affekten eine zunehmende Annäherung der milderen Affekte an das Ethos und eine Verwischung der Grenzen zwischen Ethos und Pathos in Richtung auf eine nur noch graduelle Differenzierung nach der Intensität der Gefühlserregung statt. [97]

Im Kontext der spezifisch römischen Attizismus-Asianismus-Kontroverse unterscheidet Cicero zwei ‹asianische› Stilrichtungen, deren eine als zierlich-gedrechselt, die andere hingegen als schwungvoll und leidenschaftlich erregt charakterisiert ist. Die letztere, in Asien damals dominierende Stilart hat ihre Hauptvertreter in AISCHYLOS AUS KNIDOS und AISCHINES AUS MILET. In Rom pflegt sie u.a. HORTENSIUS. [98]

Die griechischen Attizisten (z.B. DIONYSIOS VON HALIKARNASSOS) greifen in klassizistischer Tendenz auf die Autoren der attischen Blütezeit zurück, ohne einen bestimmten Stil deutlich zu bevorzugen. Als Muster pathetischen Stils gelten ihnen ISAIOS und insbesondere DEMOSTHENES [99], während LYSIAS und ISOKRATES das P. gerade fehlt. [100] Ethos und P. werden nunmehr klar als Wirkungen verschiedener Stilarten auf den Hörer aufgefaßt. Demosthenes wirkt ‹pathetisch›, Isokrates ‹ethisch›. [101] Unter den Historikern steht THUKYDIDES für das P., HERODOT für das Ethos. [102]

Uneinigkeit besteht unter den frühkaiserzeitlichen Rhetoren über den richtigen Ort des P. in der Rede: Während die Schüler des APOLLODOROS VON PERGAMON dafür nur Prooimion und Epilog vorsehen, wollen es die Anhänger des THEODOROS VON GADARA über die ganze Rede verteilen. [103] Die meisten Anweisungen betreffen freilich Prooimion und Epilog. [104] Unstrittig ist die überzeugende Wirkung des eigenen P. des Sprechers. [105] Definitionen und Taxonomien des P. bei NEOKLES (1. Jh.) («akuter Seelenzustand, der einen heftigeren positiven oder negativen Impuls auslöst») und ALEXANDER SOHN DES NUMENIOS (2. Jh.) («Trieb, der sich von der einhellenden Vernunft abwendet») verraten stoische Herkunft. [106]

Für die augusteische Poetik behandelt HORAZ in der ‹Ars poetica› in hellenistischer Tradition die Affekte in Tragödie und Komödie, auch im Hinblick auf den Sprachstil des jeweiligen P., wobei auch er die eigene pathetische Stimulierung des Dichters fordert, aber auch vor der Gefahr der Übertreibung warnt. [107]

Ein wichtiges Gestaltungselement ist das P. etwa in der ‹Aeneis› VERGILS. Dessen Analyse nach rhetorischer Topik und Stilistik widmet noch um 400 n. Chr. MACROBIUS ein ganzes Buch seiner ‹Saturnalia›. [108] Diese Tendenzen verstärken sich noch im 1. Jh. n. Chr. SENECA D.J., der in philosophischen Schriften die stoische Affektenlehre traktiert [109], macht seine Tragödien durch Verbindung altrömischer Dichtungstradition mit stoischer Moralität zu hochpathetischen Schauerstücken. [110] Aus demselben geistesgeschichtlichen Hintergrund schafft sein Neffe LUCAN mit dem Bürgerkriegsepos ‹Pharsalia› ein wirkungsmächtiges Musterstück höchsten inhaltlichen wie expressiven P. [111]

Die bei Cicero sich anbahnende Kontamination von Ethos und P. ist bei QUINTILIAN vollzogen. Dieser behandelt beide unter dem Stichwort der Gemütsbewegungen (*adfectus*), wobei er die P. als heftige (*concitatos*) von den Ethe als sanften und ruhigen (*mites atque compositos*) Affekten nur noch graduell unterscheidet. [112] Ethos entspricht mehr der Komödie, P. der Tragödie. [113] Beide können sogar dieselbe Grundqualität haben, wie im Falle des P. Liebe (*amor*) und des Ethos Hochschätzung (*caritas*). [114] Ihr Status als *probationes* bleibt davon unberührt. [115] Auch der traditionelle Ort des P. im Epilog wird noch erwähnt. [116] Als beste Voraussetzung für die P.-Erregung im Hörer empfiehlt Quintilian die eigene Erregung des Redners, zu bewirken durch Autosuggestion mittels lebhafter Vorstellungen (*phantasíai*) und plastischen Vor-Augen-Stellens (*enárgeia*). [117] Das Fingieren von Affekten wird ja bereits in der Schuldeklamation geübt. [118] Schließlich formuliert

Quintilian auch Hinweise auf die richtige stilistische Gestaltung und den pathetischen Vortrag.[119]

Die vielleicht nachwirkungsreichste Erörterung erfährt das P. in der Schrift des PSEUDO-LONGINOS ‹Über das Erhabene› (1. Jh. n.Chr.). Der Verfasser nennt fünf Quellen des Erhabenen (ὕψος, hýpsos): das Vermögen, große Gedanken zu konzipieren, das heftige, begeisterte P., Redefiguren, vornehme Diktion (Wortwahl, Tropen) und würdevolle Satzfügung.[120] P. und hýpsos sind somit (gegen KAIKILIOS VON KALE AKTE) nicht deckungsgleich: es gibt sowohl unpathetisches Erhabenes wie unerhabenes P.[121] Dennoch steht das P. als eindeutig wichtigste Quelle in besonders enger Beziehung, ja «Quasi-Identität» zum Erhabenen.[122] Elemente zur Erzielung von P. wiederum sind: erhaben-pathetische Motive, Auswahl und Häufung dieser Motive, Amplifikation, Nachahmung literarischer Muster und geistige Vergegenwärtigung (φαντασία, phantasía).[123] Doch wirkt das P. auch in die übrigen Quellen des Erhabenen hinein. So gibt es besonders pathogene Figuren wie Frage, Asyndeton, Polyptoton, Hyperbaton, direkte Rede oder Apostrophe; auch Metaphern generieren P., wie dieses umgekehrt gewagte Metaphern erst legitimiert; in der Satzfügung können Melodie, Variation und Rhythmus P. erzeugen.[124] Die Betrachtungsweise Ps.-Longins ist vorwiegend stilistisch. So beruht auch seine Beurteilung von ‹Ilias› und ‹Odyssee› als pathetisch bzw. ethisch anders als bei Aristoteles auf dem Maß an emotionaler Intensität. Ethos ist auch hier nur schwächere Form des P.[125] Die charakteristische Gefahr der Verfehlung sieht der Autor im unzeitigen, eitlen und unmäßigen, kurz affektierten P., der von THEODOROS VON GADARA so genannten «Pseudoekstase» (παρένθυρσος, parénthyrsos).[126]

HERMOGENES VON TARSOS (2./3. Jh.) ordnet das rednerische P. besonders dem wahrhaften (ἀληθές, alēthés) und natürlich-spontanen (ἐνδιάθετος, endiátheton) Stil zu und fordert vom Redner entsprechend die überzeugende Darstellung aller Affekte, gleichgültig ob echt oder nur gespielt.[127] Wie Ps.-AELIUS ARISTIDES (2 Jh.) hebt auch er pathetische Stilarten (rauh: τραχύτης, trachýtēs; furchterregend: γοργότης, gorgótēs; heftig: σφοδρότης, sphodrótēs; ungehalten: βαρύτης, barýtēs: gewaltig: δεινότης, deinótēs) von nur glänzend-prunkvollen ab.[128] Die erhaltene Schrift ‹Über die Methode des gewaltigen Stils› stammt freilich nicht von ihm.

Die Progymnasmatiker des 1.-5. Jh. (THEON, PS.-HERMOGENES, APHTHONIOS, NIKOLAOS) unterscheiden zwischen ‹ethischen›, ein bestimmtes Charakterbild ausdrückenden, und ‹pathetischen›, einen akuten P.-Ausbruch inszenierenden Ethopoiien.[129] Für letztere wird etwa bei IULIUS SEVERIANUS (4. Jh.) und EMPORIUS (5./6. Jh.) sogar der Ausdruck *pathopoeia* geprägt.[130] Ferner erwähnt Theon Affekte als Handlungsmotive in der Erzählung und drastische Greuelschilderungen als pathoserzeugende Mittel im Gemeinplatz (*locus communis*).[131]

Nur verstreute Bemerkungen bieten die spätantiken Rhetoren. So findet sich bei APSINES VON GADARA (3. Jh.) ein ausführlicher Katalog der Mittel zur Erzeugung von Mitleid und anderen P.[132] Die in der *peroratio* konzentrierte Unwillens- und Mitleidserregung (*indignatio, conquestio/miseratio*) begegnet noch bei IULIUS VICTOR und FORTUNATIANUS (4. Jh.) wie bei MARTIANUS CAPELLA (5.Jh.).[133] die Verbindung von P. und Ethos bei Iulius Victor und CASSIODOR (6. Jh.).[134] Fortunatianus und SULPICIUS VICTOR (4. Jh.) postulieren ein eigenes pathetisches Redegenus im Unterschied z.B. zum ethischen.[135] Eine Darstellung der rhetorischen Affekte auf der Basis einer Analyse von Ciceros Reden gibt IULIUS SEVERIANUS (2. oder 5. Jh.?).[136] Spätantike Grammatiker schließlich untersuchen u. a. die Rolle der Interjektionen für den pathetischen Stil.[137]

Anmerkungen:
1 Thrasymachos, Frg. B 5f., in: VS Bd.2, 325; Quint. III, 1, 12 – **2** Gorgias, Frg. B 11, 9-14, in: VS Bd.2, 290–293; Ch.P. Segal: Gorgias and the Psychology of the Logos, in: Harvard Studies in Classical Philology 66 (1962) 99-155. – **3** Demokrit, Frg. B 31, in: VS Bd.2, 152. – **4** ders., Frg. B 17.18.21, in: VS Bd.2, 146f.; F. Wehrli: Der erhabene und der schlichte Stil in der poetisch-rhet. Theorie der Antike, in: Phyllobolia für P. von der Mühl (Basel 1946) 9-34, hier 11. – **5** vgl. W. Schadewaldt: Die griech. Tragödie. Tübinger Vorl. Bd.4 (1991) 57-59; A. Zierl: Affekte in der Tragödie. Orestie, Oidipus Tyrannos und die Poetik des Aristoteles (1994) 39-41.58-61.139-149.234-236. – **6** Arist. Poet. 11, 1452b9-13; 14, 1453b18-22.39; 1454a12f.; vgl. auch 1, 1447a27f.; B.R. Rees: P. in the Poetics of Aristotle, in: Greece & Rome 19 (1972) 1-11. – **7** Aischylos, Agamemnon 177.25); H. Dörrie: Leid und Erfahrung. Die Wort- und Sinnverbindung παθεῖν – μαθεῖν im griech. Denken, in: Abh. der Akad. der Wiss. und Lit. Mainz, geistes- u. sozialwiss. Kl. 1956, 5 (1956) 303–344; Zierl [5] 155-159.218-223. – **8** Arist. Poet. 18, 1455b23-1456a3; vgl. 24, 1459b7-15; A.H. Gilbert: Aristotle's Four Species of Tragedy (Poetics 18) and Their Importance for Dramatic Criticism, in: AJPh 68 (1947) 363-381; Ch. Gill: The Ethos/P. Distinction in Rhetorical and Literary Criticism, in: The Classical Quart. NS 34 (1984) 149-166, hier 150f. – **9** H.E. Jaene: Die Funktion des Pathetischen im Aufbau sophokleischer und euripideischer Tragödien (1929); J. de Romilly: L'évolution du pathétique d'Éschyle à Euripide (Paris 1961); W.B. Stanford: Greek Tragedy and the Emotions. An Introductory Study (London u.a. 1983); Zierl [5] 30f.; B. Schnyder: Angst in Szene gesetzt: Zur Darstellung der Emotionen auf der Bühne des Aischylos (1995). – **10** F.L. Shisler: The Technique of the Portrayal of Emotion in Greek Tragedy (Diss. Michigan 1942); E.S. Wright: The Form of Laments in Greek Tragedy (Diss. Univ. of Pennsylvania 1986); Schnyder [9] bes. 96-204. – **11** Arist. Poet. 17, 1455a30-34. – **12** F. Schlegel: Gesch. der europäischen Lit. (1803/04), in: Krit. Friedrich-Schlegel-Ausg., hg. E. Behler, Abt. II, Bd.11 (1958) 1-188, hier 74.78. – **13** F. Nietzsche: Der Fall Wagner (1888) § 9, Anm., in: Werke. Krit. Gesamtausg., hg. G. Colli, M. Montinari, Bd.6 3 (1969) 32; vgl. G. Freytag: Die Technik des Dramas (1863, ¹¹922, ND 1969) 124. – **14** Th. Mann: Versuch über das Theater, in: Werke (Stockholmer Gesamtausg.), Bd.18 (1965) 74-113, hier 99. – **15** vgl. Arist. Pol. VIII, 7, 1342a4-b7; Zierl [5] 74-78. – **16** F.A. Trendelenburg: Grammaticorum Graecorum de arte tragica iudiciorum reliquiae (1867) 123-128; R. Meijering: Literary and Rhetorical Theories in Greek Scholia (Groningen 1987) 209-220. – **17** Gorgias, Frg. B 23, in: VS Bd.2, 305f. – **18** J. Griffin: Homeric P. and Objectivity, in: The Classical Quart. NS 26 (1976) 161-187. – **19** Zierl [5] 29f.119-121.245f. – **20** Arist. Poet. 6, 1449b27. – **21** W. Schadewaldt: Furcht und Mitleid? Zur Deutung des Aristotelischen Tragödiensatzes, in: Hermes 83 (1955) 129-171. – **22** Arist. Poet. 9, 1452a21; 13-14, 1452b28-1454a15; E. Belfiore: Tragic Pleasures: Aristotle on Plot and Emotion (Princeton 1992); Zierl [5] 35-58. – **23** Arist. Poet. 11, 1452a38-b3. – **24** ebd. 19, 1456a36-b8. – **25** ebd. 14, 1453b1-8. – **26** ebd. 6, 1449b27f.; vgl. M. Luserke (Hg.): Die aristotelische Katharsis. Dokumente ihrer Deutung im 19. und 20. Jh. (1991); Zierl [5] 72-85.150-152.239f. – **27** W. Süß: Ethos. Stud. zur älteren griech. Rhet. (1910) 82-94; H. Flashar: Die medizinischen Grundlagen der Lehre von der Wirkung der Dichtung in der griech. Poetik, in: Hermes 84 (1956) 12-48. – **28** Phrynichos, Test. 2, in: Tragicorum Graecorum Fragmenta, Bd.1, ed. B. Snell (²1986) 69; Aischylos, Test. 1, 9, ebd. Bd.3, ed. St. Radt (1985) 34; vgl. Test. 1, 14, ebd. 35. – **29** Arist. Poet 16, 1455a17; 14, 1454a4; vgl. 25, 1460b25; Wehrli [4] 13f. – **30** Aristophanes, Frösche 1004f. – **31** ders., Frieden 135f.; Platon, Phaidon 115a5f.; Politeia III, 413b4; VIII, 545e1f.; Kratylos 414c5f.418d3; Demosthenes, Or. XVIII, 13.313; XIX, 189; Arist Rhet. III, 3,

1406b7f.16; ders., Meteorologika II, 1, 353b1–3; Ps.-Arist., Problemata Physika XIX, 6, 918a10f.; J. Dalfen: Übertragener Gebrauch von τραγικός und τραγῳδεῖν bei Platon u. a. Autoren des 5. und 4. Jh., in: Philologus 116 (1972) 76–92. – **32** Aristophanes, Frieden 828; Vögel 1373; Plat. Phaidr. 238d; Arist. Rhet. III, 14, 1415a10f.; Wehrli [4] 26. – **33** Quint. X, 1, 68; Ps.-Long. Subl. 15, 1–8; vgl. Arist. Poet. 13, 1453a23–30. – **34** Plat. Pol. III, 395d1–396e2; 401b1–d3; X, 603b9–606d8; St. Büttner: Die Literaturtheorie bei Platon und ihre anthropol. Begründung (2000) 154.157f.201f. – **35** Gill [8] 151–154. – **36** Platon, Timaios 69c7–d4; W. W. Fortenbaugh: Aristotle's Rhet. on Emotions, in: AGPh 52 (1970) 40–70, hier 66–69. – **37** Platon, Philebos 31d4–32d8; 47d5–50d4; Büttner [34] 96–100. – **38** Plat. Phaidr. 270b4–272b6. – **39** ders., Apologie 22b8–c3; Ion 533c–536d; Menon 99d; Phaidr. 245a1f.; 238c6; H. Flashar: Nachwort, in: Platon, Ion, griech. und dt., hg. von H. Flashar (1988) 54–71, hier 61f.69f.; Wehrli [4] 12f.; Büttner [34] 348–361. – **40** Platon, Ion 533d; 535e-536d; Flashar [39] 62. – **41** Platon, Theaitetos 156a6f.; Sophistes 247d8–e2. – **42** Arist., Kategorien 4, 1b26f.; vgl. Top. I, 9, 103b22f.; Soph. el. 4, 166b13f.; Anal. post. I, 22, 83a21f.; b16f.; Met. Δ 7, 1017a25–27; Z 1, 1028a19f.; K 12, 1068a8; Physik V, 1, 225b5–7. – **43** Arist., Met. Δ 21, 1022b15–21; Θ 7, 1049a29f.; vgl. Kategorien 8, 9a28–10a11. – **44** Arist. EN II, 4, 1105b19–1106a6; VIII, 7, 1157b28f. – **45** ebd. IV, 15, 1128b10–15; De anima I, 1, 403a3–b2. – **46** Arist. EN III, 3, 1111a24–b3; X, 8, 1178a14–22; 10, 1179b26–29. – **47** ebd. II, 5–6, 1106b15–1107a6; J. van der Meulen: Aristoteles. Die Mitte in seinem Denken (1951); H.-J. Krämer: Arete bei Platon und Aristoteles (1959) 341–358. – **48** Arist. Rhet. I, 2, 1354a11–26; J. Wisse: Ethos and P. from Aristotle to Cicero (Amsterdam 1989) 17–20. – **49** J. F. Cronin: The Athenian Juror and Emotional Pleas, in: Classical J. 34 (1938–39) 471–479; J. H. Lipsius: Das Attische Recht und Rechtsverfahren (1915) 919f.; F. Solmsen: Die Entwicklung der aristotelischen Logik und Rhet. (1929) 198–200; vgl. Platon, Apologie 35b9–c2. – **50** Antiphon, Tetralogien I, 1, 10f.; 2, 13; 3, 10f.; II, 2, 11f.; III, 2, 9; 4, 10f. – **51** Thukydides, Historien II, 65, 9. – **52** Anax. Rhet. 34, 1439b15–36; 1440a28–b2; 36, 1442a9–14; 1443b14–21; 1444b35–1445a29; vgl. 7, 1428a36–b5; 1429a14–20; L. Voit: Δεινότης. Ein antiker Stilbegriff (1934) 126–128. – **53** Solmsen [49] 208f.; W. W. Fortenbaugh: On the Composition of Aristotle's Rhet., in: Ch. Müller-Goldingen, K. Sier (Hg.): ΛΗΝΑΙΚΑ. FS C. W. Müller (1996) 165–188, hier 173–180. – **54** Arist. Rhet. I, 2, 1356a1–4.14–16; II, 1, 1377b20–1378a5; Wisse [48] 13–29; Voit [52] 128–130. – **55** Arist. Rhet. I, 1, 1354b8–11; I, 2, 1356a15f.; II, 1, 1377b30–1378a5; S. R. Leighton: Aristotle and the Emotions, in: Phronesis 27 (1982) 144–174. – **56** Arist. Rhet. I, 10, 1369a17–19; b11–16. – **57** ebd. II, 1, 1378a19–22; vgl. [44]. – **58** Fortenbaugh [36] 54–61; Wisse [48] 65–74; J. M. Cooper: An Aristonelian Theory of the Emotions, in: A. Oksenberg Rorty (ed.): Essays on Aristotle's Rhet. (Berkeley/Los Angeles/London 1996) 238–257. – **59** Arist. Rhet. II, 1, 1378a22–26; Fortenbaugh [36] 49.54; M. H. Wörner: ‹P.› als Überzeugungsmittel in der Rhet. des Aristoteles, in: I. Craemer-Ruegenberg (Hg.): P., Affekt, Gefühl (1981) 53–78, hier 62–64. – **60** Arist. Rhet. II, 1, 1378a30–32; vgl. Top. IV, 5, 127b30–32; VI, 13, 151a15–19; VII, 1, 156a32f. – **61** Leighton [55]; D. Frede: Mixed Feelings in Aristotle's Rhet., in: Oksenberg Rorty [58] 258–285. – **62** Fortenbaugh [36] 61–64; ders.: Aristotle on Emotion (London 1975) 17f.; Wörner [59] 76–78; Th. Conley: Πάθη and πίστεις: Aristotle ‹Rhet.› II 2–11, in: Hermes 110 (1982) 300–315, hier 304–309; W. M. A. Grimaldi: Studies in the Philosophy of Aristotle's Rhet. (1972) 53–68; ders.: Aristotle, Rhet. I. A Commentary (New York 1980) 349–356; dagegen z. B.: E. M. Cope: An Introd. to Aristotle's Rhet. (London 1867); Süß [27] 144f.154; J. Sprute: Die Enthymemtheorie der aristotelischen Rhet. (1982) 58–67; vermittelnd: Wisse [48] 20–29; A. Braet: Ethos, P. and Logos in Aristotle's Rhet. A Reexamination, in: Argumentation 6 (1992) 307–320, hier 314–317. – **63** L. Golden: Comic Pleasures, in: Hermes 115 (1987) 165–174. – **64** Arist. Rhet. III, 7, 1408a10-b20. – **65** ebd. III, 12, 1413b3–10. – **66** ebd. III, 1, 1403b26–31. – **67** ebd. III, 14, 1415a34–36; 16, 1417a36–b6; 17, 1418a12–15.28f.; 19, 1419b13.24–28. – **68** Polybios, Historien II, 56, 7f.; Wehrli [4] 19. – **69** Cicero, Tusculanae disputationes III, 10, 22; F. Wehrli: Der Peripatos bis zum Beginn der römischen Kaiserzeit, in: H. Flashar (Hg.): Grundriß der Gesch. der Philos., begr. von F. Ueberweg, Bd. 3 (Basel 1983) 459–599, hier 509.495. – **70** SVF I, 205f.; III, 378. 462; A. A. Long, D. N. Sedley: The Hellenistic Philosophers (Cambridge 1987) Bd. 1, 410–423; Bd. 2, 404–418; K. Bormann: Zur stoischen Affektenlehre, in: Craemer-Ruegenberg [59] 79–102; P. Steinmetz: Die Stoa, in: Flashar [69] Bd. 4,2 (Basel 1994) 491–716, hier 547f.616–618. – **71** SVF I, 206–209. – **72** ebd. I, 211f.; vgl. III, 378.386f.391.407; Cicero [69] IV, 6, 11–14; Bormann [70] 96–98. – **73** SVF III, 397.401.409.414. – **74** ebd. III, 448.474f.482.484.486. – **75** ebd. III, 431–442; M. Pohlenz: Die Stoa. Gesch. einer geistigen Bewegung, Bd. 1 (1948) 152; Bd. 2 (1949) 83; Bormann [70] 98f. – **76** SVF III, 384.421–430.459.462f.466.467.475; Steinmetz [70] 591.617f. – **77** Steinmetz [70] 659.691f. – **78** Long, Sedley [70] Bd. 1, 87–90; Bd. 2, 91–93; M. Erler: Epikur, in: Flashar [69] Bd. 4,1 (Basel 1994) 29–202, hier 133f. – **79** Long, Sedley [70] Bd. 1, 112–125; Bd. 2, 114–129; Erler [78] 154–159. – **80** Filodemo, L'ira, ed. G. Indelli (Neapel 1988); Philodemi Volumina Rhetorica, ed. S. Sudhaus, 2 Bde. (1892–1896) I, 164, 9; 196, 8–17; 199, 1; 370, 1–13; II, 23, 16–18. – **81** W. W. Fortenbaugh: Theophrastus on Emotion, in: Rutgers Univ. Studies in Classical Humanities 2 (1985) 209–229. – **82** Ps.-Demetr. Eloc. 36.240–304; vgl. 194.28.57.214; Voit [52] 29.63.151f. – **83** Cicero [69] III, 1, 1; 10, 23; 34, 82; IV, 5, 10; 10, 23; De finibus III, 10, 35. – **84** Sen. Contr. III praef. 2; VII praef. 3; 4, 6. – **85** Varro bei Charisius II, 16, in: Gramm. Lat. I, 241, 33; Apuleius, De Platone II, 17; De deo Socratis 12; vgl. Augustinus, De civitate Dei VIII, 17; IX, 4. – **86** R. Rieks: Affekte und Strukturen: P. als ein Form- und Wirkprinzip von Vergils ‹Aeneis› (1989) 60–65. – **87** ebd. 65–71; Cic. De or. II, 46, 193; ders. [69] IV, 25, 55. – **88** Charisius II, 16, in: Gramm. Lat. I, 241, 28f. – **89** P. H. Schrijvers: Horror ac divina voluptas. Études sur la poétique et la poésie de Lucrèce (Amsterdam 1970); P. Marpicati: Sul P. lucreziano nel quadro dell'umanità primitiva ed i suoi modelli tragici, in: V. Tandoi (Hg.): Disiecti membra poetae, Bd. 2 (Foggia 1985) 106–156; Rieks [86] 71f. – **90** Auct. ad Her. II, 30, 47–31, 50; Cic. Inv. I, 52, 98; 53, 100–56, 109. – **91** Auct. ad Her. IV, 26, 36; 28, 38; 30, 41; 39, 51; 43, 55; III, 13, 23–16, 28; Voit [52] 107f.143. – **92** Cic. De or. I, 5, 17; 14, 60; E. Schütrumpf: Non-Logical Means of Persuasion in Aristotle's Rhet. and Cicero's De oratore, in: W. W. Fortenbaugh, D. Mirhady (Hg.): Peripatetic Rhet. After Aristotle (New Brunswick, N. J./London 1994) 95–110, hier 106–110. – **93** Cic. De or. II, 27, 114f; 29, 128; 77, 310; III, 27, 104; Wisse [48] 199–205. – **94** Cic. De or. II, 44, 185–53, 216; F. Solmsen: Aristotle and Cicero on the Orator's Playing upon the Feelings, in: Classical Philology 33 (1938) 390–404, hier 396–402; Gill [8] 156–157.159; Wisse [48] 250–300. – **95** Cic. Or. 21, 69; 28, 97–99; 37, 128–38, 133; vgl. Brut. 49, 185; 80, 276; Voit [52] 141–143; Wisse [48] 216–220. – **96** Cic. Part. 1, 4; 2, 5; 3, 9; 8, 27; 10, 35; Voit [52] 131–135. – **97** Cic. Or. 38, 131; Part. 4, 11; 17, 58; 21, 71f.; 27, 96; 35, 121f.; Voit [52] 133–138; E. Fantham: Ciceronian conciliare and Aristotelian ethos, in: Phoenix 27 (1973) 262–275, hier 266f.273–275; Gill [8] 157 m. Anm. 41; W. W. Fortenbaugh: Benevolentiam conciliare and animos permovere: Some remarks on Cicero's De oratore 2.178–216, in: Rhetorica 6 (1988) 259–273, hier 259; Wisse [48] 236–248. – **98** Cic. Brut. 95, 325f. – **99** Dion. Hal., De Isaeo 3, 6; 12, 1; 16, 3; De Demosthene 18.22.55; De Dinarcho 7; Voit [52] 34.37; D. Hagedorn: Zur Ideenlehre des Hermogenes (1964) 35. – **100** Dion. Hal., De Lysia 13, 4; 14, 2; 19, 5; De Isocrate 13, 4f.; 2, 6; De Demosthene 2.20; Voit [52] 33f. – **101** Dion. Hal., De Demosthene 22; vgl. 2.8. – **102** Dion. Hal., Ep. ad Pompeium 3; De Thucydide 23f.; De Demosthene 2; Voit [52] 45.76f.; Hagedorn [99] 12. – **103** Anon. Seguerianus 27.160.239, in: Rhet. Graec. Sp.-H. 358, 4f.; 380, 24f.; 395, 3–11. – **104** ebd. 5f.203–206.243, in: Rhet. Graec. Sp.-H. 353, 4–10; 388, 15–389, 5; 395, 26–396, 2. – **105** ebd. 94.147f., in: Rhet. Graec. Sp.-H. 369, 6–9; 378, 16–22. – **106** ebd. 6.222–234, in: Rhet. Graec. Sp.-H. 353, 7–9; 392, 14–394, 3. – **107** Hor. Ars 99–111, vgl. 27; Rieks [86] 52–60. – **108** Rieks [86]; Macrobius, Saturnalia, lib. IV; Voit [52] 150f. – **109** Seneca, De ira, bes. II, 17f.; De tranquillitate animi 17, 10f.; vgl. Ep. 75, 12; I. Hadot: Seneca und die griech.-römische Trad. der Seelenleitung (1969) 145. – **110** Seneca, Medea 389; vgl. Ep. 11, 7; A. Michel: Rhét., tragédie, philosophie: Sénèque et le sublime, in: Giornale italiano di filologia 21 (1969) 245–257; A. Schmitt: Leidenschaft in der Senecanischen und Euripideischen Medea, in: U. Albini u. a.

(Hg.): Storia, poesia e pensiero nel mondo antico. Studi in onore di M. Gigante (Neapel 1994) 573–599. – **111** Lucan, Pharsalia VII, 209–213; E. Fraenkel: Lucan als Mittler des antiken P., in: Vortr. der Bibl. Warburg 1924/25 (1927) 229–257; K. Seitz: Der pathetische Erzählstil Lucans, in: Hermes 93 (1955) 204–232; Rieks [86] 179.199. – **112** Quint. VI, 2, 8f.; vgl. IX, 2, 3; X, 1, 48.73.101; XI, 3, 162; J. Cousin: Études sur Quintilien, Bd. 1 (Paris 1935, ND Amsterdam 1967) 317–323; Voit [52] 138–140; Gill [8] 159; W.W. Fortenbaugh: Quintilian 6.2.8–9: Ethos and P. and the Ancient Trad., in: Fortenbaugh, Mirhady [92] 183–191. – **113** Quint. VI, 2, 20. – **114** ebd. VI, 2. – **115** ebd. III, 5, 2; V, 12, 9; VI, 2, 6f.24. – **116** ebd. IV, 1, 28; 2, 115; VI, 1, 51; VII, 10, 12. – **117** ebd. VI, 2, 26–35; VIII, 3, 67–70; P.H. Schrijvers: Invention, imagination et théorie des émotions chez Cicéron et Quintilien, in: J. den Boeft, A.H.M. Kessels (Hg.): Actus. Studies in Honour of H.L.W. Nelson (Utrecht 1982) 395–408. – **118** Quint. VI, 2, 36; XI, 1, 41.55; 3, 61; vgl. Tac. Dial. 6,4 (*adfectum induere*). – **119** Quint. VI, 2, 19–24; IX, 1, 21; 2, 3.6–57; 3, 28; 4, 125; XI, 3, 61f.73. – **120** Ps.-Long. Subl. 8; Fuhrmann Dicht. 168. – **121** Ps.-Long. Subl. 8, 2–4. – **122** H. Mutschmann: Tendenz, Aufbau und Quellen der Schrift vom Erhabenen (1913) 21; J. Bompaire: Le P. dans le traité Du sublime, in: Rev. des Études Grecques 86 (1973) 323–343, hier 339–342; D.A. Russell: Longinus Revisited, in: Mnemosyne 34 (1981) 72–86; Gill [8] 160–165. – **123** Ps.-Long. Subl. 9–15; Fuhrmann Dicht. 172–178. – **124** Ps.-Long. Subl. 18, 2; 21, 1f.; 22, 1; 23, 1; 29, 2; 32, 1.4.6; 38, 5; 39, 1–3; 41, 2; Bompaire [122] 340f. – **125** Ps.-Long. Subl. 9. 5–15; Gill [8] 162–165. – **126** Ps.-Long. Subl. 3, 5. – **127** Hermog. Id. 355, 21–363, 24; Hagedorn [99] 59f.; Voit [52] 59f.; M. Patillon: La théorie du discours chez Hermogène le rhéteur (Paris 1988) 264–266. – **128** Hermog. Id. 254–264.312–320.364–380; Hagedorn [99] 33–41. 54–56. 60–70; vgl. Aristidis qui feruntur libri rhetorici II, ed. W. Schmid (Rhet. Graec. V) (1926) 16–19.43–51. – **129** Theon, Progymnasmata, in: Rhet. Graec. Sp. II, 117, 6–32 = ed M. Patillon (Paris 1997) 72f.; Hermog. Prog. 21, 10–18; Aphthonios, Progymnasmata, ed. H. Rabe (Rhet. Graec. X) (1925) 35, 1–10; Nikolaos, Progymnasmata, ed. J. Felten (Rhet. Graec. XI) (1913) 64, 14–19; Priscianus, Praeexercitamenta 9, in: Rhet. Lat. Min. 558, 15–17 = Prisciani Caesariensis Opuscula, Bd. 1, ed. M. Passalacqua (Rom 1987) 46, 1–3. – **130** Iulius Rufinianus, De figuris 36, in: Rhet. Lat. Min. 47, 6–15; Emporius, De ethopoeia, in: Rhet. Lat. Min. 562, 11–26. – **131** Theon [129] II, 79, 15–19; 108, 35–109, 18 = ed. Patillon 40.65f. – **132** Apsines, Ars rhetorica 12, in: Rhet. Graec. Sp.-H. 306, 16–329, 23 = ed. M. Patillon (Paris 2001) 88–111; Voit [52] 149f. – **133** Iul. Vict. 18, in: Rhet. Lat. Min. 430, 12–26 = ed. Giomini, Celentano 80, 21–81, 7; Fortun. Rhet. II, 31; Mart. Cap. 53, 565. – **134** Iul. Vict. 22, in: Rhet. Lat. Min. 439, 32–440, 3 = ed. Giomini, Celentano 94, 13–95, 6; Cassiodor, De rhetorica, Excerpta 1.21, in: Rhet. Lat. Min. 501, 5–9; 503, 20–26 (= Quint. VI, 2, 8–12). – **135** Fortun. Rhet. I, 10; Sulp. Vict. 6, 316, 13–17. – **136** Iulius Severianus, Praecepta artis rhetoricae 17–23, in: Rhet. Lat. Min. 364, 7–369, 30. – **137** Charisius II, 16, in: Gramm. Lat. I, 238, 19–242, 12; Marius Victorinus, ebd. VI, 78, 10–13.

Literaturhinweise:
G. Eggerking: De graeca artis tragica doctrina, imprimis de affectibus (Diss. Berlin 1912). – A. Rostagni: Il ‹sublime› nella storia dell' estetica antica, in: ders.: Scritti minori Bd. 1 (Turin 1955) 447–518. – W. Bühler: Beitr. zur Erklärung der Schrift Vom Erhabenen (1964). – J. Hengelbrock: Art. ‹Affekt I.›, in: HWPh Bd. 1 (1971) 89–93. – K. Adam: Docere – Delectare – Movere. Zur poet. und rhet. Theorie über Aufgaben und Wirkung der Lit. (Diss. Kiel 1971). – A. Hellwig: Unters. zur Theorie der Rhet. bei Platon und Aristoteles (1973). – D.A. Russell: Criticism in Antiquity (London 1981). – P. Homann: Art. ‹Pathetisch, das Pathetische›, in: HWPh Bd. 7 (1989) 168–177. – R. Meyer-Kalkus: Art. ‹P.›, ebd. 193–199. – M. Schauer: Tragisches Klagen. Form und Funktion der Klagedarstellung bei Aischylos, Sophokles und Euripides (2002).

M. Kraus

II. Frühchristliche Zeit und Mittelalter. Als Bestandteil der Rhetorik war die P.-Lehre, wie die Rhetorik insgesamt, vorrangig bezogen auf *civiles quaestiones* (Angelegenheiten des öffentlichen Lebens, des Gemeinwesens). Unter diesem Aspekt einer säkularen Oratorik gibt es weder in der Theorie noch in der Praxis einen Bruch zwischen paganer und christlicher Antike [1], ja im griechischen Raum nicht einmal zwischen Antike und Mittelalter. [2] Anders im Bereich der christlichen Religion, die zwar – im Gegensatz zu den paganen Religionsformen – darauf zielt, durch *persuasio* ('Überzeugungsarbeit') Anhänger zu gewinnen, als Beweggrund für die Zustimmung aber nicht das kunstvolle menschliche Wort, sondern das autoritative göttliche Offenbarungswort und die sachlich-schlichte Verkündigung der göttlichen Heilstaten gelten lassen will: «und davon reden wir auch nicht mit Worten, welche menschliche Weisheit lehren kann, sondern mit Worten, die der Geist lehrt» (1 Kor 2, 13). Die aus dem Selbstverständnis einer Offenbarungsreligion hervorgehende, die Distanz zur paganen Lebenswelt deutlich markierende und zudem mit der antirhetorischen Haltung der stoischen Philosophie konvergierende Ablehnung der Kunstrede ist denn auch kennzeichnend für die christliche Literaturtheorie der ersten Jahrhunderte, die ganz auf *veritas* und *res* (Wirklichkeit) in Opposition zu *verba* ausgerichtet ist. Wenn überhaupt, so ließ sich der Einsatz von *ars rhetorica* allenfalls noch rechtfertigen mit dem ersten der von Cicero und Quintilian definierten *officia oratoris*, dem *officium docendi* (Belehrung), nicht aber mit dem *officium delectandi* (Lusterzeugung) und schon gar nicht mit dem *officium movendi* (Pathoserregung). [3] Auch als sich mit LAKTANZ († nach 317), HILARIUS VON POITIERS († 367) und AMBROSIUS († 397) im Westen sowie BASILIUS († 379), GREGOR VON NAZIANZ († um 390), GREGOR VON NYSSA († 394) und JOHANNES CHRYSOSTOMUS († 407) im Osten die rigoristische Verweigerungshaltung lokkert [4], sind zuerst nur wenige kirchliche Schriftsteller bereit, der rhetorischen *suadela* eine positive Vorbereitungsrolle für die Aufnahme der Wahrheit zuzugestehen [5], und die Berechtigung der Pathoserregung (*movere, permovere, commovere, flectere, vincere, concitare*) im Sinne der ciceronischen *officia* scheint vor Augustinus überhaupt nur Laktanz dem kirchlichen Schriftsteller zugestanden zu haben. [6] Doch können auch die leidenschaftlichsten antirhetorischen Äußerungen nicht über die Tatsache hinwegtäuschen, daß ebendiese Autoren, die entweder selber Rhetoren gewesen sind (wie TERTULLIAN, CYPRIAN, ARNOBIUS, LAKTANZ, BASILIUS und GREGOR VON NYSSA) oder doch eine gründliche rhetorische Ausbildung erfahren haben (wie HILARIUS, AMBROSIUS, HIERONYMUS, GREGOR VON NAZIANZ und JOHANNES CHRYSOSTOMUS), in ihrer Praxis – ebenso wie der hl. PAULUS [7] – all die rhetorischen Kunstmittel anwenden, die sie in der Theorie verwerfen. [8]

AUGUSTINUS († 430), auch er vor der Taufe professioneller Rhetor, deckt diese Diskrepanz auf, indem er im vierten Buch von ‹De doctrina christiana› den Einsatz von affekterregendem P. in der Hl. Schrift, bei Cyprian und Ambrosius nachweist. [9] Gleichzeitig sucht er diese Diskrepanz – und generell die Rhetorikfeindlichkeit der älteren Kirche – dadurch zu überwinden, daß er die grundsätzliche Berechtigung und Bedeutung der Redelehre für den christlichen Theologen und Prediger darlegt. In seiner Argumentation geht Augustin von den drei Überzeugungsmitteln Ciceros und Quintilians aus: Lehre, Gewinnung von Zuneigung, Erregung von Pathos. Warum, so Augustin, sollten sich die Gegner des wahren Glaubens dieser Mittel bedienen und deren Verteidiger nicht? «illi animos audientium in errorem moventes impellentesque dicendo terreant, contristent, exhilarent, exhortentur ardenter; isti pro veritate lenti frigidique dormitent?» (Jene sollten die Herzen ihrer Zuhörer, die sie zum Irrtum bewegen und treiben, mit ihrer Rede erschüttern, in Trauer und Freude versetzen und leidenschaftlich aufrütteln, während diese im Dienste der Wahrheit träge und kalt schlafen?).[10] Von den drei Leistungen der Redekunst ist ihm sicher die Lehre die wichtigste, die zweitwichtigste aber die Erschütterung, die zum Handeln bewegt, während das *delectare* nur die vorbereitende Funktion hat, die Aufmerksamkeit der Zuhörer zu gewinnen und zu erhalten. Daher lehnt er, wie Hieronymus, das der *delectatio* entspringende Beifallklatschen ab, während er die Tränen der Pathoserregung gutheißt, die nach seiner eigenen Erfahrung zu innerer Umkehr führen.[11]

Das Seelenheil des Hörers als Ziel des Einsatzes von P. – dies bedeutet die Verwandlung der paganen Rhetorikkonzeption in eine genuin christliche. Jedoch findet diese Konzeption keine allgemeine Anerkennung. Die Rezeption von Augustins *officia*-Lehre bleibt ebenso eingeschränkt wie die von Ciceros rhetorischen Spätwerken und Quintilians ‹Institutiones›.[12] Eine über das Anzitieren von Augustins *officia*-Lehre hinausgehende Übernahme des vierten Buches von ‹De doctrina christiana› findet sich nur ganz selten, etwa bei Hraban und Abaelard und in dessen Kreis.[13] Dies erklärt auch, warum Reflexionen über das P. selbst dort fehlen, wo sie eigentlich unverzichtbar scheinen, nämlich in der mittelalterlichen Predigtlehre. Wilhelms von Auvergne Bemerkungen über die Affekte in Abschnitt 8f. und 11f. seiner ‹Ars praedicandi› bilden offenbar die Ausnahme.[14] Ansonsten ist es schon viel, wenn Autoren wie Johannes von Wales oder Ranulph Higden den emotiven Aspekt wenigstens in ihren Predigt-Definitionen erwähnen.[15] Zwar ist es immer das Ziel der christlichen Predigt, die Hörer zum richtigen Handeln zu bewegen, aber zur Erreichung dieses Ziels setzt man auf ‹Belehrung› durch Schriftauslegung, Schriftbeweis, Vernunftgründe und Exempel, nicht auf Affekterregung. Weder in den überwiegend materialorientierten Predigtanweisungen Gregors des Grossen, Guiberts von Nogent und Alans von Lille noch in den sich v.a. auf die Form der Predigt konzentrierenden ‹Artes praedicandi› des Spätmittelalters[16] spielt die Pathoslehre eine Rolle. Allenfalls wird einmal die Mahnung ausgesprochen, «ut predicator non sit nimis vehemens in commendacione virtutum nec reprehensione viciorum» (daß der Prediger nicht allzu leidenschaftlich sei, wenn er Tugenden anempfiehlt und Laster tadelt)[17], und es ist bezeichnend, daß Robert von Basevorn in seiner ‹Forma praedicandi› die affektgeladene Predigtweise Bernhards von Clairvaux nicht anders zu charakterisieren weiß, als daß sie reich sei an *colores rhetorici*[18].

Vielleicht haben die deutlichen Reserven des im Mittelalter weitverbreiteten und fleißig studierten Martianus Capella gegenüber der *pathetica dictio* und generell gegenüber der Affekterregung zur Ausgrenzung des P. beigetragen.[19] Sicher ist, daß bereits Isidor von Sevilla das *genus grande* nicht mehr wie Augustin auf die seelische Wirkung des *flectere* bezieht[20], sondern auf den Gegenstand der Rede: «Cum enim magna dicimus, granditer proferenda sunt […] In causis autem maioribus, ubi de Deo et hominum salute referimus, plus magnificentiae et fulgoris est exhibendum» (Denn wenn wir von großen Dingen sprechen, sind diese feierlich vorzutragen […] Bei den großen Gegenständen aber, wo wir Gott und das Heil der Menschen thematisieren, ist mehr Pracht und Glanz zu entfalten).[21] Aber Isidors Rhetoriklehre[22] weicht – wie schon seine Hauptquelle Cassiodor[23] – generell von der augustinischen Linie ab, indem nicht die ‹philosophischen› Rhetorikwerke Ciceros (‹De oratore›, ‹Orator›) sondern die ‹technischen› Redelehren (‹De inventione› und die pseudociceronische ‹Rhetorica ad Herennium›) die Grundlage der Darstellung bilden.[24]

Die isidorische Option bestimmt dann auch weitestgehend die Wirkungsgeschichte der klassischen Rhetorik im Mittelalter sowohl hinsichtlich der rhetorischen Lehrschriften im eigentlichen Sinn als auch hinsichtlich der von der rhetorischen Tradition (*elocutio*-Lehre) beeinflußten *artes dictaminis* und *artes poeticae*. In dem vom Auctor ad Herennium, von Ciceros ‹De inventione› und den Rhetores Latini minores geprägten rhetorischen System ist aber für die P.-Lehre so wenig Platz, daß der anonyme Autor des ‹De inventione›-Kommentars ‹Ars rhetorice› sogar *exhortatio*, *dehortatio* und *consolatio* – alles 'klassische' Anlässe für P.-Rede – nicht als Bestandteile der *ars rhetorica* anerkennt.[25] Zwar wird in der Arteslehre des 12. und 13. Jh. die *eloquentia* insgesamt mit dem Begriff des *movere* verknüpft, während man der Grammatik das *intelligere* und der Dialektik das *fidem facere* (Zustimmung hervorrufen) zuweist, doch wird durch diese Verteilung der drei *officia oratoris* auf die drei trivialen *artes* der Begriff des *movere* so verallgemeinert, daß er nicht mehr für die spezifische Bedeutung ‹Erregen von P.› in Anspruch genommen werden kann.[26]

Anmerkungen:
1 vgl. z.B. den Wortgebrauch von *patheticus*, *pathopoeia*, *pathos* von Cicero bis Ps. Cassiodor, Emporius und Charisius grammaticus: ThLL X, 1 (1990) 703–705. – **2** G.A. Kennedy: Classical Rhetoric and Its Christian and Secular Trad. from Ancient to Modern Times (Chapel Hill 1980) 161–172. – **3** A. Alberte: Historia de la retórica latina. Evolución de los criterios estético-literarios desde Cicerón hasta Agustín (Amsterdam 1992) 89–119. – **4** Kennedy [2] 143–146, 148f. – **5** Laktanz, Divinae institutiones V, 1, 14f.; Hilarius von Poitiers, Tractatus super psalmos 13, 1; Johannes Chrysostomus, Tractatus super psalmos 41, 1, in: MG Bd. 55, 155–157. – **6** Laktanz [5] V, 1, 28. – **7** M.M. DiCicco: Paul's Use of Ethos, Pathos, and Logos in 2 Corinthians 10–13 (Lewiston u.a. 1995) 164–187. – **8** vgl. G. Martano: La retorica dell'antiretorica, in: Discorsi 7 (1987) 30–43. – **9** Aug. Doctr. IV, 20, 42–44; 21, 49–50. – **10** ebd. IV, 2, 3; wichtigere Arbeiten bis 1989 zu Augustins Rhetoriktheorie bei J.J. Murphy: Medieval Rhetoric (Toronto u.a. ²1989) Nrr. 225–264; seither A. Cameron: Christianity and the Rhetoric of Empire: The Development of Christian Discourse (Berkeley 1991) 42–47, 66f., 157; P. Brown: Power and Persuasion in Late Antiquitiy (Madison 1992); Alberte [3] 120–143; J. Knape: Augustinus' ‹De doctrina christiana› in der ma. Rhetorikgesch. Mit Abdruck des rhet. Augustinusindex von St. Hoest (1466/67), in: A. Zumkeller, A. Krümmel (Hg.): Traditio Augustiniana. FS W. Eckermann (1994) 141–173, hier 142–147. – **11** Aug. Doctr. IV, 24, 53; vgl. dazu A. Roncoroni: Applausi e lacrime nella retorica della predicazione cristiana, in: Atti del Ginnasio-Liceo Como 5 (1990–92) 201–216. – **12** Die Nennungen von Cic. De or. und Or., deren vollständiger Text erst 1421 in Lodi wiederentdeckt wurde, sind sporadisch und verdanken sich dem Interesse an Ciceros Ideal des Redner-Politikers: C.J. Nederman: The Union of Wisdom and Eloquence before the Renaissance: The Ciceronian Orator in Medieval Thought, in: Journal of Medieval History 18 (1992) 75–95 (vgl. die politisch-moralische, nicht rhet. Auswertung von Arist. Rhet. im SpätMA: Murphy RM 97–101.); zur Quintilian-Rezeption vgl. F. Brunhölzl: Art. ‹Quintilianus›, in: LMA Bd. 7 (1995) 371–373. – **13** Hrabanus Maurus, De clericorum institutione III, 28–35; dazu Knape [10]

153; zur Nachwirkung der augustinischen Konzeption bei Abaelard und seiner Schule vgl. P. von Moos: Rhet., Dialektik und «civilis scientia» im hohen MA, in: J. Fried (Hg.): Dialektik und Rhet. im frühen und hohen MA (1997) 133–155, hier 145–147. – **14** A. de Poorter: Un manuel de prédication médiévale. Le MS 97 de Bruges, in: Revue néo-scolastique de philosophie 25 (1923) 192–209, hier 199–203. – **15** vgl. M. Jennings: The Ars componendi sermones of Ranulph Higden, in: Murphy ME 112–126, hier 114f. – **16** vgl. Murphy RM 269–355; Ph. B. Roberts: Art. ‹Ars praedicandi›, in HWRh, Bd. 1, Sp. 1064–71. – **17** Alexander von Ashley, De modo praedicandi, in: Oxford, Magd. Coll. 168, fol. 129ʳ, zit. Murphy RM 313, Anm. 57 (Murphys Übers. ebd. verfehlt den Sinn). – **18** Kap. 12f., zit. Murphy RM 347. – **19** Mart. Cap. V, 503–505. – **20** Aug. Doctr. IV, 20, 42. – **21** Isid. Etym. II,17,1f. – **22** ebd. II, 1–21. – **23** Cassiod. Inst. II, 2. – **24** zur Wirkungsgesch. von Cic. Inv und Auct. ad Her. im MA vgl. J.O. Ward: From Antiquity to the Renaissance Glosses and Commentaries on Cicero's Rhetorica, in: Murphy ME 25–67. – **25** Text bei v. Moos [13] 140f., Anm. 28. – **26** vgl. ebd. 146f.

III. *Renaissance, Reformation, Humanismus.* Die Situation ändert sich mit dem Einsetzen der humanistischen Bewegung, in der die *oratoria* nicht mehr nur als Teildisziplin des Bildungskanons, sondern umfassend als «saggezza nuova»[1] begriffen wird. In dieser vor allem durch die Lektüre der rhetorischen Spätschriften Ciceros [2], der ‹Institutiones› Quintilians und der aristotelischen ‹Rhetorik› [3] angeregten Revitalisierung der Rhetorik gewinnt auch die Affekterregung neue Bedeutung. Hinsichtlich der Gewichtung der Affekte und insbesondere des P. gibt sich jedoch eine zeitlich Abfolge zu erkennen. Während die Humanisten, auf klassisches Maß bedacht, kaum über die Wertungen der antiken Autoren hinausgehen, wächst die pathetische Affekterregung in der Zeit von Reformation und Gegenreformation und generell in der Renaissance des 16. Jh. nach und nach in jene herausragende Rolle hinein, die sie in der Barockrhetorik und -poetik einnehmen wird: «In the sixteenth, and even more in the seventeenth century, rhetoricians took seriously the perennial claim of rhetoric to sway the passions, and embarked on evermore detailed analyses of psychology and emotion under the power of language».[4] Auch wenn das Wort ‹P.› selbst – von Kommentaren zu Aristoteles' ‹Rhetorik› und Quintilians ‹Institutio› abgesehen – nicht häufig anzutreffen ist [5], so ist doch die Lehre von der Erregung starker Emotionen allgegenwärtig. Dies gilt für Rhetoriken wie die des GEORG VON TRAPEZUNT, der anstelle theoretischer Klassifikation den situationsgebundenen, variablen Einsatz der Affekte empfiehlt [6], oder die des J.L. VIVES [7]. Es gilt aber auch für Schriften zur Dialektik wie die L. VALLAS [8] oder R. AGRICOLAS [9] sowie für Briefstillehren wie die des A.L. BRANDOLINI [10] oder des ERASMUS, der in ‹De epistolis conscribendis› anmerkt: «Efferuescet igitur vel in tragicam vsque vociferationem epistola, si quando res ita postulabit» (Der Brief wird sich also sogar bis zur glühenden Sprache der Tragödie steigern, wenn es der Gegenstand erfordert). [11] Selbst in die Predigt und Predigtlehre dringt das wiederentdeckte P. vor, wenngleich hier – v.a. in der reformatorischen Homiletik – dem *docere* der Vorrang eingeräumt wird. [12] Immerhin legt der Heidelberger Theologe ST. HOEST, der um 1466/67 den scholastischen *artes praedicandi* Augustins ‹De doctrina christiana› IV als besseres Modell entgegensetzt, in dem beigefügten Sachindex besonderes Gewicht gerade auf das *officium flectendi* des Predigers [13], und LUTHER folgt der augustinischen Theorie in der Praxis [14]. In der 2. Hälfte des 16. Jh. wird sich die Tendenz zum großen P. in der Kanzelrede verstärken [15], doch erst im Barock wird das P. als rhetorisches Ausdrucksmittel voll zur Entfaltung kommen.

Anmerkungen:
1 E. Garin: Retorica e ‹Studia humanitatis› nella cultura del Quattrocento, in: B. Vickers (Hg.): Rhetoric Revalued (Binghamton, NY 1982) 225–239, hier 237. – **2** vgl. J.O. Ward: Renaissance Commentators on Ciceronian Rhetoric, in: Murphy RE 126–173, hier 146–163. – **3** J. Monfasani: Humanism and Rhetoric, in: ders.: Language and Learning in Renaissance Italy (Aldershot 1994) Bd. 1, 171–235, hier 178, 182f., 186. – **4** B. Vickers: Introduction, in: ders. [1] 13–39, hier 25; siehe auch ders.: On the Practicalities of Renaissance Rhetoric, ebd. 133–141, hier 135f. – **5** Es findet sich aber z.B. bei Melanchthon 139f. – **6** Georg von Trapezunt, Rhetorica III, De peroratione (ed. Paris 1532. 320–338, hier 336f.), abgedr. bei J. Monfasani: George of Trebizond: A Biography, and a Study of His Rhetoric and Logic (Leiden 1976) 271, Anm. 119. – **7** J.L. Vives: De ratione dicendi II, 164–170; dazu E.V. George: Rhetoric in Vives. in: A. Mestre (Hg.): Ioannis Lodovici Vivis Valentini Opera omnia, Bd. 1 (Valencia 1992) 113–177, hier 162f. – **8** Laurentii Valle Repastinatio dialectice et philosophie II, prooem. 5–7, hg. v. G. Zippel, Bd. 1 (Padua 1982) 176f.; Valla skizziert ebd. en passant seinen Rhetorikbegriff, erklärt jedoch (II, 1, 1f., ed. Zippel 178), in diesem Werk die Rhet. nicht behandeln zu wollen. – **9** Agricola II. 2, p 216–225; III, 1–3, p. 434–455. – **10** A.L. Brandolini: De ratione scribendi libri tres (Köln 1573). – **11** Erasmus Conscr. ep. 236, 11f. – **12** J.W. O'Malley: Content and Rhetorical Forms in Sixteenth-Century Treatises on Preaching, in: Murphy RE 238–252. – **13** J. Knape: Augustinus' ‹De doctrina christiana› in der ma. Rhetorikgesch. Mit Abdruck des rhet. Augustinusindex von St. Hoest (1466/67), in: A. Zumkeller, A. Krümmel (Hg.): Traditio Augustiniana. FS W. Eckermann (1994) 158–170 – **14** B. Stolt: *Docere, delectare* und *movere* bei Luther. Analysiert anhand der *Predigt, daß man Kinder zur Schulen halten solle*, in: dies.: Wortkampf. Frühnhd. Beispiele zur rhet. Praxis (1974) 31–77. – **15** vgl. z.B. D.K. Shuger: Sacred Rhetoric: The Christian Grand Style in the English Renaissance (Princeton 1988).

B.K. Vollmann

IV. *Barock.* Im 17. Jh. findet sich der P.-Begriff hauptsächlich in Zusammenhang mit der Theorie der Erregung von Affekten beim Adressaten (*Pathopöie*): Der Redner, insbesondere der politische, soll «die Leute mit ihren *Affecten* recht in seinen Händen haben» [1]; er muß imstande sein, «die Gemüther zu gewinnen / und nach Belieben einen guten oder bösen *Affect* einzupflantzen wissen».[2] Dieser manipulative P.-Begriff kommt zur Sprache, wenn J.M. MEYFART betont, der Redner müsse «dahin trachten / daß er den Zuhörern solche Begierden oder Bewegungen beybringe / die zu seinen [sic] Zweck dienen» [3], wenn A. BUCHNER die Aufgabe des Dichters darin sieht, daß er «das gemüth des Lesers bewege» [4], oder wenn K. STIELER angibt, ein Autor müsse «dahin trachten / wie er sich des Verstandes und Willens dessen / an den er schreibet / bemächtige».[5] Er ist auch gemeint, wenn J.CHR. MÄNNLING in expliziter Anlehnung an Aristoteles, Cicero und Quintilian die Lehre von der Affekterregung (*Pathologie*) als «Geist und Seele der Wohlredenheit» bezeichnet.[6] Die beabsichtigte Beeinflussung wird erreicht durch die Verwendung rhetorischer Figuren [7], der *argumenta pathetica* oder «Bewegungskünste» [8], die systematisch in ‹Pathologiae rhetoricae› – u.a. von M. JUNIUS (1596), J.C. DANNHAUER (1632), V. THILO (1647) – aufgelistet werden. Auf Thilo beruft sich z.B. CHR. WEISE bei seiner Aufzählung von 16 «*Affecten*»: Er nennt *Ira, Lenitas, Amor, Odium, Metus, Confidentia, Pudor, Gratia, Misericordia, Indignatio, Invidia, Æmulatio, Lætitia, Dolor, Desiderium* und *Pænitentia* (Zorn, Sanftmut, Liebe, Haß, Furcht, Zuversicht, Schamhaftigkeit, Gunst, Barmherzigkeit, Verdruß,

Neid, Eifersucht, Freude, Schmerz, Sehnsucht und Reue).[9]

Der manipulative P.-Begriff hat traditionellerweise – Vorbilder sind u.a. Aristoteles, Cicero und Quintilian – zugleich eine autosuggestive Komponente: Der Redner muß sich selbst in die Gemütsstimmung oder Leidenschaft versetzen, die er beim Adressaten hervorrufen will; es ist «vnmüglich / daß ein Redner die Bewegung in eines andern Gemüth zwinge / die er in sein eygen Gemüth nicht zuvor eingelassen vnd aufgenommen hat».[10]

Im 17. Jh. ist der P.-Begriff in der Regel noch wertfrei bzw. positiv besetzt; eine Um- und Abwertung erfolgt erst ab der 2. Jahrhunderthälfte mit der in England und Frankreich durch Übersetzungen von J. HALL (1652) und N. BOILEAU (1674) beginnenden Rezeption des ps.-longinischen Traktats ‹Vom Erhabenen›. In diesem Text, der dann die Ästhetik des 18. Jh. stark beeinflußt, wird die Übertreibung des P., der als πάθος ἄκαιρον καὶ κενόν (páthos ákairon kai kenón, unzeitiges, hohles P.) definierte παρένθυρσος (parénthyrsos, Scheinraserei) getadelt[11], eine Kritik, die dazu beigetragen haben dürfte, den Terminus ‹P.› «in der Neuzeit in Verruf zu bringen».[12]

V. *Aufklärung, Empfindsamkeit, Sturm und Drang.* Auch im 18. Jh. findet sich in direkter Fortsetzung der barocken Tradition der manipulative P.-Begriff. Diejenigen Argumente, «womit man bemühet ist, sich der neigungen des zuhörers oder lesers […] zu bemeistern, heisset man […] argumenta commoventia, oder besser: pathetica, bewegungs-gründe»[13]; sie sind die «Beweis-Gründe […] / mit welchen […] die Affekten beweget werden».[14] Um einen Affekt «rege zu machen», muß man herausfinden, «wie sich der zuhörer dazu disponiret befinde»[15], danach trachten, ihn «immer bey der sache zu erhalten, seiner aufmercksamkeit sich zu versichern; den verstand, von dessen fürstellung die regungen des willens zum öftern, wo nicht allemahl dependiren, mit bildern nach unsern absichten zu occupiren».[16] Die hier angesprochene Übertragung von Affekten nennt E. BURKE «Sympathy»[17]. Leidenschaften können durch «pathetische Figuren» und eine «lebendige Action» jedoch nicht nur beim Zuhörer hervorgerufen werden, der Redner kann auch «eine Leidenschaft durch die andre, z.E. Furcht durch Hoffnung unterdrücken, oder doch schwächen».[18] Von allen Mitteln, die dazu dienen können, sind Worte am besten dazu geeignet, die Leidenschaften zu beeinflussen.[19]

Mit dem manipulativen P.-Begriff einher geht wiederum die autosuggestive Komponente. J.D. LONGOLIUS beispielsweise stellt einen ausdrücklichen Zusammenhang her zwischen der Gemütsverfassung, in der eine Rede vorgetragen wird, und ihrem Stil: Wenn «*Periodi* […] mit […] auffgeweckten Gemüthe / vorgetragen werden», so ist der *Stylus* […] pathetisch».[20] Der Redner muß versuchen, «in den willen den affect selbst lebhaft anzunehmen; hernach durch den ausdruck aller seiner eigenschaften lebhaft und nachdrücklich fürzustellen».[21] Bei einigen Autoren finden sich verwandte Konzepte bis fast zum Ende des 18. Jh., so bei K. PH. MORITZ («Er wünschte sich […] eine recht affektvolle Rolle, wo er mit dem größten Pathos reden und sich in eine Reihe von Empfindungen versetzen könnte»[22]) und bei J. CHR. ADELUNG: «Nirgends ist der Frost widerwärtiger und unausstehlicher, als in dem Pathetischen, aber er stellet sich allemahl gewiß ein, wenn der Schriftsteller sich selbst nicht in den gehörigen Grad des Affectes zu versetzen weiß, oder nicht genug Kenntniß des menschlichen Herzens besitzet, jede Leidenschaft ihren eigenen Gang gehen zu lassen.»[23] Ein derart technisches Konzept der Selbstinzitation ist aber im Kontext des P.-Begriffs im 18. Jh. eher die Ausnahme. Unter dem Einfluß des aufklärerisch-empfindsamen Natürlichkeitsideals wird weniger die künstliche Erzeugung von Gefühlen als vielmehr das authentische Erleben derselben vom Redner und Schriftsteller gefordert. J.J. BREITINGER kritisiert unter diesem Aspekt die herkömmlichen Poetiken und Rhetoriklehren, die nur «einige flüchtige Anmerckungen über die Sprache, oder die Art des Ausdruckes, so den Gemüthes-Leidenschaften eigen ist, zusammengetragen» haben.[24] Er kann «diese Lehrart nicht billigen», weil sie «von der Natur, welche die einige Lehrmeisterinn der Sprache der Leidenschaften ist, abführt, und auf den närrischen Wahn verleitet, daß wir mit frostigen Sinnen und einem kalten Hertzen dennoch beweglich schreiben, und […] die schläfrige Schreibart dadurch auch in ein wenig erwecken und anfeuren können».[25] Breitinger hält es für einen schwerwiegenden Fehler, die «Formen des pathetischen Ausdrucks» lediglich als «blosse Zierrathen» zu verstehen und nicht zu bedenken, daß sie «allemahl überflüssig, müssig und unwahrscheinlich» sind, wenn sie nicht «aus einem entzündeten Hertzen hervorfliessen, und die Nothwendigkeit derselben nicht in der Art und dem Schwunge derjenigen Leidenschaften, die das Hertz in Bewegung gebracht haben, gegründet ist»[26]; ihren rechten Gebrauch «kan keine Kunst lehren», und «wenn die Leidenschaft nicht in dem Hertzen brennet, so ist es gantz unmöglich, das rechte Maaß zu treffen».[27] Es ist daher «gantz wider die Natur», wenn Redner «mit frostigen Sinnen die Apostrophe, Hyperbole, und andere dergleichen heftige Figuren gantz freygebig anbringen»; dergleichen hat «nicht mehr Würckung, als das verstellte Rasen eines dem Scheine nach im Hirne verrückten Kopfs».[28] Breitingers Beschreibung, wie die «pathetische Schreibart in die rasende verunartet»[29], knüpft erkennbar an Ps.-Longin an. Dessen Ablehnung des Parenthyrsus findet sich auch bei anderen Autoren, z.B. bei Adelung, der ihn als übertriebenes P. versteht («Auch der stärkste Affect muß sein Maß haben, er muß […] nie Parenthyrsus oder Raserey werden»[30]), und bei G.E. LESSING, der demgegenüber die Auffassung vertritt, es gebe «in der Beredsamkeit und Poesie […] ein Pathos, das so hoch getrieben werden kann als möglich, ohne Parenthyrsus zu werden», und letzterer sei nur «das höchste Pathos an der unrechten Stelle».[31]

Prinzipiell kann das Wort ‹P.› für den Ausdruck aller Empfindungen stehen; doch unter Berufung auf die antike Rhetorik (Cicero) unterscheidet J.G. LINDNER die «starken heftigen Leidenschaften (παθως) [sic]» und «das Zärtliche (ηθως) [sic] und sanftere Empfindungen, z.E. Mitleiden, Liebe»[32], und J.G. SULZER beschränkt den Ausdruck ‹P.› auf diejenigen Leidenschaften, «die das Gemüth mit Furcht, Schreken und finsterer Traurigkeit erfüllen»[33] und hält es für «ganz unschiklich», das Wort für andere als die «schrekhaften und tragischen Leidenschaften»[34] zu gebrauchen. Er räumt aber ein, «den Sinn des Worts» auch auf solche Leidenschaften auszudehnen, die «wegen ihrer Größe und ihres Ernstes die Seele mit einer Art Schauder ergreifen; weil dabey immer etwas von Furcht mit unterläuft».[35] Die Sphäre des P. ist das Erhabene; es hat «nur da statt, wo […] der Gegenstand seiner Natur nach ganz erhaben ist».[36] Im Pathetischen zeigt ein Autor «die Stärke seiner Seele, und die Größe seiner Empfindungen»; fehlt diese, so ist das «Bestreben das Pathos zu erreichen [...] vergeblich», und das Resultat wird «schwülstig oder übertrieben».[37]

Daß dem aufklärerisch-empfindsamen Konzept eines natürlichen P. immer noch der manipulative P.-Begriff zu Grunde liegt, lassen Formulierungen wie bei Breitinger erkennen: Der Zweck der «pathetische[n], bewegliche[n] oder hertzrührende[n] Schreibart» wird darin gesehen, «daß sie mittelst der Entzückung der Phantasie das Hertz der Leser angreiffe, und sich davon Meister mache».[38] Das ausdrückliche Ziel der emotionalen Beeinflussung rückt aber unter dem Einfluß des Natürlichkeitsideals mit seinen Postulaten der Originalität und Authentizität immer mehr an den Rand des Interesses. Zentral wird ein produktionsorientierter, redner- bzw. überhaupt autorbezogener P.-Begriff. Nach J. CHR. GOTTSCHED entsteht «die pathetische, oder affectuöse, hitzige und heftige Schreibart [...] aus allen Gemüthsbewegungen, und ist gleichsam die Sprache derselben»; sie ist «allezeit [...] voller Figuren und verwegenen Ausdrückungen».[39] Bei Lessing ist das «Pathetische des Schmerzes» der unmittelbare, absichtslose Ausdruck physischen Leidens.[40] J.R.M LENZ bringt das «Pathos der Worte» einer Äußerung Christi in Zusammenhang mit der Passion des «leidenden Gott[es]», dessen «Blick in die geheimsten Schlupfwinkel aller menschlichen Herzen drang, ihr Elend da heraushob und es an seinen Busen beherbergte».[41] P. kann als Eigenschaft einem bestimmten Autor zugeschrieben werden, so bei CHR. M. WIELAND dem Euripides.[42] Selbst bei einem im engeren Sinne rednerischen P. – eine Deklamation kann mit dem «erhabensten Pathos» vorgetragen [43], eine Predigt «mit vielem Pathos» gehalten werden [44]; das P. des rednerischen Vortrags kann sich «in Stimme und Bewegung» äußern [45] – wird nicht mehr die manipulative Absicht thematisiert, sondern vielmehr die Wirkung auf das Auditorium als Tatsache, gleichsam als Ereignis geschildert: Das «rührende Pathos» einer Predigt bewirkt, daß der Redner «fast vom Anfange bis zu Ende durch Thränen und Schluchzen unterbrochen» wird.[46] Allenfalls dort, wo die Übereinstimmung von Empfindung und Ausdruck nicht gewährleistet ist, wird der Eindruck, der dadurch beim Rezipienten entsteht, als Argument gegen das dadurch entstehende falsche, hohle oder übertriebene P. angeführt: «Für den Leser ist ein solcher verfehlter Affect einer der peinlichsten Zustände; die Seele will sich erschüttern, und wird immer wieder zurück gehalten, und endlich ist es ein eiskalter Frost, der sie schaudern macht.»[47] Die vorrangige Wirkung des unechten P. ist die unfreiwillige Komik: «[W]enn die Leidenschaft nicht in dem Hertzen brennet, so ist es gantz unmöglich, das rechte Maaß zu treffen; man wird immer mit kaltsinnigen Hertzen von dem wahren Maasse der Natur abweichen, die unnatürliche und gekünstelte Verstellung wird sich selbst verrathen, und an statt zu bewegen, lächerlich werden.»[48] Denselben Effekt hat es, wenn pathetische Ausdrucksformen auf unpassende Gegenstände angewendet werden: «Das Pathetische bekommt seinen Werth von der Stärke und der Dauer solcher Eindrüke, die sich auf die wichtigsten Angelegenheiten des Lebens beziehen. Denn vorübergehende Leidenschaften und gemeines Interesse pathetisch zu behandeln, würde mehr ins Comische, als ins Ernsthafte fallen [...].»[49]

VI. Klassik, Romantik, Idealismus. Im späten 18. und frühen 19. Jh. ist die konzeptuelle Verknüpfung des unechten P. und des Lächerlichen weit verbreitet. GOETHE warnt Schauspieler, die «sich das Pathos gewählt» haben und zu Übungszwecken auch im Alltag eine pathetische Gestik und Redeweise beobachten, dies zu übertreiben, da sie sonst ihren Mitmenschen «zum Gelächter dienen».[50] Bekannt ist die Stelle im ‹Faust I›, wo sich Mephistopheles dafür entschuldigt, daß er nicht aufrichtig «hohe Worte machen» könne: «Mein Pathos brächte dich gewiß zum Lachen [...].»[51] Besonders im romantischen Diskurs wird das P. als prekär empfunden: Sobald es mißlingt, «stellt sich [...] gleich das Lachen und die Parodie ein».[52] Häufig sind Attributionen wie ‹falsches› P.[53], ‹hohles› P.[54] oder ‹aufgeblasenes› P.[55]; selbst ohne solche Attribute ist das Wort ‹P.› nicht selten Indiz für unechte oder übertriebene Empfindungen [56] und als solches ein Instrument ironischer Brechung.[57] Als Musterbeispiele gelten den Zeitgenossen, z.B. J. v. EICHENDORFF, die Komödien L. TIECKS, in denen «die Ironie selbst die poetische Seele des Ganzen wird» und «alles Ordinaire der Welt unbewußt sich selbst vernichtet, ohne gemeine Satire oder Reflexion, sondern einzig durch die unauslöschliche Lächerlichkeit seines eigenen Pathos».[58]

Wenig Verständnis für derartige Konzepte eines lächerlichen P. bringt SCHILLER auf. Seiner Meinung nach muß sich der Komiker gerade «vor dem Pathos hüten».[59] Das hängt mit Schillers idealistischer Dramentheorie zusammen, die den «letzte[n] Zweck der Kunst» in der «Darstellung des Uebersinnlichen» sieht.[60] Die Tragödie erreicht diesen Zweck dadurch, daß sie «die moralische Independenz von Naturgesetzen im Zustand des Affekts» vor Augen führt.[61] Der Mensch als «Sinnenwesen» muß daher in der Tragödie «tief und heftig *leiden*; Pathos muß da seyn, damit das Vernunftwesen seine Unabhängigkeit kund thun und sich *handelnd* darstellen könne».[62] ‹P.› ist bei Schiller nicht nur gleichbedeutend mit ‹Leiden›, sondern steht auch für den Eindruck, den die Darstellung eines aus moralischem Entschluß seinem Leiden sich entgegenstellenden Menschen auf den Rezipienten macht [63], eine Konzeption, die bei aller moralphilosophischen Überhöhung in der Tradition des manipulativen P.-Begriffs und der Sympathietheorie steht. Im Rezipienten soll ein Gefühlszustand analog zu dem der dargestellten Person hervorgerufen werden; in ihm soll er sich seiner selbst als Sinnenwesen bewußt werden, zugleich aber der Möglichkeit zur sittlichen Freiheit, zur Beherrschung des Affekts durch die Vernunft gewärtig sein, und auch für letzteres muß die tragödische Darstellung das Vorbild geben. «Bei allem Pathos muß [...] der Sinn durch Leiden, der Geist durch Freyheit interessirt sein. [...] Aus aller Freyheit des Gemüths muß immer der leidende Mensch, aus allem Leiden der Menschheit muß immer der selbstständige oder der Freyheit fähige Geist durchscheinen.»[64] Derselbe Dualismus von Sinnlichkeit und Sittlichkeit beherrscht auch Schillers Konzepte von ‹Anmut› und ‹Würde›: Letztere «wird [...] mehr im *Leiden* (παϑος)», erstere «mehr im *Betragen* (ηϑος) gefodert und gezeigt», da «nur im Leiden [...] sich die Freyheit des Gemüths, und nur im Handeln die Freyheit des Körpers offenbaren» kann.[65]

Nicht allein bei Schiller ist aber ‹P.› im späten 18. und frühen 19. Jh. positiv konnotiert. Das Wort kann immer noch für den Ausdruck großer, echter Gefühle stehen [66] – trotz der Konzepte eines lächerlichen P., und zum Teil sogar bei denselben Autoren, die diese vertreten. Goethe lobt an der Laokoongruppe, sie sei «ein

Muster [...] von Symmetrie und Mannigfaltigkeit, von Ruhe und Bewegung, von Gegensätzen und Stufengängen, die sich zusammen theils sinnlich, theils geistig, dem Beschauer darbieten, bei dem hohen Pathos der Vorstellung eine angenehme Empfindung erregen und den Sturm der Leiden und Leidenschaft durch Anmuth und Schönheit mildern.»[67] A.W. SCHLEGEL tritt vor dem Hintergrund dezidierter Aufklärungskritik einer «phantasielosen Sinnesart» entgegen, «der alles unnatürlich vorkommt, was nicht ihrer zahmen Nüchternheit gemäß ist» und die sich «ein Ideal vom einfachen und natürlichen Pathos gemacht [hat], das in bildlosen und durch nichts über das Alltägliche erhobnen Ausrufungen besteht».[68] Dieser nüchterne P.-Begriff findet nicht die Zustimmung des Romantikers: «[D]ie energischen Leidenschaften elektrisieren alle Geisteskräfte, und werden sich also in reichbegabten Naturen auch sinnreich und bildlich ausdrücken.»[69] Auch von «Wundern der Leidenschaft und des Pathos»[70], von der «Höhe» und von den «Kräften des Pathos»[71] kann ungebrochen die Rede sein. Nach Meinung L. Tiecks darf «[b]losse Erhabenheit [...] in Characteren [...] dem dramatischen u.[nd] epischen Dichter nie genügen, sondern er muß sie stets mit dem eigentlichen Pathos verbinden».[72] Für F. SCHLEGEL stellt P. sogar eine der Grundbedingungen der Poesie überhaupt dar: «Wer Fantasie, oder Pathos, oder mimisches Talent hat, müßte die Poesie lernen können, wie jedes andre Mechanische. Fantasie ist zugleich Begeistrung und Einbildung; Pathos ist Seele und Leidenschaft; Mimik ist Blick und Ausdruck.»[73]

Als stilistische Qualität wird P. – wenngleich nicht nur von ‹tragischem› P.[74], sondern auch von ‹rhetorischem› und ‹poetischem› P.[75] die Rede ist – insbesondere dramatischen Dichtern (z.B. Euripides[76], Shakespeare[77] und Metastasio[78]) zugeschrieben; in Goethes ‹Faust› finden sich «Scenen, voll von der höchsten dramatischen Kraft und von zerreißendem Pathos».[79] P. ist eine Qualität der Deklamation[80] und Rezitation[81]; doch auch außerhalb des Theaters, im wirklichen Leben (oder dem, was die fiktionale Literatur dafür ausgibt), verfehlt das echte P. nicht seine Wirkung – Erschütterung und Rührung – auf den Adressaten.[82]

Einen ganz eigenständigen P.-Begriff entwickelt HEGEL. Er versteht P. als ein sittliches Movens, als unverfügbare allgemeine Gemütsverfassung des Individuums, die sein Handeln bestimmt[83]: «seine Macht, von welcher es Gewalt leidet»[84]. In den ‹Vorlesungen über die Ästhetik› faßt Hegel das P. als «die allgemeinen Mächte [...], welche [...] in der Menschenbrust lebendig sind und das menschliche Gemüt in seinem Innersten bewegen».[85] Die Definition des P. als Leidenschaft lehnt der Autor ab, da letztere den «Nebenbegriff des Geringen, Niedrigen»[86] und des Zufälligen[87] mit sich führt, während P. als «eine in sich selbst berechtigte Macht des Gemüts, ein wesentlicher Gehalt der Vernünftigkeit und des freien Willens»[88] verstanden wird. Nicht Rührung (eine «Mitbewegung als Empfindung»[89]), sondern nur das «in sich selbst wahrhaftige Pathos»[90] soll in der Kunst bewegen. Hegel traut «der Menschenbrust jedes Pathos, alle Motive sittlicher Mächte zu, welche für das Handeln von Interesse sind»[91], und in diesem Sinne bildet das P. «den eigentlichen Mittelpunkt, die echte Domäne der Kunst; die Darstellung desselben ist das hauptsächlich Wirksame im Kunstwerke wie im Zuschauer».[92]

VII. *Vormärz, Realismus, Moderne.* An Hegels konstitutionalen P.-Begriff knüpfen im weiteren Verlauf des 19. Jh. einige einflußreiche Denker an, z.B. K. MARX und F. NIETZSCHE. ‹P.› kann bei ihnen für eine wesentlich passive (Leidenschaft als das, was man erleidet), jedoch in aktivem Handeln sich äußernde Grundstimmung des menschlichen Gemüts im Gegensatz zu einer willentlich-moralischen Haltung (Ethos) stehen, für einen in Affekt (Anmutung, Widerfahrnis) gründenden, unverfügbaren Geistes- oder Bewußtseinszustand, der das Handeln einer Person entscheidend prägt. So findet sich der Ausdruck ‹P.› bei Marx, der damit ein Motiv politischen Handelns faßt: «*Krieg* den deutschen Zuständen! [...] Mit ihnen im Kampf ist die Kritik keine Leidenschaft des Kopfs, sie ist der Kopf der Leidenschaft. [...] Ihr Gegenstand ist ihr *Feind*, den sie nicht widerlegen, sondern *vernichten* will. [...] Ihr wesentliches Pathos ist die *Indignation*, ihre wesentliche Arbeit die *Denunziation*.»[93] In ähnlicher Weise als Movens politischer Agitation ist P. bei G. KELLER begriffen: «[W]ir müssen das edle Pathos des wahren Hasses zur Reinigung [...] gegen das wenden, was im allgemeinen Vorrat unserer Eigenschaften, Neigungen und Zustände dem Jesuitismus den Stoff und die Werkzeuge liefert.»[94]

Bei Nietzsche gibt es im Sinne von ‹Grundstimmung, Grundqualität der Wesensverfassung› das ‹P. einer Lebensperiode›[95], ein weibliches P., das im Hinnehmen, Empfangen und «Verzichtleisten-Wollen» besteht[96], ein intellektuelles P. («*Leidenschaft* in geistigen Dingen»)[97] und ein ‹philosophisches P.›[98]. An Vorgänger wie F. Schlegel[99] und A. SCHOPENHAUER [100] anknüpfend wendet Nietzsche den Begriff des P. auch auf die Musik an. Er stellt eine Musik des «Ethos», die sich «auf bleibende Zustände des Menschen» bezieht, einer Musik des «Pathos, des leidenschaftlichen Wollens, der dramatischen Vorgänge im Innern des Menschen» gegenüber.[101] Durch erstere, historisch gesehen die Musik vor BEETHOVEN, soll «eine Stimmung, ein gefasster oder heiterer oder andächtiger oder bussfertiger Zustand sich durch Töne zu erkennen geben», und «alle Vertiefungen und Ausschreitungen des Gefühls» werden in ihr «als ‹unethisch› empfunden».[102] Beethoven zuerst läßt, so Nietzsche, die Musik «eine neue Sprache, die bisher verbotene Sprache der Leidenschaft reden»[103]; der Vollender der pathetischen Musik ist dann R. WAGNER. Eine besondere Rolle im moralkritischen Spätwerk Nietzsches spielt das ‹P. der Distanz›. Der Autor versteht darunter die Grundstimmung einer «aristokratischen Gesellschaft», d.h. «einer Gesellschaft, welche an eine lange Leiter der Rangordnung und Werthverschiedenheit von Mensch und Mensch glaubt».[104] Das gesamte moralische Wertesystem resultiert für Nietzsche aus diesem «Pathos der Vornehmheit und Distanz», das als ein «heisses Herausquellen oberster rang-ordnender, rang-abhebender Werthurtheile», als das «dauernde und dominirende Gesamt- und Grundgefühl einer höheren herrschenden Art im Verhältniss zu einer niederen Art» zur Grundlage für die Herausbildung der Begriffe ‹gut› und ‹schlecht› wird, indem «die Vornehmen, Mächtigen, Höhergestellten und Hochgesinnten [...] sich selbst und ihr Thun als gut, nämlich als ersten Ranges [...] im Gegensatz zu allem Niedrigen, Niedrig-Gesinnten, Gemeinen und Pöbelhaften» empfinden und ansetzen.[105]

Auch im 20. Jh. läßt sich der konstitutionale P.-Begriff noch ausfindig machen, so etwa bei R. LEONHARD, der P. als den «Grund der Kunst» ansieht.[106] Aus der Sicht strenger Wissenschaftstheorie ist er allerdings auch Gegenstand der Kritik. Beispielsweise konstatiert P.

NATORP ein «tiefes religiöses Pathos» in manchen Werken Platons, in dem «die Grenzen zwischen Wissenschaft und mythischer Dichtung sich [...] verwischen bis zu ernstlicher Trübung der Reinheit seines Philosophierens».[107] Die Entdeckung «des Logischen als der erzeugenden Kraft aller Wissenschaft und der reformierenden Kraft des Lebens» habe Platon geblendet, und diese «Stimmung», das «subjektive Pathos dieser Erfahrung, die das Dichtergemüt des Philosophen tief ergreifen mußte», habe ihn «ganz besonders empfänglich für die religiösen Eindrücke» gemacht, die «sich mit seiner Philosophie in einer für deren Klarheit und Reinheit nicht gefahrlosen Weise verschmelzen».[108] Noch in der 2. Hälfte des 20. Jh. findet sich aber der konstitutionale P.-Begriff bisweilen in Literatur [109] und Philosophie. So faßt M. HEIDEGGER im Rückgriff auf Platon, der das Erstaunen (τὸ θαυμάζειν to thaumázein) als das «πάθος» des Philosophen bezeichnet [110], P. als «Stimmung» [111] – hier freilich verstanden als Disposition: «πάθος hängt zusammen mit πάσχειν, leiden, erdulden, ertragen, austragen, sich tragen lassen von, sich be-stimmen lassen durch.» [112] Gemeint ist die Bereitschaft, sich dem Seienden nicht zu verschließen: «Wir treten gleichsam zurück vor dem Seienden – davor, daß es ist und so und nicht anders ist.» [113]

Während der konstitutionale P.-Begriff in aller Regel positiv besetzt ist, gibt es im 19. und 20. Jh. (in Fortführung der pathoskritischen Tradition seit der Aufklärung) auch eine ironisch-distanzierte bis scharf ablehnende Position, die sich hauptsächlich am theatralischen P.-Verständnis festmachen läßt. Pathetisches Auftreten, auf der Bühne ebenso wie im realen Leben, wird als Indiz für (im Sinne des autosuggestiven P.-Begriffs) künstlich erzeugte, nicht wirklich empfundene Affekte, oft geradezu für Unaufrichtigkeit und Heuchelei gesehen. Wer P. entfaltet, spielt eine Rolle und steht seinen zur Schau gestellten Gefühlswallungen möglicherweise sogar in zynischer Distanz gegenüber.[114] Im moralisch günstigsten Fall ist P. Resultat und Anzeichen idealisch-unrealistischer Vorstellungen [115] oder einer Selbsttäuschung [116]; es ist möglich, «dass Einer gerade mit seinem Pathos von Ernsthaftigkeit verräth, wie oberflächlich und genügsam sein Geist bisher im Reiche der Erkenntniss gespielt hat».[117] P. ist per se fragwürdig [118]; pathetische Äußerungen und Gesten werden häufig mit Spott bedacht.[119] Ein besonders scharfzüngiger P.-Kritiker ist H. HEINE, wenn er sich etwa über die «trampelnd | Deklamirende Passion» mokiert, «Jenes Pathos, das mit flatternd | Aufgelöstem Haar einherstürmt» [120], oder wenn er das «vague, unfruchtbare Pathos», den «nutzlose[n] Enthusiasmusdunst» geißelt, der sich «mit Todesverachtung in einen Ocean von Allgemeinheiten» stürzt.[121] Bei Heine wird der romantische Begriff des lächerlichen P. vollends konzeptionell gefestigt und gewinnt zeitkritisch-politische Implikationen. Der Autor zitiert Napoleon I. - «Du sublime au ridicule il n'y a qu'un pas» (vom Erhabenen zum Lächerlichen ist es nur ein Schritt) [122] – und verhilft dieser Weisheit scheinbar zu metaphysischem Stellenwert: Da «das Leben [...] im Grunde so fatal ernsthaft [ist], daß es nicht zu ertragen wäre ohne solche Verbindung des Pathetischen mit dem Komischen» [123], ist der Schritt vom Erhabenen zum Lächerlichen ein notwendiges Ereignis; er gehört mit zum großen Welttheater. Allerdings verfehlt das lächerliche P., wie es in seinem Begriff liegt, seine Wirkung auf die Zuschauer, wodurch zugleich die Ironie der gesamten Konstruktion deutlich wird: «[I]m Himmel oben [...] sitzen [...] die lieben Englein und lorgniren uns Komödianten hier unten, und der liebe Gott sitzt ernsthaft in seiner großen Loge und langweilt sich vielleicht oder rechnet nach, daß dieses Theater sich nicht lange mehr halten kann, weil der Eine zu viel Gage und der Andre zu wenig bekommt und Alle viel zu schlecht spielen.» [124]

Insgesamt erscheint der Ausdruck ‹P.› auffallend häufig an Stellen, die aufgrund des Kontextes geeignet sind, ihn lächerlich wirken zu lassen, so bei Keller, wenn von einem Kind eine Sammlung von Mäusen, Sperlingen, Käfern und Spinnen als Menagerie wilder Tiere deklariert wird: «[I]ch [...] führte [...] andere Kinder herbei und erklärte ihnen die Bestien mit großem Pathos.» [125] Bei W. RAABE ist die Rede von einem «näselnden Pathos, das den größten Eindruck [...] machte» – allerdings lediglich auf ein kleines Kind.[126] Romantische Gedichte können nur noch «mit komischem Pathos» deklamiert werden [127], poetische Anwandlungen eines verkaterten Zechbruders verspottet die Muse «mit verstelltem Pathos» [128], und angesichts eines unmittelbaren sinnlichen Eindrucks einen klassischen Autor zu zitieren, erfordert ein gebrochenes Bewußtsein und kann allenfalls noch «mit ironischem Pathos» [129] erfolgen. Das Klassische wird nicht länger per se als erhaben, sondern (worauf bereits F. Schlegel hingewiesen hatte [130]) oft als lächerlich und wirklichkeitsfremd empfunden, zumal wenn es mit schulmäßiger Pedanterie einhergeht; schon CHR. D. GRABBE kritisiert unter diesem Aspekt ein Jugendstück Shakespeares: «An falschem Pathos (Helden und Kinder sterben mit lateinischen Brocken im Munde) [...] fehlt es [...] nicht.» [131] Bei TH. FONTANE gehört es zum guten Ton und ist Zeichen urbaner Bildung, wenn P. «etwas theatralisch gehalten und mit einer feinen Ironie gemischt» ist.[132] Deutlicher suspekt ist das Pathetische Autoren wie F. WEDEKIND («Ich glaube nicht an das Pathos» [133]) und K. TUCHOLSKY («[M]ir sagt Heroisches wenig, Pathetisches wenig, Hymnisches wenig» [134]). P. hat aus dieser Sicht hauptsächlich Verhüllungs- und Verschleierungsfunktion, und die Aufgabe des Kritikers ist es, dies zu offenbaren: «Die gereckte Pathetik der Kriegsmetaphysiker ist deshalb so unangenehm, weil man Wort für Wort ihr Pathos durch Gegenüberstellung mit der Realität unmöglich machen kann, ein gutes Kennzeichen für seine Unechtheit.» [135] Als Prototyp des unglaubwürdigen P.-Freundes gilt der «redselige» Kaiser Wilhelm II. mit seiner «Gedankenarmut», seiner «Geschmacklosigkeit», seinem «Sinn für Prägnanz» und seiner «Liebe am Theatralischen».[136] Für die zeitgenössische Kunst hält B. BRECHT prinzipielle Skepsis gegenüber jedem P. aus historischen Gründen für angebracht: «An Stelle des echten Pathos der großen bürgerlichen Humanisten trat das falsche Pathos der Hohenzollern, an Stelle des Ideals trat die Idealisierung, an Stelle des Schwungs, der eine Beschwingtheit war, das Reißerische, an Stelle der Feierlichkeit das Salbungsvolle [...]. Es entstand eine falsche Größe, die nur öde war.» [137] Daher ist «[d]as Pathos in Haltung und Sprache, das Schiller [...] gemäß war, [...] den Stückschreibern unserer Zeit abträglich» [138], und auch für Schauspieler gilt: «Das Pathos betreffend: Wenn es sich nicht darum handelt, einen pathetischen Menschen abzubilden, muß man mit dem Pathos sehr vorsichtig sein. Es gilt der Satz: Wärst nit aufgstiegn, wärst nit abgfalln.» [139] Die pathosskeptische Tradition setzt sich vor allem in der Literatur- und Kunstkritik bis in die Gegenwart hinein fort [140]; besonders stark verpflichtet ist ihr ein speziles Genre: «Alle Kabarettisten sind Pathoskiller. Ihre Nerven liegen bloß und nehmen den falschen Zungenschlag und das sich plusternde Benehmen der Prominenz aus allen Bereichen des Lebens besonders sensibel auf.» [141]

Anmerkungen:
1 Weise 1, 888. – 2 ebd. 889. – 3 Meyfart II, 26. – 4 A. Buchner: Kurzer Weg-Weiser zur Dt. Tichtkunst (1663, ND 1977) 42. – 5 K. Stieler: Teutsche SekretariatKunst (²1681) 247. – 6 J. Chr. Männling: Expediter Redner (1718, ND 1974) 276. – 7 ebd. 276f.: «Die Affecten werden gar leicht moviret durch die figuras Rhetoricas». – 8 Stieler [5] 247. – 9 Weise 1, 890f. – 10 Meyfart II, 26. – 11 Ps.-Long. Subl. 3, 5, (Übers. O. Schönberger). – 12 Lausberg Hb. 931. – 13 Fabricius 120f. – 14 Hallbauer Orat. b2ʳf. – 15 Fabricius 133. – 16 ebd. 133f. – 17 E. Burke: A Philosophical Enquiry into the Origin of Our Ideas of the Sublime and Beautiful (²1759, ND Oxford 1990) 44. – 18 J.G. Lindner: Anweisung zur guten Schreibart überhaupt, und zur Beredsamkeit insonderheit (1755, ND 1974) 211. – 19 Burke [17] 173. – 20 J.D. Longolius: Einl. zu gründlicher Erkäntniß einer ieden / insonderheit aber der Teutschen Sprache (1715) 154. – 21 Fabricius 133f. – 22 K. Ph. Moritz: Anton Reiser II (1786), in: P. u.U. Nettelbeck (Hg.): K. Ph. Moritz. Schr. in 30 Bd., Bd. 15 (1987) 220. – 23 J. Chr. Adelung: Über den dt. Styl II (1785, ND 1974) 151. – 24 J.J. Breitinger: Crit. Dichtkunst II (1740, ND 1966) 366. – 25 ebd. 367. – 26 ebd. – 27 ebd. 368. – 28 ebd. 402. – 29 ebd. 352. – 30 Adelung [23] 151. – 31 G.E. Lessing: Laokoon: oder über die Grenzen der Mahlerey und Poesies (1766), in: K. Lachmann, F. Muncker (Hg.): G.E. Lessings sämtl. Schr., Bd. 9 (1893) 173. – 32 Lindner [18] 215. – 33 Sulzer Bd. 3 (²1794, ND 1967) 661. – 34 ebd. – 35 ebd. – 36 ebd. 662. – 37 ebd. – 38 Breitinger [24] 352f. – 39 J. Chr. Gottsched: Versuch einer Crit. Dichtkunst (³1742), in: J. Birke, B. Birke (Hg.): J. Chr. Gottsched. Ausgew. Werke, Bd. 6/1 (1973) 448. – 40 Lessing [31] 7. – 41 J.M.R. Lenz: Über die Natur unsers Geistes (1773?), in: B. Titel, H. Haug (Hg.): J.M.R. Lenz. Werke und Schr., Bd. 1 (1966) 576f. – 42 Chr. M. Wieland: Gesch. der Abderiten (1781), in: Gesamm. Schr., Abt. 1, Bd. 10 (1913) 52. – 43 K. Ph. Moritz: Anton Reiser I (1785), in: Schriften [22] Bd. 15 (1987) 94; vgl. auch ebd. 138. – 44 ebd. 134. – 45 ders.: Anton Reiser III (1786), in: Schriften [22] Bd. 16 (1987) 94. – 46 ders. [43] 94. – 47 Adelung [23] 151f. – 48 Breitinger [24] 368. – 49 Sulzer [33] 662. – 50 J.W. Goethe: Regeln für Schauspieler (1803), in: WA, Abt. I, Bd. 40 (1901) 165. – 51 ders.: Faust I (1808), in: WA, Abt. I, Bd. 14 (1887) 20. – 52 A.W. Schlegel: Über dramat. Kunst und Litteratur (1809/11), in: E. Böcking (Hg.): A.W. v. Schlegel's sämmtl. Werke, Bd. 6 (1846, ND 1971) 54. – 53 Novalis an seinen Bruder Erasmus (1794), in: Novalis Schriften. Die Werke F. v. Hardenbergs, Bd. 4 (²1975) 128. – 54 J. v. Eichendorff: Gesch. der poetischen Lit. Deutschlands (1857), in: Sämtl. Werke des Freiherrn J. v. Eichendorff. Hist.-krit. Ausg., Bd. 9 (1970) 215. – 55 ebd. 241. – 56 vgl. z.B. ders.: Ahnung und Gegenwart (1815), in: Sämtl. Werke [54] Bd. 3 (1984) 197. – 57 vgl. z.B. C. Brentano: Godwi (1801), in: J. Behrens u.a. (Hg.): C. Brentano. Sämtl. Werke und Br., Bd. 16 (1978) 285; W. Hauff: Mitth. aus den Memoiren des Satan (1825/26), in: Sämmtl. Werke, Bd. 2 (1840) 267. – 58 Eichendorff [54] 350. – 59 F. Schiller: Über naive und sentimentalische Dichtung (1795/96), in: Nationalausg., Bd. 20 (1962) 446. – 60 ders.: Über das Pathetische (1793), ebd. 196. – 61 ebd. – 62 ebd. – 63 ders.: Über die tragische Kunst (1792), ebd. 167f. – 64 ders. [60] 210f. – 65 ders.: Über Anmuth und Würde (1793), in: Nationalausg., Bd. 20 (1962) 297. – 66 vgl. z.B. J.G. Seume: Spaziergang nach Syrakus (1803, ND 1985) 38f. – 67 J.W. Goethe: Über Laokoon (1798), in: WA, Abt. I, Bd. 47 (1896) 104. – 68 A.W. Schlegel [52] 192. – 69 ebd. – 70 ders.: Über Zeichnungen zu Gedichten und John Flaxman's Umrisse (1799), in: Athenaeum. Eine Zs. von A.W. Schlegel und F. Schlegel, Bd. 2/2 (1799, ND 1992) 211. – 71 Jean Paul: Vorschule der Ästhetik (²1813), in: E. Berend (Hg.): Jean Pauls Sämtl. Werke. Hist.-krit. Ausg., Abt. I, Bd. 11 (1935) 117. – 72 L. Tieck: an W.H. Wackenroder (1792), in: S. Vietta, R. Littlejohns (Hg.): W.H. Wackenroder. Sämtl. Werke und Br., Bd. 2 (1991) 44. – 73 F. Schlegel: Fragmente (1798), in: E. Behler (Hg.): Krit. F. Schlegel Ausg., Bd. 2 (1967) 207, Nr. 250. – 74 A.W. Schlegel [52] 342. – 75 F.W.J. Schelling: Philos. der Kunst (1803/04), in: Sämmtl. Werke, Abt. I, Bd. 5 (1859) 654. – 76 A.W. Schlegel: Vorles. über philos. Kunstlehre (1798/99), in E. Behler (Hg.): A.W. Schlegel. Krit. Ausg. der Vorles., Bd. 1 (1989) 85. – 77 ebd. [52] 184, 300. – 78 ebd. 353. – 79 ebd. 416. – 80 L. Tieck: Gesch. des Herrn William Lovell (1795/96), in: M. Thalmann (Hg.): L. Tieck. Werke in 4 Bd., Bd. 1 (1975) 284. – 81 E. Mörike: Maler Nolten (1832), in: H.-H. Krummacher u.a. (Hg.): E. Mörike. Werke und Br., Bd. 3 (1967) 308. – 82 vgl. B.H. v. Kleist: Die Marquise von O. (1810), in: I.-M. Barth u.a. (Hg.): H. v. Kleist. Sämtl. Werke und Br., Bd. 3 (1990) 134. – 83 G.W.F. Hegel: Phänomenol. des Geistes (1807), in: Werke in 20 Bd., Bd. 3 (1986) 349. – 84 ebd. 515; vgl. auch ders.: Enzyklop. der philos. Wiss. im Grundrisse (³1830), in: Werke in 20 Bd., Bd. 10 (1986) 369. – 85 ders.: Vorles. über die Ästhetik I (1818/29), in: Werke in 20 Bd., Bd. 13 (1986) 301. – 86 ebd. – 87 vgl. ders. [83] 541. – 88 ders. [85] 301. – 89 ebd. 302. – 90 ebd. – 91 ebd. 304. – 92 ebd. 302. – 93 K. Marx: Zur Kritik der Hegelschen Rechtsphilos. Einl. (1844), in: K. Marx, F. Engels. Werke. Bd. 1 (1970) 380. – 94 G. Keller: Der grüne Heinrich (1854/55), in: T. Böhning, G. Kaiser (Hg.): G. Keller. Sämtl. Werke, Bd. 2 (1985) 694. – 95 F. Nietzsche: Die fröhliche Wiss. (1882), in: G. Colli, M. Montinari (Hg.): Nietzsche Werke. Krit. Ausg., Abt. 5, Bd. 2 (1973) 229. – 96 ebd. 293. – 97 ders.: Götzen-Dämmerung (1889), in: Werke [95] Abt. 6, Bd. 3 (1969) 99. – 98 ders.: Der Fall Wagner (1888), ebd. 8. – 99 F. Schlegel: Von der Schönheit in der Dichtkunst (1796), in: Krit. Ausg. [73] Bd. 16 (1981) 31. – 100 A. Schopenhauer: Die Welt als Wille und Vorstellung (²1844), in: A. Schopenhauer. Zürcher Ausg., Bd. 4 (1977) 529. – 101 F. Nietzsche: Unzeitgemäße Betrachtungen IV. Richard Wagner in Bayreuth (1876), in: Werke [95] Abt. 4, Bd. 1 (1967) 63. – 102 ebd. – 103 ebd. 64. – 104 F. Nietzsche: Jenseits von Gut und Böse (1886), in: Werke [95] Abt. 6, Bd. 2 (1968) 215. – 105 F. Nietzsche: Zur Genealogie der Moral (1887), ebd. 273. – 106 R. Leonhard: Vom Pathos (1916), in: P. Pörtner (Hg.): Literatur-Revolution 1910–1925 (1960) 143. – 107 P. Natorp: Platos Ideenlehre (1902, ³1961) 37. – 108 ebd. 52. – 109 vgl. z.B. P. Handke: Publikumsbeschimpfung (1966), in: P. Handke. Die Theaterstücke (1992) 34. – 110 Platon, Theaitetos 155d. – 111 M. Heidegger: Was ist das – die Philosophie? (1956) 39. – 112 ebd. – 113 ebd. 40. – 114 vgl. G. Büchner: Dantons Tod (1835), in: W.R. Lehman (Hg.): G. Büchner. Sämtl. Werke und Br., Bd. 1 (o. J.) 58. – 115 vgl. F. Hebbel: Mein Wort über das Drama! (1843), in: R.M. Werner (Hg.): F. Hebbel: Sämtl. Werke. Hist.-krit. Ausg., Bd. 11 (1904) 12. – 116 vgl. Keller [94] 688. – 117 Nietzsche [95] 122. – 118 vgl. M. Stirner: Der Einzige und sein Eigentum (1845, ND 1892) 237, 291. – 119 vgl. z.B.F. Engels, K. Marx: Die heilige Familie (1845), in: Werke, Bd. 2 (1970) 222: «[E]r schrie mit großer Stimme, wie ein Löwe brüllt, und seine Worte erhoben sich wie eine Taube Zirb! Zirb! in die Region des Pathos.» – 120 H. Heine: Romanzero (1851), in: H. Heine. Hist.-krit. Gesamtausg. der Werke, Bd. 3/1 (1992) 127. – 121 ders.: Atta Troll (1847), ebd. Bd. 4 (1985) 10. – 122 ders.: Reisebilder II (1827), ebd. Bd. 6 (1973) 200. – 123 ebd. – 124 ebd. 201. – 125 Keller [94] 138. – 126 W. Raabe: Der Hungerpastor (1864), in: K. Hoppe (Hg.): W. Raabe. Sämtl. Werke, Bd. 6 (1953) 24. – 127 H. Heine: Die romantische Schule (1833), in: Werke [120] Bd. 8/1 (1979) 232. – 128 E. Mörike: Gedichte (1867), in: H.-H. Reuter (Hg.): E. Mörike. Werke und Br., Bd. 1 (1957) 251. – 129 Raabe [126] 124. – 130 F. Schlegel: Krit. Fragmente (1797), in: Krit. Ausg. [73] Bd. 2 (1967) 154, Nr. 60. – 131 Chr. D. Grabbe: Über die Shakspearo-Manie (1827), in: Chr. D. Grabbe. Werke und Br. Hist.-krit. Gesamtausg., Bd. 4 (1966) 44. – 132 Th. Fontane: Frau Jenny Treibel (1892), in: Th. Fontane. Sämtl. Werke, Bd. 7 (1959) 13. – 133 F. Wedekind: Frühlings Erwachen (1891), in: GW, Bd. 2 (1920) 164. – 134 K. Tucholsky: Joachim der Erste (1927), in: A. Bonitz u.a. (Hg.): K. Tucholsky Gesamtausg., Bd. 9 (1998) 557. – 135 ders.: Das Felderlebnis (1922), ebd. Bd. 5 (1999) 502. – 136 B. Brecht: Über das Rhetorische (1920), in: B. Brecht. Werke. Große komment. Berl. und Frankf. Ausg., Bd. 21 (1992) 49. – 137 ders.: Einschüchterung durch die Klassizität (1954), ebd. Bd. 23 (1993) 317f. – 138 ders.: Kontrolle des «Bühnentemperaments»

und Reinigung der Bühnensprache (1952), ebd. 169. – **139** ders.: Elementarregeln für Schauspieler (um 1951). ebd. 186. – **140** vgl. z.B. M. Reich-Ranicki: Th. Mann und die Seinen (1987) 136. – **141** Frankfurter Allg. Ztg. (27.4.1993) 37.

Literaturhinweise:
Art. ‹P.›, in: G. v. Wilpert: Sachwtb. der Lit. (⁶1979) 591. – R. Meyer-Kalkus: Art. ‹P.›, in: HWPh. Bd. 7 (1989) 193ff.

J. A. Bär

→ Admiratio → Affectatio → Affektenlehre → Amplificatio → Dreistillehre → Erhabene, das → Empfindsamkeit → Ethos → Leidenschaft → Logos → Movere → Parenthyrsos → Pathopoeia → Poetik → Produktionsästhetik — Psychologie → Schwulst → Tragödie → Wirkungsästhetik

Patristik (nlat. theologia patristica; engl. patristics; frz. patristique; ital. patristica)
A. Begriff. – B.I. Eigenart und Voraussetzungen – II. Beurteilung und Theorie der Rhetorik. – III. Rhetorische Praxis

A. *Begriff.* Unter ‹P.› ist hier nicht die auch ‹Patrologie› genannte Wissenschaft von Leben, Schriften und Lehre der christlichen Schriftsteller der ersten sieben Jahrhunderte n. Chr. im römischen Westen bis zu ISIDOR V. SEVILLA († 636), im Osten bis zu JOHANNES VON DAMASKUS († 750) verstanden, sondern das Verhältnis und der Beitrag der christlichen Schriftsteller des genannten Zeitraumes zu jener Rhetorik, wie sie die griechischen und römischen Redelehrer entfaltet haben. Der Begriff ‹P.›, von lat. *pater*, Vater, ist keine Bezeichnung der neuzeitlichen Literaturwissenschaft, sondern ein Begriff der Alten Kirche und damit des christlichen Selbstverständnisses. Von diesem ist deshalb auch auszugehen. Der Begriff ‹P.› ist aus der Bezeichnung ‹Theologia patristica› entstanden, unter der «die Dogmatiker seit dem 17. Jh. die Lehre der Väter im Unterschied zur Theologia biblica, scholastica, symbolica und speculativa behandeln».[1] Die christliche Urliteratur, die Schriften des NT, gehört somit noch nicht zur P. Der Begriff ‹Vater› in konkreter und übertragener Bedeutung ist zwar aus dem Alten Orient, aus Griechenland und vor allem aus der römischen Kultur geläufig: *pater familias*, *pater patriae*, *patres* (Senatoren), *pater patratus* (der oberste der Fetialen-Priester)[2], erhält aber im Christentum vor allem eine theologische Färbung: Der Schöpfergott ist der Inbegriff aller Vaterschaft und als solcher auch der Vater Jesu Christi[3]; der Sohn, mit dem Vater wesensgleich, ist als Lehrer der geistige Vater seiner Gläubigen. Auf ihn gehen alle christlichen Lehrer zurück, zunächst die Apostel als Gründer der Gemeinden, sodann ihre Nachfolger, die Bischöfe.[4] Die P. beginnt mit der im Corpus der sog. Apostolischen Väter vereinten Autoren (1. Hälfte des 2. Jh. n. Chr.).[5] Sie umfaßt zunächst das Leben und die Werke der rechtgläubigen Lehrer. Der Anteil einzelner Frauen, wie Proba, Egeria und der Kaiserin Eudokia, fällt dabei nicht ins Gewicht.[6] Dem Begriff des rechten Glaubens oder der gesunden Lehre steht der Begriff der Irrlehre oder Häresie, der falschen Lehre, gegenüber. Der Gegensatz zum Kirchenvater, Kirchenlehrer, Kirchenschriftsteller sind der Häresiearch, der Begründer einer abweichenden Lehre innerhalb des Christentums, und der häretische Lehrer.[7] Die Schriftstellerei der sog. Ketzer oder Häretiker gehört deshalb sozusagen als Schatten zur P. wie die sog. Apokryphen als Schatten zu den Heiligen Schriften des AT und NT.

Anmerkungen:
1 B. Altaner, A. Stuiber: Patrologie (⁸1978) 2; vgl. O. Bardenhewer: Gesch. der altkirchlichen Lit., Bd. 1 (²1913) 19–28. – **2** A. Wlosok: Vater und Vatervorstellungen in der röm. Kultur, in: H. Tellenbach, G. Fruehsorge (Hg.): Das Vaterbild im Abendland, Bd. 1 (1978) 18–54, 192–200. – **3** G. Schrenk, G. Quell: Art. πατήρ, in: Theol. Wtb. zum NT, Bd. 5 (1954) 946–1016 und die Literaturnachträge ebd. Bd 10, 2 (1979) 1225. – **4** ebd. 1005f.; vgl. H. Emonds: Art. ‹Abt›, in: RAC Bd. 1 (1950) Sp. 45–55. P. Gutierrez: La paternité spirituelle selon S. Paul (Paris 1968); W. Speyer: Art. ‹Gründer B. Christlich›, in: RAC Bd. 12 (1983) Sp. 1145–1171; U. Neymeyr: Die christlichen Lehrer im 2. Jh. (Leiden 1989). – **5** Altaner, Stuiber [1] 43–58; zu der Unterscheidung: Kirchenvater, Kirchenschriftsteller, Kirchenlehrer vgl. Bardenhewer [1] 37–50. – **6** Altaner, Stuiber [1] 405, 245. – **7** N. Brox: Art. ‹Häresie›, in: RAC Bd. 13 (1986) Sp. 248–297.

B. I. *Eigenart und Voraussetzungen.* Das Judentum und das eng mit ihm verbundene Christentum sind im Gegensatz zu den Religionen ihrer Umwelt zwei geistige Bewegungen, die als solche weder religions-, noch sozial- und kulturgeschichtlich ableitbar sind. Wie ihre grundlegenden Urkunden, die heiligen Schriften des AT und NT sowie die mit ihnen verknüpfte Kanonbildung, besitzen auch die ihnen beiden vorauszusetzenden religiösen Organisationsformen, Synagoge und Kirche, ein ganz spezifisches Wesen, dem im Altertum nichts vergleichbar ist. Wie der Glaube der Juden und Christen nichts mit dem Glauben der 'Völker' zu tun hat, so auch ihre Heiligen Schriften. Die Besonderheit der griechischen und der von ihr seit dem 3. Jh. v. Chr. mehr und mehr abhängigen römischen Kultur ist eine bewußt vollzogene Form- und Stilgebung: ihre Literatur ist Ausdruck dieser Formkultur[1], während das auf dem Judentum aufbauende Christentum als personal verantworteter Glaube in die Welt getreten ist. Dabei liegen Schreiben und Literatur zunächst ganz außerhalb des christlichen Glaubenshorizontes; denn die erste Generation der Christen erwartete täglich die Wiederkehr des auferstandenen Christus, seine Parusie, sein Gericht über die Welt. Erst als diese Generation ausstirbt und die Parusie ausbleibt, besteht die Notwendigkeit, die Erinnerung an den Kyrios, den Herrn, Christos aufzuzeichnen. Nicht die Lust zu schreiben wie vielfach in der Antike, sondern die Not des Glaubens erzwingt bei dieser frühen Christen das geschriebene Wort. Dieser Zustand bleibt noch lange gültig; denn die überwiegende Zahl christlicher Schriften dient dem Glauben: seiner Deutung, seiner Verteidigung und seiner Wertung.[2] Überaus viele Schriften beziehen sich deshalb in wörtlichen Zitaten auf die heiligen Glaubensurkunden, auf das AT und NT. Das Zitat hat in der P. eine weit größere Bedeutung als in der antiken Schriftstellerei. Letztere vermeidet weitgehend Zitate, weil sie die stilistische Gleichförmigkeit zu stören scheinen.[3] Da für die christlichen Schriftsteller der Inhalt so sehr im Mittelpunkt ihres Interesses steht, tritt dahinter der antike Gesichtspunkt der Stil- und Formgebung zurück. Die Patrologie spiegelt diesen Sachverhalt: Darstellungen der literarischen Gattungen und Formen sowie Untersuchungen zum Stil sind seltener als Forschungen zum Inhalt.[4] Dieser grundsätzliche Befund, der für die patristischen Schriften in den Landessprachen am Rand des Imperium Romanum weitgehend gültig ist, also für die Schriften der syrischen, koptischen, arabischen, äthiopischen, armenischen und georgischen Schriftsteller, erfährt allerdings im Laufe der Zeit infolge des Hereinwachsens in die griechisch-römische Kultur eine Modifikation.[5] Auf dem Boden des Imperium Romanum findet nämlich innerhalb des Christentums ein Prozeß statt, den Jahrhunderte zuvor das Diaspora-Judentum durchlaufen hatte. Nicht zuletzt wegen des Ziels, Heiden für den eigenen Glauben zu gewinnen, benutzen einzelne jüdische Schriftsteller seit hellenistischer Zeit die griechische Formgebung, um so besser ihren Glauben bei den Griechen vertreten zu können.[6] Entsprechend dazu sind es oft die führenden Kirchenschriftsteller, die nicht auf die rhetorischen Kunstmittel der Griechen und Römer verzichten wollen, auch wenn sie theoretisch Vorbehalte gegenüber der antiken Bildung äußern, ja wenn einzelne Christen sie geradezu zerstören wollen.[7] Die Apologetik und Mission bei der gebildeten Reichsbevölkerung erzwingen diese Änderung; lehnen doch gebildete Heiden bis hin zu Kaiser Julian das NT wegen seiner mangelnden rhetorischen Durcharbeitung, wegen seiner Barbarismen und Solözismen ab.[8] So empfinden es zunächst einzelne, dann nach und nach viele römische und griechische Kirchenschriftsteller, unter ihnen nicht zuletzt auch Laien, für notwendig, den christlichen Glauben in einem literarisch anspruchsvollen Gewand den Gebildeten zu vermitteln.[9] Insofern gehört das Thema ‹Rhetorisierung der christlichen Literatur› zu dem umfassenderen der Hellenisierung bzw. Romanisierung des Christentums.[10] Mit dem Missionsgedanken, den die Evangelien Jesus zuschreiben, ist jedenfalls für das Imperium Romanum die Notwendigkeit gegeben, die Missionspredigt, die Verteidigung des Glaubens oder Apologetik, den Dialog mit den Heiden, Einführungen ins Christentum, gegebenenfalls auch Brief, Biographie, Hagiographie, Historiographie, Enkomion, Trostrede und die seit dem 4. Jh. im Anschluß an anerkannte heidnische Dichter geschaffene Bibelepik sowie die übrige Dichtung an das stilistische Ideal einer gehobenen Bildung heranzuführen, wie sie die *artes/disciplinae liberales*, die 'Freien Künste' oder die höhere Bildung, erfordern und die staatlichen Schulen vermitteln.

Für das Eindringen der griechisch-römischen Rhetorik ins Christentum ist der Umstand wichtig, daß einzelne literarisch tätige heidnische Philosophen und Rhetoren seit dem 2. Jh. Christen werden und so ihr stilistisches Können nunmehr in den Dienst der neuen Religion stellen. Genannt seien die Apologeten, wie der Rhetor MILTIADES (verloren), der Philosoph ARISTEIDES, der Philosoph JUSTINUS MARTYR, TATIAN, der gleichwohl die Rhetorik bekämpft, der Philosoph ATHENAGORAS, MELITO VON SARDES, THEOPHILOS VON ANTIOCHIEN, der unbekannte Verfasser von ‹An Diognet›, TERTULLIAN, MINUCIUS FELIX, NOVATIAN, CYPRIAN, C. MARIUS VICTORINUS, ARNOBIUS, LAKTANZ und FIRMICUS MATERNUS sowie wohl am einflußreichsten der ehemalige Rhetoriklehrer AUGUSTINUS. – Im Osten sind es Lehrer der alexandrinischen Theologenschule, wie PANTAINOS, CLEMENS und ORIGENES, der allerdings die Rhetorik trotz seiner Kenntnis wenig in seinen Schriften verwendet [11], und Männer, die ihm nahestehen, wie der hochgebildete ANATOLIUS.[12]

Im Zeitalter der Reichskirche bleibt das alte Bildungssystem erhalten. Die Rhetorik als Fach der *disciplinae* oder *artes* gehört zum Bildungsplan der weltlichen Hochschulen.[13] Heidnische und christliche Studenten, die meist aus der führenden Bevölkerungsschicht stammen, besuchen gemeinsam die Schulen der Rhetoren, an denen neben den bis ins 5. Jh. meist heidnischen Lehrern auch einzelne Christen wirken. Derartige Hochschulen gibt es im 4. und 5. Jh. in allen größeren Städten des Imperium. Hervorzuheben sind Antiochien, Ankyra, Caesarea in Palästina, Athen mit dem christlichen Rhetor PROHAIRESIOS und im späteren 5. Jh. das syrische Gaza mit den christlichen Rhetoren PROKOPIOS, CHORICIUS und AENEAS. [14] Auch der Westen besitzt in den Städten Italiens, Galliens, Spaniens und Nordafrikas Rhetorenschulen. AUGUSTINUS, der als junger Mann in Karthago, Rom und Mailand, dorthin durch den berühmten Redner SYMMACHUS empfohlen, Rhetorik lehrte, übt bis heute auf die Theologie eine kaum zu überschätzende Wirkung aus.[15] In Gallien sind Aquitanien mit Bordeaux und die Kaiserresidenz Trier infolge des Wirkens des Namenschristen und Prinzenerziehers AUSONIUS, dessen Schüler der hl. PAULINUS VON NOLA ist, hervorzuheben.

GREGOR DER WUNDERTÄTER ist Schüler der Rhetoren von Caesarea in Palästina. BASILIUS, dessen bereits christlicher Vater Rhetor war, studiert Rhetorik im kappadokischen Caesarea, in Konstantinopel und Athen. Mit GREGOR VON NAZIANZ hört er in Athen den heidnischen Rhetor HIMERIOS und den Christen Prohairesios.[16] In seiner Studienzeit lernt er LIBANIOS kennen, mit dem er Briefe wechselt. Als er in Caesarea als Rhetor tätig war (355/57), unterrichtet er seine Brüder GREGOR VON NYSSA und PETROS.[17] Wie HIERONYMUS mitteilt, war sein Lehrer Gregor von Nazianz auch Schüler des heidnischen Rhetors POLEMON, dem er seinen Stil verdanke.[18] In Palästina studiert Gregor von Nazianz beim heidnischen Redner THESPESIOS zusammen mit dem späteren Arianer EUZOIUS.[19] Der Vetter Gregors, AMPHILOCHIOS VON IKONION, ist in Antiochien Schüler des Libanios.[20] Ebenso sind THEODOR VON MOPSVESTIA und JOHANNES CHRYSOSTOMOS, seit dem 6. Jh. wegen seines glänzenden Stils ‹Goldmund› genannt, Hörer des Libanios.[21]

Vor allem im Osten wirken einzelne spätere Kirchenväter zunächst als Rhetoren, wie Gregor der Wundertäter und die drei Kappadokier: Basilius, Gregor von Nyssa und Gregor von Nazianz, der zunächst jedenfalls lieber Rhetor als Christ genannt sein wollte [22], ferner Amphilochios von Ikonion, zunächst Gerichtsredner, ASTERIOS VON AMASEIA und ZACHARIAS RHETOR, gleichfalls Gerichtsredner.

Die Rezeption des Demosthenes durch viele christliche Schriftsteller des Ostens und die Wirkung Ciceros im christlichen Westen beweisen die Faszination der antiken Rhetorik. [23] Je mehr das Christentum vom 2. bis 5. Jh. im Römischen Reich an Boden gewinnt und zugleich auch in die weitgehend von der Nobilität bestimmte Bildungsschicht vordringt, umso mehr nimmt die Rhetorisierung der christlichen Literatur in der Praxis und selbst noch in der Theorie zu. Hier ist auch zu beachten, daß der Rhetor, auch ‹Sophistes› genannt, im christlich gewordenen Imperium weiterhin neben den hohen militärischen Amtsträgern in der Verwaltung und am Kaiserhof eine beherrschende Rolle einnimmt. So ernennt Konstantin den christlichen Rhetor LAKTANZ zum Erzieher seines Sohnes Crispus.[24] Episode blieb der Versuch Kaiser Julians vom Jahr 362, die christlichen Rhetoren und Lehrer von den städtischen Schulen zu entfernen.[25]

Zur Übernahme des rhetorischen Stils trug ferner die Rivalität des christlichen Glaubens mit dem Neuplatonismus bei, der die Rhetorik in seinen Dienst genommen hat und der letzte Versuch des gebildeten Heidentums war, die kosmosgebundene Weltsicht zu verteidigen.[26] Im 4. und 5. Jh. bemühen sich heidnische Gelehrte und andererseits hervorragende Kirchenschriftsteller, die Rhetorik als bestimmendes Bildungsmittel oder als ansprechendes Mittel der Glaubenswerbung zu empfehlen. Dort sind es MACROBIUS, MARTIANUS CAPELLA und eine Reihe kleinerer Rhetoren, hier AUGUSTINUS, CASSIODOR und ISIDOR VON SEVILLA.[27]

Bei aller Glaubensverschiedenheit begegnen sich in der Zeit des christlich gewordenen Imperium die heidnischen und nicht wenige christliche Autoren in der Suche nach einem hochrhetorischen, bald klassizistisch-attizistischen, bald manieristisch-asianischen Stil und in der Freude am ästhetischen Spiel der Worte, Klänge und des rhythmischen und später des akzentuierenden Satzschlusses.[28] Für manche Kirchenschriftsteller ist deshalb die Bezeichnung des 'Konzertredners' angebracht, die auch der oft bezeugte und geschätzte Applaus bei rednerischen Höhepunkten der Predigt nahelegt.[29]

Die Voraussetzung für die rhetorisierte Rede und Prosa und deren Aufnahme bei Hörern und Lesern bleibt das in der nachkonstantinischen Zeit zunächst noch hohe stilistische Niveau der weltlichen Schulen und Hochschulen. Einzelne christliche Autoren wie SIDONIUS APOLLINARIS und ENNODIUS VON PAVIA, bieten nicht nur eine verkünstelte Stilisierung, deren Preziosität sich zur dramatisch zugespitzten Lage des Imperiums und der hereinbrechenden Barbarisierung in umgekehrtem Verhältnis zeigt, sondern weisen in ihrer Hinwendung zur antiken Welt eine nicht mehr nur vom christlichen Geist bestimmte Formkunst auf, die mit den leitenden Tendenzen des sterbenden Heidentums parallel läuft. Wie sehr während des 5. Jh. die gebildeten Christen, unter denen wie im 4. Jh. zahlreiche Neubekehrte, aber auch Namenschristen sind, die Rhetorik um ihrer selbst willen schätzen, beweist nicht zuletzt das Doppelwerk des SEDULIUS: ‹Paschale carmen› und ‹Paschale opus›. Letzteres bietet in rhetorischer Prosa den gleichen Inhalt wie sein Oster-Gedicht.[30]

Die Rhetorisierung der christlichen Rede und des geschriebenen Wortes dient so vom 2. bis in das 5. Jh. als Brücke der Verständigung zu den glaubensmäßig getrennten Bevölkerungen des Imperium Romanum. Die Stilgemeinsamkeit beleuchtet gut die inhaltlich so gegensätzlichen Schreiben des SYMMACHUS und AMBROSIUS im Streit um den Victoria-Altar.[31] Die Rhetorik wirkt hier ähnlich vermittelnd wie der den gebildeten Heiden und Christen gemeinsame Rekurs auf die sittlichen Überzeugungen der Philosophenschulen von Pythagoras über Plato und Aristoteles bis zur Stoa. So trägt die Rhetorisierung der P. wesentlich zur Vereinheitlichung der Kultur dieser Jahrhunderte bei.

Erst in der in der 2. Hälfte des 5. Jh. einsetzende, nunmehr beschleunigte politische und wirtschaftliche Niedergang der Städte und ihrer Bildungsschichten vor allem im Westen und die auf das gesamte geistige Leben immer mehr Einfluß gewinnende Mönchsbewegung bringen einen Wandel hervor, der in der Folgezeit die Vorherrschaft der ständisch gebundenen antiken Bildung bricht. Die Trennung des griechischen Ostens, der infolge der Ausbreitung des Islams nach und nach auf ein kleines Gebiet zusammengedrängt wird, vom lateinischen Westen läßt hier die bis in den Anfang des 5. Jahrhunderts bestehende doppelsprachige Kultur aufhören. Übrig bleiben das wenig unterrichtete Volk und die führende Schicht der Kleriker. Damit treten im späten 5., im 6. und 7. Jh. an die Stelle des profanen Unterrichtswesens nach und nach die immer mehr auf das rein Christliche konzentrierte Klosterschule und die Ausbildung der Kleriker.[32] Dies hat Folgen für die bis dahin geltende, differenzierte christliche Rhetorik. Ein neuer, der veränderten geistigen und kulturellen Lage angepaßter Stil bildet sich. Er ist anspruchsloser und auf die Bedürfnisse eines immer weniger antik gebildeten Publikums zugeschnitten. Ausdruck hierfür ist der *sermo rusticus*, die *rusticitas*, der 'bäuerliche Stil'. Von einem Bescheidenheitstopos gelangt dieser Ausdruck zur Bezeichnung eines Stils der relativen Kunstlosigkeit, kargen Herbheit und Einfachheit. Dieser Stil der Mönchsaskese, den es ansatzweise auch schon früher gegeben hat, wird seit dem 6. Jh. im lateinischen Westen der Stil der Zukunft. Als seine Repräsentanten sind zu nennen: der heilige BENEDIKT, CAESARIUS VON ARLES, GREGOR VON TOURS, GREGOR DER GROSSE und viele anonyme Hagiographen.[33] Das Heiligenleben ist fortan die bevorzugte literarische Gattung des *sermo rusticus*.

Anmerkungen:

1 Norden 1. – 2 J.A. Möhler: Kirche und Gesch., hg. von B. Hanssler (1941) 1–3; O. Bardenhewer: Gesch. der altkirchlichen Lit., Bd. 1 (²1913) 74f. – 3 W. Speyer: Die lit. Fälschung im heidnischen und christl. Altertum (1971) 173f. – 4 ders.: Rez.B.R. Voss: Der Dialog in der frühchristlichen Lit. (1970), in: Jb. für Antike und Christentum 15 (1972) 201f.; B. Altaner, A. Stuiber: Patrologie (⁸1978) 13–38, 536–550, bes. 31. 546: Lit. Genera; 36. 549: Stilistik. – 5 zu den Sllgg. und Textausgg. Altaner, Stuiber [4] 38–42. 550; M. Geerard, J. Ncret, F. Glorie: Clavis patrum Graecorum, Bd. 1–5 (Turnhout 1983–1987), Suppl. (1998); E. Dekkers: Clavis patrum Latinorum (Steenbrugge / Turnhout ³1995). – 6 M. Hengel: Judentum und Hellenismus (³1988) 108–195; E. Schürer: The history of the Jewish people in the age of Jesus Christ, hg. v. G. Vermes, F. Millar, Bd. 1–3 (Edinburgh 1973–87). – 7 W. Krause: Die Stellung der frühchristl. Autoren zur heidnischen Lit. (Wien 1958); W. Speyer: Büchervernichtung und Zensur des Geistes bei Heiden, Juden und Christen (1981) 120–126, 130–141 und die Lit. bei Altaner, Stuiber [4] 13f., 536. – 8 Celsus bei Origenes, Contra Celsum VI, 1f. (SC Bd. 147, 178f.); Julian, Ep. 61c (1, 2², 73–75 Bidez); Augustinus, De catechizandis rudibus 9, 13, 3 (CChr. SL Bd. 46, 135); ders., Confessiones III, 5, 9; Norden Bd. 2, 521–528; M. Reiser: Die Stellung der Evangelien in der antiken Literaturgesch., in: Zs. für die neutestamentliche Wiss. 90 (1999) 1–27, bes. 1–3. – 9 s.u. B. II. – 10 L. Scheffczyk: Tendenzen und Brennpunkte der neueren Problematik um die Hellenisierung des Christentums (1982); C. Colpe / L. Honnefelder / M. Lutz-Bachmann (Hg.): Spätantike und Christentum (1992) 77–98; J. Drumm: Art. ‹Hellenisierung›, in: LThK³ Bd. 4 (1995) Sp. 1407–1409. – 11 U. Neymeyr: Die christlichen Lehrer im 2. Jh. (Leiden 1989) 40–105; W.A Bienert: Art. ‹Alexandrinische Schule I›, in: LThK³ Bd 1 (1993) 372–379. – 12 Eusebius, Historia ecclesiastica IV, 32, 5. – 13 G. Rechenauer: Art. ‹Enkyklios paideia› VII, in: HWRh Bd. 2 (1994) Sp. 1177–1179; W. Liebeschuetz: Art. ‹Hochschule›, in: RAC Bd. 15 (1991) Sp. 858–911. – 14 Eunapius, Vitae sophistarum 10, 1–8 (63–79 Giangrande) und Reg.; W. Aly: Art. ‹Prokopios von Gaza›, in: RE Bd. 23, 1 (1957) 259–273; Liebeschuetz [13] Sp. 875. – 15 H.I. Marrou: Augustinus und das Ende der antiken Bildung (1981) 43–73. – 16 Socrates, Historia ecclesiastica IV, 26, 6 (GCS [Die griech. christl. Schriftsteller der ersten Jh.] Sokr. 260). – 17 G. Bardy: Art. ‹Basilius›, in: RAC Bd. 1 (1950) Sp. 1261–1265; vgl. G.L. Kustas: S. Basil and the rhet. tradition, in P.J. Fedwick (Hg.): Basil of Caesarea, Christian, humanist, ascetic, Bd. 1 (Toronto 1981) 221–279. – 18 Hieronymus, De viris illustribus 117. – 19 W. Stegemann: Art. ‹Thespesios I›, in: RE Bd. 6 A, 1 (1936) Sp. 60. – 20 K. Holl: Amphilochius v. Ikonium in seinem Verhältnis zu den großen Kappadoziern (1904) 7–10. – 21 Socrates [16] VI, 3, 4 (GCS Sokr. 314); vgl. R. Brändle, U. Jegler-Bucher: Art. ‹Johannes Chrysostomus I›, in: RAC Bd. 18 (1998) Sp. 426–503, bes. 428f., 443–449. – 22 Gregor von Nazianz, Ep. 11, 4 (GCS Greg. v. Naz. Briefe 13). – 23 V. Buchheit Art. ‹Demosthenes›, in: RAC Bd. 3 (1957) Sp. 712–735, bes. 725–733; B. Wyß: Art. ‹Gregor II (Gregor v. Nazianz)›, ebd. Bd. 12 (1983) Sp. 793–863, bes. 801f.; C. Becker: Art. ‹Cicero›, ebd Bd. 3 (1957) Sp. 86–127, bes. 104–125. – 24 Hieronymus [18] 80. – 25 Julian, Ep. 61c (1, 2, 44–47, 73–75 Bidez); Codex Theodosianus XIII, 3, 5= Codex Iustinianus X, 53, 7; B.C. Hardy: Kaiser

Julian und sein Schulgesetz, in: R. Klein (Hg.): Julian Apostata (1978) 387–408. – **26** Eunapius, Vitae sophistarum, hg. von J. Giangrande (Rom 1956). – **27** zu Augustinus s. u. B. II.; Cassiod. Inst. II, 2 (97–109 Mynors): De rhetorica; vgl. Liebeschuetz [13] Sp. 905; Isid. Etym. II, 1–21: De rhetorica; vgl. J. Fontaine: Isidore de Séville et la culture classique dans l'Espagne wisigothique, Bd. 1 (Paris ²1983) 211–337; ferner Rhet. Lat. min. passim; Clavis PL³ nr. 1543–1567. – **28** Ch. Klock: Unters. zu Stil und Rhythmus bei Gregor von Nyssa. Ein Beitr. zum Rhetorikverständnis der griech. Väter (1987) 217–300. – **29** A. Stuiber: Art. ‹Beifall›, in: RAC Bd. 2 (1954) Sp. 92–103, bes. 99–102. – **30** in: CSEL Bd. 10; vgl. W. Daut: Die 'halben Christen' unter den Konvertiten und Gebildeten des 4. und 5. Jh., in: Zs. für Missionswiss. und Religionswiss. 55 (1971) 171–188. – **31** Ambrosius, Ep. 72, 72a (relatio Symm.), 73 (CSEL Bd. 82, 3, 11–53). – **32** E. Pack: Sozialgesch. Aspekte des Fehlens einer 'christlichen' Schule in der röm. Kaiserzeit, in: W. Eck (Hg.): Religion und Ges. in der röm. Kaiserzeit (1989) 185–263; Liebeschuetz [13] Sp. 903–909. – **33** G. Strunk: Kunst und Glaube in der lat. Heiligenlegende (1970) 47–62; B.K. Vollmann: Art. ‹Gregor IV (Gregor von Tours)›, in: RAC Bd. 12 (1983) Sp. 895–930, bes. 927f.; W. Berschin: Biographie und Epochenstil im lat. MA, Bd. 1 (1986) 297–303, 430–550; E. Schiffer, G. Bernt, K. Vollmann: Art. ‹Hagiographie›: in, HWRh Bd. 3 (1996) Sp. 1277–1286; M. van Uytfanghe: Art. ‹Biographie II (spirituelle)›, in: RAC Suppl. Bd. 1 (2000) Sp. 1088–1364.

II. *Beurteilung und Theorie der Rhetorik.* Einzelne Zeugnisse der Kirchenschriftsteller über den Unwert der Rhetorik unterliegen ihrerseits der Kritik, da ihr Tadel von einer Tendenz mitbestimmt sein kann. [1] Auch kommt es darauf an, in welchem literarischen Genus der Tadel begegnet. [2] Aufmerksamkeit verdienen ferner die rhetorischen Topoi der affektierten Bescheidenheit und der Bitte um stilistische Verbesserung eines zugesandten Werkes. [3]. Überhaupt bieten die von den Vätern verwendeten rhetorischen Topoi Anlaß zu Fragen nach der Geschichtlichkeit und Christlichkeit des Mitgeteilten. [4] Die Schwierigkeiten vergrößert auch der unscharfe Begriff der Rhetorik, den die Väter bald in der negativen Bedeutung von Lüge, Trug, Schmeichelei, Psychagogie, Wortgepränge, bald im terminologischen Sinn einer Disziplin verwenden.

Wenn antike Philosophen wie Platon den Gegensatz von Schein und Wesen herausstellen, verweisen sie nicht selten auf den Unterschied von Redegewandtheit und Überredungskunst, die Schein und Lüge, Wortgepränge und Kniffe zuläßt, ja oft erstrebt, und ungeschminkter philosophischer Wahrheit, die auf Gründen beruht und Überzeugung schafft. [5] Einen vergleichbaren Gegensatz sehen so manche Väter zwischen der Rhetorik und dem Gotteswort und Glaubenswort der Heiligen Schrift. Die Aussage des Apostels PAULUS, daß er nicht in der Klugheit der Rede das Evangelium vom Kreuz Christi verkünde, ist ihnen hier Richtschnur. [6] Alle Rhetorik, die nicht ethisch abgesichert ist, verfällt ihrer Verurteilung. [7] Einschränkende, warnende und negative Urteile über die Rhetorik begegnen oft. [8] Einen Grund für die Ablehnung sehen einzelne Väter auch darin, daß die Rhetorik nur die Gebildeten erreiche und nicht das Volk, dem aber Jesus das Evangelium verkündet hat und das der christliche Missionar und Prediger anzusprechen habe. [9] Ein anderer Grund ist wieder sittlicher Natur: Die Macht der Rede und der Beifall der Menge können den Redner leicht zu Eigenliebe, Hochmut und Schmeichelei gegenüber seinen Zuhörern verführen. [10] Einzelne Väter, die aufgrund ihrer Anlage und Ausbildung in den *artes liberales* Sinn für die Schönheiten der Redekunst entwickeln, sind in sich gespalten und leiden unter dem gegensätzlichen Anspruch der antiken Formkultur

und des anspruchslos formulierten christlichen Glaubens mit seinem eschatologisch bestimmten Ernst. Sie erleben dort die *elegantia* [11], hier die *rusticitas*. [12] Zu diesen gehören GREGOR VON NAZIANZ [13] und im Westen sein Schüler HIERONYMUS. Dieser spart in seinem literaturgeschichtlichen Abriß der P. nicht mit Hinweisen auf den guten oder schlechten, d. h. den 'eleganten' oder den 'bäuerlichen' Stil. [14] Welchen Wert für ihn Rhetorik besitzt, zeigt seine Charakteristik Cyprians. [15] Je näher aber Hieronymus der Askese des Mönchtums kommt, umso tiefer erlebt er den Gegensatz von Rhetorik und Evangelium, wie sein bekannter Traum mit dem Wort des göttlichen Richters erweist: «Du bist ein Ciceronianer und kein Christ». [16] Bisweilen glaubt er, Rhetorik vom Christentum gänzlich trennen zu müssen, vermag es aber dennoch nicht. [17]

Die Rhetorik kann je nachdem zur Verteidigung des Wahren wie des Falschen verwendet werden und besitzt somit eigentlich ein neutrales Wesen. Da sie aber auf die Seele des Menschen eine so große Einwirkungskraft besitzt, wollen viele Väter auf sie als wirkungsvolles Mittel für ihre Zwecke nicht verzichten. [18] Einzelne vergleichen die Rhetorik bzw. die durch sie mitangezielte antike Bildung mit der von den Israeliten gefangenen schönen Frau, die erst nachdem ihre Haare abgeschnitten, ihre Nägel beschnitten, ihre Kleider abgelegt sind, zur Israelitin werden kann [19], oder mit den goldenen und silbernen Gefäßen und den Gewändern der Ägypter, die die Israeliten aus Ägypten mitgenommen haben. [20] In diesen Zusammenhang begegnet der wichtige methodische Gedanke, es komme nur auf den rechten Gebrauch der Rhetorik an. [21] Erscheint die Rhetorik einzelnen Vätern wegen ihrer gleichsam sinnlichen Schönheit als gefährlich, so sehen sie doch auch die Möglichkeiten, die sie bietet, die Glaubenswahrheiten wirkungsvoll zu verbreiten. [22] Wie HILARIUS VON POITIERS ausführt, verlangt das Wort Gottes, als Gottes Sprechen mit dem Menschen, ein passendes würdiges Sprachgewand für Exegese und Predigt. [23] Bei ihm wirkt die antike rhetorische Lehre vom Angemessenen und *decorum* weiter [24]. Insofern muß der christliche Redner seinen Stil dem erhabenen Inhalt der Heiligen Schrift als dem autoritativen Wort Gottes anpassen, ohne dafür stets das *genus grande* zu benutzen. [25] Hierzu gibt Augustinus im Anschluß an die antike Theorie, die er als ehemaliger Redner beherrscht und die er in seiner Jugend innerhalb seiner Darstellung der 'Freien Künste' auch berücksichtigt hat [26], genauere Anweisungen. [27] Während GREGOR VON NAZIANZ nach antiker Vorstellung über den richtigen Briefstil Regeln bietet, lehnt der reife AUGUSTINUS für sich eine schulmäßige Darstellung der Rhetorik ab. [28] Stattdessen bietet er von der neuen Ausgangsbasis des geoffenbarten und menschgewordenen Gotteswortes eine christliche Rhetorik, die sich fundamental von der antiken unterscheidet. Er läßt Rhetorik und Beredsamkeit nur so weit zu, als sie der Erkenntnis und der Vergegenwärtigung des Schriftsinnes und zwar vor allem in der Form der Glaubensunterweisung und der sittlichen Mahnung in der Predigt dienen. Entscheidend sind für ihn Wahrheit, Weisheit und sittliches Verhalten. Diese sind die Maßstäbe, nach denen sich die Rhetorik zu richten hat. [29] Damit formuliert Augustinus Gedanken, an denen sich die Kirchenschriftsteller vor und nach ihm praktisch orientiert haben. Berührung mit diesem Programm des Augustinus zeigt auch Basilius. [30] Für CASSIODOR ist die Heilige Schrift des AT und NT der Quellgrund aller Rhetorik und weltlichen Bildung. [31] Insofern lehrt er eine Bibelrhetorik und verbindet mit ihr den aus den jüdischen und christlichen Apologeten bekannten Altersbeweis: Die antiken Rhetoren sind gleichsam Plagiatoren der Heiligen Schrift.[32] Zeigte Cassiodor noch große Offenheit für die weltliche Bildung und damit für Rhetorik, so erscheint bei GREGOR DEM GROSSEN die bewußt vollzogene Verengung des Horizontes in sprachlicher und sachlicher Hinsicht. Das Griechische ist ihm fremd; die antike Literatur und damit die Rhetorik lehnt er zugunsten der Heiligen Schrift ab, obwohl er über genauere Kenntnis der Grammatik, der Rhetorik und des Rechts verfügt.[33]

Alle Väter sind sich einig, daß die Rhetorik niemals Selbstzweck werden dürfe, sondern der Verkündigung, Verteidigung und Auslegung der Glaubenswahrheiten zu dienen habe.[34] In dieser Ansicht stimmen sie mit der antiken Auffassung der Philosophen überein, nach der die *artes liberales* nur eine vorbereitende Aufgabe zu erfüllen hätten, einer Auffassung, die die gebildeten Christen entsprechend übernommen haben.[35]

Die Zeit nach Augustinus vermag im lateinischen Westen bei dem allgemeinen politischen, wirtschaftlichen und kulturellen Niedergang nur das Notwendigste der antiken Theorie entsprechend zur Epitomierung der antiken Bildung in Abrissen dem lateinischen Mittelalter weiterzureichen.[36] Mehr Kontinuität mit der antiken Bildung und daher einen größeren Reichtum an rhetorischer Literatur weist Byzanz auf.[37]

Welchen Nutzen die Kenntnis der Rhetorik, genauer des Stils, bietet, haben all jene gelehrten Väter gesehen, die sich aus theologischen oder philologischen Gründen mit der Kritik der Echtheit oder Unechtheit literarischer Zeugnisse beschäftigt haben.[38]

Anmerkungen:
1 z.B. der Donatist Cresconius Grammaticus bei Augustinus, Contra Cresconium I, 1, 2 (CSEL Bd. 52, 325f.); vgl. F. Weissengruber: Augustins Wertung von Grammatik und Rhet. im Traktat Contra Cresconium, in: Hermes 105 (1977) 101–124. – 2 Th. Payr: Art. ‹Enkomion›, in: RAC Bd. 5 (1962) Sp. 332–343, bes. 340f. – 3 F. Thürlemann: Der hist. Diskurs bei Gregor v. Tours. Topoi und Wirklichkeit (Bern 1974) 59–72; W. Speyer: Die lit. Fälschung im heidnischen und christl. Altertum (1971) 159. – 4 Curtius, Reg. s.v. ‹Topoi›; K. Thraede: Zu Ursprung und Gesch. der christl. Poesie I, II, in: Jb. für Antike und Christentum 4 (1961) 108–127; 5 (1962) 125–157. – 5 vgl. Minucius Felix, Octavius 14, 3–7; Augustinus[1] I, 2, 3 (CSEL Bd. 52, 326f.) unterscheidet zwischen Rhet. und Sophisterei; vgl. Aug. Doctr. IV, 2, 3 (CChr. SL Bd. 32, 117). – 6 1 Kor 1, 17; 2, 1f.; vgl. Aug. Doctr. IV, 28, 61 (CChr. SL Bd. 32, 164f.). – 7 Basilius, Ad adolescentes 4 (23 Wilson). – 8 Tatian, Or. ad Graecos 1. 5 (8 Marcovich); Origenes, Contra Celsum III, 39 (SC Bd. 136, 92f.); Gregor von Nazianz, Or. 16 (MG Bd. 35, 933); Johannes Chrysostomus, De Sacerdotio IV, 6 (SC Bd. 272, 268f.); Cyprianus, Ad Donatum 2 (CChr. SL Bd. 3A, 3f.); Laktanz, Divinae institutiones I, 1, 8f. (CSEL Bd. 19, 1, 3); Augustinus, Confessiones I, 16–18. – 9 Origenes, Contra Celsum VI, 2.5 (SC Bd. 147, 180f. 190); vgl. Laktanz[8] I, 1, 9 (CSEL Bd. 19, 1, 3): Gut zu sprechen betrifft wenige, gut zu leben alle; Petrus Chrysologus, Sermones 43, 1 (CChr. SL Bd. 24, 242): «Mit der Leuten ist volkstümlich zu sprechen». – 10 Johannes Chrysostomus, In Acta apostolorum homiliae 30, 3f. (MG Bd. 60, 225–228); De sacerdotio V, 2f. (SC Bd. 272, 284f.); «Non esse ad gratiam contionandum»: MG Bd. 50, 653–662. – 11 T. Albertini: Art. ‹Elegantia›, in: HWRh Bd. 2 (1994) Sp. 994f. – 12 s.o. B. I. Anm. 33. – 13 E. Wyß: Art. ‹Gregor II (Gregor v. Nazianz)›, in: RAC Bd. 12 (1983) Sp. 797f. – 14 Hieronymus, De viris illustribus: elegantia, elegans: 24 (Melito von Sardes), 25 (Theophilus von Antiochien), 28 (Pinytus von Kreta), 44 (Bacchylus von Korinth), 55 (Ammonius), 69 (Dionysius von Alexandrien), 76 (Pierius von Alexandrien), 78 (Phileas von Thmuis), 90 (Theodorus von Heraklea), 91 (Eusebius von Emesa), 99 (Serapion von Thmuis), 100 (Hilarius von Poitiers), 103 (Damasus von Rom), 105 (Gregorius von Elvira), 134 (Sophronius). -rusticus: 97 (Fortunatianus von Aquileja); vgl. S. Pricoco: Motivi polemici e prospettive classicistiche nel De viris industribus di Girolamo, in: Siculorum Gymnasium 32 (1979) 69–99. – 15 Hieronymus, Ep. 70, 3 (CSEL Bd. 54², 703): «Durch Beredsamkeit und Martyrium ausgezeichnet». – 16 Ep. 22, 30 (ebd. 189–191); vgl. C.A. Rapisarda: Ciceronianus es, non Christianus, in: Miscellanea di Studi di letteratura cristiana antica 4 (1953) 1–18; F.F. Schwarz: Hieronymus flagellatus, in: Acta Antiqua Academiae Scientiarum Hungaricae 30 (1988) 363–378; B. Feichtinger: Der Traum des Hieronymus, ein Psychogramm, in: Vigiliae Christianae 45 (1991) 54–77. – 17 Ep. 22, 29, 7 (CSEL Bd. 54² 189): «Was macht Cicero mit dem Apostel (Paulus)?»; vgl. R. Eiswirth: Hieronymus' Stellung zur Lit. und Kunst (1955) 5–50; H. Hagendahl: Latin fathers and the classics (Göteborg 1958) 91–328. – 18 Aug. Doctr. IV, 2, 3 (CChr. SL Bd. 32, 117). – 19 Dtn 21, 10–13; Hieronymus, Ep. 70, 2, 5 (CSEL Bd. 54², 702), gerichtet an den christl. Redner der Stadt Rom Magnus; vgl. W. Enßlin: Art. ‹Magnus› 18, in: RE Bd. 14 1 (1928) Sp. 490. – 20 Ex 3, 22; 1, 2; 12, 35; Aug. Doctr. II, 40, 60 (CChr. SL Bd. 32, 73f.); vgl. ebd. II, 54 (70); Norden Bd. 2, 675–677. 679; J. Gnilka, CHRĒSIS. Die Methode der Kirchenväter im Umgang mit der antiken Kultur, Bd. 1 Der Begriff des ‹rechten Gebrauchs› (1984) 56–59. 78f. – 21 Aug. Doctr. II, 40, 60 (CChr. SL Bd. 32, 74); vgl. Gnilka[20] 88–91. – 22 Laktanz, Divinae institutiones I, 1, 10 (CSEL Bd. 19, 1, 3); Aug. Doctr. IV, 2. 3 (CChr. SL Bd. 32, 117); ferner Gnilka[20] Reg. s.v. ‹Rhet.›; Bd 2 (1993) Reg. s.v. ‹Beredsamkeit›, ‹Rhet.›. – 23 Hilarius von Poitiers, In Psalmos 13, 1 (CSEL Bd. 22, 78f.); ferner vgl. A.F. Memoli: Studi sulla prosa d'arte negli scrittori latini cristiani (Napoli 1979) 176–210: ‹Diversità di posizioni e apparenti incoerenze degli scrittori latini cristiani di fronte alla eloquentia classica›. – 24 B. Asmuth: Art. ‹Angemessenheit›, in: HWRh 1 (1992) Sp. 579–592; I. Rutherford: Art. ‹Decorum›, ebd. Sp. 423–434. – 25 Aug. Doctr. IV, 18, 37 (CChr. SL Bd. 32, 143f.). – 26 M. Fussl: Art. ‹Disciplinae liberales›, in: Augustinus-Lex. Bd 2 (1999) Sp. 472–481, 484f., bes. 475f. – 27 Aug. Doctr. IV, 19, 38 (CChr. SL Bd. 32, 144). – 28 Gregor von Nazianz, Ep. 51 (GCS Greg. v. Naz. Briefe 47f.); Aug. Doctr. IV, 1, 2 (CChr. SL Bd. 32, 116f.). – 29 Ch. Steffen: Augustins Schrift De doctrina christiana (masch. Diss. Kiel 1964) 111–226; H.-I. Marrou: Augustinus und das Ende der antiken Bildung (1982) 421–449; L.F. Pizzolato: Il Quarto libro del *De doctrina christiana*, Del *proferre*, in: ‹De doctrina christiana› di Agostino d'Ippona (Rom 1995) 101–119. – 30 Basilius, Ad adolescentes, hg. von N.G. Wilson (London 1975) – 31 Cassiodor, Expositiones in Psalmos, praef. 15 (CChr. SL Bd. 97, 18–21); 16 (21f.); H. Schweizer: Art. ‹Bibelrhet.›, in: HWRh Bd. 1 (1992) Sp. 1548–1572. – 32 Cassiodor[31] 6, 2 (CChr. SL Bd. 97, 73); vgl. J.J. O'Donnell: Cassiodorus (Berkeley/Los Angeles/London 1979) 158f., 162; P. Pilhofer: Presbyteron kreitton. Der Altersbeweis der jüdischen und christl. Apologeten und seine Vorgesch. (1990). – 33 R. Manselli: Art. ‹Gregor V (Gregor d. Gr.)›, in: RAC Bd. 12 (1983) Sp. 930–951, bes. 940–942. – 34 vgl. Aug. Doctr. IV, 25, 55; 28, 61 (CChr. SL Bd. 32, 160. 164f.). – 35 Norden Bd. 2, 670–681. – 36 s.o. B. I. Anm. 27. – 37 H. Hunger: Art. ‹Byzantinische Rhet.›, in: HWRh Bd. 2 (1994) Sp. 92–118. – 38 Speyer[3] 181–183.

III. *Rhetorische Praxis*. Bereits AUGUSTINUS hat die rhetorische Praxis in Texten der Heiligen Schrift und bei CYPRIAN sowie AMBROSIUS beleuchtet; dabei übernahm er als Maßstab die antike Lehre von den drei Stilarten und vom *decorum*.[1] Um zu der von ihm geforderten Meisterschaft einer Verbindung von Weisheit, wobei diese im christlichen Sinn zu verstehen ist, und Beredsamkeit zu gelangen, empfiehlt er nicht die Lektüre rhetorischer Handbücher, sondern die Praxis anerkannter kirchlicher Lehrer. Die Zahl derartiger Verfasser bezeichnet er als groß.[2] Tatsächlich ist die griechische und römische P zum überwiegenden Teil rhetorisch durchgearbeitet. Dabei betrifft die Rhetorisierung nicht nur die homiletischen, panegyrischen, antiheidnischen, antijüdischen, antihäretischen, zum Teil auch exegetischen und dogmatischen Schriften sowie die Briefliteratur und die christliche Dichtung, sondern auch die Texte der Liturgie, des Rechtes und der Konzilien sowie der päpstlichen Kanzlei. Spuren des römischen Gebetsstiles, der Sprache der römischen Juristen und der heidnischen Hofkanzlei lassen sich nachweisen. In den rhetorisierten literarischen Gattungen der Prosa und der Poesie, den angewendeten Stilmitteln und dem rhythmischen Satzschluß unterscheiden sich die stilistisch anspruchsvollen Kirchenschriftsteller nicht von ihren heidnischen Zeitgenossen, wie vor allem die Gattungen des Briefes und des Enkomions zeigen können.[3] Die Rücksicht auf den Adressaten bestimmt die rhetorischen Mittel bei den Christen in gleicher Weise wie bei den Heiden.[4] Die Anzahl des in Betracht Kommenden und die Differenzierung der Stilmittel verbieten in diesem Zusammenhang eine Charakterisierung der einzelnen Väter und literarischen Gattungen. Dabei sind die Verbindungen zur älteren und gleichzeitigen heidnischen Rhetorik überall zu erkennen.

Folgende Beiträge der Forschungsliteratur bieten Hinweise: Einen zusammenfassenden Überblick gibt E. Norden, der in dieser Weise bisher keinen Fortsetzer gefunden hat.[5] O. Bardenhewer geht auf die Stilfrage bei den bedeutenderen Kirchenschriftstellern immer wieder ein.[6] Die Schule von Nimwegen versuchte ausgehend von der Annahme einer christlichen lateinischen Sondersprache auch die Frage nach der Rhetorisierung der lateinischen P. zu beantworten.[7] Da das Thema für die Auseinandersetzungsproblematik des RAC wichtig ist, findet sich dort unter den Namen der einzelnen christlichen Schriftsteller und der literarischen Gattungen der heutige Wissensstand verzeichnet.

Anmerkungen:
1 Aug. Doctr. IV, 20, 39–21, 50 (CChr. SL Bd. 32, 144–157); vgl. B. Asmuth: Art. ‹Angemessenheit›, in: HWRh Bd. 1 (1992) 590f.; K. Spang: Art. ‹Dreistillehre›, ebd. Bd. 2 (1994) 931f. –
2 Aug. Doctr. IV, 5, 8 (121). – 3 K. Thraede: Grundzüge griech.-römischer Brieftopik (1970) 109–214; Th. Payr: Art. ‹Enkomion›, in: RAC Bd. 5 (1962) Sp. 332–343. – 4 vgl. Gregorius Magnus, Regula pastoralis 3, 1 (SC Bd. 262–266, 3, 8, 2; S.); Moralia in Iob XXX, 3, 13 (CChr. SL Bd. 143 B, 1499f.). – 5 Norden Bd. 2, 510–654. 841–870. 943–950; zur Forschungsgesch. bis heute Ch. Klock: Unters. zu Stil und Rhythmus bei Gregor von Nyssa (1987) 122–145, der eine gattungsspezifische Stilistik befürwortet. – 6 O. Bardenhewer: Gesch. der altkirchlichen Lit., Bd. 1–5 (²1913–1932). – 7 Chr. Mohrmann: Études sur le latin des chrétiens, Bd. 1–4 (Rom 1961–1977), bes. Bd. 4, 111–140.

Literaturhinweise:
C. D. G. Müller: Koptische Redekunst und griech. Rhet., in: Le Muséon 69 (1956) 53–72. – C. Fabricius: Der sprachliche Klassizismus der griech. Kirchenväter, ein philologisches und geistesgesch. Problem, in: Jb. für Antike und Christentum 10 (1967) 187–199. – H.-Th. Johann (Hg.): Erziehung und Bildung in der heidnischen und christl. Antike (1976). – G. A. Kennedy: Classical rhetoric and its christian and secular tradition from ancient to modern times (London 1980). – H. Hagendahl: Von Tertullian zu Cassiodor. Die profane lit. Trad. in den lat. christl. Schriften (Göteborg 1983), Reg: s.v. ‹Rhet.›. – A. Cameron: Christianity and the rhetoric of empire (Berkeley / Los Angeles / Oxford 1991). – W. Blümer: Rerum eloquentia. Christl. Nutzung antiker Stilkunst bei St. Leo Magnus (1991). – Ch. Schäublin: Zum paganen Umfeld der christl. Predigt, in: G. Binder, K. Ehlich (Hg.): Kommunikation in polit. und kultischen Gemeinschaften (1996) 167–192.

W. Speyer

→ Allegorie, Allegorese → Apologie → Bibelrhetorik → Christliche Rhetorik → Homiletik → Katechese, Katechismus → Predigt → Schlichter Stil → Spätantike

Paulskirchenrhetorik

A. Def. – B. Rhetorische Bereiche. I. Geschäftsordnung und ihre taktische Handhabung. – II. Begrifflich-lexikalisches Repertoire. – III. Rednerische Fähigkeiten. – IV. Symbolische Überhöhung.

A. Der Begriff ‹P.› umfaßt mehrere Aspekte, die für die Herausbildung und Tradition der modernen politischen Kommunikation in Deutschland bedeutsam geworden sind: 1) Das erste gesamtdeutsche Parlament, die Frankfurter Nationalversammlung von 1848/49, die in der Paulskirche tagte, hat trotz seines Scheiterns eine zentrale Bedeutung für die Schaffung der notwendigen *kommunikationsorganisatorischen Grundlagen* in den wichtigsten demokratischen Institutionen, vor allem durch die Ausgestaltung der parlamentarischen Geschäftsordnung und ungeschriebener, auch taktischer parlamentarischer Gepflogenheiten. 2) In den Debatten und Schriftdokumenten der Paulskirche, die von einer regen politischen Öffentlichkeit verfolgt und begleitet werden, wird der *politisch-ideologische Sprachgebrauch* der Revolutionszeit weiterentwickelt und argumentativ funktionalisiert, so daß er mit seinen z.T. dualistischen Denkmustern, z.T. schon modernen Formelkompromissen die politische Lexik und ihre Handhabung in semantischen Kämpfen bis heute prägt. 3) Zugleich werden in den Reden *Stile politisch-parlamentarischer Rede* herausgebildet, die einerseits als Höhepunkt und Vorbild demokratischen Debattierens verklärt, andererseits als ‹Schönrednerei› herabgewürdigt werden. 4) Die bisher genannten Aspekte und die zugespitzte historische Situation um dieses Parlament, das zentrale politische Werte wie Freiheit und Einheit zu verhandeln hat, führen dazu, daß sein Ort zu einem *nationalen und demokratischen Symbol* überhöht wird: die Paulskirche entwickelt sich zu einer nationalen Gedenkstätte und steht heute für eine freiheitlich-demokratische Tradition politischer Kommunikation.

B. *Rhetorische Bereiche.* I. *Geschäftsordnung und ihre taktische Handhabung.* Die Muster der politisch-parlamentarischen Kommunikation und die rednerischen Leistungen einzelner Abgeordneter haben einen gewichtigen Anteil an der Herausbildung institutioneller Festlegungen und verfahrenstechnischer Regeln der Nationalversammlung. Hierzu gehört die Problematik der *Geschäftsordnung*, die in der Paulskirche zunächst vordringlich ist.[1] Die Anfangssituation wird häufig als schwierig, wenn nicht chaotisch beschrieben[2], nicht zuletzt weil weder eine gültige Geschäftsordnung noch ein eingespielter ‹Parlamentsbrauch› zur Verfügung stehen und dazu eine kompetente Verhandlungsführung durch die Person des zu Beginn amtierenden Alterspräsidenten nicht möglich ist. Jedoch bewirken eine Reihe von Faktoren, daß die Lücke relativ rasch geschlossen werden kann.[3]

Einige Paulskirchenparlamentarier haben gute theoretische Kenntnisse der ausländischen Vorbilder, und unter ihnen sind sogar ausgesprochene Geschäftsordnungsexperten. Der Heidelberger Professor der Staatswissenschaften R. VON MOHL ist ein Kenner und Vermittler der Arbeiten von J. BENTHAM, der im Auftrag MIRABEAUS einen Abriß der ungeschriebenen Verfahrenspraxis des englischen Parlaments verfaßt hatte (‹Essay on Parliamentary Tactics›, seit 1817 in deutscher Übersetzung), und das amerikanische Standardwerk, T. JEFFERSONS ‹Manual of Parliamentary Practice› (seit 1819 in deutscher Übersetzung), scheint so verbreitet, daß es in einem Antrag als Regelergänzung für offene Fragen vorgeschlagen wird.[4] Ein vergleichbares deutsches Werk gibt es zu dieser Zeit allerdings nicht; Geschäftsordnungsfragen erscheinen eher nebenbei[5] bei F. DAHLMANN[6], der wie v. Mohl Mitglied des entsprechenden Ausschusses wird, C. VON ROTTECK[7] und K.S. ZACHARIÄ[8]; am ausführlichsten und am leichtesten zugänglich ist der Artikel von C. MITTERMAIER, ebenfalls Paulskirchenmitglied, im ‹Staats-Lexikon›.[9]

So legt v. Mohl schon im Vorfeld seine stark vom englischen Vorbild geprägten, kommentierten «Vorschläge zu einer Geschäfts=Ordnung des verfassunggebenden Reichstages» vor[10], die er dann zusammen mit den Abgeordneten MURSCHEL und SCHWARZENBERG zu einem ‹Entwurf› ausarbeitet; dieser wird in der ersten Sitzung am 18. Mai zwar als provisorische Regelung angenommen, aber in der neu eingesetzten Kommission nicht unerheblich geändert, so daß die definitive Ordnung vom 29. Mai sich überwiegend am französisch-badischen Vorbild orientiert und einerseits ein hohes Maß an Antrags- und Redefreiheit, andererseits eine gewisse Beschleunigung des Entscheidungsprozesses vorsieht.[11] Im Verlauf der ersten Monate erfährt die Ordnung «durch stillschweigenden Gebrauch oder Nichtanwendung, ausdrückliche Absprache und förmliche Änderung oder Ergänzung»[12] Modifikationen bis etwa Ende Oktober, dann ist «etwa gleichzeitig mit dem vorläufigen Abschluß der Fraktionsbildung die endgültige Form» des Verfahrens gefunden.[13]

Man sieht in den acht Kapiteln der Geschäftsordnung der Paulskirche «ein fast zeitlos gültiges Gerüst der regelungsbedürftigen Sachverhalte einer Parlamentarischen Versammlung».[14] Der Präsident, auf vier Wochen gewählt (§10), leitet die Verhandlungen, erteilt das Wort und stellt die Abstimmungsfragen (§14). Anträge werden schriftlich vorgelegt, bedürfen der Unterstützung von mindestens 20 Mitgliedern, werden gegebenenfalls in einen Ausschuß verwiesen (§29) und normalerweise frühestens nach 24 Stunden beraten (§31); Verbesserungsanträge können jederzeit gestellt werden (§33). Die Reihenfolge der Redner folgt einer Rednerliste nach Anmeldung (§36) und soll Pro und Contra im Wechsel berücksichtigen (§37); die Reden müssen frei gehalten werden (§39); eine Redezeitbeschränkung, obwohl zweimal vorgeschlagen[15], wird nicht eingeführt; die Entscheidung über den Schluß der Debatte kann jederzeit vom Plenum getroffen werden (§38). Die Plenumssitzungen sind anders als die Ausschußsitzungen (§28) öffentlich (§16). Die Vorbereitung der Plenardebatten liegt bei den Ausschüssen (§§19–28), von denen es insgesamt 17 ständige und 10 vorübergehende gibt.[16] Daß diese Geschäftsordnung schließlich nach nur kurzer Beratung angenommen wird, mag auch an ihrer Mischung verschiedener, in Deutschland durchaus schon bekannter Modelle liegen.

Denn zu den theoretischen Kenntnissen der wenigen Experten kommen die praktischen Erfahrungen der Abgeordneten, von etwa einem Fünftel aus der Mitarbeit in den zahlreichen Ständekammern der Vormärzzeit[17], bei vielen aber auch aus den seit 1770 sich ausbreitenden Vereinen wie den Lesegesellschaften, die «ihren Vorstand satzungsgemäß wählen, über die Aufnahme neuer Mitglieder mit Mehrheit beschließen, Streitfragen überhaupt auf parlamentarischem Weg erledigen».[18] Es darf außerdem nicht übersehen werden, daß dazu eine altständische vorkonstitutionelle Überlieferung existiert, die auch ohne explizite Kodifikation der Verfahrensweisen, dennoch verfestigt durch das «Herkommen», wenige gerichtliche Entscheidungen oder Vergleiche, Erfahrungen ausgebildet hat; dies läßt darauf schließen, daß die Versammlungen des 19. Jh. auf eine lange Tradition von Beratungstechniken aufbauen können, die sich – auch über absolutistisch geprägte Phasen hinweg – in den Ständeversammlungen erhalten haben und die vor allem im Bewußtsein der staatsrechtlich und praktisch gebildeten Beamten und Politiker fortwirken.[19] In den Geschäftsordnungen der Repräsentativorgane der Vormärzzeit, die mit ihrer Mischung aus überlieferten und modern repräsentativen Zügen als «neuständisch» gelten können[20], findet sich eine große Vielfalt von Formen mit wechselnden Kombinationen der einzelnen Regelungen[21], so daß – trotz aller Bezüge auf die englischen und französischen Vorbilder – für die Paulskirche auch schon «eine große Zahl von in Deutschland praktisch erprobten Modellen zur Verfügung» stehen.[22] Sie sind allerdings wegen ihres politisch und räumlich beschränkten Zuschnitts nur schwer übertragbar.[23] Vor allem aber hat sich inzwischen die Rolle der Öffentlichkeit insofern gründlich gewandelt, als nun aufgrund eines raschen publizistischen Echos auch Reden «zum Fenster hinaus» effektvoll gehalten werden können[24], was die rhetorisch-kommunikative Situation der Debatten auf eine neue Grundlage stellt, indem es nun gilt, Mehrfachadressierungen mitzubedenken.

Die Geschäftsordnung kann nur den formalen organisatorischen Rahmen liefern, die alltägliche praktische Arbeit bedarf der organisatorischen Bündelung der Einzelinteressen in Form von *Fraktionen*[25], die sich rasch herausbilden – gewissermaßen außerhalb der Geschäftsordnung, die statt dessen nur eine Gliederung in durch Los bestimmte und zunehmend bedeutungslos werdende Abteilungen vorsieht. «Fraktionen bestimmten fortan den Geschäftsablauf, erklärten wichtige Verhandlungsgegenstände zu »Parteisachen«, übten Abstimmungsdisziplin, schlossen Koalitionen, begrenzten die Zahl der Zufallsentscheidungen, steuerten die Plenardebatten, beeinflußten mit eigenen Publikationen die Öffentlichkeit»[26]; in ihrer Hand liegt also auch die *taktische Handhabung der Geschäftsordnung*, die zur Geschäftsordnungswirklichkeit gehört, wo der interessegebundene Einsatz der Verfahren und rhetorischen Tricks für den Erfolg der eigenen Gruppe instrumentalisiert wird. Auch auf diesem Feld hat der englische Parlamentarismus einen Erfahrungsvorsprung, dokumentiert in W. HAMILTONS ‹Parliamentary Logick›, einer Aphorismensammlung mit machiavellistisch-zynischen Ratschlägen, 1808 postum veröffentlicht und ebenfalls von v. MOHL übersetzt (1828). Zu den rhetorisch und sprachpragmatisch bedeutsamen taktisch-persuasiven Schritten gehören z.B. die Manipulation der Reihenfolge von abzustimmenden Anträgen, Verzögerungen von Abstimmungen, Überweisungen von Vorschlägen in Kommissionen zum Zwecke der Nichtbeachtung. Sie sind Teil der informellen institutionellen Sprachhandlungskompetenz von erfahrenen Parlamentariern und werden auch schon in der Paulskirche von Anfang an praktiziert.[27] Die zeitgenössischen und historisch-rekonstruierenden Schilderungen der Debatten liefern eine Fülle von Belegen für solche Verfahrenstricks und für persuasive Schritte, die auf die Wirkung auf der ‹Galerie› und in der weiteren Öffentlichkeit abzielen. Man kann regelrecht linke und rechte Taktiken unterscheiden[28]: die Linke fordert immer wieder namentliche Abstimmung, um «Verräter» bloßzustellen, oder besteht darauf, daß Dringlichkeitsanträge sofort und ohne Überweisung in einen Ausschuß behandelt werden (z.B. die berühmten Anträge von RAVEAUX und ZITZ gleich zu Beginn der Verhandlungen). Dabei werden aktuelle Anlässe genutzt, um indirekt und unter Zeitdruck prinzipielle Fragen, die das Selbstverständnis der Versammlung berühren, aufzuwerfen.[29] Die Rechte antwortet zunächst mit einer «Strategie des Ausweichens»[30], indem sie versucht, die Anträge zu übergehen («zur Tagesordnung überzugehen»), in einen Ausschuß zu überweisen oder die Anträge durch geringfügig scheinende Modifikationen des Wortlauts zu entschärfen, wofür dem Präsidenten und Stimmführer des rechten Zentrums, H. VON GAGERN, ein besonderes Talent zugesprochen wird.[31] Man läßt «offene Fragen» und riskiert auch Verwirrung in den eigenen Reihen. Später versucht man, der Linken das öffentliche Forum der Plenarsitzungen aus der Hand zu nehmen, indem man Debatten über die Grundrechte im Plenum von einer entsprechenden Abstimmung abhängig machen will, was allerdings nur in eingeschränktem Ausmaß gelingt.[32] Für die letzte Phase der Beratungen wurde eine «wachsende Diskrepanz zwischen den mehr oder weniger geheimen Absprachen im Vorfeld einerseits und den Plenardebatten andererseits» festgestellt.[33] Durch Appelle an die Prinzipienkonsistenz versucht man, Koalitionsvereinbarungen der Gegner zu sprengen.[34] Schließlich bleibt einer Mehrheit nur die Möglichkeit, sich «auf dem Boden der Tatsachen» zu einigen, d.h. pragmatische Kompromisse zu schließen.[35]

II. *Das begrifflich-lexikalische Repertoire* der Debatten konstituiert die ideologiesprachliche und parteiliche Aneignung der politischen Verhältnisse. Aus linguistischer Sicht thematisiert dies u.a. H. Grünert.[36] Er untersucht den Sprachgebrauch der Paulskirche zunächst entlang der großen Themen (politisch-rechtliche Stellung der Nationalversammlung, provisorische Zentralgewalt, Grundrechte, Reichsverfassung, Nationalitätenfrage), dann als antagonistische ideologische Zeicheninventare, jeweils für fortschrittliche und bewahrende Richtungen, wobei er Begriffsfelder nach ihrer Funktion in einem Argumentationsmodell[37] strukturiert. Für das Argumentationsmuster der «Fundation», das politische Prinzipien und Doktrinen enthält, dienen begriffliche Felder wie *Rechtsboden, Volkssouveränität* und *Parteien,* für die rechte Seite außerdem *das Organische* und der *Boden der Tatsachen,* für die linke *Revolution.* Zur «Motivation» der Zielsetzungen dienen begriffliche Felder, die untermauernde Werte und Autoritäten beisteuern wie *Volk, Vaterland, Ehre, Zeit* u.a. «Retrospektive Kausation» verwendet zur Begründung historische Fakten, auf Feldern wie *Polizeistaat, Klassen, politische Verhältnisse.* «Prospektive Konsekution» entwirft mögliche Folgen, auf den Feldern *Freiheit, Einheit, Ordnung, soziale Frage, Nationalitätsprinzip, Destruktion/Konstruktion.* Einige dieser Begriffsfelder wie z.B. das der ‹Volkssouveränität› werden von beiden Seiten in Anspruch genommen, wenn auch unter verschiedenen Vorzeichen[38]: Während die eigentliche Rechte den Begriff als *ausschließliche, absolute, grenzenlose, unbedingte Volkssouveränität, als Souveränitätstaumel, Souveränitätsschwindel, Crawallsouveränität* negativ belegt und das Selbstverständnis der Versammlung stattdessen lieber auf *freie und friedliche, freundliche Vereinbarung, den Weg der Verständigung mit den Regierungen* gründen will, versucht das Rechte Zentrum doch die positive Ladung des Begriffs beim Publikum zu nutzen, wenn sie immerhin von der *Souveränität der Nation* und der *Nationalversammlung* spricht und in bedeutsamer Modifikation von der *ganzen und vollkommenen, der wahren Volkssouveränität,* die neben der *wahren Fürstensouveränität* steht, denn: die *Fürsten regieren in Übereinstimmung mit dem Willen des Volkes.* Die Linke dagegen reklamiert hier ohne Wenn und Aber ein ‹Kernzeichen›, für sie geht es um *das Prinzip, den Grundsatz der Volkssouveränität* als Ausdruck des *Volkswillens, der Volksstimme, der Allmacht des Volkes, eines mündigen, souveränen, erwachten Volkes,* das der Nationalversammlung *das volle ungeschmälerte Recht der Alleinentscheidung* verliehen hat. Andere Felder wie *das Organische* für die Rechte oder *Revolution* für die Linke sind eindeutiger einseitig zuzuordnen und kaum Schauplatz versuchter Begriffsbesetzungen.

Zwar stehen die politischen Grundbegriffe seit ihrer ideologischen Aufladung in der Restaurationsära im großen und ganzen fest; man versucht aber doch – wie am Beispiel gezeigt – in einigen Bereichen Bedeutungen taktisch zu verschieben oder Bezeichnungen für die eigenen Zwecke zu okkupieren, so daß manche Begriffe wie ‹Bürger›, ‹Stand›, ‹Souveränität› oder ‹Konstitution› durch die so entstehende «Überlagerung von Bedeutungssedimenten» zu komplex werden und damit «für präzise Bezeichnungszwecke, etwa in Gesetzestexten, unbrauchbar».[39]

Begriffswirrwarr herrscht zur Revolutionszeit wegen der Vielzahl der Schauplätze und der persuasiven Sprachgebräuche auch auf dem semantischen Feld der Parteinamen und Richtungsbezeichnungen, für das die Paulskirche kein «Zentrum [...] für eine national einheitliche Verwendung der Positionsbestimmungen» wird[40]: einige wie *konservativ, konstitutionell, demokratisch, liberal* sind zu dehnbar, andere wie *reaktionär, kommunistisch, republikanisch, ultramontan* sind nur noch als Stigmawörter zu verwenden.

Es zeigt sich, daß die Paulskirchendebatten, ausgetragen vor dem Hintergrund einer bewegten Öffentlichkeit und zunehmend konfrontiert mit der nach wie vor wirksamen Machtpolitik der Fürsten, den Weg vom Wettstreit der hehren Ideen zum machbaren Kompromiß zwischen den rivalisierenden Fraktionen und Gruppen gehen müssen. Die Auseinandersetzungen um die österreichische Frage und das Erbkaisertum führen schließlich dazu, daß sich keine der großen, begrifflich aufgeladenen ideologischen Optionen durchsetzen kann, sondern die pragmatische «Sprache der harten Tatsachen», die «für die kleindeutschen Liberalen im Laufe der Verfassungsberatungen immer attraktiver wurde»[41], das Scheitern der Versammlung aber nicht mehr zu verhindern vermag.

III. *Rednerische Fähigkeiten.* Die Besonderheit der historischen Situation und die damit verbundenen Erwartungen auf der einen Seite und das von manchen vorhergesehene Scheitern auf der anderen Seite erklären auch die ambivalente Beurteilung der Reden und Redner der Paulskirche. Die geschichtswissenschaftlichen Arbeiten erwähnen nicht selten die *rednerischen Fähigkeiten* führender Parlamentarier. Auf der Linken rühmt man vor allem R. BLUM, F. ZITZ, L. SIMON, vom Linken Zentrum A. SCHODER; auf der Rechten wird besonders G. VON VINCKE erwähnt, vom Rechten Zentrum H. VON GAGERN, A. VON SCHMERLING, F. VON LICHNOWSKY, F. BASSERMANN, nicht zuletzt der später abtrünnige Linke W. JORDAN.[42] Schon die zeitgenössischen Beobachter stellen die Parlamentarier auch im Hinblick auf rhetorische Leistungen dar, so z.B. H. LAUBE, C. BIEDERMANN, R. HELLER, F. HART, R. HAYM oder R. VON MOHL. Trotz des sogenannten Niedergangs der deutschen Rhetorik in der Zeit des Absolutismus und der Restauration, beklagt z.B. bei A. MÜLLER, der 1812 das englische Parlament als «Schauplatz echter Beredsamkeit» preist [43], trotz des «stiefkindlichen» Charakters der politischen Rhetorik bis dahin [44], hatte sich doch eine bedeutsame politische Beredsamkeit entwickelt. Dies belegen z.B. die patriotisch-frühnationalistischen Schriften von J. GÖRRES, E.M. ARNDT oder J.G. FICHTE, die Versammlungs- und Vereinskultur und nicht zuletzt die Verhandlungen der süddeutschen ständischen Landtage. G.F. KOLB kann daher in seinem einschlägigen Artikel im ‹Staats-Lexikon› von 1834–43 eine ganze Liste von Abgeordneten der Kammern anführen, «die sich als Redner mehr oder minder auszeichneten», unter ihnen schon spätere Paulskirchenprominente wie J. VON ITZSTEIN, C. VON WELCKER, P. PFIZER, L. UHLAND, S. JORDAN, B. EISENSTUCK und wiederum MITTERMAIER und von GAGERN. In der späteren Fassung des Artikels von 1865 erwähnt er dann im Rückblick: BLUM, VOGT, L. SIMON, LÖWE, BERGER, W. ZIMMERMANN, SCHODER, UHLAND, GISKRA, VON GAGERN, RIESSER, BESELER, WAITZ, VON RADOWITZ, LICHNOWSKY, DÖLLINGER, LASAULX, REICHENSPERGER; VON VINCKE wird als drittklassig bezeichnet. [45]

Auch die wenigen im engeren Sinne *rhetorischen* und *stilistischen Analysen* der Paulskirche zeichnen ein eindrucksvolles und differenziertes Bild von der Beredsamkeit und der Breite des stilistischen Spektrums bei den Parlamentariern. H. Heibers publizistikwissenschaftliche Arbeit von 1953 [46], die sich auf rhetorische Figuren konzentriert, betont die zeittypischen Stilzüge von Pathos, Erhabenheit und Bildlichkeit, die ein vielfach genutztes und ausgebautes System verschiedener Bildbereiche wie *Bauen, Wasser*, *Botanik* und *Kriegswesen* umfaßt. Die sprechwissenschaftliche Arbeit von D.-W. Allhoff aus dem Jahre 1975 basiert auf quantitativen Untersuchungen der Syntax von 80 Reden und auch einiger semantischer Kategorien. [47] Danach sind die Reden weder übertrieben lang, etwa im Vergleich zum späteren Reichstag, noch syntaktisch zu komplex; sie waren damit für ein allgemein gebildetes Publikum durchaus verständlich. Die zahlreichen Bilder und Vergleiche werden nur selten ornamental, meist als Stilmittel der Klarheit und Anschaulichkeit eingesetzt. Die Argumentation ist häufig moralisch und emotional, gelegentlich auch ironisch und witzig. Die anhaltenden pathetischen Elemente vieler Reden, vor allem im Zusammenhang mit nationalen Gefühlen, erklären sich auch aus der Verdrängung der eigenen Ohnmacht; polemische Züge sind keineswegs selten. Sie dienen auch der Konkretisierung und damit sogar der Versachlichung; als Polemiker genannt werden mit SIMON, BASSERMANN, VINCKE, LICHNOWSKY, SCHMERLING, B. WEBER, EISENSTUCK, J.N. BERGER, REICHENSPERGER, RAVEAUX, GISKRA, HECKSCHER und nicht zuletzt W. JORDAN, der als bekannter Dichter und Vortragskünstler über eine professionelle, vielleicht allzu perfekte Rhetorik verfügt, was ihm nach seinem Parteiwechsel – wohl auch aufgrund seiner Angriffe auf seine ehemaligen Gesinnungsgenossen – bei manchen den Ruf der Unglaubwürdigkeit und der Effekthascherei einträgt. [48] Neben Vertretern einer typisch traditionellen Rhetorik (z.B. RAPPARD und BEKKERATH) finden sich auch schon solche einer moderneren Haltung (wie SCHODER und HILDEBRAND). Überhaupt muß man mit starken persönlichen Unterschieden im Stil rechnen: Während Redner wie GAGERN, RIESSER und LÖWE besonders angesehen sind, weil sie dem pathetisch-honorigen Zeitstil am ehesten entsprechen, reden andere, wie VOGT, VINCKE, LICHNOWSKY und RADOWITZ, gerade antipathetisch, intellektuell und ironisch und sorgen dafür, daß übertriebenes Pathos allmählich immer lächerlicher wirkt. Den Typus des Volksredners verkörpert am deutlichsten BLUM [49], den des modernen nüchtern-argumentativen Parlamentariers HILDEBRAND.

Dieses differenzierte Bild von den Rednerpersönlichkeiten widerspricht gängigen Klischees von bloßer «Schönrednerei» oder dem Vorwurf der Geschwätzigkeit, am populärsten geworden durch G. HERWEGHS Gedicht ‹Das Reden nimmt kein End›. [50] Der Eindruck der Weitschweifigkeit, Gründlichkeit und Detailbesessenheit verbindet sich bei manchen mit dem längst und häufig widerlegten Vorurteil, es habe sich um ein «Professorenparlament» gehandelt [51], wenn auch der Anteil der Redner bei den Professoren überproportional ist. [52] Eine Charakteristik der Parlamentsreden von «Politik-Professoren» in der Paulskirche zeigt bei ihnen wiederum sehr verschiedene Redestile [53]: Während v. HERMANN, HILDEBRAND, TELLKAMPF und RAUMER sich eher akademisch äußerten, WAITZ der beste der «beweisführenden Redner» gewesen sei (so schon v. MOHL in seiner Würdigung von rhetorischen Leistungen [54]), seien FALLATI, M. v. GAGERN und v. MOHL selbst – ihren Ämtern entsprechend – mehr «geschäftsmäßig» aufgetreten; DAHLMANN habe sich asketisch und unnahbar gegeben und mit wenigen «inhaltsschwerer und wuchtenden» Reden [55] großen Eindruck gemacht. BUSS habe auf der Rechten dem Typus des Volkstribuns entsprochen. Als sachlich und argumentativ wird, obwohl zur äußersten Linken gehörig, K. HAGEN beschrieben. [56] Umstritten in seiner Wirkung ist MITTERMAIER, dem einerseits Detailgenauigkeit, andererseits scharfe energische Sprache und insgesamt ein «damals wie heute kurios anmutender Habitus als Redner» bescheinigt wird. [57]

Auffällig ist auch, daß einige – unter ihnen sehr prominente – Professoren wie DROYSEN, GERVINUS, WUTTKE, DUNCKER, aber auch der Großindustrielle MEVISSEN, außerdem JACOBY, TEMME, FALLMERAYER, sich als «ausgesprochene Schweiger» verhalten. Auch Berühmtheiten wie J. GRIMM [58] und L. UHLAND sprechen nur selten; letzterer prägt dabei zur Frage des zukünftigen Reichsoberhaupts die vielzitierten Formulierungen: «Die Revolution und ein Erbkaiser – das ist ein Jüngling mit grauen Haaren» (basierend auf dem alten Topos des *puer senex*). Und: «Glauben Sie, meine Herrn, es wird kein Haupt über Deutschland leuchten, das nicht mit einem vollen Tropfen demokratischen Öls gesalbt ist!» [59]

Bei der Analyse und Beurteilung der Reden stützt man sich heute – außer auf zeitgenössische Beschreibungen – vor allem auf die Redetexte, wie sie in den von F. WIGARD [60] in hoher Auflage und schnell herausgegebenen ‹Stenographischen Berichten› veröffentlicht wurden. [61] Abgesehen von den Zweifeln an der Authentizität der Wiedergabe (besonders im Hinblick auf Beifallskundgebungen), die wegen der Parteizugehörigkeit Wigards zur Linken umstritten war, vernachlässigt man damit *para-* und *nicht-verbale Redeelemente*, die Qualität der Stimme, Prosodie und andere *actio*-Aspekte, überhaupt die Persönlichkeit des Redners, die aber gerade bei der gegnerischen Gruppe einen Großteil der Wirkung ausmachen. So wird etwa die nahezu ungeteilte Faszination H. von Gagerns nicht zuletzt auf seine «männliche Stimme», «die feste Betonung seiner Worte» und «die mächtige Gebärde» zurückgeführt [62], während es von anderen wie Dahlmann oder Lichnowsky heißt, daß sie trotz ihrer schwachen Stimme wirken. [63] Dies wiegt umso schwerer, als die räumliche Situation in der Paulskirche mit ihrer runden Architektur zwar als Tagungsstätte ideal erscheint, aber die große Zahl von anfänglich 1500–2000 Zuschauern auf den Rängen und die schlechte Akustik zu größerer Lautstärke reizen und die Reden dadurch «erregter und schärfer» erscheinen. [64]

IV. *Symbolische Überhöhung.* Insgesamt steigert auch der sakrale Charakter des «Tempels» zusammen mit inszenatorischen Elementen wie Vorhängen, Fahnen, Reichsadler und einer Germania-Darstellung die feierliche Stimmung der Versammlung. [65] Allerdings ist die Berichterstattung nicht nur glorifizierend, sondern trägt mit zahlreichen Flugblättern, Karikaturen und Satiren wie J.H. Detmolds ‹Thaten und Meinungen des Herrn Piepmeyer› zur Entzauberung der Paulskirche bei [66], die nicht erst mit dem immer deutlicher sich abzeichnenden Scheitern eine ambivalente Beurteilung erfährt. Dennoch hat auf Dauer die Tendenz zur Überhöhung und Verklärung der Paulskirche überwogen, zu der auch ihre Reden und deren Verbreitung in einer Reihe von Redensammlungen beitragen. [67] Heute ist ‹die Paulskirche› fester Bestandteil der politischen Symbolik, Ort für Gedenkversammlungen, für die Verleihung von Friedenspreisen; sie gehört unumstritten zu den Miranda, die in der folgenden Art beschworen werden können: «Eingehüllt in den Glanz einer großen politischen Rhetorik hat diese im wesentlichen klein- und bildungsbürgerliche und kleinmütige Nationalbewegung der Paulskirche Männer hervorgebracht, die aus dem Rausch der Begeisterung und aus der Bürde der Niederlage herauswuchsen und ihr Zeichen, in Wort und Schrift, an den Himmel künftiger deutscher Freiheit geschrieben haben.» [68]

Anmerkungen:
1 K. Schauer: Der Einzelne und die Gemeinschaft. Vom Geschäftsverfahren des Frankfurter Parlaments (1923); G. Ziebura: Anfänge des dt. Parlamentarismus. Geschäftsverfahren und Entscheidungsprozeß in der ersten dt. Nationalversammlung 1848/49, in: G. Ritter, G. Ziebura (Hg.): Faktoren der politischen Entscheidung (1963) 185–236; R. Moldenhauer: Aktenbestand, Geschäftsverfahren und Geschäftsgang der «Deutschen Verfassungsgebenden Reichsversammlung» (Nationalversammlung) 1848/49 und ihrer Ausschüsse, in: Archivalische Zs. 65 (1969) 47–91; M. Botzenhart: Dt. Parlamentarismus in der Revolutionszeit 1848–1850 (1977) 482–493; W. Holly: Zur Gesch. parlamentarischen Sprachhandelns in Deutschland, in: LiLi 47 (1982) 10–48. – **2** Ziebura [1] 185ff., 193; Holly [1] 21ff; F. Eyck: The Frankfurt Parliament 1848–1849 (London usw. 1968) 102ff.; W. Ribhegge: Das Parlament als Nation (1998) 8ff. – **3** W. Steinmetz: «Sprechen ist eine Tat bei euch.» Die Wörter und das Handeln in der Revolution von 1848, in: D. Dowe, H.-G. Haupt, D. Langewiesche (Hg.): Europa 1848. Revolution und Reform (1998) 1089–1138, 1093f. – **4** Botzenhart [1] 478. – **5** ebd. 478ff. – **6** F. Chr. Dahlmann: Die Politik (1835/1968) 148–152. – **7** C. von Rotteck: Lehrbuch des Vernunftrechts und der Staatswiss. (1840/1964) Bd. 2, 276ff; ders.: Staatsrecht der konstitutionellen Monarchie (1838–1840) Bd. 3, 197ff. – **8** K.S. Zachariä: Vierzig Bücher vom Staate (1839) Bd. 3, 257–261. – **9** C.M. Mittermaier: Art.: ‹Geschäftsordnung (landständische)›, in: C. v. Rotteck, C. Welcker (Hg.): Staats-Lex., Bd. 6 (1838) 613–629. – **10** s. auch E. Angermann: Robert von Mohl 1799–1875. Leben und Werk eines altliberalen Staatsgelehrten (1962); P. Nordblom: Robert von Mohl, in: F. Engehausen, A. Kohnle (Hg.): Gelehrte in der Revolution. Heidelberger Abgeordnete in der dt. Nationalversammlung 1848/49 (1998) 41–67; N. Urban: Robert von Mohl: Konstitutionelle Monarchie, Repräsentativsystem und Staatswiss., in: S. Freitag (Hg.): Die Achtundvierziger. Lebensbilder aus der dt. Revolution 1848/49 (1998) 113–125. – **11** vgl. Ziebura [1] 194ff.; Botzenhart [1] 483, 487. – **12** ebd. 489. – **13** ebd. 493. – **14** N. Lammert: Einf., in: Dt. Bundestag (Hg.): Die Geschäftsordnungen dt. Parlamente seit 1848. Eine synoptische Darst. (1986) 12. – **15** Botzenhart [1] 491f. – **16** ebd. 489. – **17** Steinmetz [3] 1093. – **18** J. Habermas: Strukturwandel der Öffentlichkeit (^{11}1980) 93f.; vgl. W. Hardtwig: Strukturmerkmale und Entwicklungstendenzen des Vereinswesens in Deutschland 1789–1848, in: O. Dann (Hg.): Vereinswesen und bürgerliche Ges. in Dt. (Hist. Zs., Beiheft 9, N.F.) (1983) 11–50; D. Cherubim: «Die zerstreute Welt zu binden im vertraulichen Verein». Vereinswesen und Sprachentwicklung im 19. Jh., in: D. Cherubim, S. Grosse, K.J. Mattheier (Hg.): Sprache und bürgerliche Nation (1998) 197–233. – **19** W. Hardtwig: Vormärz. Der monarchische Staat und das Bürgertum (1985) 62. – **20** vgl. H. Brandt: Parlamentarismus in Württemberg 1819–1870 (1987). – **21** Botzenhart [1] 477; D. Götschmann: Parlament an der Longe. Zur Geschäftsordnung des bayerischen Landtags im Vormärz, in: D. Albrecht, D. Götschmann (Hg.): Forsch. zur bayerischen Gesch. (1993) 219–236; G. Grünthal: Parlamentarismus in Preußen 1848 (1982); J.-D. Kühne: Volksvertretungen im monarchischen Konstitutionalismus (1814–1918), in: H.P. Schneider, W. Zeh (Hg.): Parlamentsrecht und Parlamentspraxis (1989) 49–101; H. Obenaus: Anfänge des Parlamentarismus in Preußen bis 1848 (1984); W. Holly: Parlamentarische Geschäftsordnungen des 19. Jh. Sprachgesch. Impressionen aus einer politischen Textsorte in Deutschland, in: Cherubim et al. [18] 420–443. – **22** Botzenhart [1] 478. – **23** ebd. – **24** W. Steinmetz: Die schwierige Selbstbehauptung des dt. Bürgertums: begriffsgesch. Bemerkungen in sozialhist. Absicht, in: R. Wimmer (Hg.): Das 19. Jh. Sprachgeschich. Wurzeln des heutigen Deutsch (1991) 12–40; 19. – **25** W. Boldt: Die Anfänge des dt. Parteiwesens. Fraktionen, politische Vereine und Parteien in der Revolution von 1848 (1971); D. Langewiesche: Die Anfänge der dt. Parteien. Partei, Fraktion und Verein in der Revolution von 1848/49, in: Gesch. und Ges. 4 (1978) 324–361; Botzenhart [1] 415–441; H. Best: Die Männer von Bildung und Besitz. Struktur und Handeln parlamentarischer Führungsgruppen in Deutschland und Frankreich 1848/49 (1990) 315–349. – **26** W. Siemann: Die dt. Revolution von 1848/49 (1985) 120; Ziebura [1] 203–218. – **27** Holly [1] 31ff.; Steinmetz [3] 1132ff. – **28** ebd. – **29** Eyck [2] 115ff., 122; W. Mommsen: 1848. Die ungewollte Revolution (1998) 179f., 183f. – **30** Steinmetz [3] 1133f. – **31** ebd. 1134; Eyck [2] 112, 128. – **32** Ziebura [1] 201f.; Botzenhart [1] 491f. – **33** Steinmetz [3] 1136. – **34** ebd. – **35** ebd. – **36** H. Grünert: Sprache und Politik. Unters. zum Sprachgebrauch der Paulskirche (1974); Steinmetz [3], [24]; P. v. Polenz: Dt. Sprachgesch. vom Spätmittelalter bis zur Gegenwart, Bd. 3: 19. und 20. Jh. (1999) 532ff. – **37** Grünert [36] 25ff.; s. auch G. Kalivoda: Parlamentarische Rhet. und Argumentation. Unters. zum Sprachgebrauch des 1. Vereinigten Landtags in Berlin 1847 (1986). – **38** Grünert [36] 197ff., 214ff. – **39** Steinmetz [3] 1095ff. – **40** ebd. 1100ff. – **41** ebd. 1136. – **42** Eyck [2] pass. – **43** A. Müller: Zwölf Reden über die Beredsamkeit und deren Verfall in Deutschland, in: ders.: Kritische/ästhetische und philos. Schr. Krit. Ausg. (1968) 80ff. – **44** Ueding/Steinbrink 142; von Polenz [36] 67f, 532f. – **45** G.F. Kolb: Art. ‹Redekunst, parlamentarische›, in: C. v. Rotteck, C. Welcker (Hg.): Staats-Lex. (^{2}1845–1848) 11. Bd., 382f.; (^{3}1865) 12. Bd., 356. – **46** H. Heiber: Die Rhet. der Paulskirche (1953). – **47** D.-W. Allhoff: Rhet. Analysen der Reden und Debatten des ersten dt. Parlaments von 1848/49, insbesondere auf syntaktischer und semantischer Ebene. (1975). – **48** ebd., 492ff; s. auch P. Scholz: Wilhelm Jordans Reden in der Paulskirche. Stud. zur parlamentarischen Beredsamkeit (1930). – **49** s. auch M. Reclam: Die Polenrede Robert Blums – rhet. erläutert, in: Wiss. Zs. der Martin-Luther-Universität Halle-Wittenberg, Ges.-sprachwiss. Reihe 5 (1956) 461ff. – **50** G.H. Herweghs Werke in einem Bd. (^{3}1977) 163f. – **51** Best [25] 50ff.; H. Best, W. Weege: Biogr. Hb. der Abgeordneten der Frankfurter Nationalversammlung 1848/49 (1996) 453. – **52** Allhoff [47] 80. – **53** W. Bleek: Die Politik-Professoren in der Paulskirche, in: J. Kocka, H.-J. Puhle, K. Tenfelde (Hg.):

Von der Arbeiterbewegung zum modernen Sozialstaat (1994) 276–299, 284ff. – **54** R. von Mohl: Die erste dt. Nationalversammlung und die Schr. darüber, in: Dt. Vierteljahresschr., H. 2/1 (1850) 21. – **55** M. Duncker: Heinrich von Gagern. Eine biogr. Skizze (1850) 16. – **56** R. Zepf: Karl Hagen, in: Engehausen, Kohnle [10] 155–182, 165. – **57** F. Engehausen: Karl Mittermaier, in: ders., Kohnle [10] 93–115 104, 109, 115. – **58** J. Erben: Jacob Grimm als Redner in der Paulskirche. Bemerkungen über Veränderungen im Stil der Abgeordnetenrede, in: ZDPh 105 (1986) 100–113. – **59** D. Langewiesche: Ludwig Uhland: Der Ruhm des Scheiterns, in: Freitag (10) 11–22, 20. – **60** F. Wigard (Hg.): Stenographischer Bericht über die Verhandlungen der dt. constituierenden Nationalversammlung zu Frankfurt am Main. 9 Bde. (1848/49) (ND: Reden *für* die deutsche Nation. Mit einer Einf. von Ch. Stoll, 1988). – **61** Ch. Stoll: Die Paulskirche und die erste Verfassung der Deutschen. Eine Annäherung an das erste dt. Parlament in Wort und Bild (1989) 96f. – **62** Allhoff [47] 37f. – **63** ebd., 38, 212. – **64** Heiber [46] 10; Allhoff [47] 67f. – **65** H. Laube: Das erste dt. Parlament, Bd.1 (1849, ND 1978) 37f. – **66** Stoll [61] 43ff. – **67** ebd., 107, Anm. 145. – **68** E. Kühn: Die Kunst der politischen Rede (1985) 86.

W. Holly

→ Beratungsrede → Debatte → Öffentlichkeit → Parlamentsrede → Politische Rede → Politische Rhetorik → Revolutionsrhetorik → Vormärz

Peirastik (griech. πειραστική scil. τέχνη, peirastiké téchnē; dt. Prüfungskunst)

A. P. ist eine zur Prüfung von Personen und Überprüfung von Aussagen verwendete Form der antiken Dialektik. Der von πεῖρα (peíra, ‹Probe, Prüfung›) abgeleitete Ausdruck ‹P.› wird von ARISTOTELES eingeführt, um eine Technik der im Zwiegespräch entwickelten Argumentation (ἐν τῷ διαλέγεσθαι λόγοι, en tō dialégesthai lógoi) zu bezeichnen, die es erlaubt, den Anspruch des Gesprächspartners als unberechtigt zu erweisen, wirkliches Wissen über einen bestimmten Gegenstand zu besitzen [1], indem man ihn durch geschicktes Fragen seiner Unwissenheit überführt. Mit den Verfahren der P. kann das vermeintliche Wissen des Antwortenden als Schein-Wissen entlarvt werden, auch wenn derjenige, der die Prüfung durchführt, den untersuchten Gegenstand nicht positiv bestimmen kann, sondern nur in der Lage ist zu zeigen, daß die überprüfte Behauptung falsch ist oder mangelhaft begründet wurde. [2] Im Mittelpunkt eines Prüfungsgesprächs steht die definitorische Erklärung, die derjenige, der sich auszukennen vorgibt, als Antwort auf eine Frage des Typs «Was ist X?» formuliert. Die Unwissenheit desjenigen, der die Erklärung gibt (ἄγνοια τοῦ διδόντος τὸν λόγον, ágnoia tū didóntos ton lógon) [3], zeigt sich daran, daß er seine Auffassung nicht einwandfrei begründen kann und sich möglicherweise gezwungen sieht, deren Gegenteil zuzugeben.

B.I. Obwohl erst Aristoteles eine ausgearbeitete Theorie der Dialektik formuliert und in diesem Zusammenhang die Aufgaben und Verfahrensweisen der P. näher bestimmt, lassen sich auch Aspekte der Gesprächsführung des SOKRATES und der Dialektik PLATONS als peirastisch charakterisieren. Es ist sogar wahrscheinlich, daß Aristoteles die Argumentationsweise des (historischen oder platonischen) Sokrates vor Augen hat, wenn er die P. als eine *Frage*technik charakterisiert, die auch denjenigen, der sein eigenes Nicht-Wissen eingesteht [4], die Wissensansprüche anderer zu prüfen befähigt.

In der von Platon verfaßten ‹Apologie›, die als vergleichsweise authentische Darstellung des historischen Sokrates verstanden werden kann [5], zeichnet die Sokratesfigur die Zielsetzung, «täglich über die Tugend (ἀρετή, areté) sich zu unterhalten und über die anderen Gegenstände, über welche ihr mich reden (διαλεγομένου, dialegoménu) und mich selbst und andere prüfen (ἐξετάζοντος, exetázontos) hört», als die einzige aus, derentwegen menschliches Leben gelebt zu werden verdient. [6] Wer dagegen die prinzipielle Begrenztheit der menschlichen Wissensmöglichkeiten [7] in den entscheidenden ethischen Fragen ignoriert und stattdessen unbefragte und unbegründete Meinungen für wirkliches Wissen hält, befindet sich nicht lediglich im Irrtum, sondern in einer existentiellen Verblendung, die zu durchbrechen die Aufgabe der Sokratischen P. ist. [8] Da der Sokrates der ‹Apologie› nicht beansprucht, sich selbst auf das zu verstehen, worin er einen anderen prüft (ἐξελέγχειν, exelénchein) [9], ist es für ihn nicht möglich, mit Hilfe von Aussagen, die als wahr behauptet werden, gegen die geprüfte Aussage zu argumentieren. Vielmehr versucht er, den Befragten zu einer genaueren Explikation seiner Auffassung zu bringen, um dabei deutlich zu machen, daß die angeführten Gründe untereinander oder mit anderen Aussagen, die der Antwortende für richtig hält, unverträglich sind. [10] Diese Widersprüchlichkeit und die Unfähigkeit des scheinbar Wissenden, Rechenschaft über seine Überzeugungen abzugeben, versteht Sokrates als Zeichen einer auf Irrtum und Lüge gegründeten Lebensweise. Wer sich der Sokratischen Fragen stellt, unterzieht sich einer Prüfung des eigenen Lebens (διδόναι ἔλεγχον τοῦ βίου, didónai élenchon tū bíu) [11]. **II.** Während der historische Sokrates wohl der Auffassung war, nicht die Menschen, sondern nur die Götter könnten wahres Wissen besitzen [12], erscheint der Sokrates der Platonischen Dialoge, obwohl auch er stets seine Unwissenheit betont [13], zumindest als Ironiker, der sehr viel mehr weiß, als er auszusprechen bereit ist. Bereits in den frühen Dialogen kann Sokrates als ein Wissender verstanden werden, der sich unwissend stellt, um die Unwissenheit seines Gegenübers aufzudecken. Sein Wissen zeigt sich in der Beherrschung der ideentheoretischen Denkmittel, mit deren Hilfe eine wirkliche Erkenntnis der Wahrheit möglich ist. [14] Die Platonische P., die von der literarischen Gestalt des Sokrates vorgeführt wird, hat daher zwei Zielsetzungen: Einerseits soll sie unbegründete Wissensansprüche zurückweisen, andererseits auf die Möglichkeit eines begründeten Wissens hinweisen, das erlangen kann, wer seinen Blick von den sinnlich wahrnehmbaren Erscheinungen abwendet, um ihn auf die unveränderlichen, nur dem Denkvermögen zugänglichen Ideen zu richten. [15] Daraus ergeben sich Kriterien, anhand derer die Antwort auf eine «Was ist X?»-Frage überprüft wird: (i) Die Antwort muß den höchstmöglichen Allgemeinheitsgrad besitzen und darf nicht etwa nur in der Nennung eines Beispiels bestehen. [16] (ii) Als definitorische Aussage darf sie andererseits nicht zu allgemein gefaßt sein, sondern muß das Definiendum exakt spezifizieren; es reicht z.B. nicht aus, die Tapferkeit als «eine gewisse (τις, tis) Beharrlichkeit» zu bestimmen [17], ohne anzugeben, wodurch sie sich von anderen Arten der Beharrlichkeit unterscheidet. (iii) Aus der Antwort dürfen keine falschen oder absurden Konsequenzen gefolgert werden können. [18] (iv) Sie muß mit den anderen Überzeugungen des Antwortenden verträglich sein; das Vorliegen von Unverträglichkeit ist dann besonders deutlich, wenn aus den zur Erklärung und Begründung gegebenen Antworten auf das Gegenteil der ursprünglichen Definition geschlossen werden kann. [19] (v) Diese muß aus den angegebenen

Gründen logisch folgen, unzureichend ist es z.B., die Aussage, Besonnenheit sei eine Art der Bedächtigkeit, damit zu begründen, daß «die Bedächtigen besonnen sind»[20], da aus (x)(Ax → Bx) nicht (x)(Bx → Ax) folgt. (vi) Die definitorische Aussage sowie die zu ihrer Erläuterung und Begründung gegebenen Antworten müssen die wirklichen Überzeugungen des Geprüften ausdrücken.[21] Dazu gehört auch, daß der Antwortende in der Lage ist, mehrdeutige Formulierungen in dem von ihm intendierten Sinn zu präzisieren, um so Fehlinterpretationen einer (recht verstanden) korrekten Antwort auszuschließen.[22] Diese Kriterien verweisen *via negationis* auf ein anspruchsvolles Konzept begründeten Wissens (ἐπιστήμη, epistḗmē), das positiv in den späteren Platonischen Dialogen entfaltet wird. Danach besitzt wirkliches Wissen derjenige, der in der Lage ist, eine von den Prinzipien (ἀρχαί, archaí) an in sich zusammenhängende Erklärung (λόγος, lógos) des fraglichen Gegenstandes zu geben[23], weil er die von den unveränderlichen Ideen konstituierte Seinsordnung nach lebenslangem Studium zu verstehen gelernt hat.[24]

Keinem Gesprächspartner gelingt es in den frühen Dialogen, eine tadellose Definition zu formulieren, die alle Kriterien erfüllt. Da jede Prüfung (ἔλεγχος, élenchos) faktisch negativ ausgeht, nimmt die Platonische P. die Gestalt eines Widerlegungsverfahrens an[25], mit dem, trotz der Behauptung, es werde lediglich das Argument (λόγος, lógos) untersucht[26], stets eine Prüfung der Person des Antwortenden verbunden ist. Wenn die einzelnen Antworten «zusammengerechnet» werden (συλλογίζεσθαι, syllogízesthai)[27] und sich der Widerspruch zwischen ihnen und der ursprünglichen Behauptung deutlich zeigt, empfinden charakterlich dazu disponierte Gesprächspartner Scham[28] oder begrüßen die klärende Wirkung des Gesprächs[29]; andere reagieren aggressiv oder uneinsichtig.[30] In den mittleren und späten Dialogen, in denen philosophische Thesen von geeigneten Diskutanten «in wohlwollenden Prüfungen geprüft» werden[31], verliert der Aspekt der Personenprüfung an Bedeutung.

III. ARISTOTELES thematisiert die Verfahrensweisen der P. im Rahmen einer Untersuchung von Formen der zwischen zwei Gesprächspartnern entwickelten Argumentation. Peirastische Argumente werden gegen belehrende (διδασκαλικοί, didaskalikoí), dialektische und eristische Argumente abgegrenzt.[32] Diese vier Argumentationsformen unterscheiden sich voneinander hinsichtlich der Art der verwendeten Prämissen (προτάσεις, protáseis): Im Lehrgespräch führt der Lehrer einen Beweis (ἀπόδειξις, apódeixis), indem er aus wissenschaftlichen Prinzipien eine Konklusion (συμπέρασμα, sympérasma) deduziert, die einen erklärungsbedürftigen Sachverhalt beschreibt.[33]

Die Prämissen des dialektischen Übungsgesprächs bilden anerkannte Meinungen (ἔνδοξα, éndoxa), die von allen oder den meisten oder den Fachleuten für richtig gehalten werden[34], und die der Antwortende lediglich λόγου χάριν (lógū chárin, um des Argumentes willen) vertritt oder ablehnt, ohne von der damit gewählten Position tatsächlich überzeugt sein zu müssen.[35] Im Unterschied dazu drücken die Prämissen des peirastischen Arguments die wirklichen Überzeugungen des Antwortenden aus; im (*per definitionem* ausgeschlossenen) Fall eines zu Recht erhobenen Wissensanspruchs müßten sie mit den Prämissen eines wissenschaftlichen Beweises identisch oder ihnen ähnlich sein.[36] Die im Streitgespräch verwendeten eristischen Argumentationstechniken versteht Aristoteles als defiziente Formen dialektischer oder peirastischer Verfahren: in ihnen wird aus nur scheinbar angemessenen Prämissen deduziert oder nur scheinbar deduziert.[37]

Die P. ist als «Teil der Dialektik»[38] wie diese darauf verpflichtet, (a) eine sachgemäße Untersuchung des fraglichen Gegenstandes durchzuführen und (b) nur logisch gültige Schlüsse zu ziehen. Prüfungen, die diese Bedingungen nicht erfüllen, sagen über den Wahrheitswert der geprüften Aussage oder das Wissen der geprüften Person nichts aus; sie werden von Aristoteles daher als «sophistische Widerlegungen» (σοφιστικοὶ ἔλεγχοι, sophistikoí élenchoi) disqualifiziert.[39] Für die sachgemäße Betrachtung (κατὰ τὸ πρᾶγμα θεωρία, katá to prágma theōría)[40] eines Problems ist es erforderlich, daß nur Prämissen verwendet werden, die dem entsprechenden Gegenstandsbereich (γένος, génos) entnommen, und nicht anderen Disziplinen entlehnt sind.[41] Die von der P. untersuchten definitorischen Aussagen müssen zudem Kriterien genügen, die für Definitionen jedes Gegenstandsbereichs gelten: (i) Definiens und Definiendum müssen in extensionalen Zusammenhängen durcheinander substituierbar sein (ἀντικατηγορεῖσθαι, antikatēgoreísthai).[42] (ii) Die Definition muß das Wesen der Sache durch sachlich und epistemisch Vorrangiges (διὰ προτέρων καὶ γνωριμωτέρων, diá protérōn kai gnōrimōtérōn) erklären[43]. (iii) Die Implikationen (ἑπόμενα, hepómena) der Definition müssen mit bereits etablierten Sätzen verträglich sein.[44] Diese Kriterien und die aus ihnen abgeleiteten Regeln (τόποι, tópoi)[45], die zur Auffindung von Prämissen dienen, präzisieren und explizieren die auch der Platonischen P. zugrundeliegende Methodologie. Indem Aristoteles die Verfahrensweisen der P. systematisiert und auf logische Sachverhalte zurückführt, entwickelt er sie zu einer Kunstlehre (τέχνη, téchnē), die es erlaubt, «kunstgemäß» (ἐντέχνως, entéchnōs) zu betreiben, was jeder Laie bei der Prüfung von Argumenten «kunstlos» (ἀτέχνως, atéchnōs) tut.[46] Obwohl die Aristotelische P. auf vermeintliches Wissen und damit auf wissenschaftliche Prinzipien bezogen ist, kann sie nur sehr eingeschränkt zur Erkenntnis oder Rechtfertigung dieser Prinzipien beitragen.[47] Als Argumentationsform, die stets auf die kontingenten Meinungen eines Gesprächspartners bezogen ist, erlaubt sie nur eine prüfende Untersuchung von Sachverhalten, die zu *erkennen* der Philosophie vorbehalten bleibt.[48]

IV. In der nacharistotelischen Entwicklung der Dialektik verlagert sich das Interesse bereits bei THEOPHRAST auf impersonale Aspekte wie die Klassifikation der Regeln und die Untersuchung logischer Sachverhalte.[49] Der Ausdruck ‹P.› wird später in erster Linie retrospektiv von Platon-Kommentatoren wie THRASYLLOS[50], ALBINOS[51] oder PROKLOS[52] verwendet, um die Platonischen Dialoge oder darin verwendete Argumentationsweisen zu charakterisieren. Von der Spätantike an verschwindet die P. als argumentatives Prüfungsverfahren und wird später von der sokratisch-platonischen Maieutik beerbt.

Anmerkungen:
1 Arist. Soph. el. 2, 165a38/b4-6. – **2** ebd. 11, 172a23-27. – **3** ebd. 8, 169b26-27. – **4** ebd. 34, 183b6-8. – **5** vgl. K. Döring: Sokrates, die Sokratiker und die von ihm begründeten Trad., in: H. Flashar (Hg.): Grundriß der Gesch. der Phil., Bd. Antike: 2.1 (Basel 1998) 155f. – **6** Platon, Apologie 38a1-6. – **7** ebd. 23a5-7. – **8** ebd. 23b4-7. – **9** ebd. 23a5. – **10** vgl. ebd. 25c-26a. – **11** ebd. 39c7. – **12** K. Döring: Der Sokrates der Platonischen Apologie und die Frage

nach dem hist. Sokrates, in: Würzburger Jb. N F. 13 (1987) 75–94; vgl. Platon, Apologie 23a5-7. – **13** z.B.: Hippias minor 372b6; Hippias maior 298c1; Politeia 337d3–4. – **14** vgl. Th. A. Szlezák: Platon und die Schriftlichkeit der Philos (1985) 92. – **15** Plat. Pol. 475c-480a. – **16** z.B. Hippias maior 287c-e; Euthyphron 5c-e; vgl. Symposion 210a–212a. – **17** Laches 192b9. – **18** Charmides 167b-d. – **19** Gorgias 457e2-3. – **20** Charmides 159b; vgl. A. Graeser: Zur Logik der Argumentationsstruktur in Platons Dialogen ‹Laches› und ‹Charmides›, AGPh 57 (1975) 172–181. – **21** Gorgias 486e5-487b4 – **22** Charmides 161b5; vgl. Gorgias 526c, Politeia 400e, 433c. – **23** Politeia 267a; vgl. ebd. 511a-e. – **24** vgl. Politeia 521c-541b. – **25** R. Robinson: Plato's Earlier Dialectic (Oxford ²1953) Kap. II. – **26** Protagoras 333c7-10. – **27** Gorgias 479c5-6; 498e14. – **28** Symposion 216b5-c4. – **29** Laches 187e-188c. – **30** Euthyphron 15e; Hippias maior 304a-b; Politeia 336b-d. – **31** Platon Ep. VII, 344b5-6. – **32** Arist. Soph. el. 2, 165a38-39. – **33** Aristoteles, Analytica posteriora I 2; vgl. J. Barnes: Proof and Syllogism, in: E. Berti (Hg.): Aristotle on Science (Padua 1981) 17–59. – **34** Arist. Top. I 1. 100b21-23. – **35** Arist. Top. VIII 9, 160b21. – **36** Arist. Soph. el., 165b4-7. – **37** ebd. 2, 165b7-11; Top. I 1, 100b23-101a4. – **38** ebd. 8, 169b25. – **39** ebd. 8, 169b17-29. – **40** ebd. 11, 171b6. – **41** ebd. 11, 172a8-9; vgl. Analytica posteriora I 7; I 9; I 23; Metaphysik X 3, 1054b30; 4, 1056a26. – **42** Arist. Top. I 8, 103b8-10. – **43** ebd. VI 4. – **44** Arist. Soph. el. 11, 172a25; Top. II 3. – **45** Arist. Top. VI, VII. – **46** Arist. Soph. el. 11, 172a34-36; 34, 183b34-184a7; Arist. Rhet. I 1, 1354a4-6. – **47** vgl. dagegen: E. Weil: La place de la logique dans la pensée aristotélicienne, in: Revue de métaphysique et de morale 56 (1951) 283–315; 302; R. Bolton: The Epistemological Basis of Aristotelian Dialectic, in: D. Devereux, P. Pellegrin (Hg.): Biologie, logique et métaphysique chez Aristote (Paris 1990) 185–237. – **48** Aristoteles, Metaphysik IV 2, 1004b18-28. – **49** vgl. Alexander von Aphrodisias: In Arist. Top., Commentaria in Aristotelem Graeca 2.1, 135.33ff – **50** vgl. Diogenes Laertius III 56–61. – **51** J. Freudenthal: Der Platoniker Altinos und der falsche Alkinoos, Hellenist. Stud. III (1879) 322–326. – **52** Procli philosophi Platonici opera, hg. v. V Cousin, III (Paris 1864): In Platonis Parmenidem 987.20–25.

Literaturhinweise:
G. Vlastos: Socratic Knowledge and Platonic Pessimism, in: Philos. Review 66 (1957) 226–238. – G E.L. Owen (Hg.): Aristotle on Dialectic (Oxford 1961). – H.-J. Krämer: Platonismus und hellenistische Philos. (Berlin/New York 1971) Kap. 1. – W. Detel: Zur Argumentationsstruktur im ersten Hauptteil von Platons Aretedialogen, AGPh 55 (1973) 1–29. – N.J. Green-Pedersen: The Tradition of the Topics in the Middle Ages (München/Wien 1981). – S. Ebbesen: Commentators and Commentaries on Aristotle's Soph. el. (Leiden 1984).

T. Wagner

→ Argumentation → Aristotelismus → Beweis, Beweislehre → Dialektik → Elenchos → Eristik → Maieutik → Platonismus → Sokratik

Peitho (griech. πειθώ, peithō; lat. suada, persuasio; dt. Überredung; engl., frz. persuasion; ital. persuasione)

A. Die lateinischen Übersetzungen *suada*, *persuasio* für P. [1], die sich auf das ‹Versüßende› (von *suavis*: süß, lieblich) beziehen, verdunkeln die etymologische Beziehung von πειθώ, peithō zu den lateinischen Begriffen *fides* (Vertrauen), *foedus* (Vertrag) und *fascis* (Bündel), bei denen die Bedeutung des ‹Zusammenbindens› im Vordergrund steht. Zwar ist ‹Überredung› die gängigste Übersetzung des Wortes, es kann aber auch ‹Gehorsam› bedeuten. [2] Die aktive Verbform griech. πείθειν, peithein, die weitaus gebräuchlicher ist als das davon abgeleitete Substantiv, wird zumeist mit ‹überreden› wiedergegeben, während die mediale Verbform griech. πείθεσθαι, peíthesthai, die noch gebräuchlicher ist als die aktive

Form, mit ‹gehorchen›, ‹vertrauen› oder ‹glauben› übersetzt wird. Buxton plädiert dafür, das Medium mit engl. ‹acquiesce› (einwilligen, dulden) und das aktive Verb mit ‹get someone to aquiesce› (zur Einwilligung bewegen) zu übersetzen [3], ‹jemanden willig machen›. [4] Nicht immer ist verbale Überredung gemeint; auch Bestechung, Geschenke [5] oder sexuelle Anziehung [6] können so wirken. ‹P.› ist mithin, was ‹jemanden willig macht.›, ob als Name oder Sachbezeichnung. In der griechischen Antike wurde die P. auch personifiziert und als Göttin vorgestellt. Sie erscheint daher mehrfach in Literatur und Kunst.

B. Die Einstellung der Griechen sowohl gegenüber der Gottheit als auch gegenüber dem Begriff ist zwiespältig. P. kann sich auf die sexuelle Anziehung beziehen, durch die eine Ehe gefestigt oder aber ein Mann von einem anderen Ziel abgelenkt wird. Als Gottheit wird sie in rituellen Zusammenhängen ebenso oft gefeiert wie sie in der Tragödie beklagt wird. Die Macht der P. kann täuschen, irrational und dadurch umso bezwingender sein, ja sogar gewalttätig. In der griechischen Polis aber, vor allem im demokratischen Athen, stellt die P. als Mechanismus eines staatsbürgerlichen Diskurses eine Alternative zur Gewalt dar. Die Philosophen sehen sich deshalb veranlaßt, die P. als Dienerin der Wahrheit einzusetzen. (Abb. 1).

Abb. 1: Peitho mit Eukleia und einer Frau auf einem rotfigurigen Vasenbild des späten 5. Jh. v.Chr. aus Gela, verschollen; ehemals Sammlung Hope. Nach: H. A Shapiro: Personifications in Greek Art. The Representation of Abstract Concepts 600–400 B. C. (Zürich 1993) 78.

I. *Epische und lyrische Dichtung.* Obwohl das Substantiv *peithō* nicht in den Werken Homers erscheint – geschweige denn die Gottheit –, erwähnt HESIOD die P. in seiner ‹Theogonie› als eine der vielen Töchter von Okeanos und Tethys. [7] Als Ströme verbreiten sie sich über die Erde und kümmern sich zusammen mit den Flüssen und Apollo um junge Männer. In Hesiods ‹Werken und Tagen› erfüllen «die Dame Peitho» und die Grazien die speziellere Funktion, Pandora goldene Halsbänder umzuhängen [8], die an anderer Stelle mit sowohl guter wie schlechter sexueller Verlockung assoziiert werden. In der frühen griechischen Dichtung und Kunst ist P. gemeinhin eine Tochter der Aphrodite [9]; sie wird also in einen erotischen bzw. ehelichen Zusammenhang gebracht. IBYKOS sieht P. in einer Gruppe mit den Horen, Aphrodite und den Grazien. [10] Auch in der bildenden Kunst wird sie in Gruppen zusammen mit Aphrodite dargestellt. Die Bilder legen nahe, daß sie eine den Eros (Liebe), Himeros (Sehnsucht) und Pothos (Verlangen) ergänzende Rolle übernimmt. Bisweilen wird sie eine

Blume oder einen blühenden Schößling haltend dargestellt.[11] PLUTARCH bringt Hermes, Aphrodite, P. und die Grazien miteinander in Verbindung und unterstreicht die Notwendigkeit der P., wenn es in einer Ehe nicht zu Zank und Streitigkeiten kommen soll.[12] PINDAR spricht von P. allein und hebt hervor, sie besitze die «versteckten Schlüssel» zu den Heiligtümern der Liebe.[13] ALKMAN ist der erste Dichter, der den politischen Aspekt der P. unterstreicht. Er beschreibt die Tyche (Glück) als eine Schwester von Eunomia (gute Gesetzesordnung) und P. sowie als eine Tochter der Prometheia (Vorbedacht).[14] Herodot erzählt, wie Themistokles die Bewohner von Andros dazu bewegen wollte, der griechischen Allianz beizutreten, indem er die athenischen Gottheiten P. (Überredung) und Anankaia (Zwang) als Helfer anführte.[15]

II. *Religion*. In kultischen Zusammenhängen, von denen viele durch Inschriften offengelegt sind, erscheint P. in enger Verbindung mit Aphrodite. Tatsächlich gibt es Inschriften, in denen sich der Terminus ‹P.› schlicht auf Aphrodite bezieht. In Mytilene gab es einen Kult der ‹Aphrodite Peitho› und des Hermes.[16] PINDAR schreibt von «gastfreundlichen jungen Frauen, Dienerinnen der P. im wohlhabenden Korinth».[17] Inschriften aus Olynthos bringen die P. mit Prostituierten in Verbindung; PAUSANIAS erwähnt einen Tempel von Aphrodite Pandemos (»volkstümliche, vulgäre Aphrodite«) und P., der von Theseus in Athen gegründet worden sei.[18] Pausanias berichtet auch, eine Statue der P. von dem berühmten Bildhauer Praxiteles auf einem Altar der Aphrodite in Athen gesehen zu haben, zusammen mit Statuen von Paregoros (Schmeichelei), Eros, Himeros und Pothos.[19] Pausanias berichtet außerdem von einem Artemis-Tempel in Argos mit dem Beinamen ‹P.›, der der Sage nach von Hypermestra errichtet worden war als Dank für einen Sieg in einem Prozeß.[20] Zwei Scholien beschreiben P. als Frau des Argos und des Phoroneos, eines Helden der argivischen Kultur.[21] Nach Pausanias hat es auch einen Schrein der P. in Sikyon gegeben, jedoch ohne Bild. Er sei errichtet worden, nachdem Apollo und Artemis überredet worden waren, nach Sikyon zu kommen, um eine Seuche zu beenden.[22] Im Zusammenhang mit der öffentlichen Rede erwähnt ISOKRATES, daß der P. in Athen jährlich Opfer dargebracht wurden.[23]

III. *Tragödie, Komödie*. Auch in den Dramen der Griechen ist wiederholt von der P. die Rede. Der Chor im ‹Agamemnon› des AISCHYLOS spricht von der «unerträglichen P.», dem «Kind der ränkeschmiedenden Verblendung», die heillos «überwältigt».[24] Prometheus allerdings protestiert und behauptet, er könne der Verführung durch P.s Redezauber widerstehen.[25] Der Chor in den ‹Choephoroi› des Aischylos ruft die «listige» P. auf, ihm bei seiner Rolle in Orests Verschwörung, Aigisthos zu töten, zur Hilfe zu kommen.[26] In den ‹Eumeniden› hingegen spricht Athene wohlwollend von P. als einer Alternative zur Gewalt.[27] EURIPIDES bezeichnet in seiner ‹Hekuba› die Königin P. als den einzigen Tyrannen der Männer und beklagt, daß sie und ihre Künste nicht besser gelehrt werden.[28] Rhetorische und erotische Anklänge hat die P. in der Komödie. ARISTOPHANES schreibt Euripides die Aussage zu, die P. habe keinen anderen Altar als die Sprache, was er kritisiert, indem er sagt: «Peitho ist ein leichtes Ding und ohne Sinn.»[29] In der ‹Lysistrata› wird die Göttin von den versammelten Frauen angerufen, als sie für die Wirksamkeit ihres Sexstreiks beten.[30] Dem EUPOLIS wird der Satz zugeschrieben, P. habe auf den Lippen des Staatsmannes Perikles geruht.[31]

IV. *Philosophie, Sophistik*. Bei den Vorsokratikern bleibt unklar, ob sich das Wort P. noch auf eine Gottheit bezieht. PARMENIDES sieht die P. schon in einer die Wahrheit unterstützenden Funktion, EMPEDOKLES erwähnt das Sehen und den Tastsinn als die bedeutendsten Mittel der P.[32] DEMOKRIT wird im Hinblick auf P. mit der Aussage zitiert, die Rede λόγος, lógos sei stärker als Gold und die Überzeugungskraft der Rede sei auch ein stärkeres Mittel, die Tugend zu befördern, als Gesetz oder Zwang.[33] Vor allem mit den Sophisten wird die P. später in Verbindung gebracht. In ARISTOPHANES' Augen lehren sie «ein bißchen peithō», so daß es so *erscheint*, als spreche man gerecht.[34] GORGIAS setzt die Macht der persuasiven Rede mit der des Zwanges gleich, «die die Seele prägt, wie sie will»[35]; manche Reden berauschen und bezaubern nach seiner Ansicht die Seele durch üble P.[36] In Platons ‹Gorgias› schreibt Sokrates dem Gorgias eine Definition der Rhetorik als «Herstellerin der Peitho» (πειθοῦς δημιουργός, peithús dēmiourgós) zu, als Vermögen, «Überredung in der Seele der Hörenden zu bewirken».[37] LYSIAS bringt P. und Rede in eine enge Verbindung zur athenischen Demokratie; im Gegensatz dazu stehen Gewalt (βία, bía) und das instinktive Verhalten der Tiere.[38] ISOKRATES weitet dieses Argument aus und fordert Philipp II. von Makedonien auf, im Umgang mit Griechen P. walten zu lassen, bei Nicht-Griechen hingegen Gewalt.[39]

PLATON läßt im ‹Kriton› die P. im aktiven wie auch passiven Sinne als Bestandteil staatsbürgerlicher Verantwortung gelten: Ein Bürger muß entweder seinen Mitbürgern und ihren Gesetzen gehorchen (*peíthesthai*) oder sie davon überzeugen (*peíthein*), ihre Entscheidung zu revidieren.[40] Zwiespältiger scheint Platons Position im ‹Gorgias›: Aus rhetorisch-technisch erzielter P. resultiert bloß Glauben (πιστεύειν, pisteúein) im Hinblick auf das Gerechte und das Ungerechte, jedoch kein Wissen (εἰδέναι, eidénai), wenngleich P., die durch andere τέχναι, téchnai, z.B. Mathematik, entstanden ist, auf Wissen beruhende P. sein kann.[41] Im ‹Phaidros› skizziert Platon die Möglichkeit einer philosophisch zulässigen Rhetorik, die vernünftige P. in der Seele bewirken kann.[42] Im ‹Timaios› wird eine differenziertere Sichtweise vertreten: P. wird von der Lehre (διδαχή, didaché) abgehoben. Sie erzielt bestenfalls eine wahre Meinung (δόξα, dóxa), die nicht durchdacht und (durch weitere Überredung) veränderbar ist – im Gegensatz zu wirklicher Einsicht (νοῦς, nūs), die immerzu wahr und unveränderlich ist.[43] Gleichwohl deutet Platon in kosmologischer Hinsicht an, daß Einsicht, die die Welt beherrscht, durch «intelligente P.» auch die Notwendigkeit lenkt.[44] Im ‹Politikos› und den ‹Nomoi› übernimmt P. eine unterstützende Rolle, indem sie die Menschen dazu bringt, sich gerecht und gesetzestreu zu verhalten.[45]

ARISTOTELES stimmt in seiner ‹Politik› mit früheren Autoren darin überein, daß er die P. von der Gewalt abhebt. Sein Schüler DIKAIARCH scheint eine menschliche (φιλάνθρωπος, philánthrōpos) P. zu den Voraussetzungen des alltäglichen Bürgerlebens gezählt zu haben.[46] In seiner rhetorischen Theorie geht Aristoteles davon aus, daß die Funktion der Rhetorik nicht darin liegt, P. zu erzeugen, sondern das Überzeugende (τὰ πιθανά, ta pithaná) in jeder Situation zu erkennen.[47]

In *Rom* wandert der semantische Gehalt von P. schließlich in die Bedeutung des Begriffs *persuasio* ein.

Ein Reflex des ‹Versüßens› im Verständnis von ‹überreden› findet sich noch in CICEROS Bemerkung, Ennius habe den M. Cethegus aufgrund von dessen geschmeidig sprechender Stimme *(suaviloquens)* als *suadae medulla* (Mark der Überredung) bezeichnet. [48]

Anmerkungen:
1 zu persuadere als ‹etwas versüßen› vgl. auch Cic. Brut. 59, Quint. II, 15,4. – **2** Xenophon, Kyrupädie II, 3, 19. – **3** R.G.A. Buxton: Persuasion in Greek Tragedy: A Study of Peitho (Cambridge 1982) 49. – **4** H. Fränkel: Dichtung und Philos. des frühen Griechentums (²1961) 338. – **5** vgl. Euripides, Medea 964; Platon, Politikos 390e; ders., Gesetze X, 909b. – **6** vgl. Sophokles, Electra 562, Trachiniai 661. – **7** Hesiod, Theogonie 349. – **8** ders., Werke und Tage 73f. – **9** z.B. Sappho 200 L.P in: M. Treu (Hg.): Sappho, griech.-dt. (³1963) 12. – **10** Ibykos, Poetae Melici Graeci, hg. v. D. E. Page (Oxford ³1983) 288; vgl. Pindar Fr. 123 Snell. – **11** vgl. Aischylos, Hiketiden 1040 und Pindar, Pythien 4, 219 ‹die Peitsche von P.›. – **12** Plutarch, Heiratsregeln 138c-d; vgl. Nonnos, Dionysiaka III, 84 und XLII, 530. – **13** Pindar, Pythien 9.39. – **14** Alkman, Poetae Melici Graeci [10] 64; vgl. Aischylos, Hiketiden 523. – **15** Herodot VIII, 111. – **16** vgl. Aristophanes, Friede 456. – **17** Pindar fr. 122 Snell. – **18** Pausanias I, 43.6. – **19** ders., II, 22.3. – **20** Pausanias II, 21.1. – **21** Scholion Euripides Phönizierinnen 1116 und Orestes 1239. – **22** Pausanias II, 7.7–8. – **23** Isocr. Or. 15.249; vgl. Demosthenes, Prooemia 54 und Aischines Or. III, 256. – **24** Aischylos, Agamemnon 385–386. – **25** ders., Der gefesselte Prometheus 173. – **26** Aischylos, Choephoren 726; vgl. Euripides, Iphigenie auf Aulis 104. – **27** Aischylos, Eumeniden 885, 970. – **28** Euripides, Hekuba 816. – **29** Aristophanes, Frösche 1391–1396. – **30** ders., Lysistrata 203; vgl. Menander, Epitrepontes 555–556. – **31** Eupolis fr. 94.5. – **32** Parmenides Frg. 2.3–4 DK; Empedokles Frg 133 DK. – **33** Demokrit Frg. 51 und 181 DK. – **34** Aristophanes, Wolken 1397. – **35** Gorgias, Helena 12–13; vgl. Platon, Philebos 58a-b. – **36** Gorgias, Helena 14. – **37** Plat. Gorg. 453a; Quint. II, 15, 4 persuadendi opifex; vgl. Platon, Charmides 174e, wo die Medizin beschrieben ist als ‹Herstellerin der Heilung›. – **38** Lysias Or. 2.18–19; vgl. Isocr. Or. II, 3, IV, 48, XV, 230–6 und 254. – **39** Isocr. Or. V, 16; XV, 293–294. – **40** Platon, Kriton 49e-50a, 51b-e. – **41** Plat. Gorg. 454e. – **42** Plat. Phädr. 271–272. – **43** Platon Timaeos 51e. – **44** ebd. 48a. – **45** Platon, Politikos 303e, Gesetze 2 664a-b. – **46** Aristoteles, Eudemische Ethik 2, 1224a35ff.; vgl. Metaphysik 4, 1009a15, für Dikaiarch s. Plutarch, Moralia 660A. – **47** Arist. Rhet. I, 1, 1355b10–11. – **48** Cic. Brut. 59.

Literaturhinweise:
F. Voigt: Art. ‹P.›, in: RE Bd. XIX (1937) Sp. 194–217. – W. Pötscher: Art. ‹P.›, in: KlP Bd. IV (1972) 591–592. – N. Icard-Gianolio: Lexicon Iconographicum Mythologiae Classicae 7.1 (Zürich 1994) 242–250.

D. Mirhady, J.M.

→ Glaubwürdigkeit → Manipulation → Persuasion → Psychagogie → Sophistik → Überredung/Überzeugung

---

Percontatio (griech. ἐρώτημα erótēma oder πύσμα, pýsma, πεῦσις, peúsis; dt. Befragung, Erkundigung, Verhör, Entscheidungsfrage, Aufforderung zu schweigen; engl. percontation)

A. ‹P.› bezeichnet in seinen Grundbedeutungen ‹Frage› und ‹Erkundigung› (1) ein untechnisches Mittel der forensischen Anklage oder Verteidigung, um von Zeugen der eigenen Sache dienliche Informationen zu erhalten. In diesem Kontext wird es nicht von verwandten Lexemen wie ‹interrogatio› begrifflich abgegrenzt. (2) Als Gedankenfigur gehört die ‹P.› in die Lehre vom Redeschmuck. Sie bezeichnet hier die – im weitesten Sinne – rhetorische Frage im Gegensatz zu derjenigen, die tatsächlich auf den Erwerb von Wissen zielt und nicht den Gedankenfiguren zu subsumieren ist. Im Gegensatz zur Frage, die eine längere Ausführung als Antwort erfordert, kann auf die ‹P.› mit nur einem Wort entgegnet werden. Dieser Dichotomie entspricht in der Praxis häufig diejenige zwischen Entscheidungs- und Ergänzungsfrage. Schließlich wird ‹P.› noch (3) als – aufgrund der Redesituation fingierte – Aufforderung an die Gegenseite verstanden, zu schweigen. Unabhängig von diesen begrifflichen Unterschieden wird sie im Rahmen der *ornatus*-Lehre als Appellfigur aufgefaßt, die Emotionen zugunsten der eigenen Seite wecken soll. Neuere Handbücher gebrauchen ‹P.› synonym mit ‹subiectio›, d.h. als fingierten Austausch von Frage und Antwort.

B. CICERO verwendet ‹P.› nur dort eindeutig als Terminus, wo er neben anderen rhetorischen Mitteln «rogatio atque huic finitima quasi percontatio» (die Frage und die ihr verwandte, gleichsam fragende Anrede) [1] nennt. QUINTILIAN trennt bei der Behandlung der Zeugenbefragung nicht ausdrücklich zwischen P. und *interrogatio*. Des erstgenannten Begriffs bedient er sich, wenn er die Vorbereitung der eigenen Zeugen auf Fragen der Gegenseite [2] und eine geschickte, scheinbar Umwege gehende Fragetechnik [3] als erfolgversprechende Mittel empfiehlt. Erklärtermaßen will er selbst bei der Behandlung der Gedankenfiguren die Termini ‹interrogare› und ‹percontari› unterschiedslos gebrauchen, «cum alterum noscendi, alterum arguendi gratia videatur adhiberi» (wenngleich das eine gebraucht zu werden scheint, wenn es um Kennenlernen, das andere, wenn es um Beweisen geht). [4] Er trennt aber trotzdem im folgenden zwischen einem Fragen «sciscitandi gratia» (aus Wißbegier) und einem «instandi [gratia]» (aus Kampfeslust). [5] Unter den antiken lateinischen Rhetorik-Schriften nach Quintilian unterscheiden AQUILA ROMANUS, die ‹Schemata dianoeas› und MARTIANUS CAPELLA zwischen ἐρώτημα und πύσμα. Mit den Worten der ‹Schemata dianoeas› «gebrauchen wir [ersteres], wo wir nach etwas fragen, um Erbitterung zu erzeugen und die Mißgunst, in der es steht, zu vergrößern» [6], letzteres, «wo mit nur einem Wort, zustimmend oder ablehnend, entgegnet werden kann» [7], wobei das angeführte Beispiel tatsächlich eine *subiectio* ist. Ἐρώτημα wird dabei mit *interrogatio* übersetzt, πύσμα mit P. Aquila Romanus nennt ersteres *interrogatum* [8], letzteres *quaesitum* [9]. Bei Martianus Capella lauten die lateinischen Entsprechungen *interrogatio* und *quaesitum*. [10] Doch definieren die beiden letztgenannten Autoren genau umgekehrt: Das πύσμα oder *quaesitum* verlangt eine längere Antwort. Die ‹Schemata dianoeas› kennen daneben die ‹P.› als Figur, «welche eine Antwort der anderen Person nicht zuläßt» [11].

Im Mittelalter führt ISIDOR als einzige rhetorische Fragefigur die πεῦσις an als «Selbstgespräch, wenn wir auf die Frage uns selbst Antwort geben». [12] Es handelt sich also um die *subiectio*. Die Autoren der Renaissance thematisieren die rhetorischen Fragen auf sachlich und terminologisch verschiedene Art. Für SCALIGER umfaßt die *interrogatio* sowohl die auf den Erwerb von Wissen zielende als auch die rhetorische Frage, während die ‹P.› nur letztere bezeichnet. [13] WILSON kennt die *subiectio* unter der Bezeichnung ‹rogatio› und unterscheidet *interrogatio* und ‹P.› wie Quintilian. [14] Bei PUTTENHAM wird hingegen die rhetorische Frage als «Erotema or the Questioner» [15] bezeichnet. PEACHAM unterscheidet rhetorische Frage und Wissensfrage als zwei Arten der *interrogatio*. [16] Daneben klassifiziert er das ‹Erotema› als vehemente Behauptung oder Bestreitung in Frageform sowie das ‹Pysma› als gehäuftes Fragen, das im Gegensatz zu ersterem nicht nur ein Wort als Erwiderung zuläßt. [17] LAMY differenziert am Ende des 17. Jh. die *interrogation* als rhetorische Frage nicht nach Typen. [18] Unter den neueren Einführungen in die Rhetorik fassen die von H. Lausberg [19] und M. Fuhrmann [20] die ‹P.› als *subiectio* auf.

Anmerkungen:
1 Cic. De or. III, 203. – 2 Quint. V, 7, 11. – 3 ebd. V, 7, 27. – 4 ebd. IX, 2, 6. – 5 ebd. IX, 2,7. – 6 Rhet. Lat. min. 25, § 11, Übers. Verf. – 7 ebd. 76, § 40, Übers. Verf. – 8 ebd. 25, § 11. – 9 ebd. 25, § 12. – 10 Mart. Cap. V, 524. – 11 Rhet. Lat. min. 74, § 23. – 12 Isid. Etym. 21, 47f., Übers. Verf. – 13 Scaliger IV, 42. – 14 T. Wilson: The Arte of Rhetorique. N.P. 1553 (Amsterdam/London 1969) fol. 97v-98r, Übers. Verf. – 15 G. Puttenham: The Arte of English Poesie [June?] 1589 (London 1869) 220. – 16 Peacham 106f. – 17 ebd. 107. – 18 B. Lamy: La Rhétorique, ou l'Art de parler [1699] (Brighton 1969) 130. – 19 Lausberg Hb. § 354. – 20 Fuhrmann Rhet. 137.

V. Hartmann

→ Anthypophora → Erotaprokríseis → Frage → Frage, rhetorische → Gedankenfigur → Gerichtsrede → Quaesitum

Perculsio (lat. auch comminatio; griech. κατάπληξις, katáplēxis; dt. Androhung, Einschüchterung)
A. Der Begriff ‹P.› ist eine mittellateinische Substantivbildung aus dem lateinischen Verb *percellere* (erschrecken, erschüttern). [1] Als *terminus technicus* für die rhetorische Figur der Androhung oder Einschüchterung kommt er zuerst in der frühneuzeitlichen Poetik des Julius Caesar SCALIGER vor. [2] Das terminologische Feld bilden die schon in der Antike belegten Begriffe κατάπληξις (Verblüffen) und *comminatio* (Androhung). [3]
B. Im dritten Buch von CICEROS ‹De oratore› steht der Begriff der *comminatio* nicht für eine spezifische rhetorische Figur, sondern veranschaulicht die Wirkungsfunktion des Redeschmucks überhaupt. Cicero bedient sich dabei der klassischen Waffenmetaphorik: «Orationis autem ipsius tamquam armorum est vel ad usum comminatio et quasi petitio vel ad venustatem ipsa tractatio» (Was aber den sprachlichen Ausdruck selbst betrifft, so kommt wie bei den Waffen entweder die Bedrohung und gleichsam der Angriff als Form des praktischen Gebrauchs oder die bloße Handhabung als wirkungsvolles Schauspiel in Betracht). [4] Den Terminus κατάπληξις schließlich nennt QUINTILIAN am Schluß seiner Behandlung der Gedankenfiguren (*figurae sententiarum*) im neunten Buch der ‹Institutio oratoria›. Er kommt dort auch auf einige Figuren zu sprechen, die RUTILIUS LUPUS in seinem – offenbar nicht vollständig überlieferten – Figurentraktat behandelt habe, darunter auch die *kataplexis*. [5]

J.C. SCALIGER rekurriert in seinen ‹Poetices libri septem› (1561) auf beide Traditionsstränge; mit den von den antiken Theoretikern bereitgestellten Termini unzufrieden, greift er auf das Nomen ‹P.› zurück: «Ad eundem finem pertinet, quam Graeci κατάπληξιν, nos perculsionem, alii comminationem paulo languidius. Cicero iudicibus comminatur, cum ait in sermone populi rumorem versari de iudiciorum corruptione, percellit vero Catilinam: „Iamdudum iussum oportuit te in carcerem duci"» (Dasselbe Ziel verfolgt die Figur, die die Griechen κατάπληξις (Erschüttern), wir perculsio und andere –

etwas zu lau – comminatio (Drohung) nennen. Cicero droht den Richtern dadurch, daß er sagt, beim Volke gehe die Kunde von der Bestechlichkeit der Richter um; Catilina dagegen erschüttert er, indem er ihm an den Kopf wirft: „Man hätte schon längst befehlen müssen, dich hinter Gitter zu führen"). [6] Schließlich sind die Begriffe *comminatio* und *kataplexis* auch in H. PEACHAMS ‹Garden of Eloquence› ([2]1593) als Termini für rhetorische Figuren belegt: «CAtaplexis, in latine Comminatio, is a forme of speech, by which the Orator denounceth a threatening against some Person, people, citie, common wealth or country, conteining and declaring the certaintie or likelihood of plagues, or punishments to fall upon them for their wickednesse, impietie, insolencie, and generall iniquitie» (Cataplexis, lateinisch comminatio, ist eine Ausdrucksweise, mittels derer der Redner gegen eine Person, ein Volk, eine Stadt, einen Staat oder ein Land eine Drohung ausspricht des Inhalts, daß sicher oder wahrscheinlich Seuchen und Strafen über sie kommen werden für ihre Niedertracht, Gottlosigkeit, Anmaßung und allgemeine Gärung). [7] Vor allem bei den Propheten der Bibel gebrauchten diese Figur sehr häufig. Dabei habe der Redner aber zu beachten, daß die Prophezeiung grundsätzlich glaubwürdig bleibe, also etwa nicht ein angedrohtes Strafmaß viel zu hoch ausfalle.

Anmerkungen:
1 vgl. J.J. Niermeyer: Mediae Latinitatis Lexicon minus (1976; ND Leiden 1984) 786 s.v. ‹P.›. – 2 L. Deitz, in: Scaliger Bd. 2, S. 479 Anm. 449. – 3 Belegstellen: ThLL 3/2, Sp. 1885f. s.v. ‹comminatio›; vgl. Lanham 31. – 4 Cic. De or. III, 206; vgl. Quint. IX, 1, 33. – 5 Quint. IX, 2, 103; vgl. DNP, Bd. 4 (1998) 1152f. s.v. ‹Gorgias [4]›. – 6 Scaliger Bd. 2, lib. III, cap. 61. – 7 Peacham 79; vgl. L.A. Sonnino: A Handbook to Sixteenth-Century Rhetoric (London 1968) 138.

D. Till

→ Affektenlehre → Gedankenfigur → Ominatio

Percursio (auch brevitas, enumeratio; griech. ἐπιτροχασμός, epitrochasmós [Darüberlaufen, Streifen], ἀνακεφαλαίωσις, anakephalaíōsis [Zusammenfassung], διέξοδος, diéxodos [Durchgang])
A. Abgeleitet vom lat. Verb *percurrere* (durchlaufen), bedeutet ‹P.› eine kurze Aufzählung von Gegenständen oder Ereignissen, die ausführlicher gestaltet werden könnte und deren einzelne Glieder eingehender behandelt werden könnten, worauf jedoch im Sinne der *brevitas* verzichtet wird, d.h. ein «decurrere per capita» (die Hauptsachen schnell durchgehen). [1] Die konstitutiven Elemente der P. sind Reihung, Kürze bzw. Zusammendrängung und Schnelligkeit. Sie kann daher eine *enumeratio* von Substantiven sein, erscheint aber auch als Reihung asyndetischer Hauptsätze, Appositionen, Partizipialformen. [2] Von der *coacervatio* (Häufung) bzw. dem συναθροισμός (synathroismós, Häufung) wird sie insofern geschieden, als sie weit Auseinanderliegendes zusammenführt. [3] Sie wird angewendet, wenn eine Sache keine lange Ausführung erlaubt [4] wie z.B. in der *praeteritio* oder nicht genügend Zeit zur Verfügung steht. [5] Darüber hinaus ermöglicht sie in der Komprimierung den Überblick über den Zusammenhang bzw. die Entwicklung von Ereignissen oder Gegenständen: «totam simul causam ponit ante oculos» ([sie] stellt [...] den ganzen Fall in einem Gesamtbild vor Augen). [6] So findet sich die P. vorzugsweise in der bzw. als *narratio*, als

kürzestmögliche Darstellung des Sachverhalts [7], aber auch in der *peroratio* als Zusammenfassung, um das Gedächtnis der Richter aufzufrischen oder durch die gedrängte Menge (*turba*) des Gesagten zu beeindrucken, wenn die Einzelaspekte weniger Überzeugungskraft besitzen. [8] Als Unterform der *detractio*, die wiederum der *brevitas* zugeordnet ist, gehört die Satzfigur der P. einerseits zur *elocutio* [9], wobei sie die Reduktion der Darstellung bis hin zur Andeutung mit der *praeteritio* gemeinsam hat, jedoch der *praeteritio* die Ankündigung eigentümlich ist, die nur kurz erwähnten oder angedeuteten Sachverhalte übergehen zu wollen. Als kürzeste Form der *narratio* kann die P. anderseits der *inventio* zugeordnet werden. [10]

B. Im griechischen Osten wird das Phänomen von der Antike bis ins Mittelalter hinein einheitlich definiert und unter der Bezeichnung *epitrochasmós* geführt. [11] In der lateinischen Literatur hingegen findet sich der Begriff ‹P.› zwar schon früh bei Cicero [12] – allerdings ohne Definition – als Gegenteil der *commoratio* (Verweilen). Aber dann einmal wird das Phänomen, das an Definitionen und Beispielen erkennbar wird, auch unter den Bezeichnungen *brevitas* [13] und *anakephalaíosis* oder *enumeratio* [14] notiert, zum anderen findet sich neben der genannten kanonischen Definition [15] auch die aus dem Rahmen fallende des DONAT: «Est autem Epitrochasmus verborum super se invicem effusio vel submersio, quae fit adversarii turbandi causa.» (Epitrochasmus ist das Übereinanderhinwegströmen der Worte oder ein Versenken, das ins Werk gesetzt wird, um den Gegner zu verwirren.) [16] Donat schreibt hier wohl die Absicht des QUINTILIAN aus, in der P. durch die *turba* des Gesagten zu beeindrucken. In der Frühen Neuzeit ist das theoretische Interesse an der Figur gering. [17] Jedoch findet sie sich häufig in den ausladenden Buchtiteln [18], die gleichsam den Inhalt des gesamten Buches durchlaufen. [19] Typisches Beispiel hierfür ist der Titel von WEISES rhetorischem Lehrbuch (Leipzig 1693): ‹Christian Weisens Gelehrter Redner/ Das ist: Ausführliche und getreue Nachricht/ Wie sich ein junger Mensch In seinen Reden klug und complaisant aufführen soll/ Wenn er zu Beförderung seines Glückes die Opinion eines Gelehrten vonnöthen hat und wie er theils in der Allusion, Theils in der Expression Gelehrt und klug procediren kan: alles mit waren Exceptis, genugsamen Regeln und neuen Exempeln völlig erläutert›.

Anmerkungen:

1 Quint. VI, 1, 2; vgl. auch Phoibammon, in: Rhet. Graec. Sp. Vol. 3, 50, 15–16. – **2** vgl. Lausberg Hb. § 299. – **3** vgl. Alexander und Zonaios, in: Rhet. Graec. Sp. Bd. 3, 22, 22–24; 162, 30 – 163,1. – **4** vgl. Auct. ad Her. IV, 68. – **5** vgl. ebd.; auf die Zeitersparnis bzw. Schnelligkeit verweisen durch die Begriffe *velocitas* (Schnelligkeit) und *raptim* (rasch) auch Aquila (Rhet. Lat. min. 24,18) und das ‹Carmen de figuris› (Rhet. Lat. min. 65,61). – **6** Quint. VI, 1, 1; vgl. auch Auct. ad Her. IV, 68. – **7** vgl. Lausberg Hb. § 299. – **8** vgl. Quint. VI, 1, 1; Heliodor 6, 2, 3, in: Héliodore, Les Éthiopiques, Texte établi par R.M. Rattenbury, T.W. Lumb et traduit par J. Maillon (Paris ²1960) 87. – **9** vgl. Ernesti Lat. 280. – **10** vgl. Lausberg Hb. § 881. – **11** vgl. Alexander, Phoibammon, Zonaios, in: Rhet. Graec. Sp., Vol. 3, 22, 22–28; 50, 15–19; 162, 30 – 163, 4 mit wörtlicher Übereinstimmung des Zonaios mit Alexander; darüber hinaus die Verwendung des Verbs ἐπιτρέχειν (epitréchein, über etwas hinweglaufen) bei Eunapios von Sardes (Philostratus and Eunapius. The Lives of the Sophists, with an Engl. Transl. by W.C. Wright, London/Cambridge 1952, 350–351) und die Definition des Adverbs ἐπιτροχάδην (epitrocháden) im Lex. des Photios (Photii Patriarchae Lexicon, ed. Chr. Theodoridis, Vol. 2, Berlin/ New York 1998, 171). – **12** Cic. De or. III, 202. – **13** Auct. ad Her. IV, 68. – **14** Quint. VI, 1, 1–2. – **15** vgl. Auct. ad Her. IV, 68; Quint. VI, 1, 1–2; Aquila, Carmen de figuris 61–63, Schema dianoeas 9, in: Rhet. Lat. min. 24, 16–20; 65, 61–63; 72, 28–30. – **16** Donat, Komm. zu Terenz. Phormio II, 3, 43, in: Aelii Donati quod fertur commentum Terenti ... rec. P. Wessner, Vol. II (1905) 450, Übers. Verf.; vgl. auch Terentius ad Eunuchum IV, 7, 34, ebd. Vol. I, 444. – **17** Zur einschlägiger Definition vgl. z B. J. Susenbrotus: Epitome troporum ac schematum et grammaticorum et rhetorum (Zürich 1541) 75. – **18** vgl. Plett 59. – **19** vgl. die Benutzung des Verbs epitréchein in diesem Sinne bei Photius, Bibliotheca 36, 7b, 24–25, in: Photius, Bibliothèque (Paris 1959) 22.

B. Czapla

→ Änderungskategorien → Anspielung → Asyndeton → Brevitas → Elocutio → Enumeratio → Inventio → Narratio → Praeteritio

Periode (περίοδος, períodos [1], ‹Umlauf/ Rundweg›; lat. periodus [2]; perihodos [3]; periodos [4]; ambitus [5], ‹Umgang›; circu(m)itus [6], ‹Rundgang›; compre(he)nsio [7], ‹Umfassung›; continuatio [8], ‹fortlaufende Folge›; circumscriptio [9], ‹Umreißung/ Umgrenzung›; circumductum [10], ‹Herumgeführtes›; conclusio [11], ‹Schlußfolgerung›; conversio [12], ‹Umdrehung›; orbis [13], ‹Kreis›; conglutinatio [14], ‹Zusammenleimen/ -fügung›; complexio [15], ‹Zusammenfassung›; perpetuitas [16], ‹ununterbrochener Fortgang›; engl. period [17]; frz. période [18]; ital. periodo)

A. Def./ Bereiche. – B. Geschichte (Antike). – C. Die musikalische P.

A. Der Begriff ‹P.› wurde – wie ‹Kolon› (‹Glied/ Schenkel›) – im 5. Jh. v.Chr. von THRASYMACHOS in die Rhetorik eingeführt. Aus der Rhetorik übernimmt sie – einschließlich des zwischen Aristoteles und Cicero hinzugetretenen Begriffes ‹Komma› (‹abgehauenes Stück›) – die antike metrische Theorie, wie sie vor allem bei HEPHAISTION (2. Jh. n.Chr.) nebst Scholien, ARISTIDES QUINTILIANUS (3. Jh. n.Chr.) und MARIUS VICTORINUS (4. Jh. n.Chr.) vorliegt. [19] Benannt ist die P. wie das Kolon nach der den 'sportlichen' Hellenen vertrauten Vorstellung des Doppellaufes (δίαυλος, díaulos) in der zweischenkligen, durch Wendepunkte markierten Doppel-Rennbahn: «Sofort nämlich macht derjenige, der eine P. spricht, deutlich, daß er irgendwo angefangen hat und, um irgendwann zu enden, an irgendein Ziel eilt, wie die Läufer, nachdem sie losgelassen sind; denn auch bei jenen wird zusammen mit dem Anfang des Laufes das Ende deutlich. Daher ist auch die P./ 'Umlauf' benannt, verglichen mit den kreisförmigen und rundherum begangenen Wegen.» [20] [...] «illa circumscriptione ambituque, ut tamquam in orbe inclusa currat oratio, quoad insistat in singulis perfectis absolutisque sentiis [...]» ([...] durch jene Umgrenzung und jenen Umgang, daß gleichsam in einem Kreis eingeschlossen die Rede läuft, bis sie zum Stillstand kommt in den einzelnen vollendeten und 'losgelösten'/ abgeschlossenen Gedanken). [21] «periodus, quae Latina interpretatione circuitus vel ambitus vocatur, id est compositio pedum trium vel quattuor vel complurium similium atque absimilium, ad id rediens unde exordium sumpsit [...]» (Die P., die in lateinischer Übersetzung Rundgang oder Umgang genannt wird, das heißt Zusammenstellung von drei oder vier oder mehreren Füßen, ähnlichen und unähnlichen, zu dem zurückkehrend, von wo sie ihren Anfang genommen hat). [22] Danach heißt die Ausdrucksform in P. die ‹in sich umgekehrte› (κατεστραμμένη, katestramménē). [23]

Nach der Lehre der antiken Rhetorik [24] versteht man innerhalb der Wortfügungslehre (*compositio*) unter P. als zyklischem (zirkularen) Satzbau *(oratio vincta atque contexta, connexa series)* umfassendere Einheiten geformter Rede, die aus untergeordneten kleineren Einheiten (Kola, später auch Kommata) zusammengesetzt sind. [25] Nach einem treffenden antiken Vergleich «tragen die Glieder der Periode einander wie die Steine eines Gewölbes.» [26] Im Namen ‹P.› ist angelegt, «daß in der P. die Rückkehr zum Ausgangspunkte liegt, also eine Abrundung, die ebensowohl den Gedanken wie den Satzbau und den Rhythmus angeht. Der 'Rundgang' des Gedankens, der mit einem Satze anfängt und die Begründung und ihre Bestätigung mit allem, was sich zur Bekräftigung heranziehen läßt, zu dem Abschlusse, dem q.e.d. führt, ist allerdings schließlich in den starren Schematismus der Chrie ausgeartet [...] Daß in dem Bau einer solchen Periode häufig inhaltsleere Füllstücke stecken, war unvermeidlich, ebenso, daß er monoton wird.» [27] Doch im Idealfall (z.B. ISOKRATES, DEMOSTHENES) ist die P. «die vollkommenste Vereinigung mehrerer Gedanken in einem Satz» [28], «derart, daß auf einen spannungsschaffenden (*pendens oratio*) Bestandteil (πρότασις, prótasis) ein spannungslösender (*sententiae clausula*) Bestandteil (ἀπόδοσις, apódosis) folgt. Syntaktisch können *protasis* und *apodosis* zueinander in koordiniertem (‹zwar..., aber›) oder in subordiniertem (‹wenn..., dann›) Verhältnis stehen. Das semantische Grundverhältnis ist die Antithese.» [29]

Bei den *Arten* der P. unterscheiden ARISTOTELES, PS.-DEMETRIOS und QUINTILIAN nach dem Gesichtspunkt der *Zusammensetzung* die (mit Kolon in der Bedeutung ‹rhythmische Zeile›) einfache (ἁπλοῦς, haplús; ἀφελής, aphelés; μονόκωλος, monókōlos; *simplex*) und die (aus Kola bzw. Kommata) zusammengesetzte P. («ἡ ἐν κώλοις π.», die aus Kola bestehende P.; «[genus] quod constat membris et incisis, [die Art,] die aus Gliedern/ Kola und Abschnitten/ Kommata besteht); stillschweigend teilweise ausgeschlossen wird die Berechtigung der Existenz der einkoligen P. vom AUCTOR AD HERENNIUM, polemisch abgestritten von AQUILA ROMANUS. [30] Die zusammengesetzte, mehrkolige P. kann bei streng rhythmischer Definition des P.-Begriffs (‹Doppel-, d.h. zweischenklige Rennbahn›) nur aus zwei Kola (ARISTOTELES) bzw. (bei Paarigkeit als Modell-Vorstellung) vier Kola (CICERO, QUINTILIAN) bestehen; bei Definition des P.-Begriffs nach gedanklicher Abgeschlossenheit ist jede Zahl von Kola (z.B. auch drei) möglich, wobei aber aus Gründen der Übersichtlichkeit nicht über vier hinausgegangen werden sollte (PS.-DEMETRIOS). Ein klammerbildender Rahmenteil wird bei der Zählung der Kola nicht mitgerechnet. [31]

Hinsichtlich der *Länge* gibt es lange, kurze und im Idealfall mittellange Kola und P. Langkolige P. gefährden die Übersichtlichkeit, kurzkolige P. geben einen überstürzten Rhythmus. [32] Gemäß dem Gesetz der wachsenden Glieder soll in einer zusammengesetzten P. das letzte, die anderen umfassende und integrierende Glied wegen der Erhabenheit (σεμνόν, semnón) länger als die anderen sein [33] (wodurch die streng rhythmisch determinierte zweikolige P. ausgeschlossen ist). Zur zweigliedrigen/ zweikoligen P. des Aristoteles passen (gorgianische) Stilfiguren wie Parisosis, Paromoiosis etc. wegen ihrer Parallelität bzw. Antithetik besonders gut. [34]

Nach dem Gesichtspunkt der *Straffheit* unterscheidet Ps.-DEMETRIOS drei Arten der P. [35]: die historische (ἱστορική, historikḗ), dialogische (διαλογική, dialogikḗ) und die rhetorische P. (ῥητορική, rhētorikḗ). Die rhetorische P. hat von ihrem Beginn an eine straffe und zyklische Struktur («συνεστραμμένον [...] καὶ κυκλικόν», synestramménon kai kyklikón, zusammengedreht und kreisförmig), was mit dem Anfang von DEMOSTHENES' ‹Rede gegen Leptines› [36] illustriert wird: «Meine Herren Richter, besonders wegen der Meinung, es nütze der Stadt, daß das Gesetz aufgelöst sei, dann aber auch des Sohnes des Chabrias wegen habe ich zugestimmt, für diese, wie auch immer ich in der Lage bin, zu sprechen». Die dialogische P. dagegen ist locker (ἀνειμένη, anheimḗnē, 'losgelassen'), hat mit der *oratio soluta* (λέξις διαλελυμένη, léxis dialelymḗnē, aufgelöste Ausdrucksweise) die Linearität der Gedankenfolge gemeinsam, steht aber syntaktisch zwischen der λέξις διῃρημένη (léxis diērēménē, auseinandergerissene Ausdrucksweise) und der κατεστραμμένη (katestramménē, in sich umgekehrte [37] bzw. zu Ende gebrachte [38] [Perioden-]Ausdrucksweise), was am Einleitungssatz der ‹Politeia› PLATONS [39] deutlich gemacht wird: «Hinab ging ich gestern in den Piräus mit Glaukon, des Ariston Sohn, um sowohl die Göttin anzubeten als auch das Fest sehen zu wollen, auf welche Weise sie es feiern werden, da sie es nun zum ersten Mal begehen.» Die historische P. steht in ihrem Straffheitsgrad zwischen den anderen beiden, was der Einleitungssatz der ‹Anabasis› XENOPHONS [40] zeigen soll: «Dareios und Parysatis entstammen zwei Söhne, ein älterer, Artaxerxes, und ein jüngerer, Kyros.»

Die inhaltliche *Füllung* des gegenseitigen Verhältnisses der Kola innerhalb einer P. erfolgt gemäß ARISTOTELES entweder in weniger schroffer Form als λέξις διῃρημένη (léxis diērēménē, hinzufügend-aufzählende [41]/ koordinierende Ausdrucksweise), wofür als Beispiel der Anfang des ‹Panegyrikos› des Isokrates gegeben wird [42] («Oft habe ich mich gewundert über diejenigen, die die Festversammlungen zusammengeführt und die gymnastischen Wettkämpfe eingerichtet haben»); oder in schrofferer Gegenüberstellung als λέξις ἀντικειμένη (léxis antikeiménē, gegenübergestellte/ 'antithetische' Ausdrucksweise), mit Belegen aus derselben Rede (z.B. [43]): «Es passiert häufig bei denselben Handlungen, daß sowohl die Verständigen Unglück als auch die Unverständigen Erfolg haben»).

Was die *Anwendung* (χρῆσις, chrḗsis/ *usus*) [44] der P. betrifft, so wird ihr Gebrauch in der Schrift ‹Rhetorica ad Herennium› vor allem in drei Inhaltsbereichen für formell notwendig gehalten, da die nichtperiodische Ausdrucksweise für den Inhalt zu schwach wäre: Sentenz (*sententia*), Gegensatz (*contrarium*), Schlußfolgerung (*conclusio*). Doch ist periodischer Satzbau auch für andere Inhalte möglich, wenn auch nicht zwingend erforderlich. [45] Eine Rede darf weder ganz aus P. bestehen (wie bei GORGIAS) noch ganz aufgelöst (d.h. parataktisch) sein (wie die Archaik), sondern beide Stilelemente sollen sich harmonisch vermischen. [46] Beliebt ist die P. wegen ihrer zügigen Einführung in das Thema für das Proömium, das mit einkoligen und mehrkoligen P. beginnen kann; als unselbständige Satzteile oder Nebensätze erscheinen hier: nominales Akkusativobjekt (z.B. Ilias, Odyssee, Aeneis), Prädikatsnomen, indirekter Fragesatz (z.B. LIVIUS, Gesamtproömium), Temporalsatz, adverbiale Bestimmungen. [47]

In der *Metrik* versteht man unter P., wie A. BOECKH (1785–1867) entdeckt hat, «einen in sich geschlossenen längeren Abschnitt [...], der mehrere Kola oder Verse umfassen kann und in der Regel eine formale, d.h. rhythmische und inhaltliche Einheit bildet, einen Kreis, der zu seinem Ausgangspunkt zurückkehrt. Am Periodenende ist Pause, aber auch innerhalb einer Periode ist Pause gestattet»[48] (gekennzeichnet durch ||); «eine metrische Einheit wird dadurch gegen die folgende abgesetzt, daß Wortende gefordert wird, daß zwischen beiden ‹Hiat› erlaubt ist [...] und daß jeweils das letzte Element anceps ist.»[49] P. in diesem Sinn sind z.B. die geläufigen Sprechverse Hexameter und Trimeter. Boeckhs Entdeckung ist in der Praxis besonders wichtig für die Kolometrie der Chorlyrik.[50]

In der *Grammatik* ist P. (wie Komma und Kolon) in Spätantike und Mittelalter Name für ein Satz-/ Interpunktionszeichen (Punkt; vgl. engl. *period*).

In der sich an syntaktischen Modellen orientierenden *musikalischen Formenlehre* des Barock und insbesondere der Klassik ist die P. ein aus zwei parallel gebauten, in der Regel viertaktigen 'Teilsätzen' (Vorder- und Nachsatz, auch als 'Frage' und 'Antwort' aufgefaßt) gebildeter Formteil.[51]

B.I. *Antike.* Die 'Erfindung' nicht nur der P., sondern auch des Kolons schreibt das wichtige Zeugnis bei Suidas, «der aus vorzüglicher Quelle berichtet»[52], dem THRASYMACHOS (5. Jh.) zu, «der als erster P. und Kolon bekanntmachte und die jetzige Art der Redekunst einführte»[53]. 'Erfindung' freilich nur mit folgender Kautel: «Thrasymachos aus der megarischen Kolonie Chalkedon hat ein dem ganzen griechischen Volk gemeinsames, vielleicht in seinem Stamm besonders ausgeprägtes Gefühl in bindende Norm gefaßt und als solche in die griechische Kunstprosa eingeführt.»[54] «Die Rhythmisierung entspringt nach Aristoteles einem ästhetischen Grundtrieb des Hellenen, das Ungestalte zu gestalten, das maßlos Schweifende durch Maß zu binden, das Endlose zu begrenzen.»[55] Dasselbe gilt noch für den eigentlichen Vollender der griechischen Kunstprosa auch in dieser Beziehung, ISOKRATES (436–338)[56]: «Isokrates hat keine der Künste, welche für seinen und für den gebildeten Stil des vierten Jahrhunderts charakteristisch sind, selbst 'erfunden'. *So etwas wird überhaupt nicht erfunden.*»[57]

Da jedoch die Definition, die Isokrates von der P. gegeben haben soll[58], nicht auf uns gekommen ist, bleibt der erste, von dem wir als dem gleichzeitig «besten Kenner der Materie»[59] eine theoretische Auseinandersetzung mit dem bereits gemeingriechischen[60] Begriff P. besitzen, ARISTOTELES (384–322), der aber vielfach mit Beispielen aus Isokrates (‹Panegyrikos›) argumentiert[61]. Aristoteles[62] entwickelt seinen P.-Begriff aus der Gegenüberstellung der λέξις εἰρομένη (léxis eiroméne, sich reihende/ 'paratakische' Ausdrucksweise) mit der λέξις κατεστραμμένη (léxis katestramméne, in sich umgekehrte bzw. zu Ende gebrachte Ausdrucksweise[63]). Nach der Charakterisierung der 'archaischen' λέξις εἰρομένη («die kein Ende in sich selbst hat, wenn nicht die Sache über die die Rede geht, beendet ist. Sie ist aber unangenehm wegen des Unbegrenzten, denn das Ende wollen alle absehen; deswegen atmen sie auch an den Wendepunkten aus und entspannen sich; denn weil sie die Begrenzung voraussehen, ermüden sie nicht vorher.») wird die λέξις κατεστραμμένη mit dem P.-Stil gleichgesetzt, was von selbst die Definition der P. nach sich zieht: «Die sich reihende Ausdrucksweise nun ist diese, die in sich umgekehrte aber die in 'Umläufen'/ Perioden. Ich nenne aber 'Umlauf'/ P. eine Ausdrucksweise, die Anfang und Ende selbst in sich selbst und eine gut überschaubare Größe hat. Angenehm aber ist eine derartige und gut verständlich; angenehm, weil sie sich gegensätzlich verhält zum Unbegrenzten und weil der Hörer glaubt, daß er immer etwas [Greifbares] habe und daß sich ihm etwas abgegrenzt habe, denn nichts vorher zu erkennen, daß es da ist, und nichts zu vollenden ist unangenehm. Gut verständlich aber ist sie, weil sie gut im Gedächtnis zu behalten ist, dies aber, weil die Ausdrucksweise in 'Umläufen'/ P. Zahl/ 'Numerus' besitzt, was von allem das am besten im Gedächtnis zu behaltende ist. [...] Notwendig aber ist, daß der 'Umlauf'/ die P. auch im Gedanken abgeschlossen ist und nicht abgeschnitten wird wie die Jamben des Sophokles [...]»[64].

Die bisherige Diskussion darüber, worin Aristoteles (und auch Ps.-Demetrius) das entscheidende Wesensmerkmal der P. sehe, ist kontrovers: (1) die P. sei inhaltlich determiniert, d.h. es bestehe durch die logische Anordnung der Teile ein gedanklicher Zusammenhang (vgl. «Anfang und Ende selbst in sich selbst»)[65]; (2) die P. sei rhythmisch determiniert, d.h. Anfang und Ende seien metrisch unterstrichen, z.B. durch den Päan (vgl. «[...] die P. *auch* im Gedanken abgeschlossen ist», was etwas anderes, nämlich den Rhythmus, voraussetze)[66].

Nach dieser Definition der P. gemäß den Kriterien Abgegrenztheit/ Vollendung aus eigener Kraft und Größe (Überschaubarkeit einschl. Einprägsamkeit durch die 'Zahl', d.h. den Rhythmus) unterscheidet Aristoteles zwei Arten von P.[67]: «die eine in Kola (ἐν κώλοις), die andere einfach (ἀφελής, aphelés)». Erstere, 'gegliederte'[68] bzw. 'geschenkelte', besteht aus nur zwei Gliedern/ Schenkeln.[69]: «Glied/ Schenkel ist der eine Teil [von zweien] dieser». Mehr als zwei Glieder/ Schenkel kann die P. logischerweise gemäß dem von der Doppel-Rennbahn genommenen Bild einer Doppelbewegung, «deren kritisches Moment die καμπή [kampé, Biegung], der Übergang von einer Bewegungsrichtung in die andere, entgegengesetzte, ist»[70], auch gar nicht haben (es sei denn, die Zweigliedrigkeit ist für Aristoteles nur Modell-Prinzip[71]): «Die Länge der rückläufigen Bahn ist nämlich bei der περίοδος durch den einen 'Schenkel' festgelegt.»[72] Unter Einbeziehung des 'Rhythmus' (ἀριθμός, arithmós, Zahl) als gliederndes Abteilung kann man von einer gegenläufigen, 'stierwendigen'[73] Doppel-Rhythmenreihe sprechen: «Der Hörer hat am Ende des Umlaufes jeweils ein Ganzes als Gestalteinheit vor sich, das gleichsam unter seinen Augen sich gerundet hat und das er nun in seiner geschlossenen Struktur überschaut und beherrscht.»[74]

Daraus ergibt sich bei Aristoteles für die zweite Art ('einfache' P.) auch die Bezeichnung[75]: ‹eingliedrig/ einschenklig› (μονόκωλος, monókolos). Die vielverhandelte Paradoxie dieses Ausdruckes ('einschenklige Doppel-Rennbahn') erklärt sich so, daß Kolon hier nicht mehr im eigentlichen Sinn des Wortes als 'Schenkel', «sondern in der nicht mehr bildkräftigen, nur mehr 'technischen' Bedeutung einer 'rhythmischen Zeile'»[76] zu verstehen ist; dabei bildet der Satz mit der Definition selbst ein Beispiel der 'einkoligen' P. mit der geforderten rhythmischen Bewegung im Gegensinn in der Mitte eines einzigen Kolons (ἀφελῆ δὲ λέγω τὴν μονόκωλον: ∪ ∪ ⏑ ∪ ∪ ⏑ | ⏑ ∪ ∪ ⏑ ∪).

Was den Umfang betrifft, so sollten die 'Umläufe'/ P. (wie auch die 'Schenkel'/ Kola) im Interesse der Abgeschlossenheit und der richtig bemessenen Atemführung weder allzu 'mauseschwänzig' (μύουροι, mýūroi), d.h. kurz, noch allzu lang (μακραί, makraí) sein, was psychagogisch begründet wird: Bei kurzkoligen (βραχύκωλοι, brachýkōloi) P. strauchle der Hörer, bei langkoligen (μακρόκωλοι, makrókōloi) bleibe er – wie die im Lykeion über den Wendepunkt hinausgehenden Teilnehmer am Peripatos – zurück. [77]

Diese klare und der griechischen Lebenswirklichkeit entnommene P.-Definition des Aristoteles konnte von Epigonen in ihrem selbstgefälligen Bestreben, den Meister zu übertreffen, nur verwässert bzw. sogar verfälscht werden. Als Beispiel [78] für viele stehe der unter dem Namen DEMETRIOS überlieferte Traktat Περὶ ἑρμηνείας (Perí hērmēneías, De elocutione, Über den Stil), dessen Datierung zwischen dem 2./1. Jh. v.Chr. und dem 2. Jh. n.Chr. schwankt. [79] Nach der Definition von Kolon und Komma geht die Schrift zur Besprechung der P. über: «Wenn nun derartige Kola und Kommata miteinander zusammengestellt werden, setzen sich die sogenannten P. zusammen. Es ist nämlich die P. eine Zusammensetzung aus Kola oder Kommata, die auf gut in sich zurückkehrende Weise [80] hinsichtlich des zugrundeliegenden Gedankens gestaltet/ vollendet ist.» [81] Sein Mißverständnis der aristotelischen 'Umlauf'- bzw. 'Schenkel'- Definition (P. und Kolon) dokumentiert Ps.-Demetrios durch das Beispiel einer 'dreischenkligen' P. (das er noch einmal für seine 'historische' P. gebrauchen wird: Demosthenes, ‹Gegen Leptines› 1), mit dem Resümee: «Denn diese aus drei Kola/ 'Schenkeln' bestehende P. hat sowohl eine bestimmte Biegung als auch Zusammendrehung [82] am Ende.»

Mit der zerstörten Vorstellung der 'zweischenkligen Umlauf-Bahn' ist auch die 'Doppel-Rhythmenreihe' als notwendiges Wesensmerkmal weggefallen; unter den *disiecta membra* der aristotelischen Lehre liegt das Schwergewicht auf der logischen Abgeschlossenheit, die Aristoteles erst an letzter Stelle genannt hatte. So überrascht es auch nicht, wenn Ps.-Demetrios im Anschluß daran die aristotelische Definition mit ausdrücklichem Lob («indem er es sehr schön und angemessen definiert hat») nur in ihrem ersten Teil, und auch hier nur unvollständig, (frei) zitiert [83]: Die Kriterien der Abgeschlossenheit («selbst in sich selbst»), Wohlüberschaubarkeit («gut überschaubare Größe») und des Rhythmus (ἀριθμός, Zahl, 'Rhythmus') sind weggefallen. [84] Nach dem offenbar um ein tieferes Verständnis pedantisch durchgeführten Vergleich der P. mit den «kreisförmigen und rings herumgeführten Läufen» gipfelt die ps.-demetrianische P.-Definition in dem Satz: «Im ganzen ist die P. nichts anderes als eine irgendwie bestimmte Zusammensetzung (σύνθεσις, sýnthesis).» [85] Damit ist der Weg frei, neben den anerkannten zweikoligen P. des Aristoteles (für Demetrios «die kleineren») auch viergliedrige (für Demetrios «die größten» [86]), ja sogar drei- und eingliedrige P. zuzulassen: «Es entstehen aber auch dreikolige (τρίκωλος, tríkōlos) [P.]. Und einkolige, die man einfache P. nennt. Wenn nämlich das Kolon Länge hat und eine Biegung (καμπή, kampé) [87] am Ende, dann entsteht eine einkolige P., wie die folgende: "Von Herodots des Halikarnassers Forschung ist die Darlegung diese", und wieder: "Der deutliche Ausdruck nämlich bietet viel Licht den Gedanken der Hörer." Aus zwei [Elementen] also setzt sich die einfache P. zusammen: sowohl aus der Länge als auch aus der Biegung am Ende, aus dem einen [der beiden] aber niemals.» [88]

Um nun seine Erweiterung der zweigliedrigen aristotelischen P. zu rechtfertigen, greift Ps.-Demetrios auf die Definition des Stoikers ARCHEDEMOS zurück: «Archedemos aber, indem er die Definition des Aristoteles [sc. Kolon ist der eine Teil einer P.] und das zur Definition Hinzugefügte [es entsteht aber auch eine einfache P.] zusammenzog, definierte deutlicher und vollkommener so: Kolon ist entweder eine einfache P. oder Teil einer zusammengesetzten P.» [89] «Diese gelehrten Pedanten [sc. Archedemos, Ps.-Demetrios] haben dem Aristoteles einen Bärendienst erwiesen, indem sie die unmittelbar bildhafte Klarheit der Begriffe 'κῶλον' und 'περίοδος' verwischt haben. In dieser Verdrehung konnte man die Modell-Vorstellung von 'Umlauf' und 'Schenkel' nicht mehr erkennen.» [90]

Das älteste *römische* Werk zur Rhetorik, die wohl in Ciceros Jugendjahren (aber nicht von ihm) geschriebenen [91] ‹Rhetorica ad Herennium›, bietet folgende Definition des auch hier zusammen mit *membrum*/ Kolon und *articulus* / *comma* als Dreiheit gesehenen und unter die *verborum exornationes* (Wortfiguren) eingereihten Begriffes *continuatio*/ P.: «Continuatio est densa et continens verborum conprehensio cum absolutione sententiarum. Ea utemur commodissime tripertito: in sententia, in contrario, in conclusione» (Fortführung ist die dichte und fortführende Häufung von Wörtern mit einer Vervollständigung der Gedanken. Diese werden wir am vorteilhaftesten dreifach anwenden: bei einer 'Sentenz', bei einem Gegensatz, bei einer Schlußfolgerung). [92] Das wird mit einem dreifach variierten stoischen Gedanken erläutert, der z.B. als *sententia* formuliert lautet: «Ei non multum potest obesse fortuna, qui sibi firmius in virtute quam in casu praesidium conlocavit» (Demjenigen kann das Schicksal nicht viel schaden, der für sich einen stärkeren Schutz in die Tugend als in den Zufall gelegt hat). Zumindest die letzten beiden Anwendungsarten (Gegensatz, Schlußfolgerung) lassen eine einkolige Periode für die ‹Rhetorica ad Herennium› nicht zu [93], obwohl sie deutlich unter peripatetischem Einfluß steht. [94]

CICERO (106–43) selbst entwickelt im ‹Orator› bei der Behandlung des Prosarhythmus nach den Kriterien *origo* (Ursprung), *causa* (Ursache), *natura* (Wesen) und *usus* (Praxis, Anwendung) [95] die Art rhythmischer Gestaltung des Ausdrucks bei der forensischen (d.h. politischen und juristischen) Redeweise aus der Gegenüberstellung mit der Geschichtsschreibung (Theopomp) und der Prunkrede (Isokrates), die sich der P. als einheitlicher Ausdrucksform bedienten: «Cicero spricht von einem Kreis-Lauf (ut tamquam in orbe inclusa currat oratio), der zur Ruhe kommt (insistat) mit (in) der Vollendung (perfectis) jedes (singulis) Satzes als des Ausdrucks eines Gedankens (sententiis), [...] d.h. indem Sinn und (rhythmische) Ausdrucksform eines Satzes zusammen ihr τέλος [télos, Vollendung] (perfectum = τέλειον [téleion]) erreichen.» [96] Nachdem er auch hier eine ganze Reihe lateinischer Äquivalente des griechischen Terminus (*circumscriptio, comprehensio, continuatio, ambitus*) gegeben [97] sowie sowohl vor ausschließlichem Gebrauch als auch der völligen Verwerfung des P.-Stils gewarnt hat [98], gibt er unter dreifachem Gesichtspunkt Hinweise für ihre – gelegentliche – Anwendung: 1. *quo loco* (an welcher Stelle) – Antwort: bei erhöhtem Lob oder Herausheben der Erzählung sowie zur vergrößernden Darstellung (*amplificatio*), besonders in Epilogen (*perorationes*) [99]; 2. *quam diu* (wie lange) – vorläufige Antwort: nicht lange [100]; 3. *quot modis* (auf wieviele Arten) – Antwort: gemäß dem Stilgefühl des einzelnen Redners durch *variatio* bei Mischung der Rhythmen besonders in den Klauseln [101].

Weiteres über die P. (Häufigkeit, Umfang) sagt Cicero bei der ausführlichen Antwort auf die zweite Frage, indem er der P. die nicht-periodische Ausdrucksweise gegenüberstellt, also das Sprechen 'in Gliedern' (*membratim*, d.h. in Kola und Kommata), durch die der Redner sich von dem «Mißstimmung erregenden Lauf» der P. «leicht und oft» trennen soll [102]: «Es besteht nämlich jener Umgang und die vollständige Umfassung in der Regel aus vier Teilen, die wir Glieder/ 'Kola' nennen, so daß sie sowohl die Ohren füllt als auch weder kürzer ist, als es genügend ist, noch länger. Indessen tritt beides manchmal oder eher häufig auf, daß man entweder rascher haltmachen oder weiter vorschreiten muß, damit nicht die Kürze die Ohren [um ihre Erwartung] betrogen oder damit nicht die Länge sie betäubt zu haben scheint. Aber ich nehme Rücksicht auf ein Mittelmaß; ich spreche nämlich nicht über den Vers, und beträchtlich freier ist die 'Rede'/ Prosa. Also aus vier gleichsam hexameterähnlichen Versgebilden besteht in der Regel die vollständige 'Umfassung'/ P.» [103] Cicero nimmt demnach als Normalmaß (*mediocritas*; entspricht aristotelischen μεσότης, *mesótēs*) für den Umfang der Periode etwa vier Kola (woraus wie bei Aristoteles immerhin Paarigkeit als Modell-Prinzip zu erschließen ist [104]), für die Länge der Kola etwa je sechs Takte an. [105] Ob Cicero die einkolige P. kennt oder sie wie später AQUILA ROMANUS ablehnt, muß bei seiner nicht ganz klaren Ausdrucksweise offenbleiben. [106]

Zur Rhythmisierung der P. sagt Cicero mit einem offenbar von Girlanden o.ä. genommenen Bild im Anschluß: «An diesen einzelnen Vers[gebild]en also werden gleichsam Knoten der fortlaufenden Folge (*continuatio*) sichtbar, die wir im 'Umgang'/ in der P. (*ambitus*) verbinden.» [107] «Die κῶλα müssen demnach etwas sichtbar an sich haben, was sie mit andern κῶλα zu Gliedern eines größeren Zusammenhangs, einer Periode, zusammenschließt. Es handelt sich bei diesen Verzahnungen wohl um Entsprechungen in der rhythmischen Bildung, d.h. um Entsprechungen von Rhythmengruppen, oder um Entsprechungen von Wörtern oder Lauten, die in den einzelnen κῶλα einer περίοδος sich entsprechende rhythmische Stellen einnehmen.» [108]

QUINTILIAN (ca. 35–ca. 96), der gleichfalls Komma, Kolon und P. als die drei Bauformen der *conexa series* (verflochtenen Redeweise) kennt [109], bespricht die P. unter Berufung auf Ciceros lateinischen Äquivalente (*ambitus, circuitus, comprehensio, continuatio, circumscriptio*) [110] sowie auf die von ihm konstatierte Durchschnittslänge von vier sechstaktigen Vers-Gebilden (mit etymologischer Gleichsetzung von lateinischem *senarius* und griechischem Hexameter). [111] Doch deutlicher als Cicero, bei dem die Anerkennung einer einkoligen P. offenbleiben mußte, unterscheidet Quintilian in seiner zu Unrecht [112] als widersprüchlich bezeichneten Behandlung zwei Arten von P. und gibt auch ein Mindestmaß des Umfangs einer P. (zwei Glieder/ Kola) an: «Arten gibt es von ihr zwei: die eine einfach, wenn ein einziger Gedanke auf einem längeren Umgang herumgeführt wird, die andere, die aus Gliedern/ Kola und Abschnitten/ Kommata besteht, die mehr [sc. als einen] Gedanken enthalten: «anwesend war der Türhüter des Gefängnisses, der Henker des Prätors», etc. [113] Es hat die P. Glieder mindestens zwei. Die mittlere Zahl scheint vier, aber sie nimmt häufig auch mehr auf. Ihr Maß wird von Cicero [114] entweder mit vier senarischen Versen oder durch das Maß des Atems selbst begrenzt. Sie muß leisten, daß sie einen Gedanken zum Abschluß bringt:

Sie soll 'offen'/ klar/ deutlich (*aperta*) sein, daß sie verstanden werden kann, nicht maßlos, daß sie mit dem Gedächtnis behalten [werden kann]. Ein längeres Glied als gerechtfertigt ist schwerfällig, ein zu kurzes ohne festen Stand.» [115]

Auch Ciceros Bild von den 'Knoten' als den Gliederungs- bzw. Haltepunkten kehrt bei Quintilian wieder: «Gliedweise werden wir meistens erzählen oder die P. selbst durch größere Zwischenräume und gleichsam lockerere Knoten auflösen, mit Ausnahme dessen, was nicht um des Belehrens willen, sondern des Ausschmükkens erzählt wird, wie [in Ciceros Rede] gegen Verres der Raub der Proserpina [116]: hier schickt sich nämlich sanfte und fließende Verknüpfung». [117]

Zum Abschluß dieses Unterabschnittes (*conprensiones*) der Wortfügung (*compositio*) [118] gibt Quintilian noch die wichtigsten Verwendungsmöglichkeiten für P. an [119]: Proömien größerer Prozeßreden, bei Gemeinplätzen, bei jeglicher Steigerung, bei Epilogen.

II. und III. s. Art. ‹Kolon› (B. II. u. III.)

(Red. Hinweis: Alle Übers. griech. und lat. Zitate vom Verf.)

Anmerkungen:

1 Arist. Rhet. III, 9, 1409a 35ff. b13ff; Ps.-Demetr. Eloc. 10ff.; Cic. Or. 204; Cic. Brut. 162; Quint. IX, 4, 22; Mart. Cap. V, 526f.; Aquila Romanus 18, in: Rhet. Lat. min. p.17, 25) Carmen de figuris vel schematibus 10, in: Rhet. Lat. min. p.63; Fortun. Rhet. 3, 10. – **2** Isid. Etym. I, 20, 1. 5. – **3** Quint. IX, 4, 124f. – **4** Iul. Vict. p. 94, 2. 5. – **5** Cic. Or. 204. 207f. 221; De or. III, 186; Brut. 162; Quint. IX, 4, 22 (vgl. 124); Iul. Vict. p. 94, 7; Aquila Romanus 18, in: Rhet. Lat. min. p. 17, 25). – **6** Cic. Or. 78. 204 (vgl. Quint. IX, 4, 124); Iul. Vict. p. 94, 7; Carmen de figuris vel schematibus 10, in: Rhet. Lat. min. p.63; Fortun. Rhet. 3,10. – **7** Cic. Or. 149. 204. 208. 212. 221; Brut. 162 (vgl. Quint. IX, 4, 124); vgl. Cic. Brut. 34. – **8** Auct. ad Her. IV, 19, 27; Cic. Or. 204. 208; Cic. De or. III, 186; Quint. IX, 4, 22 (vgl. 124); vgl W. Schmid: Über die klass. Theorie und Praxis des antiken Prosarhythmus (1959) 60 Anm.2; 134. – **9** Cic. Or. 204. 207f.; Mart. Cap. V, 527; Aquila Romanus 18, in: Rhet. Lat. min. p. 27, 26; vgl. Cic. Brut. 34 und Quint. IX, 4, 124 – **10** Quint. IX, 4, 22. – **11** Cic. Or. 212; Quint. IX, 4, 22 (vgl. Cic. Brut. 33f.). – **12** Cic. De or. III, 186. 190; Iul. Vict. p.94, 7; vgl. Schmid [8] 131. – **13** Cic. Or. 149. 207; De or. III, 193; vgl. Schmid [8] 131. – **14** Cic. Or. 78. – **15** ebd. 85; De or. III, 182. – **16** ebd. I.I, 190. – **17** Demetrius: On Style, hg. v. W.R. Roberts (Cambridge 1902/ Hildesheim 1969) Index p.298 s.v. περίοδος. – **18** Lausberg Hb. § 1246 s.v. ‹période›; Démétrios: Du Style, hg. v. P. Chiron (Paris 1993) 1 Anm.2 und Index p.170 s.v. περίοδος. – **19** G. Zuntz: Drei Kap. zur griech. Metrik, Sber. der österr. Akad. der Wiss., Philol.-hist. Klasse, 443 (Wien 1984) 10f.; zur umgekehrten traditionellen Auffassung s P. Dräger, Art. ‹Kolon›, in: HWRh IV (1998) 1149 Anm.12. – **20** Ps.-Demetr. Eloc. 11. – **21** Cic. Or. 207; vgl Schmid [8] 52. 13. – **22** Marius Victorinus: Ars grammatica I, 13, 10, in: Gramm. Lat. VI p.55); vgl. Schmid [8] 131f. 136. – **23** Arist. Rhet. III, 9, 1409a 35; vgl. Schmid [8] 118. – **24** Lausberg Hb. § 923–947; ders.: El. § 452–455; Volkmann 507ff.; A. du Mesnil: Begriff der drei Kunstformen der Rede: Komma, Kolon, P., nach der Lehre der Alten, in: Zum zweihundertjährigen Jubiläum des Königl. Friedrichs-Gymnasiums zu Frankfurt/ O. (1894) 32–121; Martin 316ff.; T N. Habinek: The Colometry of Latin Prose (Berkeley/ Los Angeles/ London 1985) 21ff. – **25** Lausberg Hb. § 924, El. § 452 – **26** U. v. Wilamowitz-Moellendorff: Griech. Verskunst (^{3}1975) 46; Ps.-Demetr. Eloc. 13. – **27** Wilamowitz [26] 47. – **28** Lausberg Hb. § 923. – **29** Lausberg El. § 452; vgl. Hb. § 943. – **30** J. Zehetmeier: Die Periodenlehre des Aristoteles, in: Philologus 85 (1930) 427; vgl. Dräger [19]. – **31** Alexander: De figuris II, 28,17f., in: Rhet. Graec. Sp.; Lausberg Hb. § 933. 6. – **32** Arist. Rhet. III, 9, 1409b 17ff. – **33** Cic. De or. III, 186; Ps.-Demetr. Eloc. 18; Lausberg Hb. § 934; R.L. Fowler: Aristotle on the Period (Rhet. 3.9), in: Classical Quarterly 32 (1982) 96. – **34** Arist. Rhet. III, 9, 1410a 24ff.; Zehetmeier [30] 419ff.; Schmid

[8] 125; zur Rhythmisierung der P. (und Kola) durch Klauseln s. Art. ‹Kolon›. – **35** Ps.-Demetr. Eloc. 19–21; Zehetmeier [30] 425f.; Lausberg Hb. § 942. – **36** Demosthenes Or. XX, 1; Ps.-Demetr. Eloc. 20. – **37** Schmid [8] 116. – **38** Blass II, 161 Anm. 2 (weder attisch noch aristotelisch); vgl. Schmid [8] 116. – **39** Plat. Pol. I, 327a 1ff.; Ps.-Demetr. Eloc. 21. – **40** Xenophon: Anabasis I, 1, 1. – **41** zu dieser Verwendung v. διῃρημένη vgl. Lausberg Hb. § 943 Anm. 1. – **42** Arist. Rhet. III, 9, 1409b 33ff.; Isocr. Or. IV (Panegyrikos) 1; Zehetmeier [30] 270ff.; Lausberg Hb. § 943. – **43** Isocr. Or. IV (Panegyrikos) 48 (zur Variierung durch Aristoteles s. Zehetmeier [30] 271f.); Lausberg Hb. § 943. – **44** Ps.-Demetr. Eloc. 27–29; Auct. ad Her. IV, 19, 27; Quint. IX, 4, 128–130; Lausberg Hb. § 945–947. – **45** Auct. ad Her. IV, 19, 27. – **46** Ps.-Demetr. Eloc. 15; Lausberg Hb. § 946; Volkmann 511. – **47** Quint. IX, 4, 128; Lausberg Hb. § 947. – **48** D. Korzeniewski: Griech. Metrik (1968) 11. – **49** B. Snell: Griech. Metrik ([3]1962) 4. – **50** ders.: Art. ‹P.›, in: LAW 2255f.; vgl. Wilamowitz [26] 47f. 447f.; du Mesnil [24] 113ff.; C.M.J. Sicking: Griech. Verslehre (1993) 22. 52 (ohne Boeckhs Namen). – **51** MGG[2] Sachteil Bd. 3, 625–627 s.v. ‹Form› VI. – **52** Norden 42f.; vgl. Zehetmeier [30] 432f. – **53** Suda Θ 462 s.v. ‹Thrasymachos› = Radermacher B IX, 17 (S. 75); du Mesnil [24] 47f.; L. Radermacher: Griech. Sprachbrauch, in: Philologus 65 (1906) 150. – **54** Norden 48. – **55** Schmid [8] 115. – **56** Norden 113ff.; Blass II, 107ff. 160ff. – **57** Norden 44. – **58** Isocr. Frg. 8 Mathieu/ Brémond; Blass II, 116. 160. – **59** Schmid [8] 113. – **60** ebd. 130f. 137f. – **61** Arist. Rhet. III, 9, 1409b 34ff. – **62** ebd. III, 9, 1409a 24ff.; E.M. Cope: An Introd. to Aristotle's Rhetoric (London/ Cambridge 1867; ND Hildesheim/ New York 1970) 306ff.; Blass II, 160ff.; du Mesnil [24] 48ff.; Zehetmeier [30] 192–208. 255–284. 414–436; Schmid [8] 116ff.; Fowler [33] 89–99. – **63** s. oben mit Anm. 34 (Schmid) und 35 (Blass II, 161 Anm. 2). – **64** Arist. Rhet. III, 9, 1409a 34ff. – **65** z.B.G. Kaibel: Stil und Text der Ἀθηναίων πολιτεία des Arist. (1893) 64ff.; A.W. de Groot: Der antike Prosarhythmus (Groningen 1921; ND 1967); L.P. Wilkinson: Golden Latin Artistry (Cambridge 1963) 167ff.; Fowler [33] 89–99; Zuntz [19] 10 Anm. 6. – **66** z.B. Zehetmeier [30]; Schmid [8] 112ff.; D.M. Schenkeveld: Studies in Demetrius on Style (Amsterdam 1964) 28ff. – **67** Arist. Rhet. III, 9, 1409b 13ff. – **68** du Mesnil [24] 48; Zehetmeier [30] 266. – **69** Ps.-Demetr. Eloc. 34; Zehetmeier [30] 268ff. – **70** Schmid [8] 130. – **71** ebd. 135. – **72** ebd. 118. – **73** vgl. ebd. 137f. – **74** ebd. 121; vgl. Zehetmeier [30] 423. – **75** Arist. Rhet. III, 9, 1409b 16f. – **76** Schmid [8] 123. – **77** Arist. Rhet. III, 9, 1409b 17ff.; Zehetmeier [30] 417; Schmid [8] 124f. – **78** vgl. Schmid [8] 123f.; Zehetmeier [30] 423ff.; anders (Arist. ergänzend) Fowler [33] 92ff. – **79** vgl. du Mesnil [24] 80ff. (2. Jh. n.Chr.); Roberts [17] 64 (1. Jh. n. Chr.); Chiron [18] XXXIX (2./ 1. Jh. v.Chr.). – **80** Möglicherweise ist in εὐ-κατα-στρόφως (eu-kata-stróphōs) eine Anspielung auf die léxis katestramménē bei Aristoteles zu sehen. Die Lexika übersetzen mit «wohlgebogen, wohlgerundet»; Zehetmeier [30] 424: «in guter Unterordnung». – **81** Ps.-Demetr. Eloc. 10; Zehetmeier [30] 423ff. – **82** «Zusammenziehung» ebd. 425; vgl. Ps.-Demetr. Eloc. 20 von derselben P.: συνεστραμμένον τι ἔχει (synestramménon ti échei, etwas Zusammengedrehtes hat sie). – **83** Ps.-Demetr. Eloc. 11. – **84** Zehetmeier [30] 424ff. (mit Korrektur durch Schmid [8] 118 Anm. 1) 434f. – **85** Ps.-Demetr. Eloc. 11. – **86** ebd. 16. – **87** «Abrundung» Zehetmeier [30] 426. – **88** Ps.-Demetr. Eloc. 17 (vgl. 35); erstes Zitat: Herodot I, Proöm.; Herkunft des zweiten Zitats unbekannt; Martin 317. – **89** Ps.-Demetr. Eloc. 34; Archedemos v. Tarsos, Frg. 7 (SVF III, 262). – **90** Schmid [8] 123f.; vgl. Zehetmeier [30] 429f. – **91** vgl. F.L. Müller: Rhetorica ad Herennium – Rhetorik an Herennius, lat. und dt. mit Einl. und Anm. (1994) 5ff. – **92** Auct. ad Her. IV, 19, 27 (Text nach Müller [91]). – **93** du Mesnil [24] 108. – **94** Fowler [33] 97f. – **95** Cic. Or. 168–236: 174–176 *origo*; 177f. *causa*; 179–203 *natura*; 204–236 *usus* (vgl. De or. III, 186); du Mesnil [24] 33ff. 40ff. 117f.; Schmid [8] 50ff. – **96** Schmid [8] 52; Cic. Or. 207 (s. oben). – **97** Cic. Or. 208; vgl. 204; Schmid [8] 52f. 131. – **98** Cic. Or. 208f.; Schmid [8] 53. – **99** Cic. Or. 210; Schmid [8] 53. – **100** Cic. Or. 211; Schmid [8] 53f. – **101** Cic. Or. 212–220; Schmid [8] 54–59. – **102** Cic. Or. 222. – **103** Cic. Or. 221f.; vgl. De or. III, 191. – **104** Schmid [8] 135. – **105** ebd. 59f. – **106** Cic. Or. 225; Schmid [8] 61 Anm. 1 (mit falscher Parallelisierung mit Ps.-Demetr. Eloc. 16f.); gegen die einkolige P. bei Cicero: Fowler [33] 98, bei den Römern insgesamt (wegen der in *simplex comprehensio/ complexio*, 'eingliedrige Umfassung', liegenden Paradoxie): Zehetmeier [30] 427. – **107** Cic. Or. 222; vgl. Kroll und Sandys ad l. – **108** Schmid [8] 60, vgl. 134f. – **109** Quint. IX, 4, 22. 122; du Mesnil [24] 104f. – **110** Quint. IX, 4, 124; Cic. Or. 204; E. Zundel: Clavis Quintilianea (1989) 73 s.v. ‹periodus, perihodus, περίοδος›. – **111** Cic. Or. 222. – **112** Kroll zu Cic. Or. 222; du Mesnil [24] 104f.; dagegen richtig Schmid [8] 59 Anm. 5. – **113** Cic. In Verrem V, 45, 118. – **114** Cic. Or. 225 – **115** Quint. IX, 4, 124–126. – **116** Cic. In Verrem IV, 48, 106f. – **117** Quint. IX, 4, 127; vgl. Cic. Or. 222; Schmid [8] 134f. – **118** Quint. IX, 4, 121. – **119** ebd. 128f.

P. Dräger

C. *Die musikalische P.* Angesichts der Tatsache, daß Musikbegriff, Musikverständnis und Kompositionslehre seit dem Mittelalter auf den Ansichten der griechisch-römischen Antike basieren und daß zudem die Musik immer auch unter ‹sprachlichen› bzw. speziell ‹rhetorischen› Aspekten gesehen wurde [1], ist ein derart grundsätzlich sprachlich-rhetorischer Begriff wie ‹P.› selbstverständlich seit dem Beginn der ‹abendländischen› Musikgeschichte präsent und prägend.

I. *Mittelalter.* In der mittelalterlichen Musiktheorie schließt die Bedeutung von *periodus* direkt an das Verständnis der antiken Rhetorik und Grammatik an, bezeichnet also bewußt geformte, deutlich Anfang und Ende besitzende Abschnitte. Der erste Autor, der die diesbezügliche Sicht der Antike für das Gebiet der Musik fruchtbar macht, ist Isidor von Sevilla, der in seinen ‹Etymologiae sive origines› (beendet um 630) nicht nur Grundsätzliches zur Musikanschauung beiträgt, sondern mit der Klassifizierung «Musica est harmonica vel rhythmica vel metrica» [2] die Musik ganz deutlich nicht nur als Klangereignis (im heutigen Sinne), als «Musica harmonica», anspricht. Vielmehr versteht er den Rhythmus der Sprache als «Musica rhythmica» und die Musikalität der Prosodie als «Musica metrica». Und so scheint es selbstverständlich, daß er die textgezeugte Vokalmusik (vor allem im katholisch-liturgischen ‹Gregorianischen› Choral) mit einbedenkt, wenn er über die Abschnittsbildungen von Sprache und Satz spricht: «Comma particula est sententiae. Colon membrum. Periodos ambitus vel circuitus. Fit autem ex coniunctione verborum comma, ex commate colon, ex colo periodos.» (Ein Comma ist ein kleiner Abschnitt eines Satzes. Ein Colon ein Glied [Teil] eines Satzes. Eine P. (Periodos) ein [ganzer] Satz bzw. ein ‹Kreislauf› der Rede. Daher entsteht aus der Verbindung der Worte das Comma, aus dem Comma das Colon, aus dem Colon die P.) [3]

Dieses dreigliedrige Modell wird dann in der ‹Scolica enchiriadis› (Ende 9. Jh.), einer Darlegung der frühen Mehrstimmigkeit der ‹Musica enchiriadis›, explizit auf die Musik übertragen, wobei der Gesamt-Ambitus einer Melodie (*sistema*) mit der Gesamt-Erstreckung einer P. gleichgesetzt erscheint; Comma und Colon werden dementsprechend als Melodieteile verstanden, deren kleinster (das Einzelintervall) ein *diastema* darstellt. [4] Dabei betonen einige Autoren bald, daß der Abschluß einer Melodie (einer P.) musikalisch durch eine Kadenz (*clausula*) bewerkstelligt wird, daß also das ‹Schließen› einer Periode eine bewußte kompositionstechnische Gestaltung erfahren soll; Johannes Affligemensis faßt das folgendermaßen zusammen: «Sicut enim in prosa tres considerantur distinctiones, quae et pausationes appellari possunt, scilicet colon id est membrum, comma incisio, periodus clausura sive circuitus, ita et in cantu.» (Denn wie in der Prosa drei Distinktionen unterschieden werden, welche man auch Pausen [Ruhepunkte] nennen kann, nämlich colon, d.i. Glied, comma, c.i. Einschnitt, periodus, d.i. Schluß oder Umlauf, so auch im Gesange.)[5]

Die Funktion des (musikalischen) Perioden-Endes als die einer schließenden Abrundung einer Melodie bzw. einer Gestaltungseinheit führt zusätzlich dazu, daß für die bewußte Setzung eines Abschlusses der Terminus *teleusis* angewandt wird: «Quod autem in prosa grammatici colon, comma, periodum vocant, hoc in cantu quidam musici diastema, systema, teleusin nominant. Significat autem diastema distinctum ornatum, qui fit, quando cantus non in finali, sed in alia decenter pausat; systema coniunctum ornatum indicat, quotiens in finali decens melodiae pausatio fit; teleusis finis est cantus.» (Was in der Prosa die Grammatiker colon, comma, periodus nennen, das nennen einige Musiker im Gesange diastema, systema, teleusis. Diastema aber bedeutet einen schmückenden Einschnitt, welcher stattfindet, wenn der Gesang nicht in der Finale, sondern in einem andern Tone den Ruhepunkt macht, und diese Form gleicht dem colon; systema zeigt eine zierende Verbindung an und findet statt, so oft die Melodie in der Finale schließt, was dem comma gleich ist; teleusis ist das Ende des Gesanges und gleich periodus.)[6] In der Folge übernehmen zahlreiche Autoren (z.T. wörtlich) diese Definition, die deutlich die Parallelität von Sprache und Musik betont und dabei vor allem die ‹rhetorische› Gestaltung von musikalischen Verläufen in den Blick nimmt.

Schließlich besitzt *periodus* bei einigen Autoren wie AUGUSTINUS[7] oder noch WALTER ODINGTON[8] analog zur Poetik bisweilen auch die Bedeutung eines aus der Verbindung mehrerer Versfüße gewonnenen Versganzen.

II. *16. bis spätes 18. Jh.* Auch in diesem Zeitraum orientiert sich das Musikschrifttum am rhetorischen Begriff von *periodo* bzw. *periodus* und betont zunächst, daß musikalische Abschnittsbildungen (Kadenzen) mit der sprachlichen Gliederung zusammenfallen müßten.[9] Daraus entwickelt sich (vor allem bei J. BURMEISTER) sehr bald die Ansicht, daß die Musik selbst (durch Kadenzen) in ‹Perioden› gegliedert werde, die zudem (als musikalische Einheiten) jeweils affektiv bestimmt seien: «AFFECTIO musica est in Melodia vel in Harmonia periodus clausulâ terminata, quae animos & corda hominum movet & afficit, Eine Bewegung oder was dem alten Adam wol oder wehe thut [...] oder lieb/angeneme und gefellig oder mißgefellig und nicht angeneme ist/ beyde dem gehör und hertzen.» (Eine musikalische Bewegung [Einwirkung, Wirkung, Konstellation] ist in der Melodie oder in der Harmonie eine durch eine Klausel [Kadenz] begrenzte P., die die Gedanken und Gefühle der Menschen bewegt und affiziert [...]).»[10] Als ‹Abschnitt› oder ‹Satz› der ‹Klangrede› sieht (analog zur Sprache bzw. Rede) schließlich auch J. MATTHESON einen ‹Periodus›, den er am Beispiel eines Menuetts exemplifiziert: Dessen Kern, «ein gantzer melodischer Zusammensatz (Paragraphus)», besteht aus 16 Takten, und zwar «aus zweien einfachen Sätzen, oder Periodis»[11], wodurch angesichts des symmetrischen Baus von Tanzmelodien zum erstenmal die (später zur Norm werdende) Achttaktigkeit einer Periode angesprochen erscheint.

An Mattheson anschließend bezeichnet dann J.A. SCHEIBE den *Hauptsatz* in einer Fuge» (das ‹Thema›) als eine «ordentliche musikalische Periode», die sowohl «ohne Zuthuung eines andern Satzes von sich selbst bestehen» als auch «die Tonart genau anzeigen [muß]»; sie «besteht nur aus einem einzigen Satze» und muß «geschlossen, und folglich verständlich seyn»[12], womit wieder die ursprüngliche Bedeutung von περίοδος bzw. *circuitus* angesprochen erscheint.

Zu einer Hierarchie Absatz-P.-Paragraph findet in der Folge F.W. MARPURG: «Der Raum von einem Absatze zum andern heißt *rhytmische Zeile* [...] insgemein schlechtweg *Rhytmus*. Die Theile eines Rhytmus werden nach der Anzahl der Tacte [...] bemerket. [...] Zween oder mehrere Absätze, wovon der lezte durch eine halbe Cadenz geendigt wird, machen einen *Perioden*, und zween oder mehrere Perioden, wovon der lezte durch eine ganze Cadenz geendigt wird, machen einen *Paragraph* [...].» Und er wendet sich gegen unsystematische Terminologien seiner Zeit, die jedwede Abschnittsbildung «einen Perioden» nennen.[13] Auch J.PH. KIRNBERGER, der von «harmonischen Perioden» spricht, befindet, daß die «halbe Cadenz [...] in der harmonischen Fortschreitung eine ganze Periode, die man etwa in der Rede mit einem Punkt unterscheidete, beschließt»[14], wenngleich er bisweilen seine eigene Systematik negiert. J.N. FORKEL schließlich sieht die «musikalische Periode» als «Satz, in welchem verschiedene kleinere Sätze [von je 1-4 Takten Umfang] mit einander vereinigt werden»; seine «Länge» sollte aber «gerade nur so lang seyn [...], um in einem Athem ohne Beschwerde gesungen werden zu können».[15] Diese Bestimmung gilt nicht zuletzt der Faßlichkeit, die ein sprachanaloger ‹periodischer› Bau längerer Melodien aufweisen sollte: «Grosse *Melodien*, die nicht in Absätze getheilt werden, sind unverständlich; gleichwie ein langer *Periodus*, der nicht durch *Cola, Commata* &c. subdividirt, und in dem ein Buchstabe an den andern angehänget ist, ohne einmahl die Wörter voneinander zu rucken.»[16]

Der Terminus *periodus harmonica* weist schließlich zu Beginn des 18. Jh. noch eine besondere Bedeutung auf: als «die erste *clausul* oder das erste *membrum* eines *Canonis* [...], ehe die zweyte Stimme eintritt»[17], womit aber letztlich ebenfalls ein in sich geschlossener Abschnitt einer Komposition angesprochen scheint.

III. *Spätes 18. bis 20.Jh.* Aus der Sicht der Periode als Zusammenschluß mehrerer «musikalischer Sätze» entwickelt nun H. CHR. KOCH eine «zentrale analytisch-poetologische Kategorie der klassisch-romantischen, dur-moll-tonalen Kompositionstheorie»[18], wobei seine Kompositionsvorgänge «Anlage» und «Ausführung» deutlich auf die Arbeitsstufen *inventio* und *dispositio* der Rhetorik basieren[19]: «In der Anlage wurden die wesentlichen Theile des Ganzen festgesetzt, und das Geschäfte der Ausführung ist, diese Theile in verschiedenen Wendungen und Zergliederungen durch verschiedene Hauptperioden durchzuführen; und dieses Verfahren giebt dem Tonstücke seinen Umfang. Die Anzahl, der Umfang und die Stellung dieser Perioden [...] giebt dem Stücke die Form.» Als P. werden dabei zunächst die «größern Theile» der Werke von ca. 20 Takten Umfang in den Blick genommen, die sich ihrerseits «in einzelne Sätze und melodische Theile auflösen»[20], später können aber auch ganze Form-Abschnitte (wie etwa die Exposition eines Sonatenhauptsatzes) als «Hauptperioder.»[21] fungieren. Immer aber sind sowohl die sprachanaloge ‹Begrenzung› bzw. ‹Abrundung› («So wie sich in der Rede die Periode mit einem vollkommenen Ruhepunkte des Geistes endigt, den man in der Sprachschrift mit einem Punkte bezeichnet, eben so muß sich in der Musik die Periode mit dem vollkommensten Ruhepunkte des Geistes schließen, den man eine Cadenz nennet.») als auch die Konstituierung der P. durch «eine

Idee, oder vielmehr den Ausdruck einer Empfindung» [22] von Bedeutung.

Dieses Begriffsfeld von ‹P.›, das funktionale Eindeutigkeit mit unterschiedlichsten Ausdehnungs-Möglichkeiten verbindet, bleibt in der Folge (und dies auch in Italien und Frankreich) sowohl bei vielen Theoretikern als auch im allgemeinen Gebrauch der Musiker und Musikschriftsteller aufrecht, wenngleich der in Bonn und Wien geschulte A. REICHA bereits 1814 eine zukunftsträchtige Spezifikation vornimmt: Für ihn besteht eine «période» primär aus vier jeweils viertaktigen «rhythmes ou de membres symétriques» (Rhythmen oder symmetrischen Gliedern), die ihrerseits auf einem Zweitakt-Modell («dessin») basieren. Allerdings läßt er Modifikationen und Erweiterungen (bis zu 28 Takten) zu, wenn sie die Bedingungen von Symmetrie und Geschlossenheit (durch Kadenzen) erfüllen.[23] Auf Reicha aufbauend spezifiziert I. JEITTELES weiter, erneut auf die Analogie zur Sprache verweisend: «So wie der Redner seine Perioden bauet [...], so auch der Tonsetzer seine Tonreihen. Gewöhnlich theilen sich seine symmetrischen Perioden in zwei gleiche Abschnitte von vier, acht, zwölf oder sechzehn Takten»; und auch er betont, daß der erste Teil mit einem Halbschluß, der zweite mit einem Ganzschluß endet.[24]

Noch mehr eingeengt wird der Begriff der P. dann bei A.B. MARX, der sie ausschließlich achttaktig, aus je viertaktigem Satz und Gegensatz bestehend, sieht.[25] Die P. ist dabei eine «in sich selbst vollkommen ausgebildete Gestaltung, also die erste Kunstform», und kann als solche für sich allein ein «Lied» bilden.[26] Im Anschluß an Marx sprechen dann immer mehr Autoren ausschließlich von der «achttaktigen Periode», die etwa für O. KLAUWELL selbst bei anderer Themen-Erstreckung immer noch «als der normale Kern der Bildung erkennbar» bleibt, «der wohl verkürzt, verlängert, vervielfacht werden kann, ohne aber doch damit aufzuhören, die thematische Masseinheit abzugeben».[27]

Die inhaltliche Beziehung der beiden Periodenhälften, auf die vor der idealtypischen Festlegung auf 8 Takte bereits die Bezeichnungen «Vorsatz» und «Nachsatz» [28] bzw. «Satz» und «Nachsatz» [29] eindeutig verwiesen hatten, erhält nun bei Marx durch die Begriffspaare «Satz» und «Gegensatz» bzw. «Vordersatz» und «Nachsatz», deren letzteres auch eine «Richtung der Melodie» [30] andeutet, eine weitere Verdeutlichung. Spätere Autoren sehen die Teile dann bisweilen sogar als «Voraussetzung und Folge, gleichsam [...] Frage und Antwort» [31] oder speziell ihre Verweisfunktion als konstitutiv für die P.: «Verändert man [...] den Satz in der Wiederholung so, dass er zu dem ersten einen harmonischen Gegensatz bildet, der den beiden Sätzen das gegenseitige Verhältniss von Vorder- und Nachsatz gibt, so entsteht die Periode.»[32]

Noch mehr das Entwicklungselement innerhalb der P. betonen die Komponisten und Theoretiker der ‹Wiener Schule›, die eine P. eher als Zweitakter mit (durchaus auch variierter) Wiederholung und Nachsatz sehen wollen, bei dem laut A. WEBERN «dann gleich etwas Neues dazukommen muß»[33]. Die Motive werden in dieser Sicht also bereits innerhalb der P. entwickelt, was A. SCHÖNBERG die Termini «antecedent» und «consequent»[34] für Vorder- und Nachsatz verwenden und E. RATZ von der P. als «Zweitakter, seiner Wiederholung und einer viertaktigen Entwicklung»[35] sprechen läßt.

Bei einigen Komponisten des späteren 20. Jh. erhalten die Begriffe ‹P.› und ‹periodisch› dann wieder ihre ursprüngliche etymologische Bedeutung, wenn etwa – wie in ‹Stimmung› (1968) von J. STOCKHAUSEN – in Anlehnung an ‹periodische Schwingungen› in der Elektroakustik die «zu wiederholenden Teile der Vokalmodelle»[36] als ‹P.› bezeichnet werden oder wenn – wie in dem Teil ‹Périodes› des Zyklus ‹Les Espaces Acoustiques› (1974–85) von G. GRISEY – die Interaktionen und Spannungen zwischen periodischen (statischen) und aperiodischen (dynamischen) musikalischen Ereignissen die strukturellen Gestaltungselemente des Werkes darstellen; daß hierbei die Periodizität «wie eine wahre Beschwörung erlebt wird», die Anomalien hingegen «den Keim für eine neue [interessante] Entwicklung, einen neuen Ausflug» bilden [37], ist kennzeichnend für die Ästhetik der Neuen Musik.

Anmerkungen:
1 hierzu siehe H. Krones: Art. ‹Musik› A., in: HWRh V (2001) Sp. 1532ff.; sowie ders.: Art. ‹Humanismus› B. II. 2. Musik, in: HWRh IV (1998) Sp. 70f. – **2** Isid. Etym. III, 18; siehe auch H. Hüschen: Art. ‹Isidor von Sevilla›, in: MGG VI (1957) Sp. 1435ff. – **3** Isid. Etym. II, 18, 1. – **4** siehe Chr. v. Blumröder: Art. ‹Periodus/P.› 2, in: Terminologisches Wtb. der Musik, hg. von H.-H. Eggebrecht, 25. Auslieferung (Frühjahr 1997). – **5** J. Affligemensis: De musica (ca. 1120) X, 21f., hg. v. J. Smits van Waesberghe in: Corpus Scriptorum de Musica 1 (Rom 1950); Übers. nach U. Kornmüller in: Kirchenmusikal. Jb. 3 (1888) 9. – **6** J. Affligemensis [5] X, 28f., Übers. Kornmüller [5] 10; statt «Finale» wäre besser «Finalis». – **7** Augustinus: De musica (387–389) IV, 17, 36, in: ML, Bd. 32. – **8** W. Odington: De speculatione musicae (ca. 1300) V, 9, 18, hg. v. F.F. Hammond in: Corpus Scriptorum de Musica 14 (Rom 1970). – **9** vgl. z.B.G. Zarlino: Le Istituzioni harmoniche (Venedig 1558) IV, 32; J.A. Herbst: Musica Poetica (Nürnberg 1643) 111f.; J.A. Scheibe: Critischer Musicus 32 vom 7.4. 1739 (Leipzig ²1745, 303). – **10** J. Burmeister: Musica αὐτοσχεδιαστικοῦ ... (Rostock 1601) O 2ᵛ. – **11** J. Mattheson: Der Vollkommene Capellmeister (Hamburg 1739) 180ff. u. 224. – **12** Scheibe [9] Jg. 49, 4.8. 1739 (²1745, 455ff.). – **13** F.W. Marpurg: Kritische Briefe über die Tonkunst II/1 (Berlin 1761), 65. Brief (20.6. 1761) 5. – **14** J.Ph. Kirnberger: Die Kunst des reinen Satzes in der Musik I (Berlin/Königsberg ²1776) 96. – **15** J.N. Forkel: Allg. Gesch. der Musik I (Leipzig 1788) 40. – **16** Ph. Chr. Hartung: Musicus theoretico-practicus I (Nürnberg 1749) 66. ähnlich u.a. schon S. Calvisius: MELOPOIIA (Erfurt 1592) G 3ᵛ; M. Mersenne: Harmonie universelle (Paris 1636) 365; La Voye Mignot: Traité de musique (Paris 1656, ²1666) 17. – **17** J. Walther: Musicalisches Lex. (Leipzig 1732) 472. – **18** Blumröder [4] 7. – **19** vgl. Krones: ‹Musik› [1] C, Sp. 1544–1548. – **20** H. Chr. Koch: Versuch einer Anleitung zur Composition II (Leipzig 1787) 97, 226 und 343. – **21** ebd. III (Leipzig 1793) 305ff. – **22** H. Chr. Koch: Musikalisches Lex. (1802) 1150. – **23** A. Reicha: Traité de Mélodie (Paris 1814) 10ff. – **24** I. Jeitteles: Aesthetisches Lex. (Wien 1839) II, 66 – **25** A.B. Marx: Die Lehre von der musikal. Komposition I (1837) 24 und 50. – **26** ebd. II (1838) 17 u. 20. – **27** O. Klauwell: Die Formen der Instrumentalmusik (Leipzig/New York o. J. [1894]) 14. – **28** Marpurg [13] II/3 (Berlin 1762), 106. Brief (14.8. 1762) 327. – **29** Forkel [15] 40. – **30** Marx [25] I, 24f. – **31** E.F. Richter: Die Grundzüge der musikal. Formen und ihre Analyse (1852) 8. – **32** L. Bußler: Musikal. Formenlehre in dreiunddreissig Aufgaben (1878) 7. – **33** A. Webern: Der Weg zur Neuen Musik, Vortrag vom 20.3. 1933 (Wien 1960) 28. – **34** A. Schönberg: Fundamentals of Composition (1937–1948), ed. G. Strang (London 1967) 25. – **35** E. Ratz: Einf. in die musikal. Formenlehre (Wien 1951) 22. – **36** Blumröder [4] 14. – **37** G. Grisey: Les Espaces Acoustiques, in: Wien Modern, 27. Okt. bis 26. Nov. 2000 [Programmbuch] 108.

H. Krones

→ Chrie → Compositio → Gesetz der wachsenden Glieder → Interpunktion → Komma → Kolon → Kyklos → Pronuntiatio → Ringkomposition

Periphrase (griech. περίφρασις, períphrasis, lat. periphrasis, auch circumlocutio, circuitio; dt. Umschreibung; engl. periphrasis; frz. périphrase; ital. perifrasi)

A.I. Die P. ist die Umschreibung eines Wortes durch ein anderes, in der Regel aber durch mehrere Wörter. Zu unterscheiden sind die eigentliche P., die eine das *verbum proprium* verschweigende, es aber semantisch evozierende Definition ist, und die Sonderform der vereindringlichenden P. mit Nennung des *verbum proprium*. [1] Die P. besteht häufig in der Ersetzung eines Substantivs durch dessen Eigenschaft (z.B. «der Allmächtige» oder «jenes höhere Wesen, das wir verehren» (H. Böll) für Gott). Sie führt in der Regel zur Amplifikation des Textes und weicht vom Prägnanzgebot der *elocutio* ab. Eine Benennung erfolgt nicht durch die passenden und ihr unmittelbar zugeordneten Wörter, sondern durch bedeutungsähnliche, manchmal auch nur durch bedeutungsandeutende Kennzeichnungen. Ihre Funktion liegt vor allem in der Ausdrucksvariation, aber auch in der Merkmalshervorhebung oder der Informationsergänzung, etwa wenn bestimmte Aspekte ernsthaft oder ironisch hervorgehoben werden.

II. Im rhetorischen System dient die P. entweder dem *ornatus*, oder ist durch, meist gesellschaftlich motivierte, *necessitas* bedingt. So ermöglicht sie die Vermeidung von Neologismen und der *verba obscena, humilia* und *sordida* [2], so daß auch der Euphemismus, etwa ‹Freund Hein› für Tod, als eine mögliche Realisierung der P. anzusehen ist. Der Anlaß für die Umschreibung liegt dann in der Wahrung des äußeren *aptum*. [3] Es wird jedoch als übertrieben angesehen, gebräuchliche Wörter der Alltagssprache aus Furcht vor niedrigen Wörtern durch komplizierte Umschreibungen zu ersetzen. [4] Nicht als gesellschaftlich notwendig gilt der Gebrauch der Umschreibung im Fall der katachrestischen P., der dann vorliegt, wenn es keinen Begriff für die Sache gibt, die umschrieben wird bzw. werden muß, z.B. ‹Raumschiff› oder ‹Tischbein›. Zumeist aber ist die P. nicht notwendig, sondern schmückend, so daß ihre Funktion im *ornatus* liegt. Die P. tritt häufig in Form anderer Stilfiguren auf und ist deshalb oft nur schwer greifbar. Formen ihrer Realisierung sind u.a. Antonomasie, Adynaton, Litotes, Definition, Metonymie, Synekdoche. Gründe für ihre Verwendung sind in diesen Fällen die Vermeidung von alltäglichen Ausdrücken, von Wiederholungen oder von Neologismen, so daß sie beschönigende, variierende, schmückende, erklärende oder definierende Funktion haben kann. Bestimmte Realisierungen der P. können nach dem Prinzip des *pars pro toto* erklärt werden, wobei die Kontiguität der Teile aber nicht, wie bei Synekdoche und Metonymie, auf der Ebene der Realität, sondern auf der der semantischen Merkmale liegt. Die Antonomasie tritt häufig in Form einer P. auf z.B. wenn eine Person durch ihre Eigenschaften, ihren Beruf, ihre Funktionen, ihre Herkunft oder ihr Aussehen umschrieben wird («der Ritter von der traurigen Gestalt» für Don Quijote, «die Göttliche» für Greta Garbo). Auch Rätsel und Definition benutzen die P. Dient die P. als sprachliche Grundform des Rätsels, muß das *verbum proprium*, auf dem das Rätsel basiert, in jedem Fall fehlen, um als intendierte Unbestimmtheit die Konkretisation durch den Aufnehmenden herausfordern zu können. Die Lösung kann dabei durch bewußte Irreführung erschwert werden. In der Funktion der Definition ist das Gegenteil der Fall, wenn durch Angabe aller wesentlichen Merkmale und durch eindeutige Unterscheidung gegenüber naheliegenden Begriffen die vollständige semantische Bestimmung für genau einen Begriff gegeben wird, die das zu definierende Wort ersetzt. [5] Auch Anspielungen können in Form einer P. auftreten. Im Gegensatz zum Rätsel handelt es sich um eine Form der Rede, in der eine beim Hörer oder Leser als bekannt vorausgesetzte Person, Sache oder Begebenheit nicht direkt benannt, sondern durch Andeutungen bezeichnet wird, die Beziehung zum Gemeinten also durchsichtig ist.

Abzugrenzen ist der rhetorische Begriff vom linguistisch gebrauchten Begriff der P., der dort als Bezeichnung von zusammengesetzten, durch Verwendung von Hilfsverben gebildeten Verbformen verwendet wird und der seinen Ursprung in den periphrastischen, d.h. umschreibenden Konjugationen (coniugatio periphrastica) der lateinischen Grammatik hat (z.B. *scripturus sum*: ich werde schreiben). [6]

B.I. In der *Literatur* ist die P. eine seit dem Altertum geläufige Figur. Die ältesten Beispiele finden sich bei HESIOD, in der Orakelsprache und bei PINDAR (z.B. «der Bienen gebohrte Arbeit» für Honig). [7] Es handelt sich um ein Stilprinzip, das als solches anerkannt, in seiner übersteigerten Form allerdings schon bei Quintilian kritisiert wird. A. VON HUMBOLDT äußert sich explizit zum eigenen Gebrauch der P. Er bemüht sich um eine an klassischen Vorbildern geschulte Sprache und zieht die Wiederholung eines Wortes seiner Substitution durch einen umschreibenden Ausdruck vor. [8] GOETHE verwendet die P. z.B., wenn er Venedig mit folgenden Worten umschreibt: «Jener neptunischen Stadt, allwo man geflügelte Löwen/Göttlich verehrt». [9] Ein berühmtes Beispiel für den intensiven Gebrauch der P. ist das Werk DANTES. In der ‹Divina Commedia› wird die P. zum herausragenden Stilprinzip, zuweilen bis zum krassen Manierismus gesteigert, so daß die P. in die Rätselrede übergeht. Es finden sich über 150 P., darunter zahlreiche geographische P. und astronomische Zeitbestimmungen. [10] VERGIL gebraucht häufig periphrastische Zeitbestimmungen, die dann bei SENECA in Form der vereindringlichenden P., d.h. mit zusätzlicher konkreter Zeitangabe auftreten. [11] Im Anschluß an die poetische P. findet sich hier eine knappe Prosaformulierung, die gleichsam als Glosse der ersten, umständlicheren anzusehen ist. [12] Ein Beispiel dieser Art der periphrastischen Zeitbestimmung ist der Beginn von MUSILS ‹Mann ohne Eigenschaften›. Von Seneca über Raabe bis Musil findet zwar eine Metamorphose der Doppelzeitbezeichnung statt [13], allerdings unterscheidet sich Musil nur in der stofflichen Füllung – an die Stelle der Mythologie tritt die Meteorologie –, nicht aber in der periphrastischen Struktur von seinen Vorläufern.

II. Die Stelle der P. im *rhetorischen System* ist umstritten. Lausberg zählt sie zu den Grenzverschiebungstropen, weil der tropische Ersatz in der nachbarschaftlichen Verschiebung der Grenzen des Begriffsinhalts eines Wortkörpers liegt. [14] Während auch QUINTILIAN und die Mehrzahl der Rhetoriken sie zu den Tropen zählen [15], ordnen andere sie den Figuren zu. [16] Einordnung, Definition und Stellenwert der P. innerhalb der Rhetorik unterliegen im Laufe der Zeit deutlichen Schwankungen.

In der Antike rechnet die ‹Rhetorica ad Herennium› die P. – wie alle Tropen – zu den *exornationes verborum*. Den Terminus *tropus* verwendet sie zwar nicht, allerdings faßt sie diejenigen Stilmittel, die üblicherweise den Tropen zugeordnet werden, bewußt zu einer Gruppe zusammen, der gemeinsam ist, daß die Sprache von der üblichen Bedeutung der Wörter abweicht («ab usitata verborum potestate recedatur»)[17] und, mit einer gewissen Anmut («cum quadam venustate»), in einem anderen Sinn gebraucht wird. Die *circumitio* wird als Redeweise definiert, die eine einfache Sache durch eine Umschreibung ausdrückt, um den Stil auszuschmücken. So berücksichtigt die ‹Rhetorica ad Herennium› die P. nur mit der Funktion des *ornatus*, nicht der *necessitas*, und gibt als Beispiel «Scipionis providentia Kartaginis opes fregit» (Scipios Umsicht brach die Macht Karthagos) für Scipio und Karthago.[18]

QUINTILIAN hingegen unterscheidet umfassend zwischen unterschiedlichen Funktionen[19] und definiert die P. wie folgt: «Pluribus autem verbis cum id, quod uno aut paucioribus certe dici potest, explicatur, περίφρασιν vocant, circumitum quendam eloquendi.» (Wenn aber etwas, was sich mit einem oder doch mit weniger Worten sagen läßt, mit mehr Worten dargelegt wird, so nennt man das Periphrase, eine Art von Drumherumreden.) Sie erfüllt die Funktion der *necessitas*, «quotiens dictu deformia operit» (wenn sie nämlich verhüllt, was häßlich zu sagen ist), zum anderen dient sie unter dem *ornatus* («interim ornatum petit solum»), und zwar besonders häufig bei den Dichtern, weniger ausgeprägt bei den Rednern. Er warnt jedoch vor der übertriebenen Anwendung der Umschreibung und differenziert zwischen P., die eine Stiltugend ist, und Perissologie, die überflüssig ist und einen Stilfehler darstellt: «obstat enim quidquid non adiuvat» (denn abträglich ist im Ausdruck alles, was nichts beiträgt).

Zu Beginn des Mittelalters wird die P. – entsprechend der antiken Rhetorik – meist den Tropen zugeordnet, und ihre Funktionen werden im *ornatus* und der *necessitas* gesehen. Für ISIDOR ist der Tropus zweigestaltig: «Nam aut veritatem splendide producit, aut foeditatem circuitu evitat» (denn entweder bringt sie die Wahrheit prächtig hervor oder sie umgeht die Häßlichkeit)[20], d.h. er ordnet auch den Euphemismus unter der P. und veranschaulicht ihn anhand von Begriffen aus dem Sexualbereich. Als Beispiel für den *ornatus* führt er ein Zitat aus Vergil an: «Schon bestreute die Lande zuerst Aurora mit jungem Morgenlicht, aufsteigend vom Safranlager Tithonus'» (Et iam prima novo spargebat lumine terras Tithoni croceum linquens Aurora cubile)[24] anstelle des einfacheren «es wird schon Tag», «der Tag beginnt».

Während Isidor Beispiele aus der Antike anführt, nennt BEDA VENERABILIS zur Erläuterung der P. ausschließlich Textstellen aus christlicher Literatur. Auch Beda teilt den Tropus P. in zwei Unterarten: «Peryfrasis est circumlocutio, quae fit ut aut brevitatem splendide disscribat et producat aut feditatem circuitu evitet.» (Die P. ist eine Umschreibung, die verwendet wird, um entweder Kurzes prächtig zu auszuschreiben und auszudehnen oder Häßliches durch Umschreibung zu vermeiden.)[22] Die zwei Funktionen der P. veranschaulicht er mit Beispielen aus der Bibel. So dient folgende Stelle aus den Korinther-Briefen dazu, Kurzes auszuschmücken: «Scimus quoniam si terrestris domus nostra huius habitationis dissolvatur, quod edificationem ex Deo habemus, domum non manufactam, aeternam in caelis.»[23] (Denn wir wissen: wenn unser irdisch Haus, diese Hütte, zerbrochen wird, so haben wir einen Bau, von Gott erbaut, ein Haus, nicht mit Händen gemacht, das ewig ist im Himmel (2 Kor 5,1)). Als Beispiel für die euphemistisch eingesetzte P. bringt er eine Umschreibung der Homosexualität aus der Bibel (vgl. Röm 1, 26–27).

In den Rhetoriken des 12. und 13. Jh. wird die P. als eine Form der *amplificatio* behandelt. Die Antike entwickelte eine ausführliche Lehre von den zur Erweiterung oder Verkürzung eines gegebenen Sujets dienlichen stilistischen Mitteln, wobei die *amplificatio* stets der Wirkungssteigerung der Rede (Cicero), d.h. der Geltung eines Gedankens diente, während das Mittelalter die Auffassung von der *amplificatio* ganz äußerlich auf den Umfang einer Darlegung bezieht und an der systematischen Vergrößerung des Umfangs eines Textes (*dilatatio*) als Selbstzweck interessiert ist.[24] In den Stilistiken GALFRIDS VON VINSAUF und des JOHANNES VON GARLANDIA nehmen die Vorschriften über die *amplificatio*, der sie sechs bzw. acht Prozeduren zuordnen, besonders breiten Raum ein. Galfrid nennt als eine der Prozeduren der *amplificatio* die *circumlocutio*, denn sie ermöglicht es, eine kurze Aussage zu erweitern und so den Umfang eines Textes zu vergrößern. Dabei können Tätigkeiten, Personen oder ganze Sätze umschrieben werden. Durch die Umschreibung wird der direkte Ausdruck vermieden, um den man sich stattdessen mit zahlreichen Worten gleichsam in Kreisen bewegt («quasi in circuitu ambulamus»).[25] Zwar werden sowohl Beispiele für den *ornatus* als auch für die *necessitas*, etwa beim Euphemismus, aufgeführt, allerdings nicht getrennt voneinander und ohne daß auf die unterschiedlichen Funktionen hingewiesen wird.

Eine Sonderform der Umschreibung findet sich in den ‹Kenningar› (fem. pl., sg. Kenning), den mehrgliedrigen Ersatzbezeichnungen von Substantiven in der altnordischen Stabreimdichtung. Sie werden nach bestimmten Mustern produziert, sind später vom Textzusammenhang weitgehend unabhängig und haben die Aufgabe, Alltägliches poetisch darzustellen. In ihrer Künstlichkeit und Schwerverständlichkeit richten sie sich nur an eine kleine Gruppe von Gebildeten an den Fürstenhöfen. Die Forschungsliteratur beschäftigt sich eingehend mit der Frage, ob die Kenning eher als Metapher[26] oder als Umschreibung[27] aufzufassen sei. In der neueren Forschung führt das Argument, daß die Kenning im Gegensatz zur Metapher vom Satzkontext semantisch unabhängig ist, dazu, die weitere Definition Meissners als Umschreibung der engeren Heuslers als Metapher vorzuziehen.[28] In einer Typologie der Kenningar werden nach der Kategorie des Umschriebenen drei Gruppen unterschieden: tropische Kenningar, die Appellativa umschreiben (z.B. «mána vegr», Weg des Mondes für Himmel), typisierende Kenningar, die Personen als Vertreter eines Typus («lýda stillir» Ordner der Leute für Fürst) und antonomastische Kenningar, die Personen als Individuen darstellen («hafra njótr» Benützer der Böcke für Thor).

Im Humanismus und im Barock erfolgt die Zuordnung der P. nicht einheitlich. Für VOSSIUS ist die P. ein Tropus, dem er die Funktionen des *ornatus* und der *necessitas* zuschreibt.[29] MEYFART hingegen zählt die P. nicht zu den Tropen. Während er insgesamt die Anzahl der Tropen verringert und bestimmte Stilmittel wie Antonomasie, Euphemismus und Litotes nur in bestimmten Fällen den Tropen zurechnet, wird die P., gemeinsam mit der Hypallage, gesondert, und zwar zwischen Tropen und rhetorischen Figuren abgehandelt.[30] Funktion der P. ist nach Meyfart in erster Linie der *ornatus*. Er unterscheidet die Beschreibung von Personen oder Gegenständen, die durch ihre spezifischen Eigenschaften gekennzeichnet werden, wie «der beredteste unter den Romulischen Nachkommen, das ist Cicero», von der

Antonomasie, etwa «der beredte Römer, das ist Cicero».[31] Die Ähnlichkeit der Beispiele, die hier der Exemplifikation von P. und Antonomasie dienen, ist ein Hinweis auf die Schwierigkeit der Abgrenzung der beiden Figuren voneinander. Meyfart weist darauf hin, daß Dichter und Redner die P. verwenden können, daß aber vor allem junge Leute sie maßvoll einsetzen sollten. Auch in euphemistischer Funktion hält er die P. für gerechtfertigt, allerdings sollte die Wahrheit nicht durch übertriebene Beschönigungen verfälscht werden.

Die P., die aufs engste mit der vielgliedrigen asyndetischen Reihung verbunden ist, wird im Barock häufig verwendet. Titz fordert, daß der Dichter die «Zeiten/Örter/Personen [...] artig und zierlich» «umbschreibe».[32] Erst dort, wo der Dichter Umschreibungen verwendet, beginnt nach Ansicht der Barockpoetik die Kunstpoesie.

Die französischen Preziösen, versammelt vor allem im Salon der Mme de Rambouillet, bevorzugen in ihrem Bestreben nach sprachlicher Eleganz rätselhaft-geistreiche, teils aber auch manierierte P. zur Vermeidung anstößiger Bezeichnungen. Unterscheiden kann man metonymisch-abstrahierende P. wie ‹les commodités de la conversation› (die Stühle), ‹le centre de la galanterie› (Paris) und metaphorische wie ‹la porte du jour› (Fenster) oder ‹la jeunesse des vieillards› (Perücke).[33] Als allerdings nach 1650 das Preziösentum zur Modeerscheinung wird und aus Furcht vor den *verba humilia* auch alltägliche Wörter ersetzt werden, verfallen sie der Kritik, so auch schon bei den Zeitgenossen, etwa in Molières ‹Les précieuses ridicules› (1659).

In der Aufklärung wird vor allem vor dem übermäßigen und unangebrachten Gebrauch der P. gewarnt. Für Breitinger soll die Umschreibung weniger *ornatus* sein, sondern dem Verstand dienen und die Klarheit der Gedanken befördern.[34] Als Beispiel führt er Opitz' unterschiedliche Umschreibungen von ‹Gold› an: um es verächtlich zu machen, nennt dieser es «der Laster Werckzeug», um es zu loben, «einen Sand, der auch mit seiner Stärck erobert Leut' und Land».[35] Allerdings warnt Breitinger vor Mißbrauch der P., indem er betont, daß sie nicht in ein Rätsel ausarten darf, da sonst die Sache eher verdunkelt als veranschaulicht und verdeutlicht wird.[36] Einen besonderen Nutzen der P. sieht Breitinger vor allem in ihrer euphemistischen Funktion.

Adelung zählt sowohl die Umschreibung als auch die Tropen, als welche er nur Metonymie, Synekdoche und Metapher gelten läßt, zu den Figuren. Er differenziert zwischen Paraphrase – die Erklärung eines unklaren Ausdrucks durch mehrere und klarere – und P. – die Kenntlichmachung eines Begriffs «durch einen Umschweif» –, einen Tatbestand, den etwa Grimm im 19. Jh. nicht gleichermaßen verdeutlicht.[37] Die Anwendung der P. sieht er in vier Fällen für erforderlich bzw. angebracht, nämlich dann, wenn ein unanständiger Begriff vermieden werden soll, wenn ein unverständlicher Begriff geklärt, wenn in einer Übersetzung ein in der eigenen Spache nicht vorhandener Ausdruck ersetzt werden soll und um Schönheit und Lebhaftigkeit des Stils zu fördern. Er gibt so eine umfassende Auflistung ihrer Funktionen. Nur die vierte Anwendungsart zählt er zu den Stilfiguren. Er fordert aber in besonderen Regeln einen behutsamen Umgang mit der P., der die Angemessenheit berücksichtigen und die Klarheit fördern soll.

Auch im 20. Jh. sind Stellung und Definition der P. nicht eindeutig festgelegt. Während etwa Corbett die P. mit der Antonomasie gleichsetzt und sie auf diese reduziert[38], unterscheidet Fontanier, der die P. nicht zu den Tropen, sondern explizit zu der ‹Nicht-Tropen› rechnet, zwischen Pronomination und P.[39] Während die Pronomination die ausführliche Bezeichnung für eine Sache oder ein Wort ist, handelt es sich nur bei einem weiterführenden Ausdruck für einen Gedanken um eine P., die vor allem in der Versdichtung, seltener in der Prosa zu finden ist. «Le jus de la treille» (Traubensaft) für Wein ist deshalb nach Fontanier keine P., sondern eine Pronomination, Dupriez hingegen nennt ein entsprechendes Beispiel wie «bird of night» (Vogel der Nacht) für Eule eine P.[40]

Die Tatsache, daß bis in die Gegenwart die Zuordnungen der P. unterschiedlich und die Differenzierungen nicht einheitlich vorgenommen werden, ist symptomatisch und weist auf eine grundlegende Schwierigkeit hin. Als ‹tropologische Rahmenkategorie›[41] ist die P. auch für Lausberg «ein Grenzfall des Tropus überhaupt»[42], da sie volle Deckung zwischen dem Begriffsinhalt des *verbum proprium* und dem des tropischen Ausdrucks zeigen kann und in diesen Fällen als Synonym zu werten ist, im «Idealfall»[43] also kein Tropus ist.

Es erscheint überzeugend, daß die Zugehörigkeit der P. zu den Tropen auch in jüngster Zeit bestritten wird. So wird sie meist nicht als Stilfigur angesehen, sondern als ein sprachliches Mittel, das in anderen Stilfiguren mehr oder weniger typisch sein und das als Merkmal «Abweichung hinsichtlich der Prägnanz» gefaßt werden kann. Zum Teil wird die P. nur «aus Rücksicht vor der Tradition»[44] bei den Tropen angeführt und nicht bei den tropuskonstituierenden Merkmalen. Wenn die P. nicht als Tropus, sondern als tropuskonstituierendes Merkmal verstanden wird, würde man auch dem Problem der Zuordnung der P. entgehen, das sich immer wieder stellt. Auf diese Weise könnte auch erklärt werden, warum die P so schwer zu greifen ist und oft in Form anderer Tropen realisiert wird.

Anmerkungen:
1 Lausberg Hb. § 589; Quint. IX, 1, 6. – 2 Quint. VIII, 2, 1–2. – 3 Ueding, Steinbrink 268. – 4 Quint. VIII, 2, 2. – 5 vgl. Lausberg El. § 379. – 6 vgl. etwa M.D. Kliffer: Periphrasis, Syntagmatics and Code, in: Orbis 30/31 (1981/2) 5 – 21. – 7 vgl. Curtius 279. – 8 A. v. Humboldt: Kosmos (1845) Bd. 1, XIV. – 9 Goethe: Episteln, in: E. Bentler (Hg.): Briefe und Gespräche, Gedenkausg. der Werke, Teil 1 (Zürich 1950) 213. – 10 Dante Alighieri: Die göttliche Komödie, ital. u. dt., übers. v. H. Gmelin, Bd. 1–3 (³1991–³1999). – 11 vgl. Seneca: Apocolocyntosis Divi Claudii. Einf. u. Text von O. Schönberger (1990) 47. – 12 O. Weinreich: Phöbus, Aurora, Kalender und Uhr. Über die Doppelform der episcnaen Zeitbestimmung in der Erzählkunst der Antike und der Neuzeit (1937) 8. – 13 ebd. 36. – 14 Lausberg El. § 184. – 15 Quint. VIII, 6, 59. – 16 vgl. Quint. IX, 1, 3. – 17 Auct. ad Her. IV, 42. – 18 ebd. IV, 43. – 19 Quint. VIII, 6, 59–61. – 20 Isid. Etym. I, 37, Übers. Verf. – 21 Vergils Aeneide, übers. von J.H. Voß (²1943) IV, 584 f.. – 22 Beda Venerabilis: Liber II De arte metrica et De schematibus et tropis: The Art of Poetry and Rhetoric. The Latin text transl. by C.B. Kendall (1991) 188, Übers. Verf. – 23 ebd. – 24 Arbusow 22. – 25 Geoffroi de Vinsauf: Documentum de arte versificandi, II, 2, 11–16, in: Faral 273f. – 26 vgl. A. Heusler: Altgermanische Dichtung (²1943) 137. – 27 vgl. R. Meissner: Kenningar der Skalden (1921) 19. – 28 vgl. E. Marold: Kenningkunst. Ein Beitr. zu einer Poetik der Skaldendichtung (Berlin/New York 1983) 27f. – 29 Vossius IV, X 249. – 30 Meyfart 206–217. – 31 ebd. 135. – 32 J.P. Titz: Zwei Bücher von der Kunst hochdeutsche Verse und Lieder zu machen (1642) II. Buch, 4. Kap. Q VII. – 33 vgl. A. Somaize: Le Dictionnaire des précieuses, Bd. 1 (Paris ²1859). – 34 J.J. Breitinger: Critische Dichtkunst. Faksimiledruck nach der Ausg. von 1740 (1966) Bd. 2, 388f. – 35 ebd. 394f. – 36 ebd. 304f. – 37 J. Ch. Adelung: Ueber den deutschen Styl, Bd. 1 (1789) 336 – 341. – 38 E.P.J. Corbett: Classical Rhetoric for the Modern Student (New York

1965) 443. – **39** Fontanier 361 f. – **40** B. Dupriez: A Dictionary of Literary Devices, transl. by A. W. Halsall (New York u. a. 1991) 336. – **41** H. F. Plett: Einf. in die rhet. Textanalyse ([5]1983) 71 – **42** Lausberg El. § 185. – **43** ebd. – **44** G. Geil: Zur Typologie der Tropen, in: Sprache in Gegenwart und Gesch. FS H. M. Hinrich, hg. v. D. Hartmann u. a. (1978) 47–56, hier 54.

A. Detken

→ Amplificatio → Anspielung → Antonomasie → Dissimulatio → Euphemismus → Ironie → Litotes → Makrologie → Metapher → Preziosität → Synekdoche → Tropus → Verfremdung

Permissio (auch concessio; griech. ἐπιτροπή, epitropé, ἐπίτροπις, epítropis; engl. sufferance; frz. permission, épitrophe, consentement)

A. Die Sinnfigur *(figura sententiarum)* der P. bedeutet eine Überlassung insbesondere an zwei Personengruppen, nämlich zum einen an die Zuhörer bzw. Richter, zum anderen an den Prozeßgegner bzw. die Gegenpartei: «paene idem fons est illius, quam «permissionem» vocant, […] cum aliqua ipsis iudicibus relinquimus aestimanda, aliqua nonnumquam adversariis quoque […].» (Fast aus der gleichen Quelle […] stammt das sogenannte Anheimstellen, wobei wir manchmal etwas den Richtern selbst zum Ermessen stellen, manchmal sogar dem Gegner […].) [1] Im ersten Fall kann der Sprecher im Vertrauen auf seine Sache das Urteil den Richtern überlassen, wie in dem von RUTILIUS LUPUS ins Lateinische übersetzten Ausschnitt aus der Rede des HYPEREIDES: «[…] Vobis, quod aequissimum videatur, ut constituatis permitto […]» (Euch überlasse ich zu beschließen, was am gerechtesten erscheint) [2], oder sogar, wie das Beispiel des HERODIAN aus EURIPIDES zeigt, sich selbst ganz der Verfügungsgewalt eines anderen oder eines Gremiums zu überlassen: «Ἄγου δέ μ' ὦ ξέν', εἴτε πρόσπολον θέλεις, εἴτ' ἄλοχον, εἴτε δμωῖδα.» (Nimm mich Fremder, sei es daß du eine Dienerin, Gattin oder Sklavin willst!) [3] Das dient nach Ausweis des AUCTOR AD HERENNIUM [4] dazu, Mitleid zu erzeugen. Im zweiten Fall wird oft dem Gegenüber in Form einer Aufforderung anheimgestellt, nach seinem Gutdünken zu handeln, obwohl dies der Intention des Sprechers zuwiderläuft, für den Angesprochenen selbst schädlich ist o. ä. Diese Art der P. ist ironisch, so daß sie als «Ironie des falschen Rates» [5] bezeichnet werden kann: «Perfrica frontem et dic te digniorem, qui praetor fieres, quam Catonem.» (So habe nur die Stirn und behaupte, du seiest würdiger, Prätor zu werden, als Cato!) [6] oder: «Tu, was du willst! Renn nur in dein Verderben!» [7] Die P. erscheint besonders häufig in beratenden und gerichtlichen Reden, wobei die erste Art vor allem in der gerichtlichen Rede und hier wiederum in der *peroratio* ihren Platz hat, die zweite Art aber in der beratenden Rede, und zwar in der *argumentatio*. [8]

B. Von einer tatsächlichen Entwicklung der P. als Begriff oder Phänomen kann nicht die Rede sein. Vielmehr findet sich bis ins 18. Jh. hinein sowohl die Definition der P. als einer Überlassung im eigentlichen Sinne, deren frühester faßbarer Vertreter der AUCTOR AD HERENNIUM ist, als auch diejenige, in der die P. als Phänomen der Ironie betrachtet wird. Diese Definition ist frühestens bei QUINTILIAN zu finden. CICERO [9] zählt die P. unter die Redefiguren, ohne eine Definition zu bieten. Nachfolger des Auctor ist in der Spätantike RUTILIUS LUPUS [10], Nachfolger des Quintilian zu Beginn des Mittelalters ISIDOR [11], der dessen Definition nur etwas verkürzt und auch das gleiche Beipiel verwendet. CHARISIUS [12] überläßt in der *epitrope* nur die Bezeichnung einer Sache dem Gegner. Dieser Definition widerspricht TALAEUS [13] in der Neuzeit insofern, als er die P. durch ihre Beziehung auf Taten und Sachen von der *concessio* unterscheidet, die sich auf Bezeichnungen beziehe. Weiterhin schließen sich in der Neuzeit GEORG VON TRAPEZUNT [14] und PUTTENHAM [15] der Definition des Auctors bzw. des Rutilius Lupus an, MELANCHTHON [16] der des Quintilian, letzterer allerdings ohne eine ironische Qualität der Figur deutlich zu machen. Aus dem Rahmen fällt die Empfehlung SCALIGERS [17], auf einen Teil einer Forderung zu verzichten, um den Rest durchzusetzen. Eindeutig als ironisches Gewähren erklären PEACHAM [18], FRAUNCE [19] und GOTTSCHED [20] die P., und diese eingeschränkte Definition findet sich schließlich auch in den modernen Handbüchern von LAUSBERG [21], PLETT [22] und DUPRIEZ/HALSALL [23], nachdem ERNESTI [24] noch einmal sowohl diejenige des Auctors als auch die Quintilians geboten hatte.

Anmerkungen:
1 Quint. IX, 2, 25. – **2** Rutilius II, 17, in: P. Rutili Lupi De Figuris sententiarum et elocutionis, ed. E. Brooks (Leiden 1970) 42, 5 (Übers. Verf.). – **3** Beispiel des Herodian aus Euripides, Andromeda (Rhet. Graec. Sp. Bd. 3, 98, 24–25, Übers. Verf.) für *epitrope*, vgl. auch das Beispiel des Auct. ad Her. IV, 39. – **4** vgl. Auct. ad Her. IV, 39. – **5** Plett 65. – **6** Quint. IX, 2, 25. – **7** Plett 65. – **8** vgl. Quint. IX, 2, 48; Lausberg Hb. § 903. – **9** vgl. Cic. De or. III, 206–207. – **10** vgl. Rutilius II, 17, [2] 42. – **11** vgl. Isid. Etym. I, 21, 30. – **12** vgl. Flavii Sosipatri Charisii Artis Grammaticae Liber IV, 5, in: Gramm. Lat. Bd. 1, 287, 7–16. – **13** vgl. A. Talaeus: Rhetorica (Paris 1548), zit. nach der Ausg. Paris 1577, 50a-b. – **14** vgl. G. Trapezuntius: Rhetoricorum libri quinque (Venedig ca. 1470), zit. nach der Ausg. Basel 1522, 161a. – **15** vgl. G. Puttenham: The Arte of English Poesie (1589, London 1869) 234. – **16** vgl. Melanchthon (ND Knape) 151. – **17** vgl. Scaliger, Bd. 2, 472–475. – **18** vgl. H. Peacham: The Garden of Eloquence (1593 [Erstdruck 1588]), hg. von B.-M. Kroll (1996) 112. – **19** vgl. A. Fraunce: The Arcadian Rhetorike (1588, ND Menston 1969) I O 3. – **20** vgl. Gottsched Dichtk. 350. – **21** vgl. Lausberg Hb. § 857. – **22** vgl. Plett 65. – **23** B. Dupriez, A. W. Halsall: A Dictionary of Literary Devices, (Toronto/Buffalo 1991) 338. – **24** vgl. Ernesti Lat. 281.

R. G. Czapla

→ Argumentatio → Communicatio → Concessio → Dissimulatio → Elocutio → Figurenlehre → Ironie → Narratio → Refutatio → Sermocinatio

Permutatio (dt. Umstellung, Vertauschung; engl./frz. permutation; ital. permutazione)

A. Der in der lateinischen Literatur seit dem 1. Jh. v. Chr. belegte Begriff ‹P.› [1] begegnet in der antiken Rhetorik als Synonym für zwei terminologisch verwandte, sachlich aber recht unterschiedliche Erscheinungen: einerseits für *commutatio/conversio verborum* (griech. ἀντιμεταβολή, antimetabolé), eine Art Überkreuz-Wiederholung zweier Wortstämme mit wechselseitigem Austausch ihrer syntaktischen Funktion [2] (das Musterbeispiel «non ut edam vivo, sed ut vivam edo», [nicht um zu essen lebe ich, sondern um zu leben esse ich] [3] ist später aus dem geflügelten Wort geworden [4]), andererseits aber auch für *immutatio/inversio (sensus/sententiae)* [5] im Sinne von ‹Allegorie›. Hier tauscht der Sprecher die wörtlichen Bedeutungen gewissermaßen gegen übertragen zu verstehende Ausdrücke (etwa Metaphern) aus. [6] Diese beiden Grundtypen von P. sind klar voneinander abzugrenzen. Im ersten Fall (Typ 1) versteht man unter P. eine amplifizierende Wortfigur im Dienste der Abwechslung (*variatio*) [7], im zweiten Fall (Typ 2) eine Gedankenfigur des rednerischen Ausdrucks (*elocutio*). Diese ordnet der AUCTOR AD HERENNIUM (um 86 v. Chr.) als Tropus unter die zehn von ihm besonders hervorgehobenen Mittel des Wortschmucks (*exornationes verborum*) ein, zu denen auch die Metapher (*translatio*) gehört. [8] Überdies findet sich P./*permutari* als untechnische Beschreibung sowie als Oberbegriff [9] für Figuren ungewöhnlicher Anordnung von Wörtern – z.B. Sperrung (ὑπερβατόν, hyperbatón) [10] und Umstellung (ἀναστροφή, anastrophḗ) [11] – oder von ganzen Teilen einer Rede. [12] Die beiden Grundtypen der P. wirken in den Artes-Rhetoriken des Mittelalters fort Typ 1 wird dort zu einer regelrechten Kasuistik der Wiederholung durch Austausch von Wörtern oder syntaktischen Strukturen ausgebaut (*P. materiae*) [13], während man Typ 2 ganz im Sinne des AUCTOR AD HERENNIUM weiter tradiert. [14]

Die moderne Linguistik hat die hier skizzierte rhetorische Tradition neu akzentuiert und – unter Rückgriff auf den (zumeist unterminologischen) Gebrauch von P./*permutari* für den Austausch von Einzelbuchstaben [15], grammatischen Genera [16] oder Wörtern [17] – den Begriff der ‹Permutation› etabliert. Diese gilt als «[regelverletzende] linguistische Operation» [18], d.h. als sprachliche Probe zur Ermittlung und Beschreibung von Regularitäten auf den Ebenen von Laut, Wort, Satz und Text. Bei einer solchen Verschiebeprobe bzw. Umstellungstransformation wird ein Element an einer Stelle getilgt (Deletion) und an einer anderen Stelle eingefügt (Substitution).

B. I. *Antike*. Für Typ 1 läßt sich die Bezeichnung ‹P.› erst relativ spät belegen: Im ‹Carmen de figuris› aus dem 4. Jh. wird der frühere und gängigere Begriff ἀντιμεταβολή (antimetabolḗ) [19] mit *P.* übersetzt: «Permutatio fit vice cum convertimus verba» (eine P. kommt zustande, wenn man die Stellung von Wörtern untereinander vertauscht). [20] Gemeint ist damit ein gegenseitiger Wechsel der syntaktischen Funktion von Wörtern resp. Wortstämmen. [21] Als erstes Beispiel übersetzt der Autor eine Sentenz Theophrasts [22] ins Lateinische: «sumere iam cretos, non sumptos cernere amicos» (gewinne bewährte Leute zu Freunden, nicht gewonnene Freunde laß sich bewähren). [23] Hier liegt syntaktischer Chiasmus der Verbformen (Infinitiv Präsens und Partizip Perfekt Passiv) bei gleichzeitigem semantischem Parallelismus der Wortstämme vor. Beim zweiten Beispiel ist es umgekehrt: «quod queo, tempus abest; quod tempus adest, nequeo» (was ich vermag, dazu ist keine Zeit; wozu Zeit ist, das vermag ich nicht). [24] Ein syntaktischer Parallelismus ist hier mit einem Chiasmus der semantisch und morphologisch entsprechenden Elemente gekoppelt. Durch die Negation beider Verben im zweiten Teil wird der antithetische Effekt verstärkt. Ältere Begriffe für diese Form der pointierenden *variatio* sind ἀντιμετάθεσις (antimetáthesis) [25], *commutatio* [26], *conversio* [27] und *contrapositum* [28].

Der Terminus ‹P.› scheint dagegen ursprünglich auf den komplexeren Typ 2 beschränkt geblieben zu sein: Dieser ‹Ausdruckstausch› wird schon vom AUCTOR AD HERENNIUM durch seine Definition der ‹P.› als «oratio aliud verbis aliud sententia demonstrans» (Redeweise, bei welcher der Wortlaut etwas anderes zum Ausdruck bringt als der Sinngehalt) [29] mit der ἀλληγορία (allēgoría) [30] identifiziert. Diese Vorstellung von P. hat Schule gemacht und ist etwa in QUINTILIANS Bestimmung des Tropus als «verbi vel sermonis a propria significatione in aliam cum virtute mutatio» (die bei einem Wort oder einem Gedanken kunstvoll gehandhabte Vertauschung der eigentlichen Bedeutung mit einer anderen) [31] eingeflossen. Der AUCTOR AD HERENNIUM unterscheidet drei Formen von P. = Allegorie: a) *P. per similitudinem* (P. durch Metaphern): Gemeint ist hier der Ersatz der Wortbedeutungen durch eine Reihe von verwandten Metaphern, die zu einem geschlossenen Bild ausgestaltet sind («cum translationes plures frequenter ponuntur a simili oratione ductae»; wenn mehrere Metaphern reihenweise verwendet werden, die von einer ähnlichen Redeform hergeleitet sind). [32] Als Beispiel dient eine politisch-militärische Allegorie: «Nam cum canes fungentur officiis luporum, cuinam praesidio pecua credemus?» (Denn wenn die Hunde ihre Pflicht schon so erfüllen wie Wölfe, welchem Hüter werden wir die Herde dann anvertrauen?). [33] Durch die Assoziationen (Wach-)Hunde = Streitmacht zur Verteidigung, Herde = Volk und Wölfe/Raubtiere = feindliche Aggressoren leuchtet die Stoßrichtung der Aussage unschwer ein b) *P. per argumentum* (P. durch [geschichtliche] Entsprechung): Obwohl die Definition hier weiter ausgreift («cum a persona aut loco aut re aliqua similitudo augendi aut minuendi causa ducitur»; wenn man sich einer Person, einer Örtlichkeit oder irgendeiner anderen Sache als Entsprechung bedient, um etwas aufzuwerten oder herabzusetzen [34], laufen die in der textkritisch strittigen Passage zitierten Beispiele lediglich auf Antonomasien hinaus, d.h. hier: auf Ersetzung von Eigennamen durch u.U. entsprechend qualifizierte historische Äquivalente: «si quis Drusum Graccum Numitoremque [35] (nitoremque [36]) obsoletum dicat» (wenn man Drusus als "Gracchus" und als "Numitor aus grauer Vorzeit" [als einen verblaßten Abglanz der Gracchen] bezeichnen wollte). [37] c) *P. ex contrario* (P. durch Gegensatz): Bei dieser Form der verstellten Rede (*oratio figurata*) wird die sinngemäß intendierte Aussage in ironischer Absicht durch einen ihr exakt gegenläufigen Wortlaut ersetzt. Dies illustriert das anstelle einer Definition angeführte Beispiel: «si quis hominem prodigum et luxuriosum inludens parcum et diligentem appellet» (wenn man einen verschwendungssüchtigen Prasser ironisch als 'verantwortungsbewußten Sparer' bezeichnen wollte). [38] Daneben gibt es auch Mischformen der P.: Die Antonomasie des Typs b) läßt sich nämlich sowohl mit a) als auch mit c) kombinieren: Die Form ab) ergibt eine Reihe von (mythologischen) Antonomasien (z.B. Agamemnon für ‹König›, Atreus für ‹Gewaltherrscher›). Diese erscheinen in der Form ac) ironisch chiffriert und sind κατ' ἀντίφρασιν, kat' antí-phrasin, als Gegenteil des Wortlautes zu verstehen (z.B. ‹Aeneas› für einen *impius* [einen gottlosen und pflichtvergessenen Menschen], der seinen Vater schlägt, und ‹Hippolytos› für einen sexuell besonders triebhaften Mann). [39]

II. *Mittelalter*. MATTHAEUS VON VENDÔME hat in seiner ‹Schule des Verseschmiedens› (Ars versificatoria; vor 1175) die P. des Typs 2 zu einem poetischen Regelwerk der *variatio*, der «Abwechslung in der Darbietung des Stoffes» (*P. materiae*), fortentwickelt Er unterscheidet dabei zwei Grundformen: a) *una est verborum et sententiarum* (Abwechslung in Wortwahl und Bedeutung), deren Hauptgruppe er als Periphrase (Umschreibung) bezeichnet [40], und b) *alia [est] verborum et non sententiarum* (Abwechslung in der Wortwahl ohne Änderungen am Begriff), die er mit dem Einsatz von Synonyma (gleichbedeutenden Ausdrücken) identifiziert [41]: Seine Beispiele belegen für Form a) ein erkleckliches Spektrum von Periphrasen: Dieses reicht von episch breiter Ausschmückung schlichter Sachverhalte (in einer typischen Sonnenaufgangsszene VERGILS, der zwei kunstvolle Hexameter brauche, um damit «iam diescebat» [schon wurde es Tag] zu sagen) [42] bis hin zu blumig-dezenter Umschreibung aus Scheu vor Anstößigkeit durch Obszönität («quando feditas circuitu evitatur» [43]), etwa zur Vermeidung des Wortes *concubitus* (Geschlechtsverkehr). Auch die wortgleiche Wiederholung einer Aussage nach Umwandlung einer Aktivkonstruktion ins Passiv (oder umgekehrt) rechnet Matthaeus zu a), obwohl die Wortwahl unverändert bleibt – sein Beispiel: «Torquet amor superos, superi torquentur amore» (Es peinigt Liebe die Himmlischen, die Himmlischen werden gepeinigt von Liebe). [44] Die Synonyme der Gruppe b) werden als unterschiedliche Wörter annähernd gleicher Bedeutung definiert, die freilich nicht immer anstandslos gegeneinander auszutauschen seien (Beispiel: *coma* = Haupthaar und *caesaries* = Mähne). [45] Daß er die Kunst der P. auch im Großen beherrscht, führt Matthaeus anhand eines *familiare exemplum* (eines Beispiels aus eigener Feder) [46] vor, einer auf 31 elegische Distichen ausgedehnten Variationsübung zum Thema *locus amoenus* (Gegend voller Liebreiz), bei der er kaum einen denkbaren Gesichtspunkt unbeschrieben läßt. Dieses Lehrstück extremer poetischer *dilatatio* bezeichnet man auch als «permutierte Descriptio loci». [47] In anderen Artes-Rhetoriken des Mittelalters spielt P. keine so prominente Rolle: GALFRID VON VINSAUF zählt in der ‹Poetria nova› (um 1208/13) die P. in einer ganzen Reihe von *colores* (bei ihm: Sinnfiguren) auf, ohne näher darauf einzugehen. [48] Für permutierende *variationes* verwendet er den Terminus *conversio /convertere*. [49] JOHANNES VON GARLANDIA († nach 1252) berücksichtigt nur Typ 2 der P. und orientiert sich bis in seine als Definitionsersatz fungierenden Beispiele hinein überdeutlich am AUCTOR AD HERENNIUM [50]: In seinem Distichon «Hic canis, immo lupus grassatur, pastor ouilis / Qui fertur; tendit dilacerare gregem» (Hier treibt ein Hund, nein: ein Wolf sich herum, der als Hüter der Schafe / gilt; er ist voller Gier, in Stücke zu reißen das Vieh) [51] findet Lawler alle drei Formen der P.=Allegorie entfaltet (Kombination des Typs 2abc): Metaphernreihe, *argumentum* (von Lawler als Herabsetzung verstanden; nicht aber: Antonomasie) und Ironie (*pastor* [Hüter] sei *e contrario* gesprochen). [52]

III. Neuzeit. Seine vielfältige Verwendbarkeit als Ersatzbegriff für recht unterschiedliche rhetorische und poetische Phänomene hat den Terminus ‹P.› offenbar jeglichen spezifischen Gehaltes beraubt. So ist es zu erklären, daß er in den auf Nutzanwendung ausgerichteten Rhetoriken der früheren Neuzeit nicht einmal mehr ein Schattendasein fristen darf. Weder in den ‹Elementa rhetorices› (den Grundbegriffen der Rhetorik) MELANCHTHONS, der sowohl antimetabolé = *commutatio* [53] als auch Allegorie rubriziert [54], noch bei GOTTSCHED taucht P. auf. Erst die auf antiquarisch lückenlose Katalogisierung des antiken Textmaterials bedachte philologische Rhetorik-Forschung des Historismus und Positivismus will den P. dem Vergessen wieder entreissen: In seinem ‹Lexicon Technologiae Latinorum Rhetoricae› (Lexikon des rhetorischen Fachvokabulars im Lateinischen) von 1797 berücksichtigt ERNESTI allerdings nur Typ 2 und beschränkt sich auf eine Kurzparaphrase der Ausführungen des AUCTOR AD HERENNIUM [55]. Ebenso verfährt VOLKMANN in seiner ‹Rhetorik der Griechen und Römer in systematischer Übersicht› (1872, ²1885), der Definition und Unterarten von Typ 2 in seinem Abschnitt über Allegorie eher streift als behandelt. [56] Einen viel engeren Begriff von P. legt HIPPOLYTE COCHERIS seiner ‹Histoire de la grammaire› (um 1880) zugrunde. Wie schon der Untertitel dieses lautgeschichtlichen Kompendiums zeigt (‹Origine et permutation des Lettres›; Ursprung und Wandel der Buchstaben), will Cocheris, unter (unbewußtem?) Rückgriff auf QUINTILIAN [57], P. als Lautwandel verstanden wissen. Er definiert folgendermaßen: «On entend par *permutation* le changement d'une lettre en une autre lettre» (Man versteht unter *Permutation* den Austausch eines Buchstabens gegen einen anderen). [58] In LAUSBERGS ‹Handbuch der literarischen Rhetorik› ist die P. zu einer randständigen Existenz verurteilt: Der Begriff erhält kein eigenes Lemma und ist (abgesehen von einem Zitat der Hyperbaton-Definition QUINTILIANS) [59] dem Autor nur eine einzige Erwähnung wert: Lediglich Typ 1 wird im Zusammenhang mit *commutatio* zitiert. [60] Ausgleichende Gerechtigkeit läßt MARTIN der P. widerfahren, indem er sich Ernesti und Volkmann anschließt und Typ 2 – wiederum in engster Anlehnung an den AUCTOR AD HERENNIUM – rehabilitiert [61], dafür aber Typ 1 vernachlässigt.

Der in der modernen strukturalen und inhaltsbezogenen Linguistik verbreitete Begriff ‹Permutation› speist sich aus ganz anderen Quellen: Er geht auf ein heuristisches Verfahren CICEROS zurück, der in seinem ‹Orator› Verschiebeproben vornimmt, um die Bedeutung der Stellung eines einzelnen Wortes im Satz für den Wohlklang (Prosarhythmus) und die Gesamtwirkung zu demonstrieren: «Quantum autem sit apte dicere, experiri licet, si aut compositi oratoris bene structam collocationem dissolvas permutatione verborum; corrumpatur enim tota res [...]» (Wieviel es aber bedeutet, anständig zu reden, das läßt sich durch einen Versuch ermitteln, wenn man etwa bei einem ordentlichen Redner die sorgfältig zusammengefügte Abfolge durch eine Umstellung von Wörtern auflösen wollte; zunichte gemacht wäre wohl dann die ganze Sache [...]). [62] Bei QUINTILIAN bilden solche Verschiebungen, die er als *immutatio*, *transmutatio* [63], *mutatio* und *ordo* [64] bezeichnet, zusammen mit *adiectio* (Hinzufügung) und *detractio* (Tilgung) ein viergeteiltes System von Änderungskategorien (*quadripartita ratio*). [65] Dieses findet sich in den elementaren Umformungsverfahren der modernen Sprachwissenschaft wieder (als Eliminierung/Deletion, Insertion, Substitution). [66] Hier ist auch der Platz der P., die «als Kombination von Elimination und Insertion (des an anderer Stelle getilgten Elements)» [67] gilt und auch ‹Verschiebeprobe› oder ‹Umstellprobe› genannt wird. BRINKER analysiert u.a. folgendes Beispiel:

(1) Mein Onkel kommt heute aus Sachsen.
(2) Aus Sachsen kommt heute mein Onkel.
(3) Aus Sachsen kommt mein Onkel heute.
(4) Kommt mein Onkel heute aus Sachsen?
(5) Mein Onkel aus Sachsen kommt heute. usw. [68]

In der generativen Transformationsgrammatik hängt die Unterteilung eines Satzes in Satzglieder wesentlich von den Ergebnissen der Permutationsprobe ab: «[...] was für sich verschiebbar ist und nur geschlossen verschiebbar ist, erweist sich dadurch, neben den verbalen Teilen, als primärer Bauteil des Satzes, als 'Satzglied'». [69]

Freilich ist die P. heutzutage kein Alleineigentum der Linguistik. Doch muß hier ein kurzer Seitenblick auf die zahlreichen außerhalb von Rhetorik und Grammatik eingebürgerten Verwendungsweisen in Literaturwissenschaft [70], Psychologie [71], Jurisprudenz [72], Chemie und Mathematik genügen.

Hingewiesen werden kann darauf, daß P. ein Terminus ist, dessen rhetorische Grundtöne in der Moderne mehr und mehr verblassen, während die grammatischen Konturen immer schärfer hervortreten.

Anmerkungen:
1 ThLL Bd. 10, 1, 1573–1576. – 2 Carmen de figuris 16, in: Rhet. Lat. min 64; vgl. Lausberg Hb. 395–397 (§§ 800–803), bes. 396 (§ 801). – 3 Isid. Etym. II, 21, 11; ähnlich schon Auct. ad Her. IV, 28, 39. – 4 vgl. G. Büchmann: Geflügelte Worte (^{32}1972) 505. – 5 Cic. De or. II, 261, mit Leeman, Pinkster, Rabbie (Heidelberg 1989) 285. – 6 Auct. ad Her. IV, 34, 46, mit Calboli (Bologna 1993) 394f. – 7 Arbusow 29 mit weiteren Belegen. – 8 Auct. ad Her. IV, 34, 46; ähnlich Martin 261; 262f. – 9 Quint. VIII, 6, 64–66. – 10 Quint. VIII, 6, 62; vgl. Lausberg Hb. 357 (§ 716). – 11 Quint. IX, 4, 24. – 12 Auct. ad Her. III, 9, 17; Quint. II, 13, 5. – 13 Matth. v. Vend. IV, 20–24; vgl. Faral 185f. – 14 Galfrid 952 (nur Aufzählung); Joh. v. Garl. (vgl. Faral 53; Arbusow 91). – 15 Quint. I, 1, 25; I, 4, 16. – 16 Quint. I, 5, 50; IX, 3, 6f. – 17 Cic. Or. 232f.; Quint. IX, 3, 78. – 18 H. Plett: Die Rhet. der Figuren, in: ders.: Rhet. (1977) 130. – 19 z.B. Rutilius Lupus I, 6, mit Brooks (Leiden 1970) 58–60; Quint. IX, 3, 85. – 20 Carmen de figuris [2] 16, mit M. Squillante (Rom 1993) 119. – 21 bei Lausberg Hb. 396f. ‹Stammüberkreuzung› (§ 801) und ‹Funktionsüberkreuzung› (§ 802). – 22 Theophrast fr. 74 Wimmer = Plutarch Moralia 482b. – 23 Carmen de figuris [2] 17, mit M. Squillante (Rom 1993) 119. – 24 Carmen de figuris 18, mit M. Squillante (Rom 1993) 119. – 25 z.B. Alexander in: Rhet. Graec. Sp. III, 37, 14ff. – 26 Auct. ad Her. IV, 28, 39, mit Calboli (Bologna 1993) 365–367 (Anm. 165–168) zu vielen weiteren Beispielen. – 27 Cic. De or. III, 54, 207. – 28 Quint. IX, 3, 81; 85. – 29 Auct. ad Her. IV, 34, 46. – 30 vgl. dazu Lausberg Hb. 441–446, bes. 441f. (§§ 893–896). – 31 Quint. VIII, 6, 1; vgl. Lausberg Hb. 441. – 32 Auct. ad Her. IV, 34, 46; vgl. die ähnlichen Allegorie-Definitionen bei Cic. Or. 94 und Quint. IX, 2, 46. – 33 Auct. ad Her. IV, 34, 46. – 34 ebd. – 35 Text nach Nüßlein 1994; ähnlich Marx 1894. – 36 Calboli (Bologna 1993) 185 mit 395. – 37 ebd. – 38 ebd.; übernommen von Joh. v. Garl. 6, 313. – 39 ebd. – 40 Matth. v. Vend. IV, 20–23. – 41 ders. IV, 24 – 42 Verg. Aen. IV, 584f. – 43 Matth. v. Vend. IV, 21. – 44 ders. IV, 22. – 45 ders. IV, 23. – 46 ders. I, 111. – 47 Arbusow 29; vgl. auch Faral 148f. – 48 Galfrid, Poetria nova 952. – 49 Galfrid, Documentum de arte versificandi 103–131; vgl. Faral 303–309. – 50 Joh. v. Garl. 6, 313–316, mit Lawler (New Haven/London 1974) 261. – 51 Joh. v. Garl. 6, 315f. – 52 Lawler [50] 261. – 53 Melanchthon 488 (ND bei Knape 156). – 54 ebd. 466 (ND bei Knape 145). – 55 Ernesti Lat. 281. – 56 Volkmann 430. – 57 vgl. Quint. I, 4, 16. – 58 H. Cocheris: Histoire de la grammaire (Paris ca. 1880) 87; vgl. O. Prinz: De o et u vocalibus inter se permutatis in lingua Latina (1932). – 59 Lausberg Hb. 357 (§ 716). – 60 ebd. 396 (§ 801). – 61 Martin 262f. – 62 Cic. Or. 232, mit W. Kroll (Berlin 1913, ND 1958) 197f. – 63 Quint. I, 5, 12. – 64 ebd. IX, 3, 27. – 65 ebd. I, 5, 38. – 66 vgl. K. Brinker: Konstituentenstrukturgrammatik und operationale Satzgliedanalyse (1972) 81f. – 67 ebd. 83. – 68 ebd. 98. – 69 H. Glinz: Der dt. Satz (^{6}1970) 69f. – 70 vgl. z.B. H. Geisser: Die Entstehung von Max Frischs Dramaturgie der Permutation (1973). – 71 vgl. K. Willmes: Beitr. zur Theorie und Anwendung von Permutationstests in der uni- und multivariaten Datenanalyse (1987). – 72 etwa Ph. Meylan: P. rerum, in: Ius et lex (Basel 1959) 45–63.

M. Janka

→ Allegorie → Amplificatio → Änderungskategorien → Antimetabole → Antonomasie → Grammatik → Inversion → Ironie → Similitudo → Sprachwissenschaft → Variation

Peroratio (lat. auch conclusio, cumulus, epilogus; griech. ἐπίλογος, epílogos; dt. Beschluß, Redeschluß, Schluß; engl. peroration; frz. conclusion, epilogue, péroraison; ital. perorazione)

A.I. Def., Stellung im rhetorischen System. – II Anwendungsbereiche. – B.I. Antike. – II. Mittelalter. – III. Renaissance. – IV. Barock, Aufklärung. – V. 19. Jh. – VI. 20. Jh.

A.I. *Def., Stellung im rhet. System.* ‹P.› ist der lateinische rhetorische Terminus für den letzten Teil einer Rede, seltener auch für einzelnen Redeteils oder einer *digressio*, oder für die letzte von mehreren Reden. Bereits seit der Antike werden neben P. auch *conclusio* und *epilogus* gleichermaßen als Bezeichnung für den letzten Redeteil verwendet. Anders als Epilog und Nachwort beschließt die P. nicht literarische Werke, sondern stellt v.a. bei komplexen Sachverhalten ein obligatorisches Strukturglied von Rede oder Predigt sowie von geschriebenen Texten dar. In der klassischen Rhetorik gliedert sich die P. im wesentlichen in zwei Funktionsbereiche (*duplex ratio*) [1]: a) aufzählende Kurzzusammenfassung der v.a. in der *argumentatio* vorgebrachten Argumente (*res*). Diese interessenbezogene *enumeratio* dient dem überwiegend sachlichen Ziel, das Gedächtnis der Hörer aufzufrischen (*memoria*; ἀνάμνησις, anámnēsis); b) pathetische Erregung bzw. Steuerung der Affekte (*adfectus*) des Publikums unter demonstrativer Authentizität der Emotionen des Redners. Als parteiische Leitaffekte zur Abwertung des Kontrahenten sind Empörung (*indignatio*), zur Erweckung von Wohlwollen gegenüber der eigenen Sache mitleidheischende Klage (*conquestio*, *[com]miseratio*) etabliert. Diese beiden mit Hilfe von *loci communes* realisierten Affekte werden oft unter dem Aspekt der intensivierenden Steigerung (*amplificatio*) zusammengefaßt, die als wichtiger Teil der P. fungiert. Für alle Teile der P. gilt das Gebot der Kürze (*brevitas*), die jedoch durch kunstvollen *ornatus* des Stils gemildert wird. Ihr unterliegen sowohl das argumentative Schlußresümee (oft als asyndetische *percursio*), dessen geballte Kürze bereits Steigerung impliziert, sowie sämtliche leidenschaftliche Gefühlsäußerungen («Nichts trocknet schneller als eine Träne» [2]). Die P. ist nicht nur auf das ihr komplementäre *exordium*, sondern auf alle vorausgehenden Redeteile abzustimmen (inneres *aptum*). In ihrer Funktion als Schlußteil wird die P. auf andere schriftliche und mündliche rhetorische Gattungen, wie Brief, Urkunde, Predigt, literarische Texte, Aufsatz übertragen. In der antiken Theorie nicht behandelt, oft aber bereits in antiker und v.a. mittelalterlicher Praxis verwendet sind Schlußfloskeln.

II. *Anwendungsbereiche*. In der rhetorischen Theorie wird die P. unter den Rubriken *inventio*, *dispositio* und *actio* behandelt. Im Rahmen der *inventio* stellt die P. den letzten (vierten, fünften oder sechsten) Teil der *partes orationis* dar. Sie gehört zum *ordo naturalis* in der Disposition. Dort rekurriert die P. auf das *exordium* als Pendant (*affectus*), auf *narratio* oder *argumentatio* (*enumeratio*). Ihre Funktion liegt in der Überredung (*commovere*, *persuadere*). Für eine angemessene, aber mitreißende *actio* sind zusammenhängende Stimmführung und maßvolle Rhythmisierung in der P. wirkungsvoll. Ähnlich wie die *conclusio* als syllogistischer Schlußsatz hat auch die P. die Aufgabe, durch das Resümee der Argumente Schlußfolgerungen zu bieten. Gefordert ist dabei *varietas*, zu vermeiden ist Einführung neuer *res*. In dieser Funktion als rein sachliche *recapitulatio* (ἀνακεφαλαίωσις, anakephalaíōsis) ist die Stellung der P. nicht auf das Ende einer

Rede beschränkt. Argumentative wie affektive Wirkung der P. beruhen maßgeblich auf *brevitas*. Der rein affektiven *amplificatio* dienen die Topoi des Redeschlusses, die für *indignatio*, *miseratio* bzw. *conquestio* relativ stereotyp tradiert werden. In der neuzeitlichen Rhetorik ist die P. oft stark von der Logik beeinflußt.

Im antiken *genus iudiciale* gilt die P. als wirkungsvollster Redeteil. In gemäßigter Form wird sie auch in Privatprozessen eingesetzt, im *genus demonstrativum* spielt sie keine Rolle. In der mittelalterlichen Predigttheorie umfaßt die P. eindringliche Ermahnung sowie ein formelhaftes Schlußgebet. Sie zielt auf starke affektive Beeinflussung des Hörers ab. In den Poetiken des Mittelalters werden für die P. Rekapitulation, Epimythion, Sprichwort oder Vergleich vorgeschlagen. In Briefstellern hat sie als entsprechend gestaltete Kurzzusammenfassung affirmative, negative oder konditionale Funktion und kann auch als religiöse Schlußformel auftreten. Im Aufbau der Urkunde manifestiert sich die P. im formelhaften Schlußteil, dem Eschatokoll. Im traditionellen Aufsatzunterricht fungiert die P. als wichtiger zusammenfassender Schlußteil mit überredender Funktion, während sie im ‹Freien Aufsatz› keine Rolle spielt.

Anmerkungen:
1 Quint. VI, 1, 1. – **2** Zitat des Apollonius bei Auct. ad Her. II, 50; Cic. Inv. I, 109; Alanus ab Insulis, Summa de arte praedicatoria, in: ML 210, 114; Vossius Pars I, 387f.; F.E. Petri: Rhet. Wörterbüchlein (1831) 169.

B. I. *Antike*. Die Grundlage für die rhetorische Etablierung des Redeschlusses findet sich bereits bei PLATON.[1] ARISTOTELES behandelt die P. (epílogos) als vierten und letzten Teil der Rede. Dieser kann bei einer kurzen Rede oder einfachem Sachverhalt fehlen.[2] Die P. selbst besitzt vier Funktionen: Sie soll a) durch positive Selbstdarstellung Wohlwollen für die eigene Sache erzeugen und durch negative Darstellung des Gegners dem Publikum das Wohlwollen für ihn entziehen. Dies geschieht durch b) Topoi der Vergrößerung und der Verkleinerung. Dadurch sollen c) Affekte geweckt sowie d) durch Zusammenfassung der Beweise das Gedächtnis der Hörer aufgefrischt werden.[3] Auf der hellenistischen Rhetoriktheorie, die diese Funktionen der P. weiter differenziert, beruht die praxisorientierte römische Theorie. Der AUCTOR AD HERENNIUM bezeichnet im Rahmen der *inventio* für eine Rede des *genus iudiciale* oder *deliberativum* mit dem Terminus *conclusio* den letzten Redeteil als «artificiosus terminus orationis» (kunstvoll gestaltetes Ende der Rede).[4] Die P. hat drei Teile: a) eine kurze *enumeratio* der vorangegangenen Argumente von der *confirmatio/confutatio* an; b) eine Steigerung (*amplificatio*) durch zehn *loci communes*. c) Für die Klage (*commiseratio*) wird das dringende Gebot der Kürze mit dem Apollonius-Zitat belegt.[5] Für das *genus demonstrativum* wird nur eine aus *enumeratio* bestehende P. empfohlen.[6] Im Kontext der *pronuntiatio* empfiehlt er für den Redeschluß bzw. für die letzte Rede eines Prozesses zum Zweck nachhaltigen emotionalen Eindruckes beim Hörer eine zusammenhängende Stimmführung.[7] In CICEROS Frühschrift ‹De inventione› wird *perorare* nur als Verbalausdruck benutzt. Der Terminus für den Redeschluß ist *conclusio*.[8] Unter Berufung auf Hermagoras führt Cicero die P. als den letzten der sechs Redeteile (*partes orationis*) an.[9] Er leitet seine umfangreiche Darstellung der P.[10] mit deren Definition als «exitus et determinatio totius orationis» (Ausgang und Abrundung der ganzen Rede)[11] ein. Wie beim Auctor hat auch hier die P. drei Teile: *enumeratio*, *indignatio* und *conquestio*: a) Mit der *enumeratio* soll der Hinweis auf die Erfüllung des in der *partitio* gegebenen Versprechens einhergehen. Neben dem Gebot der Kürze stellt für die *enumeratio* die Auswahl des gewichtigsten Argumentationsaspektes die Hauptregel dar, da der Eindruck einer Wiederholung der ganzen Rede unbedingt zu vermeiden ist.[12] b) Die *indignatio* wird definiert als gegen einen Menschen gerichteter Haß sowie als auf eine Sache gerichtete Empörung. Genannt werden 15 *loci*, welche die *indignatio* besonders effektiv gestalten.[13] c) Die *conquestio* zielt auf das Mitleid der Hörer ab, die durch eine Auswahl von 16 *loci communes* milde gestimmt werden müssen.[14] Wie beim Auctor wird auch bei Cicero der Aufruf zur Kürze bei der *conquestio* mit dem Zitat des Apollonius untermauert.[15] In ‹De oratore› bezeichnet Cicero den letzten Teil der Rede als *conclusio* wie als P., der ähnlich wie das *exordium* einer Rede zum Überzeugen (*persuadere*) und Beeinflussen (*commovere*) besonders geeignet sei.[16] Die emotionale Beeinflussung der Richter am Schluß wird durch das Auftreten des Angeklagten, durch emphatisches Zerreißen von dessen Gewand sowie durch Entblößen von dessen Narben deutlich gesteigert.[17] In den ‹Partitiones oratoriae› verwendet Cicero ‹P.› als Terminus für den letzten Redeteil, der sich nur noch aus der üblichen *enumeratio* und der *amplificatio* zusammensetzt. Diese *amplificatio* integriert die *indignatio* und die *commiseratio* und stellt somit eine durch stilistischen *ornatus* erzeugte deutliche Steigerung des Ausdrucks und der Glaubwürdigkeit dar. Der Aspekt des *permovere* am Schluß ist betont.[18] Im ‹Brutus› setzt Cicero die P. dem *epilogus* gleich[19], die er als wirkungsvollen Schluß anführt, der den letzten und daher entscheidenden Eindruck auf den Hörer vermittelt und so dessen Entscheidung beeinflußt.[20] Die P. versammelt auch in Ciceros ‹Orator› als Pendant zum *exordium* die schlagkräftigsten Argumente. Cicero hebt hier sein eigenes Talent in den P. (Schlußreden) als unübertroffen heraus.[21] Er rät zu kräftiger Rhythmisierung des sprachlichen Ausdrucks in der P., lehnt jedoch für die *actio* gesangsähnlichen Vortrag nach Art der Asianer ab.[22] Die detaillierteste Darstellung zur P. findet sich bei QUINTILIAN. Er umreißt mit dem Begriff ‹P.› den letzten Teil der Gerichtsrede als *cumulus* und *conclusio* und nennt für die P. zwei Hauptziele (*duplex ratio*) im Hinblick auf *res* (Argumente) und *adfectus* (Gefühlswirkungen). Auf die *res* bezieht sich die Zusammenfassung der Argumente (*rerum repetitio et congregatio*, anakephalaíōsis, *enumeratio*) mit der Intention, dem Richter den ganzen Sachverhalt in knapper Deutlichkeit vor Augen zu stellen.[23] Gelegenheiten zu solchen vielgestaltigen Rekapitulationen, die bei komplexen Fällen auch in der Rede zu finden sind, ergeben sich aus den jeweiligen Prozeßumständen.[24] In kritischer Auseinandersetzung mit attischen Rednern und griechischen Philosophen hält er anders als sie die Gefühlswirkungen zur Erreichung einer gerechten Sache für unabdingbar.[25] Die affektive Funktion der P. dient der emotionalen Erregung (*concitare*) bzw. Beeinflussung (*movere*, *flectere*) der Richter entsprechend dem eigenen Parteiinteresse.[26] Gerade aufgrund der im letzten Teil der Rede jedoch meist intensivsten Affekterregung stellt die P. einen krönenden Abschluß der Rede dar (*consummatio orationis*).[27] Wie auch im *exordium* besteht das Hauptziel des Anklägers darin, seine Anklage möglichst furcht- oder mitleiderregend zu gestalten. Dabei ist die *amplificatio* maßgeblich wichtig.[28] Quintilian liefert zahlreiche Topoi zur Steigerung des Schrecklichen bzw. für Entrüstung und Mitleid. Häufig muß jedoch der Ankläger die Richter von Mitgefühl gegenüber dem Angeklagten abbringen, indem er Argumente des Gegners vorwegnimmt.[29] Als Verteidiger soll der Redner nicht nur das Mitleid (*miseratio*) des Richters erregen, sondern ihn auch durch Prosopopoiie oder emotionale Auftritte zu einem – tränenreichen – Bekenntnis seiner Gemütsbewegung bringen.[30] Wichtig ist gute Selbsteinschätzung gerade beim Versuch, Tränenausbrüche zu bewirken, der nur einem wirklich guten Redner erlaubt ist.[31] Die in der P. erregten Affekte werden auch dort wieder beruhigt, z.B. durch eine witzige Bemerkung. Es gibt aber auch generell ruhigere Epiloge, in denen zur Aussöhnung gemahnt wird.[32] Quintilian bespricht ausführlich die vor allem in der P. maßgeblichen, nur graduell unterscheidbaren beiden Arten von Affekten: während ἦθος, *éthos* sanfte Emotionen bewirkt (*adfectus mites atque compositi; mores*), erregt hingegen das πάθος, *páthos* (*adfectus*) starke Emotionen.[33] Um glaubwürdig zu sein, muß der Redner die Affekte, die er erregen will, selbst erleben. Dafür werden entsprechende Ratschläge erteilt wie das Vorstellen von Phantasiebildern (*repraesentatio*; Vergegenwärtigung).[34] Als Gefühlswirkung kann man auch Lachen beim Richter intendieren und so Ermüdung verhindern.[35] Im überlieferten Auszug aus der Rhetorik des Rufus (2./3. Jh.) findet sich für den letzten Teil der Gerichtsrede die gleiche Zweiteilung in Rekapitulation und Affekterregung. Während die affektive Funktion der P. nur fakultativ ist, sieht er entsprechend der bei Quintilian angedeuteten griechischen Tradition nur die gedächtnisunterstützende Zusammenfassung als verbindlich an.[36] Longinos (3. Jh.n.Chr.) betont für den *epilogus* die uneingeschränkte Wendung an die Richter. Er verwendet ἐπάνοδος (*epánodos*) als Begriff für das in umgekehrter Reihenfolge strukturierte Resümee. Die Steigerung (αὔξησις, *aúxēsis*) erfolgt durch Darlegung von Ursachen und Konsequenzen, Entlarven von Konstrukten des Gegners, so daß die Richter emotional gelenkt werden. Im Kontext der *actio* wird eine mitreißende Vortragsweise nur für die Erregung von Zorn, nicht aber für die Erregung von Mitleid erlaubt.[37] Sulpicius Victor (Ende 4. Jh.n.Chr.) belegt die drei Teile der P. mit z.T. neuen Bezeichnungen. Dabei entspricht *renovatio* der üblichen anakephalaíōsis, *commiseratio* und *exaggeratio* umfassen die bekannten Aufgaben der *amplificatio*.[38] Bei Fortunatianus (5. Jh.) findet sich eine differenzierte und systematische Besprechung der P. Sie gliedert sich entsprechend der seit Cicero häufigen Dreiteilung in *enumeratio, indignatio, miseratio*.[39] Wichtig ist der Hinweis, daß die P. nicht auf den Schluß der Rede beschränkt ist, sondern fast überall, z.B. in Digressionen des *exordiums* und der *narratio*, nicht aber bei den *quaestiones*, stehen kann.[40] Dieser Zuordnung folgt unmittelbar Martianus Capella (5. Jh.), der aber außerdem für die P. den pathetischen Sprachstil (*pathetica dictio*) als besonders wirksam hervorhebt.[41] Cassiodor (6. Jh.), der sich generell auf Cicero, Quintilian und Fortunatianus beruft, differenziert den letzten Redeteil, *conclusio*, vom Epilog. Letzterer kann als Tränen hervorrufende Vorführung im Rahmen der *conclusio* Anwendung finden. Die Affekterregung ist somit nur fakultativ.[42] Isidor hingegen (6. Jh.) verengt den Schluß der Rede ganz auf die affektive Beeinflussung des Hörers.[43]

Anmerkungen:
1 Plat. Phaidr. 267 d; M. Fuhrmann: Das systemat. Lehrbuch. Ein Beitr. zur Gesch. der Wiss. in der Antike (1960) 126. – 2 Arist. Rhet. III, 1414 b 4–9. – 3 ebd. III, 1419 b 10–13. – 4 Auct ad Her. I, 4. – 5 ebd. II, 47–50. – 6 ebd. III, 15. – 7 ebd. III, 22. – 8 z.B. Cic. Inv. I, 31, 12; 33, 24f. – 9 ebd. I, 19; 97. – 10 ebd. I, 98–109. – 11 ebd. I, 98. – 12 ebd. I, 98–100. – 13 ebd. I, 100–105. – 14 ebd. I, 106–109; vgl. ebd. II, 48ff.; Quint. VI, 1, 15. – 15 Cic. Inv. I, 109 – 16 ders. De or. II, 80; 311. – 17 ebd. II, 124; 195; 332; vgl. ders. Or. 131; Iul. Vict. p. 69, 13–16. – 18 Cic. Part. 52–60. – 19 ders. Brut. 127; vgl. ders. Epistulae ad Atticum IV, 15, 4. – 20 ders. Brut. 190. – 21 ders. Or. 122; 50; 130. – 22 ebd. 210f.; 57. – 23 Quint. VI, 1, 1. – 24 ebd. VI, 1, 2–8. – 25 ebd. VI, 1, 7–21. – 26 ebd. VI, 1, 9; 2; 2, 6; vgl. 2, 24. – 27 ebd. VI, 1, 51–54. – 28 ebd. VI, 1, 52. – 29 ebd. VI, 1, 16–20. – 30 ebd. VI, 1, 23–37. – 31 ebd. VI, 1, 44f. – 32 ebd. VI, 1, 46; 50. – 33 ebd. VI 2, 8–32. – 34 ebd. VI, 2, 26–29; vgl. Cic. De or. II, 189f. – 35 Quint. VI, 3, 1. – 36 Rufus, in: Rhet. Graec. Sp.-H. Bd. 1, 399–407, hier: 399, 14f.; 407, 12–15. – 37 Longinos, in: Rhet. Graec. Sp.-H. Bd. 1, 182, 20ff.; 184, 2–5; 186, 1–13; 197, 10–12; vgl. L. Brisson, M. Patillon: Longinus Philologus, in: ANRW II, 34, 4 (1998), hier: 3055–3057. – 38 Sulp. Vict. 23, in: Rhet. Lat. min. 324, 21–325, 2. – 39 Fortun. Rhet. II, 12; 31; vgl. ebd. L. Calboli Montefusco p. 420–422. – 40 ebd. II, 31. – 41 Mart. Cap. 473; 503; 506. – 42 Cassiod. Inst. 103, 15–18; siehe auch Ps.-Cassiod. Rhet. 20, in: Rhet. Lat. min. 503. – 43 Isid. Rhet. 7, in: Rhet. Lat. min. 510; ders. Etym. II, 7, 1–2.

II. *Mittelalter*. Berücksichtigung findet die P. (bzw. *conclusio*) in der dialogisch formulierten Rhetorik Alkuins (8. Jh.) als Abschlußrede des gesamten Prozesses bzw. als letzter der sechs Redeteile. In der Bestimmung der Funktionen und deren Erklärung rekurriert er fast wörtlich auf Cicero.[1] Praktische Bedeutung erhält die Lehre von der P. in den mittelalterlichen *artes*:

(1) *Ars praedicandi*. Auf den impliziten rhetorischen Regeln, die Augustinus in ‹De doctrina christiana› über die affektive Beeinflussung formuliert [2], basiert z.B. die frühe Predigtrhetorik des Alanus ab Insulis. Dort werden die kurze und effektvolle emotionale Rührung sowie die autoritative Verwendung von Exempeln zum Zweck der Hörerbeeinflussung für das Ende der Predigt betont.[3] Explizit thematisiert wird die P. jedoch erst im Spätmittelalter. Nach dem volkssprachlichen Predigthandbuch des Nikolaus von Landau (14. Jh.) erfolgt nur in der P. eine ausdrückliche Hinwendung zur Gemeinde.[4] Die P. als letzter Teil der Predigt hat meist zwei Teile: a) Ermahnung zum rechten Verhalten, bei der meist eine *exhortatio* der Hörer sowie die Applikation der dargelegten Moral auf das Publikum erfolgt, b) eine Schlußformel [5], oder aber die P. besteht aus a) *unitio* (Zusammenfassung der Predigt) und b) *clausio* (Wunsch, Belehrung, Lobpreis).[6]

(2) Im Rahmen der *ars dictaminis / dictandi* werden in Anlehnung an den Auctor und Cicero die fünf Redeteile oft auf den Brief übertragen.[7] Die P. (meist: *conclusio*) stellt den obligatorischen, gleichwohl wenig theoretisierten letzten Teil des Briefes dar, der affirmative, negative, oder konditionale Funktion haben kann.[8] Die P. korrespondiert mit Anfang und Mitte des Briefes.[9] Nach Konrad von Mure ist nur der *ordo* von P. und *salutatio* fest.[10] Die von Rockinger dem Alberich von Montecassino zugeschriebenen ‹Rationes dictandi› (12. Jh.) bezeichnen mit P. den Schlußteil des Briefes, der als gedächtnisunterstützende Kurzzusammenfassung affirmative oder ablehnende Wirkung intendiert.[11] Während das Formelbuch aus Baumgartenberg den Charakter der P. als *summa oracionis* betont und Ludolf von Hildesheim die P. als *summa intencionis* in die Nähe der *petitio* rückt [12], unterstreicht die *ars dictandi* aus Orléans für den Briefschluß den Ausblick auf positive wie

negative Konsequenzen. [13] Die P. kann auch aus einer separaten religiösen Floskel (*terminatio*) ohne Bezug zum Briefinhalt gebildet sein (z. B. *saluto Petrum et Paulum*). [14] Feste Formulierungen und Floskeln für den Briefschluß bietet JOHANNES BONDI aus Aquileja. In vielen Briefstellern hat die P. nur wenig Raum, manche Autoren listen sogar nur *valete*-Formeln auf. [15] Ähnliches gilt für das formal festgelegte, zum Protokoll einer Urkunde (mhd. *brief*) gehörende Eschatokoll, das die Datierung der Urkunde sowie formelhafte Unterschriften (*subscriptiones*) und *apprecatio* (Schlußgebet) umfaßt. [16]

(3) Auch die *ars poetica* / *versificatoria* kennt analog zur Rhetoriktheorie als Schlußteil die P. Bei MATTHAEUS VON VENDÔME (um 1175) findet sich eine ausführliche Behandlung der durch vielerlei Regeln festgelegten P., die z.B. als Epilog (Quintessenz) bzw. Epimythion, als *emendatio operis*, als Bitte um Verzeihung oder als demonstrativer Hinweis auf erhofften Ruhm des Dichters gestaltet sein kann. Die P. erscheint auch als Danksagung an die Musen bzw. in christlicher Analogie an Gott. [17] Die meist als ‹Galfredi Rhetorica› bezeichnete, einflußreiche ‹Poetria Nova› des GALFRID VON VINSAUF (um 1210) sowie v.a. das ihm zugeschriebene ‹Documentum de modo et arte dictandi et versificandi› heben explizit den wichtigen Schlußteil eines Dichtwerkes als *consummatio* / *conclusio* / *finis materiae* hervor. Dieser ergibt sich entweder aus dem Stoff, aus einem Sprichwort oder aus einem Exempel. [18] Auf dem Documentum beruht die ‹Parisiana Poetria› des JOHANNES VON GARLANDIA (13. Jh.), welche *ars prosaica*, *ars rhythmica* und *ars dictaminis* umfaßt. Das Ende eines Dichtwerkes wird als *operis conclusio*, der Schluß als obligater Bestandteil des Briefes (*conclusio*) erwähnt, der durch Exempel, Gleichnis oder durch ein Proverbium gebildet sein kann, das zwischen *exordium* und *conclusio* aufgeteilt ist. Die P. muß in Rede und Predigt eine passende Rekapitulation des Bisherigen darstellen. Der Dichter jedoch kann sie nach eigenem Geschmack (*a licentia*) gestalten. Die P. von Briefen hingegen beginnt entsprechend der jeweiligen Intention oft mit *ut*, *ne*, *quia*. [19]

Anmerkungen:
1 Alcuin. 870–935. – **2** Aug. Doctr. IV, 3; 6; H. Caplan: Classical Rhetoric and the Mediaeval Theory of Preaching in: ClPh 28 (1933) 73–96. – **3** Alanus ab Insulis, Summa de arte praedicatoria, in: ML 210, 110–198, hier: 114; 121ff.; 131. – **4** M. Hansen: Der Aufbau der ma. Predigt unter besonderer Berücksichtigung der Mystiker Eckhart und Tauler (Diss. Hamburg 1972) 28f. – **5** M. A. Dalbey: Structure and Style in the Blickling Homilies for the Temporale (Diss. Univ. of Illinois 1968) 11; Murphy ME 182f. – **6** G.C. Zieleman: Das Studium der Dt. und Niederländischen Predigten des MA, in: K.O. Seidel (Hg.): Sô Predigent Eteliche. Beitr. zur dt. und niederländischen Predigt im MA (1982) 5–48, hier: 7f.; R. Cruel: Gesch. der Dt. Predigt im MA (1879; ND 1966) 602f. – **7** D. Roth: Die ma. Predigttheorie und das Manuale Curatorum des Johann Ulrich Surgant (Diss. Basel 1956) 127–131; vgl. Rockinger 56f.; 212; 359; 421. – **8** J.J. Murphy (Hg.): Three Medieval Rhetorical Arts (Berkeley/ Los Angeles/ London 1971) XVI; vgl. Rockinger 368f.; ebd. 747. – **9** ebd. 747. – **10** ebd. 440. – **11** ebd. 21f.; dagegen Murphy RM 220 u. 223; ders. [8] 19. – **12** Rockinger 747; 368f. – **13** ebd. 109; vgl. ebd. 470. – **14** A. Bütow: Die Entwicklung der ma. Briefsteller bis zur Mitte des 12. Jh., mit besonderer Berücksichtigung der Theorieen [sic!] der ars dictandi (Diss. Greifswald 1908) 72. – **15** Rockinger 958–966; G. Steinhausen: Gesch. des dt. Briefes. Zur Kulturgesch. des dt. Volkes, T. 1 (1889) 46–48; Murphy RM 225. – **16** H. Bresslau: Hb. der Urkundenlehre für Deutschland und Italien, T. 1 (²1912) 46–49; B. Kirschstein: Art. ‹Urkunden›, in: RDL², Bd. 4 (²1984) 592–603; F. Dölger, J. Karayannopulos: Byzantinische Urkundenlehre (1968) 48–55. – **17** Faral 191f.; H. Brinkmann: Zu Wesen und Form ma. Dichtung (1928) 46f.; Baldwin 185–187; Murphy RM 164–170; Curtius 99–101; ders.: MA-Stud. XVIII, in: ZRPh 63 (1943) 225–274, bes. 251–254. – **18** Galfrid 20, 115–120; Documentum bei Faral 265–320, hier: 319f.; Murphy RM 170–176; Baldwin 187–189. – **19** Ausg. von Lawler; xv-xvii; Joh. v. Garl. III, 2–4; IV, 10–13; 24–29; 192–194; 204f.; V, 110–133; 134–177; Baldwin 191–195.

III. *Renaissance*. In seiner volkssprachlich abgefaßten Enzyklopädie ‹Trésor› (1260/66) behandelt BRUNETTO LATINI im Kontext der rhetorischen Redeteile (*parties dou conte*) als sechsten und letzten Teil die P. (*conclusion*), die jedoch auch als resümierender Schlußteil von Brief/Urkunde genannt wird. In engem Anschluß an Cicero nennt er die drei Teile der P.: *reconte* / *raconte* (*enumeratio*), *desdaing* (*indignatio*) und *pitié* (*miseratio*). Latini basiert auch auf mittelalterlichen Briefstellern, wenn er zwischen der P. eines Briefes und der einer mündlich vorgetragenen Rede differenziert. [1] Eine recht selbständige Behandlung der P. findet sich in der Rhetorik des GEORG VON TRAPEZUNT (1433/34), der die rhetorischen Autoritäten der Byzantiner (z.B. Hermogenes) und lateinische Autoritäten (Auctor) zu einer bemerkenswerten und folgenreichen Synthese verbindet. [2] Für die *enumeratio* als erstem der drei Teile der P. legt Trapezunt großen Nachdruck auf die Variation. Diese manifestiert sich auf zwei Arten (*modi*). Auch der Vortrag (*actio*) der *enumeratio* muß, z.B. durch *sermocinatio*, variiert werden. Mit *indignatio* und *conquestio* gewinnt die P. durch detaillierte Berücksichtigung aller Umstände fast dichterischen Ausdruck und bewegt so den Hörer. Die P. endet, sobald die Richter zu Tränen gerührt sind. Noch im Affekt sollen sie ihre Entscheidung fällen. [3] Überdies liefert er differenzierte Anweisungen zur sprachlichen Ausgestaltung der P. Der Stil v.a. der *indignatio* ist erhaben (*magnificum*) und durch verschiedene Figuren, Kola und Rhythmen dramatisch und in lebhaftem Tempo gestaltet. Sämtliche über die Rede verteilten Affekte gelangen hier zum Höhepunkt. Die hingegen stilistisch gemäßigte *conquestio* dient der Verzögerung (*commoratio*) und variiert durch die Vielfalt der Schmerzensäußerungen. [4] Den Charakter der P. als Pendant zum *exordium* unterstreicht R. AGRICOLA. Die P. ist jedoch vielmehr noch Ort für eine Steigerung der Affekte und daher besonders effektiv. [5] Sein Schüler MELANCHTHON (1531) vollzieht im Rückgriff auf Aristoteles eine Verbindung von Rhetorik und Dialektik. Er umschreibt die *enumeratio*-Funktion der P. als *conclusio orationis*, die das Hauptanliegen (*propositio principalis*) zusammenfaßt. Für die Affekterregung verweist er knapp auf das Talent des Redners. [6] Der spanische Jesuit C. SOAREZ legt in seiner Rhetorik (1562/1577) besonderes Gewicht auf die *amplificatio*, deren uneingeschränkte Anwendbarkeit in der P. als *flexanima oratio* (herzerweichende Rede) das Publikum entsprechend beeinflußt. Die für den Redner notwendige Verinnerlichung der intendierten Affekte wird durch phantasievolle Vergegenwärtigung erreicht. [7] Auch die auf Barockautoren einflußreiche, fast gleich strukturierte Rhetorik des Protestanten G.J. VOSSIUS (1606/1630) [8] hebt im Kontext der vier aristotelischen *officia* der P. neben der *enumeratio* die Affekterregung hervor. Während im *genus demonstrativum* Liebe und Bewunderung bzw. Haß und Abscheu geweckt werden sollen, wird im *genus deliberativum* die Hoffnung auf Erfüllung des Wunsches oder der Rache in Aussicht gestellt. Im *genus* *iudiciale* werden sämtliche Affekte, besonders aber *indignatio* und *conquestio* erregt, für deren Topik Vossius auf Cicero verweist. Vorzüge einer guten P. sind Kürze und nachdrückliche Schärfe, da ein 'Stachel' (*aculeus*) in den Herzen der Zuhörer zurückbleiben muß. [9]

Anmerkungen:
1 zit. F.J. Carmody: Li Livres Dou Tresor de Brunetto Latini (Berkeley/Los Angeles 1948) 382–389; G.C. Alessio: Brunetto Latini e Cicerone (e i Dettatori), in: Italia Medioevale e Umanistica 22 (1979) 123–169; P.O. Kristeller: Rhetoric in Medieval and Renaissance Culture, in: Murphy RE 1–19; P. Sgrilli: Retorica e Società. Tensioni Anticlassiche nella ‹Rettorica› di Brunetto Latini, in: Medioevo Romanzo 3/3 (1976) 380–393. – 2 J. Monfasani: George of Trebizond. A Biography and a Study of his Rhetoric and Logic (Leiden 1976) 258–288; G.A. Kennedy: Classical Rhetoric and its Christian and Secular Tradition from Ancient to Modern Times (London 1980) 199–205. – 3 G. Trapezuntii rhetoricorum libri quinque (Paris 1538) 320–388; 416f. – 4 ebd. 644. – 5 Agricola 310; 311f. – 6 Melanchthon 431; 455: 435f; Barner 260. – 7 Soarez 75–77; siehe dazu L.J. Flynn The *De Arte Rhetorica* of Cyprian Soarez, S.J., in: Quarterly Journal of Speech 42 (1956) 367–374; ders.: Sources and Influence of Soarez' *De Arte Rhetorica*, in: Quarterly Journal of Speech 43 (1957) 257–265; vgl. Barner 336–339. – 8 Barner 265–268; 337f. – 9 Vossius 385–388.

IV. *Barock, Aufklärung.* In der Rhetorik von R. BARY (1659) sind für die P. (*conclusion*) ohne Differenzierung von *enumeratio* und *affectus* fünf Teile genannt, die zumeist deren üblichen Unterfunktionen entsprechen: Rekapitulation und Auswahl der überzeugendsten Hauptargumente, deren bisherige Reihenfolge variiert beizubehalten sei. Dabei sollen pathetische Mittel angewandt werden. [1] In der erweiterten Edition von 1665 legt Bary für die P. außerdem fest, daß sie keine neuen Argumente enthalten dürfe. Das Resümee der Beweise gehört zur *gravité*, die Errregung von Emotionen zur *pathétique*. Daran schließt ein aristoteles-kritischer ‹Petit Discours d'Aristote sur les quatre parties de l'Oraison› an, in dem Bary dessen Vorschriften zur P. als belanglos abwertet. [2] Auch B. LAMY (1675/6) lehnt aristotelisch-scholastische Maßgaben ab. [3] Dennoch formuliert er die P. (*épilogue*) als Erinnerungshilfe für den Hörer (*memoire de son Auditeur*), für die eine lebendige, abwechslungsreiche Darstellung (*manière animée, & qui ne soit pas ennuyeuse*) und Steigerungen (*amplifications*) gefordert sind. Eine Verstärkung der bereits erregten Affekte (*réveiller les mouvemens qu'on a excitez*) wird freilich nur beiläufig angesprochen. [4] Im deutschsprachigen ‹Neu-Erleuterten Politischen Redner› von CHR. WEISE (1677/1684) wird die mit der Logik eng verwobene Rhetorik als propädeutisches Instrument bürgerlicher Beredsamkeit sowie eines ganzheitlichen Bildungsideals weiteren Kreisen als bisher erschlossen. Weise bespricht nur drei Teile einer «vollkommenen Oration» (*Exordium, Proposition, Tractation*). Dabei erwähnt er die P. (*Conclusio*) nur als Anhang der *Tractation* und bietet keine theoretischen Erläuterungen. In seinen zahlreichen, realienbezogenen Beispielkatalogen führt er als P. meist formelhafte, sentenzartige Wendungen (Chrien) an. [5] In den Umkreis Weises gehört auch die Schulrhetorik E. UHSES. Wie das *exordium* ist auch der letzte Teil der Rede (*conclusion*) fakultativ. Man kann in der P. a) die *Propositio*, die *Partition* und die *vornehmsten Argumenta kürtzlich wiederholen*, b) aus dem bereits Besprochenen belehrende, moralische oder tröstende Schlußfolgerungen (*Consectaria*) ziehen, oder c) dem Auditorium gute Wünsche vorbringen. Bei dieser rein sachlich orientierten Konzeption bleiben Steigerung und Affekterregung außer Acht. Den Begriff P. verwendet Uhse allerdings nicht für den letzten Teil der Rede, sondern für das letzte *officium* des Redners, das die Kategorien *Gedaechtnis, Aussprache, Geberden*, also *memoria* und *actio* der klassischen Theorie umfaßt. [6] In seinem Buch ‹Expediter Redner› konzipiert der gegen Weise orientierte Lohensteinianer [7] J. CHR. MÄNNLING die P. einer Lobrede (*Formula Finalis; Clausula; Conclusio*) als ‹Beschluß› der ganzen Rede, die Wunsch oder Dank an die Hörer und Verbindlichkeiten gegen die Hörer umfaßt. Für Leichenreden behandelt er die für den Gesamteindruck wichtige P. in Anlehnung an die Predigtpraxis. Sie kann demnach als Sentenz, Historie oder *nerveuse Sache* auftreten, die dem Hörer im Gedächtnis bleiben soll. Dabei ist affektive Bewegung impliziert. [8] Wie bei Weise entwickelt sich in der ‹Philosophischen Oratorie› von J.A. FABRICIUS die P. (*conclusio*) aus der *tractation* und verdichtet dem Hörer das Bisherige in bildhafter Weise. Nach dem Ermessen des Redners folgen Schlußfolgerungen, Kurzwiederholung, Applikation oder entsprechend der in diesem Redeteil höchsten Affektsteigerung ein Wunsch, Figuren und pathetische Argumente. [9] F.A. HALLBAUER, der in Abkehr von der ‹Schuloratorie› ein neues Konzept der *inventio* vertritt [10], behandelt dort die P. als letzten Redeteil (*conclusio, epilogus*) im Sinne einer auf der *Tractation* basierenden Schlußfolgerung, als pathetische Wiederholung der *Tractation* oder als Wunsch für das Publikum. Der kurze und nachdrückliche Schluß, den er von dem der Predigten absetzt, soll den Hörern eine bleibende Erinnerung an die Rede einprägen. Er zielt auf vernunftgegründete Affektmanipulation ab. [11] Indem J.CHR. GOTTSCHED sich in seiner ‹Ausführlichen Redekunst› (1736) vor allem auf antike Autoritäten beruft, distanziert er sich explizit von der durch Weise initiierten antikenfernen Tradition (Männling, Uhse). Im Rückgriff auf die Schuloratorie erklärt er die P. als obligatorischen Redeteil. Obgleich er eine Darlegung zur Gemütserregung vorwegnimmt, rechnet er diese zum *Beschlusse* und schließt sich Aristoteles an. Die bekannte Aufgliederung der P. in drei bzw. zwei Teile referiert er unter Berufung auf Cicero und Quintilian. Vernunftgemäß sei es, über die Affekte der Hörer zu triumphieren, da Beweisgründe allein oft nicht überzeugten. Der Redner soll sich jedoch Beifall nicht nur durch die «Affecten erschleichen», sondern auch durch eine kurze Wiederholung der somit erneut prüfbaren Beweise sein ehrliches Gewissen demonstrieren. Dabei sind Floskeln und Formeln zu vermeiden. Für Affekterregung und -dämpfung sind Menschenkenntnis und Weltweisheit, vor allem aber geistreiche und lebhafte Darstellung nötig, für die er zahlreiche Gegensatzpaare (Liebe-Haß etc.) als *loci* auflistet. Die P. soll durch Einprägen der erwiesenen Wahrheit sowie der emotionalen *Bewegung* dem Publikum in Erinnerung bleiben. Lob und Schmeichelei in gewandtem Ausdruck verschaffen Beliebtheit. Die P. kann auch aus einem nachdenklichen Lehrsatz (*Epiphonema*) bestehen. [12] Bei M.D. PEUCER wird die P. (*conclusio*) als letzter Redeteil genannt, der vor allem durch Affekterregung bleibende Erinnerung bewirken soll. Die P. kann aber auch als Wunsch der *insinuatio* dienen, oder als Lehre, Ermunterung auftreten. Die Wiederholung muß mit neuem Vokabular erfolgen. Für die P. gut geeignet sind pathetische Figuren, wie Apostrophe, Aposiopese, Communicatio und Exclamatio. Für die Ausarbeitung der P. werden vier *Consectaria* genannt. [13]

Anmerkungen:
1 R. Bary: La Rhétorique françoise (Paris 1659) 228f.; 212f.; 236f. – **2** ebd. (Paris 1665) 240; 249. – **3** R. Behrens: Perspektiven für eine Lektüre des *art de parler* von Bernard Lamy, in: Lamy, ed. E. Ruhe 29. – **4** Lamy (1676) 278f.; 334f. – **5** Weise 2, 632; z.B. 651; 657; Barner 172f.; 190–192. – **6** E. Uhse: Wohl-informirter Redner (^{5}1712; ND 1974) 254f.; (Zitat) 309; 339–341; 416. – **7** G.E. Grimm: Von der ‹politischen› Oratorie zur ‹philosophischen› Redekunst. Wandlungen der dt. Rhet. in der Frühaufklärung, in: Rhet. 3 (1983) 65–96, bes. 68. – **8** J.Chr. Männling: Expediter Redner oder Deutliche Anweisung zur galanten Wohlredenheit (1718; ND 1974) 54; 52; 156; 159f. – **9** Fabricius 405; Barner 167f. – **10** Grimm 70–72; 77f.; H.J. Frank: Dichtung, Sprache, Menschenbildung. Gesch. des Deutschunterrichts von den Anfängen bis 1945, T. 1 (1976) 88–90. – **11** Hallbauer Orat. 462; Grimm 78. – **12** Gottsched Redek. 68; 70; 159f.; 202; 161f.; 163–166; 166–190; 190–192; G. Wechsler: Johann Christoph Gottscheds Rhet. (Diss. Heidelberg, Lucka 1933) 49f.; 162f. – **13** M.D. Peucer: Anfangs-Gründe der Teutschen Oratorie (^{2}1739) 487; 381f.

V. *19. Jh.* Für die Rhetorik des 19. Jh. sind zwei Tendenzen festzustellen: Während die zeitgenössische Kunsttheorie in Ablehnung der Lehrbarkeit von Stil die traditionelle, antike Tradition abbricht, pflegt die Schule die Systeme der antiken Rhetorik weiter. [1] So behandelt TH. HEINSIUS (1810), der stark an die antik-traditionelle Rhetoriktradition anknüpft, die P. unter dem Terminus ‹Beschluß› im Kontext der Disposition. Die Art der P. hängt vom *genus* der Rede ab: Bei rein beweisender Rede soll eine kurze Wiederholung der Hauptsätze eine gedächtnisunterstützende Übersicht bieten. Die P. einer *pathetischen* Rede muß «mit den vereinigten Kräften der Wahrheit auf das Herz einwirken». Die Kraft einer Rede konzentriert sich in der P., die schließlich mit einem eindrucksvollen Gedanken endet. Der Zuhörer soll gerührt weggehen. [2] F.E. PETRI bezieht sich im lateinischen ‹Wörter-Büchlein› (1831) für die Synonyme der P. auf Quintilian. Unter Verwendung verschiedener Cicero-Zitate folgt er eng dessen Ausführungen zur P. [3] Ausführlich bespricht CH. F. FALKMANN in seiner ‹Practischen Rhetorik› (^{3}1835) die P. Trotz deren Komplementarität zum Eingang der Rede und beider Verwandtschaft bestimmt allein die P., die kurz und energisch sein soll, den letzten Eindruck beim Hörer. In einer Übersicht über die wichtigsten *Schlußgedanken* finden sich: *Wiederholung / Recapitulation* der wichtigsten Argumente, *Limitation* des Gesagten, *Application* des Gesagten auf die Zuhörer. Die P. kann wortreich und pathetisch sein oder mit einer geistreichen epigrammatischen Wendung unerwartet abbrechen. Mit der P. kann der Redner auch eine Zukunftsprognose wagen, ein Dichterzitat oder eine andere Autorität anführen. Wie er in der Vorrede betont, werden diese Vorschriften unverändert auf die schulische Aufsatzlehre übertragen. [4] Die Funktionen der P. vor Gericht behandelt H. ORTLOFF (1887). In der P. muß der Redner einen seinem Parteiinteresse entsprechenden Antrag stellen. Dieser erscheint bei einfachen Angelegenheiten in Form einer syllogistischen Schlußfolgerung. Ist der Antrag bereits im Eingang der Rede genannt worden, muß er in der P. erneut formuliert werden. Bei komplexen Rechtsfällen hat die P. drei Bestandteile: a) eine äußerst kurze *Rekapitulation / Resumé* der wichtigsten Argumente nach der bisherigen Disposition mit dem Zweck, einen günstigen Beschluß der Richter herbeizuführen; b) eine Ansprache an das Gericht. Dabei lehnt jedoch Ortloff die in der Antike wie auch bei den französischen Rednern wichtige Affekterregung als theatralische «Effekt-Hascherei» ab.

Gestattet ist nur ein modifiziertes Pathos, das jedoch an die Vernunft appellieren soll; c) einen kategorisch formulierten Schlußantrag, der sich an b) oder an a) anschließen kann. [5]

Anmerkungen:
1 D. Breuer: Schulrhet. im 19. Jh., in: H. Schanze (Hg.): Rhet. Beitr. zu ihrer Gesch. in Deutschland vom 16.–20. Jh. (1974) 145–179; vgl. dazu kritisch M. Fuhrmann: Rhet. und öffentliche Rede. Über die Ursachen des Verfalls der Rhet. im ausgehenden 18. Jh. (1983) bes. 17f.; 25 n. 4. – **2** Th. Heinsius: Teut oder theoretisch=praktisches Lehrbuch des gesammten Deutschen Sprachunterrichts, Dritter Theil (1810) 37f. – **3** F.E. Petri: Rhet. Wörter-Büchlein (1831) 168f. – **4** Ch. F. Falkmann: Practische Rhet., Erste Abtheilung: Stylistik (^{3}1835) 184; vgl. 5. – **5** H. Ortloff: Die gerichtliche Redekunst (1887) 577–586; Zitat: 582; Ueding/Steinbrink 147f.

VI. *20. Jh.* Nach der bereits bei Falkmann erkennbaren Tendenz werden im 20. Jh. zwar Gliederungsprinzipien der traditionellen Rhetorik, darunter die P., in modifizierter Weise in den schulischen Sprach- und Aufsatzunterricht übernommen [1], zu Beginn des Jh. wird jedoch unter dem Einfluß von Erlebnispädagogik und Kunsterziehungsbewegung mit dem ‹Freien Aufsatz› ein methodisches Gegenstück propagiert, das aufgrund subjektiver Entpragmatisierung auf feste argumentative Strukturen – auch die P. – verzichtet. [2] Derartige Aufsatzlehren, z.B. von W. SCHÖNBRUNN, vernachlässigen die herkömmliche Disposition und betonen die *innere Form*. Für den Schluß sind unvermitteltes Abbrechen, Steigerung oder Zusammenfassung gleichermaßen erlaubt, Schematismus ist verpönt. [3] Erst seit dem Ende der 60er Jahre werden im Zuge der ‹New Rhetoric› rhetorische Regeln, auch für die P., auf den Diskurs übertragen und in der Schule Rhetorikadaptionen eingeführt. [4] In Anlehnung an die klassischen Muster wird in modernen Rhetoriken die P. als letzter Teil in der Rededisposition (Plett) [5] oder aufgrund ihrer affektischen Funktion wie ihres summierenden Charakters als Pendant zur *partitio* behandelt (Tübinger Rhetorik). Als Schluß der Rede oder eines Redeteils hat sie aufgrund der inhaltlich zugespitzten Zusammenfassung und des starken, durch *Pathos* oder *Ethos* erzeugten affektischen Eindrucks gedächtnisunterstützende und überredende Funktion. [6]

Anmerkungen:
1 E. Haueis: Art. ‹Aufsatzlehre›, in: HWRh, Bd. 1 (1992) 1250–1258, bes. 1251. – **2** Ueding/Steinbrink 181f. – **3** W. Schönbrunn: Der dt. Aufsatz der Oberstufe, in: G. Wenz (Hg.): Sprach-, Stil- und Aufsatzunterricht (1928) 77–96, bes. 89. – **4** Ch. Perelman: Das Reich der Rhet. Rhet. und Argumentation (1980) 148–150; Fuhrmann: Rhet. und öffentliche Rede (1983) 22. – **5** H.F. Plett: Einf. in die rhet. Textanalyse (1971) 17. – **6** Ueding/Steinbrink 264; 274–276.

Literaturhinweise:
H. Meyer: Art. ‹P.›, in: RE, Bd. 19 (1937) Sp. 879–886. – U. Dubielzig: Art. ‹peroratio›, in: ThLL, Bd. 10, 1 Fasc. 11 (1998) 1603f.

I. Männlein-Robert

→ Aufsatzlehre → Brevitas → Conclusio → Conquestio → Dispositio → Enumeratio → Epilog → Indignatio → Movere → Ordo → Partes orationis → Pathos → Recapitulatio → Vorwort/Nachwort → Wirkung

Persona (griech. πρόσωπον, prosōpon; dt. Person; engl. person; frz. personne; ital. persona)
A. Def. – B. Geschichte: I. Griech. Rhetorik: 1. Archaische und klassische Zeit. – 2. Hellenismus. – 3. Römische Zeit. – 4. Byzanz. – II. Lat. Rhetorik: 1. Die P. in der *inventio*. – 2. Die P. und die Lobrede.

A. *Def.* Die P. ist das Individuum, wie es von seiner sozialen Umgebung wahrgenommen wird. In der Rhetorik wird dieser Begriff als eine Entität verwendet, die in einer Rede vorkommt oder wenigstens in direkter Beziehung zu einer Rede oder allgemeiner einem Text steht. Sie erscheint dort in drei Grundbeziehungen: (1) als eine in den Fall oder Gegenstand der Rede involvierte P., d.h. als P. in der Rede oder im Werk; (2) als Adressat, etwa als Opponent oder Gegner, Hörer oder Leser, Richter oder Publikum; (3) als vortragender Redner bzw. als Autor eines literarischen Werkes.

Der Begriff der P. tritt erst in hellenistischer Zeit auf und erweist sich dann als grundlegender Begriff, der sich auf das ganze Feld der Rhetorik erstreckt. Die P. und der Sachverhalt (πρᾶγμα, prágma) als Elemente einer Verhandlung oder eines Stoffes/Themas bilden den Grundgegensatz, auf dem sowohl der rhetorische Elementarunterricht mit den Vorübungen (προγυμνάσματα, progymnásmata) als auch die Lehre von den 'Streitständen' (στάσεις, stáseis) beruht. Ziel dieser Lehre ist die Auffindung des Status des Falls, der, hauptsächlich in der Gerichtsrede (δικανικὸς λόγος, dikanikós lógos), die von der Anklage und der Verteidigung zu verfolgende Strategie festlegt und die Auswahl der Argumente bestimmt. Diese Auswahl erfolgt in der *inventio* (εὕρεσις, heúresis), von der viele Bereiche in der Gerichts-, aber auch in der Beratungsrede (συμβουλευτικὸν γένος, symbūleutikón génos) sich auf die P. stützen. Darüber hinaus erscheint die P. als ein strukturbestimmendes Element der epideiktischen Rede (ἐπιδεικτικὸν γένος, epideiktikón génos). Schließlich stützen sich auf die P. auch bestimmte Kunstmittel der *elocutio* (λέξις, léxis) und selbst des Vortrags (ὑπόκρισις, hypókrisis/ *actio*.).

Person und die Handlung gehören zu den Umständen (περίστασις, perístasis) eines Falls. Dieser «konstitutiven Teile der Situation»[1] gibt es sechs: P., Handlung, Ort, Zeit, Art und Weise, Ursache (Wer? Was? Wo? Wann? Wie? Warum?). Diese Liste wird mitunter verkürzt durch Weglassung der Handlung oder verlängert durch Hinzufügung der Materie oder der Mittel. In der Analyse der Umstände wird die P. nicht nur als Handelnder, als Urheber der Tat einbezogen, sondern auch hinsichtlich der Art und Weise, in der die Tat ausgeführt wurde, sowie durch ihre Ursache, die in einer Absicht (γνώμη, gnṓmē) besteht. Jeder Teil der Umstände kann seinerseits untergliedert werden. Für die P. gibt es zwei miteinander konkurrierende Untergliederungen: die Liste der Kapitel der Lobrede (ἐγκωμιαστικὰ κεφάλαια, enkōmiastiká kephálaia), die in biographischer Ordnung aufeinanderfolgen, sowie eine Typologie, die alle Arten von Individuen umfassen soll. Die erste Klassifikation hat ihren Ursprung in der epideiktischen Gattung, während die zweite speziell für die Bedürfnisse der Gerichtsrede entwickelt wurde. Beide Unterteilungen sind in das Statussystem eingegliedert. Bereits die Enkomien der klassischen Zeit lassen die Existenz einer Liste von epideiktischen Rubriken oder Kapiteln der Lobrede vermuten. Es wurde sogar gesagt, daß die P. zu einer Materie (ὕλη, hýlē) besteht, deren Elemente die Kapitel der Lobrede sind.[2] Die andere Untergliederung der P., die erstmals deutlich bei HERMAGORAS im 2. Jh. v.Chr. erscheint, unterscheidet in einer ersten Dichotomie zwischen bestimmten (ὡρισμένα, hōrisména) und unbestimmten (ἀόριστα, ahórista) P., in einer zweiten zwischen den Definitionskriterien Name (ὄνομα, ónoma) und Qualität (ποιότης, poiótēs). Eine hinsichtlich des Namens unbestimmte P. kann hinsichtlich der Qualität bestimmt sein. Die bestimmten P. sind ihrerseits eingeteilt in berühmte (ἔνδοξα, éndoxa) und ruhmlose (ἄδοξα, ádoxa).[3] Diese beiden Attribute beziehen sich bald auf den gesellschaftlichen Rang, bald auf die moralische Beschaffenheit.

B.I. *Griechische Rhetorik.* **1.** *Archaische und klassische Zeit.* Das bereits bei Homer erscheinende Wort πρόσωπον, prósōpon bezeichnet ursprünglich das menschliche Antlitz, aber auch die Fassade eines Gebäudes. Im 4. Jh. v.Chr. übernimmt es eine zusätzliche Bedeutung, die gewöhnlich von der Ableitung προσωπεῖον, prosōpeíon wiedergegeben wird: die vor den Schauspielern im Theater getragene Maske.[4] Das Wort evoziert schließlich eine dramatische Rolle mit einem deutlich umrissenen Charakter. Schon in dieser Zeit sind die Elemente, die den Übergang zum Begriff des Individuums erlauben, großteils entwickelt, aber noch nicht unter dem Wort P. versammelt. So weist die dem ANAXIMENES von Lampsakos zugeschriebene ‹Rhetorik an Alexander› auf den Vorteil hin, den der Redner aus dem Gegensatz zwischen Absicht und Zufall ziehen kann sowie aus den Widersprüchen, die sich in der aus Handlungen und moralischen Entscheidungen (προαιρέσεις, prohairéseis) bestehenden Vergangenheit eines Menschen aufdecken lassen.[5] Indem ARISTOTELES die Voraussetzungen seiner Gattungslehre darstellt[6] und die Begriffe des Ethos und des Pathos vertieft[7], legt er die Grundlagen einer rhetorischen Anthropologie, auf deren Nutzen bereits PLATON im ‹Phaidros› hingewiesen hat. Allerdings artikuliert Aristoteles dieses Interesse für die soziopsychologischen Faktoren noch ohne das Konzept der P. Bei der Behandlung der logischen Topoi[8] verwendet er Materialien, die später einen Teil der die P. betreffenden Präzepte bilden. So empfiehlt er das Spiel mit dem heuchlerischen Verhalten derer, die moralische Absichten zur Schau tragen, aber in Wirklichkeit ihre privaten Interessen verfolgen.[9] Unter den verschiedenen Spielarten des Ethos unterscheidet er auch solche, die vom Glück abhängen es handelt sich i.W. um Charaktere, die durch adelige Herkunft, Reichtum und Machtausübung geprägt werden.[10]

2. *Hellenismus.* Im 2. Jh. v.Chr. erscheint das Wort mit seiner neuen Bedeutung zuerst nur in der grammatischen und rhetorischen Fachliteratur. Der Grammatiker DIONYSIOS THRAX verwendet es zur Bezeichnung der drei grammatischen Personen in der Verblexion[11], HERMAGORAS VON TEMNOS zur Analyse der P. als Gegenstand einer rhetorischen *causa*. Offenbar sind die Grammatiker die ersten, die diesen für die Erklärung der Konjugationen so wichtigen Begriff entdecken. Ausbau und Erweiterung der aristotelischen Lehre in Grammatik und Rhetorik machen die Bedeutung des Begriffs ‹P.› sichtbar. Aristoteles beharrt bei der Analyse der Sprache noch auf dem Substanz-Subjekt (οὐσία, ūsía) und benennt die verschiedenen Akteure mit Pronomina bzw. einer Reihe von Namen oder substantivierten Partizipien.[12] ANAXIMENES verwendet bei der Behandlung der Lobrede noch ἄνθρωπος (ánthrōpos, Mensch), wo die späteren Rhetoriker πρόσωπον (prósōpon, P.) sagen.[13] Der Begriff ‹P.› impliziert eine Charakterisierung, die dort fehlt, wo der Akteur allein durch die gewöhnlichen Mittel der Verbmorphologie und der Syntax bezeichnet wird. Die individuelle Historizität greift von nun an auf die Schrift über. Die Rhetorik erleichtert das Hervortreten der absolut unauflöslichen Individualität. Das Individuum kann in eine Gattung eingeordnet werden, doch wird es, sofern es eine P. ist, als eine autonome Einheit begriffen. Durch die Angabe des menschlichen Wesens oder des Subjekts der Handlung geht man von der unbestimmten Allgemeinheit zur bestimmten Individualität über. Wenn Aristoteles von Sokrates als einem Substanz-Subjekt spricht, interessiert er sich für das Individuum nur, soweit es eine Gattung vertritt, an die sich bestimmte Attribute knüpfen. Er betrachtet ihn nicht unter dem Gesichtspunkt der P., sofern sich diese auf die Physiognomie, auf besondere Wesenszüge oder auf Verhaltensweisen bezieht, die ein bestimmtes Pathos oder Ethos ausdrücken. Parallel hierzu entwickelt sich außerhalb der Beredsamkeit die Gattung der Biographie, die von der Rhetorik die Topoi der Lobrede übernimmt und die Elemente festlegt, durch die sich die Originalität einer P. manifestiert, die sich entweder durch ihr politisches oder militärisches Handeln oder durch ihren Beitrag zum Fortschritt der Künste oder der Philosophie auszeichnet.

Hermagoras hat sich bei seiner Reflexion über den Gegensatz zwischen θέσις, thésis und ὑπόθεσις, hypóthesis und bei seiner Untersuchung der Status mit dem Begriff ‹P.› in zweifacher Hinsicht zu beschäftigen. Er unterscheidet zwischen bestimmter und unbestimmter P. und bei den Kontroversen zwischen thésis und hypóthesis. Ein Redegegenstand, der eine Kontroverse mit bestimmten Personen enthält, ist ein 'Fall' (hypóthesis), ein Redegegenstand, der eine Kontroverse ohne bestimmte Personen enthält, eine 'Frage' (thésis).[14] Die These behält einen allgemeinen Charakter und ist bald spekulativ oder philosophisch («Ist der Himmel kugelförmig? Wird die Welt von einer Vorsehung geleitet?»), bald politisch oder praktisch («Soll man sich an der Staatsführung beteiligen? Soll man die Stadt mit Mauern befestigen? Soll man heiraten?»).[15] Durch die Einführung bestimmter P. verwandelt sich die *thésis* in eine *hypóthesis*: «Soll ein alter Mann heiraten? Soll Sokrates heiraten? Soll Sparta sich mit einer Stadtmauer umgeben?» Einige griechische Rhetoriker behalten die Bezeichnung ‹bestimmte Person› einer durch einen Eigennamen individualisierten P. vor.[16]

Die Ausarbeitung der Statuslehre erfolgt schrittweise. Seit der klassischen Epoche verspüren die Theoretiker das Bedürfnis, die Vielzahl der Fälle zu ordnen und ihre Arten zu benennen. Anaximenes' Vorschlag einer Auswahl von drei Methoden ist bereits eine Vorform des Statussystems.[17] Den ersten Versuch einer möglichst vollständigen Inventarisierung von Falltypen stellt das Werk des Hermagoras dar. Eine genaue Rekonstruktion seines Systems ist schwierig. Die P. spielt hier eine Rolle bei der Unterscheidung zwischen zustandegekommenem und nicht zustandegekommenem Fall[18] und befindet sich im Mittelpunkt mehrerer Untergliederungen der ποιότης / qualitas, eines Zweigs des ‹rationalen› Status, der dem ‹legalen› gegenübersteht.[19]

Als die Lobrede zum Gegenstand der Theorie wird, liegen die meisten Elemente, die später die P. konstituieren, bereits seit klassischer Zeit vor, bevor der Terminus ‹P.› selbst erscheint. Die künftigen Topoi der Lobrede erscheinen im Umriß schon in den kollektiven athenischen Staatsbegräbnisreden und in den von Isokrates und Xenophon verfaßten Lobreden auf Einzelpersonen.

Doch Redner wie Theoretiker legen den Akzent weniger auf die biographischen Abschnitte als auf die Tugenden oder Laster. Die Geburt wird allein im Hinblick auf die vornehme Herkunft erwähnt, und das Kapitel über die Erziehung beschränkt sich meist auf das Lob der Verfassung und der Gesetze der Heimatstadt des Gelobten. Indes finden sich bei Anaximenes neben den traditionellen Tugenden und Lastern auch solche besondere, die erst in späteren Epochen zur Geltung kommen: die φιλοπονία (philoponía, Liebe zur Anstrengung), die πρόνοια (prónoia, Voraussicht), aber auch die παροινία (Fehlverhalten unter Alkoholeinfluß).[20] Auch der Begriff der προαίρεσις (prohaíresis, Lebensentwurf) ist bereits präsent. Bei Aristoteles sind die zu beachtenden Tugenden Gerechtigkeit, Mut, Selbstbeherrschung, edle Gesinnung, Großzügigkeit, Milde, Klugheit, Weisheit.[21] Der Rhetoriktraktat des Ps.-Dionysios empfiehlt in dem Kapitel über die Hochzeitsrede, das Lob der Ehe[22] mit einer Lobrede auf die P. des Brautpaares zu verbinden. Bei prominenten P. geht diese Lobrede dem Lob der Institution voran, andernfalls ist die Reihenfolge umgekehrt.

Die Darstellung der P. hängt von den verwendeten elokutionären Mitteln ab. Durch Auswahl und Anordnung der Worte lassen sich die äußeren Aspekte und der moralische Lebenswandel der Person anschaulich vor Augen führen (ἐνάργεια, enárgeia).[23] Durch sie lassen sich auch die psycho-sozialen Eigenschaften der P. mit ihrer Darstellung durch den Redner in Einklang bringen: dies ist die ἠθοποιία (ēthopoiía), deren Haupttugend die Übereinstimmung zwischen Ausdruck und Charakter[24] und deren unbestrittenes Vorbild nach Dionysios von Halikarnassos Lysias ist.[25] Dieser Kritiker mißt der literarischen Fähigkeit, den Charakter oder die Affekte einer P. nachzahmen, große Bedeutung bei. Er lobt Stesichoros für die Treue, mit der er Ethos und Rang einer P. ausdrückt.[26] Nach seinem Urteil bringt Aischylos mehr Abwechslung bei der Einführung der Personen (prósōpa) als Euripides und Sophokles, doch hält er Sophokles in Ethos und Pathos für überlegen, denn er verstehe es wie Stesichoros, jeder P. ihre besondere Würde zu erhalten.[27] Xenophon dagegen wirft er vor, seine P. nicht immer gemäß ihrer Stellung als einfache Privatleute oder Barbaren sprechen zu lassen.[28]

3. *Römische Zeit.* Gleichzeitig mit dem Aufblühen der zweiten Sophistik, die eine Erneuerung der griechischen Beredsamkeit und Rhetorik bezeichnet, werden in intensiver theoretischer Tätigkeit einige in hellenistischer Zeit entworfene Lehren bedeutend ausgebaut, vor allem in den Bereichen der Vorübungen, der Statuslehre, der *inventio* und der *elocutio*.

Die Lehre von den Progymnasmata bringt die Gelegenheit, den Begriff der P. aufzugreifen und zu vertiefen. In der Fabel (μῦθος, mýthos), definiert als eine falsche Rede, die ein Abbild der Wahrheit liefert, nimmt ein Tier die Stelle einer P. ein und muß sich als solche nach den Gesetzen der Wahrscheinlichkeit verhalten. Die Wahrscheinlichkeit ist gewahrt, wenn die dem Tier zugeschriebenen Handlungen mit der Vorstellung von der P., die es repräsentiert, übereinstimmen.[29] Die sechs Teile der 'Situation' (περίστασις, perístasis/ *circumstantia*) werden aus der Perspektive dessen, der eine Erzählung (διήγημα, diégema) verfaßt oder analysiert, zu den Elementen des Berichts, μόρια oder στοιχεῖα τῆς διηγήσεως (mória/ stoicheía tēs diēgéseōs).[30] Diese können ihrerseits weiter untergliedert werden. Bei der P. ist die Untergliederung identisch mit den Kapiteln der Lobrede: Geburt, natürliche Anlagen, Erziehung, psychische Anlagen, Alter, soziale Stellung, Lebensentwurf, Handlungen, Worte, Tod, Ereignisse nach dem Tod. Unter den übrigen Elementen der peristasis sind vor allem Art und Weise und Ursache für die P. relevant. Bei den Handlungen werden absichtliche und unabsichtliche unterschieden. Erstere ist entweder gewaltsam, unaufrichtig oder betrügerisch. Auch letztere verzweigt sich dreifach: Wurde sie in Unwissenheit, zufällig oder unter Zwang begangen? Ursache ist etwa das Streben nach einem Vorteil oder nach Vermeidung eines Nachteils oder Freundschaft. Handlungsmotivierend kann auch eine Frau, ein Kind oder ein Affekt wie Zorn, Liebesleidenschaft, Haß, Neid, Mitleid, Trunkenheit usw. sein. [31]

Die P. ist ferner präsent in der Definition der Chrie (χρεία, chreía), die wie die ihr nahestehende Sentenz (γνώμη, gnṓmē) moralische Belehrung erteilt in Form von Aussprüchen berühmter P. [32] Die Sentenz gibt nicht immer die handelnde oder sprechende Person an. [33] Die Besonderheit der Chrie ist es, historische Personen in die Vorübungen einzuführen. Diese Eigenschaft hat sie mit bestimmten Formen der Ethopoiie gemein. Es findet hier ein doppelter Prozeß statt: Das literarische Werk bereichert sich mit realen P. der Geschichte, und die reale P. wird in die Welt der literarischen Schöpfung versetzt, wo sie sich inmitten rein fiktiver Ausführungen befindet.

Die Widerlegung (ἀνασκευή, anaskeué/ refutatio) und die Bekräftigung (κατασκευή, kataskeué/ confirmatio) beziehen sich auf die in einer Erzählung dargestellten Fakten. Die Argumentation vollzieht sich durch die Verschränkung der sechs Elemente des Berichts, darunter der P., mit anderen Topoi, u.a. den Handlungskriterien (τελικὰ κεφάλαια, teliká kephálaia/ capitula finalia). [34] Der locus communis (κοινὸς τόπος, koinós tópos) unterscheidet sich von Lob- und Tadelrede dadurch, daß er sich normalerweise auf eine unbestimmte P. richtet, während diese eine bestimmte P. oder einen bestimmten Gegenstand betreffen. [35] In der Praxis handelt er mehr über die Konsequenzen der Tat als über die P., auch wenn die Tat als ein die P. qualifizierendes Element erscheinen kann und wenn ein Teil der Argumentation auf die prohaíresis des Schuldigen und auf sein Motiv (διάνοια, diánoia) zielt. [36] Ein locus communis kann zweifach ausgeführt werden, wenn er sich auf eine Tat bezieht, deren P. nicht durch einen Namen, sondern durch eine soziale Funktion – z.B. Arzt, Priester, General – bestimmt ist. Die Tat kann daher je nach Täter in sehr verschiedenem Licht erscheinen, so daß sich hieraus eine Fülle von Argumenten ergibt. [37] Lob- und Tadelrede, Personenvergleich und Ethopoiie bilden eine Gruppe von Übungen, die sich in der Hauptsache auf die Untersuchung der P. gründen. Die Lobrede (ἐγκώμιον, enkṓmion) ist definiert als Rede, die die Verdienste einer bestimmten P. oder von Dingen (z.B. Tugenden, Tätigkeiten, Künsten, Waffen, Einrichtungen), Orten, Tieren und Pflanzen hervortreten läßt. [38] Der Aufbau der Lobrede ist bestimmt von der Reihenfolge der enkomiastischen Topoi: äußere Vorzüge – edle Herkunft, eingeteilt in Stadt, Volk und gute politische Verfassung einerseits, Eltern und weitere Verwandte andererseits; sodann Erziehung, Freundschaften, guter Ruf, Ämter, Reichtum, glückliche Nachkommenschaft, schöner Tod (εὐθανασία, euthanasía); körperliche Vorzüge: Gesundheit, Kraft, Schönheit, scharfe Sinne; seelische Güter: edle Sitten, Handlungen, die auf Tugenden weisen wie Klugheit, Selbstbeherrschung, Mut, Gerechtigkeit, Pietät, Freigebigkeit, hohe Gesinnung usw. [39] Die Tadelrede (ψόγος, psógos) ist auf denselben Prinzipien aufgebaut wie die Lobrede [40], ebenso der Vergleich (σύγκρισις, sýnkrisis), der mit denselben Elementen unter der besonderen Perspektive einer vergleichenden Untersuchung der Verdienste oder Fehler von zwei Personen oder Sachen arbeitet. [41] Die Angriffe, die in der sýnkrisis gegen eine der verglichenen P. durch die Aufstellung einer einfachen Rangfolge der Tüchtigkeit geführt werden, unterscheiden sich von denen, die in der (fiktiven oder echten) causa/ hypóthesis vorkommen, wo das Versagen (ἁμάρτημα, hamártēma) der einen P. dem ihrer Tugend zu verdankenden Erfolg (κατόρθωμα, katórthōma) der anderen gegenübergestellt wird. [42]

Die Ethopoiie ist die Darstellung des Charakters einer vom Thema vorgegebenen P. [43] Nur Theon benützt für diese Übung das Wort prosōpopoiía. Ihre Hauptfunktion ist die Vergegenwärtigung (enárgeia) einer P. durch eine ihr in den Mund gelegte Rede. Hermogenes hebt ihre Nützlichkeit für die Fabel hervor. [44] Die Worte müssen zu den P. passen hinsichtlich Geschlecht, Volk, sozialer Stellung, Beruf und seelischem Zustand und auch mit den fingierten äußeren Umständen der Rede, vor allem Zeit und Ort, übereinstimmen. [45]

Die Schilderung (ἔκφρασις, ékphrasis/ descriptio), die sich zum Ziel setzt, mittels der enárgeia die Zuhörer in Zuschauer zu verwandeln [46], nimmt sich gewöhnlich zum Gegenstand entweder friedliche Szenen des Alltagslebens wie ländliche Mahlzeiten und Feldarbeiten oder erschreckende Geschehnisse wie Stürme, Schlachten, Eroberungen, Seuchen. Die hier erscheinenden Menschen kommen höchstens flüchtig als P. zur Sprache. Doch können durch Namen (z.B. Thersites) oder Eigenschaften (z.B. ein Säufer) bestimmte P. auch selbst zum Gegenstand von Schilderungen werden [47], ebenso Personendarstellungen von Malern oder Bildhauern. [48] Bei der Personenbeschreibung besteht die Regel, vom 'Anfang' zum 'Ende' zu gehen, d.h. beim Haupt zu beginnen und bei den Füßen aufzuhören. [49]

Die thésis, die einzige Übung, die sich in der allgemeinen Sphäre vollzieht, enthält weder bestimmte P. noch Fakten noch irgendein Element einer besonderen peristasis. [50] Auch in der letzten der progymnasmatischen Übungen, der Gesetzesvorlage (νόμου εἰσφορά, nómu eisphorá), gibt es für die P. keinen Platz.

Die Methode des HERMOGENES, der die Statuslehre weiterentwickelt, vollzieht sich in zwei Schritten: Die Ermittlung des Status [51] und die Aufzählung der Unterabteilungen des jeweiligen Status 52]. Zuvor untersucht der Redner die P. und die Fakten der vorliegenden causa. [53] Die Statusermittlung erfolgt erst, wenn der Redner sich zuvor versichert hat, daß die P. nicht unbestimmt sind und sich nicht in einer absolut symmetrischen Beziehung zueinander befinden. [54] (1) Besitzt die P. einen Eigennamen (z.B. Perikles), gehört sie zur Klasse der namentlich bezeichneten P. [55] Ein solches notwendigerweise biographisches Thema erfordert den Rekurs auf die Kapitel der Lobrede. [56] Das gewählte Beispiel Perikles läßt darauf schließen, daß die Rhetoren nicht echte Rechtsfälle im Blick haben, sondern Schulübungen, in denen sich die prominentesten Gestalten aus Mythologie und Geschichte begegnen. (2) Ist die P. durch ihre Beziehung zu einer anderen P. definiert (z.B. Vater-Sohn, Herr-Sklave), gehört sie zur Klasse der relational bestimmten P. [57] Die P. sind dann oft Verwandte. Je enger das Verwandtschaftsverhältnis ist, desto behutsamer muß der Redner zu Werke gehen.[58] Der fragliche Sachverhalt ist dann oft verschleiert, und man muß auf die Hilfsmittel der 'uneigentlichen Rede' (ἐσχηματισμένος λόγος, eschēmatisménos lógos) zurückgreifen. (3) Hat die P. einen verabscheungswürdigen Lebenswandel, wird sie in die Gruppe der Verrufenen gestellt.[59] Hier sind nicht mehr soziale Beziehungen, sondern die das ganze Leben bestimmende Grundentscheidung (προαίρεσις, prohaíresis) das Kriterium. Hat sich ein Mensch aus freiem Willen unter die Schurken und Verbrecher begeben, hat der mit der Anklage betraute Redner leichtes Spiel. (4) Auch eine moralisch neutrale Lebensform kann Gegenstand einer Schilderung werden: der Redner hat es hier mit dem ethischen Typ, z.B. dem Bauern oder dem Feinschmecker, zu tun.[60] Das eine Beispiel fordert soziale Bestimmungen, das andere eine psychologische Charakterdarstellung. (5) Durch die Kombination zweier einfacher Bezeichnungen, etwa durch die Überlagerung von Bestimmungen des Alters und der sozialen Stellung wie ‹junger Mann› und ‹reich›, lassen sich farbigere Gestalten bilden. Der reiche junge Mann gilt in der Welt der Schulübungen gemeinhin als potentieller Tyrann.[61] (6) Die einfache Bezeichnung der P. kann durch die Angabe einer (habituellen, nicht okkasionellen) Handlungsweise ergänzt werden, die den Gesamteindruck der P. modifiziert. Es ist etwas anderes, über einen Jugendlichen zu sprechen, als über einen Jugendlichen, der sich schminkt.[62] In der Darlegung des Konjekturalstatus kann ein Jugendlicher, der sich schminkt, in den offenen Verdacht der Prostitution geraten.[63] (7) Die P. ist allein durch ihre Funktion definiert. Ohne eine einfache Bezeichnung kann es keine qualitative Einschätzung einer P. geben. Dies ist die Klasse der P., die allein im Hinblick auf ihr Amt betrachtet werden. Es handelt sich hier nicht um einen Charakter mit einer festen sozialpsychologischen Grundlage, sondern um einen mehr oder weniger dauerhaften Typ von Tätigkeit. Die angeführten Beispiele befinden sich im konventionellen Rahmen der klassischen Polis: der Redner, der Stratege.[64]

Nach Abschluß der Analyse der P. untersucht der Redner in gleicher Weise die Fakten. Dann kann die Suche nach dem *status causae* beginnen. Ist dieser ermittelt, so bleibt noch das Sammeln der Argumente aus den einzelnen Abteilungen des jeweiligen Status. Unter den dreizehn hermagoreischen Status ist die P. vor allem im ersten, dem Konjekturalstatus, präsent. Nach einem ‹paragraphisch› genannten ersten Punkt, dessen Ziel es ist, die Anklage durch Angabe einiger Faktoren, die eine Einrede rechtfertigen könnten, in Mißkredit zu bringen, folgt die Beweisforderung, die durch Ausführungen über die P. des Zeugen den Wert der Zeugnisse zu bestätigen bzw. herabzusetzen sucht. Sind keine unkünstlichen Beweise zuhanden, dann stützt sich die Beweisforderung auf die einzelnen Elemente der Peristase, darunter die P.[65] So kann die Anklage das Fehlen von Zeugen für den dem Perikles vorgeworfenen Hochverrat entweder durch ein sachbezogenes («Einen Verrat verübt man immer heimlich») oder durch ein personenbezogenes Argument («Niemand wagt es, gegen eine so hochrangige P. wie Perikles auszusagen») erklären.[66] Es folgt sodann die Prüfung des Willens (βούλησις, búlēsis) und der Fähigkeit (δύναμις, dýnamis) und der «von Anfang bis Ende» betitelte Punkt. Aufgabe des letzteren ist es, die Tat Punkt für Punkt, d.h. mit Hilfe der sechs Teile der Peristase, zu untersuchen. Die Untersuchung des Wollens und des Könnens ist von entscheidender Bedeutung in Kontroversen, die sich weniger um den Tatbestand der Geschehnisse als um Wahrscheinlichkeitserwägungen drehen. Dabei ist es weniger wichtig, den wahren Beweggrund der Tat zu bestimmen, als eine generelle Übereinstimmung zwischen den Charaktereigenschaften des Beschuldigten und der Natur der Handlung aufzuweisen. Die Anklage muß zeigen, daß die vorgeworfene Tat in einem Korrespondenzverhältnis zur Gesamtheit der Daten steht, die die Individualität der P. ausmachen. Diese doppelte Untersuchung vollzieht sich in der Reihenfolge der Topoi der Lobrede, mit der Auflage, möglichst unauffällig auf die Topoi überzugehen, die ein ungünstiges Erscheinungsbild entstehen lassen. Diese Analyse erstreckt sich nicht allein auf die Beschuldigten, sondern auf alle P., die mit der Angelegenheit im Zusammenhang stehen.[67] Der siebte Punkt des Konjekturalstatus, die ‹Umstellung der Ursache› (μετάθεσις τῆς αἰτίας, metáthesis tēs aitías) treibt ein kühnes Spiel mit der Wahrscheinlichkeit und bringt unerwartete Interpretationen der Äußerungen, Handlungen und Gefühle der beteiligten Personen. Hier läßt der Redner seiner Phantasie freien Lauf und erhebt seine Rede zu originaler künstlerischer Schöpfung; daher heißen solche rednerischen Erfindungen auch ‹Farben› (χρώματα, chrómata/ *colores*).[68] So wird der Angeklagte sein Verhalten in einem unschuldigen Licht erscheinen lassen. Ein reicher Bürger, der in dem Verdacht steht, eine Revolte zu schüren, weil er sich eine Menge unbeschäftigter junger Leute aufnimmt, gibt vor, dies aus Menschenliebe zu tun.[69] In dem ‹glaubwürdige Verteidigung› (πιθανὴ ἀπολογία, pithanḗ apologḯa) überschriebenen Abschnitt werden die vom Gegner im Abschnitt ‹vom Anfang bis zum Ende› gesammelten Indizien einzeln widerlegt, vorausgesetzt, es gelingt, die Indizien so umzukehren, daß sie immer das Gegenteil dessen, was der Gegner vorgab, zu besagen scheinen.[70] Die Beschaffenheit der P. bildet den Gegenstand von zusammenfassenden Ausführungen im letzten, ‹allgemeine Beschaffenheit› (κοινὴ ποιότης, koinḗ poiótēs) genannten Abschnitt. Dieser Punkt wird im Redeschluß verhandelt und findet sich in allen Status.[71] Im Redeschluß (ἐπίλογος, epílogos) ist die P. allgegenwärtig, in den Prosopopoiien[72], den Ethopoiien[73], den Ekphraseis[74], kurz in allen Bereichen der Affekterregung.[75]

Die moralische Idee, die der rhetorischen Konzeption der P. zugrunde liegt, erscheint in vollem Licht, wenn man sie mit dem aristotelischen Begriff der προαίρεσις, prohaíresis in Zusammenhang bringt. Die P. ist das Produkt einer doppelten Bestimmung, des Zufalls (τύχη, týchē) und der freien Wahl (prohaíresis). Die *prohaíresis* steht im Gegensatz zu allem, was nicht in unserer Macht steht, sei dies Zwang (βία, bía) oder Zufall (týchē); sie steht auch im Gegensatz zu der natürlichen oder durch eine Technik erworbenen Fähigkeit, die moralisch neutral bleibt, da weder die Technik noch das Wissen selbst schlecht sein können, sondern nur ihre Anwendung; schließlich steht die *prohaíresis* auch im Gegensatz zur διάνοια, diánoia, einem rein verstandesmäßigen Vorgang, einem rationalen Kalkül, der keine Rücksicht auf moralische Werte nimmt. Ein Diebstahl etwa resultiert aus der Verbindung eines interessegeleiteten Kalküls mit der Weigerung, die Interessen des anderen zu respektieren. Die *prohaíresis* verleiht der P. einen Platz auf der moralischen Werteskala. Sie begründet die juristische Verantwortung und bestimmt jede Bewertung von sozialen Beziehungen.

In der Gerichts- und der Beratungsrede folgt auf die Ermittlung des Status eines Falles und die Anwendung seiner Unterabteilungen die *inventio*. Diese erstreckt sich ebensosehr auf die P. wie auf den Sachverhalt oder auf die diversen logischen Verfahren, mit denen man an beide herangeht. Zur Auffindung der Argumente (πίστεις, písteis) verwendet der Redner, wenn er mit der P. beginnt, zugleich die konstitutiven Teile der Peristase und die Kapitel der Lobrede. In der Regel folgt die Behandlung der *inventio* den sechs Teilen der Gerichtsrede. Schon Aristoteles läßt die Einleitung (προοίμιον, prooímion) vom Redner, vom Hörer, vom Sachverhalt und vom Gegner ausgehen, und zahlreiche Rhetoriker nehmen seine Formulierung fast wörtlich auf.[76] Hermogenes gibt diesem Theorem einen strengeren logischen Aufbau und beginnt mit der Bemerkung, daß jede Einleitung von den P. oder von den Sachen ausgeht; unter den P. verzeichnet er sodann nicht nur die Richter, Ankläger und Verteidiger, sondern überhaupt alle in die Angelegenheit verwickelten P.[77] Ein bestimmter Typ des Proömiums hat den Zweck, die Vorurteile des Publikums auszuräumen: diese Vorurteile stammen entweder von bestimmten P., die der Redner dafür verantwortlich macht, wenn diese z.B. wohlgeachtet sind, oder von den Umständen oder von den Absichten, die dem Redner ev. von den Richtern unterstellt werden.[78] In der Erzählung (διήγησις; diḗgēsis) kann die P. an ihre dramatischen Ursprünge anknüpfen. Die drei von Hermogenes unterschiedenen Modi der Erzählung sind von graduell wachsender Komplexität: im einfachen Modus erscheint die P. als bloßes Subjekt der Handlungen, im ausführlichen Modus werden auch ihre Motive berücksichtigt, der vollendete Modus schließlich gibt Raum für alle Möglichkeiten der Ekphrasis.[79] Der die Argumentation vorbereitende Zwischenteil προκατασκευή, prokataskeuḗ oder προκατάστασις, prokatástasis bietet eine wichtige Gelegenheit zur Behandlung der P. in allen Fällen, wo die Absicht (γνώμη, gnṓmē) untersucht wird.[80] Das offenkundige oder mutmaßliche Vorleben der P., ihre sie ehrenden oder sie verdächtig machenden früheren Taten und Verhaltensweisen können hier Erwähnung finden.[81] Bei der Suche nach dem Stoff für seine Argumentation geht der Redner vom Schema der Peristasen aus, so daß die P. hierbei immer im Blick bleibt. Jedes Argument (ἐπιχείρημα, epicheírēma) geht aus der Peristase hervor, die alles umfaßt, was im Redner, in der Gegenrede, den Ereignissen, Gerichtsverfahren, Sachverhalten und im Lebenslauf enthalten ist, und die zerfällt in Ort, Zeit, Art und Weise, P., Ursache und Handlung.[82] Vereinfacht läßt sich auch sagen, jedes Argument schöpfe aus P., Tatsachen (einschließlich der sie begleitenden Peristasen), Beispielen (die dem Lebenslauf entsprechen) und ‹kunstlosen› Elementen (wie Rechtsverfahren, Zeugenaussagen usw.).[83] Die *inventio* wird somit unter dem Blickwinkel der logischen Topoi angegangen. Alle Argumente werden entweder durch eine Schlußfolgerung oder durch ein Beispiel begründet. Jede Schlußfolgerung (ἐνθύμημα, enthýmēma) wird aus einem aus einer Reihe von logischen Schemata gebildet, darunter z.B. der Vergleich mit einem untergeordneten Element. Dieses Schlußverfahren kann entweder vom Sachverhalt ausgehen («Wenn es gegen das Gesetz ist, ein Schiff zu zerstören, dann ist dies noch viel mehr, die ganze Flotte zu vernichten») oder von der P. («Wenn es schrecklich ist, einen fremden Sklaven zu schlagen, ist es dann nicht noch viel schrecklicher, einen Freien zu schlagen?») oder von irgendeinem anderen Element der Peristase.[84] Das *exemplum* unterscheidet sich vom Vergleich, indem es nicht auf unbelebte Gegenstände oder Tiere verweist, sondern immer auf P., die in der fernen oder jüngeren Vergangenheit gelebt haben, die zur eigenen oder auswärtigen Geschichte gehören und die mit dem behandelten Fall im Verhältnis der Gleichheit oder der Gegensätzlichkeit, des höheren oder niedrigeren Ranges stehen.[85] Die Widerlegung der *exempla* kann sich u.a. auf die Beschaffenheit der P.[86] gründen oder sich des Systems der Übebietung (ἔνστασις καὶ ἀντιπαράστασις ḗnstasis kai antiparástasis) bedienen, wobei sich das vom Gegner beigebrachte Beispiel auf hochgeachtete P. beruft[87]. Die Beispiele lassen sich auch aus der Galerie der traditionellen ethischen Typen ziehen, die durch die sokratischen Schriften, die Neue Komödie, die progymnasmatische Übung des *locus communis* und durch die Deklamationen populär gemacht wurden (der Tyrann, der Tyrannenmörder, der Handwerker, der Athlet, der Geizige, der Neidische usw.). Auch wenn die Vergleiche keine P. zum Gegenstand haben, bringen sie doch oft menschliche Tätigkeiten wie Viehzucht, Ackerbau und Schiffahrt usw. ins Spiel.

MENANDER RHETOR gibt einen vollständigen Überblick über die verschiedenen Arten der epideiktischen Rede. Bei der Behandlung der ‹Königsrede› rät er, angesichts des so hervorgehobenen Rangs in der Klasse der prominenten P. alle ambivalenten oder umstrittenen Gesichtspunkte herauszuhalten.[88] Die ‹Plauderei› (λαλιά, laliá) hingegen erlaubt den personenbezogenen Scherz und die Rüge, sofern die P. dabei anonym bleibt.[89] Im Anschluß an PSEUDO-DIONYSIOS rät er, die Hochzeitsrede (ἐπιθαλάμιος, epithalámios oder γαμήλιος λόγος, gamḗlios lógos) einzuteilen in das Lob des Hochzeitsritus und das Lob der P. des Brautpaars.[90]

Einen bedeutenden Teil der *elocutio* bildet die Figurenlehre. Die Prosopopoiie, durch die der Redner einem sonst stummen Geschöpf oder einem Verstorbenen Leben und Ausdrucksfähigkeit verleiht bzw. wiedergibt[91], verdeutlicht die Nähe zwischen P. als rhetorischer Schöpfung und P. als dramatischer Rolle. Als sprechende P. kann der Redner auch seinen Gegner selbst einführen.[92] Dies geschieht in der ὑποφορά, hypophorá genannten Figur.[93] Sie ist die vorweggenommenen Formulierung eines gegnerischen Einwandes (ἀντίθεσις, antíthesis) samt dessen Widerlegung durch den Redner.[94] Die Apostrophe (ἀποστροφή, apostrophḗ) besteht im Wechsel des Adressaten. Der Redner richtet seine Rede an eine andere P. als zuvor.[95] Häufig wendet er sich mit dieser Figur von den Richtern ab und spricht direkt zum Gegner.[96] Nach Hermogenes eignet sich die Apostrophe am besten für den heftigen Stil (σφοδρότης, sphodrótēs).[97]

Wie es die Regeln zur Ethopoiie ausdrücklich bestimmen achtet der Redner i. a. darauf, den Stil mit den betreffenden P. in Einklang zu bringen. In dieser Bemühung kann er so weit gehen, etwa die sprachlichen Formen von Fremden nachzuahmen. Eine solche Kühnheit möchte auch der Autor der Abhandlung ‹Über das Erhabene› nicht entschuldigen.[98] Die P. erscheint als konstitutives Element in literarischen Gattungen wie der Komödie, der Tragödie, dem sokratischen Symposion oder im Dialog.[99]

Bei den Versuchen, die Redtypen in stilistischer Hinsicht zu klassifizieren, findet im Rekurs auf bestimmte Figuren, die für entsprechende Typen besonders geeignet scheinen, auch die P. Berücksichtigung. Würde oder

Feierlichkeit (σεμνότης, semnótēs) kommt zuweilen zustande, wenn die P. getilgt und ihr Name durch eine Umschreibung ersetzt wird.[100] Hermogenes vervollkommnet die von PSEUDO-ARISTIDES aufgestellte Typologie. Wo dieser nur die Heftigkeit (sphodrótēs) sieht, unterscheidet jener zwei benachbarte Formen, die Heftigkeit und die Rauheit (τραχύτης, trachýtēs). Während die Rauheit den Vorwürfen eigen ist, die sich gegen renommierte [101] oder hochrangige P. richten, findet die Heftigkeit Anwendung, wenn die Angriffe auf eine weniger geachtete P. zielen, meist auf den Prozeßgegner oder den politischen Kontrahenten[102]. Der Begriff ‹P.› kann auch den Redner selbst oder den Prozeßführenden bezeichnen, den dieser vertritt. Er schließt sich dann an die Aristotelischen Begriffe ‹Ethos› und ‹Pathos› an, die wichtig sind, wenn es für den Redner darum geht, von sich ein möglichst überzeugungskräftiges Bild zu geben. Die Erzählung bietet ihm Gelegenheit, sein ganz aus Ergebenheit (εὔνοια, eúnoia) bestehendes Wollen (búlēsis) und sein Können (dýnamis) vorzustellen, dessen Grenzen er einräumt.[103] Indem er seine eigene P. in ein möglichst günstiges Licht stellen muß, steht er in der Gefahr, ‹zu viel über sich selbst zu reden› (περιαυτολογία, periautología), der er mit Hilfe von Entschuldigungsformeln begegnet.[104] THEON lobt Aristoteles dafür, die alten Autoren gutgeheißen zu haben, die die Fabeln in ihren Werken nicht direkt, nicht «in eigener P.», sondern indirekt einführen und so eine Distanz herstellen, die sie für den Vorwurf der Unwahrscheinlichkeit unerreichbar macht.[105]

Die Bedeutung ‹Person› für griech. *prósōpon* bleibt auf die Fachliteratur der Grammatiker und Rhetoriker beschränkt. Trotz ihrer Vertrautheit mit der rhetorischen Theorie gebrauchen die Autoren der Zweiten Sophistik dieses Wort selten in anderer Bedeutung als der von ‹Gesicht›. Offenkundig ist dies bei LIBANIOS, der es in seinen technischen Schriften im Sinne von P. verwendet, niemals aber in seinen Deklamationen oder seinen außerschulischen literarischen Werken. Nicht so reserviert zeigen sich hingegen die Philosophen in ihren Kommentaren.[106] THEMISTIOS verwendet es in seinen moralischen Reden für Tragödienrollen, aber auch für reale P.[107] In der religiösen Literatur ist der Gebrauch des Wortes *prósōpon* weitgefächert. So gibt es in der Septuaginta das hebräische Wort *panis*, ‹Antlitz›, wieder, besonders bei Ausdrücken, in denen das «Antlitz des Herrn» vorkommt. PAULUS bezeichnet damit Einzelpersonen.[108] Tragende Bedeutung erhält die P. in zwei wichtigen Bereichen der christlichen Theologie: in der Trinitäts- und in der Inkarnationslehre. Das Wort *prósōpon* entspricht dort entweder dem neuplatonischen Begriff der Hypostase oder dem der Person.[109]

4. Byzanz. Am Anfang der byzantinischen Epoche beschäftigt das Werk des Hermogenes zahlreiche oft originelle Kommentatoren, von denen vor allem NIKOLAOS, SYRIANOS, MARKELLINOS, SOPATROS, TROILOS und TROPHONIOS zu nennen sind. Spätere Kommentatoren wie JOHANNES VON SARDEIS, IOANNES DOXAPATRES, IOANNES TZETZES, JOSEPH PINAROS RAKENDYTES oder MAXIMOS PLANUDES ändern kaum mehr etwas an der Lehre, aber erhellen zuweilen mit sicherem Urteil Detailfragen. Die propädeutischen Übungen, Status des Gerichtsfalls und die *invention* interessieren sie deutlich mehr als der stilistische Ausdruck, und die Bemerkungen zur Funktion der P. werden immer häufiger.

Selbst wenn in einer Fabel nichts mit der Natur übereinstimmt, so entspricht innerhalb der Geschichte selbst doch alles der Wahrscheinlichkeit.[110]. Darin liegt eine der didaktischen Funktionen der Übung: Die Aufgabe, zwar Tiere darzustellen, aber die Wahrscheinlichkeit zu wahren, wird den Schülern später, wenn es an Gerichtsfälle geht, helfen, Reden zu verfassen, in welchen den Charakteren die der jeweiligen P. zukommende Eigenschaft erhalten bleibt.[111] Platon [112] und nach ihm Aristoteles [113] haben drei Erzählungstypen unterschieden. Die byzantinischen Rhetoren übernehmen diese platonische Typologie der Erzählung und nennen eine Erzählung dramatisch, in welcher der Autor das Geschehen nicht selbst berichtet, sondern die darin vorkommenden Personen sprechen läßt.[114] Chrien und Fabeln sind verwandt, indem die einen zur moralischen Belehrung bestimmte P. verwenden, die anderen Tiere.[115] Bei den ‹Widerlegungen› wird auf die Möglichkeit hingewiesen, den Topos der Differenz mit dem der P. zu verschränken und es auf diese Weise anzuprangern, wenn den Göttern Gefühle und Verhaltensweisen zugewiesen werden, die normalerweise den Menschen eignen.[116] Eine Widerlegung nach dem Kriterium des Unpassenden (ἀπρεπές, aprepés) kann nur auf die P. zielen.[117] Der *locus communis* und der ‹Tadel› unterscheiden sich insofern doppelt, als der Tadel eine bestimmte P. betrifft und Schandtaten anprangert, die Mißbilligung hervorrufen, während der *locus communis* auf eine unbestimmte P. abzielt und sich in einer juristischen Perspektive bewegt, welche die Anklage ungesetzlicher Handlungen und die Forderung nach ihrer Bestrafung impliziert.[118] Charakterdarstellung (Ethopoiie) ist in der Fabel, der Erzählung, der Lobrede und im *locus communis* angebracht. Aber sie hat auch in der Argumentation, den Trostreden, Ermahnungen und Briefen ihren Platz. Der Redner muß hier die Eigenschaft der sprechenden P. und der P. beachten, zu welcher sie spricht. Da die P. und ihre Handlungen sehr vielfältig sind, muß der Redner das zu jedem Fall passende Vokabular finden. Genau wie eine Rede gemäß der *hypóthesis* konstruiert wird [119], so muß eine Ethopoiie den Handlungen und Eigenschaften der dargestellten P. entsprechen.

Der Gebrauch des P.-Begriffes, der bald den Adressaten (Hörer, Leser, Richter oder Publikum), bald den Autor des literarischen Werkes bezeichnet, weitet sich aus. So wird die auf Aristoteles zurückgehende rhetorische Gattungslehre neu formuliert. Für den Adressaten hat Aristoteles nur die Wörter ‹Hörer› (ἀκροατής, akroatés), ‹Zuschauer› (θεωρός, theōrós) und ‹Richter› (κριτής, krités) Die byzantinischen Rhetoren übernehmen seine Analyse und ergänzen sie mit Hilfe der P. Die drei Redegattungen sind durch drei Kriterien bestimmt: Ort, P. und Ziel. Der Ort der juridischen Redegattung ist der Gerichtshof, die betreffende P. ist der Richter. Ziel ist das Gerechte. In der deliberativen Gattung ist die P. das Ratsmitglied (βουλευτής, būleutés), in der Panegyrik der ‹Zuschauer› oder ‹Hörer›.[120] Unter den verschiedenen propädeutischen Übungen richtet sich der *locus communis* an die Richter, die Fabel, die Chrie und die Sentenz an Hörer, denen man Rat erteilt und die daraus Nutzen ziehen. Die These hat einen Sonderstatus, weil ihr nicht nur die situative Einbettung fehlt, sondern auch jegliches, selbst fiktives Publikum: In ihr ist keine P. impliziert, welche die Rolle eines Hörers spielte.[121]

Auch der Autor eines literarischen oder fachlichen Werkes ist nichts anderes als eine P. Schon Apsines bezeichnet mit «Urteil einer berühmten P.» (κρίσις προσώπου ἐνδόξου, krísis prosṓpū endóxū), der Sentenz eines antiken Autors, die üblicherweise μαρτυρία παλαιῶν; martyría palaión«, »Zeugnis der Alten«, heißt.[122] Ein Philosoph oder ein Dichter, die als Autoren von Erzählungen der ‹Widerlegung› unterzogen werden, werden als P. betrachtet, rücksichtsvoll, aber ohne besondere Ehrerbietung. Ihr Lob hat ihren Platz im *exordium* der ‹Begründung›.[123] Bei der Unterscheidung verschiedener Fabeltypen treten Kriterien wie der Ort (z.B. Sybaris, Lydien oder Phrygien), aber auch die P. auf, im vorliegenden Falle nur Äsop.[124] Auch Hermogenes selbst wird als P. aufgefaßt.[125]

Vor allem die Statuslehre hat sich durch diese Überlegungen weiterentwickelt. Bei aller Treue zur hermogenischen Lehre haben manche Kommentatoren doch mitunter Bedenken geäußert. So geben sie MINUKIANOS recht, der lehrte, ein Konjekturalfall könne auf einem Thema beruhen, in welchem es nur P., aber keine Tat gebe. Hermogenes hatte eine solche Möglichkeit zurückgewiesen.[126] Von den verschiedenen Bereichen der Statuslehre wurde vor allem die vorgängige Untersuchung der P. und der Tat weiterentwickelt. Die Kommentatoren beobachten, daß weder eine völlige Unbestimmtheit noch die absolute Gleichheit der P. je in der Wirklichkeit auftrete.[127] Dennoch halten sie es nicht für sinnlos, daß die Lehre sich mit solchen Schulfällen beschäftigt. Denn gewissen Situationen hätten manche Redner gerade dank dem klaren Bewußtsein dieser Begriffe begegnen können, z.B. Hypereides bei der Verteidigung der Phryne. Der Ankläger und er selbst mußten damit rechnen, mit einem Unentschieden abgewiesen zu werden, weil sie beide die Kurtisane frequentiert hatten. Hypereides brach dieses unangenehme Patt, indem er seine Menschlichkeit in die Waagschale warf: «Es ist nicht das Gleiche, wenn der eine sie mit allen Mitteln zu retten sucht und der andere ihr Verderben will».[128] Für die Kommentatoren ist die unbestimmte P. eine P. ohne Eigenschaften, ohne individuellen Charakter[129], die keinerlei Anhaltspunkt für die Untersuchung liefert. Wenn eine P. unbestimmt ist, hat sie keine Biographie, und die verschiedenen Rubriken der Epideiktik bleiben leer.[130] Keine Erzählung ist möglich, keine Beschreibung, kein Werturteil. Erst außerhalb der Unbestimmtheit stellt eine P. ein Individuum mit all seinen biologischen, sozialen und psychischen Eigenheiten dar, aus denen die antiken Redner die Rubriken der epideiktischen Redegattung bildeten. Wenn es sich um namentlich genannte P. handelt, gilt es, sich genauestens an die biographischen Daten zu halten und besonders die zeitliche Abfolge zu beachten.[131] P. ohne jeden Bekanntheitsgrad sind von dieser ersten Kategorie ausgeschlossen.[132] Zugelassen sind hingegen P., die zwar berühmt, aber umstritten sind, wie Philokrates, Phrynon oder Aristogeiton[133]. Während jede mit Namen bestimmte P. unantastbare Eigenschaften hat (man kann Sokrates nicht als Redner vorstellen)[134], weisen Personen, die durch Relationsbegriffe bestimmt sind, schwankende Eigenschaften auf. Der ‹Vater› erscheint bald als guter Vater (φιλότεκνος, philóteknos), bald als schlechter (μισόπαις, misópais). Denn in der Vater-Sohn-Relation oder in der von Herr und Knecht fallen natürliche Ordnung und Umstand in eins. Ein Vater ist üblicherweise gegenüber seinem Sohn wohlwollend, während ein Knecht seinen Herrn gewöhnlich haßt. Doch die Wahrscheinlichkeit, in welche die Sätze gekleidet sind, darf nicht täuschen: Seiner Befriedigung darüber Ausdruck zu verleihen, daß die Norm respektiert wird, oder seinen Unwillen über ihre Verletzung zu bekunden[135], besitzt weniger Überzeugungskraft als historische Exempel. So ist der Vorrang der Kategorie der namentlich bestimmten P. gerechtfertigt[136], und damit zugleich auch die Überlegenheit des Wahren über das Wahrscheinliche.

Die Kategorie der verrufenen P. gehört nicht zu den Hauptanklagepunkten. Sie trägt nicht direkt dazu bei, die Anklage zu beweisen, sondern stärkt sie nur durch Nebenattacken gegen frühere Taten des Angeklagten.[137] Manche Kommentatoren befinden, daß ein Mensch, der einen Fehler (hamartía/ hamártēma) begeht, der nicht strafrechtlich sanktioniert ist, wie im Falle des Feigen, des Gierigen, des Misanthropen, des Trinkers, des Faulen, des Schläfrigen, mit jenem verwechselt werde, der eine Straftat (adikía/ adíkēma) begeht, wenn Hermogenes zum Verschwender und Schmeichler unter den Beispielen der verrufenen P. auch den Ehebrecher hinzufügt.[138] Anders gesagt, die Eigenschaften der P. und der Grund der Beschuldigung (die ‹Tat›) gehören in verschiedene Kategorien. Beim Prozeß kann die Person nicht durch die Tat bestimmt werden, sondern sie bezieht ihre Eigenschaften aus Geschehnissen, die vor dem Prozeß liegen.[139] Die strenge Trennung von P. und Tat ist nicht nur scheinbar. Sie wahrt die Rechte der P., indem sie die Möglichkeit des Freispruches offenläßt, welcher den Vorwurf soweit eliminiert, daß die konstanten Eigenschaften der P. in keiner Weise beeinträchtigt werden. Vor dem Urteilsspruch darf sich die vorgeworfene Tat die Biographie des Angeklagten nicht auf ewig kennzeichnen. Die ethische gekennzeichnete P., z.B. des Parasiten oder des Bauern, ruft eher Mitleid als Haß hervor.[140] Wie in der vorangehenden Kategorie der eigentliche Schuldbeweis einer Attacke gegen frühere Taten wich, so «wendet sich die Rhetorik hier von der Beweisführung ab und geht zur szenischen Nachahmung (ὑπόκρισις, hypókrisis) über».[141] Der Redner kümmert sich beinahe nur noch um die Charakterdarstellung[142], so daß die Redekunst sich sehr der Komödie nähert.[143] Er unterhält sein Publikum mit allen Mitteln der Ethopoiie und streut Dialoge in seine Rede ein. Die Hauptsache ist nicht mehr die Diskussion der Argumente, sondern liegt in der Schilderung der Sitten, die mit einem Lächeln oder im sarkastischen Ton vorgetragen wird und mehr literarisch als gerichtlich ist.[144] Wie die Komödie entwickelt auch die Rhetorik ihre Fähigkeiten, das Leben nachzuahmen.[145]

Von allen Autoren hat Menander die höchste Brillanz in dieser Mimesis gezeigt und mußte daher als Vorbild gelten. Syrianos zitiert aus Aristophanes von Byzanz eine doppelte Apostrophe: «O Menander, und du, Leben, wer von euch beiden hat den anderen nachgeahmt?»[146] Die Kommentatoren heben gerne den Unterschied zwischen dem Parasiten und dem Bauern hervor. Das Leben des Parasiten sei von einem psychologischen Faktor, in diesem Falle von der Eßlust bestimmt.[147] Hingegen ist es beim Bauern die Lebensform, die seine Mentalität präge, und zwar soweit, daß er dem Menschenfeind ähnlich werde.[148]

Wenn man die P. durch die Verbindung zweier einfacher Bezeichnungen charakterisiert wie im Falle des reichen Jünglings, so bleibt einem nur noch die Möglichkeit, mit den Variablen des Wollens und Könnens zu operieren: die Jugend glüht vor Ehrgeiz, und der Reichtum liefert die Möglichkeiten.[149] Die P., die nur durch ihre Tätigkeit charakterisiert ist, erlaubt keine anderen thematischen Entwicklungen als die Gemeinplätze zum

Beruf. Die qualitative Beurteilung einer P. kann das Ergebnis der Verbindung mehrerer Typen sein. Perikles kann als Vater oder Hausherr, als Patriot oder Redner aufgefaßt werden.[150] Die Absicht, die hinter dieser Klassifikation steht, ist nicht logisch, sondern praktisch. Die Hierarchie folgt der Materialvielfalt, die sich dem Redner jeweils bietet. Je konkreter und reicher die bekannten Details einer P.-Eigenschaft sind, desto fruchtbarer ist sie für die Rede. Geht hingegen diese Eigenschaft nur aus allgemeinen Bezeichnungen hervor, dann ersetzt man die juristische Logik durch die literarischen Mittel der Invektive oder des Spotts. Am unteren Ende der Stufenleiter, wenn dem Redner als Ausgangspunkt nur noch die Lebensform zur Verfügung steht, die sich aus der sozialen Rolle der P. ergibt, muß er mit Banalitäten auskommen.[151] Die Bemühungen der Byzantiner beschränken sich auf die Erlernung der Redekunst und sind somit gänzlich didaktisch. Wie schon zur Zeit der Zweiten Sophistik sind auch ihre Analysen allein auf die Deklamation gerichtet.

In der Statuslehre, wie die byzantinischen Rhetoren konzipieren, beschränkt sich die deliberative Gattung nicht auf die Behandlung von Problemen, welche die Gemeinschaft angehen, sondern schließt auch Fälle ein, in denen nur das individuelle Interesse zählt; sie wird in den weiteren Bereich des ‹pragmatischen› Status eingeordnet, der alle Fälle umfaßt, deren Reden mit der Zukunft zu tun haben. In dieser übergeordneten Einheit findet sich ebenso die ganze deliberative Gattung wie ein besonderer Teil der juridischen Gattung, das ‹Illegalitätsverfahren›.[152] Wenn ein Rat den Antrag zugunsten einer oder mehrerer P. zur Kenntnis nimmt, dann besteht das zukünftige Geschehen hier nur in der Bewilligung eines Vorteils. Das beratende Organ urteilt dann wie ein Gericht, und der griechische Ausdruck für diesen Sachverhalt, κατὰ κρίσιν (katá krísin) unterstreicht den Urteilscharakter seines Spruchs. Der Unterschied zu einer richterlichen Entscheidung, die κατὰ φυγὴν καὶ δίωξιν (katá phygḗn kai díōxin) heißt, liegt darin, daß die Richter nicht auf Antrag eines Dritten handeln und daß die Beratung durch keinerlei Klage angeregt wird. In der Formulierung des Sopatros klingt das so: Wenn es gilt eine Belohnung zu genehmigen oder eine Auszeichnung zu verleihen, dann geht die Debatte nicht darum, zugunsten der Anklage oder der Verteidigung zu entscheiden, sondern um eine δοκιμασία (dokimasía, ‹Prüfung›).[153] Aus der Klassifizierung der Tatbestände katá krísin gehen zwei Falltypen hervor. (1) Nicht der Vorteil, den es einzuräumen gilt, ist strittig – er wurde bereits vorher festgelegt –, sondern die Wahl der P., die ihn verdient. Diese Wettbewerbssituation, normalerweise zwischen zwei Konkurrenten, heißt κατ' ἀμφισβήτησιν (kat' amphisbḗtēsin, ‹Anspruchskonflikt›)[154] In vielen Fällen überkreuzt sich der ‹pragmatische› Status mit einem anderen Falltyp, dem Definitionsstatus. Das wird besonders im folgenden Thema deutlich: «Ein Mann klettert auf die Akropolis mit der Absicht, den Tyrannen zu töten. Dieser entkommt, stößt jedoch auf einen anderen Mann, der ihn dann tötet. Die beiden Männer machen sich nun gegenseitig die dem Tyrannenmörder zustehende Belohnung streitig».[155] Unter diese Kategorie fallen auch die Deklamationsthemen, in welchen nicht mehr Bürger auftreten, die auf Ehrungen aus sind, sondern Menschen, die so von Widrigkeiten niedergedrückt werden, daß sie suizidäre Wünsche aussprechen. Solche Themen implizieren ein besonderes Verfahren, den Antrag auf Selbstmord (προσαγγελία, prosangelía). Doch in Wirklichkeit gehört die Mehrheit der Themen, in denen ein Bürger anscheinend das Recht auf Selbstmord erlangen will, in die Kategorie der ‹verstellten› Fälle (ὑποθέσεις ἐσχηματισμέναι, hypothéseis eschēmatisménai).[156] (2) Wenn es um die Art der Belohnung geht, weil der Nutznießer bereits bestimmt ist, handelt es sich um einen Vorteilseinforderung, die man κατὰ αἴτησιν (katá aítēsin) nennt.[157] Während das vorangehende Problem die Vergleichung der Lebensführung erlaubte und sich auf historische Daten stützen konnte, nimmt die Einforderungsrede notwendigerweise einen paradoxalen Charakter an. Der Reiz liegt gerade in der Außergewöhnlichkeit der Forderung: «Nach dem Gesetz kann ein Bürger, der sich durch Tapferkeit ausgezeichnet hat, eine Belohnung nach seinem Wunsch verlangen. Ein Bürger hat sich derart ausgezeichnet und fordert nun den Tod seines Gegners. Die Bürger beraten.» Der ruhmreiche Streiter (ἀριστεύς, aristeús) ist in diesem Fall ein reicher Jüngling, der die Tyrannis an sich reißen will und ständig an der Wachsamkeit eines armen, aufrechten Demokraten scheitert.

Das Verhältnis zwischen dem stilistischen Ausdruck und dem Charakter der P. wird in einem anonymen, wohl aus dem 12. Jh. stammenden Kommentar zur ‹Rhetorik› des Aristoteles angegangen. Zu der Stelle, an welcher Aristoteles behauptet, daß die angenehme Wirkung des Stils neben anderen Funktionen von der Wahrscheinlichkeit herrührt, die wiederum aus ihrer Übereinstimmung mit der P. resultiert, verweist der Kommentator ebenfalls auf die Lebensechtheit und erklärt, daß man nicht dieselben Ausdrücke verwende, wenn es um einen Soldaten, einen Weisen oder eine Frau gehe.[158] STEPHANOS, ein anderer Kommentator aus der Zeit der venezianischen Präsenz in der Ägäis, empfiehlt im Gegensatz zum Autor ‹Über das Erhabene› die Nachahmung fremdländischer Akzente, wie z.B. des armenischen, bei der Lektüre der Heiligenleben. Er beruft sich auf das Vorbild des Aristophanes, ohne dem Gattungsunterschied Rechnung zu tragen.[159] Obschon er die Zurückhaltung vor Augen hat, mit welcher Aristoteles der *hypókrisis* ihre Bedeutung zumißt, erklärt der Anonymus nachdrücklich, daß man auch den Ton, nicht nur den sprachlichen Ausdruck mit der P. in Einklang bringen müsse, um die es geht oder die man sprechen läßt. Die Intonantion, das Stimmvolumen und die Lautstärke variieren, je nachdem die P. verärgert, traurig oder krank sei.[160]

Derselbe Kommentator stellt mit Aristoteles den Reichtum, soweit er ein Bestandteil des Glücks ist, als an die jedem Menschen offenstehende Möglichkeit geknüpft dar, Güter ohne Gefahr zu erwerben oder abzugeben, für sich oder zugunsten anderer P.[161] So wird die P. ein juristischer Begriff, und die neugriechische Rechtsterminologie führt den Gebrauch des Wortes *prósōpon* fort. Es wird heute in der Umgangssprache zusammen mit ἄτομο (átomo), gebraucht, um ganz allgemein, zuweilen mit einem negativen Beiklang, die P. zu bezeichnen.

II. *Lateinische Rhetorik.* Bei den Römern tritt der Begriff der ‹P.› hauptsächlich in der Sprache des Theaters, des Rechts, der Grammatik[162] und der Rhetorik auf. Das Wort selbst ist wohl fremden Ursprungs (etruskisch φερσυ). Die P. ist zunächst die Maske im Theater (ein Äquivalent zu *larva*), die auf der Bühne die verschiedenen ‹Personen› voneinander abhebt und die zu spielende Rolle festlegt: So gibt es die P. des Parasiten oder des Kupplers. Generell kennzeichnet die P. die Theaterrolle durch ihre soziale Dimension, an die sich eine psychologische Persönlichkeit mit ihren typischen Verhaltensweisen knüpft.

Seit der Zeit Ciceros wird ‹P› im Sinne einer determinierten ‹Rolle› vom Theater auf die Gesellschaft übertragen und bezeichnet die in ihrem Gesamtgefüge oder ihren Teil- und Subsystemen (z.B. Gerichtswesen, Ämterhierarchie) zu übernehmenden bzw. übernommenen Funktionen. Obwohl die Herkunft des Begriffs aus dem Bühnenwesen eine klare Unterscheidung zwischen der Rolle (‹P.›) und ihrem Träger (‹Darsteller›) nahelegt, gibt es keine Anzeichen für einen Konflikt oder Antagonismus zwischen dem ‹Individuum› und den typisierenden Rollenerwartungen und -zwängen, denen es sich ausgesetzt sieht. Auch dort, wo sich der Begriff P. dem heutigen Verständnis der ‹Persönlichkeit› nähert, indem er mehr die konstanten Eigenschaften eines Menschen als ihre gesellschaftliche Rolle meint, bleibt er von der Außenperspektive der sozialen Wahrnehmung bestimmt: Er weist dann auf das mehr oder weniger fixierte Bild, das sich die Gesellschaft von den Einzelnen aufgrund wiederkehrender Verhaltensmerkmale macht, und entspricht somit etwa dem modernen ‹Image›. [163]

In der römischen Rhetorik bewahrt die P. (als Gegensatz zur Sache) diesen Charakter. So kann der Redner die ‹Rolle› des Anklägers («personam accusatoris» [164]) übernehmen, und man kann bei der besonders in der *peroratio* beliebten *amplificatio* mit der Prosopopoiie [165]. auf *personae fictae* (erfundene Personen) zurückgreifen. Die P. ist hier eine mit sinnlich wahrnehmbarer Existenz ausgestattete Entität mit der Fähigkeit, ihrem vorausgesetzten Wesen Ausdruck zu verleihen.

1. *Die P. in der inventio.* Daß man die P. im *exordium*, verwenden solle, wird mehrfach in den ‹Rhetorica ad Herennium› hervorgehoben. Es geht dort [166] um die Art und Weise, wie der Redner sich das Publikum geneigt machen kann. Er muß sich dazu auf seine eigene P. stützen, aber auch auf diejenige der Gegner und des Publikums. Was seine eigene P. angeht, so wird der Redner an die Rolle erinnern, die er selbst im politischen Leben gespielt hat, aber auch an seine Schwierigkeiten, seine Mittellosigkeit, seine Einsamkeit oder an sein Unglück. Um Abneigung (*odium*) gegen die P. des Gegners zu erzeugen, wird er eine unmoralische, tyrannische, treulose, grausame, schamlose, böse oder skandalöse Handlung in dessen Vorleben erwähnen. Um ihm die *invidia* (Feindseligkeit/ Mißgunst) zuzuziehen, wird der Redner von der Gewalttätigkeit des Gegners sprechen, seiner Macht, der Stärke seiner Partei, seinem Reichtum, seinen Exzessen, seiner adligen Herkunft, der Anhängerschaft, von der Menge seiner Gastfreunde und der Familienverbindungen. Verachtung (*contemptio*) wird er erwecken, wenn er die Trägheit des Gegners, seine Verweichlichung, Feigheit oder seine Luxussucht geltend macht. Das Wohlwollen des Publikums schließlich gewinnt der Redner, wenn er von dessen Mut spricht, von seiner Weisheit, Milde und seinem sicheren Blick bei früheren Urteilen. Der Autor der ‹Rhetorica ad Herennium›, ein *popularis*, zählt hier im Grunde nur die Attribute auf, welche die *invidia* gegen einen *nobilis* schüren können. CICERO analysiert in ‹De inventione› [167] seinerseits die Mittel, die Aufmerksamkeit des Hörers zu erregen, und übernimmt dieselben Kategorien und Kriterien der P., rechnet jedoch die Nobilität nicht zu den Mitteln, *invidia* gegen den Gegner zu erzeugen. Um Sympathie zu gewinnen, kann sich der Redner auch nach Cicero auf seine wie auf die P. der Gegner oder der Richter stützen (in ‹De Oratore› [168] zählt Antonius ebenfalls, nur kürzer, die Argumente auf, die man aus diesen P. jeweils ziehen kann). Nach ‹De inventione› wird der Redner seine eigenen *facta* und *officia* (Handlungen und Ämter) wie auch seine *incommoda* und *difficultates* (Sorgen und Schwierigkeiten) erwähnen und auf seine Feinde *odium*, *invidia* und *contemptio* mit denselben Mitteln lenken, die der Auctor ad Herennium empfiehlt.

In ‹De Inventione› [169], nimmt Cicero auch die traditionelle Unterscheidung [170] der zwei Arten der *narratio* auf: die eine auf die Handlungen gegründet (*in negotiis*/ κατὰ πράγματα, katá prágmata), die andere auf die Personen (*in personis*/ κατὰ πρόσωπα, katá prósōpa). Letztere solle sowohl den Charakter (*animus*) als auch die Sprechweise (*sermo*) der P. deutlich werden lassen; die Gefälligkeit (*festivitas*) liege dort in der Vielfalt der Geschehnisse, dem Wechsel der Gefühle und des Schicksals.

Aber die Charaktere, oder besser die Attribute der P. werden hier in zwei Stufen spezifiziert. Zunächst [171] wird die *silva* (Quelle) und die *materia* (Material) der Argumentation ganz allgemein im Rahmen der *confirmatio* bestimmt. Cicero stellt dann die Argumentation mit Handlungsattributen (*adributa negotiis*) der Argumentation gegenüber, die sich auf die Personenattribute (*adtributa personis*) gründet. Die letzteren sind neun an der Zahl: Name (*nomen*), natürliche Eigenschaften (*natura*), Lebensweise (*victus*), Stand (*fortuna*), erworbene Eigenschaften (*habitus*), Stimmung (*affectio*), Neigungen (*studia*), Absichten (*consilio*), Taten (*facta*), Widerfahrnisse (*casus*) und Aussprüche (*orationes*). Jedes einzelne dieser Attribute wird genau analysiert. Alle werden in der Folge wieder aufgenommen [172] und auf den Konjekturalstatus (*coniecturalis constitutio*) angewandt: Verdachtsmomente und Anklagen können aus dem Namen oder Beinamen erwachsen (*nomen/ cognomen*), aus der Natur (Geschlecht, Geburtsstadt, etc.), der Lebensweise (*ratio vitae*, Lebensprinzip), dem Stand (Sklave/ freier Mensch, Reicher/ Armer, Privatmann/ Beamter), den erworbenen Eigenschaften (Tüchtigkeit, Wissenschaft und ihre Gegenteile, etc.), den Stimmungen (Liebe, Zorn, Kummer, etc.), den Neigungen und den Absichten. Diese Erläuterung deckt sich mehr oder weniger mit der Erläuterung des ‹Lebens› der Person (*vita hominis*) beim Auctor ad Herennium [173]; denn nach ihm muß der Ankläger zeigen, daß es keinen Grund gibt zu sagen, das Leben des Angeklagten stimme mit dem Motiv des Verbrechens nicht überein (Wenn das Verbrechen z.B. von Gewinn motiviert ist, muß man die *avaritia* des Angeklagten hervorheben, oder wenn es um die Erlangung eines Amtes geht, seine *ambitio*).

Auch QUINTILIAN nimmt diese Liste von Attributen auf, um sie zu ergänzen. [174] Die Argumente fallen auch bei ihm unter die beiden Kategorien *res* und P. Wenn man sich dann an die P. hält, muß man Grund, Zeit, Ort, Gelegenheit, Werkzeug, und Durchführung der Tat beiseite lassen, denn sie sind Attribute der *res*. Bei den P. braucht man nicht, wie man es normalerweise tut, alle Bestimmungen zusammensuchen, sondern nur die Umstände, aus denen Argumente zu ziehen sind: Man kann sie in der Familie finden (Ähnlichkeit des Sohnes mit den Eltern und den Vorfahren), in der Volkszugehörigkeit (den gegensätzlichen Sitten von Griechen, Römern, und Barbaren), im Heimatort (mit seinen Gesetzen, Einrichtungen und Auffassungen), im Geschlecht (Frauen neigen mehr zum Giftmord, Männer zum Diebstahl), im Alter, der Erziehung und Ausbildung, im körperlichen Zustand (in der Schönheit Indizien für lockeren Lebenswandel, in der Kraft für Aggressivität), im Vermögen, im Stand (man ist berühmt oder nicht, Bürger oder Ausländer, frei oder Sklave, etc), in Charaktereigenschaften (Gier, Zorn, Mitleid, Grausamkeit, etc.), in der Lebensform, den Beschäftigungen, den Ambitionen (reich, eloquent zu sein, etc.), in der Vergangenheit der betreffenden Person, in etwaigen Beeinträchtigungen seines Intellekts (Tendenz zu Zornesausbrüchen, zu Angst), in seinen Plänen und schließlich seinem Namen. Diese Liste, in welcher der soziale Blickwinkel deutlich ist, wird natürlich je nach Epoche und Kontext variieren: so gibt es elf Attribute bei VICTORINUS [175], einundzwanzig bei FORTUNITIANUS [176], etc. Schließlich bietet CICERO [177] eine letzte Einteilung der Personenattribute in moralische, physische und äußerliche Elemente («animus, corpus et extraneae res»), im Einklang mit der platonischen [178] und aristotelischen Unterscheidung. [179] Die moralischen Elemente lassen sich auf die eine Tugend zurückführen, deren Untergliederung anderswo bereits ausgeführt wurde. [180] Die physischen Eigenschaften bestehen in der Gesundheit, der stattlichen Erscheinung, der Kraft und der Beweglichkeit; die *res extraneae* sind die öffentlichen Ämter, das Geld, die Verwandtschaft, Volkszugehörigkeit, die Freunde, die Heimatstadt, die Macht, etc.

2. *Die P. und die Lobrede.* Die letztgenannte Einteilung erlaubt es, die P. als bestimmendes Element in der epideiktischen Redegattung zu betrachten, denn die P. bildet die Achse, um die herum Lob- und Tadelrede entwickelt werden: «Demonstrativum est quod tribuitur in alicuius certae personae laudem aut vituperationem» (Das *genus demonstrativum* ist dasjenige, welches zum Lob oder Tadel einer bestimmten Person angewendet wird). [181] Das geht besonders aus einem langen Passus der ‹Rhetorica ad Herennium› hervor [182], in welchem die Begriffe, die Cicero verwendet, definiert werden. Die *res externae* seien jene Umstände, die vom *casus* (dem Zufall) oder der *fortuna* (Glück) abhängen, wie Geburt, Erziehung, Geld; physische Eigenschaften wie Beweglichkeit, Kraft oder Gesundheit werden dem Körper von der Natur verliehen, und moralisch sind die Eigenschaften, welche unserem Urteilsvermögen (*consilium*) oder der Reflexion (*cogitatio*) entspringen. Auch nach diesem Text wird das *exordium* entweder vom Standpunkt der P. des Redners aus verfaßt oder aus der Perspektive des Individuums, das gelobt oder getadelt wird, und schließlich vom Blickwinkel des Publikums. Wenn darauf eine *narratio* folgt (was nicht unabdinglich ist), wird sie diese Elemente wieder dynamisch aufnehmen, indem sie zeigt, wie diese Qualitäten oder Fehler aus den Tatsachen und Handlungen hervorgehen. [183]

Die P. wird in der Rhetorik nie anders definiert als durch die vielfältigen Charakterzüge, aus denen sie sich bildet. Sie ist zunächst eine Quelle von Argumenten. Die Kunst des Redners wird also in seiner Fähigkeit bestehen, sich oder dem Menschen, den er verteidigt bzw. anklagt, die P., d.h. die soziale Maske, die den Bedürfnissen des Prozesses entspricht, anzupassen.

Anmerkungen:

1 L. Pernot: Lieu et lieu commun dans la rhétorique antique, in: Bulletin de l'Association Guillaume Budé (1986) 263. – **2** Johannes Doxopatres in: Rhet. Graec. W. Bd. 2, 212. – **3** Hermagoras p. 14, 9–16 und 50, 29–56, 11. – **4** Demosthenes Or. XIX, 287. – **5** Anax. Rhet. 5, in: Rhet. Graec. Sp. Bd. 1, 189, 7f. und 190, 28 – 191, 15. – **6** Arist. Rhet. I, 5; I, 9; I, 10–14. – **7** ebd. II, 1–17. – **8** ebd. II, 18–24. – **9** ebd. II, 1399a 30–34. – **10** ebd. II, 15–17. – **11** Dionysios Thrax, Ars grammatica 51. – **12** z.B. Arist. Rhet. 1358a 36-b 8; 1368b 1–5. – **13** Anaximenes, in Rhet. Graec. Sp. Bd. 1, p. 186, 18–22. – **14** Hermagoras, Frg. 8–13; Alexandros 1, in: Rhet. Graec. Sp. Bd. 3, 1, p. 3–7. – **15** Hermog. Prog. 25, 3–12. – **16** Johannes Sardianus: Commentarium in Aphthonii Progymnasmata, ed. H. Rabe (1928) 202, 15–21. – **17** Anaximenes, in: Rhet. Graec. Sp. Bd. 1, p. 189, 27–190, 3. – **18** Hermagoras, Frg. 43; vgl. M. Patillon: La théorie du discours chez Hermogène le rhéteur (Paris 1989) 61f. – **19** vgl. ebd. 43–78. – **20** Anaximenes in: Rhet. Graec. Sp. Bd. 1, p. 186, 25; 187, 1 u. 26. – **21** Arist. Rhet. I, 9, 1366b 1–3. – **22** Dionysii Halicarnasei quae volgo ferebatur Ars rhetorica, in: D.H. quae exstant VI, edd. H. Usener, L. Radermacher (1965) 260, 20–265, 6 – **23** Dion. Hal. Or. vet., De Lysia 7 (andere Lesart: ἐνέργεια, enérgeia). – **24** Dion. Hal. Comp. (epitome) VI, 20, 1. – **25** Dion. Hal. Or. vet., De Lysia 8 u. 19. – **26** Dion. Hal., De imitatione 2, 7 (ed. Radermacher, Usener p. 205, 14f.). – **27** ebd. 2, 11 (p. 206, 5–15). – **28** ebd. 3, 2 (p. 208, 10–14). – **29** Aelius Theon in: Rhet. Graec. Sp. Bd. 2, 77, 1–9. Hermog. Prog. 2, 6–10. Aphthonios in: Rhet. Graec. Sp. Bd. 2, 3, 12–17; Nikolaos [32] p. 6, 10–15; 7, 14 – 8, 6; 11, 6–7; Johannes Sardianus [16] p. 5, 15–8, 6; 34, 10–21; 35, 9–14. – **30** Theon [29] p. 78, 16–24; Aphthonios [29] p. 22, 8–10. – **31** Theon [29] p. 78, 24–27 u. 79, 11–19. – **32** ebd. p. 96, 18–21; Aphthonios [29] p. 23, 2–4; Nikolaos (Nicolaus ‹Sophista›): Progymnasmata, ed. J. Felten (1913) p. 19, 7–9. – **33** Theon [29] p. 96, 24–27; Hermog. Prog. 7, 6; Aphthonios [29] p. 26, 2–6; Nikolaos [32] p. 19, 13–15; 25, 7–9; Johannes Sardianus [16] p. 63, 3–16. – **34** Theon [29] p. 76, 34 – 77, 10 (zur Fabel als einer Sonderform der Erzählung) u. 94, 17–19; Nikolaos [32] p. 30, 15–17; Aphthonios empfiehlt nur die Anwendung der deliberativen Kriterien sowie der Dunkelheit und der Inkonsequenz; Johannes Sardianus [16] p. 74, 25–75, 12. – **35** Theon [29] p. 106, 22–27; Nikolaos [32] p. 36, 19–22 u. 41, 10–42, 2; Johannes Sardianus [16] p. 93, 20–24. – **36** Theon [29] p. 107, 18–25. – **37** ebd. p. 106, 11–15 u. 109, 12–18. – **38** Theon [29] p. 109, 19–22 et 112, 16–19.; Aphthonios [29] p. 35, 30 – 36, 5; Nikolaos [32] p. 48, 19–49, 1 u. 57, 9–13; Johannes Sardianus [16] p. 124, 1–7; 126, 23–25; 156, 21–22; Hermog. Prog. 14, 17- 15, 2 verwendet weiterhin ánthropos statt prósōpon. – **39** Theon [29] p. 110, 2. – **40** ebd. p. 112, 20f. – **41** ebd. p. 112, 23–113, 13. – **42** ebd. p. 113, 20–25. – **43** Hermog. 20, 6–9; Aphthonios [29] p. 44, 21–22. – **44** Hermog. Prog. 2, 11–3, 14, zit. bei Johannes Sardianus [16] p. 194, 9 – 195, 13. – **45** Theon [29] p. 60, 29; Hermog. Prog. 21, 6–9; Johannes Sardianus [16] p. 196, 6 – 197, 2. – **46** Hermog. Prog. 22, 7–8; Aphthonios [29] p. 46, 15–16; Nikolaos [32] p. 68, 8–12; Johannes Sardianus [16] p. 216, 17 – 217, 5. – **47** Theon [29] p. 118, 9–15 und 119, 24–25; Hermog. Prog. 22, 9–12; Aphthonios [29] p. 46, 14–19; Nikolaos [32] p. 68, 13 u. 15–16; Johannes Sardianus [16] p. 217, 6–9; 218, 21 – 219, 3; Libanios: Progymnasmata, in: Opera, ed. R. Foerster, Bd. 8 (1915) 477–479 ist ein Beispiel für die Schilderung der Trunkenheit. – **48** Nikolaos [32] p. 69, 4–11; Johannes Sardianus [16] p. 219, 7–10 u. 12–20. – **49** Aphthonios [29] p. 46, 25–29; Johannes Sardianus [16] p. 220, 12–24; anders Theon in Rhet. Graec. Sp. 2, 119, 22–27, der sich auf die deliberativen Kriterien beruft und daher eine mehr moralische als physische Sichtweise der P. vertritt. – **50** Theon [29] p. 120, 12–15; Hermog. Prog. 24, 3 – 25, 2; Aphthonios [29] p. 49, 22–30; Nikolaos [32] p. 71, 11–20; Johannes Sardianus [16] p. 231, 12 – 232, 2; 234, 18 – 237, 12. – **51** Hermog. Stat. 36, 5–6. – **52** ebd. 43, 10–11 u. 15. – **53** ebd. 29, 7f. – **54** ebd. 30, 12–16. – **55** ebd. 29, 14–16. – **56** ebd. 30, 10–12. – **57** ebd. 29, 16f. – **58** Anonymus Seguerianus 40–45. – **59** Hermog. Stat. 29, 17f. – **60** ebd. 29, 19–22. – **61** ebd. 29, 19–22. – **62** ebd. 29, 22–30, 2. – **63** ebd. 48, 18f.; 51, 13–16; 52, 1–5. – **64** ebd. 30, 2f. – **65** ebd. 45, 1–46, 3; Apsines 9, 21, ed. M. Dilts, G. Kennedy (Leiden 1997) p. 190, 22–24. – **66** Hermog. Inv. p. 142, 11–21. – **67** Hermog. Stat. p. 46, 24f. – **68** ebd. p. 50, 9–11. – **69** ebd. p. 49, 7 – 50, 19; Beispiel: Porphyrios in: Rhet. Graec. W. Bd. 4, 397, 14f. – **70** ebd. p. 50, 20 – 52, 5. – **71** ebd. p. 52, 6 – 53, 13. – **72** Apsines 10, 5, [65] p. 196, 1–25. – **73** ebd. 10, 7 u. 32f., [65] p. 198, 14 – 200, 4 u. 220, 19 – 222, 6. – **74** Anonymus Seguerianus 233; Apsines 10, 6, [65] p. 198, 1–13. – **75** Anonymus Seguerianus 198 u. 229–232; Apsines 10, 48–58, [65] 234–238. – **76** Arist. Rhet. III, 14, 1415a27; Anonymus Seguerianus 7; Nikolaos [32] p. 41, 21 – 42, 2. – **77** Hermog. Inv. p. 93, 5 – 94, 5; Apsines 1, 1, [65] p. 76, 3. – **78** ebd. 1, 35–42. – **79** Hermog. Inv. 2, 7, p. 122, 15 – 125, 2. – **80** Apsines 2, 1–10 (‹diánoia› und ‹gnṓmē›) haben be. Apsines offenbar dieselbe Bedeutung). – **81** Hermog. Inv. 117, 2 – 118, 19. – **82** ebd. 140, 15–19; Johannes Doxopatres in: Prolegomenon Sylloge, ed. H. Rabe (1931; ND 1995) p. 104, 18. – **83** Rufus in: Rhet. Graec. Sp. Bd. 1, p. 467, 20. – **84** Apsines 8, 2–6, [65] p. 176, 3–21. – **85** ebd. 6, 1–13, [65] p. 166, 8–171, 15. – **86** ebd. 7, 2, [65] p. 174 3–6. – **87** ebd. 7, 4, [65] p. 174, 10–15. – **88** Menander p. 77. – **89** ebd. p. 118. – **90** ebd. p. 140. – **91** Demetrios: De elocutione, ed. L. Radermacher (1901; ND 1967), p. 54, 22–25. – **92** Nikolaos [32] p. 4, 18–5, 1, übernommen von Johannes Sardianus [16] p. 237, 21–23 und Joh. Doxopatres [2] p. 124, 3–9; 545, 27–31. – **93** Tiberios in: Rhet. Graec. Sp. Bd. 3, p. 77, 5–25; Rufus, ebd. Bd. 1, p. 469, 26–29; Hermog. Inv. p. 133–136 Rabe; ders., Peri methodou deinotetos p. 438–440 Rabe. – **94** Apsines 5, [65] p. 150–167. – **95** Alexander in: Rhet. Graec. Sp. Bd. 3, p. 23, 29 – 24, 20. – **96** Phoibammon in: Rhet. Graec. Sp. Bd. 3, p. 49, 29 – 50, 2. – **97** Hermog. Id. p. 262, 15 – 263, 3 Rabe;.vgl. Hermog. Inv. p. 137, 9. – **98** Ps.-Long. Subl. 4, 7 zu Herodot V, 18. – **99** Hermogenes, Meth. 36, [93] p. 453, 18 – 455, 5. – **100** Ps.-Aristeides 1, in: Rhet. Graec. Sp. Bd. 2, p. 468, 23 – 469, 6. – **101** ebd. p. 492, 19. – **102** Hermog. Id. p. 255, 25–27 u. 260, 16 – 262, 2 Rabe. – **103** Hermog. Inv. p. 120, 4–17 Rabe. – **104** ders., Meth. 36, [93] p. 441, 16–18 u. 442, 10–21; der Begriff ‹periautología› erscheint bei Hermogenes nicht. – **105** Theon [29] p. 74, 25–30; vgl. M. Patillon (Hg.): Aelius Théon, Progymnasmata (Paris 1997) LV. – **106** z. B. Alexander Aphrodisias (A. Aphrodisiensis): In Aristotelis Sophisticos elenchos commentarium, ed. M. Wallis (1898) p. 126, 24. – **107** Themistios 251c, 263b, 274d, 275a. – **108** Kor 2, 1, 11. – **109** vgl. Art. ‹Person›, in: LThK² Bd. 8 (1963); Art. ‹Hypostase›, in: Dictionnaire de Théologie Catholique, Bd. 7 (Paris 1922), Sp. 369–437. – **110** Johannes Sardianus [16] p. 5, 14–15. – **111** ebd. p. 11, 7–14; 34, 10–21. – **112** Plat. Pol. III, 392d-394d. – **113** Arist. Poet. 3, 1448a 19–24. – **114** Nikolaos [32] p. 12, 7–17. Johannes Sardianus [16] p. 17, 9–16. Die Bezeichnung ‹dramatisch› wird bei den Rhetoren römischer Zeit auf die mythologische Erzählung angewandt. – **115** Johannes Sardianus [16] p. 4, 15–22. – **116** ebd. 82, 3–8. – **117** ebd. 76, 22 – 77, 2. Hermog. Prog. 14, 8 zählt das *prépon* unter die anzuwendenden Kriterien. – **118** Nikolaos [32] p. 38, 2–19. – **119** Johannes Sardianus [16] p. 194, 1 – 196, 6; 197, 2–7; 198, 18 – 199, 2. – **120** in: Rabe (Hg.) [82] 58, 6–23. Anonymus, ebd. 327, 10–11. – **121** Johannes Sardianus [16] p. 231, 6–12; 234, 15–18. – **122** Apsines 5, 9, [65] p. 154, 25–26. – **123** Johannes Sardianus [16] p. 15, 16–16, 12; 70, 1–8; 79,15–22; 85, 7–14. – **124** Nikolaos [32] p. 6, 21–7, 1. – **125** Anonymus, in: Rabe (Hg.) [82] p. 320, 25 – 26. – **126** Markellinos, in: Rhet. Graec. W. Bd. 4, 84, 1–86, 19; Troilos, ebd. Bd. 6, 54. – **127** Syrianos/ Sopatros in Rhet. Graec. W. Bd. 4, 117, 27–118, 7. Nach Markellinos ebd. Bd. 4, 120, 19–23, hat Polemon diese Beobachtung gemacht. – **128** Syrianos/ Sopatros [127] 120, 5–9. – **129** Syrianos [127] 86, 25–26 und 87, 3–4. – **130** Markellinos [126] 89, 3–11. – **131** Sopatros [127] 111,4–20; 116, 15–24; Bd. 5, 40, 18–42, 10; 48, 9–49, 1; 50, 20–28. – **132** ebd. 91, 1–4; Tzetzes, in: Rhet. Graec. W. Bd. 3, 674, 9–14. – **133** Syrianos [127] 90, 11–13; Markellinos [126] 93, 13–19. – **134** Syrianos [127] 91, 7; Markellinos [126] 96, 4. – **135** Syrianos [127] 93, 24–94, 2. – **136** Sopatros [127] 95, 5–16; Bd. 5, 42, 24–30. – **137** ebd. 98, 17–18. – **138** Hermog. Stat. p. 29, 18. – **139** Syrianos [127] 97, 18–98, 10; Sopatros ebd. 99, 2–11; Markellinos ebd. 99, 24–100, 17; Planudes ebd. Bd. 5, 239, 18–27; Tzetzes ebd. Bd. 3, 675, 24–676, 2. – **140** Markellinos [126] 103, 4–7. – **141** Sopatros in: Rhet. Graec. W. Bd. 5, 45, 14f. – **142** ebd. 45, 23–24 – **143** ebd. 46, 15–17. – **144** Markellinos [126] 103, 7–10; Sopatros, ebd. 101, 14–24; Bd. 5, 45, 25–46, 17; Syrianos, ebd. Bd. 4 97, 10–16. – **145** Markellinos [126] 103, 7–10; Sopatros, ebd. 101, 11–14; Tzetzes, ebd. Bd. 3, 676, 10–12. – **146** Syrianos [127] 100, 29–101, 4. – **147** Markellinos [126] 103, 3–4. – **148** ebd. 102, 22–103, 3. – **149** ebd. 105, 14–18; Sopatros, ebd. Bd. 5, 46, 18–23. – **150** Syrianos [127] 90, 2–5, der zu denken scheint, daß ein Redner sein eher «ethisch» sei (Nr. 4) als «appellativ», d. h. P. durch die Funktion definiert (Nr. 7). – **151** Markellinos [126] 92, 13–16; 123, 3–5; Sopatros, ebd. Bd. 5, 47, 6–22; Tzetzes ebd. Bd. 3, 674, 3–6. – **152** Syrianos/ Sopatros [127] 226, 16–227,12. – **153** ebd. 121, 19–26; Sopatros, ebd. Bd. 5, 52, 3–5 und 24f. – **154** Syrianos/ Sopatros [127] 121, 22–26; Sopatros, ebd. Bd. 5, 52, 5–9. – **155** Syrianos [127] 216, 9–18; 219, 1–7; Sopatros, ebd. Bd 8, 98, 12–100, 18. – **156** zu den Themen mit *prosangelía*, s. B.: La tradition hellénique chez Libanios (Paris u.a. 1984), Bd. 2, 586–594; D. A. Russell: Greek Declamation (Cambridge 1983) 35–37; 63–65; 91–96; 140; D. Innes, M. Winterbottom: Sopatros the Rhetor (London 1988) 236. – **157** Syrianos/ Sopatros [127] 121, 22–26. – **158** Anonymi et Stephani In Artem rhetoricam commentaria, ed. H. Rabe, (= Commentaria in Aristotelem Graeca, Bd. 21) (1896) p. 225, l. 20–25; Arist. Rhet. III, 1414a 22–28. – **159** Stephanos [158] 312, 18–23; vgl. Aristophanes: Thesmophoriazusen Vv. 1001–1007. – **160** Stephanos [158] 158, 21–160, 7; 162, 9; Arist. Rhet. III, 1403b 27–35. – **161** Stephanos [158] p. 17, l. 34; Arist. Rhet. I, 1361a 19–23. – **162** Varro: De lingua Latina VII, 20 «cum personarum natura triplex esset, qui loqueretur, ad quem, de quo». – **163** vgl. M. Fuhrmann: P., ein röm. Rollenbegriff, in: O. Marquard, K. Stierle (Hg.): Identität (1979) 83–106; ders.: Art. ‹Person›, in: HWPh VII (1989) 269–283; Ch. Gill: Art. ‹Person›, in: DNP IX (2000) 620f.; – **164** Cicero: Pro Quinctio 45. – **165** Cic, Part. 55; De Or. I, 245; Or. 85. – **166** Auct. ad Her. I, 8 – **167** Cic. Inv. I, 22. – **168** Cic. De or. II, 321f.. – **169** Cic. Inv. I, 27 – **170** Sextus Empiricus: Adversus grammaticos 257–262. – **171** Cic. Inv. I, 34–36. – **172** ebd. 28–37. – **173** Auct ad Her. II, 5 – **174** Quint. V, 10, 23–31. – **175** Marius Victorinus: Rhetorica I, 24, in: Rhet. Lat. min. p. 214. – **176** Fortun. Rhet. II, 1. – **177** Cic. Inv. II, 177. – **178** Plat. Gorg. 447c. – **179** Arist. EN 1098b. – **180** Cic. Inv. II, 159–165. – **181** Auct. ad Her. I, 2. – **182** ebd. III, 10–15. – **183** dazu auch Cic. De or. II, 342–348, Part. 70–82; Quint. III, 7.

Literaturhinweise:
J. van Wageningen: P., in: Mnemosyne 35 (1907) 114–118. – A. Friedländer: «Persona», G.L. II (1910) 164–168. – E. Latte: Glossographica, in: Philologus 80 (1925) 136–175 – H. Rheinfelder: Das Wort ‹P.› (1928). – F. Altheim. Persona, in: Archiv f. Religionswiss. 27 (1929) 35–52. – P. Ghiron-Bistagne: L'emploi du terme grec ‹prosopon› dans l'Ancien et le Nouveau testament, in: Mélanges, ed. Delebecque (Aix/ Marseille 1983) 157–174.

B. Schouler, Y. Boriaud/M. St., Th. Z.

→ Biographie → Epideiktische Beredsamkeit → Ethos → Image → Inventio → Personifikation → Sermocinatio → Statuslehre → Topik → Topos

Personifikation (griech. προσωποποιία, prosōpopoiía, προσωποποίησις, prosōpopóiēsis; lat. prosopopoeia, conformatio, deformatio, effiguratio, personarum ficta inductio, fictio personae; dt. auch Personbildung, Personendichtung, Prosopopöia; engl. personification, prosopopey, prosopopoeia; frz. personnification, prosopopoée; ital. personificazione, prosopopea)

A. P. bezeichnet vor allem seit dem 18. Jh. die Darstellung oder Deutung besonders von Abstrakta, aber auch unbelebten Konkreta, Pflanzen, Tieren und Kollektiven als Wesen, die individuell denken, handeln und wollen können. Vor allem bei der P. menschlicher Gemeinschaften ergeben sich Abgrenzungsprobleme zum Repräsentanten, zum Typus sowie zur Synekdoche und zum Symbol im Goetheschen Sinn. Die Linguistik nennt auch lexikalisch verfestigte Körpermetaphern wie ‹Tischbein› P. [1] Philosophische und theologische Bedeutung hat die P. als Ausdruck eines dem Menschen eigentümlichen mythologischen oder religiösen Weltbezugs. Wichtig ist die P. daher für die Entstehung von Religionen im allgemeinen und im besonderen für den Poly- sowie den Monotheismus im Gegensatz zu der Auffassung des Numinosen als Objekt (Mana). [2] Gegenstand ästhetischer Debatten ist die P. seit dem 18. Jh. besonders in ihrer Ausprägung als bildkünstlerisch dargestellte Personifikationsallegorie oder als Teil meist narrativ strukturierter allegorischer Texte. Darüber hinaus findet sie sich häufig in metaphorischer oder metonymischer Verwendung. Allgemeine Bestimmungen der P. als Sonderform der Allegorie oder der Metapher sind jedoch heute nicht mehr haltbar.[3]

Die rhetorischen Quellenschriften erörtern das mit P. Gemeinte gewöhnlich unter dem Rubrum ‹Prosopopoeia›. Die humanistische Lehnbildung *personificatio*, die sich zuerst bei STEPHANUS[4] als Übersetzung des in mittellateinischen Quellen nur einmal belegten *prosōpopoíēsis* findet, scheint in der Frühen Neuzeit keine weitere Verbreitung gefunden zu haben. Die entsprechenden volkssprachigen Formen werden von historischen Wörterbüchern erst durch Belege des 18. Jh. nachgewiesen.[5] Daß zumindest im Deutschen das Lexem ‹P.› auch in dieser Zeit nicht verbreitet war, belegt das Fehlen eines entsprechenden Lemmas in wichtigen Nachschlagewerken aus der zweiten Hälfte des 18. Jh. und dem frühen 19. Jh., die nur ‹Personendichtung› jeweils zur Wiedergabe von *prosopopoeia* kennen.[6] Die rhetorische Tradition setzt noch nicht den erst seit dem Idealismus gebräuchlichen philosophischen Begriff ‹Person› voraus, sondern nur das Verständnis der ‹Persona› (griech. πρόσωπον, *prósōpon*) als ursprünglich theatralische ‹Maske› oder ‹Rolle›.[7] Die Auffassung der *prosopopoeia* als dramatische Fiktion hat zur Folge, daß es zwar gebräuchlich ist, sie als P. von erfundenen Reden natürlicher Personen (*sermocinatio*, *ethopoeia*; griech. ἠϑοποιία, *ēthopoiía*) abzugrenzen. Da aber *prosopopoeia* primär die Zuschreibung der Fähigkeit zu reden oder deren Produkt bezeichnet, kann der Begriff auch mehr einschließen als die bloße P. und alle Arten fiktiver Reden abdecken. Daneben wird die P. mit den vorgeblichen Verlautbarungen Verstorbener oder erfundener Menschen identifiziert und als irreale Sprechsituation gegen die möglichen erdachten Worte Lebender abgegrenzt. Ihren Ort im rhetorischen System bekommt die *prosopopoeia* meist unter den Gedankenfiguren zugewiesen. Doch heißt auch eine vollständige, vor allem zu Übungszwecken verfaßte fiktive Rede *prosopopoeia*. Als ihre Funktion wird gewöhnlich das Wecken starker Affekte angegeben, so daß im Französischen *prosopopée* sogar jede pathetische Rede bezeichnen kann.[8] Der Poststrukturalismus sucht dort Anschluß an die rhetorische Theorie, wo er in der *prosopopoeia* den «Text als 'Stimme'» erkennt.[9]

B. Die Prägung des Begriffs *prosopopoeia* wird dem *Hellenismus* zugeschrieben.[10] Der älteste Beleg findet sich bei PSEUDO-DEMETRIOS. Die *prosopopoeia* wird dort den Gedankenfiguren zugerechnet und schließt sowohl die P. als auch die Einführung von Reden der Vorfahren und der Väter ein.[11] Doch geht auch hier die Praxis der Begriffsbildung weit voraus. Schon CAMERARIUS war der Auffassung, P. fänden sich bereits bei Homer.[12] Allerdings stellt sich noch bei den poetischen Zeugnissen des archaischen Griechentums das Problem, wie die P. als reflektiert gebrauchtes dichterisches Mittel von der unkritisch vollzogenen Anthropomorphisierung der Welt im mythischen Denken abzugrenzen sei.[13] Zweifelsfrei gebrauchen dann die Sophisten die ‹P.› als Kunstmittel, etwa PRODIKOS VON CHIOS bei der Gestaltung des Rede-Agons, den die P. von Tugend und Laster vor Herakles am Scheidewege aufführen.[14] Der terminologischen Fixierung der *prosopopoeia* im Hellenismus folgt die Behandlung fiktiver Reden in nahezu sämtlichen rhetorischen Quellenschriften. Der AUCTOR AD HERENNIUM kennt die *sermocinatio*, «wenn irgendeiner Person eine Rede in den Mund gelegt [...] wird»[15], und die *conformatio*, «wenn eine nicht anwesende Person vorgespielt wird, als sei sie anwesend, oder wenn eine stumme oder gestaltlose Sache die Redegabe erhält».[16] CICERO hingegen, der in seiner eigenen oratorischen Praxis, vor allem in der ersten Rede gegen Catilina später viele bemühte Muster der P. bietet[17], differenziert die «fingierte Einführung von Personen»[18] nicht weiter. QUINTILIAN will nicht zwischen der *prosopopoeia*, die er den Gedankenfiguren zurechnet, als P. und der *sermocinatio* als erfundener Rede von Menschen unterscheiden, sondern beide unter ersterer zusammenfassen.[19] Besondere Bedeutung mißt er der P. zu Übungszwecken innerhalb der rhetorischen Ausbildung zu.[20] In tatsächlich gehaltenen Reden hält er sie als Element der *narratio* für erlaubt[21]; sie sei jedoch im Prooemium nicht zu gebrauchen[22], umso mehr jedoch, der affektiven Wirkung auf die Urteilsbildung des Richters halber, in der *peroratio*.[23] Auch RUTILIUS LUPUS subsumiert der *prosopopoeia* sowohl P. als auch erfundene Reden von Menschen.[24] AQUILA ROMANUS versteht sie hingegen als objektiv unmöglich zu haltende Rede, wenn er ihr die Verleihung der Sprachgabe an das Gemeinwesen oder an Verstorbene zurechnet.[25] Für PSEUDO-RUFINIANUS wiederum handelt es sich allgemein um die Nachahmung der Rede einer anderen Person[26], während die SCHEMATA DIANOEAS darunter wiederum nur die vorgebliche Verlautbarung einer unbelebten Sache oder eines Verstorbenen verstehen.

In *Spätantike* und *frühem Mittelalter* faßt PRISCIAN nur die P. als *prosopopoeia* auf[27], ebenso ISIDOR.[28] Dieses Verständnis legen auch die Poetiken zugrunde.[29] Unter den Autoren der *frühen Neuzeit* betrachtet SCALIGER die *prosopopoeia* als rhetorische im Gegensatz zur poetischen P., die nicht nur dann vorliege, wenn einem stummen Gegenstand die Redegabe verliehen werde, sondern auch dann, wenn sie als zur Wahrnehmung fähig geschildert werde.[30] PUTTENHAM rechnet hingegen Reden erfundener Personen wie auch P. zur *prosopopoeia*[31], während sie für PEACHAM nur im Falle der letzteren gegeben ist.[32] MEYFART spricht von *prosopopoeia*, «wenn der Redener einer andern Person Ampt auff sich nimmet/und in derselbigen Namen das Wort tut: oder auch wol leblose Ding einführet und jhnen das Wort redet.»[33] Für LAMY ist die *prosopopoeia* Ausdruck heftiger Emotion und umfaßt die Reden Verstorbener und von unbelebten Dingen wie etwa Felsen.[34] In deutschen Wörterbüchern des 18. und frühen 19. Jh. wird nur die P. als *prosopopoeia* verstanden. Sie sei nach ZEDLER dort gegeben, «da man leblosen Dingen die Eigenschafften lebendiger Personen beyleget»[35], oder auch nur, wenn ihnen «solche Eigenschaften beygeleget werden, welche nur Personen, d. i. vernünftig denkenden Wesen zukommen».[36]

Für die ästhetische Erörterung der P. in der Goethe-Zeit ist hingegen zweierlei kennzeichnend: die Identifikation von P. und Allegorie[37] insbesondere in der Form der P.-Kritik als Allegorie-Kritik, sowie – dem ‹Plastischen Ideal› der Zeit folgend[38] – die Behandlung poetologischer Fragen anhand von Gegenständen und Begriffen aus der bildenden Kunst. Für das Weiterleben der P. als dichterisches Mittel im 19. und 20. Jh. von wesentlicher Bedeutung wird die Politisierung von Literatur (z.B. ‹Deutschland ist Hamlet›[39] oder ‹O Deutschland, bleiche Mutter!›[40]), flankiert vom Aufkommen neuer bild-, teilweise auch gebrauchskünstlerischer Gattungen wie Nationaldenkmäler, Karikatur und Wahlplakat, die vor allem Staaten, Völker und Klassen zum Zweck der Identitätsbildung oder der Agitation personifizieren. Die Frage, ob P. in der Literatur des 20. Jh. generell als Ausdruck eines vorkritischen Bewußtseins die Moderne verfehle, wurde u.a. anhand des Werks von G. Heym diskutiert.[41]

Anmerkungen:
1 B. Schaeder: Art. ‹P.›, in H. Glück (Hg.): Metzler Lex. Sprache (1993) 460. – 2 C.-M. Edsman: Art. ‹P.›, in RGG³ Bd.5 (1961) Sp.235f.; Th. Mahlmann: Art. ‹P.›, Personifizierung, in: HWPh, Bd.7 (1989) Sp.341–345. – 3 Chr. Meier: Überlegungen zum gegenwärtigen Stand der Allegorie-Forschung. Mit besonderer Berücksichtigung der Mischformen, in: Frühma. Stud. 10 (1976) 1–69, hier 58–64; Th. E. Maresca: Personification vs. Allegory, in: K.L. Cope (Hg.): Enlightening Allegory (New York 1993) 21–39. – 4 H. Stephanus: Thesaurus Graecae Linguae ... post editionem Anglicam, Bd. 6, 3 (Paris 1842) Sp. 205f. – 5 Grimm, Bd. 13 Sp. 1566; The Oxford English Dictionary, Bd. 11, (Oxford 1989) 604f.; A. Rey (Hg.): Dictionnaire Historique de la Langue Française (Paris 1992) 1488. – 6 J.Chr. Gottsched: Handlex. oder Kurzgefaßtes Wtb. der schönen Wiss. und freyen Künste (1760) Sp. 1274f.; J.Chr. Adelung: Grammatisch-hist. Wtb. der Hochdt. Mundart, Dritter Theil (1798) Sp. 693; J.H. Campe: Wtb. der Dt. Sprache, Dritter Theil (1809) 601. – 7 M. Fuhrmann: Persona, ein röm. Rollenbegriff, in: ders.: Brechungen (1982) 21–46, 199–206. – 8 Rey [5]. – 9 B. Menke: Prosopopoiia. Die Stimme des Textes – die Figur des «sprechenden Gesichts», in: G. Neumann (Hg.): Poststrukturalismus. Herausforderung der Literaturwiss. (1997) 226–251, hier 227. – 10 K. Reinhardt: Personifikation und Allegorie, in: ders. Vermächtnis der Antike (1960) 7–40, hier 9. – 11 Ps.-Demetr. Eloc. 265f. – 12 J. Camerarius: Elementa rhetoricae (Basel 1541) 170. – 13 F. Stößl: P., in: RE, Bd. 37, Sp. 1042–1058, hier 1052. – 14 Xenophon, Memorabilien II, 1, 21–34. – 15 Auct. ad Her. IV, 52, 65. – 16 ebd. IV, 53, 66. – 17 Cicero, Catilina I, 18; I, 28f. – 18 Cic. De or. III, 205. – 19 Quint. IX, 2, 31. – 20 ebd. II, 1, 2; II, 8, 49–54. – 21 ebd. IV, 2, 106f. – 22 ebd. IV, 1, 28. – 23 ebd. VI, 1, 25–27 – 24 Rutilius Lupus in: Rhet. Lat. min. 15, §6. – 25 Aquila Romanus in: Rhet. Lat. min. 23, §3. – 26 ebda. 62, §14. – 27 Schemata dianoeas in: Rhet. Lat. min. 557, 27–558, 27. – 28 Isid. Etym. II, 21, 45. – 29 Galfrid von Vinsauf: Poetria nova, 460–526, in Faral 211–213; Eberhardus Alemannus: Laborintus 321–323, in Faral 347f. – 30 Scaliger Bd. II, (1994) 425. – 31 G. Puttenham: The Arte of English Poesie. (1589 ND London 1869) 246. – 32 Peacham 134f. – 33 Meyfart 387. – 34 E. Lamy: La Rhetorique, ou l'art de parler (ND Brighton 1969) 128f. – 35 Zedler Bd. 22, Sp. 938. – 36 Adelung [6] Vierter Theil, Sp. 693. – 37 Meier [3] 58f. – 38 B. Rupprecht: Plastisches Ideal und Symbol im Bilderstreit der Goethezeit, in: Probleme der Kunstwiss. 1. Bd.: Kunstgesch. und Kunsttheorien im 19. Jh. (1963) 196–230. – 39 F. Freiligrath: Hamlet, in: ders., Werke. Zweiter Teil, hg v. J. Schwering (1909) 71f. – 40 B. Brecht: Deutschland, in: Werke Bd. 11, Gedichte 1 (1988) 253f. – 41 K. Mautz: Mythologie und Ges. im Expressionismus. Die Dicht. G. Heyms (1961) 1–73, 81–85.

Literaturhinweise:
L. Deubner: P. abstrakter Begriffe, in: W.H. Roscher: Ausführliches Lex. der griech. und röm. Mythologie, Bd. 3, Abt. 2 (1902/09) Sp. 2068–2169 – H. Bausinger: Allegorie, in: Enzyklop. des Märchens, Bd. 1 (1977) Sp. 320–323. – J. Engemann: Art. ‹P.›, in: LMA Bd. 6 (1993) Sp. 1905f. – Ch. Huber: Die personifizierte Natur. Gestalt und Bedeutung im Umkreis des Alanus ab Insulis und seiner Rezeption, in: W. Harms, K. Speckenbach, H. Vögel (Hg.): Bildhafte Rede in MA und früher Neuzeit. Probleme ihrer Legitimation und ihrer Funktion (1992). – Chr. Kiening: P. Begegnungen mit dem Fremd-Vertrauten in ma. Lit., in: H. Brall, B. Haupt, U. Küsters (Hg.): Personenbeziehungen in ma. Lit. (1994) 347–387. – B. Menke: Allegorie, P., Prosopopöie. Steine und Gespenster, in: E Horn, M. Weinberg (Hg.): Allegorie, Konfigurationen von Text, Bild und Lektüre (1998) 59–73. – A. Shapiro: Art. ‹P.›, in DNP, Bd. 9 (2000) 639–647.

V. Hartmann

→ Allegorie → Ethopoeia → Figurenlehre → Fiktion → Mimesis → Mythos → Sermocinatio

Perspicuitas (lat. auch explanatio, nlat. auch claritas, mlat. planities; griech. σαφήνεια, saphéneia; dt. Deutlichkeit, seit 1785 [Adelung] auch und im 20 Jh. überwiegend Klarheit; engl. clarity; frz. clarté; ital. chiarezza)
A.I. Def. – II. Bezeichnungen. – B. Geschichte: I. Antike. – II. Christianisierung und Mittelalter. – III. Frühe Neuzeit. – IV. Aufklärung und Folgezeit. – V. Die französische Klarheit.

A.I. *Def.* P. ist das prominenteste Stilprinzip. In der antiken Rhetorik ist sie als solches seit dem 4. Jh. v.Chr. verankert, und zwar stärker und überwiegend höherrangig als die anderen Prinzipien. Ähnlichen Stellenwert beansprucht sie in der neueren Stilistik Vor den übrigen Prinzipien unterscheidet sie sich durch ihre Nähe zur Logik. In der Neuzeit gilt sie auch als Erkenntnis- und Denkprinzip.

In der Schule des ISOKRATES und in der ihr verpflichteten, dem ANAXIMENES zugeschriebenen ‹Rhetorik an Alexander› erscheint P. als eines von drei Gestaltungsprinzipien (neben Kürze und Wahrscheinlichkeit) für den Redeteil *narratio*, also für die Schilderung des insbesondere vor Gericht zu verhandelnden Sachverhalts.[1] ARISTOTELES erhebt sie in seiner ‹Poetik› und ‹Rhetorik› zum beherrschenden, allgemeingültigen Stilprinzip (ἀρετὴ τῆς λέξεως, areté tēs léxeōs; *virtus elocutionis*).[2] Auch in seinen dialektischen Schriften erörtert er sie, dort vor allem als Definitionsgrundlage.[3] In der Folgezeit wird die P. gleichermaßen als *narratio*-Forderung wie als generelles Stilprinzip diskutiert.

Als letzteres behauptet sie ihren Platz in unterschiedlichen Ordnungssystemen. Für den Aristoteles-Schüler THEOPHRAST und danach für CICERO [4] und QUINTILIAN [5], der ihr ein eigenes Kapitel widmet [6], ist sie eines von vier Stilprinzipien (neben Angemessenheit, Sprachrichtigkeit und rhetorischem Schmuck). In der anonymen ‹Rhetorik an Herennius› (1. Jh. v.Chr.), die das Mittelalter Cicero zuschreibt und als Hauptquelle der Rhetorik nutzt, ist sie, als *explanatio* bezeichnet, eine von zwei Teilforderungen (neben *Latinitas*) des Oberprinzips *elegantia* [7], dem sich *conpositio* und *dignitas* als weitere Prinzipien hinzugesellen. Der Grieche HERMOGENES (2. Jh. n.Chr.) behandelt P. als erstes von sieben Stilprinzipien, die er ‹Ideen› nennt und durch zusätzliche Unterscheidungen anreichert.[8] Sein System wird im griechisch-byzantinischen Kulturraum maßgebend und erreicht durch GEORG VON TRAPEZUNT in der frühen Neuzeit auch Westeuropa.

Mit den übrigen Stilprinzipien überschneidet sich die P. teilweise. Besonders eng ist die Beziehung zur *Sprachrichtigkeit* bzw. *-reinheit* (*puritas*). Von ARISTOTELES [9] als Bestandteil der P. erläutert, von THEOPHRAST, wie gesagt, zu einem eigenen Stilprinzip verselbständigt, wird die *puritas* bis in die neueste Zeit der P. teils unter-, teils neben-, teils auch übergeordnet. *Kürze*, in der antiken Stoa den Stilforderungen des Theophrast als fünftes Prinzip hinzugefügt und üblicherweise als möglichst bündige Sachdarstellung, aber auch als geringe Satzlänge begriffen, wird vielfach als Teilaspekt der P. verstanden, kann diese als *obscura brevitas* (dunkle Kürze) [10] aber auch gefährden. Lockere Koalitionen bildet die P. mit den neuzeitlichen Prinzipien der *Einfachheit* bzw. *Natürlichkeit* (18. Jh.), der *Objektivität* (19. Jh.) und der *Sachlichkeit* (20. Jh.).

Inhaltlich gesehen, ist ‹P.› ein Sammelbegriff für Textelemente, die dem besseren Verstehen dienen. Die für die Bedeutung der P. und für deren Entwicklung wichtigsten Elemente sind 1. Eindeutigkeit, 2. gute Anordnung, 3. hinreichende Ausführlichkeit bzw. Detailgenauigkeit,

4. Anschaulichkeit, 5. Ungewöhnlichkeit bzw. ästhetischer Glanz, 6. Verständlichkeit. Die Komponenten 1 und 2 sind genuin sprachlogisch; 3 ist primär sachorientiert; 4, 5 und 6 sind Wirkungskategorien.

Ausgangs- und Kernpunkt ist die Eindeutigkeit bzw. Unmißverständlichkeit der Aussage und der sie tragenden Begriffe, die Absage an Amphibolie bzw. Ambiguität. Dies betrifft das Einzelwort in seiner lexikalischen Bedeutung, aber auch in seiner grammatischen Funktion. Ein Beispiel von unklarem Kasus sind E.M. ARNDTS Verse «Soweit die deutsche Zunge klingt | und Gott im Himmel Lieder singt». «Nietzsche hat voller Bosheit [...] behauptet, sie könnten nur bedeuten, daß Gott im Himmel sitze und Lieder singe».[11] Arndt meint jedoch «Gott» als Dativ.

Als zweites Kernelement gilt seit der Antike die plausible Anordnung der Wörter im Satz wie auch der Satzbzw. Gedankenfolge und der gesamten Textgliederung, der sogenannte *rectus ordo*[12] oder, wie HORAZ sagt, *lucidus ordo*.[13] Die klare Wortfolge im Satz wird gern als natürliche Anordnung (*ordo naturalis*) verstanden. Der Wunsch nach P. im Sinne einer natürlichen Reihenfolge erstreckt sich auch auf die besprochenen Sachverhalte, z.B. in einer Erzählung.

Eindeutigkeit und bestmögliche Anordnung sind logisch-diskursive Elemente, die den Grundbestand der P. ausmachen und ihre Nähe zur Logik begründen. Auf diese Mindestausstattung beschränkt, ist P. ein Basisprinzip, das vor allem bei einfachen Sachverhalten und in Gebrauchstexten Beachtung verlangt. In dieser Form hat sie eine Affinität zum niederen Stil, zur juristischen Praxis und zur wissenschaftlichen und sonstigen Sachprosa.

Hinreichende Detailliertheit, die in der älteren ‹P.›-Übersetzung ‹Deutlichkeit› mehr als in ‹Klarheit› zum Ausdruck kommt, ist ein primär sachbezogenes Merkmal, das in der Stilistik eher beiläufig diskutiert wird. Sie ist, wie ARISTOTELES[14] und im Hinblick auf Satzlängen schon PLATON bemerken[15], letztlich jedoch wichtiger als die bereits angesprochene Kürze, die als Nachbarprinzip der P. wie auch in ihrer Beanspruchung als deren Teilelement traditionell mehr Aufmerksamkeit auf sich zieht. Die hinreichende Detailliertheit sorgt für eine angemessene Balance zwischen übertriebener Kürze und ausladender Breite, die als Grundlage größtmöglicher Verständlichkeit auch durch neuere kommunikationspsychologische Untersuchungen bestätigt wird[16], und vermittelt so die für Entscheidungen erforderliche Sachkenntnis. Das betrifft vor allem den Redeteil *narratio* und die dortige Beschreibung von Vorgängen, die eine «Intensivierung der ‹Klarheit› und der ‹Wahrscheinlichkeit›» erfordert.[17] QUINTILIAN formuliert als Regel, den jeweiligen Sachverhalt so kurz wie möglich, aber auch so ausführlich wie nötig zu schildern.[18] Dies ist heute vor allem im Rechtswesen, aber auch in Verwaltung und Geschäftsverkehr sowie in der Sachliteratur ein allgemein anerkannter Grundsatz.

Die auf Eindeutigkeit und bestmögliche Anordnung gegründete P. eignet sich, wie gesagt, primär für nüchterne Sachprosa. Im Umkreis höherer Gegenstände und wirkungsmächtiger Ziele erscheint sie weniger erforderlich. Hier ist teilweise eher das Gegenteil erwünscht. Für erhabene Dichtung, insbesondere für die Lyrik, gilt seit dem 18. Jh. Dunkelheit (*obscuritas*) geradezu als charakteristisch. Andererseits schlägt sich der Wunsch nach anspruchsvoller Sprachkunst auch in der Diskussion der P. nieder. In der Antike eher miterörtert als begrifflich integriert, verfestigt er sich in der Neuzeit teilweise zu einem wesentlichen Element der P. Diese, so berichtet jedenfalls J.H. ALSTED 1630 unter Berufung auf B. KECKERMANN, sei eine doppelte («Perspicuitas orationis duplex est») gemäß dem Unterschied von sinnlicher und rationaler Erkenntnis («respectu cognitionis sensitivae, vel intellectivae»).[19] Ähnlich ergänzt KANT «die *discursive* (logische) *Deutlichkeit durch Begriffe*» um «eine *intuitive* (ästhetische) *Deutlichkeit durch Anschauungen*».[20] Diese sinnliche P. entspricht dem heutigen Stilprinzip ‹Anschaulichkeit›.

Ihr zuzurechnen sind die traditionellen Mittel des Vor-Augen-führens, also Metaphern und Vergleiche sowie – laut Kant – «Beispiele oder andere Erläuterungen»[21], vor allem jedoch die auch als eigenes Stilprinzip auffaßbare[22] Technik anschaulicher Vergegenwärtigung von Abwesendem oder Vergangenem (Hypotypose, *evidentia*). Diese berührt sich mit der Komponente der hinreichenden Detaillierung, vermittelt jedoch nicht sachliche Information wie diese, sondern ein eindrucksvolles Gesamtbild. QUINTILIAN subsumiert die *evidentia* der P., meint aber auch, sie gehe über P. hinaus.[23] Wenn der Begriff ‹P.› bzw. ‹Klarheit› dem Anspruch auf Eindeutigkeit, den er verkörpert, selber nicht gerecht wird, so liegt dies vor allem an der divergierenden Zurechnung der sinnlichen Komponente.

Mit den genannten Verfahren gilt die Veranschaulichung in der Antike weniger als Stilprinzip denn als zentraler Bereich des Redeschmucks. Aber auch andere rhetorische Figuren von eindrücklicher Wirkung spielen im Zusammenhang der P. eine Rolle. Deshalb ist es angebracht, die Ungewöhnlichkeit bzw. rhetorische Brillanz neben der Anschaulichkeit als eigene Komponente der P. zu betrachten. Gegenüber der logisch-diskursiven, als Mindestmaß erforderlichen P., der «clarté primitive», wie sie mit JOUBERT genannt werden kann[24], erzielen die Techniken des Vor-Augen-Führens wie überhaupt des Redeschmucks einen ästhetischen Mehrwert, den CICERO mit dem Adjektiv *clarus*, Quintilian auch mit dem Substantiv *claritas* ausdrücken.[25] *Claritas* ist in der antiken Rhetorik mit P. also nicht gleichzusetzen, bezeichnet vielmehr deren glanzvolle Variante.

Die neuzeitliche Ausrichtung der Stilistik an der Erkenntnistheorie führt zu einer eher umgekehrten Bewertung der Veranschaulichungstechniken, zu ihrer Ablösung von der klassischen *claritas*. Der Philosoph CHR. WOLFF und seine Schüler begreifen, an LEIBNIZ anknüpfend, die sinnliche Erkenntnis als 'unteres', weniger vollkommenes Vermögen in ausdrücklicher Abgrenzung vom 'oberen', begrifflich-rationalen Denken. A.G. BAUMGARTEN wertet diese 'untere' Erkenntnis auf, indem er sie zur Grundlage der von ihm um 1750 eingeführten Ästhetik erklärt. Die sinnliche P. bzw. ‹Anschaulichkeit› wird im Zuge antihöfischer Verbürgerlichung nun aber weniger mit rhetorischem Glanz als mit Einfachheit und Natürlichkeit assoziiert.

Eher unproblematisch ist das Verhältnis von P. und Verständlichkeit. Wenn eine Rede oder Schrift klar und verständlich (*intelligibilis*) sein soll, so bezeichnet die erste Eigenschaft üblicherweise die Textqualität, die zweite deren kommunikative Ausrichtung. Verständlichkeit ist aber auch als Teilaspekt der P. begreifbar. In der früheren Übersetzung ‹Deutlichkeit› steht dies sogar im Vordergrund, denn ‹deuten› hat die Ausgangsbedeutung ‹volksverständlich machen›.[26]

Mit der Hinwendung zu kommunikativem Sprechen und Schreiben um 1970 hat sich der Interessenschwerpunkt von der P. (Klarheit) zur Verständlichkeit verlagert. Die Verständlichkeitsforschung der letzten Jahrzehnte erkundet die Bedingungen des Verstehens und ermittelt Meßwerte zu alters-, bildungs- und situationsspezifischer Verständlichkeit, z.B. im Hinblick auf Satzlängen.[27]

Anmerkungen:
1 vgl. Quint. IV, 2, 31; ähnlich schon Auct. ad Her. I, 14; Cic. Or. 122. – **2** Arist. Poet. 22; Rhet. III, 2 – **3** Arist. Top. VI, 1f.; vgl. auch VIII, 1. 3. 7. 12. – **4** Cic. De or. I, 144; ähnlich III, 37; Or. 79. – **5** Quint. VIII, 1, 1; XI, 3, 30. – **6** Quint. VIII, 2. – **7** Auct. ad Her. IV, 17. – **8** Hermog. Id., Kap. 2–4, §§ 275–286; in: Opera, ed. H. Rabe (1969) 226–241. – **9** Arist. Rhet. III, 5. – **10** Galfrid von Vinsauf: Documentum de arte versificandi, in: Faral 313 (Nr. 152); vgl. Hor. Ars 25f., aber auch 335 («esto brevis»). – **11** L. Reiners: Stilkunst (1961 [¹1943]) 242. – **12** Quint. VIII, 2, 22. – **13** Hor. Ars 41. – **14** Arist. Rhet. III, 16, 4; vgl. Vossius, T. I, 362f. – **15** Plat. Phaidr. 267 b. – **16** vgl. A. Hettiger: Art. ‹Lapidarstil›, in: HWRh Bd. 5 (2001) 28. – **17** Lausberg Hb. § 310, S. 401. – **18** Quint. IV, 2, 43–45. – **19** Alsted, Bd. 1, 482. Er bezieht sich auf Keckermann: Systema logicae, lib. 1, cap. 1. Laut H.P. Herrmann (Naturnachahmung und Einbildungskraft. Zur Entwicklung der dt. Poetik von 1670 bis 1740 [1970] 71) sind intellektuelle und sinnliche Komponente von ‹Deutlichkeit› für das Bewußtsein der von ihm untersuchten Zeit «kaum geschieden». – **20** I. Kant: Kritik der reinen Vernunft. Vorrede, in: Werke, Bd. 4. Gesamm. Schr., Bd. 4, hg. von der Königl. Preuß. Akad. der Wiss. (1911) 12. – **21** ebd. – **22** H.F. Plett: Einf. in die rhet. Textanalyse (1971) 27; vgl. Cic. Or. 139; Quint. IV, 2, 63f. – **23** Quint. IV, 2, 64; VIII, 3, 61. – **24** J. Joubert: Pensées sur le style, IX; zit. A.-E. Chaignet: La rhétorique et son histoire (Paris 1888; ND Frankfurt a.M. 1982) 426. Joubert meint damit die Unverständlichkeit. – **25** Cic. De or. III, 157; Quint. II, 16, 10; VIII, 3, 70. – **26** F. Kluge: Etym. Wtb. der dt. Sprache (¹⁸1960) 129 (Art. ‹deuten›); vgl. auch Grimm, Bd. 25, 1589–1595. – **27** vgl. N. Groeben: Leserpsychologie. Textverständnis – Textverständlichkeit (1988); ders.: Die Verständlichkeit von Unterrichtstexten (1972, ²1978) P. Teigeler: Kommunikationswiss. Grundlagen, in: H. Geißner (Hg.): Rhet. (1973) 89–100; H. Redel: Informationspsychol. Grundlagen, ebd. 75–87; B. Spillner (Hg.): Sprache: Verstehen und Verständlichkeit (1995).

II. Bezeichnungen. Die Bezeichnungen der P. sind überwiegend metaphorisch und somit Ursache weiterer Unklarheit. Im Vordergrund steht die Licht- bzw. Sehmetaphorik.

Für griech. ‹saphéneia› und das zugrunde liegende Adjektiv σαφής (‹saphés›) wird ein optischer Ursprungssinn als möglich diskutiert.[1] In den altgriechischen Texten bezeichnen diese Wörter jedoch hauptsächlich die inhaltliche, teilweise auch die phonetische Deutlichkeit sprachlicher Äußerungen und die Bestimmtheit und Zuverlässigkeit von Wissens- bzw. Erkenntnisvorgängen, ohne den Eindruck uneigentlicher Verwendung zu erwecken.

Im Lateinischen hingegen sind Licht und Sehen als Eigentlichkeitsbasis unverkennbar. Die stilistische P. erweist sich als vom optischen Ausgangssinn abgeleitete Metapher. Das gilt nicht nur für das Substantiv ‹P.› (wörtlich: Durchsichtigkeit), sondern auch für die Adjektive *perspicuus, illustris* sowie für das dominierende *dilucidus* und dessen im klassischen Latein seltene Variante *lucidus*. Die Visualität der lateinischen Bezeichnungen ermöglicht bzw. erleichtert die Verknüpfung der P. mit den Techniken der Veranschaulichung. ARISTOTELES dagegen hat zwischen dem Vor-Augen-stellen, von dem er im Zusammenhang der Metapher spricht[2], und der ‹saphéneia› noch keine Verbindung hergestellt.

Metaphorisch sind auch die für P. zusätzlich verwendeten Adjektive *planus* (flach, eben), *manifestus* (handgreiflich) und *apertus* (offen). Sie drücken aus, daß etwas durch Gehen, Greifen oder auch Seher leicht erreichbar sei. Der Begriff *planus* verbindet sich in nachantiker Zeit mit dem Eindruck von Schlichtheit (wie in engl. *plain*)[3], aber auch von Angemessenheit.[4] Auf ihm fußen die P.-Bezeichnungen *explanatio* und *planities*. Das Wort ‹offen› enthält bis heute die Bedeutung ‹klar, deutlich›.[5] UNO-Generalsekretär K. ANNAN wurde im Juli 2001 bei Verleihung der Ehrendoktorwürde in Berlin als «Mann des offenen Wortes» geehrt.

Zusätzliche Probleme schafft der Sprachgebrauch der Neuzeit, speziell die Neubestimmung des Wortes *claritas* und der Doppelformel ‹clare et distincte›.

Claritas im klassischen Sinn ist zunächst die akustische, dann vor allem die optische Brillanz von Gegenständen, z.B. der Sonne, im übertragenen Sinn der Ruhm von Menschen. Zugrunde liegt das Adjektiv *clarus* (klar, berühmt), das ähnlich wie ‹hell› (verwandt mit ‹Hall›) ursprünglich akustischen Sinn hat, «‹laut, weithin schallend, hell, leuchtend, klar, deutlich hervorstechend, berühmt, berüchtigt›» bedeutet und «wie lat. *clāmāre* ‹laut rufen, schreien, ausrufen, verkünden› zu lat. *calāre* ‹ausrufen, zusammenrufen› gehört».[6] Die Bedeutung ‹Ruhm› «weist auf den Glanz, auf die Lichtfülle hin, in der ein berühmter Mensch gleichsam strahlt».[7] In der römischen Kaiserzeit wird *clarissimus*, «ähnlich unserem *Erlaucht, Exzellenz*, stehender Titel hoher Staatsbeamten, wie Konsuln, Prokonsuln, Pontifices, Senatoren usw.».[8] Im Christentum bedeutet *claritas* die überirdische Helligkeit einer religiösen Erscheinung, die sich in der Aura Gottes, Christi und der Heiligen verfestigt. Stilistisch bezeichnet das Wort, wie gesagt, ursprünglich die Anreicherung der P. mit anschaulichem oder sonstwie eindrucksvollem Redeschmuck. In der Spätantike, z.B. im juristischen ‹Codex Theodosianus› von 438, wird *claritas* als ‹geistige Klarheit, Deutlichkeit›[9] mit ‹P› nahezu synonym.[10]

Mit GEORG VON TRAPEZUNT (15. Jh.), der, von SCALIGER dafür gescholten, *claritas* als Übersetzung der ‹saphéneia› (des HERMOGENES) einführt, verliert das Wort die Bedeutung ‹Glanz›. In Form seiner romanischen, mit P. gleichzusetzenden Derivate (ital. *chiarezza*, frz. *clarté*) prägt es seit dem 16. Jh. (TRISSINO 1529, PELETIER 1555) die neueren Sprachen, später auch das dem Mittelhochdeutschen geläufige Wort ‹Klarheit›. Letzteres, von ADELUNG 1785 mit ‹P.› und deren bisheriger Übersetzung ‹Deutlichkeit› gleichgesetzt, wird allerdings erst im 20. Jh. zur führenden Bezeichnung. Noch im späten 19. Jh. dominiert ‹Deutlichkeit›.[11] Die neueren Übersetzungen von ARISTOTELES' ‹Poetik› (O. Gigon 1950; M. Fuhrmann 1976) und ‹Rhetorik› (G. Krapinger 1999) geben ‹saphéneia› bevorzugt als ‹Klarheit› wieder. Allerdings halten noch W. Schönherr für die ‹Poetik› (Leipzig 1979) und F.G. Sieveke für die ‹Rhetorik› (1980) an ‹Deutlichkeit› bzw. ‹deutlich› fest. In H. Rahns QUINTILIAN-Übersetzung (1972/75) erscheint ‹P.› zunächst als ‹Klarheit›, später als ‹Durchsichtigkeit›.[12] Auch die neueren Einführungen und Handbücher zur Rhetorik verdeutschen ‹P.› meist als ‹Klarheit›.[13]

«Die bereits in der [mittelalterlichen] Scholastik vorkommende Formel»[14] ‹clare et distincte› und deren deutsche Entsprechung ‹klar und deutlich›, die schon in LUTHERS Bibelübersetzung[15] und bei TITZ[16] und HARSDÖRFFER auftaucht («Die Wort [sollen] klar und deutlich gesetzet werden»[17]), erweisen sich mit ihrer erkenntnistheoretischen Neuinterpretation durch DESCARTES und LEIBNIZ als Quelle zusätzlicher Unklarheit.

‹Klarheit› fungiert hier als Oberbegriff, der logisch-diskursive und sinnliche Erkenntnis- bzw. Darstellungskomponente umfaßt, während ‹Distinktheit› als Unterbegriff nur die logische Komponente bezeichnet, also die sinnliche per definitionem ausschließt.

Besonders verwirrend ist die Wiedergabe der so verstandenen Distinktheit durch das deutsche Wort ‹Deutlichkeit›, das ja auch als Übersetzung für P. eingebürgert ist und so, wie noch bei KANT, auch die sinnliche P. bedeutet. Die Verdrängung von ‹Deutlichkeit› als ‹P.›-Übersetzung durch ‹Klarheit› mildert diese Diskrepanz, ohne sie ganz auszuräumen. In der neueren Fachliteratur wird das Wort ‹Deutlichkeit› deshalb eher umgangen und in der Bedeutung logischer Distinktheit durch Begriffe wie ‹Genauigkeit› und ‹Begriffsschärfe› ersetzt. [18]

Der Begriff ‹Klarheit› seinerseits wird heute durchweg nicht mehr im Sinne von Descartes und Leibniz verstanden, sondern auf die logisch-diskursive P. im Sinne von Eindeutigkeit, argumentativer Stringenz und Übersichtlichkeit beschränkt, nachdem die sinnliche Komponente der P. sich als ‹Anschaulichkeit›, wie gesagt, zu einem eigenen Stilprinzip verselbständigt hat. Die Empfehlung der Stilratgeber des 20. Jh., klar und anschaulich zu schreiben, ist deshalb kaum mißzuverstehen. Dagegen erscheint die Formel ‹klar und deutlich› in bezug auf das Verhältnis ihrer beiden Teile heute eher unklar.

Anmerkungen:
1 Näheres hierzu in Teil B.I. – 2 Arist. Rhet. III, 10, 6. – 3 Gottfried von Straßburg beschreibt die Wand der Minnegrotte als «eben unde sleht» (Tristan, Ausg. R. Krohn [1980], V. 16963); zum puritanischen Stilideal der ‹plainness› vgl. W.G. Müller: Topik des Stilbegriffs (1981) 60–71. – 4 vgl. Art. ‹eben›, in: Grimm, Bd. 3, 6–14; ebd. 9 wird KANT zitiert: «einen gedanken klar und eben machen». – 5 vgl. Grimm, Bd. 13, 1165 (Art. ‹offen›). – 6 W. Pfeifer, Etym. Wtb. des Dt. (^{4}1999) 661. – 7 H. Menge: Lat. Synonymik (^{5}1959) 162; vgl. ebd. 186. Ein Beispiel ist Boccaccios Werk ‹De claris mulieribus›, 106 Biographien berühmter Frauen. – 8 K.E. Georges: Ausführliches lat.-dt. Handwtb. (^{10}1959), Bd. 1, 1193f. – 9 ebd. 1193. – 10 vgl. die Belege im ThLL, Bd. 8 (1907) 1268. – 11 so noch 1885 bei Volkmann 399 und 442. – 12 Quint. I, 6, 41; VIII, 2, 1. 11. 22. – 13 Lausberg El. § 130; Lausberg Hb. § 315; H.F. Plett: Einf. in die rhet. Textanalyse (1971) 26; Fuhrmann Rhet. 116; K.-H. Göttert: Einf. in die Rhet. (1991) 39 und 43; anders W. Eisenhut: Einf. in die antike Rhet. und ihre Gesch. (1974) 35 («deutlich»); Ueding/Steinbrink wechseln zwischen ‹Klarheit› (133. 215. 261. 283), ‹Deutlichkeit› (224f.) und ‹Verständlichkeit› (99); vgl. auch Dyck 72–75. – 14 G. Gabriel: Art. ‹Klar und deutlich›, in: HWPh Bd. 4 (1976) 846. – 15 5 Mos 27, 8. – 16 J.P. Titz: Zwey Bücher Von der Kunst Hochdeutsche Verse und Lieder zu machen (Danzig 1642) II, 3. Kap., §2; zit. Dyck 72. – 17 G.Ph. Harsdörffer: Poet. Trichter (1648–53; ND 1969), T. 1, 105; vgl. ebd., T. 3, 26 und 30f. über «Deutlichkeit». – 18 so bei W. Sanders: Gutes Deutsch – besseres Deutsch. Praktische Stillehre der dt. Gegenwartssprache (1986) 116f.

B. *Geschichte.* **I.** Die *Antike* ist das für die P. grundlegende, an maßgeblichen Texten reichhaltigste und am besten erforschte Zeitalter. Die späteren Epochen gewinnen ihre Besonderheit aus der selektiven Aneignung und Veränderung der antiken Vorgaben.

Von den griechischen Wörtern im Umkreis der P. «scheint das am frühesten belegte Adv.[erb] σάφα [sápha] [...] das älteste zu sein; davon der Reihe nach [das Adverb] σαφέως [saphéōs] [später σαφῶς, saphōs] ([...], das N[eu]tr.[um] σαφές [saphés] ([...] mit [dem Komparativ] σαφέστερον [saphésteron], wozu endlich [die männliche und weibliche Adjektivform] σαφής [saphḗs]». [1] Dazu kommt als «[e]xpressive Erweiterung [das Adjektiv] σαφ-ηνής [saph-ēnḗs] [...] mit σαφήν-εια [saphḗn-eia]» als Substantiv. [2] Als Gegensatz dienen die Wörter ἀ-σαφής [a-saphés, unklar] und ἀ-σάφεια [a-sápheia, Unklarheit]. ‹Saphés› ist etymologisch nicht zwingend erklärt. Oft wird es «in σα-φής [sa-phḗs] zerlegt mit dem angeblichen Hinterglied zu φάος [pháos, Licht], φαίνω [phaínō, ich leuchte, bringe ans Licht]» [3], das auf die indogermanische Wurzel *bhā- zurückgeht. Denkbar ist auch eine Verbindung mit der gleichlautenden Wurzel *bhā- ‹sprechen›, von der sich griech. φημί [phēmí], dorisch φαμί [phāmí] sowie lat. *fari* und *fabula* ableiten. Die Wurzel «*bhā-‹sprechen› ist nach Persson und Edgerton [...] letzthin identisch mit *bhā-‹glänzen, leuchten, scheinen› [...], so daß die G[rund]b[e]d.[eutung] etwa ‹zum Vorschein bringen, klar machen, anzeigen› gewesen wäre [...]; doch muß die Spaltung wegen der eigentümlichen Form- und Bed.[eutungs]-Verteilung [...] schon i[n]d[o]g.[ermanisch] sein.» [4]

Das Adverb ‹sápha›, das bereits in HOMERS ‹Ilias› vorkommt, verbindet sich besonders mit dem Verb οἶδα (oída, ich weiß), aber «auch m.[it] anderen Verba des Wissens und des Sagens». Es bedeutet «bestimmt, sicher, zuverlässig». [5] Auch das Adjektiv ‹saphés›, («bestimmt, zuverlässig, offenbar, deutlich, klar»), seit PINDAR und AISCHYLOS geläufig [6], und das Substantiv ‹saphéneia› (seit Aischylos und ALKMAION) beziehen sich, wie die Belege der Wörterbücher zeigen [7], vornehmlich auf Erkenntnis- und Sprechakte.

Im 4. Jh. v.Chr. werden ‹saphés› und ‹saphéneia› in Athen enger gefaßt und als stilistische Fachbegriffe etabliert. Das geschieht in mehreren Schritten, die sich mit den Namen von ISOKRATES, ANAXIMENES, PLATON, ARISTOTELES und THEOPHRAST verbinden.

Der von Isokrates um 390 v.Chr. in Athen gegründeten und etwa vier Jahrzehnte geleiteten Rednerschule wird die erstmalige Unterscheidung von vier Redeteilen [8] und, wie QUINTILIAN berichtet [9], die Verpflichtung des Redeteils *narratio* auf P., Kürze und Wahrscheinlichkeit zugeschrieben. Ob und wieweit Isokrates selbst dazu beitrug und ob die unter seinem Namen erwähnte, fragmentarisch überlieferte rhetorische Techne [10] von ihm oder, wie Barwick vermutet, von einem Gleichnamigen, viel später Geborenen stammt, ist widersprüchlich überliefert und umstritten. [11]

Wie sich die drei Forderungen des Isokrates an die *narratio* sprachlich ausprägen, erläutert die «um das Jahr 340 v.Chr.» [12] entstandene, früher dem ARISTOTELES, heute dem ANAXIMENES VON LAMPSAKOS zugeschriebene [13] ‹Alexander-Rhetorik› (‹Rhetorica ad Alexandrum›). P. wird hier durch die Adjektive ‹saphés› und δῆλος (délos), ihr Gegenteil als ‹a-saphés› bzw. ἄ-δηλος (á-dēlos) bezeichnet. Um P. zu erreichen, fordert der Autor vor allem Eindeutigkeit bzw. die Vermeidung von Mehrdeutigkeit (Amphibolie). Hierzu empfiehlt er den Gebrauch von οἰκεῖα ὀνόματα (oikeía onómata), d.h. von Wörtern in eigentlicher Bedeutung. Homonyme – als Beispiel nennt er ὀδός (odós, Schwelle) und ὁδός (hodós, Weg) – solle man durch eine Zusatzbestimmung eindeutig machen. Wenn ein Satz offen lasse, z.B. wer wen schlägt (bei gleichem Kasus für Täter und Opfer), erreiche man Eindeutigkeit durch Umwandlung vom Aktiv ins Passiv. [14] Neben diesen Verfahren zur Vereindeutigung von Einzelwörtern, die das syntaktische Umfeld bereits einbeziehen, erörtert die Alexander-Rhetorik Techniken einer übersichtlichen Satzordnung, insbesondere die Vermeidung des Hyperbatons, also der

Umstellung der normalen Wortfolge im Satz. Auch müsse einer eröffnenden Konjunktion die ihr entsprechende folgen (z.B. ‹zwar/aber›). Eindeutigkeit der Wörter und übersichtliche Satzordnung erweisen sich also schon hier als Garanten der P.[15] Zugeordnet ist ihr auch das Ideal der Kürze, verstanden als «Aussonderung alles dessen, was nicht der σαφήνεια [saphḗneia] dient».[16]

PLATON, Zeitgenosse und Athener Mitbürger des Isokrates, trägt zur Begriffsgeschichte der P. indirekt bei, indem er diese mit der später zugeordneten Komponente der Anschaulichkeit in Verbindung bringt. Er neigt dazu, Schwieriges durch jeweils einen Vergleich (griech. εἰκών, eikṓn, wörtlich: ‹Bild›) klarer zu machen. «Immer wieder erscheint [bei ihm] das Bild als ein Mittel der Klärung und Verdeutlichung, auf das der Mensch nicht verzichten kann».[17] In seinen ‹Nomoi› (Gesetze) sagt zum Beispiel einer der Gesprächsteilnehmer, ein namenloser Athener, zum Thema Selbstbeherrschung: «Wir wollen nun noch einmal mit größerer Deutlichkeit [saphésteron] wiederholen, was wir eigentlich damit meinen. Und erlaubt mir, daß ich es euch [...] durch ein Bild klarmache.»[18] Der Sprecher vergleicht dann die Selbstbeherrschung mit der Handhabung einer Marionette. Die Wörter ‹saphḗs› und ‹eikṓn› geraten hier also in einen engen Zusammenhang. Zum Ziel geistiger Klarheit gesellt sich die bildhafte Veranschaulichung als Hilfsmittel. Als solches ist sie von der ‹saphḗneia› allerdings begrifflich getrennt, ihr noch nicht, wie später unter der Bezeichnung ‹P.›, ganz oder teilweise einverleibt.

Auch sonst fehlt den Wörtern ‹saphḗneia› und ‹saphḗs› bei Platon die fachbegriffliche Qualität, die ihnen bei den Isokrateern schon zukommt. Er spricht einmal von der ‹saphḗneia› des Saitenklangs[19], bezeichnet mit diesem Wort und dem Adjektiv ‹saphḗs› jedoch überwiegend Geistiges. In bezug auf Redeäußerungen meint er weniger lautliche als inhaltliche Deutlichkeit.[20] Das gilt erst recht für Schrifttexte.[21] Noch mehr als sprachliche Eindeutigkeit bezeichnet ‹saphḗneia› bei ihm die Zuverlässigkeit von Erkenntnissen.[22] Öfters erfolgt die Formulierung der P. in Form unpersönlicher Feststellungen (z.B. ‹es ist klar›).[23] Hierbei verwendet Platon neben ‹saphḗs› in gleicher Bedeutung das Adjektiv ‹dḗlos›.[24] ‹Saphḗs› nennt er auch Erkenntnishilfen wie Probe, Prüfstein oder Methode.[25] Charakteristisch für den oft bekräftigenden Sinn von ‹saphḗs› sind Komparative[26] und Doppelformeln in der Art des späteren ‹klar und deutlich›.[27]

Der bis heute wichtigste und vielseitigste Beitrag zur P. stammt von ARISTOTELES. ‹Saphḗneia› (bzw. ‹saphḗs›) ist für ihn zunächst ein Begriff der Logik. In der ‹Topik›, der vermutlich ersten seiner logischen Schriften, deren Entstehung «etwa in das halbe Dezennium vor Platons Tod (347 v.Chr.)» fallen dürfte[28], behandelt er sie als Voraussetzung einer guten Definition[29], als deren «Haupt-Requisitum»[30] sie auch in neuerer Zeit im Gespräch bleibt. In Buch II seiner ‹Zweiten Analytiken› unterscheidet er die Definition (ὅρος, hóros), die Klarheit (‹saphḗs›) verlange, von der Demonstration (ἀπόδειξις, apódeixis), einer schlußfolgernden Darstellung, die z.B. Fakten auf Ursachen zurückführt.[31] Undeutlich (‹asaphḗs›), so erläutert er in der ‹Topik›, seien Homonyme (hierzu bringt er dasselbe Beispiel wie die Alexander-Rhetorik), Metaphern und ungewöhnliche Formulierungen.[32] Auch in den ‹Analytiken› fordert er von der Definition Klarheit, nennt «Gleichnamigkeit und Metapher die beiden wichtigsten Quellen des ‹Unklaren›

(ἀσαφές [asaphés]), die es bei Definitionen und definitorischen Bestimmungen zu vermeiden gilt».[33] Zum Erzielen von ‹saphḗneia› empfiehlt er Beispiele und Vergleiche, wie sie HOMER gebraucht habe.[34] Wenn in einer Auseinandersetzung der Gegner undeutlich rede, solle man sagen, daß man ihn nicht verstehe, oder die Undeutlichkeit kenntlich machen.[35] Von Klarheit spricht Aristoteles in seiner ‹Topik› auch in bezug auf die schlußfolgernde Beweisführung. Diese sei am ehesten klar (‹dḗlos›), «wenn sie so gewonnen wird, daß es keiner weiteren Fragen (Vordersätze) bedarf».[36]

In der ‹Poetik›, die offenbar «in den Jahren ab 335 v.Chr.» entstand[37], spricht er in Kapitel 22 von ‹saphḗneia› als einem – hier dichterischen – Stilprinzip (λέξεως ἀρετή, léxeōs aretḗ, elocutionis virtus). Er bemüht sich, dessen sprachlogischen Anspruch mit dem sprachästhetischen der Ungewöhnlichkeit in Einklang zu bringen: «Die vollkommene sprachliche Form [léxeōs aretḗ] ist klar und zugleich nicht banal. Die sprachliche Form ist am klarsten, wenn sie aus lauter üblichen Wörtern besteht; aber dann ist sie banal. [...] Die sprachliche Form ist erhaben und vermeidet das Gewöhnliche, wenn sie fremdartige Ausdrücke verwendet.» Als fremdartig bezeichnet er unter anderem die Metapher «und überhaupt alles, was nicht üblicher Ausdruck ist». Ideal findet er Formulierungen, die beiden Forderungen Rechnung tragen, indem sie inhaltlich klar und formal ungewöhnlich sind. «Durchaus nicht wenig tragen sowohl zur Klarheit als auch zur Ungewöhnlichkeit der sprachlichen Form die Erweiterungen und Verkürzungen und Abwandlungen der Wörter bei. Denn dadurch, daß sie anders beschaffen sind als der übliche Ausdruck und vom Gewohnten abweichen, bewirken sie das Ungewöhnliche, dadurch aber, daß sie dem Gewohnten nahestehen, die Klarheit.» An dieser berühmten Mischung («præclara mistio»[38]) entzündet sich später die P.-Diskussion der Renaissance.

Noch bedeutsamer sind die Äußerungen in Buch III der aristotelischen ‹Rhetorik›. Ob dieses wie die beiden vorhergehenden Bücher in die Periode vor 347 v.Chr. bzw. an deren Ende[39] gehört «oder ob es – wie man vielfach meint – zusammen mit Erweiterungen von Buch 1 und 2 erst in den dreißiger Jahren entstanden ist»[40], bleibt unsicher. Die die P. betreffenden Äußerungen sind aber wohl späteren Datums, da Aristoteles hier mehrfach auf die ‹Poetik› zurückverweist.[41]

Thema von Buch III sind Stil und Disposition der Rede. Die Betrachtung des Redestils beginnt – nach abgrenzenden Bemerkungen gegenüber der Dichtung – mit einer Definition, die die Forderung nach P. mit der nach Angemessenheit verbindet: «Definieren wir nun die Vollkommenheit des sprachlichen Ausdrucks (ἀρετὴ τῆς λέξεως [aretḗ tēs léxeōs], virtus elocutionis) in der Weise, daß er deutlich [saphḗs] sei – es gibt nämlich ein gewisses Indiz dafür, daß, wenn die Rede einen Sachverhalt nicht klar darlegt, sie die von ihr geforderte Aufgabe nicht erfüllt – und daß er weder niedrig noch über die Maßen erhaben sei[,] sondern angemessen.»[42] Stroux sieht die virtus einzig in der P. und begreift Angemessenheit als deren Explikation.[43] Neuere Autoren sprechen ohne Hierarchisierung von zwei Prinzipien.[44] Inhaltlich verknüpft Aristoteles diese, indem er die Angemessenheit als Regulierungshilfe zur unterschiedlichen Handhabung der P. in Prosa und Versdichtung heranzieht.

«Schon vor Aristoteles gab es detaillierte Ansichten von den Möglichkeiten und Erfordernissen der λέξις [léxis], die zwar wohl nicht als ἀρεταὶ λέξεως [aretaí léxeōs, Stiltugenden] bezeichnet wurden, die aber sowohl terminologisch als auch in der Bedeutung sich mit den späteren virtutes völlig decken.» [45] Die «Vorstufen für fast alle späteren ἀρεταί [aretaí]» bei Isokrates erläutert Hagedorn. [46]

«Aristoteles ist der erste, der den Begriff und die Vorstellung einer ἀρετὴ λέξεως [areté léxeōs, Stiltugend] in der Rhetorik eingeführt hat». [47] Zugleich bestimmt er den Stellenwert der P. gänzlich neu, indem er sie 1. versprachlicht, 2. verallgemeinert und 3. überordnet. Damit prägt er die Theorie der Stilprinzipien mehr als alle Nachgeborenen.

Zu 1.) Aus den in der Isokrates-Schule gelehrten, primär inhaltsbezogenen drei virtutes narrationis (P., Kürze, Wahrscheinlichkeit bzw. Glaubwürdigkeit) greift er P. heraus und erklärt sie als virtus elocutionis zu einem nun vorrangig sprachlichen Gestaltungsprinzip. Bei Erörterung des Redeteils Erzählung berücksichtigt er die P. dagegen nicht mehr. [48] Die Nachfolger, z.B. Cicero und Quintilian, erörtern die beiden virtutes-Arten jeweils in getrenntem Zusammenhang.

Zu 2.) Während die P. im Gefolge der Isokrates-Schule auf den Redeteil narratio beschränkt oder jedenfalls konzentriert ist, beansprucht Aristoteles sie für die gesamte Rede, in modifizierter Form auch für die Dichtung.

Zu 3.) Indem er die P. zum leitenden Stilprinzip erhebt, dem an Bedeutung nur die von ihm hinzugefügte Angemessenheit gleichkommt, behandelt er andere, in der Isokrates-Schule ohne nennenswerte Rangunterschiede erörterte Stilqualitäten als unter- bzw. nachgeordnet. Dazu zählen Sprachrichtigkeit [49] und Redeschmuck [50], die sein Schüler Theophrast dann zu eigenen Prinzipien neben P. und Angemessenheit aufwertet. Die von den Isokrateern für die narratio erhobene Forderung nach Kürze lehnt Aristoteles ausdrücklich ab. [51]

Zentrales Thema in der ‹Rhetorik› des Aristoteles ist wie in seiner Poetik das Spannungsverhältnis zwischen prosaischer P. und poetischer oder, allgemeiner gesagt, ästhetischer Verfremdung. Er sieht die Rede mehr als die Dichtung zur P. verpflichtet, da die «poetische Ausdrucksweise [...] für die Prosarede nicht angemessen» sei [52] und die verfremdende poetische Wortbildung «meistenteils von der Angemessenheit abweicht». In der Rede dürfe man «die fremdartigen, die zusammengesetzten und die neugebildeten Wörter nur in geringem Umfang und in seltenen Fällen gebrauchen». [53] Mit dieser Einschränkung erlaubt er aber auch dem Redner eine «ungewöhnliche (innovative) Redeweise», wie sie der Schauspieler Theodoros genannt habe [54], also die Möglichkeit, «der Umgangssprache etwas Fremdartiges zu verleihen; denn die Menschen bewundern das Entlegene, und das Bewundernswerte ist angenehm». [55] Allerdings findet er es «erforderlich, die Kunstfertigkeit anzuwenden, ohne daß man es merkt, und die Rede nicht als verfertigt, sondern als natürlich erscheinen zu lassen». [56] Nur solches Kaschieren des Kunstcharakters (celare artem) mache die Kunst glaubwürdig. Alles in allem erstrebt Aristoteles einen «Ausgleich zwischen der σαφήνεια [sapheneia] im eigentlichen Sinne, die durch Verwendung von κύρια ὀνόματα [kýria onómata; vorherrschende, d.h. allgemein gebräuchliche Wörter] entsteht [...], deswegen aber ταπεινή [tapeiné, flach] ist, und der allzu poetischen Sprache, die durch fremdartige Ausdrücke und Metaphern zustande kommt». [57]

THEOPHRAST begründet sein System von vier Stilprinzipien, indem er die durch Aristoteles vorgegebenen Prinzipien P. und Angemessenheit, wie gesagt, um Sprachrichtigkeit und Redeschmuck ergänzt, also den eher allgemeinen Stilmaximen seines Lehrers zwei bei diesem untergeordnete Aspekte der konkreten grammatischen und stilistischen Form als gleichrangig hinzufügt. Theophrasts Schrift ‹Über den Stil›, in der dies geschieht, ist verloren, durch Fragmente, spätere Berichte und deren Auswertung in der Forschung aber verhältnismäßig gut bekannt. [58] Vor allem CICERO hat die Erinnerung daran wachgehalten. [59] Spätere, z.B. DIONYSIOS VON HALIKARNASSOS [60], unterscheiden zwischen notwendigen virtutes, wie der P., und «accessorischen», wie Volkmann sie nennt. [61] Letztere «sind durch Zerlegung der theophrastischen κατασκευή [kataskeué, ornatus] in ihre verschiedenen Aspekte zustande gekommen.» [62]

Die fragmentarisch überlieferte Philosophie der Stoiker trägt zur P. wenig bei. Erwähnung verdient am ehesten, daß die stoische Liebe zum eigentlichen, klaren Wort sich zum Plädoyer «für ungebührlich direkte Ausdrucksweise» [63] verstärkt und unter Verletzung des Angemessenheitsgebots sogar Obszönes rechtfertigt. Interessant ist auch die «Einteilung der Stimmen (Laute) in konfuse und artikulierte Stimmen (Laute)». [64] Als konfus gilt etwa das Wiehern der Pferde, als artikuliert die sprachliche, schriftlich fixierbare Äußerung.

Die rhetorischen Schriften des 1. Jh. v.Chr. und des 1.Jh. n.Chr., nunmehr vor allem lateinsprachig, geben die Erkenntnisse des 4.Jh. v.Chr. weiter und setzen, vermittelt durch unbekannte griechische Zwischenträger, neue Akzente. Die älteste datierbare lateinische Rhetorik ist die anonyme, im Mittelalter CICERO zugeschriebene und als wichtigste antike Quelle angesehene ‹Rhetorica ad Herennium› (86–82 v.Chr.). [65] P. ist hier noch nicht mit Namen benannt, aber durch die Adjektive perspicuus (durchsichtig), planus (eben, ebenmäßig), apertus (offen) und vor allem dilucidus (licht, klar) sowie durch das Substantiv explanatio (zu planus) vertreten. Letzteres bezeichnet weniger die P. selbst als deren Herstellung (im Sinne von Erklärung, Verdeutlichung). In der Sache ergibt sich folgendes Bild:

1.) Der Autor hält wie nach ihm auch Cicero und Quintilian an der durch die Isokratesschule begründeten Forderung fest, der Redeteil narratio solle kurz, klar und wahrscheinlich sein («ut brevis, ut dilucida, ut veri similis sit»). [66]

2.) Andererseits behandelt er unter der Bezeichnung explanatio P. als eines von mehreren Prinzipien eines angemessenen und vollkommenen Stils («elocutio commoda et perfecta») [67], ohne ausdrücklich von virtus zu sprechen. [68] Hinsichtlich der Beziehung zu anderen Stilprinzipien weicht er von der durch Aristoteles und Theophrast begründeten Tradition ab. Er fordert zunächst dreierlei: «elegantiam, conpositionem, dignitatem» (die Gewähltheit, die gehörige Anordnung, die würdige Darstellung). [69] Die elegantia teilt er dann in Latinitas, also nationalsprachliche Richtigkeit, und explanatio. Er definiert: «Explanatio est, quae reddit apertam et dilucidam orationem» (Die Deutlichkeit ist die Eigenschaft, die die Rede klar und deutlich [eigentlich: offen und klar] macht). [70] «Im großen und ganzen entsprechen die Bedingungen der E.[legantia] beim AUCTOR AD HERENNIUM den beiden ersten Stilqualitäten des THEOPHRAST: hellēnismós und saphēneia.» [71] Deren Zusammenfassung zur elegantia erinnert an Aristoteles, der die Sprachrichtigkeit im Zusammenhang der ‹saphéneia› als «Fundament des sprachlichen Ausdrucks» bespricht.[72] Die *dignitas*, «die die Rede kunstvoll macht» (quae reddit ornatam orationem) und in «Ausschmückung von Worten und Gedanken unterteilt» wird (in verborum et in sententiarum exornationes dividitur)[73], kommt der ‹kataskeué› (Ausstattung, Schmuck) des Theophrast[74] bzw. dem ὄγκος (ónkos, Würde) gleich, den Aristoteles im Gefolge der ‹saphéneia› behandelt.[75] Im übrigen erfaßt der Autor mit seiner Dreiteilung, insbesondere mit der Berücksichtigung der *conpositio*, weniger Stilprinzipien als Gestaltungsbereiche, wohl auch in dieser Hinsicht Theophrast verpflichtet. Dieser, so berichtet Dionysios von Halikarnassos, unterschied nämlich «die Lehre von der Auswahl der Worte, die Lehre von der Composition oder Harmonie der Rede, und die Lehre von den Figuren».[76] Unter *conpositio* versteht die Herennius-Rhetorik «die gleichmäßig ausgefeilte Verbindung von Wörtern» (verborum constructio aequabiliter perpolita).[77] Mit *elegantia* und *conpositio* sind die Gestaltungsprinzipien, wie manchmal auch bei anderen Autoren, «nach ihrer Zuständigkeit für *verba singula* und *verba coniuncta* getrennt oder spezialisiert».[78] Die P., die sonst auch für die syntaktische Verbindung der Wörter gilt, wird als der *elegantia* zugehörige *explanatio* demgemäß auf Einzelwörter beschränkt, genauer gesagt, auf «gebräuchliche und zutreffende Worte» (usitatis verbis et propriis).[79] Nicht als eigenes Stilprinzip erwähnt ist Angemessenheit. Allerdings sind die genannten Einzelforderungen ausdrücklich dem Gesamtziel verpflichtet, der vollkommene Stil solle *commoda* (angemessen) bzw. «oratori accomodata» (dem Redner angepaßt) sein.[80]

3.) Von P. spricht die Herennius-Rhetorik auch im Hinblick auf einzelne Stilmittel bzw. Darstellungstechniken. So heißt es, die rednerische Beweisführung solle den anstehenden Sachverhalt klar und nicht auf Vermutungen beruhend erscheinen lassen («rem perspicuam, non suspiciosam videri oportere»).[81] Die als Gedankenfigur behandelte *descriptio* («Schilderung») enthalte von den in ihr wiedergegebenen Ereignissen «eine durchschaubare und klare Darstellung voller Feierlichkeit» (perspicuam et dilucidam cum gravitate expositionem).[82] Nicht von P., aber vom sachlich benachbarten Vor-Augen-stellen (*ante oculos ponere*) spricht der Autor in bezug auf Metapher[83], Vergleich[84] und «anschauliche Schilderung» (*demonstratio*).[85]

4.) Das Adjektiv *dilucidus* bzw. dessen Adverb *dilucide*, seltener *perspicuus*, verwendet der Autor auch, um seine rhetorische Anleitung und deren Verständnis seitens des Adressaten Herennius zu qualifizieren.[86] Er betont zum Beispiel sein eigenes Bemühen um *dilucida brevitas* («klare Kürze»).[87]

5.) Der ideale Stil, zu dem auch die P. (*plane loqui*) gehört, verbindet sich, wie der Autor zu Beginn seiner zusammenfassenden Schlußbemerkung schreibt, mit «Feierlichkeit, Würde und Gefälligkeit» (*gravitas, dignitas, suavitas*). Von der nackten, schmucklosen Art der Umgangssprache grenzt er diesen Redestil ausdrücklich ab.[88] Auch dadurch, daß er die P. der *elegantia* subsumiert, erscheint er einem gehobenen Konzept verpflichtet, das Quintilian später als «gepflegte Eleganz» (*exculta elegantia*) bezeichnet.[89]

CICERO bespricht die P., auch er noch nicht unter dieser Fachbezeichnung, in ‹De oratore› und ‹Orator› als eines der vier theophrastischen Stilprinzipien. «Dabei verlangt die Vorschrift, daß wir erstens sprachlich richtig, zweitens klar und deutlich, drittens wirkungsvoll und viertens der Würde unseres Themas angemessen und gleichsam schicklich formulieren» (praecipitur primum, ut pure et Latine loquamur, deinde ut plane et dilucide, tum ut ornate, post ad rerum dignitatem apte et quasi decore).[90] *Latinitas* und P. sind für ihn Grundvoraussetzungen des Verstehens, die eigentlich selbstverständlich, leicht zu erlernen und praktisch unentbehrlich seien[91], während er die Angemessenheit (*aptum*) und insbesondere den Redeschmuck (*ornatus*) offenbar für höhere *virtutes* hält, da erst sie Staunen und Beifall verursachen.[92] Die Höherschätzung des Redeschmucks bestätigt sich bei Anwendung der Stilprinzipien auf den Redner des niedrigen Stils: «Seine Sprache wird rein sein und echt lateinisch, der Ausdruck klar und deutlich [dilucide planeque dicetur], sein Ziel die Angemessenheit. Eines freilich wird fehlen, was Theophrast als vierten Punkt unter den Vorzügen des Stils aufführt: jener gefällige und reichliche Schmuck.»[93] In ‹De officiis› nennt Cicero als Eigentümlichkeit des Redners (*oratoris proprium*) «apte, distincte, ornate dicere» (angemessen, deutlich und schmuckvoll zu reden). Hier läßt er die *Latinitas* beiseite.[94]

Bei der Präzisierung der P. hält Cicero sich im vorgegebenen Rahmen. Das Verstehen der Zuhörer werde gesichert außer durch Latinitas «durch Worte, die gebräuchlich sind und treffend das bezeichnen, was wir ausdrücken und erklären wollen, ohne Doppelsinn in Wort und Ausdrucksweise, durch Vermeiden allzu langer Perioden und weit ausgesponnener Metaphern, die zum Vergleich aus anderen Bereichen übertragen werden, durch Verzicht auf die Zerstückelung von Sätzen, Verkehrung im Gebrauch der Zeiten, Verwirrung der Personen und Störung in der Reihenfolge.»[95] Es dominieren also nach wie vor die sprachlichen Aspekte, zu denen sich am Ende ähnlich wie in der Herennius-Rhetorik einige sachliche gesellen. Die unklare Rede nennt Cicero konfus und verwirrt (*confusa, perturbata*). Statt Licht biete sie Dunkelheit und Finsternis («obscuritatem et tenebras»).[96] Als Beitrag zu lichtvoller P. nennt er eine rechtzeitig gegebene Einteilung (*partitio*).[97]

Von P. spricht Cicero wie üblich auch im Zusammenhang des Redeteils *narratio*. Schon in seiner frühen Schrift ‹De inventione› fordert er, die *narratio* solle kurz, klar und plausibel sein («ut brevis, ut aperta, ut probabilis sit»). Als Voraussetzungen der Klarheit nennt er richtige Sach- und Zeitabfolge («rerum ac temporum ordo») und angemessene Kürze.[98] In ‹De oratore› wendet sich der Dialogpartner Antonius dagegen, Wahrscheinlichkeit, P. und Kürze («ut veri similis narratio sit, ut aperta, ut brevis») auf die *narratio* zu beschränken. Er beansprucht sie für die gesamte Rede.[99] Später verlangt er P. aber doch besonders für die *narratio*, «weil bei diesem Teil der Rede Unklarheit gefährlicher als bei den anderen ist […], eine unverständliche Erzählung aber verdunkelt die gesamte Rede.[..] Klar [perspicua] aber wird eine Erzählung sein, wenn man mit den üblichen Worten der Reihe nach und ohne Unterbrechungen erzählt.»[100]

Kürze in der *narratio* erklärt Cicero durch den Mund des Antonius ähnlich wie schon Aristoteles für problematisch, unter anderem deshalb, weil sie «Unklarheit mit sich bringt» (obscuritatem adfert).[101] Eine Geschichte, die man erzähle, sei «sowohl glaubwürdiger, wenn man darlegt, wie sie sich zugetragen hat, als auch viel verständlicher [multo apertius ac intellegendum], wenn man zuweilen bei ihr innehält und nicht mit solcher Kürze über sie hinweghuscht.»[102] Im ‹Orator› verzichtet Cicero auf derartige Bedenken. Hier beschränkt er sich auf die traditionelle Forderung, «den Sachverhalt knapp, überzeugend und klar darzulegen, so daß man begreifen kann, worum es geht» (rem breviter exponere et probabiliter et aperte, ut, quid agatur, intellegi possit). [103]

Die besprochenen Äußerungen Ciceros beziehen sich auf P. im Sinne eindeutiger Wörter sowie überschaubarer syntaktischer und sachlicher Anordnung, wie sie besonders dem einfachen Stil zukommt. Von P. in einem anspruchsvolleren, auf optische Vorstellbarkeit ausgerichteten Sinn spricht er, hierfür das Adjektiv *clarus* benutzend, im Hinblick auf die Metapher und sonstigen Redeschmuck. Hier geht es nicht um logisch-diskursive, sondern um die von KANT so genannte «ästhetische» P. bzw. «Deutlichkeit», wie Kant sagt. [104] Ciceros Redner Crassus empfiehlt zu übertragenem Gebrauch Vorstellungen, die die behandelte Sache anschaulicher machen («quae [...] clariorem faciunt rem»). [105] Als Beispiel führt er einige Verse aus der Tragödie ‹Dulorestes› des PACUVIUS an, «in denen der Sturm geschildert wird, der die Griechen auf ihrer Heimfahrt von Troja überfällt». [106] «Fast alles ist dabei zwecks größerer Anschaulichkeit mit Worten ausgedrückt, die auf Grund einer Ähnlichkeit in übertragener Bedeutung angewandt sind» (omnia fere, quo essent clariora, translatis per similitudinem verbis dicta sunt). [107] Für den einfachen Stil empfiehlt Cicero dem Redner allerdings einen zurückhaltenden Gebrauch der Metapher, jedenfalls der ungewöhnlichen, wie überhaupt des prunkvollen Redeschmucks. [108]

Nur im Sinne von Anschaulichkeit benutzt Cicero auch das Substantiv ‹P.›, übrigens in engem Zusammenhang mit *clarus*. Er schlägt ‹P.›, gleichbedeutend mit *evidentia*, in seinem späten Dialog ‹Lucullus› (überliefert im Rahmen der fragmentarisch erhaltenen ‹Academici libri›) als Übersetzung für griech. ἐνάργεια (enárgeia) vor. [109] Allerdings hat er ‹P.› ebenso wie «*evidentia*» noch nicht zur Terminologie der Rhetorik gezählt» [110], obwohl ‹enárgeia› zu seiner Zeit «wahrscheinlich [...] auch in der Rhetorik rezipiert» war [111], jedenfalls wenig später bei DIONYSIOS VON HALIKARNASSOS in dieser Verwendung auftaucht. [112] Es geht Cicero um das philosophische Problem der Erkenntnis. Lucullus, berühmt durch Reichtum und Sinnenfreude, übernimmt in dem Gespräch unter Freunden die Verteidigung der P. («perspicuitatis patrocinium» [113]), d.h. der von den Epikureern und vor allem von den Stoikern vertretenen sensualistischen Erkenntnislehre, die bei ungestörter Wahrnehmung ein wirklichkeitsgetreues Erfassen oder Begreifen (Katalepsis) der Dinge für möglich hält und damit der vernunftgeleiteten Wahrnehmungsskepsis der platonischen Akademie widerspricht. [114] Lucullus behauptet, nichts sei klarer («nihil esset clarius») als ‹enárgeia›, wie sie die Griechen, P. oder *evidentia*, wie «wir» (d.h. die Römer) sie, wenn es beliebt, nennen mögen («perspicuitatem aut evidentiam nos, si placet, nominemus»). Diese Wörter bezeichnen hier die mit der sinnlichen Wahrnehmung einhergehende unmittelbare Wahrheitsgewißheit. Derart Klares («tam clara») bedürfe keiner logischen Definition. In diesem Sinn kehrt das Wort ‹P.› in der Schrift mehrfach wieder. [115]

QUINTILIAN hält wie seine Vorgänger an der doppelten Erörterung der P. fest. Auch er behandelt sie zunächst als eines von drei Gestaltungsprinzipien des Redeteils *narratio* im Gefolge des ISOKRATES [116], später und ausführlicher als eines der vier theophrastischen Stilprinzipien. [117] In bezug auf den erstgenannten Zusammenhang spricht er von sachlicher P. (*rerum perspicuitas* [118]), ohne diese von der elokutionären streng zu trennen. Zur P. als Erzähltugend berücksichtigt er jedenfalls auch die sprachliche Seite: «*Klar und deutlich* [*aperta ac dilucida*; eigentlich: offen und klar] wird nun die Erzählung, wenn sie erstens in den eigentlichen, treffenden und zwar nicht gemeinen, jedoch auch nicht gesuchten und außer Gebrauch gekommenen Worten dargelegt wird und ferner Sachen, Personen, Zeitumstände, Örtlichkeiten und Gründe klar erkennen läßt [*distincta*], wobei man sogar auch die Form des Vortrags darauf einrichten muß, daß der Richter das, was zur Sprache kommt, möglichst leicht aufnimmt.» [119] Quintilian empfiehlt Kürze, die zweite Erzähltugend, in dem Sinn, «daß nicht mehr gesagt wird als nötig», warnt aber ähnlich wie ARISTOTELES und CICERO «vor der Folge allzu einschneidender Kürze, der Dunkelheit [*obscuritas*]». [120]

Die *narratio* ist für ihn der Redeteil, der Klarheit, Kürze und Wahrscheinlichkeit bzw. Glaubwürdigkeit am stärksten fordert. Grundsätzlich gälten diese Vorzüge aber auch für die anderen Teile der Rede [121], eine Ansicht, die auch Cicero und andere vertreten haben. [122] Demgemäß findet Quintilian es in der Redeeinleitung (Proömium, *exordium*) gut, «wenn wir kurz und klar [*breviter et dilucide*] die Hauptsache, worüber der Richter entscheiden muß, angeben – wie es Homer und Vergil zu Beginn ihrer Werke machen». Das sei eher eine Ankündigung (*propositio*) als eine Darlegung (*expositio*) des Themas. [123] Von der *partitio* (Angabe der Gliederung) verlangt er wie schon Cicero, sie solle klar (*lucida*) sein [124], von der Beweisführung (*argumentatio*), sie möge «in reiner, klarer und deutlich gegliederter [...] Sprache» (sermone puro et dilucido et distincto) vorgebracht werden. [125]

Der P. als allgemeinem Stilprinzip widmet Quintilian sich ausführlicher als der *narratio*-Forderung. Hier lautet die zentrale Aussage: «Für uns gelte die Durchsichtigkeit als Haupttugend des Ausdrucks, die eigentliche Bedeutung im Gebrauch der Wörter, ihre folgerichtige Anordnung, kein Schluß, der zu lang hinausgeschoben wird, nichts, das fehle, und nichts, das überflüssig sei» (Nobis prima sit virtus perspicuitas, propria verba, rectus ordo, non in longum dilata conclusio, nihil neque desit neque superfluat). [126] Nur auf den eigentlichen Wortgebrauch und die Dunkelheit (*obscuritas*) als dessen Gegenteil geht er näher ein, unterscheidet dabei jeweils verschiedene Arten. Die Meinung, «das erst sei gewählt und geschmackvoll ausgedrückt, was der Deutung bedürfe», weist er ausdrücklich zurück. [127] Die Bevorzugung des eigentlichen Wortgebrauchs geschieht indes nicht ohne Vorbehalt. «Denn vermeiden werden wir alles, was unanständig, schmutzig und niedrig klingt.» [128] P. im Verein mit öfteren Wiederholungen, so findet Quintilian, macht das Gesprochene «auch denen zugänglich [...], die nur oberflächlich zuhören». Das gelte besonders im Hinblick auf den zuhörenden Richter, der häufig durch andere Überlegungen abgelenkt sei. Es genüge nicht, verstehen zu können, es gelte auch die Möglichkeit des Nichtverstehens auszuschließen. Der Zuhörer soll der Rede also nicht nur folgen können, sondern folgen müssen. [129] Den *rectus ordo*, den Quintilian auch als natürliche Reihenfolge (*naturalis ordo*) versteht, behandelt er später in einem Kapitel über Wortfügung (*compositio*). [130]

Über den Herstellungsschritt *elocutio* hinaus beansprucht er P. ebenso wie die übrigen theophrastischen *virtutes* auch für die *pronuntiatio*, also für den mündlichen Vortrag.[131] «Deutlich» (*dilucida*) sei dieser, wenn der Redner erstens alle Silben richtig artikuliere und wenn er zweitens «die Rede deutlich gegliedert» halte («ut sit oratio distincta»), d.h. seine Sätze durch Pausen passend teile. Auch gelte es die Stimmführung sinngerecht zu modulieren. Ein auffälliges Atemholen an falscher Stelle könne «zu nicht geringerer Unklarheit führen als ein fehlerhaftes Absetzen» im Satzbau («non minus adferat obscuritatis quam vitiosa distinctio»).[132]

Im Rahmen der vier theophrastischen Stiltugenden[133] wie auch der drei isokrateischen *narratio*-Forderungen[134] verwendet Quintilian traditionell das Adjektiv *dilucidus*, daneben *perspicuus*[135] und *lucidus*[136], dessen Bedeutung er mit der von *perspicuus* gleichsetzt.[137] Bei der Einzelbesprechung des Stilprinzips P. legt er sich dann aber auf das vorher hierfür nicht übliche Substantiv ‹P.› fest und macht es zum leitenden Fachbegriff. Für *dilucidus* bzw. *lucidus* stand ihm kein entsprechendes Substantiv zur Verfügung. *Luciditas* (Lichtglanz) findet sich erst im Umkreis des AUGUSTINUS.[138] Das verwandte, «seit Quint.[ilian]»[139] und PLINIUS bekannte Adjektiv *translucidus*[140] (‹durchsichtig›) eignet sich nicht als Grundlage. Quintilian gebraucht es abschätzig «mit Anspielung auf die damals so durchsichtigen Kleider der Frauen»[141], speziell im Hinblick auf «Dirnentand» (*lenocinia*).[142]

Die Erhebung des Wortes ‹P.› zum stilistischen Fachbegriff und die damit einhergehende Abgrenzung zur *evidentia* sind bedeutsamer als Quintilians sonstige, alles in allem eher konventionelle Erklärungen in dieser Angelegenheit. Er wendet die beiden von Cicero als erkenntnistheoretisch eingeführten Begriffe ‹P.› und *evidentia* ins Rhetorische, ohne deren von Cicero unterstellte Bedeutungsgleichheit beizubehalten. Indem er *evidentia* als sprachliche Technik zur Erzeugung einer Wahrnehmungsillusion versteht, rückt er von Ciceros philosophischer Evidenz wirklicher Sinneseindrücke nicht grundsätzlich ab. Der ‹P.› hingegen gibt er eine gänzlich andere Ausrichtung. Indem er sie zur Fachbezeichnung für das theophrastische Stilprinzip der ‹saphéneia› erhebt, betont er weniger ihren ursprünglichen, jetzt nur noch metaphorischen Wahrnehmungsbezug als ihre logisch-diskursive Qualität. Der so verstandenen P. widmet er ein ausführliches Kapitel (VIII, 2), preist sie als *summa virtus* (höchste Stiltugend) im Zusammenhang von Archaismen und generell als *prima virtus*.[143] Die letzte Formulierung ist als «Haupttugend des Ausdrucks»[144] oder «wichtigste Eigenschaft des Ausdrucks»[145], aber auch als «älteste der rhetorischen Tugenden» übersetzt worden.[146] Diese Hochschätzung relativiert sich allerdings dadurch, daß Quintilian *aptum* (Angemessenheit)[147] und *evidentia*[148] mit ähnlichen Superlativen bedenkt.

Wichtig ist auch seine Unterscheidung von P. und *evidentia*. Während Cicero, wie gesagt, beide Begriffe erkenntnistheoretisch und als synonym verstand, behauptet Quintilian, *evidentia* sei mehr als P.[149] Er begreift sie also als deren «Steigerung».[150] Andererseits rechnet er die *evidentia* zur P.[151], versteht sie also anscheinend als Teil von ihr. Den Unterschied zwischen *evidentia* und P. sieht er darin, daß «die letztere von den Durchblick gestattet, während die erstere sich gewissermaßen selbst zur Schau stellt» (illud patet, hoc se quodam modo ostendit)[152], wodurch die jeweilige Sache «nicht nur ausgesprochen, sondern gewissermaßen vorgeführt zu werden verdient» (non dicendum, sed quodammodo etiam ostendendum est).[153] Die durch *evidentia* vermittelten Dinge werden dem geistigen Auge – wörtlich übersetzt: den Augen des Geistes – so gezeigt («oculis mentis ostendi»)[154], «daß man eher glaubt, sie zu sehen als zu hören» (ut cerni potius videantur quam audiri).[155] Dies erreiche man unter anderem durch den Kunstgriff, «gewissermaßen in Worten ein Gesamtbild der Dinge abzuzeichnen» (tota rerum imago quodam modo verbis depingitur).[156]

Mit der Einordnung der *evidentia*, für die er auch andere Bezeichnungen kennt, (ἐνάργεις, enárgeia; ὑποτύπωσις, hypotýpōsis; lat. *illustratio, repraesentatio, sub oculis subiectio*) tut Quintilian sich schwer. Er diskutiert sie mehrfach, nämlich im Umkreis der *narratio*-Tugenden[157], als Mittel zur Erregung von Gefühlswirkungen[158], als Gedankenfigur[159], am ausführlichsten jedoch als Wortschmuck (*ornatus*).[160] Das Adjektiv *dilucidus* kommt in diesem Zusammenhang nur am Rande vor[161], öfters *clarus*[162], gelegentlich auch das Substantiv *claritas*.[163] Hierzu gehört die Zielsetzung, den Redegegenstand «klar und anschaulich vor Augen zu stellen» (clare atque evidenter ostendere).[164] Mit *claritas* meint Quintilian ähnlich wie Cicero nicht logische Klarheit, sondern den stilistischen Glanz des Redeschmucks, »wenn die Schönheit ihres Gehaltes der helle Glanz der Rede überstrahlt» (quotiens pulchritudinem rerum claritas orationis inluminat).[165]

Einen Mehrwert gegenüber der P. beansprucht Quintilian nicht nur für die *evidentia*, sondern letzten Endes für den Redeschmuck überhaupt[166], insbesondere für Metaphern und Vergleiche. In gemäßigter Form findet er den *ornatus* mit der Luzidität sogar einer juristischen Beweisführung vereinbar: denn «oft bringt ein übertragener Ausdruck gerade das anschaulichste Licht hinein» (saepe plurimum lucis adfert ipsa translatio). Doch rät er wie schon Aristoteles zum Maßhalten.[167] «Wie aber maßvoller und passender Gebrauch der Metapher der Rede Glanz und Helle gibt [inlustrat], so macht ihr häufiger Gebrauch sie dunkel [obscurat] und erfüllt uns mit Überdruß».[168] Er bekräftigt die überlieferte Auffassung, «Durchsichtigkeit [P.] erfordere mehr eigentliche, Schmuck mehr übertragene Wortbedeutungen».[169] In bezug auf Vergleiche, die er mehr dem Dichter als dem Redner zubilligt, fordert er, «daß das, was wir um der Ähnlichkeit willen herangezogen haben, nicht unklar [obscurum] sei oder unbekannt; denn es muß, was zur Erklärung einer anderen Erscheinung dienen soll, selbst klarer [clarius] sein als das, was es erhellt».[170] Einen Verstoß gegen die P. sieht er in der Allegorie, sofern diese zu dunkel gerät und als Rätsel (*aenigma*) zu bezeichnen ist.[171]

Das von Quintilian durchgesetzte Wort ‹P.› als Bezeichnung einer der Hauptstilqualitäten behält auch SULPICIUS VICTOR (vermutlich 4. Jh.) in seiner Rhetorik bei. «In elocutione observanda sunt: latinitas, perspicuitas, robur, nitor, compositio, tum decens vel decorum.» (Bei der Ausdrucksweise zu beachten sind richtiges Latein, Klarheit, Kraft, Glanz, Wortfügung, sodann Angemessenheit.) Nach der Latinität, die mit Recht an erster Stelle stehe, gebühre der P. der nächste Platz.[172]

Während Cicero und Quintilian die P. im Rahmen des theophrastischen Systems von vier Stilprinzipien erörtern, gelangen die nach Cicero lebenden Griechen DIONYSIOS VON HALIKARNASSOS, Ps.-DEMETRIOS und HERMOGENES zu anderen Zuordnungen.

Dionysios, von 30 bis 8 v.Chr. als Lehrer der Beredsamkeit in Rom tätig, unterscheidet einfachen (χαρακτὴρ ἰσχνός, charaktḗr ischnós) und hohen Stil (χ. ὑψηλός, ch. hypsēlós) sowie einen aus beiden gemischten (χ. μέσος, ch. mésos), den er am besten findet. [173] Als Merkmal des einfachen Stils erwähnt er mehrfach, daß dieser klar (‹saphḗs›) sei. [174] Klarheit der Sprache ist ihm das «erste Erforderniss in kämpfenden Reden» [175], nicht nur für die *narratio*. [176]

Den einfachen Stil sieht er in den Reden des Lysias, den hohen in der Geschichtsschreibung des Thukydides vertreten, dessen Ausdrucksweise er dunkel findet. Als vorbildlich preist er Demosthenes, der alle drei Stilarten beherrscht habe. Versuche zur Mischung der Stile hätten auch Isokrates und Platon unternommen, aber mit weniger Glück. Wo Isokrates so deutlich wie möglich belehren wolle, ahme er den schlichten Stil des Lysias nach, allerdings ohne die nötige Gedrängtheit. Wo er seine Zuhörer in Staunen versetzen wolle, folge er leider zu sehr den rhetorischen Figuren des Gorgias, was eher zur Festrede als zur kämpferischen Rede passe. [177] Zu Platon bemerkt Dionysios, wo er einfach schreibe, sei sein Stil «so durchsichtig, wie der klarste Quell». Wo er hingegen sich reich und schön auszudrücken versuche, mißlinge das: «Das Klare verdunkelt sich und wird in einen Nebel gehüllt.» [178]

Andernorts, vor allem in seiner Schrift über Lysias, dort besonders in Kapitel 13, behandelt Dionysios die P. (‹saphḗneia›) im Rahmen eines Tugendkatalogs, der die Vierergruppe Theophrasts überschreitet und später dem Hermogenes als Quelle dient. [179] Dionysios «spricht vom ‹Charme› (χάρις, charis) des lysianischen Stils, der in der mühelosen, unaufdringlichen Einheit klarer und einfacher Diktion liegt, im konzisen Argument, der natürlichen Syntax, im moderaten Gebrauch ausgewogener und antithetischer Satzteile sowie in lebendigen, erhellenden Details der Erzählung.» [180]

Noch deutlicher rückt Ps.-Demetrios (1. Jh. n.Chr.?) in seiner Schrift ‹Über den Stil› (Περὶ ἑρμηνείας, Perí hermēneías) die P. als Hauptmerkmal des einfachen Stils in den Vordergrund. Er unterscheidet nicht drei, sondern – wie in anderer Weise schon Philodem (1. Jh. v.Chr.) – vier Stilarten [181], neben dem einfachen (ἰσχνός, ischnós) den lieblichen (γλαφυρός, glaphyrós), großartigen (μεγαλοπρεπής, megaloprepḗs) und gewaltigen (δεινός, deinós). [182] Als Zeichen klarer Diktion innerhalb des einfachen Stils nennt er übliche Wörter, Gebrauch von Konjunktionen, Vermeidung von Zweideutigkeit, Epanalepse, d.h. Wiederholung von bereits Gesagtem in längeren Sätzen, Meidung des Hyperbatons, Satzeröffnung durch Nominativ oder Akkusativ. Zwecks klarer Komposition empfiehlt er unter anderem kurze Sätze. P. ist für ihn Voraussetzung für Glaubwürdigkeit. Im Rahmen des einfachen Stils behandelt er auch die *evidentia* (‹enárgeia›) und bietet er die früheste erhaltene Briefschreiblehre. [183]

Hermogenes aus Tarsos (ca. 160–ca. 225 n.Chr.) unterscheidet sieben Stilprinzipien, die er – in anderem Sinn als Platon – ‹Ideen› nennt und im einzelnen noch weiter ausdifferenziert. Dieses System wirkt überorganisiert, galt schon im 17. Jh. als «zu kompliziert» [184] und wird in der heutigen Rhetorik vernachlässigt, zeugt jedoch als Alternative zu dem vereinfachenden Zugriff Theophrasts von der Reichhaltigkeit der antiken Stilistik. Hermogenes, «der zu Lebzeiten als Theoretiker kaum Beachtung gefunden hatte, wurde vom 5. Jh. an in zunehmendem Maße allererste Autorität. Daraus erklärt sich die große Zahl byz.[antinischer] Prolegomena, Scholien und Komm.[entare] [...] wie auch die reiche und komplizierte Überlieferung, die mit dem 10. Jh. einsetzt.» [185] Durch die lateinische Rhetorik Georgs von Trapezunt (15. Jh.) wird Hermogenes auch in Westeuropa bekannt. Trissino, Scaliger und Vossius berufen sich auf ihn.

Die ‹Ideen› des Hermogenes heißen (in Klammern die lateinische Übersetzung von Vossius [186] und die deutsche von Deitz [187]) ‹saphḗneia› (*perspicuitas*; Deutlichkeit, Klarheit), μέγεθος [mégethos; *magnitudo*; Größe), κάλλος (kállos; *venustas*; Schönheit), γοργότης (gorgótēs; *celeritas*; Heftigkeit, Schnelligkeit), ἦθος (ēthos; *mores*; angemessene Charakterschilderung), ἀλήθεια (alḗtheia; *veritas*; Wahrheit, Wahrhaftigkeit), δεινότης (deinótēs; *dicendi vis*; Kraftfülle, Redegewalt). Einige zerlegt er in Teilideen, so die ‹saphḗneia› in καθαρότης (katharótēs; *puritas*; Sprachrichtigkeit, Reinheit) und εὐκρίνεια (eukríneia; *oratio distincta* oder *orationis distinctio*; gedankliche Klarheit [188]). Diesem System geht ein ähnliches, in bezug auf P. aber wenig aussagekräftiges mit insgesamt zwölf ‹Ideen› des Aristeides (117–ca. 187 n.Chr.) voraus. Dabei bilden ‹saphḗneia› und ‹katharótēs› (Reinheit) ohne erkennbaren Bedeutungsunterschied eine Idee. [189]

Hermogenes beschreibt die inhaltlichen und sprachlichen Auswirkungen seiner Ideen bzw. Teilideen anhand eines gleichbleibenden Schemas von acht Elementen, nämlich in bezug auf ἔννοια (énnoia; *sententia*; Gedanke), μέθοδος (méthodos; *modus tractandi*; Art und Weise der Behandlung des Themas), λέξις (léxis; *dictio*; Ausdrucksweise), σχῆμα (schḗma; *figura*; [Wort-]Figur, [Rede-]Figur), κῶλα (kṓla; *membra*; Satzglieder, Perioden), συνθήκη (synthḗkē; *compositio*; Wortfolge) oder σύνθεσις (sýnthesis; *collocatio*; Wortfügung), ἀνάπαυσις (anápausis; *clausula*; Kadenz), ῥυθμός (rhythmós; *numerus*; Rhythmus). [190] Scaliger trennt unter Berufung auf Georg von Trapezunt ‹synthḗkē› (*compositio*) und ‹sýnthesis› (*collocatio*) und kommt so auf neun Elemente. [191]

Die Ausdifferenzierung von ‹katharótēs› (Reinheit) und ‹eukríneia› (gedankliche Klarheit) anhand der genannten acht Elemente ergibt folgendes Bild: «Rein ist der Gedanke, wenn er an sich allgemein verständlich ist. Die Methode besteht in der einfachen Mittheilung des Thatsächlichen ohne Herbeiziehung von Beiwerk. [...] Der Ausdruck verlangt gemeinverständliche Wörter mit Vermeidung der Tropen und der Wörter, die an sich hart sind. Die Figur ist die ὀρθότης [orthótēs, Richtigkeit]» [192], «worunter Hermogenes den Gebrauch finiter Verbformen, casus recti usw. anstelle aller obliquen Formen versteht». [193] Als *casus rectus* gilt hauptsächlich der Nominativ. «Das Hyperbaton ist durchaus unzulässig. Die Kola müssen klein, kommatisch und in sich abgeschlossenen Sinnes sein. Die Composition ist einfach, ohne sich um Vermeidung des Hiatus zu kümmern. Der Rhythmus muss iambisch oder trochäisch sein – diese Rhythmen haben am meisten Verwandschaft mit der gewöhnlichen Rede – zunächst am Anfange der Kola, im weiteren Verlaufe müssen sie zahlreicher vorhanden sein als Daktylen und Anapästen, am Schluss müssen sie wieder hervortreten, mit oder ohne Katalexis.» [194] Dieses Verständnis der Reinheit weicht von der üblichen Auffassung ab. Die sonst herrschende, z.B. bei Dionysios anzutreffende Gleichsetzung der ‹katharótēs› mit Sprachrichtigkeit, dem ‹hellēnismós› des Theophrast, «fehlt bei Hermogenes vollständig.» [195]

«Die Wirksamkeit der εὐκρίνεια [eukríneia] beruht auf dem Prinzip der Ordnung der Gedanken [...]. Sie bezieht sich hauptsächlich auf den Inhalt, während die Wirksamkeit der καθαρότης [katharótēs] mehr in der Gestaltung liegt». [196] Hagedorn erklärt Hermogenes' eigentümliche Auffassung der beiden Teilideen aus dem traditionellen Nebeneinander von *virtutes elocutionis* und *narrationis*. «Die Idee καθαρότης [katharótēs] ist aus der virtus elocutionis σαφήνεια [saphḗneia] entstanden, während die Vorschriften zur εὐκρίνεια [eukríneia] [...] aus der gleichnamigen ἀρετὴ διηγήσεως [aretḕ diēgḗseōs, virtus narrationis] stammen». [197]

Die ‹eukríneia›, so Volkmann, «besteht überwiegend in der Methode die Dinge in der natürlichen Reihenfolge mitzutheilen [...]. Klar sind alle Gedanken, welche einen Uebergang zum folgenden bilden und dasselbe gleichsam einleiten (Partitionen, Propositionen, Transitionen [...]), daher auch Eintheilung und Aufzählung als Figuren der Uebersichtlichkeit bezeichnet werden. Zu ihnen gehören ferner Fragen, die der Redende an sich selbst richtet und dann beantwortet, auch kurze Recapitulationen und Zurückbeziehungen auf das gesagte». [198]

Außerhalb der Rhetorik erlangt die P. Bedeutung in der *Jurisprudenz*. In Vertragstexten dient sie nicht nur der Verständlichkeit, sondern auch der Rechtssicherheit. Die sogenannte Unklarheitenregel, bis heute wirksam, ist schon bei den römischen Juristen um 200 n.Chr. (Papinian, Paulus, Ulpian) Gemeingut. [199] Papinian beruft sich diesbezüglich allgemein auf die Alten (*veteres*), Paulus auf den Juristen M. Antistius Labeo (50 v.Chr. – ca. 20 n.Chr.): «Labeo scripsit obscuritatem pacti nocere potius debere venditori qui id dixerit quam emptori, quia potuit re integra apertius dicere.» (Labeo hat geschrieben, daß eine Unklarheit des *pactum* [Vertrag] dem Verkäufer, der dieses formuliert hat, eher schaden müsse als dem Käufer, weil er – der Verkäufer – in der Ausgangslage [wörtlich: «als die Sache unversehrt war»] hätte deutlicher reden können.) [200] Spätestens um 1700 wird *apertius dicere* durch *clarius dicere* ersetzt. [201] *Claritas* findet sich schon im ‹Codex Theodosianus› von 438, der ersten amtlichen Sammlung von nach 312 ergangenen Gesetzen. Ziel dieses Werkes sei, so heißt es eingangs, daß es in gedrängter Kürze mit Klarheit leuchte («ut brevitate constrictum claritate luceat»). [202] Allerdings erscheint *claritas* hier noch nicht zum stilistischen Fachbegriff verdichtet.

Anmerkungen:
1 H. Frisk: Griech. etym. Wtb., Bd. 2 (1970) 684. – **2** ebd. – **3** ebd. – **4** A. Walde, J.B. Hofmann: Lat. etym. Wtb., Bd. 1 (³1938) 438 (Art. ‹fabula›); P. Persson: Beiträge zur idg. Wortforsch. (Uppsala 1912) 117; F. Edgerton: Vedic *sabhā*, in: Zs. für vergleichende Sprachforschung auf dem Gebiete der idg. Sprachen 46 (1914) 173–178, hier 177. – **5** Frisk [1] 684. – **6** ebd. – **7** H. Stephanus: Thesaurus Graecae linguae, Bd. 8 (ND Graz 1954) 108–112; W. Pape: Griech.-dt. Handwtb., Bd. 2 (ND Graz 1954) 865f. – **8** Dionysios von Halikarnassos: Lysias 17–19 (= Dion. Hal. Or. vet. 92–96; vgl. ebd. 184); vgl. J.G. Baiter, H. Sauppe (Hg.): Oratores Attici (Zürich 1850; ND 1967) 224, Frg. 5. – **9** Quint. IV, 2, 31f. – **10** Abdruck der Frgg. bei Baiter, Sauppe [8] 224–226. – **11** vgl. Blass: II. Abt.: Isokrates und Isaios (³1892; ND 1962) 104–116; K. Barwick: Das Problem der isokrateischen Techne (1963), in: F. Seck (Hg.): Isokrates (1976) 275–295. – **12** Fuhrmann Rhet. 28. – **13** zur Begründung der Zuschreibung vgl. Fuhrmann ebd.; KlP, Bd. 1, 340. – **14** Anax. Rhet., Kap. 25. – **15** vgl. hierzu P. Wendland: Anaximenes von Lampsakos (1905) 39f. – **16** ebd. 40. – **17** H. Willms: ΕΙΚΩΝ. Eine begriffsgeschichtl. Unters. zum Platonismus (1935) 7. – **18** Platon: Nomoi 644 b-c; vgl. auch Plat. Gorg. 517 d; Phaidon 87 b; Symposion 215 a; Pol. 487 e; 509 d. – **19** Platon: Nomoi 812 d. – **20** Platon: Phaidon 57 a-b; Symposion 172 b; Pol. 336 d; Brief 3, 319 d; Nomoi 626 d; 644b; 917 e. – **21** Plat. Phaidr. 277 d. – **22** Plat. Pol. 478 c; 511 c; 524 c; Phaidr. 242 c; Sophistes 254 c; Philebos 57 c. – **23** Plat. Phaidr. 239 e; Philebos 57 b. – **24** Platon: Sophistes 223 a. – **25** Platon: Brief 7, 341 a; Nomoi 957 d; 965 c. – **26** Platon: Brief 3, 319 d; Philebos 57 b; Nomoi 626 d; 965 c. – **27** Plat. Pol. 336 d; Phaidr. 275 c; 277 d; Brief 7, 341 a; Philebos 57 c; Nomoi 921 b. – **28** Art. ‹Aristoteles: Topika›, in: Kindlers neues Literaturlex., hg. von W. Jens, Bd. 1 (1988) 710f. – **29** Arist. Top. VI, 1, 139b (Übers. E. Rolfes, ²1922; ND 1968, S. 125). – **30** Art. ‹Deutlichkeit der Begriffe›, in: Zedler, Bd. 7, 706. – **31** Aristoteles: Analytica posteriora II, 1–13; bes. 13 gegen Ende; Näheres zu der Unterscheidung von Definition und Demonstration und ihren Problemen in: Aristoteles Analytica posteriora, übers. und erl. von W. Detel, 2. Halbbd. (1993) 542–782, bes. 623 (zum Verhältnis Fakten/Ursachen) und 779. – **32** Arist. Top. VI, 2, 139b–140a (S. 125f.). – **33** Detel [31] 779. – **34** Arist. Top. VIII, 1, 157a (S. 178). – **35** ebd. Kap. 7, 160a (S. 189). – **36** ebd. Kap. 12, 162a (S. 197). – **37** M. Fuhrmann: Nachwort, in: Arist. Poet., S. 152. – **38** F. Robortello: In librum Aristotelis de arte poetica explicationes (Florenz 1548; ND München 1968) 259. – **39** Letzteres vermutet F.G. Sieveke: Nachwort, in: Arist. Rhet., S. 305. – **40** Art. ‹Aristoteles: Techne rhetorike›, in: Kindler [28] Bd. 1, 708–710. – **41** Arist. Rhet. III, 2, 5. 7 (1404b–1405a). – **42** ebd. III, 2, 1. – **43** J. Stroux: De Theophrasti virtutibus dicendi (1912) 30f. 40f. Ihm folgt O. Regenbogen: Art. ‹Theophrast›, in: RE, Suppl. VII (1940) 1529; ebenso D. Hagedorn: Zur Ideenlehre des Hermogenes (1964) 12. 16. 26. – **44** F.G. Sieveke in: Arist. Rhet., Anm. 157f.; Fuhrmann Rhet. 38; B. Asmuth: Stilprinzipien, alte und neue. Zur Entwicklung der Stilistik aus der Rhet., in: E. Neuland, H. Bleckwenn (Hg.): Stil – Stilistik – Stilisierung. Linguistische, lit.wiss. und didaktische Beiträge zur Stilforschung (1991) 26. – **45** Hagedorn [43] 14. – **46** ebd. 13f. – **47** ebd. 12. – **48** Arist. Rhet. III, 16. – **49** ebd. 5. – **50** ebd. 6. – **51** ebd. 16, 4; vgl. Quint. IV, 2, 32. – **52** Arist. Rhet. III, 2, 1. – **53** ebd. 2, 5. – **54** ebd. 11, 6; zu Theodoros vgl. KlP, Bd. 5, 690f. – **55** Arist. Rhet. III, 2, 3. – **56** ebd. 2, 4. – **57** Hagedorn [43] 16 mit Bezug auf Arist. Rhet. III, 2, 1f. – **58** vgl. Stroux [43] passim; M. Pohlenz: Τὸ πρέπον, in: Nachrichten von der Akad. der Wiss. zu Göttingen. Phil.-hist. Klasse (1933) 60–62; ND in: Kleine Schr., Bd. 1, hg. von H. Dörrie (1965); Regenbogen [43] 1354–1562; KlP, Bd. 5, 720–725; Fuhrmann Rhet. 38f. – **59** Cic. Or. 79; vgl. auch Cic. De or. I, 144. – **60** vgl. Hagedorn [43] 11f. – **61** Volkmann 395. – **62** Hagedorn [43] 12. – **63** FDS 228–233. – **64** ebd. 544–557. – **65** Näheres hierzu bei Th. Nüßlein: Einf., in: Auct. ad Her., S. 321–356; zur Datierung bes. 352, Anm. 18. – **66** Auct. ad Her. I, 14; vgl. Cic. Inv. I, 28; De or. II, 326–329; Or. 122; Quint. IV, 2, 31. – **67** Auct. ad Her. IV, 17. – **68** vgl. Lausberg Hb. § 460, Anm. 1. – **69** Auct. ad Her. IV, 17. – **70** ebd. – **71** T. Albertini Art. ‹Elegantia›, in: HWRh Bd. 2 (1994) 994. – **72** Arist. Rhet. III, 5, 1; vgl. dazu Anm. 163 (S. 283f.) von F.G. Sieveke. – **73** Auct. ad Her. IV, 18. – **74** zum Vergleich mit Theophrast vgl. Ad Herennium de ratione dicendi, with an English translation by H. Caplan (London 1954) 268f., Anm. e; Cornifici Rhetorica ad C. Herennium, ed. G. Calboli (Bologna 1969) 300–2, Anm. 57; Nüßlein [65] 384f., Anm. 60. – **75** Arist. Rhet. III, 6; vgl. dazu Anm. 164 (S. 284f.) von F.G. Sieveke. – **76** Volkmann 394; vgl. ebd. 533. Er zitiert Dionysios von Halikarnassos: «de Isocr. iud. c. 3 pag. 278»; vgl. auch Vossius, T. II, 4. – **77** Auct. ad Her. IV, 18. – **78** Lausberg Hb. § 460 mit Hinweis auf Quint. VIII, 1, 1. – **79** Auct. ad Her. IV, 17. – **80** ebd.; Nüßlein übersetzt *commoda* als «treffend». – **81** ebd. II, 11. – **82** ebd. IV, 51. – **83** ebd. 45. – **84** ebd. 59–62. – **85** ebd. 68f. – **86** vgl. ebd. I, 16; II, 2. 31; III, 8. 34; IV, 39. – **87** ebd. III, 34. – **88** ebd. IV, 69. – **89** Quint. VI, 3, 20; vgl. Lausberg Hb. §§ 1079, 1f und 2 c; 1244 (S. 694). – **90** Cic. De or. I, 144. – **91** ebd. III, 49 und 52f.; ähnlich Quint. VIII, 3, 1. – **92** Cic. De or. III, 52f. – **93** Cic. Or. 79. – **94** Cic. De off. I, 2, Übers. Verf.; vgl. F.C. Baumeister: Anfangsgründe der Redekunst (1754; ND 1974) 5. – **95** Cic. De or. III, 49. – **96** ebd. 50. – **97** Cic. Inv. I, 31; vgl. Volkmann 172. – **98** Cic. Inv. I, 28f. – **99** Cic. De or. II, 80–83. – **100** ebd. 329. – **101** ebd. 326. – **102** ebd. 328. – **103** Cic. De or. III, 50. – **104** vgl. Teile A.I und B.IV. – **105** Cic. De or. III, 157. – **106** H. Merklin, in: Cic. De or., S. 616, Anm. 222. – **107** Cic. De or. III, 157. – **108** Cic. Or. 79–86. – **109** Cicero: Lucullus 17, in: Academi-

corum reliquiae cum Lucullo, ed. O. Plasberg (1922) 35. – **110** A. Kemmann: Art. ‹Evidentia, Evidenz›, in: HWRh Bd. 3 (1996) 43. – **111** ebd. 42. – **112** Dion. Hal.: Lysias 7, 1f. – **113** Cicero: Lucullus 105. – **114** vgl. H. Hartmann: Gewißheit und Wahrheit. Der Streit zwischen Stoa und akad. Skepsis (1927). – **115** Cicero: Lucullus 45 (zweimal). 51. 87. 99. 105. – **116** Quint. IV, 2, 31ff. – **117** ebd. VIII, 2. – **118** ebd. VIII, 2, 22. – **119** ebd. IV, 2, 36. – **120** ebd. 43f. – **121** ebd. 35. – **122** hierzu und allg. zum Verhältnis von *virtutes narrationis* und *virtutes elocutionis* vgl. Hagedorn [43] 14f. – **123** Quint. IV, 1, 34f. – **124** ebd. IV, 5, 22 und 26; vgl. auch ebd. 1 und 12; Cic. Inv. I, 22, 31. – **125** Quint. V, 14, 33. – **126** ebd. VIII, 2, 22. – **127** ebd. 21. – **128** ebd. 2. – **129** ebd. 23f.; vgl. Lausberg Hb. § 529. – **130** Quint. IX, 4, 23–32. – **131** ebd. XI, 3, 30ff. – **132** ebd. 33–39. – **133** ebd. VIII pr. 26; VIII, 1, 1; XI, 3, 30. – **134** ebd. IV, 2, 31f. – **135** ebd. VIII, 1, 1. – **136** vgl. die Empfehlung eines *lucidus ordo* durch Horaz (Ars 41). – **137** Quint. IV, 2, 31. – **138** Evodius in Augustin. epist. 158, 2, zit. K.E. Georges: Ausführliches lat.-dt. Handwtb. (^{10}1959) Bd. 2, 709. – **139** Walde, Hofmann [4] 823. – **140** Quint. VIII pr. 20. – **141** Georges [138] Bd. 2, 3192. – **142** Quint. VIII pr. 26. – **143** ebd. I, 6, 41; VIII, 2, 22. – **144** H. Rahn, in: Quint. VIII, 2, 22. – **145** Fuhrmann Rhet. 117. – **146** H.-P. Göbbeler: Art. ‹Perspikuität›, in: HWPh Bd. 7 (1989) 377. – **147** Quint. I, 5, 1; XI, 1, 1. – **148** ebd. VI, 2, 29f.; VIII, 3, 71. – **149** ebd. VIII, 3, 61. – **150** Volkmann 442. – **151** Quint. IV, 2, 64. – **152** ebd. VIII, 3, 61. – **153** ebd. IV, 2, 64. – **154** ebd. VIII, 3, 62. – **155** ebd. IX, 2, 40. – **156** ebd. VIII, 3, 63. – **157** ebd. IV, 2, 63f. – **158** ebd. VI, 2, 29–32. – **159** ebd. IX, 2, 40–44; vgl. auch IX, 1, 26f. – **160** ebd. VIII, 3, 61–71. – **161** ebd. IX, 2, 44. – **162** ebd. VIII, 3, 62. 63. 73. – **163** ebd. IX, 16, 10; VIII, 3, 70. – **164** ebd. VIII, 3, 62. – **165** ebd. II, 16, 10; vgl. auch VIII, 3, 70. – **166** ebd. VIII, 3, 3 und 61; ähnlich Cic. De or. III, 37f. und 52f. – **167** Quint. V, 14, 34f.; vgl. Arist. Poet. 22; Rhet. III, 3, 4; Cic. Or. 79–86. – **168** Quint. VIII, 6, 14. – **169** ebd. VIII, 3, 15. – **170** ebd. VIII, 3, 73. – **171** ebd. VIII, 6, 52; vgl. J. König: Art. ‹Aenigma›, in: HWRh Bd. 1 (1992) 189f. – **172** Rhet. Lat. min. 320f., Übers. Verf.; vgl. Lausberg Hb. § 528. – **173** vgl. Volkmann 544f. – **174** Dion. Hal.: Über die Rednergewalt des Demosthenes vermittelst seiner Schreibart, übers. A.G. Becker (1829) §§ 4. 5. 13. 18. 33; griech. und frz. in: Dion. Hal. Or. vet., Bd. 2 (1988). – **175** Dion. Hal.: Rednergewalt [174] § 10 (S. 32). – **176** ebd. § 34 (S. 94). – **177** ebd. §§ 4 und 18. – **178** ebd. § 5 (S. 19). – **179** Näheres hierzu bei Hagedorn [43] 11f. – **180** H. Yunis: Art. ‹Logograph›, in: HWRh Bd. 5 (2001) 618 mit Bezug auf Dion. Hal., Lysias 2–11. – **181** zum Nebeneinander von drei und vier Stilarten vgl. L. Fischer: Gebundene Rede (1968) 108; zu Philodem J. Lücke: Beiträge zur Gesch. der genera dicendi und genera compositionis (Diss. [Masch.] Hamburg 1952) 42f., zit. Fischer 108. – **182** vgl. Volkmann 538–544. – **183** Demetrius: On Style, ed. D.C. Innes, in: Aristotle: Poetics; Longinus: On the Sublime; Demetrius: On Style (Cambridge, Mass. / London 1995) §§ 190–235. – **184** Dyck 96; Näheres zu Hermogenes' Ideenlehre bei Vossius, T. 2, 470–498; Volkmann 555–566; Hagedorn [43] passim. – **185** Art. ‹Hermogenes›, in: KlP, Bd. 2, 1082; vgl. auch H. Hunger: Art. ‹Byzant. Rhet.›, in: HWRh Bd. 2 (1994) 96f. – **186** Vossius, T. 2, 472. – **187** L. Deitz in: Scaliger, Bd. 3, 265 (= Buch 4, Kap. 1). – **188** lat. Übers. Vossius, T. 2, 475 u. 477; dt. Übers. Verf. – **189** vgl. dazu Volkmann 553–555; Hagedorn [43] 27. – **190** dt. Übers. L. Deitz in: Scaliger, Bd. 3, 277; vgl. Vossius, T. 2, 474; Volkmann 556; Hagedorn [43] 19. – **191** Scaliger, Bd. 3, 276f.; vgl. ebd. 281. – **192** Volkmann 557. – **193** Hagedorn [43] 24. – **194** Volkmann 557. – **195** Hagedorn [43] 25. – **196** ebd. 24. – **197** ebd. 25. – **198** Volkmann 557. – **199** vgl. Chr. Krampe: Die Unklarheitenregel. Bürgerliches und römisches Recht (1983) 11–14; D. Liebs: Lat. Rechtsregeln und Rechtssprichwörter (1982) 30, Nr. A 88; 45, Nr. C 81; 99, Nr. J 123. – **200** Paulus in 5. Buch seines Kommentars zum ius civile des Sabinus, in: Digesta XVIII, 1, 21; zit. und übers. Krampe [199] 13. – **201** Belege bei Krampe [199] 14. – **202** Theodosiani libri XVI. Voluminis I pars posterior. Textus cum apparatu, ed. Th. Mommsen (^{3}1962 [^{1}1904]) I, 1, 6, 1 (S. 29).

II. *Christianisierung und Mittelalter.* QUINTILIANS ‹Institutio oratoria› ist im Mittelalter überwiegend in verkürzter Form verbreitet. Da der verstümmelte Text (‹Quintilianus mutilatus›) das P.-Kapitel VIII, 2 ausspart [1], ist ‹P.›, in der Spätantike bei SULPICIUS VICTOR und AUGUSTINUS noch vorhanden, dem Mittelalter als Stilbegriff nicht mehr geläufig. Im Register der von C. Halm gesammelten Schriften der ‹Rhetores Latini minores› ist unter ‹P.› bloß die genannte Stelle von SULPICIUS VICTOR verzeichnet. MARTIANUS CAPELLA verwendet das Wort nur in seiner ursprünglichen, nichtmetaphorischen Bedeutung, nämlich in bezug auf die Kleidung der Göttin Juno, durch deren dunkles Obergewand ihr glasgrünes Unterkleid bei Lichteinfall mit der Anmut heiterer P. hindurchschimmert. [2] In bezug auf die stilistische P. dominieren die adjektivischen Bezeichnungen, wie sie die Herennius-Rhetorik und CICERO vermitteln, besonders *planus, apertus* und *dilucidus*. PRISCIAN (6. Jh.) und WILHELM VON MOERBEKE (13. Jh.) übersetzen ‹saphēneia› als *planities*. [3]

Auch THEOPHRASTS System von vier Stilprinzipien, vermittelt durch die abstufende Interpretation CICEROS und deren abgewandelte Wiedergabe bei MARTIANUS CAPELLA, hinterläßt im Mittelalter eher spärliche Spuren. Für Cicero sind, wie erwähnt, richtiges Latein und P. selbstverständliche Qualitäten, die kein besonderes Lob verdienen. Erst Wortschmuck und Angemessenheit begründen ihm zufolge die eigentliche Redekunst. [4] Martianus Capella (5. Jh.) bespricht demgemäß *Latine loqui planeque dicere* als *fundamenta* (Grundlagen), *ornate copioseque dicere* hingegen, hier von Cicero abweichend, als *fastigia* (Gipfel) der *elocutio*. Diese überlieferte, möglicherweise verderbte Textfassung ersetzt Theophrasts und Ciceros Angemessenheit (*aptum, decorum*) durch Wortfülle (*copia verborum*). [5] NOTKER DER DEUTSCHE von St. Gallen (ca. 950–1022) knüpft daran an. In seiner ‹Rhetorica› bezeichnet er *Latinitas* und *plane dicere* als «structure totius elocutionis fundamenta» (Grundlagen der Struktur des ganzen Stils) sowie *copia verborum* und *ornatus* wiederum als *fastigia*. [6] Andere Autoren betonen die grundlegende Bedeutung von Sprachrichtigkeit und P., ohne die anspruchsvolleren Stilprinzipien direkt zu erwähnen. ISIDOR VON SEVILLA (ca. 570–636) verlangt in seinem kurzen Kapitel ‹De elocutione›, im Interesse der Sache, des Ortes, der Zeit und der Person des Hörers Profanes nicht mit Religiösem oder anderweitig Gegensätzliches zu mischen. Er umschreibt somit das Angemessenheitsgebot. Ausdrücklich fügt er hinzu, es müsse lateinisch und klar gesprochen werden («Latine autem et perspicue loquendum»). [7] ALKUIN (um 730–804), der Vertraute Karls des Großen und von diesem zum Leiter der Hofschule im Frankenreich berufen, konzentriert sich auf Redegewandtheit (wohl im Sinne sprachlicher Richtigkeit) und P. («facunda debet esse [elocutio] et aperta»). [8]

«Hauptquelle» [9] der mittelalterlichen Rhetorik ist die ‹Rhetorik an Herennius›; «sie taucht in karolingischer Zeit als ein Werk Ciceros auf und gewinnt von da an, zunächst für die Lehre von den vitia [Fehlern] der Stilarten, dann immer mehr für die gesamte Stiltheorie steigende Bedeutung». [10] Die dortige Dreiteilung in *elegantia* (mit den Teilprinzipien *Latinitas* und *explanatio*), *conpositio* und *dignitas* findet sich in den von Bologna ausgehenden Briefschreiblehren (*artes dictandi*) des 12. und 13. Jh. (TRANSMUNDUS, PAULUS CAMALDULENSIS, GUIDO FABA, KONRAD VON MURE [11]), den Hauptzeugnissen mittelalterlicher Rhetorik, ebenso wie in dem enzyklopädischen ‹Speculum maius› des VINZENZ VON BEAUVAIS (13. Jh.) [12] und später in den Rhetoriken des Humanismus.

Die Autoren der *artes dictandi* bekunden gelegentlich ihr eigenes Bemühen um P. LUDOLF VON HILDESHEIM beginnt seine ‹Summa dictaminum› mit dem Satz: «De arte dictandi breuiter et lucide secundum usum modernorum opusculum intendimus conpilare.» (Über die ars dictandi wollen wir kurz und klar nach dem Gebrauch der Modernen ein kleines Werk zusammenstellen.) [13] Mehr noch wird P. den Briefe schreibenden Lesern empfohlen. So fordert ein sächsisches Formelwerk, bei Verleihung eines Privilegs müsse die Begünstigung klar und deutlich dargelegt werden, so daß nichts einer zusätzlichen Auslegung überlassen bleibe («beneficium plane et lucide uult exponi, ita ut nichil subaudicioni uel intellectui relinquatur»). [14] Das erinnert an die Unklarheitenregel der antiken Juristen.

Wie bei der Rede konzentriert sich die P.-Forderung auf die narratio, die den dritten von fünf standardisierten Briefteilen bildet (nach salutatio, captatio benevolentiae und vor petitio und conclusio). ALBERICH VON MONTECASSINO schreibt, man müsse die narratio kurz und klar gestalten («breuiter et aperte flectere debemus»). [15] GUIDO FABA schlägt zur ausdrücklichen Bekundung der P. innerhalb der narratio «firmiter, indubitanter, aperte» als untereinander austauschbare Synonyma vor, ebenso «luce clara, luce aperta, insinuacione ueridica, significacione lucida». [16] Vorschläge für P.-Bekundungen finden sich aber auch außerhalb der narratio. JOHANNES BONDI von Aquileja kennzeichnet in einem Mustersatz mit Formulierungsvarianten für Briefe an hohe Geistliche die Floskeln «apercius elucescat» (es soll recht klar hervorleuchten) und «cupimus declarare» (wir möchten klarlegen) und «facio manifestum» (ich mache offenkundig) als gleichwertig, ebenso in einem Satz für Briefe an Fürsten die Ausdrücke «clarius innotescat» (es möge klarer bekannt werden), «limpidius reseretur» (es möge klarer erschlossen werden) und «lucidius patefiat» (es möge klarer eröffnet werden). [17] DOMINICUS DOMINICI aus Viseu liefert eine Reihe von Musterbriefen von denen einer am Schluß im Hinblick auf größere Klarheit («euidenciam pleniorem» [eine andere Handschrift fügt bei «uel clariorem»]) besiegelt und bekräftigt wird. [18] KONRAD VON MURE begreift in seiner ‹Summa de arte prosandi›, die ihn «als den bedeutendsten Urkundentheoretiker des 13. Jh.s nördlich der Alpen» ausweist [19], das Nacheinander von Nominativ und Verb im Satz («quando nominativus precedit, et uerbum cum suis determinationibus et attinentibus subsequitur»; wenn der Nominativ vorausgeht und das Verb mit seinen Bestimmungen und Anhängsen folgt) als ordo naturalis. [20] «Die Schmuckarten charakterisiert er unter dem Hinweis auf die ‹Dunkelheit› des schweren Schmucks» [21], indem er unterscheidet zwischen schwerem, dunklem Stil und leichtem, klarem, verständlichem Stil («stilo difficili et obscuro uel stilo facili et lucido et plano ad intelligendum» [22]).

Sieht man von der eher beiläufigen Berücksichtigung der P. in den zitierten Belegen ab, so läßt sich sagen: Die artes dictandi «meiden jegliche positive Bemerkung in Bezug auf das "apte, aperte, proprie, dilucide loqui"». [23] Das gilt auch für die – ausschließlich lateinischen – Poetiken der Epoche. «Durchsichtigkeit der sprachlichen Äußerung steht bei ihnen in geringem Ansehen.» [24] Hier «spielt die Forderung nach perspicuitas (wie bereits Sawicki gesehen hat) keine Rolle» [25], jedenfalls keine ausdrückliche. Am ehesten erinnert an sie die von HORAZ angesprochene Gefahr der Dunkelheit durch übertriebene Kürze («brevis esse laboro, obscurus fio»; ich bemühe mich, kurz zu sein, und werde dunkel) [26], auf die MATTHÆUS VON VENDÔME [27] und GALFRID VON VINSAUF verweisen. Dieser obscura brevitas, der dunklen Kürze, wie Galfrid sie nennt [28], setzt Matthæus die Vorstellung einer aperta brevitas, d.h. einer klaren Kürze, entgegen. [29] ‹Kürze ohne Dunkelheit› empfiehlt auch ALBERICH VON MONTECASSINO als Stilregel für die ars dictandi. [30]

Galfrid verbietet Dunkelheit sogar für den schweren Schmuck (ornatus difficilis, ornata difficultas), dem sie sonst zugeschrieben wird. [31] Aber auch er benennt das aperte dicere nicht ausdrücklich. Er umschreibt es durch Metaphern der Aufhellung und Verdunkelung sowie des Öffnens und Entschlüsselns. Die jeweilige Sache, äußert er, solle nicht von einer Wolke sprachlich verdeckt werden [32], allenfalls von einer heiteren («nube serena»). [33] Dem Dichter rät er: «Sis claviger ergo, Remque tuis verbis aperi.» (Sei ein Schlüsselträger und öffne die Sache mit deinen Worten.) [34] Das Galfrid zugeschriebene ‹Documentum de arte versificandi› verurteilt harte und dunkle Metaphern. [35]

Angesichts der Vermeidung expliziter Erwähnungen der P. in den Poetiken und der Neigung vieler mittelalterlicher Dichter zu verrätselnder Allegorie ist die Berücksichtigung der P. durch GOTTFRIED VON STRASSBURG eine bemerkenswerte Ausnahme. Im Literaturkatalog seines Versepos ‹Tristan› lobt er an seinem Dichterkollegen HARTMANN VON AUE, «wie lûter und wie reine sîniu cristallînen wortelîn beidiu sint und iemer müezen sîn!» (wie klar und rein seine kristallenen kleinen Wörter sind und immer sein werden). [36] «Die gängige Übersetzung der Begriffe lûter/reine ist ‹klar› (‹lauter›)/‹rein› [...], da Gottfried mit ihnen vor allem die Transparenz der Hartmannschen Dichterworte hervorheben will.» [37] «Quintilians Terminologie steht derjenigen Gottfrieds sehr nahe», bemerkt Nellmann. [38] Bei der berühmten Schilderung der Minnegrotte und ihrer allegorischen Deutung bedient sich Gottfried derselben Bildlichkeit: «diu minne sol ouch cristallîn, durchsihtic und durchlûter sin.» (Die Minne soll auch kristallen, durchsichtig und klar sein.) [39]

Der mittelalterliche Bedeutungsverlust der P. erklärt sich durch die beschränkte Quellenlage und speziell durch das Verschwinden des von QUINTILIAN geprägten Fachbegriffs ‹P.› nur zum Teil. Eine gewichtigere Ursache ist das die Epoche beherrschende allegorische Denken, das hinter der vordergründigen Erscheinung der Dinge einem verborgenen Sinn nachspürt. [40] Das «Buch der Welt» und die Bibel als maßgebliche Wahrheitsquelle bedürfen, sofern sie sich nicht persönlicher Erleuchtung (AUGUSTINUS: illuminatio), d.h. gnadenhafter Einwirkung, erschließen, nach mittelalterlicher Auffassung der ‹Er-klärung›, für die die römische Kirche das Deutungsmonopol beansprucht. Hinsichtlich des geistigen Sinns, der hinter dem buchstäblichen der Bibel angenommen wird, unterscheidet man drei Varianten (allegorisch im engeren Sinn, tropologisch, anagogisch), so daß sich insgesamt vier Schriftsinne ergeben. [41] «Ein im Mittelalter immer wieder angeführtes Musterbeispiel ist das Wort Jerusalem: geschichtlich eine Stadt auf Erden, allegorisch die Kirche, tropologisch die Seele des Gläubigen, anagogisch die himmlische Gottesstadt.» [42] Begünstigt wird das allegorische Denken durch das mönchische Lebensideal der Weltferne in klösterlicher Abgeschiedenheit.

Im Rahmen des allegorischen Weltbildes wird die P. von religiösen Vorstellungen überlagert und in ihrer Geltung eingeschränkt. Dies zeigt sich grundlegend und repräsentativ in den ambivalenten Äußerungen des Kirchenvaters AUGUSTINUS (354–430). Einerseits geht er davon aus, daß die Bibel viele dunkle Stellen enthält, deren Sinn sich nur dem kundigen Exegeten erschließt. Er rechtfertigt dies mit der Absicht Gottes, «den Hochmut durch mühselige Arbeiten zu zähmen und den Geist, dem ohne Mühe Erforschtes sehr häufig wertlos wird, vor Ekel zu bewahren».[43] Niemand zweifle daran, «daß der Mensch die Wahrheit viel lieber durch Vermittlung von Gleichnissen erforscht und an ihrem Auffinden viel mehr Freude hat, wenn es mit einiger Schwierigkeit verbunden ist.»[44] Augustinus macht also aus der hermeneutischen Not ein pädagogisches Instrument geistiger Tugend, eine Auffassung, die HRABANUS MAURUS im 9. Jh. wiederholt.[45] Ähnlich deutet BOCCACCIO die Dunkelheit der Dichtung: «Die Schwierigkeit des Verstehens fördert Wert und Dauerhaftigkeit der in der Lektüre enthüllten Erkenntnis»[46]: «cariora sunt enim, que cum difficultate quesivimus, accuratiusque servantur» (teurer ist nämlich, was wir mit Schwierigkeit gesucht haben und auf was sorgfältiger achtgegeben wird).[47] Augustinus vergleicht die Suche nach verborgenem Sinn mit dem Appetit beim Essen. Der Heilige Geist habe «die heiligen Schriften so eingerichtet, daß er durch die klaren Stellen [locis apertioribus] den Hunger stillt, aber auch durch schwerer verständliche [obscurioribus] den Ekel ferne zu halten weiß.»[48] Besonders bei den Propheten sei vieles unklar. «Je mehr aber dasselbe durch übertragene Worte verdunkelt zu sein scheint, um so süßer mundet es, wenn es einmal eröffnet [aperta] ist.»[49] Seine Auffassung von «nützlicher und heilsamer Unklarheit» (utili ac salubri obscuritate)[50], also «von *obscuritas* als christlichem Stilprinzip»[51], bekräftigt Augustinus auch mit der göttlichen Absicht, «die Gottlosen in Unkenntnis zu halten und sie zur Bekehrung zu veranlassen oder von der Kenntnis von Geheimnissen auszuschließen.»[52] Andererseits verlangt er, daß die Erklärer dunkler Bibelstellen ihrerseits «mit möglichster Klarheit reden» (quantum possunt perspicuitate dicendi), um verstanden zu werden.[53] P., mit der er – wie in anderer Weise schon CICERO – ‹evidentia› gleichsetzt[54], ist ihm wichtiger als schöne Eloquenz[55], wichtiger auch als hochsprachliche Reinheit. Wenn ein gut lateinisches Wort zweideutig sei, solle der Exeget «lieber nicht wie die Gebildeten, sondern wie die Ungebildeten sprechen», falls dies verständlicher sei.[56] Es gelte «die in den Worten liegende Wahrheit, nicht aber die Worte selbst zu lieben. Denn was nützt ein goldener Schlüssel, wenn er nicht öffnen [aperire] kann, was wir wollen; was schadet aber ein bloß hölzerner, wenn er das kann?»[57] Mehr noch als die schriftliche Äußerung und das Gespräch, in dem jeder fragen könne, habe die Rede an das schweigende Volk «das Ziel anzustreben, verstanden zu werden».[58] Das vierte Buch von ‹De doctrina christiana›, dem diese Empfehlungen zur Klarheit entstammen, «ist bis zum 15. Jh. in hoher Überlieferungsdichte kontinuierlich präsent und sichert der Disziplin Rhetorik durch patristische Autorität ihren Rang».[59] Unter den lateinischen Bibelübersetzungen bevorzugt Augustinus die Itala, weil sie Worttreue gegenüber ihrer Vorlage mit gedanklicher Klarheit («cum perspicuitate sententiae») verbinde.[60]

Augustinus und die ihm folgenden mittelalterlichen Exegeten begreifen Klarheit bzw. Offenheit vom Gegenpol grundsätzlichen Verborgenseins her und verstehen die Texterklärung als schwierige Entschlüsselung. Die Lichtmetaphorik, die in der römischen Antike das P.-Verständnis geprägt hat, verliert in diesem Zusammenhang an Gewicht bzw. erhält im Zuge der Christianisierung eine andere Ausrichtung. «Ich bin das Licht der Welt»[61], sagt Jesus. Der gnostische, in den Paulusbriefen, mehr noch im Johannesevangelium und in der Geheimen Offenbarung zutage tretende Dualismus von Licht und Finsternis, auch als heilsgeschichtlicher Kampf um Erlösung zum Licht begriffen, überlagert im Mittelalter den Stilgegensatz von P. und *obscuritas*; «die Welt bzw. der Kosmos hat seine alte Dignität als Garant der Klarheit an Gott und dessen (doppelte) Offenbarung verloren.»[62]

Das verändert vor allem das Verständnis von *claritas*, die in dieser Epoche stilistisch kaum aktueller ist als ‹P.›.[63] Die Bedeutungskomponenten Licht und Ruhm (rhetorisch gesehen: Leuchtkraft und exzellenter Stil) heben sie, wie gesagt, schon in der Antike von der einfachen P. ab. Der neue Aspekt religiöser Verklärung bewirkt nun eine zusätzliche Steigerung.

Bei AUGUSTINUS ist das noch nicht erkennbar. Er spricht in seinen ‹Confessiones› zwar von *claritas*, meint damit aber, jedenfalls an der Stelle, von der Magaß in einem diesbezüglichen Aufsatz ausgeht, vergängliche Pracht im Gegensatz zur ewigen Gültigkeit des göttlichen Wortes. Die Opposition ‹Claritas versus obscuritas›, die der Titel von Magaß nahelegt[64], ist bei Augustinus hier nicht feststellbar.

Ausgangsbasis für das christlich überhöhte, bei Augustinus noch nicht hervortretende Verständnis von *claritas* ist griech. δόξα (dóxa). Es «gibt in der griechischen Bibel das hebräische kâbôd wieder, das wir im allgemeinen mit ‹Herrlichkeit› übersetzen.»[65] Im Neuen Testament bedeutet ‹dóxa› «*Ruhm, Macht, Ehre, göttliche Offenbarung*, wobei der *Lichtglanz* in der göttlichen Erscheinung bald mehr, bald weniger betont wird».[66] ‹Dóxa› wird in der lateinischen Bibelfassung des HIERONYMUS, der sogenannten Vulgata[67], wie schon in den Praevulgata-Fassungen aus Italien und Afrika[68] vor allem als *gloria*, aber auch als *maiestas* und *claritas* wiedergegeben. Während *gloria* «Licht- und Ruhmmotiv (Itala)» verbindet, dient *maiestas* «zur Betonung des Machtmotivs», *claritas* «zur Betonung des Lichtmotivs (afrikan. Übersetzung)».[69] Wo die Vulgata über die *claritas* von Sonne, Mond und Sternen spricht[70], hätte *gloria* als Übersetzungsalternative etwas Absurdes, bemerkt ERASMUS VON ROTTERDAM in seiner Bibelausgabe. *Gloria* und *maiestas* oder auch *dignitas* (Würde), so meint er, bedeuten Größeres als *claritas*.[71]

Ins Deutsche wird ‹dóxa›, werden auch dessen drei lateinische Entsprechungen vorzugsweise als ‹Herrlichkeit› übertragen, so auch von LUTHER.[72] Das Wort bringt nicht nur die Majestät Gottes und Christi, sondern ursprünglich auch den ihrer Erscheinung zugeschriebenen, die Gläubigen blendenden Lichtglanz zum Ausdruck. ‹Herrlich› ist nämlich eine «weiterbildung von *hêr*, nhd. *hehr*»[73], als dessen Grundbedeutung man laut Grimms Wörterbuch allgemein ‹leuchtend, glänzend› vermutet[74], das «aber schon frühe zu [...] *herr* in beziehung gebracht» wird.[75] So hat es sich zu ‹erhaben, ehrfurchtgebietend›, z.B. in der Verbindung ‹hoch und hehr›, wie auch zu ‹heilig› weiterentwickelt.[76]

Luther übersetzt ‹dóxa› öfters aber auch als ‹Klarheit›, vor allem dort, wo die Vulgata von *claritas* spricht.[77] ‹Klarheit› in der Bedeutung «überirdischer Glanz, himmlische Herrlichkeit», heißt es in Grimms Wörterbuch, sei «besonders durch die mystiker in gang gekommen, durch das innere schauen der göttlichen herrlichkeit kommt auch in die menschenseele jene *klarheit*, was sich dann sachlich mit der *klarheit* der erkenntnis berührt». [78] «LUTHER behielt das wort bei, vom sichtbaren himmelsglanze bis zu himmlischer oder innerer verklärung». [79] ‹Klarheit› im eigentlichen Sinn von «Helligkeit, Glanz» [80] liegt z.B. vor, wenn Paulus bei seinem Damaskus-Erlebnis angesichts der «Klarheit dieses Lichtes» nicht sehen kann. [81] In der Bedeutung «Herrlichkeit» wirkt ‹Klarheit› dagegen eher metaphorisch. [82] Das Wort ‹Herrlichkeit› selbst anstelle von ‹dóxa›/*claritas* hat Luther nur vereinzelt. [83] Andererseits gebraucht er ‹Klarheit› gelegentlich auch, wo die Vulgata *gloria* [84] oder *maiestas* schreibt. [85] Besonders häufig, nämlich elfmal, hat er ‹Klarheit› (für ‹dóxa›/*claritas*) in Kapitel 3 des zweiten Korintherbriefs. Hier spricht er zugleich, wie auch sonst, von ‹verklären› für δοξάζειν (doxázein)/*clarificare*. [86]

Auf dieses und das folgende Kapitel des Paulusbriefs beruft Luther sich auch in der Schrift ‹De servo arbitrio› (Vom unfreien Willen). Angesichts der durch Gottes Gnade bewirkten Rechtfertigung des sündigen Menschen leugnet er hier – in Auseinandersetzung mit ERASMUS' ‹De libero arbitrio› (Vom freien Willen) – die Willensfreiheit als Voraussetzung ewigen Heils. Dabei entwickelt er zugleich seine Lehre von der inhaltlichen Klarheit der Heiligen Schrift (*claritas scripturae*). [87] *Claritas* ist hier nicht die in der Bibel zum Thema erhobene göttliche ‹Herrlichkeit›, sondern Eigenschaft des Bibeltextes im Sinne von dessen P. Da die protestantische Glaubensgewißheit sich nur auf die Heilige Schrift (*sola scriptura*) und nicht wie die katholische auch auf mündliche Tradition bzw. kirchliche Lehrentscheidungen stützt, ist die Klarheit der Bibel hier besonders wichtig. Luthers Klarheitslehre entspricht im übrigen seiner Vorliebe für den buchstäblichen Sinn der Bibel bzw. seiner Abneigung gegen allegorische Deutung.

In der mittelalterlichen *Theologie* spielt der Begriff *claritas* eine wichtige Rolle bei der Gegenüberstellung irdischer und himmlischer Erkenntnis. Auf Erden, so glauben die Christen, liegt die Wahrheit nicht hinreichend zutage, denn, so schreibt PAULUS im ersten Korintherbrief, «vnser wissen ist stückwerck» [88] und, so Luthers Randnotiz hierzu, «vnuolkomen gegen der zukünfftigen klarheit». [89] Der Apostel fährt fort, daß wir auf Erden wie durch einen Spiegel in einem dunklen Wort sehen und erst im Jenseits von Angesicht zu Angesicht. [90] Diese Schlüsselstelle ist im Mittelalter zu Begründung des allegorischen Weltbildes. Sie stützt auch den dogmatischen Lehrentscheid ‹Benedictus Deus› Papst BENEDIKTS XII. von 1336 über die Gottesschau der Seligen: «Ohne Vermittlung zeigt sich ihnen [...] die göttliche Wesenheit unverhüllt, klar und offen» [91] (*divina essentia immediate se nude, clare et aperte eis ostendente* [92]). Als klar gilt nicht nur der überirdische Gegenstand bzw. sein Erscheinungsbild, sondern auch dessen Wahrnehmung. Das Unionskonzil von Florenz (1438–45) jedenfalls verkündet, daß die Seligen im Himmel den dreifaltigen und einen Gott selbst, wie er ist, klar schauen («intueri clare ipsum Deum trinum et unum, sicuti est» [93]).

Auch in der christlichen *Philosophie* des Mittelalters ist *claritas* ein zentraler Begriff. THOMAS VON AQUIN nennt als Voraussetzungen bzw. Bestandteile von Schönheit erstens «die Unversehrtheit oder Vollendung» (*integritas sive perfectio*), zweitens «das gebührende Maßverhältnis oder die Übereinstimmung» (*debita proportio sive consonantia*) und drittens «die Klarheit: Deshalb werden Dinge, die eine strahlende Farbe haben, schön genannt» (*claritas: unde quae habent colorem nitidum, pulchra esse dicuntur*). [94] «Gott vereinigt in sich in vollkommener Weise die drei Momente», lehrt die katholische Dogmatik [95]; denn gemäß dem Alten Testament [96] «kann man aus der Schönheit der Geschöpfe auf die noch viel größere Schönheit des Schöpfers schließen». [97] Das *claritas*-Verständnis des Aquinaten berührt sich mit seinem Glauben an das *lumen intellectuale*, «ein am göttlichen L.[icht] teilnehmendes Geisteslicht». [98]

Noch vergeistigter als die Schönheits- und Lichtauffassung des Dominikaners Thomas erscheint die des Franziskaners BONAVENTURA. *Claritas*, die auch er «als wesentliches Attribut des Schönen ansieht», ist für ihn anders als für Thomas «nicht die Deutlichkeit, die ein angeschautes Objekt vollkommen erkennbar macht, sondern die intensive Teilhabe am Licht». [99] «Diese Schönheit, die zur göttlichen Liebe einführt, wird [...] von allem entkleidet, was [...] *materiell, körperlich, veränderlich* und *begrenzbar* ist.» [100] Bonaventura ist der von Neuplatonismus und Gnostik herrührenden Lichtmetaphysik verpflichtet.

Dem christlichen Glauben an einen verborgenen, höheren oder tieferen Sinn (*sensus altior*) entspricht in weltlichen Dingen die öfters aufkeimende Lust an Verrätselung und manieristischem Stil. Das frühe Mittelalter lokalisiert diese in Frankreich, dem Land der späteren *clarté*. HIERONYMUS und andere sprechen von üppigem Glanz (*ubertas, nitor*) und gallischem Kothurn (*Gallicanus cothurnus*). [101] Im Hochmittelalter gibt es Briefschreiblehren französischer Grammatiker, «die sich in ihrer Vorliebe für einen komplexen, obskuren, 'manieristischen' Stil von ihren italienischen Vorläufern unterschieden» und in England, Deutschland und in Italien selbst Einfluß gewannen. [102] Der Bologneser BONCOMPAGNO «wandte sich in einigen um 1190 geschriebenen Werken heftig gegen die französischen Eindringlinge. Er beschuldigte sie, den klaren, leicht verständlichen, für Briefe geeigneten Stil zu verderben». [103]

Auch die Fürstenherrschaft, neben dem christlichen Glauben Hauptfaktor der mittelalterlichen Lebensordnung, steht der P. im Grunde entgegen. Sie begünstigt die epideiktische anstelle der im antiken Athen und im vorkaiserlichen Rom dominierenden Gerichtsrhetorik, verstärkt die Neigung zu sprachlicher Pracht und ausladenden Beschreibungen (Amplifikation) [104] und trägt zu komplizierten Höflichkeits- (Kurialien) und Anredeformen (Titulaturen), die die P. eher behindern als fördern.

Anmerkungen:
1 Verzeichnis der Textlücken bei Ueding/Steinbrink 350, Anm.82. – 2 Mart. Cap. I, 67. – 3 Priscian: Praeexercitamina, in: Rhet. Lat. min. p.558, 40f.; Aristoteles Lat nus, Bd.33: De arte poetica Guillemo de Moerbeke interprete, ed. E. Valgimigli (Brügge / Paris 1953) 27f. – 4 Cic. De or. II., 52f.; vgl. ebd. 37f.; Or. 79; ähnlich Quint. VIII, 2, 1. – 5 Mart. Cap. V, 508; zu *apte* als alternativer Lesart gegenüber *copiose* vgl. S. Grebe: Martianus Capella ‹De nuptiis Philologiae et Mercurii› (1999) 248. – 6 Notker: Rhetorica, in: P. Piper (Hg.): Die Schr. Notkers und seiner Schule, Bd.1 (1882) 623–684, darin Kap.52, zit. J. Knape: Art. ‹Elocutio›, in: HWRh Bd.2 (1994) 1034f. mit Anm. 13; vgl. auch J. Knape: Art. ‹Mittelalter›, in: HWRh Bd.5 (2001) 1380. Dort nennt er Notkers ‹Rhetorica nova› das ‹unerreichte Theorie-Glanzstück› des MA. vor GEORGS VON TRAPEZUNT «humanistischem Neuanfang von ca. 1430». – 7 Isid. Etym. II. 16. – 8 Alkuin: Disputatio de rhetorica, Kap.37f.; in: Rhet. Lat. min. 523–550, zit. Knape: Elocutio [6] 1034; lat.-engl. Ausg.: W.S. Howell: The Rhetoric of Alcuin & Charlemagne (New York 1965). – 9 H. Brinkmann: Zu Wesen und Form ma. Dicht. (²1979) 71. – 10 F.

Quadlbauer: Die antike Theorie der genera dicendi im lat. MA (Wien 1962) 7. – **11** zu Transmundus, Faba und Konrad vgl. J. Knape: Elocutio [6] 1043f.; zu Paulus und Transmundus vgl. F.J. Worstbrock, M. Klaes, J. Lütten: Repertorium der Artes dictandi des MA, T. 1: Von den Anfängen bis um 1200 (1992) 88 und 101. – **12** vgl. Knape: Elocutio [6] 1034. – **13** Rockinger 359, Übers. Verf. – **14** ebd. 218. – **15** Alberich von Montecassino: Rationes dictandi, in: Rockinger 19. – **16** Rockinger 190. – **17** ebd. 960 und 962; Übers. Verf. – **18** ebd. 585. – **19** E. Kleinschmidt: Art. ‹Konrad von Mure›, in: VerfLex² Bd. 5 (1985) 242. – **20** Rockinger 441, Übers. Verf.; vgl. Quadlbauer [10] 70. – **21** ebd. 127. – **22** zit. ebd.; vgl. Knape: Elocutio [6] 1044. – **23** St. Sawicki: Gottfried von Straßburg und die Poetik des MA (1932; ND Nendeln, Liechtenstein 1967) 58; zit. E. Nellmann: Wolfram und Kyot als *vindære wilder mære*, in: ZDA 117 (1988) 44. – **24** Nellmann [23] 44. – **25** S. Müller-Kleimann: Gottfrieds Urteil über den zeitgenössischen dt. Roman. Ein Kommentar zu den Tristanversen 4619–4748 (1990) 54; vgl. Sawicki [23] 58f.; Nellmann [23] 42–44. – **26** Hor. Ars 25f. – **27** Matth. v. Vend. IV, 25. – **28** Galfrid von Vinsauf: Documentum de arte versificandi, in: Faral 313 (Nr. 152). – **29** Matth. v. Vend. I, 36 (S. 58f.). – **30** vgl. Worstbrock u.a.: [11] 17; ebenso Knape: Elocutio [6] 1043. – **31** vgl. Brinkmann [9] 72. – **32** Galfrid 1068. – **33** ebd. 1055. – **34** ebd. 1074f., Übers. Verf.; vgl. ebd. 1053 und 1071f. – **35** Documentum II, 3, 9–12 (Faral 286f.). – **36** Gottfried von Straßburg: Tristan. Nach dem Text von F. Ranke neu hg. und übers. von R. Krohn (1980) 4628–30, Übers. Verf. – **37** Müller-Kleimann [25] 55 mit Verzeichnis der Übersetzungen. – **38** Nellmann [23] 43. – **39** Gottfried: Tristan [36] 16983f., Übers. Verf. – **40** vgl. F. Ohly: Vom geistigen Sinn des Wortes im MA, in: ZDA 89 (1958/59; Sonderdr. 1966) 1–23. – **41** vgl. auch HWRh Bd. 2 (1994), 13f. – **42** Ohly [40] 11. – **43** Aug. Doctr. II, 6, 7; eine ähnliche Äußerung («Augustin. Epist. 1198») übersetzt G. Ph. Harsdörffer: Poetischer Trichter (1648–53; ND 1969) T.2, 49f. – **44** ebd. § 8. – **45** U. Krewitt: Metapher und tropische Rede in der Auffassung des MA (1971) 120–122; vgl. ebd. 138 über Cassiodor; vgl. auch B. Heininger: Art. ‹Gleichnis, Gleichnisrede›, in: HWRh, Bd. 3 (1996) 1003. – **46** R. Stillers: Mythologie in der ital. Renaissancepoetik, in: H.F. Plett (Hg.): Renaissance-Poetik. Renaissance Poetics (1994) 40. – **47** G. Boccaccio: Genealogie deorum gentilium libri, ed. V. Romano, 2 Bde. (Bari 1951) XIV, 12 (S. 717); Übers. Verf. – **48** Aug. Doctr. II, 6, 8; vgl. auch IV, 11, 26. – **49** ebd. IV, 7, 15. – **50** ebd. IV, 8, 22. – **51** B. K. Stengl: Art. ‹Integumentum›, in: HWRh Bd. 4 (1998) 446f. – **52** Aug. Doctr. IV, 8, 22. – **53** ebd. – **54** ebd. IV, 9f., 23f. – **55** ebd.; vgl. auch A. E. Walter: Art. ‹Literatursprache›, in: HWRh Bd. 5 (2001) 330 (mit Hinweis auf Aug. Doctr. IV, 4, 6). – **56** Aug. Doctr. IV, 10, 24. – **57** ebd. IV, 11, 26. – **58** ebd. IV, 10, 25. – **59** Knape: Mittelalter [6] 1380. – **60** Aug. Doctr. II, 15, 22. – **61** Joh 8, 12. – **62** K.-H. Göttert: Ringen um Verständlichkeit. Ein hist. Streifzug, in: DVjs 65 (1991) 4f. – **63** vgl. die diesbezüglich wenigen Belege in den Art. ‹claritas› und ‹clarus›, in: Mlat. Wtb. bis zum ausgehenden 13. Jh., hg. von der Bayerischen Akad. der Wiss., Bd. 2 (1999) 681 und 684. – **64** Augustinus: Confessiones XIII, 18; W. Magaß: Claritas versus obscuritas. Semiotische Bemerkungen zum Wechsel der Zeicheninventare in den Confessiones des Augustin, in: Linguistica biblica 48 (1980) 7–18. – **65** G. Molin: Art. ‹Herrlichkeit›, in: J.B. Bauer (Hg.): Bibeltheol. Wtb., Bd. 2 (Graz u.a. ²1962) 632. – **66** ebd. 634. – **67** Biblia sacra vulgatae editionis, ed. G. Nolli, Bd. 4: Novum Testamentum Graece et Latine (Rom 1955). – **68** zu den altlat. Übers. (*versio itala* und *versio afra*) vgl. A. Wikenhauser: Einl. in den NT (1953) 68–73. – **69** Molin [65] 636. – **70** 1 Kor 15, 41 (= 1 Kor 15, 35 in der Zählung von Erasmus). – **71** Erasmus von Rotterdam: Opera omnia, Bd. 6 (NT) (Leiden 1705; ND Hildesheim 1962) 739. – **72** vgl. Molin [65]; H. Langenberg: Biblische Begriffskonkordanz (o. J. [1952–54]) 257–268 (‹Herrlichkeit, herrlich, verherrlichen›). – **73** Grimm, Bd. 10, 1147. – **74** ebd. 789. – **75** ebd. 1147. – **76** ebd. 790f. – **77** Lk 2, 9; Joh 17, 5; Apg. 22, 11; 1 Kor 15, 41; 2 Kor 3, 7–11 und 18f.; vgl. M. Luther: Die gantze Heilige Schrifft Deudsch [1544/45], hg. von H. Volz, 2 Bde. (1972); vgl. auch den Art. ‹claritas› in: ThLL Bd. 3 (1917) 1268f. – **78** Grimm, Bd. 11, 1002 (Art. ‹Klarheit›); Grimm verweist auf J. Melber v. Gerolzhofen: Vocabularius predicantium (1482). – **79** Grimm, ebd. – **80** H. Schott (Hg.): Biblische Handconcordanz oder Verzeichniß der in der h. Schrift nach Luthers Uebersetzung enthaltenen Wörter und Eigennamen (1827) 536. Schott verweist hierzu auf Lk 2, 9; 9, 31f.; Apg 22, 11; 2 Kor 3, 7ff.; Ofb 22, 1. – **81** Apg. 22, 11. – **82** Schott [80] 536 verweist diesbez. auf Joh 17, 5; 2 Kor 3, 7ff.; außerdem auf die «Klarheit Christi, welcher ist das Ebenbild Gottes, 2 Cor. 4, 4». – **83** Ofb 21, 23. – **84** 2 Kor 4, 4; Ofb 18, 1. – **85** Lk 9, 31f. – **86** Joh 12, 28; 17, 5. – Mt 17, 2 und Mk 9, 2 (Verklärung auf dem Berg Tabor) beruhen dagegen auf μεταμορφοῦν (metamorphûn)/*transfigurare* (verwandeln). – **87** vgl. R. Hermann: Von der Klarheit der Heiligen Schrift. Untersuchungen und Erörterungen über Luthers Lehre von der Schrift in De servo arbitrio (1958); F. Beißer: Claritas scripturae bei Martin Luther (1966), bes. 75–85.; H.-P. Göbbeler: Art. ‹Perspikuität›, in HWPh Bd. 7 (1989) 377–379 (mit Hinweisen zum Unterschied zwischen protestantischem und katholischem Verständnis biblischer P.). – **88** 1 Kor 13, 9; Übers. Luther [77]. – **89** Luther [77], Bd. 2, 2318. – **90** 1 Kor 13, 12. – **91** J. Neuner, H. Roos: Der Glaube der Kirche in den Urkunden der Lehrverkündigung, neu hg. von K. Rahner (⁴1954) 410. – **92** zit. L. Ott: Grundriß der kath. Dogmatik (²1954) 25. – **93** zit. ebd. – **94** Thomas von Aquin: Summa Theologiae I, q. 39, art. 8; zit. R. Assunto: Die Theorie des Schönen im MA (1982) 105 und 230. Zum «Primat der claritas gegenüber der proportio» bei Thomas und während der Renaissance in der Florentiner Akademie vgl. Chr. Schildknecht: Art. ‹Form›, in: RDL³, Bd. 1 (1997) 613. – **95** Ott [92] 42. – **96** Weish. 13, 3–5. – **97** Ott [92] 42. – **98** Brockhaus Enzyklop. in 20 Bdn., Bd. 11 (1970) 431 (Art. ‹Licht›). – **99** Assunto [94] 108. – **100** ebd. 109. – **101** vgl. Norden 631–642; Brinkmann [9] 97–100. – **102** M. Camargo: Art. ‹Ars dictandi, dictaminis›, in: HWRh Bd. 1 (1992) 1043; vgl. aber die umgekehrte Beurteilung von K. Smolak: Einl., in: Erasmus von Rotterdam: Ausgewählte Schr., hg. von W. Welzig (1980; Sonderausg. 1995), Bd. 8, S. XXVI. – **103** Camargo [102]. – **104** zu Amplifikation und Beschreibung vgl. Arbusow 21f. und 26–28.

III. *Frühe Neuzeit.* Kennzeichnend für die Renaissance ist die Devise ‹ad fontes!› (zu den Quellen!), also die Erschließung verlorener oder vergessener Texte der Antike. Im frühen 15. Jh. werden von CICEROS ‹De oratore› und QUINTILIANS ‹Institutio oratoria›, die dem Mittelalter nur in Auszügen geläufig waren, ungekürzte Fassungen gefunden. [1] Sie eröffnen einen zuverlässigen Blick auch auf die vorher nur unzulänglich überlieferten theophrastischen Stilprinzipien. Hinzu kommt die Rhetorik des HERMOGENES, die über ihren griechisch-byzantinischen Stammbereich hinaus durch die Vermittlung GEORGS VON TRAPEZUNT nun auch in Westeuropa Ansehen erlangt. Im 16. Jh. überragt die ‹Poetik› des ARISTOTELES, im Mittelalter kaum bekannt, durch ihre Drucklegung sowie durch lateinische Übersetzungen und Kommentare die genannten Schriften an Einfluß. [2] Diese Vermehrung der Quellen führt zu einem Nebeneinander der stilistischen Ordnungssysteme und zu rivalisierenden P.-Bezeichnungen.

Die in der Herennius-Rhetorik vorgenommene Dreiteilung in *elegantia* (mit den Teilprinzipien *Latinitas* und *explanatio*), *conpositio* und *dignitas* bleibt zu Beginn der Neuzeit wirksam, wird nun auch in die neueren Sprachen umgesetzt. Die Rhetoriken des Humanismus (J. PUBLICIUS 1482, J. KOELHOFF 1484, K. CELTIS 1492, G. REISCH 1503) einschließlich der ersten deutschsprachigen Gesamtrhetorik von F. RIEDERER (‹Spiegel der wahren Rhetorik›, 1493) [3] behalten dieses Schema bei, ebenso Poetiken der Barockzeit. So gliedert M. OPITZ das Kapitel ‹Von der zuebereitung vnd ziehr der worte› in seinem ‹Buch von der Deutschen Poeterey› (1624): «Die worte bestehen in dreyerley; inn der elegantz oder ziehrligkeit / in der *composition* oder zuesammensetzung / vnd in der dignitet vnd ansehen.» Er fährt fort: «Die ziehrligkeit erfodert das die worte reine vnd deutlich sein.» Reinheit bedeutet für ihn richtiges «Hochdeutsch»[4], Deutlichkeit «sich für alle dem hüten / was vnsere worte tunckel vnd vnverstendtlich macht», Zusammensetzung «wie wir nemlich die buchstaben / syllaben vnd wörter aneinander fügen sollen»[5], und was die Dignität oder das Ansehen betrifft, so «bestehet dieselbe in den *tropis* vnnd *schematibus*».[6] Als Verstöße gegen die Deutlichkeit nennt er Amphibolie, Pleonasmus und Anastrophe (Inversion) «oder verkehrung der worte».[7] Er erläutert das anhand von Beispielsätzen. Mit anderen Worten und in Alexandrinerversen äußert auch STIELER, die Elocution oder «Ausschmückung» der Poesie beruhe auf drei Elementen. Das erste sei «die Schöne», sie werde «erlangt durch unbescholtne worte | die rein und deutlich sind», «das zweyte Redeklang, so ein beliebt Getöne | durch kluge Fügung schafft; das dritte Herrlichkeit, | so gold und Perlen stickt auf Klius Ehrenkleid».[8] G. J. VOSSIUS wendet den von MARTIANUS CAPELLA bekannten Gebäudevergleich auf das Schema der Herennius-Rhetorik an: Die *elegantia*, also grammatische *puritas* und P., sei dem Fundament, *compositio* und *dignitas* seien dem Aus- oder Aufbau vergleichbar.[9]

Die vier theophrastischen *virtutes*, dem Mittelalter anscheinend nur in der entstellenden Wiedergabe des Martianus Capella bekannt, gelangen durch den erweiterten Blick auf CICERO und QUINTILIAN zu stärkerer, nunmehr unverfälschter Geltung. MELANCHTHON berichtet 1531 über ihre Erwähnung in Ciceros ‹De oratore›.[10] Der Portugiese C. SOAREZ bedient sich 1577 derselben Worte Ciceros[11]: «haec in elocutione spectanda sunt, vt latine, vt plane, vt ornate, vt apte dicamus» (Folgendes ist beim Formulieren zu beachten: daß wir lateinisch, daß wir klar, daß wir schmuckvoll und daß wir angemessen reden).[12] Ähnlich formuliert J.M. MEYFART 1634: «Fürnemlich muß ein Redener darauff bedacht seyn / daß er seine Sach mit reinen / deutlichen / zierlichen vnd geschickten Worten vorbringe».[13]

Quintilians Äußerungen über die P., die der im Mittelalter überwiegend verbreitete ‹Quintilianus mutilatus› nicht enthielt[14], werden durch POGGIO BRACCIOLINIS Fund einer vollständigen Handschrift 1415/16 greifbar und machen das Wort ‹P.› in seiner im Mittelalter verschütteten fachbegrifflichen Bedeutung überhaupt erst wieder bekannt. In dieser Funktion findet es sich bei AGRICOLA und ERASMUS, dann auch bei MELANCHTHON, SCALIGER und anderen. Die griechisch-lateinische Ausgabe von ARISTOTELES' ‹Poetik› (A. DE' PAZZI 1536)[15] und die darauf aufbauenden Kommentare von ROBORTELLO (1548) und MAGGI/LOMBARDI (1550), vielleicht auch schon die mir nicht zugängliche lateinische Übersetzung von G. VALLA (1498) geben ‹saphénia› als ‹P.› wieder.[16] Eher beiläufig übersetzt Pazzi ‹to saphés› (das Klare) auch einmal als *claritas*.[17]

GEORG VON TRAPEZUNT (Georgius Trapezuntius, 1395–1484), ein auf Kreta geborener Sohn trapezuntischer Eltern, der seit 1428 hauptsächlich in Italien lebt, stützt sich in seiner um 1430 entstandenen Rhetorik auf HERMOGENES, der klarer und deutlicher als alle Früheren («et clarius et distinctius cæteris omnibus, qui ante eum fuerunt»[18]) Stilprinzipien erörtert habe. Er erwähnt QUINTILIAN in diesem Zusammenhang nicht, kennt dessen diesbezügliche Äußerungen wohl noch nicht. ‹Saphéneia› übersetzt er als *claritas*, deren von Hermogenes unterschiedene Teilideen ‹katharótēs› und ‹eukríneia› als *puritas* und *elegantia*.[19] *Claritas*, so definiert er, «ist das, was der Rede Reinheit und Klarheit verleiht».[20] («Claritas est quæ facit puram et perspicuam orationem.»[21])

Auf seinen Einfluß, der im frühen 16. Jh. nach der Drucklegung (Venedig o. J., Basel 1522, Paris 1538) spürbar wird, ist die westeuropäische Hermogenes-Rezeption zurückzuführen (z.B. bei TRISSINO 1529[22], PART[H]ENIO 1560[23], SCALIGER 1561[24], später VOSSIUS[25]). Im Gefolge des Trapezuntius nehmen auch die schon länger existierenden Abkömmlinge von lat. *claritas*, nämlich ital. *chiarezza*, frz. *clarté* und span. *claridad*, diese fachbegriffliche Bedeutung an, erst im 18. Jh. auch ‹Klarheit›. So übersetzt TRISSINO[26] 1529 Hermogenes' ‹saphéneia› als *kiareza*, PART[H]ENIO[27] 1560 als *chiarezza*, ebenso CASTELVETRO 1570 die ‹saphénia› des ARISTOTELES.[28] Die romanischen Bezeichnungen fassen also als stilistische Fachbegriffe Fuß, bevor das Wort ‹P.› mit Hilfe der Aristoteles-Philologie seinen klassischen Anspruch auch neulateinisch behauptet. Charakteristisch für die gespaltene Benennung ist MINTURNO. In seiner lateinischen Poetik spricht er von ‹P.› (als *virtus narrationis*), in seiner italienischen im selben Zusammenhang von *chiarezza*.[29]

SCALIGER findet die Übersetzung *claritas* «nicht schlecht» (non male)[30], meint dies aber offenbar ironisch, tadelt jedenfalls anschließend, daß Georg von Trapezunt «sich gleichgültig über den Ausdruck [‹P.› bzw. *perspicuus*] bei Quintilian und bei Cicero hinwegsetzte oder ihn nicht beachtete, um seinen eigenen in der irrigen Meinung einzuführen, er könne sich besser ausdrükken.»[31] Scaliger begegnet dem Sprachgebrauch des Trapezuntius mit subtilen Unterscheidungen. Er erinnert an die wörtliche Bedeutung von *perspicuus*, die der volkstümlichen Bezeichnung *transparens* (durchscheinend, transparent) entspreche. Demgegenüber bezeichne *lucidus* die Beleuchtung einer Oberfläche, was er offenbar auch für *nitor* (Glanz), *splendor* (Helligkeit) und *claritas* bzw. *clarus* annimmt. Jedenfalls meint er (in der Übersetzung von Deitz): «Deshalb kann es auch vorkommen, daß eine Rede Glanz [nitor] und Deutlichkeit [claritas] besitzt, ohne Klarheit [perspicuitas] zu besitzen (wie die Sprache des Thukydides), oder daß sie Klarheit [perspicuitas] ohne Deutlichkeit [claritas] besitzt, weil sie dem niedrigen Stil angehört, volkstümlich und alltäglich ist (wie die ‹Sermones› des Horaz).[...] Davon abgesehen stimmt auch die Behauptung nicht, daß die Deutlichkeit [claritas] der Rede Reinheit verleihe; es ist vielmehr so, daß die Reinheit die Rede klar [perspicua] macht.»[32] Zum Verhältnis von P. und *puritas* bemerkt er: Es «kann auch die reine Sprache dunkel sein [...]. Ebenso kann die unreine Sprache deutlich [clara] sein [...]. Gleichwohl entsteht die Klarheit [perspicuitas] gewöhnlich aus der Reinheit, die Reinheit dagegen nie aus der Klarheit.»[33] Deitz gibt hier ‹P.› gemäß heutigem Sprachgebrauch als ‹Klarheit› wieder. Daß er zugleich *claritas* als ‹Deutlichkeit› verdeutscht, ist ein unglücklicher Notbehelf. Er entspricht weder der frühneuzeitlichen Gleichsetzung von ‹Deutlichkeit› mit ‹P.› (einschließlich ihrer sinnlichen Komponente) noch der späteren Beschränkung des Wortes auf die logisch-diskursive Seite der P. Auch die bei Scaliger – anders als bei Georg von Trapezunt – erkennbare Vorstellung von rhetorischem Glanz, insofern *claritas* den niedrigen Stil übersteigt, kommt in ‹Deutlichkeit› nicht zum Ausdruck. Das Verhältnis von ‹Klarheit› und ‹Deutlichkeit›, generell problematisch[34], wird jedenfalls sonst anders verstanden als das von Durchsichtigkeit und Oberflächenbeleuchtung.

Sieht man von Scaligers Differenzierungen ab, so werden die Wörter ‹P.›, *claritas* und *chiarezza* in den rhetorischen und poetologischen Texten des 16. Jh. als gleichbedeutend verstanden. Grundlegend dafür ist die immer wieder zitierte Feststellung des ARISTOTELES bzw. in seinem Gefolge des HERMOGENES, die ‹saphéneia› sei das höchstrangige Stilprinzip, das jedoch vor allem in der Dichtung des Korrektivs ungewöhnlicher Formulierungen bedürfe. Hermogenes spricht diesbezüglich von ‹mégethos›, was Trapezuntius als *magnitudo* latinisiert, die Italiener von *magnificenza* [35] oder *grandezza*. [36] Alleinige bzw. übergroße P. (Trapezuntius: *nimia claritas* [37]) sei von niedriger Qualität (*humilis*) und deshalb unerwünscht oder gar verächtlich. Die Forderung des Kapitels 22 aus Aristoteles' ‹Poetik› lautet in der lateinischen Übersetzung des 16. Jh.: «Dictionis autem virtus, vt perspicua sit, non tamen humilis.» (Die vollkommene sprachliche Form ist klar und zugleich nicht banal.) [38]) CASTELVETRO und ähnlich TASSO [39] verstehen dies so, daß speziell die dichterische Sprache klar, aber nicht übermäßig klar sei («sia chiara, & non chiarissima» [40]), da sie sonst zu einem niedrigen Stil führe. Ideal findet Castelvetro im Sinne des Aristoteles Klarheit ohne Banalität («chiarezza senza humilta»). [41] Ebenso meint Tasso, wenn wir Aristoteles glauben dürften, bestehe die Tugend der Elokution darin, daß diese klar sei, nicht niedrig («che sia chiara, non umile» [42]). Der antike Mehrwert der *claritas* gegenüber der ‹P.› hat sich, wie diese Belege zeigen, verflüchtigt, ebenso die mittelalterliche Aura religiöser Verklärung. Das italienische Wort *chiarezza* und in dessen Gefolge vermutlich auch die anderen romanischen Tochterbezeichnungen der *claritas* sind in fachbegrifflicher Verwendung der einfachen, glanzlosen P. synonym.

Die Wiederentdeckung der aristotelischen ‹Poetik› und die hierzu verfaßten Kommentare führen aber auch dazu, daß die Dichter und Poetiker der Romania mehr noch als die Rhetoriker die P. zu einem führenden oder gar zum obersten Ideal erheben. M.G. VIDA «betrachtet in seiner bis ins 18. Jh. in hohem Ansehen stehenden *Ars poetica* (1527) die Dichtung aus der Perspektive der Rhetorik» [43] und fordert, noch ohne ausdrückliche Benennung der P.: «Verborum in primis tenebras fuge nubilaque atra.» (Meide bei der Wortwahl vor allem Dunkelheit und schwarze Wolken.) [44] Er plädiert für *carmina clara*, die aus eigenem Licht (*lumine suo*) erstrahlen und keiner Beleuchtung von außen bedürfen. [45] Der Aristoteles-Kommentator ROBORTELLO schreibt: «Sermonis poëtici, sicuti etiam oratorii summa virtus est perspicuitas [...], summum verò vitium obscuritas» (Höchste Tugend der poetischen ebenso wie der rhetorischen Sprache ist Klarheit, höchster Fehler aber Dunkelheit). [46] Der Franzose PELETIER befindet 1555, *clarté* (bei ihm noch: «Clerte») sei «la premiere et la plus di[g]ne vertu du Poème èt la Clerte». [47] Weinrich unterstellt hier noch die alte Bedeutung ‹Glanz›, die «etwas ganz anderes als die aristotelische σαφήνεια [saphéneia]» meine. [48] Angesichts der italienischen Vorgaben ist wohl eher Stackelberg beizupflichten. Er sieht in Peletiers *clarté* «nichts anderes als Quintilians ‹perspicuitas›» und stützt dies mit dem Hinweis auf «zahlreiche sprachliche und kompositionelle Einzelforderungen» des französischen Poetikers. [49] 1572 entbrennt in Italien eine Auseinandersetzung um DANTES ‹Divina commedia›, später um ARIOSTS ‹Orlando furioso›, denen die erforderliche Klarheit teils ab-, teils zugesprochen wird. [50]

Der spanische Dichter F. DE HERRERA lobt 1580 die *claridad*, *clareza* oder *puridad* in den Gedichten von GARCILASO DE LA VEGA. [51]

Aristoteles' Erhebung der P. zum Stilprinzip bei gleichzeitiger Absage an ihre Ausschließlichkeit ebnet aber auch den Weg zu einer P.-kritischen Einstellung, die sich im Zuge der aufkommenden *argutia*-Bewegung seit dem Ende des 16. Jh. verselbständigt. [52] Bezeichnend für diese Umwertung ist ein Urteil über T. TASSO. Anläßlich seines Todes (1595) wird er von L. GIACOMO gelobt, weil er höchste P. («somma chiarezza») vermeide und das Neue, Ungewöhnliche, Unerwartete, Bewundernswerte vorziehe. [53] Stärker gerät das Unbehagen an der P. im barocken 17. Jh. HARSDÖRFFER betrachtet die Poeten als «Rähtsler oder Rähtseldichter», «weil sie ihre Reden verblümen und so wol die Geschichtschreiber/ als die Redner weit übertreffen / nicht nur den Worten sondern auch dem Inhalt nach». [54] Die Schlesier GRYPHIUS und LOHENSTEIN geben ihren Trauerspielen gelehrte Anmerkungen bei, die Gryphius zu seinem Erstlingsdrama ‹Leo Armenius› als «Erklärung etlicher dunckelen örtter» betitelt [55] und die er zu ‹Carolus Stuardus› und ‹Papinianus› ähnlich kommentiert. Lohenstein begründet seine Anmerkungen zur Erstfassung der ‹Cleopatra›: «Denn obzwar diese nicht etwan einige heilige Heimligkeiten eröffnen/ so entwerffen sie doch meistentheils dis etwas deutlicher/ was hin und wider kurtz in denen Geschichten berühret». [56] Vor allem den Hauptvertretern des Manierismus erscheint P. eher hinderlich. Der Spanier GÓNGORA wendet sich gegen Natürlichkeit und Klarheit als Stilprinzipien: «Natürlichkeit: was für eine Armut des Geistes! – Klarheit: was für eine Gedankenlosigkeit!» [57] Ähnlich meint sein Landsmann GRACIÁN: «Der Dichter muß sich nicht um Klarheit, sondern um Subtilität bemühen». [58] Sein ‹Oraculo manual› enthält Verhaltensregeln für die bei Hofe übliche Kunst der Verstellung. [59] Im Hinblick auf den italienischen Lyriker MARINO und sein Gefolge entwirft METASTASIO im 18. Jh. «die folgenreiche Opposition zwischen "libertinaggio marinista" und "chiara nobilità dello stile", zwischen stilistisch-erotischer Unnatur und klassizistischer, natürlicher Klarheit.» [60] Es gibt allerdings auch Versuche, die P. in den Manierismus zu integrieren. So sieht TESAURO in der Metapher drei Tugenden vereint: «brevità, novità e chiarezza» (Kürze, Neuigkeit und Klarheit). [61]

Der Wandel in der Einstellung zur P. spiegelt sich in der Frage der Wortbildung. Während deutsche Poetiker des Humanismus (K. CELTIS, H. BEBEL, G. FABRICIUS) aus Respekt vor dem lateinischen Wortschatz sich mit dem Argument der P. unter Außerachtlassung oder Umdeutung gegenteiliger Äußerungen Ciceros und Quintilians gegen Neubildungen aussprechen, auch Grammatiker wie MELANCHTHON und AVENTIN diesbezüglich eine reservierte Haltung einnehmen [62], wertet der Portugiese C. SOAREZ in seiner am 1560 erstmals erschienenen Rhetorik «Wortneubildungen als legitime Möglichkeit», ja «als besonderes Schmuckmittel». [63] Muttersprachliche Dichter, für die die Rücksicht auf das klassische Latein ohnehin entfällt, nutzen Wortneubildungen um so extensiver, je mehr sie, wie in Deutschland HARSDÖRFFER [64], der manieristischen «Wortalchimie» oder «Wortzauberei» [65] verpflichtet erscheinen.

Das Zusammenwirken der antiken Ordnungssysteme und die Rivalität der P.-Bezeichnungen sind Erscheinungen, die in der geschilderten Form den Bereich der Stilistik (*elocutio*) nicht überschreiten. Für die inhaltliche Weiterentwicklung des Begriffs ‹P.› wichtiger erscheinen die Versuche, das Trivium von Grammatik, Rhetorik und Dialektik (Logik) neu zu definieren, wodurch sich der Geltungsbereich der P. erweitert.

Der Niederländer R. AGRICOLA bestimmt in seinem 1479 geschriebenen, 1515, also dreißig Jahre nach seinem Tod, erstmals gedruckten Hauptwerk ‹De inventione dialectia› das Verhältnis von Rhetorik und Dialektik neu, indem er die *inventio* aus der Rhetorik in die Dialektik verlagert. Letztere betrachtet er – wie schon JOHANNES VON SALISBURY (12. Jh.) in seinem ‹Metalogicon› [66] – als höchste Disziplin. Die Rhetorik beschränkt er auf die *elocutio*.[67] RAMUS ergänzt Agricolas Aufteilung um die restlichen Schritte der Redeherstellung, indem er der Dialektik auch *dispositio* und *memoria*, der Rhetorik auch die *actio* zuordnet.[68] Im Zuge dieser Umschichtung verschiebt sich das Schwergewicht der P. in Richtung Logik und Grammatik, wird besonders QUINTILIANS Behandlung der P. kritisiert.[69] Der Grammatik ordnet Agricola die verständnissichernde «Methode fehlerfreien und durchsichtigen Sprechens» (emendate et aperte loquendi) zu, der Rhetorik den Redeschmuck, der Dialektik den Anspruch auf Glaubwürdigkeit.[70] In seiner Erläuterung verankert er die P. in allen drei Disziplinen, da «die Klarheit der Rede sowohl von den Wörtern als auch von den Gegenständen abhängt» (perspicuitatem orationis verbis constare et rebus). Hinsichtlich der Wörter bezieht er die auf den Regeln der Rhetorik beruhende P. des Redeschmucks ein («perspicuitas, quae in figuris ornatuque verborum est posita»), hinsichtlich der Gegenstände deren der Dialektik zurechenbare Anordnung.[71] Bei nochmaliger Fixierung der drei Disziplinen fällt er allerdings in das traditionelle, stilistische Verständnis der P. zurück. Hier schreibt er der Grammatik wiederum die Korrektheit der Sprache zu, der Dialektik die «Aufgabe [...], aufzufinden, was sich über einen beliebigen Gegenstand glaubwürdig aussagen läßt [...], und über das Aufgefundene zu urteilen». Deshalb sei es nicht nötig, «beim Rhetor irgendetwas bezüglich der inventio neu ins Gespräch zu bringen. Vielmehr werden allein Klarheit [perspicuitas], gehöriger Aufbau und Schmuck der Rede seine Arbeit ausmachen.»[72]

Vergleichbare Überlegungen finden sich in Agricolas Gefolge außer bei Ramus bei MELANCHTHON (1531) und ALSTED (1630). Melanchthon schreibt: «Wie nämlich viele Grundsätze der inventio von der Dialektik entlehnt sind, so nimmt die elocutio vieles von der Grammatik auf. So werden etwa die Vorschriften sprachlicher Korrektheit und Klarheit ursprünglich von der Grammatik vermittelt.»[73] Alsted unterscheidet, wie eingangs angesprochen, ästhetische und noetische P. Die ästhetische P. beruhe auf Tropen und Figuren und sei der Rhetorik zuzuordnen; die noetische, schmucklose passe zu Grammatik und Logik. In der Grammatik hänge sie von *elegantia verborum* und leichtverständlicher Syntax ab, in der Logik von der richtigen Gliederung.[74] An anderer Stelle ordnet er der Grammatik *puritas*, der Rhetorik *ornatus*, der Logik P. zu.[75] Von dem Redevortrag fordert er, dieser solle immer mit klarer, deutlicher und langsamer Stimme erfolgen. («Clarâ, distinctâ, tardâ voce utére semper.»[76])

Die wohl originellste frühneuzeitliche Erörterung der P. findet sich jenseits der geschilderten inner- und außerstilistischen Ordnungsbemühungen bei ERASMUS VON ROTTERDAM, dem nach Agricola zweiten großen Humanisten der Niederlande, und zwar in seiner ‹Anleitung zum Briefschreiben› (1522) in einem längeren Abschnitt über die P. des Briefes («De perspicvitate epistolae»).[77] Er relativiert hier den Anspruch der P., aber nicht wie ARISTOTELES und dessen Gefolge mit spezifisch sprachlichen, sondern mit rezeptionsästhetischen Erwägungen. Ausgangspunkt ist ein ärgerliches Erlebnis seiner Jugend. Als 14-jähriger, so berichtet er, habe er einem Lehrer geschrieben und Lesefrüchte aus Büchern eingeflochten. Der Mann, hochmütig und ungebildet, habe ihn floskelhaft ermahnt, klar und knapp zu schreiben («clare, et punctuatim scribere» [78]). Erasmus verwahrt sich gegen die schulmeisterliche Begrenzung des Briefumfangs auf zwölf Zeilen.[79] Gegen P. an sich hat er nichts einzuwenden. «Denn was wäre eine Darstellung, die man nicht versteht?»[80] Aber dies müsse nicht bedeuten, sich auf das Niveau eines unreinen Küchenlateins herabzulassen.[81] «Wir müssen uns Mühe geben, verständlich zu sein – aber für die Gebildeten.» (Danda est opera vt simus aperti, sed eruditis).[82] Er plädiert also für eine gebildete P. («erudita perspicuitas»[83]). Wenn jemand CICERO, LIVIUS oder HORAZ Unverständlichkeit vorwerfe, dann liege das nicht an diesen Autoren, sondern an ihm selber. «Wird denn die Nachtigall ihre Lieder mit dem Kuckuck tauschen, weil nach dem Urteil des Esels der Ruf des Kuckucks deutlicher und verständlicher [planius et intelligibilius] ist?»[84] Im Unverständlichen wittert Erasmus sogar ähnlich wie einst AUGUSTINUS eine Chance: «Ich bin nicht ungehalten, wenn man mir etwas vorlegt, das ich nicht verstehe, sondern freue mich, daß man mir etwas zum Lernen darbietet.»[85] Im übrigen meint er, «daß gerade in der Epistolographie ein dunkler Stil weitgehend zulässig ist. Etwa wenn zwei Gebildete sich in literarischen Scherzen messen, die nicht jeder beliebige verstehen soll.»[86] Dunkelheit sei «in keiner Literaturgattung eher geduldet als in Briefen, in denen nach dem Vorbild keines Geringeren als Ciceros es erlaubt ist, Griechisch und Latein bunt zu mischen, dunkle Anspielungen, Zweideutigkeiten, Sonderbedeutungen, Sprichwörter, Rätsel und jäh unterbrochene Sätze zu verwenden. Nur muß man berücksichtigen, worüber und an wen man schreibt.»[87] Hierzu paßt der Begriff ‹Verstehbarkeit› in dem von Sanders vorgeschlagenen Sinn «eine[r] spezielle[n], vom jeweiligen Adressaten abhängige[n] Verständlichkeit [...], die infolgedessen sehr unterschiedlich ausfallen kann» und von der ‹Allgemeinverständlichkeit› abgegrenzt wird.[88]

Daß Erasmus die P. nach dem geistigen Niveau der Empfänger individuell abstuft, erinnert an die Perspektivierung des Sehens in der Malerei der Renaissance, speziell an die damalige Entdeckung der Zentralperspektive.[89] ‹P.› und ‹Perspektive› beruhen auf demselben Wortstamm (lat. *perspicuus*, durchsichtig; *perspicere*, durchschauen, mit dem Blick durchdringen). Im Mittelalter war *perspectiva* die Bezeichnung der Optik.[90]

Dunkelheiten, wie er sie dem Briefschreiber erlaubt, sieht und akzeptiert Erasmus auch in der Heiligen Schrift. Nachdem er in ‹De libero arbitrio› (Vom freien Willen, 1524) LUTHERS Leugnung der Willensfreiheit zurückgewiesen hat, widerspricht er in ‹Hyperaspistes› (1526/27) der Lehre von der grundsätzlichen Klarheit der Bibel[91], die Luther, wie bereits angedeutet, in seiner Gegenschrift ‹De servo arbitrio› (Vom unfreien Willen) entwickelt.[92] Vordergründig erinnert die Betonung der *obscuritas* an Augustinus. Während jedoch für den Kirchenvater die Dunkelheit biblischer Aussagen deren weltenthobene Heiligkeit bezeugt, verbindet sie sich für Erasmus mit Skepsis gegenüber einigen Glaubensinhalten und bietet Spielraum für Interpretationen.

Anmerkungen:
1 vgl. Ueding/Steinbrink 61f. – **2** vgl. M. Fuhrmann: Einf. in die antike Dichtungstheorie (1973) 194 und 198f. – **3** vgl. J. Knape: Art. ‹Elocutio›, in: HWRh Bd. 2 (1994) 1050f. – **4** Opitz 371. – **5** ebd. 377f. Über Opitz' Abhängigkeit von der Herennius-Rhetorik vgl. R. Drux: Martin Opitz und sein poetisches Regelsystem (1976) 31; R. Schmidt: Dt. Ars poetica. Zur Konstituierung einer dt. Poetik aus humanistischem Geist im 17. Jh. (1980) 220–222; G.E. Grimm: Lit. und Gelehrtentum in Deutschland. Unters. zum Wandel ihres Verhältnisses vom Humanismus bis zur Frühaufklärung (1983) 142. Über Opitz' Übereinstimmung hinsichtlich ‹Zierlichkeit› und ‹Deutlichkeit› mit der Fruchtbringenden Gesellschaft bzw. mit deren Schirmherr Fürst Ludwig von Anhalt-Köthen vgl. Grimm, ebd. 139f. – **6** Opitz 380. – **7** ebd. 377f. – **8** K. Stieler: Die Dichtkunst des Spaten (1685), hg. von H. Zeman (Wien 1975) Vv. 2752–58; vgl. auch Vv. 2917ff. und 4960ff. (über Deutlichkeit). Kleio (lat. Clio) ist eine der neun Musen; vgl. ebd., S. 207 und 287f. Zemans Erläuterung zu ‹Elocution›, die allerdings die Schöne als «Elegantia bzw. Puritas» sowie den Redeklang als «Compositio bzw. Perspicuitas» teilweise falsch erklärt. – **9** Vossius, T. II, 4 und 40. – **10** Melanchthon 461; Übers. J. Knape: Philipp Melanchthons ‹Rhet.› (1993) 91. – **11** Cic. De or. III, 37; ähnlich Quint. VIII, 1, 1. – **12** Soarez 79; zit. Knape [3] 1056 mit Anm. 7; Übers. Verf. – **13** Meyfart 63. – **14** Verzeichnis der Lücken bei Ueding/Steinbrink 350, Anm. 82. – **15** Fuhrmann [2] 199. – **16** F. Robortello: In librum Aristotelis de arte poetica explicationes (Florenz 1548; ND München 1968) 259; V. Maggi, B. Lombardi: In Aristotelis librum de poetica communes explanationes (Venedig 1550; ND München 1969) 239. – **17** Robortello [16] 260; Maggi, Lombardi [16] 239. – **18** Georg von Trapezunt: Rhetoricorum libri [quinque] (Basel 1522) 134. – **19** vgl. Scaliger, Bd. 3, 264f. (= Buch 4, Kap. 1); Vossius, T. 2, 477. – **20** L. Deitz in: Scaliger, Bd. 3, 267. – **21** Georg von Trapezunt [18] 135. – **22** G. Trissino: La poetica (o. O. 1529; ND München 1969) S.V^v – **23** B. Part[h]enio: Della imitatione poetica (Venedig 1560; ND München 1969) 175f. – **24** Scaliger, Bd. 3, 264ff. (= B. IV, Kap. 1). – **25** Vossius, T. 2, 475–478; vgl. ebd. 4 und 30. – **26** Trissino [22] S. VI. – **27** Part[h]enio [23] 175f. und 179. – **28** L. Castelvetro: Poetica d'Aristotele vulgarizzata, et sposta (Wien 1570; ND München 1968) 259ff. – **29** A.S. Minturno: De poeta (Venedig 1559; ND München 1970) 118; ders.: L'arte poetica (o. O. 1564; ND München 1971) 22; vgl. ebd. 429. – **30** Scaliger, Bd. 3, 264f. – **31** ebd. 267; Übers. L. Deitz. – **32** ebd. 267. – **33** ebd. 269. – **34** Näheres hierzu in Teil B.IV. – **35** Castelvetro [28] 260. – **36** Part[h]enio [23] 175. – **37** Georg von Trapezunt [18] 144^v – **38** Robortello [16] 255 (verdruckt zu 155); Maggi, Lombardi [16] 236; dt. Übers. Fuhrmann (in: Arist. Poet., S. 71). – **39** T. Tasso: Discorsi dell'arte poetica e del poema heroico [1587], ed. L. Poma (Bari 1964) 181. – **40** Castelvetro [28] 260^v; vgl. ebd. 259. – **41** ebd. 260^v – **42** Tasso [39] 181; ähnlich Castelvetro [28] 259. – **43** A. Buck: Poetiken in der ital. Renaissance, in: H.F. Plett (Hg.): Renaissance-Poetik. Renaissance Poetics (1994) 29. – **44** M.G. Vida: L'arte poetica, ed. R. Girardi (Bari 1982) III, 15; Übers. Verf. – **45** ebd. III, 20f. – **46** Robortello [16] 255 (verdruckt zu 155); Übers. Verf. – **47** J. Peletier du Mans: L'art poétique I, 9 (Ausg. von A. Boulanger [Paris 1930] S. 30); zit. H. Weinrich: Die clarté der frz. Sprache und die Klarheit der Franzosen, in: ZRPh 77 (1961) 531. – **48** Weinrich ebd. – **49** J. von Stackelberg: Klarheit als Dichtungsideal, in: Ideen und Formen. FS H. Friedrich (1965) 262. – **50** vgl. B. Weinberg: A History of Literary Criticism in the Italian Renaissance (Chicago 1961) Bd. 2, 833–835. 904. 1008. 1051. – **51** nach Weinrich [47] 533. – **52** vgl. V. Kapp: Art. ‹Argutia-Bewegung›, in: HWRh Bd. 1 (1992) 991–998. – **53** Weinberg [50] Bd. 2, 1059, Anm. 137. – **54** G. Ph. Harsdörffer: Poet. Trichter (1648–53; ND 1969), T. 3, 26. – **55** A. Gryphius: Leo Armenius, in: Gesamtausg. der deutschspr. Werke, Bde. 1–8 (1963–72) Bd. 5, 93. – **56** D. Casper von Lohenstein: Afrikanische Trauerspiele, hg. von K.G. Just (1957) 221. – **57** L. de Góngora, zit. A. Hauser: Der Manierismus (1964) 236; F. Wanning: Art. ‹Manierismus›, in: HWRh Bd. 5 (2001) 887f. – **58** G.R. Hocke: Manierismus in der Lit. (1959) 139; mit Bezug auf B. Gracián: Agudeza y Arte de Ingenio (Buenos Aires 1945) 83 und 107; vgl. auch Wanning [57] 886. – **59** B. Gracián: Handorakel und Kunst der Weltklugheit, dt. von A. Schopenhauer (1961), bes. Nr. 3. 13. 98. 219. 250. 253. – **60** M. Föcking: Art. ‹Marinismus›, in: HWRh Bd. 5 (2001) 951; P. Metastasio: Opere, hg. von B. Brunelli (Mailand 1953f.) IV, 194. – **61** E. Tesauro XXIV, 89; zit. S. Battaglia: Grande dizionario della lingua italiana, Bd. 3 (Turin 1964) 51. – **62** vgl. Schmidt [5] 192–210. – **63** ebd. 211f. – **64** vgl. ebd. 250–276, bes. 275. – **65** vgl. Hocke [58] 123ff. – **66** Johannes von Salisbury (Saresberiensis): Metalogicon, ed. J.B. Hall, CChr.CM 98 (Turnhout 1991). – **67** vgl. Agricola 380f. – **68** P. Ramus: Scholarum rhetoricarum, seu quaestionum Brutinarum in Oratorem Ciceronis, Lib. XX (Frankfurt 1593; ND 1965) 14. – **69** ebd. 138f. – **70** Agricola 208–211; vgl. ebd. 212f. – **71** ebd. 214f. – **72** ebd. 381. – **73** Knape [10] 91 (= Übers. von Melanchthon 461). – **74** Alsted, Bd. 1, 482. – **75** ebd. 468. – **76** ebd. 467; ausführlicher zur *claritas* der Stimme bzw. Aussprache äußert sich Vossius, T. 2, 508f. – **77** Erasmus von Rotterdam: De conscribendis epistolis. Anleitung zum Briefschreiben (Auswahl), übers. von K. Smolak in: Ausgew. Schr., 8 Bde., lat. und dt., hg. von W. Welzig (1995) Bd. 8, 24–37; vgl. K.-H. Göttert: Ringen um Verständlichkeit, in: DVjs 65 (1991) 2 und 5. – **78** Erasmus [77] 24. – **79** ebd. 12f. – **80** ebd. 25. – **81** vgl. ebd. 35. – **82** ebd. 28–31. – **83** ebd. 30. Ähnlich Dyck 74f. Er zitiert eine entsprechende Äußerung von J.P. Titz (Zwey Bücher Von der Kunst Hochdeutsche verse und Lieder zu machen [Danzig 1642] II, 3. Kap., § 2); vgl. auch Harsdörffer [54] T. 1, 105f. – **84** Erasmus [77] 33. – **85** ebd. – **86** ebd. 27. – **87** ebd. 35. – **88** W. Sanders: Gutes Deutsch – besseres Deutsch (1986) 102; vgl. ebd. 79. – **89** vgl. S.Y. Edgerton: Die Entdeckung der Perspektive. Aus dem Engl. von H. Jatho (2002). – **90** ebd. 63. – **91** vgl. Erasmus: Ausgew. Schr. [77] Bd. 4, bes. 273–283 (Hyperaspistes, B. I); vgl. ebd. die Einl. von W. Lesowsky, S. XVII und XXV. – **92** vgl. Teil B. II. mit Anm. [87].

IV. Aufklärung und Folgezeit. 1. Die Opposition von Gedanke und Ausdruck. Die bis zur Barockzeit übliche Einbettung der P. in die Systeme des THEOPHRAST, der Herennius-Rhetorik oder auch des HERMOGENES verliert im 18. Jh. an Geltung. Sie wird seitdem nur noch in historisch ausgerichteten Werken berücksichtigt, z.B. gliedert Lausberg den *elocutio*-Teil seines Handbuchs nach den theophrastischen *virtutes* [1]; oder sie gelingt eher zufällig, etwa in Schneiders vage an Theophrast erinnernden Grundforderungen, unsere Sprache solle «korrekt, verständlich, gut und interessant» sein. [2]

Die neuen Ordnungsbemühungen orientieren sich weniger an der klassischen Rhetorik als an der philosophischen Logik und Erkenntnistheorie im Gefolge von DESCARTES. Gleichzeitig verwandelt sich die rhetorische Elokutionslehre in eine mehr schreiborientierte Stilistik. Kennzeichnend für die Anlehnung an die Philosophie ist erstens die Ausrichtung des sprachlichen Ausdrucks am Denken, zweitens die Heranziehung der Formel ‹clare et distincte› zur Differenzierung von sinnlicher und logischer P.

Die alte Sach- und Wirkungsorientierung, wonach Wörter Sachen abbilden und die rhetorischen Figuren der Überredung dienen, tritt im 18. Jh. in den Hintergrund. Maßgeblich wird stattdessen, vorgeprägt durch die antike Formel von der Zunge oder Sprache (*lingua*) als Dolmetscherin (*interpres*) des Geistes (*animi* oder *mentis*) [3], die Auffassung, Sprache und Stil seien Ausdruck des individuellen Menschen (BUFFON: «Le style c'est de l'homme même»; Der Stil ist der Mensch selbst), seines Geistes (B. LAMY: «Le discours est l'image de l'esprit»; «Die Rede ist ein Bild der Sele [!]» [4]) und insbesondere seines Denkens. LEIBNIZ erscheint «die Sprache [...] gleichsam als ein heller Spiegel des Verstandes». [5] Die im 17. Jh. vorbereitete, im 18. voll entfaltete Aufklärung, die aus der Denkerfahrung die Existenzgewißheit ableitet (DESCARTES: «Cogito, ergo sum») und die «Wonne des Denkens» [6] vielfach verherrlicht, formuliert den Vorrang des Gedankens gegenüber dem sprachlichen Ausdruck und verstärkt so die schon von AGRICOLA und RAMUS betriebene Logifizierung der Stillehre.

‹Ausdruck› (spätmhd. ūzdruc [7]) ist in der Bedeutung ‹Redensart, Wort› «ein erst im 18.[] jh. entsprungnes wort» [8] «für älteres Ausdruckung (seit Luther)», das seinerseits dem französischen Wort expression entspricht. [9] Luther hat «mit ausgedruckten Worten für lat. expressis verbis». [10] «Das 18. Jh. verbindet ausdrücken (und Ausdruck) mit dem Sichtbarwerden von Gefühl und seelischer Reaktion und bezieht es auf künstlerische Gestaltung und Formgebung.» [11] Besonders geläufig wird die Definition des Stils als «Ausdruck der Gedanken». Sie bürgert sich in den Rhetoriklehrbüchern des frühen 18. Jh. (FABRICIUS, HALLBAUER [12]) ein und bleibt über die Stilratgeber des 19. und 20. Jh. bis heute beherrschend. [13]

Schon DESCARTES schreibt: «Ceux qui ont le raisonnement le plus fort, et qui digèrent le mieux leurs pensées, afin de les rendre claires et intelligibles, peuvent toujours le mieux persuader ce qu'ils proposent». [14] (Diejenigen, die den stärksten Verstand haben und ihre Gedanken am besten verdauen, um sie klar und verständlich zu machen, können immer am besten mit ihren Vorschlägen überzeugen.) [14] GOTTSCHED meint, «daß es in der Schreibart hauptsächlich auf die Art zu denken ankomme [...]. Denn kein Mensch kann besser schreiben, als er vorher gedacht hat.» [15] BREITINGER hält fest, «Daß der Gedancke und der Ausdruck mit einander übereinstimmen müssen» [16] und daß «die Deutlichkeit die erste und vornehmste Eigenschaft einer guten Rede ist, in so ferne sie eine getreue Dolmetscherinn unsrer Gedancken seyn soll». [17] RENERS stellt seiner ‹Stilkunst› einen Satz von NIETZSCHE als Motto voran: «Den Stil verbessern – das heißt den Gedanken verbessern und [gar] nichts weiter!» [18] «Klar gedacht ist schon halb formuliert», schreibt neuerdings der Sprachwissenschaftler Sanders. [19] Die Zusammenschau von Gedanke und Ausdruck ist inzwischen so eingebürgert, daß sie zu satirischer Verwendung reizt. «Es genügt nicht, keine Gedanken zu haben; man muß auch unfähig sein, sie auszudrücken», spottet KARL KRAUS. [20]

2. ‹Klarheit› als Denk- und ‹Deutlichkeit› als Stilqualität. Wo das Wort ‹Klarheit› in diesem Zusammenhang auftaucht, betrifft es anfangs nur oder primär das Denken und dessen plausible Gliederung, während die von der sprachlichen Formulierung verlangte P. ‹Deutlichkeit› heißt. Bezeichnend ist eine Äußerung von GELLERT zum Briefstil. Er wünscht sich neben dem Natürlichen «das Leichte; dieses entsteht aus der Richtigkeit und Klarheit der Gedanken, und aus der Deutlichkeit des Ausdrucks». [21] Daß hier nur ‹Deutlichkeit›, also noch nicht ‹Klarheit›, die Tradition der P. weiterführt, unterstreicht die Anmerkung: «Man muß also alles vermeiden, was der Deutlichkeit der Schreibart schaden kann; unverständliche oder verlegne Worte, oder solche Worte, die zwar gebräuchlich sind, denen wir aber andre Begriffe geben, als sie im gemeinen Leben haben, oder die sonst zweydeutig sind; unrichtige Wortfügungen, weitschweifige und ungeheure Perioden, oder gar zu oft und zur Unzeit abgerißne Sätze.» [22] Auch in jüngerer Zeit kommt die Gegenüberstellung von klarem Denken bzw. entsprechend klarer Textgliederung und deutlichem Ausdruck noch gelegentlich vor. So heißt es in den Richtlinien für den Deutschunterricht im Land Nordrhein-Westfalen von 1963 über die «sachgebundene Darstellung», daß diese «zu knapper und deutlicher schriftlicher Aussage und zu Klarheit und Zweckmäßigkeit im Aufbau erzieht». [23] Sanders nennt Klarheit «ein logisches Ordnungsprinzip» [24] und rechnet sie dem «Denkstil» zu, während er dem Sprachstil bzw. der Semantik Genauigkeit und Begriffsschärfe zuweist. [25] Letztere lassen sich als Platzhalter des alten Begriffs ‹Deutlichkeit› begreifen, der hier, wohl wegen seiner heutigen Unklarheit, umgangen ist.

Eine Variante zu der Opposition von klaren Gedanken und deutlichem Ausdruck ist die von klarer Stimme und deutlicher Aussprache. BAUMEISTER schreibt: «die Stimme soll laut, klar und rein, und die Aussprache deutlich und hinlänglich stark seyn.» [26] Klar ist auch hier das Vorgeordnete, diesmal nicht als Inhalt, sondern als Medium; deutlich ist die nachgeordnete Äußerung, hier nicht als Formulierung, sondern als Intonation.

3. Die Verdrängung der P.-Übersetzung ‹Deutlichkeit› durch ‹Klarheit›. ‹P.› wird wie schon in der Barockzeit zunächst durchweg als ‹Deutlichkeit› verdeutscht, so in den Rhetoriken des frühen 18. Jh. (UHSE, FABRICIUS, HALLBAUER, PEUCER), bei GOTTSCHED [27], in CURTIUS' Übersetzung der ‹Poetik› des ARISTOTELES [28], bei LESSING («Die größte Deutlichkeit war mir immer auch die größte Schönheit» [29]) und noch 1781 in KANTS bedeutsamer Vorrede zur ‹Kritik der reinen Vernunft›. ‹Klar› als Umstandsbestimmung des Schreibens kommt bis dahin, bedingt durch lateinischen bzw. romanischen Einfluß, gelegentlich vor [30], erscheint aber nicht wie ‹deutlich› als stilistischer Fachbegriff fixiert.

Kants Vorrede rechtfertigt seine Entscheidung, zugunsten der logisch-diskursiven P. auf sinnliche P. zu verzichten. Seine Unterscheidung der beiden P.-Arten, schon in Teil A.I. kurz erwähnt, ist ein Hauptdokument der neuzeitlichen Begriffsgeschichte und verdient deshalb eine ausführliche Wiedergabe. «Was endlich die Deutlichkeit betrifft, so hat der Leser ein Recht, zuerst die discursive (logische) Deutlichkeit durch Begriffe, dann aber eine intuitive (ästhetische) Deutlichkeit durch Anschauungen, d.[as] i.[st] Beispiele oder andere Erläuterungen in concreto, zu fordern. Für die erste habe ich hinreichend gesorgt. Das betraf das Wesen meines Vorhabens, war aber auch die zufällige Ursache, daß ich der zweiten, obzwar nicht so strengen, aber doch billigen Forderung nicht habe Gnüge leisten können. Ich bin fast beständig im Fortgange meiner Arbeit unschlüssig gewesen, wie ich es hiemit halten sollte. Beispiele und Erläuterungen schienen mir immer nöthig und flossen daher auch wirklich im ersten Entwurfe an ihren Stellen gehörig ein. Ich sah aber die Größe meiner Aufgabe und die Menge der Gegenstände, womit ich es zu thun haben würde, gar bald ein; und da ich gewahr ward, daß diese ganz allein, im trockenen, blos scholastischen Vortrage das Werk schon gnug ausdehnen würden, so fand ich es unrathsam, es durch Beispiele und Erläuterungen, die nur in populärer Absicht nothwendig sind, noch mehr anzuschwellen [...]. Denn die Hülfsmittel der [intuitiven] Deutlichkeit helfen zwar in Theilen, zerstreuen aber öfters im Ganzen, indem sie den Leser nicht schnell gnug zu Überschauung des Ganzen gelangen lassen und durch alle ihre helle Farben gleichwohl die Articulation oder den Gliederbau des Systems verkleben und unkenntlich machen». [31]

Die aufklärerische Zusammenschau von Logik und Stil ermöglicht es, daß ‹Klarheit›, zunächst meist als gedankliche Qualität begriffen, im späten 18 Jh. auch die stilistische Bedeutung ‹P.› annimmt. Bei SULZER bereitet sich dies vor. In seinem Artikel ‹Klarheit› hat zwar auch er noch primär die gedankliche Anordnung im Blick; mit seiner Empfehlung, Schüler sollten bei verworrenen Perioden «die beste Anordnung zum klaren Ausdruk [!] heraussuchen» [32], berührt er aber punktuell auch schon die Stillehre. Im übrigen entfaltet er in dem Artikel ‹Klarheit› manches ausführlicher, was er schon in dem knapp halb so langen Artikel über ‹Deutlichkeit› geäußert hat. Er bespricht beide Begriffe in bezug auf Malerei und Dichtung, Klarheit auch im Hinblick auf Musik. [33] Für das Kunstwerk als ganzes und dessen Hauptsachen verlangt er größtmögliche Klarheit bzw. Deutlichkeit, für weniger Wichtiges, dessen übermäßige Beleuchtung eher störend wäre, scheint ihm «der richtige Grad der relativen Klarheit» erstrebenswert. [34] VERGILS ‹Aeneis› findet er klarer als HOMERS ‹Ilias›, SOPHOKLES klarer als EURIPIDES, HORAZ klarer als PINDAR. Von den Rednern erscheint ihm DEMOSTHENES klarer als CICERO. [35]

Erst ADELUNG jedoch macht in seinem Werk ‹Ueber den Deutschen Styl› (1785) ‹Klarheit› in bezug auf die sprachliche Form ausdrücklich zum Fachbegriff. Er setzt sie mit ‹Deutlichkeit› im Grunde gleich, hält beide nur hinsichtlich ihrer etymologisch bedingten Begleitvorstellungen auseinander: «*Klarheit* und *Deutlichkeit* sind zwey Nahmen einer und eben derselben Eigenschaft, nur mit dem Unterschiede, daß der erstere ein wenig mehr figürlich ist, als der letztere. *Klar* nennet man das, was viele Lichtstrahlen durchläßt, einen hohen Grad der Durchsichtigkeit hat. Die *Klarheit* des Styles, bey den Römischen Schriftstellern *Perspicuitas*, ist also diejenige Eigenschaft desselben, nach welcher die ganze Vorstellung, welche der Sprechende hat, rein und unvermischt durch die Worte gleichsam durchscheinet; wo der Vortrag lauter Licht, und die Rede ein heller Strom ist, wo man überall auf den Grund sehen kann. *Deutlich*, oder mit einem andern bey nahe gleich bedeutenden Ausdrucke, *verständlich* ist, was leicht *gedeutet* oder *verstanden* werden kann, d.[as] i.[st] dessen Sinn sich ohne Mühe entdecken läßt, und sich mit den Worten dem Leser gleichsam von selbst aufdringet.» [36] Die Einführung von ‹Klarheit› als Stilbegriff erfolgt wohl in Anlehnung an frz. *clarté* unter dem Eindruck von RIVAROLS Berliner Preisschrift von 1784 über die Universalität der französischen Sprache. [37]

Während Kant, wie zitiert, logisch-diskursive und ästhetische ‹Deutlichkeit› auseinanderhält, spricht Adelung in beiderlei Hinsicht von ‹Klarheit›: «Wenn man die Absicht hat, die Einbildungskraft zu unterhalten, oder Leidenschaften zu erregen, so ist eine andere Art von Klarheit nothwendig, als wenn man unterrichten, und den Verstand überzeugen will; dort muß das möglichste Licht über die Bilder und Empfindungen, hier aber über die Begriffe verbreitet werden.» [38]

Adelungs Umwandlung der ‹Klarheit› von einem Denk- zu einem Stilbegriff bleibt nicht ohne Wirkung. GOETHE äußert gegenüber ECKERMANN: «Im Ganzen ist der Styl eines Schriftstellers ein treuer Abdruck seines Innern; will jemand einen *klaren* Styl schreiben, so sei es ihm zuvor klar in seiner Seele, und will jemand einen *großartigen* Styl schreiben, so habe er einen großartigen Charakter.» [39] Im 19.Jh., z.B. bei SCHOPENHAUER [40], dominiert allerdings immer noch ‹Deutlichkeit› als Stilbegriff vor ‹Klarheit›. VOLKMANN übersetzt in seinem Buch über ‹Die Rhetorik der Griechen und Römer› noch 1885 ‹P.› als ‹Deutlichkeit›. [41] Erst die Stilratgeber des 20.Jh. machen ‹Klarheit› anstelle von ‹Deutlichkeit› auch stilistisch endgültig zum Leitbegriff. [42]

4. *Der Gegensatz von ‹Klarheit› und ‹Deutlichkeit› nach Descartes*. Während ‹Klarheit› und ‹Deutlichkeit›, auf Denken und Ausdruck verteilt, miteinander harmonieren und seit Adelung auf eine Gleichsetzung hinauslaufen, werden sie im Gefolge von DESCARTES und LEIBNIZ erkenntnistheoretisch und dann auch stilistisch scharf auseinandergehalten. ‹Klarheit› dient in diesem Zusammenhang als Oberbegriff, der die logische und die sinnliche P. umfaßt. ‹Deutlichkeit› bezeichnet als Unterbegriff hier nur die logische P., schließt also die sinnliche aus.

«Die bereits in der Scholastik vorkommende Formel» *clare et distincte* «gewinnt bei DESCARTES eine zentrale Stellung» als «Wahrheitskriterium für Erkenntnisse». [43] In seinem ‹Discours de la methode› (1637) formuliert er als Bedingung evidenter, vorurteilsfreier Erkenntnis, nur das dürfe jemand für wahr halten, was sich seinem Geist so klar und deutlich zeige, daß er keinerlei Anlaß habe, es in Zweifel zu ziehen («ce qui se présenterait si clairement et si distinctement à mon esprit que je n'eusse aucune occasion de le mettre en doute»). [44] Wie er une die beiden Begriffe verstehen möchte, erklärt er in seinen ‹Principia philosophiae› (1644): «"Klar" (clara) nennt Descartes eine Erkenntnis, "die dem aufmerkenden Geiste gegenwärtig und offenkundig ist" (quae menti attendenti praesens et aperta est); "deutlich" (distincta) nennt er eine bereits klare Erkenntnis, die "von allen übrigen Erkenntnissen so getrennt und unterschieden ist, daß sie gar nichts anderes, als was klar ist, in sich enthält" (ab omnibus aliis ita sejuncta est et praecisa, ut nihil plane aliud, quam quod clarum est, in se contineat). Das Kriterium der *Klarheit und Deutlichkeit* besteht demnach nicht aus der Verbindung zweier voneinander unabhängiger Kriterien der *Klarheit* und der *Deutlichkeit*, sondern die Deutlichkeit ist eine vollkommenere Art der Klarheit. Deutlichkeit impliziert Klarheit, aber nicht umgekehrt.» [45]

LEIBNIZ und in seiner Nachfolge WOLFF und dessen Schüler führen diesen Ansatz weiter, wobei sie die Erkenntnisarten noch weiter aufgliedern. Neben der klaren und deutlichen Erkenntnis interessieren nun auch konfuse oder verworrene und dunkle Erkenntnis. Dazu kommen noch weitere Arten, die hier außer acht bleiben mögen. Grundlegend für diese Differenzierungen ist Leibniz' kleine Schrift ‹Meditationes de cognitione, veritate et ideis› (Betrachtungen über die Erkenntnis, die Wahrheit und die Ideen) aus dem Jahre 1684, besonders seine Feststellung: «Est cognitio vel obscura, vel clara, et clara rursus vel confusa, vel distincta» [46] («Die Erkenntnis ist also entweder *dunkel* oder *klar* und die klare Erkenntnis wiederum entweder *verworren* oder *deutlich*» [47]); «an der Verbindung von ‹klar› und ‹verworren› darf man sich hier nicht stören, ‹verworren› ist nicht im alltagssprachlichen Sinne zu verstehen». [48]

«*Dunkel* ist ein Begriff, der zum Wiedererkennen der dargestellten Sache nicht ausreicht, wie wenn ich mich zum Beispiel irgendeiner Blume oder eines Tieres, die ich einst gesehen habe, erinnere, jedoch nicht in dem Maße, daß es genug ist, um das Vergessene wiederzuerkennen und von etwas ihm Nahestehenden unterscheiden zu können». [49] «Als Beispiele für verworrene Erkenntnisse werden in der Tradition stets sinnlich verbleibende Erkenntnisse genannt, z.B. bei DESCARTES die Schmerzempfindung, bei LEIBNIZ die Wahrnehmung von Farben, Gerüchen und» Geschmacksempfindungen. [50] Demgegenüber bezieht sich die nicht nur klare, sondern auch deutliche Erkenntnis hauptsächlich auf abstrakte Begriffe, wie die der Zahl, Größe, Gestalt, aber auch auf begrifflich fixierte Emotionen, wie Hoffnung und Furcht.[51]

Der Wolff-Schüler BAUMGARTEN faßt dunkle und verworrene Erkenntnis als sensitiv oder sinnlich zusammen.[52] Er wertet «das Sinnliche, von der Rationalität Unabhängige» als ein «eigenständiges Element menschlichen Zugriffs auf die Welt»[53] und gründet darauf die von ihm als philosophische Disziplin eingeführte Ästhetik, die er als Wissenschaft von der sinnlichen Erkenntnis («scientia cognitionis sensitiuae») definiert.[54] Hierbei denkt er besonders an die «verworrene» oder konfuse Erkenntnis. Deren Vorstellungen nennt er poetisch. Er findet sie poetisch vollkommener als die dunklen. Auf diese verworrenen Vorstellungen vor allem stützt sich seine Definition der Dichtung als vollkommener sinnlicher Rede (*oratio sensitiva perfecta*). «Dieser Aufwertung der cognitio confusa entsprechend ist dann "confusa" auch positiv als "komplex" zu übersetzen und in Verbindung zu bringen mit "Fülle" und "Totalität der Erscheinungen"»[55]; «gemeint ist, die einzelnen Vorstellungsmerkmale verschmelzen in einem anschaulichen Gesamtbild».[56] Begrifflich deutliche Vorstellungen hält Baumgarten als nicht sensitiv dagegen für nicht poetisch.[57] Seine lateinischen Ausführungen gelangen durch seinen Schüler G.F. MEIER in deutschsprachiger Form zu nachhaltiger Wirkung.[58]

«Der Gebrauch dieser Bezeichnungen verbreitet sich rasch. Herder z.B. benutzt die Termini klar und deutlich in derselben Bedeutung wie Baumgarten».[59] Auch MENDELSSOHN stützt sich im Zusammenhang seiner Illusionstheorie im Briefwechsel mit LESSING auf die von Leibniz und Baumgarten geprägte Terminologie, andernorts auch Lessing selber.[60] SULZER hält fest: «Wir nennen den Gegenstand unsrer Vorstellung klar, wenn wir ihn, im Ganzen genommen, so bestimmt und so kenntlich fassen, daß es uns leicht wird, ihn von jedem andern Gegenstand zu unterscheiden. Von der Deutlichkeit ist die Klarheit darin unterschieden, daß diese den Gegenstand nur im Ganzen kenntlich macht, da bey jener auch das Besondre und seine einzele Theile klar sind.»[61]

Die Unterscheidung in klare und dunkle Vorstellungen (bzw. Erkenntnisse) nebst Untergliederung der klaren in deutliche und verworrene hat nach dem Ende der Aufklärung ihre Dominanz verloren, wird aber in den Konversationslexika von Brockhaus und Meyer bis ins frühe 20. Jh. beibehalten[62] vor allem in bezug auf die beiden Hauptbegriffe ‹Klarheit› und ‹Deutlichkeit›.

Daß die von Descartes und Leibniz eingeleiteten Differenzierungen heute eher verwirrend wirken, liegt weniger an ihnen selber als daran, daß sie im Deutschen mit dem älteren Verständnis von ‹Deutlichkeit› im Sinne von P. kollidieren. WOLFF, der «die Grundlage für eine deutschsprachige philosoph.[ische] Terminologie und für die allgemeine Verbreitung philosophischer Gedanken schuf»[63], gibt den Begriff ‹distinctus›, den er in seiner lateinischen Logik beibehält[64], in seiner deutschen Logik ebenso wie in seiner deutschen Metaphysik als ‹deutlich› wieder.[65] Damit beschränkt er ‹Deutlichkeit› auf die begrifflich-rationale Qualität, klammert also die sinnliche Komponente aus, die das Wort als eingebürgerte Übersetzung von ‹P.› sonst mit umfaßt. Die doppelt verstehbare ‹Deutlichkeit› (mit oder ohne sinnliche P.) ist ein deutsche Besonderheit. Im Englischen und Französischen, wo *distinctus* als *distinct* wiedergegeben wird, existiert dieses Problem nicht.

5. *Sinnliche Klarheit als Bedeutungsvariante der Goethezeit*. Während ‹Deutlichkeit› im Anschluß an Descartes und Leibniz nur für die logisch-diskursive P. bezeichnet, erfaßt der Begriff ‹Klarheit›, bestärkt durch die Sinnlichkeits-Ästhetik des 18. Jh., damals auch und besonders die *sinnliche P*. Dies gilt vor allem dann, wenn er sich auf Dichtung oder andere Kunst bezieht, wie im Umfeld der Weimarer Klassik. Laut MORITZ ist ein Kunstwerk, das sich nicht selbst erklärt, sondern einer ergänzenden Erklärung bedarf, «eben deswegen schon unvollkommen: denn das erste Erforderniß des Schönen ist eben seine *Klarheit*, wodurch es sich dem Aug entfaltet.»[66] Bei GOETHE äußert sich die sinnliche Komponente nicht nur, wo er Naturerscheinungen wie «Sonnenklarheit»[67] und «Himmelsklarheit»[68] besingt; sie scheint auch durch, wo er ‹Klarheit› künstlerisch versteht. Bei dem italienischen Romancier MANZONI findet sich, so sagt er zu ECKERMANN, «eine Klarheit in der Behandlung und Darstellung des Einzelnen wie der italienische Himmel selber».[69] WALTER SCOTT, den Verfasser historischer Romane aus England, lobt er, weil er «das Talent besitzt, verworrene Zustände mit großer Klarheit auseinander zu setzen, so daß alles zu Massen und ruhigen Bildern sich absondert, die einen solchen Eindruck hinterlassen, als hätten wir dasjenige, was zu gleicher Zeit an verschiedenen Orten geschieht, gleich allwissenden Wesen, von oben herab mit Einem Male übersehen.»[70] Ähnliche Qualität wird Goethe selber von SCHILLER bescheinigt. Dieser preist ‹Wilhelm Meisters Lehrjahre› wegen «der durchgängig darin herrschenden ruhigen Klarheit, Glätte und Durchsichtigkeit, die auch nicht das Geringste zurückläßt, was das Gemüt unbefriedigt und unruhig läßt».[71]

Für Goethe ist ‹Klarheit›, die er gern auf ‹Wahrheit› reimt[72], allerdings auch ein erstrebenswerter geistig-moralischer Zustand. Er bekennt sich zu dem «Bestreben, das Falsche, Ungehörige, Unzulängliche, was sich in uns und andern entwickeln oder einschleichen könnte, durch Klarheit und Redlichkeit auf das möglichste zu beseitigen».[73] Seinem Weimarer Herzog Karl August bescheinigt er, dieser habe sich aus seiner jugendlichen «Sturm- und Drang-Periode [...] bald zu wohltätiger Klarheit durchgearbeitet».[74] Auch Wilhelm Meisters Lehrjahre sind eine Entwicklung zu solcher Klarheit. «Derjenige, an dem viel zu entwickeln ist, wird später über sich und die Welt aufgeklärt.»[75] So umreißt Jarno, ein Vertreter der Turmgesellschaft, der «in allen Dingen nichts als Klarheit» wünscht[76], das Handlungsgerüst dieses Bildungs- und Entwicklungsromans. «Mit den Postulaten der klaren Erkenntnis und der Nützlichkeit [...] knüpfen die Vertreter der Turmgesellschaft an das Erbe der Aufklärung an».[77] Indem sie die ästhetisch interessanteren Vorstufen von Wilhelms Läuterungsprozeß in Frage stellen, bieten sie allerdings auch ihrerseits Anlaß zur Kritik.[78]

Die sinnliche Komponente von ‹Klarheit› bleibt über die Goethezeit hinaus lebendig. GUTZKOW lobt die «klare Anschauung» in einem Gedicht von SCHÜCKING.[79] Der Stilexperte BECKER forciert 1848 diese Ausrichtung, indem er ‹Klarheit› im wesentlichen auf die sinnliche P. beschränkt: «Die Klarheit bezieht sich mehr auf das mit der sinnlichen Anschauung gegebene Konkrete und Individuelle; die Deutlichkeit hingegen mehr auf die von dem reflektirenden Verstande in einem Dinge unterschiedenen Besonderheiten [...]. Weil die Klarheit der Begriffe von der sinnlichen Anschauung ausgeht, so wirkt sie in der Darstellung der Gedanken, wie alles sinnlich Anschauliche, mehr auf das Gefühl und die Phantasie; und ist darum ein wesentliches Erforderniß der poetischen und besonders der pathetischen Darstellung; die Deutlichkeit der Begriffe hingegen wirkt, weil sie von dem Verstande ausgeht, auch mehr auf den Verstand, und ist darum ein wesentliches Erforderniß des didaktischen Stiles; und sie kann in dem poetischen Stile sogar die Wirkung auf das Gefühl und die Phantasie stören.»[80] Als «Figuren» der Klarheit erläutert Becker Periphrase, Distribution, Schilderung und Beispiel.

Andererseits bürgert sich im 19. Jh. für die sinnliche P. der Begriff ‹Anschaulichkeit› ein [81], durch den sich diese Bedeutung von ‹Klarheit› erübrigt. Die Ausdrücke ‹etwas anschaulich machen› und ‹anschaulicher unterricht› datiert Grimms Wörterbuch «seit Basedow», also seit etwa 1770.[82] Kluge kennt das Substantiv ‹Anschaulichkeit› «nicht vor Herder».[83] Er verweist auf HERDERS Äußerung von 1775 über «die schönste Dichtung mit Anschaulichkeit der Lehre».[84] JEAN PAUL gebraucht ‹Anschaulichkeit› als Synonym für das im 18. Jh. dominierende, angesichts seines sexuellen Nebensinns ins Zwielicht geratende Wort ‹Sinnlichkeit›.[85] BECKER spricht von «sinnliche[r] Anschaulichkeit»[86], HEGEL nennt deren Herstellung «Veranschaulichung».[87] Das Verb ‹veranschaulichen› «fehlt noch in den wörterbüchern des 18. jahrh.»[88] Gebräuchlich war vor seinem Aufkommen ‹versinnlichen›.[89]

Im 20. Jh. wird die sinnliche Komponente der P. im Deutschen überwiegend nur noch als ‹Anschaulichkeit› bezeichnet und von der – nun als vorwiegend logisch verstandenen – ‹Klarheit› getrennt erörtert. Damit nimmt Anschaulichkeit in etwa den Platz ein, der nach dem Prestigeverlust des rhetorischen *ornatus* freigeworden ist. Denn sie zielt ähnlich wie der Redeschmuck auf ästhetische Wirkung, und alte Schmuckmittel, wie Metapher und Epitheton ornans, firmieren heute ohne Schwierigkeit unter ihrer Flagge.

Alles in allem bedeutet ‹Anschaulichkeit› allerdings weniger sprachlichen Glanz als vielmehr detailrealistische Genauigkeit im Gefolge der klassischen Hypotyposis (*evidentia*, Vergegenwärtigung). Die sinnlich-ästhetische Komponente verbindet sich anders als in der antiken P. nicht mehr mit rhetorischem Pathos, sondern, eingeleitet durch die Verbürgerlichung des Schreibens im 18. Jh., mit einem einfachen, als natürlich empfundenen Stil.[90] Sie dient nicht mehr der eindrucksvollen Überredung, sondern der didaktischen Erleichterung schwieriger Sachverhalte für Adressaten mit geringem Abstraktionsvermögen. HÖLDERLIN begreift «Klarheit der Darstellung» im Sinne von «Präzision» und «Nüchternheit» als Charakteristikum seiner Zeit im Gegensatz zum «heiligen Pathos» oder «Feuer vom Himmel» der alten Griechen.[91] Er selber ist auf eine Verschmelzung beider Tendenzen bedacht, wie etwa das «heilignüchterne Wasser» seines Gedichts ‹Hälfte des Lebens› erkennen läßt.

Als Variante des klassischen Bemühens um Vergegenwärtigung bzw. Anschaulichkeit wird im frühen 18. Jh., ansatzweise schon in der Renaissance, auch Lebendigkeit oder Lebhaftigkeit (engl. *vividness*, *vivacity*; frz. *vivacité*) zum Stilprinzip.[92] Der Baumgarten-Schüler MEIER bespricht auf 100 Seiten «Von der Lebhaftigkeit der Gedanken» unter anderem Metapher und Hypotyposis [93], also die Hauptelemente der in der Antike zur *claritas* überhöhten P., an deren alten Ruhmesglanz er sich noch erinnert: «Die Lebhaftigkeit der Gedanken heißt auch, *die aesthetische Verständlichkeit* derselben, und *das aesthetische Licht* (*perspicuitas et lux æsthetica*) und die grössern Grade dieses Lichts, machen *den aesthetischen Glanz* (*nitor et splendor æstheticus*) aus.»[94]

Das uneinheitliche Verständnis von ‹Klarheit› und mehr noch von ‹Deutlichkeit› hat sich vor allem auf die Erfassung der sinnlichen P. störend ausgewirkt. Unter ihrer heutigen Bezeichnung ‹Anschaulichkeit› ist diese kaum mehr mißverständlich, allerdings als Teil der P. nicht mehr erkennbar. Die *logische* P. erscheint insgesamt weniger problematisch, da sie in ‹Deutlichkeit› und ‹Klarheit›, wie immer diese im einzelnen zu verstehen sein mögen, früher wie heute als wesentlicher oder gar alleiniger Bestandteil enthalten ist, wenn man von Bekkers verengter Auffassung von Klarheit einmal absieht.

6. *Logisch-diskursive P. als Grundlage der Stilpraxis.* In der *praxisbezogenen Stillehre*, die sich bei Erörterung von Deutlichkeit bzw. Klarheit im wesentlichen auf die logische P. beschränkt, spielen die angesprochenen terminologischen Mißhelligkeiten deshalb kaum eine Rolle. Das betrifft die Rhetoriken des 18. Jh. ebenso wie die juristischen Relationen dieser Epoche, den deutschen Schulaufsatz des 19. und 20. Jh. ebenso wie die journalistischen und sonstigen Stilratgeber. Die für diese Bereiche geforderte P. dient anders als die ästhetisch ausgerichtete nicht der gefühlvollen Überredung, sondern einer im wesentlichen affekt- und schmucklosen Geschäftstätigkeit. Diese betrifft weniger das Sprechen als das Schreiben.

Die Forderung nach einem deutlichen Stil ist Gemeingut der deutschsprachigen *Rhetoriken* des 18. Jh. (UHSE, PEUCER, BAUMEISTER). Besonders FABRICIUS, HALLBAUER und GOTTSCHED gehen darauf ein. Laut Fabricius (1724), der sich diesbezüglich auf Vorgänger aus dem frühen 18. Jh. beruft (HEDERICH, KEMMERICH, MENANTES, HEINECCIUS), gehört zur Deutlichkeit zunächst, daß man die «reinlichkeit» beachte. «Ausser dem aber ist zur deutlichkeit nöthig, daß man zweydeutige worte und redensarten, viele propositiones incidentes [sich überstürzende Vorstellungen], gar zu häuffige limitationes [Bestimmungen], epitheta, participia, verwerffung der wörter, unnöthige ausdehnung und allzukurtze verfassung der periodorum vermeide, die tropos und figuren nicht zu häuffig und wieder die natur des obiecti, oder weit hergeholt, unbekannt und zu weit getrieben anbringe, welches alles wofern man sonst nur im kopfe deutliche begriffe hat, leicht ins werck zu richten.»[95] Erstaunlich ist Fabricius' Eintreten für «die periodische structur, welche nicht nur der deutlichkeit fürtreflich zu statten kommt, sondern auch dem stilo eine besondere annehmlichkeit giebt.»[96] Zu dem neuen, für das 18. Jh. kennzeichnenden Ideal der Natürlichkeit und Einfachheit paßt eine Bemerkung über den *stilus humilis*, nämlich daß dieser die Gedanken «mit deutlichen, natürlichen worten fürtrage, [...] mit deutlichen connexionibus zusammenfüge, und hingegen die künstliche zierrathen als tropos und figuren so viel möglich vermeide».[97]

Noch ausführlicher äußert sich 1725 HALLBAUER. Er findet, «daß, wenn der *stilus* unrichtig 1), unrein 2), unverständlich 3), übel zusammenhangend 4), gezwungen 5), und nach der Materie, dem Rednern selbst und den Zuhörern nicht gerichtet ist 6), er verwerflich zu nennen sey».[98] Als unrichtig gelten ihm Verstöße gegen Grammatik, Orthographie und Interpunktion, als unrein Archaismen, Neologismen, unmoralische Wörter und Redensarten und ohne Not verwendete Fremdwörter.[99] Am umfänglichsten bespricht er Punkt 3: «Undeutlich und unverständlich» wird der Stil demnach durch eine Reihe von Fehlern, die überwiegend alter Tradition entsprechen (z.B. ungebräuchliche Wörter, Regionalismen, Parenthesen, Zweideutigkeit, zu lange und zu kurze Perioden, «duncke Metaphoren und Allegorien», Verstöße gegen «die natürliche Ordnung der Rede»). Einige andere Fehler erscheinen zeittypisch («Wenn man sich einige Leib-Wörter angewöhnet, und dieselben allenthalben ohne Verstand anbringt, z.[um] E.[xempel] *galant, delicat*»; «dunckele Beschreibungen», Anspielungen auf unbekannte Dinge).[100] Deutlichkeit fordert Hallbauer besonders vom Brief: «Ein dunckel und verworren geschriebener Brief wird entweder gar nicht, oder mit dem größten Verdrusse gelesen.»[101] Zum «Bericht-Brief» als einer Form des Geschäftsbriefs präzisiert er: «Hat man selbst einen völligen Begriff von einer Sache, so wird man sie auch accurat berichten können. Man fasset die Sache aufs kürtzeste und läst alle Umstände weg, die nicht zum Wesen einer Sache gehören: denn eine allzuweitläufige Erzehlung ist verdrießlich. Die Ordnung ist natürlich und man erzehlet alles so, wie es auf einander folget, es sey denn, daß man aus einer klugen Absicht zuweilen etwas eher oder später setzen wolte.»[102]

GOTTSCHED unterscheidet in seiner ‹Ausführlichen Redekunst› (1736), «dem für die Epoche wohl wichtigsten Lehrbuch» der Rhetorik[103], ähnlich wie QUINTILIAN «Deutlichkeit der Sachen» und «Deutlichkeit die aus der Schreibart entstehet».[104] Erstere behandelt er traditionsgemäß als eine der drei *narratio*-Forderungen (neben Kürze und Wahrscheinlichkeit).[105] Letztere bespricht er als erste von zehn stilistischen «Tugenden», Undeutlichkeit als ersten von zehn entsprechenden «Fehlern».[106] Eine der weiteren Tugenden ist hinreichende «Ausführlichkeit», der als Fehler die «allzu kurze Schreibart» entspricht.[107] Zur Erzielung deutlichen Schreibens empfiehlt er, sich «überall bekannter, üblicher und nicht zweydeutiger Wörter» zu bedienen, und fügt acht weitere Vorschläge hinzu, die sich unter anderem auf die Vermeidung ablenkender «Einschiebsel», die rechte «Ordnung der Wörter» und den geschickten Gebrauch «der kleinen Füllwörterchen oder Partikeln, als *denn, noch, nun, nur, sehr so, sonst, anders, als*, u.dgl.», beziehen. Es solle niemanden überflüssig dünken, daß er «so viele Regeln der Deutlichkeit halber gebe: Denn ohne dieselbe würden alle andere Schönheiten der Schreibart nichts helfen.»[108] Gottscheds Ausführungen gehorchen seinem Konzept einer «vernunftmäßigen Redekunst».[109]

In ähnlichem Sinn fordert er P. auch in seiner ‹Critischen Dichtkunst›: «Eine von den allervornehmsten Tugenden, eines guten poetischen Satzes, ist die Deutlichkeit desselben [...] und ohne dieselbe würde ein Poet kein Lob verdienen.»[110] Gottsched geht auch hier aus von der rhetorischen P. im Sinne eigentlichen Wortgebrauchs und «einer ordentlichen und gewöhnlichen Wortfügung», modifiziert dieses Verständnis dann allerdings mit Rücksicht auf die ungewöhnlichen Wörter, Wortfügungen und Metaphern der Dichtung: «Allein bey diesem allen kann die Deutlichkeit gar wohl bestehen. Ein Wort kann gar wohl verständlich seyn, wenn es gleich nicht täglich von dem Pöbel gebraucht wird.[...] Die verblümten Redensarten, wenn sie glücklich ausgesonnen werden, geben dem Verstande noch mehr Licht, als die eigentlichen; wenn man sie nur nicht gar zu häufig brauchet.»[111] Der letztgenannte Vorbehalt richtet sich gegen LOHENSTEINS barocken Stil, dem Gottsched «lauter unverständliche Räthsel» anlastet. Eben deshalb betont er, «wie nöthig es sey, bey dem verblümten Ausdrucke seiner Gedanken vor allen Dingen auf die Deutlichkeit zu sehen, und sich ja nicht durch den Schein einer falschen Hoheit in das Phöbus oder Galimatias stürzen zu lassen.»[112] ‹Deutlichkeit› erweist sich so als kritischer Begriff, mit dem Gottsched sich von der höfisch orientierten Barockdichtung abwendet und sich seines eigenen, bürgerlichen Geschmacks vergewissert. Er begreift die poetischen Kunstmittel, speziell die Metapher, nicht eigentlich als Teil der ‹Deutlichkeit›, sondern eher als von ihr zu disziplinierendes Element. Sein rationalistisches Denken ist von der Sinnlichkeits-Ästhetik seines jüngeren Zeitgenossen Baumgarten noch weit entfernt.

Für CAMPBELL ist ‹perspicuity›, die er im Hinblick auf mögliche Verstöße differenziert auflistet, «the first and most essential» (die erste und wesentlichste) der von ihm erörterten Stilqualitäten. Er beschränkt ihr Verständnis auf den logisch-diskursiven Aspekt, d.h. auf Fälle, «on which vivacity [...] and [...] animation of style are not necessary» (in denen Lebhaftigkeit und Munterkeit des Stils nicht nötig sind).[113] Die sinnlich-ästhetische Komponente der klassischen P. klammert er also ausdrücklich aus.

Im *Rechtswesen* ist das Streben nach Eindeutigkeit seit den römischen Juristen bekannt. In der Neuzeit äußert es sich auch in den lebenden Sprachen. In dem königlichen Erlaß von Villers-Cotterêts (1539), der das Französische als Gerichtssprache bestätigt, heißt es, "qu'ils (scil. les arrêts) soient faits et écrits *clairement* qu'il n'y ait ne puisse avoir aucune ambiguïté ou incertitude, ne lieu à demander interprétation." Es sollen also durch den Gebrauch der Volkssprache die Auslegungsschwierigkeiten vermindert werden, die bei lateinischen Wörtern so häufig auftraten.»[114] Im 18. Jh. nimmt das Bemühen um Klarheit zu, besonders als ‹Aufklärung› «um 1770 zum zentralen Schlagwort der öffentlichen Meinungsbildung» wird.[115] Die «Verständlichkeitsmaxime der Spätaufklärung» prägt das preußische ‹Allgemeine Landrecht› (ALR) von 1794, ebenso den 1804 in Frankreich veröffentlichten ‹Code civil›, auch ‹Code Napoléon› genannt.[116]

In den deutschen Handreichungen zur Anfertigung juristischer *Relationen*, die im 18. Jh. Verbreitung finden[117], ist ‹Deutlichkeit› die meistgeforderte Qualität. Relation in diesem Sinn ist die innerhalb des Gerichts von einem Referenten schriftlich erstellte Berichtsvorlage, die die richterliche Entscheidung vorbereitet. Sie enthält eine sog. «Geschichtserzählung», d.h. eine hinreichend genaue Darstellung der Streitsache, sodann die Wiedergabe des bisherigen Prozeßverlaufs und schließlich ein Gutachten des Referenten.[118] Beim Bericht, worunter man damals die Relation an einen Vorgesetzten versteht, ist das Gutachten möglich, aber nicht erforderlich.[119]

CLAPROTH (1728–1805)[120] setzt sich zum Ziel, «denen Anfängern Anweisung zu geben, wie sie aus Gerichtsacten deutlich, ordentlich, hinlänglich und gründlich den Vortrag verrichten sollen».[121] Deutlichkeit, besonders für die Geschichtserzählung gefordert, wird zwar als Stilqualität verstanden, betrifft aber eher die Sache, insofern es diese hinreichend vollständig, auf das Wesentliche beschränkt und ohne Umschweife darzustellen gilt. Claproth folgt bei Erörterung der Geschichtserzählung Vorgaben der antiken Rhetorik, besonders Quintilians.[122] Die Relation soll den oder die Richter nicht wie ein Anwalt überreden, sondern sachkundig und damit entscheidungsfähig zu machen. Gefühlsbetontheit und Redeschmuck würden hierbei stören. Bewertungen und Schlußfolgerungen sind dem abschließenden Gutachten vorbehalten. Die Geschichtserzählung soll davon frei bleiben, ist «ohne Untermischung einiger Schlusfolgen zu verfertigen».[123] Im übrigen ist «zu den Haupt-Eigenschaften eines Referenten die Unpartheylichkeit zu rechnen, so folgt von selbst, daß er [...] alle Leidenschaft von sich entfernen, auch nicht bei den Zuhörern eine Gemüths-Bewegung erwekken [...] müsse».[124] «Das unnöthige Gepränge aber hat mit der Absicht einer Relation nichts gemein».[125]

Auch für die Verwaltungssprache im allgemeinen wird ein schmuckloser Schreibstil empfohlen «bey Abfassung gewisser Deductionen, Berichte, Gesetze, Befehle, Briefe und anderer solcher Schrifften, wo eigentlich keine Redner-Kunst angebracht, sondern nur verständlich, ernsthaftig und weltüblich geschrieben werden soll mit deutlichen weltbrauchbaren und schönen Worten».[126]

Ähnliche Vorstellungen halten in dem im 18. Jh. begründeten *Deutschunterricht* Einzug, zunächst im Rahmen von «Geschäftsaufsätzen»[127], später in bezug auf die den unteren und mittleren Gymnasialklassen zugeordnete «sachgebundene Darstellung». Diese verlangt im Unterschied zu den «subjektiven» Formen Erzählung und Schilderung Abstand von der Sache und zugleich detailgenaue Beobachtung, womit sie «zu sicherem Erkennen des Wichtigen, zu knapper und deutlicher schriftlicher Aussage und zu Klarheit und Zweckmäßigkeit im Aufbau erzieht».[128] Als derart «objektive» Aufsatzform gilt seit dem 19. Jh. die Beschreibung, seit der Neuen Sachlichkeit der 1920er Jahre zusätzlich der – nun als emotionslose Erzählform begriffene – (Sach-) Bericht.[129] Die schulische Beschreibung hat zuständliche Gegebenheiten zum Gegenstand (z.B. ein vermißtes Fahrrad, ein Gebäude, einen See), der Bericht Vorgänge (z.B. einen Verkehrsunfall).

Nachdruck erhält die Forderung nach Klarheit durch die dem Deutschunterricht im 19. Jh. zugewiesene Funktion einer logischen Propädeutik. «Nachdem die Rhetorik das Feld weitgehend geräumt hatte, zog die Logik in den Aufsatzunterricht ein.»[130] Damit rückt «die Stilistik in den Dienst der Schulung logischen Denkens».[131] Den Anstoß gibt ein Gutachten des Philosophen HEGEL, dessen Anregungen seit 1825 in die Verlautbarungen des preußischen Kultusministeriums einfließen. [132] So heißt es in der ‹Circular-Verfügung des Königl. Consistoriums zu Magdeburg für die Gymnasien› vom 12.8.1825, zum Abituraufsatz seien «vorzugsweise solche Themen aufzugeben, welche eine logische Anordnung nothwendig machen, und bei Beurtheilung der deutschen Aufsätze muß stets sowohl die höchste Correctheit in jeder grammatischen Hinsicht, als auch die Richtigkeit und Klarheit der Anordnung berücksichtigt [...] werden.»[133] Als Domäne der Klarheit erweist sich hier die *dispositio*, nicht die *elocutio*. Ähnlich verfügt die ‹Unterrichts- und Prüfungs-Ordnung der Real- und der höheren Bürgerschulen› von 1859, beim Aufsatzunterricht sei «vor allem auf Klarheit der Auffassung und Folgerichtigkeit des Denkens» zu achten.[134] Schon FRIEDRICH DER GROSSE verlangt im Gefolge der von THOMASIUS empfohlenen «Denk-Kunst»[135] in einer Kabinettsordre von 1779, daß die Schüler denken lernen sollten, «denn wer zum Besten räsoniert wird immer weiter kommen, als einer der falsche conséquences zieht».[136]

Die logisch-diskursive Art der P. dominiert auch in den neueren *außerschulischen Stillehren*, vor allem durch den Einfluß SCHOPENHAUERS, «des Fanatikers der Klarheit».[137] Er begreift Stil als «die Physiognomie des Geistes» und erklärt: «Dunkelheit und Undeutlichkeit des Ausdrucks ist allemal und überall ein sehr schlimmes Zeichen. Denn in 99 Fällen unter 100 rührt sie her von der Undeutlichkeit des Gedankens. [...] Was ein Mensch zu denken vermag, läßt sich allemal in klaren, faßlichen und unzweydeutigen Wörtern ausdrücken.»[138] Die Stilratgeber des 20. Jh. sprechen von ‹Klarheit› und meinen damit ausschließlich die logische Qualität der P. ENGEL bietet einen Abschnitt von 11 Seiten über «Klarheit und Verständlichkeit».[139] REINERS widmet der «Klarheit» eines seiner ausführlichsten Kapitel.[140] Anschaulichkeit behandelt er separat in dem Kapitel ‹Anschauung›.

Eine Steigerung erfährt die P.-Forderung in der Wissenschaftssprache, die sich seit der Aufklärung nicht mehr überwiegend lateinisch, sondern nationalsprachlich artikuliert. Hier genügt nicht der im Geschäftsleben, im schulischen und journalistischen Schreiben sowie im normalen Gespräch angestrebte, mit alltagssprachlichen Wörtern erreichbare Grad von Verständlichkeit. Es geht um fachbegriffliche Eindeutigkeit, die Mißverständnisse auch im Bereich der Wortnebenbedeutungen definitiv ausschließt. Hinzu kommen größere Systematik und strengere Argumentation.[141]

7. *Dichtung und Klarheit, kein bequemes Verhältnis.* Klarheit im heutigen Verständnis von logisch-diskursiver P., für sach- und praxisbezogene Prosa selbstverständlich gefordert, wird vielfach auch von der schöngeistigen Literatur erwartet, verbindet sich öfters aber auch mit der Gegenvorstellung einer zur Dunkelheit neigenden Dichtung, wie sie als kritische Reaktion auf die Aufklärung des 18. Jh. zu beobachten ist.

Repräsentativ für die gemischte Beurteilung ist eine Auseinandersetzung zwischen THOMAS MANN und JOSEF PONTEN anläßlich des 60. Geburtstages von RICARDA HUCH. Mann, der die Jubilarin in der ‹Frankfurter Zeitung› vom 18.7.1924 als eine «Herrscherin im Reich des Bewußten» feiert, wendet sich gegen «die heillose Abgeschmacktheit der Antithese von Dichtertum und Schriftstellertum» und widerspricht der «populären Fehlidee», «als ob Kunst und Dichtung, romantische Dichtung wenigstens, *deutsche* Kunst, lauter Traum, Einfalt, Gefühl oder, noch besser, Gemüt seien und mit 'Intellekt' den Teufel etwas zu schaffen hätten». Ponten verteidigt in seinem Antwortbrief in der ‹Deutschen Rundschau› (Nr. 201, 1924) die von Mann angegriffene Haltung: «Schriftstellerisch: das ist helle Klarheit; Dichterisch: das ist Dunkel der Nacht, das Scheue, das Heimliche. [...] Schriftstellerisch ist Belehrung, Dichterisch ist Offenbarung.»[142]

In seinem späten Essay ‹Deutschland und die Deutschen› beansprucht Thomas Mann selber, wenn auch kritisch, die bei Ponten anklingende Einstellung als deutsche Eigenart. Er schreibt hier, die Deutschen «seien das Volk der romantischen Gegenrevolution gegen den philosophischen Intellektualismus und Rationalismus der Aufklärung – eines Aufstands der Musik gegen die Literatur, der Mystik gegen die Klarheit.»[143]

Anmerkungen:
1 Lausberg Hb. §§ 458–1077. – **2** W. Schneider: Deutsch für Profis (1982) 30. – **3** Lukrez: De rerum natura VI, 1149; Cicero: De legibus I, 30; Hor. Ars 111; vgl. Q. Horatius Flaccus: Briefe,

erklärt von A. Kiessling und R. Heinze (^{5}1957) 308. – **4** vgl. Art. ‹Buffon: Discours prononcé dans l'Académie Françoise samedi 25 août 1753›, in: Kindlers neues Literaturlex., hg. von W. Jens, Bd. 3 (1989) 329f.; Übers. ebd.; Lamy 177f. – **5** G.W. Leibniz: Dt. Schr., Bd. 1 (1916; Teil-ND 1967 als Sonderausg. u.d.T.: Ermahnung an die Deutschen. Von dt. Sprachpflege) 17; ähnlich ebd. 20. – **6** K.Ph. Moritz: Anton Reiser (1977) 253; vgl. B. Asmuth: Das gedankliche Gedicht, in: G. Köpf (Hg.): Neun Kapitel Lyrik (1984) 9f. und 13. – **7** J Pfeifer: Etym. Wtb. des Dt. (^{4}1999) 247 (Art. ‹drücken›). – **8** Grimm, Bd. 1, 846. – **9** F. Kluge: Etym. Wtb. der dt. Sprache (^{18}1960) 40; Kluge nennt als Erstbeleg für ‹Ausdruck› Chr. Ludwig: Teutsch-englisches Lex. (1716). – **10** Pfeifer [7] 247; vgl. auch Grimm [8] 847. – **11** Pfeifer [7] 247. – **12** Fabricius 141–199; Hallbauer Orat. 463–566. Fabricius (142) beruft sich auf Lamy. – **13** vgl. B. Asmuth: Stilprinzipien, alte und neue. Zur Entwicklung der Stilistik aus der Rhetorik, in: E. Neuland, H. Bleckwenn (Hg.): Stil – Stilistik – Stilisierung (1991) 23–38, hier 33–35. – **14** R. Descartes: Discours de la méthode [1637], ed. J. Costilhes (Paris 1956) 16; Übers. Verf. – **15** Gottsched Dichtk. 346. – **16** J.J. Breitinger: Critische Dichtkunst (Zürich 1740; ND 1966) Bd. 2, Inhalt des 5. Abschnitts (unpaginiert). – **17** ebd., Bd. 2, 250; vgl. die Unterscheidung von logischer und philologischer P. bei Zedler, Bd. 27 (1741; ND 1961) 693f. und 1986–1989. – **18** L. Reiners: Stilkunst (1961 [^{1}1943]): Nietzsche: Der Wanderer und sein Schatten, Aphorismus 131. – **19** W. Sanders: Gutes Deutsch – besseres Deutsch. Praktische Stillehre der dt. Gegenwartsssprache (1986) 116. – **20** K. Kraus: Die Sprache (1969 [^{1}1937]), zit. Schneider [2] 9. – **21** Chr.F. Gellert: Briefe, nebst einer Praktischen Abh. von dem guten Geschmacke in Briefen [1751] ND in: Die epistologischen Schr., hg. von R.M.G. Nickisch (1971) 29. – **22** ebd.; zum aufklärerischen Prinzip der ‹Sprachdeutlichkeit› vgl. P. von Polenz: Dt. Sprachgesch. vom Spätma. bis zur Gegenwart, Bd. 2: 17. und 18. Jh. (1994) 187f. – **23** Kultusministerium Nordrhein-Westfalen: Richtlinien für den Unterricht in der Höheren Schule. Deutsch (1963) 14. – **24** Sanders [19] 101. – **25** ebd. 74 und 116f. – **26** F.C. Baumeister: Anfangsgründe der Redekunst (1754; ND 1974) 57, zit. H. Geißner: Art. ‹Mündlichkeit›, in: HWRh Bd. 5 (2001) 1512. – **27** Gottsched Dichtk. 502. – **28** Aristoteles Dichtkunst, ins Deutsche übersetzet [...] von M.C. Curtius (1753; ND 1973) 49f. (Kap. 22) – **29** zit. Reiners [18] 360; zu Lessings aufklärerischem Prosastil vgl. Polenz [22] 318–320. – **30** So fordert Fürst Ludwig von Anhalt-Köthen in seiner ‹Anleitung Zu der Deütschen Reimekunst› (1639), «Zu schreiben drinnen klar, leicht ungezwungen rein»; zit. G.E. Grimm: Lit. und Gelehrtentum in Deutschland (1983) 139; vgl. auch Luthers Übers. der göttlichen Anweisung an Moses, die zehn Gebote auf Steintafeln zu «schreiben klar vnd deutlich» (5 Mos 27, 8); ebenso die in Teil A. II. zitierten, dort in Anm. 16f. nachgewiesenen Äußerungen von Titz und Harsdörffer; K. Celtis (‹Ars versificandi et carminum› [1486], Kap. ‹De praeceptis artis in generali›; zit. R. Schmidt: Dt. Ars poetica [1980] 194) findet Dichtung lobenswert, wenn sie alles klar, nicht dunkel ausdrückt («si omnia *clare* exprimat: *non obscure*»). – **31** Kant: Kritik der reinen Vernunft. Vorrede, in: Werke, Bd. 4. Gesamm. Schr., Bd. 4, hg. von der Königl. Preuß. Akad. der Wiss. (1911) 12f. (Hervorhebungen in dem Frakturdruck durch Sperrung, Fettdruck und Antiqua sind kursiv gesetzt). Diese Stelle zitiert auch Reiners [18] 368; ebenso B. Sowinski: Dt. Stilistik (1973) 46. – **32** Sulzer, Bd. 3, 48. – **33** ebd. Bd. 1, 603–605 (Art. ‹Deutlichkeit›); Bd. 3, 43–48 (Art. ‹Klarheit›. – Als Inbegriff musikalischer Klarheit gilt heute das vom Geist der Aufklärung geprägte Werk von W.A. Mozart. Dessen Vater Leopold war ein Bewunderer Gottscheds und mit Wieland befreundet. – **34** ebd. Bd. 3, 47; ähnlich J.Chr. Adelung: Ueber den Dt. Styl (1785; ND 1974) T. 1, 155f. – Grade der Klarheit unterscheidet schon Chr. Wolff: Vernünfftige Gedancken von Gott, der Welt und der Seele des Menschen, auch allen Dingen überhaupt (Dt. Metaphysik), (^{11}1751), hg. von Ch.A. Corr. Gesamm. Werke, Abt. I, Bd. 2 (1983) §§ 208–211 (S. 116–118). – **35** Sulzer, Bd. 3, 45. – **36** Adelung [34] T. 1, 126; zu Adelungs bis heute vorbildlicher Methode der Bedeutungserklärung vgl. Polenz [22] 189–191. – **37** vgl. Teil B.V. – **38** Adelung [34] 155f.; zu der Opposition begrifflich/sinnlich vgl. W. Schneider: Ausdruckswerte der dt. Sprache (1931; ND 1968) 29–32. – **39** J.P. Eckermann: Gespräche mit Goethe in

den letzten Jahren seines Lebens, hg. von H. Schlaffer (1986) 100 (14. April 1824). – **40** A. Schopenhauer: Über Schriftstellerei und Stil, in: Sämtl. Werke, Bd. 5: Parerga und Paralipomena II (1965) 589–650; hier 614 (§ 283). – **41** Volkmann 399 und 442. – **42** E. Engel: Dt. Stilkunst (^{31}1931) 451–461 («Klarheit und Verständlichkeit»); Reiners [18] 360–393 («Klarheit»). – **43** G. Gabriel: Art. ‹Klar und deutlich›, in: HWPh Bd. 4 (1976) 846. – **44** Descartes [14] 27. – **45** Gabriel [43] 846 mit Bezug auf Descartes: Principia philosophiae I, § 45, in: Œuvres, ed. Ch. Adam, P. Tannery, Bd. 8, 1 (Paris 1964). – **46** vgl. G.W. Leibniz: Philos. Schr., hg. von C.J. Gerhardt (^{2}1960), Bd. 4, 422ff.; zit. J. Schulte-Sasse: Der Stellenwert des Briefwechsels in der Gesch. der dt. Ästhetik, in: G.E. Lessing, M. Mendelssohn, F. Nicolai: Briefwechsel über das Trauerspiel, hg. von J. Sch.-S. (1972) 168–237, hier 171 mit Anm. 5. – **47** Leibniz, ausgewählt von Th. Leinkauf (2000) 124. – **48** Gabriel [43] 846. – **49** Leibniz [47] 124. – **50** Gabriel [43] 847. – **51** Leibniz [47] 125. – **52** A.G. Baumgarten: Meditationes philosophicae de nonnullis ac poema pertinentibus (1735) §§ 3 und 12f., zit. H. Boetius (Hg.): Dichtungstheorien der Aufklärung (1971) 31f. – **53** H. Adler: Art. ‹Irrationalismus›, in: HWRh Bd. 4 (1998) 629f.; vgl. Schulte-Sasse [46] 174f. – **54** A.G. Baumgarten: Aesthetica (1750; ND 1961) 1 (Prolegomena, § 1). – **55** Gabriel [43] 847. – **56** Boetius [52] 33. – **57** Baumgarten [52] §§ 14f., zit. Boetius [52] 32f. – **58** zu Baumgarten und Meier vgl. P.-A. Alt: Aufklärung (1996) 95–102. – **59** A. Nivelle: Kunst- und Dichtungstheorien zwischen Aufklärung und Klassik (^{2}1971) 13, Anm. 19; er verweist auf Herder: Ueber die neuere Deutsche Litteratur. Fragmente, in: Sämmtl. Werke, hg. von B. Suphan, Bd. 1 (1877) 414ff. – **60** vgl. Lessing, Mendelssohn, Nicolai [46] 72 und 91; Schulte-Sasse [46] 181; Lessing: Laokoon. Aus dem Nachlaß, in: Werke, hg. v. H.G. Göpfert (1970–79) Bd. 6, 558. – **61** Sulzer, Bd. 3, 43; vgl. auch Art. ‹Deutlichkeit derer Begriffe›, in: Zedler Bd. 7 (1734; ND 1961) 705–707. – **62** vgl. die Artikel ‹deutlich› und ‹klar› in: Brockhaus' Konversations-Lexikon in 16 Bdn. (^{14}1892–95) Bd. 4, 990; Bd. 10, 390; Meyers Großes Konversations-Lexikon, 20 Bde. (^{6}1902–08) Bd. 4, 688; Bd. 11, 93; vgl. auch Grimm, Bd. 11 (1873) 994 (Art. ‹klar›). – **63** Brockhaus Enzyklop. in 20 Bdn , Bd. 20 (1974) 458; vgl. H. Hattenhauer: Zur Gesch. der dt. Rechts- und Gesetzessprache (1987) 29–32; Polenz [22] 360f. – **64** Chr. Wolff: Philosophia rationalis sive logica (1740), Pars II, hg. von J. École, in: Gesamm. Werke. Abt. 2 (Lat. Schr.), Bd. 1.2 (1983) §§ 80–88; vgl. auch ders.: Psychologia empirica (1732) ND in: Gesamm. Werke, Abt. II, Bd. 5 (1968) §§ 29–233 (‹De differentia perceptionum formali›). – **65** ders.: Vernünftige Gedanken von den Kräften des menschlichen Verstandes und ihrem richtigen Gebrauche in Erkenntnis der Wahrheit (Dt. Logik) (^{14}1754 [^{1}1713]), hg. von H.W. Arndt, in: Gesamm. Werke, Abt. I (Dt. Schr.) Bd. 1 (1978) §§ 9–13; ders. [34] §§ 198–215; 275–282; 432–436; 348–854; 873; 925f.; vgl. auch G.F. Meier: Anfangsgründe aller schönen Wiss. (1748) 55f. (§ 33); zu Meier vgl. Schulte-Sasse [46] 170–173. – **66** K.Ph. Moritz: Die Signatur des Schönen. In wie fern Kunstwerke beschrieben werden können? [1788/89], in: ders.: Schr. zur Ästhetik und Poetik, hg. von H.J. Schrimpf (1962) 95. – **67** Goethe: Zueignung, V. 95, in: Werke (Hamburger Ausg.), Bd. 1 (^{4}1958) 152. – **68** ders.: Faust II, V. 4689. ebd. Bd. 3 (^{4}1959) 158. – **69** Eckermann [39] 238 (18. Juli 1827). – **70** ebd. 261f. (9. Oktober 1828). – **71** Der Briefwechsel zwischen Schiller und Goethe, hg. von E. Staiger (1977) 81 (Brief vom 7. 1. 1795). – **72** z.B. Goethe [67]; ebenso Faust I, Vv. 170f., 615f.; II, Vv. 11801/11805, in: Werke, Bd. 3 [68] 13. 27. 355. – **73** Goethe: Maximen und Reflexionen, in: Werke [67], Bd. 12 (^{4}1960) 413, Nr. 390. – **74** Eckermann [39] 631. – **75** Goethe: Wilhelm Meisters Lehrjahre, Buch VIII, Kap. 5, Werke [67], Bd. 2 (^{4}1959) 550. – **76** ebd. 549. – **77** E. Mannack: Der Roman zur Zeit der Klassik: ‹Wilhelm Meisters Lehrjahre›, in: K.O. Conrady (Hg.): Dt. Lit. zur Zeit der Klassik (1977) 217. – **78** vgl. B. Jeßing: Johann Wolfgang Goethe (1995) 135. – **79** K. Gutzkow: Vermischte Schriften, Bd. 2 (1842) 190, zit. F. Sengle: Biedermeierzeit, Bd. 1 (1971) 407. – **80** K.F. Becker: Der dt. Stil (1848; ND 1977) 128. – **81** vgl. Asmuth [13] 31–33; G. Willems: Anschaulichkeit (1989). – **82** Grimm, Bd. 1, 436 (Art. ‹anschaulich›). – **83** Kluge [9] 24 (Art. ‹anschaulich›). – **84** J.G. Herder: Briefe zweener Brüder Jesu in unserm Kanon, in: Sämmtl. Werke [59] Bd. 7 (1884) 538. – **85** Jean Paul: Vorschule der Ästhetik, hg. von

N. Miller (1963) 278 (§ 76). – **86** Becker [80] 130. – **87** G.W.F. Hegel: Vorlesungen über die Ästhetik, T. 3: Die Poesie, hg. von R. Bubner (1971) 63. – **88** Grimm, Bd. 25, 78. – **89** vgl. ebd. 1338f. – **90** vgl. W. Matzat: Art. ‹Leidenschaft›, in HWRh Bd. 5 (2001) 161. – **91** F. Hölderlin: Brief an C.U. Böhlendorff vom 4.12. 1801, in: Sämtl. Werke und Briefe, hg. von J. Schmidt, Bd. 3 (1992) 459f.; vgl. den Kommentar ebd. 908–911; vgl. auch H. Wiegmann: Gesch. der Poetik (1977) 101. – **92** vgl. Sulzer, Bd. 3, 160–166 (Art. ‹Lebendiger Ausdruk [!]› und ‹Lebhaft›); R.M.G. Nickisch: Die Stilprinzipien in den dt. Briefstellern des 17. und 18. Jh. (1969) 220f.; Willems [81] 186f.; 367–371; 379–394; B. Asmuth: Anfänge der Poetik im dt. Sprachraum. Mit einem Hinweis auf die von Celtis eröffnete Lebendigkeit des Schreibens, in: H.F. Plett (Hg.): Renaissance-Poetik. Renaissance Poetics (1994) 107–113. – **93** Meier [65] 251–350. – **94** ebd. 252. – **95** Fabricius 209. – **96** ebd. 210. – **97** ebd. 238. – **98** Hallbauer Orat. 503. – **99** ebd. 503–505. – **100** ebd. 505–07. – **101** ebd. 682. – **102** ebd. 731. – **103** Ueding/Steinbrink 104. – **104** Gottsched Redek. 97; vgl. Quint. VIII, 2, 22. – **105** Gottsched Redek. 96. – **106** ebd. 294–300; 326f. – **107** ebd. 333f. und 321. – **108** ebd. 327; zu den Partikeln als Grundlage stilistischer ‹Deutlichkeit› vgl. schon J. Locke: An Essay Concerning Human Understanding [1690] B. III, Kap. 7, § 2; in dt. Übers. zit.: Breitinger [16] Bd. 2, 293f. – **109** vgl. Gottscheds ‹Grundriß einer vernunftmäßigen Redekunst› (1728), den er zur ‹Ausführlichen Redekunst› erweiterte. – **110** Gottsched Dichtk. 302. – **111** ebd.; vgl. Arist. Poet. 22; Rhet. III, 3, 4; Cic. Or. 79–86; Quint. V, 14, 34f. – **112** Gottsched Dichtk. 304. – **113** G. Campbell: The Philosophy of Rhetoric (1776), ed. L.F. Bitzer (Carbondale, USA 1963) 216; Übers. Verf. – **114** H. Weinrich: Die *clarté* der frz. Sprache und die Klarheit der Franzosen, in: ZRPh 77 (1961) 542, Anm. 2. – **115** Polenz [22] 388. – **116** ebd. 383f. «Das Allgemeine Landrecht als Sprachkunstwerk» bespricht ausführlicher Hattenhauer [63] 51–63. – **117** vgl. F.K. Hommel: Kurtze Anleitung Gerichts-Acta geschickt zu extrahiren, zu referiren, und eine Sentenz darüber abzufassen (1739); J. Claproth: Grundsäze von Verfertigung der Relationen aus Gerichtsacten (⁴1789 [¹1756]); [J.W.] v. Tevenar: Anm. über die Kunst zu referiren (1772); C.F. Walch: Einl. in die Wiss. aus Acten einen Vortrag zu thun und darüber zu erkennen (1773); J.L.E. Püttmann: Referir- und Dekretirkunst (1783); neuere Lit.: W. Schild: Relationen und Referierkunst. Zur Juristenausbildung und zum Strafverfahren um 1790, in: J. Schönert (Hg.): Erzählte Kriminalität (1991) 159–176; E. Meyer-Krentler: ‹Geschichtserzählungen›. Zur Poetik des Sachverhalts im juristischen Schrifttum des 18. Jh., in: ebd. 117–134; J. Schröder: Wissenschaftstheorie und Lehre der ‹praktischen Jurisprudenz› auf dt. Universitäten an der Wende zum 19. Jh. (1979). – **118** vgl. Claproth [117] 11; Püttmann [117] 24 und 34. – **119** Püttmann [117] 35; Walch [117] 48. – **120** zu Leben und Werk von Claproth vgl. Schild [117] 159f.; Meyer-Krentler [117] 131–134. – **121** Claproth: Grundsäze [117] (³1778) unpaginierte Vorrede; zit. Meyer-Krentler [117] 131. – **122** vgl. Schild [117] 168. – **123** Claproth [117] 15f.; zit. Meyer-Krentler [117] 133. – **124** v. Tevenar [117] 19f. – **125** Claproth [117] unpaginierte Vorrede; zit. Meyer-Krentler [117] 131. – **126** A.F. Glaffey: Anleitung zur weltüblichen Teutschen Schreib-Art (²1736 [¹1730]) neue Vorrede, zit. O. Ludwig: Der Schulaufsatz. Seine Gesch. in Deutschland (1988) 133; zum damals sog. ‹Geschäftsstil›, d.h. zur «Reform der von der Rechtssprache abhängigen Verwaltungssprache», vgl. Polenz [22] 382 mit Verweis auf Hattenhauer [63]. – **127** Ludwig [126] 180f.; vgl. ebd. 118 und 172. – **128** Kultusministerium Nordrhein-Westfalen: Richtlinien [23] 14. – **129** vgl. B. Asmuth: Sachlichkeit und Bericht im Deutschunterricht. Ein Beitrag zur Gesch. des Schulaufsatzes; in: N. Oellers (Hg.): Politische Aufgaben und soziale Funktionen von Germanistik und Deutschunterricht (1988) 114–128. – **130** Ludwig [126] 219. – **131** ebd. 233; vgl. das Kap. ‹Denkschulung› bei H.J. Frank: Gesch. des Deutschunterrichts (1973) 151–213. – **132** vgl. Frank [131] 206–208; Ludwig [126] 219–221 u. 232–234. – **133** zit. Ludwig [126] 232. – **134** zit. Frank [131] 208. – **135** Unter Berufung auf Thomasius behandelt Fabricius die Logik als «nöthige» Voraussetzung der Rhetorik (7f. und 11f.) und speziell der rednerischen Beweisführung (62 und 68). – **136** Frank [131] 104; vgl. J. Bona Meyer (Hg.): Friedrich's des Großen Pädagogische Schr. und Äußerungen (1885) 37; über eine vergleichbare Instruktion Friedrichs vom 20.5. 1748, die Deutlichkeit und Kürze für die Verwaltungssprache fordert, vgl. Hattenhauer [63] 47f. – **137** Reiners [18] 364. – **138** Schopenhauer [40] 614f. – **139** Engel [42] 451–461. – **140** Reiners [18] 360–393. – **141** zur «Modernisierung von Fach- und Wissenschaftssprachen» vgl. Polenz [22] 347–368. – **142** Zitate von Mann und Ponten nach K.O. Conrady: Vom Mißbrauch des Wortes Literat. Ein Kap. gescheiterter Aufklärung, in: ders.: Zwischenrufe. Kommentare zum Zeitgeschehen (2001) 32–45, hier 35f. – **143** Th. Mann: Deutschland und die Deutschen (1945), in: Polit. Schr. und Reden, Bd. 3 (1968) 161–178; zit. Conrady [142] 35f. Conrady verweist auf den Zusammenhang mit Manns ‹Betrachtungen eines Unpolitischen› (1918); vgl. auch die in Teil B.V. zitierten Gegenüberstellungen deutscher und französischer Wesensart.

V. *Die französische Klarheit.* In Frankreich ist ‹Klarheit› (frz. *clarté*, teilidentisch mit *netteté*, Reinheit) nicht nur ein Denk- und Stilprinzip. Im 17. und 18. Jh. entwickelt der Begriff eine neue Geltung als charakteristisches Merkmal der französischen Sprache oder gar des französischen Geistes. [1] Die französischen Dichter der frühen Neuzeit bemühen sich angesichts der Renaissance antiker Schriften, deren Niveau auch in ihrer eigenen Sprache zu erzielen, wie dies DANTE, PETRARCA und BOCCACCIO in Italien bereits erreicht haben. [2] Aus dem anfänglichen Bewußtsein volkssprachlicher Minderwertigkeit erwächst zunächst das Bemühen um Gleichrangigkeit. Unter LUDWIG XIV., dem glanzvollen «Sonnenkönig», steigert sich bis zum Anspruch der Überlegenheit gegenüber anderen Nationen, teilweise sogar gegenüber der Antike.

1549 bescheinigt DU BELLAY «der bis dahin als barbarisch verrufenen Umgangssprache die Fähigkeit zu künstlerischem Ausdruck». [3] Den von der PLÉIADE geforderten Freiheiten begegnet MALHERBE mit klassizistischer Disziplin. Seine «Sprach- und Versregeln, die von Racan gesammelt, vor allem im ‹Commentaire sur Desportes› überliefert sind, fordern einfache, klare, allg.verständl., rationale Sprache, aus der Fremdwörter, Archaismen, Fachausdrücke, dialekt. und gewöhnl. ebenso wie zusammengesetzte Wörter verbannt sind.» [4] Die *Académie Française*, 1635 von RICHELIEU begründet, liefert diesen Bestrebungen die institutionelle Grundlage. VAUGELAS, «seit 1635 Inspirator und führender Mitarbeiter an dem großen Wörterbuch der Académie Française (‹Dictionnaire de la langue française›, 1694)» [5], schreibt in seinen ‹Remarques sur la langue françoise› (gedruckt in Auszügen 1647, vollständig 1738), es habe nie eine Sprache gegeben, in der man reiner und klarer geschrieben habe als in der französischen, die Mehrdeutigem und jeder Art von Dunkelheit feind sei («Il n'y a jamais eu de langue ou l'on ayt escrit plus purement et plus nettement qu'en la nostre, qui soit plus ennemie des équivoques et toute sorte d'obscurité.») [6]. In seinen ‹Nouvelles remarques› spricht er von dieser Klarheit des Ausdrucks, welche die französische Sprache vor allen Sprachen der Welt aufweist («de cette clarté du langage que la langue françoise affecte sur toutes les langues du monde». [7]) «Diese Auffassung wird in der 2. Hälfte des 17. Jahrhunderts allgemeine Überzeugung der Sprachdenker, wobei den anderen Sprachen die Eigenschaft der *clarté* mehr oder weniger deutlich abgesprochen wird.» [8]

Das Lob der französischen Sprache bezieht sich zunächst auf die Reinheit bzw. Reinigung des Wortschatzes, die von der Académie Française zum Programm erhoben wird. Im weiteren Verlauf konzentriert sich die Vorstellung der *clarté* auf die Struktur des französischen

Aussagesatzes. Die seit der Antike als natürlich geltende Wortfolge [9] ist hier syntaktisch fixiert, eine Umstellung anders als etwa im Lateinischen und Deutschen nicht regulär. «Denn die französische Sprache der klassischen Periode hatte [...] auf die vielen Freiheiten des Altfranzösischen in bezug auf die Wortstellung im Satz verzichtet und die Abfolge Subjekt – Prädikat – Objekt zur Regel gemacht.» [10] Schon 1558 definiert der Grammatiker GARNIER die französische Wortfolge als *ordo naturalis* [11]. Auf das Argument der natürlichen Syntax stützt L. LE LABOUREUR 1669 seine Schrift über ‹Les avantages de la langue française sur la langue latine› (Die Vorzüge der französischen Sprache gegenüber der lateinischen). [12] Der Jesuitenpater BOUHOURS verknüpft 1671 die natürliche Wortfolge mit der Vorstellung einer gewissen Klarheit, welche die anderen Sprachen gar nicht besitzen («une certaine clarté, que les autres langues n'ont point» [13]). 1675 formuliert der Oratorianer B. LAMY in seiner ‹Kunst zu reden› (‹De l'art de parler›), Klarheit hänge zweifellos von der natürlichen Ordnung ab («La netteté depend sans doute de l'ordre naturel»). [14] BOILEAU fordert in seiner Poetik dazu auf, MALHERBES *pureté* (Reinheit) und *clarté* zu folgen. [15] VOLTAIRE, DIDEROT, ROUSSEAU und weitere Autoren bekräftigen die Vorstellung der französischen Klarheit. [16] Auch außerhalb Frankreichs ist diese zu spüren. LEIBNIZ lobt in seiner 1679/80 entstandenen ‹Ermahnung an die Deutschen› die Italiener und vor allem die Franzosen, «deren wohl ausgeübte Muttersprache wie ein rein poliertes Glied gleichsam die Scharfsichtigkeit des Gemüts befördert und dem Verstand eine durchleuchtende Klarheit gibt», während «dieser herrliche Vorteil uns Deutschen noch gemangelt». [17] Wer nicht verblendet sei, müsse gestehen, «was bei uns für wohl geschrieben geachtet wird, sei insgemein kaum dem zu vergleichen, so in Frankreich auf der untersten Staffel steht [...], welches alles ich nicht nur von der Reinigkeit der Worte, sondern von den Arten der Vernunftschlüsse, von den Erfindungen, der Wahl, der eigentlichen Deutlichkeit, der selbstgewachsenen Zierde und *summa* der ganzen Einrichtung der Rede will verstanden haben, wobei es uns allenthalben mangelt.» [18] In puncto «Deutlichkeit», schreibt SULZER ein Jahrhundert später, «können die französischen Schriftsteller als Muster angepriesen werden». [19]

Ihren Höhepunkt errreicht die Verherrlichung der französischen Klarheit 1784 durch RIVAROL. [20] In seiner Berliner Preisschrift lobt er «cette admirable clarté, base éternelle de notre langue» (diese wunderbare Klarheit, ewige Grundlage unserer Sprache). Seine Äußerungen gipfeln in dem berühmten Satz: «Ce qui n'est pas clair n'est pas français.» (Was nicht klar ist, ist nicht französisch.) [21] «Rivarol hat diesen Satz nicht einfach unter dem Diktat des Nationalstolzes niedergeschrieben, seine Auffassung entsprach vielmehr ziemlich genau den bei den Gebildeten ganz Europas herrschenden Überzeugungen. [...] Und bis auf den heutigen Tag ist die *clarté* das beliebteste Attribut der französischen Sprache geblieben.» [22]

Die Erörterung der französischen *clarté* verbindet sich gern mit der abschätzigen Bewertung der deutschen Sprache und des deutschen Nationalcharakters. Der erwähnte BOUHOURS spricht den Deutschen die Fähigkeit zum Witz (*esprit*) ab, was noch LESSING ärgert. [23] SCHOPENHAUER führt den französischen Stil als Argument gegen deutschen «Phrasenbau» ins Feld: «Der Franzose reiht seine Gedanken in möglichst logischer und überhaupt natürlicher Ordnung aneinander»; der Deutsche dagegen neigt zur «verschränkten Periode, weil er sechs Sachen auf einmal sagen will, statt sie eine nach der andern vorzubringen». [24] NIETZSCHE liest Schopenhauer zum Teil auf Französisch. Ein Bonner Universitätsprofessor bekennt in einem Brief an einen Franzosen, wenn er ein deutsches Werk richtig verstehen wolle, lese er lieber dessen französische Übersetzung. [25] Eine französische Stilistik erklärt gar, «jede dunkle, hinter Wolken verhangene Idee werde klar wie der Tag, wenn man sie ins Französische übersetze». [26]

Die Gegenüberstellung von klarem Frankreich und wolkigem oder nebelhaftem Deutschland erscheint meteorologisch geprägt und beruht wohl auf der älteren Opposition von sonnig-mediterranem und mittel- bzw. nordeuropäischem Klima. Schon TACITUS nennt Germanien «rauh im Klima, trübselig in seiner Bestellung und seinem Anblick» (asperam caelo, tristem cultu aspectuque). [27] Um 1800 wird der Klimagegensatz zur nationaltypologischen Metapher geistiger Verschiedenheit. «Klarheit gilt in Frankreich für eines der hauptsächlichsten schriftstellerischen Verdienste», schreibt die Deutschland-Kennerin MADAME DE STAËL. Ein klares Werk sei ohne Mühe verständlich. «Die Deutschen sehen dagegen ein, daß Klarheit immer nur ein relatives Verdienst und ein Buch bloß klar genannt werden kann in Beziehung seines Inhalts und seiner Leser.» Sie fügt hinzu: «Die Deutschen [..] gefallen sich in Dunkelheiten: oft hüllen sie, was klar am Tage lag, in Nacht, bloß um den geraden Weg zu meiden. [...] Die deutschen Schriftsteller genieren sich nicht mit ihren Lesern; da ihre Werke wie Orakelsprüche aufgenommen und ausgelegt werden, so können sie sie in so viel Wolken hüllen, als ihnen gefällt». [28] Anläßlich des Einflusses der deutschen Philosophie auf Literatur und andere Künste registriert sie, «daß die Gewohnheit, in den verborgensten Mysterien unseres Wesens zu wühlen, eine besondere Vorliebe für das Tiefste, und bisweilen auch für das Dunklere, dem Gedanken einflößt. Deshalb mischen die Deutschen allzuoft Metaphysik in die Poesie.» [29] An der deutschen Wesensart entdeckt sie allerdings auch Positives, z.B. im Hinblick auf Dramen: «Was Handlung, Intrige, Interesse der Begebenheiten betrifft, das verstehen die Franzosen tausendfach besser aufzufassen und zu verbinden; die Entwicklung von Herzens-Eindrücken und die geheimen Stürme starker Leidenschaften werden dagegen von den Deutschen viel tiefer ergründet.» [30]

Auch NIETZSCHE, sonst eher ein Kritiker logozentrischen Denkens, geißelt Unklarheit als deutschen Charakterzug. Ihm zufolge «liebt der Deutsche die Wolken und alles, was unklar, werdend, dämmernd, feucht und verhängt ist: das Ungewisse, Unausgestaltete, Sich-Verschiebende, Wachsende jeder Art fühlt er "tief". Der Deutsche selbst *ist* nicht, er *wird*, er "entwickelt sich". "Entwicklung" ist deshalb der eigentlich deutsche Fund und Wurf im großen Reich philosophischer Formeln». [31] Ernst nehme der Deutsche, bemerkt Nietzsche andernorts, nur «"die Idee", will sagen etwas, das dunkel, ungewiß, ahnungsvoll ist». Er erinnert daran, «daß Klarheit unter Deutschen ein Einwand, Logik eine Widerlegung ist». [32] Eine gewisse Wolkigkeit schreibt er selbst seinen Lieblingsautoren GOETHE und SCHOPENHAUER zu. «Dagegen, welche Helligkeit und zierliche Bestimmtheit bei jenen Franzosen!» [33]

Die Klarheit der französischen Sprache rühmen auch neuere Autoren wie MAUPASSANT, GIDE und

VALÉRY. [34] Sie ist, losgelöst von der ursprünglichen linguistischen Begründung, in dem sich als «grande nation» verstehenden Frankreich ein bis heute aktueller «Mythos» [35], den man auch als Phantom («cauchemar» [36]) und Ausdruck von Chauvinismus bezeichnet hat. [37] Aus der Sicht der neueren Sprachwissenschaft und Logik, schreibt Weinrich, sei dieser Mythos nicht zu rechtfertigen; er habe allerdings für jeden, der Französisch spricht oder schreibt, ein verpflichtendes «Ethos» begründet. [38] Dies führe dazu, daß «die Franzosen tatsächlich mehr als andere Nationen die Pflicht zur Klarheit empfinden und erfüllen.» [39]

Widerspruch gegen das französische Klarheitsmonopol gab es bereits im 18. Jh., auch in Frankreich selbst. BATTEUX findet es nicht erstaunlich, daß den Franzosen das Französische am klarsten erscheine, da sie es am besten kennen. [40] GARAT meint, die natürliche Satzordnung gebe es fast genau so im Spanischen, Italienischen und Englischen. Heute schreibe man im Englischen mit ebensoviel Klarheit wie im Französischen. [41] Der Aufklärer D'ALEMBERT leitet die besondere Verpflichtung französischer Schriftsteller zur Klarheit aus der Gefahr des Gegenteils ab: «Aucune langue sans exception n'est plus sujette à l'obscurité que la nôtre.» (Keine Sprache ohne Ausnahme ist mehr der Dunkelheit unterworfen als die unsere.) [42] Ricken résumiert: «Die streng normierte Wortfolge des Französischen ist weniger eine Tugend als eine Not, die sich aus dem Fehlen eines ausgebildeten Flexionssystems ergibt.» Die lateinische und deutsche Möglichkeit der Inversion (z. B. «hominem fecit Deus», den Menschen hat Gott geschaffen) sei der im Französischen zwingenden Wortfolge «Dieu a fait l'homme» überlegen. [43]

Gravierender als solche sprachspezifischen Argumente ist der Einwand, die französische Klarheit beschränke sich auf die Prosa, während sie die Dichtkunst eher behindere. RIVAROL, laut Mortier ein Rationalist mit wenig Gespür für Dichtung («[r]ationaliste peu sensible à la poésie» [44]), beansprucht wie schon 1771 VOLTAIRE [45] die Klarheit vor allem für die Prosa. [46]

Da die Poetiker des empfindsamen 18. Jh. Dichtung im Gefühl verankern und als Gegensatz zu verstandesbetonter Prosa verstehen, kommt es schon vor Rivarol zu Einschränkungen. Poetische Sätze «werden aus einem Gefühl für Leidenschaft und Liebe gebildet, im Gegensatz zu philosophischen Sätzen, die durch Reflexion und Argumentation entstehen», schreibt der Italiener VICO 1725. [47] FÉNELON tadelt den konventionellen französischen Satzbau als Verarmung, da er geistige Spannung, Aufmerksamkeit, Überraschung und Variation ausschließe. [48] DIDEROT lobt seine Muttersprache mit Vorbehalt. Sie habe durch Unterdrückung der Inversion an Klarheit gewonnen, aber an Wärme, Eloquenz und Energie verloren. Ihre didaktische und geregelte Ausrichtung mache sie geeigneter für die Wissenschaften («sciences»); dagegen seien das Griechische, Lateinische, Italienische und Englische mit ihren Inversionen günstiger für die schönen Künste («lettres»). Die Franzosen sprächen geist- und geschmackvoller als andere Völker; Imagination und Gefühl bevorzugten aber die alten Sprachen und die der Nachbarn. [49] ROUSSEAU hält das Französische aufgrund seiner Klarheit für «die Sprache der Philosophen und Weisen», aber «ungeeignet für die Musik und Poesie». [50] Ähnlich formuliert im 20. Jh. der Romanist WARTBURG, die französische Sprache sei klar, aber nicht tiefgründig («elle ne pénètre pas») und für die Umsetzung in Musik eher hinderlich. [51] Der senegalesische Dichter und Politiker SENGHOR spricht von einer französischen Syntax des Verstandes («syntaxe de la raison»), der er die Syntax der Emotion afrikanischer Sprachen gegenüberstellt. [52]

Auch CONDILLAC äußert im 18. Jh. Vorbehalte gegenüber der französischen Syntax, nimmt aber die *clarté* von seiner Kritik aus, indem er sie anders als üblich interpretiert. Er begreift die Sprache als «Zeichensystem für Empfindungen» [53] und findet die Wortfolge weniger wichtig als die Ideenkette («liaison des idées»). [54] Er versteht, anders gesagt, «die Wortstellung als Funktion des jeweils unterschiedlichen Mitteilungsinhalts». Indem er den Begriff *clarté* auf die Denkfolge stützt bzw. darauf ausdehnt, löst er ihn von seiner grammatischen Grundlage und gelangt so zu einer «neuen Auffassung von Klarheit». [55] Ein erregter Mensch, schreibt er, denke in anderer Reihenfolge klar als ein ruhiger. Statt des «ordre direct», also der normalen Wortfolge, sei für ihn die mit der Inversion gleichzusetzende, im Französischen nicht gänzlich ausgeschlossene «construction renversée» (umgekehrte Konstruktion) angebracht, für die Ricken auch Beispiele anführt. [56] Der im Vordergrund des Interesses stehende, an den Satzanfang gehörende Denkinhalt ist in diesem Fall nicht das Subjekt bzw. ein Nominativ. [57] Laut Ricken «ging die Entwicklungstendenz der französischen Wortstellung seit dem 18. Jahrhundert in der Richtung der von Condillac geforderten emotionalen Prosa – ohne daß dadurch eine Einbuße an Klarheit entstanden wäre. Condillac hat [...] die emotionale Prosa Diderots, Rousseaus, Chateaubriands und ihrer Nachfolger legitimiert. Die mannigfaltige Anwendung der Inversion in der französischen Literatursprache des 19. und 20. Jahrhunderts haben zahlreiche neue Untersuchungen dargelegt.» [58] Condillacs erweitertes Verständnis von ‹Klarheit› entspricht der von DESCARTES und LEIBNIZ herrührenden Auffassung dieses Begriffs.

Die französische Klarheit ist die bekannteste, aber nicht die einzige Form einer typisierenden Verwendung der P. Gelegentlich werden auch Epochen, vereinzelt sogar Alter und Geschlecht in dieser Weise charakterisiert. Klassizistische und rationalistische Epochen (Renaissance, Aufklärung, Klassik, Neue Sachlichkeit) verbinden sich mit der Vorstellung von Klarheit, manieristische und irrationale (Empfindsamkeit, Romantik, Expressionismus) eher mit dem Gegenteil. HERDER, der die Sprachepochen mit den Lebensaltern des Menschen in Verbindung bringt, ordnet «das philosophische Zeitalter der Sprache» dem Greisenalter zu, das weniger auf Schönheit als auf Richtigkeit achte. [59] NIETZSCHE meint: «Der Tiefsinn gehört der Jugend, der Klarsinn dem Alter zu». [60] A. STADLER gibt anläßlich der Verleihung des Büchner-Preises 1999 auf die Frage, welche Eigenschaften er bei einem Mann am meisten schätze, die kurze Antwort: «Klarheit». Bei einer Frau bevorzugt er «Anmut und Autonomie». [61]

Anmerkungen:
1 vgl. D. Mornet: Histoire de la clarté française (Paris 1929); H. Weinrich: Die clarté der frz. Sprache und die Klarheit der Franzosen, in: ZRPh 77 (1961) 528–544; L. Bourgaux: Clarté et prestige de la langue française (Gembloux 1963); U. Ricken: Grammaire et philosophie au siècle des Lumières. Controverse sur l'ordre naturel et la clarté du français (Lille 1978); P. Swiggers: A l'ombre de la clarté française, in: M. Wilmet (Hg.): Langue française. La clarté française (Paris 1987) 5–20 (dort weitere Lit.); P. Bihay-Lefèvre: Clarté du français ou clarté française. Témoignages d'écrivains, étrangers notamment, in: Le concept de clarté dans les langues et particulièrement en français. Colloque de l'Institut des Hautes Études de Belgique, in: Revue de l'Institut

de Sociologie (Brüssel 1989, H. 1–2) 59–72; R. Mortier: Le mythe de la clarté française sous l'éclairage des Lumières, in: Le concept de clarté [1] 73–84; H. Meschonnic: De la langue française. Essai sur une clarté obscure (Paris 1997), bes. 161–186 (Kap 11f.). – **2** vgl. B. Bauer: Art. ‹Aemulatio›, in: HWRh Bd. 1 (1992) 169–172. – **3** Art. ‹Du Bellay: La deffence et illustration de la langue françoise›, in: Kindlers neues Literaturlex., hg. von W. Jens, Bd. 4 (1989) 903f. – **4** G. von Wilpert: Lex. der Weltlit., Bd. 1 (Autoren) (²1975) 1035. – **5** Art. ‹Vaugelas: Remarques sur la langue françoise›, in: Kindler [3] Bd. 16 (1991) 1093f. – **6** Vaugelas, zit. Bihay-Lefèvre [1] 61. – **7** ebd.; zu Vaugelas vgl. auch Weinrich [1] 535f. – **8** Weinrich [1] 535. – **9** vgl. Vossius, T. 2, 476: «oratio incipiat à nominativo» (Die Aussage soll mit dem Nominativ beginnen). – **10** Weinrich [1] 536. – **11** J. Garnier: Institutio gallicae linguae (1558); zit. Swiggers [1] 9, Anm. 13. – **12** vgl. Mortier [1] 74f. – **13** D. Bouhours: Entretiens d'Ariste et d'Eugène [1671], ed. R. Radouant (Paris 1920) 58; zit. Weinrich [1] 535; vgl. Bihay-Lefèvre [1] 61f. – **14** Lamy 87. – **15** Boileau I, 141f. – **16** zu Diderot und Rousseau vgl. Weinrich [1] 538–540. – **17** G.W. Leibniz: Dt. Schriften, Bd. 1 (1916; Teil-ND 1967 als Sonderausg. u.d.T.: Ermahnung an die Deutschen. Von der Sprachpflege) 14. – **18** ebd. 20. – **19** Sulzer, Bd. 1, 605 (Art. ‹Deutlichkeit›). – **20** vgl. Art. ‹Rivarol: De l'universalité de la langue française›, in: Kindler [3] Bd. 14 (1991) 183f. – **21** A. de Rivarol: Discours sur l'universalité de la langue française [1784], ed. M. Hervier (Paris 1929) 90; vgl. Swiggers [1] 14; Bihay-Lefèvre [1] 63f. und 82; Übers. Verf. – **22** Weinrich [1] 528f. – **23** G.E. Lessing: Hamburgische Dramaturgie, 81. Stück, in: Werke, hg. von H.G. Göpfert (1970–79) Bd. 4, 606; vgl. auch Bd. 5, 239. – **24** A. Schopenhauer: Über Schriftstellerei und Stil. Parerga und Paralipomena II, in: Sämtl. Werke, Bd. 5 (1965) 643 (§ 287). – **25** Bihay-Lefèvre [1] 69. – **26** L. Reiners: Stilkunst (1961 [¹1943]) 366. – **27** Tacitus: Germania, Kap. 2; Übers. K. Büchner. – **28** A.G. de Staël: Über Deutschland. Fassung der dt. Erstausg. von 1814, hg. von M. Bosse (1985) 137; zur Bedeutung «der durch das ganze 18. Jahrhundert verbreiteten, schon auf antike Tradition zurückgehenden Klimalehre, derzufolge die Eigenart [...] der Völker und Kulturen wesentlich durch das Klima bestimmt sei», in bezug auf Hölderlin vgl. F. Hölderlin: Sämtl. Werke und Briefe, hg. von J. Schmidt, Bd. 3 (1992) 908. – **29** de Staël [28] 576f. – **30** ebd. 138. – **31** F. Nietzsche: Jenseits von Gut und Böse. Werke in 3 Bdn., hg. von K. Schlechta (1955; ND 1995), Bd. 2, 710; vgl. auch ders.: Menschliches, Allzumenschliches. Werke, Bd. 1, 849 (Nr. 319). – **32** Nietzsche: Der Fall Wagner, in Werke [31], Bd. 2, 924 (Nr. 10). – **33** Nietzsche: Menschliches, Allzumenschliches [31] 961 (Nr. 214). – **34** vgl. die Zitate bei Bihay-Lefèvre [1] 66–68; zu weiteren Autoren des 20. Jh. mit entsprechenden Elogen vgl. Swiggers [1] 15, Anm. 30. – **35** Weinrich [1] 540–542; vgl. auch U. Ricken: Condillacs *liaison des idées* und die *clarté* des Französischen, in: Die neueren Sprachen 13 (1964) 552–567; hier 567; Bihay-Lefèvre [1] 65. – **36** Ch. Bally; zit. Bihay-Lefèvre [1] 70. – **37** Swiggers [1] 15. – **38** Weinrich [1] 537–541; vgl. auch Ricken [35] 567; Bihay-Lefèvre [1] 65. – **39** Weinrich [1] 541. – **40** Batteux, zit. Bihay-Lefèvre [1] 64. – **41** Garat, zit. ebd. – **42** D'Alembert: Réflexions sur l'élocution oratoire, in: Mélanges, Bd. 2 (1773) 336, zit. Weinrich [1] 530; Übers. Verf. – **43** Ricken [35] 558. – **44** Mortier [1] 83. – **45** Voltaire: Art. ‹Langues›, in: Questions sur l'Encyclopédie [1771]; zit. Mortier [1] 80f. – **46** vgl. Swiggers [1] 14. – **47** G. Vico: The New Science [Principij di una scienza nuova, 1725], engl. Übers. T.G. Bergin und M.H. Fisch (Ithaca, N.Y. 1948) 63–68 oder 104f.; zit. M.H. Abrams: Spiegel und Lampe, übers. L. Iser (1978) 106. – **48** Fénelon: Lettre à M. Dacier ... sur les occupations de l'Académie (1714); zit. Mortier [1] 77. – **49** Diderot: Lettre sur les sourds et muets (1751), zit. Mortier [1] 79; vgl. ebd. 83. – **50** J.-J. Rousseau: Lettre sur la musique française (1753), Avertissement; zit. Weinrich [1] 540. – **51** W. von Wartburg, zit. Bihay-Lefèvre [1] 70; vgl. auch das Zitat von Th. Mann am Ende von Teil B.IV. (mit Anm. 143) – **52** L.S. Senghor, zit. Bihay-Lefèvre [1] 68. – **53** Art. ‹Condillac›, in: Brockhaus Enzyklop. in 20 Bdn., Bd. 4 (1968) 135. – **54** Ricken [35] 559f. – **55** ebd. 566. – **56** ebd. 561f. – **57** vgl. ebd. 560f. – **58** ebd. 565 mit Lit.-Hinweisen in Anm. 44. – **59** J.G. Herder: Ueber die neuere Dt. Litteratur. Erste Sammlung von Fragmenten (1767), in: Sämtl. Werke, hg. von B. Suphan, Bd. 1 (1877) 151–155.; vgl. P. von Polenz: Dt. Sprachgesch. vom Spätma. bis zur Gegenwart, Bd. 2: 17. u. 18. Jh. (1994) 330f. – **60** Nietzsche: Menschliches, Allzumenschliches [31] 841 (Nr. 289). – **61** A. Stadler: FAZ-Fragebogen, in: ders.: Erbarmen mit dem Seziermesser (2000) 194f.

B. Asmuth

→ Änderungskategorien → Angemessenheit → Aufklärung → Brevitas → Compositio → Elocutio → Evidentia → Explanatio → Hermeneutik → Makrologie → Metapher → Natürlichkeitsideal → Obscuritas → Ordo → Ornatus → Proprietas/Improprietas → Relationstechnik → Sachlichkeit → Simplicitas → Sprachrichtigkeit → Virtutes-/Vitia-Lehre

Persuasion (griech. πειθώ, peithō; lat. persuasio; dt. Überredung/Überzeugung; engl., frz. persuasion; ital. persuasione).
A. I. Def. – II. Theoretische Grundfragen. – 1. Persuasionsereignis und Persuasionsprozeß. – 2. Stellung der P. in extrinsischen und intrinsischen Rhetoriken. – 3. P. als Wirkung – 4. Kritik der Wirkungsforschung. – 5. Persuasive Kompetenz. – 6. Der ethische Vorbehalt (Manipulationsverdacht). – B I. Begriffsgeschichte. – II. Persuasionsforschung im 20. Jh. – 1. Sprachwirkungsforschung. – 2. Interpersonale Kommunikationsforschung. – 3. Medienwirkungsforschung.

A. I. *Def.* Die *Persuasionsoperation* bildet den technischen Kern der Rhetorik. Mit P. wird strukturell der Wechsel von einem mentalen Zustand in einen anderen bezeichnet, der bei Menschen als erwünschte Reaktion auf kalkulierte, Widerstand umgehende oder überwindende rhetorische Handlungen eintritt. Dies wird meistens als das eigentliche Erfolgsziel rhetorischer, also strategisch-kommunikativer Praxis angesehen. Im weiteren Sinn versteht man unter P. auch den gesamten vom Kommunikator initiierten Überzeugungsvorgang mit dem Ziel, bei anderen einen Standpunktwechsel herbeizuführen. Er wird traditionell als kommunikative ‹Beeinflussung› nach Art einer Ursache-Wirkungs-Kette gedacht. [1] Entsprechend heißt es in einer neueren Definition, P. sei der Prozeß, durch den sprachliche oder symbolische Handlungen das Entscheidungs- bzw. Auswahlverhalten anderer beeinflussen («the process by which language or symbolic actions influence the choice-making of others.») [2]

Die persuasiven Handlungen sind eingebettet in weitreichende kulturelle Zusammenhänge bzw. soziale Abläufe und ergeben sich damit aus der menschlichen Lebenswirklichkeit. [3] «Die Lebensweltwirklichkeit macht – gerade als Gebiet unberechenbarer menschlicher Freiheit – durch die existentielle Problematik eines ständigen Andersseinkönnens der Dinge und Andersdeuten-, -entscheiden und -handelnkönnens der Personen die situationsklärenden persuasiven Argumentationen notwendig und ruft so das Phänomen des Rhetorischen hervor». [4] P., die sich keineswegs im Argumentieren erschöpft, ist als Basisfaktor der Kommunikation und als eine Grundkategorie der Rhetorik aufzufassen. [5]

CICERO nennt die Rhetorik im 1. Jh. v. Chr. eine «seelenwendende Königin» und meint damit den *persuasiven Wechsel*. Dieser Wechsel betrifft die im Rahmen von «Orientierungsinteraktionen» [6] eintretenden Veränderungen in der mentalen Orientierung bezüglich vorgegebener Realitäten in Wissen, Wahrnehmung und Erleben. P. verändert «die Interpretation und/oder das Verhältnis zur Realität». [7] Die Kategorie P. bezieht sich also nicht auf die neutral betrachtbaren Vorgänge der Informationsvermittlung, z.B. auf rein quantitative Veränderungen der Kognition (Zunahme, Abnahme oder Umschichtung von Wissen usw.). P. liegt nur vor, wenn ein Wechsel bei Urteilen, Einschätzungen und Haltungen unter den verschiedenen Orientierungsaspekten *instruktiv* (etwas ist so und nicht anders), *verifikativ* (wahr/falsch, wahrscheinlich/unwahrscheinlich), *evaluativ* (gut/schlecht, schön/häßlich usw.), *axiomativ* (gilt/gilt nicht), *emotiv* (zu lieben/zu hassen) und *voluntativ* (zu tun/nicht zu tun) stattfindet. Die genannten Orientierungsaspekte sind auf Unterscheidungen und innere Entscheidungsoperationen gerichtet, die wir den *persuasiven Faktor* in kommunikativen Vorgängen nennen können. Sie führen zu entsprechender Gewißheit beim Rezipienten. Diese tritt kurzfristig als Meinung (*opinion*) oder längerfristig als Einstellung (*attitude*) auf (vgl. unten B. II.2). Der nach dem mentalen Wechsel auftretende Zustand der Gewißheit kann, muß aber nicht notwendig eine Verhaltensänderung (*behaviour change*) nach sich ziehen.[8]

Eine persuasive Situation liegt erst dann vor, wenn einer der Kommunikationsteilnehmer (der Sender) bezüglich seines Persuasionsziels die Fragen nach Wahrheit oder Richtigkeit für sich hinreichend geklärt sieht, und unter dieser Voraussetzung die persuasive Operation auslöst.[9] Aus rhetorischer Perspektive, d.h. aus Sicht des Orators ist ein persuasiver Akt geglückt, wenn der genannte mentale oder (als Konsequenz) ein verhaltensmäßiger Wechsel von Punkt A zu Punkt B beim Rezipienten evident geworden ist. Damit kann der Ausschluß weiterer Alternativen einhergehen. Die Selbstpersuasion ist dagegen ein Sonderfall der Autokommunikation, der gesonderter Erklärung und theoretischer Einordnung bedarf.[10]

Voraussetzung für die rhetorische Herbeiführung und Auslösung der persuasiven Operation ist eine mentale Differenz zwischen den Kommunikationspartnern, denn die Ursache jeglicher P. liegt in einer bestimmten Intention des Orators (rhetorischen Kommunikators), die in einem Spannungsverhältnis zu Meinung, Erwartungshaltung, Einstellung, Interessenlage oder sonstigen Verhaltensdispositionen des Rezipienten steht. Dieses Spannungsverhältnis liegt auch vor, wenn der Kommunikationspartner zwar auf P. (etwa in einer Redesituation) eingestellt ist, aber noch unentschieden zwischen alternativen Positionen schwankt und erst von der Geltung einer ganz bestimmten überzeugt werden muß. P. besteht also immer auch in der Überwindung eines mentalen Widerstands beim Rezipienten.[11] Im Unterschied zu Zwang und Nötigung oder zur *alleinigen* Ausnutzung automatisierter menschlicher Reaktionsweisen wird bei der P. vorausgesetzt, daß vom gesellschaftlichen Konsens getragene kommunikative Mittel eingesetzt werden und daß der Kommunikationspartner die Möglichkeit zu bestimmten eigenständigen Reaktionen hat. P. nimmt ihren Ausgang immer von einer Position der Gewißheit beim Orator, sie stellt aber nicht das fundamentale Kooperationsprinzip der Kommunikation in Frage, wie es GRICE formuliert hat.[12] Insofern widersprechen konsensualistische Mittel-Ziel-Modelle nicht dem Persuasionskonzept.[13]

Demgegenüber sind viele ritualisierte bzw. schemaoder skript-geleitete Kommunikationen spannungsfrei und im Gesamtablauf nicht-persuasiv angelegt,[14] wobei vorausgesetzt wird, daß sie ungestört und für beide Seiten erwartungskonform verlaufen (z.B. bei einer schlichten Warenbestellung oder bei einfachen Formen der Informationsvermittlung in standardisierten Unterrichtssituationen). In solchen Fällen besteht ein stillschweigender Kommunikationskontrakt, der weiterhin auf die GRICEschen konversationellen Implikaturen setzt, P. aber höchstens noch bei Mikrosegmenten der Kommunikation (Einzelsprechakten) vorsieht.

Jenseits der P. sind biologische Konditionierungsverhältnisse angesiedelt, die aufgrund von genetisch kodierten Reiz-Reaktions-Schemata ablaufen. Sie lassen die so wichtige menschliche Freiheitskomponente vermissen und sehen dementsprechend zumeist auch keine Alternativen vor. Hier fehlt außerdem eine entscheidende Komponente der Humankommunikation, die auch für die Rhetorik konstitutiv ist: symbolische und medialisierte Interaktion. Man kann kurz sagen: P. ist nur da, wo auch Zeichen und Texte sind. Im 20.Jh. wurden zur Erklärung der mentalen Verarbeitungsmechanismen unterschiedliche Theorien entwickelt (siehe unten A. II.) Wenn Symbole vom Menschen so automatisch wahrgenommen werden, daß sie nahezu ohne mentale Verarbeitung zu Reaktionen führen, kann man nicht mehr ohne weiteres davon ausgehen, daß ein persuasiver Fall vorliegt. Darwinistische Reflexmechanik darf also nicht mit symbolkomplexen Vorgängen menschlicher Kommunikation verwechselt werden, zu denen auch die Rhetorik per definitionem gehört. Insofern ist das Konzept einer aufs Tierreich bezogenen Biorhetorik[15] grundsätzlich fragwürdig, es sei denn, es böte Erträge für die Erklärung bestimmter humanbiologischer Voraussetzungen von Rhetorik.

II. *Theoretische Grundfragen.* **1.** *Persuasionsereignis und Persuasionsprozeß.* Der häufig als P. bezeichnete Zusammenhang von rhetorischen Mitteln als Wirkursache (Causa efficiens) und persuasivem Wechsel als Zielursache (Causa finalis) wird traditionell als Vorgang in einem klar umrissenen und einmaligen Persuasionsereignis aufgefaßt, in dem alle rhetorischen Mittel auf dieses punktuelle Ereignis abgestimmt sind. In diesen Zusammenhang gehört auch die Frage der P. in Dialogsituationen. Aufgrund der dialogischen Interaktivität ergibt sich für den Persuasionsvorgang eine oft schwer oratorisch kontrollierbare Variablenvielfalt. P. heißt hier immer: Reaktionskalkül in einem komplexen Kommunikationsgeflecht.

Neuere theoretische Ansätze betonen inzwischen den Einzelsituationen übersteigenden Prozeßcharakter von Persuasionsvorgängen, die sich auch über längere Zeiträume hinziehen können.[16] Den Hintergrund für diese Ausweitung der Betrachtungsweise bilden die erweiterten Möglichkeiten der neuzeitlichen Medien. Der Zusammenhang von rhetorischer Kommunikation (mit dem Ziel der P.) und allen auf Abstoßung und Bindung zielenden sozialen Interaktionsformen wird damit neu dimensioniert. Man hat erkannt, daß Techniken kurzfristiger Wechselerzeugung in Meinungen und Verhalten nicht die gewünschte Nachhaltigkeit haben. Wichtiger kann es sein, in zeitlich ausgedehnten Kampagnen, Werbefeldzügen oder Überzeugungsabläufen auf längerfristigen Einstellungswechsel zu zielen. Nicht zufällig steht in der klassischen amerikanischen Massenpersuasionsforschung der Begriff ‹Einstellung› im Vordergrund, weil es hier um musterhafte Bereitschaftszustände geht, die der einzelne relativ stabil halten will, um damit unterschiedlichen Umweltfaktoren psychisch stabil begegnen zu können.[17] Einer einmal erreichten verfestigten Einstellung beim Rezipienten entspricht (auf sozialer Ebene) ‹Bindung›. Bei der prozeßhaften, rhetorischkommunikativen Stabilisierung solcher Bindungen kommt es zum persuasiven Paradox: In einem Vorgang permanenter P. soll jetzt plötzlich nicht mehr Wechsel erzeugt werden, sondern Bindung.

Ist der Begriff ‹P.› unter diesen Bedingungen überhaupt noch widerspruchsfrei im Sinne der obigen Definition der Persuasionsoperation aufrechtzuerhalten? Man kann diese Frage bejahen, wenn man die in der Definition angesprochene mentale Zustandsveränderung beim Rezipienten mit dem Oppositionspaar «Gewißheit und Zweifel» (Certum und Dubium) weiter abstrahiert. Demnach hat die rhetorische Handlung das Ziel, einen Bewußtseinszustand der Ungewißheit oder des Zweifels (Dubium) unter den oben genannten Orientierungsaspekten in einen Bewußtseinszustand der Gewißheit (Certum) zu überführen. Auf einen langen Zeitraum bezogen heißt dies, daß permanente P. mit einer Kette auftretender Zweifel zu kämpfen hat, die immer wieder in neue Gewißheiten und das heißt zugleich in erneuerte stabile Bindung überführt werden müssen.

2. Stellung der P. in extrinsischen und intrinsischen Rhetoriken. Daß Rhetorik auf P. ziele, gehört zwar zu den entscheidenden Hintergrundannahmen der gesamten Rhetorikgeschichte, doch es tritt in den Theorietexten immer wieder ein Gegensatz der Rhetorikbetrachtungsweisen auf, der explizit oder implizit an der sozialen Rolle der P. hängt. Schon in der Antike sprach man ihr unterschiedliches Gewicht in den verschiedenen Zweigen rhetorischer Praxis zu. Die oben erwähnte Suspendierung von P. erachtete man bei der Vorzeigerede (Epideixis) als gegeben. Hierauf bezieht sich im Ursprung die Tradition der Eloquenzrhetorik. Sie sieht Rhetorik als Kunst guten Redens, als eine *ars bene dicendi*. In den für diese Richtung einschlägigen Theorietexten hat die Persuasionsfrage zumeist keinen theoretischen Platz. Ihre Autoren konzentrieren sich ganz auf die innertextuellen Verhältnisse und auf die Frage, wie das interne textuelle Regelwerk und die konkreten Texturen in Hinblick auf die geltenden, insbesondere auch literarischen Codes zu betrachten sind. Wir können hier von einem *intrinsischen Rhetorikansatz* oder mit GEORGE A. KENNEDY von einer *secondary rhetoric* sprechen.[18] Er ist insbesondere für die Schulrhetorik und ihre Lehrbücher charakteristisch, aber auch für moderne strukturalistische Theorien. Rhetorik wird hier als autopoietisches System, d.h. als selbstreferentiell-zirkulär geschlossener Zusammenhang von sprachlich-kommunikativen Operationen gesehen.[19] Ein Beispiel gibt sogar CICERO im ‹Brutus› (1. Jh. v.Chr.), wenn er die in der Praxis erfolglose Rede des Crassus zur Lex Servilia dennoch als eine Art rhetorische Lehrmeisterin (*quasi magistra*)[20] apostrophiert, obwohl er nicht vorrangig diesem Traditionsstrang zugerechnet werden kann. Der auf kommunikative Idealfälle ausgerichtete intrinsische Ansatz kann im historischen Rückblick als pragmatische Lösung des Problems fragwürdiger Erfolgskontrolle betrachtet werden.

Die in vielen Texten dieser Theorietradition (z.B. in reinen Figurentraktaten) hervortretende restringierte Betrachtungsweise gilt jedoch nicht für die umfassend erörternden Rhetoriken eines ARISTOTELES (4. Jh. v. Chr.), eines CICERO oder ihrer Nachfolger. Sie sind Vertreter einer Persuasionsrhetorik, verstehen die Rhetorik also eindeutig als sozial vernetzte Überzeugungskunst, als eine *ars persuadendi*. Aufgrund dieser erklärten Hinwendung zu den äußeren, interaktiven Bedingungen der Kommunikation kann man hier vom *extrinsischen Rhetorikansatz* sprechen. Die ganze Doktrin dieses Hauptzweiges der Rhetoriktheorietradition, den KENNEDY *primary rhetoric* nennt, ist auf die Persuasionsoperation hin ausgerichtet.[21] Das ‹Gelingen› des Persuasionsaktes als Indikator der rhetorischen Erfolgskontrolle blieb allerdings historisch immer in einer gewissen theoretischen Grauzone.

Bei diesem Unterschied in den Betrachtungsweisen nimmt QUINTILIAN (1. Jh. n. Chr.) eine Art Zwischenstellung ein. Er verarbeitet in seiner als Summe des zeitgenössischen Rhetorikwissens gedachten ‹Institutio oratoria› einerseits alle Erträge der Rhetorik zu Fragen sozial effizienter Wirkung. Andererseits bezieht er theoretisch explizit Gegenposition, wenn er den sozialen Erfolgsindikator ‹P.› ausschließt. Es gebe in der Rhetorik ein festes Ziel, unterstreicht er mehrfach, nämlich gut zu reden: «Dieses wird der Orator immer erreichen; denn immer wird er gut reden. Doch konnte dieser Einwand vielleicht gegen diejenigen Bestand haben, die das ‹Überreden› (*persuadere*) als Ziel betrachtet haben. Unser Orator aber und seine Kunst, wie wir sie definiert haben, ist nicht vom Erfolg abhängig: zwar strebt nach dem Sieg, wer redet, doch wenn er gut geredet hat, hat er, auch wenn ihm der Sieg nicht vergönnt ist, geleistet, was die Kunst ausmacht.»[22] Wie ist diese unmißverständliche Hinwendung zur intrinsischen Rhetorik zu verstehen? Quintilian beschäftigt sich ausführlich mit dem Stand der Theoriediskussion sowie den bislang aufgetretenen Rhetorikdefinitionen[23] und kommt zur der Einsicht, daß ‹P.› ein eigentlich inhaltsloses Kunstziel sei (*finis artis*), für das es erfahrungsgemäß selten eine Erfolgsgarantie gebe. Seine Schlußfolgerung versteht man nur, wenn man berücksichtigt, daß die ‹Institutio› eine Art Lehrerhandbuch ist. Wir können sie also wie folgt interpretieren: äußere Erfolgskontrolle ist bei der Beurteilung von Texten, die nach den Vorgaben der Rhetorik hergestellt sind unzuverlässig, denn sie macht sich von zu vielen externen Faktoren abhängig; folglich kann es nur eine interne Beurteilung nach den Maßstäben des einmal aufgestellten Regeln und herrschenden Kodes geben. So wird die Frage, ob man mit einem Text als Kommunikationsinstrument «siegt» oder nicht, bei der Beurteilung eines Orators obsolet. In diesem Standpunkt zeichnet sich sehr deutlich die Tatsache ab, daß Quintilian letztlich Bezug auf das zeitgenössische Deklamationswesen nimmt, in dem die *oratio* zur persuasionsenthobenen Kunstübung geworden war. In der Epideiktik war dies schon immer angelegt, denn sie redet nicht über Streitfälle, sondern lobend oder tadelnd über allgemein Bekanntes und zumeist einhellig als gut oder schlecht Eingeschätztes. Laut aristotelischer Tradition tritt der Zuhörer hier infolgedessen lediglich in den Status des «Betrachters» oder «Zuschauers» (θεωρός, theorós), während er bei Beratungs- und Gerichtsrede den Status des persuasionsausgesetzten «Richters» (κριτής, krités) innehat. Von epideiktischer P. könne man nur in dem Sonderfall reden, daß der «Betrachter» aufgerufen ist, die rednerische «Befähigung» (δύναμις, dýnamis) als solche zu beurteilen.[24] Was die persuasive Wechseloperation angeht, müssen wir in diesem Fall annehmen, daß sich der Rezipient, Zensor oder Kunstrichter entweder im Zweifel über die Textkompetenz des Deklamators befindet oder aber daß er die Wahl zwischen mehren Kandidaten hat, denen er seine Gunst zuwenden kann. Wechsel würde hier bedeuten, in den Zustand der Gewißheit bezüglich der oratorischen Leistungsstärke eines ganz bestimmten Bewerbers zu gelangen.

3. *P. als Wirkung*. Die *Herbeiführung* der P. steht bei den Theoretikern der *ars persuadendi*-Tradition im Vordergrund der Überlegungen. In der Antike wurden dafür drei Grundmodalitäten angegeben: *docere, delectare* und *movere* (QUINTILIAN). [25] Diese Modi werden in konsequenten Persuasionsrhetoriken, wie etwa der von J. PÜLLENBERG aus dem Jahre 1827, ganz auf die Willenslenkung bezogen und von entfunktionalisierten (ästhetischen) Betrachtungsweisen abgegrenzt: «Obgleich nun der Redner auch auf den Verstand wirken (die Zuhörer belehren und überzeugen), und das Gefühl anregen (die Zuhörer für die gute Sache begeistern) darf und soll: so ist Beides ihm doch nur Mittel zu dem höheren Zwecke der Lenkung des Willens; er darf nicht, wie der tragische Dichter, bloß rühren und erschüttern, nicht, wie der Prosaist, bloß belehren und überzeugen; sondern darf nur insofern rühren und erschüttern, belehren und überzeugen, als Beides dazu dient, den Willen gehörig zu bewegen.» [26]

Die persuasive Operation im engeren Sinn, also verstanden als mentaler Wechselvorgang, wird als solche in den traditionellen Rhetoriken interessanterweise kaum oder gar nicht untersucht. Alle Aufmerksamkeit richtet sich auf jene Mittel, die den Wechsel bewirken können. Infolgedessen bestehen die meisten klassischen Persuasionsrhetoriken aus einer mit der Mittel-Ziel-Relation befaßten Organonlehre. Die Erörterung der verschiedenen *sprachlichen Mittel* hat stets das Übergewicht. Dabei bildet das Stimulus-Response-Modell die theoretische Hintergrundannahme. Bestimmte sprachliche Mittel können demnach den Persuasionsvorgang auslösen, und die Rhetoriktheorie hat solche Mittel zu untersuchen und zu systematisieren. In diesem Sinne kann ARISTOTELES sagen, der genuine theoretische Ansatz der Rhetorik beziehe sich auf «das Vermögen oder die Fähigkeit (δύναμις, dýnamis), das Überzeugende oder möglicherweise Glaubenerweckende (πιθανόν, pithanón), das jeder Sache innewohnt, zu entdecken (θεωρῆσαι, theōrēsai)». [27] In einer der ersten lateinischen Übersetzungen wird dies vereinfacht mit dem Satz wiedergegeben: «Rhetoricam esse facultatem uidendi, quod idoneum sit ad fidem.» [28] Der Praktiker, der sich daran halten wollte, müßte dies dann natürlich im Rahmen einer rhetorischen Intervention, mit der P. als Zielsetzung, bewußt ins Spiel bringen. Über Fragen des Glückens oder der Erfolgsgewißheit spricht Aristoteles an dieser Stelle bezeichnenderweise nicht.

Im Zentrum aller Überlegungen zu der damit angesprochenen Mittel-Ziel-Relation steht die Frage, ob und in welchem Umfang es so etwas wie rhetorische Wirkungskontrolle, d.h. ein empirisch begründetes Fachwissen über effektive, persuasive Kommunikationsverfahren geben kann. In der Antike bezog man diese Frage ganz auf das rhetorische Hauptinstrument der Rede (griech. lógos; lat. oratio). PLATON wirft den Sophisten vor, den naiven Glauben an einzelne, in Reden immer wirkende Persuasionstricks zu verbreiten. Ein entsprechendes Beispiel können wir etwa in der sophistischen ‹Rhetorik an Alexander› sehen. Platons Psychagogiekonzept rechnet auch mit P., sieht sie aber abhängig von einer noch genau zu erforschenden Adjustierungsmöglichkeit der angeredeten Psychetypen einerseits, der eingesetzten Redearten andererseits. [29] Letztlich rückt er damit die Rhetorik in den Mittelpunkt seines Metaphysikkonzepts. Die Auffassung, daß sich ein Fundus an persuasiv gut funktionierenden Redeverfahren erarbeiten läßt, teilen in der Folgezeit alle Rhetoriktheoretiker. Die rhetorischen Lehrbücher suchen sie als Kunstregeln zu kodifizieren. Aristoteles rückt vor allem die rationalen Beweisverfahren als für den Persuasionserfolg entscheidend in den Mittelpunkt. [30] Die römischen Theoretiker weiten die Organonlehre noch aus. CICERO sieht in ‹De oratore› deutlich die in der empirischen Rhetorik gegebene Verschränkung von Induktion und Deduktion. Er setzt sich bei der Erhebung persuasionsfähiger Instrumente für die induktiv-empirische Methode ein, betont jedoch zugleich mit großem Nachdruck, daß man bei allen Deduktionen das grundsätzliche Gebot der Fakultativik aller oratorischen Mittel beachten müsse. [31] Damit bekennt er sich ausdrücklich zu einer extrinsischen Rhetorik, die einem Agenda-Kasus-Modell verpflichtet ist, d.h. der konkrete Fall, die konkrete Situation, der sozialkommunikative Kontext diktieren die Instrumente für das rhetorische Handeln, nicht das Lehrbuch. Die erarbeitete Rhetoriktheorie ist für Cicero vor allem für die Kompetenzschulung und als analytisches Instrument bei der Bewältigung konkreter Kommunikationsfälle wichtig. Von QUINTILIANS Neigung zur intrinsischen Rhetorik war schon die Rede.

Die antiken Theoretiker und mit ihnen diejenigen der Folgejahrhunderte sahen in der Rhetorik eine Textproduktionslehre, die sich auf kalkulierbare Verhältnisse einstellen konnte. Sie waren in Hinsicht auf die Möglichkeit realistischer Adressatenkalküle und entsprechender persuasions-adjustierter rhetorischer Mittel optimistisch. Das hängt vor allem mit zwei historischen Bedingungen zusammen, die sich in den Begriffen (1) ‹Situation› und ‹Mündlichkeit› sowie (2) ‹Rede› zusammenfassen lassen. Es ging bis zur Erfindung des Buchdrucks im Prinzip immer um (1) rhetorische Kommunikation in oralen Situationen, in denen (2) das Hauptinstrument des Orators die Textsorte der monologischen Rede war. Schriftlichkeit war nur auxiliär. Aus Sicht des Orators war damit die Zahl variabler Störfaktoren begrenzt. Man hatte ein seit der Antike gut ausgekundschaftetes System von Redesettings, die als Interaktionsfelder allseits bekannt waren. Wer freiwillig in die Redesituation eintrat, stellte sich auf ihre Bedingungen ein. Und mit der ‹Rede› stand ein Instrument zur Verfügung, das ebenfalls bei allen Teilnehmern sozialoffener Kommunikation in seinen monologischen Charakteristiken und Funktionsweisen eingeübt war. Auf beiden Seiten lag also bei entsprechenden situativen Kommunikationsakten ein hochgradiges Tuning vor, d.h. ein wechselseitiges Eingestimmtsein aufeinander und auf den Redeakt.

Unter diesen Bedingungen erhielt das Argumentieren einen besonders prominenten Platz unter den rhetorischen Mitteln. P. bedient sich aber neben rationaler Argumentation auch aller anderen rhetorischen Mittel. Schon ARISTOTELES muß im dritten Buch seiner Rhetorik einräumen, daß es Fälle geben kann, in denen es angebracht ist, bei der Wechselerzeugung ganz auf das Argumentieren zu verzichten, weil etwa eine kühl rationalistische Vorgehensweise den Affekt vertreiben oder stärkeren Affekten gegenüber wirkungslos bleiben könnte. [32] Vertreter affektrhetorischer Positionen haben dies später radikalisiert, so etwa LA ROCHEFOUCAULD (1678) mit seinem Diktum: «Les passions sont les seuls orateurs qui persuadent toujours.» (Die Leidenschaften sind die einzigen Oratoren, die immer überzeugen.) [33] In jüngerer Zeit meinte K. DOCKHORN (1968) gar die These vertreten zu können, das Affektive und «Irrationale» stehe für die Rhetorik «nicht als Problem neben anderen Problemen», sondern sei «ihr bewegendes Prinzip.» [34]

Die für rhetorische Wirkungserzeugung günstige Begrenzung rein situativer Kommunikation, in der die

Redekunst zu besonderer Blüte gelangt, bricht mit der Erfindung des Buchdrucks endgültig auf. Die Dimission, d.h. die situationsüberschreitende Distanzkommunikation gewinnt rasch eine völlig neue Qualität in Form der sog. Massenkommunikation. Sie ist ein Phänomen der gesellschaftlich weiträumig organisierten Dimission in der Gutenberg-Galaxis und in der neuen Welt technisch-elektronischer Medien. Im 20. Jh. bringt die Einsicht in diesen fundamentalen Umschwung und in die Bedürfnisse moderner Politik- und Wirtschaftswerbung insbesondere in Amerika eine umfangreiche ‹Propaganda›- und Medienwirkungsforschung hervor.[35] Die beiden Weltkriege (1914–18 und 1939–45) geben hier heftige Anstöße. Die Medien selbst werden jetzt zum Forschungsthema. Man untersucht intensiv die Möglichkeiten der psychischen Massenpersuasion bei den Kriegsparteien und dehnt diesen Ansatz dann auch auf die Produktwerbung im Inland aus.[36] Die theoretischen Annahmen der Untersuchungen zur «Massenpersuasion» orientieren sich zwar an jenen der Rhetoriktradition, doch die methodischen Richtlinien bezieht man vom neu aufgekommenen Behaviorismus.[37] Seine Vertreter suchen quasi naturwissenschaftliche Paradigmen in die Erforschung psychosozialer Zusammenhänge einzuführen. Kausalketten werden dabei als kontrollierbare Abfolgen von Reaktionen auf Reaktionen gesehen, die sich auch als Reiz-Reaktions-Abläufe beschreiben lassen. «P. wurde in diesem Zusammenhang als *Beeinflussung von außen* verstanden, die in Verbindung steht mit der Bereitschaft, sich beeinflussen zu lassen (persuability) sowie mit individuellen Reaktionen auf Kommunikation.»[38] Der von P.F. LAZARSFELD und anderen frühen Medienforschern geteilte Glaube an schnell, einfach und mit geringen Ressourcen zu erzielende Medienwirkungen regt nach wie vor eine ausgefächerte Medienwirkungsforschung an.[39]

Wichtig werden auch die in der ersten Hälfte des 20. Jh. aufkommenden Vorstellungen von der Beschaffenheit der Kommunikationspartner. Sie sind jetzt oft ideologisch am Begriff der ‹Masse› orientiert. In der ‹Massengesellschaft› gibt es ‹Massenmedien›, die von wenigen handlungsmächtigen Kommunikatoren beherrscht werden.[40] Den ‹Medien› steht eine rassisch, biologisch, sozial oder mental gleichgerichtete ‹Masse› gegenüber, auf die man wie auf einen Einzelmenschen einwirken kann, bei der man aber eigentlich auf das Massenphänomen ‹öffentliche Meinung› (*public opinion*) zielt.[41] Das Subjekt der öffentlichen Meinung wird hier, wie bereits J. HABERMAS kritisch vermerkt, «auf eine gegenüber dem Unterschied von Öffentlichkeit und Privatsphäre neutrale Größe, nämlich die Gruppe, zurückgeführt.»[42] Mit Blick auf diese vom Individuum und der Face-to-face-Kommunikation abstrahierenden Betrachtungsweise spricht man hier auch bisweilen von der «institutional perspective» der Persuasionsforschung.[43]

Die Herbeiführung der Massenpersuasion wird in Fortschreibung der Rhetoriktradition mit dem Ein-Weg-Kernmodell der Kommunikation erklärt, das im Lauf der Zeit verschieden konturiert wurde, etwa als ‹stimulus-response-Modell› (Reiz-Reaktions-Modell), als ‹hypodermic-needle-approach›, ‹bullet-model›, ‹Transmissionsriemen-Ansatz›, ‹conditioning› usw.[44] Zu den amerikanischen Wegbereitern dieser Richtung gehört H.D. LASSWELL (1927), der u.a. die «symbolischen Ereignisse» an der Propagandafront des Ersten Weltkriegs untersuchte.[45] In diese Traditionslinie gehören aber auch die Amerikaner C.I. HOVLAND (1948/1953)[46] und, mit eigenem Ansatz, P.F. LAZARSFELD (1944)[47].

4. *Kritik der Wirkungsforschung.* In der zweiten Hälfte des 20. Jh. entstehen gegenüber diesem vom Behaviorismus dominierten Ansatz eine gewisse Skepsis und eine teils wissenschafts-, teils systemtheoretisch begründete Umorientierung in den Basistheorien der Kommunikation. Ironische Wendungen, wie «Fernsehen kann schaden und nutzen. Es könnte aber auch umgekehrt sein»,[48] machen deutlich, daß der naive Glaube an die Validität bzw. Prognosefähigkeiten von Ergebnissen der Wirkungsforschung ins Wanken geraten ist. Entsprechend konstatiert K. MERTEN, daß «man sich in einem Netz vorfindlicher Widersprüche» verfängt, wenn man nach einer «tragfähigen *Definition* der Wirkung von Kommunikation, nach einem akzeptierten *Grundkonzept* des Wirkungsprozesses fragt».[49] Die skeptischen Diskussionen berühren die persuasionstheoretisch zentrale Frage, ob und wie Wirkung prognostizierbar ist, und führen bis an die Wurzeln des wissenschaftlichen Verständnisses auch der Rhetorik. Insofern ist es angezeigt, diesen Problembereich im folgenden etwas ausführlicher zu erörtern.

Insbesondere nimmt die neuere Kommunikationstheorie Anstoß am klassischen Ein-Weg-Kernmodell und seiner Übertragung auf moderne Medienkommunikation. Zwar hatte E.L. BERNAYS schon in der ersten Hälfte des 20. Jh. ein asymmetrisches Zwei-Wege-Modell (*two-way-street*) entwickelt, doch wurde dies nicht als ausreichend empfunden. Bernays' einflußreicher Ansatz geht davon aus, daß man ein Publikum nicht gegen seine Interessen persuadieren kann. Er ermittelt daher vorab Einstellungen und Wertvorstellungen seiner Zielgruppe, um diese dann in die Public Relations-Planungen einzubeziehen.[50] Die traditionelle Rhetorik spricht in dieser Hinsicht von der Berücksichtigung des äußeren Aptum. Doch die neuere Kritik, wie sie etwa RONNEBERGER/RÜHL formulieren, sieht letztlich auch hier immer noch eine «ziemlich mechanistische Methodik» am Werk.[51] Die Ergebnisse der umfangreichen Massen- und Medienwirkungsforschung des 20. Jh. verfestigten die Annahme, daß nur «Stimuli der Sprache bzw. im weiteren Sinne: die Stimuli der Symbolisierung hinreichend kontrolliert werden müßten, um propagandistisch gewünschte Erfolge bei den Massen zu erreichen. Die nach ihrer Zahl zunehmenden Beschreibungen von P. sind gekennzeichnet von einem *naiven Vertrauen* in die Möglichkeit, Kommunikationen ließen sich durch die einseitige Anwendung von Instrumenten in Ein-Weg-Einflüsse umfunktionieren.»[52]

Als neues Theoriemodell wird verschiedentlich das von N. LUHMANN ausgearbeitete System-Umwelt-Paradigma in den Vordergrund gerückt. Nach diesem vom kybernetischen Denken beeinflußten Interaktions-Ansatz gibt es auf Sender- und Empfängerseite keine festen personalen ‹Systeme› (= Menschen), mehr, sondern Kommunikationsteilnehmer, «die durch viele soziale Rollen *in viele soziale Systeme* eingebunden (inkludiert) sind, und in denen und durch die sie, in Orientierung an spezifischen sozialen Umwelten kommunizieren und interagieren.»[53] Die vor diesem Hintergrund von RONNEBERGER/RÜHL angebotenen vier 'neuen' Komponenten menschlicher Kommunikation erscheinen dem Rhetoriker nicht gerade neu: «Unter dem Paradigma autopoietischer Sozialsysteme haben wir Kommunikation als menschliches Vermögen identifiziert, das durch mindestens vier sachliche Komponenten zu synthetisieren ist: durch Thema, Mitteilung, Information und Sinn.» – «Dabei kommt Themen insofern ein Primat zu, als alle Humankommunikationen zunächst – oft unausgesprochen – Themen auswählen, die angenommen oder auch abgelehnt werden können, so daß – meist zeitgleich – unter dem Leitgesichtspunkt Thema kommuniziert werden kann.»[54] Schon ARISTOTELES hatte in seiner Dreiheit der Überzeugungsmittel (πίστεις, písteis) die Notwendigkeit erkannt, Sachinformation und psychosoziale Komponenten miteinander zu verbinden, um zu einem persuasiven Erfolg zu kommen. Daß Aristoteles den Logos, d.h. vor allem die thematische Argumentation, als eigentlichen Kernpunkt persuasiver Strategien ansieht, verbindet ihn wiederum deutlich mit der modernen Theorie.

Die Kategorie ‹P.› setzt per definitionem die vektorielle Gerichtetheit einer kommunikativen Intervention als Wirkursache der persuasiven Wechseloperation voraus, insofern läßt sich das Ein-Weg-Kernmodell (Stimulus-Response), wie komplex eingebettet man es auch immer sehen muß, nicht wegdiskutieren. Eine ganz andere Frage ist dabei allerdings, wie die Wirkung auf Seiten der Rezipienten zu erklären ist. Unbestritten bleibt, daß die allgemeine Kommunikationstheorie aus der Vogelperspektive den gesamten komplizierten Kommunikationszusammenhang als hoch-interdependentes Geflecht in den Blick zu nehmen hat. Die Rhetorik muß demgegenüber an ihrer Perspektive festhalten, die vom Kommunikator in Richtung Rezipient geht und folglich verlangt, sich auf die Untersuchung der Handlungspotentiale des strategischen Kommunikators bei seiner einseitigen Intervention zu konzentrieren. Anders gesagt: die moderne Medien- und Sprachwirkungsforschung richtet ihr Augenmerk mit Recht auf den Rezipienten, um die bei ihm eintretenden Wirkungen zu untersuchen. Die Rhetorik aber muß diese Ergebnisse immer auf die Ebene des Orators umbrechen, d.h. in Maßgaben für strategische Handlungs-, insbesondere Produktionsvorgänge rückübersetzen und entsprechend umformulieren.

In systemtheoretischer Terminologie ließe sich P. vielleicht als kalkuliertes Suchen nach Schnittstellen bzw. Kopplungsmöglichkeiten zwischen den Systemen beschreiben, um «Anschlußoperationen» zu ermöglichen, die Teil eines adjustierten (d.h. wechselseitig eingestellten) Spiels zwischen kognitiven Systemen werden können, in dem es aber unter rhetorischer wie auch lerntheoretischer Betrachtungsweise stets mindestens eine intervenierende (d.h. einflußnehmende) Primärgröße gibt. Genau diese interessiert die Rhetorik. Spätestens an dieser Stelle wird deutlich, daß es sich bei solchen Formulierungen nur um terminologische Neufassungen auf anderem Abstraktionsniveau und mit anderen theoretischen Perspektivierungen handelt, die der klassischen Rhetorik inhaltlich aber keineswegs fremd sind und etwa die ganze Aptumlehre beherrschen.[55] Verlangt ist in jedem Fall eine Betrachtungsweise, die nicht einfach von in der Sprache liegenden Wirkungen ausgeht, sondern die Stimulus-Response-Frage theoretisch neu einbettet, wobei die extrinsischen Perspektiven deutlich zu akzentuieren sind. So beweist etwa die neuere linguistische Perlokutionsdebatte das Scheitern rein intrinsischer Ansätze, wenn es um die Wirkungsproblematik geht. Konstruktivistisch und systemtheoretisch betrachtet, kann es bei der Wirkungsfrage nicht mehr um die immer funktionierenden, «absoluten» Qualitäten von Stimuli gehen. Nicht sie sind es, die allein für Wirkungen verantwortlich gemacht werden können, sondern auch oder v. a. «die selektiven Operationen, die auf diese aufgesetzt werden». Für Konstruktivisten wie K. MERTEN gibt es mithin keine unabhängige «Bedeutung» von Stimuli. Erst die Rezipienten erzeugen im Kommunikationszusammenhang diese Bedeutungen selektiv. «Daraus folgt, daß alle Möglichkeiten zur Erzeugung und Verstärkung von Selektivität besonders zu beachten und in ihrer Relationierung zueinander zu analysieren sind. Die für den Kommunikationsprozeß wichtigsten lassen sich als Aufmerksamkeit, Wahrnehmung (samt dahinter liegenden Interessenstrukturen), Interpretation und Bewertung bezeichnen.»[56]

5. *Persuasive Kompetenz.* Welche Position kann die Rhetorik angesichts der radikal konstruktivistischen Kritik an herkömmlichen Wirkungsvorstellungen beziehen? Wie ist heute der klassische rhetoriktheoretische Persuasions- bzw. Wirkungsoptimismus zu beurteilen? Ausgangspunkt ist die Tatsache, daß die Rhetoriktheorie im Kern eine Produktionstheorie ist. Ihr Zentrum bilden stets Handlungsempfehlungen mit prognostischem Wert in Form von Prinzipien, Maßgaben, Regeln und Strukturierungsvorschlägen für persuasionsrelevante und effektive Kommunikationsinstrumente (insbesondere wirkungsvolle Texte). Das vektorielle Ein-Weg-Kernmodell ist in Hinblick darauf konstitutiv. Unter diesen Voraussetzungen ergeben sich nun allerdings einige entscheidende Fragen: Lassen sich persuasionsrelevante Wirkungseffekte aus dem Interaktionsgeflecht der kommunikativen Welt isolieren? Lassen sie sich tatsächlich in einer komplexen Umgebung wirkungsvoll einsetzen? Wie steht es also mit der Prognosefähigkeit der Theorie? Welche Reichweite hat sie? Lassen sich, anders gesagt, angesichts der Multivariabilität von Umweltbedingungen prognosefähige Aussagen für eine rhetorische Produktionstheorie formulieren? Hat die extrinsische Rhetorik als Produktionstheorie überhaupt eine ernstzunehmende empirische Basis? Wie steht es generell beim rhetorischen Instrumentarium mit der Wirkungsgewißheit? Welchen epistemologischen Status hat eine ernstzunehmende Rhetorikdoktrin in Hinblick auf diese Fragen?

A. BREMERICH-VOS kommt diesbezüglich 1991 zu einer skeptischen Einschätzung, wenn er der Rhetorik, «insofern sie Anweisungslehre sein will», in N. LUHMANNS Terminologie ein «strukturelles Technologiedefizit» bescheinigt.[57] Er bezieht sich auf den systemtheoretisch gedachten Zusammenhang von Input, Output und Strategie, mit dem die oben bereits erörterte Mittel-Zweck-Relation umformuliert wird. Systeme (hier kognitive Systeme) können intern ihre System-Umwelt-Differenz als Input-Output-Modell abbilden. Dieses Modell «impliziert, dass ein System nur zwei Grenzen hat, je eine für den Input als Mittel und den Output als Zweck. Das System sieht sich dann bzw. wird gesehen als eine Trivialmaschine, die nach einem fixen Algorithmus Inputs in Outputs transformiert. Das ist möglich als hochgradige Simplifikation; allerdings ist bereits bei wenigen variablen Outputs die logisch mögliche Zahl von Transformationsmöglichkeiten praktisch kaum noch zu kontrollieren.»[58] Transformation hieße rhetorisch-wirkungstheoretisch, daß jedem rhetorischen Input (= Mittel) bzw. einer definierten Kombination von Inputs entsprechende Strategien zur Erzeugung von P. eindeutig zuzuordnen sein müßten. Die extrem hohe Variablendichte der kommunikativen Umwelten läßt dies aber kaum zu. So kommt Bremerich-Vos zu dem Ergebnis: «Das technologische Wissen, das hier reklamiert wird, kann dem Rhetoriker nicht zur Verfügung stehen. Es ist nicht einmal klar, was als Input überhaupt in Frage kommt und wie er dekomponierbar sein soll. Zu rechnen ist ja mit letztlich nicht transparenten, womöglich kognitiv und emotional widerständigen Individuen, die als (psychische) Systeme selbstreferentiell sind; ein Sachverhalt, der das technologische Versprechen als nichtig erscheinen läßt.»[59]

Bremerich-Vos bezieht sich damit auf das von LUHMANN/SCHORR 1982 präsentierte Resultat moderner organisationssoziologischer Forschung[60], demzufolge «im Rahmen von Organisationen, deren Funktionen die Veränderung von Personen sind, Technologien als Transformationen von Ausgangs- in Endzustände nicht zu haben sind», und er folgert, daß sich dies «umstandslos auf die Rhetorik applizieren» lasse.[61] Ist damit das jahrtausendealte Projekt einer empirisch begründeten Produktions-und Persuasionsrhetorik, ja, jeglicher extrinsicher Rhetorik theoretisch zum Scheitern verurteilt? Nur dann, wenn man am nomothetischen Irrtum festhält, d.h. am Glauben, Handlungs- und Kulturwissenschaften könnten wie die Naturwissenschaften mit der Hypothese von Gesetzmäßigkeiten arbeiten, die sich zur Basis effektiver Prognosen machen lassen und die aus diskreten Voraussagen und nicht nur aus Trivialitäten bestehen.[62] Naturwissenschaftliche Vorstellungen von Kausalität und Gesetzmäßigkeit sind grundsätzlich verfehlt, weil sich in der menschlichen Handlungsrealität eben keine chemischen Elemente mit festgelegten Merkmalen in stabiler Umwelt verbinden oder nicht. Bremerich-Vos weist darauf hin, daß bereits die wichtigsten antiken Theoretiker vorsichtig mit dem Thema «Wirkungsgewißheit» bzw. «Erfolg» umgingen.[63] Hier sei nur auf QUINTILIAN verwiesen, der sich über die Faktoren- bzw. Variablenvielfalt der kommunikativen Welt keine Illusionen machte: «Vielmehr ändert sich fast alles je nach dem Fall, den Zeitumständen, der Gelegenheit und dem Zwang der Verhältnisse. Deshalb ist die Hauptsache beim Orator die Überlegung (*consilium*), weil sie Spielraum läßt und sich dem jeweiligen Schwerpunkt der Lage anpaßt.»[64] Quintilian fordert also Kompetenz-Ausmünzung in konkreten Situationen.

Rhetorisches Wissen bekommt damit den Charakter eines Möglichkeitswissens, das immer wieder nach reiflicher Überlegung, d.h. intellektueller Transferleistung gemäß bestimmten Wahrscheinlichkeitskalküle konkret umgesetzt werden muß. Im klassischen rhetorischen System hat man diese Zuordnung zur konkreten Situation unter den Begriff des καιρός, kairós zu fassen versucht. Was für die praktische Umsetzung einer ganzen Reihe anderer wissenschaftlicher Theorien gilt, gilt auch für die Rhetorik: Sie kommt an ihre Grenzen, wenn es um die auf einer ganz anderen Ebene angesiedelten Fähigkeit zur situationsgerechten, spontanen und individuellen *Kreativität* im Umgang mit kodifiziertem Wissen geht.[65] Die rhetorische Persuasionstheorie hat insofern denselben epistemologischen Status wie etwa die modernen Strategie-, Spiel- und Entscheidungstheorien.

Es bleibt also dabei, daß die Rhetorik zunächst einmal das «möglicherweise Glaubenerweckende» (ARISTOTELES) in der kommunikativen Welt zu untersuchen hat.[66] Was dabei an Prinzipien, Regeln, Maßgaben und Strukturmodellen abgeleitet werden kann, muß als Theorieangebot an den Orator für kommunikative Problemlösungen in der Welt kontingenter Situationen angesehen werden. Nach Luhmanns Theorie «ist ein Problem ein kontingenter abstrakter Vergleichsgesichtspunkt, auf den hin sich äquivalente Möglichkeiten der Problemlösung ausprobieren lassen. Allgemeiner ist ein Problem durch die Frage nach den Bedingungen der Möglichkeit von etwas gekennzeichnet. Die Grundfrage ist etwa immer: 'Wie ist X möglich?' [...] Die Modalformel der Möglichkeit verweist immer auf die Unwahrscheinlichkeit der Möglichkeit und die Andersmöglichkeit des Möglichen. Jede Möglichkeit kann immer im Spiegel anderer Möglichkeiten erscheinen. Jede Beantwortung der Frage ist folglich grundsätzlich kontingentselektiv, aber historisch-gesellschaftlich niemals beliebig.»[67] Auf die Rhetorik bezogen lautet die Problemfrage «Wie ist P. möglich?» und die Rhetoriktheorie erhebt, systematisiert und erklärt jene Problemlösungen, die als Möglichkeiten in bestimmten historisch-gesellschaftlichen Kontexten aufgetreten sind.

Damit bekommt die Rhetorik den epistemologischen Status einer Disziplin, die sich mit Theorien *persuasiver Kompetenz* befaßt. Die fundamentale Kategorie der Kompetenz muß in diesem Zusammenhang genauer erläutert werden. Bei diesem Begriff ist insofern ein theoretischer Anschluß an Aristoteles möglich, als dieser auch betont, Rhetorik sei als eine «Befähigung» (δύναμις, dýnamis) aufzufassen, die sich nicht in Form von nomothetischer Wissenschaft (ἐπιστήμη, epistémē), die mit apodiktischen Maximen operieren kann, formulieren lasse.

Die Kategorie ‹Kompetenz› wurde seit 1955 von N. CHOMSKY auf die Sprachfähigkeit des Menschen angewandt und in Opposition zur *Performanz* gesetzt. Die Kompetenz eines idealen Sprecher-Hörers einer Muttersprache (bestehend aus seinem Wissen über Regeln und Prinzipien seiner Sprache) liegt als mentale Repräsentation laut Chomsky seiner Performanz (dem faktischen Sprachverhalten, der akuten Sprachverwendung, dem Gebrauch der Sprache und ihrer Grammatik) zugrunde.[68] Chomsky führte seine Kompetenz-Performanz-Dichotomie in Analogie zu F. DE SAUSSURES Unterscheidung von *langue* (System) und *parole* (konkrete textliche Systemaktualisierung) in die Sprachtheorie der generativen Transformationsgrammatik ein; allerdings mit der Abwandlung, daß er die systemorientierte und statische Konzeption de Saussures durch ein auf W. VON HUMBOLDT zurückgehendes dynamisches System ersetzt, das als eine Menge von Erzeugungsprozeduren aufgefaßt wird.[69] H. LAUSBERG übertrug 1960 de Saussures Ansatz auf die in seinem großen ‹Handbuch der literarischen Rhetorik› kodifizierte klassische Rhetorik: «Die Rhetorik will die *langue* aufzeigen, die das konventionelle Ausdrucksmittel der *parole* ist. [...] Sprache, Kunst, soziales und individuelles Leben zeigen eine dialektische Interdependenz zwischen *langue* und *parole*. Die Aufgabe des vorliegenden Handbuchs ist hierbei die Ermöglichung eines ersten Überblicks über die Phänomene literarischer *langue*».[70] Lausbergs Versuch einer Erweiterung bzw. Übertragung der Langue-Parole-Dichotomie auf die Rhetorik funktioniert natürlich nur unter den Bedingungen intrinsischer Rhetorik, die ein normatives Regelwerk in Analogie zu den «Grammatiken» sogenannter «natürlicher» Sprachen aufstellt.

Mit dem Begriff der rhetorischen *persuasiven Kompetenz* soll die von D. HYMES vorgenommene Erweiterung der linguistischen Kompetenzkategorie zur (allgemeinen) *kommunikativen Kompetenz* rhetorisch spezifiziert werden.[71] Dies ist bedingt durch die oben erörterte Notwendigkeit, angesichts bestehender theoretischer Vorbehalte den wissenschaftlichen Status der extrinsischen Rhetorik genauer, und zwar als Kompetenztheorie zu fassen. Wie bei der allgemeinkommunikativen Kompetenz geht es bei der persuasiven Kompetenz darum, die pragmatisch-situativen bzw. sozialen, medialen und textuellen Grundfähigkeiten theoretisch besser zu berücksichtigen. Im Mittelpunkt aber stehen die Fähigkeiten zur vektoriellen, strategisch-intervenierenden Kommunikation. Rhetorische Kompetenz besteht demnach in der Fähigkeit zu situationsgerechter Handlungsabstimmung und Wahl der Kommunikationsmittel, kurz: in der Fähigkeit zu projektiven (einfühlenden) und antizipatorischen (vorwegnehmenden) Adressaten- und Instrumentariumskalkülen.[72] Anders gesagt: rhetorische Kompetenz besteht in der Fähigkeit, in einem gegebenen Kommunikationszusammenhang die situationsgerechte Selektion persuasionsrelevanter Aspekte vorzunehmen. Diese Selektion beruht zunächst auf einer reflektierten bzw. durch Training zur Intuition entwickelten situativen Widerstandanalyse auf allen Ebenen und führt dann zu einer Anpassung der persuasionsrelevanten kommunikativen Mittel an die Situation. Dieses komplexe Bedingungskalkül ist aber natürlich immer nur ein Wahrscheinlichkeitskalkül. Eine wesentliche Differenz zur grammatischen Kompetenz besteht darin, daß es bei der persuasiven Kompetenz nicht um das Urteilskriterium der Korrektheit geht, sondern um das der Angemessenheit.

Bei all dem spielt der Aspekt didaktisch vermittelbarer kommunikativer Basisfähigkeiten eine große Rolle. Worin bestände in Hinblick hierauf das wissenschaftliche Untersuchungsfeld persuasiver Wirkursachenforschung? Hier ist ein Vorschlag aufzugreifen, den LUHMANN/SCHORR angesichts des von ihnen konstatierten Scheiterns sozialtechnologischer Ansätze machen. Sie empfehlen, die Forschungsperspektive nach dem Vorbild der Sozialpsychologie radikal zu verändern, «die Suche nach objektiven Kausalgesetzen in zwischenmenschlichen Beziehungen einzustellen und statt dessen zu fragen, auf Grund welcher Kausalvorstellungen die Menschen handeln».[73] Für die Rhetorikforschung heißt dies, daß das in mehr als zwei Jahrtausenden und auch heute noch in unterschiedlichen Fragmentierungsgraden in die Wissenssysteme eingespeiste rhetorische Wissen zum erstrangigen Untersuchungsgegenstand wird, denn es trägt wesentlich zur Einstimmung (*tuning*) auf ganz bestimmte, von den Menschen für akzeptabel gehaltene Kommunikationsformen bei.

«Greift man diesen Vorschlag auf», so BREMERICH-VOS, «dann geraten die rhetorischen Ratgeber sozusagen als Sozialisationsfaktoren in den Blick. Unterstellt man, daß die Texte tatsächlich folgenreich rezipiert werden, dann lassen sich die Lektüreeffekte als Aufbau, Modifikation oder auch Erweiterung kognitiver Modelle deuten, die in einigen Hinsichten Komplexität stiften mögen, jedenfalls aber auch die Funktion der Reduktion von Komplexität haben.» Das *Vertrauen* in die auf diese und andere Weise sozial vermittelten Kunstregeln könne bereits als Faktor gelten, «der die rhetorische Wirksamkeit erhöht. Das ist im übrigen durchaus theoriekonform, kann so doch die 'Strahlkraft der Persönlichkeit' verstärkt werden.»[74] Bremerich-Vos gewinnt damit der Kategorie Vertrauen, die als Redner-Ethos oder *confidence* auch in bestimmten amerikanischen Forschungen zum Rednereinfluß eine große Rolle spielt,[75] etwas ausgesprochen Positives ab.

Er relativiert damit die kritischen Untertöne M. CAHNS, der 1986 betont hat, «der Effekt des Vertrauens in die Disziplin» sei daran «gebunden, daß er undurchschaut bleibt, und es käme einer ruinösen Entblößung gleich, wenn die Rhetorik ihren Schüler darüber aufklären wollte, daß nicht ihre Kunst, sondern sein Vertrauen in die Disziplin es ist, das die Ausbildung in Rhetorik aufrechterhält».[76] Wenn man Rhetorik als Kompetenztheorie sieht, sind gegenüber dieser Auffassung Cahns deutliche Zweifel angebracht, wie sie auch Bremerich-Vos artikuliert, wenn er feststellt, daß die «allmähliche 'Einverleibung' der einschlägigen Terminologie und das Bemühen um regelkonformes Handeln [...] allemal zu mehr Handlungssicherheit beitragen. Ein solches Resultat wäre nicht zu gewärtigen, wenn man sich auf dieses Angebot gar nicht einließe, mit dieser neuen 'Sozialisationsinstanz' gar nicht in Kontakt käme.»[77]

Gleichwohl wird bei all dem aber auch nicht der traditionelle Ansatz einer Beobachtung und Analyse konkreter Kommunikationsvorgänge unter rhetorischem Standpunkt obsolet, weil damit die Einsicht in das empirisch feststellbare Möglichkeitsarsenal, also des «möglicherweise Glaubenerweckenden» im aristotelischen Sinne verbunden ist. Insofern ist es erfreulich, daß sich die hoch entwickelte moderne Medien- und Sprachwirkungsforschung wenig von der scharfen Behaviorismuskritik der letzten Jahrzehnte des 20. Jh. beeindruckt zeigte und weiterarbeitete. Hervorzuheben ist hier etwa die Fortschreibung des ‹Yale Attitude Change›-Programms, das sich inzwischen auch der für die Rhetorik so wichtigen Kategorie des *Widerstands* zuwendet.[78] Unberührt davon bleibt die aus der neueren Diskussion resultierende Notwendigkeit, ihre Ergebnisse theoretisch anders einzubetten. Hierbei spielen insbesondere die inzwischen harter Kritik ausgesetzten «radikal konstruktivistischen Perspektiven» eine Rolle.[79]

6. *Der ethische Vorbehalt (Manipulationsverdacht).* So wie die P. den technischen Kern der Rhetorik bildet, so steht sie auch im Mittelpunkt jener von außerfachlichen Gesichtspunkten getragenen Kritik an der Rhetorik, die im Manipulations- oder Propagandavorwurf kulminiert.[80] Diese Kritik ist ethisch motiviert und geht in mehrere Richtungen: Einerseits wird freiheitsfundamentalistisch argumentiert, wobei jeder rhetorische, also willentliche Versuch der Beeinflussung anderer Menschen per se abgelehnt wird, weil er die Entscheidungsfreiheit der Kommunikationspartner einschränke und (da Widerstände im Spiel sind) letztlich immer mit «gewalthaltigen» Beeinflussungsmaßnahmen einhergehe. Andererseits wird instrumentenkritisch argumentiert, wobei man rhetorische Beeinflussung zugesteht, aber nicht jedes kommunikative (!) Mittel zulassen will und gute von schlechten Mitteln zu unterscheiden sucht. Schließlich geht es auch noch um die eventuell zulässigen Ziele der P.

Im Endeffekt läuft P. immer auf eine Einschränkung des Freiheitsspielraums beim Kommunikationspartner hinaus. Die Rhetorik muß also diese seit der Antike immer wieder vorgebrachten Kritikpunkte ernst nehmen, sich nachdenklich mit ihnen auseinandersetzen und Position beziehen. Ausgangspunkt ist die Feststellung, daß es, solange Menschen existieren, eine persuasionsfreie Welt so wenig geben kann wie eine kommunikationsfreie. Rhetorische Intervention ist ein wesentlicher, wenn nicht gar der wichtigste kommunikative Impulsgeber jeder Art kulturellen Wandels. Aber es gibt auch das genannte sozialethische Problem, das mit dem bei Folgenbewertungen oft herausgestellten persuasiven Gefährdungspotential zusammenhängt. Die Rhetorik wird bisweilen als gefährlich, als demagogische Waffe, als manipulativ, als Zwang, kurz: als gewaltthaltig empfunden. «Deshalb werden Missionare als Reaktion auf ihre Persuasionsversuche nicht selten vertrieben oder getötet, deshalb empfinden Frauen bisweilen das Werbungsverhalten von Männern als Belästigung, deshalb fühlen sich Bürger von politischer Propaganda unter Druck gesetzt und von Firmenwerbung bedrängt. Jeder Form von P. haftet eben etwas Agonales an, das sich aus dem Wettbewerb um das richtige Ziel ergibt. Beim letztendlichen Wechsel (im persuasiven Erfolgsfall) entsteht oft das Gefühl, jemand habe persönliche Einbußen hinnehmen müssen, eine Partei habe Verluste, während die andere nur zu gewinnen scheint. Der Wechsel als Persuasionsziel kann also für verschiedene Sozialpartner Gefahren heraufbeschwören.» [81]

Eine Erörterung der Sozialverträglichkeit rhetorischer Mittel im Horizont ethischer Normen ist daher unverzichtbar, auch wenn sie die rein technische Betrachtungsweise der P. weit übersteigt. W. KUHLMANN etwa bettet entsprechende Überlegungen in eine ‹Diskursethik› ein. [82] Solche Erörterungen können theoretisch als Beitrag zum sozialen Rhetorik-Tuning, also zur oben bereits diskutierten gesellschaftlichen Einstimmung auf rhetorische Verfahren gerechnet werden. Jede öffentliche Debatte über die Frage, was ist eigentlich kommunikativ (und das heißt meistens auch rhetorisch) erlaubt, stellt einen positiven Beitrag zur sozialen Etablierung und Verfestigung rhetorischen Bewußtseins per Tuning dar.

Bei der seit der Antike andauernden ethischen Mittel-Zweck-Diskussion geht es zunächst einmal um die Ausgrenzung der ethisch und juristisch selbstverständlich immer als verwerflich anzusehenden Methoden von Täuschung, Verstellung und Lüge. Wie die moderne Psychologie [83] kann die intrinsische Rhetorik diesen Methoden neutral gegenüberstehen, weil sie keine außerfachlichen Kriterien kennt. Dies gilt aber nicht für die extrinsische Rhetorik. Sie kann und darf sich aufgrund ihrer Verflechtung mit der sozialen Welt nicht dem entsprechenden moralischen Verdikt entziehen. Hier ist auf das seit PLATON kursierende und gewiß auf historische Negativbeispiele bezogene Bild der manipulierenden sophistischen Rhetorik zu verweisen. In der Tat verflachte die Methodik der sophistischen Bildungsbewegung zeitweise «zu einem Sammelsurium von Wortstreitereien (Eristik), effekthascherischen Fang- und Trugschlüssen (Sophismen) oder zu unverbindlichen Spielereien (Vexierfragen). Daher erhält sich der Schimpfname ‹Sophist› für einen Menschen, der mit verschiedenen logischen Tricks, dem Unterschieben von Begriffen usw. arbeitet, um absichtlich falsche Meinungen und Thesen als wahr hinzustellen.» [84]

Diesseits der Grenze offenkundig betrügerischer Manipulation gibt es aber immer noch einen breiten Spielraum für Zulässigkeitsdebatten. Man hat hier eine weitere begriffliche Demarkationslinie aufgerichtet, die im Deutschen seit der Aufklärung mit den zwei diskreten Ausdrücken «Überzeugen» und «Überreden» (engl. to convince/to persuade) arbeiten will. [85] Überzeugen ist nach dieser Auffassung besser, weil hier das rein rationale Argumentieren jeden Zwang, abgesehen von dem des schlagkräftigeren Arguments, auszuschließen scheint. Überreden ist schlechter, weil hier mit außerrationalen Verfahren nachgeholfen werden muß. «Überzeugen» besteht im Hervorrufen von Wechsel mittels rational nachvollziehbarem Beweisgang. Dies wird höher eingestuft, weil man glaubt, die menschliche Entscheidungsfreiheit sei hierbei noch am ehesten gesichert. Darum wird der Argumentation besondere Aufmerksamkeit geschenkt. Diese Akzentuierung ist den meisten Rhetoriktheorien inhärent.

Vom innertechnischen Standpunkt der Rhetorik aus ist die Unterscheidung zwischen Überzeugen und Überreden nicht wirklich relevant, weil die Persuasionsoperation nicht danach fragt, mit Hilfe welcher Mittel sie herbeigeführt wird. I. KANT stellt 1790 fest: «Überredung [...] kann von der Überzeugung subjectiv [...] nicht unterschieden werden, wenn das Subject das Fürwahrhalten bloß als Erscheinung seines eigenen Gemüths vor Augen hat», sich mithin auf sein inneres Certum konzentriert und nicht nach Objektivierungen anderer Art fragt. In Hinblick auf solche Objektivierungen müßte der Mensch etwa zu einem «Probirstein» greifen: was sich vernünftig mitteilen läßt, ist Überzeugung, was nicht, nur Überredung. [86]

Grenzen setzen der P. nur die für alle Menschen geltenden, aber eben außertechnisch motivierten, moralischen Regulative der Gesellschaft. R. RORTY formuliert als Philosoph des Pragmatismus den für die Rhetorik maßgeblichen Standpunkt wie folgt: «Manche Philosophen sehen einen wesentlichen Unterschied zwischen Logik und Rhetorik oder zwischen ‹Überzeugen› und ‹Überreden›. Ich nicht. Es gibt einen Unterschied zwischen guten oder schlechten Argumenten, aber das ist ein publikums- oder adressatenbezogener Unterschied. Gut ist ein Argument für ein Publikum, wenn diesem die Prämissen des Arguments plausibel erscheinen. Es gibt auch einen Unterschied zwischen aufrichtigen und unaufrichtigen Argumenten: Erstere sind so beschaffen, dass diejenigen, die sie vorbringen, von ihnen selbst überzeugt sind. Ich glaube nicht, dass wir eine Unterscheidung zwischen logischen Argumenten und ‹bloß rhetorischen› Argumenten brauchen. Ich würde Habermas' Unterscheidung zwischen strategischem und nicht-strategischem Sprachgebrauch ersetzen durch die ‹common-sense›-Unterscheidung zwischen unaufrichtigen und aufrichtigen Überredungsversuchen.» [87]

Auch bezüglich der Persuasionsziele gibt es seit der Antike eine Tradition zumeist sozialethisch motivierter Regulierungsvorschläge. Für PLATON tritt Rhetorik nur in ihr Recht, wenn sie auf Erkenntnis gerichtet und sichere Wahrheiten verbreiten will. «Denn die einander widersprechenden Meinungen können nicht zugleich übernommen werden, namens der Wahrheit muß zumindest eine von ihnen fallengelassen werden. So bereitet Sokrates den Weg zur Intuition der Wahrheit. Wenn er diese erkannt hat, darf der Philosoph die rhetorische Technik einsetzen, um die Wahrheit mitzuteilen und in seinem Publikum durchzusetzen. Die dem Philosophen angemessene Rhetorik müßte selbst die Götter überreden können.» [88] In der römischen Theorie werden sozialethische Werte wie das Gerechte, Nützliche und Ehrenhafte (iustum, utile und honestum) bzw. die Abwehr ihres Gegenteils als oberste Orientierungsgrößen für P. angegeben. [89] Für den französischen Erzieher und Moralisten FÉNELON (1651–1715) besteht die Rhetorik dementsprechend gemäß Platon darin, «Grundsätze zu wissen, wozu man die Menschen überreden müsse». Denn nach Platon schränke sich «die ganze eigentliche Kunst darauf ein, zu wissen, (1.) wozu man überreden muß, und (2.) die Leidenschaften der Menschen, nebst der Art, sie zu erregen, und zweckmäßig zu lenken, recht zu kennen». [90]

Anmerkungen:
1 W. Kuhlmann: Zum Spannungsfeld Überreden – Überzeugen, in: ders.: Sprachphilos., Hermeneutik, Ethik (1992) 73–91, hier 74f. – **2** W.L. Nothstine, M. Cooper: P., in: Th. Enos (Hg.): Encyclopedia of Rhetoric and Composition (New York, London 1996) 505–512, hier 505. – **3** Ch. U. Larson: P., Reception and Responsibility (Belmont, California [5]1989) 219ff. ([7]1995). – **4** P.L. Oesterreich: Fundamentalrhet. Unters. zu Person und Rede in der Öffentlichkeit (1990) 6. – **5** D.H. Parker: Rhetoric, Ethics and Manipulation, in: Philosophy and Rhetoric 5 (1972) 69–87; J. Kopperschmidt: Allg. Rhet. Einf. in die Theorie der Persuasiven Kommunikation (1973); Oesterreich [4] 43ff.; J. Knape: P. und Kommunikation, in: J. Kopperschmidt (Hg.): Rhet. Anthropol. Stud. zum Homo rhetoricus (2000) 171–181. – **6** G. Rusch: Kommunikation und Verstehen, in: K. Merten, S.J. Schmidt, S. Weischenberg (Hg.): Die Wirklichkeit der Medien. Eine Einf. in die Kommunikationswiss. (1994) 60–78, hier 65ff. – **7** Kuhlmann [1] 76. – **8** zu Hovland siehe N. Macoby: Die neue ‹wiss. Rhet›, in: W. Schramm (Hg.): Grundfragen der Kommunikationsforschung (dt. [2]1968) 55–70; grundlegender Überblick zur strategischen Verhaltensbeeinflussung in: S.R. Wilson: Seeking and Resisting Compliance. Why People Say What They Do When Trying to Influence Others (Thousand Oaks/ London/ Neu Delhi 2002). – **9** J. Knape: Zwangloser Zwang. Der P.-Prozeß als Grundlage sozialer Bindung, in: G. Ueding, Th. Vogel (Hg.): Von der Kunst der Rede und Beredsamkeit (1998) 54–69, hier 56. – **10** J. Nienkamp: Internal Rhetorics. Toward a History and Theory of Self-P. (Carbondale, Edwardsville 2001); Ch. Schorno: Autokommunikation (2003). – **11** zur Kategorie ‹Widerstand› siehe J. Knape: Was ist Rhet.? (2000) 58. – **12** H.P. Grice: Logic and Conversation, in: P. Cole, J. Morgan (Hg.): Syntax and Semantics 3: Speech Acts (1975) 41–58; G. Grewendorf, F. Hamm, W. Sternefeld: Sprachliches Wissen. Eine Einf. in moderne Theorien der gramm. Beschreibung ([4]1990) 401–421 ([11]1999). – **13** LuMing Mao: P., Cooperation and Diversity of Rhetorics, in: Rhetoric Society Quarterly 20 (1990) 131–142. – **14** zu Schema-Theorien siehe H. Bonfadelli: Einf. in die Medienwirkungsforschung. Basiskonzepte und theoretische Perspektiven (Zürich 1998) 65f. – **15** vgl. G.A. Kennedy: A Hoot in the Dark: The Evolution of General Rhetoric, in: Philosophy and Rhetoric 25 (1992) 1–21. – **16** Knape [9] 54–69. – **17** G.W. Allport: Attitudes, in: M.A. Fishbein (Hg.): Readings in Attitudes Theory and Measurement (New York 1967) 3; F. Ronneberger, M. Rühl: Theorie der Public Relations (1992) 143. – **18** G.A. Kennedy: Classical Rhetoric and its Christian and Secular Tradition from Ancient to Modern Times (Chapel Hill 1980) 4–6. – **19** vgl. auch M. Franz: Von Gorgias bis Lukrez. Antike Ästhetik und Poetik als vergleichende Zeichentheorie (1999). – **20** Cic. Brut. 164. – **21** Kennedy [18] 4–6. – **22** Quint. II, 17, 23. – **23** ders. II, 17, 13–14 u.15. – **24** Arist. Rhet. I, 3, 2. – **25** Quint. XII, 10, 59. – **26** J. Püllenberg: Rhet. für Gymnasien und angehende Redner (Lemgo 1827) 2. Ex. in meinem Besitz. – **27** Arist. Rhet. I, 2, 25. – **28** Aristoteles ‹De arte rhetorica libri tres›. Carolo Sigonio interprete (Venedig 1566); 8. Ex. in meinem Besitz. – **29** Plat. Phaidr. 271 a-d; A. Bremerich-Vos: Populäre rhet. Ratgeber. Hist.-systematische Unters. (1991) 231f.; J. Knape: Allg. Rhet. (2000) 33. – **30** M. Warner: Philosophical Finesse. Studies in the Art of Rational P. (Oxford 1989) 32–66; J. Walker: The Body of P.: A Theory of the Enthymeme, in: College English 56 (1994) 46–65. – **31** Cic. De or. I, 146 und II, 83; vgl. Knape [29] 106f. u. 114. – **32** Arist. Rhet. III, 17, 7–8. – **33** F. de La Rochefoucauld: Réflexions ou Sentences et Maximes morales Nr. 8, in: ders.: Œvres complètes. Hg. v. L. Martin-Chauffier (Paris 1964). – **34** K. Dockhorn: Die Rhet. als Quelle des vorromantischen Irrationalismus in der Lit.– und Geistesgesch., in: Dockhorn 46–95, hier 49; vgl. R. Meyer-Kalkus: Art. ‹Pathos› in: HWPh, Bd. 7 (1989) Sp. 193–199. – **35** tabellarische Übersicht bei K. Merten: Wirkungen von Kommunikation, in: Merten, Schmidt, Weischenberg [6] 291–328, hier 314; vgl. J. Hawthorn: Propaganda, P. and Polemic (London 1987); Systematisches in: G.S. Jowett, V. O'Donnell: Propaganda and P. (Thousand Oaks etc. [3]1999). – **36** Ronneberger, Rühl [17] 141ff. – **37** Larson [3] 81ff. – **38** Ronneberger, Rühl [17] 142. – **39** E. Katz, P.F. Lazarsfeld: Personal influence. The part played by people in the flow of mass communication (Glencoe 1955) 18f. – **40** U. Apitzsch: Art. ‹Massenkommunikation› in: HWPh, Bd. 5 (1980) Sp. 832–836. – **41** M.A. Milburn: P. and Politics. The Social Psychology of Public Opinion (Pacific Grove 1991). – **42** J. Habermas: Strukturwandel der Öffentlichkeit (1962) 264 ([13]1982). – **43** Nothstine, Cooper [2] 511. – **44** M. Schenk: Medienwirkungsforschung (1987) 22ff.; M.L. DeFleur: Theories of Mass Communication (New York [2]1970) 97ff. ([5]1989). – **45** H.D. Lasswell: The Theory of Political Propaganda, in: American Political Science Review 21 (1927), 627–631; ders.: Propaganda Technique in World War I. (Diss. University of Chicago [2]1971). – **46** C.I. Hovland, A.A. Lunsdaine, F.D. Kelley: Experiments on Mass Communication (Princeton 1949); C.I. Hovland, I.L. Janis, H.H. Kelley: Communication and P. Psychological Studies of Opinion Change (New Haven, London, Yale 1953); zusammenfassend Macoby [8]; vgl. M. Schenk: P., in: Fischer Lex. Publizistik, Massenkommunikation, hg. v. E. Noelle-Neumann, W. Schulz, J. Wilke ([4]2002) 407–421, 412ff. – **47** P.F. Lazarsfeld, B. Berelson, H. Gaudet: The People's Choice. How the Voter Makes up his Mind in a Presidential Campaigne (New York 1944; [3]1968 dt. ‹Wahlen und Wähler. Soziologie des Wahlverhaltens› 1969). – **48** S. Müller-Gerbes: Wer beim Fernsehen aufpaßt behält mehr, in: Frankfurter Rundschau vom 01.11.1989, 12. – **49** Merten [35] 291. – **50** E.L. Bernays: Biogr. einer Idee. Die Hohe Schule der PR. Lebenserinnerungen von E.L. Bernays (1967) 67f. – **51** Ronneberger, Rühl [17] 142. – **52** ebd. – **53** ebd. 145. – **54** ebd. 153. – **55** B. Asmuth: Art. ‹Angemessenheit›, in: HWRh, Bd. 1 (1992) Sp. 579–604. – **56** Merten [35] 310. – **57** Bremerich-Vos [29] 254. – **58** D. Krause: Luhmann-Lex. ([3]2001) 145. – **59** Bremerich-Vos [29] 254. – **60** N. Luhmann, K.-E. Schorr: Das Technologiedefizit der Erziehung und die Päd., in: dies. (Hg.): Zwischen Technologie und Selbstreferenz – Fragen an die Päd. (1982) 11–40, hier 17. – **61** Bremerich-Vos [29] 255. – **62** ebd. 221ff. – **63** ebd. 231ff. – **64** Quint. II, 13, 2. – **65** ‹Creativity› in: Norbert Aubuchon: The Anatomy of P. (New York etc. 1997) 20–25. – **66** vgl. Macoby [8]. – **67** Krause [58] 186. – **68** N. Chomsky: Regeln und Repräsentationen (1981). – **69** Th. Lewandowski: Linguistisches Wtb. 2 ([5]1990) 572f.; N. Fries: Art. ‹Kompetenz vs. Performanz› in: H. Glück (Hg.): Metzler Lex. Sprache (1993) Sp. 320f. – **70** Lausberg Hb., Vorwort 8. – **71** D. Hymes: The Ethnography of Speaking, in: J.A. Fishman (Hg.): Readings in the Sociology of Language (The Hague 1968) 99–138. – **72** Knape [11] 55. – **73** Luhmann, Schorr [60] 11–40, hier 18. – **74** Bremerich-Vos [29] 256. – **75** ‹The Source: Properties of Speaker Credibility› in: Th.D. Beisecker, D.W. Parson (Hg.): The Process of Social Influence. Readings in P. (Englewood Cliffs/New Jersey 1972) 219–269; Knape [11] 74f. – **76** M. Cahn: Kunst der Überlistung – Stud. zur Wissenschaftsgesch. der Rhet. (1986) 105. – **77** Bremerich-Vos [29] 257. – **78** F. Strack, T. Mussweiler: Resisting Influence. Judgmental Correction and its Goals, in: J.P. Forgas, K.D. Williams (Hg.): Social Influence. Direct and Indirect Processes (Philadelphia 2001) 199–212; vgl. Knape [11] 58ff. – **79** vgl. den konstruktivistischen Ansatz bei Merten [35] 309ff.; zur Kritik aus lerntheoretischer Sicht s. W. Hoops: Konstruktivismus – ein neues Paradigma für didaktisches Design? (1996). – **80** Larson [3] 28ff. – **81** Knape [5] 171–181, hier 178. – **82** W. Kuhlmann: Rhet. und Ethik, in: W. Armbrecht, U. Zabel (Hg.): Normative Aspekte der Public Relations (1994) 35–50. – **83** J.S. Tornqvist, D.E. Anderson, B.M. DePaulo: Deceiving, in: W.P. Robinson, H. Giles (Hg.): The New Handbook of Language and Social Psychology (Chichester etc. 2001) 271–284. – **84** B. Wirkus: Art. ‹Manipulation›, in: HWRh, Bd. 5 (2001) Sp. 930–945, hier Sp. 933; E. Haberland: Art. ‹Manipulation›, in: HWPh, Bd. 5 (1980) Sp. 726–731. – **85** vgl. Chr. Heilmann: Wissenschaftstheoretische Positionen Gottscheds zur Rhet. und ihre Aufhebung im 20. Jh., in: Beitr. zur Erforschung der d. Sprache 5 (1985) 276–280; D.S. Levi: In Defense of Rhetoric, in: PaR 28 (1995) 253–275. – **86** I. Kant: Kritik der reinen Vernunft, in: Gesamm. Schr. III. Hg. von der Königl. Akad. der Wiss. (1911) 532; R. Campe: Rhet.-Forschungen, in: Modern Language Notes 109 (1994) 519–537, hier 532. – **87** R. Rorty: Überreden ist gut, in: ders.: Philos. & die Zukunft. Essays ([2]2001) 163–190, hier 168. – **88** Ch. Perelman: Das Reich der Rhet. (1980) 155f. – **89** Lausberg Hb. § 61. – **90** Fénelons Dialoge über die Beredsamkeit im Allgemeinen und über die Kanzel-Beredsamkeit insbesondere, übers. v. J.C. Schlüter (Münster 1803) 52.; Ex. im Besitz des Verf.

B. I. *Begriffsgeschichte.* Die persuasive Wechseloperation wird in den europäischen Sprachen mit zahlreichen Verben bzw. substantivierten Verben ausgedrückt. In der Antike findet sich das wichtigste griechische, auf rhetorische Überzeugungsaktivität gerichtete Verb peíthein sowohl in den Homerischen Epen (8./7. Jh. v. Chr.) wie auch im Werk des Thukydides (5. Jh. v. Chr.) bereits in Größenordnungen von jeweils rund zweihundert Belegen. [1] Die Wurzel πιθ verweist auf eine etymologische Grundbedeutung ‹verbinden›, die in dem stammverwandten lateinischen *foedus* ‹Bündnis› noch greifbar ist. Semantisch näher stehen aber lat. *fidere* ‹vertrauen› und *fides* ‹Treue›, ‹Vertrauen›. [2] Die πειθώ, peithó (das personifizierte Überzeugen) allerdings erscheint erstmals bei Hesiod [3] als Bezeichnung für eine Göttin. [4] Mythologisch ist Peitho die ständige Gesellin der Liebesgöttin Aphrodite, womit auf den Zusammenhang von Liebeswerben und Verführung als persuasive Grundaktivitäten des Menschen verwiesen wird. [5]

Die Begriffe peithó und πιθανόν, pithanón (das was Glauben verdient, das Überzeugende) sind verwandt. Das Verb πείθειν, peíthein läßt sich im Deutschen nicht durch eine einzige Vokabel wiedergeben; es beinhaltet sowohl eine Beeinflussung auf rationalem Wege und damit gleichzeitig ein «Einwirken auf den Verstand durch Erkenntnis» als auch «Einwirken auf den Willen oder das Gemüt durch Auslösen eines Willensentschlusses oder einer Gemütsstimmung». [6] Als generelles Interpretament käme in Betracht: «(jemanden) dazu bringen, etwas zu tun bzw. zu glauben». [7] Das Verb selbst besitzt keinerlei moralisch bewertende Konnotation; es kann also für sämtliche lauteren und unlauteren, auch nonverbale Formen der gewaltfreien Einflußnahme verwendet werden wie Überzeugen, Überreden, Überlisten, Verführen, auch Bestechen. [8]

Die überlieferten griechischen Rhetorikdefinitionen arbeiten von Anfang an mit der Persuasionskategorie. So wird die Rhetorik in der von PLATON dem Sophisten Gorgias in den Mund gelegten und letztlich den Sizilianern Korax und Teisias zugeschriebenen Definition als «Schöpferin oder Meisterin der Überzeugung» (πειθοῦς δημιουργός, peithūs demiurgós) bezeichnet. Rhetorik sei die «Fähigkeit», sagt Gorgias, «zu lehren, durch Worte zu überzeugen, vor Gericht die Richter und überhaupt die Bürger in jeder Versammlung». [9]

Diese Definition hielt sich bei vielen griechischen Theoretikern und hinterließ ihre Spuren auch bei den Römern. [10] Der AUCTOR AD HERENNIUM sagt einleitend, die Rhetorik ziele auf die Erlangung von Zustimmung der Zuhörer (*adsensio auditorum*). [11] CICERO verwendet das lateinische Verb *persuadere*, wenn er es zur Aufgabe des Orators erklärt, ganz aufs Überzeugen bedacht zu reden, *dicere ad persuadendum accommodate*. [12] Dieses Verb entspricht in seiner Extension und in seiner moralischen Indifferenz ziemlich genau dem griechischen πείθειν – auch die griechische Peitho hat ihr lateinisches Äquivalent in der *Suada* [13], es unterscheidet sich aber i.d.R. durch verschiedene Konstruktionen zwischen ‹überzeugen *von* einem Sachverhalt› (*persuadere* mit A. c. I.) und ‹überreden, bewegen *zu* einer Handlung oder Duldung einer Handlung› (mit *ut* finale). [14]

Bei QUINTILIAN finden wir dann eine ganze Reihe von Definitionen, die das Persuasionsziel in den Mittelpunkt stellen: Gorgias und andere hätten Rhetorik als «die Kraft, durch Reden zu überzeugen» (*vis dicendo persuadendi*) angesehen, bei der alles darauf hinauslaufe, «die Menschen durch Reden zu dem zu führen, was der Texturheber will» (*ducere homines dicendo in id quod auctor velit*); und der Enzyklopädist CORNELIUS habe als oratorische Aufgabe das «überzeugend Reden in einer zweifelhaften Sache des öffentlichen Lebens» (*dicere persuasibiliter in dubia civili materia*) angesehen. [15]

Im Mittelalter setzt sich die zwiespältige Haltung gegenüber der P. in den verschiedenen Richtungen der Rhetoriktheorie fort. Zunächst einmal ist festzuhalten, daß der Kirchenvater AUGUSTINUS die Persuasionsrhetorik auch für die christliche Verkündigung reklamiert. Seine definitorischen und zugleich apologetischen Äußerungen zu Beginn von ‹De doctrina christiana IV› gehen von einem technischen Verständnis der P. aus: Mit Hilfe der rhetorischen Kunst könne man jemandem eine feste Überzeugung nicht bloß vom Wahren, sondern auch vom Falschen beibringen (*suadere*). Da also die Gabe der Rede an sich etwas Neutrales sei und zur Überzeugung (*ad persuadenda*) sowohl in Hinblick auf gute als auch auf schlechte Dinge viel vermöge, warum solle sie dann von dem Eifer der Guten nicht auch zu dem Zweck erworben werden, der christlichen Wahrheit Dienste zu leisten? [16] Augustinus beobachtet, daß Rhetorik bzw. P. auch im jüdischen Kulturkreis des Alten Testaments sowie im Neuen Testament eine Rolle spielt. So heißt es beim Propheten Jeremias: «Seduxisti me Domine et seductus sum.» [17] (Herr/Du hast mich vberedt/vnd ich hab mich vberreden lassen.) [18] An anderer Stelle findet sich der Satz: «*Non vos ergo decipiat Ezechias nec vana persuasione deludat neque credatis ei.*» [19] (So lasst euch nu Hiskia nicht aufsetzen/vnd lasst euch solchs nicht bereden/vnd gleubt jm nicht.) [20] Paulus schreibt an die Korinther: «*Et sermo meus et praedicatio mea non in persuasibilibus sapientiae verbis.*» [21] (Vnd mein wort vnd meine predigt war nicht in vernünfftigen Reden menschlicher weisheit) [22] oder an die Galater: «*Persuasio non est ex eo qui vocat vos.*» [23] (Solch vberreden/ist nicht von dem/der euch beruffen hat.) [24] Die augustinische Persuasionsauffassung setzt sich bei dem frühmittelalterlichen Autor HRABANUS MAURUS fort. [25]

«Die Geschichte der Rhetorik seit der Antike, seit dem Hellenismus, ist zum guten Teile eine Geschichte der Ausbreitung des epideiktischen Zweiges. Er gewinnt im gleichen Maße, wie die Gerichtsrede und Staatsrede an Bedeutung verlieren.» [26] Insofern neigen die mittelalterlichen Rhetoriker in ihren Definitionen zur Eloquenzrhetorik. So auch ALKUIN in seiner Rhetorik vor ca. 796, wenn er als Ziel der *ars* die Fähigkeit gut zu reden angibt (*bene dicendi scientia*). [27] Im Verlauf seiner Erörterung wird aber auch auf die natürliche, anthropologische Verankerung persuasiven Verhaltens verwiesen: ‹Denn wie es allen angeboren ist, sich zu schützen und andere mit den Waffen abzuwehren, auch wenn sie es durch Waffenübung nicht erlernt haben, so ist es fast allen von Natur gegeben (*naturale est*), andere zu beschuldigen und sich selbst zu rechtfertigen, auch wenn sie es durch Übung nicht erlernt haben.» [28]

Demgegenüber vertritt NOTKER (vor 1022) sehr viel klarer eine persuasionstheoretisch fundierte Position, wenn er in seiner Rhetorikdefinition sagt, unter Rhetorik habe man jene Theorie (*ars*) und jene im Wissen verankerte Kompetenz (*scientia*) zu verstehen, die sich im Überzeugen (*suadendo*) – und zwar vernunftgeleitet (*rationabiliter*) äußert. [29] «Gemäß römischer Tradition zentriert auch Notker die Rhetorik in letzter Instanz auf die Vorstellung vom kommunikativ Handelnden: Jeder Orator handelt also so, dass er seine Gegner bezwingt, Richtende und Zuhörende an sich zieht und, wie Cicero sagt, mit dem Reden überzeugt». [30] Bei der anschließenden Frage, wovon der Orator zu überzeugen habe (*quid persuadeat?*), nimmt der Kleriker Notker natürlich eine ethische Bindung der P. im Sinne der klassischen Tradition vor: Das Ziel ist die Verteidigung des Gerechten, Guten und Ehrenvollen und die Abwehr alles Schlechten (c.43).

In der theoretischen Literatur mittelalterlicher Spezialrhetorik, die sich mit gewissen Einschränkungen an die epideiktische Tradition, insbesondere die der ‹Ars poetriae› und der ‹Ars dictandi›, anbinden läßt sie die Persuasionsfrage im Sinne eines intrinsischen Rhetorikverständnisses ausgeklammert. Die frühneuhochdeutschen Briefsteller legen Wert auf strenge Regelhaftigkeit, und ihre Theorie läßt nur an wenigen Stellen Spielraum für Überzeugungshandlungen.[31] Im Jahre 1493 spricht F. RIEDERER in seinem ‹Spiegel der wahren Rhetorik› erstmals in deutscher Sprache die Wirkungsfrage an. Der «redende» soll stets die «entlich wirkung siner red ermessen» schreibt er in seinen Ratschlägen an die Redner.[32] Bei W. RATKE tritt 1619 für *persuasio* das Interpretament «Vberredung» auf.[33]

Begriffsgeschichtlich wichtig wird dann in der Aufklärung die moralistisch motivierte Differenzierung von «Überreden» und «Überzeugen». Bei Übersetzungen des lat. *persuadere* glaubte man, anhand einer moralischen Interpretation der beiden oben erwähnten Konstruktionsmöglichkeiten des Verbs zwischen propositional-‹sachlichem› Überzeugen und manipulativ-interessegeleitetem ‹Überreden› unterscheiden zu können. In J. CHR. GOTTSCHEDS ‹Ausführlicher Redekunst› von 1736 besteht die Beredsamkeit «im eigentlichen und engeren Verstande» in der Geschicklichkeit, «seine Zuhörer von allem, was man will, zu überreden, und zu allem, was man will, zu bewegen». Eine «so ernstliche, männliche und philosophische Kunst, als die Redekunst ist», muß mit großem Bedacht «auf die Mittel sehen, wodurch die Ueberredung der Zuhörer bewerkstelliget werden kann». Die aufklärerischen Orientierungs- und Erkenntnisquellen «Vernunftlehre» und «Sittenlehre» bekommen hier entscheidendes Gewicht, denn sie korrespondieren mit «Verstand und Willen» im Menschen. Der Verstand eines Menschen läßt sich aber «niemals anders, als durch Gründe und Ursachen gewinnen»; der Wille nun «läßt sich nicht ohne die Vorstellungen des Guten und Bösen lenken: diese aber nennet man Bewegungsgründe». Die «falsche Beredsamkeit» arbeitet mit «Scheingründen», die «keine logische Prüfung aushalten». Dazu helfen vor allem «die dialektischen Disputirkünste, dadurch man alles wahrscheinlich machen konnte: und die rhetorische sogenannte Topik». Doch diese «falsch-berühmte Kunst» sei, betont Gottsched, bei «rechtschaffenen Leuten bald in Verachtung gerathen». Im schärfsten Kontrast dazu stehe die vernunftgemäße «Ueberführung» durch strengen Beweis. Die Rhetorik habe es allerdings nur mit «Ueberredung» zu tun, also mit dem «Vortrag der Wahrheit durch wahrscheinliche Gründe». [34]

Gottscheds Vorstellungen finden sich 1746 modifiziert in ZEDLERS monumentalem Universallexikon wieder. Hier werden (1) «sich überreden» und (2) «einen andern überreden» unterschieden. Beim Überreden eines anderen «ist die Ueberredung eine Ueberführung des andern von einem Satze durch einen Reihe von wahrscheinlichen Vernunfft=Schlüssen». P. wird also auch hier ganz rationalistisch im Sinne der Aufklärung als Argumentationsphänomen verstanden. Dabei entsteht die Frage, «ob die Ueberredung der Endzweck der Redekunst sey? Insgemein wird der Endzweck der Eloquentz in der P. oder Ueberredung gesetzet, welches die Meynung der Alten und der meisten neuern ist». Dagegen sei aber «gar vieles einzuwenden». Zedler trennt nun deutlich die Eloquenzrhetorik von der alltäglichen, ubiquitären Persuasionsrhetorik: «Anfangs suchet man in einer jeden gemeinen Rede den andern zu überreden, und wenn es auch von einer Bauer Magd geschehen solte, die einem ihre Butter oder Eyer verkauffen will, wer wollte aber sagen, daß diese Magd die Eloquentz studiret hätte?» Mit einem Syllogismus wird nun der Eloquenzrhetorik das Persuasionsziel abgesprochen: «Ist nun die gemeine Rede und die Eloquentz unterschieden, und die P. ist der Endzweck von jener, so kan man sie ja nicht auch vor den Endzweck der Eloquentz halten. Ja wenn ein Redner in Gegenwart weiser und verständiger Leute eine Materie, die sich auf gantz gewisse Beweiß=Gründe stützte, in einer Rede auszuführen hätte, solte er sie wohl nur zu überreden suchen, und wer wolte dieses von einem Prediger behaupten? zu geschweigen, daß viele nicht wissen, was sie durch die P. verstehen sollen.» Die angefügte Kerndefinition ruft wiederum nur rationale Gesichtspunkte der Kommunikation auf: «Eigentlich heisset einen überreden so viel, als einen betriegen, das ist, einen durch falsche, oder Schein=Gründe zum Beifall seiner Meynung bewegen.» [35]

Gegen Ende des 18. Jh. ist diese Vorstellung fest etabliert. Entsprechend heißt es 1794 bei J.G. SULZER: «Wir machen einen Unterschied zwischen Ueberredung und Ueberzeugung. Jene setzen wir in dem Beyfall, der mehr erschmeichelt, als erzwungen wird. Von der Ueberzeugung ist sie darin unterschieden, daß diese aus unumstößlichen und völlig unzweifelhaften Gründen nothwendig erfolgt. Die Ueberredung würket Beyfall und Glauben, die Ueberzeugung unumstößliche Kenntniß der Wahrheit.»[36] Die P. selbst bleibt unbestrittenes Definiens der Rhetorik gerade bei ihren Gegnern. «Daß der Topos: ‹Zweck der Beredsamkeit ist es, die Gemüter zu gewinnen› auch dann noch in Kraft blieb, als an die Stelle der Rhetorik die Stilistik, an die Stelle der rhetorischen Regel-Poetik die historisch orientierte Ästhetik trat, wird durch eine Fülle von Zeugnissen belegt.»[37] A. SCHOPENHAUER bezeichnet im Rhetorikkapitel seiner ‹Welt als Wille und Vorstellung› die Beredsamkeit als «Fähigkeit, unsere Ansicht einer Sache oder unsere Gesinnung hinsichtlich derselben auch in anderen zu erregen, unser Gefühl darüber in ihnen zu entzünden und sie so in Sympathie mit uns zu versetzen.»[38] Die ganze mit dem deutschen Idealismus einhergehende antirhetorische Polemik arbeitet mit der Unterstellung, P. sei immer auf moralisch fragwürdige Manipulationsverfahren gegründet: «deshalb die Invektiven gegen ihre ‹Vorstellungs›-Technik (Goethe), gegen die ‹Maschinen der Überredung›, derer sich der Rhetor bediene, gegen das ‹Überlisten› und ‹Überschleichen› (Kant); deshalb vor allem das Ausspielen der ‹reinen Poesie, die nie einen Zweck außer sich selbst hat› (Schelling), gegen den ‹bloß zweckmäßigen Zusammenhang›, von dem das Werk des Redners bestimmt sei (Hegel); deshalb die Antithese von Poesie, die ‹weder Rede noch Kunst ist›, und von Redekunst, die sich der poetischen Vorteile und Rechte bediene und sie mißbrauche, ‹um gewisse äußere, sittliche oder unsittliche, augenblickliche Vorteile im bürgerlichen Leben zu erreichen› (Goethe).»[39]

Damit wird die Rhetorik ethisch über das Persuasionskriterium ausgegrenzt mit all den bekannten Folgen für ihren epistemischen Status im 19./20. Jh. Inzwischen ist hier ein Wandel eingetreten. Und so deckt etwa die in der zweiten Hälfte des 20. Jh. von Ch. Perelman als «neue Rhetorik angelegte Theorie der Argumentation» wieder das breite «Feld sämtlicher auf Überzeugung oder Überredung gerichteten Redeweisen» ab (tout le champ du discours visant à convaincre ou à persuader), egal «an welche Zuhörerschaft sie sich auch richten und welchen Gegenstand sie auch behandeln mögen». [40]

II. *Persuasionsforschung im 20. Jh.* Persuasionsphänomene werden heute in vielen Bereichen beobachtet, die mit speziellen kommunikativen Methoden arbeiten, so etwa auch in der Psychotherapie. [41] Infolgedessen beschäftigen sich heute die unterschiedlichsten Disziplinen mit Fragen der P., wobei der Begriff ‹P.› manchmal sehr weit gefaßt wird. [42] Auch die Ergebnisse sind inzwischen unübersichtlich geworden und finden sich oft nur in Form trivialisierter Ratschläge wieder. So gibt etwa J.A. DeVito (1986) die folgenden sieben ‹Principles of Persuasion› an: 1. Das Glaubwürdigkeitsprinzip (je glaubwürdiger der Sprecher, desto erfolgreicher ist er); 2. Das Attraktivitätsprinzip (je attraktiver der Sprecher erscheint, desto erfolgreicher ist er); 3. Das selektive Aufdeckungsprinzip (*selective exposure principle*: konfrontiere dein Auditorium nur mit ausgewählten und angepaßten Informationen); 4. Das Impfprinzip (*inoculation principle*: beachte, daß sich ein Publikum gegen P. immunisieren läßt); [43] 5. Das Gewicht-des-Wechsels-Prinzip (*magnitude of change principle*: je größer und wichtiger der angestrebte Wechsel ist, desto schwieriger wird er); 6. Das Publikums-Teilnahme-Prinzip (je mehr das Publikum aktiviert wird, desto größer der Erfolg); 7. Das Motivations-Prinzip (je besser sich die Vorschläge des Redners an die Motive des Publikums anpassen, desto erfolgreicher sind sie). [44]

Derart simplifizierte und verkürzte Hinweise spiegeln nur sehr schwach die inzwischen sehr komplex gewordenen Ergebnisse der weltweit unternommenen wissenschaftlichen Untersuchungen zur P. Die Forschungsarbeiten und Theorien haben ihre jeweils eigenen Ausgangspunkte, die wir den drei Instanzen des klassischen Kommunikationsmodells zuordnen können. Die humanethologisch bzw. psychologisch orientierten Forschungen setzen bei den Kommunikationspartnern, ihren psychischen Dispositionen, ihren psychosozialen Ausrichtungen, kulturellen Verflechtungen und Interaktionen an. Die semiotisch orientierten Arbeiten gehen vom Kanal aus und konzentrieren sich hier intrinsisch auf die Symbolsysteme und Texturen. Die kommunikations- und medienwissenschaftlich orientierten Ansätze gehen zwar auch vom Kanal aus, nehmen aber oft sehr viel komplexere soziale und mediale Zusammenhänge in den Blick. Auch die theoretischen Voraussetzungen sind sehr unterschiedlich. Semiotische (einschließlich linguistischer) Forschungen sind regelmäßig hermeneutisch oder strukturalistisch angelegt; die Sozialpsychologie bzw. die empirische Kommunikations- und Medienwirkungsforschung arbeiten regelmäßig experimentell und gehen oft noch von (modifizierten) behavioristischen Persuasionsauffassungen wie der folgenden aus: «In persuasion we are interested exclusively in patterns of behavioral effects, in intentional, human responses to persuasive messages.» (Bei der Persuasion interessieren wir uns ausschließlich für Muster verhaltensbezogener Wirkungen, für intendierte, menschliche Reaktionen auf persuasive Botschaften). [45]

1. *Sprachwirkungsforschung.* In der Rhetorik ging man bei Wirkungsüberlegungen traditionell schon immer auch vom Kanal und der semiotischen Ebene, d.h. konkret vom sprachlichen Text als Hauptinstrument der Kommunikation aus. Inzwischen gibt es eine reiche Forschung zum Komplex P. und Sprache. [46] In der machttheoretisch beeinflußten Spracheinflußforschung werden fünf große Besonderheiten der Sprache hervorgehoben: Sprache kann einerseits die Einflüsse, die hinter ihr stehen, (1) offenlegen und (2) reflektieren, ohne selbst Macht ausüben zu wollen; andererseits kann sie von Menschen benutzt werden, um (3) Einfluß hervorzubringen, (4) Einflußversuche zu objektivieren oder zu entpolitisieren und (5) Dominanzverhältnisse so darzustellen, als seien sie natürlich. [47]

Die Sprache kann eben mit gewissem Recht in den jeweiligen Sprechergemeinschaften als das am besten wechselseitig adjustierte, allseits gut trainierte und bei der Informationsvermittlung leistungsstärkste Verständigungsmittel gelten. Die Theorieansätze dieser Tradition sehen in der Sprache, genauer: in sprachlichen Texten, auch regelmäßig und mit guten Gründen einen situationsenthobenen, mithin «echten» Stimulus. Das System Sprache erlaubt also erfahrungsgestützte Wirkungskalküle aufgrund relativ verläßlicher Wahrscheinlichkeitsüberlegungen. [48] Setting, Form und Wirkungspotential einer Äußerung sind demnach in einem Zusammenhang von Wirkwahrscheinlichkeiten zu sehen, die jeder Sprecher und Hörer entsprechend seiner Kompetenz und Erfahrung gewichtet. Die Erwartungen des Sprechers, die ihn seiner Ansicht nach berechtigen, Intentionen zu verfolgen, fußen entsprechend auf Wahrscheinlichkeitskalkülen. Es gibt im Sprachsystem keine durch konstitutive Regeln festgeschriebene Weise, wie der Kommunikator eine spezielle Intention zu verfolgen hat. Auf der anderen Seite erwartet der Rezipient aber doch bestimmte, wahrscheinliche Intentionen des Sprechers, so daß auch er zu einer Interpretation einer Handlung hinsichtlich der beabsichtigten Wirkung kommt. Intentionen zu verstehen heißt allerdings noch nicht, sie auch zu akzeptieren. Insgesamt beruhen die von Sprache evozierten, beiderseitigen Erwartungen auf Konventionen, die gerade deshalb entstehen und beachtet werden, weil sie die Erfolgswahrscheinlichkeit kooperativer Interaktion erhöhen. [49]

In der amerikanischen Forschung spricht man bei der auf semiologischer Ebene ansetzenden Betrachtungsweise der P. generell von der *symbolistic perspective*: «Because all symbols represent interests and motives, from the symbolic perspective all symbols, and all acts of interpretation, are considered inherently persuasive». [50] Dahinter steht die von K. Burke vertretene Auffassung, daß in der Auseinandersetzung mit den Semantiken von Texturen jedweder Zeichenart (d.h. «language, nonverbal and nondiscursive symbolism») im Rezipienten Akte der *identification* mit persuasivem Effekt stattfinden können. P. ist unter dieser Perspektive mithin «to a significant extent self-persuasion». [51] Dieser ursprünglich in der amerikanischen *New Rhetoric* beheimatete Ansatz entwickelt die traditionelle Textinterpretation bzw. die Sprach- und Textinhaltsforschung der Philologien mit neuen Akzenten weiter. In Form von Theorien des symbolischen Interaktionismus, des Dramatismus und der Narration umgreifen sie heute weite Bereiche kultureller Konstruktionsfelder. [52]

Als richtungweisend muß die von J.L. Austin (1962) und J.R. Searle (1969) entwickelte ‹Sprechakttheorie› betrachtet werden.[53] Sie filtert unter dem Begriff der «Illokution» die intentionalen Bedeutungen von Sprechhandlungen auf Satzebene aus. In Fortschreibung dieses Ansatzes spricht KNAPE (2000) von «Textakten» bzw. «Textgesten» auf der Textebene.[54] Rhetorisch ist die «Perlokution», also die auf Wirkung bezogene Gegenseite der «Illokution» von Bedeutung. Austin selbst ist sich über die Existenz von eigentlichen persuasiven Sprechakten im klaren, wenn er sagt, man müsse «Handlungen mit einem perlokutionären Ziel (Überzeugen, Überreden) von solchen unterscheiden», die «bloß zu einem perlokutionären Nachspiel führen».[55] Das Problem besteht bei der Perlokution allerdings darin, daß sie nicht mit dem semantikanalytischen Ansatz der Sprechakttheorie untersucht werden kann, weil die Gelingensbedingungen außerhalb der Semantik liegen. Mit den Mitteln der semantischen Analyse läßt sich die tatsächliche rezipientenseitige Wirkung nicht erfassen, weil sich Rezipienten antikonventionell verhalten können. Hier sind extrinsisch ansetzende Verfahren und Methoden gefragt, wie sie die moderne empirische Linguistik bzw. die Sprachpsychologie oder Psycholinguistik auf den Gebieten von Sprach- oder Sprechwirkungs-Forschung anwenden. Auch diese Forschungen gehen vom klassischen Stimulus-Response-Modell aus.

Als Beispiel einer neueren Untersuchung, die den sprechakttheoretischen Ansatz weiterentwickeln will, sei die Arbeit von N.SAUER zur Perlokution in der Werbung (1998) genannt. Sie geht davon aus, daß Perlokution immer zwei Möglichkeiten impliziert: (1) die Erfüllung beiderseitiger Erwartungen oder (2) das nicht intendierte Eintreten ganz anderer Reaktionen.[56] Für den Erfolg von Werbeanzeigen sind darum Kontrollmechanismen entscheidend, die den Reaktionsspielraum beim Rezipienten einschränken und die intendierte Reaktion verstärken. Hier ist zunächst auf die Kontrolle des situativen Rahmens zu verweisen. Produktionstheoretisch heißt dies, daß bestimmte Verfahren ‹inszenierter Situation› gewählt werden müssen. Sodann muß auf Textebene Kontrolle durch Abweichungsoperationen erzeugt werden, die Aufmerksamkeit, Überraschung und Irritation hervorrufen. Dabei können «textimmanente Spiele» (z.B. mit Hilfe der klassischen rhetorischen Figuren) oder «kontextuelle Spiele» (die zusätzliches Wissen aktualisieren sollen) gewählt werden.[57]

In jedem Fall wird bei derartigen Vorgängen die Frage der ‹Bedeutung› sprachlicher Einheiten wichtig. Der behavioristischen Lerntheorien verpflichtete amerikanische Forscher CH. OSGOOD hat in den 1960er Jahren die Frage untersucht, was unter *meaning* im psychologischen Sinn zu verstehen ist. Die Stimulus-Response-Relation muß seiner Ansicht nach aufgrund komplizierter Verarbeitungsmechanismen äußerer und innerer Art erklärt werden. Sie bedingen als an Sprache geknüpftes individuelles Konnotationssystem, das man mit dem *semantic differential* messen kann.[58] Dabei wird die Frage nach Beeinflussung aufgrund intersubjektiver Verständnisgrundlagen problematisch.

Experimentelle Sprachforscher haben darum versucht zu ermitteln, ob es objektiv bessere oder schlechtere «Bedeutungen» sprachlicher Stimuli gibt. Ein Beispiel sind die sprachpsychologischen Untersuchungen zur ‹Sprachwirkung› von KEGEL/ARNOLD/DAHLMEIER (1985). Sie bestehen aus Experimenten zum emotionalen und kognitiven Bedeutungsgehalt sprachlicher Stimuli. Höhere oder niedrigere Bedeutungszuschreibungen bzw. -gewichtungen wurden über Aufmerksamkeitsreaktionen ermittelt. Methodische Grundlage bildete die physiologisch ausgelegte Verhaltenstheorie E.N. SOKOLOVS, nach der jede menschliche Verhaltensregung von gesamtorganischen Orientierungs- resp. Aufmerksamkeitsreaktionen begleitet wird, die man auch als Indikatoren für die Wirkung sprachlicher Phänomene nehmen kann. Dementsprechend lassen sich etwa Hautreaktionen bei bestimmten sprachlichen Ereignissen messen und dann nach Intensitätsgraden gewichten. Es wurden im wesentlichen drei Gruppen von aufmerksamkeitserzeugenden Faktoren untersucht: 1. Textgestaltung (z.B. Einfluß rhetorischer Stilfiguren bei auditiver Textdarbietung), 2. Darbietungsmodalität (Tonhöhenverlauf und Sprechgeschwindigkeit) sowie 3. Rezeptionssituation und formale Textgestaltung bei visueller oder auditiver Textdarbietung. Im Ergebnis traten eine Reihe von signifikanten Einflußphänomenen zu Tage. Die sprachlich erzeugten und meßbaren Aktivitäts- bzw. Erregungssteigerungen, die man als den persuasiven Wechsel von Zustand A in Zustand B interpretieren kann, lassen sich «auf der Verhaltensebene als selektive Aufmerksamkeitsveränderungen» auffassen, «die durch die Neuartigkeit und die Bedeutsamkeit einer sprachlichen Stimulation bedingt sind. Solche experimentell induzierten Aufmerksamkeitsveränderungen müssen dem wahrnehmenden Menschen nicht notwendigerweise bewußt sein.»[59]

Persuasionstheoretisch ist hier der *Aufmerksamkeits*-Begriff von Bedeutung, weil sich an ihn verschiedene Erklärungsansätze für psychische Verarbeitungsvorgänge knüpfen, die auch die persuasive Operation erklären helfen. Zunächst einmal ist die Stimulus-Seite zu bedenken: «Die Erkenntnis, daß Aufmerksamkeitsprozesse auch einer sehr starken Beeinflussung von außen unterworfen sind, findet ihre praktische Umsetzung in jenen Bereichen, in denen – nach einem Terminus der amerikanischen Wirkungsforschung – mit ‹persuasiver Kommunikation› gearbeitet wird. Dies gilt insbesondere für die Werbung, die in der vielfältigsten Weise versucht, die Aufmerksamkeit potentieller Konsumenten auf ihre Produkte zu lenken bzw. zu ‹zwingen›. Neben geschickt ausgewählten psychophysischen Eigenschaften [von Texten], wie Reizintensität, Kontrast, Bewegung, Neuartigkeit, sind es insbesondere Auslöserreize, die die menschlichen Triebe, wie die Sexualität, ansprechen und die selektive Aufmerksamkeit besonders gut oder überdurchschnittlich auf sich ziehen.»[60]

Als nächstes ist die Seite der hervorgerufenen Reaktion in den Blick zu nehmen. Hier gibt es unterschiedliche Arten von «Aufmerksamkeit», die im Persuasionsvorgang von Bedeutung sind: 1. Die «willkürlich-aktive Aufmerksamkeit», die bereits W. WUNDT (1874) entdeckte. Danach sind psychische Inhalte, die etwa zeichenvermittelt «durch die Aufmerksamkeit in den Blickpunkt des Bewußtseins gelangen, nicht als mechanisch-assoziative Kopplung von Vorstellungen aufzufassen», sondern als Produkte voluntaristischer Aktivität des Individuums. 2. Die «unwillkürlich-passive Aufmerksamkeit, deren Ursachen auf Triebe und Instinkte zurückgeführt werden (HÖFFDING 1908; DÜRR 1914)». 3. Persönlichkeitsbedingte Aufmerksamkeit, die je nach individuellem Charakter «eng» sein kann (wenige Eindrücke werden intensiv wahrgenommen) oder «weit» (viele Eindrücke werden weniger intensiv verarbeitet). Dieser Ansatz wurde zu Theorien weiter entwickelt, die den «Grad der selektiven Aufmerksamkeit» in den Mittelpunkt stellen. Die «auswählende Gerichtetheit» ist nach RUBINSTEIN (⁹1977) das wesentlichste Merkmal der Aufmerksamkeit. Weiterhin hebt er hervor, daß diese selektive Aufmerksamkeitsfokussierung nicht allein von der Aktivität des Organismus abhängig ist, sondern auch als ein von außen steuerbarer Prozeß angesehen werden muß.[61]

Der von Kegel/Arnold/Dahlmeier herangezogene Ansatz Sokolovs beruht auf dem Gedanken, daß wahrgenommene Reize auf ihre Neuartigkeit hin überprüft werden, der ganze Organismus somit als komplexes «Informationsverarbeitungssystem» anzusehen ist.[62] Auf sprachliche «persuasive messages» bezogen stellt D.D. MORLEY (1986) entsprechend fest, daß die Rezipienten bei eingehenden Informationen zunächst einmal in einem «cognitive test» prüfen, ob die Nachrichten «important, novel and plausible» sind «before belief change occurs».[63] Bei den Untersuchungen von Kegel/Arnold/Dahlmeier ist allerdings wichtig, daß die Verarbeitung sprachlicher Informationen zumeist Teil einer komplexen Gemengelage ist und die Grenze zwischen direkten Stimulus-Response-Abläufen auf Konditionierungsbasis einerseits (z.B. bei bestimmten Reizwörtern) und distanzierenden und reflektierenden Mentalprozessen andererseits (z.B. bei einer ausführlichen Argumentation) verschwimmt.[64] Im Persuasionsvorgang wird daher gerade die Mischung von reflektierten und automatisierten Mentalvorgängen regelmäßig ausgenutzt.

Die ganz auf rationale Nachvollziehbarkeit von Sprachinhalten setzende Argumentation gilt seit der Antike als die rhetorisch eleganteste Methode der P.[65] Sie findet heute auch das Interesse der psychologischen Forschung.[66] In der allgemeinen Texttheorie gilt die Argumentation als eine der Haupt-»Superstrukturen» in der textuellen Welt.[67] «Der historisch gewachsene angewandte Charakter der Rhetorik» hatte nach Meinung G. RICHTERS «allerdings zur Folge, daß bislang keinerlei verbindliches erkenntnistheoretisches System erarbeitet wurde.» Mit seinen seit den 1970er Jahren in Halle/Saale vorgenommenen experimentellen Untersuchungen zur Wirkung von Argumentation, die er mit «Rhetorik» gleichsetzte und die sich an zahlreiche Vorgängerstudien anschließen konnten,[68] wollte er dem abhelfen. Seine Absicht war, «ausschließlich dem tatsächlichen Resultat der Beeinflussung des Hörers durch argumentative Äußerungsstrukturen – soweit möglich – der Art und Intensität der Einwirkung, die die Änderung des psychischen Zustands beim Hörer hervorruft», nachzugehen.[69] Ausgangspunkt ist die schon der Antike bekannte Feststellung, daß «die Wirkungspotenz der Sprache nicht in ihrer Systemhaftigkeit liegt, sondern in Texten und demzufolge auch im praktischen Redevollzug vorkommt».[70]

Beim Argumentieren besteht dieser Vollzug im Entfalten bestimmter logischer Operationstypen, die man Beweisverfahren nennen kann und die immer auf konkludierende Schlußhandlungen zielen. «Als relatives Schlußglied einer Kausalkette umfaßt der Begriff der rhetorischen Wirkung zunächst alles, was durch die organisierte rednerische Einflußnahme beim Hörer ‹bewirkt› wird. Entsprechend dieser Version fallen unter den Begriff der Redewirkung – funktional mit der kommunikativen Handlung verbunden – sämtliche beim Hörer zu beobachtenden psychischen, sozialen, verbalen und motorischen kommunikativ-finalen ‹Reaktions›prozesse, die in wichtigen Zügen vorstrukturiert sind.» Da ein solch unspezifisches Wirkungskonzept im Experiment nur schwer operationalisierbar ist, wurde von Richter «ein engerer Wirkungsbegriff» auf die bekannte «Änderung der Einstellung und des Verhaltens des Hörers» nach «der betreffenden Beeinflussung» konzentriert.[71]

Getestet wurden die Reaktionen auf Redetexte mit argumentativen Superstrukturen. «Den in die Hauptuntersuchung eingebrachten Reden» lagen «ein vorwiegend deduktiv strukturierter und ein vorwiegend induktiv strukturierter Text zugrunde. Beide Redetexte unterschieden sich im wesentlichen nur in der Anlage der logisch bestimmten Argumentationshandlungen.»[72] Die mit Hilfe eines Fragebogens ermittelten Ergebnisse besagen, «daß Beweisverfahren eine wesentliche Voraussetzung für die rednerische Überzeugungskraft bilden». Unmittelbar nach dem Redeereignis ließen sich bei allen Rezipienten veränderte Einstellungen nachweisen. «Im Vergleich zur deduktiv beeinflußten Gruppe zeigten sich allerdings bei den induktiv beeinflußten Probanden weitaus positivere Differenzen» zur Ausgangslage.[73] Die induktive Argumentationsmethode wurde in einem weiteren Rede-Test mit Analogiebeweisen konfrontiert. Wiederum erwies sich der Induktionsbeweis als schlagkräftiger.[74] In weiteren Experimenten zeigte sich zudem, daß das Tuning, also die soziale Einstimmung auf Redeereignisse, die sich dann in Voreinstellungen gegenüber rhetorischer Kommunikation generell manifestiert, eine große Rolle spielt.[75]

So nützlich und ertragreich solche Forschungen zu den Wirkungspotentialen sprachlicher Stimuli auch sind, immer muß es bei einem Reichweiten- und Kontext-Vorbehalt bleiben. Das bestätigt auch G. Richter, der die verschiedenen, an der Universität Halle seit den 1970er Jahren vorgenommenen empirischen Untersuchungen zur Sprechwirkung (u.a. auch zu «sprechkünstlerischen Äußerungen») mit den nötigen Einschränkungen versieht. Die «äußere Gültigkeit», also die «Verallgemeinerungsfähigkeit der Untersuchungsdaten auf andere, z.B. nichtexperimentelle Situationen» sei letztlich problematisch. «Die aus den Ergebnissen der Sprechwirkungsforschung abgeleiteten und noch abzuleitenden Aussagen sind deshalb Wahrscheinlichkeitsaussagen: Die empirischen Sprechwirkungserhebungen erfaßten aus dem Komplex des mündlichen Textes gemäß der univariaten Versuchsanordnung immer nur ein einzelnes sprecherisches Mittel, und sie registrierten dessen Wirkungsdetermination unter jeweils spezifischen Bedingungen bei einzelnen durch Stichproben repräsentierten sozialen Gruppen.» Was unter den experimentellen Bedingungen gilt, kann «für andere Bedingungskonstellationen» nur «begrenzt generalisiert» werden.[76]

Angesichts der unvergleichlichen Rolle der Sprache in menschlicher Kultur bleibt die Beschäftigung mit Fragen der Sprech- und Sprachwirkung weiterhin ein Anliegen von erstrangiger Bedeutung. Insofern fordert M. HOFFMANN (1996) zu Recht auch eine weitere Intensivierung der stillinguistischen Persuasionsforschung, die sich auf «persuasive Denk- und Sprachstile» konzentriert. «Unter dem Dach einer kommunikativ orientierten Persuasionsstilistik erscheint Persuasivität als eine Textfunktion mit denk- und sprachstilistischer Prägung; es gestattet folglich auch die Untersuchung der Beziehungen zwischen Denk- und Sprachstil, ihrer Berührungspunkte und Überschneidungsflächen.» Erkennt man «Textfunktionen eine Vermittlerrolle zwischen den Textstrukturen und der je individuellen Texterzeugung (Absicht) und -rezeption (Wirkung)» zu, dann kann man mit den Textfunktionen auch «eine auf ihre Pole reduzierte Skala *möglicher* Absichten und Wirkungen greifbar machen.»[77] Amerikanische Forscher arbeiten auf diesem Gebiet ebenfalls mit empirischen Methoden.[78] In den Kontext dieser Fragestellungen gehören auch die Forschungen zur Argumentationsstilistik, wie sie etwa von HERBIG (1993) oder PÜSCHEL/SANDIG (1993) vorgelegt wurden.[79]

2. *Interpersonale Kommunikationsforschung.* Die sozialpsychologisch ausgerichtete Wirkungsforschung des 20. Jh. geht von den Interaktionen und der psychischen Beschaffenheit der an Kommunikation Beteiligten aus. Dabei kommt dem Konzept der Einstellung (*attitude*) als Basiskategorie forschungshistorisch erstrangige Bedeutung zu.[80] «Um den kontinuierlichen Strom der Erfahrung verarbeiten zu können, ist der Mensch auf einfache, rasche und gut funktionierende *Selektionsmechanismen* angewiesen, die Auswahl und Verarbeitung der Umweltinformationen vornehmen, diese bewerten und so auch das Verhalten zu steuern vermögen. Den *Einstellungen* kommt in diesem Prozeß eine Schlüsselstellung zu [...]». Solche Einstellungen sind etwa «die im sozialen Gedächtnis des Individuums organisierten Erfahrungen und Gefühle [...] die als systemhaft organisierte Reaktionsbereitschaften gegenüber verschiedensten sozialen Objekten die Konstanz im sozialen Handeln ermöglichen.»[81] Es gibt zahlreiche Definitionen der «Einstellung». Hier sei nur die von H.C. TRIANDIS (1975) genannt: «Eine Einstellung ist eine mit Emotionen angereicherte Vorstellung, die eine Klasse von Handlungen prädisponiert.»[82]

Verschiedene Theorieansätze arbeiten mit der Basiskategorie «Einstellung». Hierzu gehört etwa die *Instrumentelle Lerntheorie* der Yale-Group um C.I. HOVLAND, die den Stimulus klassisch behavioristisch als Schlüsselelement im Prozeß der Einstellungsänderung (*attitude change*) ansieht und – ähnlich wie in den bekannten Tierexperimenten – mit den Kategorien von Verstärkung und Belohnung in Anreizumfeldern arbeitet.[83] Der Ansatz erfuhr beachtliche Kritik.[84] In Konkurrenz dazu traten u.a. die sog. *Equilibriums-* oder *Konsistenz-Theorien,* insbesondere die *cognitive balance*-Theorie von F. HEIDER (1946) und die *cognitive dissonance*-Theorie von L. FESTINGER (1957).[85] Sie gehen davon aus, daß Individuen stabile, ausbalancierte oder konsistente Einstellungsstrukturen aufzubauen und im Umgang mit der Umwelt aufrecht zu erhalten suchen. Dissonanzen zur eigenen Einstellung werden als Streß empfunden und lösen Anpassungsprozesse aus, um die psychische Balance oder Konsistenz wieder herzustellen. Dieser Mechanismus wird bei der P. ausgenutzt.

Sind einige dieser Theorien auf Fragen psychischer Voraussetzungen konzentriert, so nähern sich andere direkter dem Persuasionsvorgang an und werden daher als «theories of persuasion proper» charakterisiert.[86] Am bekanntesten ist das «Elaborations-Wahrscheinlichkeitsmodell der Einstellungsänderung» (ELM = *Elaboration Likelihood Model*) von PETTY/CACIOPPO (1986).[87] «Sind Personen persuasiver Kommunikation ausgesetzt, versuchen sie, die neue Information mit dem bei ihnen schon vorhandenen themenspezifischen Wissen zu verknüpfen. Die persuasive Botschaft evoziert *kognitive Responses,* die u.U. nichts mit der Argumentation der P. zu tun haben, aber gleichwohl die Einstellungsbeeinflussung mediatisieren.»[88] Dabei hängt alles von der Art und Weise ab, wie eine Botschaft kognitive Responses (= «Elaboration Likelihood») evoziert, und ob der Rezipient dabei zur kognitiven Mitarbeit motiviert ist, ob die Information sein Befähigungsniveau trifft, ob er voreingenommen ist, ob er persönlich betroffen, abgelenkt oder in guter Stimmung ist.[89]

Eine weitere Forschungsrichtung geht vom sog. *Kognitiven Ansatz* aus, den man immer zugleich auf rationale und emotionale Verhältnisse beziehen muß. Hier ist etwa die *Sozial-kognitive Lerntheorie* A. BANDURAS von Interesse.[90] Sie nimmt an, daß Menschen am Modell lernen. Diese Modelle sind symbolisch im Gedächtnis gespeichert (also etwa mittels Sprach- oder Bildtexturen). Aufgrund von Aufmerksamkeitsprozessen werden bei der Beobachtung von Reaktionsmustern ganz bestimmte Selektionen vorgenommen, die man als Erwerb von Mustern bezeichnen kann. Ob diese Muster ausgeführt werden, hängt dann allerdings von weiteren Faktoren ab.[91]

3. *Medienwirkungsforschung.* Die von H.D. LASSWELL seit den 1920er Jahren auf Basis eines Stimulus-Response-Modells der Massenbeeinflussung entwickelte *Attitude-Change-Theorie* geht davon aus, daß Massenmedien direkte und starke Wirkungen auf die als Masse verstandenen Personen eines Sozialwesens haben. In der Werbeforschung spielt dieses einfache Modell nach wie vor eine Rolle, etwa als sog. Kontaktmodell. Zur Grundlage der Erfolgsmessung von Presseanzeigen bzw. Werbespots werden hier Kontakthäufigkeit (wie oft gesehen?) und Kontaktqualität (wie ist die Erinnerung?) genommen.[92] Der einfache Stimulus-Response-Ansatz wurde von Forschern wie P.F. LAZARSFELD (1944) und F. HEIDER (1946) modifiziert.[93] Sie stellen das selektive Verhalten von Rezipienten (z.B. aufgrund eigener Bedürfnisstrukturen) in den Vordergrund. Eine weitere Änderung ergibt sich dann aus Ansätzen, die stärker indirekte Faktoren und Effekte reflexiver Struktur berücksichtigen. Bekannt wurde Lazarsfelds Begriff des ‹Meinungsführers› (*opinion leader*) im Rahmen des Zweistufenflusses der Kommunikation (*two-step flow of communication*).[94] Personale Interaktion wird hier entscheidend, der direkte Einfluß von Massenmedien hingegen in Abrede gestellt: «Aussagen fließen oft von Rundfunk und Presse zu den Meinungsführern und von dort zu den weniger aktiven Teilen der Bevölkerung».[95] Indirekte Wirkungen der Massenmedien unterstellt auch der Thematisierungs-Ansatz (*Agenda-Setting-Approach*) von McCOMBS/SHAW, die mit Bezug auf den Präsidentschaftswahlkampf von 1968 zu dem Ergebnis kommen: «Zwar haben die Massenmedien wenig Einfluß auf (Veränderung) von Richtung oder Stärke von Einstellungen. Aber es kann unterstellt werden, daß die Massenmedien den Markt (der Themen) für politische Kampagnen bestimmen, der seinerseits die Stärke der Einstellungen gegenüber politischen Themen beeinflußt.»[96] Diese Tendenz zur Akzentuierung von indirekten Wirkungen setzt sich in der Theorie der Schweigespirale von E. NOELLE-NEUMANN (1974) fort. Sie geht bei der Meinungsbildung und Meinungsfestigung von einer reflexiven Struktur der Orientierung an anderen, etwa in der Peer-group aus («ich meine, was die andern meinen»).[97] Damit ist eine Position erreicht, die vom Stimulus (verstanden als Presse- oder sonstiges «Medium») wegführt und wieder den sozial agierenden Kommunikator in den Mittelpunkt rückt.[98] Der Mensch selbst wird gewissermaßen zum Stimulus. So auch im transaktionalen Ansatz, bei dem die Kontextvariable des Kommunikators (als Image des Kommunikationspartners beim jeweils anderen) zu einem entscheidenden Faktor wird.[99] Schon die Forschungen der

«Yale Group» um C.I. HOVLAND (1953) hatten die Glaubwürdigkeit der Quelle, also des Kommunikators, als besonders wichtig für die Akzeptanz und die Persuasionskraft angebotener Mitteilungen erwiesen. [100] Das sozialpsychologische Glaubwürdigkeitskonzept ging später auch in die sog. «Persuasionsmatrix» von W.J. MCGUIRE (1981) ein. Sie war als Grundlage für «öffentliche Kommunikationskampagnen» (*public communication campaigns*) gedacht und ging von der Lasswell-Formel aus («wer sagt was durch welchen Kanal zu wem mit welcher Wirkung?»). Demnach sind es fünf Faktoren, die als Input den Persuasionserfolg beeinflussen: Quellenfaktoren (*source factors*), Mitteilungsfaktoren (*message factors*), Kanalfaktoren (*channel factors*), Empfängerfaktoren (*receiver factors*) und Zielfaktoren (*destination factors*). Soll eine Kampagne erfolgreich sein, dann ist auf Grundlage dieser unabhängigen Fragevariablen der Output in zwölf einzelne Reaktionen des Publikums, als abhängige Variable, aufzuschlüsseln: Kommunikationskontakte, Aufmerksamkeit, Gefallen, Verstehen, Lernfertigkeit, Zustimmung, Gedächtnis, Suche und Wiederfinden von Informationen, Entscheiden, Verhalten im Einklang mit der Entscheidung, Verstärkung der gewünschten Handlung und Festlegung des Anschlußverhaltens. [101]

Anmerkungen:
1 vgl. Lex. des frühgriech. Epos, begr. v. B. Snell, 19. Lieferg. (2001) Sp. 1092–1103 s.v. πειθώ. – **2** G. Curtius: Grundzüge der griech. Etymologie (^{5}1897) 261. – **3** Hesiod, Theogonie 349, Werke und Tage 73. – **4** F. Voigt: Art. ‹Peitho› in: RE, Bd. 19,1 (1937) Sp. 1994ff.; G.M. Pepe: Studies in Peitho (Diss. Princeton 1966); R.G.A. Buxton: P. in Greek Tragedy. A Study of Peitho (Cambridge 1982); Th. Buchheim: Die Sophistik als Avantgarde normalen Lebens (1986). – **5** N.P. Gross: Amatory Persuasion in Antiquity. Studies in Theory and Practice (London/Toronto 1985). – **6** A. Hellwig: Unters. zur Theorie der Rhet. bei Platon und Aristoteles (1973) 33. – **7** E.A. Gondos: Auf dem Weg zur rhet. Theorie. Rhet. Reflexion im ausgehenden 5.Jh. v. Chr. (1996) 4. – **8** vgl. LSJ, Sp. 1353f. – **9** Plat. Gorg. 452e; 453a. – **10** Martin 2f. – **11** Auct. ad Her. I, 2, 2. – **12** Cic. De or. I, 138. – **13** vgl. A. Ernout, A. Meillet: Dictionnaire Étymologique De La Langue Latine (Paris ^{4}1994) Sp. 659 s.v. *suadeo*. – **14** vgl. K.E. Georges: Ausführl. lat.-dt. Handwb., Bd. 2 (ND 1992) Sp. 1647. – **15** Gen. II, 15,10 u. 22. – **16** Aug. Doctr. c. II, 3. – **17** Vulgata 20, 7. – **18** Übers. v. Luther. – **19** Vulgata 2 Par 32, 15. – **20** dt. 2 Chr 32, 15; Übers. v. Luther. – **21** Vulgata 1 Cor 2, 4. – **22** Übers. v. Luther. – **23** Vulgata Gal 5, 8. – **24** Übers. v. Luther. – **25** E.R. Hinz: Learning and P. in the German Middle Ages (New York/London 1997) 16ff, 28ff. – **26** H. Brinkmann: Zu Wesen und Form ma. Dichtung (^{2}1979) 34; Curtius 78; Arbusow. – **27** Alcuin c.3. – **28** ebd. – **29** Notker der Deutsche c.8. – **30** J. Knape: Allg. Rhet. (2000) 192. – **31** ders.: Einl., in: ders., B. Roll (Hg.): Rhetorica deutsch. Rhetorikschr. des 15.Jh. (2002) 24f. – **32** F. Riederer: Spiegel der waren Rhetoric. (Freiburg, 1493, Bl. III^r. Ex. UB Tübingen). – **33** J. Knape, A. Sieber: Rhet.-Vokabular zur zweisprachigen Terminologie in älteren d. Rhet. (1998) 72. – **34** J.Chr. Gottsched: Ausführl. Redekunst (^{5}1759), hg. v. R. Scholl (1975) 89–98, hier 94ff. – **35** «Ueberredung» in: Zedler 48 (1746) 715–719, hier 717. – **36** Sulzer IV, 616. – **37** W. Jens Art. ‹Rhet.›, in: RDL^2, Sp. 432–456, hier Sp. 433. – **38** A. Schopenhauer: Die Welt als Wille und Vorstellung II. Kap. 11. – **39** Jens [37] ebd.; Belege bei Barner 12–16; J. Goth: Nietzsche und die Rhet. (1970) 4ff. – **40** Ch. Perelman: Das Reich der Rhet. (1980) 15. – **41** J.D. Frank: P. and Healing. A Comparative Study of Psychotherapy (New York 1974). – **42** W.C. Fotheringham: Perspectives on P. (Boston 1966); G.N. Gordon: P. The Theory and Practice of Manipulative Communication (New York 1971); W.N. Thompson: The Process of P.: Principles and Readings (New York etc. 1975); G.R. Miller: P., in: Ch.R. Berger, St.H. Chaffee (Hg.): Handbook of Communication Science (Newbury Park etc. 1987) 446–483; Ch.U. Larson: P. Reception and Responsibility (Belmont, Ca. ^{7}1995); D.J. O'Keefe: P. Theory and Research (Newbury Park etc. 1990); R.S. Ross: Understanding P. (Englewood Cliffs, New Jersey ^{3}1990); A.R. Pratkanis, E. Aronson: Age of Propaganda. The Everyday Use and Abuse of P. (New York ^{2}1997); H. Mills: Artful P. How to Command Attention, Change Minds, and Influence People (New York 2000); H W. Simons: P. in Society (Thousand Oaks etc. 2001); J.P. Dillard, M. Pfau (Hg.): The persuasion handbook: developments in theory and practice (Thousand Oaks 2002). – **43** dazu W.J. McGuire: Inducing Resistance to P.: Some Contemporary Approaches, in: I.L. Berkowitz (Hg.): Advances in Experimental Social Psychology (New York 1964) 191–229; M.J. Smith: P. and Human Action: A Review and Critique of Social Influence Theories (Belmont, Ca. 1982). – **44** Art. ‹P.› in: J.A. DeVito: The Communication Handbook. A Dictionary (New York 1986) Sp. 225–228. – **45** Smith [43] 55. – **46** H.-D. Fischer: Manipulation P., Sprache. Eine Arbeitsbibliogr. (1995). – **47** S. Hung Ng: Influence Through the Power of Language, in: J.P. Forgas, K.D. Williams (Hg.): Social Influence. Direct and Indirect Processes (Philadelphia 2001) 185–197, hier 191. – **48** W. Zillig: Emotionen und perlokutionäre Effekte, in: Grazer Linguistische Stud. 17/18 (1982) 317–349, hier 318f; S. Andersen: Sprachliche Verständlichkeit und Wahrscheinlichkeit (1985) 18ff. – **49** N. Sauer: Werbung – wenn Worte wirken. Ein Konzept der Perlokution, entwickelt an Werbeanzeigen (1998) 46ff. – **50** W.L. Nothstine, M. Cooper: P., in: Th. Enos (Hg.): Encyclopedia of Rhetoric and Composition (New York/London) Sp. 509; Larson [42] 99ff. – **51** Nothstine/Cooper [50] 509; K. Burke: Counter-Statement (Berkeley 1968); ders. A Rhetoric of Motives (Berkeley 1969). – **52** St.W. Littlejohn: Theories of Human Communication (Belmont ^{6}1998) 155ff. – **53** J.L. Austin: Zur Theorie der Sprechakte (dt. 1972); J.R. Searle: Sprechakte. Ein sprachphilos. Essay (dt. 1971). – **54** J. Knape: Was ist Rhet.? (2000) 117ff. – **55** Austin [53] 118 u. 131. – **56** Sauer [49] 50. – **57** ebd. 289ff. – **58** Ch. Osgood: On Understanding and Creating Sentences, in: American Psychology 18 (1963) 735–751; Littlejohn [52] 127ff. – **59** G Kegel, Th. Arnold, K. Dahlmeier: Sprachwirkung. Psychophysiolog. Forschungsgrundlagen und ausgewählte Experimente (1985) 115. – **60** ebd. 21. – **61** ebd.; W. Wundt: Grundzüge der physiologischen Psycholog. (1874); H. Höffding: Psychol. in Umrissen auf Grundlage der Erfahrung (^{4}1908); E. Dürr: Die Lehre von der Aufmerksamkeit (1914); S.L. Rubinstein: Grundlagen der allgemeinen Psychol. (^{9}1977) 554; ders.: Sein und Bewußtsein: die Stellung des Psychischen im allg. Zusammenhang der Erscheinungen in der materiellen Welt (1977). – **62** Kegel, Arnold, Dahlmeier [59] 42. – **63** D.D. Morley: Subjective Message Constructs: A Theory of P., in: Communication Monographs 54 (1987) 183–203, hier 183. – **64** Kegel, Arnold, Dahlmeier [59] 87ff. – **65** Larson [42] 185ff.; Systematisches bei D. Ehninger: Influence, Belief, and Argument. An Introduction to Responsible P. (Glenview, Ill. 1974). – **66** M. Billig: ‹Arguing›, in: W.P. Robinson, H. Giles (Hg.): The New Handbook of Language and Social Psychology (Chichester etc. 2001) Sp. 241–251. – **67** T. A. van Dijk: Textwiss. Eine interdisziplinäre Einf. (1980) 144–152 (ndl. 1978). – **68** G. Richter: Wirkungen der rednerischen Argumentation, in E.-M. Krech, G. Richter, E. Stock, J. Suttner (Hg.): Sprechwirkung. Grundfragen, Methoden und Ergebnisse ihrer Erforschung (1991) 143–192, hier 144. – **69** ebd. – **70** ebd. 147. – **71** ebd. 157–159. – **72** ebd. 167. – **73** ebd. 172. – **74** ebd. 177. – **75** ebd. 178ff. – **76** G. Richter: Sprechwirkungsforschung – Erfahrungen und Ausblick, in: Krech, Richter, Stock, Suttner [68] 251–277, hier 271. – **77** M. Hoffmann: Persuasive Denk- und Sprachstile, in: ZfG N.F. 6 (1995) 293–307, hier 301. – **78** J.R. Sparks. Ch. S. Areni, K. Chr. Cox: An Investigation of The Effects of Language Style and Communication Modality on P., in: Communication Monographs 65 (1998) 108–125. – **79** A.F. Herbig: «Sie argumentieren doch scheinheilig!» Sprach- und sprechwiss. Aspekte einer Stilistik des Argumentierens (1992); U. Püschel, B. Sandig (Hg.): Stilistik III. Argumentationsstile (1993). – **80** R.E. Petty, J.T. Cacioppo: Attitudes and P.: Classic and Contemporary Approaches (Dubuque, Io. 1981); D.W. Rajecki: Attitudes (Sunderland, Mass. ^{2}1990); D. Stahlberg, D. Frey: Einstellungen I., in: W. Stroebe, M. Hewstone, J.-P. Codol, G.M. Stephenson (Hg.): Sozialpsychol. (1990) 144–170; W. Stroebe, K. Jonas: Einstellungen II: Strategien der Einstellungsänderung, in: ebd. 171–205;

R.M. Perloff: The Dynamics of P. (Hillsdale, NJ 1993); Sh. Shavitt, T.C. Brock (Hg.): P. Psychological Insights and Perspectives (Boston etc. 1994); M.A. Hamilton, J.E. Hunter: A Framework for Understanding: Meta-Analyses of the P. Literature, in: M. Allen, R.W. Preiss: P. Advances Through Meta-Analysis (Cresskill, New Jersey 1998) 1–28; Ph. Erwin: Attitudes and P. (Hove 2001). – 81 H. Bonfadelli: Einf. in die Medienwirkungsforschung. Basiskonzepte und theoretische Perspektiven (Zürich 1998) 41–42. – 82 H.C. Triandis: Einstellungen und Einstellungsänderungen. (1975). – 83 Bonfadelli [81]; C. Stangor, G.B. Sechrist, J.T. Jost: Social Influence and Intergroup Beliefs. The Role of Perceived Social Consensus, in: J.P. Forgas, K.D. Williams (Hg.): Social Influence. Direct and Indirect Processes (Philadelphia 2001) 235–252. – 84 z.B. J.M. Nuttin: The Illusion of Attitude Change. Towards a Response Contagion Theory of P. (London etc. 1974). – 85 F. Heider: Attitudes and Cognitive Organization, in: Journal of Psychology 21 (1946) 107–112; L. Festinger: A Theory of Cognitive Dissonance (Stanford 1957). – 86 D.J. O'Keefe: P., in: T.O. Sloane (Hg.): Encyclopedia of Rhetoric (Oxford 2001) 575–583, hier 576. – 87 R.E. Petty, J.T. Cacioppo: The Elaboration Likelihood Model of P., in: Advances in Experimental Social Psychology 19 (1986) 124–205; dies.: Communication and P. Central and Peripheral Routes to Attitude Change (New York etc. 1986). – 88 Bonfadelli [81]. – 89 L.-E. Petersen, J. Doll, S. Jürgensen: Systematische und heuristische Informationsverarbeitung beim Betrachten einer Infotainmentsendung, in: Medienpsychol. 9 (1997) 24–40; H. Bless: Stimmung und P.: Experimentelle Unters. im Rahmen des ‹Elaboration Likelihood Model› (Diss. Heidelberg 1989). – 90 A. Bandura: Die sozial-kognitive Theorie der Massenkommunikation (1979). – 91 Bonfadelli [81] 93f. – 92 W.J. Koschnick: Standard-Lex. für Medienplanung und Medienforschung (1988) 288ff.; K. Merten: Wirkungen von Kommunikation, in: ders., S.J. Schmidt, S. Weischenberg (Hg.): Die Wirklichkeit der Medien. Eine Einf. in die Kommunikationswiss. (1994) 291–328, 324f. – 93 F. Heider: Attitudes and Cognitive Organization, in: Journal of Psychology 21 (1946) 107–112. – 94 Bonfadelli [81] 96ff. – 95 P.F. Lazarsfeld, B. Berelson, H. Gaudet: The People's Choice. How the Voter Makes up his Mind in a Presidential Campaigne (New York 1944) 151; zur Kritik Merten [93] 316f. – 96 M.E. McCombs, D.L. Shaw: The Agenda-Setting Function of Mass Media, in: Public Opinion Quarterly 36 (1972) 176–187, hier 177, dt. Übers. n. Merten [93] 316f; vgl. Bonfadelli [81]. – 97 E. Noelle-Neumann: Die Schweigespirale. Über die Entstehung der öffentlichen Meinung, in: E. Forsthoff, R. Hörstel (Hg.): Standorte im Zeitstrom, FS Gehlen (1974). – 98 Neuere Forschungsergebnisse zum «Kommunikator» bei Bonfadelli [81] 79f. – 99 Merten [93] 324. – 100 C.I. Hovland, I.L. Janis, H.H. Kelley: Communication and P. Psychological Studies of Opinion Change (New Haven/London/Yale 1953). – 101 W.J. McGuire: Theoretical Foundations of Campaigns, in: R.E. Rice, W.J. Paisley (Hg.): Public Communication Campaigns (Beverly Hills, London 1981); F. Ronneberger, M. Rühl: Theorie der Public Relations (1992) 144f.

J. Knape

→ Ethik → Ethos → Glaubwürdigkeit → Kommunikationstheorie → Manipulation → Psychagogie → Redner, Rednerideal → Überredung, Überzeugung → Wirkung

Petitio (griech. κατηγορία, katēgoría; dt. Klage; engl. petition; frz. pétition; ital. petizione)

A. Der Begriff ‹P.›, eigentlich ‹Langen nach›, übertragen ‹Verlangen›, ‹Trachten nach› [1] begegnet in Varianten der übertragenen Bedeutung ‹Verlangen› (1) in der antiken Rhetorik als zivilgerichtliches Verlangen, (2) in der römischen Jurisprudenz als Klageführung / Klagerecht, (3) in der Logik als *petitio principii* (Beweislehre), (4) in der mittelalterlichen Epistolographie als Briefteil der Bitte, (5) in der Predigttheorie als Teil des Gebetes, (6) in der Diplomatik als Teil des Urkundenschemas und (7) insbesondere als ‹Petition› in mittelalterlichen und neuzeitlichen Über- oder Unterordnungsverhältnissen.

B. I. *P. in der antiken Rhetorik.* P. wird als zivilgerichtliches Verlangen (Klage) von *accusatio*, der strafgerichtlichen Verfolgung (Anklage), gesondert und gehört mit dem gemeinsamen Gegenstück, der *defensio* (Verteidigung), zur gerichtlichen Gattung der Redegegenstände (*genus iudiciale in controversia positum*). [2] Der dieser Gattung namengebende Musterfall ist die Gerichtsrede, die vor den zum Urteil aufgerufenen Richtern über einen in der Vergangenheit liegenden Sachverhalt im Sinne der Klage bzw. der Anklage oder der Verteidigung gehalten wird. [3] CICERO unterscheidet auch hinsichtlich der Verteidigung nach dem zivil- und strafrechtlichen Zusammenhang; mit P. verbunden erscheint *recusatio* als zivilgerichtliche Verteidigung, während *defensio* als strafgerichtliche Verteidigung der *accusatio* zugeordnet wird. [4] Dagegen verwendet C. IULIUS VICTOR *petere* («petitur ad poenam»; wird angeklagt) und *recusare* gerade für Anklage und Verteidigung. [5] ARISTOTELES gebraucht demgegenüber für Klage und Anklage einen Ausdruck (κατηγορία, katēgoría) [6], ebenso QUINTILIAN (*intentio, intendere*). [7] Quintilians Klage und Anklage einschließender *intentio* tritt die *depulsio* (Abwehr) gegenüber; *intentio* und *depulsio* sind die *officia* (Aufgaben) des *genus iudiciale*. Als *partes intentionis / depulsionis* werden benannt: *prooemium, narratio, probatio, refutatio, peroratio*. [8] *Intentio* und *depulsio* konstituieren den Status. [9] Doch kommt bei Quintilian auch P. vor, um gerade die zivilgerichtliche Beanspruchung (einer Erbschaft) zu benennen. [10]

Bereits die Rhetorik kennt P. jedoch auch als bloße Möglichkeit eines allerdings künftig erfolgreichen gerichtlichen Verlangens (Klagerecht). [11] In diesem Sinn kommt P. auch in der forensischen Praxis vor. [12] Demgegenüber meint *petere* das wirkliche gerichtliche Verlangen (Klageführen). [13] Teilweise [14] werden P. / *petere* mit den weiteren Ausdrücken *actio / agere* und *persecutio / persequi* gehäuft. [15]

II. *P. in der römischen Jurisprudenz.* Im juristischen Sinne werden herkömmlich zwei Bedeutungen des Wortes unterschieden: ‹Klageführen› und ‹Klagerecht›. [16] Dabei weicht der juristische Begriff von ‹P.› häufig in bemerkenswerter Weise vom juristischen Begriff des ‹petere› ab. Während *petere* das wirkliche gerichtliche Verlangen meint, ohne doch etwas über den Erfolg zu sagen, fällt P. einerseits insofern hinter diesen Begriff zurück, als nur ein erst mögliches gerichtliches Verlangen gemeint ist, geht jedoch andererseits über ihn insofern hinaus, als sie den Erfolg einschließt. *Petere* meint ‹Klageführen›, P. ‹Klagerecht›. Als Klagerecht begegnet P. neben *actio* und *persecutio* im Formular der ‹Stipulatio Aquiliana›, einem nach seinem Schöpfer C. AQUILIUS GALLUS, dem Prätor des Jahres 66 v.Chr., benannten Schuldversprechen; dieses faßt die betroffenen Klagerechte zusammen: «quarumque rerum mihi tecum actio quaeque abs te petitio vel adversus te persecutio est erit» (soweit ich gegen dich Klagerechte habe). [17] *Petere* für ‹Klageführen›, P. für ‹Klagerecht› begegnen in der von einem Prozeßvertreter (*procurator*) auf Klägerseite zu übernehmenden *cautio amplius non peti*, worin dafür Sicherheit geleistet wird, «eo nomine amplius non esse petiturum eum, cuius de ea re actio petitio persecutio est erit» (daß deswegen nicht mehr klagen werde, wer das Klagerecht hat oder haben wird). [18] Dem Führen der Klage (*petere*) stellt die Auslegung gleich die Erklärung der Aufrechnung (*compensatione uti*). [19] Gerade im Zusammenhang der *cautio amplius non peti* wird erörtert, was *petere* näher bedeutet. Es meint zunächst gerichtliches Verlangen (*peti: iudicio petitum*).[20] Doch nur *in ius vocatio* und *vadimonium* ohne anschließende Aufnahme des Rechtsstreits heißt kein *peti* im Sinne der *cautio amplius non peti*, vielmehr lediglich *petere velle*.[21] Um die nähere Bedeutung von *petere* geht es auch im Zusammenhang des ‹Senatus Consultum Iuventianum› vom Jahr 129 n.Chr. Dieses macht für die Haftung eines Erbschaftsbesitzers einen Unterschied zwischen der Zeit vor und nach Klageführung um die Erbschaft (*hereditatis petitio*).[22] *Hereditas petita* tritt ein mit dem Zeitpunkt der Kenntnisnahme des Erbschaftsbesitzers von der Klage; diese wird verknüpft mit der erstmaligen Ankündigung oder der Vorladung durch Brief oder Edikt.[23] Von *petere* als ‹Klageführen› zu unterscheiden ist der Verfahrensantrag einer Prozeßpartei, welcher bisweilen *petere*, öfter *postulare* heißt.[24] Die sich vom Begriff des ‹petere› als ‹Klagerecht› absetzende P. gewinnt teils schärfere Konturen, indem sie, zumal neben *actio* als persönlich begründetem Klagerecht, im ‹Trinom› *actio – petitio – persecutio* als gerade dinglich begründetes Klagerecht auftritt. Dies geschieht womöglich bereits in der ‹Stipulatio Aquiliana›, ferner vielleicht in der *cautio amplius non peti*. Als dinglich begründetes Klagerecht tritt P. neben *actio* als persönlich begründetem und *persecutio* als dinglich oder persönlich begründetem, jedenfalls sachverfolgendem Klagerecht auf bei dem Spätklassiker PAPINIANUS[25]; ein Bezug dieser Äußerung auf die ‹Stipulatio Aquiliana› ist nicht auszuschließen.[26] Der Spätklassiker ULPIANUS erläutert die Wortgruppe *actio – petitio – persecutio* im Hinblick auf die *missio in bona*[27] sowie im Hinblick auf die *stipulatio emptae venditae hereditatis*; auch hier wird P. als dinglich begründetes Klagerecht verstanden.[28]

Die scharfe Begrifflichkeit der Spätklassiker setzt sich ab von der diffusen Häufung *actio – petitio – persecutio* in wortreichen Gesetzen der späten Republik und frühen Kaiserzeit, wo, wie etwa in der ‹Lex Ursonensis› vom Jahr 44 v.Chr.[29], *actio – petitio – persecutio* die Befugnis zur Geltendmachung eines Bußanspruches meinen.[30] Die Befugnis zur Geltendmachung eines Bußanspruches wegen vorsätzlichen Verrückens von Grenzsteinen meinen *actio – petitio* in der ‹Lex Mamilia Roscia› vom Jahr 55 v.Chr.[31] P. in Urkunden[32] und Inschriften[33] muß und wird mit der spätklassischen Begrifflichkeit nicht übereinstimmen. P. tritt als persönlich begründetes Klagerecht auf in einem ‹Decretum› MARC AURELS, worin ein vermeintlicher Inhaber von Klagerechten (*petitiones*) auf den Klageweg (*actionibus experiri*) verwiesen wird; begeht er Selbsthilfe, soll er sein «ius crediti» verlieren.[34] *Petere* (‹Klageführen›) macht keinen Unterschied, was die dingliche oder persönliche Herleitung der Klage angeht.[35] P. für – erfolgloses – Klageführen begegnet als Teil des Terminus ‹Plus P.› seit dem 6. Jh. n.Chr.[36]

III. *P. in der Logik.* Zum klassischen Gedankengut der Logik gehört seit ARISTOTELES die ‹Beanspruchung des Beweisgrundes› (τὸ ἐν ἀρχῇ αἰτεῖσθαι, *to en archē aiteísthai*)[37] oder seit BOETHIUS[38] und neulateinisch[39] *P. principii*. Sie ist «sumere pro certo, quod dubium sit» (ein Für-Gewiß-Nehmen des in Frage Stehenden)[40]; sie besteht darin, daß unter Verletzung des Satzes vom zureichenden Grund bei einem Beweis ein Satz als Beweisgrund für einen anderen Satz angeführt wird, obwohl er selbst noch des Beweises bedarf.[41] Wird dabei der Beweis in dem anderen Satz, welcher erst noch zu beweisen ist, gefunden, schließt sich der ‹Kreis› (‹Zirkelschluß›). «Petere principium est sumere conclusionem non probatam ad suiipsius probationem.» (Beanspruchen des Beweisgrundes heißt: die nicht bewiesene Folgerung zu ihrer eigenen Begründung heranziehen).[42]

IV. *P. in der ma. Epistolographie, Predigttheorie und Diplomatik.* Im Briefschema der *ars dictaminis* bildet P., das Ersuchen um etwas, den vierten von fünf Briefteilen.[43] Die Predigttheorie kennt P. als Teil des Gebets.[44] Die Diplomatik sieht P., die Bitte um Ausstellung der Urkunde, als Teil 8 des 14teiligen Urkundenschemas vor.[45]

V. *Petition in mittelalterlichen und neuzeitlichen Über- und Unterordnungsverhältnissen.* P. bedeutet die ‹Bitte› (Bittschrift), ‹Eingabe›, ‹Gesuch› an eine offizielle Stelle; seit dem 14. Jh. ‹Petition›. Vom ständischen Petitionsrecht ist das staatsbürgerliche Petitionsrecht zu unterscheiden, das Grundrecht des Bürgers, sich mit Petitionen an staatliche Stellen zu wenden, ein Recht, welches in England, Frankreich und in den USA schon längst anerkannt ist, ehe es nach einer bewegten Geschichte auch in Deutschland endgültig Anerkennung findet.[46] Das Recht der Europäischen Gemeinschaft kennt ein Petitionsrecht beim Europäischen Parlament als Unionsbürgerrecht.[47]

Anmerkungen:
1 K.E. Georges: Lat.-dt. Handwtb. II (1916/1919; ND 1995) s.v. Petito, Sp. 1670f. – **2** Auct. ad Her. I, 2, 2. – **3** Lausberg Hb. § 61 1, S. 54. – **4** Cic. Inv. I, 5, 7. – **5** Iul. Vict. 5,3, Ausg. R. Giomini, M.S. Celentano, p. 17f. = Rhet. Lat. min. p. 384. – **6** Arist. Rhet. I, 3, 1358b.11. – **7** Quint. III, 9, 1; III,4,15; Martin 9f.; Lausberg Hb. § 61, 1, S. 54. – **8** Quint. III, 9, 1. – **9** ders. III, 6, 7; III, 6, 16; VIII r, 9. – **10** ders. III, 6, 101; 103. – **11** Auct. ad Her. II, 12, 18. – **12** Cicero, Pro. Q. Roscio 56. – **13** ebd.; ders., In Verrem II, 2, 31, 70. – **14** Auct. ad Her. II, 12, 18; Cicero, In Verrem II, 2, 31, 70. – **15** F. Sturm: Stipulatio Aquiliana (1972) 175ff. – **16** F.G. Heumann, E. Seckel: Handlex. zu den Quellen des röm. Rechts (⁹1907) s.v. Petere 4), S. 428. – **17** Gaius, Institutiones III, 29, 2; vgl. Florentinus, Digesten 46, 4, 18, 1. – **18** Julian, Digesten 46, 8, 23. – **19** Ulpianus, Digesten 46, 8, 12, 3. – **20** Labeo / Paulus, Digesten 46, 8, 5. – **21** Paulus, Digesten 46, 8, 15. – **22** Ulpianus, Digesten 5, 3, 20, 6. – **23** ebd. – **24** M. Kaser, K. Hackl: Röm. Zivilprozeßrecht (²1996) 232 m.⁷. – **25** Papinianus, Digesten 44, 7.28. – **26** Sturm [15] 151f. – **27** Ulpianus, Digesten 50, 16, 49; Kaser, Hackl [24] 236³²; 392⁴¹. – **28** Ulpianus, Digesten 50, 16, 178, 2; vgl. Sturm [15] 155ff., 175; U. Manthe: SC Pegasianum (1989) 29¹¹. – **29** Lex Ursonensis 125, tab. IV. col. 1 linn. 27–28. – **30** Sturm [15] 159. – **31** Callistrat, Digesten 47, 21, 3pr.; vgl. G. Rotondi: Leges populi Romani (1912; ND 1990) 388f.; Sturm [15] 160f., 162. – **32** Tabulae Pompeianae Sulpiciorum 22 = Tabulae Pompeianae 58, Tab. I pag. 2, linn. 5–6; G. Camodeca: L'archivio puteolano dei Sulpicii (1992) 101⁶. – **33** Nachweis in Oxford Latin Dictionary (1977) s.v. P. 4 b), S. 1369. – **34** Callistrat, Digesten 4, 2, 13 = 48, 7, 7. – **35** Gaius, Institutiones IV, 119; 126; Julian, Digesten 46, 1, 25 und 46, 3, 36. – **36** W. Wiegand: Plus petitio (1974) 2⁵. – **37** Aristoteles, Analytica priora II, 16, 64b 28–65a 37; Top. VIII, 13, 162b 31–163a 28; Soph. El. 4, 166b.25f.; 5, 167a.36–39; J.M. Bocheński: Formale Logik (⁴1978) 11.24, 28, S. 66. – **38** Boethius, Interpretatio lib. II cap. 8, in: Opera omnia (Basel 1570) 515. – **39** J.Ph. Krebs, J.H. Schmalz: Antibarbarus der lat. Sprache II (⁹1984) 297. – **40** C. Prantl: Gesch. d. Logik im Abendlande I (1855; ND 1997) 311. – **41** R. Srowig: Metzler Philos. Lex., hg. v. P. Prechtl und F.-P. Burkard (1996) 386. – **42** Duns Scotus, Quaestiones Super Lib. II Priorum, quaestio VII, in: Opera omnia Tom. II (Paris 1891) 193. – **43** Ueding/Steinbrink 65. – **44** ebd. 72. – **45** Th. Frenz Art. ‹Urkundenlehre›, in: Handwtb. zur dt. Rechtsgesch. V (1998) Sp. 587f. – **46** J.H. Kumpf: Art. ‹Petition›, in: Handwtb. zur dt. Rechtsgesch. III (1984) Sp. 1639ff.; Grundgesetz der Bundesrepublik Deutschland. Art. 17. – **47** H. Bauer in: H. Dreier: Grundgesetzkommentar I (1996) Art. 17 Rz. 10; II (1998) Art. 45c Rz. 7

D. Schanbacher

→ Accusatio → Ars dictandi, dictaminis → Brief → Briefsteller → Gerichtsrede → Logik → Partes orationis → Urkunde

Petrarkismus
A. I. Allgemeines. – II. P. und Petrarca. – III. Bereiche und Disziplinen. – IV. P. als System. – B. Geschichtliche Entwicklung. – I. Italien. – II. Andere europäische Länder.

A. I. *Allgemeines.* ‹P.› wird gemeinhin definiert als direkte oder indirekte Nachahmung Petrarcas. Die Begriffsbestimmung zeigt an, daß der P. seine allgemeine historische Voraussetzung in der Poetik der Nachahmung findet, die ihrerseits auf der engen Verflechtung von Dichtung und Rhetorik fußt. Denn entwickelt wurde die Nachahmungslehre im Rahmen der Rhetorik. Ungeachtet ihrer Präsenz in der mittelalterlichen Dichtung und Dichtungstheorie gewinnt die Poetik der Nachahmung im Sinne einer *imitatio auctorum* vor allem seit dem Beginn des Renaissancehumanismus programmatische Bedeutung. Eine – wo nicht gar die – zentrale Referenz- und Leitfigur des italienischen wie europäischen Humanismus ist PETRARCA (1304–1374), der u. a. mit seinen Äußerungen zum Problem der Nachahmung in seinen Briefen[1] eine folgenschwere Nachahmungsdebatte auslöst. Diese führt dazu, daß, ganz entgegen Petrarcas eigener, im senecanischen Bienengleichnis[2] zusammengefaßten Position von der Nachahmung einer Vielzahl von Modelltexten verschiedener Autoren, in der italienischen Hochrenaissance mehr und mehr die von P. BEMBO vertretene Auffassung von der Vorrangstellung eines einzigen Musterautors in den Vordergrund rückt. Und für den Bereich der volkssprachlichen Verssprache soll dies nach den Darlegungen Bembos in den ‹Prose della volgar lingua› (1525) Petrarca sein. Die Verankerung des P. in der Renaissance-Poetik der Nachahmung macht des weiteren deutlich, daß das Phänomen des P. mit den Kategorien der dem Positivismus des 19. Jh. entstammenden und mit dem Odium mangelnder Originalität behafteten Einfluß- und Quellenkritik nicht angemessen erfaßt werden kann. Im Verstehen der Nachahmungspoetik ist imitatives Dichten mehr und mehr als das bloße Schreiben unter dem Einfluß eines bestimmten Autors. *Imitatio* setzt immer das Bewußtsein der Bezugnahme auf den nachzuahmenden Musterautor voraus. Dieser ist ein ästhetisches Vorbild, das man durch Angleichung zu erreichen sucht (*imitatio* im engeren Sinn), mit dem man aber darüber hinaus immer auch in Wettstreit tritt (*aemulatio*), und das man idealiter sogar noch zu überbieten bemüht ist (*superatio*).

Die Probleme, die eine wissenschaftlich fundierte Bestimmung des P. aufwirft, resultieren nun daraus, daß die eingangs gegebene Definition erhebliche Unschärfen aufweist, daß aber gleichzeitig eine andere, die überzeugender wäre, bislang nicht gefunden wurde bzw. sich bislang nicht durchgesetzt hat. Die resignative Feststellung eines namhaften Petrarkismusforschers, daß es «fast hoffnungslos erscheint, eine zutreffende Definition zu finden»[3], muß die Forschungsdiskussion freilich nicht allzusehr belasten. Auch wenn sie nicht auf einen prägnanten definitorischen Nenner gebracht wird, ist die P.-Problematik als historisches Phänomen zureichend präzise beschreibbar.

II. *P. und Petrarca.* In ihrem Kern meint die Definition des P. als direkte oder indirekte Nachahmung Petrarcas zunächst einmal ein Dichten, das sich der imitativen Bezugnahme auf ein bestimmtes unter den Werken Petrarcas verdankt, und zwar auf die in italienischer Sprache geschriebene Lyrik der von Petrarca selbst so benannten ‹Rerum vulgarium fragmenta› (Fassung letzter Hand 1374). P. manifestiert sich demnach erwartungsgemäß zuerst im Rahmen der lyrischen Gattungen.

Die ‹Rerum vulgarium fragmenta›, die heute gemeinhin mit dem in der Renaissance geprägten Titel ‹Canzoniere› bezeichnet werden, bestehen aus 366 Gedichten. Gattungsmäßig sind sie der volkssprachlichen Lyriktradition verpflichtet (in der überwiegenden Mehrzahl Sonette, daneben Kanzonen, Sestinen, ‹Ballate› und Madrigale); thematisch handelt es sich hauptsächlich um Liebeslyrik, die auf die vorausgehende italienische (vor allem den *Dolce stil novo*) und provenzalische Minnedichtung ebenso zurückgreift wie auf die lateinische Antike (vor allem auf HORAZ, OVID, CATULL und die römischen Elegiker), die Vorgänger aber ganz den Gesetzen des eigenen Diskurses unterwirft. Die Liebe wird im Modus biographischer Stilisierung dargestellt und in einen Ereigniszusammenhang versetzt, der sich vom «innamoramento» über den Tod der Herrin bis hin zur reuevollen Liebesabsage spannt. Das Liebesthema ist jedoch nicht exklusiv; daneben finden sich auch andere Themen, vor allem religiöse und politische Gedichte oder aber Korrespondenzlyrik. Für den P. ist in erster Linie die Liebeslyrik und, wo sie mit ihr verwoben erscheint, die religiöse Lyrik von Belang geworden. Das Liebeskonzept, das Petrarcas Lyrik unterliegt, ist ein solches von antinomisch-paradoxalem Zuschnitt; ideengeschichtlich ist es mit der – medizinischen – Vorstellung vom Liebesmelancholiker verbunden. Die petrarkische Liebe ist demnach eine Schmerzliebe, die in der Lust am Leid gipfelt, also in der von Petrarca in ‹De remediis utriusque fortunae› und im ‹Secretum› theoretisch ausgeleuchteten *dolendi voluptas*. Die Hauptaspekte dieser Schmerzliebe sind im wesentlichen folgende: Der Liebende leidet, weil seine Geliebte – sie ist zur Herrin, zur *donna* stilisiert – unerreichbar ist; die Unerreichbarkeit ist aber, anders als bei den Provenzalen, nicht mehr sozial (ständisch) motiviert, sondern ideell. Die Dame ist Repräsentantin einer zugleich ästhetischen wie ethischen Vollkommenheit, deren sie verlustig ginge, würde sie den Liebenden erhören. Ganz in der Tradition des provenzalischen *Fins amors* und des *Dolce stil novo* gehört die petrarkische Schmerzliebe deshalb in den außerehelichen Bereich. Lust verschafft die im Modus der Unerfüllbarkeit gedachte Liebe vor allem wegen der Positivität des Liebesobjektes. Die Schmerzliebe adelt, sie hat die Funktion der zivilisatorisch gedachten Sublimierung. Aus dieser Situation resultieren die *contrari affetti*, die antinomischen Gefühle, denen der Liebende unterworfen ist: Er schwankt zwischen Hoffen und Bangen, zwischen Glück und Verzweiflung; er will Leidenschaft und erstrebt doch gleichzeitig Purifikation; die Dame erscheint ihm bald als beseligender Engel, bald als todbringende Medusa oder als reißendes Raubtier; sie bedeutet zugleich Leben und Tod. In seinem Leid will sich der Liebende von der Dame abwenden, gleichwohl muß er immer wieder zu ihr zurückkehren. Seinen Gipfel erreicht der Liebesschmerz, wenn die Unerreichbarkeit im Tod der Dame die Prägnanz des Endgültigen gewonnen hat, wobei dem Todesmotiv vielfältig präludiert wird, sei es durch Trennung, durch Krankheit oder anderes mehr. Doch selbst der Tod beendet das Spiel der Affekte nicht, das durch Figuren der Erinnerung wie durch Traumbesuche am Leben gehalten wird. Höchster Ausdruck dieser antinomisch-paradoxalen Liebe ist nun die Dichtung selbst: Liebe wird durchgängig als Ursprung eines Dichtens thematisch gemacht, das Ruhm verspricht, ein Zusammenhang, den Petrarca über das paronomastische Spiel mit dem Namen der Herrin inszeniert. Die Liebe zu Laura – so der Name der petrarkischen *donna* – führt zum *lauro*, zum Lorbeer, der die Dichterkrone repräsentiert. Ihren bedeutsamsten Ausdruck findet die Liebe als Movens des Dichtens im Frauenlob, das sich bei Petrarca zu überaus eingängigen Bildern verdichtet, etwa zum Bild vom Glanz des Augensterns, dessen Blicke den Liebenden wie Pfeile ins Herz treffen; zum im Wind wehenden Goldhaar, das den Liebenden in Bande zu schlagen vermag; zum Elfenbein der Hand, die, vom Handschuh entblößt, den Liebenden versehrt etc. Die Preziosenbildlichkeit in der Frauenbeschreibung ist Zeichen des Ranges der Herrin, genau wie der die Dame situierende *locus amoenus* Abglanz ihrer Lieblichkeit ist und dem Dichter als Resonanzraum für die Liebesklage dient (Motivkreis der Natursympathie).

Die petrarkische Liebesklage ist hochrhetorisiert. Es überrascht nicht, wenn das antinomisch-paradoxale Liebeskonzept ein Dichten hervorbringt, in dem das Spiel der Antithesen und der Oxymora eine beherrschende Rolle spielt. Mitunter stellen sich ganze Gedichte als Serialisierung solcher Figuren dar, wie etwa die berühmten Sonette ‹S'amor non è› [4], ‹Pace non trovo› [5], ‹Or che 'l ciel et la terra› [6], ‹Amor mi sprona› [7] oder ‹Dolci ire, dolci sdegni› [8]; vor allem diese Texte, die im ‹Canzoniere› selbst zahlenmäßig keineswegs dominant sind, werden im P. bevorzugt nachgeahmt. Das Spiel der Antithesen wird durch den Einsatz von Parallelismen oder Chiasmen akzentuiert und immer wieder auch durch ausgefeilte Korrelationsverfahren ergänzt (z.B. in ‹Amor m'a posto come segno a strale› 9]). Die Rhetorisierung manifestiert sich ferner in den paronomastischen Gedichten, die ebenfalls große Wirkung hatten, wie etwa ‹Quando movo i sospiri› [10], ‹L'aura serena› [11], ‹L'aura celeste› [12], ‹L'aura soave› [13]. Die Paronomasien inszenieren nicht nur die Allgegenwart der Herrin, deren Name in der umgebenden Natur widerhallt (z.B. «Laura», «l'auro», «lauro»), sondern sie dienen bereits bei Petrarca der Formulierung regelrechter *concetti*, denen die späteren Petrarkisten besondere Aufmerksamkeit zuteil werden lassen (z.B. «Amore»/«amaro»). Wie im Falle der Antithesensonette bevorzugt Petrarca auch hier wiederholt die Form der Serialisierung analog konzipierter Gedichte, so daß die Kunst des rhetorischen Spiels besonderes Profil erhält. Des weiteren wäre die Rolle des Adynatons (d.i. Topos der verkehrten Welt) hervorzuheben, das der Paradoxalität petrarkischer Liebe Ausdruck gibt. Asyndetische, polysyndetische und anaphorische Reihungsverfahren sowie der Einsatz von Summationsschemata runden das Bild ab.

Unter dem Zeichen der Rhetorisierung steht die Liebeslyrik des ‹Canzoniere› aber auch in ganz allgemeiner Hinsicht. Petrarca umkreist in seinem umfangreichen Lyrikbuch im Kern nur einen einzigen, prägnanten Themenkomplex – die lustvolle Schmerzliebe zur unvergleichlich-unerreichbaren Herrin. Dieser Zentralkomplex, der mit einem überschaubaren und zugleich eingängigen Grundbestand von Motiven angereichert wird, untersteht dem Prinzip unaufhörlicher *variatio*: Der Dichter stellt mithin seine Kunst unter Beweis, indem er das immer Gleiche stets neu formuliert. Dieses Prinzip rhetorischer *variatio* wird dabei mit dem zugleich humanistischen wie urbanen *elegantia*-Ideal verbunden. Auf diese Weise entsteht eine Lyrik die ihre Kunst zugleich zeigt und verbirgt, die anspruchsvoll und gefällig in einem ist und die sich aufgrund der zentralen Rolle, die der Dimension des Rhetorischen zufällt, hervorragend zur Nachahmung eignet. Dazu trägt wesentlich die Tatsache bei, daß Petrarca – anders als die Lyriker des *Dolce stil novo*, die eine regelrechte Amortheologie zelebrieren – eine Liebeslyrik verfaßt, die frei sein will von philosophischer Überfrachtung, und daß er, auch anders als der *trobar clus* der Provenzalen, dem pronconcierten Hermetismus eine Absage erteilt. Daß diese neue lyrische Liebessprache im Dienste der Artikulation und Entdeckung einer frühneuzeitlichen Subjektivität steht (als Ausleuchtung eines widersprüchlichen Ich, das zwischen Weltflucht und Weltsucht zerrissen ist), tritt dann im Prozeß petrarkistischer Nachahmung weithin zurück. Petrarca entwickelt eine Sprache, die leicht zu übernehmen und universell einsetzbar ist. Der P. wird so nicht nur zu einer gesamteuropäischen Liebessprache; er fungiert auch, wie Forster es formuliert, als «training in poetic diction». [14] Petrarkistisches Dichten besteht im Wesentlichen darin, das bei Petrarca Angelegte aufzugreifen, abzuwandeln, zuzuspitzen und mit Elementen anderer Provenienz zu kombinieren, wobei die Funktionen die ganze Bandbreite zwischen Scherz und Ernst abdecken können.

III. *Bereiche und Disziplinen.* P. als Nachahmung Petrarcas bezieht sich also in erster Linie auf die Lyrik. In der Tat ist das meiste dessen, was unter diesem Begriff subsumiert wird, lyrische Dichtung. Gleichwohl läßt sich der P. auf diesen Bereich nicht beschränken. Das im ‹Canzoniere› artikulierte und literarisch ausformulierte Liebeskonzept ist so griffig, daß es sehr schnell auch in andere als in die lyrischen Gattungen eindringt. So findet sich Petrarkistisches in der Versepik (z.B. in L. Ariostos ‹Orlando furioso›, 1516; in T. Tassos ‹Gerusalemme liberata›, 1581; in G. Marinos ‹Adone› 1623), im Pastoraldrama (z.B. in T. Tassos ‹Aminta›, 1580), in der Tragödie (z.B. in W. Shakespeares ‹Romeo and Juliet›, 1598), im Opernlibretto (z.B. in L. Da Fontes ‹Le Nozze di Figaro›, 1786, bes. in den Cherubino-Partien), in der spanischen ‹Comedia› oder auch in der Novellistik oder im Schäferroman (J. de Montemayors ‹Los siete libros de la Diana›, 1559; M. de Cervantes ‹Galatea›, 1585). Doch dies ist nicht alles. Der P. erfaßt auch Bereiche jenseits der Dichtung im engeren Sinn, beispielsweise die höfische Konversation und, eng damit verbunden, die öffentlichen Riten des höfischen Spiels mit der Liebe (P. als Teil höfischer ‹Rhetorik des Verhaltens›). Darüber hinaus gibt es das Phänomen des politischen P. (z.B. die Stilisierung von Elizabeth I. zur «Virgin Queen» [15]).

Gerade beim Ausgreifen über den engeren Bereich der Lyrik hinaus treten die Probleme in den Blick, die der Definition des P. als direkter oder vermittelter Nachahmung Petrarcas innewohnen. Denn in den meisten Fällen handelt es sich dort nicht um einen ‹integralen P.› in dem Sinne, daß das auf Petrarca rückführbare Liebeskonzept samt des ihm funktional zugeordneten Ausdrucksrepertoires imitativ aufgegriffen würde. Statt dessen herrscht die Tendenz vor, einzelne Elemente herauszunehmen und aus ihrem systemhaften Zusammenhang, wie er im ‹integralen P.› gegeben ist, herauszubrechen. So bedient sich Marino zur Beschreibung der Liebe zwischen Venus und Adone zwar ausgiebig des Motiv- und Figurenbestandes des P., aber nur, um einer gänzlich un-petrarkistischen Liebeskonzeption, nämlich einer solchen von hedonistisch-sensuellem Zuschnitt, Ausdruck zu verleihen. Nicht gleich, aber doch vergleichbar liegen die Dinge im Fall des Cherubino aus ‹Le Nozze di Figaro›, der ‹Gerusalemme liberata› oder des ‹Orlando furioso›. Mit der Bestimmung des P. als direkte oder vermittelte Nachahmung können also recht verschiedene Dinge gemeint sein, je nachdem, welcher petrarkische Bereich Referenzgegenstand der Imitation ist. Besonders deutlich wird dies, wenn man die italianistische P.-Diskussion in den Blick nimmt. In der Italianistik wird P. nämlich auch gänzlich unabhängig von der petrarkischen Liebeslyrik bestimmt. Unter diesem Stichwort wird nicht nur die Nachahmung dieser Liebeslyrik verbucht, sondern auch die *imitatio* derjenigen ‹Canzoniere›-Texte, die nicht auf die Liebesthematik hingeordnet sind. Mehr noch: für nicht wenige Italianisten dient die Bezeichnung ‹P.› auch zur Charakterisierung einer bloßen Sprachnorm, die sich an Petrarca orientiert, und die P. BEMBO in den ‹Prose della volgar lingua› als Modell der italienischen Verssprache zu kodifizieren versucht hat.

IV. *Petrarkismus als System.* Bestimmt man den P. als Nachahmung Petrarcas, so empfiehlt es sich mithin zu spezifizieren, worauf sich diese bezieht. Dabei scheint es ratsam, die Definition – wie dies übrigens schon der definitorischen Praxis der Renaissance geläufig war – nach den Kriterien von Zentrum und Peripherie anzulegen. Als definitorisches Zentrum des P. wäre demnach die Darstellung eines auf Petrarca rückführbaren Liebeskonzeptes zu verstehen, und zwar unter Nutzung eines gleichfalls petrarkisch grundgelegten Ausdruckrepertoires (Themen, Motive, Figuren, metrische Formen etc., die direkt oder vermittelt auf den ‹Canzoniere› rückverweisen); für diesen Fall läßt sich, wie dies vor allem Hempfer[16] vorgeschlagen hat, vom ‹P.› als einem System sprechen. Wenn dieses System nicht integral realisiert wird, sondern lediglich einzelne seiner Elemente, dann findet eine Bewegung statt weg vom definitorischen Zentrum und hin zur Peripherie. Wo sich diese zentrifugalen Tendenzen Bahn brechen, gehen die petrarkistischen Elemente in der Regel eine Verbindung mit dem ihnen eigentlich Fremden ein. Dies geschieht in pointierter Weise, wenn Petrarkistisches mit konstitutiven Themen und Motiven der hedonistisch-sensuellen Liebeslyrik antiker Provenienz kombiniert wird, wie dies etwa in weiten Bereichen der Lyrik P. DE RONSARDS oder T. TASSOS der Fall ist. Schulz-Buschhaus[17] hat für den Bereich des dem P. Fremden den Begriff des ‹A-Petrarkismus› vorgeschlagen, den er vom Begriff des ‹Anti-Petrarkismus› abgrenzen möchte. Der Anti-Petrarkismus, der nur wenig verzögert zum P. entsteht, hat demgegenüber die Umkehrung des petrarkistischen Systems im Visier, sei es in parodistisch-spielerischer, sei es in satirischer Absicht (bedeutendster Vertreter: F. BERNI, ‹Sonetti› 1537). Dabei verdient Beachtung, daß historisch gesehen der Begriff des P. im Kontext des Anti-Petrarkismus geprägt wurde, und zwar nachweislich unter der Prämisse des P. als System.

Die Auffassung vom P. als Ausdruckssystem, in dessen Mittelpunkt ein auf Petrarca rückführbares, antinomisch-paradoxales Liebeskonzept steht, ist gut geeignet, um die historischen Erscheinungsformen petrarkistischen Dichtens in ihrer ganzen Bandbreite zu erfassen. Dies trifft nicht nur zu, wenn das System als solches variiert wird, wobei sich die Variation, wie im weit verbreiteten 'weiblichen' P. (vgl. etwa die ‹Rime› von G. STAMPA, 1554; die ‹Sonnets et élégies› von L. LABÉ, 1555) auch als geschlechtliche ‹Umkodierung› zeigen kann. Es gilt mehr noch für die Fälle, in denen sich eine Bewegung weg vom Zentrum Bahn bricht. Denn die Kombination von Petrarkistischem und dessen Gegenteil läßt sich erst dann präzise erfassen, wenn ein petrarkistischer Systemkern definiert ist. Dies gilt nicht nur für die Verbindung von P. und hedonistisch-sensuellem A-Petrarkismus, sondern auch für die Verbindung des P. mit dem ihm im Grunde fremden Platonismus, wie er sich in den ‹Sonetti› (1555) B. VARCHIS oder in den ‹Rime› (1538) von V. COLONNA findet. Ähnlich liegen die Dinge bei der Kombination von Epithalamium bzw. Ehelyrik und P. (z.B. in den ‹Rime› von B. TASSO, 1560; oder B. ROTA, 1572) oder bei der Übertragung des P. auf den geistlichen Diskurs (z.B. im ‹Petrarca spirituale› G. MALIPIEROS, 1536; in den ‹Rime spirituali› G. FIAMMAS, 1570; in der ‹Trutz-Nachtigall› F. SPEE VON LANGENFELDS, 1649).

Als historisch wichtige Ausprägung der frühneuzeitlichen Nachahmungspoetik ist für den P. das Widerspiel von Identität (d.i. Angleichung an den Modellautor) und Differenz (d.i. *aemulatio*, die ein Anders-Machen impliziert) konstitutiv. Wenn die Gewichte beim Identitätspol liegen, bewegt man sich im Rahmen der systeminternen *variatio*. Dies ist insbesondere dann der Fall, wenn das systemkonstitutive Konzept petrarkischer Schmerzliebe beibehalten ist und das bei Petrarca nicht Vorgegebene dem petrarkistischen System assimiliert, seine Fremdheit gleichsam stilistisch kaschiert wird.[18] Verlagern sie sich jedoch hin zum Pol der Differenz, kommt es zur Systemüberschreitung und zur Verknüpfung des Heterogenen. Dies ist vor allem dann der Fall, wenn das petrarkische Liebeskonzept direkt mit anderen Liebesentwürfen (z.B. stilnovistischer, platonischer oder hedonistisch-sensueller Art) kombiniert wird, wenn also eine dialogische Pluralisierung erotischer Diskurse vorliegt. Eine andere Spielart dialogischer Systemüberschreitung liegt vor, wenn ein von Petrarca verschiedenes Liebeskonzept petrarkistisch ‹eingekleidet› wird durch Rekurs auf petrarkistische Topoi und Figuren (z.B. in Marinos ‹Adone›).

B. *Geschichtliche Entwicklung.* In der Hochzeit der Poetik der *imitatio* – also von der Frührenaissance bis hinein ins 18. Jh. – stellt der P. eines der bedeutendsten Ausdrucksrepertoires der europäischen Literatur dar, wobei erwartungsgemäß seine Prägekraft in Italien früher einsetzt, größere Breitenwirkung hat und länger anhält als in den anderen europäischen Ländern.

I. *Italien.* Petrarca wird bereits kurz nach seinem Tod 1374 zum Gegenstand der Nachahmung, vor allem im Umfeld von Florenz und Padua. Zum beherrschenden Modell, das Dante und die Stilnovisten in den Hintergrund drängt, wird er im 15. Jh. durch das Wirken von G. DE' CONTI, in dessen überaus erfolgreichem Gedichtbuch ‹La bella mano› (1472) Petrarcas ‹Canzoniere› als Enzyklopädie höfischen Dichtens aufbereitet wird. Damit ist der Rahmen für den sog. ‹Quattrocento-P.› abgesteckt, der sich vor allem im späten 15. Jh. Bahn bricht, dessen Zentren die padanischen Höfe einerseits (erwähnenswert hier vor allem die ‹Amorum libri› von M.M. BOIARDO, 1499, sowie die Lyrik N. DA CORREGGIOS und die ‹Strambotti› des S. AQUILANO, 1504) und das aragonesische Neapel waren, mit P.J. DE JENNARO, mit A. TEBALDEO, mit CARITEO (eigentlich B. GARETH) und mit J. SANNAZARO. Der – meist dialektale – *petrarchismo cortigiano* des 14. Jh. bindet die Lyrik direkt an das höfische Spiel mit der Liebe an, betont die Komponente des Sinnlich-Frivolen (allerdings ohne damit notwendigerweise eine Pluralisierung erotischer Diskurse anzuzielen), akzentuiert die Darstellung höfischer Situationen, kultiviert die *descriptio* preziöser Objekte, bevorzugt Konzeptismen, wobei insbesondere die Neigung zur scharfsinnigen Naturalisierung von Metaphern den Scherzcharakter dieser Lyrik deutlich macht. Daneben manifestiert sich aber auch das Bemühen – besonders bei G. ALOISIO, P.J.

DE JENNARO und J. SANNAZARO – das Höfische auf die Dimension der ‹idealen Biographie› im Sinne Petrarcas hin zu öffnen.

Seinen Höhepunkt erreicht der P. zwischen den dreißiger und den siebziger Jahren des 16. Jh. In dieser Zeit ist er als «sistema della ripetizione»[19] das alles beherrschende Instrument lyrischer Kommunikation. Dazu haben mehrere Voraussetzungen beigetragen. Zu nennen wären der gesellschaftliche Erfolg des – traktathaften oder dialogischen – liebestheoretischen Schrifttums, in dessen Rahmen immer wieder Petrarca als Exemplum des Liebenden präsentiert wird; P. BEMBOS weitverbreitete ‹Asolani› (zuerst 1505) stehen am Anfang einer Entwicklung, die in der Jahrhundertmitte ihren Gipfel erreicht.[20] Ferner wären die philologisch aufbereiteten Druckfassungen des ‹Canzoniere› zu erwähnen, deren wichtigste und folgenreichste die von Bembo 1501 besorgte ‹Aldina› ist, gefolgt von den – zumeist kommentierten und in mehreren Fällen vielfach aufgelegten – Editionen A. VELLUTELLOS (zuerst 1525), S. FAUSTO DA LONGIANOS (1532), S. DA VENAPHROS (1533), G. A. GESUALDOS (1541), A. BRUCIOLIS (1548), G. ROVILLIOS (1550), L. DOLCES (1560) oder L. CASTELVETROS (1582), um nur das Wichtigste zu nennen. Flankiert werden die kommentierten Ausgaben durch die zahlreich publizierten ‹Lezzioni› petrarkischer Sonette (vor allem im Rahmen der ‹Accademia fiorentina›) und die ‹Rimari› (bes. erfolgreich ist G. RUSCELLIS ‹Rimario› von 1559), die vor allem Petrarcas Verssprache leicht verfügbar machen. Und schließlich kann Bembo mit seinen dem Geist des *umanesimo volgare* verpflichteten ‹Prose della volgar lingua› (1525), die – meist zustimmend – eine ganze Flut grammatischen Schrifttums nach sich ziehen[21], Petrarca als Norm der italienischen Verssprache etablieren. Mit Bembos eigenen ‹Rime› (zuerst 1530, erweitert 1535 und 1548) entsteht ein tendenziell ‹orthodoxer› P. Seine Kennzeichen sind sprachlicher Purismus, Konzentration auf Petrarca als dominantes Modell, Verzicht auf die Integration demonstrativ a-petrarkistischer Elemente bzw. petrarkisierende ‹Einschmelzung› des Fremden, Liebeslyrik als Instrument stilisierter Biographie mit ethischem Anspruch, Rücknahme der Dimension des Höfischen (im Sinne des *petrarchismo* cortigiano des Quattrocento), sowie in Anlehnung an Petrarca Integration von Liebesthematik, enkomiastisch-politischer und religiöser Thematik. Auf dieser Grundlage entstehen zahlreiche *libri di poesia* bzw. *raccolte d'autori*, als deren wichtigste genannt seien: A. PICCOLOMINI: ‹Cento sonetti› (1549); G. DELLA CASA: ‹Le Rime› (1558) (mit der Tendenz zur Akzentuierung der ethisch-religiösen Komponente, und damit verbunden, der Stilerhöhung); A. MINTURNO: ‹Rime e prose› (1559); L. PATERNO: ‹Nuovo Petrarca› (1560) (als Hauptvertreter variierender Repetition); B. CAPELLO: ‹Rime› (1560); G. STAMPA: ‹Rime› (1554) (als berühmtes Beispiel des weiblichen P.); B. ROTA: ‹Sonetti› (1560), ‹Sonetti e Canzoni› (1567), ‹Delle Rime› (1572) (als Repräsentant des Ehepetrarkismus). Vom Umfang her noch bedeutender ist der ‹anthologische› P., in dessen Rahmen neben den eben schon aufgeführten Autoren zahllose weitere ihre Werke publizieren (Typus der ‹Rime di diversi eccellenti autori›). Insgesamt wird die petrarkistisch orientierte Lyrik im genannten Zeitraum nicht nur zu einem kulturprägenden, sondern auch zu einem wirtschaftlich bedeutenden Faktor für das Druckereiwesen, mit einem Anteil von bis zu 30% am Gesamtvolumen der Druckerzeugnisse.[22] Der tendenziell orthodoxe P., der sich immer wieder Elemente des ihm im Kern differenten platonischen Diskurses zu assimilieren sucht, ist zwischen 1530 und 1570 tonangebend. Daneben existieren aber auch andere Formen: Neben dem Sonderfall der geistlichen Parallelbeispiele, die sich von G. MALIPIEROS ‹Petrarca spirituale› von 1536[23] bis zu G. FIAMMAS ‹Rime spirituali› von 1570 erstrecken, sind diejenigen Autoren aufzuführen, die statt petrarkistischer Homogenisierung eine manifeste Pluralisierung erotischer Diskurse im Auge haben. So finden sich in den sechs Büchern der ‹Rime› B. TASSOS von 1560 neben den genuin petrarkistischen ‹libri› solche mit pastoral und/ oder antikisierendem Zuschnitt. L. ALAMANNI (‹Opere toscane›, 1532) strebt in seiner Lyrik weniger eine Nebeneinanderstellung als vielmehr eine Kombination von antiken Elegikern und P. an.[24] B. VARCHI zielt in seinen ‹Sonetti› von 1555 auf die platonische Kolonialisierung des P., die etwas grundsätzlich anderes ist als die im orthodoxen P. üblichen Tendenzen, Elemente des platonischen Diskurses dem P. zu subsumieren und zu assimilieren. Vergleichbares hat vor Varchi bereits, allerdings weniger radikal, V. COLONNA in ihren ‹Rime amorose› von 1538 praktiziert. Gegen Ende des Jahrhunderts gewinnt, unter dem Eindruck der verstärkten Rezeption der ‹Anthologia Graeca›, die Tendenz zur Pluralisierung erotischer Diskurse weiter an Gewicht. T. TASSO verfaßt mit der ‹Parte prima› seiner ‹Rime› (1591) zwar nochmals einen in sich schlüssigen petrarkistischen ‹Canzoniere›, wobei es allerdings, in Fortführung des Weges, den G. PIGNA mit seinem ‹Ben divino› von 1572 gewiesen hatte, zu einer massiven Aufwertung des höfischen Elementes kommt.[25] Daneben aber schlägt er mit der Liebeslyrik der ‹Rime estravaganti› einen Duktus an, der dezidiert vom P. wegführt, indem Petrarkisches selektiv für einen dominant hedonistischen Diskurs in Anspruch genommen wird. Mit den ‹Rime› MARINOS (1602, erweitert in ‹La Lira›, 1614) erscheint die Zurückdrängung und Erosion des P. als beherrschendes Ausdruckssystem der italienischen Liebeslyrik endgültig erreicht. In den ‹Rime amorose› (1. Teil der ‹Rime› bzw. der ‹Lira›) ist der P. als System zwar noch zitiert, aber nur um effektvoll überschritten und entwertet zu werden, und zwar nach Maßgabe einer hedonistisch-sensuellen Liebeskonzeption, die auf die Lyrik der Antike verweist.[26] Dieser Tendenz entspricht die poetologische Abwertung Petrarcas als nachahmungswürdiger Autor (bes. drastisch bei A. TASSONI: ‹Considerazioni sopra le Rime del Petrarca›, 1609). Von nun an ist die Präsenz des P. in der italienischen Lyrik – wie dies in den anderen Gattungen immer schon der Fall war – eine nur noch selektive unter dem Vorzeichen der Pluralisierung erotischer Diskurse. Zwar gibt es wiederholte Phasen der Rückerinnerung an Petrarca wie etwa in der Lyrik ALFIERIS, FOSCOLOS oder LEOPARDIS; von P. im Sinn programmatischer Nachahmung läßt sich nicht mehr sprechen. Gleichwohl ist der P. auch im 20. Jh. nicht von der Bildfläche verschwunden: G. Gozzano inszeniert in seinen ‹Colloqui› (1911) ein Wechselspiel von Nostalgie und Ironisierung, und noch allerjüngst nutzt P. VALDUGA Petrarca für ihre Poetik des lyrischen Schocks dahingehend, daß eine Lyrik kruder Sexualität petrarkisch eingekleidet wird.

II. *Andere europäische Länder.* Als internationales Phänomen hat der P. für die gesamte europäische Literatur Prägekraft gewonnen und ist in seinen jeweiligen Ausfaltungen im Rahmen der Einzelphilologien auch recht gut erforscht. Bei aller Verschiedenheit gibt es gleichbleibende Tendenzen. Man begegnet immer wieder Versuchen erster Assimilation, in deren Verlauf die Grenzen zwischen Übersetzung und Nachahmung verschwimmen. Des weiteren findet sich überall eine starke Gewichtung des mediatisierten Petrarca-Bezugs, realisiert sich der außeritalienische P. doch meist weniger als direkte Nachahmung Petrarcas denn vielmehr als *imitatio* der Quattrocentisten, bes. SERAFINOS, oder, alternativ dazu, BEMBOS, der ‹bembisti› oder T. TASSOS. Des weiteren ist im außeritalienischen Bereich von vornherein die Tendenz zur dialogischen Pluralisierung erotischer Diskurse vorherrschend [27], und zwar weit stärker als in Italien selbst. Und schließlich findet sich in den meisten europäischen Literaturen eine ausgeprägte Adaptation des P. an die jeweils vorherrschenden ästhetischen Normen, wobei (wiederum weit deutlicher als in Italien) insbesondere die Anpassung an die konzeptistisch-preziöse Barockästhetik (in Spanien bei F. LOPE DE VEGA CARPIO und L. DE GONGORA, in Frankreich bei PH. DESPORTES, in England bei den ‹Metaphysical Poets›, in Deutschland bei P. FLEMING und vor allem bei CHR. HOFMANN VON HOFMANNSWALDAU) besonderes Profil gewinnt. Wie in Italien tritt mit dem Verbindlichkeitsverlust der Nachahmungspoetik auch im sonstigen Europa der P. als wichtiges Ausdrucksrepertoire mehr und mehr in den Hintergrund, wiewohl auch außerhalb Italiens im 19. Jh. noch gelegentlich auf Petrarca zurückgegriffen wird (z.B. bei H. HEINE oder bei CH. BAUDELAIRE). Besonders schnell und nachhaltig erfolgt die Rezeption des P. in den Italien geographisch oder politisch-kulturell verwandten Regionen und Kulturen, in Frankreich, auf der iberischen Halbinsel, sowie in Dalmatien. Im spanisch-katalanischen Raum findet sich Petrarkistisches schon im 15. Jh. etwa in den Sonetten «in italienischer Manier» des Marquis DE SANTILLANA. Mit Beginn des 16. Jh. wird der P. zur prinzipiell verfügbaren Sprache der Liebeslyrik, befördert durch J.B. ALMUGAVER und GARCILASO DE LA VEGA. Bemerkenswert ist, daß bereits von Anfang an der P. ‹dialogisiert› und als Teil der Pluralisierung erotischer Diskurse verstanden wird.[28] Dies gilt auch dort, wo, wie in der zweiten Phase des spanischen P. bei F. DE HERRERA, eine gewisse Präferenz für die petrarkistische Orthodoxie im Sinne des ‹bembismo› beobachtbar ist, und natürlich auch für den genuin barocken P. eines F. Lope de Vega Carpio oder L. de Gongora, wo sich P., Konzeptismus und Poetik der Dunkelheit verbinden. Pluralisierung – die Verknüpfung petrarkistischer «Kunstlyrik» mit heimisch-mittelalterlicher Minnedichtung und antikisierender Liebesdichtung – kennzeichnet die Situation in Portugal, vor allem bei L. DE CAMÕES. Auch in Frankreich steht der P. von vornherein unter dem Kennzeichen der Pluralisierung (Kombination von Hedonismus, Platonismus und petrarkistischer Schmerzliebe), so vor allem bei C. MAROT, aber auch bei L. LABÉ oder M. SCÈVE, deutlicher noch in der nachfolgenden Phase bei den Dichtern der Pléiade, vor allem bei P. DE RONSARD (besonders ausgeprägt ist im Dialog der Liebessprachen die petrarkistische Stimme in den ‹Amours de Cassandre›, 1552, weniger stark in den ‹Sonnets pour Hélène›, 1578) oder bei J. DU BELLAY (‹Olive›, 1549). Pluralisierung beherrscht auch das Bild in der englischen Literatur, in der mit SIR TH. WYATT zunächst das Changieren zwischen *imitatio* und Übersetzung dominiert, wobei Petrarca, die Quattrocentisten und P. Bembo gleichermaßen Referenzmodelle sind. In den elisabethanischen Sonettzyklen wird, wie auch in Spanien oder Frankreich, die Diskursvielfalt gepflegt, sei es beim ‹englischen Petrarca› SIR PH. SIDNEY (‹Astrophel and Stella›,

1591), wo, wie etwa bei T. Tasso, P. und ‹Anthologia Graeca› quer geschlossen werden, sei es bei E. SPENSER (‹Amoretti›, 1595) oder schließlich in den ‹Sonnets› (1609) von W. SHAKESPEARE, wo Petrarkistisches zitiert, neben Platonistisches (das u.a. auf eine im italienischen Platonismus vorgegebene Homoerotik orientiert war) plaziert und – wie in den Gedichten für die «Dark Lady» – parodistisch negiert wird, bei gleichzeitiger Aktualisierung eines hedonistisch-anakreontischen Konzeptismus. Unter dem Signum grundsätzlicher Pluralisierung steht der P. auch in der deutschen Literatur, wo – nach einem Präludium einzelner Petrarca-Übersetzungen (z.T. aus dem Holländischen, etwa bei B. FROE 1573), von G.R. WECKHERLIN (‹Oden und Gesänge›, 1618) und M. OPITZ der P. – durchaus auch im Sinne eines «training in poetic diction» [29] – verfügbar gemacht wird [30] und bei fast allen Barock-Dichtern eine meist selektive Präsenz gewinnt (z.B. bei PH. VON ZESEN, G. PH. HARSDÖRFFER, aber auch – reduziert – bei A. GRYPHIUS, stärker wieder – wiewohl über den Umweg des Marinismus, bei D.C. VON LOHENSTEIN und CHR. HOFMANN VON HOFMANNSWALDAU). Als Hauptwerk des deutschen P. gilt die deutsche Lyrik P. FLEMINGS.[31] Wie sehr das Verfahren der Pluralisierung den deutschen P. bestimmt, läßt sich schon an der Titelgebung in den ‹Poetischen Wäldern› (1644) von Opitz ablesen, wo die Ausdrucksmodi «Fast aus dem Griechischen», «Fast aus dem Holländischen», «Aus dem Französischen» und «Francisci Petrarchae» zusammengerückt sind.[32] Zur Geschichte des europäischen, aber vor allem auch des deutschen, holländischen und slawischen (bes. polnischen) P. wäre noch abschließend auf die Rolle hinzuweisen, die die neulateinische Dichtung spielt. Diese saugt selektiv und unter dem Vorzeichen prinzipieller Pluralisierung das petrarkistische Ausdruckrepertoire in sich auf und gibt es – in ihrer Eigenschaft als Universalsprache der Zeit – an die einzelnen Nationalliteraturen weiter.[33]

Anmerkungen:
1 F. Petrarca: Familiares II,8,4–6 u. 19; XXII, 2, 13–17 u. 20–21; XXIII, 19,10–14; zur *imitatio* vgl. H. Gmelin: Das Prinzip der Imitatio in den romanischen Literaturen der Renaissance, in: RF 46 (1932). – 2 vgl. Seneca, 84. Brief an Lucilius. – 3 G. Hoffmeister: Petrarkistische Lyrik (1973) 2. – 4 Petrarca: Canzoniere 132. – 5 ebd. Nr. 134. – 6 ebd. Nr. 164. – 7 ebd. Nr. 178. – 8 ebd. Nr. 205. – 9 ebd. Nr. 133. – 10 ebd. Nr. 5. – 11 ebd. Nr. 196. – 12 ebd. Nr. 197. – 13 ebd. Nr. 198. – 14 L. Forster: The Icy Fire – Five Studies in European Petrarchism (Cambridge 1969) 61. – 15 ebd. 122ff. – 16 K.W. Hempfer: Probleme der Bestimmung des P. Überlegungen zum Forschungsstand, in: W.-D. Stempel, K. Stierle (Hg.): Die Pluralität der Welten – Aspekte der Renaissance in der Romania (1987) 253–277. – 17 U. Schulz-Buschhaus: Antipetrarkismus und barocke Lyrik. Bemerkungen zu einer Studie J.-U. Fechners, in: RJb 19 (1968) 90–96. – 18 G. Regn: T. Tassos zyklische Liebeslyrik und die petrarkistische Tradition (1987). – 19 A. Quondam: Il naso di Laura. Lingua e poesia nella tradizione del classicismo (Modena 1991) 181. – 20 G. Zonta (Hg.): Trattati d'amore del Cinquecento (Bari 1912, ND 1975). – 21 Quondam [19] 45–81. – 22 R. Fedi: La memoria della poesia. Canzonieri, lirici e libri di rime nel Rinascimento (Rom 1990) 48; Quondam [19] 99–150. – 23 vgl. Quondam [19]. – 24 F. Penzenstadler: Elegie und P. Alternativität der lit. Referenzsysteme in L. Alamannis Lyrik, in: K.W. Hempfer, G. Regn (Hg.): Der petrarkistische Diskurs. Spielräume und Grenzen (1993) 77–114. – 25 vgl. Regn [18]. – 26 ders.: Systemunterminierung und Systemtransgression. Zur P.-Problematik in Marinos ‹Rime amorose› (1602), in: Hempfer, Regn [24] 255–280. – 27 K.W. Hempfer: Die Pluralisierung des erotischen Dikurses in der europäischen Lyrik des 16. und 17. Jh. (Ariost, Ronsard, Shakespeare, Opitz), in: GRM NF 38 (1988) 251–264. – 28 z.B. schon bei Juan Boscan Almugaver, vgl. den Beitrag von

H. Weich: La Canción LII ‹Gentil señora mía›, in: Chr. Strosetzki (Hg.): Actas del V Congreso Asociación Internacional Siglo de Oro Münster 19.–24. Juli 1999 (2000) 1371–1384. – **29** Forster [14] 61. – **30** E. Kanduth: Der P. in der Lyrik des dt. Frühbarock (Diss. Wien 1953). – **31** vgl. H. Pyritz: P. Flemings Liebeslyrik – Zur Gesch. des P. (1963). – **32** vgl. Hempfer [27] 260. – **33** vgl. L. Forster: P. und Neulatein, in: Hempfer, Regn [24] 165–185.

Literaturhinweis:
J.G. Fucilla: Estudios sobre el Petrarquismo en España (Madrid 1960).

G. Regn

→ Barock → Conceptismo → Dichtung → Elegantia → Humanismus → Imitatio → Manierismus → Neulateinische Dichtung → Poetik

Phänomenologie (engl. phenomenology; frz. phénoménologie; ital. fenomenologia)
A. Def. – B.I. Aufklärung. – II. Deutscher Idealismus. – III. Moderne.

A. Der Ausdruck ‹P.›, abgeleitet von griech. τὰ φαινόμενα (ta phainómena, die Erscheinungen) und λόγος (lógos, Lehre), ist ein terminologischer Neologismus neuzeitlichen Ursprungs. Ausgehend von seiner wörtlichen Grundbedeutung ‹Lehre von den Erscheinungen› variiert der Begriff der P. je nach philosophiegeschichtlichem Kontext. Dabei lassen sich drei grundlegende Varianten des Phänomenologiebegriffes unterscheiden: der kritische Aufklärungsbegriff, der idealistische Offenbarungsbegriff und der moderne Sachlichkeitsbegriff. Ihnen entsprechen drei systematische Grundpositionen der P., die historisch nacheinander auftreten und insgesamt einen wechselvollen Prozeß rhetorikrepugnanter und -affiner Standpunkte bilden, der mit der Rhetorik-Renaissance innerhalb der modernen P. des 20. Jh. seinen vorläufigen Höhepunkt findet.

B.I. *Aufklärung.* Der kritische Aufklärungsbegriff der P. findet seine terminologische Erstprägung in J.H. LAMBERTS Werk ‹Neues Organon› von 1764. LAMBERT definiert hier die P. als «Theorie des Scheins» [1], die sich als kritische Disziplin gegen die vielfältigen Quellen des Irrtums, z.B. die «Blendwerke» der Einbildungskraft und der Leidenschaften, richtet. Dieses kritische Aufklärungsverständnis, das unter P. lediglich eine propädeutische Disziplin und «bloß negative Wissenschaft» [2] versteht, wird von KANT ausdrücklich geteilt. Lamberts an der Logik orientierter kritischer Aufklärungsbegriff führt zur Formulierung einer rhetorikrepugnanten Position, die den Redner dem Dichter assoziiert und ihm im Gegensatz zur wissenschaftlichen Erkenntnis nur eine 'tumultuarische' Gewißheit zugesteht. [3] Trotz vielfältiger apokrypher Theorieanleihen setzt sich diese rationalistische Kritik an der Rhetorik bis in Kants Ästhetik fort, in der die *ars rhetorica* verdächtigt wird, «den Verstand durch sinnliche Darstellung zu überschleichen und zu verstricken». [4]

II. *Deutscher Idealismus.* In der Metaphysik des Deutschen Idealismus kommt es in HEGELS ‹Phänomenologie des Geistes› und FICHTES ‹Wissenschaftslehre› von 1804 zu einer positiven Neudeutung der P. im Sinne des metaphysischen Offenbarungsbegriffes. Die P. wird von den Idealisten im Sinne einer Erscheinungslehre des Absoluten neu gefaßt und zu einem wichtigen Teil des philosophischen Systems ausgearbeitet. Dabei zeigt die Spätphilosophie Fichtes im Gegensatz zum rhetorikrepugnanten Panlogismus des Hegelschen Systems, wie sich auf dem Boden des Idealismus eine Verbindung von P. und Rhetorik realisieren läßt. In seiner ‹Wissenschaftslehre› von 1804 versteht Fichte unter P. die «Erscheinungs- und Scheinlehre» [5] des Absoluten, die neben der eigentlichen «Wahrheits- und Vernunftlehre» [6] den zweiten Teil seines philosophischen Systems ausmacht. Dabei begreift die P. Fichtes das menschliche Bewußtsein als das «Dasein» und die «Offenbarung» [7] des Absoluten. Für den öffentlichen Lehrvortrag im Rahmen seiner ‹Angewandten Philosophie› erfindet Fichte im Anschluß an den Ciceronianismus ERNESTIS und der deutschen Popularphilosophie des 18. Jh. eine neue philosophische Rhetorik, die die «Möglichkeit einer populären Darstellung der allertiefsten Wahrheiten» [8] anzielt. Sie appelliert an den natürlichen Wahrheitssinn der durch seine vorwissenschaftliche Erschlossenheit der Wahrheit in der intuitiven Form des ‹Vernunftgefühls› die rhetorische Vermittlung von Spekulation und Leben ermöglicht. Unter dem unausgesprochenen Einfluß der Rhetoriktradition und des zeitgenössischen Rousseauismus kommt es so in FICHTES P zu einer Rehabilitierung und positiven Deutung der Affekte. Die geheime 'Sehnsucht' oder die offenbare 'Liebe' zum Absoluten bilden als tragende Vernunftgefühle das präreflexive Wahrheitsfundament, auf dem die neue philosophische Rhetorik aufbaut. Mit den drei großen Berliner Vortragszyklen ‹Grundzüge des gegenwärtigen Zeitalters› (1804/5), ‹Anweisung zum seligen Leben› (1806) und ‹Reden an die deutsche Nation› (1807/8) hat die P. Fichtes zwar eine beträchtliche Wirkung auf das zeitgenössische Publikum erzielen können, der innovative Wert seines rhetorikaffinen Idealismus blieb seinen Zeitgenossen allerdings weitgehend verborgen.

III. *Moderne.* Der philosophiegeschichtliche Prozeß der Positivierung und Bedeutungserweiterung des Terminus ‹P.› führt schließlich über den Idealismus hinaus zur Herausbildung des modernen Sachlichkeitsbegriffes. ‹P.› wird zum programmatischen Titel einer gegen alle «freischwebenden Konstruktionen» [9] der Tradition gerichteten philosophischen Bewegung, die unter der Maxime 'zu den Sachen selbst' antritt und sich zu einer Hauptströmung der Philosophie des 20. Jh. entwickelt hat. Dabei besitzt die moderne P. ein besonderes inneres Verhältnis zur Rhetorik. Ihre eigene Entwicklung wird wesentlich bestimmt durch die Potenzierung ihrer immanenten Rhetorikreflexivität und läßt sich als Prozeß des Übergangs von anfänglich rhetorikfernen zu schließlich ausgesprochen rhetoriknahen Positionen verstehen. Die frühe, am neuzeitlichen Methodenideal der strengen Wissenschaft orientierte ‹transzendentale P.› E. HUSSERLS hat noch einen deziciert rhetorikrepugnanten Charakter. Aber schon die von HEIDEGGER ausgehende ‹hermeneutische P.› besitzt eine implizite Affinität zur Rhetorik, die schließlich bei K.O. APEL, H.-G. GADAMER, und S. IJSSELING zu Entwürfen einer explizit ‹rhetorischen P.› führt.

HUSSERLS ‹Logische Untersuchungen› von 1900/1, die auf eine «Neubegründung der reinen Logik und Erkenntnistheorie» [10] abzielen, eröffnet die Frühphase der modernen P. Die von Husserl begründete «reine oder transzendentale Phänomenologie» [11] vereinigt in sich Topoi des Cartesischen Rationalismus, der transzendentalen Logik KANTS und des eidetischen Visualismus PLATONS. Sie stellt einen dezidert rhetorikrepugnanten Philosophietypus dar, der sich dem Ideal exakter eidetischer Wissenschaft verpflichtet sieht und in seinem Apodiktizitätsanspruch auf letztbegründende Akte reiner 'Wesenserschauung' beruft. Dabei bewegt sich die Intentionalitätsanalyse der transzendentalen Aktphänomenologie HUSSERLS noch im egologischen Rahmen neuzeitlicher Bewußtseinsphilosophie. Ihr Thema ist das «Reich des transzendentalen Bewußtseins»[12] und seine noetisch-noematischen Wesensstrukturen. Symptomatisch für die der transzendentalen P. innewohnende Rhetorikvergessenheit ist ihre reduktionistische Darstellung der elokutionären Redefunktion. Aus der Sicht des «von allgemein logischen Interessen geleiteten Philosophen» ist die «Schicht des Ausdruckes [...] nicht produktiv».[13] Erst der späte Husserl nähert sich dann in seiner ‹Krisisschrift› von 1936 mit den Themen Geschichte und vorwissenschaftliche Lebenswelt[14] auch demjenigen Phänomenbereich, von dem ausgehend mit Heideggers hermeneutischer Wende der P. die Rehabilitierung der Rhetorik beginnt.

Der frühe Druchbruch zu einer rhetorikaffinen P. ereignet sich schon in HEIDEGGERS Hauptwerk ‹Sein und Zeit› von 1927. Die hier vollzogene Wendung zur existential-hermeneutischen P. des menschlichen ‹In-der-Welt-seins› bahnt der in der transzendentalen P. verdrängten Rhetoriktradition den Rückweg ins philosophische Bewußtsein. Ausdrücklich bezieht sich Heideggers existentiale Analyse der ‹Stimmungen› und ‹Befindlichkeit› auf die πάθη-, páthē-Lehre der Aristotelischen ‹Rhetorik› und interpretiert sie als «erste systematische Hermeneutik der Alltäglichkeit des Miteinanderseins».[15] Dabei beschränkt sich Heideggers existential-ontologische Wendung der klassischen Rhetorik in ‹Sein und Zeit› nicht – wie es zunächst den Anschein haben mag – auf die explizite Aristoteles-Rezeption. Seine implizite Rezeption der Rhetoriktradition geht unter dem neuzeitlichen Titel der ‹Hermeneutik› weit darüber hinaus. So betrifft z.B. die existentiale Struktur des ‹In-Seins›, d.h. Verstehen – Auslegung – Rede, in einer unausgesprochenen Analogie zur *inventio-dispositio-elocutio*-Struktur der Lehre von den Arbeitsstadien des Redners. Ferner erfährt innerhalb der rhetorikaffinen P. von ‹Sein und Zeit› die Rede als ‹Existential› eine beträchtliche systematische Aufwertung: Sie wird mit der «Befindlichkeit» und dem «Verstehen» als «existential gleichursprünglich» eingestuft. Gemäß der wissenschaftstheoretisch revolutionären Forderung nach der «*Befreiung* der Grammatik von der Logik»[16] relativieren sich ‹Aussage› und ‹Sprache› zu lediglich abgeleiteten Phänomenen. Die ‹Aussage› stellt demnach bloß einen «abkünftigen Modus der Auslegung» und die ‹Sprache› nur die «Hinausgesprochenheit der Rede» dar. Auch die Kunstrhetorik mit ihren artifiziellen Standardformen des Redenhaltens bleibt als ein spezieller Modus neben anderen im Existential der Rede fundiert. Damit zeichnet sich bei Heidegger eine anthropologische Wendung der Rhetorik ab, die das Phänomen der Rede – im kritischen Rückgang hinter seine artifiziellen Formen – als ursprüngliches und allgemeines Phänomen menschlicher Existenz freilegt. Demgemäß bleibt die existential-hermeneutisch gedeutete Rede analog zur *oratio* in die peristatische Situativität und die interpersonale Bedeutsamkeit der geschichtlichen Lebenswelt eingebettet: «Reden ist das 'bedeutende' Gliedern der Verständlichkeit des In-der-Welt-seins, dem das Mitsein zugehört, und das sich je in einer bestimmten Weise des besorgenden Miteinanderseins hält.»[17] In den beiden Strukturmomenten der «Mitteilung», verstanden als die «Teilung» der «Mitbefindlichkeit» und der «Bekundung» des «befindlichen In-Seins» kommt es zudem zur Rehabilitation des – vom neuzeitlichen Rationalismus verdrängten oder als Irrationalismus bekämpften – kommunikativen Pathosmoment von Rede. Die existentiale Einsicht, daß das «Hören [...] für das Reden konstitutiv»[18] sei, vertieft ferner die schon von der romantischen Rhetoriktheorie vertretene «Kunst des Hörens».[19] Schließlich erweitert auch die Deutung des Schweigens als «wesenhafte Möglichkeit des Redens»[20] die oratorzentrierte Perspektive der klassischen Rhetorik. Daß es in ‹Sein und Zeit› dennoch zu keiner Entfaltung einer ausgesprochenen Philosophie der Rhetorik kommt, hat seinen Grund nicht zuletzt in Heideggers negativer Sicht der Öffentlichkeitssphäre. Seine Beschreibung der ‹Öffentlichkeit›, in die die antike Sophistikkritik PLATONS und die moderne Zivilisationskritik zu Beginn des 20. Jh. einfließen, wiederholt den Topos von der Scheinhaftigkeit allen öffentlichen Existierens. «Die Öffentlichkeit verdunkelt alles und gibt das so Verdeckte als das Bekannte und jedem Zugängliche aus.»[21] Das phänomenale Sein 'der Sachen selbst' wird demnach nicht nur verdunkelt (*dissimulatio*), sondern zugleich so verdeckt, daß es als etwas erscheint, was es gerade nicht ist (*simulatio*). In diesem Doppelspiel der Verstellung erscheint die ‹Öffentlichkeit› für Heidegger prinzipiell als Ort der Uneigentlichkeit und Unwahrheit. Die ‹Rede› pervertiert hier zum bloßen Gerede, in der sich «das schon anfängliche Fehlen der Bodenständigkeit zur völligen Bodenlosigkeit steigert».[22] Heidegger hat seine gegen die vermeintliche Uneigentlichkeit öffentlicher Existenz gerichtete philosophische Rhetorik, die ADORNO polemisch als «Jargon der Eigentlichkeit»[23] bezeichnet hat, nicht eigens reflektiert. Aus ihr erklärt sich aber seine spätere emphatische Hinwendung zur dichterischen Sprache und die Abkehr von den rhetorikspezifischen Phänomenen wie der ‹Öffentlichkeit›, die sich für ihn als Ort des ‹Geredes› als prinzipiell nicht wahrheitsfähig erwiesen hat.

Die in ‹Sein und Zeit› enthaltene Idee einer anthropologisch fundierten Philosophie der Rhetorik ist lange Zeit nicht erkannt worden. Dazu war Heideggers explizite Rezeption der Aristotelischen Rhetorik zu sporadisch und die implizite Aneignung klassischer rhetorischer Kategorien blieb vom Titel ‹Hermeneutik› verdeckt. Zwar kommt es in der zweiten Hälfte des 20. Jh. zum Aufstieg rhetorikaffiner Themen wie z.B. der Metaphorik[24] und der Topik.[25] Der spätphänomenologische Durchbruch zu einer explizit rhetorikaffinen P. gelingt aber erst mit der an Heidegger orientierten Humanismusdeutung K.O. APELS, der rhetorischen Erweiterung der hermeneutischen Philosophie H.-G. GADAMERS und der Textphänomenologie S. IJSSELINGS. APELS frühe Studie ‹Die Idee der Sprache in der Tradition des Humanismus von Dante bis Vico›[26] zeigt die Aktualität, die die «geheime[n] Philosophie des rhetorischen Humanismus»[27] vor dem Hintergrund der hermeneutischen P. Heideggers gewinnt. Demgemäß bleibt der rhetorische Renaisssance-Humanismus, der sich durch die Theorieformel *eloquentia-humanitas-sapientia-civilitas* kennzeichnen läßt, in seiner historischen Erscheinung zweideutig, weil er sich noch am Begriff der Wahrheit als Tatsachenrichtigkeit von Urteilen orientiert. Erst im Lichte von Heideggers Idee der Wahrheit als Aletheia, d.h. als ‹Unverborgenheit›, wird der wahrheitstheoretische Vorrang des Rhetorischen gegenüber der Urteilslogik begründbar. Es wird deutlich, daß «die Wahrheit der menschlichen Rede nicht primär auf einer logisch richtigen Zeichenrepräsentation vermeintlich vorgegebener Welt-Tatsachen beruht, sondern auf der eine Tatsachenordnung allererst offenbar machenden Deutung der Welt als bedeutsamer Situation des Menschen».[28] Mit seiner expliziten Rehabilitierung des rhetorischen Logos führt Apel die schon in ‹Sein und Zeit› anklingende Logikkritik Heideggers unter Berücksichtigung der humanistischen Tradition zwar zu ihrem konsequenten Ende, ihre Grenze zeigt sich allerdings in der Sekundärplazierung der Rhetorik gegenüber der Dichtung, die nach APEL «allererst die öffentliche Ausgelegtheit von Mensch und Welt, an der die rhetorische Topik und die zugehörige politische Zweckpragmatik einer geschichtlichen Epoche ihre ‚Richtigkeit' bemißt»[29], eröffnet und begründet. Die gegen die Sinnstiftung der Dichtung ideologiekritisch aufgeworfene «Rechtfertigungs-Problematik»[30] führt Apel schließlich auch zur Abkehr vom Rhetorikthema und gibt den Anstoß zu seiner späteren, programmatisch an KANT ausgerichteten ‹Transformation der Philosophie›.

Dagegen gewinnt die Rhetorik im hermeneutischen Denken GADAMERS ständig an Bedeutung. Die hermeneutische Philosophie, die Gadamer zunächst in ‹Wahrheit und Methode› im Anschluß an Heideggers ontologische Wendung der Hermeneutik entwickelt, transzendiert die klassische Texthermeneutik und erhebt für das Phänomen des Verstehens einen neuen ‹universal-ontologischen› Anspruch, der so weit reicht wie das sprachlich verfaßte menschliche Seinsverständnis überhaupt. «Sein, das verstanden werden kann, ist Sprache.»[31] Allerdings bleiben in ‹Wahrheit und Methode› die Hinweise auf die Rhetorik eher marginal. Erst im Anschluß an ‹Wahrheit und Methode› kommt es – nicht zuletzt unter dem Eindruck der kritischen Rezension [32] von K. DOCKHORN – dann zu jenen neuen metakritischen Überlegungen Gadamers, die dann zur rhetorischen Revision seiner hermeneutischen Philosophie führen.[33] Die vertiefte historische Einsicht, daß «die theoretischen Mittel der Auslegungskunst, [...] weitgehend der Rhetorik entlehnt sind»[34], gibt auch den Anstoß für ihre systematische Neubewertung: Dem Rhetorischen billigt Gadamer schließlich die gleiche Universalität wie dem Hermeneutischen zu. «Offenbar ist das Redenkönnen und das Verstehenkönnen von der gleichen Weite und Universalität.»[35] Die implizite anthropologische Entgrenzung der Rhetorik, die sich schon in Heideggers existentialontologischer Wendung der Aristotelischen Rhetorik andeutet, macht Gadamer dabei explizit. Sein rhetorischer Universalismus bezieht sich nicht mehr allein auf die Rhetorik als spezialisierte Kunstlehre, sondern auf das Redenkönnen als allgemeines Grundphänomen menschlicher Existenz. In dieser anthropologischen Perspektive besitzt die Rhetorik, der es in ihrer enthymematischen «Zuwendung zum anderen» stets um «das Glaubhafte und «nicht um zwingende Beweise» [36] geht, eine unbeschränkte «Ubiquität».[37] Zusammen mit der ihr komplementären Hermeneutik bildet sie die kommunikative Grundlage der sprachlich verfaßten menschlichen Kultur einschließlich der Welt der Wissenschaften. Allerdings geht der Universalismus Gadamers der – schon von Heidegger am Beispiel der Aristotelischen páthē-Lehre vorgeführten – methodischen Idee einer ontologischen und anthropologischen Reinterpretation rhetorischer Kategorien nicht weiter nach. Die ‹Fundamentalrhetorik›[38] versucht dann unter dem Titel ‹homo rhetoricus›, das volle heuristische Potential des überlieferten Systems der klassischen Rhetorik für den Aufbau einer neuen Anthropologie fruchtbar zu machen.

Daß sich auch die Philosophie selbst der Ubiquität der Rhetorik nicht entziehen kann, zeigt an prominenten philosophiegeschichtlichen Beispielen die rhetorische Textphänomenologie S. IJSSELINGS.[39] In ihr gewinnt die Rhetorik im Anschluß an NIETZSCHE und den französischen Dekonstruktivismus (J. DERRIDA, M. FOUCAULT, J. LACAN) eine neue Schlüsselstellung für die Analyse des Phänomens philosophischer Texte. IJSSELING zielt in seiner ‹Phänomenologie des Lesens› auf eine neue, 'rhetorische Lektüre', die sich ausdrücklich «eng an die große rhetorische Tradition anschließt».[40] Sie soll das Auge des Lesers für den persuasiven Charakter des Stils, «vor allem für die im Text verborgenen wirksamen Machtstrukturen» [41], sensibilisieren und stellt die etablierte Philosophie und Metaphysik radikal in Frage. Im Zuge dieser metaphysikkritischen Rehabilitation der Rhetorik kommt es zu einer positiven Neubewertung der «so oft geschmähten Sophisten» [42], mit der die rhetorikaffine P. schließlich in die allgemeine ‹Rhetorik-Renaissance› zu Ende des 20. Jh. einmündet.

Anmerkungen:
1 J.H. Lambert: Philos. Schr., hg. v. H.-W. Arndt Bd. 2 (1965) 218. – 2 I. Kant: Gesamm. Schr., hg. von der Kgl. Preuß. Akad. d. Wiss. Bd. 10 (1922, ND 1969) 98. – 3 Lambert [1] 427. – 4 Kant [2] Bd. 5, 327. – 5 J.G. Fichte: Die Wissenschaftslehre. Zweiter Vortrag im Jahre 1804, hg. v. R. Lauth, J. Widmann (1986) 138. – 6 ebd. 137. – 7 J.G. Fichte: Werke 2: Schr. zur Angewandten Philos., hg. v. P.L. Oesterreich (1997) 381. – 8 ebd. 353. – 9 M. Heidegger: Sein und Zeit (^{12}1972) 28. – 10 E. Husserl: Logische Unters., Bd. 1 (^{5}1968) VII. – 11 ders.: Ideen zu einer reinen P., und phänomenologischen Philos., Bd. 1, hg. v. K. Schuhmann (1976) 6. – 12 ebd. 159. – 13 ebd. 287. – 14 E. Husserl: Die Krisis der europäischen Wiss. und die transzendentale P., hg. v. E. Ströker (1969) 52. – 15 Heidegger [9]. – 16 ebd. 165. – 17 ebd. 161. – 18 ebd. 163. – 19 A. Müller: Zwölf Reden über die Beredsamkeit und ihren Verfall in Deutschland (1816) 51–72. – 20 Heidegger [9] 164. – 21 ebd. 127. – 22 ebd. 168. – 23 Th. W. Adorno: Jargon der Eigentlichkeit. Zur dt. Ideologie, in: Gesamm. Schr. 5 (1973) 413–526. – 24 P. Ricœur: La métaphore vive (1975), dt. Die lebendige Metapher (1986). – 25 H. Kuhn: Aristoteles und die Methode der politischen Wiss., in: Rehabilitierung der praktischen Philos., Bd. 2 (1974) 261–291; O. Pöggeler: Dialektik und Topik, in: Hermeneutik und Dialektik, Bd. 2, hg. v. R. Bubner, C. Cramer, R. Wiehl (1970) 273–310; ders.: Topik und Philos., in: Topik. Beitr. zur interdisziplinären Diskussion, hg. v. D. Breuer, H. Schanze (1981) 95–123; R. Bubner: Dialektik als Topik. Bausteine zu einer lebensweltlichen Theorie der Rationalität (1990). – 26 K.O. Apel: Die Idee der Sprache in der Trad. des Humanismus von Dante und Vico, ABG Bd. 8 (1963). – 27 ebd. 150. – 28 ebd. 28. – 29 ebd. 37. – 30 ders.: Transformation der Philos., Bd. 1. Sprachanalytik, Semiotik, Hermeneutik (1976) 43. – 31 H.-G. Gadamer: Wahrheit und Methode. Grundzüge einer philos. Hermeneutik (^{4}1975) 450. – 32 K. Dockhorn: Rez. von H.G. Gadamer: Wahrheit und Methode, in: GGA 218 (1966) 169–206. – 33 H.-G. Gadamer: Rhet., Hermeneutik und Ideologiekritik. Metakrit. Erörterungen zu ‹Wahrheit und Methode›, in: Kleine Schr., Bd. 1 (1967) 113–130; ders.: Logik oder Rhet.? Nochmals zur Frühgesch. der Hermeneutik, in: ABG 20 (1976) 7–16; ders.: Rhet. und Hermeneutik, in: Kleine Schr., Bd. 4 (1977) 148–163. – 34 ders.: Rhet., Hermeneutik und Ideologiekritik [33] 117. – 35 ders.: Hermeneutik als theoretische und praktische Aufgabe, in: Rechtstheorie 9 (1978) 257–274, hier: 261. – 36 ders.: Dialogischer Rückblick auf das Ges. Werk und dessen Wirkungsgesch., in: Gadamer – Lesebuch, hg. v. J. Grondin (1997) 280–295, hier: 284. – 37 ders. [34] 117. – 38 P.L. Oesterreich: Fundamentalrhet. Unters. zu Person und Rede in der Öffentlichkeit (1990). – 39 S. Ijsseling: Rhetoric and Philosophy in Conflict. An Historical Survey (1976), dt. Rhet. und Philos. Eine hist.-systematische Einf. (1988). – 40 ders.: Philos. und Textualität. Über eine rhet. Lektüre philos.

Texte, in: E.W. Orth (Hg.): Zur P. des philos. Textes (1982) 57–76, hier: 70f. – [39] 136. – **42** ders.: Rhet. als Paideia, in: S. Ijsseling, G. Vervaecke (Hg.): Renaissances of Rhetoric (1994) 15–26, hier: 19.

Literaturhinweise:
L. Landgrebe: Der Weg der P. (²1967). – O. Pöggeler: Philos. und Politik bei Heidegger (²1974). – A. Schütz, Th. Luckmann: Strukturen der Lebenswelt (1979). – B. Waldenfels: In den Netzen der Lebenswelt (1985). – O. Pöggeler: Gadamers philos. Hermeneutik und die Rhet., in: H. Schanze, J. Kopperschmidt (Hg.): Rhet. und Philos. (1989) 201–216. – H. Niehues-Pröbsting: Überredung zur Einsicht. Der Zusammenhang von Philos. und Rhet. bei Platon und in der P. (1987). – P.L. Oesterreich: Die Idee einer existentialontologischen Wendung der Rhet. in M. Heideggers ‹Sein und Zeit›, in: Zs. für philos. Forschung 43 (1989) 656–672. – H. Traub: J.G. Fichtes Populärphilos. 1804–1806 (1992). – G. Ueding: Aufklärung über Rhet. Versuche über Beredsamkeit, ihre Theorie und praktische Bewährung (1992). – T. Bezzola: Die Rhet. bei Kant, Fichte und Hegel. Ein Beitr. zur Philosophiegesch. der Rhet. (1993). – W. Janke: Vom Bild des Absoluten. Grundzüge der P. Fichtes (1993). – P.L. Oesterreich: Das gelehrte Absolute. Metaphysik und Rhet. bei Kant, Fichte und Schelling (1997). – K. Petrus: Genese und Analyse. Logik, Rhet. und Hermeneutik im 17. und 18. Jh. (1997).

P.L. Oesterreich

→ Hermeneutik → Philosophie → Popularphilosophie → Rhetorische Anthropologie → Schein → Topik → Wahrheit, Wahrscheinlichkeit

Phantasie (griech. φαντασία, phantasía; lat. phantasia, cogitatio, imaginatio, visum, visio, mens, animus; dt. auch Einbildungskraft, Vorstellung, Phantasie, Imagination; engl. fantasy, fancy, imagination; frz. imagination, fantaisie, vision; ital. fantasia)
A. Def. – B. Verwendungsbereiche. – C. Gesch.: I. Antike. – II. Mittelalter, Renaissance. – III. Barock. – IV. 18. Jh. – V. 19. Jh. – VI. 20. Jh.

A. I. *Def.* Der ursprünglich griechische, dann im Lateinischen und von den anderen europäischen Sprachen übernommene, insgesamt starken Wandlungen unterworfene Begriff ‹P.› (von φαίνεσθαι, pháinesthai: erscheinen, ins Licht treten) weist eine außergewöhnliche Spannbreite auf. Dies deutet sich schon dadurch an, daß P. sowohl ein psychisch-geistiges Vermögen (also eine reine Potenz) als auch seine produktive Umsetzung (einen Akt) bezeichnen kann. Darüber hinaus lassen sich mindestens vier Bedeutungsbereiche unterscheiden. P. kann sich 1. auf die Erscheinung oder Wahrnehmung (sinnliche Perzeption) eines Gegenstandes oder Ensembles beziehen, wie es schon die Etymologie nahelegt; 2. auf eine Vorstellung bzw. Einbildung (Einbildungskraft), die entweder reproduktiv an eine Erinnerung gebunden bleibt oder sich – innovatorisch – zum Spiel mit fiktiven Möglichkeiten, zu Erfindung oder Hypothesenbildung erweitert; 3. auf die Produktion im sprachlich-rhetorischen oder auch generell artistischen Sinne und schließlich 4. auf die Rezeption einer Rede, eines Textes, eines Kunstwerks, deren Gelingen (Empathie, Interpretation) sich eng mit dem Gelingen der rezipierten Produktion verbindet. Betrachtet man den Begriff, wie er von der klassischen Philosophie und Psychologie aufgenommen, dann von der Rhetorik fortentwickelt und schließlich weitgehend von Poetik und Kunsttheorie okkupiert wird, so ist er von Anfang an durch ein Moment der Abwesenheit auf der einen, einen Impetus der Vermittlung und Vergegenwärtigung auf der anderen Seite gekennzeichnet: eine Differenz von Verbergen und Offenbaren, von unsichtbarem Vorstellen und sichtbarem Gestalten, die sich auch in seiner Etymologie widerspiegelt. Über dieses notorische Unbestimmtheitsmoment hinaus läßt sich beobachten, daß der Bereich der Vernunft und der logisch-rationalen Tätigkeit zumeist sorgsam aus dem Bedeutungsfeld der P. ausgespart bleibt – und einen teils komplementären, teils antithetischen Gegenpol zur P. als seinem ‹Anderen› bildet. Diese grundlegende Spannung P./Ratio, die in mancher Hinsicht der des Begriffspaars Mythos/Logos ähnelt, kommt auch in der höchst wechselvollen Übersetzungsgeschichte (mit internen Frontstellungen, etwa P. contra *imaginatio* im Mittelalter, ‹Einbildungkraft› contra P. im 18. Jh.) zum Ausdruck, in der es sich häufig darum handelt, die gute (vernunftgeleitete, ethisch kontrollierte) P. von der schlechten (haltlosen, sündhaften, den Emotionen unterworfenen) P. zu sondern.

II. *Verwendungsbereiche.* Beansprucht und benutzt wird der Phantasiebegriff von den unterschiedlichsten wissenschaftlichen Disziplinen – von Psychologie, Philosophie und Theologie bis hin zu Politikwissenschaft, Anthropologie, Soziologie, Kunst- bzw. Kulturtheorie, Literaturwissenschaft und Gehirnforschung; die relativ häufige alltagssprachliche Verwendung von ‹P.› beschränkt sich meist auf Synonyma wie Einfallsreichtum, Spontaneität und Innovation(sfähigkeit). Was die skizzierten Spannungsfelder des Begriffs betrifft, so lassen sie sich seit der Antike nicht nur auf dem Gebiet der Wahrnehmungs- und Gedächtnispsychologie beobachten, sie kehren auf anderer Ebene, im Rahmen von philosophischer Begriffsbildung, Metaphysik, Ontologie und Medizin wieder, werden zeitweise in den esoterischen Bereichen von Mantik und Vision wirksam und spielen dann vor allem im Bereich der Rhetorik und Ästhetik eine maßgebliche Rolle. Hier sucht man mit dem Phantasiebegriff Rezeptionsvorgänge zu erläutern und darüber hinaus Prozesse der künstlerischen Produktion und Kreativität zu beleuchten, insbesondere dort, wo der Mimesisbegriff nicht mehr hinreicht. Von daher verbindet sich der rhetorische Phantasiebegriff, der im folgenden neben dem poetologischen besondere Berücksichtigung findet, im Rahmen der *officia oratoris* gelegentlich mit der Lehre von der *inventio* oder der *memoria*, entfaltet seine volle Bedeutung aber erst im Bereich der *elocutio*, vor allem dort, wo es sich um die Herstellung von *energeia/evidentia* handelt: eine Stilqualität, der dann auch in der neuzeitlichen, von der Rhetorik im engeren Sinne abgekoppelten Ästhetik eine beträchtliche – und wachsende – Aufmerksamkeit zukommt.

B. *Geschichte.* **I.** *Antike.* Wenn bereits die vorsokratische Philosophie im Zuge ihrer Mythenkritik dazu tendiert, P. mit αἴσθησις, aísthesis (Wahrnehmung) zu identifizieren und zur δόξα, dóxa zu erklären [1], so geht PLATON von einem solchen Verständnis aus und sorgt zugleich für beachtliche Differenzierungen. Zwar behandelt er die P. im Rahmen seiner Kritik der sophistischen Rhetorik mit dem Begriff einer τέχνη φανταστική, téchnē phantastiké einer «scheinerzeugenden Kunst» zunächst eher abschätzig [2]; dies hindert ihn aber nicht daran, in späteren Dialogen erneut auf ihn zurückzukommen, etwa, wenn er im ‹Philebos› die reproduktive psychologische Kraft der P. betont – die für Aristoteles und die weitere rhetorische Tradition von Bedeutung sein wird [3] – oder wenn er im ‹Phaidros› die Erinnerung der Liebenden an die jenseitige Schönheit mit Visionen, φάσματα, phásmata in Verbindung bringt. [4]

ARISTOTELES versucht bei seiner Neudefinition und Umwertung des platonischen Mimesis-Begriffs dessen negativ-scheinhafte Attribute zu eliminieren, und so kommt P. in seiner ‹Poetik› nicht vor, wenngleich sie sich im Zusammenhang mit der Mimesis des Möglichen geradezu aufdrängt. Einen konstruktiven Phantasiebegriff entwickelt Aristoteles in ‹De anima›. Indem er gegen Platon die Differenz zur aísthēsis, aber auch zur dóxa betont, P. eine vermittelnde Rolle zwischen aísthēsis und νοῦς, nūs (Vernunft) zuschreibt und sie mit Hilfe von Begriffen wie ‹Bewegung› und ‹Begehren› charakterisiert [5], bietet er in dieser Schrift mehr Anschlußmöglichkeiten als in der ‹Rhetorik› selbst, wo er sich damit begnügt, P. als «schwächere Wahrnehmung» zu etikettieren, als ein Mittleres zwischen «Hoffen» und «Erinnern».[6] Eine genauere Bestimmung des Verhältnisses von P. und ἀνάμνησις, anámnēsis erfolgt in dem Kapitel ‹De memoria›, und zwar im Blick auf die nur dem Menschen eigene kreative Fähigkeit, distinkte, der Erinnerung zugehörige Begebenheiten neu zu verknüpfen. [7] So erschließt Aristoteles P. als kombinatorisches, rekonstruierendes Seelenvermögen, das einerseits zwischen aísthēsis und nūs vermittelt, andererseits auch einmal Wahrgenommenes vorzustellen vermag, wie ein Vergleich aus der Rhetorik verdeutlicht: «[...] denn wir können uns etwas vor Augen stellen, wie mit der Gedächtniskunst Vertrauten etwas bildlich hinstellen.» [8]

Während THEOPHRAST und PHILON VON ALEXANDRIEN sich im wesentlichen am aristotelischen Phantasiebegriff orientieren, fügt EPIKUR eine für die Rhetorik der Folgezeit entscheidende Komponente hinzu: Nach dem Zeugnis des SEXTUS EMPIRICUS identifiziert er den Begriff der P. mit dem der ἐνάργεια, enárgeia (τὴν φαντασίαν, ἣν καὶ ἐνάργειαν καλεῖ).[9] Auch wenn er damit das Stichwort für eine Reihe von rhetorischen Schriften des Hellenismus gibt, die sich den virtutes elocutionis, der Lebendigkeit der Darstellung, widmeten, muß man doch noch bis zu Cicero, Ps.-Longinos und Quintilian warten, bis die enge Verbindung dieses Begriffs mit der P. tatsächlich expliziert werden wird. Einen nicht unwesentlichen Schritt zur Verselbständigung der P. von der aísthēsis, einen Schritt jenseits ihrer bloß reproduktiven Funktionen vollzieht die *Stoische Philosophie*. Über die Unterscheidung zwischen kataleptischen (ihren Gegenstand vollkommen erfassenden) und nicht-kataleptischen Vorstellungen hinaus werden der P. – mit den Attributen τεχνική, techniké oder μεταβατική, metabatiké – komplexere produktive, d.h. auch sprachliche und künstlerische Handlungen zugeschrieben.[10] CHRYSIPP erweitert zudem das Wortfeld durch die Einführung von Ausdrücken wie φάντασμα, phántasma und φανταστικόν, phantastikón, die sich auf nicht-wirkliche, irreale Vorstellungen beziehen [11], und DIOKLES VON MAGNESIA soll der P. als einem noch dem Verstand vorgeordneten Vermögen einen außergewöhnlich hohen Rang eingeräumt haben.[12] Was nun das rhetorisch bzw. künstlerisch produktive Vermögen der P. und ihre Verbindung zur *enárgeia/evidentia* betrifft, so stoßen wir bereits in der ‹Rhetorica ad Herennium› auf Umschreibungen der griech. enárgeia durch Wendungen wie «ponere ad oculos».[13] Im Anschluß daran versucht CICERO, enárgeia durch Begriffe wie *perspicuitas* und *evidentia* zu charakterisieren [14] und die P., mit einer Übertragung wie *visum*, für den lateinischen Kontext fruchtbar zu machen.[15] Auch am Anfang des ‹Orator› finden sich Stellen, die als Umschreibungen von P. aufzufassen sind: Wir sehen zwar nichts «Vollkommeneres als die Bildwerke des Phidias», heißt es da, «und dennoch können wir uns in Gedanken noch Schöneres als sie und jene Bilder, die ich schon nannte, vorstellen» (et iis picturis, quas nominavi, cogitare tamen possumus pulchriora). [16]

Während der Phantasiebegriff in der griechischen Tradition des Hellenismus ein weites Spektrum an Phänomenen und psychischen Ausnahmezuständen abdeckt – wie u.a. die Homer-Scholien belegen [17] –, treten im Lateinischen zunächst Ausdrücke wie *cogitatio*, *mens* oder *animus* an die Stelle dieses schwer übersetzbaren Begriffs und rücken ihn so in die Nähe des platonischen nūs. Ein Bewußtsein von der Notwendigkeit einer spezifisch römischen P.-Diskussion findet sich vor allem in den Rhetoriklehrbüchern der Kaiserzeit. QUINTILIAN kommt mehrmals auf den (von ihm gelegentlich im Original übernommenen) Phantasiebegriff zu sprechen: zum einen im Blick auf die psychische Energie, derer der gute Redner bedarf (*pecus*, *vis mentis*), zum anderen auch und vor allem im Blick auf jene «anschaulichen Vorstellungen», φαντασίαι, phantasíai, die er mit *visiones* übersetzt. Durch sie, so fügt er hinzu, könnten die «Bilder abwesender Dinge so im Geiste vergegenwärtigt werden, daß wir sie scheinbar vor Augen sehen und sie wie leibhaftig vor uns haben [...]».[18] Mit diesen (und ähnlichen) Formulierungen bietet er nicht nur die bis dahin konziseste Definition der P., sondern weist diesem notorisch ungefügigen Begriff auch ganz entschieden einen Ort im System der Rhetorik zu. Wenn die P. als conditio sine qua non für die *enárgeia* erscheint – die er frei nach Cicero mit *illustratio*, *evidentia* wiedergibt – [19], wenn sie der Verlebendigung des Geschilderten dient und der Präsenzillusion, dann spielt sie eine nicht unwesentliche Rolle im Bereich der Affekterzeugung, v.a. in der Lehre von der *elocutio*. Von nun an wird immer deutlicher, daß das produktive Moment einer von der Reduktion auf bloße aísthēsis befreiten P. gerade in der *enárgeia*, der Arbeit an der Verlebendigung und Vergegenwärtigung besteht. So zitiert PLUTARCH etwa die Auffassung, daß «poetische Phantasien» wegen der Lebendigkeit ihres Ausdrucks (διὰ τὴν ἐνάργειαν) Wachträume genannt werden sollten – und weist mit der Unterscheidung von poetischer und rhetorischer P., für die es bereits in der Stoa Ansätze gab, auf den anonymen Autor der Schrift Περὶ ὕψους, Ps.-Longinus, voraus.[20]

Mit Quintilian, Ps.-Longinus und Philostrat erreicht die P.-Diskussion der ersten beiden nachchristlichen Jahrhunderte in oder im Umfeld der Rhetorik ihre ausgereifteste Form. Ps.-LONGINOS' Schrift Περὶ ὕψους widmet der P., die «manche auch εἰδωλοποιία nennen», ein ganzes Kapitel. Zunächst wird der Begriff auf jeden «Gedanken», der einen sprachlichen Ausdruck generieren kann, bezogen, dann aber vor allem auf den Bereich der Inszenierung und der Rezeption, «wenn man – fortgerissen von Begeisterung und Leidenschaft – das zu erblicken scheint, was man schildert, und es vor die Augen der Zuhörer stellt». [21] Auch wenn der anonyme Autor zwischen «poetischer» und «rhetorischer» P. differenziert – erstere zielt auf die «Erschütterung» (ἔκπληξις) der Zuhörer, letztere auf die «klare Darstellung» (enárgeia) –, so kommt es doch dem Redner und dem Dichter gleichermaßen darauf an, «die Hörer zu erregen und mitzureißen». [22] Die P. der Zuhörer allzu sehr anzustacheln – davor wird dann gelegentlich, etwa im Bereich der Gerichtsrhetorik, gewarnt. [23] Im Blick auf das Erhabene, dasjenige, was die ps.-aristotelischen

‹Problemata physica› als phantasía des Schreckens (φαντασία τοῦ δεινοῦ) bezeichnet hatten[24], legt es der jeweilige Autor also auf die größtmögliche emotionale Vereinnahmung seines Publikums an, wobei er sich nicht nur außergewöhnlicher Sujets, sondern auch und vor allem genuin rhetorischer Stilmittel bedient, um den Abstand zwischen Konzept und sprachlicher Realisierung, Zeichen und Bezeichnetem zum Verschwinden zu bringen und die Illusion vollendeter Vergegenwärtigung zu erzeugen. Wenn die Rhetorik des Erhabenen, wie sie die Schrift Περὶ ὕψους vorführt, als eine Rhetorik der Überraschungen und der Gewalt auf den Plan tritt, die 'brachiale' Stilfiguren wie Asyndeton, Anapher und Hyperbaton bevorzugt, so deshalb, weil sie weniger an rationaler Überzeugung interessiert ist als vielmehr daran, gleich dem Angreifer in der Schlacht die Einbildungskraft des Publikums zu überwältigen.[25] Mit der P. des Erhabenen, in der produktive und rezeptive Einbildungskraft eine geradezu 'ekstatische' Liaison eingehen, verbindet sich bei Ps.-Longinos das intensivste Verständnis von *enárgeia*, das in der Antike artikuliert wurde. Die P. befreit sich so endgültig von ihrer einst stark passivischen Prägung. Nach ihrer Wiederentdeckung in der späten Renaissance wird dieser Schrift mit Autoren wie Boileau, Pope, Burke, Bodmer/Breitinger und Kant eine späte, aber eindrucksvolle Wirkungsgeschichte beschieden, ohne die die Konjunktur des Phantasiebegriffs in der Moderne kaum vorstellbar wäre.

Zieht man PHILOSTRATS Schrift ‹Vita Apollonii› zum Vergleich hinzu, so spielt die P. in deren kunsttheoretischen Passagen eine ähnlich zentrale Rolle wie bei Ps.-Longinus. Darüber hinaus tritt P. in ein geradezu antithetisches Verhältnis zur μίμησις, mímēsis. D.h. bei Philostrat wird nun, im Anschluß an ästhetische Erörterungen in Peripatos und Academia Antiochea, jene auf Mögliches ausgerichtete Komponente des klassischen Mimesis-Begriffs (die Aristoteles angedeutet, aber nicht expliziert hatte) im artistischen Kontext so übermächtig, daß sie sich – unter der Bezeichnung P. – sogar gegen die bis dahin unbestreitbar dominierende Mimesis selbst anführen läßt und diese in ihre Grenzen verweist. Die P., heißt es da, sei eine «Künstlerin, weiser als die Nachahmung (mímēsis). Diese bringt nur hervor was sie gesehen hat, P. aber auch, was sie nicht gesehen hat; denn sie setzt dieses an zum Ersatz für die Wirklichkeit» (ὑποθήσεται γὰρ αὐτὸ πρὸς τὴν ἀναφορὰν τοῦ ὄντος)».[26] Indem er die aristotelische Mimesis auf bloße Reproduktion einschränkt und die P. demgegenüber als das eigentliche künstlerische Vermögen, das auch logisch Mögliches und Irreales (wie Kentauren)[27] hervorzubringen vermag, aufwertet, bereitet Philostrat den modernen, von der Naturnachahmung mehr und mehr abgekoppelten Begriff der subjektiven Einbildungskraft vor, wie wir ihn aus der Kunstdiskussion seit dem 18. Jh. kennen.

Während P. in ontologischen und psychologischen Untersuchungen der Spätantike immer wieder (auch) zur Debatte steht, wenn es sich um die Vermittlung der höheren und niederen Seinsstufen, die Vermittlung des oberen und unteren Seelenvermögens handelt, so spielt sie in dem hier zu erörternden rhetorisch-ästhetischen Zusammenhang insbesondere bei der Beschreibung des künstlerischen Schaffensprozesses eine immer wichtigere Rolle. Man kann hier mit Watson von «der Transformation der Phantasie in einen Terminus für die kreative Einbildungskraft» sprechen.[28] Im Rückgriff auf den ‹lógos endiáthetos› und die ‹phantasía metabatikē› der Stoa, auf Überlegungen Ciceros und Senecas[29] wird in den ästhetischen Spekulationen des Neuplatonismus zusehends eine platonische Denkfigur erkennbar, derzufolge sich der künstlerische Akt – nach dem Modell des Demiurgen aus dem ‹Timaios› – der Gestaltung noetischer Entitäten verdankt. Auch wenn PLOTIN den Phantasiebegriff zunächst in seiner ‹memoria›-Lehre verwendet, dann auch in seiner Konzeption der zwei Vorstellungsvermögen (entsprechend der «reinen» und der «inkorporierten» Seele) zwischen aísthēsis und nūs lokalisiert, so deutet schon das in den ‹Enneaden› häufig thematisierte bildhaft-methektische Verhältnis der phänomenalen Welt zum Bezirk des nūs (und darüber hinaus zum ἕν, hen) auf die herausgehobene Stellung des Künstlers bzw. Dichters und seiner P. hin. Indem der Künstler, Plotin zufolge, auf Strukturprinzipien zurückgreift, nach denen die Natur selbst operiert[30], wird die platonische Mimesis unverkennbar umdefiniert und in eine geistig-schöpferische Leistung verwandelt. So betont Plotin, «daß die Künste das Geschehene nicht schlechtweg nachahmen (οὐχ ἁπλῶς [...] μιμοῦνται), sondern sie steigen hinauf zu den rationalen Formen (ἀνατρέχουσιν ἐπὶ τοὺς λόγους), aus denen die Natur kommt und besteht».[31] Noch bei einem Rhetoriker des 4. Jh. wie HIMERIOS begegnen wir einem ähnlichen P.-Konzept, wenn von der Unfähigkeit der Künstlerhand die Rede ist, die P. adäquat umzusetzen.[32] Obgleich angesichts dieser den platonischen Ansatz derart deutlich transformierenden Kunstauffassung eine eingehendere Erörterung des Phantasiebegriffs nahegelegen hätte, bleibt Plotin in dieser Hinsicht eher zurückhaltend. Eine ausführlichere Behandlung des Begriffs, verbunden mit einer beträchtlichen Ausweitung seines Bedeutungsspektrums begegnet erst im Werk des PROKLOS. Entsprechend den drei Seelenteilen und Lebensformen führt Proklos in seinem ‹Politeia›-Kommentar drei Arten von Dichtung ein, von denen die beste die Seele mit dem Göttlichen verbindet, die zweite zur Kontemplation neigt und die Ideen, das Gute und Schöne, vergegenwärtigt, während die dritte sich zu dóxai und phantasíai herabläßt; sie verwirklicht sich mit Hilfe von mímēsis und bedient sich zudem rhetorischer Tricks, um die 'Vielen' zu gewinnen.[33] In Homers Epik finden sich nach Ansicht des Proklos für alle drei poetischen Darstellungsebenen Belege, insbesondere für die oberste, während die Tragiker oft auch in den Bereich des phántasma abgleiten.[34] Auch wenn Proklos P. einerseits mit der untersten Stufe der Erfahrung, der dichterischen Kreativität verknüpft und auf vielfache Weise abwertet, so scheinen sich seine eigenen Texte andererseits immer wieder gegen diese Diskreditierungstendenz zur Wehr zu setzen – auch der ‹Politeia›-Kommentar selbst, etwa dort, wo die poetischen P. so «gewaltig» erscheinen, als hätten die Dichter «Umgang mit göttlichen Wesen gepflogen».[35] Der auf Kreativität ausgerichtete Phantasiebegriff, wie er bis in die zeitgenössische Literaturkritik, etwa G. Hartmans oder F. Kermodes, fortwirkt, nimmt seinen Ausgang demzufolge stärker bei Proklos als bei Plotin.[36]

II. *Mittelalter, Renaissance.* Diese ausgefeilten, P. konstitutiv miteinbeziehenden ästhetischen Erörterungen im Umfeld des spätantiken Neuplatonismus dürfen nicht darüber hinwegtäuschen, daß der P., angesichts der verbreiteten Geringschätzung der materiellen Welt im Vergleich zur geistigen, als einer Art 'Denken des Körpers' ein äußerst ambivalenter Status zukommt. Die Metaphern des «Spiegels» oder des «Schleiers», die in meist kritischer Absicht von Proklos, Porphyrios, Synesios, Damaskios oder Olympiodoros zur Charakterisierung der P. verwendet werden [37], lassen an dieser Tendenz – die sich im christlich-patristischen Kontext noch verstärkt – kaum einen Zweifel. [38] Auch AUGUSTINUS bildet in dieser Hinsicht keine Ausnahme. Seine Vergangenheit macht den einstigen Rhetor für das Thema der P. zwar durchaus anfällig, den zur Kirche Bekehrten dann aber zu einem umso kritischeren Betrachter des von der P. ausgelösten «fleischlichen Aufruhrs». [39] In seinem Briefwechsel mit Nebridius bündelt Augustin die verschiedenen Stränge der Tradition: etwa, indem er den Begriff – der bei ihm zumeist als *imaginatio* erscheint – nach Kriterien wie Sinneswahrnehmung, Erinnerung, Vorstellung mythischer Gestalten oder abstrakter (geometrischer, mathematischer) Reihen und Figurationen differenziert. All diese P., so legt er dem Partner dar, führen häufig in die Irre und bedürfen daher stets des Beistands der *ratio*. [40] Bemerkenswert ist zudem, daß Augustinus in einer die Differenz zwischen *ratio* und P. radikalisierenden Formulierung die Erörterung des Erhabenen bei Kant vorausahnen läßt: «Et ratio quidem pergit in ampliora, sed phantasia non sequitur.» (Zwar dringt die Vernunft in weitere Räume vor, aber die P. folgt ihr nicht.) [41]

Auch wenn der Begriff *imaginatio* bereits von Plinius d.Ä. und Tacitus benutzt und von Calcidius als Übersetzung für P. verwendet wurde [42], so gilt doch erst Augustinus als einer der entscheidenden Anreger für die mittelalterliche Diskussion. Der andere ist BOETHIUS, dessen ‹imaginatio› – als ein zwischen Wahrnehmungssinn und diskursivem Verstand placiertes Seelenvermögen – die erkenntnistheoretische Bedeutung der P. bis ins 13. Jh. weitgehend absorbiert. So sieht noch THOMAS VON AQUIN in «phantasia sive imaginatio» (P. oder Einbildungskraft) nicht viel mehr als einen «thesaurus [...] formarum per sensum acceptarum» (eine Schatzkammer der durch die Sinne aufgenommenen Formen). [43] Eine deutlich geringere Rolle spielt demgegenüber der künstlerisch-ästhetische Phantasiebegriff, wie er etwa bei RICHARD VON ST. VIKTOR begegnet. Richard schreibt der *imaginatio* immerhin, an Motive der augustinischen Tradition anknüpfend, die Fähigkeit zur anschaulichen Darstellung und zur freien Kombination unterschiedlicher Materialien zu (die *imaginatio* sei «formatrix, reparatrix, creatrix, moderatrix», Bildnerin, Erneuerin, Schöpferin, Leiterin). [44] Die potentielle Gefahr für die Ethik, die von der schöpferischen P. ausgehe, werde, so Richard, aufgewogen durch ihre Fähigkeit zur Mäßigung der menschlichen Leidenschaften, etwa durch die Vorstellung jenseitiger Güter und Übel. [45] Daneben entwickelt sich der nicht-latinisierte Phantasiebegriff vorwiegend in eine pejorative Richtung.

Auch wenn Kunst- und Dichtungstheorie der *Renaissance* in erster Linie dem aristotelischen Mimesis-Begriff verpflichtet scheinen, so wird die P. philostratischer Prägung in Zuge des insbesondere vom Florentiner Neuplatonismus betriebenen Veränderung des Künstlerbildes – vom «imitatore» zum «inventore» – wieder aufgenommen und erweitert. Während die an Synesios, Plotin und Avicenna anschließende philosophische Restauration des Phantasiebegriffs durch M. FICINO – die auf die universale Vermittlungsfunktion des «spiritus phantasticus» abhebt und Autoren wie Agrippa von Nettesheim, Pomponazzi und Paracelsus beeinflußt – zum Teil heftigen Widerspruch erfährt [46], vermag die P. sich im Bereich der Ästhetik immer unangefochtener zu behaupten, zumal sie sich der Autorität der Mimesis noch dort zu unterwerfen vorgibt, wo sie sie schon eifrig untergräbt.

Zwar hatte bereits DANTE in ‹La Vita Nova› der dichterischen *fantasia* und *immaginazione* einige Aufmerksamkeit gewidmet [47], es dauert aber bis ins späte 15. Jh., bis Theoretiker wie CENNINI bemerken, zur künstlerischen Arbeit gehöre sowohl «operazione di mano» als auch «fantasia» [48], oder wie FILARETE den Begriff von seinem Irrationalitätsverdikt befreien, indem sie ihn mit höheren intellektuellen Fähigkeiten in Verbindung bringen («fantasticare e pensare»). [49] Im Rahmen der Kunsttheorie dieser Zeit wird das Spektrum des Phantasiebegriffs, wie es sich bei Filarete findet, nur noch von LEONARDO DA VINCI übertroffen, der der F. – vor dem Hintergrund der mittelalterlichen Psychologie, etwa Avicennas – in seinen frühen Schriften eine konzeptionelle Funktion bei der künstlerischen Arbeit zuschreibt und sie in eine Reihe stellt mit Begriffen wie Erfindung, Spekulation oder göttliches Schöpfertum. [50] Auch im Bereich der Poesie und Poetologie kommt es erst um 1500 zu einer nennenswerten Beschäftigung mit dem Phantasiebegriff, und zwar in den Briefen von ISABELLA D'ESTE und ihres an Philostrats Überlegungen geschulten Freundeskreises, zu dem auch Ariost gehört. In den platonisierenden Poetiken des 16. Jh., die nicht selten den Platon des ‹Phaidros› gegen den der ‹Politeia› ausspielen, gewinnt der Phantasiebegriff dann weiter an Bedeutung, etwa im Rahmen des Konzepts vom poetischen *furor* bei A. SEGNI, G. FRACHETTA und F. PATRIZI. [51] Eine besondere Rolle spielt in diesem Zusammenhang die Dichtungstheorie T. TASSOS. Hier erscheint *fantasia* als eine Art von künstlerischer Dynamis und der Dichter als jemand, der «meraviglia» und «immagini fantastiche» erzeugt [52]; an solche und ähnliche Theoreme werden Theoretiker des literarischen Manierismus wie Tesauro und Pellegrini im Rahmen ihrer *acutezza*-Lehre anknüpfen. [53]

III. *Barock*. Wenn der P. und der Imagination bis zur Hochrenaissance eine teils universal vermittelnde (in der Philosophie), teils dynamisch-energetische Funktion (in Dichtung und Kunst) zukam, so erfährt diese Hochschätzung im Zuge des frühneuzeitlichen Rationalismus eine gründliche Revision. Zwar wird, auf der einen Seite, in den Barockpoetiken, deren Betonung der *invenzione* u.a. in SHAKESPEARES ‹A Midsummer Night's Dream› Ausdruck findet («Und wie die schwangre Phantasie Gebilde / von unbekannten Dingen ausgebiert / gestaltet sie des Dichters Kiel, benennt / das luftige Nichts und gibt ihm festen Wohnsitz» [54]), die bereits in der Renaissance begonnene Umdeutung des aristotelischen Mimesis-Begriffs radikalisiert. In E. TESAUROS ‹Cannochiale› rückt P. als extreme Spielart des die dichterische Produktion anfeuernden *furore* in die Nähe des *ingegno*, neben der *acutezza* eines der entscheidenden poetischen Vermögen der Epoche. [55] M. PELLEGRINI, einer der Programmatiker des italienischen Manierismus, nennt denn auch die «Ideen der Dinge» *immagini* oder *fantasmi*. [56] Ähnlich läßt sich im spanischen ‹Siglo de Oro› bei Autoren wie J.L. VIVES oder J. HUARTE DE SAN JUAN eine Aufwertung der P. im Zuge einer Restrukturierung der Rhetorik beobachten; B. GRACIÁN erkennt der Imagination einen höheren Rang als der Invention zu und widmet seine ‹Agudeza y arte de ingenio› (1649) der «Imagination». [57] Auf der anderen Seite aber kann das bereits bei G. BRUNO und PARACELSUS beobachtbare Auseinanderbrechen des Synonymenpaars P./Imaginatio als Indiz für eine Krise der etablierten Vermittlungsfunktion angesehen werden: «Dann Imaginatio und Phantasia theylen sich von einander. Imaginatio ist in perfecto Spiritu, Phantasia ist im Leib ohne ein perfecto Spiritu». [58] Während PH. SIDNEY noch betont, der Dichter konkurriere nicht mit dem Wahrheitsanspruch zweifelhafter Autoritäten, sondern verwende die Erzählung «as an imaginative ground-plot of a profitable invention» (als einen phantasiereichen Untergrund für eine lohnende Erfindung)[59], interessiert den stark puritanisch geprägten F. BACON die Imagination vor allem dann, wenn sie ihre soziale oder technologische Nützlichkeit unter Beweis stellt. Der Autor der ‹Nova Atlantis›, der von der P. als einen «Ianus» spricht, grenzt das poetisch-artistische «Play of imagination» entschieden ab von der Einbildungskraft als moralphilosophischer Instanz: «For as for Poesie, it is rather a pleasure, play of imagination, than a worke or dutie thereof.» (Denn was die Poesie angeht, so ist diese eher ein Vergnügen, ein Spiel der Einbildungskraft, als eine Arbeit oder eine Pflicht.)[60] Demgegenüber tendiert die im Umfeld des Cartesianismus angestrengte Kritik der Rhetorik zu einer generellen Kritik an der Imagination. «Die Vernunft und die Ethik bedrängen den Dichter, limitieren seinen Gebrauch des Imaginären, zwingen ihn, sich dem Natürlichen anzunähern [...]».[61] So brandmarkt etwa F. LAMY die Rhetorik als eine Kunst «de persuader sans raison» an, «[...] qui ne fait qu'ébranler l'imagination» (zu überreden ohne Vernunft [...], die nur die Einbildungskraft erschüttert)[62]; für DU BOS ist sie kaum mehr als «le poison de l'intelligence» (das Gift für die Intelligenz), und PASCAL verurteilt sie, weit schärfer als ARNAULD, als «dieses trügerische Vermögen, das uns eigens gegeben zu sein scheint, um uns auf einen notwendigen Irrweg zu führen (cette faculté trompeuse qui semble nous être donnée expres pour nous induire en une erreur nécessaire)».[63] N. MALEBRANCHE, der den Gegensatz von Vernunft und Imagination (als ihrem 'Anderen') im Gefolge Descartes' verabsolutiert, kann MONTAIGNE so einen ausufernden und verführerischen Gebrauch der P. vorwerfen: der Autor der ‹Essais› überzeuge seine Leser nicht durch Argumente, sondern fessle sie «par la force de l'imagination» (durch die Kraft der Einbildung).[64] Dabei muß Malebranche sich später selbst den Vorwurf gefallen lassen, er habe in dem metaphernreichen Pamphlet «contre l'abus [Mißbrauch] de l'imagination» seinerseits an «notre imagination» appelliert.[65] Differenzierter erscheinen demgegenüber Positionen wie die von B. LAMY, die – vergleichbar dem, was Arnauld in seiner ‹Logique de Port Royal› vertrat – die Qualität des Stils auf die Qualität der *imagination* zurückführen und ihr erneut eine Vermittlungsfunktion (zwischen Wörtern und Ideen) zubilligen.[66]

IV. *18. Jahrhundert.* Die Diskreditierung von Philologie und Rhetorik, wie sie bei Descartes und seinen Anhängern verbreitet war, trifft in G. VICO auf einen entschiedenen Gegner. Der neapolitanische Rhetorikprofessor stellt die auch für die Folgezeit brisante Frage nach der Vermittlung von Wissenschaft und Kunst, Ästhetik und Technik unter dem Signum der P., indem er nicht nur die «Poesie» der Frühzeit und das poetisch geformte Denken der Aufmerksamkeit der Historiker empfiehlt, sondern auch und vor allem die P. zum «Auge des Geistes» erhöht – «la fantasia quale è l'occhio dell'ingenio, como il giudizio l'occhio dell'intelletto» (die P., die das Auge des Talents ist, wie das Urteil das Auge des Verstandes ist)[67] –, zur conditio sine qua non für jenes erfinderische, kompositorische Tun, das den Künstler, den Redner und den Ingenieur gleichermaßen auszeichnet. Ähnlich erscheint die Imagination wenig später in DIDEROTS und D'ALEMBERTS ‹Encyclopédie› als ein die Disziplinen überschreitendes Vermögen: «L'imagination dans un géometre qui crée, n'agit pas moins que dans un poète qui invente.» (Die Einbildungskraft in einem Geometer, der etwas entwirft, arbeitet nicht weniger als in einem Dichter, der etwas erfindet.)[68] Der Kampf um die Rhetorik und ihr unaufhaltsamer Niedergang finden in Frankreich mit besonderer Intensität statt. So plädiert etwa Diderot für eine überzeugende, mitreißende, «hieroglyphische» Sprache; DUMARSAIS hält das Ideal eines mathematisch exakt repräsentierenden Zeichens für illusionär und betont, daß gerade Tropen und Metaphern, also die imaginär bestimmte Sprache, die Wahrheit schärfer hervortreten ließen. Demgegenüber unterscheidet CONDILLAC streng zwischen dem «style des analyses», der die Vermittlung der Wahrheit verbürgt, und dem poetischen «style des images», dem allein Emotionen und Metaphern zu verwenden erlaubt ist.[69] Bei den ‹Idéologues› trifft man auf zwei verschiedene Versuche der Verdrängung der Imagination: die 'horizontale' bei DESTUTT DE TRACY, die eine Unterdrückung und Auflösung der Triebe anstrebt; die 'vertikale' Abspaltung bei LANCELIN, der das gesamte Spektrum der Imagination einem strikt ästhetischen Bezirk zuweist und dort isoliert.[70] Die Überzeugungskraft einer bilder- und metaphernreichen Sprache (des auf Bewegung der Seelen abzielenden «style des peintures») tritt in Widerspruch zum aufklärerischen Ideal vernünftigen, selbständigen Erkennens (dem an den Verstand gerichteten «style des citations»): ein Konflikt, der an die traditionellen rhetorischen Oppositionen des «atticisme» und des «asianisme» anknüpft und sich noch in den Sprachdebatten um 1800 als wirksam erweist, wenn das «mimologische» Zeichenmodell gegenüber dem arbiträren an Boden verliert.[71] Später kommt es dann auch zu vermittelnden Positionen, etwa bei W. VON HUMBOLDT, der eine «Zwischenstellung der Sprache zwischen Bild und Zeichen, [...] Ästhetik und Semiotik» in Erwägung zieht[72] und mit der Frage nach der Dichtung die Frage nach der Einbildungskraft stellt, «dieser geheimnisvollsten unter allen menschlichen Kräften».[73]

Nun zur deutschen Situation. Während M. OPITZ noch im Erfindungskapitel seiner ‹Poeterey› RONSARDS Wendung «le bon naturel d'une imagination» (als Erläuterung zu «invention») aus dem ‹Abregé›-Text ausgespart hatte, auf den er sich sonst sehr genau bezieht[74], kommt es hingegen in den deutschen Poetiken seit dem frühen 18. Jh. geradezu zu einer Konjunktur des Phantasiebegriffs. P. wird hierbei allerdings häufig – wohl wegen ihrer 'gefährlichen', moralphilosophisch bedenklichen Assoziationen – durch den Begriff der ‹Einbildungskraft› ersetzt, der seit COMENIUS bekannt ist und sich von ‹eynbilden› (*imaginari*), ‹Einbildung› (*figuratio, figmentum, imaginatio*) und ‹Bildungs-Krafft› herleitet.[75] Bereits in der Poetologie der Schweizer Autoren J.J. BODMER und J.J. BREITINGER übernimmt die ‹Einbildungs-Krafft› entscheidende Aufgaben: Sie sorgt nicht nur, als Organ des Gewesenen, dafür, daß «die entferntesten Sachen gegenwärtig» erscheinen; sie wird auch und vor allem – im Anschluß an das LEIBNIZ-WOLFFSCHE Motiv der Vielfalt möglicher Welten – als Organ der Innovation und des Möglichen entdeckt. Das heißt, «sie zieht auch mit einer mehr als zauberischen Kraft das, so nicht ist, aus dem Stande der Möglichkeit hervor, theilet ihm dem Scheine nach eine Würcklichkeit mit, und macht, daß wir diese neuen Geschöpfe gleichsam sehen, hören und empfinden [...]».[76] Auch wenn das ‹Wahrscheinliche› und die ‹Naturnachahmung› nach wie vor Richtschnur der Argumentation bleiben, so wird die Einbildungskraft bei den Schweizern doch – im Unterschied zu vergleichbaren Ausführungen bei BAUMGARTEN, MEIER oder SULZER – zum zentralen Element einer Wirkästhetik, die die Poesie auf Grund ihres arbiträren, der Imagination besonders förderlichen Zeichensystems höher schätzt als die Malerei. Vor diesem Hintergrund wird auch LESSING im ‹Laokoon› betonen, daß gerade die «Unsichtbarkeit» der dichterischen Darstellung der «Einbildungskraft [...] freies Spiel» gewähre und ihr erlaube, «die Szene zu erweitern». [77] Darüber hinaus arbeiten Bodmer und Breitinger, Argumentationslinien der französischen und, mehr noch, der englischen Longin-Interpretation fortführend, an einer Ästhetik des Erhabenen, die es ihnen ermöglicht, das mit der Einbildungskraft eng verbundene Anliegen der Verlebendigung und Vergegenwärtigung (ein unverzichtbares Relikt des sonst kritisierten rhetorischen Erbes) besonders wirkungsvoll zu exemplifizieren. Sie bereiten so jenem intensiven Darstellungsbegriff den Weg, wie er dann bei KLOPSTOCK und in der Poetologie der Romantik thematisiert werden wird. [78] Doch schon in der englischen Aufklärung, bei Autoren wie J. DENNIS, SHAFTESBURY und vor allem bei J. ADDISON stand der Begriff der P. (*fancy*, *fantasy*, *imagination*) im Zeichen des ‹Erhabenen›. In den ‹Pleasures of Imagination› etwa, einem Text, in dem sich der Grad der (ästhetischen) Lust mit dem Grad der Erhabenheit ihres Gegenstands steigert, stellen die absoluten Kategorien der Vernunft eine entscheidende Herausforderung für die auf Gestaltung ausgerichtete Einbildungskraft dar: «[...] the Imagination can fancy to itself Things more Great, Strange, or Beautiful, than the Eye ever saw [...].» (Die Einbildungskraft kann sich größere, fremdartigere oder schönere Dinge vorstellen, als das Auge je sah [...].) [79] Der Einbildungskraft kommt so die neue und gewichtige Funktion der Vermittlung zwischen dem Bereich der Vernunft und dem Bereich der Wahrnehmung zu, sie eröffnet inmitten der Krise der Episteme der Repräsentation die Möglichkeit, Ideen erfahrbar zu machen und noch dort, wo die Darstellung im letzten scheitert, sinnlich zu vergegenwärtigen.

Damit ist die Struktur vorgegeben, innerhalb der die Begriffe ‹Einbildungskraft› und ‹P.› in den ästhetischen Überlegungen der deutschen Transzendentalphilosophie ihren Ort haben. Bereits in der ‹Kritik der reinen Vernunft› schreibt KANT der Einbildungskraft als einem schematisierenden, zwischen «Sinn» und «Apperzeption» des «reinen Verstandes» angesiedelten Synthesevermögen eine «transzendentale Funktion» zu und nimmt sie vor der Regellosigkeit der P. in Schutz. [80] Vollends unverzichtbar wird die Einbildungskraft dann in der ‹Kritik der Urteilskraft›. Hier begegnet der Begriff nicht nur als produktives, ausdrücklich dem autonomen Schaffen des Dichters zugeordnetes Vermögen, abstrakte Vorstellungen «zu versinnlichen», sondern findet sich auch und insbesondere dort, wo es sich um die (nie vollständig realisierbare) Darstellung von Vernunftideen in der erhabenen Natur handelt: um einen «Gegenstand», «dessen ästhetische Beurteilung die Einbildungskraft bis zu ihrer Grenze, es sei der Erweiterung (mathematisch), oder ihrer Macht über das Gemüt (dynamisch), anspannt [...]». [81] Das hierbei beobachtbare «Unvermögen der Einbildungskraft, die, von der Vernunft als Forderung aufgestellte Totalität in Darstellung der Größe zu erreichen», erörtert auch SCHILLER [82]; darüber hinaus erscheint die Einbildungskraft bei ihm als eine im Wirken des ästhetischen Spieltriebs produktiv und praktisch werdende Vernunft: «Das Interesse der Einbildungskraft aber ist: sich frey von Gesetzen im Spiele zu erhalten». [83]

V. *19. Jahrhundert*. Ihre vorläufige theoriegeschichtliche Vollendung findet die P. im romantischen Poesiebegriff Die Dichtung der Romantik sieht sich von Anfang an vor der Aufgabe, «mit Hilfe der Phantasie in der ästhetischen Idealität jenes Absolute zu konkretisieren, das dem transzendentalen Philosophen als spekulative Idee immer unerreichbar bleiben muß». [84] Die große synthetisierende Aufgabe, die die P. nun zu erfüllen hat, war bereits von HERDER ins Auge gefaßt worden, für den die Einbildungskraft nicht nur «Band und Grundlage aller feinern Seelenkräfte» und den «Knote[n]› des Zusammenhanges zwischen Geist und Körper» darstellt [85], sondern auch ein «Meer innerer Sinnlichkeit», in dem das gesamte «sinnliche Universum» der Bilder, Töne, Worte, Gefühle «zusammenfleußt» und sich vereinigt. [86] Während FICHTE die Einbildungskraft weitgehend auf den Bereich der praktischen Vernunft zu beschränken sucht, unternimmt es vor allem SCHELLING in seiner Kunstphilosophie, die P. vom Kantischen Verdikt zu befreien und zu einem der synthetisch operierenden Einbildungskraft vorgeordneten Vermögen zu erhöhen, das «das Absolute mit der Begrenzung zusammenbringt, und in das Besondere die ganze Göttlichkeit des Allgemeinen bildet». [87] Im Rahmen der großen, von der Kunst zu vollziehenden Synthese zwischen dem Endlichen und dem Unendlichen verhilft die P. dem Absoluten zu poetischer, symbolischer Existenz; die Produkte der Einbildungskraft begnügen sich hingegen damit, zu deuten und zu allegorisieren. [88] Eine vergleichbare Gewichtung der beiden Begriffe Einbildungskraft und P. begegnet in F. SCHLEGELS Konzept von der «progressiven Universalpoesie» – die Philosophie, Poesie und Rhetorik vereinigt – und von der infiniten Ironie. Während der Einbildungskraft der fragmentarische Zustand des modernen Bewußtseins eingeschrieben und so die vollkommene Einheit versagt bleibt, erscheint die P. als jener schon von Herder anvisierte mytho-poetische Fluchtpunkt, der die Ordnung der Begriffe transzendiert: «Denn das ist der Anfang aller Poesie, den Gang und die Gesetze der vernünftig denkenden Vernunft aufzuheben und uns wieder in die schöne Verwirrung der Phantasie, in das ursprüngliche Chaos der menschlichen Natur zu versetzen [...]». [89] Ähnlich hält JEAN PAUL die Einbildungskraft lediglich für die «Prose der Bildungskraft oder Phantasie», der gegenüber die P. «etwas Höheres», die «Weltseele der Seele», den «Elementargeist» darstelle, der «alle Teile zu Ganzen» vereint. [90] F. Schlegel, der einerseits auf Schelling, andererseits auf FICHTES Bestimmung der Einbildungskraft – als eines Vermögens, «das zwischen Bestimmung und Nicht-Bestimmung, zwischen Endlichem und Unendlichem in der Mitte schwebt» [91] – zurückgreift, krönt so die P. zum Ideal der romantischen Ästhetik. Er «begründet in ihr zugleich die Eigenwertigkeit der romantischen Poesie gegenüber der zeitgenössischen Philosophie». [92] NOVALIS steht diesem Konzept nahe, erweitert den Phantasiebegriff aber auf seine Weise und geht darin deutlich über Schelling und Schlegel hinaus. Während der Arbeit an seinem ‹Enzyklopädie›-Projekt, dem der Gedanke einer «Poetisierung der Wissenschaft» zugrunde liegt, verabschiedet sich Novalis nicht nur vom traditionellen Gedächtnis- und Reproduktionsmodell der P., sondern auch von ihrer ausschließlichen Bindung an Poesie und Nachahmungslehre.[93] Stattdessen nimmt er, in genauem Bezug auf Diderot und d'Alembert, Imagination für jegliche Hypothesenbildung in Anspruch und betont ihre generell produktive, gestaltbildende Funktion: «Theorie der FANTASIE. Sie ist das Vermögen des Plastisierens».[94]

Die Kluft zwischen Geist und Materie, Subjekt und Gesellschaft wird auch in der eng auf die deutsche Romantik und ihr Verständnis von Einbildungskraft bezogenen Literatur der englischen Romantik als Ort des Imaginationsbegriffs: er verheißt hier einerseits eine Überwindung des Bruchs, reduziert sich andererseits jedoch auf seine Festschreibung. Neuere rhetorisch-dekonstruktive Lektüren rücken die Imagination in die Nähe von Übersetzung und Artikulation; darüber hinaus schreiben sie den Texten ein ideologisches Potential zu – etwa, wenn COLERIDGE den Imaginationsbegriff für die philosophische wie poetische Grundlegung einer neuen politischen Kultur in Anspruch nimmt[95] oder wenn WORDSWORTH das poetische «enshrinement of imagination» als Vermittlungsinstanz zwischen subjektiver Meditation und öffentlichem politischen Raum installiert.[96] Ein deutliches Bewußtsein von der Brüchigkeit der Imagination zeigt sich dann aber bei SHELLEY, der ihre versöhnende, utopische Kraft in Frage stellt[97], darüber hinaus jedoch, hierin Schiller vergleichbar, auf ihrem aufklärerisch-kritischen, gegen die Alleinherrschaft der instrumentellen Vernunft gerichteten ästhetischen Potential besteht.[98]

Über diesen stark mit lyrischer Poesie und Poetologie verknüpften Phantasiebegriff des frühen 19. Jh. hinaus wäre auch auf die literarische Prosa zu verweisen, auf jene bereits in den Romanen WIELANDS und MORITZ' ‹Anton Reiser› vorgegebene Konstellation von kritischer Darstellung der P. in ihrem Gegensatz zur Welt der Vernunft und der bürgerlichen Wirklichkeit, die S. Vietta untersucht hat: «Wackenroder, Tieck, E.T.A. Hoffmann, E.A. Poe, der frühe Balzac, Grillparzer, Keller, Thomas Mann – sie alle thematisieren den Gegensatz von Phantasie und Vernunft, Künstlertum und bürgerlicher Weltansicht mit autortypischen und auch epochengeschichtlich bedingten Unterschieden, aber eben doch im Rahmen einer Problemkonstellation, die mit dem Roman der Aufklärung vorgezeichnet ist».[99] Das Thema läßt sich in der gesamten europäischen Romanliteratur des 19. Jh. beobachten, später auch in der amerikanischen. In J. CONRADS ‹Lord Jim›, um ein englisches Beispiel zu wählen, erscheint P. als subjektive, ja, terroristische Schicksalsmacht[100], und in der Prosa MELVILLES wird ein Erzählertypus erkennbar, den seine eigene P. isoliert, in sein Ego solipsistisch einschließt.[101] Was die deutsche Situation angeht, so verliert der Begriff der Einbildungskraft – wohl im Zuge des Rückgangs der 'Vermögenspsychologie' und des Aufstiegs der experimentellen Wissenschaften – im Lauf des 19. Jh. zusehends an Bedeutung.[102] Zwar wird, trotz wachsender Kritik an diesem Begriff, etwa bei L. FEUERBACH, noch hin und wieder auf ihn zurückgegriffen, etwa wenn W. DILTHEY, die «Einbildungskraft des Dichters» von der des Träumers und des Wahnsinnigen positiv abzugrenzen sucht[103], aufs Ganze gesehen aber gewinnt die schon von den Romantikern höher gewertete P. seit der Wende vom 19. zum 20. Jh. wieder an Gewicht.

VI. *20. Jahrhundert.* Die Tendenz zur Verwirklichung und Vergegenwärtigung, die den Prozeß der Moderne nicht nur im ästhetischen, sondern auch im lebensweltlich-technischen Bereich begleitete, erscheint im 20. Jh. zunehmend als bedenkliches, die letzten Residuen der P. bedrohendes Potential. Wenn R. KASSNER die Einbildungskraft 1936 noch als «Sinnlichkeit der Seele», als «Urelement des Schöpferischen» zu feiern vermochte, das Maß, Form, Gestalt, Rhythmus und Sinn garantiere[104], so heißt es bereits 1967 bei H. MARCUSE, die P. sei «gegenüber dem Prozeß der Verdinglichung nicht immun geblieben».[105] Jedenfalls dokumentiert die Erforschung bzw. Besetzung des ursprünglich im Rahmen von Psychologie und Rhetorik entwickelten, dann von Philosophie, vor allem aber von Ästhetik und Poetologie beanspruchten Phantasie-(Imaginations-)Begriffs durch eine Vielzahl von Disziplinen ein nach wie vor ansteigendes Interesse an diesem Thema. Hier sind in erster Linie zu nennen: Psychoanalyse (S. Freud, J.-B. Pontalis, J. Lacan), Philosophie (E. Bloch, J.-P. Sartre, E. Grassi), Anthropologie (G. Bachelard, A. Leroi-Gourhan, R. Caillois), Medien- (M. MacLuhan, S. Žižek) und Kulturtheorie (M. Barrett), Soziologie (G.H. Mead, C. Castoriadis, D. Kamper), Wissenschaftstheorie (P. Feyerabend, M. Polanyi), Politologie (O. Negt, A. Kluge, L. Bornscheuer), Literatur- (H.R. Jauß, W. Iser, K. Barck) und Theaterwissenschaft (R. Schechner).[106] Diese Omnipräsenz zeugt aber zugleich von der Gefährdung des einst der P. zugeschriebenen Potentials, von der Sorge, das «Andere der Vernunft» (H. u. G. Böhme)[107], ja, das «Andere des Daseins» (Adorno)[108] könne sich im «Hyperrealismus» (J. Baudrillard)[109] oder in der «virtual reality» einer vollends immanentistisch gewordenen Welt verflüchtigen. Diese Gefährdung wird längst gerade auch aus außereuropäischer Perspektive wahrgenommen (L. COSTA LIMA).[110] In der europäischen Diskussion büßt die P. seit den 80er Jahren zusehends ihren alternativen, utopischen Charakter ein, da sie mittlerweile selbst, nach der Ansicht mancher Theoretiker, einer merkwürdigen «Spaltung» ausgesetzt ist: «Während [...] einerseits der Siegeszug der technisch wiederholbaren Imaginationen über die ganze Welt weitergeht [...], wird andererseits, an der Front einer bürokratisch abstrakten Vernunft, noch immer um die Freiheit der Phantasie gekämpft, obwohl der Schatten des Mißlingens fast alle Akteure erreicht hat [...].» (D. Kamper).[111] Im Zuge dieses subtilen, kaum mehr zu erfassenden «controlo do imaginario» (Costa Lima) wagt die poststrukturalistische Diskussion seit den späten 80er Jahren noch einmal den Rückgriff auf die P. des Erhabenen ps.longinischer und kantischer Provenienz, um den «Schrecken, der nicht zum Bild werden kann» (D. Kamper) vor den medialen Okkupationen zu bewahren. Darüber hinaus gilt es, auf der «Frage nach dem Undarstellbaren» zu bestehen, die auch für das 21. Jh. als grundlegend erscheint; handelt es sich doch, wie J.F. LYOTARD mit Nachdruck betont, mehr denn je darum, «die Schuld einer Präsenz zu begleichen, die immer verfehlt wird».[112]

Anmerkungen:

1 M.W. Bundy: Theory of Imagination in Classical and Medieval Thought (Urbana 1927) 15. – **2** Platon, Sophistes 235 a 10–236 c 8; 264 c 4–5. – **3** Platon, Philebos 39 b–c. – **4** Plat. Phaidr. 250 c. – **5** Aristoteles, De anima 428 a–429 a. – **6** Arist. Rhet. 1370 a. – **7** Aristoteles, De anima 450 b 24–451 a 11. – **8** ebd. 427 b.; vgl. J. Freudenthal: Ueber den Begriff des Wortes ‹P.› bei Aristoteles (1863). – **9** Sextus Empiricus, Adversus Mathematicos 7, 203; vgl. hierzu A. Manieri: L'immagine poetica nella teoria degli antichi (Pisa/Rom 1998) 115–119. – **10** vgl. hierzu: G. Camassa: Art. ‹Phantasia›, in: HWPh Bd. 7 (1989) 519–521. – **11** SVF II, 54.

– 12 Diokles bei Diogenes Laertius VII, 49; SVF II, 52. – 13 Auct. ad Her. IV, 47, 61. – 14 Cicero, Academici Libri I, 41; II, 17; Part. or. 6, 20; vgl. Quint. VI, 2, 32; hierzu vor allem G. Watson: Phantasy in Classical Thought (Galway 1988) 68–70. – 15 Cicero, Academici Libri I, 40; II, 18; vgl. Bundy [1] 107. – 16 Cic. Or. 8. – 17 vgl. Manieri [9] 67. – 18 Quint. X. 7, 15; VI, 2, 25. – 19 Quint. VI, 2, 32. – 20 Plutarch: Moralia IV, 425; vgl. Bundy [1] 109f. – 21 Ps.-Long. Subl. 15, 1. – 22 ebd. – 23 vgl. Dionysios von Halikarnassos, Téchnē rhētoriké, hg. von H. Usener, L. Radermacher, 17, 372f. – 24 Ps.-Aristoteles, Problemata physika 27, 4, 948 a 18; vgl. hierzu T.G. Rosenmeyer: Phantasia u. Einbildungskraft. Zur Vorgesch. eines Leitbegriffs der antiken Ästhetik, in: Poetica 18 (1986) 197–248, hier: 215. – 25 Ps.-Long. Subl. 20 1–3. – 26 Philostratos, Vita Apollonii VI 19; die beste Übers. wohl von G. Camassa, in [10] 521; vgl. E. Birmelin: Die kunsttheoret. Gedanken in Philostrats Apollonios, in: Philologus 88, NF 42 (1933), 392–414. – 27 Philostratos, Vita Apollonii II 22. – 28 Watson [14] 91. – 29 Sextus Empiricus, Adversus Mathematicos VIII 275–6; vgl. hierzu auch Watson [14] 84f. – 30 vgl. W. Beierwaltes: Realisierung des Bildes, in: ders.: Denken des Einen (1985) 73–113; hier: 92. – 31 Plotin, Enneaden V, 8, 1, 54ff. Vgl. G. Camassa: Phantasia da Platone ai Neoplatonici, in M. Fattori, M. Bianchi (Hg.): Phantasia – Imaginat o. V. Colloquio internazionale del Lessico intellettuale europeo (Rom 1988) 26–55; M. Moutsopoulos: Le problème de l'imaginaire chez Plotin (Athen 1967). – 32 Himerius, hg. ed. A. Colonna, 1951) XXXII 12; vgl. Watson [14] 87. – 33 Proklos: Kommentar zu Plat. Pol. (ed. Kroll) I 177f.; vgl. zur Bedeutung des Proklos für die Gesch. der P.: Rosenmeyer [24] 219–228. – 34 Proklos [33] 196. – 35 ders. ebd. [33] 86; vgl. J.A. Coulter: The Literary Microcosm (Leiden 1976). – 36 vgl. Rosenmeyer [24] 227. – 37 etwa Porphyrios, Ad Gaurum VI 1; Olympiodoros, in: Westerink: The Greek Commentaries on Plato's Phaedo (1976), I 6. Weitere Hinweise: Watson [14] 105–125. – 38 vgl. hierzu Watson [14] 105–125. – 39 Augustinus, Confessiones IX 10, 25. – 40 ders., Ep. 7, in: CSEL 33/34.1, 13–18; vgl. Watson [14] S. 137ff. – 41 ders., De trinitate XI 10, Übers. Red. – 42 vgl. Watson [14] 138. – 43 Thomas von Aquin, Summa theologica I 78, 4, Übers. Red. – 44 vgl. J. Ebner: Die Erkenntislehre Richards von St. Viktor (1917) 23–27. – 45 zu theol. und medizinischen Aspekter des ma. Phantasiebegriffs vgl. M.R. Pagnoni-Sturlese: Phantasia, in: HWPh Bd. 7 (1989) Sp. 526–533. – 46 etwa in G.F. Picos Traktat ‹De imaginatione›; vgl. Pagnoni-Sturlese [45] 534. – 47 Dante, La vita nova c. XXIII/XXIV. – 48 C. Cennini: Il libro del arte, hg. von F. Thompson (New Haven 1932) 1f. – 49 Filaretes ‹Trattato›, zit. nach: M. Kemp: From ‹Mimesis› to ‹Phantasia›: The Quattrocento Vocabulary of Creation, Inspiration, and Genius in the Visual Arts, in: Viator 8 (1977), 347–397; hier: 359–371. – 50 vgl. Kemp [49] 383f. – 51 vgl. H. Friedrich: Epochen der ital. Lyrik (1964) 451f. – 52 Tasso: Apologia della Gerusalemme Liberata, in: ders.: Prose, hg. v. E. Mazzali (Mailand, Neapel 1959) 411–486; hier: 448. – 53 zu «imagini de gli obietti» im Sinne von Vorstellungen vgl. E. Tesauro: Il Canocchiale Aristotelico (Venedig 1663), 14; vgl. auch: K.-P. Lange: Theoretiker des lit. Manierismus (1968). – 54 W. Shakespeare: A Midsummer Night's Dream V 1, 14–17; vgl. hierzu: H.F. Plett: '... of imagination all compact': Ein metapoetischer Kommentar zu Shakespeare's ‹Sommernachtstraum› V.i. 4–22, in: M. Beyer (Hg.): Zum Begriff der Imagination in Dichtung u. Dichtungstheorie (1998), 16–33. – 55 vgl. Friedrich [51] 630. – 56 M. Pellegrini: Fonti dell Ingegno (Bologna 1650) 3. – 57 vgl. D. Abott: La Retórica y el Renacimento, in: Murphy RE 95–104. – 58 A.P. Theophrastus Paracelsus: Opera Bücher und Schrifften ..., Ander Theyl (Straßburg 1603) 513. – 59 Sir Ph. Sidney: A Defence of Poetry, hg. v. J.A. Van Dorsten (Oxford ⁹1988) 53 (Übers. Red.); vgl. zu diesen Zusammenhängen auch: J. Klein: Genius, Ingenium, Imagination: Aesthetic Theories of Production from the Renaiss. to Romanticism, in: F. Burwick, J. Klein (Hg.): The Romantic Imagination. Literature and Art in England and Germany (Amsterdam, Atlanta 1996) 19–62. – 60 F. Bacon: The Two Bookes of the Proficience and Advancement of Learning (Amsterdam, New York 1605, 1970) 47, Übers. Red. – 61 L. Costa Lima: Die Kontrolle des Imaginären. Vernunft und Imagination in der Moderne (1990) 47. – 62 F. Lamy, in: Arnauld, Brulart de Silley, F. Lamy: Réflexions sur l'éloquence (Paris 1700) 9, Übers. Red. – 63 B. Pascal: Pensées, 2 Bde. (Paris 1887) I 34, Übers. Verf. – 64 N. Malebranche: De la recherche de la vérité, 3 Bde. (Paris 1946–65) I 199: 205. – 65 Den Vorwurf äußert J.-B. Du Bos: Réflexions critiques sur la posie et sur la peinture, 3 Bde. (Paris 1733) I 297. – 66 B. Lamy: De l'art de parler (Paris 1676) 210ff. Zu den frz. Kontroversen vgl. vor allem U. Ricken: Malebranche, Arnauld et la controverse sur le rôle de l'imagination dans le language, in: Fattori, Bianchi [21] 285–308. – 67 G.B. Vico: Opere, 8 Bde. (Neapel 1858–1860; ND Leipzig 1970) I 131, Übers. Red.; vgl. hierzu K. Barck: Poesie und Imagination. Stud. zu ihrer Reflexionsgesch. zwischen Aufklärung und Moderne (1993) 48–53; vgl. auch G. Costa: Genesi del concetto Vichiano di Fantasia, in: Fattori, Bianchi [31] 309–365. – 68 J. le Rond d'Alembert: Discours préliminaire de l'Encyclopédie (Paris 1965) 64, Übers. Red.; vgl. hierzu Ricken [66] 304f. – 69 vgl. zu diesen Zusammenhängen I. Zollna: Einbildungskraft (Imagination) und Bild (Image) in den Sprachtheorien um 1800 (1990). – 70 W. Busse, J. Trabant (Hg.): Les Idéologues (Amsterdam/Philadelphia 1986); vgl. auch Zollna [69] 271–277. – 71 vgl. G. Genette: Mimologiques – Voyage en Cratylie (Paris 1976). – 72 J. Trabant: Apeliotes oder Der Sinn der Sprache (1986) 81; 152. – 73 W. v. Humboldt: Schr., hg. von. der Königl. Preuß. Akad. der Wiss. Bd. I-XVII (1903–36), II 116. – 74 P. Ronsard: Abbregé de l'art poétique francoys, in: ders.: Œuvres complètes, hg. v. P. Laumonier Bd. XIV (Paris 1949) 12f.; vgl. M. Opitz: Buch von der deutschen Poeterey [...], hg. v. R. Alewyn (1963) 17. – 75 Belege bei Josua Maaler: Die Teutsch spraach (1561) 123 a; vgl. auch H.P. Herrmann: Naturnachahmung und Einbildungskraft. Zur Entwicklung der dt. Poetik von 1670 bis 1740 (1970) 191. – 76 J.J. Bodmer: Critische Betrachtungen über die poetischen Gemälde der Dichter (1741, ND 1971) 13f. – 77 G.E. Lessing: Laokoon oder Über die Grenzen der Malerei und Poesie, in: ders.: Ges. Werke, hg. v. W. Stammler (1959) II, 862; vgl. auch 798f. – 78 zu diesen Entwicklungen vgl. W. Menninghaus: 'Darstellung': F.G. Klopstocks Eröffnung eines neuen Paradigmas, in: C.L. Hart Nibbrig (Hg.): Was heißt ‹Darstellen›? (1994) 205–226. – 79 J. Addison: The Spectator, hg. v. D.F. Bond (Oxford 1965) Bd. III 576 (No 420), Übers. Red.; vgl. J. Schulte-Sasse: Imagination and Modernity. Or the Taming of the Human Mind in: Cultural Critique 5 (1985/86), 23–48. – 80 I. Kant: Kritik der reinen Vernunft A 123/124. – 81 Kant: KU B 116/117. – 82 Schiller: Nationalausgabe, hg. v. J. Petersen u.a. (1943ff). Bd. XX 235. – 83 ders. ebd. – 84 B. Küster: Einbildungskraft und P. im dt. Idealismus, in: Fattori, Bianchi [31] 447–462; hier 449. – 85 J.G. Herder: Werke, hg. von B. Suphan (1877ff) XIII 299–309. – 86 ders. ebd VIII 189f. – 87 F.W.J. Schelling: Philos. der Kunst (1859 ND 1966) 37. – 88 vgl. hierzu: B. Küster [84] 454–459. – 89 F. Schlegel: Literary Notebooks, hg. v. E. Eichner (London 1957) 1574. – 90 S. Vietta: Lit. P. Theorie und Gesch. (1986) 213. – 91 J.G. Fichte: Gesamtausg., hg. v. R. Lauth und H. Jacob (1965) Bd. II, 360. – 92 Küster [84] 461. – 93 vgl. hierzu Barck [67] 107f. – 94 Novalis: Schr., hg. v. P. Kluckhohn und R. Samuel (²1960–1975) Bd. III, 401. – 95 F. Pyle: The Ideology of Imagination. Subject and Society in the Discourse of Romanticism (Stanford 1995) 54f. – 96 ders. 93. – 97 ders. 94–128; vgl. auch P. de Man: Shelley Disfigured, in: ders. The Rhetoric of Romanticism (New York 1984) 93–124. – 98 vgl. E. Dod: Die Vernünftigkeit der Imagination in Aufklärung und Romantik. Eine komparatistische Stud. zu Schillers und Shelleys ästhet. Theorien in ihrem europäischen Kontext (1985). – 99 Vietta [90] 241f. – 100 M. Beyer: ‹Imagination, the enemy of men, the father of all Terrors›: J. Conrad, Lord Jim, in: Beyer [54] 132–151. – 101 L. Cerny: Im Spiegel der solipsistischen P.: Melvilles ‹The Piazza›, in: Beyer [54] 246–260. – 102 zu dieser Entwicklung vgl. K. Homann: Zum Begriff ‹Einbildungskraft› nach Kant, in: ABG 14 (1970) 266–302. – 103 W. Dilthey: Schr. I-XII (²1923ff) VI, 94; vgl. VI 166f. – 104 R. Kassner: Von der Einbildungskraft (1936) 64, 82. – 105 H. Marcuse: Der eindimensionale Mensch. Dt. v. A. Schmidt (1967) 258–261. – 106 vgl. z.B. S. Freud: Der Dichter und das Phantasieren (1908); J.-P. Sartre: L'imaginaire (Paris 1940); G. Bachelard: L'air et les songes. Essai sur l'imagination du mouvement (Paris 1943); A. Leroi-Gourhan: Hand und Wort. Die Evolution von Technik, Sprache und Kunst, übers. von M. Bischoff (1964/1984) 444 u. 495; M. Polanyi: Schöpferische Einbildungskraft, übers. von H.-J. Schuering, in: ZfphF 22 (1968) 53–70; L. Bornscheuer: Topik.

Zur Struktur der ges. Einbildungskraft (1976); D. Kamper: Zur Gesch. der Einbildungskraft (1981); R. Schechner: Performative Circumstances (New York 1983); H.R. Jauß: Das Vollkommene als Faszinosum des Imaginären, in: D. Henrich, W. Iser (Hg.): Funktionen des Fiktiven (1983) 423–431; C. Castoriadis: Ges. als imaginäre Institution, übers. von H. Brühmann (1984); P. Feyerabend: Wiss. als Kunst (1984); R. Caillois: Der Krake. Versuch über die Logik des Imaginativen, übers. von B. Weidmann (1986); W. Iser: Das Fiktive und das Imaginäre (1991); S. Žižek: Die Pest der Phantasmen. Die Effizienz des Phantasmatischen in der Neuen Medien, übers. von A.L. Hofbauer (1997); M. Barrett: Imagination in Theory. Culture, Writing, Words, and Things (New York 1999). – **107** H. u. G. Böhme: Das Andere der Vernunft. Zur Entwicklung von Rationalitätsstrukturen am Beispiel Kants (1983). – **108** Th. W. Adorno: Ästhet. Theorie, hg. v. G. Adorno u. R. Tiedemann (1970) 259. – **109** J. Baudrillard: Der symbolische Tausch und der Tod, übers. von G. Bergfleth u.a. (1982) 89, 113f. – **110** Costa Lima [61]. – **111** D. Kamper: Zur Gesch. der Einbildungskraft (1981) 99. – **112** zit. v. C. Pries: Einl., in: dies. (Hg.): Das Erhabene. Zwischen Grenzerfahrung und Größenwahn (1989) 1–32; hier: 1; vgl. auch: J.-F. Lyotard: Der Enthusiasmus: Kants Kritik der Gesch., übers. von C. Pries (1988).

Literaturhinweise:
E. Panofsky: Idea. Ein Beitr. zur Begriffsgesch. der älteren Kunsttheorie (1924; ⁴1982). – H. Blumenberg: Nachahmung der Natur. Zur Vorgesch. der Idee des schöpferischen Menschen, in: Studium Generale 10 (1957) 266–283. – W. Promies: Der Bürger und der Narr oder das Risiko der P. (1966). – T. Klimel: Zur Bedeutung von engl. ‹Imagination› and ‹Fancy›, in: ABG 12 (1968) 206–231. – M. Warnock: Imagination (1976). – E. Grassi: Die Macht der P. Zur Gesch. abendländischen Denkens (1979). – J. Engell: The Creative Imagination. Enlightenment to Romanticism (Cambridge/London 1981). – D. Henrich, W. Iser (Hg.): Funktionen des Fiktiven (Poetik und Hermeneutik X) (1983). – K. Hume: Fantasy and Mimesis. Responses to Reality in West. Literature (New York/London 1984). – J. Le Goff: L'imaginaire médiéval (Paris 1985). – D. Kamper (Hg.): Macht und Ohnmacht der P. (1986). – ders.: Zur Soziologie der Imagination (1986). – C. Zelle: ‹Angenehmes Grauen›. Literaturhist. Beitr. zur Ästhetik des Schrecklichen im 18. Jh. (1987). – A. Bahr: Imagination und Körper. Ein Beitr. zur Theorie der Imagination mit Bsp. aus der zeitgenössischen Schauspielinszenierung (1990). – J. Rosselit: Aufbruch nach innen. Stud. zur lit. Moderne mit einer Theorie der Imagination (1993). – U.J. Beil: Rhet. Phantasia. Ein Beitr. zur Archäologie des Erhabenen, in: arcadia 28 (1993) 225–255. – D. Kamper: Unmögliche Gegenwart. Zur Theorie der P. (1995). – F. Burwick, J. Klein (Hg.): The Romantic Imagination. Literature and Art in England and Germany (Amsterdam/Atlanta 1996). – G. Dürbeck: Einbildungskraft und Aufklärung: Perspektiven der Philos., Anthropologie und Ästhetik um 1750 (1998). – K. Semsch: Abstand von der Rhet. (1999). – A. Koschorke: Imaginationen. Theorie der Abwesenheit, in: ders.: Körperströme und Schriftverkehr. Mediologie des 18. Jh. (1999) 263–322. – P. Sloterdijk: Tau von den Bermudas. Über einige Regime der Einbildungskraft (2001). – J. Schulte-Sasse: Art. ‹Einbildungskraft/Imagination›, in: K.H. Barck u.a. (Hg.): Wtb. der ästhet. Grundbegriffe, Bd. 2 (2001) 33–121.

U.J. Beil

→ Affektenlehre → Erhabene, das → Evidenz, Evidentia → Manierismus → Mimesis

Philippika (griech. κατὰ Φιλίππου [λόγος], katá Philíppū [lógos]; lat. Philippica [oratio]; engl. philippic; frz. philippique; ital. filippica; span. filípica)
A. Der Begriff ‹P.› wurde von CICERO zur Charakterisierung seiner politischen Reden gegen Antonius in Anspielung auf die Reden des DEMOSTHENES gegen Philipp II. von Makedonien geprägt. In Anlehnung an Cicero wurde vor allem in der frühen Neuzeit (16. / 17. Jh.) ‹P.› von einer Reihe von Autoren zum Titel von Schmähreden oder -traktaten gewählt. In moderner Verwendung bezeichnet ‹P.›, vor allem in der Redewendung ‹eine P. halten›, bildungssprachlich allgemein eine polemische Rede gegen Personen oder Sachverhalte in mündlicher oder schriftlicher Form. [1]
B. I. *Antike.* **1.** *Demosthenes.* Während in griechischen Gerichtsreden polemische, keine persönliche Herabsetzung oder Verunglimpfung des Prozeßgegners scheuende Angriffe gang und gäbe sind [2], ist die Tonlage politischer Reden ihrer paränetischen Tendenz entsprechend bis zur Mitte des 4. Jh. v. Chr. vergleichsweise gemäßigt. Die Prototypen der P. entstammen dem Kampf, den der athenische Politiker und Redner DEMOSTHENES (384–322) in den Jahren von 351–338 gegen die in Athen als bedrohlich empfundene Expansionspolitik des makedonischen Königs Philipp II. (382–336) führte. [3] In diesen Kontext gehören die ersten 10 Reden des Demosthenischen Corpus [4] (von denen die 7. nicht authentisch ist [5]); die Nummern 4, 6, 9 und 10 tragen ausdrücklich den Titel ‹gegen Philipp›, der aber vermutlich nicht von Demosthenes selbst, sondern aus einer späteren Ausgabe der Reden stammt.

Der jeweiligen politischen Situation entspricht der unterschiedliche Tonfall. In der vermutlich frühesten dieser Reden (Nr. 4 = 1. Rede gegen Philipp) von 351 [6] versucht Demosthenes seine Mitbürger zu größeren Investitionen in ihre Verteidigung und ein konsequentes Vorgehen gegen Philipp zu animieren. Zur Abwehr drohender Angriffe des Königs auf athenische Besitzungen in Nordgriechenland soll zusätzlich zu vorhandenen Söldnertruppen ein stehendes Bürgerheer gebildet werden. Gegenüber den überwiegend sachlich argumentierenden ältesten politischen Reden dieses Autors (Nr. 14–16 aus den Jahren 354–351) fällt der verschärfte, affektgeladene Tonfall auf. Von dieser Rede an tritt bei Demosthenes zunehmend emotionale Psychagogie an die Stelle von Überzeugung durch Argumente.

In den 3 Olynthischen Reden (Nr. 1–3) von 349 / 348 unterstützt er das Hilfegesuch der von Philipp bedrohten nordgriechischen Stadt Olynth. Die geforderte Hilfe kommt jedoch zu spät, um die Zerstörung der Stadt durch makedonische Truppen zu verhindern. Im Gegensatz zum scharfen Ton dieser Reden, in denen Philipp als skrupelloser Lügner und Aggressor gebrandmarkt wird, schlägt die Rede ‹Über den Frieden› (Nr. 5) von 346 versöhnlichere Töne an: Obwohl der gerade ratifizierte Frieden mit Makedonien für Athen nicht günstig sei, könne sich die Stadt in der augenblicklichen politischen und militärischen Situation einen Krieg nicht leisten. Diesem Tenor entsprechend fehlen hier persönliche Attacken gegen Philipp weitgehend.

Trotz des Friedens versucht Demosthenes in der Folgezeit, dem König potentielle Bündnispartner auf der Peloponnes abspenstig zu machen. Diese Politik rechtfertigt er in der 2. Rede gegen Philipp (Nr. 6) von 344: Alle scheinbar freundschaftlichen Avancen Philipps dienten letztlich nur dem Ziel, die Herrschaft über ganz Griechenland zu gewinnen. Erstmals nimmt der Redner auch seine innenpolitischen Gegner um Aischines (ca. 390–315) aufs Korn und denunziert sie als korrupte Parteigänger Philipps.

Proportional zur Verschlechterung des Verhältnisses zwischen Athen und Makedonien wächst der innenpolitische Einfluß des Demosthenes, der sich nun wieder für eine Offensivpolitik zur Einschränkung von Philipps

Handlungsspielraum stark macht. Diesem Zweck dient die 341 gehaltene Rede ‹Über die Angelegenheiten auf der Cherrhonesos› (Nr. 8), in der die Übergriffe des athenischen Söldnerführers Diopeithes gegen Besitzungen Philipps auf der nordgriechischen Halbinsel Cherrhonesos gerechtfertigt werden: Philipp und seine Mietlinge in Athen stellten die eigentliche Gefahr für den Frieden dar, es solle eine Vermögenssteuer zum Zwecke der Aufrüstung eingeführt und ein gesamtgriechisches Bündnis gegen Philipp geschmiedet werden. Die der 3. vorangehende 4. Rede gegen Philipp (Nr. 10) variiert, zum Teil in wörtlicher Wiederholung, vor allem Gedanken von Nr. 8; sie wurde vielleicht nicht gehalten, sondern nur als Flugschrift verbreitet.

Der in Nr. 8 und 10 bereits herrschende leidenschaftliche und aggressive Tonfall kulminiert in der 3. Rede gegen Philipp (Nr. 9) vom Juni 341, die in den bekannten Reden des 5. und 4. Jh. v. Chr. nicht ihresgleichen hat und zum Inbegriff einer P. wurde. Demosthenes ruft hier zum Kampf aller Griechen gegen den Feind auf, der ganz Griechenland unterdrücken wolle und den bestehenden Frieden schon lange gebrochen habe. Dank der Korruption, Lethargie und dem militärischen Versagen der Athener habe der König sein Ziel schon fast erreicht. Einige der von Philipp unterjochten Städte dienten als warnendes Exempel für alle, die ihm nicht mit aller Entschiedenheit entgegenträten. Mit dem Appell an das Zusammengehörigkeitsgefühl der Griechen und Athens ruhmreiche Vergangenheit weckt Demosthenes chauvinistische Ressentiments gegen den mit einer ansteckenden Krankheit verglichenen nichtgriechischen Aggressor, einen «makedonischen Schuft aus einem Land, aus dem man früher nicht einmal brauchbare Sklaven kaufen konnte» (§ 31). Mit einer Reihe rhetorischer Fragen nach dem Schema «Hat Philipp nicht (...) getan?» ruft er die lange Reihe der Unrechtstaten des Königs ins Gedächtnis (§§ 32–35). Auf Argumentation wird weitgehend verzichtet; die Fakten sollen für sich sprechen. Durch die Verankerung der Polemik im (wenngleich emotionalen) Faktenbericht bleibt Demosthenes um den Eindruck von Objektivität bemüht. Die 9. Rede verfehlt ihr Ziel nicht: 340 bricht der gewünschte Krieg aus, der jedoch 338 mit dem endgültigen Sieg Philipps bei Chaironeia endet, durch den Makedonien Hegemonialmacht Griechenlands wird und Athen seine außenpolitische Unabhängigkeit verliert.

2. Cicero. Gleichsam zum Gattungsbegriff wird ‹P.› durch einen Zufall: In einem Brief macht CICERO (106–43) den scherzhaften, vom Adressaten Brutus (85–42) begeistert befürworteten Vorschlag, seine politischen Reden gegen Antonius (82–30) ‹Philippische Reden› zu nennen. [7] Wichtiger als Ciceros Anspruch auf Vergleichbarkeit mit dem meistbewunderten antiken Redner Demosthenes ist daran die Dämonisierung des politischen Gegners als eines auswärtigen Feindes, der Freiheit und Fortbestand der römischen Republik bedroht. Seinem Vorbild Demosthenes vergleichbar will Cicero mit seinen Reden die auseinanderstrebenden republikanischen Kräfte im Kampf gegen eine drohende Diktatur des Antonius einigen, der das Erbe des ermordeten Diktators Caesar (100–44) anzutreten versucht. [8] Mit Ausnahme der erst postum als Flugschrift veröffentlichten 2. wurden die insgesamt 14 Reden zwischen September 44 und April 43 v. Chr. gehalten. [9]

Die 1. Rede ist in ihrem Ton noch gemäßigt, da Cicero noch hofft, Antonius beeinflussen zu können. Er lobt einige der bisherigen politischen Maßnahmen seines Kontrahenten und appelliert an ihn, weiter im Sinne der Erhaltung der Republik zu agieren, anstatt diktatorische Ambitionen an den Tag zu legen. Antonius reagierte darauf offenkundig mit großer Empörung, da die Tonlage aller folgenden Reden Ciceros von unversöhnlicher Feindseligkeit geprägt ist. In der Härte der Polemik wird hier durchgehend selbst die 9. Rede des Demosthenes übertroffen. – Die (mit weitem Abstand längste) 2. Rede, die eine Entgegnung auf Antonius' Reaktion darstellt, wurde von Cicero schriftlich ausgearbeitet seinem Freund Atticus übersandt und ihre Veröffentlichung von dessen Urteil abhängig gemacht. [10] Ihre beispiellose Schärfe erklärt sich dadurch, daß der Verfasser ihre Geheimhaltung zumindest erwog. Antonius wird darin als verbrecherisches Monstrum und Inbegriff aller Lasterhaftigkeit gebrandmarkt. Eher in der Tradition der Prozeß- als der politischen Reden des Demosthenes versucht Cicero nicht, das Unrecht des Gegners durch Fakten und Argumentation zu erweisen, sondern ihn moralisch zu vernichten, wozu neben entrüstetem Pathos Witz, Spott und Sarkasmus in reichlichem Umfang dienen, vor allem dann, wenn dem politischen Verbrecher das skandalöse Privatleben an die Seite gestellt wird. Berühmt ist etwa die Schilderung, wie Antonius sich als hoher Beamter in der Öffentlichkeit in volltrunkenem Zustand erbrechen mußte (§ 63). – In der 3. P. vor dem Senat entwickelt Cicero in drei im Tonfall klar voneinander abgegrenzten Abschnitten sein eigenes politisches Konzept. Eine trotz aller Emotionen präzise Argumentation kennzeichnet den ersten Teil (bis § 14): Der Senat solle ein Bündnis mit Caesars Adoptivsohn und Erben Octavian (63 v.–14 n. Chr.), dem späteren Kaiser Augustus, anstreben und den (immerhin noch amtierenden) Konsul Antonius als Staatsfeind betrachten. Im 2. Teil folgt eine von sarkastischer Polemik geprägte Karikatur des Antonius und seines Verhaltens in der jüngsten Vergangenheit (§§ 15–26), bevor der hochpathetische 3. Teil (ab § 27) einen flammenden Schlußappell formuliert, die Republik vor ihrem gefährlichsten Feind und Rom vor Brandschatzung und Gemetzel zu bewahren. – Die 4. P. wiederholt vor der Volksversammlung in vereinfachter Form die Hauptthemen der 3.: Das gesamte römische Volk solle einig im Kampf gegen die Bestie Antonius zusammenstehen, dann stehe der Sieg außer Frage. Geschickt suggeriert Cicero, daß Antonius de facto schon zum Staatsfeind erklärt sei, auch wenn d die Bestätigung de iure noch ausstehe. – Die P. 5–9 setzen sich mit widerstrebenden Strömungen auseinander, die einen Bürgerkrieg infolge eines vollkommenen Bruches mit Antonius befürchten und in Verhandlungen mit ihm eintreten wollen. Nachdem Cicero die Entsendung einer Gesandtschaft zu Antonius nicht verhindern konnte, betreibt er in Senat und Volksversammlung eine Kampagne gegen jedwede Verständigung mit der Gegenseite. – Mit der 10. P. erwirkt Cicero die Legalisierung eigenmächtiger Aktionen des Caesarmörders Brutus; ein entsprechender Antrag in der 11. P., die Maßnahmen des Cassius anzuerkennen, scheitert. – In den beiden nächsten Reden wird erneut jeglicher Verhandlungsbereitschaft eine Absage erteilt. Kernstück der 13. P. (§§ 22–49) ist die Auseinandersetzung mit einem Schreiben, in dem Antonius seine politische Position darlegt; mit sarkastischen Kommentaren nimmt Cicero Satz für Satz auseinander. – Die 14. P. steht unter dem Eindruck zweier Niederlagen des Antonius. Cicero sieht sich jetzt dem Ziel seiner Wünsche ganz nah. Mit einem an griechischen Grabreden orientierten Pathos rühmt er die Tapferkeit der Verteidiger der Republik. – Durch das überraschende Bündnis zwischen Octavian und Antonius erweisen sich Ciceros politische Hoffnungen als Makulatur; er selbst wird im Spätherbst 43 ermordet.

Eine durch alle 14 Reden erkennbare Grundstrategie Ciceros ist an zwei Leitmotiven orientiert: Antonius wird in gezielter Verformung der politischen Realität als verbrecherischer Einzeltäter, dem der Konsens aller römischen Bürger entgegensteht, isoliert. Mit dieser Personenkonstellation fest assoziiert erscheint die Antithese zwischen Tyrannis und Freiheit. Aus dem Spannungsverhältnis von Freiheit und Frieden zieht Cicero die Rechtfertigung für seine kriegsbefürwortende Politik.[11]

II. *Spätantike bis Gegenwart.* Im selben Sinn wie Cicero verwendet den Begriff P. erstmals wieder HIERONYMUS (ca. 345–420) im 57. Brief: Der Kirchenvater wünscht sich, mehr Zeit für seine Kommentartätigkeit zu haben, anstatt «Philippicae nach Art des Demosthenes und Cicero» gegen seine Feinde schreiben zu müssen (§ 13).

Eine Renaissance erlebt die P. im Humanismus zunächst als politische Rede. 1514 hält der Walliser Bischof M. SCHEINER eine «oratio Philippica ad excitandos contra Galliam Britannos» (P., um die Engländer gegen Frankreich anzustacheln). – Besondere Bedeutung erlangt die P. aber als Propagandainstrument in religiösen Auseinandersetzungen: Der katholische Gelehrte J. COCHLAEUS (ca. 1479–1552)[12], dessen schriftstellerisches Schaffen überwiegend der Bekämpfung der Reformation gewidmet ist, verfaßt zwischen 1531 und 1549 sieben lateinische Schmähreden gegen den Reformator Philipp Melanchthon (1497–1560), dessen Vorname den Titel ‹P.› auch im wörtlichen Sinn rechtfertigte. – Besonders folgenreich ist die P. des Pariser Advokaten A. ARNAULD (1560–1619) gegen den Jesuitenorden, die 1594 maßgeblich zur Vertreibung der Jesuiten aus Frankreich beiträgt. – Umgekehrt bedient sich der Ingolstädter Jesuit J. SILVANUS dieser Redeform 1607 mit einer zunächst lateinischen, dann auch ins Deutsche übertragenen P. gegen einen «anonymen Calvinisten, der die Societas Jesu mit Lügen überhäuft hat». Darauf reagiert die ‹Anti-Philippica› des M. LOEFENIUS von 1608.

In der Gegenwart wird P. üblicherweise nicht mehr als Titel, sondern zur Charakterisierung einer Rede verwendet, z.B.: «Heath […] wählte sich den diesjährigen Parteitag der Tories […] zum Forum einer P. gegen die offizielle Lohnpolitik seiner Partei.»[13]

Anmerkungen:
1 vgl. Duden – das große Wtb. der dt. Sprache, Bd. 5 (1980) 2543 Art. ‹Ph›. – **2** Typisch sind die Reden Nr. 18 / 19 des Demosthenes und die 3 erhaltenen Reden des Aischines; griech.-engl. Ausg. in: Loeb Classical Library, Bd. 155 (Demosthenes), hg. v. Ch.A. u. J.H. Vince (²1939; ND London u.a. 1971) und Bd. 106 (Aischines), hg. v. Ch.D. Adams (1919; ND London u.a. 1968). – **3** zum polit. Hintergrund vgl. Th. Paulsen: Die Parapresbeia-Reden des Demosthenes und des Aischines (1999) 28–51. – **4** zweisprachige Ausg. mit Analyse s. Literaturhinweise; der durchschnittliche Umfang der Reden beträgt knapp 50 §§; das entspricht einer Rededauer von geschätzt 25–30 Minuten. – **5** Die lange angezweifelte Echtheit von Nr. 10 darf dagegen mittlerweile als erwiesen gelten; vgl. W. Unte (s. Literaturhinweise) 287. – **6** zur Reihenfolge der Reden 1–4 vgl. G.L. Cawkwell in: Classical Quarterly 12 (1962) 122–140. – **7** vgl. Cicero: Sämtliche Reden, Bd. 7, hg. v. M. Fuhrmann (1982) 82f. – **8** zum polit. Hintergrund vgl. ebd. 84–103. – **9** zweisprachige Ausg. s. Literaturhinweise; dt. Übers. bei Fuhrmann [7]; der durchschnittliche Umfang der Reden (mit Ausnahme der 2. mit 119 §§) beträgt knapp 33 §§; das entspricht einer Rededauer von geschätzt maximal 20 Minuten. – **10** Cicero hält in der Rede allerdings die Fiktion eines wirklichen Vortrags aufrecht; vgl. Fuhrmann [7] 135f. – **11** vgl. ebd. 108f. – **12** J. Cochlaeus. Philippicae I–VII, ed. with introd. and commentary by R. Keen, 2 Bde. (Nieuwkoop 1995) – **13** Der Spiegel 47 (1978) 177.

Literaturhinweise:
H. Kasten (Hg.): Cicero. Staatsreden 3. Teil, lat. u. dt. (1970). – W. Stroh: Die Nachahmung des Demosthenes in Ciceros Philippiken, in: Entretiens Fondation Hardt 28, hg. v. O. Reverdin, B. Grange (Vandœuvres / Genf 1981) 1–31. – W. Unte (Hg.): Demosthenes. Politische Reden, griech. u. dt. (1985).

Th. Paulsen

→ Invektive → Polemik → Politische Rede

Philologie (griech. φιλολογία, philología; lat. philologia; engl. philology; frz. philologie; ital. filologia)
A.I. Def. – II. Wortgeschichte. – B. Geschichte: I. Griech. Antike. – II. Röm. Antike und MA. – III. Renaissance und Humanismus. – IV. 16.–18. Jh. – V. Ausgehendes 18. und beginnendes 19. Jh. – VI. Die Entwicklung bis zum Ende des 19. Jh. – VII. 20. Jh.

A.I. *Def.* Die Aufgaben der P. als Wissenschaft reichen von der Ermittlung des authentischen Wortlauts literarischer Werke und ihrer (kritischen) Edition über die Analyse, Erklärung und Deutung der Texte in ihren jeweiligen geistes-, kultur- und sozialgeschichtlichen Zusammenhängen bis hin zur Erforschung der geistigen Entwicklung und Eigenart eines ganzen Volkes und seiner Kultur auf der Grundlage seiner Sprache und Literatur. Die P. berührt sich insofern mit Sprach- und Literaturwissenschaft sowie mit Geschichte und Philosophie, aber auch mit Poetik und Rhetorik und bildet damit eine Kern- und Schlüsseldisziplin der Geistes- und Sozialwissenschaften insgesamt.

II. *Wortgeschichte.* Worthistorisch geht die Begriffsgeschichte von P. zurück bis in die griechische Antike, wo φιλόλογος (philólogos) bzw. φιλολογία (philología) und φιλολογεῖν (philologeín) zunächst ohne terminologische Fixierung und oft parallel zu φιλοσοφία (philosophía) bzw. φιλοσοφεῖν (philosopheín) verwendet wird (PLATON u.a.)[1] und die wohl größte semantische Ausdehnung bei ERATOSTHENES erreicht, dessen Selbstbezeichnung φιλόλογος (philólogos) auf seine universale, grammatisch-literarische ebenso wie naturkundliche Kenntnisse umfassende Gelehrsamkeit hinweisen soll.[2] Seither ist der ‹Philologe› auch der Gelehrte schlechthin.[3] Für die im engeren Sinne ‹philologisch›, d.h. grammatisch-literaturkundlich Tätigen bürgert sich in der Antike hingegen die Bezeichnung γραμματικοί (grammatikoí) ein, von denen sich wiederum die (stoisch-)philosophisch orientierten ‹Philologen› der ‹pergamenischen Schule› als κριτικοί (kritikoí) auch terminologisch abzugrenzen suchen.[4]

B.I. *Griechische Antike.* Nachdem die Dichtungen HOMERS als zentrale Grundlage von Jugendunterricht und Bildung schon im 6. Jh. v.Chr. Gegenstand der Erklärung und Deutung geworden waren und die Beschäftigung mit Literatur, befördert durch das Interesse der Sophisten an pädagogisch und rhetorisch nutzbaren Texten, bei Aristoteles in der ‹Poetik› und ‹Rhetorik› eine erste umfassende Systematisierung erfahren hatte, nimmt die P. als Wissenschaft ihren Anfang im hellenistischen Alexandria. Dort errichtet das am Glanz griechischer Bildung und Literatur interessierte Herrscherhaus der Ptolemäer mit dem ‹Museion›, der größten Bibliothek des Altertums, die erste ‹philologische› Forschungsstätte und schafft damit die institutionellen Voraussetzungen für die berühmte alexandrinische Philologenschule. ZENODOT, LYKOPHRON, KALLIMACHOS, ERATOSTHENES, ARISTHOPHANES VON BYZANZ, ARISTARCH VON SAMOTHRAKE sowie APOLLODOR VON ATHEN u.a. widmen sich hier der (text)kritischen Prüfung, ‹Verbesserung› und Edition sowie der umfassenden Untersuchung, Kommentierung und Erklärung vor allem der Werke Homers als unvergänglicher Leitbilder dichterischen Schaffens. Neben und in Konkurrenz zur alexandrinischen entwickelt sich im 2. Jh. v.Chr. die stoisch beeinflußte ‹pergamenische Schule› (KRATES VON MALLOS). Auf das von der hellenistischen P. erarbeitete methodische Instrumentarium und auf die Arbeiten PHILONS VON ALEXANDRIEN können später auch die christlichen Autoren (ORIGENES u.a.) bei ihren Bemühungen um die Auslegung der biblischen Texte zurückgreifen. Eine zentrale Rolle spielt auch hier die bereits im 6./5. Jh. v.Chr. am Werk Homers praktizierte allegorische Auslegung. [5]

II. *Römische Antike und Mittelalter.* Die römische P. steht ganz unter griechischem Einfluß. Während L. AELIUS STILO (um 100 v.Chr.) sich an der pergamenischen Schule orientiert, folgt M. TERENTIUS VARRO methodisch den Alexandrinern. Seit dem 1. Jh. n.Chr. werden dann auch römische Werke systematisch kommentiert – so die Reden CICEROS durch Q. ASCONIUS PEDIANUS. Zu den herausragenden römischen Philologen gehören außerdem M. VERRIUS FLACCUS, C. IULIUS HYGINUS, FENESTELLA, der Grammatiker Q. REMMIUS PALAEMON, der Rhetoriker QUINTILIAN, der Textkritiker M. VALERIUS PROBUS und der Schriftsteller SUETON. Seit dem 2. Jh. n.Chr. rücken vor allem die Grammatik und die Erklärung der römischen ‹Klassiker› HORAZ, TERENZ und VERGIL in den Mittelpunkt philologischer Arbeit. Q. TERENTIUS SCAURUS, AEMILIUS ASPER, A. GELLIUS und POMPONIUS PORPHYRIO, NONIUS MARCELLUS, FLAVIUS SOSIPATER CHARISIUS, DIOMEDES. AELIUS DONATUS, SERVIUS und MACROBIUS ragen hier heraus. [6] Zu ihnen tritt im 5./6. Jh. neben PRISCIANUS, BOETHIUS, CASSIODOR, ISIDOR VON SEVILLA auch MARTIANUS CAPELLA, der mit seinem Werk ‹De nuptiis Philologiae et Mercurii› eine Enzyklopädie der sieben freien Künste liefert und damit auch der allegorisch als «doctissima virgo» beschriebenen ‹Philologia› eine bis weit ins Mittelalter reichende Rezeption beschert [7] (von JOHANNES SCOTUS ERIUGENA im 9. Jh. bis zu JOHANNES VON SALISBURY im 12. Jh.): Unbekümmert um sprachgeschichtliche Zusammenhänge als «amor vel studium rationis» (Liebe oder Streben nach Vernunft) etymologisiert, vertritt die ‹Philologia› in der Sicht der mittelalterlichen Autoren gegenüber Merkur als dem Symbol der «facundia sermonis» (Redegewandtheit) das Wissen und die Weisheit selber. [8] Dabei kann sie sowohl für die sieben freien Künste insgesamt als auch – aus moderner Sicht schwer nachvollziehbar – speziell für die im *quadrivium* vereinigten mathematischen Disziplinen Arithmetik, Geometrie, Astronomie und Musik stehen [9], denen als *trivium* Grammatik, Rhetorik und Dialektik konfrontiert sind [10] – ein Gegensatz, der die P. praktisch zum Symbol der Philosophie werden läßt. [11] Geleitet von dem didaktischen Bedürfnis, die lateinische Sprache nach unübertroffenen stilistischen Vorbildern zu erlernen, konzentriert sich das christliche Mittelalter auf die Sicherstellung der Überlieferung gerade auch der zahlreichen nicht-christlichen lateinischen Texte. Nach wie vor hoch im Kurs steht dabei das Verfahren der allegorischen Deutung, die es erlaubt, sogar theologisch verfängliche Texte in den Bildungskanon zu integrieren.

III. *Renaissance und Humanismus.* In Renaissance und Humanismus erfährt das Sammeln, Kollationieren, Edieren und Übersetzen der ‹klassischen› Texte einen epochalen Aufschwung, und vor allem die griechischen Originale rücken jetzt wieder ins Blickfeld der philologischen Arbeit. So wird der Grieche MANUEL CHRYSOLORAS mit seiner Berufung von Konstantinopel nach Florenz im Jahre 1396 zum ersten Griechisch-Lehrer in Italien seit 700 Jahren. Allerdings verwendet die italienische Renaissance für ihre Wiedererschließung der antiken Literatur nicht den Begriff ‹P.›. F. PETRARCA beispielsweise bezeichnet seine Beschäftigung mit heidnisch-antiken und patristischen Autoren in deutlicher Unterscheidung sowohl von den traditionellen *artes liberales* als auch von zeitgenössischer Philosophie und Theologie unprätentiös als *studia*, im Sinne des damit verfolgten praktischen Zwecks der *bonitas* auch als «bonum et salubre studium» (gute und ersprießliche Beschäftigung), genauer als «studium literarum», mitunter auch nur als «literae» oder als «bonae» bzw. «honestae artes». [12] Den Schlüsselbegriff *studia humanitatis* prägen dafür erst zu Beginn des 15. Jh. C. SALUTATI und L. BRUNI [13]; demgegenüber kommt ‹Philologia› bei Petrarca lediglich als Titelfigur einer (fast vollständig verlorenen) Komödie vor und symbolisiert dort den «amor rationis». Eine direkte Verbindung zu Programm und Praxis der Renaissance-P. läßt sich dabei nicht entdecken. [14] Auch deren Vertreter bezeichnen sich selbst anders: A. POLIZIANO nennt sich in der Entgegensetzung zum *philosophus* einen *grammaticus* [15]; bei F. ROBORTELLO heißen die Bemühungen um die antike Literatur «ars sive ratio corrigendi antiquorum libros» (Kunst oder Methode, die Bücher der Alten zu verbessern) [16]; R.M. VOLTERRANUS gebraucht zwar das Wort ‹P.› im bildungstheoretischen Zusammenhang, verwendet es aber in der Tradition antiker Enzyklopädie als Sammelbegriff für Künste und Wissenschaften schlechthin. [17] Zum Programm wird ‹Philologia› erst beim französischen Humanisten G. BUDÉ. Als «orbicularis doctrina» umfaßt sie für ihn alle anderen Disziplinen, die sie zugleich vereinigt, indem sie mit den antiken Texten die schriftlichen Quellen aller Wissenschaften und Künste erschließt. [18] Dabei zeigt sich auch ein enger Bezug zur Rhetorik. So sieht Budé die P. als Inbegriff der wegen ihrer charakterbildenden Wirkung auch ‹humanae› genannten «disciplinae liberales» ganz im Dienste der geistigen und sittlichen Erneuerung und unterstreicht ihre nicht nur über *sapientia*, sondern auch über *eloquentia* vermittelte politisch-praktische Relevanz, die für sie und ihre Vertreter gegenüber dem Staat auch das Recht auf institutionelle und soziale Absicherung begründet. [19]

IV. *16.–18. Jh.* Ausgehend von den französischen Humanisten setzt sich das enzyklopädische Verständnis von P. im 16. und 17. Jh. namentlich in Holland durch und führt zu einer breitgefächerten Erkundung des Altertums einschließlich seiner außerliterarischen Bereiche. Allerdings erschwert dies der philologischen Gelehrsamkeit die Möglichkeit, ein klares Profil zu finden. So kommt es wieder zur traditionellen Gleichsetzung von *philologia* mit *polymathia* [20]; denn wo Wissenschaft weitgehend polyhistorisch ausgerichtet ist und zudem großenteils noch aus den antiken Quellen schöpft, läßt sich eine trennscharfe Abgrenzung von Philologen gegenüber Theologen, Juristen, Medizinern, Philosophen, Historikern oder auch Naturforschern kaum vornehmen. In diesem Kontext ergeben sich naturgemäß auch wieder Verbindungen sowohl zur Poetik als auch zur Rhetorik. So definiert das ‹Dictionnaire de Trévoux› aus dem 18.Jh. beispielsweise *philologie* als «eine besondere Wissenschaft, die sich aus Grammatik, Rhetorik, Poetik, Altertümern, Geschichte und allgemein aus der Kritik und Auslegung aller Autoren zusammensetzt; mit einem Wort eine umfassende Schriftstellerei, die sich auf alle Arten von Wissenschaften und Autoren erstreckt.» [21] Ganz ähnlich bestimmt der betreffende Artikel in der ‹Encyclopédie› DIDEROTS und D'ALEMBERTS die P., fügt aber einschränkend hinzu, sie setze sich aus all diesen Wissenschaften zusammen, «ohne sich mit einem dieser Gegenstände gründlich oder gesondert zu beschäftigen, sondern indem sie diese insgesamt oder teilweise berührt». [22]

Demgegenüber gibt es freilich auch Versuche, ‹P.› enger zu fassen. So nennt I. CASAUBONUS sie «historiae et rerum antiquarum cognitionem literasque humaniores» (Geschichte, Erforschung der Altertümer und gebildete Studien). [23] J. WOWER erwähnt zwar auch die Gleichsetzung mit der *polymathia*, definiert die P. im engeren Sinne dann aber im Kontext der Grammatik als «peritia linguarum, & ἁπάσης ἀρχαιολογίας [hapásēs archaiologías] cognitio» (Kenntnis der Sprachen und Vertrautheit mit der gesamten Altertumswissenschaft). [24] Bei G.I. VOSSIUS schließt sie – als Teil der *polymathia*, die ihrerseits wiederum Vorbereitung zur *philosophia* ist – dann ausdrücklich auch die Rhetorik ein. So steht die P. für ihn in einer Reihe mit *mathesis* und *logica* und umfaßt als solche einerseits die «sermonis cura» – untergliedert in *grammatice, ars rhetorica* und *metrica* – und andererseits die *historia*, zu der *geographia, chronographia, genealogia* und die «historia proprie dicta» (Geschichte im engeren Sinn) zählen. [25]

Ungeachtet solcher und anderer Systematisierungsversuche bleibt das Verständnis von P. letztlich offen und unscharf. Vor allem mangels klarer Abgrenzung gegenüber allgemeiner Gelehrsamkeit wird das nun mehr und mehr zum Problem. Denn soweit sie polyhistorisch orientiert bleibt, wie selbst noch bei dem Begründer und ersten Leiter des ‹Seminarium philologicum› in Göttingen, J.M. GESNER [26], wachsen ihr mit dem Fortschreiten der Wissenschaften nicht nur ständig neuer Wissensstoff und damit auch neue Wissensverpflichtungen zu, wie sie von einem einzigen Philologen auf Dauer gar nicht mehr einzulösen sind; hinzu kommt, daß die P. auch gegenüber den sich zunehmend über den Kenntnisstand der Antike hinaus zu 'modernen' Disziplinen emanzipierenden Fächern wissenschaftlich zusehends ins Hintertreffen gerät und sich notgedrungen mehr und mehr mit der Rolle einer Hilfsdisziplin zufriedengeben muß. Dies verlangt nach einer neuen Legitimationsstrategie und führt zu neuen Definitions- und Abgrenzungsversuchen. Dabei taucht dann vermehrt auch die Rhetorik als philologische Teildisziplin auf. In solch 'instrumenteller' Deutung findet sich die P. ansatzweise schon im 17.Jh. bei J.H. MARTIUS und J.CH. FUGMANN, der sie explizit als einen auf die Beschäftigung mit der Sprache bezogenen «habitus animi compositus instrumentalis» bezeichnet und in Grammatik, Kritik und Historie untergliedert. [27] Ähnlich unterscheidet H.B. NOEBLING «eruditio principalis» (Philosophie, Theologie, Medizin, Jurisprudenz) und «instrumentalis» sowie «eruditio generalis» und «specialis» und subsumiert unter die «eruditio generalis instrumentalis» die «litterae humaniores», d.h. «philologia» und «historia». Dabei umfaßt die P. ihrerseits «grammatica», «rhetorica» und «poesis» sowie neben der «philologia stricte sic dicta», welche sich mit der «linguarum puritas» und den «vocum significationes» beschäftigt, auch die «critica». [28] Als solchermaßen 'dienende' Wissenschaft gilt sie dann wiederum für Jurisprudenz, Medizin und vor allem Theologie als besonders nützlich – so etwa bei G. VAN BASHUYSEN. [29]

Mit dem beschleunigten Veralten überkommener materialer Wissensbestände einer sich polyhistorisch verstehenden P. verstärkt sich im 17. und 18.Jh. der Trend, P. als eine in erster Linie mit der Form der (antiken) Sprachwerke und der Sprache als solcher befaßte Disziplin zu begreifen. Enger wird damit auch wieder ihr traditioneller Bezug sowohl zur ‹Poesie› als auch zur ‹Eloquenz› – eine Verbindung, die sich in den Denominationen ‹philologischer› Lehrstühle noch bis ins 19.Jh. erhält. [30] Doch jetzt muß geklärt werden, ob P. alle Sprachen, d.h. 'alte' und 'neue', gleichermaßen umfaßt, wie sich die verschiedenen Philologien zueinander stellen und wie insbesondere die «philologia sacra» einzuordnen ist. [31] Außerdem bleibt offen, «ob philologische Tätigkeit in erster Linie der formalen Sprachbildung, namentlich der Beherrschung des Lateinischen, dienen sollte – was mit dem Vordringen des Deutschen auch als Wissenschaftssprache Zweifel am praktischen Nutzen des Fachs nur noch verstärkte – oder ob es in der Hauptsache auf die sachorientierte Erkenntnis des Altertums und/oder die (geschmacksbildende) Beschäftigung mit seinen herausragenden literarischen Leistungen ankommen mußte. Und wo die Aufgabe der Ph. vornehmlich in der Ermittlung des authentischen Textes und seiner Kommentierung und Auslegung gesehen wurde, stellte sich überdies die Frage, ob und wie Ph. gegenüber ‹Hermeneutik› und ‹Kritik› abzugrenzen sei – sofern sie nicht, wie in der Tradition des englischen Textkritikers R. BENTLEY insbesondere bei holländischen Gelehrten (T. HEMSTERHUIS, D. RUHNKEN u.a.), praktisch ganz mit Kritik gleichgesetzt wurde». [32] Insoweit bleibt ‹P.› als Disziplinbegriff auch nach dem Verzicht auf polyhistorische Ansprüche und der Konzentration auf den Sprachaspekt noch immer vergleichsweise weit gefaßt. Dabei kommt dort, wo Sprache nicht nur unter dem Aspekt des Verstehens und Interpretierens, sondern – im Kontext umfassender Bildung von ‹Geschmack› und ‹Humanität› – auch im Blick auf das Sprechen-Können zum Thema wird, neben den Subdisziplinen der Grammatik, Hermeneutik und Kritik schlüssigerweise auch immer wieder die Rhetorik als philologischer Teilbereich ins Spiel – so etwa bei J.G. WALCH, in ZEDLERS ‹Universal-Lexicon›, beim BARON DE BIELFELD, CH. H. SCHMID u.a. [33] Und auch KANT sieht diesen engen Zusammenhang. So machen für ihn «einen Theil der P. [...] die Humaniora aus, worunter man die Kenntniß der Alten versteht, welche die Vereinigung der Wissenschaft mit Geschmack befördert, die Rauhigkeit abschleift und die Communicabilität und Urbanität, worin Humanität besteht, befördert». Und unter ‹Humaniora› versteht Kant «eine Unterweisung in dem, was zur Cultur des Geschmacks dient, den Mustern der Alten gemäß. Dahin gehört z.B. Beredsamkeit, Poesie, Belesenheit in den classischen Autoren u.dgl.m. Alle diese humanistischen Kenntnisse kann man zum praktischen, auf die Bildung des Geschmacks zunächst abzweckenden Theile der Philologie rechnen.» [34]

Mit seiner bereits in der 1. Hälfte des 18.Jh. aus der humanistischen Tradition der Rhetorik heraus entwikkelten, gegen das dominierende Wissenschaftsverständnis cartesianischer Prägung gerichteten Deutung der P. als einer Komplementärwissenschaft zur Philosophie ist G. VICO solchen Ansichten weit voraus. Für ihn betrachtet «die Philosophie [...] die Vernunft, und daraus entsteht die Wissenschaft des Wahren; die P. beobachtet, was die menschliche Willkür als Gesetz aufgestellt hat, und daraus entsteht das Bewußtsein von dem, was gewiß ist». Als eine solche «Philosophie der Autorität» bzw. «Philosophie der Überlieferung» besitzt die P. nun sogar die plausibelste Legitimation als Wissenschaft, die sich denken läßt; denn wenn der Mensch nach Vicos Überzeugung überhaupt nur das erkennt, was er selbst geschaffen hat, so kann das keine Wissenschaft für sich mit mehr Recht in Anspruch nehmen als die P., die sich ja mit eben der vom Menschen 'gemachten' Geschichte befaßt. Dabei gelingt der P. zudem etwas, das die Philosophie mit Hilfe bloßer Vernunft niemals leisten könnte: Denn durch das «Studium der Sprachen und der Taten der Völker», wie es die «Grammatiker, Historiker, Kritiker» betreiben, liefert sie bei ihrer Suche nach dem «Plan einer ewigen idealen Geschichte» die «philologischen Beweise» dafür, daß die Vorsehung auf natürlichem Wege, d.h. indem sie die Menschen ihre Geschichte selber machen läßt, den Zweck der Zivilisierung und Erhaltung der Menschheit erreicht. P. wird damit der Philosophie gleichrangig und zur unverzichtbaren historisch-empirischen Grundlage einer neuen Geschichtsdeutung.[35]

Für die P. als Fach bleibt Vicos anspruchsvolle Aufgabenbestimmung freilich ohne erkennbaren Einfluß: Ihre desolate theoretische Verfassung wie ihre institutionell-praktische Verkrustung geben mehr und mehr Anlaß zur Sorge. Erst mit CH. G. HEYNE und seinem Programm einer auf das inhaltliche Verständnis der klassischen Texte und die Nutzung ihres Bildungspotentials zielenden «Realphilologie»[36] beginnt sich das Bild aufzuhellen. Für Heyne dient die Fülle der Kenntnisse, die sich der Philologe erwirbt und erwerben muß, allein dem Zweck der Dichter-Interpretation. Dies gilt auch und ganz besonders für die von ihm wesentlich beförderte Erforschung der Mythologie und des «sermo mythicus», mit dem die Menschheitsgeschichte ihren kindlichen Anfang nahm. Den Begriff der P. stellt Heyne dabei freilich nicht in den Mittelpunkt.[37] Und ebensowenig mag er sich mit einem ausschließlich um seiner selbst willen betriebenen Studienfach P. anfreunden.

V. *Ausgehendes 18. und beginnendes 19. Jh.* Den Schritt zur Etablierung eines eigenständigen Studienfachs geht F. A. WOLF, indem er sich 1777 provokativ in Göttingen als «studiosus philologiae» immatrikuliert.[38] Freilich greift auch er bei seiner Neubegründung des Fachs nicht auf den P.-Begriff zurück. Er liest zwar seit 1785 über «Encyclopaedia philologica»; für seinen Versuch, die «alterthümliche», d.h. «die griechische und lateinische Philologie» zur «Würde einer wohlgeordneten philologisch-historischen Wissenschaft emporzuheben», wählt er indes als «besten Ausdruck» dafür «Alterthumswissenschaft» bzw. «Alterthumskunde», definiert als «Inbegriff historischer und philosophischer Kenntnisse, durch welche wir die Nationen der alten Welt oder des Alterthums in allen möglichen Absichten durch die uns von ihnen übrig gebliebenen Werke kennen lernen können.»[39] Mit W. VON HUMBOLDT setzt er diesen sogenannten philologischen Studien im Sinne des Neuhumanismus die bildende Kenntnis allein des «classischen Alterthums» zum Ziel. Indem er sie in «Fundamentaltheile» (Grammatik, Hermeneutik, Kritik) und «Hauptheile» – sie reichen von der antiken Geographie bis zur Fachgeschichte der P. – unterteilt, begegnet er nicht nur dem gängigen Vorwurf, P. sei ein unwissenschaftliches «Aggregat» von Disziplinen, wie es noch HEGEL behauptet,[40] sondern begründet damit auch ihren Anspruch auf Autonomie als Wissenschaft, deren Entwicklung er mit seinen ‹Prolegomena ad Homerum› zudem auch als praktizierender Philologe nachhaltig prägt.[41] Die Vorstellung von einer mit den zeitgenössischen Nationen befaßten «neuen P.» lehnt Wolf indes kategorisch ab.[42]

Auch wenn Wolfs Definition für die P.-Geschichte einen epochalen Einschnitt bedeutet, bleibt das Selbstverständnis der Disziplin umstritten. So gehört seither vor allem die Frage nach dem Verhältnis von P. und Altertumswissenschaft zu den Standardthemen begriffs- und fachgeschichtlicher Reflexion – und das bis heute. Unter den zeitgenössischen Diskutanten findet sich neben E. J. KOCH, G. G. FÜLLEBORN, S. F. W. HOFFMANN und G. BERNHARDY auch J. H. CH. BARBY, der wegen der Unbestimmtheit des bald weiter, bald enger gebrauchten Terminus für den Fall, daß «bloß von der gelehrten Kenntniß der griechischen und römischen Sprache, und darin abgefaßten Schriften die Rede ist», neben «P. der Griechen und Römer» den Ausdruck «classische P.» empfiehlt.[43] Damit greift er auf einen Begriff zurück, der bereits 1797 von F. SCHLEGEL in der Entgegensetzung zur «progressiven P.» verwendet worden war[44] und sich danach als Bezeichnung für das Fach generell durchzusetzen beginnt.[45] F. Schlegels eigene, fragmentarisch gebliebene, teilweise hochspekulative und bisweilen auch pointiert widersprüchlich wirkende Reflexionen über die ‹Philosophie der Philologie› und sein Versuch, ihren Wissenschaftscharakter vornehmlich in ihrer Beziehung zur Philosophie zu bestimmen[46], bleibt indes ohne nachhaltige Wirkung auf die engere Fachgeschichte.[47] Gewisse Anklänge finden sich im Umkreis des deutschen Idealismus, wo sich der philosophisch-spekulative Anspruch freilich oft allzu weit von der philologischen Alltagspraxis entfernt. So stellt beispielsweise F. W. J. SCHELLING den «Philologen» in der Unterscheidung vom «bloßen Sprachgelehrten» ähnlich wie F. Schlegel auf die höchste Stufe zusammen mit dem Künstler und Philosophen und sieht in ihm beide vereinigt: «Seine Sache ist die historische Konstruktion der Werke der Kunst und Wissenschaft, deren Geschichte er in lebendiger Anschauung zu begreifen und darzustellen hat.»[48]

Eine gewisse Mittelstellung zwischen deutschem Idealismus und Neuhumanismus nimmt F. AST ein. Er versteht P. – ganz im Sinne W. von Humboldts und F. A. Wolfs – als «Studium der classischen Welt in ihrem gesamten, künstlerischen und wissenschaftlichen, öffentlichen und besonderen Leben», d.h. des «classischen Alterthums» und seines «Geistes» als eines «Musters der ächten Bildung», welches «Humanität» vermittelt, fordert von der P. darüber hinaus aber auch «philosophischen Geist» und erweitert dann – unter dem Einfluß F. Schlegels und der romantischen Geschichtsspekulation – das Aufgabenfeld der P., indem er den «Standpunkt des Europäismus» relativiert; «in universeller Hinsicht» bezeichnet er sie als «Studium der orientalischen Welt», das mit der «indischen Welt» die «Urquelle aller Religion, Kunst und Wissenschaft erforscht» und ihre «höchste Aufgabe» erfüllt, indem sie «das Ursprüngliche der menschlichen Bildung zu ergründen» sucht.[49] Philologisch folgenreicher als Ast wird indes F. CREUZER, dessen 1810–12 erschienene ‹Symbolik und Mythologie der alten Völker, besonders der Griechen› auf den entschiedenen Widerstand namentlich seines Kollegen G. HERMANN trifft und damit einen erbitterten Streit um das Selbstverständnis der P. auslöst. Als «Kampf um Creuzers Symbolik» (E. HOWALD) ist diese Auseinandersetzung, in der sich philosophische Spekulation der Romantik und wissenschaftlich-rationalistische P. unversöhnlich gegenüberstanden, in die P.-Geschichte eingegangen. [50] Wenn Creuzer von der «classischen P.» – später spricht er auch von «altclassischer P.» – in der Verbindung von «Philosophie, Poesie und Polymathie» fordert, «das Bild einer göttlichern Menschheit in allen Beziehungen des Thuns und Denkens, im Leben, im wissenschaftlichen Streben, in Schrift und Rede, nach Kräften wiederherzustellen und der Betrachtung aller Zeiten zu ihrer Belehrung, Stärkung und Aufrichtung vorzuhalten», so kann er damit bei Philologen wie Hermann vielleicht noch auf Zustimmung hoffen; wenn er jedoch die fruchtbare Wirkung der P. vor allem auf dem Felde der Mythologie sieht, wo sie – obgleich an sich nur 'reproduktiv' tätig – das «Werk der philologischen Wiedergebährung» vollbringt, und wenn er dann überdies eine «mythologische Methodik aus bloßer Reflexion und einer Folge von discursiven Begriffen» zugunsten von «Anschauung» und «Erfahrung» ablehnt [51], so sind das für Hermann nichts als «mystische Ideen» ohne jede – für eine ‹wissenschaftliche› P. in seinen Augen unabdingbare – «Darlegung bestimmter Begriffe». [52]

Mit seiner Definition der P. als «Erkennen des vom menschlichen Geist Producirten, d.h. des Erkannten» entwirft A. BOECKH das philosophisch wohl anspruchsvollste und zugleich in seiner eigenen wissenschaftlichen Praxis fest verankerte Konzept des Fachs. Da für Boeckh alle «geschichtlichen Thaten [...] ein Erkennen sind, d.h. Ideen enthalten, welche der Geschichtsforscher wiederzuerkennen hat», ist P., der es um den «Logos» der «historischen Verhältnisse», mithin um eine «Geschichte des Geistes» geht, als eine solche «Erkenntniss des Erkannten» nicht nur mit «Geschichte» identisch; im Wissenschaftssystem steht sie überdies neben der (empirischen) Naturwissenschaft und zu der von Boeckh als «Ethik» gedeuteten (spekulativen) Philosophie sowohl im Gegensatz als auch in Wechselbeziehung: «die Philosophie erkennt primitiv, γιγνώσκει [gignṓskei]), die P. erkennt wieder, ἀναγιγνώσκει [anagignṓskei] [...]. Doch ist dieser Gegensatz nicht absolut [...]; denn man kann das Erkannte nicht erkennen ohne überhaupt zu erkennen, und man kann nicht zu einer Erkenntniss schlechthin gelangen ohne, was Andere erkannt haben, zu kennen. Die Philosophie geht vom Begriff aus, die Philologie [...] vom zufällig Vorhandenen.» [53] Eine Gleichsetzung der P. mit «Alterthumsstudium», wie sie F. A. Wolf propagiert hatte, scheidet für Boeckh als unzulässige Eingrenzung aus. Denn als – durch und durch zirkelhafte – «historische Construction des gesammten Lebens [...] eines Volkes» ist philologisches Tun ganz allgemein «Verstehen» – «absolutes» in der «Interpretation», «relatives» in der «Kritik» – und kann mithin beispielsweise auch als «Philologie des Mittelalters und der neueren Europäischen Völker» Gestalt gewinnen. Entscheidend ist, daß der Gegenstand ein einheitstiftendes «Princip» («Volksgeist») enthält, wie es Boeckh für die «klassische Philologie» in der «Idee des Antiken an sich» identiziert zu haben glaubt. [54] Diese Ausdehnung des Begriffs ändert freilich nichts daran, daß die «universae antiquitatis cognitio historica et philosopha» (historische und philosophische Erkenntnis des gesamten Altertums) auch für Boeckh *das* Modell der P. und sein zentraler Forschungsgegenstand das klassische Altertum bleibt, zu dessen vertiefter Kenntnis er mit der Begründung des philologischen Langzeitunternehmens der Edition der griechischen Inschriften und vor allem mit seinem die wirtschaftliche Basis der antiken Polis illusionslos und akribisch eruierenden Hauptwerk von 1817 über ‹Die Staatshaushaltung der Athener› in epochaler Weise beiträgt. [55] Ein substantieller Bezug zur Rhetorik, wie er für das nicht weniger umfassend angelegte P.-Verständnis eines Vico noch den Hintergrund gebildet hatte, läßt sich bei Boeckh nicht mehr entdecken; angesichts der hohen, vom deutschen Idealismus formulierten Anforderungen an eine ‹philosophische› Wissenschaft, mit denen sich auch die zeitgenössische P. konfrontiert sah, wäre die Nähe zur 'bloßen' Rhetorik für sie auch eher problematisch gewesen.

Mit seinem Konzept einer das gesamte (klassische) Altertum zum Forschungsfeld erklärenden und damit auch neue (alltagsgeschichtliche) Quellen wie die griechischen Inschriften systematisch einbeziehenden P. findet Boeckh freilich nicht nur Zustimmung. Daß er dabei auch die Sprache zur philologischen «Sache» erklärt [56], ruft wiederum G. HERMANN auf den Plan, der ‹P.› zwar auch nicht wie F. A. Wolf mit ‹Altertumswissenschaft› gleichsetzen mag, sie jedoch im engeren (traditionellen) Sinne als «interpretatio atque emendatio veterum scriptorum» faßt und ihre Hauptaufgabe in der «Sprachkenntniß» sieht, die für ihn allein den Schlüssel zum «klassischen Alterthum» liefert. [57] Bis weit in die Schülergeneration hinein hält dieser Streit zwischen ‹Sach-› und ‹Wortphilologie› das Fach in Atem [58], zu dessen Theoriebildung kaum jemand mehr beigetragen hat als Boeckh selbst mit seinen von 1809 bis 1865 gehaltenen Vorlesungen über ‹Encyclopädie und Methodologie der philologischen Wissenschaften›. [59]

Einen Vermittlungsversuch im Streit zwischen den Auffassungen von Boeckh und Hermann unternimmt u.a. auch F. RITSCHL, indem er an Wolfs Idee der Altertumswissenschaft anknüpft und als Ziel der P. die «ideale», die «Geschichte griechischen und römischen Lebens» darstellende, sowie «reale», die «Erhaltung und Herstellung seiner realen Denkmäler» betreffende «Reproduction des classischen Alterthums» nennt. [60] Dessen ungeachtet bleiben die P. und ihr Aufgabenfeld weiterhin umstritten. Beispielsweise trennt A. MATTHIÄ P. als «Studium des griechischen und römischen Alterthums und der Sprache beider Völker» zunächst von «Linguistik» und «Orientalistik» als Studium der «neueren» bzw. der «morgenländischen» Sprachen und bestimmt dann die «eigentliche P.», die «den Weg zur Kenntniss der höchsten Meisterwerke des menschlichen Geistes [lehrt], und [...] als vorzüglichstes Mittel der Geistescultur und als Grundlage der ganzen gelehrten Bildung einen Werth an sich [hat]», im Sinne Hermanns als «Wissenschaft von der Erklärung und Berichtigung der Schriften der Griechen und Römer». [61] Der Autor des Artikels ‹P.› in Ersch-Grubers ‹Enzyklopädie› F. HAASE hingegen versteht P. als «Theil der Geschichte» und der «geschichtlichen Wissenschaft» und sieht ihre Aufgabe darin, «den geschichtlich offenbarten Geist des Alterthums zu erkennen». Dabei geht es der P. Haase zufolge hauptsächlich um die «Zustände und Lebensbedingungen des klassischen Alterthums», während das im engeren Sinne verstandene Fach der «alten Geschichte» auf «die Darstellung der fortlaufenden Reihe von Thaten und Ereignissen» zielt.[62] Demgegenüber ruft F.G. WELCKER wieder den «halbvergessenen Namen des classischen Alterthums» ins Gedächtnis und erkennt in ihm den Grund, «warum die P. nicht als ein Abschnitt in die Historie übergehen kann». Indem Welcker in der «classischen und humanistischen» P. «eines der Elemente aller höheren Bildung und Nationalerziehung» neben dem «christlichen» und dem «nationalen oder neuzeitigen» identifiziert, formuliert er zugleich das Credo des 1837 gegründeten, philologiegeschichtlich einflußreichen ‹Vereins deutscher Philologen und Schulmänner›.[63]

VI. *Die Entwicklung bis zum Ende des 19. Jh.* Neben die ‹klassische› und die ‹orientalische› tritt schon in der ersten Hälfte des 19.Jh. jene ‹neue P.›, die F.A. Wolf noch verworfen, Boeckh aber bereits theoretisch abgesichert hatte. Begünstigt wird diese Entwicklung insbesondere durch die Arbeiten der Brüder A.W. und F. Schlegel und durch den romantischen Volksgedanken. Zu den Verfechtern dieser ‹neuen P.› gehört u.a. der Boeckh-Schüler und spätere Anglist K.F. ELZE, der sie mit der These propagiert, «nicht allein Griechen und Römer, sondern alle Völker ohne Unterschied [seien] Gegenstand der Philologie» – mit Ausnahme allerdings jener, die keine «Geschichte» und keine «Offenbarungen des Geistes» vorzuweisen hätten.[64] Unterdessen gewinnt die – schon von W.T. KRUG u.a. propagierte – ‹deutsche P.› ihr spezifisches Profil in der Auseinandersetzung mit dem eigenen, ‹vaterländischen› Altertum, d.h. in der Beschäftigung mit der ‹altdeutschen› Sprache und Literatur, namentlich dem ‹Nibelungenlied› und anderen ‹klassischen› Texten des deutschsprachigen Mittelalters.[65] Der Terminus ‹deutsche P.› ist dabei wesentlich älter und taucht bereits 1723 bei J. BÖDIKER, in der Variante ‹altdeutsche P.› etwas später (1750) bei J. CH. GOTTSCHED auf [66]; 1828 bzw. 1836 sprechen dann auch J. GRIMM und H. HOFFMANN VON FALLERSLEBEN explizit von «deutscher Philologie», während F. RITSCHL 1833 den Terminus «germanisch-mittelalterliche Philologie» verwendet. [67] Seine erste universitäre Institutionalisierung erfährt das Fach mit den Berufungen von G.F. BENECKE und F.H. VON DER HAGEN – zunächst auf entsprechende Extraordinariate, später auf Ordinariate (Benecke 1805 bzw. 1814 in Göttingen; von der Hagen 1810 in Berlin, 1811 bzw. 1818 in Breslau), seinen akademischen Durchbruch durch Gelehrte wie K. LACHMANN sowie J. und W. GRIMM. [68] Ebenso wie die ‹romanische› und die ‹englische P.›, von der 1840/43 erstmals der Pädagoge C.W. MAGER spricht [69], orientiert sich die ‹deutsche P.› theoretisch wie praktisch anfangs ganz an der klassischen P., die mittlerweile zur wissenschaftlichen «Großmacht ersten Ranges» aufgestiegen ist und mit ihrer «philologischen Methode» der Textkritik beeindruckende Erfolge erzielt [70]. Insbesondere die ‹Germanistik› – mit J. Grimm hat sich dieser Terminus eingebürgert [71] – bleibt lange Zeit mit ihr verbunden, sogar in Personalunion durch Gelehrte wie M. HAUPT oder K. LACHMANN, den Textkritiker und Erforscher sowohl der ‹Ilias› als auch des ‹Nibelungenliedes›. Doch der Emanzipationsprozeß der ‹Neuphilologien› ist nicht aufzuhalten: So fordert C.W. Mager nicht nur generell eine «moderne Philologie: eine germanische, romanische und slavische», sondern auch die Bildung eines «Standes moderner Philologen» für den neusprachlichen Unterricht.[72] In ähnlicher Weise wirken G. KÖRTING und G. GRÖBER für die ‹romanische P.› [73] Die Geschichte der ‹deutschen P.› berührt sich seither personell und auch von den Lehrstuhlbezeichnungen her eng mit der Entwicklung der ‹Literaturwissenschaft› bzw. ‹Literaturgeschichte›, wie sie sich insbesondere in der Tradition der Brüder F. und A.W. Schlegel herausbildet, mit zum Teil stark philosophischer Prägung (K. ROSENKRANZ, F. TH. VISCHER, R. HAYM) oder dezidiert politischer Orientierung (G.G. GERVINUS). Dabei überlagern bzw. überkreuzen sich die Abgrenzungen zwischen diesen Fachrichtungen wiederum mit denen zwischen ‹älterer› und ‹neuerer› deutscher P.[74]

Die wachsende Fülle neuer Quellen – zutage gefördert auch durch gezielte Ausgrabungen und umfangreiche Papyrusfunde – läßt die ‹klassische P.› mehr und mehr zum arbeitsteilig organisierten, altertumswissenschaftlichen 'Großbetrieb' werden. Zugleich zwingt die zunehmende Ausdifferenzierung von Spezialdisziplinen das Fach aber auch immer wieder zu Neujustierungen seines Selbstverständnisses und entsprechenden begrifflichen Präzisierungen. Dies gilt mit Blick auf die Ausbildung einer eigenständigen Religionsgeschichte und Mythologieforschung ebenso wie für die Ausgliederung der Archäologie – von E. GERHARD noch als «monumentale Philologie» definiert [75] – und namentlich für die Entwicklung der von W. VON HUMBOLDT J. GRIMM und F BOPP begründeten vergleichenden Sprachwissenschaft. [76] So spricht A.F. POTT von der P. als «Bewahrerin, Bibliothekarin und Auslegerin der Sprachdenkmale», fordert aber neben den auf die jeweiligen «Volksliteraturen» ausgerichteten «Einzelphilologieen» eine auf die «allgemeine Sprachwissenschaft» zu gründende «Gesammtphilologie».[77] Wo es zur Gegenüberstellung von P. und Sprachwissenschaft kommt, wird letztere eher der Naturwissenschaft zugeordnet (M. MÜLLER, A. SCHLEICHER).[78] So bezeichnet auch G. CURTIUS «das Gebiet des allgemeinen Sprachforschers» als «Naturseite», das des «philologischen» als «Culturseite der Sprache». Die Einheit der verschiedenen Philologien sieht Curtius im übrigen durch die gemeinsame Aufgabe gewahrt, «den Zusammenhang der menschlichen Cultur zu erhalten»: «das Ziel der Philologie in ihrem höchsten Sinne ist nur eins, zu lernen was der Mensch ist, indem sie lernt was er gewesen ist».[79] Curtius' naturwissenschaftliche Deutung der Sprachforschung stößt allerdings nicht nur bei Boeckh auf Kritik [80]; vor allem H. STEINTHAL betrachtet für die Sprache als «Erzeugniß des Geistes» die P. als zuständig, die er – ebenso wie Boeckh – als «Geschichte», als «Erkenntniß der geschichtlichen Entwicklung der Menschheit» versteht und deren einheitstiftendes Moment für ihn in der «(Völker-)Psychologie» liegt.[81] Zum Sammelbegriff für ‹Geisteswissenschaften› wird P. dann bei W. CLEMM; ihre Aufgabe liege darin, «das Seelenleben der Völker in seiner ganzen Innerlichkeit zu erfassen und den Zusammenhang ihrer Cultur durch alle Zeiten zu erhalten» – wobei die «classische Philologie» durch ihren Gegenstand herausgehoben sei. [82]

Demgegenüber versteht H. USENER die P., sofern sie sich auf ein einzelnes Volk beschränkt, nicht als «Wissenschaft», sondern als «Studienkreis» und bezeichnet sie generell als «Kunst», Überliefertes richtig zu verstehen, d.h. als «grundlegende Methode der Geschichtswissenschaft» bei deren Erforschung «allgemeiner für die Menschheit selbst gültiger Gesetze».[83] Freilich bleibt seine daraus schlüssig abgeleitete Bestimmung des «Philologen» als des «Pioniers der Geschichtswissenschaft» [84] eher singulär gegenüber der von C. BURSIAN in Anknüpfung an Boeckh formulierten Auffassung, wonach ‹P.› als jene «wissenschaftliche Thätigkeit» gilt, «welche sich die historische Erkenntniß und Reproduction der gesammten Culturentwickelung eines einzelnen Volkes oder einer eng verbundenen Völkergruppe innerhalb einer in sich abgeschlossenen Lebens- und Culturperiode zur Aufgabe stellt», und der «classischen Philologie» als «classischer Alterthumswissenschaft» das Ziel gesetzt ist, «das Leben der beiden Völker, welche als die gemeinsamen Träger der Cultur des classischen Alterthums erscheinen, der Griechen und Römer, nach allen Richtungen hin [...] zu erforschen und darzustellen».[85]

Just dieser höchst produktiven und angesichts ihrer weit über die Fachgrenzen hinausragenden Bedeutung überaus selbstbewußt auftretenden Wissenschaft gilt die Haßliebe des jungen F. NIETZSCHE, der die klassische P. «aus mehreren Wissenschaften gewissermassen geborgt» und in ihr «ebenso wohl ein Stück Geschichte als ein Stück Naturwissenschaft als ein Stück Aesthetik» sieht: «Geschichte, insofern sie die Kundgebungen bestimmter Volksindividualitäten in immer neuen Bildern, das waltende Gesetz in der Flucht der Erscheinungen begreifen will: Naturwissenschaft, so weit sie den tiefsten Instinkt des Menschen, den Sprachinstinkt, zu ergründen trachtet: Aesthetik endlich, weil sie aus der Reihe von Alterthümern heraus das sogenannte 'klassische' Alterthum aufstellt, mit dem Anspruche und der Absicht, eine verschüttete ideale Welt heraus zu graben und der Gegenwart den Spiegel des Klassischen und Ewigmustergültigen entgegen zu halten.»[86] Dieser P. wirft Nietzsche vor, sie beschwöre zwar in «unwahrer Begeisterung» ständig die (vermeintliche) «Humanität» des «klassischen» Altertums, löse es jedoch im lebenspraktisch lähmenden historisch-positivistischen Zugriff zusehends auf. Ihre Karikatur ist der dem produktiven «Poet-Philologen» gegenübergestellte «objektive-kastrirte Philolog, der im übrigen Bildungsphilister und Kulturkämpfer ist, und daneben reine Wissenschaft treibt». Ihm hält Nietzsche seine eigene Idee von P. entgegen, die ihre traditionelle Erziehungsaufgabe ernst nimmt und gegen die vom Christentum und «flachster Aufklärung» verdorbene Kultur der Gegenwart die überragende «Klassicität» des Griechentums auch und gerade in seiner «Inhumanität» vorurteilsfrei vor Augen führt, um sich selber daran zu messen und es dann «durch die That zu überwinden».[87] Die philologische 'Zunft' nicht nur des 19. Jh. begegnet solchen Vorstellungen ganz überwiegend mit Unverständnis. Für sie hatte Nietzsche schon mit seiner ‹Geburt der Tragödie› alle philologische Reputation eingebüßt. So dominiert am Ende des Jahrhunderts Nietzsches früher Widersacher U. VON WILAMOWITZ-MOELLENDORFF mit seiner Auffassung von P. als einer umfassenden historischen Altertumswissenschaft, die im Interesse wissenschaftlicher Objektivität den Verzicht auf das Prädikat des ‹Klassischen› propagiert und sich letztlich doch nicht wirklich davon zu lösen vermag: «Die Philologie, die immer noch den Zusatz klassisch erhält, obwohl sie den Vorrang, der in dieser Bezeichnung liegt, nicht mehr beansprucht, wird durch ihr Objekt bestimmt, die griechisch-römische Kultur in ihrem Wesen und allen Äußerungen ihres Lebens [...]. Die Aufgabe der Philologie ist, jenes vergangene Leben durch die Kraft der Wissenschaft wieder lebendig zu machen [...] Auch hier [...] ist das Verwundern über das Unverstandene der Anfang; das reine beglückende Anschauen des in seiner Wahrheit und Schönheit Verstandenen ist das Ziel.»[88] Mit seinem umfangreichen altertumswissenschaftlichen Œuvre hat Wilamowitz diesem P.-Konzept selber forschungspraktisch zum Durchbruch und zu einer bis weit in das 20. Jh. reichenden Wirkung verholfen.

VII. *20. Jh.* Im 20. Jh. setzt sich die Ausdifferenzierung der philologischen Disziplinen weiter fort. Im Sprachgebrauch der gebildeten Öffentlichkeit ist P. dabei aber nach wie vor «i.e.S. die Wissenschaft der Deutung von Texten, i.w.S. die wissenschaftliche Erforschung der geistigen Entwicklung und Eigenart eines Volkes oder einer Kultur aufgrund seiner Sprache und Literatur.»[89] Auch die Verwendung der Bezeichnung ‹Philologen› als Sammelbegriff für Lehrer an höheren Schulen folgt dem Sprachgebrauch des 19. Jahrhunderts.[90]

Zur Reflexion auf P.-Begriff und philologisches Selbstverständnis kommt es, forciert durch das Bewußtsein schwindenden Einflusses auf das Bildungswesen, vor allem in der klassischen P., die man jetzt – zur Abgrenzung gegen die ‹Neuphilologien› – auch immer häufiger ‹Altphilologie› nennt.[91] Im Mittelpunkt steht hier weiterhin die Frage nach dem Verhältnis zur Historie bzw. von ‹klassischer Philologie› und ‹Altertumskunde›. Zu den Vertretern einer klaren Differenzierung gehört u.a. TH. BIRT: «Der Philologe behandelt das Gewesene, der Historiker das Geschehene. Solange ich von dem, was vergangen, die einzelnen Erscheinungen und das in sich ruhende Detail feststelle und untersuche, bin ich Philologe. Ich werde zum Historiker, sobald ich die Einzeltatsachen in ursächlichen Zusammenhang zu stellen beginne und ein Hergang entsteht.»[92] Gegen die vorherrschende historisch-positivistische Altertumsforschung, wie sie Wilamowitz überaus wirkungsvoll vertrat, und die damit einhergehende Subsumtion der P. unter die Geschichte wendet sich – ähnlich entschieden wie im 19. Jh. schon F.G. Welcker – vor allem W. JAEGER. Ihm gilt P. zwar als «das historisch-genetische Erkennen der antiken Kultur durch Interpretation der Überlieferung und Rekonstruktion der fehlenden Glieder in der Kette des Werdens»; sie unterscheide sich von der Geschichte jedoch durch ihren spezifischen Gegenstand, die Sprache und die in ihr verfaßten «unbegreiflich hohen Werke» der klassischen Literatur; in ihrer Schau (ϑεωρία, theōría) finde die klassische P. ihr höchstes Ziel. Dem entspricht für Jaeger die wissenschaftstheoretische Unterscheidung zwischen dem «auf Zusammenhänge von Tatsachen kausaler und zeitlicher Art» zielenden «Erkennen» und dem «Verstehen», welches «auf geistige Gegebenheiten» und «Werte» gerichtet ist, wie es sie nur im Individuellen gibt: «Die Geschichte sucht nur zu verstehen, um zu erkennen. Die Philologie aber erkennt, um zu verstehen, um gewisse unvergängliche Werte der alten Kultur zu verstehen.»[93]

Daß Jaegers ‹Dritter Humanismus› scheitert, macht die schon von Nietzsche aufgeworfene Grundsatzfrage der klassischen P. nur umso dringlicher, wie sich denn die behauptete Übergeschichtlichkeit ihrer ‹klassischen› Gegenstände mit den wissenschaftlich unverzichtbaren Objektivitätsstandards vorurteilsfreier historischer Forschung schlüssig vereinbaren läßt.[94] H. PATZER sucht die Antwort erneut in der strikten Trennung von P. und ‹Historie› und hält ganz bewußt an der Bezeichnung ‹klassische P.› fest. Für ihn ist «Grundaufgabe» der als «Deutungskunst» definierten P. «der begründete Aufweis dessen, was ein gegebener literarischer Text eigentlich meint». Während die ‹Historie› in den ‹Texten› nur ‹Zeugnisse› für anderes sehe, nehme die P. jene in ihrem Erkenntnis- und Gültigkeitsanspruch ernst und mithin als das, was sie sein wollen und in vollendeter Form auch sind: als «klassische Werke», deren Wert sich allein aus ihrer «Intention auf die Wahrheit» ableitet. In ihrer Orientierung an diese Wahrheit der Texte lassen sich Philologen von ‹Humanisten› und ‹Philosophen› für Patzer kaum mehr unterscheiden. [95] In ähnlicher Weise unterstreicht auch R. PFEIFFER immer wieder das Bemühen der (klassischen) P. «um die Texte als solche, um ihre Reinheit, Wahrheit, Echtheit»; gehe es ihr doch darum, «den Wortlaut und den Sinn der klassischen Werke selbst zu erhalten, herzustellen, wiederzuerkennen.» [96] Als solche ist die ‹Klassische P.› für G. JÄGER zentraler Teil der umfassenden Altertumswissenschaft: «Zielt *philologische Betrachtungsweise* auf das Verstehen der Texte, so zielt *altertumswissenschaftliche Betrachtungsweise* auf Kenntnis und Verständnis der kulturellen Phänomene des Altertums sowie ihrer Funktion in dessen kulturellem und gesellschaftlichem System.» Dabei unterstützen sich beide wechselseitig. Von der Literaturwissenschaft, der es «eher um die allgemeineren, das Einzelwerk übergreifenden Züge und Zusammenhänge geht», unterscheide sich die P. durch ihre Ausrichtung auf «Einzeltexte». [97]

Demgegenüber plädiert M. FUHRMANN in der Auseinandersetzung mit H. TRÄNKLE nachdrücklich dafür, die ‹Klassische P.› im «größeren Ganzen der Literaturwissenschaft aufgehen zu lassen» und sie damit aus ihrer inhaltlichen und methodischen Selbstbegrenzung herauszuführen. [98] Durchgesetzt hat sich diese Position im Fach letztlich nicht. Allerdings kommt es mit dem neuen Interesse an Rezeptionsphänomenen vor allem im Rahmen der Arbeitsgruppe ‹Poetik und Hermeneutik› seit Mitte der 60er Jahre zu einem intensiven wissenschaftlichen Austausch von Vertretern verschiedener philologischer und literaturwissenschaftlicher Einzeldisziplinen – einschließlich der ‹klassischen P.› – untereinander und mit anderen Geisteswissenschaftlern, namentlich mit Philosophen, Theologen und Historikern. Im Mittelpunkt stehen dabei – jeweils dokumentiert in einem Tagungsband – Querschnittsthemen wie: ‹Nachahmung und Illusion› (1964), ‹Immanente Ästhetik – Ästhetische Reflexion: Lyrik als Paradigma der Moderne› (1966), ‹Die nicht mehr schönen Künste› (1968), ‹Terror und Spiel: Probleme der Mythenrezeption› (1971), ‹Geschichte – Ereignis und Erzählung› (1973) ‹Identität› (1979), ‹Text und Applikation› (1981). Ein besonderes Forum für (inter)disziplinäre Selbstreflexion bietet in den 70er Jahren auch – mit starker internationaler Orientierung – die Tagungsreihe ‹Philologie und Hermeneutik im 19. Jahrhundert›. [99]

Nachdem die Rhetorik im 19. und noch bis zur Mitte des 20. Jh. bei deutschen Philologen kaum Beachtung, sondern eher Geringschätzung gefunden hatte, rückt sie vor allem durch die Arbeiten der Romanisten E. R. CURTIUS und H. LAUSBERG wieder ins Blickfeld. [100] Für Curtius ist es die von der neueren Philologie bislang ignorierte «lateinische Tradition», die besondere Aufmerksamkeit verdient und über die sich eine neue Sicht auf das «lateinische Mittelalter» in seiner Kontinuität mit Antike und Neuzeit ergibt. Diese «Latinität» liefere auch jenen «universalen Standpunkt», von dem aus sich die Einheit der gefährdeten westlichen Kultur als gemeinsames Erbe der europäischen Völker demonstrieren und bewahren lasse. Damit rückt mit der ‹Topik› nun auch – als eine der die Bildung des Mittelalters durch und durch prägenden sieben freien Künste – die (antike) Rhetorik in den Vordergrund, ohne deren reichhaltiges Instrumentarium hochentwickelter Formen und Techniken vor allem die französische Literatur gar nicht angemessen zu verstehen sei. Hier aber hat – so Curtius – die kunst- und geistesgeschichtlich ausgerichtete ‹Literaturwissenschaft› völlig versagt, die sich nach dem Ersten Weltkrieg als «leichtfertig konstruierende ‹Geistesgeschichte›» unglücklicherweise an die Stelle der P. gesetzt und dabei die vorbildhaft strenge methodische Schule der ‹klassischen› P. verlassen habe. Für Curtius selbst kommt bei seiner auf das Fernziel einer «Phänomenologie der Literatur» zielenden Betrachtung ihrer Themen und Techniken, ihrer «Biologie» und «Soziologie», daher als ‹wissenschaftliche Technik› auch nur die P. in Betracht. Als «Fundament der Geschichtsforschung» und «Magd der historischen Wissenschaften» bedeute sie für die Geisteswissenschaften dasselbe wie die Mathematik für die Naturwissenschaften und müsse auch «mit derselben Präzision und Stringenz» gehandhabt werden. Denn sie allein sei imstande, in der empirischen Arbeit an den «Texten» jene «vérités de fait» zu sichern und zu demonstrieren, um die es in den Geisteswissenschaften gehe. [101]

Mitte der 60er Jahre gewinnt der P.-Begriff über die herkömmlichen Selbstvergewisserungsdiskurse hinaus auch wissenschaftstheoretisch an Gewicht. So unterstreicht P. SZONDI die Bedeutung der «philologischen Erkenntnis» für die Literaturwissenschaft insgesamt, die sich durch ihre «Versenkung» in das einzelne Kunstwerk und seine «Gegenwart» von aller «Historie» abgrenze und als «Kunstwissenschaft» allein in der «Evidenz» das adäquate Erkenntniskriterium besitze. [102] Im Kontext ‹philosophischer Hermeneutik› avanciert die P. dann sogar zu *der* geisteswissenschaftlichen Schlüsseldisziplin, die – so der Vorwurf von K. O. APEL – von der herrschenden neopositivistischen Wissenschaftstheorie bislang sträflich übersehen worden sei. [103] So wendet sich H.-G. GADAMER im Anschluß an Überlegungen H. Patzers zur klassischen P. gegen die in den hermeneutischen Reflexionen dominierende ‹Historie› und identifiziert als Musterdisziplin für wirkungsgeschichtlich aufgeklärtes ‹Verstehen› die P.; denn bei aller Wissenschaftlichkeit wisse sie sich letztlich doch dem normativen Anspruch des Textes, seiner ‹Wahrheit› und ‹Schönheit› verpflichtet und webe «gleichsam weiter an dem großen, uns alle tragenden Geflecht aus Herkommen und Überlieferung». Von daher begreift Gadamer am Ende auch «das historische Verstehen [...] als eine Art P. im großen» und erkennt in der Gemeinsamkeit des «wirkungsgeschichtlichen Bewußtseins» die «innere Einheit von Philologie und Historie». [104] Allerdings fordert gerade diese gegen das herrschende, eher historistisch geprägte Selbstverständnis der Philologen gerichtete philosophische Deutung und Inanspruchnahme des Fachs wiederum jene praktizierenden Philologen heraus, die damit Objektivität und Wissenschaftlichkeit ihrer Disziplin bedroht sehen. [105] Insoweit bleibt P. in ihrer Stellung zwischen Philosophie und Geschichte auch weiterhin umstritten.

Vor allem die Arbeit an den philosophischen Editionen wirft in jüngster Zeit auch wieder die alte Grundsatzfrage auf nach dem Verhältnis von «Philologie und Philosophie», nach der «inneren Einheit» beider, nach der Möglichkeit einer «philologischen Erkenntnis und Wahrheit» und nach den Voraussetzungen für eine «Philosophie der Philologie». [106] Daß die P. jedenfalls mehr ist als bloße «Magd der Philosophie» [107], erscheint dabei weitgehend unstritten. Für G. SCHOLTZ gehören beide einer gemeinsamen «Wissenschaftskultur» an und brauchen, allen Untergangsprophezeihungen zum Trotz, nicht ernsthaft um ihren Fortbestand zu fürchten – jedenfalls so lange nicht, wie man die Existenz eines «reflexiven Subjekts» unterstellt und davon ausgeht, daß die «Gegenstände» der menschlichen Welt rezipiert und kritisiert werden können. [108] Andererseits wird auch die Besorgnis laut, P. werde als Begriff zusehends obsolet, sei nur noch «bloßes Etikett» für eine «organisatorische Addition» von Teildisziplinen, die kaum mehr Notiz voneinander nähmen. Man müsse daher zunächst klären, ob die einzelnen Philologien überhaupt noch einen «gemeinsamen Gegenstand» besäßen, und dabei vor allem auch das Verhältnis von Literatur- und Sprachwissenschaft zu der sich etablierenden «Kulturwissenschaft» bestimmen. Namentlich die «philologische Mediävistik» drohe zum Opfer der disziplinären Aufsplitterung zu werden. [109]

«Eine Phase der kulturwissenschaftlich fundierten 'Rephilologisierung' von Sprach- und Literaturwissenschaften», die nur bedaure, «wer von der ungeheuren Weite der P., die ihr schon ein August Boeckh eröffnete, keine Kenntnis mehr nehmen will», diagnostizieren demgegenüber M.-D. GLESSGEN und F. LEBSANFT. [110] Im Hintergrund steht hier die Diskussion um die ‹New Philology›, die sich – in der Selbstbezeichnung an ‹New Criticism› oder ‹New Historicism›, gedanklich an Diskurstheorie und Postmoderne anknüpfend – im Anschluß an Arbeiten B. CERQUIGLINIS entwickelt und vor allem in den USA eine umfangreiche Kontroverse auslöst. Den thematischen Ausgangspunkt bildet dabei die hochkomplexe altfranzösische Dichtung mit ihren, aus der Differenz von *manuscript culture* und *print culture* resultierenden, besonderen editorischen Problemen. Bei ihrem Bemühen um eine «mittelaltergerechte Erfassung und Bewertung der überlieferten Texte und eine entsprechende Textherstellung» wendet sich die ‹New Philology› zwar gegen die «alte» P. und ihre herkömmlichen Methoden, bestätigt aber zugleich und ebenso nachdrücklich die «Unverzichtbarkeit der Textphilologie als Grundlage für Literatur- und Sprachwissenschaft». [111] Von einer «entphilologisierten Philologie» kann – so D. RIEGER – mithin keine Rede sein. [112] In ihrer kritischen Selbstreflexion bleibt P. auch hier ihrer Tradition verbunden.

Anmerkungen:
1 vgl. Platon: Theaitetos 146a, 161a; Laches 188c/e; Pol. 582e; dazu auch H. Kuch: ΦΙΛΟΛΟΓΟΣ. Unters. eines Wortes von seinem ersten Auftreten in der Trad. bis zur ersten überlieferten lexikal. Festlegung (1965) 7ff., 20ff., 28ff.; zur Gesch. des Begriffs vgl. außerdem A. Horstmann: Art. ‹P.›, in: HWPh 7 (1989) 552ff., auf den sich die folgende Darstellung maßgeblich stützt. – **2** Sueton: De grammaticis et rhetoribus 10. – **3** vgl. u.a. Kallimachos, hg. v. R. Pfeiffer, Bd. 1 (Oxford 1949/1965) 163; Strabon: Geographika XVII, 1, 8; dazu auch Kuch [1] 33ff., sowie K.M. Abbott: Art.: Φιλόλογος, in: RE 19/2 (1938) 2510–2514, hier 2512. – **4** vgl. Sextus Empiricus: Adversus mathematicos I, 79. 248; zum späteren Gegensatz zwischen φιλόσοφος und φιλόλογος vgl. u.a. B. Rehm, J. Irmscher, F. Paschke (Hg.): Die Pseudoklementinen, Bd. 1: Homilien (²1969) 1, 11, 7; 8, 3; Porphyrios: Vita Plotini 14, 19f; dazu auch K. Lehrs: De vocabulis φιλόλογος, γραμματικός, κριτικός, in: Jahresber. über das Kgl. Friedrichskoll. zu Königsberg in Ostpreußen (1838) 1ff.; A. Gudeman: Grundriß der Gesch. der klass. P. (²1909; ND 1967) 1ff.; R. Pfeiffer: Gesch. der klass. P. Von den Anfängen bis zum Ende des Hellenismus (1970) 114ff., 196ff. – **5** vgl. Gudeman [4] 30ff.; Pfeiffer [4] 114ff. – **6** vgl. Gudeman [4] 99–139, hier 120–127. – **7** Mart. Cap. I, 22. 93; zur Rezeptionsgesch. vgl. G. Nuchelmans: Philologia et son mariage avec Mercure jusqu'à la fin du XIIe siècle, in: Latomus 16 (1957) 84ff. – **8** vgl. Joh. Scotus Eriugena: Annotationes in Marcianum, hg. v. C.E. Lutz (Cambridge, Mass. 1939) 3, 26f., 53, 56; Remigius von Auxerre: Kommentar zu Mart. Cap., hg. v. M. Manitius, in: Didaskaleion 2 (1913) 62f.; Joh. v. Sal. 64, 77, 179ff., 195ff. – **9** vgl. das Gedicht des Anonymus (10. Jh), hg. v. E. Dümmler, in: Neues Arch. der Ges. für ältere dt. Geschichtskunde 2 (1877) 227f.; Thierry von Chartres (12. Jh.): Heptateuchon, zit. A. Clerval: Les écoles de Chartres au moyen-âge (Paris 1895; ND 1965) 221; Guillaume de Conches: De philosophia mundi, in: ML 172, 41ff. – **10** vgl. die Belege in [9] sowie den Anon. von Bamberg (12. Jh.), zit. M. Grabmann: Die Gesch. der scholast. Methode, Bd. 2 (1911) 36ff. – **11** vgl. Guillaume de Conches [9] 100; Anon. von Bamberg [10]. – **12** F. Petrarca: Le Familiari, hg. v. V. Rossi 1–4 (Florenz 1933–1942) X, 4, 23; XII, 3, 14ff.; XVI, 14; XVIII, 5, 4ff.; XVIII, 12, 1; Ep. de rebus senilibus, in: Opera, Bd. 2 (Basel 1554; ND 1965) 822f., 1058; Posteritati. Prose (Mailand/Neapel 1955) 6; vgl. auch E. Kessler: Petrarcas P., in: Petrarca 1304–1374, hg. v. F. Schalk (1975) 97ff.; R. Pfeiffer: Die Klass. P. von Petrarca bis Mommsen (1982) 17ff. – **13** vgl. C. Salutati: Ep. XIII, 3, in: Epistolario, hg. v. F. Novati 1–4 (Rom 1891–1911) Bd. 3, 598ff. (Brief vom 4.12.1402); L. Bruni: Ad Petrum Paulum Istrum dialogus, hg. v. Th. Klette (1889) 80; vgl. E. König: ‹Studia humanitatis› und verwandte Ausdrücke bei den dt. Frühhumanisten, in: Beitr. zur Gesch. der Renaissance und Reformation. FS J. Schlecht (1917) 202ff.; Kessler [12] 99ff.; Pfeiffer [12] 42ff. – **14** Kessler [12] 104ff. – **15** A. Poliziano: Le selve e la strega, hg. v. I. del Lungo (Florenz 1925) 222, 226; vgl. auch Praelectio in Priora Aristotelis Analytica. Titulus Lamia (Venedig 1497) fol. LXXXIII^r. – **16** R. Robortello: De arte sive ratione corrigendi antiquorum libros disputatio (Padua 1557). – **17** R.M. Volterranus: Commentariorum urbanorum XXXVIII libri (Basel 1530) fol. 281^{v}ff. – **18** G. Budé: De philologia. De studio literarum (Paris 1532; ND 1964), hier: De philologia, fol. XXII^v; LXVIII^r; XVI^v. – **19** ebd. fol. XII^v; XVI^{r}f., XVII^{v}f.; LXVIII^r, LXXV^r; vgl. De studio literarum, fol. XXXIII^v. – **20** vgl. F. Haase: Art. ‹P.›, in: Allg. Encyklop. der Wiss. und Künste, hg. v. J.S. Ersch, J.G. Gruber, 3. Section, 23. Theil (1847) 374ff., hier 380ff. – **21** Dictionnaire universel François et Latin, Bd. 4 (Paris 1721) 627; vgl. auch J. Weitz: Ep. de Philologia, in: J.M. Dilherr: Apparatus Philologiae (Nürnberg 1660) 320ff.; außerdem Dilherr: Oratio auspicalis, ebd. 338ff. – **22** Diderot Encycl. 12 (1765) 508; vgl. auch Th. Crenius: De Philologia, studiis liberalis doctrinae, informatione et educatione litteraria generosorum adolescentium (Leiden 1696). – **23** I. Casaubonus: In C. Suetonii Tranquilli de XII Caesaribus libros VIII animadversiones, hier: Vita Augusti, cap. 89 (Paris 1610) 113. – **24** J.a Wower: De polymathia tractatus, ed. nova (Leipzig 1665) 156; vgl. Dilherr: Oratio auspicalis [21] 353. – **25** G.J. Vossius: De philologia lib. (Amsterdam 1660) 1ff., 20ff., bes. 22f., 51ff. – **26** vgl. J.M. Gesner: Primae lineae isagoges in eruditionem universalem, nominatim philologiam, historiam et philosophiam in usum praelectionum ductae, hg. v. I.N. Niclas (Leipzig ²1784); auch J.A. Ernesti: Initia doctrinae solidioris (Leipzig 1796); zum philol. Seminar vgl. J.M. Gesner: Programma quo post brevem prolusionem de felicitate docentium in scholis Seminarii philologici regiis auspiciis in academia Georgia Augusta constituti ratio paucis declaratur (1738), in: Opuscula minora, Bd. 1 (Breslau 1743) 59ff.; dazu C. Bursian: Gesch. der class. P. in Deutschland von den Anfängen bis zur Gegenwart (1883) 387ff. – **27** J.H. Martius, J. Ch. Fugmann: Diss. philologica de philologia et philologis (Wittenberg 1668), zit. Haase [20] 381. – **28** H.B. Noebling: Diatribe philosophica de litteris humanioribus, praeside M.J.G. Walchio (Leipzig 1715) 10ff. – **29** G. van Bashuysen: De usu philologiae in omnibus disciplinis tractatus (Zerbst 1726) 1ff. – **30** vgl. Haase [20]; zur Lehrstuhlbezeichnung vgl. etwa die Benennung der Leipziger Professur G. Hermanns; dazu F. Paulsen: Gesch. des gelehrten Unterrichts, Bd. 2 (³1921; ND 1965) 409. – **31** vgl. Ch. Cellarius: Sciagraphia philologiae sacrae (Jena ²1678); S. Glassius: Philologia sacra (1623–1636; ed. nova Leipzig 1713); A.I. Dornmeier: Philologia Biblica (Leipzig 1713). – **32** Horstmann [1] 558. – **33** vgl. J.G. Walch: Historia critica latinae linguae (Leipzig 1716) 2ff.; Zedler, Bd. 27 (1741) 1985; Baron de Bielfeld: L' érudition universelle, Bd. 4 (Berlin 1768) 384; Ch. H. Schmid: Abriß der

Gelehrsamkeit für encyklop. Vorlesungen (Berlin 1783) 18f., 129ff. – **34** I. Kant: Logik. Akademie-Ausg., Bd. 9 (1923) 45f. – **35** G. Vico: Die neue Wiss. über die gemeinschaftliche Natur der Völker. Nach der Ausg. von 1744 übers. v. E. Auerbach (1966) 10, 26, 60f. – **36** vgl. W. Herbst: Johann Heinrich Voss, 2 Bde. (1872–1876; ND 1970), hier Bd.1, 69f. – **37** vgl. Ch. G. Heyne: Praefatio zu: Opuscula academica collecta, Bd. 1 (Göttingen 1785) IIIff. – **38** E. Schröder: Studiosus philologiae, in: Neue Jbb. für das klass. Altertum 32 (1913) 168ff. – **39** F.A. Wolf: Vorles. über die Encyclop. der Alterthumswiss., in: Vorles. über die Alterthumswiss., Bd.1, hg. v. J.D. Gürtler (1831) 1ff.; ders.: Darst. der Alterthums-Wiss. (1807), in: Kleine Schr. in lat. und dt. Sprache, Bd.2, hg. v. G. Bernhardy (1869) 808ff., bes. 811, 826, 895; dazu W. Körte: Leben und Stud. Friedr. Aug. Wolf's, des Philololgen, 2 Bde. (1833), hier Bd.2, 215. – **40** G.W.F. Hegel: Enzykl. der philos. Wiss. im Grundrisse (1830), in: Theorie-Werkausg., Bd. 8 (1970) 61; dazu auch A.H.L. Heeren: Gesch. des Studiums der class. Litteratur seit dem Wiederaufleben der Wiss., Bd.1 (Göttingen 1797) 1. – **41** Wolf: Darst. [39] 816, 819, 859ff, 893ff.; Encyclop. [39] 4f., 13ff., 21ff.; W. von Humboldt: Ueber den Charakter der Griechen, die idealische und, in: Werke in 5 Bänden, hg. v. A. Flitner, K. Giel, hier Bd.2 (1961) 65ff.; Ueber das Studium des Alterthums, und des griech. insbesondre, ebd. 1ff.; vgl. dazu auch C.V. Hauff: Ueber den Begriff und Werth der P., mit Hinsicht auf den Zeitgeist und den Zweck dieser Zs., in: Philol. Eine Zs. zur Beförderung des Geschmacks an griech. und röm. Sprache und Lit., und eines gründl. Studiums derselben 1 (1803) 6. – **42** Wolf: Encyclop. [39] 11. – **43** J.H. Ch. Barby: Encyklop. und Methodologie des humanist. Studiums oder der P. der Griechen und Römer, Bd.1 (1805) 3ff.; vgl. außerdem E.J. Koch: Enzyklop. aller philol. Wiss. (Berlin 1793) 15ff.; ders.: Hodegetik für das Univ.-Studium in allen Facultäten (Berlin 1792) 64ff.; G.G. Fülleborn Encyclopaedia philologica ... (Breslau ²1798), hg. v. I.S. Kaulfuss (Breslau 1805) 1; S.F.W. Hoffmann: Die Alterthumswiss. (1835) 1ff., bes. 9ff.; G. Bernhardy: Grundlinien zur Encykl. der P. (1832) 1ff., bes. 20f., 48; außerdem F. Thiersch: Darst. der Fortschritte der philol. Wiss., in: Allg. Zs. von Deutschen für Deutsche 1 (1813) 535ff. – **44** F. Schlegel: Philos. der P. (1797), hg. v. J. Körner, in: Logos 17 (1928) 1ff. – **45** vgl. Curtius 256. – **46** Schlegel [44] 1ff., 26, 44; zum Terminus ‹klassische P.› vgl. ebd. u.a. 27, 36, 38, 54; zum Begriff der ‹klass. Philologen› ebd. 54; zum Ziel der P. vgl. auch Athenäums-Frg. 147, in: Krit. Ausg., Bd.2, hg. v. H. Eichner (1967) 188. – **47** H. Patsch: F. Schlegels ‹Philos. der P.› und Schleiermachers frühe Entwürfe zur Hermeneutik, in: ZThK 63 (1966) 434ff. – **48** F.W.J. Schelling: Vorles. über die Methode des akad. Studiums (1802/03), in: E. Anrich (Hg.): Die Idee der dt. Univ. (1956) 31; vgl. auch J.G. Fichte: Deducirter Plan einer zu Berlin zu errichtenden höhern Lehranstalt ... (1807/17), ebd. 155; F. Schleiermacher: Gelegentliche Gedanken über Universitäten in deutschem Sinn ... (1808), ebd. 250. – **49** F. Ast: Grundriß der P. (1808) 1ff., 14f., 24, 33f.; Grundlinien der Gramm., Hermeneutik und Kritik (1808) IIIff., 168f, 212; Ueber den Geist des Alterthums und dessen Bed. für unser Zeitalter (1805) 18f, 38f; Aphorismen, in: Zs. für Wiss. und Kunst 1, 2 (1808) 64. – **50** E. Howald (Hg.): Der Kampf um Creuzers Symbolik (1926). – **51** F. Creuzer: Das akad. Studium des Alterthums (1807) 17f., 51, 68; Zur Gesch. der class. P. seit Wiederherstellung der Lit., in: Dt. Schr., Bd.5,2 (1854) 9, 231; Das Studium der Alten, als Vorbereitung zur Philos., in: Studien 1 (1805) 1ff.; Philos. und Mythologie, in ihrem Stufengang und gegenseitigen Verhalten, in: Heide berger Jbb. der Lit. für P., Historie, Lit. und Kunst 1 (1808) 3ff., 20f.; sowie G. Hermann, F. Creuzer: Br. über Homer und Hesiodus vorzüglich über die Theogonie (1818) 88ff.; der Begriff ‹altclassische P› auch schon bei Steuber: Ueber den heutigen Standpunct der altclassischen P. in Beziehung auf den Unterricht darin in den Gelehrtenschulen, in: Allg. Schultzg 7 (1830) 2. Abt., No. 50. Sp.393ff. – **52** Hermann/Creuzer: Br. über Homer und Hesiodus [51] 59ff.; G. Hermann: Ueber das Wesen und die Behandlung der Mythologie (1819) 124ff. – **53** A. Boeckh: Encyklop. und Methodologie der philol. Wiss., hg. v. E. Bratuscheck (1877) 2. Aufl. besorgt v. R. Klussmann (1886; ND des 1. Hauptteils 1966) 3ff., 9ff., 16ff., 55ff.; Von der P., besonders der klass. in Beziehung zur morgenländischen, zum Unterricht und zur Gegenwart (1850), in: Gesamm. Kleine Schr., Bd.2 (1859) 183ff., 192f.; Ueber die Logisten und Euthynen der Athener (1827), ebd. Bd.7 (1872) 262ff.; vgl. außerdem Bd.1 (1858) 138ff. – **54** Boeckh: Encyklop. [53] 5f., 21f., 39f., 52ff., 75f., 169ff.; Gesamm. Kleine Schr., Bd.2, 186, 189. – **55** A. Boeckh: De antiquitatis studio (1822), in: Gesamm. Kleine Schr., Bd.1, 100ff. – **56** Boeckh: Logister [53] 264f.; Encyclop. [53] 53ff – **57** G. Hermann: De officio interpretis (1834), in: Opuscula, Bd.7 (1839) 97ff., hier 99; Ueber Herrn Prof. Böckhs Beharrung der Griech. Inschriften (1826) 3ff., bes. 8ff. – **58** vgl. Bursian [26] 665ff.; C. Lehmann: Die Auseinandersetzung zw. Wort- und Sachphilologie in der dt. klass. Altertumswiss. des 19. Jh. (Diss. Berlin 1964); E. Vogt: Der Methodenstreit zw. Hermann und Böckh und seine Bed. für die Gesch. der P., in: H. Flashar, K. Gründer, A. Horstmann (Hg.): P. und Hermeneutik im 19.Jh. Zur Gesch. und Methodologie der Geisteswiss. (1979) 103ff. – **59** vgl. A. Horstmann: Antike Theoria und moderne Wiss. August Boeckhs Konzeption der P. (1992). – **60** F. Ritschl: Ueber die neueste Entwickelung der P. (1833), abgedr. als Art ‹P.› in: Brockhaus Conversations-Lex. der neuesten Zeit und Litteratur, Bd.3 (1833) 497ff., hier zit. nach Ritschl: Opuscula philologica, Bd.5 (1879) 1ff., bes. 13ff. – **61** A. Matthiä: Encyklop. und Methodologie der P. (1835) 1ff.; vgl. auch M.W. Heffter: Der rechte Begriff von P. und das rechte Princip des philol. Unterrichts in der Gegenwart, in: Jbb. der Gegenwart, hg. v. A. Schwegler (1845) 393ff., bes. 400. – **62** Haase [20] 390ff.; vgl. auch seine unter dem Pseudonym F. Salgo publ. Arbeit: Vergangenheit und Zukunft der P. in ihrem Verhältniß zur Bildung des dt. Volkes (1835). – **63** F.G. Welcker: Über die Bed. der P., in: Verh. der 4. Versammlung deutscher Philol. und Schulmänner in Bonn 1841 (1842) 42f.; vgl. auch ebd. 1f. – **64** K.F. Elze: Über P. als System (1845) 8f., 42ff. – **65** vgl. dazu und zum Folgenden K. Weimar: Gesch. der dt. Literaturwiss. bis zum Ende des 19.Jh (1989) 210ff., mit Hinweis auf W.T. Krug: Versuch einer neuen Eintheilung der Wissenschaften zur Begründung einer besseren Organisation für die höheren gelehrten Bildungsanstalten (Züllichau/Freystadt 1805) 37f. – **66** J. Bödiker: Grund-Sätze der Teutschen Sprache [...]. Verbessert und vermehrt von L. Frisch (Berlin 1723) 4; J.Ch. Gottsched: Das Neueste aus der anmuthigen Gelehrsamkeit (Leipzig 1752) 499; Hinweise bei Weimar [65] 216. – **67** J. Grimm: Dt. Rechtsalterthümer (1828) Vorrede XII; H. Hoffmann von Fallersleben: Die Dt. P. im Grundriß, Bd.1 (1836); Ritschl [60] 16; vgl. auch K.H. Milhauser: Ueber P., Alterthumswiss. und Alterthumsstudium (1837) 82 («altdeutsche P.»); Elze [64] 44 («germanische oder indogermanische P.»); A. Lutterbeck: Ueber die Nothwendigkeit einer Wiedergeburt der P. zu deren wiss. Vollendung (1847) 31 («sanskritisch-orientalische, germanische und romanische P.»); ein früher Beleg bei G. Ph. Harsdörffer: Specimen Philologiae Germanicae, continens disquisitiones XII De linguae nostrae vernaculae historia, methodo et dignitate (Nürnberg 1646). – **68** vgl. Weimar [65] 215ff., 234, 241ff.; außerdem K. Stackmann: Die Klass. P. und die Anfänge der Germanistik, in: Hermeneutik im 19.Jh. [58] 240ff. – **69** C.W. Mager: Die moderne P. und die dt. Schulen, in: Päd. Revue 1 (1840) 1ff., bes. 26; Über Wesen, Einrichtung und päd. Bed. des schulmäßigen Studiums der neueren Sprachen und Lit. (1843), in: K.-H. Flechsig (Hg.): Neusprachl. Unterricht, Bd.1 (1965) 69ff., bes. 80f., 138. – **70** vgl. u.a. K. Müllenhoff: Die dt. P., die Schule und die klass. P. (1854), in: J. Janota (Hg.): Eine Wiss. etabliert sich. 1810–1870 (1980) 277ff., hier bes. 291, 302f.; Mager: Die moderne P. [69] 8; zur «philologischen Methode» vgl. auch F. Bücheler: Philol. Kritik (1878), in: W. Schmid (Hg.): Wesen und Rang der P. (1969) 1ff.; zur klass. P. als «Großmacht» vgl. E. Rothacker: Einl. in die Geisteswiss. (²1930; ND 1972) 38. – **71** J. Grimm: Über den namen der germanisten (1847), in: Kleine Schr., Bd.7 (1884, ND 1966) 568f.; vgl. auch schon Mager: Die moderne P. [69] 9f. – **72** ders.: Über Wesen [69] 80f., 138. – **73** G. Körting: Encyklopädie und Methodologie der romanischen P., 3 Bde. (1884–1886); G. Gröber: Grundriß der romanischen P., Bd.1 (1888). – **74** vgl. Weimar [65 254ff. – **75** E. Gerhard: Grundriß der Archäologie (1853) 9, 4f.; vgl. auch schon: Hyperboreisch-röm. Stud. für Archäologie, Bd.1 (1833) 3ff. – **76** vgl. H. Arens:

Sprachwiss., 2 Bde. (1969), hier bes. Bd. 1, 160ff. – **77** A.F. Pott: Etym. Forschungen auf dem Gebiete der Indo-Germanischen Sprachen, 2 Bde. (1833–1836), hier Bd. 2, Xf.; vgl. auch schon W. von Humboldt: Ueber das vergleichende Sprachstudium in Beziehung auf die versch. Epochen der Sprachentwicklung (1820), in: Werke [41] Bd. 3 (⁴1972) 1ff. – **78** M. Müller: Vorles. über die Wiss. der Sprache, Bd. 2, hg. v. C. Böttger (1866) 1ff.; A. Schleicher: Linguistische Unters., Bd. 2 (1850) 2f.; Die dt. Sprache (1860; ⁵1888) 119ff. – **79** G. Curtius: P. und Sprachwiss. (1862), in: Kleine Schr., Bd. 1, hg. v. E. Windisch (1886) 132ff., bes. 136ff., 143ff.; Ueber die Gesch. und Aufgabe der P. (1862), ebd. 110ff., bes. 125ff. – **80** Boeckh: Encykl. [53] 726f. – **81** H. Steinthal: P., Gesch. und Psychol. in ihren gegenseitigen Beziehungen (1864) 2, 16ff., 28, 73ff. – **82** W. Clemm: Ueber Aufgabe und Stellung der classischen P., inbesondere ihr Verhältniß zur vergleichenden Sprachwiss. (1872) 2ff., 10ff. – **83** H. Usener: P. und Geschichtswiss. (1882), in: Schmid (Hg.) [70] 13ff., bes. 20ff., 27ff., 33, 35. – **84** ebd. 35. – **85** Bursian [26] 1; vgl. auch L. von Urlichs: Grundlegung und Gesch. der klass. Altertumswiss. Hb. der klass. Altertums-Wiss., hg. v. I. Müller, Bd. 1 (1886) 1ff. – **86** F. Nietzsche: Homer und die klassische P. (1869), in: Werke. Krit. Gesamt-Ausg., hg. v. G. Colli, M. Montinari, Bd. 2/1 (1982) 249f. – **87** ebd. 252f.; Nachgelassene Frgg. (1875), ebd. Bd. 4/1 (1967) 87ff., bes. 90ff., 97, 101, 107, 109, 134, 145, 149, 164f., 199ff. – **88** U. von Wilamowitz-Moellendorff: Gesch. der P. (1921; ³1998) 1. – **89** so die Def. im Art. ‹P.› der Brockhaus Enzyklop. (¹⁹1992) Bd. 17, 101. – **90** ebd.; vgl. auch [63] zu dem 1837 gegründeten ‹Verein dt. Philologen und Schulmänner›. – **91** vgl. Art. ‹P.› [89] 101; Kritik an der Fachbezeichnung ‹Altphilologie› schon bei G. Kölbing: Rez. von G. Körtings ‹Neuphilol. Essays›, in: Engl. Studien 12 (1889) 99f. – **92** Th. Birt: Kritik und Hermeneutik nebst Abriß des antiken Buchwesens. Hb. der klass. Altertums-Wiss., Bd. 1/3 (³1913) 1ff., hier 4. – **93** W. Jaeger: P. und Historie (1914), in: Humanist. Reden und Vorträge (²1960) 1ff., 8ff., 12ff. – **94** vgl. schon Nietzsche: Nachgelassene Frgg. [87] 200f.; dazu auch K. Reinhardt: Die klass. P. und das Klassische (1941), in: Vermächtnis der Antike (1960) 334ff. – **95** H. Patzer: Der Humanismus als Methodenproblem der klass. P. (1948), in: H. Oppermann (Hg.): Humanismus (1970) 259–278. – **96** R. Pfeiffer: Philologia Perennis (1961) 18; vgl. auch schon: Von den gesch. Begegnungen der krit. P. mit dem Humanismus (1938), in: Ausgew. Schr. (1960) 159ff. sowie: Gesch. der klass. P. [4] 10ff., 18. – **97** G. Jäger: Einf. in die Klass. P. (³1990) 11ff., 107ff., 148. – **98** M. Fuhrmann, H. Tränkle: Wie klassisch ist die klass. Antike? (1970) 12. – **99** vgl. die beiden Bde.: P. und Hermeneutik im 19. Jh. Zur Gesch. und Methodologie der Geisteswiss. [58], und: P. und Hermeneutik im 19. Jh. II, hg. v. M. Bollack, H. Wismann u. Th. Lindken (1983). – **100** Curtius; Lausberg Hb.; Lausberg El. – **101** Curtius 9f., 46ff., 71ff., 384ff. – **102** P. Szondi: Über philol. Erkenntnis (1962), in: Hölderlin-Studien. Mit einem Traktat über philol. Erkenntnis (²1970) 9ff., hier bes. 11ff., 23, 27, 33f. – **103** K.-O. Apel: Das Kommunikationsapriori und die Begründung der Geisteswiss., in: R. Simon-Schaefer, W. Ch. Zimmerli (Hg.): Wissenschaftstheorie der Geisteswiss. (1975) 23ff., hier 33ff. – **104** H.-G. Gadamer: Wahrheit und Methode. Grundzüge einer philos. Hermeneutik (⁴1975) 318ff.; vgl. auch 261ff. – **105** vgl. dazu u. a. E.D. Hirsch Jr.: Prinzipien der Interpretation (1972); P. und Hermeneutik im 19. Jh. [58], dort vor allem den Beitr. von I. Strohschneider-Kohrs (84ff.) und die anschließende Diskussion (387ff.). – **106** P. und Philos. Beitr. zur VII. Int. Fachtagung der Arbeitsgemeinschaft philos. Editionen (München 1997), hg. v. H.G. Senger (1998) 1f. – **107** vgl. A. Arndt: Philologia – ancilla philosophiae? Zur Philos. der P., in: P. und Philos. [106] 35ff. – **108** G. Scholtz: Gibt es eine innere Einheit von P. und Philos.? In: P. und Philos. [106] 58ff., bes. 69f. – **109** vgl. U. Schäfer: Ankündigungstext zur Tagung ‹Der geteilte Gegenstand: Gesch., Gegenwart und Zukunft der Philologie(n)›. Int. Symposium Dresden 2001 (Tagungsbd. im Druck). – **110** Alte und neue P., hg. v. M.-D. Gleßgen, F. Lebsanft (1997) V. – **111** M.-D. Gleßgen, F. Lebsanft: Von alter und neuer P. Oder: Neuer Streit über Prinzipien und Praxis der Textkritik, in: Alte und neue P. [110] 2.; R. Schnell: Was ist neu an der ‹New Philology›? Zum Diskussionsstand in der germanist. Mediävistik, ebd. 61ff. – **112** D. Rieger: ‹New Philology›?

Einige krit. Bemerkungen aus der Sicht eines Literaturwissenschaftlers, in: Alte und neue P. [110] 97ff., hier 109.

Literaturhinweise:
G. Nuchelmans: Stud. über φιλόλογος, φιλολογία und φιλολογεῖν (Zwolle 1950). – K. Stierle: Klass. Lit., moderne Literaturwiss. und die Rolle der Klass. P., in: Gymnasium 85 (1978) 289ff. – H.H. Christmann: Romanistik und Anglistik an der dt. Universität im 19. Jh. (1985). – R. Harsch-Niemeyer (Hg.): Beitr. zur Methodengesch. der neueren Philologien (1995).

A. Horstmann

→ Accessus ad auctores → Allegorie, Allegorese → Glosse → Grammatik → Grammatikunterricht → Hermeneutik → Humanismus → Interpretation → Kommentar → Literaturwissenschaft → Neuhumanismus → Philosophie → Poetik → Text

Philosophie (griech. φιλοσοφία, philosophía; lat. philosophia; engl. philosophy; frz. philosophie; ital. filosofia)
A. Def. – B. I. Antike. – 1. Griechenland. – 2. Rom. – II. Christliche Spätantike, Mittelalter. – III. Renaissance, Humanismus. – IV. Reformation, konfessionelles Zeitalter. – V. 1. Empirismus. – 2. Rationalismus, frühe Aufklärung. – VI. Kant, Deutscher Idealismus, Romantik, Nietzsche. – VII. Logische Methodenlehren des 19. Jh. – VIII. Gegenwart. – 1. Hermeneutische P. – 2. Sprachphilosophie, Logik. – 3. Strukturalismus, Diskursanalyse, Dekonstruktion. – 4. Wissenschaftstheorie. – 5. Anthropologie.

A. P. und Rhetorik – nur um deren wechselseitiges Verhältnis kann es sich hier handeln – stehen seit ihrer Etablierung als Disziplinen im 4. Jh. v. Chr. in Griechenland [1] bis ins 19. Jh. hinein in einer spannungsvollen Beziehung. Diese nimmt in der europäischen Tradition [2] einen Weg, der alle Stationen von völliger Abgrenzung bis zur wechselseitigen Durchdringung in Form einer philosophischen Rhetorik (etwa beim späten PLATON, J.CHR. GOTTSCHED) bzw. einer rhetorischen P. (ISOKRATES, CICERO, L. VALLA, F. NIETZSCHE) durchläuft. Wichtigstes Motiv der Abgrenzung zwischen P. und Rhetorik ist seit jeher der Gegensatz von Wahrheitsanspruch und Wirkungsabsicht, ein Antagonismus, der sich von der Antike bis in den Humanismus besonders plakativ als Streit um die richtige Legitimation für die Jugenderziehung äußert. [3] Disziplinär bleibt er zwar seit den Disputen zwischen SOKRATES und den SOPHISTEN virulent. Doch spätestens von den pädagogischen Bemühungen des Hellenismus an hat sich die P., die jetzt eine Lebenskunst sein will, mit der Tatsache auseinanderzusetzen, daß sie offensichtlich auf die Rhetorik angewiesen ist, um ihren Wahrheitsanspruch öffentlich kundzutun und auch durchzusetzen. Gerade das paränetische und überhaupt literarische Moment der P. grundiert also ihre Angewiesenheit auf Rhetorik.

Die Auseinandersetzung zwischen P. und Rhetorik hat sich natürlich nie nur grundsätzlich abgespielt, sondern sie wurde immer auch in den aus beiden entstandenen Einzeldisziplinen fortgesetzt. Dazu geben hier im Wörterbuch die entsprechenden Artikel über ‹Argumentation›, ‹Ästhetik›, ‹Dialektik›, ‹Ethik›, ‹Logik›, ‹Topik› oder ‹Wahrheit, Wahrscheinlichkeit› Auskunft, um nur einige zu nennen. Auch die ‹Popularphilosophie›, in der das Problem der rhetorischen Vermittlung eine besondere Rolle spielt, da sie eher auf Allgemeinverständlichkeit als auf systematische Behandlung ihres Gegenstandsbereichs zielt, wird separat dargestellt. Demgegenüber will der vorliegende Artikel ‹P.› nur einen Überblick über die Geschichte der konfliktreichen Beziehung zur Rhetorik bieten. Definitionen des Verhältnisses werden in den Teilartikeln gegeben Im Teil ‹Sprachphilosophie, Logik› beschäftigt sich der letzte Abschnitt mit den rhetorisch-literarischen Formen der P.

Anmerkungen:
1 vgl. E. Schiappa: Did Platon coin ‹Rhētorikē›?, in: American Journal of Philology, vol. 111, no. 4 (1990) 464f.; ders. ‹Rhētorikē›: what's in a name? Towards a Revised History of Early Greek Rhetorical Theory, in: The Quarterly Journal of Speech, vol.78, no.1 (1992) 2, 8ff. – 2 zum Verhältnis der P. zur Rhet. in den außereuropäischen Trad. vgl. die Art. über die entsprechenden Kulturen. – 3 dazu H. v. Arnim: Leben und Werke des Dion von Prusa (1898) Kap. 1; B. Vickers: Rhet. und P. in der Renaissance, in: H. Schanze, J. Kopperschmidt (Hg.): Rhet. und P. (1989) 134ff. (hier die Erziehungsfrage nur im Hintergrund des Streits).

Literaturhinweise:
Philosophy and Rhetoric, Zs. (Pennsylvania State University Press, 1968ff.). – S. Ijsseling: Rhet. und P. Eine hist.-systematische Einf. (dt. 1988). – R. A. Cherwitz (Hg): Rhetoric and Philosophy (Hillsdale, N.J., 1990). – P. L. Oesterreich (Hg.): Rhet. und P., in : Rhetorik Bd. 18 (1999).

F.-H. Robling

B.I. *Antike*. 1. *Griechenland*. **a)** *Voraussetzungen*. HERAKLEIDES PONTIKOS behauptet, daß der Begriff ‹P.› mit PYTHAGORAS entstanden sei.[1] Aber in seinem Bericht sehen die meisten Forscher eine improvisierte Rückprojektion von Auffassungen der platonischen Akademie, und das nicht zu Unrecht. Sicherlich muß man das Vorhandensein des entsprechenden Verbs oder Adjektivs vor dem 5. Jh., vor den Ausführungen des Herodot über Solon [2] oder vor der Grabrede des Perikles bei Thukydides [3] ausschließen. Als Substantiv ist ‹P.› erst seit dem 4. Jh. dokumentiert und gelangt sofort in den Mittelpunkt der kulturellen Diskussion in Athen um Xenophon, Isokrates, Platon und Aristoteles. Insbesondere PLATON präzisiert ihn im ‹Phaidon› [4] dahingehend, daß er die edelste Verpflichtung des Menschen umfaßt, und im ‹Phaidros› [5] gibt er eine genaue Definition ausgehend von der Etymologie: Die P. ist eine Suche, sie hat die Dynamik eines Strebens, das Wissen zum Ziel hat.[6] Aber die Suche, der Wunsch nach Wissen, entsteht lange vor Platon mit dem Nachdenken über den Ursprung des Kosmos und hat seine Wurzel in der ältesten literarischen Produktion. Von Homer bis Platon ist der Bezug zur Rhetorik offensichtlich Aus dem Anspruch auf überzeugende Darstellung thematisiert die P. die Problematik der Ausdrucksmittel und der literarischen Form für die Vermittlung des Wissens in Dichtung oder Prosa, sakralem oder alltäglichem Stil, Traktat oder Dialog. Im 5. Jh., zur Zeit der Sophistik, ist es müßig, die P. von der Rhetorik unterscheiden zu wollen, da die Reflexion über das Sein gewöhnlich in eine Reflexion über die Rede mündet. Erst mit den Auseinandersetzungen zwischen SOKRATES und der Sophistik setzt die kritische Reflexion über die Unterschiede von P. und Rhetorik ein. Den Höhepunkt dieses Prozesses markieren die Schriften von ISOKRATES, PLATON und ARISTOTELES, doch bleibt das Verhältnis zwischen beiden Disziplinen besonders bezüglich des Vorranges bei der Jugendbildung ein beherrschendes Thema bis zum Ende der Antike.

b) *Die Anfänge*. Nach ARISTOTELES entsteht die Rhetorik in Syrakus und Agrigent vor der Mitte des 5. Jh., nach der Tyrannenherrschaft. In seiner Συναγωγή τεχνῶν, Synagōgē technōn (einer Zusammenschau von Rhetoriken) eröffnet er die Untersuchung mit der Redelehre (τέχνη, téchnē) des TEISIAS, der Schüler des Korax und Lehrer des Gorgias war. Im ‹Sophistes› sieht er in EMPEDOKLES den πρῶτος εὑρετής (prṓtos heuretḗs, Erfinder) der Rhetorik.[7] Die P. entsteht zwischen dem 7. und dem 6. Jh. in Milet mit der langsam einsetzenden Suche nach der ἀρχή (archḗ, Anfang), die sich aus dem Staunen über die Naturphänomene entwickelt.[8] In der Auffassung des THALES, der Ursprung aller Dinge sei das Wasser, sieht Aristoteles die grundlegende Entfernung vom Mythos und den Anfang der rationalen Erklärung des Wirklichen.[9] Aber er erkennt, daß schon HOMER in der ‹Ilias› dem Wasser mit den Figuren von Okeanos und Thetis [10] und dem Motiv des Schwures bei der Styx [11] eine entscheidende Rolle zukommen läßt.

Die meisten Forscher meinen, schon bei HOMER [12] oder HESIOD [13] den Keim der P. erkennen zu können. Die Schwierigkeit ist aber, daß vor dem 4. Jh., vor Aristoteles, jede Reflexion über den Menschen und die Ordnung des Kosmos die gleichen Ausdrucksmittel wie die Literatur hat: die P. ist nicht zu trennen von der Literatur und diese nicht von der P. Hieraus folgt, theoretisch wie praktisch, eine Verknüpfung von P. und Rhetorik bereits vor Gorgias und Empedokles. In der ‹Ilias› [14] erzieht Phoinix den Achill dazu, eine Rede zu gestalten und Taten zu vollbringen. Damit thematisiert Homer schon eine erste Form von Rhetorik. Sicher ist es nicht einfach, festzustellen, welche Art von Rhetorik [15], denn häufig erkennt die Forschung bei Homer [16] oder Hesiod [17] Mittel der Rhetorik, die erst Aristoteles und die spätere Tradition benannt und beschrieben haben. Ein Beispiel für einen Autor aus der Geschichte der P. vor Sokrates ist PARMENIDES. Der Text seines Lehrgedichts, insbesondere das Proömium mit der Erzählung der Reise zu der Göttin, woraus das Wissen über das Sein entspringt, zeigt einen ausgefeilten Stil. Dabei werden Regeln befolgt, die Aristoteles in der ‹Rhetorik› als wichtig für die Überzeugung des Adressaten ansieht.[18] Die Überzeugung ordnet Parmenides der Rede über das Sein zu [19], wenn auch mit dem Wissen um die Distanz, die das Sein von der Rede über das Sein trennt.[20] Es ist auch möglich, an die Elegie oder an die Geschichtsschreibung zu denken und daraus eine P. des SOLON [21] oder eine Rhetorik des THUKYDIDES [22] zu rekonstruieren. Es hat also keinen Sinn, die Rhetorik als eine besondere Erfindung Platons oder Aristoteles' anzusehen.[23] Sicherlich gebührt der P. des 4. Jh. das Verdienst, die Rhetorik in ihrem Status als bloßer Aufzählung von Regeln zu befreien, Bezüge herzustellen zwischen der Rhetorik und dem Wissen, das aus der Dialektik entsteht, und so eine systematische téchnē auszuarbeiten. Aber das Ergebnis ist deshalb so beachtlich, weil die Rhetorik im 4. Jh. bereits eine Geschichte hat.

c) *Sophistik*. Die Sophisten entwickeln die Lehre vom technischen Aufbau und Einsatz der Rede teilweise in kritischer Abgrenzung gegen die eleatische Ontologie und Dialektik. Nach Auskunft der Tradition sollen THRASYMACHOS [24], POLOS [25] und ANTIPHON [26] schon téchnai konzipiert haben, doch neigt die Forschung dazu, hier eine Darstellung von Regeln für die Rede auszuschließen. Im ‹Brutus› sagt Cicero [27], daß PROTAGORAS die Gewohnheit hatte, Gemeinplätze (τόποι, tópoi) für die Rede auszuarbeiten, und daß GORGIAS die Rede in der Perspektive des Lobs oder des Tadels aufbaute.[28] Die Sophisten produzierten vermutlich Material, das als Muster übernommen werden konnten. So findet sich bei Antiphon ein Repertoire von Proömien und Epilogen, die vor Gericht für die Anklage oder die Verteidigung benützt werden konnte.[29] Ein qualitativ nicht sehr hochstehendes Werk vom Ende des 5. Jh., das die Tradition ‹Dissoi logoi› nennt, enthält Muster dazu, wie eine Meinung durch eine andere, plausible Meinung zurückgewiesen werden kann, die der ersten diametral entgegengesetzt ist.[30]

Vor allem PROTAGORAS ist der Autor von Texten, die den Keim einer Redelehre für die Debatte vor Gericht oder in der Volksversammlung enthalten.[31] So entsteht der Stil des «zwar-aber» (μέν, men – δέ, de) aus einer Überlegung des Protagoras, die Aristoteles in der ‹Metaphysik›[32] oder in der ‹Rhetorik›[33] so darstellt: Es hat keinen Sinn, das Wahre vom Falschen zu unterscheiden, da der Mensch sich schnell eine Meinung bildet, sie aber auch, wenn er will, gleich darauf ablehnt.[34] Die Rhetorik folgt damit einem Relativismus, der sich auf die Bedeutung der Perzeption (αἴσθησις, aísthēsis) stützt. Protagoras zeigt in seiner Schrift ‹Aletheia›, daß der Mensch das Maß aller Dinge ist, die Richtschnur, um die Dinge zu verstehen.[35] Aber der Relativismus hat keinen Einfluß auf die Politik, die höchste téchnē nach Protagoras[36]: Weit mehr als das Wahre, macht das Nützliche eine Meinung zu einer besseren oder schlechteren.[37] Das Ziel ist die bessere Meinung, aber ohne die Rhetorik läßt sie sich in der Politik nicht umsetzen.[38] Hieraus entstand vielleicht die genaue Erforschung des καιρός (kairós, rechten Augenblicks), die Diogenes Laertios Protagoras zuspricht.[39]

In der Rhetorik des GORGIAS nimmt die Überzeugung eine zentrale Position ein. Sie hängt nicht vom Inhalt der Rede ab[40], sondern, wie der Traktat ‹Über das Nicht-Seiende› zeigt, davon, daß nach Gorgias eine Aussage sich nicht auf einen realen Sachverhalt stützen und dieser auch nicht rational mitgeteilt werden könne.[41] Daraus resultiert die Funktion der Überredung für die Mobilisierung der Emotionen des Adressaten. In der ‹Lobrede auf Helena›[42] hat die Rede zwar nur einen nicht faßbaren Körper und beruht auf der Tätigkeit eines kleinen Organs, der Zunge, ist aber in der Lage, durch den Appell an die Gefühle Taten von Göttern zu vollbringen, Angst zu nehmen, Schmerz zu besänftigen, Freude und Mitleid hervorzurufen.[43] Die Art der Produktion ist dabei nicht wesentlich, denn für Gorgias ist der Unterschied zwischen Prosa und Dichtung minimal. Die Rhetorik führt aber zur Entscheidung, weil der Adressat eines Textes nicht ein Wissen besitzt, sondern eine Meinung (δόξα, dóxa): Dichtung und Prosa haben ein ähnliches Ziel, nämlich diese Meinung mit Hilfe der Überzeugung zu verändern.[44] Gorgias gelingt es, hierfür die gestalterischen Elemente zu entwickeln. Dionysios von Halikarnassos schreibt ihm den Ursprung zahlreicher Figuren zu[45], aber vielleicht zu Unrecht, da er möglicherweise bei diesem den Stil des von ihm nicht geschätzten Platon vorfindet.[46] Der ‹Epitaphios› des Gorgias[47] zeigt eine starke Bemühung um die Wortfügung aus dem Bewußtsein heraus, daß die Rede eine große Wirkung auf die Seele und von dort aus auf den Körper ausübt. Daraus erklärt sich in der ‹Lobrede auf Helena›[48] der Vergleich mit der Medizin. Aber für Gorgias ist die Rhetorik jeder anderen téchnē überlegen[49], auch der Medizin, deren Therapie ohne die Kraft der Überzeugung erfolglos ist. Die Auffassung von der Überlegenheit der Rhetorik beginnt sich in der demokratischen Polis des 5. Jh. zu verbreiten, einer Gesellschaftsform, die dem Redner eine große Bedeutung beimißt. Der Redner aber, der der rhetorischen téchnē nicht mächtig ist, muß zwangsläufig unterliegen.

Ein Beispiel aus dem Mythos soll das verdeutlichen: Palamedes, der Erfinder vieler téchnai und von ehrlichem Charakter, will die Wahrheit verbreiten und weist Schlauheit und Täuschung als Mittel zurück. Aber in der gorgianischen ‹Apologie des Palamedes›[50] muß er am Ende erkennen, daß die Rede im Agon meist das Wahre verdunkelt.

d) *Isokrates.* Die Rolle der Rhetorik als Betätigungsfeld eines praktisch motivierten Wissens ist Thema von ISOKRATES' Rede ‹Gegen die Sophisten›.[51] Sie ist zugleich das Programm der Schule, die Isokrates in Athen von ca. 390 bis 338 unterhält. Er bietet von ‹Panegyrikos›[52] bis zum ‹Panathenaikos›[53] zahlreiche Ausführungen über die rhetorische Theorie, die vor allem der Epideiktik gewidmet sind. In seinem Stil, der schon für Hieronymos von Rhodos[54] nicht mit dem Vortrag in Einklang zu bringen ist, weil ihm das Pathos fehlt, ist der Geschmack des Gorgias erkennbar, jedoch gemildert durch einen wachen Sinn für das rechte Maß: Isokrates vermeidet den Hiat, sorgt sich um Euphonie und Prosarhythmus und achtet auf das Gleichgewicht zwischen den Satzteilen.[55]

Aber die Form ist für ihn vom Inhalt nicht zu trennen. Im ‹Panegyrikos›[56] macht die Rede kleine Dinge zu solchen mit großem Wert oder umgekehrt und ist in der Lage, eine gegebene Situation zu verändern. Isokrates betont wiederholt die Rolle der Argumentation. Doch ist es nicht leicht, in seiner P. den Sinn eines Begriffs wie ἰδέα, idéa, den Platon in der transzendenten Realität verankert[57], oder eines Begriffs wie ἐνθύμημα, enthýmēma, der für die Rhetorik des Aristoteles fundamental ist[58], zu erfassen. Ähnliches gilt für den καιρός, kairós, der im ‹Euagoras›[59] oder im ‹Philippos›[60] das Maß der Rede ist, aber in erster Linie als äußerliches Moment betrachtet werden muß[61], oder für das πρέπον, prépon, das in der Rede ‹Gegen die Sophisten›[62] reflektiert wird.[63] Isokrates vernachlässigt im Hinblick auf die Epideiktik auch nicht das Problem einer Untersuchung des Redegegenstandes und des Wissens. In der ‹Antidosis›[64] strebt die Untersuchung zu einer empirischen dóxa, die für das Abwägen einer Entscheidung unerläßlich ist. Isokrates fordert für die Rhetorik also nicht den Status einer ἐπιστήμη, epistḗmē, was Cicero in ‹De oratore›[65] aufgreift, da in der Politik die Meinung der Mehrheit ausschlaggebend ist.[66] In der Rede ‹An Nikokles›[67] bezieht er diese Sicht auf die Moral: Um erfolgreich zu sein, muß man die Instinkte der Menge ausnützen, ihre dóxa erkennen und sich zu eigen machen.[68] Für die Erziehung (παιδεία, paideía) ist nach Isokrates die literarische Form der Rede am wichtigsten.[69] Diese bildet die Seele des Adressaten im Hinblick auf den Inhalt, der der ‹Antidosis›[70] zufolge weit gespannt sein soll, auf hohem Niveau stehend, von allgemeinem Wert und fähig, auf die P. vorzubereiten. Die literarische Form wird im ‹Sechsten Brief›[71] als das Modell einer Ordnung für die Seele vorgestellt.[72] Die Prosa reklamiert jetzt entschieden die Schlüsselfunktion der Erziehung für sich, die von Homer bis zum 5. Jh. noch die Dichtung innehatte. In der Einleitung zum ‹Euagoras›[73] stellt Isokrates die Ausdrucksmittel von Prosa und Dichtung einander gegenüber in der Hoffnung, mit dem Enkomion auf den König Euagoras sogar das dichterische Werk des Pindar zu übertreffen.[74]

Die paideía selbst wird im letzten Abschnitt von Isokrates' letztem Werk, dem ‹Panathenaikos›, thematisiert. Er zeichnet von sich das Bild eines Lehrers, der das Geschriebene ausfeilen möchte, um es in mühevoller

Arbeit möglichst vollkommen zu machen, eines Lehrers, der die Schule als sein hauptsächliches Wirkungsfeld begreift.[75] Die Rhetorik präsentiert sich hier als eine Form des Wissens, das von der Rede nicht zu trennen ist, weil es aus der Rede entsteht und die Instrumente für die Analyse einer Rede zur Verfügung stellt.[76] Damit wird auch seine Auffassung von P. deutlich: Sie ist kein Gebäude von theoretischen Einsichten, sondern eine Summe von praktischen Kenntnissen, gewonnen aus Handlungserfahrung und Bildung.[77] Diese Sichtweise der Rhetorik ist nicht mit einer einfachen handbuchartigen Auflistung von Regeln vereinbar. Im ‹Brutus› schreibt Cicero dem Isokrates zwar eine téchnē oder vielleicht mehrere zu.[78] Aber das geschieht möglicherweise auf der Basis einer Fehlinterpretation zweier Zeugnisse des Speusipp.[79] Vielleicht zielte Isokrates auch nicht auf eine téchnē im tradierten Sinn, denn in der Rede ‹Gegen die Sophisten›[80] ist die Rhetorik keine ausgefeilte Technik, sondern eine geschmeidige Form des Wissens, das in der Beziehung zwischen Lehrer und Schüler entsteht. Nicht zufällig öffnet Isokrates die Rede daher schon vor dem ‹Panathenaikos›, nämlich im ‹Areopagitikos›[81], in der ‹Antidosis›[82] und im ‹Philippos›[83] dem Dialog. Er bricht so ihre feste Form auf, die den Adressaten daran hindert, den Wert der Argumentation zu überprüfen. Daher die Worte des Lobes, die Platon im ‹Phaidros›[84] für ihn findet.[85]

e) *Platon.* Die Beziehung Platons zur Rhetorik zusammenzufassen ist schwierig, denn es gibt weder eine kategorische Ablehnung noch eine völlige Zustimmung zu ihr. In der Anfangsphase, in der ‹Apologie›[86], im ‹Symposion›[87], im ‹Euthydem›[88] und im ‹Menexenos›[89] wird das Problem des Unterschieds vom Wahren und Falschen thematisiert. In diesem Punkt setzt sich schon Hesiod von Homer ab[90], und im Athen der klassischen Zeit distanziert sich Platon von Gorgias.[91] Die Rhetorik entstellt das Wahre, so daß aus dem Bedürfnis der Zuhörer nach Genuß eine Form der Schmeichelei entsteht, die zu Unrecht die Rolle der Politik einnimmt. Wie der ‹Gorgias› ausführt[92], ist die Rhetorik nur Wissen mit empirischer Funktion, also keine téchnē, weil sie keine bestimmten Wirkungsbereiche hat. Die Rede, mit der Gorgias sie verknüpft, ist für Platon keine leere Form, die man nach Bedarf auffüllen kann.[93] Sicherlich hilft die Rhetorik dem Redner, der seine Meinung mitteilen möchte, weil diese vor Gericht oder in der Versammlung nach ihrer Überzeugungskraft beurteilt wird. Aber Platons Ziel ist nicht die Meinung, sondern das Wissen, das in der Untersuchung verwurzelt ist.[94] Erst dieses macht die Rede glaubwürdig. Platon fügt im ‹Gorgias›[95] den Charakter hinzu, denn nur ein rechtschaffener Mann (ἀγαθὸς ἀνήρ, agathós anḗr) ist bereit, den Zuhörern das Wahre zu sagen und ihnen nicht zu schmeicheln.

Die Rhetorik wird im ‹Phaidros›[96] dann rehabilitiert. Im Gegensatz zur Sophistik versucht Platon, die Rhetorik jetzt in der Dialektik aufgehen zu lassen. Bei der Gestaltung einer Rede ist das Wissen die unverzichtbare Basis, weil ihr Wert im Inhalt liegt. Ohne das Wissen ist sie vor Gericht oder in der Versammlung durch das in ihr enthaltene Wirkungspotential gefährlich. Die Dialektik ist das wichtigste Mittel zum Erwerb von Wissen. Sie arbeitet mit διαίρεσις, diháiresis und συναγωγή, synagōgḗ d.h. mit Trennung bzw. Verbindung, und untersucht die Beziehung zwischen den Ideen als Grundlage der Wirklichkeit. Damit entsteht eine neue Rhetorik. Platon gesteht allerdings der tradierten Rhetorik das Verdienst zu, die Doktrin von Erzählung und Widerlegung, Lob und Tadel, Beweis und Zeugnis systematisch ausgearbeitet zu haben.[97] Er liefert in ‹Phaidros› wertvolle Zeugnisse über Teisias und Gorgias, Prodikos und Protagoras.[98] Für sich genommen reicht die Rede nach Platons Ansicht aber nicht aus, um den Adressaten zu beeinflussen, wenn man nicht eine genaue Untersuchung der menschlichen Seele und ihrer Bestandteile vornimmt, um die Rede danach auszurichten.[99] Das Ergebnis ist eine neue Definition der Rhetorik: die ψυχαγωγία, psychagōgía. Nicht ohne Grund bezeichnet Platon damit weniger einen Inhalt als vielmehr ein Ziel, nämlich die Seele des Adressaten zu leiten.

Im ‹Phaidon›[100] und im ‹Symposion›[101] wird Platons Konzeption der P. klar: sie ist unermüdliche Suche im Zeichen der paideía.[102] In Kombination mit der Dialektik ähnelt die Rhetorik der Medizin und ist ihr sogar überlegen. Die Beziehung liegt in der Methode (μέθοδος, méthodos), ein Begriff, der Platon immer wieder in seinem Nachdenken über die Ordnung der Seele und des Leibes beschäftigt. Die neue Rhetorik, die téchnē der Seele, verdankt die Methode dem Hippokrates und seiner téchnē des Leibes[103]: man muß den Aufbau der Seele genau wie den Aufbau des Leibes analysieren, um die Wirkungsfähigkeit der Teile zu entdecken. Nicht umsonst hat die ideale Rede im ‹Phaidros›[104] die Form des Leibes. Auf diese Weise, durch ein Bild, fordert Platon die Beobachtung des Angemessenen (prépon) und der harmonischen Eleganz besonders für die literarische Produktion.[105] Denn die Unterschiede, die die Rhetorik von der Literaturproduktion trennen, sind minimal. Wenn nämlich die Rhetorik in der Dialektik ihre eigentliche Form findet, so entsteht aus der Dialektik auch das Modell einer Literatur, die für Platon edler ist als die Epik oder die Tragödie.[106] Die Ablehnung der langen, monologisierenden Rede zugunsten der kurzen, dialogorientierten im ‹Protagoras›[107] oder im ‹Gorgias›[108] hat für ihn sogar unmittelbare Auswirkungen auf die Forschung und die Gestaltung von Texten.[109] Im letzten Teil des ‹Phaidros› und im ‹Siebten Brief› geht die Reflexion auf die Rede über in eine kritische Betrachtung der Mittel der Wissensvermittlung. Die Ablehnung der langen Rede mündet hier in die Kritik einer handbuchartigen, sterilen Rhetorik abseits der Dialektik.[110]

f) *Aristoteles.* Die Untersuchung des ARISTOTELES über die Rhetorik scheint mit dem Dialog ‹Gryllos› und der ‹Synagōgḗ› ihren Anfang genommen zu haben. Es gibt nicht mehr als zwei Zeugnisse über den ‹Gryllos›[111], das vielleicht erste Werk des Aristoteles, das vom Aufbau dem ‹Gorgias› von Platon ähnelt.[112] Damit ehrte er Gryllos, den Sohn des Xenophon, nach dessen Tod in der Schlacht von Mantineia. Das zentrale Thema war vielleicht das Enkomion: der ‹Gryllos› entwickelte wahrscheinlich Regeln für die Ausarbeitung einer Lobrede auf einen berühmten Mann.[113] Nach 357 richtet Aristoteles in der Akademie einen gegen Isokrates' Schule gerichteten Rhetorikkurs ein. Aus der Polemik gegen ihn entsteht möglicherweise der ‹Gryllos›[114], den Isokrates vielleicht mit der ‹Antidosis›[115] erwidert.[116] Die Forschung sieht im ‹Gryllos› das Dokument einer untrennbaren Verbindung von Rhetorik und P. Daraus ergibt sich das Bild eines platontreuen Aristoteles, da diese Auffassung erst mit dem ‹Phaidros› entstand.[117] Aber man muß auch eine Distanz zu Platon in Betracht ziehen. Die Antwort des Speusipp ‹Gegen Gryllos›, die Diogenes Laertios[118] erwähnt, entstand vielleicht aus dem Bedürfnis heraus, die Darstellung des aristotelischen ‹Gryllos› abzuwehren. [119] Nach dem ‹Gryllos› und vor der ‹Rhetorik› entsteht aus dem geduldigen Sammeleifer des Peripatos auf Anregung und unter Leitung des Aristoteles die ‹Synagōgḗ›. Ihr Inhalt ist nicht leicht zu rekonstruieren; vielleicht war es ein detailliertes Panorama der Rhetoriken von Teisias bis zu Isokrates. [120]

In der ‹Rhetorik› hat Aristoteles sich von Platon klar abgegrenzt. Die Schrift bietet schon am Anfang eine Definition des Verhältnisses von Rhetorik und Dialektik: die Rhetorik ist das Gegenstück (ἀντίστροφος, antístrophos) zur Dialektik, weil sie für die Rede die Funktion der Dialektik in der Untersuchung übernimmt. [121] Der Begriff ‹antístrophos› ist freilich ungewöhnlich. Er stammt aus dem ‹Gorgias› [122] und ist ein Beispiel für umdeutenden Rückgriff am Anfang einer Schrift. [123] Mit diesem Begriff macht Aristoteles einerseits deutlich, was er Platon verdankt, zeigt andererseits aber, daß er in der ‹Rhetorik› eine andere Richtung einschlägt. Nach der Definition bekräftigt er die Abwendung von Platon: gerade weil die Rhetorik das Gegenstück der Dialektik ist, darf man ihr den Status einer téchnē nicht absprechen. Die Abwendung von Platon wird in der Gesamtkonzeption des Werkes wie auch in jedem einzelnen Abschnitt deutlich. Trotzdem zeigt Aristoteles eine Abhängigkeit von seinem Lehrer in der moralischen Orientierung, die zum Beispiel in der ‹Rhetorik an Alexander› nicht gegeben ist. Nach der Darstellung der argumentativen πίστεις, písteis [124] billigt er in der Behandlung der moralischen písteis [125] dem ἦθος, éthos des Redners oder dem πάθος, páthos des Zuhörers eine wichtige Funktion zu. [126] Dies ist das Resultat von Platons Auffassung, die im ‹Phaidros› [127] Form und Inhalt der Rede mit dem Wissen über die emotionalen Regungen der Seele verbindet.

Die ‹Synagōgḗ› ist in der ‹Rhetorik› im Hinblick auf das Material, das Aristoteles benützt [128], und in Hinblick auf den knappen und anspielungsreichen Stil präsent. Dieser Stil ist vielleicht für einen Leser gedacht, der die ‹Synagōgḗ› studiert hat. [129] Aber die ‹Rhetorik›, die die Tradition der Sophistik aufnimmt, hat viele Bezüge zum Gesamtwerk des Aristoteles. Zahlreich sind zum Beispiel die Parallelen bei den moralischen písteis. [130] Der wichtigste Beleg ist sicherlich die Rolle, die in der ‹Rhetorik› das enthýmēma spielt. [131] Von der Darstellung des enthýmēma ausgehend trennt Aristoteles die Beratungsrede [132] von der Epideiktik [133] und der Gerichtsrede [134], behandelt die moralischen písteis [135] und bietet eine Darstellung der Allgemeinplätze (τόποι, tópoi). [136] Hier wird der Bezug zum ‹Organon› deutlich, etwa zu Teilen der ‹Analytica priora› [137] und der ‹Analytica posteriora›. [138] Besonders stark ist der Einfluß der ‹Topik›. [139] Die Definition, die Aristoteles in der ‹Rhetorik› [140] für die tópoi bietet, erinnert an die Definition, die am Ende der ‹Topik› steht. [141] Die Sequenz der 28 tópoi, die ἐναντία (enantía, Gegensätze), oder die πτώσεις (ptóseis, grammatische Flexionen), die μέρη (mérē, Teile) oder die ὀνόματα (onómata, Namen) entsteht in der ‹Rhetorik› [142] aus dem Material der ‹Topik›. [143] Dieses basiert wiederum auf der Untersuchung der Akademie. Nach der ‹Rhetorik›, [144] greift Aristoteles das Problem des falschen enthýmēma in den ‹Sophistischen Widerlegungen› [145] auf, jenem Traktat, der nach der ‹Topik› den falschen ἔλεγχος, élenchos der Sophisten aus der Perspektive der P. zurückweist.

Als Verfasser der ‹Synagōgḗ› realisiert Aristoteles in der ‹Rhetorik› auch einen historischen Anspruch. Er fügt häufig ein Beispiel aus der Literatur an und benutzt auf diese Weise die rhetorische Technik als hermeneutisches Instrument. Damit entdeckt er die Präsenz der Rhetorik schon in der ältesten literarischen Produktion: in der Epik, insbesondere in der ‹Ilias›, in der Lyrik, mehr bei Simonides als bei Pindar, und in der Tragödie des Sophokles und des Euripides. [146] Von entscheidender Bedeutung für diese Sicht ist die Prosa, d.h. Texte von Gorgias, Platon, Lysias und Isokrates, das Korpus der Epideiktik und der Gerichtsreden, aus dem Aristoteles Belege entnimmt, um diese Theorie zu entwickeln. Erst diese Rhetorik ist es wert, eine wirkliche téchnē genannt zu werden. Die P. eröffnet so die Möglichkeit für eine Rede, die in der Lage ist, die Seele des Adressaten durch die Macht des Inhalts zu formen.

Da die Rhetorik sich mit dem Einzelnen (καθ'ἕκαστον, kathékaston) wie auch die Poetik und nicht mit dem Allgemeinen (καθόλου, kathólū) wie die theoretische P. beschäftigt [147], ist sie auch eine praktische Kunst für die Angelegenheiten des täglichen Lebens. Daher resultiert bei Aristoteles ihr Bezug zu Ethik und Politik. [148] Wenn die Rhetorik Material aus diesen Bereichen schöpft, formt sie es für ihre Zwecke um. [149] Aristoteles vertieft in seinen Abhandlungen über Ethik und Politik Themen, die in der ‹Rhetorik› nur kurz angesprochen werden. So erinnert die Untersuchung der moralischen písteis in der ‹Rhetorik› [150] an Stellen in der ‹Politik› [151] über den Zusammenhang von Seele und Staatsform oder der Seele und der Funktion des einzelnen in der Gesellschaft. [152] In der ‹Nikomachischen Ethik› ähnelt sie der Untersuchung über Dynamik und Stellung der ἀρετή, aretḗ. [153]

g) *Hellenismus.* Im Hellenismus werden die vorher gegeneinander abgesetzten Bereiche von Rhetorik und P. teilweise integriert. Zwar enthält etwa die Redelehre des HERMAGORAS von TEMNOS bloß eine Zusammenstellung von Regeln für eine wirkungsvolle Rede [154], wogegen in der kynischen Tradition die Rhetorik nur eine geringe Rolle spielt. [155] Die P. zeigt aber meistens eine Beziehung zur Rhetorik, wenn auch in unterschiedlicher Intensität.

Der PERIPATOS spielt seit 322 v. Chr., unmittelbar nach dem Tod des Aristoteles, eine entscheidende Rolle in der Geschichte der Rhetorik. Wichtig sind auf diesem Gebiet die Werke von THEOPHRAST, dem Leiter der Schule: Traktate über die Gedankenfindung, den Stil und den Vortrag der Rede. Das Ziel ist, die ‹Rhetorik› des Aristoteles in einzelnen Aspekten zu vertiefen. [156] Besonders die Ausführungen über den Stil haben im Hellenismus eine breite Wirkung entfaltet, weshalb in der Zeit nach Theophrast die Rhetorik mit Ausnahme von Hermagoras dazu tendierte, das Feld der Argumentation zu vernachlässigen. Theophrast ist es auch gelungen, eine fruchtbare Beziehung zwischen Rhetorik und Hermeneutik herzustellen, indem er die literarische Produktion der Vorgänger rhetorisch untersuchte. Er hält sich dabei an das Verfahren des Aristoteles, ein Ansatz, den der Peripatos später mit DEMETRIOS VON PHALERON [157] und HIERONYMOS VON RHODOS [158] weiterführt.

In den Untersuchungen der platonischen AKADEMIE spielt die Rhetorik dagegen nur eine geringe Rolle. Bezeichnend ist ein Bericht des Crassus in CICEROS ‹De oratore›, wo als gängige Meinung referiert wird, daß der Redner sich nur auf Prozesse und kleine Volksversammlungen beschränken, im übrigen aber mit der Staatenlenkung nichts zu tun haben soll.[159] Eine neue Beschäftigung mit der Rhetorik kommt erst in der Kaiserzeit auf, als man Kommentare zum ‹Gorgias› und ‹Phaidros› schreibt und JAMBLICHOS sie in seinen Kanon einbezieht.[160]

In der STOA beherrscht die P. die Einstellung gegenüber der Rhetorik, weil die Rede vor allem als Lehrvortrag gesehen wird, zu dem der Einsatz von Gefühlen nicht paßt. Der Redner wird als Philosoph bzw. Dialektiker angesehen. Von daher ist es selbstverständlich, daß er die ethischen Anforderungen der Rechtschaffenheit erfüllen muß. Cicero hat die Haltung der Stoa später ironisch kommentiert und im Traktat des Kleanthes oder des Chrysipp nur eine Anleitung zum Schweigen gesehen.[161] Themen der Forschung sind für die Stoa der Gebrauch der Stimme, die Aufteilung der unsicheren Bedeutungen ἀμφιβολίαι, amphibolíai und die Theorie der Tropen, die für die Grammatik ausgearbeitet wird.[162]

Der Inhalt der ‹Rhetorik› des EPIKUR wird insbesondere im Werk PHILODEMS sichtbar, der im 1.Jh. v. Chr. dessen Anhänger war. Aber es ist nicht leicht, die ursprüngliche Meinung Epikurs von der Interpretation durch Philodem zu trennen.[163] Für Epikur ist die Rhetorik keine téchnē, sondern sie entsteht aus der ständigen Beschäftigung mit der Rede bzw. aus der Gewohnheit zu reden.[164] Dies ist eine drastische Lösung von Platons Problem mit dem technischen Charakter der Rhetorik.[165] Epikurs Auffassung spitzt sich in einer Polemik gegen den frühen Aristoteles zu, der die Rhetorik in die Forschungsgebiete der Akademie einreihte. Vielleicht ist diese Polemik gegen die Rhetorik als Wissenschaft nichts anderes als eine Polemik gegen die Politik, die für Epikur eine Störung der Seelenruhe darstellt.[166] Philodem billigt möglicherweise mit seinem Lehrer Zenon der Epideiktik den Status einer rhetorischen téchnē zu[167], lehnt diesen aber mit Epikur für Gerichts- und Beratungsrede ab. Dieser Ansatz trennt ihn von Cicero und von Dionysius von Halikarnassos. Bei Epikur zeigt sich auch deutlich die Aufgabenteilung zwischen P. und Rhetorik im Hellenismus. Diese ist für die Erziehung zum Reden zuständig; jene kann als Gipfel der Erkenntnis die Furcht vor den Göttern oder vor dem Tod beseitigen und das Problem des Existierens in der Gesellschaft nach der Maxime «lebe im Verborgenen» lösen.

h) *Kaiserzeit.* In der griechischen Rhetorik der römischen Epoche kommt es vor allem während der Zeit der zweiten Sophistik zu Berührungen zwischen P. und Redekunst.[168] Im Vordergrund der sophistischen Beredsamkeit steht zwar die große Kunstrede deklamatorischer Art, die fingierte Fälle aus dem politischen oder dem gerichtlichen Bereich sowie geschichtliche oder mythologische Themen zur Unterhaltung eines großen Auditoriums behandelt. Aber es gibt auch die popularphilosophische Diatribe zwecks moralischer Belehrung der Zuhörer, wie sie vor allem DION VON PRUSA praktiziert hat.[169] Dion sieht die P. mit ihrer Suche nach der Tugend als das Wesentliche[170], wogegen die Rhetorik zweitrangig ist, denn die Epideiktik hat nur die Aufgabe, zur Tugend hinzuführen.[171] Er integriert die P. in die Politik und weist der Rhetorik daher die Aufgabe zu, die Hörer zu ermahnen, zu beraten und die Wichtigkeit der Einigkeit zu unterstreichen.[172] So kommt hier eine Vorstellung von der P. zum Ausdruck, wie sie auch Platon im ‹Siebten Brief› beschreibt.[173]

Als Beispiel für die Hinwendung zu einem geschichtlichen Aspekt des Verhältnisses von P. und Rhetorik kann die Rede ‹Gegen Platon› von AELIUS ARISTIDES gelten. Er will die Rhetorik des Gorgias gegen die Kritik Platons verteidigen und das negative Bild, das Platon in seinem Dialog entwirft, berichtigen.[174] Anders als die Tradition der Akademie zeigt Aristides wieder eine echte Auseinandersetzung mit Platon vom Standpunkt der ersten Sophistik. Dieser Versuch der Rehabilitierung ist ein später Beleg für die Streitigkeiten, die seit den Tagen der ersten Sophistik zwischen P. und Rhetorik mit Blick auf die Frage nach der richtigen Bildung geherrscht haben.

Anmerkungen:

1 Herakleides Pontikos 87–88, in: F. Wehrli: Die Schule des Aristoteles, Bd. 7 (Basel/Stuttgart ²1969) – **2** Herodot I, 30, 2. – **3** Thukydides II, 40, 1. – **4** Platon, Phaidon 60 c-69e. – **5** Plat. Phaidr. 278b–e. – **6** C.J. Classen: Sprachliche Deutung als Triebkraft platonischen und sokratischen Philosophierens (1959) 158–150. – **7** Aristoteles, Synagōgē technōn 123–126 und Sophistes 39.1–39.3, in: O. Gigon: Aristotelis Opera, Bd. 3 (Berlin/New York 1987). – **8** O. Gigon: Grundprobleme der antiken P. (Bern 1959) 30–34. – **9** Aristoteles, Metaphysik 983 b 6–984 a 16. – **10** Homer, Ilias XIV, 197–262. – **11** Homer, Ilias II, 748–755, XIV, 270–276, XV, 34–46. – **12** W. Schadewaldt: Die Anfänge der P. bei den Griechen (1978) 47–82. – **13** H. Fränkel: Dichtung und P. des frühen Griechentums (³1969) 104–146. – **14** Homer, Ilias IX, 430–443. – **15** G.A. Kennedy: A New History of Classical Rhetoric (Princeton 1994) 11–29. – **16** A.J. Karp: Homeric Origins of Ancient Rhetoric, in: Arethusa 10 (1977) 237–258, ND in: E. Schiappa (Hg.): Landmark Essays on Classical Greek Rhetoric (Davis 1994) 35–52. – **17** W.J. Verdenius: A Commentary on Hesiod: Works and Days, vv. 1–382 (Leiden 1985) 13 f. – **18** J. Mansfeld: The Rhetoric in the Poem of Parmenides, in: L. Bertelli, P. Donini (Hg.): Filosofia, Politica, Retorica (Mailand 1994) 1–11. – **19** Parmenides 28 B 8, 34–41 VS. – **20** G. Calogero: Studi sull'Eleatismo (Florenz ²1977) 6–10, 38–41. – **21** H.G. Nesselrath: Göttliche Gerechtigkeit und das Schicksal des Menschen in Solons Musenelegie, in: Museum Helveticum 49 (1992) 91–104. – **22** A.J. Woodman: Rhetoric in Classical Historiography (London-Sydney 1988) 1–69. – **23** E. Schiappa: The Beginnings of Rhetorical Theory in Classical Greece (New Haven/London 1999) 14–29. – **24** Thrasymachos 85 B 3–7a VS. – **25** Polos B XIV, 3–4 Radermacher. – **26** Antiphon 87 B 3 VS. – **27** Cic. Brut. XII, 46. – **28** P.M. Huby: Cicero's Topics and Its Peripatetic Sources, in: W.W. Fortenbaugh, P. Steinmetz (Hg.): Cicero's Knowledge of the Peripatos (New Brunswick/London 1989) 61–76. – **29** S. Usher: Greek Oratory (Oxford 1999) 355–359. – **30** Dissoi logoi 90 VS. – **31** Diogenes Laertios III 37. – **32** Aristoteles. Metaphysik 1007 b 18–1008 a 2. – **33** Arist. Rhet. 1400 b 34–1402 a 29. – **34** J. Poulakos: Sophistical Rhetoric in Classical Greece (Columbia 1995) 53–73. – **35** Protagoras 80 B 1 VS. – **36** Platon, Protagoras 320 c-322 d. – **37** E. Schiappa: Protagoras and Logos (Columbia 1991) 155–204. – **38** W.K.C. Guthrie: A History of Greek Philosophy, Bd. 3 (Cambridge 1969) 181–192. – **39** Diogenes Laertios IX 52. – **40** B. Cassin: Du faux ou du mensonge à la fiction, in: B. Cassin (Hg.) Le plaisir de parler (Paris 1986) 3–29. – **41** Gorgias 82 B 3, 83–87 VS. – **42** ders. 82 B 11, 8–9 VS. – **43** T. Cole: The Origins of Rhetoric in Ancient Greece (Baltimore/London 1991) 139–158, 176–177. – **44** R. Wardy: The Birth of Rhetoric (London/New York 1996) 25–51. – **45** Dion. Hal. Or. Vet. V 5, 4–6 und 25, 2–4. – **46** M.P. Noël: Gorgias et l'invention des γοργίεια σχήματα, in: Revue des Études Grecques 112 (1999) 193–211. – **47** Gorgias 82 B 5 a-6 VS. – **48** ders. 82 B 11, 14 VS. – **49** Platon, Gorg. 452 d-456 c – **50** Gorgias 82 B 11 a, 33–36 VS. – **51** Isocr. Or. XIII, 14–18. – **52** ders. Or. IV, 1–10. – **53** ders. Or. XII, 200–272. – **54** Hieronymos von Rhodos 52 a-52 b, in: F. Wehrli: Die Schule des Aristoteles. Bd. 10 (Basel/Stuttgart ²1969). – **55** S. Usher: The Style of Isocrates, in: Bulletin of the Institute of Classical Studies 19–20 (1972–1973) 39–67. – **56** Isocr. Or. IV, 1–10. – **57** J.B. Lidov: The Meaning of ἰδέα in Isocrates, in: Parola del Passato 38 (1983) 273–287. – **58** E. Mikkola: Isokrates (Helsinki 1954) 74–77. – **59** Isocr. Or. IX 33–34. – **60** ders. Or. V, 109–110, 142–143. – **61** M. Vallozza: Καιρός nella teoria del discorso di lode, in: Daidalos, Bd. 3 (Viterbo 2001) 249–258. – **62** Isocr. Or. XIII, 14–18. – **63** M. Pohlenz: Τὸ πρέπον, in: Nachrichten von der Ges. der Wiss. zu Göttingen (1933) 53–92, ND in: M. Pohlenz: Kleine Schr., Bd. 1 (1965) 100–139. – **64** Isocr. Or. XV, 184. – **65** Cic. De or. II, 30. – **66** W. Kroll: Rhet., in: RE Suppl. 7 (1940) 1049–1050. – **67** Isocr. Or. II, 40–49. – **68** H. Wilms: Techne und Paideia bei Xenophon und Isokrates (1995) 259–270. – **69** W. Steidle: Redekunst und Bildung bei Isokrates, in: Hermes 80 (1952) 257–296, ND in: H. T. Johann: Erziehung und Bildung in der heidnischen und christlichen Antike (1976) 170–226. – **70** Isocr. Or. XV, 270–280. – **71** ders. Ep. VI, 7–10. – **72** E. Alexiou: Ruhm und Ehre (1995) 55–67. – **73** Isocr. Or. IX, 8–11. – **74** M. Vallozza: Art. ‹Enkomion›, in: HWRh 2 (1994) 1152–1160. – **75** C. Eucken: Leitende Gedanken im isokrateischen Panathenaikos, in: Museum Helveticum 39 (1982) 43–70. – **76** M. Erler: Hilfe und Hintersinn. Isokrates' Panathenaikos und die Schriftkritik im Phaidros, in: L. Rossetti (Hg.): Understanding the Phaedrus (1992) 122–137. – **77** Y. L. Too: The Rhetoric of Identity in Isocrates (Cambridge 1995) 171–179. – **78** Cic. Brut. XII, 48. – **79** Speusipp 156, 2–4 und 10–11, in: M. Isnardi Parente: Speusippo. Frammenti (Neapel 1980). – **80** Isocr. Or. XIII, 12–13. – **81** ders. Or. VII, 56–59. – **82** ders. Or. XV, 140–153. – **83** ders. Or. V, 2–9 und 17–23. – **84** Plat. Phaidr. 278 e–279 b. – **85** M. Tulli: Sul rapporto di Platone con Isocrate: profezia e lode di un lungo impegno letterario, in: Athenaeum 78 (1990) 403–422. – **86** Plat. Apologie 17 a-18 e, 23 c-24 b. – **87** ders. Symposion 198 c-201 c. – **88** ders. Euthydem 288 d-290 d, 304 c-306 d. – **89** ders. Menexenos 234 c-235 e. – **90** G. Arrighetti: Esiodo e le Muse: il dono della verità e la conquista della parola, in: Athenaeum 80 (1992) 45–63. – **91** G. Calogero: Gorgias and the Socratic Principle ‹Nemo Sua Sponte Peccat›, in: Journal of Hellenic Studies 87 (1957) 12–17, ND in: C. J. Classen (Hg.): Sophistik (1976) 408–421. – **92** Plat. Gorg. 462 b-466 a. – **93** S. Benardete: The Rhetoric of Morality and Philosophy (Chicago/London 1991) 5–102. – **94** G. Cambiano: Platone e le tecniche (Rom/Bari ²1991) 85–115, 181–204. – **95** Plat. Gorg. 459 c-462 b, 502 d-505 d. – **96** Plat. Phaidr. 259 e-266 c. – **97** Plat. Phaidr. 266 d-267 d. – **98** Plat. Phaidr. 268 a-272 b. – **99** G. R. F. Ferrari: Listening to the Cicadas (Cambridge 1987) 68–85, 245–251. – **100** Platon, Phaidon 78 b-84 b. – **101** ders. Symposion 201 d-212 c. – **102** P. Friedländer: Platon, Bd. 1 (Berlin/New York ³1964) 3–33. – **103** M. Vegetti: La medicina in Platone (Venedig 1995) 97–122. – **104** Plat. Phaidr. 262 c-264 e. – **105** D. Babut: Sur quelques énigmes du Phèdre, in: Bulletin de l'Association Budé (1987) 256–284, ND in: D. Babut: Parerga (Lyon 1994) 305–333. – **106** K. Gaiser: Platone come scrittore filosofico (Neapel 1984) 77–123. – **107** Platon, Protagoras 328 d-338 e. – **108** Plat. Gorg. 448 d-449 c. – **109** M. Erler: Der Sinn der Aporien in den Dialogen Platons (Berlin/New York 1987) 21–37. – **110** G. Giannantoni: Socrate e il Platone esoterico, in: G. Giannantoni, M. Gigante, E. Martens, M. Narcy, A. M. Ioppolo, K. Döring: La tradizione socratica (Neapel 1995) 9–37. – **111** J. Bollansée: Hermippos of Smyrna, in: G. Schepens (Hg.): Die Fragmente der griech. Historiker (Leiden/Boston/Köln 1999) 331–333. – **112** H. Tarrant: Dialogue and Orality in a Post-Platonic Age, in: E. A. Mackay (Hg.): Signs of Orality (Leiden/Boston/Köln 1999) 181–197. – **113** A. H. Chroust: Aristotle. New Light on His Life and on Some of His Lost Works, Bd. 2 (London 1973) 29–42, 298–306. – **114** R. Laurenti: Aristotele. I frammenti dei dialoghi, Bd. 1 (Neapel 1987) 398–404. – **115** Isocr. Or. XV, 258–269. – **116** C. Eucken: Isokrates. Seine Positionen in der Auseinandersetzung mit den zeitgenössischen Philosophen (Berlin/New York 1983) 56–63. – **117** W. Jaeger: Aristoteles. Grundlegung einer Gesch. seiner Entwicklung (²1955) 23–36, 435–437. – **118** Diogenes Laertios IV, 1–5. – **119** L. Tarán: Speusippus of Athens (Leiden 1981) 194–195. – **120** K. Schöpsdau: Das Nachleben der Technon Synagoge bei Cicero, Quintilian und in den griech. Prolegomena zur Rhet., in: W. W. Fortenbaugh, D. C. Mirhady (Hg.): Peripatetic Rhetoric after Aristotle (New Brunswick/London 1994) 192–216. – **121** Arist. Rhet. 1354 a 1–1355 b 25. – **122** Plat. Gorg. 462 b-466 a. – **123** G. B. Conte: Memoria dei poeti e sistema letterario (Turin ²1985) 17–74. – **124** Arist. Rhet. 1358 a 36–1375 a 21. – **125** ebd. 1377 b 16–1392 a 7. – **126** W. W. Fortenbaugh: Aristotle's Accounts of Persuasion through Character, in: C. Lyle Johnstone (Hg.): Theory, Text, Context. Issues in Greek Rhetoric and Oratory (New York 1996) 147–168. – **127** Plat. Phaidr. 268 a-272 b. – **128** Arist. Rhet. 1354 a 1–1355 b 25, 1392 a 8–1402 a 29. – **129** M. T. Luzzatto: L'oratoria, la retorica e la critica letteraria dalle origini ad Ermogene, in: F. Montanari (Hg.): Da Omero agli Alessandrini (Rom 1988) 220–223. – **130** W. M. A. Grimaldi: Studies in the Philosophy of Aristotle's Rhetoric (1972) 18–28. – **131** J. Sprute: Die Enthymemtheorie der aristotelischen Rhet. (1982) 68–146. – **132** Arist. Rhet. 1359 a 30–1366 a 22. – **133** ebd. 1366 a 23–1368 a 37. – **134** ebd. 1368 b 1–1375 a 21. – **135** ebd. 1377 b 16–1392 a 7. – **136** ebd. 1392 a 8–1402 a 29. – **137** Aristoteles, Analitica priora 70 a 3-b 38. – **138** Aristoteles, Analitica posteriora 71 a 1-b 8. – **139** P. Slomkowski: Aristotle's Topics (Leiden/New York/Köln 1997) 43–68. – **140** Arist. Rhet. 1355 b 26–1358 a 35. – **141** Arist. Top. 163 a 29–164 b 19. – **142** Arist. Rhet. 1397 a 23–1400 b 33. – **143** Arist. Top. 106 a 1–115 b 35. – **144** Arist. Rhet. 1400 b 34–1402 a 29. – **145** Arist. Soph. el. 165 b 23–174 b 40. – **146** Y. L. Too: The Idea of Ancient Literary Criticism (Oxford 1998) 109–113. – **147** H. J. Horn: Zum neunten Kapitel der aristotelischen Poetik, in: Rheinisches Museum N. F. 131 (1988) 113–136. – **148** Arist. Rhet. 1355 b 26–1358 a 35. – **149** S. Halliwell: Popular Morality, Philosophic Ethics and the Rhetoric, in: D. J. Furley, A. Nehamas (Hg.): Aristotle's Rhetoric. Philosophical Essays (Princeton 1994) 211–230. – **150** Arist. Rhet. 1377 b 16–1392 a 7. – **151** Arist. Pol. 1301 a 19–1307 b 25 oder 1328 a 21–1332 b 11. – **152** B. Cassin: Logos et politique, in P. Aubenque, A. Tordesillas (Hg.): Aristote politique (Paris 1993) 367–398. – **153** Arist. EN 1106 b 36–1109 b 27 oder 1115 a 4–1138 b 16. – **154** D. Matthes: Hermagoras von Temnos 1904–1955, in: Lustrum 3 (1958) 58–214. – **155** R. F. Hock: Cynics and Rhetoric, in: S. E. Porter (Hg.): Handbook of Classical Rhetoric in the Hellenistic Period, 330 B. C. – A. D. 400 (Leiden/New York/Köln 1997) 755–773. – **156** R. W. Sharples: Theophrastus as Philosopher and Aristotelian, in: J. M. van Ophuijsen, M. van Raalte (Hg.): Theophrastus. Reappraising the Sources (New Brunswick/London 1998) 267–280. – **157** F. Montanari: Demetrius of Phalerum on Literature, in: W. W. Fortenbaugh, E. Schütrumpf (Hg.): Demetrius of Phalerum. Text, Translation and Discussion (New Brunswick/London 2000) 391–411. – **158** M. Gigante: La Scuola di Aristotele, in: H. C. Günther, A. Rengakos (Hg.): Beitr. zur antiken P.: FS. W. Kullmann (1997) 260–263. – **159** Cic. De or. I, 46–47. – **160** L. G. Westerink, J. Trouillard, A. P. Segonds: Prolégomènes à la philosophie de Platon (Paris 1990) LXVII–LXXIV. – **161** Cic. De or. III 65–68. – **162** D. M. Schenkeveld: Scholarship and Grammar, in: F. Montanari (Hg.): La philologie grecque à l'époque hellénistique et romaine (Genf 1994) 263–306. – **163** I. Düring: Aristotle in the Ancient Biographical Tradition (Göteborg 1957) 299–314. – **164** Epikur 20, 1, in: G. Arrighetti: Epicuro. Opere (Turin ²1973). – **165** M. Isnardi Parente: Techne (Florenz 1966) 367–415. – **166** A. Angeli: Filosofia e retorica nella polemica antiaristotelica di Epicuro (Philod. Rhet. VIII coll. 41, 12-LIV 17 Sudhaus, II, pp. 57–59), in: Rudiae 9 (1997) 7–27. – **167** M. Ferrario: La concezione della retorica da Epicuro a Filodemo, in: R. Bagnall, G. Browne, A. Hanson, L. Koenen (Hg.): Proceedings of the XVI International Congress of Papyrology (New York 1981) 145–152. – **168** G. Anderson: The Second Sophistic (London/New York 1993) 133–143. – **169** A. Brancacci: Dio, Socrates, and Cynism, in: S. Swain (Hg.): Dio Chrysostom (Oxford 2000) 240–260. – **170** Dion XIII, 10–13 und 31–37, LXXII, 9–10 und 14–16, LXXVII–LXXVIII, 37–45. – **171** P. Desideri: Dione di Prusa (Messina/Florenz 1978) 283–468. – **172** C. P. Jones: The Roman World of Dio Chrysostom (Cambridge Mass./London 1978) 83–114. – **173** Platon, Ep. VII, 324 b-326 b. – **174** L. Pernot: Platon contre Platon: le problème de la rhétorique dans les discours platoniciens d'Aelius Aristide, in: M. Dixsaut (Hg.): Contre Platon 1: le platonisme dévoilé (Paris 1993) 315–338.

Literaturhinweise:
H. Wersdörfer: Die φιλοσοφία des Isokrates im Spiegel ihrer Terminologie (1940). – H. Diller: Hesiod und die Anfänge der griech. P., in: AuA 2 (1946) 140–151, ND in: E. Heitsch (Hg.): Hesiod (1966) 688–707. – A. H. Chroust: Philosophy: Its Essence and Meaning in the Ancient World, in: Philosophical Review 27 (1947) 19–58. – H. Fränkel: Wege und Formen frühgriech. Denkens (³1968). – A. Hellwig: Unters. zur Theorie der Rhet. bei

Platon und Aristoteles (1973). – J. de Romilly: Magic and Rhetoric in Ancient Greece (Cambridge Mass. 1975). – B. Snell: Der Weg zum Denken und zur Wahrheit (1978). – R. Clavaud: Le Ménexène de Platon et la rhétorique de son temps (Paris 1980). – W.M.A. Grimaldi: Aristotle, Rhetoric I (New York 1980). – P. Hadot: Philosophie, dialectique, rhétorique dans l'Antiquité, in: Studia Philosophica 39 (1980), 139–166, ND in: P. Hadot: Études de philosophie ancienne (Paris 1998) 159–193. – M. Untersteiner: Problemi di filologia filosofica (Milano 1980). – T.A. Szlezák: Platon und die Schriftlichkeit der P. (Berlin/New York 1985). – E. Heitsch: Platon über die rechte Art zu reden und zu schreiben (1987). – W.M.A. Grimaldi: Aristotle, Rhetoric II (New York 1988). – M. Kranz, G. Bien, P. Hadot, W. Görler: P.: Art. ‹Antike›, in: HWPh 7 (1989) 572–616. – C.J. Classen, H.J. Müllenbrock (Hg.): Die Macht des Wortes: Aspekte gegenwärtiger Rhetorikforschung (1992). – C. Atherton: The Stoics on Ambiguity (Cambridge 1993). – M. Erler: Epikur – Die Schule Epikurs – Lukrez, in: H. Flashar (Hg.): Grundriß der Gesch. der P.: Die P. der Antike, Bd. 4 (Basel 1994) 29–490. – A.W. Nightingale: Genres in Dialogue (Cambridge 1995). – J. Poulakos: Gorgias on Rhetoric (Ann Arbor 1995). – E.A. Gondos: Auf dem Weg zur rhet. Theorie (1996). – C.L. Johnstone (Hg.): Theory, Text, Context (Albany 1996). – Th. Schmitz: Bildung und Macht (1997). – G.B. Kerferd, H. Flashar: Die Sophistik, in: H. Flashar (Hg.): Grundriß der Gesch. der P.: Die P. der Antike, Bd. 2 (Basel 1998) 1–137. – G. Dahan, I. Rosier-Catach (Hg.): La Rhétorique d'Aristote (Paris 1998). – L. Bahmer: Schriftlichkeit und Rhet.: das Beispiel Griechenland (Hildesheim/Zürich/New York 2000). – S. Goldhill (Hg.): Being Greek under Rome. Cultural Identity, the Second Sophistic and The Development of Empire (Cambridge 2001).

M. Tulli

2. *Rom* **a)** *Republik.* Mit der griechischen Rhetorik übernehmen die Römer auch jenes Spannungsverhältnis zwischen P. und Rhetorik, das seit Platons Auseinandersetzung mit den Sophisten (‹Gorgias›) und mit Isokrates schwelt, im Hellenismus gelegentlich wieder aufflammt und auch in Rom bei der Rollenbestimmung von P. und Rhetorik im Bildungskanon wieder auftritt. [1] Zwar kann man in Rom auf eine rhetorische Tradition zurückgreifen, die moralische Integrität vor formalem Können rangieren ließ, wie es in CATOS Bestimmung des Redners als eines *vir bonus dicendi peritus* [2] zum Ausdruck kommt. Da die Römer Rhetorik traditionell eher durch Praxis als durch theoretische Belehrung lernen, stößt griechische rhetorische Theorie nicht auf ungeteilte Zustimmung. Im Privatunterricht wird dem jungen Römer neben Rhetorik auch Philosophieunterricht angeboten. [3] Da P. in Rom Akzeptanz erst noch erwerben muß, bleibt das Aufeinandertreffen von Fachrhetorik und -philosophie nicht ohne Konflikte. [4] Auch eine allmählich positive Aufnahme griechischer P. führt nicht automatisch zu einer engen Verbindung mit der Rhetorik. Ereignisse wie die Philosophengesandtschaft von 155 v. Chr. tragen eher zu einer negativen Einschätzung der Rhetorik bei. Denn die Teilnehmer der Gesandtschaft, KARNEADES, KRITOLAOS und der Stoiker DIOGENES sind selbst gegenüber der Rhetorik nicht positiv eingestellt. [5] CICERO sieht im Philosophen SOKRATES eine Ursache der von ihm beklagten Spaltung der *artes liberales*. [6] Wegen Sokrates, so seine Überzeugung, schauen die «Philosophen auf Beredsamkeit, die Redner auf Weisheit herab». [7] Andererseits müssen sich rhetorische und philosophische Konzepte wie alle Elemente griechischer Kultur beim Rezeptionsprozeß in Rom am Maß des «Nutzens» (*utilitas*) messen lassen. [8] Hier aber hat die Rhetorik zweifellos Vorteile und deshalb Vorrang. Dieses Konkurrenzverhältnis zwischen P. und Rhetorik sucht Cicero abzubauen, indem er vom Rhetor Kenntnis der P. und vom Philosophen rhetorische Kompetenz verlangt. Denn in der griechischen P. sieht er die Mutter aller Künste. [9]

Lukrez. Schon Lukrez macht sich in der Dichtung die Möglichkeiten der Rhetorik zunutze, um seine philosophische Botschaft zu vermitteln. [10] Als Dichterphilosoph setzt Lukrez Rhetorik und poetische Mittel gleichermaßen ein, um philosophische Inhalte zu verdeutlichen und die protreptisch-psychagogische Intention seines Werkes zu unterstützen. [11] Der Leser des Lehrgedichtes soll durch psychagogische Mittel aufnahmebereit (*dociiis* und *attentus*) für die philosophische Botschaft werden. [12] Bei Lukrez findet sich bereits jene Synthese von Rhetorik und P., die auch CICERO propagiert, aber in ihrer Leistung offenbar noch nicht gewürdigt hat. [13] Lukrez selbst weist auf den Zusammenhang zwischen inhaltlich philosophischer Aussage und dichterisch rhetorischer Gestaltung hin. [14] Seine Verbindung von P. und Rhetorik dient der Therapie des Lesers und will Hilfe zur Selbsthilfe bieten. Sie orientiert sich an der Eigenart epikureischer Wissensvermittlung, dem memorierenden Aneignen jenes Wissens, das zur Lebenskunst befähigt. Rhetorik als Dienerin der P. (*ancilla philosophiae*) wird Teil des philosophischen Programms. [15]

Cicero. Von zentraler Bedeutung für ein eher ausgeglichenes Verhältnis von P. und Rhetorik ist Cicero. Er ist nach eigenem Bekunden nicht aus der Schule der Redner, sondern aus den Hallen der Akademiker hervorgegangen. [16] Mit Charmadas hat er PLATONS anti-rhetorische Schrift ‹Gorgias› gelesen. [17] Ciceros Ideal einer philosophischen Rhetorik ist in gewisser Weise bei Platon selbst im ‹Phaidros› und dem dort entwickelten Isokratesbild vorgezeichnet. [18] Beeinflußt durch die ‹aporetische Akademie› sieht Cicero in Platons Rhetorikkritik weniger die negative ethische Wertung (‹Schmeichelkunst›), als eine Aufforderung und Möglichkeit, sich von Urteilen zu enthalten (ἐποχή, epoché). [19] Cicero wertet die Rhetorik in philosophischem Kontext als ein Mittel, dem Leser ein Bildungsgut zu vermitteln. Er will den Leser mit den Positionen der wichtigsten philosophischer Schulen vertraut machen und ihm als Ideal das an Platon erinnernde Konzept einer Verbindung von Politik, P. und Rhetorik nahebringen. Cicero versucht also im Bereich der Prosa, Rhetorik als Mittel zur Umsetzung philosophischen Wissens zu funktionalisieren. [20] Dabei führt er seine Position nicht in Traktaten, sondern in der Tradition Platons in rhetorisch gestalteten Dialogen vor. Auf diese Weise kann er seine theoretische Position illustrieren. Diese Verbindung von *eloquentia* und *studia philosophiae*, von Staatsmann und Philosoph [21] begründet er in mehreren Werken theoretisch (z.B. ‹De oratore›, ‹De re publica›) und sieht es in seiner eigenen Person verwirklicht. Mit der Vereinigung beider Disziplinen glaubt er, etwas zusammenzuführen [22], was SOKRATES und Platon zu Unrecht [23] getrennt hätten, obgleich es ursprünglich zusammen gehöre. Platons Kritik im ‹Gorgias› ist für Cicero nur ein Streit um Worte. Denn in diesem Dialog bediene sich Sokrates bei seiner Kritik selbst eben jener Rhetorik [24], die er bekämpfe. Rhetorik ist für Cicero aber auch Hilfe und Anleitung bei der Gestaltung bestimmter anderer Textsorten [25] und hilft beim Verständnis jener Wirkung, die Reden beim Zuhörer haben kann. Mit der Forderung, daß der Redner ‹integer› zu sein hat, geht die Rhetorik eine enge Verbindung mit der Ethik ein. Mit dieser Ansicht folgt Cicero CATOS Vorstellung vom Redner als einem *vir bonus dicendi peritus*. Schon die STOA hatte bei der Bestimmung der Rhetorik die ethische Indifferenz aufgegeben. Bei der Bestimmung von Rhetorik als einem Wissen, gut zu reden (*bene dicendi scientia*), ist ‹gut› im moralischen Sinne zu verstehen.[26] Damit sollte dem platonischen Vorwurf vorgebeugt werden, Rhetorik wolle doch nur die schwächere Sache zur stärkeren machen. Gleichwohl sieht Cicero in der schmuck- und affektarmen stoischen Rhetorik offenbar keine hilfreiche Methode. Dies ist bemerkenswert, weil gerade im stoischen Kontext in den nächsten Generationen mit SENECA und dann MARK AUREL jene Koexistenz von P. und Rhetorik praktiziert wird, für die Cicero eintritt.[27] Schon bei Senecas Vater findet man die Forderung, daß ein Redner ‹integer› zu sein hat, womit Catos Definition als *vir bonus dicendi peritus* konvergiert.

b) *Frühe Kaiserzeit. Seneca.* Wie Cicero sieht Seneca die Notwendigkeit, daß ein Redner über Kenntnisse in griechischer P. verfügen müsse.[28] Seneca macht sich stilistische und rhetorische Kunst zunutze[29], um den Dialog mit dem Leser, aber auch des Autors mit sich selbst zu fördern. Indem man philosophische Gedanken niederschreibt, eignet man sich diese recht eigentlich erst an.[30] Zwar sieht er in der Form philosophischer Darbietungen keinen eigenen Wert; geschmackvolle äußere Präsentation jedoch wird auch beim Philosophen als erlaubt angesehen.[31] Kriterium für die Anwendung rhetorischer Mittel freilich ist allein die Auffassungsgabe der Zuhörer.[32] Ziel philosophischer Vorträge bleibt die sittliche Unterweisung.[33] Reflexionen über den rechten Gebrauch rhetorischer Mittel in philosophischem Kontext belegen die bleibende Konkurrenz zwischen P. und Rhetorik.[34] Für Seneca sind *artes liberales* zwar eines freien Mannes würdig; die einzig wirklich befreiende Wissenschaft (*studium liberale*) ist für ihn jedoch die P.[35] Er reflektiert auch die Rolle der rednerischen Form für den philosophischen Vortrag: Mit gemessener Diktion und einer der philosophischen Thematik angemessenen, an der Aufnahmefähigkeit der Zuhörer orientierten Form sollen philosophische Inhalte vorgetragen werden.[36]

Quintilian. Quintilian sieht im Redner ebenfalls einen *vir bonus dicendi peritus*[37] und verlangt deshalb Kenntnisse auch in der P., insbesondere der Ethik. Auch er bedauert die Trennung zwischen P. und Rhetorik.[38] Ihm geht es um die Milderung der Kritik seitens der Philosophen an der Rhetorik, wie sie PLATON im Dialog ‹Gorgias› äußerte. Anders als CICERO strebt er jedoch nicht nach einer Versöhnung zwischen P. und Rhetorik. Seine Haltung gegenüber der P. ist reserviert.[39] Errungenschaften der P. werden diskutiert und die Vorteile der Rhetorik gewertet, die sozusagen das Feld der P. übernimmt.[40] Philosophische Kenntnisse kann man zwar heucheln, Geschick in der Rhetorik aber nicht.[41] Wie Platon für den Philosophenkönig plädiert Quintilian für den Redner-Herrscher.[42] Wirklicher Redner ist man nur als praktisch orientierter, nicht an abgelegenen Diskussionsthemen interessierter Philosoph römischer Art.[43] Anderseits muß sich auch ein Philosoph gut ausdrücken und sich der Waffen der Rhetorik bedienen können.[44] Das seit Platon vorhandene Spannungsverhältnis zwischen P. und Rhetorik ist also auch bei Quintilian mit freilich umgekehrten Vorzeichen kenntlich.

c) *Spätere Kaiserzeit.* Im Verlauf der Kaiserzeit verliert die Rhetorik als Weisheit des Staatsmannes allmählich ihren Sitz im Leben. Die Form des Gesagten wird vorrangig vor dem Inhalt. Anderseits muß sich die P. auch in der Kaiserzeit am «Nutzen» (*utilitas*) messen lassen; sie hat es weiterhin schwer gegenüber der Rhetorik. Der Wettbewerb zwischen P. und Rhetorik entbrennt neu und mündet in einen Rangstreit zwischen beiden Disziplinen um den Primat in der Jugendbildung.[45] Nicht selten werden Gebiete der P. durch die Rhetorik gleichsam ‹okkupiert›[46], oder philosophische Teilbereiche werden eng mit der Rhetorik verknüpft. Bezeichnend für die Zeit ist die Charakterisierung des FAVORINUS als eines Mannes «voll von Philosophie, am meisten aber gelehrt in Rhetorik.»[47] Außerdem sind Konvergenzen zwischen der P. als Bildungsgut und der Rhetorik zu beobachten. Platons Lehre wird zum Bestandteil rhetorischer Bildung, Redner beanspruchen den Titel ‹Philosoph›.[48]

Da ethische Fragen aktuell sind, dominieren zunächst bis zur Zeit Mark Aurels hellenistische Philosophenschulen mit ihrem ethisch-lebenspraktischen Angebot.[49] Dabei werden rhetorische Techniken zu meditativen Hilfsmitteln, die sich bei der Gestaltung der Texte und für die Dispositionsbildung der Leser funktionalisieren lassen.[50] Allerdings führt die Konvergenz von P. und Rhetorik nicht zu ihrer Gleichsetzung. Ein rhetorisch brillanter Vortrag über philosophische Themen macht noch keinen zum Philosophen. Im Mittelplatonismus des 2. Jh. nach Chr. gibt es aber mit AP(P)ULEIUS, einem Rhetor aus Madaura in Numidien, einen Autor, der philosophische Themen für ein gebildetes römisches Publikum in allgemeinverständlicher Weise auf lateinisch darstellt. Trotz seines Pochens auf Gelehrsamkeit und rhetorische Kompetenz unterstreicht Ap(p)uleius nachhaltig seinen Anspruch als Philosoph und Platoniker, indem er sich bis in sein Äußeres als Philosoph stilisiert.[51] P. dient damals zudem als Hilfsmittel und Materialquelle für die *facundia* (Beredsamkeit)[52], denn rhetorische Übung verlangt die Bearbeitung philosophischer Themen in Übungsreden[53] unter Benutzung philosophischen Bildungsguts, wobei man gern auf die Klassiker zurückgreift. P. wird also nur in Maßen und in untergeordneter Funktion akzeptiert[54] und muß sich beständig gegen eigentlich unangemessene Erwartungen wehren. Dabei wird die Frage nach einer angemessenen rhetorischen Gestaltung philosophischer Ausführungen zu einem vieldiskutierten Problem. Dies hängt vermutlich mit der Öffnung des philosophischen Unterrichtes für ein breiteres Publikum zusammen.[55]

Im 2. Jh. n. Chr gibt es Bemühungen, den Rangstreit zwischen Rhetorik und P. zu mildern.[56] Die sogenannte ZWEITE SOPHISTIK sieht die alte Sophistik als Rhetorik an, die innerhalb der P. angewandt wird.[57] FRONTO hält Rhetorik für eine praktische P. und einen notwendigen Bestandteil der P.[58], wie er gerne an Vorbildern der Vergangenheit illustriert.[59] Er[60] verlangt, daß die rhetorische Form dem Inhalt dient.[61] Doch sind auch zu dieser Zeit Spannungen zu konstatieren. Es kommt zu Abwerbungen und Frontwechseln, für welche neben Augustinus MARK AUREL das berühmteste Beispiel ist. In einem Brief an seinen Rhetoriklehrer Fronto[62] beichtet Markus auf rhetorisch brillante Weise seinem Lehrer seine Hinwendung zur P. Solche Konversionen müssen freilich nicht notwendig eine Abkehr von der Rhetorik bedeuten, sondern können auch als Ergänzung der P. durch Rhetorik angesehen werden.[63] Auch hier ist der Nützlichkeitsgedanke maßgebend. Denn wie Senecas Schriften oder Lukrez' Gedicht wollen auch Markus' Meditationen kein philosophisches System darstellen, sondern eine Verinnerlichung philosophischer Wahrheiten unter Anwendung rhetorischer Mittel fördern.[64] Eine enge Verbindung von P. und Rhetorik findet sich außerdem bei MARIUS VICTORINUS, der den Lehrstuhl für Rhetorik in Rom unter Constantius (337–361 n. Chr.) innehat, wohl aber auch P. unterrichtet und zahlreiche Senatoren zu seinen Schülern zählt. Er fördert die religiösen Traditionen Roms und will durch Arbeiten über Rhetorik. Grammatik und Logik sowie Übersetzungen zu den kulturellen Erneuerungsbestrebungen seiner Zeit beitragen. In seinen Arbeiten erweist er sich als Philologe und rhetorisch geschulter Philosoph. Mit den von ihm verfaßten ‹Libri platonicorum›, unter denen man sich wohl Übersetzungen plotinischer und porphyrischer Schriften vorstellen muß, hat er die geistige Entwicklung des AUGUSTINUS maßgeblich beeinflußt.[65] Christliche Eloquenz ist für Augustinus nicht mehr die Folge der 'weltlichen' P., sondern fließt aus göttlicher Inspiration.[66] Damit ist die Entwicklung für den Übergang von der Antike zum Mittelalter vorgezeichnet.

Anmerkungen:
1 Kennedy Rom. 584f. – 2 Cato bei Quint. XII, 1, 1; Sen. Contr. 1, praef.10. – 3 P.L. Schmidt: Die Anfänge der institutionellen Rhet. in Rom, in: E. Lefèvre (Hg.): Monumentum Chiloniense. FS Burck (Amsterdam 1975) 202–204, 190ff. – 4 M. Erler: Röm. P., in: F. Graf (Hg.): Einl. in die lat. Philol. (1997) 537–598, bes. 539–550. – 5 Kennedy Rom 53–54. – 6 Cic. De or. II, 59–60. – 7 ebd. III, 72; Cic. Or. 15f. – 8 C. Zintzen: Das Zusammenwirken von Rezeption und Originalität am Beispiel röm. Autoren, in: Abh. der Geistes- und Sozialwiss. Klasse/Akad. der Wiss. und der Lit., Nr. 7 (1986) 15–36, bes. 30–33. – 9 Cic. De or. I, 9. – 10 C.J. Classen: Poetry and Rhetoric in Lucretius, in: ders: Probleme der Lukrezforschung (1986) 331–373. – 11 F. Schrijvers: Horror ac divina voluptas. Études sur la poétique et la poésie de Lucrèce (Amsterdam 1970) 14; D. Clay: Lucretius and Epicurus (Ithaca/London 1983). – 12 Lucretius, De rerum natura I, 945f. – 13 M. Erler: Epikur-Die Schule Epikurs-Lukrez, in: H. Flashar (Hg.): Die P. der Antike, Bd. 4,1: Die Hellenistische P.(Basel 1994) 396ff. – 14 Lucretius [12] I, 921–934; IV, 1ff. – 15 M. Erler: Physics and Therapy. Meditative Elements in Lucretius' De rerum natura, in: K.A. Algra, M.E. Koenen, P.H. Schrijvers (Hg.): Lucretius and his Intellectual Background (Amsterdam/ Oxford/New York/Tokyo 1997) 79–92. – 16 Cic. Or. 12; E. Narducci: Cicerone e l'eloquenza romana: retorica e progetto culturale (Rom 1997) 19–76. – 17 Cic. De or. I, 47. – 18 Plat. Phaidr. 279a-b. – 19 W. Görler: Charmadas, in: Flashar [13] Bd. 4, 2, 906–08; G. Gawlick, W. Görler: Cicero, in: Flashar, ebd. 1016, 1030–32, 1098. – 20 Cic. De or. III 59–60. – 21 Cic. Inv. I,1; De officiis. I,1; De re publica I, 13. – 22 Cic. De or. III, 59–61. – 23 ebd. III, 61. – 24 ebd. I, 47. – 25 M. v. Albrecht: Gesch. der röm. Lit., Bd. 1 (Bern 1992) 436. – 26 Chrysipp, Stoicorum fragmenta 293f., in: SVF II, 95. – 27 C. Lévy: Cicéron critique de l'éloquence stoicienne, in: L. Calboli Montefusco (Hg.): Papers on Rhetoric (Bologna 2000) 127–144, 143. – 28 Seneca, Ep. 94 und 95. – 29 ebd. 108, 8ff. – 30 ebd. 84. – 31 vgl. Epictetus, Dissertatio II, 23, 25ff.; B. Wehner: Die Funktion der Dialogstruktur in Epiktets Diatriben (2000) 205f. – 32 Seneca, Ep. 40. – 33 Epict. Diss. III, 15, 8. – 34 J. Hahn: Der Philosoph und die Ges. (1989) 61ff. – 35 Seneca, Ep. 88; I. Hadot: Seneca und die griech.-röm. Trad. der Seelenleitung (1969). – 36 Seneca, Ep. 40. – 37 Quint. XII, 1, 1; G.A. Kennedy: Quintilian (New York 1969) 123–141. – 38 Quint. I, prooem. 13. – 39 ders. XII, 3, 12. – 40 ders. XII, 2, 9–10. – 41 ders. XII, 3, 12. – 42 Kennedy Rom. 512. – 43 Quint. XII, 2, 7. – 44 ders. XII, 2, 5. – 45 H. v. Arnim: Leben und Werke des Dion von Prusa (1898) 4–114. – 46 Hahn [34] 65, 86ff.; Quint. XII, 2, 10. – 47 Suda, s.v. Φαβωρῖνος; Hahn [34] 52 – 48 P. De Lacy: Plato and the Intellectual Life of the Second Century A.D., in: G.W. Bowersock (Hg.): Approaches to the Second Sophistic (University Park 1974) 4–10. – 49 P. Rabbow: Seelenführung. Methodik der Exerzitien in der Antike (1954); P. Hadot: P. als Lebensform (1991). – 50 Erler [15] 79–92. – 51 Ap(p)uleius, Apologia 36, 2. – 52 Hahn [34] 64. – 53 F. Bonner: Roman Declamations in the Late Republic and Early Empire (Berkeley u.a. 1949) 2–8, 3)f., 61. – 54 Tac. Dial. 31. – 55 Hahn [34] 86ff. – 56 ebd. 90. – 57 vgl A. Brancacci: Rhetorike Philosophousa. Dione Crisostomo nella cultura antica e bizantina (Neapel 1985). – 58 Fronto, De eloquentia I, 1 & 2, 70 Haines = p. 144 van den Hout; in: C.R. Haines (Hg. u. Übers.): The Correspondence of M.C. Fronto with M.A. Antoninus, L. Verus, Antonius and Various Friends, 2 Bde. (Cambridge/Mass., London 1919); Fronto, Ep., schedis iam editis quam ineditis, hg. von M. P.J. van den Hout (1988). – 59 ebd. I, 3f. (2, 54 Haines = p. 153 van den Hout = p. 115 Naber), dazu Hahn [34] 88. – 60 A. Michel Rhétorique et philosophie au second siècle après J.-C., in ANRW II 34. 1 (Berlin/New York 1993) 3–78, 12. – 61 Fronto, II, 19. – 62 Fronto, Ad M. Caesarem et invicem 4 (p. 67–68 van den Hout). – 63 vgl. D. Clay: Lucian of Samosata: Four Philosophical Lives (Nigrinus, Demonax, Peregrinus, Alexander Pseudomantis), in: ANRW II 36. 5 (Berlin/New York 1992) 3406–50, 3424. – 64 J. Dalfen: Formgesch. Unters. zu den Selbstbetrachtungen Marc Aurels (Phil. Diss. 1967); P. Hadot: Die innere Burg. Anleitung zu einer Lektüre Marc Aurels (1997). – 65 Augustinus, Confessiones VIII, 3. – 66 Aug. Doctr. IV, 6, 10; IV, 8, 21, vgl. R. Marback: Plato's Dream of Sophistry (University of South Carolina 1999) 37–45.

Literaturhinweise:
H.I. Marrou: Gesch. der Erziehung im Klass. Altertum (1957, Nd. 1977). – A. Michel: Rhétorique et philosophie chez Cicéron. Essai sur les fondements philosophiques de l'art de persuader (Paris 1960). – R. McKeon: The Methods of Rhetoric and Philosophy. Invention and Judgment, in: L. Wallach (Hg.): The Classical Tradition. Literary and Historical Studies in Honor of H. Caplan (Ithaca 1966) 365–373. – H. Rahn: Bemerkungen zur philos. Rhet. in der Antike, in: H. Schanze, J. Kopperschmidt (Hg.) Rhet. und P. (1989) 15–22. – A. Weische: Rhet. und P. in der Antike: Amplificatio-dilatatio und die stoische Forderung der brevitas, in: Schanze, Kopperschmidt 23–33. – J.G.F. Powell: Cicero the Philosopher (Oxford 1995). – J. Barnes: Logic and the Imperial Stoa (Leiden/New York/Köln 1997). – D.M. Schenkeveld: Philosophical Prose, in: S.E. Porter (Hg.): Handbook of Classical Rhetoric in the Hellenistic Period 330 BC – AD 400 (Leiden/New York/Köln 1997) 195–264. – S. Peetz: Kann Rhet. P. Sein? [Cicero], in: R. Enskat (Hg.): Erfahrung und Urteilskraft (2000) 55–70.

M. Erler

II. *Christliche Spätantike, Mittelalter.* 1. *Christliche Spätantike.* Das Bild, das sich die Patristik von der P., dem antiken Bildungsprogramm der ἐγκύκλος παιδεία, enkýklios paideía, macht, ist aus den neutestamentlichen Schriftstellen Kol 2, 8: P. als Trug, und 1 Kor 1, 27 und 3, 18f.: P. als «Weisheit der Welt» ist «Torheit vor Gott», zu konturieren.[1] P., von CICERO als «studium sapientiae» begriffen, als das «Wissen der göttlichen und menschlichen Dinge und ihrer Gründe» (rerum divinarum et humanarum causarumque [...] scientia)[2], tritt in ihrer spätantiken stoischen Gestalt als «Lebenskunst» und mit Anspruch auf umfassende Wirklichkeitsdeutung in Konkurrenz zum Christentum, das sich binnenperspektivisch (Esoterik) im Besitz der Wahrheit weiß, die es nach außen zu verteidigen gilt. Die Philosophen haben nicht die Wahrheit, sondern streben sie nur im Sinne des *amor scientiae* an, den TERTULLIAN als «Anmaßung» deutet. Besonders in der lateinischen Patristik bestimmen Abgrenzung und Antithesen das Verhältnis zwischen weltlicher P. und «christlicher Lehre», die sich jeder P. überlegen glaubt. Sie unterscheidet sich von der byzantinischen Tradition [3], die man mit JOHANNES VON DAMASKOS beginnen zu lassen pflegt und die sich durch eine enge Nähe von P. und Rhetorik auszeichnet (PHILON VON ALEXANDREIA, MICHAEL ITALIKOS). Dort prägen Weltflucht und Weltverachtung das negierende Verhältnis zur P. (MICHAEL PSELLOS); die «wirkliche Philosophie» ist die «der Mönche» (JOHANNES TZETZES). In der teilweise gegensätzlichen griechischen und lateinischen

Patristik gewinnt die P. im Horizont christlicher Offenbarung die Ambivalenz von Zustimmung (CLEMENS VON ALEXANDRIEN, ORIGENES) und Ablehnung (TATIAN, TERTULLIAN, LACTANZ): Zustimmung, weil P. verstanden werden kann als Lehre und Suche nach Wahrheit, die dazu anhält, sie methodisch in den Dienst der Auslegung der Hl. Schrift zu nehmen; Ablehnung, weil P. nutzlos (da sie nicht zur Heilswahrheit führe), trügerisch (da dem Irrtum verfallen) und vor allem gefährlich, da in ihr die sie auszeichnende theoretische Neugierde (curiositas) eine ständige Quelle von Häresien bilde, was bei IRENAEUS zu einem Topos geworden ist.[4] Nur als Hilfsmittel der Verteidigung des christlichen Glaubens in der Auseinandersetzung mit den Heiden und als «Magd der Theologie» (ancilla theologiae)[5] sei sie eingeschränkt brauchbar. Das setzt ein bejahendes, wenn auch spannungsgeladenes Verhältnis zwischen weltlicher P. und Christentum voraus, das seine «Lehre» und die christliche Lebensführung selbst als ‹P.› zu verstehen beginnt. Die Anlehnung der «christlichen Lehre» an die P. wird u.a. auch dadurch belegt, daß man Begriffe (z.B. Dogma, Häresie, Hypostase, Arché) aufgreift, die ihren Ursprung im philosophischen Kontext haben. Auf die Tendenz zur Einverleibung weltlicher P. in den christlichen Deutungshorizont reagiert der Heide und entschiedene Gegner des Christentums KELSOS, der der bei Juden und Christen 'verdorbenen' «alten Rede» die griechische P. in Gestalt der platonischen als Kritik gegenüberstellt.[6] Das Verhältnis zwischen «christlicher Lehre» und profaner P. bleibt spannungsgeladen. Grundzug in der christlichen Spätantike ist dabei die Vorstellung, daß weltliche P. ihre Daseinsberechtigung verloren habe und in der christlichen Theologie aufgehoben sei, die sich gleichwohl philosophischer Methoden (Allegorese) und Publikationsformen (Kommentare, Lehrschriften) bedient und sich zu Konzeptionen theologischer ‹Systeme› (ORIGENES: Περὶ ἀρχῶν, Perí archôn, Von den Prinzipien) entschließt.

Nach AUGUSTINUS ist die christliche Lehre die «wahre Philosophie» (vera philosophia) und die «wahre Weisheit» (sapientia).[7] Die Gaben des Hl. Geistes (1 Kor 12, 4–10) wie Weisheit und Wissenschaft werden mit Weisheit und Wissenschaft der philosophischen Tradition identifiziert. Die stoische Definition der Weisheit als «Wissenschaft von den göttlichen und menschlichen Dingen» erhält einen abgewandelten Sinn: Weisheit im eigentlichen Sinn ist nur die Wissenschaft von den göttlichen Dingen (vita contemplativa); während die Wissenschaft von den menschlichen Dingen der vita activa dient. Gegenstand der Weisheit aus dem Glauben ist der menschgewordene Logos. Er ist Weg und Ziel, Wissenschaft, Wahrheit und Weisheit.[8] Entsprechend Kol 2, 3 ist Christus das Zentrum der «einzigen wirklichen wahren Philosophie».[9] Das Christentum ist daher als «christliche Philosophie»[10] die Identität von Theorie und Praxis, von P. und Religion. Damit tritt Augustinus den spätantiken rhetorischen Philosophenschulen entgegen; er greift aber auf rhetorische Techniken und Stilmittel zurück, um sie in den Dienst pastoraler Praxis zu nehmen.[11] Auch das Christentum bedarf der «Mühe des Überredens» und des Arguments. Das 4. Buch von Augustins Werk ‹De doctrina christiana› führt die Affinität von Rhetorik und christlicher Lehre am Modell der Weisheit vor. Es behandelt nicht wie die vorausgehenden Bücher das Auffinden der Wahrheit, sondern ihre Vermittlung. In Augustinus' ‹Confessiones› gehen die verschiedenen Techniken rhetorischer Überzeugung Hand in Hand. Die Gott-Suche ist keine Sache theoretischer Neugierde, sondern wird von Gottes Wort zum Lob Gottes bewegt. Die Einfachheit der biblischen Sprache (sermo piscatorius) erfordert zwar die Ablehnung rhetorischen Schmucks; in der Praxis aber mischen sich Schriftzitate mit rhetorischen Redefiguren. Die Rekonstruktion der Glaubenseinsicht wandelt sich zum Bekenntnis, zum Lob und Dank für die Enthüllung göttlicher Wahrheit in innerer Ansprache (illuminatio). Die Bekenntnisrede ist eingebunden in die apostolische Tradition gottesdienstlicher Rede der Kirche. Weltliche P. und Rhetorik sind ganz in den Dienst des Lobes Gottes gestellt.

2. *Lateinisches Mittelalter.* **a)** *Frühes Mittelalter.* Die erste Phase der Aneignung weltlicher P. im lateinischen Mittelalter ist durch die Rezeption des antiken Bildungsgutes geprägt, das in den *artes* vorliegt.[12] Die *artes liberales* sind in der Regel die sieben Bildungsfächer: a) Grammatik, Logik, Rhetorik (*trivium*, auch *scientia sermocinalis*) und b) Arithmetik, Musik, Geometrie, Astronomie (*quadrivium*, auch *scientia realis* genannt).[13] Im Anschluß an die augustinische Unterscheidung[14]: «omnis doctrina vel de rebus est vel de signis» werden sie eingeteilt; etwa bei HUGO VON ST. VIKTOR[15]: Das *trivium* handelt von Worten, die nach außen gesprochen; das *quadrivium* hingegen von Gedanken, die im Geist erfaßt werden; freilich sind auch diese in Sprache zu kleiden, kundzutun. Aneignung des Wissens besteht in erster Linie in der Erlernung der Sprache.[16] Im Horizont der christlichen Intellektualität des lateinischen Mittelalters stehen die Künste des *triviums* im Dienst theologischer Wirklichkeitsdeutung, dienen der kirchlichen Verkündigung des Wortes Gottes. Die Verbindung von Sprache und Moralität, wie sie die Rhetorik thematisiert, wird in der Erziehung (*eruditio*) der Kleriker eingesetzt. Insofern gehört das Studium der Beredsamkeit (*eloquentia*) zum integrativen Bestandteil der in den *artes* verkörperten weltlichen P., deutlich bei JOHANNES VON SALISBURY.[17] Im selben Zusammenhang steht, was BERNHARD VON CHARTRES[18] die *studia humanitatis* nennt. Wie WILHELM VON CONCHES[19] mit Bezug auf HORAZ hervorhebt, handelt es sich dabei um ein integratives Wissen: in Hinsicht auf alles das, was «vom Menschen gewußt werden kann». Hier spiegelt sich der spätantike Sinn von P. wider als Ausdruck für jegliche Art von Wissen und literarischer Bildung. Auch Ingenieurtechnik (*artes mechanicae*) und Grammatik (HUGO V. ST. VIKTOR) zählen zum Umfeld der P. als *ars*; «philosophi» oder «philosophantes» werden selbst Dichter, Rhetoren und Juristen genannt.[20] In diesen Umkreis gehören ebenfalls die mittelalterlichen rhetorischen Tochterdisziplinen der *ars dictaminis* (Kunst des Briefschreibens), *ars praedicandi* (Kunst der Predigt) und *ars poetica*, bzw. *versificatoria* (Dichtkunst, die Kunst, Verse zu schmieden).[21]

Quellen der Vermittlung des antiken Bildungsguts an das lateinische Mittelalter sind vor allem AUGUSTINUS und BOETHIUS (Übersetzung und Kommentare der logischen Schriften des Aristoteles, die ‹Opuscula sacra› und ‹Consolatio philosophiae›, in der sich Gesänge (*carmina*) und erläuternde Prosa abwechseln; eine Darstellungsform, die in DANTE ALIGHIERIS ‹Vita nuova› und ‹Convivio› einen Nachklang findet), CASSIODORS ‹Institutiones› und MARTIANUS CAPELLAS ‹De nuptiis mercurii et philologiae›. Mit ISIDOR VON SEVILLAS ‹Etymologiae› sind diese enzyklopädischen Werke Grundtexte, mit Hilfe derer Lehrer und Schüler sich in den Kloster- und Kathedralschulen Wissen aneignen. Cassiodor überliefert folgende Bedeutungsfelder von P.: «Probables Wissen» (*probabilis scientia*) der göttlichen und menschlichen Dinge, insoweit es dem Menschen möglich ist. P. ist, wie Augustinus[22] von der Dialektik sagt, die die «disciplina disciplinarum» sei, eine Bestimmung, der sich z.B. LAMBERT VON AUXERRE und PETRUS HISPANUS in ihren Schriften zur Logik anschließen – «Kunst der Künste und Wissenschaft der Wissenschaften»; sie ist «meditatio mortis» und «Anähnlichung an Gott» durch «Annäherung an das künftige Vaterland» (similitudine futurae patriae).[23] Hugo von St. Viktor bezieht sich darauf[24], wobei er die zurückhaltende Definition der P. als «probables Wissen» aufgibt: «Philosophie ist die Wissenschaft, welche die Prinzipien (*rationes*) aller menschlichen und göttlichen Dinge umfassend erforscht (*plene investigans*).»

Die Enzyklopädien eines Cassiodor, Martianus Capella und Isidor von Sevilla drücken den Gedanken aus, daß in den *artes liberales* das ganze Wissen vorliegt, dessen Kenntnis nötig ist, um in das Studium der Hl. Schrift einzudringen. Nach ALKUIN, der mit HRABANUS MAURUS die Karolingische Bildungsreform vorantreibt[25], sind die sieben freien Künste die «Säulen» und «Stufen», auf denen die «himmlische Weisheit» (*divina sapientia*) als «wahre Philosophie», das Studium der Hl. Schrift, steht. Mit Hrabanus ist P. theoretische (Verehrung Gottes) und praktische (sittlich gute Lebensführung) Erforschung der Natur und Erkenntnis der menschlichen und göttlichen Dinge.[26] Hugo von St. Viktor[27] bezeichnet die freien Künste als «Mittel» und «Vorschule», als Wege, auf denen der lebendige Geist in die Geheimnisse der Weisheit eintritt. P. als Propädeutik ist die Voraussetzung des hermeneutischen Bibelstudiums; in besonderer Weise die Logik bzw. Dialektik. JOHANNES SCOTUS ERIUGENA setzt sie in seinem Werk ‹De divisione naturae› ein. Das Verhältnis von *ratio* (Vernunft, weltliche P.) und *auctoritas* (Hl. Schrift, Kirchenväter) ist nicht mehr ein exklusives Nebeneinander; vielmehr wird das Prinzip der Vernunft zu einem integralen Moment in der Theologie: das Programm der *fides quaerens intellectum* (der Glaube, der nach Einsicht sucht). ANSELM VON CANTERBURY beabsichtigt, im ‹Proslogion› und ‹Monologion› die Existenz Gottes allein mit Vernunftgründen (*sola ratione*) zu beweisen und im ‹Cur Deus homo?› die Menschwerdung Gottes mit «rationes necessariae» darzutun.

In dem Maße, in dem sich der Prozeß rationaler Glaubensvergewisserung beschleunigt, ruft er retardierende Gegenbewegungen hervor. Es entsteht eine ausgesprochene Streitkultur; Anklage und Verteidigung, der Brief, die Streitschrift (*de...*, *adversus...*), sind beliebte literarische Formen; paradigmatisch sind im 11.Jh. die Auseinandersetzungen der *dialectici* und Antidialektiker, BERENGAR VON TOURS und LANFRANC. PETRUS DAMIANI verachtet weltliche P. und beruft sich auf den *sermo piscatorius*[28]: «Wir sind nicht Schüler der Philosophen und Redner, sondern der Fischer.» Im 12.Jh. steht dafür die Auseinandersetzung zwischen PETRUS ABAELARD und BERNHARD VON CLAIRVAUX; im 13.Jh. beispielsweise die zwischen THOMAS VON AQUIN und BONAVENTURA, allerdings nicht mehr in der Schärfe des 12.Jh., da sie durch den inzwischen erreichten Standard von Wissenschaft und ihren Methoden, durch die Bekanntschaft mit PLATON und ARISTOTELES, neutralisiert ist und eher den Charakter von ‹Konservativismus› und ‹Progressismus› hat, der in den ‹Errores philosophorum› des AEGIDIUS ROMANUS und besonders in den Pariser Verurteilungen von 1277 unter der Leitung von ÉTIENNE TEMPIER ausgetragen wird.

Im 12.Jh. wird weltliche P. nicht nur aufgrund ihrer argumentativen Form, sondern auch inhaltlich für das Studium der Hl. Schrift zunehmend anerkannt. Wilhelm von Conches und Bernhard von Chartres berufen sich auf den Platonischen ‹Timaios›, kommentieren ihn; ein neues Interesse an einer P. der Natur entsteht. Andere Autoren – wie THIERRY VON CHARTRES, der die ‹Opuscula sacra› des Boethius kommentiert, GILBERT VON POITIERS und NIKOLAUS VON AMIENS[29] – versuchen die auf EUKLID zurückgehende «axiomatische Methode» des Philosophierens zu etablieren. Merkmal der Schule von Chartres und der Autoren wie Hugo von St. Viktor, RICHARD VON ST. VIKTOR, GOTTFRIED VON ST. VIKTOR ist die enge Verbindung von P. und Beredsamkeit als Heilmittel gegen Unwissenheit und Sprachinkompetenz.[30] In Fortführung der negativen Theologie des Johannes Scotus Eriugena[31] wird das *integumentum* (Verhüllung) als figürliche, metaphorische und mythische Sprache im Anschluß an den Kommentar des BERNHARD SILVESTRIS zu Martianus Capella bedeutsam.[32] Das *integumentum* unterscheidet sich von der Allegorie darin, daß es eine mythische Redeweise ist, die unter einer *fiktiven* Erzählung einen wahren Kern verbirgt. Die Allegorie als Redeweise, die unter einer *historischen* Erzählung einen wahren Kern verbirgt, ist Auslegungsmodus der Hl. Schrift; das *integumentum* als Auslegungsmodus der Wirklichkeit hingegen gehört zur P. Platon habe – so Wilhelm von Conches – «per integumentum» gesprochen[33] und wenn man nicht nur die «Worte» (*verba*), sondern auch den tieferen «Sinn» (*sensus*) Platons erkennt, dann wird man bei ihm «nicht auf Häresie stoßen», vielmehr «auf eine sehr tiefe Philosophie, die unter den Verhüllungen der Worte verborgen liegt» (profundissimam philosophiam philosophiam integumentis verborum tectam); und das «werden wir, die Platon lieben, zeigen». Da nun – wie etwa MOSES MAIMONIDES in der Einleitung seines ‹Führer der Unschlüssigen› (‹Dux seu Director dubitantium aut perplexorum›) zeigt – die Bibel als göttliche Offenbarung keine fiktive Erzählung sein kann, aber doch in Gleichnissen (parabolisch), Rätseln (änigmatisch) und Bildern (metaphorisch) spricht, um die göttliche Wahrheit den Unwürdigen zu «verbergen», damit sie von den Würdigen erforscht werde[34], kann auf die Auslegung der Hl. Schrift das *integumentum* nicht angewandt werden. Die wissenschaftliche Disputation läßt es als Auslegungsmodus nicht zu. Nach dem frühen THOMAS VON AQUIN ist in bezug auf die biblischen Metaphern der Poesie und Theologie der «modus symbolicus» gemeinsam[35]; in der ‹Summa theologiae› ist von dieser Gemeinsamkeit keine Rede mehr. Wenn es um den «höchsten Gott», das «Gute», das «erste Prinzip» und die Vernunft geht, ist in wissenschaftlicher Weise vorzugehen, die eine allegorische Redeweise ausschließt, wie MACROBIUS und BERENGAR VON TOURS[36] deutlich machen. Hier habe man seine «Zuflucht in der Dialektik zu suchen». Die Dialektik wird zum Maßstab der Wissenschaftlichkeit des Weltverstehens, so bei Anselm von Canterbury und verstärkt bei Petrus Abaelard: Er begreift das Christentum als die wahre P., deren Inhalte jedoch, sofern sie vom Menschen eingesehen werden können, nur «Schatten», «Wahrscheinliches» sind, nicht die Wahrheit selbst. Daher sei es notwendig (weil im Blick auf die «unbegreifliche Philosophie der Gottheit» über Wahrscheinliches mit philosophischen Argumenten gestritten werde), daß der Theologe sich dem Studium der Logik (Dialektik) zuwende.[37] P. wird im aristotelischen Sinn als Theorie, als Streben nach Wissen um seiner selbst willen, verstanden. Die Bezugnahme auf die Logik (*ars disserendi*) führt zur Herausbildung der P. als Wissenschaft, deren Anspruch sich nunmehr auch die Theologie als Auslegung der Hl. Schrift und Einsicht in den christlichen Glauben zu unterwerfen hat.

b) *Hohes Mittelalter.* Die zweite Phase der Aneignung weltlicher P. setzt mit den Resultaten der wissenschaftlichen Bemühungen des 12. Jh. ein [38]: die Universität entsteht als urbaner Ort von Wissenschaft. Im Zuge der Aristotelesrezeption kommen seit Mitte des 12. Jh. mit den Übersetzungen aus dem Griechischen und Arabischen neue Texte hinzu; das 13. Jh. wird außerdem mit bereits anderswo geleisteten Aristotelesdeutungen (AVICENNA, der in seinem Hauptwerk unter dem Titel ‹Sufficientia› P. im medizinischen Sinn als ‹Genesung› der menschlichen Seele durch Gotteserkenntnis begreift, und AVERROES, der ‹Commentator›) bekannt. Zugleich wird das Bildungssystem der *artes* durch neue Wissenschaften (Optik, Physik, Metaphysik und Ethik) aufgebrochen. DOMINICUS GUNDISSALINUS' ‹De divisione philosophiae› und AL-FARABIS ‹De scientiis› zeigen es. THOMAS VON AQUIN konstatiert, daß «die *septem artes liberales* nicht mehr hinreichend die theoretische Philosophie einteilen».[39] P. hat nun den Sinn von Wissenschaft, die nicht als eine, sondern in der Pluralität von Wissenschaften vorliegt. In Gestalt der Metaphysik bietet sie eine Gesamtdeutung der Wirklichkeit, die mit der theologischen konkurriert.

Wissen, d.h. P., wird in der Schule, der Universität, gelehrt und gelernt. Es entstehen auf das Bedürfnis des Lehrens und Lernens abgestimmte neue Formen der Wissensvermittlung [40]: die *lectio, quaestio* und *disputatio*. Mündlichkeit (Vortrag, Diskussion) und Schriftlichkeit (Texte, Lehrbücher) gehen Hand in Hand. *Lectio* bedeutet Textlesung. Sie ist auf die Tradierung ererbten Wissens und dessen Weiterführung angelegt (Autorität). Wie die Theologie in der Hl. Schrift so kennen auch die profanen Wissenschaften autoritative Texte, etwa in der Rhetorik ‹De inventione› des CICERO, die sogenannte ‹Rhetorica ad Herennium› und die ‹Institutio oratoria› des QUINTILIAN. Mit der *lectio* ist die Kommentierung verbunden: von einer kurzen Anmerkung (*glossa interlinearis* und *marginalis*) bis zum erklärenden Kommentar (*expositio*). Es gibt abgestufte Weisen der Erklärung: die einfache der Sätze und Worte (*littera*); die Analyse eines Textabschnitts im Sinnzusammenhang (*sensus*) und die gedankliche Durchdringung des Textes (*sententia*). Die Kommentare zu den ‹Sentenzen› des PETRUS LOMBARDUS sind zu nennen, über die zu lesen jeder Universitätstheologe verpflichtet ist. Die *quaestio* ist die literarische Form der Wissensvermittlung, die das Prinzip der *ratio* vertritt. Sie entsteht aus der *lectio* anläßlich von Fragen zum Text und widersprüchlichen Meinungen von Autoritäten. Dabei ist das Urteil, das in der Lehrentscheidung (*determinatio magistralis*) dokumentiert wird, nur durch Vernunftgründe einsichtig. Die *quaestio* dient der wissenschaftlichen Urteilsfindung, kann sich vom Text lösen, wird so frei für jede Art des wissenschaftlichen Zugangs zur Wirklichkeit. Sie bildet sich als selbständige Gattung heraus. Nennt die *quaestio* das zu behandelnde Thema, so führen es die Artikel, in die sie eingeteilt ist, aus; dabei repräsentiert der Artikel die Form der *quaestiones disputatae*. Der erste Teil des Artikels führt unterschiedliche Gründe (*obiectiones*), Meinungen, Argumente und Gegenargumente für die verschiedenen Seiten des in der *quaestio* aufgeworfenen Problems auf. Das Hauptstück des Artikels (*corpus articuli*) stellt die rational ausgewiesene Entscheidung des Magisters dar. Der letzte Teil des Artikels gibt Antworten auf die eingangs angeführten Argumente. Dieser Teil und vor allem das *corpus articuli* enthalten die authentische Lehrmeinung des Autors. Die Quaestionenform ruht auf der *disputatio* auf und ist in ihrer schriftlichen, redaktionell ausgearbeiteten Form die Frucht der ordentlichen und öffentlichen Disputationen an der Universität. Die Disputation (*quaestio disputata*) ist wesentlicher Bestandteil des universitären Lehrbetriebs. Freie Diskussionen zu beliebigen, oft an Tagesaktualitäten geknüpften Themen finden ihren Niederschlag in den *quaestiones de quolibet* bzw. *quodlibeta*. In einer Disputation über festgesetzte Themen treten neben dem die Disputation leitenden Magister ein Gegner und Fürsprecher auf. Das wissenschaftliche Resultat wird dabei auf dem Wege der Ausarbeitung der Argumente und ihrer Kritik erreicht. Es folgt abschließend die Determination des Magisters. Die Disputation ist der Stil von Wissenschaft, in der das 13. Jh. Wissen tradiert, vermittelt, aneignet und entdeckt.

Dieser Stil findet Eingang in die großen literarischen Schöpfungen des 13. Jh.: die Summen. Man trifft ihn, von Ausnahmen abgesehen, in Gelegenheitsschriften (*opuscula*), Traktaten und in der Kommentarliteratur an. Es gibt nicht nur Summen ‹De theologia›, sondern WILHELM VON OCKHAM schreibt eine ‹Summa logicae›, PETRUS HISPANUS seine ‹Summulae logicales›, eines der maßgeblichen Lehrbücher der Logik; seit dem 12. Jh. gibt es die ‹Summa super Priscianum› des PETRUS HELIAS, das maßgebende Lehrbuch der Grammatik. Dabei ist die Summa, anders als die Enzyklopädie, eine literarische Form, die sich durch den Systemwillen auszeichnet. In ihr wird das, was man von einem wissenschaftlichen Gebiet wissen kann, vollständig, abschließend und als Ganzes dargestellt. Dazu gehört der Ausschluß von Mythen, Bildern, Metaphern, überhaupt symbolischer Redeweise aus dem disputativen Diskurs; desgleichen die Zurückweisung rhetorischen Redeschmucks, die Konzentration auf den Begriff, die oft in eine technisierte Sprache mündet. Vor allem aber tritt das Individuelle hinter den Willen zur Wissenschaft zurück. [41] Der an der persönlichkeitsneutralen Quaestionenform ausgerichtete Stil des Philosophierens, die Form, Wissenschaft zu treiben, zielt auf das Allgemeine, in der Schule Repetierbare und Tradierbare, wo die wissenschaftstragenden Individuen in den Prozeß wissenschaftlicher Rationalität eingebunden sind, der sich in dem Maße verselbständigt, in dem P. und Wissenschaft als in einzelnen Fachdisziplinen aufgehend begriffen werden, zu denen die aristotelischen Schriften als Fachlehrbücher gelesen werden können. Neben den Kommentar und die Summen tritt daher noch eine literarische Gattung: die Einleitungsschriften in die Wissenschaften, zugleich Einleitung in das Studium, die Literaturgattung der Wissenschaftseinteilung. ‹De ortu scientiarum› des ROBERT KILWARDBY dürfte die bedeutendste Schrift dieser Art sein. [42]

Dem Prozeß der Professionalisierung, Spezialisierung und Rationalisierung von Wissenschaft, wie er sich im 13. Jh. verschärfend abzeichnet, kann sich auch die Theologie nicht mehr entziehen. Sie hat sich als Wissenschaft zu begründen, gerät dadurch in Konkurrenz zur profanen P., die den ‹Analytica posteriora› des Aristoteles entsprechend das verkörpert, was überhaupt Anspruch auf Wissenschaftlichkeit erheben kann: Erkenntnis durch

Prinzipien. Das auf einander verwiesene spannungsreiche Verhältnis zwischen *ratio* und *fides* (Glaube), Vernunft und Autorität (*auctoritas*) wird neu bestimmt. [43] Theologie und P. werden dabei in ihr je eigenes Recht gesetzt. WILHELM VON AUXERRE [44] begreift den Glauben als «Erleuchtung (*illuminatio*) des Geistes, um Gott und die göttlichen Dinge zu schauen»; nur durch sie könne das «Daß» (*quod ita est*), «Wie» (*quomodo ita est*) und «Warum» (*quare ita est*) des Glaubens eingesehen werden. Daher sei es ganz richtig, sich auf die alte Tradition zu berufen: «bei Aristoteles ist der Beweis (*argumentum*) die Begründung (*ratio*) einer zweifelhaften Sache, welche den Glauben [...], bei Christus hingegen ist der Beweis der Glaube, der Vernunfteinsicht (*ratio*) hervorbringt.» Insofern gehöre die P., die «Gabe der Wissenschaft», zum Glauben, da sie «in der Verteidigung des Glaubens von allen Teilen der Philosophie unterstützt» werde und so «alles das voraussetzt, wodurch auf wahrscheinliche und notwendige Weise (*probabiliter et necessario*) bewiesen wird, was zum Glauben oder zu den guten Sitten gehört.» Es ist allgemeine Überzeugung, daß die Wahrheit der P. der Wahrheit des christlichen Glaubens nicht widersprechen kann; dennoch handelt es sich nicht um dasselbe. Offenbarungstheologie und P. betrachten ihre Gegenstände nicht unter demselben Gesichtspunkt. Nach Robert Kilwardby ist die Offenbarungstheologie («scientia divina») von der «metaphysica philosophica» strikt zu trennen; jene ist «göttliche Wissenschaft», weil Gott ihr «Urheber» («auctor») ist; diese, weil sie von Gott handelt, wobei ihr Wissen allein «per humanas rationes inventa» (durch menschliche Vernunftgründe aufgefunden) wird. [45]

Nach ROBERT GROSSETESTE oder dem Autor der ‹Summa philosophiae› [46] kann der christliche Glaube gegen Andersgläubige nur mit «philosophischen Mitteln» verteidigt werden. Die Indienstnahme der P. zum Zweck der Glaubenseinsicht setzt ihre Anerkennung voraus. P. wird zur gemeinsamen Argumentationsgrundlage. Die ‹Summa contra gentiles› des Thomas von Aquin geht davon aus. Im Zusammenhang der Auseinandersetzung der christlichen Theologen mit dem Judentum und dem Islam ist auf die apologetische und dialogische Literatur hinzuweisen, wo der ausdrückliche Bezug auf die P. unverzichtbar ist: Abaelards ‹Dialogus inter Philosophum, Judaeum et Christianum›, der das Gespräch in den Kontext der Moralphilosophie rückt und auf den Boden der ‹natürlichen Sittlichkeit›, der Gerechtigkeit und inneren Überzeugung (*intentio*) führt; RAIMUNDUS LULLUS' ‹Liber del gentil et dels tres savis› (Buch vom Heiden und den drei Weisen), der behauptet, daß er durch die ihm «von Gott kürzlich offenbarte Kunst» (die berühmte Lullische ‹Kunst›, die *scientia generalis*, eine Art Begriffskombinatorik) die Trinität und Menschwerdung Gottes «mit einsichtigen Gründen» «beweisen» könne (er überzieht seinen Wissenschaftsanspruch sogar: er sei «bereit zu beweisen», daß «das christliche Gesetz das wahrhafte», «das Gesetz der Sarazenen hingegen falsch» sei [47], weshalb er fast gesteinigt worden wäre) und NIKOLAUS VON KUES' ‹De pace fidei›, der die Frage des Religionsfriedens deutlich in einen juristischen Kontext stellt und auf dem Boden die Frage nach dem Rechtsgrund des Glaubens erörtert. [48]

Das Programm der *fides quaerens intellectum* führt bei den mittelalterlichen Autoren zu einer nicht immer unstrittigen ‹Synthese› von Theologie und P. ROGER BACON und ALEXANDER VON HALES erkennen in der P. ein integratives Moment der Theologie, die freilich über ihr steht, ein reicheres und vollkommeneres Wissen ist («theologica disciplina est inspirata, non acquisita»); während die «philosophische Theologie» nach den ersten Ursachen und Gründen des Seienden nur «auf dem Weg der Kunst und vernünftigen Überlegung» fragt, so daß «jede menschliche Wissenschaft durch Finden und Lehren erworben wird» (omnis humana scientia est acquisita per inventionem vel doctrinam) fragt. Weiter hat die Offenbarungstheologie einen affektiven Charakter, der in der Hinführung des menschlichen Lebens zu Gott besteht; daher kann sie sich nicht nur auf das Prinzip der Rationalität stützen, sondern in erster Linie auf das Zeugnis des Glaubens («theologica doctrina fundatur super testimonium fidei»). [49] Wie der programmatische Titel ‹De reductione artium ad theologiam› des BONAVENTURA andeutet, handelt es sich um ein 'sapientiales' (weisheitswissenschaftliches) Verständnis von Theologie, auf das alle anderen Künste und Wissenschaften zurückgeführt werden müssen und umgekehrt von ihm aus zu begründen sind. Die an Augustinus anschließende weisheitswissenschaftliche Theologie bringt das philosophische Streben nach Wissen zu seiner Vollendung, da in ihr der Glaube, die rechte Lebensordnung und die Vereinigung der Seele mit Gott versammelt sind. P., sofern sie bei der Betrachtung ihrer Gegenstände stehen bleibt, ist Anmaßung und führt in die Irre; daher ist sie durch die Theologie aufzuheben. In allem strahlt das ursprüngliche «göttliche Licht» wider. So ist philosophische Erkenntnis ein «inneres Licht», weil es «die inneren und verborgenen Ursachen erforscht, und zwar mit Hilfe der Prinzipien der Wissenschaften und der natürlichen Wahrheit». Dieses «Licht» wird ausgelegt in die «Natur-, Vernunft- und Moralphilosophie». Vernunftphilosophie ist in Grammatik, Logik und Rhetorik einzuteilen, wobei die erste dem Ausdruck (*ad exprimendum*), die zweite der Lehre (*ad docendum*), die dritte der Bewegung zum Handeln (*ad movendum*) dient. Rhetorische Überzeugungskunst, auf das Affektive und Persuasive bezogen, erhält ihren Ort innerhalb der sapientialen Theologie: das «korrekte» (Bezug auf die Grammatik, *per sermonem congruum*), «wahre» (*per verum*) und «gefällige» (*per sermonem ornatum*) Wort verweisen auf einander. Ihrem Ziele nach dient die Rede zum «Ausdruck», zur «Belehrung» (*ad erudieanum*) und zum «Ansporn» (*ad movendum*); in bezug auf sie selbst müssen «grammatische Korrektheit» (*congruitas*), «Wahrheit» (*veritas*) und «Schönheit» (*ornatus*) zusammenkommen, so daß durch das «bildhafte», «lichthafte» und «kraftvolle» Wort (*meaiante virtute, lumine et specie*) das Ziel der Rede, Erkenntnis Gottes durch dessen «innere Ansprache» (*per ipsius internam locutionem*), erreicht wird. [50]

Dem Philosophieverständnis Bonaventuras, das einen Vorbehalt gegenüber der P. formuliert, setzt ALBERTUS MAGNUS die strikte Trennung von Offenbarungstheologie und P. entgegen. Wie die Anerkennung des Widerspruchsprinzips in philosophischer Hinsicht die Voraussetzung für ein Gespräch sei, so auch in theologischer Hinsicht die Anerkennung der Wahrheit der Hl. Schrift und der in ihr enthaltenen Prinzipien [51]; dennoch unterscheiden sich P. und Theologie im Blick auf den Status ihrer Prinzipien: diese stimmen nicht überein. [52] Die Prinzipien der Theologie sind geoffenbarte; die der P. alleine die der Vernunft. P. thematisiert ihre Gegenstände auf eine Weise, wie sie der menschlichen Vernunft möglich ist; Theologie jedoch, da inspiriert, thematisiert sie auf «höchste Weise», weshalb sie auch eine höhere Gewißheit beanspruchen kann als philosophische Erkenntnis, die sich nur auf endliche Wahrheiten stützt.[53] Die Verschiedenheit der Erkenntnisrichtung rechtfertigt die theologisch mögliche «figurative» Rede in Bildern und Gleichnissen, während solche Redeweise philosophisch ein Fehler ist und Erkenntnis mehr verdunkelt als erhellt.[54] Nach THOMAS VON AQUIN tritt Theologie als «Wissenschaft» und heilsnotwendige «sacra doctrina», die ihre Prinzipien von einer übergeordneten Wissenschaft, dem «Wissen Gottes und der Seligen» erhält[55] und als «Einprägung» des göttlichen Wissens selbst «scientia divina», «höchste» Wissenschaft (*sapientia*) ist, den profanen Wissenschaften richterlich und nicht, wie bei Bonaventura, begründend entgegen. Da sie das, was aus Gott hervorgeht und auf ihn hingeordnet ist, unter dem Gesichtspunkt der Offenbarung (*revelabilitas*) betrachtet, kann sie sich auch den Gegenständen zuwenden, die in der P. behandelt werden. Die beanspruchte Allzuständigkeit der Theologie wird jedoch durch die begrenzte ‹Teilhabe› am göttlichen Wissen eingeschränkt. Schwäche und Endlichkeit der menschlichen Vernunft erlauben keine Einsicht in das Wesen Gottes; deshalb ist Offenbarung notwendig; und deshalb ist Theologie angewiesen auf das Wirken Gottes; aber im gleichen Zuge bedarf sie der philosophischen Argumentation. Sofern zu ihrem Begriff als «scientia» Vernunft, sachliches Begreifen und inhaltliche Begründung gehören, kann sie sich nicht damit begnügen, Konvenienz zwischen ihren Aussagen und dem faktischen Offenbarungsinhalt festzustellen. Theologie ist Wissenschaft nur unter Einbeziehung der P. Freilich ist sie nicht mit ihr identisch. Philosophische Erkenntnis fängt von unten an, theologisch verstanden beim ‹Geschaffenen›, philosophisch verstanden bei der ‹Natur›, und vollendet sich in der Erkenntnis Gottes, auf die hin menschliche Vernunft angelegt ist, die sie aber aus eigener Kraft nicht erreichen kann, während Theologie als eine in der Offenbarung gesicherte Erkenntnis keiner Unterstützung von seiten der P. bedarf. Theologie und P. sind selbständige universitäre Wissenschaften bzw. Disziplinen mit ihren je eigenen Erkenntnisperspektiven und Prinzipien.

Die Eigenständigkeit von Theologie und P. in Hinsicht auf Prinzipien, Grade der Gewißheit und Methoden werden bei SIGER VON BRABANT, HEINRICH VON GENT, GOTTFRIED VON FONTAINES und JOHANNES DUNS SCOTUS deutlich akzentuiert. Vor allem Duns Scotus[56] hebt die enge Verbindung von P. und «unserer Theologie» hervor. Nach den Wissenschaftskriterien der ‹Zweiten Analytiken› kann «unsere Theologie» nicht eigentlich Wissenschaft sein; ein Subalternationsmodell nach dem Vorbild des Thomas ist verwehrt. In einem weiten Sinne von Wissenschaft, als «Wissen mit sicherer Zustimmung» (Augustinus), ist jedoch auch «unsere Theologie» ‹Wissenschaft› zu nennen: in der Tradition von Augustinus und Bonaventura «praktische Wissenschaft», da sich im Glauben an Gott das höchste Ziel des Menschen als singuläres, personales und einzigartiges Seiende zeigt, das nicht durch bloße Erkenntnis, sondern durch die rechte Praxis, die Gottesliebe, erreicht und wodurch die dem Menschen fehlende Einsicht in das Wesen Gottes ausgeglichen wird. Unter den gegenwärtigen Bedingungen der Endlichkeit menschlicher Existenz kann solche Einsicht nur annäherungsweise in Gestalt der Metaphysik vollzogen werden. P. bzw. Metaphysik wird als allgemeine Seinswissenschaft von der Theologie vorausgesetzt, da sie ihr den Gottesbegriff unter dem stellvertretenden Titel des unendlich Seienden (*ens infinitum*) bereitstellt, den die Theologie in ihrer eigenen Erkenntnisabsicht, der Rede von Gott, benutzt. In einem höheren Maße als bei Thomas fordert bei Duns Scotus der Verwissenschaftlichungsprozeß des Wirklichkeitsverstehens die Konzentration auf den Begriff, auf die logische Stringenz des syllogistischen Verfahrens, auf die Prüfung der Prämissen auf ihre Gültigkeit hin. Er verlangt die völlige Einordnung der P. in die scholastische Tradition. Die Konsequenzen sind: zunehmende Perfektionierung der Begrifflichkeit und sprachlichen Genauigkeit; dadurch Rationalisierung und Technisierung der Sprache und des Stils der wissenschaftlichen Darstellung; Ausschluß rhetorischen Redeschmucks und der ‹Belles-Lettres› aus der wissenschaftlichen Disputation.

c) *Spätes Mittelalter.* Die dritte ausklingende Phase der Aneignung weltlicher P. wird durch die zunehmende Herauslösung der P. aus der «theologischen Synthese» bestimmt. Dieser Entwicklung entspricht, daß sich die Artistenfakultät seit Mitte des 13. Jh. nicht mehr als Propädeutik der höheren Fakultäten versteht, sondern als selbständige: man kann in ihr P. in der Vielfalt der Disziplinen betreiben, ohne sie in bezug zur Theologie zu setzen. Siger von Brabant macht einen ersten Schritt in diese Richtung. BOETHIUS VON DACIEN, der den Schulcharakter von Wissenschaft zwar nicht verläßt, aber statt von Theologie und P. lieber von dem Theologen und Philosophen spricht, akzentuiert in seinen beiden Opuscula ‹De summo bono› und ‹De aeternitate mundi›[57] das Selbstverständnis und Selbstbewußtsein des Philosophen, das von keiner Seite ‹bevormundet› werden darf. Wie bei Thomas von Aquin erkennbar, gehört zur «Vollkommenheit menschlicher Weisheit, die Philosophie genannt wird»[58], Reflexion, denkende Selbstbezüglichkeit[59], in ethischer Hinsicht das Herrsein über sich selbst. In dem Maße, in dem sich P. aus der Schultradition löst, rücken die hinter ihr stehenden Personen, die Autoren in den Vordergrund. Bereits Thomas behauptet, daß das Studium der P. nicht dazu diene, herauszufinden, was andere gedacht haben, sondern wie es sich um die Wahrheit der Sache verhält.[60] Es gehöre nämlich zu den «guten Sitten», daß man die «Wahrheit den Freunden vorziehe» und dies stehe in besonderer Weise den «Philosophen» an, die «Lehrer der Weisheit» (professores sapientiae) sind, die wiederum «Erkenntnis der Wahrheit» ist.[61] Deutlich wird DANTE ALIGHIERI in diesem Punkt: «Wer sich [...] nicht darum sorgt, zum öffentlichen Wohl einen Beitrag zu leisten [...] der versäumt seine Pflicht.» Er selbst strebe danach, «für den öffentlichen Nutzen [...] reiche Früchte zu tragen und Wahrheiten zu enthüllen, die noch keiner gewagt hat»; denn noch einmal die Theoreme des Euklid zu beweisen oder noch einmal die Struktur des Glücks, wie sie Aristoteles aufgezeigt habe, darzulegen, das ist ein «ärgerlicher und überflüssiger Aufwand» und «erregt eher Abscheu».[62] Bezeichnenderweise korrigiert Dante mit Blick auf die «Rhetoren» die in der Universitäts- und Wissenschaftstradition verankerte Unerlaubtheit, «parlare alcuno di se» (von sich selbst zu sprechen) und meint, daß es doch aus zwei Gründen erlaubt sei: wenn eine drohende «Verleumdung» nicht anders abgewendet werden könne (so das Beispiel der ‹Consolatio› des Boethius) und wenn (so das Beispiel der ‹Confessiones› des Augustinus) «aus dem Verhandeln über sich selbst auf dem Wege der Lehre größter Nutzen für andere erfolgt» (per ragionare di sé, grandissima utilitade ne segue altrui per via di dottrina).[63] Der Autor und sein Werk stehen eng zusammen, als Folge eines sich stärkenden Selbstbewußtseins derer, die sich wie Boethius von Dacien ‹Philosophen› nennen. Absetzbewegungen aus der universitären Schultradition werden erkennbar. PETRUS D'AILLY gibt von dem «Wiedererwachen» der «eloquentia» im Eingangsstück (*principium*) seines ‹Sentenzenkommentars› (1375) Zeugnis; der «Retour des Belles-Lettres» (É. Gilson) kündigt sich an. [64] Autoren wie DANTE, MEISTER ECKHART, FRANCESCO PETRARCA, NIKOLAUS VON KUES und dann im Humanismus LORENZO VALLA und JUAN LUIS VIVES stehen für diese Entwicklung. Der Stil der P. verändert sich: von der wissenschaftlichen und technisierten Disputation zur ausführlichen, in Bücher bzw. Teile, Kapitel und Paragraphen gegliederten Abhandlung, von da zur Predigt- und Briefform.

Hinzu kommt im Ausgang des Mittelalters das schärfere Bewußtsein von der Pluralität der Wissenschaften, die jeweils ihren eigenen, ‹unerborgten› Erkenntnisprinzipien zu folgen haben. Theologie ebenso wie P. gibt es nicht als jeweils eine, sondern nur in der Vielfalt von Ansätzen, Perspektiven und Methoden. Einzelne Wissenschaften verselbständigen sich: beispielsweise die Logik (Untersuchungen über die Eigenschaften der Termini, Suppositionstheorie, Sprachtheorie), die Naturphilosophie, die seit ROBERT GROSSETESTE und ROGER BACON auch die Erfahrung (*experientia*) der materiellen Welt berücksichtigt (JOHANNES BURIDAN, die Oxforder ‹Calculatores›, THOMAS BRADWARDINE, NICOLE ORESME), die Grammatik in der Tradition der *grammatica speculativa*, die in THOMAS VON ERFURT ihren Höhepunkt findet.

Das, was P. als Wissenschaft zusammenhält, ist im ausgehenden Mittelalter, trotz der verschiedenen Schulrichtungen wie die der ‹Realisten› (via antiqua) und ‹Nominalisten› bzw. ‹Konzeptualisten› (*via moderna*), die Gemeinsamkeit des Verständnisses von Wissenschaft als eines Habitus von Prinzipien und Konklusionen, Erkenntnis der verwendeten Begriffe und Methoden. Derart ist P., in eins mit ihr Wissenschaft, nicht mehr von ihrer inhaltlichen, sondern nur von ihrer formalen Seite bestimmbar. Nach WILHELM VON OCKHAM ist P. ein Wissen von Sätzen, die dem Zweifel auszusetzen sind, einer kritischen Untersuchung unterzogen werden und aus notwendigen Prämissen zwingend folgen.[65] Das Omnipotenzprinzip (Allmacht Gottes), das nur durch das Widerspruchsprinzip eingeschränkt ist, zwingt zu Reflexionen über die Möglichkeit menschlichen Erkennens. In diesem Zusammenhang wird die Unterscheidung intuitiver und abstraktiver Erkenntnis bedeutsam und unter den Bedingungen der Kontingenz der Welt die Frage nach den Wahrheitsbedingungen von Sätzen, Argumente und Beweise, Kategorien- und Universalienproblem. Sehr deutlich bringt NIKOLAUS VON AUTRECOURT, der ‹mittelalterliche Hume›, die durch das Omnipotenzprinzip evozierten Probleme zur Sprache [66]: Die unmittelbare intuitive Erkenntnis erscheinender und gegenwärtiger Gegenstände («esse apparens») ist nach ihm die einzige Quelle der Erkenntnis und das Prinzip der Widerspruchsfreiheit das einzige formale Kriterium ihrer Gewißheit. Die Bezugnahme auf die Faktizität dieser Welt ist die wissenschaftstheoretische Kompensation der Verunsicherung, die aus dem jederzeit möglichen Eingriff Gottes in den Lauf und Ordnungszusammenhang dieser Welt resultiert. Gebunden an das Ökonomieprinzip ist P. als kritische Metaphysik nach Ockham, wie schon bei Duns Scotus, Transzendentalienlehre, Reflexion über die Möglichkeitsbedingungen unserer Rede von ‹seiend› (*ens*). P. als Selbstbehauptung menschlicher Vernunft ist zugleich Einsicht in die Selbstbegrenzung der Vernunft. Die nominalistische Deutung der P. als ‹strenger Wissenschaft› hat die Autonomie der P. zum Resultat.

Im Ausgang des lateinischen Mittelalters und im Übergang zur frühen Neuzeit gelingt noch einmal eine «Synthese» von P. und Theologie. Geschärft durch ein hohes Methodenbewußtsein macht NIKOLAUS VON KUES in seiner Lehre der «belehrten Unwissenheit» (*docta ignorantia*) auf das Ungenügen einer P. aufmerksam, die glaubt, in der «Jagd nach Weisheit» auf feste, an der Substanz und den ‹Washeiten der Dinge› orientierte Begrifflichkeit zu stoßen oder von ihnen ausgehen zu können. [67] Die Fixierung des philosophischen Denkens auf Washeiten ist aufzugeben. P. hat überzugehen in die P. der *docta ignorantia*, die mit der Lehre von dem ‹Zusammenfall der Gegensätze› (*coincidentia oppositorum*) eng verbunden ist. Ihre Vollzugsweise, in die immer auch eine Reflexion des Erkennenden auf sein Erkennen eingeschlossen ist, ist die «Bewegung des Denkens», die «auf- und absteigende Dialektik»[68] im platonischen Sinn; Gott-Suche – in den philosophischen Themen der Verhältnisse von ‹Unendlichkeit – Endlichkeit›, ‹Einheit – Vielheit›, ‹Identität – Differenz›, theologisch ‹Schöpfer – Geschöpf› –, ‹mutmaßliche› «Ausfaltung» (*explicatio*) dessen, was in dem ursprünglich und unaussprechbaren ‹Einen› eingefaltet (*complicatio*) ist. [69] Diese *Weise der P.* als dialektisches, konjekturales Hindenken auf Gott rechtfertigt die *Rede in Bildern*, Symbolen, Gleichnissen, die jedoch nur als Hilfsmittel eingesetzt werden. Außer in der Sprache der Mathematik, dem «Rätselbild (*aenigma*) für die Jagd nach den Werken Gottes» [70], besitzen wir unter den gegenwärtigen Bedingungen keine Erkenntnisgewißheit. Erkenntnis ist symbolhaft, konjektural. Das schließt zwar mögliche Sicherheit und Gewißheit des Erkennens nicht aus; die Mathematik als ‹exakte Wissenschaft› ist das Beispiel dafür; aber das Denken auf Gott hin bleibt in solches, das in stets neuen Versuchen und Anläufen anzugehen ist, ohne daß es endgültig abschließbar wäre. Dieser neuen Art zu denken entspricht auch die Darstellungsweise, die Nikolaus von Kues seiner P. und Theologie angedeihen läßt. Er verläßt in seinen Schriften die literarische Gattung der *quaestiones disputatae*; wählt die vom Schulcharakter sich befreiende Abhandlung und, in Anknüpfung an Platon, den Dialog als literarische Form; in einigen Fällen trägt er seine Gedanken – wie schon Nicolaus von Autrecourt – in Briefform vor und benutzt – wie schon MEISTER ECKHART – die Predigt als Medium der Darstellung. In dem Sinn gehört der Cusaner nicht mehr dem lateinischen Mittelalter an, sondern weist in die Neuzeit, in welcher der Autor und sein Werk nicht von einander zu trennen sind. P. und Theologie des Cusaners bilden mit seiner Person eine Einheit.

Anmerkungen:
1 vgl. H. Görgemanns: Art. ‹P., II: Patristik und MA. – A. Griech. Patristik› und A. Wlosok: Art. ‹C. Lat. Patristik›, in: HWPh, Bd. 7 (1989) Sp. 616–623 und 626–530. – **2** Cicero, De officiis II, 5. – **3** vgl. G. Podskalsky: Art. ‹P.: E. Byzanz›, in: HWPh, Bd. 7 Sp. 623–626. – **4** vgl. Görgemanns [1] 617; Wlosok [1] 627. – **5** vgl. W. Kluxen: Art. ‹Ancilla theologiae›, in: HWPh, Bd. 1 (1971) Sp. 294f. – **6** Celsus, Frg. I, 14c, in: R. Bader: Der Alethes Logos des Kelsos (1940) 44; vgl. auch Frg. I, 9; IV, 18; IV, 51b; VI, 7c,d; VII, 42: Bader ebd. 42f, 106f, 117, 143, 187. – **7** vgl. Augustinus, De Civitate Dei X, 32; De Trinitate XIV, 12; XV, 3; XIV, 1; G. Madec: Art. ‹P.: D. Augustinus›, in: HWPh, Bd. 7, Sp. 630–633; L. Honnefelder: Weisheit durch den Weg der Wiss. Theol. und P. bei Augustinus und Thomas von Aquin, in:

W. Oelmüller (Hg.): P. und Weisheit (1989) 65-77; ders.: Christliche Theol. als 'wahre P.', in: C. Colpe u.a. (Hg.): Spätantike und Christentum (1992) 55-75. – **8** vgl. Augustinus, De Trinitate XIII, 19. – **9** ders., Contra Academicos III, 19; vgl. auch Confessiones VII, 9, 13ff. – **10** ders., Contra Iulianum IV, 14, 72; De vera religione 5, 8. – **11** vgl. W. Magaß: Rhet. und P. in der Patristik, in: H. Schanze, J. Kopperschmidt (Hg.): Rhet. und P. (1989) 75-97; M. Wehrli: Lit. im dt. MA. Eine poetologische Einf. (1984) 119ff. – **12** vgl. J.H.J. Schneider: Art. ‹Artes liberales›, in: DNP, Bd. 13: Rezeptions- und Wissenschaftsgesch. (1999) 273-278; Th. Kobusch: Art. ‹P.: E. MA›, in: HWPh, Bd. 7, Sp. 633-641. – **13** vgl. J.H.J. Schneider: Scientia sermocinalis/realis. Anm. zum Wissenschaftsbegriff im MA und in der Neuzeit, in: ABG 35 (1992) 54-92; ders.: Art. ‹Trivium›, in: HWPh, Bd. 10 (1998) Sp. 1517-1520. – **14** Aug. Doctr. I, 2. – **15** Hugo von Sankt Viktor, Didascalicon. De studio legendi, lib. 2, cap. 20, hg. v. Th. Offergeld (1997) 192. – **16** vgl. J.H.J. Schneider: Der Begriff der Sprache im MA, im Humanismus und in der Renaissance, in: ABG 38 (1995) 66-149. – **17** vgl. H.-B. Gerl: Rhet. und P. im MA, in: Schanze, Kopperschmidt [11] 99-119; Wehrli [11] 121-129. – **18** The Glosae super Platonem of Bernard of Chartres, ‹2›, 35-41, hg. v. P.E. Dutton (Toronto 1991) 143. – **19** Glosae super Platonem (Accessus ad Timaeum), hg. v. Jeauneau, (Paris 1965) 62 und 65. – **20** vgl. Curtius 214-220. – **21** Lit. bei Schneider [16] 79-82; vgl. P.v. Moos: Rhet., Dialektik und «civilis scientia» im Hochma., in: J. Fried (Hg): Dialektik und Rhet. im früheren und hohen MA. Rezeption, Überlieferung und ges. Wirkung antiker Gelehrsamkeit vornehmlich im 9. und 12.Jh. (1977) 133-155. – **22** Augustinus, De ordine II, 13, 38; vgl. Schneider [13] 56. – **23** Cassiod. Inst. II, 3, 5. – **24** Hugo von St. Viktor [15] lib. 1, cap. 4, hg. Offergeld [15] 127; vgl. ebd., lib 2, cap. 1, hg. Offergeld, 157: «probabiliter investigans». – **25** vgl. G. Schrimpf: Art. ‹P.: Institutionelle Formen. B. MA›, in: HWPh, Bd. 7, Sp. 800-819. – **26** vgl. Alkuin, Opuscula didascalica I, in: ML 101, 853 C; Hrabanus Maurus, De universo 15, 1, in: ML 111, 416 A. – **27** Hugo von St. Victor [15] lib 3, cap. 3 und 4, hg. Offergeld [15] 228 und 235; vgl. G. Jüssen, G. Schrimpf: Art. ‹Disciplina, doctrina›, in: HWPh, Bd. 2 (1972) 256-261; D.E. Luscombe: Dialectic and Rhetoric in the Ninth and Twelfth Centuries: Continuity and Change, in: Fried [21] 1-20; G. Schrimpf: Eine wissenschaftstheoretische Anwendung der ‹dialectica› bei Johannes Scottus Eriugena, in: Fried [21] 51-72. – **28** vgl. beispielsweise Petrus Damiani, Ep. 2, 5, in: ML 144, 260 C; Opusc. 49, cap. 11, in: ML 145, 730 D; dazu: F. Dressler: Petrus Damiani. Leben und Werk (Rom 1954) 177; W. Hartmann: Rhet. und Dialektik in der Streitschriftenlit. des 11./12. Jh., in: Fried [21] 73-95. – **29** vgl. M. Dreyer: Nikolaus von Amiens: Ars fidei catholicae – Ein Beispielwerk axiomatischer Methode (1993); G. Schrimpf: Die Axiomenschrift des Boethius (De Hebdomadibus) als philos. Lehrbuch des MA. (Leiden 1966). – **30** vgl. Hugo von St. Viktor [15] lib. 2, cap. 20 (mit Berufung auf Martianus Capella und Cicero), hg. Offergeld [15] 193; Wilhelm von Conches, Glosae super Platonem, In Timaeum 44e § CXXXII und 48e § CLIX, hg. v. Jeauneau [19] 232 und 265; Honorius Augustodunensis (Wilhelm von Conches), De philosophia mundi, Praef., in: ML 172, 41D-43. – **31** vgl. W. Beierwaltes: Eriugena. Grundzüge seines Denkens (1994) 52-81; G. Schrimpf: Das Werk des Joannes Scottus Eriugena im Rahmen des Wissenschaftsverständnisses seiner Zeit. Eine Hinführung zu Periphyseon (1982); W. Beierwaltes. (Hg.): Begriff und Metapher. Sprachformen des Denkens bei Eriugena (1990). – **32** Bernardus Silvestris, Commentum in Martianum, hg. v. H.J. Westra (Toronto/Leiden 1986) 45; H. Brinkmann: Verhüllung (‹Integumentum›) als lit. Darstellungsform im MA, in: Miscellanea Mediaevalia, Bd. 8: Der Begriff der Repraesentatio im MA, hg. v. A. Zimmermann (Berlin/New York 1971) 314-339; Schneider [16] 85-89. – **33** Wilhelm von Conches, Glosae super Platonem, In Timaeum 34c § LXXIV und 41d § CXIX, hg. v. Jeauneau [19] 150 und 211; vgl. die Einl. von Jeauneau, ebd., 19f. – **34** Ps. 25, 14; vgl. Moses Maimonides, Ed. Augustinus Justinianus (Paris 1520, ND 1964) fol. 2v. – **35** Thomas von Aquin, In I Sent., prol., q. 1 a. 5 und ad 3; vgl. Curtius 223f. – **36** Beringarius Turonensis, Rescriptum contra Lanfrancum, Rescr. I, hg. v. R.B.C. Huygens (Turnhout 1988) 85, 1795-1799; vgl. Schneider [16] 88; L. Oeing-Hanhoff, Art.: ‹Dialektik III›, in: HWPh, Bd. 2 (1972) Sp. 175-184. –

37 vgl. Petrus Abaelard: Theologia christiana II, 43; III, 57; IV, 161, Opera theologica, Bd. 2, hg. v. E.M. Buytaert (Turnhout 1969) 149, 218 und 346; Kobusch [12] 638ff. – **38** vgl. W. Kluxen: Der Begriff der Wiss., in: Die Renaissance der Wiss. im 12.Jh., hg. v. P. Weimar (1981) 273-293; Kobusch [12] 641-650; L. Honnefelder, J. Szaif, H. Möhle, H. Busche, M. Dreyer, J. Söder: Art. ‹P.›, in: LThK, Bd. 8 (1999) Sp. 249-257. – **39** Thomas von Aquin, Expositio Boethii De trinitate q. 5, a. 1 ad 3. – **40** vgl. J.H.J. Schneider: Die Summa Theologiae des Thomas von Aquin (1225-74) und das christliche Weltbild des MA., in: J.-F. Leonhard, H.-W. Ludwig, D. Schwarz, E. Straßner (Hg.): Medienwiss. in ein Hb. zur Entwicklung der Medien und Kommunikationsformen (1999) 649-664; Schrimpf [25] Sp. 806f; P. Hadot: Art. ‹P.: VI. Lit. Formen der P.› in: HWPh, Bd. 7 (1989), Sp. 848-858. – **41** vgl. J.H.J. Schneider: Das Einzelne und Allgemeine. Sprachphilos. Betrachtungen über die Genese des Begriffs im Anschluß an Thomas von Aquin und Johannes Duns Scotus, in: J.A. Aertsen, A. Speer (Hg.): Miscellanea Mediaevalia, Bd. 24: Individuum und Individualität im MA (1996) 74-96. – **42** vgl. ders.: Wissenschaftseinteilung und institutionelle Folgen, in: M.J.F.M. Hoenen, J.H.J. Schneider, G. Wieland (Hg.): Philosophy and Learning. Universities in the Middle Ages (Leiden/New York/Köln 1995) 63-121. – **43** vgl. L. Honnefelder, Th. Pröpper: Art. ‹Theol. u. P.›, in: LThK, Bd. 9 (2000) Sp. 1448-1455. – **44** vgl. Magistri Guillelmi Altissiodorensis, Summa aurea, lib. I, prol., hg. v. J. Ribailler, (Paris/Rom 1980) 16; ebd., lib. III, tract. 33, cap. 2, hg. v. J. Ribailler (1986) 639. – **45** Robert Kilwarby, De ortu scientiarum, cap. V, n. 16, hg. v. A.G. Judy (Toronto 1976) 14. – **46** Anonymus: Summa philosophiae I, 13, hg. v. L. Baur (1912) 287. – **47** Raimundus Lullus: Vita coaetanea, Opera latina, Vol. VIII, hg. v. H. Harada (Tournai 1980) 291 und 297. – **48** vgl. J.H.J. Schneider: Nikolaus von Kues: De pace fidei – Religionsfriede?, in: N. Brieskorn, M. Riedenauer (Hg.): Suche nach Frieden: Politische Ethik in der Frühen Neuzeit I (2000), 15-39. – **49** Alexander von Hales, Summa theologiae, I, 2 a-b (Quaracchi 1924) 4. – **50** Bonaventura, De reductione artium ad theologiam, nr. 1, 4, 8 und 15-18 lat.-dt., übers. u. hg. v. J. Kaup OFM (1961) 234ff; vgl. auch Dockhorn 90. – **51** Albertus Magnus, Summa theologica I, 1, q. 5, c. 3, hg. v. D. Siedler, coll. W. Kübel, H.G. Vogels, Opera omnia 34/1 (1978) 20. – **52** ders., Metaphysica XI, 3, c. 7, hg. v. B. Geyer, Opera omnia 16/2 (1964) 542. – **53** vgl. ders., Summa theologiae I, 1, q. 5, c. 2, Opera omnia 34/1, 18. – **54** ders. ebd. I, 1, q. 5, c. 1, Opera omnia, 34/1, 17. – **55** vgl. Thomas von Aquin, Summa theologiae I, q. 1; W. Kluxen: Philos. Ethik bei Thomas von Aquin (^{2}1980) 1-21; Schneider [40] 658ff. – **56** vgl. L. Honnefelder: Ens inquantum ens. Der Begriff des Seienden als solchen als Gegenstand der Metaphysik nach der Lehre des Johannes Duns Scotus (1979) 1-46. – **57** vgl. J.H.J. Schneider: The Eternity of the World. Thomas Aquinas and Boethius of Dacia, in: Archives d'Histoire Doctrinale et Littéraire du Moyen Age 66 (1999) 121-141. – **58** Thomas von Aquin, Sententia libri Politicorum I, Prol., Editio Leonina XLVIII (Rom 1971) A 69. – **59** vgl. ders., Expositio libri Posteriorum I 1 (Prooem.), Editio Leonina I/2 (Rom 1989) 3. – **60** ders., In De caelo et mundo, I, 22, n. 228 (8). – **61** ders.: Sententia libri Ethicorum I, 6 (1096 a 14), Editio Leonina XLVII/1 (Rom 1969) 22. – **62** Dante Alighieri, De monarchia I, nn. 2-4, lat.-dt. hg. v. R. Imbach, Ch. Flüeler (1989) 61. – **63** vgl. ders., Convivio I, 2 (2), (13) und (14), in: Opere, hg. F. v. Chiapelli (Mailand 1963-1978) 131f.; Übers. in: Dante Alighiere: Das Gastmahl. Erstes Buch, übers. v. Th. Ricklin, eingel. und komment. v. F. Cheneval, ital.-dt. Philos. Werke, hg. R. Imbach, Bd. 4/1 (1996) 13 – **64** vgl. Schneider [13] 77, 82ff. – **65** vgl. J.P. Beckmann, Wilhelm von Ockham (1995) 59; P.V. Spade (Hg.): The Cambridge Companion to Ockham (Cambridge 1999). – **66** vgl. J.H.J. Schneider: Art. ‹Nikolaus von Autrecourt› in: Biogr.-Bibliogr. Kirchenlex., hg. v. T. Bautz, Bd. 6 (1993) Sp. 684-691. – **67** vgl. Nikolaus von Kues, De venatione sapientiae, cap. 12; K. Jacobi: Ontologie aus dem Geist «belehrten Nichtwissens», in: ders. (Hg.): Nikolaus von Kues (1979) 27-55, hier 27f; F. Nagel: Nicolaus Cusanus und die Entstehung der exakten Wiss. (1984). – **68** Jacobi [67] 31; mit Bezug auf Nikolaus von Kues, De quaerendo Deum; vgl. auch W. Beierwaltes: Identität und Differenz (1980) 105-175. – **69** vgl. Nikolaus von Kues, De coniecturis, cap. 1. – **70** ders., Trialogus de possest, n. 44.

Literaturhinweise:
H.-I. Marrou: Augustinus und das Ende der antiken Bildung (²1995) (Orig.: Saint Augustin et la fin de la culture antique, Paris 1938). – F. Überweg: Grundriß der Gesch. der P., 2. Teil: B. Geyer (Hg.): Die patristische und scholastische P. (Basel ¹¹1951) – N. Kretzmann, A. Kenny, J. Pinborg (Hg.): The Cambridge History of Later Medieval Philosophy (Cambridge. Mass.) u.a., ¹1982, 1988) – J.P. Beckmann, L. Honnefelder, G. Schrimpf, G. Wieland (Hg.): P. im MA. Entwicklungslinien und Paradigmen (1987). – W. Rüegg (Hg.): Gesch. der Univ. in Europa, Bd. I: MA. (1993). – S. Ebbesen (Hg.): Sprachtheorien in Spätantike und MA. (1995). – M.J.F.M. Hoenen, J.H.J. Schneider, G. Wieland (Hg.): Philosophy and Learning. Universities in the Middle Ages (Leiden/New York/Köln 1995). – G. Wieland (Hg.): Aufbruch – Wandel – Erneuerung. Beitr. zur ‹Renaissance› des 12. Jh. (1995). – P. Schulthess, R. Imbach: Die P. im lat. MA. Ein Hb. mit einem bio-bibliogr. Repertorium (1996). – O. Weijers, L. Holtz (Hg.): L'enseignement des disciplines à la Faculté des arts (Paris et Oxford, XIIIᵉ-XVᵉ siècles). Actes du colloque international (Brepols 1997). – C. Lafleur (Hg.): L'enseignement de la philosophie au XIIIᵉ siècle. Autour du ‹Guide de l'étudiant› du ms. Ripoll 109. Actes du colloque international, ed. avec un complement d'études et des textes. Avec la collaboration de J. Carrier (Brepols 1997). – W. Beierwaltes: Platonismus im Christentum (1998).

J.H.J. Schneider

III. *Renaissance, Humanismus.* Die Periode der Philosophiegeschichte der frühen Neuzeit, die in der geistes- und philosophie-geschichtlichen Forschung seit der ersten Hälfte des 19. Jh. im Zeitraum von etwa der Mitte des 14. bis zum Ende des 16. Jh.[1] angesetzt und als Epoche der ‹Renaissance›[2], des ‹Humanismus›[3] oder auch des ‹Renaissance- Humanismus›[4] bezeichnet wird, ist für die Rhetorik besonders wichtig. Grundlage der Benennung bildet ein von Gelehrten des 14. Jh. konzipiertes neues Verhältnis zur Antike, das als ihre «Wiedergeburt» begriffen werden kann[5] und das sich in ihren Augen von dem der unmittelbar vorausgehenden Zeit des später sogenannten ‹Mittelalters›[6] wesentlich unterscheidet. Seinen Niederschlag findet die neue Einstellung zunächst in dem verstärkten Bemühen um eine an antiken Musterautoren geschulte Eleganz in der Verwendung der lateinischen Sprache in Prosa und Dichtung, in einer Betonung der zur Lebensführung als wesentlich angesehenen Lehrinhalte der Moralphilosophie, in einem verstärkten Interesse an Geschichtsschreibung sowie in einer gestalterischen Neuorientierung an antiken Vorbildern in den bildenden Künsten. Bei genauer Betrachtung entwickelt sich die neue Bildungsbewegung des Renaissance-Humanismus im Rahmen vielfältiger (ebenfalls durch eine Hinwendung zur Antike gekennzeichneter) Strömungen und Tendenzen, die sich seit dem 12. Jh. in der Welt der Gelehrten abzeichnen und ein äußerst facettenreiches (und auch später keineswegs einheitliches) Bild der bildungs- und philosophiegeschichtlichen Entwicklung entstehen lassen.[7]

So ist auch die durch ALBERTUS MAGNUS und THOMAS VON AQUIN wesentlich angeregte Beschäftigung mit Aristoteles ein Beispiel für intensive Hinwendung zur Antike und die Beschäftigung mit einem (allerdings spezifischen) Ausschnitt ihrer philosophischen Gelehrsamkeit.[8] Aristoteles stellte v.a. mit seinen Arbeiten zur Logik und Metaphysik namentlich für Thomas von Aquin und für die theologische Schule von Paris Hilfsmittel für ihr Suchen nach einer logisch-rationalen Begründung von Wissen und Glauben bereit. Kennzeichnend für diese Form der *fides quaerens intellectum* (Suche des Glaubens nach Erkenntnis)[9] war das Bemühen um das logisch stringente Formulieren von Problemen und Lösungsversuchen. Sprachlich-ästehtische Kategorien spielten dabei keine (oder allenfalls eine untergeordnete) Rolle. Es kam daher zu einer spezifischen Ausdrucksweise, die weder in Syntax noch in Vokabular (mit Wortbildungen wie z.B. *quidditas, entitas, ens, substantia, haeccitas* [10]) der ‹Latinitas› Rechnung trugen. Die Praxis der dialektisch-syllogistischen Methode gewann besonders in Frankreich die Oberhand über die *artes*, so daß schon bald (etwa von Heinrich von Andély[11]) der Rückgang der im Trivium vollzogenen Lektüre der antiken Schriften beklagt wurde.[12] Bei den (zunächst vor allem italienischen) Gelehrten des 14. Jh. ist es nun besonders Cicero, der als vorbildhafter Prosaautor begriffen und als moralphilosophische Autorität etabliert wird.[13] Diese Entwicklung hat sich bezeichnenderweise außerhalb der Universität angebahrt[14]: in den Reihen der seit dem 11. Jh. in Italien nachweisbaren sogenannten ‹dictatores›, die mit dem Abfassen von Reden und offiziellen Schriftstücken befaßt waren und auch die Kunst lehrten, Briefe zu verfassen[15], sowie bei F. PETRARCA, der im 24. Buch seiner Briefsammlung ‹Familiarium rerum libri› die Gemeinschaft der an der Antike begeisterten Gelehrten als eine Gemeinschaft von Autodidakten zeichnete.[16] Im Rahmen desselben Buches stellt Petrarca auch den lebendigen Umgang mit den antiken Autoren vor, der nicht bei grenzenloser Bewunderung der Alten stehenbleibt, sondern bei aller Würdigung ihrer Leistungen auch Kritik an ihren Lehren und Lebenswandel mit einschließt.[17] Es bedarf daher einer selbstbewußten und produktiven Auseinandersetzung mit der antiken Tradition. In diesem Sinne kommt es in Anschluß an Petrarca und SALUTATI (und von ihnen wesentlich angeregt) zur Ausdifferenzierung eines im Verhältnis zu den mittelalterlichen *artes* charakteristisch veränderten Fächerkanons. Als wahrhaft bildend werden vor Petrarca, seinen Anhängern und Nachfolgern die Fächer begriffen, die die für den Menschen charakteristischen Eigenschaften fördern: seine sprachliche Ausdrucksfähigkeit und seine sozialen Kompetenzen. Die zunächst als «liberalium et honestarum artium studia»[18], später als «bonae» oder «optimae artes»[19], «bonarum» oder «optimarum artium studia»[20] und schließlich im Anschluß an Cicero[21] als «studia humanitatis»[22] bezeichneten Fächer umfassen folglich auch Grammatik, Rhetorik, Poesie sowie (zur Ausbildung des sittlichen Verhaltens anhand von historischen *exempla* und theoretischen Ausführungen) Geschichte und Moralphilosophie.[23] Die ‹humanitas› ist hier weit mehr als nur die naturgegebene Anlage des Menschen, sondern wird als Einheit von *virtus* und *doctrina*, von sittlichem Handeln und geistig-gelehrtem Bemühen, als das neue Bildungsziel begriffen.[24] In diesem Sinne werden die ‹studia humanitatis› nicht nur von den Gelehrten untereinander gepflegt, sondern schließlich namentlich von Pädagogen wie G. VERONESE und VITTORINO DA FELTRE in Schulen vermittelt.[25]

Ungeachtet der Errungenschaften der Renaissance-Gelehrten in der (vor allem an Cicero und Seneca orientierten) Moralphilosophie hat der Renaissance-Humanismus seit Hegel[26] philosophisch lange Zeit als unergiebig gegolten. Entsprechend abschätzige Urteile finden sich in der älteren Forschung bei E. Renan[27], G. Gentile[28], W. Windelband[29] und E. Cassierer[30], lassen sich aber auch bei jüngeren philosophiehistorisch ausgerichteten Autoren wie B. Russell[31], P.O. Kristeller[32] und K.-O. Apel[33] nachweisen. Grund dafür ist zum einen eine einseitige Sicht auf die Antikenrezeption der Gelehrten der Renaissance, die in den Augen vieler Forscher kritiklos, in distanzloser Bewunderung für das Wissen der Alten erfolgt ist.[34] Zum anderen wird die Bewertung des Renaissance-Humanismus häufig durch die Vorausschau und Perspektivierung der Darstellungen auf die «eigentlich philosophischen» Systeme von R. Descartes oder des deutschen Idealismus und seiner Erkenntnistheorie[35] verzerrt. Ein gänzlich anderes Bild vermittelt die Geschichte der Rhetorik und «Rhetoridialektik»[36] vom 14. bis 16. Jh.

Die Kritik der Renaissance-Humanisten an den Gelehrten der ihnen unmittelbar voraufgehenden Zeit richtete sich nicht nur dagegen, daß sie (wie z. B. bei Petrarca[37] oder L. Bruni[38] grundsätzlich kritisch formuliert) die antike Gelehrsamkeit in ihren Augen vernachlässigt hatten, sondern daß sie auch einen aus ihrer Sicht verfehlten Umgang mit der Sprache gepflegt hatten.[39] Hier war neu anzusetzen. Schon Petrarca stellt das eigene Sprachdenken gegenüber dem der scholastischen Gelehrten auf neue Grundlagen. In der Scholastik war namentlich ihr größter Systematiker, THOMAS VON AQUIN, von einer Verkettung von Sein, Denken und Sprechen und einer grundsätzlichen Zweiheit von innerer Bedeutung (*verbum*) und äußerem Zeichen (*vox*) ausgegangen.[40] Das innere Wort (*verbum*) wird nach seinem Verständnis angesichts eines Seienden (*ens*) von dem Geist des Menschen (*mens*) als Ort des Messens und Beurteilens (denn: «nomen mentis a mensurando est sumptum»[41]) aufgenommen. Daraufhin wird das äußere Wort (*vox*) gegebenenfalls durch die Stimme (also instrumental) hervorgebracht. Im Gegensatz dazu begegnet der Mensch nach der Auffassung Petrarcas und der nachfolgenden Humanistengenerationen nicht einer objektiven Welt von Seiendem (*ens*), die er nachträglich mit Hilfe von Sprachzeichen benennt, sondern bemächtigt sich der Dinge im subjektiven Medium der Sprache selbst. Die Frage nach der Ontologie wird in diesem Zusammenhang gar nicht erst aufgeworfen. Petrarca macht seine Position in einem Brief an einen Freund deutlich, in dem er von Sinn und Bedeutung der Beschäftigung mit der Redekunst handelt. Dabei legt er dar, daß für ihn die Sprach- und die Denkhandlung in einem inneren Verhältnis zueinander stehen: «Weder ist Sprache ein unbedeutender Ausdruck des Geistes, noch der Geist ohne lenkenden Einfluß auf die Sprache – das eine hängt vom andern ab.»[42] Mit anderen Worten: Anders als bei den Scholastikern, für die das Wort nur ein Zeichen des Gedankens ist und die Sprache ein komplexes Zeichensystem darstellt, das unabhängig vom Denken ist, bilden bei Petrarca Gedanke und Wort eine unzertrennliche Einheit. Die Stoßrichtung gegen die Scholastik wird noch deutlicher, wenn er schreibt: «Der Geist begleitet das gesprochene Wort, er formt es nach seinem Willen, und das Wort tut kund, wie der Geist beschaffen ist, der es geformt hat.»[43] Über die Beschaffenheit des Geistes kommt ein weiterer Aspekt ins Spiel, der das Bild des die Denk- und Sprechhandlung vollziehenden Menschen abrundet. Denn um «bedeutungsvoll, ernst, überlegt und schlicht»[44] reden zu können, bedarf es nach Petrarcas Ausführungen einer sittlich wohlgeordneten Vernunft, so daß die Grundvoraussetzung einer sinnvollen (und das heißt nach Petrarca: einer vielen Menschen nützlichen) Beredsamkeit[45] eine Einheit von Sprechen, Denken und dem beides bedingenden Ethos ist. Nur unter dieser moralphilosophischen Prämisse, die antikes Gedankengut insbesondere von Ciceros Pflichtenlehre wieder aufnimmt, kann es für ihn zur vollendeten, dem sittlichen Leben dienenden Sprechhandlung[46] (und auch zu einer die Zeiten überdauernden anderen nützlichen Schreibhandlung[47]) kommen.

Zwar wird Kritik an der Scholastik in der Nachfolge Petrarcas (vor allem im Anschluß an seine Schriften ‹De sui ipsius et multorum ignorantia› und ‹Invective contra medicum›[48]) gewissermaßen zu einem Topos humanistischer Rechtfertigung literarischer Studien, doch erst in der ersten Hälfte des 15. Jh. stellt L. VALLA den Gelehrten der Scholastik eine systematisch ausgearbeitete Logik entgegen.[49] Den Grundsatz seiner Sprachdialektik umreißt Valla dabei folgendermaßen: «Jede Sache hat den Namen Sache, und auf diese Weise gibt ‹Sache› die Bedeutung einer Sache an. Das eine wird bezeichnet, das andere ist sein Zeichen; jenes ist nicht-sprachlich, dieses sprachlich.»[50] Anders ausgedrückt: Durch das Wort wird der Sache der ihr zukommende Name gegeben. Erst durch Sprache wird eine Sache in ihrer Besonderheit bestimmt, denn sie bedarf zu ihrem Bestimmtsein der sprachlichen Benennung. Im Gegensatz zur Lehre der Scholastik besteht für Valla die Sprache nicht nur aus Zeichen für Sachen, sondern ist Darstellung der Sachen selbst. Und nur durch die Sprache wird etwas, was ist, für den Menschen wirklich. Zwischen Sache und Wort besteht eine innerliche, unlösliche Bedeutungsrelation. Diesen Sachverhalt begründet Valla in einer äußerst komplexen Auseinandersetzung mit der scholastischen Transzentalienlehre, die hier nicht weiter verfolgt werden kann.[51] Als Grundtendenz kann jedoch festgehalten werden, daß bei Valla Erkenntnisprozesse nicht (wie etwa bei Thomas von Aquin) vorsprachlich ablaufen, sondern immer anhand von Sprache erfolgen. Nach Vallas Verständnis der Wort-Sache-Beziehung erfolgt allein schon durch den Gebrauch der Umgangssprache fortwährend Auslegung der Wirklichkeit. Auf dieser Grundlage unternimmt er dann auch eine an der Gemeinsprache ausgerichtete Korrektur der scholastischen Logik, wobei er im Anschluß an Quintilian[52] die logischen Kategorien oder Prädikamente in ein rhetorisches System einbindet. Auf diese Weise entwirft er eine topische Dialektik oder ‹Rhetoridialektik›.[53] Anders als die analytischen Scholastiker, denen die Beschäftigung mit der kategorialen Logik dazu diente, den gesetzmäßigen Ablauf ihrer Schlußfolgerungen (ohne Rücksicht auf deren gesellschaftliche Brauchbarkeit) sicher zu stellen, versteht Valla die Kategorien als Aussageschemata, anhand derer eine Rede logisch strukturiert und so für die Gemeinschaft der Menschen nützlich werden kann.[54] Durch die Verbindung der ersten vier aristotelischen Kategorien mit den vier rhetorischen *status generales* oder prinzipiellen Fragestellungen zur Qualifizierung eines Sachverhalts[55] ermöglicht Valla zunächst die *intellectio* oder Einsicht in den vom Redner zu behandelnden Tatbestand[56]; daraufhin kann der Redner dann anhand der als ‹loci› verstandenen übrigen kategorialen Bestimmungen[57] Einzelargumente auffinden. Wie hier deutlich wird, versteht Valla die Rhetorik nicht lediglich als eine Kunst, gut zu sprechen, sondern erkennt in ihr (aufgrund seines Sprachverständnisses) auch ein Mittel, dem Redner die Wirklichkeit durch sachbezogene Sprachschemata verfügbar zu machen. Durch sie kann er dann in der Gemeinschaft der Menschen durch die Freisetzung ethischer und pathetischer Momente wirksam werden. Der höhere Rang des in der Dialektik versierten Redners gegenüber dem scholastischen Sprachlogiker besteht für Valla dann darin, daß er neben dem kognitiven Prozeß bei der Verfertigung einer

Rede durch sein Reden gesellschaftlich handelt. [58] Vallas Redner läßt es nicht bei theoretischem Wissen bewenden, sondern vermag kraft seines dialektisch strukturierten, die Sprechsituation berücksichtigenden Urteils stets begründete, sinnvolle Anweisungen zum individuellen und gesellschaftlichen Handeln zu geben. Auch Vallas idealer Redner ist (wie bei Petrarca) ethisch rückgebunden und hat als höchstes Ziel, das *bonum humanum* zu fördern [59]: Er ist «in der Universalität seines Wissens, seiner Gutheit und seiner pathetischen Darstellungskraft Schöpfer und Nachschöpfer der Welt für die anderen, der Weise, dessen Weisheit darin besteht, die Gegenwart immer neu für ein menschliches Dasein zu deuten.» [60]

Zu den bedeutendsten Sprachtheoretikern der Renaissance gehört R. AGRICOLA. Sein Hauptwerk ‹De inventione dialectica› findet seit 1515 große Verbreitung in ganz Europa. Wie Valla ist Agricola der Auffassung, daß Seiendes nur mittels sprachlicher Benennung erfaßt werden kann. [61] Anders als Valla bringt er aber Sprache und durch sie dargestellte Wirklichkeit in einem Modell von Kohärenz zusammen und verschiebt daraufhin den Akzent in der Auseinandersetzung zwischen Rhetorik und Dialektik zugunsten der Dialektik. Ausgangspunkt seines Sprachdenkens ist die Überzeugung, daß Rede in erster Linie zur Belehrung dient. [62] Erfreuen und Bewegen sind in seinen Augen dagegen sprachkünstlerisches Beiwerk, das in der Rhetorik erlernt wird. [63] Um Lehren zu können, bedarf es der Beschäftigung mit der Dialektik durch die man das Auffinden von Sachargumenten erlernt. [64] Das Ziel des Sprechens besteht für Agricola darin, andere zu überzeugen oder Übereinstimmung zwischen Sprecher und Hörer hervorzurufen. Um dies zu ermöglichen, ist es nötig, sich die Beziehung zwischen Sprache und durch sie Dargestelltem zu vergegenwärtigen. Agricola geht dabei davon aus, daß Sprache nicht einfach von Dingen spricht, sondern vom Zusammenhang der Dinge, ihrer Kohärenz. Grunderkenntnis ist hier, daß «keine Sache, die zweifelhaft ist, aus sich selbst bewiesen werden kann». [65] Um überhaupt Aussagen über sie machen zu können, muß sie mit anderem, Vergleichbarem in Verbindung gebracht werden. Die durch den Vergleich herausgearbeiteten Sachmerkmale sind die *loci* (Örter): «Nichts anderes ist der ‹Ort› als ein gemeinsames Sachmerkmal, durch dessen Fingerzeig man alles finden kann, was überhaupt an einer Sache erheblich ist.» [66] Der ‹Ort› (oder auch: Sprachtopos) ist die dritte Größe, durch die eine Ähnlichkeits- oder Unähnlichkeitsbeziehung zwischen zwei vergleichbaren Sachen bestimmbar ist. Durch ihn ist eine Übereinstimmung zwischen Redner und Zuhörer herstellbar. Agricola stellt insgesamt 24 ‹loci› zusammen, durch die über Sachbeziehungen jeder Art Aussagen gemacht werden können. Von diesen Aussagen ist dann jede für sich darauf zu prüfen, ob sie alles enthält, was den zu behandelnden Tatbestand erklärt, denn erst wenn dies der Fall ist, kann durch die Rede eine begründete Übereinstimmung erfolgen. Die Dialektik, anhand derer dies beides, Finden und Beurteilen, erfolgt, ist die Kunst, die Regelanweisungen für den Gebrauch der Sprache gibt. Sie ist für Agricola die «Kunst der Erörterung», die «alle Künste führt und festigt und ohne deren Hilfe die übrigen Künste ihre Aufgabe weder schlecht als recht erfüllen können.» [67] Der Rhetorik kommt nach dieser logisch-gesetzmäßigen Form der *inventio* und *dispositio* nur noch die Aufgabe der verbal-persuasiven Darstellung (*elocutio, actio*) zu. [58]

Eine ganz andere Position vertritt Mitte des 16. Jh. der Italiener M. NIZOLIO in seiner Schrift ‹De veris principiis et vera ratione philosophandi contra pseudophilosophos› (Über die wahren Prinzipien und die wahre Art des Philosophierens gegen die Pseudophilosophen). Sein Ziel ist es, gegenüber der Lehrmeinung der meisten Philosophen seit Sokrates, Platon und Aristoteles (den «Pseudophilosophen») die ursprüngliche vorsokratische Einheit von Philosophie und Rhetorik wieder herzustellen, deren Zerstörung bereits Cicero [69] dem Sokrates angelastet hatte. Nizolio zielt somit auf eine philosophische Rhetorik. Ausgangspunkt ist für ihn dabei das Universalienproblem. Die Frage, ob Allgemeinbegriffe durch begriffliche Abstraktion (also unabhängig von der Sprache) gewonnen werden können oder ob nicht gerade die Sprache sachbenennend zu einem ‹universale› kommt, entscheidet er zugunsten des Wegs über die Sprache. Die menschliche Sprache ist für ihn imstande, durch den Akt der Übertragung von der Benennung einer einzelnen Sache auf einen allgemeingültigen Namen zu kommen. Für ihn leistet Sprache «zugleich und auf einmal» (*simul et semel*) die «Zusammenfassung» (*comprehensio*) von einzelnem und Allgemeinem. [70] So wird nach Nizolios Auffassung, wenn man im Singular von ‹der Mensch› spricht, immer auch schon der Gattungsname ‹Mensch› ausgesprochen, und das in einer allgemeingültigen, alle Menschen betreffenden Weise. Universalbegriffe sind für ihn in diesem Sinne Kollektivnamen. Die Bedeutungsübertragung von ‹Mensch› (als Bezeichnung eines einzelnen Menschen) auf ‹Mensch› (als Bezeichnung des Menschengeschlechts) erfolgt dabei anhand der rhetorischen Figur der Synekdoche. [71] Mithin ist Rhetorik für Nizolio nicht mehr nur eine formale «Kunst des guten Sprechens», sondern eine auf dem Gesetz der synekdochischen Übertragung aufbauende Sprachwissenschaft, die die in seinen Augen nur mit abstrakten Begriffen arbeitende Dialektik obsolet macht. Im Gegensatz zum «sonst so gebildeten Mann» R. Agricola, der in der Dialektik die Kunst der Künste gesehen hatte, ist für Nizolio nun die Rhetorik (bar aller Metaphysik und Begriffsdialektik) die «wahre allgemeine Wissenschaft», der sich alle anderen Künste und Wissenschaften unterzuordnen haben. [72]

Demgegenüber schlägt der letzte sprachphilosophisch wichtige Denker der Renaissance, P. RAMUS, wieder den Bogen zur Position R. Agricolas und zur Akzentuierung der Dialektik gegenüber der Rhetorik zurück. In seinen ‹Dialecticae institutiones› (1543) und (mehr noch) in seiner ‹Dialectica› (1554) geht es ihm abermals um eine methodische Sicherung der Wissenschaften aufgrund eines komplexen dialektischen Ordnungsprinzips. Daneben spricht er der Rhetorik (begrenzt auf *stilus* und *pronuntiatio*) nur noch einen ornamentalen Charakter zu. Grundlage aller Wissenschaften ist für ihn die Natur. Alle Regeln der Logik gehen für ihn auf eine ‹dialectica naturalis› zurück, die die Natur mit «ewigen Charakteren» als Grundlage allen Wissens beinhaltet. Die «wahre und legitime Lehre der Erörterung» ist für ihn «ein Bild und Gemälde der Natur». [73] Alles in der Natur enthaltene Natürliche (auch die Sprache der Menschen) ist damit nach Ramus eine Darstellung einer im metaphysischen wurzelnden, a priori gültigen Gesetzlichkeit. Damit ist letztlich auch der Sprach-Sachbezug irrelevant, und das Gedachte kann sprachfrei erfaßt werden. Zusammen mit dieser metaphysischen Aufhebung des seit dem späten Mittelalter diskutierten Sprachproblems wird die Sprachphilosophie der Renaissance damit gleichsam transzendental aufgelöst. Von der Rhetorik her kam auf lange Zeit keine Erwiderung auf Ramus' System. Erst in der Sprachphilosophie des 19. Jh. und 20. Jh. [74] sollte hier wieder angeknüpft werden.

Anmerkungen:
1 Zusammenstellung verschiedener Periodisierungsvorschläge bei A. Noe: Der Einfluß des ital. Humanismus auf die dt. Lit. vor 1600 (1993) 29ff. – **2** A. Buck: Zu Begriff und Problem der Renaissance. Eine Einl., in: ders. (Hg.): Zu Begriff und Problem der Renaissance (1969) 1–17. – **3** zur Terminologie Noe [1] 29ff. – **4** zur Begründung der Doppelbegrifflichkeit zur Unterscheidung von anderen Humanismen z. B. G. Müller: Mensch und Bildung im ital. Renaissance – Humanismus (1984) 16f. – **5** Zusammenstellung der Belege bei Buck [2] 1–17. – **6** vgl. J. Voss: Das MA im hist. Denken Frankreichs (1972); U. Neddermeyer: Das MA in der dt. Historiographie vom 15. bis zum 18. Jh. (1988). – **7** P. O. Kristeller: Die aristotelische Trad., in: ders.: Humanismus und Renaissance, Bd. I (1974) 30–49; ders: Renaissance-P. und die ma. Trad., ebd., 112–144; ders.: Renaissance Thought and the Middle Ages, in: ders.: Renaissance Thought and its Sources (New York 1979) 83–133; vgl. auch K. Flasch: Das philos. Denken im MA. Von Augustin zu Machiavelli (1986) 504ff. – **8** P. Schulthess, R. Imbach: Die P. im lat. MA (1996) 16ff., 39ff. – **9** so der ursprünglich geplante programmatische Titel eines Teils von A. v. Canterburys ‹Proslogion›; dazu ML 158, Sp. 225. – **10** Aufzählung in L. Valla: Encomium S. Thomae, in: ders.: Opera omnia. Bd. 2 (Turin 1962) 394 u. J. Vahlen: L. Valla über Thomas von Aquino, in: Vierteljahresschr. für Kultur und Lit. der Renaissance 1 (1886) 350. – **11** A. Jubinal (Hg.): Œuvres complètes de Rutebeuf (1839) 415f. – **12** L. Boehm: Der wissenschaftstheoretische Ort der *historia* in frühen MA, in: Speculum Historiale FS J. Spoerl (1965) 667f.; auch in: G. Melville u.a. (Hg.): Geschichtsdenken, Bildungsgesch., Wissenschaftsorganisation. Ausgew. Aufsätze von L. Boehm anläßlich ihres 65. Geb. (1996) 16f. – **13** Th. Zielinski: Cicero im Wandel der Jh. (⁴1929; ND 1967) 170–209. – **14** Kristeller: Humanismus [7] 17f.; ders.: Renaissance Thought [7] 22f. – **15** ders.: Humanismus [7] 20; ders.: Renaissance Thought [7] 24f. – **16** dazu: F. Neumann: Nachwort, in: Petrarca: Epistolae familiares XXIV. Vertrauliche Briefe. Lat.-dt. übers. komm. von F. N. (1999) 332–342 mit Bezug auf Familiarium rerum liber XXIV.12,26–42. – **17** bes. Familiarum rerum libri XXIV.2 und XXIV.3–11: Briefe an Cicero, Seneca, Varro, Quintilian, Titus Livius, Asinius Pollio, Horaz und Vergil. – **18** F. Petrarca: Familiarum rerum libri IV.7,1 hg. v. V. Rossi, Bd. 1 (Florenz 1933) 171. – **19** C. Salutati: Ep. I.3, hg. v. F. Novati, Bd. 1 (Rom 1891) 8. – **20** L. Bruni: Dialogi ad Petrum Paulum Histrum, hg. v. S. U. Baldassari (Florenz 1994) 235, 237 u.ö.; C. Landino: De vera nobilitate, hg. v. M. Lentzen (Genf 1970) 35. – **21** Cicero: Pro L. Murena 61, Pro Archia 2; auch: M. Caelius 24. – **22** C. Salutati: Ep. XII,12 u. XIII.3, in: Novati [19] Bd. 3 (Rom 1896) 517, 598ff.; L. Bruni: Ep. VI.6, hg. v. Mehus, Bd. 2 (Florenz 1741) 49; ders. [20] 271f. – **23** Kristeller: Humanismus und Renaissance [7] 17f.; ders.: Renaissance Thought [7] 29f. – **24** W. Kölmel: Aspekte des Humanismus (1981) 29. – **25** G. Müller: Bildung und Erziehung im Humanismus der ital. Renaissance. Grundlagen – Motive – Quellen (1969); ders.: Mensch und Bildung [4]. – **26** G. W. F. Hegel: Vorles. über die Gesch. der Philos. III, Theorie – Werkausg., Bd. 20 (1971) 15. – **27** E. Renan: Averroes et l'Averroisme (Paris ³1866) pass. – **28** G. Gentile: La Filosofia (1904) 213. – **29** W. Windelband: Lehrbuch der Gesch. der P., hg. v. H. Heimsoeth (¹⁴1950) 301. – **30** E. Cassirer: Individuum und Kosmos in der P. der Renaissance (1927; ND ³1969) 1f. – **31** B. Russell: P. des Abendlandes. Ihr Zusammenhang mit der politischen und sozialen Entwicklung (⁷1997) 508f. – **32** Kristeller: Humanismus und Renaissance [7] 17; ders.: Renaissance Thought [7] 28, 31. – **33** K. O. Apel: Transformation der P. I: Sprachanalytik, Semiotik, Hermeneutik (1976) 154. – **34** dagegen S. Otto (Hg.): Renaissance und frühe Neuzeit. Gesch. der P. in Text u. Darstellung, Bd. 3 (1984) 87. – **35** H. B. Gerl: Einf. in die P. der Renaissance (²1995) 13f. – **36** zu Begrifflichkeit und Konzept ebd. 102ff. – **37** Petrarca z. B. in: Rerum memorandarum libri I.19,3; Familiarum rerum libri XXIV 4,14; 5,19; 6,2; 7,1; 9,1 und 12,10f. – **38** Bruni [20] 243f. – **39** K. O. Apel: Die Idee der Sprache in der Trad. des Humanismus von Dante bis Vico, in: ABG 8 (1963) 95ff. – **40** Thomas v. Aquin: Summa contra gentiles 4, 46. – **41** ders.: De veritate, quaestio 10, argumentum 1c. – **42** Petrarca, Familiarium rerum libri I.9,2; Übers. Verf. – **43** ebd. – **44** ebd. I.9,3. – **45** 56 ebd. I.9,8. – **46** ebd. I.9,5. – **47** ebd. I.9,8ff. – **48** zusammenfassend dazu F. Neumann: F. Petrarca (1998) 105f. und 114ff. – **49** zu Vallas Sprachphilos. vgl. H. B. Gerl: Rhet. als P. L. Valla (1974); dies.: Abstraktion und Gemeinsinn. Zur Frage des Paradigmenwechsels von der Scholastik zum Humanismus in der Argumentationstheorie L. Vallas, in: Tijdschrift voor Filosofie 44, 4 (1982) 677–706. – **50** L. Valla: Dialecticae disputationes, Buch I, Kap. 14, in: ders.: Opera omnia. Tom I. Scripta in editione Basilensi anno MDXL collecta. Hg. v. E. Garin (Turin 1962) 676. – **51** dazu ausführlich Gerl: Rhet. als P. [49]. – **52** Quint. III,6,24. – **53** Gerl [35] 102ff. – **54** Valla: Dialecticae disputationes [50] 645 (= Buch I.1). – **55** Lausberg Hb. 91. – **56** ebd. 97. – **57** Valla: Dialecticae disputationes [50] 646–648 (= Buch I.2). – **58** ders.: Repastinatio dialecticae et philosophiae. Hg. v. G. Zippel (Padua 1982) 448. – **59** ebd. – **60** Gerl [35] 104. – **61** R. Agricola: De inventione dialectica. Cum scholiis Joannis Matthaei Phrissemii (1523, ND 1967) 178f. (= Buch II.1). – **62** ebd., 1–3 (= Praefatio). – **63** ebd. 1. – **64** ebd. 9 (= Buch I.2). – **65** ebd. 6 (Buch I. 2). – **66** ebd. 9. – **67** ebd. 191 (= Buch II.2). – **68** ebd. 193. – **69** Cic. De or. III, 60. – **70** M. Nizolio: De veris principiis et vera ratione philosophandi contra pseudophilosophos (Parma 1553) I.71 und v.a. II.80. – **71** Lausberg Hb. 572–577. – **72** Nizolio [70] I.10. – **73** ebd. I.8. – **74** P. Ramus: Aristotelicae Animadversiones (Paris 1543, ND 1964) 8ʳ. – 86; Apel [39] 5ff., 17–94.

Literaturhinweise:
E. Garin: La cultura filosofica del Rinascimento italiano (1961). – P. O. Kristeller: Eight Philosophers of the Italian Renaissance (1964). – Ch. B. Schmitt: Aristotle in the Renaissance (1983). – B. P. Copenhaver, Ch. B. Schmitt: Renaissance Philosophy (1992). – E. Rummel: The Humanist-Scholastic Debate in the Renaissance and Reformation (Cambridge, Mass. 1995). – L. Jardine: Worldly Goods. A New History of the Renaissance (1996). – J. Kraye (Hg.): The Cambridge Companion to Renaissance Humanism (1996). – E. Keßler, J. Kraye, Qu. Skinner, Ch. B. Schmitt (Hg.): The Cambridge History of Renaissance Philosophy (1988). – N. Mout (Hg.): Die Kultur des Humanismus. Reden, Briefe, Traktate, Gespräche von Petrarca bis Kepler (1998). – P. R. Blum (Hg.): Philosophen in der Renaissance. Eine Einf. (1999).

F. Neumann

IV. *Reformation, Konfessionelles Zeitalter.* **1.** Die *Reformation* des 16. Jh. ist die letzte und einschneidendste der zahlreichen als *reformatio* bezeichneten mittelalterlichen Reformbewegungen. Ihr Ergebnis ist allerdings nicht die von den Reformatoren beabsichtigte grundlegende Erneuerung der Kirche, sondern die Spaltung der abendländischen Christenheit in eine Vielzahl von Konfessionen. Während sich der Beginn dieses Prozesses in den Kernländern der Reformation ziemlich genau auf die Durchführung erster Reformmaßnahmen in der Gemeinde von Wittenberg (1521/22) und die beiden ersten Zürcher Disputationen (1523) datieren läßt, zieht sich seine Vollendung über Jahrzehnte hin. Im Deutschen Reich bestehen seit dem Augsburger Reichstag 1555 zwei reichsrechtlich anerkannte Konfessionen: das Luthertum (die Anhänger der ‹Confessio Augustana› von 1530) und die Römisch-Katholische Kirche, während sich eine Vielzahl ‹reformierter› Konfessionen in verschiedenen Ländern bis ins frühe 17. Jh. hinein konstituiert – in einem von der neueren Forschung ‹Zweite Reformation› oder ‹Reformierte Konfessionalisierung› genannten Vorgang, der für das Reich erst im Westfälischen Frieden (1648) seinen Abschluß findet. Auch in anderen Ländern Europas entwickeln sich in unterschiedlichen Reformationsverläufen protestantische oder zumindest romfreie Mehrheitskirchen (Staatskirchen). Eine Vielzahl reformerisch gesinnter Minoritäten (Täufer, Spiritualisten, Antitrinitarier u.a.) wird vom landeskirchlichen Protestantismus z. T. blutig unterdrückt. Nur wenige von ihnen finden im Laufe der Zeit begrenzte Anerkennung; manche wirken trotz staatlicher Verfolgung auf die Entstehung des modernen Geistes ein. Die Zeitspanne vom Abschluß der Konfessionsbildung bis zur Beilegung der Konfessionskämpfe durch den Westfälischen Frieden wird ‹Konfessionelles Zeitalter› genannt. Der ältere, im Protestantismus beliebte Kampfbegriff ‹Gegenreformation› kann heute nicht mehr für das ganze Zeitalter stehen, sondern nur zur Bezeichnung der katholischen Reaktion auf die Reformation dienen, während der in der katholischen Forschung bevorzugte Begriff ‹Katholische Reform› einen weniger durch die reformatorische Kritik als von eigenen Impulsen und Kräften bestimmten Aspekt innerkatholischer Erneuerung bezeichnet.

2. Die Reformation bildet insofern einen Bruch im Verhältnis des abendländischen Denkens zur P., als sie aus einer schroffen theologischen Kritik an der kirchlichen Tradition hervorgeht, die mit ebenso schroffer Kritik an der philosophischen Überlieferung und ihrem bisherigen Gebrauch verbunden ist. Darin nimmt sie humanistische Tendenzen auf, konkretisiert sie aber in unterschiedlicher Weise. Generell richtet sich die reformatorische Kritik hauptsächlich gegen den scholastisch interpretierten Aristoteles. Daneben erscheint auch die Skepsis als Gegner, etwa in M. LUTHERS Auseinandersetzung mit ERASMUS VON ROTTERDAM. [1] Als – wie schon früher in Italien – auch nördlich der Alpen (besonders durch Erasmus) auf den schon in der Alten Kirche verworfenen Epikur zurückgegriffen wird, gerät auch er ins Visier der reformatorischen Kritik. [2] Dagegen werden der schon vom italienischen Humanismus wiederentdeckte Platon und in gewissem Maß die Stoa, die im 16. Jh. eine Renaissance erlebt, von den Reformatoren geschätzt. [3] Allerdings gelangt auch Aristoteles im Protestantismus rasch wieder zu Ansehen – zuerst bei Melanchthon, später in der Schulphilosophie und Schultheologie des Konfessionellen Zeitalters.

Das Verhältnis des Wittenberger Reformators M. LUTHER zu der philosophischen Schultradition, die ihn geprägt hat, ist keineswegs von grundsätzlicher Ablehnung der P. oder gar der wissenschaftlichen Arbeit im allgemeinen bestimmt. Luther verwirft vielmehr die aristotelisch-scholastische P., die er hauptsächlich in Form des spätmittelalterlichen Nominalismus kennengelernt hat, aus inhaltlichen Gründen: wegen ihres falschen Menschenbildes, das dem Menschen zu Unrecht Freiheit des Willens und Kräfte zuschreibt, mit deren Hilfe er tun könne, was in seinem Vermögen liege *(facere quod in se est)*. [4] Die Entdeckung des wahren biblischen Sinnes von *iustitia Dei* als *iustitia passiva* schon in seiner ersten Psalmenvorlesung (1513/15) [5] läßt ihn das seit Aristoteles übliche Verständnis von Gerechtigkeit als *iustitia activa (distributiva)* verwerfen und erfüllt ihn dauerhaft mit tiefem Mißtrauen gegen seinen Urheber, den *Philosophus* der mittelalterlichen Schulwissenschaft, und die Peripatetiker. [6] Neben der Verwerfung des Aristoteles [7] finden sich aber auch immer wieder – freilich seltener – Äußerungen, in denen Luther den Philosophen gegen Unverständnis und Fehlinterpretation durch die mittelalterliche wie zeitgenössische Schultheologie in Schutz nimmt. [8] Schließlich kann der Reformator in gewissen theologischen Zusammenhängen auch einen Unterschied zwischen der Wahrheit in Aussagen in der P. und in der Theologie machen. [9] Luthers Rede von P. *(philosophia)* bezieht sich also vorwiegend auf philosophische Inhalte und weniger auf wissenschaftstheoretische Fragen. Wenn er aber über den Wert der einzelnen Disziplinen handelt, dann spielt er ganz im humanistischen Sinne die sprachbezogenen gegen die Fundamental- und Realwissenschaften aus. Bereits in seiner großen Reformschrift von 1520 trägt er Vorschläge zu einer Universitätsreform vor: «Hie were nu mein rad, das die bucher Aristoteles, Phisicorum, Metaphysice, de Anima, Ethicorum, wilchs bisher die besten gehalten, gantz wurden abthan mit allen andern, die von naturlichen Dingen sich rumen [...]. Das mocht ich gerne leyden, das Aristoteles bucher von der Logica, Rhetorica, Poetica behalten, odder sie in ein andere kurtz form bracht nutzlich gelesen wurden». [10] Von Rhetorik in ihrem Verhältnis zur P. ist häufig die Rede, wenn Luther über die *artes* und ihren Nutzen für die Theologie spricht. Dabei sieht er – anders als die Scholastik und der Humanismus, wenn auch mit unterschiedlicher Wertung – *dialectica* und *rhetorica* nicht in einer Rangfolge oder gar in Gegensatz zueinander, sondern als wechselseitige Ergänzung: Die Dialektik behandelt den Inhalt, die Rhetorik bringt die Darstellung in die notwendige Form. [11] Da Gott sich uns nur durch das Medium seines Wortes erschließt, benötigt unser Glaube die Rhetorik, die unseren Affekt beeinflußt [12] und dadurch Gottes Wirken in uns befördert. [13] Während die Dialektik über Inhalte streitet und lehrt, die Rhetorik aber ermahnt und antreibt [14], während sich die Dialektik auf den Glauben, die Rhetorik aber auf die Hoffnung bezieht [15], gehören doch beide untrennbar sachlich zusammen: «*Rethorica et dialectica non sine voneinander; Si rethor non habet dialecticam, tum est wesscher, Si simplex dialecticus, nihil monet. Sed Rethor habens dialecticam, der kans treiben, das lebt.*» [16] Allerdings ist die Reihenfolge beider klar festgelegt: «Auf die Lehren folgen die Ermahnungen. Denn das ist die Aufgabe der Prediger: zu lehren und zu ermahnen. Die Lehre ist dialektisch, die Ermahnung rhetorisch, um die Lehre fein zu schmücken.» (*Nam et doctrinas sequuntur exhortaciones. Nam hoc est officium praedicatorum Docere et exhortari. Doctrina est dialectica. Exhortacio est Rhetorica, das man die leher feyne schmucke.*) [17]

Sind schon in Luthers Urteil über die P. und ihr Verhältnis zur Rhetorik deutliche Einflüsse des Humanismus bemerkbar, so gilt das in noch weit höherem Maße bei den Reformatoren, die kürzer als er unter dem beherrschenden Einfluß der scholastischen Philosophie standen und sich früher dem Humanismus zuwandten: PH. MELANCHTHON, U. ZWINGLI und J. CALVIN. Zumal Melanchthon hat sich eingehend über die P. im Blick auf die Rhetorik geäußert. Wie weit sich in seinen und Luthers Äußerungen der Gedankenaustausch zwischen den beiden bedeutendsten Wittenberger Reformatoren niedergeschlagen hat, muß hier dahingestellt bleiben. Schon in seiner Wittenberger Antrittsvorlesung ‹De corrigendis adolescentiae studiis› vom 28. 8. 1518 trägt Melanchthon Gedanken vor, die mit Luthers Forderung nach einer Studienreform übereinstimmen. [18] In der ersten Ausgabe seiner Dogmatik, den ‹Loci› von 1521, verzichtet er bewußt auf die Behandlung theologischer Themen, für die in der mittelalterlichen Scholastik Aristoteles eine grundlegende Quelle gebildet hatte –

besonders solcher aus der Gotteslehre, der Schöpfungslehre einschließlich einer darauf aufbauenden philosophischen Anthropologie und der christologischen Zwei-Naturen-Lehre.[19] Diese Themen erscheinen aber bereits in der *secunda aetas* der ‹Loci› von 1535 wieder[20], während sich gleichzeitig Melanchthons Interesse erneut auf Aristoteles richtet.[21] In seiner Lehrtätigkeit an der Wittenberger Artistenfakultät kommentiert Melanchthon wiederholt Aristoteles.[22] Offenbar geht ihm dabei auch der Wert, ja die Unentbehrlichkeit des Philosophen für den philosophischen wie für den theologischen Schulbetrieb auf. Unter den von Melanchthon verfaßten artistischen Lehrbüchern befindet sich ebenso die Dialektik wie die Rhetorik.[23] Zwischen beiden Disziplinen sieht er eine enge Verwandtschaft[24], ja er kann sie in seiner Antrittsvorlesung geradezu als zwei Namen für dieselbe Sache bezeichnen.[25] Schon früh hat er sich gegen eine falsche Trennung zwischen dem Inhalt (*res*) der Darstellung bzw. seiner gedanklichen Durchdringung und der Darstellungsweise (*oratio*) gewandt.[26] Er betont, daß bereits die Alten den wesensmäßigen Zusammenhang zwischen dem Verstandesurteil und der Vortragsweise erkannt hätten.[27] Dieser Sachzusammenhang begründet für ihn auch die enge Beziehung von P. und Rhetorik und verbietet es, etwa das an der Rhetorik orientierte humanistische Literaturideal auf die Theologie zu übertragen und gegen eine ausschließlich als scholastisch charakterisierte P. auszuspielen, die nach seiner Überzeugung in der Theologie unbrauchbar sei. In Wirklichkeit gebe es eine von der Scholastik unterschiedene humanistische P., die mit der Rhetorik in engem Zusammenhang stehe. Wie Melanchthon mit diesem Konzept in der Praxis umgeht, v.a. wie er es in seiner philosophischen Theologie realisiert, kann hier nicht dargestellt werden.[28] Unter den Schweizer Reformatoren äußert sich J. CALVIN in seinen vielen Auslegungen biblischer Bücher besonders häufig über den Wert der Rhetorik. Während er an manchen Stellen der Heiligen Schrift die Schlichtheit des Stils hervorhebt, betont er an anderen die rhetorische Gewandtheit ihrer Verfasser, etwa Moses' und der Propheten. Auch in seinem systematischen Hauptwerk weist er darauf hin, daß die drei synoptischen Evangelien die Geschichte Jesu *humili abiectoque sermone* vortrügen[29]; in der französischen Fassung des Werks macht er außerdem unter Anspielung auf das Konkurrenzverhältnis von P. und Rhetorik Zweifel am Sinn der Kunstfertigkeit in beiden Disziplinen geltend.[30] Dennoch nimmt er in den durch die Genfer Kirchenordnung mit ihrer Forderung nach Ausbildung in *langues et sciences humaines*[31] begründeten Lehrplan des Collège de Genève als Lehrstoff für die oberste Klasse gleichermaßen Dialektik und Rhetorik auf.[32]

3. Auch viele altgläubige Philosophen und Theologen haben sich damals humanistischen Ideen geöffnet, ohne sich von der radikalen reformatorischen Philosophiekritik – zumal von der Luthers – beeindrucken zu lassen. Für die Erneuerung der Studien im Katholizismus wird der 1540 bestätigte Jesuitenorden besonders wichtig. Nach seinen ‹Constitutiones› von 1547/56 ist das Studium im Orden zweigeteilt: in eines der *artes* von drei (dreieinhalb einschließlich der Magisterpromotion) und eines der Theologie von sechs Jahren.[33] In mancher Hinsicht bewahrt es den Charakter der mittelalterlichen Scholastik, aber doch mit Offenheit für die Erfordernisse der Gegenwart. So wird zwar den Theologen die Sentenzenvorlesung vorgeschrieben, doch darf auch ein anderes Lehrbuch gebraucht werden, *qui his nostris temporibus accomodatior videretur* (das diesen unseren Zeiten angemessener zu sein scheint).[34] In Logik, Naturphilosophie, Ethik und Metaphysik soll der Lehre des Aristoteles gefolgt werden.[35] Wie sich eine solche Fortführung der Scholastik in der frühen Neuzeit (die man besser ‹Nachscholastik› als ‹Neuscholastik› nennen sollte) in der materialen P. auswirkt, zeigen die ‹Disputationes metaphysicae› des spanischen Jesuiten F. SUÁREZ Ende des 16. Jh.[36] Unter den *artes* berührt sich natürlich die Logik am engsten mit der Rhetorik; das Verhältnis beider wird immer wieder erörtert. In der ‹Ratio Studiorum› der Jesuiten von 1586 wird vom Lehrer der Rhetorik verlangt, er solle Doktor der P. sein *propter maximum huius facultatis cum dialectica cognationem* (wegen der besonders großen Verwandtschaft dieses Faches mit der Dialektik).[37] Andererseits wird davor gewarnt, im Lehrbetrieb Dialektik und Rhetorik miteinander zu verbinden, weil dabei die Rhetorik Schaden leide.[38] Angesichts der Dominanz der Dialektik in diesem Bildungssystem ist es verständlich, daß die vom spanischen Humanisten L. VIVES vertretene Auffassung, die Dialektik solle sich der Rhetorik anschließen[39], erfolglos bleiben muß.

Auf protestantischer Seite wird trotz aller Einwendungen Luthers gegen die P. und besonders gegen Aristoteles die von Melanchthon eingeschlagene Linie weiter verfolgt. Ein radikaler Aristoteleskritiker wie der (spätere) Calvinist P. RAMUS kann sich mit seinem *inventio* bzw. *dispositio* der Dialektik zuschlagenden und die Rhetorik auf *elocutio* und *actio* reduzierenden Konzept[40] trotz anfänglicher großer Erfolge an protestantischen Schulen und Universitäten im Westen Deutschlands auf Dauer nicht behaupten. Sein Einfluß wird von Kollegen bekämpft und durch fürstliche Erlasse und Universitätsordnungen unterdrückt. So wird im Gefolge Melanchthons im protestantischen Deutschland nicht nur Aristoteles im allgemeinen, sondern insbesondere die Metaphysik rehabilitiert. Man kann geradezu von einer «Wiederkehr der Metaphysik» in der lutherischen Dogmatik sprechen.[41] Die Erneuerung des Aristotelismus vollzieht sich nicht nur in der Theologie; auch in anderen Fakultäten wird seine Unentbehrlichkeit schon im 16. Jh. betont. So behauptet z.B. N. TAURELLUS, Professor der Medizin in Basel, 1573 in seinem ‹Philosophiae triumphus›[42] die grundsätzliche Konvergenz von Aristoteles und Christentum. Unter dem Einfluß der spanischen Nachscholastik, d.h. der Jesuiten P. FONSECA und vor allem F. SUÁREZ, bildet sich im deutschen Protestantismus seit dem Ausgang des 16. Jh. eine von der Metaphysik beherrschte Schulphilosophie aus, in der die Rhetorik neben der Logik stark zurücktritt.

Anmerkungen:
1 z.B. M. Luther: De servo arbitrio (1525); WA 18, 603, 22f. – 2 G. Maron: M. Luther und Epikur (1988). – 3 C. Partee: Calvin and Classical Philosophy (Leiden 1977); G. Abel: Stoizismus und Frühe Neuzeit (1978). – 4 z.B. Quaestio de viribus et voluntate hominis sine gratia disputata 1516; WA 1, 145–151, bes. 148,14f.; Heidelberger Disputation 1518; ebd. 353–374, bes. Thesen 13 und 16, ebd. 354,5f.11f. – 5 Vorrede zu Bd. 1 seiner Opera latina (1545); WA 54, 185f. – 6 z.B. Operationes in Psalmos (1519–1521); WA 5, 398,40f. – 7 z.B. Disputatio contra scholasticam theologiam (1517); WA 1, 224–228; u.a. Thesen 43f., ebd. 226,14–16: 43. und 44. – 8 z.B. in Condemnatio doctrinalis librorum M. Lutheri per quosdam Magistros Nostros Lovanienses et Colonienses facta. Responsio Lutheriana ad eandem damnationem (1520); WA 6, 174–195, hier: 188,6–9. – 9 z.B. in der Disputation über Joh. 1,14 (1539); WA 39 II, 32,2. – 10 An den

christlichen Adel deutscher Nation von des christlichen Standes Besserung; WA 6, 457,35–38, 458,26–28. – **11** z. B. Predigt über Mt. 6,24 (1532); WA 36,327,1–5; Vorlesung über Jesaja 1527–1530, Prooem. 31 II, 1,7–11. – **12** z. B. Galatervorlesung 1531 zu Gal. 4,12; WA 40 I, 629,13. – **13** z. B. Operationes in Psalmos (1519–1521); WA 5, 477,21–26. – **14** z. B. Genesisvorlesung 1543 zu Gen. 18,2–5; WA 43, 12,3–6. – **15** z. B. Galatervorlesung 1531 zu Gal. 5,5; WA 40 II, 27,8f. – **16** ebd. 27,10–12. – **17** Vorlesung über Jesaja 1527–1530 zu Jes. 62,10; WA 31 II, 531, 26–28. – **18** Ph. Melanchthon in: Corpus Reformatorum (= CR) 11, 15–25. – **19** Loci communes rerum theologicarum; CR 21, 83–85. – **20** ebd. 253–560, vgl. bes. 253–255. – **21** vgl. Declamatio de Aristotele 1537; CR 11, 342–349; Declamatio de Aristotele 1544, ebd., 647–658. – **22** K. Hartfelder: Ph. Melanchthon als Praeceptor Germaniae (1889) (Monumenta Germaniae Paedagogica 7, ND 1972) 555–566. – **23** ebd. 579–620. – **24** Elementorum rhetorices libri duo (1531); CR 13, 420,5f. (nach dem Druck 1542). – **25** De corrigendis adolescentiae studiis; CR 11,18f. – **26** Encomium eloquentiae (1523); CR 11, 52f. – **27** ebd. 55. – **28** G. Frank: Die theol. P. Ph. Melanchthons (1497–1560), 1995; zusammenfassend ders.: Die theol. P. Ph. Melanchthons (1497–1560), in: Kerygma und Dogma 42 (1996) 22–36. – **29** J. Calvin: Institutio religionis christianae (1559) I 8, 11 (CR 30, 67). – **30** ders.: L'Institution chrestienne (1560) I 8,11 (in: ebd. 31, 108). – **31** ders.: Ordonnances ecclésiastiques (1541) (in: ebd. 38, 21). – **32** ders.: Ordre du Collège de Genève (1559) (in: ebd. 38, 79). – **33** Cap. XV, in: L. Lukács (Hg.): Monumenta paedagogica Societatis Iesu, I, (Rom 1965) (Monumenta Historica Societatis Iesu 92) 300–307. – **34** ebd. cap. XIV 1; ebd. 297. – **35** ebd. cap. XIV, 3; ebd. 299. – **36** F. Suárez: Metaphysicarum disputationum, in quibus et universa naturalis theologia ordinate traditur et quaestiones omnes ad duodecim Aristotelis libros pertinentes accurate disputantur, pars I et II (Salamanca 1597). – **37** Monumenta paedagogica [33] V, Rom 1986 (Monumenta historica 129) 118. – **38** I. Pontanus: De dialectica cum rhetorica non permiscenda, in: Monumenta paedagogica [33] VII (Rom 1992) (Monumenta historica 141) 92f. – **39** J.L. Vives: De disciplinis (Brügge 1531). – **40** P. Ramus: Dialecticae partitiones (Paris 1543). – **41** W. Sparn: Wiederkehr der Metaphysik. Die ontologische Frage in der lutherischen Theol. des frühen 17. Jh. (1976). – **42** N. Taurellus: Philosophiae triumpus (Basel 1573); vgl. auch seine Synopsis Aristotelis Metaphysices ad normam Christianae religionis explicatae, emendatae et completae (Hanau 1596); dazu C. Lohr: Die Rezeption der aristotelischen P. im lutherischen Deutschland, in: Ecclesia militans. Stud. zur Konzilien- und Reformationsgesch., FS R. Bäumer zum 70. Geb., Bd.2 (1988) 179–192.

Literaturhinweise:
P. Petersen: Gesch. der aristotelischen P. im protestantischen Deutschland (1921, ND 1964). – E. Lewalter: Spanisch-jesuitische und dt.-lutherische Metaphysik des 17. Jh. (1935, ND 1967). – M. Wundt: Die dt. Schulmetaphysik des 17. Jh. (1939). – G. Ebeling: Lutherstud. II. Disputatio de homine, 3 Bde. (1977–1989). – W.J. Bouwsma: J. Calvin (New York/Oxford 1988). – H. Scheible: Art. ‹Melanchthon, Ph.›, in TRE 22 (1992) 371–410. – J.W. O'Malley: The First Jesuits (Cambridge, Mass./London 1993). – T. Dieter: Der junge Luther und Aristoteles (2001).

U. Köpf

V. 1. *Empirismus.* **a.** Der Empirismus gehört seit Beginn des 17. Jh. neben dem Rationalismus zu den wichtigsten und einflußreichsten philosophischen Strömungen der Neuzeit. Seine Entstehung im angelsächsischen Sprachraum ist nicht nur unmittelbar mit dem Siegeszug der experimentellen Naturwissenschaften (Astronomie, Mechanik, Optik, Medizin, Chemie) und deren forschungsprogrammatischer Institutionalisierung (‹Gresham College›, ‹Royal Society›) verknüpft, sondern bildet auch die Grundlage für die Entwicklung einer historisch-anthropologischen Sozialphilosophie *(science of man)*, die im 18. und beginnenden 19. Jh. durch anglo-schottische Autoren von D. HUME bis J. ST. MILL ausgearbeitet wird. [1]

Man kann seit F. BACONS ‹Novum Organon› die Grundprobleme des Empirismus und seine Antworten darauf in drei Fragen formulieren: Was ist die Quelle einer sicheren Erkenntnis von den Gegenständen der Welt? Wie oder auf welche Weise erweitern wir unser Wissen und unsere Erkenntnis? Was hindert uns daran, dieses Wissen und diese sichere Erkenntnis zu erreichen? Die erste Frage führt zum epistemologischen Grundbegriff des Empirismus, nämlich dem durch sinnliche Wahrnehmung erzeugten *Erfahrung*; die zweite Frage dagegen verweist auf seine Forschungsmethode (Induktion) und die mit ihr eng verbundene Technologie des *Experiments*; während die dritte und letzte Frage die beiden anderen gewissermaßen umschließt und in die dauerhafte Auseinandersetzung einführt, die der philosophische Empirismus von Anfang an mit der *Rhetorik*, genauer mit einer sprachlich-rhetorischer, meinungs- und vorurteilsverhafteten diskursiven Praxis austrägt. Diese Auseinandersetzung ist auf der Seite des Empirismus zwar einerseits von einer scharfen Kritik und politisch-polemischen Zurückweisung des rhetorischen Anspruchs der Wissenserzeugung und -vermittlung geprägt; andererseits jedoch läßt sich kaum bestreiten, wie sehr zentrale Autoren des Empirismus sich der Rhetorik nicht nur in sprachlich-stilistischer Hinsicht bedienten, sondern sich darüber hinaus auch deren grundlegenden theoretischen Einsichten über die Rolle der Sprache, der Meinung, der Wahrscheinlichkeit oder der Zustimmung aneigneten.

b. *F. Bacon: Das neue Projekt und die Idolenlehre.* Was sind die Quellen einer sicheren Objektivierung der Natur, zu deren Lenkung, Leitung und Beherrschung der Mensch angetreten ist? «Der Mensch, Diener und Erklärer der Natur», schreibt BACON, «schafft und begreift nur soviel, als er von der Ordnung der Natur durch die Sache oder den Geist beobachten kann; mehr weiß oder vermag er nicht.» [2] Beobachtung *(observatio)*, Wahrnehmung *(perceptio)*, Erfahrung *(experientia)* bilden die großen Achsen, auf denen zu Beginn des 17. Jh. das mit dem Pathos der Neuheit und der Evidenz der neuen Wissenschaften ausgestattete Projekt einer empirischen Erforschung der Natur und ihrer menschlichen Beherrschbarkeit in Gang gesetzt wird. Die neuen Werke, die es zu erfinden gilt, das neue Wissen, das es zu entdecken gilt, ist weder in den mittelalterlichen Universitäten zu suchen, noch hat man in den aus der Antike überlieferten scholastischen Lehr-, Lern- und Schlußverfahren (Kommentar, Disputatio, Syllogismus) die geeigneten Werkzeuge für diese neue Erforschungs- und Erkundungsfahrt an der Hand. Ganz im Gegenteil: diese Verfahren und Methoden haben bislang nichts über die gewöhnlichen Erkenntisse des Alltagsverstandes hinaus erbracht; sie haben nach Bacon vielmehr die richtige Methode in der Erforschung und Entdeckung der Wahrheit behindert. In dieser neuen *induktiven* Methode «ermittelt man von den Sinnen und vom Einzelnen ausgehend *(a sensu et particularibus excitat)* die Sätze, indem man stetig und stufenweise aufsteigt, so daß man erst auf dem Gipfel zu den allgemeinen Sätzen gelangt». [3]

Bacons Projekt zur Inauguration des empirischen Forschungs- und Erkenntnisprogramms operiert von Anfang an mit einem rhetorischen Arsenal von Abgrenzungsmetaphern [4]: neu gegen alt; Induktion gegen Syllogismus; *res non verba* – die Sache selbst, die Sinne und das Einzelne gegen die Wörter, die Zeichen und die allgemeinen, leeren Begriffe. Das neue Projekt zielt darauf ab, nicht durch vorgefaßte Meinungen und den Gebrauch der Sprache Zustimmung zu erzwingen, sondern die Sache selbst zu erfassen und zu meistern.[5] Die berühmte Idolenlehre Bacons gilt nicht nur dem Empirismus, sondern – seit Platons Kritik der Sophistik – auch der P. überhaupt als Geburtsurkunde des neuzeitlichen Affekts gegen die Rhetorik.

Es sind vier dieser *Idola*, dieser den menschlichen Verstand beschränkenden Bilder und *Einbildungen*, die Bacon einer systematischen Untersuchung unterzieht: die Idole des Stammes *(Idola Tribus)*, die Idole der Höhle *(Idola Specus)*, die Idole des Marktes *(Idola Fori)* und die Idole des Theaters *(Idola Theatri)*. Die ersten beiden Verzerrungen des unvoreingenommenen und vorurteilsfreien Blicks auf die Natur der Dinge liegen in den konstitutiven Eigenheiten der menschlichen Gattung und den je individuellen Vorlieben der Menschen begründet. Der menschliche Verstand ist ein «Spiegel der Natur»[6]; aber dieser Spiegel reflektiert die «strahlenden Dinge» nur unter Beimischung und Entstellung durch die allgemeinen menschlichen und individuell seelischen bzw. körperlichen Unzulänglichkeiten. Die beiden letzteren Idole dagegen sind besonders gefährlich: sie sind auf den menschlichen Verkehr *(commercium)* der Zeichen, der Worte, der Sprache und Meinungen einerseits und ihren dogmatischen Fixierungen durch die scholastischen Autoritäten und Traditionen andererseits zurückzuführen. Die Worte bezeichnen hier nicht die Dinge zur Erfassung des begrifflichen Gegenstandes, sondern werden aus dem wechselseitigen und gemeinschaftlichen Gebrauch heraus gebildet und spiegeln somit lediglich die Auffassung der Menge wider *(vulgi)* oder derjenigen, die diese zu leiten und zu führen beabsichtigen. In der neuen Wissenschaft jedoch geht es nicht um die *rhetorische Zustimmung* der Vielen, um die *politische Führung* der Gemeinschaft, sondern um die *wahre Erkenntnis* der Sache. Die Idole des Marktes und des Theaters sind für Bacon deshalb so bedrohlich, weil sie mit einer nur scheinbaren *Empirizität* operieren – der allgemeinen Sprachpraxis, dem sinnlich Offensichtlichen, dem traditionell Erfahrenen, Verbürgten und Glaubhaften, der Akzeptabilität der Mehrheitsmeinung – und somit den wahren empirischen Erkenntnisanspruch unterlaufen.[7]

c. *Zwei Strategien des Empirismus (Hobbes, Boyle)*. Diejenigen, die sich im 17. Jh. in das neue Projekt Bacons einzuschreiben versuchen, werden an der scharfen Trennung zwischen einer scheinbaren Empirizität der rhetorisch-politischen Welterschließung und der «wahren», weil empirisch-methodisch angeleiteten Interpretation der Natur arbeiten. Aber diese Arbeit der Grenzziehung wird zunächst in zwei differenten strategischen Linien vollzogen: die Linie von Th. Hobbes und dessen Rückgriff auf die definitorische Macht der *Geometrie* und die Linie von R. Boyle und dessen Vertrauen in die technologische Macht des *Experiments*.

Die Ausgangsfrage beider lautet: Wie kommen wir von den elementaren Sinnesempfindungen *(sense)*, die unserem gesamten Wissen *(knowledge)* zugrunde liegen, zur wahren philosophischen Erkenntnis der Welt und der Natur *(science)*? Da in den Empfindungen und Eindrücken, die die Dinge auf unseren Geist ausüben, auch Einbildungen, Phantasmen und Chimären enthalten sind, kann unser Wissen zu falschen Schlußfolgerungen, zur mißbräuchlichen Verwendung unserer Sprache und zu irrtümlichen Anschauungen und Meinungen führen, die nicht nur die wissenschaftliche Erkenntnis, sondern auch die Ruhe, die Sicherheit und den Frieden des Staates zerstören.[8] Für Hobbes gibt es eine direkte Verbindung zwischen der unfehlbaren Wahrheit der wissenschaftlichen Erkenntnis und der unverbrüchlichen Macht eines den inneren Frieden verbürgenden Staates. Wie für Bacon ist auch für seinen Schüler Erkenntnisgewinnung kein Selbstzweck: «Wissenschaft dient nur der Macht! Die Theorie […] dient nur der Konstruktion! Und alle Spekulation geht am Ende auf eine Handlung oder Leistung aus.»[9] In der Hobbes'schen P. und ihrer vehementen Denunziation der rhetorisch-dialektischen Künste steht – gerade im Kontext des englischen Bürgerkrieges – nicht nur Bacons Projekt des Erkenntnisfortschrittes, sondern auch der zivilisatorische Ausgang aus dem kriegerischen Naturzustand auf dem Spiel.[10]

Die Konsequenz aus dieser bedrohlichen politischen wie epistemologischen Lage ist die, daß Hobbes im Rückgriff auf die Geometrie Euklids nur dasjenige Wissen als absolut sicheres anerkennt, das analytisch auflösbar ist in definitorisch *festgelegten* Bedeutungseinheiten (Prinzipien, Theoreme, Axiome), aus denen wiederum kompositiv weitere, größere Einheiten (Schlüsse, Urteile) *konstruiert* werden können. Man kann die Wahrheit nur dessen behaupten, was in seiner sprachlichen Bedeutung von den Menschen festgelegt und konstruiert wurde. Der Erkenntnis der natürlichen Erscheinungen sind daher Grenzen gesetzt, soweit ihre Ursachen und Prinzipien nicht von den Menschen erzeugt wurden – sondern vom «Urheber der Natur».[11]

Anders zur Ausgangsfrage dagegen verhält sich R. Boyles experimenteller Zugang zur Erforschung der Natur. Mit seinen im Jahr der Restauration (1660) erstmals veröffentlichten Experimenten[12], die er mit der von ihm und R. Hooke konstruierten Vakuumpumpe durchführt, wird dem empirischen Projekt Bacons ein weiterer Weg eröffnet, die lediglich meinungshaften und rhetorisch erzeugten Erfahrungs- und Wissensbestände des menschlichen Geistes von den wahren empirischen Erkenntnissen zu trennen. Das Experiment ist eine apparative und literarische Technologie, um die vielfältigen Sinnesempfindungen in beobachtbare, protokollierte Erfahrung und diese wiederum in kontrolliertes, faktisches Wissen zu überführen. Während Hobbes die *Sprache der Geometrie*, der definitorischen und konstruktivistischen Praxis gegen die Rhetorik mobilisiert, findet sich bei Boyle die *Sprache der experimentellen Beobachtung*, der experimentell überprüften Faktizität. Zum zentralen Merkmal dieser experimentellen Beobachtung gehört ihre institutionelle und organisatorische Schließung gegenüber dem öffentlichen Raum des Streits und der politischen Führung einerseits und gegenüber dem subjektiven Raum der Leidenschaften des forschenden Beobachters andererseits. Die geschlossene Welt des Laboratoriums (Ort), der Zirkel der auserlesenen Gentlemen-Gelehrten in den Sozietäten, Clubs und Akademien (Auditorium), die angestrebte, persuasionsfreie Protokoll- und Beobachtungssprache (literarisches Medium) und die reinen und fehlerfreien Beobachtungs- und Messinstrumente (apparatives Medium) verbürgen gerade in ihrer Künstlichkeit und Distanz zur natürlichen und politischen Welt die Objektivität der Erkenntnis.[13]

Nicht nur philosophisch, sondern auch wissenschaftspolitisch einflußreich wird diese Sprache der experimentellen Beobachtung im sprachpolitischen Programm der Londoner ‹Royal Society›. Ihr erster Historiograph, Th.

SPRAT, formuliert in seiner ‹History of the Royal Society of London› (1667) in deutlicher Abgrenzung zur «Lasterhaftigkeit», zum «Luxus» und «Überfluß» ornamentaler Phrasen und rhetorischer Sprachfiguren den diskursiven Standard des neuen Sprachstils, dem sich die Mitglieder der Royal Society verschrieben haben: «They [the members] have therefore been most rigorous in putting in execution, the only Remedy, that can be found for this *extravagance*: and that has been, a constant resolution, to reject all the amplifications, digressions, and the swellings of style: to return back to the primitive purity, and shortness, when men deliver'd so many *things* almost in an equal number of *words*. They have exacted from all their members, a close, naked, natural way of speaking; positive expressions; clear senses, a native easiness: bringing all things as near the Mathematical plainness, as they can: and preferring the language of Artizans, Countrymen, and Merchants, before that, of Wits, or Scholars.» (Sie [die Mitglieder] waren daher strengstens darauf bedacht, das einzige Heilmittel gegen dies diese *Übertriebenheit* anzuwenden, und dies bestand darin: mit gleichbleibender Entschlossenheit alle Erweiterungen, Abschweifungen und stilistischen Aufblähungen zu verwerfen, um zu jenem Zustand einer ursprünglichen Reinheit und Schlichtheit zurückzukehren, in dem die Menschen noch ihre vielfältigen *Angelegenheiten* in der fast gleichen Anzahl von *Wörtern* ausführten. Sie forderten von allen ihre Mitgliedern einen knappen, unverhüllten und natürlichen Sprachstil; eine sichere Ausdrucksweise, Verständlichkeit und eine angeborene Leichtigkeit. Alle Dinge sollten der mathematischen Klarheit angenähert und die Sprache der Handwerker, der Land- und Kaufleute derjenigen der Geistreichen und Gelehrten vorgezogen werden.)[14] Das Experiment verlangt wie die Praxis der kaufmännischen Buchführung eine Sprache des Aufzeichnens *(to register, to record)*; auf den *common-stock* dieser vorbehaltlosen Registrierungen soll dann nicht nur – im Falle einer Kontroverse – vertrauensvoll zurückgegriffen werden, sondern eben auch neues Wissen und neue sichere Erkenntnis aufgebaut werden.

Der *konstruktivistische Empirismus* von Hobbes und der *experimentelle Empirismus* von Boyle sind Antworten auf Bedrohungen, die gleichermaßen von politischen und epistemologischen Unsicherheiten ausgehen. Ihre Differenzen liegen nicht so sehr in der Zielbestimmung – Beseitigung der Unsicherheiten (Bürgerkrieg, Sprachmißbrauch, Erkenntnisirrtümer) – sondern in der unter ihnen selbst kontrovers diskutierten Wahl ihrer Mittel: Expansion der geometrischen Sprache auch und gerade in den politischen Raum (kontraktualistische Rhetorik der Staatserzeugung) oder Rückzug aus dem öffentlich-politischen Raum in die experimentelle Sprache des Beobachtens, Messen und Registrierens (rhetorisch-politisch keimfreies und dekontaminiertes Labor).[15]

d. *J. Locke und die Grenzen des Wissens.* Obgleich von Hause aus Arzt und in den Naturwissenschaften ausgebildet, folgt J. LOCKE nicht der Linie Boyles und der experimentellen Sprache. Mit Hobbes dagegen teilt er zumindest in politischen Fragen die konstruktivistische Perspektive und erneuert bzw. modifiziert dessen Herrschafts- und Gesellschaftsvertragstheorie.[16] Doch die Ausgangsfrage des Empirismus nach der epistemologischen Unsicherheit unseres auf Erfahrung *(experience)* basierten Wissens *(knowledge)* – im Unterschied zu einem auf Meinung *(opinion)* basierten Glauben *(belief)* – führt in seiner Konzeption nicht zu einer Geometrisierung oder Axiomatisierung der Sprache, sondern zur – aus seiner Sicht tiefergehenden – Analyse des Wahrnehmungs- und Erkenntnisvermögens: dem *menschlichen Verstand*. Damit beginnt in der Geschichte der P. eine erkenntniskritische Tradition, die mit I. KANT ihren vorläufigen Höhepunkt erreichen wird.

Wenn wir, so Locke, die Operationsweise des menschlichen Verstandes *(human understanding)* erforschen, dann können wir auch das prinzipielle Vermögen und die Grenzen der Überführung von Erfahrung in Wissen genauer bestimmen. Da der menschliche Verstand als eine Art «leere Tafel» betrachtet werden muß, frei von jedweden «angeborenen Ideen» *(innate ideas)*, sind es nur die äußeren *(sensations)* und die inneren Erfahrungen *(reflections)* die der Verstand in ein *Abbildungswissen* von sich selbst, der Welt und der Natur verarbeitet. Dieser Abbildungsvorgang erzeugt «einfache Ideen» und aus ihnen wiederum kombiniert «komplexe Ideen». Sicheres auf Erfahrung basiertes Wissen oder «Gewißheit» ist nur möglich, wenn der Abbildungsvorgang und der Kombinationsvorgang *(association of ideas)* im menschlichen Verstand nicht gestört, verwirrt oder verdunkelt wird. Dann kommt es zu «falschen Verbindungen an sich zusammenhangloser und unabhängiger Ideen»[17], die sich im weiteren Verlauf durch Gewohnheit, Erziehung und Einübung verfestigen und dementsprechend auf unsere Leidenschaften, Urteile und Handlungen einwirken.

Neben dem Abbildungs- und Kombinationsvorgang existiert allerdings noch ein drittes Einfallstor falscher und irreführender Erkenntnis: der sprachliche Bedeutungsvorgang oder genauer, die Abbildung der Ideen durch die Wörter. Lockes Erkenntniskritik wechselt zu einer ausführlichen *Sprachkritik*, weil die Sprache für ihn zwar nicht die Quelle des Wissens ist, aber doch der «große Kanal, durch den die Menschen ihre Entdeckungen, Folgerungen und Erkenntnisse vermitteln».[18] Die Wörter und Namen geben den Ideen ihre Festigkeit im öffentlichen Raum des gesellschaftlichen Austausches von Wissen; die Sprache ist das «gemeinsame Band» gesellschaftlicher Einheit und Einigkeit. Wie Hobbes vor ihm vereint auch Locke hier die empirisch-epistemologische (sicheres Wissen) mit der politisch-sozialen Problematik (Frieden, Einheit, Sicherheit), und folgerichtig finden sich an dieser Stelle, die schon von Hobbes bekannten *antirhetorischen Topoi* vom Mißbrauch der Wörter und Sprache wieder (metaphorischer, inhaltsloser, unbeständiger Gebrauch). Gleichwohl zieht Locke daraus nicht die Konsequenz einer definitorischen oder autoritären Fixierung und Festlegung aller sprachlichen Gebrauchs- und Bedeutungspraktiken nach dem Modell der Geometrie.

Lockes Erkenntnis- und Sprachkritik versteht sich als das Abstecken einer Grenze, innerhalb derer *Gewißheit* erlangt werden kann, über die hinaus allerdings ein größerer Raum des *Wahrscheinlichen*, des Für-wahrhaltens und des Wahrheitsähnlichen existiert, der seine eigene Dignität besitzt.[19] Man könnte ihn statt dessen den *rhetorischen Raum* des Glaubens, der Zustimmung und der Meinung nennen, denn er beruht – zumindest, was den großen Bereich der Zustimmung und Zeugenschaft bei Locke betrifft – auf dem, was die klassische Rhetorik in einer guten Rede vereint wissen wollte: *Logos, Ethos* und *Pathos*.[20]

e. *Die anglo-schottische Moral- und Sozialphilosophie (D. Hume bis J. St. Mill).* Für den Beginn des 18. Jh. sind zunächst zwei einflußreiche Weiterführungen und Radikalisierungen der Locke'schen Erkenntnis- und Sprachkritik zu nennen: G. BERKELEYS *idealistischer Empirismus* und E.B. DE CONDILLACS *materialistischer Sensualismus*.[21] Von der ‹Ideenlehre› Lockes ausgehend rückt bei Berkeley die aktive Tätigkeit des Erkenntnisvermögens (Wille) in den Mittelpunkt, sodaß für ihn die Gegenstände der materiellen Außenwelt zu reinen Wahrnehmungsmodi des menschlichen Geistes werden *(esse est percipi)*; wohingegen Condillac die menschliche Erkenntnis-, aber auch Handlungs- und Verhaltensweise auf die Macht der sinnlich-materiellen Welt zurückführt und damit die Grundlage für die politischen und pädagogischen Reformprogramme des französischen Materialismus (D'HOLBACH, HELVETIUS) und der Schule der ‹Ideologen› (D. DE TRACY) legt.[22]

Mit der sog. ‹Schottischen Aufklärung› wird in mehrfacher Hinsicht ein neues Kapitel in der Geschichte des Empirismus aufgeschlagen. Es kommt zu einer *Abkehr* von seiner epistemologischen Ausrichtung, zu einer *Rehabilitierung* der alltagspraktischen Erfahrung und zu einer *Kritik* der politischen Vertragslehre. Im Zuge dieser Wendung werden insbesondere ethisch-moralphilosophische und ästhetisch-literarische Elemente der Rhetorik wieder offen zur Geltung gebracht.[23] Mit dieser Wendung in der empiristischen Philosophie ist der Name D. HUME verknüpft.

Hume konzentriert sich in seiner kritischen Analyse des menschlichen Verstandes auf die empiristische Lehre von den Ideenassoziationen – jenem elementaren Verknüpfungsprozeß, der die Sinnesempfindungen und Eindrücke der äußeren und inneren Erfahrung in ein sicheres (Abbildungs-)Wissen überführen sollte. Hume macht nun zweierlei geltend: (a) die Regeln, nach denen diese Verknüpfungen vollzogen werden, sind weder natürlich noch notwendig; (b) wenn man überhaupt ein Prinzip dieser Assoziation festhalten kann, dann muß man auf das Prinzip der *Gewohnheit* oder der wiederholten Einübung zurückgreifen.[24] Die Regel der *Kausalität*, das Gesetzes der Abfolge von Ursache und Wirkung, erweist sich somit als lediglich verallgemeinerte, gewohnheitsmäßige, habituelle Einübung des menschlichen Verstandes. Ebenso beruhen die *Erfahrungsschlüsse* auf der dauerhaft eingeübten Erfahrung des Musters «Wenn ein Ereignis der Art A eintritt, folgt ein Ereignis der Art B.» Die Ausdehnung und Erweiterung unserer Erkenntnis über die Welt beruht demnach nicht auf sicherem Wissen, sondern auf Wahrscheinlichkeitswissen, das mit rhetorischen Mitteln zu erwerben und durchzusetzen ist.[25]

In deutlicher Differenz zu Bacon, Hobbes und Locke verweist Humes Kritik des Erkenntnisvermögens nicht auf einen Mangel desselben, den es auszuräumen oder zu beseitigen gilt, sondern auf ein konstitutives Merkmal der menschlichen Natur schlechthin. Der Mensch ist – der empirischen *science of man* zufolge – ein Mängelwesen. Seine Unzulänglichkeiten jedoch sind gerade der Antrieb zu einem inventiven und produktiven Vermögen, das insbesondere in gesellschaftlicher Kooperation, in Verkehr, Tausch und Kommunikation seine höchste Entfaltung findet.[26] Damit verwandelt sich der epistemologische Skeptizismus Humes in eine breit angelegte historische und empirische Analyse der *praktischen Rationalitäten* des sozialen Raumes: der Entstehung der bürgerlichen Gesellschaft *(civil and commercial society)*; der Herausbildung sozialer und politischer Institutionen (Ehe, Eigentum, Recht, Regierung, Parlament); der Entwicklung von Wissen, Reichtum und Zivilisation in Folge der Steigerung von Arbeitsteilung, Handel und gesellschaftlicher Produktivität.[27]

In der Nachfolge Humes sind es vor allem A. FERGUSON[28], A. SMITH[29] und J. MILLAR[30], die dieses von Hume vorerst nur in stilistisch und literarisch brillanten Essays entworfene Programm einer historisch-anthropologischen Moral- und Sozialphilosophie ausarbeiten.[31] Im Zentrum stehen nicht mehr das atomisierte Individuum, der Naturzustand oder die juridisch-philosophische Figur des Vertrages, sondern die Soziabilität des Menschen, die komplexe und unüberschaubare Dynamik der gesellschaftlichen Beziehungen und jene sozial eingeübten, kommunikativen und institutionalisierten Praktiken der Menschen *(customs, virtues, habits, common sense, opinions)*, auf deren Grundlage der zivilisatorische Fortschritt basiert. Es ist denn auch kein Zufall, daß gerade im Umfeld der Schottischen Aufklärung eine intensive Beschäftigung mit der Rhetorik einsetzt, die nun als Instrumentarium zur Analyse jener genannten sozialen und kommunikativen Praktiken eine Aufwertung erfährt. A. Smiths, G. CAMPBELLS und H. BLAIRS Vorlesungen über Rhetorik und Literatur[32] in Glasgow, Aberdeen und Edinburgh charakterisieren einen neuen Zugang zur Rhetorik, insofern hier die ästhetisch-literarische und die sozial-kommunikative Übermittlung von Ideen des Autors oder Sprechers in Sprache und damit in den gesellschaftlich geteilten Raum des Auditoriums, dem Raum der Meinungen, der moralischen Gefühle *(moral sentiments)* und Geschmacksurteile *(tastes)* in den Vordergrund rückt. Es ist eine Rhetorik in der Aufklärung, die sich bewußt einem klaren und einfachen Stil *(plain style)* zuwendet und im Redeaufbau den instruktiven *(propositio, proposition)* und beweisenden Teil *(argumentatio, proof)* favorisiert.[33]

Die Rehabilitierung der einstmals verpönten Elemente einer praktischen Rationalität führt jedoch gegen Ende des 18. und beginnenden 19.Jh. keineswegs zu jenen rhetorischen Disziplinen zurück, in denen sie verwurzelt waren. Vielmehr läßt sich zeigen, wie mit dem *Utilitarismus* von J. BENTHAM und J. MILL das umfassende Programm einer empirischen ‹Wissenschaft vom Menschen› eine folgenreiche Verwissenschaftlichung und disziplinäre Binnendifferenzierung erfährt, die dann in J. ST. MILLS ‹System of Logic› (1843) ihren systematischen Höhepunkt erreicht. Dort werden einerseits die *moral sciences* (Moral-, Geschichts- und Sozialwissenschaften) einer einheitlichen, naturwissenschaftlich imprägnierten Methodologie subsumiert; andererseits jedoch bleiben diese Wissenschaften der auf einer naturgesetzlichen Logik menschlichen Verhaltens basierten Forschungsmethode fremd – oder rückständig wie Mill formuliert[34] –, weil ihr eigensinniger Gegenstand auf der Historizität und Normativität sozialen und politischen Handelns beruht und damit auf eine «Logik der Praxis» oder die Klugheitsregeln einer «Kunst» verweist.[35]

Anmerkungen:
1 vgl. allg. M. Poovey: A History of the Modern Fact. Problems of Knowledge in the Sciences of Wealth and Society (Chicago/London 1998). – **2** F. Bacon: Neues Organon I (1620), lat. dt. Übers. hg. v. R. Hoffmann (1990) I. 1. – **3** ebd. I. 19. – **4** vgl. H. Blumenberg: Paradigmen zu einer Metaphorologie (1998) 34ff. – **5** vgl. dazu Bacon [2] I. 13 u. I. 29. – **6** vgl. R. Rorty: Der Spiegel der Natur. Eine Kritik der P. (1984) 149ff. – **7** vgl. L. Daston, K. Park: Wonders and the Order of Nature 1150–1750 (New York 2001) 220ff. – **8** vgl. Th. Hobbes: Leviathan oder Stoff, Form und Gewalt eines kirchlichen und bürgerlichen Staats (1651, ND dt.

1984) I. 1. – **9** ders.: Vom Körper. Elemente der P. I (1655, ND dt. 1967) I. 6. – **10** vgl. M. Bohlender: Die Rhet. des Politischen. Zur Kritik der politischen Theorie (1995) 79ff.; Q. Skinner: Reason and Rhetoric in the Philosophy of Hobbes (Cambridge 1996) 250ff. – **11** Hobbes [9] IV. 25. – **12** R. Boyle: New Experiments Physico-Mechanical, touching the Spring of the Air, in: The Works of the Honourable R. Boyle, hg. v. T. Birch (London ²1772) Vol. I, 1–117. – **13** vgl. S. Shapin, S. Schaffer: Leviathan and the Air-pump. Hobbes, Boyle and the Experimental Life (Princeton 1985). – **14** Th. Sprat: The History of the Royal Society of London, for the Improving of Natural Knowledge (London 1667) 113; vgl. dazu P. Dear: Totius in Verba: Rhetoric and Authority in the Early Royal Society, in: Isis 76 (1985) 145–161; allg. M. Cohen: Sensible Words: Linguistic Practice in England 1640–1785 (Baltimore 1977). – **15** vgl. B. Latour: Wir sind nie modern gewesen. Versuch einer symmetrischen Anthropol. (1998) 22ff. – **16** vgl. W. Kersting: Die Politische P. des Gesellschaftsvertrages (1994). – **17** J. Locke: Versuch über den menschlichen Verstand, Bd. I (1690 ND dt. 1981) II. 33. 9. – **18** ebd. Bd. II, III. 11. 5. – **19** vgl. ebd. Bd. II, IV. 15. 3.ff. – **20** vgl. dazu P. Ptassek, B. Sandkaulen-Bock, J. Wagner, G. Zenkert: Macht und Meinung. Die rhet. Konstitution der politischen Welt (1992) 139ff. – **21** vgl. G. Berkeley: Treatise concerning the Principles of Human Knowledge (London 1710) und E.B. de Condillac: L'essai sur l'origine de connaissances humaines (Paris 1746). – **22** vgl. allg. T. Eagleton: Ideologie (1993). – **23** vgl. D. Brühlmeier, H. Holzhey V. Mudroch (Hg.): Die Schottische Aufklärung. ‹A Hotbed of Genius› (1996). – **24** vgl. D. Hume: Eine Unters. über den menschlichen Verstand (1748, ND dt. 1984) Kap. VII und Kap. V. sowie ders.: Ein Traktat über die menschliche Natur in 2 Bd. (1739/40, ND dt. 1989) Bd. I, I. 3. – **25** vgl. I. Hacking: The Emergence of Probability. A Philosopical Study of Early Ideas about Probability, Induction, and Statistical Inference (Cambridge 1995) sowie ders.: The Taming of Chance (Cambridge 1990). – **26** vgl. hierzu systematisch H. Blumenberg: Anthropol. Annäherung an die Rhet. in: ders.: Wirklichkeiten, in denen wir leben (1981) 104–136. – **27** vgl. D. Hume: Politische und ökonomische Essays (1742–1758) 2 Teilbde. (1988), dazu M. Bohlender: Government, Commerce und Civil Society. Zur Genealogie der schottischen politischen Ökonomie, in: H. Kaelble, J. Schriewe (Hg.): Ges. im Vergleich (1998). – **28** A. Ferguson: An Essay on the History of Civil Society (London 1767). – **29** A. Smith: The Theory of Moral Sentiments (London 1759) u. ders.: An Inquiry into the Nature and Causes of the Wealth of Nations (London 1776). – **30** J. Millar: Observations Concerning the Distinction of Ranks in Society (London 1771). – **31** vgl. K. Haakonssen: Natural Law and Moral Philosophy. From Grotius to the Scottish Enlightenment (Cambridge 1996). – **32** s. A. Smith: Lectures on Rhetoric and Belles Lettres (1748/52), in: The Glasgow Edition of the Works and Correspondence of A. Smith Vol. IV. (Oxford 1983); G. Campbell: Philosophy of Rhetoric (London 1776) und H. Blair: Lectures on Rhetoric and Belles Lettres (London 1783). – **33** vgl. W.S. Howell: A. Smith's Lectures on Rhetoric: An Historical Assessment, in: Speech Monographs 36 (1969) 393–418; zu G. Campbell siehe U. Stieglitz: G. Campbells P. der Rhet. (1998). – **34** J. St. Mill: Zur Logik der Moralwiss. (1843, 1997) 37ff. – **35** ebd. 170f.

Literaturhinweise:
W.S. Howell: Logic and Rhetoric in England 1500–1700 (Princeton 1956). – K. Knorr-Cetina: Die Fabrikation von Erkenntnis. Zur Anthropol. der Naturwiss. (1991). – S. Toulmin: Kosmopolis. Die unerkannten Aufgaben der Moderne (1991). – S. Shapin: A Social History of Truth. Civility and Science in Seventeenth Century England (Chicago/London 1994). – I. Hacking: Einf. in die P. der Naturwiss. (1996). – R. Ottow: Markt – Republik – Tugend. Probleme ges. Modernisierung im britischen politischen Denken 1670–1790 (1996). – A. Thumfahrt: Staatsdiskurs und Selbstbewußtsein. Sprachlich-rhet. Formen ihrer Institutionalisierung (Amsterdam 1996). – G. Deleuze: D. Hume (1997). – L. Daston: Wunder, Beweise und Tatsachen. Zur Gesch. der Rationalität (2001).

M. Bohlender

2. Rationalismus, frühe Aufklärung. a. Rationalismus. Mit der Entwicklung der Naturwissenschaften bildet sich im 17. Jh. der sog. ‹Rationalismus› aus, der im Gegensatz zum *Empirismus* die Existenz nicht-empirischer Bedingungen der Erkenntnis und damit die Möglichkeit *a priori* begründeter synthetischer Sätze vertritt. Als Begründer des Rationalismus gilt R. DESCARTES, demzufolge Wahrheit auf Evidenz beruht bzw. auf der Schlüssigkeit der aus evidenten Prämissen abgeleiteten logischen Folgerungen. Mit dieser Auffassung verbindet sich u.a. der *erkenntnistheoretische* Anspruch an die P., neue Wahrheiten zu entdecken. In erster Linie äußert er sich in einer kritischen Einstellung gegenüber der traditionellen *Logik* bzw. der Syllogistik. Wie schon in der hellenistischen P. (etwa bei SEXTUS EMPIRICUS) [1] und dann vor allem im Humanismus (v.a. P. RAMUS, J.L. VIVES, L. VALLA, R. AGRICOLA) [2], bezieht sich auch im 17. Jh. die Syllogismus-Kritik – nun aber verschärft und über die verschiedenen philosophischen Lager hinweg [3] – auf drei Punkte: Erstens lassen sich mit der Syllogistik weder Ideen noch deren Zusammenhänge entdecken. Laut Descartes setzt das Wissen um die Wahrheit des Obersatzes im Syllogismus nämlich immer schon ein Wissen um die Wahrheit des Schlußsatzes, der *conclusio* also, voraus. Entsprechend sind mit dem syllogistischen Verfahren keine neuen Erkenntnisse zu gewinnen; vielmehr dient es bloß dazu, bereits erworbenes Wissen auf übersichtliche Weise anderen zu vermitteln, und sollte daher nicht der P., sondern der *Rhetorik* zugeordnet werden. [4] Zweitens können, solange die Prämissen nicht auf ihre materiale Wahrheit hin geprüft werden, bestehende Irrtümer (und Vorurteile) nicht beseitigt werden. Und drittens sind die Begriffe und Urteile, welche die Grundlage der Schlußfolgerungen bilden, allzu oft unbestimmt und v.a. ungenau umschrieben. [5] Obschon es in der Zeit auch 'Puristen' gibt, die die traditionelle Syllogistik verteidigen und z.B. asyllogistische Schlußformen auf die klassischen Modi zurückführen (z.B. A. ARNAULD, P. NICOLE), sind die eben charakterisierten 'Verächter' der Syllogistik sowie die 'Neuerer' (z.B. J. JUNGIUS, J. VAGETIUS) deutlich in der Mehrzahl [6], zumal letztere entweder darauf abzielen, eine universelle Theorie des (i.w.S.) formalen Schließens zu entwickeln (G.W. LEIBNIZ) oder die neue, z.B. cartesianische Logik der alten, scholastischen Logik gegenüberzustellen (z.B. J. DU ROURE). [7]

Ungeachtet dessen, ob die Kritik am Syllogismus nun radikal ist oder moderat, hat sie wenigstens drei Konsequenzen: a) Es muß eine Methode zur Entdeckung neuer Wahrheiten sowie zur Vermeidung von Irrtümern bzw. zur Ausmerzung von Vorurteilen entwickelt werden. Entsprechend wird, in gut ramistischer Tradition [8], von Autoren wie P. GASSENDI, Arnauld, Nicole, E.W. von TSCHIRNHAUS, J. CLERICUS oder G.G. TITIUS ein mehr oder weniger umfangreicher Teil über die Methode, *de methodo*, in die Logiken eingebaut [9] – eine Tendenz, die sich im übrigen auch in der Gliederung der Logik bzw. der sog. ‹Vernunfft=Lehre› in einen theoretischen und einen praktischen Teil spiegelt, wobei letzterer auf eine allgemeine Methodenlehre der Wissenschaften hinausläuft. [10] Beispielhaft für die neue Auffassung der *inventio* ist Tschirnhaus, der in Auseinandersetzung mit Descartes eine Konzeption der Logik als *ars inveniendi* entwickelt und sich damit nicht nur von der traditionellen Syllogistik und der Lullischen Kombinatorik abgrenzt, sondern auch von den Vertretern der Verbalwissenschaft, der *Rhetorik*. [11] In der Tat sind in diesem Bereich die Suchmethoden bis in die achtziger Jahre noch weitgehend der barocken Topik verpflichtet (s.u.).[12] – b) Im Zuge der Syllogismus-Kritik geht es mehr und mehr um die Nützlichkeit der bereits vorhandenen bzw. neu gewonnenen Erkenntnisse: die Teilhabe möglichst vieler Menschen an der Wahrheit bildet die Basis für die ‹Glückseligkeit› des Subjekts. Eine Voraussetzung hierfür ist, wie u.a. Leibniz betont[13], die Verbreitung des Wissens in einer verständlichen Sprache. Wie bei F. BACON wird so die adäquate Mitteilung von Gedanken und damit eine Domäne der traditionellen Rhetorik, die *elocutio*, zum Thema der Logik (s.u.).[14] Ebenso unabdingbar ist die klar strukturierte Darstellung der Gedanken; die Gliederung der Mitteilung, *dispositio*, ist das Spiegelbild der Ordnung der Gedanken.[15] Nebst dem Syllogismus, der als Dispositionsmuster nach wie vor benutzt wird, greift z.B. J. THOMASIUS, wie vor ihm W. RATKE[16], auf die schon bei humanistischen Ciceronianern und Logikern aus der Schule MELANCHTHONS gleichermaßen beliebte Darstellungsform des Dialogs bzw. auf den ‹methodus problematica› zurück.[17] – Eng mit der Frage nach der Nützlichkeit verknüpft sind c) Bemühungen um die praktische Unterweisung in der Auffindung und Vermittlung von Erkenntnissen. Konkret wird, z.T. unter Berufung auf AGRIPPA oder J. BODIN, die eingebürgerte *disputatio per syllogismos* kritisch hinterfragt. Zum einen zweifelt man im Sinne J. LOCKES[18] am Erfolg syllogistischer Überzeugungsversuche *(convictio)* und räumt der *ars disputandi* allenfalls ein, eine Kunst des Überredens *(persuasio)* zu sein.[19] Zum andern wird bemängelt, der traditionelle Disputationsbetrieb ziele nicht auf gemeinsame Wahrheitssuche[20]; auf diese Weise blieben Irrtümer und Vorurteile bestehen und die Teilhabe an der Wahrheit werde verhindert.[21] Entsprechend wird, wie schon bei Descartes, die Disputationskunst zunehmend auf ihren didaktischen Nutzen hin geprüft oder, wie später z.B. bei CHR. WOLFF, unter pädagogischem Gesichtspunkt um weitere Formen der Unterredung ergänzt (s.u.).[22] Vor diesem Hintergrund dient z.B. Tschirnhaus die *educatio* der Verwirklichung des Ideals der neuen 'Gebrauchslogik'.[23]

Der eingangs erwähnte Anspruch führt letztlich also auf eine Konzeption von Logik, die sich über ihr angestammtes Terrain der *dispositio* bzw. des *iudicium* hinaus mit Fragen der *inventio*, aber auch mit solchen der *elocutio* beschäftigt. Es erstaunt daher nicht, daß ‹Logik› in diesem umfassenden Sinne oftmals mit ‹P.› gleichgesetzt[24] und wenig später mit einem großangelegten Projekt der systematischen Auffindung, Darstellung sowie Vermittlung von Erkenntnissen assoziiert wird.[25]

Ein bis dato nicht hinreichend berücksichtigter Teil dieses Projekts bilden die *Hermeneutiken* bzw. Auslegungslehren.[26] In der ‹Idea boni interpretis› (1630) von J.C. DANNHAUER wird die enge Verbindung zwischen Logik und allgemeiner Hermeneutik (*hermeneutica generalis*) syllogistisch begründet: da alle Formen der Erlangung von Wissen Teil der Logik seien, und die Interpretation eine solche Form sei, sei sie Teil der Logik.[27] Nur konsequent ist es, wenn Dannhauer wenig später die Hermeneutik in die Logik aufnimmt.[28] Noch deutlicher vollzieht diesen Schritt J. CLAUBERG, der seine ‹Logica vetus et nova› (1654) in eine «logica genetica» und «logica analytica» gliedert, wobei erstere die Auffindung eigener Gedanken sowie deren Mitteilung betrifft, letztere dagegen die Ermittlung sowie Beurteilung fremder Gedanken.[29] Schon J. STURMIUS, Agricola oder F. JUNIUS machen von der «analysis logica» bei der Auslegung von Texten systematisch Gebrauch[30] – eine Tendenz, die seit Ende des 16. Jh. u.a. im Bereich der Bibelauslegung massiv zunimmt und auch bei A.H. FRANCKE oder J.J. RAMBACH noch allgegenwärtig ist.[31] Die Unterscheidung zwischen *analysis* und *genesis* aber trifft prominent P. RAMUS[32]; in seiner Konzeption der Logik gehören sie zum «usus», einem Anhang zur eigentlichen Logik, der später häufig als praktische Logik bezeichnet wird.[33] So umfaßt z.B. die *praxis logica* von A. HEEREBOORD «genesis» und «analysis» (sowie «disputatio»), wobei die «analysis» aus «grammatica», «logica» und «rhetorica» besteht.[34] Im Blick auf Claubergs Konzeption sind diese Punkte in zweierlei Hinsicht wichtig: Zum einen kehrt Clauberg die ramistische Abfolge von *analysis* und *genesis* um; ihm zufolge setzt die *logica analytica* die *logica genetica* voraus.[35] Zum andern richtet sich die Analyse auch methodisch nach der Genese. Zusammengenommen ergibt das eine Beziehung zwischen Genese und Analyse, die als ‹Umkehr-Verhältnis› von Textproduktion und Textinterpretation aufgefaßt werden kann: Ausgehend vom Text wird in der Auslegung unter Anwendung jener grammatischen, logischen und rhetorischen Mittel, mit denen der Text verfaßt wurde, der vom Autor intendierte Sinn ermittelt.[36] Dieser Umkehraspekt ist, obgleich nicht explizit, bereits bei Melanchthon angelegt[37] und bleibt, wenn auch unter z.T. veränderten Vorzeichen, über die Jahrhundertwende hinaus für die Prinzipien und Zielsetzungen der Hermeneutik bestimmend (s.u.).

b. *Frühe Aufklärung.* In der Zeit um 1700 und weit darüber hinaus verstärkt sich das Anliegen, wissenschaftliche Erkenntnisse einer möglichst breiten Öffentlichkeit zugänglich zu machen. So wird noch DIDEROT eigens hervorheben, daß sich der Philosoph zwar durch seine Vernunft auszeichne, keinesfalls aber weltfremd sein dürfe und seine Einsichten stets auf ihre praktische Relevanz hin zu prüfen habe.[38] Insbesondere geht es um jene Erkenntnisse, die von alltäglichem Nutzen sind bzw. zu sog. guten Zwecken verwendet werden können. Entsprechend wird die P. und namentlich die Logik unter pragmatisch-moralischen Gesichtspunkten gesehen.[39] Das äußert sich zum einen im Versuch, die darin verhandelten Sachen auf verständliche und dem jeweiligen Adressatenkreis angepaßte Weise zu vermitteln: eine «erleichterte Vernunfft=Lehre» soll verfaßt werden[40], und zwar für den Hofmann und weltgewandten Adeligen, für den Politiker, den Redner und Geschäftsmann, für «Junge Leute, die sich […] nicht in alle tieffsinnige Subtilitäten stecken können» und für solche, «die nicht studieren wollen» (später auch für Kinder).[41] Zum andern finden sich, gerade im praktischen Teil der Logik, vermehrt Ausführungen zur *Kommunikation*.[42] Daß der Mensch seine Erkenntnisse anderen zu kommunizieren hat, wird bei J.F. BUDDEUS oder CHR. THOMASIUS religiös bzw. moralisch begründet und bei A.F. MÜLLER nachgerade zu einer naturrechtlichen Pflicht erhoben.[43] Eine zentrale Form der Kommunikation ist die Konversation, die ihrerseits sowohl in mündlicher wie schriftlicher Form von unterschiedlicher Gestalt sein kann. Insbesondere die antike Gesprächskultur, der Sokratische Dialog, gibt für Autoren wie FONTENELLE, FÉNELON, Leibniz und Thomasius (und später für VOLTAIRE, DIDEROT, F. GALIANI, M. MENDELSSOHN oder CHR. GARVE[44]) ein Leitbild der «Unterhaltung» oder «Unterredung» ab, die sich in mannigfaltigen literarischen Formen niederschlägt.[45] Im Zuge der Ausarbeitung von Kommunikationslehren werden darüber hinaus ganz konkret alternative Verfahren zur herkömmlichen Disputation entwickelt. Während Thomasius auf die Frage-und Antwort-Methode setzt, favorisiert A. RÜDIGER die enthymematische Disputation; G. P. MÜLLER wiederum votiert für die sokratische Form der Unterredung und schreibt der Sprache als «Werkzeug unseres Umganges und Communication mit den Menschen» eine zentrale, gesellschaftliche Rolle zu.[46]

Vor dem Hintergrund eines solchen 'Instrumentalismus' tritt nicht bloß die kommunikative Funktion der Sprache in den Vordergrund, sondern auch ihr Wirkungsaspekt und damit eine genuin rhetorische Komponente. Sprache dient, so VOLTAIRE, keinesfalls nur dem korrekten Ausdruck des Denkens (sie ist nicht allein Grammatik). Vielmehr handelt es sich um ein Mittel, mit dem sich die ausgedrückten Gedanken auf wirkungsvolle Art und Weise mitteilen lassen, was der P. oder, allgemeiner, den Wissenschaften den Zugang zur Lebenswelt erst zu eröffnen vermag.[47] Nicht bloß in Frankreich, sondern auch in England sowie Deutschland gehen auf der Basis der in den vorangegangenen Jahrzehnten entwickelten Konzeption der Logik P. und Rhetorik somit eine zuweilen kaum mehr unterscheidbare Verbindung ein[48] – ein Befund, der sich auch im Bildungswesen an der Verschränkung der beiden Schuldisziplinen Logik und Rhetorik ablesen läßt.[49] Gleichwohl markiert die Rede von «Rhetorischer Logik» oder «Logischer Rhetorik» nicht bloß Nuancen. Während die einen, etwa im Gefolge von Vives oder Valla, die Logik in ihre Schranken verweisen und tendenziell der Rhetorik angliedern, inthronisieren andere die Herrschaft der Logik über die Rhetorik.[50] Da sich auf der einen Seite die Logik nicht dem Vorwurf der Nutzlosigkeit aussetzen will[51], und auf der anderen Seite die Rhetorik nicht als «Schwätzkunst» gelten möchte[52], schlagen zahlreiche Autoren den Mittelweg ein: es geht um die Entwicklung einer «general art of discourse»[53] zum Zwecke der «Verbindung der Logic und Oratorie».[54] In Deutschland z.B. setzt sich CHR. WEISE vehement dafür ein, «daß Ratio und Oratio stets in einem anständigen und beliebten Band verbleiben»[55]; entsprechend vertritt er die Auffassung, daß bezüglich der Auffindung, der Darstellung sowie der Mitteilung von Gedanken Logik und Rhetorik gleichermaßen beteiligt sind.[56]

Nicht unwichtig für das Verständnis dieser Auffassung ist, daß es um 1700 vermehrt *erkenntnistheoretische* Positionen gibt, die rationalistisches Gedankengut mit empiristischen Ideen verbinden (z.B. Thomasius).[57] Zumindest hat dies direkte Auswirkungen auf die Überlegungen zur *inventio*: Geht es darum, neue Wahrheiten zu entdecken, sind nun nicht mehr bloß Erkenntnisse zu favorisieren, die auf Evidenz beruhen, sondern auch solche, die, wie z.B. J.G. NEUKIRCH und F.A. HALLBAUER betonen, auf eigener Erfahrung gründen.[58] Konsequenterweise setzt seit der Jahrhundertwende eine z.T. harsche Kritik sowohl an der blinden Übernahme vorgefertigter bzw. tradierter Meinungen von Autoritäten[59], den sog. Materialkatalogen, und selbst an den formalen Suchmethoden der Topik, den *loci*, ein.[60] Im Anschluß an die *Logique de Port-Royal* werden diese als Methoden zur Auffindung abgestandener, alltäglicher bzw. trivialer Gedanken diskreditiert[61]; so oder so werde man mit Verfahren dieser Art vom Selbstdenken bzw. vom eigenen Nachforschen abgehalten. Die «beste Quelle guter Erfindungen», so J.A. FABRICIUS, sei ein durch die «rechte» Logik gebesserter durch Wissenschaft und Erfahrung bereicherter Verstand.[62] Allerdings birgt die Erweiterung der Inventionsquellen (auch «Nouvellen» gehören jetzt zum Inventionsreservoir[63]) Gefahren: nicht jede auf diese Weise entdeckte Erkenntnis ist eine wahre Erkenntnis und insbesondere ist nicht jede solche Erkenntnis eine nützliche Erkenntnis (s.o.). In diesem Zusammenhang greifen die Autoren auf das *iudicium* zurück, und zwar im Sinne einer Instanz, die, im Gegensatz zur *memoria* [64], Wahres von Falschem bzw. Nützliches von Lapidarem unterscheidet [65] und so «zerflickte Inventionen» verhindert. [66]

Dieser Punkt betrifft indirekt auch die Auffassungen zur *dispositio*. Auf der einen Seite ist unbestritten, daß die entdeckten Erkenntnisse in einer strengen Ordnung dargestellt und durch Demonstration bzw. logische Beweise erwiesen werden müssen[67]; auf der anderen Seite fürchtet man, daß logische Beweise das Fassungsvermögen des Rezipienten übersteigen könnten.[68] Da rhetorische Beweise auf der Basis von Vorurteilen und Affekten des Adressaten folgern und so die *persuasio* zum Ziel haben, bieten sie im Grunde keine Alternative zu den logischen Beweisen, die aus Sachzusammenhängen schließen und damit auf *convictio* abzielen.[69] Daß rhetorische Beweise dennoch in die Logik aufgenommen werden, hat wenigstens zwei Gründe. Erstens werden allgemein strengere Maßstäbe an die rhetorischen Beweisverfahren gelegt.[70] So wird z.B. den «Erläuterungen», die 'bloß' der Illustration dienen (z.B. Sprüche, Beispiele, Vergleiche, Embleme), jedwede Beweiskraft abgesprochen[71]; entsprechend können sie auch nicht *telquel* als «Argumente» verwendet werden.[72] In ähnlichem Zusammenhang wird der sog. «oratorische Schluß» von dem logischen unterschieden bzw. nach Möglichkeiten gesucht, inwieweit er sich (aber auch der induktive, enthymematische oder gar 'ästhetische' Schluß[73]) auf den logischen zurückführen läßt.[74] Zweitens ist nicht außer acht zu lassen, daß die Affektenlehre allmählich in eine wissenschaftliche (empirische) Psychologie übergeht und, spätestens mit CHR. WOLFF[75], zu einem festen Bestandteil der P. wird. Im Zentrum steht somit die vernunftbegründete und nicht die auf bloßer Überredung beruhende Manipulation der Affekte des Adressaten. Während unter den genannten Vorbehalten also rhetorische Mittel in der Logik salonfähig werden, sind es die nämlichen Vorbehalte, die zu erheblichen Revisionen des Instrumentariums und v.a. der Zielsetzung der Rhetorik führen. Demzufolge ist nun, wie J. CHR. GOTTSCHED sagt, der Zweck der Beredsamkeit die Ausbreitung der Wahrheit.[76] In die selbe Richtung zielt auch Voltaire, wenn er unter ausdrücklicher Berufung auf ARISTOTELES die Rhetorik als Kunst betrachtet, Wahrheiten zu vermitteln, und entsprechend ihre Aufgabe vornehmlich darin sieht zu *beweisen* [77 – ein Punkt, den freilich schon B. PASCAL im Auge hatte, als er das Beweisen als genuine Art des Überredens bezeichnete und die *l'art de persuader* nicht bloß darauf beschränkte, «zu gefallen»; vielmehr habe sie Wahrheiten sichtbar und damit anderen verfügbar zu machen.[78]

Tendenzen der Verwissenschaftlichung der Rhetorik spiegeln sich schließlich auch in den Überlegungen zu *elocutio*. Auf dem Hintergrund der sprachphilosophischen Auffassung, wonach die Sprache der «Spiegel des Verstandes» sei[79], wird auch um 1700 und in den Jahrzehnten danach die Übereinstimmung von *res* und *verba* zum Gebot.[80] Wiewohl die Logik sich um die «Ausdruckung» der Gedanken zu kümmern hat[81], wird anstatt auf «Rhetorische Blumen und Figurn»[82] nahezu einhellig auf Knappheit, Klarheit und Deutlichkeit gesetzt. Damit verschieben sich auf seiten der (nunmehr philosophisch geprägten) Rhetorik unweigerlich die Akzente: Während etwa bei G.Ph. Harsdörffer die Passagen zur *elocutio* noch deutlich gegenüber jenen zur *inventio* und *dispositio* überwogen haben[83], liegt die Sache jetzt anders: Die «neue Rhetorica», so schon Chr. Weidling, «recommandiret weit eine geringere Zahl der Figuren als die alte»[84], so daß die «Erfindung» und «Eintheilung» in ihrer Bedeutung klar gegenüber dem «Ausputz» der Rede Vorrang erhalten.[85]

Die enge Verbindung zwischen Logik und Rhetorik zeigt sich nicht zuletzt in den *Hermeneutiken* der Zeit. Auf der Basis des Umkehr-Verhältnisses von Textgenese und Textanalyse geht es vornehmlich um zweierlei: erstens um die *investigatio mentis auctoris*, die Erforschung des vom Autor *intendierten* Sinnes.[86] Namentlich Weise unterscheidet in diesem Zusammenhang drei Arten der Interpretation[87]: erstens eine Interpretation, die der Logik voraufgeht; sie betrifft die traditionelle Ermittlung des *sensus*. Dann eine solche, die in der Logik zu suchen ist; sie ist eine Rekonstruktion der Darstellungs- bzw. Begründungsart des im Text verhandelten Themas (der *dispositio* also) sowie eine Analyse der verwendeten rhetorischen Mittel zur Ausgestaltung des Themas (der *elocutio*). Schließlich gibt es eine dritte Art der Interpretation, die sog. «interpretatio oratoria», welche «nach der Logica» kommt und «dadurch man die ausgesuchte Meynung einem andern geschickt vortragen und erklären kann».[88] Dieser Punkt verweist indirekt auf den zweiten Aufgabenbereich der Auslegungslehre: nebst der Erforschung des Sinns geht es auch um dessen Anwendung (*applicatio*).[89] Darunter fällt u.a. die 'produktive Anwendung' der analysierten Texte, und zwar zum Zwecke der Ausbildung des eigenen *iudicium* sowie der eigenen *eloquentia*.[90] Auf diese Weise fallen die logisch-rhetorischen Anforderungen an die Produktion von Texten auf das Verfassen von Interpretationen zurück. Entsprechend gleichen sich auch die Pflichten des Auslegers zunehmend jenen des Autors an: der Interpret muß z.B. über *iudicium* verfügen, er hat Beweisgründe für seine Auslegungen zu liefern[91] und damit Kriterien zur Unterscheidung von sicheren, wahrscheinlichen und unglaubwürdigen Interpretationen.[92]

Sowohl hinsichtlich der Zielsetzung bzw. den Prinzipien der Auslegung als auch hinsichtlich der Anwendung des ermittelten Sinns bildet die Logik also nach wie vor zumindest unter formal-methodischem Gesichtspunkt das Vorbild. Insofern ist es nicht abwegig, von einer Verwissenschaftlichung der Hermeneutik im Sinne einer an der Logik orientierten Systematisierung der Auslegungspraxis zu sprechen. Das gilt selbst dann, wenn man in Betracht zieht, daß sich die Hermeneutik etwa um die Jahrhundertmitte von der (praktischen) Logik – wenigstens zeitweilig[93] – 'emanzipiert'. Denn dieser Emanzipationsprozeß betrifft 'bloß' den Ort der Hermeneutik und wird v.a. über eine Einschränkung des Aufgabenbereichs der Hermeneutik vollzogen. Bereits H. von der Hardt[94], insbesondere aber J.M. Chladenius grenzt die Interpretation klar von der Schriftentzifferung, der Übersetzung, dem Kommentar, der Glosse sowie der *applicatio* ab.[95] Folgerichtig unterscheidet er zwischen Textkritik (bzw. Philologie) und Hermeneutik, aber auch zwischen P. (bzw. Logik) und Hermeneutik, die sich nun als eigenständige *Wissenschaft* zu etablieren hat.[96]

Obgleich damit die Hermeneutik aus der Logik verschwindet, bleibt diese, wie gesagt, in methodischer Hinsicht vorbildlich – ein Punkt, der sich nicht zuletzt daran zeigt, daß etwa G.F. Meier nebst seiner Hermeneutik auch eine Vernunftlehre verfaßt hat, in der die (logischen, sprachphilosophischen bzw. semiotischen) Grundlagen zahlreicher Auslegungsprinzipien erörtert werden.[97]

Grob läßt sich für das 17. und frühe 18.Jh. also feststellen, daß die (praktische) Logik (und damit, je nach Verständnis, die P.) die Oberhand insbesondere gegenüber der Rhetorik gewinnt. Allerdings sollte dies nur unter der Voraussetzung möglich sein, daß sich auf der einen Seite die Rhetorik die Verwissenschaftlichung durch die Logik gefallen ließ. Insofern konnte auf der anderen Seite die Logik massiv von der Rhetorik profitieren; im Gewande einer 'logischen Rhetorik' blieb ihre Wirkung auf die P. demnach ungebrochen.

Anmerkungen:
1 vgl. J. Barnes: Proof Destroyed, in: M. Schofield (Hg.): Doubt and Dogmatism. Studies in Hellenistic Epistemology (Oxford 1980) 161–181. – **2** vgl. W. Risse: Logik der Neuzeit, Bd. 1: 1500–1640 (1964) 14–78; L. Jardine: Humanism and the Teaching of Logic, in: Cambridge History of Later Medieval Philosophy, hg. von N. Kretzman et al. (Cambridge 1982) 800ff; ders.: Humanistic Logic, in: Ch.B. Schmitt et al. (Hg.): The Cambridge History of Renaissance Philosophy (Cambridge 1988) 173–198. – **3** vgl. F. Bacon: Novum Organon (1620), in: Works, Bd. 1 (London 1857ff; ND 1963) 136; J. Locke: An Essay Concerning Human Understanding (1690), hg. von P. Nidditch (Oxford 1975) 670ff. – **4** R. Descartes: Discours de la méthode (1637), in: Ch. Adam, P. Tannery (Hg.): Œuvres de Descartes, Bd. VI (Paris 1996) 17; vgl. auch ders.: Regulae ad directionem ingenii (1628; posthum 1708), in: Œuvres de Descartes, Bd. X (Paris 1996) 406. – **5** vgl. K. Petrus: Genese & Analyse. Logik, Rhet. u. Hermeneutik im 17. u. 18.Jh. (1997) Kap. I.2. – **6** vgl. H. Schepers: A. Rüdigers Methodologie u. ihre Voraussetzungen (1959) 81f. – **7** G.W. Leibniz: Nouveaux essais, in: Akad.-Ausg. VI/6 (1962) 478f; J. Du Roure: La philosophie divisee en toutes ses parties … (Paris 1654) I, 181ff. – **8** vgl. N. W. Gilbert: Renaissance Concepts of Methods (New York 1960). – **9** P. Gassendi: Institutio Logica (1658), in: Opera Omnia …, Bd. 3 (Lyon 1658; ND 1964); A. Arnauld, P. Nicole: La Logique ou L'art de penser (Paris 1970; 1. Aufl. 1662); E. W. von Tschirnhaus: Medicina mentis … (1687; ed. nova Leipzig 1695), hg., übers. und komm. von J. Haussleiter (1963); J. Clercius: Logica … (Amsterdam 1692); G. G. Titius: Ars cogitandi … (1702). – **10** vgl. Chr. Thomasius: Auszübung Der Vernunfft-Lehre (Halle 1691; ND 1968); Chr. Wolf: Philosophia rationalis sive logica … (1728; ND 1983); J.H. Lambert: Neues Organon … (1764) Vorrede: 5f; vgl. dazu W. Schneiders: Praktische Logik. Zur Vernunftlehre der Aufklärung im Hinblick auf Reimarus, in: W. Walter, L. Borinski (Hg.): Logik im Zeitalter der Aufklärung (1980) 75–92. – **11** Tschirnhaus [9] 20–24. – **12** vgl. M. Beetz: Rhet. Logik (1980) 144ff; G.E. Grimm: Lit. u. Gelehrtentum in Deutschland (1983) bes. Kap. III. – **13** G.W. Leibniz: Ermahnung an die Teutsche … (1697), in: Politische Schr., Bd. 2, hg. von H.H. Holz (1966) 67. – **14** F. Bacon: De dignitate et augmentis scientiarum … (London 1623), in: Opera Omnia (Leipzig 1694) 616. – **15** vgl. z.B. J. Clauberg: Logica contracta (²1701) 44ff. – **16** J. Thomasius: Erotemata logica … (1705; 1. Aufl. 1670); W. Ratke: Die Vernunftlehr… (Köthen 1619). – **17** vgl. Risse [2] 15. – **18** vgl. R. Klassen: Logik und Rhet. der frühen dt. Aufklärung (1974) 72ff; Beetz [12] 100f. – **19** vgl. z.B. J.P. Crousaz: Système de réflexions (1712) 276f.; vgl. auch noch I. Kant: Logik (1800), in: Werke IV, hg. von. W. Weischedel (1958) 438. – **20** vgl. z.B. Chr. Thomasius: Kurtzer Entwurff der politischen Klugheit … (1710) 91. – **21** M. Beetz: Transparent gemachte Vorurteile, in: Rhetorik 3 (1983) 7–33; W. Schneiders: Aufklärung und Vorurteilskritik (1983); K. Petrus: «Scholastische Pedanterey» und «anklebende credulitas»: Für oder wider die Autorität?, in: DVjs 68 (1994) 429–446. – **22** vgl. Descartes [4] Reg. III; Chr. Wolff: Vernünff-

tige Gedancken von den Kräfften des menschlichen Verstandes ... (1713; ND 1965) 243; vgl. auch L.F. Schneider: Fvndamenta philosophiae rationalis, sive logicae (1728; 1. Aufl. 1701) 496. – **23** vgl. G.E. Grimm: Von der 'politischen' Oratorie zur 'philos.' Redekunst, in: Rhetorik 3 (1983) 65–96. – **24** vgl. Beetz [12] 115f. – **25** vgl. z.B. A. Rüdiger: De sensu veri et falsi ... (1722; 1. Aufl. 1709) 218 u. 575; Gottsched Redek. 98ff, 105f u. 188. – **26** vgl. z.B. H.-E. Hasso Jaeger: Stud. zur Frühgesch. der Hermeneutik, in: ABG 18 (1974) 35–81; K. Weimar: Hist. Einl. zur literaturwiss. Hermeneutik (1975); M. Beetz: Nachgeholte Hermeneutik, in: DVjs 55 (1981) 591–628; W. Alexander: Hermeneutica Generalis (1993); A. Bühler, L.C. Madonna (Hg.): Hermeneutik der Aufklärung (1994); dies. (Hg.): Unzeitgemäße Hermeneutik (1994); Petrus [5]; O.R. Scholz: Verstehen und Rationalität (1999) Teil I.B. – **27** J.C. Dannhauer: Idea boni interpretis ... (Strassburg 1642; 1. Aufl. 1630) I, § 3. – **28** J.C. Dannhauer: Epitome Dialectica (Argentorati 1634). – **29** J. Clauberg: Logica vetus et nova ... (Amsterdam 1685; 1. Aufl. 1654) Prolegomena § 106, § 111. – **30** J. Sturmius: Partitionum dialecticarum libri IV ... (Straßburg 1591); F. Junius: Apokalypsis S. Joannis Apostoli et Evangelista (1591), in: Opera Theologicae (Heidelberg 1608); vgl. W.J. Ong: Ramus, Method, and the Decay of Dialogue (Cambridge, Mass. 1958); L. Danneberg: Die Auslegungslehre des Chr. Thomasius in der Trad. von Logik und Hermeneutik, in: F. Vollhardt (Hg.): Chr. Thomasius (1997) 253–316. – **31** A.H. Francke: Manuductio ad lectionem Scripturae Sacra ... (Halle 1693) Kap. III § 1; J.J. Rambach: Institvtiones Hermenevticae Sacrae ..., editio qvarta denvo recognita (Jena 1732; 1. Aufl. 1723) II, lib. II, Kap. VI. – **32** P. Ramus: Dialecticae Institutiones / Aristotelicae Animadversiones (Paris 1543; ND 1964) 44ff; ders.: Dialectici commentarii tres authore Audomaro Talaeo (Paris 1546) 92f; vgl. auch R. Hooykaas: Humanisme, science et la réforme. Pierre de La Ramée (Leiden 1957) 20ff, 64ff. – **33** vgl. J.Th. Freigius: Quaest ones ... (Basel 1576) lib. II, 63–67; A. Polanus: Logicae Libri Dvo (Herbornae Nassaviorum 1590) lib. I, 1–118; R. Glocenius: Praxis Logica ... (Frankfurt 1595) 13ff, 55ff. – **34** A. Heereboord: EPMHNEIA Logica ..., editio nova accurata (London 1658; 1. Aufl. 1650) 200ff. – **35** Clauberg [29] Prolegomena § 107 – **36** vgl. Petrus [5] 32; Weimar [26] 14ff; Beetz [26] 600f. – **37** vgl. K. Petrus: Rez. von J. Knape: Ph. Melanchthons ‹Rhet.› (1993), in: Rhetorik 13 (1996) 206f. – **38** vgl. Art. ‹Philosophe›, in: Diderot, Encycl., Bd.12, 510. – **39** vgl. Tschirnhaus [9] 220; J.B. v. Rohr: Versuch einer erleichterten und zum Gebrauch des menschlichen Lebens eingerichtete Vernunfft=Lehre (1726) 20 – **40** J.H. Zopf: Logica Envcleata, Oder Erleichterte Vernunfft=Lehre ... (1731). – **41** Chr. Thomasius: Introductio ad philosophiam aulicam ... (1702; 1. Aufl. 1688; ND 1994); ders.: Einl. zur Hof-Ph. ... (1710; ND 1995); Chr. Weise: Curieuse Fragen über die Logica ... (Leipzig 1696) 285; H.F. Kahrel: Geschäftslogic, oder die Kunst, Privat- sowohl als Staatsgeschäfte glücklich und mit behöriger Klugheit auszuführen (1752); S. Grosser: Gründliche Anweisung zur Logica ... (Budißin, Göritz 1696); P. Villaume: Practische Logik ... (1787); C.Ph. Moritz: Versuch einer kleinen praktischen Kinderlogik (1783). – **42** vgl. z.B. Thomasius [41] 248–265; Chr. Wolff: Philosophia rationalis sive logica ... (1728; ND 1983) 706f; J. Lange: Medicina mentis (1708) 511–560; Crousaz [19] I, 2ff; I.I. Syrbius: Institvtiones philosophiae rationalis eclecticae (1717) 401ff; weitere Hinweise bei J.G. Walch: Historia logicae, in: Parerga academica ... (1721) 804–812. – **43** J.F. Buddeus: Elementa philosophiae instrumentalis (1703) 38; Thomasius [41] 215; A.F. Müller: Einl. in die philos. Wiss. (1733; 1. Aufl. 1728) 208f. – **44** B. Galiani: Dialogues sur le commerce des blés (1770); M. Mendelssohn: Leben und Charakter des Sokrates (1767), in: Gesamm. Schr., hg. von F. Bamberger et al., Bd. 3, I (1972); Chr. Garve: Über Ges. und Einsamkeit, in: Gesamm. Werke, Abt. 1, Bd. 2, hg. von K. Wölfel (1985ff) 20. – **45** B. Fontenelle: Entretiens sur la pluralité des mondes (Paris 1686); F. Fénelon: Dialogues sur l'éloquence en général ..., nouv. éd. (Paris 1740); Chr. Thomasius: Monats-Gespräche (Halle 1688ff; ND 1972). – **46** Thomasius [10] 279; Rüdiger [25] 539; G.P. Müller: Academische Klugheit in Erkenntnis und Erlernung Nützlicher Wiss. ..., Der Erste Theil (1712) 26, 133. – **47** vgl. Art. ‹Eloquence›, in: Diderot, Encycl., Bd.5, 530. – **48** vgl. R. Behrens: Problematische Rhet. (1982); S.W. Howell: Logic and Rhetoric in England 1500–1700 (Princeton 1956); ders.: Eighteenth-Century British Logic and Rhetoric (Princeton 1971); Klassen [18]. – **49** vgl. Beetz [12] Kap. III.1. – **50** vgl. Rüdiger [25] 574; J.J. Lehmann: Neueste und nützlichste Art die sog. Morale ... (1715) 58; D. Peucer: Erläuterte Anfangs=Gründe der Teutschen Oratorie (1765; 1. Aufl. 1739) 217. – **51** vgl. z.B. M.J. Weinrich: Erleichterte Methode die humaniora mit Nutzen zu betreiben ... (1721) 61; J.Chr. Klemmius: Elementa philosophiae ... (1721) Vorrede. – **52** vgl. z.B. Hallbauer Orat. Vorrede. – **53** G. Campell: The Philosophy of Rhetoric (Carbondale, Ill. 1963) XIV. – **54** G.P. Müller: Abriß einer gründlichen Oratorie ... (1722) Vorrede § 7. – **55** Weise [41] 504, Vorrede (o.p.), 37. – **56** Chr. Weise: Gelehrter Redner ... (1692) 815. – **57** vgl. R. Widmaier: Alter und neuer Empirismus. Zur Erfahrungslehre von Locke und Thomasius, in: W. Schneiders (Hg.): Chr. Thomasius (1989) 95–114; L.C. Madonna: Die Konzeption bei Chr. Thomasius. Ein Mittelweg zwischen Empirismus und Rationalismus, in: H.F. Fulda, R.-P. Horstmann (Hg.): Vernunftbegriffe der Moderne (1994) 153–174. – **58** J.G. Neukirch: Anfangs=Gründe zur Reinen Teutschen Poesie Itziger Zeit ... (1724) 169f; Hallbauer Orat. 244. – **59** vgl. Petrus [21]. – **60** vgl. Beetz [12] 144ff. – **61** vgl. Arnauld, Nicole [9] 226; Tschirnhaus [9] 67f; Hallbauer Orat Vorrede. – **62** Fabricius 44. – **63** vgl. Chr. Weise: Curieuse Gedancken von den Nouvellen oder Zeitungen (1703) Vorrede. – **64** vgl. Müller [43] 27. – **65** vgl. z.B. Weise [41] 533ff; Müller [43] 27f; vgl. dazu K. Petrus: Logik und Lyrik um 1700, in: Chr. Schildknecht, D. Teichert (Hg.): P. in Lit. (1996) 159ff. – **66** F. Hunold: Galante, verliebte und satyrische Gedichte (1704) Vorrede o.p. – **67** vgl. Gottsched [25] 146. – **68** vgl. J.Chr. Gottsched: Akad. Redekunst ... (1759) 116f. – **69** vgl. K. Petrus: Convictio oder persuasio? Etappen einer Debatte in der ersten Hälfte des 18.Jh., in: ZDPh 113 (1994) 481–495. – **70** vgl. Hallbauer Orat. 312f. – **71** vgl. Schneider [22] 504; (Chr.F. Hunold:) Menantes: Acad. Neben=Stunden allerhand neuer Gedichte (1713) 22; Fabricius [62] 85. – **72** vgl. Rüdiger [25] 581; Müller [43] 629f. – **73** G. F. Meier: Anfangsgründe aller schönen Wiss., Teil I bis III (1754ff; ND 1976) III, 219. – **74** vgl. Klassen [18] 82ff; Petrus [5] Kap. II.3 und II.4. – **75** Chr. Wolff: Psychol. empirica (1738; ND 1968). – **76** Gottsched [25] 38; vgl. auch Müller [54] Vorrede §§ 12f. – **77** vgl. auch Art. ‹Rhétorique›, in: Diderot, Encycl., Bd. 14, 250. – **78** B. Pascal: De l'esprit géométrique, in: J. Mesnard (Hg.): Œuvres complètes (Paris 1991) Bd. III, 30–428. – **79** G.W. Leibniz: Unvorgreiffliche Gedanken, betreffend die Ausübung und Verbesserung der Teutschen Sprache (1697) 44. – **80** vgl. Grimm [12] 189ff; Beetz [12] 44. – **81** Hallbauer Orat. 217. – **82** J.J. Bodmer, J.J. Breitinger: Vernünfftige Gedanken und Urtheile Von der Beredsamkeit ... (1727) Vorrede o.p. – **83** G.P. Harsdoerffer: Poetischer Trichter, Teil I bis III (1647ff; ND 1969). – **84** J.C. Weidling: Oratorius Hofmeister ... (Leipzig 1698) 16. – **85** G. Lange: Einl. zur Oratorie durch Regeln und gnugsame Exempel (1706) Vorrede; vgl. auch M.D. Omeis: Gründliche Anleitung ... (1704) 129; E. Neumeister: Die Allerneueste Art, zur Reinen und Galanten Poesie zu gelangen ... (1722) 540. – **86** vgl. K. Petrus: Die 'intentio auctoris' in Hermeneutiken des 17. und 18.Jh., in: Philos. Jb. 103 (1996) 339–355. – **87** Weise [41] XIII, IIf. – **88** ebd. XIII, IV. – **89** vgl. z.B. J.H. Ernesti: Compendium hermeneuticae profanae ... (Leipzig 1699) I, 6. – **90** vgl. Alexander [26] 153ff. – **91** vgl. J.E. Pfeiffer: Elementa hermenvticae vniversalis ... (1743) 292ff; S.J. Baumgarten: Ausführlicher Vortrag der Biblischen Hermenevtic, hg. von J.C. Bertram (1769; 1. Aufl. 1754) 30ff, 524ff. – **92** vgl. dazu L. Danneberg: 'Probabilitas hermeneutica' und 'certitudo doctrinae'. Zu einem Aspekt der Interpretations-Methodologie in der ersten Hälfte des 18.Jh., in: Aufklärung 8 (1994) 27–48; W. Alexander: Pluraque credimus, paucissima scimus. Zur Diskussion über philos. und hermeneutische Wahrscheinlichkeit in der ersten Hälfte des 18. Jh., in: AGPh 78 (1995) 130–165. – **93** vgl. später z.B. J.G. Kiesewetter: Grundriß einer allg. Logik nach Kantischen Grundsätzen ..., Zweiter Theil (1825; 1. Aufl. 1796); F. Lücke: Grundriß der neutestamentarischen Hermeneutik und ihrer Ges. (1813) 3; und auch noch J.Chr.K. von Hofmann: Biblische Hermeneutik (1880) 2. – **94** H. v. der Hardt: Universalis exegeseos elementa ... (Helmsted 1708; 1. Aufl. 1691) 5f. – **95** J.M. Chladenius: Einl. zur richtigen Auslegung vernünfftiger Reden und Schrifften (1742; ND 1969) Vorrede. – **96** ebd. § 177;

G.F. Meier: Versuch einer allg. Auslegungskunst (1757; ND 1996). – **97** G.F. Meier: Vernunftlehre (1752); vgl. R.S. Leventhal: Semiotic Interpretation and Rhetoric in the German Enlightenment 1740–1760, in: DVjs 60 (1986) 223–248.

Literaturhinweise:
W. Kneale, M. Kneale: The Development of Logic (Oxford 1962) – W. Röd: Descartes (1964). – H. W. Arndt: Methodo Scientifica pertractatum (1971). – J. Bennett: Locke, Berkeley, Hume (Oxford 1971). – M. D. Wilson: Descartes (London/New York 1978). – B. Williams: Descartes (Harmondsworth 1978). – N. Rescher: Leibniz (Oxford 1979). – H. Brinkmann: Ma. Hermeneutik (1980). – W. Schmitt-Biggemann: Topica Universalis (1983). – L. C. Madonna: La filosofia della probabilità nel pensiero moderno (Rom 1988). – K. Weimar: Gesch. der dt. Literaturwiss. bis zum Ende des 19. Jh. (1989). – J. C. Weinsheimer: Eighteenth-Century Hermeneutics (New Haven/London 1993). – W. Marciszewski: Logic from a Rhetorical Point of View (1994). – G. Gabriel: Logik und Rhet. der Erkenntnis (1997).

K. Petrus

VI. *Kant, Deutscher Idealismus, Romantik, Nietzsche.* Das Schicksal der Rhetorik in der zweiten Hälfte des 18. und im Verlauf des 19. Jh. wird sowohl durch ihren öffentlichen disziplinären «Niedergang»[1] als auch durch ihr geheimes Weiterleben und die produktive Fortbildung ihrer Kategorien in der Ästhetik und der Transzendentalphilosophie bestimmt. Zunächst setzt sich bei I. KANT die Ablösung der Rhetorik durch die von A.G. BAUMGARTEN begründete neue Ästhetik fort. Dies führt zu ihrem Ausscheiden als ernstzunehmende wissenschaftliche Disziplin. Aber in apokrypher Form lebt die Rhetoriktradition in den Texten des Deutschen Idealismus fort und verleiht ihnen insgeheim eine gesteigerte philosophische Beredsamkeit und persuasive Wirkung. Ferner beginnen die aus ihrem begrenzten disziplinären Zusammenhang freigesetzten rhetorischen Kategorien anonym ins Zentrum philosophischer Theoriebildung zu wandern. Dieser Prozeß der philosophischen Verwandlung und Entgrenzung rhetorischer Kategorien setzt sich in der Romantik fort und erreicht im rhetorischen Universalismus F. NIETZSCHES seinen vorläufigen Höhepunkt.

1. KANTS ‹Kritik der Urteilskraft› gehört mit ihrer Verurteilung der *ars oratoria* als einer «hinterlistigen Kunst»[2] zweifellos zu einem der wirkungsmächtigsten rhetorikrepugnanten Texte der Philosophiegeschichte. Das negative Urteil Kants setzt die neuzeitliche Linie der ramistischen Verkürzung der klassischen Rhetorik auf die *elocutio* und ihrer anschließenden Degradierung gegenüber der Poetik in der neuen Ästhetik Baumgartens fort. Schon an BAUMGARTENS ‹Aesthetica› (1750–1758) läßt sich das ambivalente Schicksal, das die Rhetorik in der zweiten Hälfte des 18. Jh. erfährt und das sich zwischen disziplinärem Niedergang und apokrypher Fortexistenz bewegt, ablesen. Auf der einen Seite schließt die Ästhetik Baumgartens als Wissenschaft von der sinnlichen Erkenntnis (*scientia cognitionis sensitivae*) unausdrücklich an die überlieferte Rhetorik an und sichert so deren Kategorien ein apokryphes Überleben. Die vom Erbgut der klassischen Rhetorik profitierende neue Ästhetik wird zur modernen «Sachwalterin der Sinnlichkeit»[3], die versucht, die Reduktionismen und Modernisierungsverluste des neuzeitlichen Rationalismus und seines an der Logik orientierten Wissenschaftsideals zu kompensieren. Auf der anderen Seite stuft die neue Ästhetik Baumgartens die Rhetorik ausdrücklich zu einer zweitrangigen Disziplin herab. Gegenüber der Poetik, die als Wissenschaft von der Darstellung der vollkommenen sinnlichen Vorstellungen (*scientia de perfecte proponendo repraesentationes sensitivas*) gilt, wird die Rhetorik als Wissenschaft von der Darstellung der unvollkommenen sinnlichen Vorstellungen (*scientia de imperfecte repraesentationes sensitivas proponendo*) eindeutig abgewertet.[4] An Baumgarten anschließend wird dann auch bei Kant die *ars oratoria* als bloße Figuralrhetorik, die lediglich für die schöne Form der Rede zuständig ist, zunächst aus dem Bereich der wissenschaftlichen Disziplinen ausgegliedert und dem Bereich der schönen Künste zugeordnet. Als schöne Kunst wird die Beredsamkeit ferner als bloße «Kunst zu überreden»[5] bestimmt. Aufgrund ihrer persuasiven Intentionalität erscheint diese dann, verglichen mit der reinen Dichtkunst, von ästhetisch zweitrangigem Wert und überdies moralisch verdächtig. Sie ist eine «Dialektik, die von der Dichtkunst nur soviel entlehnt, als nötig ist, die Gemüter vor der Beurteilung für den Redner zu dessen Vorteil zu gewinnen und dieser die Freiheit zu benehmen».[6] Als Kunst, «durch den schönen Schein zu hintergehen»[7], wird die Rhetorik von Kant geradezu als strategisches Werkzeug der Gegenaufklärung interpretiert, das die Menschen zu instrumentalisieren und in intellektueller Abhängigkeit zu halten sucht. Trotz dieser ins Auge fallenden, vernichtenden Kritik der Schulrhetorik erweist sich Kants Verhältnis zur Rhetoriktradition aber insgesamt weit differenzierter als allgemein angenommen. Neben der kritischen Destruktion und moralischen Verurteilung der *ars oratoria* finden sich in der ‹Kritik der Urteilskraft› nämlich auch mehrere rhetorikaffine Tendenzen. Zu ihnen gehört erstens Kants Ideal inartifizieller Eloquenz, das sich ausdrücklich auf das antike Ideal des *vir bonus dicendi peritus* zurückbezieht. An die Stelle der artifiziellen Eloquenz soll der «Redner ohne Kunst»[8] treten, der «bei klarer Einsicht in die Sachen, die Sprache nach deren Reichtum und Reinigkeit in seiner Gewalt hat und, bei einer fruchtbaren, zur Darstellung seiner Ideen tüchtigen Einbildungskraft, lebhaften Herzensanteil am wahren Guten nimmt».[9] Zweitens knüpft die ästhetische Theorie der ‹Kritik der Urteilskraft› insgeheim an die klassische Rhetoriktradition an. So sind die beiden grundlegenden Begriffe der ‹reflektierenden Urteilskraft› und der ‹Zweckmäßigkeit› anonyme Aneignungen der rhetorischen Überlegung (*consilium*) und der Angemessenheit (*decorum*).[10] Schließlich erfahren drittens die traditionellen rhetorischen Kategorien durch Kant eine weiterführende transzendentalphilosophische Deutung. So wird z.B. der in der klassischen Rhetoriktheorie faktisch vorausgesetzte Gemeinsinn (*sensus communis*) als Produkt der reflektierenden Urteilskraft genetisch erklärt. Aus der ästhetischen Operation der Urteilskraft, die es erlaubt, sich «in den Standpunkt anderer»[11] zu versetzen, entspringt demgemäß der Geschmack (*sensus communis aestheticus*) und aus ihrer intellektuellen der gesunde Menschenverstand (*sensus communis logicus*).

2. Im Deutschen Idealismus verschwindet nach Kants vernichtender Kritik die Rhetorik als wissenschaftliche Disziplin weitgehend aus der philosophischen Reflexion. G.W.F. HEGELS ‹Vorlesungen über die Ästhetik› bestätigen lediglich noch einmal ihre Zweitklassigkeit gegenüber der Poesie. So habe die «Beredsamkeit ihren Begriff statt in der freien poetischen Organisation des Kunstwerks vielmehr in der bloßen Zweckmäßigkeit zu suchen».[12] Untergründig wirkt die Rhetoriktradition aber in der praktischen philosophischen Rhetorik des

Deutschen Idealismus weiter. Bei J.G. FICHTE und F.W.J. SCHELLING reicht ihr apokrypher Einfluß sogar bis in die philosophische Begriffsbildung und führt schließlich zu innovativen Konzepten öffentlicher Vernunft, die auf eine Vermittlung von Spekulation und Leben zielen. Wie die 1780 in Schulpforta gehaltene Valediktionsrede ‹De recto praeceptorum poeseos et rhetorices usu› (Über den rechten Gebrauch der Regeln der Dicht- und Redekunst)[13] bezeugt, ist Fichte von Jugend an mit der – vor allem durch den Ciceronianer J.A. ERNESTI – vermittelten klassischen Rhetoriktradition vertraut gewesen. In der Form stillschweigender Aneignung hat die Rhetorik sein gesamtes philosophisches Werk geprägt. Es ist das von Kant ungelöste Problem der Darstellung und Lehrbarkeit der außerordentlich schwierigen Transzendentalphilosophie gewesen, das Fichte zu einer rhetorischer Neubearbeitung bewogen hat, aus dem dann das erste Hauptwerk des Deutschen Idealismus, die ‹Grundlage der gesamten Wissenschaftslehre› von 1794/5 hervorgegangen ist. Vor allem in der Gefühls- und Glaubenslehre des praktischen Teils der ‹Grundlage› macht sich der Einfluß der Rhetorik deutlich bemerkbar.[14] Dieser verstärkt sich noch in Fichtes späterem Projekt einer öffentlichen und angewandten Philosophie, das er vor allem in den drei großen Berliner Vortragszyklen ‹Grundzüge des gegenwärtigen Zeitalters› (1804/5), ‹Anweisung zum seligen Leben› (1806) und ‹Reden an die deutsche Nation› (1807/8) realisiert hat. Theoretisch begründet Fichte seine öffentliche P. durch seine Lehre von «natürlichen Wahrheitssinn»[15], die die überlieferte rhetorische *opinio communis*-Theorie für das neue Projekt einer Vermittlung von Transzendentalphilosophie und geschichtlichem Leben aktiviert. Der natürliche Wahrheitssinn besitzt dabei bei Fichte sowohl einen hermeneutischen als auch einen inventiven Sinn: Er ermöglicht nicht nur ein allgemeines Verstehen der «tiefste[n] Metaphysik und Ontologie»[16] im popularphilosophischen Vortrag, sondern bildet auch die schöpferische Quelle für die Erfindung neuer Ideen innerhalb der wissenschaftlichen Philosophie. Ähnlich wie bei Fichte wird auch SCHELLINGS variantenreiches Philosophieren vom Problem der rhetorischen Differenz zwischen der spekulativen Vernunfteinsicht einerseits und ihrer glaubwürdigen, öffentlichen Darstellung andererseits bewegt. Von daher erklärt sich auch die systematische und stilistische Wandlungsfülle, die das Gesamtwerk des sogenannten ‹Proteus› des Deutschen Idealismus auszeichnet. Schellings wohl ambitioniertestes Projekt philosophischer Rhetorik verfolgt, ausgehend vom sogenannten ‹Ältesten Systemprogramm des deutschen Idealismus›, die Idee einer neuen «Mythologie der Vernunft».[17] Die Realisation dieses mythopoetischen Konzepts öffentlicher Vernunft gipfelt in Schellings ‹Weltalter›-Entwürfen von 1811–1815. Die Darstellung des Absoluten als des geschichtlich sich entwickelnden «Urlebendige[n]»[18] führt hier zu einem historisch-poetischen Idealismus, der auf originelle Weise reinrationale Begründung (*argumentatio*) mit anschaulicher Erzählung (*narratio*) verbindet.

3. Innerhalb der «unendliche[n] Rhetorik»[19] der Romantik setzt sich der im Idealismus begonnene Prozeß der philosophischen Assimilation rhetorischer Kategorien in F. SCHLEGELS ‹Philosphie der Ironie›[20] weiter fort. Gegen den beschränkten schulrhetorischen Gebrauch der Ironie betont Schlegel: «Die P. ist die eigentliche Heimat der Ironie.»[21] Durch die Erhebung von der rhetorischen auf die philosophische Ebene wird der Tropus ‹Ironie› entgrenzt und «ins Unendliche entwickelt».[22] In der sogenannten ‹romantischen Ironie› F. Schlegels wandelt sich der partikulare rhetorische Tropus somit zu einer universalen philosophischen Kategorie. Die Ironie als vereinzelte Redewendung (*ironia verbi*) potenziert sich zur existentiellen Grundfigur (*ironia vitae*) und schließlich zur sogar universalen Kategorie (*ironia entis*), die die Totalität des Seins beschreibt. Die Ironie Schlegels erweist sich allerdings als «der stete sich selbst erzeugende Wechsel zwei(er) streitender Gedanken»[23] – im Unterschied zu HEGELS identitätslogischer Dialektik –, als prinzipiell resistent gegen jede Form von abschließender Synthese. In künstlerischer Hinsicht führt sie zur programmatischen Idee einer progressiven Universalpoesie, die die permanente geistige Beweglichkeit, «frei von allem realen und idealen Interesse auf den Flügeln der poetischen Reflexion in der Mitte (zu) schweben»[24], voraussetzt. Die infinite Ironie verabschiedet ferner das Ideal eindimensionaler persönlicher Identität. Ihr praktischer Imperativ «Schaffe dir Ironie und bilde dich zur Urbanität»[25] intendiert einen permanenten Prozeß «steten Wechsels von Selbstschöpfung und Selbstvernichtung»[26], der zur Bildung innerer Pluralität und Liberalität führt. Das mit der infiniten Ironie verbundene urbane, liberale und weltbürgerliche Persönlichkeitsideal läßt im Rahmen der Frühromantik das humanistische Ideal des *homo universalis* wieder aufleben. Die absolute Entgrenzung des rhetorischen Tropus zur existentiellen Grundfigur birgt allerdings auch die Gefahr eines unendlichen ironischen Regresses. So kann die grenzenlos gewordene Ironie am Ende in den Zwang umschlagen, «wider Willen Ironie machen»[27] zu müssen.

In der Folgezeit verendlichen K.W.F. SOLGERS ‹Vorlesungen über Ästhetik› (1819) die Ironie wieder und degradieren sie zu einem Moment des künstlerischen Schaffensprozesses. Schließlich bedeutet S. KIERKEGAARDS Schrift ‹Über den Begriff der Ironie mit ständiger Rücksicht auf Sokrates› (1841) einen vorläufigen rezeptionsgeschichtlichen Schlußpunkt des von Schlegel entworfenen infiniten Ironiekonzeptes und «treibt die romantische Ironie mit Hegel aus».[28] Ein weiteres bemerkenswertes Beispiel für das neue rhetoriktheoretische Reflexionsniveau der Romantik bilden die ‹Zwölf Reden über die Beredsamkeit und deren Verfall in Deutschland›, die A. MÜLLER 1812 in Wien vorgetragen hat. In der Form der «Metarhetorik»[29] kritisiert Müller die redefeindliche deutsche Schriftkultur, die das Wort «meistenteils in der Feder erkalten»[30] lasse. Ferner versucht Müller, die Rhetorik auf der inartifiziellen Grundlage des Gesprächs neu zu begründen. Konstitutiv für das Gelingen eines Gesprächs ist demnach die polare Spannung von zwei Sprechern, die zwar einerseits «einander geheimnisvoll und unergründlich sind»[31], aber andererseits von einem gemeinschaftlichen «Boden der Wahrheit und Gerechtigkeit»[32] ausgehen. Aus dieser Polarität von individueller Fremdheit und topischer Vertrautheit entsteht die im Leben angesiedelte unmittelbare Dynamik des Gesprächs, die für Müller auch die Basis für die Redekunst abgibt. Der Redner vollzieht demnach lediglich «mit Bewußtsein das, was in jedem wahren Gespräch bewußtlos geschieht».[33] Diese Refundierung der Rhetorik auf der Basis einer Phänomenologie des Gesprächs erweist sich in der dritten Rede ‹Von der Kunst des Hörens› als besonders innovativ. Der Hörer emanzipiert sich hier gegen die einseitig rednerzentrierte Sicht der klassischen Rhetorik als gleichberechtigter Partner des rhetorischen Prozesses. An diesem Punkt wirkt sich Müllers philosophische ‹Lehre vom Gegensatze› aus, die Hörer und Redner als «in dem Verhältnisse durchgängiger Wechselwirkung» [34] stehend betrachtet. Daß die romantische Reflexion auf das lebensweltliche Fundament der Rhetorik, bei aller Erneuerungstendenz, die Kunstrhetorik auch wiederum relativiert, wird schließlich in Müllers Reformulierung des Kairos deutlich. Rhetorisches Gelingen beruht demnach nicht in erster Linie auf artifiziell gebildeter Eloquenz, sondern auf dem «Zauber jener unwillkürlichen Beredsamkeit, welche der große Moment selbst herbeiführt». [35]

Der Müllerschen Akzentuierung des Hörers entspricht KIERKEGAARDS Rhetorik der Aneignung. Auch Kierkegaard vermißt in der Aristotelischen Rhetorik eine stärkere Gewichtung der Hörerperspektive. [36] Zu seinem eigentlichen rhetorischen Anliegen aber wird das Bemühen, Hörer in Täter des Worts [37] zu verwandeln. Dies wird als eine Aufgabe zunächst des Redners begriffen und führt Kierkegaard, ausgehend von der Ironie, doch über sie hinausweisend, zu einer Technik indirekter Mitteilung, die den Hörer zur Selbsttätigkeit zwingt. In seinen christlichen Reden entwickelt Kierkegaard diese an der Sokratischen Maieutik geschulte Rhetorik als die einzig angemessene Weise der Vermittlung des Christentums fort. [38] Da seine rhetorischen Reflexionen stets der eigenen Methode gelten und die geplanten Vorlesungen zur «Dialektik der ethischen und der ethisch-religiösen Mitteilung» [39] zudem Fragment geblieben ist, vermochte Kierkegaards radikaler Gegenentwurf gegen die klassische Rhetorik aus dem Geiste des Christentums rhetorikgeschichtlich keine Wirkung zu entfalten.

Bei NIETZSCHE verbindet sich die Tendenz der Romantik zur philosophischen Universalisierung der Rhetorik mit dem Wissen um die antike, von der Sophistik geprägte Redekultur. Daraus entspringt eine neue rhetorische Sprachphilosophie, die schon in der 1872/3 gehaltenen Vorlesung ‹Darstellung der antiken Rhetorik› sichtbar wird. Nietzsche greift hier die von G. GERBER in ‹Die Sprache als Kunst› (1871) vertretene These vom prinzipiell tropischen und figuralen Wesen der Sprache auf: «Eigentlich ist alles Figuration, was man gewöhnlich Rede nennt.» [40] Damit vertritt Nietzsche einen rhetorischen Universalismus, der die Deckungsgleichheit von Sprache und Rhetorik behauptet: «Die Sprache ist Rhetorik.» [41] Allerdings ist das Verhältnis von Sprache und Rhetorik begründungstheoretisch nicht gleichrangig. Die Sprache selbst ist nämlich «das Resultat von lauter rhetorischen Künsten». [42] Die Rhetorik besitzt daher in begründungsrheoretischer Hinsicht einen Vorrang, da sie die Sprachbildung erst ermöglicht. Als apriorische Bedingung der sprachlich verfaßten Welt gewinnt sie gleichsam einen neuen transzendentalen Status. Die Rhetorik löst somit bei Nietzsche die bei Kant und im Deutschen Idealismus noch klar favorisierte Logik als philosophische Grunddisziplin ab. In Nietzsches neuer, universaler Sicht der Rhetorik als «unbewußter Kunst» [43] erklärt sich schließlich die überlieferte rhetorische Kunstlehre als «Fortbildung der in der Sprache gelegenen Kunstmittel, am hellen Licht des Verstandes». [44] Innerhalb seines Gesamtwerkes entwickelt die rhetorische Sprachphilosophie Nietzsches eine besondere Affinität zu Kulturanthropologie, Metaphorologie und skeptischen Vernunftkritik. Im Unterschied zur romantischen Vorliebe für den Tropus ‹Ironie› rückt Nietzsche die Metapher ins Zentrum seiner Kulturanthropologie. Der «Trieb zur Metaphernbildung, jener Fundamentaltrieb des Menschen» [45] wird mit seiner sprachbildnerischen Kraft die Grundlage menschlicher Kultur, auf der auch die wissenschaftliche Begriffsbildung aufbaut. Deshalb ist auch jeder Begriff als «Residuum einer Metapher» [46] zu verstehen. Allerdings läßt die Metapher prinzipiell nicht die Dinge an sich, sondern lediglich die «Relationen der Dinge zu den Menschen» [47] sichtbar werden. Sie zeigt eine anthropomorphe Welt, in der nicht die Dinge selbst, sondern lediglich «die Art wie wir zu ihnen stehen, das πιθανόν, pithanón» [48] zu Bewußtsein kommt. Die Idee der objektiven Wahrheit erweist sich in dieser von der sophistischen Skepsis inspirierten Perspektive als Illusion. In der metaphorisch erzeugten Sprachwelt des Menschen kann es prinzipiell nur «eine δόξα, dóxa, keine ἐπιστήμη, epistḗmē» [49] geben. Anstatt von den Dingen selbst etwas zu wissen, besitzen die Menschen «doch nichts als Metaphern der Dinge» [50], oder anders ausgedrückt: «die Wahrheiten sind Illusionen, von denen man vergessen hat, dass sie welche sind, Metaphern», [51] Die positive Seite dieser skeptischen Entlarvung ist die Freilegung der vergessenen «artistische(n) Kräfte im alltäglichen Lebensvollzug» [52] und die selbstbewußte Emanzipation des Menschen als sprach- und weltbildendes künstlerisches Subjekt.

Anmerkungen:
1 Ueding/Steinbrink 134. – 2 Kant KU B 217. – 3 G. Gabriel: Logik und Rhet. der Erkenntnis. Zum Verhältnis von wiss. und ästhetischer Weltauffassung (1997) 21. – 4 vgl. A.G. Baumgarten: Meditationes philosophicae de nonnullis ad poema pertinentibus. Philos. Betrachtungen über einige Bedingungen des Gedichtes, hg. v. H. Paezold (1983) 87. – 5 Kant KU B 216. – 6 ebd. – 7 ebd. B 217. – 8 ebd. – 9 ebd. – 10 vgl. P.L. Oesterreich: Das Verhältnis von ästhetischer Theorie und Rhet. in Kants KU, in: Kant-Stud. 3 (1992) 324–335. – 11 Kant KU B 159. – 12 G.W.F. Hegel: Werke Bd. 15. Vorles. über die Ästhetik III, hg. v. E. Moldenhauer, K.M. Michel (1970) 265. – 13 Fichtes Abschiedsrede in Schulpforta am 5. Oktober 1780, in: M. Runze (Hg.): Neue Fichte-Funde aus der Heimat und der Schweiz (1919) 31–79, hier: 62. – 14 vgl. P.L. Oesterreich: Die Bedeutung der Rhet. bei der Entstehung des dt. Idealismus im Übergang von Kant zu Fichte, in: Rhetorica 14 (1996) 441–460. – 15 J.G. Fichte: Schr. zur angewandten Philos., hg. v. P.L. Oesterreich (1997) 361. – 16 ebd. 355. – 17 L. Pareyson (Hg.): Schellingiana rariora (1977) 53. – 18 F.W.J. Schelling: Die Weltalter. Fragmente, hg. v. M. Schröter (1946) 3. – 19 H. Dierkes: Romantik und Aufklärung. Unters. zu F. Schlegel und Novalis (1976) 94. – 20 H. Dierkes: Ironie und System. F. Schegels ‹Philos. Lehrjahre› (1797–1799), in: Philos. Jb. 97 (1990) 251–276, hier: 252 Anm. – 21 E. Behler (Hg.): Krit. F.-Schlegel-Ausgabe Bd. 2 (1967) 152. – 22 Schanze [19] 94. – 23 Schlegel [21] 184. – 24 ebd. 182. – 25 ebd. 251. – 26 ebd. 172. – 27 ebd. 369. – 28 C.-A. Scheier: Klass. und existentielle Ironie: Platon und Kierkegaard, in: Philos. Jb. 97 (1990) 238–250, hier: 246. – 29 H. Schanze: Romantische Rhet., in: Romantik Hb. (1994) 336–350, hier: 347. – 30 A. Müller: Zwölf Reden über die Beredsamkeit und deren Verfall in Deutschland, hg. v. J. Wilke (1983) 5. – 31 ebd. 21. – 32 ebd. – 33 ebd. 29. – 34 ders.: Lehre vom Gegensatze (1804) 39. – 35 Müller [30] 80. – 36 S. Kierkegaards Papirer, hg. v. P.A. Heiberg u. V. Kuhr, 2., erw. Aufl. v. N. Thulstrup, Bd. VI (Kopenhagen 1968) C 5. – 37 Jak 1, 22. – 38 vgl. T. Hagemann: Reden und Existieren. Kierkegaards antipersuasive Rhet. (2001) sowie ders.: Art. ‹Maieutik III›, in: HWRh, Bd. 5 (2001) Sp. 733ff. – 39 S. Kierkegaard: Die Dialektik der ethischen und der ethisch-religiösen Mitteilung (1997). – 40 S.L. Gilman, C. Blair, D.J. Parent (Ed.): F. Nietzsche on Rhetoric and Language (1989) 24. – 41 ebd. 22. – 42 ebd. 20. – 43 ebd. – 44 ebd. – 45 F. Nietzsche, Werke. Krit. Gesamtausg., hg. v. G. Colli, M. Montinari, Abt. III Bd. 2 (1973) 381. – 46 ebd. 376. – 47 ebd. 373. – 48 Nietzsche in: Gilman u. a. [40] 22.; vgl. dazu F.-H. Robling: Plastische Kraft. Versuch über rhet. Subjektivität bei Nietzsche, in: Nietzsche-Stud. Bd. 25 (1996) 87–98. – 49 ebd.

22. – **50** Nietzsche [45] 373. – **51** ebd. 374f. – **52** N. Bolz: Das Verschwinden der Rhet. in ihrer Allgegenwart, in: Die Aktualität der Rhet., hg. v. H.F. Plett (1996) 67–76, hier: 73.

Literaturhinweise:
G. Ueding: Aufklärung über Rhet. Versuche über Beredsamkeit, ihre Theorie und praktische Bewährung (1992). – H. Traub: J.G. Fichtes Populär-P. 1804–1806 (1992). – T. Bezzola: Die Rhet. bei Kant, Fichte und Hegel. Ein Beitr. zur Philosophiegesch. der Rhet. (1993). – J. Kopperschmidt, H. Schanze (Hg.): Nietzsche oder «Die Sprache ist Rhet.» (1994). – P.L. Oesterreich: Das gelehrte Absolute. Metaphysik und Rhet. bei Kant, Fichte und Schelling (1997). – D.R. Greeves: Kritik der Rhet. am Ende des 18. Jh. Das Verhältnis zwischen Rhet. und P. bei Kant (2000); dazu die Rez. von F.-H. Robling in: Rhetorik Bd. 22 (2003).

P.L. Oesterreich

VII. *Logische Methodenlehren des 19. Jh.* Ende des 18. Jh. verschwindet die Rhetorik als eigenständiges Fachgebiet. [1] Dies bedeutet jedoch nicht, daß rhetorische Fragestellungen, Terminologie und Lösungsansätze insgesamt verloren gehen. Die Rhetorik überdauert u.a. in Teilen der traditionellen Logik des 19. Jh. Wie J.F. HERBART, für den «die Meinungen der Menschen, ihre Urteile und Schlüsse, zum oratorischen und kritischen Gebrauche der Logik Anlaß» geben [2], geht J.F. FRIES von einer ursprünglichen Entstehung der Logik «im Dienst der Redekunst» aus, wobei es allerdings das moderne Interesse an «Wissenschaftlichkeit» notwendig macht, unser «untergeordnetes rhetorisches Bedürfniß einer schulgemäßen Kenntniß der Denkformen» hinter «das logische rein für sich» zurückzustellen. [3] Dem entspricht, daß die Rhetorik in der Regel von der Elementarlehre fern gehalten wird. Wichtiger wird die Rhetorik für die Methodenlehre, die vor allem «wissenschaftliche Architektonik», bzw. «Lehre vom System aller menschlichen Wissenschaften», d.h. die Anwendung der Logik in den jeweiligen Erkenntnisgebieten der Wissenschaften, aber auch auf die Ordnung und die Einheit aller Wissenschaften sein soll. [4] So gibt es z.B. Anklänge an die topisch-rhetorische *inventio* in der Beweistheorie, etwa bei R.H. LOTZE, der zugesteht, daß die «Auffindung der Beweisgründe» eine Leistung «des erfindenden Gedankenganges» ist, für den sich keine «logische Regel anführen läßt». [5] Vordergründig herrscht auch in den Methodenlehren Kritik an der Rhetorik vor. Unter Titeln wie ‹Wissenschaftslehre› [6] oder ‹Systematik› wird «das natürliche System» des Wissens gesucht [7] in Abgrenzung nicht nur von den künstlichen Systemen des Idealismus, sondern auch von der Topik, sowohl in Gestalt einer Erfindungskunst (*ars magna*) im Sinne R. Lulls («ein verworrenes, zum Theil sinnloses Geschwätz» [8]) als auch im Sinne Aristoteles' und Ciceros, deren Topoi C.F. BACHMANN mit «Aufschriften an den Apothekerbüchern, welche dem armen Geiste keine Materialien an die Hand bieten, dem reichen aber entbehrlich sind» vergleicht. [9] Jedoch bringen u.a. G.E. SCHULZE und J.F. FRIES, die im Rückgang auf F.H. JACOBI und D. HUME [10] die skeptische Auffassung vertreten, daß das Bestehen einer Tatsache sich nicht logisch beweisen lasse [11] und Tatsachenerkenntnis folglich Sache unmittelbaren Fürwahrhaltens (Glaube, *belief*) sei [12], die Rhetorik wieder ins Spiel.

Unterschieden wird in diesen Schriften die Tatsachenerkenntnis, die wir unmittelbar selbst aus Wahrnehmung, Beobachtung und Experiment gewinnen, von einer Erkenntnis, die durch das Zeugnis, das andere von ihren Wahrnehmungen ablegen vermittelt ist. [13]

1. Das methodische Hilfsmittel zur Erlangung unmittelbarer Tatsachenerkenntnis ist die Induktion, zum einen als Subsumtion von Phänomenen unter Begriffen, zum anderen als singuläre Vorhersage (Induktionsschluß) künftiger Ereignisse und als Parallelisierung verwandter Phänomene (Analogieschluß). Diese logisch ungültigen Schlüsse [14], die noch bei KANT der Urteilskraft zugeordnet werden [15], werden nunmehr zunehmend, etwa bei J.C. HOFFBAUER oder B. BOLZANO, mit Hilfe der mathematischen Wahrscheinlichkeitstheorie als Bruch zwischen der Summe der für eine Behauptung verfügbaren Gründe und der Summe der für die Gewißheit dieser Behauptung erforderlichen Gründe gedeutet, so daß der Schlußsatz als Behauptung eines Wahrscheinlichkeitsgrades aufgefaßt werden kann. [16] Weil dieses Verhältnis nur für bereits akzeptierte Prämissen formuliert werden kann, nicht aber die Prämissen selbst begründet, ersetzt die mathematische Wahrscheinlichkeit die reflektierende Urteilskraft nur zum Teil. So urteilt Fries, der an die Herkunft analogischer (paradigmatischer) und induktiver (epagogischer) Aufweisverfahren aus der Rhetorik erinnert [17]: «Ganz unabhängig vom logischen Verstande ist die unmittelbare Auffassung eines Urtheils durch reflectirende Urtheilskraft. Nur auf diese Weise kommen wir zu den Grundsätzen einer Wissenschaft, so entlehnen wir eine Behauptung aus der Anschauung.» [18] Aus der rhetorischen Vermögenslehre werden das *ingenium* und *iudicium*, übersetzt in die Begriffe Witz und Scharfsinn, in die Methodenlehre übernommen, wobei die Methode selbst als Ausübung dieser beiden Fähigkeiten verstanden wird. [19] Bei E. REINHOLD findet der Übergang [20] zum Begriffspaar Ernst und Scherz statt, der den neuen Sprachgebrauch im Blick auf die Einheit von der Erfindung eines Gedankens mit seiner sprachlichen Formulierung begründet, wobei der Ausdruck ‹Scherz› stärker als das übliche ‹Witz› die Erkenntnisfunktion fiktionalen Sprachgebrauchs hervorheben soll, durch den man «ein willkürliches und eigentliches, ohne den Zweck der Täuschung Interesse gewährendes Spiel mit seinem Gedankenausdrucke zu treiben vermöchte». [21]

2. Den Zeugnissen kommt aufgrund der Begrenztheit menschlicher Erfahrung große Bedeutung zu. [22] Für das umfangreiche Gebiet vermittelter Tatsachenerkenntnisse gilt, daß die Mitteilung und die zu ihr gehörige Darstellungsform häufig zum Beurteilungsmaßstab der Erkenntnis wird, da eine unmittelbare Überprüfung an Objekten der Anschauung nicht möglich ist. Erstens wird hier die Person des Zeugen zum Gegenstand kritischer Prüfung, wobei einmal dessen «Tüchtigkeit», d.i. seine Eignung zur Ablegung eines Zeugnisses, zum anderen seine «Aufrichtigkeit», d.i. sein Interesse an unverfälschter Darlegung von Forschungsergebnissen, beurteilt werden sollen. Dabei werden rhetorische *loci a persona* [23], wie Charaktereigenschaften, Interessen und Vorurteile rehabilitiert. Zweitens wird auch das Zeugnis selbst auf seine interne Glaubwürdigkeit hin überprüft. Dabei werden Bedingungen der Möglichkeit und Wirklichkeit behaupteter Tatsachen und Ereignisse in Betracht gezogen, wobei «Präsumtionen», d.h. «die wahrscheinlichen Sätze, welche wir bei der Beurtheilung einzelner Fälle als Regeln zum Grunde legen» [24], von denen die Naturgesetze die stärksten sind, als *loci a re* fungieren. [25] Weil die Bedingungen der Glaubwürdigkeit eines Zeugnisses äußerst vielfältig sind und von Fall zu Fall jeweils ein unterschiedliches Gewicht bekommen, wird die Anwendung der mathematischen Wahrscheinlichkeit auf die

Beurteilung von Zeugnissen als unmöglich abgewehrt. In diesem Sinne urteilt Bachmann, daß hier «die Zahl aller möglichen Fälle nicht ein so gleiches und constantes Verhältniß zur Einheit haben, wie ein Bruch zum Ganzen; sondern die Intensität, die Stärke des einzelnen Moments eine völlige Ungleichheit begründet, wodurch die Maaßeinheit verloren, wenigstens ganz unerkennbar wird».[26] Dementsprechend kritisiert er die Ausdehung der mathematischen Wahrscheinlichkeitstheorie auf das Fürwahrhalten überlieferter Tatsachen (*fides historica*)[27] bei u.a. P.S. DE LAPLACE.[28] Zugleich erscheint der topisch-rhetorische Wahrscheinlichkeitsbegriff des Aristoteles, der durch das Fürwahrhalten aller, oder der meisten, oder der Weisen, bzw. der bekanntesten unter ihnen, definiert ist, als zu «vag», um die Glaubwürdigkeit eines Zeugnisses beurteilen zu können.[29] Wesentliche Präzisierungen liefert B. Bolzano, der als erster die Wahrscheinlichkeit als ein Verhältnis zwischen Sätzen von der Zuversicht als einem Verhältnis eines epistemischen Subjekts zu einem Urteil unterscheidet: «Die Wahrscheinlichkeit ist und bleibt immer nur eine Beschaffenheit, die Sätzen überhaupt, gleichviel, ob sie für wahr, oder nicht für wahr gehalten werden, zukommt, und läßt sich eben darum in eine erkannte und unerkannte eintheilen; die Zuversicht dagegen ist durchaus nur eine Beschaffenheit gefällter Urtheile.»[30]

Die Definition eines «philosophischen» Wahrscheinlichkeitsbegriffs für die Beurteilung der Glaubwürdigkeit bezeugter Tatsachen erweist sich als ein zentrales, ursprünglich rhetorisches Problem der logischen Methodenlehren.[31] Ausgedrückt in Terminologie Schulzes kann gesagt werden, daß die Sätze über Glaubwürdigkeit von Zeugnis und Zeugen, die letzter «Beweisgrund» (*fundamentum probationis*) für vermittelte Tatsachenerkenntnis und damit für den weitaus größten Teil menschlicher Erkenntnisse sind, kaum «Beweiskraft» (*vis probationis*) haben, d.h., daß aus ihnen keine andere Sätze gefolgert, oder im mathematischen Sinne wahrscheinlich, sondern höchstens rhetorisch plausibel gemacht werden können.[32] Noch CH. SIGWART reflektiert die Glaubwürdigkeitsbedingungen überlieferter Zeugnisse als die Frage nach der geschichtlichen Wirklichkeit des Individuums, die er mit W. DILTHEY als Eingebundenheit in verschiedene Zwecksysteme und damit als Grundproblem der Hermeneutik interpretiert.[33]

Anmerkungen:
1 Ueding/Steinbrink 134ff. – 2 J.F. Herbart: Die Logik. Sämtl. Werke Bd. 4, hg. v. K. Kehrbach und O. Flügel (1989) §73, 98. – 3 J.F. Fries: System der Logik (1837) 3f. – 4 ebd. §111, 369. – 5 R.H. Lotze: Logik, hg. v. G. Misch (^{2}1928) §218, 298. – 6 G.E. Schulze: Grundsätze der allg. Logik (^{3}1817) 4. Teil, §107ff., 166ff. – 7 C.F. Bachmann: System der Logik (1828) §174, 282. – 8 ebd. §165, 273. – 9 ebd. §271. – 10 Fries [3] §84, 270. – 11 D. Hume: An Enquiry Concerning Human Understanding, hg. v. T.L. Beauchamp (Oxford 2000) 25; Schulze [6] §114, 173. – 12 ebd. §197, 166. – 13 Bachmann [7] §195, 301. – 14 J.C. Hoffbauer: Anfangsgründe der Logik (^{2}1810) §451, 244; Schulze [6] §116ff.; 177ff.; Lotze [5] §255, 358. – 15 I. Kant: Logik §84, in: Gesamm. Schr., hg. v. d. königl. Preuß. Akad. d. Wiss., Bd. IX (1923) 132. – 16 Hoffbauer [14] §425, 228f.; Schulze [6] §122, 186f. – 17 Fries [3] §105, 339. – 18 ebd. §84, 270. – 19 ebd. §83, 266. – 20 vgl. G. Gabriel: Logik und Rhet. der Erkenntnis (1997) 105. – 21 E. Reinhold: Lehrbuch der philos. propädeutischen Psychol. und der formalen Logik (^{2}1839) §125, 216. – 22 Schulze [6] §114, 175; Bachmann [7] §195, 301. – 23 Quint. V, 10, 23. – 24 Bachmann [7] §202, 305. – 25 Quint. V, 10, 53. – 26 Bachmann [7] §204, 307. – 27 ebd. §197, 302. – 28 ebd. §234, 334. – 29 ebd. §230, 330. – 30 B. Bolzano: Wissenschaftslehre, hg. v. J. Berg (1985) Bd. 13/2, 108. – 31 Schulze [6] §122, 188; Bachmann [7] §234, 334 – 32 ebd. §112, 171. – 33 Ch. Sigwart: Logik, hg. v. H. Maier, Bd. 2 (^{4}1921) §99, 658.

T. van Zantwijk

VIII. *Gegenwart.* Vom 19. Jh. an verliert die P. ihre besondere Stellung innerhalb der Wissenschaften. Hat CASSIODOR in ihr noch die *ars artium* bzw. die *disciplina disciplinarum* gesehen [1] und haben Philosophen wie ARISTOTELES, HUGO VON ST. VICTOR, CHR. WOLFF und HEGEL von der Antike bis ins 19. Jh. hinein in ihrem Namen die Wissenschaften systematisch geordnet [2], muß sie jetzt «in Ansehung einiger Wissenschaften die unhaltbare Rolle des Platz*anweisers* mit der eines Platz*halters* vertauschen» (J. HABERMAS [3]), der nur noch das Ziel der vertieften wissenschaftstheoretischen Reflexion einer Disziplin verfolgen kann. Dieser Funktionswechsel verändert die P. vielfach in ihrem Wesen und macht auch die Rhetorik mit ihrer pragmatischen, nur von vorläufigen Gewißheiten ausgehenden Wirklichkeitssicht [4] für sie interessant. In verschiedenen Bereichen läßt sich daher ein erneuter Assimilationsprozeß beobachten wie etwa in dem einer «Rehabilitierung der praktischen Philosophie» (M. RIEDEL). [5] Schon früh kommt es hier vor allem im Rahmen der politischen P. zu einer Aufwertung und Rekonstruktion so wichtiger rhetorischer Begriffe wie ‹Dialektik›, ‹Meinung› und ‹Topos› [6], eine Entwicklung, die auch in den entsprechenden Artikeln dieses Wörterbuchs dokumentiert ist. Darüberhinausgehend will der ‹P.›-Artikel in seinem letzten, der gegenwärtigen Situation gewidmeten Abschnitt auf Gebiete wie ‹Hermeneutik›, ‹Sprachphilosophie, Logik› (mit Hinweisen auf spezifische rhetorische Darstellungsformen der P.), ‹Strukturalismus, Diskursanalyse, Dekonstruktion›, ‹Wissenschaftstheorie› und ‹Anthropologie› aufmerksam machen, welche die Rhetorik in besonders prägnanter Weise aufgenommen haben. Die Anthropologie ist dabei zuletzt in den Kreis der rhetorisch erneut wichtig gewordenen philosophischen Disziplinen eingetreten. Sie wird wohl nicht die letzte bleiben.

Anmerkungen:
1 Cassiod. Inst. III, 3, 5. – 2 vgl. dazu den Artikel ‹P.› in HWPh, Bd. 7 (1989) pass. – 3 J. Habermas: Die P. als Platzanweiser und Interpret, in: ders.: Moralbewußtsein und kommunikatives Handeln (1983) 23. – 4 vgl. J. Kopperschmidt: P. und Rhet. – das Ende einer Konfliktbeziehung?, in: H. Schanze, J. Kopperschmidt (Hg.): Rhet und P. (1989) 341ff. – 5 M. Riedel (Hg.): Rehabilitierung der praktischen P., 2 Bde. (1972, 1974); vgl. das Vorwort. – 6 s. dazu bei Riedel die Aufsätze von Bien, Blasche und Schwemmer, Kühn, Pöggeler, Lorenzen, Ritter.

F.-H. Robling

1. *Hermeneutische P.* **a.** Die Hermeneutik des 20. Jh. ist geprägt von P. YORCK VON WARTENBURGS Kritik des Historismus und W. DILTHEYs Versuch einer Grundlegung der Geisteswissenschaften. Die in der frühen Neuzeit entstandene Auffassung von Hermeneutik als ‹Auslegungskunst›, die z.B. G.F. MEIERS ‹Versuch einer allgemeinen Auslegungskunst› (1756) zugrunde liegt, ist einer Auffassung von Hermeneutik als erkenntnistheoretischer und logischer Fundierung der Geisteswissenschaften gewichen.[1] Ferner löst die Hermeneutik sich von den verbindlich vorgegebenen Gehalten theologischer Dogmatik und des positiv gesetzten Rechtes. Hermeneutik ist in einem doppelten Sinne zur Auslegung der Geistesgeschichte geworden, einmal als Theorie der Auslegung und zum andern als Anwendung dieser Theorie auf die Interpretation überlieferter Texte. In beiden Hinsichten dient sie der Vergewisserung des eigenen geistesgeschichtlichen Standpunktes und der Aufklärung und Überwindung historisch bedingter Vorurteile. Dilthey konzipiert die Geisteswissenschaften als Wissenschaften von der Vermittlung des individuellen Seelenlebens des Menschen mit der Ganzheit seines geschichtlichen Verstehenshorizontes.[2] Zwar verwendet er den Terminus Hermeneutik nur sporadisch. Aber aufgrund ihrer methodologischen Quellen (F.D.E. SCHLEIERMACHER) und ihrer Wirkungsgeschichte wird Diltheys Theorie der Geisteswissenschaften allgemein zu den Klassikern der Hermeneutik gerechnet. In Rücksicht auf ihren Versuch, den Historismus unvermittelter historischer Einzelforschung und den mit ihm zusammenhängenden Relativismus auf die Geistesgeschichte hin zu übersteigen, bleibt die Schule Diltheys dem Deutschen Idealismus verpflichtet.[3] Die Wirkungsgeschichte der Hermeneutik selbst ist vom Ringen mit den Aporien der Vermittlungen von Individuum und Allgemeinheit und von Genese und Geltung geprägt. Das Spektrum der Konzeptionen reicht vom psychologisch orientierten Ansatz des frühen Dilthey über die ‹idealistische› Variante des späteren Dilthey und der Dilthey-Schulen (u.a. G. MISCH, J. WACH, E. ROTHACKER, O.F. BOLLNOW) und die existenzialontologische Daseins-Hermeneutik HEIDEGGERS bis zur sprachphilosophisch fundierten Text-Hermeneutik H.G. GADAMERS.[4]

Diesen heterogenen Hermeneutik-Konzeptionen ist die Abgrenzung ihres geisteswissenschaftlichen Ansatzes gegen die Naturwissenschaften gemeinsam.[5] Die Naturwissenschaften gehen von distinkten Objekten der empirischen Anschauung aus, die sie mittels reduktiver Hypothesen erklären. Experimentelle Beobachtungen stützen die Hypothesen, eine Vielzahl zusammenhängender Hypothesen wird zu einer möglichst leistungsfähigen Theorie verdichtet. Die Geisteswissenschaften verfahren hingegen mit der verstehenden Methode der Hermeneutik. Ihre Themen sind nicht empirisch gegebene Einzelobjekte. Die Leistungen des menschlichen Geistes in Wissenschaft, Kunst und Literatur sind der Hermeneutik zufolge nur im Kontext der Tradition verständlich. Das bedeutendste methodische Instrument der Hermeneutik ist der Zirkel des Verstehens, der nicht mit dem logischen Zirkel im Beweis verwechselt werden darf.[6] Die Aneignung überlieferter Texte durchläuft, wie Gadamer herausstellt, einen Zirkel von einem «Vorgriff der Vollkommenheit», der vom Vorurteil der autoritativen Kraft des Originals bestimmt ist, über das verfremdende Bewußtsein des «Zeitenabstandes» hin zur Korrektur und Aufklärung der Vorurteile im Verständnis der «Wirkungsgeschichte».[7]

Insofern die Naturwissenschaften selbst Leistungen des menschlichen Geistes sind, tendiert die Hermeneutik zu einer doppelten Verwendung des Ausdrucks «Geisteswissenschaft». Dieser ist dem Begriff der Naturwissenschaft einmal nebengeordnet. Unter dieser Perspektive hat Dilthey eine lang anhaltende Kontroverse über die Frage ausgelöst, ob ausschließend zwischen ‹Verstehen› und ‹Erklären› unterschieden werden soll.[8] Zum zweiten erscheint der Ausdruck «Geisteswissenschaft» in einer der einzelwissenschaftlichen Forschung überhaupt vorgeordneten Position. Die Geisteswissenschaften in diesem Sinne untersuchen die prädiskursiven Bedingungen aller diskursiv, d.i. mittels Begriffsbestimmungen und Schlüssen verfahrenden Wissenschaften, einschließlich der Naturwissenschaften.

b. Gegenwärtig ist von einer Kooperation von Hermeneutik und Rhetorik zu sprechen.[9] Diese erstreckt sich zum einen auf die Aufarbeitung der Wirkungsgeschichte 'rhetorikrepugnanter' P. und ihrer Entstehungsbedingungen sowohl auf die Seite der Philosophie als auf der Seite der Rhetorik. Zum andern ist damit der Frage nach einer neuen, haltbaren und produktiven Bestimmung der ‹Komplementarität› von Rhetorik und Philosophie im allgemeinen und Rhetorik und Hermeneutik im besonderen der Boden bereitet.[10]

Im Gegensatz zur Hermeneutik-Tradition des 16., 17. und 18. Jh. von PH. MELANCHTHON und J.C. DANNHAUER bis G.F. MEIER und J.G. HERDER, die sich ihrer sprachlichen Grundlagen bewußt ist und sich in engem Kontakt zur Rhetorik der Renaissance und Neuzeit entwickelt, macht der Versuch einer lebensphilosophischen Grundlegung der Hermeneutik im Sinne der beschreibenden und zergliedernden Psychologie W. DILTHEYS eine Begegnung zwischen Hermeneutik und Rhetorik zunächst unmöglich. Zwar ergänzt Dilthey seine Grundlegung der Geisteswissenschaften unter dem Einfluß von HUSSERLS Kritik des erkenntnistheoretischen Psychologismus um die sprachphilosophische Unterscheidung zwischen ‹Ausdruck› und ‹Bedeutung›, ohne jedoch die rhetorische Theorie des Ausdrucks (elocutio) zu berücksichtigen. Auch bei den Philosophen, die Diltheys Werk einer umfassenden, dem Wahrheitsanspruch wissenschaftlicher Aussagen verpflichteten Auslegung der Geistesgeschichte fortgesetzt haben, wie G. MISCH, J. WACH, E. ROTHACKER und O.F. BOLLNOW, fehlt eine produktive Bezugnahme auf die Rhetorik. Erst die Besinnung auf die sprachlichen Fundamente aller Auslegung in HEIDEGGERS Existenzial-Hermeneutik, H. LIPPS hermeneutischer Logik und GADAMERS Text-Hermeneutik haben diese Situation grundlegend geändert. Seitdem betreibt die Hermeneutik einerseits die Aufklärung der Wirkungsgeschichte philosophischer Sprache, zum andern untersucht sie die sprachliche Verfaßtheit der vorwissenschaftlichen, lebensweltlichen Existenz. Auf diesen Forschungsgebieten tritt sie der Rhetorik zur Seite. Da die Rhetorik als Theorie der Rede heute nicht mehr den Status als selbständige Disziplin hat, den sie als Redekunst im Bildungssystem der *artes* einmal hatte, kann Gadamer in Anspruch nehmen, daß die Hermeneutik zumindest in Teilaspekten das «Erbe der Rhetorik» angetreten hat.[11] Umgekehrt hat K. DOCKHORN den Vorrang der Affekte explizit gegen den von Gadamer behaupteten Primat der Hermeneutik betont.[12] Insofern die Rhetorik im Gegensatz zur Hermeneutik über eine Theorie der Affekte verfügt, ist sie nach Dockhorn als die umfassendere Sprachtheorie zu betrachten. Demnach ist das Ideal der hermeneutischen Verständigungsgemeinschaft auf die pathischen Voraussetzungen solcher Verständigung hin zu hinterfragen. Rhetorische Kritik bringt nach Dockhorn das irrationale Potential der Kommunikation ans Licht, das der Hermeneutik verborgen bleibt. Gadamer kann den pathischen Grundlagen der Kommunikation nicht die fundierende Stellung einräumen, die Dockhorn ihnen zuspricht, weil seine Konzeption der Hermeneutik gleichzeitig dem von HABERMAS geäußerten Ideologieverdacht begegnen muß.[13] Habermas hält Rhetorik und Hermeneutik gerade insofern für vergleichbar, als beide nicht über Kriterien verfügen, zwischen Kommunikation und Pseudo-Kommunikation zu unterscheiden.

Diese Kompetenzstreitigkeiten sind jedoch nur der Nebeneffekt einer tiefgreifenderen Entwicklung. Die

Hermeneutik befreit sich am Ende des 20. Jh. mit Hilfe der Rhetorik aus ihren psychologischen und bewußtseinsphilosophischen Aporien. Die Entwicklung der Hermeneutik im 20. Jh. läßt sich als zunehmend radikale Kritik ihrer Voraussetzungen beschreiben, die in eine Rhetorisierung der Hermeneutik mündet. Von Diltheys Begründung der Geisteswissenschaften in der Besinnung des erlebenden Subjektes auf die Teleologie seines Seelenlebens führt der Weg über Heideggers Zurückführung der Subjektivität auf das sprachlich verfaßte, intersubjektive In-Der-Welt-Sein und Gadamers Zurückführung dieser Intersubjektivität auf die Textualität der Tradition hin zu P. L. OESTERREICHS Fundierung der Hermeneutik in der rhetorischen Anthropologie, die den Menschen von seiner Redekompetenz her versteht.[14] E. GRASSI vertritt die radikale These, daß Verstehen immer schon bestimmte rhetorische Grundlagen hat.[15] Bereits Empfindungen von Schmerz und Lust haben sprachliche Fundamente in den sie begleitenden Lauten, die jedoch einer sprachphilosophischen Semantik und Hermeneutik nicht zugänglich sind, weil ihnen kein eindeutiger Sinn und keine bestimmte Referenz zugeordnet werden kann. Insofern sie etwas mitteilen, sind sie dennoch in einem gewissen Sinne bedeutsam. Grassi betrachtet sie als das konkrete, sinnliche Fundament aller bedeutsamen Rede einschließlich der geltungstheoretischen Redeweisen der Philosophie. Die vorsemantische Rhetorik der Empfindungen liefert so die «Prolegomena» zur Rhetorik, die wieder die Vorstufe zur Philosophie darstellt. Ohne daß die Zusammenarbeit von Hermeneutik und Rhetorik eigens zum Programm erhoben würde, kommt es in der Metaphern-Theorie P. RICOEURS zur konkreten Kooperation, an der ebenfalls Poetik und strukturalistische Linguistik beteiligt sind.[16] J. DERRIDA sieht in der Linie De Saussures die Sprache (*langue*) als Bedingung der Verständlichkeit von gesprochener Rede (*parole*) an, wobei er das linguistische System von Differenzierungen als Bedingung der Möglichkeit auch von Subjekten des Redens und Verstehens ansieht.[17]

c. *Hermeneutik und Rhetorik alltäglicher Rede*. Heidegger liefert eine phänomenologische Beschreibung des alltäglichen Daseins mit dem Ziel, seine konstitutiven Phänomene, terminologisch als ‹Existenzialien› gefaßt, freizulegen. ‹Da› zu sein, ist nach Heidegger konstituiert durch Befindlichkeit und Verstehen. Beide hängen mit Rede so zusammen: «Die Rede ist mit Befindlichkeit und Verstehen gleichursprünglich.»[18] Heidegger würdigt insbesondere den Zusammenhang von Rede und Befindlichkeit in der Pathos-Lehre der Aristotelischen Rhetorik. Öffentlichkeit, Stimmung und Rede werden dort nach Heidegger in vorbildlicher Weise als rhetorische Konstituentien alltäglichen Daseins unterschieden. Heidegger sieht seine eigene Forderung einer Theorie der ontologischen Konstitution der Öffentlichkeit durch Rede zum Teil bei Aristoteles verwirklicht. Die Auffassung von Rhetorik als lehr- und lernbare Redekunst sei demgegenüber defizitär. Auch das Existenzial des Verstehens ist zur Rede in bezug zu setzen. Die Rede ist das Mittel der reflektierenden Bewußtmachung des Verstehens, d. h. der ‘Auslegung’. Rede wird in den Ordnungsmustern der Sprache verwirklicht. Sie wird faßbar und interpretierbar als Sprache und bietet sich zunächst in der Form der Aussage dar. Heidegger betont, daß die auslegende Aussage umfassender gefaßt werden muß, als die der logischen Analyse zugänglichen Aspekte der Syntax und Semantik. Erst als mitteilende «Heraussage» ist die Aussage die volle Verwirklichung der Rede.[19]

Heideggers Hermeneutik der Aussage ist eine frühe Kritik des logischen Propositionalismus, die LIPPS in den dreißiger Jahren ausführlicher formuliert hat.[20] Lipps kritisiert die idealsprachliche Fixierung der klassischen Logik und stellt ihr eine Hermeneutik entgegen, die sich an der Pragmatik situativ gesprochener Rede orientiert. Insofern Verstehen ein Existenzial menschlichen Daseins ist, bekommt das Phänomen der Rede bei Heidegger einen «ontologischen Ort» zugewiesen.[21] OESTERREICH hat darauf hingewiesen, daß Heideggers Analyse des Verstehens sich mit der rhetorischen Theorie der Redekompetenzen vergleichen läßt: Den drei existenzial-hermeneutischen Grundbegriffen Verstehen, Auslegen, Reden ‹entsprechen› die rhetorischen Fähigkeiten *inventio, dispositio* und *elocutio*.[22] Die Betonung der Redeperformanz in Heideggers Interpretation der Aussage als ‹Mitteilung› läßt sich zur *actio* der Rhetoriktheorie in Beziehung setzen.[23] Oesterreich macht diese Analysen für eine rhetorische Reform existenzialhermeneutischer Anthropologie fruchtbar. ‹Subjekt› der Interpretation ist demnach nicht Diltheys ‹Seelenleben›, auch nicht das ‹Man› der eingeebneten Intersubjektivität im Sinne Heideggers. Der ‹homo-rhetoricus› erfindet seine Welt, indem er die fünf rhetorischen Fähigkeiten *(inventio, dispositio, elocutio, memoria, actio)* einsetzt, über die er wissentlich oder unwissentlich immer schon verfügt. Dabei ist noch nichts über das anthropologische Fundament der rhetorisch-hermeneutischen Kompetenzen gesagt. Man kann diese als Teil der natürlichen Ausstattung des Menschen oder gerade als Ausdruck grundlegender Mängel betrachten.[24] Ausdrücklich hat Heidegger nur die Bedeutung der Pathos-Lehre anerkannt. Seine Integration der Rhetorik in die Hermeneutik findet in der schroffen Abqualifizierug öffentlicher Rede als «Ge-rede» ihre Grenze, eine Einschätzung die mit der positiven Auffassung von Öffentlichkeit insbesondere in der antiken Rhetorik unvereinbar ist.

d. *Text-Hermeneutik und Rhetorik*. GADAMERS Intention, nicht nur die sprachlichen Mittel und Methoden der Hermeneutik zu berücksichtigen, sondern darüber hinaus die sprachliche Verfaßtheit der Überlieferung zum Hauptthema der Hermeneutik zu machen, legt eine enge Beziehung von Hermeneutik und Rhetorik nahe. Gemeinsam ist Rhetorik und Hermeneutik nach Gadamer das Interesse am Aufweis des Wahrscheinlichen im Sinne der sogenannten ästhetischen Wahrscheinlichkeit (*verisimile*).[25] Die Rhetorik stützt sich im Gegensatz zur Hermeneutik, die Gadamer ausdrücklich nicht als Logik konzipiert, sowohl auf ästhetische Wahrscheinlichkeit (der Prämissen) als auf Probabilität (der Schlußverfahren). Vergleichbar sind Hermeneutik und Rhetorik also nur insofern, als sie um Plausibilität *(verisimilitudo)* bemüht sind. Vor allem die ergänzenden Erörterungen zu ‹Wahrheit und Methode›, hervorgerufen durch DOCKHORNS rhetorische Meta-Kritik und HABERMAS' ideologiekritische Wendung der Hermeneutik, bemühen sich um eine Klärung des im Hauptwerk nur gelegentlich anklingenden Verhältnisses zur Rhetorik. Gadamer sieht einen engen systematischen Zusammenhang von Hermeneutik und Rhetorik. Beide «durchdringen» sich als Wissenschaften der Verständigung: Die Hermeneutik untersucht die Prinzipien, die Rhetorik die Praxis intersubjektiver ‹Horizontverschmelzung›. Die Hermeneutik liefert das philosophische Fundament der Rhetorik. Redner und Redekunst wären «undenkbar ohne Interesse an Verständigung».[26] Obwohl Hermeneutik für Gadamer gegenüber der Rhetorik also die ursprünglichere und prinzipiellere Disziplin ist, ergänzt die Rhetorik die Hermeneutik in einem wesentlichen Punkt, indem sie zeigt, daß die Hermeneutik es nicht «mit der ästhetisch-humanistischen Tradition allein zu tun habe» und daß ihr statt dessen die geschichtliche Öffentlichkeit als «reales Sein» zugrunde liege.[27] Wie bei HEIDEGGER erfüllt die Rhetorik demnach bei Gadamer die Funktion einer ‹Ontologie des Verstehens›. Vor diesem Hintergrund thematisiert Gadamer die rhetorische Theorie der Redekompetenz. Redenkönnen und Verstehenkönnen sind einander insofern verwandt, als beide sich nicht darin erschöpfen, Künste im Sinne des antiken Verständnisses von *ars* bzw. τέχνη, *téchnē* zu sein. Sie sind Künste nicht rein im Sinne der handwerklichen Hervorbringung, sondern als Vervollkommnung natürlicher Dispositionen.[28]

Schließlich stellt Gadamer eine Übereinstimmung hinsichtlich der epistemologischen Voraussetzungen von Hermeneutik und Rhetorik heraus: Setzt gute Rhetorik die Gewißheit des Redners in bezug auf eine in Frage stehende ‹Sache› voraus, so gründet die hermeneutische Auslegung im «Vorgriff der Vollkommenheit», d.h. in der Zuversicht, daß der auszulegende Text die Wahrheit über eine Sache enthält.

e. *Hermeneutik und Rhetorik metaphorischer Sprache.* Seit P. RICOEURS ‹La métaphore vive› ist die Theorie der Metapher ein besonderes Gebiet der Begegnung von Hermeneutik und Rhetorik. Hermeneutik erscheint hier als die Wissenschaft, die das sogar innerhalb der rhetorischen Tradition verdeckte rhetorisch-poetische Wesen metaphorischen Sprachgebrauchs aufklärt. Bei Ricoeur überwindet die Hermeneutik rhetorische und semantische Theorien der Metapher, indem erst sie zeigt, daß der sprachphilosophische ‹Ort› der Metapher nicht Wort und Satz, sondern die Rede selbst ist. Ricoeur entwickelt seine Theorie der Metapher in einer historischen und in einer systematischen Perspektive. Zum einen legt sie einen Weg zurück, «der mit der Rhetorik des Aristoteles beginnt, Semiotik und Semantik durchquert und schließlich zur Hermeneutik führt.»[29] Die aristotelische, am Wort orientierte Definition der Metapher als Übertragung eines Nomens auf eine Sache die es eigentlich nicht meint, ist nach Ricoeur zu einseitig.[30] Dasselbe gilt für den semantischen Begriff der Metapher als Sinnveränderung einer Aussage.[31] Diese Theorien gelangen nicht zum Begriff der «metaphorischen Wahrheit».[32] Diese ist nach Ricoeur zum einen in der heuristischen Funktion der Metapher zu sehen. Ricoeur weist diese Funktion der Poetik und nicht der Rhetorik zu. Erfolgreiche Heuristik muß einen Umweg über fiktionale Sprache machen, die nicht zum Thema der Rhetorik gehört. Die «metaphorische Wahrheit» schließt aber auch die Überzeugungsfunktion der Rede ein. Ricoeur versteht Rhetorik ausschließlich von ihrer Darstellungsfunktion her und beschränkt den rhetorischen Anteil an der «metaphorischen Wahrheit» dementsprechend auf den Ausdruck, der «der Rede einen gefälligen Schmuck verleiht.»[33]

f. *Rhetorische Meta-Kritik philosophischer Texte.* Am Ende des 20.Jh. nutzt die Hermeneutik in zunehmendem Maße das kritische Potential der Rhetorik für die Analyse oft schwerverständlicher argumentativer Texte, insbesondere der philosophischen Tradition selbst. Dazu wendet sie die produktionsästhetischen Kategorien der klassischen Rhetorik rezeptionsästhetisch an.[34] Der Terminus ‚rhetorische Meta-Kritik' rechtfertigt sich durch die ursprünglich kritische Zielsetzung dieses Unterfangens. Es soll die performative Selbstwidersprüchlichkeit explizit rhetorikfeindlicher P. aufweisen.[35] Diese muß ihre ablehnende Haltung gegenüber der Rhetorik mit rhetorischen Mitteln vertreten. Die Performanz widerspricht hier also dem Inhalt der Argumentation.

Heute verschiebt sich die Aufgabe rhetorischer Meta-Kritik auf das Aufweisen schwer durchschaubarer Überzeugungsstrategien philosophischer Texte, die ihren Autoren selber verborgen sein können. Das klassische Aufbauschema der Rhetorik, das die Rede in *prooemium*, *narratio*, *argumentatio*, *refutatio* und *peroratio* einteilt, läßt sich überall, auch in rhetorisch unreflektierten Texten, nachweisen. Es stellt daher ein geeignetes hermeneutisches Instrument dar, das den Einstieg in die Interpretation erleichtert. Auch der Gebrauch logischer, pathischer und ethischer Überzeugungsmittel ist universal. Die Rhetorik kennt ein breiteres Spektrum von Überzeugungsmitteln als Logik und Wissenschaftstheorie.[36] Deshalb kann eine rhetorische Meta-Kritik die argumentative Kraft von Texten zum Leben erwecken, die in der analytisch geprägten P. des 20.Jh. weitgehend obsolet geworden sind.[37]

Anmerkungen:

1 H.G. Gadamer: Wahrheit und Methode, in: Gesamm. Werke Bd.1 (⁵1986) XXIX. – 2 E. Hufnagel: W. Dilthey, in: Klassiker der Hermeneutik, hg. von U. Nassen (1982) 180. – 3 vgl. den Art. ‹Hermeneutik›, in: HWPh 3 (1974) Sp.1061–1073, hier 1065. – 4 ebd. Sp.1368–74 (20.Jh.), 1350–1368 (Vorgesch.). – 5 W. Dilthey: Ideen über eine beschreibende und zergliedernde Psychol. (1894), in: Gesamm. Schr. 5, hg. von K. Gründer (⁸1990) 154f. – 6 vgl. den Art. ‹Hermeneutischer Zirkel›, in: HWRh 3 Sp.1374–77. – 7 Gadamer [1] 270–312. – 8 vgl. K.-O. Apel: Die Erklären-Verstehen-Kontroverse in transzendentalpragmatischer Sicht (1979). – 9 P.L. Oesterreich: Vorwort, in: Rhetorik 18, IX. – 10 G. Gabriel: Logik und Rhet. der Erkenntnis (1999) 19. – 11 H.G. Gadamer: Rhet. und Hermeneutik, in: Gesamm. Werke Bd.2 (1986) 281. – 12 K. Dockhorn: Rez. zu Gadamer: Wahrheit und Methode, in: GGA 218 (1966) 169ff. – 13 J. Habermas: Der Universalitätsanspruch der Hermeneutik, in: ders.: Kultur und Kritik (1973) 296f. – 14 P.L. Oesterreich: Fundamentalrhet. (1990) 91f. – 15 E. Grassi: Prolegomena zum Problem der Rhet., in: Rhetorik 8, 7. – 16 P. Ricoeur: Die lebendige Metapher, übers. v. P. Röchlitz (1986). – 17 J. Derrida: Randgänge der P. Übers. v. P. Engelmann (1976) 21f. – 18 M. Heidegger: Sein und Zeit (1979) 161, 133. – 19 ebd. 155. – 20 H. Lipps: Unters. zu einer hermeneutischen Logik, in: ders.: Werke 2 (⁴1976). – 21 ebd. 166. – 22 Oesterreich [14] 13ff. – 23 ebd. 17. – 24 J. Kopperschmidt: Quo vadis, rhetorica? Rhet. unter Bedingungen allseitiger Wertschätzung, in: Rhetorik 18 (1999) 9f. – 25 H.G. Gadamer: Rhet., Hermeneutik und Ideologiekritik, in: Gesamm. Werke Bd.2 (1986) 236. – 26 ebd. 238. – 27 ebd. – 28 ebd. 289. – 29 Ricoeur [16] 7. – 30 ebd. 23. – 31 ebd. 63. – 32 ebd. 238f. – 33 ebd. 238. – 34 H.F. Plett: Einf. in die rhet. Textanalyse (⁸1991) 4. – 35 P.L. Oesterreich: Philosophen als politische Lehrer (1994) 23. – 36 ebd. 19. – 37 vgl. dazu P.L. Oesterreich: Das gelehrte Absolute (1997).

T. van Zantwijk

2. *Sprachphilosophie, Logik* **a.** Sprachphilosophie und Logik im 20.Jh. sind durch unterschiedliche Methoden der ‹Sprachkritik› ‹bestimmt›, die teilweise in Metaphysikkritik münden oder durch eine solche Kritik motiviert sind. Unterscheiden lassen sich vor allem drei Tendenzen: I. eine sprachskeptische Richtung (F. NIETZSCHE, F. MAUTHNER), II. eine an der formalen Logik orientierte ‹ideasprachliche› Richtung (G. FREGE, B. RUSSELL, der frühe L. WITTGENSTEIN, R. CARNAP u.a.), III. eine an der Umgangssprache orientierte ‹normalsprachliche› Richtung (der späte WITTGENSTEIN, J.L. AUSTIN u.a.), die im englischen Sprachraum so genannte ‹Ordinary Language Philosophy›. IV. werden rückgreifend auf (I) Elemente von (III) zu einer ‹postmodernen› Kritik an Positionen in der Tradition von (II) verbunden (J.-F. LYOTARD, J. DERRIDA). Allen Richtungen gemeinsam ist die Anerkennung einer engen Verbindung von Sprache und Denken, die inzwischen als ‹sprachanalytische Wende› (linguistic turn) der P. beschrieben wird. Während aber für die idealsprachliche Richtung die Sprache lediglich als – wenn auch unverzichtbares – Medium des Denkens gilt und damit die Unterscheidung von *verbum* und *res* aufrechterhalten bleibt, wird in den anderen Richtungen die Sprache mehr oder weniger als transzendentale, das Denken überhaupt erst ermöglichende Bedingung verstanden. Denken ist danach ohne Sprache gar nicht möglich, so daß häufig geradezu von einer Gleichsetzung von Sprache und Denken ausgegangen wird. Entsprechend ihrer Auffassungen über Funktion und Wert der Sprache nehmen die genannten Richtungen sehr unterschiedliche Einstellungen zur Rhetorik ein.

b. Die Gleichsetzungsthese hat ihre Wurzeln in der Sprachphilosophie HERDERS und W.v. HUMBOLDTS. Der Gedanke, daß unsere Sprache unser Weltbild prägt, führt bei diesen Autoren über die Einsicht in die Vielfalt der Sprachen zur Anerkennung unterschiedlicher Weltbilder. Während die Sprachphilosophie zu Beginn des 19. Jh. diese Vielfalt nicht als Relativismus beklagt, sondern eher als Reichtum begrüßt, besteht um die Jahrhundertwende die Tendenz, dem ‹babylonischen› Faktum eine negative Deutung zu geben. Aus der Relativität der Sprachen wird auf die Relativität des Denkens erkenntniskritisch geschlossen. Da das Denken sprachlich sei und sich daher nicht außerhalb der Sprache aufstellen könne, bleibe uns ein Zugang zur Welt, wie sie sprachfrei ‹an sich› ist, versperrt. Die Sprache zwingt uns danach ihre Ordnung der Dinge auf. In letzter Konsequenz führt diese Auffassung dazu, philosophische Probleme als Sprachprobleme zu sehen (F. GRUPPE, G. GERBER). [1] Diesem Gedanken gibt NIETZSCHE eine spezifisch rhetorische Wendung. Ausgehend von dem metaphorischen Charakter der Sprache behauptet er, daß die Wahrheit lediglich «ein bewegliches Heer von Metaphern, Metonymien, Anthropomorphismen» sei, «eine Summe von menschlichen Relationen, die, poetisch und rhetorisch gesteigert, übertragen, geschmückt wurden und die nach langem Gebrauch einem Volke fest, kanonisch und verbindlich dünken». [2] Mit anderen Worten: Wahrheiten sind ‹tote› Metaphern, bestenfalls Katachresen. Nietzsche nimmt damit nicht nur eine Aufwertung der ästhetisch-rhetorischen Dimensionen der lebendigen Sprache gegenüber dem abstrakten Denken in Begriffen vor. Mit seinem Versuch, den Wahrheitsbegriff der Logik rhetorisch aufzulösen, stellt er sich in dem alten Konflikt zwischen Logik und Rhetorik auf die Seite der Rhetorik. Die Kritik der P. an der Rhetorik fällt auf sie zurück, da sie selbst nichts anderes sei als eine metaphorische Interpretation der Wirklichkeit. [3]

Die erkenntniskritische Linie Nietzsches wird von MAUTHNER in radikalisierter Form fortgesetzt. Die Sprache ist nicht mehr das (mehr oder weniger angemessene) ‹Kleid› der Gedanken, sondern deren ‹Gefängnis›. Die Schwächen der Sprache sind die Schwächen des Denkens selbst. Obwohl Mauthner nicht explizit auf die Rhetorik Bezug nimmt, greift er doch – Nietzsche folgend – implizit auf deren Erbe zurück. Während Nietzsche aber noch die rhetorischen Möglichkeiten der Sprache als Mittel zur Befreiung von dem logischen «Bretterwerk der Begriffe» [4] feiert, strebt Mauthner mit seiner ‹Kritik der Sprache› – in der Tradition des Pyrrhonismus – eine Befreiung von der «Tyrannei der Sprache» überhaupt an. [5] Der Nutzen der Sprache für die Verständigung im praktischen Leben wird nicht bestritten. Ein besonderer Wert wird daraus aber nicht abgeleitet. Ganz im Gegenteil zeige sich hier nur, wie ‹gemein› sich die Sprache mache. Nietzsches Auffassung vom durchgehend metaphorischen Charakter der Sprache aufgreifend, leugnet Mauthner vor allem die Erkenntnisfunktion der Sprache und billigt ihr einzig einen Wert als Ausdrucksmittel der Dichtung zu, und dies deshalb, weil es in der Dichtung nicht um die Mitteilung von Gedanken gehe, sondern um Wirkungen auf Gefühle. Damit wird Mauthner nicht nur zu einem Vorläufer einer emotivistischen Dichtungstheorie, er schränkt den Wert der Sprache auf ihre persuasive Funktion im Sinne rhetorischer Wirksamkeit ein.

c. Idealsprachliche Autoren wie FREGE und RUSSELL gehen zwar von der Sprache aus, halten aber an deren logischer ‹Hintergehbarkeit› fest. Für sie sind die Verwirrungen und Verführungen, denen das Denken durch die Sprache ausgesetzt ist, auflösbar. Es komme nur darauf an, die Ungenauigkeit der Alltagssprache, die für philosophische und wissenschaftliche Zwecke ungeeignet erscheint, zu beseitigen. So formuliert Frege als philosophisches Ziel seiner ‹Begriffsschrift›, «die Herrschaft des Wortes über den menschlichen Geist zu brechen, indem sie die Täuschungen aufdeckt, die durch den Sprachgebrauch über die Beziehungen der Begriffe oft fast unvermeidlich entstehen». [6] In der Tradition von LEIBNIZ und dessen Idee einer *lingua rationalis* ist das Ziel, eine Sprache bereitzustellen, deren Vokabular aus exakt definierten Termini besteht und deren Syntax durch exakte Bildungsregeln festgelegt ist. Der Alltagssprache als «Sprache des Lebens», wie Frege sie treffend nennt, räumt man dabei ausdrücklich ihre angestammte Rolle in der Alltagskommunikation ein. Zu den Stärken der Alltagssprache gehören insbesondere rhetorische Elemente, die aber in einer ‹rein› logischen Wissenschaftssprache keinen Platz haben. Anders als spätere Autoren der idealsprachlichen Richtung benennt Frege solche Elemente explizit. In seiner Abgrenzung von Wissenschaftssprache, Alltagssprache und Dichtungssprache wirkt die traditionelle Unterscheidung von Logik, Rhetorik und Poetik nach.

Frege unterscheidet drei semantische Ebenen sprachlicher Zeichen: (1) den intersubjektiven «Sinn», der durch das Zeichen «ausgedrückt» wird, (2) die objektive «Bedeutung», die durch das Zeichen «bezeichnet» wird, und (3) die subjektive «Färbung (des Sinns)», die das Mitteilen und Verstehen des Sinns eines Zeichens in Form von «Vorstellungen» begleitet. Zu beachten ist, daß Freges ‹Sinn› dem entspricht, was heute ‹Bedeutung› heißt. ‹Bedeutung› meint dagegen dasjenige, worauf sich ein Zeichen bezieht: bei Eigennamen und Kennzeichnungen einen Gegenstand, bei Begriffsausdrücken einen Begriff und bei Sätzen deren Wahrheitswert. In der englischsprachigen Literatur wird ‹Bedeutung› häufig (sachlich irreführend) mit ‹reference› übersetzt.

‹Färbung› ist bei Frege ein Sammelbegriff für rhetorische und poetische Bedeutungsaspekte der Sprache. [7] Binnendifferenzierungen werden nur am Rande vorgenommen. ‹Färbungen› entsprechen nicht nur sachlich den *colores rhetorici* der Antike, wir haben es sogar mit einer wörtlichen Übersetzung des Terminus zu tun. Die Zuordnung zur Rhetorik ist auch dadurch belegt, daß das Verhältnis zwischen Zeichen und Vorstellung als Ursache-Wirkungs-Relation bestimmt wird. Der Sprecher gibt dem Hörer nicht nur einen Sinn zu verstehen, er ruft in ihm auch einen Überschuß an imaginativen Vorstellungen hervor, die mit sprachlichen Zeichen assoziativ verbunden sind, und wirkt dadurch auf die Gefühle des Hörers ein. Frege hebt in seinen Beispielen auf den Unterschied von deskriptiver und emotiver (insbesondere pejorativer) Bedeutung ab. Wenn man z.B. von einem Köter statt von einem Hund spreche, so gebe man dem Hörer «einen Wink, sich den Hund etwas ruppig vorzustellen».[8] Zu den sprachlichen Phänomenen, die nach Frege logisch irrelevant sind, gehören die grammatischen Unterschiede zwischen Subjekt und Prädikat sowie zwischen Aktiv und Passiv; ferner der Gebrauch von Interjektionen wie ‹ach›, ‹leider›, ‹gottlob›. Solche Sprachmittel würden zwar Nuancen zum Ausdruck bringen, die für die Lenkung der Aufmerksamkeit des Hörers von Belang sind, aber keinen Beitrag zum Gedanken selbst (oder zu dessen Aufbau) leisten. Aus logischen Gründen eliminiert wird der Gebrauch indexikalischer Ausdrücke wie ‹ich›, ‹hier›, ‹nun›, weil es der Kenntnis der Verwendungssituation bedarf, um den vollständigen Gedanken zu ermitteln.

Der Logiker Frege wird selbst zum Rhetoriker, wenn er das Verhältnis zwischen logischer ‹Begriffsschrift› und ‹Sprache des Lebens› mit dem Verhältnis zwischen Mikroskop und Auge vergleicht. Danach dient die Logik wie das Mikroskop der Präzision für bestimmte wissenschaftliche Zwecke. In dieser Hinsicht ist sie – wie das Mikroskop dem Auge – der Alltagssprache überlegen. Umgekehrt bewährt sich die Alltagssprache – wie das Auge gegenüber dem Mikroskop – im praktischen Leben auf Grund ihrer besseren situationellen Anpassungsfähigkeit.[9] Vergleiche sind nach Frege zulässig, um das Verständnis der Leser zu erleichtern. Tatsächlich greift Frege häufig, insbesondere in Erläuterungen kategorialer Begriffe, auf Metaphern zurück. Am bekanntesten ist sein Gebrauch einer chemischen Metapher zur Unterscheidung zwischen ‹gesättigten› Gegenständen und ‹ungesättigten› Funktionen. Gleichwohl strebt Frege in der Darstellung seiner Begriffsschrift eine Eliminierung aller rhetorischen Elemente an. Ausgeklammert bleiben insbesondere pragmatische Ausdrucksmittel, die die Sprecher-Hörer-Situation berücksichtigen: «Alle Erscheinungen nun in der Sprache, die nur aus der Wechselwirkung des Sprechenden und des Hörenden hervorgehen, indem der Sprechende z.B. auf die Erwartungen des Hörenden Rücksicht nimmt und diese schon vor dem Aussprechen eines Satzes auf die richtige Fährte zu bringen sucht, haben in meiner Formelsprache nichts Entsprechendes, weil im Urteile hier nur das in Betracht kommt, was auf die *möglichen Folgerungen* Einfluß hat.»[10] Zusammenfassend läßt sich feststellen: Grammatische und semantische Unterschiede in der Sprache, die nicht wahrheitswertrelevant sind, bleiben in Freges Logik unberücksichtigt. Pragmatische Aspekte, die die Kenntnis der Äußerungssituation zur Bestimmung des wahrheitswertrelevanten Inhalts erfordern, werden eliminiert.

Bestimmend für dieses Vorgehen ist die vorrangige Orientierung der Logik am Wahrheitsbegriff und damit am Aussagesatz als derjenigen Ausdrucksform, für die die Wahr-Falsch-Unterscheidung relevant ist. Andere grammatische Formen werden nur am Rande zu Abgrenzungszwecken erwähnt, ohne selbst weiter untersucht zu werden. Exemplarisch für die Einstellung der Logiker um die Jahrhundertwende ist, daß Frege abkürzend von ‹Sätzen› im Sinne von ‹Behauptungssätzen› spricht.[11] Explizit formuliert er, daß «Wunsch-, Frage-, Aufforderungs-, Befehlssätze» in der Logik auszuschließen seien und nur Behauptungssätze in Betracht kommen.[12] Später berücksichtigt er immerhin den Fragesatz (sofern er eine Satzfrage ausdrückt), weil dieser die Aufforderung zu einer Wahr-Falsch-Stellungnahme enthalte.[13]

RUSSELL und WITTGENSTEIN (im ‹Tractatus›) folgen Freges Linie, die Sprachphilosophie in enger Verbindung mit der formalen Logik zu sehen. Als Sätze gelten nur wahrheitswertfähige Gebilde. Das sind einfache Sätze der prädikativen Form ‹P(a)› bzw. der relationalen Form ‹R(a,b)›, komplexe Sätze, die aus solchen einfachen Sätzen mit Hilfe logischer Junktoren wie ‹nicht›, ‹und›, ‹oder›, ‹wenn – so› aufgebaut sind, sowie Existenz- und Allsätze, die mit Hilfe logischer Quantoren ‹es gibt ein x, so daß ...› und ‹für alle x gilt, daß ...› formuliert werden. Die moderne Logik ist (als Junktoren- und Quantorenlogik) eine Logik der Aussage. In dieser Hinsicht stellt sie lediglich eine Fortsetzung der traditionellen Logik mit anderen formalen Mitteln dar. Seit ARISTOTELES steht die Aussage, der apophantische Logos, im Zentrum. Diese Stellung setzt sich in der späteren Einteilung der ‹Logischen Elementarlehre› in die Lehren vom Begriff, vom Urteil und vom Schluß fort. Ersetzt wird dabei lediglich die Terminologie. Für den sprachtheoretischen Terminus ‹Aussage› rückt der eher psychologisch-erkenntnistheoretische Terminus ‹Urteil› ein. In logischen Schlüssen werden aus Urteilen (als Prämissen) andere Urteile (als Konklusionen) abgeleitet. Die Begriffe (als die Bestandteile der Urteile) werden einzig unter der Perspektive betrachtet, welchen Beitrag sie zur Bestimmung des Wahrheitswertes der Urteile leisten. Der Urteilsinhalt wird damit auf seinen wahrheitswertrelevanten Anteil reduziert. Die Analyse der Sprache gilt der Prüfung, wieweit unterschiedliche Formulierungen in logischer Hinsicht gleichgeltend (‹äquipolent›) sind.

Der logische Positivismus geht im Anschluß an Wittgenstein so weit, alle nicht verifizierbaren grammatischen Aussagesätze als ‹Scheinsätze› auszuschließen. Hierzu gehören Sätze, die Wertungen auszusagen scheinen, tatsächlich aber Empfehlungen aussprechen, und alle metaphysischen Sätze, die scheinbar Sachverhalte aussagen, tatsächlich aber ein «Lebensgefühl zum Ausdruck bringen».[14] Die Konsequenz dieser Auffassung ist eine strikte Trennung zwischen ‹Überzeugen› und ‹Überreden›, zwischen einer auf kognitive Sachverhalte ausgerichteten logischen und einer auf emotive Wirkungen ausgerichteten rhetorischen Sprache. Der Emotivismus in der Ethik und Ästhetik hat hier seine Grundlage, und er darf insofern als eine Rhetorisierung der entsprechenden Disziplinen verstanden werden. In seiner radikalen Form, wie er etwa von A.J. AYER und CH. L. STEVENSON vertreten worden ist, läuft der Emotivismus auf eine Propagandatheorie der Werturteile hinaus, nach der Wertungen lediglich persuasive Äußerungen sind.[15]

Unabhängig von solchen Konsequenzen bildet die (allerdings nicht trennscharfe) Unterscheidung von deskriptiver und emotiver Bedeutung eine wichtige Grundlage für die rhetorische Analyse der ‹Macht der Worte›, insbesondere in ideologiekritischer Absicht bei der Aufdeckung impliziter Wertungen, z.B. in ‹persuasiven› Definitionen.[16] Vor diesem Hintergrund gewinnt auch der ‹Streit um Worte›, der von Logikern seit PLATONS Auseinandersetzung mit den Sophisten[17] als ‹Ausgeburt› rhetorischer Verfehlungen angesehen wird, eine neue Beurteilung.[18] Der Gebrauch scheinbar deskriptiver, letztlich aber wertgeladener Termini, wie z.B. ‹Wissenschaft› und ‹Kunst›, ist naturgemäß nicht frei verfügbar, weil mit Zuschreibungen dieser Art öffentliche Anerkennung, finanzielle Förderung usw. verbunden ist. Erst recht gilt dies, wenn es im Rahmen politischer Diskurse um die Bestimmung wahlrelevanter Positionen wie derjenigen der ‹Neuen Mitte› geht.

d. Obwohl die emotivistische Position aus der Metaphysikkritik des logischen Positivismus hervorgegangen ist, entwickelt sie sich in der Sache unabhängig von ihr und verbindet sich bereits bei CH. L. STEVENSON[19] in kritischer Auseinandersetzung mit dem Emotivismus ist die Sprache der Moral vor allem von ‹normalsprachlich› orientierten Autoren der analytischen P. untersucht worden.[20] Diese ‹metaethischen› Untersuchungen dokumentieren freilich nur einen Aspekt einer allgemeinen Umorientierung innerhalb der Sprachphilosophie seit den 40er Jahren des 20.Jh., die einem Aufbegehren gegen die idealsprachliche Richtung gleichkommt. Exemplarisch für diese Veränderung steht P.F. STRAWSONS Kritik an B. RUSSELLS Theorie der Kennzeichnungen (definite descriptions), einem klassischen Paradigma logischer Sprachanalyse.[21] Diese Kritik trifft vor allem den ‹Logischen Atomismus› Russells, prinzipieller stellt sie aber die Orientierung der Sprachphilosophie an der formalen Logik insgesamt in Frage und befürwortet stattdessen eine stärkere Berücksichtigung der ‹informal logic› sprachlicher Kommunikation. Parallel dazu werden in einer im Sinne der Topik erweiterten Argumentationslehre Alternativen zu einer bloß deduktiv verfahrenden Logik entwickelt.[22] Selbst Autoren, die weiterhin der formalen Logik verpflichtet bleiben, versuchen diese ‹dialektisch› aufzuwerten und als «Vorschule des vernünftigen Redens» auszuweisen.[23] Mit Blick auf Alltagsdiskurse wird vor allem die einseitige Orientierung an sprachlichen Äußerungen des Aussagetyps als «descriptive fallacy» bemängelt.[24] Eine Ergänzung bieten die an L. WITTGENSTEIN und J.L. AUSTIN anschließenden Analysen sprachlicher Äußerungen unter Berücksichtigung der kommunikativen Absichten ihrer Sprecher und der Erfolge beim Hörer (J.R. SEARLE, P. GRICE). In dieser Hinsicht darf die ‹Ordinary Language Philosophy› insgesamt als ein Aufbegehren einer rhetorisch orientierten gegen eine logisch orientierte Tradition der Sprachauffassung betrachtet werden.

e. Ergänzend ist anzumerken, daß ähnliche Überlegungen bereits in der lebensphilosophischen und phänomenologischen Tradition im Anschluß an W. DILTHEY bzw. E. HUSSERL entwickelt worden sind, insbesondere Ansätze zu einer ‹hermeneutischen Logik› bei G. MISCH[25] und zur Sprechakttheorie bei A. REINACH.[26] Von sprachtheoretischer Seite hat K. BÜHLER den ‹Organon›-Charakter der Sprache betont und daran erinnert, daß die Sprache neben der ‹Darstellung› auch die Funktionen des ‹Ausdrucks› und des ‹Appells› hat.[27] Dabei hat er das Ansinnen, indexikalische Ausdrücke aus metaphysikkritischen Gründen zu eliminieren, als verfehlt verworfen.[28] Inzwischen ist Indexikalität zu einem zentralen Thema logisch orientierter Pragmatik und Kognitionsphilosophie geworden.[29] Auch sonst hat sich die Logik – im Verbund mit der theoretischen Linguistik – von der Beschränkung auf den apophantischen Logos freigemacht und sich u.a. der Analyse von Frage- und Imperativsätzen zugewandt.[30]

Unter Rückgriff auf die analytische Sprachphilosophie ist von J. HABERMAS eine Theorie des ‹kommunikativen Handelns› ausgearbeitet worden, die als wesentlichen Bestandteil eine Konzeption des rationalen Diskurses um Geltungsansprüche einschließt. Habermas erweitert dabei die linguistische Kompetenz der Erzeugung von syntaktisch korrekten und semantisch sinnvollen Sätzen um eine sprachpragmatisch verstandene ‹kommunikative Kompetenz›.[31] Als deren Teilkompetenz wird von J. KOPPERSCHMIDT eine spezifisch rhetorische ‹persuasive Kompetenz› ausgezeichnet, die im Rahmen einer ‹Grammatik des vernünftigen Redens› als Theorie des ‹persuasiven Sprechaktes› entwickelt wird.[32] Parallel zu Habermas hat sich der Konstruktivismus (F. KAMBARTEL, H.J. SCHNEIDER u.a.) um eine logisch-pragmatische Rekonstruktion bzw. Explikation des normativen Fundaments menschlicher Sprache bemüht. Dieser Ansatz trifft sich mit neueren Arbeiten der pragmatischen Tradition, insbesondere R. BRANDOMS.[33] Allerdings geht Brandom in seiner einseitigen Orientierung am Sprechakt des Behauptens von einem Vorrang des Propositionalen aus.

f. Die Auseinandersetzung um die Rolle der Sprache hat Konsequenzen für das Selbstverständnis der P. Geht man von einer Gleichsetzung oder zumindest Entsprechung von Denken und Sprache aus, so stellt sich die Frage, wie weit die Sprache der P. ihren Gegenstand bestimmt, bzw. wie weit die P. ihre Sachfragen überhaupt von deren sprachlicher Darstellung unabhängig halten kann. Damit kommt die sprachskeptische Tradition F. Nietzsches und F. Mauthners wieder zu Wort, die gegenwärtig unter Vertretern der ‹Postmoderne› ihre Befürworter hat. Sieht man von den erkenntniskritischen Übertreibungen ab, wie sie vor allem in der Dekonstruktion anzutreffen sind, so ist als Positivum festzuhalten, daß die Diskussion das Bewußtsein für die Bedeutung der Darstellungsformen in der P. geschärft hat.[34] Dabei setzt sich insbesondere die – einigen analytischen und kontinentalen Philosophen gemeinsame – Einsicht durch, daß metaphorische Sprache nicht die Erkenntnis der Wirklichkeit verstellt, sondern deren Erschließung erhellt, wenn nicht gar erst ‹auf den Punkt› bringt.[35] Metaphern sind danach kein bloßer Schmuck (*ornatus*) der Rede, ihnen kommt vielmehr eine kognitive Funktion vor allem im Rahmen der Erfindungslehre (*inventio*) zu.[36] Insgesamt gestaltet sich in der gegenwärtigen Diskussion das Verhältnis zwischen Logik und Rhetorik wieder offener.[37] Das Denken in Gegensätzen könnte einer Auffassung weichen, nach der Logik und Rhetorik in einem ‹komplementären› Verhältnis zueinander stehen. Eine historische Stütze findet diese Sicht in der weitgehend übersehenen Tatsache, daß der argumentationstheoretische Teil der rhetorischen Darstellungslehre (*dispositio*), z.B. die Bestimmung des Verhältnisses von analytisch-regressiver und synthetisch-progressiver Methode, Eingang in die logische Methodenlehre gefunden hat, aus der dann im 20.Jh. die Wissenschaftstheorie hervorgegangen ist.[38]

Historisch in Rechnung zu setzen ist ferner, daß sich die wissenschaftliche, am propositionalen Wahrheitsbegriff orientierte Form des Philosophierens aus Mythos und Dichtung herausdifferenziert hat. Bis heute ist dieser Prozeß immer wieder in Frage gestellt worden, insbesondere von philosophischen Autoren (wie F. Nietzsche und M. HEIDEGGER), die in Sachen Welterschließung der Literatur und der Kunst mehr zutrauen als der Wissenschaft. Vor diesem Hintergrund ist die P. permanent herausgefordert, ihre Darstellungsformen zu thematisieren und kritisch zu überdenken. Die Rolle der Sprache wird dabei auch unter der Fragestellung bedacht, wieweit sich philosophische Einsichten der Darstellung in Aussagesätzen entziehen und daher nicht-propositionale Formen der Erkenntnis anerkannt werden müssen.[39]

In der Vielfalt ihrer Darstellungsformen unterscheidet sich die P. grundsätzlich von Disziplinen wie der Geschichtswissenschaft oder der Physik. Auch in diesen gibt es unterschiedliche Darstellungs- bzw. Publikationsformen, wie Lehrbuch, Zeitschriftenaufsatz und Forschungsbericht.[40] Insgesamt sind die Möglichkeiten aber begrenzter, und zwar aufgrund von historisch gewachsenen und normativ festgelegten Regeln einer *wissenschaftlichen* Gemeinschaft. Solche Vorgaben scheitern für die P. schon daran, daß sie nicht eindeutig als Wissenschaft bestimmbar ist. Die Wahl der Darstellungsform hängt wesentlich davon ab, welche Funktion man der P. zuweist, und in den gewählten Formen kommen umgekehrt unterschiedliche Verständnisse von P. zum Ausdruck. Die Vielfalt tatsächlicher Darstellungsformen macht deutlich, daß der P. nicht unbedingt diejenige Form eigen sein muß, in der sie heute an wissenschaftlichen Hochschulen gelehrt wird.

Schon eine grobe historische Bestandsaufnahme klassischer Texte der P. bietet folgende Gattungen: Lehrgedicht (Parmenides, Empedokles), Dialog (Platon, Berkeley, Leibniz), Brief (Epikur, Seneca), Autobiographie (Augustinus' ‹Confessiones›, R. Descartes' ‹Discours de la Méthode›), Gebet (Anselm von Canterburys ‹Proslogion›), Meditation (R. Descartes' ‹Meditationes de prima philosophia›, E. Husserls ‹Cartesianische Meditationen›), Lehrbuch (Chr. Wolff), Aphorismus (die französischen Moralisten, G.Chr. Lichtenberg, Novalis, F. Nietzsche, L. Wittgenstein, Th. W. Adorno), Essay (M. de Montaigne), Wörterbuch (P. Bayle, F. Mauthner).[41]

Fragen der Darstellung erstrecken sich nicht nur auf die Wahl der Großformen (Gattungen), sondern auch auf den sprachlichen Ausdruck. Hier gibt es bestimmte Abhängigkeiten zwischen Darstellungsform und Methode. Wo eine Definition gefragt ist, wird man sich nicht mit einem bildlichen Vergleich begnügen, und die Pointe eines treffenden Vergleichs kann nicht durch eine exakte Definition ersetzt werden. Zu bestimmen ist, wo welche Form angemessen ist. Solche Fragen gehören traditionellerweise in das Gebiet der Rhetorik.

Die Hinwendung zur Sprache führt die P. des 20. Jh. in selbstbezüglicher Wendung zwangsläufig auf die Frage, wie es mit ihrer eigenen Sprache bestellt ist. Der P. der Sprache wird die Sprache der P. zum Problem. Dies gilt vor allem für die sprachkritischen Traditionen, denen bewußt ist, daß die Sprache nicht nur Gegenstand, sondern auch Medium der Kritik ist. Der Kampf *mit* der Sprache wird *in* der Sprache geführt. Mit der Einsicht in die sprachliche Verfaßtheit der P. rückt die Frage nach dem Status des philosophischen Diskurses im Spannungsfeld zwischen Logik und Rhetorik verstärkt in den Blick.

Die sprachskeptische Tradition geht dabei teilweise so weit, die Grenzen zwischen Wissenschaft, P. und Literatur in erkenntniskritischer Absicht einzuebnen. Aber auch von logischer Seite (G. FREGE, L. WITTGENSTEIN) wird anerkannt, daß die P. in ihrem Versuch, die Logik der Sprache darzulegen, zwangsläufig deren Grenzen überschreitet und auf Formen ‹uneigentlicher› Rede (‹Winke› und ‹Erläuterungen›) angewiesen bleibt.[42] Der kategoriale Diskurs der P. verstößt selbst gegen die Regeln der syntaktischen Wohlgeformtheit, die er zu explizieren sucht.[43] Wittgenstein kommt daher im ‹Tractatus› zu dem Ergebnis, daß nicht nur die Sätze der traditionellen Metaphysik, sondern auch diejenigen Sätze, in denen diese Kritik formuliert wird, also insbesondere die Sätze des ‹Tractatus› selbst, unsinnig seien. Diese Auffassung schlägt sich in der Darstellungsform nieder, die weniger logisch als vielmehr literarisch zu nennen ist. Wittgensteins ‹Tractatus› präsentiert Logik als Literatur. Auf veränderter sprachphilosophischer Grundlage bleibt auch für den späten Wittgenstein die ‹Erläuterung› die angemessene literarische Form der P.[44]

Exemplarisch läßt sich der Zusammenhang zwischen dem Verständnis von P. und den verwendeten Sprachformen anhand eines Vergleichs der philosophischen Positionen R. CARNAPS und M. HEIDEGGERS bestimmen. Carnap führt in seiner Metaphysikkritik insbesondere Heideggers Ausführungen zum ‹Nichts› in Formulierungen wie «Das Nichts nichtet» als Beispiele sinnloser Sätze an.[45] Heidegger begehe den logischen Fehler, das Wort «nichts» als Gegenstandsname zu verwenden, «weil man es in der üblichen Sprache in dieser Form zu verwenden pflegt, um einen negativen Existenzsatz zu formulieren». So wird der negative Existenzsatz «Es ist nicht der Fall, daß es etwas gibt, welches eine bestimmte Eigenschaft hat» auch durch den Satz ausgedrückt, daß *nichts* diese Eigenschaft hat. Durch Vergegenständlichung dieser Verwendung von «nichts» komme es zur sinnlosen Rede von «dem Nichts».[46]

Dabei verkennt Carnap keineswegs, daß in der Metaphysik mit dem ‹Lebensgefühl› Wichtiges zum Ausdruck gebracht werde. Er bestreitet aber, daß hierfür die Form der Aussage angemessen sei. Die Metaphysik täusche «durch die Form ihrer Werke» etwas vor, was sie nicht sei, nämlich eine «Theorie». Der adäquate Ausdruck des Lebensgefühls sei nicht aussagende Metaphysik, sondern expressive Kunst.[47] Carnaps Kritik gilt also letztlich der Unangemessenheit der Darstellungsform und erstreckt sich damit auf die rhetorische Lehre von der *elocutio*. Auch Heidegger geht von dem Befund eines Widerstreits zwischen Form und Inhalt der Metaphysik aus und spricht selbst von einer ‹Überwindung der Metaphysik›, indem er das Denken von der Frage nach dem Seienden als Seiendem auf die Frage nach dem Sein selbst lenken will.[48] Während Carnap sich methodisch an der Logik orientiert und die Inhalte der Metaphysik an die Kunst weitergibt, ist Heidegger dagegen an den Inhalten gelegen.[49] Konsequenterweise verläßt er daher die Darstellungsform der Wissenschaft und nähert sich der Form der Dichtung. Carnap und Heidegger sowie die von beiden begründeten philosophischen Traditionen haben einen gemeinsamen Ausgangspunkt, gehen von da aus aber in entgegengesetzte Richtungen und kommen so zu polar konträren Formen der P. Aus der Sicht der Rhetorik läßt sich die gegenwärtige Auseinandersetzung zwischen analytischer und kontinentaler P. als ein Konflikt zwischen Sprachformen beschreiben, als eine Differenz der Denkstile, die sich in unterschiedlichen Sprachstilen niederschlägt. Eine Überwindung der Gegensätze bahnt sich in Versuchen an, die *Logik* der Sprachformen zu einer umfassenderen *Rhetorik* der Sprachformen zu erweitern.

Anmerkungen:
1 vgl. H.J. Cloeren: Language and Thought. German Approaches to Analytic Philosophy in the 18th and 19th Century (1988).

– **2** F. Nietzsche: Über Wahrheit und Lüge im außermoralischen Sinn, in: Nietzsche, Werke. Krit. Gesamtausg., hg. v. G. Colli u. M. Montinari Bd. III, 2 (1973) 374f. – **3** vgl. S. Ijsseling: Rhet. und P. (1988) Kap. XIV. – **4** Nietzsche [2] 321. – **5** F. Mauthner: Beitr. zu einer Kritik der Sprache, 3 Bde. (1901–1902, ³1923); Wtb. der P. Neue Beitr. zu einer Kritik der Sprache, 2 Bde. (1910, 2. Aufl. in 3 Bdn. 1923/24). – **6** G. Frege: Begriffsschr. (1879) VIf. – **7** vgl. ders.: Über Sinn und Bedeutung, in: Zs. für P. und philos. Kritik 100 (1892) 25–50, hier 31. – **8** ders.: Nachgelassene Schr., hg. von H. Hermes, F. Kambartel und F. Kaulbach (²1983) 152. – **9** ders. [6] V. – **10** ders. [6] 3. – **11** ders. [7] 32. – **12** ders. [8] 140. – **13** ders.: Der Gedanke. Beitr. zur P. des dt. Idealismus 1 (1918/19) 58–77, hier 62. – **14** R. Carnap: Überwindung der Metaphysik durch logische Analyse der Sprache. in: Erkenntnis 2 (1931) 219–241, hier 237 und 239. – **15** A.J. Ayer: Sprache, Wahrheit und Logik (1970) 141ff.; Ch.L. Stevenson: Die emotive Bedeutung ethischer Ausdrücke, in: G. Grewendorf, G. Meggle (Hg.): Seminar: Sprache und Ethik (1974) 116–139, hier 135, zum rhet. Gebrauch emotiver Sprache vgl. 124f. – **16** vgl. Ch. L. Stevenson: Ethics and Language (New Haven/London 1944) 210. – **17** vgl. Platon: Euthydemos 305a4, Gorgias 489b-e. – **18** vgl. H. Lübbe: Der Streit um Worte (1967). – **19** Stevenson [15] 138f. verweist selbst auf C.K. Ogden. I.A. Richards: The Meaning of Meaning (London ²1927). – **20** eine Auswahl von einschlägigen Texten bieten Grewendorf, Meggle [15]. – **21** P.F. Strawson: On Referring, in: Mind 59 (1950) 320–344. – **22** vgl. den Art. ‹Argumentation›, in: HWRh Bd.1 (1992). – **23** W. Kamlah, P. Lorenzen: Logische Propädeutik (1967). – **24** J.L. Austin: Philosophical Papers, hg. von J.O. Urmson und G.J. Warnock (Oxford ²1970) 131. – **25** G. Misch: Der Aufbau der Logik auf dem Boden der P. des Lebens, hg. von G. Kühne-Bertram u. F. Rodi (1994). – **26** vgl. K. Mulligan (Hg.): Speech Act and Sachverhalt (Dordrecht u.a. 1987). – **27** K. Bühler: Sprachtheorie (1934) 28ff. – **28** ebd. 104ff. – **29** A. Kasher: Pragmatics, Bd 3: Indexicals and Reference (London 1998); J. Perry: The Problem of the Essential Indexical (Oxford 1993); W. Künne: Direct Reference, Indexicality, and Propositional Attitudes (Stanford 1997). – **30** vgl. N.D. Belnap, T.B. Steel: The Logic of Questions and Answers (New Haven/London 1976); N. Rescher: The Logic of Commands (London/New York 1966). – **31** J. Habermas: Vorbereitende Bemerkungen zu einer Theorie der kommunikativen Kompetenz, in: ders., N. Luhman: Theorie der Ges. oder Sozialtechnologie (1971) 101ff.; J. Habermas: Theorie des kommunikativen Handelns (⁴1987). – **32** J. Kopperschmidt: Allgemeine Rhet. (²1976). – **33** R. Brandom: Making It Explicit (Cambridge, Mass. 1994). – **34** vgl. G. Gabriel, Chr. Schildknecht (Hg.): Lit. Formen der P. (1990), mit ausführlicher Bibliogr. – **35** vgl. exemplarisch für die analytische P. N. Goodman: Sprachen der Kunst (1995) und für die kontinentale P. P. Ricœur: Die lebendige Metapher (²1991). – **36** vgl. L. Danneberg, A. Graeser, K. Petrus (Hg.): Metapher und Innovation (Bern u.a. 1995). – **37** G. Gabriel: Logik und Rhet. der Erkenntnis (1997). – **38** ders.: Logische, rhet. und lit. Darstellungsformen in der P., in: Rhetorik, Bd. 18: Rhet. und P., hg. von P.L. Oesterreich (1999) 62–76. – **39** Chr. Schildknecht: Sense and Self. Perspectives on Nonpropositionality (2002) insbs. Kap.2 (63–144). – **40** vgl. L. Danneberg, J. Niederhauser (Hg.): Darstellungsformen der Wiss. im Kontrast (1998). – **41** vgl. die Unters. einiger Beispiele in Chr. Schildknecht: Philos. Masken. Lit. Formen der P. bei Platon, Descartes, Wolff und Lichtenberg (1990); in die Betrachtung einzubeziehen sind nicht nur lit. Formen der P., sondern auch umgekehrt philos. Inhalte in der Dichtung; vgl. dazu Chr. Schildknecht, D. Teichert (Hg.): P. in Lit. (1996). – **42** vgl. G. Frege: Über Begriff und Gegenstand, in: Vierteljahrsschr. für wiss. P. 16 (1892) 192–205, hier 204f.; ferner L. Wittgenstein: Tractatus 4.112. – **43** vgl. C. Klein: Kategoriale Unterscheidungen als Grenzbereiche des Propositionalen. Bonner philos. Vorträge und Stud., Bd.6 (2000). – **44** zur lit. Form von Wittgensteins P. vgl. G. Gabriel: Zwischen Logik und Lit. (1991) 20–31, 44–51. – **45** Carnap [14] 229; Carnap bezieht sich dabei auf M. Heidegger: Was ist Metaphysik? (1929), in: Gesamtausg., Bd.9 (1976) 109–122. – **46** ebd. 233f. – **47** ebd. 239f. – **48** Heidegger [45] 367f. – **49** vgl. Heideggers Reaktion in seinem ‹Nachwort› ebd. 308.

G. Gabriel

3. *Strukturalismus, Diskursanalyse, Dekonstruktion.* **a.** ‹Strukturalismus› bezeichnet ein an Vorlesungen von F. DE SAUSSURE orientiertes, zu Beginn des 20. Jh. entstandenes und in der Folge weit verbreitetes analytisches Verfahren, das sich ausgehend von Semiologie und Sprachwissenschaft in geistes-, kultur- und sozialwissenschaftliche Disziplinen verzweigt hat. Kennzeichnend für strukturalistische Verfahrensweisen ist der Versuch, komplexe Sachverhalte system- und kontextgebunden auf basale Ordnungen und Muster zurückzuführen. Unter ‹Diskursanalyse› werden vor allem von M. FOUCAULT gegen Ende der 1960er Jahre in die Diskussion eingebrachte Untersuchungsweisen zusammengefaßt, in deren Zentrum diskursive Regelsysteme, die Bedingungen ihrer Hervorbringung und Existenz, ihrer historischen wie sozialen Verortung sowie ihrer Vermittlung stehen. Ihr kritisches Augenmerk richtet die Diskursanalyse auf das in sozialen, sprachlichen oder kulturellen Ordnungen (etwa in binären Unterscheidungen wie z.B. Vernunft/Wahnsinn) verbürgte Macht- und Ausgrenzungspotential. Der Begriff der ‹Dekonstruktion› geht auf J. DERRIDA und P. DE MAN zurück und versammelt mittlerweile eine ganze Reihe ideologiekritischer, an Überlegungen des klassischen Strukturalismus anknüpfender philosophischer wie semiologischer Verfahren, deren Aufmerksamkeit metaphysischen und hermeneutischen Ordnungen gilt. Zentral ist in philosophischer Hinsicht vor allem die Auseinandersetzung mit dem Problemfeld Identität/Subjektivität, in semiologisch-linguistischer Hinsicht besonders die für die Rhetorik folgenreiche Auseinandersetzung mit dem Zeichen- und Strukturbegriff des klassischen Strukturalismus.

Aufmerksamkeit verdient hier die von den Vertretern der Dekonstruktion verrichtete kritische Arbeit am Zeichenbinarismus Saussurescher Provenienz. Sie hat ideologische und metaphysische Implikationen des strukturalistischen Zeichenkonzepts freigelegt und auf diese Weise das Vertrauen in die Verläßlichkeit sprachlicher Zeichen, mithin eine eminent wichtige Voraussetzung der Rhetorik grundlegend erschüttert. Die Rhetorik hat aber im Anschluß an die vor allem von J. Derrida und P. de Man vorangetriebene kritische Arbeit nicht an Bedeutung verloren; sie wurde weder stigmatisiert noch verdrängt, sondern transformiert und in das Konzept der Dekonstruktion integriert.

b. Historischer Betrachtung erschließen sich Diskursanalyse und Dekonstruktion in der Traditionslinie [1] des sogenannten ‹klassischen Strukturalismus›, für den der Genfer Sprachwissenschaftler F. DE SAUSSURE von herausragender Bedeutung ist. Der Strukturalismus wird einerseits begrifflich und methodisch beliehen, ist andererseits aber auch Gegenstand der Kritik. Vor allem für die Dekonstruktion ist das von Saussure in 1906 bis 1911 abgehaltenen Vorlesungen [2] vorgeschlagene zweiwertige Zeichenkonzept und der damit einhergehende, aber erst auf einem Linguistenkongreß 1928 mit Saussure in Verbindung gebrachte Begriff der Struktur [3] von fundamentaler Bedeutung. Als Struktur bestimmt Saussure die Regel- und Funktionszusammenhänge sprachlicher Zeichensysteme, die er formalisierend zu beschreiben sucht. Eine grundlegende Unterscheidung besteht darin, Sprache zum einen als ‹parole›, als je spezifisches, individuelles und daher systematischer Beschreibung sich widersetzendes Sprechen, zum anderen als ‹langue› [4], als beschreibbares, transindividuelles Regelsystem zu begreifen, das unter diachron-historischen und synchron-systematischen Aspekten analysiert und umrissen wird: «Die diachronische Sprachwissenschaft untersucht nicht mehr die Beziehungen zwischen gleichzeitigen Gliedern eines Sprachzustandes, sondern diejenigen zwischen aufeinander folgenden Gliedern, von denen eines im Laufe der Zeit an die Stelle des andern tritt.» [5] Den jeweiligen «Sprachzustand» wiederum gilt es auf «syntagmatische und assoziative Beziehungen» [6] hin zu untersuchen.

c. In semiologischer Hinsicht besteht eine entscheidende Leistung Saussures darin, die Zeichenbildung als im System der Sprache (‹langue›) «negativ und differentiell» [7] ablaufenden Prozeß und damit Zeichen nicht als substantiell, sondern als strukturell zu betrachten. Was das als Ensemble von Signifikant und Signifikat bestimmte Zeichen «charakterisiert, ist also nicht, wie man glauben könnte, die ihnen eigentümliche positive Qualität, sondern schlechthin die Tatsache, daß sie unter sich nicht zusammenfließen». [8] Entsprechend gibt es «in der Sprache [...] nur Verschiedenheiten *ohne positive Einzelglieder*». [9] Da zudem «die Schriftzeichen beliebig» [10] sind und «keinerlei innere Beziehung» zum Bezeichneten unterhalten, kann die Funktionstüchtigkeit der Sprache nur «auf einer Kollektivgewohnheit» gründen «oder, was auf dasselbe hinauskommt, auf der Konvention». [11] «Aber der Satz, daß in der Sprache alles negativ sei, gilt nur vom Bezeichneten und der Bezeichnung, wenn man diese gesondert betrachtet: sowie man das Zeichen als Ganzes in Betracht zieht, hat man etwas vor sich, das in seiner Art positiv ist.» [12] Etabliert ist auf diese Weise das Verständnis binär-oppositionell gefügter, zu unmißverständlicher und irritationsfreier Kommunikation geeigneter sprachlicher Zeichen und damit eine lange geläufige Voraussetzung der Redekunst, in der es *obscuritas* (Dunkelheit) und *amphibolia* (Zweideutigkeit) [13] zu vermeiden gilt – es sei denn, sie würden bewußt als exakt decodierbares, in einem je zu bestimmenden Kontext wirksames Stilmittel, etwa zur Unterdrückung von Langeweile beim Zuhörer, eingesetzt. *Claritas* (Klarheit) und *perspicuitas* (Durchsichtigkeit) jeder Rede zeigen sich darin, daß diese – zugespitzt – «nur eine einzige Auslegungsmöglichkeit zuläßt» [14] und auf diese Weise die Verständlichkeit und Kommunikabilität der jeweiligen Zeichenverwendung sicherstellt. [15]

d. Unter dem Einfluß der und in kritischer Auseinandersetzung mit den vor allem in Saussures ‹Cours de linguistique générale› entfalteten Überlegungen formiert sich zum einen eine Reihe heterogener sprachwissenschaftlicher Schulen (Prager, Kopenhagener, Amerikanische u.a.). [16] Zum anderen sind vor allem seit den 50er Jahren über genuin sprachwissenschaftliche Problemkreise hinausgehende Adaptionen und auf andere Disziplinen ausgeweitete ‹Übertragungen› der von Saussure eingebrachten Verfahren und der «vier 'klassischen' Dichotomien» [17] (langue/parole, diachron/synchron, syntagmatisch/paradigmatisch und Signifikant/Signifikat) zu verzeichnen. Der Prager Sprachwissenschaftler R. JAKOBSON etwa unterscheidet in Anlehnung an die von Saussure systematisierte Differenz «syntagmatische[r] und assoziative[r] Beziehungen» [18] innerhalb der Sprache zwei «Operationen [...], die jedem verbalen Verhalten zugrundeliegen, nämlich Selektion und Kombination». [19] Sie bilden die Grundlage der Unterscheidung von paradigmatisch organisierter Metapher und syntagmatisch organisierter Metonymie [20] ebenso wie die der daraus abgeleiteten Bestimmung der poetischen Sprachfunktion [21] und damit auch der Operationalisierung strukturalistischer Analyseverfahren und Binarismen für den Bereich der Literaturwissenschaften. Hier hat neben G. GENETTE, A.J. GREIMAS und R. BARTHES vor allem T. TODOROV (der die Unterscheidung von ‹histoire› und ‹discours› [22] in die Erzählforschung eingebracht und die Frage nach der «Literalität» [23], nach dem Spezifischen literarischer Rede, immer wieder gestellt hat), den Strukturalismus wirksam werden lassen. In das Spektrum der Humanwissenschaften überführt hat das Konzept einer strukturalen Semiologie der französische Soziologe, Ethnologe und Anthropologe C. LÉVI-STRAUSS. Lévi-Strauss [24] behandelt kulturelle Systeme als Zeichenordnungen, parallelisiert mithin sprachliche und soziale Phänomene sowie deren Regeln und leitet daraus die Legitimation nach dem Vorbild Saussures vorgenommener struktureller Analysen – etwa von Mythen und Verwandtschaftssystemen – ab. Impliziert ist damit eine Abkehr von der historisch-vergleichenden Ethnologie.

Wie Lévi-Strauss appliziert auch der französische Psychoanalytiker J. LACAN strukturalistische Verfahrensweisen auf vermeintlich außerhalb genuin sprachwissenschaftlicher Interessen liegende Gegenstände [25] – etwa auf das Unbewußte –, deren Gesetzmäßigkeiten er aber als sprachlich oder semiologisch verfaßt bestimmt. Lacan plädiert in enger Anlehnung an S. FREUD und an die sprachwissenschaftlichen Kategorien Saussures dafür, den «Königsweg zum Unbewußten [...] buchstäblich aufzufassen», mithin «die Bilder des Traums in ihrem Signifikantenwert zu nehmen» und jeden Traum als eine «die Operation des Lesens ermöglichende Sprachstruktur» [26] zu begreifen, deren «Topik» [27] es im rhetorischen Modell metaphorischer Verdichtung und metonymischer Verschiebung [28] zu fassen gelte. Anders als Saussure (und darin dem Poststrukturalismus zuzuordnen) vertritt er die Auffassung, «daß das Signifizierte» sich nicht in stabile Zeichenverhältnisse fügt, sondern «unaufhörlich unter dem Signifikanten gleitet» [29] und auf diese Weise der Vorstellung eines transzendentalen Signifikats die Grundlage entzieht.

e. Ebenfalls beliehen und transformiert wird die Tradition des Strukturalismus durch die vor allem von M. FOUCAULT gegen Ende der 60er Jahre in die Diskussion eingebrachte Diskursanalyse. Indem Foucault zur Erläuterung des z.B. in ‹Wahnsinn und Gesellschaft› [30] zur Anwendung gebrachten Verfahrens der «Archäologie» zunächst versucht, deren Untersuchungsgegenstand, «die Einheiten des Diskurses» [31] oder «die Aussage [zu] definieren» [32], greift er zur Klärung auf unter dem «Kürzel Strukturalismus» [33] subsumierbare Frageformen und Analyseinstrumentarien zurück, um sie als ungeeignet für eine archäologische Untersuchung zurückzuweisen. Eine «Aussage (énoncé)» [34] läßt sich nämlich nicht als «Atom des Diskurses», als «letztes, unzerlegbares Element» bestimmen, «das in sich selbst isoliert werden [...] und in ein Spiel von Beziehungen mit anderen ihm ähnlichen Elementen eintreten kann». [35] Weil «Diskurse aus Zeichen» bestehen, diese «aber [...] für mehr als nur zur Bezeichnung der Sachen» [36] nutzen, gleicht Foucault énoncés mit sprachwissenschaftlichen Kategorien und Begriffen ab: «Man findet Aussagen ohne legitime propositionelle Struktur; man findet Aussagen dort, wo man keinen Satz erkennen kann; man findet mehr Aussagen, als man Sprechakte isolieren kann [...]. Man muß zugestehen, daß irgendeine Folge von Zeichen, von Figuren, von Graphismen oder Spuren – gleich welcher Organisation oder welcher Wahrscheinlichkeit – für die Konstituierung einer Aussage genügt».[37] Foucault möchte die Archäologie gerade nicht als «Importierung des Strukturalismus [...] in das Gebiet der Geschichte»[38] verstanden wissen. Vielmehr wären im Fragehorizont Foucaults die Erschließungsinstrumentarien des Strukturalismus, insofern sie die Bestimmung ahistorischer, transkultureller und abstrakter Ordnungen ermöglichen sollen, selbst als Gegenstand diskursarchäologischer Untersuchungen interessant, weil es solchen um die Freilegung lokaler und veränderbarer, zu einem bestimmten Zeitpunkt innerhalb einer diskursiven Formation wirksamer Regeln geht[39], die auch das Paradigma ‹Strukturalismus› bestimmen. Dennoch haben Foucaults Arbeiten wiederholt zu der Frage Anlaß gegeben, ob er «nun Srukturalist [ist] oder nicht»[40], wofür vor allem seine Überlegungen zum Konzept kleinster Einheiten des Diskurses (énoncés) verantwortlich gemacht werden können.[41]

f. Auf den von Saussure etablierten differentiellen Zeichenbegriff greifen im Spektrum dekonstruktivistischer Theoriebildung und Praxis seit Ende der 60er Jahre vor allem J. DERRIDA und der der amerikanischen «Yale deconstruction» zugehörige P. DE MAN zurück. Aber auch in den Schriften M. BACHTINS, dessen seit den 20er Jahren entwickeltes Konzept der ‹Dialogizität›[42] für die dekonstruktivistische Theoriebildung (Grundlegung der Intertextualität) fruchtbar gemacht worden ist, lassen sich Parallelen zum klassisch-strukturalistischen Zeichenbegriff ausmachen, vor allem im Hinblick auf Bachtins Auffassung des monologischen oder denotativen «Wortes». Die sinnfestsetzende, denotative Eigenschaft eines Wortes oder einer Rede innerhalb der Normenstruktur einer Kultur, in der *die eine*, ‹richtige› Ordnung vorherrscht, bezeichnet Bachtin als Monologizität. Monologische Rede konstituiert und zementiert eine offizielle Sprache, die in der feste Bedeutungshierarchien Monovalenz und Eindeutigkeit garantieren; sie kann genau darin als gewaltsam und ideologisch angesprochen werden. Ihr stellt Bachtin das Konzept einer vertraute Konventionen und ihre ordnende Gewalt gerade irritierenden ‹Dialogizität› entgegen, die durch den Einbruch «fremder Rede» freigesetzt wird. Vor allem intratextuell, im polyphonen Gewirr sich widersprechender Reden oder Worte, aber auch im «dialogische[n] Kontakt zwischen Texten»[43], ist die Vereinheitlichung und Festlegung auf *einen einzigen* Sinn nur gewaltsam möglich – eine Überlegung, die J. KRISTEVA aufgegriffen und zum Konzept radikaler Intertextualität weitergeführt hat.[44]

Wie bei Bachtin lassen sich auch bei Derrida die Verbindungen zum Strukturalismus semiologisch herleiten. In konsequenter Radikalisierung von Saussures Konzept des differentiellen Zeichens bricht Derrida mit der Vorstellung eines «transzendentalen Signifikats». Er begreift dieses vielmehr als metaphysisches Konstrukt, weil es «von seinem Wesen her nicht auf einen Signifikanten verweist, sondern über die Signifikantenkette hinausgeht, und [...] von einem bestimmten Zeitpunkt an nicht mehr die Funktion eines Signifikanten hat. In dem Augenblick dagegen, wo man die Möglichkeit eines solchen transzendentalen Signifikats in Frage stellt und wo man erkennt, daß jedes Signifikat auch die Rolle eines Signifikanten spielt, wird die Trennung von Signifikat und Signifikant – das Zeichen – von ihrer Wurzel her problematisch.»[45] Entsprechend läßt sich die Identität eines Zeichens mit sich selbst und somit eine stabile Beziehung zwischen Signifikant und Signifikat qua Konventionalisierung nicht ohne metaphysische Verstrikkungen erreichen und (gemessen am Sprachwandel) dauerhaft konservieren. Derrida bestimmt die Differentiationsbewegung der Zeichenbildung deshalb als unabschließbare, dynamische, «mit dem statischen, synchronischen, taxonomischen, ahistorischen usw. Begriff der *Struktur* unvereinbar[e]»[46] ‹*différance*›.[47] Kommunikativer Zeichengebrauch kann nur aufgrund prekärer und temporärer Phasen der konventionell errungenen Funktionstüchtigkeit, der in der Iteration gewonnenen «restance non-présente»[48], möglich sein. Der im dekonstruktivistischen Denken verankerte metaphysikkritische Impetus ist daher lediglich unter erheblichen pragmatischen Zugeständnissen möglich, indem nämlich zur Metaphysikkritik des Zeichengebrauchs die nur qua *restance* garantierbare kommunikative Funktionstüchtigkeit dieser Zeichen in Anspruch genommen wird. Wie sonst ließe sich Kritik überhaupt vornehmen und mehr noch: mitteilen? «Wir können», so Derrida, «auf seine [des Zeichens] metaphysische Komplizenschaft nicht verzichten, ohne gleichzeitig die kritische Arbeit, die wir gegen sie richten, aufzugeben».[49]

De Man beleiht für seine «rhetorische[n] Lektüre[n]»[50] vor allem den von Saussure in die Semiologie eingespeisten Zeichenbinarismus und – vermittelt über ein reges Interesse an den Arbeiten Jakobsons – das Zwei-Achsen-Modell der Sprache sowie die daraus ableitbaren Figuren der Metapher und der Metonymie.[51]

g. Unumgänglich kollidieren muß mit einem Zeichen-Verständnis poststrukturalistischer Provenienz das Anliegen der ‹herkömmlichen› Rhetorik, deren pragmatische Bestimmungsgrundlage – die in der Regel zielgerichtet-zweckgebundene, bestmögliche Vermittlung und Kommunikation erstrebende Rede – basal in Frage gestellt wäre. Überraschenderweise kommt aber gerade der Rhetorik in den dekonstruktivistischen Anstrengungen de Mans eine entscheidende Rolle zu. Seine Aufmerksamkeit gilt literarischen und philosophischen Texten, die er einer metaphysikkritischen Prüfung unterzieht. Zentrales Anliegen seiner Untersuchungen ist es, in Texten den Einbrüchen des gegen die vermeintliche Intention des Textes gerichteten und darin subversiv-dekonstruktiven Potentials nachzugehen und anderen Lesarten Geltung zu verschaffen, wobei er nicht die eine gegen die andere auszuspielen bestrebt ist, sondern die «Struktur der wechselseitigen Suspendierung, ja, der Entdeutung der einzelnen Bedeutungselemente sprachlicher Äußerungen»[52] herauszuarbeiten sucht. Diese als *performative utterance*[53] bestimmte Qualität hat freilich «beunruhigende Konsequenzen» «für die Voraussetzung aller Hermeneutik» und, so wäre zu ergänzen, auch der Rhetorik, nämlich für die Annahme, «es sei möglich, die Rede eines anderen richtig zu verstehen».[54] An der Rhetorik festzuhalten, gelingt daher nur unter der Voraussetzung einer Transformation der «als Kunst der Überredung – oder Überzeugung – [...], als Einwirkung auf andere (nicht aber als innersprachliche Figur oder Trope)» verstandenen ‹herkömmlichen› Rhetorik in «eine neue Rhetorik»[55], die «schwindelerregende Möglichkeiten referentieller Verirrung»[56] eröffnen soll.

Einen wichtigen Impuls verdankt de Mans Transformation des ‹herkömmlichen› Rhetorik-Begriffs zu einem metaphysikkritisch-dekonstruktivistischen der Auseinandersetzung mit dem Werk F. NIETZSCHES. Überhaupt kommt den Schriften Nietzsches für die Herausbildung poststrukturalistischer Positionen eine wichtige Rolle zu. [57] Besonders große Anziehungskraft (nicht nur auf de Man, sondern auch auf andere Vertreter der Dekonstruktion) üben die sprach- und rhetorikkritischen Schriften Nietzsches, allen voran die dem Nachlaß entnommene Abhandlung ‹Ueber Wahrheit und Lüge im aussermoralischen Sinne› (1873)[58] aus. Faszinierend für das dekonstruktivistische Denken (vor allem) de Mans ist die Sensibilität des im Kontext sprachkritischer Tendenzen in der zweiten Hälfte des 19. Jh. entstandenen Textes für die grundlegende «Rhetorizität der Sprache», daß Nietzsches Text «die notwendige Subversion der Wahrheit durch Rhetorik als Charakteristikum aller Sprache»[59] auffaßt und «Wahrheiten» sprach- und metaphysikkritisch als «canonisch und verbindlich» gewordene «Metaphern, Metonymien, Anthropomorphismen»[60] enttarnt.

Wie de Man konzipiert auch Derrida eine nicht mehr auf der Repräsentation aufruhende und daher von der Metaphysik emanzipierte «neue Rhetorik»[61], und zwar ausgehend von der Kritik am abendländisch-metaphysischen, auf das «Substrat der rhetorischen Techne»[62], die Stimme, bauenden Phonozentrismus, der für die «Verdrängung der Schrift» durch das Ideologem des von Gegenwart ‹'erfüllten› gesprochenen Wort[es]»[63] verantwortlich zeichne. Derrida sieht ‹Gegenwart› in einen Prozeß von Auf- und Verschieben überführt und setzt Schreiben gegen Reden und die Spur gegen die Stimme ins Recht, weil Schrift und Spur «jenseits der rhetorischen Techne»[64] liegen.

Anmerkungen:
1 zu Trad. und Vorläufern des Strukturalimus vgl. J. Albrecht: Europäischer Strukturalismus. Ein forschungsgesch. Überblick (1988) 8–23. – 2 erst postum erschien: F. de Saussure. Cours de linguistique générale. Publié par Ch. Bally et A. Sechehaye (Paris 1966). – 3 vgl. É. Benveniste: Probleme der allg. Sprachwiss. (1972) 106f. – 4 F. de Saussure: Grundfragen der allg. Sprachwiss. (²1967). – 5 ebd. 167. – 6 ebd. 147. – 7 ebd. 143. – 8 ebd. 142. – 9 ebd. 143. – 10 ebd. 143. – 11 ebd. 80. – 12 ebd. 144. – 13 vgl. Quint. VII, 9. – 14 H.F. Plett: Einf. in die rhet. Textanalyse (⁸1991) 26. – 15 vgl. z.B. Arist. Rhet. III,1. – 16 zur Schulenbildung vgl. Albrecht [1] 49–80. – 17 hierzu instruktiv Albrecht [1] 3. – 18 Saussure [4] 147. – 19 R. Jakobson: Linguistik und Poetik, in: ders.: Poetik. Ausg. Aufsätze 1921–1971, hg. v. E. Holenstein u. T. Schelbert (1979) 94. – 20 ders.: Der Doppelcharakter der Sprache und die Polarität zwischen Metaphorik und Metonymik, in: A. Haverkamp (Hg.): Theorie der Metapher (²1996) 163–174. – 21 vgl. Jakobson [19] 92ff. – 22 T. Todorov: Die Kategorien der lit. Erzählung, in: H. Blumensath (Hg.): Strukturalismus in der Literaturwiss. (1970) 263–294. – 23 vor allem in T. Todorov: Poetik, in: F. Wahl (Hg.): Einf. in den Strukturalismus (²1981) 105–179. – 24 grundlegend: C. Lévi-Strauss: Strukturale Anthropol. I (1967) und II (1975). – 25 vgl. A. Ruhs: Die Schrift der Seele. Einf. in die Psychoanalyse nach J. Lacan, in: Psyche 34 (1980) 893–895; S. Weber: Rückkehr zu Freud. J. Lacans Entstellung der Psychoanalyse (Wien 1990) 202–207. – 26 vgl. J. Lacan: Das Drängen des Buchstabens im Unbewußten oder die Vernunft seit Freud [1966], in: ders.: Schr. II, hg. v. N. Haas (³1991) 34f. – 27 ebd. 40. – 28 vgl. ebd. 40–41. – 29 ebd. 27. – 30 M. Foucault: Wahnsinn und Ges. Eine Gesch. des Wahns im Zeitalter der Vernunft (1969). – 31 ders. Archäologie des Wissens (⁶1994) 33. – 32 ebd. 115. – 33 ebd. 21; zu einem ähnlichen Eindruck gelangt H. Fink-Eitel: M. Foucaults Analytik der Macht, in: F.A. Kittler (Hg.): Austreibung des Geistes aus den Geisteswiss. Programme des Poststrukturalismus (1980) 55. – 34 Foucault [31] 115. – 35 ebd. 116–117. – 36 ebd. 74. – 37 ebd. 122–123. – 38 ebd. 290. – 39 vgl. H.L. Dreyfus, P. Rabinow: M. Foucault. Jenseits von Strukturalismus und Hermeneutik (²1994) 80. – 40 in dieser Zuspitzung bei Fink-Eitel [33] 51. – 41 vgl. hierzu M. Frank: Was ist Neostrukturalismus? (1984) 223–226 und 234. –

42 vgl. hierzu M. Bachtin: Probleme der Poetik Dostoevskijs (1985); R. Lachmann: Dialogizität und poetische Sprache, in dies. (Hg.): Dialogizität (1982) 51–62. – 43 M. Bachtin: Ästhetik des Wortes, hg. v. R. Grübel (1979) 353. – 44 vgl. J. Kristeva: Bachtin, das Wort, der Dialog und der Roman, in: L. Ihwe (Hg.) Literaturwiss. und Linguistik. Ergebnisse und Perspektiven. Bd. 3 (1972) 345–375. – 45 J. Derrida: Semiologie und Grammatologie. Gespräch mit J. Kristeva, in: P. Engelmann (Hg.): Postmoderne und Dekonstruktion. Texte frz. Philosophen der Gegenwart (1990) 143. – 46 Derrida [45] 152. – 47 vgl. ders.: Die différance, in: ders.: Rändgänge der P., hg. v. P. Engelmann (1988) 29–52. – 48 ders.: Limited Inc. a b c …, in: Glyph 2 (1977) 187. – 49 ders.: Die Struktur, das Zeichen und das Spiel im Diskurs der Wiss. vom Menschen, in: ders.: Die Schrift und die Differenz (⁵1992) 426. – 50 P. de Man: Allegorien des Lesens (1988) 45. – 51 vgl. ebd. 34. – 52 W. Hamacher: Unlesbarkeit, in: P. de Man [50] 15. – 53 P. de Man: Allegories of Reading. Figural Language in Rousseau, Nietzsche, Rilke, and Proust (New Haven/London 1979) 281f. – 54 Hamacher [52] 9. – 55 De Man [50] 37; zur Kritik an de Mans Adaption des Rhetorikbegriffs vgl. B. Vickers: De Man's Schismatizing of Rhetoric, in: Renaissances of Rhetoric, hg. v. S. Ijsseling u. G. Vervaecke (Leuven 1994) 193–247. – 56 De Man [50] 40. – 57 vgl. z.B. J. Derrida: Sporen. Die Stile Nietzsches, in: W. Hamacher (Hg.): Nietzsche aus Frankreich. Essays von M. Blanchot, J. Derrida, P. Klossowski, Ph. Lacoue-Labarthe, J.-L. Nancy und B. Pautra (1986) 129–168. – 58 F. Nietzsche: Ueber Wahrheit und Lüge im außermoralischen Sinne, in: Werke. Krit. Gesamtausg., hg. v. G. Colli u. M. Montinari III,2 (1973) 367–384. – 59 De Man [50] 153. – 60 Nietzsche [58] 374–375. – 61 G.K. Mainberger: J. Derridas Ein mimetischer Versuch, in: Rhetorik 9 (1990) 35. – 62 ebd. 28. – 63 J. Derrida: Grammatologie (1974) 12. – 64 Mainberger [61] 34.

Literaturhinweise:
J. Culler: Dekonstruktion. Derrida und die poststrukturalistische Literaturtheorie (1988). – B. Menke: Dekonstruktion – Lektüre: Derrida literaturtheoretisch, in: K.-M. Bogdal (Hg.): Neue Literaturtheorien. Eine Einf. (1990) 235–264. – Th. Steinfeld: Die melodramatische Wiss. P. de Man, Dekonstruktion (amerikanisch) und Rhet., in: Rhetorik 9 (1990) 11–22. – S.A. Tyler: Das Unaussprechliche. Ethnographie, Diskurs und Rhet. in der postmodernen Welt (1990). – G. Neumann (Hg.): Poststrukturalismus. Herausforderung an die Literaturwiss. (1997).

V. Mergenthaler

4. Wissenschaftstheorie. Der Begriff der Rhetorik kann im Kontext der Wissenschaftstheorie des 20. Jh. die unterschiedlichen Bedeutungen annehmen, die ihn auch schon in seiner Geschichte seit den Anfängen begleiteten. Im Vordergrund steht dabei zunächst die Rhetorikkritik. Aus dieser Sicht bezeichnet Rhetorik einerseits im Sinne der *persuasio* den Versuch zur Überzeugung mit unlauteren Mitteln, andererseits als *ornatus* einen unangemessenen Schmuck der Sprache, eine Verzerrung und Verstellung der Wirklichkeit, derer sich die Wissenschaftssprache zu enthalten hat. In beiden Bedeutungen schwingen Reminiszenzen an die Rhetorikfeindlichkeit der Anfänge der modernen Wissenschaften mit, als die rhetorischen Techniken als «perfect cheats» (vollkommene Betrügereien)[1] bezeichnet wurden und sich für den wissenschaftlichen Sprachgebrauch eine Rhetorik der Anti-Rhetorik entwickelte. Da die Rhetorik allerdings ein umfassendes System zur Beschreibung sprachlicher Mittel darstellt, bedeutet auch die Anti-Rhetorik «lediglich einen Wechsel innerhalb des Rhetorik-Paradigmas»[2], und auch der bewußt schlichte Sprachgebrauch des *genus humile* oder einer *oratio inornata* läßt sich als Mittel zur Überzeugung verstehen und kritisieren.

Durch Entwicklungen in der Linguistik und der Sprachphilosophie wird die Rhetorik zunehmend als ein ubiquitärer Aspekt der Sprache gesehen. Die Sprachkritik in der Wissenschaftstheorie fällt in wesentlichen Punkten mit der Rhetorikkritik zusammen, da sich die Bedeutung sprachlicher und damit auch rhetorischer Elemente (Begriffsbildung, theoriekonstitutive Metaphern, Überzeugungsfunktion der wissenschaftlichen Sprache etc.) in der Wissenschaft nicht negieren läßt. Es lassen sich drei wesentliche Bereiche im Kontext von Wissenschaftstheorie und Rhetorik unterscheiden:

a. *Rhetorik innerhalb der Wissenschaften.* Die Anschaulichkeit, *evidentia*, der wissenschaftlichen Theorien, die schon im 19. Jh. eingeschränkt war, geht in vielen Bereichen der Naturwissenschaft verloren, und zwar nicht nur für Laien, sondern auch für die Fachleute. Die Ergebnisse der Quantentheorie widersprechen der Alltagserfahrung und werden widersprüchlich, wenn sie in der Alltagssprache ausgedrückt werden sollen. HEISENBERG forderte, daß eine neue Sprache entstehen müsse, die den neuen Anforderungen gerecht würde: «Aber es ist nicht eine präzise Sprache, in der man die normalen logischen Schlußverfahren benützen könnte; es ist eine Sprache, die Bilder in unserem Denken hervorruft, aber zugleich mit ihnen doch auch das Gefühl, daß die Bilder nur eine unklare Verbindung mit der Wirklichkeit besitzen, daß sie nur eine Tendenz zur Wirklichkeit darstellen.»[3] Damit wird Referentialität als strikte Anforderung an eine wissenschaftliche Sprache suspendiert, die rhetorischen Qualitäten treten in den Vordergrund und ergänzen die präzise Sprache der Mathematik.

Begriffe der Physik, die als Katachresen oder in der Annahme analoger Phänomene aus früheren Theorien übernommen werden, erweisen sich als irreführend oder ungenügend (z.B. der Spin des Elektrons, der im Gegensatz zum Eigendrehimpuls makroskopischer Körper nur bestimmte Werte annehmen kann). Widersprüchliche (komplementäre) Beschreibungen werden notwendig, um Phänomene vollständig beschreiben zu können (z.B. die Welle-Teilchen-Dualität des Lichts und der subatomaren Objekte). In der Quantenchromodynamik und in der Chaostheorie werden bewußt unzutreffende oder unsinnige Begriffe als Bezeichnungen für neue Phänome eingesetzt (z.B. das Wort ‹Quarks› aus J. JOYCES ‹Finnegans Wake› oder die Katachresen ‹Charm›, ‹Farbe› oder ‹Geschmack› für Eigenschaften der Quarks). Über seine Wortwahl für Phänomene der Chaostheorie schreibt B. MANDELBROT, daß sich bestehende Begriffe oft als resistent gegen Neudefinitionen erweisen. Er benutzt daher künstliche vertraute Katachresen wie ‹dust›, ‹curd›, und ‹whey› (Staub, Dickmilch und Molke), denn: «Als Haustiere lassen sich die Monster leichter zähmen.»[4]

Innerhalb der Wissenschaften und in der Wissenschaftstheorie finden sich gleichzeitig Diskussionen zur Wissenschaftssprache, die sich nicht gegen die dort auftretende Rhetorik und speziell die Metaphorik richten, sondern die Funktionsfähigkeit oder auch die vorläufige Richtigkeit von rhetorischen Komponenten zum Inhalt haben. Wurde die Metapher von NIETZSCHE als «Lüge im außermoralischen Sinne»[5] gesehen, so wird nun gerade in dem Spannungsverhältnis der metaphorischen Sprache zwischen Tenor und Vehikel[6] ein erkenntnistheoretisches Potential erkannt.[7] Die Diskrepanz zwischen der 'falschen' metaphorischen Aussage und der Erwartung führt potentiell zur Korrektur und löst damit einen Erkenntnisprozeß aus.[8] Die Notwendigkeit einer Metaphorik für die Wissenschaftssprache steht in dieser Diskussion weniger zur Debatte; statt dessen werden bestimmte Metaphern als theoriekonstitutiv gesehen, soweit sie für die Formulierung einer Theorie wesentlich sind (z.B. der «Kampf ums Überleben» in DARWINS Evolutionstheorie). Da eine vollkommen nicht-metaphorische Sprache auch für die Wissenschaft nicht erreicht werden kann, konzentriert sich die Diskussion eher auf die jeweilige Auswahl, die in ihrer Wirkung Denkmöglichkeiten eröffnet oder auch vorstrukturiert bzw. behindert (vgl. z.B. S.J. GOULDS Kritik an zentralen Metaphern der Evolutionstheorie wie ‹Stammbäumen› oder ‹Leitern›[9]).

In der Diskussion um den Wahrheitsanspruch der Wissenschaften muß zwischen der Rhetorik in spezialisierten Fachtexten und in populärwissenschaftlichen Vermittlungen unterschieden werden. In wissenschaftlichen Arbeiten handelt es sich meist um eine forensische (judiziale) Rhetorik; die Aussagen werden diskutiert und als vorläufiges Wissen verstanden. Dagegen findet sich in der populärwissenschaftlichen Literatur eher eine epideiktische Rhetorik, durch die das Wissen als gesichert und möglichst weitreichend dargestellt wird und die erfolgreichen Wissenschaftler als 'große Männer' gefeiert werden.[10]

b. *Rhetorik in der Wissenschaftsphilosophie.* Die analytische P. stellt die Bedeutung der Sprache für die Erkenntnis in den Vordergrund. Eine Richtung kritisiert die bestehende Wortsprache als unzulänglich, da sie sich nur schlecht für streng logische Verfahren eignet, in ihren Worten die verschiedenartigsten Assoziationen mitschwingen und es ihr daher an der erforderlichen Genauigkeit mangelt.[11] Um diese «lyrischen Elemente»[12] aus der Wissenschaft zu entfernen, bedarf es einer Symbolik, deren Elemente von Begleitvorstellungen frei sind, und es wurde versucht, eine in der Logik fundierte ideale Sprache zu entwerfen, auf die sich wahre und falsche Aussagen reduzieren ließen. Zu dieser Richtung werden neben G. FREGE, B. RUSSELL und A.N. WHITEHEAD auch R. CARNAP, A. TARSKI, W.V.O. QUINE sowie der frühe WITTGENSTEIN gezählt.

Die Gegenrichtung (u.a. G.E. MOORE, der späte Wittgenstein und J.L. AUSTIN) folgt den Bedingungen der existierenden Sprache. Dazu gehören die Probleme der Bedeutung von Begriffen, die laut Wittgenstein durch Sprachspiele bedingt ist und damit nicht unbedingt scharf eingegrenzt werden kann.[13] Gleichzeitig erscheinen, wie auch schon bei G. VICO, Metaphern nicht mehr nur als Teil des *ornatus*, sondern als konstitutive Bestandteile jeder Sprache, denen auch eine Erkenntnisträchtigkeit zugesprochen werden kann. M. BLACK konstatiert dabei die Unmöglichkeit, Metaphern in eine nicht-figurative Sprache zu übersetzen[14], und betont die Bedeutung der Metaphorik in den Anfangsphasen von Wissenschaften.[15] Diese wissenschaftlichen Metaphern verlieren allerdings mit der Zeit ihren metaphorischen Gehalt und werden zu 'toten' Metaphern, soweit sie nicht durch fachsprachliche Neologismen abgelöst werden.

Die linguistische Wende betont die grundlegende sprachliche Bedingtheit allen Denkens, d.h. einen linguistischen Determinismus, nach dem Wortschatz und Struktur einer Sprache das Denken und die Weltsicht ihrer Benutzer prägen. Damit sind auch wissenschaftliche Konzepte und Kategorien von der Sprache abhängig, in der der Wissenschaftler denkt.[16] G. LAKOFF stellt darüber hinaus fest, daß Metaphern ein wesentliches Hilfsmittel für das Verstehen abstrakter Konzepte sind und daß unser Metaphernsystem für die Organisation unserer Erfahrungen und unsere dadurch bedingten

Handlungen maßgeblich ist.[17] Diese Überlegungen haben Auswirkungen auf die Beurteilung der Wissenschaftssprache und ihr Verhältnis zur Rhetorik. Der Versuch, eine nicht-figurative Sprache als Grundlage der Wissenschaft zu etablieren, erscheint einerseits als zum Scheitern verurteilt, andererseits aber auch nicht wirklich als wünschenswert, da damit möglicherweise wesentliche Erkenntnismöglichkeiten verworfen würden. Daraus folgen Überlegungen zur kognitiven Funktion wissenschaftlicher Metaphern[18] oder zu theoriekonstitutiven Metaphern, die sich im Gegensatz zu literarischen durch Wiederholungen nicht notwendigerweise abnutzen, sondern präzisieren können.[19]

c. *Rhetorik in der Wissenschaftsgeschichte.* Aus dem Konzept der Wissenschaftsgeschichte als einer Abfolge von unterschiedlichen Paradigmen, die sich nicht asymptotisch auf eine absolute Wahrheit hin entwickeln, sondern den jeweiligen historisch und sozial gegebenen Anforderungen folgen[20], ergibt sich, daß Theorien, um akzeptiert zu werden, nicht nur an ihrem Wahrheitsgehalt gemessen werden. Durch den teilweise rapiden Wechsel theoretischer Entwürfe erscheinen diese nun eher als Arbeitshypothesen, die zwar eine gewisse Zeit nutzbar gemacht werden können, dann aber auch wieder bereitwillig fallen gelassen werden. Darüber hinaus lassen die vehementen Diskussionen um Ergebnisse oder auch ganze Forschungsbereiche (z.B. die Soziobiologie) eine individuelle, soziale und politische Interessengebundenheit wissenschaftlicher Arbeit hervortreten, die dem Bild der Wissenschaften als einem neutralen Werkzeug zum Erkenntnisgewinn entgegenläuft. PERELMAN schreibt in diesem Sinne: «Wissen beansprucht keinen unpersönlichen Status mehr, wenn jede wissenschaftliche Idee als menschlicher Gedanke erscheint, fehlbar, situationsbezogen und kontrovers. Jede neue Idee bedarf der Argumente, die durch spezifische Methodologie der jeweiligen Disziplin gewonnen und nach ihren Kriterien bewertet werden.»[21] Die Überzeugungskraft, durch die die relevante Gemeinschaft der Wissenschaftler von der Richtigkeit einer Theorie eingenommen wird, spielt demnach eine wesentliche Rolle, gleichzeitig erscheint in der ‹Neuen Rhetorik› die Überredung als Bestandteil jeder sprachlichen Äußerung.[22] Von Bedeutung sind hier auch die standardisierten Darstellungsformen in der Wissenschaftsvermittlung, wie z.B. der weitgehend normierte Aufbau des wissenschaftlichen Textes oder die Zitation. Mit diesen Darstellungsmitteln, die geschichtlichen Veränderungen unterworfen sind und innerhalb und zwischen den Disziplinen variieren, «können normative Ansprüche verbunden sein, die das zum Ausdruck bringen, was im Hinblick auf bestimmte disziplinäre Ziele als angemessene Darstellung gilt.»[23] Die als adäquat anerkannte Präsentation der Forschungsergebnisse hat Einfluss auf die Akzeptanz des Textes als wissenschaftliche Arbeit, bedeutet aber auch eine künstliche Anpassung des Inhaltes an vorgegebene Formen. Die Wirksamkeit eines Textes ist damit auch Folge einer rhetorischen Bearbeitung. An diese Aspekte der Überzeugungsfunktion in der Wissenschaftsvermittlung schließen sich moderate und radikale Varianten einer Wissenschaftsgeschichte und -soziologie an:

(1) Die *moderate* Version, der auch die meisten Praktiker folgen, konzediert in unterschiedlicher Gewichtung soziale und rhetorische Komponenten in der Forschung und in der Vermittlung von Wissenschaft (u.a. in der Organisation, in der Beschaffung von Forschungsgeldern, in der Bestimmung von relevanten Forschungsinhalten, in der Begutachtung von Arbeiten), besteht aber darauf, daß sich die Wissenschaftsentwicklung nicht auf sprachliche und soziale Aspekte reduzieren läßt.

(2) Die *radikale* Version, u.a. das sogenannte ‹Strong program of the sociology of knowledge›, sieht Wissenschaft als ein rein soziales Phänomen und wissenschaftliche Erkenntnisse ausschließlich als soziale Konstrukte. Damit rücken auch Sprache und Rhetorik in das Zentrum der Untersuchung wissenschaftlicher Erkenntnis. B. LATOUR und S. WOOLGAR betonen die Bedeutung des Schreibens in der wissenschaftlichen Arbeit von Laboratorien.[24] A. GROSS proklamiert, daß es unmöglich sei, eine Grenze zwischen Rhetorik und wissenschaftlicher Erkenntnis zu ziehen.[25] Eine Kritik dieser Sicht erfolgt durch J.E. MCGUIRE und T. MELIA. Sie verweisen darauf, daß die logische Kette: «Alles ist Text – also ist Wissenschaft Text; alle Texte sind rhetorisch – also ist alle Wissenschaft rhetorisch», auf der Prämisse basiert, daß alle nicht-sprachlichen Elemente und Tatsachen aus der Wissenschaft ausgeklammert werden.[26] Die Position, nach der alles Wissen rhetorisch konstruiert ist, steht der Dekonstruktion nahe. Diese ist damit ein wesentlicher Faktor in der relativistischen Wissenschaftskritik der letzten Jahrzehnte. Die kategorische These einer unaufhebbaren Rhetorizität aller Sprache führt aber zu dem Problem, daß der Begriff der Rhetorik durch seine Universalität droht, jegliche Aussagekraft zu verlieren.[27]

Den Versuch einer Demaskierung dekonstruktivistischer Wissenschaftskritik als ‘Eleganten Unsinn' unternahm A. SOKAL 1996 mit dem sogenannten ‹Sokal Hoax›, indem er der Zeitschrift ‹Social Text› einer absichtlich unsinnigen wissenschaftskritischen Text einreichte, der auch tatsächlich abgedruckt wurde.[28]

Anmerkungen:
1 J. Locke: An Essay Concerning Human Understanding, Buch III, Kap. X.34 (1690), in: Philosophical Works Ed.2 (London 1899) 112. – **2** Plett 12f. – **3** W. Heisenberg: Physik und P. (1959) 151f. – **4** B.B. Mandelbrot: Die fraktale Geometrie der Natur, übers. v. R. u. U. Zähle (1987) 4. – **5** vgl. F. Nietzsche: Über Wahrheit und Lüge im außermoralischen Sinne (1873), in: Werke. Krit. Gesamtausg., hg. v. G. Colli u. M. Montinari, Bd. III, 2 (1973) 367–384. – **6** I.A. Richards: The Philosophy of Rhetoric (²1965) 96. – **7** vgl. D. Davidson: What Metaphors Mean, in: S. Sacks (Hg.): On Metaphor (Chicago 1978) 41. – **8** D.R. Swanson: Towards a Psychology of Metaphor, in: Sacks [7] 162. – **9** S.J. Gould: Leitern und Kegel: Einschränkungen der Evolutionstheorie durch kanonische Bilder, in: R.B. Silvers (Hg.): Verborgene Gesch. der Wiss., übers. v. S. Vogel (1996) 43–71. – **10** J. Fahnestock: Accommodating Science: The Rhetorical Life of Scientific Facts, in: M.W. McRea (Hg.): The Literature of Science (Athens/London 1993) 19ff. – **11** vgl. G. Frege: Begriffsschr., eine der arithmetischen nachgebildete Formelsprache des reinen Denkens (1879), ND in Auszügen in: K. Berka, L. Kreiser: Logik-Texte (1986) 83; A.N. Whitehead, B. Russell: Principia Mathematica (1910–1913), ND des Vorworts und der Einl., übers. v. H. Mokre (1986) 8. – **12** H Hahn: Empirismus, Logik, Mathematik (1988) 46. – **13** vgl. L. Wittgenstein: Philos. Untersuchungen, in: ders. Tractatus logico-philosophicus, Werkausg. Bd.1 (⁵1989) §71 und 77. – **14** M. Black: Models and Metaphors (Ithaca / New York 1962) 46. – **15** ebd. S.242. – **16** vgl. B.L. Whorf: Science and Linguistics, in J.B. Carroll (Hg.): Language, Thought and Reality: Selected Writings of B.L. Whorf (New York 1956) 207–219. – **17** vgl. G. Lakoff: Contemporary Theory of Metaphor, in: A. Ortony (Hg.): Metaphor and Thought (Cambridge ²1993) 204–251. – **18** M. Hesse: Models, Metaphors and Truth, in: Z. Radman (Hg.): From a Metaphorical Point of View: a Multidisciplinary Approach to the Cognitive Content of Metaphor (Berlin/New York 1995) 351–372 – **19** vgl. E. Montuschi: What is Wrong with Talking of Metaphors in Science, in: Radman [18] 309–327. – **20** T.S. Kuhn:

Die Struktur wiss. Revolutionen, übers. v. K. Simon (^{2}1991). – **21** C. Perelman: Das Reich der Rhet., übers. v. E. Wittig (1980) 161. – **22** vgl. Ueding/Steinbrink 166. – **23** L. Danneberg, J. Niederhauser; «... daß die Papierersparnis gänzlich zurücktrete gegenüber der schönen Form.» Darstellungsformen der Wiss. im Wandel der Zeit und im Zugriff verschiedener Disziplinen, in: dies. (Hg.): Darstellungsformen der Wiss. im Kontrast (1998) 54. – **24** B. Latour, S. Woolgar: Laboratory Life: The Construction of Scientific Facts (Princeton N.J. ^{2}1986) 45ff. – **25** vgl. A. Gross: Rhetoric of Science without Constraints, in: Rhetorica IX, 4 (1991) 285. – **26** vgl. J.E. McGuire, T. Melia: Some Cautionary Strictures on the Writing of the Rhetoric of Science, in: Rhetorica VII,1 (1989) 87–99; und dies.: The Rhetoric of the Radical Rhetoric of Science, in: ebd. IX,4 (1991) 301–316. – **27** vgl. R. Nate: Rhet. und der Diskurs der Naturwiss., in: H.F. Plett (Hg.): Die Aktualität der Rhet. (1996) 112. – **28** vgl. A. Sokal: A Physicist Experiments With Cultural Studies, in: Lingua Franca 6,4 (1996) 62–64; A. Sokal, J. Bricmont: Eleganter Unsinn, übers. v. J. Schwab, D. Zimmer (1999).

Literaturhinweise:
P. Medawar: Is the Scientific Paper a Fraud? (1963), in: ders.: The Threat and the Glory (Oxford 1990) 228–233. – M. Hesse: Revolutions and Reconstructions in the Philosophy of Science (Brighton 1980) – G. Lakoff, M. Johnson: Metaphors We Live By (Chicago 1980). – C. Bazerman: Shaping Written Knowledge (Madison 1988). – L.J. Prelli: A Rhetoric of Science (Columbia 1989). – J. Bono: Science, Discourse, and Literature: The Role/Rule of Metaphor in Science, in: S. Peterfreund (Hg.): Literature and Science: Theory and Practice (Boston 1990) 59–89. – M.A. Finocchiaro: Varieties of Rhetoric in Science, in: History of the Human Sciences Vol.3,2 (1990) 177–193. – A.G. Gross: The Rhetoric of Science (Cambridge/London 1990). – P. Dear (Hg.): The Literary Structure of Scientific Argument (Philadelphia 1991) – D. Locke: Science as Writing (New Haven/London 1992).

D. Vanderbeke

5. *Anthropologie* **a. 1)** Unter ‹Anthropologie› sollen die systematischen und entsprechend begrifflich präzisierten Versuche wissenschaftlicher wie philosophischer Selbstbeschreibung des Menschen verstanden werden. [1] Anthropologie in diesem Sinne gibt es zwar seit dem 16. Jh. (M. Hundt 1501; O. Cassmann 1594), doch die Genese der Anthropologie als einer spezifisch philosophischen Sonderdisziplin wird in der Regel erst an Kants Anthropologie-Vorlesung von 1772/73 (so Marquard) oder an die Arbeiten von M. Scheler und H. Plessner (so Habermas) geknüpft. Entsprechend nennt H. Blumenberg eine solchermaßen ambitionierte Anthropologie auch «die letzte und verspätete Disziplin der Philosophie». [2] Erklärbar ist diese Verspätung aus dem «reaktiven» Charakter der philosophischen Anthropologie: sie wird erst nötig, wenn die Vielzahl und Vielfalt wissenschaftlicher Aussagen über den Menschen nach einer integralen Deutung des menschlichen Wesens verlangen. [3] Aufgrund der nicht hintergehbaren Selbstreferentialität solcher Deutungen kann eine philosophische Anthropologie natürlich weder objektivistischen Ansprüchen genügen noch gar neutral oder interessefrei sein; sie ist vielmehr immer auch ein Spiegelbild des jeweiligen (historisch wie soziokulturell vermittelten) Selbstverständnisses des Menschen und muß es sein, weil jede philosophische Selbstbeschreibung des Menschen natürlich nur aus seinem jeweiligen Selbstverständnis ihre Deutungsplausibilität beziehen kann.
2) Aus dieser dialektischen Beziehung zwischen theoretischer Selbstbeschreibung des Menschen und seinem zugrundeliegenden Selbstverständnis erklärt sich auch, warum das Interesse des Menschen an anthropologischen Fragen weit älter ist als die disziplinäre bzw. philosophische Etablierung der Anthropologie. Entsprechend gab es auch eine Anthropologie avant la lettre: Von Genesis 1,26ff über Platons Höhlengleichnis, Pico della Mirandolas Rede ‹De hominis dignitate›, Dostojewskis Geschichte ‹Der Großinquisitor› bis zu Heideggers ‹Brief über den Humanismus› reichen die anthropologischen Selbstbeschreibungen des Menschen unter anderen Namen. Einer dieser historischen Namen hieß ‹P.›, wenn denn anthropologische Fragen tatsächlich so alt sind wie die P. selbst. Ein anderer Name hieß «Theologie», wenn denn Feuerbachs religionskritisches Theorem aus ‹Das Wesen des Christentums› gilt: «Das Geheimnis der Theologie ist die Anthropologie», weil Theologie die einflußreichste und älteste fremdsprachliche (und entfremdete) Gestalt der Selbstbeschreibung des Menschen darstellt. Ein dritter Name, unter dem anthropologischen Frageinteressen voranthropologisch befriedigt wurden, hieß Rhetorik, wenn es denn spätestens seit der ‹anthropologischen Wende› der Sophistik eine durchgehende ‹anthropologische Linie› in der Europäischen P. gab [4], und wenn denn weiter Niehues-Pröbstings These zustimmungsfähig ist: die Antike hatte keine Anthropologie, nicht weil sie deren Frageinteressen nicht teilte, sondern weil sie für deren Beantwortung die Anthropologie «nicht brauchte; sie hatte nämlich die Rhetorik»; denn die Rhetorik «enthält (nicht) eine, (sie enthält) *die* Anthropologie der Antike». [5]

Überraschen darf diese vikarische Rolle der Rhetorik freilich nicht; die Anthropologie ist nämlich nur eine von vielen Disziplinen, deren Frageinteresse jahrhundertelang von der Rhetorik verwaltet wurde. Und das nicht schlecht, wie die rekonstruierten Vorgeschichten der entsprechenden Disziplinen belegen können. Das gilt auch im Fall der Anthropologie; sonst bliebe schlicht unverständlich, warum Rhetorik als Stichwortgeber für eine sich disziplinär ausdifferenzierende Anthropologie fungieren konnte [6], und warum es ein Rhetoriker war, nämlich G.P. Müller, der 1719 in Deutschland die erste Anthropologie-Vorlesung hielt. Doch das alles ist bzw. war lange vergessen. In Schelers Typologie möglicher Anthropologien kommt Rhetorik jedenfalls – anders als Religion – nicht mehr vor. [7]

Die Anthropologie der Rhetorik war unbekannt, weil sie eine implizite Anthropologie war, und die rhetorische Anthropologie mußte implizit bleiben, weil Rhetorik nur so praktisch erfolgreich sein konnte; denn Karriere hat die Rhetorik nicht wegen, sondern trotz ihrer Anthropologie gemacht. Es war und blieb freilich mehr als ein Schönheitsfehler, daß sich der pragmatische Erfolg der Rhetorik offensichtlich theoretischen bzw. anthropologischen Voraussetzungen verdankte, die der philosophische main stream seit Platon (von wenigen Ausnahmen abgesehen) radikal ablehnte. An der Geschichte der Sophistik (als der Haustheorie der Rhetorik) [8] kann man ablesen, wie es einer Theorie ergangen ist, die historisch den Kampf um die kulturelle Deutungshegemonie verloren hatte. Entsprechend konnten weder Sophistik noch Rhetorik für ihre neuerliche «Wiederkehr» als Theorie [9] selbst etwas tun; diese «Wiederkehr» mußte von außen organisiert werden. Es entbehrt nicht einer gewissen Ironie, daß es gerade die P. war, die diese «Wiederkehr» betrieb, weshalb man auch von einem späten Sieg der Sophistik bzw. der Rhetorik über Platon gesprochen hat. [10] Möglich wurde dieser Sieg, weil die Grundlage des traditionsreichen Konflikts der P. mit Sophistik/Rhetorik mittlerweile entfallen war, und das aus rein innerphilosophischen Gründen: erst unter Bedingungen eines nachmetaphysischen Denkzwangs konnte «die in der Rhetorik angelegte und in ihr aufgegangene Anthropologie» philosophisch interessant, ja attraktiv werden, nämlich als eine «Theorie des Menschen außerhalb der Idealität».[11]

So spät die philosophische Rehabilitation der Rhetorik auch erfolgt sein mag, sie ist innerhalb der vielschichtigen Rehabilitationsgeschichte der Rhetorik in diesem Jahrhundert[12] fraglos die bedeutendste; denn sie macht endlich den substanziellen Gehalt wieder kenntlich, um den es im Dauerstreit zwischen P. und Rhetorik von Anfang an ging; und das war nicht «bloße Stilistik und Darstellungskunst», sondern der Streit zwischen zwei radikal differenten Selbstbeschreibungsversuchen des Menschen.[13] Entsprechend konnte es zu einer Versöhnung zwischen P. und Rhetorik auch erst über die Aussöhnung ihrer jeweiligen Menschenbilder kommen. Was die aktuelle philosophische Entdeckung der Rhetorik im Kern also ausmacht, ist eben dies: die Entdeckung der rhetorischen Anthropologie als einer philosophisch gehaltvollen Selbstbeschreibung des Menschen.

b. 1) *Vorläufer.* Natürlich gibt es historisch gesehen schon vor BLUMENBERGs einflußreichem Essay ‹Anthropologische Annäherung an die Rhetorik› (1971/1981) vereinzelte Stimmen, die unter Rhetorik etwas anderes zu verstehen empfahlen als «bloße Stilistik» oder eine spezielle Sozialtechnologie. Es gibt diese Stimmen in der Neuzeit seit VICO; doch sie kamen zu früh, weil nun einmal der europäische Denkweg von der Ontologie über die Bewußtseinsphilosophie zur (pragmatisch und damit rhetorikaffinen) Sprach- bzw. Kommunikationstheorie verläuft.[14] Eine solche verfrühte Stimme ist natürlich NIETZSCHE, dessen Theorem «die Sprache ist Rhetorik» erst spät in seinem philosophischen und anthropologischen Gehalt bemerkt worden ist.[15] Eine andere Stimme ist H. GOMPERZ mit seinem kühnen Satz, daß es eine «Philosophie der Rhetorik» gebe und daß sie, wenn irgendwo, dann in der «Philosophie des Protagoras» zu finden sei.[16] Weitere Stimmen sind E. GRASSI mit seinem Interesse an der «rhetorischen Philosophie» des Humanismus[17] oder K.-O. APEL und seine These von der «geheimen Philosophie der Rhetorik»[18] oder besonders K. DOCKHORN. Seine seit 1949 vertretene These, es gebe eine rhetorikspezifische «Weltanschauung im vollsten Sinne des Wortes […] mit eigener Erkenntnistheorie, eigener Moral und vor allem eigener Anthropologie (!)», diese These bleibt seinerzeit völlig folgenlos, bis sie durch H.-G. GADAMER 1967 aufgegriffen und wenigstens für dessen Philosophische Hermeneutik genutzt wird.[19] Seitdem beginnt der Einfluß von E. R. CURTIUS und H. LAUSBERG auf den Diskurs über Rhetorik abzunehmen. Zu einer dezidiert anthropologischen Wende der Rhetorik aber kommt es erst aufgrund von Blumenbergs brillantem Essay; erst seit diesem gibt es einen eigensinnig anthropologischen Rhetorikbegriff, der zusammen mit dem argumentationstheoretischen (CH. PERELMAN) und dekonstruktivistischen (P. DE MAN) die Trias der drei «gehaltvollen» Konzepte bzw. Modelle benennt, die für die gegenwärtige Theoriearbeit der Rhetorik relevant sind.[20]

Obwohl im Ergebnis weithin übereinstimmend lassen sich methodologisch vier Strategien unterscheiden, mit denen das anthropologische Interesse an Rhetorik einzulösen versucht wird: entweder sind es die Geschichte der Rhetorik, ihre Paradigmen, ihr System oder ihre Funktionen, an denen sich die Explikation der impliziten Anthropologie der Rhetorik jeweils orientiert.

2) *Die Geschichte der Rhetorik als anthropologischer Rekonstruktionsbezug.* Rhetorikgeschichte ist für diesen Bezug natürlich nur wichtig als Geschichte der Auseinandersetzung mit der Rhetorik; und das ist weithin eine Geschichte der Kritik an der Rhetorik. Doch das muß kein Hindernis sein, die Kritik *an* der Rhetorik für eine Rekonstruktion der anthropologischen Implikate *der* Rhetorik umzufunktionalisieren. Beispielhaft ist dies H. NIEHUES-PRÖBSTING in seinem Buch ‹Überredung zur Einsicht› gelungen, indem er PLATONS Rhetorikkritik etwa im ‹Theaitetos› heuristisch genutzt hat, um den Kerngehalt des philosophischen Vorwurfs gegen die Rhetorik zu präzisieren. Und der zielt auf die Kritik einer «Lebensform», die zu ihrer Bewältigung Rhetorik nötig hat und sich deshalb den «Zwangsbedingungen rhetorischer Rede» unterwerfen muß. Eine Lebenspraxis, die solche «Zwangsbedingungen» aufnötigt, läßt sich bestimmen als eine Praxis *sozialer Selbstbehauptung durch Reden*. Das Gericht ist für Platon der Ort, an dem sich modellhaft diese Praxis studieren läßt, weil sie wie in einer Laborsituation Menschen beobachtbar macht, die sich durch Reden sozial behaupten müssen. Die Skizze des forensischen Menschen fungiert bei Platon zwar als «Negativbild des Philosophen», doch lassen sich aus ihm auch die Konturen einer Anthropologie gewinnen, wie sie für die Rhetorik allgemein typisch ist: Rhetorik geht von einer Lebenspraxis aus, in der Menschen ständig unter «Zeitdruck» agieren, «abhängig» von Anderen und deren Meinungen sind und nur das eine Interesse verfolgen, das Interesse an «Selbsterhaltung» bzw. an sozialer Selbstbehauptung. Platon nennt eine solche Lebenspraxis «knechtisch». Daß Knechtschaft unter Bedingungen sozialer Selbstbehauptung zwingend ist, bestreitet Platon nicht; wohl aber – am Beispiel seines Lehrers Sokrates belegt er es – daß solche «anthropozentrisch» fokussierte Selbstbehauptung zwingend ist.[21]

Wie schnell die von Rhetorik vorausgesetzte Lebenspraxis ihren «knechtischen» Charakter einbüßt, läßt sich an HEIDEGGER ablesen. Dessen Empfehlung, die Aristotelische ‹Rhetorik› nicht als ein «Lehrfach» zu lesen, sondern «als die erste systematische Hermeneutik der Alltäglichkeit des Miteinanderseins»[22], war seinerzeit ebenso ungewöhnlich wie NIETZSCHES funktionale Interpretation von Rhetorik als «Notwehr». Nach N. BOLZ ermöglicht aber diese Interpretation ebenso eine «Universalisierung der Rhetorik» wie deren Anthropologisierung, was notwendige Voraussetzungen ihrer gegenwärtigen Aktualisierung sind.[23]

3) *Die Paradigmen der Rhetorik als anthropologischer Rekonstruktionsbezug.* BLUMENBERGs Interesse an Rhetorik verdankt sich einer ingeniösen Entdeckung. Danach gibt es eine auffallende Paradigmen-Konvergenz zwischen Anthropologie und Rhetorik, die auf einen intrinsischen Zusammenhang zwischen beiden verweist: Ähnlich wie sich die Aussagen der Anthropologie über den Menschen auf die *eine* Alternative», nämlich «armer oder reicher Mensch», reduzieren ließen, so seien auch die Paradigmen der Rhetorik alternativ reduzierbar; entweder habe der Mensch nämlich Rhetorik nötig, «um mit seinem Mangel an Wahrheit fertig (zu werden)», oder er brauche Rhetorik eigentlich nur, um «die Wahrheit zu verschönern» und ihr größere Wirkung zu verschaffen.[24] Philosophisch von Belang ist für Blumenberg natürlich nur die «erkenntnistheoretische Situation, die Platon er Sophistik unterstellt hatte», und die lautet: «Wahrheitsbesitz» ist unmöglich und deshalb ist «die Alternative zwischen Wahrheit und Wirkung» ebenso obsolet wie die zwischen Wahrheit und bewährten bzw. konsensuell ratifizierten Meinungen (ἔνδοξα, éndoxa).[25] Anthropologisch ist diese erkenntnistheoretische Situation verallgemeinerbar zur «Situation des Mängelwesens, dem alles in die Ökonomie seines Instrumentariums zum Überleben rückt und das sich Rhetorik folglich nicht leisten kann, es sei denn, daß es sich sie leisten muß». Nötig wird Rhetorik mithin für Menschen, die ihre konstitutionellen Mängel (wie fehlende Gewißheits- und Normevidenz, Zeitmangel, Handlungsdruck etc.) *durch Reden kompensieren* müssen. Insofern ist die Rhetorik ein Produkt der «Verlegenheit», das der «Kunst des Überlebens» dient.[26] Was für Rhetorik allgemein gilt, gilt auch für ihre renommierteste Figur, die Metapher: Auch sie «ist der Kunstgriff einer Sprache, die ihre Not kennt».[27] Entsprechend ist ihr angemessener Rekonstruktionsrahmen auch nicht irgendeine *ornatus*- oder Substitutionstheorie, sondern eine «Theorie der Unbegrifflichkeit»[28], die historisch wie systematisch als Widerspruch gegen jede Begriffsaskese und deren Versprechen gilt, endlich den Mythos durch den Logos ablösen und den lebensweltlich gespeisten «metaphorischen Umweg» zur Welt begrifflich abkürzen zu können.[29]

Rhetorik als solchermaßen kompensatorische Mängelbewältigung bzw. als ein «Armutszeugnis» zu verstehen, bietet nicht nur attraktive Anschlußchancen an renommierte anthropologische Mängel- und Kompensationstheoreme von PROTAGORAS über HERDER und GEHLEN bis zu MARQUARD.[30] Ein solches Rhetorikverständnis erübrigt auch komplizierte Zusatztheorien, die im Fall unterstellter Wahrheitszugänglichkeit erklären müßten, warum Rhetorik denn überhaupt nötig sei. Für Blumenberg ist die Existenz der Rhetorik das stärkste Gegenargument gegen den «Optimismus der Metaphysik»: Entspräche die Welt tatsächlich ihrem Optimismus, «so gäbe es keine Rhetorik, weil es keinen Bedarf an Rhetorik gäbe».[31] Rhetorik gibt es aber, weil Rhetorik eine Verlegenheitsreaktion auf konstitutionelle Mängel des Menschen ist und nicht bloß eine Konzession an seine intellektuellen und/oder moralischen Schwächen[32]: «Rhetorik [...] ist eine Technik, sich im Provisorium vor allen definitiven Wahrheiten und Moralen zu arrangieren.»[33] Als geeigneter Ort (bzw. als plausible Metapher) für dieses Arrangement gilt der Blumenbergschen P. – anders als der P. in der Tradition Platons – die Höhle;[34] plausibel deshalb, weil «Höhle» für einen ebenso selektiven wie metaphorischen wie doxastischen Weltbezug steht.[35]

4) *Das System der Rhetorik als anthropologischer Rekonstruktionsbezug.* Eine ganz andere Annäherung an die anthropologische Aktualität der Rhetorik hat P.L. OESTERREICH in seiner ‹Fundamentalrhetorik› (1990) versucht, indem er Rhetorik mit den Augen Nietzsches zu lesen unternimmt: dadurch wird das System der Rhetorik rekonstruierbar als eine «Fortbildung der in der Sprache gelegenen Kunstmittel», was zugleich der Sprache jeden Anspruch auf eine «unrhetorische Natürlichkeit» nimmt.[36] Wie sich diese originelle Differenzierung zwischen Rhetorik als «bewußter Kunst» (d.i. Rhetorik im engeren Sinne) und Rhetorik als «unbewußter Kunst» (d.i. Rhetorik im weiteren Sinne) methodisch für das Projekt einer «fundamentalrhetorischen Anthropologie» nutzen läßt, ist leicht zu erraten: Wenn sich nämlich die Kunstrhetorik als bloß artifizielle Systematisierung der bereits in der persuasiven Redepraxis fundierten «inartifiziellen Rhetorik der Lebenswelt» lesen läßt, dann müßte sich die Kunstrhetorik mit ihrem singulär ausdifferenzierten System kategorialer Sprachbeschreibungen auch als Heuristik beerben lassen, die das Problemfeld des «Rhetorischen» als Ort lebensweltlicher Redepraxis des Menschen zu rekonstruieren hilft. Was eine solche heuristische Umfunktionalisierung der Kunstrhetorik zu leisten vermag, zeigt die Porträtskizze des ‹homo rhetoricus›: In ihm verdichten sich die charakteristischen Züge eines Menschenbildes, das spezifisch rhetorisch ist, weil es an der spezifisch «oratorischen Existenz» des Menschen dessen soziale Existenz glaubt exemplarisch ablesen zu können.[37]

5) *Die Funktionen der Rhetorik als anthropologischer Rekonstruktionsbezug.* Für die Rekonstruktion des ‹homo rhetoricus› sind bisher nicht ausreichend die Orte genutzt worden, an denen er sich meistens aufhält und an denen er daher am besten zu beobachten ist. ARISTOTELES hatte diese Orte genutzt, um aus ihnen die drei Redegattungen (judizial, politisch, epideiktisch) als ein konsistentes Funktionssystem rhetorisch relevanten Redens grundbegrifflich zu entwickeln.[38] Selbst wenn die entsprechenden Orte wie Gericht, Markt und Festplatz soziokulturell bedingte Orte öffentlichen Redens sind, so bleiben doch die an diesen Orten exemplarisch ablesbaren Funktionen öffentlichen Redens ebenso verallgemeinerungsfähig wie für eine systematische Differenzierung sozialer Selbstbehauptung durch Reden hilfreich: Während nämlich soziale Selbstbehauptung durch Reden vor Gericht die Form der Selbstverteidigung *gegen* andere und deren Ansprüche meint, verlangt soziale Selbstbehauptung durch Reden auf dem Markt die Fähigkeit, andere *für* kooperatives Handeln zu gewinnen, wie schließlich soziale Selbstbehauptung durch Reden auf dem Festplatz über eine Erfahrung gelingt, die für die Integrationskraft jeder Gesellschaft elementar ist, nämlich die Erfahrung, *mit* anderen eine gemeinsame Welt zu teilen und sich so ihrer Vertrautheit und Verläßlichkeit zu vergewissern.[39]

Die an diesen drei Orten methodisch ablesbaren drei basalen Redefunktionen sind erkennbar bloß allgemeine Varianten eines identischen Selbstbehauptungsmusters, das typisch ist für Menschen, deren soziales Überleben bestimmten Bedingungen unterliegt. Zu diesen Bedingungen zählen besonders:

– Gewaltverzicht, wodurch überhaupt erst ein struktureller Redezwang erzeugt wird und mit ihm die Chance, in der Überzeugungskraft der Rede deren eigensinnig «zwanglosen Zwang» (J. HABERMAS) wirksam werden zu lassen;

– die prinzipielle Bereitschaft, sich durch Reden überzeugen zu lassen und die Überzeugungskraft der Rede als einzig legitimes Mittel der Selbstbehauptung unter Freien und Gleichen zu bejahen;

– die Fähigkeit, an die Plausibilitäten anderer anzuschließen, um so ihre überzeugte Zustimmung zu gewinnen;

– der Mangel an epistemischen und normativen Evidenzen, was deliberative Verständigungsarbeit nötig macht, um mit dem Problem der Kontingenz fertig zu werden;

– Zeitknappheit und Handlungsdruck, was erfolgreiche Problemlösungsstrategien auf bewährte Plausibilitätsressourcen (Topik) zurückgreifen läßt, die ein Verheddern im infiniten Problematisierungsregreß verhindern.

Diese strukturellen, epistemischen, normativen, psychologischen und sozialen Bedingungen beschreiben zwar einen Situationstyp von hochgradiger Spezifik [40], doch für die Rhetorik vertritt dieser Situationstyp den Ernstfall des Lebens, weil er die Normalbedingungen benennt, unter denen der ‹homo rhetoricus› lebt und sich bewähren muß. Seine Porträtierung kann natürlich über den wirklichen oder ganzen Menschen so wenig aussagen wie es die anderen disziplinspezifischen homo-Konstrukte vermögen (homo sociologicus, oeconomicus usw.). Beansprucht wird nur, daß das ‹homo rhetoricus›-Konstrukt relevante Bedingungen zu erfassen vermag, unter denen Menschen allgemein und besonders heute ihr soziales Überleben organisieren müssen. Gering achten kann diese kontextsensitive Kunst des Überlebens eigentlich nur, wer mächtig genug wäre, um nicht reden zu müssen, oder wer (wie Sokrates) einen anderen Begriff vom Überleben hat oder wer (wie Platon) überhaupt nicht an Rhetorik als Überlebenskunst interessiert ist, sondern nur als verbaler Hütekunst in den Händen von Philosophenkönigen.[41]

Anmerkungen:
1 V. Gerhardt: Selbstbestimmung (1999) 187ff. – **2** H. Blumenberg: Anthropol. Annäherung an die Aktualität der Rhet. (1971), in: ders.: Welten, in denen wir leben (1981) 107. – **3** J. Habermas: Art. ‹Anthropol.›, in: ders.: Kultur und Kritik (1973) 92. – **4** M. Landmann: De homine (1962) 29; ders.: Philos. Anthropol. (1969), 35ff. – **5** H. Niehues-Pröbsting: Das Ende der Rhet. und der Anfang der Geisteswiss., in: Mesotes 1 (1994) 31. – **6** vgl. u.a. U.E. Geitner: Die Sprache der Verstellung (1992). – **7** M. Scheler: Die Stellung des Menschen im Kosmos (1927/1957). – **8** vgl. bes. F. Ueberweg, H. Flashar (Hg.): Grundriß der Gesch. der P. Die P. der Antike, Bd. 2/1 (1998) 3ff. u. 108ff. – **9** vgl. J. Kopperschmidt (Hg.): Rhet., 2 Bde (1990/91), H. Vetter, R. Heinrich (Hg.): Die Wiederkehr der Rhet. (1999). – **10** Blumenberg [2] 105; G. Boehme: Das Ende des Baconschen Zeitalters (1993) 393ff. – **11** Blumenberg [2] 107. – **12** vgl. Kopperschmidt [9]. – **13** H. Niehues-Pröbsting: Überredung zur Einsicht (1987) 47. – **14** vgl. H. Schnädelbach: Zur Rehabilitation des animal rationale (1992) 395ff. – **15** vgl. J. Kopperschmidt, H. Schanze (Hg.): Nietzsche oder «Die Sprache ist Rhet.» (1994). – **16** H. Gomperz: Sophistik und Rhet. (1912, ND 1965) 258; Th. Buchheim: Die Sophistik als Avantgarde normalen Lebens (1986) 43ff. – **17** E. Grassi: Die Macht des Bildes; Ohnmacht der rationalen Sprache (1970); ders.: Rhetoric as Philosophy (1980). – **18** K.-O. Apel: Die Idee der Sprache in der Trad. des Humanismus von Dante bis Vico (1975) 74. – **19** K. Dockhorn: Rhetorica movet, in: H. Schanze (Hg.): Rhet. (1974) 17; ders.: Die Rhet. als Quelle des vorromantischen Irrationalismus in der Literatur- und Geistesgesch., in: ders.: Macht und Wirkung der Rhet. (1968) 46ff.; ders.: Rezension von H.-G. Gadamer: ‹Wahrheit und Methode›, in: GGA (1966) 169ff. – **20** M. Bohlender: Die Rhet. des Politischen (1995) 42ff. – **21** Niehues-Pröbsting [13] 82ff.; vgl. Platon, Theaitetos 172d. – **22** M. Heidegger: Sein und Zeit (1927/1967) 138; dazu Niehues-Pröbsting [13] 243ff. und P.L. Oesterreich: Fundamentalrhet. (1990) 9ff. – **23** N. Bolz: Das Verschwinden der Rhet. in ihrer Allgegenwart, in: H.F. Plett (Hg.): Die Aktualität der Rhet. (1995) 67ff. – **24** Blumenberg [2] 105. – **25** ders. ebd. 111; R. Konersmann: Komödie des Geistes (1999) 39ff. zu Epiktets vielzitiertem Theorem «Nicht die Dinge, sondern die Meinungen über die Dinge beunruhigen die Menschen.» – **26** so der Titel einer Hommage an H. Blumenberg von F.J. Wetz, H. Timm (Hg.): Die Kunst des Überlebens. Nachdenken über H. Blumenberg (1999). – **27** Konersmann [25] 138ff.; ders.: Vernunftarbeit, in: Wetz, Timm [26] 141. – **28** H. Blumenberg: Schiffbruch mit Zuschauer (1979) 75ff. – **29** Blumenberg [2] 116.; Konersmann [25] 138ff. – **30** R. Dölle-Oelmüller: Der Mythos vom Überleben und guten Leben des Menschen, in: Zs. f. Didaktik der P. 13 (1991) 187ff.; A. Gehlen: Ein Bild vom Menschen, in: ders.: Anthropologieforschung (1961) 44ff.; O. Marquard: Art. ‹Kompensation›, in: HWPh 4 (1976) 912ff.; ders.: Homo compensator (1983), in: W. Celmüller, R. Dölle-Oelmüller, C.-F. Geyer: Diskurs: Mensch (1993) 317ff.; ders.: Glück im Unglück (1995). – **31** Blumenberg [2] 124. – **32** vgl. u.a. Arist. Rhet. 1357a; Cic. De or. II, 30; Quint. II, 17, 20. – **33** Blumenberg [2] 110, vgl. 130. – **34** H. Blumenberg: Höhlenausgänge (1989); J. Kopperschmidt: Höhlenrhet., in: Nicht allein mit den Worten, FS für J. Dyck (1995) 214ff.; H. Niehues-Pröbsting: Platonverlesungen, in: Timm, Wetz (26) 314ff. – **35** Blumenberg [2] 115; zu den verschiedenen Dimensionen von Schein vgl. N. Bolz: Eine kurze Gesch. des Scheins (1991) – **36** Oesterreich [22] 9ff.; ders.: Philosophen als politische Lehrer (1994) 3ff. – **37** ebd. 91ff. – **38** vgl. J. Kopperschmidt: Rhet. als Medium der politischen Deliberation, z.B.: Aristoteles, in: ders. (Hg.): Politik und Rhet. (1995) 74ff.; ebd. 91 zu den drei gattungsspezifischen Binärcodes anklagen/verteidigen, zu-/abraten, loben/tadeln; zum Begriff ‹Binärcode› vgl. N. Luhmann: Ökologische Kommunikation (1986) 75ff. – **39** zur Epideiktik vgl. J. Kopperschmidt, H. Schanze (Hg.): Fest und Festrhet. (1999). – **40** vgl. dazu Niehues-Pröbsting [13] 51ff. – **41** vgl. dazu Platons Dialog Politikos; s. J. Kopperschmidt: Rhet. als Legitimationsstütze politischer Herrschaft, z.B. Platon, in: ders. [38] 46ff.; P. Sloterdijk: Regeln für den Menschenpark (1999) 47ff.

Literaturhinweise:
H. Plessner: Die Stufen des Organischen und der Mensch (1928). – A. Gehlen: Der Mensch (1940, ND 1962). – O. Marquard: Art. ‹Anthropol.›, in: HWPh 1 (1971) 362ff. – K.O. Apel: Transformation der P., 2 Bde. (1973). – H.B. Gerl: Rhet. als P. (1974). – H. Blumenberg: Säkularisation und Selbstbehauptung (1974); ders.: Paradigmen zu einer Metaphorologie (1960/1998). – H.-G. Gadamer, P. Vogler (Hg.): Neue Anthropol., 7 Bde (1975). – S.C. Humphrey: Anthropology and the Greeks (1978) – G. Bien, H.-J. Busch: Was ist der Mensch? (1981). – Art. ‹Anthropol.›, in: EPW 1 (1980) 126ff. – M. Emsbach: Sophistik als Aufklärung (1980). – Kindler-Enzyklop.: Der Mensch, 10 Bde. (1982ff.). – M. Meyer: Pour une anthropologie rhétorique, in: ders.: De la metaphysique à la rhétorique (Brüssel 1986) 85–96. – R. Rubner: Die Aristotelische Lehre vom Zufall, in: G.v. Graevenitz, O. Marquard (Hg.): Kontingenz (Poetik und Hermeneutik XVII) (1998). – H. Schanze, J. Kopperschmidt (Hg.) Rhet. und P. (1989). – H. Diekes (Hg.): P. Anthropol. (1989). – A. Honneth: Kampf um Anerkennung (1992). – I. Kant: Anthropol. in pragmatischer Hinsicht, in: Werke, hg. von W. Weischedel Bd. XII (1995). – Art. ‹Anthropol.›, in: DNP 1 (1996) – W. Oelmüller, R. Dölle-Oelmüller: Grundkurs P. Anthropol. (1996). – W. Schmid: P. der Lebenskunst (1998). – J. Kopperschmidt: Dialektik der Beredsamkeit, in: Rhetorica movet, FS für H.F. Plett (1999) 415ff.; ders. Quo vadis, rhetorica? in: Rhetorik 18 (1999); – N. Bolz: Die Konformisten des Andersseins (1999). – J. Kopperschmidt: (Hg.): Rhet. Anthropol. (2000). – P.L. Oesterreich: Thesen zum homo rhetoricus und zur Neugestaltung der P. im 21 Jh., in: Rhetorica, vol. XX, no. 3 (2002) 289–298.

J. Kopperschmidt

→ Argumentation → Aristotelismus → Ästhetik → Dekonstruktion → Dialektik → Diskurs → Ethik → Hermeneutik → Humanismus → Kultur → Logik → Phänomenologie → Platonismus → Popularphilosophie → Protreptik → Redner, Rednerideal → Res-verba-Problem → Rhetorische Anthropologie → Skeptizismus → Sophistik → Strukturalismus → Topik → Wahrheit, Wahrscheinlichkeit → Wirkung → Wissenschaftsrehtorik

Photorhetorik

A. Def. – B. Theoretisches Konzept. – C. Historische Entwicklung.

A. Der Begriff ‹P.› fällt oft mit ‹Bildrhetorik› zusammen, bezeichnet aber etwas Anderes. Beide Begriffe sind nicht deckungsgleich, denn bei der P. handelt es sich um ein Spezialgebiet der Bildrhetorik. Das photographische Bild ist also als Spezialfall des Bildes anzusehen. Ihm werden durch seine technisch-mechanische Entstehung besondere Merkmale zugesprochen, die über seine Eigenschaft als Bild hinausgehen. Die P. umfaßt bei der

Photographie alle Bereiche, die die Rhetoriktheorie für die Verbalsprache abdeckt. Dabei werden sowohl der Produzent als auch die Produktion und die Pragmatik des Bildes untersucht.

B. *Theoretische Bestimmung des Photos: semiotische Grundlagen.* Das Photo ist vom Aspekt der P. als Text zu verstehen. Dieser ist ähnlich dem verbalsprachlichen Text aus kleinen Einheiten aufgebaut, die zu größeren Einheiten zusammengefaßt werden. Die größte Einheit bildet der Text als Ganzes. Die einzelnen Bestandteile sind bei einem Photo wie bei jedem Bild als Flecken definiert. Ein Fleck ist eine homogene Fläche, die als solche noch keine Bedeutung haben muß. Analog zur Verbalsprache kann man einen Fleck mit einem Laut vergleichen. Aus mindestens einem (in der Regel aber aus mehreren) Flecken ist dann eine größere Einheit zusammengesetzt. Diese definiert z.B. R. ARNHEIM[1] als Teil des Bildes bzw. Photos. Ein Teil ist von einem bloßen Stück zu unterscheiden, weil ein Stück keine bedeutungstragende Einheit bildet und willkürlich aus mehreren Flecken zusammengesetzt wird. Ein echter Teil hingegen hat ähnlich dem verbalsprachlichen Zeichen eine Bedeutung. Die darüberliegenden größeren Einheiten sind nicht analog der Verbalsprache zu definieren, sondern auch sie sind Teile im Bild. Diese übergeordneten Teile sind nur schwer von denjenigen zu unterscheiden, die – ähnlich dem verbalsprachlichen Zeichen – eine Bedeutung haben. Man kann dies am Beispiel der Wahrnehmung des Bildes erklären. Die Psychologie unterscheidet zwischen einem *Top-Down-* und einem *Bottom-Up*-Prinzip.[2] Beim *Top-Down-*Prinzip erschließt sich der Betrachter des Bildes seinen Inhalt ausgehend von übergeordneten Einheiten, die sich aus kleineren Einheiten zusammensetzen. Dies funktioniert nach einem ähnlichen Prinzip wie in der Verbalsprache die Sätze, Absätze und höhergeordnete Einheiten. Beim *Bottom-Up-*Prinzip funktioniert die Bildwahrnehmung genau umgekehrt. Hier erschließt sich der Betrachter – ausgehend von den kleinsten Einheiten – die höher organisierten Einheiten. Diese beiden Prinzipien wirken in der Regel zusammen, so daß ein Bild immer in beide Richtungen hin erschlossen wird. Genau diese beiden Verfahren der Bildwahrnehmung werden in R. MAGRITTES Bildern gestört. Hier erwartet der Betrachter dann jeweils ein anderes Bild, als er tatsächlich vor sich hat. Dies betont Magritte noch durch den Rückgriff auf verbalsprachliche Elemente im Bild. Dadurch eignen sich gerade seine Bilder besonders gut, um Bilder allgemein zu untersuchen.[3] M. FOUCAULT thematisiert diesen Widerspruch anhand des Bildes ‹Dies ist keine Pfeife› (obwohl man eine Pfeife sieht) und verlagert ihn so in einen Widerspruch zwischen gemaltem Bild und Verbalsprache.[4]

Die Einheiten, aus denen ein Bild aufgebaut ist, werden analog zu den verbalsprachlichen Zeichen und dem verbalsprachlichen Text aufgefaßt. Eine strenge Analogie ist dabei nicht möglich. Festzuhalten bleibt, daß sich diese Einheiten niemals überschneiden. Ein Fleck gehört immer genau einer Einheit auf einer Ebene an. Die direkt über den Flecken angesiedelte Einheit, die dem verbalsprachlichen Zeichen entspricht, wird einer direkt darüberliegenden Einheit zugeordnet. Diese kann wiederum einer über dieser liegenden Einheit zugeordnet werden. Dabei kann der Prozeß immer weiter fortgesetzt werden. Damit unterscheidet sich das photographische Bild nicht vom Bild im allgemeinen. In der Malerei gibt es hier durch Schraffuren und Konturen noch Sonderfälle, die aber für die Photographie nicht von Bedeutung sind.

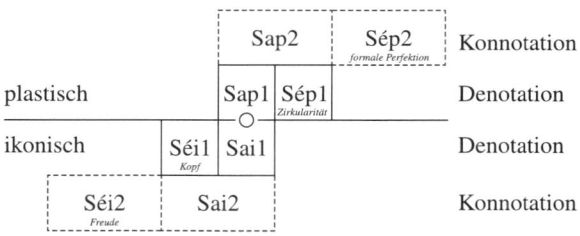

Abb. 1. Ikonisches und plastisches Zeichen

Beim Bild im allgemeinen werden zwei Zeicheneigenschaften unterschieden: ikonische und plastische Zeichen.[5] (Siehe zum Folgenden das Schema in Abb. 1.) Dies findet sich in der Forschungsliteratur mit unterschiedlicher Begrifflichkeit wieder. Bei einem ikonischen Zeichen besteht eine Ähnlichkeitsrelation zwischen der materialisierten Ausdrucksseite des Zeichens und dem Wahrnehmungsbild seines Referenten.[6] Bei einem plastischen Zeichen wird dieselbe Ausdrucksseite des Zeichens anders interpretiert. Die GROUPE μ[7] gibt dazu ein Beispiel: Wenn man die graphische Darstellung eines Kreises untersucht, dann konstituiert die runde Form (O) den zugleich plastischen und ikonischen Signifikanten. Der ikonische Signifikant der Denotation steht z.B. für einen Kopf oder die Sonne, der plastische für das Konzept der Zirkularität. Auf der Ebene der Konnotation könnte der ikonische Signifikant die Idee der Freude ausdrücken, der plastische die formale Perfektion. Dieses Beispiel macht deutlich, wie verwirrend die Begrifflichkeit ist. Es handelt sich hier um eine Ausdrucksseite, die zwei verschiedenen Inhaltsseiten zugeordnet wird. Es werden also gewissermaßen zwei Zeichen beschrieben. Zur besseren Unterscheidung sei beim ikonischen Zeichen (i-Zeichen) von der i-Inhaltsseite und vom i-Referenten und beim plastischen Zeichen (p-Zeichen) von der p-Inhaltsseite und vom p-Referenten gesprochen.

Damit läßt sich das Beispiel jetzt noch einmal genauer untersuchen. Bei der Beschreibung des i-Zeichens ordnet die Groupe μ der Ausdrucksseite, die bei beiden Zeichenentwürfen identisch bleibt, eine so definierte Inhaltsseite (i-Inhaltsseite) zu, daß die Ausdrucksseite in einer Ähnlichkeitsbeziehung mit dem i-Referenten steht, das Zeichen (also Ausdrucks- und Inhaltsseite zusammen) eine ikonische Eigenschaft hat. Ausgehend von derselben Ausdrucksseite entwickelt die Groupe μ ein weiteres Zeichen (p-Zeichen), indem sie der Ausdrucksseite eine weitere Inhaltsseite (p-Inhaltsseite) zuordnet, die weder in einer Ähnlichkeitsbeziehung noch in einem physischen Abhängigkeitsverhältnis zum p-Referenten steht, sondern allein durch Konvention der Ausdrucksseite zugeteilt wird. Damit handelt es sich beim p-Zeichen um ein solches, das eine symbolische Eigenschaft hat. Außerdem können mit der Unterscheidung zwischen ikonischen und plastischen Systemen auch zwei Systeme unterschieden werden, die verschieden stark kodiert sind: Die Systeme des Typs 1 sind stark, diejenigen des Typs 2 sind schwach kodiert, also sehr unscharf. (Diese Systeme sind eine rein theoretische Kategorisierung, sie sind in ihrer Reinform in der Praxis so nicht zu finden.) Die Groupe μ gibt als Beispiele für stark kodierte Systeme z.B. den Blindenstock oder Richtungspfeile an. Bei unscharfen, schwach kodierten Systemen nennt sie P. Mondrian, denn bei ihm ist die Bedeutung von Bildern nur sehr schwer zu verstehen. Für die μ-Rhetorik bedeutet die Unterscheidung zwischen Typ 1

Abb. 2: Lewis W. Hine: Zeitungsjungen (1909).

und Typ 2, daß die rhetorische Operation lediglich im ersten Typ leicht auszumachen ist, im zweiten wird dies jedoch sehr schwierig sein, weil es keinen Kode gibt, der von vornherein klar ist. Deswegen ist dieser für den Einzelfall zu entwickeln, und dann erst kann die Nullstufe (degré zéro)[8] bestimmt werden, von der die Abweichung stattfindet, wodurch es somit zur Überlagerung der erwarteten Stufe (degré conçu) mit der wahrgenommenen Stufe (degré perçu) kommt. Das heißt, beim Typ 1 gibt es sowohl eine generelle Nullstufe (degré zéro général) als auch eine lokale Nullstufe (degré zéro local), beim Typ 2 gibt es lediglich eine lokale Nullstufe (degré zéro local), die in der Isotopie der einzelnen Aussage begründet ist.

Zusätzlich zu diesen zwei Zeicheneigenschaften des unbewegten Bildes kommt beim photographischen Bild noch eine weitere Zeicheneigenschaft hinzu: die indexikalische.[9] Diese ist durch die technisch-mechanische Entstehung des Photos bedingt [10] Im Gegensatz zu einem Gemälde oder einer Zeichnung, die auch gedanklich vorgestellte Objekte abbilden können, ist die analoge Photographie an real vorkommende Gegenstände gebunden. Erst die digitale Photographie löst sich dann von dieser Abhängigkeit und kann künstlich erschaffene Sachverhalte abbilden. Das ursprüngliche photographische Verfahren, also die analoge Photographie, kann dies jedoch nicht. R. BARTHES spricht in diesem Zusammenhang von «ça-a-été», dem So-Dagewesen-Sein des Abgebildeten.[11] Diese Zeicheneigenschaften gelten sowohl für die einzelnen Zeichen auf der untersten Ebene im Bild als auch für die höher geordneten Einheiten. Damit gilt der ikonische Kode nicht nur für die einzelnen Zeichen, sondern auch auf syntaktischer Ebene.

In der Forschung gibt es bereits Ansätze, die Produktionstheorie des Bildes analog zur rhetorischen Produktionstheorie für die Erstellung verbalsprachlicher Texte zu formulieren. Die einzelnen Produktionsphasen wie *inventio*, *dispositio* und *elocutio* lassen sich leicht auf das Bild übertragen.[12] Problematischer hingegen ist eine Übertragung von *memoria* und *actio/pronuntiatio*. Auch die einzelnen Textteile wie *exordium*, *narratio*, *argumentatio* und *peroratio* wurden bereits ansatzweise auf das Bild übertragen.[13] Die Übertragung gilt auch für das photographische Bild. Ähnlich verhält es sich mit der ästhetischen Ebene des Textes. Die Figurenlehre bzw. die Änderungskategorien werden ebenfalls ansatzweise auf das Bild übertragen.[14]

In der Photographie kann man ebenso wie in der verbalsprachlichen Vertextungstheorie davon sprechen, daß hier ein Produzent einen Text verfaßt, mit dem er ein bestimmtes Anliegen kommunizieren will. Auch dieser funktioniert als Einheit, obwohl heute in technisch dominierten Medien mit zunehmender Tendenz durch die Arbeitsteilung eine Autorfragmentierung stattfindet. Für die Photographie ist dies von P. BOURDIEU bereits thematisiert worden.[15] Es schließt jedoch keineswegs aus, daß es sich bei einem Photo um einen homogenen Text handelt, mit dem eine Botschaft an den Rezipienten übertragen werden kann.

Wendet man nun diese theoretischen Grundlagen auf einzelne Photos an, so zeigt sich, daß die Art der Decodierung stark vom einzelnen Bild abhängt. Dabei spielt das kommunikative Setting eine wichtige Rolle. Eine genaue Analyse ist hier nicht immer einfach, da gerade Photographien häufig in verschiedenen Kontexten verwendet werden. Bedeutsam ist, daß sich die Botschaft des Bildes durch eine Veränderung am kommunikativen Rahmen ebenfalls ändert. Der Kontext der Präsentation muß im konkreten Fall nicht unbedingt bei der Aufnahme des Bildes bereits feststehen. Einerseits ist die Präsentation ein Vorteil der Photographie, der durch ihre Unterkodierung bedingt ist, diese erschwert aber andererseits auch die Übermittlung einer genauen Botschaft durch das Bild.

Zur besseren Verdeutlichung dieser Ausführungen sei nun am Beispiel des Photos von L.W. HINE: ‹Zeitungsjungen› (1909) (Abb.2) die Wirkungsintention der P. erläutert. Hine (1874 bis 1940) bietet sich dazu besonders an, weil er mit seinem Werk eine klar bestimmte Intention verfolgte. Er nutzte die Photographie, um durch ihren dokumentarischen Charakter auf Mißstände, vor allem auf die Kinderarbeit, aufmerksam zu machen. Er gilt als der herausragende Vertreter der sozialdokumentarischen Photographie Amerikas.[16] Hine wollte als Reformer dazu betragen, daß die zukünftigen Generationen die Chancen bekommen, ihr Leben selbst zu gestalten. Dem stand die Tatsache entgegen, daß die meisten Kinder schon früh arbeiten gehen mußten und deshalb keine Ausbildung erhielten. Mit Hilfe der Photographie wollte Hine auf die bestehende Situation aufmerksam machen und Änderungen bewirken. Er beschränkte sich bei seinem Projekt zur Bekämpfung der Kinderarbeit jedoch nicht auf das Erstellen von Photographien, sondern thematisierte sein Vorgehen auch, indem er Aufsätze und Vorträge über den erzieherischen Wert der Photographie verfaßte. Hine hat das Medium Photographie als erfolgreiches Mittel zur Unterstützung der soziologischen Arbeit immer wieder thematisiert. Er hat zum Beispiel 1909 einen Vortrag mit dem Thema ‹Wie die Kamera die Sozialarbeit unterstützen kann›[17] gehalten. Der Titel des Vortrags ist etwas irreführend, denn es ist kein allgemein gehaltener theoretischer Vortrag, sondern ein Lichtbildvortrag, bei dem er gleichzeitig Photographien zeigte. Er vertritt darin den Standpunkt, daß die Kinderarbeit untragbar ist, und hält dazu an, sie zu bekämpfen. Dabei zeigt er, welches Vorgehen seitens des Photographen die Glaubwürdigkeit der Photographien erhöht. Darin kommen auch Überlegungen zur Wahl des photographischen Mediums zu Wort. So hat die Photographie von der Verbalsprache (und auch dem Bild im allgemeinen) abweichende Charakteristika, die Hine hier als vorteilhaft ansieht. Die visuelle Kraft des Photos steht für ihn ganz im Vordergrund; Notizen zu den Bildern sollen lediglich die Beweiskraft der Photos unterstützen.[18] Hine betont, daß Bilder emotional stark wirken. Aus seiner Sicht sind sie sogar stärker determiniert als die Realität, die mehr Reize bietet als ein Bild, das durch den Photographen beschränkt wird. Um ein Bild für sein Projekt sinnvoll einsetzen zu können, müssen darauf «einige typische und ergreifende Szenen aus dem Leben» festgehalten werden.[19] Diese zwei Merkmale sind für seine Photographien von besonderer Bedeutung; denn wenn es sich nicht um typische Szenen handelte, dann wären sie für die breite Öffentlichkeit nicht von Interesse. Hines Absicht liegt darin zu zeigen, daß die photographierten Kinder stellvertretend für andere stehen. Darüber hinaus ist die emotionalisierende Darstellungsweise wichtig, da das Bild sonst keine Appellfunktion hat. Die hohe Ikonizität und die damit verbundene Detailtreue und der Detailreichtum der Abbildung führen zu einer sehr realistischen Darstellung. Zusammen mit ihrer indexikalischen Eigenschaft wird das Bild so als Realitätsabbildung interpretiert.

Dadurch entsteht der *confidence*-Vorsprung [20] beim Rezipienten, der für den Erfolg bzw. das Gelingen der Kommunikation eine wichtige Basis liefert. Wenn der Empfänger dem Kommunikator aufgrund des Mediums Photographie mit Vertrauen begegnet, ist er aufgeschlossener für dessen Text, mit dem dieser sein Anliegen übermittelt. Nur wenn die Authentizität der Bilder garantiert ist, ist eine Verwertung für eine soziologische Bestandsaufnahme wissenschaftlich möglich. Die Mißbrauchsgefahr ist wegen des gleichzeitigen Protokollierens der Umstände und weiterer Fakten weitestgehend gebannt. Darüber hinaus ermöglicht die photographische Technik das Erstellen vieler Bilder ohne allzu hohe Kosten oder starken Aufwand. Eine große Anzahl Photos erhöht dann den *confidence*-Vorsprung erneut und untermauert diesen. Hine hat in der Präsentation der Bilder die hohe Ikonizität des photographischen Textes und seinen indexikalischen Charakter mit der stärker kodierten Verbalsprache zusammengeführt. Er hat somit alle von ihm für den Kommunikationsvorgang gewünschten Eigenschaften des photographischen Bildtextes mit denen des verbalsprachlichen Textes verknüpft und einen sich aus diesen zwei Sprachen zusammengesetzten Gesamttext geschaffen. Dies ist insofern die ideale Kombination für Hines Anliegen, als es sich um einen leicht verständlichen Text handelt. Dieser ist stark kodiert (im verbalsprachlichen Teil), schnell wahrnehmbar (im Bildteil) und wirkt durch den indexikalischen Charakter (Photographie) sehr glaubwürdig. Daß Hines Vorgehensweise erfolgreich war, wird auch daran deutlich, daß sie heute in der Plakatwerbung übernommen wird. Hines Darstellung ist sogar näher an der heute üblichen Gestaltung eines Werbebildes als die früher üblichen Anzeigenwerbungen in Zeitschriften, die einen größeren Anteil an verbalsprachlichem Text hatten.[21]

Hine zeigt auf dem Schwarz-Weiß-Bild neunzehn wartende Zeitungsjungen, die in einer wenig einladenden Gegend (geschlossene Geschäfte) an einem Sonntag und unter widrigen Umständen (Schnee und Kälte) ihre Arbeit verrichten. Durch den Bildaufbau legt er darstellerisch die Betonung auf die Kinder, die im Mittelpunkt stehen. Sie sind das Zentrum des Bildes (sowohl, was ihre Position in der Mitte zwischen Vorder- und Hintergrund angeht, als auch, was Oben und Unten im Bild selbst betrifft). Durch die Abbildung der Jungen über die ganze Breite des Bildes macht Hine sie zu Stellvertretern von weiteren arbeitenden Kindern. Dadurch, daß sich der Betrachter des Bildes auf ähnlicher Augenhöhe mit ihnen befindet und von ihnen freundlich angeschaut wird, kann er seine Augen vor dem, was Hine hier abbildet, nicht verschließen. Das Bild betont die schlechte Situation der Kinder. So wird der Empfänger gezwungen, diesen Zustand zur Kenntnis zu nehmen, und anschließend in die Pflicht genommen, etwas dagegen zu unternehmen. Diese Botschaft sticht durch die verschiedenen Ebenen im Bild; dadurch wird sie verstärkt. Hine lenkt durch nichts von ihr ab; dies macht die rhetorische Komponente des Bildes aus.

Der Inhalt des Bildes sowie sein gesamter formaler Aufbau werden von Hine eingesetzt, um den Betrachter dazu zu bringen, die Situation der Kinder als ausweglos anzusehen. Sie haben keine Alternative zu ihrer jetzigen Lage. Dadurch erreicht Hine beim Empfänger zum einen eine Sensibilisierung für die Situation der Kinder; sie wird also zu einem Problem, das ernst zu nehmen ist. Zum anderen will er aber auch darüber hinausgehen und den Empfänger in die Verantwortung für das, was hier gezeigt wird, ziehen. Der Betrachter soll so gezwungen werden, zu handeln und sich dafür einzusetzen, ihre Situation zu verbessern. Diese Intention wird jedoch dadurch, daß das Bild sehr ästhetisch wirkt und so teilweise vom Inhalt ablenkt, abgeschwächt. Durch die Linienführung (nur die Schrift der Zeitung ist aufwärtsgerichtet) unterstreicht Hine, daß alles der Zeitung untergeordnet wird. Sie steht hier im Mittelpunkt, es handelt sich um Ausbeutung aus Profitgier durch die Zeitung. Alles dient ihrem Gewinn. Die immer kleiner werdenden Jungen zeigen die schwierige Position des Menschen in dieser Entwicklung. Hine macht auf diese Weise deutlich, daß die Lage der Kinder keine positive Perspektive für die Zukunft offen läßt. Ihre Situation ist hoffnungslos, wenn sie nicht von außen, z.B durch ein Eingreifen des Rezipienten, verbessert wird.

Insgesamt ist aber festzustellen, daß eine gewisse Distanz zwischen dem Betrachter und dem Bild bestehen bleibt. Das Bild wirkt streng komponiert und leicht überästhetisiert. Durch die Präsentation des Bildes zusammen mit dem verbalsprachlichen Text kann Hine die Unterkodierung des Photos etwas ausgleichen, auch die starke Ästhetisierung des Bildes tritt so in den Hintergrund, und der Betrachter kann die Botschaft des Bildes besser aufnehmen als nur durch das Bild selbst.

C. *Die historische Entwicklung der P.* Die Geschichte der P. ist eng mit derjenigen der photographischen Technik verbunden. Die Photographie ist in der ersten Hälfte des 19. Jh. durch mehrere Forscher, die parallel an unterschiedlichen Verfahren (Daguerrotypie, Negativ-Positiv-Verfahren) experimentierten, entdeckt worden. Diese Verfahren haben ein gemeinsames Ziel: die Produktion eines Bildes, ohne dabei zeichnerische Fähigkeiten des Produzenten vorauszusetzen.

Nach ihrer Entdeckung hat sich die photographische Technik schnell verbreitet und weiterentwickelt. Sie hat sich vereinheitlicht und das Negativ-Positiv-Verfahren hat sich durchgesetzt. Die einzelnen Verfahren unterscheiden sich vor allem in zwei Punkten: Die Daguerrotypie erzeugt ein Unikat. Licht muß schräg auf die Silberplatte fallen, damit das Bild erkennbar ist. Das Negativ-Positiv-Verfahren hingegen, das sich dann später durchgesetzt hat, bietet demgegenüber wesentliche Vorteile. Zum einen kann man unendlich viele Abzüge eines Bildes machen (dies ist ein sehr wichtiges Charakteristikum des photographischen Bildes, wie wir es heute kennen), zudem ist das Bild wesentlich leichter zu betrachten. Darüber hinaus ist die Photographie durch geringe Kosten und geringe technische Ansprüche an den Photographen schnell für ein breites Publikum zugänglich geworden. Die Weiterentwicklung der photographischen Technik über die Farbphotographie bis hin zur digitalen Photographie ermöglicht zunehmend einfachere Manipulationen des Bildes, die einer immer breiteren Schicht zugänglich werden.

Die theoretische Auseinandersetzung mit der Photographie besteht seit ihrer Erfindung. Im Mittelpunkt stehen dabei vor allem das Verhältnis des Bildes zur Realität, die Möglichkeiten zur Täuschung und die zeitliche Dimension. Eine Untersuchung der P. wird in der wissenschaftlichen Forschung zunächst jedoch nur in wenigen Teilbereichen geleistet.

Von besonderer Bedeutung für die Rhetorik ist der Wirkungsaspekt durch die Photographie in den Massenmedien. Die Geschichte der Presse im 19. Jh. zeigt eine Entwicklung, bei der die Illustration durch den Holzschnitt und später durch das Photo abgelöst wird. Die Photographie verbreitet sich zum einen über die Massenpresse, zum anderen durch den schnell zunehmenden privaten Gebrauch. BOURDIEU macht in diesem Zusammenhang vor allem zwei Faktoren für die Entwicklung aus: einerseits die einfache Handhabung der Kamera und andererseits die geringen Kosten für die Produktion eines Photos. Damit wird es in vielen sozialen Schichten möglich, das Familienleben zu dokumentieren. [22]

Der Umgang mit der Photographie ist durch ihre Verbreitung sowohl im privaten als auch im öffentlichen Bereich bestimmt. Stehen bei öffentlichen Photos der stellvertretende Charakter der abgebildeten Person und der Details im Vordergrund, so ist dies bei der privaten Photographie genau gegenläufig. Hier werden Posen und Bildaufbauten übernommen, um die individuelle Person oder den speziellen Sachverhalt zu betonen. Dabei entspricht z.B. das private Urlaubsphoto eines Kindes am Strand im wesentlichen demjenigen, das bereits in der Werbebroschüre abgebildet ist. Seine Botschaft ist jedoch inhaltlich verschoben: Im Katalog wird der Urlaub angepriesen, auf dem privaten Photo steht das spezielle Kind im Mittelpunkt, das den Urlaub genießt. Dieser Unterschied in den Gebrauchsweisen der Photographie begründet auch die unterschiedliche Funktion der P.

Anmerkungen:
1 R. Arnheim: Kunst und Sehen: eine Psychol. des schöpferischen Auges (1978) 78f. – **2** vgl. dazu z.B. E.B. Goldstein: Wahrnehmungspsychol. Eine Einf. (1997) 188f. – **3** vgl. dazu z.B. F. Naredi-Rainer (Hg.): Sinnbild und Abbild. Zur Funktion des Bildes (1994) 4ff. – **4** M. Foucault: Dies ist keine Pfeife. (1997) – **5** Groupe μ: Iconique et plastique. Sur le fondement de la rhétorique visuelle, in: Groupe μ (Hg.): Rhétoriques, Sémiotiques (Revue d'Esthétique 1–2) (1979); dies.: Traité du Signe Visuel. Pour une Rhétorique de l'image (Paris 1992) – **6** U. Eco: Einf. in die Semiotik (^{7}1991) 213. – **7** Groupe μ [5] 173–192, bes. 174. – **8** dies.: Allgemeine Rhet. (1974) 59ff., bes. 63. – **9** P. Dubois: L'acte photographique et autres essais (Paris 1990); R. Krauss: Le Photographique. Pour une théorie des écarts (Paris 1990) – **10** H. van Lier: Philos. de la Photographie (Frankfurt/M. 1983). – **11** R. Barthes: Die helle Kammer. Bemerkung zur Photographie (1985) 86f. – **12** vgl. dazu A.K. Varga: Une rhétorique aléatoire: Agir par l'image, in: M. Meyer, A. Lempereur: Figures et conflits rhétoriques (Paris 1991) 50ff. – **13** F. Büttner: Rhet. und barocke Deckenmalerei. Überlegung am Beispiel der Fresken Johann Zicks in Bruchsal (1989); ders.: ‹Argumentatio› in den Bildern der Reformationszeit. Ein Beitr. zur Bestimmung argumentativer Strukturen in der Bildkunst (1994). – **14** vgl. Groupe μ [5]. – **15** P. Bourdieu: Eine illegitime Kunst. Die sozialen Gebrauchsweisen der Photographie (1981). – **16** vgl. dazu M. Bieger-Thielemann: Lewis W. Hine, in: Museum Ludwig Köln (Hg.): Photographie des 20. Jh. (1996) 254. – **17** Hine zit. nach: W. Kemp: Theorie der Fotografie I, 1839–1912 (1980) 270–273. – **18** W. Steinorth: Lewis W. Hine (1996) 15. – **19** Hine bei Kemp [17] 270. – **20** vgl. zum Begriff ‹confidence›: J. Knape: Was ist Rhet.? (2000) 75. – **21** vgl. dazu W. Kroeber-Riel: Bildkommunikation. Imagerystrategien für die Werbung (1996); G. Bechstein: Werbliche Kommunikation. Grundinformationen zur semiotischen Analyse von Werbekommunikationen (1987); W. Nöth: Hb. der Semiotik (2000). – **22** vgl. Bourdieu [15] pass.

J. Boerkey

→ Adressant/Adressat → Bild, Bildlichkeit → Fernsehrhetorik → Filmrhetorik → Groupe μ → Journalismus → Massenkommunikation → Presse → Semiotik

Physiognomik (dt. auch Physiognomie, eigentl. Physiognomonik; griech. φυσιογνωμία, physiognōmía oder φυσιογνωμονία, physiognōmonía; lat. physiognomia; engl. physiognomy; frz. physionomie, physiognomonie; ital. fisiognomica; span. fisionomía)

A.I. Begriffssystematische Voraussetzungen. – II. Begriffliches Umfeld: 1. Der kommunikative Körper. – 2. Der interpretierte Körper. – 3. Definitionen und Kontexte. – B. Mentalitätsgeschichte der P.: I. Alter Orient. – II. Antike. – III. Mittelalter. – IV. Renaissance. – V. Barockzeitalter (17. Jh.). – VI. Aufklärung. – VII. 19. Jh. – VIII. 20. Jh. – IX. Aktuelle Situation der P. – C. Einzelaspekte der P. in der Moderne: I. Gesichtshälften. – II. Gesichtswahrnehmung: 1. Psychologie des Sehens. – 2. Lebenspraxis des Sehens. – 3. Poetik des Sehens. – 4. Pragmatik des Sehens. – 5. Irritation des Sehens. – III. Typologische Einordnung. – IV. P. und Rhetorik.

A.I. *Begriffssystematische Voraussetzungen.* Es ist spezifisch griechische Einsicht, von ARISTOTELES in den ‹Katēgoríai› (Κατηγορίαι, lat. *Praedicamenta*)[1] vermittelt, daß der Mensch Gattungsbegriffe, Grundformen sinnvollen Aussagens, also Kategorien der Weltbegegnung, benötigt, um die Welt zu verstehen und über sie reden und in ihr handeln zu können. Das (1) *Kategorisieren* ist dem Menschen eigen, und nur mit dieser Geistestechnik kann er die Welt in den ordnenden Griff bekommen.

Spezifisch für dieses Können (griech. τέχνη, téchnē, lat. *ars*; ‹Kunstfertigkeit, geistige Gewandtheit›) ist die Stiftung von Beziehungen zwischen den Phänomenen, also die (2) *Relation* (griech. πρός τι, prós ti, ‹in Bezug auf, im Verhältnis zu›)[2] – ein Gesichtspunkt übrigens, der in der philosophischen Diskussion der Aufklärung (KANT) und dann Anfang des 20. Jh. im Strukturalismus der Prager Schule (R. JAKOBSON) und der Genfer Ausprägung (F. DE SAUSSURE) mit dem *valeur*-Begriff sowie in der Semiotik des 20. Jh.[3] und auch in der modernen Kulturanthropologie [4] eine zentrale Rolle spielt.

Griech. κατηγορία, katēgoría bedeutet in der Antike ursprünglich, aus der lebensweltlichen öffentlichen Praxis kommend, ‹Anklage›, ‹Beschuldigung›; wozu etymologisch ἀγορά, agorá, ‹Versammlung(sort), Rede, Beratschlagung›, und ἀγορεύειν, agoreúein, ‹öffentlich reden›, gehören, und noch nicht, wie später, in der philosophischen Reflexion der Logik und Ontologie, ‹Prädikat›. So entdeckt sich ein genuin partnergerichteter, eben relationaler Gehalt des Begriffs: Indem sich jemand mit seiner Intention an jemand anderen, seinen Kontrahenten nämlich, wendet, entsteht Interaktion, und wenn dafür symbolische Mittel – wie Sprache – verwendet werden, ist dies (3) *Kommunikation* (lat. *communis esse*, ‹miteinander [*cum*] in denselben Mauern [*moenia*] sein›), und zwar in ihrer Urform, nämlich der Dialogizität (die ihrerseits letztlich die Grundlage für den Menschen als *homo loquens*, weil *homo sociologicus*, ausmacht).

Die Haupttätigkeit beim Zusammensein besteht darin, daß der Mensch (4) *urteilt*. Die Anthropologie, noch schärfer die Humanethologie [5], wie auch die Semiotik haben dieses prinzipielle Anliegen des Menschen und dementsprechend seine permanente Leistung, die Umwelt, das Handlungsumfeld, die eingenommenen Rollen, die beteiligten Personen, das Handeln selbst, die Resultate, die eigene Position, das eigene Ich und seine Beziehungen, die Kommunikation, und zwar sowohl die verbale als auch die nonverbale, usw. zu beurteilen, als fundamental und universal (an)erkannt. So ist der Kommunikation, die notwendig Kategorien einsetzt, um die Komplexität der Welt klassifizierend bewältigen zu können, gerade deshalb auch das Urteilen eigen. Wer kommuniziert, urteilt zugleich.

Urteile werden gefällt in ebenjenem genannten Spannungsfeld zwischen Einzelfall und Abstraktion und sind folglich dem Kategorisieren affin: Kategorien sind begriffgewordene Urteile über die Gegenstände, Sachverhalte und Handlungszusammenhänge der Welt. Sind die Urteile besonders verfestigt und prägen Kennzeichnungen, Charakteristisches, Spezifisches heraus, bei dem das Individuelle, Zufällige, Situative ausgeblendet (‹abstrahiert›) wird, gleichsam als Vorbild oder Muster, entsteht der (5) *Typ*. Typisieren legt fest – gemäß dem Etymon aus dem handwerklich-künstlerischen Leben (griech. τύπτειν, týptein, ‹schlagen›; τυποῦν, typún, ‹bilden, formen, prägen›; τύπος, týpos, ‹Schlag, Gepräge, Umriß, Hohlform, Relief›; d.h. also prägende Form und Geprägtes gleichermaßen; lat. übersetzt [zuerst von TERTULLIAN, ca. 155–nach 220] als *figura*[6]) –, es zieht Grenzen, schafft Identifikation und damit zugleich: Ausgrenzung (Alterität) desjenigen, der nicht zum Typus paßt. Begrifflich steht dem ‹Typos› der Begriff παράδειγμα, parádeigma (‹Beispiel, Vorbild, Muster›) nahe [7], was sich in nachklassischer Zeit durch die Ersetzungsbegriffe ἀρχέτυπος, archétypos (‹Urbild, Original›) oder πρωτότυπος, prōtótypos (‹ursprünglich, zuerst geprägt›) präzisiert. Typisieren ist eine semiotische und kommunikative Hilfe für die Gesprächspartner, und ist natürlich auch eine kognitive Hilfe des Modellierens der Welt, der Rückführung von Komplexität auf Überschaubarkeit.

Die Urteile im Typus grenzen an (6) *Vor-Urteile*, sind sogar meist mit ihnen identisch. Die forensische Rhetorik, in der das Urteilen verbesondert wurde, indem es nämlich einen Rechtsakt darstellte, hat den Stellenwert bereits ergangener Gerichtsurteile für vergleichbare Rechtsfälle oder ähnlich gelagerte strittige Angelegenheiten als *prae-iudicia* (Sing. *praeiudicium*; auch *iudicatum*) ‹vorgängige Entscheidung›, ‹als Norm dienendes Urteil›, ‹im voraus entscheidendes, maßgebendes Beispiel› bestimmt: sie dienten als «unkünstliche», d.h. nicht von der Kunst der Rhetorik geschaffene, sondern nur von ihr vorgefundene Beweise (*probationes inartificiales*) (wie z.B. Zeugenaussagen) und ergänzten die «künstlichen» oder «sachlichen» Beweisarten (Quint. V, 8, 4–7), zu deren Auffindung der Mithilfe der Rhetorik bedarf, nämlich die *signa*, die *exempla* und die *auctoritas*. Gerade weil die vermittelnde Individualität ausgeblendet wird, entsteht im typisierenden Urteil eine Unangemessenheit, die auch als Ungerechtigkeit empfunden werden kann, ja eine Nähe zur Lüge [8] hat; und die gemeinsame rhetorisch-wissenschaftliche Behandlung der *praeiudicia* mit den Gerüchten (*fama*) und den Foltern (*tormenta*) (Quint. V, 2–4), bei denen mit Falschaussagen geradezu zu rechnen ist, bekräftigt diese pragmatische Beziehung, die zu negativen Konnotationen beim Vorurteil führt; das nutzt die Rhetorik differenziert, wenn sie rät, *praeiudicia*, also Vor-Urteile, «summis eloquentiae viribus» [9], d.h. «mit allen Mitteln der rednerischen Kunstfertigkeit herausragend» einzusetzen, um die Kraft von Beweismitteln im Sinne des parteilichen Nutzens (*utilitas causae*) zu schwächen und zu brechen. Schon die Griechen definierten das Vorurteil als ἡ οὐκ ὀρθὴ δόξα, hē ūk orthḗ dóxa, als ‹die nicht richtige Meinung›, als eine Äußerung also, der die Norm, die im Hintergrund als Maßstab steht, außer acht läßt, ja außer Kraft setzt und als ein neues, aber transformiertes Urteil in die Welt bringt.

II. Begriffliches Umfeld. 1. Der kommunikative Körper. In der angesprochenen Spannbreite zwischen kommunikativer Hilfe (mentale Entlastung durch semiotische Abstraktion) (s. o. I (5)) und soz alem Verstoß und Konflikt (Lüge) (s. o. I (6)) bewegt sich das Typologisieren mit Kategorien des Seins (Gegenstände; z.B. ‹Tanne›, ‹Schloß›, ‹Buch›, ‹Kind›, ‹Frau›) und des Handelns (Sachverhalte, Handlungszusammenhänge; z.B. ‹Hochzeit›, ‹Studium›, ‹Wissenschaft›; ‹Aufbauen›, ‹Operieren›, ‹Lesen›, ‹Reinigen›). Das ist, nochmals betont, aus semiotischer Sicht für die Kommunikation nichts Ungewöhnliches; denn das ist die kommunikative Funktion von Zeichen.

Die Kultur- und Sittengeschichte der Völker weist aber in bestimmten Epochen für bestimmte Gesellschaftsschichten periodisch auftauchende Vorlieben für typologisierendes (Vor-)Urteilen mit Kategorien und deren Kriterien auf, die sich auf den Mitmenschen – sein körperliches Aussehen, sein Verhalten, seine Kleidung, seine Lebensgewohnheiten – richten. Anlaß ist stets die Neugier (Neotenie), der Mensch ist sich gegenseitig ein Rätsel, das er entschlüsseln will, um in den Gegenüber hineinsehen, ihn besser verstehen, auch in seinen Reaktionen vorhersehen zu können, zudem in der nie ganz klärbaren Frage nach *Wahrheit(sgehalt) und Lüge* von Aussagen. Daraus ergeben sich im Rahmen der Beweisverfahren im Strafprozeß – in der Antike bis ins 16. Jh. hinein die sog. *probatio* [10] – Probleme, die nach heutigem Verständnis zur Aussagepsychologie [11] im allgemeinen und zur Glaubwürdigkeitsbeurteilung im besonderen gehören [12]; Lösungsversuche des Dilemmas zwischen gesagter Wahrheit und Lüge und körperlichen Indizien des Lügens sind z.B.

(i) die (inquisitorische) Folter der Antike und des Mittelalters;

(ii) die «Gebärdenprotokolle» (zur Kontrolle der Glaubwürdigkeit) in der deutschen Rechtsgeschichte des Humanismus [«Peinliche Gerichtsordnung» des Deutschen Reichs durch Kaiser Karl V., die sog. ‹Carolina› von 1532] [13], bei denen – mit Wirkung bis ins 19. Jh. hinein [14] – zwischen physiognomischen Zeichen (kontinuierlich, dauerhaftes Bild des Delinquenten) und pathognomischen Zeichen – also den diskontinuierlichen, situativ abhängigen Indizes [«Indizien»] wie Erbleichen oder Erröten oder bestimmten Gesten oder Bewegungs-Verhaltensweisen – unterschieden wird; und

(iii) die Deutungsversuche der Verhaltensrituale [15] und der Körperkommunikation [16] (Körperhaltung/-orientierung, Mimik, Gestik, Bewegungsverhalten, Lügensignale [17] der «entlarvenden Körpersprache» [18], Glaubhaftigkeitsskalen [19] und Täuschungshierarchien [20], emotionale Stimmführung [21]); schließlich

(iv) in der modernen, technikgläubigen Zeit die Erfindung des Lügendetektors [22].

2. *Der interpretierte Körper.* Wichtigster Bereich des Einstiegs in das Innere des Gegenüber, für den Blick ‹in seine Seele›, ‹in sein Herz›, ‹in seinen Kopf›, ‹hinter die Stirn› ist das Gesicht, die Bühne der Emotionen, der Affekte, mit den dominanten kommunikativen Körperorganen – Stirn, Augenbrauen, Augen, Nase, Mund, Wangen, Kinn. Die Körperphänomene sind (i) zum einen physisch fest und somit relativ unverändert bzw., weil angeboren, unveränderbar (wie die ausgewachsene Form von Stirn, Nase oder Kinn), (ii) zum andern weich und veränderlich und somit abhängig von den Gegebenheiten der Kommunikationssituation (wie die Augenbrauen, Augen, Wangen und Mund).

Das Gesicht als der sozial relevanteste Ort des Körpers (Blick [Miremik], Gesichtsfeld [Mimik]), aber auch die anderen Körperteile (Schultern, Arme, Hände, Finger [Gestik]) sowie die Körperhaltung (‹von Kopf bis Fuß›, im Lat. *de capite ad calcem* [Kinesik]) sind in Kommunikationsprozesse eingebunden, in denen die Körperphänomene interaktive Zeichen sind; als solche haben sie prinzipiell jene drei Funktionen inne, die denen des *Organon*-Modells (‹das Zeichen als Werkzeug›, griech. ὄργανον, órganon; lat. *organum*) von K. BÜHLER [23] entsprechen: die (i) Darstellungs-, (ii) Ausdrucks- und (iii) Appellfunktion des Zeichens. Die Körperphänomene – wie eine spitze Nase oder flache Stirn – sind Zeichen, die am Menschen realiter vorhanden sind (i'). Sie erscheinen als ‹Ausdruck›, als Wahrnehmungsangebot, als ein kommunikatives ‹Signal› des Körpers an den Gesprächspartner (ii'), der dieses als ‹Symptom› sieht und in irgendeiner Weise ‹interpretiert›, als einen Appell versteht (iii'), Schlüsse über seinen Gegenüber zu ziehen und so zu einer Beurteilung – eben zu einem Urteil über ihn – zu gelangen. In den mündlichen Kommunikationssituationen bzw. in den medial vermittelten (Bild [Photo], Bildsequenzen [Film, Fernsehen]) kann sich niemand diesen Abläufen entziehen: der Mensch macht sich sein Bild – faßt sein Urteil – von seinem Gegenüber, noch bevor dieser etwas gesagt hat: per Vor-Urteil hat er seinen Gegenüber aufgrund körperbezogener Beobachtungen kategorisiert, in eine Typologie eingeordnet und seine eigene Reaktion darauf abgestimmt (zumindest in empathischer Richtung [Sympathie, Neugierde, Offenheit, Ablehnung, Desinteresse, u.a.]).

Der Primat der nonverbalen Kommunikation [24] vor der verbalen ist unbestreitbar. Die bekannte Formel der Kommunikationstheorie der mittsechziger Jahre [25], es sei unmöglich, *nicht* zu kommunizieren, eben weil man sich ja auch nicht ‹nicht verhalten› kann, läßt sich, seit entsprechenden kultursemiotischen Forschungen der mittneunziger Jahre [26], ergänzen um die Feststellung, daß es ebenso unmöglich ist, nicht mit dem Körper kommunikativ zu wirken. Aus der Sicht des Partners, also rezeptionsbezogen formuliert, besagt dies entsprechend: Es ist unmöglich, nonverbale Zeichen (in den mündlichen Kommunikationssituationen) zu ignorieren und sie nicht zu interpretieren (d.h. also: sich nicht davon beeinflussen und zu einer Reaktion anregen zu lassen). Dabei läuft (a) die wertend beurteilende Einschätzung von Körperzeichen (wie die Gekrümmtheit der Nase [«scharfer Verstand», «hartes Wesen»], die Flachheit der Stirn [«dumm», «Flachkopf» (!) als Schimpfwort], das Vorspringen des Kinns [«durchsetzungsfähig», «Kämpfer-Typ»], die fleischige Gewölbtheit der Lippen [«sinnlich», «leidenschaftlich»]) wohl noch direkter ab und wirkt nachhaltiger als (b) die situativ ablaufende Kommunikation, in der – als ‹Körpersprache› [27] – der körperliche *Ausdrucksträger* (z.B. die Stirn oder die Arme) mit einem bestimmten, den Sprachfluß (i) begleitenden, (ii) unterstützenden, (iii) ergänzenden oder (iv) ersetzenden Ablauf – dem *Ausdruck* bzw. Ausdrucksrepertoire als Erscheinungsbild]) – eine *Ausdrucksbedeutung* (Funktion des Ausdrucks; z.B. Freude, Erschrockenheit, Erwartung, Wut) konstituiert. [28] Immerhin steht inzwischen aus kommunikationswissenschaftlicher Sicht außer Zweifel, daß nur etwa 7% der Gesprächsinformationen über die sprachliche Bedeutung vermittelt werden, aber 55% über die Mimik (und Gestik) (und 38% über die Betonung, also über Parasprache [d.h. nonverbal vokal] [29]) (vgl. die Redewendung als Vor-Urteil aus der Alltagserfahrung: ‹die Augen sagen mehr als [tausend] Worte›).

Gerade diese emotionale Direktheit [30] birgt aber auch Geheimnisvolles, und in der Mentalitätsgeschichte der Menschheit ranken sich darum Spekulation, Intuition, Emotionalität, Aberglaube, Willkür, Vorurteil, Überzeichnung (Karikatur) und Tabu. Der Sammelbegriff dazu lautet ‹P.›.

Der Mensch tritt in den Mittelpunkt des Interesses an sich selbst, das Gegenüber, als Kommunikationspartner, wird entdeckt. Um den Partner möglichst rasch, ja sofort zu verstehen und sich selbst auf ihn einrichten und einlassen zu können, bedarf es der Kategorisierung, des Erkennens von ‹Typischem› (s.o. A.). Verstanden als ein solcher ‹dialogischer› Prozeß des Wahrnehmens (Augen), des Urteilens (Kopf) und des Handelns (Körper) zwischen den Menschen ist die physiognomische Wahrnehmung auch eine Selbstorientierung und eine subtile Überlebensstrategie, indem wir nämlich «unsere Umwelt ständig auf die Antwort auf die eine Frage absuchen, die für uns lebenswichtig ist: Bist du Freund oder Feind, etwas Gutes oder etwas Böses?» [31] Dieser ‹physiognomische Dialog› garantiert dem Baby, dem Kleinkind, den Tierkindern, schließlich auch entsprechenden Comic-Figuren (z.B. Walt Disneys «Bambi» [1942] oder «Mickey Mouse») oder Spielpuppen (z.B. die bekannte «Barbie» oder der Teddybär [1905/06]), daß sie allein schon mit den physiognomischen Ausdruckssignalen ihres Kopfes – dem mit K. LORENZ (1903–1989) sog. «Kindchenschema» [32] (weiche Linien, übergroße Augen, lange Wimpern, vorgewölbte Stirn, kleine Stupsnase, rundliche Schädelform u.a.) als Schlüsselreize der Zuwendung, der Fürsorglichkeit, des Brutpflegeverhaltens (Abb. 1 [33]) – als niedlich und zu behüten eingeschätzt und mit appellativen Hochgefühlen angenommen werden.

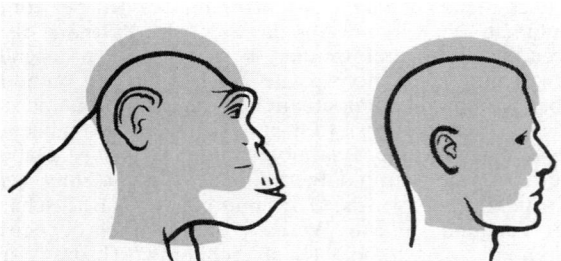

9.6 Das kindliche Gesicht zeigt bereits bei den Menschenaffen feinere Züge und einen gegenüber dem Hirnschädel zurücktretenden Gesichtsschädel. Das darauf angepaßte »Kindchenschema« mag züchtend die weitere Verfeinerung des menschlichen Antlitzes im Verlauf der Hominisation bewirkt haben und noch bewirken.

Abb. 1: Kindchenschema. Nach: I. Eibl-Eibesfeldt, Die Biologie des menschlichen Verhaltens. Grundriß der Humanethologie (3. Aufl. 1995) 921.

3. *Definitionen und Kontexte.* **a.** *Differenzierungen.* Der Begriff ‹Physiognomonik› oder ‹Physiognomik›, auch ‹Physiognomie›, ist zusammengesetzt aus griech. φύσις, phýsis (‹Natur, natürliche Beschaffenheit, Anlage, Wesen, Gestalt›) und γνώμη, gnṓmē (‹Erkenntnis, Einsicht, Urteil›).

‹Physiognomie› bezieht sich bildungssprachlich auf das charakteristische äußere Erscheinungsbild des (meist menschlichen, aber auch tierischen, dann auch metaphorisch: urbanen, landschaftlichen u.a.) Gesichts,

dessen Züge und Schnitt den Gesamtausdruck prägen (z.B. «harte, einprägsame, ernste Physiognomie des Schauspielers»).

‹P.› intensiviert diese Sichtweise, indem

(i) zum einen, objektbezogen, die Form (Gestalt) und der Ausdruck des (insbesondere menschlichen) Körpers, hier vor allem wiederum des Kopfes, noch spezieller: des Gesichts gemeint sind, von denen dann auf innere Eigenschaften rückgeschlossen wird; und

(ii) zum andern, metasprachlich (d.h. wissenschaftlich, disziplinär, theoretisch reflektierend und praktisch prüfend), die psychologische Beschäftigung und Lehre, insbesondere im Rahmen der Ausdruckspsychologie, im Mittelpunkt stehen, mit den methodischen Zielen (ii.1) der Erkennbarkeit und (ii.2) der Bewertung

(a) der *inneren*, seelischen Eigenschaften von (insbesondere menschlichen) Lebewesen (Fähigkeiten, Anlagen, Charakter, und darüber hinaus: des Temperaments, der seelischen Krankheiten, der heimlichen Gedanken und der unbewußten Seelenregungen, schließlich des zukünftigen Schicksalsverlaufs)

(b) anhand *äußerer* körperlicher Merkmale, und zwar speziell der festen Teile (Knochenbau, Körperhaltung), insbesondere des Kopfes (Schädelform), hier am häufigsten: des Gesichts und seiner Teile und Regionen (Gesichtszüge und Mimik als relativ konstante Eigenheiten), aber auch der Kleidung und der Lebensweise.

b. *Disziplinenspektrum.* In dem ‹wissenschaftlichen› Verständnis von ‹P.› als (Kunst-) Lehre – s.o. a. (ii) – offenbart sich ein breites Spektrum; es reicht

(a) von *esoterisch-okkult-magischen* Kenntnissen (viele einschlägige Publikationen orten sich selbst so, sei es durch den bibliographischen Standort, sei es durch Zugehörigkeit zu entsprechend betitelten Buchreihen)

(b) über die Evidenz von *Alltagserfahrungen*, d.h. eine lebenspraktisch aufgebaute Deutungskompetenz der Laien, die ihre individuellen Eindrücke gesellschaftsbezogen vereinheitlichen und im kulturspezifischen Kontext als eine gemeinschaftliche Bewertungseinstellung festigen («Daß es eine physiognomische Wahrnehmung wirklich gibt, und daß sie unmittelbar und zutiefst überzeugend wirkt, steht außer Zweifel. Wir erleben diese Unmittelbarkeit jedesmal, wenn wir einem Menschen ins Gesicht blicken.» [34]), was auch kriterienbezogen strukturiert und schließlich als eine Theorie systematisiert werden kann (wie bereits die erste überlieferte Schrift dazu belegt, s.u. B.II.3., und sich in einer über zweitausendjährigen abendländischen Tradition bis heute zeigt [35]),

(c) bis hin zu *wissenschaftlichen* Abhandlungen im Rahmen der *Psychologie* (Differentielle Psychologie [36], Experimentelle Psychologie, Persönlichkeitspsychologie, Ausdruckstheorie, Charakterologie, Typenlehre), der *Ethologie* (Verhaltensforschung), der *Anthropologie* (insbes. der *Sozialanthropologie* [37]), der *Kultursoziologie* [38], der *Ethnographie* (Völkerkunde, Rassenforschung), der *Kommunikationswissenschaft* und *Interkulturalitätsforschung* (insbes. zu denken ist hier an die Vorurteils- und Toleranzforschung) (s.u. B.VIII.4.a.), der *Semiotik* (Zeichen und ihre Status, Funktionen, Gemeinschaften, Kontexte), aber auch der *Kunstwissenschaft* (man denke an Gesten, Mimik und Haltungen in der Malerei und Bildhauerkunst, an die Porträtistik, an die Photographierkunst [s.u. C.IV.3. sowie B.V.2. und B.VIII.1.u.2.]) und der *Literaturwissenschaft* (literarisches Porträt, Körperbeschreibung, Körperkommunikation [39]) sowie der *Medienwissenschaft* (körperkommunikative Wirkungsforschung und Verhaltensberatung bei Politikern, strategische Steuerung von Leser-Einstellungen durch Mitteilung [Zeitung] oder Fokussierung [Fernsehaufnahmen] körperbezogener Merkmale) und der *Unternehmensforschung* (*Corporate Identity*, Interkulturelle Wirtschaftskommunikation) (s.u. B.VIII.4.a). Allerdings zeichnet sich eine wirkliche *Interdisziplinarität* bei empirischer Kooperation, methodischer Abklärung, Abstimmung von Analyse-Instrumentarien und Formulierung gemeinsamer Erkenntnisziele, die ein integratives Ergebnis zeitigen könnten [40], zum Phänomen ‹Physiognomie› bzw. ‹P.› noch nicht ab.

Entsprechend den genannten Spektrumsbereichen erstrecken sich die Interessen der P. auf

(i) *charakterologische* Aussagen, die vielfach einhergehen mit

(ii) *divinatorisch-mantischen* Vorgehensweisen (z.B. Chiromantik ‹Handlesekunst› [griech. χείρ, cheír, ‹Hand› und μαντική, mantiké, ‹weissagend› (τέχνη, téchnē, ‹Kunst›)]; Geomantik [Deutung der Zukunft aus wahllos in Erde oder Sand markierten Punkten, ‹Punktierkunst›; Wahrsagen aus Erdbeben und Bodenerscheinungen]; Traumdeutung; Metoposkopie ‹Stirnlinienkunde› [griech. μέτωπον, métōpon, ‹Stirn›, und σκοπεῖν, skopeín, ‹spähen, betrachten, untersuchen, prüfen›]; Graphologie [Deutung von Anlagen, Eigenschaften und Charakter aus der Handschrift; u.a.]); andererseits auf

(iii) *diagnostische* Möglichkeiten im Rahmen einer – wie ursprünglich seit den Griechen der Antike – medizinischen oder sonstwie (z.B. kriminologisch, politisch, rassenideologisch, gesellschaftsvergnüglich [18.Jh.]) motivierten Erkennung.

c. *Soziokultureller Stellenwert.* Die P. hat ihre gesellschaftliche Geltung bis in die heutige Zeit bewahrt. Veränderungen ihres Stellenwerts zwischen Individuum und Gesellschaft, Identität (Einbezug, ‹Wir›-Gefühl) und Alterität (Ausgrenzung), Lebenswirklichkeit und künstlerischer Ästhetik, Schönheit und Häßlichkeit, Zustimmung (Sympathie) und Ablehnung, Spekulation und wissenschaftlicher Ambition, Text (philosophische Abhandlung, literarische Verarbeitung) und Bild (Illustration, künstlerisches Porträt, Photographie, Werbung) sind einerseits abhängig von den jeweils herrschenden Denkströmungen und bestimmen andererseits diese in unterschiedlicher Intensität, bis hin zu heerschenden Ideologien (18.Jh. [s.u. B.VI.] oder Rassenkunde des 20.Jh. [s.u. B.VIII.4.b.]); es ist deshalb sinnvoll, nach mentalitätsgeschichtlichen Epochen vorzugehen und dafür nach den großen Jahrhundertbögen des Mittelalters und der europäischen Renaissance die Jahrhundertschnitte des 18., 19. und 20.Jh. zu wählen, in denen jeweils

(i) sich auch differenziertere Ansätze und Ideen ausbilden und

(ii) die verschiedenen Kulturen (hier einzuschränken: des Abendlandes) auch unterschiedliche Sichtweisen entwickeln; die globale Relativierung auf die westliche Hemisphäre ist wichtig vor dem Hintergrund durchaus gravierender Unterschiede z.B. zu ostasiatischen, chinesischen Denkweisen und Kulturtraditionen (in China seit dem 3.Jh. v.Chr., dann auch in Korea und Japan), z.B. zu ‹Siang Mien›, der über Jahrtausende überlieferten Geheimwissenschaft des Gesichtslesens [41]; und schließlich

(iii) hat sich auch das Spektrum physiognomischer Interessen und Bereiche erweitert und vielleicht inzwischen sogar erschöpft: denn immerhin, ab Mitte der 50er Jahre des 20.Jh., so wird behauptet, «verschwanden die physiognomischen Traktate, jedenfalls auf der Ebene der kulturell anerkannten Publizistik» [42]. Das Interesse an der P. ist allerdings keinesfalls verschwunden (vgl. u. B.VIII. und B.IX. sowie C.) und sucht sich offenbar nur neue Wege des Urteilens und Klassifizierens, neue Medien und neue Foren. (Eine auch nur annäherungsweise Vollständigkeit der Darstellung zur Geschichte und Gegenwart ist hier nicht möglich; Überblickswerke zum Thema [43] leisten dies im übrigen auch nicht: zudem haben sie ihrerseits ihre Standpunkte inne, von denen her sie die P. darstellen.)

B. *Mentalitätsgeschichte der P.* **I.** *Alter Orient.* Die äußeren Körpermerkmale als (An-)Zeichen (‹Symptome› des Trägers, ‹Signale› an den Wahrnehmenden: s.o. A.II.2. zum Organon-Modell) für innere, verborgene Eigenschaften oder schicksalhafte Bestimmungen zu interpretieren, hat seine Ursprünge im Orient: Priester deuteten mit *mantischen* Verfahren der *zerlegenden Körperschau* (Körperteile, -stellen, -haltungen) von Menschen, Tieren oder Gegenständen die Zukunft (in Mesopotamien die altbabylonischen *Omina*).

II. *Antike.* **1.** *Hellas.* Die griechische Antike setzt die divinatorisch-mantischen Ideen der Vorzeit nicht eigens fort; sie folgt vielmehr dem Verfahren des Schließens (und Beweisens), dessen philosophisch-logische Technik sie selbst begründet hat. Und in der Tat dehnt ARISTOTELES (384–322 v.Chr.) im Rahmen der (zur *inventio* gehörenden) *argumentatio*-Lehre (Begründung durch Argumente mittels Zeichen [Anzeichen, Indizien], Beispiele [induktive Argumente] und Gründe [deduktive Argumente]) seine Überlegungen zum Syllogismus (deduktive Argumentation) auch auf die Zeichen der Affektion aus, die den (deutenden) Schluß auf die Natur (φύσις, phýsis) – das ist φυσιογνωμεῖν, physiognōmeín – nahelegen; er steht mit seiner psychosomatischen Sicht am Beginn der physiognomischen Reflexionen: «τὸ δὲ φυσιογνωμονεῖν δυνατόν ἐστιν, εἴ τις δίδωσιν ἅμα μεταβάλλειν τὸ σῶμα καὶ τὴν ψυχὴν ὅσα φυσικά ἐστι παθήματα» (Physiognomik ist möglich, wenn man zugibt, daß Körper und Seele sich zugleich verändern, sofern es sich um natürliche Affekte [physiká pathḗmata] handelt).[44]

Die Griechen haben die alten zukunftsdeutenden Absichten des Orients in eine charakterdeutende P. des Einzelmenschen und von Typen umgewandelt.[45] Der Begriff ‹Charakter› (griech. χαρακτήρ, charaktḗr, ‹Prägung, Eigentümlichkeit, Kennzeichen›) findet sich in den physiognomischen Quellen nicht (er wird von THEOPHRAST Ende des 4.Jh. v.Chr. geprägt, s.u. 3.d.); stattdessen stehen an den entsprechenden Stellen Begriffe wie πάθος, páthos (‹Gemütsbewegung, Seelenstimmung›), πάθημα, páthēma, διάνοια, diánoia (‹Gesinnung, Meinung, Absicht›), φύσις, phýsis (‹Anlage, Wesen, Begabung, Naturkraft›).

2. *Berufsstände.* Die Kunst des erkennenden und beurteilenden Schließens vom Äußeren (körperliche Merkmale, Kleidung, Lebensweise) auf das Innere, Verborgene, nicht direkt Zugängliche, auf den Charakter, um (i) das eigene Verhalten gegenüber dem Partner erfolgversprechend einzustellen oder um (ii) den anderen in seinen Verhaltensweisen zu begreifen oder um (iii) Prognosen über seinen Werdegang oder sein Handeln anzustellen, ist in der Antike mit großem Interesse von Ärzten (wie HIPPOKRATES von KOS [460–ca. 370 v.Chr.] in der griechischen Antike oder GALENOS aus Pergamon [129–199 n.Chr.], dem Systematisierer und Vollender der griechischen [d.h. genauer, seit ca. 300 v.Chr.: alexandrinischen] Medizin [mit den – auch für die P. grundlegenden – Zielen der ‹Klassifikation› und ‹Diagnose›] in der römischen Kaiserzeit [Hofarzt von Marcus Aurelius]), sowie von Historikern (Abfassen von Biographien), von öffentlichen Personen (Politikern, Rhetoren) und von Laien praktiziert worden.[46]

3. *Werke und Konzepte.* Im Rahmen der bezüglich der Autorschaft umstrittenen Werke (der sog. ‹dubia›) des ‹Corpus Aristoticum› findet sich unter den ‹Opuscula›, auch gerechnet zu den ‹Parva Naturalia›, das Werk Φυσιογνωμονικά, Physiognōmoniká (aus dem 2.Jh. v.Chr.)[47], der «Urtext der antiken Physiognomik»[48] und «Kompaß für das physiognomische Räsonnement über fast zweitausend Jahre»[49].

a. *(Pseudo-)Aristoteles.* In dieser sogenannten pseudoaristotelischen, aus dem Peripatos stammenden[50] kleinen Schrift[51] wird gleich zu Beginn auf das sich gegenseitig bedingende, enge Verhältnis zwischen Körper und Seele – und zwar bei jeder Gattung – hingewiesen: «Die Züge der Gesinnung folgen denen des Körpers und können nicht unberührt bleiben von den Bewegungen des Körpers. Dies zeigt sich besonders klar in den Zuständen der Berauschung und Erkrankung, weil dann unter der Einwirkung des Körperbefindens die seelischen Eigenschaften ganz verändert erscheinen. Und auch das Gegenteil, daß der Leib von den seelischen Vorgängen in Mitleidenschaft gezogen wird, ist bei den Gefühlen der Liebe und der Furcht, des Leides und der Freude zu erkennen.»[52] Dieser Aspekt der wechselseitigen – eben psychosomatischen – Affektion («Körper und Seele [sind] so aufeinander abgestimmt, daß sie einander Ursache werden für die meisten Vorgänge»[53]) bleibt dann auch zentral in der späteren physiognomischen Tradition.

b. *Objektbereich.* Wohlmöglich aus diesen Einsichten heraus hebt die Abhandlung hervor, daß nicht die einzelnen Merkmale entscheidend für physiognomische Urteile seien, sondern vielmehr die Gruppen und Einteilungen von Merkmalen und die Rangordnungen der Zeichen. So betont sie die Ganzheitlichkeit des physiognomischen Vorgehens (ἐπιπρέπεια, epiprépeia ‹Gesamteindruck› ist wohl eine Neuschöpfung des Verfassers[54]) und bestimmt die Bereiche, «aus denen die Zeichen genommen werden, und zwar vollständig» (806a 27):

«Aus der Bewegung zieht man in der Physiognomik Schlüsse und aus der Haltung, aus der Farbe, aus dem Gesichtsausdruck, aus dem Haar, aus der Glätte der Haut, aus der Stimme, aus dem Fleisch, aus den Körperteilen und aus der Gestalt des ganzen Körpers.» (§ 7 [806a 28–32])[55]

In dieser programmatischen Definition einer systematischen Methode physiognomischen Wahrnehmens und Interpretierens sind – aus heutiger Sicht – Disziplinen wie Gesten- und Mimikforschung, Kinesik, (rhetorische) Stimmforschung, Ethnologie, Ausdrucks- und Gestaltpsychologie, Konstitutionslehre und Anatomie einbezogen. Dieser interdisziplinären Beteiligung entspricht durchaus die alltägliche Weise von Wahrnehmung des Gegenüber: man erfaßt «in aller Regel *auf einen Blick* das Alter, die Ethnie, das Geschlecht, die Konstitution (gesund, wohlgebaut), die sozialen Konnotationen der Kleidung, die psychischen der Bewegung (gehemmt, schnell, energisch, träge)»[56].

Die ganzheitliche Sicht wird in interpretierenden Zusammenstellungen deutlich wie z.B. «Kennzeichen des Verbitterten: ein grinsendes Gesicht; von dunkler Farbe; hager; ein zerfurchter Gesichtsbereich; ein runzliges, fleischloses Gesicht; gerad- und dunkelhaarig» (808a 17–19). Allerdings ist die Schrift nicht frei von Deutungen und Lehrsätzen aus Vereinzelungen heraus, z.B. «Weiche Haare kennzeichnen einen Feigen, harte einen Mutigen» (806b 4); «Die Großäugigen sind träge» (811b 20); «Die eine kleine Stirn haben, sind ungebildet» (811b 29); usw.[57], wie sie auch in tierphysiognomischen Merkmalerhebungen sich verfestigt hatten und in den zoographischen Schriften des Aristoteles entsprechend mitgeteilt werden[58]: z.B. «Unterhalb der Stirn aber liegen die beiden Augenbrauen; geradlinige deuten auf einen sanften Charakter, nach der Nase zu gebogene auf einen mürrischen, nach den Schläfen hin auf einen hämischen und spöttischen, heruntergezogene auf Neid.»; – «Das obere und untere Lid bilden gemeinschaftlich zwei Augenwinkel, einen nach der Nase und einen nach den Schläfen hin. Sind diese groß, ist das ein Zeichen von Hinterlist, wo sich aber gleichsam fleischige Kämme nach der Nase hin befinden, von Bosheit.»; – «Manche Augen sind aber groß, manche klein, die die Mitte haltenden sind die besten. Auch stehen sie entweder bedeutend hervor oder liegen tief oder halten die Mitte. Von diesen sehen die tiefliegenden bei jedem Tier vor allem am schärfsten; die die Mitte haltenden deuten auf eine absonderlich gute Gemütsart. Auch sind die Augen entweder blinzelnd oder starr oder halten die Mitte. Die die Mitte haltenden deuten auf eine besonders gute Gemütsart; von den beiden andern sind diese schamlos, jene unsicher.»

c. *P.-Gattungen.* In systematisch vergleichender Weise, die auf ein charaktertypisches Idealbild aus den Eigenschaften ‹Großgesinntheit› (μεγαλοψυχία, megalopsychía), ‹Anstand› (κόσμος, kósmos) und ‹Mut› (ἀνδρεία, andreía)[59] – Bausteine der seit archaischer Zeit angestrebten καλοκἀγαθία, kalokagathía, der «äußere[n] und innere[n] Schönheit und Vortrefflichkeit»[60] – zulaufen soll, behandelt die Schrift in Rekurs auf «die früheren Anhänger der Wesenserkundung»[61] mit rein deskriptivem (also nicht normativem) Sprachduktus drei große P.:

(i) die *Tier-P.* (zu der sich Aristoteles eigens geäußert hat)[62]: «Die einen wollen das Wesen aus den Tiergattungen heraus erkunden: sie setzen für jede Gattung eine bestimmte Tiergestalt und ein bestimmtes Wesen an, manche auch auf Grund hiervon einen bestimmten Leib, und nahmen nun an, daß alles, was einen ähnlichen Leib habe, auch ein ähnliches Wesen habe.»[63]; insbes. der Traktat B beschäftigt sich mit den Kennzeichen und den Analogien zwischen Tier und Mensch: «Die einen dicken Hals haben, sind seelisch robust; siehe das männliche Geschlecht. Die einen dünnen haben, sind schwach; siehe das weibliche Geschlecht. Deren Hals dick und feist ist, die sind ungestüm; siehe die wilden Stiere. Deren Hals aber von guter Länge und nicht allzu dick ist, die sind großgesinnt; siehe die Löwen. Deren Hals dünn und lang ist, die sind feige; siehe die Hirsche. Deren Hals aber allzu kurz ist, die sind hinterlistig; siehe die Wölfe»; «Die dichtbehaarte Beine haben, sind lüstern; siehe die Böcke.»[64]

(ii) die *Geschlechts-P.* (zu der es schon aus dem 7. und 6.Jh. v.Chr. – PHOKYLIDES aus Milet[65] – eine Denktradition gibt); z.B. «[Es] ist offenbar, daß jegliches weibliche Wesen in jeglichem Stamme im Vergleich zum Männlichen kleinköpfiger ist und enggesichtiger und schmalhalsiger und schwächere Brust hat und rippenärmer und an Hüften und Schenkeln rings fleischiger als die männlichen, und von einwärts gebogenen Knien und schmalen Waden, mit feineren Füßen und einer gesamten Gestalt, die mehr anmutig als stammkräftig ist, sehnenloser und weicher und von feuchterem Fleische. Die Männchen aber diesem allen entgegengesetzt, mutigmännlicher und festgesitteter von Geburt, die Natur des weiblichen Geschlechtes aber feiger und weniger festgesittet. Wenn dem allen so ist, so erscheint der Löwe von allen Wesen am vollkommensten Anteil davongetragen zu haben an der Idee des Männlichen. Denn er besitzt ein in schöner Weise großes Maul und ein Antlitz, das der Idee des Viereckigen mehr entspricht, nicht allzu knochig, die obere Kinnlade nicht vorstehend, sondern der unteren entsprechend, die Nase mehr dick als schmal, die Augen funkelnd, tiefliegend, nicht sehr rund noch allzu länglich zugehend, ihre Größe mittel, die Braue eher groß, die Stirn viereckig, von der Mitte an aber etwas konkav, nach den Brauen hin aber und der Nase so etwas wie eine Wolke darobstehend. [...] So viel von der leiblichen Beschaffenheit. Das Seelische wie zum Geben bereit und was im Menschentum hochgemuter Sinn des freien Mannes, hochherzig und siegliebend und zahm wie voll Rechtsgefühl und Freundlichkeit für alles, womit er gerade in Verkehr kommt. Der Panther ist mehr weiblicher Art als die (spezifisch) mannhaft scheinenden Tiere, ausgenommen hinsichtlich des Baus der Schenkel, mit diesen aber ist er stark mittätig und vollbringt er wohl ein Werk von Kraft. Er ist nämlich im Besitz eines kleinen Angesichts, großen Maules, kleiner Augen, die weißlich sind, tiefliegend, selbst aber beweglicher; [...]. Dies ist die körperliche Seite des Tieres, was das Seelische betrifft aber, so ist er nicht imponierend, und verschlagen [...].» [66]; und

(iii), als zu jener Zeit neue Sicht, die zwar vereinzelt – z.B. HIPPOKRATES: ‹Von der Umwelt› [67] – ältere Wurzeln hat, aber wohl eher die kollektiven Erfahrungen und interkulturellen (Vor-)Urteile aus den sich entwickelnden Handelsvernetzungen verarbeitet, entsteht eine *Ethno-P.* der Völker und Stämme, «welche sich in Aussehen und Gesinnung unterscheiden, z.B. Ägypter, Thraker, Skythen» [68], was nach Meinung des Autors mit Temperatur, Klima, Ernährungsweise und Lebenspraxis zusammenhängt (vgl. B.VIII.4.a.(i) sowie C.III.).

d. *Pathognomik.* Neben den festen Merkmalen sieht der Autor aber als Kennzeichen der Wesenserkundung an der Art, wie sie zutage treten, «je nachdem sie erkennbar werden beim Zornigen, Furchtsamen, Liebestollen, und so bei jedem andern Gefühlsmenschen.» [69] Eine solche Sichtweise ist *pathognomisch* gerichtet (griech. πάϑος, páthos, ‹Erlebnis, Gemütsbewegung, Seelenstimmung, Leid[en]›, aber auch ‹Leidenschaft›, insbes. in einem rhetorischen [70] [Lehre von den *officia oratoris*] und dann auch poetisch-theatralischen [71] Verständnis als ‹affektive Erregung›, hier am besten zu übersetzen mit ‹Gefühle, Emotionen›; gegenüber griech. ἦϑος, éthos als ‹Charakter›). Die Pathognomik wird schon seit HIPPOKRATES im Rahmen einer medizinischen Diagnostik beachtet. [72] Bestimmte Gruppen von Gesichtsmuskeln können, wenn sie stets bewußt oder unbewußt bei Gefühlen, Stimmungen oder emotionalen Urteilen eingesetzt werden, Falten und Linien ausbilden, die dann zum Gesicht gehören; auf diese Weise habituell geworden und somit verhaltenstypisch, gewinnen die Affekte eine physiognomische Qualität. Diese Erkenntnis wird rund 2000 Jahre später, als Position des 19. Jh., ausdrücklich wiederholt in der Formulierung von TH. PIDERIT: «die mimischen Züge werden durch häufige Wiederholung zu bleibenden physiognomischen Zügen und ein physiognomischer Ausdruck ist anzusehen als ein habituell gewordener mimischer Ausdruck» [73].

P. und Pathognomik finden ihre Verschmelzung in den typisierenden *Charakterologien*, an deren Anfang – zugleich den Begriff ‹Charakter› schaffend – die χαρακτῆρες ἠϑικοί, ‹Charaktéres ēthikoí› (ca. 319 v.Chr. entstanden) von THEOPHRAST VON ERESOS (ca. 372–ca. 288 v.Chr.), Leiter der aristotelischen Schule nach dem Tod des Aristoteles (322 v.Chr.), mit einer starken Wirkungsmacht für die rhetorisch-psychologische Schulung der antiken Folgezeit [74] stehen: es werden 30 Charakter-Typen wie «Der Redselige», «Der Flegel», «Der Widerliche», «Der Feigling» beschrieben. [75] Damit ist der Wandel markiert, der sich im 4.Jh. in Kunst und Literatur abzeichnet und «zu der stark auf das Individuum ausgerichteten Kultur des Hellenismus hinführt» [76].

Das Zusammenspiel von P. und Pathognomik ist für die griechische, aber auch schon für die ägyptische Skulptur und Plastik von ausdrucksästhetischer Bedeutung: Alle Teile des Gesichts verleihen gemeinschaftlich der Ganzheit ihre Fähigkeit, einen bestimmten Ausdrucksgehalt an den Betrachter weiterzugeben; die Wirkung beruht auf der Summe der Einzelheiten. Die mesopotamische Kunst dagegen (Sumerien 3500–2000 v.Chr., Babylonien 2250–1760 v.Chr., Assyrien 1500–600 v.Chr.), mit der ägyptischen zeitgleich, weist den Teilen des Gesichts eine wesentlich höhere Wirkungskraft zu und bestimmt das physio- und pathognomische Detail als ausschlaggebend für die bedeutungsvolle Aussage. Vor diesem Hintergrund, im übrigen, müssen die modernen Kunstphotographien von Zeugnissen der Alten Welt ihre Wahl der Ansichten und Ausschnitte bedenken: mesopotamische Gesichter oder Köpfe lassen sich partiell wiedergeben, ägyptische und griechische nur als Ganzabbildung. [77]

4. *Kaiserzeitliche Tradition.* Die antike Tradition der pseudoaristotelischen Schrift führt der griechische Sophist und Rhetor Antonius POLEMON aus Laodikea (ca. 90–145 n.Chr.) weiter, dessen Ausführungen, «nur in einem winzigen griechischen Fragment und einer arabischen Version erhalten» [78], in einer (selbst so genannten) Paraphrase [79] des jüdischen Arztes und Sophisten ADAMANTIUS (4.Jh. n.Chr.) überliefert sind. [80] Polemon, und in seinem Gefolge Adamantius, widmen sich im zweiten Buch einzelnen Körperteilen, Charaktertypen und Tieren, im ersten Buch vor allem den Augen (i) als Erkenntnisquell für den deutenden Physiognom mit ratgebenden Interpretationen wie «Wenn du die Augen ruhig und unbeweglich, gleichsam im Gesicht starr, siehst, sollst du wissen, daß dieser ein verhaßter, feindseliger Mann ist. Ein feuchtes Auge zeigt Furchtsamkeit an.» [81] –, aber auch (ii) als ein Mittel publikumswirksamer Rede für den Redner.

Im 4.Jh. n.Chr. setzt der ANONYMUS LATINUS das physiognomische Wissen mit ausdrücklichem Rekurs auf «der Arzt Loxus [von dem nichts überliefert ist], den Philosophen Aristoteles und den Rhetor Polemon» [82] fort.

III. *Mittelalter.* Das Mittelalter verdankt sein physiognomisches Wissen vornehmlich der Vermittlung griechischer Traktate aus der arabischen Rezeption.

1. *Medizin.* Man interessiert sich für medizinische Weisheiten, die bis zu GALENOS zurückreichen und stark von der antiken Temperamentenlehre und der ihr zugehörigen Konstituentenlehre bestimmt sind.

a. *Rhazes.* Eine medizinische Kompilation arabischer, indischer und griechischer Quellen (Hippokrates, Galenos) sowie islamischer Wissensbestände und eigener Forschungen aus seiner praktischen Erfahrung bietet das umfangreiche Werk des Arztes RHAZES (865–925)[83], dessen Hauptschriften in ihrer lateinischen Übersetzung große Wirkung (z.B. als Prüfungsbuch) bis in die frühe Neuzeit (Kommentar [«Paraphrasis»] des A. Vesalius 1537 zum 9. Buch des ‹Liber medicinalis ad Almansorem› [Ausg. Mailand 1481]) ausübte.

b. *Humorallehre.* Arabische Ärzte wie AVICENNA (973 od. 980–1037)[84] oder abendländische Übermittler griechischer und arabischer Medizinkenntnisse wie CONSTANTINUS AFRICANUS (CASSINENSIS) (gest. 1087) bauen die Lehre der *Humoralpathologie* (lat. *humores* ‹Säfte›), der Säftelehre, aus der griechischen Antike (konzipiert im 5. Jh. v.Chr.) weiter aus:

Schon dort, in Texten des ‹Corpus Hippocraticum›, werden körperliche Anlagen und geistig-seelische Zustände auf Kombinationen von (vier) Qualitäten (*qualitates*) bezogen (‹feucht›/‹naß›; ‹trocken›; ‹warm›/‹heiß›; ‹kalt›), die bereits von ZENON von Elea (5. Jh. v.Chr.) den vier ‹Elementen› des Arztes und Philosophen EMPEDOKLES (ca. 494–434 v.Chr.) – nämlich ‹Wasser›, ‹Erde›, ‹Feuer›, ‹Luft› – zugeordnet worden waren. Krankheiten und charakterliche Eigenschaften sowie äußere Auffälligkeiten werden humoralpathologisch gedeutet, d.h. erklärt mit dem Vorherrschen eines der (nach den älteren hippokratischen Lehren nur zwei Säfte [Galle, Schleim], dann) vier *Körpersäfte* – nämlich ‹Blut› (αἷμα, haíma): feucht/naß, warm/heiß; ‹Schleim› (φλέγμα, phlégma): feucht/naß, kalt; ‹gelbe Galle› (χολή, cholē): trocken, warm/heiß; ‹schwarze Galle› (μελαγχολία, melancholía; vgl. μέλας, mélas, ‹schwarz, dunkel›): trocken, kalt. Dies steht in einer Traditionskette schon seit GALENOS, dem berühmtesten Arzt der Kaiserzeit, der seinerseits Zuordnungen (i) des griechischen Arztes und Hippokrates-Schülers POLYB[I]OS (wirkte zw. 400 u. 370 v.Chr.) weiterverwertete sowie (ii) die Elementenlehre des EMPEDOKLES aufnahm, der in seiner Kosmogonie (Περὶ φύσεως, Perí phýseōs) die Ansicht vertrat, daß von den Urkräften ‹Liebe› (φιλία, philía, φιλότης, philótēs) und ‹Haß› oder ‹Streit› (νεῖκος, neíkos) die vier Elemente ‹Erde›, ‹Luft›, ‹Feuer› und ‹Wasser› geeint und wieder geschieden werden, was in der Himmelskugel (σφαῖρα, sphaíra) als Ort der Vollkommenheit einen immerwährenden Mischprozeß des Entstehens und Vergehens der Dinge und Lebewesen und natürlich auch der (neben Gott Sphairos) anderen Götter in Gang hielte; ARISTOTELES schuf dann, rund hundert Jahre später, Korrelationen zwischen der Elemente- und der Säftelehre (Blut – Luft; Schleim – Wasser; gelbe Galle – Feuer; schwarze Galle – Erde); Galenos gilt als Begründer der Komplexionen- oder Temperamentenlehre. Von besonderem Interesse scheint die melancholische Stimmung zu sein. Um ca. 200 n.Chr. kommen die Begriffe πολύαιμος, polýhaimos (‹voll Blut› [poet.]; lat. *sanguinicus*) und φλεγματῶδης, phlegmatṓdēs (‹schleimig›; lat. *phlegmaticus*) hinzu (SEXTOS EMPEIRIKOS [Ende 2. Jh. n.Chr.]). [85]

c. *Temperamentenlehre.* Allerdings bildet sich nun erst im Mittelalter [86] (mit z.B. der ‹Philosophia mundi› des WILHELM VON CONCHES [ca. 1080–1154] aus der Schule von Chartres, mit HONORIUS AUGUSTODUNENSIS [1. Hälfte 12. Jh.] oder mit MAURUS VON SALERNO [ca. 1130–1214], «optimus physicus» des 12. Jh., der «secundus Galenus») die Vierergemeinschaft der *Temperamente* [87] heraus: *cholericus* (gelbe Galle), *melancholicus* (schwarze Galle), *phlegmaticus* (Schleim) und *san-*

Abb. 2: Die Temperamente nach Lavater. Nach: J.C. Lavater, Physiognomische Frg. zur Beförderung der Menschenkenntniß und Menschenliebe, Bd. 4 (Leipzig/Winterthur 1778) 350 und 353.

guinicus (Blut) (Abb. 2 [88]). Außerdem entstehen Korrelationen zu Charaktereigenschaften (Choleriker: bitter; Melancholiker: traurig; Phlegmatiker: gleichmütig; Sanguiniker: süß), die sich, bei meist negativer Bewertung der melancholischen Haltung, in Merksprüchen unter den Ärzten tradieren. Erweiterungen der Korrelationen im Viererschema mit anderen Erfahrungen der Lebenspraxis (Alter, Jahreszeiten, u.a.) schließen sich an, so daß sich bis in die künstlerische Umsetzung hinein gewisse (manchmal schwankende) Codifizierungen ergeben (Choleriker in der Malerei: rote Farbe seiner relevanten Kleidung; Melancholiker: blau; Phlegmatiker: grün; Sanguiniker gelb; zudem bestimmte Kopfformen und Physiognomien: vgl. die beiden berühmten Gemäldetafeln ‹Vier Apostel› von A. Dürer [1526], gemäß dem zeitgenössischen Schreibmeister J. Neudörffer nicht nur eine Darstellung der Verkünder christlichen Glaubens, sondern eine Verbildlichung der vier Tempe-

ramente [sowie der vier Lebensalter] des Menschen, also eine Verbindung von individuellen Zügen [Porträt] und Typischem [89]). All diese verschiedenen Ergänzungen konstituieren schließlich ein komplexes System der Humorallehre (Schema 1 a/b) [90]).

d. Melancholie. Die jeweiligen Einschätzungen des Zusammenhangs zwischen Temperament und geistigen Fähigkeiten schwanken in jenen Zeiten durchaus, aber speziell die *Melancholie*, der zur Schwermut neigende Geisteszustand, der die Arbeitslust lähmt, fasziniert die Zeitgenossen, zumal seit der Antike (Aristoteles, kopertiert von Cicero [mit der lat. Wortwahl *ingenium*, *ingeniosus*]) gerade begabte, geistige und schöpferische Menschen als melancholisch (Temperament) und inge-

humores: (Körper-)Säfte	*sanguis* Blut	*cholera* (gelbe) Galle	*melancholia* schwarze Galle	*phlegma* Schleim
temperamenta: Temperamente	*sanguinicus* leidenschaftlich, lebhaft, heiter, ‹blutvoll›	*cholericus* aufbrausend, reizbar, jähzornig	*melancholicus* schwermütig, trübsinnig, traurig	*phlegmaticus* nicht leicht erregbar, träge, schwerfällig
qualitates: Eigenschaften	*calidum et [h]umidum* warm/heiß, ‹leidenschaftlich, feurig› und feucht/naß, flüssig	*calidum et siccum* warm/heiß, ‹leidenschaftlich, feurig› und trocken, ‹gefühllos, lieblos›	*frigidum et siccum* kühl/kalt, ‹matt, schlaff› und trocken, ‹gefühllos, lieblos›	*frigidum et humidum* kühl/kalt, ‹matt, schlaff› und feucht/naß, flüssig
membra: Körperteile	*cor* Herz	*hépar* (griech. ἧπαρ) Leber	*splén* (griech. σπλήν) Milz	*cerebrum* Gehirn
genera: Geschlechter	*vir* Mann			*mulier* Frau
aetates: Lebensalter	*iuvenis* Jüngling	*vir* Mann	*senex* Greis	*infans* Kind
colores: Farben	*rubeus* rot	*citrinus* gelb	*niger* schwarz	*albus* weiß
tempora anni: Jahreszeiten	*ver* Frühling	*aestas* Sommer	*autumnus* Herbst	*hiems* Winter
elementa: Elemente	*aer* Luft	*ignis* Feuer	*terra* Erde	*aqua* Wasser
planetae: Planeten	*Iupiter*	*Mars*	*Saturnus*	*Luna* Mond

Schema 1a: Schema der Humorallehre (s. Anm. 90)

Charakterliche Grundzüge:	*frohsinnig, motorisch*	*heißblütig, dynamisch*	*trübsinnig, labil*	*kaltblütig, statisch*
Lebenspraxis:	*heiter, optimistisch, wendig, anpassungsfähig, gesellig, flüchtig, gesprächig, beschwingt*	*leidenschaftlich, aktiv, draufgängerisch, durchsetzungsfähig, herrschsüchtig, energisch, rechthaberisch, kraftvoll*	*ernst, pessimistisch, verzagt, teilnahmefähig, duldsam, gründlich, unsicher, zögernd*	*gleichmütig, passiv, abwartend, verharrend, verträglich, pedantisch, schweigsam, langsam*
Schwächen:	*haltlos, leichtsinnig, fahrig*	*besinnungslos, jähzornig, hitzig*	*mutlos, grüblerisch, schwächlich*	*schwunglos, gleichgültig, träge*

Schema 1b: Moderne Erweiterungen durch die Verhaltenspsychologie und popularisierende Physiognomik

niös (geistiges Vermögen) veranlagt galten [91] – ein Doppelaspekt, den der Florentiner Philosoph, Mediziner und humanistische Übersetzer MARSILIO FICINO (1433–1499) mit der astrologischen Lehre von der Doppelnatur des Planeten Saturn verband, die dem Menschen Unglück oder aber Glück und Reichtum bringen kann (‹De vita triplici›, 1489) (Melancholie, Tod und Heiterkeit hängen seit der antiken Philosophie [Seneca] miteinander zusammen [92]); in der Renaissance findet dann später mit Dürers ‹Melencolia I› (1514) die ikonographische Umsetzung des symbolischen Programms von Temperament und seinen Korrelationen ihren Höhepunkt [93] (negative Kräfte der saturnischen Melancholie auf den genialisch veranlagten Menschen: symbolisiert durch Fledermaus, Schlüssel [*Gewalt*], Komet [*Unheil*]; positive: eifrig schreibender Putto [*Kreativität*], Geldtasche [*Reichtum*], magisches Quadrat [*Schutz gegen Unheil*]; göttliche Schöpfung nach Maß, Zahl und Gewicht: Sanduhr, magisches Zahlenquadrat, Waage; die ‹I› ist Hinweis auf die niedrigste Form von Melancholie, die den Künstlern und Handwerkern eignet [gegenüber der nächst höheren: Gelehrte und Staatsmänner, und der höchsten: Theologen] [94]; künstlerisches Schaffen: Werkzeuge sowie Polyeder und Kugel, beide als Bezug zur Geometrie als Grundlage aller Künste) [95].

2. *Standesbezug*. Neben der Medizin spielen auch soziale, d.h. *standesbezogene Menschenbeschreibungen* und Charakterdeutungen eine zentrale Rolle, wie das weitverbreitete pseudo-aristotelische Kompendium ‹Secretum secretorum› belegt. Das «Geheimnis der Geheimnisse» aus dem 10. Jh. mit arabischem Titel ähnelt orientalischen (islamischen) Fürstenspiegeln und verarbeitet persische, syrische und griechische hermetische und esoterische Denktraditionen und Quellen, aus denen auch die medizinisch-physiognomische Literatur einbezogen ist. Bearbeitungen und Übersetzungen leiten eine weitverzweigte Textgeschichte im Orient und Abendland ein [96]; Europa rezipiert mit großem Interesse diese Geheimnisse der Menschenkenntnis über die Vermittlung des Philosophen und Übersetzergelehrten JOHANNES HISPANUS (12. Jh.) und seine lateinische Version eines apokryphen Sendschreibens des Aristoteles an seinen Schüler Alexander den Großen («Alexanderbrief», 1135 bzw. 1142).

3. *Astrologie*. Des weiteren steuert die *astrologisch-astronomische* Literatur zur Diskussion um P. und Charakter bei; sie bindet sich an das im Mittelalter für die Wissenschaften im Orient und, ab etwa 1200 auch in Europa wirkungsmächtige Handbuch ‹Almagest› [97] (geschr. ca. 140 n.Chr.) des griechischen Gelehrten CLAUDIUS P. PTOLEMAEUS (* zw. 80 u. 100 n.Chr., lebte 78 Jahre, Alexandria), das das Wissen der griechischen Astronomie (geozentrisches Weltbild) widerspiegelt.

4. *Kabbala*. Auch die jüdische Geheimlehre, die ‹Kabbala›, beschäftigt sich ab Ende des 13. Jh. mit physiognomischen Problemen, so im «Hauptbuch der jüdischen Mystik, dem *Sohar* des Moses de Leon» [98], das sich in einer Mischung babylonischer, griechischer und jüdischer Traditionen auf vielfältige Weise der Frage widmet «Woran erkennt man, daß Gott den Menschen sich zum Bilde schuf?». [99]

5. *Leib-Seele-Gemeinschaft*. Die *Lesbarkeit des Körpers* zu transzendenter Erkenntnis – nämlich die verborgene Seele zu ergründen und eine Beziehung zu Gott zu schaffen – spielt im Mittelalter seit den Kirchenvätern eine zentrale Rolle bei der Diskussion um Zeichen und die Gemeinschaft von Leib und Seele: die *signa data*, die gegebenen Zeichen («sichtbaren Worte») der Menschen dienen dazu, «so gut als möglich ihre Gemütsbewegungen, Gefühle und Kenntnisse aller Art anzuzeigen; denn der einzige Grund, etwas anzudeuten, d.h. ein Zeichen zu geben, liegt darin, das, was derjenige, der das Zeichen gibt, in seiner Seele trägt, hervorzunehmen und in die Seele eines anderen überzuleiten» [100]. Diese Ansicht von AUGUSTINUS (354–430) versteht sich im Zusammenhang seines prinzipiellen Anliegens, die ‹heidnische› Rhetorik und die christliche Lehre miteinander zu versöhnen. Für den Schluß auf eine psychosomatische Gemeinschaft und somit auf den Seelenzustand ist der wahrnehmbare Körper mit seinen Körperzeichen das *primum datum*: «Nur weil Leib und Seele eine Einheit bilden, besteht nach Auffassung mittelalterlicher Theologen und Literaten die Möglichkeit, an Bewegungen des Körpers (*motus corporis*) Bewegungen der Seele (*motus animae*) abzulesen, aus dem Gesicht (*facies*) einen Spiegel des Herzens (*speculum cordis*) zu machen und die Haltung des Körpers (*gestus corporis*) als Zeichen innerer Gesinnung (*signum mentis*) zu betrachten.» [101]

Hier greift die Denktradition der antik-rhetorischen Affektenlehre, die es dem mittelalterlichen Menschenbild nahelegt, für eine ganzheitliche Betrachtung vom *homo interior* und *homo exterior* auszugehen und für seine Regungen, die sich in Gestik, Mimik, Haltung, Verhalten (bzw. Handeln, als intentionales Verhalten) zeigen, *actus animi* und *actus corporis* zugrundezulegen. «Die Übereinstimmung von Innen und Außen gilt jedoch nicht nur für das Signalement der Schönheit und der Liebe, sondern gleichzeitig für Häßlichkeit und Sünde, Furcht, Neid oder Haß.» [102]

IV. *Renaissance*. Die P. der *Renaissance*-Zeit ab Mitte des 15. Jh. (bis etwa 1600 [je nach romanischem Kulturkreis schwankende Übergangszeit]) verfolgt das Ziel, mit klassifizierender Zuordnung und typologisierender Deutung von Naturgegebenheiten des Körperbaus intellektuelle, charakterliche und lebenslaufbezogene Voraussagen zu wagen, also prognostisch dienen zu können. Während das Mittelalter der P. begeistert gefolgt war, verhalten sich aber die Humanisten recht zurückhaltend. [103] Dennoch ist das Paradigma ‹vom Äußeren zum Inneren› bewußt, und die Schöne Literatur (meist Prosa: Roman, Novelle) ergänzt es durch die Beschreibung ihrer handelnden Charaktere mit der Blickrichtung ‹vom Inneren zum Äußeren›, so daß sich die P. nicht nur auf die Deutung der Gesichtszüge beschränkt, sondern nun auch Körperfülle, Haltung, Gang, Kleidung, Handlungsweise, innere Einstellungen u.ä. mit einbezieht.

1. *Literarische Charakterologie*. Die literarische Charakterkunde jener Zeit staffiert ihre Protagonisten mit den ihren Eigenschaften und charakterlichen Anlagen entsprechenden Attributen; so schildert denn M. DE CERVANTES Saavedra (1547–1616) seinen Helden Don Quijote gleich zu Anfang des Romans als «era de complexión recia, seco de carnes, enjuto de rostro» (I,1) (er war von kräftiger Gesundheit, hager, mit dürrem Gesicht) und verstärkt, wie H. Weinrich in seiner brillanten Studie [104] zeigt, das Bild noch durch weitere Merkmale wie *flaco* (‹schwach, mager›), was Rückschlüsse auf den Seelenzustand nahelegt, oder *seco* (‹trocken›), was eine Qualität der Melancholie aufgreift, oder auch *amarillo* (‹gelb›, entspricht lat. *pallidus* ‹bleich›, blaß/ frz. *pâle*), die Farbe der Verliebten und, als «color de tristeza» (wie sie der spanische Moralist F. DE QUEVEDO bestimmt), Farbe der Melancholie, aber auch – der Doppeldeutigkeit von Melancholie entsprechend (s.o. III.1.d.) – die Farbe «der geistigen Bemühungen und Mühen» [105]. Das sind «Merkmale (σημεῖα, signa, señales) [...], die auf das Ingenium bzw. dessen Wahnzustand deuten» [106]; hinzu kommt die ‹traurige Gestalt› («El Caballero de la triste figura»), «das allgemeinste physiognomische Merkmal eines Melancholikers» [107], so daß «die drei wesentlichsten Elemente des Romans», «das Ingenium, der Wahn und die Traurige Gestalt [...], sich zwanglos in die alte Lehre von der Melancholie [einfügen]» [108]; ‹Melancholie› wäre hier nicht pejorativ zu verstehen, sondern im Sinne von ‹gehaltvolle Schwermut› [109].

Den ‹Charakter› als literarisch offenbarte Eigenschaft(en) einer handelnden Person reflektiert (a) schon Aristoteles in seiner ‹Poetik›, und zwar unter dem Terminus ἤθη, éthē (Plural von ἦθος, ēthos, ‹Gewohnheit, Denkart, Charakter›) [110]; er bezeichnet die «für eine dauerhafte Affizierung geeigneten *sanften Affektstufen*, die auch als dauernde Gemütsverfassung auftreten» [111]; zudem definiert Aristoteles den Begriff [112] («Der Charakter ist das, was die Neigungen [sing. προαίρεσις, prohaíresis] und deren Beschaffenheit zeigt») und gibt ihm (vier) poetologische Regeln [113] (¹‹edel›, ‹tüchtig› [χρηστός, chrēstós]; ²‹Angemessenheit› [ἁρμόττων, harmóttōn]; ³‹das Ähnliche› [d.h. ähnlich mit den tradierten sittlichen Vorstellungen des Publikums] [ὅμοιος, hómoios]; ⁴‹das Gleichmäßige› [ὁμαλός, homalós]) für das Drama (Tragödie, Komödie).

In Rückbezug auf die poetologische Tradition der Antike entsteht (b) speziell in der englischen Renaissance die Gattung der *Comedy of humours*, in der die Abweichung vom zeitgenössisch geltenden Ideal der ausgeglichenen Persönlichkeit mit ihrer angemessenen Mischung der Temperamentensäfte (*gentleman*; ital. cortegiano, frz. honnête homme; s.u. VI.5.b.) zu komischen Effekten verwendet wird (z.B. B. JONSON [ca. 1572–1637]: ‹Every Man in His Humour Epicoene, or The Silent Woman›; ‹The Alchemist› u.a.; J. FLETCHER [1579–1625]; G. CHAPMAN [1559–1634]; u.a.). Daraus entwickelt sich das *Charakterdrama* – die Charakterkomödie und die Charaktertragödie – (im Unterschied zum Handlungs- und zum Ideendrama), in dem die Darstellung und Entfaltung von spezifischen (inneren) Eigenschaften der Handelnden das dichterische Anliegen vorherrschen.

So prägt es sich (c) in den Dramen SHAKESPEAREs (1564–1616) aus (z.B. in ‹Hamlet›, ‹Macbeth›, ‹King Lear›, ‹Othello›, ‹Richard III.›) und, (d) indem die Theaterkunst der *Farce* (speziell mit ihrem ausgefeilten Programm mimischer Eigenheiten) [114] und der *Commedia dell'arte* (der volkstümlichen italienischen Stegreifkomödie) [115] überwunden wird, die sich in ihrem (i) Szenarium (Handlungsverlauf, Szenenfolge) und den (ii) Handlungsbeteiligten (Maske, Kostüm) festlegt und (iii) psychologisch kaum charakterisierte Typen (Arlecchino, Dottore, Pulcinella, Scaramuccio u.a.) vorstellt, setzt es sich während der französischen Klassik fort in den Typenkomödien von MOLIÈRE (1622–1673) (z.B. ‹Le bourgeois gentilhomme›, ‹Les femmes savantes›, ‹Le malade imaginaire›) wie auch in seinen Charakterdramen (z.B. ‹Tartuffe›, ‹Don Juan›, ‹Le Misanthrope›, ‹L'avare›); und es steigert sich dann (e) im ‹Sturm und Drang› der deutschen Literaturgeschichte (60er bis Mitte der 80er Jahre des 18. Jh.), als Reaktion gegen die rein rationale, verstandesgeleitete Haltung der Aufklärung, zur poetischen Zeichnung individueller Vielschichtigkeit der Gefühle, der Triebe, der Gemütszustände; (f)

die Weimarer Klassik verfeinert das Sezieren der Charaktere und ihre ganzheitliche Orchestrierung auf der Bühne; (g) das 19. und 20. Jh. bieten vielfältige Differenzierungen des Charakterdramas, auch mit eigenständig neuen poetologischen Ansätzen in der Moderne wie das ‹Epische Theater› [116] oder das ‹Absurde Drama› [117] (BECKETT, IONESCO u.a.) und mit gewandelten Sichtweisen auf den Menschen und seinen Charakter [118].

2. Literarische Typen. Der Schluß aus den Beschreibungsarsenalen der Literatur – und deren mentalitätsgeschichtlichen Hintergründen sowie Traditionen aus anderen Disziplinen (wie der Medizin, der Zoologie, der Astrologie) – auf das mögliche Aussehen der literarischen Figur hat die bildenden Künstler stets inspiriert; ihre künstlerischen Umsetzungen als Bild oder Skulptur sind zugleich zeitgenössische Zeugnisse für das vergessene oder noch bekannte, für das geltende oder absichtlich in Frage gestellte Wissen um die Zeichen von P., Temperamentenlehre und Charakterkunde sowie deren Systematik. Don Quijote ist ein hervorragendes Beispiel in der Kunstgeschichte [119], es gilt aber auch für durch Literatur zum Typ geprägte Menschen wie Don Juan [120], Jeanne d'Arc, Faust [121] Sokrates [122], Homer [123], oder für die in Schilderungen lebendige antike Götterwelt [124] und den in den verschiedenen religiösen Gattungen vielfältig ausgestalteten Christengott, und natürlich auch für Jesus [125] (und die Gottesmutter Maria) als historisch-real bildlose, bibelerzählte, frömmigkeitspraktisch imaginierte, theologisch traktierte und ikonographisch nach Kulturkreis, Kunststil und Epoche daraus abgeleitete (Heils-) Gestalt(en).

3. Porträtistik. a. Die Renaissance entwickelt aus ihrem besonderen Interesse am Individuum [126] ab etwa Mitte des 15. Jh. die neue Kunstgattung des *Porträts* (‹Bildnis›) (frz. *portrait*, ital. *ritratto*, span. *retrato*) [127], in dessen Ausgestaltung das historische Wissen um physiognomische Kennzeichen (am Objekt), physiognomische Anzeichen (‹Indizien›, für den Betrachter) und physiognomische Signale (vom Sender, d.h. hier: vom Dargestellten) einfließt.

Die Wendung zur individuellen, nicht mehr idealisierenden oder typisierenden künstlerischen Darstellung des Menschen, insbesondere seines wichtigsten Kommunikationsbereichs ‹Gesicht› (‹Kopf›), radikalisiert sich zur – in den vorangegangenen Zeiten sporadisch, im Mittelalter dann eher als Plastik vorhandenen [128] – Gattung des *Selbstporträts* (dem, als literarisches Analogon [s.u. b.]), das Aufkommen der *Autobiographie* [129] in dieser Zeit eines sich breiter entwickelnden, nicht an Einzelpersonen [wie Augustinus, Abaelard oder Dante] gebundenen Selbstverständnisses des Individuums entspricht, insofern als nämlich «sich das Ich als ein autonomes, aber zugleich in der Geschichte und in der Gesellschaft verankertes Wesen sieht» und «das Ich sich seiner Singularität und zugleich seiner möglichen Exemplarität bewußt ist» [130]).

Es sind ab der zweiten Hälfte des 15. Jh. Gemäldestudien der eigenen Affekte, der eigenen Seelenlage in Situation und Zeitspanne, der eigenen mimischen Signalkraft, der eigenen Altersentwicklung. Das Gesicht als Bühne des Zeitgeschehens und als Fenster zum eigenen Innenleben, d.h. als Mittel der Selbsterkenntnis (beginnend mit Dürer) sowie als Ausdruck eines neuen, selbstbewußten Rollenbewußtseins des Künstlers in der Gesellschaft (Signieren der Werke als bleibender Ausweis persönlicher Urheberschaft [Dürer], Kunstwerk als Marktwert, Preisverhandlungen und Eigentumsvorbehalte [Dürer], Mäzenatentum, Eigenständigkeit [gegenüber Werkstattverband] u.a.) – in der Renaissancemalerei finden sich diese physio- und pathognomischen Studien mit zunehmender Dichte und bezeugen darin die psychologische Schärfung des künstlerischen Blicks auch auf die eigene Identität als (selbst-)bewußten Teil der Gemeinschaft. [131]

Im niederländischen Barock des 17. Jh. wird dann REMBRANDT (1606–1669) das kunstgeschichtliche Novum schaffen, als wesentlichen Teil seines Gesamtwerks sich selbst immer wieder auf seinem von Ruhm und Leid begleiteten Lebensweg [132] in verschiedenen und in sich ähnelnden Ansichten – um 100 Selbstbildnisse, eine psychologische Chronologie des Ich – zu porträtieren (mindestens 40 Gemälde, 31 Radierungen, einige Zeichnungen). [133] Über die Selbsterforschung als Weg der Selbstfindung hinaus, mit der er auch beim Malen den Zugang zu dem Seelenleben auf dem Gesicht seines Gegenüber erreicht, tritt er in einen Dialog mit dem Betrachter, er lädt ihn ein zum Verstehen und erzwingt so einen hermeneutischen Prozeß zwischen Publikum, gemaltem Porträt und sich selbst als Künstler.

b. Die Literatur ihrerseits kennt als Schwesterkunst der Malerei das *literarische Porträt*, die Charakterschilderung einer historischen Persönlichkeit, ihre äußere Erscheinung und Wesenszüge und Verhaltensweisen, auch ihre Beziehung zum Lebensumfeld. [134] Es steht damit im Gegensatz zur ‹Biographie›, die sich für den Lebenslauf einer Person interessiert und ihn literarisch oder in Sachprosa darstellt. Historisch auf die Εἰκόνες, Eikónes (lat. *Imagines*, ‹Die Bilder›) und später Ὑπὲρ τῶν εἰκόνων, Hypér tōn eikónōn (lat. ‹Pro imaginibus›, ‹Zur Verteidigung der Bilder›) von LUKIANOS VON SAMOSATA (zw. 115 u. 125–Ende d. 180er od. Anf. d. 190er J. n.Chr.), bedeutender griech. Sophist und (insbes. satirischer) Schriftsteller («der freundliche Spötter» [135]) der römischen Kaiserzeit, zurückgehend, gewinnt das literarische Porträt im italienischen Cinquecento (16. Jh.) an Bedeutung und erreicht dann Mitte des 17. Jh., zur Barockzeit, als geistreiches Modespiel der zwischen Koketterie und Prüderie «preziös» lavierenden Salongesellschaft seinen Höhepunkt (zusammen mit anderen Kurzgedichten wie *Epigramm* oder *Rondeau*) in den Zirkeln (*cercles de pensée*, *clubs*) und geistreich-gelehrten (*bureaux d'esprit*) bis affektiert-gekünstelten (seit 1664 so genannten) Salons [136]. Molière parodiert, wie auch sein Zeitgenosse Ch. Sorel (zw. 1599 u. 1602–1674), in kritisch-satirischer Weise die grassierende Porträtmode der Preziösen (z.B. Molière: ‹Les Précieuses ridicules›, 1660 [137]).

4. *Bildende Künste.* Im Zuge der neuen Aufgaben und erweiterten Gattungen der bildenden Künste ermöglicht es J. Gutenbergs Erfindung des Letterndrucks, Zeichnungen und *(Ab-)Bilder* als Illustrationen des Textinhaltes zu integrieren und so dem gesteigerten Bedürfnis nach Visualisierung nachzukommen. Zu dem Philosophen und dem Mediziner als Physiognomiker gesellt sich so nun der bildende Künstler. Maler, Zeichner, Bildhauer als Fachkundige des Körpers bieten didaktisch bedachte Darlegungen und geben Anleitungen zu physiognomisch geschärfter Blickweise und bildlicher Präsentation.

a. An deren Beginn steht der Bildhauer POMPON[I]US GAURICUS (1482–1530) mit seinem viel beachteten, von Leonardo da Vinci allerdings kritisch reflektierten Buch ‹De sculptura› (Florenz 1504) [138], in dem er, auf Polemon und Adamantius (s.o. II.4.) zurückgreifend, ein Kapitel der P. widmet. Wie neu die künstlerischen Analogien zu der Zeit noch waren, zeigt sich an dem Paradox, daß er zwar Polemons Ausführungen zu den Augen folgt, aber nicht berücksichtigt, daß «Skulpturen keine feuchten oder blitzenden oder sonst humoral auffälligen Augen darstellen können» [139].

b. Das Idealmaß, die Schönheit (lat. *pulchrum*, griech. τὸ κάλλος, to kállos, «das Ehrwürdigste, das Verehrteste und das Göttlichste von allem» [ISOKRATES, 436–338 v.Chr.]) und Harmonie (lat. *harmonia*, griech. ἁρμονία, harmonía) des menschlichen Körpers, die Proportionen seiner Teile, das Funktionieren der Teile im Ganzen und der körperlichen Ganzheit durch deren Teile sind wissenschaftliche Themen der Renaissance-Künstler. In Italien LEONARDO DA VINCI (1452–1519), später MICHELANGELO BUONARROTI (1475–1564), in Deutschland DÜRER (1471–1528) beschäftigen sich mit entsprechenden Studien des Körpers, in die – für Dürer schließlich als Ausgangsmaß – der Kopf und seine Physiognomie einbezogen ist (Abb. 3 [140]). Aus seinen Kopfstudien leitete er *Profilvergleiche* ab, deren versetzte Anordnung und bis zur Karikatur reichende Darstellungsweise kunstgeschichtlich neuartig war; die schädelkundlichen Analysen und die Silhouettenmode der Aufklärungszeit knüpfen hieran an (Abb. 4 u. 5 [141]). Allerdings hatte bereits in spätgotischer Zeit der florentinische Maler GIOTTO (um 1267–1337), der Überwinder des Mittelalters und Begründer der Renaissancemalerei in Italien, die Raumwirkung künstlerisch durch Körperschichtung gestaucht, indem er – wie auf dem Fresko ‹Il Giudizio Universale› (Das Jüngste Gericht) in der Kapelle der Annunziata all'Arena des Kaufmanns E. Scrovegno (‹Cappella degli Scrovegni›, Padua) (1303–1305) oder auf dem Polyptychon ‹Krönung Mariens› (nach 1334) in der Cappella della famiglia Baroncelli, Chiesa di Santa Croce (Florenz) (Abb. 6 [142]) – Figuren (hier: Menschen, Engel und Heilige) in deren Köpfe eng hintereinander staffelte und einer dabei zu befürchtenden Gleichförmigkeit – der herkömmlichen (reich vergoldeten) Formalität – begegnete, indem er die Physiognomien unterschiedlich und abwechslungsreich gestaltete (und somit, gegenüber der vorherrschenden byzantinisch geprägten Malerei, ausdrucksstark – pathognomisch – naturalistisch malte).

c. Die P. *fremder Völker* begann im Zeitalter des einsetzenden kontinentalen Reisens und des europäischen Humanismus auch Künstler zu interessieren, nicht zuletzt ab Beginn des 16. Jh angeregt durch die Entdeckerberichte aus Übersee. Noch in der ‹Weltchronik› (1493; lat. u. dt. Ausg., mit Texten und Bildern [1809 Holzschnitte]) des Nürnberger Humanisten, Historikers und Arztes H. SCHEDEL (1440–1514) [143] wird das aufkommende ethnographische Interesse und die Neugier auf die Fremdheit (bestärkt durch die Türkeneinfälle nach Europa) zufriedengestellt, indem in dem Vorspann (Blatt XII) die fremden Völker phantasieentsprungen als merkwürdige, häßliche und mißgebildete Körperwesen vorgestellt werden [144]; eine Tradition der zeichnerischen Repräsentation des (insbes. südamerikanischen) ‹Wilden› bildet sich dann in der Folgezeit bis ins 18. Jh. heraus, und erst mit den intensiveren Kontakten werden die skurrilen Vorstellungen der Europäer allmählich widerlegt. [145]

Nachdem der ‹Mohr› Kaspar der Heiligen Drei Könige auf mittelalterlichen religiösen Bildern noch ein schwarz gemalter Europäer in verfremdender Phantasiekleidung war (trotz der Erfahrungen mit Fremdkulturen während der Kreuzzüge), vermittelt nun Dürer nach sei-

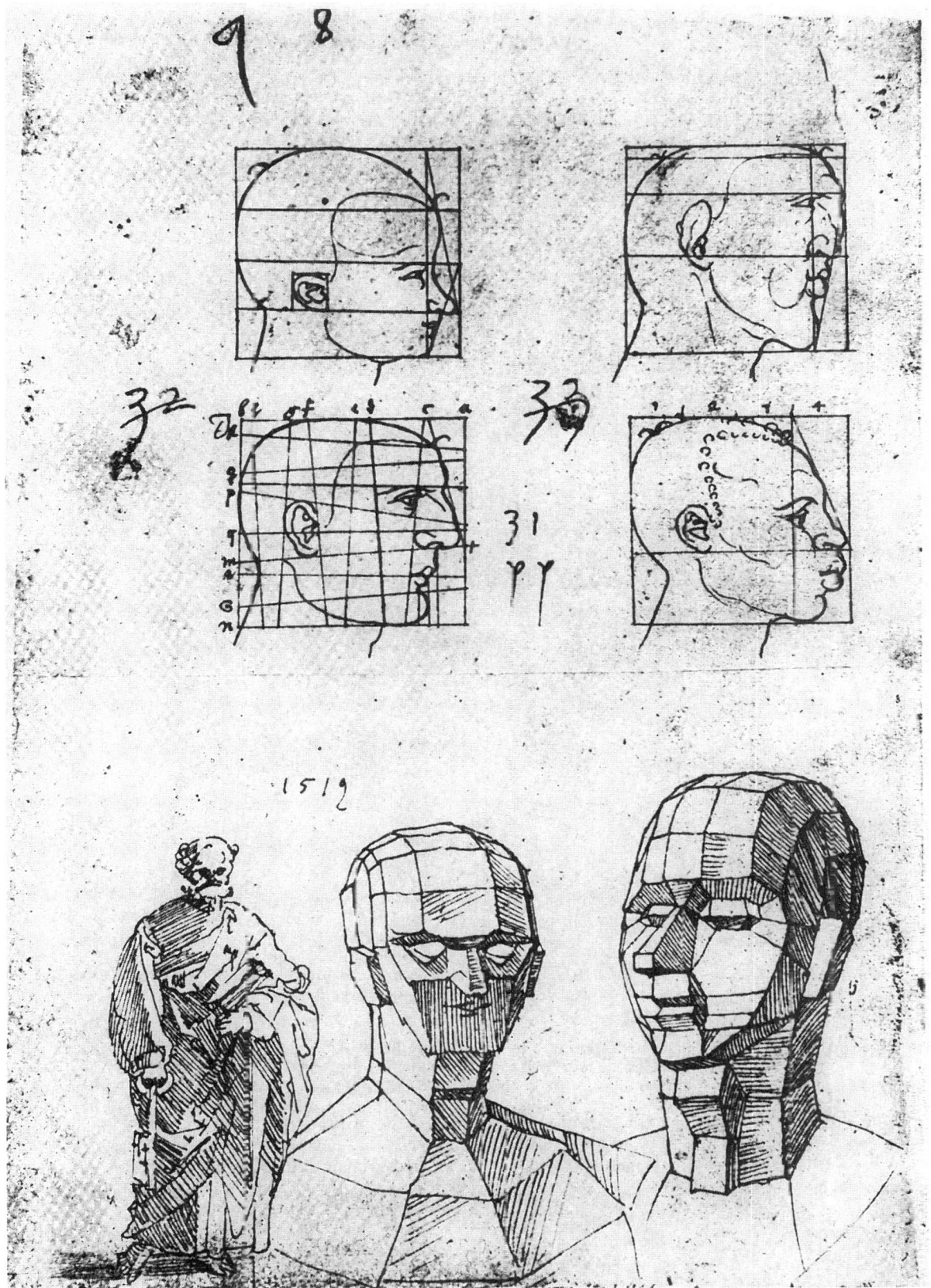

Abb. 3: Dürer, Kopfstudien (um 1512, aus dem Dresdener Skizzenbuch).

Abb. 4: Dürer, Vier Profilköpfe, teilweise karikiert (1513). Verbleib unbekannt. Nach: Albrecht Dürer 1471 bis 1528. Das gesamte graphische Werk. Handzeichnungen. Einl. v. W. Hütt. Bd. I (o.J.) 732.

nen Reisen nach Italien und den Niederlanden physiognomisch detailliert das ethnisch Fremdartige des Gesichts und seiner Teile (Zeichnungen ‹Kopf eines Negers› [1508] [146]; und ‹Die Mohrin Katherina› [1521]). In der folgenden Barockzeit ist das Thema ‹der ethnisch Fremde aus einer fernen Welt› eines unter den vielen mit der Seefahrt über die Ozeane auftauchenden Andersartigkeiten bei Konsum- und Luxusgütern; gerade die schwarze Rasse wird nun von den Malern mit neuen Augen gesehen: Der flämische Maler RUBENS (1577–1640) (‹Vier Studien zu Köpfen eines Negers›, 1617 [Malibu, J. Paul Getty Museum]) [147], der Hauptmeister des spanischen Barock VELÁZQUEZ (1599–1660) (‹Juan de Pareja›, 1649–50 [New York, Metropolitan Museum of Art]) [148] oder der niederländische Maler REMBRANDT (1606–1669) (‹Zwei schwarze Afrikaner›, 1661 [Den Haag, Mauritshuis]) [149] beobachten die Physiognomie, stellen sie aber nicht mehr als ethnische Kuriosität dar, sondern beschäftigen sich mit ihr als Ausdruck von Freude, innerer Würde, exotischer Schönheit.

d. Das Fremde im bildnerischen Kanon der üblichen Motive und Themen findet, gerade in einem Zeitalter, das die Ästhetik der Schönheit im Werk anstrebt und in theoretischen Traktaten erörtert [150], insbesondere in der Darstellung des (i) ungewohnt Unschönen, dann gesteigert: (ii) des *Häßlichen* (griech. τὸ αἰσχρόν, tó aischrón, lat. *deformitas, turpitudo*), ja *Grotesken* seinen Ausdruck. Im Mittelalter war es noch bewertet worden

Abb. 5: Dürer, Zehn Profilköpfe, meist karikiert, und Gewandstudie. Nach: Albrecht Dürer 1471 bis 1528. Das gesamte graphische Werk. Handzeichnungen. Einl. v. W. Hütt. Bd. I (o.J.) 731. © Staatliche Museen zu Berlin – Preußischer Kulturbesitz, Kupferstichkabinett. Photo: Jörg P. Anders.

vor dem Hintergrund bestimmter Vorstellungen vom ‹Schönen› [151], nämlich als Störung des Harmonischen, als Abwesenheit von Schönheit (de-formitas) [152]. Derartiger Verlust des Schönen bezog sich «auf die Bereiche des Unhöfischen (Wilden, Ungepflegten), des Heidnischen (schwarzer Mohr), des Kranken (Buckel) und des Tierhaften (Eberzähne, Fellkleidung)» [153]. Zur Zeit der Renaissance dagegen bekommt – gestützt durch das gesteigerte Interesse am Individuum und seinen Besonderheiten (s.o. IV.3.) – das Häßliche eine Eigenqualität, mit eigenem Sitz, mit eigen-artiger Funktion und eigenständiger körperlicher Ästhetik; das Gesicht ist hierbei vorherrschend betroffen, sei es (i') als krankes, verbrauchtes, vom Alter gezeichnetes, sei es (ii') als verwachsene Laune der Natur, die im allgemeinen erschrecken läßt und als häßlich abstößt:

(i'') Dürer hat 1514 mit einer Kohlezeichnung seine in diesem Jahr 63-jährig verstorbene Mutter portraitiert [154], deren schwerer, von ihm bewegend – pathognomisch – geschilderter Lebensweg [155] sich in ihren Gesichtszügen spiegelt, gleichsam als kondensierte Erzählung eines gelebten Lebens; denn das Gesicht «handelt nicht wie die Hand, wie der Fuß, wie der ganze Körper; es trägt nicht das innerliche oder praktische Verhalten des Menschen, sondern es erzählt nur von ihm» [156]. Vierhundert Jahre später wird eine Strichzeichnung von Paul Klee (1879–1940) – «Kunst gibt nicht das Sichtbare wieder, sondern macht sichtbar» – als dessen Version von ‹Dürers Mutter› (Fettkreide, 1940) solche individuellen – pathognomischen – Aspekte entpersönlichen und in eine allgemeingültige Physiognomie des Alters, des Leides und des Verfalls transformieren [157].

(i''') Mit dem Antagonismus von ‹Schönheit und Häßlichkeit› läßt sich Sympathie und Antipathie steuern, wie sie Dürer mit den schönen Gesichtszügen von Jesus und kontrastierend mit den abstoßenden, schon negativ karikierenden Köpfen der Schriftgelehrten auf seinem Gemälde ‹Der zwölfjährige Jesus unter den Schriftgelehrten› (1506) verteilt (Abb. 7 [158]). Ähnlich auch der zeitgenössische niederländische Maler H. Bosch (ca. 1450–1516), der in seinem Gemälde ‹Die Kreuztragung› (nach 1510) die Häscher Jesu mit verabscheuender Häßlichkeit ihrer Physiognomieen kennzeichnet, nicht menschlich, sondern als Inkarnationen von Gewalt, Lüsternheit, Bösartigkeit. Möglicherweise sind hier Anregungen durch die Zeichnungen Leonardos zu grotesken Physiognomieen (s.u.) verarbeitet, andererseits

Abb. 6: Giotto, Krönung Mariens (Ausschnitt, nach 1334). Florenz, Chiesa di Santa Croce, Capella della famiglia Baroncelli. Nach: A. Mueller von der Haegen, Giotto di Bondone, um 1267–1337 (1998) 129.

könnten sie aber auch in der deutschen Maltradition liegen, «denn deutsche Künstler zeigten schon seit Generationen die Peiniger Christi mit ungeheuer entstellten Gesichtern» [159].
5. *Karikatur*. Bis an die Grenzen zur *Karikatur* [160] – jener bildenden, darstellenden und literarischen Kunst des komisch oder satirisch oder spottend bis kritisch wirkenden ‹Überladens› oder ‹Übertreibens› (ital. *caricare* [161]) zur Kennzeichnung des Besonderen, zur Isolierung des Auffälligen – gehen die sog. ‹Grotesken Köpfe› (ital. *teste deformi, grotteschi leonardeschi, espressive teste caratteristiche*) (um 1490) des Leonardo da Vinci; sie loten, vor einem eher experimentellen Hintergrund, die ästhetischen und physiognomischen Möglichkeiten der zeichnerischen Darstellung aus, indem sie Varianten mit Formenvielfalt und Ausdrucksnuancen umsetzen und dabei auch die Strukturen des Karikierens, des physiognomischen Überzeichnens wirkungspsychologisch zu erkennen suchen, wobei die Leistung der einzelnen Gesichtsteile für die karikierende Gesamtwirkung überdeutlich sichtbar wird [162] (Abb. 8 [163]). Leonardo war, wie der Kunsthistoriograph, Architekt und Maler G. Vasari (1511–1574) berichtet [164], fasziniert von außergewöhnlichen Gesichtern und brennend interessiert an Mißbildungen und exzentrischen Naturen, bildeten sie doch die Kontrastfolie für seine Suche nach einem System idealer körperlicher Proportionen, somit letztlich nach der vollkommen harmonischen Schönheit; allerdings: «Wie die unerbittlich alle ‹unschönen› Einzelheiten registrierenden Porträts Jan van Eycks beweisen, die von den Auftraggebern ganz selbstverständlich akzeptiert wurden, existierte Häßlichkeit als ästhetische Kategorie im frühen 15. Jahrhundert noch nicht, weder im Alltag noch in der Kunst» [165]. Insofern mag auch aus heutiger Sicht die Einschätzung als Karikaturen im einzelnen gar nicht zutreffen und mögen vielmehr die Bilder – vergleichbar mit der direkten «Aneignung der Welt in der erzählenden Prosa» [166] – realistische Wiedergaben der Renaissance-Lebenswirklichkeit sein: Zeugen ihrer von Leonardo in seinem ‹Trattato della pittura› [167], den postum sein Schüler F. Melzi aus den Notizen zusammengefügt hat, vertretenen Prinzips der *varietà*, der Vielfalt der Naturerscheinungen, die durch künstlerische Transformation noch bereichert und ästhetisch gesteigert werden können.

Wenngleich Leonardo offensichtlich skeptisch gegenüber der P. eingestellt war – «die trügerische Physiognomik und das Handlesen» [168] –, so gibt er doch zu, daß «die Gesichtszüge zum Teil das Wesen der Menschen, ihrer Laster und ihrer Veranlagungen» zeigen; die psychosomatischen Zusammenhänge sieht er klar: «die Linien im Gesicht, welche die Wangen von den Lippen trennen, und die zwischen den Nasenlöchern und der Nase und die unter den Augen sind stark ausgeprägt, wenn ein Mensch lustig ist und viel lacht; die Menschen, bei denen sie schwach ausgeprägt sind, denken viel nach, und diejenigen, bei denen die Seiten des Gesichts weit hervorstehen oder tief eingekerbt sind, sind viehische und zornige Menschen. Und diejenigen, die auf der Stirn tief eingegrabene waagerechte Falten haben, sind reich an geheimen und offenen Klagen; ähnliches läßt sich von vielen Teilen sagen». [169] Ein reiches zeichnerisches

Abb. 7: Dürer, Der zwölfjährige Jesus unter den Schriftgelehrten (Ausschnitt). Madrid, Museo Thyssen-Borremisza. Nach: E. Orlandi (Hg.), Galerie großer Meister: Dürer (1989) 64.

Werk physiognomischer Studien zu Schädelformen und -aufbau, zu Profilen bis hin zu grotesken und karikaturähnlichen Abartigkeiten, zu Ausdrucksvarianten, Gesichtsemotionen, zu Gesichtsvermessungen und Proportionenstudien, zu Gegensätzlichkeiten (alt – jung, Mann – Frau, europäisch – negroid, verschiedenartige Stimmungen) sowie zu Kopf-Körper-Zusammenhängen ist aus Leonardos Hand entstanden, mit weitreichender Rezeptionswirkung bis in die moderne theoretische Diskussion (CH. DARWIN, TH. PIDERIT, W. WUNDT u.a.) und Kunst (z.B. A. MODIGLIANI, P. PICASSO, G. GROSZ) hinein. [170]

6. *Groteske Kunst.* Das Normabweichende des Grotesken, das Aufmerksamkeit sichert und emotionale Reaktionen auf die P. provoziert, hat der Mailänder Maler G. ARCIMBOLDO (um 1527–1593) zum manieristischen Prinzip für eine Reihe skurril und surreal(istisch) anmutender Köpfe und Porträts (aber auch Gestalten und Landschaften sowie allegorischer Themen) genutzt, indem er realistisch dargestellte Blumen, Früchte, Tiere, Gegenstände auf raffinierte physiognomische Weise anordnete und so den Teilen in einer neuartigen Gruppierung in verfremdendem Kontext einen neuen ganzheitlichen Sinn unterlegte – wie auch umgekehrt die Ganzheit, z.B. des Gesichts oder Kopfes, sich durch ihre Teile mit nicht direkt erfaßbarer, irritierender, provozierender Bedeutung – bei faszinierender (auch von den Zeitgenossen anerkennend gewürdigter) Ästhetik – offenbart [171].

7. *Furcht und Qual.* Die surreale Übersteigerung gerade von Physiognomieen, die erschreckt, ängstigt und auf transzendente Welten der Vorstellungen verweist, hat in der Renaissance ab Mitte des 15.Jh. sowie im 16.Jh. große mahnend-religiöse Wirkung ausgeübt. Hexenglaube, Sorgen vor Schadenzauber (mittels makabrer Gesten, Blicke, Formeln. Säfte u.a.), Dämonenschrecken, Teufelsfurcht und Höllenängste erleben in jener Epoche [172] trotz hoher Religiosität und straffer Frömmigkeitspraxis eine unerhörte Intensität, die Papst Innozenz VIII. mit seiner Bulle ‹Summis desiderantes affectibus› (1484) zu bekämpfen sucht; sie gipfelt in dem folgenreichen inquisitorischen Instrument der Kölner Dominikaner J. Sprenger und H. Institoris, dem ‹Hexenhammer› (‹Malleus maleficarum›, 1487 [173]). In diesem soziokulturellen Kontext malen die niederländischen Maler H. BOSCH und P. BRUEGEL [Breughel] d.Ä. (1525 oder 1530–1569) albtraumhafte, phantastisch-surreale Kreaturen, Ungeheuer, Dämonen, Monster, Chimären als peinigende Bewohner der Hölle [174], deren körperliche und

Abb. 8: Leonardo da Vinci, Sette teste deformi (um 1490) (Ausschnitt). Venedig, Gallerie dell'Accademia. Nach: F. Caroli, Leonardo. Studi di fisiognomica (1991) 232.

Physiognomik

Abb. 9: Physiognomische Vergleiche zwischen Tier und Mensch nach G. della Porta. Nach: N. Borrmann, Kunst und Physiognomik. Menschendeutung und Menschendarstellung im Abendland (1994) 62.

vor allem physiognomische Abnormitäten inmitten von Gewalt, Folter, Qual und Schmerzen dem Betrachter Furcht einflößen und moralische Anleitung vermitteln sollen.

8. *Vergleichende P. zwischen Mensch und Tier.* Die Physiognomie des Menschen lädt zum Vergleich ein, nicht nur mit der des Gegenüber, sei er menschlicher Partner oder gefürchteter Höllengeist, sei er schön oder häßlich, sondern auch mit der der *Tiere.* Die Ähnlichkeiten des menschlichen Gesichts bzw. der Kopfform und der dazu entsprechenden Eigenschaften und Charaktermerkmale mit denen von Tieren – die umgekehrte Interpretationsrichtung, also die Ähnlichkeit von Tieren mit entsprechenden Menschen, steht dabei nicht zur Debatte – gibt für den Neapolitaner Universalgelehrten, Kosmopoliten und Schöngeist G. DELLA PORTA (1535–1615) Anlaß, neben seinen auch über Italien hinaus vielbeachteten naturkundlichen und alchimistischen Arbeiten ein umfängliches Handbuch über die Physiognomie von Tieren und Menschen zu verfassen, das wegen seines großen Erfolgs eine starke Wirkung auf die Zeitgenossen und darüber hinaus ausübte: ‹De humana physiognomia libri III› (Neapel 1586) [175]. Della Porta behandelt hier den physiognomisch bedeutsamen Körper, und zwar in seiner Ganzheit und in seinen Teilen, in Ruhe und in Bewegung. Sein Werk trifft auf ein empfängliches geistiges Umfeld aus einer starken ideengeschichtlichen Tradition, in der spätmittelalterliche, frühhumanistische

Arbeiten wie der ‹Liber compilationis physionomiae› von P. D'ABANO (Padua 1474) oder im 15. Jh. (wieder) veröffentlichte Vorstellungen von mittelalterlichen Autoritäten wie dem schottischen Philosoph und Hofastrologen (von Friedrich II. dem Staufer), MICHAEL SCOTUS (gest. ca. 1235), oder auch dem Scholastiker und Kirchenlehrer ALBERTUS MAGNUS (ca. 1200–1280) maßgebend waren. Della Porta berücksichtigt frühere Meinungen und nimmt in erzählerischem Duktus Bezug auf historische Größen. [176]

Die neuen Möglichkeiten der Druckkunst werden von Della Porta mit Illustrationen (Holzdrucken) genutzt; sie streichen die Leib-Seele-Gemeinschaft (corpo e anima) nun zugunsten des Körpers heraus und visualisieren die wertend urteilende Blickrichtung ‹vom Äußeren zum Inneren›. Wahrnehmung, typologischer Vergleich und beurteilende Schlußfolgerung per Analogie erhalten als methodische Vorgehensweisen eine bildgestützte Evidenz, die sie immerhin in die Nähe ‹naturwissenschaftlicher› Prinzipien bringen. Allerdings ist nicht zu leugnen, daß die bildlich nahegelegte Analogie so stark vor Augen geführt wird, daß die abgebildeten Menschenköpfe eher schon wieder wie Karikaturen wirken. Immerhin wird 200 Jahre später J.C. LAVATER (s.u. B.VI.3.) zwar Della Portas Tier-Mensch-Physiognomieen als die «ausgesuchtesten, besten» loben, aber relativieren: «und in diesen, welche Unähnlichkeit!» [177]; es gebe einfach keine solchen Gesichter.

Eine Tradition von Tier-P. bestand bereits seit Aristoteles (s.o. B.II.3.c.) [178]; (i) mystische Vorstellungen, gerade auch über die Götterwelt und deren Bezug zu Tieren [wie Stier, Schwan, Adler, Pferd], sodann (ii) die über Generationen weitererzählten Vorurteile (z.B. zum schlauen Fuchsmenschen oder ‹Menschenfuchs›; zum furchtsamen, sanften Schafsmenschen; zum mutigen, starken Löwenmenschen; zum roh-dummen, hartnäckigen Ochsenmenschen, zum ungestümen Bärmenschen) und (iii) die lebenspraktischen Erfahrungen des Menschen mit seiner animalischen Umwelt sind hier eingeflossen; (iv) der Rückbezug auf (meist griechische) Autoritäten und deren (angebliche) Ansichten ergänzte den angewachsenen Argumentationshaushalt: So schreiben der Arzt B. DELLA ROCCA (gen. COCLES) und der Anatom A. ACHILLINI (1463–1512) aus Bologna im Vorwort ihres Traktats ‹Anastasis› [179]: «Die Seele folgt dem Gewand des Körpers […], und Platon, der gelehrteste von allen, schreibt in seiner Physiognomik [auch dies eine apokryphe Schrift], daß beim Menschen die Ähnlichkeit seiner Züge mit denen der Tiere auf dieselbe Natur hinweise. Wer eine Adlernase hat, ist großmütig, grausam und herrlich wie der Adler. Die Menschen, die den Kopf eines spanischen Hundes haben, sind grimmig und große Redner […].» [180]

Della Porta geht mit seinen Tier-Mensch-Analogien systematisch vor und schafft Typisierungen. Als rhetorisch-logische Grundlage dient ihm, in alter Denktradition, ein Syllogismus (s.o. II.1.), der argumentative Evidenz in die Zusammenhänge bringen soll:
(i) Obersatz: Jede Tierart hat die ihren Eigenschaften und Leidenschaften entsprechende Gestalt.
(ii) Untersatz: Die Elemente dieser Gestalten finden sich auch beim Menschen.
(iii) Schluß: Der Mensch, der dieselben Züge hat, besitzt folglich einen entsprechenden Charakter. [181]

Mit physiognomischen Analogbildern zwischen Tiergesicht – so von Adler, Löwe, Esel, Affe, Katze, Schwein u.a. (Abb. 9 [182]) – bzw. Tiergestalt und Menschenant-

Abb. 10: Ver-tierende Karikatur bei Wilhelm Busch. Nach: W. Busch, Humoristischer Hausschatz (25. Aufl. 1959) 150.

litz bzw. Haltung und Gebärden (‹Zoomorphismus›) werden Charaktertypen aus den Tiereigenschaften auf den Menschen hin konstruiert; z.B. zum Bereich ‹Katze› (gatto): «La somiglianza col gatto marca generalmente uomini intelligenti» (Ähnlichkeit mit der Katze deutet i.a. auf intelligente Menschen). [183]

V. *Barockzeitalter* (17. Jh.). **1.** *Physiognomie in Künstlerhand.* Um die Analogie evident zu machen, gleichen sich in den Zeichnungen Mensch und Tier an, sie sind einander angepaßt, was sie in die Nähe von *Karikaturen* bringt. In der modernen Zeit des 19., 20. und 21. Jh. machen sich vereinzelt noch (i) die Karikatur mit ihrer großen Charakterisierungskunst (z.B. H. DAUMIER [1808–1879], W. BUSCH [1832–1908]) (Abb. 10 [184]) oder (ii) die satirische Werbung [185] und (iii) die politische Satire [186], oder einfach der (iv) journalistische Witz [187] die konstruierte Angleichung oder die auffallend zufällige Ähnlichkeit der Physiognomieen von Mensch und Tier zu eigen und nutzen dies für ihre Absichten; auch (v) der Zeitungsjournalismus bedient sich in seinen Texten zur bildlichen Charakterisierung geschilderter Personen solcher Analogien und erwartet entsprechend interpretierendes Verstehen der Metapher beim Leser (so findet sich in einer Reportage über den ehemaligen Chef des Gefängnisses der Staatssicherheit in Ost-Berlin, Oberst S. Rataizick, z.B. der Passus «Gefangener der Stasi-Ideologie, beharrt er auf der früheren Wahrnehmungswelt. "Als Sicherheits- und Rechtspflegeorgan waren wir darauf orientiert, die Errungenschaften unserer DDR zu schützen." Basta. Dann reckt er gefährlich den Raubvogelkopf.» [188] Physiognomie im Zeitungsjournalismus mitzuteilen, ja überhaupt Äußerlichkeiten des Körpers zu beschreiben (erst recht affektive Regungen – die Pathognomik des Gesichts [Mimik] und die gezeigten Emotionen des Körpers darzustellen), ist eine subtile Steuerung der Leser-Rezeption, eine Strategie des Autors, die Einstellung des Lesers zu dem solchermaßen Geschilderten zu beeinflussen. [189]

Noch bis in die Aufklärungszeit hinein (s.u. B.VI.) hält sich die charaktertypologische Analogie von Tier-Mensch-Physiognomieen sehr lebendig; im 17. Jh. sind die physiognomischen und pathognomischen Darstellungen von CH. LE BRUN (1619–1690), erster Hofmaler

Abb. 11a–c: Physiognomie des Zorns nach Le Brun (s. Anm. 196).

von Ludwig XIV., bekannt, der gleichsam suggestiv-argumentativ – z.B. ‹Der König der griechischen Götter und jener der Tiere› (1671) [190] – Typen, z.B. den ‹leoninen Typus›, in einer gegenseitig derart angeglichenen Weise entwirft, daß sie letztlich «das empirische Beweisverfahren als logischen Zirkel ausweist» [191].

Mit Le Brun wird die zeichnerische – und somit künstlerische – Erfassung des Gesichts in seinen kontinuierlichen Formen (d.h. physiognomisch) und seinen situativ bestimmten, diskontinuierlichen Zügen (d.h. pathognomisch) eine akademische Herausforderung [192] und folglich ein lehrbares Problem. Seine Zeichnungen zeugen von Experimentierfreude und Suche nach Ausdrucksgesetzen (Austausch von Gesichtsteilen zwischen Tieren; Einzeichnen von Menschenaugen in Tiergesichter; Zusammenspiel von Lidern, Wimpern, Augenbrauen bei Mensch und Tieren; Serien von Augenstellungen bei verschiedenen Tieren; u.a.). Seine vor der Académie Royale de Peinture et [de] Sculpture (Paris) vorgetragenen ‹Discours› – nämlich ‹Méthode pour apprendre à dessiner les passions› (1658; postum Paris 1698, Amsterdam 1702) und ‹Abregé d'une conference sur la phisonomie› [193] – legen die vor einem Künstler, der um die Gesetzmäßigkeiten des Ausdrucks weiß, nun veränderte Sichtweise fest: von der Erregung (passion) oder Emotion zu ihrer künstlerischen Transformation – nicht, wie noch bei Della Porta (s.o. C.IV.8.), vom wahrgenommenen Äußeren schließend auf das verborgene Innere.

Abb. 11d-e: Physiognomie des Zorns nach Le Brun (s. Anm. 196).

Als *expressions* von *passions* beschäftigt er sich mit *l'admiration, l'amour, la haine, le desir, la jois, la tristesse* u.a. sowie mit «passions composées» wie *la crainte, l'esperance, le desespoir, la hardiesse, la colère* [194], also mit begrifflich kondensierten körperlichen Ausdrucksweisen, zu denen er als Künstler die angemessene Darstellungsweise sucht bzw. präsentiert. Für die bildliche Darstellung z.B. von *colère* (‹Zorn, Wut, Ärger›) beobachtet er: «Alle Bewegungen sind ausladend und sehr heftig, und alle Teile sind in Aufruhr; die Muskeln müssen stark hervortreten, voller und geschwollener als gewöhnlich, die Adern gespannt sein, ebenso die Sehnen.» [195] (Abb. 11 a-e [196]).

2. *Porträtmalerei.* Insbesondere die an die Renaissance-Kunst der Porträtmalerei (s.o. IV.3.) anknüpfenden *Herrscherporträts* des barocken Absolutismus wissen (a) die P. des Gesichts herauszustreichen und (b) die körpersprachliche Aussagekraft der aristokratischen Haltung (Pose, Inszenierung der Macht, Ritualisierung der Körperphysiognomik) bedeutsam zu nutzen: wie

(a') im ‹Tripleporträt des Kardinals Richelieu› (1642 [heute in der Londoner National Gallery]) des flämisch-französischen Malers Ph. de Champaigne (1602–1647) [197]. Es zeigt auf einer Tafel die Frontal- (*En face*) und die beiden Profilansichten in einer Anordnung, die sie kommunikativ aufeinander ausrichtet, so daß in diesem «scheinbaren Gruppenbildnis Parallelen zu der narzißhaft reflexiven Ich-Aufspaltung eines solitären Individuums deutlich werden, das im Dialog mit sich sein Selbst erkundet. Dieser Zug ist für die Moralistik der Zeit (Michel Montaigne) [s.u. VI.3.d.] kennzeichnend.» [198] Und auch der Betrachter wird beeinflußt, indem die vereinten Ansichten eine Irritation gleichermaßen der ‹Ansprache› – «im Enface ist der Porträtierte ›für mich‹ [da]» – und der Abwendung – «im Profil [ist er] ›für sich‹ [da]» [199] – vermittelt. Individualität (die sich offen anbietet) und Standesbewußtsein (das sich zurücknimmt und Distanz aufbaut) verbinden sich hier in bildlicher Repräsentation, durchaus als neuer Charaktertyps von repräsentativen Adelsporträts, wie auch das ‹Brustbild Karls I. in dreifacher Ansicht› (1636 [Windsor Castle, Royal Collection]) des flämischen Malers A. van Dyck (1599–1641) unterstreicht.

Wenn die natürliche Physiognomie mit den geltenden Kriterien der Majestät und der (wie auch immer entstandenen) Vorstellung des Ausdrucks von Königtum nicht in Einklang steht, hat der Maler künstlerische Möglichkeiten, den Porträtierten entsprechend zu korrigieren, physiognomisch zu manipulieren; einen solchen Werdegang bietet eine Porträtreihe von D. de Silva Velázquez (1599–1660) zu König Philipp IV. von Spanien (Abb. 12 a-d [200]): der 19jährige Philipp IV. (1605–1665), seit drei Jahren König, war, wie ein durch Röntgentechnik aufgedecktes, übermaltes Porträt (a) zeigt, ein «ziemlich häßlicher, fast ungeschlachter Mann»; die gemäß dem herrschenden spanischen Geschmack realistische und bei Hofe auch durchaus geschätzte Darstellung hat Velázquez nach einem Jahr Aufenthalt im

Abb. 12a-d: Velázquez, Porträts Philipp IV. (a und c = Madrid, Museo del Prado; b = Dallas, Meadows Museum; d = London, National Gallery). Nach: D. Brown, Velázquez und seine Zeit 1599–1660 (1972) 14f.

Madrider Alcázar mit idealisierender Absicht übermalt (1624) (b): «Er verlängerte den Hals des Königs, straffte Gesicht und Kinn, gab ihm ein Grübchen über der Oberlippe und verwandelte ihn in einen gutaussehenden jungen Monarchen». Nach drei Hofjahren (1626) verfeinerte er ihn nochmals (c) in den Gesichtszügen und «verlieh ihm auch eine durchscheinende, perlschimmernde Haut und ließ etwas von der Glut der Frömmigkeit ahnen, die das Wesen des Königs durchstrahlte». 1632 entsteht dann das Bild ‹Philipp in Braun und Silber› (d), in dessen Porträt Velázquez seine Auffassung vom Königtum physio- und pathognomisch weiterverfolgt: «das Gesicht ist faltenlos, das Haar leuchtet golden, die Braue ist wissend gehoben: Dies ist nicht nur das Porträt eines Mannes, sondern die Vision eines Königs». [201]

(b') Inbegriff des ganzkörperlichen Herrscherporträts des Absolutismus ist unbestritten das vielreproduzierte und weitbekannte Gemälde ‹Louis XIV› (1701/02 [Paris, Louvre]) des französischen Barockmalers H. RIGAUD (1659–1743), das maßgebend wurde in Hinsicht auf prunkvolle Inszenierung des Körpers im prachtvollen Umfeld, Insignien der Macht, des Reichtums und der Würde, Staffierung des Körpers (Kleidung), Körperhaltung (Pose in eleganter Drehung, platzgreifende Gestik, gnädige Zuwendung zum Betrachter, unverrückbare Standfestigkeit, hoheitsvolle Unnahbarkeit); das Gesicht dieses alternden (58jährigen) Monarchen zeigt Rigauds malerische Meisterschaft in der aristokratischen Physiognomie, deren Besonderheiten mit Beleuchtungseffekten herausgearbeitet sind, so der ironische und entschieden geschlossene Mund, die harten, dunkel glänzenden Augen, die schmale, dem Physiognomiker Unduldsamkeit signalisierende Nase. [202] Die heutige Kommentarbedürftigkeit war zeitgenössisch nicht vorhanden: eine solchermaßen ikonographisch kodifizierte Ganzkörperaussage, die sich aus den bedeutsamen physio- und pathognomischen Teilen zusammensetzt, wurde im Absolutismus der französischen Klassik (ca. 1610–1650 [Vorklassik] – 1685) und Nachklassik oder Frühaufklärung (ca. 1685–1715) vom Kunstbetrachter unmittelbar verstanden und übte eine direkte Wirkung auf ihn aus.

VI. *Aufklärung.* **1.** *Expressivität in der Kunst.* Die Wirkungsmächtigkeit von Le Bruns Ausführungen (s.o. V.1.) reicht bis in das Jahrhundertwerk der französischen Aufklärung, die ‹Encyclopédie, ou Dictionnaire raisonné des Sciences, des Arts et des Métiers› (35 Bände; Paris [u.a.] 1751–1765, Ergänzungen 1776–1780) von D. Diderot und J. Le Rond D'Alembert sowie «une société de gens de lettres». [203] Ganz in der aufklärerischen Geisteshaltung, eine Summe des Wissensschatzes der vernunftbegabten (*raison*) Menschheit den Zeitgenossen für neue Impulse in die Zukunft hinein zu bewahren [204], greift der Universalgelehrte und Schöngeist D. DIDEROT (1713–1784) in dem Themenbereich ‹Dessin› [205] auf die Leistungen der Kunstgeschichte zurück: «Man muß [...] in den Zeichnungen der Meister, die sie am besten wiedergegeben haben, die Zeichen studiert haben, die sie für geeignet befunden haben, an einem Kopf diese oder jene Leidenschaft auszudrücken.» [206] Gerade die «mouvements de l'ame» [207] künstlerisch erfassen zu wollen, sei ein «nahezu hoffnungsloser [...] Versuch, weil sie alle nur von den augenblicklichen Umständen hervorgebracht und einen Moment später aufgelöst und zerstört werden – d.h. ein solcher Mensch wird von einem Augenblick zum andern von Haß zu Mitleid, vom Staunen zur Bewunderung, von der Freude zum Schmerz wechseln –, und weil sich eine fortbestehende Leidenschaft verstärken oder abschwächen und dieselbe Person für ein aufmerksames Auge eine unendliche Folge von Physiognomien annehmen wird». [208] Es ergäben sich so «für den Zeichner unüberwindliche Schwierigkeiten, wenn er sich vornimmt, mit der Spitze seines Zeichenstiftes so flüchtige Phänomene einzufangen» [209]. Als Hilfsmittel bieten sich aus der Sicht der Aufklärer für den Künstler an: das Studium der Meister der Vergangenheit, aber auch: «Der Zeichner wird sich auch an seinen Verstand und sein Herz wenden und nur das tun, was er gut versteht.» [210]

Mit den Stichen der Zeichnungen von Le Brun bietet Diderot in der ‹Encyclopédie› drei *Planches* (XXIV–XXVI) (Abb. 13 [211]) mit Darstellungen zur «expreßion des paßions», also Momentbilder höchster pathognomischer Ausdrucksqualität, wie sie der sezierend wahrnehmende Künstler sieht. In seinen Kurzausführungen («explications») offenbart sich Diderot als begrifflich und in der segmentierenden Methode deutlich fortgeschrittenerer Analytiker als Le Brun (s.o. B.V.1. Ende); hier belegt gut ein Jahrhundert Abstand den Fortschritt, der in der Verbalisierung wahrgenommener Körperlichkeit erzielt worden ist; so zu *la colère* (Planche XXVI, fig. 2): «Die Wirkungen des Zorns lassen seine Natur erkennen. Die Augen werden rot und entflammt, die Pupillen schweifend und sprühend, die Augenbrauen sind bald heruntergezogen, bald in gleicher Weise hochgerissen, die Stirn voller Falten, auch zwischen den Augen, die Nasenflügel offen und gebläht, die Lippen aufeinandergepreßt, wobei sich die untere über die obere schiebt, die Mundwinkel leicht geöffnet und zu einem grausamen und verächtlichen Lachen geformt.» [212] Als ‹Pathognomik› werden die Emotionsausdrücke allerdings nicht verstanden; diese gilt in alter Tradition auf die Antike hin zeitgenössisch als – wie die ‹Encyclopédie› selbst mitteilt [213] – medizinischer Terminus (*pathognomonique*), in begrifflicher Nähe zu ‹symptome›.

2. *Pathognomik.* Aber mit J.J. ENGEL, ‹Ideen zu einer Mimik. I, II› (1785–1786), wird die *Pathognomik* zu einer eigenständigen Disziplin an der Seite der P. entwickelt, die ihre Wurzeln in der Rhetorik (*pronuntiatio*-Lehre) und der Theatralik (*actio*-Lehre) und Pantomimik [214] hat und natürlich auf diese weiter einwirkt, z.B. in den Formen der «Verstellungskunst» [215] und der Bühnenanweisungen [216] für die zur (dramatischen) Textstelle angemessene Mimik, Gestik, Körperhaltung. So kam der Antagonismus zwischen P. und Pathognomik deutlich zu Bewußtsein [217] (Schema 2).

Das körperbezogene Verstehen (und Reagieren) in der Lebenspraxis ist deutlich – weil situationsgebunden – pathognomisch orientiert, dagegen verläuft die physiognomische Beurteilung eher intuitiv, atmosphärisch, nicht bewußt kriteriengeleitet oder – wie es die zeitgenössischen Verfechter gern postulieren – ‹wissenschaftlich›, aber weil alle Menschen in allen Dingen «nach ihrer Physiognomie, ihrer Aeußerlichkeit, ihrer jedesmaligen Oberfläche» [219] urteilen.

3. *Johann Caspar Lavater.* Als glühender Anwalt der P. versteht sich der Zürcher Pastor J.C. LAVATER (1741–1801), eine mentalitätsgeschichtlich herausragende Persönlichkeit des 18.Jh. mit europaweiten Beziehungen und lebhaften Korrespondenzen mit den zeitgenössischen Geistesgrößen wie HERDER, GOETHE, PESTALOZZI u.a. [220] Mit außerordentlicher Wirkung unter den Intellektuellen, Literaten und Angehörigen der höheren Gesellschaftsschichten – «nicht für den großen Haufen geschrieben. Es soll von dem gemeinen Manne nicht gele-

Abb. 13: *Physiognomie des Zorns* in der Encyclopédie Diderots (s. Anm. 211): Recueil de planches, sur les sciences, les arts libéraux, et les arts méchaniques, avec leur explication. Seconde livraison, en deux parties: Seconde partie (201 Planches) Paris 1763.

sen und nicht gekauft werden» [221] – veröffentlicht Lavater ein vierbändiges Folio-Werk mit seinen Auffassungen, mit Übungen und Fallbeispielen sowie mit einer illustren Vielzahl großformatiger Schattenrisse zur physiognomischen Theorie und Praxis, in künstlerisch anspruchsvoller [222] und drucktechnisch aufwendiger Präsentation: ‹Physiognomische Fragmente. zur Beförderung der Menschenkenntniß und Menschenliebe› (Leipzig, Winterthur 1775–1778). In der Tat betont er das idealistische Anliegen seiner Studien, Interpretationen, Schlüsse, Urteile: (i) den Mitmenschen und den Schöpfergott «besser zu kennen»; (ii) sich über sich selbst und andere «zu freuen»; (iii) «Achtung für die menschliche Natur» und «mehr Liebe zu einzelnen Menschen» sowie «mehr ehrfurchtsvolle Freude an dem Urheber und Urbilde aller Vollkommenheit»; (iv) «nützliche Menschenkenntniß» [223]. Sein Ziel ist es, «immer nur das Schöne, das Edle, das Gute und Vollkommne aufzuspüren» [224]. In Lavaters Zeit ist der Mensch (noch) nicht das in seinen Persönlichkeits- und Leistungswerten taxierte Wesen, das mit Maschinen- und Automatenherrschaft in Konkurrenz tritt, wie es sich mit der Industriellen Revolution im 19. Jh. abzeichnet. Noch gilt die schwärmerische Bewunderung dem «edlen Herz», der «schönen Seele», dem «strahlenden Geist», die der «preiswürdige Schöpfer» «zu seinem Ruhme» geschaffen und mit verschiedenen Fähigkeiten ausgestattet hat. [225]

Physiognomik	Pathognomik
• *Kraft*deutung (d.h. das animalische Leben des Menschen betreffend – gegenüber seinem intellektuellen Leben [seine Erkenntnis] und seinem moralischen Leben [sein Wille]) [218] oder Wissenschaft der Zeichen der *Kräfte*	• *Leidenschafts*deutung oder Wissenschaft der Zeichen der *Leidenschaften*
• zeigt den *stehenden* Charakter	• zeigt den *bewegten* Charakter
• dieser liegt in der Form der *festen* Teile sowie in der Ruhe der beweglichen Teile	• dieser liegt in der *Bewegung* der beweglichen Teile
• zeigt die *Summe* der Capitalkraft	• zeigt das *Interesse*, das die Summe der Capitalkraft abwirft
• was der Mensch *überhaupt* ist	• was der Mensch in dem *gegenwärtigen* Moment ist

Schema 2

a. Das Motto im Titelkupfer lautet: «Gott schuf den Menschen sich zum Bilde!»; und so leitet Lavater aus dem Bibelwort seine Methode ab: nämlich «die Fertigkeit [aufzubauen,] durch das Aeußerliche eines Menschen sein Innres zu erkennen» [226], also der Schluß von der sichtbaren Oberfläche des Menschen «in Ruhe oder Bewegung, sey's nun im Urbild oder irgend einem Nachbilde» [227], auf den «unsichtbaren Inhalt». Die Analogie von der «äußere[n] Verschiedenheit des Gesichts und der Gestalt mit der innern Verschiedenheit des Geistes und Herzens» [228] zieht er mit bestimmten Regeln [229] und Prozeduren (insbesondere der Vermessung des Gesichts, sogar mit technischen Apparaten [Abb. 14 [230]]), nicht zuletzt um für die P. den Status als (i) Wissenschaft, die *erkennen*, nicht *urteilen* will, [231] die (ii) mit ebendieser hermeneutischen Grundhaltung eine Offenbarungskunst des Charakters (gegenüber einer Verstellungs- oder sogar Verheimlichungskunst des Menschen [dem die Pathognomik anheimfällt]) anstrebt [232] und (iii) als ästhetische Theorie des Schönen und Wahren beanspruchen zu können; so empfiehlt er, einen Schattenriß in horizontale, vertikale und bestimmte Winkel einzuteilen und deren Maße und Abstandsbeziehungen zu untersuchen – seine eigene Silhouette (in der [vermehrten] französischen, nicht in der deutschen Ausgabe [233]) analysiert er mit dieser Technik folgendermaßen (Abb. 15 [234]): «Ein poetischer Charakter, gefühlvoll und von noch größerer Empfindsamkeit, dazu eine Gutmütigkeit, die bis zur Sorglosigkeit geht» [235]. Allerdings müssen er und die P. «sehr vieles dem Genie, dem Gefühl überlassen» [236], und die von ihm gewählte Gattung des ‹Fragments›, der «bewußt unabgerundeten, zerstückelten und formlosen Textart, welche eher ahnen läßt als erschöpfend darstellt, eher andeutet als erklärt» [237], gibt Raum für geradezu schwärmerische Charakterisierungen und melodramatische Beurteilungen – man vergleiche nur seinen enthusiastischen und mit aller rhetorischen Emphase («Liebe! Liebe! Liebe – ist die Seele des Genies»)

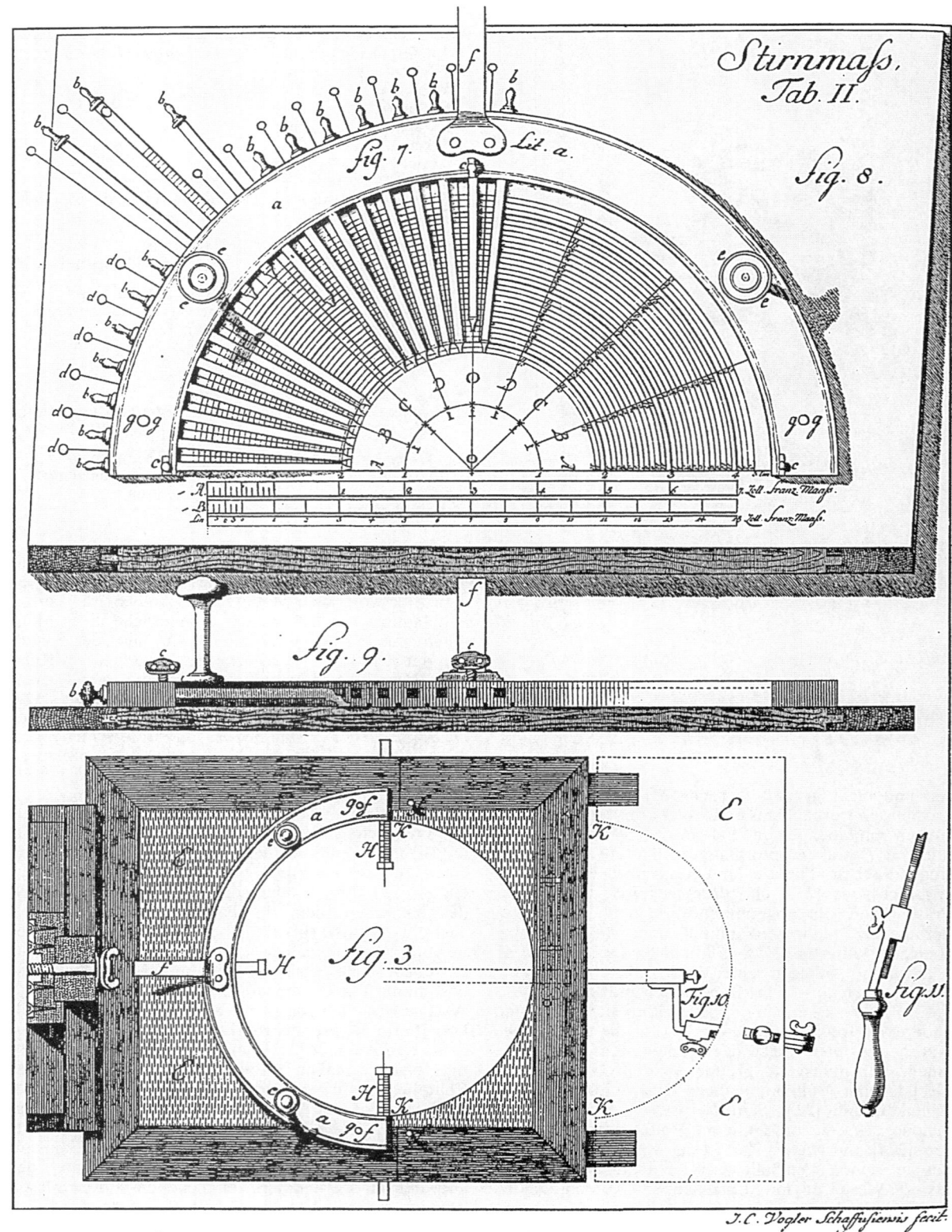

Abb. 14: Apparate zur Gesichtsvermessung nach Lavater. Nach: J. C. Lavater, Physiognomische Frg. zur Beförderung der Menschenkenntniß und Menschenliebe, Bd. 4 (Leipzig/Winterthur 1778) 236.

geschriebenen Kommentar zu einem Kupferstich-Porträt von Goethe (mit einer kleinen Einschränkung der Vollkommenheit: «zu kraftlos unbestimmt ist doch der Schatten am Backenbeine» und «um ein Haar zu kleinlich das Aug' und der Mund») [238]; von einer wissenschaftlichen, erst recht wissenschaftssprachlichen Darstellungsweise, wie sie sich im 18. Jh. bereits herauskristallisiert hatte und rasch weiterentwickelte [239], ist dies, wegen des Stils, wegen fehlender Begrifflichkeit und geeigneter Termini, wegen mangelnder Stringenz, weit entfernt.

b. Empirie plus Genius, als eine Art ‹geschulter Intuition› – dabei hilft die «Mahlerkunst, die Mutter und Tochter der Physiognomik» [240]; in diesem Sinne finden als Porträtisten die beiden deutschen Maler L. CRANACH D.Ä. (1472–1553) und der Hofmaler Heinrichs VIII., H. HOLBEIN D.J. (1497/98–1543), sowie der Repräsentant der italienischen Hochrenaissance, RAFFAEL (1483–1520), als unübertroffene Vorbilder Lavaters Hochschätzung. Aus der engen Bindung an das handwerklich-technische Können des Künstlers und an seinen scharf segmentierenden Blick auf den Körper, speziell das Gesicht, leitet sich nun eine feste Abhängigkeit ab zwischen einerseits dem *Bild* – praktisch immer der Schattenriß [241] bzw., nach der Erfindung eines Zeichnungsstuhls mit Lichtquelle zur Herstellung solcher Risse von dem französischen Finanzminister Étienne de Silhouette (1709–1767), die Silhouette, die ja den Umriß bietet und jegliche situativ-pathognomische Regung im Gesicht ‹schwärzt› (die Differenz zwischen Seiten-Bild/-Zeichnung und vollschwarzer Silhouette führt sogar zu interpretatorischen Korrekturen, wortreich z.B. bei dem [Mörder-] Gesicht ‹Rüdgerodt›) (Abb. 16 [242]) – und andererseits dem *Text* (wobei in der Doppelfunktion des Abbildens und des Deutens noch Bezüge zu der künsteverbindenden Emblematik [243] erkennbar werden), zwischen dem Sehen und dem interpretierenden Verstehen; darin baut sich eine enge Verbindung der Künste – der darstellenden und der deutenden (verstehenden, hermeneutischen) – auf.

c. Für Lavater ist das sog. ‹Innere› die moralische Qualität, die in Harmonie mit der körperlichen Erscheinung steht oder stehen soll(te) [244]: «Die Schönheit und Häßlichkeit des Angesichts hat ein richtiges und genaues Verhältniß zur Schönheit und Häßlichkeit der moralischen Beschaffenheit [d.i. Tugend und Laster; H.K.] des Menschen» [245]. Für die Beurteilung sind Kenntnisse zur Anatomie, zur Proportion und zu den Funktionen «aller menschlichen Gefäße und Gliedmaßen» vorauszusetzen [246]; so sei die P. «die größte Uebung des Verstandes; die Logik der körperlichen Verschiedenheiten» [247].

In «Uebungen zur Prüfung des physiognomischen Genies» [248] verdeutlicht sich das intuitive, auf mögliche Evidenz und Zustimmung bauende, moralisch zielende ‹erkennende Urteilen› mit Appellationen wie (passim) «die Wahrheit selbst», «auffallend wahr», «evidente Anschauung», «der gesunde Menschenverstand», u.a. [249], (Abb. 17 [250]):

Fall 4: «Die Nase sicherlich edel und verständig, das Uebrige gemein, zaghaft, leer; solche Stirne hab' ich noch nie bey solcher Nase gesehen, auch nicht ein so blödes Untergesicht.» – Fall 5: «Die Stirne ziemlich gemein. Unter der Stirne viel Nachdenken, Ueberlegung, Klugheit und Ruhe. Aber keine Erhabenheit der Seele, und keine siegende Schnellkraft.» – Fall 6: «Bis zur Oberlippe forschender, systematischer Verstand. Unterher weibliche Bonvivanterey.» – Fall 7: «Ein ziemlich leeres, zaghaftes, kraftloses, trocknes Gesicht, das in der Welt gewiß nie was Großes wirken wird.»

d. Als konkrete Auswirkung auf die *Praxis* verspricht sich Lavater eine bessere Fähigkeit der Fürsten, «selbstlosere Ratgeber auszusuchen, so daß die Qualität von Regierung und Verwaltung verbessert würde» [251] sowie einen Nutzen für die folterlose Befragung bei Gericht, indem Lügner nun durchschaut werden könn-

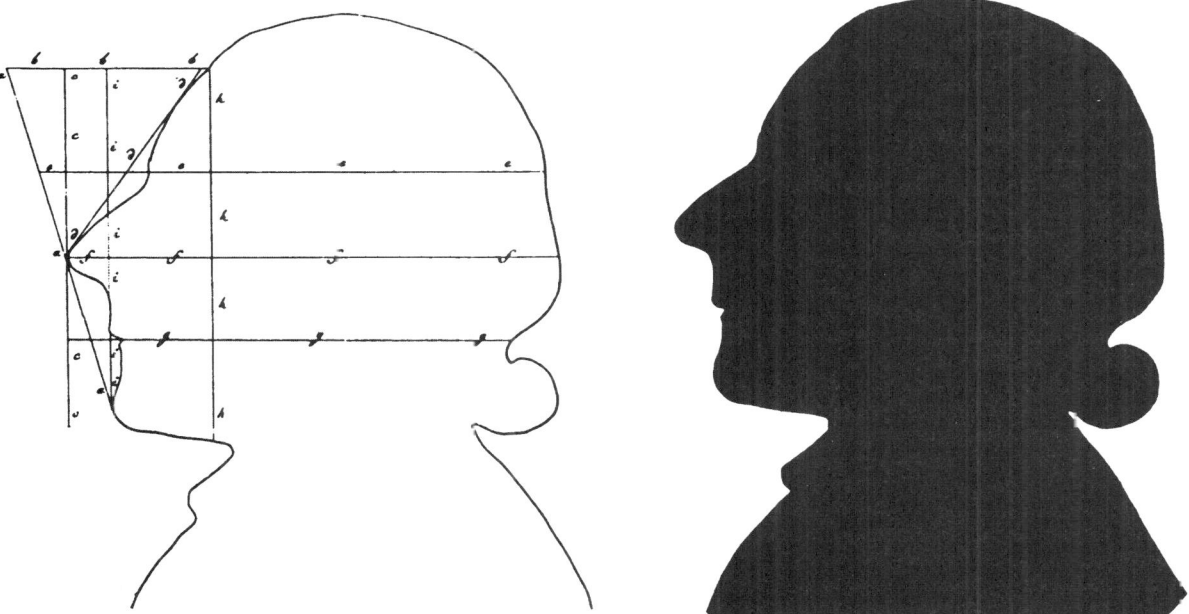

Abb. 15: Silhouette Lavaters. Nach: A.-M. Jaton, Johann Caspar Lavater. Philosoph, Gottesmann, Schöpfer der Physiognomik. Eine Bildbiographie (1988) 76.

Abb. 16: *Silhouette und Zeichnung einer Mörderphysiognomie: Lavaters Rüdgerodt. Nach: J. C. Lavater, Physiognomische Frg. zur Beförderung der Menschenkenntniß und Menschenliebe, Bd. 2 (Leipzig/Winterthur 1776) 194–196.*

ten. Das Werk zeitigt aber eher eine gesellschaftsmodische Auswirkung für empfindsame Seelen und erfährt eine begeisterte Aufnahme beim Publikum, die sich auch in Übersetzungen niederschlägt [252]. Das um sich greifende dilettierende ‹Physiognomisieren› als privates Vergnügen und in Zirkeln [253], das bald den Charakter eines verbreiteten Gesellschaftsspiels, der physiognomischen Heuristik, erlangt und den viel gehegten Wunsch belegt, das Individuum zu erkunden [254], findet seinen literarischen Niederschlag in der öffentlichen Inspektion durch die (im Deutschen sog.) ‹Französische Moralistik› (in den romanischen Sprachen ‹*Die Moralisten*›), deren literarische Wurzeln bei der Satire liegen und die sich der Textform der Maxime, des Aphorismus, der Sentenz

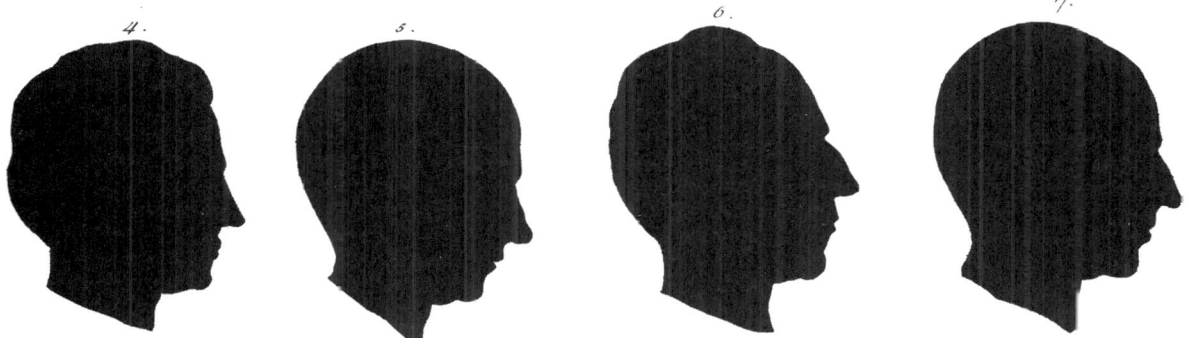

Abb. 17: Physiognomische Übungen nach Lavater. Nach: J. C. Lavater, Physiognomische Frg. zur Beförderung der Menschkenntniß und Menschenliebe (1775–1778). Eine Auswahl. Mit 101 Abbildungen. Hg. v. Chr. Siegrist (1984) 125 f.

bedient: «[...] Geister, die auf die Frage, was der Mensch sei, antworten durch Betrachten und Beschreiben aller Erscheinungsweisen des Menschen in seelischer, sittlicher, sittengeschichtlicher, gesellschaftlicher, politischer Hinsicht, jeweils nach den Verschiedenheiten der Räume und Zeiten» [255]; sie ist keine Morallehre oder Moralphilosophie (herausragend die Franzosen CHAMFORT, J. DE LA BRUYÈRE, der an die Charakterstudien von Theophrast [s. o. B.II.3.d.] anknüpft [256], LA ROCHEFOUCAULD, MONTAIGNE, MONTESQUIEU, VAUVENARGUES [257]; die Spanier B. GRACIÁN, F. DE QUEVEDO Y VILLEGAS; der Italiener F. GUICCIARDINI).

4. Skeptiker und Gegner. Die praktizierten Verallgemeinerungen und Typisierungen, das Erraten und Spekulieren als Gesellschaftsspiel der Demaskierung schaden allerdings dem selbstgestellten Anspruch der Lavaterschen P. auf Wissenschaftlichkeit und Seriosität und ruft Skeptiker und Gegner auf den Plan. GOETHE (1749–1832), zuerst (seit 1773) interessierter Befürworter, setzt sich später deutlich ab: «[...]; mir kam es immer als eine Tücke, als ein Spionieren vor, wenn ich einen gegenwärtigen Menschen in seine Elemente zerlegen und seinen sittlichen Eigenschaften dadurch auf die Spur kommen wollte.» [258]

Letztlich erwachsen der Richtung, die stark der Empfindsamkeit des ‹Sturm und Drang› zuneigt, mit dem Rationalismus der Aufklärer ihre entschiedenen Gegner – wie D. DIDEROT (in dessen ‹Encyclopédie› unter dem Lemma *physionomie* [259], zum Bereich ‹morale› gehörig, vom rührigen CHEVALIER DE JAUCOURT [1704–1779] geschrieben, mit Bezug auf Buffon Einschätzungen wie «science ridicule» und «espece [sic!] de préjugé» mitgeteilt werden), KANT, G.-L.-M. BUFFON, HEGEL u.a. Der englische König Georg II. (1683–1760) verbietet 1743 sogar die Ausübung der P.

Unter den kritischen Geistesgrößen hat sich der Göttinger Gelehrte G. CHR. LICHTENBERG (1742–1799), selbst körperlich mit einem Buckel mißgebildet und folglich durchaus als Betroffener fühlend, geistreich und brillant mit einer vielbeachteten Streitschrift (1778) [260] und einer wirkungsvollen Parodie auf Lavaters Hauptwerk (1783) [261] ausgezeichnet. So will er «zeigen, daß man, durch ein paar armselige Beispiele von Hunden, Pferden, Dreigroschen Stücken und Obst, die man allenfalls noch, (nicht immer), aus dem Äußern beurteilt, verleitet, noch nicht vom Leib auf ein Wesen schließen könne, dessen Verbindungsart mit ihm uns unbekannt ist, und überhaupt nicht auf den Menschen schließen kann.» [262] Er verkennt zwar nicht, daß der Mensch aus dem wahrgenommenen Gesicht Urteile ableitet und den Gegenüber mit Typisierungen kategorisiert – «wir schließen ja täglich aus den Gesichtern, jedermann tut es, selbst die, die wider Physiognomik streiten, tun es in der nächsten Minute und strafen ihre eigenen Grundsätze Lügen» [263]; das Unhaltbare der Theorie zeigt sich für ihn in der alltäglichen Erfahrung, es auch (und meist) mit «schönen Lasterhaften» [264] zu tun zu haben und der steten Einsicht, sich zur Korrektur zwingen zu müssen: «Wir urteilen stündlich aus dem Gesicht und irren stündlich». [265] Daraus ist zu folgern: «Was für ein unermeßlicher Sprung von der Oberfläche des Leibes zum Innern der Seele!» [266] Lichtenbergs Position tendiert unter Hinweis auf «die ganze Semiotik der Affekten oder die Kenntnis der natürlichen Zeichen der Gemütsbewegungen nach allen ihren Gradationen und Mischungen» [267] zur Pathognomik. Er ordnet die euphorische Vorliebe seiner Zeitgenossen sozialkritisch und politisch ein, da «das Vertrauen auf Physiognomik» nur dort gedeihen könne, wo «die Selbstbeobachtung und Kenntniß des Menschen in einem fast schimpflichen Verfall liegt» [268].

5. Körperliche Affekteregulierung. Eine solche gesellschaftskritische Sicht mag sich bestätigen, wenn man die Tradition der Inzuchtnahme des Körpers und der normierenden gesellschaftlichen Konventionalisierungen des Verhaltens (durch Konversationslehren, Benimm- und Anstandsbücher, Verhaltensanleitungen, Hoftraktate, Salonvorschriften) im 17. und 18. Jh. [269] als Transformation von Gesellschafts- und Persönlichkeitsstrukturen [270] ansieht. Immerhin bietet am Ende des 18. Jh. (a) A. FREIHERR VON KNIGGE eine Abhandlung ‹Über den Umgang mit Menschen› (1788) [271], die sich nur rechtfertigt in «einer bereits stark differenzierten Gesellschaft, deren Verkehrsformen offenbar dringend der Anleitung bedurften» [272]. Aber bereits im Mittelalter kursierten Schriften mit einem für Adelskreise (Hof) klar konturierten Bild vom angemessenen Verhalten und Auftreten; dann literarisch in der Renaissance eine neue *institutio hominis*, mit Rückgriff auf die Antike (so die ‹Kyrupädie› des athenischen Adligen Xenophon [ca. 430–354 v.Chr.], eine Art Fürstenspiegel oder Erziehungsroman, als Schilderung des Heranwachsens von Kyros d.Ä., Begründer des persischen Großreiches [gest. 530 v.Chr.], zum idealen König; oder auch ‹De oratore› von Cicero [106–43 v.Chr.]) wirkungsstark einsetzend und für die Folgezeit prägend mit dem (b) ‹Libro del

Cortegiano› (‹Hofmann›, darin auch Ausführungen zur ‹Hofdame›; entstanden zw. 1508 u. 1516, veröffentlicht erst 1528) des B. Castiglione (1478–1529) am Hof des Geschlechts Montefeltro zu Urbino[273], in dem der Leitanspruch der ‹Anmut› (ital. *grazia, sprezzatura*) für den Höfling[274] vertreten wird, die in der Mitte zwischen Lässigkeit und Geziertheit angesiedelt ist[275]. Aber auch mit dem (c) Traktat ‹Galateo ovvero de'costumi› (1558) (lat. ‹*Galateus*›)[276] von G. della Casa (1503–1556) über die guten Sitten, die Summe der Eigenschaften, die das Erscheinungsbild, die Verhaltensweisen und Interessen eines Menschen bestimmen. Es vermittelt (in Gesprächsform) in Anlehnung an Castiglione Ansprüche an gesellschaftlich «wohlanständiges Verhalten» (die *vita privata* dagegen unterliegt ihr eigenen Regeln[277]), das «die Gefälligkeit und die Angemessenheit suchen muß», Gesprächsthemen und Konversationsweisen abwägt, moralische Tugenden und Untugenden unterscheiden kann, Förmlichkeiten differenziert einsetzt, Kleiderordnungen beachtet und unziemliche Tischgewohnheiten meidet[278].

Dieser ideale Menschentyp der gesellschaftlichen Unangreifbarkeit und Anpassung ist gefeit gegen Durchschauen und Entlarven, was gerade am Hofe überlebenswichtig war. In 300 facettenreichen, aphorismenähnlichen Verhaltensbeschreibungen und lebenspraktischen Anleitungen zu weltmännischer Vollkommenheit, dem (d) ‹Oráculo manual y arte de prudencia› (1647)[279], versammelt die neben Cervantes und Calderón überragende Persönlichkeit der Literatur des spanischen Barock, der spanische Jesuit und Moralphilosoph B. Gracián y Morales (1601–1658) – in Abkehr von dem Renaissance-Ideal, seine Menschenkenntnis aus den Annalen der Alten zu schöpfen – nun Situationen des aktuellen Lebens, Indizien der praktischen Erfahrung, Kniffe, Strategien des Durchleuchtens, des frühzeitigen Erkennens, der eigenen Wappnung, wobei Gracián den körpersprachlichen eigenen wie auch fremden Auffälligkeiten subtile Beachtung schenkt.

Und in der Tat münden diese Absichten des eigenen tarnenden Schutzes durch Selbstzwang (Verhaltensregeln) und der Prävention vor Entlarvung durch Ersehenskompetenz (gelernte und geschulte Sicht auf die verräterischen körperlichen [physiognomischen] und verhaltensgebundenen [pathognomischen] Zeichen des Gegenübers)[280] in die (e) erste deutschsprachige Abhandlung zu dem Problem einer *hermeneutica moralis*: ‹Die Kunst, anderer Menschen Gemüther auch wider ihren Willen aus der täglichen Konversation zu erkennen› (1697) von Chr. Thomasius (1655–1728). Ziel dieser «neue[n] Erfindung einer wohlgegründeten und für das gemeine Wesen höchstnötigen Wissenschaft»[281] soll es sein, eine Person mit geeigneten Mitteln des Sezierens auf ihre charakterlichen Eigenschaften zu prüfen und so die Eignung für eine berufliche Stelle (im absolutistischen Staatsapparat) vorherzusehen, also eine politisch motivierte praktische Psychologie des Beobachtens von (verräterischen oder Lügen aufdeckenden) physischen sowie affektiven Körperzeichen.

Die *beobachtende*, dann *beschreibende* P. erhält hier in der Aufklärungszeit ihre dritte Komponente, die *entlarvende* – oder neutraler: *aufdeckende* – P., was dann im 19. Jh. und schließlich für die rassenbezogenen Anliegen im 20. Jh. den Boden für eine *auslesende* P. bereitete (s. u. VIII.3.d.).

6. *Mentalitätsgeschichtliche Kategorien.* Das 18. Jh. liebt es, mit der Verve der Aufklärungsideen[282] das Individuum in seiner Eigenheit, seinen besonderen Merkmalen und Eigenschaften zu sezieren und zu analysieren (*Individualismus*). Für die Mentalitätsgeschichte des 19. Jh., speziell den Idealismus und die Romantik, ist diese Betonung des Subjekts und seiner körperlichen Subjektivität, wie sie gerade Lavater mit seiner P. betrieben hat, nicht ohne Einfluß geblieben. Die Moderne, zweihundert Jahre nach Lavater, kann hier bei der Herausbildung des *Subjektivismus* – der philosophischen Lehre, daß Form und Inhalt des Erkennens vom Subjekt bestimmt werden – anknüpfen[283].

Sie kann allerdings auch kulturkritisch ebenfalls zur Kenntnis nehmen, daß das Individuum inzwischen, im 20. und 21. Jh., zu einer bloßen Chiffre, einem Nummerncode, zur verwalteten Zahl, blutleer und ohne Physiognomie, geschrumpft ist[284] (*Funktionalismus*). Es hat hier möglicherweise erst durch die neuen biometrischen Verfahren der Identitätsprüfung (s. u. D.II.4.) – die ihrerseits ihre (mythischen) Vorläufer der ἀναγνώρισις, anagnōrisis[285], der Wiedererkennung, haben wie die Narbe des heimkehrenden Odysseus oder die Wundmale des auferstandenen Christus[286] – seine Unverwechselbarkeit nun mit einer «funktionalen P.» zurückgewonnen.

VII. *19. Jh.* Das 19. Jh. gilt als das Jh. der naturwissenschaftlichen Methoden; die moralisch-sittlichen Bezüge, die Lavaters Analysen noch beherrschen, treten zurück gegenüber einem neutralen Beschreiben der Phänomene und Erkennen ihrer Funktionen. Die zweite Hälfte des 18. Jh. (bis ca. 1810) gilt wegen der vielfältig angebotenen Ansätze und Ideen als die sog. klassische Zeit der Anthropologie.[287]

1. *Der vermessene Mensch.* **a.** Schon in den 60er Jahren des 18. Jh. wächst das Interesse an Bau und Proportionen des menschlichen Schädels, dessen Profile der holländische Arzt, Anatom und Künstler P. Camper (1722–1789) mit Neigungswinkeln vermaß (‹anatomische P.›); beim Profil des Schädels lassen sich zwei Linien, jeweils vom Kiefergelenk und vom Augenbrauenknochen ausgehend, ziehen, die sich dann am vorspringendsten Teil des Oberkiefers schneiden und dort einen Winkel bilden. Camper wertet die (nach ihm benannten) stufenweisen Gesichtswinkel zwischen Tier (Affe) und Menschen (verschiedenen Alters und verschiedener Rassen) aus – bei den Menschen mit dem Idealwert ‹Apollo›, den er als klassizistisches Schönheitsideal vertritt und dem Kunstgeschichtler und Archäologen J.J. Winckelmann (1717–1768) verdankt.[288] Er schafft damit in Schulung an Winckelmann (und auch an dem englischen Maler, Kupferstecher und Karikaturisten W. Hogarth [1697–1764] und dessen Kunsttheorie zur ‹Analysis of Beauty› [London 1753]) die Grundlagen für kriteriengestützte, konstruktiv kontrollierbare Schönheit, wie sie sich in der Physiognomie offenbart. Die Gesichtswinkel-Analysen zeigen verallgemeinerbare Auffälligkeiten: so ist er beim Affen besonders spitz, bei Afrikanern weniger, bei Europäern bildet er einen rechten, schließlich beim Apoll vom Belvedere einen stumpfen Winkel. Camper zieht allerdings keine evolutionsbiologischen Schlüsse daraus – dies ist erst eine Angelegenheit des 19. Jh., vorbereitet durch den französischen Naturforscher Lamarck (1744–1829), der die Unveränderlichkeit der Arten bestritt (‹Lamarckismus›), und schließlich vertreten durch Ch. R. Darwin (1809–1882) mit seiner Selektionstheorie (‹Darwinismus›); vielmehr vertritt er, in Verein mit dem französischen Naturkundler G.L. Buffon (1707–1788) und noch im Geist der christlichen Lehre von der

Abstammung aller Menschen aus dem Urvater Adam, die *tableaux*-Vorstellung von der ewigwährenden gleichzeitigen Existenz aller Arten und Rassen. Allerdings legt Camper mit seinen wertenden Urteilen – wohl unbeabsichtigt – ein rassentheoretisches Modell nahe, das dann im 19. Jh. mit gerade physiognomischen Argumenten den Weißen dazu dient, die Afrikaner wegen ihrer angeblichen Affenähnlichkeit zu entmenschlichen und so die Sklavenhaltung zu rechtfertigen und die Befreiung zu bekämpfen. Sein metrisches Verfahren aber öffnet den Weg in eine vergleichende anthropologische Forschung, die ihr Maß zunächst ausschließlich am Schädel und seinen Teilen (bei Camper: dem Vorstehen des Unterkiefers [‹Prognatie›]) nimmt und so die P. methodisch zu einer naturwissenschaftlichen Empirie hinlenkt:

b. Vergleichbar mit der nachhaltigen gesellschaftlichen Breitenwirkung Lavaters etabliert sich in Gesellschaft und Publikationsorganen die Wissenschaft der *Phrenologie* (φρήν, phrēn, ‹Verstand, Gesinnung Gemüt›; ‹Schädellehre›, ‹Schädelvermessung›; engl. *craniology*; griech. κρανίον, kraníon ‹Schädel›) oder *Kranioskopie* [289], die um 1800 der Naturforscher und Anthropologe F.J. GALL (1758–1828) [290] und sein Schüler J.G. SPURZHEIM begründen. Solche Vermessungsexperimente verlaufen technisch-empirisch aufwendig und akribisch in der statistischen Dokumentation: eine Szientifizierung der P. Auch hier ist der Schluß vom Äußeren – den Rundungen, Abflachungen, Erhöhungen und Vertiefungen des Schädels – auf das Vorhandensein oder Fehlen von Hirnmasse und folglich auf die Stärke oder Schwäche von sog. Gehirnorganen, somit also auf das Innere: die von diesen Gehirnarealen erzeugten Eigenschaften oder Fähigkeiten, postuliert. So liegen nach seiner Meinung in der Unterstirn die Realsinne, in der Breite die Selbsterhaltungssinne, in der Höhe die Moralsinne, usw. – eine Sichtweise, mit der schon Lavater 1772 in umgekehrter Richtung spekuliert hatte: «Wird sie [sc. die P.] uns nicht sagen, daß die Verschiedenheit des Gehirns und seiner Lage nothwendiger und natürlicher Weise den Contour und Bau des anfangs weichen und faserichten Schädels bestimmen müsse?» [291]. 1798 veröffentlicht Gall seine Theorie in der Zeitschrift ‹Der Neue Teutsche Merkur› [292]. Seine Verbindung von Gehirntheorie und Charakterologie gipfelt in der These: «Die relative Größe der einzelnen ›Gehirnorgane‹ gibt Aufschluß über ihre Leistungsstärke. Je größer sie ist, desto größer soll auch die entsprechende Begabung sein.» [293]

Kraniologische Forschung läßt somit, nach herrschender Meinung, diagnostische Rückschlüsse auf geistige Fähigkeiten zu; das bringt prognostische Vorteile für die aufwachsenden Kinder und deren gezielt gesteuerte Ausbildung mit sich, wie auch für die Gesellschaft, deren Gemeinwohl dadurch garantiert wäre. Die 27 verschiedenen ‹Gehirnorgane› in seinem phrenologischen System [294] erweitert sein Schüler G. SCHEVE auf 35 (Abb. 18 [295]); allein 15 Gehirnorgane sind im Bereich der Stirn lokalisiert – wodurch die Stirn zum Zentrum des Geistes hochstilisiert wird (was sich bis heute nach populärer Ansicht gehalten hat: hohe und breite Stirn ‹bedeutet› Klugheit, Intelligenz) und nun, angeregt durch die phrenologischen Köpfe mit ihren Lokalisationen, besondere Aufmerksamkeit durch die bildenden Künstler erfährt [296], die zu der Zeit «mit besonderer Vorliebe auf ihren Portraits die Stirn behandelt und idealisiert haben» [297].

Auch der deutsche Arzt C.G. CARUS (1789–1869), der 1853 mit seinem physiognomischen Werk ‹Symbolik der menschlichen Gestalt› hervorgetreten war [298], in dem er sich mit drei methodischen Schritten dem Körper widmet – der Organoskopie (Blick auf die naturgegebenen Verhältnisse der äußeren Gestalt), der P. (Gestalt und Charakter) [299] und der Pathognomik (Gestalt in Situation, Bewegungen) –, beschäftigt sich intensiv mit dem Kopf und den Aussagequalitäten seines Äußeren. [300]

c. Die phrenologische Theorie überlebt sich medizinisch schon im 19. Jh.; die Einwände der Hirnforschung allein zur (nicht vorhandenen) physiologischen Beziehung von Hirnmasse und Schädeldecke, gerade auch im Bereich der Stirn, wirken schlagend genug; zudem werden die kranioskopischen Handgriffe zum Ziel bissigen Spotts in den Karikaturen der Zeit. [301] Allerdings ortet 1861 der französische Hirnphysiologe P. BROCA (1824–1880) «das [motorische, H.K.] Sprachzentrum an genau derselben Stelle [...], wo es Galls Lokalisationstheorie zufolge liegt» [302], nämlich im hinteren linken Schläfenlappen (3. linke Stirnwindung des Großhirns) [303]; diese und weitere Übereinstimmungen veranlassen an der Wende zum 20. Jh. den deutschen Arzt P.J. MÖBIUS (1853–1907), die Gallsche Lehre neu zu propagieren und auch praktisch einzusetzen.

Der vermessene Mensch ist ein Phänomen des 19. Jh., und mit ihm die Anthropometrie als Wissenschaft. [304] Allerdings: Der Ende des 19. Jh. als trügerisch erkannte Schluß von naturwissenschaftlich-empirisch gewonnenen Messdaten (i) auf innere Dispositionen und charakterliche Anlagen des Individuums, mit der generalisierenden Absicht, typologische Einschätzungen und Zuordnungen zu geben, sowie (ii) auf evolutionsbiologisch argumentierende Wertungen auf den Skalen ‹hoch und niedrig›, ‹wertvoll und unwert›, wird, was die P. betrifft, in der ideologisierten Zeit um 1930 bis Kriegsende insbesondere in der deutschen Wissenschaft (Anthropologie) neu diskutiert, vertreten und schließlich auch mit aller inhumanen Konsequenz in die Praxis umgesetzt (s.u. VIII.4.).

2. *Der photographierte Mensch.* Die *Photographie* als neu erfundenes Medium ab den 40er Jahren [305] hält Physiognomieen fest und läßt Pathognomisches einfrieren. Die gattungsgeschichtlich angestammten Aufgaben des gemalten Porträts, nämlich die Wirklichkeit des Körpers zu vermitteln, werden mit dem Aufkommen und Verfeinern der neuen optischen Techniken von der *Porträtphotographie* übernommen, eine Zeit mit hohem mimetischen Anspruch (‹Wiedererkennbarkeit›), wenn auch möglicherweise (nicht immer, je nach Konventionen [«Lächeln!» beim Photo] oder Normdruck [z.B. Ansichtswinkel beim Paßbild]) aus der (künstlerischen) Optik des Photographen. Die ersten und zugleich künstlerisch berühmten Porträts stammen ab Mitte des 19. Jh. aus dem Pariser Atelier des Franzosen G.-F. TOURNACHON, genannt NADAR (1820–1910) (‹Atelierphotographie›). [306]

a. CH. DARWIN (1809–1882) greift in seinem Buch ‹The Expression of emotions in Man and Animals› (London 1872) [307] auf die neue Technik zurück, um die Flüchtigkeit der mimischen Ausdrucksbewegungen darstellen und interpretieren zu können [308]; sein Anliegen dabei ist kein psychologisches, sondern ein evolutionsbiologisches, das er zu einer Vergleichenden Ausdrucksforschung ausbaut. Er erkennt die Mimik – im Gegensatz zu den gesellschaftlich konventionalisierten Gesten – als der Ausdrucksbühne aller Urerfahrungen, die wohl – außer dem Lächeln, das kulturspezifisch konnotiert bzw. verstanden wird (Europa, Japan, USA, antikes Griechen-

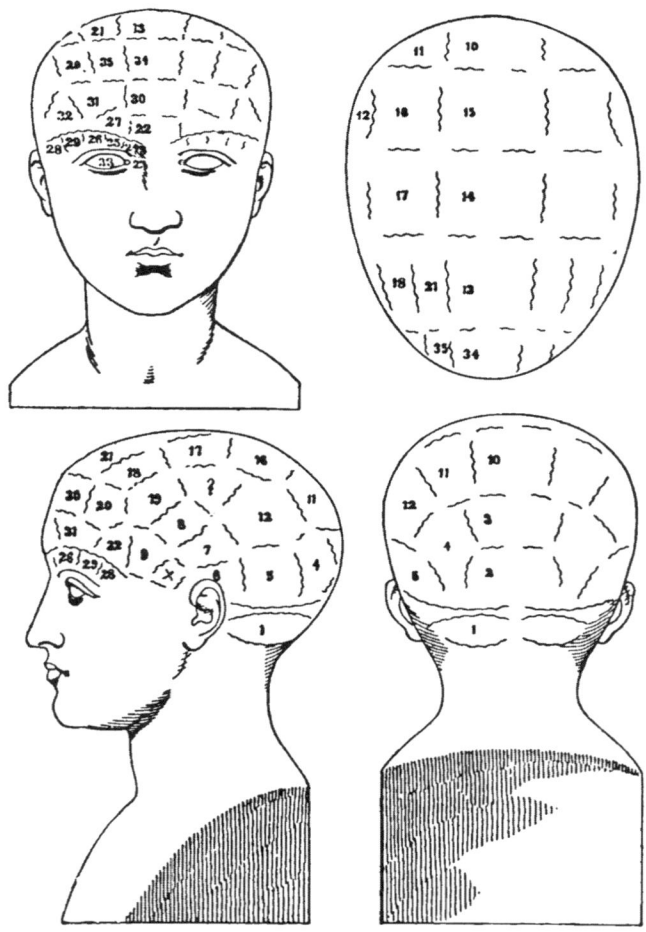

I. Niedere Sinne.

× Nutrital[1], Nahrungssinn,
1. Generatal, Sinn der Geschlechtsliebe,
2. Infantal, Sinn der Kinderliebe,
3. Conzentratal, Einheitssinn,
4. Amicatal, Sinn der Anhänglichkeit,
5. Oppositat, Kampfsinn,
6. Actital, Zerstörungssinn,
7. Secretal, Verheimlichungssinn,
8. Acquisatal, Erwerbssinn,
12. Cautal, Sinn der Vorsicht.

II. Gemütssinne.

10. Ipsotal, Sinn des Selbstgefühls,
11. Ambital, Sinn der Beifallsliebe,
15. Firmital, Sinn der Festigkeit,
16. Consciental, Sinn der Gewissenhaftigkeit,
14. Veneratal, Sinn der Verehrung,
17. Speratal, Sinn der Hoffnung,
13. Bonital, Sinn des Wohlwollens,
21. Imitatal, Sinn der Nachahmung.

18. Miraculital, Sinn für Wunderbares,
19. Idealital, Sinn für Ideales,
20. Comicatal, Sinn für Scherz.

III. Niedere Verstandessinne.

22. Realital, Gegenstandssinn,
23. Formital, Formensinn,
24. Amplital, Raum- oder Fernsinn,
25. Ponderital, Gewicht- oder Wägesinn.
26. Colorital, Farbensinn,
29. Ordital, Ordnungssinn,
28. Numeratal, Zahlensinn,
27. Locatal, Ortssinn,
30. Factital, Tatsachensinn,
31. Tempital, Zeitsinn,
32. Musicatal, Tonsinn,
9. Constructal, Kunst- oder Bausinn,
33. Verbotal, Wortsinn.

IV. Höhere Verstandessinne oder Denkkräfte.

34. Comparital, Vergleichungsvermögen,
35. Causalital, Schlußvermögen.

Abb. 18: Die 35 Gehirnorgane nach Scheve. Nach: N. Borrmann, Kunst und Physiognomik. Menschendeutung und Menschendarstellung im Abendland (1994) 156.

land) [309] – auf ein überkulturell geltendes, also angeborenes, phylogenetisch weitergegebenes Musterspektrum zurückgehen, und zwar für (i) Freude/ Glück/ Fröhlichkeit; (ii) Traurigkeit/ Trauer; (iii) Furcht/ Angst; (iv) Wut/ Zorn/ Ärger; (v) Überraschung/ Erstaunen; (vi) Ekel/ Abscheu; (vii) Verachtung. [310]

Die Photographien der Versuche des französischen Neurophysiologen G.B.A. DUCHENNE (1806–1875) (die Darwin für sein Buch verwendete) zur elektrischen Reizung von mimischen Gesichtsmuskeln (1862) [311] und deren Lokalisierung und Funktionsbestimmung zeigen die neuen wissenschaftlichen Dimensionen, die sich hier eröffnen. Es sind nun die weichen und beweglichen Teile des Körpers, die sich einer naturwissenschaftlichen Erforschung im gegenseitigen Bezug von Leib und Seele, Physis und Psyche, anbieten, nachdem die harten Körperteile so stark das physiognomische Paradigma bestimmt hatten. Der deutsche Arzt TH. PIDERIT (1826–1898) verwendet zwar keine elektrophysiologischen Experimente, analysiert aber die menschlichen Ausdrucksbewegungen in einer umfassenden psychologischen Theorie, die von einem funktionalen Zusammenspiel zwischen Ausdruck und Seelenzustand im Bereich der Mimik – deren Deutungsmuster die ‹gefrorene Mimik› ist – ausgeht; sie findet großen Anklang bei den Zeitgenossen [312].

b. Das Photo als Dokument über die Zeiten hinaus und somit den «Körper als Beweisstück» [313] nutzt am Ende des Jahrhunderts mit außerordentlicher Resonanz der italienische Kriminalanthropologe C. LOMBROSO (1835–1909), der im umfassenden Bildteil – fast 4000 Photographien von Inhaftierten – seines Atlas über den verbrecherischen Menschen [314] die bildlichen Resultate seiner statistischen Reihenuntersuchungen zur Anthropometrie des Schädels (auf der Suche nach «Anomalien») darbietet, mit dem Ziel, zusammen mit dem Gesichtsausdruck das Gesicht ‹des Verbrechers› zu finden. Auf naturwissenschaftlicher Basis sollen durch Vergleich die konstanten Eigenschaften der verbrecherischen Natur, wie sie sich (i) auf dem Gesicht, dann aber auch (ii) bei den «linkischen Bewegungen» und (iii) in der Gaunersprache und (iv) bei der Intelligenz sowie (v) bei Tätowierungen zeigt, herauspräpariert werden, natürlich um den «delinquente nato», den geborenen Verbrecher – «Die Natur des Verbrechers ist atavistisch: er reproduziert in seiner Person die ungezügelten Instinkte primitiver Vorfahren und unterentwickelter Tiere» [315] – sofort zu enttarnen und ihn entsprechend zum Wohle der Gesellschaft präventiv zu behandeln [316]. Damit sind für eine visuelle Diagnostik der Menschenseele die harten Teile des Kopfes als Ausdrucksträger wieder in Konkurrenz getreten zu dessen weichen Teilen. Der theoretische Vergleich der Porträts von 424 Kriminellen (viele Deutsche darunter) mit denen von über 300 Ersttätern relativierte allerdings die Aussagekraft der vielfältigen Merkmale, so daß Lombroso mit Lob seines Mediums – «das Hilfsmittel Photographie hilft dabei sehr» – feststellt, «daß eine enorme Entwicklung des Kinns, schütterer Bartwuchs, ein starrer Blick, kräftiger Haarwuchs die dominanten Merkmale bei Verbrechern sind. In zweiter Linie [sind] Segelohren, eine fliehende Stirn, Schielen sowie eine deformierte Nase [zu nennen].» [317]

Wenngleich von großer zeitgenössischer Wirkung, ist von Lombrosos Theorie nichts seriös Verwertbares geblieben; schon an seinem Todestag, dem 21. Oktober 1909, werden seine eigenen Kriterien und Schlußfolgerungen in einer anatomiepathologischen Untersuchung seines Kopfes umgewertet: «Entsprechend den maßgeblichen Theorien Lombrosos zeigte Cesare Lombroso die typischen Züge des Geistesgestörten und des Kriminellen» [318].

3. *Soziale Randgruppen.* Zu den Listen der Varianten (hier: von Verbrecherbildern) – «ein Bildtyp, der zwischen Skizzen- und Musterbuch oszilliert» [319] – gesellen sich auch inquisitorisch-diagnostische Bilder anderer Gruppen am Rande der Gesellschaft: so der Kranke [320] oder auch, schon bei Lavater Gegenstand des Interesses [321], der ethnisch Fremde, den z.B. die ‹National-Physionomieen› (um 1835) von J.G. SCHADOW (1764–1850), Meister des Berliner Klassizismus, charakterisieren [322]. Schadow dürfte mit seiner Arbeit den Wunsch J.G. HERDERS (1744–1803) aufgegriffen haben, der im geltenden Zeitgeist – ‹Ideen zur Philosophie der Geschichte der Menschheit› (1784–1791, 2. Teil 1785) – wünscht, daß «Jemand, der es kann, die hie und da zerstreuten treuen Gemälde der Verschiedenheit unsers Geschlechts sammelte und damit den Grund zu einer sprechenden Naturlehre und Physiognomik der Menschheit legte» [323]; es handelt sich um den Versuch, eine künstlerische Einheitsformel zu finden, auf die die Mannigfaltigkeit der menschlichen Gestalt und des Antlitzes zurückgeführt werden könnte.

4. *Karikatur.* Den umgekehrten Weg sucht die Karikatur [324], die mit möglichst sparsamen zeichnerischen Mitteln durch Reduktion auf das Wesentliche – eben das Charakteristische – die pathognomischen Emotionen, Affekte und situativen Bewegtheiten mit den physiognomischen Auffälligkeiten übertreibend darstellen will; der Mut zur Lücke und ihrer eigenen ästhetischen Wirkungskraft gegenüber dem ‹fini› – dem von der akademischen Kunstkritik des 19. Jh. geforderten detaillierten Abschluß der Zeichnung oder des Gemäldes – will gelernt sein, und hier sind ganz neue Ansprüche an die didaktische Art der Präsentation und an die Methodik, die künstlerischen Aktivitäten des Ersehens von Körperspezifika in Ruhe und (emotionaler) Bewegung zu erfüllen.

Einer der ersten ist der Genfer Zeichner R. TOEPFFER (1799–1846), mit seinen Bilderromanen Vorläufer von W. Busch und dem späteren Comic strip. In seinem ‹Essai de Physiognomonie› (1845) [325] lehrt er die subtilen Abwägungen der Wirkungen und der nuancierten zeichnerischen Wirkungsveränderungen, die sich von den moralisierenden Absichten des englischen Malers und Grafikers W. HOGARTH (1697–1764) (z.E. die moralischen Kupferstich-Serien [ab 1732 bis etwa 1758], die G.C. Lichtenberg so brilant erklärt hat [1794–1799]) absetzen; er bietet eine Schulung des kritischen Betrachtens und die Technik der Ausdrucksgestaltung des Gesichts, nicht nur für die Karikatur, sondern auch prinzipiell für die Bildergeschichte, den Vorläufer der Comics; deren Reduktion auf das Wesentliche körperlicher Wirkungsweisen, die Herausstellung des Ausdrucksstarken, die Abstraktion von Verhalten auf die konstitutiven, also maßgeblichen Züge gewährleisten in ihrer künstlerischen Klarheit eine unmittelbare Verständlichkeit für den Rezipienten. Toepffer schließt daraus, daß diese Gattung gerade wegen dieser Vorteile die Literatur eines Tages verdrängt haben werde [326] – eine Prognose, die mit der starken Bevorzugung visueller oder visualisierter Information gegenüber der verbalisierten Weise inzwischen an Plausibilität gewinnt.

Aber natürlich verhilft die Karikatur auch ohne didaktischen Anspruch, indirekt, durch ihren humorig-witzigen Anteil, dazu, den Dingen ein Gesicht oder eine Gestalt, eine Physiognomie zu verleihen oder aus ihnen eine Physiognomie herauszusehen (Abb. 19 [327]): eine Ästhetik des Komischen durch die Verfremdung des Anthropomorphismus.

5. P. in der Literaturgeschichte. Literarisch ist das 19. Jh. die Zeit des *Realismus* und – als dessen systematisierte Endphase zur Jahrhundertwende hin – des *Naturalismus*. Poetisches Ziel ist die wirklichkeitstreue Abbildung der Welt, ihrer äußeren und inneren Komponenten, also einer möglichst realitätskonformen Mimesis; die literarischen Manifeste, Romanvorworte, poetologischen Programme usw. jener Zeit betonen nachdrücklich, mit den Werken die komplexe Lebenswirklichkeit bis an die Grenzen erfassen und systematisch tief ausloten zu wollen, in – mit Balzacs Termini – «cadres» und «galéries».

a. *Literarische Anthropologie (Frankreich).* Die Dichter des Realismus/Naturalismus beobachten mit einem neu geschaffenen schriftstellerischen Sezierbesteck, nämlich der segmentierenden Körperschilderung [328], dem erzählerischen Abtasten des Körpers in ihren Romanen, das Lebendige, Dynamische, Situative der Körper ihrer Protagonisten, aber auch deren feste Teile in ihrem spekulativen – doch durch die Tradition (Lavater, Gall) beglaubigten – Aussagewert. P. und Pathognomik finden im naturalistischen Roman und Drama so zueinander, wie es in der Praxis des alltäglichen Lebensablaufs ebenfalls gegeben ist; H. DE BALZAC (1799–1850) ist hier mit seinem literarisch umgesetzten Leitspruch «âme et corps, tout se tient» [329] ein herausragender Vertreter, ebenso andere «Klassiker des französischen Romans» [330]: STENDHAL (1783–1842), V. HUGO (1802–1885) oder G. FLAUBERT (1821–1880).

Die literarische P. jener Zeit umgreift alle Register der Körpersprache (Stimme, situativer Akzent, Gestik, Mimik, Bewegungen aller Körperteile, Blicke, Lächeln, Küssen u. a.) [331] und erweitert die Zeichen des Körpers um diejenigen am Körper und um ihn herum; hierbei greift Balzac weit über Lavater oder Gall (die er hoch schätzt: «superbe Lavater» [332]) hinaus: es entsteht neben der (i) üblichen P.n des Gesichts [333] – mit phrenologischen Bezügen – und (ii) der Haltung eine (iii) P. der Kleidung [334] (die sich, als P. von geschichtlichen Sozialgruppen, auch in der Mode bzw. wohl angemessener: ‹als› Mode widerspiegelt) (‹Vestigonomik›), zudem der Möbel, des Hauses, der Örtlichkeiten (die man ‹Soziognomik› nennen könnte), eine (iv) P. der Namen, indem Beziehungen zwischen Name und Charakter oder Schicksal nahegelegt werden (‹Onomasiognomik›) [335], eine (v) P. der Vererbung, Rasse, Nationalität, des Milieus und prägender Lebensereignisse (‹genetische P.›, die besser ‹Ontognomik› heißen sollte), außerdem (vi) die ‹physionomie› einer Unterhaltung, einer Abendgesellschaft, eines Appartements, eines Ateliers, einer Aktensammung, einer Stadt (Paris) u. a. [336]; so ließe sich überhaupt die Frage stellen, ob nicht «die ‹Comédie Humaine› [Romane-Zyklus, 1829–1847, H.K.] mit ihrer Dechiffrierung von vielen tausend beobachteten oder doch beobachtbaren Indizien in gewisser Weise *corps de doctrine* dieser ‹Wissenschaft›» [337] sei. Hier schafft der Dichter eine ‹Poetik der Anthropologie›, eine ‹literarische Anthropologie› [338]; und umgekehrt mit seinen detaillierten Beschreibungen und sezierenden Analysen der Gesichter, Ähnlichkeiten mit Tieren, Körpergestalten, der Haltungen, Kleidung, Verhaltensweisen und Charaktere seiner imaginierten Romanakteure eine ‹Anthropologie der Poetik›. Gleichsam metasprachlich mit Verben wie *annoncer, exprimer, indiquer, être l'indice,* u.a. bindet Balzac sich als wissenschaftlicher Beobachter und mit seiner Literatur schriftstellerisch wirkender Belehrer seines Lesers in dessen ästhetische Rezeption ein, um das Zusammenspiel von physiognomischen Eindrucksqualitäten und daraus abzuleitenden charakterologischen Konsequenzen zu betonen und für den Verstehensprozeß – den Mitvollzug – zu steuern. [339]

b. *Die Gattung ‹Physiologie›.* Der Romancier wird zum «voyant», «anatomiste», «profond observateur de la nature humaine» [340]; vor dem Hintergrund seiner Rhetorik-Kenntnisse zu den im 19. Jh. als Schreibhilfe sehr geschätzten *loci communes* (*topos*-Lehre, Topik, als Teil der *argumentatio* zugehörig zur *inventio*-, ihrerseits zur *tractatio*-, d.h. ‹Verarbeitungs›-Lehre) [341] verfährt er nach den – spätestens seit CICERO und QUINTILIAN bekannten – Suchformeln, mit denen eine Strukturierung der Welt nach Person (*loci a persona*) und Sache (*loci a re*) mit Fundorten wie *genus, sexus, habitus corporis, aetas, educatio, disciplina* u.a. (s.u. D.IV.1.) naheliegt. Es entsteht hierfür, angeregt durch die 1826 erschienene ‹Physiologie du goût› von A. BRILLAT-SAVARIN (1755–1826) [342] – dessen Maxime «Dis-moi ce que tu manges, je te dirai ce que tu es» variantenreich tradiert ist – eine neue Gattung: die ‹Physiologie›, die das Wissen aus der Phrenologie und P. (mit der sie nicht verwechselt werden darf) mit verarbeitet. Diese essayistische und aphoristische Gattung (literarisch, aber auch zeichnerisch) beschreibt gleichsam aus der Sicht des Flaneurs die menschlichen Typen und Sitten, die öffentlichen Institutionen, die gesellschaftliche Alltagswelt ‹anatomisch› und stellt deren Funktionen ‹physiologisch› vor. [343] Bis zu ihrer Blütezeit 1840 bis 1842 [344] (zur Jahrhundertwende hin verschwunden) entstehen so allein aus Balzacs Feder Physiologien wie z.B. ‹Physiologie du mariage› (1829), ‹gastronomique› (1830), ‹de la toilette› (1830), ‹du cigare› (1831), ‹de l'adjoint› (1831), ‹de l'employ› (1841) u.a., von anderen Autoren ‹Physiologie de la Parisienne› (1841), ‹de la femme› (1842), ‹des passions› (1825) u.v.a.

Als entspannende Literatur vermittelt sie «den sittlichen Kanon des Zusammenlebens» [345] – im Typischen findet sich das Individuelle wieder, der Typ gibt den Rahmen für das Erkennen von individueller Entfaltung. [346] Darin ist sie dem Porträt, der Charakterisierung und der Karikatur verwandt; bezeichnenderweise haben Berühmtheiten wie H. DAUMIER (1808–1879) und P. GAVARNI (1804–1866) literarische Physiologien illustriert.

VIII. *20. Jh.* **1.** *Porträt.* Die künstlerische Malgattung ‹Porträt›, die in und seit der Renaissance eine wichtige Stellung im Kunstschaffen innehatte [347], verliert sich zur Bedeutungslosigkeit; die Ursachen liegen nicht allein in der Konkurrenz zu den aufkommenden anderen mimetischen Medien (Photographie, Film; s.u. 2. u. 3.). Auch die literarische Gattung ‹Porträt› findet im 20. Jh. kaum mehr Autoren und Lesepublikum. Das sind Indikatoren für eine Menschheit, die durch übermächtige Technikentwicklung (vgl. ‹Titanic›-Syndrom), durch nationalistische Vergiftung in Vorurteilen und Haß zwischen den Völkern, durch maßlose Zerstörungen in zwei Weltkriegen, durch Massentod und Vertreibung orientierungsarm, entwurzelt, identitätslos geworden ist. Das 20. Jh. ist gekennzeichnet durch die Auflösung eines Identitätsbildes. Das Porträt der Moderne zerstört die Form (Deformation, Auflösung, Antirealismus) und ent-

Nach diesen gar schönen Lustbarkeiten
Wird's Zeit zur Toilette zu schreiten.

Gern wendet Frau Doris anitzo den Blick
Auf Knopp sein Beinbekleidungsstück,
Welches ihr immer besonders gefiel
Durch Ausdruck und wechselndes Mienenspiel.

Bald schaut's so drein mit Grimm und Verdruß,

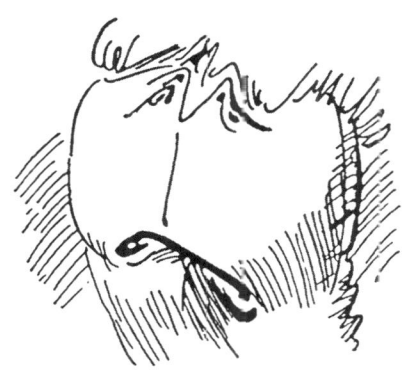

Bald voller Gram und Bekümmernus.

Bald zeigt dies edle Angesicht

Nur Stolz und kennt keinen Menschen nicht.

Aber bald schwindet der Übermut;

Es zeigt sich von Herzen sanft und gut,
Und endlich nach einer kurzen Zeit

Strahlt es in voller Vergnüglichkeit. —

Abb. 19: Wilhelm Busch, Physiognomische Hosenstudien. Nach: W. Busch, Humoristischer Hausschatz (25. Aufl. 1959) 147f.

windet so dem Betrachter den Inhalt; als solchen kann er vornehmlich künstlerischen Ausdruck von Gefühlszuständen wie Vereinsamung, Angst, Verzweiflung, Bedrängnis und Zerstörtheit wahrnehmen. Als herausragender Repräsentant ist hier der englische Maler F. BACON (1909–1992) zu nennen.[348]

2. *Photographie*. Eine Annäherung an das gemalte Porträt soll im Laufe des späten 19. Jh. und frühen 20. Jh. die Photographie an die Ausdruckskraft der Malerei heranführen und so dem technischen Medium der Optik und Chemie den Status von ‹Kunst› zu verleihen helfen. In der Tat hat die Photographie in der ersten Hälfte des 20. Jh. die Paradigmen der Malkunst für ihre darstellerischen Zwecke adaptiert (‹Neues Sehen›, ‹Neue Sachlichkeit›, ‹Bauhaus›, ‹Ideologie der Macht› [E. LENDVAI-DIRCKSEN], ‹Surrealismus› [MAN RAY], u.a.[349]), zu denen auch das tradierte Wissen um die P. gehört[350].

Innerhalb des Massenmediums ‹Photo› seit den 60er, 70er Jahren des 20. Jh. (verbreitete Kameras, billige Filme, Tourismus) gewinnt die Gattung ‹Porträt› eher einen alltäglichen, privat-dokumentarischen Stellenwert (der allerdings wiederum eine historische Ästhetik spiegelt und somit einen soziokulturellen Wert an sich [«Zeitdokument»] beanspruchen kann[351]). Die Schere zum künstlerischen Porträt, in dem der Photograph seine Sicht auf den Gegenüber und seine Vorstellungen von dem fertigen Produkt im Kontext (Hintergrund, Accessoires, Farbe, Größe, Glanz, Papier, Rahmen, usw.) verwirklicht (O. STEINERT [nach Zweitem Weltkrieg], aktuell A. NEWMAN, Y. KARSH, u.a.), ist inzwischen unüberbrückbar weit geöffnet, und hier liegt der Weg, auf dem die malende und die photographierende Porträtistik in ihren jeweiligen spezifischen Sehweisen das Individuum neu entdecken.

3. *Film*. Der Film als ‹das› Medium des 20. Jh. beginnt in den 20er Jahren als *Stummfilm*; dieser lebt geradezu von der ausdrucksvollen Signalkraft der Körpersprache (Mimik, Gestik, Gang und Körperhaltung sowie Kleidung und andere Artefakte), wobei insbesondere die physiognomischen Nahaufnahmen und die pathognomischen Bewegtheiten des Gesichts eine besondere Eindringlichkeit vermitteln.

Der ab 1930 dominierende *Tonfilm* ergänzt das Ausdrucksrepertoire um weitere nonverbale, aber vokale Mittel wie die parasprachlichen Phänomene (sprachbegleitend: Stimmqualitäten, Stimmgebungen; selbständig: wie Lachen, Seufzen, Jammern, Lippengeräusche, bedeutungsvolles Ein- oder Ausatmen u.a.)[352] und ermöglicht es so, daß das filmvermittelte Erleben physiognomischer Eindrucksqualitäten und pathognomisch ausdrucksvoller Orchestrierung des Gesichts nun an die Erlebnissituationen der Lebenswirklichkeit angenähert wird; insbesondere daran nimmt die Filmkritik ihr Maß, indem sie mimetische Kriterien anlegt (‹lebensecht gespielt›, ‹wahrhaftige Gefühle›, ‹glaubhafte Affekte› u.a.).

4. *Rassenideologie*. Photo und Film sind im ersten Drittel des 20. Jh. die neuen und als attraktiv erkannten Mittel, physiognomische Auffälligkeiten zu archivieren, zu interpretieren und – ein mentalitätsgeschichtliches Novum – für *ideologische Absichten* (Propaganda) einzusetzen: nämlich um (i) Rassenzugehörigkeiten typologisch zuzuordnen, und hieraus wiederum (ii) Schlüsse auf menschlichen und gesellschaftlichen Wert abzuleiten, um daraus (iii) die inhumane Konsequenz der Auslese, im letzten praktiziert: der Vernichtung zu ziehen.

a. *Fremdkulturalität*. (i) Fragen der ethnisch bedingten physiognomischen Besonderheiten hatten schon in den Jahrhunderten zuvor die Analytiker interessiert und zu detailliert beobachtenden Studienzeichnungen animiert: u.a. SCHADOW im Klassizismus, LAVATER zur Zeit der Aufklärung (s.o. VII.3.), die rassenkundliche – nicht rassistische – ‹Nationalphysiognomien› vorgestellt haben; ebenso CAMPER (s.o. VII.1.) im späten 18. Jh., der aus seinen Schädelprofilmessungen unterschiedliche Entwicklungsgrade und somit verschiedene Stufen der intellektuellen Fähigkeiten ableitete.[353]

Die damit naheliegende Frage nach den geistigen Anlagen der Völker und Rassen, ihrem jeweiligen ‹Ingenium›[354], stellte sich, durchaus vergleichend in der Eigen- und Fremdwahrnehmung, ebenfalls, wenngleich schon viel früher (vgl. B.II.3.c. (iii)): sie äußert sich, wie Galenos im 2. Jh. n.Chr. berichtet, «bei den Griechen in dem Erstaunen, warum denn die Philosophen gerade in Athen zu finden seien und nicht bei den Abderiten oder Skythen»[355]. Hier liegen die Anfänge für jene Überlegungen, die als *Völkerpsychologie* in der zweiten Hälfte des 19. Jh. (M. LAZARUS [1824–1903], H. STEINTHAL [1823–1899], W. WUNDT [1832–1920]) und auch schon im späten 18. Jh. als ‹Wissenschaft vom «Volksgeist»› (HERDER, HEGEL) die Zusammenhänge und Manifestationsweisen der als typisch angesehenen kollektiven Fähigkeiten einer ethnischen Gemeinschaft aufspüren.

(ii) Hinzu kommen die gemeinsam angestrebten und praktizierten Bildungsideale, außerdem die spezifischen Formen des Organisierens, Denkens und Sprechens, des Arbeitens sowie Feierns, was man heute, da der Begriff ‹Völkerpsychologie› seit der mißbräuchlichen Inanspruchnahme durch den Nationalsozialismus obsolet geworden ist, kulturwissenschaftlich neu als einen dynamischen, anthropologisch im *homo sociologicus* (‹der Mensch als Gemeinschaftswesen›) und *homo faber* (‹der Mensch als Wirkwesen›) fundierten ‹Kultur›-Begriff faßt.[356]

Demgemäß werden solche Phänomene, die sich nicht leugnen lassen, weil sie im interkulturellen Verkehr als Kulturspezifika auffallen, im Rahmen einer Interkulturalitätsforschung oder überhaupt Kultureme-Forschung (engl. *Cross Culture*) analysiert.[357] Sie macht sich zur Aufgabe, (a) Rassenvorurteile und andere Verstöße gegen fundamentale Formen zivilisierten Umgangs von einander fremden Kulturen abzubauen; (b) mögliches Konfliktpotential der Kulturenbegegnung zu erkennen, zu thematisieren und auch präventiv durch entsprechende Lehre zu verarbeiten; sowie (c) die Möglichkeiten gleicher bzw. gemeinsamer Kulturspezifika kreativ und im Sinne der Sicherung von Verständnis durch Verständigung zu nutzen. Besonders betroffene Bereiche sind (ii.1) die Interkulturelle Wirtschaftsgermanistik[358]; (ii.2) die angewandt-rhetorische Ausbildung von Managern für internationale Verhandlungen und globalisierte Handelsbeziehungen[359] (übrigens auch schon Anfang der 30er Jahre[360], der Hoch-Zeit der Wirtschaftslinguistik [E.E.J. Messing u.a.] als einer Art Vorläuferin internationaler und interkultureller Kommunikationswissenschaft[361]); (ii.3) die Tourismus-Branche mit dem Zielpunkt ‹Kulturenkontakte› (mit anspruchsvolleren Reiseführern [bzw. -reihen] im Rahmen von «Fettnäpfchen»-Prophylaxe, Konfliktvermeidung bei «KulturSchock» oder Kulturinformation bei «KulturSchlüssel»)[362].

Die soziologisch ausgerichtete Kulturwissenschaft hat Einteilungsmodelle vorgelegt, mit Völker‹physiognomieen›, die konstitutive Merkmale miteinander in charakteristischer Weise verbinden.[363]

Der ‹Kultur›-Begriff vermittelt auch zwischen den sich gegenseitig bedingenden Komponenten der ‹Identität› und der ‹Alterität› und nimmt den individual- und sozialpsychologisch nicht leugbaren Aspekt der Ethologie ernst, daß durch das ausgeprägte Revierverhalten die Angst vor dem Anderssein, dem Fremden, offenkundig phylogenetisch bedingt ist.[364]

Kommunikationspsychologisch erwächst daraus das kollektive wie das individuelle Vorurteil[365] sozialpsychologisch der Verhaltensmaßstab des Tabus[366], ethisch-moralisch der Anspruch auf Toleranz[367] als Überbrückungsverhalten zwischen Identität und Alterität.

b. *Rassenspezifika.* Der Nationalsozialismus und seine Rassenideologie haben derartige Möglichkeiten des Brückenschlags oder der Integration kategorisch ausgeschlossen und das Ideal der Reinheit und der Identitätsbildung durch Ausgrenzen propagiert. Dabei wird «Kreuzungspunkt bildsuchender Ideologiebildung [...] um 1930 in Deutschland der Kopf: das Antlitz, das Haupt»[368]; er wird Forschungsfeld öffentlicher Inspektion für eine naturgeschichtlich fundierte P. der deutschen Nationalgesichter.[369] Am Gesicht orientiert sich die Verherrlichung eines entindividualisierten, somit typisierten Menschen- (und das bedeutete: Rassen-) Ideals.

Maßgeblich wurde der sog. ‹Rassengünther›, das folgenreiche Buch des Sozialanthropologen H.F.K. GÜNTHER[370] (1891–1968), der «mit wenigen Strichen die Umrisse des schönen und gesunden Ariers im Gegensatz zu andern Völkern»[371] vorstellt und auf breite Resonanz stößt. Seine ‹Rassenkunde› konzentriert sich auf die ethnische Vielfalt des deutschsprachigen Raumes und ist anthropologisch insofern eine methodische Neuigkeit, als bis dahin entsprechendes Quellenmaterial an Kopf-Photographien noch nicht existierte; mit der nationalsozialistischen Machtübernahme wandelt sich die Anthropologie, verführt durch Günthers Buch und auf seiner Autorität fußend (1930 Professor in Jena, 1935 in Berlin), zur Rassenlehre und zur wissenschaftlichen Grundlage des Rassismus. Das Buch versammelt die «leiblichen Merkmale» der verschiedenen Rassen und weitet sich auf deren «seelischen Eigenschaften» aus. Fremdverachtung und politisch-rassistische Zielsetzungen zeigen sich in abschließenden Kapiteln zur Rassengeschichte, zur zeitgenössischen «Lage des deutschen Volkstums vom Standpunkt der Rassenkunde aus» (mit Begriffen wie ‹Entartung› und ‹Aufartung› sowie mit Ausführungen zur «Gattenwahl» und «Erbgesundheit») und in abschließenden Appellen an «Rassenpflege» und politisch durchzusetzender «Aufnordung».

Das propagierte Ideal des nordischen Typs läßt sich am ehesten in der (Porträt-)Kunst vermitteln, da sie neben der Abbildfunktion auch die Freiheit der künstlerischen (idealisierenden) Sicht für sich reklamieren kann und es sich folglich durchaus leistet, die nicht dem physiognomischen Ideal entsprechenden Zeitgenossen «aufzunorden», wie es z.B. der Maler W. WILLRICH mit seinen «gleichgeschalteten Rasseköpfen» tut.[372]

Aber auch die Physiognomie des Körpers, die edle Gestalt, der harmonische Wuchs spielen eine verstärkte Rolle für neu empfundene Konzepte und Typen bzw. Typologien von ‹Schönheit›, hier insbesondere der Frau[373], und der athletischen Kraft, hier des (arisch-idealisierten[374]) Mannes, oft reduziert zum entschlossenen Kämpfer mit martialischer Physiognomie und durchtrainiertem, stählernem Körper[375]. wozu der Sport als Leibesübung und Raum des Erlebens von Solidarität und Gemeinschaft seinen entscheidenden Anteil beiträgt.

Einem solchermaßen gearteten Schönheitskult sind die Dadaisten ein Dorn im Auge; sie hatten schon in den 20er Jahren, als Absetzung vom Expressionismus, der den ‹Neuen Menschen› propagiert hatte und in ihren Augen mit dem Ersten Weltkrieg als Heuchelei entlarvt worden war, die «Ästhetik des Häßlichen» verkündet und damit die Krise des Individuums künstlerisch gebrandmarkt. Das Bild des Berliner Dadaisten G. GROSZ (1893–1959) ‹Schönheit, dich will ich preisen› (1922/23) aus der Grafikserie ‹Ecce Homo› zeichnet gerade mit physiognomischen Mitteln eine ätzende Anklage an die Gesellschaft und eine Entlarvung der scheinheiligen Moral der Weimarer Republik: es zeigt «verquollene oder kantige Gesichter, macht aus der Nase einen aufgebogenen Haken und aus den Ohren abstehende Zipfel»[376].

c. *P. im zeitgenössischen Wissenschaftskontext.* Das wissenschaftliche Umfeld läßt, wenn auch nicht derart ideologisiert oder politisiert, die in der Mentalitätsgeschichte festgefügten Beziehungen zwischen Körper und Charakter, zwischen Äußerem und Veranlagung, zwischen Körpersignalen und individueller wie auch sozialer Identität (hier nun aber bestimmt als: rassischer Zugehörigkeit) nochmals deutlich aufkommen: Für den Zeitgeist prägend wirken sich hier Bücher aus wie die ‹Charakterbilder der Rassen› von F. MÄRKER (1934) oder die ‹Deutsche Physiognomik› des Psychologen und Politikers W. HELLPACH (1942) oder auch die ‹Physiognomik und Völkergeschichte› von J. WOLF (1935) mit ihrem breiten, in die Kunstgeschichte ausgreifenden Ansatz. Überhaupt werden in der diffusen Gemengelage zwischen Körper, Physiognomie, Charakter und Rasse die Grenzen der Disziplinen verwischt und neue Bereiche der wissenschaftlich offerierten Spekulation erschlossen:

(i) Der Philosoph und Psychologe L. KLAGES (1872–1956) z.B. «entwarf eine Physiognomik am Beispiel der bisher eher subkulturell verwalteten Graphologie»[377] (für die er ein grundlegendes System erarbeitete). (ii) Der deutsche Arzt und Schriftsteller M. PICARD (1888–1965) beschäftigt sich in einer Mischung von physiognomischen Kategorien aus der abendländischen Tradition, christlichem Pathos von der Gottesebenbildlichkeit des Gesichts und Kriterien wertender Kunstbetrachtung mit dem ‹Menschengesicht› (1929)[378]. (iii) Und der Psychiater E. KRETSCHMER (1888–1964) läßt die Humorallehre der Antike in seinem Werk ‹Körperbau und Charakter› (1921)[379] wieder auferstehen. Seine bis heute bekannte typologische Einteilung der Körperbautypen in drei «Konstitutionen» (oder letztlich: Körper‹physiognomieen›) – den ‹sportlich-kräftigen Athletiker›, den ‹schlanken Astheniker›, den ‹rundlich-gedrungenen Pykniker› – setzt er in Bezug zu Charaktermerkmalen und körperlichen wie psychischen Krankheiten.[380]

Die Konstitutionenlehre weist (als plagiatorisch gebrandmarkte[381]) Verbindungen auf zu der Naturell-Lehre von C. HUTER (1861–1912), die als «Psycho-Physiognomik» allerdings auf nicht so breite Resonanz stieß, wenngleich Huter auch eine «volkstümliche Darstellung» (^{4}1930) vorlegte und 1948 durch A. Kupfer eine zeitbezogene Aktualität erhielt, indem dieser, auf Huters Buch ‹Menschenkenntnis› (^{1}1904–1906; Zürich

1992)[382] fußend, schon auf dem Titelblatt behauptet (und im Buch zu belegen sucht): «Die Ereignisse nach dem Kriegsende von 1945 haben die Berechnungen und Beurteilungen nach Körper-, Kopf- und Gesichtsformen [von Nazi-Größen; H.K.] als richtig erwiesen».[383] Auch nach dem Zweiten Weltkrieg wird die P. angeboten als Hilfsmittel der Früherkennung politisch-ideologischer Verführer und verbrecherischer Führungspersönlichkeiten oder sie dient einer Argumentation, die das Geschehen aus physiognomischer Sicht plausibel erscheinen läßt. In diesem geistigen Umfeld sind fast zeitgleich zwei Publikationen zu Adolf Hitlers Gesicht und der P. im Dritten Reich erschienen: (i) von F. Aerni, der die Fähigkeiten der P. in der Tradition Huters deutlich befürwortet und interpretativ wie auch prognostisch einsetzt; und (ii) von C. Schmölders, die mit Stimmen der Freunde und Feinde Hitlers zu einem Deutungsspektrum vom Erlöser bis zum maßlosen Mörder eine eher ablehnende Haltung einnimmt[384].

In Zürich bietet bis heute die Carl-Huter-Akademie Ausbildungskurse zum «Psychophysiognom» in der Tradition von Huters Lehren sowie einschlägige Publikationen im Carl-Huter-Verlag (Waldshut-Tiengen) und auch eine eigene Zeitschrift ‹physiognomie und charakter› (21. Jahrgang 2002; 10mal jährlich; Redaktion F. Aerni, Zürich) an.

In Kretschmers weit über die Grenzen Europas hinaus bekannt gewordener Typenlehre sind von besonderem Interesse die Mischformen, zu denen eigene charakterologische Aussagen (‹unausgeglichene Körperformen bringen auch unausgeglichene seelische Zustände mit sich›) gehören. In seinem Buch ‹Geniale Menschen› (1929, ⁴1948) weist Kretschmer «zum Verdruß nationalsozialistischer Rasseideologen» nach, «daß das Genie keineswegs ein Produkt reiner Rasse ist, sondern vielmehr der ›richtigen Mischung‹ bedarf», und im deutschsprachigen Raum folglich verdichtet gerade «dort zu finden ist, wo zwei verschiedene, sich ergänzende Völkerschaften mit ihren Kulturen aufeinander gestoßen waren und sich in der Folgezeit gegenseitig befruchtet hatten»[385].

d. *P. und Rassenforschung.* Das Verhältnis von P. und Rassenideologie zu bestimmen, kann vor dem Hintergrund der Mentalitätsgeschichte der P. keine einseitige Schuldzuweisung an die P. bedeuten; andererseits bereitet sie sicherlich den Nährboden für Ansichten und Interpretationen des fremden Körpers, die Anlaß geben könnten, Vorurteile aufzubauen und menschenfeindliche oder -verachtende Schlüsse zu ziehen.[386] M. PICARD hatte sich und seine Disziplin in seiner Schrift ‹Die Grenzen der Physiognomik› (1937)[387] bereits klärend von einseitigen Inanspruchnahmen der P. durch die Rassenkunde abgesetzt.

Einige grundsätzliche Positionen seien hier stichwortartig, ohne Anspruch auf Vollständigkeit oder Einzelnuancen, gegenübergestellt[388] (Schema 3).

IX. *Aktuelle Situation der P.* ‹P.› wird in der zweiten Hälfte des 20. Jh. mit wissenschaftlich methodischem Instrumentarium und mit dieser Bezeichnung nicht mehr betrieben, hat sich als wissenschaftliche Disziplin also nicht etablieren können (s.o. B.III.3.). Nach dem Zweiten Weltkrieg werden zwar noch einige Werke von R. KASSNER, L. KLAGES, E. KRETSCHMER, PH. LERSCH oder M. PICARD wiederaufgelegt, aber inzwischen ist das wissenschaftliche Interesse zurückgegangen, wie auch generell der Zuspruch zur phänomenologischen Psychologie und somit auch zur Ausdruckspsychologie[390], deren

Physiognomik	Rassenkunde/ -ideologie
• das Individuum wird gedeutet; neben Anleitung zur Beurteilung auch Aufforderung zur Menschenkenntnis (sich selbst und andere)	• eine Gruppe oder ein ganzes Volk wird gedeutet; schlimmstenfalls wird der einzelne dadurch abgewertet
• Ph. des Menschen ist dem Wandel unterworfen	• Zugehörigkeit des einzelnen Menschen wird biologisch festgelegt, ist folglich unveränderlich
• sucht das Verbindende (alles ist mit allem verwoben)	• betont das Trennende
• spirituelles Weltbild [389]	• materialistisches Weltbild
• Schönheit ist Ausdruck des Guten	• Schönheit ist Produkt der Züchtung oder der Zugehörigkeit zu einer entsprechenden Rasse
• spekulativ auf das Subjekt zielend	• politisch auf die (Volks-)Gemeinschaft zielend

Schema 3

«Bild [...] gegenwärtig wohl mehr als das anderer psychologischer Disziplinen ‹von der Parteien Gunst und Haß verwirrt› [ist]», wie es der Fachvertreter R. Kirchhoff[391] Mitte des 20. Jh. formuliert[392]. Zur Zeit, ab etwa den 80er Jahren, verbreitet sie sich eher in populärwissenschaftlichen Werken:

Hier werden (i) auf einem offenbar für laienbezogene ‹Sach›-Bücher empfänglichen Markt (ii) von werbewirksam und autoritätsfordernd im Buch als Sachkenner apostrophierten Autoren (Name mit akademischen Titeln, Untertitel mit Hinweis auf langjährige Experterfahrung, Aufzählung weiterer Bücher zum Thema aus der Feder des Autors, u.a.) (iii) in Umfang und Format handliche Bücher (iv) mit einschlägigen Themen zu Charakter, Temperamenten, Konstitutionstypen, Körpermerkmalen und ihrer ‹Bedeutung›, zu körpersprachlichen Verhaltensweisen, zu Gesicht und Physiognomie, und generell zur (oft ausdrücklich im Titel erwähnten) Menschenkenntnis[393] geschrieben, und (v) die zum Teil hohen Auflagen bezeugen breites Leserinteresse. Aber (vi) die buchhändlerischen Kontexte finden sich eher im Kaufhaus und in Buchclubs; (vii) die Verlage sind Massenproduzenten der Vergang- und Wegwerfliteratur; (viii) die Reihen, in denen solche Werke erscheinen, signalisieren Hermetismus, Esoterik, Okkultismus, oder Lebenshilfe und Normalverbraucher-Psychologie.

C. *Einzelaspekte der P. in der Moderne.* Komponenten der P. sind aufgegangen in der Angewandten, und hier insbesondere in der Experimentellen Psychologie, die ihrerseits die angeblichen oder auch selbstkritisch bemerkten Defizite an Empirie – gerade in der phänomenologischen Psychologie (und mit ihr der Ausdruckspsychologie) – wettmacht.

I. *Gesichtshälften.* Der Janus-Kopf – die Profilansicht nach links (ursprünglich römisch mit voll geöffnetem Auge und deutlich geöffnetem Mund) und nach rechts (ursprünglich römisch mit verschlossener Mundpartie) (diese Seiten-Differenzierungen sind später, bis ins 19. Jh., nicht mehr beachtet worden) des römischen Gottes der Tordurchgänge (lat. *ianuae*) – ist im Laufe allegorischer Tradition zum Sinnbild der Doppeldeutigkeit des menschlichen Gesichts geworden; erst in den 60er Jahren des 20. Jh. läßt sich aber der Nachweis dafür erbringen, daß jeder Erwachsene zwei unterschiedliche (längsgeteilte) Gesichtshälften hat: die ‹Ungleichmäßigkeit› oder *Asymmetrie* des Gesichts. In Zusammenarbeit von Neurophysiologie und postoperativer Hirnanalyse sind die biologischen Zusammenhänge erkannt worden, daß (i) die *linke Gesichtshälfte* durch den Gebrauch der mehr gefühlsorientierten, ganzheitlich, ‹synthetisch› denkenden, für die nichtverbalen Informationen zuständigen rechten Gehirnhälfte entsteht und bestimmt wird, und daß (ii) die *rechte Gesichtshälfte* abhängig ist von der stärker logisch-analytisch ausgelegten linken Gehirnhälfte, in der die verbalen, analytischen, rationalen Fähigkeiten angelegt sind.

Aus dieser prinzipiellen Erkenntnis entwickelt in den 80er Jahren der Heilpraktiker W. H. D. PALDIS den sog. ‹Paldis-Spiegel›, der, auf frontale Porträtbilder längs über die Nase aufrecht gestellt, die jeweilige Hälfte verdoppelt und so ganzheitliche Hälfte-Bilder vermittelt; sie sind dann mit einem bestimmten Kriterienwerk zu interpretieren, denn «‹halbe› Gesichter, dies wurde in zahlreichen Tests bewiesen, können wir nicht ‹lesen›» [394]. Mit diesem «Spiegel der Seele» werden nach Paldis und anderen Physiognomikern «geheimste, tiefverborgene Wesensmerkmale [...] [der] Persönlichkeit sichtbar»: «ihre Willensziele und ihre Wünsche, ihre Hoffnungen und ihr Hassen, ihre Glücks- und ihre Leidensmomente» treten «offen zutage». [395] Natürlich wird dazu auch kritische Distanz angemeldet, die darauf hinweist, daß der Mensch «sich nicht spalten» läßt [396].

Wie different man aus zwei Eindruckshälften zusammengesetzt ist, machen entsprechende Photomontagen deutlich, die aus dem natürlichen Ganzgesicht zwei (dann stark differierende) Hälfte-Ganzgesichter (das sog. ‹Rechtsgesicht› und das ‹Linksgesicht›) ableiten [397]; diese Konstrukte wirken auf den Normalbetrachter interessanterweise befremdlich, wohl weil sie unseren asymmetrischen Sehgewohnheiten nicht entsprechen, und rufen dann natürlich auch den Begriff der ‹Ebenmäßigkeit› als ein Schönheitsideal in neuer Bedeutung und mit neuem Anspruch auf. Für die Physiognomiker sind sie jedenfalls Anlaß, die (angeblich) in den ganzheitlichen Hälfte-Bildern isolierten Merkmale zu benennen und zu interpretieren und sie als widerstreitende oder sich ergänzende Komponenten des natürlichen Ganzgesichts aufzufassen; daraus werden dann charakterologische Schlüsse auf den Menschen mit diesem Gesicht gezogen: «Jedes Gesicht ‹verrät› im Grunde den Menschen, der dahinter steckt, ‹gibt ihn preis› [...].» [398] «Zerlegte Gesichter enthüllen den Menschen» [399], und intuitiv praktiziert man selbst diese Längsteilung, wenn man nämlich für ein Photo im Halbprofil seine selbstempfundene «bessere Seite» [400] ‹vor›zeigt. Auch statistische Reihenuntersuchungen zu Rechts- und Linkshälfte-Ganzgesichtern belegen den Eindruck, daß die Hälften eigenständige Signale und Ausdrucksqualitäten mitteilen, die im normalen Ganzgesicht sich gegenseitig ergänzen: die rechte Gesichtshälfte erscheint demnach im allgemeinen «bevorzugt entwickelt, ausgeprägter, ausdrucksreicher und männlicher», «während die linke ausdrucksärmer, weicher und weiblicher anmutet». [401] Neben der oben erwähnten möglichen Erklärung als hirnneurologische funktionale Differenzierung spiegelt sich vielleicht auf diese Weise auch die bisexuelle hormonelle Anlage jedes Menschen physiognomisch wider.

Auch die Maler der Renaissance und die bildenden Künstler, denen die Denktradition der P. durchaus präsent war, müssen sich bei der Wahl der Perspektive und Seitenansicht für das Porträt ihres Auftraggebers nach derartigen Regeln gerichtet haben; aber auch generell ist zu beobachten, daß die vielfach bevorzugte Ansicht für weibliche Gestalten (darunter z.B. gut dokumentierbar die Madonnenbildnisse) von der linken, für männliche dagegen von der rechten Seite gewählt wurde. Es ist immerhin verwunderlich, daß nur in zwei Kunstspannen, nämlich in der Antike und in der Zeit von der Renaissance bis vor die Moderne, der Mensch realistisch und nach Wirkungsgesetzen, die von der menschlichen Wahrnehmung bestimmt sind, gemalt worden ist. [402]

II. *Gesichtswahrnehmung.* **1.** *Psychologie des Sehens.* **a.** *Neuropsychologische Aspekte.* Die Lesbarkeit, besser: Ablesbarkeit, oder ohne den interpretativen Beiton: die Wahrnehmung des Gesichts ist eine Leistung, die phylogenetisch angelegt ist und ontogenetisch, und zwar in der jeweiligen Altersentwicklung des Einzelmenschen, «ersehen» wird, als Aufbau von Kompetenz.

Wie jüngste Experimente (unter der Leitung von O. Pascalis an der Universität Sheffield, GB [403]) belegen, haben im Gegensatz zu Erwachsenen und auch neun Monate alten Babys sechs Monate alte Säuglinge keine Schwierigkeiten, das Antlitz verschiedener Affen voneinander zu unterscheiden. Da der Mensch neuen Reizen mehr und längere Aufmerksamkeit widmet als Altbekanntem, ist die Intensität des Betrachtens ein Indiz für differentielles Wahrnehmen, für Bemerken von Unterschieden. Mit der Ontogenese verlieren sich die komplexen, universalen All-Angebotsfähigkeiten des Gehirns (eben auch Affengesichter auseinanderzuhalten) und spezialisieren sich durch wiederholte Stimulierung und somit Verstärkung von Zellverbänden auf die Wiedererkennbarkeit von menschlichen Gesichtern, insbes. derer im unmittelbaren Lebensumfeld. So fällt auch dem Erwachsenen die Wiedererkennung von Gesichtern aus seiner eigenen Kultur(engemeinschaft) wesentlich leichter als aus fremden Kulturen; Europäer z.B. haben Probleme, etwa schwarzafrikanische oder asiatische Gesichter differentiell zu behalten, qualifiziert wiederzugeben (z.B. bei Zeugenbefragung) und überhaupt wiederzuerkennen.

Der Prozeß des Zugewinns durch Abwahl bzw. Deaktivierung von Möglichkeiten im Hirn verläuft im übrigen analog zur Spracherlernung: Nach einer Phase der breiten Disposition für die phonetisch-phonologischen Belange jeder Sprache verengen sich beim Kind die Hörkompetenzen und Artikulationsmöglichkeiten auf jene Laute, die von ‹muttersprachlicher Relevanz› sind: es erlernt materiell das Sprechen der Muttersprache. [404]

b. *Kognitionspsychologische Aspekte.* Der visuellen Wahrnehmung steht schon beim neugeborenen Kind eine dann später nur durch Kultureinflüsse veränderbare Fähigkeit zur Seite, nämlich die «angeborenen Auslösemechanismen»; bei bestimmten Reizen oder Reizkonfigurationen werden spezifische Reaktionen aktiviert (z.B. ‹instinktive Bewegung› zum Schutz o.a.) [405]; im Sozialverhalten zeigt sich dies schon bei Säuglingen (Experimente mit Durchschnittsalter 36 Stunden, außerdem in den ersten 72 Stunden nach der Geburt, auch 12 bis 21 Tage alt) in einer Art Imitation (i) von Gesichtsbewegungen des (erwachsenen) Vorbildes (Mund öffnen, Zunge herausstrecken, Lippen vorstrecken u.a.) sowie (ii) von Gesichtsausdrücken (Erstaunen [geöffneter Mund], Schmollen [vorgestreckte Lippen], Freude [lächelnd geöffnete und geweitete Lippen]), auf die – mit Ausnahmen – die Säuglinge mit gleichen Gesichtsausdrücken antworten. Sie sind also fähig, «das Vorbild [...] im eigenen Verhalten zu kopieren, und zwar vor individueller Erfahrung». [406]

Ebenso noch vor dem bewußten Erfahren von Umwelt und dem Lernen hat das Gesicht als signifikante Signalbühne – selbst in dem erstarrten Zustand eines Bildes – einen Erkenntniswert inne: Säuglinge, wenige Tage nach der Geburt, verwenden bei zwei Testmustern, die auf die Zimmerdecke über dem Bett projiziert werden, deutlich mehr Zeit der Aufmerksamkeit auf die Darstellung eines menschlichen Gesichts als auf die Konkurrenzfigur, bei der die einzelnen Gesichtsteile willkürlich über die Fläche verteilt sind [407], (Abb. 20 [408]): das Gesicht ist für sie bereits in dieser frühen Entwicklungsphase eine sinnvolle Einheit. Es sind also ganzheitliche – nicht z.B. ästhetische – Strukturen, die die Wahrnehmung des Gesichts in der Gemeinschaft seiner P. und Pathognomik bestimmen.

Die so geleitete Wahrnehmung verläuft, wie die Hirnphysiologie in Zusammenarbeit mit der Kognitionsforschung erkannt hat [409], nach den Prinzipien der Gestalttheorie, die der Ausdruckspsychologe und Sprachtheoretiker K. Bühler allgemein für Zeichen und ihre kognitive Erkennung feststellt: (i) «abstraktive Relevanz», d.h. Reduktion der Vielfalt auf konstitutive Züge, und (ii) «apperzeptive Ergänzung», d.h. verstehende Auffüllung der Züge zu einem sinnvollen Ganzen. [410] Die aufgezeichneten Augenbewegungen beim Betrachten eines komplexen Bildes – bei A.R. Luria: eines Mädchenbildes (Abb. 21 [411]) – belegen anhand von Spurfolgen und ihren Verdichtungen, daß intensives und reichvernetztes Sehen an den kommunikativen Stellen des Gesichts verweilt – (i) den Augen und ihrem Bezug zueinander, sowie (ii) dem Mund – und den Rest des Gesichts apperzeptiv ergänzt.

2. *Lebenspraxis des Sehens.* **a.** *Alter und Lebenslast.* Neben der Sexus-Zugehörigkeit ist das Alter vom Gesicht ablesbar; Physiognomie und Pathognomie bieten die ersten Einschätzungsmöglichkeiten für eine ungefähre Altersklassifizierung (erst dann folgen die Gesamthaltung, der Gang, die Bewegungsabläufe, die Kleidung und Hilfsmittel [wie Gehstock]). Solche körperbezogenen Wahrnehmungen zur Beurteilung des Alters werden allmählich im Laufe des Umgangs mit den Mitmenschen

 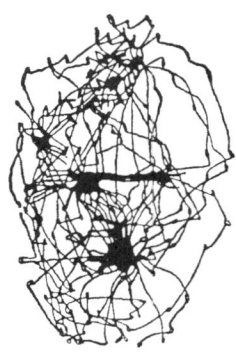

Abb. 21: Augenbewegungen bei der Wahrnehmung eines Gesichts. Nach: A.R. Luria, The Working Brain. An Introduction to Neuropsychology (1973) 122. © Penguin Books Ltd., Harmondsworth, Middlesex, England.

als Ersehenskompetenz [412] aufgebaut (man weiß, daß Kinder nicht fähig sind, Alter richtig einzuschätzen). Das ist schließlich derart verfestigt, daß sich die allseits hinwendende und möglichst transparente Werbung ohne weiteres dieser Signale bedienen kann (Abb. 22 [413], in diesem Beispiel übrigens noch verstärkt durch die ‹chronologisierende› Reihung von links nach rechts). Zwar hat die Haut und ihre Konsistenz (Runzeln, Falten, usw.) eine zentrale Indikatorfunktion inne, aber unbestritten ist, daß der Lebensweg und die persönlichen Erfahrungen sich physiognomisch abzeichnen, als Habitualisierung pathognomisch nachhaltig auftretender Zustände (s.o. B.II.3.d.): Der Glanz der Augen, die Ausdrucksgemeinschaft von Augenbrauen, Augen, Augenlidern, oberer Wangenpartie; der Mund und seine physiologische Ausprägung unspezifisch, aber prägnant von den psychischen Herausforderungen oder Schenkungen des Lebensweges. Die bildenden Künstler, speziell die Maler, in der Renaissance hatten – s.o. B.IV.4.d. Punkt (i'') – den gealterten Menschen als Bildmotiv entdeckt und schonungslos, also nicht idealisierend, in all seiner ‹vom Leben gezeichneten› P. dargestellt; der Florentiner D. Ghirlandaio (1449–1494), vom detailgetreuen Naturalismus der zeitgenössischen flämischen Malerei durch den regen Geschäftsverkehr zwischen Florenz und den Niederlanden beeinflußt [414], dürfte mit seinem Kontrastbild der Lebensalter ‹Alter Mann mit einem kleinen Jungen› (um 1490) [415] einen Impuls für den neuen Realismus geboten haben; Dürer wird ihn mit dem Bildnis seiner Mutter (1514) nördlich der Alpen aufnehmen und vertreten (s.o. B.IV.4.d.). Die wirklichkeitsgetreue Gemeinschaft von Physiognomie und Pathognomie verschafft eine neue Lesbarkeit des dargestellten Gesichts für den Betrachter; er wird nämlich eingeladen, sich in den bisherigen Lebensweg des Gemalten hineinzuversetzen und die pathognomischen Züge zu interpretieren, und sich so, in gleichsam moralistischer Rückbindung, auch über sein eigenes Leben Gedanken zu machen, sich sogar, derart angeregt, Rechenschaft über sich selbst abzulegen. Die Physiognomiker ihrerseits haben insbesondere ab der Hoch-Zeit im 18. Jh. die Jugend und das Alter berücksichtigt und gerade auch – weil natürlich viel mehr aus ihnen herausgelesen werden kann – Altersphysiognomien erstellt und beurteilt. [416]

Es wird dann ab Mitte des 19. Jh. die Photographie sein, die eine unbestechliche Gegenüberstellung der

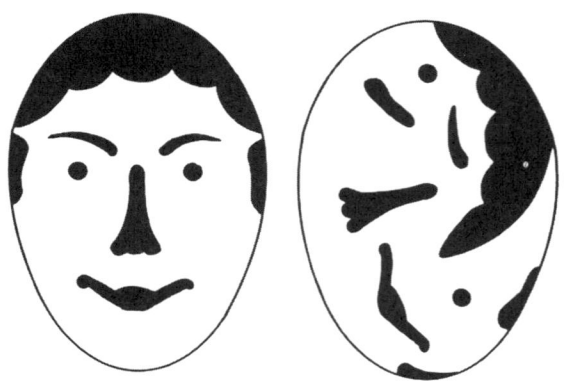

Abb. 20: Ganzheitliche Wahrnehmung des Gesichts. Nach: R.M. Restak, Geist, Gehirn und Psyche. Psychobiologie: Die letzte Herausforderung (1981).

Abb. 22: Physiognomie der Lebensalter in der Werbung. Werbeanzeige der Sparkassen (Ausschnitt). Nach: Stern 9 (2002) 217.

Lebensspanne zwischen Jugend- und Altersgesicht ermöglicht, und in dieser spezifischen Vergleichsform – wie sie im privaten Rahmen immer wieder vorkommt – dazu anregen, die physiognomischen und pathognomischen Indizien «des kindlichen, unreifen Knabengesichtes und des im Schmelzofen des Lebens geläuterten Mannesantlitzes» [417] als Indikatoren des Lebensweges zu interpretieren.

Über das private Interesse hinaus ist die öffentliche Aufmerksamkeit bis in die jüngste Zeit ungebrochen: So hat, mit physiognomisch-pathognomischer Argumentation, die Reportage von C. Newman (Text) und S. McCurry (Photos) [418] über ein afghanisches Mädchen außerordentliches Aufsehen erregt, das vor 17 Jahren (1984) als Flüchtlingskind im Porträt photographiert worden war und nun wiederaufgefunden wurde; der stupende Ausdruckskontrast beider Porträtphotos (Abb. 23a/b [419]) ist als «ein Symbol für die Schrecken in diesem von ewigem Kampf gezeichneten Land» Thema einer eigenen Reportage ihres im Gesicht abgezeichneten Leidensweges, «aber ihre Augen haben noch immer diesen bohrenden Blick», «sie sind noch genauso wie damals» [420], zumal über forensische Analysen von Irismustern und Gesichtszügen (d.h. ‹Physiognomie›) unzweifelhaft feststeht, daß es sich um dieselbe Frau handelt; auf diesen Blick reagieren die Leser und erweitern ihr Interesse am Menschen und seinem Einzelschicksal auf die Geschehnisse vor Ort im Land.

b. *Tod.* Auch der Tod ist von physiognomischem Interesse: Totenmasken und Interpretationen des «letzten Antlitzes» bieten die unabänderlich gewordene Habitualisierung pathognomischer Abläufe oder Zustände. Lebendbild und Totenmaske lassen sich auf der Suche nach dem letzten Geheimnis kontrastieren [421]. Gleichwohl ermöglichen es (i) die Totenmasken [422] wie auch (ii) die Porträts bzw. Zeichnungen oder auch Photographien von Verstorbenen [423], den statischen Ausdruck des Toten unter individualpsychologischen Aspekten zu studieren und so zu deuten, daß man zu Generalisierungen gelangt, die ‹das Menschliche› im Gesicht erfassen können. Zudem mahnen sie über ihre individuelle Funktion als direkt persönliche Erinnerung hinaus in einer modernen Gesellschaft, die dem Jugendkult anhängt und das Alter und das Sterben aus dem kollektiven Gedächtnis und der sozialen Beachtung verdrängt, an Formen des sensibilisierten Umgangs mit dem Tabu ‹Tod› und ‹Toter›. Sie knüpfen darin an die uralten Traditionen der Sepulkralkultur, die in ihren jeweiligen Spezifiken zu den wichtigsten und stabilsten Identifikationsformen von Kulturgemeinschaften gehört.

3. *Poetik des Sehens.* Kulturanthropologisch – und literaturästhetisch verarbeitet – ist die *Wiedererkennung* nicht

Abb. 23a/b: Physiognomie und Schicksal: Eine Afghanin. Nach: C. Newman/St. McCurry, 17 Jahre danach. National Geographic Germany (April 2002) 42 f.

nur an das Gesicht gebunden, die *anagnórisis* bezieht auch andere signifikante Teile des Menschen ein, die zu seiner Identifikation dienen (s.o. B.VI.6., Ende). ARISTOTELES bestimmt das ‹Wiedererkennen› (durch Erkennen von Irrtum [ἁμαρτία, hamartía], d.i. «Umschlag [μεταβολή, metabolé] von Unkenntnis in Kenntnis») neben ‹Glückswechsel› (auf Handlungsebene: Peripetie; auf Erkenntnisebene: Anagnorisis) und ‹Leiden› (πάθος, páthos) als den dritten möglichen Grundzug der Tragödie (Konflikte) oder – beliebter – der Komödie (Situationskomik durch Verwechslungen); die Wiedererkennung betrifft zwar auch Gegenstände oder Taten, sie bezieht sich aber vorzugsweise auf Personen, was «am besten zur Fabel [μῦθος, mýthos] und zur Handlung [πρᾶξις, práxis] paßt». [424]

4. *Pragmatik des Sehens.* In der *biometrischen Informationstechnologie* (vgl.o. B.VI.6.) gehört die vermessende Gesichtserkennung neben der Daktyloskopie (Fingerprint, Fingerabdruckverfahren) mit ca. 40 biologischen Attributen an der Fingerkuppe, die als polizeilich-erkennungsdienstliches Mittel von dem britischen Naturforscher und Begründer der Eugenik Sir F. GALTON (1822–1911) erfunden und eingeführt worden ist, zu den technisch ausgefeiltesten und folglich mit am häufigsten eingesetzten Mitteln der Identifizierung. Außerdem werden zur Authentifizierung (Bezeugung der Echtheit der Identität einer Person durch Identifikation [Feststellung der Identität] oder Verifikation [Bestätigung der Identität]) noch Iris-Erkennung (266 biologische Attribute, mit dem Anspruch, aktuell die sicherste biometrische Methode zu sein), Retina-Prüfung (Netzhaut; geprüft wird aber die dahinter liegende Aderhaut [Chorioidea] mit ihren Blutgefäßen und Aderverläufen), Handvermessung (Handgeometrie; zwei-, auch dreidimensionale Erfassung, aufwendige Sensorik, nur angewendet bei Zutrittssicherung), Unterschrift(sabgleichung) (neben Messung von Länge, Breite und Winkel der Schrift eigens dabei: Überprüfung der Anschlagsdynamik, Druckverlauf, Schreibgeschwindigkeit), Spracherkennung/Stimmdekodierung (hauptsächlich zur Verifikation), Ohrvermessung (Ohrgeometrie; noch nicht ausgereift), Gefäßmustererkennung (Thermogramm; Prüfung charakteristischer Venenverläufe auf Handrücken, Handgelenk oder im Gesicht; noch nicht ausgereift), Körperduftprüfung (noch nicht ausgereift) eingesetzt. [425] Die im Umfeld der biometrischen Überwachungssysteme erwachsenden datenschutzrechtlichen Probleme des transparenten, ‹gläsernen› Menschen und der mißbräuchlichen Verwendung der Daten verdeutlichen einmal mehr das soziale, juristische und ethische Dilemma des Widerstreits zwischen der Individualfreiheit und dem optimalen sozialen Schutzbedürfnis (wie es insbesondere seit den Anschlägen am 11. September 2001 vehement in der Öffentlichkeit diskutiert wird) und erinnert daran, daß auch im Zeitalter verfeinerter technischer Machbarkeit die Herausforderungen an Wahrheitssuche und Vorauserkennen, der Wunsch nach Sicherheit vor den Gedanken und Ideen ‹hinter der Stirn›, die Aufdeckung von Lüge und das Streben nach Entlarvung geblieben sind: Mißtrauen, sei es berechtigt, sei es unberechtigt, sowie der Trieb zum Selbstschutz haben wieder das Gesicht als sicheres Indiz der Identität finden lassen. Die moderne Technik, die zur Sicherung von einwandfreiem Funktionieren internationale Standards anstrebt, stellt sich hier in die Tradition zu den technischen Möglichkeiten der früheren Zeiten (s.o. B.I.).

5. *Irritation des Sehens.* Das Sehen eines natürlichen Gesichts fängt höchstens im Rahmen physiognomischer Attraktivität oder sonstiger Auffälligkeit ein besonderes Interesse ein; irritiert – lat. *irritatio* ‹Erregung, Reizung, Anreizung› – wird man, wenn der Wahrnehmungsvorgang gestört, aufgeschreckt ist durch Normverstoß, durch ein Sehen wider die Erwartung: das Gesicht ist ‹unnatürlich›.

a. *Das entstellte Gesicht.* Krankheiten (wie Lepra) im Gesicht oder Kriegsverletzungen (Schußwunden im Gesicht, fehlende Gesichtsteile) erschrecken aufs Tiefste, bis hin zu nicht kontrollierbaren Abwehrreaktionen; die Macht der Üblichkeit des Sehens wird hier offenkundig. Abweichungen vom Erwartbaren werden als bedrohlich Fremdartiges interpretiert, und gerade die beschädigte Physiognomie des Gesichts bringt es mit sich, die normale hohe Kommunikativität dann gegenteilig hineinzuinterpretieren: Verweigerung, Entsetzen, Meidung sind die inhumanen Folgen, die nur über ethisch-moralische und religiöse Maßstäbe gemildert oder – wie bei der tätigen Hilfe – überbrückt werden können.

Gerade weil die Wiedererkennung des Normalen das Gesicht als den sozial relevantesten Ort der Kommunikation (s.o. A.II.2; u. C.IV.) immer wieder bestätigt, kann gerade diese Funktion dort dann auch absichtlich konterkariert werden; nonkonformes Auffallen, Protesthaltung, subkulturelle Identität, bis hin zu einer normfeindlichen Körperästhetik sollen hier Signale der Emanzipation an das aufmerkende, oft erschreckte Lebensumfeld senden. ‹Abstoßend, häßlich, widerlich› u.a. sind dessen Urteile, und so ist ein Dialog (s.o. A.) provoziert, der (entstelltes) Gesicht, (‹widerwärtigen›) Charakter, soziale Peripherie in gegenseitigen Bezug bringt und letztlich die Einschätzungsrichtung ‹vom Äußeren zum Inneren› bestätigt, bis in die Bildung von Vorurteilen (s.o. A.I.6.) hinein.[426]

b. *Das verborgene Gesicht.* (i) In Gesprächssituationen wird viel das Gesicht hinter Fingern oder der ganzen Hand oder hinter beiden Händen versteckt, kurz oder länger, aber körpersprachlich als deutliche Aussage der Abschirmung der ausdrucksvollen Gesichtsbühne, der Zurücknahme der eigenen Person, des Schämens, der Betroffenheit, des Sich Verbergens, des Nachdenkens, als Versinken in sich selbst. Es ist eine Ausschaltung der kommunikativen Oberfläche (‹Mimik›) des Gesichts [427]. Für das bewußte Trainieren (und Dekodieren) der Körperkommunikation von Führungskräften wird diese Kombination dementsprechend negativ als «Wunsch, etwas zu verbergen», gebrandmarkt.[428]

(ii) Kriminologisch wird dies durch Ersatz von Händen, nämlich durch Schwarzbalken, erreicht, um Personen auf Photos zu schützen, indem sie physiognomisch nicht mehr identifizierbar sind.

(iii) Diese Unidentifizierbarkeit des Gesichts und seiner Person, somit auch die Unmöglichkeit der visuellen Kontaktnahme durch Blicke, folglich auch die Unterbindung einer optischen Dialogführung, schlechterdings auch die Ausschaltung von physio-und pathognomischer Individualität und letztlich auch erotischer Ausstrahlung des wichtigsten Kommunikationsortes, somit also der Neutralisierung des ‹ansprechenden› (!) Gesichts auf gleichmacherisches Tuch oder Gitter oder Schlitze sind in Kulturen mit Verschleierungsgebot – speziell der Frauen – gegeben (Tragen des Tschador [Tuch] oder des Kleidungsstücks Burka [die ihren Ursprung in Afghanistan hat]). Die Befreiung von solchen Bekleidungsvorschriften wird, wie in Afghanistan im Jahre 2002 geschehen, oft als Gewinn an Identität und Freiheit der Persönlichkeit begrüßt [429]; die Physiognomie des Menschen auch kommunikativ nutzen zu können, wird in diesem Sinne als ein Menschenrecht empfunden.

Subkulturell (Demonstrationen, Randgruppen) und individuell (bei verbrecherischen Absichten) ist das Verbergen des Gesichts – die ‹Vermummung› – klares Indiz für das Verhindern der üblicherweise möglichen physiognomischen Identifizierung als konkrete Person.

(iv) Künstlerisch hat in der Moderne eine Person nicht mehr unbedingt eine Physiognomie. Sie ist gestört, verschwommen, verrätselt, zerstört, verloren. Die Gattung des gemalten Porträts ist inzwischen nahezu verschwunden; das Photo wird primär unter Nutzungsgesichtspunkt gefertigt (z.B. Ausweis).

In der kulturellen Tradition spielt die *Maske* eine unverminderte Rolle beim Verbergen der Physiognomie, aber auch dafür hat sie nur bestimmte Zeiten (wie Karneval) und feste Orte (Kulturlandschaften des Karneval) und künstlerische Aktionsräume (wie Theater).[430]

III. *Typologische Einordnung.* Der (gegenüber II.) umgekehrte Weg, nämlich von der individuellen Erkennung hin zur typologischen Einordnung, ähnelt wiederum den Prozessen des Spracherwerbs auf der Lautebene; hier werden ja die distinktiven, bedeutungsunterscheidenden Einheiten (‹Phoneme›) aus den vielen gehörten situativen Varianten der täglichen Artikulation abstrahiert und als funktionale Einheit des (muttersprachlichen) Phonemsystems gespeichert. Die experimentelle Psychologie hat in den späten 50er Jahren des 20. Jh. eine photographische Methode der «Bildstatistik» [431] entwickelt, um Durchschnittsbilder und somit dann typologische Eindrucksqualitäten von Gruppen zu erhalten (Abb. 24 [432]); das Verfahren reicht zurück auf statistische Experimente von F. GALTON (1822–1911), der – als Methode dann bis Ende des 19. Jh. allgemein anerkannt – photographische Porträts zusammensetzte, indem er gleichgestaltete Aufnahmen verschiedener Personen (gleichen Geschlechts, gleichen Alters) übereinander legte, um daraus ein allgemeingültiges Porträt («composite portraiture») ‹des› Kriminellen – in kritischer Weiterentwicklung der Vergleichs(!)studien von Lombroso (s.o. B.VII.2.b.) mit seinen Massen an Tabellen und Systematiken – zu erstellen [433]. Es entsteht so eine Generalisierung von physiognomischer Individualität, denn die Unterschiede lösen sich im Gesamt auf. Und es ist zu vermuten, daß solche physiognomischen Generalisierungen schon in der Ontogenese jedes einzelnen Menschen gründen (als «Gedächtnisspuren» wiederholter Erfahrungen) [434] und durch Prozesse der Lebenserfahrung, der Weltbildung und der künstlerischen Beeinflussung – denn Künstler wie auch Schriftsteller gelten als sublime Reflektoren gesellschaftlicher Mentalitäten und kulturspezifischer Befindlichkeiten – getragen werden. Vor solchermaßen aufgebauter Folie werden Eindrücke der individuellen Gesichter geprüft und bewertet; es entwickelt sich eine Art Norm oder Normerwartung.

Die Gattung der ‹Kulturgeschichte› ist insbesondere berufen, solche Generalisierungen anzusprechen; sie kann sich dabei über die Mentalitätsgeschichte (vgl. B.II.3.c. (iii)) auf die Kunstgeschichte stützen und typo-

Abb. 24: Durchschnittsphysiognomieen. Nach: Kleines Handbuch der Psychologie. Hrsg. v. David und Rosa Katz. 2., Auflage. Verlag Schwabe & Co. AG Basel 1960. S. 61.

logische Repräsentanten wählen: so z.B., um ‹den spanischen Typ› zu erfassen: «Gibt es ein einheitliches spanisches ‹Gesicht›? Den Nicht-Spaniern scheint es so, doch was in diesen Bildern so unverwechselbar spanisch wirkt, ist mehr noch als die Physiognomie der allen gemeinsame Ausdruck» [435] (Abb. 25 a-f [436]).

Für die Kulturanthropologie und Archäologie spielen solche Vergleiche der Physiognomie in Kunst und Wirklichkeit eine wichtige Rolle, um Rückschlüsse auf Besiedlungsverhalten, Völkerwanderungen und ethnische Konstanz oder Varianz in einem Lebensraum ziehen zu können. Dies gilt insbesondere für indigene Völker und solche, die massive Beeinflussungen der ursprünglichen Ethnien und Kulturen haben hinnehmen müssen, wie z.B. die Völker Lateinamerikas. So ist die historische Maya- (wie auch Azteken-) Physiognomie außerordentlich prägnant und kann von Steinreliefs und Skulpturen (wie Kolossalköpfen) sowie aus Bebilderungen von Codices mit den heute dort Lebenden verglichen werden (Abb. 26 [437]).

IV. P. und Rhetorik. 1. Der vermessene Mensch (i), der vorgeführte Mensch (ii), der beurteilte und kritisierte Mensch (iii) – der Mensch also, über dessen Äußeres wertend gesprochen und der folglich ganzheitlich kategorisiert wird, unterliegt dabei, ganz analog, zunächst einmal (i') den Gesetzmäßigkeiten seines Gesichtsfeldes als dem persönlichen Ort, dem *locus* (oder griech. *tópos*), dem (übersetzt:) ‹Stück Oberfläche› seines Körpers, das dann (ii') vor die Augen der anderen, zur *demonstratio ad oculos*, in die gegenwärtige Situation, in die *evidentia* für die Autopsie, geholt wird, um schließlich (iii') auf die prinzipielle Frage (*quaestio*) nach den inneren Werten, dem Charakter, argumentativ, d.h. im Rahmen einer abwägenden *argumentatio*, zu antworten. [438] Die Komponenten von Gegenstand (i''), Handlung (ii'') und spezifischer Redeweise (iii'') sind in der rhetorischen Situation der *tractatio rei* (nämlich dem wertend interpretierenden Reden über Körperteile und Körpermerkmale des Gegenüber) integriert:

Die *argumentatio* – als einer der vier Teile (*exordium, narratio, argumentatio, peroratio*) der *inventio*, der Findungslehre («das, was die *res* an mehr oder minder verborgenen Gedankenentwicklungsmöglichkeiten enthält, wird herausgeholt» [439]) – hat als zentralen Teil die rhetorischen *loci*, also Suchformeln für die Bewältigung von Komplexität, hier speziell die *loci* (oder *argumenta* [440]) *a persona*, die die wichtigsten Identitätsausweise abfragen:

genus ‹Genealogie› (Abstammung); *natio* ‹Nationalität› (Geburt, Herkunft); *patria* ‹Vaterland› (Gesetze, Sitten, Lebensformen, gemeinschaftliche Auffassungen); *sexus* ‹Geschlecht› (Mann, Frau, mit ihren Verhaltensspezifika); *aetas* ‹Alter› (altersbedingte Merkmale und Verhaltensweisen); *educatio et disciplina* ‹Erziehung und Ausbildung› (entscheidende Faktoren für Verhaltens- und Denkweisen); *habitus corporis* ‹Körperbeschaffenheit› (Körper und Seele als Grund und Mitbestimmer von Verhaltensweisen); *fortuna* ‹Schicksal› (Verfolgtsein von Glück oder Unglück); *condicio* ‹soziale Stellung› (wichtiger Indikator für Verhaltensformen und Handlungsweisen); *animi natura* ‹Wesensart› (Charakter); *studia* ‹Beruf› (Art der Betätigung); *quid affectet quisque* ‹Neigungen› (individuelle Vorlieben und Abneigungen als typisch für Handlungs- und Denkweisen der Person); *ante acta dictaque* ‹Vorgeschichte› (das früher Getane und Gesagte als Hintergrund einer Handlung oder Verhaltensweise); *nomen* ‹Eigenname› (Namen, insbesondere Bei- und Spitznamen, als Hilfe für Rückschlüsse auf den Charakter des Trägers) [441].

Es handelt sich hier um die ‹festen› Bestandteile der Persönlichkeit, um ihre P.; dagegen werden «Affekte und dauernde seelische Verfassungen [...] zu den *argumenta ex causis* [...] gezählt» [442], also zu den situativen Beeinflussungen, die die Pathognomik ausmachen.

2. Durch die *loci a persona* ist ein enger Bezug zu den literarischen Porträts und zur biographischen Literatur (s.o. B.IV.3.b.) gegeben [443], und in der Literaturgeschichte haben die Physiologien des 19.Jh. (s.o. B.VII.5.b.) für ihre poetologischen Absichten an dieses rhetorische Findungsmittel angeknüpft, indem sie aus Gegebenheiten des Lebens und des Körpers die oben (s. 1.) zitierten «Gedankenentwicklungsmöglichkeiten» [444] in Form von Interpretationen und Regeln praktiziert haben. Ein Beziehungsgeflecht von *docere, delectare* und *movere* [445] ist in diesen literarischen Texten gegeben; sie sind die drei Grade der Persuasion, die in der Gemeinschaft von *res* und *verba* durch die fünf Bearbeitungsphasen, eben auch durch die *inventio* (neben *dispositio, elocutio, memoria* und *pronuntiatio*), erreicht werden soll.

3. Aber auch außerhalb der literarischen Verarbeitung, im Alltag sowie in der wissenschaftlichen Analyse oder Abhandlung, bilden die drei graduellen Komponenten den rhetorischen Grundstock einer genuin persuasiven Situation, wenn Körperlichkeit traktiert, wenn das Äußere kategorisiert und bewertet, wenn ein (Vor-) Urteil aufgrund physiognomischer Auffälligkeit gefällt

Abb. 25a: El Greco, Porträt eines Unbekannten (spätes 16. Jh.). Madrid, Museo del Prado. Photo: Archivio Mas, Barcelona.

Abb. 25b: Photo eines Toreros, Valencia (um 1950).

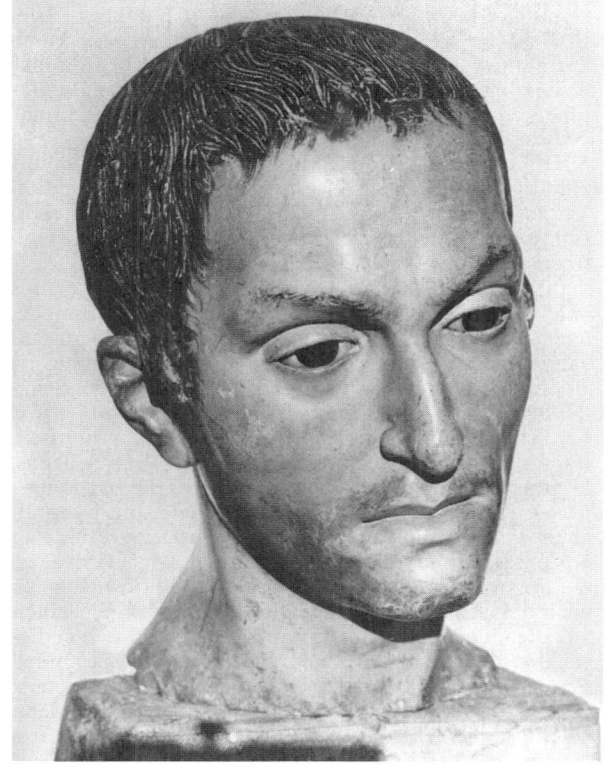

Abb. 25c: Alonso Cano, S. Juan de Dios (17. Jh.). Granada, Kirchenschatz. Photo: F. L. Kenrett.

Abb. 25d: Picasso, Harlekin (Ausschnitt).

Abb. 25a-f: Spanische Gesichter. Nach: J. H. Elliott (Hg.), Spanien und die spanische Welt. Illustrierte Kulturgeschichte (1991) 12 f

Abb. 25e: F. Goya, Porträt der Schauspielerin Antonia Zárate (um 1805). Photo: Archivio Mas, Barcelona.

wird (s.o. A.I.) Man wünscht sich nämlich Gefolgschaft der Mitmenschen im Urteil und im anschließenden Handeln, und man strebt den Konsens der geltenden Einschätzung körperlicher Auffälligkeiten, hier nun speziell physiognomischer Gegebenheiten, in der Kulturgemeinschaft an.

Die drei genannten Grade lassen sich der Beziehungsstiftung zuordnen zwischen einerseits (i) Körpermerkmalen und Eigenschaften, andererseits (ii) erkannter oder interpretierter Signalqualität von Körperteilen und ihrem Aussehen, und schließlich (iii) der mentalen bzw. sprachlichen Beurteilung oder Wertung sowie Handlungskonsequenz daraus: (i') In der eher intellektuellen Haltung des *docere* (frz. *enseigner*), bei dem auch der narrative Bericht (*narratio*) über die Fakten und die schlußfolgernde *argumentatio* besonders eingesetzt werden, findet man (und vermittelt [lehrend], z.B. in der oralen Tradition oder in schriftlichen Traktaten) die interessanten, motivierenden, relevanten Körperteile oder die körperlichen und charakterlichen Eigenschaften des Gegenüber. (ii') Sympathie und wie auch immer geartete ‹sanfte› Affektion den körperlichen Merkmalen gegenüber fallen in den Bereich des *delectare* (*conciliare*, franz. *plaire*), was im Griechischen als ἔθος, éthos (‹Gewohnheit, Sitte›, wie ἦθος, éthos ‹Charakter, Denkweise, Sinnesart, ruhiger Seelenzustand›) bezeichnet wird [446]. (iii') Die ‹starke› Affektion im Griech. πάθος, páthos, die über ‹Erschütterung› und ‹Erregtsein› bestimmte Handlungskonsequenzen (wie Abwenden, Ekel, Meiden, Interesse, Einsetzen für bestimmte Aufgaben, u.ä.) als Reaktion auf die körperbezogenen Wahrnehmungen (wie Hakennase, stechende Augen, fliehende Stirn, stumpfes Kinn, gekrümmter Gang, stramme Haltung, usw.) mit sich bringt, gehört zum Bereich des *movere* (frz. *toucher*). (vgl. oben B.II.3.d. und B.IV.1.).

Dem Prozeß physiognomischen Zugriffs auf den Gegenüber ist immer Persuasion eigen; sie dient als ein Rückgriff auf den erstrebten Konsens mit der Kulturgemeinschaft. Eben darin liegt das Potential für Vorurteile, Stereotypen, Denkklischees (s.o. A.).

4. Die aus der rhetorischen Praxis solchermaßen entstandenen (d.i. Bestand) und sich entwickelnden (d.h. Prozeß) mentalen und verbalen Muster zeigen sich in der ‹kollektiven P.› der Sprach- und Kulturgemeinschaft – in der Redesituation: des Publikums –; sie bezieht sich auf Wahrnehmungsweisen von Gruppen und Varietäten. So teilt ARISTOTELES eine Altersphysiognomik mit [447], nach der «junge Menschen [...] ehrgeizig, mutig und hoffnungsvoll, aber auch ungestüm und leidenschaftlich [sind]; alte Menschen hingegen besonnener, zurückhaltender, ängstlicher und generell schwächer; die auf der Höhe des Lebens stehenden schließlich [bilden] eine Mitte zwischen diesen beiden Extremen.» [448] Solche gruppencharakterologischen Ausführungen für mentale Empfänglichkeit hatten natürlich Einfluß auf «das in der Rhetorik häufig praktizierte Verfahren der kurzen und präzisen Charakterskizze» [449] (wie in der Sinnfigur [450] der προσωποποιία, prosōpopoiía, der *prosopopoeia* [lat. *fictio personae*] [451], oder wie in der ἠθοποιία, ēthopoiía, der *ethopoeia* [lat. *sermocinatio*] [452] zur «Zeichnung des ἦθος, der dauernden Gemütsverfassung» [453] oder des Charakters [s.o. B.IV.1.], die allerdings beide bei Aristoteles noch keine Erwähnung finden [454]); aber dennoch: «Die Charaktertypologie, die sich in der Rhetorik und in der Biographie [...] herausbildet, geht in mehrfacher Hinsicht auf Aristoteles zurück». [455]

5. Offenkundig hat die P. ein ambivalentes Verhältnis zum Erinnern. Erinnern ist für die rhetorische Situation Voraussetzung und umschließt gleichermaßen (a) Erfahrungsschatz und gespeichertes Lernwissen sowie (b) die (mentale und verbale) Aktualisierung.

(a') Einerseits hat das jeweilige kollektive Gedächtnis der verschiedenen Kulturgemeinschaften wechselnde, aber in der Tradition über mehr als zweieinhalbtausend Jahre Mentalitätsgeschichte doch relativ stabile (i) Beobachtungs*stellen* des Körpers (hier speziell: der Schädelformen), (ii) Beobachtungs*weisen* (isolierend – ganzheitlich, punktuell – systematisch, spekulativ – empirisch, impressionistisch – mit Kategorien des Einschätzens, kontrastiv, analog [Tier-P.], u.a.) und (iii) Beobachtungs*urteile* (Schlüsse, Wertungen, Vorurteile, u.a.) gespeichert. P. ist eben nicht allein eine *res*, ein Sachverhalt am Körper (i'), sondern auch eine Angelegenheit der *verba*, der Texte, der Kommunikation darüber (iii'), folglich auch des Denkens (ii', iii'). Dies betrifft den Einzelnen wie die Gemeinschaft gleichermaßen, so daß sich in dieser Interdependenz ein kultureller Prozeß herausbildet, der dem Menschen als Beobachter seiner selbst eigen ist und in dem er auch Konsens erstrebend (s.o. 3.) und ihn stabilisierend lebt: das Kategorisieren gehört genauso hierhin wie das Typisieren und das Vorurteil im Kopf und im Gespräch (s.o. A.I).

(b') Als eine solche Komponente von Kulturalität, des langen und kollektiven Erinnerns, fehlt ihr für die rhetorische Situation allerdings eine enge Anbindung an die

Abb. 25f: Picasso, Akrobaten-Zyklus. Ausschnitt: Mutter und Kind.

Gedächtniskunst des kurzen und meist individuellen Erinnerns, an die *ars memorativa* [456], die als eine *ars*, ‹Kunstfertigkeit›, eben auch ‹artifiziell› (*artificiosa memoria* [gegenüber der *naturalis memoria*]), mit Techniken also, ausgerüstet ist. Die Wechselwirkung zwischen einerseits situativer Memorierung, wie sie durch die Hilfsmittel der *loci* oder *imagines* (*imago* ist «das Phantasiebild des Merkgegenstandes» [457]), von der Rhetorik unterstützt oder sogar ermöglicht wird, und andererseits langfristiger Einnistung in das kollektive Gedächtnis, folglich: die Ausprägung einer kulturellen Disponierung des Denkens, des Sprechens und Schreibens sowie des Handelns in der und durch die rhetorische Situation wird in der P. nicht mit aller Konsequenz gesehen. Kritiker der P. sehen hierin einen entscheidenden Schwachpunkt der P.: «Die trügerische Präsenz physiognomischer Aussagen rührt [...] von der Leugnung ihrer memorierenden Funktion. Fast alle Traktate lesen sich sozusagen völlig «vernünftig», wenn man sie nur ins Imperfekt oder Perfekt setzt. «Der mit der hohen Stirn war klug», muß es heißen; es könnte auch heißen: «Der mit der hohen Stirn *ist* klug», um einer zu erinnernden Sachverhalt zu beschreiben anhand einer Person. Nicht aber kann gesagt werden: «Einer mit hoher Stirn ist klug» – und eben das sagen die meisten Traktate und die Autoren, die ihnen folgen.» [458]

Anmerkungen:
1 Arist., Kategorien, in: Aristotelis categoriae et liber de interpretatione, ed. L. Minio-Paluello (Oxford ³1961). – **2** im Gegensatz zu ‹absolut› (καθ' ἑαυτόν, kath' heautón). – **3** vgl. z.B. D. Münch: Zeichenphilos. und ihre aristotelischen Wurzeln, in: Zs. für Semiotik 22 (2000) 287–340. – **4** vgl. W. Marschall (Hg.): Klassiker der Kulturanthropol. Von Montaigne bis Margret Mead (1990). – **5** vgl. I. Eibl-Eibesfeldt: Die Biologie des menschlichen Verhaltens. Grundriß der Humanethologie (³1995). – **6** E. Auerbach: Figura, in: Archivum Romanum 22 (1938) 436–489. – **7** A. von Blumenthal: ΤΥΠΟΣ und ΠΑΡΑΔΕΙΓΜΑ, in: Hermes 63 (1928) 391–414; G. Roux: Le sens de τύπος, in: Revue des études anciennes 63 (1951) 5–14. – **8** vgl. H. Weinrich: Linguistik der Lüge (¹1966; ⁶2000); ders.: Lügt man im Deutschen, wenn man höflich ist? (1986). – **9** Qu[i]nt. V, 1, 2. – **10** vgl. Arist. Rhet., I, 15 und II, 20–26; Cic. De or. II, 114f. sowie Cic. Top.; Quint. V. – **11** vgl. F. Arntzen: Psychol. der Zeu-

Abb. 26: Maya-Physiognomie. Links: Kolossalkopf aus La Venta. Rechts: Zwölfjähriger Maya-Junge aus Uxmal (Yucatán). Nach: F. Anton, Alt-Mexiko und seine Kunst (1965) 14.

genaussage. System der Glaubwürdigkeitsmerkmale (1983); s. auch J. Asendorpf, H.G. Wallbott: Contributions of the German Expression Psychology to Nonverbal Behavior Research, in: Journal of Nonverbal Behavior 6 (1982), part 1: Theories and concepts, 137–147; part 2: Facial expression, 199–219.; kurzer hist. Überblick mit bibliogr. Hinweisen zur juristisch-kriminologischen bzw. forensisch-psychol. Sicht der Aussagepsychol. bei L. Schneider: Nonverbale Zeugnisse gegen sich selbst. Zur Bed. nichtsprachlicher Begleiterscheinungen der Aussage für die forensische Glaubwürdigkeitsbeurteilung (1991) 59f. – 12 vgl. Schneider [11]. – 13 M. Schneider: Die Beobachtung des Zeugen nach Artikel 71 der ›Carolina‹: Der Aufbau eines Codes der Glaubwürdigkeit 1532–1850, in: R. Campe, M. Schneider (Hg.): Gesch. der P. Text – Bild – Wissen (1996) 153–182. – 14 C.J.A. Mittermaier: Bemerkungen über Geberdenprotocolle im Criminalprozesse, in: Neues Archiv des Criminalrechts, 1. Bd., 3. Stück (1817) 327–351; Dr. Diez: Über die Anwendung der P. auf gerichtliche Fragen, in: Annalen der Staats-Arzneikunde 4, 1. H. (1839) 155–191. – 15 E. Goffman: Wir alle spielen Theater. Die Selbstdarstellung im Alltag (1969 u.ö.; amerikan. Orig.: The Presentation of Self in Everyday Life [1959]). – 16 vgl. H. Kalverkämper: Art. ‹Körpersprache›, in: HWRh, Bd. 4 (1998) Sp. 1339–1371. – 17 Schneider [11] 170–172. – 18 J. Fast: Körpersprache (1979). – 19 D. Morris: Der Mensch, mit dem wir leben (1978) 163, 247ff. – 20 Schneider [11] 176–211 mit Hinweisen zu Theorien und Modellen zur «Perspektive des Täuschenden». – 21 vgl. R. Kehrein: Prosodie und Emotionen (2002). – 22 nach dem Zweiten Weltkrieg entwickelt in den USA; im dt. Strafverfahren (ebenso Österreich und Schweiz) wegen Verletzung der Menschenwürde verboten (§ 136a StPO); s. die Ausführungen zur jurist. Diskussion bei L. Schneider [11] 131–166. – 23 K. Bühler: Sprachtheorie. Die Darstellungsfunktion der Sprache. (²1965; ¹1934), hier spez. I.§ 2. – 24 vgl. H. Kalverkämper: Art.

‹Nonverbale Kommunikation›, in: HWRh, Bd. 6 (2002). – 25 P. Watzlawick, J.H. Beavin, D.D. Jackson: Pragmatics of Human Communication. A Study of Interactional Patterns, Pathologies, and Paradoxes (New York 1967), dt.: Menschliche Kommunikation. Formen, Störungen, Paradoxien (⁴1974), spez. Kap. 2.2. – 26 H. Kalverkämper: Kultureme erkennen, lehren und lernen, in: Fremdsprachen Lehren und Lernen (‹FLuL›) 24 (1995) 138–181. – 27 vgl. Kalverkämper [16], spez. Kap. A.2. sowie C.2. – 28 ebd. [16] Sp. 1349. – 29 s. Taxonomik, in: Kalverkämper [24]. – 30 vgl. R. Fiehler: Kommunikation und Emotion. Theoretische und empirische Unters. zur Rolle von Emotionen in der verbalen Interaktion (1990). – 31 E.H. Gombrich: Über physiognomische Wahrnehmung, in: ders.: Meditationen über ein Steckenpferd. Von den Wurzeln und Grenzen der Kunst (Wien 1973; Frankfurt/M. 1978; ²1988) 79–93, Zit. 82 (engl. Orig.: Meditations on a Hobby Horse [London 1963]). – 32 vgl. Eibl-Eibesfeldt [5] 93–99 u. 919–922; K. Lorenz: Die angeborenen Formen der Erfahrung, in: Zs. für Tierpsychol. 5 (1943) 235–409, Schema S. 276. – 33 aus: Eibl-Eibesfeldt [5] 921; Untertext original. – 34 Gombrich [31]. – 35 Kurzer Überblick bei Kalverkämper [16] Sp. 1356–1361. – 36 W. Stern: Über Psychol. der individuellen Differenzen (1900). – 37 z.B. M. Douglas: Ritual, Tabu und Körpersymbolik (1974); T. Polhemus (Hg.): Social Aspects of the Human Body (Harmondsworth 1978); E. Goffman: Interaktionsrituale. Über Verhalten in direkter Kommunikation (1986; ³1994) (Amerikan. Orig.: Interaction Ritual. Essays on Face-to-Face Behavior [New York 1967]). – 38 z.B. P. Bourdieu: Die feinen Unterschiede (1983). – 39 vgl. H. Kalverkämper: Lit. und Körpersprache, in: Poetica 23 (1991) 328–373. – 40 vgl. ders.: Fach und Fachwissen, in: ders., L. Hoffmann, H.E. Wiegand (Hg.): Fachsprachen/ Languages for Special Purposes. Ein int. Hb. zur Fachsprachenforsch. und Terminologiewiss., Bd. 1 (1998) 1–24 [Art. 1], spez. Kap. 1.5. [12–14]. – 41 vgl. z.B. die

Einf. von Chi An Kuei: Geheimnisse, die das Gesicht verrät (1994); vgl. auch W. Ohashi: Körperdeutung: östliche Diagnose und Therapie (⁴1998) (Amerikan. Orig.: Reading the Body. Ohashi's Book of Oriental Diagnosis [1991]). – **42** C. Schmölders: Das Vorurteil im Leibe. Eine Einf. in die P. (1995; durchges. 1997) 36. – **43** vgl. Schmölders [42], N. Borrmann: Kunst und Physiognomik. Menschendeutung und Menschendarst. im Abendland (1994) sowie R. Campe, M. Schneider (Hg.): Geschichten der P. Text, Bild, Wissen (1996) und C. Schmölders (Hg.): Gespräch über P. (1996); F. Caroli: Storia della fisiognomica. Arte e psicologia da Leonardo a Freud (Mailand 1998); zu beachten auch K. Bühler: Ausdruckstheorie. Das System an der Gesch. aufgezeigt. Mit einem Geleitwort v. A. Wellek (1968 [¹1933]); vgl. auch R. Kirchhoff (Hg.): Hb. der Psychol., Bd. 5: Ausdruckspsychol. (1965). – **44** Arist., Analytica priora II, 27. 70b, 7ff. – **45** vgl. F.R. Kraus: Die physiognomischer Omina der Babylonier (1935) 17. – **46** Anthologie von R. Förster (Hg.): Scriptores physiognomonici graeci et latini I, II (1893; ND 1994); s. auch E.C. Evans: Physiognomics of the Ancient World, in: Transactions of the American Philosophical Society 59 (1969) 5–101. – **47** D. Frede: Art. ‹Aristoteles [6]›, in: DNP 1 (1996) Sp. 1134–1144; Physiognomonica Pseudoaristotelis, graece et latine, in: Förster [46] I, 1–91; synopt. mit lat. Übers. von Bartholomäus von Messina; Arist., Werke in dt. Übers., hg. v. H. Flashar. 18: Opuscula, Teil 6: Physiognomonica. Übers. u. komm. v. S. Vogt (1999); A. Arist., Physiognomonica, in: Kleine Schr. zur Naturgesch., hg., übertragen u. in ihrer Entstehung erl. v. P. Gohlke (1961) 82–86; A. Degkwitz: Die pseudoaristotelischen ‹Physiognomonica›. Traktat A. Übers. u. Kommentar (1988); nur Übers.: Der Text der pseudo-aristotelischen »Physiognomonica«. Traktat A. Übers. v. A. Degkwitz, in: Campe, Schneider [41] 13–21; dazu auch A. Degkwitz: Die pseudoaristotelischen ‹Physiognomonica›, ebd. 23–44; Textauszug (in der Übers. v. P. Gohlke) in der Quellen-Slg. von Schmölders [42] 159–237, hier 174f. – **48** Schmölders [42] 47; zu den spekulativ-anekdotischen Überlieferungen von 'Urhebern' vor Arist. (zu einem gewissen Zopyros im Umfeld des Sokrates, zu Pythagoras, zu Hippokrates) s. Förster [46] I, VII–XVI. – **49** Schmölders [42] 21. – **50** zu den Peripatetikern s. F. Wehrli: Die Schule des Aristoteles. I-X (Basel 1944–1959). – **51** Traktat A: §§ 1–34 bzw. 805a 1–808b 10; Traktat B: §§ 35–73 bzw. 808b 11–814b 8, Paragraphenzählung nach Ausg. Förster [46]. – **52** Arist P. 805a 1–9 (Ausg. Vogt [47]); zit. Textauszug in Schmölders [42] 174. – **53** 805a 10 (zit. Textauszug in Schmölders [42] 174). – **54** [809a 13] Ausg. Vogt [47] 147f., 190 u. Diskussion der Stelle 402–405. – **55** Ausg. Vogt [47] 14; in anderer Übers. bei Schmölders [42] 21, auch 47, mit Verweis auf Degkwitz [47] 48. – **56** Schmölders [42] 47. – **57** Systematisierende Auflistung «der in den *Physiognomonica* aufgeführten Körpermerkmale mit den ihnen zugeordneten Charakterzügen und gegebenenfalls den Begründungen (durch Tiervergleich oder Erklärung)» in Ausg. Vogt [47] 463–480. – **58** Arist.: Über die Teile der Tiere. Dt. v. A. Karsch. (2. Aufl. o.J.); Auszüge in Schmölders [42] 172f. – **59** 807a 31; 807b 33f.; 809b 34f.; s. Vogt [47] 163–166, hier 164 u. 339ff., 360ff., 413f. – **60** Vogt [47] 164. – **61** 805a 19; zit. Schmölders [42] 174. – **62** s. [58]. – **63** 805a 20–24, zit. Schmölders [42] 174. – **64** 811a11–17 und 812b 14, zit. Ausg. Vogt [47] 25 u. 28. – **65** Phokylides: Ursprünge der Weiber, in: Frühgriech. Lyriker. I: Die frühen Elegiker (1981) 67; Textauszug in Schmölders [42] 171. – **66** Arist. [58]; zit Schmölders [42] 173. – **67** in: Hippokrates: Fünf auserlesene Schriften. Eingel. u. neu übertragen v. W. Capelle (Zürich 1955); Textauszug in: Schmölders [42] 171f. – **68** 805a 27; zit. Schmölders [42] 174. – **69** 805a 29; zit. Schmölders [42] 174; letzte Formulierung übers. in Ausg. Vogt [47] 12: «und jedem einzelnen der anderen Affektzustände». – **70** Arist. Rhet. 1356a.; Quint. XI, 3,72. – **71** Arist. Poet. 1450a, 18ff.; 1454a, 16ff. – **72** Hippokrates: Buch der Prognosen (Prognostikon), in: Hippokrates: Schriften. Die Anfänge der abendländischen Medizin. Übers. v. H. Diller (1962); Textauszug «Facies Hippocratica» auch in Schmölders [42] 172. – **73** Th. Piderit: Mimik und P. (1867; ⁴1925), zit. M. Blankenburg: Art. ‹P., Physiognomie›, in: HWPh VII (1989) Sp. 955–963, hier Sp. 960.; s. auch u. D.II.2.a). – **74** zur Wirkungsgesch. bis in die frz. Moralistik des späten 17. Jh. (Jean de La Bruyre) s. Kalverkämper [16] Sp. 1358f. – **75** Theophrast: Charaktere. Griech. u. dt. Übers. u. hg. v. D. Klose. Mit einem Nachwort v. P. Steinmetz (1970 u. ö.); Theophrast: Charaktere. Übers., mit Nachwort u. Anm. v. D. Ebener (1972). – **76** Vogt [47] 88. – **77** vgl. R. Brooy Johansen: Kunst und Umwelt. Eine Übersicht der europäischen Stilentwicklung (1960) 45. – **78** Arist., Ausg. Vogt [47] 202 (-211). Lat. Übers. der arab. Version v. G. Hoffmann in Foerster [46] I, 93–294 (dazu s. kritisch Vogt [47] 202, Anm. 55). – **79** s. Vogt [47] 203f. – **80** Text bei Foerster [46] I, 295–431; Textauszug «Physiognomik der Augen» in: Schmölders [42] 176f. – **81** zit. Schmölders [42] 176f. – **82** Vogt [47] 205–211; Text des Anonymus Latinus in Foerster [46] II, 1–145 bzw. bei J. Andr: Anonyme Latin Traité de Physiognomie (Paris 1981). – **83** vgl. Y. Mourad: La physiognomie arabe et le Kitab al-Firasa de Fakhr al-Din al-Rasi (Paris 1939). – **84** vgl. J. Thomann: Avicenna über die physiognomische Methode, in: Campe, Schneider [43] 47–63. – **85** K. Bergdolt: Art. ‹Temperamentenlehre›, in: LMA VIII (1999) Sp. 533f.; D. Goltz: Art. ‹Säfte, Säftelehre› in: HWPh 8 (1992) Sp. 1119–1126. – **86** Bergdolt [85]; ders., G. Keil: Art. ‹Humoralpathologie›, in: LMA V (1999) Sp. 211f.; Goltz [85] bes. Sp. 1121f. – **87** E. Schöner: Das Viererschema in der antiken Humoralpathologie (1964). – **88** aus J.C. Lavater: Physiognomische Frg., zur Beförderung der Menschenkenntniß und Menschenliebe, Bd. 4 (Leipzig/ Winterthur 1778) 350 u. 353. – **89** Auf dem linken Tafelbild links: Johannes (Sanguiniker), rechts Petrus (Phlegmatiker), auf dem rechten Bild links Markus (Choleriker), rechts Paulus (Melancholiker); J. Neudörffer: Nachrichten von Künstlern und Kunstsachen [1546] (Nürnberg 1828) 37 u. 50. – **90** Schema (bearb. u. erweitert v. H.K.) nach der lat. Version in Bergdolt, Keil [85] 212; s. auch Schöner [87]. – **91** s. H. Weinrich: Art. ‹Ingenium›, in HWPh 4 (1976) Sp. 360–363, hier 360f. – **92** s. ders.: Kleine Literaturgesch. der Heiterkeit (2001). – **93** vgl. E. Panofsky, F. Saxl: Dürers »Melencolia I«. Eine quellen- und typengesch. Unters. (1923); R.W. Horst: Dürers »Melencolia I«. Ein Beitr. zum Melancholia-Problem, in: Forsch. zur Kunstgesch. und Christlichen Archäologie 2 (1953) 411–431; R. Klibansky, F. Saxl, E. Panofsky: Saturn and Melancholy. Studies in the History of Natural Philosophy, Religion, and Art (London 1964); H. Flashar: Melancholie und Melancholiker in den medizinischen Theorien der Antike (1966); K. Hoffmann: Dürers Melencolia, in: Kunst als Bedeutungsträger. Gedenkschrift f. G. Bandmann (1979) 251–277. – **94** Diese Erweiterung von Ficino zu drei Stufen schöpferischer Melancholie stammt von dem dt. Arzt Agrippa von Nettesheim (‹De occulta philosophia›, 1510). – **95** Abb. in: F. Anzelewsky: Dürer. Werk und Wirkung (1988) 133. – **96** zur Textgesch. s. G. Keil, Art. ‹Secretum secretorum›, in: LMA VII (1999) Sp. 1662f. – **97** Titel gemäß lat. Übers. – lat. ‹almagestum› – des 12. Jh., eigentlich Μαθηματικὴ σύνταξις (Mathematikē sýntaxis). – **98** Schmölders [42] 22; Textauszug ebd. 182f. – **99** ebd. 23. – **100** Aug. Doctr. II 3,1ff. – **101** Kl. Schreiner: ‹Er küsse mich mit dem Kuß seines Mundes› (Osculetur me osculo oris sui, Cant. 1,1). Metaphorik, kommunikative und herrschaftliche Funktion einer symbolischen Handlung, in: H. Ragotzky, H. Wenzel (Hg.): Höfische Repräsentation (1990) 89–132, hier 89. – **102** H. Wenzel: ›Des menschen muot wont in den ougen‹. Höfische Kommunikation im Raum der wechselseitigen Wahrnehmung, in: Campe, Schneider [43] 65–98; vgl. auch Kl. Ridder, O. Langer (Hg.): Körperinszenierungen in ma. Lit. (2002). – **103** vgl. L. Jordan: Physiognomische Abh., in: RF 29 (1911) 680–721, hier 720f. – **104** H. Weinrich: Das Ingenium Don Quijotes. Ein Beitr. zur lit. Charakterkunde (1956). – **105** ebd. 48–51. – **106** ebd. 48. – **107** ebd. 53. – **108** ebd. – **109** ebd.; s. insgesamt 47–60. – **110** Arist. Poet. 1448a 22 zur Unterscheidung von Charakteren. – **111** Lausberg Hb. § 257, 2.a. – **112** Arist. Poet. 1450a 5 und 1450b 8 (zit.). – **113** ebd. 1454a 16–1454b 19 (Kap. 15). – **114** A. Beneke: Das Repertoire und die Quellen der frz. Farce (Diss. Jena 1910); A. Tissier: La farce en France de 1450 à 1550 (Paris 1981); B. Reyflaud: Farce ou la machine à rire. 1450–1550 (Genf 1984). – **115** s. H. Kalverkämper: Art. ‹Mimik›, in: EWRh, Bd. 5 (2001) Sp. 1327–1360, insbes. 1337f; D. Esrig: Commedia dell' arte. Eine Bildgesch. der Kunst des Spektakels (1985); W. Krömer: Die ital. Commedia dell' arte (1976). – **116** vgl. c.B.M. Kesting: Das epische Theater. Zur Struktur des modernen Dramas (⁵1967); R. Grimm (Hg.): Episches Theater (1970). – **117** vgl. z.B.M. Esslin: Das Theater des Absurden (1964). – **118** vgl. z.B.

K. Hamburger: Von Sophokles zu Sartre. Griech. Dramenfiguren – antik und modern (1967); P. Szondi: Theorie des modernen Dramas (1956; ⁵1968 u.ö.). – **119** J. Hartau: Don Quijote in der Kunst. Wandlungen einer Symbolfigur (1987). – **120** s. B. Müller-Kampel (Hg.): Mythos Don Juan. Zur Entwicklung eines männlichen Konzepts (1999); vgl. auch W. Storch (Hg.): Mythos Orpheus. Texte von Vergil bis Ingeborg Bachmann (1999); A. Aurnhammer, D. Martin (Hg.): Mythos Ikarus. Texte von Ovid bis Wolf Biermann (1999); A.-B. Renger (Hg.): Mythos Narziß. Texte von Ovid bis Jacques Lacan (1999); M. Leis (Hg.): Mythos Aphrodite. Texte von Hesiod bis Ernst Jandl (2000). – **121** vgl. Ausstellung ‹Faust. Gesichter seit 1566› im Goethe-Museum Düsseldorf (8.4.–4.6.1990). – **122** vgl. O. Gigon: Sokrates. Sein Bild in Dicht. und Gesch. (1947; erg. 1979; 1994); A. Hübscher (Hg.): Sokrates (1950); L. Giuliani: Das älteste Sokrates-Bildnis. Ein physiognomisches Porträt wider die Physiognomiker, in: Schmölders [43] 19–42; vgl. Beitr. in Kl. Fittschen (Hg.): Griech. Porträts (1988). – **123** vgl. A. Ohage: Homers Physiognomie zur Goethezeit, in: Schmölders [43] 93–110. – **124** vornehmlich ist zu erinnern an ‹Venus›: vgl. z.B.: Venus. Bilder einer Göttin. Hg. v. d. Bayerischen Staatsgemäldesammlungen. Katalog zur Ausstellung d. Alten Pinakothek München 1.2.-22.4. 2001 (2001). – **125** vgl. z.B.J. Huarte: Die Beschreibung Jesu durch Lentulus (1575), in: Prüfung der Köpfe zu den Wiss. Übers. v. G.E. Lessing (1752); ND mit einer krit. Einl. u. Bibliogr. durch M. Franzbach (1968) 352–353 (Textauszug in Schmölders [42] 187f.); Borrmann [43] 139–143. – **126** s. E. Garin (Hg.): Der Mensch der Renaissance (1990); G. Gurst: Art. ‹Menschenbild›, in: Lex. der Renaissance, hg. v. G. Gurst u.a. (1989) 465–467; Art. ‹Menschenbild› u. ‹Porträt› in: M. Münkler, H. Münkler: Lex. der Renaissance (2000). – **127** N. Schneider: Portraitmalerei. Hauptwerke europäischer Bildniskunst 1420-1670 (1992); St. Zuffi (Hg.): Il ritratto. Capolavori tra la storia e l'eternità (Mailand 2000). – **128** L. Goldscheider: Fünfhundert Selbstporträts von der Antike bis zur Gegenwart (Plastik, Malerei, Graphik). Gesammelt, gesichtet, eingel. v. L.G. (Wien 1936); Fr. Ried: Das Selbstbildnis (1931); L. Bruhns: Dt. Künstler in Selbstdarst. (1957); M. Gasser: Das Selbstbildnis (Zürich 1961). – **129** vgl. A. Buck (Hg.): Biogr. und Autobiogr. in der Renaissance (1983); Ph. Lejeune: Moi aussi (Paris 1990); materialreicher Kurzüberblick von C. Träger, J. Biener: Art. ‹Autobiographie›, in: C. Träger (Hg.): Wtb. der Literaturwiss. (1989) 57f. – **130** M. Frauenrath: Art. ‹Autobiographie› in: R. Hess u.a.: Literaturwiss. Wtb. für Romanisten (31989) 18–21, hier 18. – **131** vgl. G. Boehm: Bildnis und Individuum: Über den Ursprung der Porträtmalerei in der ital. Renaissance (1985); L. Campbell: Renaissance Portraits: European Portrait-Painting in the 14th, 15th and 16th Centuries (New Haven/ London 1990); Zuffi [127] 285–301. – **132** vgl. R. Wallace: Rembrandt und seine Zeit 1606–1669 (1971). – **133** W. von Bode: Notizen: Die ersten Selbstporträts des Rembrandt van Rijn, in: Zs. für bildende Kunst 11 (1876) 125–126; W. Pinder: Rembrandts Selbstbildnisse (1943; 1950); Fr. Erpel: Die Selbstbildnisse Rembrandts (1967); Chr. Wright: Rembrandt: Self-Portraits (London/ Bedford 1982); H.P. Chapman: Rembrandt's Self-Portraits: A Study in Seventeenth-Century Identity (Princeton 1990); Rembrandts Selbstbildnisse (Ausstellungskatalog) (1999); Borrmann [43] 83–87. – **134** A. Franz: Das lit. Porträt in Frankreich im Zeitalter Richelieus und Mazarins (Diss. Leipzig 1906); P. Ganter: Das lit. Porträt in Frankreich im 17.Jh. (1938). – **135** B. Kytzler (Hg.): Kleine Enzyklop. der antiken Autoren. Literarische Porträts von Homer bis Boethius. Von B. Kytzler, J. Latacz, K. Sallmann (1996) 462–473, hier 462. – **136** A. Blanchard (Hg.): Trésor de la poésie baroque et précieuse 1550-1650 (Paris 1969); G. Mongrédien: Les précieux et les précieuses (Paris 1963); W. Zimmer: Die lit. Kritik am Preziösentum (1978); s. auch Anm. [269] u. [274] zur Salonkultur. – **137** vgl. H. Weinrich: Zur Szene XI der ‹Précieuses Ridicules›, in: RF 79 (1967) 263–270. – **138** hg. v. A. Chastel, R. Klein (Genf 1969); Schmölders [42] 24, Anm. 28: 13 Aufl., ital., franz. und dt. Übers. (erste 1547 Nürnberg; letzte 1886 Leipzig). Textausschnitt in Schmölders [42] 183f. – **139** Schmölders [42] 24. – **140** aus H.Th. Musper: Albrecht Dürer. Der gegenwärtige Stand der Forschung (1953) 253 (Bild 174) (aus dem Dresdener Skizzenbuch Dürers). – **141** aus: Albrecht Dürer 1471 bis 1528. Das gesamte graphische Werk. Handzeichnungen. Einl. v. W. Hütt. Bd.1 (o.J.) 731 (Zehn Profilköpfe und Gewandstudie, Feder) u. 732 (Vier Profilköpfe, 1513) (diese auch in Schmölders [40] 111). – **142** aus: A. Mueller von der Haegen: Giotto di Bondone, um 1267–1337 (1998) 129 (Detail). – **143** H. Schedel: Weltchronik. Kolorierte Gesamtausg. von 1493. Einl. u. Komm. v. St. Füssel (2001). – **144** ebd. Blatt XII.; abgebildet auch in A.-Fr. Eichler: Albrecht Dürer 1471-1528 (1999) 35. – **145** vgl. U. Bitterli: Die ›Wilden‹ und die ›Zivilisierten‹. Grundzüge einer Geistes- und Kulturgesch. der europäisch-überseeischen Begegnung (1976); ders.: Alte Welt – Neue Welt. Formen des europäisch-überseeischen Kulturkontakts vom 15. bis zum 18.Jh. (1986); vgl. H. Fink-Eitel: Die Philos. und die Wilden. Über die Bedeutung des Fremden für die europäische Geistesgesch. (1994). – **146** Abb. in: Albrecht Dürer [141] 490 (‹Neger›); Abb. ‹Mohrin› S. 960.; Abb. auch in: E. Orlandi: Dürer 1988) 40. – **147** Abb. in: Zuffi [127] 107. – **148** Mulattensklave oder -malergehilfe von Velázquez. Ausschnitt (Kopf) in: J. López-Rey: Velázquez. Bd.1: Maler der Maler (1996) 172, 186 (Text); Ganzbild u. Interpret. ebd. Bd.2: Catalogue Raisonné/ Werkverzeichnis (1996) Nr.142, S.278–280 (Nr.112); Abb. auch in: Zuffi [127] 107; Interpretation in: D. Brown: Velázquez und seine Zeit 1599–1660 (1972) 145f. – **149** Bild u. Interpretation in: G. Schwartz: Rembrandt. Sein Gesamtwerk in Farbe (1991) 315 (Nr.365); Abb. auch in: Zuffi [127] 107; vgl. R. Wallace: Rembrandt und seine Zeit 1606–1669 (1971) 134f. – **150** vgl. K.-H. Schwabe: Art. ‹Ästhetik›, in: Lex. der Renaissance (1989) [126] 54–56. – **151** R. Assunto: Die Theorie des Schönen im MA (1982). – **152** vgl. B. Seitz: Die Darstellung häßlicher Menschen in mhd. erzählender Lit. von der Wiener Genesis bis zum Ausgang des 13.Jh. (Diss. Tübingen 1966); P. Michel: ›Formosa deformitas‹. Bewältigungsformen des Häßlichen in ma. Literatur (1976); H.R. Jauß: Die klassische und die christliche Rechtfertigung des Häßlichen in ma. Lit., in: ders. (Hg.): Die nicht mehr schönen Künste. Grenzphänomene des Ästhetischen (1969) 143–168; W. Brandt: Die Beschreibung häßlicher Menschen in höfischen Romanen. Zur narrativen Integrierung eines Topos, in: GRM 66 (1985) 257–278. – **153** Wenzel [102] 88. – **154** Abb. in: Albrecht Dürer: Schriften und Briefe, hg. v. E. Ullmann (⁶1993) Bild 18. – **155** ebd. 19. – **156** G. Simmel: Soziol. des Blicks (1908), in: Gesamtausg., hg. v. O. Rammstedt. Bd.11 (1992). Textausschnitt in Schmölders [42] 214f. – **157** Abb. in: Eichler [144] 135. – **158** aus: E. Orlandi (Hg.): Galerie großer Meister: Dürer (1989) 64; auch in: Eichler [144] 76. – **159** W. Bosing: Hieronymus Bosch (1987) 77f.; Ch. de Tolnay: Hieronymus Bosch. Das Gesamtwerk (1984) 45 u. 310f. – **160** vgl. z.B. Th. Wright: History of Caricature and Grotesque in Literature and Art (London 1875); E. Fuchs: Die Karikatur der europ. Völker (⁴1921); W. Hofmann: Die Karikatur von Leonardo bis Picasso (Wien 1956); E.G. Gianeri: Storia della caricatura (Mailand 1959); G. Piltz: Gesch. der europ. Karikatur (1976); R. Dietrich, W. Fekl: Grundfragen der Analyse von Karikaturen, in: I. Kolboom u.a. (Hg.): Hb. Französisch, Art. 104 (2002) 662–666 sowie dies.: Karikatur, ebd., Art.125 (2002) 786–791. – **161** Das ital. Verb wurde von A. Mosini in seinen ‹Diverse Figure› (Bologna 1646) zu ‹caricatura› substantiviert. – **162** vgl. E. Gombrich: : Leonardo da Vinci's Method of Analysis and Permutation. The Grotesque Heads, in: ders.: The Heritage of Apelles. Studies in the Art of the Renaissance (Oxford 1976) 56–79; W. Kayser: Das Groteske, seine Gestaltung in Malerei und Dicht. (1957); G.R. Hocke: Die Welt als Labyrinth. Manier und Manie in der europ. Kunst. (1957). – **163** aus: F. Caroli: Leonardo. Studi di fisiognomica (Mailand 1991): Abb.8 (‹Sette teste deformi›, aus den Gallerie dell'Accademia) 234; vgl. auch ‹Quattro profili deformi›, aus der Royal Collection of Windsor, ebd. 220; ‹Cinque teste deformi›, aus den Gallerie dell'Accademia, ebd. 232. – **164** Le vite de' più eccellenti pittori, scultori, e architettori, 2 Bde. (Florenz 1550) (2., erw. Aufl. Florenz 1568); moderne Ausg. eingel. v. M. Marini (Rom 1991, ⁴2002). – **165** Schneider [127] 74. – **166** vgl. R. Weimann (Hg.): Realismus in der Renaissance (1977). – **167** erste Druckausg. Paris 1651 (hg. v. Raphaël Du Frêsne); dt. Ausg.: Traktat von der Malerei. Nach der Übers. von H. Ludwig neu hg. u. eingel. v. M. Herzfeld (1925; ND 1989). – **168** Leonardo da Vinci: Von der Physionomie und dem Handlesen, in: Sämtliche Gemälde und die Schriften zur Malerei, hg., komm. u. eingel. v. A. Chastel (1990) 311.; Textauszug auch in Schmölders [40] 184. – **169** ebd. – **170** Sammlung in Caroli [163]. – **171** Abb. in: W. Kriegeskorte: Giuseppe Arcimboldo 1527–1593 (1988) 9 (‹Der Sommer›, Öl auf Leinwand, 1573). – **172** soziale und ökonomische Gründe s. Fr. B. Müller: Art. ‹Hexenwahn›, in: Lexikon der Renaissance (1989) [126] 337. – **173** bis 1520 bereits 13 Aufl., von 1574 bis 1669 weitere 16 Aufl. – **174** H. Bosch: Rechter Flügel ‹Die Hölle› aus den großen Triptychen ‹Der Heuwagen› (1485–1490), ‹Das Jüngste Gericht› (1504), ‹Der Garten der Lüste› (nach 1510); s. auch Höllengestalten im Triptychon ‹Die Versuchung des Heiligen Antonius› (zw. 1480 u. 1510); P. Bruegel: Stiche der um 1558 erschienen Folge ‹Die Sieben Laster› mit zentralen allegorischen Gestalten (z.B. Völlerei, Zorn, Stolz), offensichtlich von Bosch inspiriert. – **175** Della fisionomia dell'uomo (Neapel 1610); dt. Übers.: Die Physiognomie des Menschen, übers. v. W. Rink (1930). – **176** vgl. z.B. Textausschnitt ‹Die Hakennase› in Schmölders [42] 188. – **177** J.C. Lavater: Physiognomische Frg. zur Beförderung der Menschenkenntnis und Menschenliebe (1775–1778). Eine Auswahl. Mit 101 Abbildungen. Hg. v. Chr. Siegrist (1984) 285–289; Zitate 287. – **178** kleine Kulturgesch. der Tierphysiognomik in: J. Baltrušaitis: Imaginäre Realitäten. Fiktion und Illusion als produktive Kraft (1984) 9–53. – **179** B. Cocles: Chyromantiae ac physionomiae anastasis cum approbatione magistri Alexandri de Achillinis (Bologna 1503); zit. Baltrušaitis [178] 13. – **180** zit. ebd. 13. – **181** ebd. – **182** Beispiele aus Della Portas 1586 erstmals ersch. ‹De Humana Physiognomonia›, hier zit. u. übernommen aus: Borrmann [43] 62 sowie aus: A. Repossi: Manuale di fisiognomica. L'autentica arte di conoscersi dai lineamenti del volto (Cerbara 1997) 19 (Esel), 27 (Affe), 41 (Katze), 51 (Schwein). – **183** Repossi [182] 38 (Übers. Red.), vgl. 42–45. – **184** aus: W. Busch: Humoristischer Hausschatz (^{25}1959) 150 («Tobias Knopp. Zweiter Teil: Herr und Frau Knopp, ‹Der alte Junge hat's gut›»). – **185** vgl. z.B. Deckblatt von ‹Der Spiegel› 14 (1960) Nr. 38. – **186** z.B. im Internet Mai 2002 «Bush or chimp» unter der Adresse *http://bushorchimp.jpg*. – **187** Fälle aus der Pariser Wochenzeitung ‹France-dimanche› (1950), zit. und belegt Baltrušaitis [178] 9–11. – **188** J. Schreiber: ‹Dressiert, lebenslang›, in: Der Tagesspiegel (Berlin) Nr. 17763 (15. Mai 2002) 3. – **189** vgl. Kalverkämper [16] 1364, Punkt b). – **190** Abb. in Schmölders [42] 113; auch in Baltrušaitis [178] 32. – **191** Schmölders [42] 109. – **192** vgl. L.O. Larsson: Der Maler als Erzähler: Gebärdensprache und Mimik in der frz. Malerei und Kunsttheorie des 17. Jh., am Beispiel Charles Le Bruns, in: V. Kapp (Hg.): Die Sprache der Zeichen und Bilder. Rhet. und nonverbale Kommunikation in der frühen Neuzeit (1990) 173–189. – **193** beide mit Bildmaterial in: Charles Le Brun: Méthode pour apprendre dessiner les passions, proposée dans une conférence sur l'expression générale et particulière (ND d. Ausg. Amsterdam 1702; Hildesheim/ Zürich/ New York 1982); Ch. Le Brun: Conférence sur l'expression générale et particulière, hg. v. L. Testelin (Amsterdam 1698, 1713); Dissertation sur un traité de Charles Le Brun concernant le rapport de la physionomie humaine avec celle des animaux: ouvrage enrichi de la gravure des desseins tracés pour la demonstration de ce système. Éd. A. Morel d'Arleux (Paris 1806). – **194** Graphien (Akzente) nach dem Original: Le Brun: Méthode [193]. – **195** ebd. 36f. (Übers. Red.) – **196** aus: ebd., Nummern der Abbildungen ‹Fig.›. – **197** Abb. in: Schneider [127] 134. – **198** ebd. 136; dort auch eine weitere Deutungsmöglichkeit mit der ‹Prudentia›-Ikonographie (dreigesichtige Allegorie der ‹Klugheit› gemäß Ciceros Dreiteilung der *prudentia* in *memoria* [Gedächtnis], *intelligentia* [Verstand] und *providentia* [Voraussicht]); vgl. auch L. Marin: Probleme und Paradoxien des Porträts im Frankreich des 17. Jh.: Philippe de Champaigne, in: Campe, Schneider (Hg.) [43] 245–265. – **199** W. Waetzoldt: Die Kunst des Porträts (1908) 57. – **200** aus: Brown [148] 14f. – **201** Zitate ebd.; vgl. auch S. Schlünder: Bilder des königlichen Körpers in Dialog: Velázquez und Goya, in: B. Teuber, H. Weich (Hg.): Iberische Körperbilder im Dialog der Medien und Kulturen (2002) 77–91; P. Civil: Le Corps du roi et son image – Une symbolique de l'état dans quelques représentations de Philippe II, in: A. Redondo (Hg.): Le Corps comme métaphore dans l'Espagne des XVIe et XVIIe siècles (Paris 1992) 11–29. – **202** vgl. zur Selbstpräsentation und Repräsentation: P. Burke: Ludwig XIV. Die Inszenierung des Sonnenkönigs (1993); engl.

Orig.: The Fabrication of Louis XIV. (New Haven, London 1992); vgl. auch Borrmann [43] 77–83; Schneider [125] 132f. – **203** 2. Aufl., nouv. impr. en facs. de la 1. éd. de 1751–1780 (1966–1990): mentalitätsgesch. Einordnung und bibliogr. Hinweise s. H. Kalverkämper: Die Fachsprachen in der ‹Encyclopédie› von Diderot und D'Alembert, in: L. Hoffmann u.a. (Hg.) [40] Bd. 2 (1999) 1619–1636. – **204** vgl. J. Le Rond D'Alembert: Discours Préliminaire de l'Encyclopédie/ Einl. zur Enzyklop. (1751), hg. u. eingel. v. E. Köhler (1975); D. Diderot: Enzyklopädie. Philos. und politische Texte aus der ‹Encyclopédie› sowie Prospekt und Ankündigung der letzten Bde. Mit einem Vorw. v. R.-R. Wuthenow (1969), Art. ‹Enzyklop.› (79–175). – **205** Recueil de planches, sur les sciences, les arts libéraux, et les arts méchaniques, avec leur explication. Seconde livraison, en deux parties: Seconde partie (201 Planches) Paris 1763 (Graphie folgt dem Original). – **206** ebd. 4 (Übers. Red.). – **207** ebd. 3. – **208** ebd. 4 (Übers. Red.). – **209** ebd. – **210** ebd. (Übers. Red.). – **211** aus: ebd., Planche XXVI, Fig. 2; zugänglich auch in: C. Schmidt (Hg.): Diderot – L'Encyclopédie. Planches sélectionnées et présentées par Cl. Schmidt (Paris 1996) 218 u. 221. – **212** ebd. 11 (Übers. Red.). – **213** D. Diderot, J. Le Rond D'Alembert (Hg.): Encyclopédie, ou Dictionnaire raisonné des sciences, des arts et des métiers [1751–1780] (nouv. impr. en facs. de la 1ère éd., 1966–1990), Bd. 12 [Neufchastel 1765] (ND 1967), Lemma ‹pathognomonique›. – **214** Bühler [43] 36–52 referiert Engel als «Aktionstheorie der Pantomimik». – **215** Lavater [177] 275. – **216** z.B.G. Austin: Die Kunst der rednerischen und theatralischen Declamation, …., in der dt. Übertragung v. Chr. Fr. Michaelis. [1818] (Faks. ND 1969; engl. Orig.: Chironomia or a Treatise on Rhetorical Delivery: … [London 1806]); H.W. Philipp: Grammatik der Schauspielkunst. Eine Funktionslehre der Sprache I, II (1948–1951); R. Graf: Utopie und Theater. P., Pathognomik, Mimik und die Reform von Schauspielkunst und Drama im 18. Jh., in: W. Groddeck, U. Stadler (Hg.): Physiognomie und Pathognomie. Zur lit. Darst. von Individualität. FS K. Pestalozzi (1994) 16–33; G. Heeg: Das Phantasma der natürlichen Gestalt. Körper, Sprache und Bild im Theater des 18. Jh. (2000). – **217** Aufstellung frei nach Lavater [177] 275–276. – **218** ebd. 30. – **219** ebd. 34. – **220** A.-M. Jaton: Johann Caspar Lavater. Philosoph, Gottesmann, Schöpfer der P. Eine Bildbiogr. (Zürich 1988); H. Weigelt: Johann Kaspar Lavater. Leben, Werk und Wirkung (1991). – **221** ebd. 8.; s. auch Chr. Siegrist: Nachwort, in: Lavater [177] 377–394. – **222** künstlerische Illustrationen u.a. von Porträtisten, Zeichnern und Kupferstechern wie J.H. Lips (die meisten Radierungen), J.R. Schellenberg, Chr. von Mechel, D.N. Chodowiecki. – **223** Lavater [177] 9. – **224** ebd. 20. – **225** ebd. passim. – **226** ebd. 21. – **227** ebd. 22. – **228** ebd. 32. – **229** J.C. Lavater: Von der P. und Hundert physiognomische Regeln. [1772]. Mit zahlr. Abb., hg. u. mit einem Nachwort v. K. Riha, C. Zelle (1991). – **230** aus: Lavater [88] 236. – **231** Jaton [220] 76; R.T. Gray: Aufklärung und Anti-Aufklärung: Wissenschaftlichkeit und Zeichenbegriff in Lavaters «P.», in: K. Pestalozzi, H. Weigelt (Hg.): Das Antlitz Gottes im Antlitz des Menschen. Zugänge zu J.K. Lavater (1994) 166–178. – **232** vgl. U.E. Geitner: Die Sprache der Verstellung. Stud. zum rhet. u. anthropolog. Wissen im 17. und 18. Jh. (1992) Kap. VII: ‹Sprache, Schrift, Verstehen. …: Lavaters P.: Traum vom Verstehen ohne Rest›. – **233** Essai sur la Physiognomonie destiné à faire connaître l'Homme et à le faire aimer, 4 Bde. (La Haye 1782–1783–1786–1803), hier Bd. 2. – **234** aus: Jaton [220] 76. – **235** ebd. 76. – **236** ebd. 40. – **237** J. Leerssen: Lavaters P.: Versuch einer Kontextualisierung, in: E. Agazzi, M. Beller (Hg.): Evidenze e ambiguità della fisionomia umana. Studi sul XVIII e XIX Secolo (Viareggio 1998) 15–27, hier 17. – **238** Lavater [177] 241–243, zit. 241. – **239** vgl. L. Olschki: Gesch. der neusprachl. Lit. II.: Bildung und Wiss. im Zeitalter der Renaissance in Italien (Leipzig/ Florenz/ Rom/ Genf 1922); III.: Galilei und seine Zeit (1927); W. Lepenies: Der Wissenschaftler als Autor. Buffons prekärer Nachruhm, in: ders.: Das Ende der Naturgeschichte. Wandel kultureller Selbstverständlichkeiten in den Wiss. des 18. und 19. Jh. (1976) 131–168; ders.: Autoren und Wissenschaftler im 18. Jh. Buffon, Linné, Winckelmann, Georg Forster, Erasmus Darwin (1988); B. Schlieber-Lange (Hg.): Fachgespräche in Aufklärung und Revolution (1989); hierin H. Kalverkämper: Kolloquiale Vermittlung von Fachwissen im frühen

18. Jh. – gezeigt anhand der ‹Entretiens sur la Pluralité des Mondes› (1686) von Fontenelle, 17–80; L. Kretzenbacher, H. Weinrich (Hg.): Linguistik der Wissenschaftssprache (1995); H. Kalverkämper: Die Kultur des literarischen wiss. Dialogs – aufgezeigt an einem Beisp. aus der ital. Renaissance (Galilei) und der frz. Aufklärung (Fontenelle), in: ders., K.-D. Baumann (Hg.): Fachliche Textsorten. Komponenten – Relationen – Strategien (1996) 683–745; L. Danneberg, J. Niederhauser (Hg.): Darstellungsformen der Wiss. im Kontrast. Aspekte der Methodik, Theorie und Empirie (1998), insbes. Kap. IV; H. Kalverkämper: Darstellungsformen und Leistungen schriftlicher Fachkommunikation: diachrone und synchrone Aspekte, in: Hoffmann u.a. (Hg.) [40] Bd.1 (1998) 60–92; H. Weinrich: Sprache, das heißt Sprachen (2001), bes. Kap. V. – **240** Jaton [220] 42. – **241** ebd. 152–164. – **242** aus: Lavater [88] Bd.2 (Leipzig/ Winterthur 1776) 194–196 (XVIII. Frg.). – **243** erster Zugang mit: A. Henkel, A. Schöne: Emblemata. Hb. zur Sinnbildkunst des XVI. und XVII. Jh. (1967). – **244** Lavater [177] 45–78. – **245** ebd. 53. – **246** ebd. 113. – **247** ebd. 111. – **248** ebd. 122–137. – **249** ebd. 124–127. – **250** aus: ebd. 125f. – **251** Siegrist [221] 386. – **252** zu Lebzeiten Lavaters: 1 holländische Ausg. (Amsterdam 1780–1783) in 4 Großoktavbd.; 4bändige frz. Ausg. (Essai sur la Physiognomie destiné à faire connaître l'Homme et à le faire aimer, La Haye 1782–1803), besorgt v. Moreau de la Sarthe (1806–1809) mit Erweiterungen der zeitgen. Lehrmeinungen (z.B. Camper, Gall); 2 engl. Ausg. (Essays on Physiognomy, for the Promotion of the Knowledge and Love of Mankind, London 1789–1793); 9 J. nach Lavaters Tod (d.i. 1801) bereits 20 engl. 16 dt., 15 frz., 2 amerikan., 2 russ., 1 holländische, 1 ital. Ausg.; vgl. Weigelt [218] 98f. – **253** vgl. J. Plantié: La mode du portrait littéraire en France dans la société mondaine 1641 – 1681. Thèse Université de Paris Sorbonne (1975); Schmölders [42] 95. – **254** vgl. K.M. Michel: Gesichter. Physiognomische Streifzüge (1990); B. Bates, J. Cleese: Gesichter. Das Geheimnis unserer Identität (2001). – **255** H. Friedrich: Montaigne (Bern 1949) insbes. 220–227, zit. 221f. – **256** vgl. Kalverkämper [16] Sp.1358f. – **257** vgl. Fr. Schalk (Hg.): Die frz. Moralisten. La Rochefoucauld, Vauvenargues, Montesquieu, Chamfort. Übers.u. hg. v. Fr. Schalk (1980); J. v. Stackelberg: Franz. Moralistik im europ. Kontext (1982); J. van Delft: Le moraliste classique. Essai de définition et de typologie (Genf 1982). – **258** J.W. v. Goethe: Aus meinem Leben. Dicht. und Wahrheit, IV. Teil, 19. B. (postum hg. v. J.P. Eckermann 1833); vgl. auch H. Funck (Hg.): Goethe und Lavater. Briefe und Tagebücher (1901). – **259** Diderot, D'Alembert [213]. – **260** Über P., in: Lichtenbergs Werke in einem Bd., ausgew. u. eingel. v. H. Friederici (1973) 251–284 (zuerst ersch. in: Göttinger Taschenkalender 1778). – **261** Frg. von Schwänzen. Ein Beitr. zu den Physiognomischen Frg., in: Werke [260] 285–291 (zuerst ersch. in: Neues Magazin für Ärzte 1779). – **262** aus der ‹Vorrede› von G.Chr. Lichtenberg: Über P., wider die Physiognomen. Zu Beförderung der Menschenliebe und Menschenkenntnis (²1778) 4; Textauszug in Schmölders [42] 198f. – **263** Lichtenberg [261] 266. – **264** G.Chr. Lichtenberg: Schriften und Briefe in 6 Bd., hg. v. W. Promies, Bd.3 (1972) 271. – **265** ebd. 283. – **266** Lichtenberg [262] 5. – **267** ders. [260] 252. – **268** ebd. 257. – **269** Chr. Strosetzki: Konversation. Ein Kap. gesellschaftlicher und lit. Pragmatik in Frankreich des 17. Jh. (1978); J. v. Falke: Der frz. Salon. Galanterie, Amüsement, Esprit im 17. Jh. (1977); N. Elias: Die höfische Ges. (⁵1981 u.ö.); U. Im Hof: Das gesellige Jh. Ges. und Gesellschaften im Zeitalter der Aufklärung (1982); P. Seibert: Der Literarische Salon. Lit. und Gesellligkeit zwischen Aufklärung und Vormärz (1993); M. Vovelle (Hg.): Der Mensch der Aufklärung (1996); C. Schmölders (Hg.): Die Kunst des Gesprächs. Texte zur Gesch. der europ. Konversationstheorie (1986); vgl. auch Anm. [136] zur Preziosität. – **270** s. N. Elias: Über den Prozeß der Zivilisation. Soziogenetische und psychogenetische Unters. I, II (1939; ¹Basel 1939). – **271** hg. v. G. Ueding (1977). – **272** Schmölders [42] 28. – **273** B. Castiglione: Das Buch vom Hofmann (Il Libro del Cortegiano), übers.u. erläutert v. F. Baumgart (1986); M. Hinz: Rhet. Strategien des Hofmannes. Stud. zu den ital. Hofmannstraktaten des 16. und 17. Jh. (1992). – **274** vgl. auch die Art. ‹Gentilhomme›, ‹Gentleman›, ‹Hofmann› und ‹Honnête homme› in: HWRh, Bd.3 (1996); Chr. Hofmann: Das span. Hofzeremoniell von 1500–1700 (1985); ders.: Das span. Hofzeremoniell – eine spezifische Ausdrucksform nicht-verbaler Sprache, in: Kapp (Hg.) [192] 142–148; L. Pfandl: Span. Kultur und Sitte des 16. und 17. Eine Einf. in die Blütezeit der span. Lit. und Kunst (1924). – **275** s. M. Wandruszka: Haltung und Gebärde der Romanen (1954); zugänglich auch in: R. Krüger (Hg.): H. Urtel – L. Flachskampf – M. Wandruszka. Drei Stud. zur Körpersprache der Romanen (2001) 105–179. – **276** dt. Übers.: G. della Casa: Galateus. Das Büchlein von erbarn/höflichen und holdseligen Sitten, verdeutscht v. N. Chytraeus [1597, ND d. Ausg. 1607], hg. v. K. Ley (1984); G. della Casa: Der Galateo. Traktat über die guten Sitten, hg. u. übers. v. M. Rumpf (1988). – **277** s. K. Ley: Nachwort des Hg., in: della Casa [276] 1–76, hier 22–24. – **278** vgl. Inhaltsangaben der Kap.l bei Ley [277] 58–63. – **279** dt. Übers.: B. Gracián: Handorakel und Kunst der Weltklugheit. Aus dessen Werken gezogen v. D.V.J. de Lastanosa u. aus dem span. Original treu u. sorgfältig übers. v. A. Schopenhauer [1862, 1891]. Hg. v. A. Hübscher (1990); Gracians Handorakel und Kunst der Weltklugheit. Dt. v. A. Schopenhauer. Mit einer Einl. v. K. Voßler (o.J. [1934]); H. Jansen: Die Grundbegriffe des Baltasar Gracian (Genf/ Paris 1958). – **280** Terminus nach Kalverkämper [26] 144f. sowie ders.: Darstellungsformen [239] 76f. – **281** zit. Ley [277] 4; Abdruck in: Fr. Brüggemann (Hg.): Aus der Frühzeit der dt. Aufklärung. Christian Thomasius und Christian Weise (1928; ND 1966) 61–79. – **282** vgl. P. Hazard: La Crise de la Conscience Européenne 1680–1715 (Paris 1935; dt. Übers.: Die Krise des europ. Geistes. Mit einer Einf. v. C. Schmid [1939]); P. Hazard: La Pensée Européenne au XVIIIe siècle de Montesquieu à Lessing. I, II, III (Paris 1946; dt. Übers.: Die Herrschaft der Vernunft. Das europ. Denken im 18.Jh. [1949]); Lepenies: Naturgesch. [239]; F. Schalk: Stud. zur frz. Aufklärung (1977). – **283** Weigelt [220] 121. – **284** eine der ersten Auseinandersetzungen mit der Thematik war G.E. Hoffmann, B. Tietze, A. Podlech (Hg.): Numerierte Bürger (1975); vgl. auch H. Kalverkämper: Textlinguistik der Eigennamen (1978) 39–49. – **285** Arist. Poet. 11, 1452a 29 – 1452b 8; vgl. u. C.II.3. – **286** H. Weinrich: Vorläufer der Identitätskarte, in: O. Marquard, K. Stierle (Hg.): Identität (1979) 683–684. – **287** vgl. W.E. Mühlmann: Gesch. der Anthropologie (1984) 52–66. – **288** P. Camper: Dissertation sur les variétés naturelles qui caracterisent la physionomie des hommes des divers climats et des différents ages; suivie de Réflexions sur la Beauté; particulièrement sur celle de la Tête, avec une Manière nouvelle de dessiner toutes sortes de têtes avec la plus grande exactitude (traduit du Hollandais) (Paris/ La Haye 1791) (entworfen 1768, gedruckt 1786); Textauszug «Über die Gesichtslinie» aus einer Akademie-Rede (1792) in Schmölders [42] 195f.; Abb. ebd. 124, ebenso in Borrmann [43] 146; s. auch u. VIII.4. – **289** vgl. E. Clarke, K. Dewhurst: Die Funktionen des Gehirns. Lokalisationstheorien von der Antike bis zur Gegenwart (1973); St. J. Gould: Der falsch vermessene Mensch (Basel u.a.1983; engl. Orig.: The Mismeasure of Man [1981]). – **290** E. Lesky: F.J. Gall 1758–1828. Naturforscher und Anthropologe. Ausgew. Texte, eingel. übers.u. komm. v. E. Lesky (Bern u.a. 1979). – **291** Lavater [229] 17. – **292** 12. Stück, Dezember 1798, 311–382 (wiederabgedr. in: Lesky [290] 47–59). – **293** Borrmann [43] 155. – **294** F.J. Gall, J.G. Spurzheim: Anatomie et physiologie du systême nerveux en général, et du cerveau en particulier, avec des observations sur la possibilité de reconnaître plusieurs dispositions intellectuelles et morales de l'homme et des animaux, par la configuration de leurs têtes, 4 Bde. (Paris 1810–1819) (Bd.3 u. 4 von Gall als Alleinautor). – **295** aus: Borrmann [43] 156. – **296** vgl. ebd. 158–159 mit einem Beisp.: Schillers Büste von J.H. v. Dannecker). – **297** Th. Piderit: Mimik und P. (31919) 192. – **298** C.G. Carus: Symbolik der menschl. Gestalt. Ein Hb. zur Menschenkenntniß [1853]. Neu bearb. u. erw. v. Th. Lessing (3., vielf. verm. Aufl. mit 161 Holzschnitten 1925). – **299** Textauszug «Physiognomie des Weibes» in: Schmölders [42] 207–209. – **300** C.G. Carus: Atlas der Cranioskopie, 2 Bde. (1843–1845). – **301** vgl. E. Holländer: Die Karikatur und die Satire in der Medizin (1921), hier insbes. 324–339. – **302** Borrmann [43] 160. – **303** vgl. z.B.H. Schnelle (Hg.): Sprache und Gehirn. R. Jakobson zu Ehren (1981). – **304** vgl. S. Braunfels: Der »vermessene« Mensch. Anthropometrie in Kunst und Wiss. (1973). – **305** vgl. M. Frizot (Hg.): Neue Gesch. der Fotografie (1998; frz. Orig.: Nouvelle Histoire de la Photographie [Paris 1994]). – **306** J. Sagne: Por-

träts aller Art. Die Entwicklung des Fotoateliers, in: Frizot (Hg.) [305] 102–129. – **307** Dt. Übers.: Der Ausdruck der Gemüthsbewegungen bei dem Menschen und den Thieren, übers. v. J.V. Carus (1872; ND 1986); s. auch Bühler [43] Kap. VI. zur abstammungsgesch. Analyse des Ausdrucks bei Ch. Darwin. – **308** mit Bezug auf die heutige Zeit vgl. S. Hake: Zur Wiederkehr des Physiognomischen in der modernen Photographie, in: Campe, Schneider (Hg.) [43] 475–513. – **309** vgl. H.G. Wallbott: Mimik im Kontext. Die Bedeutung versch. Informationskomponenten für das Erkennen von Emotionen (1990); Eibl-Eibesfeldt [5] 193f., 282f., 628; Kalverkämper [115]. – **310** vgl. Kalverkämper [115] Sp. 1346; sowie Kalverkämper [16] Sp. 1365. – **311** G.B.A. Duchenne: Mécanisme de la physiognomie humaine ou Analyse électrophysiologique de l'expression des passions. Avec un atlas composé de 74 figures électro-physiologiques photographées (Paris 1862); s. auch Bühler [43] Kap. VII. zu Duchenne und L.P. Gratiolet. – **312** Th. Piderit: Wiss. System der Mimik und P. (1867) (mehrere Aufl. bis ins 20.Jh. hinein); vgl. auch sein die Grundgedanken vorbereitendes Werk: Grundsätze der Mimik und P. (1858); s. auch Bühler [43] Kap. V. zu Piderit. – **313** M. Frizot: Der Körper als Beweisstück. Eine Ethnofotografie der Unterschiede, in: Frizot (Hg.) [305] 259–271; s. auch M. Stingelin: Der Verbrecher ohnegleichen. Die Konstruktion ‹anschaulicher Evidenz› in der Criminal-Psychologie, der forensischen P., der Kriminalanthropometrie u. der Kriminalanthropologie, in: Groddeck, Stadler (Hg.) [216] 113–133. – **314** C. Lombroso: Der Verbrecher (Homo delinquens) in anthropologischer, ärztlicher und juristischer Beziehung, übers. v. M.O. Fraenkel. 2 Bde. (1887 [I] – 1894 [II]); Bildbeispiel in Schmölders [42] 122 (ital. Orig.: L'uomo delinquente [1876]; franz. Übers.: L homme criminel, criminel-né, fou moral, épileptique. Étude anthropologique et médico-légale [Paris 1887]); vgl. auch A. Bertillon: La photographie judiciaire (Paris 1890) C. Phéline: L'image accusatrice (Paris 1985). – **315** Phéline [314] 48; zit. n. Frizot [313] 265. – **316** vgl. P. Becker: Physiognomie des ‹Bösen›. C. Lombrosos Bemühungen um eine präventive Entzifferung des Kriminellen, in: Schmölders (Hg.) [43] 163–186. – **317** zit. n. Frizot [313] 265/266. – **318** Caroli [43] 206 (Übers. Red.). – **319** Schmölders [42] 119. – **320** S.L. Gilman: The Face of Madness: Hugh W. Diamond and the Origin of Psychiatric Photography (New York 1976); ders.: Zur Physiognomie des Geisteskranken in Gesch. und Praxis 1800–1900, in: Sudhoffs Archiv 62 (1978) 209–234. – **321** Lavater [88] 267–320 [Fünfter Abschnitt]. – **322** J.G. Schadow: National-Physionomieen oder Beobachtungen über den Unterschied der Gesichtszüge und die äussere Gestaltung des menschlichen Kopfes, in Umrissen bildlich dargestellt auf Neun und Zwanzig Tafeln, als Fortsetzung des Policlet oder Lehre von den Verhältnissen des menschlichen Körpers (1835); Abb. in Schmölders [42] 120. – **323** Herder zit. in: J.F. Blumenbach: Über die natürliche Verschiedenheit im Menschengeschlechte (1798) 14; vgl. auch C.G. Carus: Rez. des ‹Polyclet› und der ‹National-Physionomieen›, in: Jb. für wiss. Kritik 10 (1836) Nr. 73, Sp. 580–584 u. Nr. 74, Sp. 585–591. – **324** vgl. Anm. [160]. – **325** synoptisch mit dem frz. Autographen und der dt. Übers. v. W. u. D. Drost. Mit einem Nachwort v. W. Drost u. K. Riha (1982); für die Gegenwart vgl. G. Faigin: Mimikzeichnen leichtgemacht (1998); B. Natke: Comic-Zeichnen für Einsteiger (1998); W. Halbinger: Karikaturen zeichnen für Einsteiger. Idee, Umsetzung, Beispiele (2000). – **326** R. Toepffer: Essai de physiognomonie/Essay zur Physiognomonie (1982) 9. – **327** aus: Busch [184] 147f. («Tobias Knopp. Zweiter Teil: Herr und Frau Knopp, ‹Eheliche Ergötzlichkeiten›»). – **328** Sie läßt sich in einem Modell kondensieren: s. Kalverkämper [39] 372–373. – **329** s. ebd. 334. – **330** H. Friedrich: Drei Klassiker des frz. Romans (⁷1973). – **331** vgl. H. Kalverkämper: Art. ‹Nonverbale Kommunikation› in: Kolboom, Kotschi, Reichel (Hg.) [160] Art. 51, 363–371. – **332** Weigelt [220] 115–119, zit. 115. – **333** vgl. Ch. Grivel: Die Identitätsakte bei Balzac. Prolegomena zu einer allgemeinen Theorie des Gesichts, in: H.-U. Gumbrecht, K. Stierle, R. Warning: Honor de Balzac (1980) 83–141. – **334** vgl. R. Klein: Kostüme und Karrieren. Zur Kleidersprache in Balzacs ‹Comédie humaine› (1990). – **335** als Version der Neuzeit: R. Krien: Namenphysiognomik. Unters. zur sprachlichen Expressivität am Beisp. von Personennamen, Appellativen und Phonemen des Dt. (1973); s. auch Kalverkämper [284] 88–109. – **336** H.L. Scheel: Balzac als Physiognomiker, in: Archiv f. d. Studium der neueren Sprachen 198 (1962) 227–244, hier 232–242. – **337** ebd. 237. – **338** zur lit. Anthropologie vgl. Th. Koch: Lit. Menschencarst. (1991); J. Starobinski: Kleine Gesch. des Körpergefühls (1991) R. Behrens, R. Galle (Hg.): Leib-Zeichen. Körperbilder, Rhet. und Anthropologie im 18.Jh. (1993); B. Korte: Körpersprache in der Lit. Theorie und Gesch. am Beisp. engl. Erzählprosa (1993); R. Behrens, R. Galle (Hg.): Menschengestalten. Zur Kodierung des Kreatürlichen im modernen Roman (1995); vgl. Kalverkämper [115] Ende B.II.3. (Sp. 1342). – **339** vgl. ders. [69]. – **340** Chr. Strosetzky: Balzacs Rhet. und die Lit. der Physiologien (1985) 5, dort mit Nachweisen. – **341** s. Lausberg Hb. §§ 373–399; vgl. auch Strosetzky [340] 20. – **342** Physiologie du goût, ou méditations de gastronomie transcendente. Ouvrage théorique, historique, et à l'ordre du jour, dédié aux Parisiens (Paris 1880) (erscht. 1826). – **343** vgl. Strosetzky [340]; dazu Rez. v. H. Kalverkämper in: Rhet. 7 (1987) 172–174. – **344** vgl. H.R. van Biesbrock: Die lit. Mode der Physiologien in Frankreich (1840–1842) (1978); Strosetzky [340] 7f., 20. – **345** Strosetzky [340] 26. – **346** vgl. Grivel [333]. – **347** vgl. dazu C. Muysers: Das bürgerl. Portrait im Wandel. Bildnisfunktion und -auffassungen in der dt. Moderne 1860–1900 (2001). – **348** vgl. W. Schmied Zum Tode des Malers F. Bacon Der produktive Ekel, in: Die Zeit Nr. 20 ([8. 5.] 1992) 63; G Deleuze: F. Bacon – Logik der Sensation. Aus dem Frz. v. J Vogel (1995); M. Peppiatt: Francis Bacon. Anatomie eines Rätsels. Aus dem Engl. v. F. Fritz, B. Herbst, H. Koop (2002). – **349** vgl. L. Strelow: Das manipulierte Menschenbildnis (1961). – **350** vgl. Hake [308]; P. Pakesch (Hg.): Abbild. Recent Portraiture and Depiction (2001). – **351** vgl. B. Jochens (Hg.): Dt. Weihnacht. Ein Familienalbum 1900–1945 (1996; 1997). – **352** vgl. Taxonomik in Kalverkämper [24] oder [33]. – **353** vgl. Bormann [43] 145–147, mit Abb. aus dessen Buch: Über den natürl. Unterschied der Gesichtszüge in Menschen verschiedener Gegenden und verschiedenen Alters; über das Schöne antiker Bildsäulen und geschnittener Steine, nebst [sic!] einer neuer. Art, allerlei Menschenköpfe mit Sicherheit zu zeichnen, hg. v. A.G. Camper, übers. v. S. Th. Sömmering ([postum] 1792) s. VI. – **354** s. Weinrich [91]; ders. [104] 5f. – **355** ders. [104] 15. – **356** vgl. ‹Kultur›-Bestimmung in Kalverkämper [26] 138–140; H. Kalverkämper: Translationswiss. als integrative Disziplin, in: H. Gerzymisch-Arbogast, D. Gile, J. House, A. Rothkegel (Hg.): Wege der Übersetzungs- und Dolmetschforsch. (1999) 55–76, hier 68f.; H. Kalverkämper: Die Wiederentdeckung des kommunikativen Körpers – Rhet., Theatralik und Interkulturelle Wirtschaftskommunikation, in: Hermes. Journal of Linguistics 23 (1999) 115–152, hier 120–122. – **357** erste Versuche einer Zusammenstellung bei E. Oksaar: Kulturemtheorie. Ein Beitr. zur Sprachverwendungsforschung (1988); inzwischen breit ausgearbeitet im Rahmen einer kulturwiss. Xenologie: z.B. A. Wierlacher: Blickwinkel der Interkulturalität. Wiss. Konzeptualisierungen – Berufsbezogene wiss. Weiterbildung – Lit. Bedingungsstudien und Modellbildungen von Interkulturalität (2001). – **358** J. Galtung: Struktur, Kultur und intellektueller Stil. Ein vergleichender Essay über saxonische, teutonische, gallische und nipponische Wiss., in: A. Wierlacher (Hg.): Das Fremde und das Eigene (1985) 151–193; E.-D. Müller (Hg.): Interkulturelle Wirtschaftskommunikation (1991); M. Clyre: Pragmatik, Textstruktur und kulturelle Werte. Eine interkulturelle Perspektive, in: H. Schröder (Hg.) Fachtextpragmatik (1993) 3–18; H. Schröder: Interkulturelle Fachkommunikationsforschung. Aspekte kulturkontrastiver Unters. schriftl. Wirtschaftskommunikation, in: Th. Bungarten (Hg.): Fachsprachentheorie (‹FST›), Bd. 1 (1993) 517–550; J. Bolten (Hg.): Cross Culture – Interkulturelles Handeln in der Wirtschaft (1995); J. Bolten: Fachsprachl. Phänomene in der interkulturellen Wirtschaftskommunikation, in: Hoffmann u.a. (Hg.) [40] Bd. 1 (1998) 849–855 [Art. 88]; Kalverkämper: Wiederentdeckung [356], H.-H. Höhmann (Hg.): Wirtschaft und Kultur im Transformationsprozeß (2002). – **359** z.B. Chu, Chin-Ning: China-Knigge für Manager. Aus dem Engl. v. Th. Schmidt (1993); D. Rowland: Japan-Knigge für Manager. Aus dem Engl. v. Fr. Mader (1994); A. Baumgart, B. Jänecke: Rußlandknigge (1997); R.R. Gesteland: Global Business Behaviour Erfolgreiches Verhalten und Verhandeln im int. Geschäft (1999); K. Allnach, C. Rusch: Rhet. erfolgreiche Gesprächsführung, Redetechnik und

Körpersprache, mit Übungen und Musterreden (1995); s. auch Art. ‹Managementrhetorik› in: HWRh, Bd. 5 (2001) Sp. 843–872. – **360** z. B. M. v. Kreusch: Praktische Charakterkunde für das Erwerbsleben. Handschrifts-, Schädel-, Gesichts-, Hand- Bewegungs-Merkmale als Hilfsmittel im Geschäftsverkehr (1927); M. v. Kreusch: Praktische Menschenkunde. Händschrifts-, Schädel-, Gesichts-, Hand-, Bewegungs-Merkmale als Hilfsmittel im täglichen Leben (1929). – **361** s. H. Picht: Wirtschaftslinguistik: ein hist. Überblick, in: Hoffmann u.a. (Hg.) [40] Bd. 1 (1998) 336–341 [Art. 30]). – **362** vgl. Kalverkämper [26] u. [331] sowie ders.: Wiederentdeckung [356]; z.B.: G. Kalmbach: Kulturschock Frankreich (1990); M. Lutterjohann: KulturSchock Japan ([4]1998). – **363** hierzu ausführl. in Kalverkämper [24]; vgl. auch D. Röseberg: Kulturwiss. Frankreich (2001). – **364** vgl. I. Eibl-Eibesfeldt: Der Mensch – das riskierte Wesen (1988); ders. [5] passim. – **365** H. Kalverkämper: Das Vorurteil in interkulturellen Zeichenprozessen, in: U. Dietrich, M. Winkler (Hg.): Okzidentbilder: Konstruktionen und Wahrnehmungen (2000) 63–82; ders.: Der transformierte Dialog: Das Vorurteil in der interkulturellen Begegnung, in: M. Anghelescu, L. Schippel (Hg.): Im Dialog: Rumänische Kultur und Lit. (2000) 37–48; speziell im Bereich der Physiognomie Schmölders [42]. – **366** R. Shattuck: Tabu. Eine Kulturgesch. des verbotenen Wissens. Aus dem Amerikan. v. H. Stadler u. Th. Schmidt (1996); Douglas [37]; H. Schröder: Tabuforsch. als Aufgabe interkultureller Germanistik, in: Jb. Dt. als Fremdsprache 21 (1995) 15–35; ders.: Art. ‹Tabu›, in: A. Wierlacher (Hg.): Hb. Interkulturelle Germanistik (2002). – **367** vgl. A. Wierlacher: Toleranz und Toleranzforsch. im Zeitalter der Internationalisierung. Beitr. zur Gesch. des öffentlichen Toleranzgesprächs in der BRD (1945–1999) (2001). – **368** S. Raum: «Kunstwollen», Physiognomie und Propaganda: tausendjährige Photographie, in: M. Rüger (Hg.): Kunst und Kunstkritik der dreißiger Jahre. 29 Standpunkte zu künstlerischen und ästhetischen Prozessen und Kontroversen (1990) 237–244, zit. 237; vgl. B.K. Schultz: Dt. Rassenköpfe. 43 preisgekrönte Bilder aus einem Wettbewerb (1935). – **369** vgl. W. Hellpach: Dt. Physiognomik. Grundlegung einer Naturgesch. der Nationalgesichter (1942); Textauszug aus dem Aufsatz: Der völkische Aufbau des Antlitzes (1933) in: Schmölders [40] 229f.; s. auch G. Venzmer: Dein Kopf – dein Charakter! Was Schädelform und Antlitzbildung über die Wesensart des Menschen verraten ([7]1934). – **370** H.F.K. Günther: Rassenkunde des dt. Volkes (1922, [16]1933, [17]1937 u.ö.); Kleine Rassenkunde des dt. Volkes (1929; 31933; [4]1934 u.ö.); Textauszug «Die nordische Rasse» in: Schmölders [42] 225f. – **371** Schmölders [42] 33. – **372** Borrmann [43] 192. – **373** vgl. z.B. F.S. Krauss: Streifzüge im Reiche der Frauenschönheit (1903); Die Schönheit des menschlichen Körpers (2. Aufl. Düsseldorf o.J [ca. 1920]) (mit physiognom. Bewertungen zu den Teilen des ganzen Körpers); P. Hirth, J. Kirchner (Hg.): Die Schönheit der Frauen. Neue Folge (Berlin o.J. [ca. 1920]) (mit physiognom. Bewertungen zu den Teilen des ganzen Körpers); J. Grosse: Die Schönheit des Menschen. Ihr Schauen, Bilden und Bekleiden (1926); H.W. Fischer: Menschenschönheit. Gestalt und Antlitz des Menschen in Leben und Kunst. Ein Bilderwerk in sieben Schau-Kreisen geordnet und gedeutet (1935); A.R. Marsani: Frauen und Schönheit in aller Welt (1939); s. auch kunstgesch. Entwicklung bei C. Moreck: Das weibliche Schönheits-Ideal im Wandel der Zeiten (1925) sowie: Das Weib in der Kunst der neueren Zeit. Eine Kulturgeschichte der Frau (1925); vgl. auch in umfassenden thematischen Zusammenhängen A. Wagner: Die Frau im Rampenlicht der Kunst. Ein Bildbuch über die Wandlung von Schönheitsidealen und Lebensart (1963); F. Borzello: Wie Frauen sich sehen. Selbstbildnisse aus fünf Jh. (1998; engl. Orig.: Seeing Ourselves [London 1997]). – **374** vgl. z. B. D. Wildmann: Kein «Arier» ohne «Jude». Zur Konstruktion begehrter Männerkörper im «Dritten Reich», in: J. Funk, C. Brück (Hg.): Körper-Konzepte (1999) 59–81. – **375** vgl. z.B.: Kunst und Macht im Europa der Diktatoren 1930 bis 1945. XXIII. Kunstausstellung des Europarates (London/ Barcelona/ Berlin 1996). Zusammengestellt v. D. Ades u.a. (1996); vgl. auch: M. Loiperdinger u.a. (Hg.): Führerbilder. Hitler, Mussolini, Roosevelt, Stalin in Fotografie und Film (1995). – **376** Abb. in: Lex. der Kunst [in 12 Bd.]. Malerei, Architektur, Bildhauerkunst. Bd. 5 (1994) 256f. – **377** Schmölders [42] 32; L. Klages:

Prinzipien der Charakterologie (1910) (ab 4. Aufl. u.d.T.: Die Grundlagen der Charakterkunde [[4]1920]); Ausdrucksbewegung und Gestaltungskraft (1913) (ab 5. Aufl. u.d.T.: Grundlegung der Wiss. vom Ausdruck [[5]1936]); HS und Charakter (1917; [16]1936; [21 u. 22]1943); Grapholog. Lesebuch (1930); L. Klages: Sämtl. Werke in 8 Bd. [u. Registerbd.], hg. v. E. Frauchiger u.a. (1964–2000); Textauszug «Der physiognomische Ausdruck» in Schmölders [42] 221f.; s. auch Bühler [43] Kap. IX zur Ausdruckslehre v. Klages. – **378** M. Picard: Das Menschengesicht ([1-3]1929). – **379** E. Kretschmer: Körperbau und Charakter. Unters. zum Konstitutionsproblem und zur Lehre von den Temperamenten (1921; [13 u. 14]1940; [26]neu bearb. und erw. v. W. Kretschmer 1977); Textauszug «Der Körperbau» in Schmölders [42] 218f. – **380** Aufgenommen und populär verbreitet bei z.B. G. Venzmer: Körpergestalt und Seelenanlage. Ein Überblick über die biolog. Verwandtschaft zw. Körperform und Wesenskern des Menschen (1930). – **381** Fr. Aerni: Lehrbuch der Menschenkenntnis. Einf. in die Huter'sche Psychophysiognomik und Kallisophie (Zürich 2000) 289–302 zu E. Kretschmer und dem Amerikaner W.H. Sheldon, zum Einbezug der Dreitypenlehre Carl Huters im Vgl. zu den drei Körperbautypen Prof. Dr. med. Dir. Kretschmers (Schwaig bei Nürnberg 1931). – **382** C. Huter: Menschenkenntnis durch Körper-, Lebens-, Seelen- und Gesichtsausdruckskunde auf neuen wiss. Grundlagen. Fünf Unterrichtsbriefe zur Einf. in die Elementarlehren der Huterschen Psycho-Physiognomik, die Lehre von der natürlichen Offenbarung des organischen Lebens. Als MS ersch. in 5 Bd. 1904–1906 (1929; Neuausg. m.d. geänd. Untertitel ‹Fünf Lehrbriefe› Zürich 1992); ders.: Illustriertes Taschenb. der prakt. Menschenkenntnis. Volkstümliche Darst. meines Systems der wiss. Psycho-Physiognomik. Körper-, Kopf-, Gesichts- und Augen-Ausdruckskunde ([4]1930); ders.: P. des Ohres. Stud. über das Seelenleben des Menschen nach Form und Ausdruck des Ohres. Ein Lehrbuch zur Menschenkenntnis. Bearb. u. hg. v. A. Kupfer (1931); vgl. auch Aerni [381]. – **383** A. Kupfer: Menschenkenntnis. Carl Huters Psycho-Physiognomik. Das Buch von 1941. In Not und Gefahr vor der Gestapo geschrieben v. A. Kupfer (1948). – **384** C. Schmölders: Hitlers Gesicht. Eine physiognom. Biogr. (2000); F. Aerni: Hitler und die P. (Zürich 2001). – **385** Borrmann [43] 193. – **386** Schmölders [42]. – **387** Textauszug in Schmölders [42] 231. – **388** Stichwort-Bearbeitung nach den Ausführungen von Borrmann [43] 191f. – **389** vgl. Lavaters christlich motivierte Aufklärungen zur Kulturvielfalt und Toleranz in Lavater [88] IV 325 [«Beschluß der Nationalphysiognomien»]. – **390** Kirchhoff [41]. – **391** Kirchhoff [43] sowie R. Kirchhoff: Allg. Ausdruckslehre (1957). – **392** ebd. Vorwort, zit. u. historisch eingeordnet v. A. Wellek in seinem Geleitwort zu Bühler [43]. – **393** vgl. B.R. Buttkus: Physiognomik. Ein neuer Weg zur Menschenkenntnis (1970); W. Aureus: Charakterkunde für alle (1978); J.B. Delacour: Das große Lex. der Charakterkunde (1980) mit Kap. I: Moderne P. (23–112); J. Rattner (Hg.): Menschenkenntnis und Charakterkunde (1983); M. Gauquelin: ABC der Charakterkunde. Eine lebensnahe Einf. in praktische Psychol. und Charakterkunde (1987; frz. Original.: Connaître les autres [Paris 1970]); P. Lauster: Menschenkenntnis ([17]1991); D. Morris: Das Tier Mensch (1994; engl. Orig.l: The Human Animal [London 1994]); B. Schwertfeger, N. Lewandowski: Die Körpersprache der Bosse (1990); R. Spieth: Menschenkenntnis im Alltag: Körpersprache, Charakterdeutung, Testverfahren (1994). – **394** W.H.D. Paldis: Das Geheimnis unseres Gesichts. Antlizanalysen mit dem Paldis-Spiegel (1981) 10. – **395** ebd. – **396** Gombrich: Meditationen [31] 193. – **397** Abb. Abb. in Delacour [393] 44 (dort auch noch weitere Bspe.); Bsp. auch in Borrmann [43] 207. – **398** ebd. – **399** Delacour [393] 40–48). – **400** ebd. 41. – **401** Venzmer [369] 58. – **402** Gombrich [396] 208f. – **403** O. Pascalis, M. de Haan, Ch.A. Nelson: Is Face Processing Species-Specific During the First Year of Life?, in: Science Magazine, vol. 296 (2002, May 17) 1321–1323. – **404** vgl. R. Jakobson: Kindersprache, Aphasie u. allg. Lautgesetze (Uppsala 1941). – **405** vgl. N. Tinbergen: The Study of Instinct (London 1951). – **406** Informationen nach und Zitat bei Eibl-Eibesfeldt [5] 88–94, Zit. 90. – **407** Experimente v. R. Fanz: The Origin of Form Perception, in: Scientific American 204 (1961) 66. – **408** aus: R.M. Restak: Geist, Gehirn und Psyche. Psychobiologie: Die letzte Herausforderung (1981; amerikan. Orig.:

The Brain – The last Frontier [New York 1979]). – **409** A.R. Luria: The Working Brain. An Introduction to Neuropsychology. Transl. by B. Haigh (1973): Kap. 3: «The occipital regions and the organization of visual perception.» – **410** Bühler [23] 28. – **411** aus: Luria [409] 122. – **412** s. Anm. [280]. – **413** Werbeanzeige der Sparkassen (Ausschnitt) aus: Stern 9 (2002) 217. – **414** s. Van Eyck und seine Zeit – Flämische Meister und der Süden Europas 1430-1530 [Katalog Brügge 2002] (2002). – **415** vgl. A. Quermann: Domenico di Tommaso di Currado Bigordi Ghirlandaio 1449–1494 (1998) bes. 132–135. – **416** vgl. z.B. Lavater [88] Bd. 3 (Leipzig/ Winterthur 1777) 135–162. – **417** Vom Leben geformt. Jugend- und Mannesbildnisse bedeutender Persönlichkeiten (1934) 3 – **418** C. Newman, St. McCurry: 17 Jahre danach, in: National Geographic Deutschland (April 2002) 42–49. – **419** ebd. 42f. – **420** aus: Newman, McCurry [418] 42f. – **421** Delacour [393] 111 f. mit Paarbildern zu Bertold Brecht und Thomas Mann U. Ott, F. Pfäfflin (Hg.): Archiv der Gesichter. Toten- und Lebendmasken aus dem Schiller-Nationalmuseum (1999). – **422** . Benkard: Das ewige Antlitz. Eine Sammlung von Totenmasken. Mit einem Geleitwort v. G. Kolbe (1926). – R. Langer: Totenmasken (1927); vgl. auch H. v. Schlosser: Tote Blicke. Geschichte der Porträtbildnerei in Wachs. Ein Versuch. Hg. v. Th. Medicus (1993). – **423** E. Hran (Hg.): Le dernier portrait (Paris 2002). – **424** Arist. Poet. 1452a 22 – 1452b 13 (Kap. 11). – **425** vgl. M. Behrens, R. Roth (Hg.): Biometrische Identifikation. Grundlagen, Verfahren, Perspektiven (2001); V. Nolde, L. Leger (Hg.): Biometrische Verfahren. Körpermerkmale als Paßwort. Grundlagen, Sicherheit und Einsatzgebiete biometrischer Identifikation (2002). – **426** vgl. Reportage «Schreck lass nach» – zu Selbstentstellungen der Freak-Truppe ‹Modern Primitives›, in: Stern 11 (7.3. 2002) 184–187. – **427** vgl. Foto in: Der Tagesspiegel Nr. 17786 (8. 6. 2002) 10; Unterschrift unter dem Bild: «Das darf nicht wahr sein: Eberhard Diepgen und Senatssprecher Andreas Michael Butz am Tag der Abwahl, dem 16. Juni 2001». – **428** H. Rückle: Körpersprache für Manager (1998) 263f. – **429** vgl. z.B. die persönliche Lebensgeschichte von Latifa, mit Ch. Hachemi: Visage volé (Paris 2001). Dt. Übers.: Das verbotene Gesicht. Mein Leben unter den Taliban (2001, ⁴erw. 2002). – **430** vgl. zur Maske Kalverkämper [115] B.II.3. – **431** D. Katz, R. Katz (Hg.): Hb. der Psychologie (Basel/Stuttgart ²1960) 62; vgl. auch D. Katz: Studien zur experimentellen Psychologie (1953); Anderes Beispiel mit 20 Münchner Studentinnen bei H. Daucher: Künstlerisches und rationalisiertes Sehen. Gesetze des Wahrnehmens und Gestaltens (1967); weiteres Beispiel vorgestellt bei Eibl-Eibesfeldt [5] 902, sowie bei Aerni [381] 292f. – **432** aus: Katz, Katz (Hg.) [431] 61. – **433** Fr. Galton: Inquiries into Human Faculty and its Development (London 1883); Photographisches Beispiel seiner Methode in: Frizot [313] 266f. sowie in Schmölders [42] 123; vgl. auch ähnlich: aus Sicht der Anthropologie W.Z. Ripley: The Races of Europe (London 1900) sowie aus Sicht der Photographierkunst A. Batut: Application de la photographie à la production du type d'une famille, d'une tribu ou d'une race (Paris 1887). – **434** vgl. Eibl-Eibesfeldt [5] 902. – **435** J.H. Elliott (Hg.): Spanien und die spanische Welt. Illustrierte Kulturgesch. (1991) 12f. – **436** aus: ebd.; Obere Reihe: El Greco: Porträt eines Unbekannten spätes 16. Jh.); Photo eines Toreros, Valencia (um 1950); Alonso Cano: S. Juan de Dios (17. Jh.); Picasso: Harlekin (1923); Untere Reihe: Goya: Porträt der Schauspielerin Antonia Zárate (um 1805); Picasso: Akrobaten-Zyklus, Ausschnitt: Mutter und Kind (1905); vgl. auch Érotisme et corps au XXe siècle – Culture hispanique (Dijon 1992); Aug. Redondo (Hg.): Le Corps dans la société espagnole des XVIe et XVIIe siècles (Paris 1990); Aug. Redondo (Hg.): Le Corps comme métaphore dans l'Espagne des XVIe et XVIIe siècles (Paris 1992). – **437** Kolossalkopf, Basalt, sog. olmekischer Typus, La Venta-Kultur, mittlere Golfküste (ca. 300 v.Chr.–200 n.Chr.), aus La Venta (Mexiko); zwölfjähriger Maya-Junge aus Uxmal (Yucatán, Mexiko). Beide Bilder, auch in dieser vergleichenden Gegenüberstellung, aus: F. Anton: Alt-Mexiko und seine Kunst (1965) 14. – **438** dazu vgl. Schmölders [42] 74f. – **439** Lausberg Hb. § 260. – **440** Lausberg Hb. § 374, Ende. – **441** Quint. V 10, 24–30; Lausberg Hb. § 376; sowie Ueding/Steinbrink B.II.1. – **442** Lausberg [109] § 376. – **443** ebd. – **444** Lausberg Hb. § 260. – **445** Quint. XII 10, 59; vgl. auch Lausberg Hb. § 257, 1), 2), 3) sowie §§ 326–329 und 330–334. – **446** Quint. VI 2 8. – **447** Arist. Rhet. II 12–14. – **448** Vogt [47] 93. – **449** ebd. – **450** nach Lausberg Hb. § 1079, 524: II.B.1. – **451** Lausberg Hb. §§ 826–829, 1149 zur «sozialen Typenkonkretisierung» und zur «Individualkonkretisierung». – **452** Lausberg Hb. §§ 820–823 825, 1131f., 1147; zu beiden s. Martin 291–293. – **453** Lausberg Hb. § 1131. – **454** Vogt [47] 95. – **455** Vogt [47] 96. – **456** Lausberg Hb. §§ 1083–1090; Ueding/Steinbrink Kap. A. IV. – **457** Lausberg Hb. § 1088. – **458** Schmölders [42] 75.

Literaturhinweise:

G. Bilancioni: L'orecchio e il naso nel sistema antropometrico di Leonardo da Vinci (Rom 1920). – R. Kassner: P. (1932). – E.H. Gombrich: Leonardo's Grotesque Heads. Prolegomena to Their Study, in: Leonardo Saggi e Ricerche (Rom 1954) 199–219. – R. Kassner: Das Antlitz des Deutschen in fünf Jh. dt. Malerei (Zürich 1954; ND 1980). – J. Lefas: Gesicht und Charakter (o.J. [ca. 1965]). – E.H. Gombrich: Maske und Gesicht, in: ders. u.a.: Kunst, Wahrnehmung, Wirklichkeit (1977) 10–60. – G. Tytler: Physiognomy in the European Novel: Faces and Fortunes (Princeton 1982). – O. Baur u.a.: Leonardo da Vinci. Anatomie, P., Proportion und Bewegung (1984). – G. Boehm: Bildnis und Individuum. Über den Ursprung der Porträtmalerei in der ital. Renaissance (1985). – H. MacL. Currie: Aristotle and Quintilian: Physiognomic Reflections, in: A. Gotthelf (Hg.): Aristotle on Nature and Living Things. FS D.M. Balme (Pittsburgh 1985) 359–366. – U. Eco: Arte e bellezza nell'estetica medievale (Mailand 1987; dt.: Kunst und Schönheit im MA [1993, ⁵2001]). – Chr. Vielhaber: Augen-Blicke. Das Auge in der Kunst des 20. Jh. (1988). – K. Herzog: Die Gestalt des Menschen in der Kunst und im Spiegel der Wiss. (1990). – T. Landau: Von Angesicht zu Angesicht. Was Gesichter verraten und was sie verbergen (1993; amerikan. Orig.: About Faces [New York 1989]). – M.W. Kwakkelstein: Leonardo da Vinci as a Physiognomist. Theory and Drawing Practice (Leiden 1994). – Th. Kellein: Pierrot. Melancholie und Maske (1995). – H.C. Jacobs: Schönheit und Geschmack. Die Theorie der Künste in der span. Lit. des 18. Jh. (1996). – H.C. Lavater: Physiognomische Fragmente zur Beförderung der Menschenkenntnis und Menschenliebe. Bearb. u. hg. v. F. Aerni (Zürich 1996). – Z. Valdés: La ira (Madrid 1996). – Chr. Wulf: Vom Menschen. Hb. Hist. Anthropol. (1997) 407–585 (Kap. «Körper»). – R. van Dülmen (Hg.): Erfindung des Menschen. Schöpfungsträume und Körperbilder 1500–2000 (1998). – D. Moosbach: Bildermenschen – Menschenbilder. Exotische Menschen als Zeichen in der neueren dt. Printwerbung (1999). – [N. Ruzicska, R. Metzger:] Face, Head and Portrait in Contemporary Art (o.J. [1999]). – R. Jütte: Gesch. der Sinne. Von der Antike bis zum Cyberspace (2000). – H. Kalverkämper: Vorläufer der Textlinguistik: die Rhet., in: K. Brinker u.a. (Hg.): Text- und Gesprächslinguistik/ Linguistics of Text and Conversation. Ein int. Hb. zeitgen. Forschung/ An International Handbook of Contemporary Research, Bd. 1 (2000) 1–17 [Art. 1]. – C. Schmölders, S.L. Gilman (Hg.): Gesichter der Weimarer Republik. Eine physiognom. Kulturgesch. (2000). – B. Bates, J. Cleese: Gesichter. Das Geheimnis unserer Identität (2001; engl. Orig.: The Human Face [London 2001]). – H. Gläser u.a. (Hg.) Blick, Macht, Gesicht (2001). – D. McNeill: Das Gesicht. Eine Kulturgesch. (2001; amerikan. Orig.: The Face [Boston/New York 1998]). – R Krüger (Hg.): E. Bredtmann, F. Schiller, E. Lommatzsch: Drei Unters. zur Körpersprache im frz. MA (2002). – A. Weisbach: Körpermessungen verschiedener Menschenrassen. Europ. Rassenwahn und Anthropometrie im 19. Jh., hg. v. R. Krüger (2002).

H. Kalverkämper

→ Actio → Charakterismos → Ethik → Ethos → Gebärde → Gestik → Indiz → Körpersprache → Mimesis → Mimik → Persona → Personifikation → Psychologie

Pietismus (neugriech. πιετισμός, pietismós; neulat. pietismus; engl. pietism; frz. piétisme, ital. pietismo; ursprünglich pejorativ: «Frömmelei», positiv gewendet: «intensivierte, vertiefte Frömmigkeit»)

A. Def. und Geschichte des P. – B. Spezifische Schwierigkeiten bei der Bestimmung des Verhältnisses von P. und Rhet. – I. Notwendige Voraussetzungen für die Bestimmung. – II. Inadäquate Darstellungen pietistischer Rhet. in Polemik und Forschung. – C. Gegenentwurf: Das Programm einer ‹sapiens et eloquens pietas› im P. – I. Die Erbauungsstunde als ‹Sitz im Leben› der pietistischen Eloquenz. – II. Einfluß akademischer Rhet. auf den P. – III. Nachwirkungen des pietistischen Humanismus im Verlagswesen und im Umfeld der dt. Klassiker. – D. Eigenheiten pietistischer Rhet. – I. Vorbilder pietistischer ‹rhetorica contra rhetoricam› in antiker Rhetoriktradition. – II. Die Bedeutung der Affekte für den P. – III. Visuell-verbale Rhet. (‹ut pictura poesis›). – IV. Rationale Elemente im P. – V. Die körperliche Seite der Beredsamkeit. – VI. Zur kommunikativen Leistung der pietistischen Rhet.

A. Das Wort ‹P.› ist eine lateinisch-französisch-griechische Hybridbildung: Zum französischen Wort ‹piété›, das seinerseits aus dem Akkusativ ‹pietatem› des lateinischen Wortes ‹pietas› gebildet ist, tritt die Latinisierung der griechischen Endung ‹-ismos›. Die ursprünglich abfällig gemeinte Bezeichnung ‹Pietisten› begegnet um 1675 im Umkreis PHILIPP JAKOB SPENERS in Frankfurt am Main und verdrängt erst allmählich die Bezeichnung ‹Spenerianer›; wie denn auch ‹Pietisten› als ehrenvolle Selbstbezeichnung der neuen Frömmigkeitsbewegung sich erst geraumer Zeit, dafür um so nachhaltiger durchsetzt. Entscheidend wird die positive Verwendung des Wortes ‹Pietist› durch den Leipziger Professor der Dichtkunst und Beredsamkeit JOACHIM FELLER (1639 bis 1691), vor allem in einem Leichengedicht auf den Theologiestudenten Martin Born (1666–1689), das zuerst in der (verschollenen) Gedenkschrift ‹Luctuosa desideria, quibus [...] Martinum Bornium [...] prosequebantur [...] patroni, praeceptores atque amici› (Leipzig 1689) erscheint.

«Den» P. gibt es nicht; das Wort ist ein Sammelbegriff, der überaus vielfältige Erscheinungen zum Teil auf Grund konventioneller Übereinkunft zusammenfaßt. Als Frömmigkeitsphänomen ist der P. Erscheinungen wie dem katholischen Quietismus und Jansenismus, dem jüdischen Chassidismus, dem islamischen Sufismus und ähnlichen orientalischen, insbesondere auch fernöstlichen, Phänomenen vergleichbar. Innerhalb des Protestantismus ähneln ihm Strömungen im angelsächsischen Puritanismus, etwa bei WILLIAM PERKINS (1558–1602), und niederländische Strömungen wie die vom puritanischen Präzisismus (der «preciesheid» [Präzision] der Gesetzeserfüllung) beeinflußte ‹Nadere Reformatië› (‹nähere›, d.h. ‹intensivierte Reformation›), etwa bei WILLEM TEELLINCK (1579–1629). Sie werden von Kirchenhistorikern wie dem Pietismusforscher Martin Brecht gelegentlich als Zweige eines europäischen P. angesehen – zweifellos haben sie, wie zum Teil auch katholische und seltener auch andere religiöse Strömungen, auf den deutschen P. eingewirkt, der seinerseits über den deutschen Sprachraum hinaus ausstrahlt und durch die vom P. im Gegensatz zum orthodoxen Luthertum geförderte christliche Mission weltweite Wirkungen entfaltet.

Die neuere Kirchengeschichtsschreibung (z.B. Johannes Wallmann) unterscheidet P. im weiteren Sinne als eine um 1600 einsetzende, vor allem in literarischen Texten faßbare, neue, auf die «Gottseligkeit» orientierende, innerhalb der lutherischen Orthodoxie entstehende Frömmigkeitsrichtung, in der JOHANN ARNDT (1555 bis 1621) führend wird und auf die sich Philipp Jakob Spener (1635–1705), der «Vater des Pietismus», ausdrücklich beruft, vom Pietismus im engeren Sinn als sozial greifbarer, eigene Gruppen bildender neuer Bewegung. Auf deren 1675 bis etwa 1800 während Kernzeit, in welcher der P. besonders wirkmächtig wird, bezieht sich der vorliegende Artikel vorrangig. Der vielfach auch in der lutherischen Orthodoxie anerkannte Arndt greift mit seiner Frömmigkeitsrichtung (die man mit dem Neologismus *Eusebismus* bezeichnen könnte) wie einst Luther auf frühere Traditionen, auf mittelalterliche Mystik zurück. Eine eigene Note ergibt sich durch seinen freilich lutherisch revidierenden Rückgriff auf den mystischen Spiritualismus solch «heterodoxer» Autoren wie Paracelsus und Valentin Weigel. Speners neue Frömmigkeitsbewegung, die teilweise durch die Erweckungsbewegung und den wie diese unter angelsächsischem Einfluß stehenden Neupietismus des 19. Jh. sowie durch die unter starker amerikanischer Einwirkung stehende «evangelikale» Bewegung des 20. Jh. mit ihrem vor allem auch rhetorisch wirksamen Einsatz massenpsychologischer Mittel (Evangelisation) umgestaltet wird, wirkt bis heute nach, vor allem in Württemberg (dort in den «altpietistischen» Gemeinschaften und der von MICHAEL HAHN begründeten ‹M. Hahn'schen Gemeinschaft›, der nach dem Pfarrer CHRISTIAN GOTTLOB PREGIZER benannten ‹Pregizer-Gemeinschaft› und den «neupietistischen» Gemeinschaften) wie auch in Westfalen. Die zu Ende des 19. Jh. einsetzende Gemeinschaftsbewegung hat zum Zusammenschluß verschiedener einzelner Gemeinschaften zu größeren Verbänden und damit zu organisatorischer Konzentration und Stabilität bei gleichzeitigem Verlust an Spontaneität geführt.

Zum P. im engeren Sinne gehört vor allem die im Umkreis Speners sich bildende neue Frömmigkeitsbewegung, eine zuerst in städtischen Zentren, besonders Reichsstädten wie Frankfurt am Main, sich bildende Bibel-, Laien- und Heiligungsbewegung, die auf die Sammlung der Frommen in einer Kerngemeinde (*ecclesiola*) drängt. Die Bibel war im Luthertum wegen ihres für den gemeinen Mann zum Teil unerschwinglichen Preises nicht wirklich zum Hausbuch geworden. Entgegen der ursprünglichen Zielsetzung Luthers war das Priestertum aller Gläubigen nicht vollständig realisiert, sondern durch die Betonung der Ordination und des geistlichen Amtes gegenüber den Schwärmern konterkariert worden. Die lutherische Betonung der objektiven Glaubensaussagen, die Rechtfertigung des Sünders allein durch den Glauben, mit dem Pochen auf die durch den Taufschein verbriefte Taufgnade, mit Luthers trostreichem Zuspruch «pecca fortiter!»[1] («sündige tapfer!») wurde von einzelnen Kirchenmitgliedern vielfach als Freibrief zur Zügellosigkeit mißverstanden. Demgegenüber sorgt der P. für die weite Verbreitung der Bibel, aus ihm ging die erste Bibelanstalt der Welt hervor, die durch CARL HILDEBRAND FREIHERRN VON CANSTEIN 1710 gegründete ‹von-Cansteinsche Bibelanstalt›. In den nach urchristlichem Vorbild und nach dem Straßburger Beispiel des Reformators MARTIN BUCER zunächst von dem reformierten Pfarrer THEODOR UNDEREYCK um 1661 in Mülheim an der Ruhr und von Spener im August 1670 in Frankfurt am Main eingeführten Privatversammlungen (Erbauungsstunden, Bibelbesprechstunden, «Stunden», pejorativ «Konventikeln» [kleinen Versammlungen in der *ecclesiola* im Unterschied zu den *conventus* in der verfaßten Großkirche]) kommen auch

Laien zu Wort. Der P., der durchaus in der urbanen Sphäre von Gelehrten wie Spener aufkommt – Speners Frankfurter ‹Collegium pietatis› wird vorwiegend von akademisch gebildeten Mitgliedern besucht – und erst später (in Württemberg besonders spät und dafür um so nachhaltiger) volkstümlich wird, besteht darauf, daß reiner Kopfglaube, das Dogma, die reine Lehre, die Theorie, das rituell, ja routinemäßig vollzogene Sakrament nicht genügen; die aus dem gläubigen Herzen kommende tätige Frömmigkeit, die *praxis pietatis*, müsse hinzukommen. Durch Speners offenbar unter englischem Einfluß vollzogene «Wende in der Eschatologie» [2], seine an den Chiliasmus der Apokalypse anknüpfende «Hoffnung besserer Zeiten für die Kirche», mit der Spener sich von der orthodoxen Naherwartung des Jüngsten Tages löst und sich gegen seine Vorbilder Luther, Arndt und J.V. ANDREAE (1586–1654) stellt [3], eröffnet der Aktivität des einzelnen eine langfristig sinnvolle Perspektive: Recht und Pflicht wiedergeborener Prediger und Laien zur Mitarbeit am Reich Gottes! Die Lebensführung des einzelnen mit entschlossener Kehrtwendung (Bekehrung), Besserung (Buße und Beugung), sein Bemühen um Heiligung, Teilnahme an der göttlichen Natur nach 2 Petr 1,4 und Wiedergeburt kommt innerhalb der pietistischen Gemeinschaften auf den Prüfstand. Dies führt zu skrupulöser Selbstbeobachtung (Introspektion) und auch hermeneutisch wirksamer Entwicklung feinster psychologischer Analyse in Tagebüchern und Briefen. Das Ich des Glaubenden und seine jeweilige affektive Verfassung, der vom Heiligen Geist gewirkte Zustand seiner Seele und seines Gemüts aber auch das Tun des Glaubenden werden aufgewertet. Gegenüber der als Objekt überlieferten Glaubensdoktrin treten in der ‹Theologia experimentalis› (GOTTFRIED ARNOLD) der Pietisten Individualismus und Subjektivität, im «Wahren Christentum» der «Gottseligen» die Verifikation durch die eigene Glaubenserfahrung in den Vordergrund, ähnlich wie in den neuen Erfahrungswissenschaften (der ‹Nova scientia›) das Experiment die empirisch gewonnenen Erkenntnisse verifiziert. Nicht umsonst bestehen zwischen der durch den württembergischen Vorpietisten Johann Valentin Andreae, einen Anhänger Johann Arndts, ausgelösten Rosenkreuzerbewegung und der Nova scientia bis hin zur Royal Society deutliche Querverbindungen. Angesichts der eigenen Defizite können die Selbstprüfung und die Kontrolle durch die Glaubensgenossen besonders im innerkirchlichen P. zu Bescheidenheit und Demut führen. Die Selbstprüfung kann aber auch, besonders im außerkirchlichen P., zu überhöhtem Selbstbewußtsein angesichts der registrierten Heiligungsfortschritte und der Zugehörigkeit zur Kerngemeinde der «wahren» Christen außerhalb der als «Hure Babel» bezeichneten verfaßten Kirche, der «Mauerkirche», führen. Dieses durch autoreferentielle Rhetorik («Selbstüberredung» [4]) verstärkte Selbstbewußtsein kann zudem ungeachtet eigener Defizite der Heiligung durch Dissimulation der Verstöße gegen die überhöhten Heiligungsnormen, d.h. durch «Heuchelei», verteidigt werden – gegenüber der Kontrolle durch das eigene Ich wie durch das Kollektiv der Glaubensgenossen.

Eine teilweise vergleichbare Entwicklung zum Individualismus wird schon in der – entgegen späterer pietistischer Polemik gegen die «tote Orthodoxie» – durchaus reformfreudigen lutherischen Orthodoxie des 17. Jh. sichtbar (vom Lutherischen «Wir glauben all' an einen Gott» bis zum lyrischen «Ich» Paul Gerhardts). Für die Manifestation des lutherischen P. wird Speners programmatische Schrift ‹Pia Desideria: Oder Hertzliches Verlangen/ Nach Gottgefälliger Besserung der wahren Evangelischen Kirchen› (1676; tatsächlich erschienen 1675), die ursprünglich als Vorwort zu einer 1675 erschienenen Neuausgabe von Arndts ‹Postilla› erschien, wegweisend. Der lutherische P. Speners bleibt kirchentreu – Spener bekleidet ja schon seit dem Alter von 31 Jahren kirchenleitende Ämter, 1686–1691 als Oberhofprediger des Kurfürsten von Sachsen, der den Vorsitz des Corpus Evangelicorum innehat, das höchste Amt, das ein Geistlicher innerhalb der deutschen evangelischen Kirchen erlangen konnte. Spener knüpft zwar an die Idee des französischen Separatisten und einstigen Jesuiten JEAN DE LABADIE (1610–1674) von der Sammlung der Frommen in einer Kerngemeinde an, strebt aber im Unterschied zu deren Ausprägung, die man als ‹Ecclesiola *extra* ecclesiam› bezeichnen könnte, ausdrücklich eine Kerngemeinde (ein «Kirchlein») *in* der Kirche («ecclesiola *in* ecclesia») an. Dieser innerkirchliche lutherische P. hat sein von angelsächsischem Puritanismus und von niederländischen Strömungen wie der Nadere Reformatië beeinflußtes Seitenstück in dem von THEODOR UNDEREYCK (1635–1693) um 1661 begründeten reformierten P., zu dessen bekanntesten Vertretern der Dichter GERHARD TERSTEEGEN (1697–1769) gehört.

Der kirchen-, institutionen- und dogmenkritische sogenannte *radikale* P., als dessen bedeutendster Exponent Gottfried Arnold (1566–1714) in seiner mittleren Phase gilt, geht andererseits auf die Theosophie JAKOB BÖHMES zurück, gegenüber dem sich Spener vorsichtigprüfend verhält, dazu offenbar auch auf den mit Johann Valentin Andreae verwandten Frankfurter Juristen JOHANN JAKOB SCHÜTZ, der sich dem Einfluß Jean de Labadies geöffnet hat und zu den Gründungsmitgliedern von Speners Frankfurter Collegium pietatis gehört. Stärker als Speners landeskirchlicher P. öffnet sich der radikale P. dem Einfluß des im linken Flügel der Reformation wirksamen mystischen Spiritualismus, dessen Nachwirkungen auf das Zeitalter der Aufklärung (hier in seiner Erscheinungsform als «mystischer Rationalismus»), insbesondere auf die deutsche Literatur- und Geistesgeschichte dieser Epoche, von großer Bedeutung sind. Auch Speners P. ist jedoch ungeachtet seines Kampfes gegen die Verweltlichung des Glaubens ein Wegbereiter der Aufklärung geworden. Es ging ihm, wie es der Pietismusforscher Martin Schmidt formuliert hat, um Weltverwandlung durch Menschenverwandlung. Dadurch, daß er auf die Welt bessernd, heiligend einwirken will, wirkt die Welt auf dem Wege der Säkularisation des Heiligen auch auf ihn zurück.

B. *Spezifische Schwierigkeiten bei der Bestimmung des Verhältnisses von P. und Rhetorik.* **I.** *Notwendige Voraussetzungen für die Bestimmung.* Bei der Untersuchung des Verhältnisses von P. und Rhetorik muß die Vielfältigkeit der pietistischen Gruppierungen und ihrer Sprecher mit deren persönlicher Interessenvielfalt bedacht werden. Theologisch führende Gestalten wie Spener sind nicht von vornherein auch die auf dem Gebiet von Rhetoriktheorie und -praxis führenden Köpfe. Auch der historische Wandel des P. muß mitbedacht werden. «Schlichte» Redeweise bedeutet für den «umständlich» redenden Spener etwas anderes als für den im Stakkatostil redenden, amerikanisch beeinflußten evangelikalen Redner einer modernen Gruppierung.

Bei der Sicht auf das Verhältnis von P. und Rhetorik ist grundsätzlich eine Vielzahl von Aspekten und Perspektiven möglich. Der in der Germanistik vielfach immer noch unter nationaler oder doch fachspezifischer Perspektive gesehene allmähliche Aufstieg des Deutschen als Gelehrtensprache seit Christian Thomasius bei gleichzeitiger Abkehr vom Latein als *lingua franca* der Gebildeten in der literarischen Welt und der allmählichen Auflösung des Kanons der *exempla classica* muß nicht als Emanzipation von der Dominanz einer Fremdsprache und eines herkömmlichen Kanons, sondern kann unter supranationaler Perspektive auch als Verfallsgeschichte gedeutet werden. Jedenfalls wird das antike Erbe in der vorliegenden Darstellung positiv gesehen. Auch wird hier Rhetorik als ethisch fundierte *ars bene dicendi* grundsätzlich positiv von ihren Wirkungsmöglichkeiten her verstanden und nicht nur auf die Sphäre der Gelehrten beschränkt. Einbezogen werden 1) die implizite Kenntnis rhetorischer Regeln, die sich aus alltäglicher Redepraxis erschließen läßt, 2) die explizite Kenntnis rhetorischer Regeln in deskriptiven oder normativen Äußerungen samt der Kodifikation rhetorischer Regeln in Lehrbüchern sowie 3) die Institutionalisierung rhetorischer Lehre als einer eigenen Fachdisziplin in Institutionen wie Schule, Hochschule, Universität (mit eigenen Lehrstühlen für Rhetorik), Kirche, Vereinen und Verbänden.

II. *Inadäquate Darstellungen pietistischer Rhetorik in Polemik und Forschung.* Inadäquate Darstellungen pietistischer Rhetorik finden sich in der Polemik: In der Komödie der Rhetorikprofessorsgattin LUISE VICTORIE ADELGUNDE GOTTSCHED GEB. VON KULMUS ‹Die Pietisterey im Fischbein-Rocke› (1736) wird der Herr von Mukkersdorff, der im Hallischen Pädagogium studiert hat, als Inkarnation rhetorischer Schwäche vorgeführt. Er ist gedächtnisschwach und stößt unartikulierte Schreie aus. Im Roman ‹Wiltfeber der ewige Deutsche. Geschichte eines Heimatsuchers› (1912) des Nationalisten HERMANN BURTE (1879–1960) «lallt und laferet» der Stille im Lande.[5] Eigene Äußerungen mancher Pietisten scheinen das antirhetorische Bild zu bestätigen. Spener sagt einmal: «Also habe mein lebenlang und von jugend auff zu keinem studio weniger lust gehabt/ als der Rhetoric/ was anlangt die zierlichkeit der rede.»[6] Hans Sperber spricht von einer «Bevorzugung des unrhetorischen», d.h. ‹biblischen, deutlichen und gravitätischen› (Gottfried Arnold) «Stils» durch den Pietismus.[7]

Wolfgang Schmitt, der wertvolles Material zur pietistischen Kunstauffassung zusammengetragen hat, äußert über den pietistischen Dichter D.H. ARNOLDT: «Schon seine Intention, den Leser zu bewegen, schloß die Verwendung rhetorischer Mittel aus.»[8] Schmitt scheint unbekannt zu sein, daß das ‹movere› zu den Hauptzielen gerade der antiken Rhetorik gehört. Ebenso bemerkt Manfred Windfuhr: «Die Altdeutschen und Pietisten lehnen den rhetorischen Stil aus verschiedenen Gründen ab.»[9] Dagegen setzt Wilfried Barner: «Von Ablehnung schlechthin kann [...] keine Rede sein.»[10]

C. *Gegenentwurf: Das Programm einer «sapiens et eloquens pietas» im Pietismus.* **I.** *Die Erbauungsstunde als «Sitz im Leben» der pietistischen Eloquenz.* Die anfangs akademisch geprägten pietistischen Erbauungsversammlungen, in denen heute auch schlichte Bauern und Handwerker das Wort ergreifen, sind gemeinsames Merkmal der verschiedenen pietistischen Gruppierungen vor allem in Württemberg und Westfalen: «Das am meisten charakteristische Moment am P. ist unstreitig die Privatversammlung, schwäbisch Stunde. P. und Stunde sind geradezu Correlate, wie ja auch vom Widerspruch gegen die Konventikel die pietistischen Streitigkeiten eigentlich ihren Ausgang genommen haben», bemerkt Christoph Kolb[11], und auch Hartmut Lehmann erwähnt diese Tatsache in seinem historischen Rückblick: «Die Erbauungsstunden standen im Zentrum des pietistischen Lebens.»[12] Aus den Anfängen stammt eine bezeichnende Definition des lutherisch-orthodoxen Gießener Rhetorik- und späteren Theologieprofessors PHILIPP LUDWIG HANNEKEN: «P. ist mit einem Wort eine sonderbare Zusammenkunft aus allerlei Menschen und aus allerlei Religionen, Männern und Weibern, die da dürfen reden und predigen[,] in Privathäuser.»[13] Diese die separierende, gemeinschaftsbildende, überdenominationelle oder gar überkonfessionelle (G. Arnold: «unparteyische»), besonders im radikalen P. teilweise auch im Blick auf soziale Herkunft und Geschlecht emanzipatorische Tendenzen betonende Definition des P. klingt naiv, enthält aber den wichtigen Hinweis auf die zentrale Stelle der Rede im P. Der spätere Tübinger Rhetorikprofessor SIMEON FRIEDRICH RUES würdigt 1743 die *vis oratoria* und die tränenselige Empfindsamkeit der Sprecher vergleichbarer niederländischer Konventikel: «Es kann nicht geläugnet werden, daß die Erbauungsstunden der Collegianten je und je sehr einnehmend sind, daß man da mit großer Freudigkeit und mit vieler Gewalt reden hört, daß der Redner manchmal seine Worte mit vielen Thränen begleitet.»[14] Ähnlich Hanneken versucht FRIEDRICH BERNRITTER in seiner brillanten, 1787 anonym erschienenen Kritik des württembergischen P. eine funktionale Bestimmung dieser Bewegung zu geben: «Der Zwek des P. ist – gesellschaftlicher abgesonderter Dienst des Herrn in eigenen Andachtsübungen»[15], und er hebt, offenbar am Beispiel der Inspirationsgemeinden, sehr gut die Bedeutung rhetorischer Betätigung für die Pietisten hervor: «Die Versammlungen der Brüder und Schwestern [...] sind es eigentlich, die jedem, der sie besucht, vollends das öffentliche Siegel des P. aufdrüken. Man hört den Ausdruk: dieser geht in die Versammlung, eben so oft als den: er ist ein Pietiste. Hier ist es, wo die eigentliche Priester der Andacht sind, und wo öffentlich die Gabe zu reden, dieser Stolz der Schwärmer, in ihrem völligen Glanze sich zeigen kann. In diesen Versammlungen ist es, wo sichtbarlich die Möglichkeit einer Inspiration bewiesen ist, wo die gewöhnliche feurigste Redner, blose Handwerker oder wenigstens sonst beinahe ganz ungebildete Leute, Proben von der Allkraft der Schwärmerei geben, die für den äußerst wichtig seyn können, der sich gewisse Erscheinungen in ältern und neuern Zeiten nicht wol erklären kann, weil er nie gesehen hat, wie weit Inspiration wirken kann.»[16] In diesem Zusammenhang gewinnt die Tatsache Bedeutung, daß JOHANN KASPAR SCHILLER, der Vater von Friedrich von Schiller, sich selbst als pietistischer Laienprediger betätigte. Wichtige Textzeugnisse für diese Tätigkeit sind die ‹Gebete zur Hausandacht verfaßt vom Vater Schiller›.[17]

Ein Bezug zur akademischen (Predigt-)Rhetorik ergibt sich schon dadurch, daß sich die Laienprediger durch Predigthören und Lektüre von Erbauungsliteratur eine «stillschweigende Kenntnis» rhetorischer Mittel erwerben. Darüber hinaus gibt es Belege, daß rhetorisches Können für die Redner in den Erbauungsstunden ausdrücklich eingefordert und gefördert wird. Der Augsburger Pietist GOTTLIEB SPIZEL (Theophilus Spizelius, 1639–1691) sieht in seinem Plan für die ‹Collegia pietatis Christianae› ausdrücklich die Stelle eines ‹Rhetoricae Sacrae professor› vor: «Tertium in Collegio hierosophico locum, Rhetorices divinae Professoris adsignabimus, modum ac rationem tradenti, non ornatè adeò & eleganter, qvam piè & fervidè Orandi, caeterum decenti, qvâ ratione coram supremo Coeli Terraeqve Domino verba facere [...] debeamus.» [18] (Als dritte Stelle im hierosophischen Collegium werden wir die des Professors der göttlichen Rhetorik einem anweisen, der die Art und Weise angibt, nicht so sehr geschmückt und elegant als fromm und glutvoll zu reden, und überdies lehrt, wie wir vor dem höchsten Herrn des Himmels und der Erde reden [...] müssen.) Der Akzent liegt dabei weniger auf (äußerem) Schmuck und (äußerer) Eleganz als auf Frömmigkeit und Feuer, auf dem *ignis oratorius*; als Wort für ‹reden› ist nicht ohne Grund das lat. ‹orare› gewählt, das auch ‹beten› bedeutet.

Auch im 19. und 20. Jh. wird von Pietisten für die Erbauungsstunden rhetorische Übung gefordert, so 1845 von IMMANUEL GOTTLIEB KOLB, einem Verwandten des französischen Generals Charles de Gaulle. Der Schulmeister Kolb, der bedeutendste Schüler des württembergischen Bauern-Theosophen Michael Hahn (1758 bis 1819), wendet sich gegen «unbehilfliche Pietisten», von denen gilt: «Sie reden in den Bart, daß man nicht weiß, was sie wollen.» Er verweist auf das Beispiel des Demosthenes, der sein rednerisches Handicap durch Übung überwand. «Der Christ muß schon im Aeußern sich ausbilden; er soll kein so eckiges Wesen an sich haben.» Höflichkeit sei eine «Glaubensfrucht». [19]

Im 20. Jh. werden die Zusammenhänge zwischen Erbauungsstunde, Rhetorik und Höflichkeitsliteratur bei dem aus Liepe stammenden Wismarer pietistischen Pfarrer FRANZ BARDEY (1865–1936) besonders deutlich: Er verfaßt nicht nur die Schrift ‹Die Bibelbesprechstunde› [20], sondern auch ‹Ein Büchlein über Höflichkeit und Anstand für unsere liebe Vereins-Jugend› [21] und ‹Ein Büchlein über das Deklamieren samt Deklamationen (15 Prologen) für unsere liebe Vereins-Jugend› (Motto: «Deklamiere fromm und frisch und fein, Und Du wirst ein großer Segen sein»› [22]. Bardey stellt fest, daß die Bibelbesprechstunde im P. bevorzugt wird, weil hier «jedermann seine Zunge zu Frage und Antwort, zur Belehrung und Erbauung rühren kann» [23]. Sie dient der Redefertigkeit: «Wer in der Bibelbesprechstunde zum Reden angeregt wird, der verliert auch mit der Zeit die Zaghaftigkeit und Ungeschicklichkeit, an anderen Orten, im Haus, in der Fabrik, im Umgang ein geistliches Wort zu sagen.» [24] In Bardeys Büchlein über das Deklamieren wird ausdrücklich auf die Spracherziehung angespielt; die deutliche Aussprache ist ein Akt der Höflichkeit, die zugleich die Wirkung des Gesagten fördert. Bardey fordert ausdauerndes Üben nach dem Beispiel des Demosthenes: «Den nimm dir zum Vorbilde. Wer weiß, ob nicht auch in dir ein Demosthenes steckt, wenn auch nur ein ganz kleiner?» [25] Auch in seinem Repertorium ‹Fundgrube von Beispielen und Bildern für alle, die Christum lieben und lehren› betont Bardey die Notwendigkeit der Höflichkeit. «Ein christlicher Verein» soll «ein Schleifstein» sein, «der den jungen Leuten die Ecken und Kanten abschleift, daß sie glatt und manierlich im Umgang werden.» [26] Gegen Ende des 20. Jh. (1992) bemüht der pietistische Geschäftsmann EBERHARD WAGNER wiederum das Beispiel des Demosthenes [27] bei seinem Plädoyer für eine «gemeinliche Rhetorik» auch und gerade der Laienprediger, und er bemüht sich auch, im Sinne des rhetorischen Erfolgs, um eine Erweiterung des Adressatenkreises durch sprachlich zeitgemäße Rede. Daß die rhetorische Praxis christlicher Vereine keinesfalls auf esoterische Zirkel beschränkt bleiben muß, sondern unter Umständen enorme Wirkungen entfalten kann, zeigen die international verbreiteten Redekurse von DALE CARNEGIE, der mit ihnen 1912 in YMCA-Kreisen (Young Men s Christian Association) begonnen hat. [28]

In Deutschland wird die Gesprächspraxis der Erbauungsstunden als ein Vorbild für innerkirchliche Demokratie wichtig. Das häufige Eröffnungssignal «Das ist mir wichtig geworden» in den Reden pietistischer Laienprediger steht für individuelle, gleichzeitig aber auch partikulare Erfahrung und somit auch für die Erkenntnis, daß keiner der redenden Brüder allein im Besitz der ganzen Wahrheit. Pietistische Gesprächspraxis steht 1945 auch Pate bei der Gründung der ersten Evangelischen Akademie in Bad Boll, einem vom württembergischen P. (J.C. und C. BLUMHARDT) und dann von der herrnhutschen Brüder-Unität geprägten Kurort.

II. *Einfluß akademischer Rhetorik auf den Pietismus.* Die pietistische Konventikelrhetorik ist nicht ohne Einfluß akademischer Rhetorik geblieben. Der kurzzeitig als Rhetorikprofessor amtierende pietistische Theologe ANDREAS ADAM HOCHSTETTER, der Lehrer J. A. Bengels, betätigt sich als Leiter von Erbauungsstunden. Rhetorische Familientraditionen begünstigen die Ausbreitung von Erbauungsstunden, so im Falle Christian Gottlob Pregizers, eines Nachkommen des Tübinger Rhetorikprofessors JOHANN ULRICH PREGIZER, der die pietistische Gruppe der ‹Pregizer-Gemeinschaft› u. a. im Schwarzwald und bei Tübingen zur Blüte führt.

Die Vermittlung antiker rhetorischer Tradition im Gesamtgebiet des P. geschieht einmal durch die Vermittlung von Rhetorik im Bildungsgang führender Pietisten. Philipp Jakob Spener studiert in Straßburg, wo die Devise des Rhetorikers JOHANN STURM («sapiens et eloquens pietas») nachwirkt. Speners wichtigster theologischer Lehrer ist der vormalige Rhetorikprofessor JOHANN KONRAD DANNHAUER; zu Speners Freundeskreis gehören Rhetorikprofessoren wie JAKOB THOMASIUS, JOHANN BURCHARD MAJUS und CLAUDE-FRANÇOIS DE MENESTRIER. Speners eigene poetische Praxis wie auch Bemerkungen zur Homiletik und Affektenlehre zeigen, daß, ungeachtet seines mehrfach bekundeten Desinteresses an barocker Rhetoriktheorie und -praxis, rhetorische Lehre nicht ohne Wirkung auf ihn geblieben ist. Seine als *rhetorica contra rhetoricam* zu deutende Aversion richtet sich gegen kommunikationshinderlichen barocken Schwulst und spitzfindige, neoscholastische Disputationstechnik, nicht gegen rhetorische Bemühung überhaupt. [29]

August Hermann Franckes Großvater DAVID GLOXIN ist als Bürgermeister von Lübeck ein Repräsentant lübischer Rhetorik. Als Diplomat «mit der eisernen Hand» betätigt er sich bei den Friedensverhandlungen in Osnabrück. Dort sind auch der Vorpietist J.B. SCHUPP und der Vater des pietistischen Poesieprofessors JOHANN WILHELM PETERSEN (der deswegen «filius pacis» genannt wird) tätig – ein Beispiel für Rhetorik in der Umgebung führender Pietisten. Franckes Vater, JOHANNES FRANCKE, verfaßt lateinische Dichtungen, in denen er sich auch über Cicero äußert. Francke selbst erhält im Gymnasium in Gotha Unterricht nach ANDREAS REYHERS ‹Rhetorik›. Bei seinem Studium in Kiel ist neben dem Vorpietisten CHRISTIAN KORTHOLT, dem Vater von Rhetorikprofessoren, der Rhetorikprofessor DANIEL GEORG MORHOF sein wichtigster Lehrer. In seinem ‹Lebenslauff› (1690/91) hebt Francke seine Beschäftigung mit der Rhetorik des Aristoteles nach Edition und

Kommentar des Helmstedter Rhetorikprofessors Christoph Schrader hervor. Dieser betont wie nachmals Francke die Affekte. NIKOLAUS LUDWIG GRAF VON ZINZENDORF erhält sprachliche Förderung durch seine Großmutter HENRIETTE KATHARINA FREIFRAU VON GERSDORF GEB. FREIIN VON FRIESEN, deren Dichtkunst von Daniel Georg Morhof gerühmt wird. Zinzendorf erhält im Pädagogium in Halle Rhetorikunterricht bei HIERONYMUS FREYER [29a], an der Universität Wittenberg bei JOHANN WILHELM VON BERGER. Unter dem Einfluß solch rhetorischer Schulung steht z.B. das Jugendgedicht von Zinzendorf auf die Geburt des erhofften Thronfolgers Erzherzog Leopold von Österreich (1716). JOHANN ALBRECHT BENGEL partizipiert schon durch seine familiäre Herkunft an rhetorischer Tradition: Sein Urururgroßvater MICHAEL VAYH ist Rhetorikprofessor in Tübingen, sein Urururgroßvater JOHANNES BRENZ hat ein Rhetorikfragment verfertigt; sein Großvater JOHANN LAURENTIUS SCHMIDLIN verfaßt lateinische Gedichte, z.B. ein Gedicht auf den polnischen Lyriker Matthias Kasimir Sarbiewski. Von Bengels eigenen rhetorischen Übungen zeugen die noch erhaltenen Schulhefte. Andreas Adam Hochstetter, als Schüler und Nachfolger von CHRISTOPH KALDENBACH zunächst Rhetorikprofessor, wird in Tübingen als Theologieprofessor wichtigster Lehrer Bengels. In Bengels Klosterschule Denkendorf wird nach dem Lehrbuch von Kaldenbach unterrichtet, das noch Hölderlin benutzt. FRIEDRICH CHRISTOPH OETINGER profitiert in der Klosterschule Blaubeuren vom Rhetorikunterricht und schätzt besonders Cicero. Später wird er Schüler des Spiritualisten JOHANN PHILIPP KÄMPF in Homburg vor der Höhe, der in seiner privaten Akademie neben Medizin auch Rhetorik als Lehrfach eingerichtet hat. Der reformierte Mystiker Gerhard Tersteegen erhält am Adolphinum in Moers Rhetorikunterricht und hält dort mit 15 Jahren öffentlich eine mit großem Beifall aufgenommene lateinische Rede. JOHANN HEINRICH JUNG-STILLING hebt in seinen autobiographischen Äußerungen seine frühzeitig begonnene rhetorische Übung hervor.

Als Bildungsstätte, die für den P. wichtig geworden ist, kann exemplarisch das Zittauer Gymnasium genannt werden, hier der selbst vom P. beeinflußte Rektor CHRISTIAN WEISE. Bedeutende Schüler von ihm sind JOHANN CHRISTIAN LANGE, der Professor in Gießen wird, und PAUL ANTON. Dieser verläßt das Zittauer Gymnasium mit einer hebräischen Rede; er bildet zusammen mit AUGUST HERMANN FRANCKE und JOACHIM JUSTUS BREITHAUPT, einem Schüler Christoph Schraders, das pietistische Dreigestirn in Halle. Weise wirkt auch auf Zinzendorfs Großmutter Henriette Katharina von Gersdorf in Großhennersdorf bei Zittau. Bengels Manuskript ‹Denkendorffisches Dic cur hic›, ein Schulplan für die Klosterschule Denkendorf mit starker Berücksichtigung der Rhetorik, erweist sich als Gegenstück zu dem Buch des Zittauer Rektors GOTTFRIED HOFFMANN ‹Das Zittauische Dic Cur Hic und Hoc Age› (1709).

In pietistischen Schulordnungen, z.B. in solchen aus Halle, wird der Rhetorikunterricht durchaus berücksichtigt. Die Selbstzucht des Demosthenes gilt als Vorbild. Fleißige Übung im Reden steht im Zusammenhang mit dem pietistischen Arbeitsethos.

Von Pietisten werden auch Rhetoriklehrbücher verwendet, z.T. auch verfaßt. Über den Buchbesitz geben (hauptsächlich handschriftliche) Nachlaßinventare und gedruckte Kataloge von privaten Pietistenbibliotheken (in der Regel Auktionskataloge) Aufschluß. Reinhard Breymayer hat diese erstmals systematisch durchgesehen und dabei Kataloge u.a. zu den Bibliotheken von SPENER, G. ARNOLD und A.H. FRANCKE entdeckt. [30] Das Profil ist recht individuell. Z.B. enthält der ‹Catalogus bibliothecae b. viri [...] J.J. Breithaupt› (1732) in der Rubrik ‹Libri philologici, autores classici [...]› [31] 1383 Nummern, darunter viele Rhetoriken.

Als von Pietisten verfaßte Rhetorik-Lehrbücher seien genannt: JOACHIM LANGE: ‹Institutiones Stili Latini [...] Accedit Schediasma de Eloquentia Scholastica, una cum Tabula Rhetorica› (³1713); MATTHIAS BEL: ‹Rhetorices veteris et novae praecepta [...]› (1711); Hieronymus Freyer: ‹Oratoria [...]› (1711; ⁸1754); JOHANN HEINRICH ZOPF: ‹Institutiones epistolicae.› (1730). Die Buchhandlung des Waisenhauses in Halle verlegt auch rhetorisch relevante Literatur von Autoren, die nicht dezidiert zum P. gehören: z.B. den Briefsteller VON HUNOLD-MENANTES oder zwei Bücher von FÜRCHTEGOTT CHR. FULDA: ‹Oratorisches Magazin, zunächst zum Behufe der Redeübungen› (1800) und ‹Hallischer Briefsteller, zum Schul- und Privatgebrauche› (1801).

Die Tatsache, daß es pietistische Rhetorikprofessoren gab, beweist, daß der P. nicht grundsätzlich rhetorikfeindlich gewesen sein kann. Genannt seien der bereits erwähnte Andreas Adam Hochstetter in Tübingen und dann vor allem der Kreis um den Rhetorikprofessor Daniel Georg Morhof in Kiel. Der Spenerfreund CHRISTIAN KORTHOLT wird zum Ahnherrn einer Dynastie pietistischer Rhetorikprofessoren: SEBASTIAN KORTHOLT in Kiel, dessen Sohn CHRISTIAN KORTHOLT D.J. sich in Göttingen mit Fragen der Rhetorik beschäftigt; MATTHIAS NIKOLAUS KORTHOLT an der seit 1688 pietistischen Universität Gießen. Dieser ist Schüler des Rhetorikprofessors CHRISTOPH CELLARIUS in Halle und Lehrer des vom P. nicht unbeeinflußt gebliebenen Geistlichen JOHANN CONRAD LICHTENBERG, des Vaters von Georg Christoph Lichtenberg [32]; er ist auch Vater des Rhetorikprofessors FRANZ JUSTUS KORTHOLT in Gießen. In Kiel wirken auch HEINRICH MUHLIUS (MUHLE), Johann Burchard Maius (May) und der bereits erwähnte nachmals hallische Pietist Joachim Justus Breithaupt. In Gießen amtiert JOHANN REINHARD HEDINGER, der mannigfache Wandlungen durchmacht, 1745–1752 HENRICH CHRISTOPH NEBEL (durch seine Gattin, Charlotte Elisabeth geb. Rambach, ein Schwiegersohn Johann Jakob Rambachs), in Helmstedt J.J. Breithaupts Neffe CHRISTIAN BREITHAUPT, in Herborn JOHANN HEINRICH SCHRAMM (1676–1753), 1701–1707 Professor der Beredsamkeit, der Geschichte und der griechischen Sprache. In Leipzig ist JAKOB THOMASIUS, der Schwiegervater Joachim Fellers, als Freund Speners zu nennen, in Halle Christoph Cellarius, dem A.H. Francke die Leichenpredigt gehalten hat. Als Lehrer Winckelmanns in Halle wird JOHANN HEINRICH SCHULZE, Professor der Medizin, Eloquenz und Altertümer, bedeutsam, als Rhetorikprofessor am Akademischen Gymnasium Casimirianum in Coburg C.J. SUCRO. Bemerkenswert ist der Weg GOTTFRIED POLYKARP MÜLLERS vom Rhetorikprofessor zum Bischof der Brüdergemeine. Er studiert bei Wagenseil in Altdorf und nimmt dann an dem von A.H. Francke mitbegründeten Collegium philobiblicum in Leipzig teil. Nach seiner Tätigkeit als Professor der Poesie und Eloquenz in Leipzig wird er Direktor am Gymnasium in Zittau und dann Bischof der Brüdergemeine und Leiter des Pädagogiums der Brüdergemeine in Urschkau. Z.T. wegen seines Insistierens auf gelehrter Bildung, vor allem aber wegen seiner Selbständigkeit kommt es zu Auseinandersetzungen zwischen ihm und Zinzendorf.

Aus der Familie von JOHANN HENRICH REITZ, dem berühmten Verfasser der pietistischen Biographiensammlung ‹Historie Der Wiedergebohrnen› (1698 bis 1717), stammen dessen Söhne JOHAN FREDERIK REITZ (1695 bis 1778), 1748–1769 ordentlicher Professor der Geschichte und Beredsamkeit an der Universität Utrecht, und WILHELM OTTO REITZ (1702–1761), Rektor der Lateinschule in Middelburg.

In Straßburg wirkt JOHANN MICHAEL LORENZ, dessen Bruder SIEGMUND FRIEDRICH LORENZ Führer der Straßburger Pietisten und Lehrer des berühmten Erweckungspredigers Oberlin war. An der Universität Duisburg amtiert der nachmalige Erweckungsprediger FRIEDRICH ADOLPH KRUMMACHER, der Bruder des Erweckungspredigers GOTTFRIED DANIEL KRUMMACHER, dessen rhetorisches Talent von Friedrich Engels hervorgehoben wird. Auch sonst zeigen sich in der Erweckungsbewegung personelle Beziehungen zur institutionalisierten Rhetorik: der Erweckungsprediger MENCKEN ist Schüler des Bremer Rhetorikprofessors JOHANN PHILIPP CASSEL, und KARL BOUTERWEK ist Neffe des Göttinger Rhetorikers FRIEDRICH BOUTERWEK. Pietistische Poesieprofessoren sind Joachim Feller in Leipzig und Johann Wilhelm Petersen in Rostock. Von Feller, dem Schwager des Christian Thomasius, stammt ja eine der ersten Definitionen des P. Petersen, Chiliast und Vertreter der Wiederbringung aller Dinge, verfaßt zahlreiche Panegyrici (u.a. auf Herzog Anton Ulrich von Braunschweig), ferner ein umfangreiches Leichengedicht auf Spener und ein Epos ‹Uranias›. Auch die Rhetorikkultur im Laublinger Kreis hat pietistische Wurzeln. SAMUEL GOTTHOLD LANGE (1711–1781), der Sohn des Hallenser Pietisten Joachim Lange (1670–1744), und JAKOB IMMANUEL PYRA (1715–1744), der einstige hallisch-pietistische Stipendiat und kurzfristige Informator, betätigen sich als Gründer der Gesellschaft zur Förderung der deutschen Sprache, Poesie und Beredsamkeit. Ihre an horazische Poesie anknüpfende Freundschaftsdichtung vollzieht «einen Weg von gelehrt-imitatorischer Casualpoesie zu Formen individueller, *aus* (und nicht mehr nur *zu*) Gelegenheiten erwachsender Bekenntnis- und Erlebnisdichtung.» [33] Die «Begegnung von P. und Literatur» entfaltet hier «die höchstmögliche Sakralisierung der Poesie, andererseits und zugleich die neologische Säkularisierung des P.» [34]

III. *Nachwirkungen des pietistischen Humanismus im Verlagswesen und im Umfeld der deutschen Klassiker.* An Literatur zur Antike und zur antiken Rhetorik weist das Verlagsprogramm der Waisenhaus-Buchhandlung in Halle im späten 18. und im 19. Jh. z.B. folgende Werke auf:

Johann August Ernesti: ‹Clavis Ciceroniana› (1769); Carl Ludwig Bauer: ‹Rhetorica Paullina› (1782); Friedrich August Wolf: ‹Homeri et Homeridarum opera et reliquiae […]› (1795), Wilhelm Wackernagel: ‹Poetik, Rhetorik und Stilistik. Academische Vorlesungen› (1873). Wackernagels Sohn WILLIAM WACKERNAGEL lehrt am pietistischen Muhlenberg College in Nordamerika. Das Beispiel des Philologen FRIEDRICH AUGUST ECKSTEIN zeigt, daß der Rhetorikunterricht auch während des 19. Jh. an den Franckeschen Stiftungen in Halle gepflegt wird.

Literarisch bedeutsam wird pietistische Rhetorik im Umfeld der deutschen Klassiker. Goethes Eltern werden von dem pietistischen Pfarrer JOHANN PHILIPP FRESENIUS, einem Freund J.A. Bengels, privat getraut, Goethe wird von ihm privat getauft. Herrnhutischer Einfluß prägt das FRÄULEIN VON KLETTENBERG und teilweise auch Goethes Großoheim JOHANN MICHAEL VON LOËN, der in einem Aufsatz über die Redekunst das Simplizitätsideal herausstellt. Schillers Vater, JOHANN CASPAR SCHILLER, tritt bei Hausandachten als pietistischer Laienprediger mit selbstverfaßten Gebeten in Erscheinung. Der Lorcher pietistische Pfarrer PHILIPP ULRICH MOSER wird Vorbild für den Pfarrer Moser in Schillers ‹Räubern›. Als Professor für Religion an der Karlsschule (1774–1777) vermittelt KARL FRIEDRICH HARTTMANN (1743–1815) den Eleven Gedankengut des schwäbischen Pietisten Friedrich Christoph Oetinger. Herder erhält bei dem Mohrunger Diakonus SEBASTIAN FRIEDRICH TRESCHO Unterricht in Rhetorik. Kants wichtigster Lehrer, der Pietist MARTIN KNUTZEN, hält in Königsberg Vorlesungen über Rhetorik und steht mit dem Rhetoriker JOHANN GOTTHELF LINDNER in Verbindung. KANT, der 1764 den Ruf auf den Lehrstuhl für Rhetorik ablehnt, gilt noch vielfach undifferenziert als Verächter der Rhetorik. Wenn aber für ihn «der *vir bonus dicendi peritus*, der Redner ohne Kunst, aber voll Nachdruck» (‹Kritik der Urteilskraft› § 53), und der *sermo humilis* als Ideal gilt, so ist auch dieses mit einer solch spezifisch akzentuierten rhetorischen Tradition vereinbar, wie sie im P. rezipiert wird.

Daß Rhetorik als Schulfach im Bereich des P. auch im 19.Jh. weiterhin gepflegt wird, zeigt das Beispiel der «Salon-Pietisten» [35]: 1837–1879 besteht auf dem «Salon», damals zur Markung von Kornwestheim (heute von Ludwigsburg) gehörend, eine «wissenschaftliche Bildungsanstalt» (Privatgymnasium), die von den Gebrüdern Paulus, u.a. ERNST PETIPP PAULUS (1809–1878) und CHRISTOPH PAULUS (1811–1893), Enkeln des pietistischen Mechanikerpfarrers PHILIPP MATTHÄUS HAHN (1739–1790), gegründet wird und dem auch deren Schwager GOTTLOB *CHRISTOPH* JONATHAN HOFFMANN (1815 bis 1885), ein Sohn des Gründers der Brüdergemeinde Korntal, als Teilhaber und Lehrer angehört.

Hoffmann, der 1848/49, als freilich realitätsferner Politiker, für zehn Monate Abgeordneter in der Deutschen Nationalversammlung in Frankfurt ist und seit 1854 den separatistisch-chiliastischen ‹Deutschen Tempel› als Gesellschaft für die Vorbereitung des endzeitlichen Gottesreiches in Palästina vorantreibt, schreibt in kritischer Auseinandersetzung mit antiker Rhetorik (Aristoteles, Cicero) und dem Hegelianismus das Buch ‹Philosophie der Rede oder Grundlinien der Rhetorik wissenschaftlich dargestellt von G.C.J. Hoffmann› (1841). Zentrum der Rhetorik ist für ihn im Gegensatz zu den «alten Rhetorikern» nicht die Überredung, und «die Prosa des gemeinen Lebens» ist für ihn nicht «Gegenstand der Rhetorik». Rhetorik ist für ihn «die Lehre von den Gesetzen der Darstellung eines objektiven Inhalts im Gedanken»; sie gliedert sich in die Aufnahme und die Anordnung des Inhalts im Gedanken und den Ausdruck des Gedankens in der Rede. Durch den Ausdruck wird der Gegenstand der Rede «ein Glied des individuellen Lebens», er wird zum Subjekt und «empfängt» nun «die Gewalt, Affekte und Leidenschaften zu erregen» [36], aus denen Tropen und Figuren entstehen. In der «Ermahnung» (dem «Entschluß») im Schlußteil der Rede wird der Affekt «ins freie, geistige Leben erhoben», wodurch eine wiederum nach Objektivierung durch Tat strebende «Gesinnung» entsteht. [37] Die Auffassung, «der tropische Ausdruck» habe «der gemüthlichen Erregung seine Geburt zu verdanken» [38] und jede «Figur» entstehe aus «einer gemüthlichen Affektion» [39] (einer «gemüthlichen Wallung») [40], erinnert an die Erkenntnis des Pietisten JOHANN JAKOB RAMBACH:

«Tropi & figurae ex adfectibus oriuntur» [40a]. In der Bildung der Tropen und Figuren zeigt sich der Geist als schöpferische Phantasie, mit absoluter Freiheit aber bei der Gestaltung der Figuren: Hier tritt er «völlig frei und schöpferisch als Phantasie auf, die in der Anschauung, die sie in der Seele erweckt, die Herrlichkeit des Geistes in der reellen Welt offenbart.» [41] Hier wird die Rhetorik, die bei Hegel gerade im Unterschied zu Hoffmann als wesentlich zweckhaft angesehen wird, unter dem Einfluß von Hegels Geistphilosophie philosophisch geadelt.

D. *Eigenheiten pietistischer Rhetorik.* **I.** *Vorbilder pietistischer ‹rhetorica contra rhetoricam› in antiker Rhetoriktradition.* Wenn von Pietisten Kritik an zeitgenössischer Rhetorikpraxis geübt wird, dient diese Kritik einer größeren Wirkung der Rede: durch größere Glaubwürdigkeit des Redners, durch größere sachlich-inhaltliche Angemessenheit – dieser «realistische» Appell kann sich auf antike Vorbilder wie CATO MAIOR berufen: «Rem tene, verba sequentur» [42] («Halte dich an die Sache; die Worte werden folgen!») – und durch größere Rücksichtnahme auf die Bedürfnisse der Hörer, d.h. durch Einbeziehung eines größeren, auch einfacheren Publikums. Die Definition von Rhetorik als «ars bene dicendi» [43], der Kunst, wirkungsvoll, schön, sittlich gut zu reden, enthält grundsätzlich auch eine ethische Komponente, die im P. ebenso hervorgehoben wird wie die entsprechende ethische Anforderung an den Redner, der nach der Definition seit Cato maior «vir bonus dicendi peritus» [44] (ein Ehrenmann, der reden kann) sein soll. «Der Gedanke, daß die gute Meinung über den Lebenswandel und die Stellung eines Redners mehr Überzeugungskraft besitze als triftige Argumente, ist Gemeingut.» [45] Wenn im P. und z.B. bei Kant der paradox klingende Gedanke einer «Redekunst ohne Kunst» auftaucht, so ist auch dieser Gedanke von einem Grundsatz bereits antiker Rhetorik her zu verstehen, dem der *dissimulatio* (*occultatio*) *artis* [46] (des Verbergens der Kunst) als Abwehr des Trickverdachts, der durch die *ostentatio artis* (Zurschaustellung der Kunst) [47], wie sie einer barocken Redeweise entspricht, entstehen kann. Speners eigenes Bestreben, alles zu vermeiden, was nach Redekunst schmecke [48], ist rhetorischer Herkunft, ebenso Zinzendorfs Lehre, in Gemein[de]-Liedern dürfe sich «nicht ein Schatten von Oratorie oder Poesie» [48a] zeigen. Zinzendorfs Wittenberger Rhetorikprofessor JOHANN WILHELM VON BERGER hat die entsprechende Lehre für den Bereich der Poetik [49] und Rhetorik behandelt bzw. behandeln lassen. Zinzendorfs zeitweiliger Freund Friedrich Christoph Oetinger redet in ähnlicher Weise von der «Redkunst H[eiliger]. Schrifft ohne Kunst» [49a] wie später Kant vom «Redner ohne Kunst».

Dem theologisch begründeten Bestreben, das Priestertum aller Gläubigen zu fördern, entspricht das rhetorische Ziel, den Adressatenkreis pietistischer Rede auszuweiten. Diesem Ziel dient die Anpassung (*accommodatio*) an populäre Redeweise, die zu einem guten Teil, aber nicht ausschließlich, als *simplicitas* [50], als *stilus humilis* beschrieben und dem Bereich des *docere* zugewiesen werden kann, während andererseits auch der affektive Bereich, das witzige und erregte Reden, die Sprache des Herzens, zum volkstümlichen Sprachverhalten gehört. Der Anpassung an den Adressaten dient auch die Höflichkeit, die mit einer Zurücknahme des eigenen Ich verbunden ist, wie sie in der ‹Demut› zum Ausdruck kommt. Als Beispiel für pietistische Höflichkeitsliteratur mag eine zuerst anonym erschienene Schrift des schwäbischen Pietisten MAGNUS FRIEDRICH ROOS dienen: ‹Daniel als ein rechtschaffener Hofmann abgeschildert von einem Schuler der Wahrheit› (1767). Sie steht thematisch in der Tradition der Hofliteratur, für die Baldessare Castiglione: ‹Il libro del Cortegiano› (1528) Vorbild ist. Zahlreiche Publikationen des «aufgeklärten Pietisten» und Politikers KARL FRIEDRICH FREIHERR VON MOSER befassen sich mit diesem Gebiet. Das durch pietistischen Individualismus geförderte Selbstbewußtsein, das vor allem im radikalen P. auftritt, konterkariert immer wieder die eigentlich geforderte Bescheidenheit. Auch im politischen Bereich findet sich neben fürstentreuem, untertänigem Verhalten, wiederum im radikalen P., eine gar an Thomas Müntzer anknüpfende aufsässige Einstellung, so bei dem «Schwärmer» JOHANN DANIEL MÜLLER aus Wissenbach/Nassau (geboren 1716). [51]

II. *Die Bedeutung der Affekte für den Pietismus.* Während der Bereich der sachlichen, verstandesmäßigen Erörterung im P., zumal in seiner gelehrten Ausprägung, durchaus seinen Platz behält – gerade der nüchterne Spener ist dafür ein Beispiel –, erweist sich das Reich der «wahren Affekte» als der Raum, der für den P. wesenskonstitutiv wird. Wenn selbst der Rationalismus nur ein Teilbereich der Aufklärung (frz. ‹lumières›) ist, der durch ihre Nachtseite (frz. ‹illuminisme›) ergänzt wird – Dieter Kimpel spricht von «rational-irrationale[r] Zwittermentalität» [52] –, so gilt die Zweiheit auch für den P. Die für das 18. Jh. typische Rehabilitation der Sinnlichkeit (des sogenannten ‹Irrationalismus›) ist nicht monokausal. Doch ein Anstoß ergibt sich durch den Rückgriff auf antike Affektrhetorik, bei dem zugleich die «kaltsinnige» Übertreibung beim kalkulierten Einsatz rhetorischer Mittel (griech. *psychrótēs*) wie die Trockenheit (*siccitas, ariditas*) bloßer Informationsvermittlung vermieden wird: Herzenswärme und Feuer (*ignis oratorius*) wie auch «Saft und Kraft» (*succus oratorius*) der Predigt gilt Pietisten weithin als Gütesiegel. Klaus Dockhorn hat 1949 in einem grundlegenden Aufsatz auf die Bedeutung von Pathos und Ethos für die rhetorische Grundierung der Literatur des 18. Jh. hingewiesen. [53] Die Rhetorik ist *eine* Quelle für den ‹Irrationalismus›. Wenn ergänzend auch andere Strömungen wie Alchimie und Hermetik namhaft gemacht werden, vermag dies die Bedeutung der Rhetorik nicht zu schmälern, da über die stoffliche Grundlage der rhetorischen Affektenlehre (Natursäftelehre, Temperamentenlehre) ein Zusammenhang zwischen Hermes und Hermes Trismegistos, zwischen ‹Hermesik› und ‹Hermetik›, besteht: Die geradezu magische, ‹steinerweichende› oder ‹anfeuernde› Gewalt mitreißender Rede ist unter dieser Perspektive selbst ein alchemistischer Prozeß. Ein Beispiel für die Geltung der Devise «Pectus enim est, quod disertos facit, et vis mentis» [54] (Das Herz ist es, das beredt macht, und die Gewalt des Gemüts) bringt Spener selbst, wenn er bemerkt: «wie ich exempel weiß/ daß rechte welt-kinder […] mehr gerühret werden/ wo ein anderer beweglich redet/ von dem sie sehen/ daß es recht von Hertzen gehet.» [55] Da von der Eigenart mündlicher und schriftlicher Äußerungen auf die affektive Verfassung der Sprecher bzw. Autoren rückgeschlossen werden kann, wird rhetorische Analyse im P., besonders bei August Hermann Francke, seinem Schüler Johann Jakob Rambach (1693–1735) und z.B. bei dem Schwaben Johann Albrecht Bengel, ein wichtiges Mittel für die Hermeneutik besonders der biblischen Schriften. Tropen und Figuren dienen dazu, den besonderen Nachdruck (die Emphase) bei einzelnen Schriftstellen zu erkennen. Rambach beruft sich bei der Begründung für die affektivische Funktion der *elocutio* auf Leute aus dem Volke: «Aus denen affectibus aber entstehen nun die tropi & figurae Wer das nicht glauben will, daß tropi und figurae aus denen affectibus entstehen, der höre nur einmal ein Paar Weibern oder andern gemeinen Leuten zu, die in rechtem Affect mit einander reden, so wird er augenscheinlich davon überzeugt werden. Denn ob sie wol des Vossii, oder Dieterici, oder Mitternachts oder sonst eine Rhetoric nie mit Augen gesehen, so werden sie doch einen Haufen metaphoras, ironias, hyperbolas, apostraphas, ellipses, cet. nach einander daher machen, daß man meynen solte, sie hätten viele Jahre zu den Füssen eines Professoris rhetorices & eloquentiae gesessen. Wie es nun mit den affectibus naturalibus beschaffen ist, so verhält es sich auch mit den affectibus sanctificatis virorum sacrorum [geheiligten Affekten der heiligen Männer], sonderlich NB. derer, die im Orient sub calido coelo [unter warmem Himmel] gelebet haben. Daher dienen nun […] die tropi nicht nur ad ornatum orationis [dem Schmuck der Rede], sondern auch ad pondus [deren Gewicht].» [56] Wegen der historischen Wechselbeziehungen zwischen rhetorischer und musikalischer Affektenlehre [57] ist auch bei pietistischer Musiktheorie und -praxis [58] ein Einfluß der Rhetorik festzustellen, etwa bei dem schwäbischen Pietisten Friedrich Christoph Oetinger und seinem Freund JOHANN LUDWIG FRICKER [59], der offenbar über seinen musikalisch interessierten Kollegen JAKOB NIKOLAUS HESLER, den Denkendorfer Lehrer Hölderlins und Vater von dessen Kompromotionalen Ernst Friedrich Hesler, auf Hölderlins Lehre vom Wechsel der Töne eingewirkt hat. Die Wechselwirkungen werden besonders in Oetingers Abhandlung ‹Von der schönen Schreibart in Vergleichung mit der Music› [60] deutlich.

III. *Visuell-verbale Rhetorik (‹ut pictura poesis›).* Das rhetorische Prinzip der *evidentia* hat die bildhafte Vergegenwärtigung des Abwesenden zum Ziel (*absentia praesentia facere*). Als bemerkenswerte Erscheinungen dieses Memoria-Aspektes der Rhetorik erweisen sich das Lob der Vorfahren («Väter») im P. und das Tagebuch als rhetorische *repraesentatio* der vergangenen Pilgrimschaft. Emblematik und Heraldik mit ihren visuell-verbalen Elementen werden auch im Bereich des P. rezipiert. Schon der Titel von Speners grundlegendem Werk ‹Pia desideria› klingt nicht umsonst an das Emblembuch des niederländischen Jesuiten HERMANN HUGO ‹Pia desideria› an, das der Heraldiker Spener ausdrücklich erwähnt und das «die Pietistenkreise […] freudig» [61] aufgenommen haben. Texte von Alciato und Hugo werden in den Franckeschen Stiftungen in Halle gelesen. [62] Der schwäbische Pietist Friedrich Christoph Oetinger publiziert 1776 ein ‹Biblisches und Emblematisches Wörterbuch›, das sich gegen Entsinnlichung der biblischen Botschaft durch Neologen wie WILHELM ABRAHAM TELLER wendet: «Leiblichkeit ist das Ende der Werke GOttes» [63] ist ein Kernsatz dieses Wörterbuchs. Die Natur ist eine *pictura*, die als ergänzender Kommentar zum biblischen Wort hinzutritt. Daß, wie die Künste überhaupt, so auch die Malerei in P. nicht völlig ausgeblendet wird, zeigt ein Lehrbuch wie ‹Gründlicher Unterricht Von der Graphice Oder Zeichen- und Mahl-Kunst› (1717) oder z.B. das Werk des nach Amerika ausgewanderten Herrnhuter Malers JOHANN VALENTIN HAIDT (1700–1780) als «Painting preacher». [64] Als Künstler von Weltrang, die freilich innerhalb ihrer Gemeinde in Neuwied auch mißtrauisch beäugt wurden, erwiesen sich die herrnhutischen Kunstschreiner ABRAHAM und DAVID ROENTGEN. [65]

IV. *Rationale Elemente im Pietismus.* Die pietistische Sprache zeigt auch eine Affinität zur Sprache in der rationalisierten Welt. Die ‹Soliloquia et meditationes sacrae› Speners (1716) sind ein Beispiel für Meditation als Selbstkontrolle, ähnlich wie die Exerzitien des Ignatius von Loyola: Der Gnadenstand wird täglich geprüft – dieser Kontrolle dienen vielfach die Tagebücher. Aus dieser Rechenhaftigkeit heraus erklärt sich auch die Akzentuierung bestimmter Bibelstellen, z.B. «Gott ist im Himmel und du auf Erden, darum laß deiner Worte wenig sein» (Pred. 5, 1). Dem oft mit Gesetzlichkeit verbundenen Streben nach Heiligung, das zu Perfektionismus führen kann, entspricht ein religiös motiviertes Genauigkeitsideal. Zwischen dem theologischen ‹Präzisismus› (bei dem niederländischen Vorpietisten GISBERT VOETIUS spricht man von ‹preciesheid›) und der Präzision der Rede kann so ein Zusammenhang entstehen, etwa bei den württembergischen Pietisten WILHELM LUDWIG HOSCH («Jedes i hat sein Düpfelchen») und Michael Hahn, der die Verantwortung des Redners betont: «Jedes wörtlein sei mir wichtig, das mein eigner mund ausspricht!» [66] Durch den – vor allem im reformierten P. geübten – *Syllogismus practicus*, den Rückschluß vom äußeren Wohlergehen auf den inneren Gnadenstand und umgekehrt vom «anständigen», ausschweifungsfreien, sparsamen Leben auf äußeren Erfolg, ist vielfach auch religiös motivierter kommerzieller Kalkül im P. spürbar. Ein Beispiel dafür ist das Buch ‹Der fromme gesegnete und böse bestrafte Kaufmann› (1679) von JOHANN HEINRICH HÄVECKER, dem Schwiegersohn des berühmten Erbauungsschriftstellers Christian Scriver. Hävecker widmet sich auch der Schulrhetorik. [67] Der hessische reformierte Pietist CONRAD MEL nimmt in seinem Buch ‹Der Christliche Kauffman Oder Vernunfft und Schrifftmäßige Vorstellung der Pflichten Eines Exemplarischen Handelsmans› (1711) [68] Bezug auf die Rhetorik. Vgl. [Verf.?:] ‹Der GOtt und Menschen wohlgefällige Christliche Kauffmann› (1718). Als Beispiel für zahlreiche Analogien zwischen Rhetorik und Kommerz steht hier die Wort-Münze-Metaphorik. Eine zentrale Stellung nimmt der ‹Kredit› ein, dem in der Rhetorik die «Glaubwürdigkeit» des Redners (πιθανότης, pithanótēs) entspricht. Mit Überlegungen zur merkantilen Rhetorik ist auch PAUL JAKOB MARPERGER, der Vater des sächsischen pietistischen Oberhofpredigers Bernhard Walther Marperger, hervorgetreten. Der Wortschatz der Erbauungsliteratur weist vielfach Bezüge zur Technik auf und manifestiert dadurch Teilhabe am modernen Fortschritt. Die «Technizität» hat bereits biblische Vorbilder, z.B. Gott als Töpfer oder als Baumeister. [69] Das Wort ‹erbauen›, das vom neutestamentlichen Wort οἰκοδομή (oikodomé) her zu sehen ist, zeigt mit seinem Abgleiten ins Emotionale selbst die Folgen des Zusammentreffens von rationalem und dominantem affektiven Bereich im P. Ein wichtiger Beleg für das arithmetische Denken im P. ist das Werk des pietistischen Lehrers GEORGE SARGANECK ‹Von dem Nutzen der Mathematik in dem Articul von der Grösse der Sündenschulden› (1733). Die Großzahl der Sünden wird als Überwältigungsargument gebraucht. [70] Der württembergische Pietist Bengel berechnet den Beginn des ersten Millenniums auf den 18. Juni 1836. Sein zeitweiliger Anhänger Philipp Matthäus Hahn, ein «Mechanikerpfarrer», Erfinder von Waagen, Uhren, Himmelsmaschinen und Rechenmaschinen, berücksichtigt lange Zeit die heilsgeschichtlichen Berechnungen Bengels in seinen Maschinen. [71] Der Kirchenhistoriker Ernst Benz hat gezeigt, wie christliche Endzeiterwartung und technische Fortschrittsidee zusammenhängen.[72] Die «Hoffnung besserer Zeiten» im Spenerschen P. beflügelt den technischen Fortschritt, wenn auch immer wieder im kleinbürgerlichen P. kritische Vorbehalte gegenüber diesem auftreten. Bezüge zwischen Rhetorik und Architektur[73], die z.B. für LEON BATTISTA ALBERTI aufgezeigt wurden[74], sind auch für den Bereich des P., etwa für den bürgerlichen Barock der Brüdergemeine Herrnhut zu finden.[75] Das rhetorische Simplizitätsideal wirkt sich auf die Gestaltung des Herrnhuter Betsaals aus. Wichtig ist der vom P. beeinflußte, von der P.-Forschung aber bisher kaum beachtete Architekturtheoretiker LEONHARD CHRISTOPH STURM[76]. Der Nachkomme des berühmten Rhetorikers Johann Sturm aus Straßburg studiert Rhetorik bei Magnus Daniel Omeis in Altdorf bei Nürnberg und beschäftigt sich mit dem Werk Leon Battista Albertis. In der Vorrede zu seinem Werk ‹Vollständige Anweisung/ alle Arten von regularen Pracht-Gebäuden nach gewissen Reguln zu erfinden/ Auszutheilen und auszuzieren› (1717), das schon im Titel die Analogie zu *inventio*, *dispositio* und *elocutio* der Rhetorik erkennen läßt, bemerkt Sturm: «Die Glieder der Ordnungen sind gleichsam das Alphabet der Baukunst/ dann wie aus 24. Buchstaben unzehlich unterschiedene Wörter und Reden zusammen gesetzet werden/ also kann man durch mancherley Zusammenfügung der Glieder [...] gantz unterschiedene Bau-Zierrathen [...] zusammen setzen. Wie es aber nicht gleich gilt/ wie man die Buchstaben zusammen setzen will/ sondern darauf sehen muß/ daß die Wörter einen Laut bekommen/ welcher von der Zunge leicht vorgebracht/ und von dem Gehöre wohl und ohne Eckel begriffen werden kann; also stehet es auch keinem frey diese Glieder der Baukunst nach seinem Einfall zusammen zu setzen.»[77] In dem Werk ‹Kurtze Vorstellung der gantzen Civil-Bau-Kunst› (1718) läßt sich der Ansatz einer architektonischen Affektenlehre erkennen: «[...] das Spiel der Proportionen oder Verhältnüsse/ welche das Gemüthe gleichsam bestürtzen/ und verursachen/ daß man sich darüber verwundern muß.»[78] In seinem Buch ‹Vollständige Anweisung/ Allerhand Oeffentliche Zucht- und Liebes-Gebäude [...] wohl anzugeben› (1720) hat die Rhetorik als Lehrfach selbstverständlich ihren Platz: «Ich setze aber/ daß auf diesem [Gymnasium] nichts anders solte gelehret werden/ als nebst der Catechesi die Grammatica, Rhetorica, Logica, Poesis, Musica und die Rudimenta Matheseos [...].»[79] Daß beim Waisenhaus in der Mitte des Grundrisses ein «Conferentz-Predig- und Examen-Sahl» erscheint, trägt der Zentralität der verbalen Vorgänge in diesem protestantischen Bau Rechnung, wie sich denn auch protestantische Predigtkirche und katholische Meßkirche durch die verschiedene Berücksichtigung der verbalen Botschaft unterscheiden.

V. *Die körperliche Seite der Beredsamkeit.* Die Mimik und Gestik und der spezifische Vortrag im P. sind noch wenig erforscht. Die Haltung reicht von andächtiger Ruhe bis zu 'geistgewirkt-verzückten' Zuckungen oder Sprungbewegungen charismatischer Gruppen, so der Inspirierten im 18.Jh. oder der radikalpietistischen *Hüpfer* (russ. *gjupfery* oder *pryguny* im Südrußland des 19.Jh.). Aus der Polemik ist die Demutshaltung der «Kopfhänger» und ein wehmütiger Augenaufschlag bekannt, dazu vielfach ein eigentümlicher Singsang. Der vom P. beeinflußte JOHANN CASPAR LAVATER, der an die Lehre von der Entsprechung des Inneren und Äußeren, die Signaturenlehre, anknüpft, hebt die geradezu rednerische Aussagekraft der körperlichen Erscheinung hervor: «Man überlege [...], wie lautsprechend und wie richtig sprechend, welch ein lebendiger tausendzüngiger Ausdruck des ganzen Innwendigen der Mensch ist, der vor Euch – da steht [...].»[80] Deutlich greifbar ist im pietistischen Schrifttum aber das Nachdenken über die physiologische Seite der Affekterregung.[81] Die Renaissance der Hippokratischen Natursäftelehre in der Hallischen pietistischen Medizin zeigt Beziehungen zwischen Rhetorik und Humoralmedizin im Hallischen P. auf. Der Pietist Johann Heinrich Schulze, der Lehrer Winckelmanns, ist in Personalunion Professor für Medizin, Eloquenz und der Altertümer. Der pietistische Mediziner MICHAEL ALBERTI, ein Anhänger Georg Ernst Stahls[82], behandelt das Problem des *mitigare* bzw. *concitare* der Affekte in der Medizin.

VI. *Zur kommunikativen Leistung der pietistischen Rhetorik.* Pietistische Rhetorik hat eine kommunikative Ethik gefördert: Der kurzfristige rhetorische Effekt wird eingegrenzt; demgegenüber wird die langfristige Wirkung durch ethische Sicherungen im Sinne des *vir-bonus*-Ideals ausgebaut. Bedeutsam ist hier die Rezeption des puritanischen Geistlichen JOHN BRINSLEY (1600–1665) mit seinem Buch ‹Glosso-chalinosis; or, a bridle for the Tongue› (1664)[83] im P. Als Beispiel für den Konflikt zwischen Effektmaximierung und ethischer Forderung in der pietistischen Rhetorik kann die weitgehend unbeachtete pietistische Forensik dienen, etwa bei den Juristen AHASVER FRITSCH, SAMUEL STRYK, einem Schüler des Juristen Caspar Ziegler, und dessen Sohn JOHANN SAMUEL STRYK. Zu nennen sind hier Dissertationen von Samuel Stryk über Themen wie ‹De civilitate nociva oder Von schädlicher Höflichkeit› und ‹De iure blanditiarum oder Vom Rechte der Schmeicheley›. Besonders wichtig ist etwa das Modell einer Gerichtsverhandlung bei dem Basler PIERRE ROQUES, der, wiewohl Aufklärer und Gegner des Separatismus, vom P. beeinflußt ist. Er verfaßt einerseits ‹Le vray piétisme› (1731), andererseits den ‹Traité des tribunaux de judicature› (1740; dt. ‹Gestalt eines gewissenhaften Richters›, 1747); in diesem Buch verweist er ständig auf antike Rhetoriktradition, besonders Quintilian. Der P. hat den Abbau von Kommunikationsbarrieren angestrebt: durch die Förderung der Laienpredigt und durch die Förderung der Vorschulerziehung: JOHANN CHRISTOPH FRIEDRICH BAUMGARTEN verfaßte ‹Sonntägliche Erbauungsstunden für Schulkinder› (1805) und ‹Die Vorschule im elterlichen Hause, oder Hand- und Hülfsbuch für Väter und Mütter, welche ihre vier- bis fünfjährigen Kinder auf eine zweckmäßige Weise im Aufmerken, Anschauen, Denken und Sprechen üben, im Lesen, Schreiben, Zählen und Rechnen unterrichten, kleine Sittensprüche auswendig lernen, sie durch Erzählungen angenehm unterhalten, und nützlich belehren, und sie überhaupt für den Unterricht in der öffentlichen Schule vorbereiten wollen› (1832). Durch den P. wird auch die Emanzipation der Frau gefördert, wenn auch der Auftritt der Frau als Laienpredigerin oder gar als geistliche Anführerin zunächst weithin auf den Bereich des radikalen P. beschränkt bleibt (Beispiel: EVA VON BUTTLAR als Anführerin der Buttlarschen Rotte). Im 19.Jh. treten auch im Bereich des kirchlichen P. vereinzelt von Frauen (z.B. Diakonissen) geleitete Erbauungsstunden auf. Leuchtendes Beispiel für die gelehrte Frau im Vorfeld des Pietismus ist die Labadistin ANNA MARIA VAN SCHURMAN («Der Stern von Utrecht»); ihre Gelehrsamkeit bleibt auch nach ihrer Hinwendung zur labadistischen Frömmigkeit («ecclesiola extra ecclesiam») in ihrer Religiosität 'aufgehoben'. Für Zinzendorfs Bildung wird die dichterische Neigung und Gelehrsamkeit seiner Großmutter Henriette Katharina Freifrau von Gersdorf geb. Freiin von Friesen[84] wichtig. Durch die pietistische Weltmission kommt auch die Ethnorhetorik ins Blickfeld: Zusammen mit der Sprache einzelner Völker wird z.T. auch deren spezifische Rhetorik gewürdigt. Bemerkenswert sind die Verdienste des P. um die Slawistik, etwa diejenigen Speners um die beiden vordem weithin verachteten sorbischen («wendischen») Sprachen Obersorbisch und Niedersorbisch. So bemerkt etwa der Muskauer Pfarrer FRIEDRICH KÜHN 1702 in einem Brief an H.K. Freifrau v. Gersdorf: «So hat auch (2) die Wendische Sprache eben so wohl ihre Feierlichkeit, Emphases und Nachdruck der Wörter als andere Sprachen».[85] Neben der Indologie – BARTHOLOMÄUS ZIEGENBALG ist als erster protestantischer Missionar in Indien – sind vor allem Verdienste von Pietisten um die Sinologie zu nennen. Bereits A.H. Francke interessiert sich für China, und der Hallische Pietist GOTTLIEB SIEGFRIED BAYER wird zum Begründer der russischen Chinakunde. In seinem ‹Museum Sinicum› (Sankt Petersburg 1730) widmet er chinesischer Rhetorik einen eigenen Abschnitt «De eloquentia Sinarum». Schließlich ist auf die überragende Bedeutung des zugleich vom P. und vom Kulturprotestantismus geprägten Pfarrers und Sinologen RICHARD WILHELM, des Schwiegersohns Christoph Blumhardts d.J., auf die Rezeption klassischer chinesischer Literatur in Deutschland zu verweisen.[86] Durch die Indianermission ergeben sich auch Verdienste um die Amerikanistik. In den Berichten herrnhutischer Missionare wird z.B. die irokesische Rhetorik mit ihrem Einsatz von Muschelperlen (*Wampum*) zur Bekräftigung geschildert.[87] Durch pietistische Missionare wird auch der Einfluß pietistischer Rhetorik auf die amerikanische Parlamentsrhetorik vermittelt. Der lutherische Pietist FREDERICK AUGUSTUS CONRAD MUHLENBERG (Friedrich August Conrad Mühlenberg)[83], seit 1770 ordinierter Geistlicher in Pennsylvanien, 1774–1776 in New York, ist 1789–1791 erster und 1793–1795 dritter Speaker des amerikanischen Repräsentantenhauses. Er hat seinen Rhetorikunterricht in den Franckeschen Stiftungen in Halle genossen, wohin ihn sein Vater, Heinrich Melchior Mühlenberg, geschickt hat. Das Muhlenberg College in Allentown (Pennsylvania), das die Franckesche Mission unterstützt, pflegt weiterhin den Rhetorikunterricht. Durch eine pietistische Sondersprache, die «Sprache Kanaans» als pietistischen «Jargon», werden allerdings neue Kommunikationsbarrieren gegenüber der «Welt» aufgerichtet. Zinzendorf bemerkt im Jahre 1747: «Und da ist gewiß, daß eine Braut-Seele, ein Braut-Herz einen Jargon hat, da ein sonst gottseliger Mensch, ein rechtschaffener Mann, ein wahrer und willkommener Gast bey der Hochzeit, gewiß Noth hat, daß er ihn tragen kan, geschweige, daß er ihn verstehen soll; denn das ist die Hohelieds-Sprache, das ist die Sprache des verborgenen Menschen des Herzens.»[89] Adorno berücksichtigt denn auch in seinem ‹Jargon der Eigentlichkeit. Zur deutschen Ideologie› die «ein wenig anachronistische Reserve-Armee der Stillen im Lande.»[90] Was für die kleine Gruppe der *ecclesiola in ecclesia* (des Kirchleins in der Kirche) identitätsstiftend ist, wirkt sich als *vitium* mangelnder *perspicuitas* aus. Insgesamt jedoch scheint heute der Anpassungswille der Pietisten an die moderne Welt zu überwiegen.

Während vor allem der ländliche P. der ersten Hälfte des 20. Jh. modernen Kritikern als hinterwäldlerisch und rückständig gilt und nur unter großer Verzögerung der Entwicklung z.B. in Mode und Technik folgt, paßt sich der gegenwärtige P. rascher und intensiver den herrschenden Zeitströmungen an, nicht zuletzt unter dem Einfluß der USA, die zugleich durch evangelikale Strömungen (z.B. die Rhetorik BILLY GRAHAMS) viele Pietisten beeinflußt. Die Renaissance expliziter Rhetorikkenntnisse ist eine Frucht der Rhetorikrenaissance in Deutschland. Pietistisch geprägte Bibelschulen halten Rhetorikkurse ab. Von Rhetoriklehrbüchern seien zwei genannt: 1) EBERHARD WAGNER: ‹Rhetorik in der christlichen Gemeinde› (1992) und 2) ROLF-DIETER WIEDENMANN: ‹Der Rhetorik-Trainer› (1999).

(1) Der pietistischen Kreisen entstammende Kaufmann Wagner, der an einer Bibelschule u.a. Homiletik lehrt, legt ein Handbuch vor, das sich vielfach der rhetorischen Fachtermini (z.B. Oxymoron, Litotes) bedient. Es berücksichtigt gottesdienstliche und Alltagsrede in Volkskirche, Freikirche und Gemeinschaften. Wagner möchte nach einer Zeit, in der nicht zuletzt unter dem Einfluß Karl Barths und seiner Schule die explizite rhetorische Ausbildung in den Hintergrund getreten ist, «daß die verwilderte Landschaft des gemeindlichen Redens, auch der Predigt, [...] wieder ein wenig flurbereinigt wird».[91] Als pietistischer Kaufmann denkt Wagner zugleich nüchtern ‹marktbezogen›, rational und ethisch-christlich: Gemeindliche Rede solle «immer auch weltbezogene Rede sein» und benötige deshalb unabdingbar «fachliche Kompetenz»[92] und klare Gliederung, dazu eine ansprechende Gestaltung: «Sachliche Information muß in mitreißende und durchaus nicht emotionslose Rede verpackt sein»[93]; diese dürfe aber nie «zum Sprachrohr der gottfeindlichen Welt werden» und sich auf «Aggression, Manipulation, Verschleierung, Irreführung»[94] durch «Mogelpackungen»[95] stützen. Der historischen Anpassung des P. an die Orthodoxie in der Zeit des Spätrationalismus entspricht Wagners «Achten auf dogmatische Reinheit»[96], genuin pietistischer Tradition seine Hochschätzung der Laienpredigt. Mit Rücksicht auf einen breiteren Adressatenkreis solle aber die Sondersprache gemeindlicher Rede, die «Sprache Kanaans», dort, wo sie «zur Getto-Sprache wird», als Kommunikationshindernis «mit Stumpf und Stiel ausgerottet» werden.[97] Obgleich umstritten bleiben muß, ob diese Öffnung und Vereinheitlichung im weitgefächerten Bereich des P. den gewünschten Erfolg haben wird, ist Wagners explizite Beschäftigung mit Rhetorik beachtlich.

(2) Das von dem schwäbisch-pietistischen Rundfunkredakteur und Rhetoriktrainer Rolf-Dieter Wiedenmann und dem Rundfunk- und Fernsehsprecher HANNO HERZLER verfaßte Lehrbuch läßt den Einfluß moderner Medienpraxis erkennen: Die Zuhörer sind gleichzeitig auch Zuschauer; «auch Redner haben etwas zu ‹verkaufen›.»[98] Den körpersprachlichen Botschaften durch die *actio* wird auffallend breite Aufmerksamkeit gewidmet. Als pietistisches Erbe bleibt der Individualismus, die Hochschätzung des einzelnen Redners als Führungsgestalt mit jeweils einzigartiger und unersetzlicher Persönlichkeit und individuellem Lebensweg. Nicht das «Herunterspulen intellektueller Richtigkeiten» gilt, sondern «die wichtigste rhetorische Regel für den Prediger: Rede mit Herz!»[99]

Anmerkungen:
1 Luther an Melanchthon (1. August 1521), in: M. Luther: Werke, Weimarer Ausg., Briefwechsel, Bd.2 (1931, ND 1969)

370–373; 372. – **2** J. Wallmann: Die Anfänge des P., in: P. und Neuzeit 4 (1979) 11–53, hier 52. – **3** vgl. ebd. 51 mit Anm. 150. – **4** vgl. E. Meuthen: Selbstüberredung. Rhet. und Roman im 18.Jh. (1994). – **5** H. Burte: Wiltfeber der ewige Deutsche (⁶1912) 140. – **6** P.J. Spener: Völlige Abfertigung ... Pfeiffers (1697) 270. – **7** H. Sperber: Zur Sprachgesch. des 18.Jh., in: Zs. für Dt. Philol. 54 (1929) 80–97; 94. – **8** W. Schmitt: Die pietistische Kritik der «Künste». Unters. über die Entstehung einer neuen Kunstauffassung im 18.Jh. (1958) 46. – **9** M. Windfuhr: Die barocke Bildlichkeit und ihre Kritiker (1966) 2f. – **10** Barner 72f. – **11** Ch. Kolb: Die Anfänge des P. und Separatismus in Württemberg (1902) 42. – **12** A.H. Lehmann: P. und weltliche Ordnung in Württemberg vom 17. bis zum 20.Jh. (1969) 15. – **13** zit. W. Köhler: Die Anfänge des P. in Gießen 1689 bis 1695, in: Die Universität Gießen von 1607 bis 1907. Fs. zur dritten Jh.feier., hg. von der Univ. Gießen (1907) Bd. 2, 191. – **14** S.F. Rues: Aufrichtige Nachrichten von dem Gegenwärtigen Zustande Der Mennoniten oder Taufgesinnten wie auch der Collegianten oder Reinsburger (1743) 281, Anm. zu S.273. – **15** [Anonym]: Wirtemberg. P. Schreiber. Schulen. Und Erziehung und Aufklärung überhaupt (1787) 31. – **16** ebd. 32f. – **17** in: Alfred Freiherr von Wolzogen (Hg.): Schillers Beziehungen zu Eltern, Geschwistern und der Familie von Wolzogen. Aus den Familien-Papieren mitgetheilt (1859) 21–42. – **18** Th. Spizelius: Infelix literatus (1680) 255. – **19** in: [Karoline Reinhardt]: Kurzer Lebensabriß von Immanuel Gottlieb Kolb (1859) 593–595; vgl. auch M. Scharfe: Ev. Andachtsbilder. Stud. zu Intention und Funktion des Bildes in der Frömmigkeitsgesch. vornehmlich des schwäbischen Raumes (1968) 198f.; 213f. – **20** (= Aus der Arbeit für die Arbeit, Bändchen 11) (1905). – **21** (²1905). – **22** (= Aus der Arbeit für die Arbeit, Bändchen 9) (1904). – **23** Bardey [20] 9. – **24** ebd. 15. – **25** Bardey [22] 26. – **26** F. Bardey: Fundgrube (1925) 98. – **27** vgl. E. Wagner: Rhet. in der christlichen Gemeinde (1992) 23. – **28** vgl. G. Kemp, E. Claflin: Dale Carnegie. Der Mann, der Millionen Freunde gewann (1990). – **29** vgl. zu Speners Kritik an der (zeitgenössischen) Rhet. A. Nebe: Zur Gesch. der Predigt. Charakterbilder der bedeutendsten Kanzelredner, Bd. 2 (1879) 93–136; vgl. [2]; I. Weithase: Zur Gesch. der gesprochenen dt. Sprache, Bd. 1 (1961) 139–150, Bd. 2 (1961) 45–47. – **29a** Zu Freyer vgl. Breymayer in Anm. [62]; dieses Zitat basiert auf Kenntnis auch von Freyers ‹Oratoria›. Materialreich zum Halleschen Pietismus W. Martens: Lit. und Frömmigkeit in der Zeit der frühen Aufklärung (1989), zu Freyer bes. 1–23, 68–74. – **30** vgl. R. Breymayer: Der «Vater des P.» und seine Bücher: Zur Privatbibl. P.J. Speners, in: Bibliothecae selectae da Cusano a Leopardi, a cura di Eugenio Canone (Florenz 1993) 299–331; ders.: Der wiederentdeckte Katalog zur Bibl. Gottfried Arnolds, in: Gottfried Arnold (1666–1714), hg. von D. Blaufuß und F. Niewöhner. (1995) 55–143; ders.: Zum Schicksal der Privatbibl. A.H. Franckes. (³2002) 22–24. – **31** 155–177. – **32** vgl. A. Beutel: Lichtenberg und die Rel. Aspekte einer vielschichtigen Konstellation (1997) 96–98. – **33** H.-G. Kemper. Dt. Lyrik der frühen Neuzeit, Bd. 6/I (1997) 115. – **34** ebd. 97. – **35** vgl. E.Ph. Paulus: Die wiss. Bildungsanstalt der Gebrüder Paulus auf dem Salon bei Ludwigsburg (1841) 13. – **36** G.C.J. Hoffmann: Philos. der Rede oder Grundlinien der Rhet. (1841) 173. – **37** ebd. 177. – **38** ebd. 231. – **39** ebd. 265. – **40** ebd. 255. – **40a** I. I. Rambach: Instivtiones hermenevticae sacrae ... (⁴1732) 350; vgl. 429: «Rhetorica adminicula in exegesi non spernenda esse docetur.» («Man lehrt, daß die rhetorischen Hilfsmittel in der Exegese nicht zu verachten sind.») – **41** [40] 265. – **42** Cato maior: Fragm. p. 80, 2; Jordan. – **43** Quint. II, 17, 37. – **44** Quint. XII, 1, 1. – **45** A. Hellwig: Unters. zur Theorie der Rhet. bei Platon und Aristoteles (1973) 280. – **46** vgl. ebd. 292f. – **47** vgl. Quint. IX, 3, 102. – **48** vgl. Ph.J. Spener: Theol. Bedencken. Theil 3 (1702) 751. – **48a** Zinzendorf, in: Jüngerhausdiarium [Ms., Unitätsarchiv Herrnhut], 17.5.1752; zit. nach J. Reichel: Dichtungstheorie und Sprache bei Zinzendorf (1969) 96; vgl. Kemper [33] 34f. – **49** vgl. J.W. von Berger: Dissertationum crypticarum, seu de occultatione poetica I bzw. II. (1702); ders. [Praeses]/G.G. Duringus [Düring]: De Crypsi Oratoria (1729). – **49a** C.F. [= F.C.] Oetinger: Innhalt der Rede Gottes an alle Glaubige [...] (1762))(2ʳ–)(8]ᵛ: Vorrede, hier)(3ᵛ; zur Rezeption antiker Rhet. vgl. ebd. 118f.: «Wie eine Rede beschaffen seyn solle nach Horatio [Horaz]?» – **50** vgl. J. Amstutz: Haplotes (1968); N. Brox: Der einfache Glaube und die Theol., in: Kairos 14 (1972) 157–187; K. Mackensen: Simplizität. Genese und Wandel einer musikästhetischen Kategorie des 18.Jh. (2000) 419–442. – **51** zur entsprechenden Polemik vgl. G.F. Weidemann: Die Pietisten als Revolutionäre gegen Staat und Kirche. Eine kirchlich-politisch-philos. Hypothese (1830). – **52** D. Kimpel: Bericht über neue Forschungsergebnisse 1955–1964, in: E.A. Blackall: Die Entwicklung des Dt. zur Lit.sprache 1700–1775 (1966) 488. – **53** K. Dockhorn: Die Rhet. als Quelle des vorromantischen Irrationalismus in der Lit.- und Geistegesch. (1949), in: ders.: Macht und Wirkung der Rhet. Vier Aufsätze zur Ideengesch. der Vormoderne (1968) 46–95. – **54** Quint. X, 7, 15. – **55** Ph.J. Spener: Lebens-Pflichten T. 1 (1692) 531. – **56** J.J. Rambach: Ausführliche und gründliche Erläuterung über seine eigene Institutiones Hermeneutica Sacrae ... ans Licht gestellet von E.F. Neubauer, Th. 2. (1738) 159. – **57** vgl. H. Unger : Die Beziehungen zwischen Musik und Rhet. im 16.–18. Jh. (1941); W. Serauky: Affektenlehre, in: MGG, Bd. 1 (1949) Sp. 113–121. – **58** vgl. M. Geck: Die Vokalmusik Dietrich Buxtehudes und der frühe P. (1965); W. Serauky: Musikgesch. der Stadt Halle, II/1 (1939) 431–469. – **59** vgl. H. Henck: Vom Monochord zur vierten Dimension. J.L. Frickers irdische und himmlische Musik, in: Neue Zs. für Musik 162 (2001) 48–51; ders.: Fricker, Johann Ludwig, in: MGG², Personenteil, Bd. 7 (2002) Sp. 110–113. – **60** in: Einer Hertzogin aus Franckreich [Jeanne de Schomberg, Duchesse du Plessis-Liancourt] Regeln vor die Frauenzimmer hohen Herkommens ... (1754) Bl.)(4 a)-)(4ᵛ. – **61** F. Spamer: Das kleine Andachtsbild (1930) 144. – **62** vgl. H. Freyer: Fasciculus Poematum Latinorum (1735) 484f. 502–510; vgl. R. Breymayer: Friedrich Christoph Oetingers Theologia Emblematica und die Lehrtafel der Prinzessin Antonia von Württemberg, in: F.C. Oetinger: Die Lehrtafel der Prinzessin Antonia, hg. von R. Breymayer und F. Häußermann, Teil 1 (1977) 1–30. – **63** F. C. Oetinger: Biblisches und Emblematisches Wtb., hg. von G. Schäfer, Teil 1 (1999) 223. – **64** vgl. V. Nelson: John Valentine Haidt [Ausstellung der Abby Aldrich Rockefeller Folk Art Collection] (Willamsburg, Virginia 1966). – **65** vgl. H. Huth: Abraham und David Roentgen und ihre Neuwieder Möbelwerkstatt (1974); R. Lächele: Vom Schreinergesellen zum Geheimen Rat. David Roentgen – Herrnhuter und Ebenist, in: R. Lächele (Hg.): Das Echo Halles. Kulturelle Wirkungen des P. (2001) 93–114. – **66** J.M. Hahn: Slg. von auserlesenen geistlichen Gesängen ... (1822) (= Hahn's Schr., Theil 7, [Abth. 1]), 655–657, Nr. 298: «Bringe mich doch in die stille [...]», hier 656, Strophe 9. – **67** vgl. J.H. Hävecker: Tyronis scholastici cynosura theologico-ethico-politico-grammatico-rhetorico-practica (1680); ders.: Chriologia theoretico-practica (1685). – **68** vgl. H.-J. Gabler: Geschmack und Ges. Rhet. und sozialgesch. Aspekte der frühaufklärerischen Geschmackskategorie (1982) 417. – **69** vgl. G.R. Driver: Technical terms in the Pentateuch, in : Die Welt des Orients 2, 3 (1956) 254–263. – **70** vgl. E. Reichmann: Die Herrschaft der Zahl. Quantitatives Denken in der dt. Aufklärung (1968). – **71** vgl. R. Breymayer: «Anfangs glaubte ich die Bengelische Erklärung ganz ...» Philipp Matthäus Hahns Weg zu seinem wiederentdeckten ‹Versuch einer neuen Erklärung der Offenbarung Johannis› (1785), in: Pietismus und Neuzeit 15 (1989) 172–219. – **72** vgl. E. Benz: Christliche Endzeiterwartung und technische Fortschrittsidee, in: ders.: Schöpfungsglaube und Endzeiterwartung (1965) 135–156; 278ff. (Anm.); ders.: Die Bibel als Motor der Technik, in: Christ und Welt, Jg. 18 Nr. 8 (1965) 13; A. Stöcklein: Leitbilder der Technik. Biblische Trad. und technischer Fortschritt (1969); R.F. Paulus: Pansophie und Technik bei Philipp Matthäus Hahn, in: Technikgesch. 37 (1970) 243–253. – **73** vgl. L.M. Griffin : The edifice metaphor in rhetorical theory, in: Speech Monographs 27 (1960) 279–292. – **74** vgl. H. Mühlmann: Aesthetische Theorie der Renaissance. Leon Battista Alberti (1981); J. Biehle: Theorie des Kirchenbaues vom Standpunkt des Kirchenmusikers und des Redners mit einer Glockenkunde (1913). – **75** F. Geller: Gotteshaus und Gottesdienst in den Herrnhuter Brüdergemeinen (1929); H. Rudolph: Herrnhuter Baukunst und Raumgestaltung. Der bürgerliche Barock der Brüdergemeine Herrnhut (1938). – **76** vgl. H.-H. Grote: Die Franckeschen Stiftungen aus bauhist. Sicht, in: Vier Thaler und sechzehn Groschen. August Hermann Francke. Der Stifter und sein Werk, bearb. von P. Raabe (1998) (= Kataloge der Franckeschen Stiftungen 5) 131–142; 196; I. Küster: Leonhard Christoph Sturm. Leben und Leistung auf dem Gebiet der Zivilbaukunst in Theorie und Praxis. (Diss. 1942). – **77** L. Chr. Sturm: Vollständige Anweisung/ alle Arten von regulären Pracht-Gebäuden ... (1717) Bl. b^v. – **78** ders.: Kurtze Vorstellung der gantzen Civil-Bau-Kunst (1718) 30. – **79** ders.: Vollständige Anweisung/Allerhand Oeffentliche Zucht- und Liebes-Gebäude ... (1720) Bl. B^r. – **80** J.C. Lavater: Physiognomische Fragmente, 1. Versuch (1775) 168; vgl. allg. R.L. Birdwhistell: Introduction to Kinesics (Washington 1952). – **81** vgl. H. Flashar: Die medizinischen Grundlagen der Lehre von der Wirkung der Dicht. in der griech. Poetik, in: Hermes 84 (1956) 12–48 H.-G. Schmitz: Phantasie und Melancholie. Barocke Dicht. im Dienste der Diätetik, in: Medizin-hist. Journal 4 (1969) 210–230; W. Mauser: Anakreon als Therapie? Zur medizinisch-diätetischen Begründung der Rokokodicht., in: Lessing-Yearbook 20 (1988) 87–120; K. Lange: Geistliche Speise. Unters. zur Metaphorik der Bibelhermeneutik, in: Zs. für Dt. Altertum 95 (1966) 81–122. – **82** vgl. J. Geyer-Kordesch: P., Medizin und Aufklärung in Preußen im 18. Jh. Das Leben und Werk Georg Ernst Stahls (2000). – **83** vgl. J. Brinsley: Zungen-Zaum, oder Gründlicher Unterricht Von Christlicher Regierung der Zunge (1727; 1741). – **84** vgl. P. Köhler: Henriette Katharina von Gersdorf, die Großmutter Zinzendorfs. Programm Realgymnasium Zittau (1883). – **85** zit. A. Mietzschke: Lusatica, in: Zs. für slavische Philol. 17 (1940) 125. – **86** vgl. R. Breymayer: «Die Bibel der Chinesen». Zum Problem ‹verwestlichender Übersetzung› in der württembergisch-schwäbischen Chinakunde bis zu Richard Wilhelm (1873–1930), in: R. Reuter, W. Schenk (Hg.): Semiotica Biblica. Eine Freundesgabe für Erhardt Güttgemanns (1999) 181–217. – **87** vgl. I. Toedt: Irokesen und Delawaren im Spiegel der Herrnhuter Mission (1957) 111; C. Wessel: Delaware-Indianer und Herrnhuter Missionen im Upper Ohio Valley, 1772–1781 (1999) (= Hallesche Forsch., Bd. 4) 60–66. – **88** vgl. O. Seidensticker: Frederick Augustus Conrad Muhlenberg: Speaker of the House of Representatives in the First Congress, 1789, in: Pennsylvania Magazine of History and Biography 13 (July 1889) 184–206; P.A.W. Wallace: The Muhlenbergs of Pennsylvania (1950; Reprint: Freeport, N.Y. 1970). – **89** Nikolaus Ludwig [Graf] von Zinzendorf: Der Öffentlichen Gemein-Reden im Jahr 1747. Zweyter Theil, in: Nikolaus Ludwig von Zinzendorf: Hauptschr., hg. von E. Beyreuther und G. Meyer, Bd. 4 (1963) 208; H.-D. Roch: Naive Frömmigkeit in der Gegenwart. Eine krit. Unters. der Schr. Werner Heukelbachs (1969). – **90** Th. W. Adorno Jargon der Eigentlichkeit. Zur dt. Ideologie (^11969) 77. – **91** E. Wagner: Rhet. in der christ. Gemeinde (1992) 17. – **92** ebd. 19. – **93** ebd. 201. – **94** ebd. 19. – **95** ebd. 81f. – **96** ebd. 261. – **97** ebd. 154; 363. – **98** R.-D. Wiedenmann: Der Rhet.-Trainer. Reden lernen für Gemeinde und Beruf (1999) 49. – **99** Herzler ebd. 124.

Literaturhinweise:
M. Schian: Orthodoxie und P. im Kampf um die Pr. (1912). – K. Dockhorn: Die Rhet. als Quelle des vorromantischen Irrationalismus in der Lit.- und Geistesgesch. (1949), in: ders.: Macht und Wirkung der Rhet. (1968) 46–95. – R. Breymayer: Die Erbauungsstunde als Forum pietistischer Rhet., in: H. Schanze (Hg.): Rhet. (1974) 87–104. – Pietismus und Neuzeit (Jg. 1 ff. 1974 ff.; meist mit jährlicher P.-Bibliographie). – R. Breymayer: Die Beredsamkeit einer Taubstummen. Aspekte des Ethos-Bereichs für die Rhet. der pietistischen Leichenrede, in: R. Lenz (Hg.): Leichenpr. als Quelle hist. Wiss., Bd. 2 (1979) 213–234. – H. Marti: Die Rhet. des Heiligen Geistes, in: D. Blaufuß (Hg.): P.-Forschungen (1986) 197–294. – H.-G. Kemper: Dt. Lyrik der frühen Neuzeit, Bd. 3 (1988), Bd. 5/1.2 (1991), Bd. 6/1 (1997); 6/2.3 (2002). – J. Wallmann: Der P. (1990). – R. Breymayer: Pietistische Rhet. als eloquentia nov-antiqua, in: J. Kopperschmidt (Hg.): Rhet., Bd. 2 (1991) 127–137. – H.-J. Schrader: Art. ‹P.›, in: W. Killy (Hg.): Lit. Lex., Bd. 14 (1993) 208–216. – M. Brecht u.a. (Hg.): Gesch. des P., Bd. 1–3 f. (1993 f.). – U.-M. Schneider: Propheten der Goethezeit. Sprache, Lit. und Wirkung der Inspirierten (1995). – T. Verweyen, H.-J. Kertscher (Hg.): Dicht.theorien der dt. Frühaufklärung (1995). – R. Breymayer: A.A. Hochstetter (1668–1717). Pietistischer Theologe und Rhetoriker, in: J. Knape (Hg.): 500 Jahre Tübinger Rhet. (1997) 80–86. – R. Breymayer: Mit dem Herzen gesehen: Visuell-verbale Rhet. in einer schwäbisch-pietistischen Erbauungsstunde, in: P. und Neuzeit 24 (1998) 354–367. – P. Schicketanz: Der P. von 1675–1800 (2001).

R. Breymayer

→ Anstandsliteratur → Ars Praedicandi → Christliche Rhetorik → Enthusiasmus → Erbauungsliteratur → Inspiration → Mystik → Rhetorica contra Rhetoricam → Zungenrede

Plädoyer (dt. Fürsprache, Schlußvortrag; engl. plea, pleading; frz. plaidoyer, plaidoirie; ital. arringa, perorazione)
A. I. Def. – II. Rhetorik. – B. Gesch. – I. Spätes Mittelalter und Frühe Neuzeit. – II. Moderne und Gegenwart.

A. I. P. ist eine vorausgehende Klärung zusammenfassend würdigende und zu bestimmter Entscheidung auffordernde Fürsprache in der Öffentlichkeit. Als Fürsprache ist das P. stets Rede für einen Anderen, der solcher Unterstützung bedarf, wobei dieser Andere auch eine Gruppe oder Personenmehrheit sein kann. Als zusammenfassend würdigende Äußerung setzt das P. eine Angelegenheit von einiger Komplexität voraus, als Aufforderung zu bestimmter Entscheidung geht es von einer entsprechend präzisen Streitfrage aus, deren Beantwortung dringlich ist. Als Fürsprache in der Öffentlichkeit behauptet es, daß im je vorliegenden Fall ein Interesse von Bedeutung für die Allgemeinheit in Frage steht. – Im engeren und eigentlichen Sinne ist P. die neuzeitliche Bezeichnung für die anwaltliche Rede vor Gericht, insbesondere die Schlußvorträge von Staatsanwaltschaft und Verteidigung im Strafprozeß. Im weiteren und übertragenen Sinne kann jede öffentlich inszenierte Stellungnahme P. genannt werden, die argumentativ und engagiert zugleich für konkret gefährdete, schutzwürdige Personen, für bestimmte Standpunkte oder Güter Partei ergreift.

Das Wort ‹P.› ist mittelalterlichen Ursprungs. Ausgangspunkt seiner Etymologie ist das lateinische Substantiv *placitum* [1], das in Quellen vor 1100 Versammlungen von Freigeborenen bezeichnet, in denen wichtige öffentliche Angelegenheiten beraten und beschlossen werden, wie auch den urkundlich fixierten Beschluß aus solcher Zusammenkunft; die zugehörige Verbform *placitare* meint bereits ‹zum Gericht sprechen› [2]. Aus dem zu *plaitum* abgeschliffenen Substantiv bilden das Altenglische und Altfranzösische das gleichbedeutende ‹plai›, wovon sich englisch ‹plea› und französisch ‹plaid› herleiten. [3] Aus dem altfranzösischen Verb ‹plaidier / plaidoier› ist schließlich das Nomen ‹plaidoié› für die Rede vor Gericht erwachsen; es ist seit Ende des 14. Jh. nachweisbar. [4] In dieser Bedeutung ist ‹P.› im heutigen Französisch veraltet und wird nur mehr untechnisch oder metaphorisch verwendet. [5] Der moderne Fachausdruck heißt ‹plaidoirie› [6]; er folgt dem Wortlaut der französischen Zivilprozeßordnungen [7]. – In die deutsche Bildungssprache gelangt ‹P.› Mitte des 18. Jh. [8] und wird im 19. Jh. in Rechtswissenschaft und Rechtspflege geläufig, ohne jedoch bis in Gesetze vorzudringen. Die Strafprozeßordnungen des deutschen Sprachraumes bezeichnen das P. als ‹Schlußvortrag› [9] oder ‹Parteivortrag› [10], im Zivilverfahren heißt das P. schlicht ‹Antrag› [11]. In übertragener Bedeutung findet ‹P.› in Deutschland erst in der zweiten Hälfte des 20. Jh. zu stärker Verbreitung. [12]

Der Begriff des ‹P.› ergibt sich aus der Stellung der anwaltlichen Rede im gerichtlichen Verfahren. Die Einschaltung eines Anwalts kommt in Betracht, wo schutzwürdige Interessen professioneller Artikulation bedürfen, sei es, daß ihre Träger Personen sind, die Beistand brauchen, weil sie mit der Selbstvertretung ihrer Interessen im Verfahren überfordert wären, sei es, daß ihre Träger Körperschaften sind, die ihre Interessen überhaupt nur durch bestellte Sachwalter vortragen können, wie etwa dem Staatsanwalt das öffentliche Strafverfolgungsinteresse aufgetragen ist. Anwaltliche Rede wird P., wo sie im Rahmen der Hauptverhandlung des Verfahrens deren Gegenstand öffentlich und mündlich, in Rede und Gegenrede, einer Gesamtschau unterzieht und auf dieser Basis eine bestimmte Entscheidung fordert. Dafür bieten sich zwei Möglichkeiten an: entweder eröffnet solche Gesamtschau die Beweisaufnahme, oder sie würdigt abschließend deren Ergebnis, wobei die eine Möglichkeit die andere nicht etwa ausschließt.[13] Das Eröffnungs-P. prägt das Gerichtsverfahren im anglo-amerikanischen Rechtskreis, insbesondere in Zivilsachen, das Schluß-P. den Prozeß in Kontinentaleuropa, namentlich in Strafsachen.[14] Welche Relevanz ein P. für den Ausgang des Verfahrens hat, hängt von den übrigen Rechten des Anwalts ab.[15] Je mehr er das Verfahren durch Fragen und Beweisanträge gestalten oder durch informelle Absprachen sogar unterlaufen kann, desto weniger wiegt das P., und umgekehrt.[16] Ein weiterer Faktor ist die Zusammensetzung des Richterkollegiums.[17] Ein Spruchkörper aus Laien ist für seine Urteilsbildung in viel höherem Maße auf eine Gesamtschau angewiesen als Kammern mit Berufsrichtern und leichter beeinflußbar. Schließlich spielt der Gegenstand der Verhandlung eine Rolle: je mehr durch die Entscheidung auf dem Spiele steht, desto wichtiger ist eine zusammenfassende Rede, die zuvor noch einmal dies herausstellt.

Es ist daher kein Zufall, daß für den Begriff des P. im modernen Bewußtsein der Schlußvortrag des Strafverteidigers nach französischem Recht paradigmatisch geworden ist.[18] Denn im französischen Schwurgericht (‹Cour d'assises›) findet das P. die günstigsten Voraussetzungen; hinzu kommt, daß sie auch historisch hier zuerst realisiert worden sind.[19] Im einzelnen sind dies: die Öffentlichkeit und Mündlichkeit der Hauptverhandlung, die dem P. Forum und Hörer geben, der Anklagegrundsatz, der das P. als gezielte Gegenrede ermöglicht, der Anwaltszwang, der zwischen Anklage und Verteidigung Waffengleichheit herstellt, die Leitung der Verhandlung durch den Richter, was den anwaltlichen Spielraum beschränkt, und, abweichend vom geltenden deutschen Recht, die Entscheidung des Falles durch eine Jury aus Geschworenen[20], die aus neun Laien und drei Berufsrichtern besteht. Verhandelt werden ausschließlich Verbrechen, also Angriffe auf höchste Güter der Gesellschaft, die entsprechend schwere Sanktionen zur Folge haben. – Unter diesen Umständen rücken die Schlußvorträge tatsächlich in das Zentrum des gerichtlichen Geschehens. Mit ihnen tritt, gleich einem Drama, der Prozeß ins Stadium der Krisis ein: noch einmal ergreifen die Antagonisten das Wort, damit der Fall in seiner ganzen Tragweite, für die Beteiligten wie für die Öffentlichkeit, deutlich werde. Zugleich bedarf er der Verdichtung auf den entscheidenden Gesichtspunkt, und dies in einer Weise, die auch den Laien in der Jury einleuchtend erscheint. Alle Bemühung zielt schließlich darauf, ein Urteil zu erwirken, das möglichst vollständig dem eigenen Antrag im P. entspricht. Wichtigster Adressat des P. ist folglich das Gericht.[21] – Das Privileg, vor Gericht plädieren zu dürfen, die Schwierigkeit dieser Aufgabe, zumal für den Verteidiger, und die immer wieder gezeigte Fähigkeit, sie erfolgreich zu lösen, haben das P. zu einem Inbegriff anwaltlicher Tätigkeit werden lassen. Wer aber während der Beweisaufnahme seine Möglichkeiten zur Wahrheitsermittlung nicht genutzt hat, kann dieses Versäumnis im P. nicht ausgleichen; das P. ersetzt nicht die Beweisaufnahme, sondern kann sie nur in tatsächlicher und rechtlicher Hinsicht würdigen.[22]

Diese Würdigung und ein auf sie gestützter, bestimmter Antrag bilden den *Inhalt* eines P., auch im Zivilprozeß. Was im Einzelnen beantragt werden kann, ergibt sich aus dem materiellen Recht und aus der Ordnung des Verfahrens. Wie ausführlich plädiert wird, bemißt sich nach Dauer und Umfang der mündlichen (bzw. Haupt-) Verhandlung und der Erörterungsbedürftigkeit des Antrags.[23] Spezielle inhaltliche Vorgaben bestehen im Bereich des deutschen Rechts nur für das P. der Staatsanwaltschaft.[24] Sie ist zudem, im Gegensatz zur Strafverteidigung, aufgrund ihrer prozessualen Stellung zum Schlußvortrag verpflichtet.[25] Das Gesetz bestimmt, in welcher Reihenfolge die P. zu halten sind. Der Staatsanwalt beginnt; dem Angeklagten gebührt, auch wenn ein Verteidiger für ihn spricht, das letzte Wort.[26] In der Berufung plädiert als erster der Beschwerdeführer.[27] Während der Staatsanwalt von Amts wegen sowohl belastende, als auch entlastende Umstände berücksichtigen muß[28], darf der Verteidiger einseitig zugunsten des Angeklagten plädieren. Er kann sich dabei auf die Widerlegung des Staatsanwalts beschränken. Seine eigene Überzeugung von Schuld oder Nichtschuld seines Mandanten bleibt rechtlich unerheblich[29]; doch wird er bei seinen Ausführungen bedenken, daß dessen letztes Wort noch folgt[30]. Erwidert der Staatsanwalt auf das P. des Verteidigers, wird diese Erwiderung ‹Replik›, eine sich daran anschließende Entgegnung des Verteidigers ‹Duplik› genannt; beides in Analogie zu den traditionellen Bezeichnungen für den Wortwechsel der Parteienvertreter im Zivilverfahren.[31] – Die *Form* des P. ist rechtlich nicht geregelt. Sie entspricht im Grundsatz der Struktur des juristischen Gutachtens, wobei unstreitige Passagen in gerafftem Urteilsstile abzuhandeln sind. Da der Eintritt von Rechtsfolgen an die Erfüllung gesetzlicher Tatbestände gebunden ist, und hiervon nur ausgegangen werden kann, wenn entsprechende Handlungen vorliegen, muß jedenfalls das P. der Anklage mit deren Erörterung beginnen, wobei die Einlassung des Angeklagten den Ausgangspunkt abgibt.[32] Alle weiteren Fragen des Aufbaus sind nach den jeweiligen Umständen zu entscheiden. Dies gilt erst recht für das P. der Verteidigung.[33] – Traditionell umstritten ist, in welchem Maße Emotionen angesprochen werden dürfen.[34] Auch diese Frage ist letztlich nicht abstrakt zu klären, auch hier richtet sich die Antwort nach dem Gesichtspunkt der Angemessenheit im Einzelfall.[35] Allerdings zeigt sich, daß die prozessualen Voraussetzungen, denen das P. seine Möglichkeiten verdankt, das P. auch ruinieren können: die Öffentlichkeit des Verfahrens kann den Plädierenden unter solchen Erfolgsdruck setzen, daß ihm jedes Mittel recht erscheint, oder, in Verbindung mit der Mündlichkeit, zu einer Theatralik im Auftreten verleiten, die aus dem P. ein unwürdiges Schauspiel macht.

Außerhalb gerichtlicher Verfahren begegnet der Begriff des P. vor allem im zeitgenössischen Diskurs der Medien. Hier kennzeichnet er ein publizistisches Format, in dem zu bedeutenden, aktuellen Themen nachdrücklich Position bezogen wird – mit mehr oder weniger konkreten Vorschlägen zur Problemlösung.[36] Auch

Beiträge in fachwissenschaftlichen Kontroversen [37] präsentieren sich in dieser Weise, bisweilen schwungvoll und kämpferisch, in einem der Mündlichkeit angenäherten Duktus. In beiden Feldern dient der Begriff P. zur Inszenierung und Dramatisierung von Meinungsunterschieden, verliert aber rasch an Kontur, wenn über solche Unterschiede nicht kurzfristig und verbindlich entschieden werden muß. Bestehen bleibt dann nur das Merkmal der ausdrücklichen und gelehrten Parteinahme, woraus erhellt, daß sich der Begriff ‹P.› in seinem übertragenen Sinne an Modell der anwaltlichen Verteidigung orientiert. Es fehlt freilich die Einbindung in eine definierte Prozeßstruktur, so daß nicht immer klar erkennbar ist, auf wessen Rede hier erwidert wird, wer wofür die Beweislast trägt und wer genau welchem Antrag folgen soll. – Umstände, die denen vor Gericht weit mehr entsprechen, sind in der parlamentarischen Debatte anzutreffen, insbesondere dann, wenn bei einer Entscheidung von großem Gewicht keine strenge Fraktionsdisziplin besteht. Die Reden vor der Abstimmung können hier wie P. erscheinen, doch bleiben sie P. im übertragenen Sinne, denn im modernen Parlament geht es um Beschlußfassung mit allgemeiner Wirkung, nicht aber um das jeweilige Einzelschicksal. Unter diesem Aspekt kommt der öffentliche Protest des modernen Intellektuellen dem eigentlichen P. am nächsten. Dieser Protest lebt geradezu aus der Anspielung auf die Gerichtssituation und bezieht aus ihr sein ganzes Pathos, worin er sich bis zur großen Anklage steigern kann. [38] Wenn der Intellektuelle für einen Entrechteten derart das Wort ergreift, wird er als Anwalt der Humanität unmittelbar überzeugen; in der Verteidigung abstrakter Werte gerät die Rolle jedoch rasch zur Pose, da hier die Werte, deren Geltung sie voraussetzt, meist selbst umstritten sind.

In den Umfang des Begriffes gehört schließlich noch das P. als ästhetische Form. Dabei kann es sich um die nachträgliche Ausarbeitung eines tatsächlich vor Gericht gehaltenen P. handeln, oder um freie Erfindung, die bisweilen für sich steht, meist aber als spannungsreiche Einlage in Literatur und Film Verwendung findet. [39] Ferner hat A. STRINDBERG einen autobiographischen Roman in der Manier eines P. verfaßt [40]; das P. des Intellektuellen existentialistischer Prägung wird von A. CAMUS in der Erzählung ‹La Chute› [41] problematisiert [42]. Literatur- oder filmwissenschaftliche Untersuchungen, die sich speziell mit der Form des P. befassen, scheinen bisher jedoch kaum vorzuliegen.

II. In der Terminologie der klassischen Rhetorik ist der Begriff ‹P.› nicht inventarisiert, da es sich um ein Konzept handelt, das erst aufkam als ihre Nomenklatur schon abgeschlossen war. – Gleichwohl läßt sich das P. rhetorisch klassifizieren: es ist Stellungnahme in einem konkreten Streitfall (*causa*) und als solche Antwort auf eine *quaestio civilis*; es wendet sich mithin an Hörer oder Leser, die über diese Antwort urteilen. In seiner engeren, eigentlichen Bedeutung aktualisiert das P. die Gattung der Gerichtsrede (*genus iudiciale*), erfaßt aber nur deren professionelle Seite, die anwaltliche Rede, und auch von dieser im Zweifel nur das Resümee im Strafprozeß. In seiner weiteren und übertragenen Bedeutung gehört das P. zur Gattung der Beratungsrede (*genus deliberativum*), die es jedoch im Gestus einer Gerichtsrede interpretiert. – Die Rezeption der rhetorischen Tradition zeigt sich am deutlichsten im Dispositionsschema des klassischen französischen P., das auf die Lehre von den Teilen der Rede (*partes orationis*) [43] zurückgeht: auf die zumeist vorangestellten «conclusions» (Schlußanträge) folgen «l'exorde, le récit du fait, celui de procédure, l'etablissement de moyens, et la réponse aux objections» (Einleitung, Schilderung der Tatsachen, Schilderung des Prozeßgangs, Aufstellung der Beweise, Antwort auf Einwände). [44] Die französische Terminologie läßt zudem eine für die Verteidigung charakteristische Gedankenfigur erkennen: der traditionelle Redeteil *refutatio* (Widerlegung) wird hier, sofern nicht erst als Duplik nachgereicht, ganz zur *praesumptio* (Vorwegnahme), die alles auszuräumen sucht, was von der Gegenseite noch erwidert werden kann.

B. I. *Spätes Mittelalter und Frühe Neuzeit.* Im Frankreich des späten Mittelalters dient das Wort ‹P.› wohl zunächst nur dazu, Reden als ‹vor Gericht gehalten› auszuzeichnen. Auch wird der Saal, in dem das Gericht tagt, P. genannt. [45] Oberster weltlicher Gerichtshof ist das Parlament zu Paris, mit dessen Etablierung Anfang des 13. Jh. die Ausbildung eines festen Anwaltsstandes (‹Barreau›) einhergeht. So ist im 14. Jh. mit der Rede vor Gericht die Vorstellung anwaltlicher Fürsprache bereits fest verbunden. Sie ist auch notwendig, je mehr römisches und kanonisches Recht zur Geltung kommt, dessen Beherrschung spezielle Kenntnisse voraussetzt. Trotz massiver Beschränkungen der Öffentlichkeit und Mündlichkeit des Verfahrens im Zuge der Rezeption kanonischen Prozeßrechts bleiben im 14. Jh. und 15. Jh. die Schluß-P. öffentlich. Die aus dieser Zeit erhaltenen P. stehen noch ganz im Zeichen scholastischer Dialektik und Gelehrsamkeit. – Erst im 16. Jh. kommt es, unter humanistischem Einfluß, zu einer stärkeren Berücksichtigung der Lehren der Rhetorik. An die Stelle komplexer syllogistischer Strukturen tritt nun die sechsteilige Gliederung nach dem Vorbild antiker Gerichtsrede; neben Bibelzitate rücken Beweisführungen aus griechischen und römischen Schriftstellern. Das P. wird zunehmend Schaustück und Diskussionsgegenstand unter Advokaten; allgemeine Werke zur Rhetorik hingegen erörtern das P. nur am Rande. [46] Rechtlich gesehen verliert das P. sogar an Boden. 1539 wird das geheime inquisitorische Verfahren in Strafsachen zur Regel, eine formelle Verteidigung ist fortan nur noch in Ausnahmefällen möglich [47]; unter Ludwig XIV. wird sie sogar ganz ausgeschlossen [48]. Damit bleibt das P. in Frankreich bis zur Revolution von 1789 auf den Zivilprozeß beschränkt. Das hindert indes nicht den Aufstieg des P. zur literarischen Kunstform, der sich im 17. Jh. in Sammelbänden beispielhafter Muster [49] und, persifliert, in der Komödie [50] spiegelt. Das 18. Jh. entschlackt und versachlicht das P. [51], ohne den Begriff rechtlich zu reduzieren; so definiert BOUCHER D'ARGIS in Diderots ‹Encyclopédie› «P. est un discours fait en présence des juges pour la défense d'une cause» (P. ist eine Rede, die in Anwesenheit von Richtern zur Verteidigung einer Sache gehalten wird). [52] Wenn es der Richter erlaubt, kann eine Partei auch für sich selbst plädieren. [53] – In übertragener Bedeutung ist P. seit Ende des 16. Jh. nachweisbar. [54] So kritisiert MONTAIGNE die Memoiren der Herren Du Bellay ob ihrer Parteilichkeit: «Hier haben wir es eher mit einem P. für König Franz I. gegen Kaiser Karl V., als mit einem Geschichtswerk zu tun. Ich will nicht annehmen, daß die beiden Edelleute die Tatsachen in den wesentlichen Punkten entstellt haben; aber sie sind ausgewiesne Meister darin, die Beurteilung der Ereignisse oft wahrheitswidrig etwas zu unsren Gunsten zurechtzubiegen und all das zu übergehn, was es im Leben ihres Herrn an Heiklem gab.» [55]

In Deutschland wird ‹P.› Mitte des 18. Jh. als Fremdwort greifbar.[56] Im ‹Universal-Lexicon› von J.H. Zedler heißt es: «Plaidoje. – der mündliche Vortrag oder Rede, welche ein Advocat oder Sachwalter vor Gerichte hält, seines Clienten Sache zu vertheidigen».[57] Das deutschsprachige Schrifttum zur Rhetorik befaßt sich jedoch kaum mit Reden vor Gericht, zumal das damalige Prozeßrecht nur schriftliche Verfahren kennt. Die *defensiones* [58] bzw. ‹Vertheidigungen› [59] im Strafprozeß werden zwar erwähnt, deren nähere Erörterung bleibt aber der juristischen Literatur überlassen. Von der Verteidigungsschrift des Defensors im Inquisitionsprozeß unterscheidet sich das P. nicht nur durch Mündlichkeit und Öffentlichkeit seines Vortrags; wichtiger noch ist die Möglichkeit, die Beweisergebnisse der Hauptverhandlung würdigen und Aussagen der Zeugen selbst in Frage stellen zu können, wohingegen ein Defensor die ohne sein Beisein erhobenen Beweise als feststehend hinnehmen muß und darum nur rechtsgutachtlich tätig werden kann.[60]

II. *Moderne und Gegenwart*. Im 19. Jh. haben sich die Rahmenbedingungen des P. in Frankreich erheblich verbessert. Zivil- und Strafverfahren werden nun von den Prinzipien der Anklage, der Öffentlichkeit und der Mündlichkeit bestimmt; im politischen Leben sind Presse- und Meinungsfreiheit im Grundsatz anerkannt. Obgleich die bürgerliche Gesellschaft von der allgemeinen Verwirklichung ihrer Ideale weit entfernt ist, besteht doch ein allgemeiner Glaube an die Majestät des Rechts. Davon zehrt das P.; zudem eröffnet die Publikation in Zeitungen und Broschüren bis dahin ungeahnte Möglichkeiten medialer Breitenwirkung. Der enorme Bedeutungsgewinn hat Überschätzung zur Kehrseite; wie Anspruch und Wirklichkeit im P. immer wieder auseinanderklaffen, dokumentiert. H. DAUMIER in zahlreichen Lithographien [61], Aquarellen und einem Gemälde [62]. In politisch motivierten Strafprozessen wiederum verblaßt das anwaltliche P., sobald die Angeklagten ihr Schlußwort nutzen, um die Justiz klassenkämpferisch zu denunzieren.[63] – Am Ende des 19. Jh. hat der gesetzliche Terminus ‹plaidoirie› das gesetzlich nicht verankerte ‹P.› verdrängt.[64] Übrig bleibt der literarisch-rhetorische Sinn von ‹P.›: im Französischen des 20. Jh. bezeichnet ‹P.› im engeren Sinne Gerichtsreden historischer Art [65] oder, leidenschaftlicher als ‹plaidoirie›, den Inhalt einer Verteidigung in Fällen von Gewicht [66] oder speziell vor einer repressiven Gerichtsbarkeit. Ob es sich dabei um anwaltliche Rede oder eine Verteidigung in eigener Sache handelt, ist nicht entscheidend; beides wird von P. umfaßt.[67] Im weiteren, außergerichtlichen Sinne dient ‹P.› unverändert als Kennzeichnung engagierter öffentlicher Fürsprache.[68]

In Deutschland wird der Ausdruck im 19. Jh. eher zögerlich aufgenommen. Zu einer Liberalisierung des Gerichtsverfahrens kommt es zunächst nur im französisch besetzten Rheinland und einigen angrenzenden Gebieten [69]; erst im Zuge der Revolution von 1848 werden überall neue Prozeßordnungen eingeführt. Bis dahin verwendet das Schrifttum P. und ‹plaidieren› nur zur Beschreibung der französischen Verhältnisse [70]; soweit ein P. vor deutschen Gerichten möglich ist, wird es im Anschluß an die herkömmliche Verteidigungsschrift ‹Vertheidigungsrede› genannt [71]. Mit der politischen Umwälzung avanciert P. zum Modewort der Praxis und bezeichnet fortan auch die deutsche Gerichtsrede, insbesondere den Schlußvortrag im Strafverfahren, unabhängig davon, ob es sich um die Rede des Verteidigers oder diejenige des Anklägers handelt.[72] Gegen «das fremde Wort» [73] und eine stilistische Orientierung am P. «nach französischem Zuschnitte» [74] regt sich jedoch auch Widerstand. Vor allem stößt die Expressivität französischer P. auf Ablehnung, und zwar in Deutschland ungleich heftiger [75] als in Österreich.[76] Entsprechend bemühen sich deutsche Autoren [77] im Unterschied zu österreichischen [78], den Ausdruck P. möglichst zu vermeiden; Sammlungen von P., wie Frankreich sie kennt, entstehen nur in Österreich [79]. Erst im Verlauf des 20. Jh. hat sich der Sprachgebrauch der juristischen Praxis auch im deutschen Schrifttum durchgesetzt, zumal nach 1945. – Eine Aufwertung des P. vor Gericht ist damit nicht einhergegangen. In der juristischen Ausbildung wird dem P. keine Bedeutung beigemessen, die Anleitungsliteratur stellt allenfalls das P. des Staatsanwaltschaft im Muster vor [80]; sprachlicher Ehrgeiz wird auch mit diesem nicht verbunden. Die Rehabilitierung der Rhetorik in der rechtswissenschaftlichen Diskussion [81] ist dem P. ebenfalls nicht zugute gekommen, da sie sich, wie die Ausbildung, hauptsächlich auf die richterliche Tätigkeit bezieht. Nach wie vor gilt: «Weil es nicht gelehrt und gelernt, nicht als Kunst geschätzt und wenig geübt wird, ist die formale Seite des P. vernachlässigt, und es gibt kaum einen Anwalt, der die allgemeinen Lehren der Rhetorik bewußt beachtet. Wer die Kunst des P. beherrscht, hat sie meist nicht erlernt, sondern durch Lebens- und Berufserfahrung gewonnen.» [82] – Die propagandistische Funktion des P. ist unterdessen auf die elektronischen Medien übergegangen. Ihre Beiträge haben die öffentliche Auseinandersetzung längst eingenommen, bevor es zu Rede und Gegenrede im Gerichtssaal kommt, so daß dem P. hier nur selten Wirkungsmöglichkeit verbleibt. Das politisch motivierte P. lebt eher im Spielfilm fort, der gesellschaftlich brisante Themen in gerichtlichen Formen aufzubereiten sucht.[83]

Von der Gerichtssituation gänzlich abgelöst, hat das P. seit 1960 einen rasanten Aufschwung im publizistischen Bereich erfahren, wie an der steigenden Zahl deutschsprachiger Bücher, die mit ‹P.› untertitelt sind, zu erkennen ist.[84] Derartige P. erscheinen heutzutage auf nahezu allen Gebieten öffentlicher Auseinandersetzung.[85] In der Bundesrepublik hat diese Entwicklung mit Beiträgen von W. BRANDT und W. JENS begonnen. Nach seiner Nominierung als Kanzlerkandidat der Sozialdemokraten erklärt Brandt programmatisch «Wir plädieren für die Zukunft, und das ist zugleich ein P. für eine Politik neuen Stils».[86] Diese und weitere Reden publiziert Brandt im April 1961 als «Zusammenfassung von Diskussionsbeiträgen» [87] mit dem Titel ‹P. für die Zukunft›. Zur Eröffnung der Frankfurter Buchmesse im Oktober des gleichen Jahres hält Jens sein ‹P. für das Positive in der modernen Literatur› [88], das er selbst als «Traktat im rhetorischen Stil» [89] bezeichnet. – Der strategische Gewinn aus solcher Stilisierung liegt in der Möglichkeit, Kritik am Bestehenden und Forderungen nach Veränderung konstruktiv formulieren zu können, nämlich als Fürsprache, und zwar im Rahmen eines geregelten, kontradiktorischen Verfahrens. In dieser Bindung legitimiert und mäßigt sich das P., so daß ein Gewinn auch bei der Gegenseite liegt. Dieser Zusammenhang entsteht jedoch nur, sofern das Verfahren selber hinreichend Gehör gewährt, ergebnisoffen geführt und darum als gemeinsamer Boden akzeptiert ist. Die Überzeugungskraft auch der Metapher ‹P.› lebt letztlich von der Existenz glaubwürdiger rechtlicher Verfahren.

Anmerkungen:

1 Du Cange: Glossarium mediae et infimae latinitatis (1883–1887; ND Graz 1954) VI, 347. – **2** G. Dolezalek: Art. ‹Placitum›, in: A. Erler, E. Kaufmann (Hg.): Handwtb. zur dt. Rechtsgesch. Bd. 3 (1984) 1762f. – **3** J. Simpson, E. Weiner: The Oxford English Dictionary, Bd. 11 (Oxford ²1989) 1025. – **4** F. Godefroy: Dictionnaire de l'ancienne langue Française, Bd. 6 (Paris 1889) 185. – **5** Centre National de la Recherche Scientifique (Hg.): Trésor de la langue française, Bd. 13 (Paris 1988) 466. – **6** R. Guillien, J. Vincent: Lexique de termes juridiques (Paris ¹⁰1995) 412. – **7** Art. 87, 343 Code de procédure civile (1806); Art. 440 Nouveau code de procédure civile (1958). – **8** Zedler Bd. 28 (1741) 614. – **9** § 256 Österr. Strafprocessordnung (1873); § 258 Strafprozeßordnung (= StPO) für das Dt. Reich (1877); § 238 StPO der Dt. Demokratischen Republik (1968). – **10** z.B. § 381 StPO für den Kanton Solothurn (1885); § 250 StPO für den Kanton Zürich (1919); Art. 252, 253 Gesetz über das Strafverfahren des Kantons Bern (1928). – **11** § 297 Zivilprozeßordnung (1877; 1950). – **12** s. auch G. Drosdowski (Hg.): Duden. Das große Wtb. der dt. Sprache Bd. 5 (1980) 2002. – **13** K. Malek: Verteidigung in der Hauptverhandlung (²1997) 88. – **14** J. Vargha: Die Vertheidigung in Strafsachen, historisch und dogmatisch dargestellt (Wien 1879) 255ff., 724f.; O. Hartwieg: Die Kunst des Sachvortrags im Zivilprozeß. Eine rechtsvergleichende Stud. (1988) 37ff.; A. Vitu: Die Grundzüge des frz. Strafverfahrens, in: H. Jung (Hg.): Der Strafprozeß im Spiegel ausländischer Verfahrensordnungen (1990) 7–46, 41. – **15** M. Frydmann: Systemat. Hb. der Verteidigung im Strafverfahren (Wien 1878) 300f.; H. Dahs: Das P. des Strafverteidigers, in: Anwaltsblatt 9 (1959) 13. – **16** C. Dästner: § 258 Rn. 6, in: R. Wassermann (Hg.): Kommentar zur Strafprozeßordnung, Bd. 2, 2 (1993) 313. – **17** M. Alsberg: Das P., in: J. Magnus (Hg.): FS M. Drucker (1934; ND 1983) 251–269, 263f. – **18** H. Ortloff: Die gerichtliche Redekunst (²1890) 24. – **19** P. Feldhausen: Zur Gesch. des Strafprozeßrechts in Frankreich von der Revolution 1789 bis zum Erlaß des ‹Code d'instruction criminelle› 1808 (1966) 23f. – **20** Art. 251ff., 381ff. Code d'instruction criminelle (1808); Art. 259ff. Code de procédure pénale (1958). – **21** Alsberg [17] 263. – **22** J. Hellebrand: Die Staatsanwaltschaft (1999) 267. – **23** ebd. 264; F.J. Rinsche: Prozeßtaktik. Sachgerechte Verfahrensführung des Rechtsanwalts (⁴1999) 68f. – **24** §§ 138 – 139 Richtlinien für das Strafverfahren und das Bußgeldverfahren (innerdienstliche allg. Anweisung) (1977). – **25** H. Engelhardt: § 258 [Schlußvorträge] Rn. 7f., in: G. Pfeiffer (Hg.): Karlsruher Kommentar zur StPO (⁴1999) 1327. – **26** § 258 Absatz 1 und 2 StPO. – **27** § 326 Satz 1 StPO. – **28** § 160 Absatz II StPO. – **29** Dahs [15] 8. – **30** Malek [13] 234f. – **31** W. Sellert: Art. ‹Replik›, in: Erler, Kaufmann [2] Bd. 4 (1990) 903f. – **32** Hellebrand [22] 264. – **33** D. Weiland: Einf. in die Praxis des Strafverfahrens (²1995) 154f. – **34** Frydmann [15] 337ff.; Ortloff [18] 109ff. – **35** Dahs [15] 5. – **36** z.B. R. Aron: P. pour l'Europe décadente (Paris 1977); R. Barzel: P. für Deutschland (1988); J. Tremmel: Der Generationsbetrug, P. für das Recht der Jugend auf Zukunft (1996); K. Lefringhausen: Religionsfrieden 2000?: P. für einen Weltrat der Religionen (1998). – **37** z.B. G.A. Nagel: Unkonventionelle Mittel in der Krebstherapie, P. für eine offene Medizin (1993); Th. Rotsch: Individuelle Haftung in Großunternehmen, P. für den Rückzug des Umweltstrafrechts (1998). – **38** z.B. E. Zola: J'accuse (Paris 1898). – **39** z.B. Ch. M. Wieland: Gesch. der Abderiten (1781) II, 4, 13–15; F. Dostojewskij: Brat'ja Karamazovy (St. Petersburg 1880) IV, 12, 6ff, 10ff.; S. Lumet: The Verdict (Spielfilm USA 1982). – **40** A. Strindberg: Le P. d'un Fou (Paris 1895), dt.: P. eines Irren (1977). – **41** (Paris 1956). – **42** B. Sändig: A. Camus (1995) 104. – **43** vgl. Quint. III, 9. – **44** Diderot Encycl. Tome XII (1765) 681; P. Larousse: Grande Dictionnaire Universel du XIXᵉ siècle, Bd. XII.2 (Paris 1874; ND Genf 1982) 1112–1115, 1113. – **45** Godefroy [4] 185. – **46** Näheres siehe H. Hohmann: Art. ‹Gerichtsrede›, in: HWRh Bd. 3 (1996) 770–815, 801f. – **47** François I.: Ordonnance pour la réformation et abbréviation des procès (1539). – **48** Louis XIV.: Grande ordonnance criminelle (1670). – **49** z.B. Tristan: P. historiques (Lyon 1650); A. Le Maître: P. et harangues (Paris 1657); O. Patru: P. (Paris 1670); F.P. Gillet, L. Gillet: P. et autres œuvres (Paris 1695). – **50** z.B. U. Chevreau: Avocat dupé (Paris 1637); F. Le Métel de Boisrobert: Belle plaideuse (Paris 1654); J. Racine: Les plaideurs (Paris 1669). – **51** Hohmann [46] 806f. – **52** Boucher d'Argis, in: Diderot Encycl. [44] 681. – **53** ebd. – **54** Trésor [5] 465. – **55** M.E. de Montaigne: Essais II, 10 (Paris 1580), Übers. H. Stilett (1998). – **56** F. Kluge: Etym. Wtb. der dt. Sprache (²³1999) 634. – **57** Zedler [8]. – **58** z.B. Fabricius 490. – **59** z.B. Hallbauer Polit. Bered. 463. – **60** K. Armbrüster: Die Entwicklung der Verteidigung im Strafverfahren (1980) 119. – **61** z.B. ‹Les Gens de Justice› (Paris 1835). – **62** ‹Grâce!› (1864) Öl auf Leinwand, 38 × 68 cm, Mus. Boymans-van Beuningen, Rotterdam; K.E. Maison: Catalogue raisonné of the paintings, watercolours and drawings (New York 1968). – **63** z.B. A. Blanqui 1832, in: H.M. Enzensberger (Hg.): Freisprüche – Revolutionäre vor Gericht (1970) 53–71. – **64** A. Berthelot (Hg.): La Grande Encyclopédie, Bd. 26 (Paris 1899) 1014. – **65** z.B. J. Humbert: Les p. écrits et les p. réelles du Cicéron (Paris 1925). – **66** P. Robert (Hg.): Le Grand Robert de la langue française, Bd. 7 (Paris 1985) 448. – **67** G. Cornu: Vocabulaire juridique (Paris ⁷1998) 622. – **68** Larousse [44] 1112; Trésor [5] 466. – **69** P.P. Albert: Die Gesch. der Öffentlichkeit in den dt. Strafverfahren (1974) 25ff. – **70** z.B. A. v. Feuerbach: Betrachtungen über die Öffentlichkeit und Mündlichkeit der Gerechtigkeitspflege, Bd. 2 (1825) 252f. – **71** A. Mallinckrodt: Über Beredsamkeit überhaupt, und über geistliche, Staats- und gerichtliche Beredsamkeit insbesondere (1821) 303ff.; C.J.A. Mittermaier: Anleitung zur Verteidigungskunst im dt. Strafprozesse (⁴1845) 176ff. – **72** L.v. Jagemann, W. Brauer: ‹Schlußverhandlung (Hauptverhandlung)›, in: Criminallex., nach dem neuesten Stande der Gesetzgebung in Deutschland (1854) 564–568, 567. – **73** S. Sundelin: Die Zurückführung der sogenannten Plaidoyer's im Schwurgerichtsverfahren auf den ihnen gebührenden Ort und Werth, in: Der Gerichtssaal 10 (1858) 401–422, 402. – **74** ebd. 409. – **75** ebd. 408; O.L.B. Wolff: Lehr- und Hb. der gerichtlichen Beredsamkeit (1850) 76; Ortloff [18] 10f.; 109ff.; s. dazu Hohmann [46] 810ff. – **76** J.E. Rieder: Lehrbuch der Redekunst (Graz 1849) 240f.; Frydmann [15] 338f. – **77** z.B. Ortloff [18]; C. Alberti: Die Schule des Redners (1890) 288f.; A. Philippi: Die Kunst der Rede (1896) 235; N. Schleiniger: Grundzüge der Beredsamkeit (1905) 409; R. Gerling: Praxis der Redekunst u. Ausbildung zum Volksredner (ca. 1915) 37f. – **78** z.B. Vargha [14] 671ff.; Frydmann [15] 298ff.; E. Benedict: Zwölf Gerichtsreden aus den Jahren 1880–1911 (Wien 1912) 5ff. – **79** s. Literaturhinweise. – **80** z.B. D. Rahn, H.C. Schaefer: Mustertexte zum Strafprozeß (⁶1997) 148ff. – **81** Hohmann [46] 812f; ders.: Art. ‹Juristische Rhetorik›, in: HWRh Bd. 4 (1998) 821ff. – **82** H.J. Maier: Kunst des Rechtsanwalts (1971) 35. – **83** z.B. O. Stone: JFK (USA 1992); R.S. Richter: Nichts als die Wahrheit (Deutschland 1998). – **84** Stichwort ‹P.›, in: Buchhändler-Vereinigung (Hg.): Dt. Nationalbibliogr. 1945–1971 (1998) 66 Titel; 1986–1992 (1992) 253 Titel; 1993–1999 (1999) 262 Titel. – **85** ebd. – **86** W. Brandt: Der neue Stil, in: P. für die Zukunft (1961) 17–29, 19. – **87** Vorwort, ebd. 5. – **88** W. Jens: Lit. und Politik (1963) 23–32. – **89** ebd. 3.

Literaturhinweise:

1. Sammlungen: M. Clair, A. Clapier (Hg.): Barreau Français ou Collection des chef-d'œuvres de l'éloquence judiciaire en France, 16 Bde. (Paris 1821–1824). – dies. (Hg.): Barreau Anglais, Choix des meilleurs p. des avocats anglais, 3 Bde. (Paris 1824). – J. Sabbatier (Hg.): Tribune judiciaire, 10 Bde. (Paris 1856–1861). – W.L. Snyder (Hg.): Great Speeches by Great Lawyers (New York 1882). – M. Neuda, L. Schmelz (Hg.): Berühmte Verteidigungsreden 1860–1918 (Wien 1921). – F. Wolff: Verlorene Prozesse 1953–1998 (1999).

2. Abhandlungen: O. de Vallée: De l'éloquence judiciare au XVIIᵉ siècle (Paris 1856). – J. Munier-Jolain: La plaidoirie dans la langue française, 3 Bde. (Paris 1896–1900; ND Genf 1971) – C. Du Fasquier: 'Les plaideurs' de Racine et l'éloquence judiciaire sous Louis XIV. (Neuchâtel 1919). – G. Cohency: L'art de la plaidoirie (Paris ³1948). – C. Seibert: Die Kunst der Verteidigung, in: Juristische Rundschau 5 (1951) 337–329. – H. Dahs: Das P. des Staatsanwalts aus der Sicht des Verteidigers, in: Dt. Richterzeitung 38 (1960) 106–109. – H. Reuß: Das P. des Anwalts, in: Juristische Rundschau 19 (1965) 162–163. – R. Dahrendorf: Bildung ist Bürgerrecht. P. für eine aktive Bildungspolitik (1965). – J. Vergès: De la stratégie judiciaire (²1968). – K. Adloff: Die Predigt als P. (1971). – M. Yadel: La Chute von A.

Camus (1984). – H. Busch: Rechtsfragen im Zusammenhang mit dem Verteidiger-Schlußvortrag (1984). – R. Höß: Rechtsfragen im Zusammenhang mit dem Schlußvortrag des Staatsanwalts (1999). – L. Harding (Hg.): Mpundu Akwa. Der Fall des Prinzen von Kamerun (2000).

A. Kemmann

→ Accusatio → Appell, rhetorischer → Advocatus dei/diaboli → Apologie → Beratungsrede → Casus → Causa → Controversia → Forensische Beredsamkeit → Genera causarum → Gerichtsrede → Gutachten → Iudicatio → Juristische Rhetorik → Parteilichkeit → Prozeß → Replik, Duplik → Urteil → Verteidigung

Plagiat (nlat. plagium litterarium; engl. plagiarism; frz. plagiat; ital. plagio)
A.I. Def. – II. Zur Wortgeschichte. – B.I. Antike. – II. Mittelalter. – III. Humanismus und Renaissance. – IV. 17.–19. Jh. – V. 20. Jh.

A.I. P. ist die Anmaßung geistiger Urheberschaft [1] in einem wissenschaftlichen oder literarischen Werk durch die bewußte Übernahme von Formulierungen oder Ideen eines anderen ohne Angabe der Quelle oder einen generellen Hinweis im Text selbst oder im Paratext darauf, daß es sich um Entlehnungen handelt. Die unterdrückte Quellenangabe unterscheidet das P. vom direkten oder indirekten Zitat, die Intentionalität der Übernahme von der unbewußten Aneignung, der Kryptomnese. Das P. hat keine ästhetische, ironische, satirische, polemische oder spielerische Funktion, wodurch es sich von der Anspielung, der (bewußten) Reminiszenz, der Parodie, der Montage oder der Mystifikation unterscheidet, bei denen die Wirkungsabsicht im Erkennen des nachgeahmten Vorbilds besteht. Es kann, muß aber nicht eine betrügerische Absicht bestehen. Im Gegensatz zur Fälschung ist das P. kein Rechtsbegriff.

Die geläufige Definition ‹Diebstahl geistigen Eigentums› ist insofern irreführend, als beim P. das ‹Diebesgut› dem ‹Eigentümer› nicht wirklich weggenommen werden kann. Sie akzentuiert aber den moralisch verwerflichen Charakter des P. und wirft gleichzeitig die Frage nach den Grenzen zwischen dem geistigen Eigentum eines Individuums und dem der Gemeinschaft auf.

Ein sehr weit definierter Plagiatsbegriff umfaßt auch die Übernahme von Konstruktionen sowie Stoffen und historischen Quellen selbst dann, wenn diese nicht wörtlich wiedergegeben werden. Noch schwerer wiegt nach dieser Auffassung der Plagiatsvorwurf, wenn eine bereits literarisch geformte Quelle verwendet wird. [2] Am anderen Ende des Spektrums der Plagiatsdefinitionen steht die Auffassung, daß nur umfangreiche wörtliche oder weitgehend wörtliche Entlehnungen als P. zu gelten haben. Diese beiden Formen des Plagiatskonzepts kann man mit LAUSBERG den Bereichen «Ringen mit dem Stoff» und «Ringen mit der Vorlage» [3] zuordnen.

Plagiatsbeschuldigungen werden oft von den plagiierten Autoren selbst erhoben, die auf der Jagd nach Wörtern, die ihren Gedanken Ausdruck verleihen, sensibler auf Ähnlichkeiten als auf Unterschiede reagieren und bei der geringsten wörtlichen Übereinstimmung ein P. wittern. [4] Nicht selten wird versucht, aus persönlichem Übelwollen einen Konkurrenten durch einen Plagiatsvorwurf zu diskreditieren. Darüber hinaus existiert eine umfangreiche Plagiatsliteratur, die sich auf die unsystematische, anekdotische Aufzählung von Einzelfällen beschränkt. Dabei tritt das interessante Phänomen zutage, daß das kleingeistige Denken häufig von den Plagiatoren auf die ‹Plagiatsschnüffler› zurückfällt, die pedantisch den Finger auf jeden Gleichlaut richten, ohne die durch die Bearbeitung entstandenen Neuerungen zu erkennen. [5] Dennoch sind – begründete wie unbegründete – Plagiatsverdächtigungen ein wichtiger Beitrag zu einer Geschichte des jeweiligen geistigen Gemeinbesitzes einer Epoche oder kulturellen Gruppe.

Zu den Motiven der Plagiatoren gehören mangelnde Originalität, Nachahmungstrieb, Zeitmangel, Gewinnstreben. Sie argumentieren u.a., die plagiierten Stellen seien lediglich Versatzstücke; sie dienten dazu, ihrem Text einen authentischen zeithistorischen Hintergrund oder ein bestimmtes Kolorit zu verleihen.

Bei der Untersuchung, ob ein P. vorliegt, können sowohl quantitative als auch qualitative Maßstäbe herangezogen werden. Quantitative Kriterien lassen sich vor allem bei wörtlichen Entlehnungen anlegen; weniger geeignet sind sie bei der Übernahme von gedanklichen Inhalten. Für diese kommen nur qualitative Kriterien in Frage. Es ist z.B. zu untersuchen, ob nicht bereits die Auswahl und Neuanordnung des entlehnten Materials eine originelle Eigenleistung darstellt. Ein klares Indiz für das Vorhandensein eines P. sind Verschleierungsstrategien, die den Verdacht nahelegen, daß der Autor die Identifizierung seiner Quelle erschweren oder unmöglich machen will. Dies wiegt um so schwerer, je unbekannter die Quelle ist.

Der erwähnte moralische Aspekt des P. verweist es in die Nähe der Fälschung. Beide werden gewöhnlich dadurch unterschieden, daß der Fälscher Eigenes als Fremdes ausgibt, der Plagiator dagegen Fremdes als Eigenes. [6] In der Praxis treten allerdings häufig beide Phänomene gleichzeitig auf, wie der Fall der gefälschten Hitler-Tagebücher zeigt, die nicht nur eine Fälschung sind, sondern auch ein P., da sie in weiten Teilen aus einer zeitgeschichtlichen Publikation entnommen sind. [7] Eine Kongruenz der beiden Vorgänge kommt auch dann zustande, wenn jemand – Extremfall eines P. – ein ganzes Werk abschreibt und unter seinem Namen veröffentlicht. [8] Laut M. SCHNEIDER ist der Plagiator kein Fälscher, da er das entlehnte Material nicht als Äquivalent des Originals ausgeben will, sondern sich Teile des Originals aneignet. [9] CROCE dagegen sieht auch den P. als Fälschung an, insofern der Plagiator sich das Verdienst eines anderen anmaßt; dies aber sei nichts anderes als eine Veränderung der historischen Wahrheit. [10]

In der bildenden Kunst wird der Begriff ‹P.› nur sporadisch verwendet. Aufgrund der unterschiedlichen Techniken, Materialien und Herstellungsverfahren eignet sich der moralisch vorbelastete Ausdruck ‹P.› nicht, um die Übernahme einer künstlerischen Vorlage in ein eigenes Werk zu bezeichnen, denn die Verdoppelung eines Kunstwerkes erfordert eines Teils daraus zumindest großes handwerkliches Geschick, während die Verdoppelung eines wissenschaftlichen oder literarischen Werkes keine größere Fähigkeit voraussetzt als abzuschreiben.

II. *Zur Wortgeschichte.* Etymologisch leitet sich das Wort ‹P.› aus dem griech. πλάγιος, plágios ‹quer, schief, schräg› bzw. dessen übertragener Bedeutung ‹zweideutig, hinterhältig, unredlich› ab. Im Lateinischen hat *plagium* die Bedeutung ‹Menschenraub›. Die für die weitere Wortgeschichte entscheidende Bedeutungsübertragung findet bei MARTIAL in Epigr. I, 52 statt. Martial vergleicht darin seine *libelli* mit von ihm freigelassenen Kindern und nennt denjenigen, der sich ihrer widerrechtlich bemächtigt oder sie als sein Eigentum ausgibt, einen Menschenräuber *(plagiarius)*.

Im Mittelalter haben *plagium* und seine Ableitungen ausschließlich die in der römischen Antike gebräuchliche strafrechtliche Bedeutung. Im Humanismus wird Martials scherzhafte Übertragung von L. VALLA in den ‹Elegantiae latini sermonis› (1444) wiederaufgegriffen und findet auf diesem Weg Eingang in die modernen europäischen Sprachen, zunächst in der lateinischen Form *plagium litterarium*. Daraus wird im Französischen *plagiaire* (adjektivisch seit 1555 belegt, als Substantiv seit 1560) und als Neubildung – neben dem etwas früheren *plagiarisme* – *plagiat* (1697). Im Englischen gibt es *plagiarism* seit 1621, *plagiarist* seit 1674; im Deutschen wird im 17. und 18. Jh. der lateinische Ausdruck *plagium* verwendet; erst in der Mitte des 18. Jh. bürgert sich ‹P.› als Entlehung aus dem Französischen ein. Im Italienischen findet man den Erstbeleg von *plagio* zwischen 1739 und 1745. In der lateinischen Rechtssprache wird *plagium* im Sinne von ‹Diebstahl geistigen Eigentums› ab 1727 verwendet. Das Verb wird in allen erwähnten Sprachen erst später gebildet (engl. *plagiarize* 1716; frz. *plagier* 1801; ital. *plagiare* 1884; dt. *plagiieren* 1896).

B. I. *Antike*. Sowohl die Griechen als auch die Römer verwenden für den Vorgang des geistigen Diebstahls den entsprechenden Ausdruck für Raub, Diebstahl (griech. κλοπή, klopé; lat. *furtum*). In der griechischen Frühzeit werden geistige Schöpfungen noch nicht unter dem Aspekt ihrer erstmaligen Verwendung gesehen. Die Voraussetzungen für den Vorgang des P. sind erst mit dem im 7. Jh. v. Chr. auftauchenden Gedanken einer individuellen Eigenschöpfung gegeben.

In der Antike gilt der Stoff als Gemeingut. Für die Autoren stellt sich nicht die Notwendigkeit, eigene Stoffe zu erfinden; sie halten sich stattdessen an die überlieferten Mythen. Die antike Rhetorik zielt in erster Linie auf die schöne Form und die Wirkung auf den Leser oder Hörer ab. Demgegenüber tritt die Frage nach der Herkunft eines Gedankens in den Hintergrund. Die ausdrückliche Empfehlung der Paraphrase zu Übungszwecken, die Pädagogik der graduellen Aneignung und die Praxis des Memorierens legen die Gefahr des P. nahe. Der Zweck der *imitatio* ist aber, in einen rühmlichen Wettstreit mit dem Vorbild zu treten *(certamen)* und es zu übertreffen *(aemulatio)*. Das reine Abschreiben dagegen wird gebrandmarkt, insbesondere wenn es auf Täuschung des Hörers oder Lesers abzielt.

Sklavische Nachahmung wird als Zeichen für Gedankenlosigkeit und Unreife angesehen. HORAZ gibt in der ‹Ars Poetica› Empfehlungen, wie ein Autor einen schon behandelten Stoff zu seinem persönlichen Eigentum machen kann: «War der Stoff Gemeingut, kann er doch rechtgültig dein Eigentum werden. Nur mußt du dich nicht in dem bequemen, oft betretenen Kreise aufhalten, mußt nicht peinlich Wort für Wort mit Dolmetschers Treue wiedergeben, auch nicht als Nachahmer dich sklavisch einengen, so daß dann ängstliche Scheu oder des Werkes Eigenart dich hindert, einen Schritt nur abzuweichen.» [11]

Man beurteilt in der Antike die Übernahme von geistigem Eigentum unterschiedlich, je nachdem ob es sich um wissenschaftliche oder um literarische Werke handelt. Quellenangaben werden nur bei ersteren verlangt, wobei die Nennung des Autornamens als ausreichend gilt. Es gibt weder Zitatmarkierungen noch Anmerkungen. Bei künstlerischen Werken dagegen wird berücksichtigt, ob die Vorlage eine neue stilistisch-formale Fassung erhält und ob diese eine Verbesserung des Originals oder zumindest eine ihm ebenbürtige Variante darstellt. Häufig unterbleibt die Quellenangabe gerade deshalb, weil das Zitat als Hommage an den zitierten Autor verstanden und vom wissenden Leser wiedererkannt werden soll (‹Komplementzitat›).

Da es in der Antike noch kein Autorenrecht gibt, hat ein plagiierter Schriftsteller keine Möglichkeit, das Recht auf sein geistiges Eigentum einzuklagen. Geschützt ist lediglich das Manuskript als materieller Gegenstand. Sobald der Autor es zur Veröffentlichung freigibt, d. h. Abschriften und deren Verbreitung genehmigt, wird sein Inhalt Gemeingut und kann ohne rechtliche Folgen von jedermann verwendet werden.

Trotz des im Vergleich zur modernen Auffassung eher nachlässigen Umgangs mit dem P. gibt es in der Antike z. T. heftige Plagiatsbeschuldigungen, die einzelne Personen (u. a. Platon, Aristoteles, Epikur, Aristophanes, Vergil) oder Gruppen zum Gegenstand haben (z. B. werfen die Peripatetiker den Stoikern vor, ihre gesamte Philosophie von ihnen geraubt zu haben). Der Höhepunkt dieser Plagiatsliteratur ist mit CLEMENS VON ALEXANDREIA (‹Stromateis›, Buch VI) erreicht, der behauptet, die griechische Weisheit entstamme vollständig den Schriften des Alten Testaments. [12] Es handelt sich in diesen Fällen aber weniger um ernsthafte philologische Auseinandersetzungen als vielmehr um persönliche Abrechnungen, polemische Auseinandersetzungen zwischen konkurrierenden Philosophenschulen und religiöse Apologetik.

II. *Mittelalter*. Im Mittelalter tritt die Bedeutung des P. in den Hintergrund. Maßstab ist nicht die Originalität eines Gedankens, sondern seine Übereinstimmung mit der Tradition. Der rückwärtsgewandte Blick der *translatio studii* mißt der Wiederholung eines bereits geäußerten richtigen Gedankens mehr Bedeutung zu als der Erfindung eines neuen. Ein wahrer Gedanke kann für das Mittelalter per definitionem nicht der ‹persönliche Besitz› desjenigen sein, der ihn zum ersten Mal geäußert hat, zumal Schöpfung nur als göttliche Tätigkeit denkbar ist und nicht als Menschenwerk. [13]

Der entscheidende Wandel gegenüber der antiken Auffassung wird durch die Bedeutungsverschiebung des Verbs *compilo* dokumentiert. In seiner klassischen Bedeutung ‹plündern, rauben› gehört es zum semantischen Feld des P. ISIDORS Verwendung von *compilatio* steht bereits zwischen der klassischen Bedeutung und der neutralen Tätigkeit des Kompilierens. Spätestens im 12. Jh. nimmt *compilo* die neutrale Bedeutung ‹mischen, zusammenstellen› an. [14]

Bereits in der Spätantike begründen MACROBIUS und HIERONYMUS ihre Entlehungen damit, daß es ihnen nicht auf die Demonstration der eigenen Eloquenz ankomme, sondern darauf, Bewahrenswertes festzuhalten. ALKUIN weist auf die Reinheit des Originals hin, das dem getrübten Wasser der Bearbeitung vorzuziehen sei. HRABANUS MAURUS schreibt, es sei demütiger, Lehren von den Kirchenvätern zu übernehmen als stolz eigene Formulierungen vorzubringen. [15] Die Tatsache jedoch, daß viele mittelalterliche Autoren sich veranlaßt sehen, ihre kompilatorische Vorgehensweise zu begründen, ist ein Indiz dafür, daß es dem Mittelalter nicht völlig am Bewußtsein für die moralische Fragwürdigkeit des P. fehlt. Das Abschreiben wird zumindest dann verurteilt, wenn eigennützige Motive dafür verantwortlich sind. [16] Als unmoralisch stigmatisiert wird die Entlehnung außerdem dann, wenn es sich um minderwertiges Material handelt oder wenn mit ihr eine Verfälschung der Wahrheit verbunden ist.

Bis ins 12. Jh. ist es nicht üblich, Quellen anzugeben. Es gilt als vollkommen legitim, wenn ein Autor in seinen Schriften Passagen aus fremden Werken einfügt, ohne dies ausdrücklich zu kennzeichnen. BONAVENTURA definiert den Autor im Gegensatz zum Kopisten, Kompilator und Kommentator als jemand, der Eigenes und Fremdes miteinander verbindet, wobei ersteres dominiere. Die Möglichkeit, daß ein Autor alles selbst erfindet, zieht er gar nicht in Betracht.[17] Nach 1100 setzt sich zunehmend die Gepflogenheit durch, Werke zu signieren.[18] Im selben Maße, wie das schriftstellerische Selbstbewußtsein wächst, werden im 12. und 13. Jh. Plagiatsbeschuldigungen häufiger.

III. *Humanismus und Renaissance.* PETRARCA beschäftigt sich wiederholt mit dem Problem des P.[19] Er hat ein besonderes Augenmerk auf wörtliche Anklänge, die er in seinen Werken stets zu vermeiden sucht. VALLA ist nicht nur derjenige, der Martials metaphorische Bedeutung von *plagiarius* wiederaufgreift, er spielt auch eine wichtige Rolle bei der Aufdeckung mittelalterlicher Fälschungen und markiert damit die veränderte Einstellung zur Wahrheit und zur Originalität im Humanismus. Als P. sieht man nun eine lediglich oberflächliche Abwandlung einer Vorlage ohne Überbietungsabsicht an. Es wird dabei differenziert, ob es sich um die Nachahmung eines antiken oder eines modernen Werkes handelt. Im ersten Fall gilt die Nachahmung als legitim, ja wird sogar ausdrücklich empfohlen; selbst eine Übersetzung gilt hier, wie bereits bei den Römern, als Neuschöpfung. Dagegen werden Übernahmen aus modernen Sprachen, insbesondere der eigenen, verurteilt, wenn sie weder eine Verbesserung noch eine Anpassung an den Zeitgeschmack erkennen lassen.[20]

Während das traditionelle Bild für die schöpferische *imitatio* das aus der äsopischen Fabel stammende Bienengleichnis ist, wird der Plagiator vorzugsweise mit der Krähe verglichen, die sich mit fremden Federn schmückt. Andere Bilder sind die Ameise, die das ganze Korn davonträgt, und der ohne Verstand nachahmende Affe.[21] (1482 wird eine Satire auf den literarischen Diebstahl mit dem Titel ‹De simia, qui scribebat libros›[22] publiziert.)

IV. *17. bis 19. Jh.* Im 17. Jh. erscheint eine Reihe von Werken, die dem Thema P. gewidmet sind.[23] J. THOMASIUS nennt in seiner umfangreichen ‹Dissertatio philologica de plagio literario› (1673), gestützt auf die antike Plagiatsliteratur, 176 Plagiatoren vom Altertum bis zur Neuzeit. Während Thomasius das P. als Sünde verurteilt, empfiehlt es RICHESOURCE ausdrücklich als Verfahren zur Herstellung neuer Texte aus alten. Unter dem Etikett ‹Plagiarisme› schlägt er in ‹Le masque des orateurs› (1667) rhetorische Verfahrensweisen vor, die im Sinne einer systematischen Spurenverwischung die verwendete Vorlage unkenntlich machen sollen. Symptomatisch für die zwiespältige Haltung des 17. Jh. gegenüber dem P. ist, daß die französischen Dramenautoren in ihren Vorworten ausführlich ihre antiken Vorlagen erwähnen, sich aber über zeitgenössische Quellen oder solche in der eigenen Sprache ausschweigen.

Im 18. Jh. zeichnet sich ein Wandel ab. P. BAYLE reklamiert einerseits ausdrücklich das Recht des Schriftstellers an seinem geistigen Eigentum, attackiert andererseits aber Autoren, die akribisch jede Entlehnung mit einer genauen Quellenangabe versehen, da sie auf diese Weise verhinderten, selbst zitiert zu werden.[24]

Das Problem des P. entzündet sich in der Aufklärung vor allem an wissenschaftlichen Werken, weniger an schöngeistigen.[25] Das Eigentum des Autors an seinen Werken ist eine wichtige Forderung der Aufklärung. Ein entscheidender Schritt in der Geschichte des P. ist das Entstehen des Urheberrechts. Es sichert den Autoren zum ersten Mal ein Recht an ihren eigenen Werken zu. Grundlage für diesen Gedanken ist LOCKES Arbeitstheorie[26] und die Entstehung eines Kunst- und Literaturmarktes, auf dem sich die vom Mäzenatentum zunehmend unabhängig gewordenen Künstler behaupten müssen. Das erste Urheberrecht entsteht im revolutionären Frankreich: 1791 wird den Autoren dramatischer Werke, zwei Jahre später den Schöpfern sämtlicher schriftlicher, musikalischer und künstlerischer Werke ein lebenslängliches Recht an ihren Werken innerhalb Frankreichs gewährt.[27] In Deutschland existiert eine rechtliche Regelung seit dem preußischen Gesetz zum Schutz des Eigentums an Werken der Wissenschaft und Kunst von 1837.[28]

Zu Beginn des 19. Jh. häufen sich die Plagiatsbeschuldigungen. Bedingt von der Ablösung der Nachahmungsästhetik durch die Genieästhetik und das Ende der Schulrhetorik setzt sich ein nahezu unrealisierbares Idealbild des schöpferischen Genies durch, das in einem Akt freier, autonomer Schöpfung ohne Vermittlung durch Vorbilder Kunstwerke aus sich allein hervorbringt. Kein Autor von Rang wird vom Vorwurf des P. verschont. Molière und Shakespeare, Goethe und Lessing, alle werden sie des P. bezichtigt. Gleichzeitig setzt eine Reflexion über das P. ein, welche die absolut gesetzte Originalitätsforderung in Frage stellt.[29] Von HEINE («[…] der Dichter darf überall zugreifen, wo er Material zu seinen Werken findet, und selbst ganze Säulen mit ausgemeißelten Kapitälern darf er sich zueignen, wenn nur der Tempel herrlich ist, den er damit stützt.»[30]) bis LAUTRÉAMONT («Das Plagiat ist notwendig. Der Fortschritt schließt es mit ein. Es geht dem Satz eines Autors zu Leibe, bedient sich seiner Ausdrücke, streicht einen falschen Gedanken und ersetzt ihn durch den rechten Gedanken.»[31]) fehlt es nicht an Autoren, die das P. weniger als Ärgernis denn als Provokation ansehen.

V. *20. Jahrhundert.* In der zweiten Hälfte des 20. Jh. bekommt das P. im Kontext der Theorien der Intertextualität, der Dekonstruktion und der Postmoderne einen neuen Stellenwert. Es mehren sich Autoren, die in polemischer Weise das P. als unabdingbaren Bestandteil der Literatur nicht nur verteidigen, sondern sogar fordern.[32] Genau besehen handelt es sich in diesen Fällen allerdings eher um Montage als um P., da die programmatische Wiederverwendung textueller Versatzstücke eine ästhetische Intention hat. Autoren wie BORGES und ECO etablieren das in diesem Sinne verstandene ‹schöpferische P.› als Thema und Technik der Literatur.[33]

In jüngerer Zeit wird das Problem des P. nicht mehr ausschließlich unter moralischem, sondern auch unter psychologischem bzw. psychoanalytischem Aspekt untersucht. Vor dem Hintergrund der poststrukturalistischen Dekonstruktion der Opposition zwischen dem Eigenen und dem Fremden und dem Verschwinden des Autors hinter einem entgrenzten Textbegriff ist es nicht mehr möglich, das P. als negativ bewertete Praxis des Verwendens von literarischen Texten zu erfassen. Eine weitere Relativierung des abendländischen Plagiatsbegriffs bringen Vergleiche mit außereuropäischen Kulturen mit sich, in denen völlig andere Vorstellungen vom geistigen Eigentum und Gemeingut bestehen.[34]

Die bereits in der Antike bestehende Tendenz, zwischen P. auf wissenschaftlichem und auf künstlerischem Gebiet zu unterscheiden, hat sich zu unterschiedlichen Zitierpraktiken verfestigt. In wissenschaftlichen Bereich gilt die Nennung von Quellen als unerläßlich, während in der Literatur größere Lizenzen herrschen. Dennoch kommt es auch in diesem Bereich immer wieder zu Plagiatsprozessen. Angesichts der Vielzahl an Veröffentlichungen liegt die Vermutung nahe, daß es heutzutage mehr Plagiatsfälle als je zuvor gibt, daß diese aber um so weniger entdeckt werden, da niemand einen Überblick über die Fülle an Publikationen haben kann und P. daher eher zufällig aufgedeckt werden.[35]

Anmerkungen:
1 K. Kastner: Das P. Lit. und rechtliche Aspekte, in: Neue Juristische Wochenschr. 36 (1983) 1152. – **2** E. Stranik: Über das Wesen des P., in: Dt. Rundschau 53 (1927) 258–65. – **3** Lausberg Hb.§ 1104. – **4** E. Gilson: Philosophie du plagiat, in: Académie royale de Belgique. Bulletin de la Classe des Lettres et des Sciences morales et politiques 45 (1959). – **5** M. Randall: Critiques et plagiaires, in: C. Vandendorpe (Hg.): Le Plagiat (Ottawa 1992) 102. – **6** E. Frenzel: Art. ‹Fälschungen, lit.›, in: RDL², Bd. 1 (1958) 444. – **7** vgl. S. Schaltenbrand: Alles gestohlen? (1994) 29. – **8** H. Eich, G. Matthias: Falsch aus der Feder geflossen (1964). – **9** M. Schneider: Voleurs de mots (Paris 1985). – **10** B. Croce: Il plagio e la letteratura, in: Problemi di Estetica (Bari 1966). – **11** Hor. Ars 131–135, Übers. aus H. Färber (Hg.): Horaz: Sämtl. Werke, nach Kayser, Nordenflycht, Burger (1957). – **12** K. Ziegler: Art. ‹Plagiat›, in: RE, Bd. 20, 2 (1950) Sp. 1985. – **13** P. Kunstmann: Oecuménisme médiéval et *auctoritates*: art et liberté de la copie, in: Vandendorpe [5] 134. – **14** N. Hathaway: Compilatio: From Plagiarism to Compiling, in: Viator 20 (1989) 38. – **15** G. Constable: Forgery and Plagiarism in the Middle Ages, in: Archiv für Diplomatik 29 (1983) 29. – **16** ebd. 39. – **17** ebd. 28. – **18** ebd. 31. – **19** E. Welslau: Imitation und P. in der frz. Lit. von der Renaissance bis zur Revolution (1976) 80. – **20** ebd. 114f. – **21** ebd. 101–105. – **22** H. Rosenfeld: Art. ‹P.›, in: RDL², Bd. 3 (1977) 118. – **23** P. Zoberman: Plagiarism as a Theory of Writing: The Case of Richesource's ‹Le Masque des orateurs›, in: Papers on French Seventeenth Century Literature 10 (1983) 107. – **24** P. Bayle: Dictionnaire historique et critique, nouvelle édition Bd. XI (Paris 1820ff., ND Genf 1969) Art. ‹Nihusius› 172. – **25** M. Arrivé, S. Lecointre: Petite histoire des rapts et des détournements littéraires, in: Les Nouvelles Littéraires 2630 (1978) 20. – **26** W. Bappert: Wege zum Urheberrecht (1962) 254. – **27** B. Didier: Art. ‹Écrivain, écrivains›, in: L. Bély (Hg): Dictionnaire de l'Ancien Régime (Paris 1996) 466. – **28** Kastner [1] 1157. – **29** Schneider [9] 35. – **30** H. Heine: Über die frz. Bühne, in: ders., Sämtl. Schr. hg. v. K. Briegleb, Bd. 3 (1971) 319. – **31** Comte de Lautréamont: Dichtungen Bd. 2, in: Gesamtwerk, übers. v. R. Soupault (Heidelberg 1954) 315. – **32** R. Federman: Imagination as Plagiarism (an infinished paper...) in: New Literary History 7 (1976) 563–578. – **33** K. Ackermann: Fälschung und P. als Motiv in der zeitgenössischen Lit. (1992). – **34** A. Pennycock: Borrowing Others' Word: Text, Ownership, Memory, and Plagiarism, in: TESOL Quarterly 30 (1993) 201–230; A. Sdiri: Les théoriciens arabes et le plagiat, in: Vandendorpe [5] 123–131. – **35** Schaltenbrand [7] 66f.

Literaturhinweise:
C. Nodier: Questions de littérature légale (Paris 1812). – E. Stemplinger: Das P. in der griech. Lit. (1912; ND 1990). – ders.: Das P. in der antiken Lit., in: GRM 6 (1914) 193–206. – G. Maurevert: Le livre des plagiats, (Paris 1923). – P. English: Meister des P. oder die Kunst der Abschriftstellerei (1933). – M. Geilinger: Das lit. P., in: Von lyrischer Dichtkunst (Zürich 1951) 113–131. – A. Lindey: Plagiarism and Originality (New York 1952). – A. Ermini: Aspetti apparenti del plagio letterario (Rom 1963). – H.O. White: Plagiarism and Imitation During the English Renaissance (New York 1965). – H. Rosenfeld: Zur Gesch. von Nachdruck und P., in: Börsenblatt für den dt. Buchhandel (16. Dez. 1969) 3211–3228. – H.-J. Knobloch: Das P. in der Lit., in: Acta Germanica 18 (1985) 279–321. – K. Hölz: Tout est dit – Der Literat im Konflikt: Mittelmaß des Kopisten oder poetisches Wissen des Fabulators, in: Romanistische Zs. für Lit.gesch. 11 (1987) 436–468. – J. Anderson: Plagiarism, Copyright Violation, and other Thefts of Intellectual Property (Jefferson, NC u.a. 1998).

K. Ackermann

→ Aemulatio → Ästhetik → Autor → Dissimulatio → Genie → Imitatio → Ingenium → Montage → Paraphrase → Wirkung → Zitat

Plakat (engl. poster; frz. affiche, placard; ital. affisso, cartellone)

A. Der Begriff ‹P.› ist etymologisch abzuleiten aus niederländisch ‹plakaat› bzw. französisch ‹placard› und wird im niederdeutschen Sprachraum seit dem 16. Jh. zur Bezeichnung öffentlicher Anschläge verwendet.

Beim P. handelt es sich um ein zunächst auf optische Wirksamkeit ausgerichtetes graphisches Medium, das sich in der Regel der Verbindung zweier Zeichensysteme bedient: Schrift und Bild. Dabei ist heute von einer abstrahierenden Reduktion/Konzentration des graphischen und sprachlichen Materials auszugehen. Als Hauptgattungen können unterschieden werden: politisches P., Warenplakat, Veranstaltungsplakat. Zu differenzieren ist zudem nach Ort und Zeitdauer des Anschlags zwischen Außen- und Innenplakaten bzw. zwischen temporär und dauerhaft verwendeten P. Als materiale Träger kommen (in einer funktionalen örtlichen Zuordnung) Tafeln, Säulen, Fahrzeuge, Wände, öffentliche Gebäude u.a. in Frage. Dauerplakate bestehen z.B. aus Blech oder Holz, temporäre aus großformatigem Papier. Die Größe variiert von DIN A3 bis zu Großflächen. Die Plakatgestaltung reicht von der alltagspraktischen bis zur künstlerischen Gestaltung.

B. I. *Systematisches: Rhetorik, Pragmatik, Semiotik.* Als öffentlich angebrachter Träger einer Nachricht/Botschaft/Mitteilung stellt das P. ein konstitutiv auf rhetorische Wirkung hin angelegtes Medium der Massenkommunikation moderner Konsum- und Informationsgesellschaften dar, das entweder einer appellativ-werbenden oder einer deklarativ-mitteilenden Intention folgt. KÄMPFER definiert das P. in diesem Sinne als Medium einer «Verständigungshandlung, die mit der Reaktion der Angesprochenen ihr Ziel»[1] findet. Wie für andere Medien der Massenkommunikation auch ist für das P. dabei der nicht-symmetrische Charakter der Verständigungshandlung als spezifisch hervorzuheben, der Umstand also, daß eine direkte Reaktionsmöglichkeit des Empfängers der Botschaft gegenüber dem Sender nicht gegeben ist.[2] Nach einem von E. ST. E. LEWIS bereits 1898 unter werbetheoretischem Aspekt entworfenen Konzept, das unter dem Stichwort AIDA-Formel bekannt geworden ist und bis heute zur Beschreibung der Plakatpragmatik benutzt wird, können vier psychologische Wirkungsstufen der Plakatkommunikation unterschieden werden: 1. Erwecken von Aufmerksamkeit, 2. Erregen von Interesse, 3. Hervorrufen eines Bedürfnisses, 4. Anreizen zu einer angestrebten Handlung (*attention, interest, desire, action*).[3] Der Ort dieser Verständigungshandlung ist der öffentliche Raum, zumeist die Straße, ihr Adressat die Masse der Passanten. Der Bedingungen dieser oftmals flüchtigen Rezeptionssituation gemäß handelt es sich nach KAMPS im Falle des P.

«um ein auf stärkste optische Wirksamkeit ausgerichtetes grafisches Medium»[4], das eine Botschaft übermittelt, die weniger der detaillierten Information als «der knappen unmittelbaren Ansprache, der Überredung durch wiederholte, ständige Konfrontation dient».[5] Dabei bedient das P. sich zur Entfaltung seiner rhetorischen Kraft zumeist der Verbindung der beiden Zeichensysteme Schrift und Bild, aus deren enger Interaktion sich «visuell/verbale rhetorische Figuren» wie Analogie, synekdochische oder metonymische Verschiebung, Kontrast oder Hyperbel ergeben, «mit deren Hilfe der persuasive Prozeß vonstatten geht».[6] In diesem Zusammenhang tritt Sprache als Schlagwort, Formel, Appell, Slogan, Imperativ oder Parole, Aphorismus, Epigramm auf; Satzmelodie, Rhythmus und andere klangliche Faktoren (anaphorische und epiphorische Prägungen, Reim u.a.) sollen die Eingängigkeit und den Erinnerungswert der Botschaft unterstützen und sichern. Gleiches gilt für die Wahl der graphischen Elemente wie Farbe, Form, Schriftart u.a. Je nach Gewichtung des Verhältnisses der beiden Zeichensysteme «werden vier Grundarten des Plakats» unterschieden: (1) Bildplakat; (2) Textplakat; (3) Bild-Textplakat; (4) Text-Bildplakat.[7]

Verwendung findet das P. insbesondere in den Funktionszusammenhängen der kommerziellen Werbung sowie den publizistischen Abläufen der politischen Öffentlichkeit oder zur Ankündigung von Veranstaltungen unterschiedlichster Art, so daß als Plakatgattungen, die sich wiederum in Untergattungen gliedern lassen, vor allem Warenplakat, politisches P. und Veranstaltungsplakat genannt werden können[8], wobei eine eindeutige Zuordnung des einzelnen P. zu einer der Gattungen nicht immer möglich ist. Im Kunstplakat wird die Gebrauchsform selbstreflexiv.

Der Werbebranche dient das P. als Medium, um aus «Betrachtern Interessenten und aus Interessenten Käufer»[9] zu machen, weshalb die Rhetorik des Warenplakats auf die Aktualisierung und Produktion von Konsumbedürfnissen gerichtet ist[10], deren Realisierung im Akt des Kaufes das intendierte Ende der Verständigungshandlung findet. Aus ideologiekritischem Blickwinkel ist von W.F. HAUG der Funktionszusammenhang der Warenästhetik und damit auch die Funktion des Warenplakats analysiert worden: Nicht der «reale Gebrauchswert» einer Ware sei es, den das Warenplakat repräsentiere; zum Kauf animiere den Betrachter vielmehr das «ästhetische Gebrauchswertversprechen», auf dessen Suggestion die Rhetorik des Warenplakats zielt.[11] U. Eco spricht in diesem Sinne davon, daß das Warenplakat «keinen informativen Wert» hinsichtlich der beworbenen Ware besitzt[12], sondern die Steuerung des Konsumentenverhaltens auf einer durch Ästhetisierung bewirkten Illusionsbildung beruht.

Innerhalb der politischen Sphäre ist das P. eines der wichtigsten Medien der für moderne Massengesellschaften charakteristischen Propaganda, sei diese nun liberaldemokratisch oder autoritär-diktatorisch verfaßt. Zur Gattung des politischen P. gehören «Parteienplakate, Wahlplakate, allgemeine Staatspropaganda-Plakate, Kriegsplakate, Personenkultplakate, sozial engagierte Plakate mit politischen Themen [...], Protestplakate und Satireplakate politischen Inhalts».[13] Sie werden vor allem im Zusammenhang von Wahlkämpfen und anderen Kampagnen von politischen Parteien, staatlichen Stellen sowie sozialen Interessengruppen und (Protest-) Bewegungen zum Zwecke der Beeinflussung der Massen eingesetzt. Ihre Intention ist es, für politische Ideen und Konzepte und/oder um Vertrauen für einzelne Persönlichkeiten zu werben, die für öffentliche Ämter kandidieren. In autoritär-diktatorisch verfaßten Gesellschaften tritt eine andere Intention in den Vordergrund: So nennt MEDENBACH in seinen 1941 im Kontext der NS-Propaganda entwickelten Überlegungen das P. ein «Massenführungsmittel».[14] RADEMACHER formuliert für die staatssozialistische Plakattheorie der ehemaligen DDR die Aufgabe des P. vor dem Hintergrund des marxistisch-leninistischen Avantgardekonzepts dahingehend, daß es den Betrachter «für eine dem Sozialismus gemäße individuelle und kollektive Lebensweise gewinnen»[15], also der Erziehung der Massen im Sinne der Staats- und Parteiführung zu dienen habe. So arbeitet das politische P. «mit Forderungen und Behauptungen, mit Losungen, Norm- und Wertaussagen, es vermittelt Werte, Autoritäten, dogmatische Aussagen», die dem Rezipienten bestimmte Handlungsweisen nahelegen sollen, wobei sowohl Integration als auch Polarisation das angestrebte Ziel sein können. Charakteristisch ist zudem eine starke «Emotionalisierung durch Illustration».[16]

Die Rhetorik des P., das Zusammenspiel seiner verschiedenen Ebenen und Elemente zum Zweck der Rezeptionssteuerung hat unter semiotischen Gesichtspunkten R. BARTHES untersucht. Das P. transportiert Barthes zufolge in der Regel «drei Botschaften: eine sprachliche, eine kodierte bildliche und eine nicht-kodierte bildliche Botschaft».[17] Auf der Ebene der bildlichen Darstellung wird der zu bewerbende Gegenstand (das *objet réel*) zum Zeichen (*signe*), das aus den Elementen *signifiant* (Zeichengestalt) und *signifié* (Zeichenbedeutung) besteht. Der abgebildete Gegenstand, der als Zeichengestalt die zu bewerbende Sache denotiert, erschließt sich der Wahrnehmung unmittelbar und bildet die Ebene der nicht-kodierten bildlichen Botschaft. Doch erst von der Ebene des symbolischen Bildes her, das als die Summe der Konnotatoren zu verstehen ist, entfaltet sich die Rhetorik des Bildes. Das Feld der Konnotationen speist sich dabei aus dem sozio-kulturell bestimmten lebensweltlichen Hintergrund der Rezipienten. Teil der Verständigungshandlung auf Seiten des Plakatproduzenten ist darum die Einbeziehung soziologischer, tiefenpsychologischer, ja sogar neurologischer Erkenntnisse, um Kriterien für eine erfolgreiche Steuerung der Rezeptionshandlung festlegen zu können. So kommt beispielsweise der Farbwahl eine zentrale Signalwirkung zu. E. GOMBRICH bezeichnet in diesem Sinne bestimmte Farben als «visuelle Wertmetaphern».[18] Die Farbe *rot* etwa, die einen bestimmten Spektralbereich des Lichtes denotiert, besitzt in verschiedenen Kulturen, gesellschaftlichen Gruppen und zu verschiedenen Zeiten eine durchaus unterschiedliche symbolische Bedeutung. Aufgrund dieser sozio-kulturell verfaßten Polysemie bedarf ihre Interpretation durch den Betrachter einer auf den jeweiligen Adressatenkreis bezogenen Steuerung. Diese Funktion erfüllt nach BARTHES die Ebene der sprachlichen Botschaft. Die Sprache im P. ist seiner Auffassung nach eine Technik, der Polysemie des symbolischen Bildes entgegenzuwirken und den Sinn der kodierten bildlichen Botschaft zu fixieren. Der «Text», so BARTHES, «*führt den Leser durch die Signifikate des Bildes hindurch*, leitet ihn an manchen vorbei und läßt ihn andere rezipieren»; er «hat einen *repressiven* Wert hinsichtlich der Freiheit der Signifikate des Bildes».[19]

II. *Historisches: Vorbedingungen und Entwicklung.* Vorläufer des P. lassen sich bereits für die Antike nachweisen. So ist der Aushang von Gesetzestexten und behördlichen Bekanntmachungen bereits im alten Rom üblich. In Pompeji haben sich sogar Wahlwerbungen an Wänden erhalten.[20] Von einer Entstehung des P. im modernen Sinne kann jedoch erst von der frühen Neuzeit an die Rede sein. Die bürgerliche Transformation der gesellschaftlichen Verkehrsformen, die Entstehung der kapitalistischen Warenwirtschaft, die Konstitution eines gegen die Privatsphäre abgegrenzten öffentlichen Raumes sowie die zunehmende Bedeutung der Schriftlichkeit für die Prozesse gesellschaftlicher Selbstverständigung schaffen die kulturellen Voraussetzungen für die Entwicklung des P. Technisch sind die Erfindung des Buchdrucks und der Lithographie (1796/98) als notwendige Prämissen eines auf serielle Herstellung und massenweise Verbreitung angelegten Mediums zu nennen. Für die Ausformung des politischen P. ist die Einbeziehung größerer Volksmassen in den Prozeß der politischen Entscheidungsfindung konstitutiv. KÄMPFER nennt in diesem Zusammenhang die Französische Revolution von 1789, in deren Verlauf mit LOUIS DAVID erstmals ein Künstler mit der «Herstellung von Plakaten und anderen Propagandabildern»[21] beauftragt worden sei, um die öffentliche Meinung zu beeinflussen. Werden im deutschen Sprachraum nach KAMPS mit dem Begriff des ‹P.› «zunächst lediglich obrigkeitliche Anschläge bezeichnet»[22], so nennt ZELLER das Revolutionsjahr 1848/49 als Entstehungsjahr des politischen Bildplakats in Deutschland, dessen Entwicklung durch die obrigkeitliche Repression nach dem Scheitern der Revolution jedoch gehemmt wird[23], so daß bis in die 70er Jahre des 19. Jh. in diesem wie in anderen Bereichen das reine Schriftplakat dominiert.

Um die Mitte des 19. Jh. bildet sich auch das logistische Umfeld des Plakatanschlags heraus. Erfolgt er in den Anfängen unkontrolliert und willkürlich, so finden sich seit den 40er Jahren, zunächst in London, fest installierte Plakatwände und -säulen. 1855 stellt E. LITFASS, der erste deutsche Plakatanschlagsunternehmer, eine erste Säule in Berlin auf.

Die Ausformung des P. in seinem modernen, die Zeichensysteme Text und Bild integrierenden Sinne ist aber vor allem im Horizont der Industrialisierung und Urbanisierung im 19. Jh. zu sehen. Mit der industriellen Massenfabrikation und einer damit «zunehmende[n] Bedeutung des öffentlichen Raumes als Bühne der massiven Warenpräsentation»[24] beginnt die Zeit des P. als zeitweilig wichtigstem Werbeträger (vgl. dazu Abb. 1).

Die Transformationsprozesse im Bereich der materiellen Reproduktion der Gesellschaft zeigen sich auch auf der Ebene ihrer kulturellen Repräsentation. Dient das P. kulturell zunächst als Ausstellungs-, Film-[25], Theater-[26] oder Konzertplakat zur Selbstdarstellung einer zunehmend ausdifferenzierten Metropolenkultur, so sedimentiert sich in seiner spezifischen rhetorischen Verfaßtheit zugleich ein grundlegender kultureller Wandel, der auch die subjektiven Wahrnehmungsstrukturen einbegreift; ein Prozeß, den der Kulturphilosoph G. SIMMEL[27] untersucht. Indem es sich im dialektischen Wechselspiel mit den grundlegend veränderten Rezeptionsbedingungen der urbanen Lebenswelt gar erst als eigenständige rhetorische Form herausbildet, wird das Plakat zum wichtigen Exponenten eines sich gegenüber traditionellen Auffassungen weitreichend verschiebenden Kunstbegriffs und zum Modellfall eines nachauratischen Kunstwerks, wie es W. BENJAMIN[28] kategorial zu bestimmen versucht. Aber bereits in den beiden letzten Jahrzehnten des 19. Jh. rückt das P. in den Horizont der

Abb. 1: Gewerbeplakat von L. Sütterlin, in: M. Henatsch: Die Entstehung des Plakats (1994)

zeitgenössischen Auseinandersetzungen um eine neue Kunstauffassung ein. Dabei ist die theoretische Reflexion nicht von den praktischen Entwicklungen zu trennen, die das Medium in dieser Zeit durchläuft. Viele theoretische Äußerungen tragen programmatischen Charakter. Von seiten einer traditionellen Autonomieästhetik wird der Zweckform jeder künstlerische Anspruch bestritten. «Die bloße Tatsache laut schreien zu müssen»[29], urteilt 1892 W. CRANE, widerspreche dem Kunstcharakter eklatant. Von einer anderen, ebenfalls traditionellen, am idealistischen Konzept ästhetischer Erziehung orientierten Warte weist J.L. SPONSEL, der erste Historiograph des P. in Deutschland[30], dem neuen Medium eine kunstpropädeutische Funktion zu. Er sieht das P. als den «vielleicht mächtigste[n] Agent[en] in der Erziehung des Volkes zum Kunstempfinden und zum Kunstbedürfnis».[31] Auch der Jugendstil[32] bleibt noch im Horizont idealistischer Vorstellungen befangen, insofern das Konzept einer ‹Galerie der Straße›, dem es um eine Versöhnung von Kunst und Leben im Sinne einer ornamentalen Ästhetisierung des Alltags geht, die Gebrauchsform rein ästhetischen Maßstäben unterwirft. Das P. gerät nach HENATSCH «in einen Sog, der es zu einem ästhetischen Objekt mit l'art pour l'art-Anspruch stilisiert, und damit seine ursprüngliche Bedeutung untergräbt».[33] Trotzdem markiert gerade unter dem Aspekt der Ausprägung einer zweckorientierten Plaktsprache der Jugendstil eine wichtige Etappe. An die Stelle einer bis dato vorherrschenden historistisch-allegorischen Gestaltung tritt eine Orientierung auf die Flächigkeit der Darstellung und eine Konzentration auf die Ausdruckskraft von Farbe und Linie. Henatsch nennt zwei französische Künstlergruppen in diesem Punkt wegweisend: die Gruppe um PAUL GAUGUIN (1848–1903) und EMILE BERNARD (1845–1941) sowie die ‹Nabis-Gruppe› um PAUL SÉRUSIER (1864–1927); für England ist der Graphiker AUBREY BEARDSLEY (1872–98) zu nennen. [34] Als 'Vater' des modernen P. wird zumeist JULES CHÉRET (1836–1932) angesehen [35]; berühmt geworden ist das ‹Moulin rouge›-Plakat von TOULOUSE-LAUTREC.

In Deutschland bilden sich neben Dresden vor allem Berlin und München als Zentren der Plakatkunst heraus. Findet bereits 1884 in Paris die erste Plakatausstellung statt, so folgen Ausstellungen 1895 in Berlin und 1896 in Dresden. Damit zeichnet sich zugleich schon früh die Tendenz ab, die Zweckform P. sozusagen nachträglich in den Rahmen einer institutionell ausdifferenzierten Sphäre der Kunst zurückzuholen. Für die Entwicklung der Plakatgestaltung nach der Jahrhundertwende sind insbesondere Kunstzeitschriften wie ‹Pan›, ‹Jugend› und ‹Simplicissimus› ausschlaggebend. Die in ihnen vertretene Tendenz führt nach Henatsch «von der ornamentalen Auffassung des Jugendstils weg. Sie stellte das Werbeobjekt ganz ohne vermittelnde Instanzen oder schmückendes erzählerisches Beiwerk in das Zentrum der Darstellung. Das Plakat begann sich auf die pure Übermittlung des Typischen, Schlagenden und Einmaligen des Werbeobjekts zu beschränken». [36] Theoretischen Niederschlag findet diese Orientierung zur Sachlichkeit in den Schriften von A. Loos (1870–1933) und H. MUTHESIUS (1861–1927). P. werden nun primär nach ihrem Reklamewert beurteilt; wirtschaftliche und technische Prozesse werden für kunstwürdig erklärt. [37]

Die Wende zur Sachlichkeit markiert nun den Punkt, an dem sich das moderne P. in jener rhetorischen Verfaßtheit konstituiert, die R. BARTHES beschreibt. Mit dem Wegfall der für das Jugendstilplakat charakteristischen ornamentalen Rahmenerzählung wird nämlich der Zeichencharakter der bildlichen Darstellung nivelliert und die Schwelle zur Illusionsbildung als Akt einer Verdinglichung der Zeichen ist überschritten. Es kommt, mit BARTHES, zu einer Naturalisierung des Symbolischen, oder, anders formuliert, zu einer Produktion von Realitätseffekten: «Die diskontinuierliche Welt der Symbole taucht in die Geschichte der denotierten Szene ein wie in ein Unschuld spendendes, reinigendes Bild. [...] es gibt zum einen eine Art paradigmatische Kondensation auf der Ebene der Konnotatoren (das heißt, der ‹Symbole› insgesamt), die starke, erratische, man könnte sagen ‹verdinglichte Zeichen› sind; und zum anderen syntagmatisches ‹Fließen› auf der Ebene der Denotation.» [38]

Zur kritischen Reflexion dieser naturalisierenden Legierung von nicht-kodierter und kodierter Botschaft des Bildes kommt es aber nicht erst im Rahmen ideologiekritischer und semiotischer Theorieansätze der 60er und 70er Jahre des 20. Jh. Wird das P. als operative Form der Darstellung für viele künstlerische Avantgardebewegungen des frühen 20. Jh. wie Futurismus und Konstruktivismus zu einem zentralen Medium ihrer Rebellion gegen die traditionelle, auf Kontemplation und institutionelle Abgrenzung gegen die Lebenswirklichkeit gerichtete Kunstauffassung, so reflektiert der Dadaismus darüber hinaus gerade auch die verdinglichende Rhetorik dieses modernen Massenkommunikationsmittels. Im dadaistischen P. wird mit Hilfe von Techniken wie Montage und Collage die Rhetorik dieses Mediums auf kritische Weise selbstreflexiv. So eignet dem dadaistischen Plakat nach BACKES-HAASE der Charakter von Metaplakaten, denn die Dadaisten gebrauchen «Material, aus dem üblicherweise Zeichen geschaffen werden, zu dem Zweck, den Glauben an die Authentizität, die im Zeichenglauben diesem Material anhaftet, zu zerstören. Das Material, aus dem normalerweise Zeichen geformt werden, wird seiner selbst entfremdet, um damit in einem metasemiotischen Anspruch den ‹realen Wert› dieses Materials deutlich werden zu lassen, nämlich den, daß ihm nicht *per se* ein Bezeichnungswert anhängt». [39] In diesem Sinne parodiert etwa KURT SCHWITTERS mit seiner ‹Merz-Kunst› die Kommerz-Kunst des Warenplakats: «Im Spiel mit dieser Form rückt er an die Stelle der beworbenen Ware das Merzwerk. Diesem werden die Eigenschaften der Ware in einer parodistisch gebrochenen Weise zugeschrieben.» [40] Metasemiotisch verfaßt sind auch die typogrammatischen Plakattexte FRANZ MONS [41] und anderer Schriftsteller, die im Kontext der ‹Konkreten Poesie› der 50er bis 70er Jahre entstehen. In ihnen wird durch Visualisierung der Schrift die repressive Funktion (BARTHES) der sprachlichen Botschaft im P. außer Kraft gesetzt. Die Schrift als eines der die Rhetorik dieses Mediums konstituierenden Zeichensysteme wird in den Bereich des anderen, des Bildes, verschoben, wobei das Schriftzeichen aus seiner bezeichnenden Funktion herausgelöst wird und durch Verfremdungen verschiedenster Art in seiner Materialität in den Blick rückt. Dadurch eröffnet sich dem Betrachter zugleich die Differenz von nicht-kodierter und kodierter Bildebene und die Rhetorik des Plakats wird insgesamt transparent. Ein weiterer Aspekt der Gebrauchsform P. wird von den Vertretern der ‹Pop art› thematisiert. In den Bildreihen von ANDY WARHOL z.B. wird das massenmediale Prinzip der Serialität, wie es die Posterkultur der 60er und 70er Jahre bestimmt, selbstreflexiv.

Im rhetorischen Spannungsfeld von verdinglichender Plakatsprache und ihrer parodistisch-metasemiotischen Entlarvung steht auch das politische P. im 20. Jh. Insbesondere während der Russischen Revolution von 1917 und in den Aufbaujahren der Sowjetunion avanciert es zu einem der wichtigsten Medien der politischen Agitation. [42] Für einige Jahre kommt es zu einer engen Allianz politischer und ästhetischer Avantgardekonzepte, bevor auch das politische P. unter dem Einfluß der stalinistischen Staatsästhetik eines ‹sozialistischen Realismus› in den Konventionalismus zurückfällt. So stehen für das sowjetische Propagandaplakat der 20er Jahre Namen bedeutender konstruktivistischer und futuristischer Künstler wie MAJAKOVSKIJ, RODČENKO, LAVINSKIJ oder STEPANOVA. [43] Neben ästhetisch zumeist konventionellen Parteiplakaten [44], die mehr oder weniger sämtlich der von BARTHES beschriebenen verdinglichenden Plakatrhetorik gehorchen, sind als Vertreter bedeutender Plakatkunst in Deutschland der Weimarer Republik vor allem GEORGE GROSZ und JOHN HEARTFIELD, der Schöpfer des Fotomontageplakats, zu nennen, deren künstlerische Anfänge im Dadaismus liegen und die sich in ihren P. auf zumeist parodistische Weise um eine kritische Reflexion und Entlarvung der gesellschaftlichen Verhältnisse sowie der Propagandarhetorik der politischen Rechten bemühen (siehe Abb. 2). Zu einer engen programmatischen Verbindung von Ästhetik und Politik kommt es dann abermals im Zusammenhang der Studentenrevolte von 1967/68, die das P. als ein aktionistisches Medium zur Realisierung ihrer kulturrevolutionären

Abb. 2: Politisches Plakat von John Heartfield, in: W. Herzfelde: John Heartfield (1986)

Intentionen entdeckt.[45] Als bedeutendster politischer Plakatkünstler der Bundesrepublik Deutschland ist der Graphiker KLAUS STAECK zu nennen.[46]

Auf den ersten Blick erstaunlich erscheint der Umstand, daß das P. als kommerzieller Werbeträger in der zweiten Hälfte des 20. Jh. durch die zunehmende Konkurrenz der neuen Medien nichts von seiner Bedeutung verloren zu haben scheint. So ist es im öffentlichen Raum nach wie vor nahezu omnipräsent und die Werbebranche weist für das P. gerade in den 90er Jahren erhebliche Steigerungsraten aus.[47] Als wichtige Konsequenz der zunehmend von den neuen Medien geprägten Rezeptionsgewohnheiten dürfte aber vielleicht eine Veränderung zu werten sein, die sich in den 80er und 90er Jahren vollzieht. Vor allem mit den Werbeplakaten des Bekleidungsunternehmens ‹Benetton› deutet sich nämlich hinsichtlich der Interaktion von Text und Bild ein paradigmatischer Umbruch in der rhetorischen Verfassung des Mediums an, denn in ihnen ist die bildliche Darstellung nicht mehr produktbezogen. Statt einer Abbildung des Produkts, die als Zeichengestalt (*signifiant*) die zu bewerbende Sache (das *objet réel*) denotiert, zeigen diese Plakate schockierende Bilder von Aidskranken, Opfern politischer Gewalt oder Umweltkatastrophen, um die Aufmerksamkeit der Passanten auf sich zu ziehen. Auf der Ebene der Schrift ist lediglich der Produktname realisiert. Damit treten die beiden Zeichensysteme Text und Bild auseinander und der sprachlichen Botschaft fällt eine grundlegend veränderte Funktion zu. Statt von einer repressiven ist hier vielmehr von einer invertiven Funktion der sprachlichen Botschaft zu sprechen. Die Entdeckung des Schriftzuges soll den Betrachter, der die Bilder menschlichen Leids als Bedrohung der eigenen individuellen Existenz liest, in einer Art Umschlag zu einem *carpe diem*, zu schnellem Kauf und Genuß der beworbenen Produkte bewegen.

Anmerkungen:
1 F. Kämpfer: «Der rote Keil». Das polit. P. Theorie und Gesch. (1985) 16. – 2 ebd. 57f. – 3 vgl. R. Riedl: Art. ‹AIDA-Formel›, in: HWRh, Bd. 1 (1992) Sp. 285–295. – 4 J. Kamps: P. (1999) 3. – 5 ebd. – 6 ebd. 53. – 7 ebd. 55. – 8 vgl. Kamps [4] 62–74. – 9 ebd. 46. – 10 vgl. H. J. Prakke: Der Schnelldialog des P. Über das P. als Kommunikationsmedium, in: ders.: Bild und P. Zwei Stud. (1963) 23–26. – 11 W. F. Haug: Warenästhetik und kapitalistische Massenkultur, Bd. 1 (1980) 44f. – 12 U. Eco: Einf. in die Semiotik (1985) 292. – 13 Kamps [4] 66. – 14 zit. Kamps [4] 67. – 15 H. Rademacher: Zur Funktion und Gestaltung von P. und Wandzeitung in der sozialistischen Ges., in: P. und Wandzeitung. Bildkünstlerische Agitation in der Schule (1970) 9. – 16 Kamps [4] 67. – 17 R. Barthes: Rhet. des Bildes, in: ders.: Der entgegenkommende und der stumpfe Sinn. Krit. Essays III (1990) 32. – 18 E. Gombrich: Wertmetaphern in der bildenden Kunst, in: ders.: Meditationen über ein Steckenpferd (1963) 33. – 19 Barthes [17] 35f. – 20 U. Zeller: Die Frühzeit des polit. Bildplakats in Deutschland (1848–1918) (1988) 1. – 21 Kämpfer [1] 17. – 22 Kamps [4] 7. – 23 vgl. Zeller [20] 16–23. – 24 Kamps [4] 8. – 25 vgl. Das Ufa-Plakat. Filmpremieren 1918 bis 1943, hg. von P. Mänz u. Chr. Maryška (1998). – 26 vgl. H. Rademacher: Theaterplakate. Ein internationaler hist. Überblick (1989) – 27 G. Simmel: Die Großstädte und das Geistesleben (1908), in: ders.: Gesamtausg., hg. von O. Rammstedt, Bd. 7 (1995) 116–131. – 28 W. Benjamin: Das Kunstwerk im Zeitalter seiner technischen Reproduzierbarkeit, in: ders. Schr., hg. von R. Tiedemann u. H. Schweppenhäuser (1974), Bd. 1, 431–508. – 29 zit. Kamps [4] 40. – 30 J. L. Sponsel: Das moderne P. (1897). – 31 ebd. 14. – 32 vgl. C. Blasberg: Art. ‹Jugendstil›, in: HWRh, Bd. 4 (1998) Sp. 762–772. – 33 M. Henatsch: Die Entstehung des P. Eine rezeptionsästhetische Unters. (1994) 23. – 34 ebd. 35f. – 35 ebd. 41. – 36 ebd. 67. – 37 ebd. 67f. – 38 Barthes [17] 45f. – 39 A. Backes-Haase: Kunst und Wirklichkeit. Zur Typologie des DADA-Manifests (1992) 22. – 40 ebd. 56. – 41 vgl. F. Mon: Hören ohne aufzuhören (1982). – 42 vgl. Kämpfer [1] 159–312; H.-G. Schumann: Art. ‹Agitation›, in: HWRh, Bd. 1 (1992) Sp. 258–261. – 43 vgl. Kämpfer [1]; J. Barchatowa: Russischer Konstruktivismus – Plakatkunst (1992); H. Gaßner, E. Gillen: Zwischen Revolutionskunst und Sozialistischem Realismus. Dokumente und Kommentare Kunstdebatten in der Sowjetunion von 1917 bis 1934 (1979). – 44 vgl. S. Wenisch: P. als Spiegel der polit. Parteien in der Weimarer Republik (1996). – 45 vgl. L. F. Peters Kunst und Revolte Das Polit. P. und der Aufstand der frz. Studenten (1968); V. Gasquet: Les 500 affiches de mai 68 (1968). – 46 vgl. K. Staeck, D Adelmann: Die Kunst findet nicht im Saale statt. Polit. P. (1976) K. Staeck: Sand fürs Getriebe (1989). – 47 vgl. Kamps [4] 2.

Literaturhinweise:
Placat und Verklärung betreffend die aufführischen Practicken von etlichen in Schottland (1639). – M. Bense: Plakatwelt. Vier Essays (1952). – F. Mourlot: Kunst im P. der Pariser Schule (1959). – C. Hundhausen: Die Sprache als Element des Ausdrucks im P. (1961). – H. Rademacher: Das P. (1965). – A. Sailer: Das P. Gesch., Stil und gezielter Einsatz eines unentbehrlichen Werbemittels (1965). – H. Linhardt: Das P. der polit. Parteien (1972). – Polit. Kommunikation durch das P., hg. von pro plakat e. V. (1975). – K. Popitz: P. der Zwanziger Jahre aus der Kunstbibliothek Berlin (1977). – G. Müller: Das Wahlplakat. Pragmatische Unters. zur Sprache in der Politik am Beispiel von Wahlplakaten aus der Weimarer Republik und der Bundesrepublik (1978). – J. Dossmann: Malerei, Grafik, P. (1983). – M. Schirner: Werbung ist Kunst (1988). – R. Diedrich R. Grübling: Stark für die Freiheit. Die Bundesrepublik im P. (1989). – H. Rommler: Die Image-Bildung des Automobils im P., 1900–1930

(1991). – A. Halter: Als die Bilder reizen lernten. Zum Umgang mit den Produkten im frz. Warenplakat 1900–1930 (1992). – H. Rademacher (Hg.): Kunst! Kommerz! Visionen! Dt. P. 1888–1933 (1992). – B. Bärmich: Das P. (1994). – O. Toscani: Die Werbung ist ein lächelndes Aas (1995). – H.: Das polit. P. der DDR (1995). – G.H. Vogel, I. Krey: Die hohe Zeit der Plakatkunst in Deutschland (1997). – M. Harms-Lückerath: Galerie der Straße. Höhepunkte der Plakatkunst von ihren Anfängen bis heute (1998). – J. Kamps: P. (1999).

F.-J. Deiters

→ Agitation → AIDA-Formel → Jugendstil → Malerei → Präsentationsrhetorik → Proklamation → Propaganda → Wahlkampf → Werbung → Zielgruppe

Plastik (auch Skulptur, griech., πλαστική, plastikē; lat. sculptura, ars fingendi; engl. plastic art, sculpture; frz. art plastique, sculpture; ital. plastica, scultura)
A.I. Def. – II. Rhetorik als Theoriemodell für die P. – B.I. Antike. – II. Mittelalter. – III. Renaissance, Manierismus, Barock. – IV. Aufklärung, Klassizismus, 19. Jh. – V. 20. Jh.

A.I. *Def.* Der Begriff ‹P.› umfaßt im engeren Sinn das Formen und Modellieren von Körpern in weichen (Ton, Gips, Wachs u.a.) und aus gießbaren Materialien (Gußplastik: Bronze, Messing, Eisen, Kunststoff), ist aber auf Skulptur (Bildhauerei), und zwar die Kunst aus festen Stoffen Formen zu schaffen (Stein, Holz, Elfenbein), ausgeweitet worden. Das Material der P. wird aufgrund seiner Symbolwerte zum bedeutungsstiftenden Medium. Als Gattung wird die P. mit Graphik und Malerei den bildenden Künsten zugeordnet. Man unterscheidet zwischen der allseitig bearbeiteten *Voll- oder Rundplastik* mit einer oder mehreren Hauptansichten, der Bildnisbüste und dem *Relief*, bei dem das Dargestellte an die Fläche gebunden ist (erhabenes und versenktes Relief). In der Verbindung von Körper und Fläche und der Synthese optischer und taktiler Qualitäten nimmt das Relief eine Mittlerstellung zwischen P. und Malerei ein, indem es die Gattungsgrenzen hin zur Malerei aufzulösen vermag. Unter dem Begriff ‹Bauplastik› werden Reliefs und dem architektonischen Ensemble zugeordnete Skulpturen verstanden, die zur Architektur auf unterschiedliche Weise ins Verhältnis treten können: indem sie tektonisch die Funktion eines Bauglieds übernehmen (Karyatide als anthropomorphe Vermittlung der Säule) oder sich als Reliefs oder figurale P. auf ein Bauglied beziehen (Nischen- oder Portalfigur, Giebelrelief). Zu den Vorarbeiten der P. gehört die Bildhauerzeichnung und seit der italienischen Renaissance die erste plastische Entwurfsskizze, der *Bozzetto*. Als Sonderform der P. gilt die mimetische Darstellung der P. durch Malerei, das *Grisaille*. Ausgehend von den taktilen Wesenszügen der P. etabliert sich Ende des 19. Jh. in Analogie zum Malerischen das Plastische als Grundbegriff der Kunstwissenschaft sowie die Auffassung von einer Dialektik ‹malerisch-plastisch› in der europäischen Kunstentwicklung. Die Rezeption von P. erfolgt durch das Umschreiten (Rundplastik) oder durch das Fernbild. Der Bezug zum Betrachter wird in der P. häufig nicht durch die direkte Betrachteradressierung mittels Körpersprache, Blick und Gestik des Dargestellten hergestellt. Denn aufgrund ihrer Funktion als öffentliche, repräsentative Kunst erfolgt die Situierung des Betrachters in der P. durch den Aufstellungsort, die architektonische Rahmung und den Sockel, der insbesondere in der Denkmalsplastik die Person als «optisches Ausrufungszeichen»[1] hervorhebt.

Öffentliche P. als monumentale und auf Dauer hin angelegte Form läßt sich in Funktion und Wirkungsweisen von der eher für den privaten Gebrauch konzipierten Kleinplastik unterscheiden, wobei sich die Grenzen durch die Reproduzierbarkeit von P. und die massenmediale Reproduktion verwischen. Als Gedenk- und Erkennungszeichen sind öffentliche Denkmäler als Geschichtsdarstellungen mit entzifferbaren Botschaften lesbar. Deren geregelte Sprache basiert auf Konventionen, ihre Aussagen verweisen auf die Architektur, das Ereignis oder die Person.[2] In ihrer inhaltsbezogenen Zweckgebundenheit stellen sie ideologische oder kultisch-sakrale Ansprüche an den Betrachter und richten sich in dieser Funktion und Botschaft an lebende sowie an zukünftige Generationen.[3]

Anmerkungen:
1 P. Springer: Rhet. der Standfestigkeit. Monument und Sockel nach dem Ende des trad. Denkmals, in: Wallraf-Richartz-Jb. 48/49 (1987/88) 365–408, 374. – **2** S. Wenk: Versteinerte Weiblichkeit. Allegorien in der Skulptur der Moderne (1996) 77–86. – **3** R. Koselleck: Kriegerdenkmale als Identitätsstiftungen der Überlebenden, in: O. Marquard, K. Stierle (Hg.): Identität (1979) 148–275.

II. *Rhetorik als Theoriemodell für die P.* Die Rhetorik lieferte als Regelsystem und als öffentlichkeits- und praxisorientiertes Kommunikationsinstrument wichtige Begriffe sowohl für die Beschreibung von Werken der Bildhauerei und deren Wirkung auf die Rezipienten als auch für die Kunsttheorie und Traktatliteratur zur P. Mit der Inanspruchnahme rhetorischer Kategorien können Werk und künstlerisches Schaffen daher in den Rang einer wissenschaftlichen Tätigkeit erhoben werden, was insbesondere im Paragone-Streit um den Vorrang von Malerei oder P. seit der Renaissance deutlich wird.

Der Zusammenhang von Rhetorik und P. kommt in der kunsthistorischen Theoriebildung durch eine meist unausdrückliche Verwendung rhetorischer Kategorien wie ‹Komposition›, ‹Proportion›, ‹Perspektive› (Wirkungsintention) das ‹Zusammenstimmende›, die ‹kontrapostische Figurierung› oder ‹Mimesis› zum Ausdruck, ebenso bei Beschreibungen ästhetischer bzw. rhetorischer Wirkkomponenten, des *delectare, movere, docere*, die über CICERO und QUINTILIAN in die Kunstlehren eingegangen sind. In der Anwendung rhetorischer Stillagen (*genera dicendi*), durch die beim Rezipienten die Affekte gesteuert werden und der Betrachter vom plastischen Werk entworfen wird, erweist sich die innere Abhängigkeit von Form und Wirkung. Der älteren Kunsttheorie war, wie W. KEMP formuliert, der Gedanke, «daß eine ästhetische Kommunikation notwendig auf der Trias der Elemente Künstler-Kunstwerk-Publikum beruht, nicht fremd. Da ihr Instrumentarium weitgehend dem der Rhetorik nachgebildet war, stand sie der Wirkungsästhetik sehr viel näher als solche Theorien, die im Zentrum den Künstler oder das Werk haben». Das Kunstwerk ist «als intentionales Gebilde für Betrachter konzipiert», was auch für diejenigen Werke gilt, «die Außenbezüge scheinbar demonstrativ verneinen».[1] Seit der Renaissance ist die kunsttheoretische Lehre durch Entlehnungen aus der Rhetorik geprägt, etwa hinsichtlich des Ziels der Nachahmung (*imitatio*), der diese überbietenden *aemulatio* der historischen Muster (*exempla*), der Lehre des Angemessenen (*decorum*), der rhetorischen Arbeits- bzw. künstlerischen Produktionsstadien (*inventio, dispositio, elocutio*) und der Affekten- und Charakterlehre (*ethos, pathos*). Die Rolle der Publikumswirkung und damit die rhetorische Wirkungsabsicht ist für die praktische Verwirklichung des Werks von Bedeutung. Bei der Ausbildung von Persuasionsformen (Rezeptionsfiguren, Affektbrücken) orientieren sich P. und Malerei an der Wirkungstheorie der Rhetorik. Maßgeblich für diese Übertragung ist Ciceros Bestimmung von Tonfall, Minenspiel und Gestik des Redners als allgemeinverständlicher Ausdruck von Gemütsbewegungen.[2] Der Einfluß der Rhetorik auf die P. erweist sich produktionsästhetisch in der Ausbildung eines Regelkanons vom menschlichen Körper und seiner Figurierung, in optischperspektivischen Zugeständnissen an den Betrachter und in der rhetorischen Orientierung der Körpersprache, der Gestik und Gebärde (*gestus*) in ihrer Analogie zur rhetorischen *actio*-Lehre.[3] Die rhetorische Kodifizierung der Gesten, die der Betrachterorientierung dient und in der Bilderzählung des Reliefs eine wichtige Rolle spielt, zeigt sich in der Verwendung der Geste als dem visuellen Äquivalent des Sprechakts oder in dialogischen Gesten, die zugleich die Intonation lesbar machen. Die Geste ist damit immer auch Ausdruck der Intentionalität der P. In der rhetorischen Funktion der *actio* als Spiegel der Regungen der Seele verweist die Geste auf die emotionale Gestimmtheit des Dargestellten und auf die Funktion der empathischen Wirkung auf den Rezipienten.[4] In der Darstellungstradition kann die Geste auch figurenkennzeichnende, attributive Funktion übernehmen, wie etwa bei der Darstellung Johannes des Täufers.[5]

Anmerkungen:
1 W. Kemp: Kunstwiss. und Rezeptionsästhetik, in: ders. (Hg.): Der Betrachter ist im Bild (²1992) 9, 20. – **2** Cic. De or. III, 216; Quint. XI, 3, 85–87. – **3** Quint. XI, 3. – **4** Cic. De or. III, 216. – **5** P. Lutze: Die Darstellung der Rede im MA gezeigt an Propheten und Aposteln (1935).

B. I. *Antike.* Das bildhauerische Schaffen gilt im Altertum als handwerkliche Tätigkeit und wird dem Begriff der τέχνη, téchnē zugeordnet. Die Arbeit des Künstlers ist jedoch im Unterschied zum rein handwerklichen Arbeitsprozeß durch eine vom Verstand (λόγος, lógos) zu leistende Selektion aus den sichtbaren Formen geprägt, so daß der Bildhauer zum einen durch Mimesis die Natur nachahmt, zum anderen eine höhere metaphysische Wirklichkeit aufzudecken imstande ist. Das Schöne in der Kunst steht, wie in der Rhetorik, in einem untrennbaren Zusammenhang mit dem Zweckmäßigen, dem Unbeschädigten und der inneren, moralischen Schönheit und findet im menschlichen Körper seinen sichtbaren Ausdruck. Nach ARISTOTELES muß der Künstler Begabung, Wissen und technisches Geschick mitbringen, Eigenschaften, die in der Rhetorik zur Charakteristik des Redners dienen (*ingenium, ars, artificium*). Aristoteles relativiert die kunstfremde Philosophie Platons, der die Werke von P. und Malerei dem Anspruch erkenntnismäßiger Wahrheit unterwirft, was letztlich die Reduktion von Kunst auf «niemals wandelbare, allgemein und ewig gültige Formen»[1] impliziert. Sein System der vier Ursachen, als dem idealen Schlüssel zur Organisation des Wissens, erläutert Aristoteles am Beispiel der Statue. Demnach bildet der Marmor die materielle Ursache, der Bildhauer die Wirkursache und die vom Bildhauer gedachte Gestalt die Formursache. Die Zweckursache besteht darin, ein Kunstwerk zu schaffen.[2] Nach Aristoteles, und später deziiert in der Schilderung des bildhauerischen Schaffens bei CICERO liegt die Form des Kunstwerks als Urbild der Schönheit im Geist des Bildhauers vor, bevor sie in die Materie eingeht.[3] Die aristotelische Philosophie, die die formlose, weiblich konnotierte Materie zugunsten der im Geiste des Bildhauers erdachten Form gering schätzt[4] und der das Material nur als Gestaltungs- und Anschauungsmedium der stofflosen Idee dient, verbindet als «idealistisches System»[5] Antike, Mittelalter und die Neuzeit bis zum ausgehenden 18. Jh. In der Reduktion der Materialwirkung erweist sich die Meisterschaft des Künstlers in der Gestaltung der Idee. OVID rühmt die von Vulkan gearbeiteten Metalltüren im Palast Apolls mit den Worten: «opere superante materiam» (durch das Werk wird das Material überwunden).[6] Zugleich wird die rhetorische Forderung der Kunstverbergung zum Garanten für die Wirkung der Lebendigkeit der P. und zum Ausweis der Meisterschaft des Bildhauers.[7] In der Reduktion des Materials erkennt noch Schiller 1795 das «Kunstgeheimnis des Meisters», der «den Stoff durch die Form vertilgt».[8] Damit erfahren der Bildhauer und sein Werk spätestens seit hellenistischer Zeit zunehmende Wertschätzung. Ein Zeugnis dafür ist die 105 n. Chr. gehaltene Rede des spätantiken Autors DION VON PRUSA[9], der, in der Ausweitung des horazischen *ut pictura poesis* – Postulats von der Dichtung auf die P. (*ut sculptura poesis*), die Zeus-Statue des PHIDIAS und die Schilderung von Homers Zeus als ebenbürtig lobt. Der Bildhauer Phidias wird durch höhere Eingebung zum Vermittler des göttlichen Musters. Der im Standbild geschaffene plastische Körper ist als symbolische Form gleichsam Ausdruck höherer Wahrheit und Schönheit.

Für die ursprünglich polychrome antike P. gilt als Formideal des Harmonischen eine auf Zahl und Ordnung gründende Proportionslehre. Der Bildhauer POLYKLET, dessen Werk das Stilbewußtsein und das rationale Reflexionsniveau der Hochklassik belegt, erörtert in seiner verloren gegangenen Lehrschrift einen Kanon (um 440 v. Chr.) des menschlichen Körpers, dessen Prinzipien sich aus Äußerungen bei Varro, Plinius d. Ä., Plutarch und Galen rekonstruieren lassen und die in engem Zusammenhang mit Kategorien der Rhetorik stehen. Polyklets idealer Verhältnismaßstab wird mit seiner, aus römischen Kopien bekannten Skulptur, dem ‹Doryphoros› identifiziert, in dem PLINIUS das Ideal der menschlichen Gestalt erkennt («paene ad unum exemplum») (Abb. 1).[10] Polyklets Ziel, die Schöne des menschlichen Körpers als rational erfahrbares Funktionsgefüge in Maßverhältnissen aufzudecken, wird durch Rhythmus und Symmetrie erreicht, der Proportioniertheit der einzelnen Körperteile, die im Verhältnis zum Ganzen in harmonischer Übereinstimmung stehen. In der frühen rhetorischen Kunstprosa ist die Forderung nach kompositorischem Gleichmaß des Satzes mittels rhythmisch-klanglicher Gestaltung der Sprache ein zentrales Gestaltungselement. Im Zusammenhang von Rhythmus und Proportion äußert sich die rhetorische Kategorie der kunstgerechten Fügung und des Harmonischen (*concinnitas*). Der Kanon Polyklets ist nicht auf ein einziges Muster-Maßsystem reduzierbar, sondern läßt dem Künstler, innerhalb bestimmter Bezugssysteme, Gestaltungsspielräume.[11] Der ‹Doryphoros› führt den Kontrapost auf den Höhepunkt idealer und systematischer Ausbildung. Im Widerspiel von Kraft/Lebensimpuls und Gewicht/Schwerkraft wird der gesamte Körper erfaßt und in seinem organischen Zusammenhang als gegliederter Körper, in dem die Muskeln und Glieder als umgrenzte, ineinander greifende, zusammenwirkende Funktionsteile erscheinen, verstehbar. Die kontraposti-

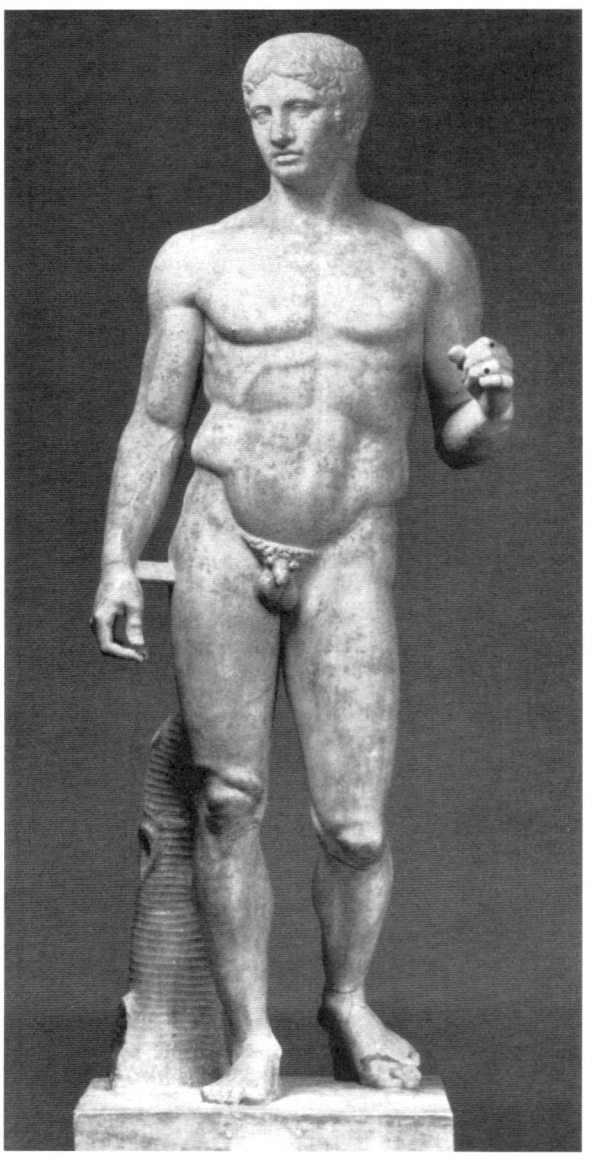

Abb. 1: Polyklet: Doryphoros. Römische Marmorkopie nach Polyklet, um 440 v.Chr. Höhe 2,12 m. Museo Nazionale Archeologico, Neapel. Photo: Alinari, Florenz.

sche, rational erfahrbare Darstellungsweise, die in späteren Epochen verbindlich blieb, läßt in diesem Konflikt die Bewegungsfähigkeit und damit die Lebendigkeit im labilen Gleichgewicht sinnfällig werden. Hier zeigt sich das Bestreben, Gegensätze dialektisch bzw. kontrapostisch-antithetisch zueinander in Beziehung zu setzen und zugleich in einer synthetischen Einheit aufzuheben.[12] Skulpturen, die in extremer Bewegung die Vorder- und Rückenansicht zugleich zeigen, sind als «das plastische Äquivalent der in der Rhetorik geläufigen Figur der Antithese» gedeutet worden. Die Antithese entspricht bei QUINTILIAN dem *contrapositum*, woraus sich ein unmittelbarer Zusammenhang mit der Bewegungsformel des ‹Contrapposto› und der im 16.Jh. beliebten Stellung der ‹figura serpentinata› als einer kreisförmig, aufsteigenden Bewegung ergibt.[13] Die geometrische Vereinfachung der Prinzipien Polyklets übernimmt später VITRUV und verbindet sie mit dem in ein Quadrat oder einen Kreis eingeschriebenen menschlichen Körper.[14] Das Konzept des *homo quadratus* bleibt noch dem Mittelalter und der Renaissance (Leonardo da Vinci) vertraut.

Im frühen kunsttheoretischen Schrifttum der Antike erweist sich die Nähe der P. zur Rhetorik sowohl im Anspruch der Lehr- und Erlernbarkeit als auch in der Zusammenschau von produktions- und wirkungsästhetischen Faktoren. XENOKRATES hebt in seinen technischen Erläuterungen zur P. vier dem Lehrgebäude der Rhetorik entstammende Faktoren hervor: Symmetrie (Beziehungen der Körperteile zueinander und zu einem stimmigen Ganzen), Rhythmus (den lebendigen Zusammenschluß der Teile in der Bewegung), die Genauigkeit und technische Perfektion des Künstlers und die optische Wirkung der P. in Abhängigkeit von der Betrachterperspektive.[15] Die Berücksichtigung des Wahrnehmungsstandpunktes des Betrachters durch optische Korrekturen und die Veränderung idealer Maß- und Proportionsverhältnisse der P. zeigen, daß es sich beim Kanon nicht um ein starr anzuwendendes Regelwerk handelte. Dies gilt insbesondere für Kolossalstatuen in ihrer Funktion als Kultbilder. Bei der gegenüber dem Betrachterstandpunkt stark erhöhten Athenastatue auf der Akropolis (Phidias, 5.Jh.) trug man, wie der byzantinische Dichter JOHANNES TZETES beschreibt, der subjektiven Wahrnehmung des Betrachters Rechnung, indem die P. deformiert wurde, damit beim Betrachten von unten ein nicht verkürzter, harmonischer Körpereindruck erzielt wurde.[16] Im Bewußtsein perspektivischer Gesetze und der Berücksichtigung objektiver und relativer Faktoren wird in der Kunstpraxis häufig der optischen Wirkung und damit einer relativistisch-sensualistischen Haltung Rechnung getragen. Sie entstammt der Sophistik und gibt dem Zweckmäßigen des Moments gegenüber dem Gesetzmäßigen der Dauer den Vorzug, um zu wirken. Solche Konzessionen an die Gesichtswahrnehmung wären nach platonischer Auffassung als trügerische Scheinbilder, die das Auge irreleiten, zu verdammen.

Über den Einfluß der emotionalen Gestimmtheit auf Körperhaltung und Gesicht und über die Wirkungsqualitäten äußert sich XENOPHON in einem fiktiven Gespräch zwischen dem Maler Parrhasios und dem Bildhauer Kleiton. Er begreift analog zu GORGIAS, der die Wirkungsmacht nicht nur der verbalen Rede bei der Evokation von beliebigen Affekten erkennt, sondern auch die Macht des Menschenbildes, durch dessen Anblick «die Seele bis in ihre Charakterzüge geprägt»[17] würde, das Schöne als die seelenbewegende Macht.

Belege eines rhetorisch geprägten Verständnisses der P. finden sich im Schrifttum der römischen Rhetorik vor allem bei QUINTILIAN. Er vergleicht nicht nur die Unterschiede zwischen Stilgattungen der griechischen P. mit denen der Rede, sondern auch die Rede selbst mit dem Standbild des Bildhauers[18] und widerspricht der Ansicht Platons, nach der die Rede der Stoff der Rhetorik sei, indem er beide als durch die Kunst geschaffene Werke charakterisiert.[19] Das «Verrenkte» und «Angespannte» der Formgebung von MYRONS ‹Discobolus› (450 v. Chr., römische Kopie, Rom, Thermenmuseum) lobt Quintilian geradezu als das «Neue» und «Schwierige»[20] der P. Der Diskuswerfer dient ihm zur Visualisierung und Legitimation kunstvoller Formen der *elocutio* und des *ornatus*.[21] Solche Redefiguren würden aufgrund der Abweichung vom Gewöhnlichen Anmut und Genuß bieten. Damit erörtert Quintilian am Beispiel der P. das wirkungsästhetische Problem zwischen Norm bzw. starrem Regelwerk und Abweichung, wobei letztlich Variabilität vor der Erstarrung schützt und somit *gratia* und *varietas* zu einem wirkungsästhetischen Mittel der *persuasio* werden. Unter Einhaltung des Schicklichen («quid deceat») und Bewährten («quid expediat») müsse der Redner bisweilen vom festen Regelwerk abweichen. Zur Erläuterung rhetorischer Redefiguren empfiehlt Quintilian seinen Schülern zur Blickschulung daher Statuen und Bilder, bei denen «Haltung und Miene abwechseln». [22] Damit gilt für die P. wie für die Rhetorik, daß durch Transformierung eines Inhalts in ein anderes Medium ein Verlust an Lebendigkeit eintritt, der durch künstlerische Figurierung auszugleichen ist. [23]

Im 4. Jh. zeigt die P. mit der Wertschätzung des Naturalistischen, Mimetischen verstärkt die Darstellung von Leidenschaften und Emotionen. In der retrospektiven ikonographischen Tendenz erweist sich der Vorbild-Charakter von Formfindungen des 5. Jh. In hellenistischer Zeit beinflußt die Rhetorik unterschiedliche Ausdrucksformen im Kontext der Übereinstimmung von Stil, Inhalt, Funktion und Wirkung gemäß der Zielsetzung des Passenden (*decorum*). Dies läßt sich sowohl hinsichtlich der Stillagen als auch der Wirkungsqualitäten verifizieren. Die den Betrachterstandpunkt einkalkulierenden, auf Nah- und Fernsicht hin konzipierten Friese des PERGAMON-ALTARS (um 180 v. Chr., Berlin, Pergamon-Museum) lassen sich auf Aristoteles' Differenzierung der Stilhöhen und der Funktionalgattungen der Rede beziehen. [24] Der Sockelfries weist eine dramatisch-bewegte Dynamik auf, die emotionspsychologisch auf die persuasive Wirkung des *pathos* zielt, ähnlich der stark bewegten LAOKOON-GRUPPE (Rom, Vatikanische Museen, Mitte 1. Jh.), die in ihrer «barocken Wirkungsform» [25] und reliefartigen Anordnung stilistisch auf den Pergamonfries zurückgeht. Eine rhetorische Orientierung der P. bezüglich Gestik und Körpersprache erfolgt vornehmlich in der griechischen Reliefkunst. [26] Deiktische Gesten sind in der griechischen P. selten (z.B. im Ostfries des Parthenon: Aphrodite). Im Westgiebel des Zeustempels von Olympia erscheint Apollon (um 460 v. Chr.) in der Geste des Weisens, wobei die anatomisch unrichtige Überlängung des Armes als Zeichen für Eindringlichkeit gedeutet werden kann. Im 5. Jh. treten auf Denkmälern der Gräberkunst Grußgesten und in großplastischen Darstellungen argumentierende Redegesten auf. Im Hellenismus sind rhetorische Gesten für Philosophen in der Darstellung des Rhetoriklehrers charakteristisch, während in der römischen Antike die Gestaltung der *oratio* mit ausgestrecktem Arm im Herrscherbild als Akt der Ansprache oder des Befehlens modifiziert wird. Die *adlocutio* wird zum bedeutsamen Zeichen für den zeremoniellen Akt. In der römischen Reliefkunst erscheinen außerdem historiographische Darstellungsformen, in denen die feine Nuancierung von Rangstellung und sozialem Status durch Gesten visualisiert wird (z.B. Trajanssäule, 176 n. Chr.). [27]

Anmerkungen:
1 E. Panofsky: IDEA. Ein Beitrag zur Begriffsgesch. der älteren Kunsttheorie (1924) (⁷1993) 2. – **2** Aristoteles, Physik II, 3. – **3** Aristoteles, Metaphysik II, 8, 1034a; Cic. Or. II, 7. – **4** Aristoteles, Physik I, 9, 192a. – **5** G. Bandmann: Der Wandel der Materialbewertung in der Kunsttheorie des 19. Jh., in: H. Koopmann, J.A. Schmoll gen. Eisenwerth (Hg.): Beitr. zu einer Theorie der Künste im 19. Jh., Bd. 1 (1971) 129–157. – **6** Ovid, Metamorphosen II, 5. – **7** ebd. X, 252. – **8** F. Schiller: Über die ästhet. Erziehung des Menschen, in: Schillers Werke, hg. v. B. von Wiese, Bd. 4 (1978) 548. – **9** Dion Chrysostomos: Die olympische Rede oder Vom Ursprung der Gottesvorstellung in: ders.: Sämtl. Reden, eingel., übers. u. erl. von W. Elliger (Zürich 1967) 242ff. – **10** Plinius, Naturalis Historia, 34, 56. – **11** F. Hiller: Polyklets Kanor., in: Marburger Winckelmannprogramm (1965) 1–15, 4; H. v. Steuben: Der Kanon des Polyklet (1973) 18; E. Berger: Zum Kanon des Polyklet, in: H. Beck u.a. (Hg.): Polyklet: Der Bildhauer der griech. Klassik (1990) 156–184. – **12** A.H. Borbein: Die klass. Kunst der Antike, in: W. Voßkamp (Hg.): Klassik im Vergleich. Normativität und Historizität europäischer Klassiken (1993) 281–316. – **13** vgl. D. Summers: Contrapposto: Style and Meaning in Renaissance Art, in: Art Bulletin, LIX (1977) 336–361. – **14** Vitruv, De Architectura libri decem IV, I, 3, hg. v. S. Ferri (Rom 1960). – **15** vgl. G. Pochat: Gesch. der Ästh. und Kunsttheorie (1986) 65. – **16** K. Overbeck: Die antiken Schriftquellen zur Gesch. der bildenden Künste bei den Griechen (1869) Nr. 772. – **17** Xenophon, Memorabilia III; Symposium I. 8; X, 1–5; Gorgias, 11, 15f. – **18** Quint. XII, 10, 1–10; II, 21, 1. – **19** Plat. Gorg. 449e; Quint. II, 21, 1. – **20** Quint. II, 13, 8–10. – **21** Quint. II, 13, 10f; XII, 10, 3ff. – **22** Quint. II, 13, 8. – **23** vgl. N. Michels: Bewegung zwischen Ethos und Pathos. Zur Wirkungsästhetik ital. Kunsttheorie des 15. und 16. Jh. (1988) 18f. – **24** vgl. H. Honour, J. Fleming: Weltgesch. der Kunst (1983) 141; W. Brassat: Art. «Malerei», in: HWRh, Bd. 5 (2001) 778. – **25** W. Fuchs: Die Skulptur der Griechen (1969) 459. – **26** C. Sittl: Die Gebärden der Griechen und Römer (1890); G. Neumann: Gesten und Gebärden in der griech. Kunst (1965). – **27** R. Brilliant: Gesture and Rank in Roman Art (New Haven, Conn. 1963) 9.

II. *Mittelalter.* Zwischen dem 2. und 5. Jh. n. Chr. wird die Rhetorik einem Prozeß der Vereinfachung für die Zwecke der verschiedenen *artes*, darunter auch der Homiletik, unterzogen und geht in dieser Form in die christlichen Kultur ein. Die Bedeutung der Rhetorik für die P. bleibt hinsichtlich der Körperfigurierung und der Wirkungsqualitäten beschränkt, obwohl die rhetorischen Gattungen der Lob- und Gerichtsrede (z.B. in Weltgerichtsdarstellungen) sowie der Disputationsszenen offenbar in der christlichen Ikonographie nachleben. Frühchristliche Steinreliefs, die noch eine starke Rückbindung an die griechisch-römische Vergangenheit aufweisen, findet man vor allem auf Sarkophagen, die mit teilweise architektonisch gegliederten alt- und neutestamentarischen Szenen ausgestattet sind (Sarkophag des Junius Bassus, um 359, Museo Storico Artistico der Peterskirche, Rom) und in denen die Figuren häufig rhetorische Redegesten aufweisen. In der P. des Mittelalters sind Heilige oft in statuarischer Frontalsymmetrie dargestellt, ohne den direkten Bezug zum Betrachter zu suchen. Die meist architekturgebundene P. der Romanik zeichnet sich durch archaische, starre und unnahbar wirkende Strenge und Distanz aus. Die Berufung auf die Persuasionsformen der Rhetorik bleibt hier offenbar beschränkt. In szenischen, narrativen Reliefdarstellungen findet zwar kein Einbeziehen des Rezipienten durch Affektbrücken statt, die Handlungen der Figuren sind jedoch durch ausdrückliche Gesten und Blicke verdeutlicht. Ein herausragendes Beispiel für eine zyklische Bilderzählung findet man in den Bronzereliefs der BERNWARD-TÜR in Hildesheim. (Schöpfung und Vertreibung aus dem Paradies, St. Michael, 11. Jh.). Hier zeigt sich eine bewegte, innerbildlich gebundene Handlung, die durch die Gebärden stark dynamisiert wird. Die Intonation der Sprache und die starken Affekte der Figuren werden durch die Gestik charakterisiert. Ein Zusammenhang von P. und Rhetorik zeigt sich in dem Gestenrepertoire mittelalterlicher Darstellungen, das in der

Tradition der rhetorischen *actio*-Lehre verankert ist.[1] Die Gesten und Gebärden, die Quintilian nicht nur als rhetorisches Hilfsmittel, sondern als eigene und universelle «gemeinsame Sprache der Menschheit»[2] definiert, werden durch die kulturelle Tradition modifiziert und, in neue Kontexte gestellt, zu wesentlichen Bedeutungsträgern der Darstellung. So gehört die Geste des Schwurs oder des Segens ursprünglich als Begleitung der feierlichen Äußerung zum Repertoire der Fingerbewegungen und Handstellungen, die von Quintilian empfohlen und kodifiziert worden sind und in der antiken P. in Audienz- und Tribunalszenen Eingang gefunden haben[3] (Diptychon des Rufus Probianus, Berlin Staatsbibliothek).

Anmerkungen:
1 vgl. J.-C. Schmitt: Die Logik der Gesten im europäischen MA (1990). – 2 Quint. XI, 3, 87. – 3 E.H. Gombrich: Bild und Auge. Neue Stud. zur Psychol. der bildlichen Darstellung (1984) 64.

III. *Renaissance, Manierismus, Barock.* Mit der Entdeckung von Quintilians ‹Institutio oratoria› (1416) sowie der Schriften Ciceros (1421) entwickelt sich aus der Rhetorik eine Kunsttheorie der Wahrnehmung und Kommunikation. Die affektive Wirkung des Schönen, die man nicht mehr wie noch im 14. Jh. als Einschränkung der Vernunft betrachtet, wird mit rhetorischen und poetischen Kategorien beschrieben. Die Bedeutung rhetorischer Modi für die P. erweist sich seit dem 15. Jh. in Körperfigurierung, Bewegung und der in den ersten beiden Jahrzehnten sich entwickelnden Perspektive, die auch die Proportionierung auf das wahrnehmende Subjekt hin beinhaltet. Pinder behauptet sogar am Beispiel von Donatellos sitzendem ‹Johannes›, daß die Perspektive das «Denken an den Betrachter»[1] bedeutet. Der Eindruck bewegten Lebens (*vivacità*) der P. wird zur entscheidenden Kategorie und nicht zuletzt durch psychologische Effekte, wie etwa in Donatellos ‹Cantoria› (1433–1440, Florenz, Museo dell'opera del Duomo) durch das Verwischen geometrischer Klarheit, erzielt. Die hinter Säulen tanzenden Putti vermitteln durch die partielle Verdeckung des Körpers den Eindruck realer Bewegung (Poggendorfsche Illusion).[2]

Mit der Berufung auf das Lehrgebäude und den Bildungsauftrag der Rhetorik erfolgt die wissenschaftliche Aufwertung des künstlerischen Schaffens. Der seit der Renaissance bis zum Frühbarock ausgefochtene Rangstreit zwischen P. und Malerei (*paragone*) ist insofern wichtig für die Ausbildung rhetorischer Aspekte der P., als mit den Vorzügen der jeweiligen Gattung konkrete wirkungs- und produktionsästhetische Probleme benannt und damit bis heute gebräuchliche kunsttheoretische Begrifflichkeiten ausgearbeitet werden. Wertet Leonardo da Vinci in seinem Malerei-Traktat[3] die P., der er den Rang einer Wissenschaft nicht zugesteht, gegenüber der Malerei als «arte mechanissima» ab, so erfährt die Entwurfszeichnung (*disegno*) doch eine Nobilitierung. Gegenüber dieser plebejischen Auffassung des Bildhauers steht diejenige von B. Varchi, der im Bildhauer zwar den Vermittler absoluter Wahrheiten erkennt, aber der Malerei ob ihrer Universalität und der Fähigkeit, alles imitieren zu können, doch den Vorzug gibt.[4] A.F. Doni, der sich im Disput zugunsten der Skulptur entscheidet, hebt den göttlichen Ursprung der primär geschaffenen plastischen Form hervor.[5] Werden im Paragone als Hauptargumente für die Malerei deren Universalität, die Erzeugung von Illusion, Pracht und Ornament, Nutzen und Vergnügen angeführt, so wird zugunsten der P. deren Wahrheitsgehalt (G.L. Bernini: «Skulptur ist Wahrheit») im Gegensatz zum Trug der Malerei, die Dauerhaftigkeit, reale Tastbarkeit und Plastizität, die größere *difficoltà* bildhauerischer Mimesis (d.h. der *imitatio* von Dingen, denen sich das Material widersetzt) ins Feld geführt.

Von großer Bedeutung für den Anspruch der Vollständigkeit und der vollkommenen Meisterung der Naturnachahmung der P. wird besonders die für das Seicento so wichtige Theorie der *molte vedute*, der Vielansichtigkeit. Damit eng verbunden ist das für die Kunsttheorie seit Alberti wichtige Kriterium der *varietas et copia*. Bezogen auf die Komposition des Kunstwerks meint *varietà*, verstanden als ‹Vielfalt, Abwechslung›, die aus Musikharmonie und Rhetorik entlehnte Kategorie der *conncinnitas*.[6] Mit Alberti, dem ersten Kunsttheoretiker der Frührenaissance, setzt mit den am rhetorischen Wissenschaftsmodell orientierten Abhandlungen unter dem Einfluß Quintilians und Ciceros die Rhetorisierung der Kunsttheorie in der Frührenaissance ein. In seiner kanonisch wirkenden Schrift ‹De statua› (vor 1464) unterscheidet Alberti drei durch Material und Technik unterschiedene Arten von P: die Ton- und Wachsplastik, die Steinskulptur und den Metallguß. Alberti nimmt bezug auf die Proportionslehre Vitruvs, lehnt aber im Malereitraktat dessen Angaben zur Fußlänge (1/6 der Körperhöhe) zunächst ab, um sie in ‹De Statua› wieder einzuführen. Seine selbstbewußte Haltung zeigt sich im Verschweigen des Kanons Polyklets, den er zwar rezipiert, offenbar aber durch sein eigenes Werk zu ersetzen bzw. zu übertreffen sucht. Wie auch in der Antike ist Alberti daran gelegen, der Erscheinung des Körpers in seiner organischen Durchbildung und lebendigen Bewegung im Einklang mit der idealen Norm gerecht zu werden. Er entwickelt zu diesem Zweck ein Meßinstrument, den *definitor*, mit dessen Hilfe die Bewegungen möglichst genau fixiert und auf die plastische Form übertragen werden können. Er befürwortet im Malereitraktat den Kontrapost zur Bewegungsdarstellung, lehnt aber im Gegensatz zu Quintilian die stark antithetisch bewegte Figur, ebenso übertriebene Gesten, aus Gründen des *decorum* ab. Er knüpft die angemessene Körperfigurierung, unter Ablehnung des *genus vehemens* (konstitutiv für Alberti bleibt das *genus medium*) und des *pathos* an die rhetorische Kategorie des *ethos* und die Wirkungsfunktion des *prodesse et delectare*, um beim Betrachter das Gefühl des Vertrauten, Angenehmen zu wecken. Sein Verständnis der Identität von in den Körperbewegungen sich manifestierenden Leidenschaften und deren affektiver Wirkung auf den Betrachter ist von der rhetorischen *actio*-Lehre Ciceros und Quintilians geprägt. Alberti fordert, daß eine Bildfigur, die als Mittler und Affekt-Brücke zwischen Dargestelltem und Betrachter fungiert, durch Mimik und Gestik mit dem Betrachter in eine kommunikative Beziehung eintreten solle, damit dieser in die dargestellte Handlung einbezogen werde.[7]

Die Rezeptionsfigur des Mittlers – eine Rolle, die auf die bei Quintilian formulierte Aufgabe des Gerichtsredners, dem Publikum einen Sachverhalt durch Affekterregung zu vermitteln, verweist – läßt sich an einigen zur Entstehungszeit des Traktats bereits verwirklichten Reliefdarstellungen verifizieren. In L. Ghibertis ‹Opferung Isaaks› (1401–1402) (Abb. 2) wird der durch die Rückenfigur ins Bild geleitete Betrachterblick über die Hand des Weisenden zur zustoßenden Hand Abrahams

Abb. 2: Lorenzo Ghiberti: Opferung Isaaks (1401). Vergoldete Bronze, 47 × 44 cm. Museo Nazionale del Bargello, Florenz. Photo: Scala, Florenz.

gelenkt. Der Weisegestus dient der Betrachterorientierung. Die Knechte im Vordergrund nehmen eine Mittlerrolle zwischen Betrachter und Hauptgeschehen ein.

Alberti bemerkt, ein durch die ästhetische Qualität ausgelöster starker Affekt halte selbst ungebildete Feinde davon ab, schöne Werke zu zerstören. [8] Er folgt einem Gedanken Ciceros, daß jedermann – ohne Bildung und Kenntnis des Regelwerks – in der Lage sei, Schönheit zu fühlen und zu erkennen. [9] Alberti definiert diese Schönheit als perfekte Harmonie und Zusammenstimmen der Teile, wobei *concinnitas* das erste Gesetz der Natur bildet. Dennoch bleibt in seinen Konzept der Unaussprechlichkeitstopos des «nescio quid» bzw. des «quidquid» [10], des «non so che» (ich weiß nicht, was) enthalten. Schönheit als apotropäische Macht begriffen enthält den Gedanken, daß die Werke magische, göttliche Kraft besitzen. Jedoch zeigt die Geschichte der Denkmalstürze, daß die Magie der Substitution stärker ist als der der Schönheit. [11]

Gegen Albertis konservative, dem Trecento verpflichtete Haltung des *ethos* stehen schon im 15. Jh. das *pathos* und Ansichten, die die Leidenschaften legitimieren, so z.B. in der P. Donatellos, der in seinen Reliefs (*rilievo schiacciato*) einen stark malerischen Stil entwickelt. (Donatello, Petrus und Paulus im Disput, Bronzerelief, Florenz, San Lorenzo, Alte Sakristei, vor 1435). In P. Gauricus' Traktat ‹De sculptura› [12] (1504), der sich vornehmlich der P. Donatellos widmet, überträgt dieser – ein Jahr vor dem Fund der Laokoongruppe, die zu höherer Akzeptanz des *pathos* führt – konkrete rhetorische Prinzipien pathetischer Darstellung auf die Kunsttheorie. Er charakterisiert das bildnerische Schaffen als Entwurf, dem *bozzetto*, nach den Gesetzen der Proportion und der Harmonie als Nachahmung der Natur (*mimesis*) und als Streben nach ausdrucksvoller Gestaltung. Gauricus betont, analog zu Quintilians Ausführungen über die Wirkungsmacht der *Phantasiebilder* als Mittel zur Erzielung eines wirkungsvollen Gefühlsausdrucks rednerischer *actio* durch lebhaftige Evidenz [13], die verlebendigende Wirkung der *visiones*, die sich durch die Mobilisierung der Einbildungskraft auf das Publikum in Mitempfinden und affektivem Erleben auswirke. [14]

G. Vasari faßt in seinen ‹Viten› [15] Malerei, Bildhauerei, Architektur als ‹arti del disegno› zusammen. Die Auffassung des *disegno* (Zeichnung, Entwurf) als einigendes Prinzip von P. und Malerei, das schon L. Ghiberti in seinen ‹Commentarii› (um 1450) hervorhob, sollte bis ins 13. Jh. evident bleiben. Vasari definiert *disegno* als Wissenschaft des Schönen und der Proportion. Im *disegno* kommt die plastische Qualität des Körpers zum Ausdruck. Der Terminus bezieht sich zudem auf die Gestaltungs- und Erfindungskraft (*invenzione*) des Künstlers. Dessen Idee (*concetto, idea*), die sich im *disegno* äußert, ist in ihrer Gesetzlichkeit an die Natur oder an frühere Kunstwerke (*mimesis, imitatio*) gebunden. Jedoch erwartet Vasari vom neuen Stil (*maniera moderna*) eine gewisse Freiheit vom Regelzwang (*licenza*), was bei der Figurierung des Körpers durch *grazia* erzielt wird und, wie in antiker Vorstellung, über die reine Vermessung hinausgeht. Die Leichtigkeit und Virtuosität der Ausführung (*facilità*) weist den großen Künstler aus. Herausragend auf allen drei Gebieten der Kunst ist in Vasaris evolutionistischer Geschichtsdarstellung, neben Raffael, der «divinissimo» Michelangelo, auf den er, aufgrund seiner «göttlichen» Begabung (*ingegno*), die, zum männlichen Künstlermythos gerinnende, Vorstellung des *deus artifex* überträgt. Michelangelo und Raffael hätten die Natur, die zeitgenössischen Künstler und die antiken Werke, die zunehmend als bereits ‹gereinigte Natur› verstanden werden, nicht nur im Sinne des rhetorischen *imitatio* nachgeahmt, wie die Meister der ersten und zweiten Künstlergeneration, sondern diese sogar übertroffen (*aemulatio*). Diesen *imitatio*-Begriff der Ciceronianer vertritt auch A. Condivi (1553), der Michelangelo zum kanonischen Vorbild erhebt. [16] Dessen *terribilità* sollte allerdings von P. Giovo [17] und Vasari zunehmend kritisiert werden.

Im späten 16. Jh. wird in zunehmendem Maß auf die moralische Funktion der Kunst verwiesen. Im Zuge gegenreformatorischer Bestrebungen und der didaktischen Ausrichtung religiöser Kunst gewinnt die Wirkungsfunktion des *permovere* und das *pathos* als Mittel der Unterweisung von Ungebildeten an Bedeutung. Wegweisend wird, neben den Schriften Ciceros und Quintilians, die Rezeption der Schrift ‹Vom Erhabenen› des Pseudo-Longinus, Aristoteles' ‹Rhetorik› sowie der römische Traktat ‹Rhetorica ad Herennium›. Indem nun die rhetorischen Persuasionsmittel und Wirkungsfunktionen zur Verfügung stehen, kann sich in Theorie und Praxis eine rhetorische Fundierung und Instrumentierung der P. entfalten. [18] In F. Bocchis [19] stark rhetorisch geprägtem Traktat über Donatellos Hl. Georg (Florenz, Bargello) werden *costume, bellezza, vivacità* zu entscheidenden Kategorien wirkungsvoller Darstellung. Durch diese wird im Betrachter eine derartige Wirkung (*effetto*) ausgelöst, daß sich die Verlebendigung des Werks im Nachvollzug, in der Psyche des Betrachters, ereignet. Die P. «erscheint nicht mehr als Kunstwerk, sondern als lebendige Person, die sich in direkter Rede an den Betrachter wendet und ihn bewegt „als ob der, den wir betrachten, lebendig und bewegt wäre und kunstvoll (con artifizio) zu uns spräche".» [20] Das *artifizio* charakterisiert hier nicht die Meißelarbeit Donatellos, sondern die «Rhetorik der Skulptur»[21], die sich ‹redend› zum Betrachter verhält. In der Kunsttheorie des 16. Jh. erfolgt zudem eine stärkere Orientierung der Bewegungsdarstellung nach dem Muster rhetorischer Antithetik. Schon Leonardo hatte aus der Vorstellung einer antithetisch vorgehenden *varietas* den Kontrapost zu der Bewegungsformel der *figura serpentinata* weiterentwickelt[22], die für die P. des Manierismus charakteristisch werden sollte und auch als das visuelle Äquivalent des rhetorischen Oxymorons definiert wurde.[23] Die vom Stilmittel der Antithese geprägte ‹Contrapposto›-Ästhetik orientiert sich am rhetorischen *genus demonstrativum*. Neben dem Reichtum an schmückenden Details, der Virtuosität und der Betonung des Kunstcharakters, beinhaltet sie jegliche Art des Gegensatzes im Kunstwerk, da durch diesen *varietas* und Grazie geschaffen werden.[24] So parallelisiert G. COMANINI Ende des 16. Jh. die Antithesen des Redners mit den Contrapposti im Werk, die sich nicht auf die Bewegungsformel reduzieren lassen, sondern sich beispielsweise auch auf die Gegenüberstellung der Geschlechter oder auf Altersgegensätze beziehen. (Giambologna ‹Der Sieg über die Täuschung›, 1565, Florenz Bargello; ‹Raub der Sabinerin›, 1583; Michelangelo ‹Der Sieger›, Florenz, Palazzo Vecchio 1520–25).[25]

War die Rhetorik der Gegenreformation im 16. Jh. vom Ciceronianismus geprägt, so kommt im 17. Jh. die Berufung auf die Sophistik dazu. Die rhetorische Ausrichtung der barocken Literatur und Kunst führt zur charakteristischen Kunstform der sich schon im 16. Jh. entwickelnden Emblematik, deren instrumentaler Charakter sich in ihrer moralisch-didaktischen Funktion erweist. Der rhetorisch-kommunikative, die Relation zwischen Werk und Publikum kalkulierende Charakter der Kunst des Seicento «wird deutlich durch das ständige In-Beziehung-Setzen des Kunstwerkes mit dem Beschauer, in der Betonung der Macht der Überredung».[26] Mit der rhetorischen Verschmelzung des Wahren und des Wahrscheinlichen, dem Illusionismus, dem Phantastischen, der Theatralik steht die Kunst des Barock im Dienst der instrumental-funktionalen *persuasio*-Ästhetik.[27] Die Intensität der Wirkung wird – auch auf Kosten des Angemessenen (*decorum*) – zur entscheidenden Kategorie, so daß sich ein breites Spektrum spezifischer kommunikativer Verfahrensweisen entwickelt wie die Interferenz und Simultaneität von Malerei, P. und Architektur, das Spiel mit der Augentäuschung, das Arbeiten mit dem Wunderbaren und dem Moment der Überraschung als Schlüssel der Wirkung (E. TESAURO: «un pien teatro di meraviglie»[28]). Das Illusionäre der Form ist darauf angelegt, daß es durchschaut wird, so daß auch die Reflexion der Produktion von Werken zum Thema wird. Neben den aristotelischen Maximen des *docere* und *delectare* ist es das *movere*, das den Betrachter durch sympathische Einfühlung an dem Dargestellten teilhaben und sich in Suggestivkraft und Intensität steigern läßt. Die Erhöhung der Wirkungsintensität, das Betroffenmachen durch das Prinzip des rhetorischen ‹Vor-Augen-Führens›[29], das als Mimesis im Dienst der *persuasio* steht, wird mit dem Begriff der *acutezza* beschrieben.[30] Der bildenden Kunst wird die Fähigkeit zu besonderer Einwirkung auf den Rezipienten zugesprochen. Die Macht der Kunst als *concetto di persuasione* wird im ‹Trattato della Pittura e Scultura›[31] des Malers CORTONA und des Jesuitenpaters OTTENELLI betont und, analog zu Quintilian, die Überzeugungsmacht von Kunst und Rede parallelisiert. Im Kontext von aus der Rhetorik entwickelten wirkungsästhetischen Prinzipien steht die Steigerung der Bewegung in der P., die häufig den Raum des Blocks, dem sie sich in der Renaissance einfügte, sprengt. Die Exzentrizität der Bewegungen markiert den Schritt von der Produktionsästhetik der Renaissance zur *admiratio*- und Wirkungsästhetik mit ihrem Ziel der Evokation emotionaler Beteiligung seitens des Betrachters.[32]

Das Kriterium der Lebendigkeit und der Lebensechtheit wird neben dem Formprinzip der Vielansichtigkeit (*molte vedute*) der P. in V. GIUSTINIANIS Traktat ‹Discorso sopra la scultura› (1623) zu einer wesentlichen Qualität der Darstellung. Skulpturen sollten derart mit Anmut (*grazia*) und Lebendigkeit (*vivacità*) erfüllt sein, daß sie nicht mehr aus Stein zu sein scheinen und, der aristotelischen Maxime der Materialverleugnung folgend, das Material vergessen machen.[33] Die P. des Barock vermittelt sowohl den Anschein der Nichtexistenz der Meißelarbeit – im Gegensatz etwa zu Michelangelos ‹non finito› – als auch der Metamorphose von Stein zu Fleisch in der Verbergung des Kunstcharakters. Dieses Ideal des *ars est celare artem*, der *neglegentia diligens*[34] ist eine genuin rhetorische auf die Antike zurückgehende Kategorie und gilt als wesentliches Kriterium für die Glaubwürdigkeit. Im Kontext der extensiven Körperbewegung steht eine neue Konzeption der Zeit in der Barock-P. Die Zeitstruktur wird in der Transitorik der Bewegung im Augenblick des Übergangs herausgestellt. An die Stelle der platonischen und klassizistischen Ausschaltung der Zeit, die als das Unstet-Veränderliche, Werdende in der klassischen Metaphysik eine Form des Mangels darstellt, tritt eine neue Konzeption der Zeit in dem Maß, als die Perspektive und die Wirkung gegenüber einem objektiven Begriff von Schönheit in den Vordergrund treten. Überlegungen zur Dimension der Zeit knüpfen an die Sophistik an, indem in der transitorischen P. das Vorhergehende und Nachfolgende darlegt wird. Das Setzen des Ereignisses gegen die Dauer läßt sich mit dem sophistischen Begriff des *kairós*, dem richtigen Moment des Eingreifens des Redners um eines bestimmten Effektes willen, vergleichen. Durch die Kategorie der *vivacità* des Dargestellten soll die ästhetische Grenze zwischen Kunstwerk und Rezipient aufgehoben werden und der Eindruck entstehen, es handle sich um eine lebende Person.[35] Die *vivacità* als Ausdruck der Ähnlichkeit und als Voraussetzung für die Wirkung ist in G.L. BERNINIS theoretische Äußerungen im Kontext des Paragone-Streits[36], in denen er die zwischen *pittura-poesis* und *pittura-eloquenza* bestehende Wechselbeziehung in die Gattung der P. als *scultura-eloquenza* überträgt[37], und auch als Eigenschaft seiner narrativ sich entfaltenden P. von wesentlicher Bedeutung (*ut poesis sculptura*). Berninis Werke, deren poetische *invenzione*, die *imitazione* und die *vivacità*[38] von BALDINUCCI gelobt werden, würden beim Betrachter *stupore* (Staunen) und *meraviglia* (Verwunderung)[39] bewirken. Den auf das Staunen berechneten Redestil empfiehlt Quintilian für die «größeren Fälle».[40] In der französischen Philosophie des 17. Jh. besitzt es in DESCARTES Traktat ‹Les passions de l'âme› (1649) einen zentralen Stellenwert. Das Staunen führe dazu, daß ein als geheimnisvoll erkannter Gegenstand mit Aufmerksamkeit betrachtet und einem Interpretationsprozeß unterworfen würde. Dies geschieht in der P. Berninis aufgrund der Schönheit seiner Figuren oder aber geradezu durch die Verletzung des *decorum* der P. um der thematischen Angemessenheit willen.[41] In der Villa Borghese etwa ergibt sich diese Wirkung durch die räumliche Anordnung, weil die Werke derart plaziert sind, daß nur Teilausschnitte auf den ersten Blick sichtbar werden, die wiederum Neugierde evozieren und als «passionelle Sequenz: Neugierde – Staunen – aufmerksames Betrachten»[42] bzw. «dynamische Erlebnisprozesse»[43] beim Betrachter provozieren sollen und diesen als aktiven und zugleich Forschenden einbinden. Das Sich-Wundern, das als Begleiterscheinung das *pathos* des Mit-betroffen-Seins hervorruft, verlangt nach Aristoteles die Klärung des Unbekannten und Befremdenden.[44] Bernini arbeitet mit dem Stilmittel der vorläufigen Kaschierung des Hauptthemas, das H. Wölfflin als «Motiv der Deckung»[45], als System des Andeutens, Verbergens, Verzögerns und aktiven Einbindens des Betrachters, für die Malerei des Barock aufgezeigt hat. Berninis Kunst ist von der Rhetorik im Sinne einer Theorie der Wahrnehmung, der Kommunikation geprägt und steht dem barokken Theater nahe. Die Kunst des Barock strebt danach, die Realitätssphären von Architektur, Skulptur, Malerei und Rezipient im *Gesamtkunstwerk* zu verschmelzen. Die Generierung der Künste nach dem Modell des Theaters erfolgt in Berninis Cappella Cornaro (Abb. 3), in der barocke, rhetorische Verfahrensweisen reflektiert werden, wie der Akt des Sehens selbst, der mystische Augenblick in Analogie zur Intensität der Wirkung (*acutezza*) und die Rolle des Zeigens. Wie in der barocken Theaterdramaturgie wird mit der Intensität des Bildes, aber zugleich mit dem Aufdecken des Vorgangs der Herstellung gearbeitet. Die kunstvolle Theatermaschinerie wird nicht verdeckt, sondern als *bel composto* geradezu zur Schau gestellt. Der Darstellungsmodus ist als Prozeß der Aktualisierung charakterisierbar, als prägnantes ‹Vor-Augen-Führen›, als wäre der Betrachter selbst zugegen. [46] Das Werk entwirft so den Betrachter, der mittels dieses rhetorischen Verfahrens in die Zeit- und Raumordnung des Werks hineingenommen und in eine konkrete Wirklichkeit versetzt wird.

Anmerkungen:
1 W. Pinder: Die Anerkennung des Betrachters (1949), wieder-abgedr. in: W. Kemp (Hg.): Der Betrachter ist im Bild (²1992) 51–59, 53. – 2 E. Gombrich: Bild und Auge (1984) 58f. – 3 Leonardo da Vinci: Trattato della pittura (1651); H. Ludwig (Hg.): Das Buch von der Malerei (Wien) 1882, 29. – 4 B. Varchi: Due Lezzioni di M. Benedetto Varchi (Torentino 1549). – 5 A.F. Doni Disegno, Facsimile della Ed. del 1549 (Venedig, Mailand o.J.). – 6 vgl. M. Gosebruch: 'Varietà' bei L.B. Alberti und der wiss. Renaissancebegriff, in: Zs. f. Kunstgesch. 19, 1956, 229–238, 230ff. – 7 L.B. Alberti: Drei Bücher über die Malerei, in: ders.: Kleinere kunsttheor. Schr., hg. v. H. Janitschek (1970) 122; Cic. De or. II, 186f.; Quint. XI, 5, 105 u. VI, 2, 24f. – 8 L.B. Alberti: De re aedificatoria libri X (Florenz 1485) IX, V. – 9 Cic. De or. III, 50, 159. – 10 Cic. De or., II, 21; Quint. VI, 3, 77f. – 11 vgl. J. Białostocki: The Power of Beauty: A Utopian Idea of L.B. Alberti, in: W. Lotz, L.L. Möller (Hg.): Stud. zur toskanischen Kunst (1964) 13–19. – 12 P. Gauricus: De sculptura (Florenz 1504) übers.u. kommert. v. A. Chastel, R. Klein (Genf 1969). – 13 Quint. VI, 2, 29. – 14 Gauricus [12] 59ff. – 15 G. Vasari: Le vite de' più eccellenti pittori, scultori ed architettori (Florenz 1550, ²1568), hg. v. R. Bettarini, P. Barocchi (Florenz 1966–1987); ders.: Leben der ausgezeichnetsten Maler, Bildhauer und Baumeister von Cimabue bis zum Jahre 1567, hg. v. J. Kliemann (1988). – 16 A. Condivi: Das Leben des Michelangelo Buonarroti (1937) 72f. – 17 P. Giovio: Michaelis Angeli Vita, in: E. Steinmann: Michelangelo im Spiegel seiner Zeit (1930) 77f. – 18 vgl. M. Brassat: Art. ‹Malerei›, in: HWRh. Bd. 5 (2001) 771. – 19 F. Bocchi: Eccellenza della statua del San Giorgio di Donatello (Florenz 1584), in: H. Semper: Donatello, seine Zeit und Schule (Wien 1875). – 20 ebd. 183. – 21 Th. Frangenberg: Der

Abb. 3: GianLorenzo Bernini. Links: Die Verzückung der Hl. Theresa. Lebensgroß. Photo: Bruckmann, München. Rechts: Familie Cornaro (1645–1652). Photo: Anderson, Rom. Sta Maria della Vittoria, Capella Cornaro, Rom. Abbildungen aus: H.W. Kaiser (Hg.): Das Meisterwerk. Bernini (München o.J.), vor 1948.

Betrachter. Stud. zur florentinischen Kunstlit. des 16.Jh. (1990) 123ff. – **22** vgl. D. Summers: Maniera and Movement. The Figura Serpentina, in: Art Quarterly, Bd. 35 (1972) 265–301. – **23** vgl. A. Pinelli: La bella maniera. Artisti del Cinquecento tra regola e licenza (Turin 1993) 122–129. – **24** D. Summers: Contrapposto: Style and Meaning in Renaissance Art, in: The Art Bulletin 59 (1977) 336–361. – **25** vgl. Ch. Strunck: Eine radikale Programmänderung im Palazzo Vecchio. Wie Michelangelos ‹Sieger› auf Giambologna und Vasari wirkte, in: M Rohlmann, A. Thielemann (Hg.): Michelangelo. Neue Beitr. (2000) 265–297. – **26** J. Białostocki: ‹Barock›: Stil, Epoche, Haltung, in: ders.: Stil und Ikonographie (1981) 106–141, 126f. – **27** vgl. G.C. Argan: La ‹rettorica› e l'arte Barocca, in: Retorica e Barocco (Rom 1955) 9–14. – **28** E. Tesauro: Il cannochiale aristotelico, hg. v. A. Buck (1968) 267. – **29** Quint. VI, 2, 29. – **30** vgl. B. Schmitt: G.L. Bernini: Figur und Raum (St. Ingbert 1997) 148. – **31** P. da Cortona, Ottenelli: Trattato della Pittura e Scultura. Uso et abuso loro (Florenz 1652) 24, 62. – **32** vgl. G. Schröder: Das freche Feuer der Moderne und das Heilige. Zu Berninis Cappella Cornaro, in: H. Beck, S. Schulze (Hg.): Antikenrezeption im Hochbarock (1989) 193–203, 200. – **33** V. Giustiniani: Discorso sopra la scultura, in: ders.: Discorsi sulle arti e sui mestieri (Florenz 1981) 67–75, zit. Schmitt [30] 145. – **34** Cic. Or. 23; Quint.I, 11,3 u. XI, 2, 47; Ps.-Long. Subl. 17, 1ff. – **35** vgl. O. Boselli: La nobilità della Scultura (1663), in: Osservazioni della Scultura antica (Florenz 1978) fol. 120. – **36** vgl. D. Bernini: Vita del Cavalier G.L. Bernini (Rom 1713, ND 1988) 15. – **37** vgl. G.C. Argan: La rettorica aristotelica ed il barocco. Il concetto di persuasione come fondamento della tematica figurativa barocca, in: Kunstchronik, VIII (1955) 91–93. – **38** F. Baldinucci: Vita di G.L. Bernini, hg. v. A. Burda, O. Pollak (Wien 1912) 68. – **39** Bernini [36] 18ff. – **40** Quint. XI, 1, 93. – **41** vgl. R. Preimesberger: Zu Berninis Borghese-Skulpturen, in: Beck, Schulze [32] 109–127. – **42** F. Thürlemann: N. Poussin: ‹Die Mannalese›. Staunen als Leidenschaft des Sehens, in: ders.: Vom Bild zum Raum (1990) 111–137, 121. – **43** Schmitt [30] 148. – **44** E. Grassi: Macht des Bildes. Ohnmacht der rationalen Sprache. Zur Rettung des Rhetorischen (1970) 114f. – **45** H. Wölfflin: Renaissance und Barock (²1907) 19. – **46** vgl. Quint. VI, 2, 32. Arist. Rhet. III, 1411b.

IV. *Aufklärung, Klassizismus, 19. Jh.* Im 18. Jh. verwirft der Klassizismus die leidenschaftliche Darstellung und führt in der P. zu linearer, Außenbezüge negierender Geschlossenheit und der Neigung zum kanonisch Formelhaften (FLAXMANN, CANOVA, THORWALDSEN, DANNECKER, SCHADOW). Wichtige Grundlagen klassizistischer Kunstanschauung formuliert WINCKELMANN in seiner rhetorisch geprägten Schrift ‹Gedanken über die Nachahmung der Griechischen Wercke in Mahlerei und Bildhauer-Kunst› [1], in der er die Vorbildlichkeit der griechischen Antike für die eigene Zeit an griechischen Statuen aufzeigt. Der *mimesis*-Begriff der Nachahmung der Natur verschiebt sich zu dem der *imitatio* antiker P. selbst, da in ihr die Naturnachahmung vollkommen verwirklicht sei. Die ästhetische Absage an die Theorie einer *imitatio naturae* ist Resultat der empfundenen Entfremdung von der Natur, «des Getheilten in unserer Natur». [2] Ähnlich äußerte Schiller, daß «unser Gefühl für Natur», «der Empfindung des Kranken für die Gesundheit» [3] gleiche. Mit seinem Festhalten an der antiken P. als dem idealisch Schönen einer bereits vollkommen verwirklichten Elektion wendet sich Winckelmann gegen die Barockplastik Berninis, der nach seiner Auffassung eine individuelle, nicht auswählende Körperauffassung vertrat. In den Werken der Alten erkennt Winckelmann die Schönheit als eine Qualität der *exempla*, die über das Abbild schöner Natur hinausgehen. Die Imitation des Bewährten gehört, wie bei Quintilian formuliert ist, zur rhetorischen Ausbildungspraxis, wobei das eigentliche Ziel in der übertreffenden Nachahmung, der *aemulatio* anerkannter *exempla,* liegt.[4] Mit Winckelmanns Anknüpfung an die rhetorischen Traditionen und der produktionsästhetischen Zurückführung der Kunst auf *imitatio* und *exempla* soll der zeitgenössischen Kunst ein Weg zu eigenen Meisterwerken eröffnet werden. Winckelmann bezieht sich mit den Maximen des *delectare* und *docere* auf rhetorisch-poetologische Wirkungsfunktionen, die er an das oratorische *ethos* und die mittlere Stillage (*genus medium*) knüpft.[5] Die Schönheit der P., die er mit seiner Formel von der «edlen Einfalt und stillen Größe» als harmonisches Zusammenstimmen (*concinnitas*) und als Ausgewogenheit (*consensus internus, inneres aptum*) am Beispiel des Laokoon beschreibt, bewirke im Betrachter eine angenehme, ausgeglichene Emotion. Winckelmann kontrastiert dem *ethos* («Grazie») das *pathos* («Ausdruck») als die erschütternd wirkende, bloß menschliche Leidenschaftsdarstellung. Die allseitig bildende Kraft des Schönen, die Winckelmann in seinem ästhetischen Erziehungskonzept betont, gleicht dem plastisch-technischen Verfahren, insofern beim Betrachten eine Art «mentaler Kopie» [6] der P. erstellt wird. [7]

LESSING, der sich in seinem ‹Laokoon› [8] mit Winckelmanns Laokoon-Interpretation auseinandersetzt, erkennt in dieser Skulptur die größtmögliche Schönheit leidender Gestalten, die im Betrachter Mitleid wecken. Der griechischen Bildsäule spricht er aufgrund ihrer physischen Schönheit als erhebendes Beispiel erzieherische Wirkung zu. Seine polemisch-ablehnende Haltung gegenüber der Barock-Ästhetik führt zu der Überwindung des universalen Begriffs einer einheitlichen Kunst. Lessings Überlegungen zielen auf eine klare Abgrenzung von ‹Raumkunst› (Bildende Kunst, Architektur) und ‹Zeitkunst› (Literatur). Mit der Scheidung der Ausdrucksmittel und Darstellungsprinzipien der figurativen Künste (Kohärenz, plastische Eindringlichkeit) und der Sprache (Narration, Sukzession) wird das Horazische *ut pictura poiesis* – Postulat verabschiedet und die Loslösung der Ästhetik von der Rhetorik vollzogen. Durch diese medientheoretische Unterscheidung, die die einzelnen Darstellungsformen nicht mehr auf identische Ansprüche bezieht, setzt Lessing dem Paragone ein theoretisches Ende.

Eine erneute Aufnahme des Paragone-Streits erfolgt, unter ganz anderen Vorzeichen, bei DIDEROT, der im Gegensatz zu Winckelmann der Malerei als der Augenkunst den Vorzug gibt. Nach Diderot ist die P. eine für Blinde bestimmte Kunst [9], wobei er den Spruch von Descartes: «Les aveugles voient des mains.» aufnimmt. Das Vergnügen zu sehen läßt sich nicht vom Wunsch zu berühren trennen. Schon ROGER DE PILES vertrat die Ansicht, daß ein Blinder, der zeichnen könne, auch in der Lage sei, Skulpturen herstellen, da die P. als Kunst des Berührens auf der Zeichnung beruhe.[10] Damit ergibt sich die paradoxe Situation, daß der traditionell intellektuelle Teil der Malerei, die Zeichnung (*disegno*), sich den empirischen Sinn des Berührens richtet: «Un peuple d'aveugles pourrait avoir des statuaires.» [11] Diderot schätzt die P., sofern sie den Material- und Kunstcharakter verleugnet, als Natur erscheint und sich die Metamorphose von Marmor zu Fleisch, wie in der von ihm gelobten Gruppe des Bildhauers FALCONET ‹Pygmalion et Galatée› (1763, Baltimore, The Walters Art Museum) sowohl im Werk selbst als auch in der ästhetischen Erfahrung des Betrachters vollzieht. Die Ovidsche Erzählung[12] der Statuenmetamorphose transformiert in dieser Bedeutung die P. in Malerei, obgleich Diderot die

Imitation der Malerei, das Kolorieren der P., ablehnt. Winckelmann hatte den Bruch mit der seit der Renaissance vernachlässigten farbigen P. endgültig vollzogen. Das auf einem historischen Irrtum beruhende Bild von der weißen antiken Skulptur als dem erklärten plastischen Ideal verbot das Kolorieren des Steins. Mit der vermeintlichen Blindheit der schematisierten Augen, der Blicklosigkeit antiker P. wird auch – im Unterschied zur Malerei – die Vorstellung autarker Selbstgenügsamkeit und das Nicht-Adressiert-Sein begründet. Eine positive Bewertung der P. erfolgt bei Diderot in der Parallelisierung der Aktivität des Bildhauers und des Philosophen. Er vergleicht im Artikel ‹Encyclopédie› des gleichnamigen Lexikonwerks mit der auf Aristoteles zurückgehenden Metapher des *philosophe sculpteur*, sein universales Projekt über das menschliche Wissen mit einer Kolossalstatue. Die Aktivität des Bildhauers erscheint als Paradigma einer Vernunft, die dem Wissen dauerhafte und solide Form verleihen will.

Dem farbenblinden Klassizismus Winckelmannscher Prägung verleiht HERDER schließlich eine sinnesphysiologische Basis.[13] Unter dem Einfluß Diderots, Winckelmanns und Lessings erläutert er die grundlegende Bedeutung des haptischen Gefühls – was sich bereits im Gebrauch des Terminus ‹P.› äußert – zur Erfassung des Wesens der plastischen Form und unternimmt damit den Versuch der Begründung einer Theorie der Bildhauerkunst, die nicht von den Prinzipien der Malerei und dem Gesichtssinn ausgeht. Herders Anliegen besteht darin, über «den dunkelsten Sinn, den man bisher ganz aus der Ästhetik ausgeschlossen» habe, aufzuklären und «ihm sein Gebiet und seine Regeln der Schönheit»[14] anzuweisen. Im Gegensatz zum Gesichtssinn, der die Welt als Bild, Schein, Kontinuum von Einzelheiten erkenne, sei die haptische Wahrnehmungsweise auf die Existenz und Eigenart der P. gerichtet. Herder führt Lessings Gedanken weiter, indem er die Abhängigkeit der Wahrnehmung und Wirkung von den spezifischen Eigenschaften des jeweiligen Mediums betont. Die Wirkungsqualitäten des Plastischen bestimmt er als aktives Wechselspiel zwischen Betrachter und Skulptur durch die dynamische Einfühlung, das Ineinssetzen der Körperempfindungen, die «innere Sympathie»: «Wir werden mit der Statue gleichsam verkörpert und diese mit uns beseelt.»[15] Damit zeigt sich Herder, trotz der Betonung der Autonomie antiker P., durchaus noch rhetorischen Wirkungskategorien verhaftet. So evoziert die schöne und ganze P., die Herder in der Wohlgeformtheit (*concinnitas*) der P. der griechischen Antike verwirklicht glaubt, die affektive Wirkung des «Wohlseins», hingegen das Abzulehnende, das Mißgebildete und Ekelerregende die des «Schauderns» (*phóbos*) und der «Zerstörung».[16] Vollkommenheit erkennt Herder, der wie Winckelmann und Lessing die nur maßvollen Bewegungen und Leidenschaften zuläßt (*genus medium*), in dem Mittelmaß der bewegten Ruhe (*contrapposto*-Ästhetik) im Standbild. Er überträgt seine Theorien des optischen und haptischen Wahrnehmungsmodus auf die Entwicklungsgeschichte der Menschheit und die Stilentwicklung der Kunst, wobei er dem Gefühl die ältere Bildhauerkunst, dem Augensinn die Malerei zuordnet. Die Ableitung des Stilwandels vom Plastischen zum Malerischen, also von einer Veränderung der Wahrnehmungsformen, sollte mit H. Wölfflins ‹Grundbegriffen› zum festen kunstwissenschaftlichen Repertoire werden.[17]

Durch die Emanzipationsphase des Ästhetischen im 18. Jh. lösen sich Kunst und Kunsttheorie aus dem traditionellen Funktionszusammenhang der normativen, zweckgerichteten, persuasiven Rhetorik. Die Lehr- und Erlernbarkeit der Kunst wird von der idealistischen Ästhetik mit der Behauptung der Autonomie des Kunstwerks in Frage gestellt und von der Auffassung des ‹bewußtlosen› produktiven Vermögens des Genies, das sich selbst die Regeln gibt (Lessing, Kant) verdrängt. Die autonomistisch angelegte Ästhetik des 18. Jh. gilt, trotz ihrer rhetorischen Herkunft, als Überlieferungsbruch.[18] Mit dem Hervorkehren der Autarkie, der Zweckfreiheit des Kunstwerks und der dadurch bedingten Geringschätzung außer- und wirkungsästhetischer Momente geht eine veränderte Rezeption der P. einher. Da sie nicht mehr als an den Betrachter adressierte Darstellung verstanden wird[19] und nicht auf zweckgerichtete Wirkungsbedingungen hin ausgerichtet ist, verändern sich die Maximen der Kunstbetrachtung. Das schweigende, ungesellige Kunsträsonnement wird zum adäquaten Rezeptionsverhalten.[20] KANTS Verdikt gegen die *persuasio*-Ästhetik als ein Hintergehen durch den schönen Schein geht mit diesem neuen Rezeptionsverhalten einher. Das Schöne als das sittlich Gute, so Kant, gefalle «ohne alles Interesse».[21] Auf die Tatsache jedoch, daß dem interesselosen Blick ein sinnlicher vorausgehe und dieser den vorgeblich ästhetischen bedinge hat J. Manthey hingewiesen.[22] Wenngleich HEGEL später für zeitgenössische Werke einen Dualismus zwischen Betrachter und Werk zuläßt und die Historizität des Werk-Betrachter-Verhältnisses anerkennt, so definiert er doch das normative, klassische, plastische Ideal des «einfachen Beisichsein(s)», der «seligen Beschlossenheit» ohne die «Mannigfaltigkeit von Bewegungen» (klassischer Stil) in Opposition zur bewegten, affekterregenden P. (gefälliger Stil).[23] Als Gründungsschrift der deutschen Autonomie-Ästhetik gilt jedoch K. PH. MORITZ' ‹Versuch einer Vereinigung aller schönen Künste und Wissenschaften unter dem Begriff des in sich selbst Vollendeten›.[24] In dieser zeigen sich die wesentlichen Aspekte der idealistischen Kunstlehre, wonach das nicht adressierte, nichtwirkenwollende, vollkommene Kunstwerk keinen äußeren Zweck, sondern innere Zweckmäßigkeit besitze und beim Betrachter Vergnügen und, im Unterschied zum erkenntnisfördernden *stupore*, das von GOETHE in seiner Diskreditierung der Barockkunst als «gemeines Staunen» bezeichnet werden sollte, das «süße Staunen» als das «sich Verlieren im Werk, das «angenehme Vergessen unserer selbst»[25] hervorrufe.

Die Wiederentdeckung der P. um 1750 durch Winckelmann und Lessing fällt mit veränderten Rezeptionsformen der P. zusammen, etwa der nächtlichen Kunstbetrachtung antiker P. bei Fackellicht. Der Eindruck des Lebens wird durch Täuschung im betrachtenden Subjekt erzielt, ohne damit die dauerhafte Präsenz, das in sich Ruhende der P. durch die Transitorik und Macht der Zeit zu beeinträchtigen. Der Wunsch nach Belebung von P. und nach der Aufhebung der Grenze zwischen Natur und Kunst, Subjekt und Objekt äußert sich in der Zeitmode der Attitüden und *tableaux vivants*, vor allem aber in der Vorliebe für den ‹Pygmalion›-Mythos.[26] Die dem Pygmalion-Mythos folgende erotische Deutung, die bei Plinius einen antiken Vorläufer hat, sollte von Hegel als das «Herumtatscheln an den weichen Marmorpartien der weiblichen Göttinnen»[27] kritisiert werden. In dieser pygmalionistischen Rezeptionsform von P. wird die historische Differenz überwunden und die Betrachtung zur Produktion, indem der Rezipient durch seine Einbildungskraft und den persönlichen Umgang mit der antiken P. das Werk zum Leben erweckt. Zudem etabliert sich seit dem 18. Jh. mit Pygmalion, neben Prometheus, ein emphatischer Bildhauermythos, der über den harmonisierenden Konnex von Liebe, Erotik und bildhauerischer Produktivität hinausgeht. Mythische Erzählungen von gottgleicher Schöpfung (Prometheus) und Verlebendigung (Pygmalion) bieten sich zur Identifikation für Künstler und zur Festschreibung von Geschlechterpositionen an. Sie eignen sich dazu, das Verhältnis von Männern und Frauen als ein natürliches zwischen Schöpfern und Zu-Formenden zu behaupten, einer Geschlechterhierarchie, die bereits in Aristoteles' Weiblichkeit des zu formenden Materials anklingt.[28]

In der *Debatte um Allegorie und Symbol* zwischen 1750 und 1850 wird mit der Abwertung der Allegorie ein für die P. wichtiges kodifiziertes sprachliches Verweisungssystem negiert und die Dominanz des schriftsprachlichen, rhetorischen Diskurses in Frage gestellt.[29] In Opposition dazu wird ein neues, verändertes Verweisungssystem als eine natürlich gegebene Beziehung von Bedeutung und Form gesetzt und dem Symbol unterstellt.[30] Das vermeintlich unkodierte Symbol mit dem Referenzort der Natur wird zum «präsemiotischen Phänomen»[31], etwa bei Herder in seiner Konstruktion einer natürlichen Sprache des plastischen Körpers, die keiner (rhetorischen) Kunstregeln bedarf. Als Gegenbegriff zur Allegorie, zur Konvention und damit zum Rhetorischen wird Ende des 18. Jh. das Symbol als ästhetischer Terminus üblich. War Winckelmanns Forderung nach einer Erneuerung der Allegorie als einer Einkleidung allgemeiner Begriffe gegen die kodifizierte Bildsprache der Barockzeit gerichtet, in der er eine Anschauung kritisierte, in der die Zeichen über das Bezeichnete die Oberhand gewinnen[32], sich die Form vom Gehalt löst[33], so werden bei Herder, Lessing und Moritz[34] Natürlichkeit und unmittelbare Wirkungsmacht auf die Sinne zu Topoi, die der konventionellen Allegorie abgesprochen werden. Das Natürliche als absoluter Wertmaßstab löst die rhetorische Kategorie des *decorum* bzw. *aptum* ab. Rhetorik und damit identifiziertes barockes Kunstwollen werden als ‹Unnatur› diskreditiert. Allerdings wird auch von den Kritikern der Allegorie deren Notwendigkeit und Wirkungsmächtigkeit für ungebildete Rezipienten betont. G.F. MEIER spricht von einer unumgänglichen «ästhetischen Herablassung». Damit stellt sich die rhetorische Versinnlichung als adressatenkonforme Darstellung heraus und zielt in der Denkmalsplastik, die auf öffentliche Wirkung ausgerichtet ist, auf ein Laienpublikum.[35] Im Bilderstreit der Goethe-Zeit verbinden sich häufig ‹plastisches Ideal› und ‹Symbol›.[36] In einem Prozeß, in dem die Aktplastik der Antike zur vollendeten, vermeintlich unbezeichneten Natur und dem Symbolischen zugeschlagen wird, läßt sich ein «Primat des Plastischen»[37] erkennen. Herder setzt in seiner P.-Theorie die klassische Skulptur als Paradigma gegen die traditionelle Allegorie. Ihm wird die antike P. als ahistorisches Ebenbild zum Bildungssubjekt und -objekt zugleich. Reine, natürliche Menschlichkeit wird in die antike P. rückprojiziert und diese als sprechende Natur artikuliert, denn die sich selbst bedeutende P. verweist nicht als entzifferbarer Text auf etwas, sondern sie ist «dargestellte, tastbare Wahrheit»[38], so daß damit auch das ‹Sprechen› plastischer Körper von etwas anderem (Ideen, Ideale) in der Personifikation als natürliches, wahrhaftes Sprechen gelten kann.

Die griechische Kunst gilt als ästhetische Norm, an der gemessen die eigene moderne Kunst abgewertet wird. SCHILLER kontrastiert in der ‹Ästhetischen Erziehung› die «unsterblichen Muster des Griechentums», als im «Notwendigen und Ewigen der menschlichen Natur»[39] begründet, dem Zufälligen, Wandelbaren der Kunst seiner Zeit. Im Essay ‹Ueber naive und sentimentalische Dichtung› (1795/96) ist vom plastischen Defizit der Modernen die Rede, dem er seine eigenen dramaturgischen Überlegungen entgegensetzt. Der Terminus des Plastischen, der Plastizität, wird gleichbedeutend mit Natürlichkeit, Wahrheit, Ganzheit, Wesen, deren man in der griechischen Kunst und Kultur ansichtig zu werden glaubt. Er beschränkt sich nicht auf die P. sondern wird zum Darstellungsmodus, der sich auch in Malerei und Poesie manifestieren kann und zunehmend zum Äquivalent der Vorstellung des Dauerhaften und schon immer Gewesenen wird.[40]

In der Umartikulierung der kodifizierten Allegorie zum natürlichen, plastischen Symbol vollzieht sich ein Prozeß der Naturalisierung des plastischen Bildes des Weiblichen.[41] Die weibliche Personifikation wird in der monumentalen, öffentlichen Denkmalskulptur des 19. Jh. (‹Athena›, ‹Borussia›, ‹Germania›, ‹Viktoria›) in ihrer Funktion der Repräsentation von Nicht-Sichtbarem (Prinzipien, Normen, Geschichte, Institutionen) wichtig. Sitzt die weibliche Allegorie als Vertreterin der Kriegskunst, der Lyrik oder Tragödie gegen Ende der ersten Hälfte des 19. Jh. an Sockeln der Denkmäler großer Männer (Ch. D. Rauch: Blücher-Denkmal 1826, Berlin, Sockelrelief; R. Begas: Schiller-Denkmal, 1871, Berlin), so wird der traditionelle Herrscher-Körper zunehmend durch die weibliche Allegorie substituiert. Die neue bürgerliche Ordnung erscheint als natürliche. Damit einhergehend bildet sich eine *persuasio*-Ästhetik heraus, die mit sexuell-erotischen Begehrensstrukturen arbeitet und zur Selbstunterstellung und zum Handeln auffordert. (Abb. 4); (F. Drake: Viktoria/Borussia, Siegessäule, 1873, Berlin; F. Rude: La Marseillaise, 1833–1837, Paris, Arc de Triomphe).

Nach der epochemachenden Entdeckung der Farbigkeit griechischer Architektur und P. 1822 durch J.J. HITTORF [42] erfolgt die Rezeption der Polychromie in der zeitgenössischen P. nur zögerlich. Der Bruch mit der klassizistischen Tradition vollzieht sich – eingeleitet mit Degas' ‹Vierzehnjähriger Tänzerin› – erst vollständig mit einer neuen Auffassung der P. im 20. Jh. bei PICASSO, GRIS, KIRCHNER, SCHMITT-ROTTLUFF u.a.. Der späte Klassizismus in Frankreich ist durch die Autorität D. D'ANGERS bestimmt, der sich scharf gegen polychrome P. wendet und diese mit Modellkörpern in Schaufenstern vergleicht, wohingegen das Weiß des Marmors als «vêtement d'immortalité» und Symbol der Zeitlosigkeit der Statue weiterhin Gültigkeit beanspruche.[43] Experimente mit polychromer P. erfolgen noch vor der Entdeckung der Polychromie griechischer Werke durch CANOVA und dessen Schüler J. GIBSON (um 1850, ‹Tinted Venus›). Das Bemühen um eine korrekte Darstellung antiker Ästhetik und Technik zeigt P.-CH. SIMARTS Rekonstruktion der Athena Parthenos (1846–55, Minerve chryséléphantine, Gipsmodell: Museum von Troyes). Die Ausgrabungen bemalter Tonstatuetten inspirieren J.-L. GÉRÔME zu dem Gemälde ‹Sculpturae Vitam Insufflat Pictura› (1893, Ontario Art Gallery); die Malerei verleiht der P. also das Leben. Gérômes Marmorgruppe ‹Pygmalion und Galatea› ist, anders als Falconets Gruppe, zur Hälfte getönt, um den Prozeß der Verlebendigung malerisch darstellbar zu machen. In Deutschland entstehen die in getöntem Marmor gestal-

Abb. 4: August Wredow: Nike trägt den gefallenen Krieger in den Olymp (1857). Schloßbrückengruppe, Berlin. Photo: Silke Wenk. Abbildung aus: S. Wenk: Versteinerte Weiblichkeit. Allegorien in der Skulptur der Moderne (Köln/Weimar/Wien 1996), Abb. 23

teten Skulpturen M. KLINGERS und A. VOLKMANNS. Der historische Nachweis, der das Dogma des reinen Weiß zwar aushebelt und zu einer Diskussion um die Anwendung der Farbe in der modernen P. führt, kann die tiefe Abneigung gegen die Polychromie, aufgefaßt als Schein und Trug, nicht überwinden. («Ein Bildhauer, der mit gefärbtem Marmor schafft, lügt.»[44]) Noch A. MAILLOL folgt der von A. v. HILDEBRAND vorgegebenen Richtung, der alle «Bemalung vom Gesichtspunkte der Naturwahrheit aus» als «Rohheit»[45] brandmarkt, da die P. ihres Symbolgehalts der Zeitlosigkeit, Ewigkeit, Unvergänglichkeit verlustig gehe. Französische Kunstkritiker verteidigen in ihrem Engagement für moderne Kunst eine malerische Ästhetik und nehmen die Opposition zwischen Malerei und Skulptur auf, indem sie, unter Perpetuierung des *ut pictura poesis*-Postulats, die P. auf die Seite der Poesie stellen. Modernität als das Malerische, Transitorische, Ephemere (Manet, Degas) steht bei BAUDELAIRE, dessen Auffassung zur P. durch Diderot und Winckelmann geprägt ist, in Antithese zur Bewegungslosigkeit und Inaktualität der P. HUYSMANS gilt die Skulptur nur noch als Kunst der Gipsgießer, der «plâtriers officiels». [46]

War der Rhetorik als einer an Zwecke gebundenen Kunst von der idealistischen Philosophie die Autonomie des Kunstwerks gegenübergestellt worden, so charakterisiert NIETZSCHE in seiner Skizze vom ‹Vom Barockstile›[47] diesen als gattungsübergreifende, evolutionistisch-wiederkehrende, überhistorische, an die Rhetorik gebundene Kategorie in Opposition zur Klassik. Die zur Schau gestellte Artifizialität des Barock, die das Wirken-Wollen zum Prinzip erhebt, wird von Nietzsche in seiner Eigenwertigkeit anerkannt, wenngleich er, und hier bleibt Nietzsche der normativen Ästhetik verhaftet, Barock als ein «Abblühen» klassischer Kunst bezeichnet. Die Wirkungskraft der plastischen Werke Berninis wird mit der sprachlichen Kraft des asianischen Redners verglichen. Nietzsche betont die Ehrlichkeit der Rhetorik, da sie, wie das Theater, «das Täuschen als Ziel» anerkenne. Nietzsches Auffassung des schönen Scheins als Täuschung negiert den in der idealistischen Ästhetik wesentlichen Konnex von Schönheit und Wahrheit. [48]

In Auseinandersetzung mit der programmatischen Schrift von A. von Hildebrand[49] zum ‹Problem der Form›, unternimmt der Kunsthistoriker A. SCHMARSOW 1899 den Versuch, das Wesen der P. im Unterschied zu dem der Malerei und dem Übergangsgebiet der Reliefkunst zu fassen.[50] Hildebrand, der von der Beunruhigung, der «Qual des Kubischen» einer plastischen Figur für den Betrachter ausgeht, entwickelt die Vorstellung, daß diese erst durch den Flächeneindruck als künstlerische Form Bedeutung gewinne und die Kunst für das ruhig schauende Auge ohne Bewegungstätigkeit, in Gesichtseindrücken (Fernbild) schaffe.[51] Entgegen der auf dem Boden der Malerei stehenden optischen Auffassung Hildebrands führt Schmarsow, in der Nachfolge Lessings, Herders, Diderots, P. und Malerei auf unterschiedliche Gestaltungsprinzipien zurück und rekurriert zur Erfassung des Wesens der P. auf die taktile Sinneswahrnehmung, das Auge als ein «verfeinertes Tastorgan». Nicht der distanzierte, sondern der nahe, «innerhalb unserer Tastregionen» liegende Standpunkt ist die adäquate Rezeptionshaltung. P. als Körperbildnerin geht nach Schmarsow nicht von der «Raumvorstellung», sondern von der «Körpervorstellung», der «Ortsbewegung» und «Tasterfahrung» des Betrachters aus. Die Wirkungsqualitäten der P. charakterisiert Schmarsow als «plastischen Genuß», als «Wohltat» und «Zuwachs an Daseinskunst und Lebensgefühl». [52]

Anmerkungen:
1 J.J W. Winckelmann: Kunsttheoretische Schr., Bd. 1: Gedanken über die Nachahmung der Griech. Werke in Mahlerei und Bildhauer-Kunst (1756, ND 1962) 3. – 2 ebd. 14; vgl. G. Ueding: Von der Rhet. zur Ästhet. Winckelmanns Begriff des Schönen, in: ders.: Aufklärung über Rhet. (1992) 139–154. – 3 F. Schiller: Über naive und sentimentalische Dicht., in: ders.: Sämtl. Werke in 5 Bd., hg. v. G. Fricke, H.G. Göpfert, Bd. 5 (⁴1967) 711. – 4 Quint. X, 2, 1; X, 2, 4. – 5 J.J. Winckelmann: Von der Grazie in den Werken der Kunst, 1759, in: ders.: Kunsttheoret. Schr. Bd. X (1971) 13. – 6 D. Liebsch: Die Geburt der ästhet. Bildung aus dem Körper der antiken P Zur Bildungssemantik im ästhet. Diskurs zwischen 1750 und 1800 (2001) 72. – 7 J.J. Winckelmann: Abh. von der Fähigkeit der Empfindung des Schönen in der Kunst und dem Unterrichten derselben, in: ders.: Kunsttheoretische Schr. Bd. X (1971) 9f. – 8 G.E. Lessing: ‹Laokoon› oder ‹Über die Grenzen der Malerei und Poesie› (1766), hg. v. H. Blümner (²1880). – 9 D. Diderot: Lettre sur les aveugles, hg. v. R. Niklaus (Genf 1963) 38. – 10 R. de Piles: Conversations sur la connaissance de la peinture (Paris 1677) 300. – 11 Diderot [9] 37. – 12 Ovid, Metamorphosen X, 243–294. – 13 J.G. Herder: P. Einige Wahrnehmungen über Form und Gestalt aus Pygmalions bildendem Traum (1778), in: Herders Sämtl. Werke, hg. von B. Suphan, Bd. VIII (1892) 1–164; vgl. B. Schweitzer: J.G. Herders ‹P.› und die Entstehung der neueren Kunstwiss., in: ders.: Zur Kunst der Antike. Ausgew. Schr. Bd. 1 (1963) 198–252. – 14 Herder [13] 131f. – 15 ebd. 56, 60. – 16 ebd. 145f., 154f. – 17 H. Wölf-

flin: Kunstgesch. Grundbegriffe. Das Problem der Stilentwicklung in der neueren Kunst (1915); vgl. auch A. Riegl: Spätröm. Kunstindustrie (1901) 1989. – **18** H. Niehues-Pröbsting: Rhet. und idealistische Kategorien der Ästhet., in: W. Oelmüller: Ästhet. Erfahrung (1981) 94–110. – **19** vgl. D. Diderot: Verstreute Gedanken über Malerei, Skulptur, Architektur, 1776, in: ders.: Ästhet. Schr., hg. v. Fr. Bassenge (1984) 453f. – **20** vgl. W. Kemp: Die Kunst des Schweigens, in: T. Koebner (Hg.): Laokoon und kein Ende: Der Wettstreit der Künste (1989) 96–119. – **21** Kant KU, B 259. – **22** J. Manthey: Wenn Blicke zeugen könnten. Eine psychohist. Stud. über das Sehen in der Lit. und Philos. (1983) 148. – **23** G.W.F. Hegel: Vorles. über die Ästhetik, Bd. 2 (1970) 400. – **24** K. Ph. Moritz: Versuch einer Vereinigung aller schönen Künste und Wiss. unter dem Begriff des in sich selbst Vollendeten (1785), in: ders.: Schr. zur Ästhet. und Poetik, hg. von H.J. Schrimpf (1962) 3ff. – **25** vgl. W. Kemp: Kunstwiss. und Rezeptionsästhet., in: ders. (Hg.): Der Betrachter ist im Bild (²1992) 13. – **26** O. Bätschmann: Pygmalion als Betrachter. Die Rezeption von Plastik und Malerei in der 2. Hälfte des 18.Jh., in: W. Kemp (Hg.): Der Betrachter ist im Bild (1985) 237–278. – **27** G.F.W. Hegel: Aesthetik, zit. Bätschmann [26] 250f.; vgl. Plinius, Naturalis Historia XXXVI, 21. – **28** vgl. S. Schade, S. Wenk: Inszenierungen des Sehens: Kunst, Gesch. und Geschlechterdifferenz, in: H. Bußmann, R. Hof (Hg.): Genus. Zur Geschlechterdifferenz in den Kulturwiss. (1995) 340–407. – **29** vgl. J.W. v. Goethe: Über die Gegenstände der bildenden Kunst, in: Schr. zur Kunst. Goethes Werke (Sophienausg. Bd. 47, 1896) 94f. – **30** J. Culler: Literary History, Allegory, and Semiology, in: New Literary History. A Journal of Theory and Interpretation 7, Nr. 2 (1976) 259–270, 263; vgl. auch S. Wenk: Versteinerte Weiblichkeit. Allegorien in der Skulptur der Moderne (1996) 44ff. – **31** M. Tietzmann: ‹Allegorie› und ‹Symbol› im Denksystem der Goethezeit, in: W. Haug (Hg.): Formen und Funktionen der Allegorie (1979) 642–655. – **32** G. Raulet: Die Geburt des Ornaments aus dem Geiste der Rhet., in: G. Ueding, Th. Vogel (Hg.): Von der Kunst der Beredsamkeit (1998) 167–190. – **33** Winckelmann [1] 44; ders.: Versuch einer Allegorie, besonders für die Kunst (1766), in: ders.: Kunsttheoretische Schr. Bd. 4 (1964) 5, 23f. – **34** G.E. Lessing: Vom Wesen der Fabel (1759); K.Ph. Moritz: Die Signatur des Schönen (1788). – **35** J. Dyck: ‹Rede, daß ich dich sehe›. Rhet. im Deutschland des 18.Jh. in: Ueding, Vogel [32] 70–89, 80f. – **36** B. Rupprecht: Plastisches Ideal und Symbol im Bilderstreit der Goethezeit, in: Probleme der Kunstwiss., Bd. 1 (1963). – **37** G. Niklewski: Versuch über Symbol und Allegorie (Winckelmann – Moritz – Schelling) (1979) 95–110. – **38** Herder [13] 12. – **39** F. Schiller: Über die ästhet. Erziehung des Menschen, Brief vom 13. Juli 1793 (1967) 25. – **40** vgl. F. Schiller: Über naive und sentimentalische Dichtung, in: Sämtl. Werke Bd. 5, hg. v. G. Fricke u. H.G. Göpfert (²1960) 735; M. Carriere: Aesthetik (1859). Die Idee des Schönen und ihre Verwirklichung im Leben und in der Kunst. Bd. 2 (³1886) 80. – **41** vgl. Wenk [30] 36f. – **42** J.I. Hittorf: Architecture polychrome chez les grecs (1830); G. Semper: Vorläufige Bemerkungen zur bemalten Architektur und Plastik bei den Alten (1834). – **43** vgl. H. Jouin: David d'Angers, sa vie, son œuvre, ses écrits et ses contemporains. Bd. 2 (Paris 1878). – **44** F. Th. Vischer: Das Schöne in der Kunst (1898) 172. – **45** A. v. Hildebrand: Das Problem der Form in der bildenden Kunst (Straßburg 1893) 62f. – **46** J.-H. Huysmans: L'Art moderne (1883); Union générale d'editions, coll. 10/18 (Paris 1970) 90. – **47** F. Nietzsche: Vom Barockstile (1879), in: Sämtl. Werke, hg v. G. Colli, M. Montinari, Bd. 2 (1980) 437–439. – **48** Barner. – **49** vgl. Hildebrand [45]. – **50** A. Schmarsow: P., Malerei und Reliefkunst in ihrem gegenseitigen Verhältnis (1899). – **51** vgl. Hildebrand [45] 79. – **52** Schmarsow [50] 10, 46ff., 68ff., 102f.

V. 20. Jahrhundert. Die P. verliert im 20. Jh. zunehmend ihre repräsentative und sakrale Bindung, was RILKE im Zusammenhang mit der P. RODINS als «Obdachlosigkeit», den Verlust des architektonischen Überbaus bezeichnet. Die Überwindung des Paragone-Denkens stellt ein wesentliches ästhetisches und praktisches Moment im künstlerischen Schaffen dieser Zeit dar. Die extremen Positionen lassen sich durch Herder (P. ist Wirklichkeit, Malerei ist Schein) und BEUYS (P. ist Denken) markieren. Das Ende des Paragone manifestiert sich in der Aufhebung der Grenzen zwischen den Künsten (ARCHIPENKO, ‹Skulpto-Malerei›), so in den grenzüberschreitenden Innovationen der Gründergruppierungen der klassischen Moderne, (Materialbilder, kubistische Montage) und der Verschmelzung traditioneller Kunstgattungen im Konstruktivismus (A. RODTSCHENKO, EL LISSITZKY ‹Proun Raum› 1923), also in der in die Gegenstandslosigkeit mündende Reduktion der Form, im Fluxus und Happening. In zahlreichen zeitgenössischen Kunstwerken stellt in denen das Intermediäre zwischen den Gattungen Musik, Malerei, P., Performance, Installation und technischen Bildmedien die Voraussetzung des künstlerischen Arbeitens dar bis hin zur Synthese von Architektur und P. Die Konzeptkunst vollzieht endgültig den Bruch, insofern sie als Kommentar mentaler Konzepte, der Kunstgeschichte und -theorie erscheint und nicht mehr zwangsläufig an die Verwirklichung des Kunstobjekts gebunden ist.

In der Kunstwissenschaft wird mit H. WÖLFFLIN, der in den ‹Kunstgeschichtlichen Grundbegriffen› die Gattungen in historische Kategorien auflöst, die durch Darstellungsformen, nicht mehr durch Gattungsstrukturen bestimmt sind, und in der Anerkennung der Gleichwertigkeit der Stile mit A. RIEGLS [1] Theorie des Kunstwollens dem Paragone-Denken ein Ende gesetzt. Das Begriffspaar ‹malerisch-linear› (Wölfflin) bzw. ‹taktisch-optisch› (Riegl) läßt sich als Darstellungsmodus gleichermaßen auf Malerei und P. anwenden. Ein wesentliches Verdienst Riegls liegt in der Entdeckung der Werk-Betrachter-Beziehung als einer produktiven Kategorie kunsthistorischer Untersuchung. [2] Von Wölfflin wird 1896 erstmals die *Fotografie* von P. in ihrer interpretierenden und bedeutungsstiftenden Funktion problematisiert. Die Bedeutung der Bildaussage von fotografierter P. verändert sich nicht allein durch die Beziehung zu anderen Bildern, sondern bereits durch die Art und Weise der Aufnahme, die Zweidimensionalität, die Wahl der Perspektive und die Ausleuchtung. Wölfflin macht deutlich, daß die Fotografie nicht als dokumentarisches Beweismittel zu verstehen ist, sondern vor allem als Sprache, durch welche Skulpturen einem Rezipienten auf unterschiedliche Weise vermittelt werden können. [3] W. BENJAMIN beschreibt in seinem Kunstwerkaufsatz [4] die weitreichenden Folgen und Veränderungen der Kunst durch die Reproduktion und die technische Reproduzierbarkeit von Kunstwerken in Fotografie und Film, sowohl für die Werke selbst («Zertrümmerung der Aura») als auch für die Rezeption, das Verhältnis der «Masse zur Kunst». [5] Die Fotografie als interpretierender Bedeutungsträger und Mittler zwischen künstlerischer Intention und Betrachter wird im 20. Jh. von Bildhauern selbst in Anspruch genommen (C. BRANCUSI). Im Surrealismus gewinnt die Fotografie für die P. mit der Puppe als Zwitter von Skulptur und *objet trouvé*, an Bedeutung, insofern durch die mediale Inszenierung Täuschungen, Metamorphosen, Wahrnehmungsverschiebungen, Blickweisen thematisiert werden. Als surrealistisches Objekt existiert die P. nur innerhalb des Mediums, wird für die Fotografie geschaffen, rechnet mit dem Fotografiert-Werden (H. BELLMER, MAN RAY). Im ‹Dritten Reich› kommt den Medien Film und Fotografie eine zentrale Rolle zu bei der Bewegungssimulation der P. sowie der zielgruppenspezifischen Vermittlung der NS-P. in ihrer Vorbildfunktion als ‹rassischem› und zugleich ‹klassischem› Ideal. Für die Konzeption des

‹Klassischen› wird, in der Abkehr von der klassizistisch-idealistischen Autonomieästhetik, die Intentionalität der P., der Kontakt zwischen Werk und Rezipient konstitutiv. Das Rhetorische, Zweckmäßige und die Wirkungsqualitäten der P. werden in der NS-Kunsttheorie als eine wesentliche Funktion der Werke betont und äußern sich in der Theatralik, dem Zeigecharakter und dem Pathos starker Affekte plastischer Werke.[6]

Wird in der idealistisch-klassizistischen Ästhetik und Kunsttheorie der Form Vorrang vor dem zu überwindenden Material eingeräumt, so entsteht seit Ende des 19. Jh. eine Diskussion um die Materialgerechtheit in *Architektur* und P., um die Anerkennung des Materials als beherrschender Macht, der sich der Künstler bei der Bearbeitung zu fügen habe. Damit einhergehend wird die Arbeit am Stein, das «freie Heraushauen»[7] favorisiert, die Ton- und Bronzeplastikproduktion sowie das uneigenhändige Abgußverfahren verdammt. Vertreter dieser Auffassung wenden sich gegen das seit Aristoteles gültige Modell, nach dem das Material der künstlerischen Form untergeordnet ist. Weder das Material noch der artifizielle Charakter der P., die Bearbeitungsspuren aufweisen kann, wird verborgen. Dem Bildhauer, und nicht primär dem einfühlenden Betrachter, fällt nach dieser Auffassung die Aufgabe zu, den als «lebendes Wesen»[8] begriffenen Werkstoff durch seine Arbeit zu ‹beseelen›. Mit der Forderung nach Materialgerechtigkeit geht die Favorisierung einer mit der Architektur durch denselben Werkstoff gebundenen P. einher. In Deutschland sind in dieser Zeit Kulturtheorien völkisch denkender Kritiker von materialästhetischen Ansichten geprägt. Naturmaterialien wie Holz und Stein gelten als urdeutsche ‹germanische› Materialien und werden in Opposition zu ‹klassischer› Kunst mit symbolischen, ‹rassischen› Werten aufgeladen.[9] Die Materialdiskussion gibt der P. und Malerei der Moderne des 20. Jh. entscheidende Impulse. Der Bogen spannt sich vom Bruch mit der vollendeten Form und der Ausstellung des Materials zur Verwendung von niedrigen, unedlen Materialien (Müll, Erde, Haare, Plastik etc.) bis zur Arbeit von Künstlerinnen und Künstlern, die ihren Körper bis hin zur Selbstverstümmelung als Material einsetzen (GINA PANE). Das Material, die Materialsprache wird bei BEUYS seit 1963 mit der Verwendung von Fett und Filz als rhetorisch sinnstiftende Substanz begriffen.

Der Bruch mit der Denkmalstradition, der Abstieg vom Sockel, erfolgt durch RODIN, der seine ‹Bürger von Calais› ohne Sockel im realen Betrachterraum aufstellen wollte. Die figürliche Tradition der vollendeten Form unterläuft Rodin Ende des 19. Jh. mit dem Torso als vollgültigem Kunstwerk. Die Anerkennung des Fragmentarischen drängt die Abbildungsfunktion in den Hintergrund und gewinnt im 20. Jh. mit dem Aufbrechen illusionistischer Schemata an Relevanz (MAILLOL, LEHMBRUCK, MATISSE, ARCHIPENKO, BRANCUSI, ARP, MOORE, HRDLICKA u. a.). In der Konfrontation mit dem Torso, der nach der Ergänzungsleistung im Betrachter verlangt, wird der Betrachter herausgefordert, eine eigene Interpretationsleistung zu erbringen. Der Torso gibt Anlaß hergebrachte Sehgewohnheiten und Orientierungsschemata zu hinterfragen, thematisiert die Unabschließbarkeit und Subjektivität des Wahrnehmungsprozesses und stimuliert in seinem Assoziationsreichtum die Reflexions- und Imaginationskraft des Betrachters.[10]

Die Nähe und Unmittelbarkeit der P. zum Rezipienten wird zu einem wesentlichen Impetus der P. der Moderne. Für H. MOORE bedeutet P. Erziehung zum Sehen. Hildebrands Fernbild setzt er die handgreifliche Nähe der Begegnung mit dem Betrachter entgegen, bei der das Umschreiten der P., das er in den 20er Jahren in seiner Auseinandersetzung mit der P. außereuropäischer Kulturen (Malanggan-Schnitzwerke) erkannte, an Bedeutung gewinnt. U. BOCCIONI stellt im ‹Technischen Manifest der futuristischen Plastik› (1912) die «Emotion des Betrachters» ins «Zentrum des plastischen Werkes».[11] M. DUCHAMPS äußert bezüglich kinetischer Objekte, daß nicht nur der Künstler den schöpferischen Akt bis zum Ende vollziehe, sondern der Betrachter durch Interpretation als eigenschöpferischer Leistung den Kontakt des Werkes mit der Außenwelt herstelle.[12] Der Betrachter bleibt nicht in einer passiven, betrachtenden Rolle verhaftet, sondern soll mitschöpferisch tätig werden, indem er zu Entzifferung, Interpretation, Erkenntnis beiträgt. Ebenso begreift C. OLDENBURG die Aktivität des Tastens und Sehens seitens des Rezipienten als schöpferischen Beitrag des Betrachters. V. EXPORT greift mit ihrem ‹Tapp- und Tastkino› (1968, Aktion, Wien) traditionelle Rezeptionsweisen der P., sowohl den Augen- als auch den Tastsinn, auf, indem sie selbst als lebendige, betastbare weibliche P. auftritt. Sie thematisiert und brüskiert die Schaulust auf den weiblichen Körper, indem sie dem voyeuristischen Wunsch nach Betasten der lebenden P. nachkommt. Die physische Beteiligung des Rezipienten erfährt bei H. HAACKES Objekten eine Steigerung, die in ein Angewiesensein des Werks auf dessen Aktivität mündet. In der Interdependenz zwischen Werk und Betrachter wird dieser zum Benutzer. Inwieweit durch solche Konzepte, die auch mit dem Assoziationsreichtum der Sprache arbeitet, die Interpretationsleistung gefordert wird, erweist sich in den kontroversen Diskussionen um seine Installationen (Berlin, Reichstags-Installation: ‹Der Bevölkerung›, 2000). In der architektonischen Skulptur [13], deren wesentliches Kriterium die Funktionslosigkeit ist (GOERITZ, Satellitentürme, 1957–1958, Mexico City) und in der Gattungsgrenzen zwischen Architektur und P. aufgebrochen werden, wird die Rolle der Betrachterpartizipation zur wesentlichen Voraussetzung der Vollendung des Werks, das sich nicht nur optisch, sondern in der räumlichen Organisation durch Gehen, Tasten, Hören, Riechen, das körperliche Benutzen erschließt. Die Räume von B. NAUMANN (‹Corridor Installation›, 1970), die durch aktive Rezeption, das Abschreiten, Tasten, Hören erfahren werden, sind Räume der Partizipation und Selbsterfahrung des Betrachters. Durch Vermittlung psychischer, existentieller Bedrängungen und Irritationen durch Neonlicht, Spiegel, Video werden Gefühle zwischen «Irritation und tastender Ich-Absicherung»[14] evoziert. D. GRAHAMS ‹Oktogon für Münster› (1987) fordert vom Betrachter drei Phasen der Rezeption, aus der Ferne (Wecken von Neugierde), der Nähe (Spiegelbild des Betrachters, Umkehrung des Verhältnisses von Subjekt und Objekt), im Inneren (Verunsicherung durch Transparenz, Semitransparenz und Spiegelung, Schwebezustand zwischen Subjekt und Objekt). Die kommunikative Wirkung zwischen Werk und Betrachter sowie den Betrachtern untereinander erschließt sich in der Benutzung.

Einen dezidiert rhetorischen Begriff der P. vertritt J. BEUYS. In seinem erweiterten Kunstbegriff, der über das Werk, die Aktion und die verwendeten Materialien hinaus auf das soziale Gestalten weist, ist «Plastik alles», ist «Plastik schlechthin das Gesetz der Welt»[15] Mit der Aktion ‹Wie man einem toten Hasen die Bilder erklärt›, zu Beginn seiner Ausstellung ‹...irgend ein Strang...›

(1965) faßt Beuys in ein Bild, was er später in seinen Ausführungen zur ‹Sozialen Plastik› auch begrifflich benennt. Im Titel ist angesprochen, daß die Vermittlungs- und Bildungsabsicht des Lehrers als Redner, die intentionale Gerichtetheit das leitende Motiv darstellt. Die Fotodokumentation zeigt Beuys als Akteur mit erhobenem Zeigefinger [16]. Die nach außen gerichtete Haltung stellt die dialogische Bezogenheit her, weist auf den Vorgang hin und enthält die Aufforderung zu erhöhter Aufmerksamkeit. Die Hasenaktion als Hinführung zum Gedanken der ‹Sozialen Plastik› folgt dem rhetorischen Aufbau von *exordium* (Einleitung) – *narratio* (Darlegung des Themas) – sachlich bezogener (*pragma*) *argumentatio* (Beweisführung) – *peroratio* (Redeschluß) und der Wirkungsabsicht des *docere-delectare-movere*, wobei je nach Intention die Stillagen variieren. [17] Beuys verwendet den Begriff des Plastischen synonym zum Begriff des Rhetorischen. Die innere Form des Denkens entspringt dem Begriff des Plastischen, als in Form zu bringendes Denken und Sprechen. Die rhetorische Bestimmung seiner Werke als ‹Soziale Plastik› umgreift den Anteil des Redners, des Publikums und des Redegegenstandes als Entstehungsfaktoren des Werks, durch das die Idee der ‹Sozialen Plastik› als Handlungsform vermittelt wird. [18] Beuys begreift mit Quintilian die Kraft des Überzeugens als lehr- und lernbare Kunst. Um reale Wirkung zu erzielen, macht er sich einen (rhetorisch geprägten) Bildungsauftrag zu eigen, der sein Auftreten als Redner und Lehrer, eine Rolle, die er als Ergebnis künstlerischer Bearbeitung begreift («To be teacher is my greatest work of art. The rest is a waste product, a demonstration.» [19]) ins Zentrum seiner Arbeit am Gesamtkunstwerk einer künftigen Gesellschaftsordnung begründet. Beuys begreift jeden Menschen als Künstler im Sinne eines potentiellen Mitproduzenten an einer neuen, sozialen Gesamtheit. Dabei betrachtet er den Menschen sowohl als seelisches Material der künstlerischen Gestaltung, als auch als Künstler, der durch aktive Auseinandersetzung seine natürliche plastische Gestaltungskraft, das in jedem Menschen angelegte natürliche Redenkönnen, entwickeln bzw. vervollkommnen und in den Dienst der Realisierung des höchsten Kunstwerks, der Utopie des Gesamtkunstwerks ‹Gesellschaft› stellen soll: «Ja, wenn ich den Begriff der sozialen Plastik benutze, beziehe ich ihn ja nicht auf den Menschen, sondern ich sage, der Mensch erzeugt die soziale Plastik, der Mensch ist der Erzeuger einer sozialen Umwelt, also eines Gesamtkunstwerks». [20] Die methodische Gestaltung der zukünftigen Gesellschaftsform bezeichnet Beuys daher als «bildhauerische Aufgabe». [21]

Anmerkungen:
1 H. Wölfflin: Kunstgesch. Grundbegriffe. Das Problem der Stilentwicklung in der neueren Kunst (1915); A. Riegl: Stilfragen (1893), Spätröm. Kunstindustrie (1901), Die Entstehung der Barockkunst in Rom (1908). – **2** A. Riegl: Das Holländische Gruppenporträt (1902) (Wien 1931). – **3** H. Wölfflin: Wie man Skulpturen aufnehmen soll, in: Zs. f. bildende Kunst 7 (1896) 224–228. – **4** W. Benjamin: Das Kunstwerk im Zeitalter seiner technischen Reproduzierbarkeit (1977). – **5** ebd. 15, 32. – **6** B. Bressa: Nach-Leben der Antike. Klass. Bilder des Körpers in der NS-Skulptur A. Brekers, Diss. (2001). – **7** A. v. Hildebrand: Das Problem der Form in der bildenden Kunst (Straßburg 1893) 108. – **8** H. Apell: P. am Bau. Aus dreieinhalb Jahrtausenden europäischer Baukunst (1944) 12. – **9** A. Stange: Die Bedeutung des Werkstoffes in der dt. Kunst (1940). – **10** K. Elvers-Švamberg: Von Rodin bis Baselitz. Der Torso in der Skulptur der Moderne, in: dies. u.a.: Katalog Von Rodin bis Baselitz (2001) 13–86, 13f. – **11** Katalog Futurismo & Pittura Metafisica, Kunsthaus Zürich (1950). – **12** Katalog Kinetische Kunst, Kunstgewerbemuseum Zürich (1960). – **13** M. Stegmann: Architektonische Skulptur im 20. Jh.. Hist. Aspekte und Werkstrukturen (1995). – **14** M. Schneckenburger: Skulpturen und Objekte, in: I.F. Walther (Hg.): Kunst des 20. Jh. (2000) 562. – **15** J. Beuys: ‹Aktive Neutralität – Die Überwindung von Kapitalismus und Kommunismus›. Vortrag v. 1985, zit. M. Göhner: Rhet. Ästhetik des Gesamtkunstwerks: J. Beuys. Ein Beitr. zur Methode der Kunstkritik aus der Sicht der rhet. Anthropol. (2000) 220. – **16** Kat.: Arts Council of Great Britain (Hg.): 3 → ∞: new multiple art at the Whitechapel Art Gallery London, 1970–71, (London 1971) 20, Nr. 52; vgl. J. Schellmann u. B. Klüser (Hg.): Joseph Beuys. Multiples I. Œuvreverzeichnis sämtlicher multiplizierter Arbeiten (^{3}1974) – **17** vgl. Cic. Or. 69; Quint. III, 5, 2; XII, 10, 59. – **18** vgl. Göhner [15]. – **19** W. Sharp: An Interview with J. Beuys, in: Artforum 12 (1969) 40–47, 44. – **20** J. Beuys: ‹Der Mensch wird wie ein Tier behandelt›, in: kleinkariert. Krefelder Stadtmagazin 0 (1981) 22–25, 22. – **21** J. Burckhardt: Ein Gespräch/ Una discussione J. Beuys, J. Kounellis (1986) 130f.

Literaturhinweise:
L.O. Larsson: Von allen Seiten gleich schön. Stud. zum Begriff der Vielansichtigkeit in der europäischen P. von der Renaissance bis zum Klassizismus (Uppsala 1974). – I. Lavin: Bernini and the Unity of the Visual Arts (New York 1980). – W. Schnell: Der Torso als Problem der modernen Kunst (1980). – J. Lichtenstein: «La peinture et la sculpture ont elles la même relation que l'éloquence et la poésie?» (Winckelmann), in: O. Bonfait (Hg.): Peinture et rhétorique (Paris 1994). – S. Schade: ‹Die Spiele der Puppe› im Licht des Todes. Das Motiv des Mannequins in der Auseinandersetzung surrealistischer Künstler mit dem Medium Fotografie, in: Fotogesch. 14 (1994) H. 51, 27–38. – F.-H. Robling: Plastische Kraft. Versuch über rhet. Subjektivität bei Nietzsche, in: Nietzsche-Jb., Bd. 25 (1996) 87–98. – M. Billeter (Hg.): Skulptur im Licht der Fotografie (Bern 1997). – I. Mülder-Bach: Im Zeichen Pygmalions. Das Modell der Statue und die Entdeckung der ‹Darstellung› im 18. Jh. (1998). – M. Wagner: Das Material der Kunst. Die andere Gesch. der Kunst (2001). – M. Walliser-Wurster: Fingerzeige. Stud. zur Bedeutung und Funktion einer Geste in der ital. Renaissance, Diss. (2001).

B. Bressa

Actio → Affektenlehre → Ars → Ästhetik → Compositio → Concinnitas → Ethos → Gestik → Illusion → Körpersprache → Kunst → Malerei → Mimesis → Pathos → Produktionsästhetik → Rezeptionsästhetik → Werk

Platonismus (engl. Platonism; frz. platonisme; ital. platonismo)
A. Def. – B.I. Die Platonische Philosophie. – II. Rhetorische Wirkungsgeschichte: 1. Antike, Spätantike. – 2. Mittelalter. – 3. Renaissance. – 4. 16.–18. Jh. – 5. 19.–20. Jh.

A. Der Ausdruck ‹P.› bezeichnet die philosophische Tradition, die von den PLATON zugeschriebenen Schriften sowie der von ihm um 385 v. Chr. gegründeten, erst 529 n. Chr. geschlossenen Athener Akademie ausgeht, besonders aber die Tendenz, sein Denken nicht selten auch ohne Berücksichtigung seiner Entwicklungsgeschichte systematisch zu interpretieren bzw. zu transformieren. Als Grundgedanken des P. können die Ideenlehre und die These von der Unsterblichkeit der Seele betrachtet werden, die ihrerseits aus der Sokratischen Verflechtung von Tugend und Erkenntnis hervorgehen. [1] Sie sprechen sowohl die Vermittlung der Erscheinungsmannigfaltigkeit mit ihrer prinzipiellen noumenalen Einheit als auch die Beziehung des Wissenden zum Gewußten und damit zu sich selbst an: einerseits durch die Teilhabe der Einzeldinge an den Ideen und die Anwesenheit dieser in jenen sowie die Gemeinschaft der

Ideen untereinander, andererseits durch die Wiedererinnerung der erkennenden Seele. Zu den wichtigsten Stadien des P., die diese Grundgedanken freilich immer wieder anders ausdrücken, zählen der zunächst durch die Prinzipienlehre des absoluten Einen und der unbestimmten Zweiheit, danach durch den Skeptizismus geprägte P. der antiken Akademie; der zunehmend hierarchisierende und synkretistische Mittelplatonismus und Neuplatonismus der Spätantike; der christliche, islamische und jüdische P. des Mittelalters; der humanistisch orientierte Renaissance-P. der Akademien in Rom und Florenz; der sich mit der neuen Wissenschaft auseinandersetzende Oxforder und Cambridger P. des 17. Jh.; schließlich Formen des philosophischen Idealismus vom 18. bis 20. Jh. inklusive des logischen P. der nachkantischen Erkenntnistheorie im ausgehenden 19. Jh., der zeitgleich mit der Herausbildung des ‹P.› zur historiographischen Kategorie entsteht.

Anmerkung:
1 Platon, Phaidon 76d7–e7; dazu F.M. Cornford: Principium sapientiae. The Origins of Greek Philos. Thought (Cambridge 1952) 45–46.

Literaturhinweise:
W. Beierwaltes: P. und Idealismus (1972). – G. von Bredow: P. im MA (1972). – J. Dillon: The Middle Platonists (London 1977). – D. Bremer: Platonisches, Antiplatonisches. Aspekte der Platon-Rezeption in Nietzsches Versuch einer Wiederherstellung des frühgriech. Daseinsverständnisses, in: Nietzsche-Stud. 8 (1979) 39–103. – H.J. Krämer: Die ältere Akademie, in: Grundriss der Gesch. der Philos., begr. v. F. Ueberweg. Die Philos. der Antike, hg. v. H. Flashar Bd. 3 (Basel 1983) 1–174. – ANRW Teil 2. Principat. Bd. 36. Philos., Wiss., Technik Teilbde. 1–2 (1987). – H. Dörrie, M. Baltes (Hg.): Der P. in der Antike. Grundlagen – System – Entwicklung (1987ff.). – G.A.J. Rogers u.a.: Neue P., in: Grundriss der Gesch. der Philos., begr. v. F. Ueberweg: Die Philos. des 17. Jh., hg. v. J.-P. Schobinger Bd. 3 (Basel 1988) 213–290. – J. Hankins: Plato in the Italian Renaissance (Leiden 1991). – M. Franz: Schellings Tübinger Platon-Stud. (1996). – Th. Kobusch, B. Mojsisch (Hg.): Platon in der abendländischen Geistesgesch. Neue Forschungen zum P. (1997). – A. Neschke-Hentschke (Hg.): Images de Platon et lectures de ses œuvres. Les interprétations de Platon à travers les siècles (Löwen/Paris 1997). – W. Patt: Formen des Anti-P. bei Kant, Nietzsche und Heidegger (1997). – J.J. Cleary (Hg.): Traditions of Platonism. Essays in honour of J. Dillon (Aldershot/Brookfield/Singapore/Sydney 1999). – J. Halfwassen: Hegel und der spätantike Neuplatonismus. Unters. zur Metaphysik des Einen und des Nous in Hegels spekulativer und gesch. Deutung (1999).

B.I. *Die Platonische Philosophie.* PLATON charakterisiert seine Philosophie selbst häufig als ‹Dialektik›, dies im Sinne von Methode [1] oder Wissen [2]: Unter *methodischer* Perspektive befreit der Philosoph die Seele des Menschen aus ihrem nicht selbst verschuldeten Unwissen, führt sie über determinierte Wissensweisen (Wahrnehmung, Vorstellung, Denken) hinaus zum Wissen als solchem mit seinem Gegenstandsbereich, dem wesentlichen Sein, und zur wissens- und seinstranszendenten Idee des Guten, die als Prinzip des Wissens gewußt werden kann und muß, damit sich der jetzt Wissende den determinierten Wissensweisen wieder zuwendet und sich ihrer bewußt bedient, um als solcher besonders in öffentlichen, aber auch in privaten Angelegenheiten praktisch tätig zu sein; unter *theoretischem* Aspekt ist die Dialektik mit dem Wissen identisch. Platons Spätphilosophie zeichnet sich dadurch aus, ‹Dialektik› verstärkt als sprachlich bestimmt zu verstehen, indem sie als sich mit sich selbst unterredendes Denken begriffen wird, das

fragt und antwortet, affirmiert und negiert, kurz: als dialogisierendes Denken. [3]

Für die Auseinandersetzung der platonischen Tradition mit der Rhetorik sind vor allem die Dialoge ‹Gorgias› und ‹Phaedrus› bedeutsam. Im ‹Gorgias› unterstellt Platon der Rhetorik, keinen Wert auf das dialektische Gespräch zu legen. [4] Sie sei nur auf Überredung aus, die den Hörer bloß zum Glauben an die neu gewonnenen Überzeugungen führt, nicht auf Wissen; sie möchte eher die Zuhörer emotional ansprechen als richtige Erkenntnis befördern, lasse sogar das Falsche richtig erscheinen. [5] Im ‹Phaedrus› schwächt Platon diese Kritik ab. Die Rhetorik könne meist nicht anders, als auch falsche Ansichten zu vertreten: Etwa vor Gericht sei nicht die Wahrheit, sondern der Sieg das Ziel. [6] Die *philosophische* Redekunst bestimmt Platon dann als eine auf der Dialektik beruhende heilende Seelenführung, die vor allem Schein der Schönheit der Wahrheit verpflichtet bleibt. [7]

Anmerkungen:
1 Plat. Pol. VII, 14, 533c9. – 2 ebd. VII, 14, 534a5, b3, e2. – 3 B. Mojsisch: ‹Dialektik› und ‹Dialog›: Politeia, Theaitetos, Sophistes, in: Th. Kobusch, B. Mojsisch (Hg.): Platon. Seine Dialoge in der Sicht neuer Forschungen (1996) 167–180. – 4 Plat. Gorg. 448d10–11; vgl. Theait. 172c5–d2. – 5 ebd. 453b5–6. 454e13–455a2 480a6–481b5. – 6 Plat. Phaidr. 272c1–273c5. – 7 ebd. 261a7–b2. 263b6–9. 270b1–2. 271c10–272b4. 277b5–278b4.

Literaturhinweise:
G.R.F. Ferrari: Listening to the Cicadas. A Study of Plato's Phaedrus (Cambridge 1987). – H. Niehues-Pröbsting: Überredung zur Einsicht. Der Zusammenhang von Philos. und Rhet. bei Platon und in der Phänomenologie (1987) 43–202. – Platon: Gorgias. Traduction inédite, introd. et notes par M. Canto (Paris 1987). – Platon: Phaidros. Übers. und Komm. von E. Heitsch (1993). – R. Wardy: The Birth of Rhet. Gorgias, Plato and Their Successors (London 1998).

II. *Rhetorische Wirkungsgeschichte.* **1.** *Antike, Spätantike.* Das zwiespältige Verhältnis Platons zur Redekunst kennzeichnet die rhetorische Wirkungsgeschichte des P von Anfang an. Bereits ISOKRATES wirft seinem Gegner Platon vor, einen für die politische Diskussion unbrauchbaren Begriff von Wahrheit zu haben: Erst die Rhetorik gebe dem Einzelnen die Möglichkeit, sein Wissen in die politische Praxis umzusetzen; sie sei daher eine unverzichtbare Ergänzung der Philosophie. [1] Obwohl auch ARISTOTELES kaum eine Gelegenheit zur Kritik an Platon ausläßt, geht er in seiner Darstellung der Rhetorik nicht auf dessen Konzept ein, sondern zeigt lediglich, daß Platon in seiner Argumentation das Stilmittel der Übertragung anwendet. [2] Die griechischen Kommentatoren der Aristotelischen Rhetorik haben wohl deshalb den P. nicht als eigenes Problem gesehen. [3]

Die anonyme ‹Rhetorik an Herennius›, die keinen fest umrissenen Begriff von P. kennt, trifft das Platonische Verdikt, wenn sie betont, daß aus dem Fehlverhalten einzelner ihrer Vertreter nicht gleich eine Kritik der Rhetorik insgesamt abgeleitet werden dürfe. [4] Dagegen hebt CICERO gerade den Wert der Platonischen Philosophie und besonders der Ideenlehre hervor: Sie hätten Platon zum größten Redner gemacht, der die besten Argumente habe entwickeln können. Ausdrücklich setzt er die Platonische Rhetorik vom Stil der Dichter ab, die sich nicht am Inhalt, sondern an Rhythmus und Ornamentik orientierten: Der P. sei das Vorbild für den Vorrang des Inhalts vor der Form. [5] Auch QUINTILIAN betont die Wichtigkeit Platons für die Ausbildung des Redners und versucht, dessen Kritik an der Rhetorik abzumildern: Wenn sie allein der Wahrheit verpflichtet sei, würde sie von ihm keineswegs abgelehnt.[6] TACITUS ist der Ansicht, daß erst Platon die Redner Erhabenheit gelehrt habe.[7] Der erst im 17.–18.Jh. stark rezipierte PSEUDO-LONGINUS, dem das Erhabene als «Höhepunkt und Gipfel der Rede» gilt, bedient sich nicht nur der Sprache des Platonischen ‹Ion›, um Ursprung und Wirkung des Erhabenen als die Göttlichkeit zu bestimmen, sondern er gibt – gegen Kaikilios – Platon vor Lysias den stilistischen Vorzug.[8] Anders AELIUS ARISTIDES: Er hält Platon in einer eigens gegen diesen verfaßten Verteidigung der Rhetorik Voreingenommenheit vor: Sein Tadel sei abwegig, da er den Rhetorikern Unaufrichtigkeit unterstelle, ohne diese Verdächtigung zu begründen; daher müsse er sich den gleichen Vorwurf gefallen lassen.[9] AUGUSTIN beruft sich jedoch auf Platon, wenn er einigen Rhetoren Rechtsverdrehungen vorwirft und moralische Verpflichtung als eigentliches Ziel einer Rede bestimmt.[10] Insgesamt versuchen die antiken Rhetoriker einen P. der Rhetorik zu entwickeln, der die Platonische Kritik umgeht, indem sie die Notwendigkeit des Wissens für die gelungene Rede und den Vorrang des Inhalts gegenüber der Form betonen.

Die antiken Platon-Kommentatoren, wie etwa HERMEIAS VON ALEXANDRIEN und OLYMPIODOR [11], schließen sich Platons vielschichtigen Ansichten weitgehend an. Nach Hermeias hält keiner die Rhetorik für so wichtig wie Platon selbst: Weil die Götter uns die Rede an sich geschenkt hätten, müsse man «die Angemessenheit der Rede den Göttern zuschreiben und dieses Werkzeug für die Betrachtung der Götter einsetzen.»[12] Andere Mittel- und Neuplatoniker beschäftigen sich systematisch mit dem Wert der Redekunst. Bereits APULEIUS knüpft an den ‹Phaedrus› an, wenn er zwei verschiedene Arten der Rhetorik unterscheidet: Die eine betrachtet das Gute und bestimmt die Gerechtigkeit, die andere dient nur zur Überredung und nicht zur Wissensvermittlung.[13] PLOTIN weist besonders auf die Kraft der Rhetorik – und der mit ihr verwandten Wissenschaften wie etwa der Musik sowie der Feldherrnkunst, der Haushaltung und der Staatsverwaltung – hin, die Menschen zum Guten wie zum Schlechten zu wenden; insofern die Rhetorik Anteil am Intelligiblen habe, vermöge sie zur Verwirklichung des Schönen beizutragen.[14] Die gegen die Kritik des Aristides verfaßte Erwiderung des PORPHYRIUS ist leider verloren.[15] Nach IAMBLICHUS kann das Versagen der Redekunst den nur scheinbar Glücklichen veranlassen, sich zur philosophischen Lebensweise zu wenden, jedoch nur, wenn er angesichts seiner Unfähigkeit, Rechenschaft über Recht und Unrecht abzulegen, nicht die Flucht ergreift.[16] Platonisches Gedankengut nimmt MARIUS VICTORINUS auf, indem er die philosophische (dialektische) von der rhetorischen Definition abgrenzt: Diese stütze sich auf das bloß Glaubhafte und zeige lediglich Ähnlichkeit, nicht das Wesentliche ihres Gegenstandes auf, da sie nur Aspekte des Ganzen auswähle; jene bestimme das Eigentümliche auf zwingende Weise durch Angabe der Gattung sowie artbildender Unterschiede und lehne alle rhetorischen Kunstgriffe wie etwa das Bildhafte ab.[17] MARTIANUS CAPELLA beurteilt in ausdrücklicher Anlehnung an Platon die Durchschlagskraft einer Rede nach ihrem Gehalt an Wissen und Vernunft.[18] BOETHIUS schließlich weist die Rhetorik als honigsüße Vordergründigkeit eindeutig zurück, da im Elend nur die Philosophie wahren Trost schenken könne.[19]

2. *Mittelalter*. Für die neuplatonisch konzipierte Rückkehr der geschaffenen, aber nicht schaffenden Natur zu ihrem Prinzip, der als Ziel weder geschaffenen noch schaffenden göttlichen Natur, bleiben nach JOHANNES ERIUGENA von den *disciplinae liberales* im Gegensatz etwa zur Dialektik sowohl die Grammatik als auch die Rhetorik funktionslos. Die Wissenschaft des trefflichen Schreibens wie die des trefflichen Redens stehen der natürlichen Wirklichkeit, um die es Eriugena geht, entgegen, sind Erfindungen des menschlichen Geistes zum Zweck begrenzten menschlichen Argumentierens, sei es im Bereich der Sprache (Grammatik), sei es in dem der Forensik (Rhetorik), sind somit ungeeignet, für Untersuchungen über den entgrenzten Bereich nicht-anthropozentrischer Wirklichkeit in ihrer Ungewißheit hilfreich zu sein.[20] Sowohl an der Philosophie Platons als auch an der des Aristoteles ist AL-FĀRĀBĪ gelegen. Damit entspricht er einem neuplatonischen Ideal, Konkordanz zwischen beider Philosophien zu erzielen.[21] Neu ist seine Intention, Platons dialektische Methode mit den logischen Schriften des Aristoteles – unter ihnen auch die ‹Rhetorik› – in Einklang zu bringen. Er kommt zu folgendem Resultat: Mit dem Aufstieg zum Wissen als solchem bei Platon korrespondieren die Aristotelischen Schriften ‹Praedicamenta›, ‹De interpretatione›, ‹Analytica Priora› und ‹Analytica Posteriora›, mit dem Abstieg bei Platon die Aristotelischen Werke ‹Topica›, ‹De Sophisticis Elenchis›, ‹Rhetorica› und ‹Poetica›.[22] Die Rhetorik ist somit für Al-Fārābī Teil der Philosophie. Er versucht, Platonische Dialektik und Aristotelische Rhetorik als gleichermaßen philosophisch relevant zu erweisen. Die Rhetorik ist vor der Dichtung anzusiedeln, nimmt also nicht den letzten Platz im Wissenschaftssystem ein; wichtiger aber: Die Rhetorik ist die Disziplin, die Platons Idealstaat zu verwirklichen hilft, weil durch sie theoretische Ein- und Ansichten praxisrelevant werden; insofern genieße sie gegenüber der Dichtung zu Recht eine Prädominanz.

Den propädeutischen Charakter der *artes liberales* in ihrer zur Philosophie hinführenden Funktion hebt bereits CASSIODOR hervor [23], ähnlich ALKUIN, der darüber hinaus die *artes* im Platonischen Sinne als ‹Stufen der Philosophie› versteht, vermittels deren die wahre Philosophie zu erreichen sei.[24] In den späteren am P. orientierten Schulen begegnen die *artes* zwar stets im Verein mit, sind jedoch kein Bestandteil der Philosophie. So stellen etwa für WILHELM VON CONCHES gerade die Philosophie und die Beredsamkeit gemeinsam ein Heilmittel gegen das Unwissen dar [25], und in der ‹Ysagoge in theologiam› dient die Weisheit als Heilmittel gegen die Unwissenheit, die Beredsamkeit als das gegen die Sprachunfähigkeit.[26] Als der Philosophie immanenten Bestandteil in gleichwohl instrumenteller Funktion begreift HUGO VON ST. VIKTOR zunächst das Trivium.[27] Später unterteilt er die Philosophie in theoretische, praktische (Philosophie), mechanische (Wissenschaft) und Logik, wobei das Trivium als ganzes die Sprachlogik, Rhetorik und Dialektik aber die Verstandeslogik ausmachen.[28] Für Hugo sind all diese Wissenschaften deshalb Mosaiksteine der einen Philosophie, weil sie nicht nur überhaupt, sondern im Platonischen Sinne *bewußt* Anwendung finden, indem man sich von ihrem Gebrauch Rechenschaft ablegt.[29] Eine weitere Variante bietet DOMINICUS GUNDISSALINUS: Basis für die Logik und die philosophischen Wissenschaften in strengem Sinne bilden als gleichwohl integrative Bestandteile der Philosophie die Wissenschaften der Beredsamkeit, zu denen Grammatik, Poetik und Rhetorik gezählt werden.[30]

Bei den besonders am P. orientierten Philosophen vom 13. bis zum 15. Jh. tritt die Bedeutung metatheoretischer Begründung des Wissenschaftscharakters der Rhetorik zurück; nur am Rande rekurriert man auf szientifische Divisionsschemata, besonders aber auf das des ALANUS DE INSULIS, weil er betont daß sich jede Wissenschaft ihr eigentümlicher Maßstäbe bedient, die Rhetorik etwa allgemeiner Topoi (loc. communes) – im Sinne verkappter Syllogismen (Enthymemata) oder als Beispiele (Exempel) –, die normativen Regeln der Philosophie gleichwohl allen anderen Regelsystemen an Subtilität und Dignität überlegen sind – so etwa BERTHOLD VON MOOSBURG, der Kommentator der Proklischen ‹Elementatio theologica› par excellence.[31] Bemerkenswert ist freilich das Faktum, daß man sich dessen, was rhetorikspezifisch ist, im Bedarfsfall bedient, was der Rhetorik ihre kontinuierliche – wenn auch verdeckte, dem Kenner aber evidente – Bedeutung für die Philosophie gesichert hat: Nur vermittels der Antonomasie vermag Berthold die wichtige neuplatonische Theorie der primordialen Ursachen zu explizieren.[32]

Platonisches Denken favorisiert besonders NIKOLAUS VON KUES.[33] Das rhetorische Stilmittel der Paradoxie kommt seinem Denken vornehmlich entgegen – freilich nicht metatheoretisch reflektiert, sondern pragmatisch gebraucht –, weil es sein Ziel ist, das Absolute auch sprachphilosophisch zu erkunden und mit Namen zu versehen.[34] Der Paradoxie bedient er sich, um seine Wissensmethode zu charakterisieren: wissendes Nicht-Wissen, aber auch den diesem Wissen auf änigmatische Weise wißbaren Gegenstand – das übereine Eine (ein dem P. entstammender Terminus), das Unerfaßbare, das nur auf unerfaßbare Weise erfaßbar ist, das Unberührbare, das nur auf unberührbare Weise berührbar ist. Schließlich ermittelt er einen Namen für das Absolute, der philosophisch in der Tat am progressivsten sein dürfte, aber keine rhetorische Finesse im Sinne des Paradoxiegedankens mehr erkennen läßt: das ‹Können-selbst› als den ‹Ursprung alles Könnens›.[35]

3. *Renaissance.* Als Begründer der italienischen Renaissance geht F. PETRARCA als erster der humanistisch gebildeten Autoren auf Distanz zur mittelalterlichen Dialektik und wendet sich der klassischen Rhetorik zu. Er verherrlicht die Sprache Ciceros sowie dessen Idee von Mensch-Sein und von menschlicher Bildung.[36] Zugleich erkennt er, indem er die zuweilen stark rhetorisch geprägten Schriften Augustins studiert, daß das Verfolgen rhetorischer Eloquenz nicht zu der Erfüllung führen kann, die allein – wie Augustin es selbst erfahren hat – die Philosophie zu schaffen vermag.[37] Auch C. SALUTATI – neben Boccaccio der bedeutendste Schüler Petrarcas – lobt das Bemühen der von Cicero beeinflußten Akademiker, die flüssige Rede zu kultivieren, doch lehnt er zugleich den skeptischen Zug ihrer Erkenntnistheorie ab. Für ihn stellt das Wissen, auf das sich die Rhetorik gründen sollte, wirkliches und sicheres Wissen dar, so daß er in dieser Hinsicht gegen Cicero den Platonischen Standpunkt – wie Salutati ihn auffaßt – einnimmt.[38] Dagegen will GEORG VON TRAPEZUNT nachweisen, daß Platon von Aristoteles nicht nur in philosophischer Hinsicht, sondern auch in der Redekunst überragt wird.[39]

L. VALLA stellt die Rhetorik aufgrund ihrer ethischen und politischen Möglichkeiten in den Mittelpunkt seiner Philosophie [40] – ja, er identifiziert sogar die Rhetorik mit der Philosophie. Daher klagt Valla die rein theoretische und dogmatische Philosophie der aristotelischen Schule an und wiederholt zugleich den Gemeinplatz seiner Zeit, daß Platon als der Erste der Philosophen zu gelten habe.[41] Er arbeitet eine Philosophie der Sprache aus, die – in unbewußtem Einklang mit dem späten Platon [42] – die Einheit von Denken und Dialog betont und darüber hinaus die – ebenfalls spätplatonische [43] – Einsicht formuliert, daß die Welt sich dem Menschen über die Sprache erschließe.[44] M. FICINO stellt seiner Zeit die erste vollständige lateinische Übersetzung Platons zur Verfügung, ist jedoch dabei mehr an den philosophischen Inhalten der Dialoge als an ihrer literarischen Form interessiert. Die Form verstelle vielmehr – so Ficino – oft den Inhalt, um ebendiesen Inhalt vor den Verzerrungen rhetorischer Sophistik zu schützen.[45] Ficino übernimmt also Platons Kritik an der sophistischen Dimension der Rhetorik, doch weiß er diese Kritik zugleich abzumildern, indem er Platons Verteidigung einer philosophischen Rhetorik im ‹Phaedrus› durchaus ernst nimmt.[46] Dieser selbst versuche, die Sophisten ihrer unverdienten Autorität teils durch Ironie, teils durch Spott, oft durch Witz und Spiel, häufiger durch aufrichtige Widerlegung zu berauben.[47]

Die Debatte um das Verhältnis von rhetorischer Form und philosophischem Inhalt wird fortgeführt, indem G. PICO DELLA MIRANDOLA die scholastischen Philosophen gegen die Angriffe des E. Barbaro verteidigt. Pico neigt dazu, den Inhalt mehr als die Form zu betonen und die Philosophie von der Rhetorik zu trennen, während PH. MELANCHTHON trotz seiner Sympathie für Aristoteles eine postume Verteidigung Barbaros gegen Pico schreibt, in der er die typisch humanistische Verbindung von Weisheit und Beredsamkeit erneut darstellt.[48] Einen Ausgleich im Streit um die rhetorischen Fähigkeiten von Platon und Aristoteles sucht J.L. VIVES, indem er die Sprache Platons der eines Jupiter für würdig hält, zugleich aber auch Aristoteles als einen herausragenden Redner bezeichnet.[49] Eine Trennung von Philosophie und Rhetorik, wie sie sich aus der Unterscheidung von theoretischer Wahrheitssuche und praktischer Redekunst ergibt, erfährt allerdings bei M. NIZOLIO eine scharfe Kritik. Da diese Trennung in den Augen Nizolios eine Dekadenzerscheinung der philosophischen Tradition darstellt, ergreift er [50] – gegen Platon – entschieden Partei für Gorgias und Isokrates, deren Rhetorik eine Philosophie offenbare, die darin bestehe, Macht über sich und andere zu erlangen.[51]

4. *16.–18. Jh.* Trotz der im 16.–18. Jh. zunehmenden Verselbständigung der Rhetorik als Wissenschaft bleibt das Thema ‹Sprache› in vielfacher – auch in rhetorischer – Hinsicht Gegenstand derjenigen philosophischen Reflexionen, die im weitesten Sinne als ‹platonisch› bezeichnet werden können. Nicht zuletzt durch die Impulse der italienischen Renaissance wirken in der philosophischen Konzepten der (Früh-) Aufklärung platonische bzw. neuplatonische Theorien der Erkenntnis und damit auch der Sprache und ihrer Wirksamkeit fort. Die Erkenntnis- und Sprachphilosophie Platons scheinen selbst für so unterschiedliche Denker wie F. BACON, TH. HOBBES, R. DESCARTES, J. LOCKE oder G.W. LEIBNIZ zum Konvergenzpunkt zu werden, wenn man bedenkt, daß all diesen ‹Aufklärern› die enge Verknüpfung von Sprache und Vernunft sowie die Notwendigkeit der pädagogischen und politischen Nutzanwendung der Philosophie für das Gemeinwohl bewußt waren. Freilich kann hier von ‹P.› zumeist nur im Blick auf bestimmte inhaltliche Übereinstimmungen oder systematische Positionen die Rede sein.

BACON schreibt als Kenner sowohl der Philosophie Platons als auch der Geschichte des P. gegen die vielschichtige Macht der gesprochenen und geschriebenen Sprache – und damit gegen die Rhetorik –, durch die der menschliche Verstand mit falschen Vorstellungen angefüllt wird, die der Wahrheitserkenntnis im Wege stehen. [52] Dabei erfährt das Platonische Höhlengleichnis eine für die Frühaufklärung prägnante Erweiterung: Jeder Mensch sitzt in seiner eigenen, individuellen, z.B. durch die Erziehung, durch Bücher und Autoritäten, geprägten Höhle, die ihm «das Licht der Natur bricht und verdirbt». [53] Als Kritiker der Rhetorik und der Philosophie bezeichnet er auch die Philosophen (etwa Platon oder Aristoteles) als Sophisten im pejorativen Sinne: Sie alle vollbrächten nichts weiter als aufgeblähtes «Gerede müßiger Greise an unerfahrene Jünglinge» und unterschieden sich lediglich dadurch, daß die einen, nicht-seßhaft und auf Bezahlung angewiesen, umhergezogen seien, während die anderen als wohlhabende Bürger Schulen hätten gründen können. [54] Auch HOBBES kennt die Macht der Sprache – besonders die Wirkung der Rhetorik und ihren möglichen Mißbrauch für politische, gesellschaftliche und wissenschaftliche Ziele, den bereits Sokrates bzw. Platon verurteilten. Dies erklärt seine Ablehnung der Rhetorik ebenso wie die Bemühungen, den Sprachgebrauch kritisch und rational zu sichten und Elemente der Rhetorik aufzuwerten [55] – letzteres (gewollt oder ungewollt) ganz im Sinne der rhetorischen Tugend der *perspicuitas*. DESCARTES greift die von Bacon formulierten Anregungen auf, um sokratisch zugespitzt zu folgern, sein gesamtes Studium habe ihn lediglich zur Erkenntnis seiner Unwissenheit geführt. Er beschreibt seine Abwendung von erlernten Wissenschaften, wie etwa der Rhetorik und der Poesie, die er geschätzt und geliebt habe, oder der Philosophie und ihren Hilfswissenschaften, die zu vermeintlich Macht und dubiosem Ansehen führten. [56] Sein Weg, sich von den Vorurteilen zu befreien, die durch Schulbildung, durch Lehrer und Bücher, mithin durch Sprache bzw. Rhetorik, entstanden sind, ist der methodische Zweifel – ein Verfahren, das ohne die Akademische Skepsis, ohne Sextus Empiricus und ohne den mit skeptischen Tendenzen platonisierenden Augustin nicht denkbar wäre. Eine ähnliche kritische Auffassung vertritt LOCKE, wenn er gegen die mit dialektischen (logischen) und rhetorischen Mitteln ausgeführten Schulstreitigkeiten seiner Vorgänger und Zeitgenossen polemisiert. Auch sein Ausweg ist der einer *mutmaßlich* unbefangenen Erkenntnistheorie, die von einer sprachfreien – und damit vermeintlich eindeutigen – Ideenerkenntnis ausgeht und dem Betrugswerkzeug ‹Rhetorik› bestenfalls Unterhaltungswert zugesteht. [57] Eine solche Degradierung der Rhetorik hat LEIBNIZ mit dem Hinweis relativiert, wer stichhaltig und unter Verwendung einer luziden Sprache gegen den Mißbrauch der Eloquenz argumentiere, verfahre selbst rhetorisch und kämpfe – durchaus sinnvoll – mit den Mitteln der Beredsamkeit gegen die Möglichkeiten einer falschen Rhetorik. [58] Wie bereits bei Hobbes, findet sich also auch bei Leibniz eine sprachkritische Philosophie der Aufklärung, die man als Befreiung von der Rhetorik durch die Rhetorik bezeichnen kann.

Auch der stark vom italienischen Humanismus geprägte G.B. VICO ist mit Bacon, aber gegen Descartes [59] von der Notwendigkeit einer Neuordnung der Wissenschaften überzeugt. Ein in den Schriften Vicos immer wieder formulierter Ausgangspunkt für die Sicherung wirklichen Wissens ist seine antirationalistische Überzeugung von der Identität des Wahren und des Gemachten. [60] Er plädiert für die Abwendung von der Welt der Natur zugunsten einer Hinwendung zur gesellschaftlichen Welt; diese allein ist vom Menschen geschaffen, und nur in ihr kann der Mensch daher zu wahrem Wissen gelangen, und zwar durch eine historische Sozialwissenschaft, in der Rhetorik und Philologie als Wissenschaften die Schlüsselrolle übernehmen: Die wissenschaftliche Beschäftigung mit den Sätzen, den Reden, den Texten, die eine Gesellschaft bedingen, ist seine Antwort auf die Cartesianische Abwendung von der politisch-sozialen Welt. [61] Indem Vico so zugleich die Annahme einer sprachunabhängigen Ideenwelt zurückweist, liefert er den Sprachtheoretikern des späten 18. und frühen 19. Jh. wichtige Impulse, die Denker wie J.G. HAMANN, J.G. HERDER und W. VON HUMBOLDT angeregt haben dürften, die Sprache – im womöglich unbewußten Anschluß an die Spätphilosophie Platons – zur korrelativ-konstitutiven Größe des Denkens zu erheben und sie so aus dem erkenntnistheoretischen Spannungsverhältnis ‹Welt-Denken-Sprache› herauszuführen. Eine vergleichbare Vermittlerrolle spielt der dritte Graf von SHAFTESBURY, dessen Schriften dafür sorgten, daß der Cambridge P. des 17. Jh. in der Ästhetik- und Poetik-Kritik der Romantiker fortwirken konnte. [62]

5. *19.–20. Jh.* In der Transzendentalphilosophie und frühromantischen Ästhetik des ausgehenden 18. Jh. wird der P. intensiv rezipiert. In Verbindung damit und parallel zum Verfall der klassischen Rhetorik findet ihre Neubelebung statt, indem die von I. KANT vollzogene Kopernikanische Denkrevolution [63] fortgesetzt und die erkenntnisstiftende Rolle der Subjektivität und damit der Sprache systematisch ausgebaut wird. [64] Beide – Herabsetzung und Aufwertung – spiegeln sich in Kants wirkungsmächtiger Bestimmung der Rhetorik bezüglich der Urteilskraft wider. Einerseits knüpft er an Platons Polemik gegen die Sophisten an: Der Philosoph mache einen «freien und selbsteigenen» Gebrauch von seiner Vernunft, der nicht darauf abziele, seiner Erkenntnis «einen Schein von Wahrheit und Weisheit zu geben». [65] Infolge der eigenen Aufforderung zur Aufklärung gilt Kant die hinterlistige Rednerkunst als achtungsunwürdige, weil entmündigende, Dialektik. [66] Andererseits zählt er im Unterschied zu Platon die «Beredtheit und Wohlredenheit (zusammen Rhetorik)» zur schönen Kunst, die das den Geist belebende Zusammenspiel von Einbildungskraft und Verstand von jeglichem äußerlichen Zweck befreit. [67] Daß die Philosophie selbst rhetorisch sei, betont dagegen F. SCHLEGEL, der in den Platonischen Dialogen Ansätze zu einer Synthese von Fichte und Spinoza findet und den Plan ihrer allerdings erst von F.D.E. SCHLEIERMACHER durchgeführten bahnbrechenden Übersetzung entwirft. [68] Schlegel fordert eine ‹In-Berührung-Setzung› der Poesie mit der Philosophie und Rhetorik [69] und sieht deren produktive Wechselwirkung im platonischen Enthusiasmus als der anamnetischen Erfassung des Schönen vorgebildet, obwohl Platon selbst letztlich in einen Dualismus von Geist und Körper verfalle, der nicht zum ursprünglichen «Streben der Liebe» durchdringe [70], und zudem eine «falsche politische Tendenz» gegen die demokratische Redekultur aufweise. [71] Auch Schleiermacher hebt Platons Absicht hervor, die Rhetorik als «Kunst in einem höheren Sinne» zu betreiben, indem sie mittels der Dialektik alle verschiedenen Arten von Reden und Seelen

situationsgemäß miteinander zu verbinden vermag: Dies sei der Ursprung jener bei Aristoteles beginnenden «besseren Rhetorik».[72]

Der vom Kritizismus sowie der Frühromantik ausgehende sog. ‹Deutsche Idealismus› transformiert den P. ins spekulative Denken und bewertet zugleich die Rhetorik neu; denn diese Ideentheorie orientiert sich an der Wirklichkeit, die sich nicht nur *in* der Sprache vermittelt, sondern sich vielmehr *als* diese konstituiert. Mittels etymologischer Reflexionen sowie gezielter Wortspiele und Neologismen versuchen J.G. FICHTE, F.W.J. SCHELLING und G.W.F. HEGEL, philosophische Sachverhalte erneut oder sogar überhaupt erst zu erschließen. Die Platonische Anamnesis-Theorie verbindet FICHTE mit der evokativen Wirkung belehrender Rede, die zur eigenen Einsicht führt.[73] In seiner Popularphilosophie spricht er das Vernunftpotential bewußt rhetorisch an, um die endliche Person zur unendlichen Idee durch die ‹Tathandlung› intellektueller Anschauung zu führen.[74] SCHELLING konstatiert: Das Aufgehen der Philosophie in der trügerischen Überredungskunst beeinträchtige sowohl die Philosophie als auch den Staat.[75] Kunstphilosophisch unterscheidet er im Anschluß an Kant die durch Bilder redende Rhetorik, die den Zweck habe, entweder «um sich anschaulich zu machen, oder um zu täuschen und Leidenschaft zu erwecken», von der Poesie, die Ideales und Reales im schönen Gegenbild des Absoluten verbal ‹ineinsbildet›: Ohne äußerlichen Zweck bringe sie «diejenige Empfindung, die in ihr selbst ist, auch außer sich» hervor, was Platon mit der Wirkung eines Magnets vergleiche.[76] Aber auch Schelling macht sich den metaphorischen Sprachstil zu eigen, indem er seine akademische Methodenlehre sowie sein Weltalter-Projekt zwischen unmittelbarer Vernunfteinsicht bzw. Erzählung und Dialektik entwickelt.[77] HEGEL grenzt zwar die Redekunst als die «Prosa des praktischen Endzwecks» von der freien Dichtkunst ab und sieht sie als ein «Raisonnement» aus Gründen und Gegengründen in der Platonischen Begriffs-Dialektik ‹aufgehoben›.[78] Dennoch stellt Hegel wohl als erster unter den zeitgenössischen Philosophiehistorikern[79] das pädagogische Verdienst der Sophisten als der Lehrer Griechenlands heraus: «Ihre Bildung war sowohl Bildung zur Philosophie als zur Beredsamkeit, um ein Volk zu regieren, oder etwas bei ihm geltend machen zu wollen durch Vorstellungen».[80] Zur Grundlage ebender Beredsamkeit, zu der Hegel auch die Aristotelische ‹Topik› zählt, gehören die demokratische Verfassung und bürgerliche Entscheidungsfähigkeit sowie das Vermögen, die vielfältigen Gesichtspunkte einer Sache hervorzuheben.[81]

Während A. SCHOPENHAUER die Rhetorik zusammen mit der Logik und der Dialektik zur Technik der Vernunft rechnet und neben der Platonischen Idee als dem Objekt der Kunst gelten läßt[82], geht die durch F. NIETZSCHE vollendete Umwertung der Rhetorik mit einer vorsätzlichen Umkehrung des P. einher.[83] Gegen diese mit einem nihilistischen Christentum gleichgesetzte dogmatische «Krankheit», die aufgrund der grammatischen Struktur des Subjekts und Prädikats von zeitlosen Wahrheiten redet, setzt er sich für das «*Perspektivische*, die Grundbedingung des Lebens» ein.[84] Platons Antipathie gegen die von ihm ihres Einflusses wegen beneideten Rhetoriker leitet Nietzsche aus einer illegitimen Trennung von wahrer und scheinbarer Welt her.[85] Zur dionysischen «Rechtfertigung des Lebens» gehört ebendie Einsicht, die Sprache – auch die der Metaphysik – sei an sich Rhetorik.[86] Auf der propositionalen Wissenschaftlichkeit besteht dagegen der logische P.. G. FREGE spricht situationsbezogenen und konnotativen Ausdrücken jeden Erkenntnisinhalt ab, nicht jedoch deren Vermittlungsfunktion.[87] Auch P. NATORP hält seinem neukantianischen Ansatz gemäß nicht die Redekunst, sondern die «Denkkunst», die Logik, für die «wahre Kunst der λόγοι».[88] B. CROCE setzt Platons Polemik gegen die Rhetorik ebenfalls fort, jedoch nur, wenn sie mit der Ethik nicht im Einklang stehe.[89]

Im Anschluß an Nietzsches These von der grundlegenden Metaphorizität der Sprache und deren anti-metaphysisches Korollarium findet eine rhetorische Wende in der Philosophie des 20. Jh. statt[90] – freilich nicht unbedingt in der Platon-Forschung selbst, die die Platonische Prinzipienlehre neu entdeckt hat.[91] Diese Wende geschieht explizit gegen den «Platonischen Wahrheits- und Wertobjektivismus»[92], insofern der von Platon entfachte Streit zwischen Philosophie und Rhetorik in der Philosophie zugunsten der Rhetorik entschieden wird.[93] Somit will TH. W. ADORNO das rhetorische Moment mittels negativer Dialektik kritisch retten.[94] Die Rückkehr zu einem vorplatonischen Pragmatismus, der entweder unanfechtbare Argumente statt eines unerschütterlichen Fundaments der Erkenntnis aufsucht[95] oder Geltungsansprüche durch konsensstiftende Rede legitimiert[96] oder sogar die praxisbezogene Sozialphilosophie des Isokrates rehabilitiert[97], ist allerdings nur *eine* Option des Denkens – vom entgrenzten «Panrhetorismus»[98] der dekonstruierten Platonischen Differenzierung von Diskursbereichen wie ‹Rede und Schrift› oder gar ‹Philosophie und Sophistik›[99] ganz zu schweigen. Von M. HEIDEGGERS existentialer Deutung der Aristotelischen Affektenlehre[100] ausgehend, bestimmt H.-G. GADAMER das gemeinsame Anliegen der Rhetorik und Hermeneutik als das platonisch konzipierte Gespräch. Die auf die Platonische Dialektik sowie Seelenlehre zurückzuführende Aristotelische Redekunst entspreche der Kunst des Verstehens: Beide durchdrängen sich vollkommen als Aspekte der Sprachlichkeit menschlicher Welterfahrung, die einen Universalitätsanspruch besäßen, insofern Verständigung immer gesucht werden müsse.[101] Schließlich kann die rhetorikaffine Philosophie selbst eine Wesensverwandtschaft mit dem P. innerhalb einer sprachkritisch aufgeklärten Metaphysik begründen, die ihre eigene Glaubwürdigkeit konsequent thematisiert.[102]

Anmerkungen:
1 Isocrates: Oratio ad Nicoclem 50–53, hg. b. G. Mathieu, E. Brémond (²1967); dazu Ch. Eucken: Isokrates. Seine Positionen in der Auseinandersetzung mit den zeitgenössischen Philosophen (Berlin/New York 1982) 213–248. – **2** Arist. Rhet. III, 4, 1406b32–1407a2. – **3** Anonymi et Stephani in Artem rhetoricam commentaria, hg. v. H. Rabe (Commentaria in Aristotelem Graeca 21,2) (1896). – **4** De ratione dicendi ad Herennium II, 3, hg. G. Achard (Paris 1989). – **5** Cic. Or. 3, 10–12; 20, 67, hg. v. H. Bornecque et al. (Paris 1930); dazu A. Michel: Rhétorique et philosophie chez Cicéron. Essai sur les fondements philosophiques de l'art de persuader (Paris 1960) 137–149. – **6** Quint. I, 12, 15; II, 15, 28–31, hg. v. J. Cousin (Paris 1975f.). – **7** Tacitus: Dialogus de oratoribus 31, 6, hg. v. H. Heubner (1983) 31. – **8** Ps-Long. Subl. 1,3–4. 32,8. 35,1–2. 36,1–2, griech. – dt. hg. v. R. Brandt (1966) 28. 92. 96–98; dazu R. Brandt: Einl., ebd. 19. – **9** Aelius Aristides: Contra Platonem de rhetorica 23–31, griech.-engl. hg. v. C.A. Behr (London 1973) 296–298; dazu A. Boulanger: Aelius Aristide et la sophistique dans la province d'Asie au IIe siècle de notre ère (Paris 1968) 213–225. – **10** Augustinus: De rhetorica 3, hg. v. R. Giomini, in: Studi Latini e Italiani 4 (1990) 35–76. – **11** Olympiodorus: In Platonis Gorgiam commentaria, hg. v. L.G.

Westerink (1970). – **12** Hermeias von Alexandrien: In Platonis Phaedrum scholia, hg. v. P. Couvreur (Paris 1901) 249. 253; dazu ders.: Komm. zu Platons ‹Phaidros›, übers. und eingel. v. H. Bernard (1997) 418, Anm. 254–255. – **13** Apuleius: De Platone et eius dogmate II 8, hg. v. C. Moreschini (1991) 119. – **14** Plotin: Enneaden IV 4, 31. V 9, 11. – **15** Porphyrius: Philosophica fragmenta 2 Test. Z. 30, hg. v. A. Smith (1993). – **16** Iamblichus: Protrepticus, hg. v. H. Pistelli (1888) 77, 18–28. – **17** C. Marius Victorinus: Liber de definitionibus 3,24. 4,16–29. 6,24–33. 10,33–11,3, in: ders.: Liber de definitionibus. Eine spätantike Theorie der Definition und des Definierens. Mit Einl., Übers. und Komm. hg. v. A. Pronay (1997) 53. 54. 56. 60–61; dazu A. Pronay: Einl., ebd. 20. – **18** Martianus Capella: De nuptiis Philologiae et Mercurii V 438, hg. v. J. Willis (1983); dazu S. Grebe: Martianus Capella, ‹De nuptiis Philologiae et Mercurii›. Darst. der sieben freien Künste und ihrer Beziehungen zueinander (1999) 213–278. 714–725. – **19** Boethius: Philosophiae consolatio II 3, hg. v. L. Bieler (CCSL 94) (Turnhout 1957) 21. – **20** Johannes Eriugena: De divisione naturae V 4 (ML 122) 869D–870C. – **21** Ch. Horn: Plotin über Sein, Zahl und Einheit. Eine Studie zu den system. Grundlagen der Enneaden (1995) 11, Anm. 7f.; R. Walzer: Zur Traditionsgesch. der Aristotelischen Poetik (1934), in: ders.: Greek into Arabic (Oxford 1962) 129–136. – **22** J. Langhade, M. Grignaschi (Hg.): AL-FĀRĀBĪ, Deux ouvrages inédits sur la Rhét., I. Kitāb Al-Ḫataba, II. Didascalia in Rethoricam Aristotelis ex Glosa Alpharabii (Beirut 1971) 210–214; auch: W.F. Boggess: Alfarabi and the Rhet.: The Cave Revisited, in: Phronesis 15 (1970) 86–90, bes. 89. – **23** I. Hadot: Arts libéraux et philosophie dans la pensée antique (Paris 1984) 191ff.; zu den *artes liberales* vgl. Nicolaus de Orbellis; dazu C. Prantl: Gesch. der Logik im Abendlande III (1867, ND Graz 1955) 175, Anm. 5. – **24** Alkuin: Disputatio de vera philosophia (ML 101) 852D–853D. – **25** C. Ottaviano: Un brano inedito della ‹Philosophia› di Guglielmo di Conches (Neapel 1935) 21ff. – **26** Wilhelm von Conches: Ysagoge in theologiam, in: A. Landgraf: Ecrits théologiques de l'école d'Abélard (Löwen 1934) 70–72. – **27** Hugo von St. Viktor: Epitome Dindimi in philosophiam 351ff., in: Opera propaedeutica, hg. v. R. Baron (Notre Dame 1966) 201ff. – **28** K. Flasch: Das philos. Denken im MA. Von Augustin zu Machiavelli (1986) 307. – **29** Hugo von St. Viktor: Didascalicon, hg. v. C.H. Buttimer (Washington 1939) 11, 20ff. – **30** Flasch [28] 308. – **31** Berthold von Moosburg: Expositio super Elementationem theologicam Procli. Prologus. Propositiones 1–13, hg. v. M.R. Pagnoni-Sturlese, L. Sturlese, mit einer Einl. v. K. Flasch (1984) 47 (vgl. Anm. 79–81). – **32** ebd. – **33** B. Mojsisch: Platonisches und Platonistisches in der Philos. des Nikolaus von Kues, in: Th. Kobusch, B. Mojsisch (Hg.): Platon in der abendländischen Geistesgesch. Neue Forschungen zum P. (1997) 134–141. – **34** ders.: Philos. der Sprache bei Nikolaus von Kues – Explikation und Kritik, in: Ch. Asmuth, F. Glauner, B. Mojsisch (Hg.): Die Grenzen der Sprache. Sprachimmanenz – Sprachtranszendenz (Amsterdam/Philadelphia 1998) 71–83; K. Kahnert: Entmachtung der Zeichen? Augustin über Sprache (Amsterdam/Philadelphia 2000) 186–196. – **35** B. Mojsisch: The Otherness of God as Coincidence, Negation, and Not-Otherness in Nicholas of Cusa: An Explication and Critique, in: O.F. Summerell (Hg.): The Otherness of God (Charlottesville/London 1998) 60–77. – **36** S. Ijsseling: Rhet. und Phil.: eine hist.-system. Einführung (1998) 81–83. – **37** J.E. Seigel: Rhet. and Philos. in Renaissance Humanism (Princeton 1968) 44–46. – **38** ebd. 92–95. – **39** Georgius Trapezuntius: Comparatio philosophorum Aristotelis et Platonis (ND 1965) 1, 2–3. – **40** Ijsseling [36] 83–84. – **41** ebd. 84; H.-B. Gerl-Falkovitz: Rhet. als Philos.: L. Valla (1974) 191–231. – **42** Platon: Theaitetos 189e4–190a7. – **43** Platon: Sophistes 233d3–235a9. – **44** Ijsseling [36] 84; Gerl-Falkovitz [41] 231–250. – **45** M. Ficino: Commentarium in Parmenidem, prooemium, in: Opera omnia (ND Turin 1962) II, 1137. – **46** ebd. 1137–1138. – **47** M. Ficino: In Protagoram Epitome, in: Opera [45] 1297. – **48** P.O. Kristeller: Stud. zur Gesch. der Rhet. und zum Begriff des Menschen in der Renaissance (1981) 57; zu Melanchthon: D. Shuger: Sacred Rhet. in the Renaissance, in: Plett 123–124. – **49** J.L. Vives: In convivia Philelphi praelectio, in: Opera omnia (ND London 1964) II, 85. – **50** M. Nizolio: De veris principiis, hg. v. Q. Breen (Rom 1956). – **51** Ijsseling [36] 84. – **52** F. Bacon: Novum Organum [1620] I, 38–41, in: Neues Organon, Teilbd. 1, hg. v. W. Krohn, lat.-dt. (1990) 98–105. – **53** ebd. 42, 103. – **54** ebd. 71, 151–153. – **55** Th. Hobbes: Leviathan [1651], in: The English Works III, hg. v. W. Molesworth (London 1839, ND Aalen 1962) I, 4, 18–29. I, 9, 71–73; De homine, Opera philosophica quae Latine scripsit omnia II, hg. v. W. Molesworth (London 1839, ND Aalen 1961) 88–94, bes. 92; dazu K.-M. Kodalle: Th. Hobbes (1588–1679), in: T. Borsche (Hg.): Klassiker der Sprachphilos. (1996) 111f.; Q. Skinner: Reason and Rhet. in the Philos. of Hobbes (Cambridge 1996) 356–375. – **56** R. Descartes: Discours de la méthode pour bien conduire sa raison et chercher la vérité dans les sciences [1637] I, 6–15, in: Œuvres de Descartes, hg. v. C. Adam, P. Tannery (Paris 1902) VI, 4–11. – **57** J. Locke: An Essay Concerning Human Understanding, hg. v. P.H. Nidditch (Oxford 1975) III, 10, 490–508. 493f. 508; dazu G. Gabriel: Logik und Rhet. der Erkenntnis. Zum Verhältnis von wiss. und ästhetischer Weltauffassung (1997) 99–100. – **58** G.W. Leibniz: Nouveaux Essais sur l'entendement humain [1765], in: Sämtl. Schr. und Briefe, hg. v. d. Dt. Akad. der Wiss. Berlin, 6. Reihe, Bd. 3 (1962) III 10, 340–350, bes. 350; dazu Gabriel [57] 100. – **59** E. Grassi: G.B. Vico und das Problem des Beginns des modernen Denkens – kritische oder topische Philos.?, in: J. Kopperschmidt (Hg.): Rhet. Bd. 2: Wirkungsgesch. der Rhet. (1991) 107–126. – **60** G.B. Vico: De antiquissima Italorum sapientia [1710] I 2, in: Opere, hg. F. Nicolini (Bari 1914ff.) I, 136. – **61** ders.: De constantia philologiae I, in: Opere [60] II, 308–319, bes. 318f.; Principi di una scienza nuova intorno alla natura delle nazioni [1725, ^{3}1744] Abs. 147. 331 [60] III, 91. 168; dazu Ijsseling [36] 85–88; J. Trabant: G. Vico (1668–1744), in: Borsche [55] 162–167. – **62** E. Cassirer: Die platonische Renaissance in England und die Schule von Cambridge (1932) 110–113; F.-P. Hager: Aufklärung, P. und Bildung bei Shaftesbury (1993) 100–144. – **63** I. Kant: Kritik der reinen Vernunft B XV–XVII [^{2}1787], in: Akad.-Ausg. (1900ff.) III, 11–12. – **64** P. Schnyder: Die Magie der Rhet. Poesie, Philos. und Politik in F. Schlegels Frühwerk (1999) 13, 84–85. – **65** I. Kant: Logik [1800], in: Akad.-Ausg. [63] IX, 26. – **66** ders., KU § 53 ebd. V, 327–328; dazu T. Bezzola: Die Rhet. bei Kant, Fichte und Hegel. Ein Beitrag zur Philosophiegesch. der Rhet. (1993) 20–53. – **67** Kant [63] § 53; V, 327–328. – **68** F. Schlegel: Frg. 856 [1798], in: Krit. Ausg., hg. v. E. Behler (1958ff.) XVIII, 265–266; Frg. 1201 [ca. 1798], ebd. XVIII, 295; Grundsätze zum Werk Platons [1800], ebd. XVIII, 526–530. – **69** ders. Frg. 116 [1798] [68] II, 182; dazu Schnyder [64] 18. – **70** ders. Frg. 241 [1802] [68] XVIII, 454; Die Entwicklung der Philos. in zwölf Büchern [1804–05] [68] XII, 215–218; Plat. Phaidr. 253a2–4; dazu J. Zuvko: Verstehen und Nichtverstehen bei F. Schlegel. Zur Entstehung und Bed. seiner hermeneutischen Kritik (1990) 61–84, hier: 62–63. 70–73. 75. – **71** F. Schlegel: Frg. 1054 [1797] [68] XVIII, 116; dazu Schnyder [64] 198–203. – **72** F.D.E. Schleiermacher: Einl. zum Phaidros [1804], in: Über die Philos. Platons, hg. v. P.M. Steiner (1996) 78. 92. – **73** J.G. Fichte: De recto praeceptorum poeseos et rhetorices usu, in: Akad.-Ausg. II/1, 1–29, hier: 19–20; dazu P.L. Oesterreich: Das gelehrte Absolute. Metaphysik und Rhet. bei Kant, Fichte und Schelling (1997) 35–40, bes. 37. – **74** J.G. Fichte: Die Grundzüge des gegenwärtigen Zeitalters [1804] [73] I/8, 141–396, hier: 222. 284; dazu Oesterreich [73] 87–89. – **75** F.W.J. Schelling: Abh. zur Erläuterung des Idealismus der Wissenschaftslehre [1796/97], in: Sämtl. Werke, hg. v. K.F.A. Schelling (1856ff.) I, 343–452, hier: 418. – **76** ders.: Philos. der Kunst [1802ff.] [75] V, 353–736, hier: 638–39; Platon, Ion 535e7–536b1; dazu O.F. Summerell: Einbildungskraft und Vernunft: Die Widerspiegelung der absoluten Identität in Schellings Philos. der Kunst, in: Ch. Asmuth, A. Denker, M. Vater (Hrsg.): Schelling: Between Fichte and Hegel (Amsterdam/Philadelphia 2000) 179–212. – **77** F.W.J. Schelling: Vorles. über die Methode des akad. Studiums [1802] [75] V, 207–352, hier: 255. 267; ders.: Die Weltalter. Fragmente. In den Urfassungen von 1811 und 1813, hg. v. M. Schröter (1946) 63; dazu Oesterreich [73] 144–147. 180–192. – **78** G.W.F. Hegel: Vorles. über die Ästhetik [1820ff.], in: Jubiläumsausg., hg. v. H. Glockner (1927ff.) XIV, 267; Vorles. über die Gesch. der Philos. [1805ff.], ebd. XVIII, 20; dazu Bezzola [66] 126–131. 141–144. – **79** D. Tiedemann: Geist der spekulativen Philos. von Thales bis Berkeley (1791–97) I, 349; D.F. Ast: Grundriß der Gesch. der Philos. [1807] (^{2}1825) 87; W.G. Tennemann: Grundriß der Gesch. der Philos. [1812] (^{2}1816) 75; E. Reinhold: Gesch. der

Philos. nach den Hauptmomenten ihrer Entwicklung [1828] (³1845) 89–90; H. Ritter: Gesch. der Philos. alter Zeit [1829] (²1836) I, 634–635. – **80** G.W.F. Hegel: Vorles. über die Gesch. der Philos. [78] 7–8. 10; dazu K. Held: Die Sophistik in Hegels Sicht, in: M. Riedel (Hg.): Hegel und die antike Dialektik (1990) 129–149. – **81** Hegel [80] 11–12; dazu Bezzola [66] 134–141. – **82** A. Schopenhauer: Die Welt als Wille und Vorstellung [1818], in: Sämtl. Werke, hg. v. P. Deussen (1911ff.) I, 199ff.; II, 129–131. – **83** F. Nietzsche: Aphor. 549 [1870/1871], in: Krit. Gesamtausg., hg. v. G. Colli u. M. Montinari (Berlin/New York 1967ff.) III/3, 207. – **84** F. Nietzsche: Jenseits von Gut und Böse [1886], in: Gesamtausg. [83] VI/2, 3; dazu A. Tebartz-van Elst: Ästhetik der Metapher. Zum Streit zwischen Philos. und Rhet. bei Fr. Nietzsche (1994) 34–38. 49–51. – **85** F. Nietzsche: Aphor. 2282 [1875] [83] IV/1, 180; Sokrates und die griech. Tragödie [1871], in: [83] III/2, 123–124; Götzendämmerung [1889], in: [83] VI/3, 74; dazu Tebartz-van Elst [84] 14–15. – **86** F. Nietzsche: Aphor. 11374 [1887] [83] VIII/2, 18–19; aber bereits: Rhet. (Vorlesung) [1874], in: Musarionausg. (1920ff.) V, 285–319, hier: 298; dazu Tebartz-van Elst [84] 94–102. – **87** G. Frege: Sinn und Bedeutung [1892], in: Funktion, Begriff, Bedeutung. Fünf logische Stud., hg. v. G. Patzig (1962) 43; Der Gedanke. Eine logische Unters. [1918], in: Logische Unters., hg. v. G. Patzig (⁴1993) 36–37; dazu Gabriel [57] 21–24. – **88** P. Natorp: Platos Ideenlehre. Eine Einf. in den Idealismus [1902] (²1921) 53–55. – **89** B. Croce: Estetica come scienza dell'espressione e linguistica generale. Teoria e storia [1902] (Bari ⁴1912) 496–498; dt.: Aesthetik als Wiss. vom Ausdruck und allg. Sprachwiss. Theorie und Gesch. (1930) 441–442. – **90** Gabriel [57] 9–12. 108–115. – **91** T.H. Irwin: Plato: The Intellectual Background, in: R. Kraut (Hg.): The Cambridge Companion to Plato (Cambridge 1992) 51–89, hier: 66–68; anders A. Nehamas: Eristic, Antilogic, Sophistic, Dialectic: Plato's Demarcation of Philos. from Sophistry, in History of Philos. Quarterly 7 (1990) 3–16, bes. 13. – **92** J. Kopperschmidt: Philos. und Rhet. – das Ende einer Konfliktbeziehung? Anm. zum Rahmenthema der Tagung, in: H. Schanze, J. Kopperschmidt (Hg.): Rhet. und Philos. (1989) 341–364, hier: 352. – **93** H. Blumenberg: Anthropologische Annäherungen an die Rhet. [1970], in: ders.: Wirklichkeiten, in denen wir leben (1981) 105. – **94** Th. W. Adorno: Negative Dialektik (1966) 62–63. – **95** R. Rorty: Philos. and the Mirror of Nature (Princeton 1979) 157; dt.: Der Spiegel der Natur. Eine Kritik der Philos. (³1994) 176; dazu S. Mailloux: Introduction: Sophistry and Rhet. Pragmatism, in: ders. (Hg.): Rhet., Sophistry, Pragmatism (Cambridge 1995) 1–31, hier: 14–15. 19. – **96** Kopperschmidt [92] 358–364. – **97** E. Schiappa: Isocrates' Philosophia and Contemporary Pragmatism, in: Mailloux [95] 33–60, bes. 58. – **98** Bezzola [66] 153. – **99** J. Derrida: La pharmacie de Platon, in: La dissémination (Paris 1972) 69–197, bes. 127–133. – **100** M. Heidegger: Sein und Zeit [1927] (¹⁵1979) 138–139; dazu H. Niehues-Pröbsting: Überredung zur Einsicht. Der Zusammenhang von Philos. und Rhet. bei Platon und in der Phänomenologie (1987) 243–266. – **101** H.-G. Gadamer: Rhet., Hermeneutik und Ideologiekritik [1967], in: Kleine Schr. I (1967) 113–130, hier: 114–19; Rhet. und Hermeneutik [1976], in: Kleine Schr. IV (1977) 148–163, bes. 159; dazu O. Pöggeler: Gadamers philos. Hermeneutik und die Rhet., in: Schanze, Kopperschmidt [92] 201–216. – **102** P.L. Oesterreich: Verborgene persuasive Strategien. Zur rhet. Metakritik der Philos., in: Schanze, Kopperschmidt [92] 297–317, hier: 301–304. 315–316.

Literaturhinweise:

R. McKeon: Rhet. in the MA, in: Speculum 17 (1942) 1–32. – C. Vasoli: La dialettica e la retorica dell'umanesimo (Mailand 1968). – A. Nizzoli: M. Nizolio e il rinnovamento scientifico moderno (Como 1970). – W.F. Boggess: Hermannus Alemannus's Rhetorical Translations, in: Viator 2 (1971) 227–250. – J.O. Ward: The Date of the Commentary on Cicero's ‹De inventione› by Thierry of Chartres (ca. 1095–1160?) and the Cornifician Attack on the Liberal Arts, in: Viator 3 (1972) 219–273. – M. Wesseler: Die Einheit von Wort und Sache. Der Entwurf einer rhet. Philos. (1974). – H. Schanze (Hg.): Rhet. Beiträge zu ihrer Gesch. in Deutschland vom 16.–20. Jh. (1974). – A. Wolters: Probleme der Beschreibung antithetischer Sprachfiguren: Stud. zur Rhet. in F. Petrarcas ‹Canzoniere› (1976). – J. Lindhardt: Rhetor, Poeta, Historicus: Stud. über rhet. Erkenntnis und Lebensanschauung im ital. Renaissancehumanismus (1979). – M. Fuhrmann: Rhet. und öffentliche Rede. Über die Ursachen des Verfalls der Rhet. im ausgehenden 18. Jh. (1983). – P. Dronke: The Medieval Poet and his World (Rom 1984). – M. Mooney: Vico in the Tradition of Rhet. (Princeton 1985). – G.K. Mainberger: Rhetorica I. Reden mit Vernunft. Aristoteles, Cicero, Augustinus; Rhetorica II. Spiegelungen des Geistes. Sprachfiguren bei Vico und Lévi-Strauss (1987, 88). – J. Neel: Plato, Derrida, and Writing (Carbondale/Edwardsville 1988). – H.-B. Gerl: Rhet. und Philos. im MA, in: H. Schanze, J. Kopperschmidt (Hg.) Rhet. und Phil. (1989) 99–119. – A. Ansani: Image magi: Magic and Rhet. in the Italian Renaissance (1990). – J. Dyck (Hg.) Rhet. der Neuzeit, in: Rhetorik 10 (1991). – P. von Moos: «Was allen oder den meisten oder den Sachkundigen richtig scheint» Über das Fortleben des ἔνδοξον im MA, in: B. Mojsisch, O. Pluta (Hg.): Historia Philosophiae Medii Aevi. Stud. zur Gesch. der Philos. des MA II (Amsterdam/Philadelphia 1991) 711–744 – P.L. Oesterreich: Das Verhältnis von ästhet. Theorie und Rhet. in Kants KU, in: Kant-Stud. 83 (1992) 324–335. – O. Berwald: Ph. Melanchthons Sicht der Rhet. (1994). – I. Craemer-Ruegenberg, A. Speer: *Scientia* und *ars* im Hoch- und SpätMA (Berlin/New York 1994). – J. Kopperschmidt, H. Schanze (Hg.) Nietzsche oder «Die Sprache ist Rhet.» (1994). – L.L. Schneider Reden zwischen Engel und Vieh. Zur rationalen Reformulierung der Rhet. im Prozeß der Aufklärung (1994) – K. Petrus: Genese und Analyse. Logik, Rhet. und Hermeneutik im 17. und 18. Jh (1997). – F. Bausi (Hg.): Filosofia o eloquenza? (Neapel 1998) – P.L. Oesterreich (Hg.): Rhet. und Philos., in: Rhetorik 18 (1999).

K. Kahnert, A. Malmsheimer B. Mojsisch F.-B. Stammkötter, O. F. Summerell

→ Argumentation → Aristotelismus → Artes liberales → Aufklärung → Beredsamkeit → Dekonstruktion → Dialektik → Hermeneutik → Humanismus → Protreptik → Redner, Rednerideal → Skeptizismus → Sokratik → Sophistik → Wahrheit, Wahrscheinlichkeit

Plausibilität (engl. plausibility; frz. plausibilité; ital. plausibilità)

A. ‹P.› ist das Kennzeichen von etwas, das einleuchtet, verständlich oder begreifbar, glaubhaft und wahrscheinlich ist. Plausible Urteile sind relative Urteile, deren Relativität sich in drei Merkmalen zeigt: Sie sind intersubjektiv, probabilistisch und überholbar. Das lateinische *plaudere* meint in seiner ursprünglichen Bedeutung ‹klatschen, schlagen› und findet sich u.a. bei CICERO in der Bedeutung von ‹Beifall spenden, seine Huldigung darbieten›. [1] *Plausibilis*, beifallswürdig, einleuchtend, bezeichnet Darbietungen, die den Zuschauern oder Hörern gefallen. ‹P.› ist stets mit dem gemeinsamen Urteil des jeweiligen Auditoriums verbunden. Ein Argument ist für ein Auditorium plausibel, wenn dasselbe Auditorium in einem ähnlichen Fall dem Argument bereits zugestimmt hat. [2] Dieser Bezug auf vergleichbare Fälle in der Vergangenheit bildet den *locus ab auctoritate*, der Glaubwürdigkeit an Autoritäten bindet und Normierungs- und Beweiskraft erhält. Das Verständnis der antiken Rhetorik, ‹P.› als etwas Überzeugendes zu fassen, wird bis zu DIDEROT und D'ALEMBERT tradiert: «terme relatif à l'acquiescement, au consentement, à la croyance que nous donnons à quelque chose» (Bezeichnung, bezogen auf die Zustimmung, auf das Einverständnis, auf den Glauben, den wir einer Sache entgegenbringen) [3] Plausible Urteile sind überzeugende Urteile, die vor dem Hintergrund eines sozial hergestellten Konsenses von Meinungen gebildet werden. Diese Auffassung eines Rekurses auf den Konsens überwindet den

Erkenntnisbezug auf Wahrheit und absolutes Wissen bei PLATON.[4] Durch den Cartesianismus und den modernen Positivismus ist ein Bedeutungswandel eingetreten: P. wird als Eigenschaft von Thesen verstanden – in zunehmendem Maße wird auf den Hörer verzichtet.[5] Eine Argumentation, die nur ‹plausibel› ist, ist nicht zwingend; sie gilt nur vorläufig und hat ein weit geringeres Ansehen als eine logische Beweisführung: Ein Plausibilitätsurteil ist falsifizierbar und durch Wissensfortschritt überholbar.

B. I. *Antike.* Wesentlich für die Bestimmung der ‹P.› ist die zentrale Bedeutung des Syllogismus als eine Prämissen-Conclusio-Argumentation bei ARISTOTELES.[6] Der Syllogismus umfaßt nicht nur den stringenten und notwendigen Schluß, den apodiktischen Syllogismus, wie in den ‹Ersten Analytiken›, sondern auch die plausiblen und mehr oder weniger wahrscheinlichen dialektischen und rhetorischen Schlußfolgerungen der ‹Topiken› mit gemeinhin zugestandenen Prämissen bzw. mit nicht stringenten Folgerungen. Dialektische und rhetorische Syllogismen haben nur endoxale, meinungsmäßig zugestandene Prämissen, die in der Regel auch das Wahrscheinliche, εἰκός, eikós, zum Ausdruck bringen.[7] Ἔνδοξα, éndoxa sind Meinungen, die Reputation haben[8], glaubwürdige Ansichten, die auf einem Konsens der meisten oder der Autoritäten beruhen. Das lateinische Äquivalent *probabile* bei BOETHIUS, das mit ‹ehrenwert› und ‹anerkannt› übersetzt werden kann, hebt den moralischen und sozialen Bezug der menschlichen Meinung hervor.[9] Dieser Ausgangskonsens, ein Ausdruck des gesunden Menschenverstandes[10], bildet die Geltungsnorm der *opinio communis*, an der sich die dialektische Argumentation zu orientieren hat.[11] Das *éndoxon* kann funktional[12] als πιθανόν, pithanón, als das, was Überzeugung bei dem anderen schafft, bestimmt werden.[13] Das Enthymem, das die P. einer Behauptung erweisen soll, ist durch seine integralen Bestandteile *éndoxon* und *eikós* eigenständiges Überzeugungsmittel (πίστις, pístis).[14] *Eikós* meint nicht Wahrscheinlichkeit im Sinne einer relativen Häufung, sondern ist etwas, das meistens so geschieht und damit meinungsabhängig ist.[15] Im dialektischen Übungsgespräch wird Folgerichtigkeit unabhängig von der Wahrheit der Prämissen erstrebt. Als Kriterium für die Zulassung der Prämissen gelten die mittels dialektischer Topoi aufgesuchten weithin anerkannten Sätze, die normativ gefaßt sind. Das Enthymem als Kernstück des rhetorischen Überzeugens beruht auf Prämissen, die aus den *éndoxa* geschöpft werden. Der in der generischen Prämisse als endoxal angenommene Sachverhaltszusammenhang ist nur möglicherweise wahr. ‹P.› kann somit als enthymemische Zusammenschau von *éndoxon* und *eikós* gefaßt werden. Enthymeme aus dem Wahrscheinlichen[16] und Enthymeme aus dem nicht-notwendigen Zeichen stützen sich auf plausible Prämissen. Im *eikós*-Enthymem, dem Enthymem aus dem Wahrscheinlichen, dient ein mit Wahrscheinlichkeit geltender allgemeiner Satz als Oberprämisse, während im Indizien-Enthymem, dem Enthymem aus dem Zeichen, aus einem Indiz auf das Vorliegen eines Sachverhalts geschlossen wird.[17] Geeignete Prämissen zur Aufstellung der Enthymeme gewinnt man aus den Topoi des jeweiligen Fachgebiets. Diese besonderen Topoi, die Meinungen über Sachverhaltszusammenhänge darstellen, sind allgemein zugestandene Plausibilitätsannahmen über Wirklichkeit und sind von allgemeinen Topoi zu unterscheiden, die plausible Schlußregeln darstellen und damit den Übergang von den Prämissen auf die Konklusion legitimieren. Dieser formale Toposbegriff ist vom *locus communis* später bei CICERO abzugrenzen, der als fertiges, allgemeines Argument verstanden wird.[18] Das materiale Konzept findet sich auch im ‹Commonplace Book› der Renaissance[19] und im 20. Jh. als schematisierte Ausdrucksform, die literarisch allgemein verwendet wird.[20]

In der lateinischen Rhetorik werden die Beweismittel *probationes* genannt.[21] QUINTILIAN betont, daß ein Teil der *probationes* nur wahrscheinlich ist.[22] Eine *probatio* schließt vom (Nicht-)Vorliegen eines Sachverhalts *p* mit einer gewissen Wahrscheinlichkeit auf das (Nicht-)Vorliegen eines Sachverhalts *q*. Unterschieden werden verschiedene Glaubwürdigkeitsgrade.[23] Für sehr wahrscheinlich gilt z.B., daß nicht der Schwache den Starken, sondern der Starke den Schwachen verprügelt. Dieses auf KORAX zurückgehende Argument ist hingegen ein Beispiel für geringere Glaubwürdigkeit: Es ist unwahrscheinlich, daß ein kräftiger Angeklagter die ihm angelastete Tat begangen hat, da er damit der allgemeinen Meinung entsprochen hätte.[24]

II. *Mittelalter, Humanismus, Barock.* Mit seinen ‹Introductiones in Logicam› entwirft WILLIAM OF SHERWOOD eine Reduktion topischer Argumente auf Syllogismen und untersucht damit Argumentation nicht mehr unter dem Gesichtspunkt der Evidenz und P., sondern allein im Hinblick auf logische Stringenz.[25] Für die Terministen wie Sherwood und PETRUS HISPANUS erhält topische Argumentation ihre Geltung dadurch, daß eine Rückführung auf einen Syllogismus durch Hinzufügung der fehlenden Prämisse möglich ist. Diese Abwertung der topischen Logik durch die Scholastik wird von R. AGRICOLA zurückgenommen, der die Tradition der rhetorischen Dialektik und Topik wieder aufnimmt. In seinen 1515 erschienenen ‹De inventione dialectica libri tres› bestimmt Agricola einen Topos als Anweisung, der etwas als wahrscheinlich und glaubwürdig erschlossen werden kann.[26] Diese Anweisung dient der Aufdeckung einer spezifischen Ordnungsstruktur, die einen Sachverhalt darstellt. Zur argumentativen Abstützung einer These greift man auf Topoi zurück, um ein passendes Argument zu finden. Argumente haben einen bloß wahrscheinlichen und plausiblen Charakter, wie auf die Topoi des Ähnlichen oder der Wirkursache[27] zurückgegriffen wird. Überzeugungskraft erhält eine Argumentation durch die jeweilige Kommunikationssituation, insbesondere durch den Einbezug des möglichen Hörerverhaltens.[28] Der bei Agricola entwickelte Begriff des Topos als Kennzeichen, das die Ordnung der Welt anzeigt, ist material gefaßt. Diese Reduktion des Toposbegriffs auf den manifesten *locus communis*, auf eine schematisierte Ausdrucksform, steht in deutlichem Gegensatz zum formalen Charakter des allgemeinen Topos der griechischen Rhetorik, der allgemeine Argumentationsprinzipien bzw. plausible Schlußregeln umschreibt.

III. *18. und 19. Jh.* In seiner 1709 verfaßten Inauguralrede ‹De nostri temporis studiorum ratione› hebt G. VICO den Stellenwert der rhetorisch-topischen Methode gegenüber dem Cartesianismus hervor. Nach Vico vermittelt die rhetorische Topik, für die Wahrscheinlichkeit (*verisimilitudo*) grundlegend ist und die einen Sachverhalt von mehreren Seiten betrachtet, Klugheit und schult Phantasie und Gedächtnis. Da diese der Wahrheit ähnliche Wahrscheinlichkeit die Grundlage für die Herausbildung des *sensus communis* darstellt und dieser die Norm (*regula*) der Beredsamkeit bildet [29], läßt sich ein enger Zusammenhang mit dem *éndoxon* herstellen

IV. 20. Jahrhundert. Unter Rückgriff auf die rhetorisch-topische Tradition wenden sich TH. VIEHWEG und CH. PERELMAN gegen den kritischen Rationalismus, nach dessen Selbstverständnis sachgerechtes und logisches Denken ohne Sprache und ohne Rückgriff auf Plausibilitätsannahmen des Alltagsverstandes möglich ist. Zentrales Anliegen Viehwegs ist die Verknüpfung von Topik und Jurisprudenz und der Nachweis der topischen Struktur der gegenwärtigen Zivilistik. [30] Während Viehweg Topik allgemein als Problemlösungsverfahren bestimmt, gibt Perelman als Entscheidungskriterium «l'accord de l'auditoire universel» (Zustimmung der universalen Öffentlichkeit) an. Die Begründung einer These ist plausibel, wenn sie darauf angelegt ist, den vernünftig denkenden Menschen zu überzeugen. [31] Die Anpassung des Redners an das universale Auditorium gelingt über die Anknüpfung an ein gemeinsames Bezugssystem, an gemeinsame Wertvorstellungen, die die Rede grundieren und auf diese Weise die Zustimmung der Zuhörer ermöglichen. [32]

Anmerkungen:
1 R. Klotz: Hwtb. der lat. Sprache (1963) 803. – **2** Arist. Rhet. II,12 1398 b 21 ff. – **3** Diderot Encycl unter : ‹plausible, plausibilité›. – **4** K. Oehler: Der Consensus omnium als Kriterium der Wahrheit in der antiken Philos. und der Patristik., in: Antike und Abendland 10 (1961) 105; P. v Moos: Introduction à une histoire de l'endoxon, in: Ch. Plantin: Lieux communs, topoi, stéréotypes (Paris 1993) 5. – **5** Brockhaus-Wahrig: Dt. Wtb., Bd. 5 (1983) 153. – **6** O. Primavesi: Die aristotelische Topik (1996) 24. – **7** Aristoteles, Analytica priora II, 27, 70 a 3. – **8** Arist. Top. I, 1, 100b 21–23. – **9** v. Moos [4] 9. – **10** P. v. Moos: Die angesehene Meinung. Stud. zum endoxon in MA II, in: Th. Schirren, G. Ueding (Hg.): Topik und Rhet. (2000) 148. – **11** Oehler [4] 106. – **12** v. Moos [4] 9. – **13** Arist. Rhet. I, 1355 a 4–7. – **14** J. Sprute: Die Enthymemtheorie der aristotelischen Rhet. (1982) 66. – **15** ebd. 75 f. – **16** Arist. Rhet. I, 1357a 27 ff. und II, 1402b 15. – **17** Aristoteles, Analytica priora II, 27 70a 7–9. – **18** W. Veit: Toposforschung, in: M.L. Bäumer (Hg.): Toposforschung (1973) 183. – **19** H.F. Plett: Rhet. der Gemeinplätze, in: Schirren [10] 225 ff. – **20** Curtius 79. – **21** Quint. V 10, 8. – **22** ebd. V, 10, 12. – **23** ebd. V, 10, 16. – **24** vgl. Sprute [14] 113f. – **25** William of Sherwood, Introductiones, hg. u. übers v. H. Brands u. C. Kann (1994) 88. – **26** Agricola 20; vgl. E. Eggs: Art. ‹Logik›, in HWRh 5, Sp. 414 ff. – **27** Agricola 87 ff. – **28** ebd. 209. – **29** Vico Stud. III, 26 f., 75. – **30** Th. Viehweg: Topik und Jurisprudenz (⁵1974) 97, 105, 109. – **31** Perelman, 41. – **32** ebd. 154.

Literaturhinweise:
C. Prantl: Gesch. der Logik im Abendlande, Bd. I–V (1855–70, ND 1997). – A. Faust: Die Dialektik R. Agricolas. Ein Beitr. zur Charakteristik des dt. Humanismus, in: AGPh 34 (1922) 118–135. – E. Kapp: Der Ursprung der Logik bei den Griechen (1965). – W.A. de Pater: Les Topiques d'Aristote et la dialectique platonicienne (Fribourg 1965). – L. Fischer: Curtius, die Topik und der Argumenter, in: Sprache im technischen Zeitalter 42 (1972) 114–143. – W. Bayer: P. und juristische Argumentation (1975). – N. Horn: Topik in der rechtstheoretischen Diskussion, in: D. Breuer, H. Schanze (Hg.): Topik (1981) 57–64.

A. Steudel-Günther

→ Argumentation → Beweis → Endoxa → Enthymem → Glaubwürdigkeit → Indiz → Logik → Publikum → Topik → Wahrheit, Wahrscheinlichkeit

Pleonasmus (griech. πλεονασμός, pleonasmós; lat. plus necessarium [1])

A. Der P. bedeutet eine Ausdrucksweise auf der Ebene von Wort, Wortgruppe, Satz oder Gedanke, deren Redundanz positiv und negativ bewertet wird. Daher gilt er einerseits als *ornatus* (Redeschmuck) [2], andererseits als *vitium* (Verstoß), und zwar insbesondere als Verstoß gegen die Gebote der *brevitas* und der *perspicuitas*. [3] Er gehört in den Bereich der Figurenlehre, d. h. soweit es Wort, Wortgruppe oder Satz betrifft, zur *elocutio*. Beispiele für P. innerhalb eines Wortes sind: δαρδάπτειν, dardáptein (verschlingen) für δάπτειν, dáptein (fressen), *Mavors* für *Mars* oder κελαινεφὲς αἷμα, kelainephés haíma (schwarzwolkiges Blut) für κελαινὸν αἷμα, kelainón haíma (schwarzes Blut), für P. in einer Wortgruppe oder einem kurzen Satz: λευκοὶ ὀδόντες ἀργιόδοντος ὑός (die weißen Zähne eines weißzahnigen Schweins) [4] oder: «sic ore locuta est» (so sprach sie mit ihrem Mund). [5] Auch die redundante Benutzung von Pronomina und Partikeln gilt als P. [6] Als Gründe für P. dieser Art werden die Zwänge des Metrums oder Emphase angegeben. [7] Außerdem werden Kombinationen von zwei synonymen Wörtern oder gar Synonymenhäufungen wie «abiit, excessit, evasit, erupit» (er ging weg, er entwich, er verschwand, er stürzte davon) [8] als P. angesehen. [9] Insofern ist eine scharfe Trennung zwischen P. und Tautologie kaum möglich, da letzteres Phänomen ebenfalls unter dem Begriff ‹Tautologie› firmiert [10], während die Tautologie an gleicher und anderer Stelle auch als Wiederholung desselben Wortes beschrieben wird. [11] Überdies wird P. auch als Sammelbezeichnung für Wort- und Gedankenfiguren und -phänomene benutzt, in denen mehr gesagt wird, als für das Verständnis benötigt wird. [12] In der Musik bedeutet P. eine Aneihung von *syncopa* und *symblema* in einer *clausula*, die den Schluß einer Periode verzögert und dadurch Spannung erzeugt. [13]

B. Eine tatsächliche Entwicklung in der Begriffsgeschichte oder in der Bewertung des P. ist nicht auszumachen. Bemerkenswert ist nur, daß die kategorische Ablehnung des P. insbesondere eine Sache der römischen Grammatiker ist bzw. solcher Autoren, die sich mit der Sprache des Epos, dem die Mehrzahl der Beispiele für diese Figur entnommen wird, beschäftigen wie SERVIUS und DONAT, aber auch der Homerscholiast EUSTATHIOS. Die Bewertung dieser Sprache jedoch, zu deren charakteristischen Merkmalen Redundanzen gehören, ist sicherlich in besonderem Maße vom jeweiligen Geschmack der Zeit oder des Individuums abhängig. Wie arbiträr letztendlich die Einordnung des P. als *ornatus* oder *vitium* ist, zeigt nicht nur die Tatsache, daß oft ein Autor Beispiele für beides angibt oder verschiedene Autoren dasselbe Beispiel für *ornatus* und *vitium* zitieren, sondern daß QUINTILIAN sogar dieselbe Wortkombination mit jeweils verschiedener Anordnung einmal als *vitium* und einmal als *virtus* (wegen der Steigerung des Ausdrucks) anführt: «Vidi oculos ante ipse meos» (Sah's doch selbst vor den eigenen Augen) und «Videt, ipse, ante oculos» (er hat es gesehen, er selbst, leibhaftig vor den Augen). [14] Die eindeutige Definition des P. bei LAUSBERG als überflüssige Setzung eines oder weniger Wörter und seine klare Abgrenzung von der Tautologie als einer Wiederholung des gleichen Wortes oder der gleichen Wortgruppe ergibt sich aus einer Reduzierung der Quellen auf Quintilian und ISIDOR. [15]

Anmerkungen:
1 Übers. bei Aquila, nur von Martianus Capella übernommen, vgl. Rhet. Lat. min., 36, 25; 483, 2–3. – **2** vgl. Dionysios von Halikarnassos, Perí tēs Demosthénūs léxeōs 58, 1127–1128, in: Dionysii Halicarnasei opuscula, hg. von H. Usener, L. Radermacher, Bd. 1 (1899) 251–252; Tryphon in: Rhet. Graec. Sp., Bd. 3, 198, 1–14; Alexander ebd. 32, 20–21; Tiberios ebd. 75, 13–25; Zonaios ebd. 166, 29; Phoibammon ebd. 46, 11–50, 5; 50, 21–52, 4; Gregor von Korinth, Londoner Scholien zu Dionysios Thrax ebd. 220, 222–221, 3; Kokondrios ebd. 242, 21–24; Georgios Choiroboskos ebd. 252, 7–10; Anonymos ebd. 212, 1–5; Quint. ebd. VIII, 3, 54; Aquila, in: Rhet. Lat. min. 36, 25–28; Marius Plotius ebd. 454, 1–2; Charisius ebd. 271, 1–3; Diomedes ebd. 440, 28–31; 441, 5–10; Carmen de figuris ebd. 70, 178; Martianus Capella V, 537; Priscian, Gramm. Lat., Bd. 3, 328, 13–16; J. Susenbrotus: Epitome Troporum ac Schematum et Grammaticorum et Rhetorum (Zürich 1541) 31; Scaliger, Bd. 3, 518, 19–21; Gottsched, Redek. 347, 19–22; Dichtk. 395, 16–396, 19. – **3** vgl. Theon, in: Rhet. Graec. Sp., Bd. 2, 130, 23–28; Quint. VIII, 3, 53; Aquila [2] 36, 28–37, 1; Fortunatianus, in: Rhet. Lat. min., 105, 8; Donat, in: Gramm. Lat., Bd. 4, 395, 3–4; Servius ebd. Bd. 4, 447, 19–21; Pompeius ebd. Bd. 5, 294, 1–7; Isidor I 34, 6; II 20, 3–4; Eustathios, in: Eustathii Archiepiscopi Thessalonicensis Commentarii ad Homeri Iliadem pertinentes, hg. von M. van der Valk, Bd. 3, Leiden 1979, 64, 17–21; Scaliger, Bd. 3, 518, 3–5; G. Puttenham: The Arte of English Poesie (London 1589, London 1869) 264. – **4** Homer, Odyssee X 263–264, Übers. Verf. – **5** Vergil, Aeneis I, 614, Übers. Verf. – **6** vgl. Tryphon [2] 9–12; Alexander [2] 32, 20–29; Aquila [2] 37, 1–2; Carmen de figuris [2] 70, 180; Martianus Capella V, 537; Scaliger, Bd. 3, 518, 19–21. – **7** vgl. Alexander [2] 32, 21; Zonaios [2] 29; Gregor von Korinth [2] 220, 25–26; Anonymos [2] 212, 2–3; Aquila [2], 36, 27; Diomedes [2] 440, 29; Carmen de figuris [2], 70, 178; Gottsched Dichtk. 395, 18–20. – **8** Cicero, In Catilinam oratio II, 1, übers. von M. Fuhrmann: Cicero, Sämtl. Reden, Bd. 2 (1985) 245. – **9** vgl. Dionysios von Halikarnassos [2] 251–252; Tryphon [3] 198, 7–9; Tiberios [2] 75, 13–25; Anonymos [2] 212, 4–5; Quint. IX, 3, 45. – **10** vgl. Zonaios [2], 165, 21–23; Phoibammon [2] 46, 11–14; Anonymos [2], 182, 6–14; Aquila [2], 34, 7–16; Marius Plotius [2] 454, 8–9; Charisius [2] 271, 16–17; Donat [2] 395, 10; Diomedes [2], 450, 16–18; Martianus Capella 5, 535; Pompeius [3] 19–24 (von den Römern die meisten mit dem gleichen Beispiel *ego ipse* oder *egomet ipse*); Ernesti Graec. 348. – **11** vgl. Quint. VIII, 3, 50, Marius Plotius [10]; Charisius [10]; Donat [10]; Schema dianoeas, in: Rhet. Lat. min., 76, 30–32; Pompeius [3] 294, 19 Ernesti Graec. 348; Lausberg Hb. § 502. – **12** vgl. Phoibammon [2] 46, 11–50, 5; 50, 21–52, 4. – **13** vgl. D. Bartel: Hb. der musikalischen Figurenlehre (1985) 240. – **14** Quint. IX, 3, 46. – **15** vgl. Lausberg Hb. § 502.

B. Czapla

→ Amplificatio → Elocutio → Enumeratio → Figurenlehre → Ornatus → Tautologie → Wiederholung

Ploke (griech. πλοκή, ploké - 'Verflechtung'; lat. copulatio; engl. ploce od. ploche)

A. P. ist nicht die eindeutige Bezeichnung einer bestimmten Figur, sondern wird von verschiedenen Autoren in verschiedenem Sinne verwendet. Bei allen Definitionen handelt es sich aber um Wort-, speziell um Wiederholungsfiguren, die entweder nur phonetisch oder phonetisch und semantisch bestimmt sind.

B. Schon in der Antike werden mit P./ *copulatio* mehrere distinkte Typen von Wiederholungsfiguren bezeichnet. QUINTILIAN versteht unter P. die Wiederholung eines Wortes oder einer Wortfolge in kurzem Abstand (i.U. zur *anadiplosis*) *ohne* Veränderung der Bedeutung, z.B.: «Als ich mich also mit Appius Claudius ausgesöhnt hatte, und zwar ausgesöhnt durch Cn. Pompeius, als ich mich also ausgesöhnt hatte». [1] Quintilian legt besonderen Nachdruck darauf, daß unter P. keine Figur zu verstehen sei, sondern sie durch eine «Vermischung von Figuren» zustandekomme [2]; eine Präzisierung des Begriffs ist aber aus den ‹Institutiones oratoriae› nicht zu gewinnen. Quintilians Auffassung der P. kommt dem nahe, was von HERMOGENES κύκλος (kýklos, 'Ring') [3], von CHARISIUS [4] und DONATUS [5] *epanalepsis*, von IULIUS RUFINIANUS [6] ἐπαναδίπλωσις (epanadíplōsis, 'Verdoppelung'), von AQUILA ROMANUS [7] schließlich προσαπόδοσις (prosapódosis, 'Zugabe') oder *redditio* genannt wird. [8]

In einem weiteren Sinne steht P. auch für jedes kunstvolle Arrangement der Elemente eines Satzes wie Hyperbaton, Periodenbau u.ä. [9]

Vor allem hat sich der Begriff der P. für die Wiederholung eines Wortes mit einer von dem ersten habituellen Gebrauch des Wortes verschiedenen, meist emphatischen, positiv oder negativ steigernden Bedeutung etabliert. Dieser Typ, der im Lateinischen *distinctio* ('Unterscheidung') genannt wird, ist eine Kombination von Wortfigur und semantischer Figur. ALEXANDROS NUMENIU beschreibt die P., welche er als ἀντιμετάθεσις (antimetáthesis, 'Austausch') oder σύγκρισις (sýnkrisis, 'Zusammenstellung') bezeichnet, und erläutert sie mit einem Beispiel: «Bei dieser Figur bezeichnen wir durch den Gebrauch derselben Ausdrücke oft etwas anderes, wie z. B.: Etwas Anmutiges ist der Mensch, wenn er ein Mensch ist.» [10] Als der P. nahe verwandt stellt er die ἀντιμεταβολή (antimetabolé, 'Umstellung') dar, bei der die semantische Nuancierung verlorengegangen ist und nur mehr die Worthäufung bleibt [11]; diese ist nach den antiken Beispielen häufig von einem Chiasmus nicht zu unterscheiden. [12]

Die Definition des AQUILA ROMANUS [13], der die P. auch *copulatio* nennt, ist neben der Passage aus Alexandros Numeniu die für die Terminologie späterer Rhetoriken wirkmächtigste: Aquila bringt als Exempel: «An jenem Tag jedoch war Memmius Memmius» und fügt erklärend hinzu, daß der doppelt gesetzte Ausdruck zuerst lediglich einen Menschen bezeichne, bei der zweiten Nennung der Ausdruck semantisch durch die Assoziation auf eine individuell bestimmte Person konkretisiert werde. Dieser *locus classicus* der P. gelangt wohl über die Vermittlung durch MARTIANUS CAPELLA [14] in die protestantische und jesuitische Rhetorik, J. SUSENBROTUS [15] und N. CAUSSINUS [16] übernehmen sie getreulich. PEACHAM geht in den Subkategorisierungen bei Figuren unter seinen Zeitgenossen am weitesten und behandelt die P. unter den «Figures of repetition» [17], schränkt sie aber – wohl wegen einer unvollständigen Rezeption des reichen antiken Beispielschatzes – auf die Wiederholung von Eigennamen ein. [18] Genannt, aber nicht eindeutig von anderen Wiederholungsfiguren geschieden wird die P. in PUTTENHAMS ‹Arte of English Poesie›, der sie mit «sorte of repetition» und «speedy iteration of one word, but with some little intermission by inserting one or two words» charakterisiert. [19] MEYFART (1634) behandelt die P. zusammen mit der *antanaclasis*, dem *homoeoptoton* und dem *homoeoteleuton*, versteht darunter aber auch ein Wortspiel mit Homonymen. [20] FABRICIUS [21] und HALLBAUER [22] gestalten die P. ziemlich getreu der obengenannten Auffassung des Alexandros Numeniu, Hallbauer mit aussagekräftigen Beispielen. Eines davon findet sich bei GOTTSCHED wieder, der die P. sonst auf die kürzeste Weise abhandelt, da solcherlei «Figuren Dictionis» nichts seien «als kahle Wortspiele, die nichts, als ein kindisches Geklapper in den Ohren machen, aber kein Feuer eines Affektes in sich halten». [23] In der Tat verschwindet die P. als eigene Art der Wiederholungsfigur in späteren einschlägigen rhetorischen Abhandlungen zusehends oder wird in einem terminologischen Wirrwarr mit völlig verschiedenen Bedeutungsinhalten versehen. [24] H.F. PLETT ordnet die P. in seinem luziden Schema der Figuren als Wiederholungsfigur des Typs «phonetische Identität [...] bei gleichzeitiger semantischer Differenzierung» ein. [25]

Anmerkungen:
1 Quint. IX, 3, 41 (eig. ein Cicero-Zitat: Ep. ad Brutum Frg. 8, 1 Müller). – 2 Quint. IX, 3, 41 u. 49. – 3 Hermog. Inv. IV, 8, in: Rhet. Graec. Sp. II, 252, 1–26. – 4 Gramm. Lat. I, 281, 18–20. – 5 Gramm. Lat. IV, 398, 9–11. – 6 Rhet. Lat. min. 50, 19–29. – 7 Rhet. Lat. min. 32, 16–22. – 8 Volkmann 470f. – 9 Dion. Hal.,Thukydides 29, Aphthonios, Progymnasmata p. 35, 11–14 Rabe; Ps. Iul. Ruf. §14, in: Rhet. Lat. min. 51, 16–22). – 10 Alexandros Numeniu, Περὶ τῶν τῆς διανοίας σχημάτων καὶ τῆς λέξεως II, 22, in: Rhet. Graec. Sp. III, 37, 14–20. – 11 vgl. die Belege bei Lausberg Hb. § 801. – 12 falsche Zuordnung der Def. des Alexandros zur *commutatio* bei Lausberg Hb. § 801, richtig zur *distinctio* dagegen ebd. p. 396 Anm. 2. – 13 Aquila Romanus, De figuris sententiarum et elocutionis 28, in: Rhet. Lat. min. 31, 7–11. – 14 Mart. Cap. V, 532 = p. 186. 17 Willis. – 15 I. Susenbrotus, Epitome troporum ac schematum ... (Zürich 1541) 55. – 16 N. Caussini De eloquentia sacra et humana libri XVI (Köln ³1634) 316. – 17 B.-M. Koll (Hg.): Henry Peachams ‹The Garden of Eloquence› (1593). Hist.-kritische Einl., Transkription und Kommentar (1996) 46. – 18 ebd. 49f., vgl. Kolls Einleitung und Kommentar z. St. – 19 ed. G.D. Willcock, A. Walker (Cambridge 1936) 201f., zur Entstehungszeit (wohl um 1585) und umstrittenen Verfasserfrage vgl. die Einl. pp. XI-LIII. – 20 Meyfart 334ff. – 21 Fabricius 194. – 22 Hallbauer Orat. 479. – 23 Gottsched Redek. 276. – 24 E.W. Bullinger: Figures of Speech used in the Bible: Explained and illustrated (London 1898) 287f.; B. Vickers: Classical Rhetoric in English Poetry (London 1970) 87f., 97, 107, 124f., 144, 147, 149, 155; W. Bühlmann, K. Scherer: Sprachl. Stilfiguren der Bibel (²1994) 31. – 25 H.F. Plett: Einf. in die rhet. Textanalyse (1971) 37.

Literaturhinweise:
M. Frédéric: La répétition. Étude linguistique et rhétorique (1985). – R.D. Anderson Jr.: Glossary of Greek Rhetorical Terms (Löwen 2000).

G. Krapinger

→ Anadiplose → Anaklasis → Antimetabole → Distinctio → Emphase → Epanalepse → Kyklos → Wiederholung

Poeta (griech. ποιητής, poiētés lat. poeta; dt. Dichter, Poet; engl. poet; frz. poète; ital. poeta)
A. Def. – B.I. Antike. – II. Mittelalter. – III. Humanismus. – IV. Barock. – V. Aufklärung, 19. Jh. – VI. 20. Jh. – C. Poeta laureatus.

A. Unter ‹P.› versteht man den Verfasser von Sprachkunstwerken, vorwiegend von Texten in Versform. Etymologisch geht ποιητής, poiētés, das seit dem 5. Jh. v. Chr. an die Stelle der älteren ἀοιδός, aoidós (Sänger) tritt, zurück auf griech. ποιεῖν, poieín (schaffen, hervorbringen, machen) und bezeichnet den Erfinder und Verfertiger eines Werkes. [1] Im 13. Jh. wird *poete* über lat. *poeta* oder aus dem altfrz. *poete* ins Deutsche entlehnt [2] und bleibt bis ins 18. Jh. das gebräuchliche Wort für Dichter. In der ersten Hälfte des 18. Jh. wird es mit dem seit dem 12. Jh. belegten, aber selten gebrauchten ‹Dichter› gleichgesetzt. Schon OPITZ beklagt allerdings den abwertenden Gebrauch von P.: «Wenn sie einen gar verächtlich halten wollen / so nennen sie jhn einen Poeten.» [3] Schließlich verdrängt der ‹Dichter›, den Inspiration und Phantasie kennzeichnen, den gelehrten P., den *poeta* *doctus* des 16. und 17. Jh. ADELUNG vermerkt 1777, daß P., «ein ehedem sehr gangbares Wort, [...] durch den Mißbrauch nunmehr etwas verächtliches an sich genommen hat» und durch «Dichter» ersetzt wird. [4] Erst im 20. Jh. wird P. mit der Wiederbelebung der Vorstellung vom *poeta doctus* [5] und der in Deutschland vereinzelt erneuerten Tradition der Dichterkrönung (*poeta laureatus*), die in England nie unterbrochen wurde, wieder positiv besetzt.

Die sich im Lauf der Jahrhunderte wandelnde Auffassung vom Ideal des P. bedingt, daß ihm keine feste Stellung im rhetorischen System zugeordnet werden kann; vielmehr überschneidet er sich mit jeweils anderen Positionen bzw. grenzt sich gegen diese ab. In Zeiten, in denen Dichten ohne göttliche Inspiration unmöglich erscheint, rückt der P. in die Nähe des Rhapsoden (PLATON) oder wird zum *vates* (VARRO, in augusteischer Zeit von VERGIL, HORAZ und OVID gebraucht [6], von dort z. T. im Humanismus wieder aufgegriffen). Während ARISTOTELES den P. vom *historicus* trennt, ist der P. des Mittelalters bestrebt, zugleich *poeta et historicus* zu sein, da zu dieser Zeit historische und poetische Wahrheit gleichgesetzt werden. Mit der Konzeption des *poeta doctus* und der zunehmenden Rhetorisierung der Literatur seit Beginn der augusteischen Zeit findet eine Annäherung von P., Gelehrtem und *orator* statt. Die mittelalterliche Gleichstellung von P. und *versificator* wird im Humanismus und Barock unter dem Einfluß der platonischen Inspirationslehre zunehmend in Frage gestellt, auch wenn die Auffassung vom P. als Gelehrten weiterhin bestimmend ist. Allerdings wird im 17. und auch 18. Jh. (z.B. bei GOTTSCHED) der P., auch um ihm eine höhere Stellung zuzugestehen, gezielt vom Philosophen, Historiker und *orator* abgegrenzt. [7]

Anmerkungen:
1 H. Schlaffer: Poesie und Wissen (1990) 53f. – 2 F. Kluge, E. Seebold: Etymologisches Wtb. der dt. Sprache (²³1995) 638. – 3 Opitz 346. – 4 J. Ch. Adelung: Versuch eines vollst. gramm.-krit. Wtb. der hdt. Mundart (1777) Bd. 3, Sp. 111. – 5 W. Barner: Poeta doctus. Über die Renaissance eines Dichterideals in der dt. Lit. des 20. Jh., in: Literaturwiss. und Geistesgesch., FS R. Brinkmann (1981) 728–752. – 6 vgl. M. Runes: Gesch. des Wortes *vates*, in: Beitr. zur griech. und lat. Sprachforschung, FS P. Kretschmer (1926) 202–216. – 7 J. Dyck: Philosoph, Historiker, Orator und Poet. Rhet. als Verständigungshorizont der Literaturtheorie des XVII. Jh., in: Arcadia (4/1969) 1–15.

B.I. *Antike.* PLATONS philosophische Schriften, die den Wahrheitsanspruch der Philosophie gegenüber der Poesie verteidigen, enthalten zwar keine systematische Analyse der Poesie und des P., aber sie weisen auf wesentliche Aspekte hin, die den P. auszeichnen. Platon vertritt die schon in den Musenanrufen Homers [1] und Hesiods [2] zum Ausdruck gebrachte Auffassung, daß nur göttliche Inspiration den P. zu seinen Werken befähigt, und damit wird er den Sehern und Orakelsängern vergleichbar. [3] Im ‹Phaidros› formuliert Platon im Rahmen der Furor-Lehre die in späteren Poetiken immer wieder aufgegriffene Inspirationslehre: nur wer von einer von den Musen ausgehenden μανία, manía ergriffen wird, kann zum P. werden. «Wer dagegen ohne den Wahnsinn der Musen an die Pforte der Poesie kommt, überzeugt, er werde allein schon mit handwerklichen Fertigkeiten (τέχνη, téchnē) zum rechten Dichter werden, der bleibt selbst unvollkommen und seine Dichtung, da das Werk nüchterner Besonnenheit, verschwindet vor der Poesie des Inspirierten.» [4] Die Gegenüberstellung von téchnē und manía mildert er in anderen Schriften ab, indem er einerseits die Philosophie als musische Beschäftigung anerkennt[5], anderseits dem P. die Fähigkeit zugesteht, sein Werk wissenschaftlich zu begründen. Den Anspruch, Wahrheit zu vermitteln, gesteht er aber nur den Philosophen zu, da «die Dichter lügen» und er diese aus seinem idealen Staat verbannt. Dem P. spricht er – entgegen früheren Auffassungen – die Fähigkeit ab, Wissen zu vermitteln.[6] Künstlerische und wissenschaftlich-argumentative Fähigkeiten werden also von Platon jeweils verschieden zueinander in Beziehung gesetzt, das Verhältnis von Dichter und Philosoph unterschiedlich bewertet. Der P. befindet sich z.T. weit entfernt vom Philosophen, der den ersten Rang einnimmt, und in der Nähe bzw. noch unterhalb des Handwerkers. Da der P. nicht, wie dieser, Nachahmer von Ideen, sondern nur von Abbildern ist, indem er Artefakte nachahmt, handelt es sich um eine Nachahmung zweiter Stufe. An anderer Stelle steht der P. direkt neben dem Philosophen bis zu Überschneidungen mit dessen Tätigkeit, nämlich wenn er sich darauf versteht, sein Werk wissenschaftlich zu begründen.

ARISTOTELES definiert Dichtung als Nachahmung (μίμησις, mímēsis) menschlicher Handlungen durch Sprache[7] zum Zweck des Wohlgefallens. Mit dem Kriterium der Nachahmung wendet er sich gegen die verbreitete Auffassung, die als P. denjenigen bezeichnet, der in Versen schreibt. Statt dessen schließt er einerseits Prosagattungen wie den Mimos und den sokratischen Dialog ein, anderseits die Verfasser einer bestimmten Versgattung, des naturwissenschaftlichen Lehrgedichts, aus.[8] Aufgabe des P. ist es nicht, einmalige und wirkliche, sondern allgemeingültige und mögliche Handlungen mitzuteilen. Nicht Prosa oder Vers, nicht die Form, sondern der Modus des Wirklichkeitsbezugs unterscheidet deshalb den Geschichtsschreiber vom P. und begründet gleichzeitig ihre Stellung im rhetorischen System: Weil der eine nur das wirklich Geschehene mitteilt, der andere, was geschehen könnte, «ist Dichtung etwas Philosophischeres und Ernsthafteres als Geschichtsschreibung»[9], so daß Potentialität höher bewertet wird als Faktizität. Die Glaubwürdigkeit genießt dabei nach Aristoteles Priorität, denn für ihn verdient «das Unmögliche, das glaubwürdig ist, den Vorzug vor dem Möglichen, das unglaubwürdig ist.»[10] Nach ihm muß der P. zwar vor allem natürliche Begabung besitzen, aber er muß auch über die durch Regeln bestimmte téchnē verfügen. Die Handlung soll nicht nur objektiv möglich und wahrscheinlich, sondern subjektiv glaubwürdig sein, um die Identifikation des Publikums hervorzurufen. Die Kategorie der Glaubwürdigkeit unterstreicht die wirkungsorientierte Tätigkeit des P.

Die Theoretiker des Hellenismus nehmen ältere dichtungstheoretische Positionen auf und kommen dabei zu sehr unterschiedlichen Beschreibungen des P. KALLIMACHOS setzt sich bevorzugt mit den formalen Mitteln auseinander. Er ist mit seinem neuen episch-lyrischen Stil, epischen Kleinformen und dem mythologischen Lehrgedicht der einflußreichste Repräsentant eines neuen Dichtertyps, vor allem für die Römer seit den Neoterikern mit dem Kreis um CATULL, die ihn mit dem Ehrentitel doctus als Muster eines neuen Poetentyps bezeichnen.[11] ERASTOTHENES betont, der P. solle nur Vergnügen bereiten und nicht belehren.[12] NEOPTOLEMOS VON PARION nennt zum einen die beiden Voraussetzungen für die erfolgreiche Tätigkeit des P., natürliche Begabung und erlernbare Technik, zum anderen kommt er zur Synthese älterer, einander entgegengesetzter Positionen: der P. solle sowohl dem Nützlichkeitsdenken der Sophisten als auch dem ‹hedonistischen› Standpunkt des Aristoteles entsprechen, zwei Positionen, die in der ‹Ars poetica› des HORAZ wiederkehren. Nicht nur inhaltlich, sondern auch im Vokabular greifen die lateinischen Anschauungen über den P. griechisches Denken auf. Die Vorstellung vom gotterfüllten Poeten kommt in der Bezeichnung vates (Seher) zum Ausdruck, die VARRO im Anschluß an das griechische Vorbild irrtümlich für die altrömische Bezeichnung des Dichters hält und die in der augusteischen Zeit statt des abgegriffenen P. für den von göttlicher Inspiration erfüllten Poeten gebraucht wird.[13]

HORAZ weist dem Poeten die Doppelfunktion zu, seine Zuhörer durch Nachahmung zu unterhalten und zu belehren: «Aut prodesse volunt aut delectare poetae / aut simul et iucunda et idonea dicere vitae.» (Entweder nützen oder erfreuen wollen die Dichter oder zugleich, was erfreut und was nützlich fürs Leben ist, sagen.)[14] Diese Forderung scheint Horaz von Neoptolemos von Parion übernommen zu haben, der damit Eratosthenes' Behauptung, «jeder Dichter bezwecke Unterhaltung, nicht Belehrung», korrigierte.[15] Für Horaz muß der P. sowohl über natürliche Anlagen als auch Kenntnis der ars verfügen: «Natura fieret laudabile carmen an arte, / quaesitum est: ego nec studium sine divite vena / nec rude quid prosit video ingenium: alterius sic / altera poscit opem res et coniurat amice.» (Ob durch Naturtalent eine Dichtung Beifall erringt oder durch Kunstverstand, hat man gefragt. Ich kann nicht erkennen, was ein Bemühen ohne fündige Ader oder was eine unausgebildete Begabung nützt; so fordert das eine die Hilfe des andren und verschwört sich mit ihm in Freundschaft.)[16] Außerdem empfiehlt er dem zeitgenössischen P. die imitatio der griechischen Literatur: «Vos exemplaria Graeca / nocturna versate manu, versate diurna.» (Rollt nur der griechischen Muster auf mit fleißiger Hand bei Nacht und bei Tage.)[17] Dem Enthusiasmus steht er dagegen skeptisch gegenüber.[18] Mit den Anforderungen, die er an den P. stellt, entwirft er in der ‹Ars poetica› die klassisch gewordene Konzeption vom poeta doctus. Der P. muß zwar über ingenium verfügen, aber gleichzeitig die ars beherrschen, sich an Mustern der Vergangenheit schulen und sich mit der Forderung nach der Wahrung des Glaubwürdigen und gesellschaftlich Verbindlichen der Kritik stellen. Das Verhältnis von ingenium und ars beschreibt Horaz also in einer Art Synthese, etwa in Form einer stufenweisen Abfolge: den ersten Vers schenkt die Muse, dann setzt die Arbeit des doctus ein.[19] Die Horazische Konzeption ist Bezugspunkt und Vermittler für eine Synthese von Inspiration und Handwerk. Aus der Bedeutung, die der ars für den P. zuerkannt wird, ergibt sich eine Annäherung zwischen P. und orator. Einerseits werden die in der Rhetorik aufgestellten Forderungen teilweise für den P. verbindlich, anderseits wird der orator aufgefordert, die Werke der P. zu studieren.

QUINTILIAN stellt einen Katalog griechischer und lateinischer P. zusammen, deren Lektüre den angehenden Redner belehren soll. Allerdings weist er auch auf Unterschiede zwischen Redner und P. hin: «Non per omnia poetas esse oratori sequendos nec libertate verborum nec licentia figurarum.» (Weder in der Freiheit des Wortgebrauchs noch in der Kühnheit der Redefiguren sollen die Redner den Poeten in allem folgen.)[20] Er gestattet dem orator nicht die gleichen Freiheiten wie dem P., der nur unterhalten will und deshalb nicht nur Unwahres, sondern sogar Unglaubliches erfindet. Die teilweise Angleichung von P. und *orator* seit Beginn der augusteischen Zeit geschieht also auf doppelte Weise: Sowohl durch eine zunehmende Rhetorisierung der Literatur als auch durch die Literarisierung der Rhetorik.[21]

Anmerkungen:
1 Homer: Ilias I, 1, Odyssee II, 1 u. 10. – **2** Hesiod, Theogonie Vs. 31f.; vgl. W. Frick: *Poeta vates.* Versionen eines mythischen Modells in der Lyrik der Moderne, in: M. Martinez (Hg.): Formaler Mythos (1996) 126f. – **3** Platon Apologie 22a-c; Ion 533b-534b. – **4** Plat. Phaidr. 245a (Übers. Heitsch). – **5** Platon: Phaidon 61a. – **6** vgl. H. Schlaffer: Poesie und Wissen (1990) 20f. – **7** Arist. Poet. 2, 1448a. – **8** ebd. 1, 1447b; Anm. S. 103f. – **9** ebc. 9, 1451b. – **10** ebd. 25, 1461b. – **11** vgl. W. Barner: Poeta doctus. Über die Renaissance eines Dichterideals in der dt. Lit. des 20.Jh., in: Literaturwiss. und Geistesgesch., FS R. Brinkmann (1981) 728–752, hier: 737. – **12** M. Fuhrmann: Einf. in die antike Dichtungstheorie (1973) 19. Wiegmann u.a.: Art. ‹Dichter›, in: HWRh Bd.2, Sp.633ff. – **13** H. Dörrie: Art. ‹Vates›, in: LAW, Sp.3198. – **14** Hor. Ars 333f. – **15** ebd. Anm. 56. – **16** ebd. 408–411. – **17** ebd. 268f. – **18** ebd. 295–301. – **19** vgl. Barner [11] 746. – **20** Quint. X, 1, 28. – **21** Fuhrmann [12] 162.

II. *Mittelalter.* Vor allem das von der klassischen Antike grundsätzlich unterschiedene Verhältnis zur Fiktion bestimmt die Charakterisierung und Einschätzung des P. im Mittelalter. Zwar bleibt der Doppelzweck der Dichtung, das Horazische «prodesse et delectare», weiterhin gültig, aber poetische und historische Wahrheit werden gleichgesetzt, so daß der *historicus et poeta* gegenüber dem *poeta fictor* deutlich größeres Ansehen genießt.[1] Die Hochschätzung, die das Mittelalter für den *historicus* empfindet, läßt sich an der Umwertung Lucans zeigen. ISIDORS ‹Poetae›-Kapitel in seinen ‹Etymologiae›, eine der wichtigsten Quellen für die mittelalterliche Poetik, die sich ansonsten vor allem indirekt über die Dichtung selbst erschließen läßt, definiert das Amt des P. folgendermaßen: «Officium autem poetae in eo est ut ea, quae vere gesta sunt. in alias species obliquis figurationibus cum decore aliquo conversa transducant.» (Die Aufgabe des Dichters liegt nämlich darin, daß er wahres Geschehen transformiert, mit ‹schiefen› (ambivalenten) Formen und Schönheit in andere Gestalt hinüberführt.)[2] Das Poetisch-Fiktive vermittelt den Sinn natürlicher und historischer Fakten.[3] Da Lucan *historiae*, kein *poema* geschaffen hat, wird er nicht zu den Dichtern gezählt.

Ausgehend von der Theorie, daß alle Dichtung ursprünglich theologisch und der religiöse Ursprung später bei den heidnischen P. durch Mythologie entstellt worden sei, verurteilt man die antiken P. als «erfindende Lügendichter».[4] Die Hauptaufgabe der Poesie, die Wahrheit mit Mitteln der sprachlichen Uneigentlichkeit zu empfehlen, sei durch eitle Fabeleien verraten worden.[5] Da Lucan den kürzesten Weg zwischen *res gestae* und *narratio* wählt, erscheint der Titel *historicus* positiv besetzt.[6] Andererseits wird Lucan aber doch auch der Titel ‹P.› zuerkannt, weil er «metrice scribt» (Verse schreibt) und damit die mittelalterliche Auffassung des P., die Gleichstellung von *poeta* und *versificator*, erfüllt. Rhetorische Mittel zur maximalen Realitätsverwandlung setzt er virtuos ein und genügt damit bereits dem Anspruch auf Fiktionalität, den die Historizität des Stoffes in Frage stellt.[7] Poetische Fiktionalität wird mit einem formalen *fictio*-Begriff begründet, der nichts mit der Vorstellung des Erfindens als reiner Phantasieproduktion zu tun hat. Der literarischen Methode nach erscheint er als *poeta fingens*, von seinem Stoff her aber als *historicus non fingens*.[8]

Zahlreiche mittelalterliche Verfasser historischer Epen versuchen, sich das Lob «non poeta purus, sed poeta et historiographus» zu verdienen[9], indem sie den Namen *poeta* zum Zweck einer Apologie der eigenen Dichtkunst ablehnen: «Non ego sum, quoniam nil fingo, poeta vocandus.» (Da ich ja nicht erfinde, darf ich nicht Dichter genannt werden.)[10] Durch die Synthese von Dichtung und Geschichtsschreibung wird im Mittelalter die aristotelische Trennung zwischen *historicus* und *poeta* aufgehoben. Die philosophische Relevanz, die nach Aristoteles den P. vom *historicus* trennt, wird jetzt gerade dem *historicus* zugesprochen und führt dazu, daß man den P., wenn er gleichzeitig Geschichtsschreiber ist. höher bewertet. Dem negativ bewerteten *poeta purus* steht der *poeta et historicus* gegenüber. Dieser ist gleichzeitig *orator*, denn in der mittelalterlichen Literaturtheorie fallen Poetik und Rhetorik zusammen, da sowohl P. als auch *orator* der Darstellung der Wahrheit verpflichtet sind.[11]

Anmerkungen:
1 F.P. Knapp: Hist. Wahrheit und poetische Lüge. Die Gattungen weltlicher Epik und ihre theoretische Rechtfertigung im Hochma., in: DVjs Bd. 54 (1980) 581–635, hier: 581f. – **2** Isid Etym. VIII, 8, 10. Übers. 98; P.v. Moos: Poeta und Historicus im MA., in: Beitr. zur Gesch. der dt. Sprache und Lit. 98 (1976) 93–130, hier 107. – **3** W. Haug: Literaturtheorie im MA (1985) 224f. – **4** Moos [2] 105. – **5** vgl. Isid. Etym. I, 39, 10f.: VIII, 7, 10. – **6** Moos [2] 108. – **7** Knapp [1] 590. – **8** vgl. Quint. X, 1, 90. – **9** Moos [2] 117. – **10** Knapp [1] 590, Moos [2] 110. – **11** Curtius 155–158.

III. *Humanismus.* Im Humanismus erhält die bereits in der Antike vertretene Auffassung, Dichtung sei eine weitgehend lehrbare und mithin erlernbare Tätigkeit, den Charakter eines Dogmas, das im wesentlichen bis ins 18. Jh. gültig bleibt.[1] Der *poeta*-Begriff des Humanismus ist vor allem durch den Besitz humanistischer, d.h. an der Antike orientierter Bildung geprägt, denn da der P. Wissen vermitteln will, muß er über Wissen verfügen, also *poeta eruditus*, die in der Renaissance gebräuchlichere Bezeichnung für der *poeta doctus*, sein.[2]

Die im Mittelalter im Rahmen der Grammatik und Rhetorik behandelte Poetik wird selbständiges Lehrfach, und an den Universitäten werden Lehrstühle für Poetik eingerichtet. 1501 wird der Universität Wien ein ‹Collegium poetarum et mathematicorum› angegliedert, das zwar mit der artistischen Fakultät verbunden ist, aber doch eine gewisse Selbständigkeit genießt. Das Kollegium ist befugt, den Absolventen nach einem bestandenen Examen den Titel *poeta laureatus* zu verleihen, einen akademischen Grad, der zugleich als Erwerb des philosophischen Doktorgrades gilt. Die Dichterkrönung stellt «den Studienabschluß am Poetenkolleg»[3] dar. Der akademische Charakter des Poeten-Status wird an dem Recht deutlich, an allen Universitäten Poetik und Rhetorik zu lehren.[4] Symptomatisch für die humanistische Bewertungsskala ist die gegenüber der mittelalterlichen artistischen Fakultät umgekehrte Hierarchie der Lehrfächer: die mit den *verba* befaßten ‹Künste› (Poetik und Rhetorik) stehen über den mit der Lehre der *res* beschäftigten ‹Wissenschaften› (Mathematik, Astronomie, Physik).[5] Allerdings erfolgt die Institutionalisierung der Poeten im universitären Lehr- und Studienplan nicht an allen Universitäten in gleicher Weise. Neben Hochburgen der Humanisten (Wien, Freiburg, Basel, Erfurt) gibt es streng scholastisch orientierte Universitäten (Heidelberg, Köln, Greifswald). So gilt der Wanderlehrer und P. Peter Luder als einer der ersten, der 1456 «die neuartige und beargwöhnte poetische ars»[6] in Heidelberg aktiv ausüben und öffentlich präsentieren kann.

Die Frage nach dem Wesen der Poesie und ihrer Lehrbarkeit wird zuerst in Italien gestellt. Die Poetiken der Renaissance und des Barock, die sich an antiken Modellen orientieren, beinhalten Theoreme von Horaz' ‹Ars poetica›, der platonischen Furorlehre und der aristotelischen Mimesistheorie, ohne daß sie eine einheitliche Theorie bilden würden.[7] C. SALUTATI fordert vom P. universale Bildung, indem er die von Cicero an den *orator doctus* gestellten Forderungen auf den P. überträgt: «omnium rerum divinarum scientiarumque et liberalium artium eruditus.»[8] Vom *orator* trennt ihn die Verwendung metrischer Formen. L. BRUNI wertet den *poeta eruditus* gegenüber dem göttlich inspirierten P. ab und steht damit im Widerspruch zur humanistischen Grundeinstellung, nach der Dichtung Bildungsdichtung ist. Unter dem Einfluß der platonischen Inspirationslehre kommen M. FICINO und C. LANDINO zu der Einsicht, daß das Wissen des Poeten nicht mit erworbenen Kenntnissen identisch sein kann. Die Tätigkeit des P. wird bei Landino unter Hinweis auf die Etymologie des Wortes in die Nähe des ‹Deus artifex› (Weltschöpfers) gerückt. Gegenüber der Inspiration tritt das Sachwissen in den Hintergrund.[9]

Obwohl auch J.C. SCALIGER betont, daß dem P. eine besondere Gestaltungskraft innewohnt, mißt er der Gelehrsamkeit große Bedeutung zu. Für Scaliger ist Dichtung Nachahmung der Natur in versgebundener Form, allerdings entsprechend der aristotelischen Maxime nicht die Natur formend, wie sie ist, sondern wie sie sein könnte oder müßte, denn der P. soll nicht nur unterhalten, sondern auch belehren: «Namque poeta etiam docet, non solum delectat.»[10] Gleichzeitig nimmt er die platonische Inspirationslehre (in den drei Stufen: durch die Natur, die Musen, den Weingenuß inspiriert)[11] auf und sieht im P. einen ‹alter deus›, der gleichsam eine eigene zweite Welt schafft[12], während der *versificator* nur Erzählungen in Versform bringt.[13] Bei aller Betonung des Schöpferisch-Inspirativen bleibt Scaliger allerdings auch dem zeitgenössischen Ideal des *poeta eruditus* verpflichtet, indem er auf die zu erwerbende Bildung verweist und im Lauf seiner Darstellung den Mimesisbegriff auf den Begriff der *imitatio* antiker Musterautoren reduziert.

TH. SEBILLET nimmt in der ‹Art poétique francoys› (1548), der ersten Dichtungslehre der französischen Renaissance, die Vorstellung vom *vates*, dem göttlich inspirierten Dichter, auf und stellt ihn gegen den *rimeur*, den «versifizierenden Rhetoriker des Mittelalters», der nur einen Text in Verse bringt.[14] Ähnlich wie später J. DU BELLAY in seiner ‹Deffence et illustration de la langue francoyse› erklärt Sebillet die natürliche Anlage (*natura*) und die theoretische Anleitung (*ars*) für gleich unentbehrlich. Die theoretische Ausbildung soll der P. von Philosophen und Rednern übernehmen: «Le surplus de l'invention qui consiste en l'art, prendra le pöete des Philosophes et Rheteurs qui en ont escrit livres propres et particuliers.» (Das über die Erfindung, aus der die Kunst besteht, Hinausgehende wird der Dichter von den Philosophen und Rednern nehmen, die geeignete und speziell darauf bezogene Bücher geschrieben haben.)[15], den künstlerischen Instinkt aber bewerten beide höher als die Technik.[16] PH. SIDNEY betont in ‹An Apology for Poetrie› (1595) ebenfalls die Bedeutung der Inspiration für den Dichter. Wie bei TH. WILSON geht Nachahmung bei ihm über das Natürliche hinaus.[17]

K. CELTIS, der Leiter des ‹Collegium poetarum› in Wien, schreibt mit der ‹Ars versificandi et carminum› die erste deutsche humanistische Poetik. Gemäß seiner Auffassung von der Lehrbarkeit der Dichtkunst sind für ihn *ars* (Kunstfertigkeit) und *imitatio* (Nachahmung) Grundgesetze für den P.: «Duo poete necessaria sint: tersa atque polita orationis modulatio et demum definita ac appropriata rerum scribendarum effigiatio debitaque simulacrorum expressio.» (Zweierlei muß der Poet beherrschen: einmal die fehlerlose und kunstvolle Rhythmisierung der Rede und zweitens die klar umgrenzte, treffende Abbildung der Gegenstände sowie den angemessenen Ausdruck dieser Abbilder.)[18] Diese Fähigkeiten sind erlernbar durch das Studium der Poetiken und beispielhafter literarischer Texte. Seine Aufgabe ist es, sowohl die menschlichen Sitten und Handlungen als auch die Welt, in der der Mensch lebt, und das Kosmisch-Überirdische, von dem er abhängt, «in bilderreicher schöner Gestaltung der Rede und der dichterischen Versform darzustellen.»[19] Neben der Beachtung der Regeln der Poetik ist für ihn die Nachahmung anerkannter Vorbilder Voraussetzung für die Tätigkeit des P.

Anmerkungen:
1 A. Buck: Dichtungslehren der Renaissance und des Barock, in: K. v. See (Hg.): Neues Hb. der Literaturwiss., Bd. 9 (1972) 28–60, hier 28f. – **2** vgl. A. Buck: Der Begriff des ‹poeta eruditus› in der Dichtungstheorie der ital. Renaissance, in: ders.: Die humanistische Trad. in der Romania (1968) 227–243, hier: 227; P. Hankamer: Dt. Gegenreformation und dt. Barock (³1964) 45. – **3** F. Graf-Stuhlhofer: Das Weiterbestehen des Wiener Poetenkollegs nach dem Tod C. Celtis' (1508), in: Zs. für Hist. Forschung 26 (1999) 393–407, hier 402. – **4** G.E. Grimm: Lit. und Gelehrtentum in Deutschland (1983) 62. – **5** ebd. 99. – **6** W. Barner: ‹Studia toto amplectenda pectore.» P. Luders Heidelberger Programmrede vom Jahre 1456, in: ders: Pioniere, Schulen, Pluralismus: Stud. zur Gesch. und Theorie der Literaturwiss. (1997) 3–21, hier 19. – **7** Grimm [4] 83. – **8** C. Salutati: Epistolario, hg. v. F. Novati Bd. IV (Rom 1905) 202; vgl. Buck [2] 230. – **9** vgl. Buck [2] 237ff. – **10** Scaliger I, 1, 62. – **11** ebd. I, 2, 84 – **12** ebd. I, 1, 71 – **13** ebd. I, 2, 73. – **14** H. Wiegmann: Gesch. der Poetik (1977) 37f. – **15** Th. Sebillet: Art poétique françoys (Paris 1910) 25f.; vgl. J. du Bellay: Deffence et Illustration de la langue françoyse (1549, ND 1920) 46; Übers. – **16** Sebillet [15] 24; vgl. E. Lüken: Du Bellays ‹Deffence et illustration de la langue françoyse› in ihrem Verhältnis zu Sebillets ‹Art poétique› (Diss. Kiel 1913) 22f. – **17** Wiegmann [14] 38. – **18** K. Celtis: Ars versificandi et carminum, Übers. H. Entner: Zum Dichtungsbegriff des dt. Humanismus, in: Grundpositionen der dt. Lit. im 16. Jh., hg. v. I. Spriewald (1972) 330–398, hier: 353. – **19** ebd. 352.

IV. *Barock*. Das Begriffspaar *natura – ars*, das aus der antiken Poetik stammt, bestimmt die Definition des P. in der Barockzeit. Alle Poetiken betonen die Bedeutung der Naturanlage, oft verbunden mit dem *ingenium*-Postulat, das allerdings weniger darauf zielt, die schöpferische Erfindungskraft des P. zu betonen, sondern eher dazu dient, das Ansehen des P. zu steigern und ihn vom handwerklichen ‹Verseschmied› zu unterscheiden. Allerdings bedarf die angeborene Begabung der *ars*, also der Kunstfertigkeit im theoretischen und praktischen Sinne, und der Gelehrsamkeit, um den gelehrten Poeten vom sozial tiefer stehenden Handwerkerdichter abzugrenzen.[1] In der zweiten Hälfte des 17. Jh. verstärkt sich die Betonung der *ars* gegenüber der *natura*.[2]

M. OPITZ wendet sich gegen die zeitgenössische Mißachtung der P., die angeblich keine wissenschaftliche Bildung besitzen. In humanistischer Überzeugung vertritt er die Auffassung vom gelehrten P.: «So ist auch ferner nichts närrischer / als wann sie meinen / die Poeterey bestehe bloß in jhr selber; die doch alle andere künste vnd wissenschafften in sich helt.» [3] Er kritisiert die Auftragsdichter, die dem guten Namen der P. schaden: «Denn ein Poete kan nicht schreiben wenn er wil / sondern wenn er kan / vnd jhn die regung des Geistes [...] treibet».[4] Mit dem Hinweis auf die Auftragsdichter und unter Berufung auf Ovid und Platons ‹Göttlichen Furor› betont er die Bedeutung des *ingenium* für den Poeten: «Es ist ein Geist in vns / vnd was von vns geschrieben / Gedacht wird vnd gesagt / das wird durch jhn getrieben.» [5] Trotz der Hervorhebung von «natur» und «göttlichem Antrieb» [6] und trotz seines Anliegens, die deutschsprachige Literatur zu befördern, vertritt er die humanistische These von der Unentbehrlichkeit der *imitatio*: «Vnd muß ich nur bey hiesiger gelegenheit ohne schew dieses erinnern / das ich es für eine verlorene arbeit halte / im fall sich jemand an vnsere deutsche Poeterey machen wolte / der / nebenst dem das er ein Poete von natur sein muß / in den griechischen und Lateinischen büchern nicht wol durchtrieben ist / vnd von jhnen den rechten grieff erlernet hat.» [7] Die Überprüfbarkeit der korrekten Anwendung der Regeln durch Kritiker ist Voraussetzung für die Anerkennung als P., und der Hinweis auf die mögliche Wirkung seiner Werke in der Zukunft soll den P. zur Beachtung aller aufgestellten Regeln anhalten. Über Horaz hinausgehend fordert Opitz nicht nur *delectare* und *docere*, sondern auch die Wirkungskategorie des *movere*, denn der P. soll sein Publikum nicht nur ergötzen und belehren, sondern auch seelisch bewegen.

J.M. MEYFART baut die Differenzierung zwischen P. und *orator* in bezug auf den Gebrauch der Tropen in seiner ‹Teutschen Rhetorica› systematisch aus: Er erlaubt dem P. «ein reiches» an Metaphern [8] und «ein mehrers» an Metonymien [9], befindet, die Synekdoche stehe «zierlicher an dem P. als sonst dem Redner». [10] Antonomasie und Hypallage gesteht er eher den P. als den Rednern, allein die Periphrase gleichermaßen P. und Rednern zu. A. BUCHNER grenzt den P. nicht nur vom *orator* ab, sondern stellt eine Hierarchie vom Philosophen über den Historiker und *orator* zum P. auf. In bezug auf den zu behandelnden Stoff sieht er Gemeinsamkeiten, nicht aber in der sprachlichen Gestaltung, denn die besonderen Merkmale des poetischen Stils kommen nur dem P. zu. [11] Während der Stil des Philosophen allein dem *docere* verpflichtet ist, kommt dem Historiker und *orator* zwar die Aufgabe des *delectare* und die damit verbundene mittlere Stillage zu, nur dem P. aber die das *movere* bewirkende höchste Stillage des *genus sublime*: «Ein Poet aber / wie wol er gleichfals dahin zu sehen hat / daß seine Rede verständlich sey / so hat er doch über dieses sich zu bemühen / wie er sie schön / lieblich / und scheinbar mache / damit er das Gemüth des Lesers bewegen [...] möge.» [12]

In der Nachfolge von Opitz verteidigt J. KLAJ den P. gegen Verleumdung und Mißachtung.[13] Als Grundlage der Dichtung sieht er die natürliche Begabung an und fordert, ein guter P. müsse «von einer höhern Gewalt angetrieben» werden und «himmlische Einflüsse haben», ihn damit vom reinen Versemacher abgrenzend. Trotz der Betonung des göttlichen Antriebs sind aber Kunstfertigkeit und Gelehrsamkeit für den P. unabdingbar. «Es muß ein Poet ein vielwissender / in den Sprachen durchtriebener und allerdinge erfahrner Mann seyn». [14] G.P. HARSDÖRFFER verweist auch darauf, daß für den P. «eine natürliche Fähigkeit und gleichsam angeborne Geschicklichkeit vonnöhten is» [15] und sieht eine große Affinität zwischen Poeten und Propheten fast bis zu deren Identifizierung [16], aber er betont ebenfalls, «das wa die Natur anfänget / das kan die Kunst vollenden und zu Nutze bringen». [17] Nach Harsdörffer darf «den Namen eines Poeten / mit Fug / nicht haben [...] welcher nicht in den Wissenschaften und freyen Künsten wol erfahren sey.» [18] Ähnlich wie Klaj und Harsdörffer verbinden sich für B. KINDERMANN im «rechtschaffenen Poeten» angeborene Begabung, *ingenium*, und Kenntnis «alle[r] Kunst und Wissenschaften, so in der Welt gefunden werden». [19] Die *ars poetica* ist für ihn eine Wissenschaft. Wie Opitz fordert er zwar die Befolgung des antiken Regelkanons, aber er verweist wie Harsdörffer auf die Kenntnisse musterhafter ausländischer P. lebender Sprachen.

Auch die einflußreichste französische Poetik, N. BOILEAUS ‹Art poétique›, vertritt in bewußter Anlehnung an Horaz' ‹Ars poetica› mit ihrer Konstituierung des *poeta doctus* die Einhaltung vorgegebener Regeln. Seine Anknüpfung an Horaz findet sich etwa im Anfang der Ode auf die Einnahme von Namur: «Quelle docte et sainte yvresse» (Welch gelehrte und fromme Trunkenheit) [20], aber auch in seiner ‹Art poétique›: «Seuls dans leurs doctes vers ils pourront vous apprendre.» (Nur durch ihre gelehrt geschriebenen Verse können sie Euch belehren.) [21]

Ingenium und *natura* werden zwar bei jedem P. vorausgesetzt, Gründe für seine soziale Wertschätzung und für den beanspruchten Rang als *poeta doctus* liefern aber ausschließlich *ars* und *doctrina*, d.h. Sprachbeherrschung, Belesenheit, Kenntnis kunstspezifischer Regeln und, wenn auch untergeordnet, die Realwissenschaften. In konsequenter Fortführung des Opitzschen Programms betonen die P. des 17. Jh. die gelehrte Adressatenschaft der Kunstpoesie und die soziale Zugehörigkeit des *poeta doctus* zum Gelehrtenstand, dem sie als Inbegriff des nicht-gelehrten Handwerks-Poeten H. SACHS gegenüberstellen. [22]

Anmerkungen:
1 Barner 238. – 2 vgl. G.E. Grimm: Lit. und Gelehrtentum in Deutschland (1983) 154f.; J. Dyck: Philosoph, Historiker, Orator und Poet. Rhet. als Verständigungshorizont der Literaturtheorie des XVII. Jh., in: Arcadia 4 (1969) 1–15; F.v. Ingen: Zum Selbstverständnis des Dichters im 17. und frühen 18. Jh., in: Literary Culture in the Roman Empire 1555–1720, hg. v. J.A. Parente u.a. (London 1991) 206–223. – 3 Opitz 347. – 4 ebd. 349. – 5 ebd. 409. – 6 Grimm [2] 155. – 7 Opitz 359. – 8 Meyfart 81. – 9 ebd. 100. – 10 ebd. 111. – 11 A. Buchner: Anleitung zur dt. Poeterey, hg. v. M. Szyrocki (1665, ND 1966) 14–16; vgl. Dyck [2] 3f. – 12 Buchner [11] 15. – 13 J. Klaj: Lobrede von der Teutschen Poeterey, hg. v. C. Wiedemann (1965) 387f. – 14 ebd. 389. – 15 G. Ph. Harsdörffer: Poetischer Trichter (1650: 1. Teil, 1648: 2. Teil, 1653: 3. Teil, ND 1969) Teil 2, 1. – 16 vgl. E. Mannack: Poeten als Propheten. Zum Selbstverständnis dt. Schriftsteller, in: Chloe 26 (1997) 577–590, hier 579. – 17 Harsdörffer [15] Teil 3, 81. – 18 ebd. Teil 1, 5. – 19 B. Kindermann: Der dt. Poet (1664, ND 1973) 17. – 20 N. Boileau-Despréaux: Ode sur la prise de Namur, in: Œuvres complètes, hg. v. F. Escal (Paris 1966) 230, Übers. Verf. – 21 ders.: L'Art poétique, Chant II, 29, ebd. 163, Übers. Verf. – 22 Grimm [2] 620ff.

V. *Aufklärung, 19. Jh.* Für die frühaufklärerische Epoche ist die Poetik J. CHR. GOTTSCHEDS maßgeblich. Im Kapitel ‹Vom Charactere eines Poeten› seines ‹Versuchs einer Critischen Dichtkunst› verlangt Gottsched von einem «wahren Poeten» «eine große Fähigkeit der Gemüths-Kräfte, Gelehrsamkeit, Erfahrung, Uebung und Fleiß»[1]; er reduziert also Dichtung keinesfalls auf ein erlernbares Handwerk, sondern setzt beim Poeten Begabung voraus: «Ein Poet muß [...] eine starke Einbildungskraft, viel Scharfsinnigkeit und einen großen Witz schon von Natur besitzen, wenn er den Namen eines Dichters mit Recht führen will.»[2] Allerdings müssen die natürlichen Anlagen durch die Lektüre antiker Schriftsteller geschult und durch die Kenntnis aller Wissenschaften ergänzt werden, denn die *imitatio* ist für Gottsched Grundprinzip der Dichtung. Obwohl er die Nachahmung der Natur mit dem Wahrscheinlichkeitsprinzip verknüpft, verortet er die Literatur außerhalb der empirischen Wirklichkeit, im Bereich der Fiktion. Besonders die dritte, höchste Form, die Nachahmung durch die Fabel, soll die Literatur davor bewahren, entweder reines Phantasieprodukt oder platte Realitätsimitation zu werden. Mit Aristoteles trennt er den P. vom Geschichtsschreiber, der an die Realität des Diesseitig-Realen gebunden ist. Entsprechend gesteht er weder dem Redner noch dem Philosophen Nachahmung zu. Als Aufklärer erweist sich Gottsched auch mit seiner Forderung, der P. habe die Leser oder Zuschauer mit seinen Werken zu belehren und zu vernünftigem Handeln zu bewegen: Selbst das Wunderbare erlaubt er mit Einschränkungen, wenn es den «Endzweck hat, sie [die Leute] bey der Belustigung zu bessern und zu lehren.»[3]

Obwohl in Deutschland seit Opitz die deutsche Sprache für die Dichtung propagiert wird, bleiben die bedingungslose Anlehnung an die antiken Dichtungstheorien, die Gelehrsamkeit als unerläßliche Voraussetzung und verbindlicher Inhalt der Poesie bestehen. Noch Gottsched verlangt vom P. Gelehrsamkeit und Kenntnis aller Wissenschaften, allerdings wird die Poesie jetzt auch als moralische Disziplin in Anspruch genommen.

In der nach Gottsched einsetzenden Sturm-und-Drang-Zeit beginnt die Abkehr von Gelehrsamkeitskonzepten und entsprechend vom *poeta doctus*. Sie ist verbunden mit Namen wie LESSING, KLOPSTOCK, HERDER, die alle bezeichnenderweise noch ausgesprochene *docti* sind. Das Postulat des volkstümlich-genialen Dichters gibt zum einen die Bildungsexklusivität gegenüber dem Nicht-Gelehrten auf, zum anderen wird dem Anweisungs- und Regelsystem ein an Genie und Gefühl orientiertes Dichten entgegengesetzt. Während Gottsched in seiner ‹Critischen Dichtkunst› ‹P.› und ‹Dichter› noch parallel verwendet, wird ‹P.› in der Geniezeit vollständig von dem Begriff ‹Dichter› abgelöst.[4] Klopstock schreibt: «Vordem hiesz ihm [dem Deutschen] der dichter poet».[5] Auch das 19. Jh. bleibt dem antigelehrten Dichterideal verpflichtet. Künstlerisches Sendungsbewußtsein, Streben nach Originalität, phantasievolle Gestaltung subjektiver Erlebnisse kennzeichnen den Dichter dieser Zeit. Der Begriff des P., verbunden immer auch mit ästhetischen Vorgaben, ist in Mißkredit geraten und wird nicht mehr verwendet.

Anmerkungen:
1 Gottsched 94. – **2** ebd. 103. – **3** ebd. 170; s. auch Barner 73. – **4** vgl. J. Chr. Adelung: Versuch eines vollständigen gramm.-krit. Wörterbuches der hochdt. Mundart (1774) Bd. 1, Sp. 1342 und (1777) Bd. 3, Sp. 1111. – **5** zit. Grimm, Bd. 13, Sp. 1969.

VI. 20. Jahrhundert. Erst das 20. Jh. greift den Begriff ‹P.› im Bild vom modernen *poeta doctus*, der sich seit Beginn dieses Jh. in fast allen europäischen Literaturen findet, wieder auf. Autoren wie BROCH, MUSIL, TH. MANN, DÖBLIN, BENN, HOFMANNSTHAL, BRECHT, FRISCH, T.S. ELIOT, E. POUND dürfen allerdings nicht schon wegen der beiden Merkmale des gelehrten Berufs und des im Werk ausgebreiteten ‹gelehrten› Wissens als *poetae docti* bezeichnet werden, wie dies oft der Fall ist, wenn allgemein von einem Amalgamierungsprozeß von Naturwissenschaft, Wissen und Dichtung gesprochen wird.[1] Da die Verwendung des Begriffs definitorisch unklar ist, ist eine Typologie aufgestellt worden, die zur Klärung des Begriffs führen soll.[2] Der Katalog umfaßt: Wissenschaftsorientiertheit, Traditionsbindung, Handwerklichkeit und Arbeitsethos, Exklusivität für wenige Wissende, Neigung zu Reflexion und Theorie.[3] Der moderne *poeta doctus* stimmt, bedingt durch die geschichtliche Andersartigkeit, allerdings nicht mehr vollständig mit den Kriterien des *poeta doctus* überein, wie sie sich von der Antike bis zum 18. Jh. darstellen. Umfassende Wissensvermittlung etwa – Aufgabe des antiken *poeta doctus* – ist im Wissenschaftszeitalter nicht mehr dem literarischen Text, sondern Sachbüchern und Massenmedien vorbehalten. Die Kunstfertigkeit des Handwerklichen, unabdingbare Voraussetzung für den antiken *poeta doctus*, wird von den modernen *poetae docti* zwar ebenfalls in Anspruch genommen, aber sie ist nicht mehr an vorgegebene Regeln gebunden, sondern betont das Prozeßhafte und Durchdachte der Tätigkeit. Begriffe wie ‹Laboratorium› und ‹Werkstattgespräch› unterstreichen das Technische des Arbeitsprozesses. Die charakteristische Neigung zu Reflexion und Theorie teilen die modernen *poetae docti* mit ihren antiken Vorgängern. Neben theoretisch-reflektierenden Passagen in Romanen (z.B. bei Th. Mann, Broch[4] und JOHNSON) lassen vor allem Essays[5] und Selbstinterpretationen[6] des *poeta doctus* den Verdacht aufkommen, das Reden über Poesie sei weit beliebter als die Poesie selbst. Die *poetae docti* des 20. Jh. stellen ihren Kampf gegen den dichterischen Irrationalismus unter die Maxime: Wissen, Spezialwissen, wissenschaftliches Denken. G. BENN fordert: «Der Lyriker kann gar nicht genug wissen»[7], und Broch stellt fest: «Der moderne Roman ist polyhistorisch geworden.»[8] Bei aller Unterschiedlichkeit bis Widersprüchlichkeit treffen sie sich in einem Selbstbild, das als polemisches Gegenbild zum bisher Gültigen entworfen wird. Wie sich Horaz gegen die «Verseschmiede» und die bloß Genialischen wendet, polemisiert Th. Mann gegen die «Leichtschreiber»[9], Döblin gegen die «Dilettanten».[10] Benn bemerkt sarkastisch: «Schriftsteller, die ihrem Weltbild sprachlich nicht gewachsen sind, nennt man im Deutschen Seher.»[11] Die *poetae docti* des frühen 20. Jh. formulieren und verteidigen die Legitimität der ‹Moderne› als geschichtsnotwendige. Gemeinsam ist ihnen der Wille zur Selbstdefinition und Selbstabsetzung[12], die gelehrte Attitüde.[13] Inzwischen ist das Gegenbild, das man an Originalitätsideal und Irrationalismus festmachte und das den Ersatz des Begriffs ‹P.› durch ‹Dichter› bewirkte, überholt.

Anmerkungen:
1 vgl. J. Nettesheim: *Poeta doctus* oder Die Poetisierung der Wiss. von Musäus bis Benn (1950) 11; K. Leeder: The *poeta doctus* and the New German Poetry: R. Schrott's ‹Tropen›, in: The Germanic Review 77 (2002) 51–67. – **2** W. Barner: *Poeta doctus*. Über die Renaissance eines Dichterideals in der dt. Lit. des 20. Jh., in: Literaturwiss. und Geistesgesch., FS R. Brinkmann (1981) 728–752; die weiteren Ausführungen beziehen sich überwiegend auf den Aufsatz von Barner. – **3** ebd. 228. – **4** vgl. J.P. Strelka: Poeta Doctus H. Broch (2001). – **5** vgl. D. Marciniak:

Die Diktion des *poeta doctus*: Zur Essayistik und Rhet. von W. Jens (2000). – **6** vgl. H.M. Enzensberger: Die Entstehung eines Gedichts, in: ders.: Gedichte (1962) 57. – **7** G. Benn: Probleme der Lyrik, in: Gesamm. Werke. hg. v. D. Wellershoff, Bd. 1 (²1962) 523. – **8** H. Broch: Das Weltbild des Romans, in: Schr. zur Lit. 2. Theorie, hg. v. P.M. Lützeler (Komm. Werkausg. Bd. 9/2) (1975) 115. – **9** Th. Mann: Briefe 1889–1936, hg. v. E. Mann (1962) 53. – **10** A. Döblin: Der Bau des epischen Werks, in: Aufsätze zur Lit., hg. v. W. Muschg (1963) 131. – **11** G. Benn: Marginalien, in: ders. [7] Bd. 3 (1968) 952. – **12** vgl. Barner [2] 733. – **13** ebd. 735.

C. *Poeta laureatus*. Das in der Antike metaphorisch gebrauchte Wort vom (mit dem Lorbeerkranz) «gekrönten Dichter» [1] wird in der römischen Kaiserzeit zur offiziellen Institution. In den von Domitian gestifteten capitolinischen Wettkämpfen um den Preis in griechischer und lateinischer Poesie, die bis ins 3. Jh. alle vier Jahre stattfinden, empfängt der Sieger einen Kranz aus der Hand des Kaisers. [2] Der Titel ‹poeta laureatus› hingegen ist eine Neuschöpfung der Renaissance und muß im Zusammenhang mit dem Vordringen des Humanismus in die Universitäten Europas gesehen werden.

Der erste nachgewiesene *poeta laureatus* ist A. Mussato, der 1315 – noch ohne vorhergehende Prüfung – von der Universität Padua durch den Rektor der Universität und den Bischof gekrönt wird. 1341 erhält Petrarca auf Veranlassung König Roberts von Neapel aus der Hand des römischen Senators Graf Orso dell'Anguillara auf dem Kapitol den Lorbeerkranz und damit verbunden das *privilegium laureationis* (Krönungsprivileg). Die Dichterkrönung wird zu einer humanistischen Tradition, die zunächst nur Papst und Kaiser vornehmen. Nach vorausgegangener Dichterprüfung wird der *poeta laureatus* zum «großen Dichter und Historiker» erklärt und zum Magister ernannt. Er erhält die Erlaubnis, öffentlich zu lesen und zu disputieren. Der Titel *poeta laureatus* gilt als akademischer Grad und stellt somit das Verbindungsglied zwischen der akademischen Gelehrtenschaft und den nichtakademischen Dichtern her, die allerdings oft mehr Gelehrte als Dichter sind. Auch in Frankreich wird die Dichterkrönung vermutlich praktiziert, denn Petrarca erhält von der Pariser Universität ebenfalls eine Einladung, um den Titel entgegenzunehmen. [3]

Im Heiligen Römischen Reich führt der Kaiser als Nachfolger der antiken Imperatoren Dichterkrönungen durch. Die Dichterkrönung Petrarcas wird als Fortsetzung römischer Tradition gesehen. Die Verleihung des Lorbeers an Zanobi da Strada 1355 durch den Luxemburger Kaiser Karl IV., der sich als Nachfolger der römischen Cäsaren das Recht der Dichterkrönung zuspricht, wird von den italienischen Humanisten eher negativ beurteilt. [4] Während Kaiser Sigismund sich im wesentlichen auf wenige Ernennungen zum *poeta laureatus* beschränkt, nehmen die Dichterkrönungen unter Friedrich III. erheblich zu und bringen dadurch diese Institution in Mißkredit. Mit der Krönung von E.S. Piccolomini, dem späteren Papst Pius II., durch Friedrich III. (1442) in Frankfurt am Main findet der Brauch erstmals auf deutschem Boden statt. In Nürnberg verleiht Friedrich III. 1487 K. Celtis als erstem Deutscher den Titel eines *poeta laureatus*.

Eine Veränderung, nicht nur eine Aufwertung des Status des *poeta laureatus*, bringt die Delegierung der Befugnis zur Dichterkrönung mit sich. 1501 setzt Maximilian I. an der Wiener Universität das ‹Collegium poetarum et mathematicorum› ein und verleiht dem *poeta laureatus* Celtis und dessen Nachfolgern das Recht, Studierende der Poetik zu Dichtern zu krönen. [5] Vorausgehendes Examen, Prüfung der Würdigkeit des Kandidaten, Insignien wie Ring, Szepter, Siegel und Lorbeer machen die Dichterkrönung zu einem institutionell gefestigten und gesicherten Rechtsakt. Der akademische Charakter des Poeten-Grades wird durch die Befugnis unterstrichen, Poetik und Rhetorik an allen Universitäten zu lehren.

Im Laufe der Regierungszeit Maximilians, der zahlreiche Dichter auszeichnete – u.a. J. Cuspinianus (1493), J. Locher (1497), H. Bebel (1501) und U. von Hutten (1517) –, läßt sich ein Wandel im Verhältnis von Dichter und Kaiser feststellen. Lobt der *poeta laureatus* anfangs in einem zur *coronatio* gehörenden Panegyricus in der Person des Kaisers gleichermaßen sich selbst und beansprucht den höchsten Rang für Dichter und Dichtkunst, so wird er später zur Verherrlichung der militärischen Siege Maximilians, schießlich zur Lenkung der Untertanen zugunsten von Folgsamkeit und Loyalität in Anspruch genommen, so daß die Aufgabe des *poeta laureatus* unter Maximilian neu bestimmt wird. [6] Die Begeisterung der Humanisten für den als Symbol ihrer Bestrebungen geschätzten Poetentitel geht so weit, daß etwa J. Locher und N. Frischlin (1575 durch Kaiser Rudolf II. gekrönt) aufgrund dieser Ehrung den Vortritt vor dem Dekan der Fakultät beanspruchen, was ihnen allerdings nicht gestattet wird. [7] Obwohl die gekrönten Poeten zu dieser Zeit meist auch durch ihr deutschsprachiges Werk Beachtung finden – etwa U. von Hutten –, erhalten sie allein für ihre lateinische Poesie den Titel.

Mit dem Aufkommen der Reformation verliert der eng an den Humanismus gebundene Titel des *poeta laureatus* an Bedeutung. Unter Karl V. und Ferdinand I. gibt es nur wenige Krönungen. Seit Ende des 16. Jh. liegt die *coronatio* fast völlig in der Hand der Pfalzgrafen, meist Universitätsrektoren und -konrektoren. Galt die Titelvergabe in Wien noch zugleich als Erwerb des philosophischen Doktorgrades, so ist im 17. Jh. trotz der Gemeinsamkeiten von der Ernennungsprozedur und ihren Voraussetzungen bis in die Terminologie die rechtliche Gleichstellung des *poeta laureatus* mit dem Doktor nicht beabsichtigt. [8] Hinzu kommt, daß mit der Delegierung der Befugnis zur *coronatio* der Titel zwar erhalten bleibt, wegen der inflationären Verleihungen aber gleichzeitig an Wert verliert. Erst im 17. Jh. werden die ersten deutschschreibenden Dichter gekrönt: M. Opitz (1625), A. Gryphius (1637), J. Rist (1644). Allerdings haben alle diese für ihre deutschsprachigen Werke ausgezeichneten *poetae laureati* auch lateinische Texte geschrieben. Schließlich wird der Titel sogar als literaturpolitische Maßnahme eingesetzt. Gottsched, Dekan der philosophischen Fakultät in Leipzig, verleiht in seiner Eigenschaft als Pfalzgraf und im Kampf gegen Bodmer und Breitinger den Titel an Schönaich zur Durchsetzung seiner eigenen Schule (1752). Der letzte deutsche *poeta laureatus* ist im 19. Jh. K. Reinhard (1804), Herausgeber der ästhetischen Vorlesungen G.A. Bürgers.

Im 18. Jh. wird der Titel erstmals auch Frauen verliehen. [9] Als erste Frau wird 1733 Chr. M. Ziegler von der Philosophischen Fakultät der Universität Wittenberg gekrönt. S.H. Zäunemann erhält 1738 als erste von der Universität Göttingen gekrönte Frau die Urkunde der gekrönten Dichterin. [10] Da Frauen zu dieser Zeit an universitären Zeremonien nicht teilnehmen dürfen, können sie selbst bei der Verleihung des Titels nicht anwesend sein und nehmen den Titel später außerhalb der Universität entgegen. Weitere im 18. Jh. gekrönte

Dichterinnen sind etwa A. M. PFEFFER in Wolfenbüttel, J. CH. UNGER und CHR. D. LÖBER.

In der zweiten Hälfte des 20. Jh. erlebt die Dichterkrönung in Deutschland eine gewisse Renaissance, allerdings weniger als öffentliche Institution und ohne Implikationen in bezug auf die Tätigkeit des *poeta laureatus* bzw. seine gesellschaftliche oder wissenschaftliche Stellung. Schon 1962 wird der Poet und Neulateiner J. EBERLE von der Universität Tübingen zum *poeta laureatus* gekrönt.[11] In den Jahren 1975 bis 1995 stiftet der Verleger H. Burda einen neuen Petrarca-Preis für Lyrik. In Reminiszenz an die Dichterkrönung Petrarcas wird der Lorbeerkranz an wechselnden italienischen Orten, z.T. auch auf dem französischen Mont Ventoux, im Freundeskreis und ohne öffentliche Ausschreibung jährlich u.a. an R. D. BRINKMANN, S. KIRSCH, H. ACHTERNBUSCH, I. AICHINGER verliehen.[12]

Eine ganz andere Entwicklung haben Titel und Amt des *poeta laureatus* in *England* erfahren, wo er bis heute als erstrebenswerte Auszeichnung gilt. Hier hat sich der Titel *poet laureate*, vom König verliehen und mit einem Honorar verbunden, bis in die Gegenwart erhalten. Er gilt auf Lebenszeit und wird in der Regel erst nach dem Tod seines Trägers weitergegeben.[13] Erster offizieller *poet laureate* war B. JONSON (1616), danach 1668 J. DRYDEN. 1670 wird der Titel mit dem Amt des königlichen Historiographen verbunden und seine Vergütung auf 200 Pfund und ein Faß Sherry festgelegt[14], eindeutige Pflichten werden ihm allerdings nicht auferlegt. Man erwartet nur von dem Geehrten, daß er Maskenspiele für höfische Festlichkeiten verfaßt.[15] Bei Dryden läßt sich ein auffälliger Wandel in bezug auf die Adressaten seiner panegyrischen Gedichte ausmachen. Preist er während seiner Zeit als *poet laureate* die Krone und ihre Institutionen, so später – 1688 verliert er seinen Status – bevorzugt Dichter und Maler.[16]

Im frühen 18. Jh. werden Status und Pflichten des *poet laureate* genau festgelegt. Er wird Angestellter des Hofes, und es ist seine Aufgabe, jährlich eine Neujahrsund eine Geburtstagsode für den König zu schreiben. Im Laufe des 18. Jh. gerät der Titel *poet laureate* in Mißkredit, weil nicht der beste, sondern aufgrund von Günstlingswirtschaft ein dem König besonders ergebener Dichter zum *poet laureate* ernannt wird.[17] In der Hierarchie der Hofbediensteten befindet sich der *poet laureate* im späten 18. Jh. nicht mehr in der Gruppe der Wissenschaftler, sondern, allen poetischen Idealen widersprechend, in einer Gruppe absonderlicher Handwerksberufe wie ‹Operator Teeth›, ‹Ratkiller› und ‹Moletaker› (Maulwurfsfänger).[18] Diese Mißachtung veranlaßt TH. GRAY 1757, den ihm angetragenen Titel abzulehnen.[19]

Im 19. Jh. tritt ein Wandel in der Wertschätzung des Amtes ein. Die enge Bindung an den Hof entfällt und die jährlichen Oden werden nicht mehr gefordert. Die Dichterkrönung wird weniger Amt als Ehre, weniger Verpflichtung als Auszeichnung. Die Annahme des Titels durch W. WORDSWORTH und A. TENNYSON gibt der Krönung das Prestige zurück, das sie seit den Tagen von Dryden verloren hatte. Zuletzt gekrönte Autoren sind J. MASEFIELD (1930–67), C. D. LEWIS (1968–72), J. BETJEMAN (1972–84), T. HUGHES (1984–99), A. MOTION (1999). In den USA wird der Titel des *poet laureate* seit 1985 jährlich dem jeweiligen Berater für Lyrik der Library of Congress verliehen.

Anmerkungen:
1 Horaz, Carmina 3.30. – **2** J. Eberle: Dichterkrönungen, in: Schweizer Monatshefte 44 (1964/65) 147–155, hier: 148. – **3** F. Neumann: F. Petrarca (1998) 53; Eberle [2] 149. – **4** K. Schottenloher: Kaiserliche Dichterkrönungen im heiligen röm. Reiche dt. Nation, in: Papsttum und Kaisertum, hg. v. A. Brackmann (FS P. Kehr 1926) 648–673, hier 649f. – **5** J.-D. Müller: Gedechtnus. Lit. und Hofges. um Maximilian I. (1982) 44f. – **6** D. Mertens: Maximilians gekrönte Dichter über Krieg und Frieden, in: Krieg und Frieden im Horizont des Renaissancehumanismus, hg. v. F.J. Worstbrock (1986) 105–123, hier 109f. – **7** vgl. G.E. Grimm: Lit. und Gelehrtentum in Deutschland. Unters. zum Wandel ihres Verhältnisses vom Humanismus bis zur Frühaufklärung (1983) 62f.; P. Seibert: Der *tichter* und *poeta* am Beginn der Neuzeit, in: LiLi 42 (1981) 13–28, hier 21. – **8** Th. Verweyen: Dichterkrönungen, in: GRM, Beih. 1 (1979): Lit. und Ges. im dt. Barock, hg. v. C. Wiedemann, 21. – **9** vgl. A. Detken: Gekrönte Poetinnen – Gelegenheitsdichtung von Ziegler und Zäunemann, in: S. Heudecker, D. Niefanger, J. Wesche (Hg.): Kulturelle Orientierung um 1700 (erscheint 2003). – **10** W. Ebel: Über die Göttinger Dichterkrönungen, in: ders.: Memorabilia Gottingensia (1969) 24–35; vgl. A. de Berdt: S.H. Zäunemann. Poet Laureate and Emancipated Woman (Tennessee 1977). – **11** vgl. Eberle [2]. – **12** vgl. I. Ohlbaum: Im Garten der Dichter. Der Petrarca-Preis (1997). – **13** vgl. E. Broadus: The Laureateship. A Study of the Office of Poet Laureate in England (Oxford 1921). – **14** ebd. 61. – **15** ebd. 65. – **16** vgl. R. Folkenflik: Patronage and the Poet-Hero, in: Huntington Library Quarterly 48 (1985) 363–379, hier 363. – **17** ebd. 369f. – **18** Broadus [13] 226. – **19** ebd. 136.

A. Detken

→ Ars → Ars poetica → Ars versificandi → Autor → Dichter → Dichtung → Enthusiasmus → Epigone → Furor poeticus → Gelehrtenliteratur, Gelehrtensprache → Genie → Ingenium → Inspiration → Natur → Natura-ars-Dialektik → Phantasie → Poesie → Poetik → Redner, Rednerideal → Rhapsode → Vir bonus

Poetik (griech. ποιητικὴ τέχνη, poiētiké téchnē; lat. [ars] poetica; engl. poetics; frz. poétique; ital. poetica)
A.I. Def. – II.P. und Rhetorik. – B. Geschichte: I. Antike. – II. Mittelalter. – III. Renaissance bis Romantik: 1. Italien. – 2. Frankreich. – 3. Spanien, Portugal, Iberoamerika. – 4. Deutschland. – 5. England u. Nordamerika – 6. Osteuropa. – 7. Skandinavien. – IV. Moderne.

A. I. *Def.* Mit dem Begriff ‹P.› (poiētiké téchnē; abgeleitet vom griech. ποιεῖν, poieín: ‹verfertigen›, ‹herstellen›, ‹machen›) bezeichnet man seit ARISTOTELES' ‹Poetik› (Περὶ ποιητικῆς, Perí poiētikés) die Theorie der ‹Poesie› bzw. der ‹Literatur› im weitesten Sinne. Wegen der systematisch wie historisch unscharfen Begriffsverwendung schwankt die Extension des Begriffs erheblich. Allgemein finden sich in P. Reflexionen über die Entstehung (‹mythische› Ursprungs-Genealogien), Formen (Genres bzw. Gattungen) und poetischen Verfahrensweisen (Stil), Wirkung (‹schön›/‹erhaben›), Funktion (‹Unterhaltung›/‹Belehrung›) und Produktion (Rolle und Position des Dichters bzw. ‹Autors›) von Literatur. Im Gegensatz zur älteren Literaturwissenschaft verhandelt man heute die allgemeinen philosophisch-theoretischen Aspekte von ‹Literatur› meist unter der systematischen Rubrik ‹Literaturtheorie›, nicht mehr unter P. – Heuristisch lassen sich folgende drei Großgruppen von ‹P.› unterscheiden[1]:

1. *Normative P.* (auch ‹Normpoetik›, ‹Anweisungspoetik›, ‹Regelpoetik›) geben den Autoren Anweisungen für das ‹Herstellen› von ‹Literatur›; sie formulieren Normen und Regeln unterschiedlichen Charakters und

Reichweite (z.B. Stilvorschriften) und stellen vorbildhafte ‹Kanones› (*imitatio/aemulatio*) auf, die vom Dichter zu beachten sind, wenn das Werk den jeweils veränderlichen literaturästhetischen Maßstäben der Epoche, d.h. den epochenspezifischen ‹Poetizitäts›-Kriterien, genügen will. Insofern Normpoetiken das Abweichen von der vorgegebenen Norm sanktionieren, formulieren sie zugleich eine Theorie der literarischen Wertung, welche den ‹erlaubten› Regelverstoß – unter bestimmten Bedingungen – als ‹poetische Lizenz› (*licentia poetica*) in das Regelwerk reintegrieren kann. [2]

Normative P. haben vielfach den Charakter von Lehrbüchern (in Prosa oder versifizierter Form wie etwa im Falle von HORAZ' ‹Ars poetica›) und einen relativ konstanten Aufbau, der sich an die *officia oratoris* des rhetorischen Systems anlehnt. [3] Im einzelnen lassen sich unterscheiden: a. Abschnitte, welche allgemeinere Aspekte der ‹Kunst› (‹de arte›) thematisieren (z.B. Dichtungs-Apologie; Systembereiche *inventio*, *dispositio*, *elocutio*; Verhältnis von ‹Abbildung›/‹Nachahmung› [μίμησις, mímēsis] und ‹Schöpfung› [ποίησις, poíēsis]); b. Abschnitte, welche über das poetische ‹Werk› (‹de opere›) handeln (z.B. Gattungspoetik); c. schließlich Abschnitte (‹de artifice›), welche den ‹Dichter› (*poeta*) zum Gegenstand haben, wobei produktionsästhetische Fragestellungen wie die nach dem Verhältnis von ‹Anlage› (φύσις, phýsis, *natura/ingenium*) und ‹Kunst› (τέχνη, téchnē, *ars/doctrina*) bzw. allgemeiner von ‹Inspiration› (ἐνθουσιασμός, enthūsiasmós, *furor poeticus*) und ‹Technik› (*ars*-Aspekte) im Zentrum stehen. [4] Die normativen P. verlieren im 17. und 18. Jh. im Kontext eines Geltungsverlustes der antiken Normen und Vorbilder, der Ausweitung des literarischen Marktes und einer allgemeinen ‹Subjektivierungstendenz›, welche die Norm- und Regelpoetik in eine individuelle ‹Ausdrucks›-Ästhetik (mit dem ‹Autor› als ‹Original-Genie›) überführt, weitgehend ihre normative Funktion. [5]

2. *Deskriptive P.* gehen von der literarischen Produktion eines Autors (einer Zeit/Epoche, Gruppe, Nation, Gattung etc.) aus und arbeiten die in den literarischen Werken immanent vorliegenden oder in Form von theoretischen Äußerungen wie Manifesten, Vorreden o.ä. ausformulierten allgemeinen dichtungstheoretischen Grundsätze der literarischen Produktion heraus (z.B. ‹Die P. Peter Handkes›, ‹P. der Novelle›, ‹Die P. im Sturm und Drang›). ‹P.› im Sinne der deskriptiven P. wird oft synonym mit ‹Literaturtheorie› oder ‹Literaturästhetik› verwendet. Daneben spricht man mit einer unscharfen Begrifflichkeit auch von ‹Poetologie›, mit Blick auf ein Werk (oder einen Werkkomplex) eines Autors auch von ‹werkimmanenter P.›. [6] Deskriptive Poetiken können in der Rezeption den Status einer normativen P. erlangen (Aristoteles' ‹Poetik› und die neuzeitliche Dramentheorie, Fragen der Kanonbildung).

3. Eine Spezialform der deskriptiven P. ist die *Autorpoetik*. Der Begriff bezeichnet die theoretischen bzw. programmatischen Äußerungen von Autoren (etwa in Form von Schriftsteller-Essays, Vorreden und Manifesten) über ihre eigenen Werke, Verfahrens- und Schreibweisen bzw. daran anschließend auch über allgemeinere Fragen der Dichtung (z.B. G. Benn, ‹Probleme der Lyrik›). Unter diesem Terminus sind auch die ‹P.-Vorlesungen› und ‹P.-Dozenturen› zu rubrizieren.

II. *P. und Rhetorik.* Seit der Antike gibt es Reflexionen, die das Gemeinsame, aber auch das Trennende zwischen (Norm-)P. und Rhetorik (bzw ‹Poesie› und ‹Rede›) betonen und die auf unterschiedlichen systematischen Ebenen angesiedelt sind; sie lassen sich in dem Begriffspaar der ‹Rhetorisierung› und ‹Entrhetorisierung› theoretisch fassen: 1. Auf der *Objektebene* der Texte selbst wird die allgemeinste Stufe der Übereinstimmung durch den Begriff der ‹Rede› (*oratio*) konstituiert: Die Rhetorik als umfassende ‹Kunst der Rede› ist auch für die speziellere ‹dichterische› Rede zuständig; vielfach wird diese Einordnung der P. in das Gebiet der Rhetorik in die Opposition von ‹Poesie› als ‹gebundener Rede› (*oratio ligata*) und rhetorischer ‹Kunstprosa› als ‹ungebundener Rede› (*oratio soluta*) gefaßt. – 2. Auf der *Strukturebene* der Lehrbücher lassen sich vielfach Übernahmen von Gliederungsprinzipien aus der Rhetorik in die P. beobachten (*officia oratoris*: *inventio* – *dispositio* – *elocutio*). Bis in die Frühe Neuzeit gibt es eine ‹Arbeitsteilung› zwischen Rhetorik und P.; schon die ‹Poetik› des Aristoteles verweist für den Systembereich der *inventio* auf die ‹Rhetorik›. [7] Im Rhetorikunterricht der Frühen Neuzeit werden ‹Beispiele› (*exempla*) aus dem Bereich der Dichtung herangezogen. – 3. Daneben werden einzelne rhetorische *Normen* oder *Systembereiche* in die P. übernommen, etwa Stilvorschriften (die drei *genera dicendi*), das zentrale Stilregulativ des *aptum/decorum*, oder die Lehre von den ‹rhetorischen› Tropen und Figuren. Vielfach wird dabei der ‹poetischen› Sprachgestaltung größere Freiheit (*licentia poetica*) – etwa im Gebrauch von Metaphern oder archaisierenden Ausdrücken – eingeräumt: was in einer Rede als ‹Fehler› (*vitium*) gegen die ‹Klarheit› und ‹Verständlichkeit› (*perspicuitas*, *latinitas* etc.) des Ausdrucks gilt, kann in einem dichterischen Text geradezu als besonderer ‹Vorzug› (*virtus*) gelten. Die Applizierbarkeit dieser kodifizierten Normen und Techniken ist historischen (Um-) Wertungsprozessen unterworfen: Im 17. Jh. läßt sich die rhetorische Topik problemlos für die poetische *inventio* nutzen, seit Beginn des 18. Jh. gilt dies als Kennzeichen ‹schlechter› Literatur. – 4. Weitere mögliche Übereinstimmungen ergeben sich mit Blick auf den *pragmatischen Kontext* von ‹Dichtung› und ‹Rede›. Während es die Rhetorik immer mit ‹intentional› ausgerichteten Texten zu tun hat, die auf die ‹Überredung› bzw. ‹Überzeugung› (*persuasio*) eines Publikums zielen [8], ist die Frage nach der Wirkungsintention poetischer Texte weitaus stärker vom historischen und gattungspoetischen Kontext abhängig. Die von Horaz in seiner ‹Ars poetica› aufgestellte Norm, wonach die Dichtung nicht nur ‹erfreuen›, sondern auch ‹nutzen› solle (‹Prodesse-delectare-Doktrin›) [9], gilt spätestens seit den autonomen, entpragmatisierenden Literaturkonzeptionen des 18. Jh. nicht mehr – 5. Analogien zwischen rhetorischer und poetologischer Theoriebildung ergeben sich schließlich auch mit Blick auf den *Redner* und *Dichter*. In der alteuropäischen Tradition gilt die Forderung, daß Redner wie Dichter eine ‹Naturanlage› (*phýsis*, *natura/ingenium*) vorweisen müssen, die dann in einem Bildungsprozeß durch die rhetorische Theorie (‹Kunst›; *téchnē*, *ars/studium*) ‹verfeinert› wird (‹Natura-ars-Dialektik›). [10] Damit wird zugleich die Notwendigkeit des Rhetorik- bzw. P.-Unterrichts legitimiert. Seit dem 17. und 18. Jh. (kulminierend im ‹Sturm und Drang›) werden diese Konzepte einer rhetorischen ‹Kunst›-Poesie gegen eine auf der ‹inneren› Produktivkraft des ‹Genies› gründenden ‹Natur-Poesie› ausgespielt. Die rhetorisierte P. verliert damit ihre normative Kraft; interpretatorische Rückschlüsse vom ‹rhetorischen› bzw. ‹poetischen› Text auf die Produktionssysteme ‹Rhetorik› bzw. ‹P.› verbieten sich deshalb für die Zeit nach dem 18. Jh. weitgehend. [11]

Anmerkungen:
1 vgl. dazu A. Meier: Poetik, in: H.L. Arnold, H. Detering (Hg.): Grundzüge der Literaturwiss. (1996) 205–218, hier 206. – 2 grundlegend: H. Fricke: Norm und Abweichung. Eine Philos. der Lit. (1984) 84ff. – 3 E. Norden: Die Komposition und Litteraturgattung der Horazischen Epistula ad Pisones, in: Hermes 40 (1905) 481–528; Lausberg Hb. §§ 25f., § 42. – 4 Lausberg Hb. §§ 37–41; G. Blamberger: Das Geheimnis des Schöpferischen oder: Ingenium est ineffabile? (1991); A. Gellhaus: Enthusiasmos und Kalkül. Reflexionen über den Ursprung der Dichtung (1993); D. Till: Art. ‹Inspiration›, in: RDL³, Bd.2 (2000) 149–152. – 5 K. Stüssel: Poetische Ausbildung und dichterisches Handeln. P. und autobiographisches Schreiben im 18. und beginnenden 19. Jh. (1993); D. Till: Transformationen der Rhetorik. Untersuchungen zum Wandel der Rhetoriktheorie im 17. u. 18. Jh. (Diss. Tübingen 2002). – 6 B. Markwardt: Art. ‹P.›, in: RDL², Bd.3 (1977) 126–157, hier 127f. – 7 Arist. Poet. 19, 1456a 34f. – 8 zur Kategorie des ‹Intentionalen› vgl. Barner 74ff. – 9 Hor. Ars Vv. 333f. u. 343. – 10 F. Neumann: Art. ‹Natura-ars-Dialektik›, in: HWRh, Bd.6 (2002) Sp.139–171; D. Till: Affirmation und Subversion. Zum Verhältnis von ‹rhetorischen› und ‹platonischen› Elementen in der frühneuzeitlichen P., in: Zeitsprünge 4 (2000) 181–210. – 11 vgl. H. Lausberg: Rhet. und Dichtung, in: DU 18 (1966) H. 6, 47–93, hier 69; vgl. Till [5] T. I, Kap. I; T. II, Kap. IV/V.

Literaturhinweise:
B. Markwardt: Gesch. der dt. P., 5 Bde. (1937–67). – H. Wiegmann: Gesch. der Poetik. Ein Abriß (1977). – ders.: Art. ‹P.›, in: U. Ricklefs (Hg.): Fischer Lex. Lit., Bd.3 (1996) 1504–1537. – B. Greiner: Art. ‹P.›, in: H. Brunner, R. Moritz (Hg.): Literaturwiss. Lex. (1997) 264–268. – J. Bessière u.a. (Hg.): Histoire des poétiques (Paris 1997). – W. Jung: Kleine Gesch. der P. (1997). – I. Stöckmann: Vor der Literatur. Eine Evolutionstheorie der P. Alteuropas (2001). – H. Fricke: Art. ‹P.›, in: RDL³, Bd.3 (2003).

D. Till

B. *Geschichte.* **I.** *Antike.* **1.** *Homer und Hesiod.* Griechische P. wird zuerst faßbar um 700 v.Chr. in den Epen HOMERS und HESIODS. Es zeigt sich eine Konzeption von Dichtung, nach der der Sänger das Wissen, welches er über die Ruhmestaten früherer Männer (κλέα ἀνδρῶν, kléa andrón) bzw. über die Genealogie von Göttern und Heroen vermittelt, göttlicher Inspiration verdankt.[1] Gewiß ist die Bekundung dieses Anspruches dort, wo wir ihn antreffen, längst ein Element der epischen Gattungstradition. In der Realität ist vor allem mit einer lange währenden Lehrzeit des Sängers zu rechnen, in der neben der poetischen Technik die Beherrschung des Götter- und Heroenmythos zu erlernen war; inwieweit eine subjektive Erfahrung von 'Erweckung' und 'Eingebung' dazutreten konnte, entzieht sich der Rekonstruktion. Doch geht jedenfalls aus der Berufung auf eine göttliche Herkunft des im Gedicht dargelegten Wissens hervor, daß die Vorstellung eines autonomen 'Fingierens' auf seiten des Dichters anachronistisch wäre. Für das Verständnis des frühen griechischen Epos ist vielmehr die Unterscheidung zwischen Fiktion und Imagination wesentlich: Erstere schließt letztere ein, doch gilt dies nicht umgekehrt. Es handelt sich hier vielmehr um eine Imagination, die sich als Ausfüllung und Konkretisierung eines durch die Tradition gegebenen und als 'wahr' erachteten Geschehensrahmens zum Zwecke erzählender Darstellung versteht. Imagination in diesem Sinne gerät im Selbstverständnis der sie Praktizierenden folglich nicht in Konflikt mit dem Wahrheitsstatus, den der epische Text beansprucht und der seine Grundlage in der Funktion des Sängers in einer mündlichen Kultur hat, wie sie bei Homer und Hesiod noch nachwirkt: der Sänger als «maître de vérité»[2], d.h. als Experte der Überlieferung, durch die die Gegenwart in der Vergangenheit fundiert wird. Damit nimmt er eine wichtige soziale Rolle wahr; in der Odyssee zählt der Sänger (neben Seher, Arzt und Baumeister) dementsprechend zu den δημιοεργοί (dēmioergoí): Experten, deren Wirken für das Volk lebensnotwendig ist.[3] Als Wirkung von Dichtung wird das Erfreuen (τέρπειν, térpein), ja Bezaubern (θέλγειν, thélgein) der Zuhörer benannt, das aus poetischer Form und kunstvollem Vortrag resultiert.[4] Dies steht nicht in Gegensatz zur Erweiterung des Wissens, welche der Inhalt bewirkt, sondern bildet mit ihr eine unauflösliche Einheit.[5]

2. *Von Solon bis Gorgias.* Daß Dichtung aufgrund ihrer Herkunft von einer göttlichen Instanz eo ipso wahr sei, muß indes zum Problem werden. Nicht auf Dauer kann ausgeblendet bleiben, daß es Menschen sind, die Dichtung 'machen' – bezeichnenderweise wird ‹machen› (ποιεῖν, poieín) später, ab dem 5. Jh., geradezu Terminus technicus für ‹dichten›. Dieses Problem klingt bereits bei Hesiod an, wenn er in der Darstellung seiner Dichterweihe durch die Musen sagen läßt, sie wüßten neben dem Wahren «vieles Unwahre zu sagen, das dem Wahren ähnlich ist»[6]. Allerdings erscheint fraglich, ob dies, im Sinne einer wirklichen Alternative, ernst gemeint ist; es läßt sich auch so verstehen, daß die Allmacht der Musen durch einen polaren Gegensatz akzentuiert werden soll: Sie könnten, ganz nach Belieben, auch das tun, was ihrer eigentlichen Funktion, der Vermittlung des Wahren, am entferntesten wäre. Doch ist damit, so oder so, die Frage der Wahrheit von Dichtung aufgeworfen und damit die Ebene markiert, auf der sich die folgende poetologische Diskussion abspielt.

«Vieles Unwahre sagen die Dichter», stellt um 600 v.Chr. SOLON fest[7] und läßt damit die Verantwortlichkeit noch in der Schwebe. Der etwa gleichzeitige STESICHOROS wiederholt zuerst und korrigiert dann die Überlieferung, nach welcher Helena als Frau des Paris in Troia befunden habe, während die Achäer die Stadt angriffen: «Nicht ist wahr diese Sage»; in Wahrheit habe sich Helena die ganze Zeit über in Ägypten aufgehalten.[8] (Hieraus entsteht die Legende von einer zwischenzeitlichen Erblindung des Dichters, die er durch seine ‹Palinodie› rückgängig gemacht habe.[9]) XENOPHANES tadelt Homer und Hesiod wegen wahrheitswidriger Darstellung der Götter.[10] Im frühen 5. Jh. konstatiert PINDAR, Homer habe zugunsten des Odysseus das Mittel der Lüge eingesetzt[11], und er gelobt seinerseits: «Ich werde nicht lügen!»[12] Zweifel an der Wahrheit der Dichtung artikuliert sich schließlich auch in der Historiographie des 5. Jh.: HEKATAIOS grenzt sich gegen Hesiod ab[13], HERODOT und THUKYDIDES korrigieren Homer[14]. Gegen den Vorwurf der Lüge treten andererseits Apologeten Homers auf. Doch begegnen sie dem Vorwurf der Unwahrheit nicht durch den Hinweis, es handle sich doch um Dichtung, sondern indem sie die ‹Ilias› zu einem 'vorsokratischen' Traktat uminterpretieren: Homer wird gerettet als 'Naturphilosoph', nicht als Dichter. Dies ist die Geburtsstunde der Allegorese. Zu nennen sind der noch ins 6. Jh. reichende THEAGENES VON RHEGION sowie METRODOROS VON LAMPSAKOS (zweite Hälfte des 5. Jh.).[15]

Die Beurteilung von Dichtung nach dem Kriterium historischer, theologischer oder anderweitiger sachlicher Wahrheit gerät im 5. Jh. unter den Druck einer neuen Sichtweise, die offenbar aus der Erfahrung des Dramas (vor allem der Tragödie) erwächst, welches sich erst spät, im 5. Jh., entfaltet, dann aber binnen kurzem zur herausragenden Form griechischer Dichtung entwickelt. Eine dramatische Aufführung als Rede eines Dichters aufzunehmen, die eine unspezifische, sachliche Wahrheit beansprucht, ist kaum möglich. An diesem Punkt der Entwicklung kommt es erstmals zu einer Verbindung von P. und Rhetorik, letztere ihrerseits ein Produkt jener Zeit, des 5. Jh. Zwar gelangt GORGIAS in seiner Theorie der Wirkung von Rede, die für uns in der fiktiven Verteidigungsrede für Helena faßbar wird, über eine äußerliche Definition von Dichtung nicht hinaus: Dichtung sei eine Rede in einer besonderen, nämlich in metrischer Form.[16] Doch findet sich an anderer Stelle das Spezifische von Dichtung ansatzweise erkannt, wenn in paradoxer Formulierung gesagt wird: Die Tragödie bewirke eine Täuschung ($ἀπάτη$, apátē) des Publikums; insofern sei hier «der Täuschende mehr im Recht als der nicht Täuschende und der Getäuschte klüger als der, der sich nicht habe täuschen lassen»[17]. Dies ist nichts anderes als das, was COLERIDGE in klassischer Formulierung «a willing suspension of disbelief» genannt hat. Den Durchbruch einer solchen Einstellung zur Dichtung, zumindest im Einflußbereich der Sophistik, dokumentiert um die Wende vom 5. zum 4. Jh. die Schrift eines epigonalen Anonymus, die sog. ‹Dissoi Logoi›, wo argumentiert wird: Die Kunst beweise, daß Lüge und Täuschung auch als gerecht angesehen werden könnten – «denn wer in der Tragödiendichtung und der Malerei am perfektesten täuscht, indem er schafft, was dem Wahren ähnlich ist, der ist der Beste»[18]. Und an anderer Stelle heißt es – in diametralem Gegensatz zur traditionellen Sicht: «Nicht auf die Wahrheit, sondern auf das Vergnügen der Menschen hin machen Dichter ihre Dichtungen.»[19]

3. *Platon.* In dem dargestellten Prozeß, zu dem Aristoteles das klärende Schlußwort sprechen wird, nimmt PLATON insofern eine Sonderstellung ein, als bei ihm, in konservativer Grundtendenz, weiterhin von jener konstitutiven Beziehung zwischen Dichtung und Wahrheit ausgegangen wird, die doch in der zeitgenössischen Diskussion schon nachhaltig in Frage gestellt war. Ein gravierendes Problem stellt sich bei Platon zudem auf einer allgemeinen Ebene; es resultiert aus der Eigenart Platonischer Schriftstellerei, der Abfassung von Sokratischen Dialogen: Inwieweit lassen sich überhaupt und auf dem Gebiet der P. im besonderen eigene Überzeugungen Platons fassen? Im folgenden Überblick, der dem ‹Ion› und der ‹Politeia› als den wichtigsten poetologischen Texten Platons[20] gewidmet ist, muß diese Frage offen bleiben; die betreffenden Positionen werden demgemäß als von Platon erdacht, jedoch nicht als Ansichten Platons referiert.

Im ‹Ion› wird ein Rhapsode vorgeführt, der sich nicht nur für den besten Homer-Rezitator, sondern auch für den besten Homer-Interpreten seiner Zeit hält. Sokrates beweist seinem unterlegenen Gegner (GOETHE bezeichnete ihn als «äußerst beschränkten Menschen», «Tropf» und «armen Teufel»[21]), daß beide von Ion aufgestellten Behauptungen, seine interpretatorische Kompetenz erstrecke sich allein auf Homer, sei dort aber allumfassend, unhaltbar sind: Zum einen setze die Beurteilung Homers zwingend den Vergleich mit anderen Dichtern voraus und zum anderen habe jeder Sachbereich, um den es bei der Dichtererklärung gehen könne (Wagenlenken, Medizin, Mantik usw.), jeweils eigene Experten, die dem Rhapsoden überlegen seien. Berühmt ist die Enthusiasmos-Konzeption[22], die Sokrates entfaltet, als sich der Anspruch des Rhapsoden als problematisch erweist: Wie ein Magnet einer Reihe von Eisenringen ebenfalls magnetische Kraft verleiht, so strahlt die Muse mit göttlicher Macht aus auf die Dichter, von diesen auf die Vermittler (Rhapsoden, Schauspieler) und von diesen wiederum auf die Zuschauer. Doch wäre es verfehlt, hierin eine – aus der Sicht Platons – wesentliche Konzeption zu sehen.[23] Sie wird von Sokrates auf urbane Weise extemporiert und dient letztlich dazu, daß Ion sein Gesicht wahren kann: Ihm bleibt, daß er selbst in diesem Sinne ‹göttlich› genannt werden kann. Es ist bezeichnend, daß Enthusiasmos in der ‹Politeia› keine Rolle spielt.

Die Funktion von Dichtung ist in Griechenland von Anfang an eine ‘politische’. Die früheste Stufe griechischer P. setzt den Dichter in der sozialen Rolle des «maître de vérité» voraus; noch ein Vierteljahrtausend später versammelt sich die Bürgerschaft Athens alljährlich zu Theateraufführungen, die der Archon organisiert. Es ist somit folgerichtig, daß die Behandlung der Dichtung in der ‹Politeia›, in der es um die gerechte Staatsordnung geht, ihren Platz hat. Bekanntlich ist das Ergebnis negativ, die Dichtung wird aus dem Idealstaat verbannt.[24] Dies geschieht in einem Doppelschritt. Zunächst (in den Büchern II und III) ergibt sich, daß Dichtung der rechten Erziehung des zweiten Standes nach den regierenden Philosophen, der ‹Wächter› bzw. Krieger, hinderlich ist: Sie bringt theologisch inakzeptable Lügengeschichten hervor, stellt den Tod als etwas Schlimmes dar, führt mannigfaches undiszipliniertes Verhalten vor. Auch nötigt sie den Aufführenden, sofern direkte Reden der handelnden Personen im Text enthalten sind, sich der einzelnen Rolle anzugleichen. Eine solche Mimesis ist nur tolerabel, wenn ihr Anteil überhaupt gering ist und sie sich zudem auf die Rolle eines edlen Mannes bezieht. Diese schon weitgehende Eliminierung der Dichtung wird sodann (in Buch X) mittels der Ideenlehre noch radikalisiert: Wie z.B. der Maler einer Liege gegenüber dem, der eine Liege hergestellt und sich dabei an dem Begriff (der ‹Idee›) der Liege orientiert hat, nur den Status eines ‹Dritten› hat, so muß (nach Sokrates) gelten, daß «alle Dichter von Homer an nur Reproduzenten ($μιμηταί$, mimētaí) von Abbildern der Arete und der anderen Dinge sind, über welche sie dichten und daß sie somit die Wahrheit gar nicht berühren»[25]. Daraus ergibt sich, daß der Dichter das ‹Vernunftmäßige› ($λογιστικόν$, logistikón), den vornehmsten Seelenteil des Menschen, geradezu zugrunde richtet.[26] Nur Götterhymnen und Enkomien auf edle Menschen bleiben von diesem Verdikt ausgenommen, doch wird zuletzt geradezu dazu aufgefordert, weiterhin nach überzeugenden Argumenten zugunsten der Dichtung in einem wohlverfaßten Staatswesen zu suchen.[27]

4. *Aristoteles.* Die Leistung des ARISTOTELES läßt sich vor dem Hintergrund der Entwicklungsgeschichte griechischer P. im allgemeinen und Platons im besonderen als eine dreifache darstellen. Er legt in der ‹Poetik› dar, daß Kunst im allgemeinen und Dichtung im besonderen aus einem dem Menschen angeborenen Mimesis-Trieb erwachsen, und zwar im Hinblick sowohl auf Gestalten als auch auf Rezeption. Er zeigt mittels der Katharsis-Theorie auf, daß die Wirkung von tragischer Dichtung nützlich ist. Und er bringt eine neue Definition von Dichtung hervor, die sowohl die alte, noch von Platon zur Geltung gebrachte Anbindung an ein rigides Wahrheitspostulat als auch den tastenden sophistischen Versuch einer Neubestimmung überwindet «Deutlich wird aus dem Gesagten auch, daß nicht das die Aufgabe des Dichters ist, zu sagen, was (tatsächlich) geschehen ist, sondern, wie etwas geschehen (sein) könnte, und zwar das nach Wahrscheinlichkeit oder Notwendigkeit Mögliche. Der Geschichtsschreiber und der Dichter unterscheiden sich nämlich nicht dadurch voneinander, daß der eine im Metrum, der andere ohne Metrum redet. Es wäre ja möglich, das Werk Herodots in Metren zu setzen, und es wäre um nichts weniger ein Geschichtswerk mit Metrum als ohne Metrum. Nein, der Unterschied besteht darin, daß der eine sagt, was (tatsächlich) geschehen ist, der andere hingegen, wie etwas geschehen (sein) könnte. Deshalb ist Dichtung auch etwas Philosophischeres und Erhabeneres als Geschichtsschreibung. Denn die Dichtung sagt mehr das Allgemeine, die Geschichtsschreibung aber das Besondere.»[28] Damit ist eine Unterscheidung getroffen, die der Sache nach in neuerer Literaturtheorie unverändert weiterbesteht. Man kann somit in Aristoteles geradezu den Vollender einer 'Entdeckung der Fiktionalität' sehen.[29]

Wenn Mimesis ein dem Menschen angeborener Trieb ist, so wäre es widersinnig, ihn zu verbieten. Der bei Platon abwertend gebrauchte Begriff erscheint von Aristoteles ins Positive gewendet [30]: als darstellendes 'Spiel', das zu praktizieren bzw. mitzuerleben für den Menschen geradezu notwendig, da seiner psychischen Hygiene zuträglich ist. Dieser Ansatz findet seinen berühmtesten Ausdruck in der Aussage über die Wirkung der Tragödie, die «mittels ἔλεος (éleos) und φόβος (phóbos) die Reinigung (κάθαρσις, kátharsis) sich vollziehen läßt von solchen Zuständen»[31]. Auch wenn die Auseinandersetzung um die Interpretation dieser wenigen Worte andauert [32], ist in Anbetracht einer Aristotelischen Parallelargumentation [33] doch ein Verständnis von Katharsis als eines medizinisch-psychotherapeutischen Begriffs zwingend: als eines dosiert eingesetzten Verfahrens, durch welches zunächst ein temporärer Ausnahmezustand und sodann eben hierdurch eine völlige, zugleich lustvolle (μεθ' ἡδονῆς, meth' hēdonḗs) Befreiung von Last und Bedrückung bewirkt wird. Im Falle der Tragödie ist das, was nacheinander aktualisiert und abgebaut wird, éleos und phóbos. Abermals verhilft eine Aristotelische Parallele zu genauerem Verständnis [34]: Beide Begriffe – SCHADEWALDT umschreibt sie mit ‹Jammer›, ‹Rührung› bzw. ‹Schrecken›, ‹Schauder› – bezeichnen Zustände der Erschütterung (λύπη, lýpē), die aus der Wahrnehmung des unverdienten Unglücks eines Menschen erwachsen, begleitet von der Sorge, es könnte einen selbst Gleiches treffen. Nach dem Durchlaufen dieser Erfahrung kehrt der Tragödienzuschauer gleichsam befreit ins normale Leben zurück. Die Wirkung der Komödie wurde von Aristoteles im verlorenen zweiten Buch der ‹Poetik› analysiert; mit welchem Ergebnis, entzieht sich näherer Rekonstruktion.[35]

5. *Hellenismus und Kaiserzeit.* Die Klarstellung des Aristoteles, daß Dichtung sich auf das Mögliche, nicht auf das Faktische beziehe, gewinnt auf die Diskussion der Folgezeit prägenden Einfluß.[36] Zwar bleibt das Verfahren der allegorischen Deutung von Dichtung, besonders derjenigen Homers, im Rahmen philosophischer Systeme (Stoa, Neuplatonismus) in Gebrauch, durch welches man die eigene Lehre als altehrwürdig erweist; es wird sogar von der pergamenischen Grammatikerschule unter KRATES VON MALLOS (2. Jh. v.Chr.) praktiziert.[37] Doch überwiegt die Sicht der alexandrinischen Grammatikerschule, deren Anfänge mit der Schule des Aristoteles in personeller Verbindung stehen. Die Irrfahrten des Odysseus ließen sich erst lokalisieren, wenn der Schuster gefunden sei, der den Windschlauch des Aiolos gemacht habe – so ERATOSTHENES (3. Jh.), eines ihrer Schulhäupter.[38] Faßbar wird der Erfolg der aristotelisch-alexandrinischen Position allenthalben in den Scholien der mittelalterlichen Handschriften.[39]

Das Postulat sachlicher Wahrheit an Dichtung heranzutragen, ist also aufs ganze obsolet geworden. Bedeutet dies aber auch, daß man aus Dichtung grundsätzlich nichts lernen, sondern von ihr nur emotional bewegt werden könne? So sieht es in der Tat Eratosthenes, wenn er ψυχαγωγία (psȳchagōgía, ‹Seelenführung›), nicht διδασκαλία (didaskalía, ‹Unterweisung›) als Ziel des Dichters benennt.[40] Doch provoziert dies Widerspruch, woraus sich eine wesentliche Modifikation ergibt. Für NEOPTOLEMOS VON PARION (Zeitgenosse des Eratosthenes) wird die Gegenposition referiert, daß der Dichter die Verbindung von ψυχαγωγία und Nutzen (ὠφελεῖν, ōphelein) zu beachten habe.[41] Und noch differenzierter werden die möglichen Beziehungen zwischen beiden Polen in der ‹Ars poetica› des HORAZ benannt, die nach antikem Urteil Lehren des Neoptolemos verarbeitet [42]: «Entweder nützen oder erfreuen wollen die Dichter oder in einem solchen Maße, wie angenehm ist und was dienlich fürs Leben.»[43] Schon bei Aristoteles selbst ist die gedankliche Schärfe der neuen Definition von Dichtung um den Preis erkauft, daß der Bereich der Lyrik unberücksichtigt bleibt. In hellenistischer Zeit nun gewinnt die poetische Gattung des Lehrgedichts, die Aristoteles auszugrenzen gezwungen war, besondere Wertschätzung. Somit erscheint die hellenistische Erweiterung jener Definition jedenfalls auch von der Notwendigkeit her motiviert, Theorie und Praxis miteinander in Deckung zu bringen.

Dieser Entwicklung förderlich ist zugleich die Ausbreitung der neuen Bildungsmacht, der Rhetorik. Während Aristoteles bestrebt war, die besonderen 'Gesetze' poetischer Kommunikation zu bestimmen, erscheint aus rhetorischer Perspektive Dichtung als grundsätzlich vergleichbar mit anderen Formen sprachlicher Äußerung. Deshalb unterzieht man Dichtung in gleicher Weise und mit gleichem Begriffsapparat der stilistischen Kritik wie wirkliche Reden oder auch Werke der Geschichtsschreibung. Es ist bezeichnend, daß sich die beiden berühmtesten Gedichte Sapphos als Zitate in derartigen Traktaten erhalten haben.[44] Die klassizistische Wende der Rhetorik im 1.Jh. v.Chr. wirkt auf die P. auch noch insoweit ein, als das rhetorische Konzept einer Nachahmung kanonischer Vorbilder auf die Dichtung übertragen wird (nachweisbar zuerst bei Horaz).[45] Die Folge ist das Nebeneinander zweier poetologischer Mimesis-Konzeptionen, der aristotelischen (Mimesis als Darstellung von Handlungen) und der rhetorischen (Mimesis als Studium von Texten), die sachlich nichts miteinander verbinden. Gleichsam institutionalisiert wird die Rhetorisierung der P. durch den Aufbau des Bildungswesens, in dem die Beschäftigung mit Dichtung beim ‹Grammatiker› die Vorstufe zur Rhetorenschule bildet. Eine differenzierte Behandlung erfährt der Nutzen, der aus einer Beschäftigung mit Dichtung und Literatur für den angehenden Redner erwächst, in QUINTILIANS ‹Institutio oratoria›.[46]

Konstitutiv sind diese Tendenzen auch für das bedeutendste poetologische Werk der römischen Kaiserzeit, den rhetorischen Traktat ‹Vom Erhabenen› (Περὶ ὕψους, Perí hýpsūs). Der anonyme Verfasser (‹PSEUDO-LONGIN›) des unvollständig überlieferten und wohl ins 1.Jh. n.Chr. zu datierenden Werkes will vermitteln, wie jene Höhepunkte in der Rede zu erreichen sind, von denen eine unwiderstehliche Macht auf jeden Zuhörer ausgeht und die somit die konzentrierte Gewalt des Redners, vergleichbar dem Einschlag eines Blitzes, demonstrieren. [47] Fünf ‹Quellen› werden namhaft gemacht: (a) Treffsicherheit im Gedanklichen, (b) starkes Pathos sowie (c) der Einsatz passender Figuren, (d) Worte bzw. Tropen und (e) Satzfügungen. [48] Die sich anschließende systematische Behandlung dieser Komplexe orientiert sich an einer großen Zahl von Textbeispielen, die nahezu ausschließlich der 'klassischen' Literatur entnommen sind. Sie stammen aus Epos, Lyrik im weiteren Sinne, Tragödie, Historiographie, Philosophie und Beredsamkeit. Besonders herausgestellt wird die Trias Homer, Platon, Demosthenes, daneben noch Thukydides. Doch so sehr die Analyse der herangezogenen Beispiele eigenes Gewicht gewinnt oder theoretische Erörterungen zeitweilig in den Vordergrund treten (wie der Exkurs über wahrhaft große Literatur [49]): Ziel des Ganzen bleibt die Steigerung der Redekunst – und der Weg, der dorthin führt, besteht darin, «die großen Schriftsteller und Dichter von einst nachzuahmen und ihnen nachzueifern; und dies Ziel, mein Freund», fügt er, zu dem Adressaten, Postumius Terentianus, gewandt, hinzu, «wollen wir unablässig im Auge haben!» [50] An diesem Punkt der Entwicklung sind P. und Rhetorik eines geworden.

Anmerkungen:
1 Homer, Ilias I, 1; II, 484–487; Odyssee I, 1–10; VIII, 43–45. 62–64. 73f. 479–481. 487–491. 496–499; XXII, 347f.; Hesiod, Theogonie 31–34 u. 114f.; Frg. 1, in: Fragmenta Hesiodea, hg. v. R. Merkelbach und M.L. West (Oxford 1967). – 2 M. Detienne: Les maîtres de la vérité dans la Grèce archaïque (Paris ²1973). – 3 Homer, Odyssee XVII, 383–385. – 4 zu Homer vgl. W. Schadewaldt: Von Homers Welt und Werk (⁴1965) 83–85; Hesiod, Theogonie 37. 51. 104. 917. – 5 vgl. Homer, Odyssee XII, 184–191; Hesiod, Theogonie 36–40. – 6 Hesiod, Theogonie 27 (Übers. Verf.; ebenso alle folgenden Übers.). – 7 Solon, Frg. 29, in: Iambi et Elegi Graeci, hg. v. M.L. West, Bd. 2 (Oxford ²1992). – 8 Stesichoros, Frg. 192, in: Poetarum Melicorum Graecorum Fragmenta, hg. v. M. Davies, Bd. 1 (Oxford 1991). – 9 Plat. Phaidr. 243a (weitere Belege bei Davies [8] z. St.). – 10 Xenophanes, VS 21 B 11 (vgl. B 10 u. 12). – 11 Pindar, Nemea VII, 20–27. – 12 Pindar, Olympia XIII, 49–54. – 13 Hekataios, Frg. 19, in: Die Frg. der griech. Historiker, hg. v. F. Jacoby, Bd. 1 (Leiden ²1957). – 14 Herodot II, 116f.; Thukydides I, 10. – 15 Theagenes, VS 8; Metrodoros, VS 61; vgl. J. Hammerstaedt: Die Homerallegorese des älteren Metrodor von Lampsakos, in: Zs. für Papyrologie und Epigraphik 121 (1998) 28–32. – 16 Gorgias, VS 82 B 11, 9. – 17 ebd. B 23. – 18 Dissoi Logoi, VS 90: 3, 10. – 19 ebd. 3, 17; vgl. 2, 28. – 20 Plato on Poetry. Ion; Republic 376e-398b; Republic 595–608b10, hg. v. P. Murray (Cambridge 1996) [mit Einl. u. Kommentar]. – 21 in dem Aufsatz ‹Plato als Mitgenuss einer christlichen Offenbarung› (1796), in: E. Grumach (Hg.): Goethe und die Antike, Bd. 2 (1949) 758–762. – 22 Plat. Ion 533d-536d. – 23 E.N. Tigerstedt: Plato's Idea of Poetical Inspiration (Helsinki 1969). – 24 S. Halliwell: The Republic's Two Critiques of Poetry (Book II 376c-398b, Book X 595a-608b), in: O. Höffe (Hg.): Platon, Politeia (1997) 313–332. – 25 Plat. Pol. X, 600e. – 26 ebd. 605b. – 27 ebd. 607b-608b. – 28 Arist. Poet. 9, 1451a 36–1351b 7; vgl. ebd. 1, 1447b 13–20. – 29 W. Rösler: Die Entdeckung der Fiktionalität in der Antike, in: Poetica 12 (1980) 283–319; M. Finkelberg: The Birth of Literary Fiction in Ancient Greece (Oxford 1998). – 30 vgl. H. Flashar: Die klassizistische Theorie der Mimesis, in: Le Classicisme à Rome aux Iᵉʳˢ siècles avant et après J.-C., hg. von H.F. (Vandœuvres/Genf 1979) 79–97, hier 79–83. – 31 Arist. Poet. 6, 1449b 27f. – 32 M. Luserke (Hg.): Die Aristotelische Katharsis. Dokumente ihrer Deutung im 19. und 20. Jh. (1991); vgl. O.J. Schrier: The Poetics of Aristotle and the Tractatus Coislinianus. A Bibliography from about 900 till 1996 (Leiden/Boston/Köln 1998). – 33 Arist. Politik VIII, 7, 1341b 36–1342a 16; vgl. J. Bernays: Zwei Abh. über die aristotelische Theorie des Dramas (1880); W. Schadewaldt: Furcht und Mit-

leid? Zur Deutung des Aristotelischen Tragödiensatzes, in: Hermes 83 (1955) 129–171 (auch bei Luserke [32]); H. Flashar: Die medizinischen Grundlagen der Lehre von der Wirkung der Dichtung in der griech. P., in: Hermes 84 (1955) 12–48 (ebenfalls bei Luserke [32]); ders.: Art. ‹Furcht und Mitleid›, in: HWPh. Bd. 2 (1972) 1147–1149; ders.: Art. ‹Katharsis›, ebd. Bd. 4 (1976) 784–786. – 34 Arist. Rhet. II, 5, 1385b 13–18 u. II, 8, 1382a 21–25. – 35 H.G. Nesselrath: Die attische Mittlere Komödie (1990) 102–149. – 36 M. Hose: Fiktionalität und Lüge, in: Poetica 28 (1996) 257–274; K. Pollmann: Zwei Konzepte von Fiktionalität in der Philos. des Hellenismus und der Spätantike, in: Th. Fuhrer, M. Erler (Hg.): Zur Rezeption der hellenist. Philos. in der Spätantike (1999) 261–278. – 37 R. Lamberton, J.J. Keaney (Hg.): Homer's Ancient Readers (Princeton 1992) ca. 3–5; vgl. W. Bernard: Spätantike Dichtungstheorien (1990); D. Dawson: Allegorical Readers and Cultural Revision in Ancient Alexandria (Berkeley/Los Angeles 1992). – 38 Strabon, Geographica I, 24. – 39 R. Meijering: Literary and Rhetorical Theories in Greek Scholia (Groningen 1987). – 40 Strabon, Geographica I, 15. – 41 Philodem, Περὶ ποιημάτων (Perí poiēmátōn) V, col. XVI, in: Filodemo, La poesia V, hg. v. C. Mangoni (Neapel 1993); vgl. D. Obbink (Hg.): Philodemus and Poetry (Oxford 1995) 260. – 42 Porphyrio, Komm. zu Hor. Ars 1. – 43 Hor. Ars Vv. 333f. – 44 Sappho, Frg. 1, in: Sappho et Alcaeus, Fragmenta, hg. v. E.-M. Voigt (Amsterdam 1971), überliefert bei Dion. Hal. Comp.; Frg. 31, überl. bei Ps.-Long. Subl. – 45 Vgl. Fuhrmann Dicht. 153ff. – 46 Quint. X, 1, 27–131. – 47 Ps.-Long. Subl. 1, 3f. – 48 ebd. 8, 1. – 49 ebd. 33–36. – 50 ebd. 13, 2; vgl. 14, 1f.

Literaturhinweise:
G. Lanata (Hg.): Poetica pre-platonica. Testimonianze e frammenti (Florenz 1963). – H. Maehler: Die Auffassung des Dichterberufs im frühen Griechentum bis zur Zeit Pindars (1963). – G.M.A. Grube: The Greek and Roman Critics (Toronto 1965). – R. Harriott: Poetry and Criticism before Plato (London 1969). – D.A. Russell, M. Winterbottom (Hg.): Ancient Literary Criticism (Oxford 1972). – D.A. Russell: Criticism in Antiquity (London 1981). – W.J. Verdenius: The Principles of Greek Literary Criticism, in: Mnemosyne 36 (1983) 14–59. – G.A. Kennedy (Hg.): The Cambridge History of Literary Criticism, Bd. 1: Classical Criticism (Cambridge 1989). – M. Fuhrmann: Die Dichtungstheorie der Antike (²1992). – Y.L. Too: The Idea of Ancient Literary Criticism (Oxford 1998).

W. Rösler

II. *Mittelalter.* **1.** *Allgemeines.* Die gravierenden Unterschiede zwischen der P. des Mittelalters und der antiken P. einerseits, der P. der Neuzeit besonders seit dem 18. Jh. andererseits sind bedingt durch die andersgeartete Einbettung mittelalterlicher Literatur, speziell auch Dichtung, in die Gesellschaft und ihre verschiedenen Subsysteme: 1. Mittelalterliche Literatur ist oft Auftragsdichtung; der Auftraggeber hat relativ großen Einfluß auf Inhalt und Form, was zusammen mit der sozial z.T. disqualifizierenden Entlohnung für die Produktion von Kunst eine Beschränkung der Wichtigkeit des Autors in den Augen der Gesellschaft bewirkt. Bei den Autoren führt dies auch zu Gegenreaktionen in Form des Bemühens um die Begründung des eigenen Stellenwerts, wobei es in Hinsicht auf den Stellenwert des Dichters zur Formulierung von Gedanken kommt, die sich in der Renaissance entfalten und auch darüber hinaus manchmal überraschend modern sind. – 2. Mittelalterliche Texte sind häufig für einen ganz bestimmten Anlaß verfaßt worden und entsprechend auf diesen zugeschnitten; das reduziert das Bedürfnis nach grundsätzlicher und 'allgemeinverbindlicher' poetologischer Konzeption zwar nicht in der Theorie, aber doch in der Praxis. – 3. Mittelalterliche Schriftliteratur geht vom Klerus aus, der außerdem allein fähig ist, das antike 'Erbe' zu verwalten, damit aber oft eklektizistisch umgeht, weil er ggf. (auch) die poetologischen 'Vorgaben' der Antike für seine

Zwecke und nach seinen Maßstäben um- und neufunktionalisiert. Die P. ist der Theologie zunächst untergeordnet; als beide sich voneinander zu lösen beginnen, haben theologische Vorstellungen bereits deutliche Spuren hinterlassen (z.B. im Bereich der Allegorie). Die Anfänge christlicher Literaturtheorie sind geprägt von Auseinandersetzungen um die Legitimität u.a.: der *Antikenrezeption* gegenüber einer Kaprizierung auf angeblich autochthones christliches Wissen; *rhythmischer, metrischer und Versdichtung* gegenüber ungebundener Rede; *grammatisch-rhetorisch reflektierter* gegenüber 'einfacher' Sprache. Diese Auseinandersetzungen werden durch die Option der Kirchenväter für eine Anknüpfung an die Antike nur formal beendet und können unter dem Einfluß aktueller Gegebenheiten und Probleme immer wieder neu entstehen. Andererseits zeigt sich z.B. an zahlreichen Manierismen, daß die religiöse Kunst- und Literaturtheorie hinsichtlich ihrer Maximen einer Ablehnung selbstzweckhafter Kunst und des Postulats einer Entsprechung von Form und Materie, Inhalt und Aussage die dichterische Praxis nicht immer völlig zu lenken imstande ist. – 4. Trotz mancher Berührungen und gegenseitiger Einflüsse existiert im Mittelalter ein weitestgehendes Neben-, z.T. auch Gegeneinander von lateinischer und volkssprachlicher Bildung und Literatur, u.a. mit der Folge einer (mit Ausnahme der skandinavischen Literatur und einiger speziell der Lyrik geltenden provenzalischen *trobar*-Poetiken) weitgehenden Beschränkung poetologischer Äußerungen in den Volkssprachen auf Bemerkungen in Prologen, Epilogen und Exkursen innerhalb fiktionaler Texte und einer entsprechenden *theoretischen* Dominanz der lateinsprachigen Poetologie. Obwohl die Autoren volkssprachlicher Texte in aller Regel ihre Bildung über das *lateinische* Bildungssystem erworben haben, ist daher in bezug auf die volkssprachliche Literatur schon relativ früh ein Auseinanderfallen von poetischer Theorie und Praxis feststellbar; bis heute sind allerdings nicht selten innovative Tendenzen und ein Verlassen der Theorie in manchen Texten unbemerkt geblieben. Zwar werden vor allem die *rhetorischen* Vorgaben der lateinischen Poetologie in volkssprachlicher Literatur breit rezipiert; aber in anderen Bereichen (Gattungs-P., Prologgestaltung, Neufunktionalisierung von Topoi u.a.m.) läßt sich schon recht früh eine Eigendigkeit volkssprachlicher Literatur konstatieren. Aufgrund verstreuter poetologischer Einzelbemerkungen und bloßer Befunde an den Primärtexten volkssprachliche Poetiken zu rekonstruieren, wird häufig versucht; solange man jedoch daran festhält, ‹P.› als *Theorie* zu verstehen, ist ein solches Verfahren methodisch nicht unbedenklich. – 5. Produktion und Rezeption von Literatur sind zunächst überwiegend an einen begrenzten Umkreis (Kloster, Adelshof, einzelne Stadt) gebunden; das begünstigt angesichts der Schwierigkeiten bzw. der Irrelevanz einer 'flächendeckenden' Versorgung mit Literatur Disproportionalitäten hinsichtlich des Einflusses einzelner Poetiken. – 6. Schriftliteratur ist im Mittelalter noch bis ins 15.Jh. eine Ausnahme in einer sonst weitgehend dem Medium der Oralität verpflichteten Gesellschaft und im Akt der Reproduktion oft nur Durchgangsstufe zu neuer Oralität (*Vorlesen* von Texten für ein illiterates Publikum). Selbst wenn man für das Mittelalter eine größere Aufnahmefähigkeit des *hörenden* Publikums voraussetzt, ist davon auszugehen, daß man mit den erhaltenen Poetiken überwiegend Aufschlüsse über die Produktion der *Schrift*texte erhält, während uns Nachrichten über eine 'Poetologie der Mündlichkeit' fast völlig fehlen. – 7. Auf der anderen Seite hat man es mit einem fast umgekehrten Phänomen zu tun: Mittelalterliche P. steht unter dem dominanten Einfluß der antiken Rhetorik; deren weitgehend auf mündliche Rede bezogene Regeln werden im Mittelalter auf die Verfertigung von *Schrift*texten übertragen. – 8. Literaturtheorie und allgemeine Kunsttheorie sind im Mittelalter kaum voneinander zu trennen; davon ist auch die P. betroffen.

P. existiert im Wissenschaftssystem der *septem artes liberales* nicht als eigenständiges Fach; an ihr beteiligt sind im Mittelalter alle drei Fächer des *trivium*: 1. die Logik/Dialektik, da auch poetische Texte über den Verstand überzeugen wollen und da die Literatur*kritik* logische Fähigkeiten verlangt; 2. die Grammatik, insofern sie als Wissenschaft ‹vom richtigen (*recte*) Sprechen› *und* von der ‹Darstellungsweise der Dichter› definiert wird; das genaue Verhältnis zwischen Grammatik und P. ist aber ungeklärt: Bei CASSIODOR findet sich für die Grammatik die Definition: «Kenntnis, schön (*pulchre*) zu sprechen, *gesammelt* aus mittelalterlichen Dichtern und Autoren»[1] – womit also die Grammatik (anders als in der mittelalterlichen Wissenssystematik, wo die Poetik eine ihrer Unterkategorien ist) sekundär wäre, indem sie ihre Muster aus der Dichtung bezieht; bei EBERHARD DEM DEUTSCHEN gilt die *poesis* aber umgekehrt als «Dienerin der Grammatik»[2]; 3. die Rhetorik, da sie den für unabdingbar erachteten *ornatus* liefert, in der *dispositio*-Lehre Anweisungen für die Textstruktur liefert und – wichtig angesichts der mündlichen Präsentation auch von Schrifttexten im Mittelalter – in ihrem *actio*-Teil Empfehlungen für die 'Aufführung' bereithält (Fortunatian u.a. im Anschluß an Quintilian: Rhetorik = ‹Wissenschaft vom guten [*bene*] Sprechen›). Teilweise ergeben sich noch weitere Bezüge; so lehrt Cassiodor, daß die Topik den Rednern, Dialektikern, Dichtern und Rechtskundigen Argumente liefere.[3] Diese institutionelle Unselbständigkeit der P. und ihre Prägung durch die *artes* unterstreichen den Sachverhalt, daß Dichten nach mittelalterlicher Auffassung gelehrt und gelernt werden kann, eine Auffassung, die also nicht erst die Renaissance-Poetiken kennzeichnet[4] und andererseits bis zur Genieästhetik des 18.Jh. Gültigkeit besitzt. Bereits nach Mitte des 13.Jh. postuliert jedoch KONRAD VON WÜRZBURG in zwei Prologen großepischer Werke, daß *singen* und *sagen* keine lehr- und lernbaren Tätigkeiten seien (und verstößt durch das ebd. formulierte Konzept eines notfalls selbstgenügsamen Künstlerdaseins auch gegen die Maxime einer Gebundenheit mittelalterlicher Kunst an gesellschaftliche Funktionen). Inwiefern der Gedanke einer für den dichterischen Erfolg nötigen ‹göttlichen Begnadung›, der etwa in Prologen betont wird, Affinitäten zum Geniegedanken aufweist, ist schwer feststellbar: Einerseits gibt diese ‹Begnadung› der Vorstellung Raum, daß es jenseits bloßen Fleißes und perfekter Regelanwendung noch etwas gibt, das für 'gute' Kunst unabdingbar ist; andererseits gehört der Gedanke göttlicher Omnipräsenz zum Kernbestand der christlichen Theologie, so daß seine Anwendung im poetologischen Kontext als eher selbstverständliche Ingredienz ohne weitergehende Implikationen gelten könnte.

2. *Der mittelalterliche P.-Begriff.* Obwohl es in der Neuzeit nie ein einheitliches Verständnis von Umfang und Bestand der P. gegeben hat (und auch heute nicht gibt), sind die definitorischen Probleme in bezug auf das Mittelalter noch komplizierter. Das zeigt sich schon an der uneinheitlichen und uneindeutigen Terminologie: Die im Mittelalter verwendeten Begriffe *poesis, poetria, ars poetica, poetica* haben fast stets den Doppelsinn von ‹Poesie/Dichtung› und ‹Poetologie/Dichtungslehre›. Gegenüber der Neuzeit fehlt jedoch das dritte und heute kennzeichnende Element: eine explizite und konsistente Dichtungs*theorie*. Auch auf dezidiert literatur*ästhetische* Bestandteile stößt man in mittelalterlichen P. kaum: Angesichts der Bindung der mittelalterlichen Kunsttheorie an die Theologie kann es eine zweckfreie Kunst genauso wenig geben wie eine darauf bezogene Theorie, die zugunsten 'ideologiefreier' Wissenschaftlichkeit auf die Einbindung in eine Kosmologie verzichten würde; gewisse Verselbständigungstendenzen sind aber weder in der Theorie noch in der dichterischen Praxis zu übersehen. Auf der Grenze zwischen Mittelalter und Renaissance steht DANTES ‹De vulgari eloquentia› (1305), im Grunde genommen auch noch keine direkte P., aber doch weitreichende theoretische Reflexionen beinhaltend, die nicht zufällig gerade aus der Absicht resultieren, die Literaturfähigkeit einer *Volks*sprache nachzuweisen.

3. *Mittelalterliche Begriffe von ‹Dichtung›.* Eine umfängliche, differenzierte Auffassung davon, was Dichtung von anderen Arten der Literatur unterscheidet, fehlt. Als häufigstes Unterscheidungsmerkmal wird die *Fiktionalität* genannt, die eigentlich als ein Negativum galt. Der mittelalterliche Wahrheitsbegriff ist jedoch nicht nur an abstrakter Historizität und objektivierbarer Faktizität orientiert, sondern auch an theologischen Voraussetzungen, wodurch sich einerseits Lizenzen ergeben, andererseits aber auch für die Zeitgenossen Schwierigkeiten bei der Abgrenzung im Einzelfall (vgl. den berühmten Streit darum, ob Lucan ein ‹Dichter› gewesen sei oder ein Geschichtsschreiber). Als zweithäufigstes Kriterium für Dichtung gilt die gebundene Sprache; in der Praxis funktioniert dieses Kriterium gerade im Mittelalter nicht, da auch zahlreiche Sach- und Fachtexte in Formen der gebundenen Rede abgefaßt sind. Statt theorieaffizierter Orientierung an grundsätzlichen Dichtungsbegriffen dominiert der durch Zugriffsmöglichkeiten auf Quellen, durch schulische Prägung, Moden oder auch eigene Vorlieben bestimmte Anschluß an konkrete Vorbilder.

4. *Die Rezeption der antiken P.* Mit Ausnahme der skandinavischen Literatur meist unter theoretischer Vernachlässigung einheimischer Traditionen (die zwar oft stillschweigend verwertet, aber nicht als solche ausgewiesen werden), hat sich das Mittelalter für seine Dichtungslehre überwiegend von der Antike abhängig gemacht. Diese Abhängigkeit stellt sich vor allem über die Rezeption antiken Schrifttums zu Rhetorik und Grammatik her (einflußreich vor allem die ‹Herennius-Rhetorik› und CICEROS ‹De inventione›); an eigentlichen Poetiken standen dagegen nur die ‹Ars poetica› des HORAZ (verbreitet seit dem 9. Jh.) und seit der 2. Hälfte des 13. Jh. die P. des ARISTOTELES zur Verfügung; von letzterer existierten eine für moderne Begriffe sehr entstellende Übersetzung (HERMANNUS ALEMANNUS) und eine zwar qualitativ wesentlich bessere (WILHELM VON MOERBEKE), die aber vor der Renaissance anscheinend kaum rezipiert wurde, jedenfalls wenig Wirkung gezeigt hat.

5. *Mittelalterliche Poetiklehrbücher.* Im Mittelalter neu entstandene Poetiken, die den Schwerpunkt auf die Praxis legen, scheint es erst seit Mitte des 12. Jh. zu geben. Was an poetologischen Schrifttum vorausgeht (z.B. BERNHARDS VON UTRECHT Kommentar zur ‹Ecloga Theoduli›; KONRAD VON HIRSAU: ‹Dialogus super auctores›), beschränkt sich im wesentlichen auf Bestimmungen poetologischer Fachbegriffe, Autorenkataloge, normative Gattungsdefinitionen, Auseinandersetzungen mit der antiken Dichtung. Die wohl wichtigster der 'neuen' Poetiken' sind die ‹Ars versificatoria› des MATTHAEUS VON VENDÔME (um 1175, vom Verfasser selbst als ‹Sumula nuncia metri› bezeichnet); die ‹Poetria nova› des GALFREDUS DE VINO SALVO (Geoffroi de Vinsauf, Anfang 13. Jh.; eine Prosafassung, das ‹Documentum de modo et arte dictandi et versificandi›, stammt wahrscheinlich ebenfalls von Galfredus); die ‹Poetria de arte prosaica, metrica et rithmica› oder ‹Parisiana Poetria› des JOHANNES DE GARLANDIA (um 1220, mit Bearbeitungen zwischen 1231 und 1235); der ‹Laborintus› EBERHARDS DES DEUTSCHEN (1. Hälfte 13. Jh.); die ‹Ars poetica› des GERVASIUS VON MELKLEY (vor 1216). Jede dieser P. hat andere inhaltliche Schwerpunkte und meist auch spezielle Zusammenstellungen. Generalisierend läßt sich feststellen, daß die 'Poetiken' des Mittelalters allesamt eher auf die Vermittlung von Dichtungs*techniken* ausgerichtet sind; aus dem Bereich der Rhetorik werden vorzugsweise die *dispositio* (meist eher kurz) und vor allem die *elocutio* behandelt mit den eindeutigen Schwerpunkten *ornatus* und *amplificatio*. Die meisten geben auch ausführliche Anweisungen zu Reim, Metrik, Vers- und Strophenbau; die konkurrierende Bezeichnung *ars versificatoria* statt *ars poetica* hat ihren Grund wohl teilweise auch darin; einen zweiten Grund stellt die Abgrenzung gegenüber der auf Prosatexte bezogenen *ars dictaminis* dar, obwohl sich in den *artes versificatoriae* auch Prosabeispiele finden. Matthaeus behandelt ausführlich *descriptio*, Attributgebrauch (Epitheta), *schemata, tropi* und den sonstigen *ornatus*. Bemerkenswert ist seine Kritik an antiken Autoren, denen er mangelnde *brevitas* vorhält, sowie im Bereich der Verslehre seine Invektive gegen den im Mittelalter sonst so beliebten leoninischen Reim. Galfredus beginnt mit der *inventio*, setzt den Schwerpunkt aber bei der *tractatio*, wobei vor allem die kategoriale Differenziertheit seiner Beispiele auffällt. Entsprechend ausführlich ist seine Behandlung der *descriptio*; auch sonstige Mittel der *amplificatio* werden einläßlich vorgestellt. Von den Zeitgenossen wurde das Werk oft als *ars rhetorica* bezeichnet und in den Kanon der Schulschriften aufgenommen. Forschungsgeschichtlich wichtig sind die abschließenden Hinweise zur *actio*. Eberhard ist rezeptionsgeschichtlich von Bedeutung, weil er sich explizit auf seine Vorgänger des 12. und 13. Jh. bezieht. Auch Gervasius nennt seine Vorbilder (Matthaeus, Galfredus, dazu BERNARDUS SILVESTRIS, wobei umstritten ist, ob hier für letzteren ein Hinweis auf eine verlorengegangene P. vorliegt). Die Überlieferung der Gervasius-P. ist (*obwohl* oder *weil* explizit für Anfänger konzipiert?) spärlich. Konzeptionell erweist sie sich wegen ihrer Kategorienbildung als Besonderheit: Die üblichen rhetorischen Vorschriften werden abgehandelt unter den Leit- und Ordnungsbegriffen *idemptitas* (‹Identität› von 'üblicher' und vom Autor gemeinter Bedeutung eines sprachlichen Zeichens), *similitudo* (‹Ähnlichkeit› im Sinne von Verwandtschaft der gemeinten und der üblichen Bedeutung) und *contrarietas* (‹Gegensätzlichkeit› im Sinne von erheblicher Abweichung zwischen gemeinter und üblicher Bedeutung).

6. *'Poetiken' für Gebrauchsliteratur.* Angesichts des Regelcharakters poetologischer Konzeptionen im Mittelalter wie auch in bezug auf den gemeinsamen rhetorischen und grammatischen Hintergrund weisen die *ars dictandi* oder *dictaminis* und die *ars praedicandi* eine gewisse Verwandtschaft mit der *ars poetica* auf. Im

Gegensatz zum sonstigen Wortgebrauch meint *dictamen* hier den *Prosa*text, speziell Briefe und Urkunden. Im Aufbau läßt sich gegenüber den *artes poeticae* meist eine strengere Gliederung in Theorie- und Beispielteil feststellen. Zu Bestandteilen aus dem Bereich der Rhetorik, die beide *artes* gemeinsam haben (so läßt sich etwa ein großer Einfluß der *ars dictandi* auf die italienische Kunstprosa nachweisen), treten im Fall von *Urkunden* Hinweise auf Urkundenarten und -teile, Schrift und Unterschriften, Siegel, spezielle Gliederungen, Zeichensetzung, differenziertere grammatische Inhalte, Formeln; bei *Briefen* Belehrung über verschiedene Briefarten, Grußformeln. Für die *artes praedicandi*, Anleitungen zum Verfassen von Predigten, gilt hinsichtlich ihrer rhetorischen Bestandteile, daß sie wegen des Bezugs auf *mündliche* Rede antike Vorbilder in einen ihnen gemäßeren Kontext stellen. Während aus der Zeit bis 1200 nur wenige Predigtlehren überliefert sind, werden sie danach zahlreicher; ein bildungsgeschichtlicher Zusammenhang mit dem fast zeitgleichen Aufblühen der *ars poetica* scheint deutlich zu sein. Auch die neueren *artes praedicandi* vermitteln reichhaltigen Stoff aus der Rhetorik; dem Charakter der Predigt entsprechend stellen Vorschriften zum Aufbau und zur Argumentationsweise jedoch den Schwerpunkt dar.

Anmerkungen:
1 Cassiod. Inst. II, 1, 1. – 2 Eberhardus Alemannus, Laborintus 253, in: Faral 345. – 3 Cassiod. Inst. II, 3, 17. – 4 so aber A. Buck: Art. ‹P.›, in: LMA, Bd. 7 (1995) 37.

Literaturhinweise:
Isid. Etym. (1911). – [Eberhard der Deutsche:] Évrard l'Allemand: Laborintus. Ausg.: Faral, 336–377 (1924). – Faral (1924). – Ch. S. Baldwin: Medieval Rhetoric and Poetic (to 1400) (New York 1928; ND St. Clair Shores, Mich. 1972). – W.B. Sedgwick: The Style and Vocabulary of the Latin Arts of Poetry of the Twelfth and Thirteenth Centuries, in: Speculum 3 (1928) 349–381. – H. Caplan: Medieval *Artes Praedicandi*. A Hand-List. 2 Bde. (Ithaca 1934/36). – Charland (1936). – E. de Bruyne: Études d'esthétique médiévale. 3 Bde. (Brügge 1946). – R. Mc Keon: Poetry and Philosophy in the Twelfth Century. The Renaissance of Rhetoric, in: Modern Philology 43 (1946) 217–234. – R.W. Hunt: The Introductions to the ‹Artes› in the Twelfth Century, in: Studia Mediaevalia. FS J. Martin (Brügge 1948). – Cassiod. Inst. (²1961). – H. Glunz: Die Literarästhetik des europ. MA (²1963). – P. Salmon: Über den Beitrag des gramm. Unterrichts zur P. des MA, in: ASNSL 199 (1963) 65–84. – Alcuin. (²1965). – Gervais von Melkley: Ars poetica, hg. von J.-J. Gräbener (1965). – D. Kelly: The Scope of the Treatment of Composition in the Twelfth- and Thirteenth-Century Arts of Poetry, in: Speculum 41 (1966) 261–278. – F.J. Worstbrock: Zu Galfrids Summa de arte dictandi, in: Dt. Arch. f. Erforschung des MA 23 (1967) 549–552. – T.F. Lawler: John of Garland and Horace, in: Classical Folia 22 (1968) 3–13. – D. Kelly: Theory of Composition in Medieval Narrative Poetry and Geoffrey of Vinsauf's Poetria Nova, in: MS 31 (1969) 117–148. – Rockinger (ND 1969). – G. Glauche: Schullektüre im MA (1970). – H. Caplan: Of Eloquence. Studies in Ancient and Medieval Rhetoric (Ithaca 1970). – E. Gallo: The *Poetria nova* and its Sources in Early Rhetorical Doctrine (Den Haag/Paris 1971). – Galfrid (1971). – Joh. v. Garl. (1974). – B. Harbert (Hg.): A Thirteenth-Century Anthology of Rhetorical Poems. Glasgow Ms. Hunterian V.8.14 (Toronto 1975). – B. Harbert: Matthew of Vendôme, in: Medium Aevum 44 (1975) 225–237. – Beda (1975). – B. Boesch: Die Kunstanschauung in der mhd. Dicht. von der Blütezeit bis zum Meistergesang (²1976). – Murphy ME (1978). – Fortun. Rhet. (1979). – H. Brinkmann: Zu Wesen und Form ma. Dichtung (²1979). – F.J. Worstbrock: Art. ‹Eberhard der Deutsche (Everardus Alemannus, Teutonicus)›, in: VerfLex², Bd. 2 (1980) 273–276. – F. Quadlbauer: Art. ‹Artes praedicandi›, in: LMA, Bd. 1 (1980) 1065–66. – H.M. Schaller: Art. ‹Ars dictaminis, Ars dictandi›, ebd. 1034–39. – R. Düchting: Art. ‹Ars poetica, Ars versificatoria›, ebd. 1048–51. – P. Klopsch: Einf. in die Dichtungslehren des lat. MA (1980). – W. Tatarkiewicz: Gesch. der Ästhetik, Bd. 2: Die Ästhetik des MA (1980). – P. Stotz: Dichten als Schulfach – Aspekte ma. Schuldichtung, in: MlatJb 16 (1981) 1–16. – R. Assunto: Die Theorie des Schönen im MA (1982). – F.J. Worstbrock: Art. ‹Johannes de Garlandia›, in: VerfLex², Bd. 4 (1983) 612–623. – Curtius (¹⁰1984). – M. Wehrli: Lit. im dt. MA. Eine poetologische Einf. (1984). – W. Haug: Literaturtheorie im dt. MA (1985). – R. Düchting: Art. ‹E[berhard der Deutsche]›, in: LMA, Bd. 3 (1986) 1523f. – Matth. v. Vend. (1988). – R. Düchting: Art. ‹G[alfridus] de Vino Salvo›, in: LMA, Bd. 4 (1989) 1085. – ders.: Art. ‹G[ervasius] v. Melkley›, ebd. 1360f. – U. Eco: Kunst und Schönheit im MA (1991). – G. Bernt: Art. ‹J[ohannes] de Garlandia›, in: LMA, Bd. 5 (1991) 577f. – Preminger (1993). – R. Peppermüller: Art. ‹M[atthaeus, Matthäus] von Vendôme›, in: LMA, Bd. 6 (1993) 400.

R. Brandt, S. Loleit

III. *Renaissance bis Romantik.* **1.** *Italien.* Wenige Jahre bevor die aristotelische ‹Poetik› in der lateinischen Übersetzung (1498) von G. VALLA bekannt wird, verfaßt B. DELLA FONTE 1490/92 die Dichtungslehre [1], die als erste italienische Renaissance-Poetik gilt. [2] In Anlehnung an Horaz wendet er die Rhetorik auf die Dichtung an, stellt den Dichter über den Redner, da sämtliche *artes* der Dichtung entsprungen seien, und übernimmt die Formel des Zusammenspiels von gesellschaftlichem Nutzen und individuellem Vergnügen (*prodesse-delectare*-Doktrin). Im III. Buch unterteilt Della Fonte die Dichtungsformen in «Commune» (Epos), «Narrativum» (Lyrik, Lehrgedicht, Jambus, Elegie) und «Activum» (Drama). [3] In der Folge bestimmen zwei Themenkreise die dichtungstheoretische Auseinandersetzung des 16. Jh.: die Frage nach einer literaturwürdigen Sprache sowie die Vermittlung von vorwiegend aristotelisch geprägter Theoriedebatte und literarischer Praxis.

Schon zu Beginn des 14. Jh. diskutiert DANTE, welche Variante des Italienischen literarische Werke hervorzubringen vermag, die denen der Antiken ebenbürtig sind oder sie gar übertreffen. [4] Seitdem geht die *Questione della lingua* mit der poetologischen Diskussion einher. [5] P. BEMBO spricht 1512 in den ‹Prose della volgar lingua› [6] dem *volgare* in der durch PETRARCAS Lyrik und BOCCACCIOS Erzählprosa vorgegebenen toskanischen Variante literarische Dignität zu und ordnet es den Regeln der ciceronianischen Rhetorik unter. Bembos Augenmerk richtet sich auf die *elocutio*, deren Überzeugungskraft auf *variatio* und *concinnitas*, der zeitlos gefälligen Gestaltung («leggiadria») eines Textes beruhe. Die *inventio* ist demgegenüber von minderer Bedeutung. [7] Das für die Drucklegung 1525 angefügte Dritte Buch unterstreicht diese Position: Es bildet etwa die Hälfte des Gesamttextes und ist gleichsam eine kommentierte Grammatik des *volgare* mit Beispielen aus zwanzig Musterautoren. Das zeigt, daß die Schrift nicht eigentlich einen dichtungstheoretischen Umbruch markiert, sondern ihre nachhaltige Wirkung eher der Tatsache verdankt, daß sie seit dem 15. Jh. wirkende Tendenzen einer Gleichstellung von Italienisch und Latein theoretisch und modellhaft zusammenfaßt. Zugleich geht von ihr und von Bembos ‹Rime› (1530) der *Petrarkismus* aus, ein über Jahrhunderte in nahezu allen europäischen Literaturen gültiges formales und thematisches Paradigma der Lyrik. Mit der Veröffentlichung von Bembos ‹Prose› stehen den *bembisti* (C. TOLOMEI, L. SALVIATI), die für das florentinische Toskanisch optieren, Autoren gegenüber (G. TRISSINO, G. MUZIO), die Dantes Gedanken eines «vulgare illustre» [8] favorisieren. Die Standpunkte beider Parteien sammelt B. Varchi in dem Dialog ‹L'Ercolano› (1570)[9], der die erste Zusammenstellung aller Argumente für die Literaturwürdigkeit einer Volkssprache ist und bis ins 19. Jh. nahezu unverändert gültig bleibt. [10]

Horaz und Aristoteles entlehnte Positionen – beider Texte werden normativ gelesen – verschmelzen im Verlauf des 16. Jh. (F. Robortello, V. Maggi, A.S. Minturno). Während die horazischen Elemente weitgehend unstrittig sind, entzündet sich an den Aristoteles-Auslegungen eine Kontroverse[11], die in der zweiten Hälfte des 16. Jh. – ausgelöst durch den Publikumserfolg des ‹Orlando Furioso› (1516) von L. Ariosto und später der «pastoralen Tragikomödie» ‹Il pastor fido› (1583/90) von B. Guarini – zu einer aktualisierenden Anpassung der aristotelischen Poetik führt. Angesichts dort nicht behandelter oder neuer Gattungen (zur Komödie: V. Fausto, B. Pino da Cagli, N. Rossi; zur Novelle: F. Bonciani, G.M. Verdizzotti [12]) geht es nun darum – so L. Castelvetro in der ‹Poetica d'Aristotele vulgarizzata, et sposta› (1570) zusammenfassend –, im Namen des «sommo philosopho» das zu formulieren, «che doueua o poteua essere scritto» (was hätte geschrieben werden müssen oder können)[13]; durch Castelvetro kommt es daher auch zur Festlegung auf die drei Einheiten der Tragödie. [14]

In der Gattungshierarchie übernimmt das Epos allmählich die Spitzenposition. [15] Insofern bilden T. Tassos ‹Discorsi dell'arte poetica› (1564/87) [16] die Summa der Dichtungslehren der italienischen Renaissance. Platonische Vorstellungen vom Dichter als Schöpfer einer eigenen Welt, die stets dem aristotelischen Gesetz der Wahrscheinlichkeit unterliegt, gehen einher mit horazischer Zweckbestimmung und rhetorischer Tradition, insbesondere der Drei-Stil-Lehre. Zugleich formuliert Tasso eine Theorie des Wunderbaren als Teil der dichterischen «licenza del fingere» (Freiheit zur Erfindung). [17] Es widerspricht nicht dem Gebot der Wahrscheinlichkeit, wenn es mit göttlichem Eingreifen erklärt[18] und so das Publikum bewegt und geläutert wird. [19]

Tassos Theorie des Wunderbaren («il meraviglioso») leitet die weitere poetologische Entwicklung ein: Im 17. Jh. wird das Überraschende («la meraviglia»), sei es als kühne Rhetorik, sei es bezüglich der Stoffe und ihrer Ausgestaltung, zum zentralen Element. Nicht die *imitatio*, sondern eine *aemulatio*, die mit dem Anspruch des Neuen auftritt [20], ist das Leitbild. A. Tassoni stellt 1620 einen umfassenden Vergleich der ‹Ingegni Antichi, e Moderni› [21] an mit dem Fazit, die italienische Renaissanceliteratur zeige, daß die Modernen den Alten nicht nur ebenbürtig, sondern sogar überlegen seien. [22] Die Zeitgenossen fahren daher selbstbewußt mit der Weiterentwicklung des Neuen fort. Sie folgen G. Marino, dem «Prototyp des barocken Dichters»[23], der sich im ersten Viertel des 17. Jh. – noch ohne dichtungstheoretischen Überbau – allein dem Zeitgeschmack verpflichtet fühlt. Seine «Wortartistik» [24] ist modellgebend für den *marinismo*, dessen dem Innovationsprinzip gehorchende *variatio* auf Gattungsmischung, komplexen intertextuellen Anspielungen, Polysemien sowie unüblich-überraschendem Wortmaterial[25] zur Bildung exzentrischer *concetti* beruht (die Schlüsselbegriffe *acutezza*, *argutezza*, *arguzia*, *concetto*, *ingegno* und *metafora* werden im 17. Jh. uneinheitlich verwendet). [26] Hauptbetätigungsfeld der literarischen Phantasie ist die Metapher, die E. Tesauro im ‹Cannocchiale Aristotelico› (1654) [27] als Möglichkeit beschreibt, eine Vielzahl heterogener und wegen ihres bisweilen bizarren Miteinanders verblüffender Signifikate in einem einzigen Signifikanten elliptisch zu vereinen: «ci fà trauedere in vna sola parola più di vn' obietto» (sie läßt uns in einer einzigen Wendung mehr als nur einen Gegenstand erkennen). [28] Die *elocutio* zielt auf eine Ausweitung literarischer Ausdrucksmöglichkeiten mittels metaphorischer *brevitas*, deren 'Attizismus' nicht als Opposition, sondern als Instrument des marinistischen 'Asianismus' anzusehen ist[29], da sich so die Fülle der Welt darstellerisch fassen läßt. Von Autor und Leser verlangt diese Literatur besonderen Scharfsinn, um *concetti* ersinnen bzw. entschlüsseln zu können, bereitet aber gerade dadurch, daß semantische Leerstellen aufzufüllen sind, auch höchstes Vergnügen. Das hat zur Folge, daß «il parlar degli Huomini Ingegnosi, tanto si differenzia da quel de' Plebei» (die Redeweise ingeniöser Menschen sich sehr von der des Volkes unterscheidet) [30], der barocke *poeta doctus* sich mithin an intellektuell-aristokratische Adressaten wendet. [31] Emblematik, Heraldik, Hieroglyphik und Symbolik sind weitere Anwendungsbereiche des *concettismo*, dessen wichtigster Theoretiker neben Tesauro M. Peregrini mit ‹Delle acutezze› (1639) [32] und ‹I fonti dell'ingegno› (1650) [33] ist: Er versteht die *acutezza* als literarische Technik des kunstvollen Ausspruchs («detto») dessen, was sich logischen Gesetzen entzieht und so eine spezifische Wahrheit der Dichtung auszudrücken vermag. Das Gebot der Wahrscheinlichkeit wird vom *ordo artificialis* der Fiktion, dem «saper ben mentire» (Wissen, wie man gut lügt) [34], verdrängt. Insofern ist es bezeichnend, daß sich die Dichtungstheoretiker des 17. Jh. zunehmend auf die ‹Rhetorik› und weniger auf die ‹Poetik› des Aristoteles berufen. [35] Das gilt auch für die Jesuiten D. Bartoli (‹Dell'uomo di lettere difeso ed emendato› (1646) [36]) und P.S. Pallavicino (‹Trattato dello stile e del dialogo› (1646/62) [37]), die die barocke Metapher als rhetorisches Überzeugungs- und Erziehungsinstrument funktionalisieren, das auch einem ungebildeten Publikum erlaubt, im erkennenden Geistesblitz das Unaussprechliche der Heilswahrheit zu erahnen. [38] Damit zeichnet sich eine moralistisch-propagandistische Indienstnahme der ursprünglich auf ästhetisches Vergnügen abzielenden Dichtungslehren ab, die – durch einen «barocken Klassizismus» (G. Chiabrera, F. Testi, A. Guidi) vorbereitet [39] – auf kommende Regelpoetiken vorausdeutet.

1690 wird in Rom die ‹Accademia dell'Arcadia› gegründet, die erste literarische Vereinigung gesamtitalienischer Prägung. Anders als die gut ein Jahrhundert zuvor in Florenz entstandene ‹Accademia della Crusca› verstehen sich die Arcadier nicht als der Reinhaltung des Toskanischen verpflichtete Sprachgesellschaft (deren ‹Vocabolario› im Gefolge Bembos auf «literarischen Belegen zurückliegender Epochen»[40] beruht), sondern als erneuernder Gegenpol zum barocken Schwulst einer durch spanische Fremdherrschaft geprägten höfischen Literatur. Insofern ist der Name der Akademie Programm: Ihr geht es um eine einfache und spontane Sprache der *perspicuitas*[41], die es der Dichtung erlaubt, den durch die naturwissenschaftlich-philosophische Prosa des 17. Jh. (z.B. Descartes, Galilei, Locke) vorgegebenen Stilidealen der Klarheit und Natürlichkeit zu entsprechen. [42] G.M. Crescimbenis Dialog ‹La bellezza della volgar poesia› (1700) [43] setzt den Petrarkismus des 16. Jh. und die Anakreontik Chiabreras als Vorbilder für eine dem *aptum*, dem antibarocken Ideal der «correttezza-leggiadria» (liebreizenden Angemessenheit) entsprechenden idyllisch-melodramatischen Lyrik. G.V. GRAVINA formuliert 1708 in ‹Della ragion poetica› [44] ein als «scienza della poesia» (Wissenschaft von der Dichtung) [45] verstandenes klassizistisches Reformprogramm, in dem Homer (lib. I) und Dante (lib. II) Modelle für eine «mythisch-didaskalische» Dichtung sind, die in der Darstellung tiefgreifender Gefühle und heroischer Größe die Erkenntnis des Wahren als im Individuum und seinen Emotionen zum Ausdruck kommende Natürlichkeit zu leisten vermag. Damit geht die Absage an Gattungskonventionen einher, da sie das stetige Walten des menschlichen Ingeniums behindern. [46] L.A. MURATORIS Traktat ‹Della perfetta poesia italiana› (1703/06) [47] setzt den als anarchisch angesehenen Ergüssen der *marinisti* eine Rhetorik der Eindeutigkeit entgegen, die das Vergnügen am Text («dilettare») einem bürgerlich-moralischen Zweck («giovare») zuordnet. [48] Das besondere Augenmerk des «buon Gusto Poetico» (guten literarischen Geschmacks) [49] gilt dabei einer *elocutio*, die die Natur nicht nachahmen, sondern vervollkommnen soll («dee perfezionar la Natura»). [50] Adressat seiner Dichtungslehre sind nicht nur die Literaten, Muratori formuliert erstmals den Anspruch, ein kritisches Publikum heranzubilden, das in der Lage ist, «di poter ben giudicare, o gustare gli altrui perfettissimi parti, come ancor condannare con giusta censura gli errori altrui» (wohl urteilen oder die vollendetsten Werke des einen genießen, wie auch mit angemessenem Urteil die Irrtümer eines anderen beanstanden zu können). [51] Aus seiner rezipientenorientierten Dichtungslehre des *movere*, *docere* und *delectare* entsteht die Literaturkritik [52] mit dem Anspruch, zur Geschmacksbildung eines breiten Publikums beizutragen.

So findet die poetologische Diskussion seit dem 1710 von S. MAFFEI und A. ZENO gegründeten ‹Giornale dei letterati italiani› (bis 1731) zunehmend im journalistisch-publizistischen Feld statt. [53] Hierfür stehen S. BETTINELLIS ‹Lettere virgiliane› (1757) [54], zehn fiktive Briefe Vergils, deren erster die *verba* in den Dienst der *res* stellt: «son le parole espressioni d'immagine ovver d'affetto» (die Wörter sind Ausdruck von Vorstellung oder Gefühl). [55] Gegen die von Gravina entfachte Dante-Verehrung polemisierend wird der *imitatio*-Begriff der Arcadia kritisiert: Zwar habe die ‹Commedia› das Verdienst, Wissenschaft in Dichtung überführt zu haben [56], doch sei das Werk bis auf wenige Ausnahmen (Brief II, III) unverständlich und daher nicht nachahmenswert. Bettinellis Kanon wird von Petrarca (IV, V) angeführt, doch für ihn wie für alle anderen gilt – «dopo fatteci alcune correzioni» (nach einigen Verbesserungen) [57] – nur eine beschränkte Vorbildhaftigkeit, die sich auf ausgewählte Passagen «der subjektiven Gefühlsmitteilung» [58] bezieht. Im Verbund mit der Einführung eines «Dell'entusiasmo» (1769) ausgearbeiteten Genie-Konzepts («entusiasmo dell'anima») [59] führen Bettinellis ‹Lettere› dazu, daß künftig Urteile, die auf Autoritäten oder Traditionen beruhen, einer Überprüfung unter Kriterien der Verständlichkeit, Klarheit, Harmonie, Angemessenheit, insbesondere aber der Originalität [60] unterzogen werden, womit erstmals Verfahren der Literaturkritik benannt werden. Zugleich zeichnet sich der epochale Wandel von poetologischen Regelästhetiken zur universalen Genieästhetik ab, der die Romantik ankündigt. Die Zeitschrift ‹La frusta letteraria› (1763–65) [61] des Shakespeare-Fürsprechers [62] G. BARETTI betont durch ihren bisweilen sarkastischen Ton die Subjektivität von Geschmacksurteilen und etabliert zeitgleich mit G. GOZZIS Hervorhebung der «sensibilità dell'animo» (Empfindsamkeit der Seele) [63] die Kritik als literarische Gattung. [64] Die poetologische Position der 1764–66 von P. und A. VERRI sowie C. BECCARIA herausgegebenen Zeitschrift ‹Il Caffé› [65] formuliert Beccarias ‹Frammento sullo stile›. Er radikalisiert Bettinellis Hierarchie von *verbum* und *res*, indem er den Stil zur philosophischen Kategorie erhebt: «ogni differenza di stile consiste [...] nella diversità delle idee» (jeder Stilunterschied beruht auf einer Verschiedenheit der Ideen). [66] Die moderne Differenzierung von 'schöner' Literatur und Gebrauchsliteratur bildet sich aus, denn Ästhetik und Wahrheitsanspruch stehen in einer Kausalbeziehung, weshalb der Unterschied zwischen literarischen und Sachtexten in ihrer Wirkung zu suchen ist: Dichtung «scuote più che non rischiara, ufficio solo del lento ma sicuro esatto raziocinio» (erschüttert mehr als daß sie erhellt, was allein Aufgabe des langsamen, aber gewissen, exakten Verstandes ist). [67] Die Gegenüberstellung von langwieriger philosophischer Durchdringung und «überfallartige[r] Ereignisstruktur» [68] der Künste verweist auf die durch BOILEAU (1674) und BURKE (1757) entfachte Debatte über das Erhabene, die jedoch aus Italien keine entscheidenden Impulse erhält. [69]

Literatur ist am Ende des 18.Jh. keine exklusive Dienstleistung mehr für Fürsten oder Mäzene. Die Autoren sehen sich zunehmend einer breiten bürgerlichen Öffentlichkeit verpflichtet. V. ALFIERI thematisiert dies in ‹Del principe e delle lettere› (1778/86): [70] Die Mission der der Bildung, der Wahrheit und den bürgerlichen Freiheiten verpflichteten «tribuni-scrittori» [71] gleicht antiken Heldentaten und ist weder an einem Fürstenhof noch auf dem freien Markt, sondern einzig im «Elfenbeinturm ästhetischer Empfindungen» [72] denkbar. Alfieris Dichter ist ein genialer Eremit, «avendo ali proprie per trarsi dalla classe volgare» (der eigene Schwingen hat, um sich über das gemeine Volk zu erheben). [73] Die ornamentale Epideiktik («retorica») muß einem energisch gesprochenen Dichterwort («eloquenza») weichen, dessen Pathos das Publikum mitreißt. [74] U. FOSCOLOS Vortrag ‹Dell'origine e dell'ufficio della letteratura› (1809) [75] folgt mit einleitender Begründung der Fragestellung, Musenanruf und historisch-anthropologischer Situierung des Gegenstandes noch dem formalen Muster eines illuministischen Traktats. Philosophie und Dichtung sind politische Regulative zum Schutz des Allgemeinwohls («civile concordia») [76] und dienen einer Wahrheit, die sich für jede Epoche neu aktualisiert im Gefühl des Schönen und Guten, dessen Organ der individuelle Genius («il proprio Genio» [77]) ist.

Die Historisierung des Geniekonzepts seit Bettinelli [78] zeigt, daß die Romantik in Italien «keine [...] Gegenbewegung zur Aufklärung darstellt, sondern vielmehr deren Fragestellungen aufgreift, weiterentwickelt und in neue Antworten münden läßt». [79] So eröffnet L. DI BREME die vorwiegend in den Zeitschriften ‹Il Conciliatore› (1818–19) und ‹L'Antologia› (1821–32) gegen einen höchst beständigen Klassizismus (V. MONTI, P. COSTA, P. GIORDANI) [80] geführte *Polemica sul Romanticismo* [81] mit dem auf Baretti und Gravina Bezug nehmenden Artikel ‹Intorno all'ingiustizia di alcuni giudizi letterari italiani› (1816). [82] Die einst allegorische Naturnachahmung ist nun poetisch aufzuladen mit subjektiven und der aktuellen Zeit gemäßen Bedeutungen, «ché anche tu sei la natura, e sei per di più il suo interprete» (denn auch Du bist die Natur und bist darüberhinaus ihr Interpret), wodurch ein individuelles Symbol für das Unendliche («le regioni del *infinito*») entsteht. [83] Antike Geschichte und Mythologie lehnt Di Breme sowohl als Stoffquelle als auch zur Strukturierung literarischer Texte ab, da sie nicht geeignet seien, einer völlig gewandelten Gegenwart Ausdruck zu verleihen. [84] G. BERCHET favorisiert in der ‹Lettera semiseria› (1816) [85] volkstümliche Traditionen, die als Universalpoesie allen «individui leggenti ed ascoltanti» (Lesenden und Zuhörenden) [86] zugänglich sind – zugleich eine enorm erweiterte Publikumsdefinition. Vorbei sei die Zeit der Regelpoetiken mit überzeitlichem Geltungsanspruch: «ogni caso vorrebbe regola a parte» (jeder Einzelfall müßte seine eigene Regel haben). [87] Gattungsmischung und Stilfreiheit sind Elemente einer Rhetorik des *movere* «per uscire dal letargo» (um der Trägheit zu entkommen) [88] – Dichtung nicht als privater Ausdruck, sondern als politischer Freiheitsakt gegen die Restauration. Die nationale Geschichte insbesondere des Mittelalters wird zum bevorzugten Stoff romantischer Literatur, die zunächst in der Versnovelle, dann vor allem im historischen Roman die ihr kongeniale, nichtkanonisierte Form findet. [89] A. MANZONI legt mit den ‹Promessi sposi› (1827/40) das Gipfelwerk dieses Genres vor, zugleich tritt er mit der ‹Prefazione al «Carmagnola»› (1820) [90] als Dramentheoretiker in Erscheinung. Er lehnt die aristotelischen Einheiten als unzeitgemäß und willkürlich ab, zumal sie – wie auch die antike Mythologie – heidnischen Ursprungs («idolatria» [91]) und damit für eine politisch-moralische Unterweisung des italienischen Publikums ungeeignet seien. Bezeichnenderweise findet sich dieses Argument in einem Brief Manzonis: Literatur wird seit Berchet gerne in sich subjektiv gebenden Formen theoretisiert (deklariert z. B. als Brief, Replik, Parodie, Nachschrift, Dialog, Anmerkung) – die Wendung von Poetiken mit dem Anspruch allgemeiner Verbindlichkeit hin zu modernen autoreflexiven Programmen und Manifesten [92] ist damit eingeleitet.

Anmerkungen:
1 Bartholomaei Fontii de poetice ad Laurentium Medicem libri III, in: Studies in the Renaissance 13 (1966) 95–122. – **2** vgl. A. Buck: Italien – Einl., in: ders. u. a. (Hg.): Dichtungslehren der Romania aus der Zeit der Renaissance u. des Barock (1972) 23f.; H. Wiegmann: Art. ‹P.›, in: HWPh, Bd. 3 (1989) 1018. – **3** Della Fonte [1] 114f. – **4** D. Alighieri: De vulgari eloquentia, hg. von P. V. Mengaldo, in: Opere minori, Bd. 2 (Mailand/Neapel 1979) 3–237. – **5** vgl. T. Matarrese: La discussione sulla lingua, in: F. Brioschi, C. Di Girolamo (Hg.): Manuale di letteratura italiana, Bd. 3 (Turin 1995) 802–811. – **6** P. Bembo: Prose della volgar lingua, in: Prose e Rime, hg. von C. Dionisotti (Turin ²1966) 71–309. – **7** vgl. A. Battistini, E. Raimondi: Retoriche e poetiche dominanti, in: A. Asor Rosa (Hg.): Letteratura italiana, Bd. 3.1 (Turin 1984) 80. – **8** Alighieri [4] 130 (I, XVI, 6). – **9** L'Ercolano. Dialogo di messer Benedetto Varchi, 2 Bde. (Mailand 1804). – **10** vgl. M. Hardt: Gesch. der ital. Lit. (1996) 315. – **11** dokumentiert z. B. in: B. Weinberg (Hg.): Trattati di poetica e retorica del Cinquecento, 4 Bde. (Bari 1970–74); Auszüge in Buck [2] 59–209. – **12** vgl. G. Patrizi: La nascita delle poetiche, in: Brioschi, Di Girolamo (Hg.) [5] Bd. 2 (Turin 1994) 638–640. – **13** L. Castelvetro: Poetica d'Aristotele vulgarizzata, et sposta (Wien 1570), hg. von B. Fabian (1968) A. ii. v (Typographie hier und im folgenden wie Original; Übers. hier u. im folgenden vom Verf.). – **14** ebd. III, 6 und IV, 2; vgl. Wiegmann [2] 1019. – **15** vgl. Patrizi [12] 640. – **16** T. Tasso: Discorsi dell'arte poetica e in particolare sopra il poema eroico, in: Prose, hg. von E. Mazzali (Mailand/Neapel 1959) 349–410. – **17** ebd. 362. – **18** vgl. V. Kapp: Cinquecento/Seicento, in: ders. (Hg.): Ital. Literaturgesch. (1992) 166. – **19** vgl. T. Tasso: Discorsi del poema eroico (1594), in: Prose [16] 508. – **20** vgl. G. Petronio: Gesch. der ital. Lit., Bd. 2 (1993) 9. – **21** A. Tassoni: Ingegni Antichi, e Moderni, in: Dieci libri di pensieri diversi (Venedig ⁸1636) 457–551. – **22** ebd. 482f.; vgl. Petronio [20] 8–10; Kapp [18] 183. – **23** Buck [2] 48. – **24** Kapp [18] 184f. – **25** vgl. Battistini, Raimondi [7] 111–113. – **26** vgl. Buck [2] 50; A. Battistini: Art. ‹Acutezza›, in: HWRh, Bd. 1 (1992) 91; P. Hess: Art. ‹Dichtkunst›, ebd. Bd. 2 (1994) 664. – **27** E. Tesauro: Il Cannocchiale Aristotelico (Turin ⁵1670), ND hg. von A. Buck (1968). – **28** ebd. 267. – **29** vgl. J. Knape: Art. ‹Barock›, in: HWRh, Bd. 1 (1992) 1309. – **30** Tesauro [27] 2. – **31** vgl. Battistini, Raimondi [7] 101, 114f. – **32** M. Peregrini: Delle acutezze, hg. von E. Ardissino (Turin 1997). – **33** ders.: I fonti dell'ingegno ridotti ad arte, Auszüge in: E. Raimondi (Hg.): Trattatisti e narratori del Seicento (Mailand/Neapel 1960) 169–190. – **34** Tesauro [27] 491. – **35** vgl. Buck [2] 48. – **36** D. Bartoli: Dell'Uomo di lettere difeso ed emendato, Auszüge in: D. Bartoli, P. Segneri: Prose scelte, hg. von M. Scotti (Turin ²1980) 71–135 sowie in: Trattatisti [33] 323–361. – **37** P. Sforza Pallavicino: Trattato dello stile e del dialogo (Reggio Emilia 1824), ND hg. von E. Mattioli (Modena 1994). – **38** vgl. Battistini, Raimondi [7] 118–124. – **39** vgl. Petronio [20] 68–70. – **40** A. Noe: Art. ‹Klassizismus, Klassik›, in: HWRh, Bd. 4 (1998) 1003. – **41** vgl. G. Ueding: Art. ‹Aufklärung›, ebd. Bd. 1 (1992) 1190 – **42** vgl. Battistini, Raimondi [7] 134. – **43** G. M. Crescimbeni: La bellezza della volgar poesia (Rom 1712). – **44** G. V. Gravina: Della ragion poetica libri due, hg. von G. Izzi (Rom 1991). – **45** ebd. 9. – **46** vgl. Patrizi [12] 655. – **47** L. A. Muratori: Della perfetta poesia, 2 Bde., hg. von A. Ruschioni (Mailand 1971). – **48** ebd. 82. – **49** ebd. 47f.; s. Battistini, Raimondi [7] 128. – **50** Muratori [47] 113. – **51** ebd. 50. – **52** vgl. F. Brioschi: Critica e storia letteraria, in: Manuale [5], Bd. 3, 752–801; Battistini, Raimondi [7] 129–133. – **53** vgl. Petronio [20] 142–144. – **54** S. Bettinelli: Lettere virgiliane, in: Lettere virgiliane e Lettere inglesi, hg. von E. Bonora (Turin 1977) 3–57. – **55** ebd. 9. – **56** vgl. ebd. 15. – **57** ebd. 52. – **58** G. Maag: Zwischen Traditionalismus und Modernismus: Saverio Bettinellis *Lettere virgiliane*, in: Modernisierung u. Lit., FS H. U. Seeber (2000) 17. – **59** Bettinelli [54] 41; ders.: Dei Geni (Dell'Entusiasmo II), hg. von A. Serra (Modena 1986); vgl. Battistini, Raimondi [7] 155. – **60** vgl. Bettinelli [54] 14f. – **61** G. Baretti: La frusta letteraria, in: Opere scelte, Bd. 1, hg. von B. Maier (Turin ²1975). – **62** G. Baretti: Discours sur Shakespeare et sur Monsieur de Voltaire (1777), in: Scritti, hg. von E. Bonora (Turin 1976) 125–174. – **63** G. Gozzi: Gazzetta veneta/Osservatore veneto periodico, in: Scritti scelti, hg. von N. Mangini (Turin ²1976) 293–604, 424. – **64** vgl. Petronio [20] 164–166; Battistini, Raimondi [7] 146f. – **65** Il Caffè 1764–1766, hg. von G. Francioni, S. Romagnoli (Turin 1993). – **66** C. Beccaria: Frammento sullo stile, in: Il Caffè [65] 278. – **67** ebd. 279. – **68** C. Zelle: Art. ‹Erhabene, das›, in: HWRh, Bd. 2 (1994) 1366. – **69** vgl. Battistini, Raimondi [7] 154f.; E. Mattioli: Gli studi di Gustavo Costa sul *Sublime* in Italia, in: Studi e problemi di critica testuale 36 (1988) 139–155. – **70** V. Alfieri: Del principe e delle lettere, hg. von G. Bárberi Squarotti (Mailand 1983). – **71** ebd. 151. – **72** Hardt [10] 505. – **73** Alfieri [70] 96. – **74** vgl. Battistini, Raimondi [7] 159. – **75** U. Foscolo: Dell'origine e dell'ufficio della letteratura, in: Opere, Bd. 2, hg. von F. Gavazzeni (Mailand/Neapel 1981) 1285–1325. – **76** ebd. 1301. – **77** ebd. 1312. – **78** vgl. Battistini, Raimondi [7] 169f. – **79** Maag [58] 13; vgl. Battistini, Raimondi [7] 154; Brioschi [52] 784. – **80** vgl. Battistini, Raimondi [7] 179f., 194f., 199f. – **81** dokumentiert in: E. Bellorni (Hg.): Discussioni e polemiche sul Romanticismo (1816–1826), 2 Bde., ND hg. von A. M. Mutterle (Bari 1975). – **82** L. Di Breme: Intorno all'ingiustizia di alcuni giudizi letterari italiani, in: Discussioni [81] Bd. 1, 25–56. – **83** ebd. 44; vgl. Battistini, Raimondi [7] 181, 190. – **84** vgl. A. Cadioli: Romanticismo (Mailand 1995) 18f. – **85** G. Berchet: Sul ‹Cacciatore feroce› e sulla ‹Eleonora› di Goffredo Augusto Bürger. Lettera semiseria di Grisostomo al suo figliuolo, in: Lettera semiseria. Poesie, hg. von A. Cadioli (Mailand 1992) 55–136. – **86** ebd. 77. – **87** ebd. 95. – **88** ebd. 99f. – **89** vgl. Battistini, Raimondi [7] 195–196. – **90** A. Manzoni: Prefazione al ‹Carmagnola›, in: Scritti di teoria letteraria, hg. von A. Sozzi Casanova, C. Segre (Mailand 1981) 37–51. – **91** ders.: Sul Romanticismo, in: Scritti [90] 165. – **92** vgl. Battistini, Raimondi [7] 200–203.

Literaturhinweise:
B. Weinberg: A History of Literary Criticism in the Italian Renaissance (Chicago 1961). – L. Anceschi: Le poetiche del

barocco (Bologna 1963). – M. Rak: La fine dei grammatici. Teoria e critica della letteratura nella storia delle idee del tardo Seicento (Rom 1974). – E. Bigi: Poesia e critica fra fine Settecento e primo Ottocento (Mailand 1986). – P. Blasone: Il Settecento critico in Italia, in: Polemiche letterarie nel secolo dei Lumi (Florenz 1992) 9–35. – E. Mattioda: Teorie della tragedia nel Settecento (Modena 1994). – M.L. McLaughlin: Literary imitation in the Italian Renaissance (Oxford 1995). – F. Janowski: Il significato della polemica sul Romanticismo nell'estetica del primo Ottocento, in: ‹Italien in Germanien›. Dt. Italien-Rezeption von 1750–1850, hg. von F.-R. Hausmann (1996) 169–184. – E. Raimondi: Romanticismo italiano e romanticismo europeo (Mailand 1997).

H. Grote

2. *Frankreich.* Für die Dichtungstheorie der französischen Renaissance hat neben Th. SÉBILLETS ‹Art poétique françois› (Lehrbuch der französischen Poesie, 1548) vor allem die ‹Deffence et illustration de la langue françoyse› (Verteidigung und Rühmung der französischen Sprache, 1549) von J. DU BELLAY repräsentativen Rang. Die manifestartige Schrift des theoretischen Kopfes der Dichtergruppe *La Pléiade* stellt im wesentlichen eine Adaption von SP. SPERONIS ‹Dialogo delle lingue› (Gespräch über die Sprachen, 1542) dar und formuliert eine normative Poetik der *imitatio*, die bei den zeitgenössischen Autoren nahezu einhellige Akzeptanz findet. Du Bellay schreibt vorrangig die Nachahmung jener literarischen Gattungen und lyrischen Formen vor, die aus der griechischen und lateinischen Antike überliefert sind (Epigramm, Elegie, Ode, Satire, Epistel, Komödie), bzw. von den italienischen Autoren seit dem ausgehenden Mittelalter gepflegt wurden (darunter in erster Linie das Sonett). Das dichterische Nacheifern hat sich jedoch keineswegs in einem mechanischen Kopieren oder gar reinen Übersetzen antiker Mustertexte zu erschöpfen: Ziel ist vielmehr die schöpferische Anverwandlung des Exemplarischen im Sinne einer Poetik der *aemulatio*. Sie soll einer literarischen Nobilitierung der französischen Sprache den Weg bereiten, die bereits der programmatisch formulierte Titel anklingen läßt: Zentrale Kapitel der ‹Deffence› setzen sich mit Erweiterungsmöglichkeiten der poetischen Ausdrucksregister des Französischen auseinander, wobei du Bellay neben der Nutzung kolloquialer Stilebenen auch die bewußte Verwendung von Fachterminologien, dialektalen Wendungen oder Neologismen vorschlägt.

Mit diesen normativen Ausführungen gehen immer wieder polemische Invektiven gegen die Ausdrucksarmut einer elitären mittelalterlichen Sprache und Literatur einher, verbunden mit kämpferischen Forderungen nach nationalliterarischer Identitätsbildung. Gerade dieser pamphletartige Charakter der ‹Deffence› läßt allgemeine sprachpolitische Tendenzen des 16. Jh. erkennen, die sich in der Dichtungstheorie auf symptomatische Weise reflektieren und der Epoche ihr spezifisches kulturideologisches Gepräge verleihen. Den Kontext im weitesten Sinne bildet hier die sukzessive Herausbildung eines Nationalstaates unter Franz I.: Sie führt im Rahmen übergreifender Normierungsmaßnahmen zu einer engagierten Rehabilitation und Förderung des Volksidioms gegenüber der alten Bildungs- und Verwaltungssprache des Lateinischen, das auf wenige gelehrte Bereiche zurückgedrängt wird. In diesem Kontext situieren sich auch weitere prominente P. des 16. Jh., die in der Regel die allgemeinen Zielsetzungen der ‹Deffence› auf ästhetische Einzelprobleme zuspitzen: So widmet sich der Dichterfürst P. DE RONSARD in seinem ‹Abrégé de l'art poétique français› (Abriß der französischen Dichtkunst, 1565) vornehmlich Fragen der Metrik, Rhetorik und Orthographie, während J. DE LA TAILLES Theaterpoetik ‹De l'art de la tragédie› (1572) sowie J. VAUQUELIN DE LA FRESNAYES ‹Art Poétique› (1574) unter Berufung auf J.C. SCALIGERS zeitgenössisch äußerst einflußreiche ‹Poetices libri septem› (1561) vor allem dramaturgische Regeln für die Gattung der Tragödie definieren. P. DU MANS schließlich legt mit seinem ‹Art poétique› (1555) ein Kompendium der Renaissancepoetik vor, das sich – etwa im Vergleich zur ‹Deffence› – durch einen ausgesprochen sachlichen Duktus und theoretische Stringenz auszeichnet.

Begreift man mit Jacob Burkhardt die Renaissance in anthropologischer Perspektive als Epoche eines umfassenden Individualisierungsschubes, so kommt im französischen Kontext den ‹Essais› des M. DE MONTAIGNE (1570–1595) besondere Bedeutung zu. Inhaltlich besteht die Sammlung aus einer äußerst heterogenen Vielfalt von Stellungnahmen zu den unterschiedlichsten Themen der Zeit. Darstellung und Argumentation heben sich im zeitgenössischen Kontext jedoch durch einen Subjektivismus hervor, der den Erkenntniswert der persönlichen Erfahrung entdeckt, das Kreatürliche und Alltägliche als Gegenstand der Reflexion würdigt und damit bereits auf induktive Wissensformen späterer Jahrhunderte verweist. Dieser Subjektivismus prägt auch die verstreuten Reflexionen über Sprache und Literatur [1], was ihnen im Kontext überindividueller Normierungsbestrebungen der Epoche einen experimentellen und innovativen Zug verleiht, der nicht zuletzt im Doppelsinn des Titels zum Ausdruck kommt (*essai* als ‹Aufsatz› und ‹Versuch›).

An solchen Tendenzen der Subjektivierung gemessen, erweckt der Regelkanon klassizistischer Dichtungstheorien des 17. Jh. aus heutiger Perspektive den Eindruck relativer Starrheit und Uniformität. Dies gilt vor allem für jene poetologischen Festlegungen des Dramas, die schon von den Zeitgenossen unter dem Begriff der *doctrine classique* subsumiert werden: Rezeption und Auslegung der ‹Poetik› des ARISTOTELES sind Gegenstände einer extensiv geführten poetologischen Debatte, deren Ergebnisse der Abbé D'AUBIGNAC 1657 unter dem Titel ‹La pratique du théatre› (Theaterpraxis) vorlegt. Die von Richelieu angeregte Schrift bilanziert in umfassender Weise die dramaturgischen Techniken der französischen Klassik und sucht dabei die imitatorische Verpflichtung gegenüber der Antike um aktuelle anthropologische Dimensionen zu erweitern: Neben den aristotelischen Einheiten der Handlung, des Ortes und der Zeit werden auch das Kriterium der *vraisemblance* (Wahrscheinlichkeit) sowie die ethische Norm der *bienséance* (Schicklichkeit) zu verbindlichen Kriterien der Theaterpraxis erhoben. D'Aubignac bekennt sich damit zu einer klassizistischen Regeldoktrin, die das Theater zur Schule des höchsten höfischen Verhaltensideals, der *honnêteté* (Ehrenhaftigkeit) deklariert und die kathartische Funktion einer Reinigung der Affekte letzten Endes durch einen moralisch-didaktischen Auftrag überlagert. An diesem Punkt rückt eine eminent politische Funktion der *doctrine classique* in den Blick, die der engagierte Theaterförderer Richelieu hellsichtig erkannte. Mit der Glorifizierung einer höfischen Rationalität im Zeichen der Affektkontrolle und strategischen Langsicht [2], deren Nichtbeachtung der Tragödie oftmals tödlich bestraft, wird die Bühne zum Ort der dramatischen Inszenierung absolutistischer Machtprinzipien: Der Sonnenkönig Ludwig XIV. verdankt die Stabilität seiner Herrschaft im wesentlichen der Zentralisierung des ehemaligen Schwertadels zum Hofadel und verpflichtet ihn damit zum höfischen Wettbewerb um monarchische Anerkennung und Prestigechancen. Damit sieht sich die militärisch entmachtete Aristokratie einer neuzeitlichen Affektökonomie unterworfen, wie sie von den moralistischen Autoren der Zeit theoretisch reflektiert wird und vor allem in den Tragödien RACINES, aber auch in zahlreichen Komödien MOLIÈRES auf exemplarische Weise zum Ausdruck kommt.

Den prominentesten Parteigänger im Bereich der Lyrik findet dieser höfisch überformte Klassizismus in F. DE MALHERBE, der zwar keine explizite Poetik verfaßt, aber zentrale dichtungstheoretische Aussagen in seinen Kommentaren zum Werk des Hofdichters PH. DESPORTES formuliert. Auch hier begegnen immer wieder ästhetische Reflexe allgemeiner Tendenzen der Zentralisierung und Nivellierung, wenn Malherbe etwa für den Verzicht auf Fremdwörter oder Regionalismen eintritt und eine klassische *claritas* zum obersten Gebot der Poesie erhebt. Die Gründung der *Académie française* durch Richelieu bildet gewissermaßen das kulturpolitische Pendant zu dieser puristischen Dichtungskonzeption, die N. BOILEAUS ‹Art Poétique› (1674) in systematisch geschlossener Form bringt. Das an die ‹Ars poetica› des HORAZ angelehnte Lehrgedicht bildet eine Quintessenz klassizistischer Regeldichtung, überhöht die Lyrik zu einem Medium der Wahrheitssuche im cartesianischen Sinn und steckt voller polemischer Attacken gegen die barocken und preziösen Tendenzen des zeitgenössischen Literatursystems.

Zu den einflußreichsten Repräsentanten dieser unorthodoxen Gegenströmungen zählt der Dramatiker P. DE CORNEILLE. Seine theoretischen Essays – etwa der ‹Discours de l'utilité et des parties du poème dramatique› (Abhandlung über den Nutzen und die Einteilung des Dramas, 1660) – formulieren eine gemäßigt barocke Position, lehnen eine allzu unflexible Befolgung aristotelischer Normen ab und sprechen sich für das Primat des *delectare*, also die Unterhaltung des Publikums aus. Ähnlich argumentiert Mlle DE SCUDÉRY im Bereich der erzählenden Literatur, geht dabei aber noch einen Schritt weiter. Das programmatische Vorwort zu ihrem Roman ‹Artamène ou le grand Cyrus› begründet eine barocke Lügenkunst im Dienste höfischer Divertissements gerade mit aristotelischen Argumenten, wenn die poetische Exemplarität der historischen Authentizität übergeordnet wird: Nicht der Wahrheitsgehalt entscheide über den ästhetischen Rang der Dichtung, sondern Originalität und Erfindungsgeist. P.D. HUETS programmatischer ‹Traité sur l'origine des romans› (Abhandlung über den Ursprung der Romane), 1669 als Einleitung zu Mme DE LAFAYETTES ‹Zayde, histoire espagnole› erschienen, versucht diese Position historisch und methodisch zu objektivieren und damit die poetologische Emanzipation des Romans, der zu den marginalen, da aristotelisch nicht sanktionierten *genera* zählt, weiter voranzutreiben.

Den kulturhistorischen Rahmen solcher Bestrebungen bildet eine lange und streckenweise äußerst polemische Diskussion, die zwischen Traditionalisten und Neuerern um die Vorrangstellung des Klassizismus geführt wird. Ch. PERRAULTS Schrift über die ‹Parallèle des Anciens et des Modernes en ce qui regarde les arts et les sciences› (Vergleich zwischen den Alten und den Neuen, die Künste und die Wissenschaften betreffend), in vier Bänden 1688–1697 erschienen, markiert ein entscheidendes Datum dieser Kontroverse. In der antikisierenden Form des Dialogs wird hier das transhistorische Ideal der orthodoxen Klassizisten zugunsten eines «beau relatif», also eines historischen Schönheitsbegriffes verworfen, und das künstlerische Genie der bloßen Imitation übergeordnet. Perraults Schrift macht den Wandel ästhetischer Normen als Symptom eines umfassenderen, wissenschaftlichen und zivilisatorischen Fortschritts deutlich, der die unantastbare Vorrangstellung der Antike endgültig verabschiedet.

Mit dieser Prädominanz der *modernes* ist am Ende des 18. Jh. zugleich dem zukunftsoptimistischen, szientistischen und vernunftgläubigen *Siècle des lumières* der Weg bereitet. Die neue Durchdringung von Wissenschaft, Kultur und Philosophie in der französischen Aufklärung steht im Zeichen einer positiven Anthropologie, die dem pessimistischen Menschenbild des *âge classique* diametral entgegengesetzt ist: Den ethischen Fluchtpunkt der philosophisch-poetologischen Entwürfe des 18. Jh. bildet die *perfectibilité*, der Glaube an die guten Anlagen des Menschen, deren Förderung immer wieder der Literatur, vor allem dem Drama überantwortet wird. So konzipiert schon zu Beginn des Jh. der kunstphilosophische Traktat ‹Réflexions critiques sur la peinture et la poésie› (Kritische Betrachtungen über die Musik und Malerei, 1719) des Abbé DUBOS eine sensualistische Ästhetik des *movere*, die dem Theater eine dominant didaktische Funktion zuweist. Auch B. le Bovier DE FONTENELLE lehnt in den ‹Réflexions sur la poétique› (1742) die aristotelischen Einheiten kategorisch ab, da sie mit dem zeitgenössischen Vernunftideal nicht mehr in Einklang zu bringen seien. Mit DIDEROTS ‹De la poésie dramatique› (1760) erhält die aufklärerische Wirkungsästhetik schließlich ihre prägnanteste und wirkungsmächtigste Form: Für das von ihm so benannte «drame moral» fordert der Herausgeber der ‹Encyclopédie› die Wahl eines bürgerlich-alltäglichen Milieus sowie die ethische Besserung des Zuschauers durch die abschreckende Wirkung moralischer Negativexempel. Während Diderots Konzeption richtungsweisend für eine weitere Didaktisierung der Dramentheorie bei L.-S. MERCIER ist, tragen ROUSSEAUS Reflexionen über das Theater bereits präromantische Züge. Die ‹Lettre à d'Alembert sur les spectacles› (Brief an d'Alembert über das Theater, 1758) spricht dem Theater aufgrund seiner Künstlichkeit jede Eignung zur moralischen Unterweisung des Volkes ab: Ort und Vorbild einer Erziehung des Herzens sei allein die Natur. Auch der Lyriker A. CHÉNIER steht an der Schwelle zu einer neuen Epoche, wenn er etwa in dem poetologischen Lehrgedicht ‹L'Invention› antikisierende Formen mit persönlichem Erlebnisgehalt zu füllen versucht.

Obgleich auch seine Sprache noch deutlich den klassizistischen Stilidealen verpflichtet ist, formuliert F.R. CHATEAUBRIANDS ‹Génie du Christianisme ou beautés de la religion chrétienne› (Genius des Christentums oder Schönheiten der christlichen Religion, 1802) bereits grundlegende Kategorien der Frühromantik. Die breit angelegte Apologie des Christentums benennt neue Parameter einer Natur- und Geschichtserfahrung, die über den Biographismus Chéniers weit hinausweisen und endgültig den subjektivierenden Tendenzen des beginnenden 19. Jh. zuzuordnen sind: Die Authentizität des Gefühls wird gegen überindividuelle ethische Ideale gesetzt, die Einsamkeit des Naturerlebens und eine eskapistische Vergangenheitssehnsucht lösen den aktualitätsbezogenen, zivilisatorischen Optimismus der Aufklärung ab, und die Natur selbst wandelt sich vom äußerlichklassizistischen Dekor zum Korrespondenzraum innerster Empfindungen. Im Vergleich zu Chateaubriands mentalitätsgeschichtlicher Bestandsaufnahme präsentiert V. HUGOS ‹Préface de Cromwell› (Vorwort zu Cromwell, 1827) ein systematischeres, nunmehr dezidiert literarisches Kompendium romantischer Dichtungstheorie. Das umfangreiche Vorwort des historischen Bühnenstückes findet bald breite Akzeptanz unter den Autoren der französischen Romantik, zumal sich seine poetologischen Aussagen nicht nur für das Drama als relevant erweisen. Hugo entwirft ein triadisches Geschichtsmodell, das an Konzepte des deutschen Idealismus erinnert und den drei großen Entwicklungsstadien der Menschheit jeweils ein bestimmtes Genus zuweist: Die Lyrik dem primitiven Zeitalter, das Epos der Antike und das Drama der Moderne. Entgegen einer elitär-klassizistischen Auffassung plädiert Hugo dabei für eine umfassendere Realitätsdarstellung, die das Sublime ebenso wie das Groteske erfasst, «[...] car la poésie complète est dans l'harmonie des contraires» (denn die vollständige Poesie liegt in der Harmonie der Gegensätze).[3]

Ebenso wie Chateaubriand zeigt sich Hugo einer neuen, metaphysischen Geschichtskonzeption verpflichtet, die um 1800 von rein chronologischen zu dynamisch-prozessualen Vorstellungen führt, die neuen Wissenschaftsparadigmen grundlegend prägt[4] und auch Eingang in die erzählende Literatur findet. In dieser Hinsicht nimmt das programmatische ‹Avant-propos› von BALZACS monumentalem Romanzyklus ‹La comédie humaine› erstmals eine dezidiert szientistische Fundierung ästhetischer Wirklichkeitsdarstellung vor und steht damit am Anfang der Reflexionen über den literarischen Realismus. Ebenso wie im Tierreich, so Balzac, prägen auch in der Gesellschaft die spezifischen Subsistenzbedingungen die jeweiligen Lebensformen: Das Milieu bestimme den sozialen Typus, und eben dieses Determinationsverhältnis gelte es im Roman zu fixieren. Während die berühmte Spiegelmetapher STENDHALS («[...] un roman est un miroir qui se promène sur une grande route» – Ein Roman ist ein Spiegel, der entlang einer großen Straße wandelt [5]) dann eher für ein direktes Widerspiegelungsverhältnis von Gesellschaft und Literatur steht, radikalisiert ZOLAS naturalistisches Programm ‹le roman expérimental› (1880) die wissenschaftliche Begründung der Romanpoetik unter dem Einfluß von H. TAINES positivistischer Philosophie: Sein Konzept ergänzt die biologisch-soziologische Determinationstheorie durch eine medizinische Vererbungslehre. Mit Zola sind die Reflexionen über eine mimetische Dimension von Literatur im wesentlichen abgeschlossen. Eine Wende zur nachromantischen Moderne kann man bereits drei Jahrzehnte zuvor, um die Mitte des 19. Jh. ansetzen: In jeweils unterschiedlicher Akzentuierung leiten die Lyrik der *Parnassiens*, das poetische Werk BAUDELAIRES und die Romane FLAUBERTS eine zukunftsweisende P. der ästhetischen Autonomie in die Wege, die jegliche ideologische Instrumentalisierung der Literatur kategorisch ablehnt.

Anmerkungen:
1 vgl. etwa die Essais II, V; I, XXVI; II, XXVII. – **2** vgl. N. Elias: Die höfische Ges. (1969; ⁹1999). – **3** V. Hugo: Drames, Bd. 1, hg. v. J.J. Tierry, J. Mélèze (Paris 1963) 425, Übers. Verf. – **4** vgl. M. Foucault: Les mots et les choses. Une archéologie des sciences humaines (Paris 1966) 229ff. – **5** Stendhal: Le Rouge et le noir, in: Romans et nouvelles, hg. v. H. Martineau (Paris 1963) 193, 714, hier 557, Übers. Verf.

Literaturhinweise:
M. Gilman: The Idea of Poetry in France from Houdard de la Motte to Baudelaire (Cambridge, Mass. 1958). – J. Schérer: La dramaturgie classique en France (Paris 1959). – H.R. Jauss: Nachahmungsprinzip und Wirklichkeitsbegriff in der Theorie des Romans von Diderot bis Stendhal, in: ders. (Hg.): Nachahmung und Illusion (1964) 157–178. – A. Buck, K. Heitmann, W. Mettmann: Dichtungslehren der Romania aus der Zeit der Renaissance und des Barock (1972). – W. Floeck: Die Literarästhetik des frz. Barock. Entstehung – Entwicklung – Auflösung (1979).

Chr. Wehr

3. *Spanien, Portugal, Lateinamerika.* Die Anfänge der *spanischen* Dichtungslehre der Renaissance liegen in den Rhetoriken von J.L. VIVES (‹De ratione dicendi›, 1536), F. SÁNCHEZ DE LAS BROZAS «El Brocense» (‹De arte dicendi›, 1558) und A. LLULL (‹De oratione›, 1558?), die im Kontext der humanistischen 'Literarisierung' der Rhetorik Kommentare zur ‹Ars poetica› des Horaz enthalten. Mit den ‹Anotaciones a Garcilaso› (1580) von F. DE HERRERA, die eine heftige Polemik um die spanische Literatursprache und die Aufgaben des philologischen Kommentars auslösen, setzt der epochentypische Aufschwung der eigenständigen, durch die Rezeption der aristotelischen P. geprägten Abhandlungen ein. Herrera verteidigt die Volkssprache als Sprache der Dichtung und lehnt die kritiklose Nachahmung antiker und italienischer Vorbilder zugunsten eigener *inventio* ab. Fast ausschließlich auf die Verslehre konzentrieren sich die beiden ersten dem Titel nach selbständigen Poetiken, ‹Arte Poética en romance castellano› (1580; P. in spanischer Sprache) von M. SÁNCHEZ DE LIMA und ‹Arte Poética española› (1592) von J. DÍAZ RENGIFO. 1591 erscheinen die ersten spanischen Übersetzungen der ‹Ars poetica› des Horaz, die ‹Poetik› des Aristoteles wird 1626 auf Spanisch publiziert.

Die in Dialogform abgefaßte ‹Philosophía Antigua Poética› (1596) des A. LÓPEZ PINCIANO ist die wichtigste P. des 17. Jh. Inhalt, Aufbau und Anspruch orientieren sich an Aristoteles und seinen italienischen Kommentatoren; die traditionelle horazische Topik wird eingegliedert; Ziel der P. ist nicht so sehr die präskriptive Angabe von praktischen Regeln, sondern vor allem die analytisch-theoretische Klärung von Wesen und Formen der Dichtung. Gegenüber dem bis dahin geltenden Gebot der rhetorischen *imitatio* wird nun die auf dem Mimesis-Begriff beruhende *imitatio* der Natur im Rahmen der Wahrscheinlichkeit zum zentralen, rationalistisch-philosophisch begründeten Konzept. Sie bedingt den Eigenwert der auf poetische Wahrheit zielenden und zugleich Vergnügen bereitenden Fiktion als Charakteristikum der Dichtung, die sich so dem platonisch-humanistischen Vorwurf der Lügenhaftigkeit entzieht. Angeregt durch die Wiederentdeckung Heliodors und die zeitgenössische Praxis erzählender Fiktion greift López Pinciano die aristotelische Unterscheidung zwischen Dichtung und Vers auf und eröffnet als erster und einziger in Europa mit seiner Definition des «poema en prosa» dem (byzantinischen) Roman einen Platz im Gattungssystem der Epoche.

Im 17. Jh. erfolgt eine zunehmende Ausdifferenzierung der poetologischen Reflexion. Die zahlreichen Traktate, Vorworte etc. rücken vom klassisch-systematischen Anspruch ab und beziehen sich oft nurmehr auf Teilaspekte der Dichtung, meist im Zusammenhang mit den beiden großen literarischen Polemiken des spanischen Barock um das Theater und das poetische Stilideal bzw. die Lyrik Góngoras. Zwar legt F. Cascales mit den ‹Tablas poéticas› (verfaßt 1604, erschienen 1617) noch eine umfassende, dogmatisch neoaristotelisch und präskriptiv gedachte P. vor, die nun auch die von Minturno eingeführte Dreiteilung der Gattungen übernimmt, aber schon im platonisch geprägten Dialog ‹Cisne de Apolo› (1602; Schwan des Apollo) von L.A. de Carvallo kündigt sich die Abkehr von der klassischen Regelpoetik und dem ästhetischen Moralismus zugunsten des Primats von *ingenium* bzw. theologisch begründetem *furor poeticus* und *delectare* an. Die nachfolgenden barocken Poetiken verstärken diese Tendenz zur Autonomisierung der Dichtung. Gegen die klassische Doktrin vertritt Lope de Vegas Versepistel ‹Arte nuevo de hacer comedias en este tiempo› (1609; Neue Kunst der Dramendichtung in dieser Zeit) die eigene Dramenpraxis unter Rekurs auf die nationale Theatertradition und, vor allem, den Publikumsgeschmack; im ‹Libro de la erudición poética› (1611) postuliert L. Carrillo y Sotomayor in Anlehnung an den *ornatus difficilis* die Notwendigkeit einer durch Gelehrtheit und *obscuritas* als spezifisch poetisch gekennzeichneten Gedankenführung und Sprachverwendung. Damit formuliert er das Stilideal des *culteranismo*, dessen Unterscheidung gegenüber dem *conceptismo* schon bei Herrera vorbereitet wird. Die im Zentrum der Polemik um Góngora bzw. zwischen *culteranismo* und *conceptismo* stehende *oscuridad* wird im ‹Discurso poético› (1624) von J. de Jáuregui, ungeachtet einer grundsätzlichen Ablehnung des *culteranismo*, als distinktive Qualität moderner Dichtung kritisch differenziert; im ‹Panegírico por la poesía› (1627) von F. de Vera y Mendoza, einer Synthese der spanischen biblischen P., wird die *obscuritas* unter Berufung auf den göttlichen Ursprung und die religiöse Dignität der Dichtung verteidigt. B. Graciáns ‹Agudeza y arte de ingenio› (definitive Ausgabe 1648; Scharfsinn und Kunst der Erfindung), bildet den Höhepunkt, aber nicht den Abschluß dieser Diskussionen. Die zugleich als theoretisches Hauptwerk des *conceptismo* geltende Abhandlung überschreitet ständig die inzwischen gewohnten Grenzen zwischen P. und Rhetorik und mischt die Reflexion mit der Analyse von Beispielen aus der lateinischen und mehreren romanischen Literaturen. So präsentiert sie sich als dezidiert neue und der Zeit angemessene Theorie und *summa* der Sphäre des *ingenium* angehörenden kunstvollen Scharfsinns und seiner geistreichen Äußerung durch *concepto* (Sinnspiel) und Wortwahl, die beide im Dienst der intellektuellen Überraschung stehen. Prosa- und Versdichtung werden gleichermaßen unter der Perspektive der *agudeza* (Scharfsinn) betrachtet, die sich als Ausdruck ingeniöser Gedankenfügung der Reglementierung entzieht, aber verstanden und geübt werden kann. Die klassische Opposition *ingenium – ars* wird in den in ganz Europa einflußreichen Schriften Graciáns so zu einer überraschenden Synthese geführt, bei der auch die Theorie des Geschmacks und das Konzept des in Anlehnung an Castigliones *grazia* umgedeuteten *nescio quid* für das Schönheits- und Stilideal wichtig werden.

‹La Poética› (1737, 2. erweiterte Auflage 1789) von I. de Luzán ist die epochemachende P. des spanischen *neoclasicismo*. Die unter Rückgriff auf Aristoteles, Horaz und Muratori konzipierte systematisch-normative Lehrschrift unterwirft die wieder an den Vers gebundene Dichtung im Sinne eines aufklärerischen, jedoch nur ansatzweise empiristischen Vernunft-, Schönheits- und Geschmacksbegriffs – Schönheit als zweckgebundener ‹Schmuck› der Wahrheit – erneut den klassischen Regeln und legt sie auf das dem (politischen) Gemeinwohl dienende horazische «miscere utile dulci» (dem Angenehmen das Nützliche beimischen) fest. Universelle (idealisierende) *imitatio* der Natur, Klarheit des Ausdrucks und Nachahmung der klassischen Autoren der Antike und Renaissance werden zur Richtschnur einer Dichtungslehre, die zur Wiederherstellung des durch den Barock korrumpierten ‹guten Geschmacks› beitragen will. Im Zentrum der Aufmerksamkeit steht die Reform des spanischen Dramas im Sinne der klassischen (neoaristotelischen) Doktrin. Zahlreiche spätere Poetiken – wie der ‹Compendio del Arte Poética› (1757) von A. Burriel und die ‹Instituciones poéticas› (1793) von S. Díez González – verfolgen diesen präskriptiven Anspruch, der eine seiner letzten, trivial-anachronistischen Formulierungen in der ‹Poética› (1827) von F. Martínez de la Rosa findet. In der zweiten Hälfte des 18. Jh. kommt es unter dem Einfluß der neuen Disziplin der Ästhetik und der literarischen Entwicklung in Frankreich, aber auch in Spanien selbst, sowie der Rezeption von Batteux (spanische Übersetzung von A. García de Arrieta, 1797–1805) und Blair (spanische Übersetzung von J.L. Munárriz, 1798–1801), zu einer Reihe von Veränderungen, die auch das Verhältnis zwischen Rhetorik und P. betreffen. Neben einer vorsichtigen Neubewertung der Barockdichtung und der Rolle des *ingenium* gegenüber *ars* und *judicium* zeichnet sich eine stärkere Berücksichtigung der literarischen Prosa ab, die sich zunächst in entsprechenden Umstrukturierungen der Rhetorik äußert, etwa in der ‹Rhetórica› (1757) von G. Mayans y Siscar, die auf Kosten der klassischen oralen Ausrichtung der Rhetorik die Eingliederung der P. vornimmt. Einen weiteren Impuls erhält die Annäherung zwischen Rhetorik und P. durch das zunehmende, von der französischen ‹Encyclopédie› beeinflußte Interesse an philosophischen Fragen, deutlich in der ‹Filosofía de la elocuencia› (1777, 2. erweiterte Auflage 1812) von Capmany, und durch die Ästhetik, in deren Zusammenhang nun auch das Erhabene in einem über den Stilbegriff hinausgehenden Sinne diskutiert wird, zuerst in den an Blair orientierten ‹Lecciones de Retórica y Poética› (um 1794) von G.M. de Jovellanos. In ihnen, ebenso wie in den ‹Reflexiones sobre la poesía› (1787) von N. Philoaletheias kündigen sich schließlich auch die Zuordnung der Dichtung als «language of passion» (Blair) zur zweckfreien Imagination, die Wendung von *ingenium* zum Genie und die Abkehr von der Vorbildfunktion antiker Dichtung zugunsten der Dynamik der nationalen Entwicklung an, ohne daß jedoch das Prinzip der *imitatio* der Natur völlig aufgegeben wird.

Im 19. Jh. setzt sich die Tendenz zur Zusammenführung von Rhetorik und P. unter der Ägide der Ästhetik und eines gegenüber dem enzyklopädischen Literaturverständnis der Aufklärung zunehmend auf Poesie und Kunstprosa eingeschränkten und darin immer autonomeren Literaturbegriffs fort. Kapitel zu den allgemeinen (philosophischen) Prinzipien der Literatur bzw. zu Schönheit, Sprache etc. werden typischer Bestandteil der im Aufbau vielfach an Blair orientierten Abhandlungen, so in den als Schullektüre verbindlichen ‹Principios de Retórica y Poética› (1805) von F. Sánchez Barbero und dem ‹Arte de hablar en prosa y verso› (1826; Kunst des Sprechens in Prosa und Vers) von Gómez Hermosilla. Mit der Romantik wird auch in Spanien die Vorstellung einer allgemeinverbindlichen P. hinfällig, vereinzelt werden nun individuelle Autorpoetiken formuliert, darunter als bedeutendste die ‹Cartas literarias a una mujer› (1860–1861; Literarische Briefe an eine Frau) von G.A. BÉCQUER, eine intendiert persönliche und unsystematische Reflexion über den in Anlehnung an platonische Prinzipien verstandenen poetischen Schaffensprozeß. Zugleich wächst die Zahl der für den Unterricht an Schulen und Universitäten verfaßten Lehrbücher, in denen nun P. und Rhetorik in Literaturtheorie aufgehen. Statt um normativ-präskriptive Anweisung geht es um ästhetische Fragen – Schönheit als oberstes Ziel und Wesen der Literatur – und um Erklärung der literarischen Gattungen und Diskurstypen. So dokumentieren die oft aufgelegten ‹Elementos de Literatura› (1856) von J. COLL Y VEHÍ und die ‹Principios de Literatura general› (1872) von M. DE LA REVILLA die wachsende Ausdifferenzierung des literaturwissenschaftlichen Diskurses. Die im 17. und 18. Jh. selten eingehender behandelten Probleme der spanischen Metrik werden dagegen immer mehr zur Domäne der Philologie, so in den wegweisenden Metrik-Studien (1823, 1847) des venezolanischen Schrifstellers, Philologen und Politikers ANDRÉS BELLO. In der ‹Historia de las ideas estéticas en España› (1883) von M. MENÉNDEZ PELAYO wird die Entwicklung der P. schließlich selbst zum Gegenstand literaturwissenschaftlicher Untersuchung.

In *Portugal* verläuft die Entwicklung der P. größtenteils ähnlich. Die Anfänge sind lange Horaz verpflichtet, dessen ‹Ars poetica› schon 1553 ins Portugiesische übertragen wird, während Aristoteles' ‹Poetik› 1640 übersetzt, aber erst im 18. Jh. auf portugiesisch veröffentlicht wird. Nach den Kommentaren der Humanisten A. ESTÁCIO (‹In Horatii Artem Poeticam Comentarium›, 1553) und TOMÉ CORRÊA (‹In librum de Arte Poetica Horatii explanationes›, 1587), vertreten die Versepisteln der ‹Poemas Lusitanos› (1598) von A. FERREIRA eine dogmatisch-präskriptiv an Horaz orientierte P. und fordern in diesem Sinne die Erneuerung der portugiesischen Dichtung und ihre Loslösung vom Modell des ‹alten Spanien›. Die erste eigenständige P. ist die vom Aufbau her der klassischen Rhetorik folgende ‹Arte Poética, e da Pintura, e Simetria, com Principios da Perspectiva› (1615; Kunstlehre der Dichtung, der Malerei und der Symmetrie, mit Prinzipien der Perspektive) von F. NUNES, deren starke Aufmerksamkeit für den *ornatus* schon erste Spuren des Barock zeigt. In den die Wichtigkeit von *ingenium* und *agudeza* herausstellenden Dialogen der ‹Corte na aldeia› (1619; Hof auf dem Lande) von F. RODRIGUES LOBO, die allerdings nur die Prosaerzählung behandeln, verstärkt sich der barocke Einfluß. Der Dialog ‹Hospital de Letras› in den ‹Apólogos Dialogais› (1657, 1721 veröffentlicht) von F.M. DE MELO legt die an den Vers gebundene Dichtung auf das Zusammenwirken von geistreichem Sinnspiel (im Sinne des *concepto*) und, wichtiger noch, brillantem *ornatus* fest, wofür die Spanier Quevedo und Góngora als den *antiqui* überlegene moderne Vorbilder gelten. Gegen Góngora polemisiert M. DE FARIA E SOUSA in seinem der neoaristotelischen Doktrin verpflichteten Kommentar zur spanischen Ausgabe (1629) des portugiesischen Nationalepos ‹Os Lusiadas› von CAMÕES. Mit der ‹Nova Arte de Conceitos› (2 Bände, 1718 und 1721) von F. LEITÃO FERREIRA, in der die italienischen Aristoteles-Kommentare, Gracián und Muratori zu einer eklektizistischen Synthese kommen, findet die Kodifizierung der Barock-P. ihren verspäteten – aber außerordentlich gelehrten – Abschluß. Auch M. DA FONSECA BORRALHO steht mit seinen ‹Luzes da Poesia Descobertas no Oriente de Apolo nos Influxos das Musas› (1724; Lichter der Dichtung, entdeckt im Osten Apollos unter dem Einfluß der Musen), von denen er nur den ersten Teil zur Verslehre fertigstellt, noch in der Tradition des Barock, während F.X. DE MENESES bereits 1697 die erste Übersetzung der P. BOILEAUS anfertigt.

Manifest der portugiesischen Aufklärung ist der gegen die jesuitische Bildungstradition gerichtete ‹Verdadeiro Méthodo de Estudar para ser útil à República e à Igreja› (1746; Wahre Methode des Studiums zum Nutzen von Gemeinwohl und Kirche) des Jesuiten L.A. VERNEY, der zum Leitfaden der folgenden staatlichen Unterrichtsreform wird. Er fordert die Einführung einer auf Logik und Rhetorik basierenden P. zur Überwindung des Barock, da die an sich dem Gemeinwohl nicht nützliche, sondern nur dem *delectare* dienende (Vers)dichtung entweder gut oder gar nicht praktiziert werden solle. Auf die durch Verney ausgelöste Polemik bezieht sich auch die ‹Arte Poetica ou Regras da Verdadeira Poesia› (1748) von F.J. FREIRE, «Cândido Lusitano», die unter dem Einfluß von Boileau, Muratori und Luzán sowie der italienischen Aristoteles-Kommentare das *prodesse* einer auf Vernunft und universell-idealisierender *imitatio* beruhenden Dichtung herausstellt, als deren Modell einmal mehr Camões gilt. Die in Versform abgefaßte ‹Arte poética› (1765) von F. DE PINA E DE MELO vertritt dieselbe neoklassische Linie, die auch in den Schriften der 1756 gegründeten Akademie ‹Arcádia Lusitana› und den ‹Memorias de Litteratura Portugueza› (1790–1796) der ‹Real Academia de Ciencias› vehement vertreten wird. Dagegen verteidigt die ‹Dissertação sobre a antiguidade da Poezia Lyrica› (1782; Abhandlung über das Alter der lyrischen Dichtung) von FREI ALEXANDRE DA SAGRADA FAMILIA die Lyrik gegenüber der wachsenden Bevorzugung der Prosa im Rückgriff auf die durch gelegentliche Anklänge an ROUSSEAU und DIDEROT modernisierte biblische P. und bestimmt die Dichtung/Lyrik als wahrscheinliche *imitatio* des Gefühls.

Die Annäherung zwischen Rhetorik und P. setzt ebenfalls gegen Ende des 18. Jh. ein, etwa in den ‹Conclusões de retórica y poética› (1779) von J.F. DE ANDRADE SILVA BRANCO, während die Einbeziehung ästhetischer Fragestellungen erst später und vereinzelt erfolgt, so in den oft aufgelegten ‹Lições elementares de poetica nacional, seguidas de um breve ensaio sobre a critica litteraria› (1840; Elementarlektionen der nationalen Dichtungslehre, gefolgt von einer kurzen Abhandlung über die Literaturkritik) von F. FREIRE DE CARVALHO, der die Dichtung nun auch als «linguagem da paixão» (Sprache der Leidenschaft) definiert und für die Zukunft einen Mittelweg zwischen Klassik und Romantik vertritt. Die romantische Ablehnung jeglicher Regelpoetik hatte A. GARRETT im Vorwort zu ‹Camões› (1825) programmatisch formuliert; von A. DE QUENTAL wird sie in der ‹Questão de Coimbra› (Prinzipienstreit von Coimbra, 1865–1866) aus geistig-moralischen Gründen – der Dichter ist nur seinem Gewissen verpflichtet – und als Bedingung für das Überleben der Dichtung/Lyrik gegenüber den letzten Vertretern der Neoklassik noch einmal bekräftigt. Die relativ wenigen in der zweiten Hälfte des 19. Jh. verfaßten P. dienen vor allem dem auf Verslehre zentrierten Unterricht, wie die ‹Poetica para uso das escholas› (1848, 11. Aufl. 1880; Dichtungslehre für den Schulgebrauch) von B.J. CARNEIRO und der ‹Tratado de Metrificação Portuguesa› (1851) von A. FELICIANO DE CASTILHO; für die literarische bzw. ästhetische Diskussion von 1865 und danach spielen sie keine Rolle.

Während der Kolonialzeit werden in *Lateinamerika* lange keine P. im Sinne systematischer Traktate verfaßt. Grund ist vor allem die enge, durch ein komplexes Geflecht kultureller Dependenz gekennzeichnete Bindung an die jeweiligen Metropolen, deren Literatursystem sich die Autoren europäischer Abstammung zugehörig fühlen. Die P. von Díaz Rengifo, López Pinciano, Gracián etc., aber auch von Scaliger, Minturno und anderen europäischen Autoren werden importiert. Nur für den in Hand der kirchlichen Orden liegenden Lateinunterricht werden, in Anbetracht der großen Nachfrage, im 17. Jh. etwa in Neuspanien auch einige P. geschrieben und gedruckt, während in Brasilien erst nach der Ankunft der portugiesischen Königsfamilie (1808) ein eigenes Buchdruckwesen möglich wird. Früh aber äußern sich lateinamerikanische Autoren zu einzelnen poetologischen bzw. dichtungskritischen Fragen, oft verbunden mit der Absicht, die Vorzüglichkeit der Dichtung in den Kolonien gegenüber den Metropolen im Rahmen des gemeinsamen Regelkanons herauszustellen und die gleichberechtigte Teilnahme an der literarischen Diskussion einzufordern. Im gelehrten ‹Compendio apologético en alabanza de la poesía› (Apologetisches Kompendium zum Lob der Dichtung), dem Epilog zur Versepistel ‹Grandeza mexicana› (1604), verteidigt B. DE BALBUENA den im göttlichen Ursprung begründeten Wert der Dichtung im Hinblick auf sein im Stil der Größe des Gegenstandes – Mexico-Stadt – angemessenes Langgedicht. Der in der Renaissance-Tradition stehende ‹Discurso en loor de la poesía› (1608; Rede zum Lob der Dichtung) einer anonymen peruanischen Autorin rühmt in eben dieser platonisch-theologischen Linie nach den antiken vor allem die Dichter der Neuen Welt, während der Prolog zum Epos ‹El Bernardo› (1624) von Balbuena eine an Aristoteles orientierte, jedoch das Gewicht der *imaginación* bzw. *inventio* und des *delectare* fast schon barock hervorhebende Darlegung der Konstruktionsprinzipien der Epik darstellt. Das beginnende Bewußtsein einer sich in der Distanz zwischen Metropole und Kolonie formierenden lateinamerikanischer Identität zeigt sich im ‹Apologético en favor de don Luis de Góngora› (1662; Verteidigungsschrift zugunsten von Luis de Góngora) des Peruaners J. DE ESPINOSA MEDRANO, der mit dreißig Jahren Verspätung die Góngora-Kritik von Faria e Sousa zurückweist und dabei nicht nur höchste Gelehrtheit und Beherrschung des barocken *ornatus* zeigt, sondern auch die intellektuelle Mißachtung der Amerikaner durch die Europäer polemisch thematisiert. Das Wissen um die kulturelle Dependenz bei gleichzeitigem Wunsch nach Emanzipation prägt auch das Vorwort der an Góngora orientierten ‹Musica do Parnaso› (1705) von BOTELHO DE OLIVEIRA, der als erster diese Richtung in Brasilien einführen will, sowie das Kapitel des ‹Compêndio narrativo do Peregrino da América› (1728; Erzählendes Kompendium des Wanderers in Amerika), in dem N. MARQUES PEREIRA ungeachtet seiner moralisch-religiös begründeten Ablehnung der meisten Dichtung die Vielzahl und Qualität der brasilianischen Autoren lobt, die so groß sei, daß der Parnaß nach Rio de Janeiro verlegt zu sein scheine.

In den an Muratori, Bouhours und Verney ausgerichteten und nur handschriftlich kursierenden satirischen Dialogen ‹Nuevo Luciano o Despertador de ingenios quiteños› (1779; Neuer Lukian oder Erwecker der Scharfsinnigen in Quito) skizziert der schon im Kontext der Unabhängigkeitsbewegung stehende F.J.E. DE SANTA CRUZ Y ESPEJO aus Quito eine aufklärerisch-neoklassische Konzeption von Rhetorik und Poetik. Ihr verpflichtet sind auch die erst posthum (1889) publizierte, um spanische Beispiele erweiterte freie Adaptation der P. Boileaus durch den mexikanischen Jesuiten F.J. ALEGRE (1729–1788) und die das Mittelmaß der Dichter des *arcadismo* aus eben neoklassischer Perspektive kritisierende Versepistel ‹A José Basilio da Gama› (in den ‹Obras completas› von 1864) des Brasilianers M.I. DA SILVA ALVARENGA. Dagegen nehmen die ‹Preleções Filosóficas sobre a Teórica do Discurso e da Linguagem, a Estética› (1813; Philosophische Vorstudien über die Theorie der Rede und der Sprache, nämlich die Ästhetik) von S. PINHEIRO FERREIRA schon deutlich am ästhetisch begründeten Fusionsprozeß von Rhetorik und P. teil.

Die Erlangung der Unabhängigkeit fällt zeitlich mit der allmählichen Auflösung der europäischen neoklassischen Regelpoetik zusammen. Im Rahmen der Einforderung literarischer Emanzipation geht es in Lateinamerika zudem sehr viel mehr um die Förderung des literarischen Schaffens überhaupt – deutlich noch in der ‹Defensa de la poesía› (1854) des argentinischen Politikers, Generals und Schriftstellers BARTOLOMÉ MITRE – und um die literarische Aneignung spezifisch amerikanischer Eigenheiten als um die Kodifizierung von ohnehin bekannten Regeln. Das in der Tradition des *neoclasicismo* stehende Gedicht ‹Alocución a la Poesía› (1823) von A. BELLO macht dieses Programm ebenso deutlich wie seine begrifflich-stilistische Dependenz von Europa, der auch die erneute Auflage einer P. wie der von F. SÁNCHEZ BARBERO (Mexico 1825) geschuldet ist. Mit der Romantik schwindet die P. dann vollends aus der öffentlichen literarischen Diskussion, zugunsten von programmatischen Äußerungen der Autoren, Literaturkritik, Philologie und nationaler Literaturgeschichtsschreibung, die unter Einbeziehung der prähispanischen Kulturen bereits im 18. Jh. eingesetzt hatte. Erst in den letzten Jahrzehnten des 19. Jh. werden, im Zusammenhang mit dem Ausbau des Schul- und Universitätswesens, erneut P. vorgelegt, die ebenso wie die zeitgenössischen europäischen Texte vorrangig literaturwissenschaftlichen bzw. -theoretischen Handbuchcharakter haben, etwa die ‹Elementos de literatura, retórica y poética› (1880) des Chilenen D. BARROS ARANA, die ‹Elementos de teoría literaria› des Argentiniers C. OYUELA und die ‹Principios de literatura general (teoría estética y teoría literaria)› (1896) des Paters V. MARÍN Y MORALES aus Manila.

Literaturhinweise:
M. Menéndez Pelayo: Historia de las ideas estéticas en España Obras completas, Bde. 1–4 (Santander 1940). – A. Pinto de Castro: Retórica e teorização literária em Portugal do Humanismo ao Neoclassicismo (Coimbra 1973). – A. García Berrio Formación de la teoría literaria moderna, 2 Bde. (Madrid 1977 Bd. 2: Murcia 1980). – M. Moisés: História da literatura brasileira. Bd. 1: Origens, Barroco, Arcadismo (São Paulo 1983). – A Porqueras Mayo: La teoría poética en el Manierismo y Barroco españoles (Barcelona 1989). – III Encuentro Latinoamericano en Berkeley: Las poéticas coloniales y el origen del pensamiento teórico-crítico en Hispanoamérica, in: Revista de Crítica Literaria Latinoamericana 43–44 (1996) 9–117. – H.C. Jakobs: Schönheit und Geschmack. Die Theorie der Künste in der span. Lit des 18. Jh. (1996). – R.M. Aradra Sánchez: De la retórica a la teoría de la literatura (siglos XVIII y XIX) (Murcia 1997). – M Moisés: As Estéticas Literarias em Portugal – Seculos XIV a XVIII (Lissabon 1997). – J. Checa Beltrán: Razones del buen gusto (poética española del Neoclasicismo) (Madrid 1998).

K. Niemeyer

4. Deutschland. Es gibt aktuelle Artikel mit vergleichbarer Thematik, auch in diesem Wörterbuch[1], «die man lesen kan».[2] Vorliegende Darstellung konzentriert sich daher auf rhetoriknahe Poetiken und Gesichtspunkte.

a. *Lateinische Poetiken der frühen Neuzeit.* K. CELTIS ist mit seiner ‹Ars versificandi et carminum›, «die er vermutlich im Sommer 1486 schrieb und in Leipzig publizierte»[3], der erste deutsche Humanist, der als Verfasser einer P. hervortritt. Die metrischen Teile, die bei ihm vorherrschen, erweisen sich «fast zur Gänze als eine Kompilation»[4] lateinsprachiger Quellen deutscher und italienischer Herkunft. Bei der Beschreibung der Dichtkunst und ihrer Zielsetzung äußert er hingegen Gedanken, die «in Deutschland gänzlich neuartig, epochal neuartig waren».[5] Neu und zugleich renaissancetypisch ist seine Auffassung des Dichtens als eines schöpferischen, quasi göttlichen Tuns, speziell auch des Schreibens als Schaffen, außerdem die Gleichsetzung der vergegenwärtigenden Kraft von Dichtung mit Belebung bzw. Wiederbelebung.[6]

In seinem Gefolge entstehen weitere Beiträge zur neulateinischen P.[7], darunter eine 1518 erschienene des Schweizers JOACHIM VON WATT alias VADIANUS, eines Schülers von Celtis, die einen genaueren Eindruck von den humanistischen Dichtungsvorstellungen jenseits der Metrik vermittelt.[8] Vadianus bekräftigt die Hochschätzung der Dichtung seitens antiker Autoren mit der These, «Daß die ersten Dichter Theologen waren».[9] Indem er natürliche Begabung (*natura*) und erlernbare Kunst (*ars*) bzw. entsprechende Übung (*exercitatio*) gegeneinander abwägt, reflektiert er eine auch rhetorisch bedeutsame Frage.[10] «Daß die Rhetorik dem Dichter fast notwendiger ist als dem Redner» und «Wodurch sich Redner und Dichter unterscheiden», erörtert er in eigenen Kapiteln.[11] Wie CICERO findet er Dichtung metrisch gebundener als die Rede, stilistisch freier. Im übrigen meint er: «beide Berufe verlangen die gleiche umfassende Bildung».[12] Bei der Auswahl nachzuahmender Vorbilder empfiehlt er dem Dichter Urteilskraft (*iudicium*)[13], in der «alles Schickliche begründet» sei.[14]

Während Vadianus sich noch auf Cicero, QUINTILIAN und HORAZ beruft, stützen sich die Autoren nach 1550 mehr auf die von Italien aus neu erschlossene ‹Poetik› des ARISTOTELES. Dies gilt für G. FABRICIUS (‹De re poetica libri septem›, 1565 und 1584), die Jesuiten J. PONTANUS (‹Poeticarum institutionum libri tres›, 1594) und J. MASEN (‹Palaestra eloquentiae ligatae›, 1654–57) sowie die Niederländer D. HEINSIUS (‹De tragoediae constitutione›, 1611; Nachdruck 1976) und G.J. VOSSIUS (‹Poeticarum institutionum libri tres›, 1647).[15]

b. *Barockpoetiken.* Für das 17. Jh. hat man «das Fehlen deutschsprachiger Poetiken in den katholischen Territorien» bemerkt.[16] Die Verfasser sind durchweg Protestanten.[17] Herausragende Bedeutung haben OPITZ, HARSDÖRFFER und STIELER.

M. Opitz' schmales ‹Buch von der Deutschen Poeterey› (1624), die erste und wirkungsstärkste P. deutscher Sprache, laut eigener Aussage nach fünf Tagen fertiggestellt, verdichtet humanistische Vorgaben zu einem Regelwerk für deutsche Dichter. TH. HÖCKS Gedicht ‹Von Art der Deutschen Poeterey› in seiner Sammlung ‹Schönes Blumenfeldt› (1601) kann kaum als eigentliche P. gelten. Die ersten vier der insgesamt acht Kapitel erörtern allgemeine Fragen wie das Verhältnis von *natura* und *ars*, die Verteidigung der Dichtung gegen Anfeindungen, die Ausrichtung auf die Muttersprache. Das Schlußkapitel 8 bekräftigt den Wert der Dichtung unter Hinweis auf der Poeten Lohn und «ihr glückhafftes wesen», das «vom vnruhigen vnd sorglichen leben der Redner» unterschieden wird.[18] Opitz beruft sich hier auf TACITUS.[19] Praxisbezogen sind die Kapitel 5 bis 7 über Gattungen, Stil und Metrik. In Kapitel 7, dem ausführlichsten und einflußreichsten, formuliert Opitz die mit seinem Namen verbundene Versreform. Er macht die natürliche Stammsilbenbetonung der Wörter auch für Dichtung verbindlich und empfiehlt dafür jambische und trochäische Verse. Seine Zeitgenossen A. BUCHNER und PH. VON ZESEN rechtfertigen später auch Daktylen.[20]

Gattungen und Stil ordnet Opitz anhand der hierfür üblichen Redeherstellungsschritte *inventio*, *dispositio* und *elocutio*. Kapitel 5 handelt «von erfindung vnd eintheilung der dinge», Kapitel 6 «von der zubereitung vnd ziehr der worte».[21] Hinsichtlich der Erfindung verweist Opitz kurz auf die von SCALIGER behandelten Dichtungsgegenstände; nach Erwähnung ihrer «füglichen vnd artigen ordnung»[22] erörtert er eine Reihe von Gattungen, ausgehend von Epos, Tragödie und Komödie bis hin zu den heute zur Lyrik zählenden Kleinformen.

Während er die Gattungen pauschal der *dispositio* und wohl auch der *inventio* zuordnet, ist das Stilistik-Kapitel 6 durchgängig rhetorisch bestimmt. Hier knüpft er an die zuerst 1606 erschienene Rhetorik des als Poetiker schon erwähnten VOSSIUS an, deren Vorgaben er komprimiert und vereinfacht.[23] LEIBNIZ weiß, «daß Opitz sich den Heinsius […] und andere vortreffliche Holländer wohl zu nutz gemacht».[24] Der Einfluß von Vossius' Rhetorik, mehrfach vermutet[25], erweist sich aufgrund der folgenden Indizien als sicher.

Schon die anfängliche Unterscheidung der Stilprinzipien *elegantia* («zierligkeit»), *compositio* («zuesammensetzung») und *dignitas* («ansehen»)[26] nebst Untergliederung der *elegantia* in *puritas* («reinligkeit») und *perspicuitas* («deutligkeit»)[27] verdankt Opitz wohl Vossius, obwohl sie letztlich auf die antike Herennius-Rhetorik zurückgeht. Bei Erläuterung der Reinheit bespricht er wie Vossius besonders Wortneubildungen und zitiert hierzu dieselben Beispiele von CATULL und PUBLILIUS SYRUS.[28] Als Verstöße gegen Deutlichkeit nennt er Amphibolie, Pleonasmus und Anastrophe (Inversion) in gleicher Reihenfolge wie der Niederländer. Den Pleonasmus illustriert er wie dieser mit Zitaten von CICERO und VERGIL.

Was «die dignitet der Poetischen rede anlangt / bestehet dieselbe in den *tropis* vnnd *schematibus*, wenn wir nemblich ein wort von seiner eigentlichen bedeutung auff eine andere ziehen.»[29] Sieht man davon ab, daß Opitz den erläuternden Nebensatz fälschlich auch auf die Schemata bezieht, so entspricht der Satz der Definition von Vossius: «DIGNITAS […] consistit in Tropis, & schematibus. Tropus est, cùm vox à propriâ significatione cum virtute deflectitur ad alienam.»[30] Den Redeschmuck näher zu erläutern, findet Opitz unnötig, «weil wir im deutschen hiervon mehr nicht als was die Lateiner zu mercken haben / vnd also genungsamen vnterricht hiervon neben den exempeln aus Scaligers vnnd anderer gelehrter leute büchern nemen können».[31] Er greift nur das – von Vossius im Zusammenhang der Tropen behandelte – Epitheton heraus. Die diesbezüglichen Hinweise auf STESICHOROS[32] und auf Äußerungen von ARISTOTELES, QUINTILIAN und Vergil decken sich mit Vossius.[33]

Auch was er über die Entsprechung von Personenstand und Redestil schreibt, stammt von Vossius: «Denn wie ein anderer habit einem könige / ein anderer einer priuatperson gebühret / vnd ein Kriegesman so / ein Bawer anders / ein Kauffmann wieder anders hergehen soll: so muß man auch nicht von allen dingen auff einerley weise reden; sondern zue niedrigen sachen schlechte [= schlichte] / zue hohen ansehliche / zue mittelmässigen auch mässige vnd weder zu grosse noch zue gemeine worte brauchen».[34] Nur läßt Opitz den von Vossius zusätzlich erwähnten Philosophenstand beiseite. Dem Zitat entspricht die sogenannte Ständeklausel, mit der Opitz «geringen standes personen vnd schlechte sachen» aus der Tragödie ausschließt und der Komödie zuweist.[35]

G. Ph. Harsdörffers ‹Poetischer Trichter›, weit umfangreicher, aber weniger geordnet als Opitz' Handreichung, knüpft ebenfalls an humanistische Standards an. Harsdörffer möchte nicht eigene Gesetze vorschreiben, sondern Vorgefundenes, wenig Bekanntes vermitteln, insbesondere in bezug auf deutsche Dichtung bisher Unbehandeltes.[36] Er begreift sein Werk also als Ergänzung, speziell auch zu Opitz. Am ausführlichsten widmet er sich, vor allem im ersten der drei separat erschienenen Teile, dem Reim, der ihn als Mitglied des Pegnesischen Blumenordens im Rahmen von dessen sprachspielerischen Bemühungen besonders interessiert.[37] In dieser Hinsicht steht er der *argutia*-Bewegung nahe, der auch seine Bemerkungen über die Poeten als «Rähtsler oder Rähtseldichter»[38], über «Kunstartige Erfindungen»[39] («Mit seltner Redensart auch seltne Sachen schreiben»[40]) und über die Metapher als «Königin» der Tropen erinnern.[41] Birken, auch er Nürnberger Pegnitzschäfer, stimmt in seiner P.[42], die «[h]andschriftl.[ich] verbreitet etwa seit 1650» existiert[43], mit etlichen Aussagen seines älteren Ordensbruders überein.

Rhetorisch bedeutsam sind Harsdörffers eher klassizistische Bemerkungen zum Verhältnis von Dichter und Redner, zur Gattung Drama und zur «Zierlichkeit» des Stils. Traditionell definiert er: «Die Poeterey ist eine Nachahmung dessen / was ist / oder seyn könt.»[44] «Den wahren Gedichten Umstände / und Fügnisse andichten»[45] gehört für ihn aber dazu. Das Dichtungsziel *prodesse* («Nutzen») bzw. *docere* («Lehre») sieht er im «Inhalt» verwirklicht, das Ziel *delectare* («belustigen»), in der «Ausführung [...] mit schönen Worten / und Gedancken». Der Dichter soll sich «aller unflätigen Sachen und Wörter enthalten».[46] Harsdörffer begreift ihn zeitgemäß als gelehrt (*poeta doctus*). Er kennt das «Sprichwort [...]: die Poëten werden geboren / und die Redner durch Kunst und Vbung erzogen»[47], schränkt aber ein: Zwar seien etliche Dichter zur «Kunst geboren / so ist doch die Kunst nicht mit ihnen geboren; sondern muß erlernet werden / wie alles / was wir Menschen wissen wollen».[48] Er meint, daß Dichter und Redner sich in vielem gleichen[49], daß aber «die Poeten [...] die Red-Kunst weit übertreffen»[50], insofern «der Poet [...] vielmehr als der Redner / wissen muß»[51], ja daß die «Edle Poeterey [...] über alle andre Wissenschaften hinauf gesetzet ist».[52] Es «soll [...] der Poet viel gelesen haben / und seine Wissenschafft [d.h. sein Wissen] schicklich einzuflechten wissen»[53], auch «alle andere Wissenschaften und Künste zu seinen Diensten anzuwenden» verstehen.[54] Er soll fremdsprachige Poesie kennen[55], allerdings «Teutsche Gedichte ausdichten» und bei Anlehnung an fremde Historien» diese «durch zimliche [= geziemende] Veränderung uns eigen machen».[56] Auch ästhetisch soll der Dichter herausragen. Für Harsdörffer «ist die niedlichste Krafft und der reinste Saft einer jeden Sprache in der Poëten Schriften».[57] Das liege nicht nur an den Fähigkeiten des Dichters, sondern auch an «höherer Eingebung» in der Art des platonischen Enthusiasmus.[58] Obwohl «der Redner fast alle Zierlichkeit deß Poeten gebrauchet / so ist doch seine Kunst gegen jenen zu achten / als das Gehen gegen dem Dantzen».[59]

An Gattungen bespricht Harsdörffer eingehend die «Schauspiele» als «Haubtgedichte»[60], also Trauerspiel und «Freudenspiel» (Komödie), die Opitz nur kurz definiert hat, außerdem das modische «Hirtenspiel» bzw. Schäferspiel. Das «Heldenlied» (Epos) streift er als mit dem Trauerspiel verwandt. Die von Opitz behandelten, heute der Lyrik zugerechneten Kleingattungen läßt er beiseite. Während er für Freudenspiele «auch die ungebundene Rede» kennt, findet er «zu den Trauer- und Hirtenspielen das Reimgebärd bräuchlich / welches gleich einer Trompeten die Wort / und Stimme einzwenget / daß sie so viel grössern Nachdruk haben».[61]

Das Trauerspiel, «die Schul der Könige», definiert er ähnlich wie vorher Scaliger und Opitz als «ernstliche und prächtige Vorstellung einer traurigen Geschichte handlend von wichtigen Sachen».[62] «Der Held [...] soll ein Exempel seyn aller vollkommenen Tugenden».[63] «Lehr- und Danksprüche» (Denksprüche) sind für Harsdörffer «gleichsam des Trauerspiels Grundseulen».[64] Der Tragiker soll, wenn er «eine wahre Geschichte ausdichtet», «an derselben Ausgang nichts verändern», doch kann er «der Personen nachdenkliche und merkwürdige Reden zudichten».[65] Dies sollen «anständige Reden»[66] sein, so daß die Personen «nicht nur an den Kleidern / sondern auch an den schicklichen Namen und ihren Redarten zu erkennen» sind.[67] Es stört ihn, «wann man den Betrübten schöne Wort in den Mund gibt»; für «Traurigkeit» seien «wolgesetzte Reden» unpassend. «In den Schmertzen pflegt man ein Wort mehrmals zu wiederholen / und ist oft die Wolredenheit übel reden.»[68] – Hinsichtlich der «Freudenspiele» lokkert Harsdörffer – wie in anderer Weise auch Birken[69] – die Ständeklausel, indem er für «frölige Händel» Könige «nicht ausgeschlossen» findet.[70]

Die «Elocutio poetica» oder «poetische Ausrede»[71], also den dichterischen Stil, behandelt er mit Hinweis auf Meyfarts Rhetorik auswählend[72] unter dem weitgefaßten Begriff ‹Zierlichkeit›. Mit seiner Forderung, die ganze «Rede» (Ausdrucksweise) solle «*verständlich-zierlich* und den *Sachen gemäß* seyn», folgt er wie Meyfart in etwa den theophrastischen Stilprinzipien, wobei er «verständlich» als «klar und deutlich» erklärt.[73] Zur Zierlichkeit rechnet er, daß die Wörter «Sprachrichtig und unverwerflich [= einwandfrei] gesetzet werden»[74], was an Opitz' Gleichsetzung der ‹Zierlichkeit› mit *elegantia* erinnert. Auch das im 17. Jh. mögliche Verständnis der Zierlichkeit als Angemessenheit[75] kommt vor: «Zierlich ist / wann man hohe Dinge mit hohen prächtigen Machtworten / mittelmässige mit feinen verständigen / und nidrige mit schlechten [= schlichten] Reden verträget.»[76] Vor allem aber versteht Harsdörffer unter ‹Zierlich(keit)› wie schon 1634 Meyfart[77] hierin von Opitz abweichend, den Redeschmuck.

Bei dessen Konkretion gibt es zwei Schwerpunkte: erstens «Kunstzierliche Beschreibungen» oder «Ausbildungen» im Sinne von Periphrasen[78], zweitens «Gleichnisse» als Oberbegriff für Metaphern und Vergleiche [79] wie auch für Parabel und Exempel als erweiterte Vergleichsarten. [80] Die Parabel nennt Harsdörffer – anders als im heutigen Sinn – «Lehrgedicht». [81] Im Umkreis der Gleichnisse behandelt er, anknüpfend an C. RIPAS ‹Iconologia› und J. MASENS ‹Speculum imaginum›, «Bildereyen» in der Bedeutung von «Sinnbildern» [82], d.h. von Emblemen, in denen «Bilderey und Poëterey miteinander verbunden seyn sol». [83] Diese Sinnbilder, welche «einen verborgenen und nachdenklichen Sinn begreiffen», unterscheidet er von eigentlichen Bildern, die «bedeuten was sie vorstellen». [84]

K. STIELER ist als Liebeslyriker, Dramatiker und Sprachforscher bekannt. Seine ‹Dichtkunst des Spaten› (‹der Spate› heißt er als Mitglied der Fruchtbringenden Gesellschaft), in einer Handschrift von 1685 überliefert, gelangte erst 1975 zum Druck. Das Werk, «die einzige umfassende Verspoetik der deutschen Literatur des 17. Jahrhunderts» [85], ist zugleich die deutsche P. mit dem größten rhetorischen Gehalt und verdient insofern besondere Beachtung. Bedeutsam ist die einzigartige Verdeutschung rhetorischer Begriffe. Der Aufbau ähnelt einem Drama mit fünf abwechselnd kurzen und langen Akten, dessen mittlere Akte an den Schritten der Redeherstellung orientiert sind. Im knappen Eingangsteil diskutiert Stieler «Allgemeinplätze der Poetiken des 15. bis 18. Jahrhunderts» [86], besonders das Zusammenwirken von Begabung und erlernbarer Kunst. Der umfangreiche Teil II (Verse 370–2444) handelt von der «Erfindung» (inventio) der Dichtungsgegenstände und von den Gattungen bis hin zu den damals beliebten Formen der Gelegenheitspoesie. Der kurze Teil III (2445–2744) betrifft die «Ordnung» (dispositio) der Inhalte, für die dem Dichter traditionsgemäß mehr Freiheit eingeräumt wird als dem Redner. Am umfangreichsten gerät Teil IV über «die Elocution, Ausschmückung teutsch genant» [87] (2745–5184). Hier geht es um Stilprinzipien in der Art der Herennius-Rhetorik, danach um eine Fülle von Schmuckmitteln, gestaffelt nach Tropen, Wort- und Gedankenfiguren. Der Schlußteil (5185–5704) gilt der Verslehre. [88] Die Abfolge der Teile erinnert an Opitz. Stärker im Vordergrund stehen die Gattungen, insbesondere das Drama. [89] Noch breiter entfaltet Stieler die von Opitz nur pauschal, von Harsdörffer selektiv angesprochenen Tropen und Figuren.

In den dramentheoretischen Passagen stützt er sich teilweise, in den stiltheoretischen gänzlich auf die Rhetorik von VOSSIUS, die er weit intensiver ausschöpft als Opitz. Dies blieb bislang unbemerkt, da er in der ‹Dichtkunst› Vossius nicht nennt, während er andere Niederländer (HEINSIUS, CATS, GROTIUS [90]) ehrend erwähnt.

Bei Besprechung des Dramas kümmert er sich weniger um die Tragödie als um die seinem eigenen Schaffen entsprechende Komödie. [91] Für sie wünscht er sich ein ständisch und stilistisch gehobenes Niveau: «Lust- ist kein Boßenspiel.» [92] Die «Ergetzung sey nicht niedrig, noch gemein. Das Lustspiel soll «auch wol zuweilen steigen|halbprächtig in die Höh'». [93]

Mehr als die Subgattungen des Dramas interessiert ihn die Typologie der dramatischen Personen (981–1110) und der handlungsträchtigen Affekte (1110–1339). Die Arten der «Leidenschaft» [94] beschreibt er in nahezu derselben Reihenfolge wie Vossius, der seinerseits an ARISTOTELES' ‹Rhetorik› anknüpft [95]: «Zorn» (ira), «Sanftmuht» (lenitas), «Lieb- und Gewogenheit» (amor), «Haß» (odium), «Furcht» (metus) usw. bin hin zu «Nach-Eyfer» (aemulatio) und «Abscheu» (contem[p]tio). [96] «Gnad' und Gütigkeit» (gratia), die er «bald vergeßen» hätte, behandelt er nachträglich. [97]

Noch gründlicher folgt er Vossius im elocutio-Teil, der 43 Prozent der gesamten ‹Dichtkunst› ausmacht. Schon in der Darlegung der Stilprinzipien, die letztlich auf die Herennius-Rhetorik zurückgeht, erscheint er, ähnlich wie einst OPITZ, dem Holländer verpflichtet. [98] Die elegantia nennt er «Schöne» und gliedert sie wie Opitz in «Reinlichkeit» und «Deutlichkeit». [99] Die compositio heißt bei ihm «Redeklang», «Wohlklang» oder «Wortklang» [100], die dignitas «Herrlichkeit». [101] Letzterer sind die Tropen, Wort- und Gedankenfiguren zugeordnet.

Bei den Tropen konzentriert er sich wie Vossius auf den «Übersatz, | sonst die Metafora», auch «Umsatz» genannt, welcher den «erst- und höchsten Platz | bey aller Poesie» beanspruche [102], sowie auf «Vernennung» (Metonymie), «Nebst- und Mehrverstand, (Synechdoche)» und «[d]er Spottred' Anders-meinen, […] auf Griegisch Ironie». [103]

Beim «Wörterschmuck» [104] geht es hauptsächlich um Wiederholungsfiguren, die Stieler von der «Haubtverdopplerin» (Anapher) bis zum «Endreim» (Homoioteleuton) exakt in der von Vossius vorgegebenen Reihenfolge erläutert. [105] Mit diesem Wortschmuck und den anschließenden Gedankenfiguren «wird teils wort, teils Sage | in edle Zier gebracht, so die gebückte Schaar | des Erdenvolks nicht kennt, und selten nimmet wahr». [106]

Die 29 Gedankenfiguren von der «Vergrößrung» (Auxesis) bis hin zum «Schlußspruch» (Epiphonem) bespricht Stieler ebenfalls in der Reihenfolge von Vossius. [107] Die antiken Figurenbezeichnungen, die Zeman in seinem nützlichen Registerkommentar [108] Stielers deutschen Begriffen unterlegt, sind anhand von Vossius teilweise zu korrigieren, z.B. zu «Fortsteig» (nicht Hyperbole, sondern incrementum) und «Redgedicht» (nicht Apostrophe, sondern sermocinatio). Nicht nur in der Nennung, auch in der Erklärung der Stilmittel ist Stieler Vossius verpflichtet. So übersetzt er zum «Fortschritt» (transitio) zwei von Vossius zitierte VERGIL-Stellen [109], zur «Zweyfelfrage» (dubitatio) ein TERENZ-Zitat. [110]

Konzeptuell bietet Stieler kein einheitliches Bild. Der immer wieder anklingende Grundgedanke, Dichtung sei eine höhere, erfreuliche Variante der Redekunst [111], ist traditionell. Auch in seiner Anknüpfung an HORAZ und OPITZ wirkt Stieler konservativ, besonders im Aufgreifen der horazischen Forderung, Dichtung solle «einfach seyn und eins» [112], ebenso in seinem Beharren auf maßvoller, «Urteil und Gebühr» (iudicium und aptum) beachtender Verwendung des Redeschmucks [113] und in seiner Ablehnung daktylischer «hüpferey». [114] Dagegen erinnern die extensive Entfaltung der Schmuckmittel und die Forderung, Erfindung müsse «stets was selzams haben» [115], an die argutia-Bewegung. In wiederum anderer Hinsicht ist Stieler seiner Zeit voraus, etwa in seinem Plädoyer für Natürlichkeit [116] und gegen die starre Einhaltung von Regeln und sonstigem Zwang [117], auch in der Aufgeschlossenheit gegenüber Fremdwörtern. [118]

Praxisnah sind die vielen der Nachahmung oder Abschreckung dienenden Beispiele und die Ratschläge an junge Dichter. [119] Von dem Bemühen des deutschen Frühbarock, die Dichtungsfähigkeit der eigenen Sprache zu beweisen und den Rückstand gegenüber Italienern und Franzosen wettzumachen, ist nichts mehr zu spüren. Stieler schätzt die Romanen als Vorbilder, ist aber auch, «Nun sich die Zeiten wandeln» [120], stolz auf deutsche Dichter, besonders auf FLEMING. [121] Sein nationalsprachlicher Ehrgeiz konzentriert sich darauf, «ein armes Teutsch» der Alltagssprache als für Poeten untauglich zu meiden. [122]

c. *Gottscheds Vernunft- und Breitingers Bewegungspoetik.* GOTTSCHEDS ‹Versuch einer Critischen Dichtkunst› (1730; zuletzt erweitert zur 4. Auflage 1751) beschließt die von OPITZ eröffnete Reihe deutscher Regelpoetiken und repräsentiert zugleich das neue Denken der Aufklärung. [123] Der Autor unterstellt das Werk ähnlich wie seine ‹Redekunst› (zuerst 1728) der «Vernunft» im Sinne CHR. WOLFFS, des führenden Philosophen zwischen LEIBNIZ und KANT. Auf dieser Grundlage bevorzugt er das Natürliche und Normale. Allem Künstlichen und Irregulären begegnet er mit Mißtrauen.

Das Buch hat zwei Teile. Der erste behandelt allgemeine Fragen und den poetischen Stil, der zweite die Gattungen zunächst der Antike, dann auch der neueren Zeit. Rhetorisch bedeutsam ist nur der erste Teil. Gottsched begreift Dichtung hier wie ARISTOTELES als «Nachahmung der Natur» [124] und unterstellt sie dem Gebot der Wahrscheinlichkeit. Das Wahrscheinliche (griech. τὸ εἰκός, to eikós; lat. *verisimile*), als glaubwürdige Rekonstruktion strittiger Begebenheiten ursprünglich eine Kategorie der sizilischen Urrhetorik [125], in der Schule des ISOKRATES als eine von drei Forderungen für den Redeteil *narratio* etabliert [126], seit Aristoteles auf die Schlüssigkeit fiktionaler Handlungsfolgen bezogen [127], meint bei Gottsched ähnlich wie schon bei seinem französischen Gewährsmann F. HÉDELIN D'AUBIGNAC [128] «nichts anders, als *die Aehnlichkeit des Erdichteten, mit dem, was wirklich zu geschehen pflegt*; oder die Uebereinstimmung der Fabel mit der Natur.» [129]

Die Bedeutsamkeit des seit Aristoteles [130] diskutierten Wunderbaren, Erstaunlichen für die Dichtung bestreitet Gottsched nicht, aber er unterstellt auch dies dem Gebot der Wahrscheinlichkeit: «es muß auch glaublich herauskommen, und zu dem Ende, weder unmöglich noch widersinnisch aussehen». [131] Auch findet er es nicht zeitgemäß: «Je aufgeklärter die Zeiten wurden, desto schwerer ward es auch, das Wunderbare zu erfinden, und die Aufmerksamkeit dadurch zu gewinnen.» [132] Alles in allem habe ein «heutiger Poet [...] große Ursache in dergleichen Wunderdingen sparsam zu seyn›. [133]

In den Stilkapiteln (7–11) rät Gottsched unter Berufung auf HORAZ und BOILEAU von Wortneubildungen bzw. Wortspielen ab. Hinsichtlich adjektivischer «Beywörter» nennt er das Nachschlagen in Sammelwerken unnötig. In dem Kapitel ‹Von poetischen Perioden und ihren Zierrathen› empfiehlt er eine natürliche Wortfügung, lehnt sogar die von Aristoteles erlaubte «Verlängerung und Verkürzung der Wörter» als «gewaltsame Verstümmelung» ab [134] und erklärt ‹Deutlichkeit› (*perspicuitas*) zu einer «von den allervornehmsten Tugenden, eines guten poetischen Satzes». [135] Er bespricht die «verblümten Redensarten» [136], besonders Metapher, Metonymie, Synekdoche und Ironie [137], noch ausführlicher 31 Gedankenfiguren (*exclamatio, dubitatio* usw.) [138], die er von LAMY als «Sprache der Affecten» bzw. als «Ausdruck starker Gemüthsbewegungen» übernimmt. [139] Er verteidigt sich gegen «die stolzen Kunstrichter [...], die es für eine zu geringschätzige Arbeit halten, sich mit Registern von Tropen und Figuren aufzuhalten». [140] Die Tropen sind für ihn eine Sprache der Poeten, dadurch sie sich von der magern prosaischen Schreibart unterscheiden». [141] Allerdings warnt er vor der Gefahr der «Dunkelheit», der barocke Autoren erlegen seien. [142] Im Rahmen der Gedankenfiguren führt er für die Hypotypos (*evidentia*) den Begriff «Schilderung» ein, den er von der weniger lebhaften ‹Beschreibung› abgrenzt. [143]

Für den Stil allgemein, damals «Schreibart» genannt, fordert er, typisch für die Aufklärung, die Ausrichtung am Denken. [144] Was das poetische Denken vom prosaischen unterscheide, sei «der Witz oder der Geist» (lat. *ingenium*). [145] Im übrigen folgt er wie in seiner ‹Redekunst› der Dreistillehre, der er traditionsgemäß die Ziele «lehren», «belustigen» und «bewegen» zuordnet. [146] Unter dem Eindruck der *argutia*-Bewegung wandelt er diese Lehre jedoch ab. So ergeben sich erstens «die natürliche oder niedrige», zweitens «die sinnreiche [...], die von andern auch die scharfsinnige oder geistreiche genannt wird», und drittens «die pathetische affectuöse, oder feurige und bewegliche Schreibart». [147] Verwirrenderweise nennt er die sinnreiche Schreibart die «sogenannte hohe» und «prächtige» [148], bringt sowohl sie als auch wie üblich [149] die pathetische mit PSEUDO-LONGINS Schrift ‹Über das Erhabene› in Verbindung [150], weshalb ihm HEINEKEN, der erste deutsche Longin-Übersetzer, «Mischmasch» vorwirft. [151] Entsprechend widersprüchlich ist die Verurteilung des Barockdichters LOHENSTEIN. Dessen «schwülstige Schreibart» versteht Gottsched sowohl als Entartung des sinnreichen wie auch als Verfehlen des pathetischen Stils. [152]

Die Schweizer BODMER und BREITINGER halten wie Gottsched am Verständnis der Dichtung als Naturnachahmung und der Verpflichtung auch des Wunderbaren auf Wahrscheinlichkeit fest, betonen jedoch mehr dessen Eigenrecht. Anläßlich ihrer Verteidigung von MILTONS ‹Paradise lost› erweitern sie den dichterischen Gegenstandsbereich um die «möglichen Welten» im Sinne von LEIBNIZ und WOLFF. [153] Wenn sie Dichtung als sprachliche Malerei begreifen, geht es ihnen weniger um Wirklichkeitsentsprechung als um intensive bildhafte Wirkung. Angeregt durch ADDISONS ‹Spectator›-Artikel über ‹The pleasures of the imagination› (1712), durch den von DUBOS begründeten Emotionalismus und letztlich durch PSEUDO-LONGIN, betonen sie den Anteil der Phantasie (‹Einbildungskraft›) und deren Ausrichtung auf das Neue und Wunderbare. Laut Torbruegge ist Bodmers «Begriff des Wunderbaren [...] mit dem Longinschen Erhabenen gleichzusetzen». [154] Das Konzept der Schweizer klingt schon in der Wochenschrift ‹Die Discourse der Mahlern› (1721–23) an, tritt in ihrer kleinen Abhandlung ‹Von dem Einfluß und Gebrauche der Einbildungs-Krafft› (1727) deutlicher zutage und entfaltet sich voll in den «vier Hauptschriften von 1740/41» [155] (Bodmer: ‹Critische Abhandlung von dem Wunderbaren›, ‹Critische Betrachtungen über die poetischen Gemählde›; Breitinger: ‹Critische Abhandlung von der Natur den Absichten und dem Gebrauche der Gleichnisse›, ‹Critische Dichtkunst›). Wichtig ist vor allem das letztgenannte, schon im Titel als Gegenentwurf zu Gottsched erkennbare Werk. Es ist die letzte deutschsprachige Großpoetik auf rhetorischer Grundlage und zugleich die erste, die die Dichtkunst deutlich von der Redekunst abkoppelt.

Band 1, «Worinnen die Poetische Mahlerey in Absicht auf die Erfindung abgehandelt wird» [156], erläutert die Auffassung der Dichtung als sprachlicher Malerei anhand bildhafter «Schildereyen».[157] Als poetische «Materie» behandelt Breitinger nicht die dramatische und epische Fabel, die für ARISTOTELES die Hauptsache war, sondern die Personen, deren Handlungen und Reden «in dem Charakter derselben [d.h. der Personen] gegründet seyn» müßten. Solchen Reden bescheinigt er «eine Verhältniß- oder Beziehungs-Wahrheit» in der Art der klassischen Ethopoiie.[158] Auf die im *inventio*-Teil übliche Besprechung von Dichtungsgattungen verzichtet er, was Gottsched bemängelt.[159]

Rhetorisch ergiebiger ist der *elocutio*-Band 2, «Worinnen die Poetische Mahlerey In Absicht auf den Ausdruck und die Farben abgehandelt wird».[160] In Abgrenzung gegen «Kunstlehrer» wie Gottsched verzichtet Breitinger auf eine Auflistung rhetorischer Figuren, «weil sie uns von der Natur, welche die einige Lehrmeisterin der Sprache der Leidenschaften ist, abführet».[161] Er konzentriert sich auf Stilmittel bildhaften Vor-Augen-führens, nämlich adjektivische «Bey-Wörter», Metapher und Hypotyposis/*evidentia*.[162] Indem er das Vor-Augen-stellen als einen «auf eine unschuldige Weise» zustande kommenden «Betrug der Phantasie» auffaßt[163] (schon HARSDÖRFFER erschien das Trauerspiel als «‹ein wolgefälliger Betrug»[164]), liefert er «Ansätze zur Illusionstheorie», die MENDELSSOHN und LESSING später ausbauen.[165] Im Anschluß an Pseudo-Longin[166] erörtert er auch die Wirkungsmechanismen syntaktischer «Unordnung».[167]

In der Einteilung der Stilarten stimmt er in etwa mit Gottsched überein, nicht jedoch in ihrer Bewertung. Der «eigentlichen» Schreibart, der man die Beiwörter zuordnen kann, stellt er die «figürliche oder verblühmte Schreibart» gegenüber, die wie bei Gottsched auch «die sinnreiche» heißt[168] und «zuweilen die Zierliche und die Nachdrückliche gennenet» werde.[169] In deren Rahmen beschränkt er sich auf die Metapher, «unter allen symbolischen Figuren die edelste und vornehmste»[170], die er mit GRAVINA als «Verwechselung der Bilder»[171] (*imaginum conversio*[172]) definiert und wie später LESSING und SULZER als natürliches Zeichen begreift.[173] Am wichtigsten ist ihm die «pathetische, bewegliche [d.h. bewegende] oder hertzrührende Schreibart»[174], die der figürlichen «in Absicht auf die Würckung sehr nahe verwandt» und deren «Zweck» es sei, «daß sie mittelst der Entzückung der Phantasie das Hertz der Leser angreiffe».[175]

Während Gottsched den figürlichen und den pathetischen Stil «künstlich» nannte[176], begreift Breitinger auch sie als «natürlich».[177] Den pathetischen Stil schätzt er als «natürliche Sprache» der Leidenschaften, die schon einfachen Völkern wie den Irokesen geläufig sei.[178] «Die Eigenschaft dieser Sprache bestehet demnach darinnen, daß sie in der Anordnung ihres Vortrags, in der Verbindung und Zusammensetzung der Wörter und Redensarten, und in der Einrichtung der Rede-Sätze sich an kein grammatisches Gesetze, oder logicalische Ordnung, die ein gesezteres Gemüthe erfodern, bindet; sondern der Rede eine solche Art der Verbindung, der Zusammenordnung, und einen solchen Schwung giebt, wie es die raschen Vorstellungen einer durch die Wuth der Leidenschaften auf einem gewissen Grad erhizten Phantasie erheischen; also daß man aus der Form der Rede den Schwung, den eine Gemüthes-Leidenschaft überkommen hat, erkennen kan.»[179] Dieses Pathos beansprucht Breitinger besonders für die Dichtung. Normale Prosa könne «die Pracht der Figuren nicht leiden [...]. Das Pathetische ist dem prosaischen Redner nur ein Mittel, wodurch er seine Absichten zu erreichen suchet, und darum muß der bewegliche Ausdruck in der Prosa um einen grossen Grad gemässiget seyn. [...] Hingegen da die Poesie auf die Entzükung der Phantasie, und auf die Erweckung derjenigen Lust losgehet, die das menschliche Hertz in der Bewegung und dem Kampfe der Leidenschaften unmittelbar findet, so wird dasjenige, was bey dem Redner nur ein Nebenwerck und ein Mittel ist, seinen Zweck zu befördern, sein [des Dichters] einziger Zweck und sein Hauptwerck.»[180] Die Verlagerung des *movere* als Ziel der ursprünglich rhetorischen Pathos in die Dichtung bei gleichzeitiger «*Ent*emotionalisierung der Rhetorik»[181] ist für die im 18.Jh. aufkommende irrationalistische Dichtungsauffassung charakteristisch. In ihr kündigt sich die für die Folgezeit maßgebende Idee einer zweckfreien Autonomie der Kunst an.[182]

KLOPSTOCK setzt Bodmers und Breitingers Dichtungsauffassung in die Praxis seiner «heiligen Poesie» um. Mit dem ‹Messias› und mit seinen Oden und Elegien, die ihn zum Sprachrohr der zeitgenössischen Empfindsamkeit machen, will er «die ganze Seele bewegen» bzw. «in Bewegung bringen».[183] Seine Stilmittel, mit denen er an Pseudo-Longin und Breitinger anknüpft, bewirken eine «Erneuerung der deutschen Dichtersprache».[184] Er erläutert diese Techniken, die auf eine Verfremdung prosaischer Wort- und Satzbildung hinauslaufen, in seinen Aufsätzen ‹Von der Sprache der Poesie› und ‹Von der Wortfolge›.[185] «Poésie = Gemütherregungskunst.» Dieses Diktum von NOVALIS[186] paßt nicht nur zu Klopstock, sondern auch zu Äußerungen neuerer Lyriker (POE, VALÉRY, BENN).[187] Im allgemeinen wird die Gefühlsbewegung, speziell die mit erhabener Lyrik verbundene, in der Zeit nach Klopstock aber weniger dem beeindruckten Leser zugeordnet denn als Ausdruck der dichterischen Psyche verstanden. Die von praktischen Zwecken befreite, auf emotionale Wirkung aber nicht verzichtende Dichtungsauffassung der Schweizer und Klopstocks ist eine Übergangsstufe im Prozeß der Entrhetorisierung bzw. Poetisierung des Gefühls, eine Station zwischen Überredungsrhetorik und Ausdruckspoetik.

d. *P. als Teil der Ästhetik.* Die Zeit von der Mitte des 18.Jh. bis ins frühe 19.Jh., also die Lebenszeit GOETHES, ist die fruchtbarste Epoche nicht nur der deutschen Dichtung, sondern auch der Poetik. Die bei Bodmer und Breitinger anklingende Umorientierung verstärkt sich durch neue Konzepte, vor allem durch BAUMGARTENS Ästhetik, LESSINGS ‹Laokoon› und HERDERS Anregungen. Die Entwürfe dieser Blütezeit sind der Rhetorik allerdings nur noch partiell verbunden. Mit der rhetorisch-pragmatischen Komponente verliert auch die Mimesisforderung an Rückhalt. Das Interesse richtet sich nun primär auf das künstlerische Werk und die Schaffenskraft des Dichters.

Baumgarten folgt im Aufbau seiner ‹Aesthetica› (1750) «dem System der antiken Rhetorik, er entwickelt auch seine Hauptthesen auf rhetorischer Grundlage».[188] Die von ihm als philosophische Disziplin begründete Ästhetik emanzipiert sich aber zugleich von diesem Hintergrund. Indem er sie dem zeitgenössischen Sensualismus entsprechend als Wissenschaft von der sinnlichen Erkenntnis («*scientia cognitionis sensitivae*») definiert[189], bindet er sie an die sogenannten unteren Erkenntnisvermögen, d.h. an Sinneswahrnehmung und Gefühl, bei ausdrücklicher Abgrenzung vom «oberen», begrifflich-rationalen Denken. Die P., früher als Teil der Rhetorik begriffen, gilt seitdem als Teil der Ästhetik.

Dichtung wird von Baumgarten als vollkommene sinnliche Rede (*oratio sensitiva perfecta*) verstanden. Er erklärt es für «poetisch, Affekte zu erregen» (*affectus movere est poeticum*), was vorher, wie gesagt, Ziel vor allem des hohen Redestils war.[190]

Aus den zahlreichen Ästhetiken in Baumgartens Gefolge ragen die von JEAN PAUL, HEGEL und VISCHER heraus. Für sie bleibt Sinnlichkeit bzw. Anschaulichkeit, wie sie seit dem 19. Jh. eher heißt, die wichtigste ästhetische Qualität. In diesen Zusammenhang gehört der um 1800 aufkommende Begriff sprachlicher ‹Bildlichkeit›. JEAN PAUL stellt der unbildlichen (oder eigentlichen) Sinnlichkeit der Menschendarstellung und der poetischen Landschaftsmalerei die bildliche (oder uneigentliche) Sinnlichkeit der Metaphern gegenüber.[191] Hegel unterscheidet eigentliche Bilder bzw. «Verbildlichung» (in der Art der Hypotyposis) und uneigentliche der «Metaphern, Bilder, Gleichnisse».[192] Für ihn «liegt der eigentliche Ursprung der poetischen Sprache weder in der Wahl der einzelnen Wörter und in der Art ihrer Zusammenstellung zu Sätzen und ausgebildeten Perioden, noch in dem Wohlklang, Rhythmus, Reim usf., sondern in der Art und Weise der *Vorstellung*.»[193] Vischer registriert zwar ein «Mißtrauen gegen die Sinnlichkeit»[194], aber auch er mißt ihr und der «Veranschaulichung» durch Metaphern noch zentrale Bedeutung bei.[195]

Die Verfahren der Bildlichkeit führen die Tradition der Rhetorik in reduzierter und verwandelter Form weiter. Die übrigen Mittel des rhetorischen *ornatus* werden in der nachaufklärerischen P. vernachlässigt oder gänzlich übergangen. Auch die Dreistillehre, in J.J. ESCHENBURGS ‹Theorie der Schönen Wissenschaften› (1794) und bei SCHILLER noch berücksichtigt[196], verliert mit der Wende zum 19. Jh. ihre Geltung.[197] Die Dichotomie von Schönem und Erhabenem (z.B. bei KANT und Schiller) oder auch von Anmut und Würde entzieht sich mit der Zuordnung zu festen Stilebenen, wenngleich die alte Opposition von Ethos und Pathos hier noch durchscheint.[198]

LESSINGS ‹Laokoon› (1766), der bis heute originellste Beitrag zur deutschen P., kündigt die traditionelle Ausrichtung der Dichtung an der Malerei bzw. der bildenden Kunst auf und betont den grundsätzlichen Unterschied. Ausgehend von der Prämisse, daß «unstreitig die Zeichen ein bequemes [= angemessenes] Verhältnis zu dem Bezeichneten haben müssen», verordnet Lessing die sukzessive Qualität des Mediums Sprache auch dem dichterischen Gegenstand. «Folglich sind Handlungen der eigentliche Gegenstand der Poesie.»[199] Die Zuständlichkeit des gemalten Bildes findet Lessing für Dichtung unangemessen. Er verurteilt deshalb die empfindsame «Schilderungssucht». Sein ‹Laokoon› ist «die erste konsequente Ausarbeitung einer Medienästhetik, die in der Natur des Mediums die Natur der Kunst begründet sein läßt».[200] Lessing modernisiert das klassische *aptum*-Gebot, indem er nicht wie üblich die Sprache nach den Personen oder Sachen ausrichtet, sondern umgekehrt den Gegenstand nach seinem Medium. Eine kopernikanische Wende, die trotz früher Bedenken (MENDELSSOHN, HERDER) den Zeitgenossen als klärender «Lichtstrahl» erscheint[201], eine frühe Vorstufe zu MCLUHANS These, das Medium sei die Botschaft.[202]

HERDERS Leistung liegt weniger in einer grundlegend neuen Erkenntnis als in der Tatsache, daß er die irrationalistischen Ideen seiner Zeit essayistisch bündelt und in kulturelles Handeln umsetzt. Repräsentativ für sein Denken sind die frühen Schriften, besonders das ‹Journal meiner Reise im Jahr 1769› und der ‹Auszug aus einem Briefwechsel über Ossian und die Lieder alter Völker› (1773). Vorläufer ist der Italiener G. VICO, der 1725 meinte, die Menschen der Urzeit hätten nicht rational und abstrakt gedacht, sondern sich von Gefühl und Sinnen bzw. einer bildhaften Phantasie leiten lassen. Vico unterstellt, Dichtung in der damals üblichen Versform sei, weil sinnenhaft-affektiv, älter als nüchterne Prosa.[203] Die Verknüpfung von Irrationalismus und Primitivismus, der auch ROUSSEAU und Herders ostpreußischer Landsmann J.G. HAMANN (‹Aesthetica in nuce›, 1762) zuneigen, verdichtet sich bei Herder selber zur Vorliebe für alles Ursprüngliche, als natürlich Begriffene. Dies sieht er in der kulturellen Frühzeit wie auch in deren aktuellen Entsprechungen (Kindesalter, wilde Völker) verkörpert. Daher seine Auffassung von Poesie als Muttersprache der Menschheit. Daher sein Aufruf zum Sammeln von ‹Volkspoesie›, speziell von ‹Volksliedern›, was die Romantiker auf Volksbücher und Märchen (der Brüder GRIMM) ausdehnen. Daher auch will Herder «alles scheinbar Willkürliche und Unregelmäßige in Kunst und Dichtung als auf bestimmtem histor. und nationalem Boden organisch Gewachsenes sehen und verstehen. Durch diese historisch-genet. Betrachtungsweise hat er wesentl. Methoden und Erkenntnisse geschichtl. Art des 19. Jahrh. vorbereitet»[204], auch die Begründung der Germanistik im Sinne von Sprachforschung und Literaturgeschichtsschreibung. Herder reflektiert auch, in dieser Hinsicht an E. YOUNG (‹Conjectures on original composition›, 1759) anknüpfend, über das individuelle, keinem Regelzwang verpflichtete «Originalgenie».[205] Er fördert so die Erlebnislyrik des jungen GOETHE und überhaupt die Dichtung der Sturm-und-Drang-Generation.

Gemessen an Baumgartens Sinnlichkeits-, Lessings Sukzessions- und Herders Ursprünglichkeitskonzept erscheinen die übrigen Beiträge des späten 18. und frühen 19. Jh. weniger umwälzend. Beachtung verdienen am ehesten Neuerungen der Gattungspoetik. Im Gefolge der ersten deutschen Übersetzung der ‹Poetik› des ARISTOTELES durch CURTIUS (1753)[206] kommt es zur Erörterung der bis heute umstrittenen aristotelischen Tragödiendefinition, für deren zentrale Begriffe Eleos, Phobos und Katharsis LESSING[207], der alte GOETHE[208] und schließlich BERNAYS neue Deutungen vorschlagen[209] und von der auch MENDELSSOHNS Theorie der vermischten Empfindungen ausgeht.[210] Das Vergleichen der epischen und dramatischen Gattung, wie es Goethe und SCHILLER 1797 betreiben[211], erfolgt ebenfalls im Rückgriff auf Aristoteles. Selbst BLAN[C]KENBURG, der anläßlich von WIELANDS ‹Agathon› die erste deutsche Theorie zum Roman vorlegt, knüpft an den griechischen Philosophen an.[212] Teilweise wird dieser zum Angriffsziel, da sich im Zuge der aufkommenden SHAKESPEARE-Begeisterung der Unmut über die Regelpoetik der Franzosen, speziell über ihre Forderung der drei Einheiten, auch über ihn ergießt, so in J.M.R. LENZ' ‹Anmerkungen übers Theater›. Repräsentativ für den Irrationalismus der Epoche ist die nun als gefühlvoll definierte Lyrik, die, von Aristoteles kaum beachtet, neben Epik und Drama zu einer der drei «Naturformen der Poesie»[213], ja zur zentralen Gattung und zur Dichtung im engeren Sinne aufsteigt. Als solche führt sie rhetorisches Gedankengut, insbesondere Theorie und Stilmittel des hohen Pathos, in gewandelter Form weiter.[214]

Beachtung verdienen auch innovative Impulse außerhalb bisheriger Systemgrenzen, z.B. SCHILLERS (‹Über die ästhetische Erziehung des Menschen›, 1795; ‹Über naive und sentimentalische Dichtung›, 1795/96) und KLEISTS Aufsätze (‹Über die allmähliche Verfertigung der Gedanken beim Reden›, 1805; ‹Über das Marionettentheater›, 1810), das von GOETHE vertretene Konzept der inneren Form [215] und seine Neufassung des Symbolbegriffs einschließlich dessen Abgrenzung zur Allegorie [216], HÖLDERLINS Bemühen um eine Verbindung zwischen dem «heiligen Pathos» der Antike und moderner Nüchternheit. [217]

Repräsentativ für die junge Generation um 1800 sind F. SCHLEGELS Programm romantischer Dichtung mit den Elementen der Ironie [218], der «progressiven Universalpoesie» und der Forderung einer neuen Mythologie sowie NOVALIS' Aphorismen, etwa über «die romantische Poëtik» als «Kunst, auf eine angenehme Art zu *befremden*», oder über eine «Poëtik des Übels», die der Krankheit künstlerische Produktivität beimißt. [219] Bedeutsam ist auch JEAN PAULS Humor-Theorie. [220]

Daß in der Romantik neben dem Ironiebegriff auch anderes Gedankengut der Rhetorik verwandelt weiterlebt, zeigt HOFFMANNS Erzählsammlung ‹Die Serapions-Brüder› (1819–21). Die in der Rahmenhandlung zu gemeinsamem Erzählen versammelten Freunde verpflichten sich, in ihrer poetischen Phantasie der Sehergabe einen närrischen Grafen nachzueifern, der sich für den Einsiedler Serapion hielt. Sie küren ihn zu ihrem Schutzpatron und unterwerfen sich der Regel, wie er nur das zu verkünden, was jeder wirklich innerlich geschaut habe. Dieses «Serapion[t]ische Prinzip» [221] erinnert stark an QUINTILIANS persönliches «Berufsgeheimnis» [222], sein Bekenntnis zur *evidentia*. [223]

Anmerkungen:
1 M. Titzmann: Art. ‹P.›, in: W. Killy (Hg.): Literaturlex., Bd. 14 (1993) 216–222; P. Hess: Art. ‹Dichtkunst›, in: HWRh Bd. 2 (1994) 643–662, bes. 653–662; G. Ueding: Art. ‹Dichtung›, in: HWRh Bd. 2 (1994) 668f. und 719–727; vgl. auch H. Wiegmann: Art. ‹Ästhetik›, in: HWRh Bd. 1 (1992) 1134–1154, bes. 1139–1150; A. Eusterschulte: Art. ‹Mimesis›, ebd. Bd. 5 (2001) 1267–1294; ebenso die P.-Kapitel in: P.-A. Alt: Aufklärung (1996) 60–125 (mit guter Forschungsübersicht); D. Kremer: Romantik (2001) 89–113; Eine Textslg. für den anstehenden Zeitraum bietet H.G. Rötzer (Hg.): Texte zur Gesch. der P. in Deutschland von M. Opitz bis F. Schlegel (1982). – 2 Opitz 365 (über Tragödienpoetiker). – 3 H. Entner: Zum Dichtungsbegriff im dt. Humanismus. Theoretische Aussagen im nlat. P. zwischen Konrad Celtis und Martin Opitz, in: I. Spriewald u.a.: Grundpositionen der dt. Lit. im 16. Jh. (1972) 351. – 4 F.J. Worstbrock: Die ‹Ars versificandi et carminum› des Konrad Celtis. Ein Lehrbuch eines dt. Humanisten, in: B. Moeller, H. Patze, K. Stackmann (Hg.): Stud. zum städtischen Bildungswesen des späten MA. und der frühen Neuzeit (1983) 462–498, hier 469. – 5 ebd. 474. – 6 B. Asmuth: Anfänge der P. im dt. Sprachraum. Mit einem Hinweis auf die von Celtis eröffnete Lebendigkeit des Schreibens, in: H.F. Plett (Hg.): Renaissance-P./ Renaissance Poetics (1994) 94–113, hier 106–113. – 7 Überblicke bei Entner [3] 330–398; H. Wiegmann: Gesch. der P. (1977) 39–41; Asmuth [6] 101–103. – 8 J. Vadianus: De poetica et carminis ratione. Krit. Ausg. mit dt. Übers. und Kommentar von P. Schäffer. 3 Bde. (1973–77). – 9 ebd. Bd. 2, 9 (Überschrift von Kap. 17). – 10 vgl. Lausberg Hb. §§ 1–8. 37–41. – 11 Vadianus [8] Bd. 2, 10 (Überschriften von Kap. 25 f.). – 12 ebd. 273 (Kap. 26). – 13 ebd., Kap. 27f. – 14 ebd. 275 (Kap. 27). – 15 zu Vossius vgl. Barner 267f., Anm. 49; C.S.M. Rademaker: Life and Work of Gerardus Joannes Vossius (1577–1649) (Assen 1981) 300–306. – 16 R. Baur: Didaktik der Barockpoetik (1982) 226. – 17 Auszüge aus 12 Werken bei M. Szyrocki (Hg.): P. des Barock (1977); weitere Titel bei Baur [16] 238; zur dt. Barockpoetik allgemein u. ihrem rhet. Elementen vgl. Dyck (passim). – 18 Opitz 412. – 19 Tac. Dial. 13. – 20 vgl. Szyrocki [17] 35–64. – 21 Opitz 359. – 22 ebd. – 23 Vossius, T. II, 1ff. (Vielleicht diente auch die Kurzausg. ‹Rhetorices contractae, sive partitionum oratoriarum libri quinque› [1621] als Quelle; zu den beiden Rhetoriken vgl. Barner 265ff.; Rademaker [15]). – 24 G.W. Leibniz: Ermahnung an die Deutschen. Von dt. Sprachpflege (1967) 44. – 25 H.-J. Schings: Die patristische und stoische Tradition bei Andreas Gryphius (1966) 6–9; L. Fischer: Gebundene Rede (1968) 138f.; Barner 267, Anm. 48. – 26 Opitz 371. – 27 ebd. 377. – 28 ebd. 375; Vossius, T. II, 22. – 29 Opitz 380. – 30 Vossius, T. II, 80. – 31 Opitz 380. – 32 ebd.; Vossius, T. II, 492. – 33 Opitz 381; Vossius, T. II, 246. – 34 Opitz 382; Vossius. T. II, 426f. – 35 Opitz 380; vgl. Scaliger, Bd. 3, 24f. (B. III, Kap. 96). – 36 G.Ph. Harsdörffer: Poetischer Trichter (1648–53; ND 1969) T. II, unpaginierte Vorrede, § 9; ähnlich T. III, 64. – 37 vgl. W. Kayser: Die Klangmalerei bei Harsdörffer (²1962), bes. 128ff. – 38 Harsdörffer [36] T. III, 26. – 39 ebd. 64f. – 40 ebd. 166. – 41 ebd. 57. – 42 S. von Birken: Teutsche Rede-bind- und Dicht-Kunst (1679; ND 1973). – 43 A. Schöne (Hg.): Das Zeitalter des Barock. Texte und Zeugnisse (1963) 22. – 44 Harsdörffer [36] T. II, 2. – 45 ebd. 8. – 46 ebd., T. I, 9. – 47 ebd., T. III, unpaginierte Vorrede, 2. Seite; ähnlich Birken [42] 168 (§ 127). – 48 Harsdörffer [36] T. II, 2. – 49 ebd. 35. – 50 ebd., T. III, unpaginierte Vorrede, 4. Seite. – 51 ebd., T. II, 31f. – 52 ebd., T. III, 112. – 53 ebd., T. II, 56. – 54 ebd., T. I, 102; ähnlich Birken [42] 185f. (§ 142). – 55 Harsdörffer [36] T. III, 53. – 56 ebd., T. II, 72. – 57 ebd., T. III, 53f. – 58 ebd., T. III, unpaginierte Vorrede, 4. Seite; ähnlich Birken [42] 168–170 (§§ 127–129); vgl. auch dessen unpaginierte Vorrede, § 14. – 59 Harsdörffer [36] T. II, 1. – 60 ebd., T. II, Vorrede, § 7. – 61 ebd., T. II, 79. – 62 ebd. 80. – 63 ebd. 84; ähnlich Birken [42] 330f. (§ 125). – 64 Harsdörffer [36] T. II, 81; ähnlich schon Scaliger, Bd. 3, 28f. (B. III, Kap. 96). – 65 Harsdörffer [36] T. II, 81. – 66 ebd. 78; ebenso Birken [42] 33 (§ 228). – 67 Harsdörffer [36] T. II, 81. – 68 ebd. 85. – 69 Birken [42] 329 (§ 224). – 70 Harsdörffer [36] T. II, 96f. – 71 ebd., T. I, 14f. – 72 ebd., T. III, 64; vgl. Kayser [37] 129f. – 73 Harsdörffer [36] T. I, 105; vgl. auch T. III, 65f. – 74 ebd., T. III, 66; vgl. Grimm, Bd. 24, 21 (Art. ‹unverwerfbar›). – 75 vgl. G.E. Grimm: Lit. und Gelehrtentum in Deutschland (1983) 137–143. – 76 Harsdörffer [36] T. I, 106. – 77 Meyfart 63; Grimm [75] 142 («Erst in der zweiten Jahrhunderthälfte bezeichnet der Begriff den Sprachschmuck») ist insofern zu korrigieren; vgl. auch Fischer [25] 220f. – 78 Harsdörffer [36] T. III, Titelseite; vgl. auch T. I, 106–108; T. III, 112. – 79 ebd., T. I, 12; II, 49–69; III, 55–62. – 80 ebd., T. II, 55. – 81 ebd. 51; vgl. R. Zymner: Uneigentlichkeit (1991) 195–204. – 82 Harsdörffer [36] T. I, 12; III, 102. – 83 ebd., T. III, 104. – 84 ebd. 102f. – 85 H. Zeman: Vorwort, in: K. Stieler: Die Dichtkunst des Spaten (1685), hg. von H.Z. (Wien 1975) 7. – 86 Zeman: Nachwort, in: Stieler [85] 280. – 87 Stieler: Dichtkunst [85] Vers 2747. – 88 Näheres zum Aufbau bei Zeman: Nachwort [86] 279–295. – 89 Stieler [85] 841–1883. – 90 ebd. 290f. 1746. 2151. 2324. – 91 vgl. J.P. Aikin: Scaramutza in Germany. The Dramatic Works of Caspar Stieler (Pennsylvania State University 1989). – 92 Stieler [85] 917. – 93 ebd. 932–935. – 94 ebd. 1111. – 95 Vossius, T. I, 199; vgl. Arist. Rhet. II, 2–11. – 96 Stieler [85] 1112–1276; Vossius, T. I, 199–285. – 97 Stieler [85] 1317f. – 98 ebd. 2752–2758; Vossius, T. I, 3f. – 99 Stieler [85] Vv. 2782, 2916 und 2918. – 100 ebd. 2754. 2939. 2964. – 101 ebd. 2755. – 102 ebd. 3095–3098; vgl. Vossius, T. II, 83ff. – 103 Stieler [85] 3161. 3181. 3197–3199; vgl. Vossius, T. II, 113ff. 135ff. 152ff. – 104 Stieler [85] 3591. – 105 ebd. 3431–3590; vgl. Vossius, T. II, 283–331. – 106 Stieler [85] 3382–3384. – 107 ebd. 3607–4116; vgl. Vossius, T. II, 335–421. – 108 Zeman in: Stieler [85] 186–272. – 109 Stieler [85] 3634–3639; Vossius, T. II, 343; Vergil: Ecl. 8, 62f.; Georg. II, 1–3. – 110 Stieler [85] 3970–3974; Vossius, T. II, 385; Terenz: Andria IV, 4, 744–746. – 111 Stieler 2436–2440. 2749–2752. 5655–5680; vgl. auch 68. 159f. 164–166. 196. 268–278. 575–581. 2203f. 2461–2472. 2558–2560. 2758f. 2877f. 3048–3066. 3382–3384. 3593–3600. 4795–4803. – 112 ebd. 2504; Hor. Ars 23. – 113 Stieler [85] 624. 4751; vgl. auch 32. 223. 263. 615f. 645. 2788. 3057. 4582. – 114 ebd. 5307; vgl. 5295–5329. 5373–5378. – 115 ebd. 409; vgl. auch 377–381. – 116 ebd. 2477–2483. – 117 ebd. 2469. 4872; vgl. auch 4882–4886. 5567. – 118 ebd. 2841–2876; vgl. aber 5817ff. – 119 ebd. 4429ff. – 120 ebd. 394. – 121 ebd. 91–111; vgl. auch 640f. – 122 ebd. 4423. – 123 vgl. H.P. Herrmann: Natur-

nachahmung und Einbildungskraft. Zur Entwicklung der dt. P. von 1670 bis 1740 (1970) 92. – **124** Gottsched Dichtk. 142. – **125** vgl. P. Wendland: Anaximenes von Lampsakos (1905) 30–35 (über die Lehre des Sizilianers Korax vom ‹eikós›); Fuhrmann Rhet. 16. – **126** vgl. Quint. IV, 2, 31–52. – **127** Arist. Poet. 9. – **128** vgl. W. Floeck (Hg.): Texte zur frz. Dramentheorie des 17. Jh. (1973) 67 und 117 (Registerwort ‹vraisemblance›). – **129** Gottsched Dichtk. 198. – **130** Arist. Poet. 9 und 24. – **131** Gottsched Dichtk. 198. – **132** ebd. 170. – **133** ebd. 183. – **134** ebd. 297. – **135** ebd. 302. – **136** ebd. 257. – **137** ebd. 263–277. – **138** ebd. 316–345. – **139** ebd. 314. – **140** ebd. 263; vgl. ebd. 313f. – **141** ebd. 261. – **142** ebd. 278–285. – **143** ebd. 327f. – **144** ebd. 346–348. – **145** ebd. 351. – **146** ebd. 355f. – **147** ebd. 355. – **148** ebd. 355 und 364. – **149** so etwa Hallbauer Orat. 516. – **150** Gottsched Dichtk. 366 und 371. – **151** C.H. Heineken: Unters. vom Erhabenen, in: Dionysius Longin: Vom Erhabenen (^{3}1742) 319, zit. C. Zelle: Ästhetik des Erhabenen. Von Longin bis Lyotard (1999) 90. – **152** Gottsched Dichtk. 369 und 376. – **153** vgl. Herrmann [123] 250–257; W. Bender: Johann Jakob Bodmer und Johann Jakob Breitinger (1973) 91f.; A. Spree: Art. ‹Mögliche Welten›, in: RDL^3, Bd. 2 (2000) 624–627. – **154** M.K. Torbruegge: Johann Heinrich Füßli und "Bodmer-Longinus". Das Wunderbare und das Erhabene, in: DVjs. 46 (1972) 161–185, hier 170, zit. Bender [153] 88. – **155** Bender [153] 85. – **156** J.J. Breitinger: Critische Dichtkunst, 2 Bde. (Zürich 1740; ND Stuttgart 1966) Untertitel von Bd. 1. – **157** ebd., Bd. 1, 47f. – **158** ebd. 492f. – **159** vgl. Herrmann [123] 245. – **160** Breitinger [156] Bd. 2, Untertitel. – **161** ebd., Bd. 2, 362 und 367; vgl. ebd. 362–371. – **162** ebd. 246ff. 309ff. 362ff. – **163** ebd. 353 und 394; vgl. auch ebd. 389. 406. 408. – **164** Harsdörffer [36] T. II, 83. – **165** vgl. Herrmann [123] 275. – **166** Breitinger [156] Bd. 2, 373ff. – **167** ebd. 397f. – **168** ebd. 306. – **169** ebd. 316. – **170** ebd. 320. – **171** ebd. 321. – **172** Gravina, zit. Breitinger [156] Bd. 2, 314. – **173** Breitinger ebd. 312; vgl. ebd. 309. – **174** ebd. 352. – **175** ebd. 353. – **176** Gottsched Dichtk. 355f. – **177** Breitinger [156] Bd. 2, 290–298. – **178** ebd. 355f. – **179** ebd. 354f. – **180** ebd. 402f. – **181** B. Asmuth: ‹Bewegung› in der dt. P. des 18. Jh., in: Rhetorik 19 (2000 [ersch. 2001]) 40–57, hier 50. – **182** vgl. F. Vollhardt: Art. ‹Autonomie›, in: RDL^3, Bd. 1 (1997) 173–176. – **183** F.G. Klopstock: Von der heiligen Poesie, in: Ausgew. Werke, hg. von K.A. Schleiden (1962) 99. 1000f. 1004. – **184** vgl. K.L. Schneider: Klopstock und die Erneuerung der dt. Dichtersprache im 18. Jh. (^{2}1965). – **185** Klopstock: Werke [183] 1016–1031. – **186** Novalis: Schriften, hg. von R. Samuel, Bd. 3 (1968) 639. – **187** Belege zitiert W. Urbanek (Hg.): Gespräch über Lyrik (1961) 30. 47. 71. – **188** Ueding/Steinbrink 107. – **189** A.G. Baumgarten: Aesthetica (1750; ND 1961) Prolegomena, §1; zit. Wiegmann [1] 1142. – **190** A.G. Baumgarten: Meditationes Philosophicae de Nonnullis ad Poema pertinentibus (1735) §25; zit. nach dem Auszug aus der dt. Übers. von A. Riemann (1928), in: H. Boetius (Hg.): Dichtungstheorien der Aufklärung (1971) 34. – **191** Jean Paul: Vorschule der Ästhetik (^{2}1813; ND 1963) §§77–81. – **192** G.W.F. Hegel: Vorles. über die Ästhetik. T. 3: Die Poesie, hg. von R. Bubner (1971) 63; vgl. Art. ‹Bild, Bildlichkeit›, in: HWRh Bd. 2 (1994) 10–21, bes. 17–19. – **193** Hegel [192] 59. – **194** F. Th. Vischer: Ästhetik oder Wiss. des Schönen [1846–57], 6 Bde., hg. von R. Vischer (^{2}1922/23; ND in 3 Teilen 1975) Bd. 1, 165 (§60). – **195** ebd., Bd. 6, 4ff. (§835); 74–89 (§851). – **196** vgl. G. Ueding: Schillers Rhet. (1971) 109–117. – **197** vgl. K. Spang: Art. ‹Dreistilehre›, in: HWRh Bd. 2 (1994) 965f. – **198** vgl. Dockhorn 57f. 63. 68. – **199** Lessing: Laokoon, Kap. 17, in: Werke, hg. von H.G. Göpfert (1970–79) Bd. 6, 102f. – **200** K. Stierle: Das bequeme Verhältnis, in: G. Gebauer (Hg.): Das Laokoon-Projekt (1984) 23–58, hier 38. – **201** Goethe: Dichtung und Wahrheit, in: Werke. Hamburger Ausg., Bd. 9 (^{3}1959), 316. – **202** M. McLuhan: Understanding Media (New York 1965). – **203** vgl. W.H. Abrams: Spiegel und Lampe, übers. von L. Iser (1978) 105–110. – **204** Brockhaus Enzyklop. in 20 Bdn. (1966–74) Bd. 8, 393 (Art. ‹Herder›). – **205** vgl. J. Schmidt: Die Gesch. des Genie-Gedankens in der dt. Lit., Philos. und Politik 1750–1945, 2 Bde. (1985). – **206** Aristoteles Dichtkunst, ins Deutsche übersetzt [...] von M.C. Curtius (1753; ND 1973). – **207** Lessing: Hamburgische Dramaturgie, 75.–78. Stück, in: Werke [199] Bd. 4, 578–596. – **208** Goethe: Nachlese zu Aristoteles P. [1827], in: Werke [201] Bd. 12 (^{4}1960) 342–345; vgl. ebd. 686–688. – **209** J. Bernays: Grundzüge der verlorenen Abh. des Aristoteles über Wirkung der Tragödie, in: Abh. der Hist.-Pnlos. Ges. in Breslau 1 (1857) 133–202, zit. C. Zelle: Art. ‹Katharsis›, in: RDL^3, Bd. 2 (2000) 249–252. – **210** vgl. G.E. Lessing, M. Mendelssohn, F. Nicolai: Briefwechsel über das Trauerspiel, hg. von J. Schulte-Sasse (1972) 143–146. 164f. – **211** Der Briefwechsel zwischen Schiller und Goethe, hg. von E. Staiger (1977) 478–530. – **212** F. von Blanckenburg: Versuch über den Roman (1774; ND 1965) 11–14. – **213** Goethe: Werke [201] Bd. 2 (^{4}1958) 187f. – **214** vgl. Art. ‹Lyrik›, in: HWRh Bd. 5 (2001) 720–727. – **215** vgl. D. Burdorf: P. der Form (2001) 119ff. – **216** vgl. B.A. Sörensen (Hg.): Allegorie und Symbol. Texte zur Theorie des dichterischen Bildes im 18. und frühen 19. Jh. (1972) 126–135. 262–265. – **217** F. Hölderlin: Brief an C.U. Böhlendorff vom 4.12. 1801, in: Sämtl. Werke und Briefe, hg. von J. Schmidt. Bd. 3 (1992) 459f. – **218** vgl. I. Strohschneider-Kohrs: Die romant. Ironie in Theorie und Gestaltung (1960; ^{3}2002); E. Behler: Klassische Ironie, romant. Ironie, tragische Ironie. Zum Ursprung dieser Begriffe (1972; ^{2}1981). – **219** Novalis [186] Bd. 3, 685 und 389. – **220** vgl. W. Preisendanz: Art. ‹Humor›, in: RDL^3, Bd. 2 (2000) 100–103 – **221** E.T.A. Hoffmann: Die Serapions-Brüder (1967) 53–57; vgl. Art. ‹Die Serapions-Brüder›, in: Kindlers neues Literaturlex., hg. von W. Jens, Bd. 7 (1990) 966–968. – **222** H. Rahn in: Quint., Bd. 1, S. 713, Anm. 35. – **223** Quint. VI, 2, 25–36.

B. Asmuth

5. *England und Nordamerika.* **a.** *England. Humanismus und Renaissance.* Die Rückbesinnung auf die antike Literatur und Philosophie als universelles Merkmal der Erneuerung der europäischen Geisteswelt erreicht England wegen der Auseinandersetzung mit Frankreich im Hundertjährigen Krieg (1339–1453) und wegen der anschließenden Rosenkriege (1455–1485) mit großer Verzögerung. Aus dieser Isolation ergibt sich ein nationales, volkstümliches Element, das in der Theater- und Literaturtradition wirksam wird und sich den klassischen Bildungsansprüchen widersetzt. Erst während der Regierungszeit Elisabeths I. (1558–1603) öffnet sich das englische Geistesleben mehr und mehr kontinentalen Einflüssen. In der Mitte des 16. Jh. wird der Literaturbegriff zunächst durch die Rhetorik beeinflußt, was sich in Lehrbüchern wie L. Coxes ‹Arte or Crafte of Rhetoryke› (1524), TH. WILSONS ‹The Arte of Rhetorique› (1553) und R. ASCHAMS ‹The Scholemaster› (1570) sowie in G. PUTTENHAMS ‹Arte of English Poesie› (1589) manifestiert. Die ersten poetologischen Handbücher zur Verslehre sind G. GASCOIGNES ‹Certayne Notes of Instruction› (1575) und W. WEBBES ‹A Discourse of English Poesie› (1586). B. Vickers spricht von einer «dominance of rhetoric» in der Antike wie auch in der Renaissance und fährt fort: «Wie in anderen Epochen betrachtet man auch in der Renaissance Kunstwerke nie als autotelisch, selbstzweckhaft, so als gäbe es kein Bewußtsein davon, wie sie die Realitäts- oder Geschichtswahrnehmung ihrer Leser beeinflussen oder verändern.» [...] Das Werk von H. PEACHAM ‹The Garden of Eloquence› (1577, 2nd ed. 1593) übt als ein Wörterbuch grammatischer und rhetorischer Termini für die Ausprägung des literarischen Stils großen Einfluß aus. In seinem späteren pädagogischen Werk ‹The Complete Gentleman› (1634) wendet er den affektrhetorischen Wirkungsbegriff auf die Dichtungstheorie an und überträgt damit die Persuasionskategorien der Rhetorik auf die Poetik. Diese Tendenz wird durch den Einfluß der ramistischen Rhetorik zugespitzt, der von den ‹Institutiones oratoriae› (1545) des französischen Humanisten und Aristoteles-Kritikers P. DE LA RAMÉE (1515–1572) ausgeht. Ramus verkürzt die Rhetorik auf eine reine Ausdruckskunst, indem er allein der Dialektik die Aufgabe vorbehält, die Gründe und Gegenstände aufzufinden (*inventio*) und zu beurteilen (*iudicium*). Nach diesen Vorgaben, die zur Entwicklung einer *elocutio*-Rhetorik und -P. (Stil- und Figurenlehre) beitragen, verfassen u.a. D. FENNER (‹The Artes of Logike and Rhetorike›, 1584) und A. FRAUNCE (‹The Arcadian Rhetorike›, 1588) ihre rhetorischen Handbücher. Andere wie CH. BUTLER, J. BARTON und J. SMITH folgen noch bis ins 17. Jh. hinein dieser ramistischen Tradition, wobei die Effekttrias von *docere, delectare* und *movere* als Wirkungspotential von Tropen, Wort- und Satzfiguren immer wieder auftaucht.

Das bedeutendste poetologische Dokument der elisabethanischen Zeit ist zweifellos ‹The Defence of Poesy› von SIR PH. SIDNEY (1554–86), das 1595 auch unter dem Titel ‹An Apology of Poetry› publiziert wurde. Darin wendet er sich gegen die puritanisch inspirierten, moralischen Attacken des ST. GOSSON in ‹The School of Abuse› (1579) und bestimmt die Funktion der Literatur im aristotelischen Sinn als «a representing, counterfeiting, or figuring forth – to speak metaphorically, a speaking picture – with this end, to teach and delight» (ein darstellendes, vortäuschendes oder gestaltendes – metaphorisch gesprochen, ein sprechendes Bild – mit der Absicht, zu belehren und zu erfreuen).[2] Mit dem Ziel, die Affektmächtigkeit der Poesie, die nicht nur auf die intellektuelle Überzeugung (*docere*), sondern auch auf die emotionale, die Gemütsbewegung (*delectare*) mit dem Leidenschaftsausbruch (*movere*) verbindende abhebt, zu betonen, fügt er der horazischen Doppelfunktion des *prodesse* und *delectare* die der Rhetorik entnommene Aufgabe des *movere* hinzu: «[poets] delight to move men to take that goodness in hand, which without delight they would fly as from a stranger, and teach, to make them know that goodness whereunto they are moved.» ([Dichter] erfreuen, um die Menschen dazu zu bewegen, nach jener Güte zu streben, die sie ohne dieses Vergnügen wie einen Fremdling flöhen, und sie belehren, um ihnen die Güte bekannt zu machen, auf die sie hinlenken.) [3]

Mit dem philosophischen Werk von F. BACON (1561–1626) verselbständigt sich das naturwissenschaftlich-experimentelle Denken, dem kurze Zeit danach in Frankreich DESCARTES mit einer neuen Methodenlehre folgt. In seinem Hauptwerk (‹The Advancement of Learning›, 1605; lat. ‹De Augmentis Scientiarum›, 1623) schreibt er der Poesie als einer «feigned history» nur noch eine parabolische Funktion zu.[4] Bacon will «das literarische Werk von den Vorschriften der Rhetorik bestimmt wissen»[5]. Unter Verkürzung der von Quintilian vorgegebenen fünf Hauptteile der Rhetorik *inventio, dispositio, elocutio, memoria* und *actio* (*pronuntiatio*) betont Bacon vor allem die Bedeutung der «invention», die sich mit der Themenfindung der «Arts and Sciences» wie mit den Wort- und Satzfiguren der «Speech and Arguments» beschäftigen soll.[6] Als zweite und dritte Kategorien nennt er «Judgement» und «Custody», die der *dispositio* und *memoria* entsprechen. Mit «Tradition or Delivery» bezeichnet er die kommunikativen Fähigkeiten, die der affektiven Beeinflussung der Zuhörer dienen sollen: «The duty and office of Rhetoric is to apply Reason to Imagination for the better moving of the will.» (Aufgabe der Rhetorik ist es, die Vernunft auf die Einbildungskraft anzuwenden, um den Willen besser zu lenken.) [7] Die dekorative Funktion bleibt damit der rationalen Vermittlung im Sinne der Persuasionstechnik zugeordnet. Seine implizite Warnung vor der poetischen Einbildungskraft soll bis zur Romantik nachhallen; doch wird sie zunächst von dem Neoklassizisten BEN JONSON (1572–1637) ignoriert, der sich in seiner essayistischen Schrift ‹Timber, or Discoveries› (1620–35) auch zur Dichtkunst äußert und zur Nachahmung der klassischen Vorbilder aufruft. In dem 5. Teil mit der Überschrift ‹The Art of Poetry› betont er die ethische Bedeutung der Literatur als Kunstform für das Leben und ihre enge Verbindung mit der Philosophie. Als erster bedeutender Klassizist in England greift er die aristotelische Forderung nach der Einheit der Handlung und ihrer Strukturierung durch Anfang, Mitte und Ende auf, die er als wichtige Bestandteile des Dramas ansieht. In der Phase des Übergangs zur Restauration, die im Jahre 1660 mit der Inthronisation von Karl II. anhebt, melden sich in ähnlicher Weise Autoren wie TH. HOBBES, E. WALLER, J. DENHAM, W. DAVENANT, A. COWLEY und J. EVELYN zu Wort.

Daß die rhetorische Wirklehre auch in der literarischen Praxis der Renaissance nachzuweisen ist (z.B. bei Sidney) und die forensische Struktur von Prosaschriften bestimmt, erörtert z.B. R. WALLERSTEIN [8] anhand der Stilmerkmale von J. DONNE, A. MARVELL, H. HASTINGS, A. COWLEY oder J. DRYDEN.

Neoklassizismus. Mit DRYDEN (1631–1700), der in zahlreichen Essays und Vorworten zu seinen Dramen, vor allem aber in seinem in dialogischer Form geschriebenen ‹Essay of Dramatic Poesy› (1688) in die literaturtheoretische Diskussion der Restauration eingreift, gewinnt die neo-klassizistische Linie mit ihrer Ausrichtung an der antiken und französischen Ästhetik die Oberhand. Seine Definition des Dramas als «A just and lively image of human nature, representing its passions and humours, and the changes of fortune to which it is subject, for the delight and instruction of mankind» (ein getreues und lebendiges Abbild der menschlichen Natur, das ihre Leidenschaften und Temperamente darstellt und die Wechselfälle des Schicksals, denen sie ausgesetzt ist, der Menschheit zur Freude und Belehrung) setzt die rhetorische Funktionsbestimmung der Literatur in die Dramentheorie seiner Zeit ein, die mit der Forderung nach dem *decorum* zusätzlich ihre höfische Herkunft unterstreicht.[9] In ‹The Grounds of Criticism in Tragedy› (1679), der seiner Adaptation von Shakespeares ‹Troilus and Cressida› vorangestellt ist, greift er die Theorie des Erhabenen auf, die PSEUDO-LONGINUS in ‹De sublimitate› (1. Jh. n.Chr.) entwickelt hat. Er fordert darin die Nachahmung von Shakespeare und Fletcher, soweit diese beiden elisabethanischen Dramatiker dessen Tragödientheorie befolgten.[10] Seine P., die als Ausdruck der aristokratischen Kunstauffassung auf dem Hintergrund der politischen Restauration von Karl II. gesehen werden muss, steht unter französischem Einfluß, trägt aber gleichzeitig der englischen Tradition Rechnung. In seinem ‹Essay of Heroic Plays› (1672) verteidigt er besonders nachdrücklich die rhetorisch-psychologische Wirkung der Tragödie auf ihre Zuschauer: «The poet is, then, to endeavour an absolute dominion over the minds of the spectators.» (Der Dichter sollte also eine absolute Herrschaft über die Gemüter der Zuschauer auszuüben versuchen.) [11]

Die ambivalente Position Drydens steigert sich in der *Quarrel between the Ancients and Moderns*, die für fast ein Jahrhundert die literaturkritischen Fronten bestimmen soll. In England wird neben TH. RYMER, W. WOTTON, J. DENNIS, J. SWIFT und vielen anderen SIR W. TEMPLE (1628–00) in diese Kontroverse hineingezogen. In seinem ‹Essay upon Ancient and Modern Learning› (1690) und seiner Schrift ‹Of Poetry› aus demselben Jahr spricht er sich für die klassischen Vorbilder aus. Ebendort besinnt er sich auf die rhetorische Rolle der ‹Invention› als «the Mother of Poetry» und plädiert für ein Gleichgewicht zwischen «wit» und «judgement», also zwischen der Einbildungskraft und der Vernunft: «Without the Forces of Wit all Poetry is flat and languishing; without the succors of Judgement 'tis wild and extravagant. The true wonder of Poesy is, that such contraries must meet to compose it [...]; and the Frame of Fabrick of a true Poem must have something both Sublime and Just, Amazing and Agreeable.» (Ohne die Kräfte des Esprits ist alle Dichtung platt und matt, ohne die Unterstützung der Urteilskraft ist sie wild und ausschweifend. Das eigentliche Wunder der Dichtung besteht darin, daß sich diese Gegensätze zu ihrer Hervorbringung vereinigen müssen [...]; und das Baugerüst eines wahren Gedichtes muß etwas zugleich Erhabenes und Angemessenes, Erstaunliches und Liebenswürdiges haben). Das Ergebnis einer derartigen Ausgewogenheit wird dann «a just Poem» sein.[12]

Den Höhepunkt der neoklassizistischen Theorie stellt zweifellos der ‹Essay on Criticism› (1711) von A. POPE (1688–1744) dar, der in Versform das Dogma dieser Epoche liefert. Mit seinen geistigen Fähigkeiten «wit» (als der kreativen Kraft) und «judgement» (als der kontemplativen und rationalen Fähigkeit) soll sich der Dichter an den Gesetzmäßigkeiten der Natur, die durch die klassischen Vorbilder festgelegt werden, orientieren.[13] Die Verbindlichkeit der klassischen Regeln gilt nach Pope für den Dichter wie für den Kritiker gleichermaßen. Neben der Nachahmung der klassischen Dichter treten in diesem nach rhetorischen Dispositionsregeln strukturierten Programmessay, der im alexandrinischen Versmaß geschrieben ist, die rational erfaßbare Natur (Z. 140: «To copy nature is to copy them.») und die ausgewogene wirkungsbezogene Anwendung der «Eloquence» (Z. 311). Im Sinne des Wettstreits um die Krone der Dichtung werden französische und englische Schriftsteller und Kritiker aufgeboten, die die moderne Zeit würdig vertreten können (aemulatio). Die Gleichsetzung von modernen und antiken Dichtern findet sich schon vorher bei W. WOTTON in seinen ‹Reflections upon Ancient and Modern Learning› (1694), doch verstärkt sich nun diese Front gegen die horazische Tradition durch die empiristische Philosophie (J. LOCKE, D. HUME) und von Seiten der *religiosi*, die sich vehement gegen die Lyrik des Horaz wenden. So knüpft I. WATTS in der ‹Preface to Horae Lyricae› an die rhetorische Vorbildlichkeit der Bibel an, die er dem stilistischen Ideal der griechischen Autoren vorzieht, während J. DENNIS weiterhin an Horaz als dem ewigen Dichter festhält.[14] Diese Prinzipien, die die Anerkennung des klassischen Systems der literarischen Gattungen nach der *rota Vergilii* einbeziehen, werden durch die Essays unterstützt, die R. STEELE (1672–1729) und J. ADDISON (1672–1719) in den Wochenschriften ‹Tatler› (1709–11) und ‹Spectator› (1711–12) veröffentlichen. Mit ihrer Popularisierung kritischer Maßstäbe für die *public opinion* begründen sie eine psychologische und pragmatisch-sensualistische Dimension in der Literaturtheorie, die wenig später von DR. S. JOHNSON (1709–84) in seiner Auseinandersetzung mit Shakespeare aufgegriffen und vertieft wird. Seine im Jahre 1765 erschienene Ausgabe der Werke des großen elisabethanischen Dramatikers setzt die Linie der texteditorischen Vorarbeiten von N. ROWE (1709), A. POPE (1725), L. THEOBALD (1734) und W. WARBURTON (1747) fort und enthält in seinem Vorwort eine Neueinschätzung Shakespeares als «the poet of nature», die nicht nur für England, sondern auch für Deutschland eine neue Phase der poetischen Kritik signalisiert. Die Wirkungsfunktion der Literatur bleibt auch in Johnsons Wertschätzung für Shakespeares Dramen erhalten, denn schließlich habe er «a faithful mirrour of manners and of life» (einen getreuen Spiegel der Sitten und des Lebens) geliefert, durch den die Menschen bedeutende Belehrungen erhalten haben: «It is from this wide extension of design that so much instruction is derived.» (Aus dieser Weite des Entwurfs läßt sich so reiche Lehre ziehen.)[15] Wenn sich nun auch die Inhalte in die moderne Zeit verlagern, so bleibt die rhetorische Funktion der P. weiterhin erhalten. Sie wird sogar aufgrund der neuen Organismusästhetik und des Schöpfertums im platorisch-prometheischen Sinne zur Quelle des vorromantischen Irrationalismus in England.

Romantik. Die Linie der Emanzipation von der Bürde des neoklassizistischen Normensystems setzt bereits in der ersten Hälfte des 18. Jh. mit L. WELSHEDS ‹Dissertation concerning the Perfection of the English Tongue, and the State of Poetry› (1724) ein. Seine Vorstellungen vom Dichter als einem Originalgenie leiten zu E. YOUNG (1683–1765) über, dessen Schrift ‹Conjectures on Original Composition› (1759) häufig überbewertet wird, weil auch andere Theoretiker wie J. und TH. WARTON, TH. GRAY und R. HURD an dieser Entwicklung teilhaben. Young stellt konsequent die Regeln der bisherigen Kunstlehre auf den Kopf, indem er die Originalität des Dichters und den Geniekult über alle anderen Kriterien erhebt: «[...] what, for the most part, mean we by genius, but the power of accomplishing great things without the means generally reputed necessary to that end?» (Was verstehen wir denn unter Genie anderes als die Kraft, große Dinge zu vollbringen, ohne die Mittel, die man dazu gemeinhin für notwendig hält?)[16] Dem Dichter wird auf diese Weise eine göttliche Kraft zugesprochen («something Divine»).

Mit Young, der den Dichter HOMER höher bewertet als sein Werk, wandelt sich die Einschätzung der Einbildungskraft (Imagination, Phantasie) von einem Instrument der Erinnerung und der rhetorischen Ausschmückung hin zur Fähigkeit der kreativen Um- und Neugestaltung der äußeren Welt nach der inneren Vision des Dichters, wofür etwa W. BLAKE ein sprechendes Beispiel ist. Von rhetorischer Seite trägt dazu die Wiederbelebung des Leitbegriffs des Erhabenen (*sublime*) bei, der durch PSEUDO-LONGINUS in die Theorie von E. BURKE (‹A Philosophical Enquiry into the Sublime and Beautiful›, 1757) eingeht. Nach M.H. Abrams findet damit «the conflation of rhetoric and poetic» ihren Abschluß und macht dem Konzept des «innate genius» Platz, einer höheren menschlichen Fähigkeit also, die sich zur expressiven Wirkung ihrer Dichtung der «figurative language, noble diction, and elevated composition» zu bedienen weiß.[17] Mit dem Erhabenen, das die geballte Kraft des Dichters offenbart, werden starke und erstaunliche Effekte freigesetzt, die mehr durch erschütternde als durch persuasive Wirkung den Leser beeinflussen sollen. Burke verschmilzt die Schönheit des Kleinen und Sanftmütigen mit dem Schmerz und der Gefahr, die zur Quelle des Sublimen werden.

Der eigentliche Beginn der romantischen Poetik wird durch das Erscheinen von W. WORDSWORTHS (1770–1850) und S.T. COLERIDGES (1772–1834) gemeinsamem Werk ‹Lyrical Ballads› (1798) markiert In dem berühmten ‹Preface› zu der zweiten Ausgabe (1800) richtet sich Wordsworth gegen den Gebrauch der klassischen

Mythologie und gegen die durch Metaphern angereicherte Vermenschlichung der Natur in der Dichtung. Seine Verherrlichung des Gefühls wird durch die Distanz der Erinnerung und durch einen emotionalen Ruhezustand geläutert. Nach Wordsworth soll der Dichter den gemeinen Menschen ansprechen, von der Einzelbeobachtung zum Allgemeinmenschlichen vordringen und den Weg von der Naturreligion zur Offenbarungsreligion beschreiten. Dennoch befreit er sich aber nicht gänzlich von den *loci critici* der rhetorischen Phraseologie und schöpft aus dem Begriffsapparat der klassischen Rhetorik als Motivschatz, wenn er schreibt: «If the poet's subject be judiciously chosen, it will naturally, and upon fit occasion, lead him to passions the language of which if selected truly and judiciously, must necessarily be dignified and variegated, and alive with metaphors and figures.» (Wenn der Dichter seinen Gegenstand mit Bedacht wählt, wird er ihn bei passender Gelegenheit auf natürlichem Wege zu Leidenschaften führen, deren Sprache bei aufrichtiger und verständiger Auswahl notwendig würdevoll und farbenprächtig und von Metaphern und Figuren belebt sein muß).[18] Diese Position vereint beide Traditionsketten der klassischen Rhetorik, nämlich eine aristotelisch-mimetische, die die logische und thematische Beweiskraft der intendierten Wirkung betont, wie auch die ciceronianische, die nach effektiven *flores rhetorici* sucht. Wordsworth versucht damit, die heterogenen Kräfte der P. und Rhetorik seiner Zeit zu verknüpfen; doch bleiben auch Extrempositionen weiterhin existent. Die Identifizierung von P. und Rhetorik findet sich in solchen Traktaten wie J. LAWSON, ‹Lectures concerning Oratory› (1759), G. CAMPBELL, ‹The Philosophy of Rhetoric› (1776), H. BLAIR, ‹Lectures on Rhetoric and Belles Lettres› (1783) oder J. PRIESTLEY, ‹A Course of Lectures on Oratory and Criticism› (1777), wobei besonders letzterer wegen seiner assoziationistischen Ästhetik im Zusammenhang mit Wordsworth und Coleridge gesehen werden muß. Mit dem Ziel einer rhetorischen Stillehre konzipiert H. HOME (LORD KAMES) seine ‹Elements of Criticism› (1769), in denen er alle Tropen und Redefiguren auflistet.[19] Für Coleridge wird vor allem die ästhetische Imagination des Dichters zur Quelle schöpferischen Schreibens, da sie eine privilegierte Form des Selbstausdrucks des menschlichen Geistes und der menschlichen Kultur darstellt. Seine nicht ganz klare Unterscheidung von «primary imagination» und «secondary imagination» und ihre Abgrenzung von «fancy», die er in seinem theoretischen Hauptwerk ‹Biographia Literaria› (1817) trifft, haben schon viele Literaturhistoriker nachzuvollziehen versucht.[20] Unter dem Einfluß des deutschen Idealismus erhebt Coleridge die Idee des Schönen und die Erkenntnis des Seins in seinem metaphysischen Gehalt zum eigentlichen Gegenstand der Dichtung.

In diesem Streben wird er von dem Spätromantiker P.B. SHELLEY (1792–1822) unterstützt, der mit seiner an Sidney erinnernden ‹Defence of Poetry› (1821) die polemischen Angriffe seines einstmaligen Freundes Th.L. PEACOCK (‹Four Ages of Poetry›, 1820) zurückweist. Aus der metaphysischen Grundlage der Literatur ergibt sich die forensisch herausragende Stellung des Dichters gegenüber der Gesellschaft, die er auch moralisch zu formen aufgerufen ist. Der Eigenständigkeit der künstlerischen Imagination entspricht nach Shelley die Reflexivität der Sprache, in der Subjekt und Objekt der Rede, aber auch Darstellung und Gegenstand im traditionellen Verständnis der Rhetorik miteinander verschmelzen.

Daraus leitet J. KEATS (1795–1821) in seinen poetologischen Briefen und Gedichten seine Sprachskepsis ab, die für die P. bestimmend bleiben soll.

Viktorianismus und Dekadenz. Der romantische Elan der Emanzipation der Literatur von der klassizistischen Regelhaftigkeit und der rationalen Formgläubigkeit setzt sich in der viktorianischen Ära, die mit der Regentschaft der Königin Viktoria (1837–1901) zusammenfällt, nicht fort. Die Essays von TH. DE QUINCEY (1785–1859) über ‹Rhetoric› (1828) und ‹Style› (1840–41), in denen die seit der Renaissance geforderte Kohärenz von Inhalt und Form in der rhetorischen Wirkungsästhetik beibehalten wird, propagieren aber eher das romantische Stilideal, nach der die Sprache um ihrer selbst willen gepflegt wird und die Redekunst sich ihrer eigenen Kräfte erfreut. Im Zuge des sich anbahnenden Massenbewußtseins überwiegen didaktische Tendenzen, die die Literatur in pragmatische und sozialkritische Kontexte einbeziehen. TH. CARLYLE (1795–1881), J. RUSKIN (1819–1900) und M. ARNOLD (1822–1888) bestimmen die poetologische Diskussion, indem sie in einem biographistischen Sinne die Gestalt des Dichters über die Dichtung stellen und die gesellschaftliche Relevanz der Literatur für das sich ausbreitende Lesepublikum betonen. In seinem Hauptwerk ‹On Heroes, Hero-Worship, and the Heroic in History› (1841) faßt Carlyle die Geschichte und die Literatur allein als das Wirken großer Persönlichkeiten auf, die sich als Verkörperungen einer göttlichen Idee aus der Menschenmasse hervorheben. Ruskin verspricht sich in seinen ‹Lectures on Art› (1870) von der Kunst die Stärkung des religiösen Empfindens und der moralischen Integrität des Menschen. Das assoziative Spiel der Imagination ist ihm suspekt. Am nachhaltigsten wirkt wohl die Literaturkritik Arnolds, der in seinem Aufsatz ‹The Function of Criticism at the Present Time› (1864) die Aufgabe der Literaturkritik programmatisch durch ihre «disinterestedness» definiert.[21] Diese wissenschaftsorientierte, kompetente Haltung des Kritikers bezieht sich lediglich auf das theoretische Fundament der Literatur, die ansonsten dazu beitragen soll, allgemeinmenschliche Probleme zu ergründen und an der Bewältigung der Lebenswirklichkeit aus moralischer Verantwortung mitzuwirken. Seine ‹Essays in Criticism› (1865 und 1888) sind denn auch ein eifriges Plädoyer für den Einfluß der Literatur auf das Leben in einem didaktisch-moralischen Sinne.

Der Ästhetizismus des ausgehenden 19. Jh., von W.H. PATER (1839–1894) in Oxford entfacht, begründet eine *art-for-art's-sake*-Bewegung, die im Gegensatz zur vorher gesuchten moralischen Geistigkeit des Mittelalters in der Offenheit der Renaissance ihr Vorbild findet. Pater führt in ‹Studies on the History of the Renaissance› (1873) und ‹Plato and Platonism› (1893) die Verherrlichung des Schönen auf die neuplatonische Auffassung von der Autonomie der Kunst zurück. Gesteigert wird diese poetologische Auffassung durch O. WILDE (1854–1900), der in seinem dialogischen Essay ‹The Critic as Artist› (1891) das mimetische Postulat von der Nachahmung der Natur durch die Kunst negiert und einem extremen Subjektivismus und Formalismus auch in der Kritik das Wort redet. In seiner Verwerfung der mimetischen Literatur ist er sich mit H. JAMES (1843–1916) einig, dessen Schrift ‹The Art of Fiction› (1884) die organische Einheit des Kunstwerks als Synthese von «idea» und «form» hervorhebt.[22]

b. *Nordamerika. Romantik und Transzendentalismus.* Die amerikanische Literaturtheorie bezieht sich vor allem in ihren Anfängen fast ausschließlich auf das englische Mutterland. Deshalb steht im 19. Jh. bis in die 30er Jahre des 20. Jh. die Literaturkritik unter dem Einfluß eines europäisch inspirierten Bildungsideals, das auch die Colleges und Universitäten prägt. Zu den wichtigsten transatlantischen Einflüssen gehört die schon im 18. Jh. wirksame *belles-lettres*- oder *polite letters*-Tradition, die auf der schottischen Aufklärungsphilosophie des *common sense* aufbaut und deshalb auch die rhetorisch geprägten Bildungsideale der schottischen Aufklärer wie J. BEATTIE, LORD KAMES und H. BLAIR einbezieht. Eine andere Traditionslinie führt zweifellos zur deutschen Romantik und zur idealistischen Philosophie eines Kant, Fichte, Schelling, Schlegel u. a. zurück, die den amerikanischen Transzendentalismus des 19. Jh. befördern. Dadurch entwickelt sich eine unabhängige Literaturkritik, die ihren Ausdruck in zahlreichen Wochenschriften findet, die in den kulturellen Zentren der Ostküste wie Baltimore, Philadelphia, New York und Boston publiziert werden. Als Pionier dieser Entwicklung kann J. DENNIE (1768–1812) gelten, der nach dem Vorbild von Steele und Addison mit seinem Wochenblatt ‹Port Folio› (1801–9, bis 1812 als Monatsschrift) die Tradition der *polite letters* fortsetzt.

Mit seinen ‹Desultory Thoughts on Criticism› (1839) liefert W. IRVING (1783–1859) einen frühen Beitrag zum kritischen Selbstverständnis, das von H. W. LONGFELLOW und J. R. LOWELL in ihren Essays für ‹North American Review›, ‹Atlantic Monthly› und ‹Harper's Magazine› ausgebaut wird. Im Vordergrund steht dabei eine romantische, sich auf Sidneys ‹Defence of Poesy› berufende Apologie der Dichtkunst.

Mit E. A. POE (1809–49) tritt der erste wirkmächtige Literaturkritiker auf den Plan, der in zahlreichen Rezensionen und in seinen beiden Essays ‹The Philosophy of Composition› (1846) und ‹The Poetic Principle› (1846) die Autonomie der Kunst und ihr organologisches Prinzip verteidigt. Seinem Schönheitskult schließt sich R. W. EMERSON (1803–82) an, der in seinem Tagebuch und in seinen Essays ‹Art and Criticism› (1859), ‹Beauty› (1860) und ‹Poetry and Imagination› (1872) einen poetischen Symbolismus begründet, der von den zeitgenössischen Transzendentalisten bereitwillig aufgegriffen wird. Am Ende des 19. Jh. etabliert sich die Literaturkritik als Sprachrohr humanistischer Bildungsideale und einer intellektuell konservativen Gruppe, die sich unter der Führung von I. BABBITT (1865–1933), dem großen Lehrer von T. S. ELIOT an der Harvard Universität, als *New Humanists* bezeichnen. Sie wenden sich gegen die positivistisch-literaturhistorischen Paradigmen der Literaturkritik, plädieren für die Tradition der «Great Books» und eine umfassende Allgemeinbildung. Damit stellen sie sich in den Dienst der *genteel tradition*.

Anmerkungen:
1 B. Vickers (ed.): English Renaissance Literary Criticism (Oxford 1999) 10 (Übers. Red.). – **2** Sir Ph. Sidney: An Apology for Poetry, ed. G. Shepherd (Manchester 1965; ²1973) 101 (Übers. Red.). – **3** ebd. 103 (Übers. Red.). – **4** F. Bacon: The Works, ed. J. Spedding, K. L. Ellis, D. D. Heath, 14 Bde. (1858–1874; ND 1963) III, 343. – **5** R. Ahrens: Die Essays von Francis Bacon. Lit. Form und moralistische Aussage (1974) 54; R. F. Jones spricht deshalb von einer «complete confusion of poetic and rhetoric» in seiner Rez. von K. R. Wallace: F. Bacon on Communication and Rhetoric (1934), in: Modern Language Quarterly 6 (1945) 235–36. – **6** Bacon [4] 389. – **7** ebd. 409 (Übers. Red.). – **8** R. Wallerstein: Studies in Seventeenth-Century Poetic (Madison/Milwaukee 1965). – **9** R. Ahrens (Hg.): Engl. literaturtheoretische Essays, 2 Bde., Bd. 1: 17. und 18. Jh. (1975) 89 und 99 (Übers. Red.). – **10** J. W. H. Atkins: English Literary Criticism. 17th and 18th Centuries (London 1966) 103. – **11** J. Dryden: Of Dramatic Poesy and Other Critical Essays, ed. G. Watson, 2 Bde. (London 1902) I, 162 (Übers. Red.). – **12** Ahrens [9] 126 (Übers. Red.). – **13** A. Pope: Pastoral Poetry and An Essay on Criticism, ed. E. Audra, A. Williams (London 1961) Z. 17–18. – **14** vgl. H. Papajewski: Die Bed. der Ars poetica für den engl. Klassizismus, in: Anglia 79 (1961) 405–439, wieder in B. Nugel (Hg.): Engl. Literaturtheorie von Sidney bis Johnson (1984) 245–278, 249; R. Ahrens: The Cultural Context of the Dennis-Pope-Controversy, in: W. Göbel, B. Ross (ed.): Renaissance Humanism – Modern Humanism(s), FS C. Uhlig (2001) 175–188. – **15** Ahrens [9] 193 (Übers. Red.). – **16** ebd. 173 (Übers. Red.) – **17** M. H. Abrams: The Mirror and the Lamp. Romantic Theory and the Critical Tradition (Oxford 1953) 28 und 75. – **18** Ahrens [9] Bd. 2, 33 (Übers. Red.); vgl. K. Dockhorn: Macht und Wirkung der Rhet. (1968) 11. – **19** P. W. K. Stone The Art of Poetry, 1750–1820: Theories of Poetic Composition and Style in the Late Neo-Classic and Early Romantic Periods (London 1967) chapt. 1. – **20** S. T. Coleridge: Biographia Literaria, ed. G. Watson (London/New York 1971) chapt. IV. – **21** M. Arnold: Essays in Criticism, ed. G. K. Chesterton (London/New York 1969) 20 – **22** H. James: Selected Literary Criticism, ed. M. Shapira (Harmondsworth 1968) 83.

Literaturhinweise:
D. L. Clark: Rhetoric and Poetry in the Renaissance. A Study of Rhetorical Terms in English Renaissance Literary Criticism (New York 1922; ND ebd. 1963). – S. H. Monk: The Sublime. A Study of Critical Theories in 18th Century England (1935; ND Ann Arbor 1960). – W. K. Wimsatt, C. Brooks: Literary Criticism. A Short History (New York 1957). – K. L. Klein: Rhet. und Dichtungslehre in der elisabethan. Zeit, in H. Viebrock, W. Erzgräber (Hg.): FS Th. Spira (1961) 164–183. – P. Fussell: The Rhetorical World of Augustan Humanism. Ethics and Imagery from Swift to Burke (Oxford 1965). – W. Erzgräber (Hg.): Moderne engl. und amerikan. Literaturkritik (1970). – W. S. Howell: Poetics, Rhetoric, and Logic (Ithaca/London 1975). – H. F. Plett: Rhet. der Affekte. Engl. Wirkungsästhetik im Zeitalter der Renaissance (1975). – R. Ahrens, E. Wolff: (Hg.): Engl. und amerikan. Literaturtheorie, 2 Bde. (1978–79). – R. Wellek: Gesch. der Literaturkritik, 1750–1950 (1978–1990). – W. Trimpi: Muses of One Mind. The Literary Analysis of Experience and its Continuity (Princeton, N. J. 1983). – R. Ahrens: The Poetics of the Renaissance and the System of Literary Genres, in: U. Broich et al. (Hg.): Functions of Literature (1984) 101–118. – J. W. Binns: Intellectual Culture in Elizabethan and Jacobean England. The Latin Writings of the Age (Leeds 1990). – H. Zapf: Kurze Gesch. der anglo-amerikan. Literaturtheorie (1991). – H. F. Plett (Hg.): Renaissance-P. / Renaissance Poetics (1994). – A. Day: Romanticism (London/New York 1996). – H. B. Nisbet, C. Rawson (Hg.): The Cambridge History of Literary Criticism, Bd. 4: The 18th Century (Cambridge 1997). – J. Schlaeger: Literaturkritik und Literaturtheorie, in H. Zapf (Hg.): Amerikan. Literaturgesch. (1997).

R. Ahrens

6. *Osteuropa*. Für den Beginn der slavischen Literaturen in den jeweiligen Volkssprachen gilt, daß die poetische Produktion sich nicht an Regelinventaren orientiert, vielmehr die bestehende Texttradition paradigmatische Funktion erlangt – was innovative Abweichungen einschließt. Erst Ende des 16., Anfang des 17. Jh. wird, zusammen mit der Rhetorik, die zunächst lateinische, später volkssprachlich verfaßte P. zur deskriptiven und präskriptiven Instanz für die Textproduktion.

Die lateinische Renaissance-Dichtung polnischer, tschechischer und kroatischer Autoren steht in einer Poetiktradition, die sich auf HORAZ' ‹De arte poetica› ebenso bezieht wie auf die italienische Renaissance-Poetik. Es geht um Fragen der Gattungs- und Dreistillehre, der *officia*, der Dichterrolle, der Mimesis-Tradition und es geht um das Konzept der poetischen Sprache. Alle

Probleme behalten ihre Gültigkeit für die in der Volkssprache einsetzende Dichtung, wobei hier besonders die Herausbildung einer poetischen Sprache in Absetzung von der Sprache der Prosagattungen einerseits und der Alltagssprache anderseits im Vordergrund steht.

Für die Herausbildung einer volkssprachlichen Lyriktradition ist für die drei genannten Nationalliteraturen die Rezeption PETRARCAS und des italienischen Petrarkismus von paradigmatischer Bedeutung. Aber auch DANTE und TASSO werden zu exemplarischen Autoren, von denen stilistische und thematische Konventionen abgeleitet werden. Hierbei erhalten Übersetzungen eine für die Nationalliteraturen wichtige stilbildende Funktion.

In den genannten volkssprachlichen Literaturen bildet sich eine Gattungsvielfalt (Tragödie, Komödie, Satire, Epigramm, Ode, Elegie und Sonett) heraus, die die Kenntnis der zeitgenössischen italienischen und französischen Literatur reflektiert.

Erst seit dem Beginn des 17. Jh. werden im ostslavischen Raum durch die Rezeption der westlichen Rhetorik- und Poetiktradition der byzantinischen und der lateinische Tradition zusammengeführt. Ab dem 18. Jh. kann man von einer der westeuropäischen Epochendynamik parallelen, wenn auch z. T. zeitlich verschobenen Entwicklung der P. in den slavischen Ländern sprechen.

a. *Rußland. Renaissance – Barock.* Die altrussische Kultur verfügt über keine kodifizierte Poetiktradition.[1] Deshalb orientiert sich ihre Textproduktion an impliziten, von vorangehenden Texten vorgeführten Regeln. Indem die Texte implizit Regeln vermitteln, bilden sich poetische Konzepte heraus, die für die Produktion neuer Texte paradigmatische Funktion gewinnen. Die einzige Ausnahme bildet die (im europäischen Mittelalter isoliert stehende) Übersetzung des griechischen Traktats von CHOIROBOSKOS (8. Jh.) ‹Über die Tropen und Figuren› aus dem Jahre 1073 im sogenannten ‹Izbornik Svjatoslava›. Mit dieser Übersetzung wird erstmalig eine poetologische Terminologie in die Schriftkultur des alten Rußland eingeführt.

Barock – Klassizismus. Da sich in Rußland keine der westlichen Renaissance äquivalente, die Kultur vollkommen transformierende Epoche herausgebildet hat, entwickelt sich eine stabile, auf Kodifizierung fußende Poetiktradition, die ein Regelsystem für die dichterische Produktion vorgibt, erst im Zuge der Aneignung der lateinischsprachigen Rhetorik- und Poetiktradition. Im Laufe des 17. Jh. wird die Rhetorik als Kommunikationssituationen differenzierende Sekundärgrammatik aus der über Polen vermittelten Kultur Westeuropas übernommen.

Auf der Basis der Grundopposition von ungeformter Alltags- und geformter Sprache, die bestimmten markierten Kommunikationssituationen sowie diesen analogen Textgattungen vorbehalten ist, gehören Rhetorik und P. als Sekundärgrammatiken in Renaissance und Barock zusammen. Während Topik, Narrativik und Figurenlehre weitgehend von den traditionellen Teilen der Rhetorik (*inventio*, *dispositio*, *elocutio*) behandelt werden, befassen sich Poetiktraktate vor allem mit Prosodie, Metrik, der poetischen Gattungslehre sowie mit der Stilistik, die von der rhetorischen Stillehre jedoch kaum zu trennen ist.

Wichtigste Orte der Aneignung von Rhetorik und P. sind die Geistlichen Akademien in Kiev (gegr. 1615) und Moskau (gegr. 1682). Während zunächst nur die Kiever Akademie am lateinisch-jesuitischen Bildungsprogramm ausgerichtet ist, gewinnt dieses ab Anfang des 18. Jh. (unter dem Patriarchat ST. JAVORSKIJS) auch an der ursprünglich griechisch-orthodox ausgerichteten Moskauer Slavisch-Griechisch-Lateinischen Geistlichen Akademie gleichrangige Bedeutung. An beiden Akademien etabliert sich nach und nach neben dem Lateinischen auch das Russisch-Kirchenslavische als Metasprache. Aber erst M. LOMONOSOV ersetzt endgültig das Lateinische durch das Russische als Lehrbuchsprache.

Wie für die Rhetorik sind für die P. im Rußland des 17. und 18. Jh. folgende Kontextfaktoren ausschlaggebend:

1. Die kulturelle Importsituation: mit der eigenen griechisch-byzantinisch-orthodox-kirchenslavischen Tradition tritt die lateinisch-jesuitische, die über Polen und die Ukraine nach Rußland importiert wird, in Konkurrenz. Daraus resultiert die Spaltung in eine offizielle, höfische Kultur unter ALEKSEJ MICHAJLOVIČ und eine inoffizielle Volkskultur, die sich auch im religiösen Schisma zwischen orthodoxer Staatskirche und Altgläubigen widerspiegelt.

2. Die Sprachsituation der Diglossie (russ. *dvujazyčie*): Die Kultur ist in eine mündliche, altrussische und in eine schriftliche, altkirchenslavische Tradition gespalten, über die sich die neuen, z. T. lateinisch verfaßten Rhetorik- und Poetiklehrbücher u. -traktate lagern. In der Aneignung der westlich-lateinischen Rhetorik und P. kündigt sich, kulturtypologisch betrachtet, der Wechsel von einem Modell der Textkultur zu einem der Regelkultur an.[2]

3. Die durch die Rhetorik importierte Dreistillehre: zusammen mit den anderen Faktoren schafft sie eine überaus komplexe kulturspezifische Sprach- und Stilsituation und bietet zugleich die Möglichkeit, dieser Situation durch eine neue Ordnung Herr zu werden.

Als Vorbereitung der Entstehung einer russischsprachigen P. kann der Einzelfall einer russisch-kirchenslavischen Rhetorik aus dem Ende der 20er Jahre des 17. Jh., die sog. ‹Makarij-Rhetorik› aus Vologda gelten, die die Etablierung des Russisch-Kirchenslavischen als Wissenschaftssprache um ein Jahrhundert vorwegnimmt. Die Sonderstellung dieses Werks resultiert aus dem direkten Kontakt der nordgroßrussischen Bildungszentren mit Westeuropa. Auf den wichtigsten Prätext, die ‹Elementa rhetorices› von MELANCHTHON, geht die von der traditionellen Fünfgliedrigkeit abweichende Zweigliedrigkeit der Makarij-Rhetorik zurück. So bleiben *inventio* und *elocutio*, d. h. jene Teile der Rhetorik, die auch für die P. von besonderer Relevanz sind. In Anlehnung an die westlich-lateinische Differenzierung zwischen Funktionsbestimmungen und Textarten, zwischen *utile* und *dulce*, entwickelt ‹Makarij› ein Konzept der ‹schönen› bzw. poetischen Rede im Gegensatz zur bloß richtigen und nützlichen.[3]

Die russische Hofkultur des 17. Jh. bringt vor allem theoretischen Regelwerk jedoch einen bedeutenden Barockdichter, SIMEON POLOCKIJ, hervor, dessen ‹Poetik› sich der Kenntnis westlicher Dichtkunst der Epoche verdankt.

F. PROKOPOVIČ (1681–1736), Vorsitzender des Heiligen Synod und Hofrhetor Peters I., war Lehrer der *artes liberales* an der Kiever Geistlichen Akademie. Seine epochale Bedeutung liegt in der klassizistischen Wende, die er als Hauptvertreter der lateinischen Schule und Autor einer *decorum*-orientierten P. der manieristisch-barocken Stilrichtung des Jesuitismus gegeben hat. Prokopovičs Poetik-Kurs ‹De arte poetica›, den er 1705/06, d. h. ein Jahr vor seinem Rhetorik-Kurs an der Kiever Geistlichen Akademie gehalten hat, und der noch lange Jahre nach seinem Fortgang aus Kiev dort unterrichtet wurde, ist wie letzterer auf Latein verfaßt, das ihm als Wissenschaftssprache neben dem Polnischen und Kirchenslavischen (Dichtung, Reden, Predigten) als Literatursprachen und dem Ukrainischen als seiner Muttersprache galt. Den Referenzrahmen für Prokopovičs P. stellen der Traktat von SCALIGER sowie die Abhandlungen von PONTANUS, MASENIUS und DONATUS dar. Entsprechend der in Europa im 17. Jh. maßgebenden Port-Royal-Schule geht Prokopovič von einem universalistischen Sprachverständnis aus, d.h. von der universalen, sprachunabhängigen Anwendbarkeit der rhetorischen bzw. poetischen Verfahren sowie einer Relation der vollständigen Übertrag- bzw. Übersetzbarkeit zwischen den Sprachen. Daher kann er die alten Sprachen Latein und Griechisch zu *exempla* für eine literatursprachliche Reform des Ukrainischen und des Russischen machen. Prokopovičs P. unternimmt den Versuch, die komplizierte multilinguale Situation zu entwirren und ein eigenes Sprachmodell der funktionalen Differenzierung zu entwickeln. Bezüglich des Russischen plant Prokopovič, einem Ideal der Verständlichkeit folgend, eine Synthese der kirchenslavischen Schriftsprache mit der lebendigen Volkssprache zu einer neuen Literatursprache; ein Ziel, das erst Lomonosov durch die Anwendung der ebenfalls von Prokopovič vertretenen Dreistillehre auf die Situation der Diglossie erreicht. Auch die zweite Generation der Altgläubigen (Brüder DENISOV), d.h. die Vertreter jener der westlichen Bildung gegenüber äußerst kritischen russischen Tradition, greifen Prokopovičs Lehre auf und tragen sie weiter, indem sie sie ins Russische übersetzen.

In der *decorum*-Lehre seiner Rhetorik unterscheidet Prokopovič zwischen rhetorischem und poetischem Stil (*stylus poeticus*) als zwischen funktional an ein *officium* gebundenem und zweckfreiem, rein ästhetischen Zielen folgendem Stil. Nur im Fall des innerhalb der Rhetorik der höchsten Stilebene zugeordneten *genus demonstrativum* werden stilistische Überschneidungen mit poetischen Gattungen zugelassen (wie sie ja seit der antiken Rhetorik und P. bekannt und linzenziert waren). Als Poetismen hebt Prokopovič die *verba propria* der Dichter, die *verba tropica*, die sich durch Kühnheit der Übertragung auszeichnen, sowie der *ornatus sententiarum* wie z.B. die Periphrase hervor.[4] Wie in seiner Rhetorik entwickelt Prokopovič auch im Rahmen der P. eine Dreistillehre in bezug auf die einzelnen Gattungen. Dadurch werden zentrale Verfahren der barocken jesuitischen P. und Rhetorik durch Einschränkung auf bestimmte Gattungen 'gezähmt' (z.B. das *acumen* auf die Gattung des Epigramms, deren Behandlung bei Prokopovič zwar durch Sarbiewski angeregt scheint, aber im Gegensatz zu jesuitischen Traktaten nur einen untergeordneten Stellenwert erhält). Mit seiner P. und Rhetorik vertritt Prokopovič eine Lehre der Angemessenheit, die das Oratorische, das Poetische und das Historiographische funktional differenziert. Prokopovič, der zeitweise mit der Dominanz der lateinisch-barocken Ausrichtung der Moskauer Akademie zu kämpfen hat, unterhält in Moskau und Petersburg private Konkurrenzschulen zur Akademie.

Als typisches Dokument eines Lehrbuchs der Slavjano-Greko-Latinskaja-Akademija in Moskau Anfang des 18. Jh. kann F. KVETNICKIJS ‹Clavis Poetica› (1732) gelten. Als noch lateinisch verfaßtes Schulbuch, das didaktisch und theoretisch an der neulateinischen Bildungstradition orientiert ist, stellt es einen Konnex zwischen der jesuitischen Traditions Polens, der Ukraine und Westeuropas und den bereits muttersprachlich verfaßten russischen Literatur- und Texttheorien von Lomonosov und Trediakovskij her.[5]

Der russische Klassizismus des 18. Jh. orientiert sich zunächst an der französischen Dichtungstheorie. Insbesondere die P. von BOILEAU sind für die Konzeption der Odenpoetik zentral. Die Aufnahme dieser Anregungen ermöglicht neben der fortgesetzten Übertragung der rhetorischen Dreistillehre auf ein – gemäß den gesellschaftlichen Rezeptionsanlässen – hierarchisch geordnetes poetisches Gattungssystem die Fortsetzung des Gegensatzes von barocker und klassizistischer Grundtendenz, der sich um die Mitte des 18. Jh. in der Polemik zwischen Trediakovskij und Lomonosov einerseits und Sumarokov andererseits manifestiert.

V.K. TREDIAKOVSKIJS (1703–1768) ‹Rassuždenie ob ode voobšče› (1734; Erörterung zur Ode an sich), die er der «allerersten [Ode] [...] in unserer Sprache», ‹Oda I. toržestvennaja o sdače goroda Gdanska› (Feierliche Ode über die Einnahme der Stadt Gdansk) voranstellt, ahmt Boileaus Vorwort zur ‹Ode auf die Einnahme Namurs› nach, in dem zentrale Begriffe wie z.B. der *beau désordre*, der schönen Unordnung, aus der Übersetzung des antiken Traktats ‹Peri hypsous› (Über das Erhabene) figurieren, der für Trediakovskij und Lomonsov gleichermaßen wichtig ist.[6] Ebenso stark am französischen Vorbild ist auch Trediakovskijs ‹Novyj i kratkij sposob k složeniju stichov rossijskich› (1735; Neue und kurze Anweisung zum Verfassen russischer Gedichte) orientiert.

Auch M.V. LOMONOSOV (1711–1765) stellt seiner paradigmatischen Ode ‹Na vzjatie Chotina› (1739/1752; Auf die Einnahme von Chotin) eine P. voran, das ‹Pis'mo o pravilach rossijskogo stichotvorstva› (Brief über die Regeln der russischen Dichtung). Lomonosov konzentriert sich hier jedoch auf die Einführung der syllabotonischen Metrik nach dem Vorbild der griechischen, lateinischen und deutschen Dichtung, die er der noch vom frühen Trediakovskij vertretenen syllabischen Verskunst gegenüberstellt. Den reinen (4-füßigen) Jambus erklärt Lomonosov hier zum verbindlichen Maß für die hohe, feierliche Ode (*toržestvennaja oda*).

Speziell auf die Ode als höchste und wichtigste (höfische) Gattung geht Lomonosovs zweite Rhetorik ‹Kratkoe rukovodstvo k krasnorečiju› (1748; Kurze Einführung in die schöne Rede).[7] Der Schwerpunkt der gesamten Abhandlung, der hohe Stil – Dichtung ist für Lomonosov das Hohe (*vysokoe*), das Erhabene – und sein vorwiegendes Beispielmaterial, Oden bzw. Ausschnitte aus Tragödien oder Epen, zeigt deutlich, daß es sich hier mindestens ebensosehr um eine P. wie um eine Rhetorik handelt. Abgesehen von einer mehr oder weniger systematischen Auflistung und Erläuterung rhetorischer Stilbegriffe und Verfahren sind besonders jene Begriffe Lomonosovs hervorzuheben, die zwischen der barocken polnischen Tradition und einer zukünftigen ästhetisch ausgerichteten P. zu vermitteln scheinen. Deutliche Spuren der von Sarbiewski wesentlich mitgeprägten *acumen*-Lehre lassen sich insbesondere in den Begriffen ‹ostroumie› (*acutezza*), ‹vitievatye reči› ('verflochtene' Redeweise) und ‹vymysel› (*concetto*) ausfindig machen.[8] Gerade letzterer deutet auch hin auf eine zeitgenössische polemische Diskussion zwischen deutscher, englischer und Schweizer P. und Ästhetik, in der das Prinzip der Nachahmung, der Wahrheitstreue neu diskutiert wird anhand des Begriffs des ‹Wunderbaren›, der zum einen mit dem die Schwelle zwischen rhetorischer und ästhetischer P. markierenden Konzept des Erhabenen und zum anderen mit dem Begriff ‹Einbildungskraft› verbunden ist.

Lomonosovs stilistischer Kontrahent A.P. SUMAROKOV (1717–1777) beginnt seine Polemik mit sog. Spottoden (‹Ody vzdornye›), Parodien auf die barocken Tendenzen der Odenpoetik. Auch in ihrer formalen Abwendung von der Gattung des Handbuchs, d.h. des Regellehrwerks, und der Zuwendung zur Form des kritischen Essays markiert Sumarokovs 'Barock'kritik den Beginn der neuen Gattung der Literaturkritik. [9] Mit Essays wie ‹O raznosti meždu pylkim i ostrym razumom› (Über den Unterschied zwischen feurigem und scharfem Verstand) expliziert Sumarokov seinen klassizistischen Standpunkt insbesondere gegenüber der Affektrhetorik der hohen Ode. Bezeichnenderweise orientiert Sumarokov sich an anderen Texten Boileaus als Lomonosov. Seine Epistel ‹O stichotvorstve› (1747/8; Über die Verskunst) entsteht in deutlicher Anlehnung an Boileaus gemäßigte Horaz-Adaptation ‹L'art poétique› (1674) – mit einigen signifikanten Abweichungen. [10] Sie betreffen erstens die historische Perspektive – im Gegensatz zu Boileau begnügt Sumarokov sich mit einer ahistorischen Paradigmatik; zweitens den Typus des Autors – während Boileau sich im ‹monde› des *honnête homme* an seinesgleichen richtet, will Sumarokov Unwissende belehren und *ars* im Sinne von Handwerk vermitteln; und drittens den kommunikations- und ideengeschichtlichen Kontext, der bei Boileau die Querelle, bei Sumarokov jedoch die für die russische Kultur zentrale Sprachproblematik der Diglossie betrifft. Mit dem Ziel der Etablierung einer russischen Literatursprache gibt Sumarokov in Abweichung von Trediakovskij und Lomonosov der Umgangssprache vor dem Kirchenslavischen den Vorzug. Insbesondere jene Gattungen, die sich deutlich erkennbar der Umgangssprache bedienen wie z.B. den Privatbrief, hebt er hervor. Dadurch wird die Hierarchie der Gattungsordnung nivelliert. Das Kirchenslavische, das Sumarokov als genuinen Bestandteil des Russischen auffaßt, soll, um Fremdwörter zu vermeiden, zur Bildung von Äquivalenten für neue westeuropäische Begrifflichkeiten genutzt werden. Insgesamt ergibt sich eine Bevorzugung der mittleren Stil- und Gattungsebene, die eine Annäherung zwischen poetischer und Alltagssprache bedeutet.

Klassizismus – Romantik. Für den Übergang vom Klassizismus zu Präromantik (Sentimentalismus) und Romantik ist bezeichnend, daß das Verständnis von P. in einen völlig neuen diskursiven Kontext rückt. Folgende Aspekte sind hier entscheidend:

1. Ein deutliches Auseinandertreten von Rhetorik und Poetik. Während die Rhetorik als künstlerisch-geniale Schöpfungskraft einschränkendes, behinderndes Regelsystem abgewertet wird, versucht die P. bzw. versuchen diskursiv innovative Texte über die Dichtung, diese neu unter den Künsten zu situieren und ihre ästhetischen Aufgaben und Werte zu bestimmen.

2. Die (prä)romantische Kritik am Rhetorismus impliziert auch eine Kritik an der P. als Lehr- und Regelwerk für ein hierarchisches Gattungssystem. An die Stelle solcher Poetiken treten daher

a) Texte, die dem philosophischen Diskurs der Ästhetik nahestehen und sich aus der Perspektive einer Philosophie der Künste mit dem Produktions-, dem Werk- und dem Rezeptionsaspekt poetischer Texte beschäftigen. Was den Werkaspekt anlangt, so stehen nun abstrakte Begriffe wie der der Nachahmung oder des Wunderbaren und Phantastischen im Vordergrund, die an produktionsästhetische und rezeptionsästhetische Konzepte wie z.B. den Geniebegriff oder den Begriff der Inspiration (*vdochnovenie*) gekoppelt sind und einer Regelpoetik im Kern widersprechen. G. DERŽAVINS Traktat ‹Rassuždenie o liričeskoj poezii ili ob ode› (1811 f.; Erörterung über die lyrische Dichtung bzw. über die Ode) markiert das Ende der Odenpoetik des 18. Jh. Die titelgebende Gleichsetzung der Ode weist auch auf jene (prä)romantische Auflösung der Gattungshierarchie hin, die Deržavin in seinem eigenen Werk bereits z.T. vorexerziert hat (etwa in der Einebnung der Differenz zwischen panegyrischer Ode und Anakreontik). Anders als Sumarokov orientiert Deržavin sich dabei nicht an einem mittleren Stilideal, sondern an den Merkmalen der hohen Gattung. Nicht stilistische Reinheit, sondern effektvolle, klassizistischen Idealen widersprechende Mischung der Stilebenen gehört zu den hervorstechenden Merkmalen seiner poetischen Praxis. Zentral für Deržavin ist BATTEUXS Traktat ‹Les beaux arts réduits à un même principe› (1746), dessen Kernbegriff der Nachahmung er jedoch vollkommen ignoriert. An die Stelle des dreiteiligen Gattungsschemas tritt bei Deržavin die Dichotomie von lyrisch-emotiver und rational-argumentativer Sprache, die er nach Herder und Batteux historisch begründet: die Sprache der Dichtung als ursprüngliche Ausdrucksform des Menschen. Im letzten Abschnitt zur ‹Oper› deutet sich in der Überschreitung der Gattungsgrenzen auch schon das romantische Konzept des Gesamtkunstwerks als Verbindung von Dichtung, Musik (den im Verständnis der Romantik höchsten Künsten) und darstellender Kunst bzw. Theater an.

b) Texte, die sich kritisch und programmatisch mit der spezifisch russischen Sprachsituation auseinandersetzen und die Vereinheitlichung der russischen Literatursprache mithilfe einer Fortführung oder Transformation der klassizistischen Stiltrias anstreben. So etwa die richtungsweisende Polemik zwischen A. ŠIŠKOV (1754–1841) und N. KARAMZIN (1766–1826), die von den nachfolgenden Generationen fortgesetzt wird und später von JU. TYNJANOV [11] in die Begriffe *archaisty* (Archaisten) und *novatory* (Erneuerer) gefaßt wird. Während Šiškov an der Stilhierarchie Lomonosovs orientiert bleibt und sich für eine starke kirchenslavische Komponente im hohen Stil und die stärkere Berücksichtigung der genuin russischen, mündlichen Volkstradition auf den anderen Stilebenen einsetzt, schlägt Karamzin, Hauptvertreter des Sentimentalismus in Rußland und wichtigster Schöpfer der russischen Literatursprache vor Puškin, den sog. *novyj slog* vor, einen literatursprachlichen Standard, der alle Kommunikationskompetenzen der zeitgenössischen westeuropäischen Sprachen abdecken soll. In späteren Stadien dieser Auseinandersetzung geht es entweder im Kontext der gattungssprengenden Tendenzen der Epoche der Romantik um eine konservative Restitution der hohen Gattungen des Klassizismus (z.B. KJUCHEL'BEKER) oder aber darum, den selbst rasch in einem gekünstelten Manierismus erstarrten *novyj slog* einer für die Epoche typischen Rhetorismuskritik zu unterziehen. [12] Als 'Produkt' dieser Kritik kann die von Puškin kreierte Literatursprache angesehen werden, die in vieler Hinsicht als Synthese aus den stilkritischen Positionen der Archaisten und Neuerer erscheint, und deren Standard bis in die heutige Zeit seine Geltung bewahrt hat. Diese Polemik, die auch am Ursprung der kulturphilosophischen Auseinandersetzung zwischen den sog. Westlern und den Slavophilen im 19. und 20. Jh. steht, kann als Anfang der wissenschaftlich-philologischen Literaturtheorie gewertet werden.

c) Texte mit wissenschaftlichem Anspruch, die sich in für die Epoche der Romantik typischer historischer Perspektive mit der Geschichte der P. sowie mit ihrer nationalen Spezifik auseinandersetzen. Zentrales Beispiel hierfür sind die Vorlesungen von ST. P. ŠEVYREV zur historischen P. [13], mit denen ebenfalls eine neue Disziplin beginnt. Ševyrev geht es dabei letztlich um die Vorzeichnung des Weges für eine künftige russische Nationalliteratur. Als Ausgangspunkt eines historischen und internationalen Überblicks über die verschiedenen, z. T. philosophischen Theorien über die Dichtkunst nimmt Ševyrevs ‹Teorija poezii› die These, daß Kunst prinzipiell vor der Theorie komme. Sie könne aber auch gelingen, wenn sie sich an abstrakten Ideen wie SCHELLINGS ‹Einem Gesetz› oder der ‹Selbsterkenntnis› (*estetičeskoe samopoznanie*) orientiere. Aufgabe der P. sei die «Erforschung der Gesetze, die die poetische Tätigkeit des Menschen leiten.»

In den ersten beiden Jahrzehnten des 19. Jh. versucht eine ganze Reihe von Autoren, die zumeist als Universitätsprofessoren in Moskau oder Petersburg tätig sind, in Rußland die zeitgenössische westeuropäische Ästhetik und Kunstphilosophie zu vermitteln, innerhalb der zum einen der Dichtung als Kunstform und zum anderen bestimmten Prinzipien dichterischer Darstellung ein besonderer Stellenwert zukommt. [14] Als solche können etwa der von Batteux inspirierte Begriff des Geschmacks (*vkus*) sowie das der Geschmacksästhetik verbundene Ideal des *izjaščnoe* (des Schönen-Edlen-Eleganten) gelten, das als ästhetischer Kernbegriff allmählich, die Opposition von *vysokoe* (Erhabenem) und *prekrasnoe* (Schönem) synthetisierend, die doppelte Ästhetik abgelöst hat. Auch Konzepte des ‹Wunderbaren› und ‹Phantastischen› treten allmählich im Zusammenhang einer (prä)romantischen Ästhetik der Einbildungskraft in den Vordergrund. Beispiele für die Begriffs-Karriere des *izjaščnoe* wären MERZLJAKOVS Vorlesung ‹Teorija isjaščnich iskusstv› (1812; Theorie der Schönen Künste), VOJCECHOVIČS Abhandlung ‹Opyt načertanija obščej teorii izjaščnich iskusstv› (1823; Versuch einer allgemeinen Theorie der Schönen Künste) sowie A.I. GALIČS ‹Opyt nauki izjaščnogo› (1825; Versuch einer Wissenschaft des Schönen), die als erste systematische Ästhetik in Rußland gilt. Beispiele für die (prä)romantische Genese des Phantastischen sind: T.O. ROGOVS noch stark an Boileau angelehnter Traktat ‹O čudesnom› (1812; Über das Wunderbare) und V.M. PEREVOTŠČIKOVS an Sulzer und Mendelssohn sowie Bodmer und Breitinger orientierte Traktate ‹Opyt o sredstvach plenjat' voobraženie› (1815; Versuch über die Mittel, die Phantasie zu fesseln) und ‹O čudesnom› (Über das Wunderbare). Auch die im engeren Sinne poetologischen Texte der 1810er und 20er Jahre haben mit klassizistischer Regelpoetik nur noch wenig zu tun. Das bereits 1806 begonnene ‹Wörterbuch der alten und neuen Dichtung› (Slovar' drevnej i novoj poezii, SPb. 1821) von N.F. OSTOLOPOV kombiniert poetologisch-stilistische mit ästhetischer Begrifflichkeit.

Nach und nach bildet sich in Rußland eine v.a. am deutschen Idealismus orientierte philosophische Literaturkritik heraus, die in der Diskussion von Schlüsselkonzepten wie ‹das Nationale› oder ‹das Romantische› die spezifischen poetologischen Probleme der russischen Literatur im ersten Drittel des 19. Jh. behandelt. In enger Verflechtung mit dieser Debatte einer neuen Generation von Archaisten und Neuerern entspinnt sich ein Streit um die Zulässigkeit des Romantischen, das sich aus dem Aspekt des Phantasiebetonten bzw. Phantastischen einerseits und des Nationalen, d.h. auf einem Gedächtnis der eigenen literarischen (auch der mündlich-folkloristischer) Tradition Aufbauenden andererseits zusammensetzt. Beispiele hierfür sind: V. KJUCHELBEKER, ‹Über die Entwicklung unserer Poesie. Insbesondere der lyrischen während des letzten Jahrzehnts› (1821); P. VJAZEMSKIJ, ‹Gespräch zwischen Herausgeber und Klassiker (Anstelle eines Vorworts zu Puškins Poem ‹Bachčisarajskij fontan›)› (1824); A.S. PUŠKIN, ‹Über die klassische und die romantische Poesie› (1825); A. BESTUŽEV-MARLINSKIJ, ‹Über die Romantik› (1826).

Anmerkungen:
1 S. Mathauserová: Drevnerusskie teorii iskusstva (Prag 1976). – 2 J. Lotman, B. Uspenskij: ‹O semiotičeskom mechanizme kul'tury›, in: Trudy po znakovym sistemam IV, 144–186 (Tartu 1971), dt. in: Semiotica sovietica II, hrsg. v K. Eimermacher (1986) 881–907. – 3 vgl. R. Lachmann: Die Zerstörung der schönen Rede. Rhet. Trad. und Konzepte des Poetischen (1995); dies.: Einl. zu: Die Makarij-Rhetorik, hrsg v. R. Lachmann (Köln/Wien 1980). – 4 vgl. I.P Eremin: Einl. zu: F. Prokopovič. Sočinenija (Moskau 1961); Lachmann [3] 218. – 5 vgl. B. Uhlenbruch: Einl. zu: F. Kvetnickij. Clavis Poetica (Köln/Wien 1985). – 6 vgl. I. Serman: Russkaja oda, in: Poetičeskij stil' Lomonosova (Moskau/Leningrad 1966); S. Frank: Der Diskurs des Erhabenen bei Gogol und die longinsche Trad. (1999). – 7 vgl. z.B. Uhlenbruch [5] XCIf. – 8 s. Lachmann [3] 148ff.; zu ‹ostroumie› auch: E. Greber: Textile Texte. ‹Wortflechten›, Kombinatorik und poetologische Reflexion (Köln/Wien 2002). – 9 vgl. Lachmann [3] 163. – 10 vgl. J. Klein: Sumarokov und Boileau, in: Zs. für slavische Philol. 49 (1989) 254–304. – 11 Ju. Tynjanov: Archaisty i novatory (1929; ND München 1957). – 12 vgl. Lachmann [3] 284ff. – 13 L. Udolph:. Stepan Petrovič Ševyrev (1820–1836) (Köln/Wien 1966). – 14 J. Murašov: Jenseits des Mimesis. Russ. Literaturtheorie im 18. und 19. Jh. von M.V Lomonosov zu V.G. Belinskij (Köln/Wien 1993).

b. *Polen Renaissance*. Das von späteren Epochen als das ‹Goldene Zeitalter› der polnischen Kultur apostrophierte 16. Jh. bringt eine polnischsprachige Dichtung hervor, die aus der Berührung mit der lateinischen – in ihren Gattungsformen, Themen und Stilverfahren – erwachsen ist.[1] Aber es ist eine Dichtung, die auch und besonders aus der Erfahrung der Übersetzbarkeit der antiken Dichter erwachsen ist, und eben diese Erfahrung wird zu einem fundamentalen kulturellen Stimulus für die polnische Literatur. Der Neoaristotelismus der Renaissance (Robortello, Minturno, Scaliger) bildet den poetologischen Hintergrund, vor dem die Dichtung des 16. und teilweise 17. Jh. zu verstehen ist. [2] Eine einzigartige Stellung nimmt J. KOCHANOWSKI (COCHANOVIUS) in bezug auf die Rezeption antiker und zeitgenössischer Autoren, die Herausbildung einer eigenen poetischen Sprache sowie die Schaffung eines umfangreichen poetischen, viele Gattungen umfassenden lateinischen und volkssprachlichen Werks ein. Kochanowski (von der Universität Padua zum *poeta laureatus* ernannt und in Polen im Ruf eines heimischen Ronsard stehend) gelingt es mit seinem poetischen Werk, nicht zuletzt dank seiner Verbindung mit den zeitgenössischen Strömungen der Renaissanceländer Italien und Frankreich, Polens Dichtung auf einen europäischen Stand zu bringen. [3] Gleichwohl ist eine Poetikproduktion für diese Zeit nicht dokumentiert, obgleich die *ars poetica* Bestandteil der Lehre an den seit den 60er Jahren des 16. Jh. in Polen entstehenden Jesuitenkollegien war und eine dementsprechende Lehrbuchtradition vorausgesetzt werden kann. Allerdings läßt der Kommentar zu M. FALKNERS ‹Expositio hymnorumque interpretatio pro iuniorum eruditione› (Krakau 1516) poetikrelevante Fragestellungen erkennen; dasselbe gilt für die kleine Abhandlung von S. ZACJUSZ (ZACIUS) ‹Libri duo ad artem versificatoriam› im Anhang des ‹Isagogicon artis versificatoriae› des Italieners A. Fulvius (Krakau 1532), das Fragen der Prosodie und Versifikation behandelt.

Barock. P. und Rhetorik werden im 17. und 18. Jh. an vielen Bildungsstätten Polens und Litauens (den Akademien, Kollegien der Jesuiten und Piaristen) vermittelt. Die gut dokumentierte, eine Vielzahl von (überwiegend handschriftlich überlieferten) Lehrbüchern umfassende P. des 17. Jh. setzt sich mit dem Neoaristotelismus auseinander und entwickelt im Kontext der von den Jesuiten vertretenen Lehre eine eigene einflußreiche Position heraus. Der zunächst in Rom, hernach in Polen und Litauen lehrende Jesuit M. K. SARBIEWSKI (SARBIEVIUS), der bedeutendste Rhetoriker und Poetiker (und neulateinische Dichter) Polens im 17. Jh., ist Autor von vier der P. (und Rhetorik) gewidmeten, zwischen 1619 und 1626 geschriebenen Abhandlungen, die ein hohes Niveau poetologischer und theoretischer Reflexion bekunden. [4] In Auseinandersetzung mit einigen von Scaliger vertretenenen Positionen entwickelt Sarbievius, im Kontext jesuitischer P. (Pontanus, Masenius, Donatus), gemäßigt barocke Konzepte (besonders in seiner für das polnische, ukrainische und russische Barock paradigmatisch gewordenen *acumen*-Theorie, ‹De acuto et arguto, sive Seneca et Martialis›) und radikalisiert in Anknüpfung an Scaliger das Bild des *poeta* als *alter Deus*. Seine 9 Bücher umfassende Schrift ‹De perfecta poesi, sive Vergilius et Homerus› ist eine Lyrik, Epos und Drama deskriptiv und präskriptiv darstellende, einer eigenen Systematik folgende Poetik, die neben antiken Autoren volkssprachliche italienische, französische und polnische Autoren des 16. Jh. als Paradigmen vorführt. Sarbievius argumentiert nicht nur gattungstheoretisch, sondern behandelt, auf Aristoteles' Technai referierend, grundlegende poetologische Fragen insbesondere bezüglich der diegetischen Gattungen: Mimesis, die Rolle der *probabilitas*-Forderung, Paralogismus als hochartifizielles Verfahren, die Logik von Handlungsverläufen und die Wahl von gattungsspezifischen Themen. Von besonderem Interesse sind die Kapitel, die der Frage, welches Wissen jeweils von welchen Gattungen transportiert werden kann, gewidmet sind.

Sarbievius ist nicht nur für die jesuitische Dramenpoetik, sondern auch für die sich entwickelnde Theaterpraxis im polnischen Raum ein wichtiger Theoretiker. In seinem Traktat ‹Characteres Lyrici› behandelt er lyrische Formen, besonders die Elegie, aus rhetorischer Perspektive unter den Gesichtspunkten der *inventio*, *dispositio* und *elocutio*, einschließlich einer ausführlichen Figurensystematik. Für die Schulpoetik des 17. und teilweise 18. Jh. bleibt die Rezeption der Jesuitenpoetiken (Pontanus, Donati, Masenius, L. Le Brun, I. Iuvencius u.a.) bestimmend. Sarbievius' umfängliche Abhandlungen werden erst im 20. Jh. gedruckt. – Aus der großen Anzahl der bekannten Lehrbücher werden im 17. Jh offenbar nur zwei gedruckt: I. KRZYŻKIEWICZ, ‹Attica musa [...] seu epitome artis poeticae› (Krakau 1674) und E. FRIDWALDSKI, ‹Opusculum institutionum poeticarum› (Leszno 1684). – ST. H. LUBOMIRSKI setzt der lateinischen eine volkssprachliche P. mit stark barocken Akzenten entgegen: ‹Rozmowy Artaksesa i Ewandra [...]› (Gespräche des Artaxerxes und des Ewander, gedruckt 1683), das dritte Gespräch ‹O stylu albo sposobie mówienia i pisania› (Über den Stil oder die Weise zu reden und zu schreiben) wurde 1998 neugedruckt. Einflußreich ist die nicht in Lehrbuchform vorliegende volkssprachliche gereimte P. von Ł. OPALIŃSKI, ‹Poeta nowy› (Der neue Dichter, entstanden 1652–1661, Krakau 1783–1785).

Klassizismus. Bis in die Mitte des 18. Jh. gilt die von Jesuiten und Piaristen vertretene P. mit stark dogmatischem Einschlag. Die Ablösung des Lateinischen durch das Polnische als Sprache über Dichtung schafft eine neue Stufe poetologischer Reflexion, die Literaturkritik, Diskussionen über ästhetische und stilistische Fragen einschließt und vornehmlich in Zeitschriften stattfindet (‹Monitor›, ‹Journal Polonais›, ‹Journal littéraire de Varsovie›, ‹Magazyn Warszawski› u.a.). Die Handbuchtradition wird fortgesetzt, wenn es um Fragen der Regel geht, wie sie für Vers- und Reimtechnik der volkssprachlichen, vom Syllabismus bestimmten Dichtung geht. Aber auch hier wird Normativität mit Literaturkritik verbunden, wie die Abhandlungen zweier Piaristen belegen: F. GOLAŃSKI, ‹O wymowie i poezji› (1786; Über Rede und Poesie) und F. DMOCHOWSKI, ‹Sztuka rymotwórcza› (1788; Reimkunst. Unter der Redaktion von I. KRASICKI erscheint in der Enzyklopädie ‹Zbiór potrzebniejszych wiadomości [...]› (Sammlung wichtigster Nachrichten [...]) das Stichwort ‹Poezja›, in dem die Rolle der Phantasie, ein für die Poetologie des ausgehenden 18. Jh. konstitutives Konzept, hervorgehoben wird.

Romantik. In der Romantik erhält die Literatur als Vorwegnahme staatlicher Souveränität eine Sonderfunktion. [5] Damit gewinnt die kulturelle Identität stiftende Rolle des Dichters (aufgrund der politischen Situation) eine neue Dimension. Mit dem Programm-Gedicht der polnischen Frühromantik, der Ballade ‹Romantyczność› (Das Romantische) von A. MICKIEWICZ wird der Dichter zum mündigen Vertreter dezidierter poetologischer Positionen, der neben der in kritischen Essays und Abhandlungen artikulierte Poetologie tritt, in der sich Traditionen unterschiedlicher Provenienz verbinden. Die Diskussion um die Dramenform reflektiert französische (LA HARPE, MARMONTEL) und deutsche (LESSING, SCHILLER, A. W. SCHLEGEL) Positionen und zeigt in vielen Ansätzen eine erneute Aristoteles-Rezeption, die klassizistisch oder prononciert romantisch (die offene Form) gefärbt ist. Es geht um die Herausbildung eines polnischen Nationaldramas, für das Mimesis, Affektenlehre und Katharsis eine neue Funktion übernehmen sollen. In den Abhandlungen von K. BRODZIŃSKI ‹Myśli o dramatyce polskiej› (Gedanken über die polnische Dramatik) und ‹O klasyczności i romantyczności tudzież o duchu poezji polskiej› (1821; Über Klassik und Romantik sowie über den Geist der polnischen Poesie) werden die deutschen sogenannten gotisierenden Dramenformen verworfen, denen unterstellt wird, daß sie die aristotelischen Katharsisanweisungen durch szenische Grausamkeiten außer Kraft setzen. In M. MOCHNACKIS ‹O literaturze polskiej w wieku dziewiętnastym› (1830; Über die polnische Literatur im 19. Jh.) werden gegen Mickiewicz und die von ihm in ‹Dziady› (Die Ahnenfeier) entwickelte neue romantische Dramenform klassizisierende Autoren reetabliert. Die polnische Romantik bringt in der westlichen Emigration eine exorbitante Leistung auf dem Gebiet der Lyrik, des Dramas, des Versepos, des mystischen Traktats, politischen Essays und historiosophischen Diskurses hervor, deren poetologisches Pendant in Dichterkommentaren, Autorenkorrespondenz, Literaturkritik und Selbstkommentierung zu finden ist. [6]

Anmerkungen:
1 Petrarca e il Petrarchismo nei paesi slavi/Petrarca i Petrarkizam u slavenskim zemljama, hg. v. F. Čale (Zagreb/Dubrovnik 1974). – **2** Z. Szmydtowa: Poeci i poetyka (Warschau 1964) 5–159. – **3** T. Michalowska: Poetyka i poezja (Warschau 1982); E. Sarnowska-Temeriusz: Droga na Parnas. Problemy staropolskiej wiedzy o poezji (Breslau 1974). – **4** S. Skimina: Vorworte zu ‹Praecepta poetica› und ‹De perfecta poesi› in der 2-bdg. Ausg. von M.K. Sarbievius (Polska Akademia Nauk, Breslau/Krakau 1954–1958). – **5** D. Siwicka, M. Bieńczyk (Hg.): Nasze pojedynki o romantyzm (Warschau 1995). – **6** M. Żmigrodzka (Hg.): Studia romantyczne (Breslau u.a. 1973).

c. *Tschechische Literatur. Humanismus – Barock.* Ähnlich wie Polen gehört Tschechien im 16. Jh. dem Einflußbereich der lateinischen Renaissancekultur Westeuropas an und partizipiert an deren rhetorischen und poetischen Tendenzen. Š. GELENIUS (JELENIUS) SUŠICKÝ verfaßt in den 90er Jahren des 16. Jh. eine ‹Logik› in der Volkssprache, deren erster Teil eine freie Übersetzung der beiden Lehrbücher ‹Dialectica I› (1555) und ‹II› (1556) von Ramus darstellt. In der Einleitung dazu legt er die poetische Kunst der alten Zeit dar und bedauert ihren Niedergang in der Gegenwart, den er mithilfe seiner Logik beheben möchte. Unter Beibehaltung der Terminologie ergänzt er seine freie Übersetzung mit Beispielen aus der Gegenwart. Die Rhetorik, der zweite Teil des Lehrbuchs, ist aus Talaeus übersetzt und besteht aus zwei der P. benachbarten Teilen: ‹O ozdobování› (*De elocutione*) und ‹O vyslovování› (*De pronuntiatione*). Wegen ihres Überblicks sind Gelenius Sušickýs ‹Logik› und ‹Rhetorik› weit verbreitet und werden bis hin zu den Dichtern des Barock (z.B. B. BRIDEL) stark rezipiert.

Für den protestantischen Zweig des tschechischen Barock bietet die erste tschechische P. von J. BLAHOSLAV (1523–1571) [1], ‹Naučení potřebná tém, kteříž písně skládati chtějí› (1569; Belehrung für diejenigen, welche Lieder komponieren wollen, ein grundlegendes Instrumentarium. Sie ist beeinflußt von der humanistischen Entwicklung, die die antike Dichtung als unerreichbares Vorbild ansieht. Zugleich versucht Blahoslav aber, ein zugängliches Lehrbuch für die Gegenwart zu schaffen, das den Begabten, aber Ungebildeten den Zugang zur Dichtkunst eröffnet. Es wird die Frage nach der Zweckmäßigkeit einer syllabischen Metrik für die tschechische Poesie aufgeworfen. Als praktisches Beispiel hierfür dienen Sammlungen geistlicher Lieder aus den für die evangelische tschechische Wortkunst und Musik so typischen Šamotulsker und Ivančicker Kanzionalen. Gelenius' P. dagegen kommt in jenen Zweigen der Barockdichtung besonders zur Geltung, für die Strategien der *acumen*-Lehre und der Überschreitung von Gattungsgrenzen typisch sind. Ein solcher Widerspruch ist der zwischen bukolischer Idyllik und einer Wiederbelebung des mittelalterlichen Geistes in einer Strömung der Mystik. Repräsentiert ist diese Verbindung der Gegensätze etwa in dem von Friedrich von Spees ‹Trutznachtigall› inspirierten Gedicht ‹Zdoroslavíček v kratochvilném háječku postavený› (1665; Trutznachtgall im kurzweiligen Revier) von F. KADLINSKÝ. Die Dialektik dieser komplexen Beziehung darzulegen, gelingt dem barocken Dichter B. BRIDEL (1619–80) in der Komposition von ‹Co Bůh? Člověk?› (Was ist Gott? Ein Mensch?).

Fragen der P. werden im Barock auch von Autoren berührt, die v.a. an sprachwissenschaftlichen Fragestellungen orientiert sind: B. BALBÍN (1621–1688) [2], Publizist und Ahnherr des tschechischen Nationalismus nach der Schlacht auf dem Weißen Berg, widmet einen großen Teil seiner lateinischen Abhandlung über die Humanwissenschaften, ‹Verisimilia humanarum disciplinarum› (1666), der Dichtkunst und der Geschichtsschreibung (‹O poesii a jejich druzích můj úsudek›. Mein Urteil über die Dichtkunst und ihre Arten). Angefangen von der Grunddifferenzierung zwischen fiktionalen und nichtfiktionalen Textsorten handelt er, veranschaulicht durch zahlreiche Beispiele v.a. aus der westlich-lateinischen Literatur, die epischen, lyrischen und theatralischen Gattungen ab, um schließlich zur *historia* zurückzukehren. Das ausführliche Kapitel über das Epigramm baut ganz auf der *acumen*-Lehre von Masenius, Sarbiewski u.a. jesuitischen Barockautoren auf. J. KONSTANC (1607–73) publiziert nach Blahoslav 1667 ‹Lima linguae bohemicae› (Feile der böhmischen Sprache). Im engeren Sinn poetische Fragen beantworten der Lehrtraktat von V.M. ŠTEYER (1630–92), ‹Výborně dobrý způsob, jak se má po česku dobře psáti nebo tisknouti ve formě žákových otázek a učitelových odpovědí› (1668; Ausgewählt gute Methode, wie man gut tschechisch schreiben oder drucken sollte) sowie V.J. ROSAS (1620–89) ‹Čechořečnost seu Grammatica linguae Bohemicae› (1672), der vor allem auf die Stilistik und den Wortschatz ausgerichtet ist und sich durch eine Neigung zu linguistischem Purismus auszeichnet.

Klassizismus – Romantik. Die Epoche der Aufklärung bedeutet für die tschechische Literatur eine Stagnation, die sich aus der politisch-kulturellen Situation Tschechiens als Teil der zunehmend zentralistischen Habsburgermonarchie erklärt. Diese Lage ändert sich erst mit dem Entstehen einer historisch orientierten und z.T. politisch motivierten tschechischen Sprachwissenschaft seit dem Ende des 18. Jh., die im Kontext der europäischer Epoche der Romantik und ihres nationalen Bewußtseins steht.

Der gelehrte ABBÉ J. DOBROVSKÝ (1753–1829) schreibt noch immer v.a. in Deutsch oder Latein, sein Werk aber hat für die sog. ‹Nationale Wiedergeburt› [3] eine ebenso große Bedeutung wie für die tschechische Literaturgeschichte. Er gilt als Vater der tschechischen Philologie und Literaturgeschichte und darüberhinaus als 'Erfinder' der komparatistischen Methode, auch als Begründer der Slavistik als linguistischer Disziplin.

Angeregt vom Gedankengut Herders und Goethes unternimmt J. JUNGMANN (1773–1847) den Versuch einer grundlegenden Reform der tschechischen Literatursprache, deren Wortschatz er durch Einführung von Lehnwörtern aus dem Polnischen und Russischen den Erfordernissen der Gegenwart anzupassen versucht. Tschechisch soll als einzige Nationalsprache für sämtliche Diskurse tauglich gemacht werden. Jungmann selbst legt den Grundstein zu einer tschechischen Philosophie, Literaturkritik und Ästhetik, die die bereits vorhandenen Disziplinen der Geschichtsschreibung und Rhetorik zeitgemäß ergänzen sollen. Jungmanns Werke wie ‹Slovesnost› (1820; Literatur), ‹Historie literatury české› (1825; Geschichte der tschechischen Literatur) und sein tschechisch-deutsches Wörterbuch setzen Dobrovskýs Werk in einem romantischen Geist fort.

F. PALACKÝ (1798–1876) und P.J. ŠAFAŘÍK (1795–1861) führen die linguistisch orientierte P. weiter, setzen jedoch auf der Suche nach einer nationalen Dichtungstradition noch stärker historische Akzente. Im Traktat ‹Počátky českého básnictví zvláště prosodie› (1818;

Anfänge der tschechischen Dichtkunst bzw. Prosodie) polemisiert der spätere Nationalhistoriker Palacký gegen Dobrovský, indem er für die Metrik neben der tonischen auch eine syllabisch-quantifizierende Komponente einklagt.

Ein Problem der Historiker, die von der Idee einer tschechischen Nation bewegt sind, ist die für diese konstitutive Nationalliteratur. Aufgrund der politischen Situation hat sich neben der mündlich überlieferten Volksdichtung keine starke literarische Tradition herausbilden können. 1785 veröffentlicht der Rokokodichter J. PUCHMAJER (1769–1820) den ersten Poesie-Almanach. J. KOLLÁRS (1793–1852) Epos ‹Slavy dcera› (1824; Slaventochter) repräsentiert monolithisch den sog. Klassizismus und macht den Autor zum Propheten des Panslavismus. Durch Sammlung und Mystifikation von Volksdichtung erfinden die nationalen Romantiker eine literarische Tradition.[4] F.L. ČELAKOVSKÝS (1799–1852) Sammlung ‹Ohlas písní českých› (1839; Widerhall der tschechischen Lieder), das seinem ‹Ohlas písní ruských› (1829; Widerhall der russischen Lieder) folgt, ist hierfür ein literarisch sekundäres Beispiel neben K.J. ERBENS (1811–1870) ‹Písně národní v Čechách› (1840er; Volkslieder in Tschechien), der Arnims und Brentanos ‹Des Knaben Wunderhorn› zum Vorbild hat. Solitäre der tschechischen Dichtung sind auch K.H. MACHAS (1810–1836) hochreflexives, Byron verpflichtetes und zugleich poetisch überaus innovatives und originelles Poem ‹Maj› (1836), das als Inbegriff der Romantik in Tschechien gilt[5], und später dann Erbens Balladensammlung ‹Kytice z pověsti národních› (1853; Blumenstrauß aus Volkssagen)[6].

Anmerkungen:
1 A. Novák: Czech Literature (Ann Arbor 1976). – **2** Bohuslav Balbín a kultura jeho doby v Čechách/B. Balbín und die Kultur seiner Zeit in Böhmen, hg. v. Z. Pokorná, M. Svato š (1993). – **3** F. Vodička: Cesty a cíle obrozenské literatury (Prag 1958); Česká literatura od počátků dnešku, hg. v. J. Lehár, A. Stich, L. Janáčková, J. Holý (Prag 1999). – **4** Vl. Macura: Znamení zrodu. České obrození jako kulturní typ (Prag 1995). – **5** J. Mukařovský: Kapitoly z české poetiky 3 (Prag 1948); Kapitel zur Poetik. Karel Hynek Macha. Die tschech. Romantik im europ. Kontext, hg. v. H. Schmid (2000). – **6** F. Vodička: ‹K vývojovému postavení Erbenova díla v české literatuře›, in: Česká literatura 38 (1990) 385–404.

d. *Südslavische Literaturen.* Für die südslavischen Literaturen (die bulgarische, serbische, kroatische, slowenische), von denen nur die westlichen Renaissanceformen entwickelt haben, gibt es trotz guter literaturhistorischer Darstellungen keine aussagekräftige Dokumentation einer P.-Tradition. Die Szenerie ist überdies durch die Vielzahl der einzelvolkssprachlichen und regionalen Literaturen (die kroatische Literatur umfaßt eine slavonische, nordkroatisch-kajkavische, eine dalmatinische und eine ragusanische Variante) schwer faßbar. – Das Wirken des Franziskaner-, Dominikaner- und Jesuitenordens bei den katholischen Kroaten und Bosniern hat je eigene Formen privilegiert. Es ist davon auszugehen, daß der jeweilige Kontakt mit benachbarten Nationalliteraturen (der italienischen, deutschen, russischen) mit ausgeprägter P.- (und Rhetorik-)Tradition die Lehre an den (regionalen) Bildungsstätten bestimmt hat.

Kroatien: Renaissance. Für die kroatische Renaissance- und zum Teil Barockperiode läßt sich vermutlich wegen der kulturellen Nähe zu Italien (die gelegentlich zur Italianisierung einzelner Autoren führt) eine eigene Poetiktradition nicht ausmachen.[1] Sowohl die frühe lateinsprachige Renaissancedichtung als auch die im 16. Jh. einsetzende parallel dazu verfaßte volkssprachliche Literatur richtet sich an der italienischen Poetiktradition (Vida, Donati, Castelvetro und Scaliger) aus. Da der Petrarkismus und eine nachhaltige Petrarca-Rezeption bereits Ende des 15. Jh. in Ragusa (Dubrovnik) einsetzt (eine Sammlung ragusanischer petrarkistischer Lyrik, der sog. ‹Ranjinin Zbornik›, erscheint 1507), kann man davon ausgehen, daß die Sonettform sowie bestimmte Reimtechniken und Metaphern ohne Vermittlung eines Lehrbuches paradigmatisch wurden.[2] Von großer Bedeutung ist auch die Entwicklung des geistlichen und weltlichen Dramas (besonders der Tragikomödie). Eine Sonderstellung nimmt in Ragusa die Komödie ein, die M. DRŽIĆ aus der italienischen *commedia dell' arte* zu einem eigenständigen Genre entwickelt hat, das in Komik, Personenkonstellation, Handlungsfügung und Stilistik traditionsbildend wird.[3]

Barock. Es ist zu vermuten, daß, obwohl es weiterhin keine Belege für eine eigene die genannten Gattungen betreffende P. gibt, die Bildungsstätten Ragusas, das Jesuitenkolleg ‹Collegium Ragusinum› und die nach italienischem Muster entstandenen Literarischen Akademien poetikrelevante Lehre vermittelt haben. Es lassen sich allerdings Poetikelemente in wenigen rhetorischen Texten feststellen, z.B. in N. GUČETIĆ's ‹Commentaria in primum librum artis rhetoricae Aristotelis› (ca. 1600) und in P. LUKAREVIĆ's ‹Eloquentia, sive de inventione et dispositione rhetorica› (1674). Im übrigen sind es wiederum die Autoren selbst, die, nunmehr im Kontext barocker Stilkonvention, musterbildend werden und zwar jeweils für bestimmte Gattungen: J. PALMOTIĆ für das Drama (bzw. die Tragikomödie), I. GUNDULIĆ sowohl für das Drama als für das Epos (‹Osman›) und die religiöse Dichtung, I. BUNIĆ-VUČIĆEVIĆ für die geistliche und erotische Dichtung[4].

Klassizismus. Das Weiterleben des Barock im 18. Jh. hat in Ragusa zu späten Blüten geführt (I. DURĐEVIĆ). Erst durch die Rezeption der italienischen Geschmackspoetik und Barockkritik (CRESCIMBENI, GRAVINA, MURATORI), die klassiztistische Ideale auch für diese Literatur verbindlich macht, wird der Barockstil abgelöst. Für die anderen Regionalliteraturen Kroatiens gilt eine vergleichbare Entwicklung.

Romantik. Mit der Romantik, die wie in einigen anderen slavischen Literaturen nationale Identität durch die Konstruktion eines heroischen Volksmythos zu befördern versucht, treten mündliche Volkstraditionen (*junačke pjesme*, epische Heldenlieder) sowie deren Sammlung und Analyse (V. KARADŽIĆ) in den Vordergrund. Damit übernimmt wie in den übrigen südslavischen Literaturen die Volkstradition in der spät einsetzenden, mit der ‹nationalen Wiedergeburt› verbundenen Romantik eine musterbildende Funktion für die Lyrik und das heroische Epos. Ein herausragendes Beispiel für letzteres ist I. MAŽURANIĆ's ‹Smrt Smail-Age Čengića› (1846; Der Tod des Smail-Aga Čengić)[5] Poetologische Reflexion, die die Frage nach der nationalen poetischen Sprache in den Vordergrund rückt, findet in der Literaturkritik und in der Dichterkorrespondenz statt. An der Diskussion um die 'authentische' Sprachgestalt nehmen nunmehr auch Sprachwissenschaftler teil, deren z.T. sprachhistorisch begründete Konzepte für die Etablierung eines einheitlichen literarischen Idioms entscheidend werden.

Serbien. Eine besondere Stellung nimmt die serbische Literatur ein, die bis ins 18. Jh. von einer weitgehend oralen, archaische Züge bewahrenden Tradition bestimmt ist. [6] Diese verfügt über ein stabiles Gattungsgefüge, das lyrische und epische Formen (hier wie bei den Kroaten die Heldenlieder) unterscheidet und durch Berührung mit der islamischen Kultur weitere orale Formen assimiliert hat. Diese mündliche Tradition verfügt über eine immanente Poetik, die strikt befolgt wird. Erst ihre Aufzeichnung in der Romantik (V. KARADŽIĆ) ermöglicht die Beschreibung der dieser Tradition zugrundeliegenden Regeln bezüglich Metrum, Rhythmus, Bildlichkeit und Lautgestaltung. [7]

Die Hinwendung der orthodoxen Serben zu ostslavischen Bildungsstätten im 18. Jh. bringt Kenntnisse der vor allem an der Geistlichen Akademie in Kiev vermittelten Poetik- und Rhetorikkurse, deren barocke und hernach klassizistische Ausrichtungen rezipiert werden. Die wie bei den Kroaten spät einsetzende Romantik entwickelt eine Poetologie, die der Ausbildung der Nationalsprache und eines kulturelle Identität stützenden Dichtungskonzepts gewidmet ist. Divergierende, von einzelnen Autoren vertretene Modelle, die unterschiedliche Modi der aus der oralen Dichtung ererbten volkspoetischen Sprache favorisieren, werden von sprachwissenschaftlich untermauerten Positionen jeweils gestützt. Eine herausragende Stellung in der Entscheidung für eine poetische Sprache, die Volkstradition mit dem erreichten Standard der Literatursprache verknüpft, nimmt das Werk des montenegrinischen Dichterfürstbischofs P.P. NJEGOŠ ‹Gorski Vijenac› (1847; Der Bergkranz) ein. Neben die Diskussion um die Literatursprache tritt die Rezeption romantischer Vorläuferliteraturen, vor allem der deutschen Romantik.

Anmerkungen:
1 M. Beker (Hg.): Comparative Studies in Croatian Literature (Zagreb 1981). – **2** K. Georgijević: Hrvatska kniževnost od XVI do XVIII stoljeća u sjevernoj Hrvatskoj i Bosni (Zagreb 1969). – **3** W. Potthoff: Die Dramen des Junije Palmotić. Ein Beitr. zur Gesch. des Theaters in Dubrovnik im 17. Jh. (1973). – **4** Z. Kravar: Varianten der kroatischen Barockkit., in: Slavische Barockliteratur II, hg. v. R. Lachmann (1983) 179–194. – **5** M. Živančić, I. Frangeš: Povjest hrvatske književnosti, knjiga 4: Ilirizam, Realizam (Zagreb 1975). – **6** J. Deretić: Istorija srpske književnosti (Belgrad 1983). – **7** A.B. Lord: The Singer of Tales (Harvard 1964); ders.: Epic Singers and Oral Tradition (Ithaca 1991); R. Jakobson: Zur vergleichenden Forschung über die slavischen Zehnsilber, in: Selected Writings IV (La Hague/Paris 1966) 19–37.

S. Frank, R. Lachmann

7. *Skandinavien.* **a.** *Rahmenbedingungen.* Die geographische und kulturelle Randstellung Skandinaviens innerhalb Europas prägt die Entwicklung der P. in den einzelnen Nationalliteraturen nachhaltig. Die späte Christianisierung und der damit verbundene Import des Lateinischen als Bildungssprache führen zur verzögerten Emanzipation der Nationalsprachen. Die wenigen während Mittelalter und Frühneuzeit entstehenden Grammatiken der Volkssprachen, davon viele selbst auf Lateinisch, stellen so v.a. Übertragungen der lateinischen Grammatik, Stilistik und Rhetorik auf das volkssprachliche Idiom dar; als Wissenschaftssprachen können sich die Nationalsprachen erst im 18. Jh. behaupten. [1] Gegenüber der starken neulateinischen Dichtung setzt sich die volkssprachliche Kunstdichtung – in Schweden zuerst vertreten durch G. STIERNHIELM (1598–1672), in Dänemark-Norwegen durch A. ARREBO (1587–1636) – vergleichsweise spät durch und artikuliert sich entsprechend zögerlich das sprachpflegerische Interesse an metrischen, grammatischen u.a. Aspekten der Volkssprachen. Die Ausbildung der skandinavischen P. kollidiert dadurch mit den Anfängen der Ästhetik und der mit ihr verbundenen Literaturkritik im 18. Jh. [2] Während die Genres Literaturrezension und -essay zu Beginn des 20. Jh. mit der Diversifizierung der Printmedien immer größere Bedeutung erlangen, steht die skandinavische Literaturwissenschaft seit der Mitte des 19. Jh. v.a. im Zeichen der zunächst folkloristisch interessierten, dann biographisch-historischen Grundlagenforschung. Deren Hegemonie geht erst gegen Ende der 1960er Jahre zugunsten der Diskussion von Literaturtheorien und -methoden allmählich zurück. [3] Eine Ausnahme bildet Island, wo die Nationalsprache von Anfang an auch in der Gelehrtenliteratur überwiegt und schon früh volkssprachliche Grammatiken und P. geschaffen werden. [4]

b. *Entwicklung. Mittelalter.* Die Geschichte der skandinavischen P. beginnt in Island. Die isländischen Ausbildungsstätten des Mittelalters orientieren sich zwar durchgängig am kontinentaleuropäischen Schriftenkanon für das Studium der *artes liberales.* Doch gilt neben der Astronomie der Grammatik das größte wissenschaftliche Interesse und führen die hochkomplexen Strukturgebote der in Island noch produktiven Skaldik zu einem Bedarf an poetologischer Regulierung, dem von Lateingrammatik und -poetik nur unzureichend entsprochen wird. Aus dem Bereich der Sprach- und Dichtungstheorie liegt daher eine recht große Anzahl originaler Werke vor: die anonymen ‹1. und 2. grammatischen Abhandlungen› aus der ersten Hälfte des 12. bzw. dem 13. Jh., die primär die Konstitution eines den isländischen Lautgegebenheiten angemessenen Alphabets zum Ziel haben; ferner die von PRISCIAN und DONAT geprägte und durch Skaldendichtung illustrierte ‹Málskráedsfrædi› (Rhetorik) des Universalgelehrten Ó. THÓRDARSON HVÍTASKÁLD (gest. 1259) über Wort- und Satzfiguren, schließlich die anonyme ‹4. Grammatische Abhandlung› vom Anfang des 14. Jh. [5] Im engeren Sinne mit der Dichtung befaßt sind die metrischen Lehrgedichte ‹Háttalykill› (Schlüssel der Versarten; vermutlich eine Gemeinschaftsarbeit des Isländers H. THÓRARINSSON und des Orkney-Jarls RŒGNVALD aus den 1140er Jahren) und das ‹Háttatal› (Aufzählung der Versarten, 1222–3) des S. STURLUSON (1178/9–1241). Beide *claves metricae* beschäftigen sich mit der Skaldendichtung, die im 12. Jh. in Island eine Renaissance erlebt. Insofern diese modernisiert und den stilistischen Möglichkeiten der lateinischen Gelehrtensprache angepaßt wird, zeugen die beiden Texte auch vom Import klassischer *artes rhetoricae* und *rhythmicae* nach Skandinavien. [6] ‹Háttalykill› bietet in ca. 80 Strophen eine Anschauung verschiedener *hœttir,* unter denen hier sowohl Metren wie auch rhetorische und stilistische Figuren verstanden werden. Dies geschieht illustrativ über Beispielsammlungen und ohne Rückgriff auf allgemeine poetologische Reflexionen. ‹Háttatal› ist eine 102 Strophen in stilistischen und metrischen Variationen v.a. der Versart *dróttkvœtt* umfassende Eloge auf die norwegischen Regenten König HÅKON und Jarl SKULI und bildet den Schlußteil der ‹Snorra-Edda›. Diese repräsentiert als Handbuch für Skaldendichter die erste skandinavische P. überhaupt. Als solche verfügt sie neben der *clavis metrica* auch über einen Abschnitt zur poetischen Erfindung, den mythologischen Teil ‹Gylfaginning› (Täuschung Gylfis), sowie über Ausführungen zum poetischen Ornat im Abschnitt ‹Skáldskaparmál›

(Lehre von der Dichtersprache), der die ein- und mehrgliedrigen poetischen Umschreibungen *heiti* bzw. *kenning* zum Gegenstand hat. – Aus dem übrigen mittelalterlichen Skandinavien liegen kaum poetologische und rhetorische Texte vor, wie auch generell die Trennung dieser beiden *artes* kaum vorgenommen wird. Um 1320 verfaßt M. LINCOPENSIS das lateinische Lehrbuch ‹Poetria›, das eine Übersicht der rhetorischen Tropen bietet und mit einem Hexameter-Beispiel illustriert [7] und das Gegenstück zu Matthias' Rhetoriklehre ‹Testa nucis› (Nußschale) darstellt. Die von ARISTOTELES, HORAZ und stellenweise GALFRID VON VINSAUF geprägte Schrift zerfällt in drei Teile, deren erster die *modi representationis* behandelt und die Einteilung der Dichtung in *laus* und *vituperium* vornimmt und deren zweiter und dritter Abschnitt die poetische Erfindung und sonstiges poetisches Zubehör wie Intonation, Stil etc. untersuchen. Das Wesen der Dichtung wird dabei in ihren didaktischen und darstellerischen Möglichkeiten verortet. [8] Zentral ist das didaktische Moment auch in der bis 1530 im Rhetorikunterricht verwandten dänisch-lateinischen, teilweise in Hexametern abgefaßten Sprichwortsammlung des Dänen P. LAALE. [9]

c. Frühe Neuzeit. In Island wird die literarische Produktion von der durchgängig starken Tradition der Erzählprosa (*saga*) und verschiedenen Untergruppen profaner wie sakraler Dichtung – Skaldik, später Verserzählung (*rímur*), Psalmendichtung u.a. – beherrscht. Erst im 19. Jh. werden Essay, Roman und Drama importiert [10]; diesem Umstand mag es zu verdanken sein, daß keine eigentliche isländische Gattungspoetik existiert. Speziell das Fehlen einer poetologischen Aufarbeitung der Eddadichtung und der Saga wird darauf zurückgeführt, daß diese als Gegenstände einer langen, über weite Strecken mündlichen und anonymen Überlieferung im Unterschied etwa zur Skaldendichtung, die einzelnen Autoren zugeschrieben wird, schon nicht als künstlerische Leistungen, sondern als Reproduktionen aufgefaßt werden. [11] Demgegenüber führt ein vitales Interesse an der praktischen Seite der Dichtung seit dem frühen 15. Jh. und dem für die profane wie sakrale Dichtung einflußreichen ‹Háttalykill› (ca. 1410–20) des L.R. GUTTORMSSON, inhaltlich ein romantisches Liebesgedicht, zu einer unausgesetzten Produktion von *claves metricae* für die skaldische, lyrische und *rímur*-Dichtung, die ihren Abschluß in der fast 2000 Varianten von zwanzig *rímur*-Typen umfassenden ‹Bragfræði› (Metrik) des Geistlichen H. SIGURÐSSON aus dem Jahre 1888 findet. [12] In der sog. *isländischen Renaissance* des 16. und 17. Jh. ist das Interesse an Texten im übrigen historisch-inhaltlich. ARNGRÍMUR INN LÆRÐI (1568–1648) ist Vorreiter einer intellektuell und institutionell stark mit Dänemark verbundenen Bewegung, die im Geist des Renaissancepatriotismus das nordische Altertum an die Stelle der griechisch-römischen Antike zu setzen versucht. Im Rahmen dieses Projektes beginnt, angeführt vom dänischen Runenforscher O. WORM (1588–1654), die altnordische Sprachkunde und die Sammlung, Edition und Kommentierung altisländischer Überlieferungsträger. Neben TORMOD TORFÆUS trägt besonders Á. MAGNÚSSON (1663–1730) in Kopenhagen eine einzigartige, jedoch 1728 zu zwei Dritteln verbrannte Handschriften- und Buchkollektion zusammen. [13] Diese Sicherung überkommener altisländischer Texte als historische Zeugnisse ist insofern traditionsbildend, als die skandinavistische Mediävistik noch im 20. Jh. dazu tendiert, die Textualität der Saga zugunsten ihrer historischen Quellenfunktion zurückzustufen. [14]

In *Dänemark-Norwegen und Schweden* steht die Frühneuzeit im Zeichen der ersten wissenschaftlichen und künstlerischen Annäherung an die Volkssprachen mit dem Ziel der Konstruktion einer nationalen Identität. Dieses Vorhaben geht auch in diesen Ländern Hand in Hand mit dem Beginn der Altertumskunde, der Editionsphilologie und der (vergleichenden) Sprachwissenschaft. Zudem ist nach dem Ende der *Kalmarer Union* im Jahre 1523 und mit der Entwicklung Dänemark-Norwegens und Schwedens zu rivalisierenden Großmächten die Anwendbarkeit text- und sprachtheoretischen Wissens für die Propaganda von vorrangigem Interesse. Deshalb blüht in Skandinavien die Rhetorik und findet sich eine Fülle (lateinischer und übersetzter) Rhetoriklehren, während die Regelpoetik nur vereinzelt und mit deutlicher Verzögerung gegenüber dem Kontinent Einzug hält. Im Zuge einer prinzipiellen Abgrenzungsbewegung der muttersprachlichen Grammatik von der des Lateinischen und vor dem Hintergrund einer stark ausgeprägten Lateindichtung und kaum existenten neusprachlichen Kunstdichtung ist das primäre Anliegen der frühneuzeitlichen skandinavischen P. weniger die allgemeine Erörterung des Wesens der Poesie als die praktisch-technische Absetzung von neulateinischen Kategorien und Formen, hier besonders vom quantitierenden Versmaß.

In *Dänemark-Norwegen* ist die Unterordnung der Dichtung unter die Maßgaben der Sprachpflege und der Didaktik deutlich markiert: Während auf allgemein poetologischem Gebiet nur einige wenige lateinische Dissertationen oder versprengte Bemerkungen vorliegen – z.B. O. BORCHS ‹Dissertatio VII de Poetis› von 1681 und ‹De Furore poetico› von 1680, P. SYVS ‹Nogle betenkninger om det Cimbriske Sprog› (Einige Anmerkungen zur kimbrischen Sprache, 1663) – floriert die Produktion von metrischen und grammatischen, besonders orthographisch interessierten Texten. Beispielhaft genannt seien hier E. PONTOPPIDANS D.A. ‹Grammatica Danica› (1668), H. GERNERS ‹Orthographia Danica eller Det danske sproks Skiffverictighed› (1678–9, Die Rechtschreibung der dänischen Sprache), P. SYVS ‹Den Danske Sprog-Kunst› (1685, Die dänische Sprachkunst) [15], S. JUDICHÆRS ‹Synopsis Prosodiæ Danicæ Eller En Kort Extract aff Riimkunsten› (Ein kurzer Auszug der Reimkunst, 1650) sowie H. MIKKELSEN RAVNS ‹Ex Rhythmologia Danica› (1649).

Auch in *Schweden* entstehen im Kielwasser der politischen Expansion im 17. Jh. eine nationalistische Bewegung (*Götizismus*) und entsprechend motivierte sprachgeschichtlichen Forschungen – vertreten etwa von den runologischen Schriften O. RUDBECKS und G. STIERNHIELMS ‹Gambla Swea- och -götha-måles fatebur› (1643, Vorrat der alten Svear- und Götar-Sprache). Die Vernachlässigung des zeitgenössischen Schwedisch führt zwar zur prominenten Klage des pseudonymen Dichters S. BÄRGBO, ‹Thet Swenska Språkets Klagemål, at thet, som sigh borde, icke ährat blifwer› (gedr. 1658, Klagerede der schwedischen Sprache, daß sie nicht gebührlich geehrt werde), doch dauert es bis 1696, bis mit N. TJÄLLMANNS ‹Grammatika Svecana› die erste schwedische Grammatik erscheint. Die lange Zeit nur in Manuskripten tradierte Sprachpflege des Dichters S. COLUMBUS, ‹En Swensk Orde-Skötsel› (ca. 1689, Eine schwedische Wortpflege) zeigt stellvertretend, daß der Kampf für die phonetisch und dialektal ausgerichtete Orthographie in erster Linie ein Ringen um die nationale Identität und deren Repräsentationen ist. Es erstaunt deshalb nicht, daß ein Großteil der poetologischen Reflexion in lateinischen Dissertationen stattfinde⁻ [16] und auch die erste schwedische P. der Frühneuzeit auf Lateinisch abgefaßt ist. L. Fornelius' umfangreiche ‹Poetica tripartita› (1643) ist eine den klassischen und kontinentalen Beispielen in nichts nachstehende Gattungspoetik, die v. a. im repräsentationstheoretischen Teil Aristoteles und stellenweise Scaliger diskutiert. Die einzige muttersprachliche P. des 17. Jh. stellt jedoch A. Arvidis ‹Manuductio ad poesin svecanam› (1651) dar. Diese stark an Opitz, Harsdörffer, von Zesen und Ravn angelehnte Schrift ist v. a. an der technischen Umsetzung der poetologischen Regeln interessiert und enthält sowohl ein Reimregister wie auch Tabellen über sämtliche neulateinische Versmaße. Gerade was letzteren Punkt betrifft, bleibt die mit Anschluß an den allgemeinen germanischen Sprachpatriotismus postulierte Abgrenzung von der lateinischen P. nicht nur bei Arvidi Lippenbekenntnis, so daß noch gegen Ende der 1690er Jahre sich der Uppsalienser Literaturprofessor P. Lagerlöf veranlaßt sieht, in seinen Vorlesungen ‹Über die schwedische Poeterey› v. a. metrische und prosodische Fragen zu behandeln und sich gegen den Hexameter und für das akzentuierende Versmaß einzusetzen.

d. *Aufklärung.* Das 18. Jh. bringt in Skandinavien eine starke, durch die absolutistischen Herrscher und Herrscherinnen unterstützte und vor einigen wenigen Kulturschaffenden vermittelte Orientierung an der französischen klassizistischen P. mit sich, wie auch in ganz Skandinavien Akademien nach Vorbild der *Académie française*, literarische Zirkel und Clubs entstehen Begünstigt durch die neugeschaffene Pressefreiheit drängen gleichzeitig zahlreiche Zeitungsorgane auf den Markt.

In *Island* findet eine Beschäftigung mit allgemeineren Fragen der textuellen Ästhetik erst gegen Ende des 18. Jh. und mit dem Aufkommen entsprechender Foren statt, etwa der ‹Isländischen literarischen Gesellschaft› des Dänen R. Rask (gegr. 1816) und deren Periodikum ‹Skírnir› (seit 1827). Hier wird an der neuklassizistischen P. festgehalten und vom Dichter zu gleichen Teilen Handwerk, Vernunft und Geschmack verlangt. [17]

Die beiden wichtigsten Ästhetiker der *dänischen Aufklärung* sind der aus Norwegen stammende L. Holberg (1684–1754) und K. L. Rahbek (1760–1830); die klassizistische P. wird repräsentiert von T. Reenbergs ‹Ars Poetica› (1701). [18]

In *Norwegen* sind v. a. C. Tullin (1728–65) und der als erster Literaturkritiker des Landes geltende C. Fasting (1756–1791) für die Durchsetzung der aufklärerischen Ästhetik tätig.

Die *schwedischen* Exponenten und Organe des ästhetischen Klassizismus und seiner Geschmacksideale sind der von Boileau geprägte O. von Dalin (1708–63), dessen ‹Korta påminnelser wid swenska skaldekonsten i wår tid› (Kurze Überlegungen zur schwedischen Dichtung unserer Zeit) von 1755 als Programmschrift gelten können und der in seinem kurzlebigen Journal ‹Then swänska Argus› (1732–34, Der schwedische Argus) als erster das Genre der moralischen Wochenzeitschrift aufnimmt [19]; ferner der einflußreiche Dichterorden ‹Tankebyggarna› um die zentralen Gestalten H. C. Nordenflycht, G. P. Creutz und F. G. Gyllenborg; gegen Ende des Jh. der Literaturkritiker J. H. Kellgren (1751–1795) und der von ihm 1778 mitbegründete Zeitung ‹Stockholmsposten›, die Austragungsort harter Auseinandersetzungen zwischen Geschmacks- und Genieästhetik ist, sowie der Sprachwissenschaftler C. Aurivillius (1717–86) und der Kritiker C. G. af Leopold (1756–1829). Der poetologische Diskurs findet des weiteren v. a. in akademischen Dissertationen und Reden statt, so etwa in C. Bergklints ‹Tal om Skaldekonsten› (1761 Rede über die Dichtkunst). Schließlich erfährt die schwedische Literaturgeschichte ihr erste Darstellung in J. H. Lidéns (1741–93) vierbändiger Dissertationsreihe ‹Historiola litteraria poetarum Svecanorum› (1764–72). [20]

e. *Romantik.* Die romantische P. kann sich in Skandinavien erst spät und nur unter starken Auseinandersetzungen mit den Klassizisten artikulieren. Beispielsweise vertritt der einflußreichste dänische Literaturkritiker des 19. Jh., J. L. Heiberg (1791–1860), eine neuklassizistische, zu gleichen Teilen gegen die vom norwegischen Literaturprofessor H. Steffens (1773–1845) in Dänemark eingeführte Romantik wie auch gegen den aufkommenden Realismus gerichtete Haltung, die in seiner normativen Gattungspoetik ‹Vaudevillen som dramatisk digtart› (1826, Das Vaudeville als dramatische Dichtungsart) ihren Ausdruck findet.

In *Norwegen* setzt die neue Ästhetik nach 1814 angeführt von M. Hansen (1794–1842) ein, doch kommt es noch in den 1830er Jahren zu einem aufklärerisch-romantischen Literaturstreit der Dichter H. Wergeland (1808–45) und J. Welhaven (1807–73)

In *Schweden* findet sich die Geniepoetik zuerst in den an England orientierten Programmschriften Th. Thorilds (1759–1808), ‹Passionerna› (1781) und ‹En critik öfver Critiker med utkast til en lagstiftning i snillets verld› (1791, Eine Kritik über Kritiker mit dem Entwurf einer Gesetzgebung im Reich des Genies). – Die skandinavische Rezeption der romantischen Ästhetik zeigt sich ansonsten v. a. auf dem Gebiet der folkloristischen und literaturgeschichtlichen Forschung, die in der ersten Hälfte des 19. Jh. nach dem Vorbild Herders und geleitet vom Psychologismus Sainte-Beuves einsetzt. Zu nennen sind hier die Schriften ‹Bidrag til den danske digtekunst› (1800–8, Beiträge zur dänischen Dichtkunst) von K. L. Rahbek und ‹Svenska Siare och Skalder› (1841–55, Schwedische Seher und Skalden) des den romantischen Dichterkreis der *Phosphoristen* begründenden Ästhetikers P. A. Atterbom (1790–1840). Ferner kommen eine Reihe noch lange einflußreicher Sammlungen und Editionen skandinavischer Volksmärchen und Balladen in diesem Zeitrahmen zustande, im einzelnen herausgegeben von den Norwegern P C. Asbjørnsen und J. Moe (1841ff.), den Dänen E. T Kristensen und S. Grundtvig (1853ff.), dem Schweden Arvid August Afzelius (1814ff.) und dem Isländer J. Árnason (1852).

Die *isländische* romantische Ästhetik schlägt sich darüber hinaus in der neuen Gattung des literaturkritischen Essays nieder, hier besonders zu nennen die Texte von J. Hallgrímsson, K. Gíslason, J. Sigurdsson und G. Vigfússon. [21]

Anmerkungen:
1 vgl. S. Lindroth: Svensk Lärdomshistoria, Bd. 3: Frihetstiden (Stockholm 1973). – 2 vgl. Art. ‹Poetik›, in: Svenskt Litteraturlexikon (Lund 1974). – 3 F. E. Andersen, J. Weinstock (Hg.): The Nordic Mind. Current Trends in Scandinavian Literary Criticism (Lanham et al. 1986) 297–303. – 4 F. Paasche: Norges og Islands Litteratur inntil utgangen av middelalderen, Bd. 1 von: Norsk Litteraturhistorie (Oslo 1957) 327–328; P. Diderichsen, E. F. Halvorsen, H. H. Ronge: Art. ‹Lærd og folkelig stil›, in: Kulturhistorisk leksikon for nordisk middelalder, Bd. 10 (Kopenhagen 1965). – 5 N. Hellesnes, O. Høyland: Norrøn litteraturhistorie (Oslo 1971) 111; J. Helgason: Norrøn litteraturhistorie (Kopenhagen 1934) 103–105 – 6 vgl. A. Holtsmark: Art. ‹Hátta-

lykill›, in: Kulturhistorisk leksikon [4] Bd. 6 (Kopenhagen 1961); E. Noreen: Den norsk-isländska poesien (Stockholm 1926) 262–268; S. Einarson: A History of Icelandic Literature (Baltimore 1969) 65–67, 116–117. – **7** vgl. ‹Poetik› [2] – **8** L. Gustafsson: Art. ‹Poetik›, in: Kulturhistorisk leksikon [4] Bd. 13 (Kopenhagen 1968). – **9** N. Ingwersen: Art. ‹History of Scandinavian Literary Criticism›, in: Dictionary of Scandinavian Literature, hg. v. V. Zuck (New York u.a. 1990) 521f. – **10** Einarson [6] 206–213. – **11** S. Kaspersen, S. Kværndrup, L. Lönnroth, T. Damsgaard Olsen: Fra runer til ridderdigtning o. 800–1480, Bd. 1 von: Dansk litteraturhistorie (Kopenhagen 1984) 72. – **12** Einarsson [6] 94–95. – **13** ebd. – **14** Ingwersen [9] 528. – **15** F. Lundgreen-Nielsen: Perioden 1500–1700 i overblik, in: FS 21–47. – **16** G. Bergh: Litterär kritik i Sverige under 1600- och 1700-talen (Stockholm 1916) 17ff. – **17** Einarsson [6] 206–209, 213. – **18** vgl. F. Conrad: Den litterære kanondannelse i Danmark før 1700, in: F. Lundgreen-Nielsen (Hg.): Ord, sprog oc artige dict: et overblik og 28 indblik 1500–1700. FS P.L. Hjorth (Kopenhagen 1997) 507–532. – **19** Bergh [16] 58. – **20** ebd. 73. – **21** Ingwersen [9] 524.

Literaturhinweise:
F. Böök: Svenska studier i litteraturvetenskap (1913) – J. Landquist: Människokunskap (1920) – T. Borup Jensen (Hg.): Digterne om digtning i det 20. århundrede, 2 Bde. (1970) – S. Møller-Kristensen: Digtningens teori (⁴1966) – C. Fehrman: Forskning i förvandling. Män och metoder i svensk litteraturvetenskap (1972). – S. Skard (Hg.): Norsk litteraturvitenskab i det 20. århundre (1975).

B. Sabel Bucher

IV. Moderne. Generell hat sich die P. als ‹Dichtungstheorie› seit dem 19. Jh. endgültig von der Regelpoetik der Aristotelischen Tradition gelöst. Allerdings verbindet beispielsweise noch G. FREYTAG in seiner ‹Technik des Dramas› (1863) den zeittypischen wissenschaftlichen Empirismus mit einer Orientierung an Aristotelischen Kategorien. Im 20. Jh. emanzipiert sich die P. als ‹Literaturtheorie› immer deutlicher von der philosophischen Ästhetik, die seit der Wende zum 19. Jh. die Poesie als spezifische Erscheinungsform von Wahrheit im Rahmen umfassender Systeme situiert hatte [1], und fragt – zunehmend sprachtheoretisch fundiert – nach der sprachlichen *differentia specifica* der poetischen und literarischen Rede etwa gegenüber dem Gebrauch von Sprache im Alltag oder in den Wissenschaften.

Die moderne P. beantwortet die Frage nach der Differenzqualität des Literarischen entweder, wie im 20. Jh. die Literaturtheorie des Formalismus und des Strukturalismus, ahistorisch oder begreift diese Differenzqualität als Form von ästhetischer Autonomie und Souveränität, die eine evolutionäre Errungenschaft darstellt und folglich als Abgrenzungskriterium für einzelne literaturgeschichtliche Epochen verstanden wird. In der letzteren Hinsicht ist die P. zumeist eine Theorie der literarischen ‹Moderne›, häufig normativ etwa im Sinne von A. RIMBAUDS Maxime: «Il faut être absolument moderne.» [2] Bestimmte literarische Richtungen des 19. und 20. Jh. – wie der literarische Realismus und alle Formen ‹engagierter› Literatur –, die durchaus eigenständige P. entwickelt haben, fallen dann aus dem Zentrum des Interessengebietes der P. heraus.

Wo im 20. Jh. die *literaturwissenschaftliche* P. ‹Moderne› als Kategorie dominant und normativ setzt, dort geht ihre Tendenz dahin, die – historisch erwachsene – Inkommensurabilität der poetischen Rede, ihre Inkongruenz zu jeder pragmatischen Verwendung von Sprache emphatisch zu betonen: Poetische Rede wird dann zu einer ‹unvordenklichen›, die auf «Entselbstverständlichung der Gemeinsprache» [3] zielt und ein «autonomes Bewegungsgefüge der Sprache» [4] darstellt.

Diese geschichtliche Form einer ästhetischen Autonomie und Souveränität der Literatur, die zugleich eine Nicht-Übersetzbarkeit der poetischen in andere Formen der Rede, deren «Selbstreferenz» [5], meint, setzt die begrifflichen Anstrengungen der entsprechenden P. einem prekären Status aus: Der literaturwissenschaftlichen P. als einer P. der literarischen ‹Moderne› haftet häufig «der Gestus des tragischen, vorwegbestimmten Scheiterns der theoretischen Praxis angesichts der ästhetischen Bedeutungs- und Sinnfülle» [6] an. Noch P. DE MANS vornehmlich an Texten der literarischen ‹Moderne› entwickeltes Lektüremodell mit seinem Konzept der ‹Unlesbarkeit› läßt sich als Folge dieser Situation verstehen. [7] Eine wichtige und noch nicht abschließend beantwortete Frage der P. der ‹Moderne› ist, wie sich die literarische ‹Moderne› zu den anderen vielfältigen Formen von Modernität und Modernisierung im 19. und 20. Jh. verhält – in systemtheoretischer Perspektive: wie im Zusammenhang moderner funktionaler Differenzierung die Stellung ästhetischer und literarischer Autonomie zur jeweiligen Autonomie der ausdifferenzierten politischen, ökonomischen und kulturellen Subsysteme zu beurteilen ist. [8]

Vielgestaltig ist die moderne P. nicht zuletzt insofern, als sich in ihr die *Textformen poetologischer Reflexion* vervielfachen. Neben die begriffliche P. in ‹Dichtungs›- und ‹Literaturtheorie› tritt gleichrangig eine eigenständige poetologische Selbstreflexion der poetischen Werke. Autoren, deren Œuvre zum Kanon der ‹klassischen Moderne› zählt, entwickeln eigene ‹Autopoetiken›: von E.A. POES ‹The Philosophy of Composition› (1846), in der Poes Gedicht ‹The Raven› als Produkt logisch kalkulierter Verfahrensschritte dargestellt wird, bis zu G. BENNS ‹Probleme der Lyrik› (1951), I. BACHMANNS ‹Frankfurter Vorlesungen› (1959/60) oder P. CELANS Büchnerpreisrede (1960). Eine spezifisch moderne Form der P. bilden die Manifeste der literarischen Avantgarden, die zugleich P., ästhetisches Programm und dessen Einlösung sind.

Bei der Bestimmung der Differenzqualität des Poetischen geht die moderne P. überwiegend von bestimmten literarischen *Gattungen* aus: vor allem von der «Lyrik als Paradigma der Moderne» [9] und vom Roman. Wichtig werden aber auch solche Gattungen, die zuvor nicht Gegenstand der P. waren, etwa der Essay, der in sich poetische und diskursive Rede zwiefältig vereint. [10]

Für die Gattungspoetik ist die *Lyrik* erst im späteren 18. Jh. neben der Epik und der Dramatik zur dritten kanonischen Gattung geworden. Seit dem frühen 19. Jh. setzt sich die Auffassung durch, daß sie die reinste und vollkommenste Form des Poetischen sei. Diese erst in der ‹Goethe-Zeit› und der Romantik vollends sich ergebende gattungspoetische Kanonisierung führt dazu, daß das Lyrikverständnis dieser literaturgeschichtlichen Richtungen, nämlich die Bestimmung der Lyrik als ‹Erlebnis›- und ‹Stimmungsausdruck› über lange Zeit, z.T. bis weit in die zweite Hälfte des 20. Jh. hinein, in Geltung bleibt. G.W.F. HEGEL hat in seinen ‹Vorlesungen über die Ästhetik› die Lyrik als eine Kunst des subjektiven Ich-Ausdrucks gefaßt: «Als der Mittelpunkt und eigentliche Inhalt der lyrischen Poesie hat sich [...] das poetische konkrete Subjekt, der *Dichter*, hinzustellen [...].» [11] Seine Bedeutung hat der lyrische Ausdruck von Subjektivität aber erst dadurch erhalten, daß in ihm die Vermittlung von partikularer Besonderheit und einem «Allgemeinmenschlichen» sichtbar hatte werden sollen, die vom Leser «poetisch mit[zu]empfinden» war.[12] F. TH. VISCHER bestimmt, Hegels Postulate variierend, die Lyrik als «punktuelles Zünden der Welt im Subjekte».[13] Die Figur einer Vermittlung von Besonderem und Allgemeinem in der Lyrik ist auch für W. DILTHEYS ‹Erlebnis›-P. prägend. «Poesie» ist nach Dilthey «Darstellung und Ausdruck des Lebens. Sie drückt das Erlebnis aus, und sie stellt die äußere Wirklichkeit des Lebens dar»[14], als ‹Erlebnis›-Ausdruck ermöglicht die Lyrik «die lebendigste Erfahrung vom Zusammenhang unserer Daseinsbezüge in dem Sinn des Lebens»[15] und macht damit den lyrischen Ausdruck von Subjektivität auf ein «Typisches»[16] hin durchsichtig. Schon O. WALZELS Studie ‹Leben, Erleben und Dichten› (1912) bezeugt den enormen Einfluß von Diltheys Poetik. M. KOMMERELL faßt die lyrische «Stimmung» als Verschmelzung von Leser, Dichter und Gedicht.[17] Noch E. STAIGER und K. HAMBURGER folgen Hegels und Diltheys Figur der Vermittlung von lyrischem Subjektivitätsausdruck und «Allgemeinmenschlichen» bzw. «Typischem».[18] In der germanistischen Literaturwissenschaft hat Diltheys ‹Erlebnis›-P. bis in die Gegenwart hinein eine gewisse Stellung behauptet.[19]

Der P. Diltheys mit ihrer Tendenz zur «Ent-Rhetorisierung, Ästhetisierung und Psychologisierung der Lyrik»[20] entsprechen aber schon zu Lebzeiten Diltheys weder die konkrete Dichtungspraxis noch die sie begleitenden theoretischen Äußerungen der Autoren. Gegen das Verständnis von Lyrik als Stimmungs- und Gefühlsausdruck und gegen das mit ihm eng verbundene Konzept von ‹Inspiration› als Grund des Dichtens stellen moderne Autorpoetiken, die die Lyrik betreffen, spätestens seit CH. BAUDELAIRE die artistische und konstruktivistische Verfaßtheit poetischer Rede heraus. So etwa Benn: «Ein Gedicht entsteht überhaupt sehr selten – ein Gedicht wird gemacht.»[21] Unter diesem Gesichtspunkt konnte die Tradition der Rhetorik wieder positiver beurteilt werden. Zugleich führt die moderne Autorpoetik der Lyrik den Begriff ‹P.› auf seine Abkunft vom ‹Machen› bzw. ‹Herstellen›, vom ποιεῖν, poiein› zurück: «Der Name P. scheint uns [...] angemessen, wenn man das Wort nach seiner Etymologie versteht, das heißt, als Name für alles, was sich auf die Schöpfung oder Komposition von Werken bezieht, für welche die Sprache zugleich Substanz und Mittel ist – und nicht etwa im beschränkten Sinn einer Sammlung von Regeln und ästhetischen Vorschriften hinsichtlich der Poesie.»[22] H. Friedrich hat, bezogen v.a. auf Baudelaire, Rimbaud und ST. MALLARMÉ, in dieser Akzentsetzung das Konzept eines «Dichtens von der Sprache her»[23] ausgemacht. Baudelaire betreibt in seiner P. entschlossen «Enthumanisierung»[24] als Postulat eines Dichtens, das die Lyrik von ihrem herkömmlichen Verständnis als ‹Ausdruck› empirischer Subjektivität abtrennt, wobei die eigene nationale Romantik als Kontrastfolie und Gegnerin figuriert: «Die Empfindsamkeit des Herzens ist der poetischen Arbeit nicht unbedingt förderlich»[25]; die «‹Aufgabe›» des Dichters «‹geht über das Menschliche hinaus›».[26] Ähnlich lassen sich Mallarmé – «LITERATUR [...] besteht darin, den Herrn Soundso, der als sie Schreibender verbleibt, auszuschalten.»[27] – und im frühen 20.Jh. F.T. MARINETTI in seinem ‹Futuristischen Manifest› (1909) verlauten. Dies geschieht, um die Lyrik von der Verpflichtung auf ‹Umweltreferenz› zu entlasten. Dichten wird, was in Baudelaires – von Poe übernommenem – Begriff des ‹Calculs› («Überlegung»[28]) zum Ausdruck kommt, verstanden als intellektuelles Operieren und artistisches Konstruieren. Lyrik ist Produkt der ‹Zerstörung› der Alltagssprache mit ihrer Ausrichtung an pragmatischen Verwendungszusammenhängen und zugleich Erfindung einer ‹neuen› Sprache. Poe kehrt in diesem Sinne die Reihenfolge der Verfahrensschritte um, wie sie für die ältere, an der Tradition der Rhetorik orientierten P. konstitutiv gewesen war: Bei der Produktion der poetischen Rede sind nun die *verba* den *res* vorgeordnet, ergeben sich deren Sinnzusammenhänge allein aus den Klangqualitäten und dem assoziativen Potential der Worte.[29] Die ästhetische Autonomie und die sprachliche Souveränität der Lyrik erscheinen sodann als Ergebnis einer artistischen ‹Magie›: «In dem Wort, in dem *verbum* liegt etwas *Heiliges*, das uns verbietet, es auf gut Glück zu gebrauchen. Eine Sprache kunstvoll verwenden, heißt sich einer Art beschwörenden Hexerei bedienen.»[30] Die tropologische Konsequenz dieser ‹modernen› Lyriktheorie liegt in einer Bevorzugung der ‹absoluten› Metapher, in der das sachhaltige *tertium comparationis* traditionellerer metaphorischer Verfahren getilgt ist. Zugleich ergibt sich – in Weiterführung von Tendenzen der deutschen Frühromantik – eine Nobilitierung der poetischen Form des Fragments, das als Gestalt einer Art ‹negativer Theologie der Lyrik› verstanden wird: Das Gedicht ist ein «vollkommen ausgeführtes Bruchstück eines nicht vorhandenen Gebäudes.»[31] Für die Wirkungspoetik folgt, v.a. bei Baudelaire, aus der Theorie einer autonomen, souveränen und entpragmatisierten poetischen Rede das Modell einer Rezeption im Modus des ‹Schocks›, abgestützt auf eine nun erstmals konsequent ausformulierte ‹Ästhetik des Häßlichen›: «Das poetische Gedächtnis, einst eine unendliche Quelle freudiger Vorstellungen, ist zu einem unerschöpflichen Arsenal von Folterwerkzeugen geworden.»[32]

Die P. der ‹modernen› Lyrik versteht sich zugleich als umfassender Entwurf einer ästhetischen ‹Moderne›, der auch die anderen Künste einbegreift. Rimbaud beispielsweise veranschaulicht die Bestimmungen seiner P. unter Bezugnahmen auf die Malerei, deren erst später sich ergebenden amimetischen Charakter vorwegnehmend.[33] Umgekehrt entwirft I. STRAWINSKY seine ‹P.› der Musik in Anlehnung an die ‹moderne› P. der Lyrik.[34] Die deutsche Literaturwissenschaft hat sich gegenüber dieser Form ästhetischer ‹Moderne› lange reserviert bis schroff ablehnend verhalten, was noch etwa in Staigers skandalträchtiger ‹Zürcher Rede› von 1966 zum Ausdruck kommt.[35]

Für SCHILLER ist der «Romanschreiber» nicht mehr als ein «Halbbruder» des «Dichters».[36] Noch die Schulpoetik des 19. Jh. begegnet der Gattung des *Romans* mit Mißtrauen.[37] Für die deutsche Theoriebildung setzt zunächst wiederum die Hegelsche Ästhetik die bestimmenden Impulse, v.a. mit der Vorstellung, daß der Roman an die Stelle des Helden im klassischen Epos, der als «großer, freier, menschlich schöner Charakter»[38] die Totalität seiner eigenen Gegenwart in sich versammelt und repräsentiert habe, den modernen desillusionierten Helden gerückt hat, der zeigt, daß in der modernen ‹prosaischen› Welt Subjektivität und Objektivität im Mißverhältnis und Widerspruch zueinander stehen. Vischer wandelt auf den Spuren Hegels, wenn er festhält: «Die *moderne Zeit* hat an die Stelle des Epos [...] den *Roman* gesetzt», wobei dessen «Schauplatz [...] die prosaische Weltordnung»[39], die «wunderlose Welt»[40] ist. Innerhalb dieser hat aber der Roman die «grünen Stellen»[41] – Vischer nennt: politische Ausnahmezustände, Lebensformen exotischer sozialer Außenseiter [42] – aufzusuchen, «die der idealen Bewegung noch freieren Spielraum geben».[43] Pragmatisch anverwandelt wird diese P. von den Programmatikern des deutschen literarischen Realismus.[44] Im frühen 20. Jh. zeigen sich die Wirkungen Hegels am deutlichsten bei G. LUKÁCS: «Der Roman ist die Epopöe eines Zeitalters, für das die extensive Totalität des Lebens nicht mehr sinnfällig gegeben ist»[45], seine Form ist «Ausdruck der transzendentalen Obdachlosigkeit».[46]

Zwei der wichtigsten Tendenzen der Autorpoetik zum modernen Roman seit G. FLAUBERT stehen, unterteilt man idealtypisch, divergierend zueinander: das Bestreben einer Autonomisierung der poetischen Sprache auch im Roman, welches die Verpflichtung zur ‹Widerspiegelung› einer textexternen Wirklichkeit aufkündigt, und das Konzept einer radikalen Psychologisierung der erzählten Welt unter Absehung von aller externen Zuschreibung von Bedeutung durch den Akt des Erzählens. Flaubert, dem für die Geschichte der Romanpoetik eine ähnliche Bedeutung zukommt wie Baudelaire für diejenige der P. der Lyrik, entfaltet in brieflichen Äußerungen die Vision eines ‹Buches über nichts›, eines Buches «ohne äußere Bindung».[47] E.M. FORSTER entwirft den Roman – unter Tilgung des «story-telling aspect» – als «melody»[48]. A. DÖBLINS Romanpoetik ist eine Entsprechung zum Konzept eines lyrischen «Dichtens von der Sprache her», indem das Programm einer ‹Polyphonie› und ‹Dissonanz› des Romans den Vorstellungen angenähert ist, die Baudelaire mit seinem poetologischen Begriff der «correspondances» umschrieben hatte.[49] Als Fortsetzung von Flauberts Vision läßt sich noch Benns Entwurf einer «absoluten Prosa»[50] einstufen. Die P. des ‹postmodernen› Romans, die mit dem Essay ‹The Literature of Exhaustion› (1967) von J. BARTH anhebt, setzt die Programmatik einer ästhetischen Autonomie der – nun allerdings spielerisch gewendeten – Romansprache fort, kürzt aber die ‹moderne› Romanpoetik um das ihr eigene ‹Pathos› des ‹Avantgardismus›. Die zweite Tendenz wird von der P. etwa V. WOOLFS verkörpert: «Examine [...] an ordinary mind on an ordinary day. The mind receives a myriad impressions – trivial, fantastic, evanescent, or engraved with the sharpness of steel» (Sieh dir [...] ein gewöhnliches Bewußtsein an einem gewöhnlichen Tag an. Das Bewußtsein nimmt eine Unzahl von Eindrücken auf – banale oder phantastische, flüchtige oder solche, die sich mit stählerner Schärfe einprägen), wobei die Präsentation der erzählten mentalen Elemente dem Postulat der Unmittelbarkeit und Unverfälschtheit zu genügen hat: «with as little mixture of the alien and external as possible» (mit möglichst wenig Beimischung von Fremdem und Äußerlichem).[51] Noch A. ROBBE-GRILLET folgt in seiner P. des *nouveau roman* diesem Wunsch nach Abstinenz hinsichtlich jeder Hinzufügung von Bedeutung zur Welt des Erzählten – «Aber die Welt ist weder sinnvoll noch absurd. Ganz einfach: sie ist.»[52] –, welche Abstinenz allerdings, wie auch ROBBE-GRILLETS programmatische Anleihen bei einer Ästhetik der Photographie zeigen[53], letztlich allein dem utopischen Zweck dienen soll, eine entkonventionalisierte Form der Wahrnehmung der außertextuellen Welt selbst zu befördern.

Eine dritte Tendenz der Romanpoetik betrifft die produktive Auseinandersetzung mit der durch Naturwissenschaften, Technik und neue Medien geprägten modernen ‹Lebenswelt›. Diese Tendenz zeigt sich erstmals vollständig ausgeprägt in der naturalistischen P.E. ZOLAS. Zola begreift in ‹Le roman expérimental› (1902) unter Anverwandlung von C. Bernards ‹Introduction à l'étude de la médicine expérimentale› (1865) die Produktion des Romans als ‹Experiment›, in strikter Analogie zu den positivistischen Verfahren der Naturwissenschaften[54], und überträgt die aus H. Taines ‹Histoire de la littérature anglaise› (1864) entnommenen Kategorien der positivistischen Gesellschaftslehre – ‹Rasse›, ‹Milieu›, ‹Moment› – direkt in seine P., indem er die Gestaltung des epischen Geschehens nach Maßgabe dieser drei Wirkkräfte einfordert. Eine deutsche Entsprechung dazu ist W. SCHERERS ‹P.› (1888), in der die positivistischen Kategorien jedoch unter charakteristisch subjektivistischer Färbung in die Trias von ‹Ererbtem›, ‹Erlerntem› und ‹Erlebtem› verwandelt sind. Nach dem Ersten Weltkrieg wird dem Roman die Aufgabe zugeschrieben, die moderne ‹Lebenswelt› als eine ‹medial erzeugte› erkennbar zu machen. Die Poetiken Döblins und anderer adaptieren Strukturelemente der modernen Massenpresse, der Photographie, des Films, später des Radios. Die poetologischen Prinzipien der ‹Montage› und der ‹Collage› werden theoretisch von Auseinandersetzung etwa mit Formen der zeitgenössischen Theaterprogrammatik (E. PISCATOR). Gelegentlich wird jedoch die Reflexion auf die moderne Medienwelt auch – in eher kulturkritischer Absicht – zum Anlaß genommen, kontrastiv die *differentia specifica* der poetischen Sprache zu konturieren, so bei R. MUSIL[55] und noch 1956 bei N. SARRAUTE[56].

Den Beginn einer eigenständigen modernen *Literaturtheorie* datiert man zumeist symbolisch auf das Jahr 1917, das Erscheinungsjahr von V. ŠKLOVSKIJS Essay ‹Die Kunst als Verfahren›. *Russischer Formalismus* und früher *Strukturalismus* entwickeln ihre Konzepte in engem Kontakt mit den zeitgenössischen sowjetischen Avantgarden (V. CHLEBNIKOV, V. MAJAKOVSKIJ u.a.). R. JAKOBSON versteht mit der Frage «*Was macht eine verbale Nachricht zu einem Kunstwerk?*»[57] die P. als Teilgebiet der neuen Disziplin der Linguistik und weist ihr zugleich den ersten Platz innerhalb der Literaturwissenschaft zu.[58] Mit P. VALÉRY, der 1931 die «langue littéraire» als eine «langage technique» auffaßt[59], teilt der Strukturalismus den Wunsch, die Kriterien für ‹Poetizität› linguistisch objektivierbar zu machen. Jakobson grenzt die ‹poetische Funktion› von den übrigen – fünf – Funktionen von Sprache ab[60] und gelangt unter Rückgriff auf grundlegende Annahmen F. DE SAUSSURES zu seiner berühmten Formel: «*Die poetische Funktion projiziert das Prinzip der Äquivalenz von der Achse der Selektion auf die Achse der Kombination.* Die Äquivalenz wird zum konstitutiven Verfahren der Sequenz erhoben.»[61] ‹Poetizität› meint so: In der Sequenz werden nicht nur Elemente nach den syntaktischen und semantischen Regeln für korrekte Sätze kombiniert, sondern die syntagmatischen Elemente unterhalten zusätzlich paradigmatische ‹Ähnlichkeitsbeziehungen›, stehen zueinander im Verhältnis ‹positiver› oder ‹negativer› ‹Äquivalenz›. Hierbei zeigt die Lyrik – z.B. über die formalen Strukturen von Reim und Rhythmus – die ‹poetische Funktion› in besonderer Verdichtung. Auch wenn die strukturalistische P. nicht einfach die Vorstellung einer Autonomie der Kunst fortschreibt – «Was wir betonen, ist nicht der Separatismus der Kunst, sondern die Autonomie der ästhetischen Funktion.»[62] –, so führen ihre Annahmen doch der Tendenz nach dazu, das poetische Werk als ausschließlich autoreferentielle Einheit zu verstehen: Für es gilt durchgängig das Prinzip der Äquivalenz auf der Ebene des Mitgeteilten und infolgedessen das Prinzip der Selbstzweckhaftigkeit auf der Ebene der Mitteilung. Auch die strukturalistische P. hängt so – v.a. im Falle der Lyrik – der Vorstellung vom Sprachkunstwerk als einer ‹organischen› und selbstbezüglichen Einheit an.

Ist bis weit in die zweite Hälfte des 20. Jh hinein die Lyrik der bevorzugte Gegenstand der strukturalistischen P., so steht spätestens seit dem Werk G. GENETTES [63] eine *P. der Erzählung* im Zentrum ihres Interesses. In Weiterführung von V.J. PROPPS Studie zur ‹Morphologie des Märchens› (1928) entwickelt A.J. GREIMAS sein Konzept des ‹Aktanten›, das zu einer Art ‹generativen Grammatik› des Erzählens führt. [64] Bei der Untersuchung von Ebenen des narrativen Textes ist für die strukturalistische Narratologie die Differenzierung zwischen der Ebene der ‹histoire› (Kombination der erzählten Ereignisse nach ihrem temporalen Ablauf) und der Ebene des ‹discours› (Gestaltung der Geschichte durch einen Narrator) die fundamentale.

Die Auffassung des Sprachkunstwerks als autotelischer, in sich geschlossener Einheit teilt der Strukturalismus mit wichtigen literaturtheoretischen Richtungen aus der Mitte des 20. Jh.: der *Genfer Schule*, der *Schule der Werkimmanenten Interpretation* und dem *New Criticism*, auch wenn diese sich nicht in direkter Auseinandersetzung mit der strukturalistischen P. formieren. Die Vertreter der Genfer Schule [65] (G. POULET, J. STAROBINSKI, J. ROUSSET, J.-P. RICHARD) knüpfen an die Philosophie E. HUSSERLS an, indem sie dessen Einklammerung des ‹realen Objekts› bei der phänomenologischen Analyse auf die ‹Seinsweise› des Sprachkunstwerks übertragen. Dieses wird unter Abstraktion von allen realgeschichtlichen Bezügen als ‹organische› Einheit aller seiner semantischen und stilistischen Aspekte verstanden, die ihr einheitsstiftendes Zentrum im ‹Geist› des Autors finden, wobei dieser ‹Geist› gerade nicht als empirische Entität gefaßt wird, sondern als Summe und Gefüge von Verfahren, ‹Welt› aufzufassen und zu konstituieren. Ein ähnliches Verständnis des poetischen Werks als Manifestation der Wahrnehmungsweiser von ‹Welt› zeigt sich in der Schule der werkimmanten Interpretation: «Darauf kommen wir immer wieder zurück, auf die Welt des Dichters, die im Wort vernehmlich wird, das heisst, wir kommen immer wieder zum Werk, das uns allein als unmittelbarer Gegenstand gegeben ist.» [66] Für den New Criticism ist das Sprachkunstwerk – wiederum bevorzugt ist die Lyrik – ein autarkes Gebilde, das in sich eine Reihe von ‹Spannungen› ‹Ambivalenzen›, ‹Paradoxa› oder auch ‹Ambiguitäten› [67] zur Lösung und zur Integration führt, eine «unification of attitudes into a hierarchy subordinated to a total and governing attitude» [68].

Gegen den linguistischen Objektivismus des Strukturalismus, aber durchaus auf der Basis strukturalistischer Annahmen, fordert M. RIFFATERRE 1966 die Berücksichtigung des Lesers. [69] In der *Rezeptionsästhetik* wird dieser zur systematischen Größe der Poetik. W. ISER begreift den literarischen Text als Netzwerk von an den Rezipienten gerichteten ‹Appellstrukturen›. [70] Über ‹Leerstellen› – mit diesem Begriff erweitert Iser R. INGARDENS Konzept der ‹Unbestimmtheitsstellen› [71] – konstruiert der literarische Text selbst die Rolle des ‹impliziten Lesers›. [72] Erst der ‹reale› Leser ‹konkretisiert› in einer Verschränkung von Text- und Aktstruktur den literarischen Text, wobei die Variabilität der Aktstruktur unterschiedliche ‹Konkretisationen› zuläßt. [73] H.R. JAUSS knüpft in seiner Fassung von Rezeptionsästhetik [74] an H.-G. GADAMERS Theorem der ‹Horizontverschmelzung› als Verschränkung von je gegenwärtigem Horizont des Lesers und Horizont des literarischen Textes im Prozeß des geschichtlichen Verstehens [75] an: Der literarische Text evoziert durch bestimmte Textsignale im Bewußtsein des Lesers einen ‹Erwartungshorizont›, der sich aus dessen historisch-kultureller Situierung ergibt. Zugleich führt jedoch der Text durch seine Alterität zu einer Variation und Veränderung dieses ‹Erwartungshorizontes›, zu einem ‹Horizontwandel›. Die Breite des Spektrums von Möglichkeiten solchen ‹Horizontwandels›, die durch den Kontakt von Text und Leser im Akt des Verstehens hervorgebracht werden, fungiert dabei als Kriterium für die ästhetische Qualität des literarischen Textes.

Für J.M. LOTMAN, einen Vertreter der ‹Tartu-Moskauer-Schule›, die den Russischen Formalismus und den Strukturalismus zu einer umfassenden *Kultursemiotik* erweitert [76], ist der literarische Text die größte denkbare Verdichtung von ‹Information›, ein ‹System von Systemen›, die sich textimmanent allein nicht erschließen und rekonstruieren lassen, sondern umgekehrt die Codes der ‹Systeme› der außertextuellen Welt in den Prozeß der literarischen Semiose hineintragen. [77] Die Literaturtheorie M.M. BACHTINS steht in einem spannungsreichen Verhältnis zum von de Saussure sich herschreibenden Stukturalismus und rückt gegenüber diesem die Dimension der *parole*, die ‹diachronische› Situierung des literarischen Textes stärker in den Vordergrund. Bachtin lenkt die Aufmerksamkeit auf die ‹dialogische› Verfaßtheit des literarischen Zeichens: «Jedes Wort (jedes Zeichen) eines Textes führt über seine Grenzen hinaus [...]. Der Text lebt nur, indem er sich mit einem anderen Text (dem Kontext) berührt. Nur im Punkt dieses Kontaktes von Texten erstrahlt jenes Licht, das nach vorn und nach hinten leuchtet, das den jeweiligen Text am Dialog teilnehmen läßt.» [78] Der Referenzbereich der ‹Dialogizität› umfaßt dabei nicht nur die Literatur im engeren Sinne, sondern mit dieser zugleich ihre jeweiligen historischen, politisch-ideologischen und kulturellen Kontexte, wofür Bachtin den Begriff der ‹Intonation› prägt. [79] Durch «Bindung des Wortes an die Autorität» [80] kann aber ‹Dialogizität› ‹monologisch› unterdrückt werden, was z.B. in totalitären politischen Systemen geschieht. Im Ausgang von Bachtins Theorie der ‹Dialogizität› bildet sich die *Intertextualitätstheorie* [81], die sich zunächst v.a. als eine Theorie des Erzähltextes, in jüngster Zeit aber auch der Lyrik versteht. [82]

Ähnlich wie die Intertextualitätstheorie setzt auch die *poststrukturalistische Literaturtheorie* an die Stelle des ‹Werk›-Begriffes als Fundamentalkategorie der P. einen in letzter Konsequenz epistemologisch zu verstehenden Begriff des ‹Textes›, d.h. an die Stelle des Konzepts einer in sich geschlossenen Einheit das einer in sich gegenstrebigen und gegenüber ihrem Außen offenen Vielfalt. J. DERRIDAS Kritik an der de Saussureschen Auffassung von Sprache als einem System, das durch seine Abgeschlossenheit die Identität von Bedeutung garantiert, betrifft zugleich die strukturalistische Annahme eines ‹System›-Charakters des poetischen Textes. Der ‹Text› ist gegenüber der in ihm geäußerten Intention, gegenüber der durch ihn vorgetragenen und der an ihn herangetragenen Bedeutung ‹heterogen› [83], ist «notwendigerweise rissig», weil er gegenüber seinem «Inhalt [...]» einen gewaltigen Schreibvorgang, «einen Schriftrest» erzeugt, «der sein Sagen-Wollen überschreitet», [84] für welches Verhältnis Derrida die Begriffe der ‹Schrift›, der *différance* und der *dissémination* einführt.

Mit der literaturtheoretischen Entwicklung seit dem Strukturalismus wächst der *Tropologie*, von jeher eines der kardinalen Themenfelder der P., eine neue, linguistische Fundierung zu. Jakobson belegt die nach de Saussure grundlegenden sprachlichen Operationen der ‹paradigmatischen› – ‹Selektion› und der ‹syntagmatischen› – ‹Kombination› mit den rhetorischen Begriffen des ‹Metaphorischen› und des ‹Metonymischen›.[85] Der literaturtheoretische *linguistic turn* markiert so auch eine ‹Wiederkehr der Rhetorik›. In der Gegenwart führt das zu Entwürfen nicht nur einer ‹Rhetorizität› der poetischen Rede, sondern der Sprache überhaupt. Aus dem Rekurs auf F. Nietzsche – «Eigentlich ist alles Figuration, was man gewöhnlich Rede nennt.»[86] – ergibt sich für de Man, daß in sprachlichen – und nicht nur in poetischen – Äußerungen die grundsätzlich tropische Verfaßtheit der Sprache zu einem ‹unentscheidbaren› Neben- und Gegeneinander von rhetorischen Verfahren führt – etwa im Widerspiel von Metapher und Metonymie oder von Symbol und Allegorie –, die einerseits die Identität der Bedeutung und der Referentialität der Rede generieren, andererseits aber diese Identität suspendieren und unterlaufen.[87] Jakobsons linguistisch gewendete Tropologie enthält auch die Beobachtung, daß die grundlegenden Mechanismen der Traumarbeit in der Fassung S. Freuds (‹Verdichtung› und ‹Verschiebung›) mit Begriffen der Rhetorik beschreibbare Operationen sind.[88] J. Lacan greift diese These auf und erweitert sie zu einem sprachtheoretischen psychoanalytischen Modell[89], das gegenwärtig in umfassenden kulturtheoretischen Zusammenhängen in Anspruch genommen wird.[90] Diese und andere thematische Ausweitungen öffnen gegenwärtig die P. zu einer *P. der Kultur*, was zu einem sehr weiten Verständnis des Begriffs ‹P.› führt, das allerdings dessen ursprüngliche Herkunft aus dem ‹poieín› in Erinnerung ruft.

Anmerkungen:
1 vgl. W. Iser: Theorie der Literatur. Eine Zeitperspektive (1992) 7f. – **2** A. Rimbaud: Une Saison en Enfer, in: ders.: Sämtliche Dichtungen. Frz. und Dt., hg. und übertr. v. W. Küchler (⁶1982) 324. – **3** H. Blumenberg: Sprachsituation und immanente P., in: W. Iser (Hg.): Immanente Ästhetik – Ästhetische Reflexion. Lyrik als Paradigma der Moderne, Poetik und Hermeneutik II (1966) 150. – **4** H. Friedrich: Die Struktur der modernen Lyrik. Von der Mitte des 19. bis zur Mitte des 20. Jh., erweiterte Neuausg. (¹⁰1981) 18. – **5** G. Plumpe: Systemtheorie und Literaturgeschichte. Mit Anm. zum dt. Realismus im 19. Jh., in: H.U. Gumbrecht, U. Link-Heer (Hg.): Epochenschwellen und Epochenstrukturen im Diskurs der Lit.- und Sprachhistorie (1985) 256. – **6** J. Murašov: Theorie und Textur. Zur Lit.wiss. im 20. Jh., in: R. Grimminger, ders., J. Stückrath (Hg.): Lit. Moderne. Europäische Lit. im 19. und 20. Jh. (1995) 826f. – **7** vgl. ebd. 827. – **8** vgl. S.J. Schmidt (Hg.): Lit.wiss. und Systemtheorie. Positionen, Kontroversen, Perspektiven (1993); G. v. Graevenitz (Hg.): Konzepte der Moderne (1999); R. Homann: Theorie der Lyrik. Heautonome Autopoiesis als Paradigma der Moderne (1999). – **9** Iser [3]; vgl. Homann [8]. – **10** vgl. Th. W. Adorno: Der Essay als Form, in: ders.: Noten zur Lit. (1974) 9–33; M. Christen: Essayistik und Modernität. Lit. Theoriebildung in Georg Simmels ‹Philosophischer Kultur›, in: DVjs 66 (1992) 129–159. – **11** G.W.F. Hegel: Vorles. über die Ästhetik (1983) III, 439. – **12** ebd. 429. – **13** F. Th. Vischer: Aesthetik oder Wiss. des Schönen, Bd. 6: Kunstlehre. Dichtkunst/Register, hg. von R. Vischer (²1923) 208. – **14** W. Dilthey: Das Erlebnis und die Dichtung. Lessing, Goethe, Novalis, Hölderlin (¹³1957) 113. – **15** ebd. **16** ebd. – **17** vgl. M. Kommerell: Gedanken über Gedichte (⁴1985) 9–56. – **18** vgl. E. Staiger: Grundbegriffe der P. (³1956); K. Hamburger: Die Logik der Dichtung (1957). – **19** vgl. G. Kaiser: Was ist ein ‹Erlebnisgedicht›? J.W. Goethe: ‹Es schlug mein Herz …›, in: ders.: Augenblicke deutscher Lyrik. Gedichte von Martin Luther bis Paul Celan interpretiert durch G.K. (1987) 117–144; M. Feldt: Lyrik als Erlebnislyrik. Zur Gesch. Lit.- und Mentalitätstypus zwischen 1600 und 1900 (1990). – **20** R. Helmstetter: Lyrische Verfahren. Lyrik, Gedicht und poet. Sprache, in: M. Pechlivanos u.a. (Hg.): Einf. in die Lit.wiss. (1995) 27. – **21** G. Benn: Probleme der Lyrik, in: GW, hg. v. D. Wellershoff, Bd. 4: Reden und Vorträge (1975) 1059. – **22** P. Valéry: Über den Unterricht in P. am Collège de France, in: ders.: Zur Theorie der Dichtkunst. Aufsätze und Vorträge, übertr. v. K. Leonhard (1962) 200. – **23** Friedrich [4] 32. – **24** ebd. 69. – **25** Ch. Baudelaire: Théophile Gautier, in: Sämtliche Werke/Briefe, hg. von F. Kemp, C. Pichois, Bd. 5: Aufsätze zur Lit. und Kunst 1857–1860 (1989) 98. – **26** ebd. 111. – **27** St. Mallarmé: Die Musik und die Literae. Vorteilhafte Ortsveränderung, in: Werke, Bd. 2: Krit. Schriften. Frz. und Dt., hg. v. G. Goebel, B. Rommel, übertr. von G. Goebel (1998) 127. – **28** Ch. Baudelaire: Die Maler des modernen Lebens, in: ders. [25] 248. – **29** vgl. E.A. Poe: Die Methode der Komposition (The Philosophy of Composition), in: Werke, hg. v. K. Schuhmann, Bd. 4: Gedichte, Drama, Essays, Marginalien, übertr. von K. Kruse u.a. (³1983) 531–548; ders.: Das poetische Prinzip (The Poetic Principle), ebd. 673–703. – **30** Baudelaire [25] 100. – **31** P. Valéry: Fragmente aus den Memoiren eines Gedichtes, in: ders. [22] 133. – **32** Ch. Baudelaire: Die künstlichen Paradiese. Opium und Haschisch, in: Werke/Briefe [25], Bd. 6 (1991) 149; vgl. W. Benjamin: Charles Baudelaire. Ein Lyriker im Zeitalter des Hochkapitalismus, in: ders.: Gesammelte Schriften, hg. von R. Tiedemann, H. Schweppenhäuser, Bd. 1.2 (³1990) 612–637. – **33** vgl. Friedrich [4] 81. – **34** vgl. I. Strawinsky: Musikalische P., übertr. v. H. Strobel (1949). – **35** vgl. E. Staiger: Lit. und Öffentlichkeit, in: Sprache im technischen Zeitalter 22 (1967) 90–97. – **36** F. Schiller: Über naive und sentimentalische Dichtung, in: ders.: Über das Schöne und die Kunst. Schriften zur Ästhetik (1985) 272. – **37** vgl. V. Žmegač: Der europ. Roman. Gesch. seiner P. (1990) 137; 141. – **38** Hegel [11] III, 361. – **39** Vischer [13] 174. – **40** ebd. 176. – **41** ebd. 177. – **42** vgl. ebd. – **43** ebd. 174. – **44** vgl. U. Eisele: Realismus und Ideologie. Zur Kritik der lit. Theorie nach 1848 am Beispiel des ‹Dt. Museums› (1976). – **45** G. Lukács: Die Theorie des Romans. Ein geschichtsphilos. Versuch über die Formen der großen Epik (³1965) 53. – **46** ebd. 35. – **47** vgl. Flaubert: Briefe, hg. und übertr. von H. Scheffel (1977) 181. – **48** E.M. Forster: Aspects of the Novel (1976) 40. – **49** vgl. A. Döblin: Der hist. Roman und wir, in: Aufsätze zur Lit., hg. v. W. Muschg (1963) 179f. – **50** G. Benn: Doppelleben, in: GW [21], Bd. 8 (1975) 1998. – **51** V. Woolf: Modern Fiction, in: English Critical Essays. First Series, selected by Ph. M. Jones (1961) 393, Übers. Red. – **52** A. Robbe-Grillet: Dem Roman der Zukunft eine Bahn, in: ders.: Argumente für einen neuen Roman. Essays, übertr. von M.-S. Morel u.a. (1965) 19. – **53** vgl. ebd. 20f. – **54** vgl. E. Zola: Der Experimentalroman (1904) 12–15. – **55** vgl. R. Musil: Aufzeichnungen zur Krisis des Romans, in: Tagebücher, Aphorismen, Essays und Reden, hg. v. A. Frisé (1955) 864. – **56** vgl. N. Sarraute: Das Zeitalter des Argwohns, übertr. v. K. Stromberg, in: K. Neff (Hg.): Plädoyer für eine neue Lit. (1969) 92f. – **57** R. Jakobson: Linguistik und P., in: P. Ausgew. Aufsätze 1921–1971, hg. v. E. Holenstein, T. Schelbert (1979) 84. – **58** vgl. ebd. – **59** vgl. K. Stierle: Ästhet. Rationalität. Kunstwerk und Werkbegriff (1997) 217. – **60** vgl. Jakobson [57] 88f. – **61** ebd. 94. – **62** vgl. Jakobson: Was ist Poesie?, in: Aufsätze [57] 78. – **63** vgl. G. Genette: Discours du récit, in: ders.: Figures III (Paris 1972) 65–282. – **64** vgl. A.J. Greimas: Sémantique structurale (Paris 1966). – **65** vgl. F. Giacone: L'école de Genève: mythe ou réalité, in: Micromegas II.2 (1975) 67–91; C. Reichler: J. Starobinski et la critique genevoise, in: Critique 43 (1987) 606–611. – **66** E. Staiger: Die Zeit als Einbildungskraft des Dichters. Unters. zu Gedichten von Brentano, Goethe und Keller (²1953) 15. – **67** vgl. W. Empson: Seven Types of Ambiguity (London ³1963). – **68** C. Brooks: The Well Wrought Urn (London 1949) 189. – **69** vgl. M. Riffaterre: Describing Poetic Structures: Two Approaches to Baudelaire's ‹Les Chats›, in: Yale French Studies 36/37 (1966) 200–242. – **70** vgl. W. Iser: Die Appellstruktur der Texte. Unbestimmtheit als Wirkungsbedingung lit. Prosa (⁴1974). – **71** vgl. R. Ingarden: Das lit. Kunstwerk (³1965). – **72** vgl. W. Iser: Der implizite Leser. Kommunikationsformen des Romans von

Bunyan bis Beckett (1972). – **73** vgl. W. Iser: Der Akt des Lesens. Theorie ästhet. Wirkung (²1984). – **74** vgl. H.R. Jauss: Lit.gesch. als Provokation der Lit.wiss., in: ders.: Lit.gesch. als Provokation (1970) 144–207. – **75** vgl H.-G. Gadamer: Wahrheit und Methode. Grundzüge einer Philosophischen Hermeneutik (⁵1986) 305–312. – **76** vgl. M. Fleischer: Die sowjetische Semiotik. Theoretische Grundlagen der Moskauer und Tartuer Schule (1989). – **77** vgl. J.M. Lotman: Die Struktur literarischer Texte (²1981). – **78** M.M. Bachtin: Die Ästhetik des Wortes, übertr. von R. Grübel, S. Reese (1979) 352f. – **79** vgl. ebd. 356f. – **80** ebd. 230. – **81** vgl. J. Kristeva: Wort, Dialog und Roman bei Bachtin, in: J. Ihwe (Hg.): Lit.wiss. und Linguistik. Ergebnisse und Perspektiven, Bd. 3 (1972) 345–375; U. Broich, M. Pfister (Hg.): Intertextualität. Formen, Funktionen, anglistische Fallstudien (1985); S. Schahadat: Intertextualität: Lektüre – Text – Intertext, in: Pechlivanos u.a. (Hg.) [20] 366–377. – **82** vgl. R. Lachmann: Gedächtnis und Literatur. Intertextualität in der russ. Moderne (1990) 372–393. – **83** vgl. J. Derrida: Positionen. Gespräche mit H. Ronse, J. Kristeva, J.-L. Houdebine, G. Scarpetta, hg. v. P. Engelmann (1986) 126. – **84** ebd. 148. – **85** vgl. R. Jakobson: Zwei Seiten der Sprache und zwei Typen aphatischer Störungen, in: ders.: Aufsätze zur Linguistik und P., hg. von W. Raible (1979) 117–141. – **86** F. Nietzsche: Rhet. (Darst. der antiken Rhet.; Vorlesung 1874, dreistündig), in: GW. Musarionausg., Bd. 5 (1922) 300; vgl. P. de Man: Allegorien des Lesens, übertr. von W. Hamacher, P. Krumme (1988) 148. – **87** vgl. J. Fohrmann: Misreadings revisited. Eine Kritik des Konzepts von P. de Man, in: K.H. Bohrer (Hg.): Ästhetik und Rhet. Lektüren zu P. de Man (1993) 82f. – **88** vgl. Jakobson [85] 137f. – **89** vgl. J. Lacan: L'instance de la lettre dans l'inconscient ou la raison depuis Freud, in: ders.: Écrits (Paris 1966) 493–528. – **90** vgl. H.K. Bhabha: The Location of Culture (London 1994).

Literaturhinweise:
V. Erlich: Russischer Formalismus (1967). – E. Lämmert u.a. (Hg.): Romantheorie. Dokumentation ihrer Gesch. in Deutschland 1620–1880 (1971). – R. Warning (Hg.): Rezeptionsästhetik (1974). – R. Weimann: ‹New Criticism› und die Entwicklung bürgerlicher Lit.wiss. (1974). – E. Lämmert u.a. (Hg.): Romantheorie. Dokumentation ihrer Gesch. in Deutschland seit 1880 (1975). – J. Culler: Structuralist Poetics. Structuralism, Linguistics and the Study of Literature (1975) – U. Japp: Lit. und Modernität (1987). – J. Culler: Dekonstruktion. Derrida und die poststrukturalistische Lit.theorie, übertr. von M. Mombergen (1988). – R. Lachmann: Die Zerstörung der schönen Rede. Rhet. Tradition und Konzepte des Poetischen (1994). – S. Dentith: Bakhtinian Thought. An Introductory Reader (1995). – B. Menke: Dekonstruktion – Lektüre Derrida lit.theoretisch, in: K.-M. Bogdal (Hg.): Neue Lit.theorien. Eine Einf. (²1997) 242–273.

U. Hebekus

→ Antike → Ars poetica → Ars versificatoria → Aufklärung → Barock → Dekonstruktion → Dichtkunst → Dichtung → Figurenlehre → Formalismus → Gattungslehre → Grammatik → Hermeneutik → Humanismus → Klassizismus → Kreatives Schreiben → Kunstprosa → Literaturkritik → Literaturunterricht → Literaturwissenschaft → Lyrik → Mittelalter → Moderne → Naturalismus → Obscuritas → Poeta → Rhetorices partes → Roman → Romantik → Stil → Strukturalismus → Sturm und Drang

Poikilographie (dt. Buntschriftstellerei)

A. *Def.* Der Begriff ‹P.›, der auf den antiken Werktitel Ποικίλη ἱστορία (Poikílē historía, ‹Bunte Geschichte›) zurückgeht, ist eine Schöpfung der neuzeitlichen altphilologischen Forschung zur Bezeichnung von Prosawerken, die Stoffe ganz unterschiedlicher Thematik in scheinbar zwangloser Reihenfolge ohne durchgehende Gedankenführung und ohne Anspruch auf enzyklopädische Vollständigkeit präsentieren. Hellenistische Sammelleidenschaft und Archivierlust haben den Fundus bereitgestellt, aus dem die P. sich eifrig zu bedienen wußte. So hat der alexandrinische Gelehrte und Dichter KALLIMACHOS (3. Jh. v.Chr.) bereits unter dem Titel Ὑπομνήματα (Hypomnémata, ‹Erinnerungsnotizen›) [1] ein buntes Kompendium wundersamer und außergewöhnlicher Nachrichten angelegt und damit das Genus der Paradoxographie begründet. Ungeachtet beträchtlicher Quellen- und Materialüberschneidungen geht es im Gegensatz zur Paradoxographie, die durch Schilderungen erstaunlicher oder vermeintlich erstaunlicher Phänomene und Begebenheiten überraschen will, der eigentlichen Buntschriftstellerei darum, Unzusammenhängendes miteinander zu verbinden und dem Leser durch den Genuß des Abwechslungsreichtums gleichsam spielerisch Wissenswertes und Lehrreiches zu vermitteln. Bei allen Elaboraten dieser Gattung sind durch Betonung bestimmter Stoffgebiete verschiedene Färbungen möglich. Moralische Intentionen können gegeben sein oder auch fehlen, der Wissenserguß kann von einer Einkleidung umrahmt sein, wie etwa bei Plutarch und Gellius, Ailianos verzichtet darauf. Eine Grundkonstante ist neben der durch Themenvielfalt unterhaltsamen Belehrung eine durchgehende, mitunter wehmütige Rückschau auf Ruhm und Glanz alter Zeiten. Aus der Retrospektivität ergibt sich auch das philologische Interesse für die genaue Beobachtung sprachlicher Prozesse und Phänomene wie des Bedeutungswandels von Wörtern und der Veränderungen grammatikalischer Normen. [2] Die Buntheit ist ein formales und inhaltliches Prinzip und drückt sich u.a. in ausgefallenen Titeln aus, von denen uns Gellius in der Musterung seiner – heute verlorenen – Vorläufer eine anschauliche Beispielsreihe überliefert, darunter etwa: *Musae*, *silvae* (Wälder), πέπλον (Gewand), Ἀμαλθείας κέρας (Füllhorn), κηρία (Waben), λειμῶνες (Wiesen), ἄνθηρα (Blüten), εὑρήματα (Erfindungen), λύχνοι (Fackeln), πανδέκται (allesumfassende Schriftsammlung), *memoriales* (Denkwürdigkeiten), πάγκαρπος (Fruchtallerlei), *coniectanea* (Notizensammlung). [3]

Von den rhetorischen Wirkungsfunktionen übt die P. vornehmlich das *delectare* im Dienste des *docere* aus und erreicht das durch einen geschmückten, gefälligen ‹mittleren Stil›, der sich an die Affekte richtet, ohne die *ratio* ausschalten zu wollen, und im Gegensatz zum ‹hohen Stil› keine keine mitreißende oder gar demagogische Absicht verfolgt. [4]

Daß die recht elitäre Literaturtheorie der Antike an dem, was die Moderne ‹Unterhaltungsliteratur› nennt, fast ganz vorbeigegangen ist, bezeugt gleichsam mottoartig jenes «Plato enim mihi unus instar est centum milium» (Platon allein zählt für mich so viel wie Hunderttausende) [5]. Vielleicht sind aus diesem Grunde die theoretischen Äußerungen über Darstellungsabsicht und Gattungsbezeichnungen so karg. Ob es eine wirkliche Trivialliteratur als niedrigste Form der literarischen Unterhaltung gegeben hat, darüber läßt sich angesichts der ungünstigen Überlieferungslage der antiken Textträger wenig erfahren. Für die Unterhaltungsliteratur in einem weiter und allgemeiner gefaßten Sinn ist eine Notiz Ciceros grundlegend. In seiner rhetorischen Jugendschrift ‹De inventione› legt er die Arten der *narratio* dar: Als dritte Art, die sich, anders als die ersten beiden, nicht mit Gerichtlich-Politischem befaßt, wird diejenige angeführt, die «um der Unterhaltung willen in Verbindung mit einer nicht unnützen Übung vorgetragen und niedergeschrieben wird». Cicero beschreibt dieses *tertium genus*: «In dieser Art der Darlegung des Sachverhalts muß viel Anmut liegen, zustande gebracht durch den Wechsel der Ereignisse, die differenzierte Schilderung der Charaktere: Ernst, Sanftmut, Hoffnung, Furcht, Verdächtigung, Sehnsucht, Heuchelei, Irrtum, Mitleid, Umschwung des Schicksals, unerwarteter Schaden, plötzliche Freude, willkommener Ausgang der Ereignisse»[6] und liefert, wenngleich er auf die oratorische Praxis abzielt, zugleich auch eine treffende Charakteristik der Unterhaltungsliteratur.

B. *Historische Entwicklung.* Das erste poikilographische Werk der römischen Literatur des zweiten Jh. n.Chr. dürften SUETONS ‹Prata› (Wiesen) gewesen sein, worauf der Titel und der Inhalt der wenigen Fragmente hinweisen.[7] Zunehmende Entpolitisierung und Privatisierung der Literatur der frühen Kaiserzeit haben diese Art von Salonliteratur besonders gefördert. FAVORINUS, der berühmte epideiktische Redner und Popularphilosoph aus hadrianischer Zeit, verfaßte ein in Stichwörtern angelegtes großes Sammelwerk in 24 Büchern (Παντοδαπὴ ἱστορία, ‹Mannigfaltige Geschichte›), von dem nur dürftige Zitate erhalten sind, das aber wohl von Gellius noch gelesen und ausgewertet wurde. Die Bedeutung dieser Schrift als Hauptquelle für ATHENAIOS, AILIANOS und CLEMENS VON ALEXANDRIEN ist umstritten.[8] Favorinus seinerseits dürfte polymathische Schriften wie die Ὑπομνήματα der PAMPHILA [9], vielleicht auch Plutarchs einschlägige Werke verarbeitet haben.

Die ‹Noctes Atticae› (‹Attische Nächte›) des Römers AULUS GELLIUS stellen neben Ailianos' Ποικίλη ἱστορία und der tradierten Gelageliteratur das am besten überlieferte Schrift des Genres dar. Der Titel weist auf einen Bildungsaufenthalt in Attika, wo der Verfasser die Nächte mit gelehrten Studien zubrachte. Aus der programmatischen Einleitung geht hervor, daß er aus den vielen Büchern, die er gelesen hatte, nur das entnommen habe, was er für nützlich halte und das Verlangen nach Bildung anrege. Er überlasse es dem einzelnen Leser, sich mit den stets angeführten Quellen zu den einzelnen Problemen zu begnügen oder sich darüber hinaus noch weiter zu bilden.[10] Seine Arbeit solle ferner als Erholungslektüre für seine Kinder dienen.[11] Die Reihenfolge der einzelnen Kapitel ist rein zufällig, wie sie sich eben aus seiner jeweiligen Lektüre ergab. Zur leichteren Orientierung schickt er jedem Kapitel eine kurze Inhaltsangabe voraus. Gellius behandelt ausgewählte Fragen der Philosophie und Moral, der Dialektik, Geometrie, Arithmetik, Astrologie, Medizin, Musik, Grammatik, Etymologie und Literaturgeschichte. Außerdem liefert er Bemerkungen über das Staats- und Sakralrecht und bringt historische und kulturhistorische Merkwürdigkeiten und Anekdoten aus dem Leben berühmter Männer. In seinem Interesse an juristischen Fragen und der Betonung des Sittenbewußtseins der Altvorderen hat er seinem Werk eine altrömische Note gegeben. An Tiefe und Gründlichkeit ist ihm wenig gelegen, es geht ihm vielmehr darum, einen Vorgeschmack von den Wissenschaften zu geben und den gebildeten Leser zum Studium derselben anzuregen. Auch wenn Gellius mit fühlbarer Ironie über die anspruchsvollen Titel analoger Werke griechischer und römischer Herkunft spricht und sich mit dem Heraklitwort, daß Vielwisserei noch keinen Verstand mache[12], von der puren Faktenhuberei distanziert, ist er keineswegs von ihr frei. In der Darstellung liebt er die Einkleidung, wobei er gerne zwei sich unterhaltende oder streitende Personen, oft Lehrer und Schüler, auftreten läßt. Manchmal erfindet er ganze Geschichten, in denen er und seine Zeitgenossen bestimmte Rollen verkörpern, oder legt diesen Aussprüche alter Philosophen und Grammatiker in den Mund, um die Darstellung anschaulicher zu machen. Um das Erzählte als Selbsterlebtes hinzustellen, verwendet er Gellius gelegentlich die sympotische Einkleidung.[13] Der Stil ist einfach und schlicht, meist trocken, manchmal aber auch gewandt und lebendig, garniert mit Genrebildern und essayistischen Einsprengseln, was das anerkennende Urteil des Augustinus[14] erklären mag. Als Schüler Frontos verwendet er gerne Phrasen und Konstruktionen archaischer Färbung.

Auch die sympotische Literatur, die sich auf PLATON und XENOPHON zurückführen läßt, wandelt sich aus Fabulierlust und dem Bestreben nach leicht verdaulicher Vermittlung von mehr oder weniger interessanten Fakten zur antiken Unterhaltungsliteratur par excellence. Über die Verbindungsglieder zwischen den Archegeten aus klassischer Zeit und PLUTARCH (46–ca. 120 n.Chr.) ist außer den Verfassernamen und den Werktiteln[15] wenig bekannt. Jedenfalls sind aus der Reihe der Werke der Symposiumsliteratur zur P. zu rechnen, in denen der Ablauf des Schmausens und die Interaktion der Gesprächsteilnehmer nur mehr den Kitt bilden, der die mannigfaltige Stoffmasse zusammenhält. Dies ist freilich bei Platon und Xenophon ebensowenig der Fall wie im ‹Symposion seu convivium virginum› (Gelage der Jungfrauen) des METHODIUS (3./4. Jh. n.Chr.). In den bei Tisch und Becher geführten gelehrten Gesprächen PLUTARCHS jedoch, den Συμποσιακά (‹Gespräche beim Gastmahl›)[16], wird von den Themenbereichen des Essens und Trinkens und der Sitzordnung die Brücke geschlagen zu Fragen wie etwa: Warum eignet sich Süßwasser besser zum Waschen als Salzwasser? Warum ißt man im Frühherbst am meisten? oder: Warum ist die Fichte dem Poseidon und dem Dionysos heilig?[17] Diesen zu verschiedenen Zeitpunkten mit wechselnden Teilnehmern abgehaltenen Gesprächsszenen ist ein moralisierender Ton, besonders die Mahnung zum Maß und die Bevorzugung des Geistigen vor dem Materiellen eigen. Der Sophist AILIANOS (170–235 n.Chr.) möchte das Ideal einer dem Attizismus verpflichteten künstlichen Schlichtheit an einem möglichst ausgefallenen Objekt ins Wort umsetzen, sein Zeitgenosse ATHENAIOS (Δειπνοσοφισταί, ‹Die Sophisten beim Mahl›) schildert das Gespräch beim Gastmahl eines römischen Ritters, dessen gelehrte Freunde sich einen Tag lang über Speisen, Gerichte, Getränke, Gefäße, Kochrezepte, Tischsitten und alle möglichen Gegenstände aus dem Themenkreis ‹Küche und Keller› unterhalten. Seinen Wert gewinnt dieser monströse, 15 z.T. nur in Exzerpten erhaltene Bücher umfassende Dialog durch Tausende von Zitaten aus großteils verlorenen Dichtern und Prosaschriftstellern, welche die Gesprächsparter als Belege für ihre Ansichten beibringen.

Die ausgehende Antike bringt noch zwei eindrucksvolle poikilographische Werke hervor: CLEMENS VON ALEXANDRIEN (140/50–ca. 220 n.Chr.) hat durch sein 7 Bücher umfassendes Hauptwerk Στρωματεῖς (‹Flickenteppiche›) versucht, durch die literarische Form ungeordneter Stoffülle den Leser zu einer höheren Erkenntnis der christlichen Offenbarung zu führen. Die ‹Saturnalia›[18] des Neuplatonikers MACROBIUS (4./5. Jh. n.Chr.) bilden das letzte uns bekannte Glied in der langen Reihe der Symposienliteratur: Am Vorabend des Festes der Saturnalien kommt eine gebildete Freundesschar zusammen, um «nicht mit Beredsamkeit zu prahlen, sondern

Wissenswertes anzusammeln»[19]. Dem Werk ist das Bemühen eigen, den Eindruck einer bloßen Kompilation durch eine vornehme, bisweilen feierliche Stimmung abzuschwächen.

In jüngerer Zeit verliert sich die P. als literarische Gattung in der hier entfalteten Eigenart, Gelehrtes und Denkwürdiges findet Eingang in die byzantinische, lateinische und volkssprachliche enzyklopädische Literatur des Mittelalters und des Humanismus.[20] Das Zusammentragen von merkwürdigen oder wissenswerten Stellen aus fremden Autoren gerät in der Renaissance erneut in Mode. So faßt der Italiener CAELIUS RHODIGINUS in seinen ‹Lectiones antiquae› (1516) die eigenen Lesefrüchte zu kleinen Abhandlungen zusammen. Besonders gepflegt wird diese Lust am Vielerlei in Spanien, dessen berühmteste Sammlungen von ANTONIO DE GUEVARA (‹Epístolas familiares›, Valladolid 1539) und PEDRO MEXÍA (‹Silva de varia lección›, Sevilla 1540) stammen. Ins Auge fällt die Anknüpfung an die *praefatio* der ‹Noctes Atticae›, die sich in den ‹Miscellanea› des ANGELO POLIZIANO (1454–94) findet: Der Gelehrte pflegte die Früchte seiner Studien seinem Freund Lorenzo de' Medici während der gemeinsamen Ausritte vorzutragen, worauf jener ihn zur Publikation bewog mit dem gellianisch anmutenden Impetus der «novitas rei et varietas non illepida lectionis» (Neuheit der Sache und nicht ungefälligen Abwechslung beim Lesen)[21], doch die von Poliziano als «fastidii expultrix et lectionis irritatrix» (Vertreiberin der Langeweile und Anreiz zur Lektüre)[22] beschworene Buntheit reduziert sich auf historisch-literarische Klassikerexegese und Textemendationen. DANTES ‹Il convivio› (Das Gastmahl), eines der ersten populärwissenschaftlichen Werke der italienischen Sprache, ist inhaltlich durchaus mit dem bunten Themenallerlei antiker Vorläufer vergleichbar, formal aber, trotz der Anlehnung im Titel, ganz und gar der scholastischen Kommentarliteratur und der Enzyklopädistik seiner Zeit verpflichtet.

In der von der P. musterhaft vorgeführten Kombination zwischen unterhaltender und belehrender Literatur wird vielfach die Vorstufe der modernen Essayistik oder auch von Werken vom Zuschnitt des HEBELschen ‹Schatzkästlein› gesehen.[23]

Anmerkungen:
1 ein Werk, das in geographischer Ordnung Wunder der Natur aufzählte; zur Gattung vgl. F. Montanari: Art. ‹Hypomnema›, in: DNP Bd. 5 (1998) 813–15. – **2** Gellius, Noctes Atticae I, 10; XI, 7, 1; XIII, 30, 1; XVI, 5, 1; Aelian, Varia historia III, 41; III, 45; Athenaios, Deipnosophistae I, 20c-?, 22b-d, 22f-24b, 26d-27 d; III, 96e-100b, 101f-104c; VIII, 347f-361e. – **3** Gellius [2] praef. 6–9. – **4** vgl. Cic. Or. 69–70; Quint. XII, 10, 59. – **5** Antimachos nach Cic. Brut. 191. – **6** Cic. Inv. I, 27; vgl. Auct. ad Her. I, 13. – **7** zur (mangelnden) Aussagekraft solcher Titel vgl. Suda s.v. Πάμφιλος; Plinius, Naturalis historia, praef. 24–27, Gellius [2] praef. 8. – **8** vgl. dazu J. Gabrielsson: Über Favorinus' παντοδαπὴ ἱστορία (Uppsala 1906), ferner A. Barigazzi: Favorino di Arelate, in: ANRW II, 34.1 (1993) 558–570. – **9** O. Regenbogen: Art. ‹Pamphila›, in: RE Bd. 18, 3 (1949) 309–328. – **10** Gellius [2] praef. 17. – **11** ebd. praef. 1. – **12** ebd. praef. 2. – **13** ebd. II, 22; VII, 13; XVII, 8; XVIII, 2; XIX, 9. – **14** Augustinus, De civitate Dei IX, 4. – **15** den Σύμμικτα συμποσιακά des Aristoteles, den Συμποτικοί διάλογοι des Persaios und den Συμποσιακά des Didymos. – **16** Plutarch, Quaestiones convivales (Moralia 612D-748D). – **17** ebd. I, 9 (626E – 627F); II, 2 (635A – 635F); V, 3 (675D – 677D). – **18** zur lit. Form der ‹Saturnalia› vgl. S. Döpp: Saturnalien und lat. Lit., in: ders. (Hg.): Karnevaleske Phänomene in antiken und nachantiken Kulturen und Literaturen (1993) 145–77, ferner M. Lausberg: Seneca und Plato (Calcidius) in der Vorrede zu den Saturnalien des Macrobius, in: Rheinisches Museum für Philologie 134 (1991) 167–91. – **19** Macrobius, Saturnalien praef. 2. – **20** vgl. G. Bernt, M.-R. Jung, P. Schmitt, Ch. Hannik: Art. ‹Enzyklopädie, Enzyklopädik›, in: LMA Bd. 3 (1986) 2031–2039. – **21** A. Poliziano: Miscellaneorum centuria una (Florenz 1489) praef. – **22** ebd. p. 482. – **23** vgl. M. von Albrecht: Gesch. der röm. Lit., Bd. 2 (²1994) 1177f., zur Traditionslinie von der Antike zu Montaigne vgl. P. M. Schon: Vorformen des Essays in Antike und Humanismus. Ein Beitr. zur Entstehungsgesch. der *Essais* von Montaigne (1957).

G. Krapinger

Literaturhinweise:
K. Mengis: Die schriftstellerische Technik im Sophistenmahl des Athenaios, (1920). – J. Martin: Symposion. Die Gesch. einer lit. Form (1931). – A. Poliziano, Miscellaneorum centuria secunda, per cura di V. Branca e M. Pastore Stocchi, editio minor (Florenz 1978) 3–68. – L. Holford-Trevens: Aulus Gellius (London 1988) – G. Anderson: Aulus Gellius: A Miscellanist and his World, in: ANRW II, 34.2 (1994) 1834–62. – G. Schepens, K. Delcroix: Ancient Paradoxography: Origin, Evolution, Production, and Reception, in: La letteratura di consumo nel mondo greco-latino, a cura di O. Pecere e A. Stramaglia (Cassino 1996) 673–460.

→ Anekdote → Anthologie → Delectare → Enkyklios paideia → Feuilleton → Hypomnema → Kollektaneen → Philologie → Symposion → Wissenschaftsrhetorik

Pointe (lat. acumen, sententia, argutia; engl. conceit, punch-line; frz. pointe, trait, finesse; ital. concetto, argutezza, acutezza; span. agudeza, concepto)

A. I. Der Terminus ‹P.› bezeichnet den (z.B. durch einen Text) verursachten Effekt einer produktiven Erwartungsenttäuschung oder einer überraschenden Wendung. Außerhalb der Wortkünste wird von P. im Sinne einer unerwarteten Wendung z.B. in der Musik oder eines neuartigen Kerngedankens in wissenschaftlichen und anderen Sachtexten gesprochen.

Die P. 'ereignet' sich grundsätzlich erst im Geiste des Rezipienten. Trotzdem können Merkmale pointierter Texte im Sinne einer Wirkungsdisposition festgestellt werden: Potentiell pointenwirksam ist ein Text aufgrund einer *inkongruenten* Gedanken- oder Wortverknüpfung, die gleichwohl sinnvoll erklärt oder wenigstens motiviert werden kann (durch eine *incongruity resolution* [1]). Darüber hinaus zeichnen sich pointierte Texte durch eine konzise, auf den effektvollen Abschluß hin konzentrierte Darstellung aus. Dabei führt die P. zu einer Neuinterpretation des vorherigen Textes oder auch zur Erkenntnis eines uneigentlichen Sinnes oder zur Akzeptanz von Mehrdeutigkeit.[2]

Die P. ist an keine bestimmte literarische Gattung gebunden, sie ist aber als Schluß-P. besonders in kurzen Textsorten wie z.B. *Epigramm, Anekdote, Aphorismus* [3] und *Sketch* verbreitet. Im *Witz* ist sie sogar konstitutiv für die Gattung.

Der Begriff – abgeleitet von spätlat. *puncta* (‹Spitze›, Partizip Perfekt Passiv feminin zu *pungere* – ‹stechen›) – wurde durch die französische Poetik international vermittelt. Der Zeitpunkt seiner erstmaligen Verwendung im deutschsprachigen Raum ist nicht endgültig geklärt. LESSING verwendet ihn 1771 in der französischen Schreibweise [4], doch nennt ihn HERDER in einem Entwurf bereits 1767. [5]

II. Die P. soll auf einem neuartigen, überraschenden Gedanken beruhen und ist oft an die Form des Ausdrucks gebunden. Insofern gehört die P. sowohl zur *inventio* als auch zur *elocutio*. Dies entspricht der seit der Antike gängigen Unterscheidung von *sachlicher* und *sprachlicher* P. (*de verbis / dictis* und *de re*) [6]: Sachliche P. können problemlos in andere Sprachen übersetzt werden. Ihre Wirkung liegt – unabhängig vom Wortlaut – im pointierten Gedanken (z.B. durch *Paradoxon* oder *Antithese*). Sprachliche P. beruhen auf verschiedenen Formen des *Wortspiels* (Paronomasie) und hängen darum von einem unveränderbaren Wortlaut ab.

B. I. In der *Antike* sind erste einflußreiche Überlegungen zur P. in ARISTOTELES' Ausführungen zu den ἀστεῖα, asteía zu finden. [7] Prägend waren aber vor allem CICERO und QUINTILIAN. [8]

Bei Cicero ist die P. (*sales, facetia*) ein Mittel forensischer Redekunst. Das Talent, P. zu machen, wird aber auf *natura* zurückgeführt. Demnach sei keine lernbare *ars*, also keine ‹Kunst bzw. Technik der P.› möglich. [9] Entsprechend liefert Cicero keine systematische Darstellung einer Technik, sondern behandelt den Gegenstand anhand einer (wenig stringenten) Typologie möglicher Arten des *Lächerlichen*. [10]

Quintilian diskutiert in einem besonderen Kapitel zur *sententia nova* die Begeisterung für den mit geistreichen Einfällen blendenden P.-Stil in der *Silbernen Latinität*. [11] Diese neue, den 'Alten' kaum bekannte Art zu reden [12] kommentiert er kritisch, aber wohlwollend. Unabhängig davon erörtert er das *Lächerliche*, bietet jedoch nur einen ungeordneten Überblick möglicher Einteilungen und Typologien. [13] Als hierzu gehörend, setzt er sich – *venustum, salsum, facetum, iocus* und *dicacitas* [14] – mit der *urbanitas* auseinander, dem Ideal der feinsinnigen, weniger auf Lacheffekte zielenden gewandten und pointierten Rede.

II. Weiterführende Anstöße erhält die Theorie der P. durch die Rhetorik und Poetik des *Barocks*. Ausgangspunkt sind Überlegungen zur Form des Epigramms. Dessen zweiteilige Ausprägung wird vor allem nach SCALIGER [15] im Zusammenhang mit der *argutia* bzw. «Spitzfindigkeit» [16] behandelt. Oft wird nebst *argutia* der Begriff *acumen* verwendet oder die dazu gebildeten Ableitungen ital. *acutezza* (span. *agudeza*) und *argutezza* sowie *concetto*. Die wechselseitige Abgrenzung dieser Begriffe ist nicht immer klar. Häufig scheinen sie synonym gebraucht zu werden. Allerdings werden sie hin und wieder unterschieden, wie z.B. bei SARBIEWSKI, der *acumen* als die P. auf gedanklicher Ebene von der begrifflich untergeordneten, bloß sprachlichen Figur *argutia* abgrenzt. [17]

Erste reine Theoretiker der P. sind M. SARBIEWSKI, M. PEREGRINI, B. GRACIÁN und E. TESAURO. Im deutschsprachigen Raum ist vor dem 18.Jh. nur die Rezeption Sarbiewskis und Tesauros nachzuweisen. [18]

Grundsätzlich zeigen alle genannten Autoren Bewunderung für den P.-Stil. Ambivalent ist nur die Haltung von Peregrini (Pellegrini). [19] Er ist bewundert die P., will aber deren übertriebene Verwendung einschränken. Demgegenüber bietet Sarbiewski ein System an, um P. zu erfinden. Gracián bejaht selbstbewußt die Existenz einer Kunst der P., was Cicero ausgeschlossen hatte: Die 'Alten' hätten die P. lediglich dem *ingenium* (und nicht auch der *ars*) zugeordnet. Entsprechend hätten sie nicht erkannt, daß es eine ‹Kunst des Genies› gebe. Diese Kunst aber sei eine wichtige Ergänzung zur Methode des Syllogismus (Logik) und zur Kunst der Trope (Rhetorik). [20] Für Tesauro durchbricht die *argutezza* bzw. *argutia* die Einförmigkeit des alltäglichen Sprechens und kommt hierin einem spezifisch menschlichen Bedürfnis entgegen. [21] Auf diese Weise findet eine Aussage – wie HARSDÖRFFER bekräftigt [22] – Bewunderung und Aufmerksamkeit beim Zuhörer.

Die P. wird von den Autoren unterschiedlich definiert. Als wiederkehrende Elemente erscheinen die *kunstmäßige Sprache* des Pointenstils und das gegensätzliche Verhältnis von *Wort* und *Bedeutung* bzw. *Objekt*. Sarbiewski definiert das *acumen* als eine Rede oder Äußerung, die auf einem einträchtigen Widerstreit oder einer widerstreitenden Eintracht beruht («Acutum est oratio continens affinitatem dissentanei et consentanei, seu dicti concors discordia vel discors concordia [23]»). Für Peregrini ist die *acutezza* eine Äußerung («detto»), die sich durch ihren sprachkünstlerischen Charakter auszeichnet. Unter den möglichen Ausprägungen dieser *acutezze* konzentriert sich Peregrini auf die staunenerregenden P. («acutezze mirabili»). [24] Sie beruhen auf der außergewöhnlichen, kunstmäßigen («artificio») Verbindung von Worten und Objekten. Graciáns Traktat ist ein enthusiastisches Bekenntnis zur P. Es leidet aber unter methodischen und konzeptionellen Schwächen. [25] Gracián definiert *concepto* als einen Akt, der zwischen Objekten eine (nicht genauer bezeichnete) Korrespondenz ausdrückt. *Agudeza* bzw. *sutileza* ist die durch den Akt ausgedrückte Korrespondenz. [26] Tesauro stützt sich methodisch auf die Prinzipien des ‹göttlichen› Aristoteles. [27] Er beschränkt die *argutezza* nicht auf die Sprache, sondern befaßt sich auch mit symbolischer Darstellung. Dies hindert ihn jedoch nicht, die *argutezza* quasi als rhetorische *Figur* zu behandeln. Sie übertrifft als ‹ingeniöse› Figur die Figuren des Wohlklangs («Figure Harmoniche») und der Affekt-Erregung («Figure Patetiche»), weil sie die Bedeutung der Rede betrifft und dem Intellekt gefällt. Höchste aller ingeniösen Figuren aber ist die Metapher (bei Tesauro eine Gedankenfigur). [28]

In Deutschland verfaßt J. MASEN einen originären Beitrag zur Theorie der P. Er führt die *argutia* auf den Verstoß gegen eine durch die Vernunft oder den Sprachgebrauch begründete Erwartung zurück. [29] Aus diesem Grundprinzip folgert er vier Quellen (*fontes*) und deren untergeordnete Quelladern (*venae*). Diese Fontes ermöglichen das Auffinden und systematische Ausschöpfen pointierter Aussagen. Masen unterscheidet als Quellen «fons I. Repugnantium sive oppositorum» (das Konträre), «fons II. Alienatorum» (das Ungewöhnliche), «fons III. Comparatorum» (der Vergleich), «fons IV. Lusus verborum, & ad rerum sententiarumque usum allusio» (Wortspiel und Anspielungen). Diese Fontes-Lehre stößt auf breite Resonanz. Sie findet bei CHR. WEISE großen Zuspruch. [30] D.G. MORHOF kombiniert die Fontes-Lehre mit Tesauros Metaphernsystem. [31] Masens Fontes-Lehre wirkt auch weiter in deutschsprachigen Epigramm-Poetiken. [32]

III. Kritik an der übermäßigen Verwendung von P. kommt vor allem aus der französischen klassizistischen Poetik. Auch hier gehen Theorie der P. und des Epigramms weiterhin eng zusammen. BOILEAU möchte die P. aus allen Gattungen der Literatur, mit Ausnahme des Epigramms, verbannen. [33] BATTEUX setzt sie mit dem im Epigramm ausgedrückten Gedanken (*pensée*) gleich [34], womit er einen sehr weiten P.-Begriff verwendet, aus dem lediglich wortspielerische P. ausgeschlossen werden.

Auch in Deutschland konzentriert sich im 18.Jh. die theoretische Diskussion auf das Epigramm. Ein Neuanfang in diesem Zusammenhang sind LESSINGS ‹Zerstreute Anmerkungen über das Epigramm› [35]. Indem das Epigramm eine Einheit von *Erwartung* und *Aufschluß* darstellt, bestimmt er die *pointes* bzw. *acumina* als diejenigen Gedanken, um deren willen die Erwartung erregt wird. Eng verbunden mit dieser Bestimmung ist ein expliziter Qualitätsanspruch an die P. In der Tradition des französischen Klassizismus verwirft er wortspielerische P. als bloßes «Werk des Witzes».[36] HERDER lehnt in seinen ‹Anmerkungen über das griechische Epigramm› ebenfalls die «scharfsinnige» P. ab. Er setzt sich aber gegenüber Lessing ab, indem er nicht das zweiteilige, sondern das nicht-pointierte griechische Epigramm bevorzugt. Somit tritt hier das Moment des pointierten Überraschens in den Hintergrund. Entsprechend schlägt er einen weitergehenden P.-Begriff vor, verstanden als ein impliziter Kerngedanke[37]: Die P. sei der «*lichte Gesichtspunct*, aus dem der Gegenstand gesehen werden soll, auf welchen also das Epigramm vom Anfange bis zum Ende arbeitet oder wenn es Epigramm für die Empfindung ist, das *Moment seiner Energie*, der letzte scharfgenommene Punct seiner Wirkung».[38]

IV. Im *19. Jh.* werden die theoretischen Bemühungen um die P. zunehmend im Rahmen der Gattung *Witz* und der Humortheorie fortgesetzt. Hier zeigt sich die (bis heute anhaltende) Neigung, den ‹Witz› als Effekt mit der ‹P.› zu vermischen.[39] Schon KANT hatte sich wenig mit dem Epigramm, sondern mit dem «Schertz» beschäftigt, als er das Lachen einen «Affekt aus der plötzlichen Verwandlung einer gespannten Erwartung in nichts» bezeichnete.[40] Diese Tendenz wird bei JEAN PAUL und A. SCHOPENHAUER fortgesetzt. Jean Pauls Ausführungen zum Humor streifen die Diskussion um Scharfsinn und Witz.[41] Nach einer Erörterung von Kants Definition [42] definiert er *Witz, Scharfsinn* und *Tiefsinn* als von einander abhängende Begriffe. Verwandtschaft zu barocken P.-Theorien zeigt seine Auseinandersetzung mit Ähnlichkeit unter Ungleichheit (Witz im engeren Sinn) und dem Verhältnis der Unähnlichkeit unter größerer Gleichheit (Scharfsinn).[43] Schopenhauers Beitrag liegt in der Begründung des ‹Inkongruenz›-Begriffs, der in Humor- und P.-Theorie rezipiert wurde. Auch hier finden sich zentrale Gedanken der Barockpoetik: Das Lachen entstehe jedesmal «aus der plötzlich wahrgenommenen Inkongruenz zwischen einem Begriff und den realen Objekten, die durch ihn in irgendeiner Beziehung gedacht worden waren, und es ist selbst eben nur der Ausdruck dieser Inkongruenz».[44]

V. Im *20. Jh.* bleibt die P. weiterhin eng verbunden mit der Textsorte Witz und der Humortheorie, wodurch allerdings die angemessene Behandlung von ernsten P. erschwert wird. FREUD, der sich nebst dem *Witz* mit weiteren Textsorten wie *Aphorismus* beschäftigt, markiert eine zunehmende Konzentration auf das psychologische Phänomen der Lust am Witz bzw. an der P.[45] Einflußreich ist besonders Freuds Pointentypologie. Sie erreicht einen neuen Grad der Formalisierung der P. und wird u.a. in strukturalistisch orientierten Arbeiten rezipiert.[46]

In der zeitgenössischen Theorie ist ein zunehmender Anteil an linguistisch orientierten Arbeiten zu verzeichnen. Kognitive Ansätze versuchen den Effekt der P. durch den überraschenden Wechsel des *semantischen scripts*[47] bzw. des «Bezugsrahmens»[48] zu erklären. Im Zusammenhang mit der Textsorte Witz sind nun auch ethnisch-kulturelle Aspekte des Phänomens ins Blickfeld geraten.

Anmerkungen:
1 vgl. S. Attardo: The Semantic Foundations of Cognitive Theories of Humour, in: Humor 10 (1997) 395–426. – 2 vgl. H. Fricke R. Müller: La ‹pointe› nell'aforisma, in: Configurazioni dell'aforisma hg. v. G. Cantarutti (Bologna 2000) 31–45; R. Müller Theorie der Pointe (2002). – 3 vgl. H. Fricke: Aphorismus (1984) bes. 140–152. – 4 G.E. Lessing: Zerstreute Anm. über das Epigramm und einige der vornehmsten Epigrammisten, in: Werke hg. v. H.G. Göpfert (1973) Bd. 5, 452. – 5 Herder: Ueber die neuere Deutsche Litteratur, aus letzter und vorletzter Redaction, in: Herders Sämmtliche Werke, hg. v. B. Suphan, Bd. 2 (1877) 182. – 6 Cic. De or. II, 240 u. 248. – 7 Arist. Rhet III, 11, 1410b. – 8 Cic. De or. II, 216–290; Quint. VIII, 5; VI, 3. – 9 Cic. De or. II, 216. – 10 ebd. 248ff. – 11 Quint. VIII, 5. – 12 ebd. VIII, 5, 2. – 13 ebd. VI, 3. – 14 ebd. VI, 3, 17–21. – 15 Scaliger Bd. 3 (1995) 202–216. – 16 vgl. z.B. M. Opitz: Buch von der Deutschen Poeterey (1624), hg. v. C. Sommer (1970) 28. – 17 M. Sarbiewski: De acuto et arguto liber unicus, in: ders.: Praecepta Poetica, hg. v. S. Skimina (Warschau u.a. 1958) 15. – 18 H.F. Fullenwider: Die Rezeption der jesuitischen argutia-Bewegung bei Weise und Morhof, in: Europ. Barock-Rezeption, hg. v. K. Graber (1991) 229–238. – 19 M. Peregrini: Delle Acutezze, hg. v. E. Ardissino (Turin 1997). – 20 B. Gracián: Agudeza y arte de ingenio, hg. v. E. Correa Calderón (Madrid 1969) Bd. 1, 47. – 21 E. Tesauro: Il Cannocchiale aristotelico, hg. v. A. Buck (1968) 122. – 22 G.Ph. Harsdörffer: Poet. Trichter (1653), 3. T. (ND 1969) 62–72. – 23 Sarbiewski [17] 5. – 24 Peregrini [19] 29. – 25 vgl. M. Blanco: Les rhétoriques de la pointe. Baltasar Gracián et le conceptisme en Europe (Paris 1992) 250–254; aber auch Einl. zu B. Gracián: La Pointe ou l'art du génie, hg. v. M Gendreau-Massaloux, P. Laurens (Genf 1983). – 26 Gracián [20] 55. – 27 Tesauro [21] 2f. – 28 ebd. 266. – 29 J. Masen: Ars novae argutiarum (Köln ³1687) 10. – 30 Weise 1, 60–113. – 31 D.G. Morhof: De arguta dictione tractatus (Lübeck ²1705). – 32 vgl. J.G. Meister: Unvorgreifliche Gedanken von Teutschen Epigrammatibus (Leipzig 1698) 97–150; M.D. Omeis: Gründliche Anleitung zur Teutschen accuraten Reim- und Dicht-Kunst (Altdorf 1704) 185–187. – 33 N. Boileau: L'art poétique, II. chant, in: ders.: Œuvres complètes, hg. v. F. Escal (Paris 1966) 165f. – 34 Ch Batteux: Les principes de la littérature, neue Ausg. (Avignon 1809) 332. – 35 Lessing [4] 420–529. – 36 ebd. 452. – 37 vgl. T. Erb: Die P. in Epigramm, Fabel, Verserzählung und Lyrik von Barock und Aufklärung (Diss. Bonn 1929) 24. – 38 Herder: Anm. über das griech. Epigramm. Zweiter Theil der Abh., in: Werke [5] Bd. 5 (1888) 337–392, hier: 375f. – 39 vgl. K. Fischer: Über den Witz. Ein philos. Essay (1996). – 40 Kant KU § 54. – 41 Jean Paul: Vorschule der Ästhetik, in: Werke, hg. v. N. Miller, Bd. 5 (1963). – 42 ebd. 102. – 43 ebd. 171f. – 44 A. Schopenhauer: Die Welt als Wille und Vorstellung, hg. v. W. Löhneysen (1986) Bd. 1, 105. – 45 S. Freud: Der Witz und seine Beziehung zum Unbewußten (Frankfurt ⁴1989). – 46 vgl. H. Auzinger: Die P. bei Čechov (Diss. München 1956); T. Todorov: Recherches sur le symbolisme linguistique, in: Poétique 18 (1974) 215–245. – 47 V. Raskin: Semantic Mechanisms of Humor (Dordrecht 1985). – 48 P. Wenzel: Von der Struktur des Witzes zum Witz der Struktur (1989).

Literaturhinweise:
E. Walser: Die Theorie des Witzes und der Novelle nach dem ‹de sermone› des Jovianus Pontanus. Ein gesellschaftliches Ideal am Ende des XV. Jh. (Straßburg 1908). – Curtius 295–305. – W. Preisendanz: Über den Witz (1970). – H. Stroszeck: P. und poetische Dominante (1970). – A. Wellek: Zur Theorie und Phänomenologie des Witzes, in: ders.: Witz, Lyrik, Sprache. Beitr. zur Lit.- und Sprachtheorie mit einem Anhang über den Fortschritt der Wiss. (Bern 1970) 13–42. – J. Goldin: Cyrano de Bergerac et l'art de la pointe (Montréal 1973). – P. Laurens: ‹ars ingenii›: La théorie de la pointe au dix-septième siècle (Baltasar Gracián, Emmanuele Tesauro), in: La Licorne 3 (1973) 185–213. – B. Marfurt: Textsorte Witz. Möglichkeiten einer sprachwiss. Textsorten-Bestimmung (1977). – C. Dahlhaus: Offenbachs Kunst der musikal. P., in: Lendemains 31/32 (1983) 63–69. – N. Neumann: Vom Schwank zum Witz. Zum Wandel der P. seit dem 16. Jh. (1986). – H. Meter: Erzählabschluß und genregesch. Zäsur. Zur novellistischen P. bei Maupassant und bei Piran-

dello, in: Pirandello und die europ. Erzähllit. des 19. und 20. Jh. Akten des 4. Pirandello-Kolloquiums in Aachen vom 7.–9. Okt. 1988, hg. v. M. Rössner, F.-R. Hausmann (1990) 94–118. – R. Zymner: Art. ‹Argutia›, in: RDL³, Bd. 1 (1997) 133–135. – P. Laurens, F. Vuilleumier: Europe baroque, France classique, in: Histoire de Poétiques, hg. v. J. Bessière u.a. (Paris 1997) 517–537. – F. Vuilleumier: Les conceptismes, in: Histoire de la rhétorique dans l'Europe moderne 1450–1950, hg. v. M. Fumaroli (Paris 1999) 517–537.

R. Müller

→ Acutezza → Antithese → Anekdote → Aperçu → Aphorismus → Apophthegma → Argutia-Bewegung → Asteismus → Concetto → Epigramm → Ingenium → Manierismus → Paradoxe, das → Paronomasie → Sentenz → Witz → Wortspiel

Polemik (dt. Meinungsstreit, scharfe Auseinandersetzung; engl. polemic[s]; frz. polémique; ital. polemica)
A. Def. – B.I. Antike. – II. Mittelalter. – III. Humanismus. – IV. Barock. – V. Aufklärung. – VI. 19. Jh. – VII. 20. Jh.

A. Jede anfängliche Beschäftigung mit der P. und ihrer Geschichte ist zunächst ernüchternd[1]: Weder existiert ‹P.› als rhetorischer Fachbegriff, noch gibt es eine ausgebildete Lehre von ihr als Typus einer Redegattung. Obgleich eine Vielzahl von Forschungsbeiträgen den Begriff im Titel führt – allein ihre vollständige Nennung würde den Rahmen dieses Beitrags sprengen – und eine Fülle von Beispielen rhetorischer und literarischer P. bereithält, scheint hier doch in der Mehrzahl weder eine klare Begrifflichkeit noch ein deutliches entwicklungsgeschichtliches Bewußtsein zu herrschen. Dies resultiert auch aus der historisch gewachsenen Vielschichtigkeit, ja Schwammigkeit des Begriffs selbst, die es vorerst festzuhalten gilt. Zum einen bezeichnet P., im weiteren Sinne, eine bestimmte Verfahrensweise, eine Methode der Auseinandersetzung; zum anderen, im engeren Sinne, einen literarischen Typus öffentlichen Streitens insbesondere seit der Frühneuzeit; und, zum dritten, wird P., zumal in der Forschungsliteratur, zum undifferenzierten Sammelbegriff für heterogene inhaltliche Kontroversen gewählt, ohne daß dies historisch oder systematisch ein- und abgegrenzt würde. Insofern diese dritte Begriffsschicht gemeint ist, gilt es dann allerdings, P. im weitesten Sinne als ein die Kommunikationskultur seit ihren Anfängen begleitendes Phänomen in all seinen Ausprägungen namhaft zu machen und diese von der P. im engeren Sinne abzugrenzen.

Für die folgende Darstellung ergeben sich daraus bestimmte Probleme: Da es der erste dieser drei Aspekte ist, der am engsten mit dem Gebiet der Rhetorik verknüpft ist, sich aber historisch keine Lemmatisierung in den rhetorischen Quellenwerken belegen läßt, ist hier nur eine annäherungsweise Definition möglich. Weiterhin ist zu konstatieren, daß die P. als literarischer Typus zwar mit der Streitschrift ihren Sitz im Formenkanon hat, dies aber eben nicht als zur Eigenständigkeit sich entwickelnde Gattung, sondern als auf bestimmte historische Phänomene und die Auseinandersetzung mit ihnen bezogene und damit ganz unterschiedlichen Darstellungsformen unterliegende Erscheinungsweise von literarisierter Kritik. Allenfalls die stilistische Ebene polemischen Sprechens und Schreibens ist hier bislang ins Blickfeld gerückt.[2]

Das Deutsche kennt den Begriff ‹P.› erst seit dem Anfang des 18. Jh. als abgeleitete Lehnübersetzung des französischen Adjektivs ‹polémique› bzw. dessen gleichlautender Substantivierung.[3] Hier hat bereits die Bedeutungsübertragung in den modernen Sinnzusammenhang stattgefunden. Bis in das 19. Jh. hinein wird unter P. eine entschieden geführte Auseinandersetzung meist auf dem Gebiet der Wissenschaft verstanden, das sich seinerseits historisch zunächst auf des Feld der Theologie, dann der Literatur und der Philosophie konzentriert hat. Kennzeichnend für die P. der Neuzeit ist ihre Verschriftlichung unter Betonung des Kunstcharakters (*ars*), also die rhetorisch durchformte gelehrte Fehde, die bei allem kämpferischen Impetus insofern versöhnlich ist, als sie argumentativ eine Entscheidung herbeiführen will. Sie richtet sich daher primär nicht an den Bekämpften und dessen Ansicht, sondern an den Leser, der mit allen zur Verfügung stehenden Mitteln letztinstanzlich auf die Seite des Polemisierenden gezogen werden soll.

Einen entscheidenden Bedeutungswandel hat der Begriff allerdings seit Mitte des 19. Jh. mit der Abkehr vom Feld der Wissenschaft erfahren. Wie in der heutigen Gegenwartssprache ist er überwiegend negativ konnotiert im Sinne eines ‹unsachlichen, verunglimpfenden Angriffs›, der persönlich anfeindet und eine unbedingte Vernichtung des Gegners zum Ziel hat. Der Fremdwörterduden stellt beide, die historische wie die aktuelle Bedeutungsebene nebeneinander, das ‹Etymologische Wörterbuch› kennt nur die neuere.[4] Literaturwissenschaftliche Handbücher führen den Begriff bis zum heutigen Tag nicht auf[5], Epochenüberblicke, soweit sie existieren, beschränken sich in den meisten Fällen auf quellennahe Kommentierung oder scheitern – wie im Falle L. Rohners – an der schier uferlosen Materialfülle. Eine Gesamtdarstellung der P. gibt es bis heute nicht.

Literaturhinweise:
Grimm, Art. ‹P.›, Bd. 7, Sp. 1977. – Schulz, Art. ‹P.›, Bd. 2 (1942) 573. – L. Rohner: Die lit. Streitschr. Themen, Motive, Formen (1987). – H. Saner: Art. ‹P.›, in: HWPh Bd. 7 (1989) 1029–1031. – DNP 10 (2001) 3–5.

B.I. *Antike*. Erst in der Neuzeit abgeleitet vom griechischen πόλεμος (pólemos – Krieg, Kampf) und dem dazugehörigen Adjektiv πολεμικός (polemikós, kriegerisch, den Krieg betreffend) bzw. πολεμικὴ τέχνη (polemikḗ téchnē, Kriegskunst), findet sich der Begriff ‹P.› im übertragenen Verständnis weder in der griechischen noch in der römischen Antike. Versteht jene darunter ausschließlich die Auseinandersetzung mit Waffen, ohne daß sie eine Bedeutungsübertragung im Sinne eines Kampfs der Worte zuläßt, so sind die Wurzeln der metaphorischen Verwendung von ‹P.› als eines Meinungsstreits, wie sie in der latinisierten Form erstmals in spätantiken theologischen Auseinandersetzungen der Patristik begegnet, im Hinblick auf Entstehungszeit und -bedingungen heute nicht mehr nachvollziehbar. Ein Versuch der historischen Eingrenzung aus dem Blickwinkel der Rhetorik führt schon im Altertum auf ein umfangreiches Begriffsfeld, das oft genug deutliche Abgrenzungen unmöglich macht. Vielfach interferierende Lexeme für das Tadeln und Schmähen wie λοιδορία (loidoría), ὄνειδος (óneidos), κακηγορία (kakēgoría) und ἴαμβος (íambos) im Griechischen sowie *contumelia, convicium, detrectatio, exprobratio, infamatio, opprobrium* u.a. im Lateinischen, die alle im Begriff des rhetorischen Schmähens oder Tadelns (ψόγος, psógos, *vituperatio*) zusammengefaßt sind und sich ihrerseits in rhetorisch-literarischen Formen wie Diabole, Diatribe, Invektive, Jambus und Libell, auch der Satire ausprägen, umschreiben nicht nur inhaltlich und formal das historisch-systematische Umfeld des Kulturphänomens P., sondern veranschaulichen zugleich dessen differenzierte Wahrnehmung in der Antike.

Mündliche und schriftlich überlieferte Beispiele für den scharf geführten Meinungsstreit sind seit den Angriffen HERAKLITS auf Vorgänger und Zeitgenossen belegt, auf politischem Gebiet sind Techniken polemischer Rede seit dem Konstitutionsprozeß der griechischen Polis in Gebrauch.[6] Dennoch bildet sich kein eigenständiger Gattungstypus ‹P.› heraus, und als Schmährede ist sie eher durch ihre Absicht gekennzeichnet als durch eine bestimmte Form. Berühmt geworden als frühes Beispiel rhetorischer P. ist, nach ANTIPHON und LYSIAS, das Rededuell zwischen AISCHINES und DEMOSTHENES um den goldenen Kranz.[7] Auf literarischem Gebiet begegnen polemische Verfahrensweisen bereits in den Diatriben der Kyniker (KRATES, BION, KERKIDAS), in den Epen HOMERS – bekanntestes Beispiel ist die Scheltrede des Thersites gegen Agamemnon in der ‹Ilias›[8] –, in der Jambendichtung, Spott- und Schimpfversen, für die ARCHILOCHOS und HIPPONAX, bei den Römern CATULL und HORAZ exemplarisch stehen und, auf diesen aufbauend, in der römischen Satire (LUCILIUS, PERSIUS, JUVENAL). Gemeinsam ist allen Formen ihre Aktualitätsgebundenheit und die persönliche Zielrichtung gegen bestimmte Personen, die aber, zumal in römischer Zeit, immer auch zu Angriffen auf die Sittenlosigkeit der eigenen Zeit werden können.

Systematisch eingeordnet findet sich das schmähende oder tadelnde Reden in der Rhetorik der Antike als meist nur kurz gestreifte Umkehrung des eingehend behandelten Lobens (griech. ἐγκώμιον, enkōmion, auch ἔπαινος, épainos; lat. *laus*), gemeinsam konstituieren beide als gegenläufige Ausprägungen das ἐπιδεικτικὸν γένος (epideiktikón génos; *genus demonstrativum*; epideiktische Rede).[9] Als angemessener Ort für die Ausbreitung polemischer Techniken wird meist schon gleich der Redebeginn (προοίμιον, prooímion; *exordium*) genannt, aber auch die Widerlegung gegnerischer Einwände (ἔλεγχος, élenchos; *refutatio*) als Teil der Beweisführung bietet Gelegenheit zu gezielten Verbalattacken. Freilich ist deren Gebrauch an sich nicht unumstritten: PLATON verbietet die Schmährede (κακηγορία, kakēgoría) jeglicher Art, da sie Ursprung für schwere Feindschaften und die Verwilderung der Seele sei; einzige Ausnahme bleibe die dem Staatswohl dienliche Rüge.[10] Widersprüchlich scheint dagegen ARISTOTELES' Haltung zu sein, wenn er, ohne eine Gattungstypologie des psógos anzustreben – der nur kursorisch als Gegenstück zum épainos traktiert wird –, in Kap. 15 seiner ‹Rhetorik› eine Topologie der Verleumdung als Mittel der suggestiven Verdächtigung und argumentativen Widerlegung entwirft.[11] Hierbei geht es ihm allerdings nicht um die Vermittlung von Aggressionstechnik, sondern im Gegenteil um Verteidigungswissen, das erst von übler Verdächtigung aus dem Weg zu räumen vermag.

Im Grunde führt das, was die römische Rhetorik zu Lob und Tadel zu sagen hat, nicht über Aristoteles hinaus; lediglich seine Topologie wird weiter ausgearbeitet.[12] Einzig QUINTILIAN stellt die bisher übliche Lokalisierung im Kanon der Redegattungen in Frage und kommt zum Schluß, Lob und Tadel seien, dem Herkommen (*mos Romanus*) entsprechend, nicht eindeutig zuzuordnen, das *genus demonstrativum* selbst also eine Mischform.[13] Damit resümiert er die tatsächliche Praxis seiner Epoche: So wenig Neues über die *vituperatio* theoretisch zu erfahren sein mag, so überwältigend ist die Fülle von Schmäh- und Tadelreden, von Verbalinjurien und – in nachrepublikanischer Zeit – zunehmend auch literarischen Angriffen persönlicher Natur, beginnend mit NAEVIUS über LUCILIUS, CATO, SALLUST und CICERO bis hin zu CLAUDIAN.[14]

Literaturhinweise:
W. Reissinger: Formen der P. in der röm. Satire. Diss. (1975). – S. Koster: Die Invektive in der griech. und röm. Lit. (1980).

II. *Spätantike, Mittelalter.* Die philosophisch-theologischen Auseinandersetzungen um die christliche Lehre haben seit der Zeit des Neuplatonismus Streitcharakter. Schon die frühe Kontroverse um den Arianismus mit HILARIUS VON POITIERS und LUCIFER VON CALARIS als dessen Gegnern zeigt, daß antike Traditionen der P. lebendig geblieben sind.[15] HIERONYMUS gilt mit seinen Streitschriften gegen Rufinus (‹Apologia adversus libros Rufini›) als Urbild des christlichen Polemikers, PRUDENTIUS nutzt seine rhetorisch aufs äußerste durchformte Poesie zur Widerlegung der Irrlehren und heidnischer Kulte.[16] Während die auch von persönlichen Angriffen getragene theologische P. in der Folge den inneren Konstitutionsprozeß der Kirche begleitet, über den engeren Gelehrtenkreis gleichwohl kaum je nach außen dringt, drängt eine weitere, eher dem propagandistischen Bereich zuzurechnende Spielart ins Blickfeld: Ebenso wie der Spaltung in ost- und weströmische Kirche folgen publizistische Ausfälle in Form demagogischer Kampfschriften gegen Ungläubige der Konsolidierung der alten Kirche.[17] Ebenso wird die sich im 13. Jh. konstituierende christliche Hebraistik zum Schauplatz nicht allein theologischer Kontroversen um das Alte Testament, sondern auch des weithin von verallgemeinernden Vorwürfen getragenen Umgangs mit der rabbinischen Lehre sowie der jüdischen Kultur schlechthin.[18] Trotz ihrer durchgängigen Präsenz bleibt die P. während der ganzen Epoche freilich nur von untergeordneter Bedeutung gegenüber der Apologetik und literarisch ein ephemeres Phänomen, auch wenn mit der ‹Rhetorimachia› ANSELMS VON BESATE im 11. Jh. ein wichtiges Zeugnis für ihr Fortleben erhalten geblieben ist und auch wenn die – noch kaum unter diesem Aspekt erforschte – volkssprachliche Literatur des hohen Mittelalters, beispielsweise in der Hofkritik der provençalischen Troubadours und in der bekannten Literaturfehde zwischen REINMAR und WALTHER, polemische Züge tragen kann. Parodie, Scheltstrophe und Spruchdichtung werden hier zu Austragungsorten von Rivalität und Kritik.[19]

Literaturhinweise:
B. Wachinger: Sängerkrieg. Unters. zur Spruchdichtung des 13. Jh. (1973). – I. Opelt: Die P. in der christl. lat. Lit. von Tertullian bis Augustin (1980).

III. *Humanismus.* Schon kurz nach Erfindung des Buchdrucks findet das polemische Schrifttum, von der italienischen Renaissancekultur weithin ausstrahlend und diese spiegelnd, zu einem ersten Höhepunkt.[20] Die neu entstehenden Medien Flugblatt und Flugschrift dienen bald der kontroversen Artikulation von gesellschaftlichen und politischen Überzeugungen.[21] Es zeigt sich jedoch, daß auch hier, vornehmlich in den allgegenwärtigen antijüdischen Schmähschriften, die Grenzen zur Demagogie immer wieder überschritten werden,[22] ebenso werden kriegerische Auseinandersetzungen flankierend in schärfster propagandistischer Form ausgetragen. Eine reichhaltige pamphletistische

Literatur in ganz Europa ist die Folge.[23] Im Pasquill, der seit dem 16. Jh. von Italien aus verbreiteten, meist gegen eine bestimmte Person gerichteten anonymen Schmäh- oder Spottschrift in Wort oder Bild, findet die P. einen weiteren literarischen Ausdruck.[24] Hinter der Namenlosigkeit verbergen sich auch die Verfasser der rhetorisch virtuosen ‹Dunkelmännerbriefe› gegen REUCHLIN, der umgekehrt seinen Gegnern an polemischem Furor in nichts nachsteht.[25]

Im deutschen Sprachraum rücken die konfessionellen Streitigkeiten zwischen Katholiken und Protestanten sowie innerhalb des Protestantismus in den Vordergrund, Neulatein und Volkssprache werden gleichermaßen zu Angriff und Verteidigung eingesetzt. Neben das bevorzugte Mittel der Flugschrift treten insbesondere der sog. Reformationsdialog (H. SACHS, M. BUCER) und das Fastnachtspiel als Medien polemischen Streitens.[26] Im Zentrum aller Kontroversen steht LUTHER; bekannte Beispiele seines Wirkens als Polemiker sind die Reden und Schriften ‹Wider die himmlischen Propheten› gegen Karlstadt und ‹Wider Hans Worst› gegen Herzog Heinrich von Braunschweig-Wolfenbüttel[27], er selbst wird zur Zielscheibe von Spott und Kritik KARLSTADTS, MÜNTZERS, MURNERS und zahlloser weiterer Autoren.[28] So wirkmächtig ist diese neue Entwicklungsstufe der P., daß man sich noch in der Phase der Restauration des 19. Jh. bemüßigt fühlt, die alten Konfessionsstreitigkeiten unter diesem Stichwort abzuhandeln und sie in Handbüchern und Schriftenreihen zu dokumentieren.[29]

Literaturhinweise:
B. Stolt: Wortkampf. Frühnhd. Beispiele zur rhet. Praxis (1973). – S. Bräuer: Spottgedichte, Träume und P. in den frühen Jahren der Reformation. Abhandlungen und Aufsätze, hg. von H.-J. Goertz und E. Wolgast (2000).

IV. *Barock.* Mit dem sich verfestigenden Abstand zwischen den Konfessionen werden Kontroversen auf beiden Seiten, aber auch innerhalb der reformierten Kirchen, zunehmend schärfer und in rasant wachsendem Umfang ausgetragen.[30] Im Bereich der Theologie bedeutet ‹P.› (Kontroverstheologie, seltener auch Elenktik), die sich im Gefolge der Reformation zu einer selbständigen Disziplin aus der Apologetik entwickelt hat, nun soviel wie Auseinandersetzung mit abweichendem Glauben. Im Unterschied zu jener, der Verteidigung von Glaubenssätzen, dient die theologische P. der aktiven Bekämpfung und Widerlegung von gegnerischen Ansichten. Der Begriff ‹theologia polemica›, auch ‹theologia controversa›, in diesem Sinne erstmals 1623 von dem lutherischen Theologen J.H. ALSTED ins Spiel gebracht[31], findet allerdings bis ins 19. Jh. hinein keinen systematischen Ort in der theologischen Lehre.[32] Ihre methodische Verankerung hat die P. im akademischen Disputationswesen der Zeit und damit im rhetorisch-dialektisch durchbildeten wissenschaftlichen Meinungsstreit.[33] Daß sich jenseits der theologischen Begrifflichkeit, also etwa im literarischen Bereich, kein Beleg für ‹P.› findet – die zeitgenössischen Begriffe lauten im deutschen Sprachraum in der Regel ‹Paßquill›, ‹Spott-› oder ‹Schmäh-Schrifft› –, weist auf die alles entscheidende historische Entwicklung im Barockjahrhundert hin: Kriege werden nicht mit der Feder, sondern mit den Waffen geführt, die – zunehmend im herrschaftlichen Auftrag verfaßte – Streitschrift dient nahezu ausschließlich der politischen Denunziation und propagandistischen Zwecken.[34] Insofern ist es signifikant für die Selbstwahrnehmung der ganzen Epoche, daß einerseits der Begriff der P. angesichts des sich im konfessionellen Konflikt manifestierenden Krisenbewußtseins auf den theologischen Bereich beschränkt bleibt, andererseits die in ganz Europa dominierende rhetorisch-poetologische Stilkontroverse von persönlichen Angriffen abgekoppelt wird und eine Kultur der literarischen P. nicht zustandekommt.

Literaturhinweise:
G. Braungart: Zur Rhet. der P. in der Frühen Neuzeit, in: Feindbilder. Die Darst. des Gegners in der polit. Publizistik des MA und der Neuzeit (1992) 1–21.

V. *Aufklärung.* Das Aufklärungsjahrhundert bringt mehrere entscheidende Veränderungen des Polemikbegriffs hin zum heute noch geläufigen Verständnis mit sich. Zunächst weiterhin beheimatet in der universitären Disputation, verlagert sich der Schwerpunkt bald von der durch die Theologie bestimmten Debatte hin zur – literarisch-rhetorisch ausgetragenen – Prinzipiendiskussion um kulturelle und gesellschaftliche Normen. THOMASIUS' ‹Monatsgespräche› sind die erste Plattform für den mit spitzer Feder geführten aufklärerischen Meinungsstreit: Den Jahrgang 1689 widmet der Herausgeber explizit «allen seinen Feinden».[35] Die nunmehr entstehende Rezensionskultur erschließt auf dem Forum des expandierenden Zeitschriftenmarkts den aktuellen Stand der Wissenschaften, indem sie auf allen Feldern wertend in die Diskussion eingreift – dies freilich, indem sie das partielle Interesse nicht an den partizipierenden Personen festmacht und sich mit ihrer sachbezogenen Kritik damit fundamental von der Streitschriftenliteratur vergangener Zeiten unterscheidet.[36]

Die polemische Praxis eilt ihrer theoretischen Erkenntnis und Beschreibung voraus. Ausführlich dokumentiert das ZEDLERsche Universallexikon den noch ganz von den Konfessionsstreitigkeiten geprägten Begriff der ‹P.›, der weiterhin ausschließlich als ‹Polemische Theologie, *Theologia Polemica*› verstanden wird.[37] Die überkommenen rhetorischen Mittel stehen demjenigen, der sich der «Methodus polemica oder elenctica» bedient, durchaus zur Verfügung, jedoch soll er, was die Darstellungsweise betrifft, um der Sache willen «das satyrische Wesen, und die Pracht der Troporum und Figuren» vermeiden.[38]

Eine kennzeichnende Ausweitung dieser Perspektive findet erstmals in der ‹Gelehrtenrepublik› KLOPSTOCKS statt, der Vertreter theologischer und – als Produkt der aufklärerischen Debatte zu ihnen hinzutretender – literarischer P. ergebnislos miteinander um die Frage streiten läßt, welcher der beiden Wege der zu bevorzugende sei: «Man möchte [...] die Ehre der Polemik retten! sie doch als Wissenschaft beyzubehalten suchen! [...] So lasset euch doch versönen [...] Nein was zu weit geht, das geht zu weit! Dieser Zwiespalt wurde zuletzt zu einem solchen Zerfalle, daß man in vollem Zorn von einander schied.»[39] Erst jetzt, Jahrzehnte nach Entstehung einer Kultur der P., findet die Bedeutungsübertragung in das moderne Begriffsverständnis statt, vorläufig gleichwohl noch ohne größere Konsequenz. Wenn auch Intentionalität und Öffentlichkeitscharakter sowie die mit ihr genuin verbundene polarisierende Affektweckung und damit eine entschiedene Rhetorisierung der Praxis als notwendige Konstituenten der polemischen Auseinandersetzung nachgezeichnet sind, fehlt noch immer die Forderung nach der zu überzeugenden und damit den Meinungsstreit entscheidenden Instanz, dem Publikum

Daher wird auch die in der Tradition der ‹Querelle des Anciens et des Modernes› stehende Literaturdebatte GOTTSCHEDS mit BODMER und BREITINGER ebensowenig wie die ‹Querelle› selbst als P. im eigentlichen Sinne zu bezeichnen sein – bei ihnen sucht man vergebens nach entsprechenden Zeugnissen. P. scheint, weil sie polarisiert und weil ihr gegenüber das vernunftgebundene ‹Geschmacksurteil› im Mittelpunkt aller Kontroversen steht, dem Rationalismus wie auch den letztlich konsensualen Absichten der Aufklärer offenbar allzusehr entgegenzustehen.[40]

Ganz anders dann aber LESSING: Er ist der erste, der im Rückgriff auf antike und humanistische Traditionen [41] zur offenen Personalisierung der P. zurückkehrt, ihren prozessualen Charakter erkennt und damit zu ihrem Protagonisten in der Moderne wird. Forschungsgeschichtlich hat Lessing aus diesem Grund seit jeher im Zentrum der Aufmerksamkeit gestanden. [42] Seine ‹Anti-Goeze›-Streitschriften bilden nun das Paradigma des geschliffenen Wortkampfs.[43] Nach seinem Vorbild werden die Musenalmanache und kritischen Journale zum Austragungsort der nunmehr, z.B. von J.H. Voss und SCHILLER, als «Federkrieg» [44] apostrophierten P.

Der Meisterdenker des ebenso dezidierten wie zugespitzten aufklärerischen Diskurses in Frankreich ist VOLTAIRE.[45] Literarisch wie essayistisch – etwa in seinen ‹Lettres Philosophiques› und im ‹Traité sur la Tolérance› – bekämpft er religiöse und gesellschaftliche Mißstände und eine Aufklärung, die ihren Namen nicht verdient, zusammen mit den Mitstreitern der ‹Encyclopédie› entwickelt er – etwa in seinem Beitrag über die ‹Éloquence› – eine von heftigen Gegenreaktionen begleitete Anthropologisierung der Rhetorik, die von eminenter Bedeutung für die weitere Entwicklung der Redekunst ist.[46] Als philosophischer Begriff gewinnt P. in Deutschland erstmals bei KANT Bedeutung, der sie in seinem erkenntniskritischen Hauptwerk im Sinne eines Mittels der reinen Vernunft im Kampf gegen den verneinenden Dogmatismus versteht.[47] Freilich ist sie präzise von der Kritik zu scheiden, die als substantieller Disput der Vernunft mit sich selbst einen höheren Stellenwert genießt als die bloß regulative P.; demnach muß, «wenn man nicht auf dasjenige sieht, was geschieht, sondern was billig geschehen solle, es eigentlich gar keine Polemik der reinen Vernunft geben».[48] Der hier referierte Öffentlichkeitscharakter der P., ihre Aktualitätsgebundenheit, ihre Intentionalität und apodiktische Natur werden nunmehr zur Folie jeder weiteren Beschäftigung mit ihr.

Literaturhinweise:
G. Schwaiger (Hg.): Zwischen P. und Irenik. Unters. zum Verhältnis der Konfessionen im späten 18. und frühen 19. Jh. (1977). – D. Dahnke, B. Leistner (Hg.): Debatten u. Kontroversen. Lit. Auseinandersetzungen in Deutschland am Ende des 18. Jh., 2 Bde. (1989).

VI. *19. Jahrhundert.* Obgleich Lessing und Kant die entscheidenden Wegmarken durch die Aus- und Weiterdeutung des Polemikverständnisses gesetzt haben, ist der alte, konfessionelle Streitigkeiten bezeichnende Begriffsinhalt auch im 19. Jh. noch präsent. So erkennt SCHLEIERMACHER in der P. zwar einen Teilbereich der philosophischen Theologie zur Abwehr von «Indifferentismus» und «Separatismus»[49], schränkt sie damit aber entgegen den mittlerweile wesentlich erweiterten Vorstellungen zugleich wieder auf den kircheninternen Bereich ein. Wie tragfähig diese traditionelle Perspektive tatsächlich noch immer ist, machen die Äußerungen des mit Schleiermacher befreundeten F. SCHLEGEL deutlich, der – mit deutlich wahrnehmbarem Blick auf Lessing – den aufklärerischen Kampf um Wahrheit und Freiheit als konfessionell geprägten Streit deutet: «Polemik ist daher allen Protestanten, oder allen Bekämpfern des Irrtums, wesentlich, ja es ist ihr ganzer Charakter in diesem Begriffe beschlossen. Polemik ist das Prinzip alles ihres Strebens und die Form alles ihres Wirkens.» [50]

Ebenso wie schon Kant behandelt HEGEL die Frage der philosophischen P., versteht unter ihr diesem gegenüber aber nicht eine zur Verteidigung der Sache in Betracht zu ziehende notwendige Strategie, sondern lediglich die einseitige parteiliche Geltendmachung von Gesichtspunkten; insofern ist sie für ihn dem Bereich der «Unphilosophie» zuzuordnen.[51]

An der aufklärerischen Beschreibung der (mittlerweile ganz der Schriftkultur zugeordneten) P. – wissenschaftlich-kritische Vernichtung eines bestimmten gegnerischen Standpunkts mit dem Ziel der Umstimmung des Lesenden als Entscheidungsinstanz – orientiert sich GOETHE: Er versteht seine Auseinandersetzung mit dem Naturbild Newtons explizit als polemischen Diskurs. Seine ‹Farbenlehre› enthält einen ‹Polemischen Teil›, der von einer wahrnehmungspsychologisch begründeten Argumentation gegen dessen Refraktionstheorie getragen ist.[52] Auch auf dem Feld der Dichtung und in der Literaturkritik, etwa in den gemeinsam mit SCHILLER verfaßten ‹Xenien› und in seinem Aufsatz über ‹Literarischen Sansculottismus›, wirkt Goethe lange Zeit als einer der Hauptbeteiligten und Vorbild bei der wertenden Debatte um ästhetische Normen.[53]

Zunehmend zeigt sich dann aber eine Abkehr von der wissenschaftlichen, punktuell zentrierten und, bei aller Aggressivität, immer nüchtern argumentierenden P. der Aufklärung, ein Prozeß, der schließlich zum heute üblichen Verständnis vom Streit der Meinungen führen wird. Dazu trägt nicht zuletzt der in ganz Europa sich etablierende, bewußt mit irrationalen Elementen spielende romantische Diskurs bei. Nach dem Vorbild der Brüder Schlegel und vermittelt durch die Reisebeschreibungen der mit ihnen befreundeten MADAME DE STAËL entsteht ein vor allem in Deutschland, Italien und Frankreich aufs Neue ausgefochtener Federkrieg um den Wert ‹klassischer› und ‹romantischer› Dichtung, in dem Elemente der alten ‹Querelle› aufgegriffen, zunehmend aber auf die Ebene des Wettbewerbs der Nationalliteraturen verlagert werden.[54] Ebenso schonungslos wie H. HEINE in Deutschland geht CH. A. DE SAINTE-BEUVE in Frankreich mit dergleichen restaurativen Tendenzen zeitgenössischer Literatur und ihrer Situierung in der Geschichte ins Gericht, beide sind infolge ihrer messerscharfen P. heftigsten Gegenangriffen ausgesetzt.[55]

Nach französischem Vorbild avanciert das Feuilleton während der Zeit des *Jungen Deutschland* und des *Vormärz* [56] (BÖRNE, BÜCHNER, GUTZKOW und LAUBE, in einer Sonderrolle auch Heine[57]), zwar nur für kurze Zeit, zum Ort persönlicher, öffentlich ausgetragener Wortscharmützel, die oft vor der Verbalinjurie keinen Halt mehr machen. Wichtigstes Kennzeichen dieser neuen Erscheinungsweise von P. ist die offensive Durchmischung von literarischen, politischen und gesellschaftlichen Themen der Zeit. In Hunderten von Zeitungsartikeln streitet MARX wenig später in aller Schärfe für seine Ideen.[58] Zensur und Verbot setzen der kurzen Blüte der ‹neuen› P. in Deutschland jedoch ein baldiges Ende. Mit der endgültig sich vollziehenden Scheidung von spezialisierter Wissenschaft und rezipierender Öffentlichkeit, von sachlich-argumentativer Kritik und breitenwirksamem Urteil tritt ganz Europa im Lauf des Jh. publizistisch in eine Phase der – oft ideologisierenden und instrumentalisierten – publizistischen Vermengung von privater und gesellschaftlicher Sphäre ein, die auf politischer Ebene ihr Äquivalent in Restauration und Nationalismus findet [59], ebenso wie zugleich bürgerliche Idylle, verinnerlichender Ästhetizismus und Rückzug ins Epigonentum der polemischen Auseinandersetzung eine Absage erteilen.

Literaturhinweise:
W. Hömberg: Zeitgeist und Ideenschmuggel. Die Kommunikationsstrategie des Jungen Deutschland (1975).

VII. *20. Jahrhundert.* Nach einer längeren Phase, die die kontroverse Diskussion gleich welcher Thematik auf neu sich heranbildende Foren und deren Publikum einschränkt – wissenschaftliche Debatten werden in Fachzeitschriften ausgetragen, die gesellschaftliche und politische Auseinandersetzung diffundiert in eine unübersichtlich werdende Vielzahl von parteilichen Presseorganen –, läßt sich ein Wiederaufleben polemischer Strategien im Sinne des Vormärz zu Beginn des neuen Jahrhunderts feststellen. Vor allem auf dem Gebiet der Literaturkritik, die zur allgemeinen Kulturkritik wird, herrscht ein oft scharfzüngig ausgetragener Meinungsstreit. Selbst als Polemiker nicht im Rampenlicht stehende Schriftsteller wie GEORGE, KAFKA oder RILKE äußern ihr Urteil insbesondere über Zunftgenossen auf pointierte, gelegentlich unerbittliche Weise. [60] Wiederum rückt das Feuilleton für kurze Zeit zum Ort des Geschehens auf – KRACAUER, TUCHOLSKY und KRAUS sind hier insbesondere zu nennen. [61] Der letztere macht, neben den mit äußerster Schärfe und bisweilen jahrelang geführten literarisch-essayistischen Fehden gegen KERR, HOFMANNSTHAL und WERFEL [62], die P. auch selbst zum Thema, indem er sie gegen die Satire abgrenzt und dieser hierarchisch unterordnet. Während die P. sich eher gegen Objekte von aktueller «Würdigkeit» richte, stehe diese aufgrund der ihr fehlenden Feindseligkeit «für eine ideale Gesamtheit, zu der sie nicht gegen, aber durch die realen Einzelnen durchdringt». [63] In geradezu paradox anmutender Umwertung seiner eigenen Praxis vertritt er damit die – durchaus mißverständliche und mißverstandene [64] – These, die Satire sei insofern als weniger zeitgebundene Form und existentielle Aufgabe des Zeitkritikers der P. vorzuziehen.

Ausführlicher und im anspielungsreichen Rückgriff auf *exempla* der antiken Rhetorik entwickelt BENJAMIN eine zeitgemäße Charakteristik der P., die er zugleich in einen größeren kulturgeschichtlichen Kontext stellt. Jeder Polemiker habe «sein Karthago und anfangs gar nichts in der Hand als seine Meinung»; diese schmiede er zur «Waffe», zum «Instrumente der Zerstörung» um, wobei es «zwischen Polemischem und Sachlichem gar keine Grenze» gebe. [65] Dies gelte historisch vor allem für die zunehmend unausführbar gewordene Grenzziehung zwischen Angegriffenem und Angreifer, wodurch die P. immer auch dialektisch umschlage «zu einer schonungslosen Invektive gegen die herrschende Gesellschaft». Allerdings ist längst nicht jeder polemisch Agierende ein wirklicher Polemiker, da dessen Autorität auf «Tradition und Bildung, welche die fundierende Kritik verlangt», historischem Bewußtsein also, beruht. [66] Folgerichtig diagnostiziert Benjamin, daß es allein im historisch erschließenden Rückgriff auf bestehende Traditionen gelingen kann, zu einer authentischen Form der P. auch in der Moderne zu gelangen.

Nach längerem zwangsweisem Stillstand – keine P. ohne Öffentlichkeit – im ‹Dritten Reich› und zugleich als nachgeholter Reflex der Debatten der Weimarer Zeit kulminiert in einer ideologisch (und vom gegenseitigen Ideologievorwurf) aufgeheizten Debatte in den 60er Jahren auch die erneute Auseinandersetzung um Normen und Werte in Literaturgeschichte und -theorie, in denen auch die P. als kommunikative Strategie von unterschiedlicher Seite, wie von E. STAIGER wie von M. FRISCH, praktiziert und thematisiert wird. [67] Gegenwärtig findet W. DROSTE mit seinen in bester Krausscher Tradition stehenden P. ein umstrittenes Echo.

Anmerkungen:
1 vgl. noch immer grundlegend die einf. Gedanken von J. Stenzel: Rhet. Manichäismus. Vorschläge zu einer Theorie der P., in: F.J. Worstbrock, H. Koopmann: Formen und Formgesch. des Streitens (1986) 3–11 (Bd. 2 von A. Schöne (Hg.): Kontroversen, alte und neue. Akten des VII. intern. Germanistenkongresses, 1985). – **2** vgl. B. Lecke: Sprache der P. – Zur Analyse rhetor. Stilmittel in einem Oberstufenkurs, in: Projekt Deutschunterricht 3 (1972) 49–83. – **3** zu Etymologie und Gesch. des Begriffs im Frz. sowie vergleichend zur Entwicklung im Dt. vgl. A. Greive: Comment fonctionne la polémique, in: G. Roellenbleck (Hg.): Le discours polémique (1985) 17–30. – **4** s. zur P. Duden Bd. 5: Fremdwtb. (^{4}1982) 604; F. Kluge: Etymolog. Wtb. der dt. Sprache (^{22}1989) 553. – **5** vgl. noch W. Killy (Hg.): Literaturlex. Bd. 14 (1993). – **6** Th. Morawetz: Der Demos als Tyrann und Banause. Aspekte antidemokratischer P. im Athen des 5. und 4. Jh. v. Chr. (2000). – **7** Demosthenes: Rede für Ktesiphon über den Kranz, hg. v. H. Wankel (1976). – **8** Homer, Ilias II, 211–242; vgl. J. Ebert: Die Gestalt des Thersites in der Ilias, in: Philologus 113 (1969) 160–175. – **9** Arist. Rhet. 1368a 41. – **10** Platon, Nomoi XI, 934 d-936 b2; ähnlich Anax. Rhet., 35. – **11** Arist. Rhet. I, 3, 1358b und III, 15, 1416a-b; vgl. Quint. IV, 1, 11. – **12** Auct. ad Her. III, 6–8; Cic. De inv. II, 59, 177f.; Quint. III, 7, 19. – **13** Quint. III, 7, 2. – **14** vgl. U. Schindel: Die Invektive gegen Cicero u. die Theorie der Tadelrede (1980); R.T. Bruère: Lucan and Claudian: The Invectives, in: ClPh 59 (1964) 223–256; H.L. Levy: Claudian's ‹In Rufinum› and the Rhetorical Ψόγος, in: Transactions and Proceedings of the American Philological Association 77 (1946) 57–65. – **15** K. Alt: Philos. gegen Gnosis. Plotins P. in seiner Schr. II 9 (1990); I. Opelt: Formen der P. bei Lucifer von Calaris, in: Vigiliae Christianae 26 (1972) 200–226; dies.: Hilarius von Poitiers als Polemiker, in: Vigiliae Christianae 27 (1973) 203–217. – **16** W. Süss: Der hl. Hieronymus und die Formen seiner P., in: Gießener Beiträge zur dt. Philol. 60 (1938) 212–238; S. Seliga: De invectiva Hieronymiana, in: Collectanea Theologica 16 (1935) 145–181; I. Opelt: Hieronymus' Streitschr. (1973); M.L. Liguori: Ovid in the Contra Orationem Symmachi of Prudentius (Diss. Washington 1942); M. Smith: Prudentius' Psychomachia. A Reexamination (Princeton 1976). – **17** Lit. P. zu Beginn des großen abendländischen Schismas (Kardinal Petrus Flandrin, Kardinal Petrus Amelii, Konrad von Gelnhausen). Ungedruckte Texte und Unters., hg. v. F.P. Bliemetzrieder (1910, ND 1967); A. v. Harnack: Die Altercatio Simonis Iudaei et Theophili Christiani nebst Unters. über die antijüdische P. in der Alten Kirche, in: ders.: Die Überlieferung der griech. Apologeten des 2. Jh. in der Alten Kirche und im MA (1882/83, ND 1991). – **18** U. Ragacs: «Mit Zaum und Zügel muß man ihr Ungestüm bändigen.» – Ps 32,9. Ein Beitr. zur christlichen Hebraistik und antijüdischen P. im MA (1997). – **19** G. Schweikle (Hg.): Parodie u. P. in mhd. Dichtung. 123 Texte von Kürenberg bis Frauenlob samt dem Wartburgkrieg nach der Großen Heidelberger Liederhs. C (1986); vgl. dazu auch ders.: Die Fehde zwischen Walther von der Vogelweide u. Reinmar dem Alten. Ein Beispiel germanist. Legendenbildung, in: ders.: Minnesang in neuer Sicht (1994) 364–389. – **20** B. Weinberg: A History of Literary Criticism in the Italian Renaissance (Chicago 1961); E. Garin: Petrarca e la polemica con i ‹Moderni›, in: ders.: Rinascite e rivoluzioni: movimenti culturali dal XIV al XVIII Secolo

(Rom 1976) 71–88; D. Marsh: Grammar, Method, and P. in L. Valla's ‹Elegantiae›, in: Rinascimento, Ser. 2, 19 (1979) 91–116; F.M. Higman: Ronsard's Political and Polemical Poetry, in: T. Cave (Hg.): Ronsard the Poet (London 1973) 241–285; B.M. Mestres: Las Polémicas Literarias en La España del Siglo XVI: A Propósito de Fernando de Herrera y Garcilaso de la Vega (Barcelona 1998), insbes. 197–261. – **21** H. Traitler: Konfession und Politik. Interkonfessionelle Flugschriftenpolemik aus Süddeutschland und Österreich (1564–1612) (1989). – **22** Chr. Mittlmeier: Publizistik im Dienste antijüdischer P.: Spätma. und frühneuzeitliche Flugschr. und Flugblätter zu Hostienschändungen (2000). – **23** H. Grabes: Das engl. Pamphlet. Bd. 1: Polit. und religiöse P. am Beginn der Neuzeit 1521–1649 (1990); M. Mittag: Nationale Identitätsbestrebungen und antispanische P. im engl. Pamphlet 1558–1630 (1993); zur frz. Pamphletistik vgl. die Beiträge im Sammelband: Traditions polémiques. Ouvrage publié avec le concours du Centre National des Lettres (Paris 1984). – **24** O. Schade: Satiren und Pasquille der Reformationszeit, Bde. 1–3 (1863, ND 1966); F. Blei: Dt. Literaturpasquille. Vier Stücke (1907). – **25** R. Klawiter: The Polemics of Erasmus of Rotterdam and Ulrich von Hutten (1977). – **26** B. Balzer: Bürgerliche Reformationspropaganda. Die Flugschr. des H. Sachs in den Jahren 1523–1525 (1973); M.W. Senger: Zur Typologie des mimetischen Elements im Reformationsdialog, in: Worstbrock, Koopmann [1] 55–62; T. Nelson: «O du armer Luther…» Sprichwörtliches in der antilutherischen P. des Johannes Nas 1534–1590 (1992); R.E. Walker: The Uses of Polemic: The ‹Centuriae› of Johannes Nas (Göppingen 2000); V. Duncker: Antijudaismus, antireformatorische P. und Zeitkritik im Luzerner Antichristspiel des Zacharias Bletz (1994). – **27** Luther gegen den Karlstadt: WA 18, 62–125 u. 134–214; vgl. dazu J. Schwitalla: M. Luthers argumentative P.: mündlich und schriftlich, in: Worstbrock, Koopmann [1] 41–54; Luther gegen den Herzog: WA 51, 461–572; vgl. dazu B. Schulz: Die Sprache als Kampfmittel. Zur Sprachform von Kampfschr. Luthers, Lessings und Nietzsches, in: DVjs 18 (1940) 431–466, hier 441–446; M. Brecht: Ihr Fledermäuse, Maulwürfe und Nachtenten. M. Luther – der Schimpfer und Polemiker, in: Börsenblatt (Frankfurter Ausg.) 39 (1983) 600–604. – **28** M. Gravier: Luther et l'opinion publique. Essai sur la littérature satirique et polémique en langue allemande pendant les années décisives de la réforme (1520–1530) (Paris 1941); H. Plard: Folie, subversion, hérésie. La polémique de Th. Murner contre Luther, in: Folie et déraison à la renaissance (Brüssel 1976) 197–208; W. Lenk: ‹Ketzer›lehren und Kampfprogramme. Ideologieentwicklung im Zeichen der frühbürgerlichen Revolution in Deutschland (²1976). – **29** K. Hase: Hb. der prot. P. gegen die röm.-kath. Kirche (1862); P. Tschackert: Ev. P. gegen die röm. Kirche (²1888); R. Weitbrecht (Hg.): Angriff und Abwehr. Zur Gesch. der konfessionellen P. im 19. Jh. (1892ff). – **30** K. Lorenz: Die kirchlich-politische Parteibildung in Deutschland vor Beginn des dreißigjährigen Krieges im Spiegel der konfessionellen P. (1903); M.U. Chrisman: From Polemic to Propaganda: The Development of Mass Persuasion in the Late Sixteenth Century, in: Archiv f. Reformationsgesch. 73 (1982) 175–196; G. Franz: Eine Schmähschr. gegen die Jesuiten. Kaiserliche Bücherprozesse und konfessionelle P. (1614–1630), in: P. Raabe (Hg.): Bücher und Bibl. im 17. Jh. in Deutschland (1980) 90–114; Chr. Böttigheimer: Zwischen P. und Irenik. Die Theol. der union Kirche bei G. Calixt (1996). – **31** vgl. U. Köpf: Art. ‹Kontroverstheologie›, in: HWRh Bd. 4 (1998), Sp. 1302–1311. – **32** vgl. dazu Köpf [29] Sp. 1304; P. Tschackert: Art. ‹P.›, in: Realencykl. für prot. Theol. und kirche Bd. 15 (1904), 508–513. – **33** M. Gierl: Pietismus und Aufklärung. Theol. P. und die Kommunikationsreform der Wiss. am Ende des 17. Jh. (1997) 125–145. – **34** D. Böttcher: Propaganda und öffentliche Meinung im protestantischen Deutschland (1628–1636), in: Arch. für Reformationsgesch. 44 (1953) 181–203; 45 (1954) 83–179; J. Schwitalla: Flugschr. (1999), bes. 73–76. – **35** Gierl [33] 474; Zu Thomasius als Polemiker vgl. auch J.-P. Wurtz: Tschirnhaus et l'accusation de Spinozisme: La Polémique avec Chr. Thomasius, in: Revue Philosophique de Louvain 78 (1980) 489–506. – **36** Gierl [33] 531. – **37** Zedler 28 (1741) Sp. 1079–1100. – **38** ebd., Art. ‹Polem. Schreibart, Stylus Polemicus›, Sp. 1079. – **39** F.G. Klopstock: Die dt. Gelehrtenrepublik, in: Werke u. Briefe, hist.-krit. Ausg., hg. v. H. Gronemeyer, E. Höpker-Herberg u.a. Bd. VII/I (1975)

167. – **40** G. Oesterle: Das «Unmanierliche» der Streitschr. Zum Verhältnis von P. und Kritik in Aufklärung und Romantik, in: Worstbrock, Koopmann [1] 107–120 (mit zahlr. Lit.angaben), bes. 115. – **41** W. Jens: Feldzüge eines Redners. G.E. Lessing, in: ders.: Von dt. Rede (1969) 46–70, hier 60. – **42** vgl. zusammenfassend den Sammelbd. W. Maurer, G. Saße (Hg.): Streitkultur. Strategien des Überzeugens im Werk Lessings (1993). – **43** zur «Kampfprosa» ausführl. B. Markwardt: Stud. über den Stil G.E. Lessings im Verhältnis zur Aufklärungsprosa, in: Wiss. Zs. der Univ. Greifswald, Gesellschafts- u. sprachwiss. Reihe 3 (1953/54) 151–180, 4 (1954/55) 1–34 u. 177–207; vgl. allerdings J. Schröder: Der «Kämpfer» Lessing. Zur Gesch. einer Metapher, in: H.G. Goepfert (Hg.): Das Bild Lessings in der Gesch. (1981) 93–114. – **44** Belege bei W. Martens: Zur Metaphorik schriftstellerischer Konkurrenz 1770–1800, in: Worstbrock, Koopmann [1] 160–171. – **45** U. Schulz-Buschhaus: Voltaires «Beruf zur Satire» und die Kunst der P., in: W. Graeber, D. Steland, W. Floeck (Hg.): Romanistik als vergleichende Literaturwiss. FS J. v. Stakkelberg (1996) 331–348. – **46** J.-L. Vissiere: La Secte des empoissonneurs. Polémiques autour de l'Encyclopédie de Diderot et d'Alembert (Aix-en-Provence 1993); H. Stauffer: Erfindung und Kritik. Rhet. im Zeichen der Frühaufklärung bei Gottsched und seinen Zeitgenossen (1997) 275–280. – **47** I. Kant: Kritik der reinen Vernunft A 738–757/B 766–785, Abschn. Die Diszipl.in der reinen Vernunft in Ansehung ihres polem. Gebrauchs; vgl. A. Meusel: Der Sinn der philos. P. bei Kant (1939); H. Saner: Kants Weg vom Krieg zum Frieden, Bd. 1: Widerstreit und Einheit. Wege zu Kants polit. Denken (1967), Kap. 2: Kant als Polemiker, 87–236. – **48** Kant [47] A 750/B 778. – **49** F. Schleiermacher: Kurze Darst. des theol. Studiums zum Behuf einleitender Vorles. Krit. Ausg., hg. v. H. Scholz (1910, ND 1961) 23–27 (§§ 54–62): Grundsätze der P. – **50** F. Schlegel: Vom Charakter der Protestanten, in: E. Behler (Hg.): Krit. F. Schlegel-Ausg., Bd. 3: Charakteristiken und Kritiken II (1975) 86; vgl. ders.: Über Lessing, in: Krit. Ausg. Bd. 2, Charakteristiken und Kritiken I (1967) 106; vgl. dazu Oesterle [40] 115–119. – **51** G.W.F. Hegel: Über das Wesen der philos. Kritik (1802), in: GW. Bd. 4, hg. v. H. Buchner, O. Pöggeler (1968) 127; vgl. A. Meusel: Hegel und das Problem der philos. P. (1942). – **52** J. W. v. Goethe: Zur Farbenlehre, in: Goethes Werke (Hamburger Ausg.) Bd. 13 (⁵1982) 527–529; ders.: Materialien zur Gesch. der Farbenlehre, ebd. Bd. 14, 149, 152, 170; vgl. dazu H.R. Schönherr: Einheit und Werden. Goethes Newton-P. als systematische Konsequenz seiner Naturkonzeption (1993) – **53** vgl. z.B. die Beitr. H. Koopmanns, F. Sengles u. E. Behlers, in: W. Barner u.a. (Hg.): Unser Commercium (1983); F. Stock: Kotzebue im lit. Leben der Goethezeit. P., Kritik, Publikum (1971). – **54** C. Calcaterra, M. Scotti (Hg.): Manifesti romantici e altri scritti della polemica classico-romantica (Turin ²1979); E. Eggli, P. Martino (Hg.): Le Débat romantique en France 1813–1830. Pamphlets. Manifests. Polémiques de presse (Paris 1933, ND Genf 1972); vgl. dazu I.A. Henning: L'Allemagne de Madame de Staël et la polémique romantique. Première fortune de l'ouvrage en France et en Allemagne (1814–1830) (Paris 1929, ND Genf 1975). – **55** P.U. Hohendahl: Gesch. und Modernität. Heines Kritik an der Romantik, in: ders.: Literaturkritik und Öffentlichkeit (1974) 59–101; D. Madelenat: Enfances polémiques de l'histoire littéraire, in: Roellenbleck [3] 49–63. – **56** A. Opitz: «Aesthet. Gerichtssitzung». Zur symbol. Inszenierung von Macht in der Literaturkritik des Vormärz, in: Worstbrock, Koopmann [1] 121–133; H. Brandes: Die Zs. des Jungen Deutschland. Eine Unters. zur lit.-publizist. Öffentlichkeit im 19. Jh. (1991), bes. 188–193. – **57** W. Wülfing: «Skandalöser» Witz. Unters. zu Heines Rhet., in: W. Kuttenkeuler (Hg.): Ästhetik u. Engagement (1977) 43–65; R.C. Holub: Heine's Sexual Assaults: Towards a Theory of the Total Polemic, in: Monatshefte 73 (1981) 415–423; S. Grubačić: Heines Doppelstrategie: die lit Exekution Platens, in: Worstbrock, Koopmann [1] 215–219. – **58** J. Hilmer: Philos. de la misère oder Misère de la philos.? Die Marxsche P. im Kampf um die Führung der int. Arbeiterbewegung als Beginn der weltpolitischen Durchsetzung des etatistischen Sozialismus (1997). – **59** vgl. M. Colin (Hg.): Polémiques et dialogues. Les échanges culturels entre la France et l'Italie de 1888 à 1913. Actes du Colloque des 3 et 4 Octobre 1986 à l Université de Caen (Caen 1988). – **60** W. Kohlschmidt: Zur P. Georges und sei-

nes Kreises, in: Formenwandel, FS P. Böckmann (1964) 471–482; G. Stieg: Kafka als Spiegel der Kraus'schen Literaturpolemik, in: Worstbrock, Koopmann [1] 98–106; M. Bertolini: Dissonanzen in Orpheus' Gesang. Unters. zur P. im Prosawerk R.M. Rilkes (1995). – **61** H. Würzner: Der Literaturstreit in der Zeit der Weimarer Republik, in: Worstbrock, Koopmann [1] 220–224. – **62** Chr. Heidemann: Satirische u. polemische Formen in der Publizistik von K. Kraus. Diss. Berlin (1958); G. Busch: Der kolportierte Polemiker, in: Dt. Universitätsztg. 14 (1959) 477–481; R. Bauer: Kraus contra Werfel. Eine nicht nur lit. Fehde, in: ders.: Laßt sie koaxen (1977) 181–199; B. Brandys: Satirisch-polemische Formen in K. Kraus' Skizze ‹Die demolirte Lit.›, in: S.H. Kaszynski, S.P. Scheichl (Hg.): K. Kraus – Ästhetik und Kritik (1989) 117–128. – **63** K. Kraus (Hg.): Die Fackel 338 (6. Dez. 1911) 1; vgl. J.M. Fischer: K. Kraus (1974) 60–66; C. Kohn: K. Kraus (1966) 185–198; G. Feigenwinter-Schimmel: K. Kraus. Methode der P. (Diss. Basel 1972). – **64** dies korrigierend H. Uhlig: Vom Pathos der Syntax, in: Akzente 2 (1955) 489–494; E. Timms: Der Satiriker und der Christ – ein unvereinbarer Gegensatz?, in: Worstbrock, Koopmann [1] 85–90, bes. 89f. – **65** W. Benjamin: Jemand antwortet. Zu Emanuel Bin Gurion, «Ceterum Recenseo», in: ders.: Ges. Schr., Bd. 3, hg. v. H. Tiedemann-Bartels (1980) 360–363, hier 361; vgl. dazu M. Jürgensen: W. Benjamin as a Literary Critic, in: G. Fischer (Hg.): With the Sharpened Axe of Reason. Approaches to W. Benjamin (Oxford 1996) 139–148. – **66** Benjamin [65] 361 u. 363; vgl. ders. zur P. auch in: Die Technik des Kritikers in dreizehn Thesen, in: ders.: Ges. Schr., Bd. IV, 1, hg. v. T. Rexroth (1980) 108f.; zur Kontroverse um und mit Hofmannsthal vgl. W. Jens: Rhetorica contra rhetoricam. Hugo v. Hofmannsthal, in: ders. [41] 151–179. – **67** ausführl. dokumentiert in: Sprache im techn. Zeitalter 22–26 (1966–68); zusammenfassend auch M. Böhler: Der «neue» Zürcher Literaturstreit. Bilanz nach zwanzig Jahren, in: Worstbrock, Koopmann [1] 250–262.

H. Stauffer

→ Agonistik → Amplificatio → Controversia → Demagogie → Dialektik → Dialog → Disputation → Eristik → Essay → Invektive → Journalismus → Literaturkritik → Massenkommunikation → Pamphlet → Parodie → Pasquill → Presse → Satire → Streitgespräch → Streitschrift → Tadelrede

Political Correctness

A. Def. – B. I. Konkurrierende Verwendungsweisen. – II. Herkunft, Anwendungsbereiche, Verbreitung, Begriffsentwicklung. – III. Hist. Vorläufer, Rhet. Dimension.

A. Als Schlagwort, Abwehrbezeichnung, Fahnenwort oder auch Vorwurf in der politischen Auseinandersetzung meint P. einen öffentlich erzwungenen Diskurs, der sich in Opposition zum als *mainstream* empfundenen Sprachgebrauch durch den rhetorischen Abbau von Stereotypen und Diskriminierungen aller Art mit Hilfe linguistischer Tabus um die Pflege von richtiger (verletzungsfreier) oder offener/vollständiger (nicht-ausschließender) Sprache im gesellschaftlichen Kommunikationshaushalt bemüht. Die Schaffung von Realität durch sprachliche und diskursive Vermittlung rückt ins Zentrum der Aufmerksamkeit. Sinn liegt nicht einfach in den Gegebenheiten, sondern spiegelt sich in deren sprachlicher Anordnung. Entsprechend kommt dem Benennen/Entnennen der Charakter von Wirklichkeitsveränderung zu. Mit Worten werden Handlungen vollzogen. Worte stiften und erhalten soziale Verhältnisse. Sprechen mithin alle Menschen nicht-derogatorisch, werden Kraftworte verbannt, verschwindet Sexismus [1], Rassismus, kurz überhaupt die Abwertung anderer Personen in welcher Form auch immer.

Nicht nur das Beharren auf P. als Beachtungs- via Benennungs-Respektierung, sondern auch deren Kritik als Sprachkontrolle folgt der Sprechakt-Theorie im Sinne einer Unumgehbarkeit der linguistischen Grundlagen von Interaktion. Gleichwohl geht es der P. bei aller Sprach-Empfindsamkeit gegenüber *hate speech* weniger um verbale und/oder rhetorisch-symbolische Formen von Macht, an denen man gleichberechtigt partizipieren möchte. Wichtiger sind die sachlichen Anliegen bzw. Streitauslöser für die P. als Ausgleichsbewegung von Schwächeren. Es handelt sich mithin um Reden in reklamativer versus Reden in präskriptiver beziehungsweise persuasiver Funktion. Innerhalb eines existierenden Sprachsystems – und damit raum-zeitlich sehr unterschiedlich gestimmt – fühlen sich politische, ethnische, soziale, geschlechtliche und/oder kulturelle Gruppen gar nicht oder nicht angemessen wahrgenommen, eingeschätzt, benannt oder auch im Sinne einer gerechten Verteilung des Anerkennungs- als medialen Diskurs-Aufkommens vertreten. Insofern argumentiert P. im Namen der Chancengleichheit in Politik, Bildung und Beruf intolerant gegenüber Intoleranz. [2] Wider eine aus dieser Sicht vielfältig benachteiligend (sozial, partizipatorisch), unterdrückend (politisch, sexuell, deklamatorisch) oder zumindest der eigenen Identität (*roots*) und damit den erhofften Verwirklichungsvorstellungen (z.B. kulturell) abträglich wirkende ‹Dominanzkultur› (WASP = white anglo-saxon protestants mit ihrem Anspruch auf Normalität als *conservative correctness*) [3] zielt die P.-Intervention auf eine wenigstens semantische Befriedung durch allseitig-gegenseitige Anerkennung auf dem Wege der sprachlichen Schonung und Pflege solcher Mannigfaltigkeit. Diese gerät infolge ihrer Ansprüche an die Umwelt, den eigenen Bezeichnungswünschen zu entsprechen, zugleich immer vielfältiger. Semiotische Konstrukte (P.) und nicht etwa «die ruhelose Evolution der gesellschaftlichen Formen im großen wie im kleinen» [4] scheinen mithin die überlieferten *common dreams* zu verdrängen.

Die Diversifikation der Sozialbilder und damit eine – auch sprachliche – Konkurrenz von *ins and outs* um deren mehr oder minder allgemeine Geltung schlägt sich als P.-Kontroverse nieder. In ihr ringt eine Mehrheit von Minderheiten um zunächst sprachliche (Verletzungsfreiheit), dann kulturelle (etwa curriculare Leistungsanerkennung im bislang von *dead white european males* [DWEM] geprägten Lehrkanon), womöglich auch um materielle Kompensation (*affirmative action*), ohne daß die Differenz selbst beseitigt werden soll/kann. Mit Blick auf den Zusammenhalt der Gesellschaft ist daher von «verbaler Apartheid» [5] zu hören. Sie stellt laut P.-Reklamation indes eine positive Diskriminierung dar: Gedacht ist nicht länger an eine gleichberechtigte Integration in die Mehrheitsgesellschaft (*melting pot*), die es in dieser Sicht nie gab. [6] Vielmehr gilt es, über die Pflege von Differenz, Dissens und Selbstbestimmung besser an der *common American society* (ASANTE) teilzunehmen, d.h. nicht zuletzt: respektiert zu sein durch verbale Präsenz und damit geschützt vor Benachteiligungen aller Art, wie sie durch Patriarchalismus, Bildungshegemonie oder überhaupt durch jene ‹Logokratie› der Weißen (*ice people*) drohen.

B. I. *Konkurrierende Verwendungsweisen.* Als verbale Ausformung eines gezielten Kulturkampfes, der den Kränkungsschutz durch eine «Brandmarkungskampagne» [7] als diffamierend empfundener Bezeichnungen in eine a) Widerlegung der Mehrheitshegemonie umformt, um solchermaßen zugleich b) die Gleichgültigkeit aller möglichen ‹Subkulturen› zu postulieren, stieß die P. nicht nur auf definitorischen, sondern zunehmend auf politischen Widerstand. Nicht zuletzt wegen ihrer rigiden Sprachetikette [8] ironisiert, löste P. vor allem *in academicis* Ängste wie vor «einer modernen Spielart der Inquisition» [9] aus. Obschon anti-diskriminierend gedacht, entstand trotz aller Appelle an Sprachfairness in dieser Optik eine Gesellschaft aus lauter Outgroups, weil einmal in Gang gesetzte Identitätskonflikte horizontal wie vertikal unbegrenzt sind. Zudem gilt der P. die Kritik an P. (Anti-P. oder P.²) selbst als inkorrekt, so daß sowohl deren Berücksichtigungsansprüche nach außen als auch die eigenen *infights* kein Limit kennen. Entsprechend entstand nicht nur mit Blick auf deren Sprachkomik (*differently interesting; herstory; follicularly challenged; ageful* etc.) eine Anti-P.-Bewegung. Auch die eingeforderte *censorship of speech* (G F. WILL) führte zu heftigen Debatten. Diese Zensur resultiert aus der Eigenrichtigkeitsthese und der damit verbundenen Verurteilung der Mehrheitskultur als ‹Kulturimperialismus›.

Vor allem zwei Punkte standen im Vordergrund der P.-Abwehr: Zum einen ist es diskurstheoretisch naiv, lautete die Kritik von links, die Zeichen gegenüber den Inhalten aufzuwerten, *verbal uplift* (B. EHRENREICH) ändere an den Tatsachen selbst wenig. Indem überdies vom Lippendienst auf die Handlungs-, gar die Motivationsebene geschlossen wird, droht Sprachreinheit mit rechter Gesinnung verwechselt zu werden, ohne indes die Intentionen hinter den Worten beeinflussen zu können. Solchermaßen gerate die Sprachverschönerung nicht nur zur Verhüllung fortbestehender Asymmetrien, die doch die eigentliche Ursache der Notwendigkeit waren, überhaupt Sprachpflege anzustreben, um Friktionen als Folge von Injurien zu vermeiden. Die resultierende Illusion einer heilen Welt (H.P. DUERR) sei zudem teuer erkauft, selbst wenn die Besetzung politischer Schlüsselbegriffe gelingen kann. Wird erst einmal damit begonnen, von welcher Seite und mit welcher Absicht auch immer, die öffentliche Sprache zu manipulieren, scheint der Schritt von der Kontrolle aller *dirty words* zur Überwachung unangepaßter Gedanken nicht groß zu sein, selbst wenn der sprachlich versierte ‹Tugendterror› durch P. eher an Cromwell gemahnt denn an Robespierre. Nicht nur, weil «das politisch Korrekte […] ästhetisch dürftig [ist]» [10], wirke es problematisch, wiewohl Klischees nicht nur dem *motus animi continuus* (CICERO) Gewalt antun, wodurch Gesellschaft und Rhetorik in Konflikt geraten, sondern auch, weil es die Fülle und Nuancierung der Sprachentwicklung bedroht. Die gute Absicht, sprachliche Toleranzstandards durchzusetzen, beengt private Erkenntnisse und/oder Präferenzen, die der Umgebung aus Angst vor deren Reaktion verschwiegen werden. Der Konformitätsdruck durch allerlei Gruppenegoismen verhindere dank Ausdruckskorsettierung die Innovativität, da die freie Entwicklung der Gedanken beim Sprechen durch die Umwelt bedroht ist. Überdies werden zugunsten von Benachteiligten und damit im Namen der Gleichwertigkeit (nicht: Gleichartigkeit) etablierte Leistungsstandards abgelehnt. Am riskantesten sei, daß P. in der Phrase stattfindet, keineswegs aber auf dem Boden der Tatsachen. Das Verworfene gerät zwar zum Unaussprechlichen, ohne aber zu verschwinden, so daß der Hiatus zwischen Offizialsprache und eingelebten, alltäglichen Sprachkonventionen wächst, was u.a. die politische Stabilität beschädigt. [11]

Diesen Vorhaltungen hinsichtlich möglicher P.-Irrtümer und Nebenfolgen entsprachen zum anderen Einwände des Kultur-Establishments. Nach ersten Angriffen auf den vorherrschenden Kulturkanon und dessen Unsensibilitäten («Das wird man doch noch sagen dürfen») gingen dessen Vertreter in Auseinandersetzung mit der P. als einem Ausläufer der Bürgerrechtsbewegung an die *construction of a monster*. Nicht zuletzt durch Bloßstellen des sprachpuristischen Moralismus mitsamt seinen Moden – allein die korrekte Bezeichnung für Schwarze wechselte in den USA von *colored* über *Negro, black, Afro-American, people of color* bis zu *African-American* – kritisierte man zugleich ganz allgemein den «kritisch-skeptischen Blick auf das, was die Gesellschaft für selbstverständlich erachtet». [12] Indem sich der Bestandsschutz verbal, kulturell und damit politisch durch sektorale Fundamentalismen in seiner Normalität/Mehrheitlichkeit beeinträchtigt fühlte, stilisierte er sich zum Opfer minoritärer Sprachcodes: Der P. wurde vorgehalten, frei nach *ex pluribus plus* jene Fragmentierung als Folge von Wandel, Zuwanderung etc. im Sinne aggressiver Minderheitenforderungen erst zu zementieren. Gruppenrituale drängten an die Stelle einer öffentlichen Verwaltung der Dinge, Repräsentation sollte durch Unmittelbarkeit ersetzt werden, wodurch Zugehörigkeitsnarzißmen der Idee des *quod omnes tangit* keinen Raum mehr ließen. Die Politisierungsintention der P., die zum Wettstreit darüber geriet, wer bei der Gestaltung der öffentlichen Meinung und Kultur mitreden kann, richtete sich zunehmend gegen sie selbst. Ihre Vertreter werden als Abweichler vom *all American way* bezeichnet. Wollte die P. *common standards* auf ihre Gültigkeit überprüfen, war von Differenzhysterie die Rede; sollte Dissens die Wahrnehmung schärfen, sah man Kulturgüter angegriffen, für die es keine Alternativen gebe; und während die – auch sprachliche – Identitätspflege nicht nur Respektierung von Unterschiedlichkeit einforderte, sondern Vielfältigkeitsgewinn versprach, erschien dieses Ansinnen der Anti-P. durchgängig als Gefährdung der Authentizität. Die öffentliche Sprache dürfe nicht vom Reglement durch kleine Gruppen abhängig gemacht werden, vielmehr solle die Pflege von *shared symbols* (E.D. HIRSCH JR.) im Kontext einer zwar rücksichtsvollen, aber freien Sprachentfaltung die von der P. betriebene *Tribalisierung* (WILL) der Moderne stoppen. Die beste Methode, Diskriminierungen zu bekämpfen, liege doch nicht darin, «Diskriminierung zu betreiben» [13], sprachlich, durch Gruppenzwang, mit Verhaltenskontrollen bzw. als Denkhemmung. Das ohnehin komplizierte Geschäft heutiger Interessenabstimmungen dürfe durch *umgekehrten Ethnozentrismus* (C. LEGGEWIE) nicht weiter erschwert werden, so daß sprachliche Pazifizierung vielleicht reale Animositäten verhüllt, sie zugleich aber verschärft, anstatt sie mit der Zeit abzutragen.

II. *Herkunft, Anwendungsbereiche, Verbreitung, Begriffsentwicklung.* Der Begriff ‹P.› als Ausdruck des Ringens um sprachliche Schonung des Fremden, Unangenehmen, Randständigen, Niedrigen etc. stammt aus den USA [14], wiewohl sich die Sache nach solch polemischer Benennungspurismus aus der Anerkennungskonkurrenz und einer entsprechenden Zunahme von Friktionen in der pluralisierten Postmoderne von selbst ergibt. [15] Ende der 60er Jahre als spöttische Bezeichnung der Linken gegenüber in ihren Reihen übliche Anflüge von Fanatismus verwendet [16], wurde die P.-Intention von Erben der *free speech movement* mit dem Ziel verallgemeinert, gesellschaftlichen Randgruppen oder Minderheiten etc. eine via Wahrnehmung zu erkämpfende Gleichberechtigung auf semantischer und kultureller Ebene zu sichern und damit womöglich

Gleichberechtigung auch in anderen Lebenslagen. Die ursprünglich auf den intellektuellen Raum der Universitäten beschränkten Forderungen nach angemessener Artikulation der Belange und Sichtweisen ignorierter oder ausgegrenzter sexueller, sozialer, ethnischer und kultureller Gruppen [17] führte wegen ihrer humorlosen, aggressiven und bisweilen geradezu als totalitär empfundenen Formen [18] im akademischen Raum zu massivem Widerstand. [19] Mit Beginn der 90er Jahre avanciert P. zum *hottest term in the country* (WILSON). Am anschließenden «P. – bashing» [20] beteiligte sich das Establishment in Form eines veritablen *battle of books*. [21] Auch die Politik griff in diesen Diskurs ein mit mahnenden Stellungnahmen der Präsidenten Bush und Clinton. Beklagt wurde der Schwund althergebracht-übergreifender Werte wie Familie, Gemeinschaftlichkeit, Nation, wobei Protagonisten und Kritiker der P. gleichermaßen dem landständigen Puritanismus verpflichtet waren, indem beide Seiten nicht nur seinen Moralismus teilten, sondern auch dessen traditionelles «Bestreben nach Wesensgleichheit» [22], die Auseinanderstrebende und Unterschiedliche zusammenzuhalten, hier in kleinen Zirkeln, dort im nationalen ‹Schmelztiegel›. Zugleich hat der Wegfall der sowjetischen Konkurrenz seit Beginn der 90er Jahre den Blick der USA verstärkt nach innen gerichtet, wo nun die P.-Aversion als Stütze des Zusammenhalts das Verblassen äußerer Bedrohungen abfangen sollte. Das deutet auf den Umfang und die Tiefe der *PC anxiety* (NEWFIELD, STRICKLAND) samt Ressentiments der Mittelklassen gegen diese Art einer «reverse discrimination» hin [23]: Aus Furcht vor neuen Sozialansprüchen und einer sich rasch wandelnden Kulturlandschaft geriet die P. zum neuen Feindbild. Dessen sozialer Anspruch mitsamt rigider *ars recte dicendi* eignete sich medial bestens zur öffentlichkeitswirksamen *refutatio*. Zudem erlaubte das Verharren an der linguistischen Oberfläche der Anti-P., vor Denkverboten (= Sprachlenkung) zu warnen oder über den Separatismus als Folge mentaler Selbstabkapselungen zu klagen [24], ohne weiter auf sozio-kulturelle Mißstände eingehen zu müssen: Forderungen der Sprachglättungs-Initiative (P.) wurden nicht auf ihre Berechtigung untersucht, etablierte Standards der Gesellschaft auch rhetorisch zu reklamieren.

Nicht zuletzt dieser bald leerlaufende Kampf um Wörter anstatt um Lebensqualität hatte eine semasiologische Ausweitung der Begrifflichkeit zur Folge, bei gleichzeitigem Verlust an rhetorischer Rationalität. Nicht nur sahen sich allenthalben Felder reklamiert (*professional, musical, historical, religious correctness*), in denen Orthodoxie jedweder Art angeblich das Reden und Denken und somit Innovationen hemmte; zudem weitete sich die P.-Debatte international aus, nachdem diese in den USA gegen Mitte der 90er Jahre ihren Höhepunkt überschritten hatte. Da andernorts der ideologische und sozialpolitische Hintergrund unvergleichbar war, selbst wenn es sich – wie etwa in Australien [25] oder Südafrika [26], wo heftige *pc-wars* stattfinden – auch um ethnisch und/oder kulturell fragmentierte Gesellschaften handelt, erhielt die P.-Rabulistik (P.[2]) sehr unterschiedliche Ausprägungen. In Frankreich [27] wurde in diesem Kontext beispielsweise die Dekonstruktion festsitzender Etatismen erörtert [28], die als *idées reçues* den öffentlichen Diskurs hemmten. In Deutschland sah sich P. mit allgemein riskanter Indoktrination [29] gleichgesetzt, von Kontrolle sowie Meinungszwang war die Rede. «Sprachregelungen, wenn sie mit Sanktionen erzwungen werden», (so H. WEINRICH die vorgebliche Gefährdungslage der etablierten Meinungs- als Ausdrucksfreiheit kennzeichnend), «gehören zu den erprobten Repressionsinstrumenten der Diktaturen». [30] P. geriet a priori zu einem emotional aufgeladenen Kampfbegriff. [31] Mißliebige Entwicklungen, Reformbemühungen oder Redeweisen und persönliche Empfindlichkeiten konnten als P. diskriminiert werden. Ergebnis dieses Streites war, daß sich das öffentliche Sprachbewußtsein schärfte. Auch in Deutschland wird von Amts wegen längst eine massive Euphemisierung betrieben [32], die gut gemeint ist, aber die Zustände verhüllt: stellt sich die Wirklichkeit doch anders dar als ihr verbal geglättetes Abbild. Der Wettbewerb der Verdächtigungen deckte überdies auf, daß allenthalben kommunikationspolitische Barrieren wahrgenommen werden. Die topisch zugelassenen Muster des Sprechens etwa wirken dort wie «unterdrückte Dialoge» (HABERMAS) [33], wo andere ideologische, historische, politische oder soziale Vorstellungen, Erwartungen, Weltbilder herrschen. So spricht der Neoliberalismus, Neokonservativismus oder Neosozialismus als – sehr unterschiedliche – Opposition zum etablierten Diskursmilieu in toto dort von intellektuellem oder rhetorischem *gate keeping* als gleichsam offiziöser P.[2], wo der etablierte Sprachgebrauch durch solche Verdächtigung oder Kritik beispielsweise an der eingeschliffenen «Gutmenschlichkeit» [34] die aufgeklärten oder meliorativen Verkehrsformen erst sprachlich, dann womöglich politisch gefährdet wähnt. P.- wie Anti-P.-Argumente [35] halten sich insofern jeweils für minoritär und damit von jener *Tyrannei der herrschenden Gesinnung* (J.S. MILL) bedroht, die der jeweils andere Sprachgebrauch repräsentiert. Das verleiht der Auseinandersetzung inhaltlich wie formal einen völlig anderen Zungenschlag als in den USA. Trotz der Aufsplitterung der sozialen Milieus, der Unterschiede in den lebensweltlichen Konstellationen und der sexuellen Öffnung (gesellschaftliche Pluralisierung) fehlt die ethnische Trennung (Segregation) als Treibsatz für die Notwendigkeit, die Einflußnahme auf Sprache und Kommunikation (Lexem-Steuerung) als Kampf um Anerkennung zu proben.

III. *Historische Vorläufer und rhetorische Dimension.* P. im ursprünglichen Verwendungssinn (Reklamation angemessener Benennung und Wahrnehmung mit dem Ziel, bei der Verteilung sozialer Güter besser berücksichtigt zu werden) ist ein singuläres Phänomen: Minderheiten unterschiedlicher Art bekämpfen nicht nur pejorative Anredeformen, sondern melden durch Appelle an die Zivilisationsstandards zugleich ihre divergierenden Belange als gleichrangig an. Insofern betreiben sie eine denormalisierende «Verwirrung des Sprachgebrauchs» [36] als Pflege der Vielfältigkeitsakzeptanz. Historisch hat es zwar immer wieder soziale (Revolten) oder religiöse (Erneuerung) Abweichungen mit eigenen Sprachcodes gegeben. Aber zumeist wurden sie unterdrückt [37], weil nicht zuletzt Rhetorik und Eloquenz dem Konformitätsschutz verpflichtet waren. Jenes *apte, distincte, ornate dicere* [38] blieb in der Vormoderne auf die «vera lex recta ratio» [39] der Ordnungs- als Denk- und Benennungssysteme bezogen, ein Fehlschluß, an dem die Obrigkeit festhielt: Spätestens bis zur Aufklärung blieb jener parlamentarische ‹Six Articles Act› (1539) in England, der umstandslos jede Art von Dissens untersagte, goldene Regel aller Herrschaft. *Audiatur et altera pars* mochte forensische Standards genügen, entsprach indes nie den politischen Verhältnissen. Diese waren in vordemokratischen Gesellschaften durch Gleichschaltung von Rede, Glaube und Lehre gekennzeichnet: Zensur gestaltete sich als angewandte P. (i. e. Anti-P.) im Sinne des Ordnungsschutzes samt *priviledge of absurdity* (HOBBES). Seinen Vorgaben, die durch Eliten als Meinungsmacher definiert wurden, war auch lexikalisch Folge zu leisten. Zwar wandelten sich die topischen Muster des Erlaubten, aber die Oben-Unten-Konstanz blieb erhalten; selbst die Toleranz-Tradition, wie etwa J. LOCKE sie repräsentiert [40], wahrte die jeweiligen Grenzen des Zugelassenen (z.B. keine Toleranz für Atheisten oder Agnostiker). Gleichwohl ergab sich ideengeschichtlich eine Ausweitung der Duldung des Vielfältigen und Abweichenden. Sie war Ergebnis und Produkt jenes «feinen Disputirgeist[es]» [41], der die europäische Geistesentwicklung nicht zuletzt als Diskurs über die jeweils (noch) zeitgemäße P.[2] und ihre Sprachregelungen in Gang hielt. Dieser Tradition trat im 18. Jh. eine neue P. entgegen, formuliert von aufstrebenden, wiewohl noch minoritären Mittelschichten. Die folgende Polyphonisierung sozialer Diskussionsspiralen öffnete den Blick auf divergierende Soziallagen [42], wenngleich sich die «neuen Apostel der Toleranz» ihrerseits gegenüber abweichenden Meinungen und Diskursen als «die unverträglichsten Menschen» [43] erwiesen. Zugleich ergaben sich trotz der innergesellschaftlich ausgeweiteten Wahrnehmung der Universalisierung des Vernunfts- als Ausdrucksbegriffs [44] ganz neue Diskordanzen und Tabus – auch als Sokratisierungsverbote [45] –, denn die Ideen der Herrschenden erwiesen sich bei aller Öffnung gegenüber oppositionellen Sichtweisen, Ansichten oder Ausdrucksformen immer als dominante Vorstellungen oder Monologe, vor allem dann, wenn es wirklich oder angeblich um Casus-Belli-Zonen der Macht- und Verteilungsverhältnisse ging, ungeachtet formaler Demokratisierung beziehungsweise Erweiterung der Diskurschancen. Die P.-Kontroverse war und ist mithin sprachlicher Indikator für gesellschaftliche Zerklüftungen, die am Ende des 20. Jh. eher wieder zunehmen.

Anmerkungen:
1 s. H. Beard, Chr. Cerf: The Official Sexually Correct Dictionary (New York) 1995. – **2** S.D. Gaede: When Tolerance is no Virtue: P., Multiculturalism & the Future of Truth & Justice (Downers Grove, Ill. 1993) 23. – **3** s. auch R. Hughes: Nachrichten aus dem Jammertal: wie sich die Amerikaner in P. verstrickt haben (1994). – **4** G. Simmel: Soziol. Unters. über die Formen der Vergesellschaftung (1908) 187. – **5** M. Behrens, R. von Rimscha: "Politische Korrektheit" in Deutschland (1995) 163. – **6** s. M.K. Asante: Multiculturalism, in: P. Berman (Hg.): Debating P. The Controversy over P. on College Campuses (New York 1992) 299ff., hier 308. – **7** M. Bonder Die Nabelschau der Selbstgefälligen: P. Im Irrgarten des Tabus (1995) 20. – **8** vgl. N. Rees: The Politically Correct Phrasebook (London ²1994). – **9** so Norman Stone: A plague on the West, in: Sunday Times vom 17.4. 1994, Teil X, S. 9/10, hier 10. – **10** G. Mattenklott: Zwölf Thesen über Sinn und Widersinn von P., in: Neue Rundschau 106, 1 (1995) 73ff., hier 76. – **11** zu dieser Schweigespirale vgl. T. Kuran: Private Truths, Public Lies. The Social Consequences of Preference Falsification (Cambridge, Mass./London 1995). – **12** J.W. Scott: The Campaign against P.: What's Really at Stake, in: Chr. Newfield, R. Strickland (Hg.): After Political Correctness. The Humanities and Society in the 1990s (Westview 1995) 111f., Übers. Red. – **13** Dinesh d' Souza Interview, in: Berman [6] 29ff., hier 38. – **14** nachzuweisen seit den 80er Jahren; vgl. Rees [8] VIIff. – **15** siehe dazu auch Neologismen wie Gastarbeiter, Auszubildender, Raumpflegerin. – **16** s. R. Perry: A Short History of the Term Politically Correct, in: P. Aufderheide (Hg.): Beyond P. (Saint Paul 1992) 71ff. – **17** zur Kritik derartiger Forderungen: A. Bloom: Der Niedergang des amerikanischen Geistes (1988). – **18** vgl. R. Kimball: Tenured Radicals. How Politics Has Corrupted Our Higher Education (New York 1990); auch P.F. Drucker: P. and American Academia, in: Social Science and Modern Society, Bd. 32, Nr. 1 (1994) 58ff. – **19** J.K. Wilson: The Myth of P. The Conservative Attack on Higher Education (Durham/London 1995). – **20** R. Terdiman: The Politics of P., in: Newfield, Strickland [12] 238ff. – **21** vgl. J.D. Hunter: Culture Wars. The Struggle to Define America (New York 1991); H.L. Gates: Loose Canons. Notes on the Culture Wars (New York 1992); V. Schenz: P. Eine Bewegung erobert Amerika (1994); R. Hughes: P. oder die Kunst, sich selbst das Denken zu verbieten (1995). – **22** M.J. Bonn: Vom Wesen und Werden der amerikanischen Welt (1927) 110. – **23** Wilson [19] 136ff. – **24** A.M. Schlesinger Jr.: The Disuniting of America (Knoxville, Tenn. 1991). – **25** C. Cruise O' Brien: Strewth, even Oz has gone P., in: Independent vom 3.6. 1994, 18. – **26** D.G. McNeil Jr.: The Strains of P., in: International Herald Tribune vom 16.10. 1998, 28. – **27** vgl. Ph. de Villiers: Dictionnaire du politiquement correct à la française (Paris 1996). – **28** vgl. Club Merleau-Ponty (Hg.): La pensée confisquée (Paris 1998). – **29** vgl. dazu auch J. Herf: Publizierend scheitern. Politische Korrektheit bedroht die akademische Freiheit, in: Frankfurter Allgemeine Zeitung vom 12.6. 1991, N 3 und J. vom Uthmann: Die Verdrängung des Establishments, in: Frankfurter Allgemeine Zeitung vom 14.12. 1991, o. S. – **30** H. Weinreich: Die Etikette der Gleichheit, in: Der Spiegel, Nr. 28 (1994), 163ff., hier 164. – **31** vgl. dazu auch die Diskussion um die ‹Begriffsbesetzung›: M. Greiffenhagen (Hg.): Kampf um Wörter? Politische Begriffe im Meinungsstreit (1980). – **32** vgl. G. Stötzel, M. Wengeler: Kontroverse Begriffe. Gesch. des öffentlichen Sprachgebrauchs in der Bundesrepublik Deutschland (1995). – **33** zur Auseinandersetzung über das verbal Zulässige vgl. Th. Niehr: Schlagwörter im politisch-kulturellen Kontext. Zum öffentlichen Diskurs von 1966 bis 1974 (1993). – **34** s. K. Bittermann, G. Henschel (Hg.): Das Wtb des Gutmenschen. Zur Kritik der moralisch korrekten Schaumsprache (1994). – **35** stellvertretend J. Liminski: P. – nicht nur in den USA, in: U. Backes, E. Jesse (Hg.): Extremismus und Demokratie, Jb. 7 (1995) 275ff.; K. Hornung: P. oder politische Freiheit – Gefahren einer neototalitären Gesinnungsdiktatur, in: E. Bekkers u.a. (Hg.): Pluralismus und Ethos der Wiss. (1999) 59ff. – **36** G. Forster: Über die Beziehung der Staatskunst auf das Glück der Menschen (1794), Kl. Schr. und Briefe, hg. von C. Träger (1964) 202ff., hier 203. – **37** vgl. dazu die Synode von Nicaea (325) und das Konzil von Konstanz (1414–1418): fides non est habenda cum infidelibus. – **38** Cicero, De officiis 1 (2). – **39** ders., De re publica 3, 22. – **40** J. Locke: A Letter Concerning Toleration (1685/1686), Ausg.: Meiner (1957). – **41** J.G. Herder: Ideen zur Philos. der Gesch. der Menschheit (1784), 3 Bde., hg. von J. Schmidt (1869) Bd. 3, 241. – **42** vgl. dazu auch A. Freiherr von Knigge: Ueber den Umgang mit Menschen (³1779). – **43** C. von Eckartshausen: Ueber die Gefahr, den die Thronen, den Staaten und dem Christenthume der gänzlichen Verfall drohet, durch das falsche System der heutigen Aufklärung (1791) 12. – **44** vgl. dazu F. Rückert: Die Weisheit des Brahmanen (1836/1839) 2 Bde., in: Werke, Schweinfurter Edition, hg. von H. Wollschläger, R. Kreutner, Bd. 1 (1998) 521. – **45** s. dazu auch die Karlsbader Beschlüsse (1819), die Stiehlschen Regulative (1854), den McCarthyismus (1950ff) oder auch der Radikalen-Erlass (1972).

S. Papcke

→ Euphemismus → Ideologie → Konvention → Sprachgebrauch → Sprachkritik → Sprachregelung → Zensur

Politicus (lat. auch aulicus politicus, consiliarius; dt. Weltmann, Hofmann, Hofbeamter)

A. Def. – B.I. Systematische Aspekte. – II. Einzelne Autoren.

A.I. Als P. bezeichnet man seit dem Ende des 16. Jh. die im frühneuzeitlichen Staat aktiven, ursprünglich adligen, im 17. und 18. Jh. aber auch bürgerlichen Hofbeamten, Gesandten und Räte (*consiliarii, politici*), seltener auch den regierenden Fürsten selbst. [1] Bisweilen nennt man ‹P.› auch die Theoretiker der Politik. [2] Eine scharfe Trennlinie zum ‹Hofmann› (*aulicus*, aber auch *aulicus politicus*[3]) kann dabei höchstens hinsichtlich der besonderen fachwissenschaftlichen Qualifikationen des P. gezogen werden.[4] Die handlungsleitenden Maximen eines P. nennt man *prudentia politica* oder *prudentia civilis* (dt. seit Mitte des 17. Jh. mit ‹Regierkunst› übersetzt).[5] So definiert der Rostocker Theologe J. v. AFFELEN in seinem ‹Vir politicus› (1599) den P. als «peritus […] scientiae civilis, ita ut magno in Imperii vel Regni […] administratione, domi forisque usui & emolumento esse possit» (erfahren […] in der Staatswissenschaft, so daß er bei der Regierung des Kaiser- oder Königreichs im Innern wie außen zu großem Nutz und Frommen sein kann).[6] Sein Halberstädter Kollege H. WALM faßt in seinen ‹Aphorismi de Politico pragmatico› (1672) den P. als «expertus», als «Regiments-Sachverständiger, ein Policey-Gelehrter.»[7] Als ‹Policey› bezeichnete man in der Frühen Neuzeit die «Lehre von der inneren Ordnung des Gemeinwesens».[8] In dieser Bedeutung wird der Begriff ‹P.› von lat. *politia* (‹Staatsverfassung›) oder ‹Policey› abgeleitet.[9] In der ‹Dissertatio de Politico› (1621) des Regensburger Syndikus G. GUMPELZHAIMER heißt es: «Politici sind Regimentsverständige, Staatserfahrne, Policey gelehrte, weltweise Leut.»[10] CHR. WEISE definiert in seinem ‹Oratorischen Systema› (1707) die ‹oratoria politica› als spezialrhetorische Kompetenz, «vor eine Regiments=Person, vor einen Abgesandten, vor einen Advocaten»[11] reden zu können.

Im 18. Jh. definiert schließlich der entsprechende Artikel des ZEDLERschen ‹Universal-Lexicons› (1741): «Im gemeinen Leben, nennet man diejenigen, welche in öffentlichen Bedienungen, so nicht geistlich sind, stehen, Politicos, da man alle Aemter in geistliche und weltliche eintheilet, und wer ein weltliches bekleidet, wird von dem Pöbel ein Politicus, und im Deutschen ein Weltmann genennet».[12] Dabei versuchen die zeitgenössischen Theoretiker – bisweilen mit deutlich apologetischer Intention –, dem P. ein von anderen Standes- und Berufsgruppen unterschiedenes Profil zu geben. Vor allem um eine Abgrenzung des P. vom Juristen, Theologen (*Ecclesiasticus*), Philosophen (*Ethicus*), aber auch dem Hofmann, «dem raffinierten Anpasser und Egoisten, Atheisten, Sophisten oder Rhetoriker» oder auch dem «bloßen politischen Empiriker» sind die Quellen nachhaltig bemüht.[13] Noch CHR. A. HEUMANNS ‹Politischer Philosophus› (¹1714) bemüht sich in der skizzierten Perspektive herauszuarbeiten, «was denn ein rechter Poli[ti]cus heisse».[14]

Vielfach werden die Adjektive ‹alamodisch› und ‹galant› mit ‹P.› zu einer begrifflichen Einheit verbunden. Dabei zeigt ‹galant› vielfach eine positive, ‹alamodisch› eine negative Bewertung des P.-Konzepts durch den jeweiligen Autor an. Seit den 70er Jahren des 17. Jh. häufen sich im Kontext der sogenannten ‹galanten Bewegung› (CHR. F. HUNOLD, A. BOHSE u.a.) die Verbindungen mit ‹galant›, die dem Begriff des P. eine französische Färbung geben.[15] Zedler nennt ‹galant› «eine anständige […] Weise, in Worten, Reden, Umgang, Kleidung und seinen (!) gantzen Wesen, sich klüglich, freudig und ungezwungen aufzuführen, und dadurch bey iedermann beliebt zu machen.»[16] ‹Galant› ist hier also keinesfalls, wie die ältere Forschung behauptet hat, als Gegensatz zu ‹P.› aufzufassen:[17] «Mit dem Ausdruck ‹galant› wird als Ergänzung der politischen Tugenden (‹virtutes Politicae›) die äußere Zierde des Politicus bezeichnet, die zu seiner Vollendung notwendig ist, um allen gesellschaftlichen Verpflichtungen gewachsen zu sein.»[18] – ‹Alamodisch› dagegen ist seit dem ersten Drittel des 17. Jh. stets in negativer, d.h. hofkritischer Bedeutung belegt.[19] Oft wird der Ausdruck in negativer Bedeutung den positiv gewerteten ‹altdeutschen› oder ‹altfränckischen› Sitten (so bei J.M. MOSCHEROSCH) entgegengesetzt, also im Sinne eines kultur- und sprachpatriotischen Programms gebraucht.[20] Gegen Ende des 17. Jh. wird ‹alamodisch› «auf die Gesamtheit fremdländischen, vorwiegend französischen Einflusses bezogen.»[21] In dieser Bedeutung formuliert der anonyme ‹Alamodische Politicus› (1660) kritisch: «Wer nicht Frantzösisch reden kan / sey der Welt ein unnützer Mann».[22]

II. Daneben wird der Begriff ‹P.› im 17. und 18. Jh. als Adjektiv zur Qualifizierung einer bestimmten Stillage, des ‹politischen› Stiles (*stilus politicus*) verwendet, wobei sich bei den Autoren keine eindeutige Bedeutung des Ausdrucks belegen läßt. J.G. NEUKIRCH etwa verwendet «stylus politicus» in seinen ‹Anfangs=Gründen zur Reinen Teutschen POESIE Itziger Zeit› (1724) als Synonym für den «mittleren Stil»: «Stylus politicus, sonst floridus & mediocris genannt, weil er sich üblicher, wohlfliessender und galanter Worte und Redens=Arten bedienet, so unter galanten und politen Leuten im Flor sind.»[23] Wie M. Beetz (1990) gezeigt hat, gilt diese Forderung nach einer mittleren Stillage auch für die Komplimentierkultur des 17. und 18. Jh.[24] Ähnlich definiert J.G. HEINECCIUS in seinen ‹Fundamenta stili cultioris› (¹1720) «Ab oratorio stilo non multum discrepat POLITICVS siue CIVILIS, nisi quod is Atticam brevitatem, nec non acumen et grauitatem magis amare videtur.» (Vom rednerischen Stil nicht weit entfernt ist der politische oder bürgerliche Stil, nur scheint dieser mehr die attische Kürze sowie die Pointiertheit und Strenge zu lieben.)[25] Chr. Weise dagegen unterscheidet in seinen ‹Curiösen Gedancken Von Deutschen Brieffen› (1691) vier Stile: «1. Den Politischen und gewöhnlichen Stylum. 2. Den sinnreichen und mühsamen Stylum. 3. Den hohen und mühsamen Stylum. 4. Den gezwungenen und halb=Poetischen Stylum.»[26] Als ‹politischen Stil› bezeichnet er dabei «den gemeinen und gewöhnlichen Stylum, welcher in der Politischen Zusammenkunft / und in allen bürgerlichen Händeln am allerbeqvemsten zu gebrauchen ist.»[27]

Anmerkungen:
1 V. Sellin: Politik, in: O. Brunner, W. Conze, R. Koselleck (Hg.): Gesch. Grundbegriffe, Bd. 4 (1978) 789–874, hier 815 u. 827f.; vgl. G. Braungart: Hofberedsamkeit (1988) 137ff. – **2** So z.B. Chr. Thomasius: Erinnerung Wegen zweyer COLLEGIORUM über den Andern Theil seiner Grund=Lehren / … (1702), in: ders.: Auserlesener Und dazu gehöriger Schrifften zweyter Theil (1714; ND 1994) 304. – **3** vgl. etwa die lat. Übers. von Eustache DuRefuges ‹Traicté de la cour› u.d.T. ‹Aulicus politicus› (Leipzig 1674). – **4** J. Brückner: Staatswiss., Kameralismus und Naturrecht (1977) 102ff.; zu den Unterschieden zum frz. *honnête homme*-Ideal: 101; R.A. Müller: Der Fürstenhof in der frühen Neuzeit (1995) 34; vgl. H. Kiesel: ‹Bei Hof, bei Höll›. Unters. zur lit. Hofkritik von S. Brant bis F. Schiller (1979) 110f.; M. Hinz: Rhet. Strategien des Hofmanns (1992); ders.: Art. ‹Hofmann›, in: HWRh Bd. 3 (1996) Sp. 1487–1496; P. Schwind: Schwulst-Stil (1977) 94ff. – **5** Sellin [1] 815. – **6** J.v. Affelen: Vir politicus (1599) 10, zit. n. W. Weber: Prudentia gubernatoria. Stud. zur Herrschaftslehre in der dt. politischen Wiss. des 17. Jh. (1992) 33. – **7** H. Walm: Aphorismi de Politico pragmatico (1692) 9, zit. n. Weber [6] 33. – **8** H. Maier: Die ältere dt. Staats- und Verwaltungslehre (²1980) 1. – **9** Sellin [1] 815; Maier [8] 98f. – **10** G. Gumpelzhaimer: Dissertatio de Politico (1621) 116, zit. n. Weber [6] 33. – **11** Chr. Weise: Oratorisches SYSTEMA, … (1707) 3 (Ex. WLB Stuttgart: Phil.oct. 6660). – **12** Zedler Bd. 28 (1741) Sp. 1528f., hier Sp. 1528; vgl. B. Gracián: Oracul, … übers. v.

A.F. Müller (²1733) Bd. 1, Register, s.v. ‹Politicus›. (Ex. SUB Göttingen: 8° Polit. I, 4925); zum Wortfeld vgl. Grimm Bd. 13, Sp. 1979f. – **13** Weber [6] 34ff. – **14** Chr. A. Heumann: Der Politische PHILOSOPHVS, ... (²1724; ND 1972) ‹Erste Vorrede›, unpag., Bl. a4ᵇ. – **15** Barner 137. – **16** Zedler Bd. 10 (1735) Sp. 78f., hier Sp. 78. – **17** so U. Wendland: Die Theoretiker und Theorien der sog. galanten Stilepoche und die dt. Sprache (1930) 12f.; vgl. dazu A. Hirsch: Bürgertum und Barock im dt. Roman (1934), hg. v. H. Singer (²1957) 51f.; insgesamt P. Hess: Galante Rhet., in: HWRh Bd. 3 (1996) Sp. 507–523, hier Sp. 512; anders D. Niefanger: Galanterie. Grundzüge eines ästhet. Konzepts um 1700, in: H. Laufhütte (Hg): Künste und Natur in Diskursen der Frühen Neuzeit (2000), T. I, 459–472, hier 465f. – **18** H. A. Horn: Chr. Weise als Erneuerer des dt. Gymnasiums im Zeitalter des Barock. Der ‹Politicus› als Bildungsideal (1966) 73; vgl. dazu Gracián/Müller [12] 331ff. – **19** vgl. B. Zaehle: Knigges Umgang mit Menschen und seine Vorläufer (1933) 67. – **20** F. Schramm: Schlagworte der Alamodezeit (Straßburg 1914) 16f., hier 22; M. Beetz: Negative Kontinuität. Vorbehalte gegenüber barocker Komplimentierkultur unter Altdeutschen und Aufklärern, in: K. Garber (Hg.): Europäische Barock-Rezeption (1991) Bd. 1, 281–302; ders.: Der anständige Gelehrte, in: S. Neumeister, C. Wiedemann (Hg.): Res Publica Litteraria. Die Institutionen der Gelehrsamkeit in der frühen Neuzeit (1987) Bd. 1, 155–173. – **21** Schramm [20] 22. – **22** Alamodische Politicus ... (Hamburg 1671) 4. (Ex. WLB Stuttgart: Pol. oct. 4053). – **23** J. G. Neukirch: Anfangs=Gründe zur Reinen Teutschen POESIE Itziger Zeit ... (Halle 1724) 84. (Ex. WLB Stuttgart: Phil. oct. 5331). – **24** vgl. M. Beetz: Frühmoderne Höflichkeit (1990) 128. – **25** J. G. Heineccius: Fundamenta stili cultioris. Ed. J. M. Gesner, J. N. Niklas (1766) 263 (Ex. HAB Wolfenbüttel: Kc 43). – **26** Chr. Weise: Curiöse Gedanken Von Deutschen Brieffen / ... (Dresden 1691) 306. (Ex. WLB Stuttgart: HB 5100). – **27** ebd. 322; L. Fischer: Gebundene Rede (1968) 18ff.; V. Sinemus: Poetik und Rhet. im frühmodernen dt. Staat (1978) 116ff.

B. I. *Systematische Aspekte. 1. Sozial- und ideengeschichtliche Grundlagen.* Die Entwicklung des P. als eines bestimmten Typus von Hofmann hat ihren Ursprung im Späthumanismus des ausgehenden 16. Jh. und hängt direkt mit der Durchsetzung des absolutistischen Fürstenstaates im 16. und 17. Jh. zusammen. [1] Die ideengeschichtlichen Wurzeln des P.-Konzepts sind im frühneuzeitlichen Verständnis von ‹Politik› und dessen Wandlungen zu suchen: «Jahrhundertelang war ‹Politik› in enger Anlehnung an Platon und Aristoteles als Lehre von den Staatsformen betrieben worden, und insbesondere die Fürstenspiegel hatten im Sinne des Gottesgnadentums und der christlichen Ethik auch auf die Praxis der einzelnen Herrscher einzuwirken versucht. Deskription und Analyse der politischen Realität aber gehörten nicht zur Aufgabe der Disziplin ‹Politik›. Dies wandelte sich erst im Zeichen jener Revolution des Staatsdenkens, die vor allem mit MACHIAVELLIS ‹Il Principe› (1513) verbunden ist.» [2] Dabei nimmt, wie M. Scattola (1997) dargestellt hat, die Veränderung des aus der aristotelischen Tradition stammenden Begriffs der ‹Klugheit› (φρόνησις, *phrónēsis, prudentia*) eine zentrale Rolle ein. [3] Er wird ab der Mitte des 17. Jh. «durch eine entgegengesetzte Idee abgelöst, welche die Klugheit als eine Wissenschaft auffaßt und sie immer stärker, ja sogar ausschließlich, mit der Politik gleichsetzt. [...] Zur gleichen Zeit erfolgen aber auch andere tiefgreifende Veränderungen im breiteren Feld der praktischen Philosophie, die wichtige Folgen für die Vorstellung der Klugheit haben.» [4] Zunächst wird die Kategorie des ‹Nützlichen› (*utile*) von der des ‹Gerechten› (*iustum*) getrennt; dann das *utile* dem *iustum* untergeordnet. Die Klugheit wird somit «zur Staatsräson reduziert, diese wird auf die Regierungskunst beschränkt, und die Politik wird mit der bloßen Verwaltung gleichgesetzt.» [5] Die in dieser Entwicklung manifeste Ablösung eines aristotelischen Verständnisses von Politik durch ein stoizistisch-prudentistisches – paradigmatisch in den ‹Politicorum seu civilis doctrinae libri sex› (¹1589) des Niederländers J. LIPSIUS – hat W. Kühlmann (1982) beschrieben: «Denn es war die Theorie der ‹civilis prudentia›, die aus der Perspektive des Subjekts moralpsychologisch formulierte Kunst- und Pflichtenlehre politischen Handelns, nicht wie bei den aristotelisch-systematischen Schriften Entwurf und Analyse objektiv politischer Strukturen, auf welche die ‹Politik› des Lipsius zentriert war und die den ungeheuren Erfolg dieses Werkes hervorrief.» [6] Das Prinzip der moralisch indifferenten *ratio status* (Staatsräson, *ragione di stato*) wird in Späthumanismus und Barock zu einem – unter den negativ besetzten Schlagwörtern des ‹Machiavellismus› und ‹Tacitismus› heftig umkämpften [7] – Leitprinzip des auf Machterwerb und -erhalt ausgerichteten politischen Handelns des Fürsten. [8] Machiavelli trennt Ethik und Politik, denn nicht alles, was gut oder schlecht sei, helfe oder schade auch dem Staat. Deshalb müsse der Fürst im Zweifelsfall gegen die Normen der Ethik verstoßen, wenn es die Staatsräson erfordere: «Onde è necessario a uno principe, volendosi mantenere, imparare a potere essere non buono, e usarlo e non l'usare secondo la necessità.» (Daher muß ein Fürst, wenn er sich behaupten will, die Fähigkeit erlernen, nicht gut zu sein, und diese anwenden oder nicht anwenden, je nach dem Gebot der Notwendigkeit) [9] Bei Lipsius dagegen wird die Frage nach dem Einsatz unerlaubter Mittel ausgleichend behandelt, indem er in seiner Lehre von der *prudentia mixta* die ethische Bedenklichkeit der Mittel und deren Rechtfertigung in ein Verhältnis gegenseitiger Abhängigkeit setzt. [10] «Lebensklugheit und Moralität wurden auf diese Weise miteinander versöhnt oder vielmehr diplomatisch vermittelt.» [11] Die für das Politikverständnis des 17. Jh. grundlegende Lipsius-Rezeption im Neustoizismus hat G. Oestreich in einer Reihe wichtiger Arbeiten erforscht. [12]

2. Institutionengeschichtliche Aspekte: Das ‹Sozialsystem Hof›. Das politische Agieren des Fürsten spiegelt sich auch in dem von einer ‹negativen Anthropologie› bestimmten Verhalten der P., das durch die dem ‹Sozialsystem Hof› eigentümliche ständisch differenzierte Hierarchie und die *potestas* des absoluten Fürsten determiniert wird. [13] So gestaltet sich das Hofleben wesentlich als täglicher Kampf – mit den Mitteln der Intrige und Insinuation – der Höflinge gegeneinander um die Gunst des Fürsten und damit gleichzeitig um sozial-hierarchischen Aufstieg. Denn «Herrschernähe war Gradmesser höfischer Personalstruktur.» [14] Den äußeren Rahmen für den möglichen Ausdruck dieser Differenzierungen, der dann von der P. gefüllt wird, steckt das ‹Zeremoniell›, das umfassende Ordnungsschema für den Hof, ab. [15] In diesem Sinne schreibt G. STIEVE in seinem umfangreichen ‹Europäischen Hof=Ceremoniell› (1715), daß «es eine unter den Souverains, oder ihnen gleichenden Personen, ex Pacto, Consvetudine, Possessione eingeführte Ordnung sey, nach welcher sie sich, derer Gesandten und Abgesandten bey Zusammenkünften zu achten haben, damit keinem zu viel noch zu wenig geschehe.» [16] Dabei unterscheidet er das auf strengen Rechtsprinzipien basierende Zeremoniell von der auf dem *decorum* gegründeten Höflichkeit: «Der Ursprung solches Ceremoniels, ist nicht, wie etwan bey den Complimentisten, die Höflichkeit, denn diese hat keine Leges, sondern vielmehr die aus einer grössern Dignität, so man für einen andern zu haben vermeinet, herrührende superbia, welcher man die Qualitäten Juris zugeeignet, und ihr den Titul derer Praerogativæ oder Præcedentiæ gegeben.»[17] Von diesem Spannungsfeld zwischen ‹Zeremoniell› und ‹decorum› wird der Handlungsspielraum eines P. abgesteckt. In seinem ‹Teutschen Hof=Recht› (1754) referiert FR. C. v. MOSER einige der symbolischen Ausdrucksmöglichkeiten, in denen sich der Rang des P. niederschlagen kann: «Es gibt einige Haupt=Gelegenheiten, wobey sich vornehmlich der Rang äussert und auf dessen Beobachtung gesehen wird. 1. Bey allen grossen Staats= und Hof=Festen und Feyerlichkeiten, z. E. Huldigungen, Vermählungen, Leich=Begängnissen und offentlichen Proceßionen. 2. In der Aufwartung bey Hof überhaupt, besonders en Ceremonie und an Gala=Tägen. 3. In dem Sizen bey Tafel und der Ziehung an deren verschidene Gattungen überhaupt. 4. In der Entrée in die verschidene Gattung der Zimmer und Cabinete. 5. In dem Betragen und Rang gegen und mit fremden Staats= und Hof=Bedienten.»[18]

Das ‹Oráculo manual y arte de prudencia› ([1]1647) des spanischen Jesuiten B. GRACIÁN präsentiert in 300 kurzen, maximenhaften Texten ein düsteres Panorama der Verhältnisse bei Hofe.[19] Maxime 13 entfaltet die negative Anthropologie des Hofes: «Ein Krieg ist das Leben des Menschen gegen die Bosheit des Menschen. Die Klugheit führt ihn, indem sie sich der Kriegslisten hinsichtlich ihres Vorhabens bedient. Nie tut sie das, was sie vorgibt, sondern zielt nur, um zu täuschen. Mit Geschicklichkeit macht sie Luftstreiche; dann aber führt sie in der Wirklichkeit etwas Unerwartetes aus, stets darauf bedacht, ihr Spiel zu verbergen.»[20] Seit 1686 auch ins Deutsche übersetzt (zunächst aus dem Französischen, dann direkt aus dem Spanischen), wird Graciáns ‹Handorakel› zu *dem* zentralen Bezugstext der P.-Diskussion um 1700.[21] Der französische Philosoph P. BAYLE formuliert schon 1684 in der Zeitschrift ‹Nouvelles de la République des Lettres› über eine französische Übersetzung des ‹Handorakels›, es sei «comme la Quint-essence de tout ce qu'un long usage du monde, & une Réflexion continuelle sur l'esprit & le cœur humain, peuvent apprendre pour se conduire dans une grande Fortune» (wie die Quintessenz all dessen, was eine lange Weltgewandtheit und ein ständiges Nachdenken über Geist und Herz des Menschen lehren können, um sich in einem günstigen Schicksal zu bewegen).[22] Innerhalb der Klugheits-Diskussion der deutschen Frühaufklärung erweist sich die von dem Leipziger Philosophieprofessor A.F. MÜLLER angefertige und mit umfangreichen Anmerkungen versehene Ausgabe (‹Oracul, Das man mit sich führen, und stets bei der Hand haben kan. Das ist: Kunst=Regeln der Klugheit›, 2 Bde., [1]1715–1717; [2]1733) als besonders einflußreich.[23]

Die ständige Konkurrenzsituation bei Hofe verlangt also vom P. (und auch vom Fürsten selbst) die Beherrschung einer flexiblen Interaktionskompetenz, besonders die als Kunst der ‹Stellung› und Verstellung (*simulatio / dissimulatio*) bezeichnete Kontrolle und Bezähmung der eigenen Affekte: «Wurde in älterer Zeit der soziale und politische Machtkampf militärisch oder im Duell entschieden, so bestimmten den Konkurrenzkampf am Hofe mit Beginn der Frühen Neuzeit vermehrt Diplomatie, Intrige und Affäre. Sprache ersetzt vielfach das Schwert.»[24] So rät schon Machiavelli dem Fürsten, «essere gran simulatore e dissimulatore» (ein großer Lügner und Heuchler [zu] sein).[25] Im ‹Neu-Erleuterten Politischen Redner› (1684) nennt CHR. WEISE den – von den Zeitgenossen dem französischen König Ludwig XI. (1423–1483) zugeschriebenen, dann schnell topischen gewordenen[26] – Satz aus der ‹Politik› des LIPSIUS: «Qui nescit dissimulare, nescit regnare. Wer seinen Sinn nicht wol verbergen kan / Dem stehet Kron und Scepter schwerlich an.»[27] In D.C. v. LOHENSTEINS Tragödie ‹Cleopatra› ([1]1661) findet sich der Ausspruch: «Wer sich nicht anstelln kan / der taug zum herrschen nicht.»[28] In den ‹Anmerckungen› kommentiert er: «Ludwig der Eilfte König in Franckreich hat seinen Sohn Carolum VIII. mehr nicht lernen lassen / als die Lateinischen Wortte. Qui nescit dissimulare, nescit regnare.»[29]

Schon gegen Ende des 16. Jh. entstehen Werke, welche diese ‹politischen› Techniken detailliert erörtern, etwa die Aphorismensammlung ‹Aulicus politicus› (Hanau [1]1596 unter dem Pseudonym Durus de Pascolo) des E. v. WEYHE[30] und die äußerst auflagenstarken späthumanistischen Traktate ‹Palatinus sive Aulicus› (Hanau [1]1595; 13 Auflagen bis 1670) und ‹Consiliarivs› (Hanau [1]1596; 16 Auflagen bis 1670), in denen der Heidelberger Gelehrte HIPPOLYTUS A COLLIBUS seine «Idee eines christlichen Rats» (K. Conermann) entfaltet.[31] Weyhe – so faßt G. Braungart den Inhalt des Werkes zusammen – «bietet differenzierte und fein ausbalancierte Regeln für das Verhalten des Höflings, lehrt die Kunst der Menschenbeobachtung wie die richtige Selbsteinschätzung, aber auch strategisches Handeln im Umgang mit dem Herrscher. Ihm gegenüber müsse man sich wie dem Feuer gegenüber verhalten: nicht zu nahe kommen, aber sich auch nicht zu entfernt halten. Zu häufiger Umgang mit ihm rufe Überdruß und Abneigung hervor, zu seltener Kontakt führe zu Vernachlässigung und Vergessen. Andere Regeln exponieren das Ideal des guten Ratgebers, der zwischen der Bewahrung seiner eigenen Identität und der Brauchbarkeit im Fürstendienst die richtige Balance findet – ein Problem, das für die Diskussionen um das frühneuzeitliche Beamtentum von großer Wichtigkeit war und bis in staatsrechtliche Fragen hinein eine Rolle spielte. Bei Weyhe werden, und hierin ist der *Aulicus politicus* charakteristisch für die besseren Vertreter dieser Textgattung, gerade auch hofkritische Argumente und die zugehörigen Topoi (wie Schmeichelei, Neid, Ehrgeiz, Lüge) einbezogen. Mit dem Argument, wer den Hof verlassen wolle, könne gleich die Welt verlassen, werden sie jedoch in gängiger Weise konterkariert.»[32]

Daneben wird im Laufe des 17. Jh. – hierin korrespondiert die zeitgenössische Auffassung vom Hof als *theatrum mundi*[33] – das Modell des P. immer mehr als Paradigma für jegliches Sozialverhalten begriffen. Aus der *prudentia politica* entwickelt sich die ‹Privat-Klugheit›, die *prudentia privata*.[34] In G.E. v. LÖHNEYSS' umfangreicher ‹Hof= Staats= und Regier=Kunst› ([1]1622 u.d.T. ‹Aulico-politica›) heißt es 1679: «Also lehret die Politica ferner / wie er sich auch in vitâ civili gegen andern Menschen verhalten solle / denn weil den Menschen also zu leben unmüglich/so musten gesellige Gemeinschafften / da einer dem andern mit Rath und That Hülffe thue / necessariò angestellet werden».[35] Der Helmstedter Polyhistor H. CONRING rekurriert in seiner Schrift ‹De civili prudentia› (1662) auf diese (von ihm teilweise kritisch bewertete) Entwicklung: «Et vero quum Politicus sit is, qui politica est imbutus, si vulgus quidem audias, politicus aut homo civilis est quisquis morum aliqua urbanitate & cultu valet præ reliquis.» (Da aber ein P. einer ist, der in der Politik versiert ist – jedenfalls wenn man sich nach der Ansicht der Menge richtet, so ist ein P. oder Staatsmann ein jeder, der sich durch eine gewisse

Feinheit des Benehmens und durch seine Gepflegtheit vor den andern auszeichnet.)[36] ‹Politik› wird schließlich mit dem partikulären Machtstreben und der strategischen ‹Klugheit› des einzelnen Individuums gleichgesetzt, wie es nicht zuletzt in Buchtiteln wie der ‹Schmiede deß Politischen Glüks› (1669) von Chr. G. v. Bessel formuliert ist.[37] Dabei ist zugleich eine Reduktion des P.-Konzepts auf das äußere Erscheinungsbild und das höfliche Verhalten, etwa im Sinne einer «Politische[n] Höflichkeit»[38] oder guten ‹Conduite›, sowie eine Übertragung des P.-Konzepts auf spezifisch *bürgerliche Bereiche*, zu beobachten. In diesem Sinne ist G. Frühsorges Ansicht, das politische Element in der Anstands- und Verhaltenslehre habe nichts mit dem Konzept der ‹politischen Klugheit› zu tun, zu revidieren.[39] Zu Beginn des 18. Jh. erklärt D.H. Kemmerich in seiner ‹Neu=eröffneten Academie Der Wissenschafften› (1711): «Die politische klugheit begreifft nicht nur die wissenschafft einen staat zu regieren in sich / sondern sie erstreckt sich auch auf die privat-affairen.»[40] Die Lexika der Frühaufklärung schliessen sich zu Beginn des 18. Jh. dieser mittlerweile völlig gängigen Meinung an: J. Th. Jablonski in seinem ‹Allgemeinen Lexicon Der Künste und Wissenschafften› (1721) etwa betont, daß man heutzutage den Begriff ‹Politik› «oft auf privat-händel und geschäfte»[41] ziehe. Und so vertreten Rhetoriktheoretiker um 1700 wie Chr. Weise, K. Stieler, Chr. Weidling und F.A. Hallbauer die Ansicht, die Regeln der Hofrede seien im Grundsatz auch für Redeanlässe im bürgerlichen Bereich gültig.[42] Hallbauer erklärt im entsprechenden Kapitel seiner ‹Anleitung zur politischen Beredsamkeit› (1736): «Es sind aber diese Arten der [bürgerlichen] Reden unter den Hof=Reden bereits abgehandelt worden. Es wird leicht seyn, von dem, was oben [...] angeführet worden, den Schluß auf die Reden zu machen, die bey vornehmen Familien bey Freud= und Trauer=Fällen vorkommen.»[43]

Schließlich wird im Laufe des 18. Jh. immer stärker zwischen den einzelnen, Adeligen oder Bürgerlichen vorbehaltenen Hofämtern differenziert. So schreibt Moser in seinem ‹Teutschen Hof=Recht›: «Es gibt Bedienungen, welche schlechterdings adelig seynd, es gibt wieder andere, welche zwar bürgerlich geachtet, doch aber auch mit adelichen Personen besetzt werden, und so auch umgekehrt, endlich auch andere, welche lediglich dem Bürger=Stande eigen seynd.»[44] Dabei vermeidet es Moser, den zu seiner Zeit offensichtlich negativ besetzten Politicusbegriff zu gebrauchen. Daß aber Bürgerliche noch um die Jahrhundertmitte am Hof nur schwer akzeptiert wurden, zeigt J.M. v. Loens Abhandlung ‹Der Adel› (1752), in welchem der als nutzlos und verlottert dargestellte Adel dem bürgerlichen Kaufmann als neuem gesellschaftlichem Leitideal entgegengesetzt wird: Es gelte «an den Höfen, besonders bey uns Teutschen, der Adel nur allein. Der armseligste Fähndrich, oder Dorfjuncker, der auf der gantzen weiten Welt anders nichts bedeutet, als daß er essen und trincken kan, und Herr Von heisset, wird daselbst ohne alles Bedencken dem ansehnlichsten Kauffmann vorgezogen, und wo jener mit grossen Augen und aufgeworffenen Leffzen kühn einher tritt, da wird öfters dieser mit einem rauhen *Zurückda* abgewiesen.»[45] In seiner Schrift ‹Der Kaufmanns-Adel› (¹1742) argumentiert Loen deshalb dafür, daß sich auch Kaufleute – im Sinne eines Tugend-Adels – adelig aufführen können sollten.[46]

3. *Didaktische und bildungsgeschichtliche Aspekte.* Um die Vermittlung der für einen P. notwendigen Kenntnisse bemühen sich – im einzelnen heterogene und deshalb gattungstheoretisch kaum zu fassende – Genres der bürgerlich-gelehrten *Hofliterctur* oder *höfischen Verhaltenslehre*.[47] Sie suchen «Maximen zu entwickeln, mit deren Hilfe der einzelne den Ansprüchen des Hofes gerecht werden konnte.»[48] Das beherrschende Grundthema dieser Werke liegt darin, angehenden P. einen Mittelweg zwischen machiavellistischer Machtausübung, *prudentia politica* und christlicher Tugend, *pietas*, aufzuzeigen. So werden in J.B. Schupps ‹Salomo Oder RegentenSpiegel› (¹1657) P. der Gottlosigkeit verdächtigt: «Die Thoren / die grosse Politische Thoren / sagen zwar nicht offentlich mit dem Munde / sondern in ihrem Hertzen sprechen sie / es ist kein Gott. Sind das nicht Thoren / die ihrem Herrn besser und treulicher dienen als Gott / und endlich umb ihres Herrn willen zum Teuffel in die Hölle fahren?»[49]

Gegenüber verwandten Genres wie den *Fürstenspiegeln*, *Fürstentestamenten* oder den wesentlich auf aristotelischen Grundlagen basierenden *Regierungs-* oder *Verwaltungshandbüchern*, welche darlegen, «wie ein Land gut und nützlich zu verwalten, wie *gute policey* aufzurichten und insgesamt der gemeine Nutzen zu fördern sei»[50], zeichnen sich Werke der Hofliteratur durch ihren spezifisch an den Bedürfnissen des angehenden P. – oder seines Erziehers oder Hofmeisters – ausgerichteten Adressatenbezug aus. Die große Nachfrage nach fachlich ausgebildeten Beamten dokumentiert im Aufstieg des Faches ‹Politik› an den Universitäten des 17. Jh.[51], der «wahren Flut»[52] ‹politischer› Literatur und der Einrichtung spezialisierter und praxisorientierter Ausbildungsstätten, den sogenannten ‹Ritterakademien› (wie das 1589 in Tübingen gegründete ‹Collegium illustre›).[53] Erst gegen Ende des 17. Jh. ändert sich unter dem Einfluß von Weise und Chr. Thomasius auch das Anforderungsprofil, indem vom P. nun verstärkt juristische Kenntnisse gefordert werden. Diese Entwicklung dokumentiert sich im Aufstieg der Jurisprudenz zu einer ‹Leitwissenschaft› des 18. Jh.[54] Kemmerich etwa – von 1717 bis 1720 selbst Direktor der Brandenburger Ritterakademie[55] – betont in seiner ‹Neu=eröffneten Academie Der Wissenschafften› (1711), daß ein P. solide Kenntnisse in den unterschiedlichen wissenschaftlichen Einzeldisziplinen haben müsse. Sein Fächerkatalog gibt einen guten Überblick über das Ausbildungsprofil eines P. zu Beginn des 18. Jh.; im einzelnen nennt er: 1. die «Vernunfft=lehre», also die Logik, die «Oratorie, oder kunst, artig zu reden und zu schreiben» 2. «historica philosophica», «natur= und geister=wissenschafft, oder physic und pnevmatic», schließlich die Medizin; 3. Philosophie mit Schwerpunkt auf Ethik «oder sitten=lehre, das ist, vom willen des menschen, und von der wissenschaft vernünfftig und glückselig zu leben», Natur- und Völkerrecht, 4. die «Regeln der weißheit vom decoro, und von einer höfflichen und wohlanständigen conduite, wie auch dem politischen ceremoniel, u. dem so genannten völcker=recht, welches aus dem decoro herfliesset», die Regeln der «politischen klugheit in privat- und Staats=affairen»; 5. «universal-historie», römische Geschichte und «antiqvitäten», «mythologie»; 6. «Staats= wissenschafft der heutigen Welt; insbesonderheit des Heil. Röm. Reiches teutscher Nation», darunter «Teutsche Reichs-historie», «Geographische beschreibung des teutschen Reichs», «Jus publicum oder Staats=recht des teutschen Reichs», «Staats=interesse des deutschen Reichs», 7. die «Staats=wissenschafft der Chur= und Fürstl. Häuser», 8. «Staats=wissenschafft der europäischen Königreiche, freyen Fürstenthümer und Republiqven», 9. «Staats=wissenschafft der Asiatischen / Africanischen und Americanischen Reiche»; 10. die römische und deutsche «Reichs=gelahrtheit», also Jurisprudenz; 11. «Lehn=recht», «Kriegs=recht», «Kirchen=recht»; 12. «Kirchen=historie», schließlich «Unterricht von den heutigen religionen, und von dem wahren christenthum.»[56] Einen ähnlichen Katalog stellt HALLBAUER auf; nachdrücklich verlangt er vom P., die «Manieren und das Ceremoniel des Hofes» zu kennen «und sich darnach zu richten.»[57] Die Lehre vom höfischen ‹Zeremoniell› wird zu Beginn des 18. Jh. auch Gegenstand fachwissenschaftlicher Erörterung, so in J.B. v. ROHRS ‹Einleitung zur CEREMONIEL-Wissenschafft Der Privat-Personen› ([1]1728).

Dennoch ist davor zu warnen, den Einfluß dieser didaktischen Werke zu überschätzen. In vielen Fällen dürfte der Hof als eigentliche Sozialisationsinstanz eine weit größere Rolle gespielt haben. Die Theoretiker der Zeit thematisieren dies, wenn sie die Wendung vom ‹Hof als Schule des Lebens› toposartig repetieren. So heißt es etwa in dem von OPITZ 1626 übersetzten ‹Argenis›-Roman ([1]1621) des J. BARCLAY: «Adolescens reliquerat magistros; vt in Regum ac Principum aulis, tanquam in veris & liberalibus scholis, tyrocinium poneret publicae lucis.» («Er ist noch ein Jüngling gewesen als er die Lehrmeister verlassen / damit er in Königlichen vnd Fürstlichen Höfen / welches die wahren vnd freyen Schulen sindt / den rechten Vnterricht mit Leuten umbzugehen erlernen möchte.»)[58] In diesem Kontext ist auch die Bedeutung der frühneuzeitlichen Reisenkultur (*peregrinatio academica*) zu sehen.[58a] Der Marburger Rhetorikprofessor Schupp erzählt in seinem ‹SALOMO› folgende Geschichte von dem holländischen Naturrechtler H. GROTIUS: «[D]er weltberühmte *Politicus, Hugo Grote,* der ist einsmahls von einem jungen Herrn gebeten worden / er wolle ihm doch ein Buch recommendiren / darauß er die Politic lernen köṅne. Da hat er ihm geantwortet: Ich recommendire euch ein Buch weiß Papier / das nehmt und gehet durch die Welt / und gebt achtung auf alle *actiones publicas,* und was ihr höret / das notirt wol.»[59]

4. *Kritik am Konzept des P.: Die literarische Hofkritik.* In den unterschiedlichen Genres der literarischen *Hofkritik* werden die Praktiken der *prudentia politica* und *prudentia privata* als amoralisch und unchristlich bloßgestellt. ‹Bei Hof, bei Höll› lautet eine der zahlreichen Sentenzen, die vom Hofleben abraten.[60] Die ethische Diskreditierung des P.-Konzepts und die damit verbundenen Bedeutungsschwankungen lassen sich exemplarisch an der Übersetzung des spanischen Schelmenromans ‹Gusman von Alfarache› (span. [1]1599; dt. 1615) von M. ALEMAN durch den bayrischen Rat A. ALBERTINUS nachvollziehen.[61] Im Kontext eines Vergleichs von «Weisheit» (*sapientia*) und «Fürsichtigkeit» (*prudentia*) heißt es von der *prudentia,* sie bestehe «in der moderation und regierung der Stätt / Landen vnd Leuthen / in erhaltung deß Haußwesens und Gesindis / in abtreib= und verhütung der schädlichen / vnd in procurirung der nutzlichen ding».[62] Leute, die dementsprechend ‹klug› im Sinne des allgemeinen Nutzens handelten, würden «ins gemein politici genent».[63] Kurz darauf heißt es dann aber: «Die Welt helt nur den jenigen für weise und fürsichtig / welcher ein guter politicus ist / welcher mit den Lastern dissimulirn / mit der religion lauirn, conuiuirn, laichen, fuchsschwäntzlen / vnd nur nach Ehr vnd digniteten trachten kan».[64] Der P.-Artikel des ZEDLERschen ‹Universal-Lexicons› kritisiert den damit verbundenen, negativen P.-Begriff, der im 18. Jh. schließlich dominiert: «Zuweilen legt man diesen Nahmen Leuten bey, denen er gar nicht zukommt, als denenjenigen die von Flaterien Handwerck machen, nicht nur allen Leuten nach den (!) Maul reden, sondern auch auf eine recht sclavische Art sich sich gegen andere demüthigen, als wären Fuchsschwänzer und Politici Leute von gleicher Sorte. So müssen auch diejenigen Politici heissen, welche durch unrechtmäßige Art ihre zeitliche Glückseligkeit zu befördern bedacht sind, da doch die wahre Klugkeit mit den Regeln des Gesetzes nicht streiten darff. Arglistige Leute, welche ihren unredlichen und eitlen Absichten einen Schein der Vernunfftmäßigkeit geben, pfleget man auch Politicos zu nennen, ohnerachtet ein rechter Politicus rechtmäßige und redliche Absichten durch wohl ausgesonnene auszuführen suchet. Dieses sind solche Bedeutungen, die mit dem Wesen der wahren Politic gäntzlich streiten.»[65] Die negative Semantik bestätigt sich auch durch einen Blick in zeitgenössische Lexika: SPERANDER (d.i. FR. GLADOW) nennt 1728 als Synonyme für ‹politisch› «verstellt, betrüglich, klug, listig, falsch, scheinheilig», J. CHR. ADELUNG 1777 «listig, verschlagen, schlau» und JOH. CHR. A. HEYSE 1838 schließlich «klug, weltklug, vorsichtig, schlau, verschlagen, listig».[66] Diese negative Bedeutung von ‹Politik› und ‹politisch› ist auch bei LESSING und GOETHE belegt.[67]

5. *Stellung der Rhetorik.* Was die Bedeutung der *Rhetorik* anbelangt, so war sie beim P. – gegenüber dem Hofmann – zugunsten charakterlicher und moralischer Eigenschaften sowie der für einen Hofbeamten unverzichtbaren Fachkenntnisse von zwar grundsätzlicher, aber dennoch nachgeordneter Bedeutung. Deshalb zielt es zu kurz, wenn B. Ristow (1958) folgende reduktionistische Definition vorschlägt: «Ein *Politicus* ist ein an Körper und Geist geschulter Mensch, der sich durch elegante Bewegungen, geübten Verstand, vernünftige Handlungsweise und Beherrschung der Redekunst auszeichnet, kurz, dessen Benehmen zuerst von der Klugheit bestimmt wird.»[68] Einen weniger rhetorikzentrierten Katalog der Anforderungen hat M. Stolleis (1988) zusammengestellt, wobei er zwischen drei Kompetenztypen differenziert: Neben ‹objektiven› Kriterien wie «Landeszugehörigkeit, die soziale Herkunft der Räte, ihre eventuelle Abhängigkeit vom Einfluß fremder Fürsten sowie das Lebensalter», ‹subjektiven› Kriterien wie Frömmigkeit, «Integrität des Lebenswandels und Unbescholtenheit, Unbestechlichkeit, Aufrichtigkeit, Verschwiegenheit und Treue» werden von einem angehenden P. weitere Fähigkeiten erwartet: «Was die Ausbildung angeht, so werden gleichermaßen Geschichts- und Sprachkenntnisse, rhetorische Fähigkeiten, *prudentia politica* und juristische Kenntnisse verlangt.»[69] Für die P. der ersten Hälfte des 17. Jh. hat W. Weber (1992) ein «Qualifikations- und Lektüreprogramm des *Politicus*» aus den Quellen herausgearbeitet.[70] Die von Stolleis genannten ‹rhetorischen Fähigkeiten› wären allerdings dahingehend zu differenzieren, daß von einem P. eine *rhetorische Mehrfachkompetenz* gefordert wurde: Er mußte in der Lage sein, längere monologische Reden unter den hochkomplexen Bedingungen höfischer Rang- und Kommunikationsverhältnisse (etwa als Botschafter an einem fremden Hof) zu halten.[71] Zudem wurde ihm gefordert, auch das sogenannte ‹Komplimentieren› zu beherrschen, also kurze und dialogische Textsorten, die primär den ‹Beziehungsaspekt› von Sprache aktualisieren;[72] schließlich die Kompetenz, solche *Briefe* zu

verfassen, die den differenzierten Verhältnissen der – von der richtigen Verwendung der ‹Titel› (für die es eigenständige ‹Titulaturbücher› gab) bis zur angemessenen und sauberen Handschrift – höfischen Kommunikation Rechnung tragen. [73]

Anmerkungen:
1 M. Stolleis: Gesch. des öffentlichen Rechts in Deutschland, Bd. 1 (1988) 343ff.; vgl. H. Dreitzel: Protestantischer Absolutismus und absoluter Staat (1970). – **2** Barner 136; W. Kühlmann: Gelehrtenrepublik und Fürstenstaat (1982) 46ff. – **3** vgl. Arist. EN VI, 5, 1140a-b30. – **4** M. Scattola ‹Prudentia se ipsum et statum suum conservandi›: Die Klugheit in der praktischen Philos. der frühen Neuzeit, in: F. Vollhardt (Hg.): Chr. Thomasius (1655–1728) (1997) 333–363, hier 337 und 339. – **5** ebd. 339. – **6** Kühlmann [2] 51. – **7** Stolleis [1] 90ff.; ders.: Arcana imperii und ratio status (1980); zum Tacitismus vgl. auch Kühlmann [2] 55ff.; J. v. Stackelberg: Tacitus in der Romania (1960); vgl. J.H. Boecler: De eloquentia viri civilis ([1]1649 u.d.T.: De Eloquentia Politici Libellus). Dissertatio ad Taciti XIII. Annal. Cap. 3. In: ders.: Dissertationes Academicae (Straßburg [2]1701) 79–131. (Ex. SUB Göttingen: 8° Scr. var. arg. 2130[2]). – **8** Stolleis [1] 197ff.; F. Meinecke: Die Idee der Staatsräson in der neueren Gesch. ([3]1965); K.-H. Mulagk: Phänomene des politischen Menschen im 17. Jh. (1973) 74; H. Münkler: Im Namen des Staates. Die Begründung der Staatsraison in der Frühen Neuzeit (1987) 165ff. – **9** N. Machiavelli: Il Principe Kap. XV, übers. v. Ph. Rippl (1986) 118f. – **10** J. Lipsius: Politicorum sive civilis doctrinae libri sex (Antwerpen 1599) IV,13 (Ex. UB Tübingen: Ec 61.4); vgl. V. Sellin: Politik, in: O. Brunner, W. Conze, R. Koselleck (Hg.): Gesch. Grundbegriffe Bd. 4 (1978) 789–874, hier 816. – **11** Stolleis [1] 97. – **12** G. Oestreich: Geist und Gestalt des frühmodernen Staates (1969); ders.: Strukturprobleme der frühen Neuzeit (1980); M. Stolleis: Lipsius-Rezeption in der politisch-juristischen Lit. des 17. Jh. in Deutschland, in: Der Staat 26 (1987) 1–30. – **13** vgl. V. Bauer: Die höfische Ges. in Deutschland von der Mitte des 17. Jh. bis zum Ausgang des 18. Jh. (1993); N. Elias: Die höfische Ges. (1969); P. Münch: Lebensformen in der Frühen Neuzeit 1500 bis 1800 (1992) 191ff.; J.-D. Müller: Hof, in: W. Killy (Hg.): Literaturlex. Bd. 13 (1992) 416–421; R.A. Müller: Der Fürstenhof in der frühen Neuzeit (1995). – **14** ebd. 19; vgl. R. van Dülmen: Kultur und Alltag in der Frühen Neuzeit Bd. 2: Dorf und Stadt (1992) 176ff. – **15** vgl. etwa: J. Chr. Lünig: THEATRUM CEREMONIALE HISTORICO-POLITICUM, Oder Historisch= und Politischer Schau=Platz Aller CEREMONIEN, … (Leipzig 1719) 2 (Ex. UB Tübingen: Hg 191.2°); Müller [13] 41f. – **16** G. Stieve: Europäisches Hof=Ceremoniell, … (Leipzig 1715) 2 (Ex. UB Tübingen Hk 270). – **17** ders. 2f.; vgl. M. Beetz: Frühmoderne Höflichkeit (1990) 121f. – **18** F.C. v. Moser: Teutsches Hof=Recht, … (1754) Bd. 2, 234 (Ex. UB Tübingen: Hg 228.4°). – **19** vgl. insgesamt G. Braungart: Rhet. als Strategie politischer Klugheit: z.B. B. Gracián, in: J. Kopperschmidt (Hg.): Rhet. u. Politik. Funktionsmodelle politischer Rede (1995) 146–160, v.a. 147. – **20** B. Gracián: Oráculo manual y arte de prudencia; ed. M. Romera-Navarro (Madrid 1954) 351; dt: Handorakel und Kunst der Weltklugheit, Maxime 13, übers. v. A. Schopenhauer, hg. v. A. Hübscher (1954) 10. – **21** vgl. K. Borinski: B. Gracián und die Hoflitteratur in Deutschland (1894; ND 1971); W. Krauss: Graciáns Lebenslehre (1947); K. Forssmann: B. Gracián und die dt. Lit. zwischen Barock und Aufklärung (Diss. Mainz 1976). – **22** P. Bayle, Rez. ‹L'Homme de Cour, traduit … par le Sieur Amelot de la Houssaie … 1684›, in: Nouvelles de la République des Lettres (Juillet 1684) art. VII, 524–527, hier 525 (Ex. UB Tübingen: Kb 13). – **23** vgl. G. Dürbeck: Einbildungskraft und Aufklärung (1998) 21ff. – **24** Müller [13] 36; Münkler [8] 306ff.; zum Topos von *armae et litterae* vgl. Kühlmann [1] 352ff. – **25** Machiavelli [9] Kap. XVIII, 136f. – **26** zurückgehend auf: G. Naudé: Considérations politiques sur les coups d'État (Paris 1639) 54f.; zit. Münkler [8] 306. – **27** Weise 2, 179; Lipsius [10] IV, 14, 28; Vorlage ist die Tiberius-Charakteristik bei Tacitus, Annales IV, 71, 3; vgl. Mulagk [8] 84f.; D. Till: Art. ‹Komplimentierkunst›, in: HWRh Bd. 4 (1998) Sp. 1211–1232, hier Sp. 1212f. – **28** D.C. v. Lohenstein: Cleopatra, hg. v. I.-M. Barth (1965) IV, 84. – **29** ebd. 162. – **30** E. Bonfatti: Vir Aulicus, Vir Eruditus, in:

S. Neumeister, C. Wiedemann (Hg.): Res Publica Litteraria. Die Institutionen der Gelehrsamkeit in der frühen Neuzeit (1987) Bd. 1, 175–191, hier 185ff.; K. Conermann: Der Stil des Hofmanns. Zur Genese sprachlicher und lit. Formen aus der höfisch-politischen Verhaltenskunst, in: A. Buck u.a. (Hg.): Europäische Hofkultur im 16. u. 17. Jh. (1981) Bd. 1, 45–56, hier 52f. – **31** K. Conermann: Hippolytus a Collibus. Zur Ars politica et aulica im Heidelberger Gelehrtenkreis, in: Europäische Hofkultur [30] Bd. 3, 693–700, hier 698; vgl. Stolleis [1] 344. – **32** G. Braungart: Art. ‹Weyhe, Eberhard von›, in: W. Killy (Hg.): Literaturlex. Bd. 12 (1992) 283, Abkürzungen aufgelöst. – **33** vgl. Barner 117ff.; Beetz [17] 151ff. – **34** J. Brückner: Staatswiss., Kameralismus und Naturrecht (1977) 92; vgl. G. Sauder: ‹Galante Ethica› und aufgeklärte Öffentlichkeit in der Gelehrtenrepublik, in: R. Grimminger (Hg.): Dt. Aufklärung bis zur Frz. Revolution (1980, [2]1984) 219–238, hier 223f. – **35** G.E. v. Löhneyß: Hof=Staats= und Regier=Kunst (Frankfurt a.M. [2]1679) 23 (Ex. UB Tübingen: Ec 5.2°); vgl. Barner 138f. – **36** H. Conring: DE CIVILI PRVDENTIA (Helmstedt 1662) 2 (Ex. UB Tübingen: Ec 34a.4°); vgl. Barner 139; zu Conring vgl. Stolleis [1] 231ff. – **37** Chr. G. v. Bessel: Schmiede des Politischen Glüks (1669; 1673). (Ex. WLB Stuttgart: Pol. oct. 440). – **38** Weise 1, 165; vgl. Sellin [10] 829; G. Frühsorge: Der politische Körper. Zum Begriff des Politischen im 17. Jh. und in den Romanen Chr. Weises (1974) 51. – **39** ebd. 41; so auch Beetz [17] 190. – **40** D.H. Kemmerich: Neu=eröffnete ACADEMIE Der Wissenschafften (Leipzig 1711) 233 (Ex. UB Tübingen: Kd 24). – **41** J. Th. Jablonski: Allgemeines LEXICON Der Künste und Wissenschafften (1721) 562 (Ex. HAB Wolfenbüttel: Ae 4° 28); Sellin [10] 835. – **42** so V. Sinemus: Poetik und Rhet. im frühmodernen Staat (1978) 137f. – **43** Hallbauer Polit. Bered. 452; vgl. insgesamt Sinemus [42] 132ff.; Barner 182f., anders Frühsorge [38] 38ff. – **44** Moser [18] Bd. 1, 90. – **45** J.M. v. Loen: Der Adel (Ulm 1752) 146 (Ex. WLB Stuttgart: Pol. oct. 3163). – **46** ders.: Der Kaufmanns=Adel (Frankfurt [3]1745) 48 (Ex. UB Tübingen: Hd 109). – **47** vgl. D. Till: Art. ‹Höfische Verhaltenslehre›, in: RDL[3] Bd. 2 (2000) 67–69; Kühlmann [1] 47ff.; Beetz [17] 32ff. – **48** Stolleis [1] 343f. – **49** J.B. Schupp: Schrifften (Hanau 1667) Bd. I, 40 (Ex. UB Tübingen: Kf IV 4a-1). – **50** Stolleis [1] 345; vgl. insgesamt H. Maier: Die ältere dt. Staats- und Verwaltungslehre ([2]1980). – **51** Stolleis [1] 141ff.; W. Weber: Prudentia gubernatoria. Stud. zur Herrschaftslehre in der dt. politischen Wiss. des 17. Jh. (1992) 42–89. – **52** Barner 137; Kühlmann [2] 46. – **53** Barner 377ff.; N. Conrads: Die Ritterakademien der frühen Neuzeit. Bildung als Standesprivileg im 16. und 17. Jh. (1982); F. Debitsch: Die staatsbürgerliche Erziehung an den dt. Ritterakademien (Diss. Halle 1927) 107ff.; F. Paulsen: Gesch. des gelehrten Unterrichts vom Ausgang des MA bis zur Gegenwart, Bd. 1 ([3]1919) 514ff. – **54** Stolleis [1] 362f., 298ff. – **55** A. v. d. Bussche: Die Ritterakademie zu Brandenburg (1989) – **56** Kemmerich [40] Vorrede, unpag., Bl.c4[b]-c5[b]. – **57** Hallbauer Polit. Bered. 40. – **58** zit. nach H. Kiesel: ‹Bei Hof, bei Höll›. Unters. zur lit. Hofkritik von S. Brant bis F. Schiller (1979) 133. – **58a** A. Stannek: Telemachs Brüder. Die höfische Bildungsreise des 17. Jh. (2001) – **59** Schupp [49] Bd. I, 6; vgl. G.E. Grimm: Letternkultur. Wissenschaftskritik und antigelehrtes Dichten in Deutschland von der Renaissance bis zum Sturm und Drang (1998) 105ff. – **60** Kiesel [58]. – **61** nach Sellin [10] 826. – **62** A. Albertinus: Der Landstörtzer Gusman von Alfarache oder Picaro genannt / … (München 1615) 280 (Ex. Tübingen, Neuphil. Fak.: Rarum Germ Na 45/160). – **63** ebd. – **64** ebd. 281. – **65** Zedler Bd. 28 (1741) Sp. 1528f., hier Sp. 1528. – **66** Sellin [10] 827 beruht auf: Sperander (d.i. Fr. Gladow): A la Mode-Sprach der Teutschen … (Nürnberg 1728); J.Chr. Adelung: Versuch eines vollständigen gramm.-krit. Wtb. der hochdt. Mundart, 5 Bde. ([1]1774–1786), dann: 4 Bde. ([2]1793–1801; ND 1970); Joh. Chr. A. Heyse: Verdeutschungs-Wtb. ([1]1804); dann u.d.T.: Allg. verdeutschendes und erklärendes Fremdwtb. ([8]1338). – **67** Lessing: Hamburgische Dramaturgie, 80. Stück (1768), in: Werke, hg. v. H.G. Göpfert (1973) Bd. 4, 603f.; ders.: Briefe, die neueste Lit. betreffend, 50. Brief (1759), ebd. Bd. 5, 174; Goethe: Wilhelm Meisters Lehrjahre, in: Hamburger Ausg. ([10]1981) 7, 351; ebd., 7. Buch, in: ebd. 7, 452. – **68** B. Rostow: Art. ‹Komplimentierbuch›, in: RDL[2] Bd. 2 (1958) 879–882, hier 879. – **69** Stolleis [1] 362. – **70** W. Weber: Prudentia gubernatoria. Stud. zur

Herrschaftslehre in der dt. politischen Wiss. des 17. Jh. (1992) 31–42. – **71** dazu ingesamt G. Braungart: Hofberedsamkeit (1988). – **72** dazu insg. Beetz [17]; Till [27]. – **73** zu Weise vgl. W. Neuber: «Jch habe mich fast in keiner Sache so sehr bemühet, als in den Episteln». Chr. Weises Brieftheorie und die Trad., in: Daphnis 27 (1998) 419–442, v.a. 435ff.; insg. R. M. G. Nickisch: Die Stilprinzipien in den dt. Briefstellern des 17. u. 18. Jh. (1969)

II. *Einzelne Autoren.* **1.** *Chr. Weise und der Politicusbegriff im 17. Jh.* Grundlegend für jede Geschichte des Politicusbegriffs in rhetorischer Sicht ist das Werk CHR. WEISES. Schon im frühen, während seiner Zeit an der Weißenfelser Ritterakademie entstandenen ‹Politischen Redner› (¹1677) betont er die fundamentale Rolle der Beredsamkeit: «Das ist gewiß / wer ein gelehrter Politicus heissen wil / der muß bey guter Zeit auff sein Mundwerck bedacht seyn.»[1] Dabei kritisiert Weise den regelfixierten humanistischen Rhetorikunterricht als weltfremd und kaum praxistauglich: «Absonderlich weil ein grosser Unterschied ist / ob einer wil Eloqventiae Professor werden / oder ob er nur im Politischen Leben einen geschickten Redner bedeuten will.»[2] Besonderen Nachdruck legt Weise auf die Übung der beiden Performanz-*officia memoria* und *actio*: So sollen die angehenden P. lernen, ihr Gedächtnis zu nutzen anstatt eine Rede vom Katheder herunter abzulesen. Dabei sei es besonders wichtig, daß schon die Schüler lernten, in der entsprechenden Kleidung, also «mit Hüten / Degen und Stäben» aufzutreten, und sich angewöhnten, die Hände und den Hut so zu bewegen, wie es allgemein üblich sei.[3] Die fundamentale Rolle der visuell-empirisch beobachtenden ‹Experienz›, die Weise offenbar in Anschluß an F. BACONS ‹Essays› (1625) entwickelt[4], hat G. Frühsorge nachdrücklich betont.[5]

Weise funktionalisiert schon früh konsequent ‹literarische› Genres für Ausbildungszwecke. In seinem Roman ‹Politischer Näscher› (¹1677) versucht er die Lehren der ‹Politischen Klugheit› (*prudentia politica*) narrativ zu vermitteln – in ausdrücklicher Ablehnung der theoretischen Begriffs-Kasuistik der Schulrhetorik als «Scholastische[r] Disciplin».[6] In den ‹Politischen Redner› integriert Weise eine «Complimentir=Comödie», die er zur Aufführung «mitten in der Studier=Stube mit lebendigen Ceremonien»[7] empfiehlt. «In erster Linie sollte die Urteilsfähigkeit der Schüler, das Iudicium, ausgebildet werden, damit sie für ihr späteres Leben einen Gewinn erzielten. [...] Die Ausbildung der politischen Staats-Klugheit mußte von vornherein auf das praktische Handeln hinzielen.»[8] Weise betont deshalb den Wert der Zeitungen für die Ausbildung des P. nachdrücklich; Ereignisse aus der neueren Geschichte – und nicht mehr ausschließlich die Werke der antiken Historiographen – bindet er konsequent in seinen Unterricht ein.[9] Wegen ihres pragmatischen Nutzwerts für den angehenden P. erhebt er auch einige neulateinische Autoren des 16. Jh. wie ERASMUS oder M.-A. DE MURET in den Rang von imitationswürdigen *auctores classici*.[10] Im ‹Politischen Redner› formuliert er programmatisch seine Ansicht, der «rechte Kern von der Politica» solle zugleich mit der Rhetorik unterrichtet werden, denn «so viel wir reden können / so viel wissen wir / und es wäre zu wündschen / daß unsere Leute nichts lerneten / als welches sie nicht zugleich auff die Zunge gefasset hätten.»[11] In seiner ‹Politischen Nachricht von Sorgfältigen Briefen› (¹1693) unterscheidet Weise drei rhetorische Ausbildungsfelder: Eine ‹Rhetorica casualis›, die über das Hofleben und die darin vorfallenden Rede-*casus* unterrichtet, eine ‹Rhetorica Exemplaris›, welche im Anlegen solcher Kollektaneen besteht, die auf die spezifischen Gewohnheiten des jeweiligen Hofes rekurrieren, schließlich eine ‹Rhetorica Singularis›, die über hofspezifische Besonderheiten und Ausnahmen unterrichtet.[12] Daneben soll der angehende P. ein ‹Galantes Lexicon› anlegen, kein Titular- oder Formelbuch, die Weise nachdrücklich ablehnt[13], sondern ein Handbuch solcher *epitheta*, welche der Rede Nachdruck verleihen.[14] Dabei betont Weise nachdrücklich die unterschiedlichen Zuständigkeitsbereiche von ‹galanter Rhetorik› und ‹galanter Politik›; letztere hat es vor allem mit der Erkenntnis der Kommunikationssituation, d.h. mit dem *aptum* zu tun.[15]

Weise befindet sich mit der Betonung der *mündlichen Praxis* in Einklang mit den ‹realistischen› Pädagogen des 17. Jh. (etwa COMENIUS – dessen didaktische Prinzipien er allerdings kritisiert[16] –, W. RATKE, J.B. SCHUPP u.a.), welche die Praxisferne des humanistischen Rhetorikunterrichts mit seiner Fixierung auf die Beherrschung der lateinischen Sprache und *imitatio* der antiken Schulautoren und -modelle schon früh erkannt und kritisiert hatten.[17] Der Marburger Rhetorikprofessor J.B. Schupp bringt dies in seinem ‹Ineptus Orator› (¹1638) auf den Punkt: «In Schulen sind wir die allerberühmtesten Redner / kommen wir aber auffs Rath-Hauß / oder in die Kirche / so verursachen wir entweder ein Gelächter oder ein Mitleiden.»[18] Und J. RIEMER, Weises Nachfolger an der Weißenfelser Ritterakademie, bekennt in seinem ‹Neu-aufgehenden Stern=Redner› (¹1689): «Der Hoff hat seine eigene Sprache. Und wer mit Regenten / oder vor denenselbigen etwas reden will; muß seine Schul=Rhetorica zu Hause lassen.»[19] G. Braungart hat darin überzeugend eine für die rhetorische Kultur des 17. Jh. überhaupt grundlegende Dichotomie von humanistisch-gelehrter Schul-Rhetorik, bei der es um das Herstellen eines an den Regeln der antiken Rhetorik ausgerichteten Textes geht (‹*poesis*-Modell›) und einer an den konkreten Erfordernissen der höfischen Lebenswelt ausgerichteten, situationsangepaßten und prinzipiell mündlichen Rhetorik (‹*praxis*-Modell›) gesehen.[20]

Weises ‹Politische Fragen› (¹1690), sein wichtigstes politiktheoretisches Werk[21], diskutieren die Eigenschaften eines P. im Kontext der *natura-ars*-Dialektik[22]: «Es ist nicht ohne, wer zu einer Profession will capable seyn, der muß von der Natur secundiret werden. Also sind die Gaben nicht zu verachten: 1. *Ein gut Gedächtniß*, daß er die unterschiedenen Fälle wohl behalten kan. 2. *Eine verschlagene Scharffsinnigkeit*, daß er die Fälle nach ihren Umständen wohl überlegen kan. 3. *Eine geschickte und hurtige Beredsamkeit*, daß er seine Gedanken allezeit mit angenehmen Worten wohl recommendiren kan. 4. *Eine hertzhaffte Freymüthigkeit*, daß er sich getrost als eine Person von guten Gewissen allenthalben præsentiren kan. Wiewohl ich das also genannte Donum impudentiæ nicht verstehen will. 5. *Gute Leibes=Kräfte*, daß er die Reisen und vielfältigen Travaillen wohl ausstehen kan. 6. Endlich *eine geschickte Manier zu allerhand leutseligen Minen und Geberden*, dadurch er offtmahls aus geringem Dienste [sich] köstlich und beliebt machen kan.»[23] Im folgenden geht er genauer auf die spezifischen fachlichen Kenntnisse eines P. ein, die er im Kontext seines Ideals eines christliche Ethik und *prudentia politica* verbindenden P. *christianus* diskutiert:[24] «Wofern ein Politicus dem gemeinen Verstande nach so viel heist, als eine Person, die mit allen Leuten complaisant conversiren kan, so wird das Fechten, Reiten, Tantzen, Trenchiren und dergleichen wohl unter die nothwendigen Qualitäten zu rechnen seyn. Hin-

gegen wo man eine Person darunter verstehen will, welche der gemeinen Wohlfarth rathen soll, so dienen dergleichen Dinge zwar als ein schönes Neben=Werck zur Recommendation. Doch in der That selbsten heist es, wie dort geschrieben steht:
«Man wird des Landes Nutz mit Fechten nicht erlangen,
Die allgemeine Noth vergeht vom Tantzen nicht,
Ein kluger Vorschlag wird zu Pferde nicht gefangen,
Und niemand voltigirt, wenn er ein Urtheil spricht".» [25]

Deshalb ist für Weise an erster Stelle «eine Freundschafft mit GOtt», der «aus einer absoluten macht über unser Glück zu disponiren hat» [26], erforderlich. Damit will er sich nachdrücklich von den amoralischen ‹Machiavellisten› abgrenzen: «Doch solte man auch Politicos finden / welche sich dieser Tugend nicht gebrauchen? [...] MACHIAVELLUS hat dergleichen Principia gar deutlich ausgeführet, denn er spricht ausdrücklich, es wäre *einem Fürsten,* und consequenter einem ieweden Politico, der sich in solchen Diensten befindet, nicht vonnöthen, daß er sich im Hertzen um die Pietät und um die Religion bekümmere.» [27] Weise dagegen fordert mit Nachdruck, daß ein P. «redlich und gerecht» [28] zu sein habe und rekurriert dabei auf das ethische Verhaltensregulativ der sogenannten ‹Goldenen Regel› [29]: «Ein gerechter Mann lebt nach den Gesetzen, und was er sich selber wünschet, das erweiset er auch einem andern, hingegen womit er will verschonet seyn, das begehret er einem andern nicht anzumuthen.» [30] Ein weiteres Verhaltensregulativ, das Ideal der *mediocritas* (μεσότης, mesótēs), entstammt der aristotelischen Ethik; es findet sich auch bei B. Castiglione, Bacon, Gracián oder Chr. Thomasius [31]: «Der Begriff der maßhaltenden Mitte, die ‹mediocrità› oder auch die ‹misura›, wird zum wichtigsten Kriterium in der wohldurchdachten Strategie der Selbstbeherrschung, als die sich die Ethik des Hofmanns präsentiert.» [32] Weise fordert deshalb vom P., daß er sein Verhalten an der Maxime des ‹Mittelmaßes› ausrichte, d.h. er soll «die Mittel=Strasse treffen, daß er sich nicht übereilet, und auch nicht zu langsam kömmt. Mit Eilen wird viel verderbt, mit unnöthigem Trödeln wird viel versäumet.» [33] Die *mediocritas* reguliert auch die Beredsamkeit des P.: «I. Ein Politicus kan nichts ausführen, da er nicht darzu reden muß. Also wird er sich unterrichten lassen, was vor eine bedachtsame Mediocrität zu ergreiffen ist. II. Er hat aber Gelegenheit zu reden, entweder in der Politischen Verrichtung [etwa: Verwaltungsgremien, D.T.] selbst, oder in einer indifferenten und gemeinen Conversation. III. In den Verrichtungen selbst sey die Rede nicht zu præcipitant, auch nicht zu langsam, nicht zu courage, auch nicht zu furchtsam. Wer sich præcipitiret, der kömmt in die Suspicion, als hätte er keine Gedult nachzudencken. Wer zu langsam ist, der hat den Schein, als wenn er uns nicht trauete, oder als wenn wir ihm nicht trauen solten. Die allzugrosse Freymüthigkeit, weiset entweder auff ein unverschämtes Gemüthe, oder es stecket eine Verachtung des andern dahinter. Und wer sich furchtsam erweist, der ist allem Ansehen nach in seinen Sachen trefflich ungewiß. IV. In der gemeinen Conversation muß man sich in acht nehmen, daß die Leute nicht an unserer Klugheit zweiffeln, und daß sie uns ihrer Affection nicht unwürdig achten, das ist, man redet nichts wider die Wahrheit, nichts zum Verdruß der Anwesenden, man lobet sich selber nicht, die anderen lobet man, daß sie es vor keine Falschheit annehmen, und wenn einander reden will, so läst man ihm die Ehre und begehret das Wort nicht allein zu führen.» [34]

Hinsichtlich der Frage nach der moralischen Legitimität der *simulatio/dissimulatio* vertritt Weise eine pragmatische Auffassung: «Die Kunst des Dissimulierens erachtet er geradezu als Existenzfrage für einen Politicus, und in zahlreichen oratorischen Übungen wird diese Maxime erläutert.» [35] Im ‹Neu-Erleuterten Politischen Redner› (1684) variiert Weise den Satz «Politicus debet dissimulare» (Ein P. muß sich verstellen können) mehrfach. [36] In den ‹Politischen Fragen› überlegt er, ob man «ohne Verletzung des Gewissens simuliren und dissimuliren» könne und gibt eine auf Ausgleich bedachte Antwort: «[D]en Excess, dahin die Machiavellister inclinieren, darff niemand billigen: doch wenn es in seinem [!] rechten Gebräuchen gelassen wird, so ist es ein Extract von allen politischen Tugenden. Und es bleibet dabey, wer nicht simuliren und d[i]ssimuliren kan, der wird bey der Republique wenig Nutzen schaffen.» [37] Dabei führt Weise die Autorität LUTHERS an, der eine Amts- oder Notlüge durchaus als «Tugend» oder «Klugheit» betrachtet habe, wenn dadurch sündhaftes Verhalten vermieden worden sei. [38]

2. *Von Chr. Thomasius bis zum Ende des 18. Jh.* Mit Beginn des 18. Jh. verändern sich Ort und Perspektive der Diskussion des Politicusbegriffs. Im Zuge des aufklärerischen ‹Verbürgerlichungsprozesses› steht nun immer weniger der P. als fürstlicher Hof-Beamter im Zentrum: Die Diskussion wird verwissenschaftlicht, dem Gebiet der praktischen Philosophie zugesprochen und dort im Kontext der – mit ‹Politik› tendenziell synonymen – Begriffe der ‹Klugheit› und des ‹decorum› diskutiert. [39]

Hat man in der Forschung bisweilen Chr. Weise das Verdienst zugesprochen, «Vorbereiter der Verbürgerlichung der adligen Formen» [40] zu sein, so läßt sich mit Recht doch erst bei dem Hallenser Juristen CHR. THOMASIUS von einem bürgerlichen ‹Eigenbewußtsein› sprechen. Denn im Gegensatz zu Weise setzt Thomasius, wie G.E. Grimm (1983) herausgearbeitet hat, «die politischen Maximen» nicht «ausschließlich ‹systemimmanent›», also «zur Ausbildung eines den absolutistischen Staat sichernden Beamtenwesens» ein «Die Umwandlung der wissenschaftlichen Tradition erfolgt bei Thomasius wesentlich ausgeprägter als bei Weise unter gesellschaftlichem Vorzeichen, unter dem Aspekt der Entwicklung eines selbständigen gehobenen Mittelstandes, der zwischen Adel und ‹Nährstand› eingelagert war.» [41] Damit macht gleichzeitig das Konzept des P. einen fundamentalen Wandel durch, der letztlich zu dessen vollständiger Desintegration führt. [42] Dabei sind im Falle von Thomasius die unterschiedlichen Lebensphasen zu beachten. [43] Schon in der frühen Leipziger Gracián-Vorlesung ‹Discours Welcher Gestalt man denen Frantzosen im gemeinen Leben nachahmen solle› (1687) steht – in charakteristischer Differenz zu Weise – nicht der Aspekt der Ausbildung eines P. *für* den Hof im Mittelpunkt; vielmehr gehe es Thomasius, so J. Brückner (1977), im Gegenteil darum, das höfisch-politische Ideal des ‹galant› oder ‹honnête homme› an das bürgerliche Milieu der Universitäten zu binden und dabei den Philosophen zum Weltmann zu erziehen: «Der politische ‹galant homme› wird zum ‹Weltweiser› [...]. Vernunft, Klugheit und Galanterie vereinigen sich im Ideal des akademisch gebildeten, nicht pedantischen ‹politischen Weltweisen›.» [44] Thomasius selbst resümiert seine Überlegungen folgendermaßen: «Derowegen, daß wir dereinst zum Schlusse kommen, bin ich der Meinung, daß wenn man ja denen Frantzosen nachahmen wil, man ihnen hierinnen nachahmen solle, daß man sich auf honnêteté, Gelehrsamkeit, beauté d'esprit, un bon gout und galanterie befleißige; Denn wenn man diese Stücke alle zusammen setzt, wird endlich un parfait homme Sâge oder ein vollkommener weiser Mann daraus entstehen, den man in der Welt zu klugen und wichtigen Dingen brauchen kan.» [45] In diesem Sinne definiert Thomasius in seiner ‹Introductio ad philosophiam aulicam› (¹1688, dt. u.d.T. ‹Einleitung zur Hoff=Philosophie›, ¹1710, ²1712) die Philosophie radikal innerweltlich als «habitus intellectualis instrumentalis [...] in utilitatem generis humani» (intellektuellen und instrumentellen Habitus [...] zum Nutzen des menschlichen Geschlechts). [46] In einer an den Kurfürsten Friedrich III. von Brandenburg gerichteten ‹Neuen Erfindung, der Menschen Gemüter zu erkennen› (1692) propagiert Thomasius eine ‹Kardiognostik› (U. Geitner) [47], gewissermaßen eine ‹Hermeneutik der Innerlichkeit›: Dabei geht er vom anthropologischen Befund des Menschen als eines Affektwesens aus; jeder Versuch, seine Affekte vor anderen zu verbergen (*dissimulatio*) sei affektiert, gezwungen und deshalb unnatürlich. In diesem Sinne stellt Thomasius die *dissimulatio* als völlig wirkungslos hin: «Dieweil dann ein rechtschaffender weiser Mann in Erkäntniß der Natur der Affecten viel weiter gehet / als insgemein auch die verschlagenen Politici zu thun pflegen; so ist es ihm gantz leichte bey dergleichen Leuten ihre Affecten zu erkennen / weil sie ihm so zu sagen dieselbigen aus Unvorsichtigkeit gantz bloß zeigen.» [48] In Halle formuliert Thomasius seine Überlegungen zum *decorum* systematisierend in seinem ‹Summarischen Entwurff Derer Grund-Lehren, Die einem Studioso Juris zu wissen [...] nöthig› (1699). [49] Dabei trennt er die Lehre vom *decorum* als «Wissenschaft / Wohlanständig zu leben oder von erbaren und höfflichen Sitten» [50] und die Politik als «Kunst klüglich zu leben» [51] als eigenständige Fachbereiche voneinander ab. Letztere wird als eine individualisierende Kunst der ‹Selbstsorge› definiert, durch welche «die Gesundheit erhalten / die tägliche Noth=Durfft und was dazu gehörig erworben / und die Beschimpfung und Schaden der Feinde ohne Gewalt und Beschädigung derselben abgewendet oder vermieden wird.» [52] In diesem Kontext finden sich auch kritische Überlegungen zum Konzept des P.; Thomasius formuliert thesenhaft: «Daß keiner ein wahrer Politicus sey / wer nicht ein guter Ethicus in der That ist. [...] Daß diejenigen sich betriegen / die ohne practicierung der wahren Sitten=Lehre / durch Lesung gewisser beschriebener und vielfältig gelobter Bücher Politici werden wollen. Von des Gracians Homme de Cou[r], und daß man mit leichter Mühe ein Buch machen könne / dessen Maximen wo nicht alle / doch die meisten denen Maximen des Gracians schnurstracks widersprechen.» [53]

Schon in Leipzig hatte Thomasius Vorlesungen zu Aspekten des *decorum* gehalten; seit dem Wintersemester 1700/1701 (nach Überwindung seiner ‹pietistischen Phase›) widmet er sich auch in Halle in einer Reihe von öffentlichen Vorlesungen ‹De jure decori›, die ihn 1702 schließlich in Konflikt mit den pietistischen Theologen bringen, dem Problemfeld. [54] Über den Inhalt dieser Vorlesungen sind wir durch gedruckte Vorlesungsankündigungen, in denen deren Inhalte ausführlich exponiert werden, gut informiert. [55] Die endgültige Fixierung erfolgt in den ‹Fundamenta juris naturae et gentium› (¹1705), den ‹Primae lineae de jureconsultorum prudentia consultatoria› (¹1705; dt. Teilübers. v. G. Beyer u.d.T. ‹Kurtzer Entwurff der Politischen Klugheit›, ¹1707) und den ‹Cautelae circa praecognita jurisprudentiae› (¹1710). «Diese Schriften, welche zum Teil neue Theorien vorschlagen und zum Teil Elemente früherer Werke übernehmen, bilden eine geschlossene und konsequente Darstellung, in welcher die ‹Fundamenta› die allgemeinen Grundsätze der praktischen Philosophie, die ‹Cautelae› die Theorie des *decorum* und die ‹Primae lineae› die Lehre der Klugheit darbieten.» [56] Grundlegend ist hierbei Thomasius' Untergliederung des Naturrechts in die Bereiche des ‹iustum›, ‹honestum› und ‹decorum›; sie stellen unterschiedliche Formulierungen der ‹Goldenen Regel› dar [57]: «Primum itaque principium honesti hoc esto: Quod vis ut alii sibi faciant, tute tibi facias. [...] Decori: Quod vis ut alii tibi faciant, tu ipsis facias. [...] Justi: Quod tibi non vis fieri, alteri ne feceris» (Der erste Grundsatz des Ehrenwerten sei also: Was du willst, daß die anderen für sich tun, das tu auch für dich. [...] Des Anständigen: Was du willst, daß die anderen dir tun, das tu auch ihnen selbst. [...] Des Gerechten: Was du nicht willst, daß man dir tu, das tu auch keinem anderen.) [58] Dabei erscheint das *decorum*, wie W. Schneiders (1971) herausgearbeitet hat, als «der mittlere Bereich der Sittlichkeit zwischen Recht und Moral». [59] Weil sich die Regeln der ‹Politik› nicht aus dem Naturrecht deduzieren lassen, haben sie in den ‹Fundamenta› keinen Platz; Thomasius handelt sie deshalb separat ab. [60] So wird der ‹Politik›-Begriff grundsätzlich als privatpolitischer gefaßt; in diesem Sinne dient die *prudentia* auch der Abwehr von Feinden. [61] Dabei trennt Thomasius ‹Weisheit› (*sapientia*) von der ‹Klugheit›, da die (vollkommenere) Weisheit nach dem Sündenfall einzig Gott zugesprochen werden kann; der Klugheit kommt hierbei die – im einzelnen dann innerhalb von Thomasius' System problematische [62] – Funktion zu, lediglich eine «Abweichung vom Bösen zum Guten / oder von der Thorheit zur Weißheit» anleiten zu können. [63] Zusammenfassend definiert er: «Aus diesen [!] allen erhellet / daß die Klugheit eine Lehre sey / die da zeiget / wie ein Schüler der Weißheit auf dem Wege der Tugend dergestalt fortgehen solle / daß er sich weder durch die Exempel der Thoren / [...] auf Irrwege verleiten / noch durch ihre betrügliche oder gewaltsame Widersetzung an seinem tugendhaften Wandel hindern lasse.» [64] Schon von den Zeitgenossen des Thomasius wurde dessen begriffliche Trennung von ‹iustum›, ‹honestum› und ‹decorum› als epochal gewürdigt, so etwa von G. STOLLE in seiner ‹Anleitung zur Historie der Gelahrtheit› (¹1718) oder 1748 in dem Artikel ‹Wohlanständigkeit› des ZEDLERschen ‹Universal-Lexicons›. [65]

Thomasius' Intentionen werden von dem Eisenacher Inspektor CHR. A. HEUMANN fortgeführt. In seinem ‹Politischen Philosophus› (¹1714) unterscheidet er sieben verschiedene Politicusbegriffe; zu einer Konturierung seines eigenen Politicusbegriffs gelangt er dabei, indem er sich von sechs anderen abgrenzt. Dieser Versuch einer negativen Begriffsbestimmung gibt deshalb einen guten Überblick über die semantische Spannweite des Politicusbegriffs in den ersten Dezennien des 18. Jh.: 1. Zuerst nennt Heumann einen auf den äußerlichen Umgang und das Erscheinungsbild reduzierten Politicusbegriff; P. heißt dabei, wer «sich äuserlich wohl aufführet, und so wohl in der Kleidung galant ist, als auch in Complimenten seine Person wohl zu spielen weiß.» [66] Diese Elemente seien aber «nur der kleinste Theil von der Politic». [67] 2. Ein zweiter Politicusbegriff konzentriert sich auf die *dissimulatio*: «Vors andere nennet man diejenigen Politicos, die von flaterien profession machen, und nicht nur allen Leuten aus grössester Falschheit nach dem Maule reden, sondern auch auf eine recht sclavische Art sich gegen andere submittieren.»[68] 3. Der dritte Politicusbegriff rekurriert auf den machiavellistischen Klugheitsbegriff und nennt P. «einen solchen Mann [...], welcher, er mag nun ein Regent oder Staats=Minister oder eine Privat-Person seyn, per fas & nefas, mit Lug und Trug sein zeitliches Interesse zu befördern bedacht ist. Doch so wenig ein Schelm ein wahrer Christe heissen kan, eben so wenig kan ein Machiavellist den Titul eines wahren Politici behaupten.»[69] 4. Auch gegen die Auffassung, ‹Jurist› und ‹P.› seien im Grunde synonym, wehrt sich Heumann.[70] 5. Aber auch ‹P.› und ‹Orator› seien nicht gleichbedeutend; auch wenn ein Redner «zugleich die Geographie, Genealogie, neue Historie und Heraldic, welches man Politische studia nennet, verstehet. Allein ob gleich dieses grosse Zierrathen eines Politici sind, so machet doch dieses einen Politicum bey weiten [!] noch nicht aus».[71] 6. Zudem hießen alle diejenigen P., «die in öffentlichen Bedienungen, die nicht geistlich sind, stehen.»[72] Deshalb verdeutsche man P. oft mit «Welt=Mann».[73] Schließlich gelangt Heumann 7. zu einem positiven Bestimmungsversuch des P.-Begriffes. Dazu müsse man erst untersuchen, was ‹Politik› heiße. «Kurtz: die Politic hat die menschliche äuserliche Glückseligkeit zum Zweck, gleichwie die Ethic vor die innerliche besorget ist».[74] Die Politik unterteilt er dann in eine *politica privata* («Hauß=Politic») und eine *politica publica* («Staats=Politic»), wobei sich Heumann auf die Privatpolitik beschränken möchte.[75] Größten Nachdruck legt er dabei auf die Versöhnung von P.-Ideal und Christentum, das Heumann in konzeptionellem Anschluß an Thomasius faßt: «Das Christentum ist der Politischen Klugheit nicht nur nicht zu wieder, sondern es machet im Gegentheil die allerbesten Politicos. Denn es machet die Leute demüthig, sanftmüthig, liebreich, dienstfertig, geduldig. Dieses aber sind Tugenden, die auch die zeitliche Glückseligkeit ungemein befördern: wie man leichtlich erkennen kan.»[76] In diesem Sinne «præsupponiret die Politic die Ethicam, und also wer kein guter Ethicus ist, der kan unmöglich ein vollkommener Politicus seyn.»[77] Die radikale Abkehr vom höfischen P.-Konzept des 17. Jh. markiert Heumanns konsequente Festlegung des P. auf die *mediocritas*, die nicht nur eine Maxime für die vom P. anzuwendenden *Mittel*, sondern auch für die angestrebten *Ziele* vorgibt: So bemühe sich «ein weiser Mann nicht, auf den höchsten Gipfel der äuserlichen Glückseligkeit zu gelangen; (denn sonst hielte er ja dieselbe vor sein summum bonum:) sondern er trachtet nur so viel davon zu erlangen, als er vor dienlich erachtet, sein Gemüthe von Sorgen zu befreyen und unschuldiger Weise zu vergnügen.»[78] Als Grundregel formuliert er: «Bey diesem allen aber ist er dieser Meynung, daß diß die beste äuserliche Glückseligkeit seyn, wenn er zu *mittelmäßiger* Ehre, zu *mittelmäßigem* Reichtum, und zu *mittelmäßigen* Ergetzlichkeiten gelangen kan.»[79]

Im ‹Collegivm Historico-Literarivm› (entst. 1717/18; gedr. 1738) des Thomasius-Schülers N.H. GUNDLING findet sich eine Dreiteilung der praktischen Philosophie in ‹honestum›, ‹utile› und ‹iustum›; den Begriff des ‹decorum› vermeidet er bewußt.[80] Damit schließt sich Gundling der Systematik des Hallenser Philosophen J.F. BUDDEUS (BUDDE) an:[81] Die als ‹utile› klassifizierten Handlungen kann man nun auch ‹klug› (*prudens*) nennen: «Man hat also actiones justas, honestas et prudentes. Alle actiones, welche vorkommen, kan ich auf diese Art consideriren.»[82] ‹Klug› und ‹politisch› werden hierbei wie schon bei Thomasius synonym gesetzt.[83] Dabei trennt Gundling kategorisch das ‹iustum› von der ‹prudentia›, mithin also die Jurisprudenz von der Politik: So könne ein Fürst – vom rechtlichen Standpunkt gesehen – alle seine Untertanen zu Soldaten machen; somit auch den Professoren «die Musqvete in die Hand geben. Das kann er freilich de jure thun. Sed non prudenter facit. Es ist gar nicht Politisch, daferne er auch derjenigen zu Soldaten nimmt, welche ihm sonst, eine Avantage machen können.»[84] Maximenhaft formuliert er: «Ich kann Vieles thun, Jure stricto. Nur nutzet nicht alles.»[85] Für das Ideal eines *P. christianus* hat dies tiefgreifende Folgen, insofern Gundling im Sinne eines aufklärerischen Autonomiestrebens radikal auf einer Trennung von Politik und Religion beharrt: «Wer, in Europa, lebet, der ist wol, grösten Theils, ein Christ. Dis präsupponiret man. Daß aber ein Politicus necessario ein Christ seyn müsse, ist paradox. Immassen die Politic nicht, ad religionem, gehöret. Es sey Einer, wer er wolle, so sihet man nur; Ob er prudenter gethan.»[86] Und hinsichtlich der Frage, ob ein P. auch ein wahrer Christ sein müsse, schreibt er: «Dies ist so viel, als wenn ich schriebe Ideam boni sutoris und wollte defendiren; Vor allen Dingen, müste ein Schuster ein guter Christe seyn. Vielmehr sihet man also, nur darauf; An prudenter quis fecerit. Religio autem spectat, ad Theologiam.»[87]

Einen gewissen Abschluß dieser Diskussion markiert die Zusammenfassung, die der Braunschweiger Schulmann J.A. FABRICIUS 1752 im ersten Band seines ‹Abriß-ses einer allgemeinen Historie der Gelehrsamkeit› gibt. Unter der *praktischen Philosophie*, «die practische Weltweisheit, die Moralphilosophie, oder kurz die Moral» versteht er im Anschluß an Gundling *Ethik*, *Naturrecht* und *Politik* oder «Klugheitslehre».[88] Letztere definiert er als «Fertigkeit weislich erwehlte Mittel wohl anzuwenden, in erlaubten und gleich gültigen Dingen seinen Nutzen zu befördern»[89], wobei er Privatpolitik – hierzu rechnet er auch die Lehre vom *decorum* als «Lehre vom Wohlstand» – und Staatspolitik voneinander trennt.[90] In der Folgezeit verschwindet der ohnehin schon marginalisierte Klugheitsbegriff aus der Diskussion. So schließt etwa der Göttinger Jurist und Staatswissenschaftler G. ACHENWALL in seinem Werk ‹Die Staatsklugheit nach ihren ersten Grundsätzen entworfen› (¹1761) die «Privatklugheit» ausdrücklich aus der Politik aus.[91] In KANTS ‹Grundlegung zur Metaphysik der Sitten› (¹1785) wird zwar noch zwischen Weltklugheit und Privatpolitik unterschieden; der auf ‹Glückseligkeit› basierende Klugheitsbegriff im allgemeinen jedoch wird als ‹hypothetischer Imperativ› gefaßt. Diesen definiert Kant als einen Imperativ, der es mit einer Absicht zu tun habe und setzt ihm seinen ‹kategorischen Imperativ› entgegen, der auf ‹Sittlichkeit› ziele und keine «durch ein gewisses Verhalten zu erreichende Absicht als Bedingung zum Grunde» habe.[92]

Anmerkungen:
1 Weise 1, Vorrede, unpag. – 2 ebd. – 3 ebd. – 4 vgl. H.A. Horn: Chr. Weise als Erneuerer des dt. Gymnasiums im Zeitalter des Barock. Der ‹P.› als Bildungsideal (1966) 53. – 5 G. Frühsorge: Der politische Körper. Zum Begriff des Politischen im 17. Jh. und in den Romanen Chr. Weises (1974) 10f.; vgl. auch Chr. Weise: Politischer ACADEMICUS, Das ist: Kurtze Nachricht / Wie ein zukünfftiger POLITICUS Seine Zeit und Geld auf der Universität wohl anwenden könne (Amsterdam 1696) 39 (Ex. HAB Wolfenbüttel: Pc 160 (1)). – 6 ders.: Politischer Näscher / . . (Leipzig 1693) Vorrede, unpag., Bl.[a7]ᵇ (Ex. UB Tübingen: Dk XI 92a). – 7 Weise 1, Vorrede, unpag. – 8 Horn [4] 61. – 9 Weise 1,

888; vgl. Horn [4] 61. – **10** Chr. Weise: Curiöse Gedancken von der IMITATION ... (Leipzig 1698) 14f. (Ex. WLB Stuttgart: Phil. oct. 2694); ders.: Oratorisches SYSTEMA ... (Leipzig 1707) 393 (WLB Stuttgart: Phil. oct. 6660). – **11** Weise 1, 926f. – **12** Chr. Weise: Politische Nachricht von Sorgfältigen Briefen /... (Dresden/Leipzig 1693) Vorrede, unpag., Bl. 2[b] (Ex. WLB Stuttgart: HB 5100). – **13** ebd., Vorrede, unpag., Bl.[a5][a], 7ff. – **14** ebd., Vorrede, unpag., Bl. 4[a]f. – **15** ebd., Vorrede, unpag., Bl. 7[a]ff. – **16** G.E. Grimm: Lit. und Gelehrtentum in Deutschland (1983) 318. – **17** ebd. 232ff.; ders: Letternkultur. Wissenschaftskritik und antigelehrtes Dichten in Deutschland von der Renaissance bis zum Sturm und Drang (1998) 66ff. – **18** J.B. Schupp: Der Ungeschickte Redner, übers. v. B. Kindermann. Als Anhang abgedruckt zu B. Kindermann: Der Deutsche Redner /... (Wittenberg [3]1665) unpag. Anhang, Bl.aj[b] (Ex. UB Tübingen: Dh 96 ang.). – **19** J. Riemer: Neu-aufgehender Stern=Redner, in: Werke, hg. v. H. Krause, Bd. 4 (1987) 257; einen Unterschied zu Weise sieht P. Schwind: Schwulst-Stil (1977) 98f. – **20** G. Braungart: Hofberedsamkeit (1988) 292f.; ders.: *Praxis* und *poesis*: Zwei konkurrierende Textmodelle im 17. Jh., in: G. Ueding (Hg.): Rhet. zwischen den Wiss. (1991) 87–98. – **21** vgl. Frühsorge [5] 20. – **22** F. Neumann: Art. ‹Natura-ars-Dialektik›, in: HWRh Bd. 6 (2003), Sp. 139–171. – **23** Chr. Weise: Politische Fragen / Das ist: Gründliche Nachricht Von der POLITICA ... (Dresden 1708) 428 (Ex. HAB Wolfenbüttel: Sf 472). – **24** Grimm [16] 316ff.; M. Beetz: Frühmoderne Höflichkeit (1990) 292ff.; vgl. Chr. Weise: Väterliches Testament / Welches er / Bey guter Lebens-Zeit allen seinen Untergebenen überlassen / und auf ihr Gewissen binden will /... (s.l. 1696) 13ff. (Ex. HAB Wolfenbüttel: Pc 160 (2)). – **25** Weise [23] 429f. – **26** ebd. 431. – **27** ebd. 432f. – **28** ebd. 433; vgl. Horn [4] 62f. – **29** dazu Beetz [24] 239ff. – **30** Weise [23] 434. – **31** Horn [4] 65. – **32** A. Buck: Castigliones ‹Buch vom Hofmann›, in: Die Sammlung 10 (1960) 494–503, hier 500. – **33** Weise [23] 435. – **34** ebd. 436f. – **35** Horn [4] 69. – **36** Weise 2, 175f. – **37** Weise [23] 440. – **38** ebd. 443; vgl. Horn [4] 68; zu Luthers Lehre von den zwei ‹Regimenten› V. Sellin: Politik, in: O. Brunner, W. Conze, R. Koselleck (Hg.): Gesch. Grundbegriffe Bd. 4 (1978) 789–874, hier 807f. – **39** vgl. F. Wiedmann, G. Biller: Art. ‹Klugheit›, in: HWPh Bd. 4 (1976) Sp.857–863; D.M. Meyring: Politische Weltweisheit. Stud. zur dt. politischen Philos. des 18. Jh. (Diss. Münster 1965). – **40** J. Brückner: Staatswiss., Kameralismus und Naturrecht (1977) 109f. – **41** Grimm [16] 348; vgl. insgesamt auch: M. Beetz: Ein neuentdeckter Lehrer der Conduite. Chr. Thomasius in der Gesch. der Gesellschaftsethik, in: W. Schneiders (Hg.): Chr. Thomasius 1655–1728 (1989) 199–222. – **42** Brückner [40] 115. – **43** dazu Grimm [16] 347f. – **44** Brückner [40] 116; W. Schneiders: Thomasius politicus. Einige Bemerkungen über Staatskunst und Privatpolitik in der aufklärerischen Klugheitslehre, in: N. Hinske (Hg.): Halle. Aufklärung und Pietismus (1989) 91–110, hier 97f.; ders.: Der Verlust der guten Sitte. Auch ein Beitrag zur Geschichtlichkeit der Moral, in: Studia philosophica 44 (1985) 61–77; Grimm [16] 355ff. – **45** Chr. Thomasius: Discours Welcher Gestalt man denen Frantzosen im gemeinen Leben nachahmen solle (1687), hg. v. A. Sauer (1894; ND 1969) 33. – **46** Chr. Thomasius: INTRODUCTIO AD PHILOSOPHIAM AULICAM (1688; ND 1993) 59 bzw. 71; vgl. W. Schneiders: Hoffnung auf Vernunft. Aufklärungsphilos. in Deutschland (1990) 112f. – **47** grundlegend: U. Geitner: Die Sprache der Verstellung (1992) 124–139, hier 127 Anm. 71. – **48** Chr. Thomasius: Erfindung einer wohlgegründeten und für das gemeine Wesen höchstnöthigen Wissenschafft / Das Verborgene des Hertzens anderer Menschen und auch wider ihren Willen aus der täglichen Conversation zu erkennen /[...] (1692), in: ders.: Kleine Teutsche Schrifften /... (1701; ND 1994) 449–490, hier 467. – **49** ders.: Summarischer Entwurff Derer Grund=Lehren /... (1699; ND 1979) Cap. XVI, 113–120. – **50** ebd. 113. – **51** ebd. 127. – **52** ebd.; vgl. ders.: Höchstnöthige *Cavtelen* Welche den STUDIOSUS JURIS, ... zu beobachten hat (Halle [2]1729) 405f. (Ex. UB Tübingen: Hb 187). – **53** Thomasius [49] 134; ders. [52] 415. – **54** M. Fleischmann: Chr. Thomasius, in: ders.: (Hg.): Chr. Thomasius. Leben und Lebenswerk (1931) 203f.; vgl. G. Schubart-Fikentscher: Decorum Thomasii, in: Wiss. Zs. d. Univ. Halle, ges.-sprachw. Reihe VII/1 (1957/58) 173–182; F.M. Schiele: Aus dem Thomasischen Collegio, in: Preußische Jb. 114 (1903) 426–454. – **55** Chr. Thomasius: Erinnerung Wegen derer über den dritten Theil seiner Grund=Lehren / Bißher gehaltenen Lectionum privatissimarum und deren Verwandlung in Lectiones privatas ... (1700); ders.: Erinnerung Wegen zweyer COLLEGIORUM über den Vierdten Theil Seiner Grund=Lehren /... (1701); Ders.: Kurtzer Bericht Von Denen künfftigen Thomasischen COLLEGIIS und Schrifften (1705), alle in: ders.: Außerlesener Und dazu gehöriger Schrifften Zweyter Theil (1714; ND 1994). – **56** M. Scattola: ‹Prudentia se ipsum et statum suum conservandi›: Die Klugheit in der praktischen Philos. der frühen Neuzeit, in: F. Vollhardt (Hg.): Chr. Thomasius (1655–1728) (1997) 333–363, hier 351f. – **57** W. Schneiders: Naturrecht und Liebesethik. Zur Gesch. der praktischen Philos. im Hinblick auf Chr. Thomasius (1971) 239ff., hier 271. – **58** Chr. Thomasius: FUNDAMENTA JURIS NATURÆ ET GENTIUM ... (Halle/Leipzig [3]1723) 128 (Ex. UB Tübingen: Ag 30.4°). – **59** Schneiders [57] 281. – **60** so Brückner [40] 130; vgl. aber Schneiders [57] 284. – **61** Chr. Thomasius: Kurtzer Entwurff der Politischen Klugheit /... (1710; ND 1971) 98f. – **62** Scattola [56] 354ff. – **63** Thomasius [61] 7. – **64** ebd. 17. – **65** G. Stolle: Anleitung zur Historie der Gelahrtheit, [...] (Jena [4]1736) 694 (Ex. UB Tübingen: Ke I 100a); Zedler Bd. 28 (1748) Sp. 82–92, hier Sp. 91; vgl. aber Beetz [41] 208f. – **66** Chr. A. Heumann: Der Politische PHILOSOPHVS, ... ([2]1724; ND 1972) ‹Erste Vorrede›, unpag., Bl. a2[b]. – **67** ebd. – **68** ebd. – **69** ebd. Bl. a2[b]-a3[a]. – **70** ebd. Bl. a3[a]-a4[a]. – **71** ebd. Bl. a4[a]. – **72** ebd. – **73** ebd. – **74** ebd. Bl. a4[b]; vgl. ebd., 2. – **75** ebd. Bl. a5[a]. – **76** ebd. Bl. a6[a]. – **77** ebd. 3. – **78** ebd. 6. – **79** ebd. 7. – **80** Scattola [56] 356f. – **81** vgl. M. Wundt: Die dt. Schulphilos. im Zeitalter der Aufklärung (1945; ND 1992) 63ff., vor allem 71ff. – **82** N.H. Gundling: Discours über Io. Franc. Buddei Politic (1733) 12, zit. Scattola [56] 358. – **83** N.H. Gundling: COLLEGIVM HISTORICO-LITERARIVM oder Ausführliche Discourse über die Vornehmsten Wissenschaften und besonders die Rechtsgelahrtheit ... (Bremen 1738) 767 (Ex. UB Tübingen: Ke I 19c.4°). – **84** ebd. 768. – **85** ebd. 769. – **86** ebd. 798. – **87** ebd. 799. – **88** J.A. Fabricius: Abriß einer allg. Historie der Gelehrsamkeit, Bd. 1 (1752; ND 1978) 397f. – **89** ebd. 409. – **90** ebd. – **91** G. Achenwall: Die Staatsklugheit nach ihren ersten Grundsätzen entworfen (Göttingen [3]1774) IXf. (Ex. UB Tübingen: Ec 3); vgl. M. Stolleis: Gesch. des öff. Rechts in Deutschland, Bd. 1 (1988) 316f. – **92** I. Kant: Grundlegung zur Metaphysik der Sitten, in: Werke, hg.v. W. Weischedel, Bd. 4 (1956, [5]1983) BA 42f.

Literaturhinweise:

G. Steinhausen: Galant, curiös und politisch. Drei Schlagworte des Perrücken-Zeitalters, in: Zs. für den dt. Unterricht 9 (1895) 22–37. – K. Müller: Das kaiserliche Gesandtschaftswesen im Jh. nach dem Westfälischen Frieden (1976). – C. Uhlig: Moral und Politik in der europ. Hoferziehung, in: Lit. als Kritik des Lebens. FS K. Borinski, hg. v. R. Haas, H.-J. Müllenbrock, C. Uhlig (1975) 27–51. – H.-J. Gabler: Machtinstrument statt Repräsentationsmittel: Rhet. im Dienste der *Privat-Politic*, in: Rhet. 1 (1980) 9–25. – A. Buck: Die Kunst der Verstellung im Zeitalter des Barock (1981), in: ders.: Stud. zu Humanismus und Renaissance (1991) 486–509. – R. Brinkmann: ‹Quasificirte Welt› oder resigniertes Theatrum Mundi. Im Dickicht politischer Klugheit zur Zeit der dt. Frühaufklärung, in: ders. u.a.: (Hg.): Theatrum Europaeum. FS M.E. Szarota (1982) 409–427. – E. Bonfatti: Verhaltenslehrbücher und Verhaltensideale, in: H. Steinhagen (Hg.): Zwischen Gegenreformation und Frühaufklärung: Späthumanismus, Barock (1985) 74–87. – M. Behnen: «Arcana – haec sunt ratio status»: Ragion di stato und Staatsräson. Probleme und Perspektiven, in: Zs. für hist. Forsch. 14 (1987) 129–195. – W.U. Eckart: Anm. zur «Medicus Politicus»- und «Machiavellus Medicus»-Lit. des 17. und 18. Jh., in: Heilkunde und Krankheitserfahrung in der frühen Neuzeit, hg. v. U. Benzenhöfer, W. Kühlmann (1992) 114–130. – A. Gestrich: Absolutismus und Öffentlichkeit. Politische Kommunikation in Deutschland zu Beginn des 18. Jh. (1994). – W. Weber: Ein vollkommener fürstlicher Staats-Rath ist ein Phoenix. Perspektiven einer politischen Ideengesch. der hohen Beamtenschaft, in: Zs. für hist. Forschung 21 (1994) 221–234. – P. Münch: Von der «höfischen Conduite» zur «Höflichkeit des Herzens». Umgang und Kommunikation im 18. Jh., in: Jb. der Staatlichen Instituts für Musikforsch. Preußische Kulturbesitz 1996, 65–85. – C. Schnitzer: Höfische Maskeraden (1999). – W. Mauser: Konzepte aufgeklärter Lebensführung. Lit. Kultur im frühmodernen Deutschland (2000). – F. Vollhardt: Selbstliebe und Geselligkeit (2001).

D. Till

→ Actio → Anstandsliteratur → Decorum → Ethos → Gentilhomme → Gentleman → Hofmann → Höfische Rhetorik → Höflichkeit → Honnête homme → Klugheit → Komplimentierkunst → Redner, Rednerideal → Utile → Verbergung der Kunst → Vir bonus

Politik (mlat. politica; engl. politics; frz. politique; ital. politica)
A. Def. – B.I. Antike. – II. Mittelalter. – III. Neuzeit.

A. P. ist abgeleitet von den griechischen Bezeichnungen τὰ πολιτικά, ta politiká bzw. ἡ πολιτική, hē politikē. In beiden Fällen handelt es sich um Substantivierungen des Adjektivs πολιτικός, politikós, das wiederum von πολίτης (polítēs, Bürger) hergeleitet ist; ta politiká bezeichnet die bürgerlichen Angelegenheiten, ἡ πολιτικὴ τέχνη (epistḗmē) die Wissenschaft davon. Die Terminologie spiegelt wider, daß P. eine Sache der Bürger und die πόλις, pólis ein Gemeinwesen ist, das auf der Selbstregierung ihrer Bürger basiert. Entsprechend deckt auch πολιτεία, politeía sowohl die Bedeutung ‹Bürgerschaft› wie ‹Verfassung› ab. Nachdem sich zum Teil schon im Mittelalter eine stärkere Akzentuierung des herrschaftlichen Aspekts abzeichnete, wird seit der frühen Neuzeit P. unter dem Gesichtspunkt staatlicher Machtausübung thematisiert, wobei die Beziehungen zwischen ‹Staat› und ‹Gesellschaft› unterschiedlich gedeutet werden. Das Begriffsfeld deckt die Konstituierung der Entscheidungsinstanzen sowie die Entscheidungsprozesse selbst samt den darauf bezogenen gesellschaftlichen Aktivitäten ab. In allen Epochen stehen normative Aussagen über die bestmögliche Ordnung und Deskriptionen der empirischen Gegebenheiten nebeneinander oder sind auf vielfältige Weise miteinander verschränkt

B.I. *Antike.* Die Rede von P. setzt voraus, daß ein Bereich des Handelns unterstellt wird, in dem verbindliche Entscheidungen für ein Gemeinwesen getroffen werden können. Das bedeutet zum einen die Abgrenzung von einer kosmologischen Ordnung, die unmittelbar von den Göttern konstituiert wird, und zum anderen vom Bereich des Hauses. Ein wesentlicher Schritt zur Konzipierung einer solchen Sphäre autonomen Handelns kann in den Reformen gesehen werden, die SOLON 594 v.Chr. in Athen durchgeführt hat. Solon begründet diese öffentlich damit, daß gesellschaftliche Probleme Folgen menschlichen Handelns sind, insofern auch durch entsprechende, von der Gesamtheit getragene Entscheidungen behebbar sind.[1] Mit den Reformen des KLEISTHENES (508/7 v.Chr.) wird in Athen eine Ordnung installiert, die im Laufe des 5. Jh. in enger Wechselwirkung mit den äußeren Erfolgen – den Siegen in den Perserkriegen und dem Aufbau eines Machtsystems in der Ägäis – weiter ausgebaut wird. In ihr können alle Bürger partizipieren; die Gesamtheit der Bürger bzw. nach dem Zufallsprinzip konstituierte Ausschüsse treffen in der Volksversammlung, im Rat und in den Volksgerichten (in denen Laienrichter allein aufgrund des Vortrags der Prozeßparteien urteilen) alle Entscheidungen. Nachdem man zunächst den Gedanken der Rechtsgleichheit und -sicherheit (in Absetzung von der Tyrannis) betont hat, tritt seit der Mitte des 5. Jh. die Erkenntnis hervor, daß hier eine von der Gesamtheit der Bürgerschaft getragene Herrschaft vorliegt und die nunmehr so genannte Demokratie sich von Aristokratien oder Oligarchien grundlegend unterscheidet, in denen die Teilhabe an Entscheidungen, die die Polis als ganze betreffen, auf einen qualifizierten Kreis eingeschränkt ist.[2]

Als Merkmal dieser Demokratie gilt von Anfang an die Redefreiheit (ἰσηγορία, isēgoría), das gleiche Recht aller Bürger, als Antragsteller und Debattenredner in der Volksversammlung auftreten zu können.[3] Auch wenn sich stets eine beachtliche Zahl von Bürgern in dieser Weise beteiligt, so gibt es doch immer wieder einzelne Redner, die aufgrund des Vertrauens, das sie beim Volk genießen, ihrer Sachkompetenz und ihres rhetorischen Vermögens eine herausragende Rolle spielen. Das weckt Befürchtungen, sie könnten ihre Position mißbrauchen, um sich zu einer Art Alleinherrschaft aufzuschwingen.[4] Generell wird – wie zumal bei den Rededuellen erkennbar, die THUKYDIDES wiedergibt – die Frage aufgeworfen, ob bei den Rednern die Loyalität zum Gemeinwesen und eine neue Verfassung dominiert oder ob sie unter Inanspruchnahme der institutionellen Möglichkeiten allein ihren persönlichen Ehrgeiz verfolgen, ob sie als verantwortungsvolle Staatsmänner (wie Perikles) die Interessenlage der Polis klar definieren oder ob sie als «Demagogen» dem Volk schmeicheln und so unverantwortliche Beschlüsse herbeiführen.[5]

Die Entwicklung in Athen bedingt, daß hier ein besonderer Bedarf für die Lehren der Sophisten entsteht. Die Sophistik ist ein gemeingriechisches Phänomen; die forensische Redekunst soll in Syrakus auf Sizilien entstanden sein, als nach dem Sturz der Tyrannis 467 v.Chr. Streitfragen über Eigentumsrechte vor Gericht ausgefochten wurden.[6] Sophisten sind professionelle Rhetoriklehrer. Sie stammen aus allen Bereichen der griechischen Welt, ziehen als Wanderlehrer von Ort zu Ort[7], verbringen dabei mehr oder weniger lange Zeit in Athen.[8] Ihre Schüler kommen aus der sozialen Elite, die nicht mehr auf Anerkennung ihrer Führungsrolle kraft Status und Tradition rechnen kann, sondern lernen muß, sich in den neuen Institutionen der Demokratie durchzusetzen. (Nur Angehörige der Oberschicht können die hohen Honorare aufbringen, die von den Sophisten gefordert werden.) Die Redekunst nutzt in der Volksversammlung, im Rat und vor Gericht[9], man kann mit ihr eine «schwächere» Sache zu einer «stärkeren» machen (PROTAGORAS)[10]; durch Rhetorik kann man über andere herrschen.[11] Auch wenn der Redner allen Sachverständigen überlegen ist[12], benötigt er doch Sachkunde. Die Sophisten lehren auch «über die Gesetze und alle politische Angelegenheiten»[13], dozieren über die Ursprünge der Gesellschaftsentwicklung und die Geltungsgründe von Recht und Verfassung.[14] Dem Redner wird eine Rolle zwischen dem Philosophen und dem Staatsmann (politikós) zugeschrieben (PRODIKOS).[15] Allerdings zeichnet sich schon eine Differenzierung ab zwischen solchen Rednern, die sich auf Auftritte in der Volksversammlung, und solchen, die sich (wie der Athener ANTIPHON)[16] auf das Verfassen von Gerichtsreden, die auch eine rechtstechnische Argumentation erfordern, spezialisieren.

Gegenüber der athenischen Demokratie nehmen die Sophisten eine ambivalente Position ein, da sie einerseits lehren, wie man sich in den Institutionen durchsetzen könne, andererseits mit ihren Fragen nach den Grundlagen der politischen Ordnung einen Relativismus zu vertreten scheinen, der in Zweifel zieht, was man allgemein als gegeben hinnimmt, indem unter anderem eine Theorie vom Recht des Stärkeren [17] der Ansicht entgegengesetzt wird, daß von der Volksversammlung beschlossene Gesetze selbstverständlich gerecht seien. [18]

Die sich selbst als Philosophen verstehenden Denker kritisieren sowohl die athenische Demokratie wie auch die Sophisten, denen sie vorwerfen, nicht an der Wahrheit interessiert zu sein und jedem ihre Lehre zu verkaufen, der das Geld aufbringen kann. Die Sophisten besitzen somit kein ausgearbeitetes politisches Wissen, sondern verfügen v.a. über die Techniken der Persuasion. [19] SOKRATES hält der Demokratie vor, daß jeder für befähigt gelte, an der politischen Entscheidungsfindung teilzuhaben, während man in allen anderen Lebensbereichen Fachkenntnisse fordere [20], ihre Bürger würden korrumpiert, da die Demagogen der Menge nach dem Mund redeten; letzteres Verdikt trifft alle führenden Staatsmänner des 5. Jh. und schließt Perikles ein. [21] Sokrates behauptet jedoch nicht, einen Ausweg aus dem Dilemma zu kennen.

PLATON wendet sich unter dem Eindruck der Verurteilung und Hinrichtung des Sokrates im Jahre 399 v.Chr. endgültig von der athenischen Demokratie ab, die ihm – wie auch alle anderen Staatsformen – als eine Ordnung erscheint, die nicht dem Ideal der Gerechtigkeit entspricht. [22] In den Poleis seiner Zeit gebe es keine Bürgerschaften, sondern nur den Konflikt zwischen Faktionen [23], die führenden Akteure seien keine Staatsmänner (πολιτικοί, politikoí), sondern Anführer solcher Parteiungen [24]; die Poleis stünden jeweils am Rande des Bürgerkriegs [25].

In der ‹Politeia› entwirft Platon in einem Gedankenexperiment das Modell einer auf vollkommener Gerechtigkeit gründenden Ordnung. In ihr werden den Bürgern die Aufgaben zugewiesen, zu denen sie von Natur aus taugen; entsprechend werden sie in die Gruppe der Krieger (Wächter) und die der übrigen, dem Erwerbsleben nachgehenden, Bürger eingeteilt. Aus den Wächtern werden wiederum noch die Regenten ausgewählt, denen gegenüber die übrigen Wächter als Helfer zu gelten haben. Den Kern des Werkes macht aus, wie die Auslese und Erziehung der Wächter vorzunehmen und ihre Lebensweise so zu regeln ist, daß vollkommen ausgebildete Menschen (beiderlei Geschlechts) die Herrschaft ausüben, die über ein Wissen verfügen, das sich auf die Polis als ganzes bezieht. [26] Unter dieser Prämisse sind Fragen nach Institutionen und angemessenen gesetzlichen Regeln unnötig. [27] Ob solch ein System zu realisieren sei, wird mit dem Satz offengelassen, daß entweder die Könige Philosophen oder die Philosophen Könige werden müßten. [28] Dies setzte einen göttlichen Zufall voraus [29], denn es ist höchst unwahrscheinlich, daß diejenigen, die nicht über Einsicht in das Gute verfügen, sich freiwillig von den Einsichtigen regieren lassen. [30]

Im Dialog über den Staatsmann (‹Politikos›) spricht Platon von der πολιτικὴ τέχνη, politikḗ téchnē als «freiwillige[r] Herdenwartung […] über freiwillige […] lebendige Wesen» [31] bzw. von einer königlichen Kunst, die von einem oder wenigen Regierenden, die über Einsicht verfügen, auszuüben ist, unabhängig davon, ob dies auf Zustimmung der Regierten stößt oder nicht. [32] Andernfalls ist der im Werk über die ‹Nomoi› vorgestellte Gesetzesstaat die «zweitbeste» Lösung. [33] Hier geht es um ein ausgeklügeltes System der Aufteilung von Entscheidungen auf eine Vielzahl von Instanzen und zugleich um detaillierte Regelungen für sämtliche gesellschaftlichen Verhältnisse. An die Stelle der Herrschaft absolut tugendhafter Wächter tritt eine Herrschaft der Gesetze. Die (abgestufte) Teilhabe der Bürger an diversen Instanzen bleibt auf die Umsetzung von Vorschriften beschränkt, die ein weiser Gesetzgeber vorgegeben hat, wenngleich kleinere Veränderungen möglich sind, da der Gesetzgeber nicht alle Details vorweg regeln kann. [34]

Platon zielt auf die Sicherung der Einheit der Polis als Grundlage ihrer Existenz, indem die Führungsfunktionen den am besten Befähigten zugeteilt werden. Die Herrschenden stehen im Zentrum seines politischen Denkens. Es geht nicht um Entscheidungsprozesse, bei denen unterschiedliche Interessen artikuliert, Konflikte nach Regeln ausgetragen werden und letztlich eine Mehrheit aufgrund von Rede und Gegenrede nach geordneten Verfahren die Entscheidung herbeiführt. Insofern entwickelt Platon ein radikales Gegenmodell zur politischen Kultur der Demokratie, an der er besonders ablehnt, daß sie dem Bürger die Freiheit der privaten Lebensführung konzediert. [35]

Platon unterscheidet nicht zwischen Politik und Ethik. Beide sind Bestandteile einer umfassenden philosophischen Weltsicht, die die ‹Politeia› als eine «Enzyklopädie der philosophischen Wissenschaften» erscheinen lassen. [36] ARISTOTELES nimmt dagegen eine Differenzierung der philosophischen Disziplinen vor. P. ist für ihn entweder die gesamte praktische Philosophie oder der auf die Polis und ihre Ordnung bezogene Teil unter Abgrenzung von Ethik und Ökonomie. [37] Er geht davon aus, daß der Mensch von Natur aus auf das Leben in der Gemeinschaft angelegt, ein ζῷον πολιτικόν, zōon politikón ist. [38] Er kann seine Anlagen nur in der Gemeinschaft entfalten, die zwar des physischen Überlebens wegen entsteht, um des vollkommenen Lebens willen jedoch weiterbesteht. Politische Herrschaft ist eine Herrschaft über Freie und Gleiche, die von despotischer Herrschaft qualitativ unterschieden ist; damit ist zugleich die deutliche Trennung zwischen dem Bereich des Hauses und dem der Polis gegeben. Diese gegen Platon gerichtete Abgrenzung setzt sich in der Feststellung fort, daß das Wesen der Polis nicht in der Einheit, sondern in der Vielheit besteht. [39] Wie sich unter diesen Prämissen eine stabile Ordnung, die nicht der Gefahr des Bürgerkriegs ausgesetzt ist, herstellen läßt, wird in den Büchern der ‹Politika› unter Diskussion aller theoretischer Staatsentwürfe seit der Mitte des 5. Jh. und unter Heranziehung eines reichen empirischen Materials (der Sammlung der ‹Verfassungen› von 158 Poleis) erörtert. Die Diskussion bewegt sich zwischen den Möglichkeiten der Erreichung der absolut besten Verfassung und der realistischerweise für die meisten Poleis relativ besten Ordnung bis zu Überlegungen, auch grundsätzlich depravierten Formen durch Mäßigung mehr Stabilität zu verleihen. Gesetzgebung muß darauf zielen, eine Verfassung so einzurichten, daß die Beherrschten eine maßvolle Herrschaft zumindest hinnehmen. Dem Idealbild des Bürgers, der durch die Teilhabe am Richten und an der Regierung definiert ist [40], wird nur eine Ordnung gerecht, in der ein Mindestmaß an Partizipation für alle Bürger verwirklicht ist. [41] Die Demokratie athenischen Typs lehnt Aristoteles jedoch ab. Denn sie stelle eine Herrschaft der Mehrheit der Armen über die Minderheit der Reichen dar [42], die unter der verderblichen Einwirkung von Demagogen tyrannische Züge annehme. [43] Aristoteles schwebt stattdessen eine Verfassung vor, in der die Gesamtheit der Bürger zwar an Volksversammlung und Volksgericht beteiligt ist, die qualifizierten politischen Funktionen im Rat und in den Magistraturen jedoch einer Elite der Bürgerschaft überlassen bleiben.

Für solche Ordnungen verwendet er auch den allgemeinen Begriff der πολιτεία, politeía, der dann normativ aufgeladen wird. Entweder ergibt sich dies auf Grund der sozialen Zusammensetzung der Bürgerschaft von selbst oder es müssen entsprechende gesetzgeberische Arrangements getroffen werden, die eine Mischung zwischen Demokratie und Oligarchie bewirken. Der Gedanke der Verfassungsmischung wird seinerseits vom Vorbild der sich durch ihre Stabilität auszeichnenden Ordnung Spartas abgeleitet, bei der sich die Mischung jedoch in der Pluralität und wechselseitigen Kontrolle von Regierungsinstanzen manifestiert.[44]

Aristoteles bezieht – wohl auch im Hinblick auf die Konkurrenz der Rhetorikschule des Isokrates mit ihrer besonderen Attraktivität für politische Praktiker[45] – die Rhetorik in sein wissenschaftliches System ein. Der Zusammenhang mit seiner politischen Theorie zeigt sich in der Differenzierung zwischen den Typen der Beratungsrede (in der Volksversammlung), der Gerichtsrede und der Festrede mit den jeweils in Frage kommenden Argumentationen, die Plausibilität beanspruchen können[46], eine Unterteilung, die für die weitere rhetorische Theorie grundlegend werden sollte.[47]

Die politische Philosophie reagiert nur bedingt auf die grundlegende Veränderung der griechischen Welt durch die Einbindung der zuvor autonomen Poleis in das Alexanderreich und seine Nachfolgerstaaten. Eine Theorie der Monarchie wird nicht entwickelt; es entstehen nur erste Formen von Fürstenspiegeln, die angesichts des Fehlens institutioneller Kontrollen durch die Zuschreibung von Tugenden an die Herrscher eine die Wohlfahrt der Untertanen beachtende Regierungspraxis erreichen wollen.[48] Insgesamt geht in den Philosophenschulen der hellenistischen Zeit die Politik in der Ethik auf. Die Stoiker reflektieren über eine ‹Politeia›, die allein aus Weisen besteht, deshalb keiner Institutionen und keiner gesetzlicher Regelungen des Zusammenlebens bedarf.[49] Ziel ist ein Leben in Übereinstimmung mit der Natur, d.h. der Vernunft, die hinter der Ordnung des Kosmos steht und somit auch ein universales Rechtsprinzip konstituiert.[50] Im sozialen Leben gilt, daß man den naturgemäßen Trieb zur Selbstfürsorge auch allen anderen konzedieren muß. Dies führt zur Entwicklung einer Lehre vom pflichtgemäßen Handeln (καθῆκον, kathēkon; von Cicero als *officium* übersetzt)[51], die ein sittlich angemessenes Verhalten in allen sozialen Rollen und unter den jeweils gegebenen politischen Regime fordert.[52]

Mit dem Aufstieg Roms zur Weltherrschaft ergibt sich ein neues Anwendungsfeld für die aus der Theorie des 4. Jh. tradierten Kategorien. Mitte des 2. Jh. v.Chr. erklärt POLYBIOS, daß sich die Stabilität der römischen Verfassung einer Mischung aus Monarchie, Aristokratie und Demokratie verdanke und diese Mischverfassung wiederum entscheidend für den äußeren Erfolg Roms gewesen sei.[53]

In der römischen Republik entwickelt sich lange keine von der eigenen Praxis abstrahierende Theorie. Politisches Denken ist gleichzusetzen mit dem über Generationen akkumulierten Wissen der Aristokratie um eine Regierungskunst der gehegten inneraristokratischen Konkurrenz und einer mit relativ geringem Aufwand auskommenden Herrschaftstechnik nach außen. Die Kanonisierung dieses Wissens in einem Komplex von Verhaltensmustern und Wertvorstellungen *(mos maiorum)* stabilisiert das Bewußtsein der Kontinuität durch alle Veränderungen hindurch.

Intellektuelle Distanz zur eigenen Ordnung wird erst mit der Übernahme griechischer Bildung seit dem 2. Jh. v.Chr. gewonnen, die mit einer Akkulturation der Sieger an die Besiegten verbunden ist. Nachhaltigen Eindruck hinterläßt die von den Athenern im Jahre 155 geschickte Gesandtschaft unter den Häuptern ihrer Philosophenschulen, die sich nicht auf ihre diplomatische Mission beschränken, sondern in Rom öffentliche Vorträge halten, mit denen sie ihre Eloquenz demonstrieren. Karneades spricht an einem Tag für die Möglichkeit der Erkenntnis von Gerechtigkeit und ihrer Anwendung in internationalen Beziehungen und am nächsten Tag dagegen.[54] Für die Römer ergibt sich daraus das Problem der Rechtfertigung ihrer Weltherrschaft, die zunächst von Stoikern wie Panaitios und Poseidonios entwickelt und dann von Cicero fortgesetzt wird.[55]

Für die Erziehung der politischen Elite tritt neben die bisherige Ausrichtung auf militärische und politische Leistungen nun auch die Vermittlung literarischer und wissenschaftlicher Bildung; benötigt werden rhetorische Fähigkeiten. Dies hängt auch mit Strukturveränderungen zusammen; so gewinnen die Volksversammlungen in der späten Republik große Bedeutung als eine Bühne, auf der sich politische Entscheidungen gegebenenfalls auch gegen den Senat durchsetzen lassen. Die sogenannten Popularen verfügen über die rhetorischen Fähigkeiten, mit denen sie auf diesem Wege die Plebs mobilisieren können.[56] Hinzu kommt die Einrichtung von Geschworenengerichten seit Mitte des 2. Jh.; im Vortrag der Prozeßparteien ist die politische und moralische Argumentation mindestens so wichtig wie die juristische.[57]

Die rhetorischen Lehren werden im 1. Jh. v.Chr. durch die ‹Rhetorica ad Herennium› und durch CICERO (in diversen Schriften) vermittelt. Der *eloquentia* schreibt Cicero in seinem frühesten rhetorischen Traktat die Wirkung zu, daß sich die Menschen mit ihr aus einem tierähnlichen Zustand erheben und zu Gemeinwesen zusammenschließen konnten.[58] Die Redekunst *(facultas oratoria)* ist deshalb wesentlicher Bestandteil der Staatskunst *(scientia civilis)*.[59] Der Redner muß mit allen Wissenschaftsdisziplinen, vor allem mit den Fragen von Staat, Recht und Sitten vertraut sein, um dem Gemeinwesen dienen zu können.[60] Die Erfahrung mit den Popularen der eigenen Zeit zeigt eben auch, wie ein Gemeinwesen durch Rhetorik ruiniert werden kann.[61]

In seinen philosophischen Schriften, in denen er das Gedankengut der diversen Philosophenschulen referiert, will Cicero auch die Eignung der lateinischen Sprache für theoretische Erörterungen nachweisen. Mit den staatstheoretischen Werken ‹De re publica› und ‹De legibus› nimmt er die Idealkonkurrenz mit Plato auf, wobei es ihm darauf ankommt, die Überlegenheit der überkommenen Ordnung Roms im Vergleich zu theoretischen Entwürfen herauszustellen[62] und zugleich die Übereinstimmung des Römischen Rechts mit den Prinzipien einer natürlichen Weltordnung zu betonen.[63] In seiner Definition der *res publica* bewertet er den natürlichen Geselligkeitstrieb im aristotelischen Sinne[64] höher als Theorien, die in der Schwäche des Mangelwesens Mensch *(inbecillitas)* die Ursache des Zusammenschlusses sehen[65]; vor allem legt er den Nachdruck auf die Konstituierung des Staates als Rechtsgemeinschaft[66], wobei die Verbindung von *iuris consensus* und *utilitatis communio* nicht nur utilitaristisch zu verstehen ist, sondern auch eine Bindung an materiale Gerechtigkeit impliziert.[67] Damit ist keine spezifische Verfassungsform festgelegt; eine politische Ordnung jedoch, die diese Bindung an das Recht nicht aufweist, ist überhaupt keine *res publica*.[68] Das wohlgeordnete Gemeinwesen fordert die politische Führung durch eine dem Gemeinwohl verpflichtete Elite[69], die zugleich den Anspruch der breiten Masse der Bürgerschaft auf ein Mindestmaß an politischer Partizipation erfüllt.[70] Der wahre Staatsmann ist ein *rector (gubernator) rei publicae*, der aufgrund seiner Eloquenz das Volk führen kann[71] und damit nicht nur die Wohlfahrt des Gemeinwesens, sondern auch die moralische Vervollkommnung der Bürger fördert.[72] Die Rolle ist nicht auf jeweils eine Person beschränkt, und Cicero sieht sie von zahlreichen Persönlichkeiten in der Vergangenheit ausgefüllt[73], so daß hier nicht (wie oft angenommen) eine monarchische Ordnung im Sinne des späteren Principats antizipiert wird.[74]

Der programmatisch als Wiederherstellung der *res publica* dargestellte Principat gibt nur begrenzt Anstöße zu neuen Elementen politischer Theorie. Trotz des weitgehenden Wegfalls der Möglichkeiten freier politischer Rede[75] bleibt die rhetorische Ausbildung das Fundament jeder gehobenen Bildung, ist Voraussetzung für eine Tätigkeit im Staatsdienst[76], für eine führende Rolle in den (griechischen) Städten des Reiches[77] und bildet bis in die Spätantike die Grundlage jeder öffentlichen Wirksamkeit.[78]

Neu ist die Rechtsfigur, daß der Herrscher im Hinblick auf das öffentliche Interesse *(utilitas publica)* das Recht durchbrechen könne.[79] Die Juristen entwickeln die Theorie, daß dem Kaiser aufgrund einer Übertragung dieser Kompetenz durch das Volk eine unbeschränkte Vollmacht sowohl zur Rechtssetzung wie zur Rechtsdurchbrechung zukomme.[80]

Eine Vorkehrung gegen Mißbrauch und das Abgleiten in die Tyrannis kann nur in der Selbstbeschränkung des Herrschers liegen. Bei «guten» Kaisern spricht man von einer Verbindung von *principatus* und *libertas*[81] bzw. von einer Demokratie *unter* dem Princeps[82] und meint damit eine das Wohl der Untertanen beachtende Herrschaftspraxis. Auf die Bindung des Herrschers an Recht und Gemeinwohl läßt sich allein durch Rekurs auf die Fürstenspiegeltradition hoffen[83], deren Inhalte sich auch in den Panegyrici auf die Kaiser – von Plinius (adressiert an Trajan im Jahre 100) bis in die Spätantike – widerspiegeln.[84] Entsprechend der stoischen Maxime, daß politische Mitwirkung in jedem Regime solange möglich ist, wie dies nicht mit der Verpflichtung zu sittlichem Handeln kollidiert[85], können Senatoren sich einerseits als Berater des Herrschers zur Verfügung stellen, andererseits bleibt ihnen der Selbstmord als Ausdruck der inneren Freiheit.[86]

Das Christentum rezipiert die griechisch-römische Kultur umfassend und deutet sie unter heilsgeschichtlichen Gesichtspunkten. Medium der Vermittlung bleibt der Rhetorikunterricht, den auch die christlichen Autoren durchlaufen (wenn sie nicht sogar selbst, wie u.a. Laktanz, Ambrosius und Augustinus, als Rhetoriklehrer tätig waren). Für die Christen kommt zusätzlich die Bedeutung der Rhetorik für die Homiletik hinzu.[87]

Die frühen Christen stellen – im Zeichen der Parusie-Erwartung – die Herrschaft des Kaisers nicht in Frage. Die christliche Apologetik in den Zeiten der Verfolgung seit dem 2. Jh. n.Chr. betont nicht nur die grundsätzliche Loyalität zum römischen Staat, sondern beginnt mit Verweis auf die Koinzidenz von Augustusfrieden und Erscheinen Christi auf Erden auch eine heilsgeschichtliche Bedeutung des Imperium Romanum zu postulieren.[88] Einen Höhepunkt erreichen diese Tendenzen nach der konstantinischen Wende, als sich namentlich im Werke des Eusebius von Caesarea die Hoffnung auf ein eschatologisches Friedensreich widerspiegelt.[89]

Demgegenüber unternimmt es AUGUSTINUS nach der Erschütterung, die von der Einnahme Roms durch die Westgoten 410 ausgeht, einerseits das Christentum gegen den Vorwurf in Schutz zu nehmen, am Fall Roms schuld zu sein, andererseits den Staat von Heilserwartungen zu entlasten. Augustinus sieht die Weltgeschichte – als Folge des Sündenfalls – von einem stetigen Dualismus zwischen einer *civitas dei (civitas caelestis)* und einer *civitas diaboli (civitas terrena)* durchzogen, dem Verband derjenigen, die Gott lieben einerseits (nicht mit der Kirche, sondern nur mit den wahren Gläubigen gleichzusetzen)[90], dem der Selbstgerechten andererseits.[91] Die Geschichte der römischen Republik unterzieht er einer radikalen Kritik, indem er aus der historiographischen (v.a. Sallust, Livius, Florus) und antiquarischen Literatur (Varro) die Materialien zusammenträgt, die den behaupteten Zusammenhang zwischen heidnischer Religion und dem Erfolg Roms erschüttern sollen. Dem Anspruch Roms, sein Imperium aufgrund gerechter Kriege gewonnen zu haben, wird (ungeachtet der Anerkennung seiner Pazifizierungsleistung)[92] entgegengehalten, daß die Römer ihre eigenen Regeln nicht immer befolgen[93] und sich von Herrschsucht[94] und Ruhmgier[95] haben treiben lassen. Die ciceronische Definition der *res publica* erfüllt auch der römische Staat nicht, weil es ihm an wahrer Gerechtigkeit mangelt[96]; von einer *res publica* kann man jedoch dann sprechen, wenn man dieses Kriterium aus der Definition Ciceros, dem keine Gemeinschaft von Gottlosen gerecht werden kann, wegläßt.[97] In diesem Sinne wird der Staat auf die Rolle eines Zweckverbandes reduziert. Diesem kommt jedoch eine notwendige Funktion zu, da die Bosheit der Menschen durch Herrschaftsverhältnisse eingeschränkt werden muß, um ein Mindestmaß an Frieden und Ordnung auf Erden garantieren zu können[98], was auch dem Gottesvolk auf Erden zugutekommt.[99] Augustinus verficht auch keinen ungebrochenen Positivismus, da alle irdische Macht von Gott stammt[100] und sich in jeder noch so unvollkommenen Ordnung ein Reflex der umfassenden göttlichen Friedensordnung widerspiegelt.[101]

II. *Mittelalter.* In der politischen Theorie des Mittelalters werden die unterschiedlichen antiken Traditionen rezipiert und auf die eigene Lebenswirklichkeit bezogen. Die Wirkung von Cicero, namentlich von ‹De inventione› und ‹De officiis›[102] (und Teilen der staatstheoretischen Werke aufgrund der Referate bei Laktanz und Augustinus)[103], Seneca und anderen heidnischen Autoren, der Werke der Kirchenväter sowie der Sammlungen des römischen Rechts bedingt, daß eine Vielzahl antiker Traditionsbestände (einschließlich der auf Aristoteles und die Stoiker zurückgehenden) noch vor der im späteren 13. Jh. einsetzenden Aristotelesrezeption präsent waren[104], wie sich etwa in der Exempla-Sammlung[105] im ‹Policraticus› des JOHANNES VON SALISBURY (1159) zeigt.[106] Der Titel bezieht sich auf einen Herrscher, der zwar – entsprechend der Maxime des Römischen Rechts – keiner Bindung an das Gesetz unterliegt, jedoch aufgrund seiner Selbstbeschränkung Wahrer der Gerechtigkeit ist.[107] Johannes von Salisbury beruft sich auf einen – als ‹Institutio Traiani› bezeichneten – angeblichen Brief Plutarchs an den Kaiser Trajan, dessen Herkunft ungeklärt ist.[108] Es handle sich um eine Verfassungslehre *(politica constitutio)* Plutarchs.[109] Es geht einerseits um einen Pflichtenkatalog für den Herrscher, anderseits um die organologische Konzeption, in der die *res publica* als ein Körper gilt, der die Kooperation zwischen Haupt und Gliedern notwendig macht. Dieses Bild des politischen Körpers läßt sich sowohl auf pagane antike Vorbilder[110] als auch auf die Übertragung des Verständnisses von der Kirche als *Corpus Christi* zurückführen.[111] (Mit höchst ambivalenten Äußerungen zur Legitimität des Tyrannenmords prägt Johannes von Salisbury die weitere Diskussion des Mittelalters über dieses Problem.)

Ein Äquivalent zu Fürstenspiegeln in Form von Beratungsschriften für städtische Magistrate[112] wird in den italienischen Stadtrepubliken des 13. Jh. entwickelt, die von heftigen Kämpfen zwischen den Magnaten und dem *popolo* erschüttert werden, was die Gefahr des Auftretens von Alleinherrschern *(signori)* mit sich bringt. Dieses Genre erwächst aus dem an Cicero orientierten Rhetorikunterricht an den Universitäten, in dem die Kunst des Verfertigens offizieller Briefe *(ars dictaminis)* und öffentlicher Ansprachen *(ars arengandi)* gepflegt wird, die zunehmend nicht mehr an historischen Beispielen oder fiktiven Materialien eingeübt wird, sondern an der Erörterung des Problems, wie sich angesichts wachsender sozialer Spannungen die innere Einheit der Bürgerschaft erhalten lasse.[113] Rhetorik gilt – so BRUNETTO LATINI, der Lehrer Dantes, ca 1262 im Anschluß an Cicero – als die Grundlage von Politik *(politique)* als der Kunst, ein Gemeinwesen im Einklang mit Vernunft und Gerechtigkeit zu regieren.[114]

Die auf die Wiederentdeckung der Atticus-Briefe durch Petrarca 1345 folgende Neubewertung der Rolle Ciceros als politischer Akteur (die Petrarca noch schockiert hatte) schlägt sich seit der Wende vom 14. zum 15. Jh. in Florenz, das sich im Abwehrkampf gegen den Mailänder Herrscher Giangaleazzo Visconti befand, in einer Publizistik nieder, die den Wert der politischen Freiheit und einer umfassenden politischen Partizipation der Bürger betont. Wieweit die Rede vom «Bürgerhumanismus»[115] jedoch angemessen ist, ist höchst umstritten[116], da die Verwendung dieser Kategorien zum einen der florentinischen Propaganda nach außen dient[117] und zum anderen diese Rhetorik im Rahmen eines engen oligarchischen Systems entfaltet wird, das für tatsächliche Partizipation einer größeren Zahl von Bürgern kaum Raum läßt.[118]

Mit der unmittelbaren Aristoteles-Rezeption stellt sich seit der lateinischen Übersetzung der ‹Politik› durch WILHELM VON MOERBEKE um 1265 das Problem der Wiedergabe seiner Kategorien. ‹Politisch› (πολιτικός, politikós) konnte dabei gleichermaßen mit *civilis, politicus* und *socialis* übersetzt werden.[119] THOMAS VON AQUIN, der den Begriff der *politica scientia* verwendet[120], gibt das aristotelische ζῷον πολιτικόν, zóon politikón mit allen seinen Varianten wieder: *animal civile, animal sociale, animal politicum, animal sociale et politicum*, wodurch nicht nur der natürliche Geselligkeitstrieb der Menschen, sondern auch das Element der Herrschaft als konstitutiv für ein Gemeinwesen akzentuiert wird.[121] Im Gegensatz zu Augustinus sieht er darin nicht erst eine Folge des Sündenfalls, sondern betrachtet die gemeinwohlorientierte Herrschaft über Freie als Teil der Schöpfungsordnung. Zur Verwirklichung des *bonum commune* bedarf es einer am Naturgesetz orientierten Gesetzgebung und einer entsprechenden Lenkung des Gemeinwesens. Diese kann am besten durch einen Monarchen erfolgen. In der Bevorzugung des Königtums als Verfassungsform liegt eine deutliche Abweichung von der Theorie des Aristoteles. Da ein Königtum aber in die Tyrannis umschlagen kann, nimmt Thomas zugleich das aristotelische Konzept einer Mäßigung der Herrschaft durch Verfassungsmischung auf.[122] Unter einem *regimen bene commixtum* hat man sich am ehesten eine Monarchie vorzustellen, in der die Wahl durch das Volk erfolgt und die Aristokratie an der Herrschaftsausübung beteiligt wird.[123]

Mit Thomas und PTOLEMAEUS VON LUCCA, der Thomas' Fürstenspiegel ‹De Regimine Principum› fortsetzt, beginnt auch die Tradition der Entgegensetzung von *regimen regale* und *regimen politicum*, unumschränkter oder gesetzlich eingegrenzter Gewalt eines Herrschers; im späteren 15. Jh. bezeichnet JOHN FORTESCUE mit Blick auf England eine Monarchie, in der die Gesetzgebung an die Zustimmung der Untertanen gebunden ist, als *dominium politicum et regale*.[124]

Während Thomas sich auf die Verhältnisse in großen Flächenstaaten bezog, nehmen im Italien des frühen 14. Jh. Juristen wie BARTOLUS DE SAXOFERRATO[125] und Pamphletisten wie MARSILIUS VON PADUA den Rückgriff auf den politischen Aristotelismus mit der Hervorhebung der entscheidenden Rolle des Volkes, betonen jedoch zugleich, daß diese nur der *pars valencior* zukomme, welche die Gesamtheit repräsentiert, wie es der Verfassungstradition *(secundum policiarum consuetudinem)* der Stadtrepubliken entspreche.[126] Marsilius' Vorgehen, die Bürgerdefinition des Aristoteles mit der Qualifikation «entsprechend dem sozialen Rang» *(secundum gradum)* zu versehen[127], korrespondiert mit der Kommentarliteratur zur ‹Politik› des Aristoteles, in der die Aussagen über die Partizipation der Bürger wie selbstverständlich auf einen qualifizierten Kreis bezogen werden.[128]

Auch wenn bei Thomas die Zweckbestimmung der politischen Gemeinschaft noch dem Ziel der Teilhabe an der himmlischen Glückseligkeit untergeordnet gewesen war, so bedeutet die fortschreitende Aristoteles-Rezeption mit ihrer Betonung der naturgemäßen Bestimmung des Menschen zur Vergesellschaftung insgesamt die Konzipierung einer politischen Ordnung allein unter dem Gesichtspunkt ihrer säkularen Zwecke.[129]

III. *Neuzeit.* Das neuzeitliche Politikverständnis entwickelt sich auf der Basis von Bildern der menschlichen Natur, die einen potentiell gemeinschaftszerstörenden Charakter unterstellen, der durch herrschaftlichen Zwang gebändigt werden muß. Hintergrund ist eine Krisenerfahrung, durch die das Vertrauen in ein friedliches Zusammenleben der Bürger erschüttert wird, so daß der Zusammenhalt des Gemeinwesens als Voraussetzung des physischen Überlebens von der Konzentration aller rechtlichen Gewalt und faktischen Machtmittel im herrschaftlichen Apparat eines Souveräns erwartet wird. Die ältere Tradition lebt dennoch in bestimmten Kontexten fort.

Im Anschluß an Augustinus betont LUTHER in scharfer Abgrenzung von den im Verlauf der Reformation aufgetretenen schwärmerischen Vorstellungen, man könne ganz nach dem Evangelium – ohne Zwang – regieren, die Notwendigkeit eines weltlichen Regiments, das auch mit dem Schwert für die Sicherung von innerem Frieden und Ordnung zu sorgen habe, weil sich sonst die Menschen wie die wilden Tiere gebärden würden.[130] Anders aber als bei Augustinus stellt auch die weltliche Obrigkeit ein Regiment Gottes dar; insofern wird der ihr zugeordnete

Bereich der *politia* [131] theologisch aufgewertet, zugleich jedoch auf die Sicherung der öffentlichen Ordnung reduziert.

Bei MACHIAVELLI zeigt sich ein mehrfaches Spannungsverhältnis zwischen der Rezeption von Form und Inhalt der antiken Tradition, dem Festhalten an der Bürgerverantwortung und der Befürwortung einer moralisch indifferenten Herrschaftstechnik eines Fürsten. Seine Schrift ‹Il Principe› (entstanden 1513, gedruckt 1531) ist nach den Prinzipien der römischen Rhetoriklehren aufgebaut: *exordium, narratio, partitio, confirmatio, refutatio, peroratio*. [132] Inhaltlich handelt es sich um einen Fürstenspiegel, der eine Negation der traditionellen Lehren über das tugendhafte Verhalten von Herrschern und eine Abkehr von der Perhorreszierung der Tyrannis bietet. Es geht um eine Staatskunst *(arte dello stato)*, die darauf abzielt, die Kontrolle über ein Herrschaftsgebiet zu wahren. Ein Herrscher kann sich nicht immer an Recht, Moral und christliche Prinzipien halten. In Absetzung von der Ciceronischen Tradition gilt, daß das für die Erhaltung des Staates notwendige Handeln nicht immer ehrenhaft sein kann. [133] Der Herrscher muß, wie es in Anlehnung an eine Metapher aus der antiken Überlieferung heißt [134], Löwe und Fuchs zugleich sein. [135] Das bedeutet nicht, daß die Abweichung von den Normen sittlichen Verhaltens allgemeine Praxis sein soll, sondern daß bestimmte Umstände die Notwendigkeit bedingen können, zur Erhaltung des Staates auf unmoralische Mittel zurückzugreifen. [136] Mit der Aufdeckung der Eigengesetzlichkeit herrscherlichen Handelns wird der Sache nach jenes Konzept entwickelt, das später als Staatsraison *(ragione di stato)* bezeichnet wird. [137] Den Begriff der ‹P.› verwendet Machiavelli in diesem Zusammenhang jedoch nicht; er kommt im ‹Principe› überhaupt nicht vor. [138] Politisch zu leben *(vivere politico)* bedeutet vielmehr die Selbstorganisation der Bürgerschaft in einem freien Gemeinwesen und ist mit Alleinherrschaft unvereinbar. [139] Der Politikbegriff in den ‹Discorsi› (entstanden zwischen 1513 und 1519, gedruckt 1531) weicht in dieser Hinsicht nicht grundsätzlich von der Tradition ab. [140] Die Differenz besteht v.a. in der anthropologischen Grundannahme Machiavellis, daß die Menschen ihren schlechten Trieben nachgehen, wenn sie nicht durch Gesetze kontrolliert werden [141], und darin, daß er eine Verbindung der Rollen von Bürger und Soldat unter dem Gesichtspunkt der Expansionsfähigkeit einer Republik fordert. [142]

Die Assoziierung von Machiavellis Lehre von der Herrschaftskunst mit der Kategorie des Politischen erfolgt erst in der Polemik gegen ihn im späteren 16. Jh. [143] Gleicherweise werden jene französischen Juristen (von ihren Gegnern, die sie analog zu Machiavelli als Atheisten denunzieren) als *politiques* bezeichnet, die angesichts der Erfahrung des religiösen Bürgerkriegs eine neutrale Position des Staates in der Konfessionsfrage und die Sicherung des inneren Friedens durch die Unterwerfung unter den Befehl des Königs fordern, da sich anders der zerstörerischen Natur des Menschen, die sich besonders im Bürgerkrieg zeigt, kein Einhalt gebieten läßt. [144] Ihnen steht JEAN BODIN nahe, der 1583 in seinen ‹Six Livres de la République› die rechtliche Konzentration aller Staatsgewalt als Voraussetzung für die friedensichernde Funktion des Staates erklärt. [145] Der Staat *(république)* wird durch die souveräne, am Recht orientierten Regierungsgewalt über die Haushalte definiert [146], womit die (weitgehende) Ausschaltung intermediärer Gewalten impliziert ist.

Für die Weiterentwicklung der Staatsräsondoktrin des Frühabsolutismus ist im Tacitismus [147] bzw. Neostoizismus des späteren 16. und frühen 17. Jh. der Rückgriff auf die Schriften von Tacitus und Seneca entscheidend, die durch die Editionen und Kommentare von JUSTUS LIPSIUS zugänglich werden. Verbunden ist dies mit einer Neubewertung des rhetorischen Werts der sogenannten silbernen Latinität im Vergleich zum Stil Ciceros. Die Hinwendung aus inhaltlichen Gründen ergibt sich aus der Vorstellung, daß in dem die Zeit der römischen Bürgerkriege beendenden Principat eine ähnliche Konstellation vorgelegen habe wie in der Phase nach dem konfessionellen Bürgerkrieg der eigenen Epoche. Die Notwendigkeit, inneren Frieden und Stabilität zu sichern, erfordert die Hinnahme uneingeschränkter monarchischer Gewalt. [148] Immer wieder führt Lipsius einschlägige Zitate aus Tacitus und Seneca an, in denen von der *utilitas publica* die Rede ist. Seine ‹Politik› von 1589 [149] ist eine Kompilation solcher Sentenzen, die auch einen ‚Ersatz' für einen expliziten Bezug auf den moralisch verpönten ‹Principe› Machiavellis darstellen.

Seneca und Tacitus bieten auch Regeln für ein sittliches Verhalten angesichts der Konzentration staatlicher Macht in einer Hand, indem man auf Mäßigung hinwirke und sich zurückziehen solle, wenn dies fehlschlage. Lipsius' ‹Politik› ist eine Kombination aus Fürstenspiegel und Lehrbuch der Regierungslehre und des Verwaltungshandelns, die bei ihm und in der ihm folgenden Literatur als *prudentia civilis* oder *prudentia gubernatoria* bezeichnet wird. [150] Für die Charakterisierung moralisch anfechtbarer Mittel greift man gern auf die Taciteische Formel von den *arcana imperii* [151] zurück, mit der zum Ausdruck gebracht wird, daß ihr effizienter Einsatz die Geheimhaltung vor dem potentiellen Gegner erfordere. [152]

Neben der Verengung des Politikbegriffs auf die Herrschaftskunst steht aber weiter ein umfassender, natürlichen Gesellungstrieb und Herrschaftsordnung zugleich thematisierender Politikbegriff, wie er bei ALTHUSIUS 1614 als Lehre von den sozialen Gemeinschaften *(ars symbiotica)* [153] und im an den deutschen protestantischen Universitäten des 17. Jh. gepflegten politischen Aristotelismus vorherrscht, der an der Einheit von Ethik und Politik grundsätzlich festhält. [154] Beide Traditionsstränge können aber auch konvergieren, so im theoretischen und dichterischen Werk von CHR. WEISE, für den Redekunst einerseits der Durchsetzung des Handelns im Sinne der Staatsklugheit dient, andererseits das Wissen um die Bedingungen des Zusammenhalts einer vom Staat differenzierten Gesellschaft thematisiert. [155] Von beiden Traditionen her läßt sich die Ableitung «Polizey» als Bezeichnung für den vom Herrscher herzustellenden, inneren Frieden und Wohlfahrt der Untertanen verbürgenden guten Zustand des Gemeinwesens verstehen. [156]

Einen radikalen Bruch mit der Tradition vollziehen jene Theorien, die ohne Rückgriff auf eine theologische Begründung einen Naturzustand postulieren, in dem die Individuen über Rechte verfügen, die sie dann durch einen Vertrag auf eine politische Ordnung übertragen, deren Zweck in der Ausübung fundamentaler Schutzfunktionen besteht.

Für HOBBES beruht die Lehre über den Menschen als Gemeinschaftswesen auf oberflächlicher Betrachtung der menschlichen Natur. [157] Es gibt einen fundamentalen Unterschied zwischen dem Menschen im Naturzustand und demjenigen in einer politisch verfaßten Ordnung. Der von seinen Affekten nach Selbsterhaltung und Macht gesteuerte Mensch befindet sich im Naturzustand in einem Krieg aller gegen alle *(bellum omnium in omnes)*; [158] der Mensch ist des Menschen Wolf *(homo homini lupus)*. [159] Dieser Zustand kann nur durch die Schließung eines Vertrages überwunden werden, der gleichzeitig Gesellschafts- und Herrschaftsvertrag ist. Mit diesem Vertrag werden dem Souverän alle Rechte zur Sicherung des Friedens übertragen. Da er (im Gegensatz zu älteren Lehren vom Herrschaftsvertrag) nicht Vertragspartei, sondern Begünstigter des Vertrages ist, den die Individuen untereinander geschlossen haben, gibt es keine Rechte der Individuen oder der Gesamtheit gegenüber dem Souverän. In der so, durch künstliche Schöpfung, zustandegekommenen politisch verfaßten Gesellschaft *(civitas)* [160] sind Bürger und Untertan identisch. [161] Die Pflicht der Untertanen zum Gehorsam dauert jedoch nur so lange, wie der Souverän in der Lage ist, seiner Schutzfunktion nachzukommen. [162]

Hobbes versteht sich als Begründer einer neuen politischen Wissenschaft *(scientia civilis; science of justice)* [163], die auf einem mathematischen Beweisverfahren *(mos geometricus)* gründet, dessen Ausgangspunkt die eindeutige Definition der Begriffe ist. Verbunden ist dies mit einer Absage an die Rhetoriktradition, die nicht auf Wahrheit, sondern allein auf Überredung ziele. [164] Die auf Platon, Aristoteles, Cicero, Seneca und Plutarch zurückgehenden Lehren hätten nicht nur in der Antike selbst zu Aufruhr und Anarchie geführt [165], sondern auch in der eigenen Zeit, nämlich während des englischen Bürgerkriegs, als sowohl Verfechter der royalistischen wie der parlamentarischen Seite verhängnisvollen traditionellen Lehren wie der von der – mit der Unteilbarkeit der Souveränität unvereinbaren – Mischverfassung gefolgt seien. [166] Ungeachtet der Wiederholung der Kritik an den anarchischen Konsequenzen, die der Rückgriff auf die antiken Autoren nach sich ziehe [167], erkennt Hobbes im ‹Leviathan› stärker an, daß auch die Wahrheit der Vermittlung durch die Eloquenz bedarf, und nähert sich in der Form seiner mit Exempla ausgeschmückten Darstellung wieder der älteren Tradition an. [168]

Hobbes' jüngerer Zeitgenosse JAMES HARRINGTON, dessen Festhalten [169] an oder Abweichen [170] von der antiken Tradition in der Forschung kontrovers bewertet wird, hat die Kritik an den Demagogen geteilt und deshalb in seinem während der Herrschaft Cromwells vorgelegten Entwurf einer stabilen republikanischen Ordnung (‹Oceana›) [171] vorgesehen, daß in einem Zweikammersystem politische Reden nur in dem (die «natürliche Aristokratie» verkörpernden) Senat gehalten werden dürften, über dessen Vorlagen dann die Repräsentanten des Volkes ohne Debatte zu entscheiden hätten; dies liegt in der Konsequenz seines Versuches, durch institutionelle Arrangements das Gemeinwohl zu sichern. [172]

LOCKE konstruiert den Gesellschaftsvertrag aufgrund der Annahme freier und gleicher Individuen in einem Naturzustand, in dem die Menschen bereits über Rechte verfügen, namentlich über das durch Arbeit erworbene Eigentum. [173] Dazu gehört auch das Recht, sich gegen Angriffe zu verteidigen und den Rechtsbrecher zu bestrafen. [174] Es fehlt aber an einer unparteiischen Schiedsinstanz. [175] Deshalb entschließen sich die Menschen im Konsens zum Abschluß eines Vertrages, durch den eine politisch verfaßte Gesellschaft *(political or civil society)* konstituiert wird. [176] Durch die Übertragung der im Naturzustand gegebenen Rechte wird eine Regierungsgewalt *(political power)* zur gewaltsamen Durchsetzung des Rechtes im Inneren wie zur Verteidigung des Gemeinwesens nach außen geschaffen. [177] Der Zweck ihrer Etablierung liegt allein im Schutz des natürlichen Eigentumsrechts. [178] Da niemand im Naturzustand über absolute und willkürliche Gewalt *(absolute arbitrary power)* über das Eigentum anderer verfügt, kann eine solche Gewalt auch nicht auf den Staat *(commonwealth)* übertragen werden. [179] Verletzt die Obrigkeit das in sie als treuhänderische Gewalt *(fiduciary power)* gesetzte Vertrauen *(trust)* [180], so sind beim Fehlen einer Rechtsinstanz, die den Konflikt entscheiden könnte, die Bürger aufgrund ihrer jeweiligen individuellen Entscheidung zum Widerstand berechtigt; wird dies von einer Mehrheit getragen, führt dies letztlich zur Auflösung der Regierung und einer neuen Entscheidung des Volkes über die politische Ordnung. [181]

Nach SAMUEL PUFENDORF bedarf das Individuum im Naturzustand aufgrund seiner Schwäche *(imbecillitas)* [182] der Gemeinschaft. [183] Aus dieser Sozialnatur des Menschen *(socialitas)* [184] folgt, daß dem Recht des Individuums auf Selbsterhaltung seine Verpflichtung zur Beachtung der Rechte anderer korrespondiert. Ein *animal sociale* ist der Mensch bereits in den ursprünglichen Gemeinschaften von Ehe, Familie und Haus. Zum *animal politicum* wird er erst in der politisch organisierten Gesellschaft *(civitas)* [185] Der Zusammenschluß zur politischen Ordnung wird erforderlich, um die prekären Gegebenheiten des Naturzustands hinsichtlich der Sicherung von Recht und Frieden überwinden zu können. [186] Erreicht wird dies durch einen Gesellschaftsvertrag der Individuen untereinander, auf den – nach einer Entscheidung über die Regierungsform – ein Herrschafts- bzw. Unterwerfungsvertrag folgt, der die Obrigkeit auf das Gemeinwohl und die öffentliche Sicherheit, die Untertanen auf Gehorsam gegenüber der Obrigkeit verpflichtet. [187] Die Obrigkeit verfügt über souveräne Macht im Sinne von Bodin und Hobbes; damit ist allerdings vereinbar, sie vertraglich an bestimmte Regeln bei der Herrschaftsausübung zu binden, [188], ohne daß damit weite Ermessensspielräume im Hinblick auf die Erfordernisse der Staatsräson *(utilitas publica; salus populi)* eingeschränkt werden können. [189]

Für ROUSSEAU besteht im Naturzustand die völlige Freiheit des Individuums. Wenn bei einer fortgeschrittenen sozialen Differenzierung eine Vergesellschaftung erforderlich ist, muß diese in einer Form erfolgen, durch die die ursprüngliche Freiheit von Herrschaft gewährleistet wird. Dies geschieht durch den Gesellschaftsvertrag *(contrat social)*, den jeder mit allen abschließt, so daß sich alle dem allgemeinen Willen *(volonté générale)* unterstellen. So entsteht der Staat *(état)* als ein politischer Körper *(corps politique)*, dessen Glieder im Hinblick auf ihre Teilhabe an der souveränen Gewalt Bürger *(citoyens)*, im Hinblick auf ihre Unterwerfung unter die Gesetze Untertanen *(sujets)* sind. [190] Gesetze können nur vom Volk in seiner Gesamtheit verabschiedet werden, nur ihre Ausführung ist einer Regierung übertragen. Allerdings ist möglich, daß sich in der Entscheidung des Volkes nicht der auf das Gemeinwohl zielende allgemeine Wille, sondern nur eine Addition von Partikularinteressen *(volonté de tous)* ergibt, weil das Volk zwar stets das allgemeine Wohl will, es ihm aber am Wissen darum mangeln kann. [191] Die Verlagerung der Willensbildung in gesellschaftliche Vereinigungen *(associations partielles)* würde das Problem nur verschärfen. [192] Die

Lösung liegt in der Figur eines Gesetzgebers von quasigöttlicher Einsicht, dessen Vorschläge das Volk bei der Konstituierung der politischen Ordnung ratifiziert.[193]

Im Zuge des amerikanischen Unabhängigkeitskrieges und der französischen Revolution werden erstmals Verfassungen auf der Basis der Volkssouveränität gestiftet, deren Prinzipen aus vorstaatlichen, naturrechtlich begründeten Menschenrechten abgeleitet werden. Der weitere Gang der Revolution in Frankreich und ihre Auswirkungen in Europa werfen die Frage nach der rechtlichen Bindung staatlicher Gewalt ebenso auf wie die nach der Stabilität einer internationalen Friedensordnung.

Auf beide Probleme sucht KANT unter Rückgriff auf die Vertragsfigur eine Antwort.[194] Die Frage nach der Historizität eines Gesellschaftsvertrags, die bei den früheren Vertragstheoretikern offengelassen und von Hume explizit bestritten worden war, ist für ihn obsolet.[195] Ein «ursprünglicher Kontrakt» ist nur eine «bloße Idee der Vernunft», der «Probierstein der Rechtmäßigkeit eines jeden öffentlichen Gesetzes», das sich daran messen lassen muß, ob man es sich als aus dem Willen des ganzen Volkes hergeleitet vorstellen kann.[196] Der Mensch ist durch seine «ungesellige Geselligkeit» bestimmt, durch die Neigung, sich zugleich vergesellschaften wie isolieren zu wollen. Seine «Unvertragsamkeit» – Eitelkeit, Habgier und Herrschaftstrieb – hat den positiven Effekt der Entwicklung seiner Anlagen, bringt aber gleichzeitig die Aufgabe der «Erreichung einer allgemein das Recht verwaltenden bürgerlichen Gesellschaft» mit sich[197], weil nur der Staat Frieden stiften kann.[198] Eine bürgerliche Verfassung «als ein Verhältnis freier Menschen [...] die [...] doch unter Zwangsgesetzen stehen»[199], muß «republikanisch» sein, d.h. eine Gewaltentrennung zwischen der gesetzgebenden und der ausübenden Gewalt kennen und auf einer Repräsentativverfassung aufbauen. Die unmittelbare Demokratie nach antikem Muster bzw. nach der Konzeption Rousseaus ist «despotisch».[200] Für eine republikanische Ordnung gilt, daß Politik eine «ausübende Rechtslehre» darstellt, die die Prinzipien des Rechts verwirklichen muß. Zwischen Politik, Recht und Moral kann es insofern keinen Konflikt geben; die an den Realitäten orientierte «Staatsklugheit» hat sich der am Recht ausgerichteten «Staatsweisheit» unterzuordnen.[201] Das Prinzip der rechtlichen Bindung der Politik gilt nach innen wie nach außen. Zwischen Staaten, die diesem Kriterium genügen, ist eine Völkerrechtsordnung möglich, die dauerhaften Frieden garantiert.[202]

Auch Fichte und Hegel setzen sich von einem Politikverständnis ab, das sich allein auf die Machtentfaltung des Staates nach innen und außen bezieht und betonen stattdessen den Rechtscharakter von P.[203] Zugleich wird bei HEGEL der Bereich des Politischen als dem «eigentlich politische[n] Staat und seine[r] Verfassung» zugehörend[204] von den «Sphären des Privatrechts und Privatwohls, der Familie und der bürgerlichen Gesellschaft» abgehoben.[205] Damit ist (auch im Anschluß an die schottische Sozialphilosophie und Nationalökonomie, die die *civil and commercial society* als nach Regeln der Markttransaktionen organisierte Sphäre entdeckt hatte) die Trennung vom Gesellschaftsbegriff der naturrechtlichen Vertragslehre, in der die politisch verfaßte Gesellschaft dem Naturzustand gegenübergestellt wurde, endgültig vollzogen.[206]

MARX hat Hegels Auffassung aufgegriffen[207], den ihr zugrundeliegenden Prozeß der Emanzipation des Bürgertums jedoch kritisch bewertet. Die Herrschaft der Bourgeoisie bedeute, daß allein das «nackte Interesse [...] die gefühllose 'bare Zahlung'» die Menschen verbinde und «die persönliche Würde in den Tauschwert aufgelöst» worden sei.[208] «Die politische Gewalt im eigentlichen Sinne ist die organisierte Gewalt einer Klasse zur Unterdrückung einer anderen»; wenn die Klassenunterschiede einmal überwunden sein werden, «verliert die öffentliche Gewalt ihren politischen Charakter», die Gesellschaft wird in den Zustand einer «Assoziation» überführt, «worin die freie Entwicklung eines jeden die Bedingung für die freie Entwicklung aller ist.»[209]

Das Verhältnis von P. und Staat wird in der deutschen Diskussion des späteren 19. Jh. unterschiedlich bestimmt. L.A. VON ROCHAU macht 1853 mit dem – rasch populär werdenden – Begriff der ‹Realpolitik› die innere und äußere Macht des Staates zum Kriterium: «Der unmittelbare Zusammenhang von Macht und Herrschaft bildet die Grundwahrheit aller Politik».[210] Im Inneren erfordert dies die Beteiligung der gesellschaftlichen Käfte an der staatlichen Machtausübung; dies zu fördern ist Aufgabe der «Verfassungspolitik».[211]

Die Staatsrechtslehre tendiert dazu, wie G. JELLINEK (1900) formuliert, P. auf das Gebiet der «nicht- juristische[n] Betrachtungsweise staatlicher Dinge» zu reduzieren.[212] P. ist «die Lehre von der Erreichung bestimmter staatlicher Zwecke»; sie hat «Werturteile zum Inhalt».[213]

M. WEBER versteht P. als das Streben nach bzw. die Ausübung von staatlicher Macht nach innen und außen. P. bedeutet «die Leitung oder die Beeinflussung der Leitung eines politischen Verbandes, heute also: eines Staates»[214], das «Streben nach Machtanteil oder nach Beeinflussung der Machtverteilung, sei es zwischen Staaten, sei es innerhalb eines Staates zwischen den Menschengruppen, die er umschließt».[215] Der Staat ist ein Sonderfall des politischen Verbandes. Der politische Verband läßt sich «soziologisch», d.h. im Hinblick auf intendiertes soziales Handeln[216], nicht von den verfolgten Zwecken, sondern von seinem spezifischem Mittel her verstehen, nämlich der Ausübung physischer Gewalt. Ein Staat ist durch die erfolgreiche Durchsetzung des Monopols der Anwendung legitimer physischer Gewalt auf einem Territorium definiert; es handelt sich um ein Phänomen der okzidentalen Moderne.[217] Im Vordergrund von Webers handlungstheoretischen Überlegungen stehen die Personen, die «für» oder «von der Politik leben» können[218], nicht die Gesamtheit der Bürger. Politische Führung ist gerade unter demokratischen Bedingungen unerläßlich. Angesichts eines unausweichlichen Prozesses der Bürokratisierung, der ein neues «Gehäuse der Hörigkeit»[219] hervorbringen wird, gibt es einen Bedarf nach charismatischen Führungsgestalten, bis hin zur Verwirklichung «plebiszitärer Führerdemokratie».[220] Zu diesem Typus zählen die großen Demagogen, sei es in den Volksversammlungen der Antike, sei es in den Parlamenten der Moderne.[221] Der moderne Demagoge kann aber nicht allein auf die Macht seiner Rede vertrauen, sondern muß sich auch des gedruckten Wortes bedienen.[222]

C. SCHMITT greift bei seiner Bestimmung des «Begriff[s] des Politischen» (zuerst 1927) als der Unterscheidung von Freund und Feind im öffentlichen Sinne, als «Intensitätsgrad einer Assoziation oder Dissoziation von Menschen»[223] auf Webers Differenzierung zwischen politischem Verband und modernem Staat zurück.[224] Staat ist für ihn «ein konkreter, an eine geschichtliche Epoche gebundener Begriff.»[225] Die Gleichsetzung von «staatlich» und «politisch» scheint ihm in seiner Gegenwart nicht mehr angemessen, da angesichts des Pluralismus organisierter gesellschaftlicher Kräfte wie der Entwicklung eines Völkerrechts, das die äußere Souveränität einschränke, der Staat seine autonomen Handlungsmöglichkeiten nach innen wie außen verloren habe[226], die «Epoche der Staatlichkeit […] zu Ende» gehe.[227] Ein über die Bestimmung des politischen Verbands bzw. des Staates durch das Merkmal der Ausübung legitimer physischer Gewalt hinausgehendes eigenständiges Kriterium für das Politische ist damit nicht gewonnen.[228]

In der Diskussion der Zeit nach dem 2. Weltkrieg wirken die verschiedenen neuzeitlichen Ausprägungen des Politikbegriffs in zahllosen Varianten fort, die sich auf die Ordnung des Institutionensystems und den Austrag gesellschaftlicher Interessenkonflikte bis hin zur Herbeiführung verbindlicher Entscheidungen beziehen. Hinzu kommt die Systemtheorie (N. LUHMANN), die die umfassende Steuerungsfähigkeit des politischen Systems gegenüber anderen Teilsystemen der Gesellschaft bezweifelt.[229] Auf das aristotelische Verständnis von P. als Sache der Bürgerschaft greift u.a. D. STERNBERGER zurück, der in der Tradition der Mischverfassung die Entsprechung zum modernen Verfassungsstaat sieht, in dem das Demokratie-Prinzip nicht einseitig zu Lasten des Rechtsstaatsgedankens betont werden dürfe.[230] Staatsmännisches Handeln weise sich auch noch in der Gegenwart in einer Rhetorik aus, die der aristotelischen Bestimmung des Menschen als zugleich durch die Sprache wie durch die Anlage zur politischen Gemeinschaft bestimmtes Wesen gerecht werde.[231] Ferner findet in der angelsächsischen Philosophie, bei John Rawls[232] und anderen, eine Wiederbelebung einer normativen Politiktheorie statt, die das Problem der Gerechtigkeit erneut aufwirft und u.a. durch den Rückgriff auf den Vertragsgedanken zu lösen sucht.[233]

Anmerkungen:
1 Chr. Meier: Entstehung des Begriffs «Demokratie» (1970) 15–25; P. Spahn: Oikos und Polis, in: Hist. Zs. 231 (1980) 529–564. – **2** Chr. Meier: Die Entstehung des Politischen bei den Griechen (1980) 275ff. – **3** G.T. Griffith: Isegoria in the Assembly at Athens, in: Ancient Society and Institutions. Studies presented to V. Ehrenberg (Oxford 1966) 115–138; K. Raaflaub: Des freien Bürgers Recht der freien Rede, in: Stud. zur antiken Sozialgesch. FS F. Vittinghoff (1980) 7–57. – **4** Herodot III, 82, 4; vgl. W.R. Connor: The New Politicians of Fifth-Century Athens (Princeton 1971) 108–119. – **5** H. Yunis: How Do the People Decide? Thucydides on Periclean Rhetoric and Civic Instruction, in: AJPh 112 (1991) 179–200. – **6** J. Martin: Zur Entstehung der Sophistik, in: Saeculum 27 (1976) 143–164. – **7** Platon, Timaios 19e. – **8** ders., Protagoras 337d. – **9** ders., Phaidr. 268a; Gorg. 452e. – **10** Arist. Rhet. 1402a23ff. – **11** Plat. Gorg. 452d. – **12** ebd. 457b. – **13** ders., Sophistes 232d. – **14** G.B. Kerferd: The Sophistic Movement (Cambridge 1981) 139–162. – **15** Platon, Euthydemos 305c. – **16** Thukydides VIII, 68, 1f. – **17** Plat. Pol. 338c ff. – **18** Xenophon, Memorabil. IV, 4, 12. – **19** Plat. Gorg. 451a–461b. – **20** Xenophon, Memorabilia I, 2, 9. – **21** Plat. Gorg. 515 b–e. – **22** ders., 7. Brief 325b–326b. – **23** ders., Nomoi 832c. – **24** ders., Politikos 303c. – **25** ders., Pol. 521a. – **26** ebd. 428d. – **27** ebd. 425c–e. – **28** ebd. 473c–e. – **29** ebd. 592a. – **30** R. Spaemann: Die Philosophenkönige, in: O. Höffe (Hg.): Platon, Politeia (1997) 165. – **31** Platon, Politikos 276e. – **32** ebd. 293c. – **33** ders., Nomoi 739d–e. – **34** M.L. Browers: Piecemeal Reform in Plato's Laws, in: Political Studies 43 (1995) 312–324. – **35** Plat. Pol. 557b. – **36** O. Höffe: Einf. in Platons Politeia, in: ders. (Hg.) [30] 3. – **37** G. Bien: Die Grundlegung der polit. Philos. bei Aristoteles (1973) 269–272. – **38** Arist. Pol. 1253a2f. – **39** ebd. 1261a15ff. – **40** ebd. 1275a22ff. – **41** W. Nippel: Bürgerideal und Oligarchie, in: H. Koenigsberger (Hg.): Republiken und Republikanismus im Europa der Frühen Neuzeit (1988) 4–7. – **42** Arist. Pol.1290b17ff. – **43** ebd. 1292a4–37 und öfter; vgl. R. Zoepffel: Aristoteles und die Demagogen, in: Chiron 4 (1974) 69–90. – **44** W. Nippel: Mischverfassungstheorie und Verfassungsrealität in Antike und früher Neuzeit (1980) 52–63. – **45** Cic. De or. II, 94. – **46** Arist. Rhet. 1358a–b; vgl. Pol. 1297b35ff. – **47** Auct. ad Her. I, 2; Quint. III, 4, 1ff. – **48** P. Hadot: Art. ‹Fürstenspiegel›, in RAC Bd.8 (1972) 580ff. – **49** Diogenes Laertios VII, 33; vgl. H.C. Baldry: Zeno's Ideal State, in: Journal of Hellenic Studies 79 (1959) 3–15. – **50** Cicero, De re publica III, 33. – **51** A.R. Dyck: A Commentary on Cicero ‹De officiis› (Ann Arbor 1996) 3–8. – **52** B.D. Shaw: The Divine Economy. Stoicism as Ideology, in: Latomus 64 (1985) 16–54. – **53** Polybios VI, 1; 11–18; vgl. Nippel [44] 142–153. – **54** Cicero, De re publica III, 9–11 – **55** A. Erskine: The Hellenistic Stoa (Ithaca, N.Y. 1990) 188ff. – **56** J.-M. David: «Eloquentia popularis» et conduites symboliques des orateurs de la fin de la République, in: Quaderni di storia 12 (1980) 171–198. – **57** C.J. Classen: Ciceros Kunst der Überredung, in: Éloquence et Rhétorique chez Cicéron (Genf 1981) 149–192. – **58** Cic. Inv. I, 2f. – **59** ebd. I, 6. – **60** ders., Or. 113ff.; De or. III, 76. – **61** ders., De or. I, 38. – **62** ders., De re publica II, 21; 52. – **63** K.M. Girardet: ‹Naturrecht› bei Aristoteles und bei Cicero (de legibus), in: W.W. Fortenbaugh, P. Steinmetz (Hg.): Cicero's Knowledge of the Peripatos (New Brunswick, N.J. 1989) 114–132. – **64** Cicero, De finibus bonorum et malorum V, 66. – **65** F. Steinmetz: Staatsgründung – Aus Schwäche oder natürlichem Gesellligkeitsdrang?, in: P. Steinmetz (Hg.): Politeia und Res Publica (1969) 181–199. – **66** Cicero, De re publica I, 39. – **67** ders., Inv. II, 160. – **68** ders., De re publica III, 43; 45. – **69** ders., De officiis I, 85. – **70** ders., De re publica II, 57–59. – **71** ebd. V, 2. – **72** ebd. V, 8. – **73** ders., De or. I, 211. – **74** J.G.F. Powell: The rector rei publicae of Cicero's De republica, in: Scripta Classica Israelica 13 (1994) 19–29. – **75** Tac. Dial. 38, 2. – **76** Fuhrmann Rhet. 65f – **77** G.W. Bowersock: Greek Sophists in the Roman Empire (1969). – **78** F. Brown: Macht und Rhet. in der Spätantike (1995). – **79** W. Nippel: Macht, Machtkontrolle und Machtentgrenzung, in: J. Gebhardt, H. Münkler (Hg.): Bürgerschaft und Herrschaft (1993) 68. – **80** Ulpian, Digesten I, 5, 1. – **81** Tacitus, Agricola 3, 1. – **82** Cassius Dio LVI, 43, 4. – **83** Seneca, De clementia; vgl. M. Fuhrmann: Die Alleinherrschaft und das Problem der Gerechtigkeit (Seneca: de Clementia), in: Gymnasium 70 (1963) 481–514; T. Adam: Clementia Principis (1970). – **84** S. MacCormack: Latin prose Panegyrics, in: Revue des études augustiniennes 22 (1976) 29–77. – **85** Seneca, De otio 3, 2; Diogenes Laertios VII, 121. – **86** Seneca, Ad Lucilium epistulae morales 70, 14ff. – **87** G. Ueding: Klass. Rhet. (1995) 88ff. – **88** H.A. Gärtner: Art. ‹Imperium Romanum›, in: RAC Bd.17 (1996) 1170ff. – **89** W. Kinzig: Novitas Christiana (1994) 553ff. – **90** U. Duchrow: Christenheit und Weltverantwortung (1970) 257ff. – **91** Augustinus, De civitate Dei XI–XIV. – **92** ebd. V, 13; XVIII, 22. – **93** ebd. II, 17. – **94** ebd. I, 30. – **95** ebd. V, 12. – **96** ebd. XIX, 21. – **97** ebd. XIX, 24. – **98** ebd. XIX, 17; 27. – **99** ebd. XIX, 26. – **100** ebd. IV, 2. – **101** ebd. XIX, 13; vgl. O. Höffe: Positivismus plus Moralismus: zu Augustinus' eschatologischer Staatstheorie, in: Ch. Horn (Hg.) Augustinus, De civitate Dei (1997) 259–287. – **102** N.E. Nelson: Cicero's De Officiis in Christian Thought 300–1300, in: Essays and Studies in English and Comparative Literature (Ann Arbor 1933) 59–160; C.J. Nederman: Nature, Sin and the Origins of Society. The Ciceronian Tradition in Medieval Political Thought, in: Journal of the History of Ideas 49 (1988) 3–26 – **103** E. Heck: Die Bezeugung von Ciceros Schrift ‹De re publica› (1966); P.L. Schmidt: Die Überlieferung von Ciceros Schrift ‹De legibus› in MA und Renaissance (1974). – **104** C.J. Nederman: Aristotelianism and the Origins of ‹Political Science› in the Twelfth Century, in: Journal of the History of Ideas 52 (1991) 179–194. – **105** P. von Moos: Gesch. als Topik. Das rhet. Exemplum von der Antike zur Neuzeit und die historiae im ‹Policraticus› Johanns von Salisbury (1996). – **106** Ioannis Saresberiensis Episcopi Carnotensis Policratici sive de nugis curialium et vestigiis philosophorum libri VIII, ed. C.C.I. Webb (Oxford 1909). – **107** ebd. IV, 2 (515a). – **108** H. Kloft, M. Kerner: Die Institutio

Traiani (1992). – **109** Policraticus [106] V, 5 (548d). – **110** z.B. Tacitus, Annales I, 12, 3; vgl. J. Béranger: Recherches sur l'aspect idéologique du principat (Basel 1953) 218ff. – **111** H. Kloft: Corpus rei publicae. Bemerkungen zur Institutio Traiani und zur organologischen Staatsauffassung im MA, in: W. Schuller (Hg.): Antike in der Moderne (1985) 137–170. – **112** F. Hertter: Die Podestàlit. Italiens im 12. und 13. Jh. (Leipzig 1910). – **113** Q. Skinner: The Foundations of Modern Political Thought. I. The Renaissance (Cambridge 1978) 23–48. – **114** Brunetto Latini: Li livres dou tresor, ed. F.J. Carmody (Berkeley 1948) I, 4; vgl. C.J. Nederman: The Union of Wisdom and Eloquence before the Renaissance: the Ciceronian Orator in Medieval Thought, in: Journal of Medieval History 18 (1992) 75–95; M. Viroli: Machiavelli (Oxford 1998) 43ff. – **115** H. Baron: The Crisis of the Early Italian Renaissance. Civic Humanism and Republican Liberty in an Age of Classicism and Tyranny (Princeton ²1966). – **116** J. Hankins: The «Baron Thesis» after Forty Years and some Recent Studies of Leonardo Bruni, in: Journal of the History of Ideas 56 (1995) 309–338. – **117** J.E. Seigel: Civic Humanism or Ciceronian Rhetoric?, in: Past and Present 34 (1966) 3–48; P. Herde: Politik und Rhet. in Florenz am Vorabend der Renaissance, in: Archiv für Kulturgesch. 47 (1965) 141–220. – **118** Nippel [41] 13f.; R. Dees: Bruni, Aristotle and the Mixed Regime in ‹On the Constitution of the Florentines›, in: Medievalia et Humanistica n.s. 15 (1987) 1–23. – **119** N. Rubinstein: The history of the word ‹politicus› in early-modern Europe, in: A. Pagden (Hg.): The Languages of Political Theory in Early Modern Europe (Cambridge 1987) 41–56. – **120** Thomas von Aquin: Sententia libri politicorum I, prologus, in: Opera Omnia XLVIII (Rom 1971). – **121** J. Habermas: Theorie und Praxis (⁴1971) 54. – **122** B. Tierney: Aristotle, Aquinas, and the Ideal Constitution, in: Proceedings of the Patristic, Medieval, and Renaissance Conference 4 (Villanova, Pa. 1979) 1–11; J.M. Blythe: The Mixed Constitution and the Distinction Between Regal and Political Power in the Work of Thomas Aquinas, in: Journal of the History of Ideas 47 (1986) 547–565. – **123** Thomas von Aquin: Summa Theologica (Turin 1922) I-II, quaestio 95, art. 4; quaestio 105, art. 1; De Regimine Principum, in: Opuscula Philosophica, ed. R.M. Spiazzi (Turin 1954) I, 6. – **124** F. Gilbert: Sir John Fortescue's ‹Dominium regale et politicum›, in: Medievalia et Humanistica 2 (1944) 88–97; Nippel [44] 169–176. – **125** W. Ullmann: De Bartoli Sententia: Concilium Repraesentat Mentem Populi, in: Bartolo da Sassoferrato. Studi e Documenti per il VI centenario, Bd. 2 (Mailand 1962) 707–733. – **126** Marsilius von Padua: Defensor Pacis, hg. v. R. Scholz (1932) I, 12 § 3–5. – **127** ebd. I, 12 § 4. – **128** U. Meier: Mensch und Bürger. Die Stadt im Denken spätma. Theologen, Philosophen und Juristen (1994) 63–126. – **129** T. Struve: Die Bedeutung der aristotelischen ‹Politik› für die natürliche Begründung der staatlichen Gemeinschaft, in: J. Miethke (Hg.): Das Publikum politischer Theorie im 14. Jh. (1992) 153–171. – **130** Luther: Von weltlicher Oberkeit, wie weit man ihr Gehorsam schuldig sei (1523), in: Luthers Werke. Krit. Gesammtausg., Bd. 11 (1900). – **131** ders.: Genesisvorl. (1535–1545), in: Werke [130] Bd. 43 (1912) 30. – **132** Viroli [114] 75–97. – **133** M.L. Colish: Cicero's De Officiis and Machiavelli's Prince, in: Sixteenth Century Journal 9 (1978) 81–93. – **134** Plutarch, Lysander 7, 4; Cicero, De officiis I, 13. – **135** M. Stolleis: Löwe und Fuchs. Eine politische Maxime im Frühabsolutismus, in: ders.: Staat und Staatsräson in der frühen Neuzeit (1990) 21–36. – **136** N. Machiavelli: Il Principe, in: Opere, Bd. 2, ed. A. Panella (Mailand 1939), Kap. XVIII. – **137** H. Münkler: Im Namen des Staates. Die Begründung der Staatsraison in der Frühen Neuzeit (1987). – **138** D. Sternberger: Machiavellis ‹Principe› und der Begriff des Politischen (1974). – **139** Machiavelli: Discorsi sopra la prima deca di Tito Livio, in: Opere II [136] I, 25. – **140** J.G.A. Pocock: The Machiavellian Moment (Princeton 1975) 183ff. – **141** Machiavelli: Discorsi [139] I, 3. – **142** ebd. I, 2–5. – **143** A. d'Andrea: The Political and Ideological Context of Innocent Gentillet's Anti-Machiavel, in: Renaissance Quarterly 23 (1970) 397–411; Sternberger [138]. – **144** R. Schnur: Die frz. Juristen in konfessionellen Bürgerkrieg des 16. Jh. (1962). – **145** H. Quaritsch: Staat und Souveränität (1970). – **146** J. Bodin: Les six Livres de la République (Paris 1583; ND Aalen 1961) I, 1. – **147** P. Burke: Tacitism, in: T.A. Dorey (Hg.): Tacitus (London 1969) 149–171; K.C. Schellhase: Tacitus in Renaissance Political Thought (Chicago 1976). – **148** G. Oestreich: Geist und Gestalt des frühmodernen Staates (1969); ders.: Antiker Geist und moderner Staat bei Justus Lipsius (1989); M. Morford: Tacitean Prudentia and the Doctrines of Justus Lipsius, in: T.J. Luce, A.J. Woodman (Hg.): Tacitus and the Tacitean Tradition (Princeton 1993) 129–151. – **149** Lipsius: Politicorum sive Civilis Doctrinae Libri Sex (Leiden 1589; und zahlreiche weitere Aufl.). – **150** W. Weber: Prudentia gubernatoria. Stud. zur Herrschaftslehre in der dt. politischen Wiss. des 17. Jh. (1992). – **151** Tacitus, Annales II, 36. – **152** M. Stolleis: Arcana Imperii und Ratio Status, in: ders. [135] 37–72. – **153** Johannes Althusius: Politica Methodice Digesta, ed. C.J. Friedrich (Cambridge, Mass. 1932); P.J. Winters: Die „Politik" des Johannes Althusius und ihre zeitgenössischen Quellen (1963). – **154** H. Dreitzel: Protestantischer Aristotelismus und absoluter Staat. Die ‹Politica› des Henning Arnisaeus (1970); ders.: Der Aristotelismus in der politischen Philos. Deutschlands im 17. Jh., in: Aristotelismus und Renaissance. In memoriam Charles B. Schmitt (1988) 163–192. – **155** Barner 135ff.; G. Frühsorge: Der politische Körper. Zum Begriff des ‹Politischen› im 17. Jh. und in den Romanen Christian Weises (1974). – **156** H. Maier: Die ältere dt. Staats- und Verwaltungslehre (²1980); M. Stolleis: Gesch. des öffentlichen Rechts in Deutschland, Bd. 1 (1988). – **157** Hobbes: De Cive. The Latin Version, ed. H. Warrender (Oxford 1983) c. 1, 2. – **158** ebd. c. 1, 12. – **159** ebd., Epistola dedicatoria. – **160** ebd. c. 5, 12. – **161** ebd. c. 12, 8. – **162** Hobbes: Leviathan, or the Matter, Forme & Power of a Common-Wealth Ecclesiasticall and Civill, ed. C.B. Macpherson (Harmondsworth 1968), c. 21; vgl. Q. Skinner: Conquest and Consent: Thomas Hobbes and the Engagement Controversy, in: G.E. Aylmer (Hg.): The Interregnum (London 1972) 79–98, 222–224. – **163** Q. Skinner: Reason and Rhetoric in the Philosophy of Hobbes (Cambridge 1996) 1. – **164** Hobbes [157] c. 10, 11. – **165** ebd. c. 12, 3; 12, 12. – **166** H.-D. Metzger: Thomas Hobbes und die engl. Revolution (1991). – **167** Hobbes: Leviathan [162] c. 29. – **168** Skinner [163]. – **169** Pocock [140]. – **170** P.A. Rahe: Republics, Ancient and Modern (Chapel Hill, N.C. 1992). – **171** J. Harrington: The Commonwealth of Oceana, in: The Political Works of James Harrington, ed. J.G.A. Pocock (Cambridge 1977). – **172** G. Remer: James Harrington's New Deliberative Rhetoric, in: History of Political Thought 16 (1995) 532–557. – **173** John Locke: The Second Treatise of Government. An essay concerning the true original, extent, and end of civil government, in: Two Treatises of Government, ed. P. Laslett (Cambridge 1960) Second Treatise § 42. – **174** ebd. § 7. – **175** ebd. § 87. – **176** ebd. § 89. – **177** ebd. § 3. – **178** ebd. § 124. – **179** ebd. § 135. – **180** ebd. § 149. – **181** ebd. § 168; 243. – **182** S. Pufendorf: De officio, GW. Bd. 2, hg. v. G. Hartung (1997) 1, 3, 3. – **183** Th. Behme: Samuel von Pufendorf. Naturrecht und Staat (1995). – **184** Pufendorf [182] I, 3, 8. – **185** ders.: De jure naturae et gentium, GW. Bd. 4, 1–2, hg. v. F. Böhling (1998) VII, 1, 2–3. – **186** Pufendorf [182] II, 1, 9. – **187** Pufendorf [185] VII, 2, 7–8. – **188** ebd. VII, 6, 9; vgl. B. Börner: Die Lehre Pufendorfs von der beschränkten Monarchie, in: Zs. für die gesamte Staatswiss. 110 (1954) 510–521. – **189** ebd. VII, 6, 12. – **190** Jean-Jacques Rousseau: Du contrat social, in: Œuvres complètes, ed. B. Gagnebin, M. Raymond, Bd. 3 (Paris 1964) I, 6. – **191** ebd. II, 3; IV, 1. – **192** ebd. II, 3. – **193** ebd. II, 7. – **194** Kant: Über den Gemeinspruch: Das mag in der Theorie richtig sein, taugt aber nicht in der Praxis (1793); ders.: Zum ewigen Frieden (1795), hg. v. H.F. Klemme (1992) (Ausg. beider Texte in einem Bd.). – **195** D. Hume: Of the Original Contract (1748), in: Political Essays, ed. K. Haakonssen (Cambridge 1994); vgl. K. Graf Ballestrem: Vertragstheoretische Ansätze in der politischen Philos., in: Zs. für Politik 30 (1983) 1–17. – **196** Kant: Gemeinspruch [194] 29. – **197** Kant: Idee zu einer allg. Gesch. in weltbürgerlicher Absicht, in: Schr. zur Anthropologie, Geschichtsphilos. und Päd. 1 (=Werke in zwölf Bänden, hg. v. W. Weischedel, Bd. 11) (1968) 37–39 (Satz 4–5). – **198** ders.: Frieden [194] 67 (Zweiter Definitivartikel). – **199** ders.: Gemeinspruch [194] 21. – **200** ders.: Frieden [194] 59ff. (Erster Definitivartikel). – **201** ebd. 83ff. (Anhang). – **202** V. Gerhardt: Immanuel Kants Entwurf «Zum Ewigen Frieden». Eine Theorie der Politik (1995). – **203** Fichte: Der geschloßne Handelsstaat, hg. v. H. Hirsch (³1979) 4f., 11f. – **204** Hegel: Grundlinien der Philos. des Rechts (Werke in 20

Bdn., Bd. 7) (1986) §267. – **205** ebd. §261. – **206** ebd. §258. – **207** Marx: Zur Kritik des Hegelschen Staatsrechts, in: Karl Marx, Friedrich Engels, Werke Bd. 1 (^{15}1988) 207. – **208** Marx, Engels: Manifest der Kommunistischen Partei, in: Marx, Engels, Werke Bd. 4 (^{10}1983) 464f. – **209** ebd. 482. – **210** L. A. von Rochau: Grundsätze der Realpolitik hg. v. H.-U. Wehler (1972) 25. – **211** ebd. 27f. – **212** G. Jellinek: Allgemeine Staatslehre (^{3}1928, ND 1976) 15, Anm. 1. – **213** ebd. 13. – **214** M. Weber: Politik als Beruf (1919), in: Wiss. als Beruf. Politik als Beruf, hg. v. W. Schluchter (Max Weber Gesamtausg. Bd. I/17) (1992) 157. – **215** ebd. 159. – **216** ders.: Wirtschaft und Ges. (^{5}1972) 1. – **217** ders. [214] 158f.; Wirtschaft [216] 29. – **218** ders. [214] 169f. – **219** ders.: Parlament und Regierung im neugeordneten Deutschland, in: Zur Politik im Weltkrieg, hg. v. W. J. Mommsen (Max Weber Gesamtausg., Bd. I/15) (1984) 464. – **220** W. J. Mommsen: Max Weber und die dt. Politik (^{2}1974) 416ff.; ders.: Politik und politische Theorie bei Max Weber, in: J. Weiß (Hg.): Max Weber heute (1989) 515–542. – **221** Weber [214] 161f. – **222** ebd. 191. – **223** C. Schmitt: Der Begriff des Politischen. Text von 1932 mit einem Vorwort und drei Corollarien (1963) 38. – **224** P. Pasquino: Bemerkungen zum «Kriterium des Politischen» bei Carl Schmitt, in: Der Staat 25 (1986) 385–398. – **225** C. Schmitt: Staat als ein konkreter, an eine gesch. Epoche gebundener Begriff (1941), in: ders.: Verfassungsrechtliche Aufsätze aus den Jahren 1924–1954 (1958) 375–385. – **226** Th. Vesting: Erosionen staatlicher Herrschaft. Zum Begriff des Politischen bei Carl Schmitt, in: Archiv des öffentlichen Rechts 117 (1992) 4–45. – **227** Schmitt [223] 10 (Vorwort von 1963). – **228** Chr. Meier: Zu Carl Schmitts Begriffsbildung – Das Politische und der Nomos, in: H. Quaritsch (Hg.): Complexio Oppositorum. Über Carl Schmitt (1988) 537–556. – **229** z. B. N. Luhmann: Politische Verfassungen im Kontext des Gesellschaftssystems, in: Der Staat 12 (1973) 1–22, 165–182. – **230** D. Sternberger: Der Staat des Aristoteles und der moderne Verfassungsstaat (1985) ders.: Die neue Politie (1985), in ders.: Verfassungspatriotismus (1990) 133–155; 156–231. – **231** ders.: Der Staatsmann als Rhetor und Literat (1966), in: ders.: Sprache und Politik (1991) 33–51. – **232** J. Rawls: A Theory of Justice (Cambridge, Mass. 1971). – **233** P. Koller: Die neuen Vertragstheorien, in: K. Graf Ballestrem, H. Ottmann (Hg.): Politische Philos. des 20. Jh. (1990) 281–306.

Literaturhinweise:
V. Sellin: Art. ‹P.›, in: Gesch. Grundbegriffe 4 (1978) 789–874. – Chr. Meier, P.-L. Weinacht, E. Vollrath: Art. ‹P.›, in: HWPh 7 (1989) 1038–1072. – H. Münkler: Art. ‹P./Politologie› in: TRE 27 (1996) 1–6.

W. Nippel

→ Ars arengandi → Gemeinwohl → Gesellschaft → Meinung, Meinungsfreiheit → Öffentlichkeit → Politicus → Politische Rede → Politische Rhetorik → Redefreiheit → Utile → Zoon politikon

Politische Rede (griech. γένος συμβουλευτικόν, génos symbuleutikón; συμβουλευτικός λόγος, symbuleutikós lógos; γένος πραγματικόν, δημηγορικόν, ἐκκλησιαστικόν; génos pragmatikón, dēmēgorikón, ekklēsiastikón; συμβουλή, symbulé; δημηγορία, dēmēgoría; lat. genus deliberativum, deliberatio, disceptatio, consultatio, contentionalis oratio, ars concionandi, suasoria, ars arengandi; engl. political speech; frz. discours politique; ital. discorso politico)
A. Def. – B.I. Antike. – II. Mittelalter. – III. Humanismus, Reformation, Frühe Neuzeit. – IV. Französische Revolution, 19.–21. Jh.

A. Der Begriff ‹P.› wird in drei Bedeutungsvarianten verwendet:
1. in der Tradition der rhetorischen Gattungslehre eingegrenzt auf die mündlich vorgetragene politische Beratungsrede (= γένος συμβουλευτικόν, génos symbuleutikón; *genus deliberativum*). Als Musterfall gilt die vor der Volksversammlung (ἐκκλησία, ekklēsía; ἀγορά, agorá; *contio*; *forum*) oder vor einem größeren politischen Gremium (Senat, Ständevertretung, Parlament o. ä.) gehaltene Rede zur Beeinflussung des Auditoriums zugunsten einer bestimmten politischen Entscheidung über einen in der Versammlung zur Debatte stehenden Beratungsgegenstand;
2. als Bezeichnung einer längeren mündlichen Ausführung mit politischem Inhalt vor Publikum ohne Festlegung auf die Gattungsspezifik der Bedeutungsvariante 1;
3. als Name für jedweden Beitrag im Rahmen politischer Diskurse, unabhängig von Medium, Gattung und Umfang: vom politischen Essay bis zum Kürzest-Statement im Rahmen eines Fernsehinterviews oder zum Gesprächsbeitrag im Rahmen einer Talk-Show.

Die Anweisungen und Empfehlungen in den Lehrbüchern der klassischen Rhetorik sind überwiegend gattungsübergreifend. Wo sie sich auf Gattungsspezifisches konzentrieren, steht der Gerichtsrede im Mittelpunkt. Zur P. (Bedeutungsvariante 1) äußert sich von den antiken Lehrbuchautoren am ausführlichsten ARISTOTELES. Gegenstand rhetorischer Bemühung im allgemeinen und im Bereich der Politik im besonderen ist nach Aristoteles das menschliche Handeln und damit ein Bereich, in dem nicht Notwendigkeit herrscht, sondern in dem Alternativen bestehen, über deren Wahl beraten werden kann. [1] Aristoteles grenzt P. als Beratungsrede von den Gattungen der Gerichtsrede (γένος δικανικόν, génos dikanikón) und der Festrede (γένος ἐπιδεικτικόν, génos epideikikón) unter den Gesichtspunkten Ziel, Aufgabe des Redners, Zeit und Thema ab. Ziel der P. ist es, die Zuhörer zu einem Urteil im Sinne des Redners zu bewegen, im Blick auf das, was getan werden soll. Die Aufgabe des Redners ist es, dies durch Raten bzw. Abraten zu erreichen. Damit ist die P. unter zeitlichem Aspekt auf Zukünftiges gerichtet. Thema und gleichzeitig dominantes Beurteilungskriterium ist nach Aristoteles der aus der Handlungsempfehlung resultierende Nutzen oder Schaden. [2] Mit wenigen Varianten, insbesondere in der Frage, ob Ehre und Unehre oder Gerechtigkeit und Ungerechtigkeit in der P. nicht eine genauso wichtige Rolle wie Nutzen und Schaden spielen [3], bewegen sich die antiken Lehrbuchautoren bezüglich der P. auf den von Aristoteles vorgezeichneten Bahnen – sofern sie überhaupt näher auf sie eingehen; denn Interesse findet das Thema ‹P.› in rhetorischen Schriften fast ausschließlich in den (wenigen) historischen Epochen, in denen demokratische oder demokratieähnliche Verhältnisse herrschen, die das offene Austragen politischer Meinungskontroversen im Modus der Rede zulassen.

Die antike ebenso wie die spätere politische Redepraxis zeigen, daß Reden mit politischem Inhalt und von politischer Bedeutung keineswegs auf Beratungsreden im Sinne der aristotelischen Gattungslehre beschränkt sind. Lob (ἔπαινος, épainos; *laudatio, laus*) für erfolgreiches oder ehrenhaftes Handeln und Tadel (ψόγος, psógos; *vituperatio*) für das Gegenteil, die Aristoteles der epideiktischen Gattung zuordnet, sind in der politischen Kommunikation seit jeher von großer Bedeutung. Ähnliches gilt für Anklage und Verteidigung wegen angeblicher oder tatsächlicher Handlungen unter den Gesichtspunkten der Gerechtigkeit und/oder der Rechtmäßigkeit, was bei Aristoteles unter die Gerichtsrede fällt. Schon aus der Antike, z. T. aus voraristotelischer Zeit, sind Reden von eminenter politischer Bedeutung überliefert, die nach der aristotelischen Einteilung Festreden bzw. Gerichtsreden sind. Darüber hinaus manifestiert sich P. im Laufe der historischen Entwicklung in Formen, die nur schwer in das antike Schema der drei Gattungen einzuordnen sind. Darum bezieht sich dieser Artikel primär auf P. im Sinne der Bedeutungsvariante 2, die auch P. im Sinne der Variante 1 mit umfaßt.

Um P. in der Vielfalt ihrer Erscheinungsformen und ihrer Kontexte angemessen beschreiben und einordnen zu können, genügt es nicht, auf das Inventar der – mehr für die Praxisanleitung, als für die wissenschaftliche Redeanalyse entwickelten – Kategorien der rhetorischen Lehrbücher zurückzugreifen. Es ist notwendig, darüber hinaus auch die ‹Nikomachische Ethik› und ‹Politik› des Aristoteles, Ciceros philosophische und politische Schriften und Reden sowie die modernen Analyseinstrumentarien der linguistischen Semantik, der Pragmatik und der Textlinguistik, insbesondere in ihrer politolinguistischen Spezifizierung[4] mit einzubeziehen. So sind in der Textlinguistik seit den 1980er Jahren mehrere Vorschläge zur Taxonomie der mündlichen und schriftlichen politischen Textsorten mit unterschiedlicher Systematisierung, aber immer unter pragmatischen Aspekten vorgelegt worden[5]. Darin werden Fragen gestellt und beantwortet, die in der Tradition der klassischen Rhetorik nicht oder unzureichend thematisiert wurden:
– Welche Merkmale weist die Redesituation auf: z.B. den institutionellen und intertextuellen Verfahrenskontext der Rede, die soziale und politische Charakteristik von Redner und Adressaten, die Macht- und Abhängigkeitsverhältnisse zwischen ihnen, ihre wechselseitigen Partnerhypothesen, Einheitlichkeit oder Pluralität der Adressaten und schließlich die Rednerintention: Konsens oder Dissens, Bestärkung oder Verunsicherung, Reflexion oder Emotion – wenn letzteres: Begeisterung oder Empörung, Solidarität oder Neid, Stolz oder Haß oder auch mehreres in einem?
– Ist die Rede entscheidungsrelevant oder dient sie – nach getroffener Entscheidung – lediglich der nachträglichen Legitimation?
– Welcher Thementyp (*materia*) und welche Fragestellung (*quaestio*) steht zur Debatte?
– Welcher Redeaufbau (*dispositio*), welche Topoi (*loci*), welche Sprechhandlungsmuster werden gewählt und in welchem Verhältnis stehen sie zu den Merkmalen der Redesituation und des Themas?
– Welche Rolle spielt die *elocutio*, d.h. insbesondere mit Wortwahl, Metaphorik und anderen Tropen, mit der Syntax und den rhetorischen Figuren sowie mit der stimmlichen, körperlichen und technisch-medialen Seite der Rede (*actio*)?

Angesichts dieser Differenzierung stellt sich die Frage, ob P. über die triviale Tatsache hinaus, daß es sich um Rede mit politischen Themen handelt, durchgängige Charakteristika aufweist. In der Fülle des von der Antike bis zur Gegenwart reichenden Materials finden sich neben der prinzipiellen Zukunftsorientierung (nur) zwei: *Erfolgsorientierung* (1) und eine *komplexe handlungsbezogene Topos-Konstellation* (2).

1) Erfolgreich zu reden ist für politische Redner normalerweise identisch mit dem Ziel der Persuasion des Auditoriums. Allerdings ist erfolgsorientiert reden nicht in jedem Falle gleichbedeutend mit persuasiv reden. Wenn es einer sich abzeichnenden Koalition, eines kurz vor dem Abschluß stehenden wichtigen Gesetzeswerkes oder Vertrages, eines parteiinternen Karrieresprunges oder des positiven Images wegen nützlich erscheint, vorsichtige, mehrdeutige, ausweichende oder widersprüchliche Formulierungen zu wählen und so relevante Teile des Publikums zu langweilen oder gar zu verärgern, dann pflegt man als Rednerin oder Redner letzteres als das kleinere Übel in Kauf zu nehmen. Erfolgsorientiert reden ist daher in der Politik nicht identisch mit persuasiv reden. Zwar ist Persuasion für Politikerinnen und Politiker ein hochrangiges Ziel. Aber im Hinblick auf das Hauptziel *politischer Erfolg* ist Persuasionserfolg ein Mittel, das relativ zu anderen Mitteln zu werten ist. Man kann dies auf die Formel bringen: Soviel Persuasivität wie unter den gegeben Umständen politisch zweckmäßig!

Es kann sogar von Nutzen sein, ein gegnerisch gestimmtes Publikum mit der Absicht so zu provozieren, daß Persuasion hier spektakulär mißlingt – etwa um anschließend in der darüber berichtenden Presse oder bei wichtigen Parteifreunden als besonders mutiger Redner gelobt zu werden.

Ein besonderer Fall liegt vor, wenn Redner – etwa Widerstandskämpfer vor dem ‹NS-Volksgerichtshof› – weder eine Chance sehen, ihre politischen Widersacher zu überzeugen noch eine Öffentlichkeit zu erreichen. Erfolgsorientiert ist solche Rede nur in einem weiteren Sinne, nämlich insofern die redende Person versucht, sich in aussichtsloser Lage des Gerechtfertigtseins der eigenen Position hörbar und tapfer zu vergewissern und den Widersachern zu zeigen, so mächtig diese sein mögen, daß es Menschen gibt, die sich diesem Machtanspruch nicht fügen – vielleicht mit der Perspektive, für künftige Generationen Zeugnis abgelegt zu haben.

2) Der politische Redner nimmt Stellung zu politisch relevantem Handeln, handlungsbezogenen Meinungen und/oder handelnden Personen(gruppen), indem er aus seiner Perspektive
– auf *Situationsdaten* verweist,
– *Bewertungen* der Situationsdaten vornimmt,
– leitende *Prinzipien* oder *Werte* anführt,
– *Ziele* benennt,
– auf *Konsequenzen* des thematisierten Handelns oder auch der Daten, Bewertungen, Prinzipien und Ziele hinweist.

Das in der Rede verteidigte oder angegriffene politische Handeln verhält sich zur Kategorie Ziel wie das *Mittel* zum *Zweck*.

Die aufgeführten Kategorien werden durchgängig und ausnahmslos durch die gesamte Geschichte der P., soweit sie hier untersucht worden ist – d.h. fast ausschließlich in der abendländischen Geschichte der P. – zur argumentativen Stützung ebenso wie zur Kritik politischen Handelns, politischer Einstellungen und politisch Handelnder verwendet. Darum konstituieren diese Kategorien Topoi im Sinne des aristotelischen Topos-Begriffs – unabhängige allgemeine Gesichtspunkte (κοινὰ εἴδη, koiná eídē) zur Bildung von Argumenten[6] –, obwohl nur ein Teil dieser Kategorien in den (manchmal unvollständigen und unsystematischen) Topos-Katalogen der rhetorischen Tradition auftaucht.[7] Sie sind deshalb universell, weil sie die grundlegenden Kategorien des Handelns bilden, wie sie Austin[8] und in seinem Gefolge Vertreter der analytischen Handlungstheorie herausgearbeitet haben. Argumentativ verwendet werden aus Handlungskategorien Handlungstopoi, d.h. Begründungsschemata für die Rechtfertigung von Handlungen, Handelnden oder handlungsbezogenen Einstellungen oder für Angriffe auf dieselben. Dabei ergeben sich Entsprechungen zwischen Handlungs- und Begründungsaspekten, zu deren Darstellung folgendes Schema aus Handlungskategorien und Topoi vorgeschlagen wird [9]:

HANDLUNGSKATEGORIE	TOPOS
Situationsannahmen	Datentopos
Situationsbewertung	Motivationstopos
Handlungsprinzipien/Werte	Prinzipientopos
Ziel/Zweck	Finaltopos
(Konsequenzen)*	Konsequenztopos

*(Die Kategorie Konsequenzen ist in Klammern gesetzt, weil sie nicht zu den konstitutiven Kategorien des Handelns gehört. Im handlungsbegründenden Diskurs ist sie allerdings unverzichtbar, weil sie ein entscheidendes Kriterium bei der Entscheidung zwischen Handlungsalternativen darstellt.)

Es findet sich so gut wie keine P., in der diese Topoi nicht sämtlich explizit oder als kontextuelle Implikate gegenwärtig sind. Politische Handlungen (oder Unterlassungen) werden begründet durch Ziele (*Finaltopos*), diese werden motiviert durch Situationsbewertungen (*Motivationstopos*), welchen wiederum einerseits bestimmte Annahmen über Situationsdaten (*Datentopos*) und oft auch über deren Konsequenzen (*Konsequenztopos*) und andererseits bewertungs- und handlungsleitende Prinzipien oder Werte (*Prinzipientopos*) zugrunde liegen. Das bedeutet: P. ist nicht durch den einen oder anderen Einzeltopos gekennzeichnet, sondern durch ein *komplexes topisches Muster*, das auf den Kategorien des Handelns beruht. Die Auseinandersetzung der antiken Rhetoriktheoretiker, ob in der P. Nutzen (*utile*) oder Werte (*honestum*) wie Gerechtigkeit und Vaterlandsliebe Priorität hätten, beruht offenbar darauf, daß der systematische Zusammenhang von Zweckbezug und Prinzipienfundierung in diesem Muster nicht erkannt worden ist.

Ein hier nur erwähnter, aber nicht unter historischen Aspekten behandelter Redetypus ist die fingierte oder teilfingierte P. im Rahmen historischer oder literarischer Werke. Prototypisch sind:
– ihre historiographische Verwendung zur Charakterisierung der entscheidenden Personen, Motive und/oder Gelenkstellen des Geschehens, z.B. im Werk des Thukydides,
– ihre literarische Verwendung als Mittel der Spannungssteigerung und/oder der Charakterisierung von Macht, so z.B. die Rede des Marc Anton nach Cäsars Ermordung an das Volk in Shakespeares ‹Julius Caesar›,
– ihre literarisch-politische Verwendung im Rahmen eines (im engeren oder weiteren Sinne) politischen Literaturverständnisses, z.B. die Rede des Don Carlos im gleichnamigen Schiller-Drama an den spanischen König Philipp.

B.I. *Antike*. Theorie und Praxis politischer Rede sind seit dem 5. Jh. v. Chr. in Griechenland mit dem Schwerpunkt Athen überliefert. Die Blütezeit (ca. 430 bis 330 v. Chr.) fällt zusammen mit dem Vorherrschen demokratieartiger Verfassungen. Politische Entscheidungen werden von der Volksversammlung (ἐκκλησία, ekklēsía) getroffen. Prozesse werden vor Volksgerichten mit bis zu 1.000 Laienrichtern geführt, wobei Ankläger und Angeklagte ihre Sache meist selbst vortragen müssen. Daher sind die rednerischen Anforderungen vor Gericht nur wenig anders als die vor der Volksversammlung. Der Bedarf an rhetorischer Kompetenz ist daher groß. Das fördert die Entstehung professioneller Rhetoriklehre und die Abfassung rhetorischer Lehrbücher, von denen zwei erhalten sind: die dem ANAXIMENES VON LAMPSAKOS zugeschriebene sog. ‹Rhetorik an Alexander›, wahrscheinlich aus der Zeit um 340 v. Chr., und die nur wenig später konzipierte ‹Rhetorik› des ARISTOTELES. Beide unterscheiden als Gattungen die Rede vor der Volksversammlung (von Anaximenes als γένος δημηγορικόν, génos dēmēgorikón, von Aristoteles als γένος συμβουλευτικόν, génos symbuleutikón bezeichnet) von der Gerichtsrede und der Festrede (epideiktische Rede).

Es ist ein späteres Mißverständnis, die P. ausschließlich mit dem génos symbuleutikón zu identifizieren. So bezeichnet Anaximenes sowohl die Rede vor der Volksversammlung als auch die Gerichtsrede als πολιτικὸς λόγος, politikós lógos, d.h. als Rede im öffentlichen Raum der Polis. Nicht selten werden politische Auseinandersetzungen vor Gericht ausgetragen. Auch epideiktische Reden können P. sein, etwa wenn sie anläßlich öffentlicher Feiern der Selbstvergewisserung der Polis über Werthaltungen und politische Grundorientierungen dienen. So enthalten die Fragmente zweier epideiktischer Reden des GORGIAS VON LEONTINOI (ca. 480 bis 380 v. Chr.), einem der sophistischen Begründer der Rhetorik, politische Stoßrichtungen: In der ‹Olympischen Rede› wirkt er im innergriechischen Streit als panhellenischer Mahner. Und im ‹Epitaphios›, einer Rede auf die Kriegstoten, propagiert er entschlossenes militärisches Vorgehen gegen die Perser.[10] Auch THUKYDIDES (ca. 460 bis nach 400 v. Chr.) läßt in seinem Geschichtswerk über den Peloponnesischen Krieg Perikles mit der Grabrede auf die im ersten Kriegsjahr gefallenen Athener als politisch-epideiktischen Redner auftreten: «Statt vor allem die Taten der Gefallenen und ihrer Vorfahren zu rühmen, wird seine Rede eine Eulogie auf die athenische Demokratie [...] Dabei zielt seine Argumentation auf die Überzeugung, daß dies [das Leben zu opfern, J.K.] nur für eine demokratische Polis gerechtfertigt ist. [...] Die [...] Athener sollen durch die Rede [...] dazu ermutigt werden, das Gemeinsame (koinon) des Staates in der extremen Gefahrensituation des Krieges auch in Zukunft über ihr individuelles Privatinteresse (idion) und Leben zu stellen.»[11]

Was die Spezifik des génos symbuleutikón, der politischen Beratungsrede, betrifft, so kreisen die frühen rhetorischen Theorie-Überlegungen u.a. darum, was Gegenstand der politischen Beratungsrede sei. Während Anaximenes sieben nebeneinanderstellt – das Gerechte (δίκαιον, díkaion), das Gesetz(liche) (νόμιμον/νόμος, nómimon/nómos), das Nützliche (συμφέρον, symphéron), das Edle (καλόν, kalón), das Angenehme (ἡδύ, hēdý), das leicht zu Tuende (ῥάδιον, rhádion), das Mögliche (δυνατόν, dynatón), das Notwendige (ἀναγκαῖον, anankaíon) – von denen er die ersten drei näher behandelt, plädiert Aristoteles für das Nützliche als Hauptgegenstand, demgegenüber andere Gegenstände wie das Gerechte oder Ehrenhafte nur hilfsweise thematisiert wurden (Arist. Rhet. I, 3,5). Auch die römischen Autoren bieten hier ein uneinheitliches Bild. Der AUCTOR AD HERENNIUM (III, 2,3–4,7) stellt eine Taxonomie der Zwecke (*fines*) der P. (im Sinne der Bedeutungsvariante 1) mit dem Nutzen (*utilitas*) an der Spitze auf. Diesen unterteilt er in Sicherheit (*tuta*) und Ehre (*honesta*). Das Ziel der Sicherheit wird mit der Vermeidung von Gefahr identifiziert und in Instrumente der Gewalt (*vis*) und des politischen Raffinements (*dolus*) subklassifiziert. Das Ziel des Ehrenhaften (*res honesta*) untergliedert er in die Alternativen des Rechten (*rectum*), das er an Tugend (*virtus*) und Pflicht (*officium*) bindet, und des Lobwürdigen (*laudabile*), das er als eine Konsequenz des Rechten betrachtet. Demgegenüber wägt CICERO in ‹De oratore› (2, 334f.) lediglich Nutzen (*utilitas*) und Ehrenhaftigkeit (*dignitas*) gegeneinander ab und gibt der Ehrenhaftigkeit einen gewissen Vorzug. QUINTILIAN (III, 8, 1), der sich auf Cicero beruft, geht davon aus, daß die P. primär an Ehrenhaftigkeit orientiert sei, bietet aber gleichzeitig einen Kompromiß mit der Gegenposition an, indem er versichert, daß die Autoren, die den Nutzen an die Spitze stellen, nichts als nützlich annähmen, was nicht auch ehrenvoll sei («ne utile quidem, nisi quod honestum esset, existimarint»).

Um das entscheidungsmächtige Laienpublikum der Beratungs- und Gerichtsreden zu überzeugen, empfiehlt Aristoteles eine Redestrategie, in der die Ansprache der kognitiven Kräfte, der Emotionen sowie der Sympathiebedürfnisse des Publikums miteinander verknüpft werden. Auf die kognitiven Kräfte zielt seine Theorie des rhetorischen Argumentierens, die einen syllogistischen und einen topischen Teil enthält. Im Hinblick auf die Ansprache von Emotionen entwickelt er im zweiten Buch eine Affektelehre und im Anschluß daran mit Blick auf die Stärkung der rednerischen Fähigkeit, beim Publikum Sympathien zu gewinnen, eine Charakterologie unterschiedlicher Menschengruppen. Damit entspricht Aristoteles einer Anforderung, die schon PLATON im ‹Phaidros› (271d-272b) an die Rhetorik als Kunst der Seelenlenkung (ψυχαγωγία, psychagōgía) gestellt hatte.

Schon früh herrscht zwischen rhetorischem Lehrbuch und erfolgreicher rhetorischer Praxis eine Kluft. So merkt Platon an, daß jemand, der die Merkmale einer Kunst bzw. deren Fachtermini kenne, noch lange nicht kompetent in dieser Kunst sei. Theoretikern der Rhetorik stellt er die wahren Meister der Redekunst (Praktiker wie Perikles) gegenüber, die sich über formale Redelehren nur abfällig äußerten. Ihr Einwand gegen die Lehrbuchautoren sei primär, daß diese erstens nicht wüßten, wie man die Fachtermini praktisch umsetze, und zweitens, was eigentlich die Redekunst sei. (Phaidros, 268a ff.)

Diese Kluft zeigt sich am deutlichsten bei der Analyse der in großer Anzahl (ca. 30) erhaltenen Reden des DEMOSTHENES (384 bis 322 v. Chr.), der als bedeutendster politischer Redner des Altertums, vielen als der bedeutendste Redner überhaupt gilt. Von ihm sind so viele Reden erhalten, weil sie im antiken Rhetorikunterricht – mehr als die Texte jedes anderen Redners – als Musterreden verwendet wurden. Demosthenes hat kein rhetorisches Lehrbuch geschrieben. Das rhetorische Lehrbuchwissen seiner Zeit ist ihm allerdings vertraut. Aber er geht mit den Lehrbuch-Regeln souverän um. Das gilt vor allem für das jeweilige Gliederungsschema der Lehrbücher. In den ca. 20- bis 45-minütigen Reden vor der Volksversammlung beschränkt sich Demosthenes auf zwei, höchstens drei Kerngedanken, «die er immer wieder aufgreift». [12] Es wird nicht Punkt für Punkt abgearbeitet, sondern Hauptmotive – in den *Olynthischen* und den *Philippischen Reden* etwa der aggressive Expansionsdrang des Mazedonierkönigs Philipp und die damit kontrastierende potentielle Überlegenheit Athens – bleiben durchgängig thematisch. Langeweile beim Publikum wird durch Varianten und Einführung neuer Aspekte verhindert. Es gibt keine längere *narratio*, immer sind affektgezielte Schlußfolgerungen und ist Beziehungskommunikation (etwa in Anreden, Fragen und Modellierung von Adressatenbildern) einerseits gegenüber dem Publikum, andererseits gegenüber den Rednern der Gegenseite dabei – letzteres oft in sarkastischer oder rüde diffamierender Form. Anderseits gibt es keinen längeren Redeabschnitt, der nicht neue Passagen narrativen Materials enthält.

Auch wenn natürlich das didaktisch vereinfachende Aufbauschema der rhetorischen Lehrbücher nur selten zur Geltung kommt, sind die Reden des Demosthenes alles andere als planlos – so seine berühmteste, trotz schwierigster Ausgangslage erfolgreiche Rede, die sog. ‹Kranzrede›. Ihre schriftliche Fassung wurde zur meist verbreiteten Musterrede der Antike. [13] Es handelt sich um eine politische Rede von ca. zweieinhalb Stunden Dauer im institutionellen Gewand der Gerichtsrede, des öfteren unterbrochen durch das Vorlesen von Beweisdokumenten durch einen Gerichtsbediensteten. Ktesiphon, ein Parteigänger des Demosthenes, hatte den Antrag gestellt, diesen ob bestimmter politischer Verdienste mit dem Ehrenkranz auszuzeichnen. Gegen Ktesiphon und seinen Antrag hatte Demosthenes' langjähriger Feind AISCHINES Anklage vor dem Volksgericht erhoben. In der Begründungsrede unterzieht er Person und Politik des Demosthenes einer vernichtenden Kritik, bevor dieser – formal als Verteidiger des Ktesiphon, inhaltlich als Rechtfertiger seiner eigenen Politik – das Wort erhält. Die Aufgabe ist schwierig, da Aischines' Position juristisch wie politisch stark ist, letzteres insbesondere, weil Demosthenes' kompromißlose Politik gegen Philipp mit der Niederlage Athens und seiner Verbündeten bei Chaironeia 338 v. Chr. endgültig gescheitert war.

Der Redeaufbau ist ganz an dem Ziel orientiert, die Schwächen der eigenen Position zu überspielen und die Gegenposition trotz ihrer Stärke wirkungsvoll aus den Angeln zu heben. Demosthenes wählt eine lockere chronologische Ordnung. Da Aischines auf Ereignisse Bezug genommen hatte, die etliche Jahre zurückliegen, ergreift Demosthenes die Chance, die in einer sukzessiven Entfaltung umfangreicher Zeiträume liegt: Der Redner kann mit Wissenslücken des Publikums rechnen und daher relativ risikolos Fakten verdrehen und Relevanzen verschieben, zumal nach dem athenischen Verfahrensrecht der Ankläger nicht das Recht hat, im Anschluß an die Verteidigungsrede noch einmal das Wort zu ergreifen. So läßt Demosthenes ein erklärungsstarkes und kohärentes Positivbild der eigenen politischen Lebensleistung entstehen, immer durchsetzt mit Berufungen auf höchste patriotische Traditionen und Prinzipien Athens und mit sich steigender moralischer Demontage des Aischines (von der sarkastischen Herabwürdigung seiner sozialen Herkunft bis zum Bestechungs- und Hochverratsvorwurf). Auf diese Weise wird der Verteidiger Demosthenes im Laufe der ‹Kranzrede› immer mehr zum Ankläger und Aischines immer mehr zum eigentlich Schuldigen an dem Desaster von Chaironeia. Ereignisschilderung, argumentative Bearbeitung derselben und Attacken auf den Gegner verteilen sich nicht entsprechend dem Schema *narratio*, *confirmatio*, *refutatio* als Großabschnitte über die Rede, sondern sie werden, entlang der chronologischen Ordnung, immer wieder gleichzeitig bzw. in kurzer Abfolge präsentiert. Dem liegt offenbar die Erkenntnis zugrunde, daß Spannung im Publikum nur aufrecht erhalten werden kann, wenn die Rede auf die Kapazität der Kurzzeitgedächtnisse der Hörer abgestimmt ist: aufgeteilt in überschaubare Informationsportionen, angereichert mit knappen Argumenten, scheinbar stringenten Schlußfolgerungen und pointierter Beziehungskommunikation (Solidarisierungssignale gegenüber dem als ethisch hochstehend stilisierten Publikum einerseits und gnadenlose Invektive gegenüber dem Kontrahenten andererseits) [14] und das so, daß auch Zuhörer, die während der stundenlangen Rede für längere Zeit unaufmerksam sind oder vorübergehend die Szene verlassen, sich jederzeit problemlos wieder in den Redezusammenhang hineinfinden und der Hauptbotschaft nicht entziehen können.

Demosthenes ist Meister politischer Analysen in eingängiger Formulierung auf der Basis knapper Situationsschilderung. Neben den Merkmalen des strategischen Aufbaus auf Makro- und Mesoebene weisen seine Reden eine Anzahl stilistischer Charakteristika auf:
- Periodenbau durch Subordination eines Gedankenkomplexes unter einen zentralen Kerngedanken oder durch Antithesen und/oder Parallelismen, die auf den springenden Punkt zudrängen,
- starke Variation der Perioden in Umfang, Form und Abfolge,
- *amplificatio* häufig durch Synonymenpaare, auch durch Negation des Oppositionsbegriffs (z.B. «milde, nicht streng!»),
- rhetorische Fragen bekenntnishafter, appellierender oder anklagender Natur,
- knappe, gezielte Metaphorik, nur selten ausgedehntere Vergleiche,
- Anaphernreichtum,
- nur sparsamer Gebrauch artifizieller Stilmittel, die zwar dem Kenner ästhetischen Genuß bieten, aber wenig suggestiv-emotionale Wirkung versprechen, etwa kunstvolle Kolon-Gestaltung oder gewählt-ungewöhnliche Lexik, wie sie die Gorgias-Schule pflegt,
- allerdings artifizielle Gestaltung des Rederhythmus durch Hiat-Vermeidung und Vermeidung der unmittelbaren Aufeinanderfolge von drei oder mehr Kurzsilben. Letztere sind bei Demosthenes 5 bis 10 mal seltener als bei Thukydides, Lysias, Isokrates und Aischines.[15] Auch dies dient offenbar der Steigerung suggestiver Eindringlichkeit.

Von ISOKRATES (436 bis 338 v. Chr.) ist zwar keine unmittelbare politische oder rhetorische Kontroverse mit Demosthenes bekannt, doch bildet er in mehrfacher Hinsicht den Kontrast zu den Jüngeren. Politisch setzt er sich im Gegensatz zu Demosthenes für Philipp ein, den er als Einiger der zersplitterten Hellenen sieht. Demosthenes ist Politiker. Er spielt virtuos auf dem Instrument der politischen Emotionen des versammelten Publikums. Es kommt ihm vor allem darauf an, die aktuelle Kontroverse für sich zu entscheiden. Isokrates hingegen ist der staatsbürgerlich ambitionierte Leiter einer rhetorisch und philosophisch ausgerichteten Schule.[16] Er ist selbst kein politischer Debattenredner, sondern der erste politische Publizist. Er betont, daß er sich den großen und grundsätzlichen Fragen der Politik um so besser zuwenden könne, als er sich vom Redekampf im politischen Alltagsgeschäft fernhalte.[17] Seine politischen 'Reden', von denen mehrere überliefert wurden, sind nie gehalten worden. Es sind frühe Formen des politischen Essays und zugleich Musterreden für den Schulunterricht.

Das Aufstacheln von Leidenschaften (πάθος, *páthos*) ist diesen Texten weitgehend fremd. Die Redesituation in ihnen ist fiktional. Das gilt besonders für die *Paränese* (Mahnrede), eine von Isokrates entwickelte Variante des *génos symbuleutikón*. Erhalten sind die Paränese ‹An Nikokles› und die ‹Rede des Nikokles›. Im ersten Fall gibt Isokrates sich als Berater des zyprischen Fürsten Nikokles, der dem Herrscher Prinzipien des Regierens sowie Ratschläge für das Privatleben an die Hand gibt. Die virtuelle Rede des Nikokles enthält knappe, katalogartig aufgereihte Weisungen für die Untertanen, ferner den Versuch, die Monarchie als beste Staatsform darzustellen sowie Ausführungen über Nikokles' eigene, als gut gerechtfertigte Herrschaft. Erhalten sind u.a. auch der paränetische ‹Philippos›, in dem er den Mazedonenkönig mahnt, sich an die Spitze der Griechen zum Kampf gegen die Perser zu stellen und sich dabei seiner großen Vorfahren, insbesondere des Ahnherrn Herakles würdig zu erweisen, der ‹Panegyrikos›, dessen erster, epideiktischer Teil eine Preisung Athens und dessen zweiter, symbuleutischer Teil einen Aufruf zum Krieg der Hellenen unter gemeinsamer athenisch-spartanischer Führung gegen die Barbaren enthält, und schließlich die ‹Friedensrede›, in der Isokrates prinzipielle Gedanken zum Verhältnis von Nutzen (συμφέρον, *symphéron*) und Gerechtigkeit (δίκαιον, *díkaion*) ausführt, gleichzeitig aber auch dem Stil mündlicher Rede näherkommt, indem er andere Redner scharf attackiert, weil sie dem Volk ohne Rücksicht auf die Interessen Athens nach dem Munde reden, aber auch dem Publikum schwere Vorwürfe macht, auf diese Schmeichler zu hören, statt Vernunft und Sachverstand zu gebrauchen.

Charakteristische Stilelemente der Reden des Isokrates sind, z.T. in deutlichem Kontrast zu Demosthenes:
- weitgehender Verzicht auf Affekterregung,
- eine des öfteren «deduktive, eigentümliche rationalistische Darstellungsweise, [...] von prinzipiellen Darlegungen ausgehend, konkrete Einzelmaßnahmen zu empfehlen»[18],
- Neigung zu historischen und mythologischen Beispielen,
- Beispielketten,
- Vorliebe für symmetrischen, nicht vorwärtsdrängenden Periodenbau,
- sorgfältig gebaute Kola,
- sparsamer Umgang mit Metaphern.

Mit der Polis-Demokratie in Athen und anderen griechischen Staaten geht die erste Ära politischer Rhetorik zu Ende. Seit Mitte des 2. Jh. v. Chr. erlebt die politische Rhetorik, beginnend mit dem jüngeren SCIPIO (185 bis 129 v. Chr.) als Förderer der Rezeption griechisch-hellenistischer Kultur, im aufstrebenden *Rom* eine neue Blütezeit. Sie findet in der späten römischen Republik Verhältnisse vor, die denen im Athen des 5./4. Jh. ähneln: Politische Entscheidungen fallen nach Debatten in großen Versammlungen: primär im 300-, später 600-köpfigen Senat, sekundär in der Volksversammlung (*contio*); große Prozesse finden vor Gerichten mit 30 bis 60 Laienrichtern statt. Die republikanische römische Rhetorik erreicht ihren Höhe- und Endpunkt mit dem Redner, Autor und Politiker CICERO (106 bis 43 v. Chr.). Nur von ihm sind aus römisch-republikanischer Zeit Reden in großer Zahl erhalten. Selbst von seinen römischen Vorbildern Marcus Antonius (143 bis 87 v. Chr.) und Lucius Licinius Crassus (140 bis 91 v. Chr.), denen er in ‹De oratore› ein Denkmal setzt, sind keine Redetexte überliefert.

Mit der ‹Rhetorik an Herennius›, dem Werk eines unbekannten Autors, und Ciceros Jugendwerk ‹De inventione› sind zwei lateinische Lehrbücher der rhetorischen Technik aus dieser Zeit erhalten. Darin findet man für die politische Rede nichts, was über das aus der griechischen Tradition Bekannte hinausgeht. Anders in Ciceros späterem großen Lehrdialog ‹De oratore›: Dessen Anspruch greift mit der Entfaltung eines Idealbildes vom großen Redner als universal gebildeter und politisch-ethisch vorbildlicher Persönlichkeit weit über die üblichen Lehrbuchintentionen hinaus. Cicero denkt dabei offenbar auch an sich selbst. Mißt man an diesem

Ideal Ciceros Reden, in denen er z.B. dieselben Sachverhalte vor unterschiedlichem Publikum unterschiedlich wertet, Tatsachen verdreht und Gegner bedenkenlos über jedes gerechte Maß hinaus diffamierend attackiert, so wird deutlich, daß das Postulat der charakterlichen Vorbildlichkeit des Redners nicht bedeutet, daß er in den Einzelheiten der Rede kommunikationsethischen Ansprüchen auf Wahrhaftigkeit und Fairneß immer entsprechen muß. Es kommt letztlich darauf an, daß der Redner privat und in seinem öffentlichen Gesamtwirken glaubwürdig für die zentralen Werte einsteht, etwa durch Unbestechlichkeit und durch Orientierung am Wohl des (von Cicero ständestaatlich-republikanisch gedachten) Staates. Hierfür darf der Zweck die Mittel durchaus heiligen.

Cicero hat seine Reden selbst herausgegeben. Wie sehr er sie als Zeugnisse seiner politischen Leistungen und als Musterreden für den rhetorischen Lehrbetrieb bearbeitet hat, ist nicht mit Sicherheit feststellbar. Musterreden waren nämlich für die rhetorische Ausbildung des römischen Elitenachwuchses mindestens so wichtig wie Lehrbücher; das Wichtigste allerdings war die genaue Beobachtung hervorragender Redner in Aktion (De or. II, 85–98).

Auf drei Foren agiert der politische Redner der späten Republik: (1) im Senat als wichtigstem Entscheidungsorgan, dessen Mitglieder im Wesentlichen aus ehemaligen hohen Staatsbeamten bestehen, die mehrheitlich dem Adel oder hin und wieder – wie Cicero – dem Ritterstand entstammen, (2) in der Volksversammlung (*contio*), die über starke Informationsrechte, aber schwache Entscheidungsrechte verfügt, (3) als Ankläger oder Verteidiger vor Gerichten, in denen Prozesse wegen politischer Vergehen geführt werden. Vor dem Senat redet Cicero anders als vor der Volksversammlung.[19] In Reden gegen den Siedlergesetzentwurf des Volkstribunen Rullus bspw. präsentiert er sich vor der Senatsmehrheit der Optimaten als Wahrer ihrer Verfassungsprivilegien und ihrer wirtschaftlichen Interessen, während er vor der Volksversammlung mit ihrer mehrheitlich popularen Haltung als optimatenkritischer politischer Aufsteiger (*homo novus*) aus dem zweiten Stand (*equites*, Ritter) auftritt, dessen Politik – anders als die der Vertreter der Popularen-Partei wie Rullus – tatsächlich *popularis* sei. Cicero liefert hier das frühe Beispiel eines semantischen Kampfes mit dem Ziel der Umdeutung eines politischen Schlagwortes[20], indem er dem Begriff *popularis* die Berechtigung als Parteibezeichnung abspricht und dessen wörtliche Bedeutung («volksbezogen», «im Interesse des Volkes») für seine eigene Politik reklamiert, indem er sie aufs engste verknüpft mit drei Hochwert-Schlagwörtern der Jahre nach Bürgerkrieg und sullanischer Diktatur: Friede (*pax*), Freiheit (*libertas*), politische Ruhe (*otium*). Er formuliert dies in einer virtuosen Passage, beginnend mit rhetorischen Fragen zu jedem der Hochwertbegriffe mit jeweils einer amplifizierenden Erläuterung, woran sich eine kurze Periode mit Dank an die Vorfahren anschließt, um dann zu münden in eine umfangreiche Periode emphatischen Charakters mit Anrede an die Versammlung (*quirites*), in einem pathetischen Selbstbekenntnis als *popularis* und in der Garantieerklärung, mit der Autorität des Consuls für *pax, libertas* und *otium* einzustehen (De lege agraria II, 5–10).

In den politischen Reden verwendet Cicero gegenüber seinen jeweiligen Gegnern – insbesondere gegen den ausbeuterischen Statthalter Siziliens Verres, gegen den Verschwörer Catilina und (in den mit Anspielung auf Demosthenes so genannten ‹Philippischen Reden›) gegen den nach Alleinherrschaft strebenden Marc Anton – meist eine extrem polarisierende Methode: «Er suchte den Gegner als eine vereinzelte Erscheinung, als ein kriminelles Element hinzustellen, das es auf nichts als Zerstörung und Untergang abgesehen habe»[21], und gegen den er sich selbst als Wahrer des Staatsinteresses und der höchsten vaterländischen Werte stilisiert.

Vor allem die erste Senatsrede gegen Catilina ist dafür ein Musterbeispiel, ebenso wie für erfolgreich gehandhabte Polyfunktionalität und Mehrfachadressierung unter schwierigsten Bedingungen. Vor sich hat der Consul Cicero ein heterogenes Adressatenspektrum: seine eigenen Anhänger im Senat, aber auch Catilina-freundliche, vielleicht mitverschworene Senatoren in unbekannter Zahl, dann popular gesinnte Senatoren, die Catilinas Aktivitäten bisher nicht für besonders besorgniserregend halten, schließlich die verunsicherte römische Öffentlichkeit jenseits der Senatorenbänke, vor allem aber den Verschwörer Catilina selbst, der es trotz seines gerade mißlungenen Mordkomplotts gegen Cicero selbstsicher und scheinheilig gewagt hat, im Senat zu erscheinen. Ihn attackiert Cicero immer wieder in direkter Anrede. Schon mit dem berühmten ersten Satz der einleitungslosen Rede (*Quo usque tandem abutere, Catilina, patientia nostra?* Wie lange noch, Catilina, willst du unsere Geduld mißbrauchen?) modelliert Cicero eine für ihn günstige antithetische Konstellation: dort das stigmatisierte Verbrechersubjekt, von dem alle abrücken, hier *wir*, die (entgegen den tatsächlichen Verhältnissen) suggestiv als geschlossen prätendierte politisch-moralische Gemeinschaft des Senats – und der Consul Cicero, der durch seinen Mund sogar das personifizierte Vaterland (*patria*) sprechen läßt (In Catilinam I, 18 und 27f.), als Sprecher dieser Gemeinschaft, der quasi in ihrem Namen den Attackierten politisch und moralisch vernichtet, indem er die ganze überraschende Fülle seiner Informationen über den aufgedeckten Umsturzversuch ausbreitet und sie verknüpft mit Invektiven, in denen er das Spektrum der negativen *loci a persona* von der problematischen Familie des Catilina über seinen Schurkencharakter bis zum widerlichen Lebenswandel und zur Kette seiner bisherigen Untaten schonungslos entfaltet.

Wie Cicero am nächsten Tag vor der Volksversammlung teilweise offen zu erkennen gibt, ist die Rede keineswegs nur für den attackierten Catilina bestimmt gewesen, sondern richtete sich an mehrere Adressatengruppen, und zwar mit verschiedenen Zielsetzungen, die zu erreichen mit der Rede gelingt: Es galt,
- ein Klima zu erzeugen, daß niemand im Senat es wagt, auch nur indirekt zugunsten von Catilina zu plädieren,
- auf diese Weise eine angesichts der unkalkulierbaren Mehrheitsverhältnisse riskante Senatsabstimmung über eine sofortige Verbannung Catilinas aus Rom zu vermeiden,
- Catilina dennoch so zu schrecken, daß er Rom noch am selben Tag fluchtartig verläßt, um mit externen Mitverschwörern Kontakt aufzunehmen,
- so insbesondere für die Zweifler am Verschwörungsvorwurf und für die römische Öffentlichkeit evident werden zu lassen, daß Catilina tatsächlich Umsturzpläne verfolgt und damit das gegnerische Lager entscheidend zu schwächen sowie die eigene Position in Rom zu stärken.

An diesem Beispiel wird deutlich, welch hohen Stellenwert die pragmatischen Kategorien ‹Mehrfachadressierung› und ‹Polyfunktionalität› für die Analyse auch der antiken P. haben. Ähnliches gilt für die Kategorie der ‹Intertextualität›: Der Zusammenschluß der *Olynthischen* und der *Philippischen Reden* des Demosthenes und ebenso Ciceros Reden gegen Verres, gegen den Siedlergesetzentwurf des Rullus, gegen Catilina und schließlich der 14 philippischen Reden gegen Marc Anton sind jeweils motiviert nicht nur durch dasselbe Thema, sondern in jeder folgenden Rede wird explizit oder implizit auf (die) vorherige Bezug genommen, jede vorherige engt den Spielraum für den Redner ein und verpflichtet ihn zu Konsequenzen von hoher Glaubwürdigkeitsrelevanz. Es ist ein Kapital, mit dem Cicero oft wuchern konnte, bei den philippischen Reden allerdings schlägt das um. Spätestens von der dritten Rede an gibt es kein glaubwürdiges Zurück mehr vom todfeindschaftlichen Ton gegen Marc Anton, der Cicero schließlich das Leben kostet.

Für die Topik von Ciceros P. ist neben einem ausgeprägten Gebrauch von *loci a persona* charakteristisch, daß aus dem Topos-Ensemble des o.a. komplexen topischen Musters mit den vielfachen Warnungen vor den Folgen der gegnerischen Politik der *Konsequenztopos* und mit der häufigen Berufung auf Werte, Tugenden und Grundsätze der *Prinzipientopos* besonders frequent sind. Vielfach mischen sich *Autoritäts-* und *Exemplumtopos*, wenn Cicero in seiner Argumentation das Verhalten namhafter Figuren der römischen Geschichte immer wieder – und manchmal katalogartig gehäuft – als vorbildlich herausstellt.

Stilistisch ist Cicero von der hellenistischen Rhetorik geprägt, die die attischen Redner der klassischen Epoche zwar als Vorbilder sieht, die aber von den dort vorgefundenen Figuren, Tropen und rhythmischen Formen reichlicher Gebrauch macht. Bei Cicero sind es vor allem Mittel, die Eindringlichkeit, Anschaulichkeit und Pathos steigern [22]: Synonymenhäufung, Antithese, Klimax, rhetorische Frage, Hyperbel und Aufzählungen zur Demonstration von *copia* (Fülle an Beispielen, Belegen und Argumenten).

Zu Ciceros Zeiten gibt es in Rom eine rhetorische Schule, die einen stilistischen Minimalismus favorisiert, den sie – weitgehend zu Unrecht – den attischen Rednern der klassischen Epoche zuschreibt (sog. *Attizismus*). Ihr Feindbild ist der sog. *Asianismus*, dem sie Schwülstigkeit und übertriebenen Gebrauch rhetorischer Mittel vorwirft und zu dessen Vertretern sie Cicero zählt, der sich heftig dagegen wehrt, weil er sich in der Tradition der attischen Klassiker sieht. [23] In der Tat finden sich bei ihm zahlreiche Rückgriffe auf Demosthenes-Stellen [24]: Überwiegend sind dies sicherlich aus dem Zusammenhang gelöste Muster-Zitate aus Lehrbüchern, teilweise aber auch direkte Orientierungen an Demosthenes-Reden, so wenn Cicero sich in der Anlage der ‹2. Philippischen Rede› an die Kranzrede anlehnt. Vor allem im freien Umgang mit dem Schulschema der Disposition [25] und in der permanenten Mischung von Darstellung, affektbezogener knapper Argumentation und intensiver Beziehungskommunikation mit Publikum und Gegner gleicht Ciceros Strategie der demosthenischen.

Von einigen Stilelementen, die bei den attischen Rednern in der P. sparsam oder gar nicht verwendet wurden, macht Cicero stärker Gebrauch: Ausruf, Hyperbel, Personifikation, längere pathetische *peroratio*. Mehr als Demosthenes gibt Cicero dem Publikum metakommunikative Orientierung in Form von Gliederungsankündigungen (*partitiones*) und Zusammenfassungen (*collectiones*). Anders als Demosthenes kennt Cicero auch Zwischentöne von Humor und Ironie. [26]

Cicero gilt als Meister der lateinischen Periode und der prosodischen Rhythmisierung. Wieweit seine Klausel-Kunst rednerische Praxis oder das Ergebnis der Redeüberarbeitung vor der schriftlichen Herausgabe war, ist unbekannt. Die Unterschiede zum Periodenbau der griechischen Redner ist in hohem Maße durch syntaktische Differenzen zwischen Latein und Griechisch bedingt: Wo das Griechische mit seiner Vielfalt an Partizip-Formen z.B. parataktischen Bau ermöglicht, begnügt die lateinische Perioden-Nachbildung sich vielfach mit der Verwendung von Relativsätzen und von mit *cum* eingeleiteten Nebensätzen, was mehr Hypotaxe und größere Eigenständigkeit der Periodenglieder bedeutet. [27]

In der römischen Kaiserzeit stirbt die politische Auseinandersetzung in öffentlicher Debatte ab. Über die internen Diskurse in den Machtzentren liegen keine rhetorikgeschichtlich brauchbaren Zeugnisse vor. Im Bereich der Öffentlichkeit setzt sich in den Jahrhunderten bis zum Ende des weströmischen Reiches mehr und mehr der *Panegyricus* durch, eine Ausprägung der epideiktischen Rede, deren politische Bedeutung lange Zeit nicht gesehen wurde. Es handelt sich vornehmlich um Preisung der römischen Kaiser, die sich manchmal als Götter verehren lassen, als zentrales zeremonielles Element kaiserlicher Repräsentation zu den verschiedensten Anlässen wie Amtsantritt, Konsulatsantritt zu Jahresbeginn, Geburtstag, Hochzeit, Tod, Triumph nach militärischem Sieg, Ankunft des Kaisers in einer Stadt, auch seine Abreise etc. [28] Berühmt ist der ‹Panegyricus› des JÜNGEREN PLINUS, (ca. 61–113 n.Chr.), der zusammen mit elf späteren Lobreden hauptsächlich gallischer Redner für Kaiser aus den Jahren 289–389 n.Chr. in der Sammlung ‹Panegyrici Latini› überliefert ist. Mustergebend bis in die neulateinische Hofdichtung der Spätrenaissance und in volkssprachliche Herrscherpreisung im Zeitalter des Absolutismus ist die Panegyrik des CLAUDIUS CLAUDIANUS (Ende 4./Anfang 5. Jh. n.Chr.), in deren Mittelpunkt Festgedichte auf den weströmischen Kaiser Honorius und auf Stilicho, den starken Mann am Kaiserhof, stehen. Von Claudian gibt es auch Schmähreden in Versform auf Stilichos politische Feinde im Ostreich (Eutropius, Rufinus). Prägend für den panegyrischen Herrscherpreis ist das rhetorisch-biographische Schema, wie es im spätantiken Lehrbuch des MENANDER entwickelt und in den erhaltenen Reden – mit einer gewissen Varianz – befolgt wird: Auf ein *prooemium*, das dem Kaiser allgemein menschliche Tugenden zuspricht, können das Vaterland und, sofern sie Stoff für Rühmenswertes hergibt, die Familie des Gepriesenen herausgestellt werden. Es folgt – in der Tradition des altrömischen Glaubens an Vorzeichen und zur Kaiserzeit an Horoskope – die Thematisierung von Geburtsumständen, dann von Kindheit und Erziehung mit Preis von Begabung und günstiger Wirkung der jeweiligen Lebensumstände auf die Entwicklung des Gepriesenen und auf die Herausbildung seiner wichtigsten Qualitäten, Vorlieben und Aktivitäten. Den Hauptteil bilden die Herrschertaten in Krieg und Frieden. Je nach Anlaß werden darüber hinaus Aspekte des öffentlichen Wirkens oder des privaten Lebens (besser: der öffentlichen Inszenierung des ‹privaten› Lebens), etwa bei einer kaiserlichen Hochzeit, thematisiert.

Panegyrischen Texten eignet vielfach ein paränetischer Zug: Es werden, in ehrerbietiger Form, Ratschläge erteilt, etwa wie die Herrschertugenden auch unter Gefährdung gewahrt werden können. Kritik, wenn sie überhaupt andeutungsweise vorkommt, impliziert immer auch Aspekte von Preisung, etwa wenn der gallische Panegyriker PACATUS den Kaiser Theodosius wegen dessen Sieg über den Usurpator Maximus aufs Höchste rühmt, aber gleichzeitig sagt, daß die Gallier ihm wegen anderer militärischer Triumphe gram seien, weil sie ihn abgehalten hätten, früher gegen den verhaßten Maximus vorzugehen – was gleichzeitig heißt, daß man den Gepriesenen nicht zu früh als Triumphator bei sich haben mochte.[29] Formal herrschen im Panegyricus hoher Stil mit dem Pathos des Erhabenen und mit Reichtum an Figuren und anderem Schmuck vor. Die Panegyriker sind vielfach Rhetoriker, in deren Schulen vor allem Deklamationen, z.T. als Vorübungen panegyrischer Rede, geübt werden und denen sich unter den gesellschaftlichen Bedingungen, wie sie ab der Zeit der Soldatenkaiser herrschen, die Chance zu erheblichen politischen Karrieren bietet.[30]

Die politische Bedeutung der Panegyrik liegt nicht in der Beeinflussung aktueller Ereignisse und bestenfalls in geringem Maße in der Wirkung parainetischer Mahnung auf das Herrscherverhalten. Sie liegt in der Bedienung systembedingter Ansprüche auf System- und Herrschaftsfestigung. Panegyrik ist politische Rede, insofern sie die wichtigste verbale Ausprägung öffentlicher Selbstinterpretation des römischen Kaisertums darstellt.

Charakteristische Veränderungen in der Panegyrik ergeben sich mit Vordringen und Sieg des Christentums. So werden Leichenreden zu Predigten – in Einzelfällen voll hintergründiger politischer Substanz. Die Leichenrede des Mailänder Bischofs AMBROSIUS auf den offiziell durch Selbstmord, wahrscheinlich aber durch Mord ums Leben gekommenen weströmischen Kaiser Valentianus II. ist gleichzeitig panegyrische Preisung des Toten, Predigt mit zahlreichen Bibelzitaten und strategisch angelegte P., in der es indirekt um Festigung der noch nicht gesicherten politischen Dominanz des Christentums geht und in der der Redner einerseits einen Balanceakt hinsichtlich seines zwiespältigen politischen Verhaltens vor dem Tod des Valentian vollführt und gleichzeitig Schuldzuweisungen hinsichtlich dieses Todes sowie Festlegungen im Hinblick auf potentielle Anschlußkonflikte vermeidet. Dabei werden Bibelzitate u.a. dazu genutzt, politisch heikle Punkte nicht direkt anzusprechen, sie aber dennoch in Form von «Anspielungen und Andeutungen, verbrämt durch die Heiligkeit der zugrunde gelegten Texte und die sprachliche Anpassung der Formulierungen an die biblischen Vorbilder» indirekt präsent zu machen.[31] Für den christlichen Bischof als Prediger hat sich die panegyrische Grundsituation verändert, insofern für ihn Gott bzw. Gottes Wort als höchste Berufungsinstanz nicht mehr mit dem Kaiser und dessen Wort identisch ist.

II. *Mittelalter*. Für die rhetorische Literatur des Mittelalters ist die P. kein Gegenstand des Interesses. Weder werden die diesbezüglichen Ausführungen der antiken Autoren auch nur annähernd aufgegriffen, noch gibt es neue deskriptive oder präskriptive Ansätze hinsichtlich der politischen Redepraxis der eigenen Gegenwart.[32] Politische Kommunikation im Mittelalter, insbesondere im Früh- und Hochmittelalter, ist gekennzeichnet durch Vorrang der Repräsentation von Herrschaft und Rang, durch Demonstration und Inszenierung.[33] Dabei hat die «mündliche Beratung in [...] vielen Bereichen des mittelalterlichen Lebens eine Zentralfunktion»[34]. Auf der höchsten politischen Ebene gilt das etwa für die Hoftage. Deren Funktion besteht in hohem Maße in der Mitwirkung der Großen des Reiches in Form von Beratungen der anstehenden Entscheidungen, wobei umstritten ist, welche Bindekraft solche Beratungen für den mittelalterlichen Herrscher hatten.[35]

Dabei dominiert allerdings nicht die Form der freien Aussprache, in der Dissens offen und selbstverständlich ausgetragen werden kann. Die Dominanz des Denkens in Rang- und Herrschaftskategorien erlaubt keine öffentliche kontroverse Debatte. Dies führt zu einer zweistufigen Beratungspraxis[36]: Die öffentliche Beratung (*colloquium publicum*) wird erst angegangen und unter Wahrung von Rang- und Prestigeaspekten möglichst als konsensuell inszeniert – «rhetorique du concorde» ist das genannt worden[37] – wenn in vertraulich-informeller Beratung (*colloquium familiare, colloquium secretum*) in kleineren Kreisen Meinungsbildung, Vorklärung und Absprachen, auch solche über den Ablauf des *colloquium publicum*, erfolgt sind.

Diese Praxis wird begünstigt durch die für das Mittelalter typischen auf Stand, Gefolgschaft, Verwandtschaft, Freundschaftsbund oder – später in den Städten – auf Gilde, Zunft und *coniuratio* der Stadtgemeinde beruhenden Organisationsformen. Im Konfliktfall setzt man, wenn nicht militärische Mittel verwendet werden, auf vertrauliche Verhandlung, wobei die Führer der Konfliktparteien Bevollmächtigte mit der Verhandlungsführung beauftragen, sich u.U. auf einen zuverlässigen Vermittler (*fidus mediator*) einigen oder auch – so wird es von Karl dem Großen und Widukind[38] sowie von Friedrich Barbarossa und Heinrich dem Löwen[39] berichtet – selbst miteinander verhandeln.

Hier dominiert überall Mündlichkeit. Auch wenn Ergebnisse in Form von Verträgen u.ä. schriftlich fixiert werden, so fehlt im Mittelalter jedwede Protokollierung politischer Beratungen und Verhandlungen. Auch Berichte von Teilnehmern sind nicht überliefert. Dies wird erst mit der Etablierung vorparlamentarischer Ständeversammlungen im Spätmittelalter anders (span. *Cortes* ab 13. Jh., engl. *Houses of Lords and Commons* und frz. *Generalstände* ab 14. Jh., *Reichstag* ab 15. Jh.).

Berichte mittelalterlicher Geschichtsschreiber liegen allerdings über Ausbrüche starker Emotionen in politisch bedeutsamen Zusammenhängen vor. Dabei sind die verbalen Anteile (Bitten, Flehen, Schuldbekenntnis, Verärgerung äußern, Verzeihen etc.) immer integriert in non-verbale Ausdrucksformen von demonstrativen Schweigen über Tränen, Fußkuß, Sich-zu-Boden-Werfen, Vom-Boden-Auf-heben bis zum Barfuß-Gehen, Härene-Gewänder-Tragen etc. Häufig finden sich in den Quellen Entsprechungspaare korrespondierender Emotionsausdrücke wie flehentliches Bitten/huldvolles Gewähren; Schuldbekenntnis/Verzeihen, Beleidigung/Gegenbeleidigung, Gunst anbieten/gerührt Danken etc. Es handelt sich kaum um spontane, unkontrollierte Emotionsausbrüche, sondern um funktional eingesetzte Ausprägungen eines mittelaltertypischen ausgesprochen demonstrativen Kommunikationsstils. Denn dieselben Emotionen begegnen in immer gleichen Situationstypen. Der Emotionsausdruck unterstreicht jeweils die Ernsthaftigkeit des Verhaltens.[40] Aus den Quellen läßt sich vielfach schließen, daß den emotionalen Szenen Aushandlungsprozesse zu deren Formen und Ablauf vorangingen. Die Rationalität solcher Inszenierung demonstrativer Emotionalität erklärt Althoff funktional: Als «Ersatz für den weitgehenden Verzicht auf verbales Argumentieren in der öffentlichen Kommunikation» ermöglichen «die unterschiedlichen ‹Windstärken› der emotionalen Äußerungen [...] es, politische Positionen durchaus differenziert zum Ausdruck zu bringen und dem Gegenüber sehr konkrete Informationen zukommen zu lassen, wenn er die Sprache der Emotionen zu verstehen imstande war.»[41]

Die wichtigste Form öffentlicher Rede im Mittelalter ist die Predigt. Sie stellt den religiösen Redetyp schlechthin dar, doch ist sie sicherlich öfter als uns überliefert auch für politische Zwecke eingesetzt worden, sei es im Konflikt zwischen Papst und Kaiser oder bei Auseinandersetzungen zwischen Kirchenfürsten und ihren Gegnern. Vor allem bei der Mobilisierung zu den Kreuzzügen dient sie als wichtiges politisches Propagandainstrument. In der ‹Geschichte der Eroberung von Konstantinopel› des Gunther von Pairis [42] ist eine (aus der Erinnerung nachgeschriebene) Baseler Kreuzzugspredigt überliefert, in der die Predigtform nichts anderes ist als die situative und formale Folie für einen Mobilisierungsappell: MARTIN von Pairis, der Abt des Zisterzienserklosters Pairis in den Vogesen, dem der Ruf des Propagandapredigers für den vierten Kreuzzug schon vorangeeilt ist, spricht (wahrscheinlich 1200) in einer Baseler Kirche zu Klerus und Volk und beginnt mit dem *Autoritätstopos* in seiner stärksten Ausprägung: «Christus selbst gibt mir die Worte ein. Ich bin nur sein zerbrechliches Werkzeug.» Der weitere Text realisiert das in Abschnitt A. dargestellte, für P. charakteristische topische Muster ohne Abstriche:

Situationsdaten (Datentopos): Der mehrfach variierte Kontrast zwischen einst (Jerusalem als Stätte Christi und des Christentums) und jetzt (Jerusalem in heidnischer Hand, Christus von dort vertrieben; nur noch wenige Plätze in Palästina in christlicher Hand).

Situationsbewertung (Motivationstopos): Klagerufe («Wehe», «O Unglück, o Tränen, o Abgrund von Leid») und evaluative Lexeme (‹Unrecht›, «Barbarei», «Feind» etc.).

Leitendes Prinzip (Prinzipientopos): Christi Wort («Das ist Christi Not, die ihn selber treibt, euch heute durch meinen Mund zu bitten!»)

Oberziel (Finaltopos): die christliche Wiedereroberung Jerusalems («ihn [Christus] in sein Erbe wiedereinzusetzen»).

Conclusio (Handlungsappell): «Deshalb, ihr starken Krieger, kommt Christus zu Hilfe, gebt eure Namen zur christlichen Heerfahrt, laßt euch freudig in ein glückhaftes Lager einreihen!»

Dieser Argumentationsgang – rhythmisiert, dramatisiert und emotionalisiert durch den Einsatz von Klimax, Dreierfigur, Antithetik und Ausruf – wird dann amplifiziert durch einen weiteren Argumentationsstrang, in welchem die nicht explizit artikulierten, aber den Publikum realistischerweise unterstellten Fragen nach den Erfolgschancen des Unternehmen und nach dem persönlichen Nutzen für die Teilnehmer beantwortet werden. Für die Erfolgschancen wird der *Topos aus dem Mehr und Weniger* bemüht: Wenn schon der erste Kreuzzug erfolgreich gewesen ist, obwohl damals ganz Palästina unter heidnischer Herrschaft stand, dann wird der neue Kreuzzug erst recht erfolgreich sein, da sich dort immerhin einige Städte jetzt in christlicher Hand befinden. Für die Frage nach dem individuellen Nutzen greift der Prediger zum *Konsequenztopos*: Wer Kreuzfahrer wird, dem wird Sündenfreiheit und ewiges Leben garantiert; darüber hinaus winkt «in den Dingen der Zeitlichkeit ein glücklicheres Schicksal» – ein euphemistischer Hinweis auf die Chance reichlicher Kriegs- und Plünderungsbeute. In der *peroratio* faßt der Redner die positiven Konsequenzen nochmals zusammen, gelobt selbst am Kreuzzug teilzunehmen (was seine Glaubwürdigkeit steigert) und schließt mit dem Appell: «Nehmt also jetzt, meine Brüder, frohen Sinnes das sieghafte Zeichen des Kreuzes, damit ihr die Sache des Gekreuzigten getreulich zum Ziele führen und um eine kurze, mäßige Mühe hohen, ewigen Lohn erwerben könnt!» Auch hier wird von heftiger emotionaler Wirkung bei den Hörern (Seufzer, Schluchzen und Stöhnen) berichtet.

III. *Humanismus, Reformation, Frühe Neuzeit*. Schon vom 13. Jh. an zeigen sich in Italien früh-humanistische Tendenzen mit Auswirkungen auf Theorie und Praxis der P. Vor allem in nord- und mittelitalienischen Städten bekleiden zahlreiche Humanisten hohe politisch-administrative Ämter. Dort hatte schon vom 11. Jh. an das aufstrebende Bürgertum gegenüber dem Adel mehr Rechte und für die Städte größere Autonomie durchgesetzt. Damit bieten sich der öffentlichen P. (*arenga*) in den entstehenden kommunalen Institutionen neue Möglichkeiten. Vor allem bei den Inhabern des in der kurzen Perioden (oft halbjährlich) wechselnden Amtes des kommunalen Spitzenbeamten (*podestà*), aber auch bei anderen kommunalen Amtsträgern entsteht ein Bedarf an Beratungs- und Mustertexten als Hilfen für eine erfolgreiche Amtsführung. Ähnlicher Bedarf wurde insbesondere für angehende Juristen schon früher durch Anleitungen für das Verfassen offizieller Schreiben und auch privater Briefe (*artes dictandi* oder *dictaminis*) gedeckt. Daneben entstehen nun Anleitungen zur Beherrschung der *ars arengandi*.[43] In den sog. ‹Podestàspiegeln›, (u.a. von GIOVANNI DA VITERBO und BRUNO LATINI) finden sich neben anderen Empfehlungen zur Amtsführung auch Redemodelle. Daneben gibt es reine Musterreden-Sammlungen (*diceria*-Sammlungen), so von GUIDO FABA, MATTEO DEI LIBRI, GIOVANNI F. DA VIGNANO und FILIPPO CEFFI. Diese Literatur ist teils volkssprachlich, in einem Falle (Latini) altfranzösisch. Redeanlässe und Themen sind: Annahme eines Amtes, Abschied vom Amt, Antrittsreden vor der Volksversammlung und vor dem Rat der Stadt, Krieg, Friedensschluß, rechtliche Probleme mit Bürgern anderer Städte etc.

In den Modellreden herrscht, entsprechend der Herkunft der meisten Verfasser aus dem Juristen- und Notarstand, der schriftsprachliche Stil der *ars dictandi* vor. Dieser Einfluß macht sich auch im Aufbau der Redemodelle bemerkbar, in denen das fünfteilige Standardschema für den Brief (*salutatio, exordium, narratio, petitio, conclusio*) nur wenig variiert wird. Die Variationen zielen meist darauf, das Gewicht der *petitio*, d.h. des Anliegens, um das es dem Redner geht, zu verstärken.

Aus Musterreden der Podestàspiegel hat sich in Florenz im Laufe des 14. Jh. der öffentliche Redetyp des *Protesto* (lat. *protestatio*; dt. Versicherung/Bekenntnis vor der Öffentlichkeit) entwickelt.[44] Dabei handelt es sich um Reden zum Amtsantritt hoher Beamter, in denen diesen die Unterstützung des Redners und der von ihm repräsentierten Institution versichert wird. Überliefert sind vor allem Exemplare der *Protestatio de iustitia*, Reden von Angehörigen der Stadtregierung zur Amtseinführung hoher Richter. Um der Gefahr zu begegnen, daß hier brisante Themen wie Korruption in der Justiz angesprochen werden konnten – so etwa 1409 in einer *Protestatio* des GIOVANNI MORELLI – wird dieser Redetyp 1415 per Vorschrift auf eine rein epideiktische Funktion reduziert, indem das Thema ‹Gerechtigkeit› ohne konkreten politischen Bezug unter den Aspekten ‹Ursprung der Gerechtigkeit› (in der *narratio*) und ‹Nutzen der Gerechtigkeit› (in der *argumentatio*) abgehandelt wird, und zwar unter Verwendung von einschlägigen Exempla, Sentenzen berühmter Dichter oder Kirchenväter und Bibelzitaten. Mit dem Niedergang des republikanisch-oligarchischen Systems in Florenz Anfang des 16. Jh. verschwindet auch dieser Redetyp.

Einen Einblick in den Alltag politischer Kommunikation in und vor allem zwischen den ober- und mittelitalienischen Städten gibt die vielfach erhaltene überwiegend in Latein geschriebene politische Korrespondenz. Sie hat insofern einen Aspekt von Mündlichkeit, als solche offiziellen Schreiben von den Verfassern diktiert werden und als sie den Empfängern, meist im Beisein Dritter, laut vorgelesen werden. Diese Staatsbriefe sind überwiegend Teil bilateraler, hin und wieder (bei Rundschreiben) auch multilateraler Kommunikation. Vielfach sind sie von den Staatskanzlern oder hochgestellten Notaren im Auftrag oder zumindest auf der politischen Linie des jeweiligen Herrschers bzw. der herrschenden Stadtoligarchie verfaßt. Sie vermitteln einen Einblick in Strategien und Taktiken der zwischenstaatlichen Kommunikation der Epoche, so etwa wenn der Humanist und langjährige (1375–1406) Florentiner Staatskanzler COLUCCIO SALUTATI sich an Politiker wendet, denen er in an sie adressierten Schreiben in einem Maße schmeichelt, das deutlich über die von den *ars-dictandi*-Lehrbüchern geforderten Höflichkeits- und *benevolentia*-Konventionen für *salutatio* und *exordium* hinausgeht, und wenn er fast gleichzeitig einen solchermaßen als Garant der Freiheit oder des Friedens gefeierten Politiker in Schreiben an Dritte als Tyrannen oder Kriegstreiber zu diskreditieren versucht oder wenn seine Charakterisierung des Mailänder Alleinherrschers Giangaleazzo kurzzeitig radikal wechselt, je nachdem, ob Florenz sich mit Mailand im Krieg oder im Frieden befindet. [45] Humanistische Gelehrsamkeit und Kenntnis der wiederentdeckten römischen Klassiker nutzt er im Rahmen von Vergleichen, Beispielen und historisch-politischen Konstruktionen, etwa was die angebliche Abstammung der Florentiner von den Römern betrifft. [46] Die Kenntnis der antiken Ethik und Staatsphilosophie hilft auch dabei, die streng oligarchisch regierte, mit ihren Verbündeten oft rigoros verfahrende Republik Florenz in der Außendarstellung als Hort der Freiheit sowohl im Innern als auch im Verhältnis zu Partnern zu propagieren. Die Mailänder Propaganda setzt demgegenüber auf die Kombination von *tranquillitas* (Ruhe und Sicherheit) und *pax* (äußerer Friede), letzteres auch ein Leitmotiv der Selbstdarstellung von Florenz [47] und anderen Städten.

Das Spannungsverhältnis zwischen den machtbezogenen Ansprüchen der praktischen Politik und den ethischen Prinzipien, die die wiederentdeckten antiken Autoren, insbesondere Cicero, für Politik und Rhetorik einfordern, lösen die italienischen Humanisten in hohen Staatsämtern auf unterschiedliche Weise. Die einen trennen den ethischen Teil ihres idealistischen Klassikerbildes vom politischen Alltag ab und benutzen die Klassiker vor allem als Stil- und Motiv-Ressource zur Optimierung der eigenen Schreib- und Redekompetenz. Das antike Erbe als Ganzes reservieren sie für ihre private Seite als Gelehrte.

Wie sehr da die Lebensbereiche getrennt werden können, ersieht man aus der Korrespondenz zwischen dem Florentiner Staatskanzler und seinem Mailänder Gegenspieler PASQUINO CAPELLI. 1390/91 führen ihre Stadtstaaten Krieg gegeneinander, und sie sind Hauptverantwortliche für die jeweilige Staatskorrespondenz und die darin enthaltene Kriegspropaganda gegeneinander. Der Krieg ist kaum ein halbes Jahr beendet, da wendet sich Salutati im Juli 1392 «in größter Freundschaft […] an den Mailänder Kanzler und bat um Auskunft über Cicerobriefe […]; denn – so betont der Florentiner – durch die Dummheit ihrer Herren, die einander bekriegen, dürfe die Freundschaft zwischen ihm und Capelli nicht zerbrechen» [48]. Bei Humanisten wie GUICCIARDINI und MACHIAVELLI kommt die Forschung zu einem anderen Ergebnis: Für sie seien – zumindest dem ideologischen Anspruch nach – Rhetorik und Politik ein und dieselbe Sache, weil beide in der Ethik gründen. [49] Wenn man allerdings Machiavellis ‹Il Principe› (1513) liest, wundert es nicht, wenn der Paduaner Humanist und Moralphilosoph G. DENORES in den Traktaten ‹Della rettorica›» und ‹Dell' orator› den Einsatz von Rhetorik im Dienst eines Tyrannen positiv beurteilt; denn dies ersetze schlimmere Repressionsmittel. [50]

Der Einfluß des Humanismus auf Praxis und Theorie der P. ist in den anderen europäischen Ländern geringer als in Italien. Zwar bildet die Rhetorik überall ein zentrales Thema humanistischer Gelehrsamkeit, aber es geht dabei weit überwiegend um Stilkunst und Dichtkunst. Eine Ausnahme bildet in Frankreich G. DU VAIRS ‹De l'Eloquence françoise et des raisons pourquoy elle est demeurée si basse› (1595). Er geht davon aus, daß Parlamente und Parlamentsrhetorik künftig eine zentrale Rolle spielen werden. Sein Ideal ist eine an Cicero geschulte relativ nüchterne Rhetorik, die Figuren und Exempla funktionell und nicht als reinen Schmuck oder um ihrer selbst willen einsetzt. Eine nennenswerte Wirkung auf die P. in Frankreich bleibt dem versagt, da der Siegeszug des Absolutismus keinen Raum für Parlamentsrhetorik läßt. [51] Auch die zentralistische Monarchie in Spanien und der Absolutismus der Tudors in England verhindern einen wirksamen humanistischen Rückgriff auf die antike Vorstellung von P. als *genus deliberativum*. Lediglich in Ost- und Nordeuropa hinterläßt humanistische Vermittlung der antiken Rhetorik Spuren in der politischen Kommunikation. Das gilt zum einen für den polnischen Adelsparlamentarismus und die in diesem eingeschränkten Rahmen mögliche öffentliche Meinungsrede, zum anderen für den Wechsel der herrschenden Sprachmuster am schwedischen Vasahof im 16. Jh. und insbesondere für ERIK XIV., den «Rhetoriker auf dem schwedischen Thron» [52], der Thronreden vor dem Reichstag, Briefe und andere Schriften systematisch auf der Basis antiker und zeitgenössischer Rhetorik-Lehrbücher vorbereitet. [53]

In Deutschland verschärfen sich im 15. Jh. die sozialen und die politisch-religiösen Spannungen insbesondere zwischen Bauern und Grundherren sowie zwischen der vorreformatorischen Ständegesellschaft des Reiches und dem Papsttum samt Kirche und Klerus.

Es gibt kein öffentliches Forum, in dem die vielfältigen Konflikte per mündlicher Rede – etwa in (vor)parlamentarischen Formen – in geregelter und verbindlicher Weise hätten ausgetragen werden können. Doch machen sich Beteiligte an Konflikten zwei verwandte, durch die Ausbreitung des Druckereigewerbes fast überall zugängliche, relativ preiswerte Medien zunutze, um ihre Meinung – oft in polemischer Form – öffentlich zu machen: das Flugblatt und die etwas aufwendigere, weil mehrblättrige Flugschrift. Zwar handelt es sich um Druckmedien, aber ihre Benutzung ist – der P. nicht unähnlich – in hohem Maße mündlich und an Hörergruppen gerichtet: nämlich an diejenigen, denen die Flugblätter und Flugschriften vorgelesen werden. Die Funktionen sind vielfältig: Propaganda und Hilferuf, Information und Beschwerde, Anklage und Bekenntnis, Programm und Prophezeihung – oft mehreres gleichzeitig. Entsprechend vielfältig sind die Textsorten und Textsortenmischungen.[54] Es herrscht regional gefärbte Volkssprachlichkeit vor. Die Textstrukturen reichen von der ungelenken katalogartigen Aufzählung, etwa von Beschwerdepunkten in sog. *Gravamina*, bis zum formal differenzierten, an den Regeln der *ars dictandi* oder der *ars praedicandi* orientierten Aufbau. Die Flugblätter sind überwiegend anonym, während bei den Flugschriften Autor und Drucker meist bekannt sind. Zu vielen Themen liegen Flugblätter/Flugschriften mehrerer Konfliktparteien vor. Der Ton ist, vor allem in den anonymen Schriften, vielfach überaus invektiv. Es herrscht offener Meinungsstreit mit Dissensbetonung ohne deliberative Bemühung um Konsens.

Die Autoren sind vorwiegend akademisch gebildet: Juristen, Theologen, (oft humanistisch orientierte) Gelehrte, Beamte, Lehrer, Ärzte, manchmal Handwerker (z.B. HANS SACHS). Auch die niederen, weitgehend nicht alphabetisierten Stände, insbesondere die unter immer drückenderen Abgabelasten leidenden Bauern finden Schreiber, die ihre Anliegen formulieren und als Flugschrift verbreiten.

Der bekannteste dieser Texte sind die ‹Zwölf Artikel der Bauern› von 1525.[55] Der von dem Memminger Kürschnergesellen SEBASTIAN LOTZER verfaßte Hauptteil enthält die als Artikel-Katalog schmucklos formulierten Forderungen der aufständischen Bauern (freie Wahl ihrer Pfarrer, Begrenzung der Abgaben auf den traditionellen Zehnten, Aufhebung der Leibeigenschaft, Jagd- und Fischereirechte auch für den «armen man» usw.). Im Unterschied zu früheren bäuerlichen Forderungskatalogen, wie sie ab Ende des 15. Jh. vorliegen, sind etliche dieser Forderungen nun im Jahrzehnt der Reformation mit Begründungen in Form knapper Berufungen auf die Bibel versehen (theologischer Autoritätstopos). Dem Artikelkatalog ist eine von dem Prediger CHRISTOPH SCHAPPELER formulierte Einleitung vorangestellt, die eine gewisse rhetorische Schulung verrät: Ausgehend von einer fingierten Dialogsituation – sog. «widerchristen» wird eine Anzahl kritischer Fragen bezüglich der aufständischen Bauern in den Mund gelegt – werden die anschließenden Artikel als eine Antwort auf diese Fragen angekündigt. Allerdings wird schon im zweiten Teil der Einleitung versucht, den Vorwürfen mit einer theologisch argumentierenden *refutatio* zu begegnen.

Zwischen 1520 und 1525, den Jahren der Reformation und des Bauernkrieges, ist die Zahl der Flugschriften besonders hoch. Die Mehrzahl der Texte zu diesen zentralen Themen repräsentieren die Hauptorientierung der bürgerlich-akademisch-humanistischen Autorenschicht: gegen das Papsttum, gegen die aufständischen Bauern und gegen den mit ihnen teilweise verbündeten radikalen Flügel der Reformatoren (TH. MÜNTZER, A. BODENSTEIN VON KARLSTADT, H. HUT, H. DENK, auch Frauen wie URSULA JOST).

Wie noch nie zuvor in der deutschen politischen Geschichte wird die sozial- und glaubenspolitische Auseinandersetzung mit der 'Waffe' des Schlagwortes geführt. Die Hauptbestandteile des Negativ-Wortfeldes des radikalen, sozial-revolutionär gestimmten Reformatorenflügels (Müntzer, Bodenstein von Karlstadt u.a.) lauten: *Obrigkeit, Gewalt, Schwert, Tyrann(ey), große Hansen; Gottlose, Papisten, Pfaffen, Schriftgelehrte, Antichrist, Abgötterey, Zehnt, Zins, Wucher*. Die Schlagwörter eines affirmativen Wortfeldes für den gesellschaftlicher Bereich lauten: *gemeiner Mann/armer Mann/arme Leute, Volk, Bund/Bündnis/Bundesgenossen, Bruder/ Bruderschaft, die Kleinen, Ordnung, Restitution, Neue Wandlung, Empörung, gemeiner Nutzen, Gütergemeinschaft*.

Die Gegner der Radikalen benutzen Schlagwörter wie *Aufruhr/Aufrührer, Ketzer, Schwärmer, Wiedertäufer, Rotte/Rotterey/Rottengeister, Bundschuh, Irrsal/Irrtum, Sekte, neue/falsche/himmlische Propheten, verführerische Lehre, Mördergeist, Allstedtischer Geist, Teufel, gaismarisch/karlstedtisch/müntzerisch*.[56]

Zu diesen Gegnern gehört LUTHER. Hatte er anfänglich für die Forderungen der Bauern Verständnis gezeigt und sich im Januar 1525 in dem Text ‹Ermahnung zum Frieden auf die zwölf Artikel der Bauernschaft in Schwaben› noch in einer Art Mahnpredigt an beide Seiten gewandt, indem er ihnen jeweils teils Recht, teils Unrecht gibt und sie als Ausweg aus der sich anbahnenden Gewalteruption auf die strenge Orientierung an Wort und Wille Gottes verweist, so wechselt er in den nächsten Monaten unter dem Eindruck fortschreitender Gewalttätigkeit der Bauernstreitkräfte in der Flugschrift ‹Wider die räuberischen und mörderischen Rotten der Bauern› (1525) ganz auf die Seite der Gegner. Es handelt sich dabei um eine Art Verdammungspredigt, die in aufhetzender, mit Feind- und Stigmawörtern[57] gezielt emotionalisierender Weise im Namen Gottes und der Heiligen Schrift zur systematischen und gnadenlosen Tötung der Bauern, insbesondere ihrer politisch-religiösen Führer, aufruft und für den Fall des Todes im Kampf gegen sie die ewige Seligkeit als Lohn zusichert: *Steche, schlahe, würge hie, wer da kann, bleybstu drüber tod, wol dyr, seliglichern tod kanstu nymer mehr überkommen*.[58]

Luthers politische Texte sind durch und durch rednerische Texte. Seine wohl wichtigste politisch-religiöse Rede hält er 1521 vor dem Reichstag zu Worms. Es wird erwartet, daß er widerruft oder seine Lehre verteidigt. Doch statt dessen geht er in die Offensive und begründet, warum er nicht widerruft.[59] Über weite Strecken entspricht sie dem *argutia*-Ideal: knappe Anrede, knappe *captatio benevolentiae*, klare Zerlegung des Themas entsprechend einer von ihm selbst vorgenommenen Dreiteilung seiner Schriften mit je einem knappen Argumentationsgang. Hinsichtlich seiner Gegner bleibt er konzessionslos und belegt sie mit Stigmawörtern wie *tyranney* und *tyrannisch, grymmig* und *wütterlich regiment*. Die Rede enthält starke Spannungsmomente auf zwei Ebenen: auf der Makro-Ebene, indem sich angesichts der Dreiteilung die Frage stellt: Widerruft er wenigstens in einem der drei Teilbereiche? und auf der Meso-Ebene, indem er zu jedem Bereich zunächst die Situation des Widerrufs imaginiert und dann jeweils auf die absurden Konsequenzen solchen Widerrufs verweist – eine Dreifachvariation der Verknüpfung von *ad absurdum*-Argument und Konsequenztopos. Dabei argumentiert er hinsichtlich seiner gegen das Papsttum gerichteten Schriften reichspolitisch und damit – angesichts seiner Hörerschaft (Kaiser, Fürsten, Reichsstände) – besonders adressatenbezogen: Würde er seine Angriffe auf das reichsfeindliche Papsttum auf Druck der Reichsgewaltigen widerrufen, wäre die Folge, daß dies für Reich und Kaiser erst recht unerträglich werde.

Das Jahrhundert vor dem Dreißigjährigen Krieg ist nicht nur durch konfessionelle Auseinandersetzungen geprägt, sondern auch durch (damit oft zusammenhängende) Konflikte zwischen den noch relativ starken Ständen und den mächtiger werdenden Landesherren. In dieser Zeit ist auch noch das offene, Dissens nicht scheuende Wort sowohl zur standesinternen Mobilisierung als auch in der direkten Interessenvertretung gegenüber dem Landesherren bis zu einem gewissen Grade möglich. So sind bedeutende P. des Sprechers der zusammengeschlossenen ober- und niederösterreichischen protestantischen Stände, des calvinistischen Freiherrn GEORG ERASMUS VON TSCHERNEMBL, im Ringen mit dem habsburgischen Erzherzog Matthias um die Bedingungen für dessen Huldigung durch die Stände überliefert.[60] Tschernembls Ziel ist es, gegen die Rekatholisierungsbestrebungen des Erzherzogs vor der Huldigung und damit vor deren Anerkennung als Landesherr nicht nur Garantien für die überkommenen Rechte der Stände, sondern auch für ein Höchstmaß an Religionsfreiheit durchzusetzen. Die Lage ist nicht einfach, haben doch die ungarischen und die mährischen Landstände die Huldigung schon vollzogen. Vertreter der letzteren treten Tschernembl als Vermittler gegenüber. Seine am 4. März 1609 in Wien vor diesen gehaltene Rede[61] hat in dieser Situation drei adressatenspezifische Hauptfunktionen: bei den von ihm vertretenen Ständen das für die Auseinandersetzung notwendige Selbstbewußtsein zu stärken, die Vertreter der mährischen Stände wieder auf die eigene Seite zu ziehen und schließlich so zu reden, daß dem Erzherzog der richtige Eindruck einerseits von Entschlossenheit der Stände, ihre Interesse zu wahren, und andererseits von Verhandlungsbereitschaft und -spielraum vermittelt werden kann.

Es handelt sich um ein Musterbeispiel der Ausprägung des génos symbuleutikón als Verhandlungsrede. Dominierende Sprechhandlungen sind Fordern, Rechtfertigen der Forderungen sowie Drohen in Form der Verdeutlichung der negativen Konsequenzen für die Gegenseite im Falle des Scheiterns der Verhandlungen. Der Ton einer solchen Rede ist, vor allem was das Drohen betrifft, genau zu kalkulieren. Tschernembl weiß, daß er den im Ernstfall wohl stärkeren Erzherzog (und dessen Berater) beeindrucken muß, ohne ihn so zu provozieren, daß er statt zu verhandeln auf Pressionen oder gar Gewaltlösungen setzt. Die für P. charakteristische Topos-Konfiguration erhält hier eine knappe Ausprägung. Im Mittelpunkt steht der Prinzipientopos, insofern der Redner erstens die Berechtigung der ständischen Forderungen auf das Prinzip der Zuständigkeit der Stände für das Staatswohl in Zeiten des Interregnums (wie es bis zur Huldigung des neuen Herrschers besteht) zurückführt und zweitens dieses Prinzip wiederum stützt auf eine große, systematisch abgehandelte Anzahl historischer Präzedenzfälle (*exempla*) sowie auf staccatoartig aufgezählte traditionelle Einzelrechte der Stände. Für diese streng sachlich formulierten Argumentationsgänge stellt er Stringenzansprüche, indem der seine Konklusionen im Disputationsstil vielfach mit Formeln wie «darauß erwisen wird» einleitet.

Da die Beteiligten die Situation kennen, spielt der Datentopos nur eine untergeordnete Rolle. In taktischer Absicht wird er allerdings im Hinblick auf die Situation am Hof in Anspruch genommen: Um die Schuld an der Notwendigkeit, Matthias mit der Abwendung der Stände zu drohen, nicht dem Erzherzog selbst vorzuwerfen, wird die Lage dort als durch übelwollende katholische Berater geprägt dargestellt. Letzteren gegenüber wird allerdings eine massive Drohung unverblümt ausgesprochen: Käme es wegen Ablehnung der ständischen Forderungen zu Krieg, so würde «mit jnen schwerlich anderst zugehen/als wie es mit außrottung deß gantzen Geistlichen Stands in Böhem vor Jahren ergangen».

Tschernembl erreicht – was auch in vorabsolutistischer Zeit keine Selbstverständlichkeit ist – daß die Ständevertretung zwei Tage später bei Hof vorgelassen wird und er deren Anliegen, wenn auch in knapperer Form, dem Erzherzog selbst vortragen und diesen sogar zu einer unmittelbaren Antwort bewegen kann. Hier wird die Drohung nur in indirekter Form ausgesprochen: «[Wir] haben auch noch biß dato mit keinem anderen Herrn uns eyngelassen.» Die nicht ausgesprochene Implikatur ‹Das kann aber noch kommen› ist allerdings unmißverständlich.

Tschernembl hat seine Trümpfe nicht überreizt. Erreicht er auch nicht die Rücknahme aller Rekatholisierungsmaßnahmen, so kann er doch erhebliche Zugeständnisse durchsetzen.[62]

Das in Tschernembls Reden zum Ausdruck kommende politische Gewicht der Stände ist nach dem Dreißigjährigen Krieg gebrochen. Die Epoche des Absolutismus zieht herauf und mit ihr eine rhetorische Praxis, in der das Austragen politischer Konflikte in Form rednerischer Kontroversen völlig verschwindet. Auch im rhetorischen Schrifttum ergeben sich deutliche Akzentverschiebungen. In Lehrbüchern des 16. und frühen 17. Jh. hatte es – wahrscheinlich als Reflex auf die polemikreiche Schrift- und Redekultur des 16. Jh. – mehr als je zuvor Ansätze für eine rhetorische Thematisierung polemisch-invektiven Redens gegeben. Zwar gab es – entsprechend der antiken Lehrbuchtradition – keine geschlossene gattungsspezifische Behandlung der ‹Tadelrede› bzw. Polemik als epideiktisches Gegenstück zu der in den Lehrbüchern ausführlich behandelten Lobrede. Aber mehr als früher hatte es, so bei M. CRUSIUS (1564), C. SOAREZ (um 1566) und VOSSIUS (1621) Hinweise für die Möglichkeit der abwertenden Negativdarstellung, insbesondere von Personen, gegeben, und zwar an unterschiedlichen Stellen des rhetorischen Systems: in der Personentopik, im *exordium* und in der *confutatio* als dem Teil der *argumentatio*, in dem die gegnerischen Argumente zu schwächen sind, im Rahmen des *genus iudiciale* sowohl in der Anklagerede (*accusatio*) als auch in der Verteidigungsrede (*defensio*) und schließlich als mögliche Ausprägung der *amplificatio*.[63]

Mit dem beginnenden Absolutismus wird die rhetorische Lehrbuchtradition um ein neues Genre, die sog. ‹Höflingslehren›, mit verschiedenen Ausprägungen wie Ständelehren, Anstandsbücher und vor allem Komplimentier- und Konversationslehren erweitert. Obwohl der Hof der einzige Ort ist, an dem im Absolutismus Politik gemacht wird, ist das neue Genre weiter vom Gegenstand ‹Kommunikation zum Zwecke der Gestaltung von Politik› entfernt als jedes Lehrbuch der klassischen Rhetoriktradition. Politisches Handeln ist zum Privileg des Herrschers und dessen kommunikative Vor- und Nachbereitung zur Geheimsache im Kabinett geworden. Der entmachtete Adel konkurriert in der Rolle von Hofleuten um mehr oder weniger Nähe zum personellen Zentrum der Macht. Politisch sind die höfischen Kommunikationspraktiken und die auf sie zugeschnittenen Lehrbücher nur insofern, als sie einerseits Auswirkungen auf höfisch-politische Karrierechancen haben (oder haben sollen) und sie andererseits Anweisungen und Muster für die (ausschließlich relativ kurzen) Redeformen im Kontext höfisch-zeremonieller Repräsentation beinhalten. Entsprechend der Ausdehnung des Absolutismus handelt es sich bei den Regeln und Praktiken der Hofkommunikation im 17. und 18. Jh. um ein europaweites Phänomen. Ausgangspunkt waren die italienischen Renaissancehöfe im 16. Jh. und in diesem Kontext das ‹Buch vom Hofmann› des Grafen B. CASTIGLIONE (1528): «Alles was der Hofmann im geselligen Rahmen tut, soll nicht den Anschein des Anstrengenden, Schwierigen, Gekünstelten haben. Die Kunst ist es gerade, die Kunst zu verbergen und alles mit einer gewissen Natürlichkeit erscheinen zu lassen.» [64] Noch stärker zielt das ‹Handorakel› des spanischen Jesuiten B. GRACIÁN (1647) auf spielerisch-elegant erscheinende Hofkonversation als diszipliniert und vorsichtig zu handhabendes Karrierevehikel ab. «Es handelt sich um eine Rhetorik der Vermeidung, der Bändigung, des Verbergens; um eine Rhetorik der strategischen Selbstbehauptung, die ihr Ideal nicht in einer entfesselten Suada, sondern in einer disziplinierten Zunge sieht.» [65]

Repräsentative höfische Anlässe (Huldigungen, Landtage, Empfänge, Jahrestage, Geburt, Hochzeit etc.) sind die weitgehend zeremoniell bestimmten Kontexte für die dominierenden Formen der kurzen Rede bei Hofe (Gratulationen, Dankreden, Reverenzen, Empfehlungen, Beileidsbezeugungen etc.), die unter dem Oberbegriff ‹Compliment› zusammengefaßt werden und deren Übergang zu Formen der Konversation fließend ist. Wenn CHR. WEISE seine Lehrbücher ‹Politischer Redner› (1677) und ‹Neu-Erläuterter Politischer Redner› (1684) nennt, dann meint er mit ‹Politisch› nichts anderes als ‹öffentlich-repräsentativ› und handelt primär Complimenttypen ab. Der Aufbau von Complimenten wird als zwei- oder dreiteilig empfohlen: *propositio* (anlaßspezifische Thematisierung, z. B. Dank), *insinuatio* (Einschmeichelung, bei Adressierung an den Herrscher eine an der Panegyrik orientierte Lobpreisung) und – bei manchen Autoren nicht als eigener Redeteil aufgeführt – *votum* (Wohlergehenswunsch gegenüber dem Adressaten).

Neben den Höflingslehren werden im 17. und 18. Jh. auch – im Rahmen von Fürstenspiegeln – Empfehlungen zur Herrscherrhetorik gegeben. Dem Herrscher wird vor allem Knappheit und Befehlston empfohlen. In CHR. A. BECKS ‹Versuch einer Staatspraxis oder Canzleyübung, aus der Politik, dem Staats- und Völkerrechte› (1754) wird differenziert: «Ein Regent läßt überall seine Majestät hervor blicken, und spricht aus dieser Ursache kurz. Ein Minister muß sich aus Ehrfurcht der Kürze bedienen […] Kurze, ungezwungene und abgebrochene Sätze schicken sich am besten für Regenten, weil sie dadurch zugleich ihre Größe zu erkennen geben. Ein Minister muß in seinen Reden mehr Ordnung und Verbindung beobachten.» [66]

IV. *Französische Revolution, 19.–21. Jh.* Die Aufklärung entwickelt sich auf dem Kontinent unter den politischen Bedingungen des Absolutismus. Obwohl sie in vielerlei Hinsicht den philosophischen und mentalitätsgeschichtlichen Boden für die Französische Revolution und spätere republikanische und demokratische Entwicklungen – und damit für politische Kontexte und Verfassungsausprägungen, die die freie, deliberative, gegebenenfalls dissensbetonende P. als konstitutives Moment enthalten – vorbereitet, ist von letzterem in den Rhetorik-Lehrbüchern wie in der rhetorischen Praxis vor 1789 kaum etwas zu spüren. Anders in England. Aufgrund des seit dem späten Mittelalter sich entwickelnden Parlamentarismus gehört dort eine politische Rhetorik, die das Pro und Contra kennt, zu den gesellschaftlichen Selbstverständlichkeiten. HUGH BLAIR (‹Lectures on Rhetoric and Belles Lettres›, 1783) bewertet die P. als höchste Stufe der Beredsamkeit.

Typisch für den Status der P. in der kontinentalen Rhetorik des 18. Jh. ist deren Behandlung durch FABRICIUS und GOTTSCHED: «Statt der Rede vor der Volksversammlung traktieren die Rhetoriker «Huldigungs-Reichs-Kriegs-Land-Stifts-tags-reden» (Fabricius) [67] oder schlicht, wie Gottsched, Hof- und Staatsreden, wobei die beiden Exempel dazu für sich selbst sprechen [68]: ‹Huldigungsrede an den Churfürsten zu Sachsen› und ‹Huldigungsrede an dessen Gevollmächtigte›. [69]

Das freie, allerdings nicht auf unmittelbar politische Gegenstände kritisch referierende Wort entwickelt sich in der Aufklärung vor allem in der Publizistik.

In Frankreich gewinnt die philosophische und gesellschaftskritische Publizistik, insbesondere im Gefolge der ‹Encyclopédie› (1751 ff.) eine solche politische Brisanz, daß es die zeitgenössische These einer journalisch-rhetorischen Verschwörung als Verursacher der Revolution gibt. [70]

Die Revolution entwickelt sich in einem Wechselspiel von rhetorischem Handeln, manifest-körperlicher Massenbewegung und Gewaltanwendung. Das rhetorische Handeln spielt sich weitgehend in parlamentarischen Formen – von den Generalständen über die Nationalversammlung und die Legislative bis zum Konvent – ab [71], darüber hinaus aber immer mehr in Clubs, Sektionen, auf Straßen und Plätzen. In den Clubs geben großenteils diejenige Redner den Ton an, die auch im Parlament Wortführer sind. Neben Zeitungen und Flugblättern, die oft von Leuten, die in den Pariser Sektionen. z. T. auch in den Clubs eine Rolle spielen, verfaßt werden, sind es vielfach unbekannte Redner aus dem Volk, die auf der Straße die Revolution propagieren und vorantreiben. [72]

In der Französischen Revolution entsteht eine gegenüber der politischen Kommunikationskultur des Absolutismus gänzlich neue rhetorische Praxis, die den Konzepten der antiken Autoren von P. näher steht als den Rhetoriklehrbüchern der eigene Epoche. Allerdings zwingen die politisch-kommunikativen Umstände die Wortführer der Revolution, die großenteils die Muster und Techniken der antiken Rhetorik kennen und von ihnen bewußt Gebrauch machen, dazu, diese in der rhetorischen Praxis – eine eigene rhetorische Theorie hat die Französische Revolution nicht entwickelt – in charakteristischer Weise neu auszuprägen.

Debattenreden in Parlament oder Club, Propagandareden auf Straßen und Plätzen, politisch motivierte Anklage- und (weniger) Verteidigungsreden, epideiktische Reden zu Revolutionsfesten – das entspricht ganz der Palette der klassischen Gattungslehre. Und doch ist alles anders als in Athen oder Rom, wo Lehrbuchautoren und begnadete Redner wie Demosthenes und Cicero von einer Kommunikationskultur ausgingen, mit der sie groß geworden waren. Für die Redner der Französischen Revolution ist fast alles neu: die Möglichkeit freier politischer Rede überhaupt, die Kommunikationspartner, die Redesituationen, die Themen und die Begriffsnetze, in denen Politik konzeptualisiert wird. Letzteres ist den Protagonisten der Revolution noch am wenigsten fremd, da viele Bestandteile der politischen Lexik und Semantik vorbereitet sind in dem philosophischen, insbesondere rechts- und gesellschaftsphilosophischen Diskurs der Aufklärung und dessen publizistischem Widerhall – dort allerdings scheinbar noch weit weg vom konkreten politischen Handeln.

Die Besonderheit der pragmatischen Charakteristika der Revolutionsrhetorik beruht auf der grundstürzenden Novität der normativen Grundlagen und der daraus sich ergebenden Konsequenzen in der Ausgestaltung des Gemeinwesens. In linguistischer und systemtheoretischer Zuspitzung bedeutet dies: Die Pragmatik der revolutionären Rhetorik hat ihren Grund in der politischen Semantik der Revolution [73]:

Als König Louis XVI. vor dem Hintergrund zerrütteter Staatsfinanzen zunächst Provinzialversammlungen und schließlich die seit 1614 nicht mehr zusammengetretenen Generalstände für 1789 einberuft, akzeptieren die Deputierten des Dritten Standes nicht mehr die hergebrachten Vorrechte von Adel und Klerus in dieser Versammlung und erklären sich – was der König schließlich akzeptiert – zur *Nationalversammlung*, in der jeder Abgeordnete unabhängig vom Stand eine Stimme von gleichem Gewicht hat. Das naturrechtlich begründete Konzept der *souveränen*, von einem einzigen *Gemeinwillen* getragenen *Nation* löst damit das tradierte, letztlich theologische Konstrukt einer im Staat hierarchisch gegliederten Gesellschaft ab, deren bevorrechtigte Glieder sich auf *Privilegien* und *Freiheiten* stützen, die ein durch *Gottes Gnaden* legitimierter Herrscher als *Souverän* verliehen hat. Nach ihrem Zusammentritt gelobt die neue Nationalversammlung im sog. Ballhausschwur am 20. Juni 1789, nicht auseinander zu gehen, bis Frankreich eine Verfassung habe. Am 26. August 1789 verkündet sie die Menschenrechte – fast zeitgleich mit dem Beschluß über die ‹Bill of Rights› durch das Parlament der Vereinigten Staaten von Amerika. Mit dem Sturm auf die Bastille am 14. Juli 1789 hat die Entwicklung auch im allgemeinen Bewußtsein die Schwelle zur Revolution überschritten. Sie steht unter der gesellschaftsutopischen Losung «Freiheit, Gleichheit, Brüderlichkeit». Mit der Radikalisierung der Revolution zwischen 1792 und 1794 wird die Revolutionssemantik in zwei Hinsichten erweitert und radikalisiert: *Tugend* wird zum ausschließlichen Maßstab für das Handeln des Einzelnen, und die *Vernunft* wird zur Göttin der neuen Epoche, der man Altäre errichtet.

Nation, *Menschenrechte*, *Verfassung*, *Revolution*, *Freiheit*, *Gleichheit*, *Brüderlichkeit*, *Tugend*, *Vernunft*, schließlich *Republik*, *Vaterland*, *Volk*, auch *Wohlfahrt* – diese Begriffe, von denen einige in beinahe jeder der überlieferten Revolutionsreden an zentralen Stellen vorkommen, sind mehreres gleichzeitig: Sie markieren ein gänzlich neues Staats- und Gesellschaftskonzept, sie werden als Hochwertbegriffe verwendet und sie sind großenteils Programmbegriffe, d.h. sie beschreiben weniger, was ist, als daß sie verkünden, was sein soll. Je radikaler die Revolutionsschübe werden, desto entschlossener sind die Protagonisten dabei, nicht nur die politischen Institutionen, sondern auch die von Tradition und Religion geprägte Alltagskultur zu verändern. Das schlägt sich sprachlich in revolutionärer Namensgebung und in neuen Bezeichnungen für eine neue Zeitrechnung nieder.

Die Revolutionäre agieren im Bewußtsein, unter turbulenten, gefährlichen Umständen welthistorisch Großes zu bewirken. Damit legitimieren sie in pathetischem und dramatisierendem Redestil immer neue Maßnahmen, so DANTON am 1.8.1793 die Einsetzung des Wohlfahrtsausschusses als provisorische Regierung:

«Wir werden der Welt ein Beispiel geben, wie das noch kein Volk getan hat. Das französische Volk hat die Regierung, die es angenommen hat, gewollt, und wehe dem Volk, das es nicht versteht, eine so feierlich beschworene Regierung zu verteidigen! Seht, wie man in der Vendée den Krieg mit mehr Energie führt als wir selbst! Die Gleichgültigen bringt man mit Gewalt zum Marschieren. Wir, die wir für die kommenden Generationen wirken, wir, auf die die Welt blickt, warum betrachten wir mit kühler Tatenlosigkeit die Gefahren, die uns bedrohen? Warum haben wir noch nicht eine gewaltige Masse von Bürgern an die Grenzen zur Verteidigung geworfen? Schon entrüstet sich das Volk in einigen Departements über diese Schlaffheit, und es hat verlangt, daß man die Sturmglocke läutet. Das Volk beweist mehr Energie als ihr. Die Freiheit findet sich immer bei der breiten Masse. Wenn ihr euch des Volkes würdig zeigt, dann wird es euch folgen, und eure Feinde werden ausgerottet werden. Ich verlange, daß der Konvent seinen Wohlfahrtsausschuß als provisorische Regierung einsetzt, daß die Minister nur die ersten Gehilfen dieser provisorischen Regierung sind, daß dieser Regierung 50 Millionen zur Verfügung gestellt werden, über die sie erst am Ende einer Sitzungsperiode abzurechnen braucht [...]. Ich stelle meine Forderungen im Namen der Nachwelt, denn, wenn ihr die Zügel der Regierung nicht in festen Händen haltet, verurteilt ihr die kommenden Generationen zur Knechtschaft und zum Elend, und darum verlange ich, daß ihr meinen Vorschlag unverzüglich annehmt.» [74]

Reich ausgestattet mit Merkmalen des hohen Stils (Elative, Ausrufe, Rhetorische Fragen, Parallelismen, Dreierfigur, Antithetik) wird hier auf knappem Raum das revolutionstypische Szenario entworfen: das Volk als höchste Instanz, die jeweilige parlamentarische Institution (hier der Konvent) als allzu zögerlicher Repräsentation des Volkes und man selbst als glühender Sprecher des wahren Volkswillens und/oder als Beauftragter einer besseren Zukunft im Kampf gegen die antirevolutionären inneren und äußeren Feinde.

Die juristische Sozialisation etlicher Wortführer der Revolution schlägt durch, wenn dieser Stil mit kühler ausführlicher Deduktion verknüpft wird, etwa in Robespierres Plädoyer zugunsten der Todesstrafe für Louis XVI. In den Jahren des *terreur* ist es beinahe ein Stereotyp, bei Anklagen gegen die, mit denen man kurz zuvor noch verbündet war, im Namen der Revolutionswerte die Notwendigkeit von Kälte und Objektivität zu betonen, um die Beschuldigten dann doch in emotionalisierender Weise als Verräter oder Volksfeinde zu diffamieren, meist ohne ihnen die Chance zur Verteidigung zu geben, so Saint-Juste in seiner Anklagerede am 31. März 1794 vor dem Konvent gegen den unmittelbar zuvor verhafteten Danton: «Die Liebe zum Vaterland ist eine großartige und furchtbare Sache. Sie ist ohne Mitleid, ohne Angst, ohne Respekt vor dem Einzelnen, wenn es gilt, das öffentliche Wohl zu schützen [...]. Ich stehe hier, um die letzten Anhänger des Königtums zu brandmarken, die Strafe für jene Leute zu verlangen, die seit fünf Jahren die Freiheit so verfolgen, wie der Tiger die Beute verfolgt [...]. Ganz Europa, außer uns, die wir verblendet sind, ist überzeugt, daß Lacroix und Danton für die Monarchie arbeiten [...]. Danton, betrachten wir deine Vergangenheit und zeigen wir, daß Du seit dem ersten Tage der Mitschuldige aller Attentate warst. Du warst immer gegen die Partei der Freiheit [...]. Danton, du hast der Tyrannei gedient.» [75]

Für ihre jeweiligen Feinde haben die radikalen Revolutionsprotagonisten ein Arsenal von stigmatisierenden Negativbezeichnungen: *Monarchie, Tyrannei, Despoten, Adel, Volksfeind,* auch *Reiche.*

Vor allem ROBESPIERRE ist sich der strategischen Bedeutung des Kampfes um die Durchsetzung angemessener Bezeichnungen bewußt, wie die folgende Passage aus einer Rede vor dem Jakobinerclub vom 28. Oktober 1792 zeigt: «Die Intriganten haben die Freiheit selbst verleumdet. Aber wie kann man die Freiheit entwürdigen und selbst diejenigen verleumden, die öffentlich die Sache der Freiheit verteidigen? Das einzige Mittel zum Erfolg hieß, jede Tugend in den Farben des ihr entgegengesetzten Lasters zu malen, indem man sie bis zum Exzeß übertrieb. Es galt, die auf die Organisation der politischen Gesellschaften angewandten Grundsätze der Philosophie eine die öffentliche Ordnung zerstörende Theorie zu nennen; sowie den Umsturz der Tyrannei, Anarchie; die Revolutionsbewegung Unruhen, Unordnung, Cliquen; und die nachdrückliche Forderung der Rechte des Volkes ein verführerisches Einschmeicheln zu nennen [...] Dieses Mittel bestand mit einem Worte darin, die [...] tugendhaften Dinge mittels verabscheuenswürdiger Worte zu entstellen und die Gebäude der Intrige und Aristokratie durch ehrwürdige Bezeichnungen zu ummänteln [...]. Die Partei des Volkes mußte als Clique dargestellt werden, die Moral der Gleichheit und sozialen Gerechtigkeit verdreht werden [...]. Wie leicht wurden die Verteidiger der Freiheit durch die verleumderischen Bezeichnungen ‹Aufrührer› und ‹Republikaner› (etc.) zu Opfern von Vorurteil und öffentlichem Haß [...]. Die Wahrheit muß nun Schleichwege gehen.» [76]

Robespierre selbst geht mit dem Leitbegriff *Volk* je nach Adressaten und Situation geradezu beliebig um, indem er ihn mit sehr unterschiedlicher Referenz verwendet, worauf der Antijakobiner LA HARPE wenige Monate nach der Hinrichtung Robespierres hinweist: «Robespierre [...] erkannte schnell, daß das sicherste Mittel um in der Revolution eine Rolle zu spielen, darin bestand, dauernd dem *Volk* zu schmeicheln, dauernd seine *Interessen* und seine *Rechte* im Munde zu führen; aber das Volk, das er meinte, war nicht die Vereinigung aller Staatsbürger [...]. Vielmehr bezeichnete er mit diesem Wort jede beliebige Parteiung und Versammlung. Die Tribünen der Konstituante waren das *Volk*; die Jakobiner waren das *Volk*; der kleinste Auflauf bei den Tuilerien oder auf den öffentlichen Plätzen war das *Volk* [...]. Er sah das Volk überall, nur nicht dort, wo es wirklich war.» [77]

Die Vagheit und Abstraktheit vieler Leitbegriffe der Revolution begünstigen eine ideologisch und/oder interessenabhängige Unterschiedlichkeit bei der Interpretation der Begriffe und bieten damit die Möglichkeit, mißliebigen Mitrevolutionären Abweichungen von der eigenen Interpretation als Verrat an den höchsten Werten der Revolution vorzuwerfen. Gleichwohl ist ein großer Teil des Revolutionsvokabulars zum Kernbestand der politischen Lexik der späteren Republiken und Demokratien geworden.

Mit der Ablösung des Revolutionsregimes durch die Herrschaft Napoleons an der Wende vom 18. zum 19. Jh. sowie mit dem Sieg der europäischen Monarchien über Napoleon und mit den anschließenden Jahrzehnten der Restauration verliert die öffentliche rednerische Auseinandersetzung über politische Fragen wieder an Bedeutung. Insgesamt ist die Geschichte der P. im 19. Jh. allerdings geprägt durch den Prozeß der Parlamentarisierung, der in Deutschland von ständisch geformten Landtagen zum Reichstag des Wilhelminischen Reiches führt. In Frankreich ist dieser Prozeß eng verknüpft mit dem Wechseln zwischen monarchischer, neo-napoleonischer und republikanischer Verfassung. Mit der Parlamentarisierung ist die Frage von Meinungsfreiheit und Zensur eng verknüpft. Die von 1819–1848 geltenden ‹Karlsbader Beschlüsse› behindern vor allem in Deutschland und in den unter habsburgischer Herrschaft stehenden Ländern nicht nur die Freiheit der Presse, sondern auch die Freiheit der P. Entscheidungsrelevante politische Kommunikation findet beinahe ausschließlich in Kabinettsitzungen und anderen nicht-öffentlichen Verhandlungen statt. Erst mit der Revolution von 1848 ändern sich die Verhältnisse langsam. In der Öffentlichkeit herrscht die panegyrisch beeinflußte, von *Untertanengeist* geprägte Rede zu Ehren der Herrscher vor – etwa an Gedenktagen, bei Jubiläen im Herrscherhaus, Besuchen in der Provinz u.ä. Pendant dazu ist die Herrscherrede, insbesondere die ‹Thronrede› an Volk, Parlament und/oder die Repräsentanten der Stände. In ihr wird das jeweilige Thema häufig in landesväterlichem Sorgegestus behandelt, verknüpft mit der Zuversicht oder gar dem Gewißheitsanspruch, daß man vorhandene Probleme meistern werde – mit Gottes Hilfe sowie mit der Kraft, der Weisheit, und der Erfahrung des Herrschers bzw. des Herrscherhauses. Vom Volk wird Treue eingefordert.

Verwandt mit der Thronrede sind die schriftlichen ‹Proklamationen› der Monarchen. Diese Textsorte nutzt der preußische König Friedrich Wilhelm IV. zur taktischen Reaktion auf die Revolution von 1848 in Berlin. Als der König sich in der Defensive sieht, wendet er sich am 19. März «An meine lieben Berliner», zeigt im Text Gefühle, z.B. Freude darüber, daß die Schüsse auf dem Schloßplatz niemanden getroffen haben, und versichert seinerseits Treue gegenüber dem Volk. «Das eigentlich Unerhörte des Textes liegt jedoch an anderem darin, daß sich der Monarch – sprechakttheoretisch gesprochen – statt mit BEFEHL, ERLASS oder ANORDNUNG mit eindringlichen BITTEN an seine Untertanen wendet, die statt der Autorität des Sprechers die des Hörers präsupponieren.» [78] Mit dem Abklingen der revolutionären Bewegung ändert sich der Ton. Am 15. Mai 1849 veröffentlicht der König eine Proklamation, die sich schon in der Anrede wieder im wesentlichen als Ankündigung, Deklaration und – gegenüber den Demokraten in der Paulskirche – als strenge Verurteilung zeigt [79]

Nationenbildung und Nationalstaatlichkeit, Verfassungsfragen, die soziale Frage sowie Rüstungs- und Kolonialpolitik sind die Probleme, die den politischen Diskurs Ende des 19. Jh. in den meisten europäischen Staaten dauerhaft oder zumindest jahrzehntelang dominieren. Außerparlamentarisch setzt man im Hinblick auf politische Wirksamkeit mehr auf Schrifttexte als auf Reden. Vor allem in der ersten Jahrhunderthälfte bedeutet dies für oppositionelle Bewegungen einen ständigen Kampf mit der Zensur. Schwierigkeiten macht man vor allem den Kräften, die neben politischen Rechten auch die Beseitigung des sozialen Elends der unteren Schichten fordern. In diesen Zusammenhang gehört der radikale Text des Dichters G. BÜCHNER ‹Der Hessische Landbote› (1834), in dem unter der Losung ‹Friede den Hütten! Krieg den Palästen!› eine Analyse der Verwendung der Staatsfinanzen im Großherzogtum Hessen mit dem Elend der Masse der bäuerlichen Steuerzahler konfrontiert wird und in prophetischem Ton, mit einer Fülle von Bibelzitaten und mit Verweis auf die Französische

Revolution als Vorbild die Beseitigung der deutschen Territorialfürstenherrschaft beschworen wird.

Die stärkste oppositionelle Stoßkraft gegen die herrschenden Verhältnisse geht, besonders in der zweiten Hälfte des 19. Jh., von der Arbeiterbewegung aus. Ihre rednerische Wirksamkeit ist vor allem in Parlamentsreden überliefert. Über die mündliche Kommunikation, in der die Arbeiterschaft ihre Erfahrungen und Nöte im Alltag artikuliert sowie politisch interpretiert und in der politische Mobilisierung stattfindet, liegen keine authentischen Zeugnisse vor.

Eines ist gewiß: Rhetorische Lehrbücher spielen dabei keine Rolle. Zum einen, weil die Arbeiterschaft dazu keinen Zugang hat, zum anderen, weil der allgemeine Niedergang der Rhetorik im 19. Jh. – selbst in Frankreich wird gegen Ende des Jahrhunderts der Rhetorikunterricht aus den Schulen verbannt – die Rhetorik der P. besonders stark getroffen hat. Hatte A. MÜLLER in seinen ‹Zwölf Reden über die Beredsamkeit und deren Verfall in Deutschland› (1812) noch die Ursache für Defizite in der – von ihm politisch verstandenen – rhetorischen Kompetenz der Deutschen darin gesehen, daß es hier an einer republikanischen politischen Kultur fehle («Darum gedeiht in Republiken die Beredsamkeit, nicht bloß, weil jedem mitzureden erlaubt ist, sondern weil jeder frühe gewöhnt wird, einzugehn in die freie Gesinnung, in das Ohr des Nachbars, weil, wer herrschen will, so vieles Unabhängige, so viel eigentümliche Weise zu hören und zu empfinden, neben sich dulden muß, und so vielen gehorchen muß» [80]), so kümmern sich die relativ wenigen, im 19. Jh. verfaßten rhetorischen Lehrbücher kaum oder gar nicht um die P. – und das nicht nur in Europa, sondern auch in Amerika. [81]

Das rhetorische Spektrum, das die intellektuellen Vorkämpfer und die politischen Führer der Arbeiterschaft in außerparlamentarischen Reden entfalten, sei an zwei Exempeln demonstriert: an der Rede, die K. MARX 1848 als Angeklagter («wegen Aufreizung zur Rebellion») vor dem Kölner Schwurgericht hielt [82], sowie an einer Wahlrede des SPD-Vorsitzenden A. BEBEL [83] im Reichstagswahlkampf 1903.

Das Erklären von Zusammenhängen spielt in beiden Reden eine wichtige Rolle, allerdings adressatenbedingt in unterschiedlichen Ausprägungen. Marx, der in der ‹Neuen Rheinischen Zeitung› den Steuerverweigerungsbeschluß der Preußischen Nationalversammlung nach deren Vertreibung aus Berlin abgedruckt und propagiert hatte und deshalb angeklagt ist, versucht – erfolgreich, wie sein Freispruch belegt – das Schwurgericht nicht nur mit juristisch-geltungstheoretischen Deduktionen von der Unrechtmäßigkeit der Anklage zu überzeugen, sondern auch dadurch, daß er den Geschworenen die politische Entwicklung von Beginn der März-Revolution bis hin zum Steuerverweigerungsbeschluß aus seiner historischen Klassenkampftheorie heraus erklärt. Das tut der Autor des im selben Jahr erschienen ‹Kommunistischen Manifests› allerdings, ohne vor den bürgerlich gestimmten Geschworenen die angestrebte proletarische Revolution zu erwähnen. Er beschränkt sich ganz darauf, die *bürgerliche* Revolution der Gegenwart von 1848 als durch die sozio-ökonomische Entwicklung notwendig gewordene Etablierung bürgerlicher Herrschaft und die "Konterrevolution" seitens der preußischen Regierung als Abwehrkampf einer überlebten, mittelalterlich geprägten Feudalherrschaft zu erklären.

Mit einem ganz anderen Erklärungsbedarf seiner Zuhörer muß ein gutes halbes Jahrhundert später der SPD-Vorsitzende Bebel rechnen, wenn er als berühmter Reichstagsabgeordneter in der Industriemetropole Köln seine Anhänger in einem zweistündigen «Vortrag» (S. 47) zum Wahlkampf gegen das auch in der Arbeiterschaft starke katholische Zentrum mobilisiert. Hier ist die P. der Arbeiterbewegung nur noch mit Einschränkung das aufbegehrende «instrumentale Sprachspiel» der Unterdrückten gegen die Unterdrücker [84] Zwar vertritt Bebel grundsätzlich eine – eher reformistische als revolutionäre (vgl. S. 18) – Gegenposition zur «bürgerlichen Staats- und Gesellschaftsordnung» (S. 13). Primär aber ist die Rede Auseinandersetzung mit politischer *Konkurrenz* auf gleicher Ebene, hier mit dem Zentrum.

Anders als unter späteren massenmedialen Bedingungen hat sozialdemokratische Wahlrede um die Jahrhundertwende neben der Mobilisierungs- vor allem Informationsfunktion zur argumentativen Schulung der eigenen Anhänger. Bebel nutzt ein Flugblatt des Zentrums, das behauptet, die Sozialdemokraten seien «Arbeiterfeinde», weil sie Religionsfeinde sind» (S. 2), als Aufhänger, um zu erklären, warum die sozialdemokratische Position, Religion sei «Privatsache», keine Religionsfeindlichkeit bedeute, vor allem aber, um den Spieß umzudrehen und – an zahlreichen Beispielen konkretisiert – die Sozialdemokraten als wahre Interessenvertreter der Arbeiterschaft, das primär «agrarisch» orientierte Zentrum aber als deren Verräter zu kennzeichnen (S. 28f.). Dabei folgt die Argumentation dem o. a. komplexen topischen Muster:

Situationsdaten: Statistische Angaben zur Entwicklung von der agrarischen Gesellschaftsform zur kapitalistischen Industriegesellschaft, zu Zoll- und Steuereinnahmen u.ä. sowie Darstellung des politischen Verhaltens und der Interessenorientierung vorrangig der SPD und des Zentrums zur Arbeits- Sozial-, Zoll-, Steuer- und Militärpolitik.

Situationsbewertung: Aufwertung des SPD-Verhaltens, Negativbewertung insbesondere des politischen Verhaltens des Zentrums und der katholischen Kirche.

Leitende Prinzipien: bei der Sozialdemokratie: die «Lebensinteressen der arbeitenden Klasse» (S. 28), «Frieden» und «Fortschritt auf allen Gebieten» (S. 48); bei den Gegnern der SPD: Kapitalinteressen und – beim Zentrum besonders ausgeprägt – agrarische Interessen.

Ziele (der SPD): *grundsätzlich*: «Unterdrückung zu bekämpfen» und als das «öffentliche Gewissen Deutschlands ... Missbräuche im Staats- und Gesellschaftsleben» anzuprangern; *langfristig*: einen «Zukunftsstaat» zu etablieren, in dem «wir uns auf Erden ein Himmelreich schaffen können, wenn wir die nötigen gesellschaftlichen und politischen Einrichtungen dafür schaffen», was – laut Bebel – ein sicheres «Wissen» darstellt im Gegensatz zum «im Interesse des Kapitals» liegenden «Glauben» an ein jenseitiges «Himmelreich»; *kurzfristig*: «ein möglichst glanzvoller Sieg am 16. Juni bei der Reichstagswahl».

Handlungskonsequenzen: für die SPD-Reichstagsfraktion: in der nächsten Legislaturperiode bei «Lebensfragen» wie der «Umgestaltung der Versicherungsgesetzgebung» im Interesse der Arbeiterklasse zu agieren; für die Wahlkämpfer an der SPD-Basis: «Wir verlangen, daß insbesondere die Arbeiterschaft hier in Rheinland und Westfalen endlich einmal die Augen aufmacht, sich das Gehirn lüftet und anfängt zu denken»; «sorgen Sie dafür, daß an Stelle der bürgerlichen Parteien endlich auch in Köln und im übrigen Rheinland Sozialdemokraten aus der Urne hervorgehen» (S. 48). In diesem Sinne als Schlußappell: «Darum Vorwärts, und abermals Vorwärts und zum dritten Male, Vorwärts!» (S. 49).

Die Rede ist vor allem in den ideologisch mobilisierenden Passagen geprägt von einer Metaphorik der Aufwärts- und Vorwärtsbewegung (*Arbeiterbewegung, sozialdemokratische Bewegung, gesellschaftliche/ökonomische/bürgerliche/kapitalistische Entwicklung, emporwachsen, Gang der Dinge, wirtschaftliche Revolution, Ziel, Fortschritt, Vorwärts*), wie sie, ausgehend von der Idee des Fortschritts, im 19. Jh. in den politischen Diskurs eingedrungen und im Laufe des 20. Jh. mit der Tendenz von Parteien aller Schattierungen, Programme zu formulieren, usuell geworden ist. [85]

Bemerkenswert ist der Sprachstil, in dem der ehemalige Drechsler Bebel marxistische Ideologeme unintellektuell, volkstümlich und zugleich pathetisch und mobilisierend formuliert, z.B.: «Diese ungeheure Zahl von Menschen, die von Jahr zu Jahr wächst, die im schweren Kampf um die tägliche Existenz die harte Sorge um das tägliche Brot hat, die sieht um sich, wie all überall der Reichtum riesengroß emporwächst. Sie sieht, wie die großen Vermögen wachsen, die Millionäre, die Milliardäre entstehen aus der Arbeit und dem Schweiß derer, die ihre Arbeitskraft an jene verkaufen müssen.»(S. 13)

Während im 19. Jh. in Europa die Kämpfe um politische und soziale Rechte, einschließlich der revolutionären Infragestellung der herrschenden Verhältnisse die politische Auseinandersetzung und die P. beherrschen, sind diese Fragen in den USA kein vorrangiges Thema. Die USA sind seit 1776 der erste große nicht-monarchistisch regierte moderne Staat demokratisch-republikanischer Prägung. Landnahme im Westen und ein dynamischer, politisch nicht in Frage gestellter Industriekapitalismus im Osten kennzeichnen die Entwicklung. Das politische Hauptereignis im 19. Jh. ist dort der Bürgerkrieg zwischen den Unionisten (Nordstaaten) und den Konföderierten (Südstaaten). Mit den Unionisten setzen sich schließlich diejenigen durch, die sich primär als Wahrer der 1776 begründeten Staatstradition sehen.

Der Bürgerkrieg und sein Ausgang sind zu einem zweiten Gründungsmythos der USA geworden. Im Zentrum dieses Mythos steht die ‹Gettysburg Address› eine kurze Ansprache, die Präsident A. LINCOLN (1809–1865) am 19. November 1863 anläßlich der Einweihung eines Friedhofs für die gefallenen Soldaten der Schlacht bei Gettysburg hält und die weniger von ihren Zuhörern als von der Nachwelt als historisch bedeutende Rede aufgenommen worden ist. Hier redet der spätere Bürgerkriegssieger an dem Ort, an dem wenige Monate zuvor die Schlacht stattgefunden hatte, die mit ungeheurem Blutzoll die Wende zugunsten der Unionisten gebracht hat.

Die ‹Gettysburg Address› [86] steht in der Tradition der Rede des Perikles, die er auf die gefallenen Athener des ersten Kriegsjahrs im Peloponnesischen Krieg hält. Diese Tradition ist spezifisch als der Usus zu versuchen, dem Soldatentod durch Bezug auf einen bestimmten einzelnen Wert, etwa die nationale Ehre oder die Gerechtigkeit, einen Sinn zu geben. Hier werden vielmehr vier Rechtfertigungsstränge – Nation, Staatsform, Lebensform, Vorbildlichkeit für die Welt – zusammengeführt. Die Nation wird, gleich in den ersten Sätzen, definiert über die für die Welt modellhafte Etablierung der Freiheit als Lebensform und des auf Rechtsgleichheit fußenden Staates: «Four score and seven years ago our fathers brought forth on this continent a new nation, conceived in liberty and dedicated to the proposition that all men are created equal. Now we are engaged in a great civil war, testing whether that nation or any nation so conceived and so dedicated can long endure» (87 Jahre sind es her, seit unsere Väter auf diesem Kontinent eine neue Nation gründeten, welche der Freiheit ihr Dasein verdankt und welche auf den Grundsatz vereidigt ist, daß alle Menschen als Gleiche erschaffen sind. Mit dem großen Bürgerkrieg, den wir jetzt führen, machen wir die Probe darauf, ob diese Nation oder irgendeine Nation, welche so begründet und so vereidigt ist, überdauern wird).

Die weitere Rede folgt einem einfachen Gedankengang: Wir sind hiergekommen, um einen Teil des Schlachtfeldes den Gefallenen als letzte Ruhestätte zu weihen. Im Grunde haben die Gefallenen es durch ihren Tod selbst geweiht – eine Weihetat, die weit über das von uns Geleistete hinausgeht. Darum ist es an uns, uns der Aufgabe zu widmen, für die sie gestorben sind und zu geloben: «... that we here highly resolve that these dead shall not have died in vain, that this nation under God shall have a new birth of freedom, and that government of the people, by the people, for the people shall not perish from the earth» (daß der Tod dieser Toten nicht vergeblich sein darf; daß diese Nation mit Gottes Hilfe von neuem die Freiheit aus sich hervorbringt, und daß diese Staatsform, in welcher das Volk allein durch das Volk zum besten des Volkes herrscht, nicht von der Erde verschwindet).

Die Rede erhält ihre rhetorische Dichte einmal durch die Klammer, die die Formulierung des amerikanischen Selbstverständnisses im Anfangs- und im Schlußsatz setzt und zum anderen durch die Verwendung des religiös gefärbten Hochwertwortes "dedicate" (einen Eid leisten, (sich) weihen), das den Text in sechsmaliger Verwendung als Leitwort durchzieht.

Lincolns politische Stoßrichtung ist die moralische Stärkung der eigenen Seite im noch nicht beendeten Bürgerkrieg. Dazu gehört auch, daß er den Massen der Nordstaatensoldaten, die sich in hohem Maße aus dem Einwandererproletariat rekrutieren – und die in zynischer Perspektive als 'Kanonenfutter' dienen – eine ungemeine Aufwertung in ihrem Selbstverständnis vermittelt.

Die Rede begründet den Mythos des US-amerikanischen Selbstverständnisses vor allem im Zusammenhang mit der Frage des Sinnes von militärischem Engagement und Krieg, und wirkt in den Reden amerikanischer Präsidenten nach bis in die Gegenwart. Ihre Bedeutung ist gewachsen mit dem Aufstieg der USA zur Weltmacht

Die P. steht im 20. Jh. unter gänzlich anderen Vorzeichen als in früheren Epochen. Schon zu Beginn des Jahrhunderts führen Großstadtwachstum, allgemeines Wahlrecht und in dessen Folge stärkeres politisches Interesse in breiten Schichten dazu, daß die große politische Versammlung, u.U. die Kundgebung im Freien mit tausenden Teilnehmern, die adeligen oder bürgerlichen Clubs- und Honoratiorenversammlungen und die Wirtshaus- und Hinterzimmertreffen politisch interessierter Bauern, Kleinbürger oder Arbeiter als Orte der politischen Mobilisierung mehr und mehr ablösen. Als 1924 der Lautsprecher erfunden wird, sind Massenkundgebung oder zumindest Saal- oder Großzeltveranstaltung schon bald die favorisierten Gelegenheiten, um mit einer Rede *Massen* gleichzeitig, unmittelbar und ohne den Umweg über Zeitungen zu erreichen. Das begünstigt einen körperlich-stimmlichen *actio*-Stil der großen, theatralischen Bewegung, die das Auge auch der entfernteren Zuschauer/Hörer noch zu fesseln vermag, und der lauten, tendenziell schreienden Artikulation – um die Zuhörer mit Hilfe der (noch lange störanfälligen) Lautsprechertechnik akustisch zu überwältigen und sich gegebenenfalls gegen Störer und Zwischenrufer im Publikum durchzusetzen. Das fördert vor allem in Zeiten sozialer Spannungen und wirtschaftlicher oder politischer Krisen aufgeheizte Atmosphäre und Enthemmung politischer Emotionen. Der durchschlagende Erfolg gestikulierender, manchmal bis zum Überschlagen der Stimme schreiender Redner wie MUSSOLINI oder HITLER ist ohne solche Großkundgebungskontexte kaum denkbar.

Das zweite Drittel des 20. Jh. steht medial im Zeichen des Radios. Jetzt können Politiker, denen das neue Medium zu Gebote steht, nicht nur Tausende auf einem Platz, sondern Millionen, u. U. fast das ganze Volk mit Rede unmittelbar erreichen. Die Nationalsozialisten beeilen sich daher nach der Machtergreifung, jeder deutschen Familie die Anschaffung eines sog. ‹Volksempfängers› zu ermöglichen. Das Radio ist Heim-Medium. Zur Zimmerlautstärke paßt keine schreiende Stimme. Daher sind Hitlers Rundfunkansprachen – die man unterscheiden muß von der Rundfunkübertragung von Kundgebungen – in der Tonlage viel ruhiger und temperierter als seine Auftritte in großen Sälen oder auf freien Plätzen.

Einem Politiker wie KONRAD ADENAUER, der in temperierter Stimmlage, mit klarer Artikulation, unforciert, in relativ kurzen Sätzen spricht und einfaches Vokabular und eingängig formulierte Argumente benutzt, kommt das Radio sehr zugute.

Das letzte Drittel des 20. Jh. wird vom Fernsehen medial dominiert. Zur Stimme kommt das Bild. Die Übertragung stundenlanger Debatten oder gar – wie im Falle kommunistischer Parteitage – drei- bis fünfstündiger Reden des Generalsekretärs ist unter den Bedingungen des Wettbewerbs um Einschaltquoten in den Hauptprogrammen nicht möglich. Dort gibt es z. B. in den Nachrichtensendungen nach Sekunden abgemessene Kurzausschnitte aus Parlaments- oder Parteitagsdebatten. Saalreden sind aus kommunikations-und wahrnehmungspsychologischen Gründen nicht fernsehgerecht: Die Tonlage paßt auf Dauer nicht ins Wohnzimmer. Dazu kommt: Wenn der TV-Zuschauer schon gezwungen ist, sein beweglichstes, abwechslungsorientiertes Organ, das Auge, ständig auf ein und dieselbe Fläche zu richten, dann muß dort wenigstens einiges an schnell wechselnden optischen Reizen geboten werden. Der Politiker am Rednerpult eines Parlaments bietet das nicht, schon eher das Hin- und Her der Kamera zwischen den Teilnehmern einer Talk-Show. Das Fernsehen begünstigt – quer über die Sendungstypen – bestimmte rhetorische Strategien: Der Vorrang für Abwechslung führt zur Dominanz von Kürzest-Statements, der Vorrang für Konflikt zu drastisch-polemischen Formulierungen, wie sie gezielt in Debattenbeiträge eingebaut werden, um wenigstens mit einem Minimalausschnitt auf den Bildschirm zu gelangen. Bildlichkeit, Flüchtigkeit und Unterhaltungsorientierung des Leitmediums Fernsehen begünstigen Personalisierung mit Vorrang von Ausstrahlungsqualitäten vor Sachkompetenz und politisch-ideologischer Tiefenschärfe. Neben nonverbalen (körperliche Eigenschaften, Mimik, Gestik, Kleidung) sind vor allem folgende sprachliche Merkmale ausstrahlungsrelevant und – soweit beherrschbar – strategisch einsetzbar: markante verbale Identität mit überwiegend positiven Anmutungsqualitäten von Stimmlage, Sprechfluß, Lautstärke, Artikulation, Regionalakzent und Redetemperament; Interessantheit, Anschaulichkeit und Lebendigkeit der sprachlichen Darstellung; Situationsangemessenheit im sprachlichen Ausdruck von Emotionen (Gelassenheit, Heiterkeit, Ernst, Betroffenheit, Entrüstung); Souveränität und Flexibilität im Umgang mit dem Gegenüber (Schlagfertigkeit, Solidaritätsbekundung, Fairneß, Sachlichkeit, verbale Härte). Die Auswahl von Spitzenkandidaten wird – von Parteien oft uneingestandenen – neben anderem auch davon abhängig gemacht, wie man die Wirkung im Fernsehen einschätzt.

Reden vor der passenden Kulisse: Da ist das Fernsehen eher das geeignete Mittel, Reden mit «symbolischer Politik» [87] zu verknüpfen, als das auf Saalbühnen oder große Plätze angewiesene Kundgebungsarrangement oder als Hörfunk, der kaum mehr als die Beifallskulisse mitliefern kann. Vor allem Auftritte in dramatischen Handlungs- und Bildkontexten bieten die Chance großer Wirksamkeit: etwa des russischen Politikers BORIS JELZIN entschlossene Kurzrede auf einem Panzer während des Putschversuchs in Moskau 1992 oder die Rede des amerikanischen Präsidenten GEORGE BUSH auf den Trümmern des World Trade Centers in New York nach dem Terroranschlag des 11. September 2001, in der er, robust und volksnah gekleidet, mit fester, unaufgeregter Stimme in knappen Sätzen und einfachsten Worten Trauer und Mitgefühl für die Opfer und deren Angehörige, Anerkennung für die Helfer und vor allem Entschlossenheit zur Vergeltung äußert. Fernsehen ist auch das Medium des Gegenspielers. Per Video-Aufzeichnung liefert OSAMA BIN LADEN nach dem Anschlag Reden, in denen er, gekleidet in eine Mischung aus traditionellem islamischem Gewand und Uniform, in statuarischer Haltung und mit wenig bewegter Mimik, nur eine Hand mit belehrend ausgestrecktem Zeigefinger auf und ab bewegend, in ruhigem, aber eindringlichem Ton seine Version des kämpferischen Islam predigtartig verkündet und zum Heiligen Krieg gegen die USA aufruft. Anders als die mittelalterlichen Kreuzzugspredigt sind Reden wie die von Bush oder Bin Laden trotz des teilweise vergleichbaren Inhalts nicht nur an Volk und Anhänger gerichtet, sondern gleichzeitig Teile eines Drohdialogs mit dem Feind, bei dem dank Fernsehen räumliche Distanz keine Rolle spielt. Auch die Rezeption ist weltweit.

Die wachsende Medienvielfalt und die Zunahme der kommunikativ zu lösenden politischen Aufgaben haben im 20. Jh. mehr als je zuvor zur typologischen Diversifizierung von P. geführt. Hier seien nur – ohne Anspruch auf annähernde Vollständigkeit – etliche außerparlamentarische Redetypen [88] genannt, wobei die Bezeichnungen unterschiedliche Weite aufweisen und es manche Überschneidungen und Mischungen, aber auch weitere Differenzierungsmöglichkeiten z. B. unter dem Aspekt des Mediums, des politischen Amtes des Redners, des Themas, des deliberativen oder epideiktischen Charakters etc. gibt: Parteitagsrede, Wahlkampfrede, Diskussionsbeitrag, Kongreßreferat, Grußwort, Talk-Beitrag, Fernseh- oder Rundfunkansprache (zur Lage der Nation, zu einem einschneidenden politischen Ereignis, zu Festtagen etc.), Interview-Antworten, Protestrede, Leistungsbilanz, X-Punkte-Programm, Rechenschaftsbericht, Antragsbegründung, Abschlußerklärung, Gedenkrede (in Deutschland wegen der NS-Vergangenheit besonders prekär), Aufruf (z. B. zu Spenden) und Ansprache (zu Kongreßeröffnungen, politischen Jubiläen, Geburtstagen, Empfängen, Essen mit Staatsgästen, politischen Preisverleihungen etc.).

Nicht nur in medialer Hinsicht findet P. im 20. Jh. unter neuen Bedingungen statt. Es ist das *Jahrhundert der*

Ideologien und das *Jahrhundert der Weltkriege*. In der ersten Hälfte konkurrieren weltweit drei Systeme miteinander: die liberale, parteienplurale Demokratie, der totalitäre leninistisch-diktatorische Kommunismus und verschiedene nationalistisch-autoritäre, führerfixierte, faschistische Bewegungen mit dem Nationalsozialismus als rassenideologische, militärisch aggressivste Ausprägung. Da Kommunismus und Faschismus/Nationalsozialismus Monopolansprüche auf politische Macht stellen und den jeweiligen Klassen-, Rassen- oder Volksfeind zu vernichten und sämtliche politische Konkurrenz auszuschalten trachten, ist die P. in den von dieser Systemauseinandersetzung besonders betroffenen europäischen Gesellschaften weithin durch extreme Polarisierung bis zur Rhetorik des Hasses, oft des innen- und außenpolitischen Vernichtungswillens geprägt, die die Rhetorik des demokratischen Wettbewerbs und der Verständigung der Staaten (vor allem in den zwei Jahrzehnten nach dem Ersten Weltkrieg) in den Hintergrund drängt.

Im Folgenden werden einige Reden wichtiger Politiker des 20. Jh. und des beginnenden 21. Jh. analysiert (W. I. LENIN, A. HITLER, W. CHURCHILL, J. GOEBBELS, H. KOHL, M. GANDHI, M. L. KING, M. THATCHER, K. ANNAN). Sie stehen für politische Haupttendenzen der Epoche und für – im wesentlichen von der Kommunikationssituation abhängige – typologische Varianten der P. Einige gehören zu den Reden, die als sog. *große Reden* von historischer Bedeutung gelten.

«Wer – wen?» (Wer vernichtet wen?) Auf diese Frage spitzt LENIN (1870–1924) in einem innerparteilich adressierten Kongreß-Referat («Die Neue Ökonomische Politik und die Aufgaben der Abteilungen für politische Aufklärung»)[89] am 17. Okt. 1921 den Kampf zwischen Kommunismus und Kapitalismus zu (S. 375). Ausgangspunkt ist eine selbstkritische *Situationsanalyse* des Führers der russischen Kommunisten vier Jahre nach der Oktoberrevolution: Der in Hungersnöten endende Versuch nach der Revolution, durch Verstaatlichung der Produktionsmittel und staatliche Verteilung der Agrarprodukte vom Kapitalismus unmittelbar zum Kommunismus überzugehen, sei gescheitert. Man habe frühere Erkenntnis, daß der Übergang Zwischenlösungen erfordere «im Feuer des Bürgerkrieges [...] gewissermaßen vergessen.» (S. 371). Um das *Ziel* des Sieges über den Kapitalismus zu erreichen, müsse man dem *Prinzip* folgen: «Rückzug antreten und alles aufs Neue umbauen» (S. 371). Als *Mittel*, um dieses Ziel zu erreichen, habe man die ‹Neue Ökonomische Politik› entwickelt, die eine Wiedereinführung kapitalistischer Elemente («Handel» statt staatlicher «Verteilung» der Agrarprodukte, Privatinvestitionen, das «Prinzip der persönlichen Interessiertheit») enthalte, mit der *Konsequenz*, daß zunächst wieder «mitten unter uns der Feind steht» (S. 374). Die Frage sei offen, ob es der «proletarischen Staatsmacht» gelinge, «die Herren Kapitalisten in Zaum zu halten, um den Kapitalismus in das Fahrwasser des Staates zu leiten» (S. 374) oder nicht. Auf die Dauer gelte: «Entweder müssen diejenigen zugrunde gehen, die uns zugrunde richten wollten [...] oder umgekehrt, die Kapitalisten werden am Leben bleiben, und die Sowjetrepublik wird zugrunde gehen.» (S. 377) Als *Handlungsforderungen* an die Partei ergeben sich daraus: mit harter Hand zu «regieren» (S. 379), bei den Kapitalisten «wirtschaften lernen», statt «die großen Aufgaben zu schildern [...] sie praktisch durchführen» (S. 379), die Partei von unbrauchbaren Mitgliedern zu säubern (S. 381), gegen «kommunistische Hoffart» anzugehen (S. 383) und das «Kulturniveau» zu heben durch Bekämpfung von «Analphabetismus» und «Bestechlichkeit» (S. 383) sowie durch «politische Aufklärung», so «daß sich daraus eine Besserung der Volkswirtschaft ergibt» (S. 384).

Anders als in Revolutionsreden vor Volksmengen verzichtet Lenin hier auf hochemotionalen, Klassenhaß schürenden Redestil. Klassenkampfbedingte Vernichtungsintentionen und Staatsterror werden als Analyseergebnis mit Rationalitätsanspruch befürwortet.

Während spätere kommunistische Herrscher Kritisches nur selten offen thematisieren (etwa Chruschtschows Stalinismuskritik in einer Geheimrede vor dem Parteitag der KPDSU 1956) und überwiegend in einer einförmigen Mischung aus marxistisch-leninistischer Ideologiesprache und schriftsprachlichem Bürokratiestil Erfolgskataloge vortragen, Schwachpunkte durch Formulierungen des Typs, man könne etwas «noch besser» machen, höchstens andeuten und «Kapitalismus», «Faschismus», «Imperialismus» u.ä. als bedrohliche, aber meist auswärtige Phänomene geißeln, erlaubt Lenin sich eine große, an Stil- und Sprechhandlungsvariationen reiche Rollenvielfalt: Selbstkritiker und Parteikritiker, Erklärer gemachter Fehler, Verspotter liberal-demokratischer Werte, Verteidiger staatlichen Terrors («Erschießungen» S. 377), ideologischer Lehrmeister bei der Einordnung aktueller Entwicklungen in die marxistische Theorie, politischer Führer in der Bekundung unbedingten Macht- und Siegeswillens, Zuchtmeister und Einpeitscher neuer Denk- und Verhaltensmuster.

Die ökonomische Neuorientierung versucht Lenin per Vergleich mit dem Verhalten der Roten Armee im Bürgerkrieg durch Kriegsmetaphorik plausibel zu machen – ein Modell mit Langzeitwirkung. Denn bis zum Ende der kommunistischen Herrschaftssysteme bleiben dort Kriegsmetaphern für ökonomische Phänomene gang und gäbe («Sieg in der Produktionsschlacht» «Kampf an der Erntefront» u.ä.).

HITLERS Reden – vor allem, aber nicht nur vor der sog. Machtergreifung 1933 – sind durchweg nach folgendem Schema aufgebaut:
– Schilderung tiefster deutscher Not und Demütigung,
– Diffamierende Anklage der angeblich Schuldigen,
– Beschwören höchster nationaler Werte und Darstellung der NS-«Bewegung» als deren Wahrer,
– Thematisierung der eigenen Person als auserwählter Führer,
– Appell zu Gemeinsamkeit des Wollens und der Tat.

Das topische Muster der P. (Situationsdaten, -bewertung, Prinzipien/Werte, Zielbestimmung, Handlungsperspektiven als Wege zum Ziel) erfährt bei Hitler eine Ausprägung, die von einer unter den Bedingungen der späten Weimarer Republik höchst wirksamen Logik der Emotionssteuerung bestimmt ist [90]: Zunächst werden – oft an eigenes Erleben anknüpfend – Unlustgefühle von Ausgeliefertsein und Unterlegenheit aktiviert. Dieser Auflading mit *negativer* Affektspannung folgt eine Transformation in aggressive Gefühle des Hasses gegen die am Elend angeblich Schuldigen. Das daraus entstehende Bedürfnis nach Gefühlen der eigenen zumindest moralischen Überlegenheit bedient Hitler dadurch, daß er Identifikationsangebote in Form ethischer Höchstwerte und einer diese repräsentierenden willensstarken Wir-Gruppe macht. Indem er den Hörern in dieser Gefühlslage sich als auserwählte Erlöserfigur präsentiert, gibt er orientierungsbedürftigen Personen die Chance, die gerade aktualisierten Gefühle zu transformieren in den Glauben an tatsächliche Besserung und zu verknüpfen mit Emotionen der Ehrfurcht und Hingabebereitschaft. In diesem letzten Schritt nutzt Hitler das zuvor erregte *pathos* zur Stärkung seines *ethos*.

Auch der ‹Aufruf der Reichsregierung an das deutsche Volk› vom 1. Febr. 1933[91], eine Art Regierungserklärung, die Hitler einen Tag, nachdem Reichspräsident von Hindenburg ihn als Reichskanzler berufen hat, im Rundfunk abgibt, folgt diesem Muster, soweit es die Zwänge zulassen, in denen sich der noch nicht zum Alleinherrscher aufgestiegene Chef einer Koalitionsregierung (von Nationalsozialisten, Deutschnationalen und rechtsorientierten Parteilosen), die noch einem Parlament verantwortlich ist, befindet: Er beginnt mit der Charakterisierung der Lage Deutschlands als schlimmstmöglich, verknüpft mit Versatzstücken einer religiösen Deutung: «Über 14 Jahre sind vergangen seit dem unseligen Tage, da, von inneren und äußeren Versprechungen verblendet, das deutsche Volk die höchsten Güter unserer Vergangenheit, des Reiches, seiner Ehre und seiner Freiheit vergaß und dabei alles verlor. Seit diesen Tagen des Verrats hat der Allmächtige unserem Volk seinen Segen entzogen [...].»

Es schließt sich eine maßlose Invektive gegen die vorgeblich Schuldigen an: «In einem unerhörten Willens- und Gewaltsturm versucht die kommunistische Methode des Wahnsinns das in seinem Innersten erschütterte und entwurzelte Volk zu vergiften und zu zersetzen [...].» (Außerhalb der nur wenige Wochen dauernden Bindung an die Koalition sind es in Hitlerreden vor allem die Juden, die Hitler mit oder ohne Verknüpfung mit dem «Bolschewismus» entsprechend seiner «Rassenlehre» als Quelle allen Übels diffamiert und deren physische Vernichtung er quasi sprachlich vorbereitet, in dem er sie mit solchen Tierbezeichnungen («Schädlinge», «Ungeziefer», «Parasiten» u.ä.) belegt, die die implizite Aufforderung enthalten, die damit Bezeichneten zu vernichten.)

Es folgt ein Rettungsszenario: Kontrastierend mit den Kräften der Zersetzung werden die höchsten Werte beschworen, und es erscheint – mitten in der Krise – die Erlösung verheißende Wir-Gruppe: «Angefangen bei der Familie, über alle Begriffe von Ehre und Treue, Volk und Vaterland, Kultur und Wirtschaft bis hin zum ewigen Fundament unserer Moral und unseres Glaubens» reicht das Zerstörungswerk von «Marxismus» und «Bolschewismus». Doch: «In diesen Stunden der übermächtig hereinbrechenden Sorgen um das Dasein und die Zukunft der deutschen Nation rief uns Männer nationaler Parteien und Verbände der greise Führer des Weltkrieges [...] So wird es die nationale Regierung als ihre oberste und erste Aufgabe ansehen, die geistige und willensmäßige Einheit unseres Volkes wieder herzustellen [...]». Auf die Thematisierung der eigenen Person muß Hitler aus Gründen der Koalitionsbindung hier verzichten.

Wie die Ziele, so werden auch die Schritte dorthin pathetisch, aber abstrakt formuliert: «Rettung des deutschen Bauern zur Erhaltung der Ernährungs- und damit der Lebensgrundlage der Nation» und «Rettung des deutschen Arbeiters durch einen gewaltigen und umfassenden Angriff gegen die Arbeitslosigkeit» durch zwei «Vierjahrespläne». «Außenpolitisch wird die nationale Regierung ihre höchste Mission in der Wahrung der Lebensrechte und damit der Wiedererringung der Freiheit unseres Volkes sehen».

Hitlers Reden sind gekennzeichnet durch polarisierende Kontrastelemente (z.B. indem Hochwertbegriffe gegen Haß- und Stigmawörter gesetzt werden), durch Hyperbeln und Geminationen, durch Klimaxformen des Dreischritts oder nach dem Gesetz der wachsenden Glieder (*incrementum*) sowie durch reichlichen Gebrauch von Emotionsvokabular – oft mit religiösen Erhebungs- und Gemeinschaftskonnotationen.[92] Zur Wirksamkeit von Hitlers Reden tragen sowohl die mimisch, gestisch, stimmlich und textual vermittelte Suggestion unbedingter Willensstärke [93] als auch die massenpsychologisch ausgeklügelten Kundgebungsarrangements erheblich bei.

Nur solche Reden haben die Chance, als große Reden in die Geschichte einzugehen, in denen eine bedeutende Person zu einem bedeutenden Anlaß und/oder mit bedeutender Zielsetzung etwas 'Unerhörtes', d.h. etwas bisher nicht Ausgesprochenes, sagt und damit große Wirkung erzielt bzw. den Mythos großer Wirkung begründet. Perfekte Handhabung der rhetorischen Stilmittel spielt dabei keine einscheidende Rolle. Als große Rede in diesem Sinne gilt die sog. ‹Blut-Schweiß-und-Tränen-Rede› des britischen Premierministers W. CHURCHILL vom 13. Mai 1940.[94] Es handelt sich um seine Antrittsrede und Regierungserklärung vor dem Unterhaus, wird aber vor allem als mehrfach gesendete Rundfunkrede berühmt. Drei Tage zuvor hatte Hitler den Angriff auf Frankreich, Belgien und Holland begonnen. Damit ist die Appeasementpolitik der bisherigen britischen Regierung endgültig gescheitert. Am selben Tag wird Churchill, der Kritiker dieser Politik, neuer Premierminister.

Die Regierungserklärung ist in mehrerlei Hinsicht 'unerhört'. Das gilt zunächst für die Situation: Großbritannien ist nun selbst bedroht. Das Gegeneinander von Regierung und Opposition ist suspendiert. Es herrscht nationale Einheit: Churchill ist es gelungen, alle Parlamentsfraktionen an der Regierung zu beteiligen – und das in kürzester Zeit. Der erste Teil der Rede enthält einen betont trockenen Bericht darüber. Kein Wort über die Vorgängerregierung, nur ein Satz über die gegenwärtige Kriegs*situation*. Die Fakten setzt er als bekannt und deren Bewertung als evident voraus.

Was aber will der neue Regierungschef? Regierungserklärungen pflegen lang und voller positiver Perspektiven zu sein. Diese ist kurz, ebenso wie die Botschaft, die eine Zumutung enthält: «I have nothing to offer but blood, toil, tears and sweat» (Ich habe nichts zu bieten als Blut, Mühsal, Tränen und Schweiß).[95] Dafür rechtfertigt er sich nicht einmal – und suggeriert damit, daß die Zumutung angesichts der Situation so unbestreitbar ist, daß sie keiner Rechtfertigung bedarf. Statt dessen folgt eine Explikation der Zumutung in einem fingierten Dialog: «You ask, what is our policy? I can say: It is to wage war, by sea, land and air, with all our might and with all the strength that God can give us; to wage war against a monstrous tyranny, never surpassed in the dark, lamentable catalogue of human crime. That is our policy.» (Was ist unsere Politik? Ich erwidere: Unsere Politik ist, Krieg zu führen, zu Wasser, zu Lande und in der Luft, mit all unserer Macht und mit aller Kraft, die Gott uns verleihen kann: Krieg zu führen gegen eine ungeheuerliche Tyrannei, die in dem finsteren, trübseligen Katalog des menschlichen Verbrechens unübertroffen bleibt. Das ist unsere Politik.)

Unter topischem Aspekt hat Churchill den Hauptteil der Rede mit der *Konsequenz* (Blut, [...]) begonnen, die aus der dann skizzierten *Handlungsankündigung* (Krieg zu führen) folgt. Das ist die umgekehrte Reihenfolge üblicher Rechtfertigungstexte. So geht es auch weiter im erneuten fingierten Dialog: «You ask, what is our aim? I can answer in one word: It is victory, victory at all costs, victory in spite of all terror, victory, however long and hard the road may be.» (Sie fragen: Was ist unser Ziel? Ich kann es mit einem Wort nennen: Sieg – Sieg um jeden Preis, Sieg trotz allen Schreckens, Sieg, wie lang und beschwerlich der Weg dahin auch sein mag.). Auch die Angabe des *Ziels* dient nicht der Rechtfertigung, sondern ist Manifestation unbedingten Siegeswillens – dreifach wird «victory» wiederholt und jedesmal gesteigert nach dem Gesetz der wachsenden Glieder. Und dann folgen doch noch Rechtfertigungsgründe, zwei hohe *Werte*: das Überleben des «British Empire» und das Überleben eines Jahrhunderte alten Strebens nach Fortschritt auf ein nicht näher ausgeführtes Menschheitsziel zu: «for without victory there is no survival [...] no survival for the British Empire, [...] no survival for the urge and impuls of the ages, that mankind will move forward towards its goal.» Dies wirkt wie eine Pflichtübung, in entscheidenden Momenten auch Hochwerte rhetorisch einzubeziehen. Wichtiger ist, dem britischen Volk, Englands Verbündeten und dem Feind unmißverständlich zu signalisieren: Unter dem neuen Regierungschef ist es mit dem Zurückweichen vor Hitleres Gewaltpolitik vorbei. Dem entspricht auch die *peroratio* mit Siegeszuversicht («I feel sure, that our course will not be suffered to fail among man») und dem Appell: ‹Come then, let us go forward together with our united strength» (Auf denn, laßt uns gemeinsam vorwärts schreiten mit vereinter Kraft).

Dreieinhalb Jahre später, am 18.12. 1943, hält J. GOEBBELS, der Propagandaminister des ‹Dritten Reiches›, im Berliner Sportpalast die bekannteste Kriegsrede auf deutscher Seite. Ihr Ziel ist es, die nach der deutschen Niederlage bei Stalingrad selbst bei Anhängern des Nationalsozialismus schwankend gewordene Siegeszuversicht wieder zu stabilisieren und eine unbegrenzte Mobilisierungs- und Opferbereitschaft zu erzeugen. Dazu hat Goebbels die von allen deutschen Sendern übertragene Veranstaltung in einer Weise inszeniert, die die Suggestion nahtloser Einheit von politischer Führung und Volk im Willen zum «totalen Krieg» erzeugen soll.

Unter den Bedingungen einer Diktatur kann nationale Einheit nicht – wie in Churchills Antrittsrede – durch Verweis auf eine Allparteienkoalition manifestiert werden. Goebbels' Idee ist es, diese Einheit durch einen Dialog zwischen ihm und einem Auditorium, das das deutsche Volk repräsentieren soll, sinnlich wahrnehmbar zu machen. *Strukturelle Dialogizität* gilt in der neueren rhetorischen Theorie als hochrangiges Qualitätsmerkmal für Reden [96], wobei dies bedeutet, daß die Redefreiheit nicht nur für die eigene Position gilt, sondern daß auch Gegenpositionen als möglich zugestanden sind: politisch durch institutionelle Garantie, redeintern durch Verzicht auf die Suggestion von Unfehlbarkeit. An Goebbels' Sportpalastrede – auf den ersten Blick ausgesprochen dialogisch – läßt sich der Unterschied zwischen struktureller Dialogizität und Pseudo-Dialogizität exemplarisch zeigen.

Nach der Deutung der Stalingrad-Niederlage als Signum der welthistorischen Bedeutung des Krieges im Osten, der Schilderung der Bedrohung durch den «jüdischen Bolschewismus» und der «ungeschminkten» Darstellung der Belastungen, die eine «totale» Kriegsführung für das Volk bedeute, kündigt Goebbels als Schlußteil und Höhepunkt der Rede an: «Ich möchte aber zur Steuer der Wahrheit an Euch, meine deutschen Volksgenossen und Volksgenossinnen, eine Reihe von Fragen richten, die Ihr mir nach bestem Wissen und Gewissen beantworten müßt.» [97]

Dann wendet er sich der Zusammensetzung des Publikums zu: «Ich habe nun heute zu dieser Versammlung einen Ausschnitt des deutschen Volkes im besten Sinne des Wortes eingeladen. Vor mir sitzen reihenweise [...]» Es folgt eine teilweise mit Kommentaren versehene Aufzählung der Teilnehmergruppen, beginnend mit Kriegsverwundeten, dann Ordensträger, Rüstungsarbeiter und -arbeiterinnen, NSDAP-Funktionäre, Wehrmachtssoldaten, schließlich «Ärzte, Wissenschaftler, Künstler, Ingenieure und Architekten, Lehrer, Beamte und Angestellte aus Ämtern und Büros [...] *Tausende* von deutschen Frauen. Die Jugend ist hier vertreten und das Greisenalter. *Kein* Stand, *kein* Beruf und *kein* Lebensjahr blieb bei der Einladung unberücksichtigt. Ich kann also mit *Fug und Recht* sagen Was *hier vor mir sitzt, ist ein Ausschnitt aus dem ganzen deutschen Volke an der Front und in der Heimat, – stimmt das?*» Darauf erhält der Redner brüllende Zustimmung und zieht den Schluß: «*Ihr also,* meine Zuhörer, repräsentiert in diesem Augenblick für das Ausland die *Nation.*»

Diese sollen hier und jetzt demonstrativ handeln – handeln in Form von Antworten auf «zehn Fragen», mit der Prätention, den Feind zu beeindrucken. Kein Wort davon, daß es dem Redner darum geht, den Deutschen wieder Siegeszuversicht einzuflößen – angeblich gilt es vor allem, ein Zeugnis abzulegen «vor der *ganzen Welt, insbesondere aber vor unseren Feinden, die uns auch an ihrem Rundfunk zuhören.*»

Den ersten fünf Fragen – unter ihnen die berühmtberüchtigte «Ich frage euch: *Wollt ihr den totalen Krieg? Wollt ihr ihn, wenn nötig, totaler und radikaler, als wir ihn uns heute überhaupt erst vorstellen können?*» – sind jeweils fünf angebliche provokative Feindbehauptungen vorangestellt, jeweils mit der anaphorischen Einleitung: «Die Engländer behaupten:»

Ab Frage 6 steigert Goebbels das Tempo, indem er Entscheidungsfrage auf Entscheidungsfrage ohne einleitende Feindbehauptung aufeinander folgen läßt – und jedesmal erhält er das in der Frage suggerierte frenetische «Ja» des Publikums. Daraus zieht er die Schlußfolgerung: «Durch Euren Mund hat sich die Stellungnahme des deutschen Volkes vor der Welt manifestiert.»

Danach wird die bisher bestimmende Trennung von «ich» und «Ihr/Euch» aufgegeben zugunsten eines verschmelzenden «wir», das die dreiteilige Schlußpassage durchzieht. Zunächst ein Gelöbnis: «*Wir alle,* Kinder unseres Volkes, zusammengeschweißt mit dem Volke in der größten Schicksalsstunde unserer nationalen Geschichte – wir geloben Euch [98], wir *geloben der Front* und wir *geloben dem Führer,* daß wir die Heimat *zu einem Willensblock zusammenschweißen* wollen [...].»

Es folgt ein Appell zur Siegeszuversicht: «Wir sehen ihn [den Sieg, J.K.] *greifbar nahe* vor uns liegen; wir müssen nur *zufassen!* Wir müssen nur die Entschlußkraft aufbringen, *alles seinem Dienste unterzuordnen; das* ist das Gebot der Stunde.» Dann die Schlußfanfare: «*Und darum lautet von jetzt ab die Parole: Nun, Volk steh auf una Sturm, brich los!*»

Die o.g. Kriterien für strukturelle Dialogizität sind hier nicht erfüllt. Institutionell ist die Chance zur Gegenrede doppelt ausgeschaltet: erstens durch die Lebensgefährlichkeit jeder regimekritischen Äußerung im totalitären NS-Staat, zweitens durch die Zusammensetzung des Publikums per «Einladung» durch Goebbels' Propagandaministerium. Nur als besonders NS-treu eingeschätzte Personen hatten Zutritt zu der Veranstaltung. So ist unabhängig von der sozialen Gruppenpluralität der Teilnehmer deren polititsche Homogenität gesichert, die Goebbels in einem logisch unkorrekten Induktions- bzw. Pars-pro-toto-Schluß vom Saalpublikum auf die Gesamtheit des deutschen Volkes überträgt. Auch die innere Form der Rede läßt keine von der des Redners abweichende Meinung zu: Es handelt sich bei dem Fragenkatalog um eine säkularisierte, formal leicht abgewandelte Variante des ebenfalls zehn Entscheidungsfragen umfassenden katholischen Taufgelöbnisses, das Goebbels aus seiner religiösen Erziehung und Schulausbildung kennt. Fragenkataloge im Rahmen der Textsorte ‹Kollektives institutionelles Gelöbnis› enthalten keine Fragen zur freien Beantwortung, sondern Stichworte für rituelle Kollektivbekenntnisse. Auch der absolute Anspruch auf die Einheit des «wir» in der Treue zum Führer schließt abweichende Positionen definitiv aus. Das Publikum ist hier kein geistig und politisch selbständiger Partner, sondern bloßer Resonanzkörper, der nach dem Kriterium erwartbarer Akklamationsstärke zusammengesetzt ist.

Nach dem Zweiten Weltkrieg fällt in den parlamentarischen Demokratien Europas der Primat der parlamentarischen Rede zu. Dennoch gibt es bedeutende Reden außerhalb der Parlamente. Eine solche Rede ist die – weitgehend improvisierte – Ansprache, die H. KOHL als Bundeskanzler der Bundesrepublik Deutschland am 19.12. 1989 im Vorfeld der deutschen Wiedervereinigung bei einer kurzfristig zustande gekommenen Kundgebung vor der Ruine der Dresdner Frauenkirche hält [99], unmittelbar nachdem er mit dem Ministerpräsidenten der zerfallenden SED-Regierung der DDR konferiert hat. Die Rede ist bedeutend, weil ihr Anlaß singulär, die Situation von weltpolitisch höchster Brisanz und die Ansprüche relevanter Adressatengruppen bezüglich des Themas gegensätzlich sind und weil es Kohl gelingt, diesen Ansprüchen trotz ihrer Unvereinbarkeit mit Hilfe geschickter Sprechhandlungswahl und unter Ausnutzung der Mehrdeutigkeit des Zentralbegriffs ‹Einheit der Nation› gerecht zu werden. Relevante Adressatengruppen sind in dieser Situation

1) mehrere zehntausend meist junge Zuhörer auf dem Kundgebungsplatz,
deren Einstellung und Begeisterung sich in vielen Fahnen mit nationalen Symbolen und Parolen (insbesondere «Deutschland einig Vaterland») ausdrückt sowie in Sprechchören (neben «Helmut, Helmut» vor allem immer wieder «Einheit! Einheit!»)

2) das breite Fernsehpublikum insbesondere in West- und Ostdeutschland,

3) die DDR-Regierung, insbesondere deren Ministerpräsident Modrow als
Kohls politischer Gesprächspartner,

4) «viele Hunderte Journalisten aus ganz Europa» und damit

5) die Weltöffentlichkeit, das heißt vor allem

6) die an den Vorgängen in Deutschland interessierten Staaten und
Regierungen, insbesondere die vier Siegermächte des Zweiten Weltkrieges
mit ihrer gemeinsamen Zuständigkeit für «Deutschland als Ganzes» sowie
Polen und die Tschechoslowakei.

Nachdem Kohl der Gefahr, daß sich die Kundgebung in ein national getöntes Sprechchor-Chaos verwandelt, gleich zu Beginn mit dem Hinweis auf die oben erwähnten «viele Hunderte Journalisten aus ganz Europa» entgegengewirkt hat («ich finde, wir sollten ihnen gemeinsam demonstrieren, wie wir mitten in Deutschland eine gemeinsame Kundgebung durchführen können»), beruhigt Kohl die Menge und bringt sie zum Zuhören, indem er über das gerade abgelaufene Gespräch mit Modrow berichtet und in diesem Rahmen die zukünftige Entwicklung thematisiert. [100] Er hält sich dabei zunächst an das zwischen ihm und Modrow (= «wir») Besprochene: Im Frühjahr 1990 wollen «wir» eine «Vertragsgemeinschaft zwischen der Bundesrepublik und der DDR abschließen». Dann wird es in der DDR «im kommenden Jahr freie Wahlen» geben. Dann stehen «konföderative Strukturen» zwischen Bundesrepublik und DDR an – hier spricht Kohl nur noch für sich. Wie Modrow dazu steht, ist aus Kohls Ausführungen nicht zu erkennen.

Dann, bevor er auf die Interessen und die Sicherheitsbedürfnisse der Nachbarstaaten sowie auf die deutsche «Verantwortung» für den Frieden eingeht, die sich aus der Geschichte «dieses Jahrhunderts» ergibt, plaziert Kohl – als Gelenkstelle zwischen den innerdeutschen Kooperationsplänen und der Perspektivenausweitung auf Ausland und Geschichte – folgende Feststellung: «Und auch das lassen Sie mich hier auf diesem traditionsreichen Platz sagen: Mein Ziel bleibt – wenn die geschichtliche Stunde es zuläßt – die Einheit unserer Nation.» [101]

Frenetischer Jubel ist die Reaktion der Kundgebungsteilnehmer; denn sie verstehen «die Einheit unserer Nation», zumal Kohl sie als «Ziel» bezeichnet, alltagssprachlichen Gebrauchsregeln entsprechend als Wiedervereinigung und damit als staatliche Einheit. Auf der Ebene der verfassungsrechtlichen und völkerrechtlichen Begriffssystematik aber hat Kohl etwas ganz anderes gesagt – und er weiß, daß z.B. die Außenministerien der relevanten Staaten das wissen und daß diese ihrerseits wissen, daß Kohl das weiß: Die «Einheit der Nation» ist nach der vom Bundesverfassungsgericht bestätigten Interpretation ein bestehender Zustand und als solcher die permanente Legitimation für die Forderung nach staatlicher Einheit. [102]

Warum nennt Kohl als «Ziel» etwas, von dem die Experten wissen, daß es nach der in der Bundesrepublik gültigen, Kohl vertrauten verfassungsrechtlichen Interpretation gar kein Ziel ist, sondern ein bestehender Zustand? Und warum nennt er nicht als Ziel das, was die jubelnden Massen offenbar meinen: die «staatliche Einheit», die Kohl in einem wenige Wochen zuvor im Deutschen Bundestag vorgetragenen 10-Punkte-Programm zwar aufgeführt Hatte, allerdings als Fernoption vor dem Hintergrund einer Vielzahl als langwierig vorgestellter außen- und sicherheitspolitischer Entwicklungen? Kohl will offenbar, daß sich die Experten und darunter vor allem seine internationalen Verhandlungsparteien eben diese Frage stellen – denn dort wird besonders genau auf den Gebrauch völker- und verfassungsrechtlich relevanter *key words* geachtet. Sie sollen zu der Schlußfolgerung kommen: Der deutsche Bundeskanzler kommt, um die Zustimmung im eigenen Volk nicht zu verlieren, den emotionalen Einheitshoffnungen vor allem der ostdeutschen Massen zwar scheinbar entgegen, doch wählt er die Begriffe bewußt so, daß er sich auf die staatliche Einheit im völkerrechtlichen Sinne als greifbares Ziel keineswegs festlegt.

Damit signalisiert Kohl, gerade auch vor dem Hintergrund seiner bisherigen Priorität für den (west-) europäischen Einigungsprozeß und im Kontext von Redepassagen, in denen er (nicht allein in der Dresdner Rede) auf die Notwendigkeit des Konsenses mit den Nachbarstaaten aufmerksam macht, daß er das Vertrauen auch derer verdient, die der Entwicklung in Deutschland eher skeptisch gegenüberstehen. Indem er zum Prozeß der Wiedervereinigung auf diese Weise eher Zurückhaltung als Drängen signalisiert und so auswärtiges Mißtrauen dämpft, befördert er eben diesen Prozeß.

Das 20. Jh. ist auch ein Jahrhundert der Emanzipation: der Befreiung vom Kolonialismus, der Zurückdrängung von Rassendiskriminierung und der weitgehenden Durchsetzung der politischen Gleichberechtigung der Frau.

Die Befreiung von Kolonialherrschaft erfolgt vielfach in bewaffnetem Kampf. Dort dominieren Mobilisierungsreden, die dem Muster folgen: Wir sind unterdrückt; da die Unterdrücker uns die Souveränität nicht freiwillig geben, laßt sie uns mit Waffengewalt erkämpfen! Unter rhetorischem Gesichtspunkt sind Reden, die gewaltlose Strategien zur Befreiung von Kolonialherrschaft propagieren, bemerkenswerter. Vorbild für eine solche Strategie ist MAHATMA GANDHI (1869–1948), unter dessen Leitung das unter britischer Kolonialherrschaft stehende Indien (einschließlich des späteren Pakistan und Bangladesch) den erfolgreichen Befreiungskampf weitgehend gewaltlos führt. Gandhi, der zunächst in Südafrika Erfolge im Kampf für die Verbesserung der Situation der dort lebenden indischen Bevölkerungsteile erzielt und sich damit einen gewissen Ruf in Indien erworben hat, beginnt, nach Indien zurückgekehrt, 1914 mit Aktivitäten zur Erringung indischer Unabhängigkeit auf dem Wege gewaltlosen Widerstandes. Am 6.2.1916 hält er zur Einweihung der Hindu-Universität in Benares eine Rede, die mit einem Eklat endet [103]. Über die Rede wird in der gesamten indischen Presse berichtet. Das macht Gandhi mit einem Schlag bei den indischen Massen populär – eine entscheidende Voraussetzung für die Bereitschaft der Bevölkerung, seine Kampagnen des zivilen Ungehorsams mitzutragen.

Das Prinzip des gewaltlosen Widerstandes durch zivilen Ungehorsam hat, wie er auch in dieser Rede erkennen läßt, religiöse (hinduistische) Wurzeln. Eine Hauptstrategie dabei ist die Verletzung von Regeln und eingefahrenen Normen. Die hier betrachtete Rede ist ein Zeugnis des Regelbruchs und der Normverletzung im Bereich der politisch-gesellschaftlichen Kommunikation. Zwar gilt das komplexe topische Muster der P., insofern die Rede Situationsdaten, Situationsbewertungen, leitende Prinzipien, Zielsetzung und Handlungsperspektiven enthält. Doch weicht Gandhi schon in deren Relationierung zueinander vom dominanten Schema ab. Während in den meisten P. Situationsanalyse und/oder leitende Prinzipien die Ausgangspunkte sind, von denen aus Ziele begründet werden, aus denen dann wiederum Handlungsperspektiven entwickelt werden, geht Gandhi von einem Ziel aus: der «Selbstregierung» Indiens (wobei undeutlich bleibt, ob damit eher eine Selbstverwaltung im Rahmen einer britisch dominierten politischen Struktur oder staatliche Souveränität auf der Basis eines uneingeschränkten Selbstbestimmungsrechtes gemeint ist). Unter der Prämisse dieses Zieles betrachtet er die Situation Indiens und stellt mit kritischer Unnachsichtigkeit infrage, daß die dabei beobachteten Verhaltensmuster in der indischen Gesellschaft angemessene Voraussetzungen für die erstrebte Selbstregierung seien. Auf dieser Basis stellt er mit Bezug auf leitende indische Werte und religiöse Prinzipien in deliberativem Ton, aber ohne Rücksicht auf vorhandene Empfindlichkeiten Überlegungen an, welche Handlungskonsequenzen zur Änderung der Situation und zur Erreichung des Zieles notwendig seien. Da er dies mit Blick auf verschiedene Themenfelder und verschiedene Adressatengruppen, von denen einige wichtige in seinem Auditorium vertreten sind, in ungeschminkter Weise tut, hat die Rede über weite Strecken den Charakter einer unaufgeregten, aber höchst engagierten politischen Kapuzinerpredigt mit Mehrfachadressierung.

Vor sich hat der Redner künftige Studierende der neuen Hindu-Universität und Vertreter der indischen Presse, auf dem Podium sitzen indische Fürsten (Maharajas) und als Repräsentatin der britischen Kolonialmacht und Leiterin der Veranstaltung die mit indischen Selbstregierungsbestrebungen sympathisierende Vorsitzende der Theosophischen Gesellschaft Annie Besant. Das Interesse der Kolonialmacht an der Universitätsgründung wird auch durch den Besuch des britischen Vizekönig von Indien bekundet, der auch in Gandhis Rede eine Rolle spielt.

Schon Gandhis – mit dem hinduistischen Wertezusammenhang von Heiligkeit und Sauberkeit verknüpfte – ausführliche Kritik an der Verschmutzung der Großstädte, sogar in unmittelbarer Umgebung von Tempeln, und die daraus abgeleitete Schlußfolgerung, daß der darin zum Ausdruck kommende Mangel an Selbstverantwortlichkeit eine schlechte Voraussetzung für indische Selbstregierung sei, stellen eine Art thematischen Fauxpas dar gegen die Konvention, bei Einweihungsveranstaltungen eher den epideiktisch-konsensuellen Ton zu pflegen und Kritikwürdiges höchstens in allgemeiner Weise und zurückhaltend anzusprechen. Noch provokativer, wenn auch, wie der Applaus zeigt, bei den Studierenden willkommen, muß auf die Anhänger einer englischen Kulturdominanz ebenso wie auf die meisten Beteiligten an der Universitätsgründung und auf die Veranstalter der Einweihungsfeier Gandhis herbe Kritik daran wirken, daß Englisch und nicht die einheimischen Sprachen Sprache des öffentlichen Lebens, des Wissenschafts- und Universitätsbetriebes und auch dieser Einweihungsveranstaltung ist – eine Art Paukenschlag, mit dem er die Rede beginnt. Provokativ ist im Rahmen des kolonialen Kontextes auch die Begründung für seine kritischen Einlassungen, nämlich das mehrfache – auch gegen erste Unterbrechungen der Rede durch die Veranstaltungsleiterin gerichtete – Plädoyer dafür, überall in der Öffentlichkeit, insbesondere auch im Rahmen einer Universität, «frei und offen (zu) sagen, was immer wir unseren Regierenden sagen wollen; und laßt uns den Folgen entgegensehen, wenn es ihnen nicht gefällt». Allerdings mahnt er auch: «Aber mißbrauchen wir die Redefreiheit nicht!»

Zum Skandal kommt es, als er darüber hinaus in Tabu brechender Weise Themen anspricht, Argumente zur Sprache bringt und Forderungen stellt, durch die sich die anwesenden Vertreter der indischen Fürstenschicht und/oder der britischen Kolonialmacht direkt attackiert und provoziert fühlen:

Gandhi wendet sich gegen das unverbindliche Beklagen von Armut in Indien, gegen die Ausbeutung der Bauern und kritisiert unter dem Beifall der meisten Zuhörer die Prunksucht der auf dem Podium sitzenden Maharajas: «Es gibt keine Freiheit für Indien, solange Ihr Eure Juwelen tragt und sie Euren indischen Landsleuten vorenthaltet.»

Er kritisiert die übertriebenen Sicherheitsvorkehrungen für den obersten Repräsentanten der Kolonialmacht, den Vizekönig Lord Hardinge, in Benares und spielt ironisch mit der Vorstellung von dessen gewaltsamen Tod: «Wir fragten uns: "Wäre es nicht sogar besser für Lord Hardinge, wenn er sterben müßte, anstatt auf diese Weise lebendig begraben zu sein?" Doch nein, ein Repräsentant des mächtigen Souveräns kann dieses Risiko nicht eingehen.»

Zwar legt Gandhi, der sich hier als «Anarchist, aber von einer anderen (= gewaltlosen, J.K.) Art» bezeichnet, ein klares Bekenntnis zur Gewaltlosigkeit ab, aber er läßt per Zitat einen ungenannten Vertreter des gewaltsamen Befreiungskampfes zu Wort kommen: «Hätten wir das nicht getan, hätten nicht einige Bomben geworfen, hätten wir niemals irgendwelche Erfolge in der Bewegung gegen die Teilung Bengalens erzielt» – worauf die britische Veranstaltungsleiterin Gandhi zuruft: «Hören Sie damit auf».

Aus der Charakterisierung der «britischen Nation» als «freiheitsliebend, wie sie ist», den Schluß zu ziehen: «will sie ihrerseits die Freiheit keinem Volk gewähren, das sie nicht selbst nimmt», weckt in den Zuhörern, zumal nach seinem Anarchismus-Bekenntnis, offenbar den Verdacht, Gandhi wolle trotz Plädoyer für Gewaltlosigkeit Aufstand und Gewalt, zumal er den Burenkrieg, ein britisches Kolonialtrauma, anführt: «Zieht Eure Lehren, wenn Ihr wollt, aus dem Burenkrieg. Diejenigen, die die Feinde des Empire waren, sind nur wenige Jahre später seine Freunde geworden.» An diesem Punkt muß Gandhi, nachdem vorher schon Maharajas das Podium verlassen haben und nun auch die übrigen sowie die Veranstaltungsleiterin zu gehen drohen, die Rede abbrechen.

Daß der Haupttenor der Rede darin besteht, die Inder an ihre eigene Verantwortung für Fortschritte auf dem Weg zur Selbstregierung hinzuweisen, tritt hinter all dem zurück. Der provozierende Charakter dürfte über die skizzierten inhaltlichen Momente hinaus verstärkt worden sein durch den ausgiebigen Gebrauch von Stilelementen, die kommunikative Souveränität signalisieren wie fingierter Dialog, zitierter Dialog mit Dritten, unmittelbare Hinwendung an Gruppen und Einzelne im Auditorium, rhetorische Fragen u.ä.

Gandhis Rede ist ein Beispiel dafür, daß rednerischer Erfolg nicht unbedingt am Erfolg im Auditorium gemessen werden kann; denn da ist die Rede trotz Applaus der Studierenden ein Mißerfolg. Doch das Presseecho in ganz Indien ist immens und begründet in erheblichem Maße die Anerkennung Gandhis als mutiger Führer des gewaltfreien indischen Widerstandes. Insofern handelt es sich um eine der erfolgreichsten Reden in der Geschichte des antikolonialen Befreiungskampfes.

Rassismus als Vorstellung von der Überlegenheit der 'weißen Rasse' ist ein mit dem Kolonialismus eng verbundenes Phänomen. In den USA wirkt er auch im Jahrhundert nach der Aufhebung der Sklaverei (1863) in vielen Bundesstaaten durch Rassentrennung und andere Formen der Diskriminierung der Afroamerikaner weiter. Mit dem Aufstieg der USA zur führenden Weltmacht wird die Diskrepanz zwischen den von den USA weltweit propagierten Prinzipien von Freiheit und Demokratie und der Rassendiskriminierung vor allem in der Zeit nach dem Zweiten Weltkrieg und dem Korea-Krieg, in denen viele Afroamerikaner gekämpft haben, immer mehr zum Thema der innenpolitischen Auseinandersetzung in den USA.

Höhepunkt der antirassistischen Bürgerbewegung ist die Abschlußkundgebung des ‹Marschs auf Washington› am 28.8.1963, mit 250.000 Teilnehmern die bis dahin größte politische Kundgebung in den USA überhaupt. Sie ist die erste Großkundgebung, die landesweit im Fernsehen übertragen wird. MARTIN LUTHER KING (1929–1968), Baptistenpfarrer, Wortführer der Bürgerrechtsbewegung und protesterfahrener Hauptvertreter gewaltlosen Widerstandes nach dem Vorbild Gandhis hält hier eine der großen Reden des 20.Jh. («I Have a Dream»). [104] Dem Redner ist eine schwierige Mehrfachadressierungsaufgabe gestellt: vor sich eine Viertelmillion überwiegend afroamerikanische Kundgebungsteilnehmer, an den Fernsehbildschirmen ein um ein Vielfaches größeres – überwiegend weißes – Publikum, dazu die ebenfalls überwiegend weißen Hauptvertreter der politischen Klasse. Er muß den Forderungen der Kundgebungsteilnehmer, die auf dem vieltägigen Marsch mannigfache Akte sowohl der Solidarisierung als auch der Anfeindung erfahren haben und die nun, am Zielpunkt Washington zusammengetroffen, sich im Hochgefühl der gerechten Sache und der machtvollen Zahl befinden, kraftvoll und begeisternd Ausdruck verleihen. Wenn es aber mehr sein soll als lauter, doch bei der weißen Bevölkerungsmehrheit und deren politischen Vertretern wirkungsloser oder gar Widerstand verstärkender Protest, wenn er das Medium Fernsehen nutzen will, um millionenfach neue Sympathien für die Positionen der Bürgerrechtsbewegung zu gewinnen, darf er keinesfalls das Konfliktmuster Schwarz gegen Weiß bedienen.

King stellt die Rede ganz darauf ab, auch die weiße Bevölkerung für die Idee einer «USA ohne Rassenschranken zu gewinnen. So umfaßt die Wir-Gruppe, auf die im ersten Satz Bezug genommen wird, nicht allein die Farbigen, sondern die US-Nation («our nation»). Von den Afroamerikanern spricht er zunächst in der dritten Person, in Form des Kollektivsingulars, z.B. «[...] the Negro still is not free» ([...] der Neger ist noch nicht frei), womit Außensicht und Objektivität insinuiert wird. Im weiteren Verlauf der Rede wird mit «we» eher auf die Kundgebungsteilnehmer, unter denen sich auch viele Weiße befinden, als auf die Afroamerikaner als rassische Gruppe Bezug genommen.

King beginnt und schließt die Rede mit dem höchsten amerikanischen Wert, der Freiheit – am Anfang als Einforderung des dem «Negro» vorenthaltenen Menschenrechts, am Ende als Vision eines Amerika ohne rassische und konfessionelle Diskriminierung: im ersten Satz mit Bezug auf die unmittelbare Situation als «the greatest demonstration for freedom in the history of our nation» (die größte Demonstration für die Freiheit in der Geschichte unserer Nation) und in der umfangreichen Schlußpassage in einer hymnischen Feier der Freiheit, die er textuell zweifach verankert: zunächst in den Versen von «America», der inoffiziellen Nationalhymne vor allem des weißen Amerika, «My country 'tis of thee, sweet land of liberty, of thee I sing [...], from every mountainside let freedom ring» (Mein Land, von dir, köstliches Land der Freiheit, singe ich [...], von allen Bergen laßt die Freiheit erklingen), und dann, als letzter Satz, im Jubel- und Dankvers «of the old Negro spiritual: "Free at last! Free at last! Thank God Almighty, we are free at last!"» (des alten Negro Spiritual: Endlich frei! Endlich frei! Danke, allmächtiger Gott, wir sind endlich frei!).

Wie bei vielen bedeutenden Reden ist die Symbolik des gewählten Ortes von Wichtigkeit. King steht auf der Freitreppe des Lincoln Memorial, hinter sich die offene Säulenhalle mit der monumentalen Statue von Abraham Lincoln – als Bürgerkriegssieger und Retter der Einheit der USA historisches Idol der meisten weißen US-Bürger und als Präsident, der mit der ‹Emancipation Proclamation› 1863 die Sklaverei abschaffte, zugleich historisches Idol der Afroamerikaner. Mit Lincoln gleichsam als Zeuge im Rücken und in Anklängen an dessen ‹Gettysburg Address› modelliert er den Massenprotest als nachdrückliche Erinnerung und unaufschiebbare Einforderung eines längst überfälligen uneingelösten Rechtsanspruchs: «Five score years ago, a great American, in whose symbolic shadow we stand today, signed the Emancipation Proclamation [..] But 100 years later, the Negro still is not free.» (Vor hundert Jahren unterzeichnete ein großer Amerikaner, in dessen symbolischem Schatten wir heute stehen, die Emanzipationsproklamation [...] Doch hundert Jahre später ist der Neger noch immer nicht frei.)

King macht den Anspruch sinnfällig in einer im Land der freien Marktwirtschaft eingängigen Metapher: Amerika hat mit seiner Verfassung den Bürgern Schecks ausgestellt, für die im Falle der Afroamerikaner bisher keine Deckung vorliege. Jetzt sei man «to cash this check» (den Scheck einzulösen). Die Scheck-Metapher hat eine Doppelfunktion: erstens zu verdeutlichen, daß es keinerlei Rechtfertigungspflicht auf Seiten der Fordernden gibt, sondern ausschließlich eine Einlösungspflicht auf seiten «Amerikas», und zweitens die allgemeine Ächtung von Scheckbetrug suggestiv zur Sympathiebildung für die Sache der Bürgerbewegung zu nutzen.

Während in der P. deren obligatorischer Kern – Situationsdarstellung, Situationsbewertung, Prinzipien/Werte, Ziel, Handlungsforderung – üblicherweise so entwickelt wird, daß alles auf die explizite Handlungsforderung hinausläuft, besteht der umfangreiche letzte Teil als pathosbestimmter Höhepunkt von Kings Rede in der begeisterten Vision des erreichten Ziels – der Appell sich für dieses Ziel einzusetzen, ist auch dort zweifellos stark, aber implizit.

Je mehr die Rede vorwärts schreitet, umso mehr nähert sie sich dem Stil der auf Glaubensbegeisterung zielenden baptistischen Erweckungspredigt. King greift daneben aber auch ganz gezielt auf alttestamentliche, emotional hoch besetzte Exodus-Erfahrungen (vgl. z.B. Exodus 15) zurück und lädt zur Identifikation mit diesen ein. Zudem zeigt er sich mit der Sprache vorexilischer Gerichtsprophetie (vgl. z.B. Amos 5,12) und prophetischer Visionstexte (vgl. z.B. Daniel 7) zutiefst vertraut.

Daß dies auf optimale politische Wirkung unter den oben skizzierten Bedingungen der Mehrfachadressierung berechnet ist, wird am Redeaufbau, betrachtet unter Sprechhandlungsaspekten, deutlich. King beginnt mit *Feststellungen* über die Diskrepanz zwischen dem gegenwärtigen Zustand der Rassendiskriminierung und den historischen Urkunden der USA mit der Konsequenz, die vorenthaltenen Rechte jetzt (viermal «Now is the time [...]» / Jetzt ist der Zeitpunkt [...]) *einzufordern*. Er *warnt* davor, sich über die Ernsthaftigkeit und Beharrlichkeit der Protestbewegung zu täuschen und *prognostiziert*: «The whirlwinds of revolt will continue to shake the foundations of our nation until the bright day of justice emerges.» (Die Stürme des Aufruhrs werden weiterhin die Grundfesten unserer Nation erschüttern, bis der helle Tag der Gerechtigkeit anbricht.) Diese Prognose könnte als Drohung verstanden werden, wenn der Redner nicht im nächsten Satz mit einem eindringlichen *Appell* an «my people» (mein Volk) – womit die Afroamerikaner gemeint sind – begänne, sich bei ihren Protesten physischer Gewalt zu enthalten. Diesen Appell, offenbar in Abgrenzung zur beginnenden ‹Black-Power-Bewegung›

formuliert, verknüpft er mit dem *Rat*, den weißen Amerikanern nicht generell zu mißtrauen. Der Satz «We cannot walk alone» (Wir können den Weg zu unserem Ziel nicht allein gehen) ist zugleich *Begründung* für diesen Rat und *Werbung* um Unterstützung bei der weißen Bevölkerung.

Während im ersten Teil der Rede die Freiheits- und Gleichheitsdefizite in allgemeiner Weise angesprochen werden, werden im Mittelteil krasse rassistische Praktiken und rassistisch geprägte US-Südstaaten im einzelnen bezeichnet. In üblichen P. wären das die Exempla, die für Sprechakte des direkten Vorwerfens, Beschuldigens, Anklagens u.ä. genutzt würden. King verfährt auch hier anders. Er baut die Thematisierung der krassen Praktiken und der rassistischen Regionen konsequent in andersartige, überwiegend *positive Sprechhandlungen* ein – allerdings ohne daß damit der Modus der *impliziten Anklage* verloren ginge. Es sind dies

1) Sprechhandlungen der *Werbung um Verständnis* dafür, daß die Betroffenen Diskriminierung und Übergriffe, z.B. Brutalität der Polizei, nicht mehr hinnehmen wollen (fünfmaliges «We can never be satisfied as long as [...]» / Wir können niemals zufrieden sein, so lange [...]),

2) Sprechhandlungen der *Respektbezeugung* für die von Übergriffen und Verfolgung Betroffenen unter den Marschteilnehmern («Some of you [...]» / Etliche von Ihnen [...]),

3) Sprechhandlungen des *Aussendens* der Marschteilnehmer zurück in die Brennpunkte der Rassendiskriminierung (sechsmaliges «go back to [...]» / Geht zurück nach [...]); hier ist der Bezug zu biblischen Aussendungsszenen offenkundig und

4) Sprechhandlungen *visionärer Begeisterung* (achtmaliges «I have a dream [...]» / Ich habe einen Traum [...]). [105]

Im Schlußteil treten die Negativtatsachen ganz zurück. Der Traum, ausdrücklich als tief verwurzelt im amerikanischen Traum («deeply rooted in the American dream») bezeichnet, wird zur *Utopie* eines Amerika, in dem auf der Basis von Gleichheit und Freiheit gemeinsames Leben über alle Rassen- und Konfessionsgrenzen hinweg stattfindet (fünfmaliges «together» / zusammen), eine Utopie, an deren Realisierung der Redner *fest zu glauben versichert* (viermaliges «with this faith» / mit diesem Glauben) und die im Schlußbild der an den Händen fassenden Gotteskinder («God's children») aller Rassen und Religionen, die von der Bergen und Hügeln ganz Amerikas das Lied der Freiheit erschallen lassen, gesteigert wird zu einer ins Politische gewendeten irdischen Variante des Himmlischen Jerusalem, in dem alle Ungerechtigkeit aufgehoben ist [106].

Auffällig sind die vier- bis achtfachen Repetitionen sequenzbestimmender Ausdrücke. Auch das ist ein für bestimmte religiöse, z.B. liturgische Textsorten typisches Stilelement. King verwendet es amplifizierend zur Steigerung von Intensität, zur Darstellung von Fülle und/oder zur Konkretisierung einer Ganzheit durch Präsentation ihrer wichtigsten Teile.

Im 20. Jh. wird in den meisten Ländern die formale politische Gleichberechtigung der Frau etabliert, allerdings nur in beschränktem Umfang die Teilhabe an der politischen Macht. Ab etwa 1960 gelingt es in einigen asiatischen und europäischen Ländern vereinzelt Frauen, zur Regierungschefin gewählt zu werden. In Teilen der Frauenbewegung wird die These vertreten, der Kommunikationsstil von Frauen sei grundsätzlich anders als der von Männern [107], woran u.a. die Hoffnung geknüpft wird, von Politikerinnen sei kooperativeres, verständigungsorientierteres Reden als von Männern zu erwarten. Die Redepraxis der bedeutenden Politikerinnen im 20. Jh. liefert allerdings keinen Beleg für diese These. Weder redet ROSA LUXEMBURG (1871–1919) weniger radikal und kapitalismusverdammend als männliche Vertreter der revolutionären Arbeiterbewegung, noch tritt SIRIMAWO BANDARANAIKE (Sri Lanka, 1916–2000) weniger kämpferisch und polarisierend auf als ihr Vorgänger und Ehemann Solomon Bandaranaike noch INDIRA GANDHI (Indien, 1917–1984) und BENASIR BHUTTO (Pakistan, *1953) als ihre jeweiligen Väter als Parteiführer und Regierungschefs.

Die britische Premierministerin MARGARET THATCHER (* 1925) verdankt ihren politischen Beinamen «Eiserne Lady» nicht nur ihrer politischen Kompromißlosigkeit, sondern auch ihrem kompetitiven, polarisierenden Rede- und Argumentationsstil. So stehen die Reden, die sie während des Falkland-Krieges (1982) hält, ganz in der Tradition der mobilisierenden Kriegsrede, wie sie seit den thukydideischen Periklesreden und den Philippischen und Olynthischen Reden des Demosthenes (s. o.) eine Konstante in der europäischen P. darstellen. [108] Die militärische Auseinandersetzung wird als unausweichlich u./o. aufgezwungen gekennzeichnet. Der Gegner habe eine Situation herbeigeführt, angesichts derer – sofern man höchste Werte u./o. Interessen nicht verraten wolle – nichts anderes übrig bleibe, als militärisch vorzugehen mit dem Ziel siegreich zu sein. Dazu bedürfe es außergewöhnlicher Anstrengungen und Opfer, die zu vollbringen man, vor allem am Redeschluß, die eigene Gruppe (Nation, Religionsgemeinschaft, Verbündete o. ä.) auffordert.

Am 26. Mai, als die militärische Auseinandersetzung noch nicht entschieden ist, hält Thatcher bei einer Parteikonferenz der Konservativen Frauen eine Rede [109], die nicht nur diesem Muster entspricht, sondern in der sie ähnlich wie Demosthenes und Cicero (s. o.) innerhalb jeweils zusammengehöriger Passagen Berichtselemente, deren Bewertung, Bekenntnisse zu leitenden Prinzipien und Traditionen sowie (vor allem im zweiten Teil der Rede) Argumente gegen Kritiker ihrer Politik kleinteilig miteinander verknüpft und sie nicht etwa voneinander getrennt auf jeweils eigene größere Sequenzen (*narratio, argumentatio, refutatio*) verteilt.

Die Berichterstattung, bei der sie die Rolle der bestinformierten Autorität ausspielt, bezieht sich zum einen auf die tagesaktuelle Situation auf dem Kriegsschauplatz, zum anderen auf die Entwicklung der Falkland-Krise seit der argentinischen Invasion. Dabei kontrastiert sie in einer vom Wort «peace» (Frieden) dominierten Sequenz die friedvolle Vergangenheit der Falkländer unter britisch-demokratischen Prinzipien («peace with freedom, peace with justice, peace with democracy»; Frieden in Freiheit, Frieden in Gerechtigkeit, Frieden in Demokratie) und die diplomatischen Bemühungen von britischer und anderer Seite um eine friedliche Konfliktbeilegung («For seven weeks we sought peace by diplomatic means [...] We worked tirelessly for a peaceful solution». Sieben Wochen lang suchten wir nach Frieden auf diplomatischem Wege [...] Wir arbeiteten unermüdlich für eine friedliche Lösung) angesichts von Argentiniens «armed aggression» (bewaffneter Aggression), «blantant violation of international law», (eklatanter Verletzung internationalen Rechts), «invasion by the military dictatorship» (Invasion durch die Militärdiktatur) sowie des argentinischen Spielens auf Zeit («Playing for time»). Sich auf letzteres einzulassen bedeute schlicht, dem Aggressor die Früchte seiner Aggression zu lassen («simply leaving the aggressor with the fruits of his aggression»). Als Rechtfertigungsbasis dafür, dies nicht zuzulassen und militärisch zurückzuschlagen, dient – nach einer losen Anknüpfung an den Wertehintergrund des Konferenzthemas «Living with our Neighbours» (Leben mit unseren Nachbarn) – ein Spektrum von Rechten, Werten und Prinzipien, angefangen bei Menschen- und Verfassungsrechten («freedom»/Freiheit, «justice»/Gerechtigkeit, «democracy»/Demokratie) über das Selbstbestimmungsrecht («The Falkland Islanders [...] don't want to be ruled by Argentina». Die Falkländer wollen nicht von Argentinien regiert werden) und internationales Recht («international law») bis zu den nationalen Prinzipien, Menschen, die «britisch» sind, nicht im Stich zu lassen und sich militärischer Aggression nicht zu beugen.

Hier stellt sie sich durch Hinweis auf die schlechte Erfahrung Großbritanniens mit Appeasementpolitik indirekt, aber deutlich in die Tradition Churchills: «Surely we, of all people, have learned the lesson of history: that to appease an aggression is to invite aggression elsewhere, and on an ever-increasing scale?» (Zweifellos haben gerade wir die Lektion der Geschichte gelernt, daß auf eine Aggression mit Beschwichtigung zu regieren, gleichbedeutend damit ist, zu weiterer Aggression an anderer Stelle einzuladen – und das auf einer immer weiter ansteigenden Skala?) Vor diesem Hintergrund konterkariert sie mehrere gegen ihre Politik der militärischen Reaktion vorgebrachten Argumente jeweils knapp und scharf, um – auch hier in der Tradition der mobilisierenden Kriegsrede – appellativ zu schließen mit einem Vers als Parole: «Nought shall make us rue, If England to herself do rest but true.» (Nichts soll uns leid tun, wenn England sich nur selbst treu bleibt.)

Die Geschichte der P. ist voll von mobilisierenden Kriegsreden und arm an Friedensreden. Traditionell ist Frieden zu schließen Sache der jeweils kriegführenden Parteien. Welthistorisch jung ist es, mit der UNO eine nicht kriegsbeteiligte Organisation mit Friedensstiftung und Friedenskonsolidierung als ständiger institutioneller Aufgabe zu betrauen. Dementsprechend neu – und weitgehend an die Funktion des UNO-Generalsekretärs gebunden – ist die Werberede vor Dritten zugunsten eines Engagements für Friedenssicherung. Diese Aufgabe bringt den UNO-Generalsekretär bei Reden vor nationalen Parlamenten in eine einzigartige Position, insbesondere wenn es sich um ein Parlament handelt, das sich wie der Deutsche Bundestag mit der Zustimmung zur Beteiligung deutscher Soldaten an UNO-Missionen, wie in Afghanistan, schwer getan hat. Für UNO-Generalsekretär KOFI ANNAN, der am 28.02.2002 im Berliner Reichstag vor Bundestag, Bundespräsident und Bundeskanzler redet [110], liegt in dieser Situation nahe, 1. für das deutsche UNO-Engagement zu danken (eine epideiktische Aufgabe), 2. die Friedensstrategien der UNO zu erläutern (eine Informatorische Aufgabe), 3. Deutschland zu weiterem UNO-Engagement zu ermuntern (eine symbuleutische Aufgabe).

Annan tut dies, indem er in der Einleitung Deutschland Komplimente macht für seine konstruktive Mitarbeit in der UNO sowie für den «Mut» der Parlamentarier zur Überwindung der «in Ihrer Geschichte begründeten Hemmungen bezüglich Ihrer Rolle in der Welt; und das gilt auch für die Entsendung von Truppen». Der Hauptteil hat den Charakter eines Referats zum Thema «Friedenskonsolidierung». Indem er seine zentrale These als «Erkenntnis» seiner Adressaten ausgibt, verknüpft er in diesem Gelenksatz die einleitende Komplimentepassage mit dem Beginn des explikativen Hauptteils: «[...] Ihrer Erkenntnis, daß Frieden eine äußerst vielschichtige Struktur ist, die auf vielen Fundamenten zugleich aufgebaut werden muß.» Annan betont, es genüge nicht, kurzfristige Waffenruhe herzustellen, Ziel müsse «nachhaltiger Frieden» sein (*Finaltopos*), wozu es der Zusammenarbeit der UNO mit Partnern in etlichen Bereichen bedürfe. Er führt die Komplexität der Aufgabe vor Augen, indem er u. a. in fünffacher Wiederholung der rhetorischen Frage «Was nützt es [...], wenn nicht [...]» die negativen Konsequenzen eines Handelns ohne Nachhaltigkeit markiert (*Konsequenztopos*).

Dies wird dann exemplarisch mit Afghanistan als Hauptbeispiel ausgeführt (*Exemplum-Topos*). Die Darstellung der Notwendigkeit langfristiger Engagements zur Friedenskonsolidierung mündet in einer vorsichtigen, indirekt formulierten Werbung um Mandatsverlängerung – nicht ohne zuvor auf abschreckende Beispiele für nicht-nachhaltiges UNO-Engagement (Angola, Ruanda) verwiesen zu haben (*Konsequenztopos*).

Als höchster Diplomat und der Ehre der Einladung bewußter Redner formuliert Annan auch ein weiteres Anliegen (die deutsche Entwicklungshilfe zu erhöhen) zurückhaltend als «Hoffnung» und verknüpft es mit der Anerkennung des bisherigen deutschen Entwicklungshilfevolumens, bevor er mit einer schmeichelhaften Wendung über die Parlamentarierrolle «als Bindeglied zwischen der lokalen und der globalen Ebene» ganz adressatenbezogen schließt.

Indem er die komplexen Aufgaben der Friedenskonsolidierung differenziert, übersichtlich, engagiert und nüchtern vorträgt, präsentiert sich Annan als Stratege und Manager der Friedenskonsolidierung und, indem er mit Fingerspitzengefühl auf seine Adressaten eingeht, gleichzeitig als Diplomat. Ein größerer Unterschied zwischen Reden über Krieg und Frieden als der zu Goebbels' Sportpalastrede («Wollt Ihr den totalen Krieg?») ist kaum denkbar.

Die neuen Bedingungen für P. im 20. Jh. haben die Entwicklung neuer Paradigmen der theoretischen Beschäftigung mit ihr begünstigt. Die präskriptive Rezeptrhetorik der Lehrbücher ist angesichts der Komplexität der politischen Kommunikationsanforderungen und der wissenschaftsmethodischen Ansprüche an kompetente Auseinandersetzung mit Kommunikationsphänomenen oftmals zum unwissenschaftlichen Ratgeber-Genre abgesunken [111], wobei dort die P. als eigener Gegenstand kaum behandelt wird.

Die P. wird, beginnend mit LE BON (‹Psychologie der Massen›, 1895), im 20. Jh. zum Gegenstand gesellschaftstheoretisch ambitionierter Wissenschaft und Philosophie sowie vor allem zum Objekt deskriptiv und analytisch interessierter empirischer Forschung. Schwerpunkte bilden kommunikationswissenschaftliche Arbeiten der 40er Jahre in den USA, argumentationsanalytisch-philosophische Ansätze ab den 50er Jahren und linguistisch-pragmatische Arbeiten seit den 70er Jahren. Mit der Renaissance der Rhetorik seit den 60er Jahren wird die Gattung der P. auch in diesem Fach wieder systematisch ins Blickfeld genommen und sowohl unter klassisch-antiken als auch modernen kategorialen Zugriffen analysiert. [112]

Anmerkungen:
1 Arist. Rhet. I, 2, 13 (1357a 10–17). – **2** ebd. I, 3, 1–5 (1358a 36–1358 b, 29). – **3** Näheres im Kap. Antike. – **4** vgl. dazu Arist. Pol. und EN; Cic. De or., Or., De officiis, De republica; ders.: Sämtl. Reden, eing., übers. und erläutert von M. Fuhrmann, 7 Bde (1970–1982); A. Burkhardt: Politolinguistik, in: J. Klein, H. Diekmannshenke (Hg.): Sprachstrategien und Dialogblockaden (1996) 75–100. – **5** H. Grünert: Dt. Sprachgesch. u. pol. Gesch. in ihrer Verflechtung, in: W. Besch, O. Reichmann S. Sonderegger (Hg.): Sprachgesch. Ein Hb. zur Gesch. der dt. Sprache (1984) 29–37; G. Strauß: Der politische Wortschatz: Zur Kommunikations- u. Textsortenspezifik (1986); J. Klein: Textsorten im Bereich politischer Institutionen, in: K. Brinker, G. Antos, W. Heinemann, S. F. Sager (Hg.): Text- u. Gesprächslinguistik, 1. Halbbd. (2000) 732–755; J. Klein: Gespräche in politischen Institutionen, in: ebd., 2 Halbbd. (2001) 1589–1606. – **6** Arist. Rhet. I, 2, 21 (1358a 10–17). – **7** die mißverständlicherweise als «Kausalschemata» bezeichneter «Argumentationsmuster» in Kienpointners Taxonomie der Topoi entsprechen am ehesten den meisten der hier dargestellten Kategorien, ohne allerdings in ihrem handlungssystematischen Zusammenhang erkannt zu sein; vgl. M. Kienpointner: Alltagslogik (1992). – **8** J. L. Austin: A Plea for Excuses, in: Proceedings of the Aristotelian Society 57 (1956/1957) 1–30. – **9** J. Klein: Komplexe topische Muster: Vom Einzeltopos zur diskurstyp-spezifischen Topos-Konfiguration, in: Th. Schirren, G. Ueding (Hg.): Topik und Rhet. (2000) 623–649. – **10** P. L. Oesterreich: Was des Lobes wert ist, mit Lob ehren. Epideixis und Demokratie in der antiken Sophistik, in: J. Kopperschmidt, H. Schanze (Hg.): Fest und Festrhet. Zu Theorie, Gesch. und Praxis der Ep deiktik (1999) 224. – **11** ebd. 229. – **12** C. D. Adams: Demosthenes and his Influence (New York 1963) 49. – **13** A. Weische: Ciceros Nachahmung der attischen Redner (1972) 138. – **14** vgl. Adams [11] 53 f. – **15** ebd. 88ff. – **16** V. Buchheit: Unters. zur Theorie des Genos epideiktikon von Gorgias bis Aristoteles (1960) 72. – **17** Isokr. 5, 82 und 19, 11ff. – **18** I. Beck: Unters. zur Theorie des Genos symbuleutikon (Diss. Hamburg 1970) 194. – **19** vgl. C. J. Classen: Recht. Rhet. Politik. Unters. zu Ciceros rhet. Strategie (1985) 308ff. – **20** vgl. J. Klein: Kann man ‹Begriffe besetzen›? Zur linguistischen Differenzierung einer plakativen politischen Metapher, in: F. Liedtke, M. Wengeler, K. Böke (Hg.): Begriffe besetzen (1991) 57ff. – **21** M. Fuhrmann: Einl. und Lit. zu den philippischen Reden, in: ders. (Hg.): Marcus Tullius Cicero: Die politischen Reden, Bd. III (1993) 614. – **22** Weische [12] 158ff. – **23** ebd. 178ff. – **24** ebd. 188ff. – **25** W. Stroh: Taxis und Taktik. Ciceros Gerichtsreden (1975) 12ff. – **26** Weische [12] 170ff. – **27** ebd. 12ff. – **28** P. L. Schmidt: Die lat. Herrscherpanegyrik der römischen Kaiserzeit, in: J. Kopperschmidt, H. Schanze (Hg.): Fest und Festrhet. (1999) 357. – **29** ebd. 361. – **30** D. Nellen: Viri Litterati. Gebildetes Beamtentum und spätröm. Reich (²1981) – **31** M. Biermann: Die Leichenreden des Ambrosius von Mailand. Rhet., Pr., Politik, in: Hermes. Zs. f. Klass. Philol. Einzelschr. H. 70 (1995) 177. – **32** vgl. Murphy RM. – **33** G. Althoff: Spielregeln der Politik im MA (1997) 29ff. – **34** ebd. 157. – **35** Überblick bei J. Hannig: Consensus fidelium (1982) 19ff. – **36** Althoff [32] 167ff. – **37** M. Hébert: Le théatre de l'Etat: Rites et discours dans les assemblées provençales de la fin du Moyen-Age, in: Historical Reflection 19 (1993) 369 ff. – **38** Annales regni Francorum, a 785, S. 70. – **39** Arnold von Lübeck: Chronica Slavorum II, 10, S. 48. – **40** Althoff [32] 261 ff. – **41** ebd. 280. – **42** übers. u. erl. v. E. Assmann: Geschichtsschreiber der dt. Vorzeit, 3. Ges.-Ausg. (1956) 36–39. – **43** zum Folgenden vgl. P. Koch: Art. ‹Ars arengandi›, in: HWRh, Bd. 1, 1033–1040. – **44** zum Abschnitt zu Protesto: E. Santini: La Protestatio de Iustitia nella Firenze Medicea del sec XV, in: Rinascimento 10 (1959) 33–106. – **45** vgl. P. Herde: Politik und Rhet. in Florenz am Vorabend der Renaissance, in: Archiv für Kulturgesch. 47/2 (1965) 141–220. – **46** ebd. 185ff. – **47** ebd. 182f. – **48** ebd. 201. – **49** D. Cantimori: Rhetoric and Politics in Italian Humanism, in: Journal of the Warburg Institute 1 (1937/1938) 101. – **50** A. Noë: Art. ‹Humanismus B. I. 1. Italien›, in: HWRh, Bd. 4 (1998) 11. – **51** F.-R. Hausmann: Art. ‹Humanismus, B. I. 2. Frankreich›, in: HWRh, Bd. 4 (1998) 19f. – **52** K. Johannesson: Svensk retorik fram Stockholm blodbad till Almetalen (1983) 79. – **53** J. Glauser, B. Sabel: Art. ‹Humanismus, B. 1. 9. Skandinavien›, in: HWRh,

Bd. 4 (1998) 57f. – **54** dazu J. Schwitalla: Dt. Flugschr., 1460–1525 (1983). – **55** in: Flugschr. der Bauernkriegszeit. Unter Leitung v. A. Laube, H.W. Seiffert bearb. v. C. Laufer (1978) 26–31. – **56** H.-J. Diekmannshenke: Die Schlagwörter der Radikalen der Reformationszeit (1520–1536) (1992). – **57** zum Begriff ‹Stigmawort›: F. Hermanns: Brisante Wörter, in: H.E. Wiegand (Hg.): Stud. zur nhdt. Lexikographie (1982) 91f. – **58** Luthers Werke (Weimarer Ausgabe), Bd. 18. (1984) 361. – **59** ebd. Bd. 7 (1964) 867–877. – **60** vgl. G. Braungart: Hofberedsamkeit. Stud. zur Praxis höfisch-politischer Rede im dt. Territorialabsolutismus (1988) 35–49. – **61** im Folgenden zit. nach Braungart [59]. – **62** vgl. H. Sturmberger: Georg Erasmus Tschernembl. Religion, Libertät und Widerstand (1953) 196ff. – **63** vgl. G. Braungart: Zur Rhet. der Polemik in der frühen Neuzeit, in: F. Bosbach (Hg.): Feindbilder (1992) 1–21. – **64** ders. Rhet. als Strategie politischer Klugheit: z.B. B. Baltasar Gracián, in: J. Kopperschmidt (Hg.): Politik und Rhet. (1995) 154 – im Anschluß an U. Geitner: Die Sprache der Verstellung. Stud. z. rhet. und anthropologischen Wissen im 17. und 18. Jh. (1992) 51–80. – **65** Braungart [63] 157. – **66** Beck (1754) 218f., zit. G. Braungart: Rhet. als Strategie politischer Klugheit: z.B. Baltasar Gracián, in: J. Kopperschmidt (Hg.): Politik u. Rhet. (1995) 153. – **67** Fabricius 474. – **68** Gottsched Redek., 588ff., 593ff. – **69** vgl. G. Ueding: Art. ‹Aufklärung›, in: HWRh, Bd 1 (1992) 1233. – **70** H.-J. Jäger: Die These von der rhet. Verschwörung z.Z. der Frz. Revolution, in: Text und Kontext 9 (1981) 48. – **71** vgl. Art. ‹Parlamentsrede› in diesem Band. – **72** vgl. R.E. Reichardt: Das Blut der Freiheit. Frz. Revolution und demokrat. Kultur (1998). – **73** zum systemtheoretischen Semantik-Begriff vgl. N. Luhmann: Gesellschaftsstruktur und Semantik (1980). – **74** G.-J. Danton: Reden (1926) = Redner der Revolution 8. – **75** Saint-Just/Saint-Pierre. Frz. Revolution. Eine Dokumentation in Schr. und Reden, hg. und übers. v. A. Bolz (1996) 22ff. – **76** Robespierre: De l'influence de la calomnie sur la révolution, in: Textes choisies 10/18 (1965), zit. J. Guilhaumou: Sprache und Politik in der Frz. Revolution (1989) 128. – **77** zit. R.E. Reichardt: Das Blut der Freiheit (1999) 222f. – **78** A. Burkhardt: Proklamationen des Königs, in: H. Diekmannshenke, J. Meißner (Hg.): Politische Kommunikation im hist. Wandel (2001) 316. – **79** ebd. 320f. – **80** zit. G. Ueding: Dt. Reden von Luther bis zur Gegenwart (1999) 344. – **81** vgl. Conley 235ff. – **82** vgl. U. Sarcinelli: Symbolische Politik (1987). – **83** K. Marx; Rede vor den Kölner Geschworenen, in: G. Ueding (Hg.): Dt. Reden von Luther bis zur Gegenwart (1999) 647–666. – **84** A. Bebel: Abrechnung mit dem Zentrum (Kölner Rede v. 11. Mai 1903), hg. v. Einhorn-Presse Köln 41 (1974). – **85** vgl. die Einteilung politischer Diskurse in das regulative, das instrumentale, das integrative und das informative Sprachspiel bei Grünert [6]. – **86** vgl. J. Klein: ‹Weg› u. ‹Bewegung› als metaphorische Konzepte im politischen Sprachgebrauch …, in: O. Panagl, H. Stürmer (Hg.): Politische Konzepte u. verbale Strategien (2002) 221ff. – **87** A. Lincoln: Gettysburg address. Mit einem Essay von E. Krippendorf (1994). – **88** zu parlamentarischen Redetypen vgl. Art. ‹Parlamentsrede› in diesem Bd. – **89** in: Lenin über Volksbildung. Art. und Reden (Berlin (Ost) 1961) 369–384. – **90** vgl. U. Ulonska: Ethos u. Pathos in Hitlers Rhet. zwischen 1920 u. 1933, in: Rhetorik 16 (1997) 9f. – **91** in: G. Ueding (Hg.): Dt. Reden (1999) 534–538. – **92** vgl. H. Cancik: «Wir sind jetzt eins». Rhet. u. Mystik in einer Rede Hitlers (Nürnberg 11.9. 1936), in: ders.: Antik · Modern, hg. von R. Faber et al. (1998) 229–264. – **93** vgl. H. von Kotze, H. Krausnick (Hg.): ‹Es spricht der Führer› (1966) 7. – **94** W. Churchill: Blut, Schweiß u. Tränen. Antrittsrede im Unterhaus … hg. v. S. Groenewald (1995). – **95** die spätere Verkürzung der Botschaft im Deutschen zu «Blut, Schweiß und Tränen» verdankt sich stilistischen Vorlieben: für die Dreierfigur, für einen eingängigen Rhythmus und für ein – durch das Abstraktum «toil» (Mühe) nicht gestörtes – Metaphernfeld der mit Schmerz und Anstrengung assoziierten Körperflüssigkeiten. – **96** vgl. M. Fuhrmann: Rhet. u. öffentliche Rede (1983); ders: Die Tradition der Rhet.-Verachtung u. das dt. Bild vom 'Advokaten' Cicero, in: Rhetorik 8 (1989) 43ff.; J. Kopperschmidt: Gibt es Kriterien politischer Rhet.? Versuch einer Antwort, in: Diskussion Deutsch 21 (1990) 479ff.; J. Klein: Politische Rhet., in: SuL 75/76 (1995) 62ff. – **97** Text zitiert nach I. Fetscher: Rede im Berliner Sportpalast 1943: Joseph Goebbels: «Wollt ihr den totalen Krieg» (1998) 93ff., Kursivdruck signalisiert nachdrückliche Betonung durch den Redner. – **98** mit «Euch» sind hier die Rundfunkhörer gemeint. – **99** Presse- u. Informationsamt der Bundesregierung (Hg.): Bundeskanzler Helmut Kohl: Reden und Erklärungen zur Deutschlandpolitik (1990). – **100** ebd., 139f. – **101** ebd. 140. – **102** vgl. ‹Der Grundlagenvertrag vor dem Bundesverfassungsgericht› (1975), insbesondere S. 389, 392 und 394. – **103** übers. nach M.K. Gandhi: Collected Works XIII (Ahmedabad 1964) 210–216. – **104** in: Congressional Record, 88th Congress. (Washington: U.S. Government Printing Office 1963) Washington, vol 109, pt. 12, pp. 16241–16242. – **105** vgl. z.B. Jesaja 6; Amos 7ff. – **106** vgl. Z.B. Jesaja 61,1ff.; Amos 9,11ff.; Offenbarung 21,1ff. – **107** z.B. D. Tannen: Du kannst mich einfach nicht verstehen (1993). – **108** vgl. die Redeanalysen zu Martin von Pairis, Churchill u. Goebbels. – **109** Margaret Thatcher: Speech to Conservative Women's Conference, Royal Festival Hall, London 26. May 1982. – **110** abgedruckt in: Das Parlament 10/11 vom 8./15.3. 2002, 9f. – **111** vgl. R. Bremerich-Vos: Populäre rhet. Ratgeber (1991). – **112** vgl. dazu Publikationen u.a. von K. Burke, J. Kopperschmidt, W. Klages, H.U. Gumbrecht, J. Klein, H.C. Finsen, M. Bohlender oder D. Grieswelle.

Literaturhinweise:
H. Heintze: Beredsamkeit und Rhet. in der frz. Revolution, in: ders., E. Silzer (Hg.): Im Dienste der Sprache. FS V. Klemperer (1958) 276ff. – Kennedy Gr. – W. Dieckmann: Sprache in der Politik (1969). – H.D. Zimmermann: Die polit. Rede. Der Sprachgebrauch Bonner Politiker (1969). – Kennedy Rom. – B. Stolt: Wortkampf. Frühneuhochdt. Beispiele zur rhet. Praxis (1974) – P. Wülfing: Rhétorique et démocratie, in: Les études classique (1975) 107–118. – H.U. Gumbrecht: Funktionen parlamentarischer Rhet. in der Frz. Revolution (1978). – S. Koster: Die Invektive in der griech. und röm. Lit. (1980). – F. Dumont: Die Mainzer Republik von 1792/93 (1982) – N. Deuchert: Vom Hambacher Fest zur badischen Revolution (1983). – M. Fuhrmann: Die antike Rhet. Eine Einf. (1984, ⁴1995). – W. Siemann: Die dt. Revolution von 1848/49 (1985). – J. Klein (Hg.): Politische Semantik (1989). – W. Holly: Politikersprache. Inszenierungen und Rollenkonflikte im informellen Sprachhandeln eines Bundestagsabgeordneten (1990). – D. Lotze: Zur Funktion des Redners in der Polis-Demokratie, in: Philologus 135/1 (1991) 116ff. – B. Hamm: Reformation als normative Zentrierung von Religion und Ges., in: Jb. f. Bibl. Theol. 7 (1992) 241–279. – W. Hartwig: Vormärz (1993). – C.R. Miller: The 'Polis' as Rhetorical Community, in: Rhetorica XI, 3 (1993) 211–240. – M. Mause: Die Darstellung des Kaisers in der lat. Panegyrik (1994). – B. Schmitt: Ambrosius von Mailand und der Tod Kaiser Valentinians II (1994). – C. Good: Wahlkampfsprache: Polit. Kultur?, in: Mu 105 (1995) 1–10. – J. Klein: Politische Rhet., in: SuL 75/76 (1995) 62–99. – J. Klein: Dialogblockaden. Dysfunktionale Wirkungen von Sprachstrategien auf dem Markt der polit. Kommunikation, in: J. Klein, H. Diekmannshenke (Hg.): Sprachstrategien und Dialogblockaden (1996) 3–29. – F. Hermanns: «Bombt die Mörder nieder!» Überlegungen zu linguistischen Aspekten der Erzeugung von Gewaltbereitschaft, in: H. Diekmannshenke, J. Klein (Hg.): Wörter in der Politik (1996) 133–161. – A. Burkhardt: Dt. Sprachgesch. u. polit. Gesch., in: W. Besch u.a. (Hg.): Sprachgesch. Hb. zur Gesch. der dt. Sprache und ihrer Erforschung. 1. Teilbd. (²1998) 98–122. – J. Klein: Politische Kommunikation als Sprachstrategie, in: O. Jarren, U. Sarcinelli, U. Saxer (Hg.): Politische Kommunikation in der demokratischen Ges. (1998). 376–395. – O. Dann: Politische Rede bei Friedrich Schiller, in: Politisches Denken. Jb. der Dt. Ges. zur Erforschung des Politischen Denkens (1999) 25–33. – P. Paulsen: Die Parapresbeia-Reden des Demosthenes und des Aischines (1999). – R. Geier: Grenzüberschreitungen: Vom Ritual zum Fanal. Die Lobrede des Günter Grass zur Verleihung des Friedenspreises der dt. Buchhandels 1997 als Philippika, in: Cahiers d'Etudes Germaniques 37 (Textlinguistik: An- und Aussichten) (1999) 99–109. – J. Herrgen: Die Sprache der Mainzer Republik (1792/93) (2000).

J. Klein

→ Ars arengandi → Debatte → Gemeinwohl → Höfische Rhetorik → Konservative Rhetorik → Marxistische Rhetorik →

Nationalsozialistische Rhetorik → Parlamentsrede → Paulskirchenrhetorik → Politische Rhetorik → Propaganda → Protesto → Rede → Redefreiheit → Revolutionsrhetorik → Sozialistische Rhetorik → Thronrede → Topik → Utile → Volksrede

Polyhistorie (griech. πολυιστορία, polyhistoría, auch: πολυμαθία, polymathía; lat. polyhistoria)

A. Unter ‹P.› wird seit dem späten 17. Jh. die fächerübergreifende, zumeist historisch-philologische Gelehrsamkeit verstanden, die das Wissen – meist: aus Büchern gewonnenes Wissen – vieler Disziplinen in sich vereint (selten neuerdings auch: ‹Polyhistorismus›). Diese Bezeichnung ist als Gattungsbegriff abgeleitet aus dem Ehrentitel ‹Polyhistor› für einen Gelehrten, der in vielen Bereichen bewandert ist. Während bis zum 17. Jh. damit auch der Bezug auf menschliche Erfahrung mitgemeint war (P. als Exempelvorrat im Sinne der ‹Historia magistra vitae›), gewinnt im 18. Jh. die kritische Konnotation von Pedantentum und Weltfremdheit die Oberhand. – ‹Polymathie› steht schon in der Antike für ‹Vielwisserei› – oft im pejorativen Sinne –, wird aber im 17. Jh. 'gelegentlich zu einem übergreifenden Konzept, das sich als 'enzyklopädische Grammatik' versteht.

B. I. *Antike und Mittelalter.* ‹Polymathie› als abwertender Begriff taucht in der Absetzung von Philosophen gegen Personen auf, die lediglich Wissen ansammeln. Eine frühe Verwendung des Wortes begegnet bei HERAKLIT, der in seiner Kritik an Pythagoras diesem vorwirft, nur einzelne Forschungsergebnisse zu kompilieren: «Indem er eine Auswahl aus seinen diesbezüglichen Notizen vornahm, machte er sich daraus eine eigene Weisheit, Vielwisserei, schlimme Machenschaften.» [1] Noch PLATON wiederholt diesen Vorwurf des unverdauten und unstrukturierten Wissens: «Das Vielkennen und Vielwissen, unter schlechter Leitung erlangt, bringt viel größeren Schaden als das Nichtwissen.» [2] Doch diese Polemik hat ebensowenig eine terminologische Fixierung ergeben wie die positiveren Bezugnahmen auf Wissensvielfalt in der Rhetorik. Daß P. eng mit der Rhetorik verknüpft ist, zeigt CICEROS Forderung, ein breites Wissen sei Voraussetzung für den *perfectus orator:* «Ac mea quidem sententia nemo poterit esse omni laude cumulatus orator, nisi erit omnium rerum magnarum atque artium scientiam consecutus. Etenim ex rerum cognitione efflorescat et redundet oportet oratio.» (Nach meiner Meinung könnte jedenfalls kein Redner den Gipfel allen Ruhms erreichen, ohne sämtliche bedeutenden Gebiete und Disziplinen zu beherrschen; denn aus dem Wissen um die Sache muß die Rede in Glanz und Fülle des Ausdrucks erwachsen.) [3] Das angestrebte Allgemeinwissen fungiert hier im Sinne der *copia rerum* als Wirkungsmittel und hat persuasive Funktion.

Terminologisch einflußreich aber werden erst zwei unterschiedliche Verwendungsweisen des Begriffes ‹Polyhistor› in der Grammatiktradition von Hellenismus und Spätantike. **1.** Die hellenistische, insbesondere die alexandrinische Gelehrsamkeit, die als Grammatik, Kritik oder Philologie bezeichnet wird, hat als Ideal die Beherrschung der unterschiedlichsten Disziplinen. Ihr erster Vertreter ERATOSTHENES VON KYRENE (ca. 284–ca. 202 v. Chr.) wird noch in der frühen Neuzeit als Musterbeispiel für einen Polyhistor gehandelt; man nannte ihn βῆτα, béta (d.h. Buchstabe B), weil er der zweitbeste in den meisten Disziplinen war, oder Πεντάεθλος, Pentáethlos (Fünfkämpfer), der in allen Gattungen zu Hause war. Die Bezeichnung nimmt offensiv die Polemik der Philosophen auf und wendet sie ins Positive; denn im pseudoplatonischen Dialog ‹Erastai› hatte es geheißen, der Polymath bleibe wie ein Fünfkämpfer in der Einzeldisziplin in jedem einzelnen Fach hinter dem Fachmann zurück und sei unnütz, da man ja immer den Rat des besten Kenners suche. [4] Terminologisch ist es aber erst der griechische Grammatiker ALEXANDROS VON MILET (ca. 110–40 v. Chr.), der mit πολνίστωρ, polyhístōr als Beiname versehen wird und für die Folgezeit den Begriff als Ehrentitel in Umlauf bringt.

2. Einen anderen Akzent für die Wirkungsgeschichte setzen die ‹Collectanea rerum memorabilium› von C. IULIUS SOLINUS (Mitte 3. Jh. n. Chr.), ein naturkundliches Kompendium mit geographischer Gliederung, das größtenteils aus PLINIUS' ‹Naturalis historia›, aber auch aus POMPONIUS MELA und SUETONS ‹Pratum de rebus variis› kompiliert ist und historische Einschübe besitzt. Das Werk trägt auch den Titel (umstritten, ob authentisch oder als Mystifikation des 7. Jh.) ‹Polyhistor›. Da es vor allem auf Außergewöhnliches und Spektakuläres ausgerichtet ist, gibt es dem Begriff der P. diese Konnotation. Es tradiert durch seinen großen Erfolg im Mittelalter (über 150 überlieferte Handschriften) den Titel; bei JOHANNES BALBUS ist ein Polyhistor derjenige, der aus einer Vielzahl gelehrter 'Historien' einen neuen Text kompilieren kann. WILHELM VON MALMESBURY (gest. ca. 1143) schreibt einen ‹Polyhistor› und JOHANNES CAVALLINI (gest. 1349) eine ‹Polistoria de virtutibus et dotibus Romanorum›. [5]

II. *16. und 17. Jh.* Die Präsenz der ‹Collectanea› des SOLINUS verhindert, daß der Ausdruck ‹P.› zu einer Bezeichnung für die methodischen Universalwissenschaften der frühen Neuzeit werden kann. «Als Leitbegriff enzyklopädischer Projekte war der mit dem Werk des Solinus verknüpfte Begriff ‹Polyhistor› für die ‹systematischen› Enzyklopädisten des 16. und 17. Jh. desavouiert. Der bunten, raffiniert auf ‹Curiositas› spekulierenden Vielfalt der gelehrten Materialien, mit der Solinus sein gelehrtes Exzerptmaterial einem breiten Publikum schmackhaft machte, fehlte die methodische ‹Disziplinierung.» [6] Statt dessen dient der Titel volkskundlicher, ‹curieusen›, kompilatorischen Werken, in denen die Vielfalt der gelehrten Materialien in den Vordergrund gerückt wird, so bei ANTONIUS GUBERTUS COSTANUS' ‹Polyhistor› (1561), JOSEPH DU CHESNES (Quercetanus) ‹Diaeteticon polyhistoricon› (1606), NICOLAS CAUSSINS ‹Polyhistor symbolicus› (1618, methodisch an die ‹Stromateis› des Clemens Alexandrinus angelehnt) und JAN JONSTONS ‹Polyhistor› (1660).

Nicht unter diesem Titel firmieren jene Konzepte, die nur retrospektiv seit dem 18. Jh. als ‹polyhistorisch› bezeichnet werden. **1.** Die methodisch orientierte Bewältigung der durch den Buchdruck und die neue Empirie stark angewachsenen Wissensbestände, die sich als ‹Topica universalis›, ob ramistisch, aristotelisch oder lullistisch, formuliert, verwendet eher den Begriff des ‹Systems› (KECKERMANN, TIMPLER) im Sinne einer geordneten Ansammlung von *praecepta.* Der Enzyklopädismus kann sich aber nicht nur als methodisches Ordnen von Wissen äußern, sondern auch mit dem philosophischen [7] oder sakralen Anspruch auf die Erkenntnis der letztgültigen Einteilung und Struktur des Seienden auftreten. Vor allem bei J. A. COMENIUS und seinem Kreis ist dann von ‹Pansophie› die Rede. Als J S. FABRICIUS und A. O. HORN 1660 in der Dissertation ‹Idea polyhistoriae› ‹P.› als höchsten Grad der *sapientia* bezeichnen, mit dem die «vestigia Dei» erkannt werden können, versuchen sie, die pansophische Universalwissenschaft mit dem zu verbinden, was sich bei den Philologen inzwischen als ‹Polymathie› etabliert hatte. [8]

2. Was diesen Begriff angeht, so steht seiner Wiederaufnahme im methodisch-gelehrten Bereich kein Hindernis entgegen. Die enzyklopädisch angelegte frühneuzeitliche philologisch-historische Wissenschaft, die das Erbe der antiken ‹Grammatici› antrat (man berief sich auf Eratosthenes oder auf Aristophanes von Byzanz) [9], wählt als Leitbegriff ein weites Konzept von Philologie (vgl. G. BUDÉ: ‹De philologia›, 1532) oder Grammatik. (Dem Philologen in diesem Sinne gegenüber zeichnet sich ein Polyhistor durch gegenwärtiges Wissen und die Kompetenz für dessen praktische Anwendung aus. [10] ‹Polymathie› als Oberbegriff hat JOHANNES WOWER mit seiner ‹De polymathia tractatio› (Hamburg 1603) etabliert, einem Versuch, Systematik in die Disziplinen bringen und eine enzyklopädische Grammatik in Anlehnung an die Ἐγκύκλιος παιδεία, Enkýklios paideía zu entwerfen. Die Rhetorik findet dabei ihren Platz unter den ‹logischen› Disziplinen. Für die Polymathie ist es ausgemacht, daß sie nicht Erkenntnis der Dinge leisten könne – sie ist nicht Philosophie, nur 'fast' Philosophie. [11] G.J. VOSSIUS, der Wower in vielem folgt, siedelt die Rhetorik zwischen Grammatik und Metrik in der Philologie an. [12]

Als J.H. BOECLER die Vossiussche Ordnung der Disziplinen übernimmt, tut er es in der 1677 postum erschienenen ‹Bibliographia historico-politico-philologico-curiosa› bereits im Rahmen der ‹Historia literaria›. Denn die von F. BACON projektierte ‹Historia literaria› ist im Gegensatz zur pansophischen Universalwissenschaft nicht auf Wesenserkenntnis der Dinge, sondern auf Bereitstellung von Lektürewissen angelegt [13]; insofern paßt dieser Rahmen für die Polymathie. Er geht allerdings noch über ihre epistemologische Zurückhaltung hinaus, denn seit Mitte des 17. Jh. löst sich die von Wower ins Auge gefaßte Mittelstellung der Polymathie zwischen Grammatik und Philosophie auf, weil das Vertrauen in die philosophische Wesenserkenntnis verschwindet. P. ist in dieser Situation der Erfahrung des Traditionsabbaus und der schwindenden Bedeutung der historisch-philologischen Wissenschaften ein Unternehmen der Rekonstruktion: «Die Funktion der P. liegt im Gegenzug, indem sie, die die Erkenntnisform der topischen Wissenschaften fortführt, Rekonstruktionsarbeit ohne Rückhalt bei den alten, dem Zweifel verfallenden Autoritäten leistet. Die P. ist in jener Übergangsepoche die Zwischenlösung par excellence.» [14] Als Universaltopik hatten ehedem die Methodenbegriffe *inventio* und *dispositio* die entscheidende Rolle gespielt, jetzt verlagert sich die Aufmerksamkeit auf das *iudicium*. Die seit J. CHR. STURM aufkommende Eklektik setzt auf ein Urteilsvermögen, das vermögenspsychologisch ausgedeutet und als Verfahren umfunktioniert wird. [15] Auswahl der Wissensgehalte und zunehmend sogar ‹Selbstdenken› (CHR. THOMASIUS) werden nun entscheidend. Es benötigt die von der Polymathie oder *historia literaria* aufbereitete Historie allerdings als Thesaurus des Wissens, der beurteilt werden kann.

Eine besondere Stellung in diesem komplexen Prozeß nimmt D.G. MORHOF mit seinem Werk ‹Polyhistor› (Lübeck 1688, postum vervollständigt 1708) ein. Trotz einiger Versuche, Morhof für die pansophisch-spiritualistische Tradition zu reklamieren [16], erweist sich das Werk als Verbindung von Wowerscher Polymathie und ‹Historia literaria›: «Morhof versteht die umfassende 'Notitia scriptorum et rerum' [...] als instrumentelle Bedingung und als gelehrtes Fundament einer fachlich organisierten Gelehrsamkeit, keineswegs aber, wie manche seiner Interpreten meinen, als Inbegriff von Wissen.» [17] Wie schon 1532 von J.L. VIVES gefordert [18], stellt sich das Werk als Grundlage für die Spezialisierung in Fachwissen dar.

III. *18. Jahrhundert.* Es scheint MORHOFS Wahl des Titels ‹P.› für seine ‹Historia literaria› gewesen zu sein, die die bis dahin wirksamen Benennungsbarrieren beseitigt und den Begriff ‹P.› als allgemeinere Bezeichnung für universelle Gelehrsamkeit eröffnet hat. Sachlich ist dies aber kein Einschnitt; statt dessen könnte man von einem 'langen 17. Jh.' der Gelehrsamkeit sprechen, das bis in die 1730er Jahre reicht. Im gleichen Moment, da der P. als Titel sich mit der universaltopischen und der literarhistorischen Tradition zu überschneiden beginnt, gerät das Konzept auch schon in die Krise. **1.** Literaturgeschichte ist das Komplement zur Skepsis. Schon Morhof hat Wowers Optimismus, die Einsicht in die Dinge könne man den Philosophen überlassen, relativiert und betont, menschliches Wissen bleibe immer an der Oberfläche kleben. [19] Dieser kritische Akzent verstärkt sich jetzt und bekommt auch noch eine historisch-pyrrhonistische Note. Im Kreis um CH. THOMASIUS, der Morhofs Werk für seine Frühaufklärungsbewegung reklamiert, entsteht seit 1694 im Anschluß an P. POIRET eine Diskussion um die *eruditio solida*, die nur eine christliche sein könne. [20] So wie die Spätaufklärung dann ihre Debatte um die 'wahre Aufklärung' führte, geht es hier um die 'wahre Gelehrsamkeit'. 'Polyhistoren' wie J.F. REIMMANN radikalisieren daraufhin die Eklektik zur Skepsis, um ihre literarhistorische Praxis in Abgrenzung zur 'anmaßenden' Pansophie zu bringen: ‹Historia literaria› statt Metaphysik, heißt die Parole.

2. In der Jenenser Schule von J.F. BUDDE bemüht man sich um eine ingeniumstheoretische Fundierung der P. Da die Basis der Reflexion auf P. hier Eklektik ist, Eklektik aber das *iudicium* in den Mittelpunkt stellt, ergibt sich eine Typisierung verschiedener Eignungsformen von P. So unterscheidet J.G. ROSA nicht nur unterschiedliche Vorurteile, um sie auf die Verbesserung der Eklektik zu beziehen, sondern auch – analog der Wissenschaftsklassifikation von J. HUARTE – unterschiedliche Typen von Polyhistoren je nach ihren Fähigkeiten im Bereich von *memoria*, *ingenium* und *iudicium*. [21] Kritisch wird dabei die einseitige Konzentration vieler Polyhistoren auf die *memoria* bemerkt.

3. Die politisch-galante Bewegung setzt sich vom 'Pedantismus' der Universitäten ab. In dieser Absetzung wird auch die P. kritisiert, zunächst in der inflationären Verwendung von ‹Polyhistor› als Ehrentitel. Doch die Kritik weitet sich schnell aus und findet in zahlreichen Gelehrtensatiren ihren Niederschlag. «Der Gelehrte erscheint hier als eitler 'Pedant', für den die gelehrte Lektüre zum Selbstzweck geworden ist, der ohne Urteils- und Relevanzkriterien sein Gedächtnis als Bibliothek organisiert und blind für eine Welt der Erfahrung ist, die nicht in der Bibliothek zu erwerben ist.» [22] Seit dieser Kritik wird der Begriff ‹P.› (vor allem seit Mitte des 18.Jh.) fast nur noch pejorativ verwendet. «So ist heut zu tage Polyhistorey so gemein worden, daß ein iedweder Mensch, welcher etwan mehr, als ein paar Bücher gelesen [...], vor einen grossen Gelehrten will gehalten sein», beklagt 1716 CH. G. HOFMANN. [23]

4. Die Kommunikations- und Medienreform [24] des frühen 18.Jh., die gelehrte Journale und dann zunehmend auch Fachliteratur entstehen läßt, läßt P. zunehmend als oberflächliches Wissen erscheinen. So heißt es im ZEDLERschen Lexikon: «Wer nun seine Kräfte und Arbeit in allzuvielen Dingen zerstreuet, der kann eben keine so grosse Geschicklichkeit in seiner Disciplin erlangen, folglich dem andern nicht so dienen, als wenn er sich mit allen Kräften auf eine Sache geleget. Dahero wird man auch finden, daß die grösten Polyhistores, in der Profeßion, darinnen sie stehen, der Welt eben keine so grosse Dienste leisten, sondern eben, weil sie Polyhistores sind, sich mit Allotrien beschäftigen.» [25] Bis heute gilt diese pejorative Konnotation, und auch die Bemühungen des 19. Jh., eine enzyklopädische Philologie zurückzugewinnen (etwa bei A. BOECKH [26]). haben nicht mehr den Begriff der P. für ihr Unternehmen verwendet.

Anmerkungen:
1 Heraklit in VS 22 B 129. – 2 Platon, Nomoi 819a, in: Platon, Werke 8 (²1990) 92f., Übers. von D.F. Schleiermacher; vgl. 811b. – 3 Cic. De or. I, 20. – 4 Ps. Platon, Erastai 133c–137b, in: Platon, Werke 3 (1861) 189ff., übers. von Schleiermacher. – 5 vgl. H. Zedelmaier: Von den Wundermännern des Gedächtnisses. Begriffsgesch. Anm. zu ‹Polyhistor› und P., in: Chr. Meier-Staubach (Hg.): Der Wandel der Enzyklop. vom Hochma. zur frühen Neuzeit (2002) 419–447. – 6 vgl ebd. – 7 vgl. Th. Leinkauf: Mundus combinatus. Stud. zur Struktur der barocken Universalwiss. am Beispiel A. Kirchers SJ (1602–1680) (1993). – 8 J.S. Fabricius (Praes.), A.O. Horn (resp. et auct.): Idea polyhistoriae (Heidelberg 1660). – 9 vgl. R. Pfeiffer: A History of Classical Scholarship 1300–1850 (Oxford 1968) 122. – 10 Chr. Milieu (Mylaeus): De scribenda universitatis rerum historia libri V (Basel 1551) 222f.; J.L. Vives: De disciplinis (Köln 1532) 240; auch Fabricius, Horn [8]. – 11 vgl. J. von Wower: De polymathia tractatio (Hamburg 1603, hier zit.: Leipzig 1665) 18f. – 12 G.J. Vossius: De philologia, in ders.: De quatuor artibus popularibus, de philologia, et scientiis mathematicis, ut operi subjungitur chronologia mathematicorum, libri tres (Leiden 1650). – 13 vgl. H. Zedelmaier: Historia literaria. Über den epistemologischen Ort des gelehrten Wissens in der ersten Hälfte des 18. Jh., in: Das 18. Jh. 22 (1998) 11–21. – 14 H Jaumann: Critica. Unters. zur Gesch. der Literaturkritik zwischen Quintilian und Thomasius (Leiden 1995) 168. – 15 vgl. M. Albrecht: Eklektik. Eine Begriffsgesch. mit Hinweisen auf die Philosophie- und Wissenschaftsgesch. (1994). – 16 etwa durch F. Breckling; vgl. M. Mulsow: Morhof und die politische Theol., in: F. Waquet (Hg.): Mapping the World of Learning (2000) 221–254. – 17 Zedelmaier [5]. – 18 Vives [10] ebd. – 19 D.G. Morhof: Polyhistor (Lübeck 1708) Bd. 1, 122. – 20 P. Poiret: De eruditione solida, superficiaria, et falsa, libri tres, hg. von Chr. Thomasius (Frankfurt/Leipzig 1694); vgl. M. Mulsow: Eclecticism or Scepticism? A Problem of the Early Enlightenment, in: Journal of the History of Ideas 58 (1997) 465–477. – 21 J.G. Rosa (praes.), J.D. Heumann (resp.): Polyhistoris idea (Jena 1721); vgl. J.G. Rosa: De praejudiciis (Jena 1718); vgl. auch J.F. Sommerlatte (praes.), Chr. Schmid (resp.): Dissertatio philologica de polyhistore (Leipzig 1715). – 22 vgl. Zedelmaier [5]. – 23 [Chr. G. Hofmann:] Aufrichtige und unpartheyische Gedanken, über die wichtigsten Materien ... 12. Stück (Leipzig 1716) 986. – 24 vgl. M. Gierl: Pietismus und Aufklärung. Theol. Polemik und die Kommunikationsreform der Wiss. am Ende des 17. Jh. (1997). – 25 Zedler, Bd. 28, Sp. 1319. – 26 A. Boeckh: Enzyklop. und Methodenlehre der philol. Wiss. (1886).

Literaturhinweise:
C. Wiedemann: Polyhistors Glück und Ende. Von D.G. Morhof zum jungen Lessing, in: H.O. Burger, K. von See (Hg.): FS G. Weber (1967) 215–235. – Chr. Daxelmüller: Disputationes curiosae. Zum ‹volkskundlichen› Polyhistorismus an den Univ. des 17. und 18. Jh. (1979). – G.E. Grimm: Lit. und Gelehrtentum in Deutschland. Unters. zum Wandel ihres Verhältnisses vom Humanismus bis zur Frühaufklärung (1983). – W. Schmidt-Biggemann: Topica universalis. Eine Modellgesch. humanistischer und barocker Wiss. (1983). – A. Grafton: The World of Polyhistors: Humanism and Encyclopedism, in: Central European History 18 (1985) 31–47. – W. Schmidt-Biggemann: Art. ‹Polyhistorie/Polymathie›, in: HWPh, Bd. 7, Sp. 1033–1085. – H. Jaumann: Was ist ein Polyhistor? Gehversuche auf einem verlassenen Terrain, in: Studia leibnitiana 22/1 (1990), 76–89. – I.M. Battafarano: Tommaso Garzoni: Polyhistorismus und Interkulturalität in der frühen Neuzeit (Bern 1991). – H. Zedelmaier: Bibliotheca Universalis und Bibliotheca Selecta. Das Problem der Ordnung des gelehrten Wissens in der frühen Neuzeit (1992). – L. Deitz: I. Wower of Hamburg, Philologist and Polymath. A Preliminary Sketch of his Life and Works, in: Journal of the Warburg and Courtauld Institutes 58 (1995) 132–151. – M. Mulsow, H. Zedelmaier (Hg.): Skepsis, Providenz, P.J.F. Reimmann (1668–1743) (1998). – L. Deitz: G.J. Vossius' ‹De philologia liber›, in R. Häfner (Hg.): Philol. und Erkenntnis (2001) 3–34.

M. Mulsow

→ Eklektizismus → Exempelsammlungen → Gelehrtenliteratur, Gelehrtensprache → Grammatik → Kollektaneen → Philologie → Poikilographie → Redner, Rednerideal → Topik

Polyptoton (griech. πολύπτωτον, polýptōton; lat. polyptoton, selten multiclinatum; engl. polyptoton; frz. polyptote; ital. polittoto oder poliptoto)

A. Das P. (griech. aus πολύ, polý ‹viel› und πτωτόν, ptōtón ‹gebeugt, dekliniert›, wörtlich ‹Vielgebeugtes›) ist eine Wortfigur, bei der ein deklinierbares Wort meist im Kasus, seltener im Numerus oder Genus variiert und innerhalb eines Satzes oder Sinngefüges wiederholt wird: Πόνος πόνῳ πόνον φέρει (Pónos pónō pónon phérei – Mühsal der Mühsal Mühe schafft). [1]

In vielen modernen Kultursprachen, die kein vollständiges Kasussystem mehr aufweisen, muß die Variation hinsichtlich der syntaktischen Funktion gleicher Nomina mitberücksichtigt werden: ‹Seite an Seite›, ‹von Frau zu Frau›. Als Sonderfall ist die Zusammenstellung von Adjektiv und zugehörigem Adverb, sowie von Nomina, welche dieselbe Wurzel aufweisen, zu bezeichnen. Neben dieser engeren Definition eines nominalen P. wollen moderne Theoretiker unter dem Begriff jede stammverwandte Wiederholung verstanden wissen. LAUSBERG definiert das P. als eine Erscheinungsform der *Paronomasie* (*adnominatio*), welche aufgrund der Änderungskategorie der organischen *immutatio* («Binnenveränderung») durch Flexion an Nomen oder Pronomen zustandekommt. [2] Das P. kann so in allen Arten der Wortwiederholung (*geminatio, reduplicatio, anaphora, epiphora, complexio*), bei denen keine totale Wortgleichheit vorhanden sein muß, auftreten. [3] Die verbalen Veränderungen werden nach der Darstellung Lausbergs mit anderen Terminus erfaßt; in Anlehnung an PS.-RUFINUS ist das παρηγμένον (lat. *derivatio*) eine erweiterte Form des P. [4], zu der die nichtnominalen Wortwiederholungen (z.B. verbale Wortparataxe oder komparativische Wiederholungen vom Muster ‹whiter than white›) und etymologisierende Stammwiederholungen, wie z.B. die *figura etymologica*, zu zählen sind.

Die antike Rhetorik beschreibt das P. ausschließlich in der Form der *Anapher*. Hingegen geben engere moderne Definitionen das P. ohne Berücksichtigung der verschiedenen Anordnungsmöglichkeiten vor allem als dichte Folge innerhalb der Satzgrenzen oder als Wortparataxe in Kontaktstellung aus. Anderseits wird die Figur in weiterem Sinne auf alle Arten der Stammwiederholung übertragen und mit den rhetorischen Wiederholungsfiguren kontaminiert. [5] So muß z.B. die *traductio*, die eine Veränderung auf der Bedeutungsebene beinhaltet [6], vom P. unterschieden werden, das sich als grammatisches Phänomen allein auf das Wortbild bezieht und somit, außer bei den P. einiger Pronomen[7], eine Kategorie des primär phonetischen Phänomens der *Paronomasie* darstellt. Erscheint das P. in der Dichtung am Versende (*Epipher*), spricht man auch vom «grammatischen Reim».[8]

B. Die *Indogermanistik* nimmt für die Kontaktformen des P. grundsprachliches Alter an. Sein Prinzip beruht auf dem Streben «nach sprach-symbolischer Darstellung der Wirklichkeit»[9]. Es wird zu einem prägnanten Mittel der Ausdrucksverstärkung, wenn zusammengehörige Begriffe aneinandergerückt werden: ἰαύεσκεν [...] παρ' οὐκ ἐθέλων ἐθελούσῃ (Er ruhte immer [...] bei ihr, nicht wollend bei der Wollenden).[10] Archaisch-sakrale Ausprägungen von Polyptota sind in allen Epochen anzutreffen und von hoher Konstanz, wie man eindrücklich an der byzantinischen Kaisertitulatur ersehen kann, die auf alte orientalische Titulaturen zurückgeht: «Herrscher der Herrscher, herrschend über Herrscher.»[11]

In der *griechischen Praxis* kennt schon HOMER alle Formen des P.; wegen seines feierlichen Charakters begegnet es dann aber bei den Tragikern weit häufiger als in Epos und Lyrik.[12] An deren Vorbild orientiert übernehmen die Redner das P. seit GORGIAS bewußt und mit großer Vorliebe.[13]

Ebenso weist die *lateinische Literatur* seit ihren Anfängen einen Hang zu allen polyptotischen Formen auf. Einen besonderen Eifer zeigt PLAUTUS in der Anwendung des P.: «lupus est homo homini».[14] CICERO handhabt es sparsamer und benutzt meist die disjunkte Form.[15] Bestimmte P. in Kontaktform sind für die epische Sprache geradezu typisch: «haeret pede pes densusque viro vir» (Fuß stemmt gegen Fuß und Mann gegen Mann sich).[16] Neuere Untersuchungen haben gezeigt, daß die lateinischen Dichter in der Benutzung bestimmter Formen der P. subtile intertextuelle Anspielungen erkennen lassen.[17]

Der *Terminus* läßt sich zuerst bei RUTILIUS LUPUS nachweisen, der unter dem P. die anaphorische Wiederholung eines im Kasus variierten Nomens oder Pronomens versteht («Hic [...]. Hunc [...]. Huic [...].» – Dieser [...]. Diesen [...]. Diesem [...].).[18] Dasselbe Phänomen beschreibt der AUCTOR AD HERENNIUM als dritte Erscheinungsweise der *adnominatio* (Paronomasie).[19] Die Definition des Rutilius wird von QUINTILIAN aufgegriffen, der verdeutlicht, daß die Wortwiederholung beim P. immer dasselbe Significatum beinhaltet, während sie mit KAIKILIOS VON KALE AKTE μεταβολή (metabolé, ‹Umschlagen› ~ *traductio*) genannt werden muß[20], wenn der Wortinhalt sich verändert. Die Variation in Kasus, Genus und Numerus läßt ausdrücklich erst AQUILA ROMANUS für das P. zu.[21]

Auch alle *griechischen Rhetoriker und Grammatiker* fassen die P. als Wiederaufnahme eines Nomens ausschließlich zu Beginn eines Kolons oder Kommas auf.[22] Diese Figur verleiht nach SYRIANOS insbesondere den politischen Reden Glanz.[23]

Ps.-LONGINOS erfaßt unterminologisch mit dem Begriff verschiedene Untergattungen.[24] Im griechischen Bereich unterscheidet erst der Homerkommentator EUSTATHIOS das *anaphorische P.* (κατὰ κόμμα, katá kómma) von einer dichteren Abfolge innerhalb der Satzgrenzen.[25]

In der *lateinischen Theorie* setzt sich das moderne Verständnis des P. als einer Wortwiederholung im Kontakt seit dem 4. Jh. n.Chr. bei den spätantiken Grammatikern allmählich durch.[26]

Die Kasusvariation innerhalb eines Satzes wird vom Auctor ad Herennium unter der *traductio* aufgeführt, welche die Rede «kunstvoller angeordnet» (concinniorem) erscheinen lasse: «Wer im Leben nichts Angenehmeres hat als das Leben, der kann sein Leben nicht in sittlicher Vollkommenheit führen.»[27] Andere Polyptota führt er in den Beispielen für die *gradatio* an, unter der auch CICERO «quod in multis casibus ponitur» (was in vielen Casus vorkommt) aufzählt.[28] Wenn Cicero und Quintilian vom *coniugatum* (‹das Verknüpfte›) sprechen, meinen sie damit eine *Beweisform*, die auf Stammverwandtschaft von Begriffen basiert[29]; diese wird freilich entweder in der P. oder in der *derivatio* realisiert.

Das Phänomen des Polyptotons in *Kontaktstellung* («verbi adsiduitas»), das Rutilius Lupus unter der Paronomasie subsumiert und das ‹Carmen de figuris› (4. Jh.) als μετάκλισις, metáklisis (*declinatio*) bezeichnet[30], führen der Auctor ad Herennium und Quintilian geradezu als Kompositionsfehler an.[31]

ISIDOR VON SEVILLA sieht das P. gegeben, «cum diversis casibus sententia variatur» (wenn der Satz durch verschiedene Kasus variiert wird); wie aus seinen Beispielen hervorgeht, ist bei ihm die strengere moderne Auffassung einer polyptotischen Häufung innerhalb der Satzgrenzen zu fassen[32], die aus der früheren grammatischen Tradition stammt.[33] In Wiederaufnahme der Definition der Grammatiker etabliert BEDA (mit Beispiel Röm 11, 36) dieses engere Verständnis, das seitdem für die Stillehre das bestimmende ist.[34]

Im französischen Briefstil des 11. Jh. sind alle Ausprägungen der *adnominatio* sehr beliebt. Zur selben Zeit lassen sich in der lateinischen Prosa Deutschlands viele Beispiele für P. nachweisen.[35] Auch in der englischen Renaissancedichtung, und vor allem bei Shakespeare, ist das P. im Rahmen der vielfältigen Wortspiele ein geschätztes Stilmittel.[36]

Viele *polyptotische Idiome* der modernen Sprachen stammen aus der antiken Tradition, sowohl im alltagssprachlichen Bereich (‹Gleiches mit Gleichem›, ‹Schlag auf Schlag›, ‹Kopf an Kopf›) als auch im gehobenen Stil der Sakralsprache (‹von Ewigkeit zu Ewigkeit›, ‹von Geschlecht zu Geschlecht›). Nicht wenige dieser idiomatischen Kontaktpolyptota gehen über die biblische Vermittlung auf das Hebräische zurück, für das alle Arten von Stammwiederholungen charakteristisch sind.[37]

In den *älteren deutschen Rhetoriken* wird für ‹P.› in Anlehnung an den Auctor ad Herennium synonym der lateinische Terminus *traductio* benutzt.[38] Wenn lediglich dasselbe Nomen in anderem Fall erscheint, ist auch von «casus variatio»[39] oder «Außgangsenderung» die Rede.[40] SOAREZ plädiert zwar für die strikte Unterscheidung von *traductio*, Paronomasie und P., dehnt aber letzeres auf die Verben aus, da die Rhetoren anders als die Grammatiker unter *casus* auch die Formen der Verben verstünden.[41] Das P. gehört bei VOSSIUS zu den Figuren, bei denen gleiche Wörter in gleicher Bedeutung wiederholt werden: «hâc vox eadem repetitur variatis casibus» (Hier wird dasselbe Wort in verändertem Kasus wiederholt)[42], wobei er ‹Kasus› nicht streng nominal verstanden wissen möchte. In großer Ausführlichkeit bringt er Beispiele zur Kontaktform des P. aus allen Literaturgattungen der Antike und stellt schließlich fest, daß das P. in den Schlachtenschilderungen am häufigsten zur Anwendung kommt.[43] HALLBAUER behandelt das P. unter den Wortfiguren, die in der «Wiederholung einerley Worte» bestehen, i.U. zu denjenigen, welche die

«Wiederholung gleichfoermiger Worte» umfassen, wie die Paronomasie oder das Homoioteleuton; er nennt es «Standesdoppelung».[44] GOTTSCHED rät von der Verwendung des P. ab, weil sie in einem «kahlen Wortspiel» bestehe.[45]

Nach H. MENGE ist das P. als Wiederholung desselben Wortes in verschiedener Flexion unter den Figuren der *iteratio* eine Erscheinungsweise der *traductio*, die andererseits auch die Wiederholung desselben Wortes in verschiedener Bedeutung beinhaltet.[46] ARBUSOW behandelt wie L.A. SONNINO das P. synonym mit der *adnominatio* in ganz weitgefaßter Definition und erkennt sogar das «Beieinanderstehen verschiedener Casus verschiedener Wörter» (z.B. Mt 3, 12) als P. an, während er die *traductio* als eine «freiere Form des Polyptotons» darstellt, in die auch die Paronomasie miteingeschlossen ist.[47] Als «Type de répétition, multiple et fréquente, du même mot ou du même radical» (vielfältiges und häufiges Wiederholungsmuster desselben Wortes oder desselben Stamms») beschreibt MORIER das P. i.U. zur *dérivation* oder *épanode*, bei denen sich in der Wiederholung die «Sinneinheit (l'unité d'essence)» verändert. Er weist darauf hin, daß die französische Sprache zur Verwirklichung des P. nur noch mit den Funktionen der Substantive oder den Formen der Verben spielen kann.[48] Aus diesem Grunde integriert DUPRIEZ das P. unter den vier Erscheinungsweisen des *Isolexismus*, der Wiederholung desselben Lexems innerhalb eines Satzes unter verschiedenen Bedingungen: Beim «iso-lexisme morphologique» erscheint dasselbe Substantiv in variierter Determination oder im anderen Numerus bzw. ein Verb in einer anderen Form. Der «isolexisme syntaxique» beschreibt die Wiederaufnahme desselben Wortes in anderer grammatikalischer Funktion, z.B. durch Veränderung der Präposition (beim Nomen) bzw. der Konjunktion (beim Verb). So wird bei ihm auch die Wiederholung desselben Wortbildes als P. aufgefaßt. Er weist ausdrücklich darauf hin, daß der Terminus sich im Lateinischen und Griechischen allein auf die Kasusveränderung am Substantiv bezieht.[49] Um der sich einschleichenden terminologischen Unschärfe [50] vorzubeugen, sollte die moderne Rhetoriktheorie zur eigentlichen Wortbedeutung und damit zum engeren Verständnis des Begriffes zurückkehren.

Anmerkungen:
1 Sophokles, Aias 866, Übers. W. Schadewaldt. – 2 Lausberg Hb. § 638, 3) a) β'), S. 324; zum P. §§ 640–648; Ueding/Steinbrink 280. – 3 vgl. Lausberg Hb. § 642, §§ 616–634; vgl. Martin 305. – 4 Ps.-Rufinus, De schematibus § 16, in: Rhet. Lat. min. p 51, 33ff.; vgl. Ernesti Lat. 111f.; Lausberg Hb. § 648. – 5 M. Leumann, J.B. Hofmann, A. Szantyr: Lat. Gramm., Bd. 2 (1965) 708. – 6 Cornificius bei Quint. IX, 3, 71; Cic. De or. III, 167; Martin 306; Ueding/Steinbrink 281. – 7 vgl. Tiberios, De figuris Demosthenicis, in: Rhet. Graec. Sp. III, p. 76, 30; Lausberg Hb. § 645. – 8 vgl. Preminger 480. – 9 B. Gygli-Wyss: Das nominale P. im älteren Griechisch (1966) 9. – 10 Homer, Odyssee V, 154f. (Übers. Verf.). – 11 E. Schwyzer: Griech. Gramm., Bd. 2 (⁵1950) 700. – 12 Gygli-Wyss [9]; P.J.E. Nussbaumer: Die Figuren des Gleichklanges bei Euripides (1938) 94–114. – 13 vgl. F. Zucker: Der Stil des Gorgias nach seiner inneren Form (1956) 3f. 8??. – 14 Plautus, Asinaria V. 495. – 15 vgl. Vossius, Lib. V (Pars II), p. 306. – 16 Verg. Aen. X, 361. – 17 J. Wills: Repetition in Latin Poetry. Figures of Allusion (Oxford 1997) 223–242, 255–268; A. Traina: Il pesce epico (Hor. Sat. 2, 2, 39), in: Materiali e discussioni per l'analisi dei testi classici 22 (1989) 145–150. – 18 Rutilius Lupus I, 10 (p. 7, 17ff. Rhet. Lat. min.); vgl. Carmen de figuris Vv. 106–108 (ebd. p. 67); Mart. Cap. V, 535 (p. 188, 3–6). – 19 Auct. ad Her. IV, 31. – 20 Quint. IX, 3, 37f.; vgl. Caecilius Frg. 60 Ofenloch. – 21 Aquila Romanus § 34, in: Rhet. Lat. min. p. 33, 23ff. – 22 Alexander, De figuris 3, 37, in: Rhet. Graec. Sp. III, p. 34, 23; Hermog. Id. I, 13, p. 306, 13–22 Rabe; Herodian, Rhet. Graec. Sp. III, p. 97; Rhet. Graec. W. VII, 1043; VIII. 473; 446; 668; 709 (letztere beiden irrtümlich). – 23 Syrianos, In Hermogenem commentaria, ed. H. Rabe, Bd. 1 (1892) 51, 19ff. – 24 Ps.-Long. Subl. 23, 1, vgl. Volkmann 470 Anm. 470; Gygli-Wyss [9] 13 Anm. 1. – 25 Eustathius, Commentarii ad Homeri Iliadem, ed. M. van der Valk I (1971) 164, 30; III (1979) 115, 1; vgl. Maximus Planudes, in: Rhet. Graec. W. V, 451, 3ff. – 26 Donat, Ars grammatica III, 5, in: Gramm. Lat. IV, 398, 27ff.; Charisius IV, 4, ebd. I, 282, 14ff. – 27 Auct. ad Her. IV, 20. – 28 ders. IV, 34; Cic. De or. III, 207. – 29 Cic. Top. 3, 12; Quint. V, 10, 85. – 30 Rutilius Lupus I, 3 (p. 4, 27ff. Rhet. Lat. min.); Carmen de figuris V. 94 (p. 67 Rhet. Lat. min.). – 31 Auct. ad Her. IV, 18; Quint. VIII, 3, 50 zu Cicero, Pro Cluentio 35, 96. – 32 Isid. Etym I, 36, 17. – 33 Sergius, De vitiis et virtutibus orationis Z. 248, in: Die lat. Figurenlehren des 5. bis 7. Jh., ed. U. Schindel (1975) 270; vgl. ebd. 242. – 34 Beda I, 14 (p. 150, 137–143). – 35 vgl. Arbusow 41. – 36 vgl. Preminger 967f., z.B. Shakespeare, Sonnet 43, 4–7. – 37 E. König: Stilistik, Rhet., Poetik in Bezug auf die Biblische Lit. (1900) 291f. – 38 vgl. Melanchthon 150; J. Knape, A. Sieber: Rhet.-Vokabular zur zweisprachigen Terminologie in älteren dt. Rhetoriken (1998) 129. – 39 so schon Albericus Casinensis, Flores rhetorici V, 3, ed. D.M. Inguanez, H.M. Willard (Montecassino 1938) 44. – 40 bei W. Ratke, Rhetorica universalis (Köthen 1619) 20. 22; nach Knape/Sieber [38] 129. – 41 C. Soarez SJ: De arte rhetorica (Frankfurt 1589) 77. – 42 Vossius, Pars II, p. 304, vgl. ders.: Elementa rhetorica (Leipzig 1651), lib. IV, p. 54. § 15. – 43 Vossius, Pars II, p. 305. – 44 Hallbauer Orat. 479. – 45 J. Chr. Gottsched: Kurzgefaßtes Wtb. der schönen Wissenschaften und freyen Künste (Leipzig 1760) 1324. – 46 H. Menge: Repetitorium der lat. Syntax und Stilistik (¹⁰1914) § 551, 7) c) Anm. 2, S. 503. – 47 Arbusow 41; vgl. L.A. Sonnino: A Handbook to Sixteenth Century Rhetoric (London 1968) 24f. – 48 Morier 926–28. – 49 Dupriez 266f. – 50 vgl. K.H. Göttert: Einf. in die Rhet. (1991) 55.

Literaturhinweise:
Ältere Lit. bei Leumann, Hofmann, Szantyr [5] 708. – H. Rekkendorf: Über Paronomasie in den semitschen Sprachen. Ein Beitr. zur allg. Sprachwiss. (1909). – D. Fehling: Die Wiederholungsfiguren und ihr Gebrauch bei den Griechen vor Gorgias (1969). – M. Tokunaga: The Purpose of P. in Ancient Sanscrit Literature (Tetsugaku Kenkyu 1991, japan.).

G. Staab

→ Änderungskategorien → Assonanz → Figura etymologica → Geminatio → Homoioptoton → Paronomasie → Ploke → Traductio → Wiederholung

Polysemie (griech. ἀμφιβολία, amphibolía, πολύσημος λέξις, polýsēmos léxis; lat. ambiguitas, amphibolia; dt. Mehrdeutigkeit; engl. polysemy; frz. polysémie; ital. polisemia)

A.I. *Def.* Der Terminus ‹P.› wurde von MICHEL BRÉAL im ‹Essai de sémantique. Science de signification› (1897) geprägt.[1] Er geht auf die beiden altgriechischen Wortbestandteile πολύς (polýs, viel) und σημεῖον (sēmeîon, Zeichen) zurück. Als eine Art der lexikalischen Ambiguität und ein Phänomen der Mehrdeutigkeit gehört die P.[2] zum semantischen Bereich der Unschärfe, Vagheit oder Äquivokation. Im Falle einer P. hat ein Wort (Lexem) mehrere miteinander verbundene und zusammenhängende Bedeutungen.[3] In diachroner Betrachtung lassen sich diese alle von einer Wurzel ableiten. Dies unterscheidet die P. von der Homonymie [4], dem Phänomen mehrerer Wörter mit einer identischen Form und Lautung, aber mehreren Wurzeln, sowie von der Amphibolie [5], bei der ein Wort genau zwei mögliche Bedeutungen hat. Die P. wird sprachwissenschaftlich in synchroner Betrachtungsweise «durch inhaltlichen Zusammenhang zwischen den einzelnen Bedeutungen und diachron durch gemeinsame etymologische Abstammung definiert».[6] Sie ist ebenfalls von den verwandten Erscheinungen der Synonymie und Monosemie abzugrenzen.

Als ein Grundmerkmal der Sprache hat die P. vielfältige Entstehungsursachen, von denen S. ULLMANN[7] folgende fünf hervorhebt: Unterschiedliche Verwendungsweisen in wechselnden Kontexten führen zu bleibenden Bedeutungsnuancen und schließlich zu verschiedenen Sinnen desselben Wortes. Zweitens entstehen oft besondere, fachsprachliche Bedeutungen aus abgekürzten Sprechweisen. Drittens resultieren neue P. aus der Bildbedeutung eines Wortes, wenn von einer metaphorischen Bedeutung eine Reihe von neuen Metaphern ausgeht. Viertens bilden sich – allerdings seltener – P. aus volksetymologisch umgedeuteten Homonymen, wenn zwei lautgleiche und nicht allzu bedeutungsverschiedene Wörter als ein Wort mit zweierlei Bedeutungen aufgefaßt werden. Schließlich kann sich die Wortbedeutung unter fremdsprachlichem Einfluß durch Bedeutungsentlehnung ändern, wenn sich die alte Bedeutung eines Wortes neben der vorherrschenden neuen hält.

Eine wissenschaftlich exakte Bestimmung und Trennung zwischen den verwandten Phänomenen der Homonymie und P. in der Form «objektiver und operational befriedigender Kriterien»[8] ist in der modernen Semantik, Linguistik, Lexikologie und Rhetorik zwischen verschiedenen wissenschaftlichen Schulen und theoretischen Ansätzen umstritten. Die Kenntnis der Lexikographen und Etymologen von der historischen Herkunft der Wörter, also das diachron-etymologische Kriterium, bleibt zur Bestimmung der P. problematisch, weil man die geschichtliche Entwicklung eines Wortes zur Mehrdeutigkeit nicht immer eindeutig verfolgen kann. Das Urteil darüber, ob tatsächlich bestimmte Wörter in einem früheren Sprachstadium auf distinkte Lexeme zurückführbar sind, hängt zudem manchmal davon ab, wie weit man in der Sprachgeschichte zurückgeht. LYONS[9] zitiert hier das treffende Beispiel von englisch *port* (Hafen) und *port* (Portwein). In einer nur kurz zurückgreifenden sprachgeschichtlichen Betrachtung geht *port* (Hafen) auf lateinisch *portus*, aber *port* (Portwein) auf die portugiesische Stadt *Oporto* zurück. Dies wäre also eine etymologische Homonymie. Doch stammt der Name der Stadt ebenfalls vom lateinischen *portus* (Hafen), d.h. letztlich liegt in diesem Beispiel diachron-etymologisch betrachtet eine P. vor. Es finden sich in der Praxis Grenzfälle, bei denen es zu einem Konflikt zwischen der sprachlichen Intuition und synchronen Kompetenz der meisten Sprachbenutzer und der wissenschaftlichen Analyse der Wortgeschichte kommen kann. Z.B. werden auch in Wörterbüchern manchmal Mutter (weiblicher Elternteil) und Mutter (Schraubenteil) als verschiedene Wörter aufgeführt, obwohl sie etymologisch den gleichen Ursprung haben.[10] Ein zweites Bestimmungskriterium, ob von einem Durchschnittssprecher aufgrund seiner synchronen Kompetenz und (muttersprachlichen) Intuition eine Bedeutungsverwandtschaft zwischen den Bedeutungen eines Wortes in der Gegenwartssprache wahrgenommen wird oder nicht, ist aber ebenfalls wissenschaftlich problematisch. Dieses subjektive Kriterium ist nämlich nicht zwischen allen gleichzeitigen Sprachbenutzern objektivierbar. Eine Definition HEGERS[11] schlägt vor, daß P. vorliege, wenn ein und derselbe Wortkörper zwei oder mehr verschiedene Bedeutungen, aber ein- und dieselbe syntaktische Funktion habe. Die im Einzelfall vorliegende Bedeutung (Semem-Analyse) werde dann aus der Verwendung des Wortes im jeweiligen Kontext festgelegt (monosemiert) und in den meisten Fällen von den Hörern eines Satzes auch spontan richtig erkannt.

Sprachliche Mehrdeutigkeiten weitestgehend auszuschalten oder gar eine Kunstsprache völlig aus Monosemien aufzubauen, würde das wissenschaftliche Niveau sprachlich vermittelter Aussagen kaum erhöhen. Notwendigerweise würde ein solcher Versuch aber zunächst zu einer bedauerlichen Primitivierung der Sprache und in kurzer Zeit zu einer bis ins Unendliche erhöhten notwendigen Anzahl von Wörtern führen. Diese würde das Gedächtnis jedes Durchschnittssprechers völlig überlasten und Kommunikation geradezu lähmen. Die P. kann also als ein notwendiger Schutzmechanismus und eine elementare Voraussetzung der Leistungsfähigkeit der Sprache bewertet werden. Eine möglichst hohe Anzahl von P. ist ein Indikator für das Differenzierungsniveau der Benutzer dieser Sprache.

Es ist bemerkenswert, wie selten (zumindest zwischen Muttersprachlern) in der alltäglichen Kommunikation der automatische Prozeß des Desambiguierens von P. mißlingt. Dies ist verschiedenen sprachlichen Schutzmechanismen zu verdanken, mit deren Hilfe das Erkennen der jeweils im Kontext richtigen Bedeutung gelingt. Verschiedene Bedeutungen einzelner Wörter können z.B. durch ein unterschiedliches Genus oder durch zweierlei Flexion im Plural differenziert werden. Auch die Wortstellung oder ein Zusatzwort können Unterscheidungen zwischen verschiedenen Bedeutungen erleichtern. Die geringfügige Abwandlung der Form oder der Aussprache (bzw. der Betonung) eines Wortes zur Vermeidung von P. sind dagegen viel radikalere Mechanismen, da sie echte Veränderungen der Schreibung oder Aussprache bewirken. Erst wenn alle diese Schutzmechanismen versagen, kommt es zu problematischen Mehrdeutigkeiten durch P., die erst dann als ein pathologisches Phänomen der Kommunikation einzustufen ist. Dies geschieht z.B. bei der Berührung (oder Übersetzung) zweier Sprachen, in Fachsprachen oder in der Umgangssprache.[12]

Moderne Weltsprachen, z.B. Englisch, Deutsch, Französisch oder Spanisch, sind infolge des kulturgeschichtlich immer weiter fortschreitenden Differenzierungsprozesses immer stärker durch Phänomene der Mehrdeutigkeit geprägt als z.B. das klassische Griechisch und Latein, obwohl auch diese antiken Weltsprachen auf dem Höhepunkt ihrer sprachlichen Differenzierung schon alle bekannten Phänomene der Mehrdeutigkeit einschließlich der P. gekannt haben. Diese tritt in heutigen Sprachen in unterschiedlicher Häufigkeit auf. Die an indoeuropäischen Sprachen gewonnenen Kriterien zur Bestimmung von P. lassen sich nicht in vollem Umfang auf alle anderen bekannten Sprachen übertragen, obwohl das Phänomen der P. als ein aus Gründen der Sprachökonomie gebotener struktureller Grundzug der Sprache auf der Ebene der *langue* gilt.[13]

II. *Bereiche und Disziplinen.* Die P. betrifft in der Linguistik insbesondere die Semantik und die Lexikologie, in der Poetik die Bildung und den Einsatz von Metaphern. Nicht nur in der Lyrik, sondern auch in der dramatischen Dichtung ist das absichtliche Spiel mit sprachlicher Mehrdeutigkeit ein konstitutives Element. In rhetorischer Hinsicht gilt die P. als ein in allen Redegattungen häufig anzutreffendes, z.T. vom Redner unabsichtlich benutztes, meist aber kunstvoll eingesetztes sprachliches

Mittel. P. betreffen den *res-verba*-Bezug. Sie führen zuweilen zur *obscuritas* eines Satzes oder Satzteiles, und grundsätzlich steht ihre absichtliche Verwendung im Gegensatz zum Ideal der *perspicuitas* der Rede. P. schaffen aber rhetorische Spielräume für die Sprachbenutzer, die gerne mit den rhetorischen Mitteln der Metapher, der Metonymie, der Synekdoche oder der Ironie und des Witzes genutzt werden. In modernen Sprachen einflußreiche Anwendungsbereiche der P. sind auch die kommerzielle Werbung und die politische Propaganda. P. werden als Phänomene der sprachlichen Mehrdeutigkeit heute auch in der Computerlinguistik und der formalen Logik intensiv diskutiert. Sie können nämlich bei der Verwendung von maschinellen Übersetzungsprogrammen oder in der automatischen Spracherkennung und -erfassung zu einer unliebsamen Fehlerquelle werden, die man aber mit Hilfe intelligenter Desambiguierungsstrategien [14] erfolgreich zu minimieren versucht. Die wissenschaftliche Auffassung, die eine Lexikonredaktion zur Bestimmung von P. teilt, hat einschneidende Folgen für den Aufbau und den Umfang gängiger Standardwörterbücher.[15]

B. *Geschichte.* **I.** *Antike.* Obwohl sich P. als *terminus technicus* bei griechischen und lateinischen Rhetoren und Grammatikern noch nicht findet, ist die Mehrdeutigkeit von Wörtern schon von antiken Sprachphilosophen, Rhetorik- und Grammatiklehrern diskutiert worden, z.B. unter den Begriffen der ἀμφιβολία (amphibolía; Zwei- oder Mehrdeutigkeit) oder der *ambiguitas*. In der Untersuchung von Homonymien und P. versuchen antike Autoren durch Rückgriff auf die Etymologie eines Wortes zu einer Entscheidung zu gelangen. Daher werden Aspekte der P. auch in antiquarisch-lexikographischen Werken diskutiert.[16]

Schon bekannte Sophisten des ausgehenden 5. und beginnenden 4.Jh. v. Chr., z.B. PROTAGORAS oder PRODIKOS [17], verfassen aus rhetorischen Interessen Fachtraktate über sprachliche Phänomene. Ihre Werke beeinflussen spätere hellenistische und kaiserzeitliche Glossare und Lexika. In einer systematischeren Weise befassen sich Philosophen des 5.–4.Jh. v. Chr. mit sprachlichen Mehrdeutigkeiten auch deshalb, weil diese eine wichtige Rolle in der damals aktuellen Diskussion um den Ursprung und die elementare Struktur der Sprache spielen. In seiner Schrift ‹Περὶ ὀημάτων› (Perì rhēmátōn; Über Worte) untersucht der Philosoph DEMOKRIT den Ursprung der Sprache und plädiert aufgrund seiner Unterscheidung zwischen einer vielbedeutenden, gleichwertenden, umbenennenden und unbenennenden Bezeichnungsweise bestimmter Wörter für einen konventionellen Ursprung der Sprache. Es fällt bei ihm auch schon der interessante Ausdruck ἐπιχείρημα πολύσημον (epicheírēma polýsēmon; vielbedeutende Bezeichnungsweise), der auf den modernen Fachausdruck P. vorausweist.[18] Mit ähnlichen Positionen setzt sich PLATON als Sprachphilosoph in den Dialogen ‹Kratylos› und ‹Sophistes› auseinander, die für die gesamte antike Sprachwissenschaft und -philosophie bis zu PROKLOS' spätantikem Kommentar zum ‹Kratylos› grundlegend bleiben.[19] ARISTOTELES preist in seiner ‹Rhetorik› den rhetorisch-stilistischen und poetischen Nutzen von Synonymen, lehnt aber die Benutzung von mehrdeutigen Wörtern (Homonymen) als ein Sophistenkunststück und eine Verletzung der ἀρετὴ τῆς λέξεως (areté tēs léxeōs; Vollkommenheit des sprachlichen Ausdrucks) ab.[20] Unter seinem Einfluß haben spätere Philosophen bis zum 18.Jh. – aus heutiger Sicht zu Unrecht – die P. primär als einen Mangel der Sprache, ein Hindernis des methodischen Denkens und einer fehlerfreien Kommunikation dargestellt. Auch die stoische Sprachphilosophie befaßt sich im Hellenismus mit dem Problem der Amphibolien.[21] Das Adjektiv πολυσήμαντος (polysémantos; mit vielen Bedeutungen), das auch in der Form πολύσημος (polýsēmos) gebraucht wurde, ist bei spätantiken Autoren schon mehrfach belegt, so bei dem Grammatiker HELIODOROS in einer Paraphrase über die aristotelische ‹Nikomachische Ethik›.[22] Unter den Traktaten des Grammatikers OROS VON ALEXANDREIA aus dem 5.Jh. n. Chr., der sich an die älteren Schriften des HERODIANOS anschließt, findet sich ein Werk mit dem vielsagenden Titel ‹Περὶ πολυσημάντων λέξεων› (Perì polysēmántōn léxeōn; Über Wörter mit vielen Bedeutungen).[23] Auch SIMPLIKIOS zitiert das Adjektiv in seinem Kommentar zum aristotelischen Kategorienwerk.[24]

Dem modernen Begriff der P. entspricht in der klassischen lateinischen Sprache am weitestgehenden die *ambiguitas* bzw. die *amphi(bo)logia*.[25] Allerdings findet sich im Kommentar des SERVIUS zu Vergils ‹Aeneis› auch schon die Kombination *polysemos sermo* (vielbedeutende Sprachweise).[26] Bei vorbildlichen lateinischen Autoren erhalten *ambiguitas* und das Adjektiv *ambiguus* nicht selten negative Konnotationen des Unsicher-Zweifelhaften, des Zweideutig-Unzuverlässigen oder Doppelsinnigen. QUINTILIAN behandelt in der ‹Instituto oratoria› verschiedene Phänomene der lexikalischen Mehrdeutigkeit, die er unter die *innumerabiles species amphiboliae* rechnet.[27] Zu diesen zählt auch die P., die er aber nicht als solche nennt, während er die Homonymie erwähnt: «Einzelwörter führen zum Irrtum, wenn mehrere Dinge oder Menschen die gleiche Bezeichnung haben – was man ὁμωνυμία nennt».[28] Quintilian differenziert zwischen *ambiguitas* [29] durch Zweideutigkeit einzelner Wörter, durch Homonymie, durch Wortverbindungen und -trennungen oder durch die unsichere Quantität eines Vokals bei poetischen Texten. *Ambiguitas* und *amphibolia* werden von antiken Grammatikern und Rhetoren als Fehler der *elocutio* und Mangel der *perspicuitas* eingestuft und als rhetorisches Stilmittel häufig ganz abgelehnt oder nur in wenigen Fällen vorsichtig empfohlen.[30] So kann die geistreiche *ambiguitas* bzw. *amphibolia* – auch die P. – bei bestimmten Gelegenheiten als eine Quelle des Witzes genutzt werden. Die Dichter haben im Rahmen des *aptum* und zur Erhöhung des *ornatus* eine gewisse Freiheit zur Verwendung von P. Die griechisch-römische Gerichtsrhetorik behandelt Phänomene der *ambiguitas* mehrfach als ein Problem der Statuslehre. Die *amphibolia* bzw. die *ambiguitas* wird auch in der ‹Rhetorik› von JULIUS VICTOR (4.Jh.) als ein *vitium elocutionis* verurteilt.[31] Von den kaiserzeitlichen Grammatikern behandeln u.a. CHARISIUS, DIOMEDES sowie DONATUS verschiedene Formen der *amphibolia*.[32]

II. *Mittelalter – 19.Jh.* In führenden grammatisch-rhetorischen Traktaten dieser Epochen werden die klassischen antiken Positionen zur *ambiguitas* und *amphibolia* als einem *vitium orationis* weitgehend wiederholt. P. als Substantiv und *terminus technicus* findet sich zwar noch nicht im mittelalterlichen Latein, aber durchaus das Adjektiv *polysemus*.[33] Die etymologische Diskussion über die ursprüngliche Bedeutung einzelner Wörter nimmt im ganzen Mittelalter breiten Raum ein, wie sich u.a. im Titel der einflußreichen Enzyklopädie des ISIDOR VON SEVILLA ‹Etymologiarum sive originum libri XX› zeigt. Isidor rechnet die *amphibolia* oder *ambigua dictio* unter die *vitia* der Rede und definiert: «Eine Amphibolia entsteht auch durch Homonymie, bei der mit einem Wort Verschiedenes bezeichnet wird, wie z.B. ‹acies›, sofern du nicht entweder des Eisens, oder der Augen, oder der Soldaten hinzufügst.»[34] Dieses auf DONATS ‹Ars maior› zurückgehende Beispiel wird auch im einflußreichen Kommentar des SEDULIUS SCOTUS (Mitte 9.Jh.) zu diesem Werk aufgegriffen.[35] Spätmittelalterliche Wörterbücher, z.B. der ‹Confatus vocabulorum finitus et completus› (ca. 1480) oder GERT VAN DER SCHÜRENS ‹Teuthonista› (Köln 1477), erklären das Adjektiv *polisenus* bzw. *polissenus* weiterhin traditionell als «dat van vele synnen of beteykenynghen is».[36]

Die Erkenntnis von der Mehrdeutigkeit des Schriftsinnes an vielen Stellen der Bibel wirkt als ein neuartiger Anstoß für die Beschäftigung mit Phänomenen der Mehrdeutigkeit wie der P. durch christliche Rhetoren, z.B. AUGUSTINUS in ‹De doctrina christiana›, und mittelalterliche Grammatiker. Denn die *ambiguitas* behindert in der Bibelexegese die wahre Erkenntnis des Schriftsinnes. Durch die Lehre vom vierfachen Schriftsinn und die weit verbreitete allegorische Interpretationsmethode versucht man Schwierigkeiten der Interpretation mehrdeutiger Textstellen zu lösen.[37] Da die Sprache das entscheidende Instrument der philosophisch-wissenschaftlichen Entschlüsselung und Beschreibung der Welt ist, führen Ambiguitätsphänomene wie die P. auch zu Aporien in der scholastischen Philosophie des Wortes und in der Logik.[38]

Manieristische Stilepochen von der Antike bis zum 20.Jh., in denen die Stileigenschaft der *obscuritas* nicht primär als *vitium elocutionis* in der Rhetorik und der Poesie gesehen wird, sondern als ein Ausweis der geistreichen Gelehrsamkeit (*argutia*) und Indiz für die Kraft der *inventio*, setzen P. häufig gezielt ein. Andererseits kann man in Epochen, in denen die *claritas*, die Klarheit und Eindeutigkeit der Sprache, hohe Ziele darstellen, sogar Versuche beobachten, die Verwendung von P. radikal zurückzudrängen und z.B. durch orthographische Reformen Homonyme und P. eindeutig zu unterscheiden.

III. *20.Jh.* Die P. hat in der modernen Sprachwissenschaft, Semantik, Linguistik und Rhetorik ähnlich anderen Phänomenen der sprachlichen Mehrdeutigkeit seit BRÉALS Prägung des modernen *terminus technicus* ‹polysémie› großes Interesse gefunden. Ein einheitliches semantisch-rhetorisches Verständnis des Begriffes und eine klare Trennung zwischen Homonymie und P. haben sich bisher aber noch keineswegs herausgebildet. H.J. WEBER konstatiert: «Die nicht sehr zahlreichen Versuche zur Beschreibung mehrdeutiger Wortformen unterscheiden sich teilweise erheblich in Umfang, Zielsetzung und linguistischer Konzeption».[39] Einige bekannte Semantiker und Linguisten plädieren für eine Verbindung des diachronen, etymologisch-sprachgeschichtlichen Ansatzes und der Analyse des synchronen Sprachgebrauches der Durchschnittssprecher zur Bestimmung von P. Zu diesen gehören u.a. O. DUCHÁČEK, K. HEGER, und mit besonders anschaulichen Formulierungen und Beispielen S. ULLMANN und J. LYONS.[40] Eine Mehrheit unter den Autoren, die sich in jüngerer Zeit mit dem Problem befaßt haben, bevorzugt jedoch eine rein synchronistische Bestimmung der P. und ihrer Differenzierung von der Homonymie. Es gehe bei der Bestimmung der P. ausschließlich um die zeitgenössischen Bedeutungen eines Wortes. Wenn zwei oder mehr Inhalte (Bedeutungen, Sememe) demselben Signifikanten zugeordnet seien und miteinander verwandt seien, liege nach dem Verwandtschaftskriterium P. vor. Zu den Vertretern dieser Auffassung gehören u.a. J. SCHILD, H. SCHOGT, P.A. MESSLAAR, A. MARTINET sowie S. WICHTER. [41] R. BERGMANN versucht zwischen vier Untertypen der P. zu differenzieren: Relation von Pluralität der Inhalte und Identität des Ausdrucks unter synchronem semasiologischem Aspekt, Entwicklung von Pluralität der Inhalte bei Identität des Ausdrucks unter diachronem Aspekt, Vorliegen motivierender Bedeutungszusammenhänge bei P. des ersten Typs und zuletzt Relation von Pluralität der Inhalte und Identität des Ausdrucks, also dem Gegenbegriff zur Synonymie.[42] Auch in jüngeren Studien zur P. im Deutschen, Spanischen oder Französischen bestätigt sich das Resümee von N. FRIES' [43] Studie über Ambiguität und Vagheit, daß eine allgemein anerkannte, eindeutige Bestimmung des Charakters der P. und ihre Bewertung unter Semantikern, Linguisten, Lexikographen und Rhetoriktheoretikern strittig bleiben.[44]

Anmerkungen:
1 M. Bréal: Essai de sémantique. Science de signification (Paris 1897; [5]1921) 143–150. – **2** vgl. knapp T. Lewandowski: Linguistisches Wtb., Bd.2 ([4]1985) 789–790 s.v. P.; H. Bußmann: Lex. der Sprachwiss. ([2]1990) 593 s.v. P.; W. Thümmel: in: HWPh, Bd.7 (Basel 1989) Sp.1086 s.v. ‹Polysemantisch›. – **3** vgl. G. Kalivoda, G. Calboli: Art. ‹Bedeutung›, in: HWRh, Bd.1 (1992) 1372–1399. – **4** vgl. A. Kratschmer: Art. ‹Homonymie›, in: HWRh, Bd.3 (1996) 1535–1542. – **5** vgl. R. Bernecker, Th. Steinfeld: Art. ‹Amphibolie, Ambiguität›, in: HWRh, Bd.1 (1992) 436–444. – **6** Kratschmer [4] 1536. – **7** S. Ullmann: Grundzüge der Semantik (1967) 107–117 und 163–165; ders.: Semantik (1973) 201–221. – **8** J. Lyons: Semantik, Bd.2 (1983) 168. – **9** ebd. 168–186 mit weiteren Beispielen. – **10** D. Crystal: Die Cambridge Enzyklop. der Sprache (1993) 106 zu weiteren Beispielen. – **11** K. Heger: Homographie, Homonymie und P., in: ZRPh 79 (1963) 471–491. – **12** Ullmann [7] (1967) 114–117 und (1973) 201–221. – **13** Lewandowski [2] 789–790. – **14** vgl. u.a. J. Bátori, H.-J. Weber (Hg.): Neue Ansätze in maschineller Sprachübersetzung: Wissensrepräsentation und Textbezug (1986). – **15** vgl. u.a. P.A. Messlaar: Polysémie et homonymie chez les lexicographes. Plaidoyer pour plus de systématisation, in: Cahiers de lexicologie 46 (1985) 45–56; B.T.S. Atkins, A. Zampolli: Computational Approaches to the Lexicon (Oxford 1994) 370–372. – **16** vgl. H. Steinthal: Gesch. der Sprachwiss. bei den Griechen und Römern, 2 Bde. ([2]1890–1891; ND 1961); H. Arens: Sprachwiss. Der Gang ihrer Entwicklung von der Antike bis zur Gegenwart, Bd.1 (1969); G. Manetti: Le teorie del segno nell'antichità classica (Mailand 1987). – **17** vgl. M. Untersteiner: I Sofisti (Mailand 1967); C.J. Classen: The Study of Language amongst Socrates' Contemporaries, in: C.J. Classen (Hg.): Sophistik (1976) 215–247; P.M. Gentinetta: Zur Sprachbetrachtung bei den Sophisten und in der stoisch-hellenistischen Zeit (Winterthur 1961). – **18** vgl. Demokrit VS 68 B 26. – **19** vgl. J. Derbolav: Platons Sprachphilos. im Kratylos und in den späteren Schr. (1972). – **20** Arist. Rhet. III, 2, 7; vgl. dazu auch Arist. Soph. el. – **21** vgl. K. Barwick: Probleme der stoischen Sprachlehre und Rhet., in: Abh. Sächs. Akad. Wiss. Leipzig, phil.-hist. Kl. 49, 3 (1957). – **22** Heliodoros, In Ethica Nicomachea paraphrasis 86,8; Ausg.: G. Heylbut: Comm. in Arist. Graeca XIX, pars II (1889). – **23** vgl. zu diesem Werk R. Reitzenstein: Gesch. der griech. Etymologika (1897) 335–348. – **24** Simplikios, In Aristotelis Categorias commentarium; Ausg.: C. Kalbfleisch: Comm. in Arist. Graeca VIII (1907) 368. – **25** vgl. ThLL Bd.1 (1900) Sp.1839–1841 s.v. *ambiguitas* und 1979–1980 s.v. *amphibologia*. – **26** vgl. E.K. Rand et al.: Servianorum in Vergili carmina commentariorum Vol. II (Lancaster 1946) 7 zum Verb *cano* in ‹Aeneis› Vers 1. – **27** Quint. VII, 9, 1. – **28** ebd. VII, 9, 2. – **29** ebd. VII, 9, 1–15. – **30** ebd. VIII, 3, 57; VIII, 2, 16–17. – **31** Iul. Vict. 20, p.431, 13 Rhet. Lat. min. – **32** Charisius, in: Gramm. Lat. Bd.1 p.271; Diomedes, ebd. p.449–450 sowie Donatus ebd. Bd.4, p.395. – **33** vgl. Curtius 362, Anm.1.; zur ma. Sprachwiss. und Bedeutungslehre siehe H.

Fromm, W. Harms, U. Ruberg (Hg.): Verbum et signum. Beitr. zur mediävistischen Bedeutungsforsch. Stud. zur Semantik und Sinntradition im MA, 2 Bde. (1975). – **34** Isid. Etym. I, 34, 16. – **35** Sedulius Scotus, In Donati artem maiorem 71 p. 57; Ausg.: D. Brearley, Commentum Sedulii Scotti in maiorem Donatum grammaticum (Toronto 1975). – **36** vgl. Lexicon Latinitatis Nederlandicae medii aevi, Vol. VI (Leiden 1988) Sp. 570 s.v. ‹polysenus›. – **37** vgl. u.a. Aug. Doctr. II, 6, 7f; H. de Lubac: Exégèse médiévale. Les quatre sens de l'écriture (Aubier 1959–1964). – **38** vgl. Arens [16] 41–49. – **39** H.J. Weber: Mehrdeutige Wortformen im heutigen Deutsch. Stud. zu ihrer gramm. Beschreibung und lexikographischen Erfassung (1974) 17–26, Zitat 24. – **40** vgl. u.a.O. Ducháček: L'homonymie et la polysémie, in: Vox Romanica 21 (1962) 49–56; Heger [11]; Ullmann [7] sowie Lyons [8]. – **41** vgl. J. Schild: Gedanken zum Problem Homonymie – P. in synchronischer Sicht, in: ZPSK 22 (1969) 352–359; H. Schogt: Sémantique synchronique, homonymie, polysémie (Toronto / Buffalo 1976); A. Martinet: Homonymes et polysèmes, in: Ling 10 (1974, 2) 37–45; Messlaar [15]; mit ausführlicher Diskussion älterer Positionen S. Wichter: Signifikantgleiche Zeichen. Unters. zu den Problembereichen P., Homonymie und Vagheit auf der Basis eines kommunikativen Zeichenbegriffs am Beispiel dt. Substantive, Adjektive und Verben (1988) 15–35. – **42** R. Bergmann: Homonymie und P. in Semantik und Lexikographie, in: Sprachwiss. 2 (1977) 27–60. – **43** N. Fries: Ambiguität und Vagheit. Einf. und Bibliogr. (1980) 44–69. – **44** vgl. zur P. im Deutschen E.W. Schneider: Variabilität, P. und Unschärfe der Wortbed., 2 Bde. (1988); S. Schierholz: Lexikologische Analysen zur Abstraktheit, Häufigkeit und P. dt. Substantive (1991) und C. DiMeola: Kommer und gehen. Eine kognitiv-linguistische Unters. der P. deiktischer Bewegungsverben (1994); im Spanischen H. Pottier Navarro: La polisemia léxica en español (Madrid 1991); im Französischen A. Kaufé: Contribution au traitement automatique de polysémie (Thèse Université de Caen 1991); B. Victorri, C. Fuchs: La polysémie. Construction dynamique du sens (Paris 1996); P. Cadiot: Aux sources de la polysémie nominale (Paris 1997).

J. Engels

→ Amphibolie, Ambiguität – Bedeutung → Heteronymie → Homonymie → Homophonie → Semantik → Synonymie

Polysyndeton (griech. πολυσύνδετον, polysýndeton,; lat. selten multiiugum, engl. polysyndeton, frz. polysyndète, ital. polisindeto)

A. Mit dem Begriff des P. (griech. aus πολύ, polý ‹viel› + σύν, sýn ‹zusammen› + δετόν, detón ‹Gebundenes›: wörtlich ‹Vielverbundenheit›) bezeichnet die moderne Figurenlehre die Aufreihung mehrerer gleichgeordneter Wörter, Wortgruppen oder Sätze, wobei jedes Element unter Verwendung meist gleicher beiordnender Konjunktionen an das vorhergehende angefügt wird: «Und drinnen waltet die züchtige Hausfrau, die Mutter der Kinder, und herrschet weise im häuslichen Kreise, und lehret die Mädchen und wehret den Knaben und reget ohn' Ende die fleissigen Hände und mehrt den Gewinn mit ordnendem Sinn und füllet mit Schätzen die duftenden Laden [...] und füget zum Guten den Glanz und den Schimmer und ruhet nimmer.»[1] «Es kann durchaus auch eine Häufung verschiedener Bindewörter vorliegen.»[2] Das P. gehört zu den ‹durch Hinzufügung› (*per adiectionem*) gebildeten Wortfiguren und steht im Gegensatz zum *Asyndeton*, der unverbundenen Reihung, mit dem es kombiniert auftreten kann.[3] Anders als bei diesem wird durch die Anhäufung der Konjunktion die Nachdrücklichkeit zum Ausdruck gebracht, die J. Ward folgendermaßen beschreibt: «Dieses [sc. das P.] verleiht einem Ausdruck Gewicht und Würde und läßt das Gesagte im Lichte der Feierlichkeit erscheinen; und indem es den Satzverlauf verlangsamt, bietet es der Anschauung die Möglichkeit, jedes Element für sich zu betrachten und zu bedenken.»[4]

Das P. ist nach Lausberg neben dem Asyndeton die syntaktische Realisierung einer koordinierenden Häufung (*congeries*, συναθροισμός, synathroismós), sei es der Kontaktform (*enumeratio*) sei es einer Distanzform, oder der koordinierenden Synonymie. Es stellt das «Höchstmaß der syndetischen Bindung» dar.[5]

Grundsätzlich lassen sich sechs verschiedene Kategorien der syndetischen Parataxe unterscheiden, die durch die entsprechenden Konjunktionen (kopulativ, adversativ, steigernd, disjunktiv, folgernd, begründend) umgesetzt wird.[6]

Das P. begegnet zu allen Zeiten in allen Sprachbereichen: Es findet sich als ein Phänomen eines unstilisierten parataktischen Sprachduktus etwa in Chroniken[7], in einfachen Erzählformen wie dem Volksmärchen und in der Kindersprache: «Und wie es in der Küche aussieht! Und die Muskatnuß! Und das Sieb! und das Reibeisen! Und... Und... Und...»[8]

Dieser natürliche, als Fehler empfundene Gebrauch («und dann») ist scharf vom rhetorischen zu unterscheiden.[9] Hier kommt das P. ganz bewußt um seiner emphatischen Eindringlichkeit willen vor allem im dramatischen Stil zum Einsatz.

B. Aufgrund des parataktischen Charakters der archaischen Sprachen, die noch eher den Zug des täglichen Lebens in sich tragen, ist das P. bei HOMER sehr häufig anzutreffen.[10] Die Polysyndeta des Schiffskataloges sind ein Ausdruck dieser natürlichen Konjunktionenhäufung.[11]

Vor allem bei den *Rednern* begegnen in der griechischen und lateinischen Literatur bewußt angewandte Polysyndeta, wenn die Menge oder Größe des Aufgezählten eindrücklich gemacht werden soll: τριήρεις γε καὶ σωμάτων πλῆθος καὶ χρημάτων καὶ τῆς ἄλλης κατασκευῆς ἀφθονία (Schiffe und Menschenmasse und Geld und Reichtum in der übrigen Ausstattung)[12]

Während jedoch in den modernen Sprachen die Monosyndese des letzten Gliedes einer Reihe die Regel darstellt[13], «wird im Griechischen wie im Lateinischen eine Reihe von Wörtern oder Sätzen normalerweise entweder durchweg verbunden oder überhaupt nicht verbunden».[14] Wohl aus diesem Grunde behandeln nur einige antike Rhetoriken das P., welches zudem dort nicht einheitlich verstanden wird. PS.-DEMETRIOS benennt das Phänomen des P. mit συνάφεια (synápheia, ‹Verknüpfung›) im Gegensatz zur λύσις (lýsis, ‹Gelöstheit›) und sagt über seine Wirkung, daß durch die Setzung derselben Konjunktion die Menge des Aufgezählten unendlich erscheine[15] und das Kleine dadurch an Bedeutung gewinne.[16]

Weiter als die moderne Figurenlehre beschreibt die bei RUTILIUS LUPUS zuerst belegte lateinische Definition das P. als eine Aneinanderreihung mehrerer Sätze mittels verschiedener Konnektoren: «Hoc schema efficitur, cum sententiae multorum articulorum convenienti copia continentur» (Diese Figur kommt zustande, wenn Sätze mit einer entsprechend großen Menge von Konjunktionen zusammengehalten werden). Diese Ansicht ist auch noch in späterer Zeit vorzufinden, im ‹Carmen de figuris› (unter ‹multiiugum›) und in den Scholien zu Thukydides.[17]

QUINTILIAN umschreibt das P. als eine Aufreihung «isdem [sc. coniunctionibus] saepius repetitis [...] vel diversis» («entweder mit denselben Konjunktionen, die öfter wiederholt werden, [...] oder mit verschiedenen»)[18], wobei der zweite Fall mit seinem Beispiel dem weitgefaßten Verständnis bei Rutilius Lupus entspricht: «Arma virum*que* – multum ille *et* terris – multa *quoque*» (Waffen *und* Mann – sehr jener *sowohl* in Ländern – vieles *auch*).[19] Seine erste, engere Definition findet seit dem 3. Jh. n.Chr. samt Beispiel Eingang bei den römischen Grammatikern. [20] So weiß der Vergilkommentator SERVIUS einen Vers mit einer Häufung des ‹-que› als πολυσύνδετος, polysýndetos) zu bezeichnen.[21]

ISIDOR VON SEVILLA nennt die Figur ‹Polysyntheton› und versteht darunter die «dictio multis concatenata conjunctionibus» (Redeweise, die mit vielen Konjunktionen zusammengekettet ist).[22] Beda macht sich diese Definition zueigen und fügt ihr zum ersten Mal ein biblisches Beispiel hinzu. [23]

Es liegt wohl u.a. am paratakischen Charakter der Hebräischen Sprache und der dort ganz natürlichen Häufung der Konjunktion ן (‹und›), daß das P. hauptsächlich über die frühen Bibelübersetzungen in den modernen Kultursprachen als Stilfigur heimisch werden konnte. [24]

Seit der *Renaissance* hat das stilistische P. in der gehobenen Dichtersprache seinen Platz. In PETRARCAS Dichtung ist es eines der wichtigsten strukturierenden Mittel [25]: «Pace non trovo e non ò da far guerra,| e temo e spero, et ardo e son un ghiaccio,| e volo sopro 'l cielo e giaccio in terra,| e nulla stringo e tutto 'l mondo abbraccio» (Ich finde Frieden nicht und kann nicht kriegen;| ich hoff' und fürcht', ich glüh' und ich erblasse;| die Erde hält mich, Himmel sehn mich fliegen,| alles umschling' ich, da ich doch nichts fasse.»)[26] Mit gleichem Eifer wendet SHAKESPEARE das P. an und auch bei MILTON ist es anzutreffen.[27]

Bei den Dichtern der *deutschen Klassik* begegnet das P. oft an Stellen, die ängstigende Beunruhigung ausdrücken und hervorrufen wollen: «Meine Töchter führen den nächtlichen Reihn| Und wiegen und tanzen und singen dich ein.» [28] – «Und es wallet und siedet und brauset und zischt,| wie wenn Wasser mit Feuer sich mengt.»[29]

In der *älteren Theorie* wird die Figur überwiegend negativ bewertet. Nach VOSSIUS hat das P., welches er als «abundantia copulae» (Überfluß der Konjunktion) definiert [30], vor allem eine amplifizierende Wirkung, weil man vieles Verschiedene zu sagen scheint, obwohl dasselbe gesagt wird. Andererseits hat sie auch ihren Platz, wenn mannigfaltige Dinge durch die Verlangsamung der Rede einzeln einen Eindruck hinterlassen sollen.[31] HALLBAUER behandelt das P. neben Pleonasmus, Synonymia und Exergasia unter den Figuren des Überflusses und beschreibt es als Bindungs-Überfluß, «wenn ‹und› ohne Noth gebraucht wird». Er illustriert die Figur mit einem Beispiel aus der Kindersprache. [32] Im selben negativen Sinne faßt FABRICIUS innerhalb seiner Einteilung der grammatikalischen Figuren das P. als syntaktischen Pleonasmus auf[33], und GOTTSCHED brandmarkt es schließlich konsequenent als *vitium*, «da man gar zu viel Bindewörter braucht». [34] Die Äußerung WACKERNAGELS, daß es Gesetz sei, die trennenden und verneinenden Bindewörter «‹oder› und ‹noch› bei jedem neuen Gliede einer längeren Reihe von Verbindungen auch aufs neue» zu wiederholen, und von daher deren Häufung nur gar nichts Ungebräuchliches sei[35], ist sicher zu relativieren; außerdem vertritt er die Meinung, daß das P. nur der Poesie und der Rede zufalle. Für ihn ist es eines der geläufigsten stilistischen Mittel, um die Einbildungskraft zum Verharren zu nötigen.[36] Während das Asyndeton eine progressive Folge von Momenten gibt, macht das P. die einzelnen Momente einander gleichzeitig: 'Wonn' und ewiges Leben und Schauer und Wehmut und Staunen überströmten sein Herz.» [37]

Die *moderne Theorie* betont, daß das P. den Gliedern in einer Aufzählung Emphase verleiht oder «a flow and continuity of experience» (einen kontinuierlichen Erfahrungsfluß) [38] zum Ausdruck bringt. QUINN weist zusätzlich darauf hin, daß dem Satz durch die Verlangsamung Würde verliehen wird oder ein beschwörender Effekt entsteht. [39] DUPRIEZ möchte das P. auch auf subordinierende Konjunktionen und sogar auf Adverbien der Beziehung ausdehnen. Durch die initialisierende Voransetzung der Konjunktion an das erste Element würden vor allem «binäre» und ‹tertiäre Strukturen» markiert.[40] Schließlich läßt sich feststellen, daß in zeitgenössischer stilisierter Sprache abgesehen von den Partien, die gerade den Realismus der gesprochenen Sprache zum Ausdruck bringen wollen, das P. in seiner Verwendung weit hinter dem Asyndeton zurücksteht.

Anmerkungen:
1 F. Schiller: Das Lied von der Glocke Vv. 116–132, in: Sämtl. Werke, Bd.1 (⁴1965) 433. – **2** Ueding/Steinbrink 282; vgl. Lausberg Hb. §686; anders G. v. Wilpert: Sachwtb. der Lit. (⁷1989) s.v.; Metzler Literaturlex. ²1990, s.v.; H.F. Plett: Einf. in die rhet. Textanalyse (⁸1991) 58; O.F. Best: Hb. der lit. Fachbegriffe (1990) 391. – **3** Cicero, De domo sua 5; vgl. Martin 308. – **4** John Ward: A System of Oratory. Delivered in a Course of Lectures Read at Gresham College (London 1759; ND Hildesheim 1969) Vol. II, p. 52, Übers. Verf.; vgl. Quint. IX, 3, 54; W. Wackernagel: Poetik, Rhet. und Stilistik, hg. von L. Sieber (²1888) 545f. – **5** Lausberg Hb. §670; vgl. §650, §§665–687. – **6** E. Schwyzer: Griechische Gramm., Bd.2 (⁵1950) 633. – **7** Heinrich von Lettland: Chronicon Livoniae 26, 13 zum Jahre 1222 (13mal ‹et›) bei Arbusow 46f. – **8** Erich Kästner: Das doppelte Lottchen, in: Gesamm. Schr. (1959) Bd.7, 164f., vgl. 128. – **9** vgl. Grimm Bd. 11, III. Abt., 426f.; Schwyzer [6] 634. – **10** vgl. ebd. – **11** vgl. Homer, Ilias II, 494ff.; vgl. XXIII, 259ff. – **12** Demosthenes, Philippica III, 40, 1–3, Übers. Verf.; vgl. Gorgias, Frg. 11, 2–4; Lysias, Or. XII, 78; Cicero, Pro Flacco 2,5; Post reditum in senatu 7; In Verrem III, 117. – **13** R. Kühner, C. Stegmann: Gramm. der lat. Sprache. Satzlehre, Bd.2, 29 (§ 154, 9); vgl. auch M. Leumann, J.B. Hofmann, A. Szantyr: Lat. Gramm., Bd.2 (1965) 515f., 263 (formelhaftes P.); Cic. De or. III, 207. – **14** J.D. Denniston: The Greek Particles (Oxford ²1970) 289 (Übers. Verf.). – **15** Ps.-Demetr. Eloc. 63; vgl. Gregor von Korinth, in: Rhet. Graec. Walz, Bd. 7, p. 1214f. – **16** Ps.-Demetr. Eloc. 54; vgl. Volkmann 474. – **17** Rutilius Lupus, in: Rhet. Lat. min. p. 9,9f.; Carmen de figuris 52–54, in: Rhet. Lat. min. p.65; Scholia in Thucydiden, ed. K. Hude (1927), ad II, 41, 4. – **18** Quint. IX, 3, 51f. – **19** vgl. Verg. Aen. I, 1–5. – **20** vgl. Verg. Georg. III, 344f. bei Diomedes, Gramm. Lat., Bd. 1, 448, 3; Donat zu Terenz, Adelphoe 301; Anonymus, De vitiis et virtutibus orationis, in: U. Schindel: Die lat. Figurenlehren des 5. bis 7. Jh. (1975) S.250, Z. 231; Marius Plotius, in: Gramm. Lat., Bd.6, 455, 33; Donat, ebd. Bd. 4, 399, 4. – **21** Servius zu Verg. Aen. XI, 634;. vgl. Charisius, ed. K. Barwick (1925) p.3, 7. – **22** Isid. Etym. I, 36, 19; so auch Ernesti Graec. s.v. – **23** Beda, De schematibus et tropis, Z. 151 mit Ps 41, 3 als Beispiel. – **24** z.B. Gen 1, 24–25; vgl. Grimm, Bd.11, III. Abt.; 416. – **25** vgl. Preminger 968. – **26** Petrarca: Sonett 134, in: ders.: Canzoniere, ed. M. Santagata (Mailand ²1997) 649; Übers. J.G. v. Reinhold in: F. Petrarca: Sonette, ed. H. Heintze (1990) 40. – **27** Shakespeare: Sonett 66 (10mal anaphorisches ‹and›); Milton: Paradise Lost II, 949f. – **28** Goethe: Erlkönig Vv. 19f., in: Hamburger Ausg., Bd.1 (¹⁶1996) 155. – **29** Schiller: Der Taucher 31f., in: Werke [1] 369. – **30** G.I. Vossius: Elementa rhetorica ex Partitionibus et Institutionibus oratoriis aucta (Leipzig 1651) lib. IV, c. 9, p. 53. – **31** Vossius, Pars II, lib. V, p.270. – **32** Hallbauer Orat. 477. – **33** Fabricius 192. – **34** J.Chr. Gottsched: Handlexicon oder Kurzgefasstes Wtb. der schönen Wissenschaften und freyen Künste (Leipzig 1760; ND

New Haven 1969) 1324. – **35** Wackernagel [4] 460. – **36** ebd. 545. – **37** Klopstock: Messias, 8. Gesang, Vv. 189f., in: Hist.-krit. Ausg., Abt. Werke IV 1, hg. v. E. Höpker-Herberg (1974) 167. – **38** E.P.J. Corbett: Classical Rhetoric for the Modern Student (New York 1965) 434. – **39** A. Quinn: Figures of speech: 60 ways to turn a phrase (Davis, Calif. 1993) 13. – **40** Dupriez 355, Rem. 4; vgl. auch W. Fleischer: Stilistik der dt. Gegenwartssprache (²1996) 127.

G. Staab

→ Accumulatio → Amplificatio → Änderungskategorien → Asyndeton → Congeries → Copia → Enumeratio → Parataxe/Hypotaxe

Popularphilosophie (engl. popular philosophy; frz. philosophie populaire; ital. filosofia popolare)
A. Def. – B.I. Entwicklungslinien der P. – II. Rhetorik und P. – III. Die populäre Diktion. – IV. Gesprächsform. – V. Leitgedanken der popularphilosophischen Essayistik. – 1. Glückseligkeitslehre. – 2. Psychologie, Pädagogik und Politik. – 3. ‹Schön denken› – ästhetische Erkenntnis in der P. nach 1750. – VI. P. im Ausland. Auswirkungen im 19. und 20. Jh.

A. Die P. des 18. Jh. gewinnt ihr Selbstverständnis aus dem Gegensatz zur Schulphilosophie und ist als eigene programmatische Richtung eine spezifisch deutsche Erscheinung, nämlich das Produkt der verspäteten Ausbildung eines breiten intellektuellen Lesepublikums in Deutschland außerhalb der Schulen, Universitäten und gelehrten Zirkel. Die P. will philosophisches Denken einem gebildeten bürgerlicher Laienpublikum vermitteln, um ihm für Lebensentscheidung und Handlungsorientierung das nötige geistige Rüstzeug an die Hand zu geben. Dieser praktische Wirkungszweck dominiert und kommt auch in einigen konkurrierenden Bezeichnungen wie ‹Philosophie für die Welt›, ‹Philosophie für das Leben› oder ‹Lebensphilosophie› zum Ausdruck. Aus ihm folgt die Forderung nach allgemeiner Kommunizierbarkeit und Verständlichkeit. «Aber mich dünkt, das Wort *Popularität* soll nicht sowohl die Gegenstände bezeichnen, welche man behandelt, als die Art und Weise, wie man sie behandelt»[1], konstatiert CHR. GARVE in seinem programmatischen Essay ‹Von der Popularität des Vortrags› (1793), der die eigene Position in Verteidigung gegen die Kantianische Schulphilosophie begründet.

Die Themen der P. konzentrieren sich auf Fragen der praktischen Philosophie, die, so Garve, «dem Publikum nützlich»[2] sind. Auch der aristotelische Gegensatz zwischen *exoterischer*, rhetorisch vermittelnder und *esoterischer*, fachwissenschaftlich argumentierender, Philosophie taucht in der Debatte um die P. wieder auf: «Dessen ungeachtet giebt es, nothwendiger Weise, Grenzpuncte, wo diese esoterische Philosophie sich an die populäre anschließt. Irgendwo muß das künstliche System den Faden der Ideen, welchen der gemeine Menschenverstand darreicht, aufgefaßt haben. Und wer also von diesem Puncte anfängt, muß, wofern nicht jene eigenthümliche Form des Systems wirkliche Abweichungen von der allgemeinen Menschenvernunft enthält, – (in welchem Falle sie zugleich Irrthümer verbergen müßte;) die ganze Reihe wissenschaftlicher Begriffe in solche populäre, als die waren, woraus sie herstammen, auflösen können.»[3]

Die popularphilosophischen Schriftsteller können sich bei ihrem Bemühen um ein breites nationalsprachliches philosophisches Publikum auf Vorbilder in England (BACON, LOCKE, HUME) und Frankreich (MONTAIGNE, die Moralisten, BAYLE, DIDEROT, VOLTAIRE) berufen, doch spielen auch antike Referenzen eine Rolle. «In der Tat finden sich alle Züge der griechischen Sophistik mit gereifter Gedankenfülle, mit ausgebreiteter Mannigfaltigkeit, mit vertieftem Inhalt, aber deshalb auch mit verschärfter Energie der Gegensätze in der Philosophie der Aufklärung wieder, deren zeitliche Ausdehnung ungefähr mit dem 18. Jh. zusammenfällt.»[4] Auch die Debatte, die sich in der deutschen Aufklärung zwischen der Philosophie CHR. WOLFFS, später derjenigen KANTS auf der einen und der P., vertreten etwa durch CHR. THOMASIUS, M. MENDELSSOHN, J.G. SULZER, Garve oder J.J. ENGEL, auf der anderen Seite entspinnt, ist Teil einer sehr viel älteren Auseinandersetzung, die sich vom 5. Jh. zwischen Philosophie und Rhetorik ereignet und auf beiden Seiten illustre Namen aufzuweisen hat; PROTAGORAS und ISOKRATES auf der einen, PLATON und seine Schule auf der anderen Seite (ARISTOTELES gleichsam in der Mitte), um nur die für den Beginn wichtigsten Namen zu nennen. Bis in die körperliche Beredsamkeit hinein hat sich diese Debatte symbolkräftigen Ausdruck verschafft: die geschlossene Hand steht für die Philosophie, die weit geöffnete für die Kunst der Beredsamkeit – gestische Zeichen, die das Verhältnis zwischen Schulphilosophie und P. auch im 18. Jh. anschaulich beleuchten. Immer wieder hat sich rhetorische Philosophie im Verständnis des Isokrates oder CICEROS von der Schulphilosophie abgesetzt, ob im Humanismus oder im 18. Jh. in der Hofphilosophie, die, ausgehend von B. CASTIGLIONE und G. DELLA CASA, bis ins späte 18. Jh., bis hin zu KNIGGES ‹gesellschaftlicher Beredsamkeit› in seinem ‹Umgang mit Menschen› (1788), fortwirkt. Die Neuorientierung des aufklärerischen Denkens erhielt ihren Namen erst recht spät, und zwar bezeichnenderweise nach französischem Vorbild. In seiner Schrift ‹Pensées sur l'interprétation de la Nature› hatte Diderot (freilich von der Naturerforschung) gefordert: «Hâtons-nous de rendre la philosophie populaire» (beeilen wir uns, die Philosophie populär zu machen)[5], und J.A. ERNESTI, der ‹deutsche Cicero›, Autor des einflußreichsten rhetorischen Schulbuchs der Zeit (‹Initia rhetorica›, 1750) und 1756 zum ordentlichen Professor der Beredsamkeit in Leipzig ernannt, hat 1754 das Stichwort aufgegriffen. Am 2. Mai hält er in einem rhetorischen Wettbewerb eine Rede mit dem Thema ‹De philosophia populari›, in der er auch schon die wichtigsten Thesen der popularphilosophischen Aufklärung zusammenfaßt.[6] Ohne mit ihrer Wissenschaftlichkeit und Gründlichkeit zu gefährden, soll die deutsche Philosophie dem gebildeten Publikum verständlich bleiben, sich ein Beispiel an den antiken Philosophen, vor allem Cicero, nehmen, aber auch bei Voltaire oder HELVETIUS, Diderot oder HOLBACH lernen, wie man aus der Universitätsphilosophie den Weg in die Öffentlichkeit findet. Als das beste Mittel einer derart populären Philosophie nennt er bereits den Dialog. Was als Auszeichnung gedacht ist, wird freilich wenige Jahrzehnte später und insbesondere durch den Einfluß KANTS zum Schmähwort unter dem Banner der Universitätsphilosophie. Einer der ersten, der es in diesem negativen Sinne gebraucht, ist wohl der Wolffianer VON EBERSTEIN; wobei die Ironie es will, daß er LEIBNIZ mit seinem «Geist der Gründlichkeit»[7] als positives Gegenbild gegen die ihm mißfallende neue Denkmode der zweiten Jahrhunderthälfte ins Feld führt. Denn gerade Leibniz hatte mit einigen kulturpolitisch wichtigen Initiativen den Grund für diese breite literarphilosophische Strömung gelegt.

B.I. *Entwicklungslinien der P.*. HEGEL hat in seinen ‹Vorlesungen zur Geschichte der Philosophie› die aufklärerische P. bündig und für die Folgezeit philosophiehistorisch wirksam definiert: «Die Wolffische Philosophie hat nichts bedurft, als ihre steife Form abzuschütteln, so ist der Inhalt die spätere Popularphilosophie.» Er fügt dann aber erläuternd hinzu, daß er damit nur das «Gemeinschaftliche aller dieser Philosophien nach der Hauptseite» benennen wolle, nämlich die Auflösung aller Gegensätze und Widersprüche in Gott, also ihren durchgängig deistischen Charakter. [8] Im übrigen ist es gerade Kennzeichen der popularphilosophischen Wirksamkeit, daß sie, und zwar meist auf eklektische Weise, nicht nur die Systematik der Wolffschen Philosophie auflöst, sondern diese selber auch durch Aneignung der englischen und französischen Aufklärungsphilosophie und durch den Rückgriff auf CHR. THOMASIUS und G.W. LEIBNIZ, dessen ‹Neue Versuche über den menschlichen Verstand› erst 1765 veröffentlicht worden waren, bedeutend verändert. Metaphysik, Erkenntnistheorie und Naturphilosophie treten ganz in den Hintergrund, Moral und Psychologie, Politik und Ästhetik werden die beliebtesten Themen für den popularphilosophischen Essay.

Man darf die P. dennoch nicht bloß als verflachte Schulphilosophie verstehen, die allein für die gemeinverständliche Verbreitung von Aufklärungsideen im Volke zu sorgen hatte und deren wissenschaftlicher Wert dadurch entscheidend beeinträchtigt wurde. Solche Ansichten setzen sich zwar in der Spätaufklärung durch, und sie antworten auf immer stärkere Tendenzen zur Verflachung aufklärerischen Denkens unter popularphilosophischem Etikett. Dennoch entspricht die Haltung auch der späten popularphilosophischen Schriftsteller insgesamt jener «Denkform des Zeitalters der Aufklärung»[9], die E. Cassirer zufolge die Philosophie seit R. DESCARTES charakterisiert. Nicht dem ‹Denkinhalt›, sondern der ‹Denkart› wird die Priorität eingeräumt. Dann aber bedeutet Popularität nicht nur eine bestimmte Weise der Verbreitung des Wissens, sondern eine Form des Gedankengebrauchs, die auf praktische Anwendung und soziale Verwirklichung zielt. Die Aufklärung bestimmte die Vernunft «nicht sowohl als einen festen *Gehalt* von Erkenntnissen, von Prinzipien, von Wahrheiten als vielmehr als eine Energie; als eine Kraft, die nur in ihrer *Ausübung* und *Auswirkung* völlig begriffen werden kann.»[10]

Für die erste Generation der Aufklärer bilden die Opposition zur scholastischen Pedanterie, die Bemühungen um ein neues Publikum und die Beziehung des Wissens auf das Leben den einheitlichen Beweggrund ihres Denkens. So versichert Thomasius: «Mich hat zu diesem Unternehmen insonderheit bewogen der ungemeine Nutzen / den gegenwärtiger Tractat auch denen / die nicht vom Studiren / sondern vom Hofe / vom Degen / von der Kauffmannschafft / Haußwirthschafft u. d. g. Profession machen / ja auch dem Frauenzimmer / als welches auch die meisten Maximes mit denen Männern gemein hat / oder haben soll / schaffen kan.»[11]

Das generelle Anliegen schon der frühesten Aufklärung ist es, die Zivilisation in der Welt zu befördern, bessere Lebensbedingungen und allgemeine Bildung durchzusetzen. Aufklärung und Pietismus gehen dabei am Ende des 17. Jh. eine häufig übersehene Allianz ein. Wie Thomasius und Leibniz eine allgemeine Erziehung zum rechten Gebrauch des Verstandes beabsichtigen, so hat auch A.H. FRANCKE erkannt, daß sich eine christliche Gesamtreformation nur durch vermehrte Bildung wirksam durchführen läßt. Das populärste Ergebnis dieser die Situation in Halle zunächst kennzeichnenden Verbindung pietistischer und aufklärerisch-philosophischer Tendenzen ist die 1699 und 1700 in zwei Bänden erschienene ‹Unpartheyische Kirchen- und Ketzerhistorie› von G. ARNOLD. Sie entspricht dem Kampf des Thomasius gegen Vorurteile, Hexenwahn und Magie. Sie legitimiert auch den pietistischen Reformationsanspruch gegen die kirchliche Orthodoxie, da sie in Ketzertum und Häresie das Streben nach genau jenem wahren Christentum hervorhebt, das in der Amtskirche zu ersticken droht.

Die erste Generation der Aufklärer, die dezidiert populär wirksam sein wollten, ist eng an den höfischen Absolutismus gebunden. Dies führt zwar zu Einschränkungen und Zwängen, wie sie Leibniz' Biographie zeigt; gerade die höfische Kultur kann aber auch das Vorbild für den Säkularisierungsprozeß der Wissenschaften abgeben. Thomasius' Entwurf einer *philosophia aulica* zeigt dies deutlich, im Einfluß des Hofs leitet er die Säkularisierung des Natur- und Völkerrechts ein, und höfisch ist auch sein Bildungsideal, das Gelehrsamkeit, schönen Geist und Geschmack vereint. In der wesentlich rhetorisch geprägten Hofphilosophie verbindet sich humanistische Tradition mit der neuen Aufklärung. Thomasius und Leibniz entwerfen ein philosophisch-pädagogisches Bildungsprogramm, das allerdings nicht nur auf Hof und Gelehrtenrepublik beschränkt bleiben, sondern gerade einem breiten, bürgerlichen Publikum zugute kommen soll. Dieses Publikum aber fehlt. Deshalb bleibt die beginnende Aufklärung von der höfischen Gesellschaft abhängig und auf wenige kulturelle Zentren konzentriert: vor allem auf die Universitätsstädte Leipzig, Halle und – seit PUFENDORFS Berufung 1688 – auch Berlin.

Die zweite Phase der Aufklärung, die von CHR. WOLFF und seinen Schülern beherrscht wird, führt nicht zur erhofften populären Literarisierung der Wissenschaften. Thomasius, ein mögliches Vorbild zur Weiterentwicklung philosophischer Essayistik mit aufklärerischem Anspruch, ist weitgehend in Vergessenheit geraten. Das Ziel freilich, das Leibniz durch seine sprachreformerischen Bemühungen und Thomasius durch die essayistische Form seiner Schriften hatten erreichen wollen, bleibt nach wie vor lebendig. Wolff selbst hält seine Vorlesungen in deutscher Sprache. Klarheit und Ordnung kennzeichnen seinen Vortrag ebenso wie die Vielzahl möglichst anschaulicher Beispiele und die moralische Nutzanwendung, die er selten vergißt. Außerdem ist er ein sehr erfolgreicher Lehrbuchautor, der auf didaktische Wirkung größten Wert legt: «Diejenigen aber, welche sich eine deutliche Erkenntnis der Dinge zuwege zu bringen suchen, und durch diejenige Begierde, welche die Weltweisen die Vernünftige nennen (appetitum rationalem) zu etwas Gutes angetrieben werden, die lenket ihr freier Wille zu guten Handlungen, und die haben nicht nötig aus Furcht eines Obern in dem Guten zu beharren, weil sie den innern Unterschied des Guten und Bösen erkennen und andern, wenn es die Not erfordert, hinlänglich erklären können.»[12]

Wolffs Ehrgeiz, die philosophischen Wissenschaften zu systematisieren, hat ebenso wie seine logisch deduzierende, exakt nachprüfbare Methode das Ziel, menschliches Denkvermögen zu vervollkommnen, Kenntnisse zu vermehren und eben dadurch die allgemeine Glückseligkeit des Menschen zu befördern. Neben der Evidenz einer Erkenntnis ist für ihn auch praktische Brauchbarkeit Kriterium ihrer Güte. Gerade weil Wolff Lehrer, nämlich Didaktiker im Sinne der Frühaufklärung, ist, bietet selbst er zunächst das Musterbeispiel eines philosophischen Schriftstellers der Aufklärung. Sein Schüler

J. CHR. GOTTSCHED wird das Stilideal der ganzen Wolffschen Schule in seinen rhetorischen und ästhetischen Schriften begründen: «Wie aber bey den Sätzen oder Perioden nur der Verstand sein Werk hatte: also kömmt es in ganzen Aufsätzen oder Perioden, hauptsächlich auf die Vernunft an. Denn so schwach oder stark dieselbe bey einem Scribenten ist, so schlecht oder gut pflegt auch seine Schreibart zu gerathen.» [13] Deutlichkeit und Vernünftigkeit erhalten eine ästhetische Qualität: Wer klar und genau, eben verstandesgemäß schreibt und redet, erfüllt zugleich die stilistischen rhetorischen Forderungen, die an einen wirkungsvollen philosophischen Schriftsteller zu stellen sind. Gottsched nimmt auch Leibniz' kulturpolitische Projekte in vollem Umfang wieder auf; seine weitgespannten Tätigkeiten, sein Bemühen um eine einheitliche deutsche Literatursprache, um eine deutsche Nationalliteratur und ein deutsches Nationaltheater, sein Versuch, die Leipziger ‹Deutsche Gesellschaft› zu einer deutschen Sprachakademie zu erheben, folgen dem Selbstverständnis des aufgeklärten bürgerlichen Intellektuellen, neues Denken, bessere Literatur und Moral sozial und politisch zu verwirklichen. Wenn daher seine Philosophie, wie er sie in den ‹Ersten Gründen der gesammten Weltweisheit [...]› (1734) niedergelegt hat, ganz auf der Wolfschen Verstandesaufklärung und ihrem demonstrativen Verfahren aufbaut und noch nicht Lebensphilosophie, Philosophie für die Welt im Sinne der philosophischen Schriftsteller der sechziger und siebziger Jahre ist, so betrachtet er seine Tätigkeit doch unter den praktischen Gesichtspunkten einer allgemeinen Bildungspolitik. Deshalb ist auch die «wahre Beredsamkeit» für ihn «gleichsam ein Zusammenfluß aller ernsthafften und anmuthigen Wissenschaften, ja der höchste Gipfel der Gelehrsamkeit» [14].

Die bürgerlichen Intellektuellen in der Verwaltung, im Bildungswesen, im kirchlichen oder staatlichen Dienst begreifen es als kulturpolitische Aufgabe ersten Ranges, den bürgerlichen Stand aufzuklären, um auf längere Sicht die sozialen Verhältnisse zu verändern und an der politischen Macht beteiligt zu werden. Bis zur Mitte des 18. Jh. erreichen sie ihre populären Wirkungsziele allerdings nicht. Erst die allmähliche Vergrößerung von Buchmarkt und Publikum seit den vierziger Jahren schafft langsam auch die Voraussetzungen dafür. Seit dieser Zeit kann man auch von einer P. in gattungsspezifischen Sinn reden. Sie wird erst möglich, als sich ein gebildetes Publikum entwickelt hat, das zum Träger der öffentlichen Meinung wird, das Informationen, Kriterien und Vorbilder zur Meinungsbildung benötigt und seine theoretische und praktische Neugierde auf eine verständliche und unterhaltsame Weise befriedigt sehen will. Dieser Publikumsbezug konstituiert verspätet auch in Deutschland nach dem Beispiel der englischen Essayisten und französischen *Moralisten* eine philosophische Essayistik, die von der Schulphilosophie in ihren Inhalten jedoch oft nur geringfügig abweicht. Viele philosophische Essayisten sind in der Tat auch Schulphilosophen. Sie lehren an Universitäten, wie J.A. EBERHARD in Halle, J.J. ENGEL und J.G. SULZER in Berlin, J.G.H. FEDER in Göttingen oder CHR. GARVE in Leipzig, und sie betätigen sich zugleich als Schriftsteller, die ihr Wissen und ihre Überzeugungen in der bürgerlichen Öffentlichkeit geltend machen wollen und auch in der Lage sind, ihren Stil, ihre Darstellungsweise einem philosophisch nicht vorgebildeten Publikum anzupassen. Selbst I. KANT beteiligt sich, besonders in seinen vorkritischen Schriften, an der Popularisierung der Philosophie. In den letzten Jahrzehnten des 18. Jh., «als sich eine neue politische Presse in Zeitschriften und im Zeitungswesen entfaltete, als Schriftsteller, Verleger und Leserschaft sich dichter gruppierten und ein ständiger Markt ihren Zusammenhang vermittelte» [15], wird die P. zu einer ‹Gattung›, die von allen Themen des bürgerlichen Lebens, der praktischen Lebensführung und der politischen Willensbildung handelt. Sie zeigt dabei das übliche Bild der Aufklärung, nämlich ein Nebeneinander sehr verschiedener Strömungen, aus denen meist eklektizistisch ausgewählt wird. Anders als der Schulphilosophie kommt es ihren Vertretern nicht auf ein einheitliches philosophisches System, auf die prinzipielle Begründung der Erkenntnis und des Wissens an; sie wählen das allgemein Brauchbare und Interessierende aus den verschiedenen Lehren aus, je nach Angemessenheit für die praktischen Probleme, die sie behandeln. So wirken neben Rationalisten, die noch in Grenzen das Leibniz-Wolffsche System popularisieren (H.S. REIMARUS, der frühe SULZER), auch Schriftsteller, die die rationalistische Erkenntnistheorie stark mit empiristischen Elementen versetzen (M. KNUTZEN, G.F. MEIER), oder die gar den Empirismus auf allen Gebieten geltend machen (J.G.H. FEDER, CHR. MEINERS, D. TIEDEMANN). Nach 1740 wird der Einfluß der Wolffschen Philosophie allerdings immer geringer, die Rezeption des englischen Empirismus immer deutlicher, auch tritt die Erfahrungspsychologie mehr und mehr an die Stelle der Logik und der deduktiven Methode. Dies verstärkt sich in den Jahrzehnten nach 1770, zudem nimmt man jetzt auch neue Einzelthemen auf, man diskutiert über Schwärmerei und Melancholie, über wahre gegen falsche Aufklärung, über das Revolutionsproblem.

Seinen drei Gesprächen ‹Phaedon oder über die Unsterblichkeit der Seele› (1767) schickt M. MENDELSSOHN einen Essay über ‹Leben und Charakter des Sokrates› voraus, in dessen Geschichte er ganz deutlich die Geschichte der Philosophie seines eigenen Jahrhunderts vorweggenommen sieht: «Krito versah ihn mit den Notwendigkeiten des Lebens, und Sokrates legte sich anfangs mit vielem Fleiße auf die Naturlehre, die zur damaligen Zeit sehr im Schwange war. Er merkte aber gar bald, daß es Zeit sey, die Weisheit von Betrachtung der Natur auf die Betrachtung des Menschen zurückzuführen. Dieses ist der Weg, den die Weltweisheit alle Zeit nehmen sollte. Sie muß mit Untersuchung der äußerlichen Gegenstände anfangen, aber bey jedem Schritte, den sie thut, einen Blick auf den Menschen zurückwerfen, auf dessen wahre Glückseligkeit alle ihre Bemühungen abzielen sollten.» [16] Für Mendelssohn besteht auch kein Zweifel daran, daß die wahre Glückseligkeit über alle Erhellung und Berichtigung der Begriffe hinaus nur durch nützliches Handeln zu erreichen ist. So sehr er daher auf der einen Seite die Verflachung der P. beklagt, so unbeirrt versteht er sich selber als praktischer Philosoph, der in Gedankenführung und Sprache auf Klarheit und allgemeine Wirksamkeit bedacht ist. Als im Jahr 1783 J.F. ZÖLLNER in der ‹Berlinischen Monatsschrift› die Frage nach dem Wesen der Aufklärung stellt, antwortet er im September 1784 mit seinem Aufsatz ‹Über die Frage: Was heißt aufklären?›, in dem er «Vernünftige Erkenntnis» und «Fertigkeit zum vernünftigen Nachdenken», Bildung, Kultur und Aufklärung als «Modifikationen des geselligen Lebens» auffaßt. «Je mehr die gesellige Zustand eines Volks durch Kunst und Fleiß mit der Bestimmung des Menschen in Harmonie gebracht worden; desto mehr Bildung hat dieses Volk.» [17] Und diese

Bildung allein ist das Mittel, wodurch ein Volk «auf den höchsten Gipfel der Nationalglückseligkeit»[18] gelangen kann.

Mendelssohns Aufsatz bekräftigt die Aufgabe und das gesamte Selbstverständnis der aufklärerischen P. Gleichwohl wächst in den achtziger Jahren auch schon die Kritik an den Auswirkungen der popularphilosophischen Wirksamkeit, und dies hat zunächst politische Gründe: Die ‹Publizität› der spätaufklärerischen Literatur ist zu einer kritischen Institution gegen den Staat geworden. Das zeigt etwa noch Chr. Garves Essay ‹Über die öffentliche Meinung› (1792). Öffentliche Meinung, Publizität, ist nach Garves Ansicht das Ergebnis der «Ausbreitung und Cultur der Vernunft»[19], diese muß «sich in den Köpfen der einzelnen Menschen für sich gebildet haben»[20], sie ist die Folge von «selbst denken und selbst urtheilen»[21]. Führt solch eine öffentliche Vernunft zum sozialen Konsens über strittige praktische Probleme, «dann ist der Zeitpunkt da, wo die Veränderung unumgänglich ist; wo aber auch die Reform mit den glücklichsten Erfolge unternommen werde»[22]. Den Konsens zu ermöglichen ist die Aufgabe des Schriftstellers überhaupt und des popularphilosophischen insbesondere, er wird zum öffentlichen Meinungsführer: «Die Schriftsteller erscheinen, in Absicht der öffentlichen Meinung, allerdings in einem Lichte, das von der einen Seite ihren Beruf ehrwürdiger, von der anderen ihre Pflichten schwerer und ihre Verantwortung größer macht. Sie wirken dabey auf eine doppelte Weise. Einmal sind sie vorzüglich diejenigen, welche die öffentliche Meinung bestimmen helfen, weil auf keinem anderen Wege ein Mensch mit so vielen Menschen sprechen und ihnen seine Gedanken, Urtheile und Gründe so deutlich und vollständig mittheilen kann. Wenn diese daher fähig sind, Eindruck zu machen, und die Einstimmung der übrigen Menschen zu gewinnen, so befördern sie auf dem Wege öffentlicher Schriften diesen Endzweck am gewissesten. Die Schriftsteller scheinen aber auch gleichsam die Wortführer der öffentlichen Meinung, – diejenigen, welche das öffentlich zur Sprache bringen, was vorher in den Unterredungen und den Gedanken Vieler behandelt worden war.»[23] Man muß diese Ausführungen vor dem Hintergrund der Diskussion um ‹wahre› oder ‹falsche› Aufklärung und ihre politischen Ansprüche sehen, die nach 1780 in Deutschland begann. Auf einer Stufe der Kultur, führt deshalb auch Garve weiter aus, auf welcher «der Abstand der höhern und regierenden Stände von dem regierten großen Haufen» sehr groß ist, erscheint es ihm «unmöglich, die Meinung oder den Willen der Untergebenen, bey den Maßregeln der zu führenden Regierung zu befragen»[24]. Sind aber Aufklärung und Bildung «obschon ungleich ausgebildet, durch alle Stände vertheilt […] in einem solchen Zustande wird die öffentliche Meinung. […] immer wichtiger; – und es wird immer nothwendiger […] das, was durch die einstimmige Überzeugung und Behauptung der Vernünftigsten und am besten Unterrichteten entschieden ist, zu achten […]»[25].

Der popularphilosophische Schriftsteller der Spätaufklärung entwirft sich selber als Ratgeber des Fürsten und seiner Regierung, ein Wunschbild, dem freilich die Wirklichkeit widerspricht. Die meisten Popularphilosophen entstammen dem protestantischen Klerus (wie G. FORSTER, A.L. SCHLÖZER, CH. F.D. SCHUBART, CHR. M. WIELAND), der Beamtenschaft (wie Chr. Thomasius, J. MÖSER, A.G.F. REBMANN) oder dem gewerblichen und handwerklichen Bürgertum (wie Chr. Garve, F.H. JACOBI, F. NICOLAI, J.B. BASEDOW). Sie sind in ihrem Hauptberuf Beamte, Pfarrer, Lehrer, Professoren; ihre Pfründe oder ihr Gehalt reichen kaum zu einer glänzenden Lebensführung, und ihr politischer Einfluß erstreckt sich trotz der verschiedenen Aufstiegschancen im Unterrichtswesen oder in der Verwaltung in den seltensten Fälle so weit, daß sie ihre sich selbst zugedachten Funktionen auch wahrzunehmen vermögen. Das Schicksal des Freiherrn von Knigge, der seiner Herkunft nach Zugang auch zu den höheren Positionen der höfischen Gesellschaft besitzt und sie im Sinne der Aufklärung wahrzunehmen gedenkt, damit aber immer wieder scheitert, bis er sich verbittert am Ende seines Lebens auf den Posten eines hannoverschen Oberhauptmanns in Bremen zurückzieht, dieser exemplarische Lebenslauf vermag sehr deutlich zu machen, wie es mit dem unmittelbaren politischen Einfluß des Schriftstellers aussieht, der seine Einsichten nicht allein durch die Medien der öffentlichen Meinung wirksam werden lassen will. Die meisten philosophischen Schriftsteller müssen deshalb wenigstens an ihre vermittelte Wirksamkeit glauben, die sie als Lehrer in den Schulen und Universitäten, als Hofmeister, Hauslehrer oder Pfarrer, als Schriftsteller und Publizisten in Zeitungen, Zeitschriften und popularwissenschaftlichen Blättern in der Art von J.J. Engels ‹Philosoph für die Welt› ausüben. Es gibt wohl kaum einen bedeutenden Aufklärer, der nicht in einer oder mehreren von ihnen, häufig anonym oder unter einem Decknamen, publiziert hätte, und dies in um so größerem Ausmaße, als die ‹Lesewut› in der Spätaufklärung wächst. Dies führt einerseits zur politischen Kritik an der literarischen Öffentlichkeit, andererseits aber auch zum Zweifel, ob Literatur je politisch wirksam sein könne. Der anonyme Verfasser einer im Jahre 1786 erschienenen Schrift ‹Freimüthige Bemerkungen über Aufklärung und Reformen unserer Zeit› kann nur feststellen, daß die Fürsten keinerlei Interesse an der politischen Verwirklichung der Aufklärung haben, daß der Despotismus jetzt nur «unter dem Schein einer gesetzmäßigen Gewalt allgemein geworden»[26] und das Volk nach wie vor der «Packesel aller Stände»[27] geblieben sei.

Nicht nur die politische Kritik der popularphilosophischen Spätaufklärung führt zur Gegenkritik an ihr, auch das Unbehagen an der Kommerzialisierung der Literatur, die immer stärker die Produktion des Schriftstellers beeinflußt, richtet sich gegen sie. «Blinde, weis ich wohl, fühlen und Taube sehen viel schärfer, / aber mit welchem Organ philosophiert denn das Volk?»[28] – so formuliert die ironische Xenienfrage an den popularisierenden Philosophieprofessor H.L. JAKOB den Einwand, der mehr und mehr Mittelpunkt einer allgemeinen Literatur- und Kulturkritik wird. Wie KANT in der Vorrede zur Rechtslehre die Erkenntnistheorie und jede «formelle Metaphysik» von der Popularität ausnimmt, «weil dadurch allein die voreilige Vernunft dahin gebracht werden kann, vor ihren dogmatischen Behauptungen sich erst selbst zu verstehen»[29], so ist auch SCHILLERS und GOETHES Xenienkampf vor allem gegen die Konformität gerichtet, die der Literaturmarkt den Schriftstellern aufzwingt. Und in der Tat neigt die späte P. zur Trivialisierung der Aufklärung, zum «Abspüllicht», wie LESSING ihre depravierte Gestalt benennt. Offenbar ist auch die popularphilosophische Spätaufklärung insbesondere in Provinz- und Kleinstädten zur Trivialrhetorik einer Pseudo-Öffentlichkeit geworden. In diesem Sinne jedenfalls beschreibt KNIGGE in seinem Roman ‹Das Zauberschloß oder Geschichte des Grafen Tunger› (1791), welch «herrliche Fortschritte» die «goldne Aufklärung» in einem Landstädtchen gemacht hat: «Es gab dort schöne Geister und Deisten und Weltbürger, gelehrte Frauenzimmer, Clubs, Lesegesellschaften, ein Caffeehaus, ein Liebhaber-Conzert, Mitglieder geheimer Gesellschaften, zuweilen auch sogar Schauspiele, die von herumziehenden Künstlern in einem alten Brauhaus aufgeführt wurden. Die Prediger sprachen von Denkfreyheit, die Aerzte von Charlatanerie, die Advocaten von Uneigennützigkeit, der Bürgermeister declamierte über die Rechte der Menschheit, und es trieb ein Buchhändler hier sein Wesen, der Calender für das Landvolk verlegte, und Romane, Journale und Theaterstücke verkaufte.» [30]

1789, der Beginn der Französischen Revolution, markiert durchaus nicht das Ende der P. als des wichtigsten Intermediums von Aufklärungsphilosophie und breitem bürgerlichem Publikum. Die Generation der um und nach der Jahrhundertmitte Geborenen reicht mit ihrer wenn auch durch die Zeitereignisse mehr oder weniger geringfügig modifizierten Wirksamkeit bis in die Anfänge des 19. Jh., wie etwa die Erfolge R.Z. BECKERS, F.H. JACOBIS oder die Nachwirkungen Garves und J.K. LAVATERS nach 1800 verdeutlichen. Doch gehen von der Französischen Revolution, ihren sozialen und politischen Wirkungen die entscheidenden Impulse zur Aufhebung der Aufklärungsphilosophie im deutschen Idealismus aus. Dieser antwortet auf die Widersprüche der bürgerlichen Kultur im letzten Drittel des 18. Jh. wiederum auf ‹esoterische› Weise.

II. *Rhetorik und P.* CHR. THOMASIUS paßt die humanistisch-höfische Bildung den Notwendigkeiten des späten 17. Jh. an und beeinflußt damit auch die Entwicklung des popularphilosophischen Essays in Deutschland entscheidend. Daß die *litterae* Ausdruck menschlicher Gemeinschaft seien, ja diese sogar stifteten, ist humanistische Grundüberzeugung, und ohne den Kult der lateinischen Rhetorik und die Verehrung Ciceros ist schon die Entstehung des Laienpublizisten und Laienschriftstellers in Opposition zur kirchlichen Literatur im 16. und 17. Jh. nicht zu begreifen. Bereits das Thema von Thomasius' berühmter Leipziger Vorlesung in deutscher Sprache, ‹Collegium über des Gratians Grund-Reguln, Vernünfftig, klug und artig zu leben› (1687), verweist auf diese Herkunft seiner Bestrebungen und ihre eigentlichen Beweggründe. In seinen Vorschlägen, alles Schulmäßige zu vermeiden, einen klaren, verständlichen und wirkungsvollen Stil zu benutzen und eine «honette Gelehrsamkeit, beauté d'esprit, un bon gout und Galanterie» [31] zu entwickeln, meldet sich der *gusto* GRACIÁNS, jenes Geschmacksideal also, das das Bildungsziel der rhetorisch-humanistischen Erziehung bezeichnet hatte und den *honnête homme*, den vollendeten Weltmann Graciáns und Thomasius', ebenso prägte wie zuvor den vollkommenen Hofmann im ‹Libro del Cortegiano› des B. CASTIGLIONE. Die Forderung nach einer Popularisierung des Wissens tritt im späten 17. Jh. paradoxerweise im Medium des höfischen Bildungsverständnisses auf. Das ist der Ort für säkularisiertes Wissen und Bildung, und Thomasius' Verdienst besteht darin, «den entscheidenden Anstoß zur allmählichen Etablierung einer deutschen Rhetorik an den deutschen Universitäten gegeben zu haben [...]» [32].

Die Impulse, die von Thomasius ausgehen, werden nicht nur von den galanten Schriftstellern aufgenommen, sondern auch von LEIBNIZ entschieden fortgesetzt. Denn Thomasius war es, dem Leibniz neben J.G. SCHOTTELS ‹Teutscher Sprachkunst› (1641) ganz konkrete Anregungen zur Verwirklichung seiner eigenen Vorschläge verdankt, die lateinische Wissenschaftstradition und die pedantische, weltfremde Gelehrsamkeit zu überwinden. Leibniz' Schrift ‹Ermahnung an die Teutschen, ihren Verstand und Sprache besser zu üben, samt beigefügten Vorschlag einer teutschgesinnten Gesellschaft› von 1697 gehört ebenso wie der im selben Jahr geschriebene Essay ‹Unvorgreiffliche Gedanken betreffend die Ausübung und Verbesserung der Teutschen Sprache› und dem sehr viel früheren Aufsatz ‹De optima philosophiae dictione› (1617) zu den wichtigsten Initiativen für die Entwicklung einer neuen deutschen Literatursprache. Sie können allerdings erst von der folgenden Generation konsequent aufgegriffen und verwirklicht werden. Eines der größten Hemmnisse für die Entwicklung und Verbreitung der deutschen Wissenschaften, dies sieht schon Leibniz, besteht darin, daß ein Bürgertum fehlt, das «ein mehr freies Leben führen und dadurch eines weit edleren Gemüts und tugendhaften Lebens» [33] fähig sein kann. Leibniz wendet sich der Bildungs- und Sozialpolitik sicher auch deshalb zu, weil seine Wirkungsmöglichkeiten auf staatspolitischem Gebiet außerordentlich begrenzt sind. Sie erschöpfen sich in Ratschlägen, Gutachten und Denkschriften, deren Erfolg mehr als zweifelhaft war. Die Idee, den bürgerlichen Stand sozial und kulturell zu stärken, um das «gemeine Beste» auch gegen die Interessen der Fürsten und des Adels durchzusetzen, liegt deshalb nahe: «Je mehr nun dieser Leute in einem Land, je mehr ist die Nation abgefeinet oder zivilisirt, und desto glückseliger und tapferer sind die Einwohner. / Können wir nun dieser Leute Zahl vermehren, die Lust und Liebe zu Weisheit und Tugend bei den Deutschen heftiger machen [...] so achten wir dem Vaterland einen der größten Dienste getan zu haben, deren Privatpersonen fähig sein.» [34] Leibniz hat die Ursachen für die deutsche Misere gesehen, in der ‹Ermahnung› zählt er die wichtigsten auf: mangelnde nationale Einheit, Religionstrennung, Kulturlosigkeit vieler fürstlicher Höfe, jahrzehntelanges Fehlen des ‹Edlen Friedens›, ‹Kriegswunden›, fehlendes kulturelles Zentrum, schwaches Bürgertum. Sein gesamtes kulturpolitisches Bemühen ist darauf abgestellt, solche Mängel durch Aufklärung zu beseitigen, um die irdische Glückseligkeit des Menschen zu ermöglichen. Auf diesen utopischen Horizont bezieht sich seine Wirksamkeit, ihn schrittweise zu erreichen, entwirft er seine Bildungsprogramme und Akademiepläne. «Leibniz steht so in einem übergreifenden Zusammenhang der Aufklärung, die die Didaktik als politische Aufgabe begreift und deren geschichtsphilosophisches Ziel setzt.» [35] Soll die Aufklärung breite Schichten des Volkes erreichen, müssen die Grenzen der Gelehrtenrepublik überwunden werden, und so rücken die Möglichkeiten und Bedingungen, die Methoden und Techniken des Aufklärers zwangsläufig ins Zentrum seines Interesses. Die «Gelehrten, indem sie fast nur für Gelehrte schreiben» und alle diejenigen, «so kein Latein gelernet, von der Wissenschaft gleichsam ausgeschlossen» haben, seien an ihrer Isolierung selbst schuld. [36] Und doch, meint Leibniz, könne nur von ihnen eine Verbesserung des Lebens und der Kultur, der Wissenschaften und Künste ausgehen, vorausgesetzt allerdings, daß sie ihre französischen Sitten, ihre Abhängigkeit von ausländischer Kultur und Sprache aufgäben und sich um die deutsche Sprache bemühten. [37] So entsteht aus dem Wirkungsinteresse der Aufklärung eine kritische Philosophie der deutschen Sprache und ihrer Rhetorik. «Die Worte dienen, 1.) um unsere Gedanken verständlich zu machen, 2.) um dies auf leichte Weise zu tun, und 3.) um einen Zugang zur Kenntnis der Dinge freizulegen.» Alle drei Funktionen sind im Aufklärungsprozeß untrennbar miteinander verbunden. Wer nicht die Sprache beherrscht und nicht die richtigen Worte findet, kann weder seine Ideen ausdrücken noch die Übereinstimmung oder Nichtübereinstimmung seiner Ideen mit dem, «was wirklich da ist», feststellen und also auch «die anderen über die Erkenntnisse, die er haben mag, nicht aufklären».[38] Leibniz' ganze ‹Ermahnung› gipfelt schließlich in der Forderung, «Verstand, Gelehrsamkeit und Beredsamkeit» [39] zu vereinen, also in den Hauptmaximen des rhetorisch-humanistischen Bildungsideals, wie es programmatisch QUINTILIAN in seiner rhetorischen Erziehungslehre ‹Institutio oratoria› niedergelegt hat. Deren Bedeutung für das ganze Denken der Aufklärung ist kaum zu überschätzen. Daß der vorbildliche Redner, der *vir bonus*, gelehrt sein müsse, seinen Verstand gebrauchen, sich in Künsten und Wissenschaften einer umfassenden Bildung versichert haben und schließlich auch die Sprache nach den Regeln der Grammatik ebenso wie denen der Rhetorik beherrschen solle, dies ist eine Überzeugung, die Leibniz mit Gottsched, J.G. HERDER und selbst noch W. VON HUMBOLDT verbindet. Ja, die ganze Diskussion um eine literaturfähige deutsche Sprache, um eine einheitliche Muttersprache ist ohne die Rhetorik undenkbar, und der Kampf um ihre Durchsetzung wurde bis in die Spätaufklärung mit rhetorischen Argumenten geführt. So schreibt Herder: «Freilich muß unsre Philosophie sich von den Sternen zu den Menschen herablassen; der abstrakte Theil muß für sich unangetastet, unverstümmelt bleiben, aber gibt's nicht ausser ihm eine Philosophie, die unmittelbar nützlich ist für das Volk: eine Weltweisheit des gesunden Verstandes. Ich muß zu dem Volke in seiner Sprache, in seiner Denkart, in seiner Sphäre reden, seine Sprache sind Sachen und nicht Worte; seine Denkart lebhaft, nicht deutlich, gewiß, nicht beweisend; seine Sphäre wirklicher Nutzen in Geschäften, Grundlagen zum Nutzen; oder lebhaftes Vergnügen. – Siehe! das muß die Philosophie thun, um eine Philosophie des gemeinen Volks zu seyn; wer erkennt unsre bei diesem Gemälde?» [40] Im Bestreben, die deutsche Muttersprache zu rehabilitieren und als Literatursprache zu etablieren, kommt der Rhetorik eine wachsende Bedeutung deshalb zu, weil sie ein sehr differenziertes System zur Sprachbeherrschung und -übung mit dem Ziel der öffentlichen Wirksamkeit bereithält. Unter dem Einfluß der Rhetorik soll sich – nach Leibniz – auch in Deutschland ein neuer Schriftstellertyp entwickeln, der für die Entstehung «herrlicher teutscher Schriften» sorgt und die Kultivierung des bürgerlichen Gemeinwesens, der Künste und Wissenschaften, der Tugenden und des Verstandes vorantreibt: «Dies wird den Gemütern gleichsam ein neues Leben eingeben, in Gesellschaften, auch unter Reisegefährten und bei Briefverwechselung angenehm und nützliches Material an die Hand geben, und nicht nur zu einer löblichen Zeitkürzung, sondern auch zu einer Öffnung des Verstandes, Zeitigung der bei uns sonst gar zu spät lernenden Jugend, Aufmunterung des teutschen Muts, Ausmusterung des fremden Affenwerks, Erfindung eigener Bequemlichkeit, Ausbreitung und Vermehrung der Wissenschaften, Aufnehmen und Beförderung der rechten Gelehrten und tugendhaften Personen, und mit einem Wort zum Ruhm und Wohlfahrt teutscher Nation gereichen.» [41] Der aufklärerische Diskurs beruht also auf der Einheit von Sprechen, Erklären und Wissen mit dem Ziel des Handelns, und er entspricht damit genau der rhetorischen Theorie der Literatur, in der Wissen und Sprache zur Praxis drängen. [42]

III. *Die populäre Diktion.* Die Frühaufklärung, beherrscht von CHR. WOLFF und seiner Schule, zeichnet sich zwar durch den logischen Ernst und die pedantische Gründlichkeit rationalistischen Denkens aus, dennoch gibt es auch eine ganze Reihe von Zügen, die sie mit Thomasius, Leibniz und auch der späteren Aufklärung verbinden. Dazu zählt insbesondere Wolffs Streben nach ‹Deutlichkeit› und Allgemeinverständlichkeit – eine wichtige Ursache seines Einflusses in allen Gesellschaftsschichten. Es bleibt aber dann Wolffs Schüler GOTTSCHED vorbehalten, daraus die theoretischen und praktischen Konsequenzen für die nationale Erziehung eines ständeübergreifenden Publikums zu ziehen. Gottsched bekennt sich zu der Pflicht vernunftbegabter Menschen, anderen «mündlich und schriftlich Anleitung zu geben» [43]. Sein Lebenswerk ist ein umfassender Versuch, Bedingungen und Möglichkeiten der Aufklärung in der ersten Jahrhunderthälfte zu erforschen und praktisch zu erproben, und seine besondere Aufmerksamkeit gilt daher von der Vorrede zu ‹Fontenelles Gespräche im Reiche der Todten› (1726) bis zum ‹Versuch einer Critischen Dichtkunst› (1730), der ‹Ausführlichen Redekunst› (1736) und dem ‹Handlexikon [...] der freyen Künste› (1760) der Form des aufklärerischen Diskurses selbst. Er soll nicht nur den Gegenständen, sondern auch den Adressaten angemessen sein. Gottsched bleibt dabei im Rahmen der klassischen rhetorischen Stillehre, deren mustergültige Verwirklichung er an den französischen Klassizisten schätzt. In ihrer Nachfolge betreibt er eine nationale deutsche Kulturpolitik. Er betont immer wieder den Unterschied, der den «natürlichen oder niedrigen Ausdruck» der «Historienschreiber» und «dogmatischen Scribenten», also der Schulphilosophen, von der «sinnreichen Art» der Redner trennt, und beschreibt eine weitere Vortragsart, die «bewegen», Gemütsbewegungen und Leidenschaften erwecken, will und daher «feurig und heftig, oder affectuös und pathetisch» sein muß [44]. Darin zeigt sich die Trias der rhetorischen Überzeugungsmittel *docere*, *delectare* und *movere*, Belehren, Erfreuen und Bewegen. Die Wirkungsabsicht bestimmt die Vortragsweise und die Stilhöhe des Redners, wobei Gottsched gemäß seiner rationalistischen Überzeugung darauf beharrt, daß sie «Ausdruck von dem Verstande» [45] ihres Meisters zu sein haben. Gottscheds Stilideal für den aufgeklärten Schriftsteller ist die mittlere, sinnreiche Schreibart, die sich durch «Erläuterungen, gute Einfälle, Lehrsprüche u. d. gl.» auszeichnet und deutlich von der erhabenen, affektuösen Sprache der Lohensteinschule und von der trockenen, pedantischen der Gelehrten unterscheidet. [46] Es ist ein Stil der verstandesgeordneten Rede, die alle Extreme vermeidet und von einer kultivierten Natürlichkeit sein soll. Eine wohl fiktive Leserin von Gottscheds ‹Vernünftigen Tadlerinnen› lobt die «Reinigkeit der deutschen Schreibart», die sie in den Stand versetzt habe, «daß ich künftig richtiger und angenehmer schreiben, und Euch einen besser gerathenen Brief zuschicken könne» [47], und in der Zueignung des ‹Biedermann› erklärt Gottsched, «daß diese Art von Scribenten das Muster ihrer gantzen Nation wird, sobald sie durch ihre Schrifften in einiges Ansehen gesetzet; indem sich ihre Art zu dencken und zu schreiben unvermerckt unter Gelehrten und Ungelehrten ausbreitet.» [48] Der mittlere Stil erweist sich als vorzüglich geeignet, die Kluft zwischen Gebildeten und Ungebildeten zu überbrücken. Die soziologische Begründung der Stiltheorie verrät auch den Beweggrund aller stiltheoretischen Erörterungen der Zeit. «Weil sie aber insgemein und überhaupt entweder Gelehrte sind, oder Ungelehrte», schätzt der ‹Patriot› seine Leser ein und verkündet programmatisch, «so will ich allezeit iedweden Aufsatz dahin einrichten, daß er weder für die Gelehrten zu schlecht und niedrig, noch für die Ungelehrten zu hoch und unbegreiflich, sondern vielmehr iederman verständlich sei, und bloß den ordentlichen Gebrauch menschlicher Vernunft erfordere. Es soll demnach iedweder, auch sogar ein Handwercker und LandMann, wenigstens in diesem Falle, iederzeit etwas vorfinden, das seiner Fähigkeit gemäß sey, und werde ich solche Schreib-Art beständig beyzubehalten suchen.» [49]

Bis in die Spätaufklärung hinein bleibt eben dieses Ziel der Allgemeinverständlichkeit für jeden erhalten; es bestimmt einen Sprachgebrauch, der sich von der geschmückten und bilderreichen Rede der Poesie ebenso entfernt wie von der kargen und bloß logisch und grammatisch richtigen Sprechweise der Katederphilosophie. Je nach Adressatenkreis und persönlichem Temperament läßt die mittlere Stilebene dann genügend Variationsbreite offen. Ihre kunstvollste Ausprägung hat sie gewiß in Lessings Prosa gefunden [50], doch ist sie durchgängiges Kennzeichen popularphilosophischer Schreibweise überhaupt. Welche weitreichende Bedeutung und Auswirkung die stiltheoretischen Erörterungen der philosophischen Essayisten noch am Ende des Jahrhunderts besitzen, zeigt die Auseinandersetzung zwischen SCHILLER und FICHTE über die angemessene philosophische Schreibart. In seinem Aufsatz ‹Über die notwendigen Grenzen beim Gebrauch schöner Formen› (1795), einer Art Verteidigungsschrift gegen Fichte, der in Schillers philosophischen Schriften eine unzulässige Vermischung von Poesie und Philosophie kritisiert hatte, unterscheidet Schiller im Anschluß an die rhetorische Drei-Stil-Lehre den «populären oder didaktischen Vortrag» von dem wissenschaftlichen und schönen. Diesen reklamiert er für sich, jenen weist er, allgemeinen Überzeugungen folgend, die von Gottsched bis Sulzer, Knigge und Eschenburg reichen, dem Volksschriftsteller und Volksredner zu. Sein Zweck bleibt es, den Verstand aufzuklären, ihm habe sich die Sinnlichkeit des Ausdrucks unterzuordnen. [51]

IV. *Gesprächsform.* Das lehrhafte Gespräch ist eines der wichtigsten rhetorischen Medien der Aufklärung; im Dialog kulminiert daher auch die stilistische Kunstfertigkeit des prosaischen Schriftstellers und Philosophen. Die antike Gesprächskultur, der sokratische Dialog, die Totengespräche LUKIANS, D. FONTENELLES und FÉNELONS, die Dialoge CICEROS und TACITUS', schließlich auch LEIBNIZ', VOLTAIRES und DIDEROTS, galten als die Vorbilder, die man nachzuahmen und womöglich zu übertreffen suchte. THOMASIUS hat im achten Kapitel der ‹Höchstnötigen Cautelen für einen Studiosus juris› (1713) den Gesprächen einige Bemerkungen gewidmet, «die aus allerhand Erfindungen bestehen, die den Leser belustigen und aufmerksam machen sollen» [52]. GOTTSCHED empfiehlt vierzehn Jahre später in der Vorrede zur Übersetzung von ‹Fontenelles Auserlesenen Schriften› (1727) den Dialog schon als die am meisten geeignete Form der praktischen Unterrichtung und populären Aufklärung. In diesem Sinn wird Platon zum Vorbild der P., wie es CHR. H. SCHMID in seiner ‹Theorie der Poesie› (1767) schreibt: «Durch ihn, unsern Plato, ward zuerst die dürftige Philosophie, die bey aller ihrer Gründlichkeit sich immer noch nicht aus den Schulen in die feinere Welt wagen durfte, mit dem Überflusse der schönen Wissenschaften vermählt.» [53] Im selben Jahr erscheinen die erwähnten Gespräche M. MENDELSSOHNS, ‹Phaedon›, mit dem Einleitungsessay über Sokrates, in dem der Autor die Vorzüge des sokratischen Gesprächs rühmt. Er sieht sie vor allem darin, «daß man von Frage zu Frage, ohne sonderliche Anstrengung ihm folgen konnte, ganz unvermerkt aber sich am Ziele sah, und die Wahrheit nicht gelernet, sondern selbst erfunden zu haben glaubte» [54]. Später wird der Dialog zum vorbildlichen Muster der Gesprächskunst überhaupt. «Man kann den Gesprächsstil», so meint 1772 J.G. LINDNER, «wegen der unterhaltenden Lebhaftigkeit zu allem anwenden» [55], und Engel sekundiert: «Das philosophische Gespräch liefert uns ja nicht bloß, wie der Paragraph eines Kompendiums, das endliche Resultat der Untersuchung, sondern die ganze Untersuchung selbst; nicht bloß die gefundene Wahrheit, sondern auch alle die Schritte, die man sie zu finden gethan hat [...].» [56] In seinem großen Essay ‹Über Gesellschaft und Einsamkeit› (1797) faßt GARVE die Bedeutung, die das Gespräch für die popularphilosophische Spätaufklärung besitzt, zusammen. Gleich eingangs erinnert er daran, daß die lebendige Rede vor der Erfindung der ‹Schreibekunst› einziger Lehrmeister der Menschen gewesen sei: «Selbst da, in etwas späteren Zeiten, die eigentliche Wissenschaft oder die Philosophie entstand; erschien sie zuerst nur unter der Gestalt einer gesellschaftlichen Unterhaltung. Für die Vernunft hatten die Griechen keinen anderen Nahmen, als den der Rede; wissenschaftliche Untersuchungen anstellen hieß bey ihnen, sich über die Gegenstände derselben unterreden; und zu Folge ihres ältesten Nahmens ist die Logik nichts anderes, als die Kunst eines gelehrten Gesprächs.» [57] Garve begründet nun die Aktualität des Gesprächs für die Aufklärung wirkungsästhetisch und mit den «Vorzügen des gesellschaftlichen Unterrichts»: «Das, was man im Gespräche lernt, hat auch gleich die Form und den Ausdruck, in welchen es sich am leichtesten wieder an andere im Gespräche mitteilen läßt.» [58]

Eine Form des Gesprächs ist auch der *Brief*, und auch er wird zur bevorzugten Gattung der popularphilosophischen Spätaufklärung, die allerdings in weiten Abstand zum empfindsamen Brief bleibt. Dieser wurde als «Mittel zur Verdoppelung der melancholischen Gefühlsschwärmerei» [59] in der popularphilosophischen Prosa von Garve und Sulzer bis Wieland und G. CHR. LICHTENBERG fast einhellig kritisiert, als «Krankheit der Seele» verzeichnet oder als das «affektierte Gewinsel dieser warmen Seelen» [60] verspottet. J.J. ESCHENBURG definiert den Brief, eng an die rhetorische Tradition angelehnt, deshalb auch ganz zweckmäßig: «Ein Brief ist eigentlich nichts anderes, als die schriftliche Rede einer Person an eine andere von ihr abwesende Person gerichtet, und vertritt die Stelle der mündlichen Rede, die man an diese Person richten würde, wenn sie anwesend wäre. Der Briefwechsel ist folglich eine schriftliche Unterredung abwesender Personen.» [61] Sie wird zu einer Unterredung zwischen Schriftsteller und Leser, wenn diesem die Rolle des Adressaten zufällt, dessen Antwortbriefe ausgespart werden. Der Brief verwandelt sich in eine didaktische Gattung, in der die Wirkungsabsicht der P. besonders deutlich zum Ausdruck kommt: den Leser in ein erhellendes Gespräch zu verwickeln, ihn zum aktiven Mitdenken zu bewegen, ihn derart zum ‹Selbstdenker› zu machen, wie das SOKRATES, auch darin das große Vorbild, bezweckt hatte.

Brief und Gespräch sind aber nicht nur Mittel zum erzieherischen Zweck, sondern auch die literarische Gestalt des Denkens selber. Man redet den Leser an, man bricht Argumentationsprozesse ab, streut Beispiele und Exkurse ein und entwickelt einen Gedanken aus Rede und Widerrede; man schreibt ‹Versuche›, Vorläufiges, das den Leser zu eigenem Denken provozieren soll und sich jeder Einschüchterung durch geschlossene Systematik enthält. Das ist der Grund, weshalb Lichtenberg die meisten Handbücher als unbrauchbare Grundlagen für die Vorlesung kritisiert: «es fehlt ihnen an der aphoristischen Kürze» [62]; und warum er immer wieder die bloße Gelehrsamkeit kritisiert: «Früchte der Philosophie und nicht die Philosophie.» «Ich glaube, es ist ein großer Unterschied zwischen Vernunft lehren und vernünftig sein.» [63]

Daß sich die Popularphilosophen als Gesprächspartner ihrer Leser und nicht als Lehrer im Sinne des alten kommentierenden und auslegenden Unterrichts verstehen, wird auch am Format der Bücher deutlich, die sie veröffentlichen. Sie wollen nicht mehr daheim auf dem Schreibpult, in der Studierstube gelesen, sondern mitgeführt werden: in Gesellschaft und Geselligkeit und auf Reisen ebenso wie in der Einsamkeit eines Spazierganges, die dann keine mehr ist, weil der Autor als Gesprächsteilnehmer mitzieht. Schon Thomasius hat damit begonnen, seine Entwürfe und Versuche in leichten Oktavbänden zu veröffentlichen, deren Opposition zu den dickleibigen und großformatigen Summen- und Kommentarbänden der Scholastiker augenfällig ist. Wolff ist ihm in seinen deutschsprachigen Lehrbüchern darin gefolgt – in seinen lateinischen Texten kehrt er wieder zum Pultformat der dickleibigen Quartanten zurück – und ob Gottsched oder die Schweizer, Engel, Knigge oder Garve und E. PLATNER, sie alle zeigen ihr popularphilosophisches Interesse bereits im handlichen Format ihrer Bücher.

V. *Leitgedanken der popularphilosophischen Essayistik.*
1. *Glückseligkeitslehre.* Zwar verändert sich die P. im Laufe des 18. Jh. bedeutend, sie neigt nach 1750 bald mehr zur Tradierung des Wolffschen Rationalismus, bald mehr zur Rezeption des englischen und französischen Empirismus, auch kommen Rückgriffe auf Thomasius gelegentlich vor. Konstant bleibt indes ihr Glaube an die Utopie der Aufklärung, die Lehre von der Glückseligkeit. Diese Überzeugung läßt sich von LEIBNIZ über WOLFF, dessen Schüler L. PH. THÜMMIG, G.B. BILFINGER, GOTTSCHED, BAUMGARTEN und MEIER verfolgen. Exemplarisch sei hier SULZERS ‹Versuch über die Glückseligkeit verständiger Menschen› (1754) zitiert. Sulzer kommt zu dem herkömmlichen Schluß, daß Glückseligkeit nur durch Vollkommenheit zu erreichen sei, deren höchster Grad eine Stufenfolge von Irrtümern, Schmerzen und Leiden voraussetzt: «Die frohe Hoffnung, daß unsere Vollkommenheit und Glückseligkeit unaufhörlich wachsen werde, muß uns auch ermuntern, mit Vergnügen auf der Bahn fortzugehen, die vor uns eröffnet ist; sie muß uns mit Liebe und Ehrfurcht für das unendlich gütige Wesen erfüllen, das alle verständigen Geschöpfe aus dem Nichts hervorzog, um sie so glücklig zu machen, als sie nur werden können.» [64] Durch den Einfluß der englischen Moralphilosophen, aber auch MONTESQUIEUS und der französischen *Moralisten,* der sich seit 1750 verstärkt, wird die Glückseligkeitslehre dann zunehmend pragmatischer und empirischer. Man denkt über die schrittweise «Berichtigung der Urteile über Sachen im gemeinen Leben» [65] nach, man konzentriert sich auf konkrete Fälle und auf Fragen der praktischen Lebenshilfe und sieht von allen grundlegenden Fragen der Ethik mehr oder minder ab. In den ‹Grundsätzen der Moralphilosophie›, die GARVE 1772 ins Deutsche übersetzt hat, bestimmt A. FERGUSON beispielhaft auch für seine popularphilosophischen Kollegen den Inhalt sozialer Glückseligkeit: «Der Mensch ist von Natur das Glied einer Gesellschaft; sein Wohlseyn und sein Vergnügen erfordern, daß er das zu seyn fortfahre, was er von Natur ist; seine Vollkommenheit besteht in der Vortrefflichkeit oder dem Grade seiner natürlichen Fähigkeiten und Anlagen, oder mit andern Worten, sie besteht darinnen, daß er ein vortrefflicher Theil des Ganzen ist, zu dem er gehört.» [66] Zur vollkommenen Erfüllung seiner Bedürfnisse ist der Mensch auf menschliche Gemeinschaft und Geselligkeit angewiesen, und Sympathie verbindet diese harmonisch und notwendig, denn sie ist in der Natur des Menschen selbst begründet. Diese Überzeugung wird nach 1750 popularphilosophisches Gemeingut. Sie spiegelt sich besonders deutlich in den beiden Werken, die dem Problem von Einsamkeit und Gemeinschaft gewidmet sind. In J.G. ZIMMERMANNS ‹Über die Einsamkeit› (1784) ist zwar eher eine ambivalente Haltung zum menschlichen Sozialcharakter erkennbar, und auch Garves später Essay ‹Über Gesellschaft und Einsamkeit› (1800) würdigt die Einsamkeit als «die Zeit des Umgangs des Menschen mit sich selbst». [67] Er hält aber zugleich am gesellschaftlichen Dasein als Grundbedingung der menschlichen Glückseligkeit fest.

2. *Psychologie, Pädagogik und Politik.* ‹Glückseligkeit› und ‹Tugend› öffnen sich nach 1750 zunehmend der Erfahrung, und auch die Psychologie entwickelt sich immer deutlicher zur ‹Erfahrungsseelenkunde›, die sogar den französischen Materialismus in sich aufnimmt, wie die Psychologen J.H. LAMBERT und J.G. KRÜGER zeigen. Der philosophische Hintergrund dieser Psychologie bleibt zwar bis ins letzte Drittel des Jahrhunderts Leibniz' Auffassung von der Seele als einer Monade, deren Zustände nach dem Prinzip der Kontinuität zunehmend aus den kleinsten, schwächsten, dunkelsten, unbewußten Vorstellungen sich zu den höheren, bewußten Vorstellungen entwickeln. Das eigentliche Interesse aber gilt seit etwa Mitte des Jahrhunderts der empirischen Erforschung der menschlichen Seelenvermögen, um sich dann unter dem Einfluß der Empfindsamkeit und der allgemeinen Hinwendung zur individuellen Erfahrung in der Spätaufklärung auf die psychische Verfassung des einzelnen Menschen zu konzentrieren.

G.F. MEIER begründet in der ‹Theoretischen Lehre von den Gemütsbewegungen überhaupt› (1744) die Notwendigkeit der Psychologie ebenso wie vorher schon CHR. THOMASIUS zunächst aus ihrem Nutzen für ‹kluge› Selbst- und Fremderkenntnis: Man muß die «Leidenschaften genau kennen». [68] Im übrigen ist er aber noch ganz der rationalistischen Auffassung, daß die Gemütsbewegungen nur eine niedere Art der Erkenntnisvermögen darstellen und ihre Lehre zwar «auf Erfahrungen gegründet werden muß», diese aber «die strengste Probe der Vernunftlehre müssen aushalten können» [69]. Dagegen wird später in K. PH. MORITZ' ‹Magazin für Erfahrungsseelenkunde› von 1787 die «analytische Kenntniß der Leidenschaften» allein auf die Beobachtung von «sehr vielen, und auch zum Theil unerwarteten Fällen» [70] gegründet und hinzugefügt: «Wir haben sehr viel Theorien über die Leidenschaften, aber wenige berühren den eigentlichen Calculus der Empfindungen, welcher sich auf die kleinsten und ersten Elemente und Schattirungen der Leidenschaft erstreckt.»[71] Die Erfahrungsseelenkunde vereint sich einerseits mit Empfindsamkeit und sensualistischer Psychologie, zum anderen grenzt sie aber auch an individual- und gesellschaftsethische Theorien; dies vor allem dort, wo sie praktische Regeln für einzelne Lebensprobleme jeder Art gibt. Aus der Verknüpfung moralischer, psychologischer und allgemein politisch-sozialer Zielsetzungen entsteht dann eine besondere Spielart des popularphilosophischen Essays, die man am besten als ‹Erziehlehre› zur praktischen Lebensweisheit bezeichnet. Ihre Anfänge reichen zurück bis in die humanistische Hofliteratur und die ‹politische› Bewegung des 17. Jh., zu der auch Thomasius' ‹Entwurf der politischen Klugheit› gehört; ihren wirkungsmächtigen Höhepunkt erreichen solche Lehren in KNIGGES ‹Über den Umgang mit Menschen› (1788). Das Ideal der Weltklugheit verändert sich allerdings im Laufe des 18. Jh.: Es wird strikter an die Tugend und ihre Glückseligkeit gebunden, als dies noch am Ende des 17. Jh. der Fall war. Politisch klug zu handeln bedeutet nun nicht mehr, jede sich bietende Gelegenheit zum individuellen Erfolg und zur irdischen Glückseligkeit auch auf skrupellose Weise zu nutzen[72], sondern mit aller möglichen Menschen- und Sozialkenntnis moralisch richtige Entscheidungen zu treffen. An dieser moralischen Begründung ihrer sozialen Glückseligkeits- und Klugheitslehren haben die popularphilosophischen Schriftsteller gerade auch der Spätaufklärung festgehalten. So sagt etwa Knigge: «Wenn die Regeln des Umgangs nicht bloß Vorschriften einer konventionellen Höflichkeit oder gar einer gefährlichen Politik sein sollen, so müssen sie auf die Lehren von den Pflichten gegründet sein, die wir allen Arten von Menschen schuldig sind, und wiederum von ihnen fordern können. – Das heißt: ein System, dessen Grundpfeiler Moral und Weltklugheit sind, muß dabei zum Grunde liegen.»[73] Knigge formuliert hier eine Übereinkunft, die für alle popularphilosophischen Werke ähnlicher Zielsetzung gilt, ob für J.H. CAMPES ‹Theophron oder der erfahrene Ratgeber für die unerfahrene Jugend› (1783), MEISSNERS ‹Menschenkenntnis› (1787) oder die ‹Geschichte des Anstandes› (1797) oder die ‹Verschiedenen Arten der Gesellschaft und Einsamkeit› (1797) von CHR. GARVE. Sie gilt auch für Werke wie J.K. LAVATERS ‹Physiognomische Fragmente› (1775–78), mit denen er, wie der Untertitel verrät, zur ‹Beförderung der Menschenkenntnis und Menschenliebe› beitragen will, oder J.B. BASEDOWS ‹Elementarwerk› (1774) sowie die zahlreichen didaktisch-pädagogischen Schriften der Spätaufklärung, die, «einmal den Menschen und dann den Bürger zu bilden»[74], praktikable Erziehungsmethoden erfinden. Die P. geht hier einerseits in die pädagogische und die Volksaufklärung, zum anderen in politische Opposition über.

Dies ist auch der Grund, weshalb die P. bereits in den achtziger Jahren, erst recht aber im Gefolge der Französischen Revolution überhaupt fragwürdig wird; die Reaktion, die selbst innerhalb der Aufklärung entsteht, stempelt sie gern als ‹jakobinisch› ab. Dagegen verteidigen sich die Popularphilosophen mit dem gleichfalls üblichen Argument, es gehe ihnen um ‹wahre› Aufklärung. Man versteht darunter höchst verschiedene Zwecke, insgesamt aber soll die wahre Aufklärung jedenfalls auf Bildung, Verfeinerung des Verstandes und der Sitten, Kultivierung der inneren und äußeren Vermögen des Menschen und auf nützliche Tätigkeit gerichtet sein. So kommt etwa der Verfasser einer 1794 anonym erschienenen Schrift ‹Über den Einfluß der Aufklärung auf Revolutionen› zu dem Resultat: «Aufklärung zeigt dem Regenten den einzig möglichen Weg, auf dem gewaltsamen Revolutionen vorgebeugt werden kann, nemlich: immer gleichen Schritt mit der Kultur der Nation zu halten. Oder was noch rühmlicher für derselben ist: immer eine Strecke in der Vollkommenheit vorauszugehen.»[75] LICHTENBERG notiert in sein ‹Sudelbuch› der Jahre 1793 bis 1796 jene Revolutionskritik, die in dieser späten Phase der Aufklärung Allgemeingut wird und für Schiller den Ansatz zur ‹ästhetischen Erziehung des Menschen in einer Reihe von Briefen› liefert: «Das Einreißen bei gewöhnlichen Anstalten ist ein großes Verderben, vorzüglich in der Politik, Ökonomie und Religion. Das Neue ist dem Projektmacher so angenehm, aber denen, die es betrifft, gemeiniglich sehr unangenehm. Der erste bedenkt nicht, daß er es mit Menschen zu tun hat, die mit Güte unvermerkt geleitet sein wollen, und daß man dadurch sehr viel mehr ausrichtet, als mit einer Umschaffung, deren Wert denn doch erst durch die Erfahrung entschieden werden muß. Wenn man doch nur das Letztere bedenken wollte! Man schneidet die Glieder nicht ab, die man noch heilen kann, wenn sie auch gleich etwas verstümmelt bleiben; der Mensch könnte über der Operation sterben. Und man reiße nicht gleich ein Gebäude ein, das etwas unbequem ist, und stecke sich dadurch in größere Unbequemlichkeiten. Man mache kleine Verbesserungen.»[76]

3. ‹Schön denken› – ästhetische Erkenntnis in der P. nach 1750. Über ästhetische Erkenntnis zu schreiben wird seit der Jahrhundertmitte in der popularphilosophischen Essayistik äußerst beliebt, zugleich hat sie hier auch die originellsten und philosophisch bedeutsamsten Gedanken aufzuweisen, die stellenweise die Ästhetik des deutschen Idealismus vorbereiten. Die Idee des Fortschritts, die Utopie der harmonischen, glückseligen und mit sich selbst versöhnten Welt findet gerade in den schönen Künsten einen idealen Ort, der von den Widersprüchen der historischen Wirklichkeit nahezu unversehrt zu sein scheint. Die schönen Künste eröffnen auch noch am ehesten einen Freiraum im Herrschaftsgefüge des absolutistischen Staates. Gerade der ästhetischen Diskussion kommt im zersplitterten Deutschland deshalb so große Bedeutung zu, weil sie den vereinzelten, in verschiedener Ländern lebenden und unterschiedlichen Repressionsformen ausgesetzten Vertretern der bürgerlichen Intelligenz ein gemeinsames und relativ freies Forum der Artikulation und Verständigung bietet. Ästhetische Erkenntnis ist vorzüglich dazu geeignet, die Utopie der Aufklärung aufzubewahren. Im Verlauf dieser Diskussion, die eine junge Generation von Schriftstellern von Klopstock bis zu den Dichtern des Sturm und Drang, vom Hainbund bis zum jungen Goethe und jungen Schiller führt, läßt sich ablesen, mit welchen Verzichtleistungen sie erkauft wurde und wie oft nicht nur die soziale, sondern auch die psychische Integrität des bürgerlichen Menschen gefährdet war.

Bereits für A.G. BAUMGARTEN gehört die ästhetische Weise des Denkens und der Erfahrung notwendig zum ‹Menschen›, ist Bestandteil seiner Menschlichkeit und stellt erst die Totalität seiner Natur her. Die gänzliche «Ausrottung des Sinnlichen» hieße «die menschliche Natur ablehnen»[77], und wenn man auch «die Logik die ältere Schwester der Ästhetik in Ansehung der Theorie nennen muß, so würde doch «in Ansehung der Ausübung die Ästhetik die ältere sein» [78]. Zwar gehört die ästhetische Erkenntnis auf der Werteskala der rationalistischen Philosophie nach unten, historisch aber an den Anfang und der natürlichen Verfassung des Menschen entsprechend zu seinen unverzichtbaren Vermögen und geht auch nicht in der rationalen, deutlichen Erkenntnis restlos auf. So teilt sich der Geist in zwei Klassen: neben dem ‹logischen Horizont› beansprucht der ‹ästhetische Horizont› nun sein eigenes Recht. Was dem ästhetischen Horizont an Deutlichkeit abgeht, ersetzt er durch Weite. Die verworrenen sinnlichen Empfindungen sind offen für Erfahrungen, die jenseits der veritas logica liegen – und das nicht nur hinsichtlich der subjektiven Unvollkommenheit, die notwendig der sinnlichen Erfahrung anhaftet, sondern auch hinsichtlich des Gegenstandes, der eben selber keiner deutlichen Verstandeskonstruktion zugänglich ist: «Wer schön denken will, muß in die Zukunft sehen. Eine neue Eigenschaft eines schönen Geistes [...]. Er muß die Sprache des Herzens reden, das ist rühren, soll er andere rühren, so muß er selbst zuvor gerührt sein. Er kann nicht rühren, wenn er nicht Begierden erregt, und er kann nicht Begierden erregen, wann der Gegenstand derselben nicht zukünftig ist [...] er muß die mittlere Erkenntnis (scientia media) stark üben. Er muß immer gewisse Welten sehen, die wirklich wären, wann gewisse Hypothesen wären. So stark muß er dichten und das Vorhersehungsvermögen üben.» [79] Ähnlich und kürzer heißt es bei G.F. MEIER, einem Schüler Baumgartens: «Die Ästhetik ist überhaupt die Wissenschaft der sinnlichen Erkenntniß, und des Vortrages dieser Erkenntniß. Diese Wissenschaft beschäftiget sich demnach, mit alledem, was zu der sinnlichen Erkenntniß, und dem Vortrage derselben, auf eine nähere Art, kann gerechnet werden. Da nun die Leidenschaften, einen starken Einfluß auf die sinnliche Erkenntniß und den Vortrag derselben, haben; so wird die Ästhetik auch, ihren Theil an der Lehre von den Gemüthsbewegungen mit Recht fordern können.» [80]

Baumgartens ‹Aesthetica› (1750/58) mit ihren häufigen Berufungen auf Ciceros und Quintilians rhetorische Schriften und ihre Übernahme der rhetorischen Systematik insbesondere im Bereich der ‹Aesthetica practica› zeigen im übrigen ebenso wie Meiers Ästhetik, daß die philosophische Begründung aus dem Geiste der Rhetorik geschieht. Der Einfluß der Affektenlehre und der wirkungsintentionalen Kunsttheorie der Rhetorik bleibt deshalb auch in der Lehre von den Empfindungen und Gemütsbewegungen erhalten, die in allen ästhetischen Diskussionen der Zeit eine zentrale Stellung einnimmt, sei es in Form der klaren Empfindungen als Gegenstand der Ästhetik (Baumgarten), sei es als das psychologische und moralische Ziel der schönen Künste (Sulzer). SULZER sieht in seiner ‹Untersuchung über den Ursprung der angenehmen und unangenehmen Empfindungen› (1751/52) den Grund alles Vergnügens und aller Begierde in der Beförderung der seelischen Vorstellungsfähigkeit; der schöne Gegenstand, der «die auf Einheit gebrachte Mannichfaltichkeit»[81] ist, wirkt auf die Seele so, daß «eine vortheilhafte Beziehung» auf «ihre wirksame Kraft» hergestellt wird [82]. Ob es sich um intellektuelle, sinnliche oder – als höchste – um moralische Empfindungen handelt, ihre Annehmlichkeit hängt immer von der «wohlgeordneten Folge» der Eindrücke ab und beruht also auf der Förderung unserer Vorstellungstätigkeit durch die Einheit, «durch welche wir die Mannichfaltichkeit entwickeln können» [83]. Empfindung ist eine Handlung der Seele, wobei diese nur mit sich selber beschäftigt ist, die schönen Künste sollen aber nicht irgendwelche, sondern moralische Empfindungen erwecken.

Dies gilt auch noch für die Theorie der gemischten Empfindungen, die M. MENDELSSOHN entwickelt. Auch für ihn beruht der Reiz des Schönen auf jener sinnlichen Form der Vollkommenheit, die durch die Übereinstimmung in der Mannigfaltigkeit zustande kommt: «Die Gleichheit, das Einerley im Mannigfaltigen ist ein Eigenthum der schönen Gegenstände.» [84] Aber es gibt auch Vergnügungen, «die sich auf Unvollkommenheit zu stützen scheinen», etwa «die furchtbare, die schreckliche Natur» oder auch die «Vorstellung eines Trauerspiels» [85]. In Wahrheit gründen sie sich aber darauf, daß dem Mißfallen am Gegenstande ein Wohlgefallen an der Vorstellung entspricht: «Wenn sich einige bittere Tropfen in die honigsüße Schale des Vergnügens mischen, so erhöhen sie den Geschmack des Vergnügens und verdoppeln seine Süßigkeiten. Jedoch nur alsdenn, wenn die beiden Arten von Empfindungen, daraus die Vermischung besteht, nicht einander schnurstracks entgegengesetzt sind.» [86] Die Lehre von der schönen Empfindung als der undeutlichen, die Seelentätigkeit stimulierenden Vorstellung einer Vollkommenheit, wie sie die popularphilosophische Diskussion des Schönen bis zu Mendelssohn beherrscht, hat dann in der Spätaufklärung die Aufgabe, die Widersprüche des gesellschaftlichen Lebens aufzulösen. So bedeutet Mendelssohns Doktrin auf der einen Seite eine realistische Wendung, die sich auf die fortgeschrittenen Theorien der englischen Psychologen mit Recht berufen kann. Auf der anderen Seite werden aber gerade diese Widersprüche zum besonderen Grund des ästhetischen Vergnügens, das Leiden steigert sein Raffinement, soweit es mit dem Glück «nebeneinander bestehen» kann, und das ist vorzüglich dann der Fall, wenn die Widersprüche historisch entzerrt, das sich Widersprechende in ein historisches Nacheinander gebracht werden: «Der Inbegriff einer vergangenen Unvollkommenheit streitet nicht mit dem Begriffe der gegenwärtigen Vollkommenheit. Beide können nebeneinander bestehen, und jene uns zum Gefühle des Vergnügens empfindlicher machen.» [87]

Kunst wird sowohl in der Rezeption wie in der Produktion zum wichtigsten Mittel der Verfeinerung, sie kultiviert Empfindungen und Gefühle, sie erzieht zur Innerlichkeit, sie fordert zur ästhetischen Sittlichkeit heraus. J.A. EBERHARD betrachtet dies in seinem, die ästhetischen Anschauungen der Spätaufklärung zusammenfassenden ‹Handbuch der Ästhetik für gebildete Leser aus allen Ständen in Briefen› (1803–1805) als sichere Garantie dafür, daß Deutschland sowohl vor den französischen Zuständen jener Zeit bewahrt werde, da «man in Frankreich die Unsittlichkeit auf den Thron erhoben», als auch vor denen der darauffolgenden Periode, die «von den Banden der Gesetze entfesselt war». [88] In diesem Zusammenhang kommt dem Künstler nicht nur im ästhetischen Bereich, sondern unmittelbar auch in Gesellschaft und Geschichte eine herausragende Bedeutung zu. Der vollkommene Künstler, das Genie, in dem «Aufmerksamkeit, Reflexion, Einbildungskraft, Witz, Gedächtniß und Urtheilsvermögen» so harmonisch zusammenwirken, daß er sich vor seinen «Mitstreitern merklich hervorgethan» [89] haben muß, wird damit zum allgemein gültigen Bildungsideal. Sulzer beurteilt die Bedingungen der Möglichkeit des Genies noch durchaus traditionell, er meint, «daß das Genie zwar vornehmlich ein Geschenk der Natur sey, durch Ausbildung und andere moralische Ursachen aber gestärkt und vermehrt werde» [90]. Mendelssohn behauptet im Gegensatz dazu: «Wir sind gewohnt, soviel vom Genie abzurechnen, als wir dem Fleiße zuschreiben.» [91] So erscheint schon in der popularphilosophischen Genieauffassung jenes Künstlerbild geprägt, das die Genieästhetik des Sturm und Drang entwickelt. TH. ABBT hat in seiner ‹Abhandlung vom Verdienste› (1765) die historischen Hoffnungen angedeutet, die sich an dieses Künstlerideal knüpfen: «Jeder ruhige Augenblick, den die Gesetze verschaffen, wird auf neue Gedanken verwendet, die neuen Gedanken, durchs Vergnügen belebt, ordnen sich zum Schönen zusammen, dieses bricht in allen Arten hervor, und die Genies in den schönen Kenntnissen und Künsten umringen nun haufenweise das Genie des Gesetzgebers, der dem Heerführer nachtritt.» [92] Der Gedanke, das Genie der Kunst neben Gesetzgeber und Heerführer gleichberechtigt zu stellen, verrät die wahre Bedeutung der entsprechenden Ästhetik: Er zeigt die Hoffnungen, die an die meisten Popularphilosophen an die «Ästhetische Erziehung des Menschengeschlechts» geknüpft und durch den Einfluß sowohl SHAFTESBURYS wie ROUSSEAUS verstärkt werden. Diese Hoffnungen hatten sich zu solcher Gewißheit verfestigt, daß GARVE von jedem Wissenschaftler schließlich verlangt, er solle sich in der Ästhetik geübt, Empfindung und Einbildungskraft vervollkommnet haben.

Im Künstler, der alle menschlichen Vermögen schöpferisch-harmonisch zur Entfaltung bringt, haben sich die bürgerlichen Schriftsteller des 18. Jh. ein Gegenbild zur sozialen und psychischen Desintegration der Realität geschaffen. In der Utopie der ästhetischen Aufhebung aller Widersprüche kulminiert auch die popularphilosophische Essayistik gegen Ende des Jahrhunderts. Sie wendet sich kritisch gegen die Wirklichkeit des späten 18. Jh., sie stellt das gesellschaftliche Dasein unter Angst vor politischer oder sozialer Bestrafung als vorläufiges Exil dar, und sie nimmt die Möglichkeit eines harmonischen Subjekts vorweg, das in einer harmonischen Welt ‹glückselig› existiert. Die popularphilosophische Essayistik wird nicht müde, dieses Idealbild mit all den Zügen zu versehen, die ihm die Kultur des Humanismus schon einmal, wenn auch in ganz anderer historischer Qualität, verliehen hatte. Sie vermittelt eben dieses humanistisch vorgeprägte Bildungsideal über die Aufklärung weiter an die deutsche Klassik und zeigt damit die Möglichkeit, sich von der politischen Realität der Französischen Revolution zu distanzieren und doch an ihren Zielen festzuhalten, wie es exemplarisch SCHILLER in seinen Briefen ‹Über die ästhetische Erziehung des Menschen› (1795) vorführt.

VI. *P. im Ausland. Auswirkungen im 19. und 20. Jh.* Um 1800 beginnt sich die P. im engeren programmatischen Verständnis aufzulösen, und die Schulphilosophie geht, dank KANT und seiner Schüler gestärkt aus der Auseinandersetzung mit ihr hervor, wie es die weitere Geschichte des deutschen Idealismus von SCHELLING und Hegel bis hin zu N. HARTMANN oder F. BRENTANO verdeutlicht. Die Ursachen sind vielfältig, hängen einerseits mit der Verflachung der P. selber zusammen, sind aber auch in den gesellschaftlichen und politischen Rückschlägen der Restaurationsepochen zu suchen. Die Folgen für den wissenschaftlichen Teil der deutschen Literatur hat A. MÜLLER in seinen ‹Zwölf Reden über die Beredsamkeit und deren Verfall in Deutschland› (1812) anschaulich beschrieben. Der deutsche Gelehrte baue «ein Gebäude von Chiffren, sinnreich, aber einsam, unerwärmend, unerfreulich, ohne Antwort oder Erwiderung von irgendeiner Seite her [...] Wir finden es auffallend, wenn in einer gewöhnlichen Gesellschaft jemand laut mit sich selbst redet: hier (in der wissenschaftlichen Literatur) hätten wir viele tausend Redner, die sich öffentlich vor ganz Deutschland sprechen, und weitläufig sprechend, hinstellen, – ohne irgend jemand anzureden» [93]. Doch bleibt die P. nicht folgenlos, vor allem auf der ‹Hegelschen Linken›. Bei A. RUGE, L. FEUERBACH und besonders K. MARX und F. ENGELS, überlebt die Allianz von Philosophie und Rhetorik im Interesse einer gesellschaftlichen Breitenwirkung; später werden A. SCHOPENHAUER und F. NIETZSCHE die Tradition der rhetorischen Kunstprosa in der Philosophie fortsetzen – freilich im wesentlichen außerhalb der akademischen Sphäre. Diese Trennung setzt sich im 20. Jh. fort. «War es schon immer so, daß sich das graueste durchschnittliche Alltagsdenken nach Erlernen einiger Fachsprachen disziplinhaft herausputzte, so steht man in diesen Tagen, nachdem schon so lange die gewaltige Gegenwart eines echten Philosophen verschwunden ist, vor der Tatsache, daß sogar das ganz allgemeine Bewußtsein davon, was Philosophie eigentlich sei, die einfachste Intuition des Wesens Philosophie verloren gegangen ist» [94], diagnostiziert E. BLOCH 1913. Zu einer neuen Schulphilosophie, deren Vertreter für einige Jahrzehnte die wichtigsten Lehrstühle besetzen, entwickelt sich ab 1927 Heideggers Existenzialontologie, während andere Denkrichtungen, wie die kritische Theorie oder die utopische Philosophie Blochs, sich im wesentlichen außerhalb der Universitätsphilosophie ausbilden.

Im europäischen Ausland liegen die Verhältnisse grundsätzlich anders. Die *englische* Philosophie hat sich früh aus den scholastischen Fesseln befreit. F. BACON erneuert sie auch in ihrem Verhältnis nach außen, zum Publikum, obwohl seiner Schulphilosophie auch die Rhetorik (im ‹Novum organum›, 1620) dem Idolenverdacht verfällt. Doch Bacons bildungspolitische Interessen, seine Orientierung an der Erfahrung und schließlich der selbstverständliche literarisch-rhetorische Ehrgeiz, wie er vielleicht am deutlichsten in seinem utopischen Romanfragment ‹Nova Atlantis› (1627) zum Ausdruck kommt, verhindert die Ausbildung zu einer neuen Schulphilosophie. Der populäre Zug bleibt der englischen Philosophie auch im 18. Jh. erhalten, «da bei den geordneten Zuständen, die auf den Abschluß der Revolutionsepoche folgten, ein mächtiger Aufschwung des literarischen Lebens auch die Philosophie für die Interessen der allgemeinen Bildung in Anspruch nahm» [95]. Das gilt für LOCKE und HUME ebenso wie für die Moralphilosophen und die *schottische Schule*. Der Terminus *popular philosophy* hat daher nur beschreibende Bedeutung und wird im wesentlichen für drei philosophische Tendenzen gebraucht: für praktische Lebensphilosophie, für «amateur philosophy» («from Descartes to Hume»), die außerhalb der akademischen Institutionen steht, und schließlich für eine Form von «philosophical popularization», wie sie in philosophischen Einleitungen und historischen Lehrbüchern nach dem Vorbilde von Paulsen und Windelband praktiziert sind, die beide ins Englische übersetzt wurden und die Gattung des populären Lehrbuchs repräsentieren. [96]

Nicht sehr viel anders gestaltet sich die Situation in *Frankreich*, wo die Impulse der englischen Aufklärung aufgenommen werden und sich mit der eigenen Tradition verbinden. Zwar ist der Cartesianismus auch eine neue Schulphilosophie, doch «Ordnung, Klarheit, Präzision und Genauigkeit, die seit geraumer Zeit in guten Büchern vorherrschen» [97], sind auch, wie FONTENELLE feststellt, rhetorische Qualitäten und haben für die Ausbreitung des «geometrischen Geistes» in allen Wissenschaften gesorgt. Wenn DIDEROT 1753 fordert: «Hâtons-nous de rendre la philosophie populaire» [98], so richtet sich der Appell vor allem an Naturforscher und einige Philosophen, die einen gewissen Hang zu Dunkelheit und Unklarheit kultivieren. Er ist also nicht als Aufruf für eine neue, antiakademische Philosophie zu verstehen, die den Kontakt mit einem breiten Publikum erst aufbauen soll. Ein Schisma dieser Art hat es in Frankreich nicht gegeben, der Ausdruck *philosophie populaire* bezieht sich daher, als philosophiegeschichtlicher Terminus, auf die deutsche P. [99] Auch der spanische und italienische Wortgebrauch bezeichnet mit diesem Begriff die deutsche P. des 18. Jh., ohne eigene Strömungen damit zu identifizieren.

Anmerkungen:
1 Chr. Garve: Von der Popularität des Vortrags, in: ders.: Vermischte Aufsätze welche einzeln oder in Zs. erschienen sind. Zwei T. (1796/1800) Bd. 1, 353. – **2** ebd. 355. – **3** ebd. 350. – **4** W. Windelband: Lehrbuch der Gesch. der Philos. (⁸1919) 366. – **5** D. Diderot: Pensées sur l'interprétation de la Nature (1753–1765), in: Œuvres complètes. Tome IX. Idées III, hg. v. J. Varloot (Paris 1981) 69, Übers. Verf. – **6** vgl. R. Mortier: Diderot, Ernesti et la ‹philosophie populaire›, in: J. Pappas (Ed.): Essays on Diderot and Enlightenment in honor of Otis Fellows (Genf 1974) 207–230, bes. 222. – **7** W. L. G. Freyherr von Eberstein: Versuch einer Gesch. der Logik und Metaphysik bey den Deutschen von Leibnitz bis auf gegenwärtige Zeit (Halle 1794) 234 u. 342. – **8** G.W.F. Hegel: Werke in 20 Bd., Bd. 20 (1971) 263f. – **9** E. Cassirer: Die Denkform des Zeitalters der Aufklärung, in: ders.: Die Philos. der Aufklärung (1973) Kap. 1. vgl. auch: 13ff., 16f. – **10** ebd. 15f. – **11** Chr. Thomasius: Kurtzer Entwurff der politischen Klugheit (1710) Vorrede (o. S.). – **12** Chr. Wolff: Rede von der Sittenlehre der Sineser aus dem Jahre 1721, in: DLE, 2. 183. (DLE = Dt. Lit. in Entwicklungsreihen. Sammlung lit. Kunst- und Kulturdenkmäler in Entwicklungsreihen (1928–50, ND 1964ff.)). – **13** Gottsched Redek. 201f. – **14** J.Chr. Gottsched: Grundriß zu einer vernunftmäßigen Redekunst (Hannover 1729) 4. – **15** H.H. Gerth: Bürgerliche Intelligenz um 1800: Zur Soziol. des dt. Frühliberalismus (1976) 61. – **16** M. Mendelssohn: Gesamm. Schr., hg. v. F. Bamberger u.a., Bd. 3, I (1972) 14. – **17** ders.: Über die Frage: Was heißt aufklären?, in: N. Hinske (Hg.): Was ist Aufklärung? Beitr. aus der Berlinischen Monatsschr. (1973) 445. – **18** ebd. 451. – **19** Chr. Garve: Versuche über verschiedene Gegenstände aus der Moral, der Litteratur und dem ges. Leben. Bd. 5 (1802) 317. – **20** ebd. 326. – **21** ebd. 310. – **22** ebd. 324. – **23** ebd. 330f. – **24** ebd. 332f. – **25** ebd. 333f. – **26** [Anon.:] Freimüthige Bemerkungen über Aufklärung und Reformen unserer Zeit. (Berlin/Stockholm 1786) 43. – **27** ebd. 12. – **28** F. Schiller: Sämtl. Werke, hg. v. G. Fricke und H.G. Göpfert, Bd. 1 (1965) 263. – **29** I. Kant: Werke in 10 Bänden, hg. v. W. Weischedel. Bd. 7. (1968) 310. – **30** A. Freiherr v. Knigge: Schr. Bd. 5 (1804) 5. – **31** Chr. Thomasius: Kleine dt. Schr. (1701) 48. – **32** Barner 417. – **33** G.W. Leibniz: Polit. Schr., hg. u. übers. v. H.H. Holz, Bd. 2 (1966) 67. – **34** ebd. 67f. – **35** H.H. Holz: Einl., in: Leibniz [33] Bd. 1, 9. – **36** Leibniz [33] 70. – **37** ebd. 71. – **38** G.W. Leibniz: Philos. Schriften, hg. u. übers. v. W. v. Engelhardt und H.H. Holz, Bd. 3 (1965) 205. – **39** Leibniz [33] 80. – **40** J.G. Herder: Problem: Wie die Philos. zum Besten des Volkes allgemeiner und nützlicher werden kann, in: Sämmtl. Werke hg. v. B. Suphan (Hg.): Bd. 32 (1899) 32. – **41** Leibniz [33] 80. – **42** vgl. G. Ueding: Rhet. Konstellationen im Umgang mit Menschen. in: JbIG 9, H. 1 (1977) 27–52. – **43** J.Chr. Gottsched: Erste Gründe der gesamten Weltweisheit (1756) 257. – **44** Gottsched Dichtk. 356f. – **45** ebd. 348. – **46** vgl.: E.A. Blackall: Die Entwicklung des Dt. zur Literatursprache 1700 – 1775. Mit einem Bericht über neue Forschungsergebnisse 1955 – 1964 von D. Kimpel (1966) 110ff. – **47** J.Chr. Gottsched: Die vernünftigen Tadlerinnen (1725/26) I, 39. – **48** ders.: Der Biedermann (1728) Zueignung (o.S.). – **49** Der Patriot. Neue und verb. Ausg., 3 Bde. (1737f.) 36. Stück. – **50** vgl. Blackall [46] 274ff. – **51** vgl. F. Schiller [28] Bd. 5, 348. – **52** Chr. Thomasius: Von dem Studio der Poesie (Kap. 8 der Höchstnötigen Cautelen [...]), in: DLE [12] 1, 125. – **53** Chr. H. Schmid: Theorie der Poesie nach neuesten Grundsätzen [...]. (1767) 31. – **54** Mendelssohn [16] 3, I. 18. – **55** J.G. Lindner: Kurzer Inbegriff der Aesthetik, Redekunst und Dichtkunst. (1771) 160f. – **56** J.J. Engel: Über Handlung, Gespräch und Erzählung. Faksimiledruck der ersten Fassung von 1774 (1964) 207. – **57** Chr. Garve: Ueber Ges. und Einsamkeit. Bd. 1 (1800) 19. – **58** ebd. 20. – **59** W. Lepenies: Melancholie und Ges. (1969) 103. – **60** Chr. M. Wieland: Zusatz des Hg. zu den Auszügen aus einer Vorles. über die Schwärmerey, in: Der Teutsche Merkur, 4. St. (Weimar 1775) 152; G. Chr. Lichtenberg: Schr. und Briefe. 6 Bde., hg. v. W. Promies (1968ff.) Bd. 3, 410. – **61** J.J. Eschenburg: Entwurf einer Theorie und Litteratur der schönen Wiss. (1789) 302. – **62** Lichtenberg [60] Bd. 2, 204. – **63** ebd. 141. – **64** J.G. Sulzer: Vermischte Philos. Schr. (1773) 347. – **65** Th. Abbt: Vermischte Werke, 6 Bde. (1768–1781) Bd. 1, 5. – **66** A. Ferguson: Grundsätze der Moralphilos., Übers. v. Chr. Garve (1772) 102. – **67** Garve [57] Bd. 2, 335. – **68** G.F. Meier: Theoretische Lehre von den Gemüthsbewegungen überhaupt (1744) 5. – **69** ebd. 4. – **70** C.F. Pockels: Materialien zu einem analytischen Versuche über die Leidenschaften, in: C.Ph. Moritz: Magazin für Erfahrungsseelenkunde ..., V, 3 (1787) 53. – **71** ebd. 54. – **72** Barner 135ff. – **73** A. Freiherr v. Knigge: Über den Umgang mit Menschen, hg. v. G. Ueding (1977) 10. – **74** P. Villaume: Abhandlung über die Frage: Worin bestand bei den Atheniensern, den Lacedämoniern und den Römern die öffentliche Erziehung?, in: ders.: Vermischte Abhandlungen (o. O. 1793) 137. – **75** [Anonym:] Ueber den Einfluß der Aufklärung auf Revolutionen (o. O. 1794) 90f. – **76** Lichtenberg [60] Bd. 2, 423f. – **77** A.G. Baumgarten: Ästhetik (nach einer Handschrift der Vorles.), in: B. Poppe: A.G. Baumgarten (1907) 171, § 12. – **78** ebd. § 13. – **79** ebd. § 36. – **80** Meier [68] 7. – **81** Sulzer [64] 31. – **82** ebd. 39. – **83** ebd. – **84** M. Mendelssohn: Ästhet. Schr. in Auswahl, hg. v. O.F. Best (1974) 43. – **85** ebd. 57. – **86** ebd. 90. – **87** ebd. 90. – **88** J.A. Eberhard: Hb. der Ästhetik für gebildete Leser. 4 Bde. (1803) Bd. 1, 255. – **89** Sulzer [64] 308. – **90** ebd. 321. – **91** Abbt [65] Bd. 1, 30. – **92** Garve: Vermischte Aufsätze [1] Bd. 1, 276. – **93** A. Müller: Zwölf Reden über die Beredsamkeit und deren Verfall in Deutschland, mit Essay u. Nachw. v. W. Jens (1967) 37. – **94** E. Bloch: Durch die Wüste: frühe kritische Aufsätze (²1977) 91. – **95** Windelband [4] 367. – **96** Lord The Rt. Hon Quinton: Popular Philosophy, in: The Oxford Companion of Philosophy (Oxford 1995) 703f. – **97** zit. P. Hazard: Die Krise des europäischen Geistes: 1680–1715, übers. v. W. Wegener (⁵1965) 164. – **98** Diderot [5] 69. – **99** vgl. R. Mortier: Existe-t-il au XVIIIe siècle, en France, l'équivalent de la ‹Popularphilosophie› allemande?, in: Studia Leibnitiana, Bd. XV/1 (1983) 42–45.

G. Ueding

→ Ästhetik → Aufklärung → Brief → Dialog → Diatribe → Eklektizismus → Essay → Ethik → Gespräch → Muttersprache → Pädagogik → Philosophie → Psychologie → Sophistik

Artikelverzeichnis

Musterrede
Muttersprache
Mycterismus
Mystik
Mythos
Nachwort → Vorwort, Nachwort
Narratio
Narrativik, Narratologie → Ergänzungsband
Narrenliteratur
Nationalsozialistische Rhetorik
Natura
Natura-Ars-Dialektik
Naturalismus
Natürlichkeitsideal
Necessitas
Negatio
Negotiation → Verhandlungsführung
Nekrolog
Neologismus
Neue, das
Neuhumanismus
Neulateinische Dichtung
New Criticism
New Historicism
New Rhetoric
Nexus → Zeugma
Noema
Nominalstil/Verbalstil
Nonsense
Nonverbale Kommunikation
Notariatskunst
Nouvelle Rhétorique
Novelle
Numerus → Metrik; Rhythmus
Nützlichkeit → Utile
Obiectio → Einwand, Einwurf
Obscenitas → Zote
Obscuritas
Obscurus → Vertretbarkeitsgrade
Obsecratio
Obtestatio → Asseveratio
Occultatio → Praeteritio
Occupatio → Praeteritio
Offener Brief
Öffentlichkeit
Officia oratoris → Rhetorices partes
Officium
Ominatio
Omissio → Praeteritio
Onomatopoeia → Lautmalerei
Opinio → Doxa; Meinung, Meinungsfreiheit
Oppositio
Optatio
Orator → Redner, Rednerideal
Oratorie

Orbis → Kyklos
Ordo
Ornament
Ornatus
Orthoepie → Ergänzungsband
Orthographie
Oxymoron
Pädagogik
Palindrom
Palinodie → Widerruf
Pamphlet
Panegyrik
Pantomime → Ergänzungsband
Parabel
Paradeigma → Beispiel; Exemplum
Paradiegesis
Paradoxe, das
Paradoxon
Paragoge
Paragone
Paralipse → Praeteritio
Parallelismus
Paramythia → Consolatio
Paränese
Paraphrase
Para-Rhetorik
Parataxe/Hypotaxe
Paratext
Paregmenon → Derivatio
Parekbasis → Exkurs
Parenthese
Parenthyrsos
Parison
Parisosis → Parallelismus
Parlamentsrede
Parodie
Paronomasie
Parrhesia → Licentia; Redefreiheit
Parteilichkeit
Partes artis → Rhetorices partes
Partes orationis
Partitio
Pasquill
Pathopoeia
Pathos
Patristik
Paulskirchenrhetorik
Peirastik
Peitho
Percontatio
Perculsio
Percursio
Periode
Perikope → Predigt
Periphrase

Perissologia → Makrologie
Permissio
Permutatio
Peroratio
Perseverantia → Constantia
Person → Ergänzungsband
Persona
Personifikation
Perspicuitas
Persuasion
Petitio
Petrarkismus
Phänomenologie
Phantasie
Phantastik → Ergänzungsband
Philanthropia → Humanitas
Philippika
Philologie
Philosophie
Photorhetorik
Phrasis → Elocutio
Phronesis → Klugheit
Physiognomik
Pietismus
Pistis → Argumentatio
Plädoyer
Plagiat

Plakat
Plasma → Fiktion
Plastik
Platonismus
Plausibilität
Pleonasmus
Plethos → Copia
Ploke
Poesie → Dichtung
Poeta
Poetenfakultät → Poeta
Poetik
Poikilographie
Pointe
Polemik
Political correctness
Politicus
Politik
Politische Rede
Politische Rhetorik → Ergänzungsband
Polyhistorie
Polyptoton
Polysemie
Polysyndeton
Pompa → Umzüge
Popularphilosophie

Autorenverzeichnis

Ackermann-Pojtinger, Kathrin; Stuttgart (Plagiat)
Ahrens, Rüdiger; Würzburg (Poetik: England, Nordamerika)
Asmuth, Bernhard; Bochum (Perspicuitas; Poetik: Deutschland)
Bandur, Markus; Freiburg (Pathopoeia)
Bär, Jochen A.; Wiesbaden (Pathos: Barock – Moderne)
Baßler, Moritz; Tübingen (New Historicism)
Baum, Richard; Aachen (Muttersprache)
Beil, Ulrich; Holzkirchen (Phantasie)
Bennett, Bradley C.; Hattiesburg, USA (Partitio)
Boerkey, Jeanne; Stuttgart (Photorhetorik)
Bohlender, Matthias; Berlin (Philosophie: Empirismus)
Boriaud, Jean Yves; Montmorillon (Persona)
Bourger, Désirée; Göttingen (Naturalismus)
Brandt, Rüdiger; Essen (Obscuritas: MA – Gegenwart; Poetik: MA)
Braungart, Georg; Regensburg (Oratorie)
Bressa, Birgit; Tübingen (Plastik)
Breymayer, Reinhard; Ofterdingen (Pietismus)
Celentano, Maria S.; Rom (Paradoxon)
Coenen, Hans Georg; Münster (Parteilichkeit)
Czapla, Beate; Siegburg (Percursio; Pleonasmus)
Czapla, Ralf Georg; Siegburg (Paronomasie; Permissio)
Deiters, Franz-Josef; Tübingen (Plakat)
Detken, Anke; Göttingen (Periphrase; Poeta)
Dräger, Paul; Oberbillig / Trier (Periode: Rhetorik: Antike)
Engels, Johannes; Kreuzau (Mythos; Paragoge; Partes orationis; Polysemie)
Erler, Michael; Würzburg (Philosophie: Röm. Antike)
Ernst, Ulrich; Wuppertal (Ordo)
Essig, Rolf-Bernhard; Bamberg (Offener Brief)
Eybl, Franz; Wien (Nekrolog)
Frank, Susanne; Konstanz (Poetik: Osteuropa)
Fröhlich, Jürgen; Essen (Obscuritas: MA – Gegenwart)
Gabriel, Gottfried; Jena (Philosophie: 20. Jh.: Sprachphilosophie, Logik)
Gerlitz, Peter; Bremerhaven (Mystik: Religionsgeschichte)
Greber, Erika; München (Palindrom)
Grote, Hans; Stuttgart (Poetik: Italien)
Grötzinger, Albrecht; Basel (Paränese)
Grüttemeier, Ralf ; Oldenburg (Paratext)
Haas, Alois M.; Zürich (Mystik: Rhetorik)
Hafner, Jochen; München (Parlamentsrede: Frankreich, Italien)
Hartmann, Volker; Heidelberg (Negatio; Paradiegesis; Parenthyrsos; Percontatio, Personifikation)
Hebekus, Uwe; Konstanz (Poetik: Moderne)
Helmrath, Johannes; Köln (Parlamentsrede: MA)
Hinterndorfer, Robert; Amstetten (Neulateinische Dichtung)
Holly, Werner; Chemnitz (Paulskirchenrhetorik)
Horlacher, Stefan; Darmstadt (Nonsense)

Horstmann, Axel; Ronnenberg-Benthe (Philologie)
Janka, Markus; Regensburg (Permutatio)
Kaczmarek, Ludger; Bergholzhausen (Orthographie: Lat. MA, Humanismus)
Kahnert, Klaus; Bochum (Platonismus)
Kalivoda, Gregor; Tübingen (Mystik: Def.)
Kalverkämper, Hartwig; Berlin (Nonverbale Kommunikation; Physiognomik)
Kemmann, Ansgar; Tübingen (Plädoyer)
Kienpointner, Manfred; Innsbruck (Nouvelle Rhtorique)
Kilian, Jörg; Braunschweig (Paraphrase)
Kirchner, Alexander; Augsburg (Nationalsozialistische Rhetorik)
Klein, Josef; Koblenz (Parlamentsrede: Def., Deutschland, Moderne; Politische Rede)
Knape, Joachim; Tübingen (Narratio; Ornatus; Persuasion)
Kocher, Ursula; Berlin (Novelle)
Köpf, Ulrich; Tübingen (Philosophie: Reformation, Konfessionelles Zeitalter)
Kopperschmidt, Josef; Erkelenz (Philosophie: 20. Jh.: Anthropolgie)
Kramer, Olaf; Tübingen (Neologismus; New Rhetoric)
Krapinger, Gernot; Graz (Ploke; Poikilographie)
Kraus, Manfred; Tübingen (Pathos: Def., Antike)
Krones, Hartmut; Wien (Periode: Musik)
Lachmann, Renate; Konstanz (Poetik: Osteuropa)
Lähnemann, Henrike; Tübingen (Parenthese)
Landfester, Manfred; Gießen (Neuhumanismus)
Loleit, Simone; Essen (Poetik: MA)
Malmsheimer, Arne; Bochum (Platonismus)
Männlein-Robert, Irmgard; Würzburg (Peroratio)
Margreiter, Reinhard; Imst (Mystik: Philosophie)
Mause, Michael; Arnsberg (Panegyrik)
Mentrup, Wolfgang; Mannheim (Orthographie: Def., Neuzeit)
Mergenthaler, Volker; Tübingen (Philosophie: 20. Jh.: Strukturalismus, Diskursanalyse, Dekonstruktion)
Mirhady, David; Burnaby, Kanada (Peitho)
Mojsisch, Burkhard; Bochum (Platonismus)
Moser, Dietz-Rüdiger; München (Narrenliteratur)
Müller, Ralph; Fribourg (Pointe)
Mulsow, Martin; München (Polyhistorie)
Nate, Richard; Essen (Neue, das)
Neumann, Florian; München (Natura; Natura-ars-Dialektik; Pädagogik; Philosophie: Renaissance, Humanismus)
Neumeyer, Martina; Freiburg (Paradoxe, das)
Niemeyer, Katharina; Köln (Poetik: Spanien, Portugal, Iberoamerika)
Nippel, Wilfried; Dannenberg (Politik)
Oesterreich, Peter L.; Neuendettelsau (Phänomenologie; Philosophie: Kant, Deutscher Idealismus, Nietzsche)

Ostrowicz, Philipp; Tübingen (Parallelismus; Parison)
Papcke, Sven; Greven (Political correctness)
Paulsen, Thomas; Bochum (Parlamentsrede: Antike Vorformen; Philippika)
Pekar, Thomas; Dortmund (Öffentlichkeit)
Petrus, Klaus; Bern (Philosophie: Rationalismus, Frühe Aufklärung)
Pietsch, Lutz-Henning; Regensburg (Oratorie)
Pfisterer, Ulrich; Hamburg (Paragone)
Pompe, Hedwig; Hennef (Natürlichkeitsideal)
Raulet, Gérard; Paris (Ornament)
Rechenauer, Georg; München (Musterrede)
Regn, Gerhard; München (Petrarkismus)
Rehbock, Helmut; Wolfenbüttel (Oppositio)
Reinhart, Werner; Mannheim (New Criticism)
Robling, Franz-Hubert; Tübingen (Philosophie: Def., Überleitung Gegenwart)
Roll, Bernhard; Tübingen (Notariatskunst)
Rösler, Wolfgang; Berlin (Poetik: Antike)
Rupp, Michael; Tübingen (Parenthese)
Sabel Bucher, Barbara; Zürich (Poetik: Skandinavien)
Sanders, Willy; Bern (Nominalstil/Verbalstil)
Schanbacher, Dietmar; Dresden (Petitio)
Scheuer, Hans Jürgen; Göttingen (Oxymoron)
Schild, Hans Jochen; Maintal (Parlamentsrede: England, USA)
Schmude, Michael P.; Boppard (Parataxe/Hypotaxe)
Schneider, Jakob H.J.; Tübingen (Philosophie: Christliche Spätantike, MA)
Schouler, Bernard; Nimes (Persona)
Schröder, Bianca-Jeanette; Neuenkirchen (Necessitas)

Seidel, Kurt Otto; Essen (Obscuritas: MA – Gegenwart)
Siebenborn, Elmar; Essen (Orthographie: Antike)
Speyer, Wolfgang; Salzburg (Patristik)
Staab, Gregor; Jena (Polyptoton, Polysyndeton)
Stammkötter, Franz-Bernhard; Bochum (Platonismus)
Stauffer, Hermann; Osnabrück (Polemik)
Steudel-Günther, Andrea; Hannover (Plausibilität)
Stocker, Peter; Bern (Parodie)
Summerell, Orrin F.; Bochum (Platonismus)
Tammen, Silke; Hamburg (Mystik: Bildende Kunst)
Till, Dietmar; Regensburg (Obsecratio; Ominatio; Optatio; Ornatus; Perculsio; Poetik: Def.; Politicus)
Traninger, Anita; Wien (Para-Rhetorik)
Trapp, Erich; Bonn (Orthographie: Byzanz)
Tulli, Mauro; Pisa (Philosophie: Griech. Antike)
Ueding, Gert; Tübingen (Popularphilosophie)
van den Berg, Hubert; Leiderdorp (Pamphlet)
van Zantwijk, Temilo; Jena (Philosophie: Logische Methodenlehre 19. Jh.; 20. Jh.: Hermeneutik)
Vanderbeke, Dirk; Greifswald (Philosophie: 20. Jh.: Wissenschaftstheorie)
Vollmann, Konrad; Eichstätt (Pathos: Frühes Christentum, MA, Renaissance)
Wagner, Tim; Berlin (Peirastik)
Walde, Christine; Basel (Obscuritas: Def., Antike; Officium)
Wehr, Christian; München (Poetik: Frankreich)
Wolf, Thomas; Berlin (Pasquill)
Zinsmaier, Thomas; Tübingen (Mycterismus; Noema)
Zymner, Rüdiger; Wuppertal (Parabel)

Übersetzer

Müller, Jan (J. M., engl.)
Steinrück, Martin (M. St., frz.)
Zinsmaier, Thomas (Th. Z., frz.)

Zur formalen Gestaltung

I. Titel

Angeführt ist das Stichwort – soweit vorhanden – Synonym(e) und fremdsprachige Entsprechungsbegriffe.
In Doppel- und Mehrfachtiteln werden die Stichwörter, wenn sie Gegensätze bezeichnen, durch Schrägstrich, wenn sie einander ergänzen, durch Komma getrennt:

[1] ADVOCATUS DEI/ADVOCATUS DIABOLI
[2] WAHRHEIT, WAHRSCHEINLICHKEIT

Die Anfangsbuchstaben Ä, Ö, Ü (nicht aber Ae, Oe, Ue) der Titelstichwörter werden alphabetisch wie A, O, U behandelt.

II. Text

1. Artikelstruktur

Alle Artikel sind in einen Definitionsteil (**A.**) und einen historischen Teil (**B.**) unterteilt. Innerhalb des historischen Teils kann weiter nach Epochen bzw. Jahrhunderten gegliedert sein (**I./II./III.** usw.).
Bei Stichwörtern, deren historischer Teil kürzer ausfällt, da sie z.B. keine reine chronologische Darstellung erlauben, ist eine Gliederung nach anderen Gesichtspunkten möglich.

Beispiele: **Annonce**
A. Def. – B. Anwendungsbereiche. – C. Historische Entwicklung

Byzantinische Rhetorik
A. Def. – B.I. Antike Vorgeschichte. – II. Theorie und Praxis. – III. Mimesis. – IV. Literarische Gattungen. – V. Zum Verständnis der B. heute.

2. Hervorhebungen, Eigennamen, Begriffe

Fettdruck ist nur für das Stichwort am Anfang des Artikels sowie für die Gliederungsbuchstaben und -ziffern (**A., I.**) am Beginn eines neuen Abschnitts vorgesehen.
Kapitälchen werden nur zur Hervorhebung von Eigennamen verwendet und auch dann nur, wenn diese Eigennamen in einem Gedankengang zum ersten Mal vorkommen.
Nicht in Kapitälchen werden die Verfasser von Untersuchungen zum Gegenstand des Artikels gesetzt.
Kursivierung wird verwendet, um die besondere Bedeutung eines Wortes oder Begriffes im Rahmen der Darstellung hervorzuheben. Kursiv gesetzt sind besonders die lateinischen rhetorischen Begriffe.
Kursive Wörter übernehmen im fortlaufenden Text auch die Funktion von Zwischenüberschriften. Vor allem bei kürzeren Artikeln ohne Inhaltsübersicht (also bei Definitions- und größtenteils Sachartikeln) dient die Kursivierung der Zeit- bzw. Epochenangaben auch zur historisch-chronologischen Gliederung des Artikels.
Bei bekannten Autoren ist nur der Nachname angegeben (GOETHE, HEGEL, GOTTSCHED, NIETZSCHE).
Bei weniger bekannten Autoren und wenn Verwechslungsmöglichkeiten bestehen, wird der Nachname durch die vorangestellten Initialen der Vornamen (T. HEINSIUS, A. MÜLLER, W. SCHLEGEL) ergänzt.
Die Namensschreibung von Autoren der Antike bzw. des Mittelalters richtet sich, sofern keine im allgemeinen Sprachgebrauch eingebürgerte Namensform vorhanden ist (z.B. 'Horaz' für '(Quintus) Horatius (Flacus)'), nach dem Kleinen oder Neuen Pauly bzw. nach dem Lexikon des Mittelalters. Namen von Humanisten werden, sofern sich keine andere Variante eingebürgert hat, in der nationalsprachlichen Form genannt (z.B. 'Poggio', nicht 'Poggius'; aber 'G. I. Vossius' und nicht 'Voß').

Lateinische und griechische Begriffe werden, außer am Satzanfang, klein geschrieben.
Bei der ersten Nennung sind griechische Begriffe in griechischen Buchstaben abgedruckt. Unmittelbar nach dem griechischen Wort steht in Klammern die lateinische Umschrift und eventuell die deutsche Bedeutung.

Beispiel: ὁρισμός (horismós, Definition)

In der Umschrift wird die Betonung stets durch (´) angezeigt.

Beispiel: ῥητορικὴ τέχνη (rhētoriké téchnē)

3. Zitierweise, Anmerkungen

Zitate stehen nur in «doppelten» Anführungszeichen. Für Zitate im Zitat werden "doppelte hochgestellte" Anführungszeichen verwendet.
‹Einfache› Anführungszeichen werden nur für Werktitel sowie Teil- und Kapitelüberschriften von Werken verwendet. Außerdem dienen sie zur Kennzeichnung dafür, daß ein Wort als ‹Begriff› gebraucht wird.
Einfügungen [Erläuterungen] des Autors innerhalb eines Zitates werden in [eckige Klammern] gesetzt. Auslassungen in Zitaten werden durch drei Punkte in eckigen Klammern [...] markiert.
Anmerkungen und Literaturhinweise befinden sich am Ende des Artikels. Bei größeren Artikeln können sie auch längere Unterkapitel abschließen. Wenn sich eine spätere auf eine frühere, nicht unmittelbar vorausgehende Anmerkung bezieht, wird nur der Autor und die Ziffer der früheren Anmerkung angegeben.

Anmerkungen:
1 O. Grepstad: Retorikk på norsk (Oslo 1988) 83–93. – ...
5 Grepstad [1] 204. – ...

Bei Werken, die nicht in der Bundesrepublik oder der ehemaligen DDR erschienen sind, sowie bei Rara vor 1700, Dissertationen und dergl. ist immer der Erscheinungsort angegeben.

4. Abkürzungen

Im laufenden Text werden nur das Titelstichwort und das Wort *Jahrhundert* abgekürzt (Ausnahmen sind allgemeinübliche Abbreviaturen wie z. B., etc., usw.). Die Flexion ist in den Abkürzungen nicht markiert. Für die Abkürzungen im Literatur- und Anmerkungsapparat gilt das nachfolgende Abkürzungsverzeichnis.

5. Übersetzungen

Jedem fremdsprachigen Zitat ist eine Übersetzung angefügt, wenn der Sinn nicht aus dem Kontext hervorgeht. Sofern nicht anders angegeben, stammt die Übersetzung aus den unter III. 1. genannten Ausgaben.
Fremdsprachige Artikel wurden ins Deutsche übertragen. Die Übersetzerkürzel sind mit Schrägstrich dem Autorennamen angefügt (vgl. Übersetzerverzeichnis).

III. Abkürzungen

1. Werke, Werkausgaben und Textsammlungen

Agricola
  Agricola, R., De inventione dialectica (1539)
  Ausg. und Übers.: L. Mundt (Tübingen 1992)
Alcuin.
  Alcuinus, Disputatio de rhetorica et de virtutibus
  Ausg.: The Rhetoric of Alcuin & Charlemagne. A Transl., with an Introduction, the Latin Text and Notes by W. S. Howell (1941; New York 1965)
Anax. Rhet.
  Anaximenes, Ars rhetorica
  Ausg.: Anaximenis Ars rhetorica, quae vulgo fertur Aristotelis ad Alexandrum, ed. M. Fuhrmann (Leipzig 1966)
Arist. EN
  Aristoteles, Ethica Nicomachea
  Übers.: F. Dirlmeier (Darmstadt 1956)
Arist. Poet.
  Aristoteles, De arte poetica
  Ausg. und Übers.: M. Fuhrmann (Stuttgart 1982)
Arist. Pol.
  Aristoteles, Politica
  Übers.: E. Schütrumpf (Darmstadt 1991–96)
Arist. Rhet.
  Aristoteles, Ars rhetorica
  Übers.: F. G. Sieveke (München [4]1993)
Arist. Soph. el.
  Aristoteles, Sophistici elenchi
Arist. Top.
  Aristoteles, Topica
Auct. ad Her.
  Auctor ad Herennium
  Ausg. und Übers.: Rhetorica ad Herennium, lat.-dt., hg. u. übers. von Th. Nüßlein (Zürich/München/Darmstadt 1994)
Aug. Doctr.
  Augustinus, De doctrina christiana
  Ausg.: CChr. SL XXXII (1962) 1–167
  Übers.: Vier Bücher über die christliche Lehre, aus dem Lat. übers. und m. Einl. vers. von S. Mitterer (= BKV, Bd. 49, München [2]1925)
Beda
  Beda Venerabilis, De arte metrica et De schematibus et tropis
  Ausg.: CChr. SL CXXIII A (1975) 59–171
BKV
  Bibliothek der Kirchenväter. Eine Auswahl patristischer Werke in dt. Übers., hg. v. O. Bardenhewer u.a. (Kempten/München 1911–31)
Boileau
  Boileau-Despréaux, N.: Art poétique (1674)
  Ausg.: A. Buck (München 1970)
Cassiod. Inst.
  Magnus Aurelius Cassiodorus, Institutiones divinarum et saecularium litterarum
  Ausg.: R. A. B. Mynors (Oxford [2]1961)
CChr.
  Corpus Christianorum (Turnhout)
CChr. CM
  – Continuatio mediaevalis (1971 ff.)
CChr. SG
  – Series Graeca (1977 ff.)
CChr. SL
  – Series Latina (1954 ff.)
Charland
  Charland, T. M. (Hg.): Artes Praedicandi. Contribution à l'histoire de la rhétorique au moyen âge (Paris/Ottawa 1936)
Cic. Brut.
  Cicero, Brutus
  Ausg. und Übers.: B. Kytzler (München [4]1990)
Cic. De or.
  Cicero, De oratore
  Ausg. und Übers.: H. Merklin (Stuttgart [2]1986)
Cic. Inv.
  Cicero, De inventione
  Ausg.: De inventione. De optimo genere oratorum. Hg. und übers. von Th. Nüßlein (Düsseldorf/Zürich 1998)
Cic. Or.
  Cicero, Orator
  Ausg. und Übers.: B. Kytzler (Darmstadt [3]1988)
Cic. Part.
  Cicero, Partitiones oratoriae
  Ausg. und Übers.: K. und G. Bayer (München/Zürich 1994)
Cic. Top.
  Cicero, Topica
  Ausg. und Übers.: K. Bayer (München 1993)
CSEL
  Corpus Scriptorum Ecclesiasticorum Latinorum (Wien 1866 ff.)

Dion.Hal.Comp.
: Dionysios von Halikarnassos De compositione verborum
Ausg.: Denys d'Halicarnasse: Opuscules rhétoriques, Tome III, ed. G. Aujac, M. Lebel (Paris 1981)

Dion. Hal. Or. vet.
: Dionysios von Halikarnassos, De oratoribus veteribus
Ausg.: Denys d'Halicarnasse: Opuscules rhétoriques, Tome I, ed. G. Aujac, M. Lebel (Paris 1978)

Erasmus Ciceron.
: Erasmus von Rotterdam, Dialogus cui titulus Ciceronianus sive De optimo dicendi genere
Ausg.: P. Mesnard, in: Opera omnia Desiderii Erasmi Roterodami I-2 (Amsterdam 1971) 581–710

Erasmus Copia
: Erasmus von Rotterdam, De duplici copia verborum ac rerum
Ausg.: B. J. Knott, in: Opera omnia Desiderii Erasmi Roterodami I-6 (Amsterdam 1988)

Erasmus Conscr. ep.
: Erasmus von Rotterdam, De conscribendis epistolis
Ausg.: J.-C. Margolin, in: Opera omnia Desiderii Erasmi Roterodami I-2 (Amsterdam 1971) 153–579

Erasmus Eccl.
: Erasmus von Rotterdam, Ecclesiastes sive de ratione concionandi
Ausg.: J. Chomarat, in: Opera omnia Desiderii Erasmi Roterodami V-4/5 (Amsterdam/London/New York/Tokyo 1991–94)

Fabricius
: Fabricius, J. A.: Philosophische Oratorie (Leipzig 1724; ND Kronberg, Ts. 1974)

Faral
: Faral, E. (Ed.): Les arts poétiques du XIIe et du XIIIe siècle. Recherches et documents sur la technique littéraire du moyen âge (Paris 1924; ND Genf/Paris 1982)

FDS
: Die Fragmente zur Dialektik der Stoiker. Neue Sammlung der Texte mit dt. Übers. und Kommentaren von K. Hülser, 4 Bde. (Stuttgart-Bad Cannstatt 1987/88)

Fortun. Rhet.
: Fortunatianus, Ars rhetorica
Ausg.: L. Calboli Montefusco (Bologna 1979)

Galfrid
: Galfrid von Vinsauf, Poetria nova
Ausg.: E. Gallo (Den Haag/Paris 1971)

Gorgias
: Gorgias von Leontinoi
Ausg. und Übers.: Gorgias von Leontinoi: Reden, Fragmente und Testimonien, hg. von Th. Buchheim (Hamburg 1989)

Gottsched Redek.
: Gottsched, J. Chr.: Ausführliche Redekunst (Leipzig 1736; ND Hildesheim/New York 1973)

Gottsched Dichtk.
: Gottsched, J. Chr.: Versuch einer Critischen Dichtkunst (Leipzig 1730; ^{4}1751; ND Darmstadt 1962)

Gramm. Graec.
: Grammatici Graeci, edd. R. Schneider, G. Uhlig et al., 4 Teile in 11 Bdn. (Leipzig 1878–1910)

Gramm. Lat.
: Grammatici Latini, ed. H. Keil, 8 Bde. (Leipzig 1855–80; ND Hildesheim 1961)

Hallbauer Orat.
: Hallbauer, F. A.: Anweisung zur Verbesserten Teutschen Oratorie (Jena 1725; ND Kronberg, Ts. 1974)

Hallbauer Polit. Bered.
: Hallbauer, F. A.: Anleitung zur Politischen Beredsamkeit (Jena und Leipzig 1736; ND Kronberg, Ts. 1974)

Hermagoras
: Hermagoras von Temnos
Ausg.: Testimonia et Fragmenta, hg. v. D. Matthes (Leipzig 1962)

Hermog. Id.
: Hermogenes, De ideis

Hermog. Inv.
: Hermogenes, De inventione

Hermog. Prog.
: Hermogenes, Progymnasmata
Ausg.: Rhet. Graec. Sp. – H., Bd. 6, ed. H. Rabe (Leipzig 1913; ND Stuttgart 1969) 1–27

Hermog. Stat.
: Hermogenes, De statibus
Ausg.: Rhet. Graec. Sp. – H., Bd. 6, ed. H. Rabe (Leipzig 1913; ND Stuttgart 1969) 28–92

Hor. Ars
: Horaz, Ars Poetica
Ausg. und Übers.: E. Schäfer (Stuttgart ^{3}1989)

Isid. Etym.
: Isidor von Sevilla, Etymologiae
Ausg.: W. M. Lindsay (Oxford 1911; ^{9}1991)

Isocr. Or.
: Isocrates, Orationes
Übers.: Isokrates. Sämtliche Werke. Übers. v. C. Ley-Hutton. Eingel. und erl. von K. Brodersen (Stuttgart 1993)

Iul. Vict.
: C. Iulius Victor, Ars rhetorica
Ausg.: R. Giomini, M. S. Celentano (Leipzig 1980)

Joh. v. Garl.
: Johannes von Garlandia, De arte prosayca, metrica et rithmica
Ausg.: T. Lawler: The Parisiana Poetria of John of Garland (New Haven/London 1974)

Joh. v. Sal.
: Johannes von Salisbury, Metalogicus
Ausg.: C. C. J. Webb (Oxford 1929)

Kant KU
: Kant, I.: Kritik der Urteilskraft (1790, ^{2}1793)

Lamy
: Lamy, B.: De l'art de parler. Kunst zu reden (Paris ^{2}1676; dt. 1753)
Ausg.: E. Ruhe (München 1980)

Mart. Cap.
: Martianus Capella, De nuptiis Philologiae et Mercurii
Ausg.: J. Willis (Leipzig 1983)

Matth. v. Vend.
: Matthaeus von Vendôme, Ars versificatoria
Ausg.: Opera, hg. von F. Munari, Bd. 3 (Rom 1988)

Melanchthon
: Melanchthon, Ph., Elementa rhetorices (1531)
Ausg.: Corpus Reformatorum XIII, ed C. G. Bretschneider (1846) Sp. 417–506 (ND in: J Knape: Philipp Melanchthons ›Rhetorik‹, Tübingen 1993, 121–165)

Menander
: Menander Rhetor
Ausg.: D. A. Russell, N. G. Wilson (Oxford 1981)

Meyfart
: Meyfart, J.: Teutsche Rhetorica oder Redekunst (Coburg 1634; ND Tübingen 1977)

MG
: Migne, J.P. (Ed.): Patrologiae cursus completus, Series Graeca 1–167 (mit lat. Übers.) (Paris 1857–1866)

MGH Poet.
: Poetae Latini medii aevi = Die lateinischen Dichter des deutschen Mittelalters / Monumenta Germaniae Historica (Berlin/Weimar/München 1880ff.)

ML
: Migne, J.P. (Ed.): Patrologiae cursus completus, Series Latina 1–217 (218–221 Indices) (Paris 1841–1864) nebst Suppl. 1–5 (Paris 1958–1974)

Opitz
: Opitz, M.: Buch von der deutschen Poeterey (1624)
Ausg.: G. Schulz-Behrend, in: GW., Bd. 2, 1 (Stuttgart 1978)

Peacham
: Peacham, H.: The Garden of Eloquence (London 1577, [2]1593); B.-M. Koll: Henry Peachams "The Garden of Eloquence" (1593), Hist.-kritische Einl., Transkription und Kommentar (Frankfurt 1996)

Plat. Gorg.
: Platon, Gorgias

Plat. Phaidr.
: Platon, Phaidros

Plat. Pol.
: Platon, Politeia

Ps.-Aug. Rhet.
: Pseudo-Augustinus, De rhetorica liber
Ausg.: Rhet. Lat. min., p. 135–151

Ps.-Demetr. Eloc.
: Pseudo-Demetrios, De elocutione
Ausg.: P. Chiron (Paris 1993)

Ps.-Long. Subl.
: Pseudo-Longinos, De sublimitate
Ausg. und Übers.: R. Brandt (Darmstadt 1966)

Quint.
: Quintilian, Institutio oratoria
Ausg. und Übers.: H. Rahn, 2 Bde. (Darmstadt [3]1995)

Radermacher
: Radermacher, L. (Ed.): Artium scriptores (Reste der voraristotelischen Rhetorik) (Wien 1951)

Ramus
: Petrus Ramus, Scholae in liberales artes (Basel 1569; ND Hildesheim/New York 1970)

Rhet. Graec. Sp.
: Rhetores Graeci, ed. L. Spengel, 3 Bde. (Leipzig 1853–1856; ND Frankfurt/M. 1966)

Rhet. Graec. Sp. – H.
: Rhetores Graeci ex recog. L. Spengel, ed. C. Hammer, vol. I, pars II (Leipzig 1894)

Rhet. Graec. W.
: Rhetores Graeci, ed. C. Walz, 9 Bde. (Stuttgart/Tübingen 1832–1836; ND Osnabrück 1968)

Rhet. Lat. min.
: Rhetores Latini minores, ed. C. Halm (Leipzig 1863; ND Frankfurt/M. 1964)

Rockinger
: Rockinger, L. (Hg.): Briefsteller und Formelbücher des 11. bis 14. Jh. (München 1863–64; ND Aalen 1969)

SC
: Sources chrétiennes (Paris 1942–82)

Scaliger
: Scaliger, J.C.: Poetices libri septem (1561)
Ausg. und Übers.: L. Deitz und G. Vogt-Spira, unter Mitwirkung von M. Fuhrmann (Stuttgart 1994ff.)

Sen. Contr.
: Seneca d. Ä., Controversiae
Ausg.: M. Winterbottom, 2 Bde. (Cambridge, Mass./London 1974)

Sen. Suas.
: Seneca d. Ä., Suasoriae
Ausg.: M. Winterbottom, 2 Bde. (Cambridge, Mass./London 1974)

Soarez
: Soarez, C.: De arte rhetorica libri tres: ex Aristotele, Cicerone et Quinctiliano praecipue deprompti (Köln 1577)

Sulp. Vict.
: Sulpicius Victor, Institutiones oratoriae
Ausg.: Rhet. Lat. min., p. 311–352

Sulzer
: Sulzer, J.G.: Allgemeine Theorie der schönen Künste, 4 Bde. und ein Registerbd. (1792–94 [1771]; ND Hildesheim 1967–1970)

SVF
: Stoicorum veterum fragmenta collegit I. ab Arnim, 4 Bde. (Leipzig [2]1921–1923)

Tac. Dial.
: Tacitus, Dialogus de oratoribus
Übers.: K. Büchner (Stuttgart [3]1985)

Verg. Aen.
: Vergil, Aeneis
Ausg. und Übers.: J. u. M. Götte (Zürich/München [6]1983)

Vico Inst. or.
: Vico, G.: Institutiones oratoriae (1741)
Ausg.: G. Crifò (Neapel 1989)

Vico Stud.
: Vico, G.: De nostri temporis studiorum ratione
Ausg. und Übers.: W. F. Otto (Godesberg 1947; ND Darmstadt 1984)

Vives
: Vives, J.L.: De ratione dicendi
Ausg. und Übers.: A. Ott (Marburg 1993)

Vossius
: Vossius, G.J.: Commentariorum rhetoricorum, sive Oratoriarum institutionum libri sex (Leiden [3]1630; ND Kronberg, Ts. 1974)

VS
: Diels, H.; Kranz, W. (Hg.): Die Fragmente der Vorsokratiker, griech.-dt., 3 Bde. (Berlin [6]1951f.; ND 1985–1993)

Weise 1
: Weise, Chr.: Politischer Redner (Leipzig 1677, [3]1683; ND Kronberg, Ts. 1974)

Weise 2
: Ders.: Neu-Erleuterter Politischer Redner (Leipzig 1684; ND Kronberg, Ts. 1974)

Wilson
: Wilson, T.: Arte of Rhetorique (1553)
Ausg.: T.J. Derrick: The Renaissance Imagination, Bd. 1 (New York/London 1982) [= Krit. Ausg. (Typoskr.) mit Komm. Grundlage: 1553, mit Erweiterungen der Ausg. 1560]

2. Lexika

Alsted
: Alsted, J.H.: Encyclopaedia septem tomis distincta, 4 Bde. (Herborn 1630; ND Stuttgart-Bad Cannstatt 1989–1990)

Diderot Encycl.
: Encyclopédie ou Dictionnaire raisonné des sciences, des arts et des métiers. Mis en ordre et publié par D. Diderot (Paris 1751–80; ND Stuttgart 1966–67)

DNP
: Der Neue Pauly. Enzyklopädie der Antike, hg. von H. Cancik und H. Schneider (Stuttgart 1996ff.)

Dupriez
: Dupriez, B.: Gradus. Les procédés littéraires (Paris 1984)

EPW
: Enzyklopädie Philosophie und Wissenschaftstheorie, hg. von J. Mittelstraß (Mannheim/Wien/Zürich 1980–84; ab Bd. 3 Stuttgart/Weimar 1995–96)

Ernesti Graec.
: Ernesti, I. Chr. Th.: Lexicon Technologiae Graecorum Rhetoricae (1795; ND Hildesheim ²1983)

Ernesti Lat.
: Ernesti, I. Chr. Th.: Lexicon Technologiae Latinorum Rhetoricae (1797; ND Hildesheim ²1983)

Fontanier
: Fontanier, P.: Les Figures du Discours (1821–1830), ed. G. Genette (Paris 1977)

Grimm
: Grimm, J. u. W.: Deutsches Wörterbuch (Leipzig 1854–1971; ND München 1984; Neubearbeitung Leipzig ²1983ff.)

HMT
: Handwörterbuch der musikalischen Terminologie, hg. v. H. H. Eggebrecht, Loseblattausg. (1. Lieferung: Wiesbaden 1972ff.)

HWPh
: Historisches Wörterbuch der Philosophie, hg. von J. Ritter und K. Gründer (Darmstadt 1971ff.)

HWRh
: Historisches Wörterbuch der Rhetorik, hg. von G. Ueding (Tübingen 1992ff.)

KlP
: Der Kleine Pauly. Lexikon der Antike, hg. von K. Ziegler, 5 Bde. (München 1964–75; ND 1979)

Lanham
: Lanham, R. A.: A Handlist of Rhetorical Terms: A Guide for Students of English Literature (Berkeley/Los Angeles/Oxford ²1991)

LAW
: Lexikon der Alten Welt, hg. von C. Andresen u. a. (Zürich/Stuttgart 1965; ND Stuttgart 1990)

LDK
: Lexikon der Kunst: Architektur, Bildende Kunst, Angewandte Kunst, Industrieformgestaltung, Kunsttheorie, hg. von H. Olbrich u. a. (Leipzig 1987–1994; Neubearbeitung München 1996)

LGL²
: Lexikon der germanistischen Linguistik, hg. von H. P. Althaus, H. Henne und H. E. Weigand (Tübingen ²1980)

LMA
: Lexikon des Mittelalters (München/Zürich 1980ff.)

LThK², LThK³
: Lexikon für Theologie und Kirche, hg von J. Höfer und K. Rahner (Freiburg ²1957–1965). Neubearb. und hg. von W. Kasper u. a. (Freiburg ³1993ff.)

LRL
: Lexikon der romanistischen Linguistik, hg. von G. Holtus, M. Metzeltin und C. Schmitt (Tübingen 1988ff.)

LSJ
: Liddell, H. G.; Scott, R.; Jones, H. S.: A Greek-English Lexicon (Oxford 1843; ⁹1940) mit neuem Supplementbd. (1996)

Morier
: Morier, H.: Dictionnaire de Poétique et de Rhétorique (Paris ⁴1989)

MGG, MGG²
: Die Musik in Geschichte und Gegenwart, hg. von F. Blume (Kassel/Basel 1949–86). Neubearb. und hg. von L. Finscher (Kassel/Stuttgart ²1994ff.)

Preminger
: Preminger, A.; Brogan, T. V. F. et al.: The New Princeton Encyclopedia of Poetry and Poetics (Princeton, N.J. 1993)

RAC
: Reallexikon für Antike und Christentum, hg. von T. Klauser, E. Dassmann u. a. (Stuttgart 1950ff.)

RDK
: Reallexikon zur deutschen Kunstgeschichte, hg. von O. Schmitt, fortgeführt von E. Gall, ab Bd. 6 hg. vom Zentralinstitut für Kunstgeschichte München (Stuttgart 1937–1973; ab Bd. 6: München 1981ff.)

RDL², RDL³
: Reallexikon der deutschen Literaturgeschichte, hg. von W. Kohlschmidt, W. Mohr u. a. (Berlin ²1958–1984). Reallexikon der deutschen Literaturwissenschaft, neubearb. und hg. von K. Weimar, K. Grubmüller, J.-D. Müller u. a. (Berlin ³1997ff.)

RE
: Paulys Realencyclopädie der classischen Altertumswissenschaft. Neubearb. und hg. von G. Wissowa, W. Kroll u. a. Reihe 1.2. [nebst] Suppl. 1–15 (Stuttgart 1893–1980)

RGG⁴
: Die Religion in Geschichte und Gegenwart. Handwtb. für Theologie und Religionswissenschaft, hg. von K. Galling (Tübingen ³1957–65; ND Tübingen 1986); 4. völlig neu bearb. Aufl., hg. von H. D. Betz et al. (Tübingen 1998ff.)

Schulz
: Schulz, H. u. a.: Deutsches Fremdwörterbuch (Bd. 1: Straßburg 1913, ab Bd. 2: Berlin 1942–88)

TRE
: Theologische Realenzyklopädie, hg. von G. Krause und G. Müller (Berlin/New York 1976ff.)

ThLL
: Thesaurus Linguae Latinae (Leipzig 1900ff.)

VerfLex²
: Die Deutsche Literatur des Mittelalters. Verfasser-Lexikon, begr. von W. Stammler (²1978ff.)

Zedler
: Großes vollständiges Universal-Lexicon aller Wissenschaften und Künste, hg. von J. H. Zedler (Halle 1732–1754; ND Graz 1961)

3. Monographien und Handbücher

ANRW
: Aufstieg und Niedergang der römischen Welt, hg. von H. Temporini und W. Haase, Bd. 1, 2ff. (Berlin/New York 1972ff.)

Arbusow
: Arbusow, L.: Colores rhetorici: Eine Auswahl rhetorischer Figuren und Gemeinplätze als Hilfsmittel für

akademische Übungen an mittelalterl. Texten, hg. von H. Peter (Göttingen ²1963)
Baldwin
Baldwin, C.S.: Medieval Rhetoric and Poetic (to 1400) Interpreted from Representative Works (New York 1928; ND Gloucester, Mass. 1959)
Barner
Barner, W.: Barockrhetorik. Untersuchungen zu ihren geschichtlichen Grundlagen (Tübingen 1970)
Blass
Blass, F.: Die Attische Beredsamkeit, 4 Bde., I.–III. Abt. (1868; ND Hildesheim 1962)
Borinski
Borinski, K.: Die Antike in Poetik und Kunsttheorie vom Ausgang des klassischen Altertums bis auf Goethe und W. v. Humboldt, 2 Bde. Das Erbe der Alten, Hefte IX–X (1914–1924; ND 1965)
Conley
Conley, Th. M.: Rhetoric in the European Tradition (Chicago/London 1994)
Curtius
Curtius, E. R.: Europäische Literatur und lateinisches Mittelalter (Bern/München ¹¹1993)
Dockhorn
Dockhorn, K.: Macht und Wirkung der Rhetorik: Vier Aufsätze zur Ideengeschichte der Vormoderne (Bad Homburg/Berlin/Zürich 1968)
Dubois
Dubois, J. et al.: Allgemeine Rhetorik (1974; Orig.: Rhétorique générale, Paris 1970)
Dyck
Dyck, J.: Ticht-Kunst. Deutsche Barockpoetik und rhetorische Tradition (Tübingen ³1991)
Fuhrmann Rhet.
Fuhrmann, M.: Die antike Rhetorik. Eine Einführung (München/Zürich ⁴1995)
Fuhrmann Dicht.
Fuhrmann, M.: Dichtungstheorie der Antike. Aristoteles – Horaz – ‹Longin› (2. überarb. u. veränd. Aufl. Darmstadt 1992)
Hunger
Hunger, H.: Die hochsprachliche profane Literatur der Byzantiner, 2 Bde. (München 1978)
Jäger
Jäger, W.: Paideia. Die Formung des griechischen Menschen (1933–47; ND Berlin ²1989)
Kennedy Gr.
Kennedy, G. A.: The Art of Persuasion in Greece (Princeton, N.J. 1963) (= A History of Rhetoric, Bd. 1)
Kennedy Rom.
Kennedy, G. A.: The Art of Rhetoric in the Roman World: 300 B.C.–A.D. 300 (Princeton, N.J. 1972) (= A History of Rhetoric, Bd. 2)
Kennedy Christ.
Kennedy, G. A.: Greek Rhetoric under Christian Emperors (Princeton, N.J. 1983) (= A History of Rhetoric, Bd. 3)
Lausberg Hb.
Lausberg, H.: Handbuch der literarischen Rhetorik. Eine Grundlegung der Literaturwissenschaft (Stuttgart ³1990)
Lausberg El.
Lausberg, H.: Elemente der literarischen Rhetorik. Eine Einführung für Studierende der klassischen, romanischen, englischen und deutschen Philologie (München ¹⁰1990)

Marrou
Marrou, H.-I.: Geschichte der Erziehung im klassischen Altertum (Paris 1948; dt.: Freiburg/München 1957)
Martin
Martin, J.: Antike Rhetorik. Technik und Methode (München 1974) (= Hb. der Altertumswiss. 2,3)
Mortara Garavelli
Mortara Garavelli, B.: Manuale di retorica (Mailand 1989)
Murphy RM
Murphy, J. J.: Rhetoric in the Middle Ages (Berkeley/Los Angeles/London 1974)
Murphy ME
Murphy, J. J. (ed): Medieval Eloquence (Berkeley/Los Angeles/London 1978)
Murphy RE
Murphy, J. J. (ed): Renaissance Eloquence (Berkeley/Los Angeles/London 1983)
Norden
Norden, E.: Die antike Kunstprosa vom 6. Jh. v.Chr. bis in die Zeit der Renaissance, 2 Bde. (Leipzig 1898; ND Darmstadt ⁶1961)
Perelman
Perelman, Ch.; Olbrechts-Tyteca, L.: Traité de l'Argumentation. La nouvelle rhétorique (Brüssel ³1976)
Plett
Plett, H. F. (Hg.): Renaissance-Rhetorik/Renaissance Rhetoric (Berlin/New York 1993)
Ueding/Steinbrink
Ueding, G.; Steinbrink, B.: Grundriß der Rhetorik. Geschichte, Technik, Methode (Stuttgart ³1994)
Volkmann
Volkmann, R.: Die Rhetorik der Griechen und Römer in systemat. Übersicht (Leipzig ²1885; ND Hildesheim/Zürich/New York 1987)

4. Periodika

AAA
Arbeiten aus Anglistik und Amerikanistik, Tübingen
ABG
Archiv für Begriffsgeschichte, Bonn
AGPh
Archiv für Geschichte der Philosophie, Berlin
AJPh
American Journal of Philology, Baltimore
AL
American Literature, Duke University Press
ALLG
Archiv für lateinische Lexikographie und Grammatik, Leipzig
Angl
Anglia. Zeitschrift für englische Philologie, Tübingen
Antike
Die Antike. Zeitschrift für Kunst und Kultur des klassischen Altertums, Berlin
Arg
Argumentation, Dordrecht
AS
American Speech. A Quarterly of Linguistic Usage, University of Alabama Press
ASNSL
Archiv für das Studium der neueren Sprachen und Literaturen, Berlin

AuA
: Antike und Abendland, Hamburg
BGDSL
: Beiträge zur Geschichte der deutschen Sprache und Literatur, Tübingen
BRPh
: Beiträge zur romanischen Philologie, Berlin
Cel
: Communication et langages, Paris
CeM
: Classica et Mediaevalia, Copenhagen
ClPh
: Classical Philology, Chicago
CM
: Communication Monographs, Annandale, Virg.
Com.
: Communications, Paris
Commu
: Communications. The European Journal of Communication Research, Berlin
CQ
: Communication Quarterly. A Publication of the Eastern Communication Association Buckhannon, Virg.
Daphnis
: Daphnis. Zeitschrift für Mittlere Deutsche Literatur, Amsterdam
DS
: Deutsche Sprache, Berlin/Bielefeld/München
DU
: Der Deutschunterricht. Beiträge zu seiner Praxis und wissenschaftlichen Grundlegung, Seelze/Stuttgart
DVjs
: Deutsche Vierteljahresschrift für Literaturwissenschaft und Geistesgeschichte, Stuttgart/Weimar
Euph
: Euphorion. Zeitschrift für Literaturgeschichte, Heidelberg
Fol
: Folia linguistica. Acta Societatis Linguisticae Europaeae, Berlin
GGA
: Göttingische Gelehrte Anzeigen, Göttingen
Glotta
: Glotta. Zeitschrift für griechische und lateinische Sprache, Göttingen
GRM
: Germanisch-Romanische Monatsschrift, Heidelberg
HL
: Historiographia Linguistica. International journal for the history of the language sciences, Amsterdam/Philadelphia
IASL
: Internationales Archiv für Sozialgeschichte der deutschen Literatur, Tübingen
IdS
: Forschungsberichte des Instituts für deutsche Sprache, Mannheim
IJSL
: International Journal of the Sociology of Language, The Hague
JbAC
: Jahrbuch für Antike und Christentum, Münster
JbIG
: Jahrbuch für Internationale Germanistik, Bern, Frankfurt, New York

JPr
: Journal of Pragmatics. An Interdisciplinary Monthly of Language Studies, Amsterdam
LBibl
: Linguistica Biblica. Interdisziplinäre Zeitschrift für Theologie und Linguistik, Bonn
LF
: Langue Francaise, Paris
LPh
: Linguistics and Philosophy, Dordrecht
Ling
: La Linguistique. Revue de la société internationale de linguistique fonctionnelle, Paris
LiS
: Language in Society, Cambridge University Press
LiLi
: Zeitschrift für Literaturwissenschaft und Linguistik, Stuttgart
LS
: Langage et société, Paris
Mind
: Mind. A Quarterly Review of Philosophy, Oxford University Press
MlatJb
: Mittellateinisches Jahrbuch, Stuttgart
MS
: Mediaeval studies. Pontifical Institute of Mediaeval Studies, Toronto
Mu
: Muttersprache. Vierteljahresschrift für deutsche Sprache, Wiesbaden
NPhM
: Neuphilologische Mitteilungen, Helsinki
PhR
: Philosophische Rundschau. Vierteljahresschrift für philosophische Kritik, Tübingen
PaR
: Philosophy and Rhetoric, Pennsylvania State University Press
Poetica
: Poetica. Zeitschrift für Sprach- und Literaturwissenschaft, München
Poetics
: Poetics. Journal of Empirical Research on Literature, The Media and the Arts, Amsterdam
Poétique
: Poétique, Paris
Publ
: Publizistik. Vierteljahresschrift für Kommunikationsforschung, Wiesbaden
RF
: Romanische Forschungen. Vierteljahresschrift für romanische Sprachen und Literaturen, Frankfurt
Rhetorica
: Rhetorica. A Journal of the History of Rhetoric, University of California Press
Rhetorik
: Rhetorik. Ein internationales Jahrbuch, Tübingen
RJb
: Romanistisches Jahrbuch, Berlin/New York
RSQ
: Rhetoric Society Quarterly, Pennsylvania State University Press
SC
: Speech Communication, Amsterdam
SdF
: Studi di filologia italiana, Firenze

Sem
: Semiotica. Journal of the International Association for Semiotic Studies, Berlin/New York
SiPh
: Studies in Philology, Chapel Hill
StL
: Studium Linguistik, Kronberg, Ts.
SuL
: Sprache und Literatur in Wissenschaft und Unterricht, Paderborn/München
SuS
: Sprache und Sprechen, München/Basel
WJS
: Western Journal of Speech Communication, Portland
Word
: Word. Journal of the International Linguistic Association, New York
WW
: Wirkendes Wort. Deutsche Sprache und Literatur in Forschung und Lehre, Düsseldorf
ZDA
: Zeitschrift für deutsches Altertum und deutsche Literatur, Stuttgart
ZDPh
: Zeitschrift für deutsche Philologie, Berlin
ZDS
: Zeitschrift für Deutsche Sprache, Berlin
ZfG
: Zeitschrift für Germanistik, Bern
ZfphF
: Zeitschrift für philosophische Forschung, Frankf./M.
ZGL
: Zeitschrift für germanistische Linguistik, Berlin
ZPSK
: Zeitschrift für Phonetik, Sprachwissenschaft und Kommunikationsforschung, Berlin
ZRPh
: Zeitschrift für romanische Philologie, Tübingen
ZS
: Zeitschrift für Sprachwissenschaft, Göttingen
ZThK
: Zeitschrift für Theologie und Kirche, Tübingen

5. Häufig verwendete Abkürzungen

Abh.	Abhandlung(en)
Abschn.	Abschnitt
Abt.	Abteilung
adv.	adversus
ästhet.	ästhetisch
ahd.	althochdeutsch
Akad., akad.	Akademie, akademisch
allg.	allgemein
alttest.	alttestamentlich
amerik.	amerikanisch
Amer.	American
Anal.	Analyse, Analytica
angels.	angelsächsisch
Anm.	Anmerkung(en)
Anon.	Anonymus
Anthropol., anthropol.	Anthropologie, anthropologisch
Anz.	Anzeiger
Arch.	Archiv
Art.	Artikel
Ass.	Association
AT	Altes Testament
Aufl.	Auflage
Ausg.	Ausgabe
ausg. Schr.	ausgewählte Schriften
B.	Buch
Bd.	Band
Bed.	Bedeutung
Beih.	Beiheft
Ber.	Bericht
bes.	besonders
Bespr.	Besprechung
Bez.	Bezeichnung
Bibl.	Bibliothek
Bibliogr., bibliogr.	Bibliographie, bibliographisch
bild. Kunst	bildende Kunst
Biogr., biogr.	Biographie, biographisch
Bl., Bll.	Blatt, Blätter
Br.	Briefe
byzant.	byzantinisch
c.	caput, capitulum
chin.	chinesisch
conc.	concerning
corp.	corpus
C.R.	Comte(s) rendu(s)
Darst.	Darstellung
Dial., dial.	Dialektik, dialektisch
dicht.	dichterisch
Dict.	Dictionnaire, Dictionary
Diss.	Dissertatio(n)
dt.	deutsch
ebd.	ebenda
Ed., ed.	Editio, Editor, editit
ehem.	ehemalig
Einf.	Einführung
Einl.	Einleitung
eingel.	eingeleitet
engl.	englisch
Enzyklop., enzyklop.	Enzyklopädie, enzyklopädisch
Ep.	Epistula(e)
Erg. Bd.	Ergänzungsband
erl.	erläutert
etym.	etymologisch
ev.	evangelisch
fol.	folio
Frg.	Fragment
frz.	französisch
FS	Festschrift für ...
G.	Giornale
gen.	genannt
gén.	général(e)
german.	germanisch
germanist.	germanistisch
Gesamm. Schr.	Gesammelte Schriften
Ges.	Gesellschaft
Gesch., gesch.	Geschichte, geschichtlich
griech.	griechisch
GW.	Gesammelte Werke

Abkürzungen

H.	Heft
Hb.	Handbuch
hebr.	hebräisch
Hg., hg.	herausgeber, herausgegeben
hist.	historisch
Hs., Hss.	Handschrift, Handschriften
idg.	indogermanisch
int.	international
Introd.	Introductio(n)
interpr.	interpretiert
ital.	italienisch
J.	Journal(e)
Jb.	Jahrbuch
Jg.	Jahrgang
Jh.	Jahrhundert
Kap.	Kapitel
kath.	katholisch
Kl.	Klasse
klass.	klassisch
krit.	kritisch
lat.	lateinisch
Lex.	Lexikon
lib.	Liber
ling.	Lingua
Lit., lit.	Literatur, literarisch
Lit.gesch.	Literaturgeschichte
MA, ma	Mittelalter
Med(it).	Meditationes
Met.	Metaphysik
Mh.	Monatshefte
mhd.	mittelhochdeutsch
Mitt.	Mitteilungen
mittelalterl.	mittelalterlich
mlat.	mittellateinisch
Ms., Mss.	Manuskript, Manuskripte
Msch., msch	Maschinenschrift, maschinenschriftlich
Mus.	Museum
nat.	national
ND	Nachdruck
NF	Neue Folge
nhd.	neuhochdeutsch
nlat.	neulateinisch
NT	Neues Testament
p.	pagina
Päd., päd.	Pädagogik, pädagogisch
Philol., philol.	Philologie, philologisch
Philos., philos.	Philosophie, philosophisch
post.	posteriora
pr.	priora
Pr.	Predigt
prakt.	praktisch
Proc.	Proceedings
Prol.	Prolegomena
Prooem.	Prooemium
prot.	protestantisch
Ps	Psalm
Psychol., psychol.	Psychologie, psychologisch
publ.	publiziert
quart.	quarterly
quodl.	quodlibetalis, quodlibetum
r.	recto (fol. 2r = Blatt 2. Vorderseite
Rdsch.	Rundschau
Red.	Redaktion
red.	redigiert
Reg.	Register
Rel.	Religion
Rev.	Revue
Rez.	Rezension
Rhet., rhet.	Rhetorik, rhetorisch
russ.	russisch
S.	Seite
Sber.	Sitzungsbericht(e)
Schr.	Schrift(en)
Sci.	Science(s)
Slg., Slgg.	Sammlung(en)
Soc.	Sociéte, Society
Soziol., soziol.	Soziologie, soziologisch
Sp.	Spalte
span.	spanisch
Sprachwiss.	Sprachwissenschaft
Stud.	Studie(n)
Suppl.	Supplement (um)
s.v.	sub voce
systemat.	systematisch
T	Teil
Theo., theol.	Theologie, theologisch
Trad., trad.	Tradition, traditionell
u.a.	und andere
UB	Universitätsbibliothek
Übers., übers.	Übersetzung, übersetzt
übertr.	übertragen
Univ.	Universität
Unters.	Untersuchung(en)
v.	verso (fol. 2v = Blatt 2. Rückseite)
Verh.	Verhandlungen
Vjschr.	Vierteljahresschrift
Vol.	Volumen
Vorles.	Vorlesung
WA	Weimarer Ausgabe
Wtb.	Wörterbuch
Wiss., wiss.	Wissenschaft(en), wissenschaftlich
Wschr.	Wochenschrift
Z.	Zeile
zit.	zitiert nach
Zs.	Zeitschrift(en)
Ztg.	Zeitung(en)

Corrigenda

In den folgenden Spalten muß es richtig heißen:

I. Band 5
- 23 3. Zeile v.u.: beste, unfähig, etwas ...
- 27 18. Zeile: ‹Somnium› ...
- 49 Anmerkung 12: ... dell' età argentea ...
- 662 27./28. Zeile: ... empfunden und nicht ...
- 670 15. Zeile: ... Paradigmen, wie im ...
- 714 11. Zeile v.u.: ... sind fünf Jahre ...
- 719 Anmerkung 37: ... (Venedig 1564 ...
- 824 7./8. Zeile: ... Vacationes Autumnales ...
- 844 13. Zeile: (contrôler) ...
- 946 21. Zeile v.u.: ... ‹maerlîn› ist ...
- 948 25. Zeile v.u.: ... Straparòla
-     29. Zeile: ... STRAPARÒLA ...
- 1031 16. Zeile v.u.: ... 1789 ...
- 1265 13. Zeile v.u.: ... («velut alter deus») ...
- 1381 2. Zeile v.u.: ... THOMASIN VON ZERKLÆRE ...
- 1458 25./26. Zeile v.u.: ... vorher war das Wort ‹M.› im Deutschen ...
- 1468 26. Zeile v.u.: ... Zumal, wann einem ...
-     25. Zeile v.u.: ... Zur Lust und ...

II. Nachtrag zu Band 4
- 561 (Inventio) 1. Zeile: ... εὕρεσις ...
- 650 (Literaturhinweise) 6./7. Zeile:... 23 – 60. – O. Rescher ...
- 831 Anmerkung 25: Viehweg [19] 114 ...
- 843 Anmerkung 42: 1418b40. –
- 932 26. Zeile: ... Italiener Pomponazzi ...
- 1056 12. Zeile v.u.: ... J.C. Scaliger ...
-     15/16. Zeile v.u.: ‹Praecepta poeticae› (ed. S. Skimina, 1958); ‹De perfecta poesi› (ed. S. Skimina, 1954)
- 1135 24. Zeile v.u.: ... Keckermann (1608) ...
- 1146 2. Zeile v.u.: **III.** Renaissance ...

Ethics and Medical Decision-Making

The International Library of Medicine, Ethics and Law
Series Editor: Michael D. Freeman

Titles in the Series

Death, Dying and the Ending of Life
Margaret P. Battin, Leslie Francis and Bruce Landesman

Abortion
Belinda Bennett

Ethics and Medical Decision-Making
Michael Freeman

Children, Medicine and the Law
Michael Freeman

Health and Human Rights
Lawrence O. Gostin and James G. Hodge Jr.

Mental Illness, Medicine and Law
Martin Lyon Levine

The Elderly
Martin Lyon Levine

The Genome Project and Gene Therapy
Sheila A.M. McLean

Rights and Resources
Frances H. Miller

AIDS: Society, Ethics and Law
Udo Schüklenk

Women, Medicine, Ethics and the Law
Susan Sherwin and Barbara Parish

Legal and Ethical Issues in Human Reproduction
Bonnie Steinbock

Medical Practice and Malpractice
Harvey Teff

Human Experimentation and Research
David N. Weisstub and George F. Tomossy

Ethics and Medical Decision-Making

Edited by

Michael Freeman

University College London, UK

Ashgate
DARTMOUTH
Aldershot • Burlington USA • Singapore • Sydney

© Michael Freeman 2001. For copyright of individual articles please refer to the Acknowledgements.

All rights reserved. No part of this publication may be reproduced, stored in a retrieval system, or transmitted in any form or by any means, electronic, mechanical, photocopying, recording, or otherwise without the prior permission of the publisher.

Published by
Dartmouth Publishing Company
Ashgate Publishing Limited
Gower House
Croft Road
Aldershot
Hants GU11 3HR
England

Ashgate Publishing Company
131 Main Street
Burlington, VT 05401-5600 USA

Ashgate website: http://www.ashgate.com

British Library Cataloguing in Publication Data
Ethics and medical decision-making. – (The international
  library of medicine, ethics and law)
  1. Medical ethics 2. Decision making – Moral and ethical
  aspects
  I. Freeman, Michael D.
  174.2

Library of Congress Cataloging-in-Publication Data
Ethics and medical decision-making / editor, Michael Freeman.
        p. cm. — (The international library of medicine, ethics, and law)
  Includes bibliographical references.
  ISBN 0-7546-2112-X
    1. Medical ethics—Decision making. 2. Life and death, Power over—Decision making.
  I. Freeman, Michael D. A. II. Series.

R725.5 .E88 2001
174'.2—dc21

00–069961

ISBN 0 7546 2112 X

Printed and Bound in Great Britain by The Cromwell Press

Contents

Acknowledgements ix
Series Preface xiii
Introduction xv

PART I WHAT IS BIOETHICS?

1 Henry K. Beecher (1966), 'Ethics and Clinical Research', *New England Journal of Medicine*, **274**, pp. 1354–60. 3
2 Loren C. MacKinney (1952), 'Medical Ethics and Etiquette in the Early Middle Ages: The Persistence of Hippocratic Ideals', *Bulletin of the History of Medicine*, **26**, pp. 1–31. 11

PART II BIOETHICS AND LAW

3 Wibren Van der Burg (1997), 'Bioethics and Law: A Developmental Perspective', *Bioethics*, **11**, pp. 91–114. 45

PART III BIOETHICS AND RELIGION

4 Daniel Callahan (1990), 'Religion and the Secularization of Bioethics', *Hastings Center Report*, **20** (Supplement), pp. 2–4. 71
5 Courtney S. Campbell (1990), 'Religion and Moral Meaning in Bioethics', *Hastings Center Report*, **20** (Supplement), pp. 4–10. 75
6 Lisa Sowle Cahill (1990), 'Can Theology Have a Role in "Public" Bioethical Discourse?', *Hastings Center Report*, **20** (Supplement), pp. 10–14. 83
7 David Novak (1990), 'Bioethics and the Contemporary Jewish Community', *Hastings Center Report*, **20** (Supplement), pp. 14–17. 89
8 James P. Wind (1990), 'What Can Religion Offer Bioethics?', *Hastings Center Report*, **20** (Supplement), pp. 18–20. 93

PART IV THE PRINCIPLE-BASED APPROACH

9 John D. Arras (1994), 'Principles and Particularity: The Roles of Cases in Bioethics', *Indiana Law Journal*, **69**, pp. 983–1014. 99

10	David DeGrazia (1992), 'Moving Forward in Bioethical Theory: Theories, Cases, and Specified Principlism', *Journal of Medicine and Philosophy*, **17**, pp. 511–39.	131
11	Henry S. Richardson (1990), 'Specifying Norms as a Way to Resolve Concrete Ethical Problems', *Philosophy and Public Affairs*, **19**, pp. 279–310.	161
12	Stephen Toulmin (1981), 'The Tyranny of Principles', *Hastings Center Report*, **11**, pp. 31–39.	193
13	K. Danner Clouser and Bernard Gert (1990), 'A Critique of Principlism', *Journal of Medicine and Philosophy*, **15**, pp. 219–36.	203

PART V THE ABSOLUTE RULE APPROACH

14	G.E.M. Anscombe (1982), 'Medalist's Address: Action, Intention and "Double Effect"', *Proceedings of the American Catholic Philosophical Association*, **54**, pp. 12–25.	223
15	Joseph Boyle (1991), 'Who is Entitled to Double Effect?', *Journal of Medicine and Philosophy*, **16**, pp. 475–94.	237
16	Alan Donagan (1991), 'Moral Absolutism and the Double-Effect Exception: Reflections on Joseph Boyle's *Who is Entitled to Double Effect?*', *Journal of Medicine and Philosophy*, **16**, pp. 495–509.	257

PART VI UTILITARIANISM AND BIOETHICS

17	Julian Savulescu (1998), 'Consequentialism, Reasons, Value and Justice', *Bioethics*, **12**, pp. 212–35.	275
18	John Harris (1999), 'Justice and Equal Opportunities in Health Care', *Bioethics*, **13**, pp. 392–404.	299

PART VII VIRTUE ETHICS

19	Justin Oakley (1996), 'Varieties of Virtue Ethics', *Ratio*, **9**, pp. 128–52.	315
20	Philippa Foot (1977), 'Euthanasia', *Philosophy and Public Affairs*, **6**, pp. 85–112.	341
21	Rosalind Hursthouse (1991), 'Virtue Theory and Abortion', *Philosophy and Public Affairs*, **20**, pp. 223–46.	369
22	R.M. Hare (1994), 'Methods of Bioethics: Some Defective Proposals', *Monash Bioethics Review*, **13**, pp 34–47.	393

PART VIII THE ETHICS OF CARE

23 Nona Plessner Lyons (1983), 'Two Perspectives: On Self, Relationships, and Morality', *Harvard Educational Review*, **53**, pp. 125–45. 409
24 Sara T. Fry (1989), 'The Role of Caring in a Theory of Nursing Ethics', *Hypatia*, **4**, pp. 88–103. 431
25 Helga Kuhse (1995), 'Clinical Ethics and Nursing: "Yes" to Caring, but "No" to a Female Ethics of Care', *Bioethics*, **9**, pp. 207–19. 447

PART IX THE CASE APPROACH

26 John D. Arras (1991), 'Getting Down to Cases: The Revival of Casuistry in Bioethics', *Journal of Medicine and Philosophy*, **16**, pp. 29–51. 463
27 Albert R. Jonsen (1995), 'Casuistry: An Alternative or Complement to Principles?', *Kennedy Institute of Ethics Journal*, **5**, pp. 237–51. 487
28 Kevin Wm. Wildes (1993), 'The Priesthood of Bioethics and the Return of Casuistry', *Journal of Medicine and Philosophy*, **18**, pp. 33–49. 503

PART X CULTURAL DIVERSITY AND BIOETHICS

29 Barry Hoffmaster (1992), 'Can Ethnography Save the Life of Medical Ethics?', *Social Science and Medicine*, **35**, pp. 1421–31. 523
30 Edmund D. Pellegrino (1992), 'Intersections of Western Biomedical Ethics and World Culture: Problematic and Possibility', *Cambridge Quarterly of Healthcare Ethics*, **3**, pp. 191–96. 535
31 Sandra D. Lane and Robert A. Rubinstein (1996), 'Judging the Other: Responding to Traditional Female Genital Surgeries', *Hastings Center Report*, **26**, pp. 31–40. 541

PART XI SOCIOLOGY AND MEDICAL ETHICS

32 Robert Zussman (2000), 'The Contributions of Sociology to Medical Ethics', *Hastings Center Report*, **30**, pp. 7–11. 553
33 James Lindemann Nelson (2000), 'Moral Teachings from Unexpected Quarters: Lessons for Bioethics from the Social Sciences and Managed Care', *Hastings Center Report*, **30**, pp.12–17. 559

Name Index 565

Acknowledgements

The editor and publishers wish to thank the following for permission to use copyright material.

American Catholic Philosophical Association for the essay: G.E.M. Anscombe (1982), 'Medalist's Address: Action, Intention and "Double Effect"', *Proceedings of the American Catholic Philosophical Association*, **54**, pp. 12–25.

Baylor College of Medicine for the essay: Kevin Wm. Wildes (1993), 'The Priesthood of Bioethics and the Return of Casuistry', *Journal of Medicine and Philosophy*, **18**, pp. 33–49. Copyright © The Journal of Medicine and Philosophy, Inc. Reprinted by permission.

Blackwell Publishers Limited for the essays: Wibren Van der Burg (1997), 'Bioethics and Law: A Developmental Perspective', *Bioethics*, **11**, pp. 91–114. Copyright © 1997 Blackwell Publishers Limited; Julian Savulescu (1998), 'Consequentialism, Reasons, Value and Justice', *Bioethics*, **12**, pp. 212–35. Copyright © 1998 Blackwell Publishers Limited; John Harris (1999), 'Justice and Equal Opportunities in Health Care', *Bioethics*, **13**, pp. 392–404. Copyright © 1999 Blackwell Publishers Limited; Justin Oakley (1996), 'Varieties of Virtue Ethics', *Ratio*, **9**, pp. 128–52. Copyright © 1996 Blackwell Publishers Limited; Helga Kuhse (1995), 'Clinical Ethics and Nursing: "Yes" to Caring, but "No" to a Female Ethics of Care', *Bioethics*, **9**, pp. 207–19. Copyright © 1995 Blackwell Publishers Limited.

Cambridge University Press for the essay: Edmund D. Pellegrino (1992), 'Intersections of Western Biomedical Ethics and World Culture: Problematic and Possibility', *Cambridge Quarterly of Healthcare Ethics*, **3**, pp. 191–96. Copyright © 1992 Cambridge University Press.

Elsevier Science for the essay: Barry Hoffmaster (1992), 'Can Ethnography Save the Life of Medical Ethics?', *Social Science and Medicine*, **35**, pp. 1421–31. Copyright © 1992 Pergamon Press Limited.

R.M. Hare (1994), 'Methods of Bioethics: Some Defective Proposals', *Monash Bioethics Review*, **13**, pp. 34–47. Copyright © 1994 R.M. Hare.

Harvard Educational Review for the essay: Nona Plessner Lyons (1983), 'Two Perspectives: On Self, Relationships, and Morality', *Harvard Educational Review*, **53**, pp. 125–45. Copyright © 1983 President and Fellows of Harvard College, Appendices B and C Nona Plessner Lyons or the *Harvard Educational Review*. All rights reserved.

Hastings Center for the essays: Daniel Callahan (1990), 'Religion and the Secularization of Bioethics', *Hastings Center Report*, **20** (Supplement), pp. 2–4. Copyright © 1990 The

Hastings Center; Courtney S. Campbell (1990), 'Religion and Moral Meaning in Bioethics', *Hastings Center Report*, **20** (Supplement), pp. 4–10. Copyright © 1990 The Hastings Center; David Novak (1990), 'Bioethics and the Contemporary Jewish Community', *Hastings Center Report*, **20** (Supplement), pp. 14–17. Copyright © 1990 The Hastings Center; James P. Wind (1990), 'What Can Religion Offer Bioethics?', *Hastings Center Report*, **20** (Supplement), pp. 18–20. Copyright © The Hastings Center; Stephen Toulmin (1981), 'The Tyranny of Principles', *Hastings Center Report*, **11**, pp. 31–39. Copyright © 1981 The Hastings Center; Sandra D. Lane and Robert A. Rubinstein (1996), 'Judging the Other: Responding to Traditional Female Genital Surgeries', *Hastings Center Report*, **26**, pp. 31–40. Copyright © 1996 The Hastings Center; Robert Zussman (2000), 'The Contributions of Sociology to Medical Ethics', *Hastings Center Report*, **30**, pp. 7–11. Copyright © 2000 The Hastings Center; James Lindemann Nelson (2000), 'Moral Teachings from Unexpected Quarters: Lessons for Bioethics from the Social Sciences and Managed Care', *Hastings Center Report*, **30**, pp. 12–17. Copyright © 2000 The Hastings Center; Lisa Sowle Cahill (1990), 'Can Theology Have a Role in "Public" Bioethical Discourse?', *Hastings Center Report*, **20** (Supplement), pp. 10–14. Copyright © 1990 The Hastings Center. All reproduced by permission.

Indiana Law Journal and William S. Hein for the essay: John D. Arras (1994), 'Principles and Particularity: The Role of Cases in Bioethics', *Indiana Law Journal*, **69**, pp. 983–1014.

Indiana University Press for the essay: Sara T. Fry (1989), 'The Role of Caring in a Theory of Nursing Ethics', *Hypatia*, **4**, pp. 88–103. Copyright © 1989 Sara T. Fry.

Johns Hopkins University Press for the essays: Loren C. MacKinney (1952), 'Medical Ethics and Etiquette in the Early Middle Ages: The Persistence of Hippocratic Ideals', *Bulletin of the History of Medicine*, **26**, pp. 1–31. Copyright © 1952 The Johns Hopkins University Press; Albert R. Jonsen (1995), 'Casuistry: An Alternative or Complement to Principles?', *Kennedy Institute of Ethics Journal*, **5**, pp. 237–51. Copyright © 1995 The Johns Hopkins University Press.

Massachusetts Medical Society for the essay: Henry K. Beecher (1966), 'Ethics and Clinical Research', *New England Journal of Medicine*, **274**, pp. 1354–60. Copyright © 1966 Massachusetts Medical Society. All rights reserved.

Princeton University Press for the essays: Henry S. Richardson (1990), 'Specifying Norms as a Way to Resolve Concrete Ethical Problems', *Philosophy and Public Affairs*, **19**, pp. 279–310. Copyright © 1990 Princeton University Press. Reprinted by permission of Princeton University Press; Philippa Foot (1977), 'Euthanasia', *Philosophy and Public Affairs*, **6**, pp. 85–112. Copyright © 1977 Philippa Foot. Reprinted by permission of Princeton University Press; Rosalind Hursthouse (1991), 'Virtue Theory and Abortion', *Philosophy and Public Affairs*, **20**, pp. 223–46. Copyright © 1991 PAPA. Reprinted by permission of Princeton University Press.

Swets & Zeitlinger Publishers for the essays: David DeGrazia (1992), 'Moving Forward in Bioethical Theory: Theories, Cases, and Specified Principlism', *Journal of Medicine and Philosophy*, **17**, pp. 511–39. Copyright © 1992 Kluwer Academic Publishers; K. Danner Clouser and Bernard Gert (1990), 'A Critique of Principlism', *Journal of Medicine and Philosophy*, **15**, pp. 219–36. Copyright © 1990 Kluwer Academic Publishers; Joseph Boyle (1991), 'Who is Entitled to Double Effect?', *Journal of Medicine and Philosophy*, **16**, pp. 475–94. Copyright © 1991 Kluwer Academic Publishers; John D. Arras (1991), 'Getting Down to Cases: The Revival of Casuistry in Bioethics', *Journal of Medicine and Philosophy*, **16**, pp. 29–51. Copyright © 1991 Kluwer Academic Publishers; Alan Donagan (1991), 'Moral Absolutism and the Double-Effect Exception: Reflections on Joseph Boyle's *Who is Entitled to Double Effect?*', *Journal of Medicine and Philosophy*, **16**, pp. 495–509. Copyright © 1991 Kluwer Academic Publishers.

Every effort has been made to trace all the copyright holders, but if any have been inadvertently overlooked the publishers will be pleased to make the necessary arrangement at the first opportunity.

Series Preface

Few academic disciplines have developed with such pace in recent years as bioethics. And because the subject crosses so many disciplines important writing is to be found in a range of books and journals, access to the whole of which is likely to elude all but the most committed of scholars. The International Library of Medicine, Ethics and Law is designed to assist the scholarly endeavour by providing in accessible volumes a compendium of basic materials drawn from the most significant periodical literature. Each volume contains essays of central theoretical importance in its subject area, and each throws light on important bioethical questions in the world today. The series as a whole – there will be fifteen volumes – makes available an extensive range of valuable material (the standard 'classics' and the not-so-standard) and should prove of inestimable value to those involved in the research, teaching and study of medicine, ethics and law. The fifteen volumes together – each with introductions and bibliographies – are a library in themselves – an indispensable resource in a world in which even the best-stocked library is unlikely to cover the range of materials contained within these volumes.

It remains for me to thank the editors who have pursued their task with commitment, insight and enthusiasm, to thank also the hard-working staff at Ashgate – theirs is a mammoth enterprise – and to thank my secretary, Anita Garfoot for the enormous assistance she has given me in bringing the series from idea to reality.

MICHAEL FREEMAN
Series Editor
Faculty of Laws
University College London

Introduction

Ethical thinking about medical decision-making has roots deep in history. Tradition pursues this to Hippocrates whose Oath dates from between the fifth and third centuries BCE, but the origins are more than a millennium older.[1] Rules about the payment of fees to physicians are found as early as the Code of Hammurabi (who ruled Babylon between 1728 and 1686 BCE). 'If a physician has performed a major operation on a lord with a bronze lancet and has saved the lord's life ... he shall receive ten shekels of silver'.[2] If, however, he caused his death, his hand should be chopped off. A number of early statements of medical ethics have their foundations in pagan religion. Etziony quotes a monument in a sanctuary of Asclepius which tells doctors to be like God, saviours 'equally of slaves, of paupers, of rich men, of princes, and to all a brother'.[3]

Early ethical codes often took the form of oaths. The Oath of Hippocrates is, of course, the most famous and is reproduced in MacKinney's essay (Chapter 2).[4] The physician is to abjure abuse of his position and to keep professional confidences. He is to use his power to help the sick to the best of his ability and judgement (perhaps the earliest statement of the principle of beneficence) and to abstain from harming or wronging any man when using his medical expertise (the foundation perhaps of the principle of non-maleficence). There is also a prohibition on active euthanasia and one on abortion.

The impact of religion on ethical thinking about medicine remains an important undercurrent – and Part III of this collection examines its influence today.[5] Its influence on the origins of bioethics is considerable. Jewish, Christian and Muslim scholarship of the twelfth century and earlier attests to this. The Jewish polymath, Moses Maimonides (1135–1204), in his *Medical Aphorisms*, emphasized the duties of physicians: 'may I never see in the patient anything but a fellow creature in pain'.[6] Islamic scholars such as al-Razi (865–925) emphasized the importance of reason (*al-'aql*), although this did not deflect him from a view that noblemen were entitled to special consideration when it came to the prescribing of drugs.[7] But, Porter informs us,[8] he did not neglect the poor for whom his treatise *Man la yahduruh al-tabib* (Who Has No Physician To Attend Him) was written. Meanwhile, Christianity was modifying the Hippocratic Oath to make it acceptable to Christians. There is a version (tenth- or eleventh-century) entitled 'From The Oath According to Hippocrates Insofar as a Christian May Swear It'. No longer are physicians required to swear to Greek gods and goddesses. Instead, they address themselves to 'God the Father of our Lord Jesus Christ'.[9]

Christianity's emphasis on loving one's neighbour as oneself[10] was reflected in the establishment of 'hospitals' by religious institutions such as monasteries. Crusading orders – though they had a strange concept of love for one's neighbour[11] – also built hospitals throughout the Mediterranean and German-speaking lands.[12] The Benedictine rule emphasized that the care of the sick was to be placed above and before every other duty 'as if indeed Christ were being directly served by waiting on them'.[13] Moreover, Christian teaching stressed that doctors were to cultivate the virtues of compassion and charity. A treatise (reproduced in MacKinney's essay), thought to date from the early twelfth century, urges doctors not to heal 'for the sake of gain, nor to give more consideration to the wealthy than to the poor, or to the noble than the ignoble' (p. 37). The demanding of an excessive fee by a doctor, even the refusal to give free treatment to a patient who would die without it, was condemned by Aquinas.[14]

Like St Augustine before him,[15] Aquinas also condemned suicide.[16] A leading sixteenth-century canonist, Navarrus,[17] condemned euthanasia, whatever its motive. On abortion there was greater equivocation than we are often led to believe. Thus, Aquinas's position, following Aristotle, was that it was only homicide to abort an animated foetus (animation occurred at 40 days in the case of male foetuses and 90 days with female ones).[18] It was another six centuries before Pope Pius IX outlawed all abortions, regardless of the stage reached by the foetus.[19]

The birth of modern medical ethics can be traced to the Enlightenment and in particular to John Gregory (1725–1773)[20] and Thomas Percival (1740–1804).[21] The publication (in 1772) of Gregory's *Lectures on the Duties and Qualifications of a Physician* is pivotal. Gregory stressed that doctors had a duty to be humane: 'It is as much the business of a physician to alleviate pain, and to smooth the avenues of death, when unavoidable, as to cure diseases'. Percival published *Medical Jurisprudence* (in 1794) and in 1803 expanded this into *Medical Ethics*. He stressed that 'Every case, committed to the charge of a physician or surgeon, should be treated with attention, steadiness and humanity'. The book also presented 'practical advice on how doctors could reinforce paternalism, frankly admitting that charity patients in hospitals could be treated with a degree of authority impractical with wealthy private patients whose foibles had to be humoured'.[22]

The nineteenth century saw the birth of professional nursing[23] and by 1901 the first book on nursing ethics had appeared.[24] However, prior to the resurgence of feminist thinking, the nurse's primary obligation was perceived as the carrying out of the doctor's orders.[25] Reformulated in 1973, her or his primary responsibility is now to those who require nursing care.[26]

By the 1970s modern bioethics had emerged, partly as a response to developments in medicine – in particular, the first heart transplant carried out in 1967 by Christiaan Barnard in Cape Town.[27] The ability to harvest organs from cadavers to save lives necessitated thinking about the definition of death[28] and, although this has almost universally centred on the cessation of brain stem functions,[29] the debate continues.[30] The development of the contraceptive pill in the 1960s and the growth of laws permitting safe abortions (in the UK the 1967 Abortion Act;[31] in the USA the watershed decision of *Roe* v. *Wade* in 1973[32]) and their interaction with the women's movement challenged the medical profession to confront the issue of women's reproductive rights.[33] Biomedical technology helped spawn the reproduction revolution:[34] in vitro fertilization (the first 'test-tube' baby, Louise Brown, was born in 1978) produced (and continues to stimulate) innumerable ethical issues and led to the establishment of commissions of inquiry, the best known of which, the Warnock commission in the UK, produced its report in 1984.[35] Although essentially a liberal statement endorsing a range of autonomy, its stand on surrogacy – that it was 'totally ethically unacceptable'[36] – reflected a paternalistic moralism.[37] While the report can be criticized on the grounds of its incoherence, perhaps surrogacy (or contract pregnancy as many now label it) is different, and a case, rather than a blanket, approach is called for. Although surrogacy took on a very high profile – with cases such as Baby Cotton[38] in England and Baby M[39] in the USA ensuring that the issue dominated the headlines – other consequences of the reproduction revolution such as embryo research[40] and the possibility of human cloning[41] (and not just for therapeutic reasons) raise more troubling ethical concerns. The literature on cloning (post-Dolly[42]) has burgeoned, much as that on surrogacy did in the 1980s.

At the other end of the spectrum, medicine's ability to preserve life for those who cannot or no longer can live in any meaningful sense (at one extreme the anencephalic baby, at the other the person in a persistent vegetative state) opened up an important debate which pitted absolutist 'sanctity of life' principles against 'quality of life' considerations.[43] In 1973 two paediatricians, Duff and Campbell, questioned whether severely ill or disabled neonates should receive life-sustaining treatment.[44] This raised the further question whether, if treatment were withheld, did we have to wait for them to die or could we assist/accelerate their deaths and in what manner? Thus, the active/passive euthanasia debate was born.[45] England had had the John Bodkin Adams case in the mid-1950s[46] and Glanville Williams,[47] and subsequently Lord Devlin,[48] had addressed some of the ethical issues. But it wasn't until the Karen Quinlan case (in New Jersey in 1976)[49] and in the United Kingdom in 1981 in the context of disabled newborns[50] that any sustained legal and ethical thinking on end-of-life decisions took place. The issues of double effect (addressed in a number of contributions to this collection[51]), the ordinary/extraordinary treatment distinction, killing (and physician-assisted suicide) and allowing to die emerged as central questions within medical ethics.

Ethical thinking about medical decision-making thus has deep roots but is also characterized by ambiguities (MacKinney's essay (Chapter 2)). However, prior to the 1970s, there are few examples of what we would nowadays regard as bioethical thinking. Henry Beecher's essay (Chapter 1), a classic published in 1966[52] and provoked by profoundly unethical research and medical experimentation is an early foray into the field. Journals on the subject were to emerge later – the establishment in the USA of the Hastings Center leading to the first (the *Hastings Center Report*). This was followed in 1974 by the *Journal of Medical Ethics* in the UK and there are now six or more major journals in the English-speaking world, including *Bioethics*, established in 1987 and the *Journal of Medicine and Philosophy*, first published in 1975. There are now so many monographs and collections of essays that no one can possibly have read them all.

This volume offers a selection of some of the more seminal and/or perceptive essays. It sets out a framework for ethical thinking about medical decision-making. Other volumes in the series focus on specific problem areas.

Parts II and III focus on the insights which law and religion respectively can offer bioethics. There are few, if any, areas in which there is a closer interface between law and ethics than in the area of medicine – consider, for example, issues such as patient autonomy, informed consent, privacy and confidentiality. Law and ethics (and bioethics) employ many of the same conceptual categories: rules, principles, right. In addition, they use the same normative language (though not, or not necessarily, the same sources). In Chapter 3 Wibren Van der Burg traces the relationship between law and bioethics through two staged models, a moralistic–paternalistic model and what he perceives to be a flawed liberal model. His own preference (and he uses ideal-types, of course) is a post-liberal model in which the relationship will be more loose than it is within liberalism. When this phase is envisaged (Van der Burg's essay was published in 1997) is not clear. Whether he has read the tea leaves correctly is also questionable: the growth of conventions and human rights legislation keeps faith with the liberal model. But he is right to draw attention to the limits of law. As Carl Schneider noted, there are limits to the extent to which 'the language of the law may safely be imported into bioethical discourse and to which bioethical ideas may be effectively translated into law'.[53]

Many of the founders of contemporary bioethics were theologians (for example, Joseph Fletcher[54] and Paul Ramsey[55]). Not surprisingly in an era of increasing secularization, this is less prevalent today. But there are still theological voices in medical ethics and these are not unique to any one religion. The former Chief Rabbi (Lord) Immanuel Jakobovits situated medical ethics within Judaism,[56] a tradition continued in David Bleich's recent *Bioethical Dilemmas: A Jewish Perspective*.[57] Religious ethical discussion is often conducted by reference to moral rules which either proscribe or prescribe the performance of certain types of action. Religious bioethics imposes rule-based constraints on actions: that on not killing the innocent, even if they request it, is a paradigm example. While this rule could be adopted within a secular tradition, it is more commonly found in religious traditions. On the other hand, the prohibition against separating the sexual and procreative acts, which leads some religious communities to oppose in vitro fertilization (or at least some forms of IVF), would rarely be situated within secular moral norms. Religious ethicists who invoke the sort of rule-based constraint referred to above often insist that the constraints (or certain of them at least) can be justified in secular terms (for example, rule-utilitarianism). Thus, for example, violation of the rule against killing the innocent can be justified by demonstrating what would happen if this constraint was not adhered to – that is, the effect on the sanctity of life, on the norms of the medical profession and so on.

What religion has to contribute to bioethics was explored in a series of essays in a *Hastings Center* Special Supplement in 1990.[58] A number of these essays form the basis of Part III of this volume. As Daniel Callahan points out in Chapter 4, and has been emphasized earlier in this Introduction, religion played a major part in the early history of bioethics. The secularization of bioethics has, Callahan argues, left us 'too heavily dependent upon the law as a working source of morality'.[59] This may be true in today's secular and pluralistic societies; could it be otherwise? His warning that pluralism can become a form of oppression if 'we are told to shut up in public about our private lives and beliefs and talk ... moral esperanto'[60] draws attention to a danger to which it is all too easy to succumb. On the other hand, in a pluralistic society it is also important to recognize 'a wall of separation between religious and public concerns',[61] and this is particularly so where public policy is being articulated by public commissions. In part, religion's contribution to bioethics may lie in insights into questions which now concern bioethics and have long troubled theologians. Courtney Campbell (Chapter 5) points to the example of 'suffering', at the root of discussions about euthanasia and animal rights.[62] Religious thinking too, Campbell reminds us, may broaden our horizons 'beyond our current fixation with problem-solving, for some problems cannot be solved but must still be faced'.[63] But are these insights, as Cahill argues in Chapter 6,[64] that which could have been arrived at without an appeal to the lessons of religious thinking? Certainly, as she indicates, leading Christian thinkers (she cites Ramsey and McCormick) have avoided 'directly religious appeals in the interest of expanding their audience and hence influence'.[65] That this is not the case with minority religions' thinkers may reflect their narrower audience and marginality to public policy debates.

Part IV of this volume concerns principle-based approaches to bioethics. Principle-based approaches may be – and usually are – deontological but may also be consequentialist (utilitarianism appeals to the principle of utility in evaluating actions or rules). In their highly influential *Principles of Biomedical Ethics*,[66] Beauchamp and Childress identify four primary principles: respect for autonomy, non-maleficence, beneficence (including utility) and justice. In addition, there are, according to them, a number of derivative rules mandating the keeping of promises, the protection of privacy, and the preservation of confidences. These rules are derivative because they are founded in the principles. Critics – for example, Clouser and Gert in Chapter 13 of this collection[67]) have dubbed this approach 'principlism'. Other principle-based approaches are in Veatch's *A Theory Of Medical Ethics*[58] and Engelhardt's *Foundations of Bioethics*.[69] Veatch's list is similar to that of Beauchamp and Childress (beneficence, contract-keeping, autonomy, honesty, avoiding killing and justice); Engelhardt accepts as principles only autonomy and beneficence. Beauchamp and Childress have modified their philosophy in their latest edition, so much so that one reviewer (Emanuel) thought it might 'herald the end of "principlism"'.[70] Whether this happens, and it seems unlikely, the approach will remain a source of bioethical thinking and must be considered as such.

Principles must be connected to particular judgements about cases. And principles can obviously conflict. Henry Richardson, whose essay[71] is reproduced as Chapter 11, identifies three ways in which principles can be connected to case judgements: first, by application (this deduces the right course of action from general principles and rules); secondly, by balancing (this weighs conflicting principles to decide which has priority in the particular situation); and, thirdly, by specification (this specifies circumstances – in particular who, what and when).

As far as application is concerned, most principle-based approaches would consider that this overemphasizes the role of deduction and can lead to results that are mechanical rather than nuanced to the particular problem. The case judgement should be a test for the principles – which may need reinterpretation as a result.

Critical to balancing is the decision as to what to weight and how. Which moral considerations should have weight, and how much should they have? There are a number of distinct approaches to this. First, there are absolutists. Thus, for example, Fletcher's situation ethics[72] took cognisance of only one absolute principle, neighbour-love (or utility). For Fletcher, the only value in principles and rules, other than utility, was in calling upon the experiences of the past to establish the tendencies of particular actions (what was their likely effect). Some principles and rules are doubtless absolute. For example, can there be any exceptions to those against torture[73] or rape? Would it be difficult to construct an absolute principle that the medical profession should never prioritize profit to themselves over the interests of patients? A contrasting approach is that of Beauchamp and Childress who see principles as *prima facie* binding: the agent would have to justify departure from any of the principles upon which they rely. However, Childress himself has now conceded that this approach is 'excessively intuitive'.[74] That is why Beauchamp and Childress in later editions of their text propose a procedure to reduce the reliance on intuition. Deviation from a *prima facie* duty requires on this account a realistic prospect of achieving the moral objective that appears to justify the breach. Additionally, the infringement must not only be necessary in the circumstances, it must also be the least possible commensurate with achieving the primary goal of the action, and the agent must seek to minimize the negative effects of the infringement. A third approach is exemplified by Veatch[75] who would prioritize deontological principles (such as promise-keeping and honesty) over consequentialist ones (beneficence), and, where deontological principles themselves conflict, would employ a balancing strategy when considerations are lexically co-equal – although this inevitably raises questions of how to achieve a balance as surely more is required than an appeal to intuition?

Specification is obviously important. We cannot give content to a principle without specifying its meaning and its scope. It may be that so-called conflicts between principles will evaporate when the principles themselves are clearly spelt out. But can principles be specified with sufficient precision or should we agree with Clouser and Gert (Chapter 13) that more specific rules are required? Gert has offered ten rules in place of the lists of principles described above.[76] These are: do not kill; do not cause pain; do not disable; do not deprive of freedom; do not deprive of pleasure (future as well as present); do not deceive; keep your promise; do not cheat; obey the law; and do your duty (that is what is required by one's role in society). All the rules (except 'promise keeping', obeying the law and doing one's duty) are negative. And, despite their objections to a principle-based approach, the principle of beneficence is clearly in evidence in several (and certainly in the first three) of the rule-prescriptions. Critics would argue that much is also missing: at the root of medical ethics is respect for the patient's self-determination (or autonomy), but it is difficult to see how this can be incorporated into any of these rules.

David DeGrazia (Chapter 10), in a response to Clouser and Gert's criticism that the principles identified by Beauchamp and Childress (and presumably also Veatch and Engelhardt) are overgeneral and too vague, has attempted to inject more content into the principles by means of an interpretation he calls 'specified principlism'.[77] Partly in response to this, the latest edition of Beauchamp and Childress has explicitly developed specifications alongside balancing to connect principles to particular judgements. Childress himself, in *Practical Reasoning in Bioethics*, says that he remains to be convinced that 'specification can be developed as the exclusive model for relating principles and particular judgements',[78] in part because of his sense of 'the inevitability of moral conflict, not only between people but also within the moral universe'.[79] In Chapter 9 John Arras too wonders whether specification is an answer, seeing in attempts to do so similar problems to those encountered when principlists carry out balancing exercises.

Principle-based approaches have been subjected to a number of criticisms. To Clouser and Gert (Chapter 13) principlism is mistaken about the nature of morality and is misleading as to the foundations of ethics. At best, they argue, its proponents offer 'checklists' of considerations, chapter headings which are 'surrogates for theories'.[80] In Chapter 9 Arras also criticizes the almost mechanical recitation of principles. Stephen Toulmin (Chapter 12) attacks what he calls, the 'tyranny of principles'.[81] But is he attacking the principle-based approach as such or just the absolutist variety of this? Others – Downie for example,[82] are critical of the principles actually posited. According to him, utility, which is (at least) a principle of distribution, ought to be included as one of the principles. But is it not embraced within beneficence, which, as we have seen, features in the lists of all the main proponents of a principle-based approach (Beauchamp and Childress, Veatch, Engelhardt)? There are feminist critics, too, who work within Carol Gilligan's ethics of care[83] – an approach explored in Part VIII of this volume. Childress acknowledges that the care perspective is an 'important corrective to some principle-based approaches because it attends to context, narrative, relationships, emotion, compassion and the like'.[84] Women's experiences generally, and as carers within and without the medical profession, cannot be ignored by anyone developing a theory of bioethics.[85]

The absolute rule approach is the subject of Part V of this volume. It has roots in Kantianism and in the Catholic natural law tradition. It is found today within secularist rights literature (where rights cannot be 'trumped' by other considerations),[86] and in the new natural law thinking associated with Grisez[87] and Finnis.[88] An absolute rule has no exceptions – killing the innocent is the most cited example – and so cannot be overridden by other considerations – for example, by appeals to consequentialism. So, to take an example drawn from one of the twentieth century's most famous medical law cases, if non-therapeutic sterilization of the learning disabled is absolutely wrong[89] – which is, of course, contestable – it cannot be justified by eugenic considerations, as has frequently been the case.[90] As G. E. M. Anscombe points out in Chapter 14, the functioning of moral absolutes imposes a 'block' to the introduction of consequentialist considerations into a moral approach which includes them.[91] To Donagan in *The Theory of Morality*[92] (but see also Chapter 16) precepts without exceptions are not to be violated in order to achieve mandatory goals. Referring to the Pauline principle (that evil is not to be done that good may come of it) he argues that it is 'not an external stipulation, like the serial ordering adopted by contractarian theorists ... but a general statement of a condition implicit in every precept of imperfect duty that is validly derivable from the fundamental principle of morality itself. It is structurally necessary'.[93]

Perhaps the most controversial feature of moral absolutism is the doctrine of double effect.[94] The contributions in Part V of this volume concentrate on this. At root the problem lies in defining the absolute prohibition. There are clear cases and penumbral ones. The latter are obviously more difficult to decide and, within both Kantian and Catholic natural law forms of moral absolutism, there is accordingly a resort to casuistry to determine whether or not a particular kind of action falls within that which is prohibited by an absolute rule. Definition and conceptual clarification often, therefore, assume overwhelming importance. The Kantian principle that each rational person must be treated as an end in himself and not as a means to someone else's end is clear enough, but needs to be tested by reference to cases to see which are, and which are not, included within it.[95] The methodology is familiar to lawyers forced to question whether, for example, killing in self-defence or under duress or out of necessity is murder or is wrong or not (because these are justifiable excuses).[96]

This doctrine of double effect presupposes that there is a distinction between an intentional act (say, a lethal injection to kill a terminally ill patient) and a voluntary act which has the same effect although this consequence is not intended (for example, a morphine drip inserted into a terminally ill patient to relieve pain but which will also accelerate death). It is argued that this distinction has moral significance: although there is an absolute prohibition on killing – hence the refusal to contemplate active euthanasia or physician-assisted suicide – the prohibition does not extend to actions which lead to death where this is not the intention.[97] As Anscombe puts it in Chapter 14, the absolute prohibition extends only to the intentional action.[98]

Although Joseph Boyle claims that the doctrine is not an 'ad hoc device to avoid the disagreeable consequences of Catholic absolutism',[99] this is certainly how it appears to many bioethicists. Nor are its distinctions easy to accept. It permits a hysterectomy on a pregnant woman with cancer (the intention being not to kill the foetus which is only a side effect) but not the abortion of a grossly deformed foetus (because the intention would be to kill a potential child). And, as Boyle acknowledges (see Chapter 15), not all harms brought out as side effects can be prohibited since, whatever a person's intention, harmful side effects may occur.[100]

Absolute rule approaches may not be central to bioethical thinking today but they have left an imprint on contemporary debates, on concepts (such as sanctity of life) and on thinking, and they therefore cannot be overlooked.

Part VI of this volume examines utilitarianism, and does so through the prism of a debate between Savulescu and Harris.[101] The classic formulation of utilitarianism can be found in the works of Jeremy Bentham,[102] but utilitarianism has taken many forms since. The main elements of any utilitarian theory are consequentialism (the view that it is the consequences of an act that make it right or wrong);[103] welfarism (in which the consequences that are relevant to the morality of an action are those which maximize the welfare of those who are affected);[104] and, third, aggregationism (where, in choosing between actions, that which promotes the interests of all in sum is to be preferred;[105] Sen and Williams refer to this as 'sum-ranking').[106]

Savulescu's essay (Chapter 17) is a response to an earlier one by Harris,[107] and the debate between them continued into further essays[108] (space did not permit the inclusion of all four essays). In Savulescu's second essay (not reproduced in this volume) he poses the following dilemma. There is one bed in the Intensive Care Unit and three patients who need it.

> Mrs Wobbly is a 68 year old woman who has been in a nursing home in a persistent vegetative state for five years. She has pneumonia. She will never recover any cognitive function. But she and her family are deeply religious and believe in the sanctity of life. 'Besides', her lawyer son says, 'if you don't treat her, we'll sue you. People have recovered from a "permanent" vegetative state. You can't say there is *no* chance that she will recover from her vegetative state. And her pneumonia is treatable.'
>
> Mr Wong is an Asian student who attempted suicide. When he first arrived in Emergency Department, he was conscious and was examined by a psychiatrist. She judged him to be competent and not suffering from a mental illness. Mr Wong refused any treatment. He attempted suicide because he failed his examinations. He could not face the shame.
>
> Mrs Jones is a single mother of two children, her husband having recently left her. She has had an allergic reaction to a peanut.
>
> Both Wong and Jones will recover completely if treated.[109]

Which of the three should be admitted? Harris and Savulescu are both consequentialists. Where they differ is on what constitutes a reason for action. Harris believes that reasons for action are based on desires. But this would suggest that Mrs Wobbly should be treated rather than Mr Wong. If instead one offers, as Savulescu does, a value-based account of what constitutes a reason, one would certainly prefer Mr Wong to Mrs Wobbly. But would we also prioritize him over Mrs Jones? And this in turn would depend on which values were valued. To argue, as Harris does, that each person is entitled to an equal opportunity to benefit from a public health system upholds the principle of non-discrimination but hardly assists the doctor's dilemma. Would it be so very difficult to justify treating Mrs Jones, which our intuition would tell us is the right course of action, and which (crude) utilitarianism might also confirm?

Part VII of this volume is about virtue ethics, the rebirth of which is usually attributed to an essay by G. E. M. Anscombe published in 1958.[110] It is a response to consequentialist and deontological theories which are said to have placed too much emphasis on what we ought to do, rather than concentrating on what sort of person we ought to be and what sort of life we ought to lead. The language used by virtue ethics is richer than that found in consequentialism and Kantianism (it uses words like 'honest', 'just' and 'courageous' when evaluating actions) and the scope is also broader, stressing the ethical importance of personal relationships (such as friendship).

From the extensive virtue ethics literature in bioethics I have selected essays by Philippa Foot on euthanasia (Chapter 20) and Rosalind Hursthouse on abortion (Chapter 21). Those interested in virtue ethics – particularly in relation to abortion – should read back from Hursthouse's essay to her important book, *Beginning Lives*.[111] Hursthouse argues that debating abortion in terms of the competing rights of mother and foetus is irrelevant to the morality of abortion. Instead, the morality of a woman's decision to terminate her pregnancy depends on the sort of character she manifests (in particular, why she is having an abortion, since there is a big difference between having an abortion because carrying a child will interfere with one's holiday plans and being young and unready for motherhood). A virtue ethics approach to abortion brings out reasons why, in some circumstances, a woman would be acting wrongly in exercising her privilege to terminate her pregnancy.

Foot's essay on euthanasia is an early classic on the subject, and a fine example of the application of virtue ethics to a number of end-of-life questions. Among the issues Foot tackles are when death is a good for a person. Wanting to die is not enough: death can be a good only when life lacks a minimum of basic human goods, such as autonomy, friendship and moral support. But when such goods are absent, the virtues of justice and charity allow one to accede to a person's request to be allowed to die. She also argues that analysing end-of-life decisions in terms of these virtues enables a distinction to be drawn between killing and letting die. Killing – active euthanasia – is acceptable within the moral parameters of virtue ethics when a person lacks a minimum of basic human goods and requests death. Only currently in the Netherlands is such an expression regarded as acceptable,[112] and only then when prescribed procedures are carried out. And the issue remains controversial in the Netherlands.[113] Foot also points to the difficult situation where a person *in extremis* wishes to continue to live (in effect to die in agony). In such circumstances the virtues conflict: justice forbids killing and charity countenances it.

Virtue ethics has its defenders (see Justin Oakley in Chapter 19) and its critics, such as R. M. Hare (Chapter 22). To Hare (and others) virtue ethics is incomplete and needs the underpinning of another ethical theory (whether this be deontological or utilitarian). Veatch's concern is about 'well-intentioned, bungling do-gooders' who, he assures us, 'exist with unusual frequency in health care, law and other professions with a strong history of stressing the virtue of benevolence with an elitist stance'.[114] Is reference to what a virtuous agent would have done sufficient to justify a particular action? A further criticism of virtue ethics questions whether the concept of virtue is clear enough to provide the foundation of a criterion of what is right.[115] It is, it is said, too vague to act as a justification for moral action. It has to be said that it is difficult to state what a virtuous agent would be like without first knowing what actions are right: in this sense, virtue ethics presupposes an ethical source outside of itself. Can it therefore stand alone as an ethical theory?

Part VIII examines the ethics of care. The most obvious sources of this are Carol Gilligan's *In A Different Voice*[116] and Nel Noddings' book *Caring: A Feminine Approach To Ethics and Moral Education*.[117] In an important essay (which could not be reproduced in this volume because it is in an edited collection), Joan Tronto and Berenice Fisher defined care as 'a species activity that includes everything that we do to maintain, continue and repair "our" world so that we can live in it as well as possible. That world includes our bodies, our selves and our environment, all of which we seek to interweave in a complex, life-sustaining web.'[118] Thus conceived, care is not 'a marginal activity of life but one of the central procedures of human existence'.[119]

It was Gilligan who showed that there was a difference between an ethics of care and one of justice. Her research demonstrated that there were two different moral languages – a language of 'justice' and a relational language of 'care'. They 'encode disparate experiences of self and social relationships'.[120] And the 'different voice' (that of care), she found, was mostly associated with women. But the different voice is characterized 'not by gender but theme', although its association with women is 'an empirical observation'.[121] So, when Gilligan put an ethical dilemma – what should a man do whose wife needs a drug without which she will die but who cannot afford it – to an 11–year-old boy and an 11–year-old girl, the boy says that he should steal it (life is more important than property), while the girl is much more circumspect. She doesn't think that theft is the answer: 'If he stole the drug, he might save his wife then, but if he did, he might have to go to jail, and then his wife might get sicker again, and he couldn't get more of the drug, and it might not be good. So, they should really just talk it out and find some other way to make the money.'[122] Gilligan characterizes the boy's response as rooted in the ethics of justice and the girl's as mediated by an ethics of care. But one could respond that the girl put a universal principle of justice (not stealing) above care for a particular person, and the boy rejected principled thinking for the sake of care. And, asks Helga Kuhse in her *Caring: Nurses, Women and Ethics*, 'how would we classify the responses of Nigel Cox and Roisin Hart, when the first deliberately ended the life of his patient Lilian Boyes, and the second blew the whistle on Dr Cox? Who acted from a perspective of justice and who from a perspective of care? Can we be entirely confident about the answer we might want to give?'[123]

Whether or not the two ethics can be so definitively gender-related, it is clear that there are two different voices. What differentiates the care voice is its recognition of special obligations (those imposed by relationships, actual and potential and by those imposed by roles). And, as Manning points out, 'since it understands communities as more than mere aggregates of individuals, and relationships as more than properties of individual persons, it is committed to saying that communities and relationships have moral standing'.[124]

A variant on this way of thinking is found in the essay by Nona Lyons (Chapter 23). She links the two moral perspectives of *In A Different Voice* to two notions of the self. In Tronto's account of Lyons:

> Those who viewed the self as 'separated' from others, and therefore 'objective', were more likely to voice a morality of justice, while those who viewed the self as 'connected' to others were more likely to express a morality of care. Since men are usually 'separate/objective' in their self/other perceptions, and women more often view themselves in terms of a 'connected' self, the differences between expressing moralities of justice and care is thus gender related. ... In the separate/objective view of the self, relationships are experienced in terms of reciprocity, mediated through

rules, and grounded in roles. For the connected self, relationships are experienced in response to others on their terms, mediated through the activity of care and grounded in interdependence.[125]

Separate/objective selves see moral dilemmas as involving a conflict between their principles and the needs or desires of someone else. Connected selves perceive as moral dilemmas those which involve the breakdown of relationships with others. Separate/objective selves must appeal to the voice of justice, but connected selves can mediate moral dilemmas through the voice of care.

The ethics of care has clear implications in bioethics. The development of the hospice movement where 'care of the sick is primary; disease *per se* is untreated, and physicians are ... ancillary to nurses'[126] is a model of the ethics of care in action. In hospitals, disagreements between medical and nursing staff over end-of-life decisions concerns nurses rather more it seems than doctors. As Kuhse notes:

> ... disagreement arises because the nurse believes that the doctor's decision to sustain a patient's life (and, occasionally, the doctor's failure to do so) is not in the patient's best interest, does not respect the patient's wishes or the patient's 'right to die'. In other words, nurses may often feel that doctors act from principle, whereas nurses respond from a perspective of care.[127]

Yet critics will point to the situations where justice (patients' rights) and care will be in conflict. Justice demands acknowledgement of self-determination, and the patient as consumer; the care model will see the patient as someone in need for whom paternalism/maternalism is appropriate intervention. On a justice model there is no room for 'doctor knows best' or the therapeutic privilege;[128] the patient's informed consent is fundamental.[129] One resolution of this conflict is to adapt the model to suit the patient: does she or he want justice or care? But whose would the decision be? Another answer (Manning's)[130] is that respecting rights is the 'moral minimum' (in Fuller's language 'a morality of duty') but the treatment of patients in a genuinely caring way is the goal (Fuller's 'morality of aspiration' is an analogy).[131]

The case approach, the subject of Part IX of this volume, has an obvious appeal both to common lawyers and the medical profession. Like the common lawyer and, in most cases, the doctor, the casuist reasons from the paradigmatic case to find the 'right' result in the new, perhaps perplexing, situation. This is done by means of analogical reasoning. The case at hand is compared with the paradigm case (or cases) and similarities and differences focused upon. So, where the question is whether a grossly disabled newborn baby should be allowed to die the paradigmatic cases would be, on the one hand, a case such as 'Baby Alexandra' (a Down's syndrome child with an intestinal blockage who, of course, must be treated)[132] and, on the other, a child for whom any treatment is futile and who will die anyway in a matter of months.[133] What, then, of the many cases in between these paradigms – for example, the child who is not dying and can be easily resuscitated but who can experience little else but pain'.[134] The casuist will try to find arguments to categorize the case in terms of its proximity to one or other paradigm. Perhaps the busy doctor does this anyway. Certainly, it is an approach used within common law reasoning.[135] It is, as John Arras describes it (in Chapter 26) a bottom-up, as opposed to a top-down, approach. It is inductive and particularist, and it would appear dismissive of principles. Certainly, in the views of some casuists (Stephen Toulmin offers an example in Chapter 12) principles would be seen as nothing more than what we have learnt from our intuitive responses to a series of cases. But this is not the view of Albert Jonsen (see Chapter 27), who argues that principles can guide actions. To John Arras (Chapter 26) as well, casuistry can be regarded as complementary to the development and use of principles, emphasizing the importance of details of cases. Casuists differ from those who espouse a principle-based approach in arguing about where principles come from. It is the contention of casuists that principles do not emerge from some 'celestial vault',[136] as Arras puts it, but rather develop out of the methodology of a case-based approach over a period of time. And, casuists argue, principles cannot just be applied; they need fine-tuning to tackle the individual case. Thus, for example, the principle of patient autonomy may have greater or lesser weight depending upon the circumstances. It may have less pulling power when the patient is a child[137] (where it may be thought to have a differential impact on decisions to consent or refuse treatment)[138] or where the interests of others are threatened (as in the case of the pregnant woman who refuses a medically recommended caesarean section).[139]

The case-based approach has its critics. One major criticism is bias. Kopelman explains this:

> The potential for bias arises at each stage of a case method of reasoning, including in describing, framing, selecting and comparing of cases and paradigms. A problem of bias occurs because, to identify the relevant features for such purposes, we must use general views about what is relevant; but some of our general views are biased, both in the sense of being unwarranted inclinations and in the sense that they are one of many viable perspectives.[140]

In short, is casuistry committed to the thinking of the past and therefore wedded to unjust social practices and prejudices? Does it have the ability to challenge the inherent biases in the paradigm cases to which it must return? Similar criticisms have been made of common law methodology by critical legal theories,[141] within feminist jurisprudence[142] and critical race theory.[143] Any philosophy which is backward-looking (as casuistry is) is likely to be conservative. But it does not have to be. Analogical reasoning is a tool and, like all tools, it depends on who handles it.

The other major criticism indicts the indeterminacy of casuistry. This shortcoming is addressed by Kevin Wildes in Chapter 28. As a methodology, casuistry depends on the mind-set of its practitioners. When there was consensus (in the days of common Christian belief), casuistry was workable. But, the argument goes, can it work in pluralistic societies? The common law works, but it has clearly defined authorities to which it can appeal (judges, a hierarchy of courts, a system of precedent, well-established methods of interpreting statutes). Casuistry may work within the bounds of a particular religion (Roman Catholicism or Judaism, for example) but its appeal to a secular, pluralistic, post-modern society may be limited by the difficulties it has in surmounting this hurdle.[144]

The final Part of this volume takes up issues of pluralism. Most writing in bioethics emanates from Western (and liberal) societies and is strongly ethnocentric. As Elliott has pointed out:

> Ethics does not stand apart. It is one thread in the fabric of a society, and it is intertwined with others. Ethical concepts are tied to a society's customs, manners, traditions, institutions – all of the concepts that structure and inform the ways in which a member of that society deals with the

world. When we forget this, we are in danger of leaving the world of genuine moral experience for the world of moral fiction – a simplified, hypothetical creation suited less for practical difficulties than for intellectual convenience.[145]

Despite this understanding there has been a thrust towards universalism and away from particularism. Thus, in a recent essay, Callahan can argue that it conveys a moral perspective that is 'valid under most circumstances for most people most of the time'.[146]

Western bioethics is challenged both by non-Western practices[147] and by the operation of different principles and ethical perspectives. Different understandings of the meaning of death (for example, in Japan) can lead to different policies on the removal of organs from cadavers.[148] Female genital mutilation, practised (in different ways) in vast swathes of the world (and in Western societies by African immigrants) is now widely discussed (see, for instance, Lane and Rubinstein, Chapter 31). Universalists, relativists and pluralists[149] take different positions on it: Western legislatures increasingly outlaw it, even where adult women consent to such surgical interventions – a difficult tightrope to tread when breast implants and gender reassignments are lawful. Fundamental Western concepts also cannot necessarily be found in non-Western thinking. The liberal West takes the principle of individual autonomy for granted, but the non-Western value system is more likely to value cultural, communal or family autonomy.[150] Is this understanding to be taken cognisance of by Western doctors treating patients from such cultures? In England, in 1993, an elderly patient of Caribbean origin in a criminal asylum refused to agree to the amputation of a gangrenous leg. As it happens, he suffered from paranoid schizophrenia and thought he knew more about gangrene than the doctors treating him. The English Court of Appeal upheld his refusal to submit to an amputation.[151] Did the doctors and the courts situate his attitudes within his culture? Was evidence adduced of this? Certainly, in Africa, death is thought preferable to the loss of dignity.[152]

Western bioethics needs to gain insights into non-Western practices and beliefs (as it has done with non-standard practices and beliefs, such as those of Jehovah's Witnesses in relation to blood transfusions). One way it can do this is by focusing on bioethical problems which concern the non-Western world. This is already beginning to happen as Western bioethicists (Schüklenk, Harris) grapple with the ethical dilemmas of the HIV/AIDS pandemic in sub-Saharan Africa.[153] But the most difficult challenge is at the level of fundamental ethical values It may be that the answer lies neither with universalism (in effect, cultural imperialism) nor with particularism (cultural pluralism at best or, at its most crude, cultural relativism) but in transcultural bioethics (based on values and principles which transcend cultures).[154] This is, of course, a mammoth task – but it offers a worthwhile challenge.

And perhaps it is here that the social sciences have an input. The final part of this volume addresses the possible contribution, continuing and engaging with (in Zussman's case) Hoffmaster's essay in Part X. Robert Zussman (Chapter 32) rejects Hoffmaster's 'manifesto for a sociology of medical ethics'.[155] For Zussman the social sciences may lend a bit of reality to the 'flights of fancy'[156] that can characterize medical ethics, and may also lead to new issues being raised. For James Nelson (Chapter 33) the social sciences offer a challenge to bioethics. Ethics requires an understanding of social life. Without it, there are dangers of its losing its way.

Notes

1. See, generally, Roy Porter, *The Greatest Benefit To Mankind* (London: Harper Collins, 1997).
2. See J. B. Pritchard, *Ancient Near Eastern Texts Relating To The Old Testament* (Princeton, NJ: Princeton University Press, 1969), p. 27.
3. M. B. Etziony, *The Physician's Creed: An Anthology of Medical Prayers, Oaths and Codes of Ethics Written and Recited By Medical Practitioners Throughout The Ages* (Springfield, Ill.: Charles C. Thomas, 1973).
4. See below, p. 11. On Hippocrates see Jacques Jouanna, *Hippocrates* (Baltimore; Johns Hopkins University Press, 1999).
5. See R. L. Numbers and D. W. Amundsen (eds.), *Caring and Curing: Health and Medicine in the Western Religious Traditions* (New York: Macmillan, 1987); L. E. Sullivan (ed.), *Healing and Restoring: Health and Medicine in the World's Religious Traditions* (New York: Macmillan, 1989); Joseph Shatzmiller, *Jews, Medicine and Medieval Society* (Berkeley, University of California Press, 1994) offers a valuable historical context.
6. Quoted in Porter, *op cit.*, note 1, p. 101. See also Julius Preuss, *Biblical and Talmudic Medicine* (New York: Sanhedrin Press, 1978).
7. See Porter, *op cit.*, note 1, p. 97, noting that, in this, he echoed Galen.
8. Ibid.
9. See W. H. S. Jones, *The Doctor's Oath: An Essay In The History of Medicine* (New York: Cambridge University Press, 1924).
10. First found in Leviticus 19:18.
11. Consider, for example, the Crusades, on which see S. Runciman, *A History of the Crusades* (3 vols) (Cambridge: Cambridge University Press, 1951–54).
12. See Nancy G. Siraisi, *Medieval and Early Renaissance Medicine: An Introduction To Knowledge and Practice* (Chicago: University of Chicago Press, 1990); Charles H. Talbot, *Medicine In Medieval England* (London: Oldbourne, 1967).
13. Quoted in Porter, *op cit.*, note 1, p. 111.
14. See MacKinney, below, p. 37.
15. See Georges Minois, *History of Suicide* (Baltimore: Johns Hopkins University Press, 1999), pp. 27–28.
16. *Summa Theologica*, part II-II, q. 64, art. 5.
17. See Philippe Ariès, *The Hour of Our Death* (London: Allen Lane, 1981).
18. See, more generally, John M. Riddle, *Eve's Herbs* (Cambridge, Mass.: Harvard University Press, 1997).
19. See Angus McLaren, 'Policing Pregnancies: Changes in Nineteenth-Century Criminal and Canon Law' in G. R. Dunstan and Mary J. Seller (eds), *The Human Embryo: Aristotle and the Arabic and European Traditions* (Exeter: Exeter University Press, 1990), p. 187; John T. Noonan, 'Abortion and the Catholic Church: A Summary History' (1967) 12 *Natural Law Forum*, p. 105.
20. See, generally, Thomas Hankins, *Science And the Enlightenment* (Cambridge: Cambridge University Press, 1985) and Guenter B. Risse, 'Medicine In The Age of Enlightenment' in A. Wear (ed.), *Medicine In Society: Historical Essays* (Cambridge: Cambridge University Press, 1992), p. 149. On Gregory see Laurence B. McCullough, *John Gregory's Writings on Medical Ethics and Philosophy of Medicine* (Dordrecht: Kluwer, 1998).
21. See T. Percival, *Medical Ethics* (Manchester: J. Johnson and R. Bickerstaff, 1803).
22. Quoted by Porter, *op cit.*, note 1, p. 287.
23. Brian Abel-Smith, *A History of The Nursing Profession* (London: Heinemann, 1960).
24. Isabel Hampton Robb, *Nursing Ethics For Hospital and Private Use* (Cleveland, Ohio: Kieckert, 2nd edition, 1928) (first edition published by J. B. Savage, 1901).
25. See Helga Kuhse, *Caring: Nurses, Women and Ethics* (Oxford: Blackwell, 1997), ch. 2.
26. Ibid., p. 32.
27. Porter, *op cit.*, note 1, p. 621 remarks: 'It may be no accident that South Africa got in first; the land of apartheid had fewer ethical rules hedging what doctors could do.'

28 See Ad Hoc Committee, 'A Definition of Irreversible Coma Report of the Ad Hoc Committee of the Harvard Medical School to Examine the Definition of Brain Death' (1968) 205 *JAMA*, p. 337. French neurologists had coined the term *coma dépassé* in 1959.
29 Alexander M. Capron and Leon M. Kass, 'A Statutory Definition of the Standards for Determining Human Death: An Appraisal and A Proposal' (1978) 121 *University of Pennsylvania Law Review*, p. 87; Julius Korein, 'The Problem of Brain Death: Development and History' (1978) 315 *Annals of the New York Academy of Sciences*, p. 19.
30 For example, Robert D. Truog, 'Is It Time To Abandon Brain Death?' (1997) 27(1) *Hastings Center Report*, p. 29. But compare James L. Bernat, 'A Defense of the Whole-Brain Concept of Death' (1998) 28(2) *Hastings Center Report*, p. 14.
31 On which see Sally Sheldon, *Beyond Control: Medical Power And Abortion Law* (London: Pluto Press, 1997).
32 410 US 113 (1973). A recent challenging book is Georgia Warnke, *Legitimate Differences* (Berkeley, California: University of California Press, 1999).
33 For example, Susan Sherwin, *No Longer Patient: Feminist Ethics and Health Care* (Philadelphia: Temple University Press, 1992); Helen Bequaert Holmes and Laura M. Purdy, *Feminist Perspectives In Medical Ethics* (Bloomington, Indiana: Indiana University Press, 1992); Anne Donchin and Laura M. Purdy, *Embodying Bioethics* (Lanham, Maryland: Rowman and Littlefield, 1999); Lynn M. Morgan and Meredith W. Michaels, *Fetal Subjects, Feminist Positions* (Philadelphia: University of Pennsylvania Press, 1999).
34 See Peter Singer and Deane Wells, *The Reproduction Revolution* (Oxford: Oxford University Press, 1984).
35 See Mary Warnock, *A Question of Life* (Oxford: Blackwell, 1985).
36 Ibid., 8.17.
37 I argue this in 'After *Warnock*: Whither The Law?' (1986) 39 *Current Legal Problems*, p 33.
38 *Re C* [1985] FLR 846. The surrogate's story is told in Kim Cotton and Denise Winn, *Baby Cotton– For Love and Money* (London: Dorling Kindersley, 1985).
39 *In The Matter of Baby M* 537 A. 2d 1227. And see Dianne M. Bartels, Reinhard Priester, Dorothy E. Vawter and Arthur L. Caplan, *Beyond Baby M: Ethical Issues in New Reproductive Technologies* (Clifton, NJ: Humana Press, 1990).
40 See Warnock, *op cit.*, note 35, ch. 11.
41 Glenn McGee, *The Human Cloning Debate* (Berkeley, California: Berkeley Hills Books, 1998); James M. Humber and Robert F. Almeder, *Human Cloning* (Totowa, NJ: Humana Press, 1998).
42 On Dolly and her aftermath see Gina Kolata, *Clone: The Road to Dolly and the Path Ahead* (London: Penguin Press, 1997).
43 Dan W. Brock, *Life and Death: Philosophical Essays In Biomedical Ethics* (Cambridge: Cambridge University Press, 1993); Bonnie Steinbock, *Killing and Letting Die* (Englewood Cliffs, N.J.: Prentice-Hall, 2nd edn, 1990); Helga Kuhse, *The Sanctity of Life Doctrine In Medicine* (Oxford: Oxford University Press, 1987).
44 R. S. Duff and A. G. M. Campbell, 'Moral and Ethical Problems in the Special-Care Nursery' (1973) 279 *New England Journal of Medicine*, p. 890.
45 Initiated by James Rachels, 'Active And Passive Euthanasia' (1975) 292 *New England Journal of Medicine*, p. 78.
46 Unreported, 1957. See H Palmer, 'Trial For Murder' (1957) *Criminal Law Review*, p. 365.
47 Glanville Williams, *The Sanctity of Life and the Criminal Law* (London: Faber and Faber, 1958).
48 Patrick Devlin, *Easing the Passing* (London: Bodley Head, 1985).
49 *In The Matter of Karen Quinlan* 355 A. 2d 647 (1976).
50 The 'Baby Alexandra' case: *Re B* [1981] 1 WLR 1421. This coincided with the prosecution of Dr Arthur for attempted murder: see *R* v. *Arthur* (1981) 12 BMLR 1.
51 See, below, G. E. M. Anscombe, p. 223; Joseph Boyle, p. 237; and Alan Donagan, p. 257.
52 Henry Beecher, 'Ethics and Clinical Research' (1966) 274 *New England Journal of Medicine*, p. 1354, and, below, p. 3

53 Carl Schneider, 'Bioethics in the Language of The Law' (1994) 24(4) *Hastings Center Report*, p. 16.
54 See his *Morals and Medicine: The Moral Problems of the Patient's Right To Know The Truth, Contraception, Artificial Insemination, Sterilization, Euthanasia* (Boston: Beacon Press, 1954).
55 Paul Ramsey, *The Patient as Person* (New Haven, Conn: Yale University Press, 1970).
56 Immanuel Jakobovits, *Jewish Medical Ethics* (New York: Bloch, enlarged edition, 1975). On Jakobovits see Y. Jacobovits in F. Rosner (ed.), *Pioneers In Jewish Medical Ethics* (Northvale, NJ: Aronson, 1997), p. 127.
57 J. David Bleich, *Bioethical Dilemmas – A Jewish Perspective* (Hoboken, NJ: Ktav Publishing House, 1998). See also Fred Rosner and J. David Bleich (eds), *Jewish Bioethics* (Brooklyn, NY: Hebrew Publishing Co., 1979).
58 'Theology, Religious Traditions and Bioethics', eds. Daniel Callahan and Courtney S. Campbell, *Hastings Center Report* (Special Supplement), July/August 1990, pp. 1–24.
59 'Religion and the Secularization of Bioethics', *ibid.*, p. 2 at p. 4 and, below, at p. 73.
60 Ibid., quoting Jeffrey Stout, *Ethics After Babel: The Languages of Morals And Their Discontents* (Boston: Beacon Press, 1988) p. 294.
61 Courtney S. Campbell, 'Religion and Moral Meaning In Bioethics', *Hastings Center Report* (Special Supplement), July/August 1990, p. 4 at p. 6. And, below, at p. 77.
62 Ibid.
63 Ibid., p. 7 and p. 78 below.
64 Lisa Sowle Cahill, 'Can Theology Have A Role In "Public" Bioethical Discourse?' *Hastings Center Report* (Special Supplement) July/August 1990, p. 10 and, below, p. 83.
65 Ibid.
66 Tom L. Beauchamp and James F. Childress, *Principles of Biomedical Ethics* (New York: Oxford University Press, 4th edn, 1994). The first edition was in 1979.
67 K. Donner Clouser and Bernard Gert, 'A Critique of Principlism' (1990) 15 *Journal of Medicine and Philosophy*, p. 219 and, below, p. 203.
68 R. M. Veatch, *A Theory of Medical Ethics* (New York: Basic Books, 1981).
69 H. Tristam Engelhardt, *Foundations of Bioethics* (New York: Oxford University Press, 2nd edn, 1995).
70 Ezekiel J. Emanuel, 'The Beginning of the End of Principlism' (1995) 25(4) *Hastings Center Report*, p. 37.
71 H. Richardson, 'Specifying Norms as a Way To Resolve Concrete Ethical Problems', (1990) 19 *Philosophy and Public Affairs*, p. 279, and below, p. 161.
72 Joseph Fletcher, *Situation Ethics: The New Morality* (Philadelphia: Westminster Press, 1966).
73 See Alan Gewirth, 'The Epistemology of Human Rights' (1984) 1 *Social Philosophy and Policy*, p. 1.
74 James F. Childress, *Practical Reasoning in Bioethics* (Bloomington, Indiana: Indiana University Press, 1997), p. 112.
75 See Veatch, op cit., note 68.
76 Bernard Gert, *Morality: A New Justification of the Moral Rules* (New York: Oxford University Press, 1989).
77 David DeGrazia, 'Moving Forward in Bioethical Theory: Theories, Cases and Specified Principlism' (1992) 17 *Journal of Medicine and Philosophy*, p. 511, and below, p. 131.
78 Childress, op cit., note 74, p. 38.
79 Ibid.
80 Clouser and Gert, op cit., note 67, p. 223 and, below, p. 207.
81 Stephen Toulmin, 'The Tyranny of Principles' (1981) 11(6) *Hastings Center Report*, p. 31 and below, p. 193. See also Albert Jonsen and Stephen Toulmin, *The Abuse of Casuistry* (Berkeley, California: University of California Press, 1988).
82 R. S. Downie, *Medical Ethics* (Aldershot, Dartmouth, 1996).
83 Carol Gilligan, *In A Different Voice: Psychological Theory and Women's Development* (Cambridge, Mass.: Harvard University Press, 1982).

84. James F. Childress, 'A Principle-Based Approach' in H. Kuhse and P. Singer (eds), *A Companion To Bioethics* (Oxford, Blackwell, 1998), p. 61 at p. 70.
85. Alisa L. Carse, 'The "Voice of Care": Implications for Bioethical Education' (1991) 16 *Journal of Medicine and Philosophy*, p. 5.
86. For example, Ronald Dworkin, *Taking Rights Seriously* (London: Duckworth, 1977); idem, *Life's Dominion: An Argument about Abortion and Euthanasia* (London: Harper Collins, 1993).
87. Germain Grisez, *The Way Of The Lord Jesus*, Vol. 1: *Christian Moral Principles* (Chicago: Franciscan Herald Press, 1983).
88. John M. Finnis, *Moral Absolutes: Tradition, Revision and Truth* (Washington, DC: Catholic University of America Press, 1991).
89. I argue this in 'Sterilising The Mentally Handicapped' in M. D. A. Freeman, *Medicine, Ethics and the Law* (London: Stevens, 1988), p. 55.
90. As in *Buck* v. *Bell* 274 US 200 (1927).
91. G. E. M. Anscombe, 'Medalist's Address: Action, Intention and "Double Effect"' (1982) 54 *Proceedings of the American Catholic Philosophical Association*, p. 12 at p. 14 and, below at p. 223.
92. Alan Donagan, *The Theory of Morality* (Chicago: University of Chicago Press, 1977).
93. Ibid., p. 155.
94. See T. J. Bole (ed.), 'Double Effect: Theoretical Function and Bioethical Implications' (1991) 16 *Journal of Medicine and Philosophy* (Special Issue), pp. 467–585.
95. See Immanuel Kant, *Groundwork of the Metaphysic of Morals* (1785) (see H. J. Paton's translation, *The Moral Law* (London: Hutchinson, 1948).
96. For a lively discussion in terms of a concrete case (*R* v. *Dudley and Stephens*) see A. W. B. Simpson, *Cannibalism and the Common Law* (Chicago: University of Chicago Press, 1984).
97. And see Raanan Gillon, 'Killing and Letting Die' (1988) 14 *Journal of Medical Ethics*, p. 115.
98. Anscombe, op. cit., note 91, p. 21, and, below, p. 232.
99. Joseph Boyle, 'An Absolute Rule Approach' in Helga Kuhse and Peter Singer (eds), *A Companion To Bioethics* (Oxford: Blackwell, 1998), p. 72 at p. 78.
100. Joseph Boyle, 'Who Is Entitled To "Double Effect"?' (1991) 16 *Journal of Medicine and Philosophy*, p. 475 at pp. 436–8, and, below, at pp. 248–50.
101. John Harris, 'What is the Good of Health Care?' (1996) 10 *Bioethics*, p. 269; Julian Savulescu, 'Consequentialism, Reasons, Value and Justice' (1998) 12 *Bioethics*, p. 212; John Harris, 'Justice and Equal Opportunities in Health Care' (1999) 13 *Bioethics*. p. 392; Julian Savulescu, 'Desire-Based and Value-Based Normative Reasons' (1999) 13 *Bioethics*, p. 405.
102. Jeremy Bentham, *Introduction to the Principles of Morals and Legislation*, eds. J. H. Burns and H. L. A. Hart (London, Athlone Press, 1970).
103. On which see Samuel Scheffler, *Consequentialism and its Critics* (Oxford: Oxford University Press, 1988).
104. See Amartya Sen, *Choice, Welfare, Measurement* (Oxford: Blackwell, 1982).
105. See R. M. Hare, 'A Utilitarian Approach' in Kuhse and Singer, op cit., note 99, p. 80 at pp. 82–83.
106. See Amartya Sen and Bernard Williams, 'Introduction' in A. Sen and B. Williams (eds), *Utilitarianism and Beyond* (Cambridge: Cambridge University Press, 1982) p. 4.
107. Harris, op cit. (1996) note 101.
108. Op cit. (1999) note 101.
109. Savulescu, op. cit. (1999) pp. 405–406.
110. G. E. M. Anscombe, 'Modern Moral Philosophy' (1958) 33 *Philosophy*, pp. 1–19.
111. Rosalind Hursthouse, *Beginning Lives* (Oxford: Blackwell, 1987). See also Rosalind Hursthouse, 'Normative Virtue Ethics' in R. Crisp (ed.), *How Should One Live? Essays on the Virtues* (Oxford: Clarendon Press, 1996), p. 19.
112. See John Griffiths, Alex Bood and Helen Weyers, *Euthanasia and the Law in The Netherlands* (Amsterdam: Amsterdam University Press, 1998).
113. See John Keown, 'The Law And Practice of Euthanasia in the Netherlands' (1992) 108 *Law Quarterly Review*, p. 51.

114 Robert Veatch, 'The Danger of Virtue' (1988) 13 *Journal of Medicine and Philosophy*, p. 445.
115 Robert Louden, 'On Some Vices of Virtue Ethics' (1984) 21 *American Philosophical Quarterly*, p. 227.
116 Gilligan op. cit., note 83.
117 Nel Noddings, *Caring: A Feminine Approach to Ethics and Moral Education* (Berkeley, California: University of California Press, 1984).
118 Joan Tronto and Berenice Fisher, 'Toward A Feminist Theory of Caring' in E. K. Abel and M. Nelson (eds), *Circles of Care: Work and Identity in Women's Lives* (Albany, NY: State University of New York Press, 1990), p. 8, at p. 40. See also Joan Tronto, *Moral Boundaries: A Political Argument for an Ethic of Care* (New York: Routledge, 1993), p. 103.
119 *Per* Selma Sevenhuijsen, *Citizenship and the Ethics of Care* (London: Routledge, 1998), p. 137 (originally published in Dutch in 1996).
120 Gilligan, op cit., note 83, p. 38.
121 Ibid., p. 2.
122 Ibid., p. 28.
123 Kuhse, *op cit.*, note 25, p. 104.
124 Rita C. Manning, 'A Care Approach' in Kuhse and Singer, *op. cit.*, note 99, p. 98 at p. 101.
125 Tronto, *op cit.*, (1993), note 119, p. 79.
126 Rita C. Manning, *Speaking From The Heart: A Feminist Perspective on Ethics* (Lanham, Maryland, Rowman and Littlefield, 1992), p. 116.
127 Kuhse, *op cit.*, note 25, p. 170.
128 On which see *Canterbury v. Spence* 464 F. 2d 772 (DC Cir. 1972). See also G. Dworkin, *The Theory and Practice of Autonomy* (New York: Cambridge University Press, 1988) and S. Wear, *Informed Consent: Patient Autonomy and Physician Beneficence within Clinical Medicine* (Dordrecht: Kluwer, 1993).
129 But see *Sidaway v. Bethlehem Royal Hospital* [1985] AC 871. More generally, see P. Appelbaum, C. Lidz and A. Meisel (eds), *Informed Consent: Legal Theory and Clinical Practice* (New York: Oxford University Press, 1987).
130 Lansing, *op cit.*, note 125, p. 104.
131 Lon L. Fuller, *The Morality of Law* (New Haven, Conn.: Yale University Press, 1964).
132 *Re B* [1981] 1 WLR 1421.
133 *Re C* [1990] Fam. 26.
134 *Re J* [1991] Fam. 33.
135 Benjamin Cardozo, *The Nature of The Judicial Process* (New Haven, Conn.: Yale University Press, 1921).
136 J. D. Arras, 'Getting Down To Cases: The Revival of Casuistry in Bioethics', (1991) 16 *Journal of Medicine and Philosophy*, p. 29 and, below, p. 463.
137 See Lainie Ross Friedman, *Children, Families and Health Care Decision-Making* (Oxford: Clarendon Press, 1998). See also her article, 'Health Care Decision-Making by Children: Is it in their Best Interest?' (1997) 27(6) *Hastings Center Report*, p. 41.
138 See *Re R* [1992] Fam. 11; *Re W* [1993] Fam. 64.
139 *Re AC* 573 A 2d 1253 (DC CA); *St George's Healthcare NHS Trust v. S* [1999] Fam. 26.
140 Loretta Kopelman, 'Case Method and Casuistry: The Problem of Bias' (1994) 15 *Theoretical Medicine*, p. 21.
141 For example, Peter Gabel, 'Reification in Legal Reasoning' in *Research in Law and Sociology*, vol. 3, 1980, p. 25.
142 For example, Lucinda M. Finley, 'Breaking Women's Silence in Law: The Dilemma of the Gendered Nature of Legal Reasoning' (1989) 64 *Notre Dame Law Review*, p. 886.
143 See Kimberlé Crenshaw, Neil Gotanda, Gary Peller and Kendall Thomas, *Critical Race Theory* (New York: New Press, 1995), Part 4.
144 See K. W. Wildes, 'The Priesthood of Bioethics and the Return of Casuistry', (1993) 18 *Journal of Medicine and Philosophy*, p. 33, and, below, p. 503.
145 Carl Elliott, 'Where Ethics Comes From, and What to do about it' (1992) 22(4) *Hastings Center Report*, p. 28 at p. 29.

146 Daniel Callahan, 'Universalism and Particularism: Fighting to a Draw' (2000) 30(1) *Hastings Center Report*, p. 37.
147 Female circumcision (or genital mutilation) is the most discussed example. See, below, Sandra D. Lane and Robert A. Rubinstein, p. 541.
148 N. Tanida, '"Bioethics" is Subordinate to Morality in Japan' (1996) 10 *Bioethics*, p. 201; and K. Hoshino, 'Why Many Japanese Do Not Accept "Braindeath" as a Definition of Death' (1993) 7 *Bioethics*, pp. 234–238.
149 See Michael Freeman, 'The Morality of Cultural Pluralism' (1995) 3 *International Journal of Children's Rights*, p. 1.
150 See E. Pellegrino *et al.*, *Transcultural Dimensions in Medical Ethics* (Frederick, Maryland, University Publishing Group. 1992).
151 *Re C* [1994] 1 FLR 31.
152 This is explained by Segun Gbadegesin, 'Bioethics and Cultural Diversity' Kuhse and Singer, *op. cit.*, note 99, p. 24, 30. See also Patricia Marshall, David Thomasma and Jurrit Bergsma, 'International Reasoning: The Challenge for International Bioethics' (1994) 3 *Cambridge Quarterly Journal of Healthcare Ethics*, p. 321. See also G. B. Tangwa, 'Bioethics: An African Perspective' (1996) 10 *Bioethics*, p. 183.
153 Udo Schüklenk, *Access To Experimental Drugs in Terminal Illness: Ethical Issues* (New York: Haworth, 1998); John Harris, 'Research on Human Subjects, Exploitation and Global Principles of Ethics' in M. Freeman and A. D. E. Lewis (eds), *Law And Medicine* (Oxford: Oxford University Press, 2000), pp. 379–398. See also 'Symposium', (1998) 12 *Bioethics*, pp. 286–331.
154 And see Barry Hoffmaster 'Can Ethnography Save the Life of Medical Ethics?' (1992) 35 *Social Science and Medicine*, p. 1421, and, below, p. 523. See also Alastair V. Campbell, 'Global Bioethics – Dream or Nightmare?' (1999) 13 *Bioethics*, p. 183 and Hyakudai Sakamoto, 'Towards A New "Global Bioethics"' (1999) 13 *Bioethics*, p. 191.
155 Robert Zussman, 'The Contributions of Sociology to Medical Ethics' (2000) 30(1) *Hastings Center Report*, p. 7, at p. 10 and below, at p. 556.
156 Ibid.

Bibliography

History of Bioethics

Baker, R. B., Caplan, A. L., Emanuel, L. L. and Latham, S. R. (1999), *The American Medical Ethics Revolution*, Baltimore: Johns Hopkins University Press.
Jones, W. H. S. (1924), *The Doctor's Oath: An Essay In the History of Medicine*, Cambridge, Cambridge University Press.
Jonsen, A. R. (1998), *The Birth of Bioethics*, New York: Oxford University Press.
Lloyd, G. E. R. (1978), *Hippocratic Writings*, Harmondsworth: Penguin.
Porter, R. (1997), *The Greatest Benefit To Mankind*, London, Harper Collins.
Temkin, O. (1992), *Hippocrates in a World of Pagans and Christians*, Baltimore: Johns Hopkins University Press.
Wear, A (1992), *Medicine in Society: Historical Essays*, Cambridge: Cambridge University Press.

Some Standard Texts

Beauchamp, T. L. and Childress, J. F. (1994), *Principles of Biomedical Ethics*, (4th edn), New York: Oxford University Press.
Beauchamp, T. L. and Walters, Le Roy (1994), *Contemporary Issues in Bioethics* (4th edn), Belmont, Calif.: Wadsworth.

Childress, J. (1997), *Practical Reasoning in Bioethics*, Bloomington: Indiana University Press.
Downie, R. S. (1996), *Medical Ethics*, Aldershot: Dartmouth.
Fletcher, J. (1954), *Morals and Medicine*, Boston: Beacon Press.
Gillon, R. (1994), *Principles of Health Care Ethics*, Chichester: John Wiley.
Gert, B., Culver, C. M. and Danner Clouser, K. (1997), *Bioethics: A Return to Fundamentals*, New York: Oxford University Press.
Glover, J. (1977), *Causing Death and Saving Lives*, Harmondsworth: Penguin.
Journal of Medicine and Philosophy (2000), **25**, pp. 653–764, 'Bioethics at the Threshold of the Millennium'.
Kuhse, H. and Singer, P. (1998), *A Companion to Bioethics*, Oxford: Blackwell.
Nelson, H. L. (1997), *Stories and their Limits – Narrative Approaches to Bioethics*, New York: Oxford University Press.
Pence, G. E. (1998), *Classic Works in Medical Ethics*, Boston: McGraw Hill.
Sherwin, S. (1992), *No Longer Patient*, Philadelphia: Temple University Press.
Sumner, W. L. and Boyle, J. (1996) *Philosophical Perspectives on Bioethics*, Toronto: University of Toronto Press.
Veatch, R. M. (1989), *Medical Ethics*, Boston: Jones and Bartlett.

Religion and Bioethics

Bleich, J. O. (1998), *Bioethical Dilemmas: A Jewish Perspective*, Hoboken, NJ: Ktav.
Breck, J. (1998), *The Sacred Gift of Life: Orthodox Christianity and Bioethics*, Crestwood, NY: St Vladimir's Seminary Press.
Camenish, P. F. (ed.) (1994), *Religious Methods and Resources in Bioethics*, Dordrecht: Kluwer.
Cohen, C. B. *et al.* (2000), 'Prayer as Therapy', *Hastings Center Report*, **30**(3), pp. 40–47.
Journal of Medicine and Philosophy (2000), **25**, pp. 367–513, 'Bioethics at the Threshold of the Millennium'.
Lammers, S. E. and Verhey, A. (eds) (1987), *On Moral Medicine: Theological Perspectives in Medical Ethics*, Grand Rapids, Mich.: Wm. Eerdmans.
MacCormick, R. and Ramsey, P. (eds) (1987), *Doing Evil to Achieve Good*, Chicago: Loyola University Press.
O'Rourke, K. D. and Boyle, P. (eds) (1999), *Medical Ethics: Sources of Catholic Teachings*, (3rd edn), Washington, DC: Georgetown University Press.
Rahman, F. (1987), *Health and Medicine in the Islamic Tradition: Change and Identity*, New York: Crossroads.
Verhey, A. and Lammers, S. E. (eds) (1993), *Theological Voices in Medical Ethics*, Grand Rapids, Mich.: Wm. Eerdmans.

Law and Bioethics

Capron, A. M. (1988), 'A "Bioethics" Approach to Teaching Health Law', *Journal of Legal Education*, **38**, pp. 505–9.
Capron, A. M. and Michel, V. (1993), 'Law and Bioethics', *Loyola of Los Angeles Law Review*, **27**, pp. 25–40.
Dickens, B. M. (1994), 'Legal Approaches to Health Care Ethics and the Four Principles' in R. Gillon (ed.), *Principles of Health Care Ethics*, Chichester: John Wiley, pp. 305–17.
Feinberg, J. (1984–86 and 1990), *The Moral Limits of the Criminal Law*, 4 vols, New York: Oxford University Press.
Fletcher, J. C. (1997), 'Bioethics in a Legal Forum: Confessions of an Expert Witness', *Journal of Medicine and Philosophy*, **22**, pp. 297–324.
Freeman, M. and Lewis, A. D. E. (2000), *Law And Medicine*, Oxford: Oxford University Press.
Freeman, M. D. A. (1988), *Medicine, Ethics and Law*, London: Stevens.

Kennedy, I. (1992), *Treat Me Right*, Oxford: Clarendon Press.
Mason, J. K. and McCall Smith, R. A. (1994), *Law and Medical Ethics*, London: Butterworths.
Schneider, C. E. S. (1994), 'Bioethics in the Language of the Law', *Hastings Center Report*, 24(4), pp. 16–22.

Principlism

Beauchamp, T. and Childress, J. (1994), *Principles of Biomedical Ethics*, (4th edn), New York: Oxford University Press – earlier editions may also be consulted.
Engelhardt, H. T. (1995), *Foundations of Bioethics*, (2nd edn), New York: Oxford University Press.
Evans, J. H. (2000), 'A Sociological Account of the Growth of Principlism', *Hastings Center Report*, 30(5), pp. 31–38.
Gillon, R. (1994), 'Medical Ethics: Four Principles Plus Attention to Scope', *British Medical Journal*, 309, pp. 184–88.
Gustafson, J. M. (1965), 'Context Versus Principles: A Misplaced Debate In Christian Ethics', *Harvard Theological Review*, 58, pp. 171–202.
Meslin E. *et al.* (1995), 'Principlism and the Ethical Appraisal of Clinical Trials', *Bioethics*, 9, pp. 399–418.
Richardson, H. S. (2000), 'Specifying, Balancing, and Interpreting Bioethical Principles', *Journal of Medicine and Philosophy*, 25, pp. 285–307.
Special Issue (1995), *Kennedy Institute of Ethics Journal*, 5, pp. 181–286.
Special Issue (2000), 'Specification, Specified Principlism and Casuistry', *Journal of Medicine and Philosophy*, 25, pp. 271–360.
Symposium (1994), 'Emerging Paradigms in Bioethics', *Indiana Law Journal*, 69, pp. 945–1122.
Veatch, R. M. (1981), *A Theory of Medical Ethics*, New York: Basic Books.

The Absolute Rule Approach

Dworkin, R. (1977), *Taking Rights Seriously*, London: Duckworth.
Eberl, J. T. (2000), 'The Beginning of Personhood: A Thomistic Biological Analysis', *Bioethics*, 14, pp. 134–57.
Finnis, J. (1991), *Moral Absolutes: Tradition, Revision and Truth*, Washington, DC: Catholic University of America Press.
Grisez, G. (1983), *The Way of The Lord Jesus. Vol. 1: Christian Moral Principles*, Chicago, Franciscan Herald Press.
Haber, J. (1994), *Absolutism and its Consequentialist Critics*, Lanham, Maryland, Rowman and Littlefield.

Utilitarianism

Brandt, R. B. (1992), *Morality, Utilitarianism and Rights*, Cambridge: Cambridge University Press.
Frey, R. G. (1984), *Utility and Rights*, Minneapolis: University of Minnesota Press.
Glover, J. (1977), *Causing Deaths and Saving Lives*, Harmondsworth: Penguin.
Griffin, J. (1986), *Well Being*, Oxford: Clarendon Press.
Henson, R. G. (1980), 'Utilitarianism and Wrongfulness of Killing', *Philosophical Review*, lxxx, pp. 320–37.
Kagan, S. (1989), *The Limits of Morality*, Oxford: Clarendon Press.
Sen, A. and Williams, B. (1982), *Utilitarianism and Beyond*, Cambridge: Cambridge University Press.
Smart, J. J. C. and Williams, B. (1973), *Utilitarianism: For and Against*, Cambridge: Cambridge University Press.
Sprigge, T. L. S. (1989), 'Utilitarianism and Respect for Human Life', *Utilities*, pp. 1–21.

Virtue Ethics

Baron, M., Pettit P. and Slote, M. (1997), *The Methods of Ethics: A Debate*, Oxford: Blackwell.
Foot, P. (1978), *Virtues and Vices*, Berkeley, University of California Press.
Hauerwas, S. (1981), *Vision and Virtue*, Notre Dame, Indiana: University of Notre Dame Press.
Hursthouse, R. (1995), 'Applying Virtue Ethics' in R. Hursthouse, G. Lawrence and W. Quinn (eds), *Virtues and Reasons: Philippa Foot and Moral Theory – Essays In Honour of Philippa Foot*, Oxford: Clarendon Press, pp. 57–75.
Kihlbom, U. (2000), 'Guidance and Justification in Particularistic Ethics', *Bioethics*, **14**, pp. 287–309.
Pence, G. (1984), 'Recent Work on the Virtues', *American Philosophical Quarterly*, **21**, pp. 281–97.
Shelp, E. E. (1985), *Virtue And Medicine*, Dordrecht: Reidel.
Slote, M. (1992), *From Morality to Virtue*, New York, Oxford University Press.

The Ethics of Care

Carse, A. L. and Nelson, H. L. (1999), 'Rehabilitating Care' in A. Donchin and L. M. Purdy (eds), *Embodying Bioethics*, Lanham, Maryland, Rowman and Littlefield, pp. 17–31.
Gilligan, C. (1982), *In A Different Voice*, Cambridge, Mass.: Harvard University Press.
Holmes, H. B. and Purdy, L. (eds) (1992), *Feminist Perspectives in Medical Ethics*, Bloomington: Indiana University Press.
Kuhse, H. (1997), *Caring: Nurses, Women and Ethics*, Oxford: Blackwell.
Kuhse, H. (1995), 'Clinical Ethics and Nursing: "Yes" to Caring, But "No" to a Female Ethics of Care', *Bioethics*, **9**, pp. 207–219.
Manning, R. (1992), *Speaking from the Heart: A Feminist Perspective on Ethics*, Lanham, Maryland: Rowman and Littlefield.
Noddings, N. (1984), *Caring: A Feminine Approach to Ethics and Moral Education*, Berkeley: University of California Press.
Veatch, R. M. (1998), 'The Place of Care in Ethical Theory', *Journal of Medicine and Philosophy*, **23**, pp. 210–24.
Wolf, S. (ed.) (1996), *Feminism and Bioethics: Beyond Reproduction*, New York: Oxford University Press.

The Case Approach

Brody, B. (1988), *Life and Death Decision Making*, New York: Oxford University Press.
Keenan, J. F. and Shannon, T. (1995), *The Context of Casuistry*, Washington, DC: Georgetown University Press.
Kuczewski, M. G. (1997), *Fragmentation and Consensus: Communitarian and Casuist Bioethics*, Washington, DC: Georgetown University Press.
Miller, R. B. (1996), *Casuistry and Modern Ethics: A Poetics of Practical Reason*, Chicago: University of Chicago Press.
Strong, C. (1997), *Ethics in Reproductive and Perinatal Medicine: A New Framework*, New Haven, Conn.: Yale University Press, ch. 4.
Strong, C. (2000), 'Specified Principlism: What Is It, and Does It Really Resolve Cases Better Than Casuistry?', *Journal of Medicine and Philosophy*, **25**, pp. 323–41.
Tomlinson, T. (1994), 'Casuistry In Medical Ethics: Rehabilitated, or Repeat Offender?', *Theoretical Medicine*, **15**, pp. 5–20.
Wallace, J. (1996), *Authoritative Practice: The Case for Particularism in Ethics*, Ithaca, NY: Cornell University Press.

Bioethics and Cultural Pluralism

Callahan, D. (2000), 'Universalism and Particularism', *Hastings Center Report*, **30**(1), pp. 37–44.
Flack, H. and Pellegrino, E. (eds) (1992), *African American Perspectives on Biomedical Ethics*, Washington, DC: Georgetown University Press.
Ingstad, B. and Whyte, S. R. (1995), *Disability and Culture*, Berkeley: University of California Press.
James, S. A. (1994), 'Reconciling International Human Rights and Cultural Relativism: The Case of Female Circumcision', *Bioethics*, **8**, 1–26.
Jecker, N. S., Carrese, J. A. and Pearlman, R. A. (1995), 'Caring For Patients in Cross-Cultural Settings', *Hastings Center Report*, **25**(1), pp. 6–14.
Macklin, R. (1995), 'Reproductive Technologies in Developing Countries', *Bioethics*, **9**, pp. 276–82.
Macklin, R. (2000), *Against Relativism* New York: Oxford University Press.
Marshall, P., Thomasna, D. and Bergsma, J. (1994), 'Intercultural Reasoning: The Challenge for International Bioethics', *Cambridge Quarterly Journal of Healthcare Ethics*, **3**, pp. 321–28.
Nicholas, B. (1996), 'Community and Justice: The Challenges of Bicultural Partnership to Policy on Assisted Reproductive Technology', *Bioethics*, **10**, pp. 212–21.
Pellegrino, E. (ed.) (1992), *Transcultural Dimensions in Medical Ethics*, Frederick, Maryland University Publishing Group.
Sherwin, S. (2001), 'Moral Perception and Global Visions', *Bioethics*, **15**, pp. 176–88.
Tangwa, G. B. (1996), 'Bioethics: An African Perspective', *Bioethics*, **10**, pp. 183–200.
Tangwa, G. B. (2000), The Traditional African Perception of a Person: Some Implications for Bioethics', *Hastings Center Report*, **30**(5), pp. 39–43.
Veatch, R. M. (1989), *Cross Cultural Perspectives in Medical Ethics: Readings*, Boston: Jones and Bartlett.

Social Sciences and Medical Ethics

Addleson, K. P. (1994), *Moral Passages*, New York: Routledge.
De Vries, R. and Conrad, P. (1998), 'Why Bioethics Needs Sociology' in R. De Vries and J. Subed. (eds), *Bioethics and Society*, Upper Saddle River, NJ: Prentice Hall.
Dingwall, R. (2000), 'Law, Society and the New Genetics' in M. Freeman and A. D. E. Lewis (eds), *Law and Medicine*, Oxford: Oxford University Press, pp. 159–76.
Elliott, C. (1999), *Bioethics, Culture and Identity – A Philosophical Disease*, Routledge: New York.
Fox, R. (1989), *The Sociology of Medicine*, Englewood Cliffs, NJ: Prentice Hall.
Fox, R. (1990), 'The Evolution of American Bioethics: A Sociological Perspective' in G. Weisz (ed.), *Social Science Perspectives in Medical Ethics*, The Hague: Kluwer.
Joralemon, D. (1999), *Exploring Medical Anthropology*, Boston: Allyn and Bacon.
Marshall, P. (1992), 'Anthropology and Bioethics', *Medical Anthropology Quarterly*, **6**, pp. 49–73.
Walker, M. U. (1998), *Moral Understandings: A Feminist Study in Ethics*, New York: Routledge.

Part I
What is Bioethics?

ETHICS AND CLINICAL RESEARCH*

HENRY K. BEECHER, M.D.†

BOSTON

HUMAN experimentation since World War II has created some difficult problems with the increasing employment of patients as experimental subjects when it must be apparent that they would not have been available if they had been truly aware of the uses that would be made of them. Evidence is at hand that many of the patients in the examples to follow never had the risk satisfactorily explained to them, and it seems obvious that further hundreds have not known that they were the subjects of an experiment although grave consequences have been suffered as a direct result of experiments described here. There is a belief prevalent in some sophisticated circles that attention to these matters would "block progress." But, according to Pope Pius XII,[1] ". . . science is not the highest value to which all other orders of values . . . should be subordinated."

I am aware that these are troubling charges. They have grown out of troubling practices. They can be documented, as I propose to do, by examples from leading medical schools, university hospitals, private hospitals, governmental military departments (the Army, the Navy and the Air Force), governmental institutes (the National Institutes of Health), Veterans Administration hospitals and industry. The basis for the charges is broad.‡

I should like to affirm that American medicine is sound and most progress in it soundly attained. There is, however, a reason for concern in certain areas, and I believe the type of activities to be mentioned will do great harm to medicine unless soon corrected. It will certainly be charged that any mention of these matters does a disservice to medicine, but not one so great, I believe, as a continuation of the practices to be cited.

Experimentation in man takes place in several areas: in self-experimentation; in patient volunteers and normal subjects; in therapy; and in the different areas of *experimentation on a patient not for his benefit but for that, at least in theory, of patients in general.* The present study is limited to this last category.

REASONS FOR URGENCY OF STUDY

Ethical errors are increasing not only in numbers but in variety — for example, in the recently added problems arising in transplantation of organs.

---

*From the Anaesthesia Laboratory of the Harvard Medical School at the Massachusetts General Hospital.

†Dorr Professor of Research in Anaesthesia, Harvard Medical School.

‡At the Brook Lodge Conference on "Problems and Complexities of Clinical Research" I commented that "what seem to be breaches of ethical conduct in experimentation are by no means rare, but are almost, one fears, universal." I thought it was obvious that I was by "universal" referring to the fact that examples could easily be found in *all* categories where research in man takes place to any significant extent. Judging by press comments, that was not obvious; hence, this note.

There are a number of reasons why serious attention to the general problem is urgent.

Of transcendent importance is the enormous and continuing increase in available funds, as shown below.

MONEY AVAILABLE FOR RESEARCH EACH YEAR

	MASSACHUSETTS GENERAL HOSPITAL	NATIONAL INSTITUTES OF HEALTH*
1945	$ 500,000†	$ 701,800
1955	2,222,816	36,063,200
1965	8,384,342	436,600,000

*National Institutes of Health figures based upon decade averages, excluding funds for construction, kindly supplied by Dr. John Sherman, of National Institutes of Health.
†Approximation, supplied by Mr. David C. Crockett, of Massachusetts General Hospital.

Since World War II the annual expenditure for research (in large part in man) in the Massachusetts General Hospital has increased a remarkable 17-fold. At the National Institutes of Health, the increase has been a gigantic 624-fold. This "national" rate of increase is over 36 times that of the Massachusetts General Hospital. These data, rough as they are, illustrate vast opportunities and concomitantly expanded responsibilities.

Taking into account the sound and increasing emphasis of recent years that experimentation in man must precede general application of new procedures in therapy, plus the great sums of money available, there is reason to fear that these requirements and these resources may be greater than the supply of responsible investigators. All this heightens the problems under discussion.

Medical schools and university hospitals are increasingly dominated by investigators. Every young man knows that he will never be promoted to a tenure post, to a professorship in a major medical school, unless he has proved himself as an investigator. If the ready availability of money for conducting research is added to this fact, one can see how great the pressures are on ambitious young physicians.

Implementation of the recommendations of the President's Commission on Heart Disease, Cancer and Stroke means that further astronomical sums of money will become available for research in man.

In addition to the foregoing three practical points there are others that Sir Robert Platt[2] has pointed out: a general awakening of social conscience; greater power for good or harm in new remedies, new operations and new investigative procedures than was formerly the case; new methods of preventive treatment with their advantages and dangers that are now applied to communities as a whole as well as to individuals, with multiplication of the possibilities for injury; medical science has shown how valuable human experimentation can be in solving problems of disease and its treatment; one can therefore anticipate an increase in experimentation; and the newly developed concept of clinical research as a profession (for example, clinical pharmacology) — and this, of course, can lead to unfortunate separation between the interests of science and the interests of the patient.

FREQUENCY OF UNETHICAL OR QUESTIONABLY ETHICAL PROCEDURES

Nearly everyone agrees that ethical violations do occur. The practical question is, how often? A preliminary examination of the matter was based on 17 examples, which were easily increased to 50. These 50 studies contained references to 186 further likely examples, on the average 3.7 leads per study; they at times overlapped from paper to paper, but this figure indicates how conveniently one can proceed in a search for such material. The data are suggestive of widespread problems, but there is need for another kind of information, which was obtained by examination of 100 consecutive human studies published in 1964, in an excellent journal; 12 of these seemed to be unethical. If only one quarter of them is truly unethical, this still indicates the existence of a serious situation. Pappworth,[3] in England, has collected, he says, more than 500 papers based upon unethical experimentation. It is evident from such observations that unethical or questionably ethical procedures are not uncommon.

THE PROBLEM OF CONSENT

All so-called codes are based on the bland assumption that meaningful or informed consent is readily available for the asking. As pointed out elsewhere,[4] this is very often not the case. Consent in any fully informed sense may not be obtainable. Nevertheless, except, possibly, in the most trivial situations, it remains a goal toward which one must strive for sociologic, ethical and clear-cut legal reasons. There is no choice in the matter.

If suitably approached, patients will accede, on the basis of trust, to about any request their physician may make. At the same time, every experienced clinician investigator knows that patients will often submit to inconvenience and some discomfort, if they do not last very long, but the usual patient will never agree to jeopardize seriously his health or his life for the sake of "science."

In only 2 of the 50* examples originally compiled for this study was consent mentioned. Actually, it should be emphasized in all cases for obvious moral and legal reasons, but it would be unrealistic to place much dependence on it. In any precise sense statements regarding consent are meaningless unless one knows how fully the patient was informed of all risks, and if these are not known, that fact should also be made clear. A far more dependable safeguard than consent is the presence of a truly *responsible* investigator.

EXAMPLES OF UNETHICAL OR QUESTIONABLY ETHICAL STUDIES

These examples are not cited for the condemna-

*Reduced here to 22 for reasons of space.

tion of individuals; they are recorded to call attention to a variety of ethical problems found in experimental medicine, for it is hoped that calling attention to them will help to correct abuses present. During ten years of study of these matters it has become apparent that thoughtlessness and carelessness, not a willful disregard of the patient's rights, account for most of the cases encountered. Nonetheless, it is evident that in many of the examples presented, the investigators have risked the health or the life of their subjects. No attempt has been made to present the "worst" possible examples; rather, the aim has been to show the variety of problems encountered.

References to the examples presented are not given, for there is no intention of pointing to individuals, but rather, a wish to call attention to widespread practices. All, however, are documented to the satisfaction of the editors of the *Journal*.

Known Effective Treatment Withheld

Example 1. It is known that rheumatic fever can usually be prevented by adequate treatment of streptococcal respiratory infections by the parenteral administration of penicillin. Nevertheless, definitive treatment was withheld, and placebos were given to a group of 109 men in service, while benzathine penicillin G was given to others.

The therapy that each patient received was determined automatically by his military serial number arranged so that more men received penicillin than received placebo. In the small group of patients studied 2 cases of acute rheumatic fever and 1 of acute nephritis developed in the control patients, whereas these complications did not occur among those who received the benzathine penicillin G.

Example 2. The sulfonamides were for many years the only antibacterial drugs effective in shortening the duration of acute streptococcal pharyngitis and in reducing its suppurative complications. The investigators in this study undertook to determine if the occurrence of the serious nonsuppurative complications, rheumatic fever and acute glomerulonephritis, would be reduced by this treatment. This study was made despite the general experience that certain antibiotics, including penicillin, will prevent the development of rheumatic fever.

The subjects were a large group of hospital patients; a control group of approximately the same size, also with exudative Group A streptococcus, was included. The latter group received only nonspecific therapy (no sulfadiazine). The total group denied the effective penicillin comprised over 500 men.

Rheumatic fever was diagnosed in 5.4 per cent of those treated with sulfadiazine. In the control group rheumatic fever developed in 4.2 per cent.

In reference to this study a medical officer stated in writing that the subjects were not informed, did not consent and were not aware that they had been involved in an experiment, and yet admittedly 25 acquired rheumatic fever. According to this same medical officer *more than* 70 who had had known definitive treatment withheld were on the wards with rheumatic fever when he was there.

Example 3. This involved a study of the relapse rate in typhoid fever treated in two ways. In an earlier study by the present investigators chloramphenicol had been recognized as an effective treatment for typhoid fever, being attended by half the mortality that was experienced when this agent was not used. Others had made the same observations, indicating that to withhold this effective remedy can be a life-or-death decision. The present study was carried out to determine the relapse rate under the two methods of treatment; of 408 charity patients 251 were treated with chloramphenicol, of whom 20, or 7.97 per cent, died. Symptomatic treatment was given, but chloramphenicol was withheld in 157, of whom 36, or 22.9 per cent, died. According to the data presented, 23 patients died in the course of this study who would not have been expected to succumb if they had received specific therapy.

Study of Therapy

Example 4. TriA (triacetyloleandomycin) was originally introduced for the treatment of infection with gram-positive organisms. Spotty evidence of hepatic dysfunction emerged, especially in children, and so the present study was undertaken on 50 patients, including mental defectives or juvenile delinquents who were inmates of a children's center. No disease other than acne was present; the drug was given for treatment of this. The ages of the subjects ranged from thirteen to thirty-nine years. "By the time half the patients had received the drug for four weeks, the high incidence of significant hepatic dysfunction . . . led to the discontinuation of administration to the remainder of the group at three weeks." (However, only two weeks after the start of the administration of the drug, 54 per cent of the patients showed abnormal excretion of bromsulfalein.) Eight patients with marked hepatic dysfunction were transferred to the hospital "for more intensive study." Liver biopsy was carried out in these 8 patients and repeated in 4 of them. Liver damage was evident. Four of these hospitalized patients, after their liver-function tests returned to normal limits, received a "challenge" dose of the drug. Within two days hepatic dysfunction was evident in 3 of the 4 patients. In 1 patient a second challenge dose was given after the first challenge and again led to evidence of abnormal liver function. Flocculation tests remained abnormal in some patients as long as five weeks after discontinuance of the drug.

Physiologic Studies

Example 5. In this controlled, double-blind study of the hematologic toxicity of chloramphenicol, it was recognized that chloramphenicol is "well known as a cause of aplastic anemia" and that there is a "prolonged morbidity and high mortality of aplastic anemia" and that ". . . chloramphenicol-induced aplastic anemia can be related to dose . . ." The aim of the study was "further definition of the toxicology of the drug. . . ."

Forty-one randomly chosen patients were given either 2 or 6 gm. of chloramphenicol per day; 12 control patients were used. "Toxic bone-marrow depression, predominantly affecting erythropoiesis, developed in 2 of 20 patients given 2.0 gm. and in 18 of 21 given 6 gm. of chloramphenicol daily." The smaller dose is recommended for routine use.

Example 6. In a study of the effect of thymectomy on the survival of skin homografts 18 children, three and a half months to eighteen years of age, about to undergo surgery for congenital heart disease, were selected. Eleven were to have total thymectomy as part of the operation, and 7 were to serve as controls. As part of the experiment, full-thickness skin homografts from an unrelated adult donor were sutured to the chest wall in each case. (Total thymectomy is occasionally, although not usually part of the primary cardiovascular surgery involved, and whereas it may not greatly add to the hazards of the necessary operation, its eventual effects in children are not known.) This work was proposed as part of a long-range study of "the growth and development of these children over the years." No difference in the survival of the skin homograft was observed in the 2 groups.

Example 7. This study of cyclopropane anesthesia and cardiac arrhythmias consisted of 31 patients. The average duration of the study was three hours, ranging from two to four and a half hours. "Minor surgical procedures" were carried out in all but 1 subject. Moderate to deep anesthesia, with endotracheal intubation and controlled respiration, was used. Carbon dioxide was injected into the closed respiratory system until cardiac arrhythmias appeared. Toxic levels of carbon dioxide were achieved and maintained for considerable periods. During the cyclopropane anesthesia a variety of pathologic cardiac arrhythmias occurred. When the carbon dioxide tension was elevated above normal, ventricular extrasystoles were more numerous than when the carbon dioxide tension was normal, ventricular arrhythmias being continuous in 1 subject for ninety minutes. (This can lead to fatal fibrillation.)

Example 8. Since the minimum blood-flow requirements of the cerebral circulation are not accurately known, this study was carried out to determine "cerebral hemodynamic and metabolic changes . . . before and during acute reductions in arterial pressure induced by drug administration and/or postural adjustments." Forty-four patients whose ages varied from the second to the tenth decade were involved. They included normotensive subjects, those with essential hypertension and finally a group with malignant hypertension. Fifteen had abnormal electrocardiograms. Few details about the reasons for hospitalization are given.

Signs of cerebral circulatory insufficiency, which were easily recognized, included confusion and in some cases a nonresponsive state. By alteration in the tilt of the patient "the clinical state of the subject could be changed in a matter of seconds from one of alertness to confusion, and for the remainder of the flow, the subject was maintained in the latter state." The femoral arteries were cannulated in all subjects, and the internal jugular veins in 14.

The mean arterial pressure fell in 37 subjects from 109 to 48 mm. of mercury, with signs of cerebral ischemia. "With the onset of collapse, cardiac output and right ventricular pressures decreased sharply."

Since signs of cerebral insufficiency developed without evidence of coronary insufficiency the authors concluded that "the brain may be more sensitive to acute hypotension than is the heart."

Example 9. This is a study of the adverse circulatory responses elicited by intra-abdominal maneuvers:

> When the peritoneal cavity was entered, a deliberate series of maneuvers was carried out [in 68 patients] to ascertain the effective stimuli and the areas responsible for development of the expected circulatory changes. Accordingly, the surgeon rubbed localized areas of the parietal and visceral peritoneum with a small ball sponge as discretely as possible. Traction on the mesenteries, pressure in the area of the celiac plexus, traction on the gallbladder and stomach, and occlusion of the portal and caval veins were the other stimuli applied.

Thirty-four of the patients were sixty years of age or older; 11 were seventy or older. In 44 patients the hypotension produced by the deliberate stimulation was "moderate to marked." The maximum fall produced by manipulation was from 200 systolic, 105 diastolic, to 42 systolic, 20 diastolic; the average fall in mean pressure in 26 patients was 53 mm. of mercury.

Of the 50 patients studied, 17 showed either atrioventricular dissociation with nodal rhythm or nodal rhythm alone. A decrease in the amplitude of the T wave and elevation or depression of the ST segment were noted in 25 cases in association with manipulation and hypotension or, at other times, in the course of anesthesia and operation. In only 1 case was the change pronounced enough to suggest myocardial ischemia. No case of myocardial infarction was noted in the group studied although routine electrocardiograms were not taken after operation to detect silent infarcts. Two cases in which electrocardiograms were taken after operation showed T-wave and ST-segment changes that had not been present before.

These authors refer to a similar study in which more alarming electrocardiographic changes were observed. Four patients in the series sustained silent myocardial infarctions; most of their patients were undergoing gallbladder surgery because of associated heart disease. It can be added further that in the 34 patients referred to above as being sixty years of age or older, some doubtless had heart disease that could have made risky the maneuvers carried out. In any event, this possibility might have been a deterrent.

Example 10. Starling's law — "that the heart output per beat is directly proportional to the diastolic filling" — was studied in 30 adult patients with atrial fibrillation and mitral stenosis sufficiently severe to require valvulotomy. "Continuous alterations of the length of a segment of left ventricular muscle were recorded simultaneously in 13 of these patients by means of a mercury-filled resistance gauge sutured to the surface of the left ventricle." Pressures in the left ventricle were determined by direct puncture simultaneously with the segment length in 13 patients and without the segment length in an additional 13 patients. Four similar unanesthetized patients were studied through catheterization of the left side of the heart transeptally. In all 30 patients arterial pressure was measured through the catheterized brachial artery.

Example 11. To study the sequence of ventricular contraction in human bundle-branch block, simultaneous catheterization of both ventricles was performed in 22 subjects; catheterization of the right side of the heart was carried out in the usual manner; the left side was catheterized transbronchially. Extrasystoles were produced by tapping on the epicardium in subjects with normal myocardium while they were undergoing thoracotomy. Simultaneous pressures were measured in both ventricles through needle puncture in this group.

The purpose of this study was to gain increased insight into the physiology involved.

Example 12. This investigation was carried out to examine the possible effect of vagal stimulation on cardiac arrest. The authors had in recent years transected the homolateral vagus nerve immediately below the origin of the recurrent laryngeal nerve as palliation against cough and pain in bronchogenic carcinoma. Having been impressed with the number of reports of cardiac arrest that seemed to follow vagal stimulation, they tested the effects of intrathoracic vagal stimulation during 30 of their surgical procedures, concluding, from these observations in patients under satisfactory anesthesia, that cardiac irregularities and cardiac arrest due to vagovagal reflex were less common than had previously been supposed.

Example 13. This study presented a technic for determining portal circulation time and hepatic blood flow. It involved the transcutaneous injection of the spleen and catheterization of the hepatic vein. This was carried out in 43 subjects, of whom 14 were normal; 16 had cirrhosis (varying degrees), 9 acute hepatitis, and 4 hemolytic anemia.

No mention is made of what information was divulged to the subjects, some of whom were seriously ill. This study consisted in the development of a technic, not of therapy, in the 14 normal subjects.

Studies to Improve the Understanding of Disease

Example 14. In this study of the syndrome of impending hepatic coma in patients with cirrhosis of the liver certain nitrogenous substances were administered to 9 patients with chronic alcoholism and advanced cirrhosis: ammonium chloride, di-ammonium citrate, urea or dietary protein. In all patients a reaction that included mental disturbances, a "flapping tremor" and electroencephalographic changes developed. Similar signs had occurred in only 1 of the patients before these substances were administered:

> The first sign noted was usually clouding of the consciousness. Three patients had a second or a third course of administration of a nitrogenous substance with the same results. It was concluded that marked resemblance between this reaction and impending hepatic coma, implied that the administration of these [nitrogenous] substances to patients with cirrhosis may be hazardous.

Example 15. The relation of the effects of ingested ammonia to liver disease was investigated in 11 normal subjects, 6 with acute virus hepatitis, 26 with cirrhosis, and 8 miscellaneous patients. Ten of these patients had neurologic changes associated with either hepatitis or cirrhosis.

The hepatic and renal veins were cannulated. Ammonium chloride was administered by mouth. After this, a tremor that lasted for three days developed in 1 patient. When ammonium chloride was ingested by 4 cirrhotic patients with tremor and mental confusion the symptoms were exaggerated during the test. The same thing was true of a fifth patient in another group.

Example 16. This study was directed toward determining the period of infectivity of infectious hepatitis. Artificial induction of hepatitis was carried out in an institution for mentally defective children in which a mild form of hepatitis was endemic. The parents gave consent for the intramuscular injection or oral administration of the virus, but nothing is said regarding what was told them concerning the appreciable hazards involved.

A resolution adopted by the World Medical Association states explicitly: "Under no circumstances is a doctor permitted to do anything which would weaken the physical or mental resistance of a human being except from strictly therapeutic or prophylactic indications imposed in the interest of the patient." There is no right to risk an injury to 1 person for the benefit of others.

Example 17. Live cancer cells were injected into 22 human subjects as part of a study of immunity to cancer. According to a recent review, the subjects (hospitalized patients) were "merely told they would be receiving 'some cells'" — ". . . the word cancer was entirely omitted. . . ."

Example 18. Melanoma was transplanted from a

daughter to her volunteering and informed mother, "in the hope of gaining a little better understanding of cancer immunity and in the hope that the production of tumor antibodies might be helpful in the treatment of the cancer patient." Since the daughter died on the day after the transplantation of the tumor into her mother, the hope expressed seems to have been more theoretical than practical, and the daughter's condition was described as "terminal" at the time the mother volunteered to be a recipient. The primary implant was widely excised on the twenty-fourth day after it had been placed in the mother. She died from metastatic melanoma on the four hundred and fifty-first day after transplantation. The evidence that this patient died of diffuse melanoma that metastasized from a small piece of transplanted tumor was considered conclusive.

Technical Study of Disease

Example 19. During bronchoscopy a special needle was inserted through a bronchus into the left atrium of the heart. This was done in an unspecified number of subjects, both with cardiac disease and with normal hearts.

The technic was a new approach whose hazards were at the beginning quite unknown. The subjects with normal hearts were used, not for their possible benefit but for that of patients in general.

Example 20. The percutaneous method of catheterization of the left side of the heart has, it is reported, led to 8 deaths (1.09 per cent death rate) and other serious accidents in 732 cases. There was, therefore, need for another method, the transbronchial approach, which was carried out in the present study in more than 500 cases, with no deaths.

Granted that a delicate problem arises regarding how much should be discussed with the patients involved in the use of a new method, nevertheless where the method is employed in a given patient for *his* benefit, the ethical problems are far less than when this potentially extremely dangerous method is used "in 15 patients with normal hearts, undergoing bronchoscopy for other reasons." Nothing was said about what was told any of the subjects, and nothing was said about the granting of permission, which was certainly indicated in the 15 normal subjects used.

Example 21. This was a study of the effect of exercise on cardiac output and pulmonary-artery pressure in 8 "normal" persons (that is, patients whose diseases were not related to the cardiovascular system), in 8 with congestive heart failure severe enough to have recently required complete bed rest, in 6 with hypertension, in 2 with aortic insufficiency, in 7 with mitral stenosis and in 5 with pulmonary emphysema.

Intracardiac catheterization was carried out, and the catheter then inserted into the right or left main branch of the pulmonary artery. The brachial artery was usually catheterized; sometimes, the radial or femoral arteries were catheterized. The subjects exercised in a supine position by pushing their feet against weighted pedals. "The ability of these patients to carry on sustained work was severely limited by weakness and dyspnea." Several were in severe failure. This was not a therapeutic attempt but rather a physiologic study.

Bizarre Study

Example 22. There is a question whether ureteral reflux can occur in the normal bladder. With this in mind, vesicourethrography was carried out on 26 normal babies less than forty-eight hours old. The infants were exposed to x-rays while the bladder was filling and during voiding. Multiple spot films were made to record the presence or absence of ureteral reflux. None was found in this group, and fortunately no infection followed the catheterization. What the results of the extensive x-ray exposure may be, no one can yet say.

COMMENT ON DEATH RATES

In the foregoing examples a number of procedures, some with their own demonstrated death rates, were carried out. The following data were provided by 3 distinguished investigators in the field and represent widely held views.

Cardiac catheterization: right side of the heart, about 1 death per 1000 cases; left side, 5 deaths per 1000 cases. "Probably considerably higher in some places, depending on the portal of entry." (One investigator had 15 deaths in his first 150 cases.) It is possible that catheterization of a hepatic vein or the renal vein would have a lower death rate than that of catheterization of the right side of the heart, for if it is properly carried out, only the atrium is entered en route to the liver or the kidney, not the right ventricle, which can lead to serious cardiac irregularities. There is always the possibility, however, that the ventricle will be entered inadvertently. This occurs in at least half the cases, according to 1 expert — "but if properly done is too transient to be of importance."

Liver biopsy: the death rate here is estimated at 2 to 3 per 1000, depending in considerable part on the condition of the subject.

Anesthesia: the anesthesia death rate can be placed in general at about 1 death per 2000 cases. The hazard is doubtless higher when certain practices such as deliberate evocation of ventricular extrasystoles under cyclopropane are involved.

PUBLICATION

In the view of the British Medical Research Council[5] it is not enough to ensure that all investigation is carried out in an ethical manner: it must be made unmistakably clear in the publications that the proprieties have been observed. This implies editorial responsibility in addition to the investigator's. The question rises, then, about valuable data that have been improperly obtained.* It is my view that such material should not be published.[5] There is a practical aspect to the matter: failure to obtain publication would discourage unethical experimentation. How many would carry out such experimentation if they *knew* its results would never be published? Even though suppression of such data (by not publishing it) would constitute a loss to medicine, in a specific localized sense, this loss, it seems, would be less important than the far reaching moral loss to medicine if the data thus obtained were to be published. Admittedly, there is room for debate. Others believe that such data, because of their intrinsic value, obtained at a cost of great risk or damage to the subjects, should not be wasted but should be published with stern editorial comment. This would have to be done with exceptional skill, to avoid an odor of hypocrisy.

Summary and Conclusions

The ethical approach to experimentation in man has several components; two are more important than the others, the first being informed consent. The difficulty of obtaining this is discussed in detail. But it is absolutely essential to *strive* for it for moral, sociologic and legal reasons. The statement that consent has been obtained has little meaning unless the subject or his guardian is capable of understanding what is to be undertaken and unless all

*As far as principle goes, a parallel can be seen in the recent Mapp decision by the United States Supreme Court. It was stated there that evidence unconstitutionally obtained cannot be used in any judicial decision, no matter how important the evidence is to the ends of justice.

hazards are made clear. If these are not known this, too, should be stated. In such a situation the subject at least knows that he is to be a participant in an experiment. Secondly, there is the more reliable safeguard provided by the presence of an intelligent, informed, conscientious, compassionate, responsible investigator.

Ordinary patients will not knowingly risk their health or their life for the sake of "science." Every experienced clinician investigator knows this. When such risks are taken and a considerable number of patients are involved, it may be assumed that informed consent has not been obtained in all cases.

The gain anticipated from an experiment must be commensurate with the risk involved.

An experiment is ethical or not at its inception; it does not become ethical *post hoc* — ends do not justify means. There is no ethical distinction between ends and means.

In the publication of experimental results it must be made unmistakably clear that the proprieties have been observed. It is debatable whether data obtained unethically should be published even with stern editorial comment.

References

1. Pope Pius XII. Address. Presented at First International Congress on Histopathology of Nervous System, Rome, Italy, September 14, 1952.
2. Platt (Sir Robert), 1st bart. *Doctor and Patient: Ethics, morals, government.* 87 pp. London: Nuffield provincial hospitals trust, 1963. Pp. 62 and 63.
3. Pappworth, M. H. Personal communication.
4. Beecher, H. K. Consent in clinical experimentation: myth and reality. *J.A.M.A.* 195:34, 1966.
5. Great Britain, Medical Research Council. *Memorandum,* 1953.

BULLETIN OF THE HISTORY OF MEDICINE

ORGAN OF THE AMERICAN ASSOCIATION OF THE HISTORY OF MEDICINE
AND THE JOHNS HOPKINS INSTITUTE OF THE HISTORY OF MEDICINE

Founded by HENRY E. SIGERIST

Editor—OWSEI TEMKIN

MEDICAL ETHICS AND ETIQUETTE IN THE EARLY MIDDLE AGES: THE PERSISTENCE OF HIPPOCRATIC IDEALS *

LOREN C. MacKINNEY

A prevailing tendency of the reading public is its ready acceptance of derogatory generalizations concerning medieval civilization. There is, for example, the traditional generalization that tends to degrade the medieval physician to the position of quack, charlatan, faith healer, medicine man, barber surgeon. Often he is contrasted with the ancient Greek physician, to whom there have been attributed the superlative ideals which the modern age associates with the Hippocratic Oath.

As a result of the historical researches of twentieth-century scholarship, we are beginning to recognize the inaccuracies and exaggerations imbedded in such generalizations concerning the high medical standards of the ancient Greeks and the degradation of the profession during the Middle Ages. So far as the Greek world is concerned, W. H. S. Jones' *The Doctor's Oath* (Cambridge University, 1924) and the introductions

---

* Much of the research on this topic, in distant libraries, was made possible by grants from the Smith Fund of the University of North Carolina, and from the Carnegie Foundation. Valuable suggestions and assistance on problems of paleography and translation were generously given by Professor Elias Lowe of the Princeton University Institute of Advanced Studies, Miss Dorothy Schullian and William Jerome Wilson of the Cleveland Branch of the Army Medical Library, and Professor B. L. Ullman of the University of North Carolina.

(especially in vol. II) to his *Hippocrates* (New York, 1923 ff.), and Ludwig Edelstein's *The Hippocratic Oath; Text, Translation and Interpretation* (Baltimore, 1943) indicate the necessity of drastic modifications of the traditionally optimistic picture of the Greek medical profession as a band of high minded healers dedicated to the holy ideals of the Sacred Oath.

With regard to the Middle Ages, much has been done to correct the historical astigmatism of tradition,[1] but it has been confined almost entirely to the later medieval centuries, and especially to the supposed influence of Salerno, reputed center of a revived Hippocratic idealism and scientific Greek practice.[2] It is our purpose to show that the preceding period, from about 400 to 1100 A. D., comprising the so-called Dark Ages, had medical ideals that are worthy of a place in the historical record alongside the Hippocratic and Salernitan " codes." Like most of the institutions of Western Civilization, the regulated conduct of physicians in the early Middle Ages seems to have evolved in normally diverse fashion; also without benefit of Salerno, and with much more borrowing from Hippocrates than from Biblical or clerical authorities.

We present a number of treatises, based for the most part on the original manuscript texts. In general, we propose to let them speak for themselves as to the prevailing medieval ideals concerning the training, character, qualifications, dress, and deportment of physicians. Marked resemblances to passages from Hippocratic works, as well as from the Bible and the Church Fathers, indicate a fusion of classical antiquity with Christianity during these early centuries. Equally impressive are the

---

[1] Especially Mary Welborn's " The Long Tradition: A Study in Fourteenth-Century Medical Deontology " in *Medieval and Historiographical Essays in Honor of James Westfall Thompson,* edited by James Cate and Eugene Anderson (Chicago, 1938). See also Henry Sigerist's " Sidelights on the Practice of Medieval Surgeons " (Henri de Mondeville), in *Proceedings of the Annual Congress on Medical Education, Hospitals and Licensure* (Chicago, Feb. 18-19, 1935); Pearl Kibre's " Hippocratic Writings in the Middle Ages " (*Bull. Hist. Med.,* 1945, 18, 371-412, especially 402); Owsei Temkin's " Geschichte des Hippokratismus im ausgehenden Altertum " (*Kyklos,* 1932, vol. 4); and Paul Diepgen, *Die Theologie und der ärztliche Stand* (Berlin, 1922).

[2] S. De Renzi, *Collectio Salernitana* (Naples, 1852 ff.), II, 73 ff., V, 102 f., 333 ff., gives descriptions of MSS and of the Latin texts. Paul Meyer in *Romania* (1903, 32, 86 f. and 1915-1917, 44, 196 f.) describes similar texts in French from MSS in England. Leopold Delisle, *Le Cabinet des Manuscripts de la Bibliothèque Nationale* (Paris, 1874), II, 533; and M. R. James, *The Ancient Libraries of Canterbury and Dover* (Cambridge, 1903), p. 333, cite MSS. R. Cantarella, in *Archeion* (1933, 15, 305-320) cites a few evidences of the Hippocratic Oath in a " civitas Hippocratica " at Salerno before Frederick II. P. Kristeller's " The School of Salerno " (*Bull. Hist. Med.,* 1945, 17, 138-194) presents a broader and more reliable picture of early Salernitan history.

variations and miscellaneous inclusions, factors that show the constant influence of contemporary conditions and of practical experience. It should be remembered that most of these medieval ideals, like the earlier Hippocratic dicta, reflect merely the highest standards of the medical profession. We trust that the evidence presented will not only serve to correct the extremes of generalization now prevalent concerning Greek and Medieval physicians, but also will help fill a gap in modern knowledge of the development of medical ideals.

From the non-medical viewpoint of lay historians who are interested in pre-Renaissance classicism, the evidence presented is noteworthy. It corroborates the thesis of the persistence of Hippocratic ideas in an unbroken line through the early, as well as late, Middle Ages, and in non-Salernitan centers. This factor has been ably discussed in Owsei Temkin's " Geschichte des Hippokratismus im ausgehenden Altertum " and Pearl Kibre's " Hippocratic Writings in the Middle Ages " (cited in footnote 1).

Original source material for the early Middle Ages is scanty, especially for the period prior to the ninth century. However, from these early Christian centuries come three bits of evidence concerned especially with medical ethics and etiquette. A letter of advice written by St. Jerome (late in the fourth century) to a priest in Northern Italy named Nepotian reveals a vague familiarity with the Hippocratic Oath. The young clergyman was cautioned, among other things, to observe secrecy and chastity with regard to the households in which he visited the sick. He also was reminded of certain qualifications which Hippocrates had laid down for secular physicians.

A. [JEROME], TO NEPOTIAN, PRIEST. [A CLERGYMAN'S DUTIES].
It is a part of your [clerical] duty to visit the sick, to be acquainted with people's households, with matrons, and with their children, and to be entrusted with the secrets of the great. Let it therefore be your duty to keep your tongue chaste as well as your eyes. Never discuss a woman's looks, nor let one house know what is going on in another. Hippocrates, before he will instruct his pupils, makes them take an oath and compels them to swear obedience to him. That oath exacts from them silence, and prescribes for them their language, gait, dress, and manners. How much greater an obligation is laid on us [clergymen]. . . .[3]

Jerome's reference to the Hippocratic Oath as a rule prescribing " language, gait, dress, and manners " indicates either that he was not aware of

---

[3] F. A. Wright's translation, in *Select Letters of St. Jerome* (London and New York, 1933), Letter 52, p. 225. Nepotian, an ex-soldier and nephew of a bishop in Venetia, had asked Jerome for advice as to a young cleric's duties.

the contents of the actual Oath (which has nothing concerning these matters, with the exception of *sex*-manners), or that he interpreted the Oath very loosely to include precepts found in other Hippocratic works such as *Physician, Law,* and *Decorum*. On the other hand, his warning against immorality and the revealing of household secrets corresponds to the last two admonitions of the Hippocratic Oath. Apparently, Christians of Jerome's day had a rather vague idea of Hippocratic ideals, but had considerable respect for them.

Within a century after Jerome, the Germanic law codes of the Visigoths were taking shape in Spain. In these, and later revisions thereof, there is a regulation concerning women patients that reflects the same age-old sex problem of which the Hippocratic Oath and Jerome's letter gave warning. The Visigothic code reads as follows:

B. No physician shall presume to bleed a [freeborn] woman in the absence of [some of] her relatives . . .; the father, mother, brother, son, uncle or some neighbor. . . . X solidi [penalty]. . . . On such occasions scandals multiply. . . .[4]

About two centuries after Jerome, in the Ostrogothic kingdom of Italy, Cassiodorus in writing to the supervising physician of the royal household referred to "certain sacred oaths of a priestly nature" by which medical students were obligated, and also to the standards of practice set up for a governmentally regulated profession.

C. [He stressed the merits of the healing art as a worthy calling in that it concerns both the present and future well being of patients and aids them when other (i. e., spiritual) means fail. He warned physicians to avoid quarrels, envy, all forms of wickedness, and artifices of healing. He exhorted them to ever seek knowledge, to read the works of the ancients and to manifest zeal and cheerfulness in treating the sick, and also purity in their personal lives. For an effective bedside manner, the following advice was given]: Let your visits bring healing to the sick, new strength to the weak, certain hope to the weary. Leave it to clumsy [practicioners] to ask the patients they are visiting whether the pain has ceased and if they have slept well. Let the patient ask you about his ailment and hear from you the truth about it. Use the surest possible informants. To a skillful physician the pulsing of the veins [*venarum*] reveals the patient's ailment while the urine analysis indicates it to his eye. To make things easier, do not tell the clamoring inquirer what these symptoms signify. . . .[5]

Somewhat different from the governmental regulations of Visigothic

[4] Visigothic code, book XI, 1 (*MGH, Leges,* Sect. I, vol. I, 400).

[5] The original Latin text can be found in *MGH, Auct. Antiq.,* XII, 191 f.; also in M. Neuburger, *Geschichte der Medizin* (Stuttgart, 1911), II, part i, 246 f.; and L. MacKinney, *Early Medieval Medicine* (Baltimore, 1937), p. 163 ff. There is a free translation into English in T. Hodgkin, *Letters of Cassiodorus* (London, 1886), p. 313 f.

MEDICAL ETHICS AND ETIQUETTE IN THE EARLY MIDDLE AGES

Spain and Ostrogothic Italy are the medical ideals expressed in numerous epistolary treatises that appear in the earliest medical manuscripts of the Middle Ages. Most of these manuscripts were written in North-European monasteries during the eight, ninth, and tenth centuries, an era that is often referred to derogatorily as the age of monastic medicine. To be sure, the monastic spirit dominated the compiling of the medical handbooks of the period, but as we shall see, the result was classical as well as pious, and secular as well as ascetic.

Very few of these monastic treatises subordinated Hippocrates and classical medicine to Christ and clerical ministrations in a manner as marked as that manifested in Jerome's letter, or in the sixth-century writings of Cassiodorus, notably the chapter " Concerning Monks Entrusted with the Care of the Sick " in his *De Institutione Divinarum Litterarum* (chapter 31).

One of the most pious expressions of the monastic ideal of medicine is found in the introduction to a manuscript handbook that was compiled probably in a German monastery, late in the eighth century, was recopied about a century later in its present manuscript form (Bamberg MS L III 8), only to be taken to Bamberg Cathedral somewhere around the year 1000 and kept there even to the present day. The author of the introduction was intent on reconciling the late classical medical works, which comprised most of the manuscript, with Christian monastic ideals. In even more detailed and pious fashion than either Jerome or Cassiodorus, he cited the Holy Scriptures, Pope Gregory I, Isidore of Seville, Bede, etc., to show the divine purpose in human medicine.[6]

D. . . . Wherefore one ought not to spurn earthly medicine since he knows it is advantageous rather than harmful and since it has not been held in contempt by holy men. . . . [St. Luke, St. Cosmas, and St. Damian were physicians]. Wherefore let us honor the physicians so that they will help us when sick, remembering [the word of] that wise one [Ecclesiasticus 38: 1. Vulgate] : " Honor the physician of necessity for the Most High created him." And do not hesitate to take what potions he gives you. That same wise one [Ecclesiasticus 38: 4] said " The Most High created medicine from the earth, and the prudent man will not reject it." Therefore he who does not seek medicine in time of necessity deserves the name stupid and imprudent. I say that it is wise to do well by the physician while you are well so that you will have his services in time of illness. . . . God wishes to be honored by his miracles performed through man. According to Isaiah [26: 12] whatever good is done by man is effected by God; he said " The Lord does all of our works through us." [Christ] himself in the Gospel [Luke 18: 27 ?] said

---

[6] The text was described and edited by Sudhoff in *Archiv Gesch. Med.,* 1914, 7, 223-237.

"Without me you can do nothing." ... [The treatise closes with a lengthy exhortation for physicians to serve ailing humans, whether rich or poor, and with a view to eternal rather than earthly rewards.[7] This admonition, derived from the above mentioned passage of Cassiodorus' "Concerning Monks Entrusted with the Care of the Sick," is accompanied by his list of recommended readings and his warning that monastic healers should put their trust in the Lord rather than in herbs and human counsels. The exhortation ends on the following note of Christian idealism:] Aid the sick, your reward coming from Christ, for whoever gives a cup of cold water in His name is assured of the eternal kingdom where with Father and Holy Spirit He lives and reigns for eternity. Amen.

The remainder of the Bamberg manuscript, which is our earliest manuscript source, exemplifies the more practically secular and classical aspects of monastic medicine. Like most early medical manuscripts it contains Latin translations or condensations of Graeco-Roman works on remedies, diet, monthly regimen, substitute medicines, and other miscellaneous bits of information. Among the last mentioned items is a fragment of treatise K(a) (quoted below) which reiterates the chief points in the Hippocratic Oath. This manuscript with its combination of Christian piety and classical idealism typifies the more conservative aspects of monastic medical literature during the early Middle Ages. So far as medical ethics and etiquette are concerned, there are more important manuscript sources.

Somewhat later than the Bamberg manuscript, in Central France a much more detailed medical handbook was compiled (Paris, Bibliothèque Nationale, MS 11219).[8] In it are found many treatises, including a commentary on Hippocrates' Aphorisms (in Latin), a book (attributed to him) on various medical topics, another on diseases and cures, gynecology and herbs, also an antidotary and a miscellany of epistolary treatises attributed to Hippocrates and Galen. The epistolary treatises appear immediately after Hippocrates' Aphorisms, under the title *Liber Epistolarum*. The first seven, which are actually brief treatises concerning medical training, ethics, and etiquette, constitute one of the most complete cover-

---

[7] Similar warnings are given elsewhere in the manuscript, on a folio (5) of verses entitled "Cosmas, Damian, Hippocrates, Galen." They read in part as follows: "Sick one, pay the physician what you owe lest when ills return no one will visit you. Physician, care for the poor as well as the powerful. If the patient is rich you have a just occasion for profit; if poor, let one reward [spiritual] suffice. ..."

[8] A few scholars have dated the manuscript 9-10th century. Professor Lowe was so kind as to check it recently and assures me as to the 9th century dating. It once belonged to a monastery in Luxemburg. Professor Lowe believes that it originated in the Loire region and that it may have been one of the manuscripts used by the humanistic cleric, Lupus of Ferrieres.

ages of these subjects in early manuscript literature. Strange to say, this part of the manuscript has been neglected, even by specialists in medieval medical history.[9] The collection is especially important in that, in combination with similar treatises in other early manuscripts, it reveals a North-European literature which, amidst monastic influences, reflected the classical ideology of Hippocrates. A parallel collection, also strangely neglected, is found in a slightly later manuscript at Chartres (MS 62). This literature, stemming from transalpine monasteries, antedates the earliest examples from Salerno, the much publicized center of Hippocratic ideas, once referred to by Fielding Garrison as " the isolated outpost of Greek medical tradition in the Middle Ages."

The chronological list (below) of manuscripts which contain the treatises under consideration serves to indicate the importance of non-Salernitan, North-European centers. Obviously the present location of manuscripts (almost all of them in the North) and their datings (all subsequent to 800 A. D) do not eliminate the possibility of pre-ninth-century, Italian, sources for the material found therein. In fact, scholars are convinced that most of the classical element in early Medieval medical literature was derived from compilations and translations (from the Greek) that antedate the ninth-century activities in Northern Europe commonly referred to as the Carolingian Renaissance. The earliest centers of translating are thought to have been in Byzantine Italy, in and about Ravenna, during the fifth, sixth and seventh centuries. Medical works in both Greek and Latin were also current in Southern Italy in Cassiodorus' day (ca. 550). It is possible therefore that we are concerned with a Graeco-Latin medical literature that was originally a product of the Byzantine classicism of Ravenna and the monasticism stemming from the Vivarium and Monte Cassino.

---

[9] Hirschfeld's otherwise excellent survey of " Deontologische Texte des frühen Mittelalters " (*Archiv Gesch. Med.*, 1928, 20, 353-371) fails even to cite the manuscript, though he presents the texts of some of the treatises contained therein, from later manuscripts. He also omits (perforce) treatises that are unique to this manuscript. The manuscript is likewise unmentioned in Laux's article on " Ars medicinae " (*Kyklos*, 1930, 3, 417-434) save for the citation of a list of surgical instruments, contained therein. The manuscript is cited, but not for the texts with which we are concerned, in H. Diels, *Die Handschriften der antiken Aerzte* (Berlin, 1905) I, 53.

Manuscripts and Editions of the Treatises.[10]

Bamberg, L III 8, 9th century, folios 1-6 (Sudhoff, Hirschfeld, Laux)
Paris, BN, 11219, 9th century, folios 12-15
St. Gall, 751, 9-10th century, pp. 337-339, 354-359 (Hirschfeld, Laux)
Glasgow, Hunter, V. 3. 2, early 10th century, folio 27
Karlsruhe, 120, 10th century, folios 182-184 (Rose)
Chartres, 62, 10th century folios 1-2
Brussels, 3701-15, 10th century, folios 5-7
Monte Cassino, 97, 10th century, p. 4 (De Renzi, II, 73)
Rome, Vat. Barberini, 160, 11th century, folio 286
Montpellier, 185, 11th century, folio 100 (Sigerist)
Copenhagen, 1653, 11th century, folio 72 (Laux)
Zurich, C 128/32, 11th century, folios 103-104 (Hirschfeld, Laux)
Brussels, 1342-50, 12th century, folios 1-2 (Hirschfeld, Laux)
Rome, Angelica, 1502, 12th century, folio 1 (Giacosa, Hirschfeld)
Breslau, 1302, 12th century, folio 184 (De Renzi, II, 74)
Edinburgh, A. 5. 42, 12th century, last folio
Rome, Vat. Regina, 1443, 12-13th century, folio 39
Rome, Vat. 2376 folio 209 (cited by Diels, I, 123)
Rome, Vat. 2417 folio 275 (cited by Diels, I, 123)
Carpentras, 318, 13th century, folio 79 (Sigerist)
Paris, BN, 15456, 13th century, folio 186
Paris, BN, 7091, 14th century, folio 1 (De Renzi, V, 333)
London, BM, Cotton, Galba, E. IV, 14th century, folio 238 (Rose)
Escorial, a IV 6, 14-15th century, folio 197 (Hirschfeld)
Paris, BN, 6988A, 15th century, folio 121

Using the ninth-century Paris manuscript (BN 11219) as a sort of master copy, we present the translated texts in topical groups; first the more idealistic ones concerning Spiritual Aspects of Medicine and Qualifi-

---

[10] In practically all cases the dating of the listed manuscripts is based on personal examination (either of the original or of photoreproductions), and also on the opinions of specialists such as Elias Lowe and B. L. Ullman. Where there are printed versions of the manuscript text, the editor's name appears in parenthesis after the manuscript listing; viz., (Sudhoff) for Sudhoff's article cited above in note 6; (Hirschfeld) for Hirschfeld's article cited above in note 9; (Laux) for Laux's article cited above in note 9; (De Renzi) for De Renzi's *Collectio* cited above in note 2; (Sigerist) for Sigerist's article "Early Mediaeval Medical Texts in Manuscripts of Montpellier" (*Bull. Hist. Med.*, 1941, 10, 31 f.); (Giacosa) for P. Giacosa's *Magistri Salernitani nondum editi* (Turin, 1901), p. 360; (Diels) for Diels' *Die Handschriften* cited above in note 9; and (Rose) for V. Rose's *Anecdota Graeca et Graecolatina* (Berlin, 1870), II, 275 f.

cations and Training of the Physician; then those of a more practical nature concerning Etiquette, Women Patients, Pulse Taking, Sick Calls, and other aspects of the " Bedside Manner." [11]

I. SPIRITUAL ASPECTS OF MEDICINE

The first treatise to be presented is similar to the Bamberg introduction (above, treatise D), in that it is predominantly religious in its approach to the subject. Although the Paris treatise is the briefer of the two, it is more emphatic with regard to the divine aspects of healing. From beginning to end the healing of the body is subordinated to the healing of the soul.

E. FOR ALL HEALING DIVINE MEDICATIONS ARE TO BE USED.[12]

For all healing divine medications are to be used because divine power is the proper agent for restoring mortal bodies. It is proper to call such an one physician who is responsible for the health of the soul and the well being of the body . . . [the text continues concerning Christ's ordaining of illness for man's good, also food and drink for his bodily welfare, and ointments, herbs, and medical practitioners for his bodily ills. It ends on a spiritual note, viz.,] He who provides for the healing of soul and body, being made immortal by every divine potentiality, merits pristine health and also security from his own guilt.

In addition to treatises of this sort, occasionally one finds brief passages of an other-worldly nature in otherwise secularly-minded treatises. For example, in a minor, anonymous text which Sigerist edited from the eleventh-century Montpellier manuscript (185), and which exists in at least three other manuscripts (Glasgow, Hunter V. 3. 2, folio 27; Rome, Vat. Barberini, 160, folio 286; Codex Fritz Paneth, folio 175) there is the following: " Medicine was created by the Most High [Ecclesiasticus, 38: 1, 4. Vulgate]. He who fears not God will seek out the physician and not find healing, whereas many of whom physicians have despaired, have been healed by God."

---

[11] In some cases we have checked or amplified the Paris master text by collation with later manuscripts or editions, notably Chartres MS 62, Rose's version (*op. cit.*, p. 243 ff.) and a late B. M. MS. Furthermore, a few of the treatises presented do not appear in the Paris manuscript. All such variations are indicated in the footnotes. Brackets are used throughout the translations to enclose words or phrases (not in the original text) which have been added in order to clarify the meaning. However, we have not pressed this procedure meticulously since the translations are somewhat free renderings of the original Latin texts; this is not only for purposes of clarification, but also because of numerous variants and uncertainties in the manuscript versions.

[12] This treatise is also found in Brussels MS 3701-15, in similar but not identical wording.

The same Biblical text was cited in support of physicians by other monastic compilers. We have already noted (above, treatise D) that as early as the eighth century this, and other Scriptural passages were quoted to prove that those who refused the God-given ministrations of physicians were "stupid and improvident." A century later, Rabanus Maurus, in the medical section of his *De Universo* (xviii, 5), followed the same line of thought. It seems likely that his section entitled "Medical Healing is not to be Spurned" was borrowed from the eighth-century, Bamberg treatise, though in condensed form.[13]

A briefer, but similarly pious, defense of physicians occurs in a Brussels manuscript (3701-15, f. 5). The author, after a brief discussion of the four parts of the body and the four humors, added the following postscript: "Now let us speak of the minister of nature; the physician, the minister of nature who fights against illness. The physician ought to know the past, to perceive the present, to recognize the future.[14] Luke said in the Bible that it is given to physicians to be the Lord's workers.[15] Like-

---

[13] This pious factor in much of Rabanus *De Universo,* both in the medical and non-medical portions, was brought to my attention years ago by Edward K. Graham in the course of his graduate research. The point is noteworthy in connection with the generalization frequently made, to the effect that Rabanus Maurus' treatment of medicine is more extensive than that of his chief source, Isidore of Seville's *Etymologies.* Rabanus' work, as a matter of fact, is much *less* extensive in actual medical information. As stated by Mr. Graham in his thesis on Rabanus Maurus: "By far the greater part of Rabanus . . . is made up of fragmentary portions of Isidore's material supplemented by exegesis. . . . Rabanus copies part of Isidore, omits part, and substitutes exegesis for the part omitted." Mr. Graham's dictum applies to the passage in question, "Medical Healing is not to be Spurned." Up to this point Rabanus seems to have copied his medical data from Isidore's *Etymologies* (iv. ch. 1 ff.). Omitting chapters 6 (last part), 7-8 of Isidore, he copied only the title of chapter 9, S. 1 ("Medical Healing is not to be Spurned"). In place of Isidore's text he substituted a highly moralistic and Scripture-laden treatment of the topic. This material is so similar to the Bamberg introduction (above, treatise D) that one is tempted to assume that Rabanus, realizing that his Isidorean borrowings were conspicuously un-Christian, decided to shift the emphasis to the religious aspects of healing. For this, the Bamberg treatise was an ideal source.

[14] This past-present-future theme, which appears in modified form in treatises C (above) and F (below), stems from chapter I of the Hippocratic *Book of Prognostics,* of which there were Latin versions in Italy as early as the fifth century, and of which there are extant copies in ninth-tenth century manuscripts (See Kibre, "Hippocratic Writings . . ." p. 387 f.). The theme was repeated in Galen's commentaries on the Hippocratic *Epidemics* (Kühn edition, XVII, part I, 147), in Isidore's *Etymologies* (iv, 10) and in pseudo-Soranus *Quaestiones Medicinales,* alias *Horus Ysagoge* (Chartres MS 62, folio 1; also edited from late-medieval MSS by Rose, *op. cit.,* II, 243 ff., see esp. 246).

[15] Although the sense of the Biblical quotation vaguely resembles several passages in Luke, the Latin wording (*datur medicis ubi operatus dominus*) is closer to the text of

wise, Hippocrates said that the physician achieves just as much as God permits."[16]

The second of the Paris treatises is all-inclusive in scope and highly idealistic in tone. The absence of any reference to classical medicine is noteworthy. On the other hand, when compared with the Bamberg Introduction (treatise D, above) and the first Paris treatise (E, above), it is decidedly mundane in that it reflects little or no concern for the monastic ideal of spiritual healing. It is an excellent expression of the secular qualifications of early medieval physicians.

II. QUALIFICATIONS AND TRAINING OF THE PHYSICIAN

F. Arsenius to Nepotian,[17] his sweetest son, greeting ... [several lines of polite, inconsequential matter]. I shall point out what you earnestly desire to know as to what sort of person a physician ought to be. First, he should test his personality to see that he is of a gracious and innately good character, apt and inclined to learn, sober and modest; a good conversationalist, charming, conscientious, intelligent, vigilant and affable, in all detailed affairs adept and skillful. Our art also requires that one be amiable, humble, and benevolent. Humility ever seeks knowledge, ever accumulates, and never goes to excess or offends. Good will restores sweetness, inspires sagacity, maintains remembrances in the heart, love in the soul, discipline in obeying, wisdom imbued with fear and diligence, and respect, for he who loves not honors not and will not be skillful or sure in his work. [The physician should] not be hesitant or timid, turbulent or proud, scornful or lascivious, or garrulous, a publican, or a woman-lover; but rather full of counsel, learned, and chaste. He should not be drunken or lewd, fraudulent, vulgar, criminal or disgraceful; it is not right for a physician to be taken in a fault or to blush for shame in the presence of his people. Even as love of wisdom reveals itself in manners, so let him be irreproachable for he is chosen to a higher honor. Medicine is not to be scorned, but invoked. Inasmuch as the physician has high honors he should not have faults, but instead discretion, taciturnity, patience, tranquility, and refinement; not greed but more of restraint and subtilty, rationality, diligence, and dignity. One of the virtues of this art is zeal in the acquisition of wisdom, long

---

Isaiah 26:12 (*omnia opera nostra operatus est nobis dominus*), as it is cited in treatise D above).

[16] The Hippocratic *Decorum* (ch. vi) reads as follows: "The Gods are the real physicians...."

[17] There is no means of surely identifying either Arsenius or Nepotian, though both names appear in records from the early Christian centuries (e. g., note Jerome's correspondent, above, treatise A; and see Hirschfeld's suggestions *op. cit.*, p. 358 f.). Medieval writers were very free in their attribution of epistolary treatises to various authors, famous or otherwise. The letter in question appears in three early manuscripts: the Paris master manuscript and also Brussels MS 3701-15 and St. Gall MS 751. Hirschfeld's edition is based on the Brussels and St. Gall MSS; our translation is based on all three. There are frequent variants in the readings.

sufferance, and mildness. [The physician should strive for] a cheerful pleasant approach; for even as light illuminates a home and makes men see in dark shadows, so a cheerful physician turns sorrow and sadness into joy, and comforts all of the members of his patient, and restores his spirits. According to the secret teachings which should be pursued in medical instruction, let the physician be cheerful because he is the gentle helper [of his patients]. Enlivening the body, checking illnesses, drying up humors, he prescribes diet, eliminates fevers, warms the marrow, gives remedies, recreates the vital power. He notes the symptoms of ailments and applies beneficial medicines. He shows himself an expert in the varieties of herbs and a healing practitioner who prepares intelligent remedies for the reviving of men's strength. He clarifies the present, reveals the eternal future and senses inner factors. The physician is said to be the preceptor of healing, the liberator, the opportune worker who renders aid in time of need.

The opening lines of still another Paris epistle indicate the existence of an additional letter on the same subject, with however a somewhat more practical approach. Although the folio of the Paris manuscript is badly mutilated, a Chartres manuscript of slightly later date (MS 62, 10th century), along with a fourteenth-century London manuscript (BM, Cotton, Galba, F. IV, folio 239) provides the complete text.

G. WHAT SORT OF PERSON A PHYSICIAN SHOULD BE

Let us now explain what sort of person a physician should be. He should be gentle in manners and modest, with the proper amount of reliability.[18] He should be neither lacking in knowledge, nor proud; he should take care of rich and poor, slave and free, equally for among all such people medicines are needed. Moreover, if certain compensation is offered, let him accept rather than refuse. If however it is not offered, do not demand it because, however much each one pays, the compensation for medical services cannot be equated with the benefits. Moreover, enter the homes you visit in such a manner as to have eyes only for the healing of the sick. Be mindful of the Hippocratic Oath, and abstain from all guilt and especially from immorality and acts of seduction. Keep secret everything that goes on or is spoken in the home. Thus the physician himself, and the art, will acquire greater praise. The physician should have slender, fine fingers so as to be agreeable to all and to be subtle in his touch. Hippocrates himself [*Physician*, ch. I] said this. The physician should be no less agreeable in conversation, and not wanting in philosophy. He should be unassuming in manners so that both perfection in the art and good manners may be harmonized insofar as is possible.

Still another of the Paris epistles (found in the Chartres and London, MSS, also in Edinburgh MS A. 5.42) deals at greater length with the practical aspects of the subject, introducing the question of the specific qualifications necessary for those who plan to study medicine. The im-

---

[18] This and the four succeeding sentences, are also found in a garbled treatise in St. Gall MS 571 (edited by Hirschfeld, p. 363).

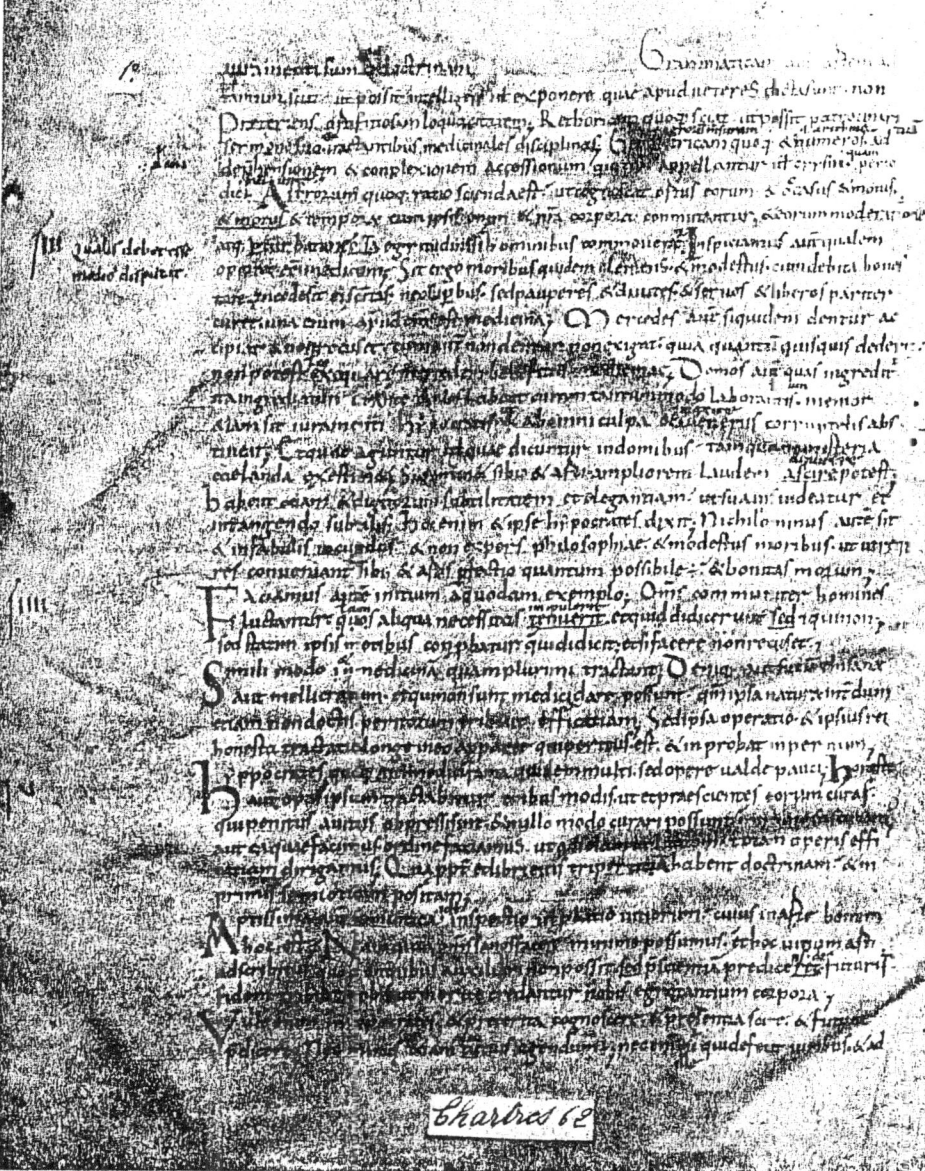

Fig. 1

Chartres MS 62, 10th century, folio 1v.

Portion of a series of letters including the text of treatises G and I which occur in mutilated form in Paris BN MS 11219.

portance of hard study is emphasized and it is advised that students start early, at the age of fifteen. The author of the treatise showed no apparent aversion to the classics; Erasistratus was cited in support of the doctrine of a well balanced education.

H. Concerning Those Who are Starting in the Art of Medicine.[19]

We begin concerning him who is starting training in the art of medicine. Let him be of that transitional age, between boyhood and manhood, that is a youth of fifteen which is an apt age for taking up the sacred art of medicine. Let him be neither very large nor very small in size, and such that he may live his youth freely and his old age usefully and easily.[20] In character and spirit let him be zealous and talented, indeed keen so that he may understand readily and be teachable; also strong so that he may be able to endure the recurring labor and the terrible sights that he encounters. He should make the cases of others his own sorrow. Let him be less concerned with other disciplines, but careful about his manners. According to Erasistratus, the greatest felicity is to keep things in balance so that one is both accomplished in the art [of medicine] and also endowed with the best of manners. If either one is lacking, better to be a good man without learning than a skillful practitioner with depraved manners. If indeed the lack of good manners in the art seems to be compensated by [professional] reputation, greater is the blame, for professional knowledge can be corrupted by blameful manners. But if both of these are faulty, I adjure you who are aware of it to withdraw from the art. He who takes up the art of medicine ought also to have knowledge of the nature of things so that he will not seem to be inexperienced therein. And he should be well endowed and wise, indeed adorned with all good characteristics.

The torn folio of the Paris manuscript has a fragment of another treatise (duplicated in the Chartres and London MSS already cited, and also in Edinburgh A. 5. 42) which deals with the training of the physician, but

---

[19] In the Paris manuscript the treatise is preceded by an exhortation to hard study, viz.: "If one wishes to acquire a knowledge of medicine, first of all let him preserve what he learns by committing it to memory. Then he will be able more frequently to warn disciples that by such gradual acquisition of knowledge they may acquire skill in the art." In the later manuscripts (Chartres, Edinburgh, London) the treatise (H) is the first of a series of letters, and is preceded by an introduction concerning the traditional Greek founders of medicine and methods of training young physicians. The latter section reads as follows: "I begin to tell of the best teaching method for those who are beginning to study the art of medicine. First we shall take up the physician himself, then the art, and afterward medicine itself. Plato, speaking of everything that comes into a course of study, said that the one who has a knowledge of the thing concerning which he is questioned is best able to talk. Since in all things which come under consideration it is necessary to be obliging and helpful to attentive listeners, the following proceedure is best. A middle ground is necessary because of the double problem, concerning him who is beginning the art and concerning him who has already done so. [continues as in treatise H] We begin. . . ."

[20] For further details as to the physical qualifications of the student, see below, treatise K.

in somewhat more academic fashion, reminiscent of Isidore of Seville's *Etymologies* (iv, 13).

I. ON GIVING THE SACRED OATH AND WHAT SORT OF BOOKS ONE SHOULD READ.

He who wishes to begin the art of medicine and the science of nature ought to take the oath and not shrink in any way whatsoever from the consequences. And then by this process of oath taking let him take up the teachings. Let him learn the art of grammar to the point where he can understand and expound the sayings of the ancients, omitting all artificialities of speech. Also let him learn rhetoric so as to be able to defend with his own words those who are carrying on medical teaching; also geometry so that, just as one knows the measuring and numbering of fields, so also he may recognize the ailments called *typi* [fevers] and the crises which are produced by *periodici* [fevers]. He must also know the science of the stars so as to recognize their rising, setting, and other movements, and the seasons of the year, since our bodies change along with these, and since human illnesses are affected by their normality and abnormality.

The above quotations make it clear that a wide range of material concerning the qualifications and training of physicians was available to the North-French compilers of the Paris and Chartres manuscripts. There are also two additional treatises, not found in these manuscripts, but occurring in four later manuscripts (only one of which is earlier than the eleventh century): St. Gall, 751; Zurich 128/32; Copenhagen 1653; and Brussels 1342-50. The Copenhagen manuscript (late eleventh century), of South-Italian origin, is one of our three earliest traces of Salernitan influence. The subject matter of the two treatises contained in the four manuscripts is much like that already presented; a mingling of high ideals with practical advice, apparently descriptive of secular physicians.

J.[21] Before the physician takes the Hippocratic Oath, and before he attempts surgery, he ought to heed words of wisdom. If he is apt at learning he will heed what his preceptor says. By its very nature this oath is an acceptable work. Even as the entire earth is not suitable for growing seed, but only that part which receives it and brings forth fruit, so also not all of the earth is suitable to receive teaching, but only that part which by a good determination is able fully to retain it. Once there was an ancient. He was not very chaste. When in due order he instituted the canon of medicine, everything he contributed was good.[22] Certain of his disciples who surrendered themselves wholeheartedly to their teachers, remained there and persisted to the end in the art which they wished to learn. Those

---

[21] The treatise appears, with many variants, in all except the Zurich manuscript. The Latin text has been edited by both Laux and Hirschfeld (cited above, note 9).

[22] The Brussels manuscript (1342-50) amplifies the passage concerning "the ancient" with references to Hippocrates, the Empiricists, Julius alias Ceron, and "the citizen of Larissa" who "instituted all philosophy and dialectic and geometry and music."

who changed from one teacher to another, when new ones appeared, not only acquired nothing, but even went unenlightened. To the wise this seemed useful, but to the foolish a joke and a laughing matter.

K.[23] Therefore, before expounding the Hippocratic Oath it is necessary to explain what sort of person a student of medicine should be. First he should be a freeman by birth, noble in character, youthful in age,[24] of medium size, sturdy, apt in all things; indeed, as in body, so in spirit; cognizant of good counsel, benign, virile, benevolent, chaste, endowed with unusual diligence of mind, audacious without being wrathful, not hardheaded, quick to perceive and understand what is taught, one who knows how to speak with brevity, elegant, with a good memory and not indolent. First of all he should be taught grammar, dialectic, astronomy, arithmetic, geometry and music. He should avoid rhetoric lest he become talkative. He should be taught philosophy along with medicine . . . [to be continued below as treatise K(a), on dress and deportment].

The last of our treatises on Qualifications and Training, is another of the Paris epistles; so far as I know, the only extant copy. It is probably the most important of the collection in that manuscript. Outstandingly practical and classical in tone, at the outset it purports to be " Admonitions of Hippocrates " and references are made to other classical authors such as Epicurus. It is broadly all-inclusive in subject matter, taking up successively the qualifications of the physician, medical training, dress and the bedside manner, even to such matters as the method of taking the pulse and the necessity of making three calls each day. Due to its wide scope the treatise serves as a recapitulation of most of the topics already presented, and as an introduction to various aspects of medical etiquette.

L. LETTER ESPECIALLY TO BE READ CONCERNING THE LEARNING OF THE ART OF MEDICINE.
[Qualifications and Training]

Let us begin to expound the admonitions of Hippocrates. Whoever wishes to become proficient in this art ought to be capable of unbounded literary effort, so that by longstanding perusal of various volumes his perception and discernment

---

[23] The treatise appears in all except the Brussels manuscript (1342-50). The title and text vary considerably in the three manuscripts.

[24] The expression "youthful in age" occurs in only two of the manuscripts (Zurich C 128/32, and Copenhagen 1653). The Latin term used, *puerum*, usually applies to boys up to the age of about 16. An earlier example of emphasis on youthfulness is found in section 7 of Charlemagne's Thionville Capitulary (805), where it was urged " that *infantes* be sent to learn [medicine]." (*MGH, Leges,* Sect. II, I, 121). " Instruction from childhood " is also stressed in the Hippocratic *Oath* and *Law* (ch. II). See also treatise H (above) for a reference to youthful students of medicine.

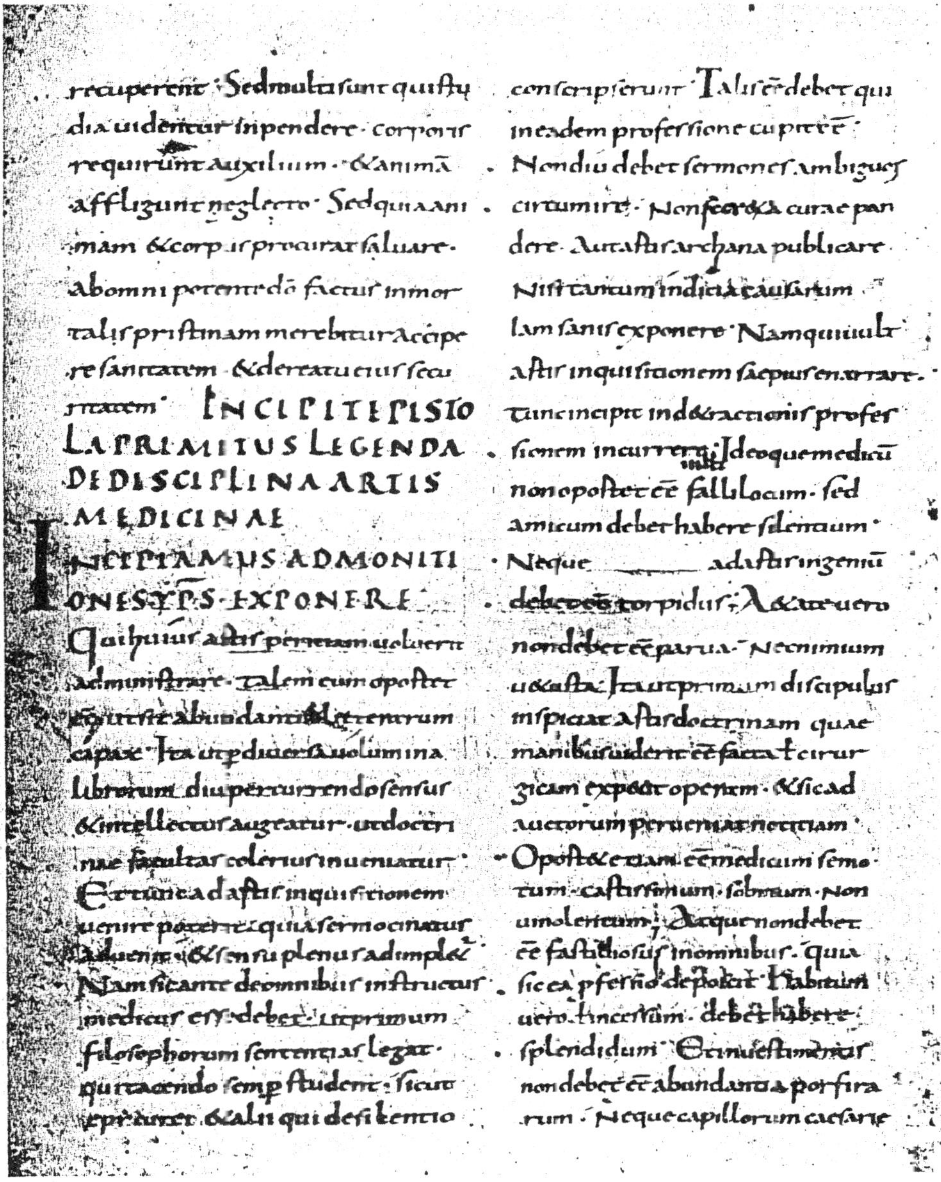

recuperent. Sed multa sunt quibus dia videntur inpendere corporis requirunt auxilium, & animam affligunt neglecta. Sed qui ani mam & corpus procurat saluare. ab omni potente do factus inmor talis pristinam merebitur accipe re sanitatem. & dentatu eius secu ritatem. INCIPIT EPISTO LA PRIMITUS LEGENDA DE DISCIPLINA ARTIS MEDICINAE. ACCIPIAMUS ADMONITI ONES YPS EXPONERE. Qui huius artis peritiam voluerit administrare. talem eum oportet esse ut sit abundantia literarum capax. Ita ut plurima volumina librorum diu percurrendo sentiatur & intellectus augeatur. ut doctri nae facultas celerius inveniatur. Et tunc ad astir inquisitionem venire poterit. quia sermocinatur ... & sensu plenius adimpletur. Nam sic ante de omnibus instruitur medicus. esse debet. ut primum filosoforum sententias legat. quia tacendo semp studet. sicut repriamus & alii qui desidentio

conscripserunt. Talis ē debet qui in eadem professione cupit esse. Non diu debet sermones ambiguos circumire. Non secreta curae pan dere. Aut astir archana publicare. Nisi tantum indica eius sartim lam sanis exponere. Namque multi astir inquisitionem saepius censurae. tunc incipit indractionis profes sionem incurrere. Ideoque medicum non oportet ee fallibilem. sed amicum debet habere silentium. Neque ad astir ingenium debet esse torpidus. A acre vero non debet ee parvua. Nec nimium uicasta. Ita ut primum discipulus inspiciat astir doctrinam quae manibus utentur ee sancta t eirur gicam expedit operam. & sic ad auctorum perveniat notitiam. Oportet etiam ee medicum semo tum. castissimum. sobrium. non violentum. Atque non debet ee fastidiosus in omnibus. quia sic ea prae ferno depotat. Habitum vero. hinc certum. debet habere splendidum. Et in vestimentis non debet ee abundantia porfira rum. Neque capillorum caesarie

Fig. 2

Paris, Bibliothèque Nationale, MS 11219, 9th century, folio 12v.
Text of treatise I., "Admonitions of Hippocrates. . . ."

increase to the point where facility in teaching is more readily acquired.[25] Then he can proceed to the investigation of the art because he has become conversant with it and understands it fully. Before [studying medicine] the physician should be instructed in all subjects.[26] First let him read the opinions of the philosophers, who always study in silence, even as Epicurus and others who have written about silence. Such ought he to be who wishes to enter this profession. He ought not to indulge in long ambiguous discourses, nor to spread abroad his private cures or the secrets of the art, excepting only data on cases already cured. He who is willing to repeat constantly what he finds out about the art of medicine tends to the profession of detractor. A physician ought not to be a deceiver. Like a friend he should maintain silence. Nor should the candidate for the art be a dullard. In age he should be neither too young nor too old, but such that at the outset, as a learner, he may look into the theories of the art which he will see performed by hand, or may seek the practice of surgery. Thus he may arrive at a knowledge of the authorities.

[Medical Etiquette]

The physician ought also to be confidential, very chaste, sober, not a winebibber, and he ought not to be fastidious in everything, for this is what the profession demands. He ought to have an appearance and approach that is distinguished. In his dress there should not be an abundance of purple, nor should he be too fastidious with frequent cuttings of the hair. Everything ought to be in moderation, for these things are advantageous, so it is said. Be solicitous in your approach to the patient, not with head thrown back [arrogantly] or hesitantly with lowered glance, but with head inclined slightly as the art demands. . . . [27] [to be continued below as treatise L(a), on pulse taking, etc.,].

K(a). [continuation of treatise K, above] He ought to hold his head humbly and evenly; his hair should not be too much smoothed down, nor his beard curled like that of a degenerate youth. He should not use ointment to excess on his hands or the tips of his fingers.[28] He should wear white, or nearly white, garments. He should be lightly clad, and walk evenly without disturbance and not too slowly. Gravity signifies breadth of experience. He should approach the patient with moderate steps, not noisily, gazing calmly at the sick bed. He should endure peacefully the insults of the patient since those suffering from melancholic or frenetic

---

[25] This sentence is also found in a brief St. Gall treatise from MS 751. (edited by Hirschfeld, p. 363).

[26] For details concerning the subjects a young physician ought to study, see above, treatises I and K, and compare with Isidore's *Etymologies*, iv, 13.

[27] St. Gall MS 751 and Escorial MS a IV 6 (edited by Hirschfeld, p. 363) have a somewhat condensed version of the subject matter of the entire paragraph on Medical Etiquette. The same topic is treated in great detail (with suggestions as to the physician's clothing, jewels, and horses) in the *Flos Medicinae Scholae Salerni*, written in the later Middle Ages (De Renzi, I, 513 ff.; V, 102 f.).

[28] The material on dress, hair, etc., may have been derived from Galen's *Commentary on Hippocrates' Epidemics* (Kühn edition, XVII, part II, 149 ff.).

ailments are likely to hurl evil words at physicians; these should be ignored for they are not deliberate but rather a result of the harsh annoyance suffered by the patient.

[Etiquette with regard to Women Patients]

Such [as the following] constituted the sacred medical oath according to the precepts of Hippocrates.[29] Enter a home without injuring or corrupting it. Beware lest your medicines bring death to anyone. Do not allow women to persuade you to give abortives, and do not be a part to any such counsel, but keep yourself immaculate and sacred.[30] Abstain from fornication, from [relations with] maidservants, children, married women, and virgins or widows. Keep secret whatever you hear or see in the course of healing, or otherwise, unless it be something that ought to be reported or judged.

[The Taking of the Pulse]

L(a). [continuation of treatise L above]. When a female lies before you and you are about to take her pulse, look neither at the top of her head nor at the bottom of her feet, but at the hand you are holding. By taking the pulse you determine the inner ailment. Learn how to take the pulse so that you can do it standing or seated. Sit on a stool that is neither too high nor too low, but so adjusted that you can take the pulse. If you are holding the right hand below the wrist with your right hand, let the fingers be uppermost so that your thumb may be in the middle in a position outside [i. e., the outer side of the wrist]. Moreover let two fingers, namely the index and middle finger, be placed together inside on the upper part of the vein [venae].[31] Hold the pulse for a long time so that you may detect the up and down

---

[29] Of the five manuscripts that contain this treatise (St. Gall 751, Copenhagen 1653, Bamberg L III 8, Zurich C 128/32, and Brussels 1342-50) the last mentioned has, in addition to the name Hippocrates, those of Apollo and Aesculapius. The reference to the Hippocratic Oath and "precepts" is noteworthy. Contrast this with the false citations from the Oath in Jerome's letter (above, treatise A), and the vague references to an oath in treatises C and I. It is obvious from the references to the Oath in treatises G, J and K (appearing in manuscripts dating from the ninth to the twelfth centuries) that the Oath was known in the early Middle Ages. It may be that it was known at second hand since it is not found in any of the medical manuscripts of this period. The earliest manuscript version cited by Diels is from the thirteenth century. R. Cantarella's " Una Tradizione Ippocratica nella Scuola Salernitana: Il Giuramento de' Medici" (*Archeion*, 1933, 15, 305 ff.) cites references to the Oath in the thirteenth-century regulations of Frederick II and infers that there was an uninterrupted tradition through the earlier centuries, but presents no definite evidence thereof.

[30] The Zurich manuscript has, immediately after "Sacred," the phrase " a custodian of the faith." The Brussels manuscript is fragmentary.

[31] Here apparently " vena " means artery; " arteria " is used in treatise M, below This somewhat incoherent passage on the position of the fingers, etc., defies complete clarification. In the effort to make sense out of it I followed several helpful suggestions from William Jerome Wilson of the Cleveland Branch of the Army Medical Library. It is my intention eventually to publish an article on the mechanics of pulse taking, with numerous quotations from Medieval texts and with several illustrations from Medieval manuscripts. Usually, it seems, the four fingers were placed on the inner (palm) side of the wrist to register the pulse beat.

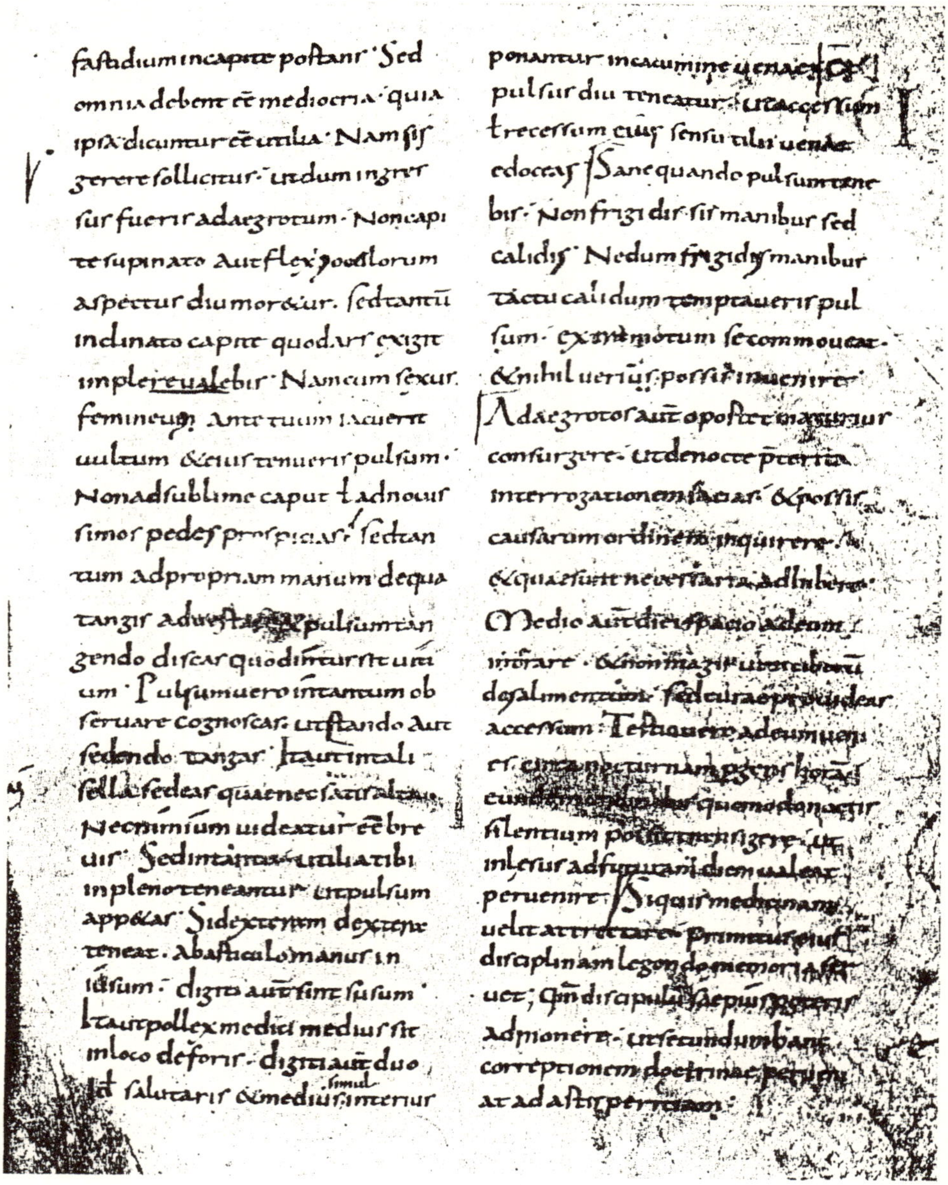

Fig. 3

Paris, Bibliothèque Nationale, MS 11219, 9th century, folio 13r.

Text of treatise L(a), "On taking a Woman's Pulse" (continuation of treatise L).

MEDICAL ETHICS AND ETIQUETTE IN THE EARLY MIDDLE AGES 21

beat by the feeling of the vein. By all means when taking the pulse have your hands warm rather than cold, lest the touch of cold hands upset the warm pulse and make it impossible to determine the true condition.[32] [to be continued below as treatise L(b), concerning sick calls].

The foregoing passage on pulse taking has an almost contemporary parallel in the introduction to a treatise " Concerning the Pulse " (*Peri Sfigmon*) attributed to Soranus. It is found in the tenth-century portion of a manuscript which was written at about the year 900 in the Swiss monastery of Reichenau (it is now at Karlsruhe, MS 120).[33]

M. CONCERNING THE PULSE. Soranus, to his most loved son, greeting. There are many who do not know how long they ought to hold the hand of a patient, and mistakenly think that they have made a true examination. Therefore I urge you, most loved son, to learn early the following method of inspection so that you will never be mistaken. When you visit a patient you should seat yourself in such a position that you may easily see his face, that is, on a stool near the foot of the bed, facing him. In case you are visiting a frenetic patient who would be excited by your facing him, sit near the head whence you can easily see him without being seen. Moreover, if you sit on the bed [do so with a mind to] the conditions of his health, for a slight movement of the person seated there may provoke worse ills, such as a flow of blood or a pernicious reaction or an abundance of sweating or some upset which by lessening in any way the helpfulness of quiet, just that much endangers health by promoting trouble.

Therefore, if this is your first inspection, when you sit down you ought to ask what the bodily affliction is, and how long it has lasted. If it is not your first visit, omit these matters and inquire as to any new ills. Ask if he is sleeping, and

---

[32] A condensed, and apparently garbled, version of the section on pulse taking appears in St. Gall MS 751 and Escorial a IV 6 (edited by Hirschfeld, p. 363). The Paris text and the Karlsruhe treatise (below, treatise M) constitute the most detailed account of the subject that I know of in early Medieval literature. The later Salernitan treatise (below, treatise P) is briefer, and has no additional items. As to the Classical sources for the material, Galen's numerous pulse treatises (Kühn edition, vols. VIII-IX and XIX; especially VIII, 803 ff.) contain no passages exactly like those from the early Middle Ages. It is possible that the Medieval material was taken from the corpus of pulse lore that was transmitted from Classical times to the later Middle Ages under the names of Theophilus, Joannes Philoponos, Meletius, Actuarius and Philaretus (see Temkin's article cited above in note 1, especially p. 54 ff.; also A. Hesse, *Ein Pulstraktat* . . ., Leipzig, 1922).

[33] The text was edited by Rose (*op. cit.*, II, 275 ff.) from A. Torinus' edition in *De Re Medica* (Basel, 1528) and Karlsruhe MS 120. Diels (*op. cit.*, II, 94) cites the Karlsruhe MS and also Chartres MS 62. As a matter of fact the Chartres MS contains only the first few lines of the treatise, after which the text shifts to another pseudo-Soranic treatise which ends with the misleading explicit, *Explicit Peri Sfigmon Ysagogus*. With the exception of the first few lines of *Peri Sfgmon*, this text is the *Ysagogus* or *Horus Ysagoge* mentioned above in note 14; in Thorndike and Kibre's *Incipits* it is listed as *Morus Ysago*.

3

how often and how much; also if bowels and bladder are functioning normally. After this questioning pause a little, lest the patient has been terrified through timidity or awe at the presence of the physician, or lest he has been upset by his suffering or wakened from sleep. [Give him an opportunity] to compose himself; you might take time for repose by walking about. Then prepare your hand for the pulse taking. Have it moderately warm so that nothing in the hand itself will mislead you; not too warm, not too cold, not sweaty. Such conditions prevail if the hands have been warmed at a fire or heated vessel, or in hot water. It is better to prepare the hands by friction or by placing them next to the chest and under the armpits.

Know which hand to hold; if the patient is lying down, the right hand is better for inspection, or the hand closer to the physician. But it should be on the patient's upper side since the weight of the body from above, pressing on the part underneath, is likely to dominate a normal pulse. Hold the patient's hand with three or four fingers in contact with the artery (*arteria*); with the tips of the fingers press down lightly holding the hand immobile so as to detect the strength, order, and every difference in the movement of the pulse. [treatise continues with a discussion of various types of pulses].

[Sick Calls]

L(a). [continuation of treatise L(a), above]. For those who are ill, you ought to get up early so as to inquire about the preceding night, finding out the order of the causes [of the ailment] and the necessary treatment. At midday pay another visit, not so much to see about the patient's food as to plan for the beginning of a cure. For a third time, visit at about nightfall, staying for an hour in order to make arrangements for him to pass the night [comfortably] so as to be fortified to meet the next day unimpaired. . . . [Treatise ends with an unrelated postscript concerning the study of medicine; apparently it belongs with the succeeding letter: see above, note 19.]

We conclude our series of translations with four treatises, of which the last three are outstandingly practical, being concerned with the bedside manner in particular, and in general with those practices that might be called "tricks of the trade." Although traceable to the age of monastic medicine, these practices seem to have been derived originally from the later Hippocratic treatises, such as *Decorum* and *Precepts*.[34] Apparently it was the late and declining age of Greek medicine that stressed such superficial aspects of medical practice. It is noteworthy that it also was the late, but not declining, age of Medieval medicine that stressed these same factors, which had been known but neglected during the age of monastic medicine. Suffice it to say that this type of late Classical (and also late Medieval) etiquette is distinctly secular in character. In fact,

[34] It seems likely that there were Latin translations of these works as early as the fifth and sixth centuries, and presumably there were copies in the ninth and tenth centuries. I have, however, found no evidence of extant manuscripts in any European collections.

it has a distinctly modern flavor, even though it came out of a declining classicism and was nurtured by a "dark age" of ascetic piety. It is also significant that, when the monastic compilers of these late treatises cited authorities, they were Christian rather than Classical. At the same time there is evident a broader, more detailed and increasingly secular expression of the early medieval ethics and etiquette. The last two treatises (from the twelfth century) exemplify the final transition from monastic to Salernitan domination.

The first of the four treatises is so brief and condensed that it might have constituted a code for medieval physicians. It is a noteworthy synthesis of Christian and Hippocratic ideals, despite the fact that the sole authority invoked is the God of Christianity. The treatise seems to have been popular; it appears in at least eleven manuscripts, dating from as early as the ninth, and as late as the fifteenth, century.[35]

N. [Epistle of Hippocrates. Epistle of Galen].[36]

Meanwhile I warn you, Physician, even as I was warned by my master. You ought always to read, and to shun indolence. Visit with care those whom you accept for treatment, and safeguard them. (Hold fast to the cures that you know. Never become involved knowingly with any who are about to die or who are incurable. Do not take up with the daughter or wife of your patient).[37] Cherish modesty, follow chastity, guard the secrets of the homes [you visit]. If you know anything derogatory concerning a patient, keep quiet about it. Do not detract from other [physicians]; if you praise the character and cures of others you yourself will have a better reputation. (At the outset, accept at least half of the

---

[35] Paris BN 11219, Brussels 3701-15, Glasgow Hunter V, 3. 2, Zurich C 128/32, Rome Angelica 1502, Rome Vat. Regina 1443, Rome Vat. 2376, and 2417 (according to Diels, *op. cit.*, I, 123), Carpentras 318, Paris BN 15456, and Paris BN 6988A. In the textual analysis of certain manuscripts of this treatise, and also in the translation, I am indebted to my colleague Professor B. L. Ullman for generous assistance.

[36] Although four of the eleven manuscripts have no author caption, the treatise is attributed to Hippocrates in three (Brussels 3701-15, Rome Vat. Regina 1443, and Paris BN 6988A) and to Galen in three (Paris BN 15456, Rome Vat. 2376 and 2417). The attribution to Isidore of Seville by Hirschfeld (p. 361), Sigerist (p. 32) and Thorndike-Kibre (*Catalogue of Incipits,* under "Interea") is doubtless due to the fact that in Rome Angelica MS 1502 the treatise is preceeded by "*Incipit Liber Ysidori.*" This caption is incorrect both for this treatise and for those that follow it (see Wlaschky's edition in *Kyklos,* 1928, 1, 103 ff.). In BN MS 15456 the treatise begins as follows: "I urge you, O Physician, and with exhortation I warn, and with warning I enjoin you even as I was warned. . . ."

[37] Neither of the passages in parentheses occurs in the pre-eleventh-century manuscripts, excepting the second passage (concerning fees), which is in the tenth-century, South-Italian, version from the Glasgow MS. Was this brutally practical factor in medieval medical ethics Salerno's first contribution to the de-spiritualization of "the Art"?

remuneration without hesitation, for he who wishes to buy [your services] is disposed to pay and to beg [for treatment]. Get it while he is suffering, for when the pain ceases, your services also cease).[37] You will win more thanks if you do all these things, and no physician will be greater than you [in reputation]. Read felicitously, be progressive, fare well, and God's grace be with you, in the practice of medicine and [your other] undertakings. Let healing come from God, who alone is the physician. Amen.[38]

Of a more practical trend is the second treatise, which is concerned solely with the bedside manner. It occurs in at least five manuscripts, dating from as early as the tenth, and as late as the fifteenth, century.[39] It is our only treatise on medical ethics and etiquette that appears earliest in a South-Italian manuscript from the Salernitan region.

O. IN WHAT MANNER YOU SHOULD VISIT A PATIENT.

You do not visit every patient in the same manner. If you wish to learn all, heed [the following]. As soon as you approach the patient ask him if he has any pain. If he says he has, then ask if the pain is severe and constant. After this take his pulse and see if he has fever. If he is in pain you will find the pulse rapid and fluid. Ask if the pain comes when he is cold; also if he is wakeful, and if his bowels and urine are normal. Inspect both parts and see if there is perchance any serious danger. If the ailment is acute inquire as to the beginning of the illness. If it is chronic you will not recognize it at all, for the beginning of such illness is at a time when the patient begins to feel a lesion when performing accustomed functions, as if he could not perform them. After this ask what former physicians said when they visited him, whether all of them said the same. Inquire concerning the condition of the body, whether it is cold or otherwise, whether the bowels are loose, sleep interrupted, the ailment constant, and if he has ever had such ailments before. Having made these inquiries you will easily recognize the causes of the illness and the cure will not be difficult.[40]

Our third treatise comprises a twelfth-century text from a famous Salernitan manuscript (Breslau 1302),[41] and its fourteenth-century amplification attributed to a certain Archimathaeus (ca. 1100 ?). In De Renzi's edition (*op. cit.*, II, 35) the treatise was lauded for its uniqueness among medieval treatises on the relations of physician and patient.

[38] Carpentras MS 318 has a more pious ending: "Amen, and He lives and reigns and rules through eternity."

[39] Monte Cassino 97, Montpellier 185, Rome Vat. Barberini 160, Carpentras 318, and Paris BN 6988A. The text is found in De Renzi, II, 73; Neuburger, *op. cit.*, II, pt. I, 257; and Sigerist, p. 31 f.

[40] The Carpentras manuscript has a slightly different ending.

[41] Concerning this manuscript, see De Renzi, II, 74 ff.; Sudhoff, "Die Salernitaner Handschrift in Breslau" (*Archiv Gesch. Med.*, 1920, 12, 101 ff.); and Henschel, "Die Salernitanische Handschrift" (*Janus*, 1846, 1, 40 ff.).

Factual evidences, such as the pre-Salernitan treatises already quoted, indicate that it was merely a link, though an important one, in the development of medieval medical ethics and etiquette. It is clear that this treatise in particular, and Salerno in general, mark neither the beginning nor the revival of highmindedness and intelligence in medical practice. They do illustrate the late-medieval shift of emphasis from ideals to practical considerations.

The Salernitan treatise repeats some of the early medieval idealism that stemmed from both Christian and Classical sources; notably the invoking of God's aid and the Hippocratic warning against immorality. But the treatise is more concerned with a hitherto unimportant factor, the materialistic side of medical practice. Even though it treats of the age old topics, it treats them in a spirit of unrestrained ambition and selfcentered individualism. For the most part, professional cleverness overshadows Hippocratic and Christian idealism. This new secular emphasis, often designated nowadays as modern-mindedness, did not originate at Salerno. It evolved out of earlier practices, during the late-medieval era of rapid urbanization. It was widely prevalent in Italy and elsewhere, meeting with the approval of leaders in the profession: Arnold of Villanova, Henry of Mondeville, Guy of Chauliac, Albert of Bologna, Jan Yperman, and John Arderne.[42] This trend might be said to mark the despiritualization of the medieval physician.

Inasmuch as the Salernitan treatise has appeared in English translations that are readily available,[43] we present the subject matter thereof in condensed form with a few quoted excerpts that are of unusual significance.[44]

P. Concerning the Physician's Approach to the Patient.
Therefore, O physician, when you call on a patient, be a helper in God's name. Let the angel who accompanied Tobias [Tobias 3:25. Vulgate] be your spiritual and physical companion. On entering the home try to find out through the messenger [from the household] how sick the patient is and what sort of an ailment he has. This is necessary so that you will not seem to be entirely ignorant of the ailment when you approach him. . . . [Detailed instructions follow: e. g., ask whether

---

[42] Excerpts from the works of these men (quoted in Miss Welborn's article cited above in note 1) show a marked resemblance to the Salernitan treatise (P, below), which in turn resembles treatises L, M, N, and O (above).

[43] Francis Packard, in *The School of Salernum* (New York, 1920) p. 18 ff.; and George Corner, in "The Rise of Medicine at Salerno," (*Annals Medical Hist.*, 1931, 3, 14 f.).

[44] The text is in De Renzi, II, 74 ff.

the patient has confessed to a priest; pretend that the case is serious; thus, whether he survives or dies, your reputation is safe; in the sick room greet those present and pay compliments concerning the household before turning to the patient]. Make him feel secure and quiet his spirit before you take the pulse. Take care lest he lie on his side or have his fingers over-extended or drawn back into his palm. Support his arm with your left [hand] and consider the pulse beat at least to a hundred. Also take note of the different kinds of pulses. . . . [Inspect the urine for color, subtance, and quantity; on leaving tell the patient that he will get well but tell the servants that he is very sick; do not look with lecherous eyes on women of the household; if invited to dine, do not be officious or overly fastidious; during the meal, enquire about the patient; on leaving, show your appreciation; etc., followed by advice concerning diet, cupping, digestion, etc.; on later visits during the patient's convalescence, the physician is advised to be cheerful and to promise the patient a speedy recovery. Finally] with as much as possible of honest promises go in peace, Christ your guide.

The expanded version of the Salernitan treatise appears in a fourteenth-century manuscript (Paris BN MS Lat. 7091). The final paragraph serves as an excellent expression of the increasingly secular and materialistic spirit of late Medieval medical practice. This tendency, which is seldom emphasized by those optimistic modern commentators who sing the praises of Salernitan medicine, was marked by a strong emphasis on the importance of good public relations. The following quotation (with which the treatise ends) seems very modern, and somewhat reprehensible, by reason of the clever psychological approach, with its hint that the physician should assume a hypocritically cheerful attitude in the interests not only of the patient's health, but also of his own purse.[45]

[It is advised that the convalescing patient be encouraged by having congenial friends visit him; boy-friends for young convalescents, old man for senile patients, and for noblemen, friends who will chat concerning dogs, horses, and falcons. The physician himself, when he calls, should enter the room] with a hilarious countenance and a joyful voice saying: " Hey there, what do you say? What sort of fun are you having? " . . . With such words the patient is encouraged. Finally, accept your remuneration graciously, and with a full purse and with joy and delight for one and all (if that be possible), by their leave go in peace.
Explicit. Book of Instruction for the Physician, according to Alquimathaeus [i. e., Archimathaeus].

In all fairness to the Salernitans, it should be noted that they also had treatises expressing the higher ideals of the profession. This is exemplified in our last treatise, taken from a work attributed to Constantine the African who lived and wrote at about 1100. In late Medieval

[45] The text is in De Renzi, V, 348 f.; see also I, 513 and V, 102 for verses from the *Flos Medicinae Scholae Salerni* concerning fees, dress, etc.

manuscripts (of the thirteenth and fourteenth centuries) and in early printed editions (the 1515 Lyons edition of Isaac contains the earliest version), the treatise appears as the prologue to Book I of Constantine's *Liber Pantegni*; Theorica, De Communibus Medico Cognitu Necessariis Locis. I know of no manuscript prior to the thirteenth century, but it is possible that the treatise was compiled by Constantine at about 1100 from Arabic material or from works such as we have noted in the early medieval compilations. At any rate it resembles treatises G and N, quoted above, and appears to be a synthesis of materials long in circulation and originally derived in large measure from Hippocratic sources such as the Oath.

Q. WHAT SORT OF PERSON A STUDENT OF MEDICINE SHOULD BE.[46]
He who wishes to obtain the mantle of medicine ought [so to act] that he is an honor to his master, is praised [by him] and is subject to him just as to his own parents. . . . The master should be honored so that [his disciples] may learn how to handle difficult situations. Whomsoever the master takes for instruction should see to it that he is a worthy disciple. He should teach [only] worthy disciples, without pay or expectation of future emolument; and he should be sure to keep unworthy persons from entering this learned profession. The physician should work for the healing of the sick. He should not heal for the sake of gain, nor give more consideration to the wealthy than to the poor, or to the noble than the ignoble. He should neither teach, nor aquiesce in teaching anyone how to give a harmful potion, lest some ignorant person should hear of it and on his authority mix a death potion. He should not teach anyone to bring about abortion. Moreover, when he visits patients, he should not set his heart on the patient's wife, maidservant, or daughter; they blind the heart of man. He ought to keep to himself confidential information concerning the ailment, for at times the patient makes known to the physician things that he would blush to tell his parents. The physician should flee luxury and avoid worldly pleasures and drunkenness. These things upset the spirit and encourage the vices of the flesh. He should devote himself with assiduous zeal to the healing of the body and should not neglect reading, so that his memory may aid him when books are not at hand. He should never refuse to visit the sick for thus, by experience, he may become more efficient. He should be pious, humble, gentle, likeable, and should seek divine assistance. [In chapter 2 the author discusses " Six Things which it is Well to Know," among them dialectic and " the entire quadrivium." Incidentally it is suggested that the author's book " is useful above all others."].

---

[46] The text in Migne *Patrologia Latina*, vol. 150, 1563, is similar to the sixteenth-century versions.

CONCLUSIONS

In summarizing the possible sources of the above examples of medical ethics and etiquette, we note that many of them bear a marked resemblance to the dicta in certain Hippocratic writings.[47] Neither in Greek nor in medieval times, however, did these dicta constitute an enforced code of conduct; they were merely a set of ideals which the high minded physician was urged to follow. Jones' remarks in the introduction to his translation of the Hippocratic *Law*, to the effect that Greek physicians were subject to neither legal penalties nor a universal guild organization, could be applied equally to medical practice in the Early Middle Ages. The only hint of legal controls is found in the above mentioned Visigothic Spanish laws concerning women patients (treatise B) and in the form letter for the instruction of the governmentally supervised physicians in Ostrogothic Italy (treatise C).

Our second conclusion is that both Greek and Medieval physicians were subjected to two somewhat divergent influences, one of which was idealistic, the other practical; in other words, ethics and etiquette. So far as ethics are concerned, the early Medieval writers seem to have combined Hippocratic and Christian ideals without any apparent feeling of conflict or inconsistency. They repeated much of the ideology of the Hippocratic Oath, notably the moral injunctions against giving poisons or abortives, and against violating the patient's confidence or the virtue of his womenfolk.[48] The Medieval exhortation that the physician keep himself " immaculate and sacred " (treatise K[a]), may be a reflection of the " pure and holy " clause of the Hippocratic Oath. Furthermore, the array of virtues recommended for members of the medieval medical profession (especially in treatises F, G. H and K) reads much like the standard set for Greek physicians in the Hippocratic works concerning the *Physician* (Chapter I) and *Decorum* (Chapter V; also III, VII and

---

[47] See W. H. S. Jones, "Greek Medical Etiquette (*Royal Soc. Med., Proc.*, 1922-23, 16, Hist. pp. 11-17); *The Doctor's Oath* (Cambridge University, 1924); and the introductory essays in his *Hippocrates*, II, pp. xxxiii ff. and 257 ff., also I, 295 where he describes travesties of medical ethics such as the practice of abortion (described in *Nature of the Child*), which was a startling contrast to the anti-abortion pledge of the Oath. See also Edelstein *The Hippocratic Oath*, p. 63.

[48] These ideals, plus those from the *Decorum* and *Precepts* concerning fee collecting, were widely prevalent in Ancient and Medieval times. Exigencies of space prevent our citation of the extensive modern literature on Hippocratic ideals among Medieval Jewish physicians, the Arabs, and in China, etc.

XII).[49] In like fashion the Medieval analogy concerning seed planting and medical education (treatise J) is similar to chapter III of the Hippocratic *Law*. The importance of starting medical education early in life is found in both Ancient and Medieval works (treatises H and K, and note 24). One factor not found in Hippocratic writings is the Medieval emphasis on a broad background of liberal-arts education (treatises I, K, L, and Q).

Turning to the realm of everyday medical etiquette, one finds even more noteworthy parallels between the Hippocratic and the Medieval writings; for example, (1) admonitions for the physician to avoid the use of wine to excess (compare treatises F, L, and Q with Hippocratic *Decorum*, chap. XV), (2) to avoid excessive use of ointments (compare treatise K[a] with *Precepts*, chap. X and *Physician*, chap. I) and (3) to avoid ostentation in dress and manners (compare treatises G, L and K[a] with *Precepts*, chap. X and *Decorum*, chap. II-III, VII); also (4) the bedside manner, especially the exercise of patience with difficult patients (compare treatise K[a] with *Decorum*, chap. XII), (5) the withholding of information from the patient (compare treatises C and P with *Decorum*, chap. XVI), and (6) restraint in pressing for payment of fees (compare treatises N and P with *Decorum*, chap. II and *Precepts*, chap. IV).[50] Finally, (7) in both literatures there is evidence of the contrast between the high ideals of physicians for their own profession (compare treatises A, C ff. with *Decorum*, chaps. V-VI, XVIII) and its low moral repute among the general public (compare treatises B, J and K[a] with *Art*, chaps. I, IV-V; *Law*, chap. I; and *Decorum*, chaps. II, VII). It seems that the inefficiency and waywardness of medical practitioners has been condemned by lay critics in all ages.[51]

Perhaps the chief surprise that comes to the student of early Medieval medical manuscripts is the rarity of instances of that pious other-worldly spirit which is supposed to have hung like a cloud over the Middle Ages. To be sure this spirit is the dominant element in two of our seventeen treatises (D and E), and in two others (A and N) it is combined with an approximately equal amount of classical or contemporary pragmatism.

---

[49] The Hippocratic works cited here and in the succeeding sentences are found in Jones, *Hippocrates*, vol. II, except for *Precepts*, which is in vol. I.

[50] With regard to fees, medieval writers, especially in the later centuries, recommended more drastic measures than those found in Greek writings. See the articles by Welborn and Sigerist, cited above in note 1; also Diepgen's chapter (IV) on the subject.

[51] This can be seen in the works of Pliny the Elder, Seneca, Sidonius, John of Salisbury, Petrarch, and Molière.

In most of the treatises, however (to be specific, in thirteen out of seventeen), it is almost completely eclipsed by the viewpoints of secular medicine.

Our explanation of this paradox is the obvious fact that "everybody who talks about Heaven" is not intent on it at all times. Medieval *religious* literature to the contrary notwithstanding, during the Middle Ages most people lived in *this* world. The public utterances of the monastic writers who monopolized early Medieval literature were likely to be piously religious when concerned with ideals; though in writing of *medical* ideals they often used Hippocratic substitutes. Practical activities, medical or otherwise, were discussed in a more earthly manner. Thus it is that, whereas the treatises on medical *ethics* often manifest a highly Christian ideology, those on *etiquette* are more secular. When one passes from the era of our survey to the later Medieval centuries, he finds still less of otherworldliness and more of those characteristics which seem to be widely prevalent among medical men of all civilized ages.

It might be enlightening for modern folk to think of the early Middle Ages in somewhat the same perspective in which we think of our primitive and rather pious pioneer ancestors of frontier days. The otherworldly utterances of their preachers reflect only one aspect of their civilization. Their medical practices, like other aspects of their everyday lives, were highly practical and secular. So it was in the early Middle Ages. The progressive, secular trend that is exemplified in the Salernitan treatises evolved out of the monastic-Hippocratic environment of the preceding centuries,[52] long before Salerno's rise to prominence in the twelfth century. This trend is to be attributed, not to an Italian Renaissance of Hippocratic classicism, but to the Christian "Hippokratismus" which persisted through the disintegration of the Western Empire and the early Middle Ages, then expanded as the gradual secularization of Medieval life, under the influence of industry, commerce, and other phases of urban civilization, turned men's minds more and more to this-worldly affairs.

---

[52] A noteworthy point in the transmission of Hippocratic ethics and etiquette to the monastic West is the lack of Galenic influence. Galen's commentaries on various Hippocratic works existed in early Medieval Latin versions, but (as has been indicated above in several footnotes) the Medieval texts on ethics and etiquette seldom show as close relationships to Galenic works as they do to late Hippocratic treatises such as the *Oath, Decorum,* etc.

APPENDIX

THE HIPPOCRATIC OATH (Fourth-Century B.C.).[53]

I swear by Apollo Physician and Asclepius and Hygieia and Panaceia and all the gods and godesses, making them my witnesses, that I will fulfil according to my ability and judgment this oath and this covenant:

To hold him who has taught me this art as equal to my parents and to live my life in partnership with him, and if he is in need of money to give him a share of mine, and to regard his offspring as equal to my brothers in male lineage and to teach them this art—if they desire to learn it—without fee and covenant; to give a share of precepts and oral instruction and all other learning to my sons and to the sons of him who has instructed me and to pupils who have signed the covenant and have taken an oath according to the medical law, but to no one else.

I will apply dietetic measures for the benefit of the sick according to my ability and judgment; I will keep them from harm and injustice.

I will neither give a deadly drug to anybody if asked for it, nor will I make a suggestion to this effect. Similarly I will not give to a woman an abortive remedy. In purity and holiness I will guard my life and my art.

I will not use the knife, not even on sufferers from stone, but will withdraw in favor of such men as are engaged in this work.

Whatever houses I may visit, I will come for the benefit of the sick, remaining free of all intentional injustice, of all mischief and in particular of sexual relations with both female and male persons, be they free or slaves.

What I may see or hear in the course of the treatment or even outside of the treatment in regard to the life of men, which on no account one must spread abroad, I will keep to myself holding such things shameful to be spoken about.

If I fulfil this oath and do not violate it, may it be granted to me to enjoy life and art, being honored with fame among all men for all time to come; if I transgress it and swear falsely, may the opposite of all this be my lot.

---

[53] The following translation is reprinted from Ludwig Edelstein, *The Hippocratic Oath*, Baltimore, 1943, p. 3.

Part II
Bioethics and Law

BIOETHICS AND LAW: A DEVELOPMENTAL PERSPECTIVE[1]

WIBREN VAN DER BURG

ABSTRACT

In most Western countries, health law bioethics are strongly intertwined. This strong connection is the result of some specific factors that, in the early years of these disciplines, facilitated a rapid development of both. In this paper, I analyse these factors and construe a development theory existing of three phases, or ideal-typical models.

In the moralistic-paternalistic model, there is almost no health law of explicit medical ethics and the little law there is is usually based on traditional morality, combined with paternalist motives, the objections to this modal are that its paternalism and moralism are unacceptable, that it is too static and knows no external control mechanisms.

In the liberal model, which is now dominant on most Western countries, law and ethics closely cooperate and converge, both disciplines use the same framework for analysis: they are product-oriented rather than practice-oriented; they use the same conceptual categories, they focus on the minimally decent rather than the ideal, and they are committed to the same substantive normative theory in which patient autonomy and patient rights are central. However, each of these four characteristics also result in a certain one-sidedness.

In some countries, a third model is emerging. In this postliberal model, health law is more modest and acknowledges its inherent and normative limits, whereas ethics takes a richer and most ambitious self image. As a result health law and ethics will partly diverge again.

---

[1] This article is partly the result of a common research project on Ethics and Law at the Center for Bioethics and Health Law, Utrecht University, the Netherlands, and has profited from many discussions with my colleagues participating in that research group. I had the opportunity to present the basic ideas of this paper on various occasions: at a conference organized by the Center for Bioethics and Health Law and at seminars at the University of Copenhagen, Denmark and at the Ersta Institute for Health Care Ethics, Stockholm, Sweden. I am grateful to many colleagues who presented helpful suggestions on these occasions, as well as to the two readers of *Bioethics*.

© Blackwell Publishers Ltd. 1997, 108 Cowley Road, Oxford OX4 1JF, UK and 350 Main Street, Malden, MA 02148, USA.

92   WIBREN VAN DER BURG

1   INTRODUCTION

In most Western countries, health and law and bioethics are strongly intertwined.[2] This situation can be found in various spheres. In the public debate, legal and moral issues are connected in many ways. Legal and ethical discussions influence each other so strongly that they can sometimes hardly be distinguished. Ethicists discuss and criticise the law on abortion or on euthanasia. Government-installed committees chaired by moral philosophers present recommendations on legislation on embryo research that are largely based on ethical analysis. Conversely, lawyers openly discuss ethical questions and intervene in the public moral debate. Legal categories (like doctrines of self-determination and patient rights) sometimes strongly determine and even structure the public debate concerning organ transplants and medical experiments.[3]

In law and legal practice, there are many references to ethics and to moral norms. The Council of Europe has even drafted a 'Bioethics Convention' (which has recently been renamed as 'Convention on Human Rights and Biomedicine'). In statutory provisions we find references to open norms, like 'the care of a good caregiver', which can only be substantiated by an appeal to morality.[4] In judicial decisions, we may find explicit reference to standards of medical ethics, for instance, in cases concerning euthanasia.[5] Acting according to the standards of medical ethics is regarded in the Netherlands as one of the criteria for a justified appeal to *force majeure* in cases of euthanasia.[6] Consequently, ethicists act as expert witnesses in courts

---

[2] My analysis in this article is primarily based on the Dutch and American situations, because I know them best and because they seem to be the two countries in which the liberal model (as sketched below) has gained most support and in which the postliberal tendencies are most clearly to be seen. Yet, the intertwinement of bioethics and health law is a broader phenomenon, which can be found in most of the Anglophone countries and many European countries as well. For the US, see Schneider, C.E. 1994, 'Bioethics in the Language of the Law', *Hastings Center Report*, July–August 1994, 24, no. 4 p. 16–22.

[3] Trappenburg, M., *Soorten van gelijk. Medisch-ethische discussies in Nederland* (diss. Leiden), Zwolle: W.E.J. Tjeenk Willink, 1993 argued that, in the Netherlands, these two topics are a 'legally structured territory', which means that it has been impossible to introduce other problem definitions and normative notions in the public debate than those dictated by legal doctrine. Cf. also Schneider op. cit.

[4] Cf. Burg, W. van der, P. Ippel, et al., 'The care of a good caregiver. Legal and ethical reflections on the good health care professional', *Cambridge Quarterly of Health Care Ethics*, Vol. 3, nr. 1 Winter 1994, p. 38–48.

[5] Cf. the two court decisions mentioned in Davis, D. 1995, 'Legal trends in Bioethics', *Journal of Clinical Ethics*, 6 1995 p. 187–192, one in the US and one in the Netherlands.

[6] For the Dutch situation on euthanasia, see Battin, M. *The Least Worst Death: Essays in Bioethics on the End of Life*, New York: Oxford University Press, 1994. 130ff.

© Blackwell Publishers Ltd. 1997

on criminal cases concerning euthanasia.[7] A very interesting phenomenon is the institutionalised character of ethics committees and ethical review boards. In many countries such committees and boards are acquiring a legal basis and their positive advice is (or is expected to be in the near future) a precondition for official permission for medical experiments and animal experiments. Thus, paradoxically, they have to make judgements on ethical rather than legal grounds, yet these judgements have legal status. This semi-judicial role for ethics committees seems to blur the distinction between morality and law quite radically.

Finally, the academic disciplines closely co-operate. Doctrines of euthanasia and abortion, of informed consent and the right to privacy, of restrictions on experiments with embryos have all been developed in close co-operation between ethicists and lawyers. In ethics textbooks, legal cases are used as examples.[8] Legal textbooks refer to writings by moral philosophers to support legal doctrines, or even have ethics in their book titles.[9]

This strong connection between law and ethics is rather unique. There is probably no other field of law — with the exception perhaps of animal law and animal ethics, which may be regarded as a subfield of bioethics in a broad sense — where the connection is so strong and explicit. It is remarkable that this phenomenon can be found in many Western countries, though not in all (France and Sweden seem to be important exceptions here[10]) and not everywhere with the same intensity.[11]

and Griffiths, J. 1995 'Recent Developments in the Netherlands Concerning Euthanasia and other Medical Behavior that Shortens Life', *Medical Law International*, 1 1995 p. 347–385.

[7] In some court cases on euthanasia and other issues, Dutch ethicists have acted as expert witnesses; in many other cases, lawyers and judges have explicitly quoted ethical opinions. For instance, in the Dutch case referred to in note 5 above (the case at the Court in Alkmaar concerning a severely handicapped neonate), a professor in medical ethics, Inez de Beaufort, submitted an elaborate expert opinion on the ethical issues involved. It should be added that, in the Netherlands, expert witnesses are considered to be fully impartial, their expenses being paid by the courts, rather than to be witnesses on behalf of and paid by one of the parties. For a critical reflection on the latter role in the US legal system, see Caplan, A.L. 1991, 'Bioethics on Trial', *Hastings Center Report* 1991 p. 19–20.

[8] For example, most of the case material in Beauchamp, T.L. and J.F. Childress, *Principles of Biomedical Ethics* New York: Oxford University Press, 1994: 509f. is based on court cases.

[9] Cf. Mason, J.K. and R.A. McCall Smith, *Law and Medical Ethics*, London: Butterworths, 1994.

[10] In France, the idea that bioethics should be the subject of a specialised (philosophical or theological) discipline has met strong resistance. In Sweden, both health law and bioethics are still in a premature stage and, partly as a result of its legal positivist tradition, the relation between the two is rather weak.

© Blackwell Publishers Ltd. 1997

How should we explain this? A superficial explanation may be that the field of biomedicine is extremely morally sensitive. Though there is a core of truth in this in the sense that, more than in other fields, we perceive normative problems explicitly as moral problems, it is not the only explanation. Environmental issues also have a strong moral dimension — they concern literally matters of life and death, especially for future generations; yet, environmental law usually has a much more instrumental character and is not, or only slightly, connected to the discipline of environmental ethics. The structure of the welfare and social security system and the basic tax structure are of great moral importance, yet ethicists seldom discuss them — and if they do, their work is considered to be of no legal relevance at all.[12] So there must be some other explanation.

A historical perspective may be illuminating here. The strong connection between health law and bioethics is only of a relatively recent date; it seems to be the result of a set of very specific factors that, in the early years of these disciplines, facilitated a rapid development of both.

In this paper I will analyse these factors and, on the basis of that analysis, construe a developmental theory existing of three phases or ideal-typical models of relationships between bioethics and law. First, I will sketch the older phase, which we may call the moralistic-paternalistic model. In this phase, there is almost no health law or explicit medical ethics, and the little law there is is usually based on traditional morality, combined with paternalist motives. The second phase, which is now dominant in most Western countries, may be called the liberal model. In this model, law and ethics closely co-operate and converge. In some countries, we can see a third model emerging, a post-liberal one, in which law and ethics partly diverge again.

2 THE MORALISTIC-PATERNALISTIC MODEL[13]

Until the sixties, bioethics or health law did not yet exist as independent disciplines in most Western countries. This does not

---

[11] Moreover, the connection exists only in a specific part of health law; the part that is concerned with the bureaucratic organisation of the health care system usually has little connection to ethics.

[12] For other examples of how fields of law are connected to morality, see Lee, S. *Law and Morals*, Oxford University Press, 1986, 18–21.

[13] The models developed here are ideal-types. Though the essentials can be recognised in reality as characteristic ways of ordering the normative dimensions of health care practice, reality is more nuanced, and usually combines elements of various models.

© Blackwell Publishers Ltd. 1997

mean, of course, that the medical profession was amoral, but normativity was implicit in medical practice rather than being extensively elaborated by lawyers and ethicists.[14] Medical ethics was the ethics of good medical practice, of being a good doctor. For this there was no elaborate body of guidelines and rules, neither in moral philosophy, nor in law. Theoretical or philosophical reflection on medical issues usually did not address the public at large.

Professional practice was strongly paternalistic. Doctors were expected to act for the good of the patient and to know what this good was, both in the moral and in the non-moral sense of the word. Patients were often not given full information about the diagnoses of their illnesses, especially if the prognosis was dim. Insofar as the determination of the patient's good demanded moral evaluation, this was seldom explicitly acknowledged, nor need it be, because the moral norms were considered non-controversial, being based on a traditional (usually religious) morality that was largely accepted by all in society, or by all in the subgroup to which both doctor and patient belonged.[15] In a sense, we might even say that moralism and paternalism were not clearly distinguished, simply because the moral evaluations, involved in judgements about the patient's good, were so uncontroversial that they largely remained implicit.[16]

Specific rules of health law were virtually non-existent, though in many countries some form of disciplinary law existed. The law largely upheld and respected professional autonomy, and only marginally interfered with medical practice. It upheld a great deal of discretionary power for doctors. Especially in the field of psychiatry, both the law and the medical profession were strongly paternalistic; the patient's best interest, as judged by the psychiatrist, was the basic criterion for non-voluntary treatments and institutionalisation. Of course, there were some rules in criminal law, prohibiting abortion, euthanasia, (assisted) suicide and various sexual practices like adultery,[17] prostitution and homosexuality. The justification for these

---

[14] This sketch is partly based on Kuitert, H.M. *Mag alles wat kan? Ethiek en medisch handelen*, Baarn: ten Have, 1989.

[15] The latter addition is essential because in strongly segmented societies like the US or the Netherlands, on some issues no broad, social consensus existed, but only a group consensus within the group of Roman Catholics or within the group of orthodox Protestants.

[16] Kuitert, op. cit.: 66 expressed this by saying that, from the profession's point of view, the technically necessary and the morally obligatory are 'interfolded' as it were and often cannot be distinguished.

[17] When artificial insemination by donors was introduced, many countries discussed whether this should be regarded as a form of adultery and, hence, as a criminal offence. Cf. Mason and McCall Smith op. cit.: 53.

© Blackwell Publishers Ltd. 1997

prohibitions was often directly moralistic: they were considered immoral by traditional morality.

This brief and much too simplified sketch suffices to illustrate the relationships between law and morality in this model. Insofar as law dealt with moral issues involved in medical practice rather than leaving them to the medical profession, it was directly moralistic and paternalistic. Insofar as it gave discretionary powers to the autonomous profession, it sanctioned paternalism and moralism of that practice, and thus was indirectly moralistic and paternalistic.

The model has clear advantages. It works efficiently because external legal and bureaucratic interference is marginal and doctors can simply make their own decisions, without having to discuss them extensively with patients or staff. As long as their decisions and actions are embedded in a morally decent traditional practice and are accepted by all as authoritative, good medical treatment is guaranteed.

However, it may be clear that many of the implicit presuppositions of this model are no longer acceptable or valid in modern societies.[18] Firstly, the idea of medical and legal paternalism has come under attack. The general emancipation process in which citizens claim their own rights and freedom, has not left medicine untouched. The simple confidence in psychiatrists, knowing what is good for their patients, has been shattered. Withholding information about the true nature of a disease is no longer deemed acceptable. Both as a result of the general trend towards emancipation which started in the sixties and as a result of specific factors in the field of biomedicine, patients claim their rights and want to control their own lives. Secondly, and partly connected to the criticisms of paternalism, the moralism of doctors and of the law has come under attack. Traditional morality has changed rapidly, resulting in a more pluralist character of modern societies. The sexual revolution, leading to more liberal attitudes towards various sexual practices, is just one example of this. Free citizens want to control their own medical and psychiatric treatment because it is up to them to decide which treatment is for their good, not only in a non-moral sense, but also in a moral sense. They claim the freedom to decide whether they want to have a child or not and whether abortion is morally justified. Finally, they want to decide themselves whether further suffering is an acceptable part of their dying process of whether they want to avoid further suffering through euthanasia or assisted suicide.

These criticisms on paternalism and moralism set the background for most of the current literature on law and morality, like the Hart-

---

[18] Cf. Kuitert, op. cit.: 64–71.

© Blackwell Publishers Ltd. 1997

Devlin debate, culminating in Feinberg's four-volume series on the moral limits of the criminal law.[19] There are, however, other elements of the moralist-paternalist model that, though they have attracted less direct attention from moral philosophers, are equally important reasons for abandoning the model. A third objection to the model is that it is too static and does not provide solutions to the problems that arise as a result of changes in society, technology and health care practice. Societal structures and processes are changing so rapidly that an appeal to the moral tradition and trust in a gradual adaptation of implicit morality to changing circumstances simply is no longer adequate. Professional morality would soon loose contact with social reality if it were not an explicit object of open, critical discussion, reflection and adaptation. (This phenomenon of losing touch with social reality can most clearly be seen in the deep cleft between the static official Roman Catholic moral doctrine on sexuality and the practice of most believers who simply ignore the official doctrine.) Technology poses many new problems to which traditional morality does not offer answers — issues like embryo research, organ transplants and the treatment of severely handicapped newborns that in the past simply would not have survived. Health care practice has changed from a practice in which the individual physician had a personal relationship with a patient to a situation in which teamwork and interdisciplinary co-operation are normal. Each of these three essential changes makes it necessary to make moral norms and values explicit so that they can be discussed, critically analysed and adapted to new circumstances or new opinions. They also make the need for law more clearly felt, to guide those developmental processes and to prevent excesses as a result of normative uncertainty. When traditional morality no longer provides adequate guidance, and a new morality is still developing, we can no longer put our trust completely in the medical judgement because the risk of erring is too great.

These latter remarks already point to a fourth criticism of the model. It knows no checks and balances, no external control mechanisms. Even if almost all medical professionals act in a decent or even highly laudable way, there will always be the need to correct the small minority of practitioners who do not. In a small-scale profession with strong mechanisms of social control, it may be largely

---

[19] Cf. Dworkin, R. (ed.) *The Philosophy of Law*, Oxford University Press, 1977. Feinberg, J., *The Moral Limits of the Criminal Law* New York: Oxford University Press, Vol. I *Harm to Others*, 1984, Vol. II *Offence to Others*, 1985, Vol. III *Harm to Self*, 1986, Vol. IV *Harmless Wrongdoing*, 1990, and Dworkin, G. (ed.) *Morality, Harm, and the Law*, Boulder: Westview Press, 1994.

adequate to trust informal and internal methods of correction and control, e.g. through disciplinary proceedings. But in a more anonymous large-scale medical practice this simply does not suffice. Moreover, it does not give the patients adequate protection against and compensation for medical malpractice. The Nazi experiments are often mentioned as the primary reason why the need for control became felt. But other situations also gave rise to the demand for legal control of medical practice, especially in the field of psychiatry. Everyone with power runs the risk of abusing it; the more power the medical profession is given by modern technology, the greater the need for control and checks and balances. In combination with the growing emancipation of patients, this has led to increasing direct legal intervention in medical practice.

These four critical objections to the moralistic-paternalistic model are the major factors that have led to its abandonment in favour of a new model, the liberal model. It is important to understand that the reasons for abandoning it are not only new normative opinions on paternalism and moralism, but that the changes are also responses to developments in Western society and in medical practice itself. The old model is simply no longer functional in various respects. This means that a reactionary return to this model — even if someone were to suggest this and defend it from a normative point of view — is likely to be counterproductive, simply because the social context in which it once worked no longer exists.

3 THE LIBERAL MODEL

Each of the four objections to the paternalistic-moralistic model suggests, by contrast, characteristics of an alternative model. Both the anti-paternalism and the anti-moralism criticisms suggest a model that explicitly recognises and protects patient autonomy and patient rights, and that is based on a more equal relationship between physicians and patients. Because autonomy and rights are so dominant in this new model (partly as a reaction against the old paternalism and moralism), I will call it the liberal model.[20]

The third objection I mentioned is that the old model is too static, because it is based on an implicit professional morality that can only

---

[20] Beauchamp and Childress op. cit.: 78 consider the postulates of individual autonomy, rights against the state and neutrality towards conflicting values to be the central elements of liberalism. My conception of liberalism here is both broader and narrower. Neutrality is not essential, but the concept of rights applies also to other institutions than the state and to other individuals, like health care professionals.

very gradually adapt to new circumstances. This point suggests that the professional morality should be made more explicit and should be an object of ethical reflection, discussion and reformulation in the light of changing circumstances. Changes in society, technology and health care practice result in the need for bioethics as a discipline that supports this continuous process of reflection, discussion and reformulation. Changes in health care practice, moreover, require that medical ethics is broadened to bioethics or health care ethics, and that medical law is broadened to health care law, so that both include all health care professions (like nurses) and the organisation of the health care system as a whole. Changes in society require that bioethical discussions are not confined to health care professionals, but that health care consumers are involved as well, which means society as a whole. All these rapid and radical changes, but especially those in technology, clearly demand more than superficial ethical analyses, which means that we need specialists to make them; in other words, we need bioethics as an independent (philosophical or theological) discipline.

Finally, the fourth objection mentioned above is that the moralistic-paternalistic model does not provide adequate mechanisms of control and correction, let alone the protection of patients and third parties. The most obvious institution for control is the law. This means that new legislation and regulations are needed in a practice that, so far, has not been used to much external regulation. This almost automatically leads to the establishment of a new field of law with its own specialists in health law as a new professional discipline.

In the transformation process from the moralistic-paternalistic model to the liberal one, the new disciplines of bioethics and health law profit from a close co-operation.[21] They have many things in common: no firm theoretical ground to stand on, demanding tasks and, as is usual in a starting period, a very small number of competent ethicists and lawyers. Moreover, both disciplines often — though not always — have to struggle against the resistance of settled interest groups, especially physicians. But most importantly, they have a common mission: to elaborate the liberal programme in a theoretically satisfying way and to implement it in health care practice.

---

[21] Cf. Leenen, H.J.J. 'Vijfentwintig jaar gezondheidsrecht', in: J.H. Hubben and H.D.C. Roscam Abbing (eds.), *Gezondheidsrecht in Perspectief*, Utrecht: De Tijdstroom, 1993: 21; Clouser, K.D. and Kopelman, L.M. 1990, 'Philosophical Critique of Bioethics: Introduction to the Issue', *Journal of Medicine and Philosophy*, 15 1990, 2: 121–122.

In such a situation, it is only natural that both disciplines collaborate closely and find intellectual inspiration in each other's work. Why not try to construe a theory on informed consent in a common effort by lawyers and ethicists? Why should lawyers not try to build on ethical theories regarding the status of the human embryo when developing suggestions for legislation on abortion or on embryo research? Moreover, it is not only intellectually helpful, but also strategically important to join forces if one of your aims is to change health care practice and opposition is strong.

This sketch may explain why co-operation between both disciplines is stimulated, but this does not mean co-operation is possible. If lawyers are talking about patient rights while ethical analysis focuses on professional virtues and fundamental views of life, co-operation will not be easy. So a further condition for co-operation must be that both disciplines use the same framework for analysis and this is, indeed, characteristic of the liberal model.

Firstly, both health law and bioethics take what I shall call a 'product approach'. When studying law, one may focus on law as a product, which means that one regards law as a system of rules and principles or as a collection of statutes, customary rules and judicial decisions.[22] But one may also focus on the practice of law, on the legal process, on law as an interpretative and argumentative activity.[23] Similarly with ethics: one may focus on moral theory as the construction of principles for the basic structure of society or as the construction of rules and principles for action and, on the basis of this, of concrete moral judgements.[24] But one may also focus on morality as a practice, as an activity in which we are continually interpreting, reconstructing and trying to realise our central moral values.[25] The distinction between law and morality as a product and law and

---

[22] This approach seems dominant among positivists like Hans Kelsen, but is most obvious in the way many legal textbooks tend to present 'the law' on certain subjects: as a coherent doctrine of norms, based on a collection of legal materials like statutes and case-law.

[23] Lon L. Fuller, *The Morality of Law*, New Haven: Yale University Press, 1969 and Ronald Dworkin (though the latter is sometimes ambiguous in this respect) exemplify this approach. I should add that most philosophical authors try to combine both approaches, but the resulting theories are never fully adequate. The two approaches seem partly incommensurable. Therefore they can, in my view, never be combined in one coherent theory, just as we may regard an electron as particle or as wave, but not as both at the same time.

[24] Examples abound, which shows how dominant this way of thinking is (e.g., Rawls, Hare, Gert).

[25] MacIntyre, A. *After Virtue*, Notre Dame: University of Notre Dame Press, 1981 and philosophers of medicine in the hermeneutic tradition are the obvious examples here.

© Blackwell Publishers Ltd. 1997

BIOETHICS AND LAW: A DEVELOPMENTAL PERSPECTIVE 101

morality as a practice or process has important implications. In a product view, it is usually easy to defend simple distinctions between law as it is and law as it ought to be, between law and morality, or between positive and critical morality.[26] The product is usually easily identifiable by some test of pedigree or by empirical research. But in a practice or a process view, these distinctions are not so simple; for instance because legal and moral argument cannot be separated, or because most positive moralities include mechanisms of self-criticism and self-improvement by reflection on critical morality.[27]

In the liberal model, both health law and bioethics put strong emphasis on the product rather than on the activity or practice. They try to develop new theories, principles, rules or concrete advice for the new problems that arise (or the old ones seen in a new light): the plight of psychiatric patients, the possibilities and risks of new technologies. Bioethicists try to construct new moral guidelines and suggest solutions for concrete problems and moral dilemmas; often they also try to argue for new legal rules. The product approach is best exemplified by the central role the 'four principles of biomedical ethics' play in the ethical literature.[28] Health lawyers also focus on products in the form of legislation, other types of regulation and judicial decisions. They continually try to construct law as a coherent system of rules and principles. Thus, both disciplines have a similar orientation towards law and morality as a product. This is different from the moralistic-paternalistic model, in which professional morality is that of good medical practice, whereas law mainly consists of a small number of rules and provisions in criminal law and thus takes a product approach.

Secondly, bioethics and health law both use the same conceptual categories. In both disciplines, principles, patient rights, concrete rules and procedures take pride of place. This allows (at least superficially) a translation of legal analysis into moral analysis and vice versa, an essential precondition for successful co-operation.[29]

---

[26] Cf. Hart, H.L.A. 'Positivism and the Separation of Law and Morals', in: R. Dworkin (ed.), *The Philosophy of Law*, Oxford University Press, 1977, pp. 17–65.

[27] Cf. Brom, F.W.A., J.M.G. Vorstenbosch and E. Schroten, 'Public Policy and transgenic animals case-by-case assessment as a moral learning process', in: P. Wheale and R. von Schonberg (ed.), *The Social Management of Biotechnology: Workshop Proceedings*, Tilburg University, Faculty of Philosophy, 1996 p. 73–86.

[28] Cf. Beauchamp and Childress op. cit., and Gillon, R. (ed.) *Principles of Health Care Ethics*, Chichester: John Wiley and Sons, 1994. Even many critics of 'principlism' still take a product view, like in the theory of moral rules suggested by Clouser, K.D. and Gert, B. 1990, 'A Critique of Principlism,' *Journal of Medicine and Philosophy*, 15 1990, 2, p. 219–236.

[29] A simple illustration: Some years ago, I was invited to present an analysis of the ethical aspects of a controversial epidemiological research project of HIV

© Blackwell Publishers Ltd. 1997

Ethicists can participate in legal discussions because they largely use the same framework (though the precise meanings and roles of the principles and rights are usually not identical in law and ethics, a fact which is too often neglected by lawyers and ethicists alike). Lawyers can make a useful contribution to ethical discussions because legal experience often provides valuable insights into the way in which a moral right like that of privacy could be elaborated.

Here again, there is a difference with the moralistic-paternalistic model, in which professional morality focuses on virtues and on categories like the good doctor, whereas criminal law emphasises strict rules of action. Of course, there is an overlap between the two with respect to material implications, but there is no easy translation from the moral category of the good doctor to the question of whether abortion should be legal.

Thirdly, both health law and bioethics concentrate on what is minimally necessary rather than on the ideal situation or the perfect doctor.[30] In a situation in which a quick transformation is deemed desirable or even necessary, it is wise to start with the minimum, for making practitioners comply with this minimum may already be a major achievement. If doctors are not used to give full information to their patients, the most urgent task is to make at least a decent minimum of information available; only in a later stage it may make sense to aim for more perfectionist standards of giving information. If the general idea of legalising abortion is still controversial, it may be wise to stress the woman's right to free choice and leave the more subtle moral questions — like the precise conditions under which an abortion is morally justified — out of the public debate. As long as the minimally decent has not been realised, it may not be very effective, even counterproductive, to aim for the excellent. Again, this guarantees good co-operation in the liberal model between health law and bioethics because law is not an adequate instrument for enforcing excellence. There is a standard saying which states that law is a minimum morality. I think this saying is not entirely correct, if only because it is not very useful to conceptualise law as a form of

infection. On this occasion I noticed that the analysis by the legal expert was almost identical to mine, with one major exception: his appeal to the authority of law. The basic principles from which we both started — respect for physical integrity and for privacy — are laid down in the Dutch Constitution as constitutional rights. When, on another occasion, I was invited to discuss both the ethical and the legal aspects, it was, therefore, no problem to integrate these into one coherent story.

[30] The trend to structure the physician-patient relationship in a contractual form is also a sign of this minimalism. Cf. May, W.F. 'Code and Covenant on Philosophy and Contract?', in: S. Gorowitz et al. (eds.), *Moral Problems in Medicine*, Englewood Cliffs (New Jersey): Prentice Hall, 1983; Schneider op. cit.: 18.

© Blackwell Publishers Ltd. 1997

morality; yet there is an important core of truth in it. The higher we get on the continuum from the morality of duty to the morality of aspiration, the less effective law can be.[31]

Thus, health law and bioethics both take the product view; both use the same conceptual framework and both focus on the minimally decent rather than on the ideal. These three characteristics are largely formal characteristics. But the most important factor that guarantees successful co-operation is the fourth one (which is closely connected with the other three factors); they are both committed to the same substantive normative theory. Patient autonomy and patient rights — in other words liberalism — are central to the modern bioethical and legal discourse.[32] Because bioethics and health law share this commitment to liberal values, they not only speak the same language, but also take similar stances, at a more theoretical and at a more practical level. Moreover, a theory based on autonomy and patient rights offers simple solutions for most of the problems that were central in the early days of bioethics and health law. On abortion and on euthanasia, on the plight of psychiatric patients and on medical experiments, the paradigm of patient rights gives a clear and simple answer: the patient has to decide.[33] Against the traditional background of moralism and paternalism this is real progress. Moreover, autonomy means that individuals are entrusted with the responsibility for moral dilemmas rather than the law, or society as such. Thus, the more subtle and controversial moral issues are effectively removed from the public sphere. This makes it much easier, in modern pluralist societies, to reach an overlapping consensus on the moral issues that remain in the public sphere; who would oppose patient autonomy as such?

4 PROBLEMS OF THE LIBERAL MODEL

It may be good to stress at this point that this is only an ideal-typical sketch of a model. There is no country that has fully implemented the

---

[31] The distinction between the morality of duty and the morality of aspiration is at the core of Fuller op. cit. and also Selznick, P. *The Moral Commonwealth: Social Theory and the Promise of Community*, Berkeley: University of California Press, 1992. The implications for the health care professional have been elaborated in Van der Burg and Ippel et al., 1994, 'The care of a good caregiver. Legal and ethical reflections on the good health care professional', *Cambridge Quarterly of Health Care Ethics*, Vol. 3, nr. 1 Winter 1994, p. 38–48.

[32] Cf. Ippel, P. 'Gezondheidsrecht en gezondheidsethiek', in: W. van der Burg en P. Ippel (ed.), *De Siamese tweeling*, Assen: Van Gorcum, 1994; Schneider, op. cit.: 18.

[33] With respect to abortion, this conclusion only follows once it has been decided that the foetus is not a full person.

© Blackwell Publishers Ltd. 1997

liberal model, if only because its shortcomings are too obvious. Many countries are still only starting its implementation; Sweden, perhaps, is an example. In strongly pluralist societies, like the US and the Netherlands, it seems to have been most effective for obvious reasons: the more a society is characterised by moral pluralism, the less a policy of legal moralism is possible. Even within one country or legal system there may be important differences. Thus, so far, most countries have been non-liberal on the subject of euthanasia and physician-assisted suicide, even those that have been very active with respect to patient rights in general.[34]

Yet, I think the conclusion is warranted that, in most Western countries, the liberal model currently is or is becoming the dominant approach to bioethics and health law. The basic ideas have now been successfully elaborated theoretically and have gained broad support. They have won legal recognition — patient rights have been laid down in statutes or even been included in constitutions and international human rights treaties.[35]

The success of the liberal model now also seems to be the reason for its decline: once the most important advantages of the model have been realised, the disadvantages become clearer and are beginning to weigh more heavily. Especially in the recent ethical literature, we can find a great deal of criticism that stresses the objections to the liberal model.

For, effective and attractive as this model may be, it does have major disadvantages as well. Each of the four characteristics that are responsible for the liberal success result in a certain one-sidedness. The focus on product may neglect practice, the way in which the rules and principles can effectively be interpreted and implemented. Ethical theory and legal doctrine may sometimes be satisfactorily elaborated at a certain reflective distance of the practice, if only because there may be good reasons for changing the practice. But in the end, it is the practice that counts, rather than the law in the books or the ethical

---

[34] In some cases, of course, the opposition against (partly) legalising euthanasia is liberal as well; consider, for instance, the argument that it will lead to situations in which the elderly will feel under pressure to ask for euthanasia and for that reason, in order to protect their autonomy, we should not legalise euthanasia. Most objections, however, are non-liberal, like reference to the sanctity of life or protecting the distinct medical ethos that doctors should never kill.

[35] Cf. the Patient Self-Determination Act in the US, or the new Constitutional clauses in the Netherlands on privacy and physical integrity. In Leenen et al., op. cit., a broad study of health law in most European countries, it is argued that there has been an 'emergence all over Europe of a social and cultural reassertion of the values of individual freedom and self-determination that sustain the concept of patients' rights' (at vii).

© Blackwell Publishers Ltd. 1997

principles in the textbooks, and if the elaboration of ethical and legal doctrine overburdens practice, we should be careful. And, indeed, we can hear complaints from practitioners and ethicists alike implying that medical ethics has lost touch with reality, or that health law has become a threat to good medical practice.[36] Even though some of these complaints are based on caricatures and misperceptions or simply on practitioners' dislike of external interference, I think it is important to see the core of truth in it. And it is likely that the more the product is elaborated in ethical theories and positive law, the more strongly the tensions with the demands of practice will be felt.

The second characteristic of the liberal model, the emphasis on principles, rights, rules and procedures, has received so much criticism lately that I will not elaborate on it. Whatever the suggested alternative is, like virtue ethics or ethics of care, they show that ethical analysis only in terms of the liberal model neglects certain dimensions of moral experience.[37]

The third characteristic, minimalism, results in the neglect of perfectionist dimensions of morality and law. In my view, however, perfectionist standards and ideals are essential to bioethics and also to law, though in a different way. We cannot fully understand a profession, unless we realise that it is partly oriented towards some professional ideals.[38] If this is true, then the rise of liberalism led to a morally impoverished image of professional morality and needs to be complemented by richer analysis.

The fourth characteristic, the substantive orientation towards liberalism, may seem to be the most controversial to attack. Do criticisms of liberalism not automatically lead us back to an anti-liberal moralistic position? I do not think so. We should distinguish two shortcomings of the liberal emphasis on rights and autonomy. The first shortcoming is that it simply does not give an answer. It seems to me that this is the case with many issues that we have to confront once liberalism has been realised. Autonomy and rights are of little relevance to the problem of embryo experimentation. When

---

[36] Cf. Vandenbroucke, P. 1990, 'Medische ethiek en gezondheidsrecht: hinderpalen voor de verdere toename van kennis in de geneeskunde?', *Nederlands Tijdschrift voor Geneeskunde* 1990, 5–6.

[37] Cf. Shelp, E.E. (e.a.) *Virtue and Medicine: Explorations in the Character of Medicine*, Dordrecht: Reidel 1985, and the literature inspired by Gilligan, C. 1982, *In a Different Voice: Psychological Theory and Women's Development*, Cambridge, Mass: Harvard University Press, 1982.

[38] Cf. Campbell, A.W. 'Ideals, the Four Principles and Practical Ethics', in: R. Gillon, *Principles of Health Care Ethics*, Chichester: John Wiley and Sons 1994, 241 makes a related point: we cannot fully understand moral principles unless we see that they are connected to more fundamental ideals. Cf. Van der Burg and Ippel et al. op. cit.: 42.

© Blackwell Publishers Ltd. 1997

discussing preconception sex selection of children, ethical analysis based on the autonomy of the parents only seems to give part of the story because we cannot neglect the wider context of discriminatory social attitudes. Once we accept that abortion should be a free choice for women, the real problem for them is still there: whether or not to have an abortion in their specific situations. We cannot understand the full ethical dimensions of prenatal diagnosis, unless we understand what it means for women to have a 'tentative' pregnancy,[39] and unless we see what having a handicapped child may mean in this specific woman's biography. The liberal framework does not offer adequate possibilities to analyse these richer dimensions; yet, as long as it is not made absolute it need not prevent us from adding other elements.

Thus, one type of shortcoming of liberalism is that it simply does not enable us to address certain dimensions of a situation. This could, in principle, be solved by supplementing liberalism with richer perspectives, as many authors are currently trying to do. A more problematic shortcoming is that, at times, liberalism presents us unacceptable solutions for a problem and effectively excludes other ways of conceptualising the problem.[40] If we take autonomy as the primary basis for moral and legal judgements, we may find that we have inadequate legal mandate to treat schizophrenic patients in the early stages of their illness, or to prohibit euthanasia or assisted suicide in cases where we do not think it morally justified. (An example could be a patient in a very early stage of cancer demanding euthanasia, even though there are still reasonable chances of curing it.) If we make liberalism too dominant in law, this may lead to a legal doctrine that does not allow enough space for professional autonomy in those cases where patient rights become counterproductive. The rise of preventive medicine may have to do with too much emphasis in law on the liberal model and its rights orientation.

Each of the four characteristics of the liberal model thus corresponds with a certain one-sidedness. A further central characteristic of the liberal model, as I have sketched it, is the close co-operation between health law and bioethics. The advantages of this co-operation were most important in the early years of these disciplines, but once they have become settled, the disadvantages begin to weigh heavier. To put it more simply, a too close co-operation may lead to a neglect of important differences between law and morality. Law is an institution with a distinct role and distinct functions in society. This leads to specific possibilities and limitations of what law can and cannot achieve. For instance, the use of force and

---

[39] Cf. Rothman, B. Katz *The Tentative Pregnancy*, New York: Viking, 1986.
[40] As suggested by Trappenburg op. cit.

© Blackwell Publishers Ltd. 1997

sanctions, which is often associated with law, means that law usually has more effective instruments than morality, but it also means that legal regulation is often perceived as threatening by physicians.[41] Both effects should be assessed when discussing legislation, and often this type of evaluation means that we should not enforce moral duties through law. Similar illustrations can be made about the specific possibilities of morality, which may be neglected if ethics is too closely connected with law.[42] For instance, morality should also give guidance in situations where law leaves full discretion to autonomous decision making by patients or physicians; it can only do so if ethics is not too closely associated with law.

5 THE POSTLIBERAL MODEL

We may conclude that the more the liberal model is realised, the stronger its disadvantages become clear. This suggests that it will be succeeded by a different model. As that alternative model is still only in an emergent and implicit state, only a tentative sketch is possible. Just as it was possible to predict the outline of the liberal model partly from the defaults of its moralistic-paternalistic predecessor, it is possible to predict the outline of the postliberal model partly from the defaults of its liberal predecessor. The extrapolation of criticism must be strongly evaluative, because criticism can be met in various ways. Before going into details, however, some preliminary remarks should be made.

A first point I would like to stress is that, despite the criticisms, the advantages of the liberal model are substantial. We should not give up the idea of patient autonomy and go back to paternalism and moralism; anyway, this is not likely to be a feasible alternative. So the new model should include the liberal model, elaborate on it and perhaps in some minor ways correct it rather than replace it by a completely new model. Thus, the new model should be postliberal rather than anti-liberal.

Secondly, the disadvantages mentioned above need not have the same implications for law and for ethics. It is very likely even that the criticisms lead to different reactions for health law and for ethics. For instance, health law should, in my view, largely stick to liberal minimalism and, in some respects, become even more minimalist so as to leave more room for perfectionism in the exercise of professional

---

[41] Cf. Mason and McCall Smith op. cit.: 14–17; Schneider op. cit.: 21–22.
[42] For similar criticism, see Holm, S. 1994, 'American Bioethics at the Crossroads: A critical Appraisal', *European Philosophy of Medicine and Health Care*, 2:2, 1994, p. 6–31.

© Blackwell Publishers Ltd. 1997

autonomy, whereas bioethics should incorporate perfectionist ideas more directly. The answer to the criticisms will differ, precisely because health law and bioethics are different, and one of the criticisms of the liberal model is that it does not adequately acknowledge these differences.

This suggests a third point. Law and ethics should become more independent and distinct. The reasons for co-operating so intensely have become less important and the disadvantages of the close connection are becoming more visible. This means that critical reflection on and empirical study of the distinct roles of law and morality have become more urgent and that only on the basis of this we may be able to make adequate judgements about the desirable relationships between law and morality. In the future model, the relationships will probably be more loose than they are in the liberal model. Therefore, I will discuss the implications for law and for morality separately.

During the liberal phase, health law undergoes quite radical changes and elaborations, culminating in some form of codification or, at least, the establishment of a generally recognised body of legal norms of precedent. It seems to be time for the stabilisation and refinement of, and critical reflection on, such a body of norms. A further development of law beyond the liberal model, based on various forms of theoretical study and reflection, should proceed along three lines.

1. One line of development should be based on reflection on the integrity of law as a whole. As a result of its strong connection with bioethics in the liberal model, health law runs the risk of becoming isolated from adjacent fields of law. This may imply that its doctrines become inconsistent with the legal system as a whole.

I will illustrate this with an example from Dutch law.[43] In Dutch health law, constitutional rights have been interpreted in a way that significantly differs from the role they have in constitutional or criminal law. Constitutional rights are usually regarded as a corrective mechanism against the abuse of power by government. In the health law doctrine, constitutional rights and underlying principles like the right to self-determination and the right to health care are seen as the basis for the legal doctrine. If, however, what is meant to be primarily a corrective mechanism on official action is misconstrued as the primary basis of all legal responsibilities, things

---

[43] This example has been elaborated in Van der Burg, W. and H. Oevermans 'Grondrechten in het gezondheidsrecht', in: W. van der Burg and P. Ippel (ed.), *De Siamese tweeling*, Assen: Van Gorcum, 1994: 187–203.

© Blackwell Publishers Ltd. 1997

are turned upside down. Health law doctrine should start with the primary goal of medicine, i.e. the cure and care of the patient, and then construct constitutional rights as a protective countermechanism or as a symbolic point of orientation. If you make rights the basis of health law, as the liberal orientation on autonomy and patient rights has at least a tendency to do, then you loose contact with the primary goal of health care. Thus, the liberal rights orientation may, if taken too far, lead to results that are contrary to its primary aim: serving the patient's interest.[44] It seems to me that closer contact with traditions in adjacent fields of law and less intense contact with bioethics might have prevented this, and could have led to a better health law.

This example shows how the separation of health law as a distinct subfield of law — though in itself not objectionable — may lead too far, especially if health law is too strongly connected to bioethics. A stronger orientation of health law towards the legal system as a whole and to the integrity of law may lead to significant corrections in health law doctrine and especially to a more modest role of the law.

2. A second line of health law development should be based on a further reflection on the societal role, functions and limitations of law in general and of health law in particular.[45] As a result of its orientation towards bioethics, health law may become too ambitious and thus counterproductive in trying to change medical practice. But law is not always effective and it has often many side-effects that should be taken into account. This problem of effectiveness and side-effects is particularly important in the context of biomedical practice. Legal control is difficult, if only because medical confidentiality often shields the profession from external intervention. Thus, traditional models of enforcement are usually not effective unless the profession itself largely co-operates voluntarily — the problem of illegal euthanasia practices in many countries may be an example. Simple instrumentalist views of law often just do not work; in order to influence professional practice, the communicative function of law should be stressed.[46] Moreover, the side-effects of legal intervention may be far-reaching: relationships of trust could be damaged.[47]

Thus, both the directly intended effects of legislation and the

---

[44] This critical reappraisal of the rights orientation is what is now happening, indeed, in Dutch health law. Its 'founding father', H.J.J. Leenen, has gradually retreated from his earlier stance that these rights are the 'pillars' of health law; compare the first (1978) and third (1994) editions of his *Handboek Gezondheidsrecht*.

[45] Cf. Schneider op. cit.

[46] Cf. Legemaate, J. *Recht en realiteit: Juridische normering en het therapeutisch proces* (oratie Rotterdam), Houten: Bohn Stafleu Van Loghum, 1994: 23.

[47] Cf. Mason and McCall Smith op. cit.: 16–17.

© Blackwell Publishers Ltd. 1997

indirect effects or side-effects should be counted. For instance, if legal regulation both leads to the desirable goal of enforcing patient rights and to the unintended result of defensive medicine because doctors feel threatened by the law, we should balance these two effects before deciding in favour of legislation. We should also consider possible alternatives for state regulation, such as instituting (partly) independent regulatory bodies in which both the public and the profession are represented; forms of self-regulation and convenants between the state and the business sector (a common practice in environmental law in many countries) may also be a good alternative.

3. A third line of further health law development should be based on the development of normative theories regarding the limits of state and law. As I have mentioned earlier, most of the current theories only focus on the moral limits of criminal law. Normative theory on the proper limits of tort law or administrative law is still lacking. There are some strong political positions, obviously, but these are often highly ideologically coloured (especially by strong anti-state sentiments) or merely pragmatic. What we need is more nuanced theoretical work on what the state should or should not do and what the law should or should not regulate if we take ideals like the rule of law or democracy seriously, and especially how then this should be done. When is civil law and when is criminal law adequate? When should we leave issues to internal self-regulation? The case of surrogacy presents a good example. Presumably, criminal sanctions will not only be partly ineffective but, according to most authors, also unjustified.[48] How the law of contract or internal hospital regulations should deal with the issue is still open then.

For each of these three lines of health law development we need a certain reflection on and distance from biomedical practice: studies in political philosophy, in the sociology of law, and in general jurisprudence and the philosophy of law will be necessary. But in each of these fields there seems to be the same trend: in a postliberal model, health law should be more modest and should show self-restraint and acknowledge its inherent and normative limits.[49]

With respect to ethics, the general trend seems to be different. I will only give a very simple indication here, because I am primarily

---

[48] According to Mason and McCall Smith op. cit.: 70, in the Anglophone world, almost no legal system has criminalised the procedure as such — Queensland being the exception.

[49] Mason and McCall Smith op. cit.: 16 seem to suggest that in the English courts this self-restraint is now, indeed, being practiced, whereas they had expressed their fears as to the contrary in a previous edition.

© Blackwell Publishers Ltd. 1997

BIOETHICS AND LAW: A DEVELOPMENTAL PERSPECTIVE 111

interested in the relationship between law and ethics. For this purpose it suffices to see that, in whatever direction we may expect and hope the development in ethics to go, it will presumably always be a direction away from law.

The four general characteristics of the liberal model that I discussed earlier, and their concomitant shortcomings, have been strongly criticised in recent ethical literature; they should each be complemented to develop a richer, pluralist view of ethics. Some authors have argued for replacing (some of the characteristics of) the liberal model in ethics, but most critics have taken an intermediate position. They want to supplement the liberal model with elements that it has neglected rather than construing a completely new model. Many representatives of the liberal model have accepted the challenge and have tried to include elements of the criticisms or to emphasise non-liberal elements that so far have not received due attention. It seems that we are heading towards an enriched and pluralist view of ethics.[50] We should not only study the product in the form of theories, but also analyse good practice. Studies based on rights perspectives and principlism should be supplemented by studies based on, e.g. virtue ethics or ethics of care, simply because each of these alternative approaches has its own blind spot. The minimalism that was adequate in the early days of bioethics can now be enriched by going beyond the minimum and reflecting on the ideal of good medical practice. Finally, the strong orientation on individual rights and autonomy — which may still be quite acceptable in legal philosophy — should be nuanced and supplemented by views in which the full dimensions of the good life and of the good society at large are elaborated.[51]

An example may make clear what I mean. If we look at the relationship between patient and doctor, we need a plurality of approaches for an adequate ethical analysis. We should both look at minimum standards or duties that every doctor should always respect, and to maximum standards or professional ideals that he should aspire to. We should, as in the liberal model, analyse the actions of

---

[50] There is a growing recognition of the need for a plurality of methodological and normative-ethical approaches; see, e.g., Gustafson, J.M. 1990, 'Moral Discourse About Medicine: A Variety of Forms', *Journal of Medicine and Philosophy*, 15 1990 p. 125–142, and even Beauchamp and Childress op. cit.: 111. See also Van der Burg, Ippel, et al., op. cit.

[51] Even in legal philosophy, however, the liberal rights orientation will not always be adequate, as R. Dworkin's *Life's Dominion*, New York: Alfred A. Knopf, 1993, shows. The most ardent supporter of rights theories had to switch to value theories in order to present an adequate analysis of legal issues connected to bioethics.

© Blackwell Publishers Ltd. 1997

the physician in terms of rules, principles and protocols as well as in terms of the rights of the patient — but this is only part of the story. We should also articulate what a virtuous doctor is and we need a perspective of an ethics of care to supplement the contractualist (and therefore minimalist) understanding of the relationship between patient and doctor. So, to understand all the relevant aspects of the norm of a good caregiver, we need indeed a plurality of ethical approaches. Focusing on only one or two approaches, as in the liberal model, leads to a reductionist and distorted picture of this highly complex phenomenon.[52]

As a result of these two trends in health law and bioethics, we may expect (and should support) a divergence between the legal and the moral point of view. If law, generally speaking, should be more modest and conscious of its inherent and normative restraints, whereas ethics should rather take a richer and more ambitious self-image, the two diverge.[53] If ethics is to go beyond liberalism, to address the ideal as well as the minimum and so on, whereas law sticks to the minimum and to liberalism, or even partly retreats from it in the light of a better understanding of its specific role, further divergence will become necessary. Loosening the bonds between law and bioethics is thus the result of developments in the postliberal phase. In a sense, it is also a condition for a further development of both health law and bioethics. For as long as both are so closely connected, it will also be difficult for each to go its own way. If the public moral debate on abortion is closely linked to the debate on the desirable legislation or judicial decisions, an open moral discussion on how this freedom should be exercised will be frustrated. Legal freedom does not imply a full moral license. The motives of a woman requesting abortion may be legally irrelevant, but the request is not morally neutral, let alone that it is emotionally easy. To help women (and men) handle these difficult decisions which they face, a public moral debate can be important, but this will only work if there is no suspicion of hidden agendas to change the law.[54]

The same goes for law. If health law tries no longer — often in vain or quite forcefully — to justify each and every single rule in moral terms, it may be easier to get a workable practice. The example of embryo legislation has been mentioned above. It seems to me that we will only make progress in the legislative debate once

---

[52] Cf. Van der Burg and Ippel et al. op. cit: 40.

[53] Schneider op. cit. makes a similar point.

[54] Schneider op. cit.: 21 gives a similar example: the question whether we have a moral obligation to donate blood tends to be restructured as the question whether there should be a legal obligation.

© Blackwell Publishers Ltd. 1997

we see that legal rules and legal lines, like a three-months or a fourteen-days line in rules on embryo experiments or abortions, need not be directly justifiable in moral terms — law knows many arbitrary lines.[55] The law as a whole should be as morally justifiable as possible, but this does not mean that we should be able to give a direct moral foundation to each individual statutory rule or judicial ruling seen in isolation.

6 CONCLUSIONS

In this paper I have sketched a developmental theory of the relationships between health law and bioethics. This theory can give us a good understanding of why, in many Western countries, health law and bioethics are so closely intertwined. Understanding the specific historical setting that facilitated this close connection may help us recognise the time for a new phase in which the bonds are loosened. Obviously, a sketch that is meant to outline some general trends in all Western countries must be either too vague or will not fit readily in some countries. Indeed, this is only an ideal-typical sketch of three models: no country fully embodies or once embodied either of the three models. Yet I would hold that central elements of the first two models can be found in the historical development of these countries that I know best: the Netherlands and the USA, and probably also in most of the Anglophone world and Germany. The third model is more tentative; it is an emergent model, and perhaps, in some respects, I have misinterpreted some of the current tendencies; perhaps I fell victim to wishful thinking.

Presently, most of the Western countries are still in the process of realising the liberal model. What does my analysis mean for those countries? Should they stop this development and try to skip the liberal phase, because of the criticisms? Some of the critics of the liberal model seem to suggest so: we should go back to Aristotle or back to traditional morality. In my view this would be the wrong reaction, and I think this development approach shows why.

There were good reasons to leave the pre-liberal phase. Going back to old times will not help us, because the old model is no longer functional in modern societies, and is no longer acceptable to the public at large in pluralist cultures. A regression to the pre-liberal phase is nevertheless possible, even though it will not be very effective. Just like Nonet and Selznick (1978) argued in their developmental model of law that there can be 'two ways law can

---

[55] C. Van der Burg, W. 1996, 'Legislation on Human Embryos: From Status Theories to Value Theories', *Archiv für Rechts – und Sozialphilosophie*, 82: 1 1996, 73.

© Blackwell Publishers Ltd. 1997

die', there may be two ways liberalism can die: regression to pre-liberalism and progression to post-liberalism.[56] I suggest that we take the second way, and incorporate the sound parts of the anti-liberal criticisms into the postliberal model, rather than simply abandon the liberal model.

In order to preserve the valuable core of liberalism, we should go beyond it.

Schoordijk Institute for Jurisprudence and Comparative Law
Tilburg University

---

[56] Cf. Nonet, P. and Selznick, P. *Law and Society in Transition: Toward Responsive Law*, New York: Harper and Row, 1978: 115.

Part III
Bioethics and Religion

Religion and the Secularization of Bioethics
by Daniel Callahan

The occasion of this special supplement on religion and bioethics serves to remind me, once again, that the field of bioethics as we now know it is a creature of its time and history. It grew up during the 1960s and 1970s in an era of affluence and social utopianism, in a culture that was experimenting with an expansive array of newly found rights and unprecedented opportunities for personal freedom, and in the context of a national history that has long struggled to find the right place for religion in its public life. For medicine it was a time that combined magnificent theoretical and clinical achievements with uncommonly difficult moral problems, many of them bearing on the self-identity and goals of medicine. The story of contemporary bioethics turns on the way in which those problems intersected with, and whose understanding was shaped by, that larger temporal and social context.

The most striking change over the past two decades or so has been the secularization of bioethics. The field has moved from one dominated by religious and medical traditions to one now increasingly shaped by philosophical and legal concepts. The consequence has been a mode of public discourse that emphasizes secular themes: universal rights, individual self-direction, procedural justice, and a systematic denial of either a common good or a transcendent individual good.

Let me, if I may, use myself as an illustration of this trend, as well as an example of some considerable uneasiness left in its wake. When I first became interested in bioethics in the mid-1960s, the only resources were theological or those drawn from within the traditions of medicine, themselves heavily shaped by religion. In one way, that situation was congenial enough. I was through much of the 1960s a religious person and had no trouble bringing that perspective to bear on the newly emergent issues of bioethics. But that was not to be finally adequate for me. Two personal items were crucial. My religious belief was by then beginning to decline, and by the end of the decade had all but disappeared. My academic training, moreover, was that of analytic philosophy, and I wanted to bring that work to bear on bioethics. Was it not obvious, I thought, that moral philosophy, with its historical dedication to finding a rational foundation for ethics, was well suited to biomedical ethics, particularly in a pluralistic society? Just as I had found I did not need religion for my personal life, why should biomedicine need it for its collective moral life?

The answer to that last question has been less obvious than I originally thought. If my life has been, in a way, relieved by the absence of religion as a guiding force, I cannot say that it has been enriched or that I am a better person for that. Nor can it be said, I think, that biomedical ethics is demonstrably more robust and satisfying as a result of its abandonment of religion. To say that of course is not to make a case for the validity of religion, which must be made on its own merits, not on its potential contribution to bioethics. Some nineteenth century thinkers, we might recall, came to think that, although religion was false as a way of understanding the world, it was socially useful to sustain as a source of discipline and political stability.

There was always something slightly cynical in that view, and doubly so because it was meant to strengthen the hand of those in authority. Nonetheless, it is not necessary to entertain such a position to recognize that, whatever the ultimate truth status of religious perspectives, they have provided a way of looking at the world and understanding one's own life that has a fecundity and uniqueness not matched by philosophy, law, or political theory. Those of us who have lost our religious faith may be glad that we have discovered what we take to be the reality of things, but we can still recognize that we have also lost something of great value as well: the faith, vision, insights, and experience of whole peoples and traditions who, no less than we unbelievers, struggled to make sense of things. That those goods are part of a garment we no longer want to wear does not make their loss anything other than still a loss; and it is not a negligible one.

But need that be the end of the story? Can those of us who share my lack of belief still make use of at least some of the insights and perspectives of religion, even as we reject its roots? Or are they meaningless without their connection to those roots? Are there some questions about our lives and destiny that philosophy, science, or other secular disciplines can't help us get hold of with any telling force, and that only religion has been able to accommodate? Is it wrong, or a form of illogical sentimentality, to continue feeding off of religious traditions and ways of life that one has, in fact, rejected at their core? Does intellectual honesty demand that we have the courage of our convictions (or lack thereof) and construct our view of the world out of the whole cloth of unbelief, not borrowing to suit our own purposes those valuable bits, pieces, and parts of a garment we have thrown off? And of course there is another question that might be entertained: if we agree that religion, even if wrongheaded, provides ways of understanding not otherwise attainable, should we then never allow ourselves to close the door on the possibility of a renewed belief? Even if we have not the faintest idea (as I do not) about where that renewal might come from?

Daniel Callahan is a philosopher and director of The Hastings Center.

Those are some questions I have put to myself over the years. I will not try to answer them directly here, and do not in any event think I have good answers. I will instead say something about the unfolding of contemporary bioethics, inviting others to see whether that history provides some answers to the questions I have raised.

A Short History of Bioethics

Joseph Fletcher's book *Medicine and Morals* (1954) has often, and correctly, been cited as the first truly fresh manifestation of a growing interest in medical ethics in the post–World War II era. That Fletcher was at the time an Episcopalian theologian might easily lead one to think of the book as a "theological" contribution. Its contents, however, suggest a very different interpretation. By his emphasis upon "choice" as the heart of morality, his rejection of moral theories (particularly Roman Catholic) that would look to nature for ethical guidance, and his celebration of the power of medicine to open new opportunities for moral freedom, Fletcher was in fact opening a direct assault upon some long-standing religious constraints on medicine. That Fletcher's moral theory was based on what he called "situation ethics"—emphasizing the uniqueness of each moral choice and therefore the irrelevance of binding moral rules and principles—signalled all the more the depth of his attack on some characteristic religious values. The possibility also of detecting, just below the surface, an additional powerful strain of utilitarianism in Fletcher's book underscored the depth of the break he was working to engender.

Medicine and Morals did not, in the 1950s, have a great impact in the medical world, even if Fletcher's situation ethics had a telling appeal among many physicians whose clinical experience resisted general moral rules. But that was not an era when the writings of outsiders, religious or not, were likely to be taken seriously. It was not until the middle of the 1960s, in the controversies that developed over human subject experimentation, that those outside voices began to make themselves heard. The quick appearance thereafter of increasingly public struggles over the definition of death and the care of the terminally ill, genetic counseling and prenatal diagnosis, and organ transplantation, brought the field of bioethics into being. The Protestant theologian Paul Ramsey, first with *The Patient as Person* (1970) and then with other books in the 1970s, carried out one of the first comprehensive bioethical examinations of the newly emergent issues. James M. Gustafson added still another powerful theological impetus (even if, in what his writings actually said, the specific contribution of theology was rendered systematically ambiguous). All the while, Jewish and Roman Catholic theologians were carrying on the long-standing work of responding to medical advances and quandaries in light of their own traditions, though now with a new intensity. The writings of Seymour Siegel or David Feldman, from the Jewish side, or Richard McCormick and Charles Curran, from the Roman Catholic, provided evidence of that intensity.

Yet in many respects this early theological role in the emergence of the field was soon to decline. Part of the reason may be that the theological seminaries and departments of religion were in the 1970s drawn more to issues of urban poverty and race, and to questions of world peace in a nuclear age, than to bioethics. After a short burst of interest, the number of younger scholars drawn to the field seemed to decline as the decade came to an end (and many of those who were attracted seemed more comfortable speaking the language of philosophy than religion). No less importantly perhaps, once the field became of public interest, commanding the attention of courts, legislatures, the media, and professional societies, there was great pressure (even if more latent than manifest) to frame the issues, and to speak, in a common secular mode.

Here the philosophers and the lawyers came to take the lead. Samuel Gorovitz organized a 1974 conference on bioethics for philosophers at Haverford College, drawing a number of newcomers to the field, many of whom went on to considerable prominence. The Karen Ann Quinlan case in 1975 had a similarly potent effect on the law, making evident that bioethics would provide a steady stream of legal cases and a considerable body of unique issues for legal scholars. As the field of medicine became itself more engaged in the issues, it sought a way of framing and discussing them that would bypass religious struggles. Lawyers and philosophers were by no means seen as congenial allies of doctors, but they were preferable to theologians (especially those who spoke out of sectarian traditions). For all the steady interest of some physicians in religion and medicine, the discipline of medicine itself is now as resolutely secular as any that can be found in our society. It is a true child of the Enlightenment.

All of these trends were nicely epitomized in the two federal commissions established during the 1970s, the National Commission for the Protection of Human Subjects in 1974, and the President's Commission in 1979. Both the professional staffs of the two groups and those called upon to give testimony before them were drawn mainly from medicine, philosophy, the health policy sciences, and the law. The approaches and concepts commonly employed in their reports, moreover, showed not the least visible trace of religious influence. An ethic of universal principles—especially autonomy, beneficence, and justice—was given a place of prestige in the 1978 *Belmont Report* issued by the National Commission.

I do not want to imply that there was any outright hostility toward religion (even though I could detect that now and then in some philosophers I knew). On the contrary, it was for the most part bypassed altogether. Whatever place it might have in the private lives of individuals, it simply did not count as one of the available common resources for setting public policy. There was (and still is) a lurking fear of religion, often seen as a source of deep and unresolvable moral conflict as well as single-minded political pressure when aroused. For that matter, ours is a society extraordinarily wary of provoking fundamental debates about basic worldviews and ethical premises. Such debates are seen as more likely to produce destructive battles than illuminating social insights, more anger and intransigence than peace and compromise. Religious differences have commonly been seen as the most likely source of such struggles, and thus to be kept at arm's length—or, even better, off the political playing field altogether.

The Discontents of Secularization

Some important consequences of this general attitude seem apparent. It encourages a form of moral philosophy for use in the marketplace that aspires simultaneously to a kind of detached neutrality (what Thomas Nagel has called the "view from nowhere"), and a culture-free rationalistic universalism (which is suspicious of the emotions and the particularities of actual human communities). It is hardly surprising that the only theoretical debate taken to be of any great moral interest is that between deontologists (who can help the right trump the good), and utilitarians (who can allow a calculus of pleasures, pains, or preferences to trump both the right and the good). No less banished are more speculative forms of philosophy, especially those that might look to nature or organism for moral direction. Its worst failing may be its enormous reluctance to question the conventional ends and goals of medicine, thereby running a constant risk of simply legitimating, by way of ethical tinkering and casuistical fussiness, the way things are.

Another consequence is that it has either intimidated religion from speaking in its own voice, or has driven many to think that voice can be expressed with integrity only within the confines of particular religious communities. Time and again I have been told by religious believers at a conference or symposium that they feared revealing their deepest convictions. They felt the price of acceptance was to talk the common language, and they were probably right. Religious convictions are thought "personal" in two senses: they bespeak a particular cultural and ethnic background, and they reveal someone's inner life. Those of us who spend our time in the leading scientific and intellectual salons, and who have come to know the rules of the game, take great pains to conceal those features of our lives. I am no more enthused about letting my Irish-Catholic, parochial school background show (even if now put behind me) than I am to have a spot of gravy on my Brooks Brothers striped tie. (In fact the latter is preferable to the former; we all dribble from time to time, but not everyone has had a parochial school education—a tie can be cleaned in a way a psyche cannot be).

The net result of this narrowing of philosophy and the disappearance or denaturing of religion in public discourse is a triple threat. It leaves us, first of all, too heavily dependent upon the law as the working source of morality. The language of the courts and legislatures becomes our only shared means of discourse. That leaves a great number fearful of the law (as seems the case with many physicians) or dependent upon the law to determine the rightness of actions, which it can rarely do since it tells us better what is forbidden or acceptable than what is commendable or right.

It leaves us, secondly, bereft of the accumulated wisdom and knowledge that are the fruit of long-established religious traditions. I do not have to be a Jew to find it profitable and illuminating to see how the great rabbinical teachers have tried to understand moral problems over the centuries. Nor will Jews find it utterly useless to explore what the popes, or the leading Protestant divines, have had to say about ethics. This seems an obvious kind of point to make; but few actually make it.

It leaves us, thirdly, forced to pretend that we are not creatures both of particular moral communities and the more sprawling, inchoate general community that we celebrate as an expression of our pluralism. Yet that pluralism becomes a form of oppression if, in its very name, we are told to shut up in public about our private lives and beliefs and talk a form of what Jeffrey Stout has called moral esperanto. The rules of that language are that it deny the concreteness and irregularities of real communities, that it eschew vision and speculation about goals and meaning, and that it enshrine the discourse of wary strangers (especially that of rights) as the preferred mode of daily relations.

With so many riches at our disposal, why have we ended in the name of social peace with a salt that has lost its savor?

Religion and Moral Meaning in Bioethics

by Courtney S. Campbell

Few experiences in life seem more pointless, more suggestive that our lives are subject to powers that are arbitrary, abusive, and destructive, than the suffering and death of children. What possible account

Courtney S. Campbell is associate for religious studies at The Hastings Center and editor of the Hastings Center Report.

could be given to explain, let alone give meaning to such an event? Several years ago, I developed a friendship with a young couple who were anxiously awaiting the birth of their first child. What transpired, quite unexpectedly, was every prospective parent's nightmare: their child was born with serious congenital abnormalities, evidenced visibly by facial disfigurement and substantial respiratory difficulties. Following a short stay in an NICU, the neonatologists indicated that though they could not be sure when death would occur, they were certain that the child's prognosis was terminal, and asked the parents for their preferences regarding continuing or stopping treatment.

How might we think about such a problem in contemporary bioethics? We might invoke a benefits versus burdens calculation or a best interests standard, or take procedural recourse to an ethics committee, perhaps recommending withdrawal of life support. Or, we might consider the cogency of arguments supporting active killing as a compassionate act to spare the child what would inevitably be a painful life, whatever its duration. But the parents did not ask those kinds of questions; they instead brought to that very difficult situation an understanding that our lives are subject to ultimate powers which are creative, nurturing, and redeeming, and a way of construing the world shaped decisively by a set of religious convictions about the purpose of life, the meaning of death, and ultimate human destiny. Within that moral vision, Angela was not seen by her parents as a tragedy to be prevented (by prenatal diagnosis and abortion) or an unwanted burden whose life could easily be shortened, but instead as a gift in need of care. With minimal medical support, my friends took Angela home to begin their family life bound together, and over the next few months gave devoted and unceasing care until she died.

I do not relate this story to say the parents' choice to care for their daughter at home rather than let her die in the hospital was ethically right or justifiable. I am still unsure about that choice, even though the subsequent care Angela received was to me an exemplary witness of how we should collectively treat the vulnerable and voiceless in our midst. Rather, my point is that a world view provided meaning in a situation that seemed pervaded by arbitrariness and cruelty, a meaning that could not be supplied or sustained by our conventional bioethics maxims about "best interests" or "substituted judgment." The tragedy seen by others, including myself, was transformed into a gift. "Suffer the little children...for of such is the kingdom of God."

Religion offers an interpretation or revelation of reality that responds to what Max Weber referred to as the "metaphysical needs of the human mind" to seek order, coherence, and meaning in our lives, to understand ultimate questions about our nature, purpose, and destiny. Yet, in our common endeavor to do bioethics within the limits of reason alone, the discourse necessary to sustain the traditions of moral insight and meaning embedded in the practices and values of religious communities may be characterized as "private" and so considered largely irrelevant to the overriding objectives of bioethics. Indeed, prominent scholars have given serious consideration to whether traditions of theological ethics may constructively contribute to bioethics and to the practices of health care, and the conclusion on several accounts may often be that such a moral resource is dispensable: "Bioethics, where it succeeds, shows where it does not need theology."[1]

The tensions between religious discourse and bioethics pose dual challenges of *accessibility* and *meaning*. Insofar as the incorporation of moral claims from a specific religious tradition or community is deemed to undermine the possibilities for a generally accessible bioethics discourse, the significance of religious perspectives may be very limited. Yet the criterion of accessibility may limit the moral richness of bioethics, for the costs of conformity to public discourse requirements may be the loss of meaning and content about ultimate concerns embedded in a particular tradition, whether religious (as illustrated by the story of Angela's parents) or professional (for example, medicine or nursing).

The Public Limits of Religious Discourse

If it was premature to pronounce "the death of God" in the 1960s, it seems equally mistaken to begin doing post-mortems on the demise of theological and religious perspectives in bioethics. There are nevertheless several problems posed for religious thinkers by the criterion of a generally accessible bioethics discourse, as succinctly identified by Leon Kass:

Perhaps for the sake of getting a broader hearing, perhaps not to profane sacred teachings or to preserve a separation between the things of God and the things of Caesar, most religious ethicists entering the public practice of ethics leave their special insights at the door and talk about "deontological vs. consequentialist," "autonomy vs. paternalism," "justice vs. utility," just like everybody else.[2]

A first limit on religious discourse in bioethics, then, has to do with constructing a moral language appropriate to an interdisciplinary and public audience. Religious thinkers no longer converse only with members of a particular religious community affirming a common set of assumptions. The audience of bioethics is instead comprised of a broad range of academics and professionals, who likely do not share the same moral, let alone theological, language and concepts. In this setting, the substantive but private insights of a particular tradition may need to be translated into concepts that have public significance.

The linguistic compromises required to gain a "broader hearing," however, risk substantive compromises, since the common discourse of bioethics may not be sufficiently rich to convey the full meaning of relevant religious language. For example, the biblical concept of the "image of God" expresses a transcendent and relational understanding of the self that may be diminished by proposed equivalents of "personhood" or "autonomy," while both the motivational and substantive elements of "covenant" seem only minimally conveyed by the language of "contract." Moreover, though the principle of "beneficence" may be in the bioethics lexicon, even at its most morally demanding it is a very diluted form of "neighbor-love."

The problem of translating religious discourse into a common bioethics language, without attenuating or transforming its meaning, has for some religious thinkers illustrated the potential for cooptation involved in addressing a secular world on its terms and in its concepts. Rather than "profane sacred teachings" as Kass puts it, the alternative to this perceived compromise may be to affirm an ethic of an exemplary community that witnesses to the integrity of its religious convictions primarily in practice rather than discourse. Stanley Hauerwas, for example, has maintained that appreciating "the integrity of Christian discourse—[entails] that Christian beliefs do not need translation but should be demonstrated through Christian practices...."[3]

There is, to be sure, an important vocational reason for retaining the integrity of religious discourse. Unlike moral philosophers, for example, theologians do have a particular audience or constituency to whom they are accountable, namely, their various religious communities, whose historical traditions of reflection may be inadequate for the new questions of practical ethics raised by contemporary biotechnology and medicine. Part of the theological concern with addressing a public audience on generally accessible grounds, then, is that it may compromise not only a vocational responsibility to speak *out of* a particular religious tradition, but also a responsibility to speak *to* the tradition embodied in an identifiable community of believers.

Yet a third consideration to which Kass alludes is the church-state controversy, or the societal interest in preserving a wall of separation between religious and public concerns. This limit may be particularly significant in those settings where a specific kind of public bioethics is required—the articulation of public or institutional policy by advisory commissions or committees. The institutionalization of bioethics can reinforce the necessity for a generally accessible language, not only to facilitate ethical discourse among members of such commissions, but also so that they can explain and defend their recommendations to the public on grounds accessible to all.

In the process of public policymaking on bioethics issues, for example, religious themes are typically acknowledged, either through the appointment of particular commission members as representatives of a certain tradition or in public hearings in which invited representatives from a tradition present position statements. These statements may at times articulate distinctive conclusions on the issues under consideration based on the moral reasoning of a religious tradition, as exemplified by the testimony opposing the use of human fetal tissue for purposes of transplantation by Roman Catholic and Jewish scholars presented to an NIH panel in 1988. In other instances, the arguments of religious traditions may be "essentially the same" as the conclusions supported by secular moral reasoning.[4]

Whatever the contributions of religious traditions to the policy-making process, given the particular constitutional configurations of our polity the outcomes and conclusions need to be articulated and defended publicly on nonreligious, generally accessible grounds. That is, the constitutional requirements of a secular purpose for legislation and the constitutional restrictions on appeals to religious grounds as authorization for legislation impose political limits on the scope of religious argumentation.[5]

The sense that the contributions of religious discourse to contemporary bioethics are limited by these interdisciplinary, theological, and political parameters assumes of course that religious traditions have something substantively distinctive to communicate to a public, secular audience. But where might we locate these distinctive or special insights? I want to suggest that the answers to the conventional bioethics questions of "who should decide?" or "what should we do?" often—if we felt free to allow them to do so—would push back to fundamental issues that require a substantive account of the purpose of human life and destiny. These are common questions of meaning that religious communities have devoted considerable attention to in their theologies, rituals, and practical ethics.

The Anomaly of Suffering

The nature of the accessibility-meaning dichotomy can initially be illustrated by attending to some very contested questions in contemporary bioethics. Two examples will suffice. In an influential discussion of the moral status of animals, one philosopher explains his neglect of religious argumentation for the concept of the "sanctity of life" because such views do not provide "reasoned explanation." Moreover, even sanctity of life proponents typically appeal to nonreligious reasons, since "[religious] doctrines are no longer as widely accepted as they once were."[6] Another has observed that religious arguments prohibiting active killing in medical practice have limited scope in the secular domain; even if one "eschews euthanasia on religious grounds, there will be the challenge of establishing in general terms why a secular society compassing a plurality of moral viewpoints may forbid euthanasia."[7] The constraints on religious discourse are in part its sociological inadequacy (because in our secular age purely religious appeals will not be sufficient for *public* moral reasoning), and in part its logical inadequacy (because the arational nature of such appeals will be unsatisfactory as a foundation for *moral* reasoning). For the sake of general accessibility, then, we may be tempted to do bioethics without recourse to important sources and traditions of meaning in our culture.

Yet if we consider what is driving moral debate on both "animal rights" and euthanasia, we are likely to find what has historically been deemed a question of religious meaning right at the core, for it is difficult to discuss either of these issues without invoking the notion of "suffering." The central question in attributing moral status to animals, in Jeremy Bentham's classic formulation, is, "Can they suffer?," while arguments on euthanasia often turn on the availability of alternatives to "relieve suffering." Our moral disagreements in bioethics over whether animals should be used in research or over appropriate care of the dying may thus reflect not only (if at all) differences in moral norms, but also various understandings of the place and meaning of suffering in our lives.

Even prior to its significance for such controversial issues, the concept of suffering seems central for the most fundamental concerns of bioethics. Suffering is in part constituted by the experience of a profound assault upon or threat to our sense of self and identity that we are unable to control. It is the experience of the inexplicably arbitrary and typically destructive, of what Weber referred to as the "ethical irrationality of the world." It is perhaps such a perception of illness and disease that lies behind the Latin root (*pati*) of our "patient," meaning "the one who suffers."

Religious traditions do not have a monopoly on discourse about suffering, nor is there a univocal understanding of suffering common to all religions. It is nevertheless the case that the meaning of suffering has long been a central concern of much theological reflection and many religious communities. If such a concept is a central presupposition of both basic conceptual (what is a "patient"?) and controversial pragmatic problems in bioethics (the human treatment of animals), the traditions of religious discourse about suffering would seem to present a rich resource for substantive insights. Some conceptual comprehension of "necessary suffering" is needed, for example, to make sense of moral arguments, let alone current public referenda proposals in Oregon and Washington that would sanction active euthanasia in cases of "unnecessary" suffering.

A Journey of Meaning

Suffering is not of course an end of religious experience but a problem demanding interpretation. Religious traditions have historically tried to give meaning to suffering by placing the experience in a context of broader questions about ultimate purpose in life, and even human destiny beyond life. The "ethically irrational" is typically explained by the construction of a theodicy that reconciles the presence of evil and suffering within a concept of salvation. In Buddhism, for example, suffering may be descriptive of life within the cycle of karma. In some Western traditions, suffering has been construed as having punitive, pedagogical, or redemptive purposes in human experience, though the incompleteness of all such constructions is suggested by the paradigmatic biblical story of the suffering of Job and, in our time, by the experience of the Jews in the Holocaust. Whether suffering does have a "point" and what that point may be will vary among religious traditions. My claim, however, is that the moral intelligibility of suffering is dependent on some account, theological or philosophical, of human nature and ultimate human ends; any conception of bioethics, therefore, that purports to take suffering seriously will likewise have to consider such ultimate questions.

The substantive responses of religious traditions to questions about our origins, who we are, what the nature and purpose of life is, and what constitutes our ultimate ends, account in part of course for the practical and moral differences among traditions. While acknowledging this diversity and complexity, I want to illustrate, by drawing on one fairly common interpretation of life in religious traditions, how such ultimate perspectives can present important implications for our models of bioethics. For many traditions, a fundamental metaphor for life is that of a *journey* or *pilgrimage*. The meaning of the journey is derived in part from its *telos*, the promise of passage or deliverance, including deliverance from the ills and adversity encountered in life, and which also gives point and purpose to morality as the requirements of character and action necessary to transform the kind of people we are (human nature) into the kind of people we ought to be (human destiny).

The life given to us by powers that are ultimately creating, sustaining, and redeeming is not without its thickets and thorns, yet it is precisely through the encounter with human (evil and sin) and natural (disease) forms of opposition that progress in the journey is possible, for such experiences shape decisively the identity and character of the moral self. Thus participation in the journey is intrinsically valuable, a source of meaning through experience of oppression, adversity, and perhaps even suffering. That meaning is constructed and explained, clarified and communicated, in stories and narratives of creation, alienation, and reconciliation told to others and retold as part of an ongoing tradition. The journey is thus as well a communal experience that involves the making of covenants and promises, the mutual binding together of former strangers for common purposes and ends, through which moral responsibilities are mediated.

This teleological account of human experience can reveal several features to us about the character of contemporary bioethics. It is part of our set of cultural assumptions that meaning is created (or not) by the autonomous individual. Consider, for example, how we understand our pervasive concern with "dying with dignity" in bioethics. A conventional explanation is that this involves returning to the patient control over his or her dying. But, as Kass has observed, it is far from clear that "dignity will reign only when we can push back officious doctors, machinery, and hospital administrators."[8] Dignity must be informed by meaning, and it is perhaps the case that we will achieve dying with meaning only as we understand the place of death within a notion of a meaningful life.

Moreover, within the vision of life as a journey, the hard cases, quandaries, and dramatic scenarios of bioethics are disclosed as but a timeslice in the narrative of a person's moral quest. A devotion to problem-solving both reflects and reinforces a cultural tendency to excise an individual from the social and temporal ties, from community and history, that present sources of meaning in the moral life.

Accommodating questions of meaning in bioethics will require that we broaden its scope beyond our current fixation with problem-solving, for some problems cannot be solved but must still be faced. This broader vision involves directing attention not only to the means of medicine, such as procedures for obtaining informed consent or the regulation of research protocols, but also the purposes of medicine within the context of a life conceived as a journey. For on such an account, health will be valued not merely for its own sake, but for the ends it allows us to pursue, while sickness and illness may signify not only inconvenient interruptions, but also teachers whose meaning we share with others through stories.

The journey metaphor, because it presupposes a conception of human ends, directly confronts us with questions about the moral presuppositions of a medicine wedded to technology and conquest of the endless frontier of scientific research. Formulating what these questions are, let alone answering them, is a task made more complex by the very successes of technological medicine, which may render prior, longstanding moral or religious concepts inadequate or in need of reinterpretation. For example, the suffering for generations associated with the experience of infertility—often reinforced culturally by religious worldviews—may now, through various technological interventions, be transformed into an instance of unnecessary suffering.

Is suffering such an unmitigated evil, and its perduring presence such a concession to failure, that medicine ought, as many have argued, to aspire to its elimination? Or does suffering require the compassion of persons who embody the meaning of care? Such matters are particularly acute in debates over active euthanasia, where eliminating suffering involves eliminating the person who suffers. Yet a medicine that aspires to achieve such a purpose may conflict with specific religious perspectives that see suffering as less a problem to be solved than as an unavoidable part of one's journey, and which assumes meaning in the context of that journey. For example, Paul Ramsey once rhetorically inquired whether "the purpose of modern medicine is to relieve the human condition of the human condition," by which Ramsey had particularly in mind the illness, disease, and suffering all persons experience as their mortal lot. Such an objective not only commits medicine to an impossible task, but one that risks dehumanizing its practitioners and patients.

To the extent that medicine is not morally bounded, or transforms conceptual boundaries, it may summon a theological critique essentially concerned with the theme of idolatry, of making of health an absolute, the end of the human journey, rather than a value whose meaning is intelligible only within some broader account of human nature and destiny. Such a critique will thus be directed against the assertion of an unbounded dominion expressed in some definitions of health, which threaten to transform every human problem into one that is or eventually can be susceptible to medical resolution. It is directed as well against pretensions to unbridled authority and control, and unlimited knowledge in the medical context, and against the well-intentioned aspiration to alleviate the common problems of the human condition in a way that is dehumanizing. Such pretensions and aspirations frequently converge in contemporary medicine's ongoing battle with the enemy of death.

In a culture void of meaning, death must appear as the crowning surd. Its power in our culture is disclosed in the ways we seek to evade it. The vast majority of persons now die in alien environments, institutions such as hospitals and nursing homes, which shelter the living from personally confronting death and may isolate the dying from all that has comprised their journey, including, at times, their families. For the living, moreover, our culture increasingly holds out a promise of technological deliverance, through the medicine of resuscitation or organ transplantation, for example, together with empirical data on "the risk" factor—typically the probability of contracting a disease or developing a condition that has some statistically significant correlation with death—of almost every conceivable activity. We seek to evade this ultimate assault on the self and yet, as Camus's Dr. Rieux comments, it organizes our lives and medical activities. "The order of the world is shaped by death."[9]

The value of life conveyed in the journey metaphor likewise implies that religious traditions cannot (and do not) look upon death with indifference. Indeed, on some accounts, death may be perceived as the pervasive sign of the intruding presence of evil. Life is a fundamental, even if not an absolute, good; the tragedy that we ascribe particularly to premature or "untimely" death from illness or accident is in part attributable to a sense that a person's journey has been interrupted.

Yet for all the shadows cast by death, we may also respond to it not as intruder but as deliverer from a completed mortal journey. That response underlies the interpretation of death as a "blessing" found in some traditions of religious ethics, often reflected in support for practices of only caring for the dying rather than prolonging life through unceasing technological support. The issue is not so much whether we can be delivered from death, either through relying on technological sustenance or institutional isolation, but rather how we might be delivered from meaningless death. The latter requires contextualizing death in a broader vision of human life, or as passage to ultimate destiny beyond life, and through practices of ministering to the dying in a community of care. In this respect, the traditions of religious discourse witness to a conviction that death is not the overriding power that governs our lives, but is itself subject to powers that are ultimate and supreme.

The nature and purpose of life, and the place of health, medicine, suffering, and death within a vision of human nature and destiny, while integral to religious discourse, are common human questions of meaning that often seem peripheral in the quandary-centered concerns of bioethics. A central contribution of religious traditions may therefore be to broaden our moral vision by raising issues of existential interest that are not typically addressed in contemporary bioethics. Precisely because these are human questions, they require examination, lest our assumptions about pluralism and ethics consequently compartmentalize our moral lives.

Priests and Prophets

We value bioethics in a pluralistic moral culture in part because of its capacities for peaceably resolving moral conflict about difficult practical dilemmas and hard cases. The success of bioethics in problem-solving is displayed in its increasing institutionalization in health care through the establishment of hospital ethics committees, ethics consultation groups, institutional review boards, and advisory commissions at state and national levels. In these various forums, bioethics discourse is prominently shaped by an ethic of principles—autonomy, beneficence, and justice—that seems well-suited as a method of conflict resolution because such norms are deemed to command general acceptance.

In managing and regulating the moral issues that arise in the delivery of health care, bioethics provides an important service for patients, their families, and clinical practitioners. Yet, while this "priestly" role (as it might be viewed in a religious perspective) is a necessary dimension of bioethics, it is not sufficient, for bioethics should be not only a source of solutions but also a source of problems.

Part of the responsibility of bioethics is to be "prophetic," challenging to accountability the institutional and professional presuppositions of the health care system and the society of which it is a part. No ethics committee can resolve the scandal of 31.5 million medically indigent persons in this country who may not have access to any institution to begin with. The prophetic responsibility of bioethics necessarily entails probing beneath the visible manifestations of the crisis to identify the root causes of the problem *and* articulating an alternative vision of the health care system based on ideals of justice in community that may be only approximated in practice. Religious traditions can enhance recognition and implementation of this responsibility, for it is the indicting message of the biblical traditions of this culture that the poor are not to be excluded from the community of moral concern.

Moreover, religious traditions can, in several respects, be significant for reminding us of the limitations of an ethic of principles. The normative principles of bioethics are not, for example, self-applying or self-interpreting, but instead require a context of application and a content informed by moral traditions—professional, secular, and religious. In this dialogue among traditions, religious discourse can illuminate and acknowledge the validity of a moral principle, even while challenging its conceptual presuppositions.

For example, central convictions of theological anthropology in biblical traditions, such as that human beings are created in the image of God, support the notion of intrinsic human dignity and respect for personal choice conveyed in bioethics discourse by the principle of autonomy. Yet such a principle will always appear theologically limited to the extent that its conceptual assumptions reflect an isolated individual severed from community and history. The scope of autonomous choices may be limited by the relational and narrative nature of the self, whose moral identity and character are forged in process of a temporal journey rather than in discrete instances of dramatic decisionmaking.

It would, moreover, be theologically narrow to focus on the moral self as a "decisionmaker" or "chooser." Human beings are more than the aggregate of their choices; the "person" whom one respects is an embodied self and the correlative attitude of "respect" must be holistic, acknowledging the moral significance of the bodily organism as well as concerns about liberty of action and freely willed decisions. The self is more than one's capacities for rational, cognitive activity just as the body is more than personal property. In addition, it may be misleading to understand autonomy as a moral ideal for human beings, since freedom of choice may be seriously compromised not only by illness, but also by what biblical traditions have typically designated as "sin," a condition that even Kant believed was so common and radical as to compromise the very conditions for autonomous choice.

An assessment of beneficence and justice can evoke similar kinds of overlap and critique. Beneficence conveys a sense of moral obligation and responsibility for the welfare of others, but its content and scope may seem minimalistic placed alongside norms of love of neighbor. Moral philosophers have often maintained that, beyond the fundamental requirement not to harm others, positive actions on behalf of the welfare of other persons are frequently discretionary, as suggested by the language of "imperfect duties" or "supererogation," or mediated by professional roles, such as those assumed by health care practitioners. The substantive requirements of love of neighbor, however, will often demand exceeding minimal or role responsibilities. The themes of self-sacrifice, assuming personal inconvenience and risk, and active seeking of the welfare of others beyond one's conventional community of concern, as displayed paradigmatically in the Christian narrative of the Good Samaritan, may entail that the discretionary takes on the character of the obligatory.

The sense that health care is a special kind of good has been an important conceptual underpinning for egalitarian schemes of allocating health care resources. This approach can be supported by the anthropology of the image of God, but it also may be qualified by a historically informed conception of preferential justice towards the poor, the oppressed, and the stranger. Justice may thus require more than a self-interested egalitarianism, namely, a commitment to give special priority to the health care needs of people and groups who have historically experienced oppression and marginalization in our culture. The preferential qualification of egalitarian justice reflects an attempt to redress inequalities stemming from natural and social "givens" with particular attention to the most vulnerable and voiceless in our society.

While religious traditions can point to the questions that need to be asked about the meaning and application of a moral principle, they can also inform judgments about what an ethic of principles neglects. For example, such an ethic assumes a sociology of strangers who share little in the way of common values and ends, and there are instances in medicine where such a situation obtains. It would be a mistake, however, to encompass all human relations, and thereby all human choices, under such a model. A richer sense of special moral relationships, embodied in families, friendships, congregations, or in professional collegiality, can attest to the moral significance religious traditions have historically placed on themes of community and covenant.

Nor do the normative principles of bioethics, to the extent that they focus our moral vision on questions of what should be done in a situation, give sufficient attention to the issue of what kind of people moral agents should be, or what kinds of virtues are necessary to sustain us in our temporal journey beyond the moment of decisionmaking. The moral teachings of religious traditions speak to matters of meekness, mercy, and purity; knowledge, temperance, and patience; gratitude, courage, and kindness; faith, hope, and love; issues of moral character and identity beyond the scope of decision-oriented principles. A comprehensive bioethics may find in religious discourse about virtues and dispositions an important source of moral correction and balance, one that places our decisions about health care within the context of a fuller account of purpose and meaning in life.

Acknowledgments

I wish to thank several persons who gave me helpful criticism and needed encouragement, particularly my colleagues at The Hastings Center, Daniel Callahan, Kathleen Nolan, Susan Wolf, and Michael Zeik, all of whom read prior versions of this article; Rabbi Marc Gellman, Ronald Green, Stephen Lammers, Richard Neuhaus, Philip Turner, and Alan Weisbard, who participated in a project meeting on Religion and Bioethics where another version of this article was discussed; and James F. Childress at the University of Virginia.

References

[1] H. Tristram Engelhardt, Jr., "Looking for God and Finding the Abyss: Bioethics and Natural Theology," in *Theology and Bioethics: Exploring the Foundations and Frontiers*, Earl E. Shelp, ed. (Boston: D. Reidel Publishing Company, 1985), 88.
[2] Leon R. Kass, "Practicing Ethics: Where's the Action?," *Hastings Center Report* 20:1 (January/February 1990), 6-7.
[3] Stanley Hauerwas, "The Testament of Friends," *The Christian Century* 107:7 (February 28, 1990), 213.
[4] President's Commission for the Study of Ethical Problems in Medicine and Biomedical and Behavioral Research, *Splicing Life* (Washington, D.C.: U.S. Government Printing Office, 1982), 54.
[5] For a more detailed account of this issue, see Kent Greenawalt, *Religious Convictions and Political Choice* (New York: Oxford University Press, 1988).
[6] Peter Singer, *Animal Liberation: A New Ethics for Our Treatment of Animals* (New York: Random House, Inc., 1975), 21.
[7] H. Tristram Engelhardt, Jr., "Fashioning an Ethic for Life and Death in a Post-Modern Society," *Hastings Center Report* 19:1 (January/February 1989), Special Supplement, 8.
[8] Leon R. Kass, "Averting One's Eyes, or Facing the Music?-On Dignity in Death," *Hastings Center Studies* 2:2 (May 1974), 69.
[9] Albert Camus, *The Plague* (New York: Vintage Books, 1948), 121.

Can Theology Have a Role in "Public" Bioethical Discourse?
by Lisa Sowle Cahill

Religious groups indubitably have been active in pressing their bioethical concerns in the public arena in the United States. One thinks preeminently of the efforts of the Roman Catholic Church and its representatives, or of religiously motivated "pro-life" activists, who quite visibly aim to influence public perceptions and policies on reproductive issues such as abortion and infertility therapies, and on dilemmas of life-prolongation, such as withdrawal of artificial nutrition and direct euthanasia. Have these church-based efforts any legitimacy in public policy formulation and if so, on what grounds? Or are they attempts to foist particularistic religious convictions on a pluralistic and otherwise free society, in violation of our prized tradition of separation of church and state?

At the same time that religious involvement in policy formation may seem unduly aggressive to some, from the perspectives of bioethics literature and medical practice or research, it often appears that theology brings little to bioethics which is even identifiably religious. When one inspects the work of individual theologians rather than ecclesial bodies—and especially when one advances beyond the well-tread ground staked out around abortion to tangle with issues such as genetic research or national health insurance—it may seem that religious faith and theological reflection fail to offer any guidance that could not have been arrived at by other means. Although "theologians" and "Christian ethicists" frequently address bioethics issues both in clinical settings and in print, even major figures such as Paul Ramsey and Richard McCormick often limit or avoid directly religious appeals in the interest of expanding their audience and hence influence. One might thus ask whether the result has any specifically theological stamp to it.

If by "theological" is meant a specific and unique line of religious argument entailing conclusions that also manifest a religious imprint, then theology is scarce in bioethics. Even clearly theological foundations, premises, and commitments do not necessarily lead to substantive moral principles, to arguments, or much less to concrete conclusions of a directly religious character, even though they may be endorsed strongly by religious groups. At the same time, the presence in bioethics of persons with theological training or with religious affiliations continues to give theology influence, even though this may not manifest itself in the explicit justification of moral conclusions. But it is more appropriate to construe theological contributions as overlapping and coinciding with philosophical ones, than to see secular, philosoph-

Lisa Sowle Cahill is professor of Christian Ethics, Boston College, Boston, MA.

ical bioethics and religious, theological bioethics as two distinct or even competing entities.

As I see it, public bioethical discourse (or public policy discourse) is actually a meeting ground of the diverse moral traditions that make up our society. Some of these moral traditions have religious inspiration, but that does not necessarily disqualify them as contributors to the broader discussion. Their contributions will be appropriate and effective to the extent that they can be articulated in terms with a broad if not universal appeal. In other words, faith language that offers a particular tradition's beliefs about God as the sole warrant for moral conclusions will convince only members of that tradition. But faith commitments can legitimately motivate participants in public discussion to seek a moral consensus consistent with their faith while at the same time be congenial to members of other moral traditions, the persuasion of whom may be the object of religious groups and theologians who argue and act for social change.

A Commitment to Dialogue and Openness

As James Gustafson has indicated, theology rarely yields precise and concrete directives for bioethical decisionmaking, or commends insights and actions inaccessible to nonreligious persons. But theology does have a critical function in "public" discourse, if the edge of religious commitment can be sharpened so as to cut through cultural assumptions.[1] Theologians and religious groups can introduce the civil community to insights borne by their own traditions, *on the assumption that and provided that* these traditions are not sheerly insular nor the civil community a wholly foreign country in which values with originally religious sponsorship are entirely unintelligible.

One should not, moreover, approach the issue of the contribution of theology to bioethics on the assumption that there exists some independent realm of secular or philosophical discourse, privileged as more reasonable, neutral, or objective, and less tradition-bound, than religious discourse. If such a realm is posited, then theology is seen potentially as entering it to be talkative, or remaining outside it in silence. To speak of distinctly secular language and arguments also implies that to be intelligible, religious or theological language must undergo some sort of "translation" into the lingua franca—into some different vocabulary universally understood. But this is a distorted understanding both of religious traditions and their theologies, and of what happens in "public" discourse about bioethics.

Bioethical discussions (and other "public" or intertraditional discussions of ethics) begin in situations of common *practical* interest; a dilemma about the nature of a *practical* moral obligation gives a common starting-point. A real or envisioned situation of moral agency presents questions and stimulates participants to think theoretically. Discussion partners come to be so on the basis of such situations, and they enter them as persons from quite different, yet sometimes shared, or overlapping, moral and religious communities. Attempts to fashion a life together, a life that necessarily involves moral obligations and decisions, force us to arrive at some mutual understanding of what that would mean—especially in its practical results. Yet we do not participate in this process via an objective, traditionless, secular version of philosophical reasoning. The preeminent and supposedly neutral vocabulary for public policy debates in the U.S. today (liberty, autonomy, rights, privacy, due process) itself comes out of a rather complex but distinct set of political, legal, philosophical, moral, and even religious traditions. Though these are far from universal to humankind, they have over a three-hundred-year period come to be constitutive of a certain shared North American perspective. As Jeffrey Stout puts it, there is no privileged vantage point "above the fray."[2]

To follow Stout's evocative terminology,[3] there is also no universal and neutral language, no "Esperanto," into which theological language can be translated. Moreover, it is mistaken to expect theologians to adopt some sort of "pidgin," implying that, even if not philosophically fluent, theologians ought to try to master some dominant language, a language rising above all special commitments and points of view, the language in which those no longer hampered by an immigrant, ghetto mentality are already conversing. What ethicists do manage, as they speak beyond but always out of their native traditions, is what Stout (reinterpreting the term from Claude Levi-Strauss) calls "bricolage," a borrowing of what is not only handy but appropriate and communicative in jostling, negotiating, and persuading toward a common moral sense.

It is also useful to keep in mind that ethical discourse occurs on different levels and in different contexts, and that differentiated methods and goals may be appropriate to each. In a reminder to this effect, James Gustafson distinguishes four complementary modes of ethics: analytical ethics, public policy ethics, narrative ethics, and prophetic ethics.[4] The first, which Gustafson calls "ethical discourse," is aimed at finding moral justifications for specific actions and decisions, while the interrelated modes of narrative and prophetic discourse present larger questions about worldview, community identity, and basic values. Public policy discourse can be "ethical discourse" when it is more disciplined and distanced from the actual political process. But policy discourse can also be carried out by persons with institutional roles, who ask practical questions. In such a case, bioethics is not "purely" ethical because it deals with the "enabling and limiting conditions" of practical social options, rather than with a more philosophical delineation of the ideally good society, institution, or policy.[5]

Using Gustafson's categories, one will note that policy discussions occur precisely in the arena in which some common courses of action must be agreed upon, despite less agreement at the "metaethical" level. To construct a language of "principles" that will serve this purpose is a necessary achievement, however limited. We will also discover that even analyses at the highest theoretical levels take place within some "narrative" traditions, that is, within communities shaped by, to use Gustafson's language, "formative narratives."[6] Both ethical and institutional varieties of policy discussion also occur within narratives, or at least on the basis of narratives that may be partially transcended as common ground is sought. Consensus-shaping policy efforts search for and build on the existing ground shared by traditions; they seek to illumine the aspects of a narrative that can encompass more particular stories.

Like narrative ethics, prophetic ethics advances special agendas over against common views or practices, and does so both by "indictment," and by "utopian" visions that can raise human aspirations.[7] Prophetic ethics has as its agenda the introduction of particular values into the mainstream, to shift the geography of the ground occupied in common, that is to say, to reconfigure the governing narrative.

It follows that it is best to construe "public discourse" not as a separate *realm* into which we can and ought to enter tradition-free, but as embodying a *commitment* to civil exchanges among traditions, many of which have an overlapping membership, and which meet on the basis of common concerns. The language of "secular" and "publicly accessible" serves exactly to exhort persons from traditions to adopt a stance of dialogue and openness, of mutual critique, of commitment to consensus and to hammering out institutions and policies that will affect the common life for "the better," as defined on the broadest consensus we can achieve. It is a commitment to the dialogic and consensual mode of discourse, or perspective, or attitude, or stance, that is indicated by the expectation that religious and other traditions will make public rather than particularistic appeals in addressing civil society or the body politic.

Community with Others

In struggling toward a conclusion within the "public" realm of discourse, Christians, Jews, or other religious persons will of course be influenced by their religiously based values. They will look for ways to live in community with others—that is, in the many communities in which they participate—that are consistent with their religious way of being (say, as a covenant people, or as disciples), as well as with their theoretical or theological reflection on that way of life. Biblical, especially New Testament, models exist for this sort of approach. St. Paul, for instance, borrows freely from the surrounding culture (as in the "vice lists" of *1 Corinthians* 5:11, and 6:9-10) in his writings about morality. Paul seems to feel no necessity to carve out something that is uniquely Christian in morality, for its own sake. His primary concern is to discern what sort of activity is appropriate for persons with a special religious identity. Then, on concrete moral issues he accepts or rejects cultural practices in view of their relation to the communal vocation of discipleship. Although Christianity poses profound questions about "wordly" power, authority, and values, it does not necessarily demand that all moral expectations which are not specifically Christian be set aside or judged irrelevant to the Christian portrayal of the moral life. As Wayne Meeks has observed, the New Testament literature expresses a process of "resocialization" in the early church, in which new social relationships and identities were forged, even though Christians might simultaneously continue to live as members of other communities with their own values, sometimes overlapping with Christian values, and sometimes challenged by them.[8]

Meeks has also suggested that the importance of religious commitment for ethics lies in its function to form communities that then interact with the broader culture in provocative ways. Just as the biblical narratives were generated by a social environment in which the new religious identity of Christianity served a critical function, so Christian communities today mediate their religious commitment into society through a "hermeneutics of social embodiment" of the biblical witness.[9] The relevance of religion to bioethics does not lie primarily in any distinct or specific contribution to the process of moral argumentation, nor in lifting up "religious" behaviors defensible only on faith, revelation, or church authority. Rather it depends on the formation of socially radical communities that challenge dominant values and patterns of social relationship, not by withdrawing from the larger society, or by speaking to it from outside, but by participating in it in challenging and even subversive ways.

A Countercultural Edge

It is important that, in thinking bioethically, theologians hone the critical edge of religious or theological interest. To be more specific, a person from a Jewish or Christian religious tradition might have sensibilities and interests that would make her or him more attuned to certain biblically based themes, such as the well-being of creation, God's providence, human responsibility, and human finitude and sinfulness.[10] Other themes include love of neighbor and a "preferential option for the poor" and vulnerable, mercy to others as God is merciful to us, forgiveness of others as we expect to be forgiven by God, and repentance for our sins. In nonreligious terms these themes cash out as service, not only autonomy; solidarity and integration within community; the dignity of all human beings, and special advocacy for the most vulnerable; sensitivity to our own finitude and the limits that we confront in all the projects we undertake. Recognizing and retaining the countercultural edge of such commitments is the first task of the theologian, even as he or she acknowledges that it will have few direct payoffs in particular bioethical decisions and analyses.

For instance, invoking the narrative, prophetic mode, Protestant theologians Stanley Hauerwas and Allen Verhey criticize decisions to let severely abnormal newborns die. They draw on Christian themes without claiming either that these themes *require* particular decisions, or that *only* these themes would enjoin decisions to sustain life. Hauerwas claims, "The cross provides a pattern of interpretation which allows one to locate the pointlessness of suffering within a cosmic framework,"[11] while Verhey maintains that "the eschatological vision of Christianity—and the entire Jesus story—enlists us on the side of life and health in a world where death and evil still apparently reign." This vision also "calls us to identify with and to serve especially the sick and the poor, the powerless and the despised, and all those who do not measure up to conventional standards."[12] Although many Christians would no doubt see acceptance of death as an appropriate choice for some infants, they would agree nonetheless that the tradition would make such choices a rare exception within an ethos of nurturance and sacrifice.

Hauerwas and Verhey represent a somewhat more biblical and confessional strand within Christian theology; their audience is characteristically the Christian community itself. Hence they emphasize the specifically Christian "narrative" and themes, while "prophetically" exhorting the community to create patterns of moral action that correspond to its religious commitments. A contrasting approach is represented by Roman Catholicism. Catholic moral theology historically has manifested a greater interest in explicitly "public" discourse and has in its service developed a "natural law" moral language claiming to analyze with some precision shared human (not religious) values. While doctrines such as creation, humanity's status as "image of God," and the supernatural destiny of human beings lie in the background of the natural law approach, it still assumes that there are basic human characteristics and values which obtain cross-culturally, and which ought to provide a basis for moral thinking and social order. The nature and extent of these "basics," as well as their practical implications, provide the often controversial subject matter of ethics. As articulated by Joseph Fuchs, S.J., Catholic ethics is based in faith in the sense of a deep personal "giving and entrusting" to God, but "no concrete ethics" can be developed out of faith so understood. Thus, Catholic ethics "has generally presented itself as a philosophical ethics: its reflections, its principles, and its reasonings differ hardly at all, in a formal sense, from those of a philosopher."[13]

Yet even contemporary natural law thinkers are increasingly ready to recognize the "postmodern" emphasis on contextualism, particularity, and tradition, and hence also to recognize that Catholic natural law thinking, while aiming at the "universal," is worked out within a historically particular religious tradition: Christianity as Catholicism. Nonetheless, the tradition continues to represent a commitment to cross-traditional communication, aiming at the broadest community possible. In the modern papal encyclicals from John XXIII forward, the community addressed has even been global, for example, in regard to the "universal common good," on issues such as arms control and international development. In narrower political communities, such as the nation, local prelates may work to raise moral consciousness about issues whose practical importance they consider not to be limited to their own church. Their effectiveness in achieving this goal—and even their legitimacy in attempting to achieve it—depends on their success in framing the moral issues in terms that can in fact strike a responsive chord in a constituency formed from a plurality of communities within the larger political order.

If religiously motivated speakers from particular traditions are to contribute to the sort of public consensus that can support policy initiatives, they will need to do so on the basis of moral quandaries, moral sensibilities, moral images, and moral vocabulary shared among other religious and moral traditions (as an ethics without tradition does not exist.) Such morally formative factors are not sheerly "universal," nor need they be. Consensus in and about the public order is contingent not on genuine universality, but on intelligibility and persuasiveness within a community of communities broad enough to encompass the society to be ordered. (This is not to deny that at least at a very fundamental level, the whole human race might be considered a "community," sharing certain minimal moral insights in common. But even if so, such insights would *practically* demand to be worked into consistent moral expectations and social institutions within derivative communities shaped historically in more differentiated ways.)

In the United States, a Roman Catholic example of the explicitly intertraditional appeal is the writings and addresses of Joseph Cardinal Bernardin. During the 1984 presidential election, Bernardin shaped a moral vision ("the consistent ethic of life") based on the interconnection of "life issues," including but not limited to abortion, capital punishment, and nuclear war. Although obviously a religious leader wielding both religious and moral authority, Bernardin does not advance his position on specifically religious grounds. In a recent address focused on abortion (Georgetown University, March 20, 1990), Bernardin tried to persuade his audience that the moral issue of who decides should not overwhelm the issue of what it is that is decided. Specifically, how does a community grant or refuse the recognition of "humanity" in debatable cases? Appealing for a consensus that "at the very heart of public order is the protection of human life and basic human rights," Bernardin asks, "What happens to our moral imagination and social vision if the right to life is not protected for those who do not look fully human at the beginning or end of life?" Recognizing that a large percentage of Americans do not identify themselves either with pro-choice or pro-life positions, the Cardinal "invites" this constituency to agreement that the human fetus is a value to be protected, and thus to "join us in setting significant limits on abortion."[14] His intended audience may or may not come to concur that although early fetuses do not "look" human, they deserve the full protection due children and adults; nor may it be persuaded that the limits on abortion ought to be "significant." The point here is rather that Bernardin's identity as a religious leader does not disqualify his participation in the public debate, and his success in this forum will depend precisely on his ability to join issues in a way that can elicit or instigate broad agreement. No politician, philosopher, or "humanist" marches into the contest armed only with the sharp sword of reason, stripped naked of the costume of any moral culture—however invisible he or she might wish that clothing to be. Each will succeed on demonstrated ability to find and enlarge the common ground on which originally disparate forces can be joined around a mutual cause.

Jeffrey Stout's notion of a creole language is illuminating here: a language that begins as a simplified "bridge dialect" to enable communication among unconnected communities, but "eventually gets rich enough for use as a language of moral reflection (e.g., the language of human rights)."[15] Bernardin puts his case in the vocabulary of public order, human life, and basic human rights, hoping to be persuasive on grounds that are not narrowly "Catholic" or "religious." Where Bernardin and other Roman Catholic representatives might differ with historically more biblical communities and theologians such as Stanley Hauerwas and Allen Verhey is in the former's confidence that essential and recognizable human values (e.g., human life) ground any cultural specification; in their stronger belief that religion supports these human values; and in their optimism about the ability of discussion partners in good faith to come to agreement not only on what the basic values are, but on how they should be implemented practically. Hauerwas and Verhey would emphasize the critical or "witnessing" function of religion (its narrative and prophecy), while Fuchs and Bernardin would stress the motivation it gives to join in moral analysis and public efforts toward consensus on better social institutionalization of "human" values (the contributions it makes to ethical discourse and to policy). As Gustafson has argued, these contributions are not mutually exclusive but complementary.

Roles of Theology in Bioethics

The role of theology in bioethics is, first of all, to clarify for the religious community itself what the shape of its life should be in the relevant areas. Even within the community, however, theology will yield fewer specific norms than it will more fundamental affirmations of the values and commitments that should undergird the identity and challenge the decision-making of religious persons. Indeed, articulating moral norms will usually require the interaction of religious values and theological reflection with other sources, such as philosophy, the natural and social sciences, and careful analysis of implications and consequences. The second role of theology is to move the religious community toward active participation in the broader or overlapping communities with which its members are in some way affiliated, and in which specific norms and policies for those communities are hammered out. Beginning especially from questions of common practice, theology can influence policy through a prophetic function that challenges the civil community to consider more seriously values and alternatives which other traditions and established forms of life may have neglected. Theology also contributes at a more precise analytic level, in which a common language of moral analysis is forged by traditions that are on speaking terms, and which, more importantly, share a commitment to mutual criticism and to progress toward consensus.

References

[1] James M. Gustafson, *The Contributions of Theology to Medical Ethics* (Milwaukee, WI: Marquette University Theology Department, 1975).
[2] Jeffrey Stout, *Ethics After Babel: The Languages of Morals and Their Discontents* (Boston: Beacon Press, 1988), 282.
[3] Stout, *Ethics After Babel*, 294.
[4] James M. Gustafson, "Moral Discourse About Medicine: A Variety of Forms," *The Journal of Medicine and Philosophy* 15:2 (1990), 125-42.
[5] Gustafson, "Moral Discourse," 140-41.
[6] Gustafson, "Moral Discourse," 137.
[7] Gustafson, "Moral Discourse," 130-31.
[8] Wayne Meeks, *The Moral World of the First Christians* (Philadelphia: Westminster Press, 1955), 126.
[9] Wayne Meeks, "A Hermeneutics of Social Embodiment," *Harvard Theological Review* 79:1-3 (1986), 176-86.
[10] Gustafson, *Contributions of Theology*, 18-25.
[11] Stanley Hauerwas, "Reflections on Suffering, Death, and Medicine," in *Suffering Presence: Theological Reflections on Medicine, the Mentally Handicapped, and the Church* (Notre Dame, IN: University of Notre Dame Press, 1986), 31.
[12] Allen Verhey, "The Death of Infant Doe: Jesus and the Neonates," in *On Moral Medicine: Theological Perspectives in Medical Ethics*, Stephen E. Lammers and Allen Verhey, eds. (Grand Rapids, MI: Eerdmans, 1987), 492.
[13] Joseph Fuchs, "'Catholic' Medical Moral Theology?," in *Catholic Perspectives on Medical Morals*, Edmund D. Pellegrino et al., eds. (Dordrecht: Kluwer, 1989), 85, 83.
[14] As quoted by Thomas H. Stahel, "Cardinal Bernardin on the 'Forgotten Factor' and Other Gaps in the Abortion Debate," *America* 162:13 (1990), 354-56.
[15] Stout, *Ethics After Babel*, 294.

Bioethics and the Contemporary Jewish Community

by David Novak

The enormous growth of interest in questions of normative ethics, which has come in direct response to the even greater growth of medical technologies during the past twenty-

David Novak is the Edgar M. Bronfman Professor of Modern Judaic Studies at the University of Virginia, Charlottesville, VA.

five years or so, has had a profound resonance in the contemporary Jewish community. Many prominent Jewish scholars have taken it upon themselves to address questions of bioethics, drawing upon the vast resources of the normative Jewish tradition. In these efforts they have received much encouragement from the wider Jewish community; indeed a few scholars have gained considerable recognition both within the Jewish community and beyond it because of their ability to articulate their own expertise in this new area of intense public interest. And not only has bioethics raised the whole field of normative Jewish ethics to a level of public prestige it has not enjoyed since premodern times, it has also placed more traditionalist rather than more liberal scholars in a new position of authority as spokespersons for Judaism to the wider non-Jewish world. This quiet revolution in the Jewish community can be appreciated only against the backdrop of the rise of bioethics as an area of intellectual and political interest in our society.

Normative Authority and the Holocaust

For all the centuries when Jews had communal sovereignty, and the relative social and cultural isolation it presupposes, traditional Jewish law known as *halakhah* (what Christians have usually seen as "the Law") governed the communal and individual lives of Jews. There was no area of human activity with which it was not concerned and about which it did not have much to say. Even though Jewish intellectual pursuits were certainly not exclusively confined to questions of *halakhah* as normative ethics, *halakhah* always functioned minimally as the negative limit for Jewish discourse and action. Ultimately, nothing was allowed to contradict its norms.

This situation changed radically when the communal sovereignty of the Jewish community was eliminated by the emergence of the modern national state, which eventually accorded Jews the rights of full citizenship as individuals. The Enlightenment brought with it a secularism that most Jews welcomed as giving them, at long last, equal social space in European civilization and the opportunities to become fully contributing members. For most Jews, the Enlightenment was seen as the emancipation from the ghetto and all its restrictions. However, these cultural developments accorded nothing to the traditional Jewish community as the mediating social structure between individual Jews and the non-Jewish body politic. One immediate and profound result of this radical shift was that *halakhah* no longer served as the norm for all of Jewish life. The structure of all-encompassing authority it presupposed was simply no longer present.

Within the Jewish community, the most secularist elements saw this shift as the end of the authority of *halakhah* in toto. In this view, Jews were now entirely part of another world and would have to derive normative guidance for how to live from the moral resources of that world. Either explicitly or by strong implication, these Jews advocated abrupt, or more often gradual assimilation into the surrounding society.

Except for ultraorthodox East European Jews, especially the Hasidim, who rejected this new situation of modernity altogether and strove to retreat from its advance, even many Orthodox Jews were willing to formulate Jewish responses to the questions raised by the modern world in a decidedly nonhalakhic way. Thus, the leader of this more worldly orthodoxy in Germany, Samson Raphael Hirsch (1808-1888), characterized his approach as *Torah im Derekh Eretz*, roughly translated as, "The Torah together with worldliness." Whereas more specific internally Jewish questions pertaining to such areas as diet, family status, and worship were still discussed according to the ancient norms of *halakhah*, more general questions pertaining to such areas as politics and economics were now addressed according to the general principles of what was considered to be "universal ethics" (which almost always meant Kantian ethics).

Inasmuch as thinkers from the more liberal religious elements in the Jewish community, usually from the Reform movement, felt greater comfort with this new universal ethics, they typically articulated Jewish responses to these more general questions, such as the standards for a just society and proper role of Jews within it. Orthodox thinkers who attempted to deal with these new questions within the old halakhic framework rarely had much of an audience among acculturated Jews, and virtually none at all among non-Jews.

The rise of bioethics has, however, effected a profound change in discourse about ethics in the Jewish community. Bioethics shifted ethical concern toward the more specific normative questions that arise in the wake of new medical technologies and away from abstract discussion of general principles or the analysis of the logic of general ethical language (metaethics). Bioethics has brought "hard cases," which had usually been relegated to the suspect discipline of "casuistry," to the center stage of ethical discourse. This concern with specifics forced ethicists generally to look at traditions of religious ethics with a new interest and respect, since these traditions had dealt with specific issues of practical ethics over a long period of time, amassing a considerable body of precedent for contemporary research.

This shift in interest from the general to the specific, and thereby from the novel to the historical, has permitted traditionalist legal scholars, such as David Feldman, J. David Bleich, and this author, at long last to belie the charge made by Jewish and even non-Jewish liberals that *halakhah* is basically irrelevant, that it cannot deal with the questions of real concern in the modern world. It has granted both *halakhah* and those committed to its continuing authority an unaccustomed prominence. A new group of prospectors are suddenly interested in tapping the riches of religious traditions, and the Jewish tradition in particular. And these new prospectors are in need of reliable and knowledgeable guides to show them just where within the labyrinths of this gold mine the richest deposits lie. This new interest has made some traditionalist experts in normative Jewish ethics now feel like the rabbinical student who reputedly one day burst into the Talmudic academy proclaiming, "I have an answer, I have an answer—please ask me a question!" There is no greater stimulus to research and publication of one's results than to learn that there is indeed an audience for what is to be uncovered and applied.

15

Another stimulus for the particular Jewish interest in bioethics is the fact that Jews still very much live in the dark shadow of the Holocaust. When one speaks of bioethics, especially as it pertains to the activities of physicians and others who directly treat human bodies, Jews become acutely aware that concentration camp inmates, mostly Jews, were made the subjects of the most ghastly tortures, which were rationalized as experiments for the sake of medical progress. Thus Jews are intensely sensitive to what happens when medicine is conducted without ethical restraint and direction, without which it can and did degenerate into organized sadism.

For example, the shadow of the Holocaust effects the Jewish approach to such moral problems as abortion and euthanasia. Concerning abortion, one sees the generally restrictive approach of the halakhic tradition reinforced by an affirmation of a pronatal policy, at least in the Orthodox community. The fact that virtually no Jewish children survived Nazi captivity, and that abortions were regularly performed on Jewish women, certainly influences this pronatal stance. Regarding euthanasia, many Jews express an abhorrence for the general notion, prevalent today, that some persons are better off dead than alive. This abhorrence is decisively shaped by the Nazi policy of genocide, which was proceeded by a policy of mass euthanasia (*unwerteslebens Leben*).

Tradition and Society

These two elements, the renewed interest in specifically normative ethics and the perversion of medicine by Nazi physicians, have made bioethics an area of intense Jewish inquiry. That shows no sign of abating. The methodological question that is just beginning to be discussed, however, is exactly how the teachings of Jewish tradition can be included in the world of general moral discourse without being absorbed by it.

In dealing with the bioethical revolution in society at large, more traditionalist thinkers in the Jewish community, precisely because they are rooted in a normative base that, for them, has remained fundamentally intact, rushed to the fore to become the spokespersons for the community. Such a development seemed to be almost a fulfillment of the prophetic prediction that the gentiles would eventually come to Zion to be instructed out of the Torah of the Lord. Nevertheless, the problem faced by such thinkers was just how one speaks to a general, secular society out of a singular religious tradition. Christian ethicists face the same problem, albeit from a different angle. Whereas Jews must devise ways to speak to a world that has never been theirs, Christians must devise ways to speak to a world that once was theirs but is no longer.

Jewish approaches to bioethical questions (and other questions of social import as well) reflect two distinct models, although they are often not explicated in the course of dealing with the specific normative issues at hand. These ought to be identified, however, since their respective methodologies will frequently lead to quite different practical conclusions.

The first model has tended to be the *modus operandi* of most Orthodox Jewish thinkers in bioethics such as Immanuel Jakobovits, Moses Tendler, and Fred Rosner. It is a model that contains a hidden triumphalist premise: God has given a full and sufficient law to the Jews and a partial law to the gentiles. The law for the Jews, which is the Mosaic Torah along with its rabbinic interpretations and elaborations, contains numerous norms of great specificity, whereas the law for the gentiles contains a mere seven very general norms. This general, gentile law is known in Jewish tradition as the "noahide commandments" or "noahide law"—"Noahides" (the descendants of Noah) being a synonym for humankind. Since the revelation to the Jews is both necessary and sufficient for moral direction whereas the revelation to the gentiles is only necessary but quite insufficient because of its vague generality, it seems to follow that the traditional Jewish community assumes the role of guardian of pure revelation. As such, the community is clearly meant to function as the moral decisor for the rest of the world, from whom the true meaning of the law must be sought. In fact, what emerges from this model is that the Torah has both a direct application to the Jews themselves and an indirect application to the rest of the world. All of this is very similar to the concept and institution of *jus gentium* in Roman law. There a civil law (*jus civile*, literally "the city law") obtained for full Roman citizens, and the more general *jus gentium* bound non-Roman citizens who lived under Roman political jurisdiction. The important point of this analogy is that *jus gentium* was interpreted and enforced by Roman authorities.

In this model, then, there will be spokespersons eager and ready to present "the Jewish position" on any and every ethical question. However, once the triumphalist assumption is exposed, it is difficult to see how the conclusions based on it can be accepted by anyone not personally committed to the full hegemony of Jewish tradition. Can one accept Judaism as the final moral arbiter without, in good faith, becoming a Jew? Indeed, many have accused the Roman Catholic Church of relying on the same assumption, namely, asserting that natural law is something that obtains for all human beings in any society, while the final arbiter of what natural law is and is not turns out to be the magisterium of the Church. The same problem many non-Roman Catholics (and many Roman Catholics as well) have with this approach is one, *mutatis mutandis*, many non-Jews should have with the triumphalist Jewish approach, once its premises and conclusions are understood.

A second model present in Jewish approaches to bioethics is more closely akin to the concept of *jus naturale*. It asserts that certain basic moral norms can be held in common by all rational persons and can thus function as a foundation for a common life together. Hence, if the Jewish tradition has something to say to the world, it will not be conveyed in the authoritative sense described above. Rather, the tradition can present its insights as a body of rich information for rational deliberation in a common realm of discourse and action. This model has been used in the recent past more by liberal Jewish thinkers than by traditionalists, and it is likewise reflected in most statements on ethical questions issued by the major Jewish organizations in the U.S. The problem with this model is that in contemporary society the language of natural law has evolved into the language of minimalist natural rights. And unlike classical natural law theory, theories of natural rights proposed by thinkers like John Rawls and Ronald Dworkin have no place for religious claims at all.

Religious Pluralism and a Public Philosophy

In the Jewish community, therefore, one can adopt an authoritative, traditionalist, approach or a natural rights approach. The former model supposes acceptance of the moral authority of a singular religious community, something impossible for most outsiders short of actual conversion. The latter model, conversely, seems to eliminate religious claims altogether. Is there any third alternative—one that can avoid the pitfalls of these two other approaches?

It seems to me that before a religious community can address the wider public square it first must address other religious communities in a pluralistic democratic context. In my own case, involvement in Jewish-Christian dialogue over several years has very much influenced the way I deal with issues of public ethics—particularly bioethical issues—that concern the full range of humankind. For what Jews and Christians share in common is a *theonomous* ethics, that is, some basic norms whose ultimate context is the covenantal relationship with God lived by Judaism and Christianity in their respective ways. For example, I have identified four areas of commonality between Judaism and Christianity, all of which have immediate ethical significance. These include: (1) the primary purpose of human life is to be related to God; (2) the relationship with God is primarily practical rather than contemplative; (3) human sociality in relationship with God and other persons is covenantal; (4) ultimate human fulfillment will come only through a redemptive act of God.[1]

It is not only that Jews and Christians each see their tradition as emerging out of the Hebrew Bible, which both communities revere as the word of God, but equally important that both communities have developed remarkably similar ways of treating human persons. This results in a common ethical stance on many issues of import, including issues of bioethics.

What Jews and Christians can do when addressing bioethical questions in concert is to demonstrate to the larger world that their common approach offers a more coherent means for dealing with specific ethical questions than secular methods. This approach may demonstrate, for example, that a more inclusive notion of humanness can be seen in the Judeo-Christian doctrine of the human person as *imago Dei* than from competing secularist ideas of either individual autonomy or collective heteronomy. This is surely important because abuses of medical treatment are most likely to occur when too many are relegated to nonhuman status.

The discussion of bioethical and other issues in our society today by Jews requires developing a public philosophy that can constitute a pluralism of religious traditions, and even have it extend to the value democratic secularists extol most—tolerance. This new religious pluralism can make room for secularists in public discourse more than secularism can make room for Jewish and Christian believers, for religious pluralism can constitute the integrity of the secular realm far better than secularism can constitute the integrity of the religious realm. Thus, for example, this new religious pluralism can fully accept the intellectual independence of science and the freedom of inquiry it requires, because this religious pluralism does not claim cultural sufficiency. Secularism, conversely, by claiming such cultural sufficiency, cannot accept the public presence of religious traditions and can only relegate them, at best, to an absolutely private realm. As such, this public philosophy can display a rhetoric where religious traditions *inform* ethical discourse without also insisting that theological premises be accepted in advance.

This is the lesson to be learned from Jewish-Christian dialogue at its best. Instead of demanding theological compliance as a pre-condition for deducing practical conclusions, the dialogue begins with practical problems—especially ethical problems—and attempts to construct a common approach based on overlapping theological principles. But it is always aware that, short of the final redemption of the world by God, this commonality can only be partial. Thus it can affirm a common Judeo-Christian *ethic* on a number of key points without denying that there is Jewish *theology* and Christian *theology*. Just as Jews, then, can cogently recognize the integrity of Christianity without becoming Christians, and Christians can recognize the integrity of Judaism without becoming Jews, this new public philosophy can show how Jews and Christians can recognize the integrity of the secular realm without thereby become secularists.

This, it seems to me, provides the most generous atmosphere possible for the discussion and common resolution of the ethical problems that have become so acute in the contemporary world, bioethical problems being among the most obvious examples. Jewish thinkers are quite well prepared to make their own contribution in this area if they have learned much from their tradition, from their experience in the modern world, and from their critical reason.

Reference

[1] David Novak, *Jewish-Christian Dialogue: A Jewish Justification* (New York: Oxford University Press 1989).

What Can Religion Offer Bioethics?
by James P. Wind

The fact that we have to ask what religion can offer bioethics points to an enigma present within bioethics and in American society as a whole. As specialized professionals and as a people we make room for individuals with religious perspectives at the same time that we conduct our daily affairs as if those perspectives made little difference. Religion permeates American lives, but its actual contributions to our common life remain in doubt.

In comparison with well-entrenched disciplines in the modern university, bioethics is a young field where people from many backgrounds—including religious ones—can carve out niches. No entrance requirements exist to screen out people who wish to draw upon religious or theological perspectives. Moreover, many of the field's early shapers were theologians or people open to discourse about theology.

Yet the discipline of bioethics came of age just as secularism crested as a social movement (the 1960s) and was formed by people—including some theologians—who often found secular institutions and causes more promising than religious ones. The ethos of bioethics is now pronouncedly secular. That is due in part to its subject matter and social location. Its issues arise with and between medical, scientific, legal, economic, and political worlds—contexts where technical, professional, and secular ways of thinking and speaking are most in vogue. This secular tone is also attributable to the socialization patterns of most of those drawn to bioethics. By and large they are products of graduate and professional schools that nurture and reward secular habits of thought. Further, those who address bioethics issues are acutely aware of modern pluralism and seek a public discourse that transcends worlds of particular beliefs and commitments. They feel the pressure of new life-or-death problems that demand immediate response and are wary of debates that can bog down in the minutiae of insiders' conversations. Thus, despite openness to religious perspectives and a historic indebtedness to a distinguished generation of theological ethicists, it remains unclear just what religion can offer the young and complex field of bioethics. Is it possible to identify some potential contributions that religion might make to our current bioethical discourse?

An Honest Appraisal

It is best to begin cautiously and honestly. Some will fear—for biographical and historical reasons—that religion's main contributions to bioethics will be chaos, confusion, and hostility. These critics will point to the package of problems we call "pluralism." Religion and theology bring to public discourse particular truth claims, private languages, and special warrants that do not convince people who do not share heritages and basic assumptions about the world. Thus to invite religious traditions to contribute to public bioethics discourse seems like an invitation to conflict and entanglement in unresolvable debates. The spectre of lethal religious conflict haunts both our newspapers and our history books. What contributions could possibly be so important that we would risk letting this menacing genie out of the two-hundred-year-old bottle fashioned by the Enlightenment?

Such a view overlooks the fact that pluralism has more than a contentious downside—much more. If we consider the 218 denominations, the more than 200 seminaries, the many religion departments in U.S. colleges and universities, and the more than 340,000 local congregations that various statisticians monitor,[1] the breadth and pervasiveness of American religiosity becomes apparent. To attempt to deal with life and death decisions, with matters of health and suffering—the special interests of bioethics—as if this teeming religiousness did not exist is therefore to engage in a self-deception of monumental proportions. Their secular "everydayishness" notwithstanding, the majority of Americans express themselves religiously. They come to their moments of medical decisionmaking (both personal and political) with particular beliefs and commitments.

Attending to religion requires us both to be honest about who we are as a people and to be more responsive to the full humanity with which we deal in bioethics. Religion's first contribution, then, is to furnish a more accurate view of the human beings whom we encounter in the secular worlds of the academy, health care, and public policy. If, as many argue, our secular ethical language of rights and duties screens out the religious interpretations and perspectives people carry into these settings, the result is human fragmentation and alienation. Patients, policymakers, and health care professionals do not park their beliefs at the bioethical door. Instead they smuggle them in—in plain wrappers—beneath the surface of much of our technical secular discourse. An honest encounter with religious pluralism can make us more responsive to human particularity, more compassionate, able to offer more complete care.

At their best, religious communities and their theologians can contribute

---

James P. Wind is program director, Religion Division, Lilly Endowment, Inc. He was formerly senior associate at the Park Ridge Center, and editor of Second Opinion.

to the emergence of fuller, more complete views of the human. Religious communities have views of humanity that are often higher and lower than our conventional wisdom. These traditions know limits and face them (an ability that is still quite underdeveloped in our culture.) Some remind us of finitude and fallenness at the same time that they draw upon deep reservoirs of hope. Many challenge false optimisms and undermine the many determinisms that are part of our collective consciousness. They reflect experience with surprise and tragedy, and foster self-criticism and openness to corrective vision from others.

In articulating their fundamental visions and purposes these communities and traditions can contribute to a more variegated or motley view of humanity, helping us see more of the full marvel present in each human being. Instead of a restrictive or reductionistic view they can suggest more expansive ones, ones that remind us of mystery and possibility.

It must be admitted that to welcome this contribution is to open the door to complexity. Bioethics will become more colorful and less tidy. But it will also deal more adequately with human intersubjectivity; it will move closer to human experience and to the agents' interpretations of that experience. It will also mean a stronger commitment to the hermeneutical, interpretive dimensions of the bioethical task—dimensions championed by philosophers like Daniel Callahan, sociologists like Renee Fox, physicians like Arthur Kleinman, and theologians like Don S. Browning.[2]

Communities of Moral Discourse

The statistical size of American religiousness suggests a second contribution. If we add up the congregations, seminaries, denominations, and religion departments— not to mention all the religious groupings that escape the church watchers' eyes—we will find the largest collection of communities of moral discourse in our society. Religious communities provide already existing places where people can talk about some of the most vexing issues that we encounter. In our court rooms, legislatures, and hospital rooms we regularly find people confronted by decisions for which they are unprepared. Our existing religious communities *could* be places of preparation, places where people are morally and ethically equipped for times of decisionmaking.

It is important to be candid about the health of these communities of discourse. While they bear traditions of moral discourse much older and much richer than the thin tradition that currently shapes our public conversation, they also find themselves partially estranged from the very traditions they seek to embody and represent. Many of our religious communities have so accommodated themselves to the American ethos of individualism that they no longer risk serious moral conversation. And some of them have fostered bigotry, closemindedness, and tunnel vision. So their contribution must be labelled as "potential," not automatic.[3]

Yet even if many religious communities seem morally anemic there are significant reasons for taking seriously their potential contribution. Such communities provide an alternative to a simplistic approach to American public life. Too often we mistakenly divide American life into two realms: public and private. We assume that there is one megapublic world where each speaks to all, and countless private worlds where each speaks to the like-minded. It is a commonplace to lump congregations and other religious communities into this private zone and to miss their public character. Many, if not all, American religious communities are publics in their own right. In a society accustomed to segmenting people along lines of class, race, profession, gender, etc., these institutions cross lines of age, ethnicity, educational background, profession, income and the other barriers that subtly ghettoize our moral discourse.

As theologians like Stanley Hauerwas have noted, religious communities, when they are true to their distinctive characters, can offer "contrast models" to a culture's habitual ways of perceiving and acting. Such traditions can provide ways first to face and then address the deepest of human questions, such as our response to suffering, questions of ultimate meanings that our current functional rationality steadfastly avoids.[4] And these traditions provide access to fundamental claims that, while taking various particular forms, may open out into universal concerns and commitments.

Alternative Imaginations

Embedded in religious communities and theological traditions are "alternative imaginations" that allow us to approach enduring human riddles like suffering, health, death, procreation, and the like from different vantage points. For example, most of the religious communities of our land bear traditions of love for the neighbor and concern for creation that can serve as healthy contrast models to the individualism and anthropocentrism that shape so much of our common life. In essence these communities and traditions can increase our imaginative repertoire, making it possible to envision new options and solutions.

Religious communities may also function to widen current bioethical horizons. An example of such widening is provided by a Carter Center conference in October, 1989 at which former President Jimmy Carter invited leaders of America's religious communities to consider "The Church's Challenge in Health Care." The conference participants devoted little if any time to the individual quandaries that take up so much space on conventional bioethics agendas. Rather they addressed major ethical issues like access to health care, or personal and societal responsibility for healthy behavior, as well as national policies that support exporting cigarettes to the third world or inadequately foster safety in home and workplace. Such topics seem remote from conventional bioethics discussions about termination of treatment or organ transplantation, but the challenge presented by this religious conversation is whether our bioethics agenda is too often oriented by quandaries.

Another potential contribution, although it is much less immediate

19

than the ones proposed so far, is the possibility that religious communities might help us develop a more adequate ethical language. Here I allude to Jeffrey Stout's recommendation that religious ethicists be invited back into our moral discourse.[5] If that invitation were accepted, Stout believes, several things would occur. First, we would discover what Mary Midgely calls the "sad little joke" that almost no one speaks the universal moral language of the experts. If theologians and religious scholars re-enter the conversation Stout believes that our "first moral language" will be seen as a pidgin (a sparse dialect used only for communicating with strangers) or a creole (a mixture of fragments from other linguistic traditions) rather than a full blown linguistic tradition. That discovery would help those Stout calls "esperantists" (the designers of universal languages) to discover their own location within larger ethical traditions.

Such discoveries would have considerable implications for bioethics. The enterprise would become more comparative and historical; it would include a kind of "reflexive ethnography" that takes seriously the traditions and cultural contexts which stand behind all ethical constructs.

What Bioethics Can Offer Religion

Stephen Toulmin has written that the encounter with concrete cases and issues in medicine and biomedical research helped reorient philosophical ethics from a drift toward abstraction and irrelevance.[6] It is only fair, after suggesting potential contributions that might flow from religion to bioethics, to ask if someday a religious thinker might write a similar article about medicine's impact upon religion. I raise this prospect to signal a mutual enriching that might be hoped for between realms that have been increasingly estranged from each other. In interactions with each other, medicine and religion might come to fresh appreciations of the distinctive and *limited* contributions each has to offer humanity.

For religious communities, this means that encounters with the life and death quandaries of modern medicine present opportunities to dust off the enduring genius of a particular tradition and to reconnect to moorings that have been lost from view. It is a commonplace in modern discourse to talk about the pervasive identity confusion that exists within religious communities. In the face of a bewildering variety of religious and secular interpretations, it is difficult to speak with certainty about religious meanings and beliefs.

Yet the majority of our religious traditions came to life in equally confusing encounters with human suffering and dying. The religious figures who first articulated distinctive interpretations that later became "great traditions" (Moses, Jesus, Mohammed) arrived at their insights through dark nights of the soul, in times of great ethical and cultural confusion. When confronted with modern questions about the meaning of suffering or the possibility of a good death, the religious interpreter is offered an existential bridge into the heart or core of a tradition. Delving there can result in a fresh perception that allows religious communities to see that they are different from the surrounding culture and why their differences matter.

Such shocks of recognition can ripple across a tradition or religious community. Academic theological reflection, for example, might (just as Toulmin argued with respect to philosophy) reorient itself away from some of the fine points, abstractions, and specialized interests that keep religious journals and graduate schools humming tunes few in America's religious communities sing. A fresh confrontation with the primal reality of a tradition and with modern medical experience can turn religious institutions away from the many concerns of institutional self-preservation and toward human need. In a time when most American denominations are feeling the weight of rising costs and parallel diminishment of support from their constituency, life and death encounters can remind beleaguered leaders and followers of fundamental reasons for being.

Finally, religious traditions and communities, like individual patients and whole societies, can become ill. They can become so entangled in pathological situations that they too need healing. Almost all the religious traditions in our society have a fundamental commitment to love God and neighbor at their core. Even those communities that do not affirm the existence of a particular deity seek to awaken compassion and care in their members. Yet modern religious communities have found it ever more difficult to keep such commitments lively and central. They too have accepted the modern division of labor that delegates "caring" to certain professionals and "religion" to others.

The encounter with life and death worlds of members and strangers points out the unhealthy side affects of such ways of life. It sets inquirers out in search of other, healthier, patterns. And it can revive those who find themselves weary from life along modernity's dividing line. Such inquirers may even find that experiences of a shared mandate to care and heal that crosses the lines of faith traditions and religious communities makes possible new alliances on behalf of a public good for a land with a serious case of individualism and privatism.

References

[1] Constant H. Jacquet, Jr., *Yearbook of American and Canadian Churches 1990* (Nashville: Abingdon Press, 1990.)

[2] Daniel Callahan, *Setting Limits: Medical Goals in an Aging Society* (New York: Simon and Schuster, 1987); Renee C. Fox, *The Sociology of Medicine: A Participant Observer's View* (Englewood Cliffs, NJ: Prentice Hall, 1989); Arthur Kleinman, *The Illness Narratives: Suffering, Healing and the Human Condition* (New York: Basic Books, Inc., 1988); Don S. Browning, "Hospital Chaplaincy as Public Ministry," *Second Opinion* 1 (March 1986), 66-75.

[3] For the contribution to be realized, religious communities must revitalize their traditions and strengthen their abilities as moral discourse. How they might accomplish such revitalization is too complex a subject to be addressed here. Graduate schools, seminaries, denominations, and independent research institutes like the Park Ridge Center for the Study of Health, Faith, and Ethics are attempting to respond to these needs.

[4] Stanley Hauerwas, *Suffering Presence: Theological Reflections on Medicine, the Mentally Handicapped, and the Church* (Notre Dame, IN: University of Notre Dame Press 1986).

[5] Jeffrey Stout, *Ethics After Babel: The Languages of Morals and Their Discontents* (Boston: Beacon Press, 1988).

[6] Stephen Toulmin, "How Medicine Saved the Life of Ethics," *Perspectives in Biology and Medicine* 25:4 (1982), 736-50.

Part IV
The Principle-Based Approach

[9]

Principles and Particularity: The Roles of Cases in Bioethics

JOHN D. ARRAS[*]

INTRODUCTION

Twenty-five years ago, when I was a graduate student in philosophy, the study of ethics had fallen on hard times. Some of the leading exponents of ethical theory had succeeded, for the time being, in showing either that all ethical judgments were reducible to emotive reactions—and hence irrational and indefensible[1]—or that the study of ethics, properly understood, had more to do with probing the nuances of the "language of morals"[2] than with reflecting on the normative moral experience of real people in their mundane or professional capacities. The study of ethics had become a rarefied, specialized, technical, and, above all, dry discipline. Given the sad state of the field, many had begun to wonder whether political philosophy was dead. To be sure, books and articles continued to be written, and courses continued to be taught, but for many of us at the time such behaviors might have resembled the residual motions of patients in a persistent vegetative state more than genuine signs of life. The real "action" in philosophy lay elsewhere, around the "linguistic turn"[3] or in continental theory, but certainly not in ethics.

Not coincidentally, during my undergraduate and graduate years I was never exposed to anything remotely resembling a "case study" in ethics. If ethics was ever to establish itself as an intellectual enterprise worthy of respect, students were told, it would have to ignore the grubby world of everyday moral concerns and concentrate instead on theory, abstraction, and the meaning of various moral terms.[4] In my work today, however, I am mired in cases, both at the hospital, where the exigencies of clinical problems preclude leisurely invocations of philosophical theory, and even in my university classes on bioethics and the philosophy of law. This Article inquires how this dramatic shift from theory-driven to case-driven ethics came about and

---

[*] Division of Bioethics, Montefiore Medical Center/Albert Einstein College of Medicine, Department of Philosophy, Barnard College. Ph.D., 1972, Northwestern University. The author thanks Jeffrey Blustein and Norman Care for helpful discussions, and Richard Miller and Susan Williams for stimulating commentary at this symposium.

1. *See, e.g.*, ALFRED J. AYER, LANGUAGE, TRUTH AND LOGIC (2d ed. 1946); C.L. STEVENSON, ETHICS AND LANGUAGE (1944).
2. R.M. HARE, THE LANGUAGE OF MORALS (1972 reprint).
3. THE LINGUISTIC TURN (Richard Rorty ed., 1967).
4. Felicitous exceptions in my own education were the courses of Professor Henry B. Veatch, which, while not "applied" in the contemporary sense, were rooted in the normative quest for goods and virtues.

attempts to chart some of its implications for the practice and teaching of ethics.

I. EXAMPLES IN THE SERVICE OF THEORY

Although neither classical nor contemporary moral philosophers dealt with what is now called a "case study," they frequently cited *examples* designed to substantiate their theoretical points. Thus, Mill deployed the example of someone inciting an angry mob poised on the corn dealer's doorstep in connection with his theory of the limits of free expression;[5] and Kant mentioned, less helpfully, examples of honest dealing, suicide, and failure to develop one's talents as illustrations of his "categorical imperative."[6] The partisans of "linguistic ethics" would also occasionally cite an example of moral behavior, though these tended to be uniformly unimaginative and trivial.[7]

There was, to be sure, an occasional philosophical example sketched with some detail and literary flair, such as Sartre's memorable reference to a young man tragically torn between the incompatible demands of caring for his mother and joining the Free French struggle against fascism.[8] Indeed, Sartre produced not merely a few apt examples, but also a remarkable literary corpus of novels and dramatic works, much of which was self-consciously devoted to the illustration of the philosopher's theories of freedom, identity, and responsibility.[9]

The common thread uniting these examples, both the trivial and the tragic, is their subservience to philosophical theory. The philosophers' examples and hypotheticals were designed to make theoretical points, not to shed light on various moral problems independently articulated by practical people enmeshed in the realities of everyday personal and professional life. Indeed, to the proponents of linguistic ethics, the true task of moral philosophy simply involved the clarification of moral language; while, to the philosophical emotivist, the yearning for a normative theory of responsibility or justice stemmed from a failure to acknowledge the non-cognitive status of all moral values. The ethical concerns of spouses, lovers, parents, legislators, workers, revolutionaries, doctors, nurses, lawyers, and social workers thus were condescendingly delegated to parties occupying lower rungs on the

---

5. JOHN S. MILL, ON LIBERTY 53 (David Stitz ed., 1975).

6. IMMANUEL KANT, KANT'S GROUNDWORK OF THE METAPHYSICS OF MORALS 89-90 (H.J. Paton trans., 1961).

7. Indeed, a review of the ethics literature produced in the 1950's and 1960's could easily give a present-day reader the impression that civilization had in those days been brought to its knees by hordes of ruthless pedestrians bent on violating posted warnings not to trespass on the grass.

8. JEAN-PAUL SARTRE, L'EXISTENTIALISME EST UN HUMANISME (1946). For another memorable example of a story in the service of philosophy, see SOREN KJERKEGAARD, FEAR AND TREMBLING (1843).

9. JEAN-PAUL SARTRE, WHAT IS LITERATURE? (1948). Typical examples of Sartre's philosophical fiction include the novel, LA NAUSÉE (1938), and such plays as LES MOUCHES (1941) and HUIS CLOS (1944).

academic/intellectual food chain, such as journalists, ministers, and politicians.[10] In view of this cleavage between the goals of moral philosophy and the practical world, it is not surprising that the practice and teaching of ethics did not refer to case studies.

II. THE RISE OF "APPLIED ETHICS"

The current revival of interest in "practical ethics"—that is, the use of the concepts and methods of ethical theory towards the resolution of concrete moral problems—is generally credited to the publication of John Rawls' monumental work, *A Theory of Justice*.[11] For serious intellectuals struggling with issues of race and the moral dilemmas occasioned by the Vietnam war, Rawls' book rekindled hope that reason—rather than emotion, custom, or sheer political force—might be fruitfully applied to clarify and resolve real ethical-political problems in public life. Although Rawls' book was exclusively concerned with the explanation and justification of a morally *ideal* blueprint for just social institutions, and even though it contained no actual case studies and few examples of how his theory might be applied,[12] *A Theory of Justice* nevertheless generated a heady optimism regarding the potential of moral theory to solve real world problems. In no time, it seemed, a fledgling "industry" had been launched, complete with its own journals and think-tanks. For those working in the field at that time, it seemed that the rational, definitive resolution of some of the most vexing social conflicts merely awaited the proper formulation and application of the best ethical theory that moral philosophy could provide.[13] The heyday of "applied ethics" had dawned.

Different styles of moral analysis eventually emerged under this rubric of applied ethics. By far the most theoretically confident, and the most problematic style might be described as a kind of moral deductivism.[14]

---

10. *See* STEVENSON, *supra* note 1, at 1:
The purpose of an analytic or methodological study, whether of science or of ethics, is always indirect. It hopes to send others to their tasks with clearer heads and less wasteful habits of investigation. This necessitates a continual scrutiny of what these others are doing, or else analysis of meanings and methods will proceed in a vacuum; but it does not require the analyst, as such, to participate in the inquiry that he analyzes. In ethics any direct participation of this sort might have its dangers. It might deprive the analysis of its detachment and distort a relatively neutral study into a plea for some special code of morals. So although normative questions constitute by far the most important branch of ethics, pervading all of common-sense life, and occupying most of the professional attention of legislators, editorialists, didactic novelists, clergymen, and moral philosophers, these questions must here be left unanswered. The present volume has the limited task of sharpening the tools which others employ.

As we shall soon see, the above project is the exact opposite of contemporary casuistry in every detail.

11. JOHN RAWLS, A THEORY OF JUSTICE (1971).

12. Rawls' only deviation from the development of so-called "ideal theory" concerned the conditions for justifying the practice of civil disobedience. *Id.* at 333-91.

13. For example, see RONALD M. DWORKIN, TAKING RIGHTS SERIOUSLY 149 (1977).

14. Just as H.L.A. Hart discovered the difficulty of tracking down actual specimens of the legal realists' *bête noire*, the advocates of so-called "mechanical jurisprudence," so is it hard to pin down actual exemplars of so-called deductivistic bioethics. *See* H.L.A. Hart, *Positivism and the Separation of Law and Morals*, 71 HARV. L. REV. 593 (1958). A deductivistic approach is certainly implied in a

According to this approach, the task of the "applied philosopher" was to start with a philosophical theory—presumably, the best and most comprehensive account available—then to develop various mid-level normative principles, such as those bearing on truth-telling, paternalism, and confidentiality. With the theory and derivative principles firmly in place, the practical philosopher needed only to feed the relevant factual data into the moral equation to yield the appropriate moral conclusion.[15]

For reasons that shall be explained presently, this sort of deductivistic appeal to comprehensive moral theory found few adherents, especially among professionals seeking the advice of the applied ethicist. However, a far more theoretically modest approach, focusing on the development, application, and refinement of a small set of mid-level principles, was to prove spectacularly successful. This "principlist" approach (or "bioethical mantra")[16] posited the existence of objective, universal principles that ought to govern moral behavior, social policy, and legislation. Developed and popularized by philosophers Tom Beauchamp and James Childress,[17] this approach soon became the dominant paradigm for serious work in bioethics.

In contrast to the reductionistic tendencies of the more hard-core variety of applied ethicists, principlists neglected ultimate or foundational questions in favor of a more pluralistic and "intuitionistic" approach. The partisans of applied moral theory tended to reduce the sources of normative criticism to a single, overarching value (for example, Kantian respect for persons or the maximization of utility) that would then definitively settle all conflicts between values and principles. The principlists settled for a small cluster of disparate fundamental values (autonomy, beneficence, nonmalificence, and justice), no one of which was granted a priori primacy over the others.

The relationship between these mid-level principles and cases within the theory of principlism has been somewhat ambiguous and subject to historical fluctuation. The basic question is whether one ought to conceive this relationship in uni-directional or in dialectical terms. As a uni-directional relationship, one can hold either that judgments about cases are entirely determined by appeal to governing principles or that principles are merely derivative "summary formulations" of incremental judgments about cases. As a dialectical relationship, one can claim that principles both shape and are shaped by the responses to particular cases. According to this latter interpretation, principles would retain normative dominion over what ought to be done

---

much-quoted chart in TOM L. BEAUCHAMP & JAMES F. CHILDRESS, PRINCIPLES OF BIOMEDICAL ETHICS 32 (1st ed. 1979), that plots the path of ethical justification from cases to rules to principles to theory. Perhaps the philosophers whose works come closest to a highly theory-laden, deductivist approach are H. TRISTRAM ENGLEHARDT, JR., THE FOUNDATIONS OF BIOETHICS (1986), and PETER SINGER, PRACTICAL ETHICS (1979).

15. Implicit in this approach was a rather clear-cut division of labor: the applied philosopher was the expert with regard to moral theory and practical reasoning, while "the facts" would be furnished by others, such as physicians, social workers, or business executives.

16. I believe I might have actually coined this derogatory epithet at a lecture on "Methodology in Bioethics" at the University of Texas Medical Branch, Galveston, 1986.

17. BEAUCHAMP & CHILDRESS, supra note 14.

in specific circumstances, while the developing intuitive responses to cases would add content to principles and help formulate their proper boundaries.

During the early, heroic phase of applied ethics, the principlists were partisans of a decidedly "top down" orientation devoted to applying principles to the moral data of concrete cases.[18] Moral objectivity and justification were found, not in the messy details of the cases, but rather in "the principles of bioethics." Although many clinicians continued to complain that even this more modest version of applied ethics was too abstract to be well suited to clinical decision-making, many others viewed principlism as a source of objective moral knowledge and useful advice. These physicians tended to view the bioethicist as a kind of "moral expert," and as a purveyor of "principled" moral judgments.

During this early period in the development of bioethics as a field, the case study emerged as an object of serious consideration. At first, case studies were often employed in the traditional manner as illustrations of how a particular ethical theory might bear on moral problems. For example, a case involving the use of placebos in medical research would be used as a prism through which to view the salient features of Kantian or rule-utilitarian reasoning. Many, however, increasingly used case studies not just as illustrations, but as objects of interest in their own right. Case studies posed intellectual and moral problems that called for a solution. It was important to get the right (or at least an acceptable) answer, not simply in order to exhibit the properties of one's favorite theory, but to help determine the fates of living, breathing individuals, many of whom posed moral dilemmas of excruciating difficulty. The moral philosopher was fast becoming an "applied ethicist," and the ethicist was no longer an isolated theorist, but was now enmeshed in the problems, dilemmas, and crises of professional life. Indeed, the theorist was well on his or her way to becoming a consultant, moving from being a detached observer to a player in the professionals' drama.

The case studies that developed in the literature of this period shared two salient features. First, professionals tended to define them.[19] Second, the case studies were brief and "thin." Except for legal cases, the cases presented for consideration in the bioethics literature rarely exceeded a few paragraphs. Crucial medical facts (for example, the patient's diagnosis, options, and prognosis as affected by various treatment choices) would be presented, the shape of the ethical quandary would be sketched, and the care provider's position clarified. Such cases seldom painted a more fleshed out portrait of

---

18. *See supra* notes 16-17 and accompanying text.
19. Recall the established division of intellectual labor within the applied ethics movement. *See supra* note 15 and accompanying text. The philosopher/ethicists would be responsible for the application of theory and principles, while the factual "case material" would be provided by doctors, nurses, or social workers. The problems thus tended to be shaped according to the conceptual, axiologic, and linguistic frameworks of the caregivers. A good example of this phenomenon is the packaging of difficult issues in obstetrics under the heading of "maternal/fetal conflicts." Although I disagree with those who would deny or minimize the possibility for such conflicts, I think that this way of framing many of these issues obscures other conflicts (for example, maternal/professional) and often ignores or legitimates unjust or discriminatory background conditions of the conflicts.

the various actors and the implications of the choices before them. The audience of such case studies often had extremely limited information about, for example, the patients' perception of their disease and the meaning of treatment options as mediated by their social and family history, race, economic class, prior medical encounters, and psychological characteristics.

A typical example of this "bare bones" approach to case studies, drawn from the experience of my colleague Nancy Dubler, might have gone something like this:

> The medical housestaff at a public hospital in the Bronx confronts a difficult case involving a "problem patient." Mr. Jones is an IV drug user who also happens to be infected with HIV and tuberculosis. The TB has been diagnosed as being of the multi-drug resistant variety, and thus poses a serious threat of potentially lethal infection to anyone coming into casual contact with Mr. Jones. The problem is that the patient insists upon leaving his room so he can be free to wander the corridors and lobby of the hospital. The staff are extremely upset and worried that these expeditions outside of his room will lead to the infection of other patients, caregivers, or hospital visitors.

As presented, this case poses a conflict among the patient's individual rights, the public's legitimate interest in protection from harm, and the hospital's fiduciary obligations to its patients and employees. Where should the line be drawn between civil liberties and public health? Would it be ethically justifiable to lock the patient in his room against his will? I shall return to this case later in this Article.

III. THE DECLINE OF THEORY IN BIOETHICS

Notwithstanding the initial wave of enthusiasm that followed in the wake of Rawls' theory of justice, attempts to yoke moral theory into the service of practical ethics were destined to founder on philosophers' ambivalence and on the intrinsic limitations of ethical theory for practical purposes.

While some applied ethicists immediately embraced the role of practical consultant to professional colleagues,[20] many ethical theorists continued, even during the salad days of applied ethics, to view the application of moral theory primarily as a vehicle for enriching philosophical moral theory.[21] Thus, even when they were ostensibly addressing a medical audience, many philosophers appeared more concerned with how other philosophers and theorists of medicine would receive their views. Indeed, many philosophers working in ethics during this period were profoundly ambivalent towards applying their theories to practical affairs. While the revival of normative ethical theory in the 1970's was to a great extent fuelled by philosophers' expectations of "making a difference in the real world," many of these same

---

20. *See, e.g.*, Albert R. Jonsen, *Can an Ethicist Be a Consultant?*, in FRONTIERS IN MEDICAL ETHICS 157 (Virginia Abernethy ed., 1980).
21. Good examples of this ambivalently practical and heavily theory-laden work in ethics can be found in such journals as *Philosophy & Public Affairs* and *Journal of Medicine and Philosophy*.

theorists instinctively recoiled at the thought of becoming mere "moral valets" in the service of some other profession.[22] Their work was thus "theory driven" in yet another sense: in addition to being governed by the application of philosophical or theological theories, their work had been yoked primarily to the service of ethical theorizing as an activity in its own right. Needless to say, clinicians had very little use for this genre of applied ethics.

Although most philosophers working in this field would eventually overcome their residual discomfort with the practical domain, variants of applied ethics based primarily on the invocation of philosophical ethical theory were doomed to fail for reasons internal to such a project. Recall that the "theory driven" model assumes that the proper task for the applied ethicist is to assemble all the relevant ethical theories, with their corresponding principles and likely implications for a particular case, and deploy them for those seeking the ethicist's counsel. But what then? Two possibilities suggest themselves.

First, the ethicist could offer advice in the vein of a "Consumer Reports" service:[23] "Well, in this situation a Kantian would do 'X,' a utilitarian would promote 'Y,' and a natural rights theorist would advocate 'Z.'" Needless to say, such "advice" might not prove enormously helpful to those doctors, nurses, and social workers who haven't yet quite figured out where they stand in the ongoing debate between the partisans of Kant, Mill, and Locke.

Second, the ethicist could attempt to vindicate her favored theory and then apply it to the case at hand. The obvious problem with this gambit is the seemingly interminable nature of philosophical argument about the foundations of morals. To put the point bluntly, after more than two thousand years of ethical debate among philosophers with rival views, no clear winner has emerged, and clinicians cannot be blamed for doubting that one ever will. As eminently practical people, they cannot afford the luxury of awaiting the development of an ethical theory capable of routing this contentious field by force of argument alone.

Even if the theory-driven applied ethicist were miraculously to establish the philosophical supremacy of a single, comprehensive theory of morals, her project would have foundered on the emergence of disagreements among adherents to that very theory. Thus, a utilitarian would have to worry not merely about the challenges posed by rival theories, but also about profound intramural disagreements among adherents to the theory of utility. What shall count as the true meaning of "utility?" How will it be measured? Which form of utilitarianism (for example, act or rule) is correct? These seemingly intractable questions, along with many more, would continue to vex even the champions of the dominant ethical theory before they could begin to apply their doctrine to cases.

---

22. See Annette Baier's translation of Hegel's phrase, "Kammerdiener der Moralität." Annette Baier, *Doing Without Moral Theory?*, in POSTURES OF THE MIND 228, 236 (Annette Baier ed., 1985).
23. *See id.*

Suppose further that, per impossibile, philosophers could agree upon both the general outlines of the correct theory as well as on its precise formulation Even with the unlikely advent of this particular millennium, theorists would still be unable to provide clinicians and policy experts with unambiguous moral solutions derived from the theory. This is because many disputes in clinical bioethics and health policy turn, not on theoretical differences, but on such nettlesome issues as the value that should be accorded to different forms of human and animal life, the factual prediction of likely consequences, and the most rational attitude towards risk.

The problem of active euthanasia provides a good illustration of all three problems. Theorists who agree entirely on the moral theory level may yet part company on the crucial issue of how we should value biological human life.[24] Even theorists who agree on that difficult question may disagree on the likelihood of bad consequences ensuing from a shift towards a more permissive policy and on the question of who should bear the burden of proof.[25]

The more theory-driven approaches to applied ethics suffer a further liability embedded in widespread notions of what an ethical theory ought to look like. The common wisdom is that an ethical theory ought to be a large body of ethical propositions derivable from one or a few basic moral principles. When people speak of ethical theory in this way, they are usually thinking of some version of Kantian deontology,[26] utilitarianism,[27] or Lockean natural rights.[28] The theorists who support these different ethical theories are responding to the question, "What is *the* rational foundation of moral philosophy?" As philosophers such as Thomas Nagel, Bernard Williams, and Charles Taylor have convincingly argued, however, this enterprise is problematic.[29] It assumes that the chiaroscuro of our moral experience can be reduced to one or two overarching sources of moral value, such as maximization of happiness or respect for human freedom. While such an assumption is likely to please theorists bent upon achieving simplicity and efficiency, it will not do justice to the rich diversity inherent in the moral lives of individuals and societies. Consequently, even if the proponents of theory were to agree upon a moral theory so defined, and even if they could apply unambiguously the theory to concrete moral problems, the end result of

---

24. RONALD M. DWORKIN, LIFE'S DOMINION (1993).
25. See, for example, the contrasting views of Daniel Callahan, *When Self-Determination Runs Amok*, HASTINGS CENTER REP., Mar.-Apr. 1992, at 52; and Margaret P. Battin, *Voluntary Euthanasia and the Risks of Abuse: Can We Learn Anything from the Netherlands?*, L. MED. & HEALTH CARE, Spring-Summer 1992, at 133.
26. *See, e.g.*, IMMANUEL KANT, FOUNDATIONS OF METAPHYSICS OF MORALS (Oskar Priest ed. & Lewis W. Beck trans., 1959); RAWLS, *supra* note 11.
27. *See, e.g.*, JOHN S. MILL, UTILITARIANISM, LIBERTY, AND REPRESENTATIVE GOVERNMENT (1910); SINGER, *supra* note 14.
28. *See, e.g.*, ROBERT NOZICK, ANARCHY, STATE, AND UTOPIA (1974); ENGLEHARDT, *supra* note 14.
29. THOMAS NAGEL, MORTAL QUESTIONS 128 (1979); BERNARD WILLIAMS, ETHICS AND THE LIMITS OF PHILOSOPHY (1985); Charles Taylor, *The Diversity of Goods, in* UTILITARIANISM AND BEYOND 129 (Amartya Sen & Bernard Williams eds., 1982).

this reductivist enterprise would still leave us with an impoverished understanding of the problems, solutions, and sources of moral value.

IV. PRINCIPLISM UNDER SIEGE

As I have shown, the "principlist" version of applied ethics was able to virtually corner the methodological market in bioethics by abandoning the foundationalist pretensions of reductionist ethical theory while elaborating a network of principles that offered the hope, or at least the appearance, of ethical objectivity. Without having to bother with the Sisyphusian task of grounding their ethical judgments in ultimate theoretical norms, clinicians could pronounce them justified by appealing to such objective and universal principles as autonomy, beneficence, and justice. By the late 1980's, however, this approach to practical ethics was coming under fire from two diametrically opposed camps.

A. Principlism Not Theoretical Enough

From one flank, the partisans of a comprehensive philosophical theory attacked principlism for its relative insouciance regarding first principles,[30] that is, for not being theoretical enough. This group of critics found especially galling principlism's inability or unwillingness to provide a rationally defensible framework for settling conflicts between competing principles. Clearly, the critics had a point. Utilitarians or Rawlsians, unlike principlists, could settle, at least to their own satisfaction, the inevitable conflicts of the moral life through appealing to some overarching principle of "lexical ordering."[31] The principlists forthrightly admitted that the moral principles came with no pre-established theoretical weights and, consequently, that conflicts arising among these principles would have to be settled through a subtle process of weighing and balancing *in medias res*.[32] Although the partisans of theory find this approach to conflict resolution to be unacceptably subjective or "intuitionistic,"[33] there is wisdom in the principlists' modesty. Their critics have neither established the clear superiority of any monistic theory, such as utilitarianism, nor have they produced a convincing account of why within more pluralistic systems certain lexically favored values, such as utility or liberty, should *always* prevail over all other competing values in a myriad of convoluted real world situations.

---

30. K. Danner Clouser & Bernard Gert, *A Critique of Principlism*, 15 J. MED. & PHIL. 219 (1990); Ronald M. Green, *Method in Bioethics: A Troubled Assessment*, 15 J. MED. & PHIL. 179 (1990).
31. Utilitarians are supposed to resolve all such conflicts by bringing them under the common metric of "utility." Rawlsians give moral priority to liberty in conflicts with "welfare." *See* RAWLS, *supra* note 11.
32. TOM L. BEAUCHAMP & JAMES F. CHILDRESS, PRINCIPLES OF BIOMEDICAL ETHICS 51 (3d ed. 1989).
33. RAWLS, *supra* note 11, at 34-40.

B. Principlism Too Mechanistic

From the opposite flank, the partisans of a more case-driven approach to practical ethics began to attack principlism for being too formal, mechanistic, and deductive. Although the nuanced ethical analyses of its founding expositors were anything but simplistic or mechanistic, principlism's epigones, many of whom lacked even the equivalent of "basic training" in ethics, often did convey the impression that one merely had to slap one or more principles on a given set of facts to derive the morally correct result. More often than not, their "method" was to recite what each of the principles seemed to require, even if they conflicted with one another, then simply to *announce* a conclusion. Allusions to the "bioethical mantra" were in large measure a reaction to precisely this kind of bastardized principlism.

1. From Deductivism to Reflective Equilibrium

The broad-based dissatisfaction with the regnant paradigm harbored two more serious contentions about principlism and its way of configuring the relationship between principles and case judgments. First, the partisans of casuistry or case-based reasoning objected to the apparently uni-directional movement from principles to cases within principlism.[34] A careful analysis of Beauchamp and Childress' early editions of *Principles of Biomedical Ethics*[35] might suggest a more complicated relationship between principles and cases in the process of moral justification, but an oft-cited chart in that book gave the distinct impression that theory justified principles, that principles justified moral rules, and that rules justified moral judgments in particular cases.[36] According to the critics, this uni-directional picture distorted or totally ignored the pivotal role of intuitive, case-based judgments of right and wrong. To be sure, the judgments in question were not to be confused with just any responses to cases, no matter how prejudiced, ill-considered, or subject to coercion they might be. Rather, the critics had something in mind more akin to John Rawls' notion of "considered" moral judgments[37]—the judgments about whose genesis and moral rectitude we feel most confident, such as our sense that slavery is wrong. It is precisely these judgments, they claimed, that give concrete meaning, definition, and scope to moral principles and that provide critical leverage in refining their articulation.

The critics were claiming, in effect, that principles and cases have a dialectical or reciprocal relationship. The principles provide normative guidance, the cases provide considered judgments. The considered judgments, in turn, help shape the principles that then provide more precise guidance for

---

34. ALBERT R. JONSEN & STEPHEN TOULMIN, THE ABUSE OF CASUISTRY (1988).
35. TOM L. BEAUCHAMP & JAMES F. CHILDRESS, PRINCIPLES OF BIOMEDICAL ETHICS (2d ed. 1983).
36. *Id.* at 5.
37. *See* RAWLS, *supra* note 11, at 47-48.

more complex or difficult cases. Following Rawls' terminology, principles and cases exist together in creative tension or "reflective equilibrium."[38]

The principlists responded to this line of criticism by simply embracing it, over time, with increasing forthrightness and enthusiasm. Although they may have been slower than others to discern the formative and critical roles of case analysis with regard to principles and theories, Beauchamp and Childress now embrace reflective equilibrium as *the* methodology of principlism and emphatically denounce deductivism for precisely the same reasons given by their critics.[39] One can view principles as the primary substance of ethical analysis, they conclude, without being a deductivist.

2. Principlism, Indeterminacy, and Moral Justification

A large part of the initial appeal of principlism lay in its promise of providing *principled* solutions to moral problems, solutions that could claim to be more than the "merely subjective" biases of practitioners or consultants. As one physician-graduate of the Kennedy Institute's week-long bioethics seminar explained to me, "This [method] is what our student-doctors need. It's really objective, based on principles, just like a science." This promise of objectivity appeared to be based on the expectation that individual actions or social policies could be justified by applying the enumerated principles.

In some very simple moral situations consisting, for example, of a clear and uncontested moral rule and a fact pattern that contradicts it, this promise could be vindicated. Suppose, for example, that a physician decides to lie to her patient in order to improve his spirits and possibly facilitate his recovery. One could say that this doctor's act violates the principle of autonomy and the law of informed consent. Indeed, one could deploy reasoning in this case as a deductive syllogism: "It is wrong to lie to patients. Dr. Jones has told a lie. Therefore, Dr. Jones has done something wrong."

The problem, of course, is that even in a simple, straightforward case, this reasoning has suppressed a conflicting principle—the principle of beneficence. This is precisely the principle that Dr. Jones would appeal to should she try to defend her lie. ("I did it for his benefit. I was just following my Hippocratic impulses!") At first glance, this opposing principle may not be noticeable because the principle of autonomy has prevailed within the biomedical ethics community over the principle of beneficence in this type of case. One should remember, however, that the predominance of the autonomy principle was not always this clear, that the debate between autonomy and paternalistic medicine rages on in other countries,[40] and that the eventual victory of autonomy in

---

[38]. *Id.* at 48-51. Rawls' notion of reflective equilibrium, somewhat sketchily drawn in his book, is clarified and defended in Norman Daniels, *Wide Reflective Equilibrium and Theory Acceptance in Ethics*, 76 J. PHIL. 256 (1979).

[39]. *See* TOM L. BEAUCHAMP & JAMES F. CHILDRESS, PRINCIPLES OF BIOMEDICAL ETHICS (4th ed. 1994).

[40]. *See* Nicholas A. Christakis, *The Ethical Design of an AIDS Vaccine Trial in Africa*, HASTINGS CENTER REP., June-July 1988, at 31; Antonella Surbone, *Letter from Italy: Truth Telling to the Patient*,

the areas of truth-telling and informed consent, at least in theory, was won after a protracted ideological struggle.[41] As a result, the biomedical community now assigns much greater weight to respecting patients than to easing their psychological burdens.

Principlism may provide the kind of moral justification sought in the easy cases, but what about the complicated cases in which battles between competing principles continue to rage—the cases in which clinicians and policy-makers seek the advice of bioethicists? The "tough" cases will inevitably present not one clear-cut and uncontested principle, but rather two or more conflicting values that require some sort of reconciliation. Precisely what kind of moral justification can principlism offer in the face of serious moral ambiguity and conflict? To what extent does the "application of principles" actually *justify* the moral choices that we make, both individually and collectively?

Another way to formulate these questions is to ask about the capacity of principlism to generate *determinate* answers to moral quandaries. Doubts about the justificatory power of principlism's principles arise on several levels of moral reflection.

Interpreting the principles. The principles themselves require a great deal of interpretation and ordering before they can begin to shape the conclusion of a moral argument. The bioethical literature abounds with superficial claims to the effect that "the principle of autonomy (or of beneficence, or of the 'best interest' of the patient) *requires* that we do such and such." The problem with this common formulation is that it ignores the difficulty (or the vacuousness) of passing immediately from very abstract statements of principle to very concrete conclusions about what to do here and now. Quite apart from the vexing problem of rank-ordering *competing* principles in morally complex situations, a problem I shall treat separately, one first must determine exactly what these abstract formulations of principle actually mean.

What does it mean, for example, to invoke the "best interests" principle in the case of a severely impaired newborn? What content can one give to this expression? How are the interests of such a child to be assessed, and according to which conception of the good?[42] Some might argue that a vitalist's conception of the good should shape our understanding of the child's interests; others might advocate a hedonistic conception of the good that would restrict the notion of interests to the qualia of pleasure and pain; while still others might advance a conception of the good based on conceptions of

---

268 JAMA 1661 (1992). A recent television documentary provided a riveting portrayal of cultural differences regarding the practice of truth-telling. The physicians and nurses in a Japanese cancer ward were shown grappling with a cultural surd: a cancer patient who not only wanted to know the truth about her condition, but actually had the unbridled temerity to *talk to other patients* about their common plight. Their temporary solution: send the woman on lots of long walks in the hospital gardens! See The Art of Healing (David Grubin Productions, Inc. & Public Affairs Television, Inc.), *reproduced in Healing and the Mind: The Art of Healing* (Ambrose Video Publishing, Inc. 1993).

41. Jay Katz, The Silent World of Doctor and Patient (1984).
42. *See* Ezekiel J. Emanual, The Ends of Human Life: Medical Ethics in a Liberal Polity (1991).

human flourishing and dignity, which might lead to nontreatment decisions even in the absence of pain and suffering.

Whatever the merit of these individual suggestions, the point is that unless one *interprets* "the principles of bioethics," they will merely play the role of empty "chapter headings,"[43] doing little if any actual work in moral analysis. Unless one furnishes principles with a definite shape and content, they will merely lend a patina of objectivity to bioethical debates while masking the need to make arguments and choices regarding the substance of those principles.[44]

It is important to recall that the meaning of principles is shaped, not simply by explicit and constructive ethical theorizing, but also by the largely implicit influences of culture.[45] The seemingly univocal "principle of autonomy" will mean different things and have different weights in different cultural settings. Compare, for example, the way in which the right of reproductive self-determination functions in the abortion debates of the United States and Germany. In this country, longstanding legal traditions of rugged individualism have yielded, albeit after many years of bloody and ongoing conflict, a right that has been aptly characterized as nearly absolute but entirely asocial.[46] So while a woman's claims to (nearly) absolute personal sovereignty have trumped the interests of husbands, parents, and the values of a large countervailing segment of the community, women remain largely isolated in their freedom, unsupported by the community's resources and concern. In Germany, by contrast, the principle of autonomy exercises considerable force, to be sure, but its meaning and scope have been mediated by a public philosophy, traceable back to Rousseau, that stresses the complimentary nature of individual freedom and social responsibility. Thus, Germans significantly curtail, by American standards, a woman's right to obtain an abortion, but German women who obtain abortions are given community services and abortion funding.[47] Such differences in the presentation of various principles in diverse cultural settings have prompted Mary Ann Glendon to speak, not of "rights talk" tout court, but rather of different "rights dialects."[48]

Interpreting conflicting principles. In hard cases, principles conflict. That is why they are hard. Can principlism provide a means to justify resolutions to moral conflict? What help can principlism provide, for example, when the principle of autonomy is at odds with the so-called "harm principle," as in cases involving maternal-fetal conflict or cases involving decisions to

---

43. *See* Clouser & Gert, *supra* note 30, at 221.
44. Precisely the same critical point can be made with regard to the other "principles of bioethics." "The" principle of justice is, if anything, a highly contested concept, not a univocal principle. In the words of Alasdair MacIntyre, one might well ask, "Whose Justice, Which Rationality?" *See generally* ALASDAIR C. MACINTYRE, WHOSE JUSTICE? WHICH RATIONALITY? (1988).
45. *See, e.g.*, Robert M. Cover, *Nomos and Narrative*, 97 HARV. L. REV. 4 (1983).
46. *See* MARY ANN GLENDON, RIGHTS TALK: THE IMPOVERISHMENT OF POLITICAL DISCOURSE 55-61 (1991).
47. *Id.* at 61-66.
48. *Id.*

reproduce in a context of genetic disease or AIDS? According to the principlists, the only available remedy for such conflicts of principle is to judiciously weigh and balance the competing moral claims as they arise in different circumstances.[49] If a woman is overwrought and her judgment skewed by excessive fear and faulty reasoning, and if her choice would impose severe and irreparable harm on her offspring, then a principlist might find the harm principle to outweigh the claims of self-determination.

This weighing and balancing, some critics contend, is inherently subjective and unpredictable.[50] Suppose two observers—for example, an ardent feminist and a staunch "pro-lifer"—happen to disagree about the above outcome? The latter approves, while the former sees it as a violation of the woman's integrity and as reducing her to the demeaning status of "fetal container." Can principlism help sort out, according to some canon of rational justification, the rival "intuitions" of the disputing parties?

According to Clouser and Gert, these kinds of intuitive conflicts will only be resolved on the higher plane of philosophical theory.[51] Until the principlists develop a more robust ethical theory, a theory that would ultimately assign determinate weights to such competing values, these critics contend that its resolutions of hard cases must remain ad hoc, fundamentally *unprincipled*, and therefore unjustified.[52]

Philosopher David DeGrazia has developed a more constructive critique of principlism.[53] While DeGrazia shares Clouser and Gert's worries about the ad hoc and unprincipled character of the weighing and balancing required by principlism, he adopts a strategy of amendment rather than abandonment.

Drawing on Henry Richardson's influential article on specification in moral reasoning,[54] DeGrazia contends that in many hard cases what is really going on is not the weighing and balancing of *conflicting* principles by unsupported intuition, but rather the progressive *specification* of more abstract norms. According to this view, initial abstract formulations of principles will become increasingly concrete, specified, and delimited as one approaches the level of the particular case. Thus, what begins as a straightforward, abstract, and seemingly absolute principle—that women (and men) have a right to make reproductive choices unfettered by government or medical professionals—might end as a complex and richly nuanced principle with built-in exceptions for factors such as compromised rationality and severe and irreversible harm, as in the above example. The advantage of thinking of moral reasoning in terms of specification rather than balancing is, according to DeGrazia and Richardson, that one's final practical judgments remain

---

49. *See, e.g.*, BEAUCHAMP & CHILDRESS, *supra* note 32, at 228-47.
50. *See* Clouser & Gert, *supra* note 30; *see also* David DeGrazia, *Moving Forward in Bioethical Theory: Theories, Cases, and Specified Principlism*, 17 J. MED. & PHIL. 511 (1992).
51. Clouser & Gert, *supra* note 30.
52. Given the importance of this theoretically justified balancing scale for the principlist project, one wonders why Clouser and Gert have not simply *loaned* one to Beauchamp and Childress.
53. DeGrazia, *supra* note 50.
54. Henry S. Richardson, *Specifying Norms as a Way to Resolve Concrete Ethical Problems*, 19 PHIL. & PUB. AFF. 279 (1990).

tethered to a single principle capable of bestowing rational justification upon them.[55]

Although DeGrazia's amendment to principlism is much richer than this short synopsis will allow, and although his theory of moral justification ultimately hinges on the sort of justification that reflective equilibrium affords,[56] this particular aspect of his amendment simply redescribes, rather than solves, the problem of indeterminacy. Indeed, the specter of indeterminacy that haunts the project of balancing within principlism threatens specification as well. If weighing and balancing competing principles in the above reproductive case falls short of rational justification for want of a hierarchy of values that is theoretically justified, then the specification of abstract principles through the process of reflective equilibrium will also fall short. Just as the competing principles of reproductive autonomy and "nonmaleficence" appear to require ad hoc, context specific, nuanced judgments unsupported by higher level, lexically ordered principles, so too will efforts to specify the principle of reproductive freedom down to the level of the particular case. Indeed, what motivates and guides the modification and specification of abstract principles, what compels one to lard them with qualifying clauses, if not precisely the sort of countervailing values and principles encountered by the principlist? Thus, whether one calls this balancing or specification, the respective weights of competing considerations must be sorted out. Unless DeGrazia has a rationally defensible, higher level, lexical ordering principle at his disposal, his "specifiers" are in the same boat as the principlists' "weighers and balancers." Neither, in short, can vindicate the claim to rational justification that gave to principlism much of its initial appeal.

Interpreting types of cases. Apart from the indeterminacies involved in balancing and specifying principles, the corresponding moral situation requires extensive, non-rule bound interpretation as well. In some contexts, this might mean developing an appropriate moral vocabulary to describe what is happening in certain kinds of situations. It seems that moral progress often depends as much on finding (or fashioning) the right words as on applying the right principles. This is especially the case in the areas of bioethical investigation defined by rapid technological change—such as genetic engineering, prenatal interventions on the fetus, and the withholding of life-sustaining treatments. For example, the tentative search for compelling descriptions has created much of the recent perplexity over the withholding of artificial food and fluids. One questions what is really going on in such cases. Is the withholding of artificial nutrition through a nasogastric tube an example of intentional "killing" or an example of a humble, merciful withdrawal of ineffective medical treatments?

Those who breezily claim that bioethics is the application of principles to "the facts" forget that, apart from the indices of bioethics periodicals, the

---

55. DeGrazia, *supra* note 50; Richardson, *supra* note 54.
56. That is, not on a straightforwardly foundationalist or deductivist approach.

facts do not come neatly labelled. Cases and issues must be described, individuated, and labelled well before any principles can be applied.

Interpreting the case. Even after developing a vocabulary to describe a particular moral situation, the application of moral principles must await the results of yet another layer of interpretation: the interpretation of actions, gestures, and relationships *within* the case. Even if one decides that a specific refusal of treatment does not necessarily amount to a form of suicide or intentional killing, one still must determine the meaning of that refusal in the context of its own setting and history. Indeed, some of the most illuminating writing in the field of bioethics has dealt precisely with this type of searching hermeneutic of the individual case.

Recall Robert Burt's brilliant and disturbing psychoanalytic interpretation of a burn patient's adamant refusal to be treated and articulate request to die.[57] While Burt acknowledged the validity of the principle of autonomy as well as the sincerity of the patient's request to die, he enlarged the understanding of this case by attempting to place the patient's treatment refusal in its emotional context. Perhaps, Burt suggested, the patient's refusal was less an unambiguous thrust of freedom than a plea for recognition, acceptance, and love from those surrounding him.[58] Instead of being a statement, perhaps the refusal was a question in disguise: "Do you still care for me? Would you banish me from your sight?"

Clearly, the relevance of the principle of autonomy for this case depends upon whether one interprets the patient's refusal as a statement or as a query. For example, if the patient is in fact testing the commitment of those around him, a mechanical application of the principle of autonomy to his expressed refusal could lead to a tragic result. Whether or not one agrees with Burt's controversial gloss on this case, his work shows that one can do creative and exciting work in bioethics while paying scant attention to the analysis or application of moral principles.

The search for moral justification through the application of principles thus proves to be a far more complicated matter than the followers of principlism appear to have initially discerned. While it still makes sense to talk about the "application" of principles to cases, this application is no simple matter of deduction but actually involves multiple layers of interpretation and substantive moral reflection. The crucial point, however, is that each of these interpretative layers—of the principles, of their relative weights, of case description, and of the meaning of individual gestures—is a locus of interpretive *conflict*. Bioethics requires one to articulate and attempt to resolve the conflicts at all of these levels. This is a difficult task. Reference to the "application" of principles to cases tends to mask these difficulties. It gives the impression that the task is "merely" one of intellectual procedure rather than substance.

---

57. ROBERT A. BURT, TAKING CARE OF STRANGERS: THE RULE OF LAW IN DOCTOR-PATIENT RELATIONS (1979).
58. *Id.* at 10-11.

Likewise, when people speak of this sort of "application" as *justifying* particular moral judgments, they appear to assume that, from among a welter of serious yet conflicting views at all levels, a justified choice must select the correct principles, their correct formulation, their correct weight, the correct typology of the situation, and the correct "reading" of the case details. This assumption places inordinate demands upon the notion of moral justification, especially since there are no clear and uncontested criteria for making precisely these kinds of judgments.

This picture of what moral justification entails, a picture that early confidence in principlism seems to have assumed, simply cannot bear the weight that has been put on it. Indeed, as the principlist partisans of reflective equilibrium now admit, the conception of moral justification as a *correspondence* between individual judgments and theoretically validated moral principles must be abandoned. In its place, a conception based upon the overall *coherence* of our case-based judgments, mid-level principles, and theoretical and cultural commitments would seem a more realistic goal. That is, instead of seeking ultimate justification in an appeal to some rock solid, freestanding principle, the quest should be for answers to how well an action or policy comports with the considered judgments, principles, and values already embedded in the web of our collective moral life.[59] Sometimes such an inquiry will yield a clear-cut answer, but most of the time it will create genuine controversy that will be played out over time. Some arguments will be more or less plausible, more or less rational than others.[60] They will never, however, be purely objective "just like a science."

V. THE PARTICULARIST PROJECT IN BIOETHICS

As the initial promise of principlism began to fade, a small cluster of alternative methodological approaches in bioethics emerged.[61] They pressed the critique of the dominant paradigm while attempting to articulate a more "particularist" moral vision. Much of this critique has already been adumbrated in the short history of principlism. Examples include: the attack on the reductionist and foundationalist aspirations of ethical theory, understood as

---

59. *See* MICHAEL WALZER, INTERPRETATION AND SOCIAL CRITICISM (1987); *see also* GEORGIA WARNKE, JUSTICE & INTERPRETATION (1993).
60. *See* RICHARD J. BERNSTEIN, BEYOND OBJECTIVISM AND RELATIVISM (1983).
61. In addition to casuistry and narrative ethics, the two alternative methodologies that I shall discuss, a complete account of challenges to principlism would have to include feminist theory as well. Feminist theories in bioethics have much in common with casuistry and narrative ethics: All three approaches are skeptical of standard ethical theories, attempt to root their moral analyses in the particularities of complex situations, and give greater weight to the role of emotions and relationships in moral life. While I would argue that feminist theory adds little, if anything, to the particularist critique of principlism, feminist theorists have convincingly argued that the reigning paradigm of bioethics has been insufficiently attentive to problems of power and domination. *See, e.g.,* FEMINIST PERSPECTIVES IN MEDICAL ETHICS (Helen B. Holmes & Laura M. Purdy eds., 1992); SUSAN SHERWIN, NO LONGER PATIENT: FEMINIST ETHICS AND HEALTH CARE (1992); FEMINISM AND BIOETHICS: BEYOND REPRODUCTION (S. Wolf ed., forthcoming 1994).

some version of Kantianism or utilitarianism;[62] the insistence upon the multiple layers of difficult interpretive work that are obscured by talk of "applying" principles; and the dialectical role of cases in generating, specifying, and reformulating ethical principles. My aim in this section is to give a brief but more positive account of these new directions in bioethics. Then, in conclusion, I will reflect on the implications of this methodological shift for the role of case studies in the practice and teaching of bioethics.

A. Casuistry

The renaissance of casuistry, or case-based reasoning, in practical ethics has stressed the pivotal role of cases while de-emphasizing the role of theory and routinized appeals to "the principles of bioethics."[63] According to its leading proponents, a casuistical method must begin with a typology or grouping of cases around a paradigm of a moral rule or principle. In the area of research ethics, for example, the atrocities of Nazi medicine still are an exemplar of unethical dealing with human subjects. From this signal case one then branches out by a method akin to "moral triangulation" to analogous cases of lesser or greater difficulty, such as research on children or the demented elderly. As one proceeds from case to case responding to the particular settings, treatments, and categories of research subjects, the principle becomes increasingly refined and complex.

Crucially, the casuists contend that whatever "weight" a principle has vis-a-vis competing principles, one must determine that weight, not in the abstract, but in response to the details of individual cases.[64] Suppose, for example, the medical director of a reputable nursing home wishes to study the causes and treatment of the refusal to eat by elderly patients with Alzheimer's disease. Suppose further that informed consent to participate in the study cannot be expected from this patient population. According to the dictates of our paradigm case—for example, the infamous hypothermia experiments of the Nazi doctors—the principle of respect for persons always requires the free and informed consent of the research subject. According to the casuists, to determine whether the principle of autonomy should prevail over the principle of beneficence in nursing home research requires a more nuanced investigation into the "who" (enslaved ethnic populations vs. patients with Alzheimer's disease), the "what" (lethal hypothermia experiments vs. studying and filming patients' eating behaviors), the "where" (death camps vs. a regulated nursing

---

62. *See, e.g.*, Barry Hoffmaster, *Can Ethnography Save the Life of Medical Ethics?*, 35 SOC. SCI. & MED. 1421-31 (1992); Barry Hoffmaster, *The Theory and Practice of Applied Ethics*, 30 DIALOGUE 213-34 (1991).

63. *See, e.g.*, BARUCH A. BRODY, LIFE AND DEATH DECISION MAKING (1988); JONSEN & TOULMIN, *supra* note 34; John D. Arras, *Getting Down to Cases: The Revival of Casuistry in Bioethics*, 16 J. MED. & PHIL. 29 (1991); *see also* A. Mackler, Cases and Judgments in Ethical Reasoning: An Appraisal of Contemporary Casuistry and Holistic Model for the Mutual Support of Norms and Case Judgments (1992) (unpublished Ph.D. dissertation, Georgetown University).

64. *See* Albert R. Jonsen, *Of Balloons and Bicycles; or The Relationship Between Ethical Theory and Practical Judgment*, HASTINGS CENTER REP., Sept.-Oct. 1991, at 14.

home with a competent research review board), and the "when" (after capture and before execution vs. after the loss of capacity, the consent of family, and approval and ongoing oversight of an ethics committee). Casuistry holds that rather than assigning a timeless relative weight to a certain principle, details should determine the weight. Thus, in this hypothetical, the facts and setting of the proposed study might be so far removed from our paradigm of unethical research that they justify moral approval even without the patient's consent.

Presented in this way, the casuistical method obviously has much in common with the method of the common law. Indeed, given the pivotal and ubiquitous role of legal cases in the recent history of bioethics—a history punctuated by such names as Karen Quinlan,[65] Claire Conroy,[66] Nancy Cruzan,[67] Helga Wanglie,[68] and Baby M[69]—it was entirely natural for bioethicists to begin seeing parallels between case-based reasoning in ethics and law. On both fronts, ethicists seem to reason from the "bottom up" (from cases to fleshed-out principles) rather than from the "top down" (as most versions of applied ethics imply). The principles themselves are consequently "open textured" and always subject to further revision and specification, and the final judgments usually turn on a fine-grained analysis of the particularities of the case.

To many working in the field, this account of reasoning in both ethics and law accurately describes how ethicists actually think, both in clinical situations and in the classroom. That is, they tend to think in terms of cases, which serve as exemplars—a kind of shorthand for moral analysis and assessment: "This is a Cruzan-type case, except here, instead of a feeding tube, the issue is antibiotics" (or minimal conscious awareness, or a family insisting that everything be done, etc.). How do these different facts alter one's perception of the case? Are they so different as to dictate an alternative result? Instead of ritualistically invoking the mantra, these ethicists propose that normative accounts of ethical reasoning should more closely conform to actual practices.

Just as the casuists insist that the weight of principles resides in the details, so they insist that moral certainty resides in our responses to paradigmatic cases, rather than in appeals to theory or principle. One is, in fact, much more confident in the knowledge that torturing and killing Jews to learn about hypothermia is wrong than in the assessment of which moral theory or principles best describes why. One is much more likely to switch allegiance to a different moral theory or conception of principles than to change his or her mind about what the Nazi doctors did. Indeed, if an alternative moral theory were to approve of the Nazis' experiments, most would reject the theory based on that approval.

---

65. *In re* Quinlan, 355 A.2d 647 (N.J. 1976).
66. *In re* Conroy, 486 A.2d 1209 (N.J. 1985).
67. Cruzan v. Director, Missouri Dep't of Health, 497 U.S. 261 (1990).
68. Wanglie v Minnesota, 398 N.W.2d 54 (Minn. Ct. App. 1986).
69. *In re* Baby M, 537 A.2d 1227 (N.J. 1988).

This emphasis on the case as the locus of moral certainty reveals an important split within the casuistical camp. On the one hand, some "hard core" casuists have little, if any, use for either principles or higher level theory.[70] According to this view, the principles invoked in moral argument are nothing more than tidy summaries of moral thought as it grapples analogically with cases. Such principles might serve as useful shorthand, these critics concede, but they might also mislead by allowing one to impute normative significance to mere summaries of what one has already decided.

This hard-core version of casuistry has little in common with the great historical tradition of casuistry, and it presents a problematic account of moral reasoning. As Jonsen and Toulmin's historical chapters on the rise and fall of casuistry attest, the adherents of the casuistical method have always seen their task as one of fitting the abstract principles of moral doctrine's sources, such as the Bible, ancient philosophers, moral theology, or international law, to the circumstances of cases.[71]

Moreover, doing without moral principles that not only summarize past behavior but also guide future conduct may be the equivalent of throwing the baby out with the bathwater. This radically anti-principlist stance derives its plausibility from the fact that, according to the theory of reflective equilibrium, moral principles originate as summations of responses to experience of particular cases. If this is so, one might reason, then it is intuitive responses alone, not the principles, that do the real work in moral decision-making. Moral principles, on this view, are thus nothing more than factual summaries incapable of providing positive moral guidance.

This radically particularistic account of moral decision-making seems to assume that if principles initially grow out of individual responses to situations, then they will be incapable of transcending the domain of the purely factual. But this assumption may give too much credit to the supposed dichotomy between facts and values. The principles that gradually emerge from one's experience with cases might be more profitably viewed as repositories of congealed value judgments. They are expressions of what is valued and disvalued in the world of moral experience. Thus, the principle of confidentiality that prohibits health care providers from exposing the secrets of their patients (apart from certain compelling exceptional circumstances) can serve as a general, action-guiding norm: Unless you have a good reason, it is generally wrong to violate a patient's confidence. It makes perfect sense to say that such principles can and do guide deliberations in particular cases. Even though general moral principles must usually be supplemented by a fine-grained, particularistic assessment of a morally complex situation, they still

---

70. *See, e.g.*, Stephen Toulmin, *The Tyranny of Principles*, HASTINGS CENTER REP., Dec. 1981, at 31. Toulmin's position on principles is echoed by Richard Rorty who claims that the legacy of Hegel, Marx, and Dewey is the realization that "the search for principle is a primitive stage of moral development. What counts as moral sophistication is the ability to wield complex and sensitive moral vocabularies, and thereby to create moral relevance." Richard Rorty, *Method and Morality*, *in* SOCIAL SCIENCE AS MORAL INQUIRY 174 (Norma Haan et al. eds., 1983).

71. *See* JONSEN & TOULMIN, *supra* note 34, at 1-228.

provide a kind of general orientation or moral compass. They provide, that is, reasons for acting certain ways. In depriving ethicists of the grounds for this kind of reason-giving, the radical particularists fundamentally distort one of the most basic features of ordinary moral experience.

Another problem with this view is that it appears to embrace the dubious notion that one can grasp the moral essence of individual cases through a kind of "immaculate perception" unmediated by reference to general propositions. It assumes that agents can traverse the field of their moral experience, moving from case to case, unaided by appeals to principles, theory or other abstract notions. The problem, however, is how one might decide to align any particular case against a paradigm or series of precedent cases. In order to determine that a certain case belongs to this line of cases rather than that, the casuist will require norms, whether implicit or explicit, of moral relevance. Thus, the casuist's efforts to categorize cases are necessarily "theory laden," at least in the sense that they implicate some kind of more general moral appeal.[72] Thus, following MacIntyre, one might say that cases elucidate ethical "theory," while theory is a kind of story about how cases are to be described.[73]

More moderate versions of casuistry make room for principles, theories, and cultural norms, while still insisting on the priority of the particular. Instead of imposing a false choice between responses to cases and principles, these ethicists envision, in the words of Martha Nussbaum, a "process of loving conversation between rules and concrete responses, general conceptions and unique cases, in which the general articulates the particular and is in turn further articulated by it."[74] These more general propositions play a role, but rarely, if ever, as mere axioms from which moral conclusions might be deduced. Whatever validity or usefulness these general notions might have will depend upon the ethicist's insight, moral sensitivity, and casuistical skill in applying them to a case.

At this point in the history of principlism and the emerging paradigm of casuistry, it should be clear that these two approaches are not as antithetical as their respective partisans often suggest. On the contrary, reformed principlists who have abandoned deductivism and moderate casuists who admit a role for principles and general notions could endorse Martha Nussbaum's dictum with equal enthusiasm. Her dictum is, after all, just another way of calling for reflective equilibrium between principles and cases.

---

72. *See* Arras, *supra* note 63.
73. *See* MACINTYRE, *supra* note 44, at 7-11. For additional criticisms of "radical particularism," see Jeffrey Blustein, *Principlism and the Particularity Objection* (unpublished manuscript on file with author).
74. MARTHA C. NUSSBAUM, LOVE'S KNOWLEDGE: ESSAYS ON PHILOSOPHY AND LITERATURE 95 (1990).

B. The Ascendancy of Narrative

The casuists' emphasis upon the particularities of moral situations is also a recurring theme within the emerging literature of "narrative ethics."[75] Although this classification harbors an array of writers with widely divergent viewpoints on the relationship between ethics and stories, they would agree, in common opposition to a top-down "applied ethics" model, that the story or history is the most appropriate form of representing moral problems.

To support this claim, the partisans of narrative can point to the history of contemporary bioethics, which is in a sense a history of the "big cases." Whatever the so-called principles of bioethics might mean at this juncture, they have achieved their meaning through collective reflection upon a set of compelling stories. While the two dominant theoretical paradigms in ethics, Kantianism and utilitarianism, have been consistently indifferent or hostile to the role of narrative in ethical reasoning, the field of bioethics has moved the story or case study to center stage.

While some partisans of narrative ethics advance very strong and controversial claims,[76] I think all would agree that a complete story or history is a prerequisite to any responsible moral analysis. Before one can attempt to judge, one must understand, and the best way to understand is to tell a nuanced story.

Thus, to debate the issue of assisted suicide, for example, one should not rely on abstract, asocial, and timeless propositions, but rather begin within the context of a full-bodied case. Dr. Timothy Quill's well-known case study of Diane, a patient requesting assisted suicide, provides an excellent illustration of this narrative approach.[77] Instead of focusing on the derivation and specification of principles, Dr. Quill gives us a rich picture of the "players" and their characters. First, there was Diane, a courageous but fearful cancer patient seeking control of her dying process, a woman who had already overcome a previous cancer threat and her own debilitating alcoholism. Next, there was Dr. Quill himself, a competent and clearly compassionate physician torn between loyalties to his patient and professional ethics, a man courageous enough to "take small risks for people [he] really know[s] and care[s] about."[78] Then Dr. Quill explores the roles that the players occupy: a doctor trained to preserve life rather than end it; a patient who is also a wife, mother, and respected friend. He tells us about their prior and ongoing relationship: how he had witnessed and rejoiced when Diane triumphed over adversity, and

---

75. *See, e.g.*, HOWARD BRODY, STORIES OF SICKNESS (1987); ALASDAIR C. MACINTYRE, AFTER VIRTUE (1984); NUSSBAUM, *supra* note 74; Margaret U. Walker, *Keeping Moral Spaces Open: New Images of Ethics Consulting*, HASTINGS CENTER REP., Mar.-Apr. 1993, at 33; David Burrell and Stanley Hauerwas, *From System to Story: An Alternative Pattern for Rationality in Ethics*, in KNOWLEDGE, VALUE, AND BELIEF 111-52 (H.T. Englehardt, Jr. & Daniel Callahan eds., 1977).

76. Nussbaum, for example, argues that narrative is the *only* proper medium for some philosophical issues. *See* NUSSBAUM, *supra* note 74, at 3.

77. Timothy E. Quill, *Death and Dignity: A Case of Individualized Decision Making*, 324 NEW ENG. J. MED. 691 (1991).

78. *Id.* at 694.

how he anguished with her over the current threat. He describes his own doubts and hopes for Diane's future and the future of their relationship. He wonders whether prescribing a lethal dose might restore her spirits and give her more emotional comfort in her final struggle. He also alludes to the institutional and social context, albeit in my opinion not sufficiently,[79] with references to the current state of the law.

Although a reconstructed principlist might object at this point that all the above matters can and should be folded into a principlistic analysis as components of "the case," I think it remains true that the partisans of moral theory and principlism have not given many of these issues their due. This is especially true of Quill's concern to sketch the moral character of his players, the nature of their past and future relationships, and the fine details of their institutional and social context. As Bernard Williams has argued, most received moral theories operate with impoverished or empty conceptions of the individual.[80] To bring the moral individual into clearer focus, he claims, one must attend to his or her differential particularity, to the desires, needs, and "ground projects" that coalesce into the *character* of the person. But if one is concerned with the depiction, understanding, and assessment of character, one can do so only by telling and retelling stories.[81]

Finally, note that there is an important pedagogical value of narrative approaches to ethics. A common thread uniting these "new paradigms" in bioethics is their emphasis upon particularity—of persons, character, situations, and histories. Both the casuists and narrativists insist that if one is to "do ethics" well, one must be, in the words of Henry James echoed by Martha Nussbaum, "finely aware and richly responsible"[82] to precisely these particularities.

It may be that the study of ethical theories and a concern for properly defining and specifying principles will make one a better judge of moral problems and policies. But without an equal if not greater concern for the particularities and nuances of specific situations, the "applied ethicist" will be operating as if in the dark. One very important way for students of morality, both young and old, to acquire and refine this sensitivity is to encounter complex narratives of real or fictional characters, situations, and events. Whereas philosophers' examples and at least one philosopher's[83] fiction tend to present narratives clearly in the service of some doctrine or rule, stories cultivate, in Nussbaum's fine phrase, "our ability to see and care for

---

79. Indeed, in my opinion, Quill's major failing is to have inadequately considered the implications of introducing the *practice* of assisted suicide within the context of a society that fails to provide adequate health care, including pain relief and treatment for depression, to millions of potential candidates.

80. Bernard Williams, Persons, Character and Morality, in MORAL LUCK 1, 1-19 (1981).

81. For a more fully developed statement of the fit between narrative and the depiction of character, see TOBIN SIEBERS, MORALS AND STORIES 15 (1992).

82. NUSSBAUM, *supra* note 74, at 148.

83. *See generally* SARTRE, *supra* note 8.

particulars, not as representatives of a law, but as what they themselves are . . . ."[84]

VI. THE ROLE OF CASES RECONSIDERED

What are the implications of these challenges to the reigning paradigm for the understanding and use of case studies? As has been seen, the "applied ethics" movement, while continuing the long tradition of viewing cases as mere illustrations of more theoretical propositions, began to envision cases as problems in their own right that required the assistance of philosophical theory. The particularist critique of this "applied ethics" model suggests two additional roles for case studies within the practice and teaching of bioethics.

First, the critique of deductivism, endorsed now by reformed principlists and casuists alike, assigns an important role to cases in the dialectic of reflective equilibrium. Instead of viewing cases as entirely subordinate to theory and/or principles, there is now common agreement that cases provide the considered judgments from which principles eventually evolve. There is also widespread agreement that while principles may continue to exercise normative force over judgments in particular cases, those very judgments can serve to test, specify, and even disprove particular formulations of principle and theory.

The analysis and assessment of case studies thus assumes a much more integral role in the process of moral reflection and theorizing than either the standard applied ethics model or the philosophical tradition had envisioned. Indeed, in such a constructivist model the very notion of "applied ethics" is redundant, since all ethics is "applied" in the sense that it grows out of particularities and is constantly tethered to them in a process of perpetual readjustment.

A second new role for case studies within particularized bioethics is to serve as a laboratory for students and teachers alike to learn how to perceive, comprehend, and judge ethically. Whereas the more mechanistic variants of applied ethics simply assumed that all the ethical heavy lifting went into the formulation of theory and principles and that the process of "application" was only a matter of bringing factual particulars under the rule of normative principle, the emerging paradigms in bioethics draw attention to neglected aspects of moral reasoning and to skills that can be developed and nurtured through narratives and case analysis. Importantly, again in contrast to the nearly exclusive emphasis on principles and rule-governed behavior within applied ethics, most of these skills are not rule-governed and do not fit within a paradigm based upon a correspondence theory of ethical truth.

Consider, for example, what I have elsewhere called the skill of "moral diagnosis."[85] The very first step in moral analysis is the question: "What kind of case is this?" Confronted with a particular case, one must immediately

---

84. NUSSBAUM, *supra* note 74, at 184.
85. Alan R. Fleischman & John D. Arras, *Teaching Medical Ethics in Perinatology*, 14 CLINICS IN PERINATOLOGY 395 (1987).

start casting about for an appropriate general description. Since cases do not come pre-labelled, and since different observers can and do disagree about what certain cases are "really about," an essential part of one's "moral education" should involve the process of "diagnosing" morally problematic aspects of cases. Although some judgments are clearly better than others in this domain, the process is anything but rule-governed. Indeed, it requires a great deal of moral imagination and creativity to plot where the most important problems lie or to reframe the terms of a protracted debate in a way that both sides can accept and use as the platform for a fruitful compromise.[86]

The development of this sort of diagnostic skill or art is crucial in clinical and policy settings, especially in view of the temptation for consultant ethicists to simply accept at face value the presuppositions of professionals in their labelling of cases. Although I am not advocating a return to heavily theory-driven examples and cases, it is naive to think that moral problems exist independently of theory, broadly understood to encompass views of the good, principles, virtues, or professional ideology. Without careful attention to developing this skill of collaborative moral diagnosis, consultant ethicists will be reduced to playing the role of Jeeves to their respective employers.

In addition to the art of moral diagnostics, exposure to cases and narratives fosters other non-rule-governed skills crucial to ordinary moral reasoning. As Martha Nussbaum emphasizes, exposure to stories (especially the novels of Henry James) develops the ability to discern the particularities of morally charged situations, to be "finely aware and richly responsible."[87] Likewise, observing skilled clinical casuists at work can hone one's capacities for analogical reasoning—the engine that drives most practical reasoning—and for judiciously weighing and balancing competing values. Finally, exposure to case studies can acquaint students of ethics with various practical strategies for coping with risk and uncertainty,[88] and with exemplars of morally necessary (and unnecessary) compromise among equally well-informed and well-meaning participants.[89]

---

86. During the course of a heated case conference in our Intensive Care Unit ("ICU") at Montefiore Medical Center regarding a case involving a family's request to wind down aggressive treatments, my colleague Nancy Dubler made the suggestion that this case was "really" about how to offer a patient hospice care in the context of an ICU. Both sides of the argument, those who favored the gradual withdrawal of life-sustaining treatment and those who opposed it on the ground that the mission of the ICU is to provide precisely this kind of aggressive care, welcomed this "reframing" of the issue as a way out of their quagmire. There is nothing rule-governed about this skill; it grows out of experience, imagination, and good judgment.

87. NUSSBAUM, *supra* note 74, at 148.

88. Nancy K. Rhoden, *Treating Baby Doe: The Ethics of Uncertainty*, HASTINGS CENTER REP., Aug. 1986, at 34.

89. MARTIN BENJAMIN, SPLITTING THE DIFFERENCE: COMPROMISE AND INTEGRITY IN ETHICS AND POLITICS (1990).

VII. The Recalcitrant Patient Reconsidered

To bring the form of this Article into closer conformity with its point, I shall conclude with a case and commentary that illustrate the value of enhanced particularity for ethical analysis. The case concerns the same recalcitrant TB patient encountered earlier, presented this time with a semblance of the detail demanded by the "emerging paradigms" in bioethics:

> The patient AB is a 42 year old Hispanic male. He has known that he is HIV-positive since 1989. He has been and continues to be an intravenous drug user. He was found by the Emergency Medical Service team in early April 1992, wandering and disoriented with a tourniquet still attached to his arm. He was brought to the hospital to rule out TB and endocarditis because of an active cough and a temperature of 105 degrees.
>
> Upon admission to the hospital, the patient's previous admissions were not immediately discovered because his two prior chart histories in the record room were linked to two different names and sets of personal data. Because of his admitting condition, however, and an X-ray that showed severe upper lobe infiltrates, he was placed in a single room and initially begun on INH, RIF, PZA, and EMB.
>
> Once the patient's medical history was reconstructed from the previous admissions, he was shown to have had two admissions in the previous three months and to be HIV-positive. He had received three or four weeks of therapy during that time, although none of it was consecutive. TB had been first diagnosed in January, it was sensitive to all drugs. A drug-resistant strain was confirmed upon sputum culture in March during his second admission; the organism was identified as resistant to INH and PZA. Upon the third admission, as on the prior two admissions, AB was placed in a negative pressure isolation room and ordered not to leave this space. When his prior drug sensitivities became available, he was placed on a six-drug regimen that included parenteral amikacin.
>
> The patient refused to stay in his room. He had been promised that a television and a telephone would be connected. When neither happened, he went in search of both. He also complained that the room was very cold and uncomfortable. After he had been found in the elevators and in the lobby of the hospital, the nurses took away his clothes. He was again found wandering in the hall. At that point the resident on duty called the guard and had the patient handcuffed to the bed by his hands and feet. He was also "posied", confined by a bed jacket with straps that were tied to the bed.
>
> The room was in fact quite cold, as is often the case with negative pressure, highly ventilated rooms. In addition, blankets were in very short supply in the hospital. As some patients were being given a stack of sheets in lieu of blankets, the nurses did not feel that they could give this particular patient more blankets. Even if the supply had been adequate, staff might not have been forthcoming. Once he had been gowned, cuffed, and posied, AB was quite cold and miserable.
>
> The next morning after the patient had been released from restraints for breakfast and was again found in the lobby, the resident called for a guard and asked the Department of Health for a detention order; it was issued.
>
> During this time the staff caring for the patient had no special protections. No "microspore" masks were available. The rumor in the hospital was that some would be available soon. The most effective masks, however, would be available only for special technicians such as those

doing induced sputum cultures. Masks at the next level of effectiveness would be available to the general staff. At this point, none were available except for those "liberated" from a nearby hospital. The resident in charge of the patient was pregnant and very afraid of contracting TB; she had, therefore, not actually seen or spoken to him.

Once the detention order was issued, the hospital placed the patient under "one-to-one" surveillance with a guard beside the door at all times. The cost of such supervision is approximately $100,000 per year.

Once the guard had been posted, the patient began refusing medications selectively. Some of the refusals seemed random. Some, however, were comprehensible. For example, he refused to take amikacin. The administration of this medication can be either intramuscular or intravenous. Assuming that there were no available veins to administer the drug intravenously, the staff had begun the intramuscular administration that he regularly refused because of the pain and discomfort. They then discovered that it was, indeed, possible to administer the medication intravenously. He did not refuse the medication in this form.

Approximately one week after admission, AB was shifted to a different single room that was less cold. He was also provided with a television and a working telephone. After four weeks of treatment, his fever abated, and he felt much better. He began to talk about leaving the hospital. He also began pulling out the intravenous drips used to administer the amikacin. His last three smears were negative, but his X-ray continued to show a large upper lobe infiltrate.[90]

In the first encounter with Mr. AB, the issue was simple: Should the patient be permitted to roam the corridors and lobby of the hospital where he might infect others with a potentially lethal strain of TB, or should he be forcibly detained in his room or, if necessary, on his bed? While the above "thicker" description of the case poses the same question, it reveals particularities about the patient's life in the hospital and his relations with others that might fundamentally alter one's attitude towards the case and the patient.

The second version of the case tells the story of a patient who exists, and is expected to tolerate existing, in near total isolation from the outside world. He has no phone, no radio, and no TV. Because his virulent strain of TB might be easily communicated to the staff, Mr. AB's own physician, a pregnant resident, refuses to enter his room. In addition, his room is now described as exceedingly cold and uncomfortable. Blankets would help, but they are unavailable. This is, after all, a chronically underfunded and ill-equipped public hospital. Clothes would help too, but they have been taken away by nurses to prevent him from wandering.

The relationship between Mr. AB and the hospital nursing staff emerges as a distinct theme in the second version. It is a terrible relationship. Mr. AB is no doubt acting in an irresponsible and disrespectful manner towards the nurses, and the nurses regard him, an HIV-infected drug abuser, as the classic "hateful patient." The narrative implies that even if the nurses had the

---

90. NANCY DUBLER ET AL., A SPECIAL REPORT, THE TUBERCULOSIS REVIVAL: INDIVIDUAL RIGHTS AND SOCIETAL OBLIGATIONS IN A TIME OF AIDS app. C, at 33-34 (United Hospital Fund of New York, 1992).

requisite blankets, they may not have given him some, just to punish him for his ongoing bad behavior.

The second narrative better details the handling of this difficult patient. It spells out in graphic detail exactly what it means for public health concerns to prevail over individual liberty on the floors of this particular hospital. In order to neutralize Mr. AB as a threat to the health of others, he is stripped of his clothing, placed in four point "restraints" (or handcuffs), and posed to the bed. The second account also shows that the patient may not be the irrational maniac suggested by the first description. After he finally gets a new room and some conveniences to occupy his time, he begins to cooperate with his treatment regimen, and some of his aversions are found to have a rational basis: they hurt and other modalities are available.

The thicker account of the case prompts reflection on additional ethical issues. The first issue concerns the meaning of this patient's "noncompliance." The first version does not explain his behavior; the second, expanded version allows one to comprehend and to "deconstruct" the notion of noncompliance. Mr. AB belongs to a class of patients who combine drug use with HIV-infection and TB. Many are homeless and impoverished; most who are noncompliant tend to manifest definite psychiatric disturbances. In the stressed and chaotic setting of the urban, public hospital, the needs of such patients often go unmet. With the lack of adequate social and medical supports, it is not surprising that people like Mr. AB have trouble cleaving to an extraordinarily strenuous and demanding medical regimen.

Who is to blame for Mr. AB's situation—Mr. AB or the social system that makes it nearly impossible for him to succeed? Seen through the "thick" account, the patient's "noncompliance" reveals an unnoticed social dimension of utmost importance both for individual patient care and social policy.

The second set of issues flagged by the thicker description concerns the relationships between Mr. AB and his health care providers. Although nurses, at least in my limited experience, generally tend to be more caring and compassionate with patients than physicians, the nurses in this case may have crossed the line between understandable exasperation with a difficult case and patient abuse. It is one thing to resent the hostile, noncompliant, and dangerous behavior of a patient, but it is something else again to strip him of his clothes in a frigid room, strap him down, and force toxic antibiotics into his body. This episode prompts one to reflect upon how powerful emotional responses can cloud judgment and interfere with professional behavior.

A related issue posed by this version of the case concerns the limits of one's professional obligation to treat difficult or dangerous patients. For the medical team, Mr. AB presents a triple threat: he is a potentially violent drug abuser, is HIV-infected, and is the host of a drug-resistant strain of TB. While the first two threats do not prevent most health care providers from attending to such patients, the third posed a serious problem for Mr. AB's pregnant resident physician.

What are the limits of professional obligation, especially for pregnant professionals, when confronted by serious health risks? In considering this, also recall the additional element of this case: This hospital failed to provide its physicians and nurses with the kinds of masks needed to protect themselves against the deadly strain of TB. Can the hospital expect its physicians and nurses to fulfill their ethical obligations to patients when it has not provided them with adequate protection? Again, a thicker description reveals the distinct social dimensions of the problem.

Finally, this more robust account of Mr. AB demonstrates the danger for ethical analysis of relying exclusively on certain actors' pictures of "the case." For example, relying on the housestaff and nurses probably would have produced a picture resembling the first sketch. With this limited picture, one sees the patient's vexing and dangerous behavior, but misses the additional issues the second sketch reveals. Thus, the testimony of social workers familiar with society's shocking neglect of such patients is welcome and necessary. To be sure, the perspectives of physicians and nurses involved in a case are indispensable in the construction of an adequate story, but they only provide a part of the story. To develop a larger psychological, social, and ethical context, the ethicist-consultant must actively participate in the development of "the case," rather than play the role of a passive recipient of professionals' stories.

Conclusion

What is the role of cases and case studies within the discipline of bioethics? This survey of the emergence of "applied ethics" and of the challenge of "new paradigms" reveals different answers to this question that reflect different conceptions of moral inquiry.

The philosophical tradition, with few exceptions, makes use of "examples" designed to illustrate theory, but has no use for case studies as we know them. The "applied ethics" movement in its early, "heroic" phase embraced case studies not merely as another vehicle for exemplifying theory, but as real-life problems to be solved with the aid of philosophical theory and moral principles.

The critiques of "applied ethics" and principlism by the partisans of casuistry and narrative ethics have further expanded the importance and role of case studies. For the casuists, cases provide the considered judgments and paradigms from which moral principles ultimately are derived and to which they must remain faithful within the creative tension of reflective equilibrium. Cases also put flesh on abstract moral principles, giving them concrete meaning, weight, and specificity. For the partisans of narrative, cases or stories provide the best window into the phenomenon of moral character while sharpening our ability to see particulars, "not as representatives of a law, but as what they themselves are . . . ."[91] For both casuists and narrativists, cases provide a laboratory for the development and nurturing of many important non-rule-governed aspects of moral reflection, such as the ability to reframe

---

91. NUSSBAUM, *supra* note 74, at 184.

and diagnose moral problems, to reason by analogy, and to engage in the judicious weighing and balancing of competing principles and values in concrete circumstances.

This shift towards the particular as the focus of moral inquiry has been accompanied by a parallel movement towards a different conception of moral justification. The applied ethics movement began in a powerful burst of enthusiasm for theory as the ultimate warrant for the rectitude of moral judgments. With the waning of this theory-driven, top-down, deductivist model of moral reasoning, justification was sought in moral principles derived through a process of reflective equilibrium. Instead of viewing moral justification as a question of correspondence between case judgments and the correct moral principle, justification is now sought in the overall coherence among case judgments, principles, cultural values, and ideals.

Implicit in this shift from correspondence to coherence is a parallel shift in emphasis from the individual to the social group as the focus of moral justification. Instead of searching for moral justification in a connection between an individual's judgment and some objective, universal, moral principle or theory, the particularist paradigms point, either implicitly or explicitly, to the social group as the ultimate "ground" or "foundation" of moral truth. Just as Thomas Kuhn has argued that the authority of scientific judgments resides in the consensus of its practitioners—that there is no transcendent warrant for different pictures of the world or scientific paradigms[92]—recent developments in bioethics also point to consensus within the community of inquirers, which includes the professions and the general public, as the ultimate but provisional warrant for actions and policies.[93]

As good Kuhnian paradigms, these particularist movements generate new problems as they challenge old methods. Perhaps foremost among these are the problems of critique and intercultural conflict. Just a few words about each may be in order before closing.

The great virtue of deductivism and of principlism in its early days of methodological slumber was their ability to criticize paternalistic assumptions and practices deeply embedded in the medical community. Of course, the norms on which this critique was based—such as respect for persons, for truth-telling, and justice—did not come from some detached realm of moral truth. Even if they were not embedded in medical practice, they belonged to the moral vocabulary of the larger society, where all the patients lived. What is one's response, however, when skeptics challenge the received wisdom and moral consensus of this larger society? What is the response when, for example, a long line of cases, developed casuistically and analogically, seems headed in the wrong direction? What should be done, in other words, about the problem of "bad coherence"?[94]

---

92. Gary Gutting, *Paradigms and Hermeneutics: A Dialogue on Kuhn, Rorty, and the Social Sciences*, 21 AM. PHIL. Q. 1, 4 (1984).
93. JONATHAN MORENO, THE SENSE OF THE HOUSE: BIOETHICS AND MORAL CONSENSUS (forthcoming 1995).
94. Margaret J. Radin, *The Pragmatist and the Feminist*, 63 S. CAL. L. REV. 1699, 1710 (1990).

This old question continues to haunt the partisans of particularism, including pragmatists and communitarians. One response, explored by Michael Walzer, is to emphasize the richness and diversity of most developed cultures, which usually harbor within themselves sufficient resources for vigorous critiques of existing assumptions and arrangements.[95] Another suggestion, offered by Tom Beauchamp at this Symposium, is that this task of correcting misguided casuistical analysis naturally falls to moral principles.[96] Indeed, Beauchamp argued that a continuing emphasis upon principles is necessary in order to steer casuistical analysis in the right direction.[97] In any case, the partisans of particularity need to grapple more carefully with this problem.

A related issue facing these new paradigms in bioethics is the problem of identifying the "we" that is the subject of moral consensus and devising ways of mediating conflicts between competing communities of inquiry and meaning. In the early years of the "applied ethics" movement, it was basically assumed that the so-called principles of bioethics were objective, timeless, and universal. Given the intellectual indebtedness of this movement to utilitarianism and Kantianism—two theories that fancied themselves as being objective in this sense—this was a thoroughly predictable assumption. The more one probes the particularities of different communities and cultures, however, the more likely one will discern differences in the meaning and weight of various moral principles, values, and ideals—differences that tend to preclude the kind of consensus sought.

Who, then, shall count as a member of the "community of inquiry"? A seventeen-year-old Latina, infected with HIV, who wishes to have a child in spite of the thirty percent risk of infecting her offspring with a lethal disease? Is her behavior "rational" or "responsible" according to her community? Is it rational according to "ours"? In case of a disagreement, how should one proceed?

Although a precarious consensus has emerged on a surprising number of bioethical issues, one must be alert to the fact that a heightened sensitivity to social and cultural particularity will often subvert consensus rather than foster

---

95. WALZER, *supra* note 59, at 39, 50.
96. Tom L. Beauchamp, *Principles and Other Emerging Paradigms in Bioethics*, 69 IND. L.J. 955, 962-66 (1994).
97. *Id.* Although I agree with Tom Beauchamp that principles may serve as a beacon for casuistical analysis—along with notions of the good life, virtues, cultural commitments, etc.—I am skeptical of his claim that principles will be especially useful in keeping casuistical reasoning on the straight and narrow. In the first place, as I have discussed, the way of ethical truth, mediated as it is by community and consensus, is neither particularly straight nor narrow. In many instances in bioethics, the ultimate question seems to be: "What kind of life are we forging together?", rather than: "Is this particular approach, for example, to reproductive technologies, morally correct?". Second, since our principles in large measure stem from our considered judgments about particular cases, they are likely to be "infected" by the same misguided casuistry they are supposed to correct. (The fault will often lie in our considered judgments. The Greeks, for example, found slavery to be perfectly natural.) And third, there is no reason to think that the existence and invocation of moral principles will necessarily serve as reliable correctives regarding moral truth. Casuists have no natural advantage over principlists in their ability to generate bad lines of case judgments. Having moral principles at your disposal does not guarantee that you will "apply" them well. Until principles are joined to the particularities of cases, they will remain abstract "chapter headings" capable of "justifying" contradictory case interpretations.

it. Partisans of the new paradigms of bioethics must prepare to meet this new challenge.

[10]

DAVID DEGRAZIA

MOVING FORWARD IN BIOETHICAL THEORY: THEORIES, CASES, AND SPECIFIED PRINCIPLISM*

ABSTRACT. The field of bioethics has deployed different models of justification for particular moral judgments. The best known models are those of deductivism, casuistry, and principlism (under one, rather limited interpretation). Each of these models, however, has significant difficulties that are explored in this essay. An alternative model, suggested by the work of Henry Richardson, is presented. It is argued that specified principlism is the most promising model of justification in bioethics.

Key Words: casuistry, deductivism, ethical theories, intuition principlism, specified principlism, specification

I. INTRODUCTION

These are troubled times for ethical theory. Many philosophers, and perhaps more nonphilosophers working in bioethics, have lost their hope of discovering an adequate ethical theory in the traditional sense – which would serve as the ultimate court of appeal in the justification of particular moral judgments (see, e.g., Williams, 1985; MacIntyre, 1984; Baier, 1985, chs. 11–12). An ethical theory in the traditional sense is a unified, comprehensive ethical system comprising one or more principles or rules related to each other in explicit ways; I will call such theories 'deductivist' and the general approach of working from them 'deductivism'. Just as troubling as the perceived failure of deductivism is the fact that no alternative model has earned greater theoretical confidence. Clearly, this problem concerns ethical theory as a whole. But attempts to develop detailed theoretical frameworks in bioethics (e.g., for justice in health care microallocation), and to use theory in clinical teaching and practice, have played a major role in revealing the current difficulties. For that reason, and because of the intrinsic interest of some recent developments in bioethics, this paper will focus on approaches developed by scholars

David DeGrazia, Ph.D., Departments of Philosophy and Health Care Sciences, George Washington University, Washington, D.C. 20052, U.S.A.

working in that field – i.e., on contributions in *'bioethical* theory'.[1]

While deductivism has been the dominant model among moral philosophers throughout the century,[2] it has been viewed somewhat less favorably in bioethics. One of the most commonly cited alternative models, which has most influenced the way bioethics is spoken about and taught, has recently been called 'principlism'. Principlism, the approach taken in Tom Beauchamp's and James Childress's *Principles of Biomedical Ethics* (Beauchamp and Childress, 1989), has lately come under severe attack.[3] One of the sharpest challenges has come in an article by Dan Clouser and Bernard Gert, who argue that principlism cannot provide genuine action-guides and that an adequate ethical theory is needed (Clouser and Gert, 1990). Another attack – on both deductivism and principlism (though these are not clearly distinguished) – has been made by Albert Jonsen and Stephen Toulmin, who call for a revival of casuistry, an inductive model with roots in Aristotle that was greatly developed by the Jesuits (Jonsen and Toulmin, 1988).

Bioethical theory does not seem to be advancing much today. Some have suggested that this sluggishness is due to the quality, or to the dearth, of scholarship in relevant theoretical areas (see, e.g., Brody, 1990; Green, 1990). I suggest that the difficulties lie with the leading models themselves, or perhaps with the way they are understood. This paper will examine and summarily criticize deductivism, casuistry, and principlism (which I take to be the leading models). Henry Richardson's idea of specification will then be introduced as a crucial contribution to our understanding of the relationship between general ethical norms and concrete cases. I will then argue that a 'specified principlism' is the most promising model – though it requires development.

II. DEDUCTIVISM

What makes an ethical theory deductivist is its having a theoretical structure sufficiently well defined that all justified moral judgments (or all within some specified domain) – given knowledge of relevant facts – purport to be derivable from the structure, in principle. So, once the correct structure or theory has been identified, there is no need to appeal to intuitions in arriving at correct moral judgments – either in balancing conflicting principles or in making particular judgments. (By 'intuitions' I mean judgments made simply because they seem correct, and not because they are believed to be justified by further considerations.)

The reasons for favoring deductivism are very powerful, so its dominance is not surprising. To be credible, moral judgments must be made for reasons. Claims that certain appeals count as good reasons in support of particular judgments (e.g., that an act's being a case of gratuitous torture makes it wrong) must also, up to a point, be made for reasons (e.g., that gratuitous torture is a case of unnecessary and significantly harming). It would seem, then, that ultimately there must be one or more general norms that serve as the final justification for all more specific moral judgments. And, if there is more than one such ultimate norm, how to adjudicate among them must be made explicit; otherwise, choosing among competing moral judgments, each of which is justified by *one* of the ultimate norms, could not be a rational procedure. While oversimplified, this argument explains why a deductivist theory that is rationally necessary (to the exclusion of all competing theories) would be the theoretically most adequate approach: Such a theory would, in principle, provide a method for justifying all correct moral judgments.[4]

Unfortunately, deductivism seems to be a failure. While this bald statement deserves a thorough defense, here I only highlight a few supporting arguments. First, unless almost all moral philosophers are mistaken, no deductivist theory has been shown to be rationally necessary; nor has any won the allegiance of most of this group.[5] Since no such theory appears to be rationally necessary, it is fair to judge theories partly by the intuitive plausibility of their implications. (Only the rational necessity of a theory would make intuitive plausibility entirely irrelevant.[6]) On this test, too, I suggest (here without argument), most, if not all, deductivist theories are inadequate, having too many highly counterintuitive implications.

Deductivist theories have also struck many theorists and clinicians as of limited use in bioethics. One problem is that, contrary to their pretensions, deductivist theories (including those limited to some specified domain) are *indeterminate*. That is, even with knowledge of relevant facts, deductivist theories cannot determine an answer for each moral problem; in fact, they generally do not come close (a point developed by modern-day casuists – see below).[7] Consider, for example, questions of justice in the microallocation of health care resources. Take any principle or set of explicitly-related principles constituting an ethical theory or theory of justice. Ask whether this principle or set of principles can determine (1) criteria for eligibility for a scarce resource when there is not enough to go around, or (2) criteria for final selection. Ask whether it can answer certain more specific questions without the help of other moral considerations. For example, if a patient awaiting admission to a full I.C.U. better fulfills admission criteria than someone already admitted, is it ever right to admit the first patient when doing so would entail a real loss to the second? If I am right, answers to these questions cannot be derived from the theory alone.

For many people working in bioethics, another weakness of deductivist theories is their remoteness from the actual cases on which they are supposed to bear (see, e.g., Baier, 1985). Moral philosophers who have taught medical ethics in clinical settings are often surprised to learn how infrequently it seems necessary to refer to theories, as opposed to principles or rules supportable by various theories. Indeed, for such teachers, tracing these norms back to theories often seems irresponsible, for risking unnecessary complication of the issues, or for dogmatic adherence to a theory when pluralism seems more appropriate. And actual ethical decision-making in medicine suggests the remoteness of ethical theories. While the relevance of such experiences to the *truth or correctness* of deductivism is disputable,[8] I here only flag a type of consideration that has made some scholars and teachers sceptical of that approach.

A final difficulty of many deductivist theories is their misplacement of moral certainty (a point taken up by the casuists).[9] In these theories specific moral judgments, rules, and 'mid-level' principles are all to be justified by appeal to the theory's supreme principle or set of explicitly-related principles. This terminus is supposedly more clearly justified, if not rationally necessary. Yet it is quite implausible to hold that *any* ethical theory has greater moral certainty than certain more specific norms – e.g., 'It is wrong to torture for fun', or better, 'It is prima facie wrong to torture'.

III. CASUISTRY

An alternative to deductivism that has received increasing attention is casuistry, a method of moral reasoning reawakened from three centuries' slumber with the recent publication of Albert Jonsen's and Stephen Toulmin's *The Abuse of Casuistry* (Jonsen and Toulmin, 1988). Following Aristotle and numerous other moral philosophers and theologians throughout the ages, Jonsen and Toulmin contend that deductivism completely fails to express the nature of moral reasoning. (In truth, they never clearly distinguish deductivism from principlism and their critique appears to be aimed at both.[10] For brevity I refer only to deductivism.)

First, no deductivist theory captures all our leading moral ideas (Jonsen and Toulmin, 1988, p. 297; cf. Brody, 1988, pp. 9–11). Second, the model of logical entailment embodied in deductivism – with moral principle as major premise, factual premise stating that the case at hand falls under the principle's scope as minor premise, and moral judgment as conclusion – cannot work in the rough terrain of moral living. Deductive arguments work only where the *relevance* of particular considerations and the *applicability* of principles are not in doubt, as in geometry (Jonsen and Toulmin, p. 327). It requires *practical wisdom* to determine which ethical norm applies in a complicated or ambiguous case. Not surprisingly, then, major ethical theories proved of limited use as modern bioethics began to emerge: "...disputations between 'consequentialists' and 'deontologists', or between Kantians and Rawlsians, were not of much help in settling vexed practical issues, such as the question, 'How much responsibility should physicians allow gravely ill patients (and their closest relatives) in deciding what treatments they shall undergo?'" (Jonsen and Toulmin, 1988, p. 305).

Most importantly, deductivist theories miss the fact that moral certainty, when it exists, is about particular cases, not abstract norms. This lesson was learned by the National Commission for the Protection of Human Subjects of Biomedical and Behavioral Research:

The *locus of certitude* in the commissioners' discussions did not lie in an agreed set of intrinsically convincing *general* rules or principles, as they shared no commitment to any such body of agreed principles. Rather, it lay in a shared perception of what was *specifically* at stake in particular kinds of human situations. Their practical certitude about specific types of cases lent to the commission's collective recommendations a kind of conviction that could never have been derived from the supposed theoretical certainty of the principles to which individual commissioners appealed in their personal accounts (Jonsen and Toulmin, 1988, p. 18).

This brings us to the heart of casuistry. Casuistry begins with clear 'paradigm' cases in which some norm is clearly relevant and indicates the right judgment or action. For example, if we see a man thrashing his child violently and without special cause, we know he is acting wrongly. From that (and similar) cases we can generalize, 'Violence against the innocent is wrong,' which guides our judgments in the absence of any excuse or extenuation (Jonsen and Toulmin, 1988, p. 323). Such paradigm cases serve to illuminate other cases using argument by analogy. 'Presumptions' are refined as new cases are encountered in which the norms apply *ambiguously* (say, if the child stole something, so that his innocence is debatable), or *in conflict* (say, if the child, who is very large, has begun to attack a smaller child who needs protection). Or, to think of it slightly differently, the norms acknowledged through paradigms may remain the same, while the understanding of exceptions may develop in considering further cases.

Thus in a particular case we must first determine which paradigms are relevant. Difficulties arise, then, if (1) paradigms fit only ambiguously or (2) two or more paradigms apply in conflicting ways. Jonsen and Toulmin see the cultural history of moral practice as revealing a progressive clarification of the applicability of paradigms and of admitted exceptions. Moral reasoning about cases, then, does not and cannot proceed de novo:

In ethics as in medicine, this "practical experience" is as much collective as personal. The priorities that have important roles in moral reflection and practice are, in part, outcomes of the lives and experiences of different individuals; but in part, they are also the products of each individual's professional, social background. One sadly neglected field of historical research is the history of ethics – ... an understanding of the ways in which moral practice, with its social, cultural, and intellectual contexts, has evolved over the centuries (1988, p. 314).

Thus casuistry is rooted in traditions and practices, not in pure reason or a special faculty of moral intuition.

How adequate is casuistry as a model of bioethical theory? Its advantages include avoiding the weaknesses that we have seen to plague deductivism, while (unlike some intuitionist theories) providing an account of the source of our intuitive understanding of particular cases, namely, traditions and practices. Casuistry also seems to be a realistic account of how we acquire moral understanding.

But note that the latter apparent advantage is of debatable value. Ethical theories are not necessarily models of how actual moral reasoning takes place. Actual moral reasoning might, in the main, be highly flawed; more likely, it is often incomplete. A successful ethical theory, however, must provide a valid justification procedure that extends to the highest possible level of generality while retaining plausibility. Thus it would explain how justification *could* go (soundly), whether or not it typically *does* go that way. The weaknesses of casuistry, I think, concern its failure to meet this standard adequately.

First, casuistry relies excessively on intuitive judgments in cases of conflict.[11] If it is replied that appeal to tradition or prevailing practices can guide one through difficult conflict cases, two responses are in order. First, such appeal may prove impotent if the case is sufficiently novel, for it might transcend tradition and practices. Second and more decisively, when such appeal does seem to settle the issue, it is vulnerable to the charge of begging questions, bringing us to the next problem.

Casuistry seems too accepting of prevalent beliefs and practices. We noted that one criticism of deductivism that motivates contemporary casuistry is the fact that no deductivist theory captures the full gamut of our moral concerns. But why assume that the latter are self-validating? Maybe some common moral concerns – e.g., partiality towards members of one's own social group, religion, or nation – are groundless. And why take at face value the ethical convictions woven into our broad cultural traditions and professional practices? John Arras argues that because of the casuists' view of ethical norms as

mere summaries of our intuitive responses to paradigmatic cases, their method might suffer from ideological distortions and lack of a critical edge. Moreover, relying so heavily on the perceptions and agenda of health care professionals, casuists might tend to ignore the existence of important issues that could be revealed by other theoretical perspectives, such as feminism (Arras, 1991, p. 49).

For example, professional practices – even when 'corrected' on the basis of values embedded in the practices – may embody a vision of the physician-nurse relationship that appears elitist and male-centered, when subjected to criticisms developed in feminist thinking. As another example, neither broad cultural traditions nor the professional practice of researchers may have sufficient critical edge to confront squarely the question of whether the interests of animals should be given equal consideration to the like interests of humans.

The last point takes us to a final criticism. By focussing on cases, casuistry risks missing global ethical issues the resolution of which may be entirely relevant to specific cases. Issues tied to the moral status of animals is one example. A second is the broad issue of distributive justice. Which theory, or set of theories, in the range from libertarianism to radical egalitarianism should a nation like ours embrace (implicitly) in deciding, for example, whether to create a national health plan? Consider also a related concern expressed by Arras. A casuist, he argues, is likely to reason as follows about the problem of whether to fund heart transplants. Our society is already committed to paying for renal dialysis and transplantation, open-heart surgery, and many other, comparably expensive 'high-tech' therapies. So long as heart transplants qualify medically as a proven therapy, there is no reason why Medicare and Medicaid should not fund them. But should these other therapies be funded in the first place? Arras concludes that "such contested practices raise troubling questions that tend not to be asked, let alone illuminated, by casuistical reasoning by analogy" (1991, p. 46). I think, then, that unless supplemented with tools allowing for criticism on various levels, casuistry cannot be considered an adequate model.

IV. PRINCIPLISM

'Principlism' is a recently coined term for theories whose structure at the most general level (clarified by the theory) consists in a plurality of nonabsolute principles of obligation. Although he used the language of 'prima facie duties' rather than 'principles', W.D. Ross (1930) was a principlist; William Frankena (1973) was as well, his theory asserting prima facie principles of beneficence and justice. Principlism has been especially important in bioethics due to the influence of Beauchamp's and Childress' *Principles of Biomedical Ethics* and the *Belmont Report* (National Commission, 1979). These documents have given rise to the 'mantra' of bioethics: 'autonomy, beneficence, nonmaleficence, and justice'.[12]

Since principlism as it relates to bioethics is best expressed in *Principles of Biomedical Ethics*, I focus on this book.

Early in *Principles* the authors express an ambivalent attitude about ethical theories. On the one hand, they suggest that ethical theories have an important role in justifying principles: "To be justified, one's principle's must themselves be defensible" (1989, p. 6). They then present a commonly cited diagram showing particular judgments and actions being justified by rules, which are justified by principles, which are in turn justified by ethical theories.[13] On the other hand, they concede that they do not think any available theory is quite adequate:

> For one author of this volume, a form of rule utilitarianism is more defensible than any available deontological theory; for the other, a form of rule deontology is more acceptable than any version of utilitarianism. ... Still, for both of us the most satisfactory theory is only slightly preferable, and no theory fully satisfies the tests explicated [earlier] (1989, p. 44).

They go on to develop an account of prima facie principles, which they refer to as their 'theory'. So why are the 'higher' theories necessary? They appear to play no significant justificatory role in their system, yet invite seemingly pointless disputes between rule-utilitarians and -deontologists. What is important is the convergence of the two theories, and the convergence occurs at the level of principles and at 'lower' levels. Let us turn, then, to their principlism.

The first thing to note is that the metaethical theory is not rationalist, and the normative structure not deductivist – though many critics (e.g., Clouser and Gert, 1990) assume one or both of these falsehoods.[14] What establishes a justified theory is a dialectical approach, not a knock-down rationalist argument establishing indubitable first principles. (An argument is rationalist if it purports to establish that its conclusion is rationally necessary; a theory is rationalist if it purports to be rationally necessary.) The authors say this:

> We develop theories to illuminate experience and to determine what we ought to do, but we also use experience to test, corroborate, and revise theories. If a theory yields conclusions at odds with our ordinary judgments – for example, if it allows human subjects to be used merely as means to the ends of scientific research – we have reason to be suspicious of the theory and to modify it or seek an alternative theory (1989, p. 16).

Thus it is wrong "to say that ethical theory is not *drawn from* cases but only *applied to* cases," (ibid). It is astonishing how often critics of this book fail to observe this point.

The authors are on more solid ground when they emphasize the principles that represent the most general agreed-upon level of justification:

> The four core principles are intended to provide a framework of moral theory for the identification, analysis, and resolution of moral problems in biomedicine. Deliberation and justification occur in applying the framework to cases. ... We can also say, without undue paradox, that the different tiers of justification – judgments, rules, principles – can be used to test one another (ibid).

Here it becomes evident that Beauchamp and Childress endorse reflective equilibrium. My reading is that reflective equilibrium establishes the *framework* of principles and more specific rules, which is then applied to cases (although principles and rules are subject to further revision in the light of reflection on the cases).

But there is still a problem of interpretation. Given the role of cases and the structure of reflective equilibrium, is their framework simply a form of inductive intuitionism, in which theories are formed entirely on the basis of specific intuitive judgments (see, e.g., Brody, 1988)?

The answer turns on the matter of whether the principles have a source other than, or in addition to, cases. And I think the answer is yes. A quiet statement in a footnote suggests that principles are partly grounded in tradition:

> By proposing the need for an *external* basis for justification in ethics, we do not embrace foundationalism in moral justification, in the sense of holding that moral theories are rooted in some ahistorical domain rather than in history and tradition. To the contrary, we would support (if we could develop the argument here) a robust historicism in preference to foundationalism (1989, p. 24).

But we may still ask whether tradition simply feeds into judgments about cases, which ground the principles, or whether tradition feeds (also or exclusively) into the principles, distinguishing this approach from inductivism (either casuistry or intuitionism). I assume the latter interpretation because of the author's emphasis on reflective equilibrium and the lack of textual evidence supporting the inductivist interpretation.

What the authors arrive at, of course, is a plurality of prima facie principles:

> We [treat] principles and rules as prima facie binding. The theory we defend may be called a composite theory. ... A composite theory permits each basic principle to have weight without assigning a priority weighting or ranking. Which principle overrides in a case of conflict will depend on the particular context, which always has unique features (1989, p. 51).[15]

But how is one to know which principle to favor when two or more of autonomy, beneficence, nonmaleficence, and justice conflict? The authors claim that "agents are not left with only intuition as a guide" (1989, p. 62). What is the guide, then?

The next sentence states that they have "proposed a process of reasoning that is consistent with both a rule-utilitarian and a rule-deontological theory" (ibid), a process that will become evident when they explore the content of the principles in the chapters that follow. I am not sure the process ever does become evident. First, the discussions that follow never seem to draw explicitly from utilitarianism (whose justification procedure may be inconsistent with reflective equilibrium, anyway). Second, while these discussions certainly *involve* rules and are therefore *consistent* with rule-deontology, this claim is rather empty. Because we are never told what deontological consideration is supposed to unite the rules (as utility unites rules in rule-utilitarianism), how except intuitively, are we supposed to know what rules are right? The discussions seem in no explicit way to be *guided by* 'rule-deontology'.

Another way of reading their remark is to take the 'process of reasoning' to be, or include, a list of requirements they provide for infringements of prima facie principles or rules – e.g., that such an infringement "be necessary in the circumtances, in the sense that there are no morally preferable alternative actions that could be substituted ..." (1989, p. 53). But, like the other requirements, this is so breathtakingly obvious (imagine someone disagreeing with it!) that it can hardly be thought to get the agent significantly away from intuition. The authors never make explicit the way in which their theory provides agents with a significant advance over intuitive balancing or 'judging' in cases of conflict. (However, I take up another interpretation of their 'procedure' below.)

How strong an alternative to deductivism and inductivism is

principlism, as expounded by Beauchamp and Childress? Under one common interpretation, the theory as a whole seems to suffer from this serious difficulty: Either it is radically indeterminate, failing on a large scale to generate solutions to concrete problems, or, if it does yield answers, they lack discursive justification. This can be seen by asking how we are to apply the framework of principles to cases which involve a conflict among principles (a problem discussed above). When a competent patient refuses to consent to life-sustaining treatment that seems to be in her interests, creating a conflict between autonomy and beneficence, how should we decide? Clearly we cannot just apply the principles, since they conflict; we need a rule. The tentative rule they propose opposes strong paternalism (which infringes someone's autonomous wishes) in almost all instances (1989, pp. 219–20). How was this rule arrived at? Certainly, mere consideration of autonomy and beneficence does not yield this result. If the balancing or judgment is said to be intuitive, this forfeits any claim to discursive justification. This is the basic problem under a common interpretation of principles, which is that the framework of principles is supposed to imply certain rules that can guide us in particular cases – call this *the 'free-floating principles' interpretation*.

But perhaps the anti-paternalistic rule is itself the product of reflective equilibrium, which includes consideration of intuitive judgments about particular cases. If so – and I favor this interpretation – critics regularly miss this point. For example, Clouser and Gert (who, strangely, cite the 2nd edition of the book, though the 3rd was available), write the following: "Since there is no moral theory that ties the 'principles' together, there is no unified guide to action which generates clear, coherent, comprehensive, and specific rules for action nor any justification of those rules," (1990, p. 227). It is true that there is no unified theory from which rules follow. So to the extent that the authors claim that their framework of principles can be *applied* to generate rules and judgments in cases of conflict – and in places they do suggest this – they seem to be mistaken. Under this understanding of their model, it is, again, either indeterminate or lacking in discursive justification.

However, this might not matter if reflective equilibrium can do what the authors sometimes (and their critics usually) suggest the principles should be doing. But there remains the general problem of resolving conflicts between rules. Is this too to be taken care of by reflective equilibrium, this time between cases and rules? If so, their diagram on justification is very misleading. In either case, one would like to know more about the relationships among principles, rules, and specific judgements than simply that they involve (1) application or (2) reflective equilibrium.

Another problem concerns ultimate foundations. We are told that a 'robust historicism' is to provide external justification for the ethical theory. Why assume that the values embedded in our traditions are worthy of acceptance? I will say little about this issue here, since it was discussed with respect to casuistry. Let me simply assert that, if there is any way of identifying tools of ethical criticism that are valid for all human contexts, they are to be preferred to historically grounded values (even if the former cannot vindicate a deductivist theory).

V. SPECIFIED PRINCIPLISM

A. Introduction: Thesis and Assessment of Principlism

We have now examined two important alternatives to classical deductivist theories. Developed with an eye toward the resolution of bioethical issues, both, it seems fair to say, have proven more fruitful in bioethics than has deductivism. Yet, we have found that they have significant shortcomings. Neither is likely to be a very inspiring model for students of ethical theory and bioethics, or for theoretically interested clinicians. Is there any way forward?

My thesis is that principlism, self-consciously developed along the lines of what Richardson calls 'specification', is the most promising model for bioethical theory. 'Specified principlism', as I call this model, has the following features: (1) It has one or more (probably more) general principles 'at the top'; (2) It employs casuistry but is by no means reducible to it; (3) It allows the drawing and explication of relationships between norms of different levels, relationships usually irreducible to 'derivation' or 'entailment'; and (4) It allows for discursive justification throughout the system.

In order to explain this program, it will be best to begin with principlism, stating its strengths and reviewing where it needs modification or supplementation. In a nutshell, principlism has the following relevant virtues: (1) It acknowledges the lack of a rationalist foundation for morality, thereby vindicating the use of intuition at some level; (2) It acknowledges the lack of a supreme moral principle or set of explicitly-related principles from which all correct moral judgments can be *derived*; and (3) It acknowledges the need for a justification procedure that can (at least generally) distinguish correct intuitive judgments from incorrect ones, so that the whole theory is not reducible to intuitionism.

At the same time, principlism, as presented by Beauchamp and Childress, has the following weaknesses: (1) It mistakenly suggests, in places, that ethical theories (more general than the principles) have a significant role in justification; (2) To the extent (which is unclear) that any general norms are to be cited in order to generate more specific norms or judgments, no clear method affording discursive justification has been presented for dealing with conflicts; (3) To the extent that reflective equilibrium (which does allow for discursive justification) is to be used, it is not clear in what ways and at what levels; (4) Assuming that the principles are at least partly grounded in tradition, no defense of that foundation – or explanation of what it amounts to – has been offered.

These criticisms are largely calls for clarification and development. I disagree with those critics who believe the problems of principlism amount to its death sentence as a theory; I think such a conclusion is warranted only on the 'free-floating principles' interpretation. Surely, if principlism attempted to mimic deductivism, applying its principles in such a way as to *derive* rules and judgments, it would fail. Free-floating principles are not explicitly related and therefore cannot entail anything when they conflict. But the 'free-floating principles' interpretation is, again, incorrect.

B. Specification

Let us turn now to the basic ideas of specification, to see how they can advance principlism. Specification is the subject of an article by Henry Richardson that, to my mind, may be the most significant contribution to our understanding of bioethical theory in some time (Richardson, 1990). The essay's first sentences indicate that specification is intended as a way of advancing once we have seen the dead-ends of deductivism and intuitive balancing:

Starting from an initial set of ethical norms, how can we resolve concrete ethical problems? We may try to *apply* the norms to the case, and if they conflict we may attempt to *balance* them intuitively. The aim of this paper is to show that a third, more effective alternative is to *specify* the norms (1990, p, 279).

Turn now to a case Richardson uses to illustrate his thesis.

Consider this seemingly reasonable initial norm and the dubious conclusion to which it leads: (1) It is wrong for lawyers not to pursue their clients' interests by all means that are lawful; (2) In this case of defending an accused rapist, it would lawfully promote the clients's interest to cross-examine the victim about her sex life in such a way as to make sexist jurors think that she consented; therefore (3) It would be wrong not to cross-examine the victim in this way. A different, equally plausible norm leads to a conflicting conclusion: (4) It is wrong to defame someone's character by knowingly distorting her public reputation; (5) To cross-examine the victim about her sex life in such a way as to make sexist jurors think that she consented would be to defame her character by knowingly distorting her public reputation; therefore (6) It would be wrong to cross-examine the victim in this way (1990, pp. 281–2). How can the dilemma be resolved, since application is contradictory and balancing would lack discursive justification?

Richardson's answer is to tailor one of the norms to make it more specific. For example, (1) might be replaced with (1'): It is wrong for lawyers not to pursue their clients' interests by all means that are *both* lawful *and ethical*. This amendment by itself does not settle the conflict, but it motivates a reexamination of the scope of (4). While attacking a witness' character is common practice among lawyers, perhaps a rape victim needs special protections for her allegations. So we might replace (4) with (4'): It is always wrong to defame *a rape victim's* character by knowingly distorting her public reputation. With the specifications expressed in (1') and (4') the conflict seems to be settled (1990, p. 283). (Below I take up the question of how we are to know which possible specifications are justified.)

At this point the question arises as to whether the norms that result from specification (e.g., (1') and (4')) are absolute. Richardson's answer is reminiscent of Aristotle and the modern-day casuists:

Fortunately, there is no need to settle individual cases deductively in order to settle them on rationally defensible grounds. ... [O]nce our norms are adequately specified for a given context, it will be sufficiently obvious what ought to be done. ... A conclusion supported by considerations that hold only "for the most part" is, of course, rebuttable by further deliberation; but that is the way our moral reasoning goes. The ability to bring norms to bear on cases even while leaving them nonabsolute is a distinctive feature of the model of specification (1990, p. 294).

Specified norms need not be absolute; they may be qualified by 'generally' or 'for the most part'. Even those specified norms, like (1') and (4'), that are not so qualified, could be. For in this model, norms are always subject to future revision: "the complexity of the moral phenomena always outruns our ability to capture them in general norms" (1990, p. 295). (The "always" of this claim may seem exaggerated. Consider 'It is always wrong to torture babies just for fun'. While Richardson is not concerned to argue that there are no such absolute norms, he thinks that the norms of greatest interest in moral theory are nonabsolute (Richardson, 1991b).) So fairly specific norms can often be stated in absolute form, even if they are admittedly subject to revision; 'It is always wrong to defame ...', is an example. At the same time, it does not seem helpful to state norms of great generality (e.g., a principle of beneficence) in absolute form, unless it is noted that they hold only 'for the most part'.

This last point might be taken simply to mean that we must regard our most general norms as prima facie, as they are regarded in *Principles*. There are several possible reasons for abandoning this qualifier.[16] First, it is closely associated with Ross' theory, which has the agent settle conflicts between prima facie duties with nothing more than an intuitive judgment, apparently precluding discursive justification. Second, 'prima facie' is generally understood to suggest that, absent conflict, a norm can be directly applied – that is, a correct moral judgment can be derived from it. This is no doubt true in some cases. But, as the casuists have shown, this deductive image is appropriate only when the applicability and relevance of norms to particular cases is beyond dispute (and there is no conflict) – and this sort of neat application is uncommon. Third, 'prima facie principle' might suggest a static norm, whereas in the model of specification, all that is interesting occurs as norms get tailored.

Thus Richardson suggests that, instead of saying, e.g., 'It is prima facie wrong to lie', we say 'It is generally wrong to lie' and move on from there. However, if we wish to emphasize that *sometimes*, absent conflict, deduction of moral judgments is straightforward, we could say this: 'It is generally wrong to lie, and always wrong to lie unless there is a competing obligation requiring us to do so – in which case go by the best specification', (Richardson, 1991b). But the difference between these two formulations is, I think, mostly a matter of style.

But by now the reader might be puzzled. In the block quote above it was asserted that that cases did not have to be settled deductively in order to be settled rationally. And Richardson has severely criticized the model of intuitive balancing or judging, as I have, on that grounds that it forfeits any claim to discursive justification. Then how does specification do any better? What determines whether a given specification is rationally justified? Other specifications were possible in the above case about the rape victim. If all we can say is that we made the intuitively most attractive specification, it is unclear how this is any better than – or even different from – intuitive balancing of conflicting norms.

Richardson's short answer is that "all such questions are to be answered in terms of the overall coherence and mutual support of the whole set of norms" (1990, p. 299). Specification depends on the possibility of reasoned criticism afforded by a coherence theory of ethical justification. Such an approach is enjoying increasingly wide support, as noted in a recent article by Brock:

The current conventional philosophical view of justification in ethics acknowledges that ethical judgments do express attitudes ... but also that they have substantial cognitive content and are backed by reasons that make them capable of support and admitting of reasoned argument. In this view, justification is usually developed along coherentist lines with one or another version of John Rawls' "reflective equilibrium" (1971, sec. 9) at the heart of the view (1991, p. 34).

Richardson states that the coherence standard to be used for specification "in effect carries the Rawlsian idea of "wide reflective equilibrium" down to the level of concrete cases" (1990, p. 300).

But what does this amount to? Richardson stresses that coherence involves not only logical consistency, but also argumentative support, so that some norms explain other norms (which is the idea of providing reasons mentioned by Brock) (Brock, 1991, p. 34). Moreover, a later summary comment indicates that coherence is not the only index for rational justification: "A specification is rationally defensible, then, so long as it enhances the mutual support among the set of norms *found acceptable on reflection*," (1990, p. 302, my emphasis). Thus, intuitive plausibility plays a role, but is not the way to determine the correctness of a particular specification. A specification can be *proposed* on any basis (e.g., intuitive plausibility, trial and error), but its correctness is testable by how well it coheres with the overall set of norms found to be intuitively plausible on reflection.[17] As a concluding remark, Richardson summarily notes that specification "benefits from a considerable degree of casuistical flexibility without sacrificing a potentially intimate tie to guiding theories; and it is able to proceed from norms looser and hence more acceptable than the completely universal ones required by the deductivist to reach a conclusion through a Peripatetic syllogism" (1990, p. 308).

C. The Structure Clarified

The idea is to think of principlism and specification united. That would mean, roughly, that a small number of principles – perhaps Beauchamp's and Childress' four – would, through specification, branch into more and more specific norms, reaching down to judgments about specific cases. Now let us revisit the problems of Beauchamp's and Childress' version of principlism, to see whether specification can help.

The easiest problem to solve is (1), though specification is not needed to do it. (1) is the misleading suggestion that ethical theories (more unified than the principles themselves) play an important role. The authors plausibly maintain that two distinct theories (rule-utilitarianism and rule-deontology) are equally adequate. This pluralistic claim suggests that neither theory itself plays an essential role. And if I have been right that no unified deductivist theory is adequate, then we should simply drop these theories from the picture.[18] *The entire network of principles and their specifications becomes the theory.*[19] If this sounds odd, that is only because of the continuing influence of the deductivist picture, which we have rejected.

More importantly, we now have the solution to (2), the problem that attempts to apply general norms in cases of conflict seemed to leave no possibility of discursive justification. Rather than intuitively balancing or judging, one revises one of the conflicting norms into a more specific norm that resolves the conflict – in such a way that maintains or increases the coherence of the total set of norms found reflectively acceptable. So, for example, a proposed specification that contradicted other norms in the system would be rejected (unless the whole package could be made more coherent and plausible by changing the ones it contradicted). Now avoiding contradiction is an aspect of coherence that is easy to understand. Less easy is *mutual support*, which I now illustrate.

Suppose someone claimed that we should understand the scope of moral concern to extend beyond humanity, but only to turtles. There is no contradiction in saying that the interests of humans and turtles alone count morally. Still, it is incoherent, for any attempt to provide reasons for this judgment will ultimately fail to fit well with many other judgments that seem reflectively plausible. Attempts to cite characteristics that humans and turtles share will either (1) bring other species into the moral domain, on pain of contradiction (as with sentience), or (2) seem incredibly ad hoc, defeating any claim of *argumentative support* (as with some bizarre disjunction of genotypes). Moreover, the judgment would fail to cohere with many reflective intuitions about the wrongness of certain kinds of treatment of other animals.

Specification also takes care of (3), the problem that it was unclear in what ways and at what levels reflective equilibrium has a role. It is not that reflective equilibrium will establish the principles, which will then be applied to cases (as, I think, the authors sometimes suggest).[20] First, that is too static a picture. Second, and more importantly, principles cannot really be applied because they hold only 'generally'. They can be specified all the way down to cases, and then no further application is necessary. Reflective equilibrium is to be sought throughout the system, on an ongoing basis, as norms are specified and revised. So the famous diagram of justification in *Principles* should probably be omitted or significantly revised. Arrows going in one direction wrongly suggest a model of application, as noted above. Moreover, the hierarchy of four levels may unnecessarily oversimplify the relationships among norms; there are any number of levels.

A bit more must be said about reflective equilibrium, however. Several critics of this method have claimed that it is, at bottom, warmed-over intuitionism, simply systematizing particular intuitions that have no claim to epistemological priority (see, e.g.,

Singer, 1974; Hare, 1975; and Brandt, 1979, ch. 1). Daniels has plausibly argued that this charge might be true of *narrow* reflective equilibrium (NRE) but not *wide* reflective equilibrium (WRE) (Daniels, 1979). Very roughly, NRE involves a person's identifying a set of considered judgments, formulating principles that largely account for or synthesize them, and revising principles or judgments until a stable equilibrium is reached.[21] So NRE is a form of inductive intuitionism and therefore suffers from excessive dependence on the people's considered judgments. Now consider WRE. While descriptions vary somewhat, in rough terms WRE requires one to compare the principles that would be obtained in NRE to principles supported by background philosophical theories believed to be true – and then revise the considered judgments, principles, and background theories as necessary, until reaching equilibrium. By employing background theories that are independent of the original considered judgments, WRE, proponents argue, gains a measure of theoretical independence from specific moral intuitions that greatly enhances its credibility[22]

Reflective equilibrium in the present model is closer to WRE, as commonly described, than NRE. It involves much more than revisions and systematization of an initial set of considered judgments. And, as we will see, it is importantly linked to background theories (viz., a theory of the nature and point of morality, and a theory of fundamental interests or value[23]). These background theories, as well as certain ethical theoretical considerations (e.g., the rejection of deductivism and inductive intuitionism) motivate a starting point that distinguishes this approach from inductive theories, including NRE: a plurality of principles. (These theories and other considerations, incidentally, explain why specification and principlism not only *can* be united, but *should* be.)

Yet specified principlism adds to common conceptions of WRE in describing a web of mutual support, without implying clearly discrete levels of principles and considered judgments (as common conceptions tend to imply).[24] Also, an apt metaphor for specified principlism, but probably not WRE as commonly conceived, is one of *growth* – as norms get further specified. Since relatively general norms are understood to hold only generally, they are usually not *revised*, as in common conceptions of WRE, but made more specific.[25]

Returning to the difficulties of principlism cited above, specification does not take care of (4), the problem that no defense or explanation of the foundation of tradition has been given. Nor is such a foundation essential to principlism. I would recommend that efforts be made to maximize critical tools that do not depend on tradition – so that we can do justice to the fact that some aspects of even well-developed traditions are criticizable.

To start, while I do not believe that universalizability (in combination with certain features of moral language) can provide us a complete ethical theory, as Hare does (1981), I think it can do significant work. Universalizability demands the citing of relevant differences to justify differences in treatment. Not every factual difference can count as morally relevant, a point well brought out by the observation that coherence involves argumentative support. Invoking universalizability and demanding relevant differences can, by the requirements of coherence, defeat racism, sexism, and some other forms of differential treatment (possibly including the giving of unequal consideration to the like interests of humans and animals). I am claiming that the availability of these argumentative tools, and possibly others, in an important sense transcends traditions – they are valid no matter what tradition one is in (and regardless of whether their validity is recognized). Some will argue that *what is to count as a relevant difference* will be determined by values embedded in a given tradition. But such relativity, if well-founded at all, can only go so far; for example, it was always wrong to treat blacks as less than equals. However, I will have to save further pursuit of these ideas for another occasion.

From the preceeding it should be clear that casuistry operates within specified principlism. Careful examination of real and hypothetical cases allows us to specify norms, by settling conflicts, determining the boundaries of rights, specifying conditions under which certain forms of harm are justified, and so forth. However, since general principles and critical tools are established independently of case analysis, the content of norms is not determined by examination of cases alone.

This brings us to the question of where the principles come from in the first place. What justifies the most general principles? I have expressed doubts about relying exclusively on tradition, and, in discussing casuistry, even less confidence in relying on practices (e.g., that of American medicine). I have also criticized the tendency of inductivism to base norms of every level of generality ultimately on specific judgments about cases. Add my rejection of rationalist foundations for morality, and it may look as if nothing is left.

I do not think matters are so bleak, although what I say here is more of a suggestion than a carefully developed proposal. Consideration of the nature and point of morality provides a rough starting point of the sort we seek. Anything we consider a moral system in some way requires an agent to respect the *interests, well-being, or points of view of other individuals*; the point of morality is to uphold or protect the interests or well-being of individuals, to allow life to go well (or better) for them.[26] And, as emphasized by many scholars, intrinsic to the idea of morality is the notion of impartiality (see, e.g., Gert, 1988, pp. 77–95). Thus morality in some way involves the overcoming of partiality; the 'others' whose interests one is to uphold are not simply friends, family, and so on, but some universal group (e.g., moral agents, human beings, sentient creatures).[27] Well, what are the most fundamental ways in which an individual's interests or well-being can be affected?

One plausible answer is this: by having one's autonomy respected or disrespected (if one is capable of autonomous action), by being benefitted or not, harmed or not, and treated justly or unjustly.[28] Any adequate moral system will in some way cover at least these fundamental moral concerns. This need not be worked out in terms of four principles. Respect for autonomy, for example, might be viewed as among the most important forms of benefit and as subsumable under beneficence and nonmaleficence – or under a single principle of utility.[29] (The latter possibility would not entail the deductivist theory of utilitarianism, because specifications would be guided by the coherence and plausibility of the whole set of norms, not by deduction from the original principle.) The ideas covered in the principle(s) of justice might be expressible in rights language applied to other principles or their specifications.[30]

Several points should be noted about this proposal. First, the precise content of the principles is not as crucial as it would be in a deductivist theory. This is because the principles are only starting points; their precise content is determined by specification, which, as we have seen, is not governed by logical entailments from the principles. That means that different sets of principles might yield similar, or identical, specifications. But, second, it is crucial to have some such plausible starting point to prevent us (with the help of other critical tools) from being either radically dependent on specific current intuitions and practices, or at a loss when such intuitions differ greatly from person to person. In considering what duties, if any, we have to those in the third world, we may find that while our tradition and common intuitions suggest little or no obligation to contribute, a more impartial consideration of fundamental interests yields a different conclusion. Third, the vindication of the principles need not amount to a rationalist demonstration to be compelling. This starting point is, again, justified by the combined force of arguments about the nature and point of morality, certain background theories (e.g., any plausible value theory), and ethical theoretical considerations such as the refutation of other models. These together form a suggestive argument, not a rationalist demonstration.

Before closing, I wish to emphasize that the model I have begun to sketch is not very new. It is largely found in Richardson's proposals. But, interestingly, Richardson writes this in his article: "My purpose in working out this model is to reform the way many of those working on these issues understand what they are doing and to articulate more explictly what has already been done by others," (1990, p. 280). He believes that some of the best work in bioethics employs specification implicitly – and I concur. What I have tried to do is unite principlism and specification explicitly and defend their union. But, to my mind, in spite of an unhappy effort to explain what they were doing, Beauchamp and Childress were already using the methods of specification throughout their text. That explains how they could move from general principles (so often considered 'free-floating') to more specific norms and particular judgments, without deducing the latter from the former.

Let me close with a very simple stated agenda for the future. First, the foundations of specified principlism have to be worked out more fully and explicitly. Second, details of the model must be filled in (1) at the more general levels, including the basic principles and norms closely related to them,[31] and (2) in particular areas that interest us. Due to the nature of the model, which is grounded in the nature of morality, we will never have a complete model of specified principlism – and whatever we have will be tentative. That is why I suggest no more than the two goals above.

At the same time – due also to the nature of the model – we will never have an ethical theory whose content can be articulated fully, the way most of us hoped (and some of us believed) could be done with the principle of utility, the categorical imperative, Rawls' principles of justice, or some other easily stated formula. At the same time, I believe that we now have a theoretical model whose overall plausibility moves us a healthy step forward.

NOTES

* A draft of this paper was presented at the Kennedy Institute of Ethics, Georgetown University on May 21, 1991. I thank the scholars who attended, especially Tom Beauchamp and Henry Richardson, for their helpful comments; I also benefitted from follow-up discussions with Richardson. A second draft was presented to members of the Program in Bioethics at George Washington University on August, 5, 1991. I am grateful to them for their thoughtful criticisms and suggestions. Finally, I thank an insightful reviewer from *The Journal of Medicine and Philosophy*.

[1] Strictly speaking, the only difference between ethical theory and what I call 'bioethical theory' is that, while the former is usually quite general, the latter extends all the way down to concrete cases in what we know as bioethics. The conclusions of this paper, however, may add to the growing doubt about the usefulness of distinguishing ethical theory from applied ethics, including bioethics. On this topic, see Beauchamp, 1984.

[2] A reviewer from *The Journal of Medicine and Philosophy* challenged this claim, suggesting that coherence theories, often employing Rawls' idea of reflective equilibrium (to be discussed below), have been dominant in the last two decades. I disagree. While coherence theory and reflective equilibrium have had an important impact on American ethical theory – and perhaps more on American social and political philosophy – I submit that a majority of the most significant contributions to ethical theory in the last twenty years have been deductivist. Consider, e.g., Nozick's *Anarchy, State, and Utopia* (1974), Donagan's *The Theory of Morality* (1977), Gewirth's *Reason and Morality* (1978), Brandt's *A Theory of the Good and the Right* (1979), Hare's *Moral Thinking* (1981), Parfit's *Reasons and Persons* (1984), Gauthier's *Morals by Agreement* (1986), and Griffin's *Well-Being* (1986).

[3] Even among those who think quite highly of the book, it is commonly criticized from the perspective of ethical theory. For example, after acknowledging that "[t]hroughout, the quality of discussion is very high," Ronald Green comments that "[f]rom an ethicist's perspective, what is most striking about this volume ... is its almost deliberate avoidance of deep engagement with basic theoretical issues in ethical theory," (1990, p. 188).

[4] The case for deductivism is elegantly and powerfully made by Henry Sidgwick in *Methods of Ethics* (Sidgwick, 1907). For a painstakingly careful examination of

Sidgwick's argumentation (though not just for deductivism), see Richardson, 1991a.

[5] This second point is only suggestive (while the first is, of course, tentative). Admittedly, it is conceivable that moral philosophers have failed to appreciate an argument, already proffered, that demonstrates the rational necessity of some deductivist theory; less implausibly, there may be such an argument that remains undiscovered.

[6] In *Interests, Intuition, and Moral Status* (DeGrazia, 1989), ch. 3, I argue that, unless an ethical theory is alleged to be rationally necessary, intuitions must be appealed to at some level in the process of justifying the theory. Intuitions, again, are judgments that are asserted because they seem correct and not for any further reason. The only way a theory could be formed without intuition, then, would be if *all* of the moral judgments it implied were believed to be justified by some reason other than their seeming correct – up to some terminus (the theory itself) that is believed to be justified by being rationally necessary.

[7] Utilitarians would insist that specific versions of their theory are exceptions to this indeterminacy thesis. Perhaps that is true. But when applied to a wide range of concrete problems in health policy, for example, utilitarianism quickly reveals ambivalence about what should count as good consequences, what as evil ones, about the role of intermediate rules, and even about what beings (e.g., fetuses) fall within the scope of moral concern. Versions of the theory specific enough to address these concerns are still dogged by the difficulties of predicting consequences with sufficient assurance to justify particular policy recommendations.

[8] Hare argues that everyday moral decision-making need not make any reference to an ultimate ethical theory, yet the norms that should guide such everyday thinking are derivable from an ethical theory that can be reflected upon in moments of leisure (1981).

[9] This criticism does not affect those deductivist theories whose most general principles are justified, wholly or in part, by appeal to more specific judgments or norms. Thus theories established by considerations of coherence or reflective equilibrium are immune to the present charge.

[10] This odd conflation is consistently displayed in an article by Jonsen, who treats prima facie duties – proposed by Ross as an *alternative* to absolute principles – as if they were themselves absolute principles: "Autonomy, beneficence, non-maleficence and justice became the bioethicists' distant echoes of the Calvinist's Decalogue. These principles were law-like statements ..." (Jonsen, 1990, p. 127).

[11] This is also a major difficulty of Brody's pluralistic, inductive intuitionism, an alternative to deductivism that I have not discussed for reasons of space. This theory uses intuitions about particular actions, social arrangements, and the like to generate a list of irreducible moral considerations – viz., rights, consequences, respect for persons, virtues, and cost-effectiveness and justice. These considerations are to guide us in moral decision-making, but when they conflict, the agent has no specific procedure or rule for deciding: "This final process ... is a process of judgment," (Brody, 1988, p. 77). This idea of 'judgment' is like the Rossian idea

of individual decisions' resting with 'perception' (Ross, 1930), i.e., intuition.

While this criticism concerns the use of intuition *at the moment of judging*, another problem is the use of intuition in *forming the tools to be used* in judging. The ultimate source of *all* levels of the theory is particular intuitive judgments. Such excessive reliance on intuitions may rightly be regarded as question-begging (a point developed with respect to casuistry).

[12] Actually, the *Belmont Report* subsumes nonmaleficence under beneficence (National Commission, 1978).

The 'mantra' label has been used to express some people's feeling that these terms are incessantly parroted without real understanding of their meanings – and with the uncritical assumption that the essential normative ideas of bioethics must be articulated in this form. However, the label 'mantra' has become as parroted as the mantra, so I will avoid this term.

[13] This diagram is just as commonly misunderstood. Critics frequently interpret it as indicating that the authors advocate a theory whose principles are arrived at independently of reflection on specific cases. What they miss, as we will see, is that theories, or at least the basic principles, are justified by reflective equilibrium.

[14] John Arras includes *Principles* as among those works that "begin from 'on high' with the working out of a moral theory and culminate in the deductivist application of norms to particular factual situations," (1991, p. 30).

[15] The last phrase is unfortunate. Taken literally, it is trivially true that the contexts of different cases always have unique features – they are numerically distinct. On the other hand, taking it to mean that each different context has unique *morally relevant* features is false, unless situationalism, which they reject, is true. They are wise to reject situationalism, since the latter fails to acknowledge the rules that can be generated by appeal to universalizability.

[16] In this paragraph I go somewhat beyond Richardson's article, though I attempt to capture its spirit. I am influenced here by Richardson (1991b).

[17] Thus this approach is rather Quinean. (See. e.g., Quine's classic, 'Two dogmas of empiricism' [Quine, 1951].) No norm or judgment is deemed immune from doubt (and possible revision) on account of its own intuitive plausibility. Still, the cost of revising some norms or judgments, in terms of other revisions that would be required to maintain coherence, might be so high that we could not seriously imagine revising them (see Daniels, 1979, p. 267). Contrast a foundationalist intuitive theory that treats certain judgments as immune from doubt and as forming a foundation for the rest of the theory.

[18] Here I assume that rule-deontology (if it meets the authors' claims) is a unified, deductivist theory. Although, as mentioned above, the book never explains what deontological consideration unites the four principles, the claim that these principles are justified by theories (one of which is rule-deontology) logically requires a deontological theory that can unite the principles (just as rule-utilitarianism does).

My conviction, of course, is that the principles do not need to be justified by a more general theory – which is suggested by *some* of the authors' remarks (see sec. IV) – so that the absence of a unified rule-deontology is no loss.

[19] I leave open the possibility that this network of norms might eventually be found to have a single principle or set of principles 'at the top', uniting various principles like those of Beauchamp and Childress. But since the relationship of such a 'theory' to other norms would not be that of logical entailment, given our rejection of deductivism, it would still be best to take our theory to be the whole set of norms. Also, since no supreme principle or explicitly-related set has been identified, yet specification flourishes anyway, it is hard to see how any such principle or set can be considered essential.

[20] See, e.g., where they speak of applying the framework of principles (Beauchamp and Childress, 1989, p. 16). But, clearly, in other places the authors suggest a picture more like the one I am developing, if less explicitly. (See extended discussions of quotes from p. 16 in sec. IV.)

[21] Thus NRE is in some important ways analogous to descriptive syntactic theory in linguistics (Daniels, 1980a).

[22] See Daniels, 1979. For a subtle argument that NRE and WRE are complementary – not competing – approaches, but that we have some reason to prefer NRE methodologically, see Holmgren, 1989.

[23] I speak now of *my* development of this model. These particular background theories are not essential to specified principlism.

[24] This attribution must not be overstated, however. Although Rawls originally (Rawls, 1951) restricted considered judgments to judgments about particular cases (so that principles and considered judgments constituted clearly discrete levels), he later allowed considered judgments to have any level of generality (Daniels, 1979, p. 258).

[25] There are many more important questions about reflective equilibrium than I can tackle here. In addition to the works already cited, see Daniels, 1980b and DePaul, 1986 for deeper exploration of this method.

[26] A much more complete defense of these claims is provided in DeGrazia, 1989, ch. 1; see also Warnock, 1971, ch. 2.

[27] Explaining what morality essentially involves does not explain why anyone should be moral. But that is another question.

[28] This is all very crude, as stated. Its full vindication and a specification of its content would require the support of a plausible value theory (as well as a theory of autonomy) – except for justice, which concerns the *distribution* of valuable things. A principle of justice, therefore, is independent of and presupposes a value theory.

[29] Griffin, for example, treats autonomy as intrinsically valuable in a consequentialist theory (1986).

[30] The possibility of expressing ideas of justice in terms of rights, without appeal to a separate principle or rule of justice, is demonstrated by Gewirth, whose entire normative theory is captured in rights to freedom and well-being (1978).

[31] But, again, there may be several equally plausible ways of articulating the

most general norms (or norm).

REFERENCES

Arras, J.D.: 1991, 'Getting down to cases: The revival of casuistry in bioethics', *Journal of Medicine and Philosophy* 16, 29–51.

Baier, A.: 1985, *Postures of the Mind*, University of Minnesota Press, Minneapolis, Minnesota.

Beauchamp, T.L.: 1984, 'On eliminating the distinction between applied ethics and ethical theory', *Monist* 67, 515–31.

Beauchamp, T.L. and Childress, J.F.: 1989, *Principles of Biomedical Ethics*, 3rd ed., Oxford University Press, New York.

Brandt, R.B.: 1979, *A Theory of the Good and the Right*, Clarendon Press, Oxford, England.

Brock, D.W.: 1991, 'The ideal of shared decision making between physicians and patients', *Kennedy Institute of Ethics Journal* 1, 28–47.

Brody, B.A.: 1988, *Life and Death Decision-Making*, Oxford University Press, New York.

Brody, B.A.: 1990, 'Quality of scholarship in bioethics', *Journal of Medicine and Philosophy* 15, 161–78.

Clouser, K.D. and Gert, B.: 1990, 'A critique of principlism', *The Journal of Medicine and Philosophy* 15, 219–236.

Daniels, N.: 1979, 'Wide reflective equilibrium and theory acceptance in ethics', *Journal of Philosophy* 76, 256–82.

Daniels, N.: 1980a, 'On some methods of ethics and linguistics', *Philosophical Studies* 37, 21–36.

Daniels, N.: 1980b, 'Reflective equilibrium and archimedean points', *Canadian Journal of Philosophy* 10, 83–103.

DeGrazia, D.: 1989, *Interests, Intuition, and Moral Status* (a Georgetown University dissertation).

DePaul, M.R.: 1986, 'Reflective equilibrium and foundationalism', *American Philosophical Quarterly* 23, 59–69.

Donagan, A.: 1977, *The Theory of Morality*, University of Chicago Press, Chicago.

Frankena, W.K.: 1973, *Ethics*, 2nd ed., Prentice-Hall, Englewood Cliffs, New Jersey.

Gauthier, D.: 1986, *Morals by Agreement*, Clarendon Press, Oxford, England.

Gert, B.: 1988, *Morality: A New Justification of the Moral Rules*, Oxford University Press, New York.

Gewirth, A.: 1978, *Reason and Morality*, University of Chicago Press, Chicago.

Green, R.M.: 1990, 'Method in bioethics: A troubled assessment', *Journal of Medicine and Philosophy* 15, 179–97.

Griffin, J.: 1986, *Well-Being: Its Meaning, Measurement and Moral Importance*, Clarendon Press, Oxford, England.

Hare, R.M.: 1975, 'Rawls' theory of justice', in Daniels, N. (ed.), *Reading Rawls*,

Basic Books, New York.

Hare, R.M.: 1981, *Moral Thinking: Its Levels, Method, and Point*, Clarendon Press, Oxford, England.

Holmgren, M.: 1989, 'The wide and narrow of reflective equilibrium', *Canadian Journal of Philosophy* 19, 43–60.

Jonsen, A.R.: 1990, 'American moralism', *Journal of Medicine and Philosophy* 16, 113–130.

Jonsen, A.R. and Toulmin, S., 1988: *The Abuse of Casuistry: A History of Moral Reasoning*, University of California Press, Berkeley, California.

MacIntyre, A.: 1984, *After Virtue*, 2nd ed., University of Notre Dame Press, Notre Dame, Indiana.

National Commision for the Protection of Human Subjects of Biomedical and Behavioral Research: 1978, *The Belmont Report: Ethical Principles and Guidelines for Research Involving Human Subjects*, Government Printing Office, Washington, D.C.

Nozick, R.: 1974, *Anarchy, State, and Utopia*, Basic Books, New York.

Parfit, D.: 1984, *Reasons and Persons*, Clarendon Press, Oxford, England.

Quine, W.V.: 1951, 'Two dogmas of empiricism', *The Philosophical Review* 60, 20–43.

Rawls, J.: 1951, 'Outline for a decision procedure for ethics', *Philosophical Review* 60, 177–97.

Rawls, J.: 1971, *A Theory of Justice*, The Belknap Press of Harvard University Press, Cambridge, Massachusetts.

Richardson, H.S. 1990, 'Specifying norms as a way to resolve concrete ethical problems', *Philosophy and Public Affairs* 19, 279–310.

Richardson, H.S.: 1991a, 'Commensurability as a prerequisite of rational choice: an examination of Sidgwick's position', History of Philosophy Quarterly 8, 181–97.

Richardson, H.S.: 1991b, (personal correspondence, June 3, 1991).

Ross, W.D.: 1930, *The Right and the Good*, Oxford University Press, Oxford, England.

Sidgwick, H.: 1907, *The Methods of Ethics*, 7th ed., Hackett, Indianapolis, Indiana (reprint).

Singer, P.: 1974, 'Sidgwick and reflective equilibrium', *Monist* 58, 490–517.

Warnock, G.J.: 1971, *The Object of Ethics*, 7th ed., Hackett, Indianapolis, Indiana (reprint).

Williams, B.: 1985, *Ethics and the Limits of Philosophy*, Harvard University Press, Cambridge, Massachusetts.

HENRY S. RICHARDSON

[11]
Specifying Norms as a Way to Resolve Concrete Ethical Problems

> We want to walk: so we need *friction*. Back to the rough ground!
> Ludwig Wittgenstein

I. Introductory

Starting from an initial set of ethical norms, how can we resolve concrete ethical problems? We may try to *apply* the norms to the case, and if they conflict we may attempt to *balance* them intuitively. The aim of this paper is to show that a third, more effective alternative is to *specify* the norms. The problems that I am concerned with are of a sort typically ranged under the rubric of "applied ethics"—that is, relatively particular questions about what should be done in individual cases (e.g., Baby Doe's) or concretely described types of cases (e.g., Baby Doe cases). Although some who have worked most fruitfully on concrete ethical problems have begun to chafe at the "application" label,[1] no alternative metaphor has taken hold.[2] I aim to develop an alternative metaphor—that of

---

This paper specifies ideas first inchoately presented to an audience at the Hastings Center in June 1985. Since then, other versions have been presented at the Kennedy Institute of Ethics at Georgetown University and the Program in Ethics and the Professions at Harvard University. Those present at each of these occasions were most helpful. In addition, I am especially indebted to Tom L. Beauchamp, Sissela Bok, Wayne Davis, Ezekiel Emanuel, Linda Emanuel, Andreas Føllesdal, Alfonso Gomez-Lobo, Steven Kuhn, Aaron Mackler, Dennis Thompson, Kenneth Winston, and the Editors of *Philosophy & Public Affairs* for their detailed criticisms and suggestions. I am grateful to Georgetown University and to the Program in Ethics and the Professions for their generous financial support.

1. See, e.g., Albert Jonsen and Stephen Toulmin, *The Abuse of Casuistry* (Berkeley: University of California Press, 1988); Michael D. Bayles, "Moral Theory and Application," *Social Theory and Practice* 10 (1984): 97–120; and Tom L. Beauchamp, "On Eliminating the Distinction Between Applied Ethics and Ethical Theory," *Monist* 67 (1984): 515–31.

2. In lieu of "applied ethics," some now employ "practical ethics." The latter, however, does not suggest any particular methodological understanding, except insofar as it implies a contrast, which I would reject, with "theoretical ethics." I would instead follow Aristotle in thinking of ethics as a whole as a practical subject. Within that subject, concrete problems about what should be done are but a subclass of the important questions—as is emphasized by, for example, Edmund Pincoffs, "Quandary Ethics," *Mind* 80 (1971): 552–71.

specification—into a model that will promote a better methodological understanding than the currently prevailing models, those invoking only the operations of application and intuitive balancing. My purpose in working out this model is to reform the way many of those working on these issues understand what they are doing and to articulate more explicitly what has already been done by others.[3] While much of the best work that has been done undoubtedly already accords with the model of specification to some degree, making this alternative approach explicit should bolster these efforts. By stemming the skeptical doubts fostered by the failure of pure application while avoiding the excuses for inarticulateness that an excessive reliance on intuition affords, the model of specification should encourage a more fruitful approach to the difficult problems of concrete ethics.

By a "model of how to resolve concrete ethical problems" I mean a schema of what it would be to bring norms to bear on a case so as to indicate clearly what ought to be done. The deductive application of rules to cases and the intuitive weighing of considerations are the two cognitive operations usually thought central to this task. I seek to add specification as a third, even more important operation. A *pure* model would see only one of these operations as involved in settling concrete cases. Most models actually defended are, in fact, to some degree hybrids, giving some role to application and some to intuitive balancing. I will criticize these hybrids, arguing that instead of a hybrid view built upon these two commonly understood operations, what is needed is a model built around specification: a true third way, rather than just a mixture. To be sure, once the operation of specification has been adequately understood, it may then be admitted that it should be supplemented by application and balancing in a more complex hybrid model. For convenience, I will refer to this eventual hybrid centered on the idea of specification as "the model of specification." The main task of this paper, however, is simply to make out the nature and the promise of specification as a third way.

In concentrating on the form of reasoning involved in bringing norms to bear on cases, I largely set aside the heuristics of ethical discussion and deliberation. It is of course true that discerning morally relevant features of a case, marshaling facts, analyzing arguments and ideas, citing

---

3. My aim is not, for instance, to capture the a priori structure of concrete ethical reasoning or the logic of "practical inference."

281   *Specifying Norms
       as a Way to Resolve
       Concrete Ethical Problems*

examples, and comparing the case at hand with a range of related cases ("the case method") are generally indispensable means to productive discussion and deliberation about concrete ethical issues. Each of the models I will consider recognizes this.[4]

Let me begin by describing the pure operations from which the common hybrids are built, namely, application and intuitive balancing. I will hijack the term *application* to name a quite pure deductivist approach to ethical problems. It is appropriate to start by considering a deductivist model, for the problems with which we are concerned all pertain to individual cases—sometimes as sui generis but more likely as occurring regularly under some description. Either way, the crucial question is how ethical norms reach down to individual cases. The answer given by the pure model of application, as I am defining it, is: by deductive inference that subsumes the case under a rule.[5]

This said, it becomes obvious that a natural train of thought leads many to shift from the pure model of application to a hybrid including intuitive balancing, as follows. When working with a strictly individual case, the pure model of application must work along the lines of a "Peripatetic syllogism" of the following form:

(i) For all actions x, if Ax then x is (is not) permitted (obligatory).
(ii) Aa.

Therefore,

(iii) Action a is (is not) permitted (obligatory).

In these formulas, A stands for a description of an action that might be complex, and might include information about the circumstances or occasion of the action, the agent, or the persons affected, in addition to the type of action to be performed or avoided. For example:

(1) It is wrong for lawyers not to pursue their clients' interests by all means that are lawful.
(2) In this case of defending an accused rapist, it would lawfully promote the client's interest to cross-examine the victim about her

---

4. Thus I agree with many of the positive suggestions about ethical heuristics put forward by Jonsen and Toulmin, Bayles and Beauchamp.

5. This subsumption, of course, need not be seen as a mechanical process, but instead may (as Kant emphasized) call upon the faculty of judgment: see Onora O'Neill, "The Power of Example," *Philosophy* 61 (1986): 5–29.

sex life in such a way as to make sexist jurors think that she consented.

Therefore,

(3) It would be wrong not to cross-examine the victim in this way.

Yet in addition to the norm stated in (1) there is another that is relevant and is no less true, that may even be subscribed to by the lawyer in question, and that leads to an opposite conclusion:

(4) It is wrong to defame someone's character by knowingly distorting their public reputation.
(5) To cross-examine the victim about her sex life in such a way as to make sexist jurors think that she consented would be to defame her character by knowingly distorting her public reputation.

Therefore,

(6) It would be wrong to cross-examine the victim in this way.

Here we have at least an apparent moral dilemma, potentially generated even out of the moral convictions of one central actor and certainly out of principles common in our culture (with its adversarial legal system), that is not easily brushed aside. Even apart from whether this dilemma amounts to an intolerable logical contradiction, it frustrates the purpose of a model for resolving concrete ethical problems, for the very least we can say is that (3) and (6) give conflicting advice.[6] In the face of such a quandary, one natural response is to try to "balance" the ethical considerations represented by (1) and (4)—no longer seen as peremptory or absolute—by assessing how much weight they are to be assigned in these circumstances. In this way, the pervasiveness of ethical conflicts—together with their centrality to our notion of an ethical "problem"—leads many from the pure model of application to a hybrid model including balancing. The question for balancers, in turn, will be how their weightings are to be explained or justified. To anticipate my arguments in a later section, we will see that to the extent that the balancing is

---

6. Logical contradiction might be avoided by, for instance, severing the connection between "wrong" and that moral sense of "ought" that invokes the principle that " 'ought' implies 'can'." On these issues see the useful collection *Moral Dilemmas*, ed. Christopher Gowans (New York and Oxford: Oxford University Press, 1987).

283   *Specifying Norms*
                  as a Way to Resolve
                  Concrete Ethical Problems

genuinely distinct from application it affords no claim to rationality, for to that extent its weightings are purely intuitive, and therefore lack discursively expressible justification.

The third model I shall develop and defend here, that of specification, aims to be more flexible, realistic, fruitful, and attainable than that of application without sacrificing its claim to discursive rationality. While the model of specification will be more precisely defined in Section III, its leading ideas are simple enough and may be briefly described at once. The model of specification concurs with the balancing approaches in seeing a need to qualify our commitments, but insists that this be done not by a quantitative weighting or discounting but instead by qualitatively tailoring our norms to cases. Thus, one is urged not merely to reflect and change one's mind in a way that resolves a conflict in an acceptable way, but to revise one's normative commitments so as to make at least one of them more specific. For instance, in our example of cross-examining the rape victim, one might get a narrowed version of (1):

(1') It is wrong for lawyers not to pursue their clients' interests by all means that are *both* lawful *and ethical.*

By itself, of course, this amendment does not settle the issue; but it does focus attention on the strength of the role-excuse provided by the lawyer's place in the adversary system. In particular, it forces one to reconsider the breadth of (4). On the one hand, publicly undercutting a witness's character is a stock in trade of cross-examiners, and to that extent may appear to be an ethical tactic; but on the other, there are reasons to think that a rape victim requires special social protection for her allegations, just as the accused is due the adversarial protections of the presumption of innocence.[7] Accordingly, we might reaffirm a narrowed version of (4):

(4') It is always wrong to defame *a rape victim's* character by knowingly distorting her public reputation.

And it looks as if (1') and (4') settle the conflict in favor of restraint.

As I shall show, there are at least four reasons to build an alternative model around the idea of making a norm more specific. The first, and

7. I am here abbreviating the sophisticated casuistical discussion of this case in David Luban, *Lawyers and Justice: An Ethical Study* (Princeton: Princeton University Press, 1988), pp. 150–52.

most obvious, is that it helps us imagine how our ethical precepts, many of which are very general and abstract, can reach concrete cases without generating unacceptable implications. A second important reason for this requirement of greater specificity is that it helps ensure (without merely stipulating) that the reasonable motivation behind the initial, unqualified norm is still captured by what one ends up with. As we shall see, a third is that the notion of specification, conceived thus as a relation between two norms, allows us to understand in a precise way how a "mid-level" norm can serve as a bridge between a general precept and a concrete case.[8] Fourth, this same notion can also explain how a moral theory can remain the subject of a more or less stable attachment despite the sort of revision that moral conflicts engender. It is only concurrence on such a relatively stable moral theory that can assure that different people will reach the same conclusions in employing the model of specification; the same, of course, is true of the model of application.

It will require some work to show that the model of specification is truly distinct from the other two, for there is always a strong tendency to redescribe the unfamiliar (specification) in terms of the familiar (application and balancing). Accordingly, in the next section I set out the models of application and balancing and explain their principal defects. Specification is then defined, in Section III, in a way that makes clear how it is a genuine alternative to the model of application. The fourth section undertakes to show that there are rational constraints on specification that preserve its claim to discursive justification and hence distinguish it from an intuitive balancing model; and Section V gives some examples that exhibit this possibility concretely. The final section of the paper will compare the three models, arguing in general terms for the superiority of the model of specification.

II. Deficiencies of the Traditional Models

The two dominant pictures of how to bring ethical norms to bear on concrete questions of practice—application and intuitive balancing—can seem to exhaust the possibilities.[9] One abstract explanation for this false appearance is the following. Recall that in characterizing what the dif-

---

8. The notion of "mid-level bridging principles" is given prominence in Bayles, "Moral Theory and Application," but the bridging relation receives little analysis in his treatment.

9. See, for example, F. H. Bradley, "My Station and Its Duties," in his *Ethical Studies*, 2d ed. (Oxford: Clarendon Press, 1927), pp. 193–99.

Specifying Norms as a Way to Resolve Concrete Ethical Problems

ferent models are models *of*, I said that we may suppose that the deliberators or discussants start with a set of ethical norms to which they are in some important way initially committed. For our purposes, it does not matter where these norms come from, whether they change over time, or how they are grounded, if at all. Suppose that someone tries to apply them to concrete issues using deductive means to produce answers or decisions—not expecting a complete decision procedure, but hoping to avoid inconsistency. There seem to be two possibilities: either the norms are orderly enough to allow deductive application to avoid dilemmas or they are not. If, say, the norms can be lexically ordered according to higher-order priority rules, then the model of application may succeed. If, by contrast, there is no way to order the norms so as to preclude apparent dilemmas, then one seems forced to fall back on an intuitive balancing of the clashing norms—for by hypothesis there are no higher-order rules that could settle the conflicts in a nonintuitive way.

The idea of balancing, *sans phrase*, could arise under each of these possibilities, depending upon whether or not the "weights" are taken to reflect criteria that exist antecedently to and independently of the act of weighing. Antecedent weighting principles might exist, for example, if the "weight" of a norm were a homogeneous and objectively measurable feature of it, or else if the weights derived from a set of implicit priority rules that ranked the norms in question. Under either of these suppositions, balancing could be assimilated to the pure model of application. In the former case, the single highest-order principle would be to choose the option with the greatest net weight of reasons in its favor.[10] In the latter case, the implicit priority rules could be made explicit, if not in the context of deliberation, then at least for the purposes of justifying some choice after the fact. For example, one might grade students' philosophy papers rather intuitively or impressionistically, yet be able to reconstruct one's implicit reasons afterward by noting that one ranks making arguments above expounding texts. Or again, one might justify breaking a promise to a friend in order to save a drowning person on the grounds that saving a life is more important than keeping a promised social engagement.[11] In each case, one has invoked a priority rule, however vague. This then returns one to the question of the orderliness of these

10. For grounds for doubting that the use of comparison cases is a good way of bringing out antecedent, implicit weights, see Shelley Kagan, "The Additive Fallacy," *Ethics* 90 (1988): 5–31.
11. I am here indebted to the comments of an anonymous reviewer for this journal.

priority rules: if the implicit rules are consistent and sufficiently complete, then they could be deductively applied. If not, the need for a more intuitive sort of balancing may arise.

If the balancing of norms is thought not to be getting at antecedent weighting principles, but to be creating or supplying them, or merely to be providing particular judgments that might inductively support some weighting principle, then it is what I am calling "intuitive balancing." In intuitive balancing, any weighting principle—and therefore the notion of weight as a homogeneous property, as discussed in the last paragraph—is consequent upon the weighing.[12] An analogy would be the case of Von Neumann–Morgenstern utility functions, which are consequent upon (induced by) a consistent set of preferences. In teleological versions of intuitive balancing, values are balanced.[13] In nonconsequentialist versions—I will get to Ross in a moment—principles are balanced.[14] There are various labels for the faculty exercised in intuitive balancing: intuition, judgment, perception. The balancing might occur within a theory that had reduced all moral considerations to two heads, assessing only, for instance, the relative weight of autonomy and beneficence in a given case; or the balancing might be more open-ended, declaring the "balance of reasons" tentatively to favor one option over another.

It is widely if not universally recognized that the two pure models involving only application or balancing are each seriously deficient. The pure model of application depends upon an ideal achievement of moral theory that is beyond our grasp. The claims of certain versions of natural law theory notwithstanding, we are unable to systematize our commonsense norms sufficiently to preclude widespread and serious conflicts

---

12. One can therefore understand Alan Donagan's complaint in *The Theory of Morality* (Chicago: University of Chicago Press, 1979), p. 23, that to call this intuitive assessment "weighing" or "balancing" is "fraudulent"; but this metaphorical use of these terms is well entrenched in Western culture—embodied, as it is, in the figure of blind Justice—and is a convenient one for the comparative intuitive assessment of competing considerations.

13. Although there are elements of teleological balancing in G. E. Moore and Hastings Rashdall, the implications of this for concrete ethics are obscured by their overall utilitarianism. A less ambiguous statement of this sort of view is found in Thomas Nagel, "The Fragmentation of Value," in his *Mortal Questions* (Cambridge: Cambridge University Press, 1979).

14. One nonconsequentialist balancing view that is purer than Ross's is that of Bradley in "My Station and Its Duties." See also Robert M. Veatch, *A Theory of Medical Ethics* (New York: Basic Books, 1981), pp. 303–4, and Baruch Brody, *Life and Death Decision Making* (New York and Oxford: Oxford University Press, 1988), esp. pp. 77–79.

287 *Specifying Norms
as a Way to Resolve
Concrete Ethical Problems*

among them. Utilitarianism would introduce system, but at too high a price, requiring too great a departure from norms to which we are firmly committed. This is no contingent limitation of our current ethical knowledge or sophistication. The inherent particularity and variability of the subjects with which ethics has to deal will prevent us from ever being able to present a system of rules that takes account of all the needed qualifications and distinctions.[15] Since it is inherent to the nature of the subject, this limitation is not merely contingent upon the present stage of progress in ethical theory. Consider the parallel issue in the law. All operating legal systems have accepted severe limitations on treating law as a deductive system, and have instead developed case-oriented and precedent-bound approaches that make room for equity, as described by Aristotle (in the *Nicomachean Ethics*, bk. V) and as familiar in English common law, namely, scope for the judge to modify the rules to fit the case at hand.[13] Given the role of law in the public legitimation of the state and in grounding stable expectations for commerce and society, there is every reason to strive for a rule-bound, deductive approach to adjudication. Since even the law is forced to give up on the pure deductive ideal, it is hardly likely that ethics, where the motivations for deductive transparency are much weaker, could succeed in living up to it. The pure model of application is doomed to be hamstrung by dilemmas and strained by the effort to accommodate the diversity of moral experience.

Intuitive balancing, by contrast, is all too easy. As preference utilitarians are fond of reminding us, we do it all the time. The problem with intuitive balancing is not its unattainability but its arbitrariness and lack of rational grounding. By whatever name the balancing faculty is graced, its operations seem intrinsically beyond the pale of justification. There is no faculty of ethical intuition (or perception or judgment) whose discursively unjustifiable deliverances carry their warrant with them. Since intuitive balancing does not proceed by measuring any objective feature of the world or of our system of reasons, what it does do remains mysterious

---

15. This Aristotelian theme is nicely developed by a series of writings by Martha Nussbaum, including *Aristotle's De Motu Animalium* (Princeton: Princeton University Press, 1978), essay 4; *The Fragility of Goodness: Luck and Ethics in Greek Tragedy and Philosophy* (Cambridge: Cambridge University Press, 1986), esp. chap. 10; and "The Discernment of Perception," in *Proceedings of the Boston Area Colloquium in Ancient Philosophy*, vol. 1, ed. J. Cleary (Lanham, Md.: University Press of America, 1986).

16. If this is right, then it betrays a misconception of the law to speak of the model of application as "ethical legalism."

or, at best, subjective. The balance we strike can be taken as a primitive, as a *datum*; but that is again just to admit that we cannot give it a rational grounding.[17]

As I have noted, most influential models of concrete ethics are hybrids that combine elements of application with elements of balancing. What these hybrid approaches have in common is the thought that although moral conflicts frustrate a purely deductive model, there is nonetheless considerable room for deductive application. A common metaphor for a hybrid approach is that of core and penumbra. Ethical principles are taken as having a core zone in which deductive application may proceed confidently, and a penumbral zone in which there can be no secure application—whether or not there are conflicts with other norms. In this picture, intuitive judgment is called in more to settle the uncertain meaning of a single norm than to adjudicate a conflict between norms.[18] But since norms will conflict, we should consider hybrid models that account for this possibility. The most influential and interesting of these is W. D. Ross's account of prima facie duties. A prima facie duty is a norm that does serve as an adequate basis for deducing actual duty in a given situation so long as it does not come into conflict with any other norm.[19] When prima facie duties do conflict, however, none of them is any longer allowed to serve as a basis for deducing actual duty.[20] In cases of conflict,

---

17. For a frank casting of preference formation as primitive in this way, see James Griffin, *Well Being: Its Meaning, Measurement and Moral Importance* (Oxford: Clarendon Press, 1986), pp. 36, 103.

18. The distinction between core and penumbra is recently familiar from H.L.A. Hart's jurisprudence: see "Positivism and the Separation of Law and Morals," in Hart's *Essays in Jurisprudence and Philosophy* (Oxford: Clarendon Press, 1982), pp. 63–64. A development of the metaphor of core and penumbra for moral purposes is found in classical Catholic casuistry, as expounded by Jonsen and Toulmin in *The Abuse of Casuistry*, chap. 16. Central to this conception of casuistry is the idea of a paradigm case and progressive departures from it until things become muddy, when "discernment" is needed.

19. W. D. Ross, *The Right and the Good* (Oxford: Clarendon Press, 1930; repr. Indianapolis: Hackett, 1988), p. 19. On pp. 30–34 Ross develops the claim that every possible act is the subject of conflicting moral considerations. In describing Ross's view as a hybrid model in the text, I have been supposing that this is not necessarily the case. If it is, then Ross's view obviously collapses back into the pure model of balancing.

20. My reading of Ross's notion of "prima facie duty" focuses on the contrast with "actual duty," thus coming close to John Searle's helpfully critical interpretation, in "*Prima Facie* Obligation," in *Practical Reasoning*, ed. Joseph Raz (Oxford: Oxford University Press, 1978), pp. 81–90, of what he calls Ross's "official view." Because he focuses solely on conflict situations, Searle gives insufficient weight to Ross's insistence that a prima facie duty is one that will be an actual duty so long as no other duties conflict with it.

289   *Specifying Norms*
                  as a Way to Resolve
                  Concrete Ethical Problems

Ross says, quoting Aristotle, "the decision rests with perception."[21] Accordingly, on Ross's view, the model of application prevails so long as there are no conflicts; and where there are, we turn to intuitive balancing.[22]

These hybrid views fare no better than their purer counterparts. In conceding that the ideal of pure application is beyond our grasp, and therefore relying considerably on intuitive balancing, they undercut the former model without explicating the latter. Perception's decision of conflicts between prima facie duties, like judgment within the penumbra, remains mysterious. It undercuts the idea of application by the admission that it is not the only model of practical reasoning and by declaring certain norms not to "apply" in the penumbral or conflicted cases. The universal norms appealed to by a pure model of application get much of their support from their claim to introduce a deductively consistent and complete hierarchical order into our moral thinking. Since the hybrid models largely give up on this ambition, they tend to weaken the rationale of the norms with which they start without providing an alternative picture of systematization to replace that of deductive hierarchy. In this respect, these hybrid models appear as application manqué, as deductivism thrown back on intuitionist resources by the harsh realities of moral conflicts.

Given these difficulties both with the pure models of application and balancing and with hybrids that mix them, it is not surprising that philosophers have been casting about for alternative ways of relating ethical norms to concrete issues of practice. A common tack is to accept Ross's basic framework while looking for a supplement that would provide for a more discursive resolution of conflicts among the prima facie duties.[23] A

---

21. Ross, *The Right and the Good*, p. 42, quoting Aristotle, *Nicomachean Ethics* 1109b23; cf. 1126b5.

22. Instead of using the Peripatetic syllogism to represent the deductive aspect of a Rossian hybrid view, it might be more accurate to follow G. H. von Wright's suggestion of thinking of obligatoriness, permittedness, and so on *both* as predicates of individual actions *and* as operators on propositions applied to types of action ("On the Logic of Norms and Actions" in *New Studies in Deontic Logic: Norms, Actions, and the Foundations of Ethics*, ed. Risto Hilpinen [Dordrecht: Reidel, 1981], pp. 3–35). It would still be the case, however, that *every* act that fell under a forbidden (or permitted) category of action and no other morally relevant category would be forbidden (or permitted).

23. The view that Ross's position is all right as far as it goes but needs a significant supplement has been embraced by moral philosophers of as diverse positions as Albert Jonsen, one of the coauthors of *The Abuse of Casuistry*, for whom the supplement is an

surprising number of these attempts follow Ross in recalling Aristotle's protean account of practical wisdom (*phronêsis*) without doing the philosophical work necessary to explain how discursive reasoning figures in this account. One thoughtful critic who has emphasized how the Aristotelian ideal of practical wisdom can both help us understand how we may rationally cope with moral conflicts and serve as a prop to obscurity finishes by saying that although judgment is essential, no theory of practical judgment is possible.[24] Despite this warning, I will use the notion of specification to begin to develop one that replaces Ross's framework rather than merely supplementing it.

III. Specification as an Alternative to the Dominant Models

The reason that the models of application and balancing do not exhaust the field is that they each suppose that the set of norms invoked in ethical discussion and deliberation is held fixed. As has been emphasized especially strongly by Deweyan ethical pragmatism, however, and as is also implied by the Rawlsian idea of wide reflective equilibrium, our norms are subject to revision. The model of specification starts from this recognition of revisability, but reestablishes a kind of constancy or stability not implied either by the general pragmatist approach or by the idea of reflective equilibrium. This stability is essential to the claim that the initial norms are in some way *brought to bear* on concrete cases by means of more specific norms.

It will be useful to see how the model of specification both incorporates aspects of the pragmatist approach—which is currently enjoying something of a revival[25]—and adds to it a crucial missing element. In the face

---

ordered appeal to paradigm cases (personal communication); and R. M. Hare, for whom the supplement is "critical level" thinking, which is allegedly utilitarian. See Hare's "Comments" in *Hare and Critics: Levels of Moral Thinking*, ed. Douglas Seanor and N. Fotion (Oxford: Clarendon Press, 1988), p. 223.

24. Charles E. Larmore, *Patterns of Moral Complexity* (Cambridge: Cambridge University Press, 1987), pp. 18–20.

25. See, e.g., Andrew Altman, "Pragmatism and Applied Ethics," *American Philosophical Quarterly* 20 (1983): 227–35; and James D. Wallace, *Moral Relevance and Moral Conflict* (Ithaca: Cornell University Press, 1988). An uncritical and antitheoretical version of the pragmatist approach—one hardly hospitable to the ideal of wide reflective equilibrium—is criticized in Bayles, "Moral Theory and Application." In the present article, I abstract from the consequentialism that Altman takes to be central to the pragmatist account of justification. My approach is particularly close to Wallace's, and I would endorse many of the

*Specifying Norms
as a Way to Resolve
Concrete Ethical Problems*

of conflicts, Dewey wrote, deliberation will be reasonable if it can devise a "*way* to act," or light upon a conception of the object of action, "in which all [competing tendencies] are fulfilled, not indeed in their original form, but in a 'sublimated fashion,' that is, in a way which modifies the original direction of each by reducing it to a component along with others in an action of transformed quality."[26] Since an explanation of the way in which the action reflects the "original" norms would be facilitated if the principle of the action were explicitly stated rather than simply left to the observer to infer from the action's features, we might think the following reformulation of Dewey's idea by James Wallace to be an advance: "[When moral considerations conflict,] the aim [of deliberation] must be to modify one or more considerations so that it applies, so that its original point is to some degree preserved, and so that one can live with the way [of proceeding] so modified."[27] In fact, without necessarily buying into broader pragmatist assumptions about the nature of truth, the model of specification will take this general description of practical reasoning as its point of departure. The key unanswered question, however, for both Dewey's and Wallace's versions of this pragmatist account is, What licenses us to call a modification or sublimation of an original norm still in some significant sense the *same* norm that we started out with? Why is it not a self-contradiction to speak of modifying a consideration so that *it* applies? Is not what "applies," in the end, just a different norm or consideration?[28] If so, then so far as *concrete* ethics is concerned, it would look as if the pragmatic approach posed no alternative to the hybrids we have already discussed: changes in norms are arrived at intuitively, and once the change has occurred, the new norms can be deductively applied.

The idea of specification aims to complement this general pragmatic approach by laying down conditions on the relation between the initial norm or norms and their modifications that explain how the original norms *are* being respected (in a "sublimated fashion"). Answering this question of stability serves two purposes. First, in this way, the idea of

---

points made in his stimulating book. It is the idea of specification that is lacking from his account, and that is needed to fill out the general pragmatist approach that he sets out.
26. John Dewey, *Human Nature and Conduct* (New York: Henry Holt, 1922), p. 194.
27. Wallace, *Moral Relevance and Moral Conflict*, p. 86.
28. I am indebted to Nathan Salmon for having pressed me for an answer to this question.

specification converts the general pragmatist approach into a truly distinct model for concrete ethics. Second, we want some such notion of constrained change both to allow the development of a stable moral theory and to give us some assurance that the commitment that underlay the initial norm is being appropriately honored. Yet there are three reasons not to simply stipulate that an acceptable specification is one that captures this initial commitment and leave it at that: (1) We may not be aware just what the contours of this initial commitment are. The model of specification lets these emerge on reflection. (2) If the underlying rationale of a norm being specified can be laid out, then this just means that we have looked through it to some other norms, which are then what should be in play. (3) To honor the initial "point" or source of commitment is easier said than done. For all these reasons, in defining the notion of specification I will seek to delineate a notion that will not merely posit stability but will explain it.

For this sort of stability in the course of revision to be possible, it must be the case that the norms being specified are not "absolute" in logical form the way (i) is, that is, are not strictly universal with respect to the domain of possible acts. Instead of being, in this sense, prefaced by an "always," they must be seen as implicitly beginning with a "generally speaking." To see why the latter form is necessary to stability, note that there are two possibilities: either the more specific norm that results from deliberation replaces the initial norm it specifies or else it stands alongside it. If it stands alongside, it would mark an expansion of the set of norms. If it replaces, that would be a true revision of the set of norms.[29] If the initial norm were strictly universal, then a specification that stood alongside it would be otiose, since it would already be implied in the initial norm, and could be omitted as an unnecessary step in a deductive argument to a practical conclusion. For example, if we began with "it is always wrong to lie," then "it is wrong to lie to someone who has a right to the truth" would be redundant. As Kant held, the right to the truth would be irrelevant to the permissibility of lying. If the more specific norm replaced the one it specifies, however, the result would be an implied exception that would be logically incompatible with the initial norm's universal command, making it difficult to see any stability. Accordingly, to conceive of a kind of stability over the course of a path of

---

29. For the terminology of revision and expansion, see Peter Gärdenfors, *Knowledge in Flux: Modeling the Dynamics of Epistemic States* (Cambridge, Mass.: MIT Press, 1988), sec. 3.1.

293   *Specifying Norms as a Way to Resolve Concrete Ethical Problems*

specification that does useful work, one must suppose that the norms being specified are not absolute in the fashion of (i).

This supposition poses no difficulty, for the norms to which we are commonly committed are not plausibly viewed as formally absolute in this way. Rather, they are typically qualified, at least implicitly, by variants of "generally" or "for the most part." This sort of looseness is a common feature of our norms as we find them, whether they be prohibitions, positive duties, or ends. As T. M. Scanlon has written, "common-sense moral principles . . . are not simple self-contained rules. . . . Qualifications having to do with intent, justifications, excuses, and so on, while not always explicit in any formulation of the principle, are part of the idea referred to (though their exact boundaries are never clear)."[30] That blanket prohibitions on lying and killing are not universally applicable is widely recognized. The kind of looseness our norms allow is often thought of as making implicit room for exceptions. Another way of regarding it is to use Kant's notion of "latitude." This idea is different insofar as it suggests that the exact extent and nature of the duty may require further specification. Thus, in presenting the positive duty of beneficence, Kant presents it as not specifying when, exactly, one must help others, what one must do to help them, or to what degree one must sacrifice one's own welfare in doing so. Nonetheless, there is an "imperfect" duty to do *something* for the sake of helping others.[31] I believe that our common beliefs about beneficence are similarly latitudinarian; and our ends and values are even more obviously qualified in this way. To be sure, many philosophical debates begin by supposing they are not: we may think, for instance, that a political regime must do everything it can to promote liberty *and* everything it can to promote equality, and end up having to cope with the resulting conflict.[32] Yet most ends, including these political ideals, fall short of requiring that we do everything possi-

30. T. M. Scanlon, "Levels of Moral Thinking," in *Hare and Critics: Levels of Moral Thinking*, ed. Seanor and Fotion, p. 134. Despite this talk of reference to an idea, Scanlon states clearly that he does "not mean to suggest that there is a fixed set of moral ideas" to be simply discovered (p. 137). Hare, responding to Scanlon in ibid., p. 263, poses the challenge that I am now addressing of how a norm can be seen as "the same" before and after revision.

31. Immanuel Kant, *The Metaphysics of Morals*, pt. 2 (*Tugendlehre*), Introduction, secs. 7–8.

32. For a sketch of the importance of the idea of specification for liberal political theory, see sec. 8 of my essay "The Problem of Liberalism and the Good," in *Liberalism and the Good*, ed. Gerald M. Mara, R. Bruce Douglass, and Henry S. Richardson (New York: Routledge, 1990).

ble that can be done in their service. For instance, a serious commitment to the end of liberty does not imply that one must shield pornographers or reduce government regulation to an absolute minimum.

While the model of specification begins with norms that allow for latitude, it also ends with them; and this feature is crucial to its status as a distinct model. It is not realistic to view the goal of concrete ethical discussion or deliberation as coming up with adequately limited ("midlevel") though still strictly universal norms. To be sure, if we never arrive at norms of this form, then since deductive application along the lines of the Peripatetic syllogism must begin from a norm of the form of (i), it will prove impossible. That it is impossible was argued in the previous section, precisely on the grounds that the complexity of the moral phenomena always outruns our ability to capture them in general norms. Fortunately, there is no need to settle individual cases deductively in order to settle them on rationally defensible grounds. The central assertion of the model of specification is that specifying our norms is the most important aspect of resolving concrete ethical problems, so that once our norms are adequately specified for a given context, it will be sufficiently obvious what ought to be done. That is, without further deliberative work, simple inspection of the specified norms will often indicate which option should be chosen.[33] A conclusion supported by considerations that hold only "for the most part" is, of course, rebuttable by further deliberation; but that is the way our moral reasoning goes. The ability to bring norms to bear on cases even while leaving them nonabsolute is a distinctive feature of the model of specification.

Having thus sketched the model of specification, I am now in a position to define the specification relation more precisely. Doing so will require some preliminary definitions of component notions. Although the model of specification supposes that the norms to which we are actually committed are typically not absolute, it will be convenient to define the relation of specification by reference to artificially tightened versions of these norms that, unlike a norm that begins with "generally" or "for most actions," can have well-defined and presumably bivalent conditions of

---

[33]. As Aristotle would put it, once the norm (end) is sufficiently specific, there is no need for further deliberation, and it is "perception" that must supply the "premise" that a currently possible action satisfies the norm. See, e.g., *De Motu Animalium*, chap. 7, and the discussion thereof by David Charles, *Aristotle's Philosophy of Action* (Ithaca: Cornell University Press, 1984), p. 96.

satisfaction. Without undue violence, then, the typical looseness of ordinary norms could be represented as taking the following form:

(i*) For *most* actions x, if Ax then x is (is not) permitted (obligatory).

The *absolute counterpart* of a norm of the form of (i*) is one that restores it to the form of (i) by replacing the hedging "for *most* actions" with the absolute "for *all* actions."[34] The detailed way in which the satisfaction of a norm is to be understood will presumably depend upon the *type* of norm involved, that is, upon whether it is an end, permission, requirement, or prohibition. In general, we can say that an *instance* of an absolute norm is an alternative that satisfies it. An instance of an end is an example of what amounts to its achievement or actualization; an instance of a permission is an example of what is permitted; and an instance of a prohibition is an example of avoiding what is prohibited. Given the generality of my account, it would be wrong to try for too much precision in the notion of satisfaction that underlies this extended usage of the term *instance*.[35]

On the basis of these other definitions, I now define *specification*, considered as a relation between two norms, as follows:

Norm p is a *specification* of norm q (or: p specifies q) if and only if

(a) norms p and q are of the same normative type;[36]
(b) every possible instance of the absolute counterpart of p would count as an instance of the absolute counterpart of q (in other words, any act that satisfies p's absolute counterpart also satisfies q's absolute counterpart);
(c) p qualifies q by substantive means (and not just by converting universal quantifiers to existential ones) by adding clauses indicating what, where, when, why, how, by what means, by whom, or to whom[37] the action is to be, is not to be, or may be done or

---

34. If a norm is already absolute, then its absolute counterpart is itself. I remind the reader that the absoluteness I have in mind is a matter of logical form, not epistemic basis.

35. See the instructive worrying of this notion of satisfaction in Ludwig Wittgenstein, *Philosophical Investigations*, 3d ed. (New York: Macmillan, 1958), pt. 1, secs. 437–39.

36. Ideally, this restriction on cross-type specification should be overcome; but I have thought it better to avoid the complications that would come with the attempt.

37. This clause uses the traditional list of "circumstances" developed by the casuists: see Jonsen and Toulmin, *The Abuse of Casuistry*, p. 253. The list goes back to Aristotle's theory of the "predicables" in the *Categories*.

the action is to be described, or the end is to be pursued or conceived; and

(d) none of these added clauses in *p* is irrelevant to *q*.

Several comments are in order. First, by referring to the absolute counterpart of the specified norm, clause (b) enables specification to be defined in terms of the ordinary notion of containment without requiring that specification proceed from absolute norms.[38] It can therefore rule out making an exception by disjunction. That is, if the original norm says "when you have received great benefits from someone that were not simply your due, you should generally express your gratitude to him or her," this cannot be specified to read "when you have received great benefits from someone that were not simply your due, you should generally *either* express your gratitude to him or her *or surreptitiously aid his or her child.*"[39] An act that satisfied the second norm by aiding the child could fail to satisfy the first norm's absolute counterpart. Second, clause (c) implies that the sense in which a specification is more "specific" than what it specifies goes beyond the "subset" requirement of clause (b), ruling, for instance, that a move from "torture is always wrong" to "torture is sometimes wrong" is not a specification. Specification proceeds by setting out substantive qualifications that add information about the scope of applicability of the norm or the nature of the act or end enjoined or proscribed. Sometimes it will do both. For instance, "euthanasia is generally wrong" might be specified by "it is generally wrong to shut off the respirator of a patient in a potentially reversible coma." Third, while clause (b) rules out specification by disjunction, clause (d) rules out some forms of specification by conjunction. For instance, it blocks taking "to promote the health of my patients and to write a great opera" as a specification of the end of promoting the health of one's patients. The

---

38. Specification might begin from an absolute norm—and for this reason some instances of deductive application are also instances of superfluous specification—but it need not.

39. This restriction on the logical means available in specification is rather narrowly drawn. One might achieve much the same effect by putting the "exception" into the circumstances: "When you have received great benefits from someone that were not simply your due, and when you do not have an opportunity to aid their child surreptitiously, you should express your gratitude." This norm, however, is of narrower scope than that in which the exception is by disjunction; in particular, the former does not say what one's duty is in those circumstances in which one does have this opportunity, whereas the latter explicitly leaves the agent two options in those cases.

*Specifying Norms
as a Way to Resolve
Concrete Ethical Problems*

element referring to opera is (presumably!) irrelevant to the patients' health.[40]

Finally, note that in the definition of specification as a relation between two norms, there is no mention of any temporal or justificatory priority between the two. To be sure, my thesis is that in the attempt to resolve a concrete issue, the most important thing will be to make our norms more specific; but it is also important that we sometimes *revise* an end or principle, for what we consider to be good reasons, in a way that will not count as a specification of it. Sometimes we move to a *less* specific formulation of a norm, for instance. Even here, however, the notion of specification can be useful, depending upon the nature of the grounds for claiming that this change is a rational one. In many of these cases, our appeal in changing a norm is to a deeper or more general norm that underlay it, which we now claim to understand better, and for which we provide a new specification. An example of this kind will be given in Section V.

In light of my definition of specification, I can now elaborate on some of the advantages of the model of specification briefly mentioned in the first section. The first is that it allows for a strong reply to the objection that a pragmatist view underestimates the seriousness of our commitments to our initial norms. Although we recognize that they cannot be regarded as absolute, if we suppose that they need to be and are specified further we can nonetheless genuinely claim to be appealing to *them*. This is because the definition of specification assures as nearly as is possible without stipulating it that the commitments expressed in the initial norm would be honored in the satisfaction of the specified norm. While the basic notion of extensional narrowing in clause (b) is important to this result, clauses (c) and (d) reinforce this tendency. Although this will not guarantee the preservation of commitment, it does rule out many of the likely threats to it.[41]

Second, by giving us a way to articulate how a specific norm is meaningfully related back to a more abstract one, the model of specification helps secure a role for a stable ethical theory that seems as elusive on

---

40. There is no pretense, here, that any account of relevance can be innocent of substantive ethical presuppositions.

41. My thinking on these issues, and on the model of specification in general, is much influenced by David Wiggins, "Deliberation and Practical Reason," *Proceedings of the Aristotelian Society* 76 (1975–76): 29–51; repr. in *Practical Reasoning*, ed. Raz.

the general conception of a change in view as it is unattainable conceived as a deductive hierarchy. System is more attainable by specification because the norms need not be taken as fixed or as formally absolute, and so will conflict less readily and adjust more easily than the sort of norms postulated by a pure model of application. Nonetheless, the connection back to an initial norm afforded by the notion of an instance of a general norm's absolute counterpart enables one to set out clearly what has remained the same in the course of specification. By making clear what remains constant despite modifications that are occurring, the model of specification allows one to distinguish the progressive refinement of a theory that remains the same in essentials from the mere shifting from one holistic equilibrium to another.

Third, and by the same token, the notion of specification provides a clear sense to the notion of a "mid-level bridging principle" which might otherwise be lacking. There is no trouble with "mid-level," understood loosely in terms of a rough sense of degrees of generality: the difficulty is in explaining the "bridging" relation. A mid-level norm that specifies a general one and thereby helps mediate the latter to a concrete case serves as a bridge in a quite definite sense—one across which, as I have just claimed, the discussant's or deliberator's commitment will likely travel. A series of progressively more specific norms would provide a bridge with multiple spans.

In addition, the model of specification can explain how it is that contingently conflicting norms "hang around" even after a conflict of norms has been resolved, sometimes giving rise to what Ross called "compunction" and to a duty to make reparations.[42] As John Searle has argued, Ross's own explanation of this phenomenon conflicts with his "official" view that in cases in which prima facie obligations conflict, they do not state actual duties.[43] On the model of specification, however, the general but nonabsolute norm, understood as stating an actual obligation, can stand alongside the specified version that averts the particular conflict at issue.[44] Take the example of a clash between a requirement to respect

---

42. Ross, *The Right and the Good*, p. 28. Regarding this paragraph, I have benefited from the friendly skepticism of Arthur Applbaum and Amy Gutmann, in addition to that of others named above.

43. Searle, "*Prima Facie* Obligation," p. 83. See also Bernard Williams, *Ethics and the Limits of Philosophy* (Cambridge, Mass.: Harvard University Press, 1985), pp. 176–77.

44. The sense in which nonuniversal norms can conflict will be explicitly explored in the next section.

299   *Specifying Norms*
                         as a Way to Resolve
                         Concrete Ethical Problems

one's promises and a prohibition on hurting others, in which you have promised to a person now dead to use their estate to build a research center on a certain plot of land you own, and only later find out that doing so would seriously disrupt the town water supply. Suppose that the initial conflict is averted by specifying the prohibition on breaking promises in a way limited in scope: "When the promisee is dead, respect for one's promises requires fulfilling the spirit of the promise but need not bind one to its precise terms." As the scope limitation allows, suppose further that the original norm has not been thoroughly rejected. Thus, if you subsequently find out that the town has switched to a new reservoir (and you have not yet spent the money), then there will be strong reason both to follow the letter of the promise and to add a further clause limiting the original qualification: ". . . need not bind one to its precise terms *when following them would be seriously disadvantageous to the public.*" Here, the initial specification is rebutted (in practical effect) by a further specification that derives its force partly from the importance of the initial, general prohibition on promise-breaking, which has been retained.

A similar argument could explain how the persistence of this initial prohibition—which is still seen as stating an actual duty—is relevant to accounting for the appropriateness of reparations. Thus, if no alternative water supply turns up, the appropriate secondary specification, instead of referring to public disadvantage, might require paying deference to the deceased's wishes in some more symbolic fashion. To be sure, when a more general norm is denied application to a particular case by a specification (via a scope restriction, for example), whether the specification replaces or stands alongside what it specifies, and in the latter case, whether it gives rise to a duty of reparations are questions that must be addressed on a case-by-case basis. As I shall argue in the next section, all such questions are to be answered in terms of the overall coherence and mutual support of the whole set of norms. If the initial general prohibition remains among them, then coherence grounds may support setting a threshold for its violation, requiring that the "least restrictive alternative" be chosen, or requiring reparations.

So far, then, we have seen that the model of specification is genuinely distinct from the model of application, since a specification will in general not follow deductively from what it specifies. This alternative model escapes the apparently exhaustive choice between deductively applying absolute norms and qualifying norms solely by "weights" by denying that the norms with which one starts are always, or even usually, absolute. Nonetheless, the notion of specification has enough structure to represent a significant improvement over the bare pragmatist idea of a change in view, and offers a number of other advantages besides. To show that the model of specification is also a genuine alternative to intuitive balancing, however, I must go further, and explain how specification can be rational—and in particular, how it can be discursively justified.

IV. RATIONAL SPECIFICATION

Are there rational constraints on specification? Unless there were, and unless the superiority of one specification over another could thereby be defended, it would be hard to see how specification could be anything but a special employment of intuition. I will propose a coherence standard for the rationality of specification. This standard in effect carries the Rawlsian idea of "wide reflective equilibrium" down to the level of concrete cases.[45] The power and interest of this coherence standard is underestimated if it is seen simply as requiring an absence of logical contradictions. In the last section, we saw how the relation of specification allowed for a stable development of theory despite revisions; now I suggest that developing a theory—even if only one quite limited in scope—is crucial to the rational defense of any specification. A (successful) theory importantly makes intelligible logical connections among the norms to which one is committed that do not merely demonstrate that they are logically compatible with each other, but also explain some of them in terms of others. It is this kind of argumentative support, and not mere lack of incoherence, that can justify.[46] Note that although there is no meaningful measure of the strength of argumentative support, it remains—unlike the grounds invoked by the intuitionist—fully subject to discursive statement and criticism.

There are two reasons why building explanatory or intelligible argumentative connection is vital to the rationality of the model of specifica-

---

45. The notion of wide reflective equilibrium was introduced, although without the label, in John Rawls, *A Theory of Justice* (Cambridge, Mass.: Harvard University Press, 1971), p. 49. The label is applied in Rawls's Presidential Address, "The Independence of Moral Theory," *Proceedings and Addresses of the American Philosophical Association* 47 (1974–75): 8.

46. On the importance of mutual support to justification, see Rawls, *A Theory of Justice*, pp. 21, 579.

301   *Specifying Norms as a Way to Resolve Concrete Ethical Problems*

tion. The first, as Gilbert Harman has emphasized, is just that it is important to the rationality of any "change in view."[47] The second is that developing a theory is an important means of avoiding contingent practical conflicts. These matter because the enterprise of deciding what ought to be done in a concrete situation (if not all of ethics) is a practical enterprise. This fact puts it in the same camp as intending or willing: if we believe it impossible—even contingently impossible—to do both x and y, then we have reason to revise the set of norms leading to the conclusion that we ought to do both. (This contrasts with wishing and desiring, for which jointly incompatible objects are perfectly normal and apparently acceptable.)

When a conflict of norms is the result of some contingent fact about the world, it is of course an important question whether we should not try to avert the conflict by changing the world rather than by changing our norms.[48] Often, there will be good reason to do both. For example, suppose that contingent limitations of technology now prevent us from being able to protect hospital populations from the spread of a potentially fatal disease except by severely limiting the work of surgeons discovered to be carriers of this disease. We cannot well serve both the epidemiological interests of the hospital population, the professional interests of the infected surgeons, and the interests of the patients potentially benefited by their surgical talents. In such a situation, we surely have reason *both* to seek improved technologies to block the spread of the disease *and* to attempt to resolve this contingent clash between the ends involved in a way that takes for granted the limitations of current technology. In doing so, it will be important to arrive at a finer-grained specification of the aims that guide us in this situation. For instance, the "interests of the surgeons" might be factored into financial security and the liberty to pursue their calling. The former interest might be satisfied by a special indemnity for those found to be carriers, while the latter might be further specified in a way that makes plain that it cannot be consistently achieved in a way that involves inflicting harm on patients, even unwittingly, by spreading disease. The fact that some such specification of the

47. Gilbert Harman, *Change in View: Principles of Reasoning* (Cambridge, Mass.: MIT Press, 1986), pp. 32–33 and chap. 7.
48. See Ruth Barcan Marcus, "Moral Dilemmas and Consistency," *Journal of Philosophy* 77 (1980): 121–36, repr. in *Moral Dilemmas*, ed. Gowans; and the criticism of Marcus in Alan Donagan, "Consistency in Rationalist Moral Systems," *Journal of Philosophy* 81 (1984): 291–309, repr. in *Moral Dilemmas*, ed. Gowans, p. 281.

ends involved could avoid the contingent conflict between the surgeons' interests (unspecified) and those of the patients provides one reason for specifying in this way.

Ross and F. H. Bradley were right, then, that such practical conflict among our norms is ubiquitous, but wrong in thinking that this fact left us with no alternative but intuitive and ad hoc balancing.[49] The owl of Minerva can do better than that. Because of the pervasiveness of potential conflicts, however, the only way to have any grounds to hope that a specification does not simply avert one local conflict at the cost of giving rise to worse ones elsewhere is to begin to develop a relatively stable moral theory.

These extensions of the idea of consistency of norms in the direction of practical or contingent consistency and mutual argumentative support explain the possibility of a conflict between norms that are not strictly universal. Even if such norms cannot be logically inconsistent with one another, they can be practically inconsistent insofar as they guide choice in opposite directions and disturb our attempts at theoretical systematization. Thus, consider the difficulties on both counts that have been posed by the clash between the views that it is generally wrong to lie and that it is important to prevent others from coming to harm.

A specification is rationally defensible, then, so long as it enhances the mutual support among the set of norms found acceptable on reflection. Typically, the removal of a conflict will enhance mutual support, but not always. In such matters, it is vain to strive after an ephemeral ideal of the total absence of conflict—especially since sometimes, on reflection, we see no acceptable way to rationalize away a given practical conflict. Still, there will be clear cases in which a shift in specification yields a more coherent overall view by acceptably removing a given conflict.

V. Examples of Specification

To reinforce my claim that specification can be discursively pursued and justified, I will present two schematic examples of it. One is set in a medical context in which the ruling model is that of a hybrid deontology

---

49. For Bradley's claim that conflicting considerations are pervasive, see "My Station and Its Duties," pp. 196–97 (footnote). For Ross's, see *The Right and the Good*, pp. 30–34. For Bradley's Hegelian view that philosophy cannot guide, but can only understand, see "My Station and Its Duties," p. 193.

303   *Specifying Norms as a Way to Resolve Concrete Ethical Problems*

along the lines of Ross, and the other is a case that would be treated as ethical only by certain value-maximizing or value-balancing ethical views.

First, then, let us consider a hypothetical and simplified course of deliberation about whether to withhold nutrition and hydration from a severely malformed newborn so as to let it die. I ask the reader to suspend any dissent from the particular norms mentioned, and to concentrate upon the relations among them. Our hypothetical agent will be imagined to hold certain views, not only about the case in question (which I will not describe exactly) but also about a range of related cases with respect to which—seeking rationality in specification—she aims to work out a consistent view. In the debate over the Baby Doe cases, it appears that at least three main principles are in contention, each of which our deliberator begins by accepting in nonabsolute form: (1) a prohibition on directly killing innocent persons (here, the newborn), (2) a duty to respect the reasonable choices of parents regarding their children (suppose that in this case the mother and father want to let their baby die), and (3) a duty to benefit the persons over whom one has responsibility (here, from the point of view of the medical personnel, the patients—i.e., the infant and the mother).[50] Assuming that the prohibition on directly killing innocent persons is not to be evaded, in the case in question, either on double-effect grounds (i.e., on the grounds that the killing is not "direct") or on act-omission grounds (i.e., on the grounds that withdrawing nutrition and hydration is merely "letting die" and not killing), there is a conflict between the first principle and the other two. An analysis of the concept of personhood will not help much here, for our deliberator quails at the implications *either* of classing these newborns as persons and sticking by the prohibition on killing *or* of classing them as nonpersons and thereby treating that prohibition as irrelevant. She finds the first option terrible from the point of view of benefit—cui bono? The second option she deems unacceptable partly on its own account and partly because of its implications by analogy for the treatment, say, of the elderly and the mentally retarded. The suggestion of the model of specification, by contrast, is that we must not assume that the principles mentioned are all fixed in their content, leaving us only to understand the terms of

50. Cf. the principles invoked by Laurence B. McCullough and Catherine Myser, "Recent Developments in Perinatal and Neonatal Medical Ethics: A US Perspective," *Seminars in Perinatology* 11 (1987): 216–23.

the principles precisely and to describe the case accurately so as to determine correctly which principle applies. I want to illustrate the idea of specification at work in two ways in a possible course of deliberation: first, in helping understand a revision of a norm that is not itself a case of specification, and second, in a specification proper.

Suppose, as a first step, that our deliberator is led by this practical conflict to examine her reasons for accepting the general prohibition on killing, and suppose that these revolve around the notion of respect for persons. What is it about persons, she wonders, that demands respect? These difficult cases involving severely defective infants force this question upon her. Suppose that she decides, on reflection, that the prohibition on killing is, in effect, a specification of a more general principle requiring respect for self-conscious life, and that she is led to revise the prohibition, replacing it with one that specifies the underlying norm differently. Suppose, also, that the present practical conflict leads her to qualify the revised prohibition on killing further by reference to the principle of benefit. As a result of these deliberations, she specifies the prohibition on directly killing innocent persons to read "it is generally wrong directly to kill innocent human beings who have attained self-consciousness, and generally wrong directly to kill human beings with the (genetic?) potential to develop self-consciousness who would not be better off dead, but it is not generally wrong directly to kill human beings who meet neither of these criteria." Although its explicit exception prevents this norm from being a specification of the original prohibition (1), it can still claim some support as a specification of the underlying norm of respect for life. It can also be defended more particularly by reference to the fact that it resolves many conflicts among the norms governing the treatment of defective newborns. As always, of course, if resolving these conflicts provokes other ones, this defense of the specification may be rebutted. To reflect this, and taking to heart the maxim that "hard cases make bad law," the deliberator may wish to preface her specifications with a scope limitation, such as "in all cases involving defective newborns. . . ."

Let us suppose, however, that the particular case facing our agent is one in which it does not appear that the infant in question would be better off dead. Of course, one might at this stage seek a resolution by specifying further the tremendously vague notion of "benefit" as it appears in the principle she arrived at in the preceding paragraph; but let us suppose, instead, that she first works with the principle of respect for

305 *Specifying Norms as a Way to Resolve Concrete Ethical Problems*

parental choice, since there remains a clash between the revised prohibition and the wishes of the parents. In this case, there is a specification readily available in the ethical tradition which will lessen the practical conflict she is facing by restricting the range of the principle of respect for parental choices to choices that themselves express respect for their children. (Compare Kant's version of respect for autonomy.) Accordingly, she may specify this principle as requiring "that one respect the reasonable choices of parents regarding their children so long as they respect the children's rights." She might, further, decide that this narrowed version of respect for parental choice ought to be taken to *replace* the initial, unqualified version, thereby freeing herself from a requirement to respect the wishes of the parent if they would go against the infant's right to life.

While the course of this hypothetical path of deliberation has been highly controversial and considerably oversimplified, let me highlight the two features that give rise to its claim to be a rational process. First, the specifications and respecifications offered do manage to avert a practical conflict among principles—a conflict that in itself seems rationally unacceptable. Since they therefore enhance the fit among our principles, at least within this limited domain, these specifications mark an improvement in coherence that might be counted as being, in itself, strong (though hardly conclusive) grounds for the rationality of this change. Second, although each of these specifications is controversial, their grounds are not some kind of private and nondiscursive perception or intuition. Rather, they rest on grounds open to rational public debate and assessment, such as those arguments resting on the underlying theory of respect for persons. For instance, the specification of the prohibition on killing offered above could be rationally rejected on the basis of an argument to the effect that the grounds of the prohibition are quite independent of its specifying the ideal of respect for persons.

For a second example, I will shift from the tragic to the merely distasteful, and discuss a choice that is the personal counterpart of what is now a major policy question.[51] It is a choice faced by a committed environmentalist—one convinced that he should, within reason, live his life

---

51. In this essay I have generally tried to avoid getting into the complications that arise when the decision to be made is, in an important way, joint, public, or interpersonal. While one might claim that an advantage of, say, some forms of preference utilitarianism is that they leave controversial questions of value specification to individuals, I believe that this is a misleading dodge.

so as to minimize his adverse impact on the ecosystem. And now the momentous question is: Should he use disposable diapers for his baby or cloth ones? He is enough of an environmentalist that we may ignore questions of convenience and the baby's well-being (allergies, dryness, and so on), and focus solely on the relevant environmental values.[52]

Here is one approach our environmentalist might take: he might make a list of all of the kinds of environmental damage relevant to this choice. In using disposables there is tree loss, topsoil lost and species disturbed at the logging site, air pollution from logging vehicles, water pollution from the pulp plant, oil consumed and air polluted during plastics manufacture, energy consumed in disposable diaper production, the bulk of disposable diapers as a strain on available landfill space, and the biological hazards posed by disposing of soiled diapers. In using cloth diapers there are pesticides used in farming cotton, air pollution from the farming vehicles, energy consumption in manufacturing cotton diapers, energy consumption in transporting and washing cotton diapers, the incremental strain on the sewage system of emptying the cloth diapers into the public sewers, and water pollution from the detergent and bleach used in cleaning the cloth diapers. Being compulsive enough to develop such a list, our deliberator is certainly not going to rest content with an intuitive balancing of this complex set of pros and cons. In order to be more systematic, he instead may try to develop an "environmental impact index" that (1) develops a measure of each of these different types of effect and (2) assigns that measure a weight. But how is such a weighting to be rationally defended? The task seems hopeless, and its value merely heuristic. If this factoring into pros and cons is just a more complicated version of intuitive balancing, it might be easier just to go by his gut reaction to the overall choice.

This abortive effort at weighting these different types of environmental harm, however, will not be in vain if it leads our deliberator to reflect on the way he would specify his guiding norm. We started by supposing that his single overriding relevant principle was to protect and preserve the

---

52. Since the following paragraphs were written, Arthur D. Little Inc., a respected consulting company, published a "life cycle analysis" of the two types of diaper, much along the lines suggested in the text. It concludes that neither type of diaper is clearly better for the environment. Although the study was funded by one of the makers of disposables, the spokesman for one national environmental organization complained only that the study ignored the pesticides used in growing the cotton for cloth diapers. See John Holusha, "Diaper Debate: Cloth or Disposable?" *New York Times*, 14 July 1990, late edition, p. 46.

307   *Specifying Norms as a Way to Resolve Concrete Ethical Problems*

environment: but what shall he mean by this? Preserve it in what state, from what dangers? Reflection on the various pros and cons can be of heuristic value in helping him further specify his central principle. Thus, while many of the harms on either side seem to cancel out, in a rough way, there remains a salient difference between the two options—one which might be captured by the notions of material flow versus energy expenditure. Disposable diapers come from the forests and the oil reserves and end up in landfills. Cloth diapers stick around, but require a lot of pollution-generating energy consumption to do so. This overall contrast suggests that it will be important, for the purposes of making this choice, whether our environmentalist specifies his leading norm in one of two broadly familiar ways. First, there is the more old-fashioned conception of the conservationist: the supporter of wilderness areas, hiker (or perhaps NRA member), and reader of John Muir, whose notion of preserving the environment centers on the idea of keeping those parts of nature not yet touched by man from becoming disrupted. Second, there is the newer, more urban-oriented and liberal environmentalist who focuses on those parts of the earth where man's influence is already noticeable, is concerned largely with human health, and seeks to minimize the pollution of populated areas. The first specification would lend differential support to the use of cloth diapers, the second to the use of disposables (at least if the biohazard can be contained). How will our deliberator decide which specification of his guiding norm to adopt (supposing he is initially unsure)? Here is where his effort at ranking the particular harms involved, though incomplete and insufficiently precise to yield a single-valued index, will nonetheless help, for it is likely that his pattern of ranking reflects one of these specifications more than the other. This differential could draw his attention to the way he would specify his guiding norm. Once he focuses on this question, it is likely that this more finely specified version of his environmental end will fit with and will help make sense of a broad range of his policy positions. This fit would justify or explain his adopting that specification. If he can specify his guiding norm more finely in one of these two ways, then which diaper option he should choose will become relatively obvious.

To be sure, once he has settled upon one of these specifications—or perhaps upon a more complex one that crafts a compromise—this would provide a better basis for constructing an index. Obviously, however, the resulting weighting would not be one that was antecedent to the choice.

Furthermore, since other choices might call for a still finer grained specification, or one that qualified along a different axis, it would be unwise to place too much confidence in the weighting that seems implied by this particular choice.

In this second example, as in the first, the claim to rationality for the specification stems from the possibility of setting out discursively the reasons for holding that it yields a better fit than its rival. Here, there is no conflict averted; but where it had seemed that the choice would have to be made purely intuitively, we have instead an argument that is open to assessment. The claim, in this example as in the prior one, is that one can see how the specifications involved count as courses of reasoning—not that one can see that rationality dictates a unique answer.

VI. CONCLUSION

I have argued that the model of specification is not only distinct from the pure models of application and balancing and their hybrids, but also superior to each of them. It deals constructively with moral conflicts rather than being stymied by them, as is the pure model of application; and it has a claim to proceeding by discursive rationality that intuitive balancing cannot share. It benefits from a considerable degree of casuistical flexibility without sacrificing a potentially intimate tie to guiding theories; and it is able to proceed from norms looser and hence more acceptable than the completely universal ones required by the deductivist to reach a conclusion through a Peripatetic syllogism. By showing, without relying upon universal norms, how a theory might remain stable in the face of conflicts, the model of specification also undercuts the argument for ethical skepticism that departs from the fact that norms will conflict.

The decisive advantage of the model of specification lies in its attitude to conflicts of norms. Whereas the pure model of application is bedeviled by conflicts and the pure model of intuitive balancing sails through them untouched, the model of specification learns from the conflicts it faces, exploiting their friction to push off toward a more concrete and definite understanding of the relevant norms. If we assume that our norms cannot be absolute, then they will naturally be qualified in the course of resolving concrete ethical problems. The model of specification searches out qualifications that are specific to the content of the norm being specified (recall the relevance requirement), tailored to the situation being addressed, and articulate as to their rationale.

309   *Specifying Norms*
                       as a Way to Resolve
                       Concrete Ethical Problems

While the superiority of the model of specification's attitude to conflicts over those of the pure models of application and balancing is perhaps obvious, its superiority in this respect in comparison to a hybrid such as Ross's, which combines these two operations, needs more elaboration. I have already commented upon the superior ability of the model of specification to account for the phenomenon of general norms "hanging around" even though they are not followed in a given case. Beyond this, however, is a deeper difference in attitude. This hybrid model has served the very important and constructive function of convincing many that we need not cast aside a nonconsequentialist attachment to moral principles simply on account of counterexamples to each principle taken absolutely—for these can all too readily be generated from our considered judgments about hypothetical and real examples. Shifting from an "absolute" to a "prima facie" interpretation of moral principles allows the nonconsequentialist to survive in the face of such objections. But in the field of medical ethics, at least, it would seem that this hybrid model has won this battle. It turns out, however, that the prima facie principles that have been put forward in this field settle few questions by themselves: rather, one gets a sense of a pervasive conflict between, say, autonomy and beneficence. Because of the nature of the hybrid model's framework, there is little theoretical incentive to refine these prima facie principles in a way that expands the constructive role of discursive reasoning. This lassitude derives from the very feature that gave Rossian intuitionism such appeal in the first place, namely, its ability to brush aside counterexamples. A Rossian intuitionist need not worry about presenting a very vague and overly inclusive interpretation of "autonomy" as "self-determination," for instance, because when a concrete case arises in which the demands of autonomy so interpreted seem unacceptable, it is highly likely that this unacceptability can be explained in terms of a clash with another prima facie principle, therefore depriving any principle of straightforward application. Combine this universal stopgap with the claim that "the decision rests with perception" when the various prima facie principles conflict, and you can see that this hybrid approach offers no logical requirement to go any further than listing a few prima facie principles, the exact contours of which one need not worry much about. If one does start to worry about these—wondering, for instance, why autonomy in the control of one's body is more important than autonomy in the control over the use of one's surgical capacities (say, when there is a conflict over whether the surgeon should amputate a patient's leg), then one has started down the road of specification.[53] Many of the most thoughtful writers on concrete ethics do just this. They should then recognize that Ross's hybrid model no longer adequately describes what they are doing.

In contrast to its alternatives, as I have stressed, the model of specification typically uses practical conflicts, in which unacceptable implications of norms arise, as occasions that give one *pro tanto* grounds for more finely specifying these norms. This feature of the model of specification was apparent in the hypothetical deliberation concerning malformed newborns, in which a more fine-grained interpretation of autonomy was generated in response to the case at hand. It is this sort of further specification that is now needed, I suggest, in relatively well developed areas of concrete ethics such as medical ethics. Unless we can learn from our ethical conflicts in this way, our prospects for a reasonable and rational treatment of the problems of concrete ethics are dim indeed.

53. I doubt that this differential between the body and the use of professional capacities may be deduced from the concept of autonomy. It seems, rather, to reflect an independent set of norms, of the sort that are embodied in the law of torts.

[12]

The Tyranny of Principles
by STEPHEN TOULMIN

If this were a sermon (and perhaps it is), its text would be the quotation attributed to H. L. Mencken that hangs in the staff lounge at The Hastings Center:

> For every human problem, there is a solution that is simple, neat, and wrong.[1]

Oversimplification is a temptation to which moral philosophers are not immune, despite all their admirable intellectual care and seriousness; and the abstract generalizations of theoretical ethics are, I shall argue, no substitute for a sound tradition in practical ethics.

These days, public debates about ethical issues oscillate between, on the one hand, a narrow dogmatism that confines itself to unqualified general assertions dressed up as "matters of principle" and, on the other, a shallow relativism that evades all firm stands by suggesting that we choose our "value systems" as freely as we choose our clothes. Both approaches suffer from the same excess of generality. The rise of anthropology and the other human sciences in the early twentieth century encouraged a healthy sense of social and cultural differences; but this was uncritically taken as implying an end to all objectivity in practical ethics. The subsequent reassertion of ethical objectivity has led, in turn, to an insistence on the absoluteness of moral principles that is not balanced by a feeling for the complex problems of discrimination that arise when such principles are applied to particular real-life cases. So, the relativists have tended to overinterpret the need for discrimination in ethics, discretion in public administration, and equity in law, as a license for general personal subjectivity. The absolutists have responded by denying all real scope for personal judgment in ethics, insisting instead on strict construction in the law, on unfeeling consistency in public administration, and—above all—on the "inerrancy" of moral principles.

I propose to concentrate my attention on this last phenomenon—the revival of a tyrannical absolutism in recent discussions about social and personal ethics. I find it reflected in attitudes toward politics, public affairs, and the administration of justice, as much as toward questions of "ethics"

in a narrower and more personal sense. My main purpose will be to ask: What is it about our present situation that inclines us to move in that direction? By way of reply, I shall argue that, in all large industrialized societies and cultures—regardless of their economic and political systems—ethics, law, and public administration have recently undergone similar historical transformations, so that all three fields are exposed to the same kinds of pressures, face common difficulties, and share in the same resulting public distrust. And I shall try to show what we can learn about those shared problems, and about the responses that they call for, by studying the common origins of our basic ethical, legal, and political ideas. All my central examples will be concerned with the same general topic: the nature, scope, and force of "rules" and "principles" in ethics and in law. Three personal experiences helped to bring these problems into focus for me.

Three Personal Experiences

Human Subjects Research. For several years in the mid-1970s, I worked as a staff member with the National Commission for the Protection of Human Subjects of Biomedical and Behavioral Research, which was established by the U.S. Congress, with the task of reporting and making recommendations about the ethics of using human subjects in medical and psychological research. Eleven commissioners—five of them scientists, the remaining six lawyers, theologians, and other nonscientists—were instructed to make recommendations about publicly financed human experimentation: in particular, to determine under what conditions subjects belonging to certain vulnerable groups (such as young children and prisoners) could participate in such research without moral objection.[2]

Before the Commission began work, many onlookers assumed that its discussions would degenerate into a Babel of rival opinions. One worldly commentator remarked in the *New England Journal of Medicine*, "Now (I suppose) we shall see matters of eternal principle decided by a six to five vote."[3] But things did not work out that way. In practice, the commissioners were never split along the line between scientists and nonscientists. In almost every case they came close to agreement even about quite detailed recommendations—at least for so long as their discussions proceeded taxonomically, taking one difficult class of cases at a time and comparing it in detail with other clearer and easier classes of cases.

Even when the Commission's recommendations were not unanimous, the discussions in no way resembled Babel: the

---

STEPHEN TOULMIN *is professor, Committee on Social Thought and department of philosophy, University of Chicago. This article is adapted from a presentation at The Hastings Center's General Meeting held on June 19, 1981 It was also presented, in a somewhat different version, at Osgoode Hall Law School and will be published in that version in the Osgoode Hall Law Journal.*

commissioners were never in any doubt what it was that they were *not quite unanimous about*. Babel set in only afterwards. When the eleven individual commissioners asked themselves what "principles" underlay and supposedly justified their adhesion to the consensus, each of them answered in his or her own way: the Catholics appealed to Catholic principles, the humanists to humanist principles, and so on. They could agree; they could agree what they were agreeing about; but, apparently, they could not agree why they agreed about it.

This experience prompted me to wonder what this final "appeal to principles" really achieved. Certainly it did not add any weight or certitude to the commissioners' specific ethical recommendations, for example, about the kind of consent procedures required in biomedical research using five-year-old children. They were, quite evidently, surer about these shared, particular judgments than they were about the discordant general principles on which, in theory, their practical judgments were based. If anything, the appeal to principles undermined the recommendations by suggesting to onlookers that there was more disharmony than ever showed up in the commissioners' actual discussions. So, by the end of my tenure with the Commission I had begun to suspect that the point of "appealing to principles" was something quite else: not to give particular ethical judgments a more solid foundation, but rather to square the collective ethical conclusions of the Commission as a whole with each individual commissioner's other *non*ethical commitments. So (it seemed to me) the principles of Catholic ethics tell us more about Catholicism than they do about ethics, the principles of Jewish or humanist ethics more about Judaism or humanism than about ethics. Such principles serve less as foundations, adding intellectual strength or force to particular moral opinions, than they do as corridors or curtain walls linking the moral perceptions of all reflective human beings, with other, more general positions—theological, philosophical, ideological, or *Weltanschaulich*.

Abortion. The years of the National Commission's work were also years during which the morality of abortion became a matter of public controversy. In fact, the U.S. Congress established the Commission in the backwash of the Supreme Court's ruling on the legality of abortion, following a public dispute about research on the human fetus. And before long the public debate about abortion acquired some of the same puzzling features as the proceedings of the Commission itself. On the one hand, there were those who could discuss the morality of abortion temperately and with discrimination, acknowledging that here, as in other agonizing human situations, conflicting considerations are involved and that a just, if sometimes painful, balance has to be struck between different rights and claims, interests and responsibilities.[4] That temperate approach underlay traditional common law doctrines about abortion before the first statutory restrictions were enacted in the years around 1825. It was also the approach adopted by the U.S. Supreme Court in the classic case, *Roe* v. *Wade*; and, most important, it was the approach clearly spelled out by Thomas Aquinas, whose position was close to that of the common law and the Supreme Court. (He acknowledged that the balance of moral considerations necessarily tilts in different directions at different stages in a woman's pregnancy, with crucial changes beginning around the time of "quickening."[5]) On the other hand, much of the public rhetoric increasingly came to turn on "matters of principle." As a result, the abortion debate became less temperate, less discriminating, and above all less resolvable. Too often, in subsequent years, the issue has boiled down to pure head-butting: an embryo's unqualified "right to life" being pitted against a woman's equally unqualified "right to choose." Those who have insisted on dealing with the issue at the level of high theory thus guarantee that the only possible practical outcome is deadlock.

Social Welfare Benefits. My perplexities about the force and value of "rules" and "principles" were further sharpened as the result of a television news magazine program about a handicapped young woman who had difficulties with the local Social Security office. Her Social Security payments were not sufficient to cover her rent and food, so she started an answering service, which she operated through the telephone at her bedside. The income from this service—though itself less than a living wage—made all the difference to her. When the local Social Security office heard about this extra income, however, they reduced her benefits accordingly; in addition, they ordered her to repay some of the money she had been receiving. (Apparently, they regarded her as a case of "welfare fraud.") The television reporter added two final statements. Since the report had been filmed, he told us, the young woman, in despair, had taken her own life. To this he added his personal comment that "there should be a *rule* to prevent this kind of thing from happening."

Notice that the reporter did not say, "The local office should be given discretion to waive, or at least bend, the existing rules in hard cases." What he said was, "There should be an *additional* rule to prevent such inequities in the future." Justice, he evidently believed, can be ensured only by establishing an adequate system of rules, and injustice can be prevented only by adding more rules.

Hence, the questions that arise from these experiences: What force and function do rules or principles truly possess, either in law or in ethics? What social and historical circumstances make it most natural and appropriate to discuss legal and ethical issues in the language of "rules" and "principles"? Why are our own contemporary legal and ethical discussions so preoccupied with rules and principles? And to what extent would we do better to look for justice and morality in other directions?

Rules in Roman Law

Far from playing an indispensable part in either law or ethics, "rules" have only a limited and conditional role. The current vogue for rules and principles is the outcome of certain powerful factors in recent social history; but these factors have always been balanced against counterweights. Justice has always required both law and equity, while morality has always demanded both fairness and discrimination. When this essential duality is ignored, reliance on unchallengeable principles can generate, or become the instrument of, its own subtle kind of tyranny.

My reading soon led me back to Peter Stein's *Regulae Juris*, which traces the development of the concept of a "rule" in Roman law from its beginnings to the modern era.[6] His account of the earliest phases of Roman law was for me the most striking part. For the first three hundred years of Roman history, the legal system made no explicit use of the concept of rules. The College of Pontiffs acted as the city's judges, and individual pontiffs gave their adjudications on the cases submitted to them. But they were not required to cite any general rules as justifications for their decisions. Indeed, they were not required to give reasons at all. Their task was not to argue, but rather to pontificate.

How was this possible? How can any system of law operate in the absence of rules, reasons, and all the associated apparatus of binding force and precedent? Indeed, in such a situation can we say a true system of law exists at all? Those questions require us to consider the historical and anthropological circumstances of early Rome. Initially Rome was a small and relatively homogeneous community, whose members shared a correspondingly homogeneous tradition of ideas about justice and fairness, property and propriety, a tradition having more in common with Sir Henry Maine's ideas about traditional "customary law" than with the "positive law" of John Austin's *Province of Jurisprudence Determined*.[7] In any such community the functions of adjudication tend to be more arbitral than regulatory. Like labor arbitrators today, the judges will not be as sharply bound by precedent as contemporary high court judges. So the disputes that the pontiffs adjudicated were typically ones about which the traditional consensus was ambiguous; the balance of rights and obligations between the parties required the judgment call of a trusted and disinterested arbitrator. In these marginal cases all that the arbitrator may be able to say is, "Having taken all the circumstances into account, I find that on this particular occasion it would, all in all, be more reasonable to tilt the scale to A rather than to B." This ruling will rest, not on the application of general legal rules, but rather on the exercise of judicial discrimination in assessing the balance of particulars. Initially, "pontificating" did not mean laying down the law in a dogmatic manner. Rather, it meant resolving marginal disputes by an equitable arbitration, and the pontiffs had the trust of their fellow citizens in doing so.

This state of affairs did not last. Long before the first Imperial codification, Roman law began to develop the full apparatus of "rules" with which we ourselves are familiar. Stein suggests that five sets of factors contributed to this new reliance on *regulae*.[8] First, as the city grew, the case load increased beyond what the pontiffs themselves could manage. Junior judges, who did not possess the same implicit trust as the pontiffs, were brought in to resolve disputes; so the consistency of their rulings had to be "regularized." Second, with the rise of lawyering as a profession, law schools were set up and *regulae* were articulated for the purpose of teaching the law. Discretion, which had rested earlier on the personal characters of the pontiffs themselves and which is not so easy to teach, began to be displaced by formal rules and more teachable argumentative skills. Third, Rome acquired an empire, and foreign peoples came under the city's authority. Their systems of customary law had to be put into harmony with the Roman system, and this could be done only by establishing a concordance between the "rules" of different systems. Fourth, the empire itself developed a bureaucracy, which could not operate except on the basis of rules. Finally, the intellectual discussion of law was pursued in the context of Greek philosophy. Although Cicero, for example, was a practicing attorney, he was also a philosophical scholar with a professional interest in the Stoic doctrine of the *logos*, or "universal reason."

What followed the resulting proliferation of rules and laws is common knowledge. First, a functional differentiation grew up between two kinds of issues. On the one hand, there were issues that could be decided by applying *general* rules or laws, on the basis of the maxim that like cases should be treated alike. On the other hand, there were issues that called for discretion, with an eye to the *particular* features of each case, in accordance with the maxim that significantly different cases should be treated differently. This functional differentiation became the ancestor of our own distinction between legal and equitable jurisdiction. Second, the Emperor Constantine decided as a matter of imperial policy to bring equitable jurisdiction under his personal control by reserving the equitable function to his own personal court and chancellor. Out in the public arena, judges were given the menial task of applying general rules with only the minimum of discretion. Once legal proceedings were exhausted, the aggrieved citizen could appeal to the Emperor as *parens patriae* ("father of the fatherland") for the benevolent exercise of clemency or equity. Politically, this division of labor certainly did the Emperor no harm; but it also sowed the first seeds of public suspicion that the Law is one thing, Justice another.[9]

Carried over into the modern English-speaking world, the resulting division between courts of law and courts of equity is familiar to readers of Charles Dickens. And although during the twentieth century most Anglo-American jurisdictions have merged legal and equitable functions in the same courts,[10] it is still widely the case that equitable remedies can be sought only in cases where legal remedies are unavailable or unworkable—so that in this respect the dead hand of Constantine still rules us from the grave.

The Ethics of Strangers

Life in late-twentieth-century industrial societies clearly has more in common with life in Imperial Rome than it has with the Rome of Horatius at the Bridge or with Mrs. Gaskell's *Cranford*. Our cities are vast, our populations are mixed and fragmented, our public administration is bureaucratic, our jurisdictions (both domestic and foreign) are many and varied. As a result, the moral consensus and civic trust on which the pontificate of early Rome depended for its general respect and efficacy often appear to be no more than a beguiling dream. The way we live now, people have come to value uniformity above responsiveness, to focus on law at the expense of equity, and to confuse "the rule of law" with a law of rules. Yet the balance between law and equity still needs to be struck, even if new ways need to be found that answer our new needs. From this point on, I shall work my way toward the question: how, in our actual situation, can that balance best be redressed?

In law, in ethics, and in public administration alike, there is nowadays a similar preoccupation with general principles and a similar distrust of individual discretion. In the administration of social services, the demand for equality of treatment makes us unwilling to permit administrators to "temper the wind to the shorn lamb"—that strikes us as unfair, and therefore unjust.[11] (The equation of justice with fairness is thus a two-edged sword.) In the professions, a widespread fear that professionals are taking unfair advantage of their fiduciary positions has contributed to the recent wave of malpractice suits. In the courts, judges are given less and less room to exercise discretion, and many lawyers view juries as no more trustworthy than judges; the more they are both kept in line by clear rules, or so it seems, the better.[12] As for public discussions of ethics, the recognition of genuine moral complexities, conflicts, and tragedies, that can be dealt with only on a case-by-case basis, is simply unfashionable. Victory in public argument goes, rather, to the person with the more imposing principle. Above all, many people involved in the current debate seem to have forgotten what the term "equity" actually means. They assume that it is just a literary synonym for "equality."[13] So, a demand for the uniform application of public policies leads to a submerging of the discretionary by the rigorous, the equitable by the equal. Faced with judicial injustices, we react like the television reporter, declaring, "There ought to be a law against it," even where it would be more appropriate to say, "In this particular case, the law is making an ass of itself." The same applies to the operation of our bureaucracies, and to the emphasis on principles in moral judgments.

In all three fields, we need to be reminded that equity requires not the imposition of uniformity or equality on all relevant cases, but rather reasonableness or responsiveness (*epieikeia*) in applying general rules to individual cases.[14] Equity means doing justice with discretion around, in the interstices of, and in areas of conflict between our laws, rules, principles, and other general formulas. It means being responsive to the limits of all such formulas, to the special circumstances in which one can properly make exceptions, and to the trade-offs required where different formulas conflict. The degree to which such marginal judgments can be regularized or routinized remains limited today, just as it was in early Rome. Faced with the task of balancing the equities of different parties, a judge today may well be guided by previous precedents; but these precedents only illuminate broad maxims, they do not invoke formal rules.[15] Likewise, professional practice may be described in cut-and-dried terms as a matter of "routine and accepted" procedures only in the artificial context of a malpractice suit. In the actual exercise of his profession, a surgeon, say, may sometimes simply have to use his or her own best judgment in deciding how to proceed conscientiously. Finally, in ethics, moral wisdom is exercised not by those who stick by a single principle come what may, absolutely and without exception, but rather by those who understand that, in the long run, no principle—however absolute—can avoid running up against another equally absolute principle; and by those who have the experience and discrimination needed to balance conflicting considerations in the most humane way.[16]

By looking at the effects of changing social conditions and modes of life on our ethical perceptions, I believe we can best hit on the clues that will permit us to unravel this whole tangle of problems. A century ago in *Anna Karenina* Leo Tolstoy expressed a view which, though in my opinion exaggerated, is none the less illuminating. During his lifetime Tolstoy lived to see the abolition of serfdom, the introduction of railways, the movement of population away from the country to the cities, and the consequent emergence of modern city life; and he continued to have deep reservations about the possibility of living a truly moral life in a modern city. As he saw matters, genuinely "moral" relations can exist only between people who live, work, and associate together: inside a family, between intimates and associates, within a neighborhood. The natural limit to any person's moral universe, for Tolstoy, is the distance he or she can walk, or at most ride. By taking the train, a moral agent leaves the sphere of truly moral actions for a world of strangers, toward whom he or she has few real obligations and with whom dealings can be only casual or commercial. Whenever the moral pressures and demands become too strong to bear, Tolstoy has Anna go down to the railway station and take a train somewhere, anywhere. The final irony of Tolstoy's own painful life was that he finally broke away from his home and family, only to die in the local stationmaster's office.[17] Matters of state policy and the like, in Tolstoy's eyes, lay quite outside the realm of ethics. Through the figure of Constantin Levin, he made clear his skepticism about all attempts either to turn ethics into a matter of theory or to make political reform an instrument of virtue.[18]

What Tolstoy rightly emphasized is the sharp difference that exists between our moral relations with our families, intimates, and immediate neighbors or associates, and our moral relations with complete strangers. In dealing with our children, friends, and immediate colleagues, we both expect to—and are expected to—make allowances for their individual personalities and tastes, and we do our best to time our actions according to our perception of their current moods and plans. In dealing with the bus driver, the sales clerk in a department store, the hotel barber, and other such casual contacts, there may be no basis for making these allowances, and so no chance of doing so. In these transient encounters, our moral obligations are limited and chiefly negative—for example, to avoid acting offensively or violently. So, in the ethics of strangers, respect for rules is all, and the opportunities for discretion are few. In the ethics of intimacy, discretion is all, and the relevance of strict rules is minimal.[19] For Tolstoy, of course, only the ethics of intimacy was properly called "ethics" at all—that is why I described his view as exaggerated. But in this respect the ethics of John Rawls is equally exaggerated, though in the opposite direction. In our relations with casual acquaintances and unidentified fellow citizens, absolute impartiality may be a prime moral demand; but among intimates a certain discreet partiality is, surely, only equitable, and certainly not unethical. So a system of ethics that rests its principles on "the veil of ignorance" may well be "fair," but it will also be—essentially—an ethics for relations between strangers.[20]

The Stresses of Lawsuits

Seeing how Tolstoy felt about his own time, what would he have thought about the life we lead today? The effects of the railways, in blurring the boundary between the moral world of the immediate community and the neutral world beyond, have been only multiplied by the private car, which breaks that boundary down almost completely. Living in a high-rise apartment building, taking the car from its underground garage to the supermarket and back, the modern city dweller may sometimes wonder whether he has any neighbors at all. For many of us, the sphere of intimacy has shrunk to the nuclear family, and this has placed an immense strain on family relations. Living in a world of comparative strangers, we find ourselves short on civic trust and increasingly estranged from our professional advisors. We are less inclined to give judges and bureaucrats room to use their discretion, and more determined to obtain equal (if not always equitable) treatment. In a world of complete strangers, indeed, equality would be about the only virtue left.

Do not misunderstand my position. I am not taking a nostalgia trip back to the Good Old Days. The world of neighborliness and forced intimacy, of both geographical and social immobility, had its vices as well as its virtues. Jane Austen's caricature of Lady Catherine de Burgh in *Pride and Prejudice* reminds us that purchasing equity by submitting to gross condescension can make its price too dear:

> God bless the Squire and his relations,
> and keep us in our proper stations.

Any biography of Tolstoy reminds us that his world, too, had a darker side. Those who are seduced by his admiration for the moral wisdom of the newly emancipated peasantry will find an antidote in Frederick Douglass's memoirs of slave life on the Maryland shore. Nor am I deploring apartment buildings and private cars. People usually have reasons for living as they do, and attacking modernity in the name of the morality of an earlier time is an act of desperation, like building the Berlin Wall. No, my question is only: If we accept the modern world as it is—apartment buildings, private cars, and all—how can we strike the central balance between the ethics of intimates and the ethics of strangers, between uniformity of treatment and administrative discretion, and between equity and law, in ways that answer our contemporary needs?

To begin with the law: current public stereotypes focus on the shortcomings of the adversary process, but what first needs to be explained is just where the adversary system has gone astray, and in what fields of law we should be most concerned to replace it. That should not be hard to do. Given that we handle our moral relations with intimates and associates differently from our moral relations with strangers, is not some similar differentiation appropriate between our legal relations with strangers, on the one hand, and with intimates, associates, and close family members on the other?

Even in the United States, the homeland of the adversary system, at least two types of disputes—labor-management conflicts and the renegotiation of commercial contracts—are dealt with by using arbitration or conciliation rather than confrontation.[21] That is no accident. In a criminal prosecution or a routine civil damage suit arising out of a car collision, the parties are normally complete strangers before the proceedings and have no stake in one another's future, so no harm is done if they walk out of the court vowing never to set eyes on each other again. By contrast, the parties to a labor grievance will normally wish to continue working together after the adjudication, while the disputants in a commercial arbitration may well retain or resume business dealings with one another despite the present disagreement. In cases of these kinds, the psychological stresses of the adversary system can be quite destructive: by the time an enthusiastic litigating attorney has done his bit, further labor relations or commercial dealings may be psychologically impossible. So in appraising different kinds of court proceedings, we need to consider how particular types of judicial episodes fit into the larger life histories of the individuals who are parties to them, and what impact the form of proceedings can have on those life histories.

A lawsuit that pits the full power of the state against a criminal defendant is one thing: in that context, Monroe Freedman may be right to underline the merits of the adversary mode, and the positive obligations of zealous defense advocacy.[22] A civil suit that pits colleagues, next-door neighbors, or family members against each other is another thing: in that context resort to adversary proceedings may only make a bad situation worse. So, reasonably enough, the main locus of dissatisfaction with the adversary system is those areas of human life in which the psychological outcomes are most damaging: family law, for example. By the time that the father, mother, and children involved in a custody dispute have all been zealously represented in court, the bad feelings from which the suit originally sprang may well have become irremediable. It is just such areas as family law that other nations (such as West Germany) have chosen to handle by arbitration rather than litigation, in chambers rather than in open court, so providing much more room for discretion.

I am suggesting, then, that a system of law consisting wholly of rules would treat all the parties coming before it in the ways appropriate to strangers. By contrast, in legal issues that arise between parties who wish to continue as close associates on an intimate or familiar level, the demands of equality and rule conformity lose their central place. There, above all, the differences between the desires, personalities, hopes, capacities, and ambitions of the parties most need to be taken into account; and only an adjudicator with authority to interpret existing rules, precedents, and maxims in the light of, and in response to, those differences will be in a position to respect the equities of all the parties involved.

Reviving the Friendly Society

In public administration, especially in the field of social services, the crucial historical changes were more recent, yet they appear much harder to reverse. Two centuries ago most of what we now call social services—then known, collectively, as "charity"—were still dispensed through the churches. Local ministers of religion were generally trusted to perform this duty equitably and conscientiously; and in deciding to give more to (say) Mrs. Smith than Mrs. Jones, they were not strictly answerable to any supervisor, still less bound by a book of rules. (As with the Squirearchy, of course, this arrangement had its own abuses: the Rev. Mr. Collins could be as overbearing in his own way as Lady Catherine de Burgh.) Even a hundred years ago many such charitable functions were still carried on by private organizations, like those in Britain which were charmingly known as "friendly societies." But by this time things were beginning to change. A friendly clergyman is one thing, but a friendly *society* is more of an anomaly: in due course irregularities in the administration of those organizations—like those in some trade union pension funds today—provoked government supervision, and a Registrar of Friendly Societies was appointed to keep an eye on them.

From that point on, the delivery of social services has become ever more routinized, centralized, and subject to bureaucratic routine. It should not take horror stories, like that of the handicapped young woman's answering service, to make us think again about the whole project of delivering human services through a bureaucracy: one only has to read Max Weber. The imperatives of bureaucratic administration require determinate procedures and full accountability; while a helping hand, whether known by the name of "charity" or "social services," can be truly equitable only if it is exercised with discretion, on the basis of substantive and informed judgments about need rather than formal rules of entitlement.

What might be done, then, to counter the rigors of bureaucracy in this field? Or should late-twentieth-century societies look for other ways of lending a collective hand to those in need? In an exemplary apologia for bureaucracy, Herbert Kaufman of the Brookings Institution has put his finger on many of the key points.[23] If we find public administration today complex, unresponsive, and procedure-bound, he argues that this is almost entirely our own fault. These defects are direct consequences of the demands that we ourselves have placed on our public servants in a situation increasingly marked by diversity, democracy, and distrust. Since we are unwilling to grant discretion to civil servants for fear that it will be abused, we leave ourselves with no measure for judging administrators' performance other than *equality*. As Kaufman remarks, "If people in one region discover that they are treated differently from people in other regions under the same program, they are apt to be resentful and uncooperative."[24]

Hence there arises a "general concern for uniform application of policy," which can be guaranteed only by making the rulebook even more inflexible. Yet is our demand for equality and uniformity really so unqualified that we are determined to purchase it at any price? If we were certain that our own insistence on absolute fairness made the social services dehumanizing and dehumanized, might we not consider opting for other, more *equitable* procedures even though their outcomes might be less *equal?*

Alternatively, perhaps we should reconsider the wholesale nationalization of charity that began in the early twentieth century. Plenty of uncorrupt private pension funds still operate alongside governmental retirement and old-age pension schemes, and a few communally based systems of welfare and charity remain trusted just because their accountability is to a particular community. Among the Ismailis, for instance, the world-wide branch of Islam of which the Aga Khan is the head, tithing is still the rule, and no promising high school graduate misses the chance of going to college merely because he comes from a poor family. Despite governmental programs, that is no longer true of the United States. So perhaps we have let ourselves become too skeptical too soon about the friendliness of "friendly societies," and we should take more seriously the possibility of reviving social instruments with local roots, which do not need to insist on rigidly rule-governed procedures. That is of course a large "perhaps." The social changes that led to the nationalization of charity are powerful and longstanding, and thus far they have shown little sign of weakening. Given a choice, people may prefer to continue putting up with bureaucratic forms and procedures that they can grumble at with impunity if in this way they can avoid putting themselves at the mercy of social or communal relationships that they may find onerous.

Frail Hopes and Slender Foundations

In the field of ethics, all these difficulties are magnified. There I have one firm intellectual conviction, and one somewhat frailer hope on the social level.
'In a 1932 poem Robert Frost wrote:

Don't join too many gangs. Join few if any.
Join the United States, and join the family.
But not much in between, unless a college.[25]

Frost, in his curmudgeonly way, captures that hostility toward communal ties and restraints which, since Tolstoy's day, has continued to undermine our "intermediate institutions" or "mediating structures." Toward the nuclear family and the nation, people do indeed still feel some natural loyalty; "but not much in between, unless a college." During the last thirty years, even the nation-state has lost much of its mystique, leaving the family exposed to stresses that it can hardly support. It is my frail social hope that we may find some new ways of shaping other intermediate institutions toward which we can develop a fuller loyalty and commitment: associations larger than the nuclear family, but not so large that they defeat in advance the initial presumption that our fellow members are trustworthy. For it is only in that context, I suspect that the ethics of discretion and intimacy can regain the ground it has lost to the ethics of rules and strangers.

Where might we look for the beginnings of such associations? Traditionally their loci were determined by religious and ethnic ties, and these are still sometimes used constructively to extend the range of people's moral sympathies beyond the immediate household. But we scarcely need to look as far as Ulster or Lebanon to see the other side of that particular coin. Membership in schools and colleges has some of the same power, as Frost grudgingly admits, though it is a power that tends to operate exclusively rather than generously. The great ethical hope of the Marxists was that: "working-class solidarity" would, in effect, create a vast and cohesive extended family within which the dispossessed would find release from psychological as well as from political and economic oppression. But by now, alas, the evidence of history seems to show that awareness of shared injuries sets different groups against one another quite as often as it unites them. For some of us, the bonds of professional association are as powerful as any. The physicians of Tarrytown or the attorneys of Hyde Park probably have a close understanding of, feeling for, and even trust in one another; and despite all other reservations about my fellow academics, I do still have a certain implicit trust in their professional responsibility and integrity. So each year without any serious anxiety, I vote for colleagues whom I have never even met to serve on the boards that manage my pension funds. If it were proved that those elected representatives had been milking the premiums and salting them away in a Swiss bank, that revelation would shake up my moral universe more radically than any dishonesty among public figures on the national level.

True, these are frail hopes and provide only slender foundations to build on. Yet, in the realm of ethics, frail hopes and slender foundations may be what we should learn to live with as much better than nothing. And that brings me to the intellectual point about which I am much more confident. If the cult of absolute principles is so attractive today, that is a sign that we still find it impossible to break with the "quest for certainty" that John Dewey tried so hard to discredit.[26] Not that we needed Dewey to point out the shortcomings of absolutism. Aristotle himself had insisted that there are no "essences" in the realm of ethics, and so no basis for any rigorous "theory" of ethics. Practical reasoning in ethics, as elsewhere, is a matter of judgment, of weighing different considerations against one another, never a matter of formal theoretical deduction from strict or self-evident axioms. It is a task less for the clever arguer than for the *anthropos megalopsychos*, the "large-spirited human being."[27]

It was not for nothing, then, that the members of the National Commission for the Protection of Human Subjects were able to agree about the ethical issues for just so long as they discussed those issues taxonomically. In doing so they were reviving the older, Aristotelian procedures of the casuists and rabbinical scholars, who understood all along that in ethics, as in law, the best we can achieve in practice is for good-hearted, clear-headed people to triangulate their way across the complex terrain of moral life and problems. So, starting from the paradigmatic cases that we do understand—what in the simplest situations harm is, and fairness, and cruelty, and generosity—we must simply work our way, one step at a time, to the more complex and perplexing cases in which extremely delicate balances may have to be struck. For example, we must decide on just what conditions, if any, it would be acceptable to inject a sample group of five-year-old children with an experimental vaccine from which countless other children should benefit even though the risks fall on those few individuals alone. Ethical argumentation thus makes most effective progress if we think of the "common morality" in the same way as we think about the common law:[28] if, for instance, we develop our perception of moral issues by the same kind of progressive triangulation that has extended common law doctrines of tort into the areas, first of negligence and later of strict liability.[29]

Meanwhile, we must remain on guard against the moral enthusiasts. In their determination to nail their principles to the mast, they succeed only in blinding themselves to the equities embodied in real-life situations and problems. Their willingness to legislate morality threatens to transform the most painful and intimate moral quandaries into adversarial confrontations between strangers. To take one example, by reintroducing uncompromising legal restraints to enjoin all procedures of abortion whatever, they are pitting a woman against her own newly implanted zygote in some ghastly parody of a landlord-tenant dispute. This harsh inflexibility sets the present day moral enthusiasts in sharp contrast to Aristotle's *anthropoi megalopsychoi*, and recalls Tolstoy's portrait of Alexei Karenin's associate, the Countess Ivanovna, who in theory was a supporter of all fashionable good causes but in practice was ready to act harshly and unforgivingly.

When Pascal attacked the Jesuit casuists for being too ready to make allowances in favor of penitents who were rich or highborn, he no doubt had a point.[30] But when he used this point as a reason for completely rejecting the case method in ethics, he set the bad example that is so often followed today: assuming that we must withdraw discretion entirely when it is abused and impose rigid rules in its place, instead of inquiring how we could adjust matters so that necessary discretion would continue to be exercised in an equitable and discriminating manner. I vote without hesitation against Pascal and for the Jesuits and the Talmudic scholars. We do not need to go as far as Tolstoy and claim that an ethics modeled on law rather than on equity is no ethics at all. But we do need to recognize that a morality based entirely on general rules and principles is tyrannical and disproportioned, and that only those who make equitable allowances for subtle individual differences have a proper feeling for the deeper demands of ethics. In practice the casuists may occasionally have been lax; but they grasped the essential, Aristotelian point about applied ethics: it cannot get along on a diet of general principles alone. It requires a detailed taxonomy of particular, detailed types of cases and situations. So, even in practice, the faults of the casuists—such as they were—were faults on the right side.

REFERENCES

[1] President Jimmy Carter used this quotation in a speech and attributed it to H. L. Mencken. However, the Humanities Section of the Enoch Pratt Library in Baltimore has been unable to locate it in Mencken's works.

[2] The work of the U.S. National Commission for the Protection of Human Subjects of Biomedical and Behavioral Research will be discussed more fully in a paper to be published in a forthcoming Hastings Center volume on the "closure" of technical and scientific discussions.

[3] So, at any rate, current legend reports. On the other hand, having worked through the files of the *Journal* for 1974-75 without finding any article or editorial on the subject, I am inclined to suspect that this may have been a casual remark by the late Dr. Franz Ingelfinger, the distinguished editor of the periodical.

[4] Daniel Callahan, *Abortion: Law, Choice and Morality* (New York: Macmillan, 1970); John T. Noonan, Jr., ed., *The Morality of Abortion: Legal and Historical Perspectives* (Cambridge, Mass.: Harvard University Press, 1970).

[5] Thomas Aquinas, *Commentarium Libro Tertio Sententiarum*, D.5, Q.5, A.2, Solutio.

[6] Peter Stein, *Regulae Juris* (Edinburgh: Edinburgh University Press, 1966), pp. 4-10.

[7] Lloyd A. Fallers, *Law without Precedent* (Chicago: University of Chicago Press, 1969): see also the classical discussion by Sir Henry Maine in *Lectures on the Early History of Institutions* (1914).

[8] Stein, pp. 26ff, 80-82, 124-27.

[9] For the subsequent influence of this division on the Anglo-American legal tradition, see (e.g.) John H. Baker, *An Introduction to English Legal History* (Toronto and London: Butterworths, 1979).

[10] Politically speaking, of course, the decline of monarchical sovereignty made the formal division of law from equity less functional; so it is no surprise that the nineteenth century saw its abolition both in the constitutional monarchy of England and also in the republican United States.

[11] John Rawls, *A Theory of Justice* (Cambridge, Mass.: Harvard University Press, 1971) is only the most recent systematic exposition of this position, which has become something of a philosophical commonplace, at any rate since Kant raised the issue of "universalizability" in the late eighteenth century.

[12] See, e.g., Kenneth C. Davis, *Discretionary Justice* (Urbana, Ill., Univ. of Illinois Press, 1969); Ralph A. Newman, *Equity and Law* (Dobbs Ferry, NY: Oceana, 1961); and particularly Ralph A. Newman, ed., *Equity in the World's Legal Systems* (Brussels: Bruylant, 1973).

[13] This seems to be true even of so perceptive an author as Herbert Kaufman, in his ingenious tract, *Red Tape: its Origins, Uses and Abuses* (Washington, D.C.: Brookings Institution, 1977), pp. 76-77: "Quite apart from protective attitudes toward specific programs, general concern for uniform application of policy militates against wholesale devolution. Not that uniformity automatically assures equity or equality of treatment. . . ."

[14] The *locus classicus* for the discussion of the notion of *epieikeia* (or "equity") is Aristotle's *Nicomachean Ethics*, esp. 1136b30-1137b32. See also Max Hamburger's useful discussion in *Morals and Law: the Growth of Aristotle's Legal Theory* (New Haven: Yale University Press, 1951).

[15] Henry L. McClintock, *Handbook of the Principles of Equity*, 2nd ed. (St. Paul, Minn.: West, 1948) pp. 52-54; John N. Pomeroy, *A Treatise on Equity Jurisprudence* (San Francisco: Bancroft Whitney, 1918-19), secs 360-63.

[16] Hence Aristotle's emphasis on the need for a person of sound ethical judgment to be an *anthropos megalopsychos*.

[17] This image of the steam locomotive had a powerful hold on Tolstoy's imagination: it recurs, for example, in *War and Peace*, where he compares the ineluctable processes of history to the movements of the pistons and cranks of a railway engine, as a way of discrediting the assumption that "world historical figures" like Napoleon can exercise any effective freedom of action in the political realm.

[18] This is the central theme of the closing book of *Anna*, in which Tolstoy documents his own disillusion with social and political ethics through the character of Constantin Levin.

[19] Notice how Aristotle treats the notion of *philia* as complementary to that of "equity." As he sees, the nature of the moral claims that arise within any situation depend on how closely the parties are related: indeed, it might be better to translate *philia* by some such term as "relationship" instead of the customary translation, "friendship," since his argument is intended to be analytical rather than edifying.

[20] Rawls, *Theory of Justice*.

[21] In United States labor law practice, arbitrators are guided by the published decisions of previous arbitrations, but not bound by them, since their own decisions normally turn on an estimate of the exact personal and group relations between the workers and managers involved in the particular dispute. Indeed, in Switzerland—here, as elsewhere, an extreme case—the results of labor arbitrations are not even published, on the ground that they are a "purely private matter" as between the immediate parties.

[22] Monroe Freedman, *Lawyers' Ethics in an Adversary System* (Indianapolis: Bobbs Merrill, 1975). In this connection, current Chinese attempts to turn criminal proceedings into a species of chummy conciliation between the defendant and his fellow citizens can too easily serve to conceal tyranny behind a mask of paternalistic goodwill.

[23] Kaufman, *Red Tape*.

[24] *Ibid.*, p. 77.

[25] Robert Frost, "Build Soil—a Political Pastoral," in *Complete Poems of Robert Frost* (New York: Holt, Rinehart & Winston, 1949), pp. 421-32, at p. 430.

[26] John Dewey, *The Quest for Certainty* (New York: Putnam, 1929).

[27] Aristotle's "large spirited person"—commonly but wrongly translated as "great souled man," ignoring the care with which the Greeks differentiated between *anthropoi* (human beings) and *andres* (men)—is the final hero of the *Nicomachean Ethics*: the key feature of such a person was, for him, the ability to act on behalf of a friend from an understanding of that friend's own needs, wishes, and interests.

[28] We are indebted to Alan Donagan for reintroducing the idea of the "common morality" into philosophical ethics, in his book, *The Theory of Morality* (Chicago: University of Chicago Press, 1977).

[29] Edward H. Levi, *Introduction to Legal Reasoning* (Chicago: University of Chicago Press, 1948).

[30] Pascal's *Lettres Provinciales* were originally published in 1656-57, during the trial of his friend Antoine Arnauld, whose Jansenist associations made him a target for the Jesuits. Pascal's journalistic success with these letters did a great deal, by itself, to bring the tradition of "case reasoning" in ethics into discredit so much so that the art of casuistics has subsequently been known by the name of "casuistry"—a word which the *Oxford English Dictionary* first records as having been used by Alexander Pope in 1725, and whose very form, as the dictionary makes clear, is dyslogistic. (It belongs to the same family of English words as "popery," "wizardry" and "sophistry," all of which refer to the *disreputable* employment of the arts in question.)

[13]

K. DANNER CLOUSER AND BERNARD GERT

A CRITIQUE OF PRINCIPLISM

ABSTRACT. The authors use the term "principlism" to refer to the practice of using "principles" to replace both moral theory and particular moral rules and ideals in dealing with the moral problems that arise in medical practice. The authors argue that these "principles" do not function as claimed, and that their use is misleading both practically and theoretically. The "principles" are in fact not guides to action, but rather they are merely names for a collection of sometimes superficially related matters for consideration when dealing with a moral problem. The "principles" lack any systematic relationship to each other, and they often conflict with each other. These conflicts are unresolvable, since there is no unified moral theory from which they are all derived. For comparison the authors sketch the advantages of using a unified moral theory.

Key Words: bioethical principles, medical ethics, moral theory, principlism

I. INTRODUCTION AND OVERVIEW

Throughout the land, arising from the throngs of converts to bioethics awareness, there can be heard a mantra "...beneficence...autonomy...justice..." It is this ritual incantation in the face of biomedical dilemmas that beckons our inquiry.

In the last twenty years the field of biomedical ethics has expanded in an unprecedented way. The numbers of persons involved, its acceptance as an important field, the myriad university courses, the ubiquitous workshops and conferences, and the plethora of articles, books, and journals have exceeded all expectations. In response to this enormous demand for training in ethics, there have appeared countless books, workshops, and courses that package the theories and methods of ethics, making them readily available to more people in a shorter time.

K. Danner Clouser, Ph.D., Professor of Humanities (Philosophy), The Pennsylvania State University College of Medicine, The Milton S. Hershey Medical Center, Hershey, Pennsylvania 17033, U.S.A.
Bernard Gert, Ph.D., Stone Professor of Intellectual and Moral Philosophy, Dartmouth College, Hanover, New Hampshire 03755, U.S.A.

The major strategy in the most influential of these responses is the deployment of "principles" of biomedical ethics. Conceptually, as diagrammed for example by Beauchamp and Childress (1983), the principles are located just below theories and just above rules. The general notion is that principles follow from moral theories and, in turn, generate particular rules that are then used to make moral judgments. Brandishing these several principles, adherents to the "principle approach" go forth to confront the quandaries of biomedical ethics.

We believe that the "principles of biomedical ethics" approach (hereinafter referred to as "principlism") is mistaken and misleading. Principlism is mistaken about the nature of morality and is misleading as to the foundations of ethics. It misconceives both theory and practice. By no means do we wish to impugn the many significant moral insights of the proponents of principlism. Our quarrel is not so much with the content of the various "principles" as it is with the use of "principles" at all. We consider this to be crucial and not just a matter of philosophical style. Our focus is on philosophical point: the conceptual or systematic status of "principles" as used in principlism.

Our bottom line, starkly put, is that "principle", as conceived by the proponents of principlism, is a misnomer and that "principles" so conceived cannot function as they are in fact claimed to be functioning by those who purport to employ them. At best, "principles" operate primarily as checklists naming issues worth remembering when considering a biomedical moral issue. At worst "principles" obscure and confuse moral reasoning by their failure to be guidelines and by their eclectic and unsystematic use of moral theory.

It is important that the nature of this article be understood at the outset. We are criticizing a highly influential trend in biomedical ethics, and our focus is on that trend and not on its perpetrators. That is, though we illustrate our points by citing several authors, our mission is not to refute this or that author but rather to show why a certain way of thinking about morality is wrong-headed. Citing chapter and verse of individual authors on individual points, and then defending our interpretations, would detract significantly from the thrust of our major points about a trend which is not author specific, but which is exemplified in various aspects and parts by many authors and editors.

II. THE USELESSNESS OF "PRINCIPLES"

Though principlism is widely prevalent, we will cite only two particular texts to illustrate our points. One is William Frankena's *Ethics* (1973), and the other is Beauchamp and Childress's *Principles of Biomedical Ethics* (1983). Though he does not specifically deal with biomedical ethics, we chose Frankena because he seems to be the progenitor of this approach. And we chose Beauchamp and Childress, because theirs is by far the most influential book exemplifying principlism.

A. Our General Claim

Our general contention is that the so-called "principles" function neither as adequate surrogates for moral theories nor as directives or guides for determining the morally correct action. Rather they are primarily chapter headings for a discussion of some concepts which are often only superficially related to each other. When, for example, we are told that a particular case calls for the application of the principle of beneficence, this can mean that the case involves either (1) the utilitarian ideal of promoting some good, or (2) the moral ideal of preventing some harm or removing some harm, or (3) some duty which is morally required. This use of "principles" bears no similarity to principles that "summarize" theories, e.g., as used by Rawls and Mill. Rawls' principle of justice and Mill's principle of utility or principle of liberty are directives toward a moral resolution of particular cases. The principles of Rawls and Mill are effective summaries of their theories; they are shorthand for the theories that generated them. However, this is not the case with principlism, because principlism often has two, three, or even four competing "principles" involved in a given case, for example, principles of autonomy, justice, beneficence, and nonmaleficence. This is tantamount to using two, three, or four conflicting moral theories to decide a case. Indeed some of the "principles" – for example, the "principle" of justice – contain within themselves several competing theories.

Classically, a principle embodies the moral theory (or part thereof) that spawned it; it is used by itself to enunciate a meaningful directive for action. "Do that act which creates the greatest good for the greatest number", "Maximize the greatest amount of liberty compatible with a like liberty for all". The thrust of the directive is clear; its goal and intent are unambiguous. Of course, there are often ambiguities and differing interpretations with respect to how the principle applies to a particular situation. But the principle itself is never used with other principles that are in conflict with it. Furthermore, if a genuine theory has more than one general principle, the relationship between them is clearly stated, as in the case of Rawls' two principles of justice. Unlike principlism, we are not given a number of conflicting principles and then told to pick whatever combination we like.

By contrast, for proponents of principlism "principles" seem primarily to name important aspects of morality, and, as such, a principle functions mainly as a check list of considerations. When we read their chapters discussing a principle, we get a description of several ways in which the authors think beneficence or autonomy or justice is a relevant moral consideration; we do not get a specific directive for action. Partly, that is because each "principle" includes quite disparate moral matters, unrelated by systematic considerations.

Why do we make so much of the fact that in principlism the "principles" provide no systematic guidance? After all, the proponents of principlism would simply say, "Principles are complicated directives. When we say 'apply the principle of beneficence', we mean consider those points that we discuss in our chapter on the principle of beneficence". In other words, they would say that "the principle of beneficence" is shorthand for their discussion of beneficence. But in that case there is really nothing to be "applied". In effect the agent is being told "think about beneficence and here's thirty pages of distinctions and deliberations to get you started", and that is very different from being told, e.g., "Do that act which will create the greatest good for the greatest number". At best the agent may be reflecting on the relevance of beneficence to the current problem, but he is only deceiving himself if he believes that he has some useful guideline to apply.

There are two problems with an agent's being deceived about whether or not he has a principle that can be applied. One is that the principles are assumed to be firmly established and justified. A person feels secure in applying or in presuming to apply them. The other problem is that an agent will not be aware of the real grounds for his moral decision. If the principle is not a clear, direct imperative at all, but simply a collection of suggestions and observations, occasionally conflicting, then he will not know what is really guiding his action nor what facts to regard as relevant nor how to justify his action. The language of principlism suggests that he has applied a principle which is morally well-established and hence *prima facie* correct. But a closer look at the situation shows that in fact he has looked at and weighed many diverse moral considerations, which are superficially interrelated and herded under a chapter heading named for the "principle" in question.

The agent meanwhile may have "applied" other competing "principles" as well, e.g., autonomy and justice, to the same case. This actually amounts simply to thinking about the case from diverse and conflicting points of view. By "applying" the "principles" of autonomy, beneficence, and justice, the agent is unwittingly using several diverse and conflicting accounts rather than simply applying a well-developed unified theory. It is risky to be doing the former while believing one is doing the latter. A unified moral theory reflects the unity and universality of morality. While it does not eliminate all moral disagreement, it does show what is responsible for that disagreement, e.g., that it is a disagreement about the facts, or about the ranking of different goods and evils, or whatever.

Using principles in effect as surrogates for theories seems to us to be an unwitting effort to cling to four main types of ethical theory: beneficence incorporates Mill; autonomy, Kant; justice, Rawls; and nonmaleficence, Gert. Presenting the matter as so many principles suggests that the principles have been integrated into one unified theory, whereas the exact opposite is true. The four main theories are reduced to four principles from which agents are told to pick and choose as they see fit, as if one could sometimes be a Kantian and sometimes a Utilitarian and sometimes something else, without worrying whether the theory one is using is adequate or not.

B. Our Thesis Illustrated with Frankena

It is necessary to see some real examples of principlism. But we wish to reiterate our earlier caveat that we use aspects of individual authors only illustratively. An early and influential example can be seen in William Frankena's *Ethics* (1973). Frankena gives great prominence to the principle of beneficence. He finds it to be presupposed by the principle of utility (which principle he ultimately rejects) and ranks it, along with the principle of justice, as one of the two basic principles of all morality.

But precisely what are his principles of beneficence and of justice? What directive is the moral agent following when he "applies" one of these principles? In reality what we have are two basic types of ethical theory – utilitarian and deontological – presented as if they were simply two principles of a single moral theory. Yet there is no attempt to work out that single theory so it would actually incorporate both types of consideration into a coherent whole. We do not deny that both consequences (utilitarianism) and rules (deontology) are essential features of morality. Rather our point is that it is not sufficient simply to say they are essential, but one must also *show how* they are related to each other.

Frankena gives several descriptions of the principle of beneficence, treating them as if they were identical, thus committing what we call "the fallacy of assumed equivalence". When he first mentions that the principle of utility presupposes another more basic principle (namely, beneficence), he characterizes it as "that we ought to do good and to prevent or avoid doing harm" (p. 45). Later, on the same page, he describes it as "that of producing good as such and preventing evil". In still another place he says that the principle "tells us to do good and to eschew evil and eliminate evil" (p. 53). He further complicates the "principle" (p. 47) by saying that, even if it is not required, it is a "desirable" and "important" part of morality!

In his most systematic attempt to spell out the principle of beneficence Frankena cites four directives: (1) one ought not inflict evil, (2) one ought to prevent evil, (3) one ought to remove evil, (4) one ought to promote good (p. 47). He expresses uncertainty as to whom and for whom they are binding. And he suggests that very likely they are arranged in descending order of priority, such that directive #4 may not even be a duty. Though he does not define duty, he clearly does not use it in the ordinary sense, where it is restricted to duties imposed by roles, professions, circumstances, etc. Furthermore he entertains the possibility that there should be a fifth directive which would settle conflicts among the other four. It would read "do what will bring about the greatest balance of good over evil". Overall it should be clear that in presenting the principle of beneficence he is really presenting a substitute for a moral theory rather than putting forth either a well worked out theory or a useful action-guide.

How can Frankena's principle be "applied"? "Not inflicting evil" is very different from "preventing evil", and "promoting good" is significantly different from them both. Several persons being told to apply the principle of beneficence to a situation could each end up doing very different things. There are two significant observations concerning this state of the "principle". One is that the "principle" itself is not capable of determining what action should be taken. There must be other factors (intuitions, rules, theories, or whatever) that are surreptitiously and otherwise influencing the agent's decision making. The other observation is that the four or five different "directives" of the principle need justification which is not provided. They are not tied together systematically by an underlying theory whose supporting arguments could then be explicitly assessed and from which moral rules could be derived to apply to real cases.

Frankena's principle of justice (the other one of the twosome on which he bases all of morality) exemplifies the same difficulties we have seen with beneficence (pp. 51–54). Again it fails to be a straightforward action-guide. He holds what he calls the "equalitarian" view of distributive justice. This commits us to the *prima facie* obligation of treating people equally. But of course it is impossible to treat everyone equally. Thus, he presents various modifications. Treat them equally according to morally relevant similarities and dissimilarities – that is, as he says, "the ones that bear on the goodness or badness of people's lives", such as abilities, interests, and needs (p. 51). It is still an impossible principle to follow. Given that there are billions of people, could we really treat every person equally with respect to their abilities, interests, and needs – to name only three of the presumably large reservoir of matters "that bear on the goodness or badness of people's lives"? And we are not helped on this score by the additional modification: we have to make only the same *relative* contribution to the goodness of each of their lives. Relative to what? Ability? Interest? Need? Merit? And this is further modified by his saying that this proportional distribution of goodness takes place "once a certain minimum has been achieved by all" (p. 51). There is no explanation of where that modification came from, what justifies it, or how we can know when it obtains.

According to Frankena, the principle of justice may on occasion be overridden by the principle of beneficence (which itself has internal conflicts) but there is no formula for determining those occasions (p. 51). We suspect that he fails to recognize that he has no theory, and so does not recognize that a theory needs to specify how it is to be applied. As with his principle of beneficence, his principle of justice is also of no practical use in determining action. If a person claimed to have decided on a line of action simply by virtue of applying either of these principles or some combination of them, we would know that he was mistaken and that he had unwittingly employed other beliefs, intuitions, rules or whatever in order to make that decision. It is generally acknowledged that any adequate moral theory must incorporate considerations about consequences, about rules, about impartiality, etc. But it is not an adequate moral theory simply to say that all of these kinds of considerations must be included. That is all that principlism does. Rather, an adequate theory must show how all of these considerations should be integrated.

C. Our Thesis Illustrated with Beauchamp and Childress

The same type of conceptual confusions can be found in what is surely the most popular of all biomedical ethics textbooks, Beauchamp and Childress's *Principles of Biomedical Ethics* (1983).[1] The authors enunciate four basic principles, each of which illustrates the problems that we have been delineating. Consider their principle of beneficence. For Beauchamp and Childress beneficence is a duty "to help others further their important and legitimate interests" (1983, p. 149); it is morally required (p. 148). The "principle" explicitly prescribes at least two very different kinds of action: (1) to prevent and remove harm, and (2) to confer benefits. These are both included in the general duty of beneficence. Additionally, there seem to be other subprinciples buried in the general "principle". Some are genuine duties to help, which accrue by virtue of special relationships and roles, whereas others are triggered by needs and one's ability to meet those needs, though without clear limitations on the scope of such obligations. All these are included in "*the* principle of beneficence". Clearly, this "principle" is simply a chapter heading under which many superficially related topics are discussed; it is primarily a label for a general concern with consequences. But by being called a principle, it avoids the kind of fundamental questioning that a theory would undergo.

Beauchamp and Childress are obviously sensitive to and articulate about many nuances of morality. But our focus here is on the lack of a systematic account of the "principles" themselves and of the relationships between the "principles". At best, the "principles" function as hooks on which to hang elaborate discussions of various topics that are sometimes only superficially related. When they refer to a principle, in effect they are saying, "go read the chapter on beneficence, justice, autonomy, or nonmaleficence and take all those diverse considerations into account when thinking about the situation". To regard all of those diverse considerations as "a principle", and to treat them as such is, as we have described, to be misled both practically and theoretically.

The Beauchamp and Childress "principle of justice" manifests our point even more than their other "principles". There is not even a glimmer of a usable guide to action. There is a discussion of the concept of justice and about various well-known and conflicting accounts of justice, yet there is no specific action-guide stated. Nevertheless, they refer to a principle of justice as though it is something we ought to apply to moral situations. It is clearly not a guide to action, but rather a checklist of considerations that should be kept in mind when reflecting on moral problems. Not being the kind of classical principle that summarizes a theory and yields specific action-guides, it is deceptive in purporting to have conceptual status and systematic validity. Their "principle" is neither derived from a theory nor does it provide a usable guide to action.

III. PRINCIPLISM: SYSTEMATIC CONSIDERATIONS[2]

A. Lack of Systematic Unity and Some Consequences

The points we want to raise are rarely if ever addressed in the literature. Therefore it is important that we make clear what our focus is. It is that principlism lacks systematic unity, and thus creates both practical and theoretical problems. Since there is no moral theory that ties the "principles" together, there is no unified guide to action which generates clear, coherent, comprehensive, and specific rules for action nor any justification of those rules.

For example, Beauchamp and Childress (1983) list five conditions necessary in order for a general duty of beneficence to become a specific duty of beneficence to another person (p. 153). But whence these conditions? Are they integrated into a moral theory? And what precisely is the relation between the general duty of beneficence and the specific duty of benevolence? On what is the general duty of beneficence founded? The authors suggest some possibilities, but not really in an argued, systematic way. They recommend reciprocity as a good possibility, but they toss in Rawls' "duty of fair play" for good measure (pp. 155–6).

In principlism each discussion of a "principle" is really an eclectic discussion that emphasizes a different type of ethical theory, so that a single unified theory is not only not presented, but the need for such a theory is completely obscured. Rather we are given a number of insights, considerations, and theories, along with instructions to use whichever one or combination of them seems appropriate to the user. But what is needed is that which tells us what actually is appropriate in a consistent and universal fashion. Certainly the "principles" themselves, as portrayed by principlism do not do so. Rather, it is a moral theory that is needed to unify all the "considerations" raised by the "principles" and thus to help us determine what is appropriate.

When an author does not put forward a theory explicitly, he does not subject himself to the same standards of rigor as one who does. Neglecting to do serious ethical theory in favor of making general observations about various principles can lead to some unfortunate arguments. Principlism, in failing to operate within an overall unified moral theory, defaults to eclectic, *ad hoc* "theories" which ultimately obfuscate moral foundations and moral reasoning.

Given space limitations, one example will have to suffice. Consider the argument for and some of the consequences of making beneficence a moral requirement, that is, a duty. (Autonomy would be an even better example, but its problems are so extensive as to deserve a separate article.) How could benefiting others ever become a moral duty required of everyone? After all, systematic considerations would convince us that impartiality is an essential feature of moral requirements. But the "duty" of beneficence cannot be impartially followed. That is, it is impossible for us to do good toward everyone, impartially, all the time.

Nevertheless, Beauchamp and Childress, for example, argue

that beneficence is a requirement, duty, or obligation, and not an ideal or supererogatory moral act. Their reason seems to be: "if there is a competing duty of confidentiality, beneficence may outweigh it" (p. 155). But that suggests what must surely be false, namely, that only a duty can outweigh another duty, and that a supererogatory act or moral ideal cannot outweigh a duty. Ergo, beneficence must be a duty, and not merely supererogatory. However, consider some heroic act in which one puts himself at considerable risk and which everyone regards as supererogatory. If the harm that one is preventing is a significant harm for many people, then one would be right to do it even if it involved causing some minor harm to others. In harming others one is violating a moral rule (or, as Beauchamp and Childress would say, the principle of nonmaleficence), yet, as in this example, that violation is outweighed by the moral ideal or supererogatory act. Our point is that a comprehensive and unified theory which gave an account of the support for moral ideals and their relation to the morally required would have avoided this line of reasoning.

Another unfortunate consequence of the conceptual mistake of making beneficence a requirement is that it obscures the role that real duties play. Real duties must be distinguished from what is morally required of all those subject to morality. Making beneficence morally required and calling it a duty distorts the essence of moral requirements (i.e., impartiality) and misleads as to the nature of real duties, which are created by special relationships and roles. Beauchamp and Childress do extensively address specific relationships and roles in connection with duties, but they are not able to give an adequate account of these in terms of principles. That is, for example, there is no systematic moral explanation of the relationship between the "general duty of beneficence" and customs, standards of practice, and codes such that we could morally evaluate the various duties established by virtue of these relationships and roles.

Taking what is properly the moral *ideal* of helping others (and hence not morally required), and lumping it under a "principle" of beneficence along with genuine duties (which *are* required), e.g., the duty of health care professionals to help their patients, leads to confusion and misunderstanding. The confusion basically results from treating beneficence as if it were morally required just as noninterference with the freedom of others is morally required. But only in the context of a comprehensive and unified theory would the significant difference in their moral status become clear. We believe that this conceptual mistake is the result of having no comprehensive moral theory, whose absence is barely noticed because of the flurry of attention and deference given instead to "principles".

A universal moral theory can systematically accommodate and account for the significance of particular circumstances. For example, if we understood the philosophical foundation for "Do Your Duty" as a universal moral rule, we would then understand how duties would be more precisely and appropriately fashioned for particular roles, times, and places. An adequate moral theory would set limits on what health professionals are allowed to do; however, it would also acknowledge that their duties cannot be completely determined *a priori*, but instead must be based on the relevant customs and practice of a particular culture. Just as morality sets limits on when one is morally required to obey the law, so morality sets limits on when health care professionals are morally required to follow the standard custom and practice in treating patients. And just as, within these limits, the law often determines what one is morally required to do, so within the limits of morality, custom and practice often determine how a health care professional is morally required to act. Thus, there is no incompatibility at all between a single unified moral theory and the acceptance of a difference in the duties of health care professionals based upon different customs and practices. Indeed, it is the theory that is necessary to indicate what is relevant and to set limits; it guides one through the endless variations in customs and circumstances.

B. Relativism: The Anthology Syndrome

Beauchamp and Childress accompany their account of moral reasoning with a diagram:

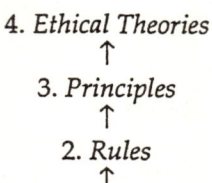

"According to this diagram, judgments about what ought to be done in particular situations are justified by moral rules, which in turn are justified by principles, which ultimately are justified by ethical theories" (p. 5). Admitting that their diagram "may be oversimplified", they nevertheless claim that "its design indicates that in moral reasoning we appeal to different reasons of varying degrees of abstraction and systematization" (p. 5).

The authors give no argument for this account of moral reasoning. We suspect that they give no argument because none exists to support the role of principles in the hierarchy they propose. We believe that giving principles a significant role in moral reasoning is not only mistaken, but it also has unfortunate practical and theoretical consequences.

We had earlier seen a kind of relativism embodied by their "principles". Each principle seemed to have a life and logic of its own, as well as a number of internal conflicts. This relativism seems to be endorsed by their diagram having *theories* at the top of the hierarchy rather than a single unified ethical theory. This same kind of ethical relativism is endorsed by almost all anthologies in medical ethics, as well as in all other areas of applied and professional ethics. These anthologies (as well as most courses) almost invariably start by providing brief summaries of some standard ethical theories, e.g., utilitarianism, Kantianism, and contractualism. Next, the inadequacies of each of these theories are pointed out. There is no attempt to repair or remedy these defects, nor to present readers with a theory that they can actually use in solving the problems that are presented in the main body of the book (or course). Rather, the theories are either completely ignored and each problem is dealt with on an *ad hoc* basis, or the student is told to apply whatever inadequate theory he thinks is most useful in dealing with the problem at hand. Often he is told to apply several different, inadequate theories to a given problem, using whatever part of each theory seems most appropriate. This is an extraordinary way to proceed. It is difficult to imagine any respectable discipline proceeding in a similar fashion. Having acknowledged that all of the standard theories are inadequate, one is then told to apply them anyway, and even to apply competing theories, without any attempt to show how the theories can be reconciled.

In effect, the "anthology" approach is that of principlism. The proponents of principlism claim to derive principles from several different theories, none of which they judge to be adequate, and then they urge the student or health care professional to apply one or more of these competing principles to a given case. There is no attempt to show how or even whether these different principles can be reconciled. There is no attempt to show that the different theories, from which the principles are presumably derived, can be reconciled, or that any one of the theories can be revised so as to remove its defects and inadequacies. In the case of Beauchamp and Childress, this strongly suggests that there are several competing but equally good sources of final justification. And since "ethical theories" are at the very top of their hierarchy of justification, there would seem to be no way to adjudicate between them. This relativism is supported by their inadequate account of what an ethical theory is: "*theories* are bodies of principles and rules, more or less systematically related. They include second-order principles and rules about what to do when there are conflicts" (p. 5).

C. Morality vs. Moral Principles

An adequate ethical theory should not be just some more or less systematically related set of principles and rules. Rather it should provide an explanation of our moral agreement and disagreement; it should organize our moral thinking; it should tell us what is relevant to a moral judgment. In formulating theory we start with particular moral judgments about which we are certain, and we abstract and formulate the relevant features of those cases to help us in turn to decide the unclear cases. Simply to use the phrase "ethical theory" to refer to some historical examples of theories, e.g., those of Kant and Mill, which everyone recognizes to be inadequate, makes ethical theory irrelevant to practical moral reasoning. Thus in principlism, although "ethical theories" are at the top of the hierarchy of justification, it is no surprise that they play no role whatsoever in practical moral reasoning. Instead, as we have seen, moral "principles" are *de facto* the final court of appeal.

The appeal of principlism is that it makes use of those features of each ethical theory that seems to have the most support. Thus, in proposing the principle of beneficence, it acknowledges that Mill was right in being concerned with consequences. In proposing the principle of justice, it acknowledges that Rawls was right in being concerned with the distribution of goods. In proposing the principle of autonomy, it acknowledges that Kant was right in emphasizing the importance of the individual person. In proposing the principle of nonmaleficence, it acknowledges that Gert was right in emphasizing the importance of avoiding harming others. But there is no attempt to see how these different concerns can be blended together as integrated parts of a single adequate theory, rather than disparate concerns derived from several competing theories.

An adequate moral theory is one that will encompass all the major thrusts of each "principle", showing how they are related to each other. It will explain both our moral agreement and disagreement, and show which disagreements can be settled and which cannot, and why. This theory will resemble in part various historical ethical theories, because it will incorporate those aspects of each theory which made that theory seem so plausible. Thus, an adequate theory will include as essential to morality (1) a concern with consequences, (2) a concern with how these consequences are distributed, (3) acknowledgment of the importance of the individual, and (4) the centrality of prohibitions against harming individuals. But more than this, it will show how these features are related to each other, integrating them into a clear, coherent, and comprehensive system that can actually be used to solve real moral problems that arise in medicine and other fields.

Insofar as an adequate moral theory has any unacceptable conclusions, it will, like scientific theories, be revised. For an ethical theory, properly understood, is not an historical relic, created at a given time and frozen in that form for eternity. It is an ongoing attempt to explain and justify our common moral intuitions. An adequate moral theory should provide a description of morality, i.e., of the moral system that is actually used by thoughtful people in making judgments about what to do in particular cases. Such a theory will be complicated, but, after all, morality is a very complex phenomenon, and we can hardly expect a theory that explains it to be statable in one sentence slogans.

The value of using a single unified moral theory to deal with the ethical issues that arise in medicine and all other fields, is that it provides a single clear, coherent, and comprehensive decision procedure for arriving at answers. All of those dealing with the problem can communicate easily with one another; they will agree on what the relevant features of the case are, and how changes in those features can change the decisions that should be made. This does not require that they always arrive at the same decision, for they may rank the different values involved somewhat differently. But even then, they will know precisely where they disagree and why. And even if the theory provides an unacceptable answer, one can go back to the theory and attempt to revise it. Contrariwise, with principlism, disagreements are often not only unresolvable, but one often does not even know what the basis of the disagreement is or what change in facts would produce agreement. Furthermore, an unacceptable answer is of no value to principlism, since there is no theory to revise accordingly.

An adequate account of morality would see morality as a public system that applies to all rational persons. By "a public system" we simply mean a system that is understandable and acceptable to all those to whom it applies, e.g., as the rules of a game form a public system which is understandable and acceptable to all those who play the game. Since morality applies to all rational persons, it must be understandable and acceptable to all rational persons. The moral theory, in turn, would justify the moral system (which tells us how to make moral judgments) by showing why morality would be supported by all impartial rational persons. It would provide an explicit description of the various parts of the moral system: (1) the moral rules, e.g., "Don't kill", "Don't deceive", "Keep your promise", and "Do your duty", for which punishment for unjustified violations is appropriate, (2) moral ideals, such as relieving pain and preventing death, for which punishment for failure to follow is inappropriate, unless such a failure is also a violation of a duty, (3) the procedure for determining when a violation of a moral rule is justified, which would include an explicit statement of what counts as morally relevant features, several of which would be the harms caused, avoided, and prevented by violation. And, finally, (4) a moral theory would explain the disagreement about the scope of morality, i.e., whether the moral rules protect only actual moral agents or whether it has a wider scope, including, e.g., some or all potential moral agents, namely infants and fetuses, and some or all sentient beings such as nonhuman mammals.

This account of a moral theory is obviously more complex than that presented by many historical ethical theories. But in one respect it is simpler than the account offered by Beauchamp and Childress: there is neither room nor need for principles between the theory and the rules or ideals which are applied to particular cases. Rather, one applies the relevant rules and ideals and then, after taking into account all of the morally relevant features, one decides whether or not it is justified to violate a particular moral rule. The decisive question in determining whether or not to violate the rule is whether or not one would advocate that this kind of violation be publicly allowed, i.e., whether one would allow this kind of violation to be part of the public moral system. Although this resembles Kant's Categorical Imperative, it is significantly different. It captures the impartiality that is an essential part of morality without leading to the absurdities that Kant's theory does. And, just as important, in determining the *kind* of action, it takes into consideration the action's foreseeable consequences, thus capturing the concern with consequences that is the strongest feature of Utilitarianism – but without leading to the absurdities of Utilitarianism. We believe that this kind of theory does accurately describe the kind of moral reasoning that thoughtful people go through when they make moral judgments in particular cases. An excellent example of such a unified theory is Bernard Gert's *Morality: A New Justification of the Moral Rules* (1988).

D. And Finally

We believe, in the sense given to "principle" by Frankena and by Beauchamp and Childress, that for all practical and theoretical purposes there are no moral principles. Rather, for the former it is merely a way of combining some aspects of utilitarian and deontological theories without actually working out how they can be combined. For the latter, moral principles seem primarily to be chapter headings, which pen together superficially related topics. Although we find their discussions of these individual topics often to be extremely well done, we think that grouping them together under the heading of their "principles" gives a misleading account of moral reasoning.

Invocations of these principles leads to *neglect* of (1) the theories from which the principles supposedly are derived, (2) the individual rules and ideals that apply to the particular case, (3) the procedure that should be used in applying the rule to the particular case, and (4) the statement of the particular duties of a profession. And, most importantly, by invoking several "principles" they implicitly deny the unity of morality. As John Stuart Mill says in the first chapter of *Utilitarianism*,

> ...there ought either to be some one fundamental principle or law at the root of all morality, or if there be several, there ought to be a determinate order of precedence among them; and the one principle, or the rule for deciding between the various principles when they conflict, ought to be self evident (paragraph #3).

We do not concur with Mill's implication that there has to be agreement about the answer to all moral questions, but we do accept that everyone must agree on the procedure to be used in deciding moral questions.

NOTES

[1] A third edition of *Principles of Biomedical Ethics* was published in mid-1989. Nevertheless we have continued to cite the second edition for two reasons. At this time it is more likely that readers will have copies of and be familiar with the second edition thus making reference checking more convenient. And secondly, not pursuing the third edition underlines our emphasis on not criticizing individual authors but rather on criticizing a conceptual "gestalt" which we see manifested in various forms and places, and the second edition is sufficient for that.

[2] Two other authors in this issue make charges similar to ours. Both Baruch Brody and Ronald Green note the insufficiency of principles: conflicts among, and unclarity within them, and of lack of a unifying theory. Brody emphasizes the difficulty in application with respect to scope, conditions for applying, etc. and the lack of a more fundamental theory (pp. 165–169). Whereas he concludes that we need to improve the principles, we argue that they have no role whatsoever within a unified moral theory whose derived rules are the proper and sufficient guides to action. Green not only notes that a fundamental moral theory is missing in the approach of Beauchamp and Childress but also claims that biomedical ethics in general has avoided serious attention to basic theoretical issues in ethics (pp. 187–190).

REFERENCES

Beauchamp, T.L., and Childress, J.F.: 1983, *Principles of Biomedical Ethics*, second edition, Oxford University Press, New York.

Brody, B.A.: 1990, 'Quality of scholarship in bioethics', this issue, pp. 161–178.

Frankena, W.: 1973, *Ethics*, second edition, Prentice-Hall, Englewood Cliffs, New Jersey.

Gert, B.: 1988, *Morality: A New Justification of the Moral Rules*, Oxford University Press, New York.

Green, R.M.: 1990, 'Method in bioethics: a troubled assessment', this issue, pp. 179–197.

Part V
The Absolute Rule Approach

[14]

Medalist's Address: Action, Intention and 'Double Effect'

by G. E. M. Anscombe

It is customary in the dominant English and related schools of philosophy to restrict the terms "action" or "agency." That is, when the topic is 'philosophy of action'. This is often done by an appeal to intuition about a few examples. If I fall over, you wouldn't usually call that an *action* on my part; it's not something that I *do*, it is rather something that happens to me. Donald Davidson has made a more serious attempt than this at explaining a restriction on the term "action," or what he means by "agency." "Intentional action" is an insufficient designation for him: it determines no class of events, because an action which is intentional under one description may not be intentional under another. And anyway there are unintentional actions, which he doesn't want to say are not actions in the restricted sense in which he wants to apply the term. So he suggests that we have an action (in the restricted sense) if what is done (no restriction on the ordinary sense here) is intentional under *some* description. This allows pouring out coffee when I meant to pour out tea to be an action, being intentional under the description "pouring out liquid from this pot." I fear, however, that it may allow tripping over the edge of the carpet to be an action too, if every part of an intentional progress across the room is intentional under that description. But Davidson doesn't want to count tripping as an action. If this is right, then his account is wrong because it lets in what he wants to exclude. Furthermore, I don't think it comprises omissions, which are often actions.

I am inclined to think that the attempt, brave as it was, was misconceived anyway. There is a goal in view when people want to introduce a restricted sense of "action," but I don't think it can be attained by trying to find a characterisation of a sub-class of events.

All the same, the point about there being many descriptions of any action, as indeed of any event or any object, is true. It has an importance which we shall see later.

What is being aimed at, I think, is the category called "human action" by some scholastics: They made a contrast between 'human action'—*actus humanus*—and 'act of a human being'—*actus hominis*. Again, this is usually explained by examples. Idly stroking one's beard, or idly scratching one's head, may be an 'act of a human being' without being a 'human act.'[1] And I expect falling over or tripping up is so too; at any rate I lay it down that I will use the term 'act of a human being' in such a way that those things come under that heading. Also, that 'act of a human being' is a wider notion, which includes 'human action'.

The contrast is that human actions *are under the command of reason*: This does not mean just that reason *can* intervene to forbid—for that holds of idle actions too. What it does mean beyond that will, I hope, emerge.

We might say that human action = voluntary action. But that raises a question of meaning, like what we have just glanced at in the last paragraph. We are speaking of voluntary action *not* in a merely physiological sense; not in the sense in which idly stroking your beard *is* a voluntary action. Notice, too, that what is voluntary under one description may be non-voluntary or counter-voluntary under another. We are not, like Davidson, attempting a classification which will divide all events into members and non-members of a class.

Nor are we using "voluntary" as Aristotle uses $\dot{\epsilon}\kappa o\acute{v}\sigma\iota o\nu$, generally translated "voluntary." For Aristotle says that beasts and babies have the voluntary, but we would not say so in the sense of "voluntary" that we are trying to introduce.

Aristotle too introduces a restricted sense of "action"—praxis, which beasts and babies don't have. But it is a bit too limited for us. It wouldn't include omissions unless calculated, or sudden impulsive actions.

Voluntariness does not require that there be any act of will, any formation of intention, any choice of what is voluntary; or even any positive voluntary act. What you were able to do and it was needful you should do, if you omit it in forgetfulness or sloth, falling asleep perhaps and sleeping through the time when you should have been doing it—your omission of it is voluntary. Unless indeed you fell asleep because you were drugged without the slightest consent on your part. Consent may reside in not taking care when you could have, and in the nature of the case as available to your understanding, you needed to.

I will now put forward a thesis, which I will later give reason for:

All human action is moral action. It is all either good or bad. (It may be both.)

This needs a lot of clarification. First, let me point to an implication. It means that "moral" does not stand for an extra ingredient which some human actions have and some do not. The idea of the moral as an aspect that is to be seen in some human actions, or felt by the agent, and which may be lacking, perhaps is lacking if it is not felt by the agent—this idea is rejected by the equation "Human action = moral action." Or at least "Human action = moral action of a human being." For I am not concerned with angels, demons, fairies or Martians. I shall hope to shew that this equation is not a mere 'extensional equivalence' — two descriptions which happen to be true of the same things. The descriptions are equivalent in content.

All the same, not all human-action descriptions are moral action-descriptions. E.g. "walking," if a human being other than an infant is said to walk, is normally a human-action description, but it is not a moral action-description. (I say it is *normally* a human-action description to allow exclusion of sleep-walking (say), which would be the act of a human being, but not a human action.) "Chucking a pebble into the sea" is another such description, or "Picking a flower." Like "walking," these are *indifferent* human-action descriptions.

This fact, that there are indifferent human-action descriptions, might lead someone to think that there are indifferent human actions. But that does not follow at all. It is the *particular* action that is always good or bad.

Note also that not all action-descriptions which can, and in the particular case often do, describe human actions, are such that whatever acts fall under them are good or bad human actions. For example the description, even when it does describe the action of a human being, still may *not* be describing a human action. As an instance, take "Killing someone." Suppose I am a parcel — I mean I've been made up into a parcel — and by sheer accident I get set rolling down a hill in such circumstances that I kill someone by knocking him over into the path of a rapid vehicle — that's not a human action on my part. It *is*, if I kill someone by an accident in driving my car — I reverse it by mistake, say, and kill a small child standing behind it.

As I said: "Walking," though if it is applied to a non-infant human being it is normally a human-action description, is nevertheless not a moral action-description. By a moral action-description I mean one at least *suggesting* some *specific* goodness or badness about an act that falls under it. "Walking," even when it is used to report a particular human action, does not suggest anything specific.

It is not even true that every *moral* action-description, as a description of a particular human action, entails that that particular action was good, or again, that it was bad. It may only entail that the action was, say, good, unless some aspect makes it bad. Or was bad, unless some excuse or justification either lets it have a certain goodness inasmuch as it is an action which is not wicked, or actually renders it specifically good.

This working of excuse may astonish. Someone has killed someone, let us say. We ask: Was it his *fault*? It turns out that it was not; although the action which as it turned out resulted in death *was* a human action. So: he has an excuse, he is perhaps exonerated; he is not *guilty of homicide*. But does that mean his action was *good*? If all actual human action that occurs is either good or bad, it seems as if his *excuse* renders his action *good*! But isn't that too paradoxical? Don't we want something between good and bad in actual particular occurrences of action?

Assume his action is not good *qua* killing, *qua* resulting in death. And we can suppose it was no particular species of good action; not the act of any specific virtue. But, just as anything that has positive being is good *qua* being (even if it is something that for some reason ought not to exist) so action is good as being action, i.e., *qua* belonging to the genus 'action'. (And it would be so, even if there were no specific goodness about it.) Suppose, then, that all the things about it which make one want to say it was bad turn out to be not his fault: suppose they were just accidents for which he had no responsibility, except in the sense of (involuntarily) contributing some of the causation of a bad result. Then, there is not the *quicunque defectus* to make his action a bad human action.

Here I am invoking the principle "Bonum ex integra causa, malum ex quocunque defectu." This might be rendered: "Something is good by reason of being good in every respect, bad from being bad in any." Here respects of good and bad have to belong to the thing under the description under which it is described as good or bad. Thus there might be a good human action—good *tout court*, not just good in this respect or that—which was by sheer accident an intervenient cause of some evil. Here some might say that that *act of a human being* had something bad about it, and so wasn't good *tout court*. That is, *if* I am right in the extensive application I give to the expression "act of a human being." But the human act has not got something wrong with it *qua* human act from being an involuntary cause of some evil. That respect of badness does not belong to it as a human act. For being the involuntary cause of something does not belong to it as a human act.

On the other hand, there might be nothing good about it *qua* human action, *except* that it was human action. I am still thinking of the same case, where the evil result is pure accident, not voluntarily caused by the agent. But he is presumably engaged in something or other in his being there or at least in his motion, if that is voluntary; and what he is up to may itself have been for a bad end, and hence bad on its own account.

Or it may have been subordinated to a bad end. But here I get into deep water. Is a wicked man, who keeps himself in good trim by physical exercise so as to pursue his life's purposes, acting badly or well in taking that exercise? I cannot answer this question, and to investigate it now would take too long.

It will be apparent why I said that an action—a human action—may be both good and bad. It may be good only in a certain respect, and bad in others; then it is not good *tout court*, but bad. And the respect *may* be: generically. In *this* respect all human actions are good, though many are bad *tout court*.

So far we've been speaking in a uniform way about the case of the bad upshot, whether there is excuse *or* exoneration. Alternatively, we may want to distinguish between these. With exoneration, an agent is in the clear; but if there is less than exoneration, we may say his action was bad as needing excuse and *therefore* pardon. In such a case we may say it was mixed. In *that* way, it was bad—if he had taken more care, he would have avoided the result; and yet the result was not one that, as we say, 'was to be expected in the nature of the case'. And in this way it was mixed; it had the goodness of being a human action and perhaps of being whatever sort of action he was engaged in intentionally; it lacks the defect of being a specifically wicked action, since it does not get this from the bad accidental result; and yet it has something of badness, that makes it seem to need pardon. For if we do distinguish between exoneration and excuse in this sort of case, this is where the distinction must be made. If it merits complete exoneration, then it has no badness from the bad upshot—e.g. the unfortunate result is 'utterly accidental, he couldn't have avoided it, it was sheer bad luck'.

From considering good and bad, we see that the extension of "human action" is wider than that of "intentional human action." That is to say: something may be a human action under a description under which it is not an intentional action. Acts of carelessness, negligence and omission may be of this character. For though they can be intentional, they may not be so, but their not being intentional does not take the character of human action away from them. But a human action does not have something wrong with it qua human act—i.e., so as to be to that extent a bad human action—from being an involuntary cause of some evil. The involuntariness does mean that the badness is not in a respect belonging to it as a human action. By parity of consideration, voluntariness would mean that it was bad in such a respect.

To repeat: when I speak of moral action-descriptions, I mean ones which suggest, at least suggest, good or bad—unlike neutral or indifferent action-descriptions, which suggest nothing either way. However, one might object that *if* just being an action is good, then neutral action-descriptions must after all mention something good. (Even if in the particular case it also fails in goodness because of something bad about it then and there.) So how can I say that there are neutral action-descriptions? The answer is that the good or bad suggested by moral action-descriptions is *specific* goodness or badness. That in the particular case each human action is good or bad is a different point from the generic goodness of any action as being an action: it means that each human action is specifically good or specifically bad. It will be good, if good, for more than just being an action. Firstly, the particular thing that is done may itself be more than generically good. But also there are circumstances and ends to consider. For suppose the particular thing that is done is sufficiently specified by a neutral action-description, so that it—the particular thing that is done—might be called "no more than generically good": then, if the agent's purpose or purposes in doing it are specifically good and circumstances import nothing bad about doing that thing for those purposes, the action will be specifically good. A neutral action-description reporting a human act may give 'the particular thing that was done' sufficiently for us to say: "That was all right, unless the purpose or circumstances put a different complexion on it." Or, it may be an inadequate description of the particular thing that was done: he didn't 'merely write his name on a bit of paper', he was signing such-and-such a contract.

To say that "human action" and "moral action (*sc.* of a human being)" are equivalent is to say that all human action *in concreto* is either good or bad simpliciter. There is no need to insert "morally" and say "morally good or bad." The term "moral" adds no sense to the phrase, because we are talking about human actions, and the 'moral' goodness of an action is nothing but its goodness as a human action. I mean: the goodness with which it is a good action. 'Moral' goodness is: goodness of actions, passions, and habits of action and feeling. The term is however a distinguishing one, restricted to specific goodness, goodness simpliciter, or to what comes closer to that than the generic good of being a human action or passion or disposition.

The idea that a human action could be called a "pre-moral evil," or evil in a pre-moral sense, is extremely confused. Examples which are offered to prove it are killing and amputation.

Death is an evil, and a killing (of a human by a human) may not be a wicked action. For it may be blamelessly accidental and so, it is suggested, a 'pre-moral evil'. The amount of truth there is in this conclusion consists in this: the description "killing someone" may be the description of an *act of a human being* (actus hominis) without describing a *human act* (actus humanus)—as when I was a parcel rolling down the hill. Note that when it *is* the description of an act of a human being, even though not of a human act, it is still a moral action-description. At least this is so if I am right in my application of these terms. For we ask whether it was the person's fault, was there excuse, and so on. If, as in the parcel case, it turns out that the act of knocking the victim over to his death wasn't a human act, that is sufficient to answer those questions: it wasn't his fault, it was in no way voluntary on his part. Only in the sense in which "responsibility" means "causality" was he responsible.

The fact that "killing," even when applied to the interaction of two human beings, has this somewhat generic character, does not prove that a particular *human action* of killing someone is not established with a definite character of moral evil once it is clear that it was intentional and also was private—i.e., was not an action belonging to the exercise of civil authority. I would prefer to say "a definite character of evil" because of my opinion that the term "moral" there is strictly redundant; but I have to put it in as I am commenting on a conception of 'pre-moral evil' according to which an action of killing someone, fully deliberate, fully intentional, may only be evil in a 'pre-moral' sense. That is, as so far described or proposed it may be so.

Now this, if true, would not be true in the way in which the evil was premoral in the parcel case: namely, because, while death is an evil, it was not brought about by a human action. It would, rather, be true because of what is excluded by my word "private." Intentional killing in warfare, or by police in fighting violent criminals, or by execution of a death sentence—all these *can* be murderous, but they are not necessarily so, and that means that "intentional killing of one human being by another" is a moral action-description whose applicability does not *eo ipso* prove the wickedness of the deed. The description is more determinate than is the bare word "killing"; yet it is still somewhat indeterminate. But this indeterminateness of description does not signify an indeterminateness in the quality of the human act, given the sanity of the killer and the circumstances which make it 'private'.

If anyone thinks otherwise, he must have been misled by bad teaching. Or simply by a bad philosophic tradition, according to which the intentionalness of an action (a) can't be known to anyone but the agent and (b) is a matter of what the agent did it *for*—intention being often taken to mean purpose, or intention of the end. Now as to (a), "intention can't be known, because it is something private," that is in general absurd. It is often, nay *usually* quite apparent that someone is doing such-and-such on purpose. It is no objection to this that error on the point is possible. Nor yet, that it is more difficult to know someone's further intentions, or the intentions with which he was doing what he was obviously doing on purpose, or what he was doing it all for.

Murder is a complex concept with many disparate elements in it. But you don't have to know what some private person killed his uncle for in order to know he committed murder, so long as he was awake, *compos mentis* and was doing the killing on purpose. (I say "some private person" to exclude the cases of capital punishment, cops and robbers, and warfare all in a lump).

This means that although the mental element of *mens rea* is important in identifying a killing as a murder, the question whether someone has committed a murder can usually be answered as soon as the relevant facts are in, and having the facts in doesn't mean that all we have ascertained is the occurrence of a 'pre-moral evil'.

Amputation—of a limb, say—is a more pressing example for our immediate enquiry. This is because what someone is doing an amputation for is all-important. If it is needed for the life or health of the victim because of the physical condition or situation of his body, then it is all right as far as purpose goes, otherwise not. And this seems to lend real substance to the idea of a 'pre-moral evil' which is deliberately encompassed by a human action for the sake of a greater good. Someone cut off someone's hand, let us say. That sounds awful — could it be an indeterminate description of an action justified by circumstances: by who he was, and who his victim was? Suppose he was the public executioner and his victim a thief being punished according to law? If that would make it all right, then amputation as a moral problem would be rather like killing. But we don't have amputations as punishment 'in civilised countries'. I don't wish to raise the question whether such punishment is admissible at all: but the fact that we don't have it puts amputation into a special position: an evil inflicted, not as a punishment, but for the sake of a greater good in some other way. The evil is all in the particular thing that is purposely done, but the evil of it and the intentionalness do not determine the quality of the act. That is principally determined by what it was done for. So you have a pre-moral evil, and the goodness or badness of the action of *doing* it is principally a matter of the intention of the end. This gives us a pattern which, it might be said of, we can surely apply elsewhere: "If deliberately cutting off a hand is so far forth only pre-moral evil, then can't the same be said of killing your uncle, or aborting your baby or . . . ? What will give it its *moral* character (and maybe a lovely one) is what you do it for."

"Cutting off a limb" is a moral action-description by my criteria. It is also indeterminate, suggesting evil, raising the question of excuse or justification. Who did it to whom, in what circumstances, and what for? When we know the answer to these questions we should be able to tell the quality of the act. The thing that makes it of importance for our discussion is the dominant role of the question "What for?" If this role is described by reference to 'a greater good', then the road is thrown open to a generalisation which threatens to destroy many absolute prohibitions of kinds of act.

The important thing about a justified amputation — as we 'in civilised countries' understand it — is that it is for the life, health or capacity-to-function of the individual human being who suffers it. The lesser evil for that human being's physical condition or integrity is chosen for the sake of the greater good of that human being's life or condition or capacity. So there really is here a case in which *an* intrinsic evil is inflicted for the sake of a more valuable good. But the evil and the good concern the bodily condition of the single human individual. He occupies a pre-eminent position in questions about good and bad action.

Once this is clear, it should also be clear that in this case too we have an indeterminate description whose kind of indeterminateness is exploited to argue for a characterisation of many bad actions as so far 'pre-moral evils'. Because in *this* case the principal determinant is the 'what for', it is suggested that this is quite generally so. Old authorities are invoked, who wrote of all the factors that go to determine the specific goodness or badness of actions. These factors certainly include intention. Against the background of certain modern traditions in philosophy—especially the Cartesian—it is hardly noticed that intention may relate to the intentionalness of the particular act that is done, as well as to the purpose for which it is done. Now there are several kinds of action which, if they are done intentionally, are evidently evil actions, no matter what they are done for. The good end only sanctifies such means as either are good considered in themselves, or would naturally fall merely under a neutral action-description.

My phrase "if they are done intentionally" signifies a sufficient condition, not a necessary one. This will become clear if we return to our earlier topic of murder.

For here there can be borderline cases arising because murder is not committed only where there was an intention to kill. The arsonist who burns down a house, not caring that there are people there, is as much a murderer if they are burned to death by his action, as if he had aimed to kill them. This action falls squarely within a penumbra surrounding the hard-core part of the concept of murder, which contains only intentional killing. The penumbra is fuzzy at the outer edges—that is, there are borderline cases. But that fact does not mean that an absolute prohibition on murder makes no sense.

And similarly for other intrinsically evil deeds. The descriptions might be simple and easy to apply, like "sodomy," or have cases in which the application was somewhat obscure or disputable, like "lying"; but none of that creates a conceptual difficulty about the notion of absolute wrongness—whether great wrongness, or small as in many instances of lying.

The fact that there is murder where death foreseeably results from one's action, without the actual intention of killing, naturally leads to a problem. One cannot say that *no* action may be done which foreseeably or probably leads to some death, or that all such actions are murderous. Why, the very begetting of a child would be murder at that rate—for the child will surely die. Or if that seems too zany an example: you can't build roads and fast vehicles, you can't have various sports and races, you can't have ships voyaging over the seas, without its being predictable that there will be deaths resulting. And much that is done in medicine and surgery is done knowing it involves the risk of death—pain-killing drugs which may kill the patient before his disease does, and high-risk surgery.

Therefore some distinction needs to be made, or some distinctions.

This is a problem for those who hold that deliberately killing is absolutely out in the sort of case we may have to consider. If you don't hold that, it seems you don't get into a bind. For the whole thing begins by saying

(a) You must not kill either as an end or as a means to some end.
(b) Not all action that leads to someone's, or people's death, though this is not intended, is murderous and so forbidden.
(c) Often such action *is* murderous, and so is forbidden.

It is here that we have the famous 'doctrine of double effect'. "Double effect" is an unfortunate Latinism. What we are talking about is death as a side-effect which is brought about as well as the effect being aimed at.

I will call it the "principle of side-effects" that the prohibition on murder does not cover *all* bringing about of deaths which are not intended. Not that such deaths aren't often murder. But the quite clear and certain prohibition on intentional killing (with the relevant 'public' exceptions) does not catch you when your action brings about an unintended death.

So much seems clear. But notice that the principle is modest: it says "where you must not aim at someone's death causing it does not *necessarily* incur guilt."

The principle is unexceptionably illustrated by some examples of dangerous surgery, by some closings of doors to contain fire or water; or by having ships and airlines. In these we are helped by thinking of the deaths as either remote or uncertain. But an unintended death which is a foreseeable consequence of one's action may be neither. *Then* we are confronted with cases where it strikes people that there is little difference between direct and indirect killing. Imagine a pot-holer[2] stuck with people behind him and water rising to drown them. And imagine two cases: in one, he can be blown up; in the other, a rock *can* be moved to open another escape route, but it will crush his head. He will be killed by it.

Someone who will equally choose either course clearly prefers saving these lives to the avoidance of any intentional killing. Such cases are discussed with a note of absolute necessity about savings lives — a presupposition that is paramount.

The example of the stuck pot-holer was invented (without the choice of ways of escape) to illustrate the iniquity of abortion: you wouldn't say you could kill the pot-holer to get out — it was argued. But people did say just that — at least if the posture of the pot-holer was so described that he was going to get drowned too!

Yet situations must often have occurred where people were in a tight corner, could have saved themselves by killing one of their number, and that has not occurred to them as an option at all.

If that were the attitude of the people in the cave, they wouldn't do either thing.

Indeed someone might say of moving the rock and crushing his head: "Isn't that direct killing too?" The point of not calling it direct was that it isn't his being crushed that gives the escape route—and so his being crushed can be something you don't *intend*.

"Direct" and "indirect" are dodgy terms; sometimes they relate to offshoots, as it were, from a given sequence of causes, and sometimes to immediacy or remoteness, and sometimes to what is intended or not. I note with curiosity that McCormick uses the concepts of direct and indirect intention, saying that they are centuries old tools of moral theology. If that is so, I'd like to know the sources. I myself know of "direct" and "indirect" intention only as terms introduced by Jeremy Bentham. He called it "indirectly intended" if you took a shot at something and hit something else, if you knew that was a possibility. Fr. McCormick's sense seems to be the same. "Indirectly intended" thus means "Unintended, but the possibility was foreseen." While I am speaking of Fr. McCormick, I will also remark on his curious use of "intention in a psychological sense."[3] With respect, there is no other relevant sense.

Returning to the pot-holer, I note that the 'doctrine of double effect' is supposed to say that the people could move the rock, though they must *not*, not on any account, blow up the pot-holer. And this is what is found intolerably artificial and unnatural. But we may ask: Is that because of what is allowed, or what is forbidden? What I've called "the principle of side effects" is related to an absolute prohibition on seeking someone's death, either as end or as means. I've spoken of that. Now, if the objection is to what is here *allowed*, note that the principle of side effects does not state or imply that they can move the rock. It does not say *when* you may foreseeably cause death.

And why should we have a package deal here, as in what is called the "doctrine of double effect"?

Now—perhaps because of this teaching—there might be people among those in the cave who, even seeing the undesired consequence, would move the rock, though they would refuse to blow the man up because that would mean choosing his death as means of escape. This is not a meaningless stance. They'd be shewing themselves as people who will reject any policy making the death of innocent people a means or an end.

But, to repeat: you cannot deduce the permissibility of moving the rock from the principle of side-effects. It determines nothing about that, except perhaps that it is not excluded on the score of being intentional killing. We have to say "perhaps" because of the possible closeness of the result. As I have described the case, we are only given that moving the rock will crush the pot-holer's head. This might be a result so immediate that the action could not be called "taking the risk that that would happen." If so, then it is at best a dubious business to say "We don't intend that result." At most, it is no part of the aim, in securing the opening, that the man's head should be crushed.

At this point the Doctrine of Double Effect helps itself to an absurd device, of choosing a description under which the action is intentional, and giving the action under that description as *the* intentional act. "I am moving what blocks that egress," or "I am removing a rock which is in the way." The suggestion is that that is *all* I am doing as a means to my end. This is as if one could say "I am merely moving a knife through such-and-such a region of space" regardless of the fact that that space is manifestly occupied by a human neck, or by a rope supporting a climber. "Nonsense," we want to say, "doing that is doing this, and so closely that you can't pretend only the first gives you a description under which the act is intentional." For an act does not merely have many descriptions, under some of which it is indeed not intentional: it has several under which it is intentional. So you cannot choose just one of these, and claim to have excluded others by that. Nor can you simply bring it about that you intend *this* and not *that* by an inner act of 'directing your intention'. Circumstances, and the immediate facts about the means you are choosing to your ends, dictate what descriptions of your intention you must admit. *Nota bene* that here "intention" relates to the intentionalness of the action you are performing as means.

Suppose for example that you want to train people in habits of supporting the Church with money. If you exact money from them as a condition of baptism you cannot say you are not making them pay for it.

All this is relevant to our pot-holer only where the crushing of his head is an immediate effect of moving the rock. Here a ground for saying you can intend to move the rock and not intend to crush the head is that you might not know that in moving the rock you would crush his head. That is true, we may suppose; which does differentiate this case from the simoniacal one. But if you *do* know, then where the crushing is immediate you cannot pretend not to intend it if you are willing to move the rock.

Let us now consider the case where the result is not so immediate — the rock you are moving has to take a path after your immediate moving of it, and in the path that it will take it will crush his head. Here there is indeed room for saying that you did not intend that result, even though you could foresee it. And that is the sort of case we have to consider. The Doctrine of Double Effect is supposed to allow you to move the rock, if the balance of good over bad results is favourable. The Principle of Side Effects says no more than that moving the rock is not excluded by the prohibition on intentional killing. For, as I have explained it, that principle is not a package deal and it does not say what circumstances or needs excuse unintended causing of death.

Some principle or principles are needed, and if we adopt that one principle, of the balance of good over evil in the expected upshot, then it becomes obscure why we could not do this where the causation of death was perfectly intentional. And that seems to be the principal ground on which some thinkers throw the whole package out of the window, and talk about a deliberate killing, for example, as *so far* a 'pre-moral evil'. They may help themselves by the confused considerations I discussed earlier, but the nerve of the rejection of former doctrine is here.

I formerly understood the doctrine of double effect, *not* as a package deal, but rather as what I have called the "principle of side-effects," and I thought I was only doing a work of clarification in formulating it and remarking that it does not tell us what to allow and what to forbid when we have left the area of intentional killing.[4] I have come to realise that the Doctrine of Double Effect comprises several things, merely *including* this 'principle of side effects', and that we should split it up.

Having accepted the principle of side effects, we need some further principle or principles on which to judge the unintended causing of death. There is one which both seems obvious and covers a good many cases. The intrinsic certainty of the death of the victim, or its great likelihood from the nature of the case, would exclude moving the rock. Here is a reasonable principle. Surgery would be thought murderous, even though it was not done in order to kill, but, say, to get an organ for someone else, if the death of the subject were expected as a near consequence, pretty certain from the nature of the operation.

It will be apparent that this principle tells you rather what you can't do than what you can. Also, it is particularly devised for the causing of death; causing of other harm is not covered by it. I think that these are not faults.

I will end by protesting at the ascription of the Doctrine of Double Effect to Aquinas: The phrase "duplex effectus" occurs in his discussion of killing in self-defence. (*Summa Theologica* IIa IIae, Q.64 art. 7) "Ex acu ergo alicuius se defendentis duplex effectus sequi potest: unus quidem, conservatio propriae vitae; alius autem, occisio invadentis." His doctrine is severe: he holds that one may not aim at the death of one's assailant, but one is guiltless if it occurs unintended as a result of one's use of means proportionate to the end of repelling him. One must moderate the force one uses, to suit the end: if one uses more than is required (si utatur maiori violentia quam oporteat) one's act is rendered illicit. Those who wished to see in this text the package Doctrine of Double Effect claimed that in speaking of proportionate means St. Thomas was introducing their doctrine of a proportion of good over evil in the upshot. I am not concerned to discuss St. Thomas' view on self-defence, only to note the false interpretation.

If we want to know St. Thomas' general opinion on responsibility for evil consequences of actions, this is not the place to look, but rather at what he says about the relation of an *eventus sequens* to the goodness or badness of an action (Ia IIae, Q.20 art. 5):

> Si est praecogitatus, manifestum est quod addit ad bonitatem vel malitiam. Cum enim aliquis cogitans quod ex opere suo multa mala possunt sequi nec propter hoc dimittit: ex hoc apparet voluntas eius esse magis inordinata.
>
> Si autem eventus sequens non sit praecogitatus, tunc distinguendum est. Quia si per se sequitur ex tali actu, et ut in pluribus, secundum hoc eventus sequens addit ad bonitatem vel malitiam actus: manifestum est enim meliorem actum esse ex suo genere, ex quo possunt plura bona sequi; et peiorem ex quo nata sunt plura mala sequi. Si vero per accidens, et ut in paucioribus, tunc eventus sequens non addit ad bontiatem vel ad malitiam actus: non enim datur de re aliqua secundum illud quod est per accidens, sed solum secundum quod est per se.[5]

New Hall, Cambridge University
Cambridge, England

NOTES

1. I use the words "act" and "action" interchangeably without intending any difference of sense.
2. A cave explorer.
3. My references are to his *Ambiguity in Moral Choice*.
4. See Chapter III, section of *Euthanasia and Clinical Practice, The Report of a Working Party*, published by The Linacre Centre, London, 1982.
5. *Translation:* If it (the consequent event) is pre-conceived, it manifestly adds to the goodness or badness of the action. For when someone considers that much that is bad can follow from what he does, and does not give it up on that account, this shows that his will is the more inordinate. But if the consequent event is not pre-conceived, then it is necessary to distinguish. For if it follows from that kind of action *per se* and in most cases, then the consequent event does accordingly add to the goodness or badness of the action; for it is clear that that action is better in kind, from which more goods can follow, and worse, from which more evils are liable to follow. But if it is *per accidens*, and in rather few cases, then the consequent event does not add to the goodness or to the badness of an action: for there isn't judgment on any matter according to what is *per accidens*, but only what is *per se*.

[15]

JOSEPH BOYLE

WHO IS ENTITLED TO DOUBLE EFFECT?

ABSTRACT. The doctrine of double effect continues to be an important tool in bioethical casuistry. Its role within the Catholic moral tradition continues, and there is considerable interest in it by contemporary moral philosophers. But problems of justification and correct application remain. I argue that if the traditional Catholic conviction that there are exceptionless norms prohibiting inflicting some kinds of harms on people is correct, then double effect is justified and necessary. The objection that double effect is superfluous is a rejection of that normative conviction, not a refutation of double effect itself. This justification suggests the correct way of applying double effect to controversial cases. But versions of double effect which dispense with the absolutism of the Catholic tradition lack justification and fall to the objection that double effect is an unnecessary complication.

Key Words: double effect, intention, side effect

The doctrine of double effect (hereafter DDE) emerged within Roman Catholic moral theology as a procedure for guiding some decisions which arise in a class of morally ambiguous situations – namely, those in which a straightforward application of an exceptionless moral norm appears to exclude an action for which there are good, and even morally compelling, reasons. DDE rests on a distinction between what a person intends in acting and what a person brings about as a side effect of an intentional action. According to DDE this distinction has moral significance: it is sometimes permissible to bring about as a side effect of one's intentional action what it would be wrong to bring about intentionally.

Within the Catholic tradition DDE has been formulated in various, more or less complicated ways (Mangan, 1949; Boyle, 1980, pp. 528–530). The common core of these formulations is the idea that there are conditions for the permissibility of bringing about certain kinds of harms to people. The harms in question are taken by the tradition to be of various sorts (bodily harms such as death or injury to the agent or to another, and moral harms such as helping someone commit sin or putting oneself in an occasion of sin) but they have in common that they are all harms which it would be absolutely impermissible to bring about intentionally. The double effect doctrine states that such harms may be brought about if two conditions are met: (1) the harms are not intended but brought about as side effects; and (2) there are sufficiently serious moral reasons for doing what brings about such harms.[1]

Plainly, DDE has important applications within bioethical casuistry. Indeed, with the possible exception of its application in the casuistry of self-defense and warfare, the best known use of DDE by Catholic moralists is its use in the context of abortion; indirect abortions are those which can be justified by DDE. But other bioethical applications abound: to distinguish intentional sterilization from actions which sterilize as a side effect, to distinguish from prohibited killing acts of providing analgesics which may shorten life, to distinguish cooperation in evil action which might be morally justifiable from that which, because it takes on the intentions of the one helped, cannot be, and to distinguish morally justifiable decisions to forgo life-extending treatments from decisions to let die which constitute immoral "passive euthanasia".[2]

Casuistical reasoning and debate about these and related issues is an abiding part of the ongoing dialogue of bioethics. For this reason the applications of DDE will likely continue to be a source of philosophical concern. Those influenced by or committed to the Catholic moral tradition will continue to be part of this dialogue, and this tradition itself, as one of developed sources of casuistical reasoning, will likely be explored and mined for the assistance it can provide. This is especially true in the present context because a number of non-consequentialist moral philosophers are showing a new found appreciation for DDE, even as they reject many of the characteristic themes of traditional Catholic morality.

In this dialectical context, it is not satisfactory simply to develop the casuistry which depends on DDE in the way the Catholic moral tradition has done for several centuries. DDE itself must be subjected to analytical scrutiny. For the casuistry which makes use of DDE cannot itself determine how its underlying distinctions are to be understood, and there is considerable disagreement, particularly concerning the exact meaning of the distinction between intentionally harming someone and harming someone as a side effect. This disagreement can be decisively settled only by considering the normative justification of DDE. For only thus will we be able to judge which of the various ways of drawing this distinction is compatible with justified applications of DDE. A consideration of the justification of DDE is also necessary for evaluating the force of the objection that DDE is superfluous and dispensable. This objection can be addressed to the traditional Catholic versions of DDE and to the contemporary, philosophical versions which dispense with many of the assumptions of the tradition.

In this paper I will deal with the justification of DDE. I will argue that in its traditional absolutist version DDE is justified and needed, and that those who reject it as superfluous have no specific objection to DDE but a normative disagreement with the absolutism of the Catholic tradition. This justification settles some of the disputes about how the distinction between intentionally harming and harming as a side effect is to be applied. I will also argue that contemporary, non-absolutist versions of DDE are left without justification, and cannot answer the objection that DDE is superfluous. Outside the absolutist context of the Catholic tradition, DDE is not needed; and those who reject this context are not entitled to use it.

THE REQUIREMENT OF PROPORTIONATE REASON

There is considerable unclarity in the tradition about how the second condition of DDE – that there must be a sufficiently serious moral reason for bringing about the harmful side effect – is to be understood and applied. It is clear, however, that it directs us to consider a highly variable and circumstantial set of factors quite unlike those which might be relevant in determining the morality of intentionally bringing about the harms in question. Surely, also, this condition directs us to consider anything about the act having harmful side effects which might provide grounds for foregoing the act, for example, that it would be unfair to someone to perform an act having these side effects, or that one has some special duty to prevent these side effects, and so on (Grisez and Boyle, 1978, pp. 388–390; Finnis et al., 1987, p. 292). Since the discussion of this condition has not been at the center of disputes about the defensibility of DDE and its applications, I will not discuss its details (Quinn, 1989, p. 334).

However, the simple fact that, in addition to the condition concerning intention, there is another necessary condition for the permissibility of bringing about harms of the kind in question is important for forestalling certain objections to DDE. For it is commonly believed that, according to DDE, acts which bring about harms as side effects only are so far permissible. This false belief leads some to suppose that DDE is committed to holding that people are responsible only for what they bring about intentionally, and that there is no responsibility for side effects (Donagan, 1977, pp. 122, 164). But if there is no responsibility for side effects, then it would hardly be relevant to state a moral condition for the permissibility of bringing them about. As Anscombe has noted, the first condition of DDE, which she calls "the principle of the side effect", says nothing about the permissibility of bringing about harmful side effects beyond the fact that they are not excluded by the absolute prohibitions which exclude intentionally bringing about the kind of harm in question: "But notice that the principle is modest: it says, 'where you must not aim at someone's death [the only harm she is considering] causing it does not *necessarily* cause guilt'" (1982, p. 21). Thus, Baruch Brody's worry that attributing to intention the role it has in DDE might lead to the consequence that we can only kill someone when we intentionally cause his or her death (1988, p. 25) is not substantial. As Anscombe's statement suggests, there is nothing about DDE which implies that such things as negligent or wanton killings are permissible or even less bad or not worse than intentional killings.

INTENTIONALLY HARMING AND HARMING AS A SIDE EFFECT

The first condition of DDE has been the focus in recent discussions and disputes about the doctrine and its applications. The distinction between what is brought about intentionally and what is brought about as a side effect, and the claim that in the case of actions which cause certain harms this distinction marks an important moral difference – the difference between what is always impermissible and what might be morally permissible – raise difficult and controversial issues.

Twenty years ago there was substantial skepticism among philosophers about whether the distinction between what an agent intends and what the agent brings about as a side effect could be drawn (Chisholm, 1970, pp. 636–637). There was also skepticism about whether the distinction, even if it could be drawn in a rough, intuitive way, was clear enough to be applied rigorously to the kind of cases requiring careful casuistical analysis. This latter scepticism arose from H.L.A. Hart's argument that certain actions which were not thought to be allowed by traditional applications of DDE were analytically indistinguishable from actions which were allowed by traditional applications (Hart, 1968, p. 123). This scepticism increased as a result of Philippa Foot's development of Hart's argument into a general suggestion that the DDE provides no "criterion of closeness" to distinguish cases in which a result is intended from cases in which it is a side effect (Foot, 1978, p. 23).

These concerns about the distinction which underlies DDE and its application to cases are not now regarded by philosophers as seriously damaging or fatal to DDE (Foot, 1985, pp. 25–26; Nagel, 1986, p. 179). An argument for this judgment can be stated as follows: The notion of intention used in traditional discussions of DDE is, fundamentally, a philosophical construction which has come to affect the ordinary English usage of "intention" but which is neither based on that usage nor identical with it (Boyle and Sullivan, 1977). On this conception, one intends one's ends, the states of affairs one aims to achieve in action, and one also intends one's means, that is, the precise steps one takes to achieve one's ends. Features of one's voluntary actions which are not one's ends or means are side effects. Side effects are consequences or other aspects of one's actions which are neither the goals one seeks in acting nor the precise states of affairs one is committed to realizing for the sake of these goals. They are properly regarded as outside one's intention in acting because their occurrence does not contribute to one's purposes; they are not part of what one wants to occur or of what, strictly, serves one's purposes. But they are voluntarily brought about if they are foreseen or should be foreseen. For one brings them about knowingly and has some control over whether they will occur, even if one is indifferent to their occurrence, and even if one acts in spite of the expectation of their occurrence. Thus, the tradition maintains that one "permits" side effects, and one might better say that one "accepts" them. So, there is a basis for making the distinction upon which DDE depends (Boyle, 1980, pp. 533–536).

Furthermore, although there are likely to be borderline cases in which it will be difficult, or perhaps even impossible, to determine whether some state of affairs a person voluntarily brings about is a side effect or part of what the person intends, not all applications of DDE concern such difficult applications, and the underlying concepts are not so vague as to prevent serious argumentation about whether or not certain applications are correct.

Thus, for example, the death of the one who is killed by the craniotomy in Hart's famous example is not intended in the sense of intention clarified two paragraphs above: that individual's death does not contribute to saving the mother's life; what contributes to it is the removal of the individual from the birth canal; this is achieved by crushing the individual's skull, and that surely causes death, but it is the removing and the crushing, not the death or the causing of death which are intended (Boyle, 1977; Quinn, 1989, p. 341). What settles cases like this is an analysis of the intentional structure of actions, not appeal to a general criterion of closeness.

This way of dealing with the craniotomy example has been found unacceptable on several grounds: it appears counterintuitive to many, and it seems to destroy the natural applications of DDE. To avoid these difficulties a different basis for the DDE has been suggested (Quinn, 1989, pp. 335–344). Furthermore, even granted that the death in this example is a side effect, some have maintained that, since this fact is not sufficient to morally justify the craniotomy, it remains reasonable to regard side effects as close to intentional actions as this one as if they were for purposes of moral evaluation part of what the agent intends (Anscombe, 1982, pp. 21–22; Linacre Centre, 1982, p. 35).

But none of these worries and alternatives provides a suggestion that the underlying distinction of DDE cannot be formulated in a way that is sufficiently intelligible and determinate to allow for rational application of DDE to cases.

JUSTIFICATION OF NON-ABSOLUTIST VERSIONS OF DDE

The moral relevance of the distinction between side effects and what is intended is more difficult to establish, and has become the object of considerable discussion among moral philosophers. Recent philosophical writing on DDE has emphasized that it captures pre-philosophical intuitions which are shared by many people and which constitute an important part of the non-consequentialist morality of common sense (Foot, 1985, pp. 25–26; Nagel, 1986, pp. 179–185). Thus, many non-consequentialist moral philosophers appear to think that the distinction between intentionally harming someone and harming as a side effect is morally significant, and that this significance is similar to that attributed to the distinction within the Catholic tradition.

The main difference between the contemporary, philosophical view of DDE and the traditional Catholic understanding is that the former separates DDE and its underlying distinctions from the moral absolutism which provides the context for DDE within the Catholic tradition. Thus, Warren Quinn formulates DDE in a way that does not presuppose a moral view which includes absolute prohibitions of inflicting kinds of harms, but instead provides a basis for discriminating in favor of certain actions and against others: "It discriminates against agency in which there is some kind of intending of an objectionable outcome as conducive to the agent's end, and it discriminates in favor of agency that involves only foreseeing but not that kind of intending, of an objectionable outcome" (1989, p. 335).

This non-absolutist formulation of DDE is appealing insofar as it avoids controversial claims about exceptionless prohibitions against inflicting certain kinds of harms. Moreover, it seems to capture what is intuitively appealing about DDE and to highlight just those features of it which make it so compelling as an irreducible and non-consequentialist part of everyday, common sense morality.

However, DDE is hard to defend in this form. For if there is no justification of this form of DDE, it remains plausible to think either that the distinction to which it attributes considerable moral weight in fact lacks moral significance, however deeply it might be embedded in ordinary moral thought, or that some other moral considerations in fact bear the moral weight mistakenly attributed to DDE. And this condition, as far as I can determine, is met. Justifications of this form of DDE do no more than elaborate the intuitive appeal which striking examples illustrate. Therefore, the dilemma posed above is a serious one.

Nagel, for example, holds that DDE, for all its difficulties of application, "provides a rough guide to the extension and character of deontological constraints [on the pursuit of agent neutral goals]" (1986, p. 179). He goes on to provide a phenomenology of the action of doing what is evil for the sake of a good purpose, and then asks how DDE is justified. He replies that there is no decisive answer (p. 183). By this he seems to mean that there is no general way to say whether the agent relative perspective of DDE or the agent neutral perspective of promoting good outcomes should be normatively dominant. But this assumes that from the agent relative perspective DDE is justified. And he provides no argument for that assumption, beyond the phenomenology which elaborates common intuitions about the difference between harms one intends and harms one brings about as side effects. So Nagel faces the dilemma: perhaps there is nothing of normative significance in the phenomena he details, and the force of the agent's subjective perspective is normatively illusory, or perhaps something else more adequately captures the agent relative intuitions on which he focuses.

Alan Donagan's argument that DDE is superfluous (1977, pp. 163–164) exemplifies the difficulty involved in the second horn of the dilemma. Donagan maintains that within common morality, which within Donagan's Kantian framework is systematically agent relative, there is a structural principle for ordering moral obligations, which he names "the Pauline Principle" after St. Paul's saying that one may not do evil that good might come of it (*Romans* 3:8). This principle relies on an interpretation of Kant's distinction between perfect and imperfect duties, and requires that one not violate perfect duties in fulfillment of imperfect duties. This requirement follows from the first moral principle as understood by Kant, since the goals to which imperfect duties direct us are not mandatory in every situation but are rightly pursued only by actions which do not violate the perfect duties which follow from the principle of respect for persons (pp. 154–155).

Donagan understands DDE as a replacement for the Pauline Principle (p. 156). He argues that this replacement is not needed *unless* the perfect duties in question are understood as absolute prohibitions against certain kinds of harming as such (pp. 159, 163). For if the perfect duties are not exceptionless, but proscribe only harming *at will*, as Donagan thinks they do, then the plausible exceptions, such as killing in self-defense or the sorts of abortions which the Catholic tradition regarded as 'indirect' will not be ruled out by the perfect duty.

Whether or not Donagan is correct in thinking that DDE is a replacement for the Pauline Principle, and whether or not he has precisely stated the condition necessary to warrant such a replacement, his argument is effective against a position like Nagel's. For it makes clear that agent centered constraints on the pursuit of good need not be grounded on DDE and its underlying distinction, unless those agent centered constraints are more generally stated than Nagel gives us reason for thinking them to be, and surely more generally stated than those who wish to defend DDE on non-absolutist grounds are willing to allow.

Warren Quinn develops a justification for a revised version of DDE which seems to avoid the force of Donagan's argument, and which is plainly more than an elaboration of common sense intuitions. His revisions, in effect, provide a position which avoids the horns of the dilemma to which other non-absolutist defenses of DDE are subject. His revisions, however, are such that what he defends is not DDE, at least as understood within the Catholic tradition, but another doctrine which does not have the range of application of DDE (Quinn, 1989, p. 343) nor, if I am correct about the craniotomy case, the same results in cases to which both seem to apply (1989, p. 343).

In addition to his rejection of the absolutism of the Catholic version of DDE, Quinn's revision includes two essential elements. One has already been noted: in order to exclude the possibility that the death in the craniotomy case will be in the relevant sense outside the agent's intention, he does not base the DDE on the distinction between what is intended and side effects. His basis for the DDE is the fact that some who are harmed by our actions are what he calls "intentional objects" whereas others are not. In the former case but not the latter, the agent deliberately involves those harmed in something "in order to further his purpose precisely by way of their being so involved" (1989, p. 343). Thus, "The doctor in CC [the craniotomy example] strictly intends to produce an effect on the fetus so that the mother can be saved by that effect" (p. 342).

The second element in Quinn's revision is that DDE is taken to apply only to harms which the agent brings upon other people, and indeed applies only when there is a conflict between the moral claims of different people (p. 342).[3]

The justification Quinn offers for his version of DDE is worth considering: Whenever a person harms another by his or her agency, the person does what is bad and perhaps prima facie wrong. But when a person harms another who could volunteer or refuse to volunteer to be harmed but is not asked to volunteer then the agent does a further wrong to the one harmed. For in such cases one subordinates the other person to one's own goals, and literally uses the person. When one intentionally harms another, one uses him or her in this way; when one brings harm on another as a side effect one does not. So there is an additional wrong-making factor in cases of intentionally harming a person, and so a basis for discriminating against agency which involves such harming.

Intentionally harming a person makes the person play a role within one's strategic thinking. That person's being harmed serves one's purposes. Thus it is something one might ask the person to do, and which they might conceivably consent to do. But in cases where harm is brought about as a side effect, volunteering would be irrelevant; any harm which might come to a person harmed as a side effect does not serve one's purposes; they make no contribution to the agent's plans (Quinn, 1980, pp. 348–349).

Quinn's claim that there is a duty not to use people which goes beyond the duty not to harm them is plausible enough, and the contours of this duty closely track some intuitions about DDE, at least for some cases in which harms are inflicted on others. But it is not clear that Quinn's argument provides a general basis for discriminating against intentionally harmful agency.

As Quinn notes, it is surely possible to wrong people by harming them as a side effect (p. 348). This would be failing to respect them, though it would not be using them. However, he does not consider the possibility that bringing about harms as side effects is in some cases as wrongful as, or even worse than, bringing about those harms intentionally. One who wantonly disregards the interests of those harmed by his or her actions surely need show no lesser disrespect for those people than if he or she had intentionally harmed them in the same way, and so used them. Thus, even if intentionally harming always adds a wrong-making feature to an act which harms others, it is by no means clear that this justifies generally discriminating against intentionally harmful agency.

Another, deeper difficulty in Quinn's account arises from the fact that it attributes moral significance to the distinction between what an agent intends and side effects only in cases in which the intended harm is not voluntarily accepted by the victim and only in cases in which the harm is to another. This limitation has a troubling implication concerning the beliefs of those who hold that the distinction between intentionally harming and harming as a side effect has the same moral significance in cases in which Quinn thinks it not justified as it does in the cases he thinks it justified. On Quinn's account such people are simply guilty of a mistake. Yet such people seem to be guilty only of having normative convictions slightly different than Quinn's own – convictions which are quite natural within common sense morality and which do not presuppose the absolutism of the Catholic tradition.

For if one assumes that it is possible to wrong oneself by harming oneself, then it seems that whether one harms oneself intentionally or as a side effect should make a difference similar to the difference it makes when applied to harms inflicted on others. Similarly, if one supposes that there are harms one can inflict on others which wrong them even if they voluntarily consent to them, then it seems that whether one harms the person intentionally or as a side effect should make a difference similar to the difference Quinn sees between intentionally harmful actions without the consent of the victim and actions which harm as a side effect. Thus, those who believe that killing oneself is wrong are likely to think there is a morally significant difference between intentionally ending one's life and ending it as a side effect of other actions. Similarly, those who think it is wrong to kill another even if the other consents to being killed are likely to think that the difference between intentional killing and killing as a side effect is morally relevant to evaluate the agent's act.

In other words, Quinn seems to have constructed a defense for a version of DDE which grounds its moral force in considerations which, while they have their own intuitive power, do not mesh well with the intuitions of many who have thought DDE to be true. For both in Catholic moral thinking and common sense morality, there are normative convictions which appear to bring DDE into play where Quinn's account implies that it has no application.

In short, it seems that contemporary philosophical discussions of DDE do not provide an account which justifies the moral significance which many think attaches to the distinction between intentionally harming and harming as a side effect. Absent such a justification, current claims that the DDE captures an important part of people's pre-philosophical and non-consequentialist moral intuitions are not compelling, and no grounds are provided for a non-consequentialist casuistry.

AN ABSOLUTIST JUSTIFICATION OF DDE

As far as I am aware, there is no systematic attempt within the Catholic moral tradition to provide a justification for DDE. Much like contemporary philosophers who accept some version of DDE, Catholic moralists since Aquinas have assumed that the distinction between intentionally harming and harming as a side effect bears considerable moral weight, no doubt for similar, intuitively grounded reasons.[4]

There is, however, a justification of DDE which emerges within the framework of the moral absolutism which characterizes the Catholic tradition. This absolutism is not, of course, specific to the Catholic tradition but would be a feature of any moral theory according to which there were exceptionless moral norms prohibiting inflicting certain kinds of harms on people. Furthermore, as will become clear shortly, the justification of DDE within such a moral framework does not establish the truth of its absolute prohibitions, but assumes there are some.

The justification is as follows: if it is absolutely impermissible to inflict some kinds of harms on people, there is a natural and, indeed, unavoidable, question about the extension of the norms prohibiting such harms. This question arises because of the possibility that there are situations in which, whatever one chooses to do, one will inflict the prohibited harm on someone. If there are cases of this kind, moral norms which absolutely exclude inflicting such harms cannot be so general as to prohibit inflicting them in these cases. For a moral norm which literally cannot be followed cannot perform its function of guiding choice. There are, plainly, cases of this kind – cases in which, whatever one does, someone will be the victim of a harm it is presumably wrong to inflict. Thus, whatever the precise extension of the prohibition, it must be limited so as not to cover such cases. In other words, absolute prohibitions against inflicting harms on people cannot sensibly be formulated as prohibitions against *inflicting* or even *knowingly inflicting* the harms in question, although, of course, absolute prohibitions of some kinds of actions could be sensible if they were not based on considerations about the harms they inflict.

The distinction between actions in which one intentionally harms someone and those in which someone is harmed as a side effect provides the needed limit on the extension of norms absolutely prohibiting inflicting certain kinds of harms. For it is always possible (although sometimes extremely difficult and costly) for a moral agent to follow a norm which absolutely prohibits intentionally harming someone. For this reason, acts of intentionally harming someone appear to be paradigm cases of what norms which absolutely exclude inflicting harms would prohibit. By way of contrast, it would not be always possible (indeed is frequently impossible) to follow an absolute prohibition against inflicting harms if that were taken to apply to harms brought about as side effects. For there are many circumstances, hard to specify in any very general way, in which, whatever one does, one will cause harm as a side effect.

Thus, it is not incompatible with the idea of a moral norm to think that there are moral norms which direct that actions which intentionally harm someone should never be done, but it is incompatible with this idea to think that these norms should be extended so as to prohibit absolutely harms caused as a side effect (Finnis et al., 1987, p. 292).

Thus, as Anscombe has emphasized, the primary point of the distinction between intentionally harming someone and harming someone as a side effect is to limit the extension of the relevant absolute prohibitions (1982, p. 21). But my justification of DDE along these lines has implications which Anscombe may not want to accept. For she seems to suggest that in cases in which it is hard to see the difference between intentionally harming and harming as a side effect, the latter should be morally evaluated in the same way as the former. Thus, referring to actions having death as a side effect, she maintains that when the death is intrinsically certain or very likely in the nature of the case, then it is wrong to do the action which brings it about (1982, p. 24). But in the cases she discusses, death is also a side effect, and a fairly certain one at that, of the decision to forgo the actions she wishes prohibited. The immediacy or certainty of a side effect's occurring is surely relevant to the moral evaluation of the act which brings it about, but anything approaching an absolute prohibition of actions having harmful side effects appears to run afoul of the limitations which my argument sets for absolute prohibitions against inflicting harms.

The character of this justification of DDE can be made more precise and its force put into perspective by considering its bearing on Donagan's argument that DDE is superfluous. Contrary to what Donagan supposes (1977, pp. 159, 164), DDE does not arise because there is an established and determinate prohibition against certain kinds of harming as such, and therefore a need to limit responsibility to harms intentionally inflicted in order to avoid the impossibilities to which such a prohibition would lead. It arises instead because there is a prohibition against (at least) intentionally inflicting certain kinds of harms, and therefore a question whether this prohibition can be extended to cover inflicting harmful side effects. DDE gives a negative answer to this question.

Thus, it seems clear that DDE is not a replacement for the Pauline Principle, and is in no conflict with it, but rather provides a ground for clarification of the precise extent of some of the perfect duties to which it gives priority. Donagan is correct, of course, in thinking that this sort of precision about the extent of perfect duties would be otiose if the duties themselves were not absolute. But Donagan's disagreement with the Catholic tradition about this matter is a normative disagreement about the character of norms which prohibit inflicting harms. If the Catholic tradition is correct in its conviction that there are absolute norms prohibiting intentionally inflicting harms – a conviction which must be justified independently of considerations about DDE – then his objection to DDE is not substantiated.[5]

In short, if my justification of DDE is correct, the objection that DDE is superfluous is sound when directed against non-absolutist versions, but when directed at absolutist versions, it challenges not DDE itself but the absolutist framework it assumes. Both implications are important. For the first means that many who would like to make use of DDE, for example, contemporary theologians who reject the Catholic tradition's moral absolutes and anti-consequentialist philosophers, are not entitled to help themselves to its use. And the second means that those who object to the implications of the application of DDE within the traditional Catholic context have no specific objection to DDE and so should direct their criticisms at the absolute norms on whose extension DDE provides a control.

DIFFICULTIES

It might be objected that my justification of DDE is at least as far away from accounting for all its plausible uses as is Quinn's. For my justification applies only when there is a situation of what might be called 'moral impossibility', that is, a situation in which one lacks the capacity to prevent the harmful side effect from occurring. And this situation may seem to obtain in only a few of the situations to which DDE plausibly applies.

I consider first the cases in which there clearly is moral impossibility – deflection cases in which the situation is defined in such a way that it is not within one's power to prevent a harm from falling on some who are caught up in the situation, but in which one does have a choice about which of these people are to be the victim. Here one causes the harm to fall on some to save another or others; the harm to the victim is a side effect. Plainly, the choice to bring it upon some person rather than others is subject to moral evaluation, but this evaluation plainly cannot be based on an absolute prohibition against inflicting the harm.

Many classical cases used to illustrate DDE are structurally similar – the indirect abortion cases, for example. In these cases, and in the craniotomy case if my analysis of it is correct, the established situation determines that at least one of the parties will die. The choice to do or refrain from doing the medical procedure determines which will die as a side effect: the indirect abortion causes the death of the fetus as a side effect, the refusal of the procedure results in the mother's death as a side effect.

A similar analysis applies to decisions to allocate scarce medical resources. These decisions provide scarce resources to some who need them, and deny them to others who as a result will die or live on miserably. These are not structurally identical to deflection cases. For, unlike deflection cases, they involve saving some at the price of *letting* harm fall on others. The fact that the harm is allowed to fall on some rather than being inflicted by the agent's initiative raises familiar difficulties about agency, causality and omissions. But these complications do not alter the situation of moral impossibility, and do not show that the harm permitted is not a side effect. For the harm would not have fallen on its specific victim except for the agent's decision, and the harm in the cases described is not intended: as in deflection cases, the harm to those left untreated to save scarce resources for others are not what serve the purposes of those who decided to save others' lives. But these harms to certain individuals are within the agent's power to prevent. So, they are side effects, and not reasonably evaluated by absolute prohibitions against inflicting harms.

Still, it seems odd to many to consider as harmful side effects of one's choices things which one does not actually cause, and this sense of oddity increases when one considers the reverse side of this idea, namely, that an agent can intentionally harm someone without causing the harm, merely by wanting the harm to occur and choosing not to prevent it. Baruch Brody thinks that this possibility unnecessarily complicates the ethics of decision making about the termination of life saving treatment. For this possibility implies that "either a great deal of killing is morally permissible or that we are required to treat a very large number of terminally ill patients so as to avoid killing them" (Brody, 1988, p. 25). He prefers a strictly causal theory of killing, which avoids these complications.

But Brody's disjunction is incomplete. Defenders of DDE will hold that there is another possibility besides keeping people alive so as to avoid killing them and killing them intentionally by omission. The traditional understanding of the doctrine of ordinary and extraordinary treatments provides that possibility. According to this view, one can choose to omit life preserving treatments not only for the sake of ending the patient's life but for the sake of avoiding various burdens of the treatment. Thus, if it were true that the only way to avoid intentionally killing people would be to continue to treat them, then we would be obligated by a norm absolutely prohibiting intentional killing by causing death or by omission to treat an implausibly great number of patients, but treating people is not the only alternative to intentionally killing them.

This approach to the ethics of terminating treatment is more complicated than Brody's strictly causal approach, but it is not clear that the causal approach is therefore preferable. If one supposes, as Brody appears to suppose, that there is no absolute prohibition against intentional killing by omission, then the intentional approach of DDE and the ordinary and extraordinary treatments doctrine is bound to give the wrong results, and indeed is not needed or justified. But rejecting this normative belief of the Catholic tradition does little to justify Brody's alternative. For, as he admits, one who intentionally kills by omission does contribute to the death. It follows that the agent bears responsibility for the death of a kind similar to the responsibility one would have for causing it. Given this, it is a mystery why the relevant norms, however they are precisely formulated, should prohibit only the causing of death (in Brody's sense of "cause"), and not also the contribution to death which comes about in intentional omissions.

In short, the application of the distinction between intentionally harming and harming as a side effect to cases where the agent deliberately refrains from doing something seems justified, and, since situations of moral impossibility arise in cases where one of the alternatives is not to do something, the limitation of absolute prohibitions applies here as well as in cases in which the harmful side effects are caused.

Still, many cases usually thought to be covered by DDE do not have even the similarity to deflection cases of those in which one has a choice between letting a harm fall on one as a side effect or causing it to fall on another as a side effect. For in many cases, the harms which come about as a side effect of whatever one chooses to do will fall upon the same person. But the identity of the victim of the harmful side effects of either choice does not remove the situation of moral impossibility. For example, one who faces a choice between death from a disease and very risky surgery to deal with the disease must accept the likelihood of death as a side effect of either choice.

Another important class of cases usually covered by DDE is quite different from deflection cases in that the harms which are the side effects of choosing one alternative are different in kind from those which would occur if one chose another alternative. But again this difference does not remove the situation of moral impossibility. Consider the case of building highways, or the standard example of giving a person analgesics which are required to control pain but will probably shorten the patient's life. In both cases the side effects of taking the action will include the probability of death, but the side effects of the alternatives are also bad, and indeed include some which it is plausible to think would be absolutely impermissible to inflict intentionally. So there remains here a situation in which, whatever one does, harms will occur which it would be absolutely wrong to bring about intentionally, and so a pair of norms each of which excluded absolutely bringing about the side effects of each alternative would be impossible to follow.

In short, the objection that my justification of DDE as determining the limits of the extension of absolute prohibitions against harming people does not cover the range of application of DDE is not sound. Any action which has as a side effect the sort of harming of someone which it is plausible to think absolutely prohibited if brought about intentionally is covered by DDE, and this class of actions is very extensive indeed, certainly extensive enough to cover the cases to which DDE is thought to apply.

NOTES

[1] This formulation implies that traditional Catholic formulations in terms of three or four conditions are, strictly speaking, superfluous. See Boyle, 1980, p. 532 for an explanation of why, given their concern about casuistical application, traditional moralists found it useful to formulate DDE in theoretically superfluous ways.

[2] See Ashley and O'Rourke, 1981, pp. 227–238, 276–284, 375–387 for a contemporary Catholic statement of many of these issues. See also Grisez and Boyle, 1979, Chapter 12, for a systematic account of those among them which relate to the ethics of killing.

[3] A curiosity of Quinn's approach is worth noting. He is convinced that it would destroy the natural application of DDE if one were to allow that the craniotomy does not violate the first, intentional condition of DDE. Yet he is not troubled by the fact that his revision of DDE excludes other natural applications which are used as standard examples, such as the difference between using analgesics which shorten life for the sake of easing pain and the use of the same or other analgesics with the intention of shortening life. The grounds for regarding one application as essential and others as dispensable are not clear.

[4] In his famous discussion of killing in self-defense, which is widely regarded as the first statement of DDE, Thomas Aquinas provides only one sentence by way of justification of the distinction between intentionally harming and harming as a side effect – the cryptic remark that "moral acts receive their species according to what is intended" (*Summa Theologiae*, 2–2, q. 64, a. 7, trans. author). Neither he nor the tradition elaborates this idea. But there is a hint within the more recent tradition which points in the direction of the argument I begin here. This part of the tradition does not sharply distinguish between justification and excuse, and tends to express DDE in terms that suggest it to be a principle of excuse. That, of course is a mistake (Boyle, 1980, pp. 529–530). But it suggests what is true and important for the justification of DDE, namely, that the character of one's responsibility for side effects is different from that for what one intends. It is also worth noting that there is a deep, theological precedent for the distinction: part

of the Catholic solution to the problem of evil is that God does not intentionally bring it about but only accepts it as a side effect.

[5] The absolute prohibitions against intentionally harming persons which characterize the Catholic moral tradition have been defended, and not simply on the basis of a divine command theory (Finnis et al., 1987, pp. 281–294). The defense of these moral absolutes by Catholics does not presuppose moral principles very different than those Donagan endorses (Donagan, 1977, pp. 57–66). For one natural interpretation of the Kantian principle of respect for rational creatures implies that they never be intentionally harmed in certain ways. Donagan's non-absolutist interpretation is not obviously better, and requires an enormously complex and intuitive procedure for determining when the norms prohibiting harming people at will are applicable (pp. 66–74).

[6] I thank John Finnis, John Hartley and Elmar Kremer, who read an earlier draft of this paper, and both corrected a number of mistakes and suggested improvements. The main ideas of this paper are the result of countless discussions with Germain Grisez; the justification of the DDE presented here emerged in one of these discussions, and was first stated in Finnis et al. (1987, p. 292).

REFERENCES

Anscombe, E.: 1982, 'Action, intention and "double effect"', *Proceedings of the American Catholic Philosophical Association* 54, 12–25.

Aquinas, T.: 1942, *Summa Theologiae*, Second Part of the Second Part, Volume Three, Institute of Medieval Studies, Ottawa.

Ashley, B., and O'Rourke, K.: 1981, *Health Care Ethics: A Theological Analysis*, 2nd Edition, The Catholic Health Care Association of the United States, St. Louis.

Boyle, J.: 1977, 'Double effect and a certain type of embryotomy', *The Irish Theological Quarterly* 44, 303–318.

Boyle, J.: 1980, 'Toward understanding the principle of double effect', *Ethics* 90, 527–538.

Boyle, J., and Sullivan, T.: 1977, 'The diffusiveness of intention principle: A counter-example', *Philosophical Studies* 31, 357–360.

Brody, B.: 1988, *Life and Death Decision Making*, Oxford University Press, New York, Oxford.

Chisholm, R.: 1970, 'The structure of intention', *The Journal of Philosophy* 67, 633–647.

Donagan, A.: 1977, *The Theory of Morality*, University of Chicago Press, Chicago.

Finnis, J., Boyle, J., and Grisez, G.: 1987, *Nuclear Deterrence, Morality and Realism*, Oxford University Press, Oxford and New York.

Foot, P.: 1978, 'The problem of abortion and the doctrine of double effect', in *Virtues and Vices*, University of California Press, Berkeley, pp. 19–32. Originally published in 1967, *Oxford Review* 5.

Foot, P.: 1985, 'Morality, outcome and action', in T. Honderich (ed.), *Morality and Objectivity: A Tribute to J. L. Mackie*, Routledge & Kegan Paul, London, pp. 23–38.

Grisez, G., and Boyle, J.: 1979, *Life and Death with Liberty and Justice: A Contribution to the Euthanasia Debate*, University of Notre Dame Press, Notre Dame.

Hart, H. L. A.: 1968, 'Intention and punishment', in *Punishment and Responsibility: Essays in the Philosophy of Law*, Oxford University Press, New York, pp. 113–135.

The Linacre Centre: 1982, *Euthanasia and Clinical Practice; Trends, Principles and Alternatives: The Report of A Working Party*, The Linacre Centre, London.

Mangan, J.: 1949, 'An historical analysis of the principle of double effect', *Theological Studies* 10, 41–61.

Nagel, T.: 1986, *The View from Nowhere*, Oxford University Press, New York.

Quinn, W.: 1989, 'Actions, intentions, and consequences: The doctrine of double effect', *Philosophy and Public Affairs* 18, 334–351.

ALAN DONAGAN

MORAL ABSOLUTISM AND THE DOUBLE-EFFECT EXCEPTION: REFLECTIONS ON JOSEPH BOYLE'S *WHO IS ENTITLED TO DOUBLE EFFECT?*

ABSTRACT. Joseph Boyle raises important questions about the place of the double-effect exception in absolutist moral theories. His own absolutist theory (held by many, but not all, Catholic moralists), which derives from the principles that fundamental human goods may not be intentionally violated, cannot dispense with such exceptions, although he rightly rejects some widely held views about what they are. By contrast, Kantian absolutist theory, which derives from the principle that lawful freedom must not be violated, has a corollary – that it is a duty, where possible, to coerce those who try to violate lawful freedom – which makes superfluous many of the double-effect exceptions Boyle allows. Other implications of the two theories are contrasted. *Inter alia*, it is argued that, in Boyle's theory, that a violation of a fundamental human good can be viewed as a cost proportionate to a benefit obtained, cannot yield a double-effect exception to the prohibition of intentionally violating that good, because paying a cost cannot be unintentional.

Key Words: cost-benefit analysis, double effect, intention, side effect

Most Catholic moralists, especially those who have to do with the practice of medicine, have long accepted that some moral prohibitions are not absolute, but admit exceptions when what is putatively prohibited because of a bad effect has a counterbalancing good effect. In recent years their doctrine has attracted much interest and some favor among secular non-Catholics. Moralists influenced by Kant, however, tend to resist 'double-effect' exceptions as superfluous. The issues are confusing, because not only are theories of the double-effect exception various, but so also are theories according to which it is superfluous. Joseph Boyle's illuminating exploration of some of the theories in the field, both Catholic and non-Catholic, and his exposition and persuasive

---

Alan Donagan, late Doris and Henry Dreyfuss Professor of Philosophy, California Institute of Technology, Pasadena, California 91125, U.S.A.

defence of a particular Catholic theory of it, disentangle some of my own perplexities (Boyle, 1991); and in what follows, I shall try to disentangle some others.

I pass over the double-effect exception in nonabsolutist moral theories, like those of Philippa Foot (1978) and Warren Quinn (1989), and confine myself to its place in absolutist ones, that is, to ones in which "there are exceptionless moral norms prohibiting inflicting certain kinds of harms on people" (Boyle, 1991, p. 486).

1. ACTIONS, INTENDED AND UNINTENDED: THE CASE OF CRANIOTOMY

Boyle would agree, I believe, that the human actions that are subject to moral judgement are changes or persistences in an agent's bodily or mental state brought about by his will, or 'voluntarily', in the technical sense of that word. Hence refusing to bring about such a change is as much an action as bringing one about.[1] An agent *voluntarily* causes an effect of such a voluntary change or persistence if and only if he believes that it can have that effect, not necessarily that it must. And he *intentionally* causes an effect he voluntarily causes if that effect is either the end for which he causes it, or among "the precise steps [he] takes to achieve" that end (Boyle, 1991, p. 479).

What you intend is therefore what you *plan* to do, whether as your end or as among the means by which you plan to accomplish it. You do not intend something you will to do if you will it neither as your purpose nor as contributing to your purpose, even if you foresee that carrying out your plan will cause it. A good test of whether or not you intend a particular foreseen effect of an action is to suppose that, by some fluke or miracle, the action does not have the effect you foresee, and to ask whether you then consider your plan carried out and your purpose accomplished. Boyle contends that, if intended effects are conceived as planned, the distinction between them and unintended side-effects is clear in principle, although there will be borderline cases.[2] Confusion arises when unintended effects are conceived, not as planned, but as causally more remote from the change or persistence in the agent's body that causes them than are intended effects.

Some Catholic moralists resist Boyle's analysis on the ground that no effect of an action can be a side-effect if any step the agent takes to bring about his end is a sufficient condition for it. For example, Stephen Theron argues as follows that killing a foetus, while an unintended side-effect of a hysterectomy performed to prevent its mother from being killed by her uterine cancer, is an intended effect of a craniotomy performed to prevent its mother from being killed by the blockage of her birth canal.

> If I could remove the cancerous womb without causing death I would. But I can't credibly say, if I could do the craniotomy ... without causing death I would. For the *point* of th[is] act is to cause death, and that is why it is killing, whereas the point of removing the cancerous womb and foetus is to save life, and that is why it is not killing, even though it causes death. The craniotomy may also have the point of saving life, but that is through its aim of killing. The hysterectomy has the point of saving life through its aim of removing a womb (Theron, 1984, p. 76).[3]

Presumably Theron's reason for asserting that the "aim" of craniotomy is killing is that the "precise step" in it by which the foetus is made removable from the birth canal is the crushing of its skull, which is a sufficient condition of its death. By contrast, none of the precise steps by which a cancerous womb is removed kills the foetus: it is killed by the removal itself.

Boyle implicitly rejects reasoning like Theron's for two reasons. First of all, an action, whether it is a voluntary change of the agent's state or a voluntary persistence in the same state, is inescapably the causing of *all* the effects of that change or persistence. Since, in the normal course of nature, hysterectomy and craniotomy both cause the death of the foetus concerned, a hysterectomy is as much a killing as a craniotomy, even though the foetus is not killed by any "precise step" in carrying it out. And secondly, since the point of crushing the foetus's skull in craniotomy is not to kill it, but to make it removable from the birth canal, its death is no more the point of the operation than is the death of a foetus the point of hysterectomy. Despite his bold tone, Theron has no credible answer to the question Boyle would presumably ask: "Why can a surgeon performing a craniotomy not 'credibly say' that, if he could crush the foetus's skull in a way that would neither kill nor irreparably injure it, he would?"

2. HOW THE EFFECTS OF AN ACTION AND THE SCOPE OF INTENTION ARE LIMITED BY INTERVENING ACTIONS

The moral implications of the above conception of human action vary according to the conception of cause and effect with which it is associated. Both Catholic and Kantian moral absolutists, and in general, all moralists who accept the freedom of the will in a non-compatibilist sense, limit an action's effects, and *a fortiori* what its agent intends to bring about in doing it, to those that follow from it in the course of nature and the ordinary operation of social institutions, and not from the free reactions of others to it. (Thus actions in the ordinary course of business, for example, those of postal officers in delivering a letter that has been mailed, are not counted as free reactions.) The principle on which they do so is that a free reaction to an action is a 'new action' ('*novus actus*'), the effects of which are their effects, and not those of the action to which they are reactions. It follows that a *novus actus interveniens* terminates not only the effects of the original action, but also what its agent intentionally brings about in doing it. And it also follows that what an agent plans or intends can extend beyond what he plans or intends to bring about. He may intend that others react in a certain way to what he does; but he cannot intend to bring it about that they do, because bringing that about is not in his power.

These distinctions are the foundation of both Catholic and Kantian views of the treatment of action in face of threats, whether by radically unjust legal authority or by private criminals. History offers numerous and horrible examples of somebody powerful and evil commanding somebody else to do something morally abominable (e.g., to choose patients for lethal or radically injurious medical experiments) under the threat that otherwise he will have something even more abominable done. Sophie's predicament in William Styron's novel *Sophie's Choice*, is an example: she is told that if she does not choose one of her two children to be sent to the gas chamber, both will be sent. Although the case is fictional, the records of the concentration camp crimes of the Nazis contain numerous similar ones, many of them even more vile. Yet, as most Jewish writers on the Nazi genocide have concluded, such cases, although agonizing for the victims, are not morally problematic. Given that it is absolutely morally prohibited to collaborate in certain irreparable wrongs, as it will be in any absolutist moral system, that others will react to your refusal to collaborate by doing some graver wrong cannot be a morally relevant reason for your not refusing. By not refusing you will collaborate in a wrong for which there are no amends. Yet you cannot plead that if you refuse, you will cause that graver wrong; for you will not cause it. Nor can you plead that, in failing to refuse, you intended only to prevent the graver wrong, and that your collaboration was the unintended side-effect of trying to prevent it; for even if the threatener refrained from doing what he threatened, you did not prevent him from doing it: that is, you neither caused nor could have caused his not doing it. Your belief that you intended to is at best self-deception.[4]

3. BOYLE'S REVISIONARY THEORY OF THE DOUBLE-EFFECT EXCEPTION

Having got rid of the irrelevancy of harms caused by new intervening actions, we may now turn to Boyle's revisionary theory of double effect exceptions. It is as follows.

Catholic moral absolutism absolutely prohibits intentional invasions of the human goods that are fundamental; and, as a rule but not absolutely, it also prohibits even unintentional invasions of these goods. Since Catholic morality accepts the Pauline principle that it is absolutely prohibited to do evil that good may come of it, it makes no end obligatory that can only be brought about by absolutely prohibited means. Hence none of its absolute moral prohibitions are such that they can be observed only by violating some other. However, situations may occur in which whatever one does will have unintended side-effects that it would be absolutely prohibited to bring about intentionally. For example, a surgeon may be confronted with a situation in which he must either refrain from saving a mother's life or kill her child by craniotomy. In both cases he will cause the death of what, on the face of it, is a materially innocent life: something he is absolutely prohibited from doing intentionally. If he operates with the end of saving the mother's life, he must unintentionally take her child's; and if he refuses to operate with the end of avoiding killing the child, he will refrain from saving its mother's. Yet he is not absolutely prohibited from doing either of these things unintentionally. That is the ground of the 'double-effect exception'. Unintentionally invading a fundamental human good is not prohibited when its end is to avoid some other proportionate invasion of such a good (see Boyle, 1991, pp. 486f.).

For a reason that I shall examine below (in Section 5), Boyle's reasoning holds only if the conflicting plans between which the agent must choose are independent. A physician morally considering whether a craniotomy should be performed is not making a cost-benefit choice between the mother's life and the foetus's: his purpose is to save the mother's life, if he can, by all morally permissible means; and he has concluded that, to accomplish it, he must extract the foetus from her birth canal, which he can do only by crushing its head, which in turn will kill it. In maintaining that such a plan is morally permissible, Boyle assumes that the foetus's death is unplanned and unintended, and not a cost deliberately paid. A physician whose purpose is to save the foetus's life could likewise plan to save its life, with the mother's death as an unintended side-effect. Since under either plan the intended good and unintended harm are the same – saving a human life and causing a human death – it would, according to Boyle's analysis, be morally permissible to carry out either.

4. KANTIAN MORAL ABSOLUTISM, AND ITS REASON FOR DISPENSING WITH THE DOUBLE-EFFECT EXCEPTION

Consider now a Kantian moral absolutism[5] founded on the fundamental principle that, in every voluntary action, every rational being must always be treated as an end, and never as a means only.[6] Two sorts of absolute prohibition follow from this principle: prohibitions of voluntarily doing anything that fails to treat any rational being (including yourself) as an end[7]; and prohibitions of voluntarily omitting to form and act on rational plans of life to perfect yourself and to promote the happiness of others as far as you permissibly and reasonably can. What you can permissibly do is determined by the prohibitions of the first sort; and, given your capacities, what you can reasonably do to perfect yourself is limited and by what you can reasonably do to promote the happiness of others, and *vice versa*. Since absolute prohibitions of the latter sort prohibit only failing to form and act on some plan of self-perfection and beneficence, and not failing to do the specific actions required by any particular plan, the prohibitions of specific actions they entail are 'imperfect', that is, conditional upon the plan adopted.

Since Kantian moral absolutists deny that absolute prohibitions of voluntary actions derived from their fundamental principle can come into conflict, they are predisposed to dismiss double-effect exceptions as superfluous. Obviously, prohibitions entailed by reasonable plans of self-perfection and beneficence cannot conflict with prohibitions of the first sort, because they are conditional upon their observance; nor can they conflict with one another, because plans generating such conflicts are defective and must be revised. But can prohibitions of the first sort themselves come into conflict? That they are all derived from a single substantive principle does not show that they cannot, because that principle may itself be inconsistent; and since it is not logically formalizable, it cannot rigorously be proved consistent. However, Kantians contend that it has never been shown that treating a rational being as an end in some given way can either fail to treat that being as an end in some other way, or fail to treat any other rational being as an end.

Here Boyle would presumably object, "But how does an absolutist Kantian morality treat cases in which a choice must be made between killing a baby by performing a craniotomy, or its mother by not performing one? Both are voluntary actions, and presumably both are absolutely prohibited: one as voluntarily killing an innocent, and one as voluntarily and unnecessarily allowing an innocent to die. Unless it is revised to allow double-effect exceptions, is not Kantian morality, if interpreted as absolutist, inconsistent?" Although he was never to my knowledge confronted with this objection, Kant would have met it by invoking what he called "the universal principle of *Recht*". That principle, that "Every action is *recht* that in itself or in its maxim is such that the freedom of the will of each can coexist together with the freedom of everyone in accordance with a universal law" (Kant, 1797, p. 230)[8], he considered to follow immediately from his fundamental principle of morality; and he inferred from it that "if a certain use of freedom is itself a hindrance to freedom according to universal laws (that is, is *unrecht*), then the use of coercion to counteract it ... is consistent with freedom according to universal laws; in other words ... is *recht*", or, in other words, that "*Recht* is united with the authorization to use coercion against anyone who violates *Recht*" (Kant, 1797, p. 231). Hence, in all situations in which an innocent's lawful freedom is threatened or obstructed by another, even non-voluntarily, if that threat or obstruction can be removed only by invading that other's fundamental good, it is not only permissible to invade it, but impermissible not to.

In requiring this invasion, Kantian morality claims to be no less absolutist than Catholic morality, as Boyle presents it. However, what is absolutely prohibited, according to it, is not intentionally causing or allowing certain fundamental harms, but voluntarily causing or allowing invasions of lawful freedom. Because of this difference, it does not need double-effect exceptions in order to permit invasions of the fundamental good of those who, voluntarily or not, threaten or obstruct somebody's lawful freedom. Catholic morality does, because, as presented by Boyle, it lacks a counterpart of Kant's subordinate principle that "*Recht* is united with the authorization to use coercion against anyone who violates *Recht*". That is why situations that to Kantian moralists demand that a violator of *Recht*, perhaps a non-voluntary one, be coerced, confront Boyle's Catholic moralists with inescapable choices between unintentional causings of fundamental harms, which they legitimate by recognizing double-effect exceptions. However, except when the unintentional harms between which choices must be made are not proportionate, as killing and (say) knocking unconscious are not, the doctrine of double effect cannot guide choice. Hence in treating cases in which there is a violator of *Recht*, even a non-voluntary one, Kantian theory seems to me superior, especially as in many of them Catholic moralists will in fact recommend what it requires.

Although it is seldom discussed, and Boyle passes over it, Kantian moralists recognize a second large class of cases in which choices must be made between unavoidable fundamental harms: those in which an agent's violation of morality creates a situation in which whatever he does causes such a harm: for example, a surgeon has negligently promised to perform urgent operations at two different places at the same time, and when he finds out, it is too late to find another to do either. In such cases, both Catholics and Kantians agree that the least harm possible be chosen (*minima de malis eligenda*), but there is no double-effect exception. If your own wrongdoing has put you in a situation in which you cannot avoid voluntarily doing evil, you are doubly guilty, both for putting yourself in that situation and for the evil you do in it. That evil is not absolutely unavoidable, as it must be in genuine double-effect cases: it is conditional upon your having done what you could and should have refrained from doing.

5. HOW EXTENSIVE IS THE CLASS OF UNAVOIDABLE FUNDAMENTAL HARMS?

Kantian moralists freely acknowledge that there are two kinds of situation in which causing fundamental harms cannot be avoided: those in which only so can somebody's lawful freedom be safeguarded; and certain of those brought about by the agent's own wrongdoing. In situations of the former kind, they deny the need for double-effect exceptions, on the ground that what is absolutely prohibited is not intentionally invading fundamental goods, but failing to safeguard lawful freedom; and in situations of the latter, they deny their validity, on the ground that the agent could have avoided being in them. If fundamental harms are unavoidable only in situations of one of these kinds, then the Kantian doctrine that double-effect exceptions are superfluous seems to me to merit serious consideration by Catholic absolutists, at least if they agree with Boyle about the nature of human action.

Boyle, however, intimates that the class of unavoidable fundamental harms is much more extensive than that.

Any action which has as a side effect the sort of harming of someone which it is plausible to think absolutely prohibited if brought about intentionally is covered by the Doctrine of Double Effect, and this class of actions is very extensive indeed… (Boyle, 1991, p. 492)

Is it? The answer turns on how extensive is the class of unavoidably harmful side-effects. Boyle argues that it is very extensive, because plans of at least three common kinds involve such side-effects, namely: (i) plans to deflect harms from some to others; (ii) plans for allocating scarce resources; and (iii) plans to reduce harmful processes occurring in patients when the treatment of one such process involves neglecting or even exacerbating the other. If he were right about plans of these three kinds, Boyle would have made out his case; but Kantians contend that he is not. They dismiss (i) as bogus; and although they accept (ii) and (iii) as genuine plans, concerning (ii) they deny that a harm is caused by so allocating resources that it cannot be prevented, given that no other allocation would be more effective; and concerning (iii) they deny that a harm that is a chosen cost is a side-effect, because what is chosen is intended.

The most familiar examples of kind (i), plans to deflect harms from some to others, are invented "trolley cases", in which different individuals or groups have been tied, like the legendary Pauline, to different forks in a railroad down which an unstoppable trolley is approaching. Who among them will be killed depends on which fork it takes; that depends on whether the points at the fork remain as they are or are switched to the other fork; and that, finally, depends on some unfortunate who has one and only one choice: to switch the points (to deflect) or to leave them as they are (not to deflect).

Because *prima facie* their principle forbids deflecting harms from one set of innocents to another as reducing the latter to mere means to the good of the former, Kantians were apt to be discomposed by being mocked as upholding A.H. Clough's satirical commandment:

> Thou shalt not kill; but need'st not strive,
> Officiously, to keep alive.

Needlessly, however. They did not deny that to allow somebody to bleed to death by not applying a tourniquet to an accidentally severed artery is just as wrong as to cut his throat; and they should not have been ashamed to assert that it is wrong for a physician to endanger other innocents by recklessly speeding with help to a patient with a severed artery, even though, by refusing to endanger them, he might allow his patient to bleed to death before he brought help. There is nothing objectionable in the variant of Clough's commandment:

> Thou shalt not kill; but must not strive,
> By wrongful means, to keep alive.

Hence they should have declined to rush to judge imaginary trolley cases. If there has ever been an actual one, I am ignorant of it. A pilot or a truck-driver steering his crashing vehicle to cause the least possible harm does not choose between definite innocents he will harm: he tries to harm none at all. Nor is it hard to see why the literature on the subject avoids real cases. Trolleys crossing points are all too easily derailed, for example by setting the points in mid-position between the two forks; and, unless time is very short, those tied to the tracks (why on both forks?) can be released – helpers will multiply with each release. If it is stipulated that time is very short, how can any reliable judgement be made of what the situation is? And if such a judgement cannot be made, would not switching a railroad's points be culpably reckless? Kantian moralists are entitled to dismiss as bogus any imaginary deflection case that is not presented as comprehensively as a real one would be in any report of it that was credible.

The more comprehensively such cases are described, the more morally relevant information is apt to emerge; and judgements made in the absence of morally relevant information are worthless.

As Boyle points out, plans of his kind (ii), those for allocating scarce resources, structurally differ from those of kind (i) in that they are plans to save some at the price of *letting* others suffer. But that does not go far enough. On a Kantian analysis, all such cases fall under the 'imperfect duty' of benevolence. We each have an absolute duty to do what good we reasonably can, with whatever resources are at our command; but none of us are morally obliged to do more than we reasonably can. Although sometimes several allocations of resources will be equally reasonable, choosing and sticking to one rather than another until a better becomes available does not deny to *anybody* help that can reasonably be given: *all* are helped who reasonably can be. It would be as silly as it would be monstrous to describe a fireman who intentionally follows a reasonable procedure by which he rescues as many people trapped in a burning building as he can rescue, as *causing* the deaths of those he does not, because he could have chosen another reasonable procedure by which some of those rescued would have been different. In intentionally acting on any plan that is as good as possible, he cannot not save some whom he can save on another equally good; but that is not a good reason for not acting on it.

Here I believe I am generalizing Boyle's own objection to Baruch Brody's doctrine that intentionally letting some people die is intentionally killing them: namely, that the intention from which it follows that some people are not given life-saving treatment may not be that they die, but that scarce medical resources may be put to the best use (Boyle, 1991, p. 490). My only complaint is that he does not pursue its implications. The important questions scarce resources raise in medical ethics are about what allocations are reasonable, given that the end is to do as much good as possible, while treating all concerned as ends in themselves. If different allocations are equally reasonable, it is reasonable to choose one of them and stick to it until it is found how to improve upon it. Yet any reasonable plan for allocating scarce resources will set a limit to what can morally be done. A physician who chooses such a plan and sticks to it neither fails to help those he would have helped on the plans he rejects, nor causes the harms they suffer. They are caused by the scarcity of resources, not by how they were allocated; for they could not have been allocated better.

Plans of Boyle's kind (iii) are those in which different kinds of harm to one and the same person are allegedly side-effects of different courses of action between which a choice must be made: for example, between relieving a terminally ill patient's severe pain by analgesics that will probably shorten his life, and refraining from probably shortening his life by leaving his pain untreated.

> In both cases the side effects of taking the action will include the probability of death, but the side effects of the alternatives are also bad, and include some which it is plausible to think [it] would be absolutely impermissible to inflict intentionally (Boyle, 1991, p. 491).

In other words: when it is morally prohibited either intentionally to fail to relieve the patient, or intentionally to make it more probable that his life would be shortened, it is legitimate for a physician either to plan to relieve his pain, with the unintended side-effect of probably shortening his life, or to avoid probably shortening his life, with the unintended side-effect of not relieving his pain. Whichever harm is thus unintentionally caused, is excused by a double-effect exception.

Physicians mindful of the common law doctrine of informed consent, which Catholics as well as Kantians approve, will object that such choices are not theirs, but their patients', and that rational patients will each make them by deciding whether or not the benefit of relief of their pain is greater than the cost of a probable shortening of their lives. That is, they will each make cost-benefit calculations; and, in planning arising from such calculations, each will be confronted with a future in which he must endure one or another of two proportionately harmful processes, and must choose *either* that one be treated at the cost of accelerating the other, *or* that one not be accelerated at the cost of the other's not being treated. Such choices will be intentions that one harmful process be treated or not accelerated at the cost of accelerating or not treating the other. And just as you do not unintentionally part with your busfare in spending it on a glass of beer, so when you deliberately pay the cost of incurring or increasing one harm to yourself in order to obtain the benefit of avoiding or reducing another, you do not pay it unintentionally. In both cases, since paying the cost is as much part of the plan as gaining the benefit, it cannot be excused as an unintended side-effect.

Two conclusions follow. First, no moral system that prohibits *both* not procuring a benefit *and* paying its cost can be rescued from inconsistency by the doctrine of double effect, because costs cannot be paid voluntarily but unintentionally. Nor does Catholic morality, as Boyle presents it, need such rescue; for, since it regards as untreatable any condition of which the effective treatment is morally prohibited, its prohibition of not intentionally treating certain conditions *if they are treatable* cannot require intentional resort to any morally prohibited treatment. Secondly, any moral absolutism that mistakenly regards an individual's planning to obtain benefits as independent of the costs by which he plans to obtain them, and allows payments of costs to be excused as unintended side-effects, can be transformed into a form of good-maximizing consequentialism. Boyle will disarm his theory against such a transformation, unless he repudiates treating costs as unintended side-effects.

6. SUMMING UP

Although he has established that the doctrine of double effect is indispensable in any absolutist theory of morality, like his Catholic one, in which intentionally invading certain fundamental human goods is absolutely prohibited, Boyle seems to me to have exaggerated its importance even in such moralities; for it applies only to cases in which plans to observe one prohibition are made independently of plans to observe another. Kantian moralists must concede not only that Boyle's theory is impressive, but that the practical code that he fallibly derives from it is in the main sound. However, they believe that Boyle himself has succumbed to a danger in the doctrine: that of invoking it in cases in which, on his own theory, it is superfluous or misplaced. Thus it is superfluous in cases in which evils that cannot reasonably be avoided are mistakenly treated as effects of reasonable plans for using scarce resources; and it is misplaced in cases of an individual's choosing to obtain a benefit at the cost of incurring a harm, where incurring the harm cannot be an unintended side-effect.

NOTES

[1] A fuller exposition and defence of my views about the nature of human action may be found in Donagan, 1987. Although Boyle's approach, in which he largely follows Grisez, differs from mine, they seem to me to coincide with respect to causation and intention.

[2] This analysis of action is largely the work of Germain Grisez. It has been adopted by his collaborators John Finnis and Boyle himself. It coincides in many respects with contemporary analytic theories, especially that of Donald Davidson. How it may be put to work in moral theory may be studied at length in the admirable and inevitably controversial treatment of the (now) apparently successful U.S. policy of nuclear deterrence in Finnis, Grisez, and Boyle, 1987.

[3] Theron 1984, p. 76. Theron is criticizing my endorsement (Donagan, 1977, p. 159) of an analysis by Germain Grisez anticipating Boyle's, but he does not refer to Grisez directly.

[4] Theron's bewilderment at my refusal to call martyred Christians suicides betrays either ignorance that actions do not cause voluntary reactions to them, or oblivion that the martyring of Christian confessors is a voluntary reaction by others to their confessions of faith (Theron, 1984, p. 75).

[5] Boyle expressly recognizes that an absolutist interpretation of Kant is possible (Boyle, 1991, p. 493), although he mistakenly concludes that mine is not for a reason examined in note 7 below.

[6] Although my understanding of Kant's absolutism is not that of all Kantians, as Boyle's of Catholic absolutism is not that of all Catholics, it is revisionary only in taking the second of Kant's three formulas of the categorical imperative, the formula of the end in itself, to be fundamental, and not equivalent, as he himself believed, to the first, the formula of the universal law of nature. The reasons I have given for this in Donagan, 1977, still seem to me sound.

[7] Boyle interprets my version of Kantian morality (in Donagan, 1977) as absolutist only in name, on the mistaken ground that it absolutely prohibits only the causing of certain harms *at will* while permitting it in an indefinite set of conditions, arrived at by an "enormously complex and intuitive" procedure (Boyle, 1991, p. 493). Of course, *I* think my procedure neither intuitive in any sense in which Boyle's for arriving at his list of fundamental harms is not, nor more complex than that of any other moral theory that seriously claims to be complete in outline, including his. But, however that may be, he is flatly mistaken about what I tried to do. I began by determining the kinds of action it is impermissible to do at will only as the first step to specifying the kinds it is impermissible to do under any circumstances. E.g., observing that falsehood at will is absolutely prohibited was my first step towards specifying what lying is (viz., falsehood in free communication, when it is not expected under some convention, e.g., of courtesy); and I concluded that lying is absolutely prohibited.

[8] I have departed from Ladd's translation only in leaving the noun '*Recht*' and cognate expressions untranslated.

When juxtaposed with their absence from absolutist moral theories like Kant's, the paucity of the cases in which the doctrine of double effect is indispensable in theories like Boyle's suggests another possibility. Perhaps the doctrine of double effect, which notoriously did not become explicit until very late, is an intruder in the Catholic moral tradition; and perhaps Kant was not mistaken in failing to discern any fundamental difference between Catholic and Lutheran views of common human morality, and in imagining that his theory captured the essence of both.

REFERENCES

Boyle, J.: 1991, 'Who is entitled to double effect?', *Journal of Medicine and Philosophy* 16, 475–494.

Donagan, A.: 1977, *The Theory of Morality*, Chicago University Press, Chicago.

Donagan, A.: 1987, *Choice: The Essential Element in Human Action*, Routledge and Kegan Paul, New York.

Finnis, J., Grisez, G., and Boyle, J.: 1987, *Nuclear Deterrence, Morality and Realism*, Clarendon Press, Oxford.

Foot, P.: 1978, *Virtues and Vices*, University of California Press, Berkeley, pp. 19–32.

Kant, I.: 1797, *Metaphysik der Sitten*, J. Nicolovius, Koenigsberg, 2 vols. Page references are to Vol. 6 of the Pussian Academy's edition of Kant's works. The translation used is by J. Ladd: 1965, *Kant: The Metaphysical Elements of Justice*, Bobbs-Merrill, Indianapolis.

Quinn, W.: 1989, 'Actions, intentions and consequences: The doctrine of double effect', *Philosophy and Public Affairs* 18, 334–351.

Theron, S.: 1984, 'Two criticisms of double effect', *The New Scholasticism* 58, 67–83.

Part VI
Utilitarianism and Bioethics

CONSEQUENTIALISM, REASONS, VALUE AND JUSTICE[1]

JULIAN SAVULESCU

ABSTRACT

Over the past 10 years, John Harris has made important contributions to thinking about distributive justice in health care. In his latest work,[2] Harris controversially argues that clinicians should stop prioritising patients according to prognosis. He argues that the good or benefit of health care is providing each individual with an opportunity to live the best and longest life possible for him or her. I call this thesis, opportunism. For the purpose of distribution of resources in health care, Harris rejects welfarism (the thesis that the good of health care is well-being) and argues that utilitarianism in general may lead to de facto discrimination against groups of people needing health care. I argue that well-being is a superior theory of the good of health care to Harris' opportunism. Harris' concerns about utilitarianism can be better addressed by: (i) relating justice more closely to reasons for action; (ii) by conceptualising the relationship between reasons for action and the value of the consequences of those actions as a plateau rather than scalar relationship. Justice can be understood as satisfying as many equally rational claims on resources as possible. The rationality of a person's claim on health resources turns on the strength of that person's reasons to promote certain health-related states of affairs. I argue that the strength of that reason does not track the expected value of that state of affairs in a fully scalar fashion. Rather a person can have most reason to promote some state of affairs, even though he or she could promote other more valuable states of affairs. Thus there can be equal reason for a distributor of public resources to save either of two people, even though one will have a better and more valuable life. This approach, while addressing many of Harris' concerns about utilitarianism, does not imply that doctors should give up prioritising patients according to prognosis altogether, but it does allow that patients with lower but reasonable prognosis should have a share of public resources.

---

[1] I would like to thank David McCarthy, Derek Parfit, Tony Hope and especially Klemens Kappel for helpful comments on earlier drafts.
[2] J. Harris, 'What Is the Good of Health Care?' *Bioethics* 10 (1996), pp. 269–291. All page references in parentheses refer to this work.

© Blackwell Publishers Ltd. 1998, 108 Cowley Road, Oxford OX4 1JF, UK and 350 Main Street, Malden, MA 02148, USA.

In Sheffield, England, publicly funded in vitro fertilisation (IVF) is a scarce resource and is available only to women most likely to successfully bear a live child. Roughly, a 30 year old infertile woman has a 15% chance of bearing a child with IVF, but the chance drops by 2/3 by the time she gets to 40, that is, to roughly 5%. On the basis of this observation, older women are effectively not offered IVF. While the primary motive of this distributive procedure is to achieve as good an outcome as possible (maximisation of outcome), the result is that older women are not treated. The prioritisation of individuals according to outcome goes far beyond the allocation of IVF treatment in England. It is probably the most widely used method of prioritising patients.

Such a system is unfair in one sense. Dora, a 40 year old infertile woman, could claim,

> 'I admit that my chance of becoming pregnant is only 5%, but IVF might be successful. That is my only chance. I have paid taxes for 20 years and now when I need the health service, I am denied a chance of effective treatment. Why has a 30 year old woman like Jean who happens to have 3 times my chance of becoming pregnant a greater claim on the services that I contributed to, perhaps even more than she has?'

Indeed, Dora could argue that her need for a child is the same as Jean's. Since their needs are the same, why are they being treated differently?

The theory of distributive justice which motivates much medical decision-making such as that of gynaecologists in Sheffield is utilitarianism. Utilitarianism has three components.[3] The first is an account of what is good. According to welfarism, the predominant account of the good used in health care, the value of a state of affairs is given entirely by the welfare (well-being) of individuals in that state.[4] The second component of utilitarianism is the thesis that actions are to be chosen on the basis of their consequences. This is called consequentialism. Utilitarianism is a version of welfarist consequentialism which requires simply adding up individual's well-being to evaluate consequences. This is the third component and has been called 'sum-ranking'.[5] Both because this terminology is not descriptive for non-specialists and because Harris does not himself use it, I will refer to sum-ranking versions of consequentialism as maximising versions, and all other versions as submaximising versions. Submaximising versions

---

[3] A. Sen, 'Utilitarianism and Welfarism' *Journal of Philosophy* 76 (1979), pp. 463–89.

[4] A. Sen, *Choice, Welfare, Measurement*, (Basil Blackwell, Oxford, 1982), pp. 28, 227.

[5] A. Sen and B. Williams, 'Introduction' in A. Sen and B. Williams, *Utilitarianism and Beyond*. (Cambridge University Press, Cambridge, 1982), p. 4.

of consequentialism include satisficing theories (according to which some states of affairs are good enough to justify promoting them, even though more valuable states could be promoted[6] and versions which give weight to the fairness of distribution of welfare. Utilitarianism is, in my terminology, welfarist maximising consequentialism. When consequences are not certain, utilitarianism requires that we should choose that course of action which maximises expected value, and it is on this basis that utilitarians would treat Jean in preference to Dora.

In what follows, I will argue that Harris advances a new conception of the good. I aim to show that this is implausible, and that the problems with utilitarianism are better understood as being based on an inaccurate relationship between reasons for action and the value of the expected consequences of action.

HARRIS' WORRIES ABOUT UTILITARIANISM

All three elements of utilitarianism – welfarism, consequentialism and maximisation – have attracted scholarly criticism.[7] One widely discussed problem with utilitarianism is that, in the pursuit of maximising welfare, it gives insufficient weight to desert, rights or fairness. It does not matter how welfare is distributed across individuals, as long distribution produces maximum welfare.[8] In this vein, Harris objects that utilitarianism fails to treat people as equals. It results in the systematic neglect of certain groups of individuals in need.[9] His arguments have been directed against the use of Quality Adjusted Life Years (QALYs) as a measure of the good of health care, but they apply equally to all forms of welfarist maximising consequentialism. Consider two of Harris' examples.

In the **life-boat example**, a naval disaster has occurred. Two ships are sinking, one with 13 crew (the big boat) and the other with 6 (the little boat). Utilitarians would save the 13. However, Harris also argues we should save the 13 (281–2).

In the **medical example**, a surgeon has 26 patients on her waiting list who will all die in a couple of weeks if not operated on. She only has time to operate on 13. If she operates on the first 13, A–M, they will all survive; if she operates on the second 13, N–Z, only about half will

---

[6] See below and J. Broome, *Weighing Goods*, (Basil Blackwell, Cambridge, Ma, 1991), p. 7.
[7] Sen and Williams, 'Introduction', pp. 4–5.
[8] J. Rawls, *A Theory of Justice*, (Oxford University Press, Oxford, 1972), p. 26.
[9] See for example, his: 'QALYfying the Value of Life', *Journal of Medical Ethics*, Sept 1987, pp. 117–123; 'More and Better Justice' in ed. J.M. Bell and S.M. Mendus *Philosophy and Medical Welfare*, (Cambridge University Press, Cambridge, 1988); The Value of Life, (Routledge, London, 1985).

© Blackwell Publishers Ltd. 1998

survive. Let's say that A–M have appendicitis and N–Z have brain tumours. The surgeon is faced with the choice of saving 13 or 6 lives. A utilitarian would save A–M, those with appendicitis, since this would save the most lives and so produce the most welfare.[10]

According to utilitarianism, we should provide aid so as to maximise human welfare. One consequence of this utilitarian decision procedure is what Harris calls *de facto discrimination*.[11] The utilitarian decision procedure rules those with brain tumours out of eligibility, even though they have similar needs. Indeed, arguably, they are already worst off and suffer a double injustice. In other cases, utilitarianism can be, Harris has claimed, 'economist' (it discriminates against those whose disease is more expensive to treat), racist (it discriminates against racial groups with a poorer prognosis[12]), ageist (discriminating against the old) and sexist.[13] In the case of IVF treatment, it has been observed that lower socio-economic groups have a worse prognosis.[14] Utilitarians would seek out patients from the upper socio-economic classes. Such a system would be classist.[15]

One terminological point. Harris is right to draw attention to the implications of a utilitarian decision procedure. *De facto* discrimination is morally objectionable in one sense. Recently, the age limit for post-doctoral scholarships was increased in the England because it was recognised that the previous limit discriminated against women who take time out to have children. But there was no intention in the original policy to disadvantage women, nor was there any presumption behind this policy that women are in any way less

---

[10] Consequentialism can be stated in a negative form: to act so as to prevent the most harm. In the life-boat case, the choice is between preventing 13 people dying and preventing 6 people dying. Negative consequentialism requires that we prevent the 13 dying. In the medical example, the choice is between 20 people dying and 13 people dying. Negative utilitarians would prevent the 20 people dying.

[11] There are other problems with consequentialism as a theory of distributive justice. See for example, Rawls, *A Theory of Justice.*, Sen and Williams, 'Introduction'. and W. Kymlicka, *Contemporary Political Philosophy*, (Oxford University Press, Oxford, 1990), Chapter 2.

[12] M. Lowe, I.H. Kerridge, K.R. Mitchell, ' "These sorts of people don't do very well": race and allocation of health care resources' *Journal of Medical Ethics* 2 (1995), pp. 356–60.

[13] 'QALYfying the Value of Life'

[14] Ian Cooke, personal communication. Michael Lockwood envisaged this general possibility in 'Quality of Life and Resource Allocation' in Bell and Mendus, *Philosophy and Medical Welfare*, p. 44.

[15] Full-blooded egalitarians could argue that Harris' own intuition that we should save the 13 in the life-boat example is another instance of *de facto* discrimination: 'little boatism' in which people are denied rescue because they happen to be in a little boat rather than a big boat, through no fault of their own.

© Blackwell Publishers Ltd. 1998

worthy of scholarships. Racism is discrimination *based on* race. Terms like ageism, sexism and racism imply a high degree of blame. They are not justified in evaluating utilitarian attempts to secure a just distribution since the intention here is to promote all people's well-being. We should stick to the term '*de facto* discrimination.'[16]

Harris concludes that utilitarian providers and funders of health care will choose those who are easiest to treat, those with the least expensive diseases to treat and those with the best prognosis, skimming the cream of those who are ill. In the limit, those who need health care the most are most likely to be denied it.

OPPORTUNISM

Where does utilitarianism go wrong? Harris' solution is to reject welfarism. He plausibly claims that each rational person wants at least 3 things from health care: (i) the maximum possible life-expectancy *for him or her*; (ii) the best quality of life *for him or her*; (iii) the best opportunity or chance *for him or her* of getting both (i) and (ii) (270). According to his rival theory of the good which I call opportunism.

> the good of health care is a state of affairs which provides people with the best chance or opportunity to achieve what is for them the best life (iii).[17]

As Harris puts it,

> 'The fact that each person *counts* – matters morally, is recognised when their moral claims are respected, and this happens when their chances of continued life are given equal weight with the, necessarily different, chances of anyone else. (282)'

Harris retains a commitment to maximisation (281–2). He writes, 'So the maximising requirement of consequentialism is met when the claims to chances of continued life, of equal numbers of people, are given equal respect (282).'[18] While this is true, it does not capture the scope of maximisation. According to what can be called **opportunist maximising consequentialism**,

> the right course of action is that course of action which **maximises** the number of persons who will receive the opportunity to realise

---

[16] Thanks to Derek Parfit for this example and observation.

[17] While strictly speaking, it is these states which provide opportunity which are good, for brevity I will write as if opportunity itself were the good of health care.

[18] This passage illustrates that Harris assumes that all versions of consequentialism are maximising. On my taxonomy, this is not the case.

what is **the best life for them** (given their situation and all possible courses of action).

In the medical example, an opportunist maximising consequentialist is faced with a dilemma: giving 13 people (A–M) their chance of the best life or giving a different 13 (N–Z) their chance. Harris argues that the surgeon should not prefer those with appendicitis, simply based on prognosis. He raises the possibility of treatment on a 'first come, first served basis' (274,282). In the lifeboat example, an opportunist maximiser should save the 13 (281–2), since this gives the greater number of people their opportunity to live. This example establishes Harris as a maximiser.

In my experience, Harris' intuitions about these two examples are shared by many people. Opportunist consequentialism is consistent with these intuitions. However, I will presently examine these intuitions in detail and offer a more plausible alternative.

Opportunist maximising consequentialism, like utilitarianism, has some counterintuitive implications. For example, it requires giving those with brain tumours the same chance of treatment even if they only have a one in a million chance of cure or if a cure would only result in them living for a few more days. That is absurd.

It is also hard to square Harris' opportunism with his rejection of economism. Imagine that, in the medical example, performing an appendicectomy costs $1000 whereas removing a brain tumour costs $2000. If there were 13 people with each disease but only $13,000 in public resources, saving those who happen to have appendicitis is like saving those who happen to be on the big life boat in the life boat example: given the constraints of our situation, we can give more people their opportunity to live if we go for those with appendicitis. Harris' rejection of economism prevents him from giving preference to those with appendicitis if that disease is cheaper to treat, but I can see no morally significant difference in these examples between the cost of one's disease (which allows distributors of public resources to put that person in one of two groups in which either more or less people are saved) and whether one happens to find oneself be in a big or little boat, with more or less people.

Both welfarist and opportunist maximising consequentialism have counterintuitive implications. However, there are more principled reasons to reject Harris' opportunism.

IS THE GOOD OF HEALTH CARE OPPORTUNITY?

How should we interpret Harris' claim that the good of health care is opportunity? One obvious interpretation is that giving people an opportunity is a constraint on distributive schemes aimed at maximising welfare. That constraint is necessary to promote a just and fair society. It is good *that* people have opportunity. Harris in the past has certainly said this kind of thing. He wrote,

> 'Equality requires both that we treat as many people as we can [the maximising element] and that we ensure so far as possible that certain sorts of people be not systematically ignored.'[19]
>
> '[W]e have two equally plausible moral principles here [maximising welfare and equality] and that pull in opposite directions. When this is true some means of doing justice to each must be found and it is not enough merely to opt for one.'[20]

This, however, is not very new and many critics of utilitarianism have given variants of this argument. Moreover, Harris himself seems to be saying something new, and not merely restating his old arguments. If he is saying something new and interesting, I think we should understand him literally as saying that the good of health care *is* opportunity, not welfare, and that opportunities are to be distributed among people, as utilitarians distributed welfare. This squares with his talk of the 'benefit' of health care, 'conceptions of the good', and his apparent sympathy for some maximising version of consequentialism, albeit a different one to that employed by clinicians and health economists. Thus Harris concludes, 'While it is true that funders and providers might legitimately wish to take into account the amount of benefit that their money and/or efforts will provide, discounted by the probability of that benefit being achieved. I have argued that there is another perspective to consider and another interpretation of what 'benefit' legitimately means.' (290; see also 274, 281–2)

There are three ways in which Harris' claim that opportunity is literally a good can be interpreted. He might mean that opportunity is good in itself (that is, an intrinsic good) or is a means to other states of affairs which are good in themselves (that is, opportunity is an instrumental good), or both. An example of an intrinsically good state is being happy; an example of an instrumentally good state is having money. Some good states like having knowledge may be both intrinsically good and a means to other intrinsically good states like being happy. In this section I will argue that on any of these

---

[19] 'More and Better Justice', p. 95.
[20] *Ibid.*, pp. 94–5. This is in response to a similar challenge from Michael Lockwood ('Quality of Life and Resource Allocation', p. 54). This is like John Broome's suggestion that we should trade some good for fairness ('Good, Fairness and QALYs' in Bell and Mendus, *Philosophical Medical Welfare.*)

© Blackwell Publishers Ltd. 1998

interpretations, Harris' intuitions about these cases cannot be justified.

The claim that opportunity has instrumental value is most easily dealt with and clearly will not justify Harris' intuitions. On this reading, we should interpret the claim that opportunity is good to mean that it has value as a means to prolonging a good life. But if it has only this instrumental value, then what is ultimately good is a good life. Let's give every person's good life the value of 1, with death being 0. Operating on those with brain tumours realises 6 units of value while operating on those with appendicitis realises 13 units. We should operate on those with appendicitis.

However, Harris is best understood as suggesting that opportunity is of value in itself, of intrinsic value.[21] If opportunity is an intrinsic good, then this would distinguish the life-boat from the medical example. When we attempt rescue or medical treatment, we provide opportunity, regardless of outcome. If providing a person with an opportunity counts as value 1, and not providing opportunity is 0, then if we rescue the 13 people in the naval disaster, we provide 13 units of value; if we rescue 6 people, we provide 6 units. If we are to choose that option with the best consequences, we should rescue the 13. If we operate on the 13 patients with brain tumours, we provide 13 units of value; if we operate on the 13 patients with appendicitis, we provide 13 units of value. There is no reason to prefer those with appendicitis over those with brain tumours.

But can opportunity be an intrinsic good? Entering a lottery is a means to our ultimate ends, such experiencing pleasure, achieving worthwhile things with the money and so on. Losers of lotteries often console themselves by pointing out that money did not make the winner any happier. Watching the lottery wheel spin may be fun, but the value of this experience lies in the pleasure it provides, and not in the mere participation in a lottery itself. Chance or opportunity is not of objective intrinsic value.

Some would deny this and claim that there is value in just having a chance. However, Harris himself rejects the concept that chance or opportunity has an objective intrinsic value, as his commitment to the Argument against Potentiality implies. This argument is deployed in the abortion and other debates, and goes something like this:

Premise 1. Potential persons have the same rights as persons.
Premise 2. The fetus is a potential person.

---

[21] Utilitarians can attribute intrinsic value to both the outcomes of an act and the act itself (S. Scheffler, *The Rejection of Consequentialism* (Oxford University Press, Oxford, 1982), pp. 1–2; Broome, *Weighing Goods*, p. 4).

© Blackwell Publishers Ltd. 1998

So, the fetus has the same rights as a person (including a right to life).[22]

Harris has rejected the first premise. '[T]he bare fact that something will become X ... is not a good reason for treating it now as if it were in fact X. We will all inevitably die, but that is ... an inadequate reason for treating us now as if we were dead.'[23] Not only does Harris believe that potential persons do not have the same rights as persons, he also believes that they do not have the same value as persons and on this grounds it is not wrong to kill fetuses.[24] In this context, potential is just another word for chance or opportunity. Harris could not make the claims he does regarding the value of the fetus' life if potential or chance or opportunity to realise something valuable had substantial value in itself.

There is one further way in which opportunity may have intrinsic value. Rather than having an objective intrinsic value, it may have subjective intrinsic value.

VALUING OPPORTUNITY

Harris asserts that a person's life matters 'not because it is a life, but because it is *someone's* life, because her life is an enterprise in which she has, and takes, an interest (282).'[25] The suggestion here is that life *per se* is not of value, but of value to the extent that a person values it.[26] As we have seen, this strategy will not justify Harris' intuitions in the medical example because, even if every patient's life has value of 1, we must discount the value of operating on patients with a brain tumour by the probability that the operation will not achieve that valued outcome.

However, the implication of these claims is that each person *values having the operation to the same degree*. On this view, opportunity is good to the extent that it is valued. Thus, if Tom, who has a brain tumour,

---

[22] *The Value of Life*, p. 11. Strictly, this example is not relevant. It demonstrates that the fact that something will lose value does not justify treating it as if it has already lost that value. However, we are interested in the claim that because something will have a certain value it should be treated now as if it has that value.

[23] *Ibid.*

[24] *Ibid.*, p. 159.

[25] This is similar to Kamm's suggestion that 'we count equally each individual's preference, understood not as the *object* of his preference but as the fact *that he prefers it*' and that the fact that he prefers some state of affairs should make a difference in the process of deciding whether to bring that state of affairs about (F.M. Kamm, 'Equal Treatment and Equal Chances', *Philosophy and Public Affairs*, 14 (1985), pp. 177-194, esp. p. 181).

[26] *The Value of Life*, Ch. 1 and 2.

wants the opportunity to live just as much as Alex, who has appendicitis, this grounds an equal moral claim, regardless of how great their chances are. The relevant difference between the life-boat example and the medical example is that in the former, the choice is between respecting the values of 13 people or 6 people, while in the latter the choice is between respecting the values of 13 people or a different 13 people.

There are several problems with this account of the goodness of opportunity.

(i) It is not the way we value opportunity.

To value opportunity or treatment itself as an end and not as a means would be quite unusual. According to this view, we might value holding a ticket in a lottery not because of the money we might win, but simply for the chance to participate in the lottery. An extreme example of this pattern of concern would be a person who valued entering lotteries, but did not care about the result at all. Seeing that he has won, he walks off, not interested in collecting the prize money. Such a person, perhaps suffering from a psychological disorder, might be said to have missed the point of entering a lottery.

I myself have difficulty understanding how opportunity could have intrinsic value or how one could intelligibly value it for its own sake. Nonetheless, people do value some pretty bizarre things and part of the value of participating in risky sports may be taking risk.[27] And doctors sometimes justify the disastrous result of some medical adventure by saying, 'At least he was given a chance.'

(ii) Present Preferences

On Harris' view, the goodness of a state of affairs is a function of people's desires for that state of affairs. But which desires? Desires we now have or desires we will have? According to a principle of temporal neutrality,[28] if the value of a state of affairs is determined by our desires for that state, we should appeal not only to what people now desire, but also what they will desire. And if we consider future preference satisfaction, we must discount the value of that satisfaction

---

[27] Though more plausibly the contrast with death enhances the value of life. The psychological heuristic of contrast is described in D. Kahneman and C. Varey, 'Notes on the psychology of utility,' in ed. J. Elster and J.E. Roemer, *Interpersonal Comparisons of Well-Being*, (Cambridge University Press, Cambridge, 1991), pp. 127–63.

[28] H. Sidgwick, *The Methods of Ethics*. (Macmillan, London, 1963), p. 111; T. Nagel, *The Possibility of Altruism*. (Clarendon Press, Oxford, 1970), pp. 60, 72.

© Blackwell Publishers Ltd. 1998

by the probability of it not occurring. Thus, the value of operating on patients with brain tumours must be reduced by 50% in Harris' medical example.

Harris must reject this kind of temporal neutrality. On his view, what is good is not preference satisfaction *per se*, but present preference satisfaction. Thus Harris' consequentialism is different from preference utilitarianism, which counts all preferences, across all times. I note in passing that this theory shares many formal features with the Instrumental and Deliberative Versions of Derek Parfit's Present-aim Theory of reasons for action. According to the Instrumental version, what each of us has most reason to do is whatever would best fulfil our present desires. Parfit himself goes on to reject this view, as I will suggest we should, in favour of an objective theory, the Critical Present-aim Theory, which I will describe presently.

(iii) Other Present Preferences

But let us assume for argument's sake that the only relevant preferences are present preferences. Even if opportunity has intrinsic value to the extent that it is valued, life itself, if of a certain quality or kind, is also surely valued. So, on a subjective account of value, life is also of value. If life is also presently valued, the moral imperatives derived from the need to save life would direct us, as I have argued, to save those most likely to live.

To illustrate, imagine that we accord equal weight to valued opportunity and valued life. If we treat 10 people with brain tumours, we expect to realise 10 units of opportunity value and 5 units of life value. If we treat 10 people with appendicitis, we realise 10 units of opportunity value and 10 units of life value. We should give priority to those with appendicitis.

(iv) Subjectivism

One significant problem with Harris' view that an outcome is valuable to the extent that individuals value it is that it is a subjectivist account of value. On this view, if an individual does not want to live, her life has no value, and it might not be wrong to kill her. While this may be true if there is some objective reason for her not wanting to live, such as she is racked with incurable pain from imminently terminal cancer, in the absence of such an objective justification, it is absurd to suggest that because someone happens to want to die her life is not of value. Subjectivists have responses to this argument, and I will only signal that I do not believe that a subjectivist account of value is plausible and that objectivist alternatives are practicable.[30] Moreover, there are possible responses to my preceding arguments against the claim that opportunity has value because it is valued. Some of these turn on what it means to treat an individual as an end in himself or herself.[31] For present purposes, the preceding objections are sufficient to call into question the concept of the good of health care as opportunity.

BEYOND OPPORTUNISM

If we do reject the concept of the good as opportunity, there are at least two moves open. One is to give up commitment to maximisation and go for some submaximising form of consequentialism, such as Harris has described in the past, or perhaps even nonconsequentialism. Another strategy would be to further revise the conception of the good. Harris could claim that both welfare and fairness are good. On this approach, a plausible form of consequentialism involves weighing both these goods.[32]

There is much more to be said for these alternatives than I can say here, and there are many ways understanding what it is to treat a person as an equal.[33] But let me signal that I have some doubt that giving weight to fairness as Harris has conceived of it will square with Harris' intuitions about the life-boat and medical examples. Harris elsewhere claims that 'the equality principle demands that each person be given an equal chance of benefiting from health care.'[34] If Harris is to be taken literally, giving significant weight to fairness and equality requires that we give everyone an equal chance of being saved. Fairness, on this view of equality, requires that in choosing whether to save those in the big boat or the small boat, rescuers should toss a coin.[35]

---

[29] D. Parfit, *Reasons and Persons*, (Clarendon Press, Oxford, 1984), p. 117.

[30] J. Savulescu, 'Rational Non-Interventional Paternalism: Why Doctors Ought to Make Judgements of What Is Best for Their Patients', *Journal of Medical Ethics* 21, 6 (Dec 1995), pp. 327-31 J. Savulescu, 'Liberal Rationalism and Medical Decision-Making', *Bioethics*, 11 (1997), pp. 115–129.

[31] F.M. Kamm, *Morality, Mortality*, Part 1 (Oxford University Press, New York, 1993).

[32] Broome, J. *Weighing Goods*, Chapter 1.

[33] See for example the works by Kamm previously cited.

[34] 'More and Better Justice,' p. 86. This view is shared by Dan Brock ('Ethical Issues in Recipient Selection for Organ Transplantation' in ed. D. Mathieu, *Organ Substitution Technology: Ethical, Legal, and Public Policy Issues*, (Westview Press, Boulder, Colorado, 1988).

[35] J.M. Taurek, 'Should the Numbers Count?' *Philosophy and Public Affairs*, 6 (1977), pp. 293-316. Kamm's response to this paper in both the works cited outlines

© Blackwell Publishers Ltd. 1998

I will leave both these possibilities open. I will not address the non-consequentialist literature around equality as respect for persons.[36] Rather, I will offer a version of maximising consequentialism which I believe is closer to what Harris has in mind, and which squares with Harris' intuitions about these cases. But first we need to discuss the relationship between reasons for action and value, and between reasons for action and distributive justice.

REASONS AND JUSTICE

A reason for acting is a fact or circumstance forming a sufficient motive to lead a person to act. Knowing a person's reasons allows us to understand why a person acted as he did. These are explanatory or motivating reasons. For example, a person's reason for buying a lottery ticket might be the fact that he believes that this is his lucky week and he wants to win a large sum of money. Reasons for acting can be good or bad. For example, 'His reason for removing the pollution control device on his car was to reduce petrol consumption, but that wasn't a good reason to do that.' A reason for action is good if it meets a standard, that is, if it conforms to a set of norms governing that behaviour. Good reasons for action are called normative or justifying reasons for action. In what follows, I will only consider normative and not motivating reasons for action.

What is the relationship between a person's normative reasons and her entitlement to health resources? To have a *prima facie* entitlement to health resources, the state which there is reason to promote must be some relevant health-related state, like regaining sight or being free of pain. But it requires more than this.

Justice is concerned with providing what there is good reason to provide for people. Let's say that a person has a rational claim to have some state of affairs, p, promoted if there is good reason to promote p.

---

several other non-consequentialist procedures such as various gambles and majority rule, which claim to treat people as equals without necessarily according everyone an equal chance of being saved.

[36] In particular, her principle of majority rule (*Morality, Mortality* pp. 116ff and 'Equal Treatment and Equal Chances') would justify Harris' intuitions about the life-boat and medical case, if the interests of all those involved in receiving treatment or being saved were the same. However, I have questioned whether the interest in treatment of a patient with a brain tumour (who has a 50% chance of surviving with treatment) is the same as the interest of a person with appendicitis (who has a 100% chance of surviving). I will argue that their reasons for action are the same strength, though the expected value of those actions is different. Kamm herself gives some weight to outcome (at least length of life – 257–260) in the distribution of scarce medical resources. She does not directly address prognosis or chance of good outcome.

© Blackwell Publishers Ltd. 1998

According to one version of consequentialism,

C1. the good of health care is satisfying a rational claim for some health-related state.

C2. the right distribution is that distribution which maximises the number of people whose equally rational health-related claims are fully satisfied.

Call this view reasons-based maximising consequentialism, or reasons-based consequentialism for short.[37] According to reasons-based consequentialism, the following claims are true:

C3. If a person (including a distributor of public resources) has equal reason to promote p, q or r, and that person can promote either p and q, or r, then he or she should promote p and q.[38]

C4. If a person, A, has the same strength reason to promote p as another person, B, has to promote q, there is as much reason to promote p as q. Thus, if A has the same strength reason to promote p as B has to promote q, then a distributor of public resources, X, has as much reason to promote p as to promote q.

C3 applied to the life-boat example implies that we should save the 13 rather than the 6, assuming there is equal reason to save each person's life.[39] C3 seems obviously true.

C4 is less obviously true, though I believe it is true. An example of the principle properly specified is that if A (who is a professional footballer) has as much reason to have a knee reconstruction as B (who is a professional tennis player) has to have an elbow reconstruction, then there is as much reason for the distributor of public resources to provide A with resources for a knee reconstruction as there is to provide B with those needed for an elbow reconstruction. The idea is that reasons have a force which is determined by the particular set of circumstances and apply to anyone in a relevantly similar situation. The return of normal function of a joint which is crucial for performing properly in a professional capacity provides a

---

[37] If duties provide reasons, this becomes a very broad reading of consequentialism which encompasses much of deontology. For a similarly broad interpretation, see D. Sosa, 'Consequences of Consequentialism', *Mind*, 102 (1993), pp. 101–22.

[38] Provided, of course, that there are no negative interactive effects between p and q. Both C3 and C4 concern only the agent-neutral component of reasons, as we shall see.

[39] Our intuitions about this example would change if the 13 were patients with terminal cancer expected to die in the next week and the 6 were healthy.

© Blackwell Publishers Ltd. 1998

reason, and that same reason is what should determine allocation of resources to A and B.

C4 is easily misinterpreted and its scope over-extended. Taurek, for example, in an often-cited work, argues that if it is morally permissible to save oneself rather than 5 strangers, then it is morally permissible for another person to save one stranger rather than 5 strangers. Taurek might be interpreted (erroneously) as appealing to something like C4: if (1) there is at least as much reason for A to save A as there is for A to save B-F, then (2) there is at least as much reason for a distributor of public resources, X, to save A as there is to save B-F. Claim (2), however, does not follow claim (1)

Taurek's version of consequentialism involves evaluations of outcomes relative to individuals' own interests (it is permissible for A to save herself rather than 5 strangers), combined with an agent-neutral conception of reasons. An agent-neutral reason applies to any agent in relevantly similar circumstances. Agent-neutral reasons can be specified without making essential reference to the agent.[40] An agent-relative reason applies to some agents in virtue of their relationship with the state to be promoted and make essential reference to the agent. For example, I may have a reason to save X rather than Y and Z because X is my child. However, you may have reason to save Y and Z because they are all strangers to you. Your reason is agent-neutral whereas mine is agent-relative.[41]

Parfit objects that Taurek is really discussing agent-relative reasons when he claims to describing about agent-neutral reasons.[42] The only conclusion one can draw from the claim that A can have as much reason to save himself as 5 strangers is that anyone can have as much reason to save himself as 5 strangers. Thus, at most, all that follows from Taurek's claim (1) that there is as much reason for A to save A as for A to save B-F is (2*) that there is as much for

---

[40] T. Nagel *The View from Nowhere*, (Oxford University Press, New York, 1986), p. 153.

[41] M. Smith, *The Moral Problem*, (Blackwell, Oxford, 1994), p. 169.

[42] D. Parfit, 'Innumerate Ethics', *Philosophy and Public Affairs*, 7 (1978), pp. 285–301 at p. 287. Parfit uses the term agent-neutral in a later work (*Reasons and Persons*).

This distinction is in some ways unhelpful. All reasons are relative, in that they are relative to the relevant features of the circumstances including relevant features of the agent and his or her relationships. However, all reasons are agent-neutral in that they apply to any agents (irrespective of identity) in those circumstances. Thus if I have reason to save my child rather than two strangers, any father (in relevantly similar circumstances) has reason to save his child rather than two strangers. If you have a reason to save two strangers rather than one stranger, any person has a reason to save two strangers rather than one stranger. These reasons are both agent-relative and neutral.

© Blackwell Publishers Ltd. 1998

a distributor of public resources to save himself as there is for him to save B-F.[43]

My claim, C4, refers to the agent-neutral component of a person's reasons. In the example of joint the reconstructions, what I am claiming is that if there is a reason of strength R to provide A with a knee reconstruction and there is a reason of strength R to provide B with an elbow replacement, then there is equal reason for a distributor of public resources to provide A with a knee reconstruction as there is to provide B with an elbow reconstruction. These reasons apply in virtue of the suffering or disability each experiences.[44]

C4 applied to the medical example would support Harris' intuition that we should not prefer those with appendicitis over those with brain tumours if there is as much (agent neutral) reason to treat a person with appendicitis as there is to treat a person with a brain tumour. Is there as much reason to treat patients with brain tumours as there is to treat patients with appendicitis? How are reasons for action related to the expected value of the consequences of that action?

REASON AND VALUE

Harris' move to opportunism was motivated, in part, by (widely-held) intuitions about cases like the medical example. However, I have argued that this thesis has counterintuitive implications and is an implausible account of value. Harris was close, but not spot-on in his diagnosis. A better solution is based on a new understanding of the relationship between reasons and value.

The relationship between reasons and value which is assumed by most discussions of reasons for action is a scalar one: increases in the expected value of action result in roughly linear increases in the strength of our reasons to perform those actions. That is, the more good an action would achieve, the more reason (the stronger) there is to perform the action.[45] On this account, those with brain tumours have less reason to seek out operation than those with appendicitis because they have half the chance of achieving the good outcome (prolonging a good life).

---

[43] Other things being equal, which they would not typically be because distributors of public resources have special duties to B-F which other individuals would not have.

[44] There may of course be other agent-relative reasons but I am not referring to these.

[45] I am not distinguishing in this paper between the strength of reason, the rationality of a reason and the amount of reason.

© Blackwell Publishers Ltd. 1998

However, reasons and value may be related in a different, non-scalar way. The relationship may be of a plateau kind such that the strength of reason to act increases as the value promoted by that action increases, until some plateau is reached where strength of reason no longer increases despite increments in value. Thus a person may have most reason to perform some act, even though other actions would promote more value, if the consequences of the chosen act are good enough.

I have argued elsewhere[46] that the relationship between reasons and value is a plateau type on Derek Parfit's Critical Present-aim Theory (CP). The central features of this theory are:

1. each of us has most reason to satisfy his set of rational present desires.
2. a set of rational present desires includes those desires we would have if we knew the relevant facts and were thinking clearly.
3. all intrinsically irrational desires are excluded from this set. An intrinsically irrational desire is a desire which is in no sense worth achieving.[47]
4. all rationally required desires are included in this set. A rationally required desire is a desire which each of us has reason to cause to be fulfilled, whether or not we actually have this desire.[48]
5. the set of desires is itself not irrational (e.g., no inconsistent or intransitive preferences).[49]

Elsewhere,[50] I have argued that according to the Critical Present-aim Theory:

- for a choice or act to be rational, the state of affairs promoted by that choice or act must be worth promoting. That is, it must promote some objectively valuable state such as well-being, achievement, knowledge, justice, and so on.
- the state of affairs promoted must have an expected value which is good enough relative to other available alternatives.
- we are not rationally required to give up a concern for one objectively valuable state which is good enough for a relevantly

[46] J. Savulescu, 'The Present-aim Theory: A Submaximizing Theory of Reasons?', *Australasian Journal of Philosophy*, forthcoming.
[47] Parfit, *Reasons and Persons*, p. 122.
[48] *Ibid.*, p. 131.
[49] *Ibid.*, p. 119. Framing CP in terms of desires and aims is potentially misleading. CP is an objective theory of reasons for action. What generates a reason is the objective value of the object of that aim.
[50] Savulescu, 'The Present-aim Theory: A Submaximizing Theory of Reasons?'

© Blackwell Publishers Ltd. 1998

different state which is more valuable. Some present rational concerns are good enough.

Thus, I said that CP is a 'submaximising' theory of reasons for action, that is, a theory which allows that a person can have most reason to act in some way even though other actions would realise more value. Submaximisation has been proposed by some philosophers as being rational and morally acceptable,[51] but, as Harris notes, it is generally argued to be irrational.[52] I have here described the relationship between reasons and value as plateau rather than submaximising to avoid confusion with a submaximising theory of justice. These are different, and one can be (as I am) a submaximiser about individual reason for action but a maximiser about justice.

The Present-aim Theory, when interpreted this way, gives some weight *to what agents now actually care about*.[53] Can an individual have most reason to promote a states of affairs which has less value than other states of affairs which she could promote?

I have given arguments elsewhere[54] that she can. Here is a one example. Imagine that Peter's wife, Andrea, becomes an alcoholic. If Peter stayed with her, he could help her, and their relationship would be good in some ways. However, it would be a difficult life, and they would probably not be able to bring up children together. If he left her, he could love an old friend, Mary. They would have a rich and happy relationship, and be able to have and care properly for children. Loving Mary would likely produce more value for him and overall. If Peter chose to stay with Andrea, his justification would be, in part, that Andrea happens to be the woman he now actually cares about.

Let's assume that, if Peter left Andrea for Mary, Peter's pattern of concern would change and he would care most for Mary. If Peter is rationally justified in staying with Andrea, there is at least as much reason for Peter to love Andrea as there is for him to love Mary. My claim is that Peter is rationally justified in staying with Andrea, if she is the person he most cares about.

---

[51] M. Slote, 'Satisficing Consequentialism', *Proceedings of the Aristotelian Society*, Suppl. 58 (1984) pp. 139-63. M. Slote, *Common-Sense Morality and Consequentialism*, (Routledge and Kegan Paul, London, 1985). M. Stocker, *Plural and Conflicting Values*, (Clarendon Press, Oxford, 1990), Part IV.

[52] P. Pettit, 'Satisficing Consequentialism', *Proceedings of the Aristotelian Society*, Suppl. 58 (1984), pp. 164-76.

[53] For a number of examples, see Savulescu, 'The Present-aim Theory: A Submaximizing Theory of Reasons?'

[54] *Ibid.*

FROM REASON AND VALUE TO JUSTICE

If the relationship between reasons and value is a plateau one, this has important implications for distributive justice. Imagine that only the following conditions obtain:

1. there is a distributor of public resources who can promote either p or q, but not both.
2. A has at least as much reason to promote p (because that is what she now cares about) as she would have to promote q (if that were what she cared about).
3. A could change her pattern of concern to care about q (A*).
4. q is more valuable than p.

If A can have most reason to promote p if that is what she most cares about, then according to C4, the distributor of public resources can have most reason to provide A with the resources so that p rather than q is promoted, if that is what A wants, and this does not conflict with other people's rational claims.

Here is a medical example. Imagine that A must have an operation on his spine. If the operation is performed one way, there will be no damage to the nerves to his legs but A will certainly be impotent. If another operation is performed, A will not be impotent but there will be a small chance that he will be left paralysed. A is 48 years old and values his potency. He chooses to have the operation which will preserve his potency. Now it may be that it is better to be impotent than paralysed by a long way (let's assume that it is), and that this choice does not maximise expected value. Nonetheless, it may be the choice A has most reason to make. If that is so, distributors of public resources should not require him to have the operation which will avoid paralysis with certainty.

Distributors of public resources should not require that agents change what matters most to them, provided that the object of that pattern of concern is worth achieving and good enough relative to other alternatives. But, *a fortiori*, agents should not be required to give up altogether what matters most to them (unless it is not worth achieving) for the sake of what matters to *others* in order to maximise value.

Imagine now that the following conditions obtain:

1. there is a distributor of public resources who can promote either p or q, but not both.
2. A has most reason to promote p and B has most reason to promote q.
3. q is more valuable than p.

If the preceding argument is correct, the distributor can have as much reason to provide A with the resources so that p is promoted as she can to provide resources to B to promote q. To use the preceding example, if A and B both have the same disorder, and A prefers to have the potency-preserving operation, and B prefers to have the paralysis-avoiding operation, distributors should not prefer B to A, even if the expected value of B's choice is greater.

C4 implies:

> A distributor of public resources can have the same strength reason to promote A in p (if that is what A most cares about) as to promote B in q (if that is what B most cares about), even if q is more valuable than p.

There are limits to this principle. When the expected value of one option greatly outweighs the expected value of another option, we are rationally required to choose the former. Thus while it may be up to A to choose between the potency-preserving operation and the paralysis-avoiding operation, distributors of public resources are not required to provide resources for A to have a herbal therapy of no benefit, even if A strongly desires this. Thus, the difference between the expected value of treating A and the expected value of treating B must be below some threshold or limiting amount, or else there is more reason to treat B.

If C4 and its implications are true, these together would justify Harris' intuitions about the medical example. Can we find other support for it? Consider a related but slightly different example. Two 70 year old men have cancer and will die without treatment. Each loves his family dearly. In each case, the man's family is grown up, but they are poor. Each old man is trying to decide whether to use all his remaining assets to pay for a new experimental treatment. If he spends his remaining assets, his family will be worse off, and this weighs heavily with him. With treatment:

Man A has a 1/50 chance of survival.
Man B has a 1/100 chance of survival.

Each asks, in a state of genuine uncertainty, 'What should I do?' Let's assume that each decides to take a chance on life.

Now my intuition about this case is that there is as much reason for each man to choose a chance on life rather than his family's welfare. Each has the same reason to bequeath money to his family. So, the reason giving force of a chance of continued life is the same for each, even though the chances are different.[55]

---

[55] An alternative explanation of these intuitions is that in each case the chance of life is so much greater in value than providing for one's family that setting aside

© Blackwell Publishers Ltd. 1998

If you do not share the intuition that each is equally rational in choosing a chance of life, change the relevant probabilities to 1/50 and 1/51. At some point, the probabilities are so close that any difference is not relevant to the old man's reasons in this situation. There is a range of probabilities which are so close to 1/50, say, that the difference is not relevant to rational deliberation. For example, it may be down to 1/55, or 1/60, or 1/100, or 1/200. The point is that reasons are not so fine grained as to be sensitive to small changes in expected value.

Compare these men to Man C. He has the same disease, the same assets and the same concern for his family. However, he has a 1/1 000 000 chance of survival. Man C is relevantly different to Men A and B. If Man C cares greatly about his family's welfare, he should not spend his money on the experimental treatment. The expected value of the operation is so small that the strength of his reason to have the operation is weaker.

Importantly, whether the expected value of a course of action is good enough to justify performing that action depends on the expected value of the alternatives. If Man C did not have a family, he would have most reason to spend his money on the treatment. But not, I am suggesting, as much reason as A and B. In deciding whether to distribute resources to Man A, B or C, I am claiming that there is as much reason to provide resources to Man A as there is to Man B, but less reason to treat C.

To return to Harris' medical example, whether there is equal reason to treat those with appendicitis as those with brain tumours turns on whether individuals with appendicitis have as much reason to seek treatment as individuals with brain tumours. Here, Harris' intuitions may be justified. It seems plausible to suggest that if operation for brain tumour had a 50% chance of success then those with brain tumours have as much reason to seek treatment as those with appendicitis. They could plausibly say that it is their only chance at their own life, and 50% success is enough.

What are the limits to this principle? When is one option of lesser value good enough compared to other options? Kamm suggests that '[o]nly equal or approximately equal individual interests or rights should be matched against each other in deciding who or what may

one's family tells us nothing of the relative reason-giving force of the chosen alternative. But this does not seem to me to be a case of this kind. In each case, the alternative of bequeathing the money to the family is roughly of similar reason-giving force to taking a chance on prolonging one's own life. That is why it is a dilemma for each man.

© Blackwell Publishers Ltd. 1998

be a contestant for a good'.[56] She notes that 'the fact that someone values his own cut-off toenail as much as someone's life is not thought ... to make it morally acceptable for him not to give up the toenail to save a life.'[57] Kamm describes this as an objective constraint on the subjective weight we give to our own interests.

Taurek, for example, suggested that it would be permissible to prevent one person losing her arm rather than prevent one person dying.[58] Parfit, in what has been taken to be an endorsement of maximisation (289), denies this claim.[59] He and probably Harris (289) believe that there is more reason to save lives than limbs. Some people, however, choose to die rather than lose a limb. Is a person who chooses an operation for some serious spinal condition with a 10% chance of death in preference to another operation with a 10% chance of loss of limb irrational? It is hard to see that he is.

Kamm draws the line differently to Parfit and Harris. She claims that it would be rational for a person to give more weight to his own legs than another person's life, though (citing an observation of Parfit's) that same person would be rational if he chose to give up his legs to save another's life. My claim is that saving legs and preserving life both provide an equal reason for action, and are good enough relative to each other to ground an equal claim to health care resources. While Kamm believes that the loss a person's legs can be compared with the loss of a life, she believes that the loss of an arm cannot be compared with the loss of a life.[60] There is more work to be done in determining which options are good enough compared to available alternatives.

There are, of course, many situations arising in real life which are outside the scope of C2 and reasons-based consequentialism. What

[56] Kamm, *Morality, Mortality*, p. 148.
[57] *Ibid.*, p. 153.
[58] Taurek, 'Should the Numbers Count?'
[59] Parfit, 'Innumerate Ethics'.
[60] Kamm, *Morality, Mortality*, p. 154. She states that 'an arm and a life do differ too radically.'

While Kamm's approach is non-consequentialist, mine is consequentialist. Our views may differ in other ways. On Kamm's preferred analysis of interests, subjectivism, for the losses of A and B to be comparable, what A would lose must be as important to A as what B would lose would be to B (and these losses are roughly objectively comparable, *Ibid.*, p. 154). On Kamm's view, if A happens to care less about the loss of his legs than B (say, he is more stoic), though A still most wants to keep his legs, there is a reason for a distributor of public resources to give preference to B because B's loss is more important to him. On my view, the loss of one's legs in relevantly similar circumstances provides an equal reason for action (provided that a person cares more about that loss than other alternatives). Our views differ on the life-boat case, with Kamm's preferred analysis of interests, subjectivism, requiring that everyone be given equal chances or proportional chances (*Ibid.*, p. 156).

© Blackwell Publishers Ltd. 1998

should be done when there are insufficient resources and we have a group of people who have equally rational claims which can be either partially or fully satisfied? For example, we could save A for 10 years, or B for 10 years, or A and B each for 6 years. When outcomes are comparable, like being saved for 6 or 10 years, we should defer to individual autonomy: would A (and B) prefer a 50% chance of surviving 10 years or a certainty of 6 years? The question here is whether a 50% chance of 10 years provides the same reason for action as a certainty of 6 years, and this is, I believe, a matter of individual judgement, which should be accommodated as far as possible.

Secondly, what should be done when not all individual claims on resources are equally strong? For example, we could save A for 10 years or B–Z for 6 months. Here there are at least two alternatives:

1. the priority view: we should satisfy those first whom individually there is most reason to save.[61]
2. the additive view: would be to give some but less weight to less rational claims and these claims can be summed together.

I am attracted to the priority view but I will not argue for this here.

OPPORTUNIST OR REASONS-BASED CONSEQUENTIALISM?

Reasons-based consequentialism avoids one absurd implication of Harris' argument: that any chance of good life, no matter how small, justifies a claim on resources. Thus, in the medical example, if those with brain tumours had only a 0.1% chance of survival, it would be appropriate to give preference to patients with appendicitis. That chance is too small compared to the certainty of saving patients with appendicitis.

It is worth noting that reasons-based consequentialism will not avoid one of Harris' criticisms of utilitarianism: the charge that it is economist. But nor, as I previously noted, will Harris' preferred solution: opportunist consequentialism. Economism cannot be avoided if we aim to maximise the satisfaction of the legitimate claims which people have on public resources. The cost of treatment may put a person in a group, in the same way as happening to find himself in a

---

[61] Is this still a version of consequentialism? I am not sure. It may be that the satisfaction of rational claims of differing strength are non-comparable goods and that consequentialism can accommodate a lexical priority to goods. That is, if A and B are non-comparable goods, and A has lexical priority to B, we should maximise A before we maximise B.

© Blackwell Publishers Ltd. 1998

small life-boat puts a person in a group, a group in which, because of the circumstances, there is less reason for distributors of public resources to save than other groups.

FINAL REMARKS

Harris argues that utilitarianism unfairly neglects the claims of some people in its quest to maximise welfare. In his most recent contribution, Harris suggests that doctors should give up prioritising patients according to prognosis. Harris argues that the good of health care is opportunity. However, I have argued that this approach is problematic on several grounds. I have offered a different alternative: reasons-based maximising consequentialism. Justice, I have argued, involves giving weight to individual's reasons, and what is expected to be good them. On the conception of justice which I favour, distributors of public resources should seek to maximise the satisfaction of equally rational health-related claims which people make on those resources. However, reasons themselves are not tied to the expected value of actions in a scalar (maximising) way, but rather there is a plateau (submaximising) threshold relationship. There can be equal reason to save each of two people, even though the expected value of saving each is different. This approach requires that we give preference to the best prognosis patient in preference to someone with a *much worse* prognosis, but that when prognoses are comparable, we are not rationally required to provide treatment to the patient with the best prognosis.

Centre for Human Bioethics
Monash University

JUSTICE AND EQUAL OPPORTUNITIES IN HEALTH CARE

JOHN HARRIS*

ABSTRACT

The principle that each individual is entitled to an equal opportunity to benefit from any public health care system, and that this entitlement is proportionate neither to the size of their chance of benefitting, nor to the quality of the benefit, nor to the length of lifetime remaining in which that benefit may be enjoyed, runs counter to most current thinking about the allocation of resources for health care. It is my contention that any system of prioritisation of the resources available for healthcare or of rationing such resources must be governed by this principle.

This can have apparently paradoxical conclusions in that it can seem wasteful to give someone with a very slim chance of a lifesaving treatment the same priority as someone with a much better chance. In an important and thoughtful recent paper, Julian Savulescu has concentrated on this apparent weakness and has argued for a particular conception of the good or benefit to be achieved by a healthcare system which purports to demonstrate the inadequacies of an equal opportunities approach to prioritisation and to replace it with an altogether better account. This paper will show that a rational 'reasons based consequentialism' is more in line with the equal opportunities approach, which I defended some time ago in these pages, than with that of Savulescu. I shall then examine more closely the conception of equal opportunities in health care and show that if we give weight to an individual's reasons, and what is expected to be good for them, we will opt for exactly the equality based account of distributive justice that I have recommended.

The principle that each individual is entitled to an equal opportunity to benefit from any public health care system, and that this entitlement is proportionate neither to the size of their

---

*Thanks are due to two anonymous referees for *Bioethics*.

chance of benefitting, nor to the quality of the benefit, nor to the length of lifetime remaining in which that benefit may be enjoyed, runs counter to most current thinking about the allocation of resources for health care. It is my contention that any system of prioritisation of the resources available for healthcare or for rationing such resources must be governed by this principle.

This principle can lead to apparently paradoxical conclusions in that, for example, it can seem wasteful to give someone with a very slim chance of a lifesaving treatment the same priority as someone with a much better chance. I set out the above ideas in this journal some time ago,[1] and in an important and thoughtful recent paper,[2] Julian Savulescu has concentrated on this apparent weakness and has argued for a particular conception of the good or benefit to be achieved by a healthcare system which purports to demonstrate the inadequacies of my approach and to replace it with an altogether better account.

Savulescu identifies my theory of the good of healthcare as providing each individual with an opportunity to live the best and longest life possible for him or her, and dubs this theory 'opportunism'. Savulescu notes that for the purposes of distribution of resources, I reject welfarism (the thesis that the good of health care is well-being) and that I have argued that utilitarianism in general may lead to *de facto* discrimination against groups of people needing health care. It is true that I do reject the thesis that the good of healthcare is well-being, but if welfare is defined in terms of *preference satisfaction* as it very often is, then what I have to say about equal opportunities in health may well be compatible with welfarism thus conceived.[3]

Savulescu argues that well-being is a superior theory of the good of health care to mine and that the weaknesses of utilitarian approaches that I have identified can be better addressed in two ways, by: (1) relating justice more closely to reasons for action and (2) by conceptualising the relationship between reasons for action and the value of the consequences of those actions as a

---

[1] John Harris 'What Is the Good of Health Care?' *Bioethics* 10:4 1996 269–291. Justine Burley and Søren Holm have made helpful comments on an earlier draft of this paper. The author thanks the *European Commission* (DG XII) for a project grant, which made this work possible.

[2] Julian Savulescu, 'Consequentialism, Reasons, Value and Justice' *Bioethics* 12:3. 1998. 212–235.

[3] See for example Amartya Sen, 'Well-Being, Agency and Freedom', *Journal of Philosophy* 82, 1985. 187ff. See also G.A. Cohen 'On the Currency of Egalitarian Justice', *Ethics* 99. 1989 pp. 906–909.

© Blackwell Publishers Ltd. 1999

394 JUSTICE AND EQUAL OPPORTUNITIES

plateau rather than as a scalar relationship. Justice, Savulescu suggests, can be understood as satisfying as many equally rational claims on resources as possible and that the rationality of a person's claim on health resources turns on the strength of that person's reasons to promote certain health-related states of affairs.

Savulescu's point is that 'the strength of that reason does not track the expected value of that state of affairs in a fully scalar fashion. Rather a person can have most reason to promote some state of affairs, even though he or she could promote other more valuable states of affairs. Thus there can be equal reason for a distributor of public resources to save either of two people, even though one will have a better and more valuable life.' Savulescu's claim is that this 'approach, while addressing many of Harris's concerns about utilitarianism, does not imply that doctors should give up prioritising patients according to prognosis altogether, but it does imply that patients with lower, but reasonable prognosis should share in public resources'.

The concentration on a reasons based solution to problems of allocation has many attractions and is worth pursuing. I shall first show that a rational 'reasons based consequentialism' is more in line with my 'equal opportunities for health' than with Savalescu's position. I shall then examine more closely the conception of equal opportunities in health care that is at issue between us and show that if we give weight to an individual's reasons, and to what is expected to be good for them,[4] we will opt for exactly the equality based account of distributive justice that I have recommended.

REASONS BASED CONSEQUENTIALISM

What does a rational person have good reasons to promote?

If we ask what state of affairs I (or anyone) has most reason to promote, an obvious answer would be our own survival.[5] It surely must always be *rational* for someone who wants to live to choose a chance of continued survival over earlier death, even where the survival period will be relatively short or where the chances of survival are slim, so long as the life to be continued will likely be of acceptable quality. The *strength* of the agent's reason will be relative to the desire to live or to the fear of death, not to the

---

[4] Savulescu 1998 p. 235.
[5] We'll ignore cases in which our survival is incompatible with that of someone we care deeply about.

chances of survival. If the chances of my survival are slim, I may be irrational to believe that I *will in fact* survive, but I surely am not irrational to take any chance of survival that offers, unless other costs to me (or to things I ought to value more, or would be irrational not to value more,) are greater. And here, of course, the strength of the desire to take a chance on life need not be proportional to the chances of that desire being realised.

We should note that while pursuing goals with scant chance of success is often an irrational activity, it is *so because there are better* (more rational) *uses of one's time*. So it would be irrational for a person to pursue a course of professional training if there were very little prospect of gaining anything useful from it. But if it is irrational, it is so because there are better (more likely successful) uses of that person's time, the course is literally time wasted. But where what is pursued is continued existence, which is the *sine qua non* of the pursuit of almost all other goals, it can hardly be irrational or unreasonable to pursue life however slim the chance. There are no more rational uses of that person's time for that person is pursuing time itself,[6] nor are there more rational goals he might pursue, for what he is pursuing is the condition of almost all other objectives he may have. A slim chance of something[7] is always better (more objectively rational) than a certainty of nothingness.

Reasons and Justice

Savulescu sets out a plausible account of reasons-based justice and applies it to health related claims. Savulescu outlines his position as follows, and I will quote in sufficient detail to make the subtlety of his argument clear:

> Justice is concerned with providing what there is good reason to provide for people. Let's say that a person has a rational claim to have some state of affairs, p, promoted if there is good reason to promote p. According to one version of consequentialism,
>
>> C1. The good of health care is satisfying a rational claim for some health-related state.
>> C2. The right distribution is that distribution which maximises the number of people whose equally rational health-related claims are fully satisfied.

[6] With apologies to St. Augustine!
[7] If desired.

© Blackwell Publishers Ltd. 1999

396 JUSTICE AND EQUAL OPPORTUNITIES

Call this view reasons-based maximising consequentialism for short. According to reasons based consequentialism the following claims are true:

> C3. If a person (including a distributor of public resources) has equal reason to promote p, q or r, and that person can promote either p and q, or r, then he or she should promote p and q.

C4. If a person, A, has the same strength reason to promote p as another person, B, has to promote q, there is as much reason to promote p as q. Thus, the distributor can have as much reason to provide A with the resources so that p is promoted as she can to provide resources to B to promote q. To use the preceding example...

> A distributor of public resources can have the same strength reason to promote A in p (if that is what A most cares about) as to promote B in q (if that is what B most cares about), even if q is more valuable than p.

There are limits to this principle. When the expected value of one option greatly outweighs the expected value of another option, we are rationally required to choose the former... Consider... a related but slightly different example. Two 70 year old men have cancer and will die without treatment.

[Each loves his family dearly, the treatment is expensive and will leave each with little to bequeath]

> Man A has a 1/50 chance of survival.
> Man B has a 1/100 chance of survival.
>
> [M]y intuition about this case is that there is as much reason for each man to choose a chance on life rather than his family's welfare...[8]

Compare these men to Man C. He has the same disease, the same assets and the same concern for his family. However, he has a 1/1000000 chance of survival. If Man C cares greatly about his family's welfare, he should not spend his money on the experimental treatment. The expected value of the operation is so small that the strength of his reason to have the operation is weaker...[9]

---

[8] This is an astonishing claim for someone sporting utilitarian credentials because *any* gain in utility is a gain in utility!

[9] Ibid. p. 232.

Savulescu says of man C who has only 1/1000000 chance of survival: 'The expected value of the operation is so small that the strength of his reason to have the operation is weaker'. But this is neither true nor plausible unless stipulated so to be. The value of the operation is as great as it could conceivably be, it is a life saving operation, it is C's only chance of continued life, just as for A and B who have a 1/50 and 1/100 chance respectively. On the view of what each stands to gain the value is equal, it is the value of a chance of survival versus the value of no chance of survival. True, C will not be rational if he believes that he has a *good chance* of survival, but then neither will A or B. True, also, C has a much worse chance of survival than A or B. I have suggested that in cases like this the value of the operation to A, B or C is the value of a chance of survival. The moral reason to afford any of them that chance is simply that equality demands it. The requirement that each person is shown the same concern, respect and protection as is shown to any, requires that the life of each person be equally respected. In this sort of case, I have suggested, this means giving to each his or her chance,[10] whatever that chance may be.[11]

Perhaps Savulescu has a false analogy in mind here. If I am faced with a choice between rival therapies for the same condition, and one has a much greater chance of success than the other, I have a stronger reason to prefer the therapy that offers the best chance. But this case tells us nothing about 'stronger reasons' when we are comparing not a slim chance with a fat chance, but a slim chance with no chance at all; or when the slim and the fat chances fall to different people.

Savulescu, like many before him, is playing fast and loose with the meaning of the crucial phrase 'expected value'. He started by using the term 'expected value' to refer to the *magnitude or importance* of the benefit to be achieved by treatment, not to the *likelihood* of the benefit being realised. I agree with Savulescu when 'expected value' refers to magnitude and importance of the benefit. I have always maintained, as Savulescu concedes, that for example, life saving procedures are usually to be preferred to life enhancing procedures, precisely because of the magnitude of

---

[10] If that chance is wanted or claimed.
[11] Remember, although it may be hard to calculate, each claimant on health resources has, in fact, a different chance of benefit so any requirement to give all an equal chance cannot coherently refer to size of benefit or to the magnitude of the chance of obtaining that benefit unless equal just means 'proportional to size of benefit'.

© Blackwell Publishers Ltd. 1999

398 JUSTICE AND EQUAL OPPORTUNITIES

the benefit.[12] And I also agree with him that except where differences in magnitude are clear and sizeable it is better to respect a person's own preferences. Thus a distributor of public resources can have the same strength reason to promote what A most cares about as to promote what B most cares about, even if one is more valuable than the other.

I have argued that the value of someone's life either cannot, or should not, be proportional to their life expectancy, nor to their chances of achieving that expectancy.[13] There are many reasons for this and here I will mention two. Genome analysis will soon be able to reveal, at conception or birth, many reliable differences between individuals with respect to their life expectancy and their chances of continued existence when genetically predicted illnesses take hold. It would surely be invidious to distinguish between individuals on this basis, not least because it would amount to renunciation of the equality principle. If equality of consideration varies with life expectancy or chances of successful treatment and these are for everyone unique, then the value of each life is different, not equal.

Savulescu partly accepts this but believes that really slim chances change the game, a 1/1000000 compared with a 1/100 chance for example. There is some plausibility to this, but there are a number of problems too. First, I doubt there would be any consensus about how small a chance carries with it loss of equality of status.[14] Many would think 1/100 chance is far too small. What rational person would play 'Russian Roulette' where the chance is 1/6? The answer of course is it depends what is at stake. No rational person would play for a 1/6 chance of death, but when it is the only chance of life why not take even a 1/1000000 chance? It can't be irrational to take such a chance, although it may be selfish when costs to others are included in the calculation. In

---

[12] Savulescu, like several of my other critics, seems unable to distinguish between situations where life is at stake and situations where a person will survive with better or worse quality of life. In the former case it is always rational to take a very small chance on life, in the latter it may be rational to discount the value of the various outcomes with the probability of achieving them.

[13] See for example my 'More & Better Justice' in Sue Mendus and Martin Bell Eds. *Philosophy And Medical Welfare*, Cambridge, University Press, 1988. 75-97. 'QALYfying the value of life' in *The Journal of Medical Ethics* Vol.13 No 3. September 1987. p. 118. 'Could we hold people responsible for their own adverse health?' in *The Journal of Contemporary Health Law and Policy* Vol. 1 1996. 100–106. 'What the principal objective of the NHS should *really* be' in *The British Medical Journal* 314. 1st March 1997. And my *The Value of Life* Routledge & Kegan Paul 1985.

[14] For that's what it amounts to.

such a case, the argument must be about enforcing 'altruism' or about the objectivity of the size of the benefits, that is about the superiority of a maximising consequentialism.

But reasons based maximising consequentialism, of the sort espoused by Savulescu, cannot help here because it implies that the rationality of reasons for doing x is proportionate to the likelihood of achieving x; but this depends on what is at stake and what the alternatives are. When life is at stake and one alternative offers a chance of life (and there are no other alternatives which offer any chance of continued existence for the agent) then, arguably, any chance is worth having and therefore rational. This will be true unless the reasons the agent has to give others a chance of rescue are for some reason stronger than those she has to save her own life.

II. EQUAL OPPORTUNITIES AND DISTRIBUTIVE JUSTICE

Savulescu suggests that if I am saying 'something new and interesting, I think we should understand [Harris] literally as saying that the good of health care *is* opportunity not welfare, and that opportunities are to be distributed among people, as utilitarians distributed welfare'.[15] He then identifies three ways in which opportunity as a good might be interpreted and finds fault with all of them. These are, crudely, that opportunity might be an intrinsic good, an instrumental good or what he calls a subjective intrinsic good. He points out, rightly, that each of the first two alternatives is flawed if strictly and exclusively interpreted. However, I am not claiming that equal opportunities for health care are either intrinsic or instrumental goods, they are *both and more,* like other accounts of the moral requirement for equal opportunities.

A denial of equal opportunities is a slap in the face; it is an existential rejection disproportionate to the value of the good or welfare that the opportunity might have afforded. So it is not the case that the opportunity is valuable only for what it is an opportunity to do or to be, nor is it merely valuable in itself. Equal opportunities recognise the existential or intrinsic value of people, they are neither simply intrinsic goods nor are they simply instrumental. Rather it is the case that the keeping open of opportunities is expressive of, and recognises that the person's objectives (whatever they are — however trivial or important) matter. When people champion equal opportunities in

[15] Savulescu 1998, pp. 217–218.

© Blackwell Publishers Ltd. 1999

400 JUSTICE AND EQUAL OPPORTUNITIES

education, or to use public utilities (buses, for example, or lavatories) the liberty is not valuable in proportion to the importance of the particular object of the liberty (to make a journey by bus or wash your face). They are important because the denial of them is a rejection of equality and therefore an affront to human dignity.

Counting and discounting

Savulescu[16] attributes to me the suggestion that 'life *per se* is not of value, but of value to the extent that a person values it.' I stand by this remark so far as it goes. Savulescu goes on to claim that 'this strategy will not justify Harris' intuitions in the medical example because, even if every patient's life has value of 1, we must discount the value of operating on patients... by the probability that the operation will not achieve the valued outcome'.[17] Savulescu believes that the 'implication of these claims is that each person *values having the operation to the same degree.* On this view, opportunity is good to the extent that it is valued. Thus, if Tom, who has a brain tumour, wants the opportunity to live just as Alex, who has appendicitis, this grounds an equal moral claim, regardless of how great their chances are.' And Savulescu interprets this position as amounting to 'holding a ticket in a lottery not because of the money we might win, but simply for the chance to participate in the lottery'. But this is surely wrong. Tom has more than a chance of *participating,* and he wants more; he has and wants a chance of *winning,* winning the thing that matters most to him, his continued existence.

Of course, the opportunity of the operation is valued because it is seen as a means to continued existence. Tom and Alex each want *the same thing,* a chance of continued existence; although for each the chance is different and for each continued existence will be different (different length, different quality etc.). This no more shows that what each wants must be discounted for its peculiar value than does the fact that each human being is different show that the value of life is different for each and hence that there can be no such thing as a principle of equality.

To assert 'even if every patient's life has a value of 1, we must discount the value of operating on patients by the probability that the operation will not achieve the valued outcome' involves a

[16] Ibid. p. 219.
[17] Ibid. p. 220.

fundamental fallacy. If every opportunity had to be discounted by the probability that it will achieve its objective there could be absolutely no claim to the equality of public provision of anything. Education is effective in proportion to the intelligence, ability to concentrate, application, capacity for hard work etc. of each and every student and these are different for each and every student. Access to education must be finely graded accordingly. The value of the provision of public lavatories is, on this view, proportionate to the strength of the bladder of individual users, in that the utility of the operation in question, how long before another, similar operation is required, is one obvious measure of the utility of restroom provision.

The fallacy of the principle of temporal neutrality

Savulescu also appeals to this principle of discounting when discussing the so called 'principle of temporal neutrality'. According to this principle if 'the value of a state of affairs is determined by our desires for that state, we should appeal not only to what people now desire, but also to what they will desire. And if we consider future preference satisfaction, we must discount the value of that satisfaction by the probability of it not occurring'.[18] Imagine a nation state 'Temporal Neutralitovia' (TN) that has two potential and very powerful enemies. One declares all out war reducing the chances of survival of all TN's inhabitants by 50%. The second enemy can now reason, correctly according to Savulescu, that if it also declares war the wrong it will do in waging war and probably killing many of TN's inhabitants is only half what it was previously, because the value of the lives of all the inhabitants of TN must be reduced by 50%, must, in short, be discounted by the probability of their survival.

To move from the cataclysm of war to more mundane and realistic policy choices: we can imagine two towns of exactly the same size in the European Union, one in the north of England, 'Ancient', and the other in the south of Italy, 'Vecchio'. Both towns are claimants for Community resources available to care for the elderly. As is well known, life expectancy is greater in southern Italy than in northern Europe, perhaps due to the famous 'Mediterranean diet' of olive oil and cooked tomatoes. The citizens of both towns want the security of better health provision in old age. They want it now and will still want it when they are old. However, although both towns have equal size

[18] Ibid. p. 221.

© Blackwell Publishers Ltd. 1999

402 JUSTICE AND EQUAL OPPORTUNITIES

populations since life expectancy in Vecchio is much superior to that in Ancient, we must discount the value of devoting resources to the elderly the probability that the allocation will not achieve the valued outcome. That is, fewer elderly will benefit in Ancient than in Vecchio. Is it clear that the citizens of Vecchio have the better claim, and that the European Commission, for example, should allocate resources accordingly? Should Italy and Greece always win out over the United Kingdom and Denmark when such resources are available? I doubt this would (or should) strike the European Parliament, for example, as an equitable allocation of resources between member states.

The fallacy of the principle of temporal neutrality lies in attempting to extrapolate from decisions within particular lives to comparisons between lives where life itself is at stake. If the claim that 'if we consider future preference satisfaction, we must discount the value of that satisfaction by the probability of it not occurring' has any validity this derives from its application within a particular life. I would be irrational to plan for future preferences I am unlikely to be able to satisfy. But this is entirely different, as the above examples show, to the false claim defended by Savulescu, that we must discount the existential value of a life by the probability of its not continuing.

In any event Savulescu has already conceded enough of the point. He allows that it is invidious to prefer a 1/50 chance of life to a 1/100 chance so it is clearly not true that in his view we *must* discount for probability of occurrence. However, if, as I have argued, the value lies in giving the person an equal chance of continued existence, and that doing so recognises their equal standing in the community, then *that* is the value of the opportunity. And we have already seen that the explanation of this exception cannot be simply a matter of the externally assessed rationality or of the strength of the agent's reasons for the choice.

Thresholds and plateaux

Savulescu's claim is not that it is simply a matter of the strength of the agent's reasons for choice, but of that strength *once a certain threshold or plateau is reached*. His suggestion is that 'the strength of reason to act increases as the value promoted by the action increases, until some plateau is reached where strength of reason no longer increases despite increments in value. Thus a person may have most reason to perform some act, even though other actions would promote more value, if the consequences of the

© Blackwell Publishers Ltd. 1999

chosen act are good enough'.[19] Savulescu makes clear that 'Distributors of public resources should not require that agent's change what matters most to them, provided that the object of that pattern of concern is worth achieving and good enough relative to other alternatives'.[20] The crucial point is that Savulescu believes that a slim chance of life is not a reason on the plateau, not something either worth achieving or good enough relative to other values.

I have argued that a chance of continued existence that is desired is always worth taking and that it is only other values of the same agent that can eclipse that chance. The object of the chance of life is not, as Savulescu sometimes implies, the particular percentage chance, but the opportunity of life when the alternative is death. Thus the measure of the good to be achieved does not reside in the percentage chance of achieving it, but in the nature of what is to be achieved. Continued existence as opposed to immediate death is desired because it is everything as opposed to nothing. There could not be a more valuable objective or a more rational one. This must be on Savulescu's plateau if anything is.

What Savulescu must surely do is provide a principled account of when precisely differences in degree make for differences in quality, or in his terminology when scalarity breaks down. Without a principle for recognising the point of scalar shift, we have been given no account of anything, but merely a re-description of Savulescu's intuitions.

The value of life

The plateau or threshold is I concede attractive. Savulescu is certainly right to suggest that most people's intuitions suggest that really small chances of survival are not worth providing (as opposed to taking) when the same resources could be used to give better chances to others and hence save more lives. The same seems to be true where even good chances of continued life are available, but where the continuance will be only for very short periods, days or weeks for example. It may be that this is an objective matter in that a vast majority would see small chances or short periods of remission as obviously worthless or worth less. However, this paper has suggested that such plateaux are not supported by reasons based consequentialism, relying as it does

---

[19] Ibid. p. 228.
[20] Ibid. p. 230.

© Blackwell Publishers Ltd. 1999

404 JUSTICE AND EQUAL OPPORTUNITIES

on measures of the objective strength of reasons particular people have. There are various other ways such a rejection of small chances of life or small amounts of remaining life-span, might be supported. Such a plateau might, for example, be supported by some overarching theory of distributive justice. Such a theory might of course run into equally counter-intuitive conclusions in other areas, as I have suggested is the case with Savulescu's version of reasons based consequentialism.

For these reasons I believe the paradoxical consequences of according equal concern and respect to claims to small chances of life, or small periods of continued existence, is more apparent than real. A reasons based consequentialism which is not burdened by the absurdities of the principle of temporal neutrality and is sensitive to the strength of reasons that particular individuals have to take their own chances on life, would probably be fully compatible with the position that I have defended. We must remember, however, that the crucial issue is that of distributive justice, of how public resources may be allocated to do justice to the equal claims of individual citizens. What matters therefore, is what a distributor of the public resources available for healthcare should do.

There is, I believe, no way to formalise at the level of public policy the information necessary to be fully sensitive to, and respectful of, individual reasons and circumstances. A distributor of public resources cannot (and perhaps should not) know or enquire into the detailed reasons why even a small chance of life or a short period of remission is wanted and needed. Such a distributor should be 'blind' to these individual differences, for to evaluate them violates the equality principle. This is why a distributor of public resources must afford equal opportunities for healthcare and not formalise principles that may accord different value to the lives of equals.

The Institute of Medicine, Law and Bioethics
The University of Manchester

Part VII
Virtue Ethics

VARIETIES OF VIRTUE ETHICS

Justin Oakley

Abstract

The revival of virtue ethics over the last thirty-five years has produced a bewildering diversity of theories, which on the face of it seem united only by their opposition to various features of more familiar Kantian and Utilitarian ethical theories. In this paper I present a systematic account of the main *positive* features of virtue ethics, by articulating the common ground shared by its different varieties. I do so not to offer a fresh defence of virtue ethics, but rather to provide a conceptual map that locates its main claims and arguments in relation to those of rival theories, and identifies its distinctive contribution to contemporary ethics. I set out *six* specific claims which are made by all forms of virtue ethics, and I explain how these claims distinguish the theory from recent character-based forms of Kantian ethics and Utilitarianism. I then use this framework to briefly survey two main strands of virtue ethics which have been developed in the literature.[1]

The current renewal of philosophical interest in the virtues is one of the most noteworthy developments in contemporary ethical theory. The first signs of this revival appeared in 1958, when Elizabeth Anscombe called for the restoration of Aristotelian notions of goodness, character, and virtue as central concerns of moral philosophy.[2] While initial reactions to Anscombe's call were modest, interest in the virtues gathered momentum during the 1980s, largely due to the work of philosophers such as Philippa Foot, Bernard Williams, and Alasdair MacIntyre. There is now a bewildering variety of claims made by philosophers in the name of virtue ethics.[3] Many of those claims are put in negative form, and are expressed in terms of an opposition to an 'ethics of principles', or to an 'impartialist ethics', or to 'abstract ethical theory', or simply to an 'ethics of action'. Unfortunately, this negative

---

[1] I would like to thank Brad Hooker, John Campbell, John Cottingham, Per Sandberg and Christine Swanton, for their very helpful comments on earlier versions of this paper. I am especially grateful to Dean Cocking for many insightful discussions of the topics in this paper and for his contribution to our work together on virtue ethics.

[2] G. E. M. Anscombe, 'Modern Moral Philosophy', *Philosophy* 33 (1958).

[3] For a comprehensive bibliography, see Robert B. Krushchwitz & Robert C. Roberts, *The Virtues: Contemporary Essays on Moral Character* (Belmont: Wadsworth, 1987). See also Peter A. French, Theodore E. Uehling, and Howard K. Wettstein (eds.), *Midwest Studies in Philosophy, Volume 13: Ethical Theory: Character and Virtue* (Notre Dame: Notre Dame University Press, 1988); Gregory E. Pence, 'Recent Work on the Virtues', *American Philosophical Quarterly* 21 (1984), pp. 281–97; and Gregory Trianosky, 'What is Virtue Ethics all About?' *American Philosophical Quarterly* 27 (1990).

emphasis has resulted in virtue ethics becoming better known to many by what it is *against*, rather than by what it is *for*. Of course, given that the revival of virtue ethics has been sparked by dissatisfaction with standard Kantian and Utilitarian ethical theories, it is not surprising that those negative claims have gained prominence. However, to focus only on those claims in an outline of virtue ethics and its variants would be inadequate, for this would not sufficiently distinguish it from other approaches – such as an ethics of care, and various forms of feminist ethics – which are also often advanced in terms of a rejection of similar features of orthodox ethical theories. While virtue ethics does share certain common targets with these and other ethical theories, it can be more clearly distinguished from them by its positive features.

When virtue ethicists *do* enunciate their positive claims, however, there is often a lack of clarity and specificity which does not help in fixing the theory's distinctive content. For instance, when virtue ethicists suggest how the theory can overcome many of the perceived vices of Kantianism and Utilitarianism, there is often a failure to articulate virtue theory in ways which make clear how or why its features cannot simply be appropriated by more sophisticated or ecumenical forms of these more familiar ethical theories. This is complicated by the fact that these latter theories do, in fact, seem to have incorporated certain characteristics of a virtue ethics approach, as I shall explain. Thus, in order to show how virtue ethics resists assimilation to a form of Kantianism or Utilitarianism, one needs to bring out which features of virtue ethics could not be consistently endorsed by someone who holds one of those theories. In setting out the main positive claims made by virtue ethics then, I will explain *which* of these claims distinguish the approach from both traditional and contemporary versions of Kantianism and Utilitarianism, and also from standard forms of Consequentialism.

The essential features of virtue ethics

I shall outline *six* claims which appear to be essential features of *any* virtue ethics view. The first and perhaps best-known claim, which is central to any form of virtue ethics, is the following:

(a) An action is right if and only if it is what an agent with a virtuous character would do in the circumstances.

This is a claim about the primacy of *character* in the justification of right action. A right action is one that is in accordance with what a virtuous person would do in the circumstances, and what *makes* the action right is that it is what a person with a virtuous character would do here.[4] Thus, Philippa Foot argues that it is right to save another's life, where life is still a good to that person, because this is what someone with the virtue of benevolence would do. A person with the virtue of benevolence would act in this way because benevolence is a virtue which is directed at the good of others, and to have the virtue of benevolence, according to Foot, is to be disposed to help others in situations where we are likely to be called upon to do so.[5] Similarly, Rosalind Hursthouse argues that it is right in certain circumstances to reveal an important truth to another, even though this may be hurtful to them, because a person with the virtue of honesty would tell the truth here. For example, if my brother asks me whether his wife is being unfaithful, and I happen to know what she is, I ought to answer him truthfully because this is what a person with the virtue of honesty would do here.[6] Likewise, in regard to justice, Foot argues that I ought to repay you the money I have borrowed, even if you plan to waste it, because repaying the money is what a person with the virtue of justice would do.[7]

Now, the primacy given to character in (a) might also seem to be endorsed by recent influential forms of Kantianism, Utilitarianism, and Consequentlialism, which invoke one of these theories to give content to the notion of a 'virtuous person'. For example, Barbara Herman has argued that the Kantian Categorical Imperative, which provides the standard of rightness for actions, is best understood as a normative disposition in the character of a good agent to rule out certain courses of conduct as impermissible.[8]

---

[4] For an explicit statement of this claim, see eg. Rosalind Hursthouse, 'Virtue Theory and Abortion', *Philosophy and Public Affairs* 20 (1991), p. 225. See Aristotle, *Nicomachean Ethics*, II, 6, 1107a1–2.

[5] See Philippa Foot, 'Euthanasia', p. 54; and 'Virtues and Vices', p. 4, both in her *Virtues and Vices* (Berkeley: University of California Press, 1978). Foot sometimes calls this virtue 'benevolence', while at other time she refers to it as 'charity'.

[6] See Hursthouse, 'Virtue Theory and Abortion', pp. 229, 231.

[7] See Foot, 'Euthanasia', pp. 44–5, and 'Virtues and Vices'. See also William Frankena, *Ethics*, 2nd ed. (Englewood Cliffs: Prentice-Hall, 1973), pp. 63–71. The impact of virtue ethics' emphasis on the importance of character is beginning to be felt in areas beyond ethical theory. See eg. William Galston, *Liberal Purposes: Goods, Virtues, and Duties in the Liberal State* (New York: Cambridge University Press, 1991); Will Kymlicka & Wayne Norman, 'Return of the Citizen: A Survey of Recent Work on Citizenship Theory', *Ethics* 104 (1994), pp. 352–81; and Stephen Macedo, *Liberal Virtues: Citizenship, Virtue, and Community in Liberal Constitutionalism* (Oxford: Clarendon Press, 1990).

[8] See Barbara Herman, 'The Practice of Moral Judgment', and other essays in her *The Practice of Moral Judgment* (Cambridge MA: Harvard University Press, 1993).

© Blackwell Publishers Ltd. 1996

Similarly, Peter Railton has argued that the Consequentialist requirement to maximise agent-neutral value can be understood as a normative disposition in the character of the good agent, and R. M. Hare suggests that the Utilitarian requirement to maximise utility can be thought of in the same way.[9] How can (a) help distinguish virtue ethics from these other theories?

Virtue ethicists give primacy to character in the sense that they believe reference to character is *essential* in a correct account of right and wrong action. This distinguishes virtue ethics from *act-consequentialist* theories such as those of Hare and Railton, since both of these latter theories allow us to say what acts are right without referring to character at all. For example, act-consequentialists hold simply that an act is right if and only if it would result in the best consequences. They typically add that the best humanly possible character is the one with the best consequences. But the best humanly possible character *may* be one that will *not* allow the agent in every possible situation to do the act with the best consequences. Thus, act-consequentialists admit that a person with a virtuous character may not always do the act with the best consequences – ie., may not always do what is right according to act-consequentialism.

However, some forms of Utilitarianism, Consequentialism, and Kantianism do give character an essential role in the justification of right action, for they hold that right actions must be guided by a certain sort of character, and that such actions are justified because they flow from agents having the requisite kind of character. For example, Richard Brandt proposes a form of rule-utilitarianism which

> orders the acceptable level of a version to various act-types in accordance with the damage ... that would likely be done if everyone felt free to indulge in the kind of behaviour in question ... The worse the effect if everyone felt free, the higher the acceptable level of aversion.[10]

On this view, we cannot say what rightness is without referring to the aversions in the character of the agent. Indeed, some have taken the idea of a character-based Utilitarian or Kantian ethics to

---

[9] Peter Railton, 'Alienation, Consequentialism, and the Demands of Morality', in Samuel Scheffler (ed), *Consequentialism and its Critics* (Oxford: Oxford University Press, 1988), pp. 93–133; R. M. Hare, *Moral Thinking* (Oxford: Oxford University Press, 1981).

[10] Richard B. Brandt, 'Morality and its Critics', *American Philosophical Quarterly* 26 (1989), p. 95. See also Brad Hooker, 'Rule-Consequentialism', *Mind* 99 (1990), pp. 67–77.

© Blackwell Publishers Ltd. 1996

suggest that these theories can actually be recast as derivative forms of virtue ethics. For example, Philippa Foot has suggested that we could consider Utilitarianism a form of virtue ethics, insofar as it tells us that we ought to act as a person with a good Utilitarian character would. The character of such a person, as Foot sees it, would be governed by just *one* disposition – the virtue of universal benevolence – and the rightness of their actions would be judged according to whether they conformed with what such a disposition would have them do.[11] Likewise, Barbara Herman suggests that Kant (especially in his later work) tells us to act as a good Kantian agent would, and that such an agent would have and act out of certain emotional and partial dispositions, which are regulated by a commitment to not acting impermissibly.[12] These forms of Utilitarianism and Kantianism indicate that it will clearly not do to talk about virtue ethics as distinctive simply by the primacy it gives to *character* in the determination of right action.[13] One needs to point to additional features in order to show what is distinctive about virtue ethics as a form of character-based ethics.

One important way of distinguishing virtue ethics from Kantian and Utilitarian forms of character-based ethics is by bringing out the differences in how each theory grounds the relevant normative conception which would govern the character of a good agent. Kantians claim that the goodness of an agent's character is determined by how well they have internalised the capacity to test the universalisability of their maxims, while Utilitarians claim that a person with a good character is one who is disposed to maximise

---

[11] Philippa Foot, 'Utilitarianism and the Virtues', in Scheffler (ed.), *Consequentialism and its Critics*, pp. 224–42.

[12] See Barbara Herman, 'Agency, Attachment, and Difference', and other essays in her *The Practice of Moral Judgment*. See also Kurt Baier, 'Radical Virtue Ethics', in French *et al.* (eds.), *Midwest Studies in Philosophy*, vol. 13; Robert Louden, 'Kant's Virtue Ethics', *Philosophy* 61 (1986), esp. pp. 478–9, 484–9; Robert Louden, 'Can we be too Moral?' *Ethics* 98 (1988); Onora O'Neill, 'Consistency in Action', in N. Potter & M. Timmons (eds.), *Morality and Universality* (Dordrecht: Reidel, 1985); and Nancy Sherman, 'The Place of Emotions in Kantian Morality', in Owen Flanagan & Amelie O. Rorty (eds.), *Identity, Character, and Morality: Essays in Moral Psychology* (Cambridge MA: MIT Press, 1990). A criticism analogous to that which Foot makes of a Utilitarian virtue ethics may also be made of a Kantian virtue ethics, which took conscientiousness (as the disposition to act according to duty) as the only virtue. See N. J. H. Dent, *The Moral Psychology of the Virtues* (Cambridge: Cambridge University Press, 1984), pp. 27–31; and James D. Wallace, *Virtues and Vices* (Ithaca: Cornell University Press), p. 130.

[13] See Frankena, *Ethics*, pp. 63ff. Pence, 'Recent Work on the Virtues'; and Gregory E. Pence, 'Virtue theory' in Peter Singer (ed.), *A Companion to Ethics* (Oxford: Blackwell, 1991); and Gary Watson, 'On the Primacy of Character', in Flanagan & Rorty (eds.), *Identity, Character, and Morality*.

© Blackwell Publishers Ltd. 1996

utility. Virtue ethicists, however, reject both Kantian universalisability and the maximisation of utility as the appropriate grounds of good character, and instead draw on other factors in substantiating the appropriate normative conceptions of a good agent.

There are broadly speaking two main kinds of approach taken by virtue ethicists in grounding the character of the good agent. The more prominent of these approaches draws on the Aristotelian view that the content of virtuous character is determined by what we need, or what we are, qua *human* beings. Many virtue ethicists develop one particular version of this approach, taking the eudaimonistic view that the virtues are character-traits which we need to live humanly flourising lives. On this view, character-traits such as benevolence, honesty, and justice are virtues because they feature importantly among an interlocking web of intrinsic goods – which includes courage, integrity, friendship, and knowledge – without which we cannot have eudaimonia, or a flourishing life for a human being. Moreover, these traits and activities, when co-ordinated by the governing virtue of phronesis (or practical wisdom), are regarded as together partly *constitutive* of eudaimonia – that is, the virtues are intrinsically good components of a good human life.[14] Aristotle thought that humans flourish by living virtuous lives because it is only in doing so that our rational capacity to guide our lives is expressed in an excellent way. Human good is a function of our rational capacity because what counts as good in a species is determined by its characteristic activity, and the exercising of our rational capacity is the characteristic activity of human beings.[15] On this view, the good is not a passive external consequence of acting virtuously, and so it would be incorrect to say (as Utilitarians might) that acting virtuously typically results in our living a good human life; rather, the good is active, and acting virtuously is a constituent part of what a good human life consists in.

Some virtue ethicists develop this general approach by grounding the virtues not so much in the idea of a good human being, but rather in what is good *for* human beings. The best-known exponent of this view is Philippa Foot, who in her early work argued that a feature of the virtues is that they are beneficial to their possesor.

---

[14] See Aristotle, *The Nicomachean Ethics*. See also John M. Cooper, *Reason and Human Good in Aristotle* (Indianapolis: Hackett, 1975), pp. 79–88; and J. L. Ackrill, 'Aristotle on Eudaimonia', in Amelie O. Rorty (ed.), *Essays on Aristotle's Ethics* (Berkeley: University of California Press, 1980).

[15] This is Aristotle's well-known *ergon* argument, found in *Nicomachean Ethics*, I, 7.

© Blackwell Publishers Ltd. 1996

Foot thought this helped explain why courage and temperance count as virtues. However, she later found this rationale unpromising with such common-sense virtues as justice and benevolence; so she broadened her account to derive virtues from what is beneficial to humans either individually or as a community.[16] This brought her closer in some respects to Alasdair MacIntyre, who argues that such qualities as truthfulness, courage, and justice are virtues because they enable us to achieve the goods internal to the characteristically human practices which strengthen traditions and the communities which sustain them.[17]

An alternative version of a broadly Aristotelian approach is put forward by perfectionists, who reject both the eudaimonistic idea that virtuous living is necessary for happiness, and the idea that such a life must be overall beneficial to the person living it. Perfectionism derives the virtues from those characteristics which most fully develop our essential properties as human beings. For example, love of knowledge, friendship, and accomplishment count as virtues because these states most fully realise our essential capacities for theoretical and practical rationality. And further, loving these goods would count as virtuous even when a person would lead a happier life, and would benefit more, by not loving them – say, because his accomplishment can be gained only at the cost of enormous personal hardship.[18] Nevertheless, despite the differences between this and the eudaimonistic development of the Aristotelian approach, both views agree that to live a life without the virtues would in some sense be to go against our basic nature.

A different kind of approach to grounding virtuous character also rejects the eudaimonistic idea that the virtues are given by what humans need in order to flourish, and instead derives the virtues from our commonsense views about what character-traits we typically find admirable. According to this non-Aristotelian approach, developed principally by Michael Slote, there is a

---

[16] See Foot, 'Virtues and Vices', and 'Moral Beliefs', both in her *Virtues and Vices*.

[17] See Alasdair MacIntyre, *After Virtue*, 2nd ed. (Notre Dame: University of Notre Dame Press, 1984), esp. ch. 14.

[18] See Thomas Hurka, 'Virtue as Loving the Good', in Ellen F. Paul, Fred D. Miller & Jeffrey Paul (eds.), *The Good Life and the Human Good* (Cambridge: Cambridge University Press, 1992), esp. pp. 153–5; Thomas Hurka, *Perfectionism* (New York: Oxford University Press, 1993); and L. W. Sumner, 'Two Theories of the Good', in Paul *et al.* (eds.) *The Good Life and the Human Good*, esp. pp. 4–5. See also John McDowell, 'The Role of *Eudaimonia* in Aristotle's Ethics', in Rorty, *Essays on Aristotle's Ethics*, esp. pp. 370–1, and Christine Korsgaard, 'Aristotle on Function and Virtue', *History of Philosophy Quarterly* 3 (1986), pp. 277–8.

© Blackwell Publishers Ltd. 1996

plurality of traits which we commonly find admirable in human beings in certain circumstances, and one way we can determine what these are is by examining our responses to the lives led by various admirable exemplars. Further, when we look at such exemplars, we see that some are quite different from those which would be held up by Kantians and Utilitarians. For example, while people like Mother Theresa are undoubtedly thought admirable on account of the benefits they have bestowed on humanity, Slote claims that we may well regard people like Albert Einstein or Samuel Johnson as just as admirable as Mother Theresa, even though Einstein and Johnson were not exactly *benefactors* of mankind.[19] On this view then, benevolence, honesty, and justice are virtues because, even if they are not necessary for human flourishing, they are nevertheless character-traits which we ordinarily find deeply admirable in human beings.

The differences between these forms of virtue ethics, on the one hand, and character-based forms of Kantianism and Utilitarianism, on the other hand, would become apparent in practice in their different ways of handling cases where certain values conflict. Thus, consider a case where the requirements of duty or utility conflict with what a good or admirable friend would do. For example, suppose I console a close friend of mine who is grieving over the irretrievable breakdown of his marriage, and that in consoling him, I stay with him longer than would be required by my duty to him as a friend. A virtue ethicist might regard my staying longer to console him as right, even if my doing so meant cancelling an appointment with a business associate I'd promised to meet for lunch, and also meant that I thereby failed to maximise overall utility. What makes it right to console the friend here is that this is the sort of thing which someone with an appropriate conception of friendship will be disposed to do, rather than because this brings about the best overall consequences, or because this is our duty as a friend.

But this does not fully explain how (a) is meant to operate as a standard for determining the rightness of actions. For example, is (a) meant to provide a purely 'external' criterion of right action, which a person may meet no matter what kinds of motives, dispositions, or character they act from in performing the action the criterion directs them to do? On this interpretation, acting rightly

---

[19] See Michael Slote, *From Morality to Virtue* (New York: Oxford University Press, 1992); and Michael Slote, *Goods and Virtues* (Oxford: Clarendon Press, 1983).

© Blackwell Publishers Ltd. 1996

would not require modelling oneself on a virtuous person or a particular aspect of their character, but would involve merely having a good idea of what kinds of acts such a person would perform in various circumstances. In that case, (a) would be analogous to the role in certain ethical theories of an Ideal Observer, whose deliverances may guide one even though one lacks the qualities of such an observer onself (and indeed, even if there were no Ideal Observers at all).[20] Or, does the criterion of right action in (a) carry certain 'internal' requirements, such that we can act rightly only if we have and act out of the kinds of motives, dispositions, or character-traits that a virtuous agent would have and act out of in the circumstances?

The examples of benevolence and honesty given above suggest that (a) is to be understood according to the first interpretation, as setting only an external criterion of right action, since they indicate what would be the benevolent or honest thing to do, with no explicit requirement to act out of certain motives or dispositions. However, a closer look at what virtue ethicists say shows that they mean (a) to be understood in the second way – that is, 'doing what a virtuous person would do' is to be understood as requiring not merely the performance of certain acts, but also acting out of certain dispositions and (in many cases) motives. So, acting rightly requires our acting out of the appropriate dispositions and motives. Or better, we cannot meet the criterion of right action in (a) in a particular case unless we ourselves have and act out of the virtuous disposition appropriate to the circumstances.[21] For example, to act as a person with the virtue of justice would do, I must not only repay my debt, but I must do so out of an appropriate sense of justice. To be sure, while virtue ethics holds that acting out of the appropriate motives and dispositions is *necessary* for right action, it does not claim that acting out of such motives and dispositions is *sufficient* for right action. As we see below, virtue ethics recognises that there is a variety of reasons why good dispositions and motives may lead one to act wrongly.

Generally speaking then, having a particular virtuous disposition

---

[20] See Roderick Firth, 'Ethical Absolutism and the Ideal Observer', *Philosophy and Phenomenological Research* 12 (1952), pp. 317–45. I thank John Campbell for pointing out this similarity between Virtue Ethics and an Ideal Observer theory.

[21] Compare Aristotle: 'It is not merely the state in accordance with the right rule, but the state that implies the *presence* of the right rule, that is virtue' (*Nicomachean Ethics* VI, 13, 1144b26–9; see also II, 4 1105a26–33). See Cooper, *Reason and Human Good in Aristotle*, p. 78; and Korsgaard, 'Aristotle on Function and Virtue', pp. 266–8.

© Blackwell Publishers Ltd. 1996

requires internalising a certain normative standard of excellence, in such a way that one is able to adjust one's motivation and conduct so that it conforms – or at least does not conflict – with that standard. Thus, to have the virtue of *friendship*, one must have an appropriate normative conception of what kind of relationship friendship is, and of what sorts of motives and conduct would be appropriate to such a relationship. And in order to do this, one must have developed one's motivation and perception to a certain level. For in exemplifying the virtue of friendship, one does not act for the sake of *friendship* per se, nor even for the sake of *this* friendship, but rather for the sake of this *person*, who is one's friend. And one can properly be said to be acting for the sake of this person only if one has shaped one's perception in certain ways – ie., one must have developed some kind of understanding of what this person's well-being consists in, and of which ways of acting would promote it. Thus, a virtuous agent will have certain standing commitments or normative dispositions, which need not always be consciously formulated or applied, but which will govern and shape their motivations and actions. We can call such commitments 'regulative ideals'.[22]

A common criticism of virtue ethics is that in deriving right action from virtuous character, it seems to make the actions of a virtuous person 'self-justifying'.[23] There are two different objections which critics may have in mind here. One is that, while acting from good character might be sufficient for right action, virtue ethics' requirement in (a) is circular – that is, right action is given by what a virtuous person would do, but we are to determine who counts as a virtuous person by looking at the rightness of their actions. This objection is overcome by explaining how virtuous character-traits are derived independently of some prior notion of right action – ie. from their admirability or their involvement in flourishing, as explained earlier.

The other objection critics may have in mind is that virtue ethics seems to make acting from good character itself sufficient for right action, which seems implausible. Robert Veatch expresses the worry by saying:

> I am concerned about well-intentioned, bungling do-gooders. They seem to exist with unusual frequency in health care, law,

[22] See Dean Cocking and Justin Oakley, 'Indirect Consequentialism, Friendship, and the Problem of Alienation', *Ethics* 106 (1995).

[23] See Robert B. Louden, 'On Some Vices of Virtue Ethics', *American Philosophical Quarterly* 21 (1984).

© Blackwell Publishers Ltd. 1996

and other professions with a strong history of stressing the virtue of benevolence with an elitist slant.[24]

However, conceiving of virtues as regulative ideals helps virtue ethics meet this criticism, because it allows for the possibility that an action done out of good motives or good intentions may fail to reach the appropriate standard of excellence which one is normatively disposed to uphold. For example, in seeking to help a friend who is despairing at finding a suitable job, I might bring to his attention a certain weakness which I think may be impeding his chances. However, I might later come to realise that it was a mistake to do so at the time, because I failed to sufficiently appreciate the nature and depths of my friend's despair, and that such comments were contrary to what can reasonably be expected of a good friend in such circumstances. There is a variety of reasons – such as false beliefs, insufficient attention, care, energy, or simply bad luck – why a virtuous person may on a particular occasion fail to act as his regulative ideals would dictate, but the regulative ideals of virtue ethics nevertheless provide a standard for act evaluation which allows us to see that acting out of good motives or good intentions, while it may be necessary for right action,[25] is not sufficient for the rightness of one's action. So virtue ethics can recognise, as R. M. Hare reminds us, that 'it is possible for very virtuous people to do terrible things'.[26]

A second claim made by all varieties of virtue ethics is:

(b) Goodness is prior to rightness.

That is, the notion of goodness is primary, while the notion of rightness can be defined only in relation to goodness: no account can be given of what makes an action right until we have established what is valuable or good. In particular, virtue ethics claims that we need an account of *human* good (or of what are commonly regarded as admirable human traits), before we can determine what it is right for us to do in any given situation. In terms of a familiar taxonomy of normative theories, claim (b)

---

[24] Robert M. Veatch, 'The Danger of Virtue', *Journal of Medicine and Philosophy* 13 (1988), p. 445.
[25] Acting out of good motives is required for motive-dependent virtues, such as friendship and courage, but certain virtues may not have such a motive requirement: while acting justly requires that one acts from a just *disposition*, it may not require that one acts out of certain motives.
[26] R. M. Hare, 'Methods of bioethics: some defective proposals', *Monash Bioethics Review* 13 (1994), p. 41.

makes virtue ethics a *teleological* rather than a *deontological* ethical theory, and so would seem to place virtue ethics in the same family as Utilitarianism and standard forms of Consequentialism.[27] However, as I explain shortly, there are important differences between virtue ethics' account of the good and those given by most versions of Utilitarianism and Consequentialism, and in light of this, it is misleading to group virtue ethics as a theory of the same type as Utilitarianism and Consequentialism. Indeed, we will see that virtue ethics has important similarities with nonconsequentialist and deontological ethical theories.

Claim (b) is actually implicit in (a) above, but making the claim explicit brings out an important difference between virtue ethics and any form of character-based ethics derived from traditional forms of Kantianism and deontology. For according to these latter theories, the notions of goodness and the good agent are derived from prior deontic notions of rightness and right action – a good agent is one who is disposed to act in accordance with certain moral rules or requirements (which themselves are derived from, eg. the nature of practical rationality). By contrast, virtue ethics derives its account of rightness and right action from prior aretaic notions of goodness and good character, which (in Aristotelian virtue ethics) are themselves grounded in an independent account of human flourishing that values our emotional as well as our rational capacities, and recognises that our goodness can be affected for the better or worse by empirical contingencies.

A third claim made by virtue ethics is:

(c) The virtues are irreducibly plural intrinsic goods.

The substantive account of the good which forms the foundation for virtue ethics' justification of right action specifies a range of valuable traits and activities as essential for a humanly flourishing life, or as central to our views of admirable human beings. These different virtues embody irreducibly *plural* values – ie. each of them

---

[27] This way of classifying normative theories is increasingly coming under attack as inadequately sensitive to the issues which divide contemporary consequentialists and nonconsequentialists. See Herman, *The Practice of Moral Judgment*, esp. ch. 10 'Leaving Deontology Behind'; and Watson, op. cit., p. 450. John Rawls, in *A Theory of Justice* (Oxford: Oxford University Press, 1972), p. 24, assumes that all teleological theories must be consequentialist, and indeed, John Broome, in *Weighing Goods* (Oxford: Blackwell, 1991), ch. 1, argues that *all* ethical theories can be regarded as forms of consequentialism. On the other hand, Watson sees the possibility of teleological theories which are not consequentialist. For a good discussion of these issues, see James Dreier, 'Structures of Normative Theories', *The Monist* 76 (1993).

© Blackwell Publishers Ltd. 1996

is valuable in a way which is not reducible to a single overarching value.[28] The virtues themselves are here taken to be valuable *intrinsically* rather than *instrumentally* – ie. they are valuable for their own sake, rather than as a means to promoting or realising some other value. For example, Aristotle argued that friendship is 'choiceworthy in itself', apart from any advantages it may bestow upon us.[29] The plurality of the virtues distinguishes virtue ethics from older, monistic forms of Utilitarianism, which reduce all goods to a single value such as pleasure.[30] Claim (c) would also distinguish virtue ethics from a simple 'Utilitarianism of the Virtues', which would regard the virtues as good, but only *instrumentally* – ie. insofar as they produce pleasure.[31]

However, the evaluative pluralism of the virtues in (c) does not distinguish virtue ethics from contemporary preference-utilitarianism, which seems able to consistently recognise a plurality of things which are, at least in one sense, intrinsically valuable. For preference-utilitarianism attributes value to the plural things desired, and can allow that certain things – such as knowledge, autonomy, and accomplishment – have intrinsic value, at least in the sense that we desire to have these things for themselves, rather than for any consequences which having them may bring.[32] On this kind of view, the concept of 'utility' is not a substantive value, but is given a formal analysis in terms of the fulfilment of informed preferences. Thus, as James Griffin puts it,

> Since utility is not a substantive value at all, we have to give up the idea that our various particular ends are valuable only

---

[28] On the evaluative pluralism of virtue ethics, see Aristotle's criticisms of Plato, in *Nicomachean Ethics*, Book I, chapter 6; Wallace, *Virtues and Vices*, eg. pp. 27–32; Hursthouse, 'Virtue Theory and Abortion'; and Lawrence Becker, *Reciprocity* (London: Routledge & Kegan Paul, 1986), eg. ch. 4. Note that the Aristotelian notion of *eudaimonia* is not itself to be construed in an evaluative monist way. See the discussions of 'inclusivist' versus 'dominant' conceptions of *eudaimonia* in W. F. R. Hardie, 'The Final Good in Aristotle's Ethics', *Philosophy* 40 (1965), pp. 277–95; J L. Ackrill, 'Aristotle on *Eudaimonia*'; and Cooper, *Reason and Human Good in Aristotle*, pp. 96–9.

[29] See John M. Cooper, 'Aristotle on Friendship', in Rorty, *Essays on Aristotle's Ethics*, eg. p. 338n18.

[30] See for example, Bentham's hedonistic Utilitarianism. But as Michael Stocker points out, in *Plural and Conflicting Values* (Oxford: Clarendon Press, 1990), pp. 184–93, hedonistic Utilitarians need not have been evaluative monists; for pleasure, when properly understood, can itself be plausibly thought of as plural.

[31] See e.g. Henry Sidgwick, *The Methods of Ethics*, 7th ed. (London: Macmillan, 1907) pp. 391–7, 423–57.

[32] See James Griffin, *Well-Being* (Oxford: Clarendon Press, 1986), p. 31; and R. M. Hare, 'Comments', in D. Seanor & N. Fotion (eds.), *Hare and Critics* (Oxford: Clarendon Press, 1988), pp. 239, 251.

© Blackwell Publishers Ltd. 1996

because they cause, produce, bring about, are sources of, utility. On the contrary, they [our various particular ends] are the values, utility is not.[33]

Such a view might therefore allow that the virtues are plural, intrinsic values, in the sense that agents attach value to having them for their own sake.

Nevertheless, there is a further claim made by virtue ethics, which helps to distinguish it from any preference-utilitarian approach to the virtues, viz:

(d) The virtues are objectively good.

Virtue ethics regards the virtues as objectively good in the sense that they are good independent of any connections which they may have with desire.[34] What the objective goodness of the virtues means in positive terms depends on the particular rationale given for them. As we saw earlier, one approach bases the goodness of the virtues on the connections they have with essential human characteristics, such as theoretical and practical rationality; another approach derives the goodness of the virtues from admirable character-traits. But neither approach makes the value of any candidate virtue depend on whether the agent desires it (either actually or hypothetically). For example, courageousness would still count as a virtuous trait, even in a person who had no desire to be courageous.[35] Further, the virtues can confer value on *a life*, even if the person living it does not (actually or hypothetically) desire to have them.[36] So, while preference utilitarians might allow that certain character-traits have intrinsic value in the sense that

---

[33] *Well-Being*, p. 32n24. See also p. 89.

[34] For this use of 'objective good', see Hurka, *Perfectionism*, p. 5. See also Sumner, 'Two Theories of the Good'.

[35] Could Philippa Foot allow this, given her well-known claim that we cannot have a reason to pursue something unless it is linked appropriately to some desire of ours (see 'Morality as a System of Hypothetical Imperatives', in *Virtues and Vices*)? It would seem so, for in several places Foot suggests that a virtuous person is a good example of a human being. Foot's view then would be that while a person cannot have a reason to be virtuous unless this serves some desire of theirs, the *goodness* of their being virtuous does not depend on their desires. See 'A Reply to Professor Frankena', in *Virtues and Vices*, p. 178: "propositions of the 'good F' 'good G' form do not, in general, have a direct connexion with reasons for choice". See also 'Goodness and Choice', in *Virtues and Vices*, esp. pp. 145–7.

[36] This is not to say that the virtues increase one's *well-being*. There is disagreement amongst virtue ethicists about whether the virtues are good *for me*, or make me 'better off'. Foot claims that virtues generally (ie. except justice and benevolence) make their possessor better off; however Michael Slote rejects any such general claim: see *From Morality to Virtue*, p. 209. Some would question whether a person who achieves certain characteristic human

© Blackwell Publishers Ltd. 1996

we may desire to have them for themselves, preference-utilitarians would not allow that the value of the virtues can be independent of desire in these ways.

But while (c) and (d) distinguish virtue ethics from various forms of Utilitarianism, they leave open whether virtue ethics is different to those forms of Consequentialism which accept the idea of irreducibly plural *intrinsic* and *objective* values. For example, some Consequentialists believe that there are at least two irreducibly plural intrinsic and objective values – such as universal benevolence and fairness – while others believe that there is a whole range of such values – such as happiness, knowledge, purposeful activity, autonomy, solidarity, respect, and beauty.[37] What, if anything, is there to distinguish virtue ethics from these forms of Consequentialism?

Two further claims are essential to any form of virtue ethics, and these help distinguish virtue ethics from most forms of Consequentialism.

(e) Some intrinsic goods are agent-relative.

Among the variety of goods which virtue ethics regards as constituting a humanly flourishing life, some, such as friendship and integrity, are held to be ineliminably agent-relative, while others, such as justice, are thought more properly characterised as agent-neutral. To describe a certain good as agent-relative is to say that its being a good of *mine* gives it additional moral importance (*to me*), in contrast to agent-neutral goods, which derive no such additional moral importance from their being goods of mine.[38] For

---

excellences could be living a good life if they do not *desire* (either actually or hypothetically) to have those excellences. For it might be claimed that living a good life has an ineliminable *subjective* element. See Gregory W. Trianosky, 'Rightly Ordered Appetites: How to Live Morally and Live Well', *American Philosophical Quarterly* 25 (1988), pp. 1–12.

[37] See eg. T. M. Scanlon, 'Rights, Goals and Fairness', in Scheffler, *Consequentialism and its Critics*, pp. 74–92; Railton, 'Alienation, Consequentialism, and the Demands of Morality', pp. 108–10; Hurka 'Virtue as Loving the Good'; Hurka, *Perfectionism*; Thomas Hurka, 'Consequentialism and Content', *American Philosophical Quarterly* 29 (1992), pp. 71–8; and the 'Ideal Utilitarianism' of G. E. Moore, in *Principia Ethica* (Cambridge: Cambridge University Press, 1903), ch. 6; and Hastings Rashdall, in *The Theory of Good and Evil*, vol. 1 (Oxford: Oxford University Press, 1907), chs. 7 & 8. David McNaughton and Piers Rawling, in 'Agent-relativity and the Doing-happening Distinction', *Philosophical Studies* 63 (1991), pp. 168–9, explain well how a Consequentialist might be able to allow for plural intrinsic values. See also Derek Parfit, *Reasons and Persons* (Oxford: Clarendon Press, 1984), p. 26; and David Sosa, 'Consequences of Consequentialism', *Mind* 101 (1993), pp. 101–22.

[38] I do not mean to suggest that agent-relative value must be understood as *aggregative*. In describing the value of a certain trait or activity as 'agent-relative', one may be making a claim about its *qualitative* character.

© Blackwell Publishers Ltd. 1996

example, friendship could be regarded as either an agent-neutral or an agent-relative good. In the former case, it would be friendship *per se* which is intrinsically valuable, and a pluralistic Consequentialist who believed that friendship is an agent-neutral value would tell us to maximise (or at least promote) friendships themselves – say, by setting up a social club. On the agent-relative account of the value of friendship, however, the fact that a certain relationship is *my* friendship would give it more moral relevance to my acts than would be had by, say, the competing claims of your friendships. Virtue ethics sees friendship (and certain other virtues) as valuable in the latter sense – were performing a friendly act towards a friend of mine to conflict with promoting friendships between others (eg. by throwing a party for new colleagues), I would nevertheless be justified in acting for my friend.[39]

Claim (e) distinguishes virtue ethics from most forms of Consequentialism, whether monistic or pluralistic, since most Consequentialists regard all values as agent-neutral.[40] But there seems to be no in principle reason why a Consequentialist could not allow that some values are properly characterised as agent-relative. Indeed, some Consequentialists do seem to accept that certain values (such as friendship and integrity) are irreducibly agent-relative.[41] However, most of those consequentialists would stop short of endorsing the following claim made by virtue ethics.

(f) Acting rightly does not require that we maximise the good.

The core thesis of most versions of Consequentialism is the idea that rightness requires us to maximise the good, whether goodness is monistic or pluralistic, subjective or objective, agent-neutral across the board or agent-relative in some instances. Virtue ethics, by contrast, rejects maximisation as a theory of rightness. Thus, in a case where I can favour *my* friendships over promoting others' friendships, I am not required by virtue ethics to *maximise* my friendships. Neither am I required to have the best friendship(s) which it is possible for me to have.[42] Rather, I ought to have

---

[39] See Stocker, *Plural and Conflicting Values*, pp. 313–14; and Dreier, 'Structures of Normative Theories'.

[40] Samuel Scheffler (in his introduction to *Consequentialism and its Critics*) and Shelly Kagan, in *The Limits of Morality* (Oxford: Clarendon Press, 1989) regard a belief in the agent-neutrality of all value as a *sine qua non* of a Consequentialist theory.

[41] See eg. Railton, 'Alienation, Consequentialism, and the Demands of Morality'; and Sosa, 'Consequences of Consequentialism'.

[42] On Aristotle as a non-maximiser, see Stocker, *Plural and Conflicting Values*, pp. 338–42; and Cooper, *Reason and Human Good in Aristotle*, pp. 87–8, and ch. 2.

© Blackwell Publishers Ltd. 1996

excellent friendships, relative to the norms which properly govern such relationships, and an excellent friendship may not be the very best friendship which I am capable of having. Virtue ethicists hold that in acting towards my friends I ought to be guided by an appropriate normative conception of what friendship involves (such as the account of character-friendship given by Aristotle in *Nicomachean Ethics* IX, 9).

Claims (a) to (f) are made by all forms of virtue ethics, and the different varieties of the theory can be distinguished according to which of these claims they emphasise, and their reasons for making these claims. Some philosophers who do not (or at least, not explicitly) call themselves virtue ethicists nevertheless endorse one or more of these claims as part of their criticisms of Kantian, Utilitarian, or Consequentialist theories.[43] However, taken as a whole, these claims help show how virtue ethics forms a distinct alternative to familiar forms of Kantianism, Utilitarianism, and Consequentialism. With this framework in mind, I will now describe and compare the most important and influential versions of the basic virtue ethics position.

Varieties of Virtue Ethics

The main forms of virtue ethics can be broadly divided into Consequentialist and Nonconsequentialist versions. In describing a theory as 'Consequentialist', I mean that it treats rightness as ultimately a function of the value(s) an agent *promotes* (or the values an agent's rules would promote, when followed by people generally), whereas in calling a theory 'Nonconsequentialist', I mean that it regards rightness as ultimately a function of the value(s) an agent *honors* or *exemplifies*.[44] This means that Consequen-

---

[43] See eg. Samuel Scheffler, *The Rejection of Consequentialism* (Oxford: Oxford University Press, 1982); Samuel Scheffler, *Human Morality* (New York: Oxford University Press, 1992); Michael Stocker, *Plural and Conflicting Values*; and Bernard Williams, 'Persons, Character, and Morality', in his *Moral Luck* (Cambridge: Cambridge University Press, 1981).

[44] See Phillip Pettit, 'Consequentialism', in Singer (ed.), *A Companion to Ethics*, pp. 230–41, for this way of characterising the distinction between Consequentialism and Nonconsequentialism. For application of this distinction to virtue ethics, see Christine Swanton, 'Satisficing and Virtue', *Journal of Philosophy* 90 (1993), pp. 33–48. There is debate over how best to distinguish between these two broad types of theories. Some writers (eg. Scheffler, Kagan) draw this distinction by contrasting agent-neutral theories with theories which allow for agent-relative values. However, as Sosa and Dreier argue, this seems to conflate two different distinctions. I base my discussion on the distinction between promoting vs. honoring values because these notions seem to me to best capture a broad contrast between two different strands of virtue ethics.

© Blackwell Publishers Ltd. 1996

tialist and Nonconsequentialist virtue theories would tell us to respond in different ways to the values inherent in the virtues. For example, where the value of integrity is at stake, a Consequentialist virtue theory would say that the virtuous agent referred to in claim (a) would promote (primarily their) integrity, whereas a Nonconsequentialist virtue theory would say that the virtuous agent would exemplify their commitment to being a person of integrity, quite apart from whether this also promotes integrity in themselves or others. I will begin by outlining nonconsequentialist forms of virtue ethics.

Nonconsequentialist virtue ethics
Since its revival in 1958, the dominant forms of virtue ethics have been of a nonconsequentialist kind. These forms of virtue ethics emphasise the importance of an agent's personal projects which help constitute their integrity, acting out of motives which express an agent's commitments to particular-directed relationships, and the requirement to acknowledge certain constraints in promoting the impersonal good. The main proponent of a nonconsequentialist type of virtue ethics is Philippa Foot, whose writings have had a significant influence on contemporary forms of virtue ethics. Inspired by Anscombe's criticisms of Consequentialism,[45] Foot emphasises the plurality and agent-relativity of the virtues – ie. claims (c) and (e) above – and the importance of observing certain rights, rules, and prohibitions, as well as being guided by certain ends. For example, Foot tells us that

> The virtue of justice ... is primarily concerned with the following of certain rules of fairness and honest dealing and with respecting prohibitions on interference with others rather than with attachment to any end.[46]

Foot also discusses the importance of truth-telling, promise-keeping, and helping others in need, and their correlative virtues (ie. honesty, fidelity, and charity).

Foot drives a wedge between virtue ethics and Consequentialism by rejecting the Consequentialist notion of best states of affairs *per*

---

[45] See eg. Anscombe, 'Modern Moral Philosophy', esp. pp. 183–8.
[46] Foot, 'Utilitarianism and the Virtues', p. 236. See also 'Euthanasia'. For other examples of Nonconsequentialist virtue ethics, see Rosalind Hurtshouse, *Beginning Lives* (Oxford: Blackwell, 1987), eg. pp. 239, 278–91; Hursthouse, 'Virtue Theory and Abortion'; Edmund Pincoffs, *Quandaries and Virtues* (Lawrence: University Press of Kansas, 1986), esp. pp. 101–114; Watson, 'On the Primacy of Character'; and Swanton, 'Satisficing and Virtue'.

© Blackwell Publishers Ltd. 1996

se as lacking any clear reference, and she criticises the impoverishment of classical Utilitarianism's evaluative monism. Foot does concede that we may be morally required to impartially benefit others in certain circumstances – and that the notion of better or worse states of affairs may be clear *within* this circumscribed context; indeed, she regards this as part of the virtue of benevolence. However, Foot questions the idea that, as classical Utilitarians would assume, benevolence could be the only virtue, and argues that there are other virtues – such as friendship and justice – with which benevolence may conflict.[47] Foot also argues that a person who possesses certain virtues will be disposed to observe certain agent-centred restrictions, as embodied in the Doctrine of Double Effect and (what might be called) the Doctrine of Doing and Allowing.[48] Indeed, Foot appeals to the virtues and human good to provide an underlying moral rationale for these constraints, by arguing that an agent's life goes better if they observe these constraints.[49]

Consequentialist virtue ethics
In contrast to Foot's approach, Consequentialist virtue ethicists would reject the idea that the appropriate way to respond to the values inherent in such virtues as integrity and friendship is to honor them. One reason for rejecting this is that it may be thought to recommend irrational courses of action. Thus, suppose we are in a position where we could produce either more or less integrity, but to honor our own integrity would entail that we would produce less integrity overall than we could otherwise do. For example, consider a variation on Bernard Williams' familiar case of George and the research job in the chemical and biological weapons laboratory.[50] As

---

[47] See Foot, 'Utilitarianism and the Virtues', p. 236: 'We find in our ordinary moral code many requirements and prohibitions inconsistent with the idea that benevolence is the whole of morality'. This kind of argument against Utilitarianism is also put forward by N. J. H. Dent, in *The Moral Psychology of the Virtues*, pp. 27–9.

[48] See Philippa Foot, 'Morality, Action and Outcome', in T. Honderich (ed.), *Morality and Objectivity: A Tribute to J. L. Mackie* (London: Routledge & Kegan Paul, 1985), pp. 23–38.

[49] This grounding of agent-centred restrictions in an account of the virtues and human good distinguishes Foot's approach from standard deontological and Kantian approaches. For criticism of a virtues-based rationale for agent-centred restrictions, see Samuel Scheffler, 'Agent-Centred Restrictions, Rationality, and the Virtues', in Scheffler (ed.), *Consequentialism and its Critics*, esp. pp. 255–6.

[50] From Bernard Williams, 'A Critique of Utilitarianism', in J. J. C. Smart & Bernard Williams, *Utilitarianism: For and Against* (Cambridge: Cambridge University Press, 1973), pp. 97–8.

© Blackwell Publishers Ltd. 1996

we know, if George were to accept the position, he would have to set aside his strong opposition to chemical and biological warfare, and that would constitute a violation of his integrity. But suppose George knows that were he not to take the job, it will be divided in two and offered to two less talented chemists who, like George, are morally opposed to such research, but are currently unemployed and are having great difficulty supporting their families. Now, assume that the nature of these two chemists' opposition to such research is such that *their* integrity would be violated if *they* were to take the jobs. Now, since integrity is the very thing which is of value here, it would seem irrational to act so as to produce less of it than more. This kind of argument has been used to suggest that the appropriate way to respond to intrinsic values is to promote rather than to honor them.[51]

Thus, some forms of virtue ethics, while agreeing with the rejection of the maximisation requirement of standard consequentialism in (f), have nevertheless wanted to retain the basic idea of consequentialism that rightness is ultimately determined by what one *promotes* (or by what one's dispositions would promote, when internalised by people generally.)[52] Consequentialist theories of the virtues seem to take one of the following three forms, and the third position shares enough of virtue ethics' central tenets to be properly regarded as itself a form of the theory.

(i) Character-utilitarianism
Some philosophers have suggested that utilitarianism be applied to evaluations of motives and character, as well as to evaluations of actions. An agent would have a virtuous character, on this kind of view, when the nature and structure of their dispositions is such as

---

[51] For a similar argument, see Pettit, 'Consequentialism', esp. p. 238.

[52] See further Julia Driver, 'The Virtues and Human Nature', in Roger Crisp (ed.), *How Should One Live?* (Oxford: Oxford University Press, 1996); Hurka, 'Virtue as Loving the Good'; and Trianosky, 'What is Virtue Ethics All About?', p. 339. See also G. H. von Wright, *The Varieties of Goodness* (London: Routledge & Kegan Paul, 1963), ch. 7, eg. p. 140; and Joel Kupperman's discussion of his consequentialist 'ethics of character', in *Character* (New York: Oxford University Press, 1991), eg. p. 156n1. Alasdair MacIntyre also puts forward what seems to be a consequentialist form of virtue ethics, despite his criticisms of consequentialist virtue theories held by Benjamin Franklin and others: see *After Virtue*, ch. 14, especially MacIntyre's definition of a virtue on p. 191. John Stuart Mill evidently regarded Aristotle himself as advocating a consequentialist form of virtue ethics: see Mill's reference to Aristotle's ethics as a 'judicious utilitarianism', in 'On Liberty', in *Utilitarianism and other Writings*, ed. Mary Warnock (Glasgow: Fontana, 1962), ch. 2, p. 150.

© Blackwell Publishers Ltd. 1996

to maximise utility.[53] Such a view could allow that virtues are irreducibly plural intrinsic values, at least insofar as agents valued having a virtue for its own sake. However, character-utilitarians would not regard the virtues as *objectively* valuable, since they take the value of the virtues as dependent on desire, and they would also see all goods as agent-neutral – that is, each person's virtue would count for one, and none for more than one. Thus, character-utilitarianism would reject claims (d), (e) and (f) above, and would therefore seem to have insufficient common ground with other kinds of virtue ethics to be properly classified as a form of the theory.

(ii) Aristotelian Perfectionism
Other philosophers proposing theories of the virtues have rejected the idea, implicit in a preference-utilitarian account of the virtues, that the value of the virtues is desire-dependent, and have thereby embraced the objective value of the virtues in claim (d). But they have retained a commitment to maximisation, and to the idea that all goods are agent-neutral, and so have rejected (e) and (f) above. For example, Thomas Hurka defends the claim that 'there are certain intrinsically valuable states of human beings, and . . . each of us should maximise the achievement of these states both in herself and in others'.[54] In regarding all goods as agent-neutral, this view holds that my becoming virtuous should be of no more importance to me than is your becoming virtuous, for 'we should all try to promote the living of virtuous lives in general'.[55] This view would hold, in our amended George example, that (other things being equal) George should take the job, since his doing so would maximise the integrity of those affected. This view has a stronger claim to be regarded as a form of virtue ethics than do the character-utilitarian theories in (i), since it recognises the objective value of the virtues. However, in maintaining a commitment to maximisation and to the agent-neutrality of all value, this view is

---

[53] See Robert M. Adams, 'Motive Utilitarianism', *Journal of Philosophy* 73 (1976); Roger Crisp, 'Utilitarianism and the Life of Virtue', *Philosophical Quarterly* 42 (1992), pp. 139–60; and Michael Slote 'Utilitarian Virtue', in French *et al.* (eds.), *Midwest Studies in Philosophy*, vol. 13. See also Peter Railton, 'How Thinking about Character and Utilitarianism might lead to Rethinking the Character of Utilitarianism', in French *et al.* (eds.), *Midwest Studies in Philosophy*, vol. 13; and Watson, 'On the Primacy of Character', pp. 456–9.

[54] Thomas Hurka, 'The Well-Rounded Life', *Journal of Philosophy* 84 (1987), p. 727. Hurka calls this view 'Aristotelian Perfectionism'.

[55] Dreier, 'Structures of Normative Theories', p. 36.

© Blackwell Publishers Ltd. 1996

sufficiently removed from the essentials of virtue ethics to be regarded as a different kind of theory.[56]

(iii) Satisficing Perfectionism
One might, however, retain the basic perfectionist idea that we ought to develop or promote the virtues, but deny both the claim that rightness requires us to *maximise* realisation of the virtues, and the claim that all goods are *agent-neutral*. For one might instead claim that we can, for instance, be 'satisficers' about virtue, and that certain virtues have agent-relative value.[57] This kind of view would hold that one ought to promote virtue to a level which is good enough, rather than necessarily to the highest degree, and that one is permitted to give special priority to promoting one's own virtue, over the virtue-claims of others. Thus, in our George example, this view would permit George to refuse the job, even though his doing so would most likely result in the other chemists' integrity being violated, because it would be morally permissible for George to give primary importance here to his *own* integrity, over the effects of his doing so on others' integrity. Of the three types of consequentialism mentioned here, satisficing perfectionism is the closest to a form of virtue ethics, since it accepts all of the claims made in (a)–(f).

Some of Michael Slote's early work on the virtues suggests the possibility of a form of virtue ethics which resembles the position in (iii). For example, in his defence of the rationality of satisficing over maximising forms of Consequentialism, Slote speaks of the satisficer as having the virtue of moderation in regard to their personal good, which involves being content to accept what is good enough, rather than always seeking to maximise the personal good one can gain from a situation.[58] Slote also discusses how the virtue of benevolence may not require us to maximise the goods of others, but may permit us to satisfice instead: 'Nothing in the idea of

---

[56] See Watson, 'On the Primacy of Character'; and Dreier, 'Structures of Normative Theories', pp. 35–6, who also argue that perfectionism, because it regards virtues as valuable only in agent-neutral terms, cannot be a form of virtue ethics. Despite its name, 'Aristotelian Perfectionism' does not capture all the important features of Aristotle's ethical theory. For there is good evidence to suggest that Aristotle himself was not a maximiser, and regarded some values (such as friendship) as properly agent-relative. (See notes 39 and 42.)

[57] For a satisficing approach to the virtues, albeit one founded in *nonconsequentialist* theory, see Swanton, 'Satisficing and Virtue'. Hurka, *Perfectionism*, pp. 56–7, considers and rejects satisficing forms of perfectionism.

[58] See Michael Slote, 'Moderation, Rationality, and Virtue', in Sterling P. McMurrin (ed.), *The Tanner Lectures on Human Values VII* (Salt Lake City: University of Utah Press, 1986), pp. 55–99.

© Blackwell Publishers Ltd. 1996

impartial, rational, benevolence or of universal sympathy entails a desire for the *greatest possible* human happiness'.[59] Further, while endorsing Scheffler's attack on the kinds of deontological agent-centred *restrictions* which Foot and others accept, Slote nevertheless thinks that the intuitive plausibility of agent-relative *permissions* (such as those illustrated in Williams' integrity objection to Utilitarianism) can be supported both by satisficing and by a virtue ethics based on notions of admirability and excellence.[60] This is consistent with the idea that certain virtues are agent-relative, as in (e) above. Nevertheless, Slote argues that I ought still to be concerned with promoting others' virtue: 'it is part of a common-sense virtue ethics to assume that people should be concerned with the happiness and virtue ... *both of others and of themselves*',[61] although Slote thinks this should take the form of a *balance* of concern between oneself and others *as a class*, rather than the agent-neutrality of Utilitarianism.

However, Slote's recent writings move away from any suggestion of a consequentialist form of virtue ethics, and indeed, he clearly distances his theory from perfectionism and pluralistic consequentialism.[62] Instead, as we saw earlier, Slote bases his virtue ethics on common-sense views about admirable and deplorable character-traits, although this theory says 'nothing explicitly about what sorts of considerations make for admirability and how they combine into overall judgements of admirability'.[63] Some have criticised Slote's virtue ethics as leaving too much to intuition; however, the merits

---

[59] Michael Slote, 'Satisficing Consequentialism', *Proceedings of the Aristotelian Society, Supp.* vol. 58 (1984), p. 152 (my emphasis); cf. p. 142. See also Michael Slote, *Beyond Optimizing: A Study of Rational Choice* (Cambridge MA: Harvard University Press, 1989), p. 26. Slote also considers broadening the application of satisficing from the virtues of moderation and benevolence, to motives and character in general (see 'Satisficing Consequentialism', p. 159).

[60] Scheffler's attack on agent-centred restrictions is found in *The Rejection of Consequentialism*. For Slote's criticisms of agent-centred restrictions, see *From Morality to Virtue*, eg. pp. 37–9; and 'Morality and Self-Other Asymmetry', *Journal of Philosophy* 81 (1984). On satisficing as a rationale for agent-relative permissions, see Slote, 'Satisficing Consequentialism', p. 158. On the compatibility between virtue ethics and agent-relative permissions, see Slote, *From Morality to Virtue* pp. 96–7; John Cottingham, 'Ethics and Impartiality', *Philosophical Studies* 43 (1983); and John Cottingham, 'The Ethics of Self-Concern', *Ethics* 101 (1991).

[61] *From Morality to Virtue*, p. 111. See also p. 230: 'The overarching standard or credo of virtue-ethical thinking ... recommend[s] that we improve others and ourselves with regard to admirability or the possession of various virtues'.

[62] See *From Morality to Virtue*, pp. 245–7.

[63] *From Morality to Virtue*, p. 230.

© Blackwell Publishers Ltd. 1996

of this kind of approach remain unclear until the proper grounds of admirability are brought out.[64]

I cannot here adjudicate between Consequentialist and Non-consequentialist varieties of virtue ethics; indeed, both forms of the theory seem to have their strengths and weaknesses. For example, Nonconsequentialist virtue ethicists seem to have difficulties in providing a plausible rationale for agent-relative restrictions, while doubts persist over whether a Consequentialist virtue ethics is capable of giving adequate recognition to goods such as integrity and friendship.

Conclusion

In recent years, the virtue ethics movement has made significant progress towards establishing itself as a distinctive and plausible alternative to Kantian and Utilitarian ethical theories. In doing so, virtue ethics has highlighted some serious shortcomings in these traditional approaches, and has offered fresh insights in related areas such as moral psychology, political philosophy, and applied ethics.[65] However, the central features of virtue ethics had always been left rather inexplicit, and this had made the merits of the theory difficult to assess. In order to better understand and judge what virtue ethics has to offer, I have identified six key claims on which the many forms of the theory converge. The resulting basic position demonstrates how virtue ethics differs in important ways from Kantianism and Utilitarianism, and so explains why virtue ethics cannot simply be assimilated to a character-based form of those latter theories, as some philosophers have thought. In outlining the essential features of virtue ethics and their development by different theorists, I also hope to have given some idea of

---

[64] For critiques of Slote's virtue ethics, see the critical notice by Julia Driver in *Nous* 28 (1994), pp. 505–14; and the symposium on Slote, with comments by Michael Stocker, Stephen Darwall, and Henry Richardson (along with Slote's responses), in *Philosophy and Phenomenological Research* 54 (1994).

[65] In moral psychology, see especially John McDowell, 'Virtue and Reason', *The Monist* 62 (1979). In bioethics, see S. R. L. Clark, *The Moral Status of Animals* (Oxford: Oxford University Press, 1977); Rosalind Hursthouse, *Beginning Lives*; Edmund D. Pellegrino & David C. Thomasma, *The Virtues in Medical Practice* (New York: Oxford University Press, 1993); Gregory Pence, *Ethical Options in Medicine* (Oradell: Medical Economics Company, 1980). In business ethics, see Robert Solomon, *Ethics and Excellence: Cooperation and Integrity* (New York: Oxford University Press, 1992). In political philosophy, see the references in note 7.

© Blackwell Publishers Ltd. 1996

the distinctive contribution which the virtue ethics movement has made to contemporary ethics. Whether or not the recently revitalised virtue ethics will survive as an enduring feature of the ethical landscape remains to be seen. In any case, I hope this discussion helps to clarify its prospects.

Centre for Human Bioethics
Monash University
Clayton, Victoria, 3168
Australia

© Blackwell Publishers Ltd. 1996

PHILIPPA FOOT

[20] Euthanasia

The widely used *Shorter Oxford English Dictionary* gives three meanings for the word "euthanasia": the first, "a quiet and easy death"; the second, "the means of procuring this"; and the third, "the action of inducing a quiet and easy death." It is a curious fact that no one of the three gives an adequate definition of the word as it is usually understood. For "euthanasia" means much more than a quiet and easy death, or the means of procuring it, or the action of inducing it. The definition specifies only the manner of the death, and if this were all that was implied a murderer, careful to drug his victim, could claim that his act was an act of euthanasia. We find this ridiculous because we take it for granted that in euthanasia it is death itself, not just the manner of death, that must be kind to the one who dies.

To see how important it is that "euthanasia" should not be used as the dictionary definition allows it to be used, merely to signify that a death was quiet and easy, one has only to remember that Hitler's "euthanasia" program traded on this ambiguity. Under this program, planned before the War but brought into full operation by a decree of 1 September 1939, some 275,000 people were gassed in centers which were to be a model for those in which Jews were later exterminated. Anyone in a state institution could be sent to the gas chambers if it was considered that he could not be "rehabilitated" for useful work. As Dr. Leo Alexander reports, relying on the testimony of a

© 1977 by Philippa Foot
I would like to thank Derek Parfit and the editors of *Philosophy & Public Affairs* for their very helpful comments.

neuropathologist who received 500 brains from one of the killing centers,

> In Germany the exterminations included the mentally defective, psychotics (particularly schizophrenics), epileptics and patients suffering from infirmities of old age and from various organic neurological disorders such as infantile paralysis, Parkinsonism, multiple sclerosis and brain tumors. . . . In truth, all those unable to work and considered nonrehabilitable were killed.[1]

These people were killed because they were "useless" and "a burden on society"; only the manner of their deaths could be thought of as relatively easy and quiet.

Let us insist, then, that when we talk about euthanasia we are talking about a death understood as a good or happy event for the one who dies. This stipulation follows etymology, but is itself not exactly in line with current usage, which would be captured by the condition that the death should *not* be an evil rather than that it *should* be a good. That this is how people talk is shown by the fact that the case of Karen Ann Quinlan and others in a state of permanent coma is often discussed under the heading of "euthanasia." Perhaps it is not too late to object to the use of the word "euthanasia" in this sense. Apart from the break with the Greek origins of the word there are other unfortunate aspects of this extension of the term. For if we say that the death must be supposed to be a good to the subject we can also specify that it shall be for his sake that an act of euthanasia is performed. If we say merely that death shall not be an evil to him, we cannot stipulate that benefiting him shall be the motive where euthanasia is in question. Given the importance of the question, For whose sake are we acting? it is good to have a definition of euthanasia which brings under this heading only cases of opting for death for the sake of the one who dies. Perhaps what is most important is to say either that euthanasia is to be for the good of the subject or at least that death is to be no evil to him, thus refusing to talk Hitler's language. However, in this paper it is the first condition that will be understood, with the additional proviso that by an act of euthanasia we mean one

---

1. Leo Alexander, "Medical Science under Dictatorship," *New England Journal of Medicine*, 14 July 1949, p. 40.

87   *Euthanasia*

of inducing or otherwise opting for death for the sake of the one who is to die.

A few lesser points need to be cleared up. In the first place it must be said that the word "act" is not to be taken to exclude omission: we shall speak of an act of euthanasia when someone is deliberately allowed to die, for his own good, and not only when positive measures are taken to see that he does. The very general idea we want is that of a choice of action or inaction directed at another man's death and causally effective in the sense that, in conjunction with actual circumstances, it is a sufficient condition of death. Of complications such as overdetermination, it will not be necessary to speak.

A second, and definitely minor, point about the definition of an act of euthanasia concerns the question of fact versus belief. It has already been implied that one who performs an act of euthanasia thinks that death will be merciful for the subject since we have said that it is on account of this thought that the act is done. But is it enough that he acts with this thought, or must things actually be as he thinks them to be? If one man kills another, or allows him to die, thinking that he is in the last stages of a terrible disease, though in fact he could have been cured, is this an act of euthanasia or not? Nothing much seems to hang on our decision about this. The same condition has got to enter into the definition whether as an element in reality or only as an element in the agent's belief. And however we define an act of euthanasia culpability or justifiability will be the same: if a man acts through ignorance his ignorance may be culpable or it may not.[2]

These are relatively easy problems to solve, but one that is dauntingly difficult has been passed over in this discussion of the definition, and must now be faced. It is easy to say, as if this raised no problems, that an act of euthanasia is by definition one aiming at the *good* of the one whose death is in question, and that it is *for his sake* that his death is desired. But how is this to be explained? Presumably we are thinking of some evil already with him or to come on him if he continues to live, and death is thought of as a release from this evil. But this

2. For a discussion of culpable and nonculpable ignorance see Thomas Aquinas, *Summa Theologica*, First Part of the Second Part, Question 6, article 8, and Question 19, articles 5 and 6.

cannot be enough. Most people's lives contain evils such as grief or pain, but we do not therefore think that death would be a blessing to them. On the contrary life is generally supposed to be a good even for someone who is unusually unhappy or frustrated. How is it that one can ever wish for death for the sake of the one who is to die? This difficult question is central to the discussion of euthanasia, and we shall literally not know what we are talking about if we ask whether acts of euthanasia defined as we have defined them are ever morally permissible without first understanding better the reason for saying that life is a good, and the possibility that it is not always so.

If a man should save my life he would be my benefactor. In normal circumstances this is plainly true; but does one always benefit another in saving his life? It seems certain that he does not. Suppose, for instance, that a man were being tortured to death and was given a drug that lengthened his sufferings; this would not be a benefit but the reverse. Or suppose that in a ghetto in Nazi Germany a doctor saved the life of someone threatened by disease, but that the man once cured was transported to an extermination camp; the doctor might wish for the sake of the patient that he had died of the disease. Nor would a longer stretch of life always be a benefit to the person who was given it. Comparing Hitler's camps with those of Stalin, Dmitri Panin observes that in the latter the method of extermination was made worse by agonies that could stretch out over months.

> Death from a bullet would have been bliss compared with what many millions had to endure while dying of hunger. The kind of death to which they were condemned has nothing to equal it in treachery and sadism.[3]

These examples show that to save or prolong a man's life is not always to do him a service: it may be better for him if he dies earlier rather than later. It must therefore be agreed that while life is normally a benefit to the one who has it, this is not always so.

The judgment is often fairly easy to make—that life is or is not a good to someone—but the basis for it is very hard to find. When life is said to be a benefit or a good, on what grounds is the assertion made?

The difficulty is underestimated if it is supposed that the problem

---

3. Dmitri Panin, *The Notebooks of Sologdin* (London, 1976), pp. 66–67.

arises from the fact that one who is dead has nothing, so that the good someone gets from being alive cannot be compared with the amount he would otherwise have had. For why should this particular comparison be necessary? Surely it would be enough if one could say whether or not someone whose life was prolonged had more good than evil in the extra stretch of time. Such estimates are not always possible, but frequently they are: we say, for example, "He was very happy in those last years," or, "He had little but unhappiness then." If the balance of good and evil determined whether life was a good to someone we would expect to find a correlation in the judgments. In fact, of course, we find nothing of the kind. First, a man who has no doubt that existence is a good to him may have no idea about the balance of happiness and unhappiness in his life, or of any other positive and negative factors that may be suggested. So the supposed criteria are not always operating where the judgment is made. And secondly the application of the criteria gives an answer that is often wrong. Many people have more evil than good in their lives; we do not, however, conclude that we would do these people no service by rescuing them from death.

To get around this last difficulty Thomas Nagel has suggested that experience itself is a good which must be brought in to balance accounts.

> ... life is worth living even when the bad elements of experience are plentiful and the good ones too meager to outweigh the bad ones on their own. The additional positive weight is supplied by experience itself, rather than by any of its contents.[4]

This seems implausible because if experience itself is a good it must be so even when what we experience is wholly bad, as in being tortured to death. How should one decide how much to count for this experiencing; and why count anything at all?

Others have tried to solve the problem by arguing that it is a man's desire for life that makes us call life a good: if he wants to live then anyone who prolongs his life does him a benefit. Yet someone may cling to life where we would say confidently that it would be better

4. Thomas Nagel, "Death," in James Rachels, ed., *Moral Problems* (New York, 1971), p. 362.

for him if he died, and he may admit it too. Speaking of those same conditions in which, as he said, a bullet would have been merciful, Panin writes,

> I should like to pass on my observations concerning the absence of suicides under the extremely severe conditions of our concentration camps. The more that life became desperate, the more a prisoner seemed determined to hold onto it.[5]

One might try to explain this by saying that hope was the ground of this wish to survive for further days and months in the camp. But there is nothing unintelligible in the idea that a man might cling to life though he knew those facts about his future which would make any charitable man wish that he might die.

The problem remains, and it is hard to know where to look for a solution. Is there a conceptual connection between *life* and *good*? Because life is not always a good we are apt to reject this idea, and to think that it must be a contingent fact that life is usually a good, as it is a contingent matter that legacies are usually a benefit, if they are. Yet it seems not to be a contingent matter that to save someone's life is ordinarily to benefit him. The problem is to find where the conceptual connection lies.

It may be good tactics to forget for a time that it is euthanasia we are discussing and to see how *life* and *good* are connected in the case of living beings other than men. Even plants have things done to them that are harmful or beneficial, and what does them good must be related in some way to their living and dying. Let us therefore consider plants and animals, and then come back to human beings. At least we shall get away from the temptation to think that the connection between life and benefit must everywhere be a matter of happiness and unhappiness or of pleasure and pain; the idea being absurd in the case of animals and impossible even to formulate for plants.

In case anyone thinks that the concept of the beneficial applies only in a secondary or analogical way to plants, he should be reminded that we speak quite straightforwardly in saying, for instance, that a certain amount of sunlight is beneficial to most plants. What is in

5. Panin, *Sologdin*, p. 85.

91   *Euthanasia*

question here is the habitat in which plants of particular species flourish, but we can also talk, in a slightly different way, of what does them good, where there is some suggestion of improvement or remedy. What has the beneficial to do with sustaining life? It is tempting to answer, "everything," thinking that a healthy condition just is the one apt to secure survival. In fact, however, what is beneficial to a plant may have to do with reproduction rather than the survival of the individual member of the species. Nevertheless there is a plain connection between the beneficial and the life-sustaining even for the individual plant; if something makes it better able to survive in conditions normal for that species it is ipso facto good for it. We need go no further, and could go no further, in explaining why a certain environment or treatment is good for a plant than to show how it helps this plant to survive.[6]

This connection between the life-sustaining and the beneficial is reasonably unproblematic, and there is nothing fanciful or zoomorphic in speaking of benefiting or doing good to plants. A connection with its survival can make something beneficial to a plant. But this is not, of course, to say that we count life as a good to a plant. We may save its life by giving it what is beneficial; we do not benefit it by saving its life.

A more ramified concept of benefit is used in speaking of animal life. New things can be said, such as that an animal is better or worse off for something that happened, or that it was a good or bad thing for it that it did happen. And new things count as benefit. In the first place, there is comfort, which often is, but need not be, related to health. When loosening a collar which is too tight for a dog we can say, "That will be better for it." So we see that the words "better for it" have two different meanings which we mark when necessary by a difference of emphasis, saying "better *for* it" when health is involved. And secondly an animal can be benefited by having its life saved. "Could you do anything for it?" can be answered by, "Yes, I managed to save its life.' Sometimes we may understand this, just as we would

---

6. Yet some detail needs to be filled in to explain why we should not say that a scarecrow is beneficial to the plants it protects. Perhaps what is beneficial must either be a feature of the plant itself, such as protective prickles, or else must work on the plant directly, such as a line of trees which give it shade.

for a plant, to mean that we had checked some disease. But we can also do something for an animal by scaring away its predator. If we do this, it is a good thing for the animal that we did, unless of course it immediately meets a more unpleasant end by some other means. Similarly, on the bad side, an animal may be worse off for our intervention, and this not because it pines or suffers but simply because it gets killed.

The problem that vexes us when we think about euthanasia comes on the scene at this point. For if we can do something for an animal—can benefit it—by relieving its suffering but also by saving its life, where does the greater benefit come when only death will end pain? It seemed that life was a good in its own right; yet pain seemed to be an evil with equal status and could therefore make life not a good after all. Is it only life without pain that is a good when animals are concerned? This does not seem a crazy suggestion when we are thinking of animals, since unlike human beings they do not have suffering as part of their normal life. But it is perhaps the idea of ordinary life that matters here. We would not say that we had done anything for an animal if we had merely kept it alive, either in an unconscious state or in a condition where, though conscious, it was unable to operate in an ordinary way; and the fact is that animals in severe and continuous pain simply do not operate normally. So we do not, on the whole, have the option of doing the animal good by saving its life though the life would be a life of pain. No doubt there are borderline cases, but that is no problem. We are not trying to make new judgments possible, but rather to find the principle of the ones we do make.

When we reach human life the problems seem even more troublesome. For now we must take quite new things into account, such as the subject's own view of his life. It is arguable that this places extra constraints on the solution: might it not be counted as a necessary condition of life's being a good to a man that he should see it as such? Is there not some difficulty about the idea that a benefit might be done to him by the saving or prolonging of his life even though he himself wished for death? Of course he might have a quite mistaken view of his own prospects, but let us ignore this and think only of cases where it is life as he knows it that is in question. Can we think that the prolonging of this life would be a benefit to him even though he would rather have it end than continue? It seems that this cannot be ruled out. That there is no simple incompatibility between life as a good and the wish for death is shown by the possibility that a man should wish himself dead, not for his own sake, but for the sake of someone else. And if we try to amend the thesis to say that life cannot be a good to one who wishes *for his own sake* that he should die, we find the crucial concept slipping through our fingers. As Bishop Butler pointed out long ago not all ends are either benevolent or self-interested. Does a man wish for death for his own sake in the relevant sense if, for instance, he wishes to revenge himself on another by his death. Or what if he is proud and refuses to stomach dependence or incapacity even though there are many good things left in life for him? The truth seems to be that the wish for death is sometimes compatible with life's being a good and sometimes not, which is possible because the description "wishing for death" is one covering diverse states of mind from that of the determined suicide, pathologically depressed, to that of one who is surprised to find that the thought of a fatal accident is viewed with relief. On the one hand, a man may see his life as a burden but go about his business in a more or less ordinary way; on the other hand, the wish for death may take the form of a rejection of everything that is in life, as it does in severe depression. It seems reasonable to say that life is not a good to one permanently in the latter state, and we must return to this topic later on.

When are we to say that life is a good or a benefit to a man? The dilemma that faces us is this. If we say that life as such is a good we find ourselves refuted by the examples given at the beginning of this discussion. We therefore incline to think that it is as bringing good things that life is a good, where it is a good. But if life is a good only because it is the condition of good things why is it not equally an evil when it brings bad things? And how can it be a good even when it brings more evil than good?

It should be noted that the problem has here been formulated in terms of the balance of good and evil, not that of happiness and unhappiness, and that it is not to be solved by the denial (which may be reasonable enough) that unhappiness is the only evil or happiness the only good. In this paper no view has been expressed about the nature of goods other than life itself. The point is that on any view of the goods and evils that life can contain, it seems that a life with more evil than good could still itself be a good.

It may be useful to review the judgments with which our theory must square. Do we think that life can be a good to one who suffers a lot of pain? Clearly we do. What about severely handicapped people; can life be a good to them? Clearly it can be, for even if someone is almost completely paralyzed, perhaps living in an iron lung, perhaps able to move things only by means of a tube held between his lips, we do not rule him out of order if he says that some benefactor saved his life. Nor is it different with mental handicap. There are many fairly severely handicapped people—such as those with Down's Syndrome (Mongolism)—for whom a simple affectionate life is possible. What about senility? Does this break the normal connection between life and good? Here we must surely distinguish between forms of senility. Some forms leave a life which we count someone as better off having than not having, so that a doctor who prolonged it would benefit the person concerned. With some kinds of senility this is however no longer true. There are some in geriatric wards who are barely conscious, though they can move a little and swallow food put into their mouths. To prolong such a state, whether in the old or in the very severely mentally handicapped is not to do them a service or confer a benefit. But of course it need not be the reverse: only if there is suffering would one wish for the sake of the patient that he should die.

It seems, therefore, that merely being alive even without suffering is not a good, and that we must make a distinction similar to that which we made when animals were our topic. But how is the line to be drawn in the case of men? What is to count as ordinary human life in the relevant sense? If it were only the very senile or very ill who were to be said not to have this life it might seem right to describe it in terms of *operation*. But it will be hard to find the sense in which the men described by Panin were not operating, given that they dragged themselves out to the forest to work. What is it about the life that the prisoners were living that makes us put it on the other side of the dividing line from that of some severely ill or suffering patients, and from most of the physicaly or mentaly handicapped?

It is not that they were in captivity, for life in captivity can certainly be a good. Nor is it merely the unusual nature of their life. In some ways the prisoners were living more as other men do than the patient in an iron lung.

The suggested solution to the problem is, then, that there is a certain conceptual connection between *life* and *good* in the case of human beings as in that of animals and even plants. Here, as there, however, it is not the mere state of being alive that can determine, or itself count as, a good, but rather life coming up to some standard of normality. It was argued that it is as part of ordinary life that the elements of good that a man may have are relevant to the question of whether saving his life counts as benefiting him. Ordinary human lives, even very hard lives, contain a minimum of basic goods, but when these are absent the idea of life is no longer linked to that of good. And since it is in this way that the elements of good contained in a man's life are relevant to the question of whether he is benefited if his life is preserved, there is no reason why it should be the balance of good and evil that counts.

It should be added that evils are relevant in one way when, as in the examples discussed above, they destroy the possibility of ordinary goods, but in a different way when they invade a life from which the goods are already absent for a different reason. So, for instance, the connection between *life* and *good* may be broken because consciousness has sunk to a very low level, as in extreme senility or severe brain damage. In itself this kind of life seems to be neither good nor evil, but if suffering sets in one would hope for a speedy end.

The idea we need seems to be that of life which is ordinary human life in the following respect—that it contains a minimum of basic human goods. What is ordinary in human life—even in very hard lives—is that a man is not driven to work far beyond his capacity; that he has the support of a family or community; that he can more or less satisfy his hunger; that he has hopes for the future; that he can lie down to rest at night. Such things were denied to the men in the Vyatlag camps described by Panin; not even rest at night was allowed them when they were tormented by bed-bugs, by noise and stench, and by routines such as body-searches and bath-parades—arranged for the night time so that work norms would not be reduced. Disease too can so take over a man's life that the normal human goods disappear. When a patient is so overwhelmed by pain or nausea that he cannot eat with pleasure, if he can eat at all, and is out of the reach of even the most loving voice, he no longer has ordinary human life in the sense in which the words are used here. And we may now pick up a thread from an earlier part of the discussion by remarking that crippling depression can destroy the enjoyment of ordinary goods as effectively as external circumstances can remove them.

This, admittedly inadequate, discussion of the sense in which life is normally a good, and of the reasons why it may not be so in some particular case, completes the account of what euthanasia is here taken to be. An act of euthanasia, whether literally act or rather omission, is attributed to an agent who opts for the death of another because in his case life seems to be an evil rather than a good. The question now to be asked is whether acts of euthanasia are ever justifiable. But there are two topics here rather than one. For it is one thing to say that some acts of euthanasia considered only in themselves and their results are morally unobjectionable, and another to say that it would be all right to legalize them. Perhaps the practice of euthanasia would allow too many abuses, and perhaps there would be too many mistakes. Moreover the practice might have very important and highly undesirable side effects, because it is unlikely that we could change our principles about the treatment of the old and the ill without changing fundamental emotional attitudes and social relations. The topics must, therefore, be treated separately. In the next part of the discussion, nothing will be said about the social consequences and possible abuses of the practice of euthanasia, but only about acts of euthanasia considered in themselves.

What we want to know is whether acts of euthanasia, defined as we have defined them, are ever morally permissible. To be more accurate, we want to know whether it is ever sufficient justification of the choice of death for another that death can be counted a benefit rather than harm, and that this is why the choice is made.

It will be impossible to get a clear view of the area to which this topic belongs without first marking the distinct grounds on which objection may lie when one man opts for the death of another. There are two different virtues whose requirements are, in general, contrary to such actions. An unjustified act of killing, or allowing to die, is contrary to justice or to charity, or to both virtues, and the moral failings are distinct. Justice has to do with what men *owe* each other in the way of noninterference and positive service. When used in this wide sense, which has its history in the doctrine of the cardinal virtues, justice is not especially connected with, for instance, law courts but with the whole area of rights, and duties corresponding to rights. Thus murder is one form of injustice, dishonesty another, and wrongful failure to keep contracts a third; chicanery in a law court or defrauding someone of his inheritance are simply other cases of injustice. Justice as such is not directly linked to the good of another, and may require that something be rendered to him even where it will do him harm, as Hume pointed out when he remarked that a debt must be paid even to a profligate debauchee who "would rather receive harm than benefit from large possessions."[7] Charity, on the other hand, is the virtue which attaches us to the good of others. An act of charity is in question only where something is not demanded by justice, but a lack of charity and of justice can be shown where a man is denied something which he both needs and has a right to; both charity and justice demand that widows and orphans are not defrauded, and the man who cheats them is neither charitable nor just.

It is easy to see that the two grounds of objection to inducing death are distinct. A murder is an act of injustice. A culpable failure to come to the aid of someone whose life is threatened is normally contrary, not to justice, but to charity. But where one man is under contract, explicit or implicit, to come to the aid of another injustice too will be shown. Thus injustice may be involved either in an act or an omission, and the same is true of a lack of charity; charity may demand that someone be aided, but also that an unkind word not be spoken.

The distinction between charity and justice will turn out to be of the first importance when voluntary and nonvoluntary euthanasia are distinguished later on. This is because of the connection between justice and rights, and something should now be said about this. I believe it is true to say that wherever a man acts unjustly he has infringed a right, since justice has to do with whatever a man is owed, and whatever he is owed is his as a matter of right. Something should

7. David Hume, *Treatise*, Book III, Part II, Section 1.

therefore be said about the different kinds of rights. The distinction commonly made is between having a right in the sense of having a liberty, and having a "claim-right" or "right of recipience."[8] The best way to understand such a distinction seems to be as follows. To say that a man has a right in the sense of a liberty is to say that no one can demand that he do not do the thing which he has a right to do. The fact that he has a right to do it consists in the fact that a certain kind of objection does not lie against his doing it. Thus a man has a right in this sense to walk down a public street or park his car in a public parking space. It does not follow that no one else may prevent him from doing so. If for some reason I want a certain man not to park in a certain place I may lawfully park there myself or get my friends to do so, thus preventing him from doing what he has a right (in the sense of a liberty) to do. It is different, however, with a claim-right. This is the kind of right which I have in addition to a liberty when, for example, I have a private parking space; now others have duties in the way of noninterference, as in this case, or of service, as in the case where my claim-right is to goods or services promised to me. Sometimes one of these rights gives other people the duty of securing to me that to which I have a right, but at other times their duty is merely to refrain from interference. If a fall of snow blocks my private parking space there is normally no obligation for anyone else to clear it away. Claim rights generate duties; sometimes these duties are duties of noninterference; sometimes they are duties of service. If your right gives me the duty not to interfere with you I have "no right" to do it; similarly, if your right gives me the duty to provide something for you I have "no right" to refuse to do it. What *I* lack is the right which is a liberty; I am not "at liberty" to interfere with you or to refuse the service.

Where in this picture does the right to life belong? No doubt people have the right to live in the sense of a liberty, but what is important is the cluster of claim-rights brought together under the title of the

---

8. See, for example D.D. Raphael, "Human Rights Old and New," in D.D. Raphael, ed., *Political Theory and the Rights of Man* (London, 1967), and Joel Feinberg, "The Nature and Value of Rights," *The Journal of Value Inquiry* 4, no. 4 (Winter 1970): 243–257. Reprinted in Samuel Gorovitz, ed., *Moral Problems in Medicine* (Englewood Cliffs, New Jersey, 1976).

right to life. The chief of these is, of course, the right to be free from interferences that threaten life. If other people aim their guns at us or try to pour poison into our drink we can, to put it mildly, demand that they desist. And then there are the services we can claim from doctors, health officers, bodyguards, and firemen; the rights that depend on contract or public arrangement. Perhaps there is no particular point in saying that the duties these people owe us belong to the right to life; we might as well say that all the services owed to anyone by tailors, dressmakers, and couturiers belong to a right called the right to be elegant. But contracts such as those understood in the patient-doctor relationship come in an important way when we are discussing the rights and wrongs of euthanasia, and are therefore mentioned here.

Do people have the right to what they need in order to survive, apart from the right conferred by special contracts into which other people have entered for the supplying of these necessities? Do people in the underdeveloped countries in which starvation is rife have the right to the food they so evidently lack? Joel Feinberg, discussing this question, suggests that they should be said to have "a claim," distinguishing this from a "valid claim," which gives a claim-right.

> The manifesto writers on the other side who seem to identify needs, or at least basic needs, with what they call "human rights," are more properly described, I think, as urging upon the world community the moral principle that *all* basic human needs ought to be recognized as *claims* (in the customary *prima facie* sense) worthy of sympathy and serious consideration right now, even though, in many cases, they cannot yet plausibly be treated as *valid* claims, that is, as grounds of any other people's duties. This way of talking avoids the anomaly of ascribing to all human beings now, even those in pre-industrial societies, such "economic and social rights" as "periodic holidays with pay."[9]

This seems reasonable, though we notice that there are some actual rights to service which are not based on anything like a contract, as for instance the right that children have to support from their parents and parents to support from their children in old age, though both

9. Feinberg, "Human Rights," *Moral Problems in Medicine*, p. 465.

sets of rights are to some extent dependent on existing social arrangements.

Let us now ask how the right to life affects the morality of acts of euthanasia. Are such acts sometimes or always ruled out by the right to life? This is certainly a possibility; for although an act of euthanasia is, by our definition, a matter of opting for death for the good of the one who is to die, there is, as we noted earlier, no direct connection between that to which a man has a right and that which is for his good. It is true that men have the right only to the kind of thing that is, in general, a good: we do not think that people have the right to garbage or polluted air. Nevertheless, a man may have the right to something which he himself would be better off without; where rights exist it is a man's will that counts not his or anyone else's estimate of benefit or harm. So the duties complementary to the right to life— the general duty of noninterference and the duty of service incurred by certain persons—are not affected by the quality of a man's life or by his prospects. Even if it is true that he would be, as we say, "better off dead," so long as he wants to live this does not justify us in killing him and may not justify us in deliberately allowing him to die. All of us have the duty of noninterference, and some of us may have the duty to sustain his life. Suppose, for example, that a retreating army has to leave behind wounded or exhausted soldiers in the wastes of an arid or snowbound land where the only prospect is death by starvation or at the hands of an enemy notoriously cruel. It has often been the practice to accord a merciful bullet to men in such desperate straits. But suppose that one of them demands that he should be left alive? It seems clear that his comrades have no right to kill him, though it is a quite different question as to whether they should give him a life-prolonging drug. The right to life can sometimes give a duty of positive service, but does not do so here. What it does give is the right to be left alone.

Interestingly enough we have arrived by way of a consideration of the right to life at the distinction normally labeled "active" versus "passive" euthanasia, and often thought to be irrelevant to the moral issue.[10] Once it is seen that the right to life is a distinct ground of

10. See, for example, James Rachels, "Active and Passive Euthanasia," *New England Journal of Medicine* 292, no. 2 (9 Jan. 1975): 78–80.

101 Euthanasia

objection to certain acts of euthanasia, and that this right creates a duty of noninterference more widespread than the duties of care there can be no doubt about the relevance of the distinction between passive and active euthanasia. Where everyone may have the duty to leave someone alone, it may be that no one has the duty to maintain his life, or that only some people do.

Where then do the boundaries of the "active" and "passive" lie? In some ways the words are themselves misleading, because they suggest the difference between act and omission which is not quite what we want. Certainly the act of shooting someone is the kind of thing we were talking about under the heading of "interference," and omitting to give him a drug a case of refusing care. But the act of turning off a respirator should surely be thought of as no different from the decision not to start it; if doctors had decided that a patient should be allowed to die, either course of action might follow, and both should be counted as passive rather than active euthanasia if euthanasia were in question. The point seems to be that interference in a course of treatment is not the same as other interference in a man's life, and particularly if the same body of people are responsible for the treatment and for its discontinuance. In such a case we could speak of the disconnecting of the apparatus as killing the man, or of the hospital as allowing him to die. By and large, it is the act of killing that is ruled out under the heading of noninterference, but not in every case.

Doctors commonly recognize this distinction, and the grounds on which some philosophers have denied it seem untenable. James Rachels, for instance, believes that if the difference between active and passive is relevant anywhere, it should be relevant everywhere, and he has pointed to an example in which it seems to make no difference which is done. If someone saw a child drowning in a bath it would seem just as bad to let it drown as to push its head under water.[11] If "it makes no difference" means that one act would be as iniquitous as the other this is true. It is not that killing is *worse* than allowing to die, but that the two are contrary to distinct virtues, which gives the possibility that in some circumstances one is impermissible and the other permissible. In the circumstances invented by Rachels, both are

11. Ibid.

wicked: it is contrary to justice to push the child's head under the water—something one has no right to do. To leave it to drown is not contrary to justice, but it is a particularly glaring example of lack of charity. Here it makes no practical difference because the requirements of justice and charity coincide; but in the case of the retreating army they did not: charity would have required that the wounded soldier be killed had not justice required that he be left alive.[12] In such a case it makes all the difference whether a man opts for the death of another in a positive action, or whether he allows him to die. An analogy with the right to property will make the point clear. If a man owns something he has the right to it even when its possession does him harm, and we have no right to take it from him. But if one day it should blow away, maybe nothing requires us to get it back for him; we could not deprive him of it, but we may allow it to go. This is not to deny that it will often be an unfriendly act or one based on an arrogant judgment when we refuse to do what he wants. Nevertheless, we would be within our rights, and it might be that no moral objection of any kind would lie against our refusal.

It is important to emphasize that a man's rights may stand between us and the action we would dearly like to take for his sake. They may, of course, also prevent action which we would like to take for the sake of others, as when it might be tempting to kill one man to save several. But it is interesting that the limits of allowable interference, however uncertain, seem stricter in the first case than the second. Perhaps there are no cases in which it would be all right to kill a man against his will *for his own sake* unless they could equally well be described as cases of allowing him to die, as in the example of turning off the respirator. However, there are circumstances, even if these are very rare, in which one man's life would justifiably be sacrificed to save others, and "killing" would be the only description of what was being done. For instance, a vehicle which had gone out of control might be steered from a path on which it would kill more than one man to a path on which it would kill one.[13] But it would not be permissible to

12. It is not, however, that justice and charity conflict. A man does not lack charity because he refrains from an act of injustice which would have been for someone's good.

13. For a discussion of such questions, see my article "The Problem of Abortion and the Doctrine of Double Effect," *Oxford Review*, no. 5 (1967); reprinted in Rachels, *Moral Problems*, and Gorovitz, *Moral Problems in Medicine*.

103   *Euthanasia*

steer a vehicle towards someone in order to kill him, against his will, for his own good. An analogy with property rights illustrates the point. One may not destroy a man's property against his will on the grounds that he would be better off without it; there are however circumstances in which it could be destroyed for the sake of others. If his house is liable to fall and kill him that is his affair; it might, however, without injustice be destroyed to stop the spread of a fire.

We see then that the distinction between active and passive, important as it is elsewhere, has a special importance in the area of euthanasia. It should also be clear why James Rachels' other argument, that it is often "more humane" to kill than to allow to die, does not show that the distinction between active and passive euthanasia is morally irrelevant. It might be "more humane" in this sense to deprive a man of the property that brings evils on him, or to refuse to pay what is owed to Hume's profligate debauchee; but if we say this we must admit that an act which is "more humane" than its alternative may be morally objectionable because it infringes rights.

So far we have said very little about the right to service as opposed to the right to noninterference, though it was agreed that both might be brought under the heading of "the right to life." What about the duty to preserve life that may belong to special classes of persons such as bodyguards, firemen, or doctors? Unlike the general public they are not within their rights if they merely refrain from interfering and do not try to sustain life The subject's claim-rights are two-fold as far as they are concerned and passive as well as active euthanasia may be ruled out here if it is against his will. This is not to say that he has the right to any and every service needed to save or prolong his life; the rights of other people set limits to what may be demanded, both because they have the right not to be interfered with and because they may have a competing right to services. Furthermore one must enquire just what the contract or implicit agreement amounts to in each case. Firemen and bodyguards presumably have a duty which is simply to preserve life, within the limits of justice to others and of reasonableness to themselves. With doctors it may however be different, since their duty relates not only to preserving life but also to the relief of suffering. It is not clear what a doctor's duties are to his patient if life can be prolonged only at the cost of suffering or suffering relieved only by measures that shorten life. George Fletcher has argued that what the doctor is under contract to do depends on what is generally done, because this is what a patient will reasonably expect.[14] This seems right. If procedures are part of normal medical practice then it seems that the patient can demand them however much it may be against his interest to do do. Once again it is not a matter of what is "most humane."

That the patient's right to life may set limits to permissible acts of euthanasia seems undeniable. If he does not want to die no one has the right to practice active euthanasia on him, and passive euthanasia may also be ruled out where he has a right to the services of doctors or others.

Perhaps few will deny what has so far been said about the impermissibility of acts of euthanasia simply because we have so far spoken about the case of one who positively wants to live, and about his rights, whereas those who advocate euthanasia are usually thinking either about those who wish to die or about those whose wishes cannot be ascertained either because they cannot properly be said to have wishes or because, for one reason or another, we are unable to form a reliable estimate of what they are. The question that must now be asked is whether the latter type of case, where euthanasia though not involuntary would again be nonvoluntary, is different from the one discussed so far. Would we have the right to kill someone for his own good so long as we had no idea that he positively wished to live? And what about the life-prolonging duties of doctors in the same circumstances? This is a very difficult problem. On the one hand, it seems ridiculous to suppose that a man's right to life is something which generates duties only where he has signaled that he wants to live; as a borrower does indeed have a duty to return something lent on indefinite loan only if the lender indicates that he wants it back. On the other hand, it might be argued that there is something illogical about the idea that a right has been infringed if someone incapable of saying whether he wants it or not is deprived of something that is doing him harm rather than good. Yet on the analogy of property we would say that a right has been infringed. Only if someone had earlier

---

14. George Fletcher "Legal Aspects of the Decision not to Prolong Life," *Journal of the American Medical Association* 203, no. 1 (1 Jan. 1968): 119–122. Reprinted in Gorovitz.

told us that in such circumstances he would not want to keep the thing could we think that his right had been waived. Perhaps if we could make confident judgments about what anyone in such circumstances would wish, or what he would have wished beforehand had he considered the matter, we could agree to consider the right to life as "dormant," needing to be asserted if the normal duties were to remain. But as things are we cannot make any such assumption; we simply do not know what most people would want, or would have wanted, us to do unless they tell us. This is certainly the case so far as active measures to end life are concerned. Possibly it is different, or will become different, in the matter of being kept alive, so general is the feeling against using sophisticated procedures on moribund patients, and so much is this dreaded by people who are old or terminally ill. Once again the distinction between active and passive authanasia has come on the scene, but this time because most people's attitudes to the two are so different. It is just possible that we might presume, in the absence of specific evidence, that someone would not wish, beyond a certain point, to be kept alive; it is certainly not possible to assume that he would wish to be killed.

In the last paragraph we have begun to broach the topic of voluntary euthanasia, and this we must now discuss. What is to be said about the case in which there is no doubt about someone's wish to die: either he has told us beforehand that he would wish it in circumstances such as he is now in, and has shown no sign of a change of mind, or else he tells us now, being in possession of his faculties and of a steady mind. We should surely say that the objections previously urged against acts of euthanasia, which it must be remembered were all on the ground of rights, had disappeared. It does not seem that one would infringe someone's right to life in killing him with his permission and in fact at his request. Why should someone not be able to waive his right to life, or rather, as would be more likely to happen, to cancel some of the duties of noninterference that this right entails? (He is more likely to say that he should be killed by this man at this time in this manner, than to say that anyone may kill him at any time and in any way.) Similarly someone may give permission for the destruction of his property, and request it. The important thing is that he gives a critical permission, and it seems that this is enough to cancel the duty normally associated with the right. If someone gives you permission to destroy his property it can no longer be said that you have no right to do so, and I do not see why it should not be the case with taking a man's life. An objection might be made on the ground that only God has the right to take life, but in this paper religious as opposed to moral arguments are being left aside. Religion apart, there seems to be no case to be made out for an infringement of rights if a man who wishes to die is allowed to die or even killed. But of course it does not follow that there is no moral objection to it. Even with property, which is after all a relatively small matter, one might be wrong to destroy what one had the right to destroy. For, apart from its value to other people, it might be valuable to the man who wanted it destroyed, and charity might require us to hold our hand where justice did not.

Let us review the conclusion of this part of the argument, which has been about euthanasia and the right to life. It has been argued that from this side come stringent restrictions on the acts of euthanasia that could be morally permissible. Active nonvoluntary euthanasia is ruled out by that part of the right to life which creates the duty of noninterference though passive nonvoluntary euthanasia is not ruled out, except where the right to life-preserving action has been created by some special condition such as a contract between a man and his doctor, and it is not always certain just what such a contract involves. Voluntary euthanasia is another matter: as the preceding paragraph suggested, no right is infringed if a man is allowed to die or even killed at his own request.

Turning now to the other objection that normally holds against inducing the death of another, that it is against charity, or benevolence, we must tell a very different story. Charity is the virtue that gives attachment to the good of others, and because life is normally a good, charity normally demands that it should be saved or prolonged. But as we so defined an act of euthanasia that it seeks a man's death for his own sake—for his good—charity will normally speak in favor of it. This is not, of course, to say that charity can require an act of euthanasia which justice forbids, but if an act of euthanasia is not contrary to justice—that is, it does not infringe rights—charity will rather be in its favor than against.

107   *Euthanasia*

Once more the distinction between nonvoluntary and voluntary euthanasia must be considered. Could it ever be compatible with charity to seek a man's death although he wanted to live, or at least had not let us know that he wanted to die? It has been argued that in such circumstances active euthanasia would infringe his right to life, but passive euthanasia would not do so, unless he had some special right to life-preserving service from the one who allowed him to die. What would charity dictate? Obviously when a man wants to live there is a presumption that he will be benefited if his life is prolonged, and if it is so the question of euthanasia does not arise. But it is, on the other hand, possible that he wants to live where it would be better for him to die: perhaps he does not realize the desperate situation he is in, or perhaps he is afraid of dying. So, in spite of a very proper resistance to refusing to go along with a man's own wishes in the matter of life and death, someone might justifiably refuse to prolong the life even of someone who asked him to prolong it, as in the case of refusing to give the wounded soldier a drug that would keep him alive to meet a terrible end. And it is even more obvious that charity does not always dictate that life should be prolonged where a man's own wishes, hypothetical or actual, are not known.

So much for the relation of charity to nonvoluntary passive euthanasia, which was not, like nonvoluntary active euthanasia, ruled out by the right to life. Let us now ask what charity has to say about voluntary euthanasia both active and passive. It was suggested in the discussion of justice that if of sound mind and steady desire a man might give others the *right* to allow him to die or even to kill him, where otherwise this would be ruled out. But it was pointed out that this would not settle the question of whether the act was morally permissible, and it is this that we must now consider. Could not charity speak against what justice allowed? Indeed it might do so. For while the fact that a man wants to die suggests that his life is wretched, and while his rejection of life may itself tend to take the good out of the things he might have enjoyed, nevertheless his wish to die might here be opposed for his own sake just as it might be if suicide were in question. Perhaps there is hope that his mental condition will improve. Perhaps he is mistaken in thinking his disease incurable. Perhaps he wants to die for the sake of someone else on whom he feels he is a burden, and we are not ready to accept this sacrifice whether for ourselves or others. In such cases, and there will surely be many of them, it could not be for his own sake that we kill him or allow him to die, and therefore euthanasia as defined in this paper would not be in question. But this is not to deny that there could be acts of voluntary euthanasia both passive and active against which neither justice nor charity would speak.

We have now considered the morality of euthanasia both voluntary and nonvoluntary, and active and passive. The conclusion has been that nonvoluntary active euthanasia (roughly, killing a man against his will or without his consent) is never justified; that is to say, that a man's being killed for his own good never justifies the act unless he himself has consented to it. A man's rights are infringed by such an action, and it is therefore contrary to justice. However, all the other combinations, nonvoluntary passive euthanasia, voluntary active euthanasia, and voluntary passive euthanasia are sometimes compatible with both justice and charity. But the strong condition carried in the definition of euthanasia adopted in this paper must not be forgotten; an act of euthanasia as here understood is one whose purpose is to benefit the one who dies.

In the light of this discussion let us look at our present practices. Are they good or are they bad? And what changes might be made, thinking now not only of the morality of particular acts of euthanasia but also of the indirect effects of instituting different practices, of the abuses to which they might be subject and of the changes that might come about if euthanasia became a recognized part of the social scene.

The first thing to notice is that it is wrong to ask whether we snould introduce the practice of euthanasia as if it were not something we already had. In fact we do have it. For instance it is common, where the medical prognosis is very bad, for doctors to recommend against measures to prolong life, and particularly where a process of degeneration producing one medical emergency after another has already set in. If these doctors are not certainly within their legal rights this is something that is apt to come as a surprise to them as to the general public. It is also obvious that euthanasia is often practiced where old people are concerned. If someone very old and soon to die is attacked by a disease that makes his life wretched, doctors do not always come in with life-prolonging drugs. Perhaps poor patients are more fortunate in this respect than rich patients, being more often left to die in peace; but it is in any case a well recognized piece of medical practice, which is a form of euthanasia.

No doubt the case of infants with mental or physical defects will be suggested as another example of the practice of euthanasia as we already have it, since such infants are sometimes deliberately allowed to die. That they are deliberately allowed to die is certain; children with severe spina bifida malformations are not always operated on even where it is thought that without the operation they will die; and even in the case of children with Down's Syndrome who have intestinal obstructions the relatively simple operation that would make it possible to feed them is sometimes not performed.[15] Whether this is euthanasia in our sense or only as the Nazis understood it is another matter. We must ask the crucial question, "Is it for the sake of the child himself that the doctors and parents choose his death?" In some cases the answer may really be yes, and what is more important it may really be true that the kind of life which is a good is not possible or likely for this child, and that there is little but suffering and frustration in store for him.[16] But this must presuppose that the medical prognosis is wretchedly bad, as it may be for some spina bifida children. With children who are born with Down's Syndrome it is, however, quite different. Most of these are able to live on for quite a time in a reasonably contented way, remaining like children all their lives but capable of affectionate relationships and able to play games and perform simple tasks. The fact is, of course, that the doctors who recommend against life-saving procedures for handicapped infants are usually thinking not of them but rather of their parents and of other children in the family or of the "burden on society" if the chil-

15. I have been told this by a pediatrician in a well-known medical center in the United States. It is confirmed by Anthony M. Shaw and Iris A. Shaw, "Dilemma of Informed Consent in Children," *The New England Journal of Medicine* 289, no. 17 (25 Oct. 1973): 885–890. Reprinted in Gorovitz.

16. It must be remembered, however, that many of the social miseries of spina bifida children could be avoided. Professor R.B. Zachary is surely right to insist on this. See, for example, "Ethical and Social Aspects of Spina Bifida," *The Lancet*, 3 Aug. 1968, pp. 274–276. Reprinted in Gorovitz.

dren survive. So it is not for their sake but to avoid trouble to others that they are allowed to die. When brought out into the open this seems unacceptable: at least we do not easily accept the principle that adults who need special care should be counted too burdensome to be kept alive. It must in any case be insisted that if children with Down's Syndrome are deliberately allowed to die this is not a matter of euthanasia except in Hitler's sense. And for our children, since we scruple to gas them, not even the manner of their death is "quiet and easy"; when not treated for an intestinal obstruction a baby simply starves to death. Perhaps some will take this as an argument for allowing active euthanasia, in which case they will be in the company of an S.S. man stationed in the Warthgenau who sent Eichmann a memorandum telling him that "Jews in the coming winter could no longer be fed" and submitting for his consideration a proposal as to whether "it would not be the most humane solution to kill those Jews who were incapable of work through some quicker means."[17] If we say we are *unable* to look after children with handicaps we are no more telling the truth than was the S.S. man who said that the Jews could not be fed.

Nevertheless if it is ever right to allow deformed children to die because life will be a misery to them, or not to take measures to prolong for a little the life of a newborn baby whose life cannot extend beyond a few months of intense medical intervention, there is a genuine problem about active as opposed to passive euthanasia. There are well-known cases in which the medical staff has looked on wretchedly while an infant died slowly from starvation and dehydration because they did not feel able to give a lethal injection. According to the principles discussed in the earlier part of this paper they would indeed have had no right to give it, since an infant cannot ask that it should be done. The only possible solution—supposing that voluntary active euthanasia were to be legalized—would be to appoint guardians to act on the infant's behalf. In a different climate of opinion this might not be dangerous, but at present, when people so readily assume that the life of a handicapped baby is of no value, one would be loath to support it.

Finally, on the subject of handicapped children, another word

17. Quoted by Hannah Arendt, *Eichmann in Jerusalem* (London 1963), p. 90.

III   Euthanasia

should be said about those with severe mental defects. For them too it might sometimes be right to say that one would wish for death for their sake. But not even severe mental handicap automatically brings a child within the scope even of a possible act of euthanasia. If the level of consciousness is low enough it could not be said that life is a good to them, any more than in the case of those suffering from extreme senility. Nevertheless if they do not suffer it will not be an act of euthanasia by which someone opts for their death. Perhaps charity does not demand that strenuous measures are taken to keep people in this state alive, but euthanasia does not come into the matter, any more than it does when someone is, like Karen Ann Quinlan, in a state of permanent coma. Much could be said about this last case. It might even be suggested that in the case of unconsciousness this "life" is not the life to which "the right to life" refers. But that is not our topic here.

What we must consider, even if only briefly, is the possibility that euthanasia, genuine euthanasia, and not contrary to the requirements of justice or charity, should be legalized over a wider area. Here we are up against the really serious problem of abuse. Many people want, and want very badly, to be rid of their elderly relatives and even of their ailing husbands or wives. Would any safeguards ever be able to stop them describing as euthanasia what was really for their own benefit? And would it be possible to prevent the occurrence of acts which were genuinely acts of euthanasia but morally impermissible because infringing the rights of a patient who wished to live?

Perhaps the furthest we should go is to encourage patients to make their own contracts with a doctor by making it known whether they wish him to prolong their life in case of painful terminal illness or of incapacity. A document such as the Living Will seems eminently sensible, and should surely be allowed to give a doctor following the previously expressed wishes of the patient immunity from legal proceedings by relatives.[18] Legalizing active euthanasia is, however, another matter. Apart from the special repugnance doctors feel

18. Details of this document are to be found in J.A. Behnke and Sissela Bok, eds., *The Dilemmas of Euthanasia* (New York, 1975), and in A.B. Downing, ed., *Euthanasia and the Right to Life: The Case for Voluntary Euthanasia* (London, 1969).

towards the idea of a lethal injection, it may be of the very greatest importance to keep a psychological barrier up against killing. Moreover it is active euthanasia which is the most liable to abuse. Hitler would not have been able to kill 275,000 people in his "euthanasia" program if he had had to wait for them to need life-saving treatment. But there are other objections to active euthanasia, even voluntary active euthanasia. In the first place it would be hard to devise procedures that would protect people from being persuaded into giving their consent. And secondly the possibility of active voluntary euthanasia might change the social scene in ways that would be very bad. As things are, people do, by and large, expect to be looked after if they are old or ill. This is one of the good things that we have, but we might lose it, and be much worse off without it. It might come to be expected that someone likely to need a lot of looking after should call for the doctor and demand his own death. Something comparable could be good in an extremely poverty-stricken community where the children genuinely suffered from lack of food; but in rich societies such as ours it would surely be a spiritual disaster. Such possibilities should make us very wary of supporting large measures of euthanasia, even where moral principle applied to the individual act does not rule it out.

[21]

ROSALIND HURSTHOUSE — Virtue Theory and Abortion

The sort of ethical theory derived from Aristotle, variously described as virtue ethics, virtue-based ethics, or neo-Aristotelianism, is becoming better known, and is now quite widely recognized as at least a possible rival to deontological and utilitarian theories. With recognition has come criticism, of varying quality. In this article I shall discuss nine separate criticisms that I have frequently encountered, most of which seem to me to betray an inadequate grasp either of the structure of virtue theory or of what would be involved in thinking about a real moral issue in its terms. In the first half I aim particularly to secure an understanding that will reveal that many of these criticisms are simply misplaced, and to articulate what I take to be the major criticism of virtue theory. I reject this criticism, but do not claim that it is necessarily misplaced. In the second half I aim to deepen that understanding and highlight the issues raised by the criticisms by illustrating what the theory looks like when it is applied to a particular issue, in this case, abortion.

Virtue Theory

Virtue theory can be laid out in a framework that reveals clearly some of the essential similarities and differences between it and some versions of deontological and utilitarian theories. I begin with a rough sketch of fa-

Versions of this article have been read to philosophy societies at University College, London, Rutgers University, and the Universities of Dundee, Edinburgh, Oxford, Swansea, and California–San Diego; at a conference of the Polish and British Academies in Cracow in 1988 on "Life, Death and the Law," and as a symposium paper at the Pacific Division of the American Philosophical Association in 1989. I am grateful to the many people who contributed to the discussions of it on these occasions, and particularly to Philippa Foot and Anne Jaap Jacobson for private discussion.

miliar versions of the latter two sorts of theory, not, of course, with the intention of suggesting that they exhaust the field, but on the assumption that their very familiarity will provide a helpful contrast with virtue theory. Suppose a deontological theory has basically the following framework. We begin with a premise providing a specification of right action:

P.1. An action is right iff it is in accordance with a moral rule or principle.

This is a purely formal specification, forging a link between the concepts of *right action* and *moral rule*, and gives one no guidance until one knows what a moral rule is. So the next thing the theory needs is a premise about that:

P.2. A moral rule is one that . . .

Historically, an acceptable completion of P.2 would have been

(i) is laid on us by God

or

(ii) is required by natural law.

In secular versions (not, of course, unconnected to God's being pure reason, and the universality of natural law) we get such completions as

(iii) is laid on us by reason

or

(iv) is required by rationality

or

(v) would command universal rational acceptance

or

(vi) would be the object of choice of all rational beings

and so on. Such a specification forges a second conceptual link, between the concepts of *moral rule* and *rationality*.

We have here the skeleton of a familiar version of a deontological theory, a skeleton that reveals that what is essential to any such version is the links between *right action*, *moral rule*, and *rationality*. That these

225 Virtue Theory and Abortion

form the basic structure can be seen particularly vividly if we lay out the familiar act-utilitarianism in such a way as to bring out the contrasts.

Act-utilitarianism begins with a premise that provides a specification of right action:

P.1. An action is right iff it promotes the best consequences.

It thereby forges the link between the concepts of *right action* and *consequences*. It goes on to specify what the best consequences are in its second premise:

P.2. The best consequences are those in which happiness is maximized.

It thereby forges the link between *consequences* and *happiness*

Now let us consider what a skeletal virtue theory looks like. It begins with a specification of right action:

P.1. An action is right iff it is what a virtuous agent would do in the circumstances.[1]

This, like the first premises of the other two sorts of theory, is a purely formal principle, giving one no guidance as to what to do, that forges the conceptual link between *right action* and *virtuous agent*. Like the other theories, it must, of course, go on to specify what the latter is. The first step toward this may appear quite trivial, but is needed to correct a prevailing tendency among many critics to define the virtuous agent as one who is disposed to act in accordance with a deontologist's moral rules.

P.1a. A virtuous agent is one who acts virtuously, that is, one who has and exercises the virtues.

This subsidiary premise lays bare the fact that virtue theory aims to provide a nontrivial specification of the virtuous agent *via* a nontrivial specification of the virtues, which is given in its second premise:

---

1. It should be noted that this premise intentionally allows for the possibility that two virtuous agents, faced with the same choice in the same circumstances, may act differently. For example, one might opt for taking her father off the life-support machine and the other for leaving her father on it. The theory requires that neither agent thinks that what the other does is wrong (see note 4 below), but it explicitly allows that no action is uniquely right in such a case—both are right. It also intentionally allows for the possibility that in some circumstances—those into which no virtuous agent could have got herself— no action is right. I explore this premise at greater length in "Applying Virtue Ethics," forthcoming in a *festschrift* for Philippa Foot.

P.2. A virtue is a character trait a human being needs to flourish or live well.

This premise forges a conceptual link between *virtue* and *flourishing* (or *living well* or *eudaimonia*). And, just as deontology, in theory, then goes on to argue that each favored rule meets its specification, so virtue ethics, in theory, goes on to argue that each favored character trait meets its.

These are the bare bones of virtue theory. Following are five brief comments directed to some misconceived criticisms that should be cleared out of the way.

First, the theory does not have a peculiar weakness or problem in virtue of the fact that it involves the concept of *eudaimonia* (a standard criticism being that this concept is hopelessly obscure). Now no virtue theorist will pretend that the concept of human flourishing is an easy one to grasp. I will not even claim here (though I would elsewhere) that it is no more obscure than the concepts of *rationality* and *happiness*, since, if our vocabulary were more limited, we might, *faute de mieux*, call it (human) *rational happiness*, and thereby reveal that it has at least some of the difficulties of both. But virtue theory has never, so far as I know, been dismissed on the grounds of the *comparative* obscurity of this central concept; rather, the popular view is that it has a problem with this which deontology and utilitarianism in no way share. This, I think, is clearly false. Both *rationality* and *happiness*, as they figure in their respective theories, are rich and difficult concepts—hence all the disputes about the various tests for a rule's being an object of rational choice, and the disputes, dating back to Mill's introduction of the higher and lower pleasures, about what constitutes happiness.

Second, the theory is not trivially circular; it does not specify right action in terms of the virtuous agent and then immediately specify the virtuous agent in terms of right action. Rather, it specifies her in terms of the virtues, and then specifies these, not merely as dispositions to right action, but as the character traits (which are dispositions to feel and react as well as act in certain ways) required for *eudaimonia*.[2]

---

2. There is, of course, the further question of whether the theory eventually describes a larger circle and winds up relying on the concept of right action in its interpretation of *eudaimonia*. In denying that the theory is trivially circular, I do not pretend to answer this intricate question. It is certainly true that virtue theory does not claim that the correct conception of *eudaimonia* can be got from "an independent 'value-free' investigation of

227 Virtue Theory and Abortion

Third, it does answer the question "What should I do?" as well as the question "What sort of person should I be?" (That is, it is not, as one of the catchphrases has it, concerned only with Being and not with Doing.)

Fourth, the theory does, to a certain extent, answer this question by coming up with rules or principles (contrary to the common claim that it does not come up with any rules or principles). Every virtue generates a positive instruction (act justly, kindly, courageously, honestly, etc.) and every vice a prohibition (do not act unjustly, cruelly, like a coward, dishonestly, etc.). So trying to decide what to do within the framework of virtue theory is not, as some people seem to imagine, necessarily a matter of taking one's favored candidate for a virtuous person and asking oneself, "What would they do in these circumstances?" (as if the raped fifteen-year-old girl might be supposed to say to herself, "Now would Socrates have an abortion if he were in my circumstances?" and as if someone who had never known or heard of anyone very virtuous were going to be left, according to the theory, with no way to decide what to do at all). The agent may instead ask herself, "If I were to do such and such now, would I be acting justly or unjustly (or neither), kindly or unkindly [and so on]?" I shall consider below the problem created by cases in which such a question apparently does not yield an answer to "What should I do?" (because, say, the alternatives are being unkind or being unjust); here my claim is only that it sometimes does—the agent may employ her concepts of the virtues and vices directly, rather than imagining what some hypothetical exemplar would do.

Fifth (a point that is implicit but should be made explicit), virtue theory is not committed to any sort of reductionism involving defining all of our moral concepts in terms of the virtuous agent. On the contrary, it relies on a lot of very significant moral concepts. Charity or benevolence, for instance, is the virtue whose concern is the *good* of others; that concept of *good* is related to the concept of *evil* or *harm*, and they are both related to the concepts of the *worthwhile*, the *advantageous*, and the *pleasant*. If I have the wrong conception of what is worthwhile and ad-

---

human nature" (John McDowell, "The Role of *Eudaimonia* in Aristotle's Ethics," in *Essays on Aristotle's Ethics*, ed. Amelie Rorty [Berkeley and Los Angeles: University of California Press, 1980]). The sort of training that is required for acquiring the correct conception no doubt involves being taught from early on such things as "Decent people do this sort of thing, not that" and "To do such and such is the mark of a depraved character" (cf. *Nicomachean Ethics* 1110a22). But whether this counts as relying on the concept of right (or wrong) action seems to me very unclear and requiring much discussion.

vantageous and pleasant, then I shall have the wrong conception of what is good for, and harmful to, myself and others, and, even with the best will in the world, will lack the virtue of charity, which involves getting all this right. (This point will be illustrated at some length in the second half of this article; I mention it here only in support of the fact that no virtue theorist who takes her inspiration from Aristotle would even contemplate aiming at reductionism.)[3]

Let me now, with equal brevity, run through two more standard criticisms of virtue theory (the sixth and seventh of my nine) to show that, though not entirely misplaced, they do not highlight problems peculiar to that theory but, rather, problems that are shared by familiar versions of deontology.

One common criticism is that we do not know which character traits are the virtues, or that this is open to much dispute, or particularly subject to the threat of moral skepticism or "pluralism"[4] or cultural relativism. But the parallel roles played by the second premises of both deontological and virtue theories reveal the way in which both sorts of theory share this problem. It is at the stage at which one tries to get the right conclusions to drop out of the bottom of one's theory that, *theoretically*, all the work has to be done. Rule deontologists know that they want to get "don't kill," "keep promises," "cherish your children," and so on as the rules that meet their specification, whatever it may be. They also know that any of these can be disputed, that some philosopher may claim, of any one of them, that it is reasonable to reject it, and that at least people claim that there has been, for each rule, some culture that

---

3. Cf. Bernard Williams' point in *Ethics and the Limits of Philosophy* (London: William Collins, 1985) that we need an enriched ethical vocabulary, not a cut-down one.

4. I put *pluralism* in scare quotes to serve as a warning that virtue theory is not incompatible with all forms of it. It allows for "competing conceptions" of *eudaimonia* and the worthwhile, for instance, in the sense that it allows for a plurality of flourishing lives—the theory need not follow Aristotle in specifying the life of contemplation as the only one that truly constitutes *eudaimonia* (if he does). But the conceptions "compete" only in the sense that, within a single flourishing life, not everything worthwhile can be fitted in; the theory does not allow that two people with a correct conception of *eudaimonia* can disagree over whether the way the other is living constitutes flourishing. Moreover, the theory is committed to the strong thesis that the same set of character traits is needed for *any* flourishing life; it will not allow that, for instance, soldiers need courage but wives and mothers do not, or that judges need justice but can live well despite lacking kindness. (This obviously is related to the point made in note 1 above.) For an interesting discussion of pluralism (different interpretations thereof) and virtue theory, see Douglas B. Rasmussen, "Liberalism and Natural End Ethics," *American Philosophical Quarterly* 27 (1990): 153–61.

Virtue Theory and Abortion

rejected it. Similarly, the virtue theorists know that they want to get justice, charity, fidelity, courage, and so on as the character traits needed for *eudaimonia*; and they also know that any of these can be disputed, that some philosopher will say of any one of them that it is reasonable to reject it as a virtue, and that there is said to be, for each character trait, some culture that has thus rejected it.

This is a problem for both theories, and the virtue theorist certainly does not find it any harder to argue against moral skepticism, "pluralism," or cultural relativism than the deontologist. Each theory has to stick out its neck and say, in some cases, "This person/these people/other cultures are (or would be) in error," and find some grounds for saying this.

Another criticism (the seventh) often made is that virtue ethics has unresolvable conflict built into it. "It is common knowledge," it is said, "that the requirements of the virtues can conflict; charity may prompt me to end the frightful suffering of the person in my care by killing him, but justice bids me to stay my hand. To tell my brother that his wife is being unfaithful to him would be honest and loyal, but it would be kinder to keep quiet about it. So which should I do? In such cases, virtue ethics has nothing helpful to say." (This is one version of the problem, mentioned above, that considering whether a proposed action falls under a virtue or vice term does not always yield an answer to "What should I do?")

The obvious reply to this criticism is that rule deontology notoriously suffers from the same problem, arising not only from the fact that its rules can apparently conflict, but also from the fact that, at first blush, it appears that one and the same rule (e.g., preserve life) can yield contrary instructions in a particular case.[5] As before, I agree that this is a problem for virtue theory, but deny that it is a problem peculiar to it.

Finally, I want to articulate, and reject, what I take to be the major criticism of virtue theory. Perhaps because it is *the* major criticism, the reflection of a very general sort of disquiet about the theory, it is hard to state clearly—especially for someone who does not accept it—but it goes something like this.[6] My interlocutor says:

---

5. E.g., in Williams' Jim and Pedro case in J.J.C. Smart and Bernard Williams, *Utilitarianism: For and Against* (London: Cambridge University Press, 1973).
6. Intimations of this criticism constantly come up in discussion; the clearest statement of it I have found is by Onora O'Neill, in her review of Stephen Clark's *The Moral Status*

Virtue theory can't *get* us anywhere in real moral issues because it's bound to be all assertion and no argument. You admit that the best it can come up with in the way of action-guiding rules are the ones that rely on the virtue and vice concepts, such as "act charitably," "don't act cruelly," and so on; and, as if that weren't bad enough, you admit that these virtue concepts, such as charity, presuppose concepts such as the *good*, and the *worthwhile*, and so on. But that means that any virtue theorist who writes about real moral issues must rely on her audience's agreeing with her application of all these concepts, and hence accepting all the premises in which those applications are enshrined. But some other virtue theorist might take different premises about these matters, and come up with very different conclusions, and, within the terms of the theory, there is no way to distinguish between the two. While there is agreement, virtue theory can repeat conventional wisdom, preserve the status quo, but it can't get us anywhere in the way that a normative ethical theory is supposed to, namely, by providing rational grounds for acceptance of its practical conclusions.

My strategy will be to split this criticism into two: one (the eighth) addressed to the virtue theorist's employment of the virtue and vice concepts enshrined in her rules—act charitably, honestly, and so on—and the other (the ninth) addressed to her employment of concepts such as that of the *worthwhile*. Each objection, I shall maintain, implicitly appeals to a certain *condition of adequacy* on a normative moral theory, and in each case, I shall claim, the condition of adequacy, once made explicit, is utterly implausible.

It is true that when she discusses real moral issues, the virtue theorist has to assert that certain actions are honest, dishonest, or neither; charitable, uncharitable, or neither. And it is true that this is often a very difficult matter to decide; her rules are not always easy to apply. But this counts as a criticism of the theory only if we assume, as a condition of adequacy, that any adequate action-guiding theory must make the difficult business of knowing what to do if one is to act well easy, that it must provide clear guidance about what ought and ought not to be done which

---

of Animals, in *Journal of Philosophy* 77 (1980): 440–46. For a response I am much in sympathy with, see Cora Diamond, "Anything But Argument?" *Philosophical Investigations* 5 (1982): 23–41.

any reasonably clever adolescent could follow if she chose. But such a condition of adequacy is implausible. Acting rightly *is* difficult, and *does* call for much moral wisdom, and the relevant condition of adequacy, which virtue theory meets, is that it should have built into it an explanation of a truth expressed by Aristotle,[7] namely, that moral knowledge—unlike mathematical knowledge—cannot be acquired merely by attending lectures and is not characteristically to be found in people too young to have had much experience of life. There are youthful mathematical geniuses, but rarely, if ever, youthful moral geniuses, and this tells us something significant about the sort of knowledge that moral knowledge is. Virtue ethics builds this in straight off precisely by couching its rules in terms whose application may indeed call for the most delicate and sensitive judgment.

Here we may discern a slightly different version of the problem that there are cases in which applying the virtue and vice terms does not yield an answer to "What should I do?" Suppose someone "youthful in character," as Aristotle puts it, having applied the relevant terms, finds herself landed with what is, unbeknownst to her, a case not of real but of apparent conflict, arising from a misapplication of those terms. Then she will not be able to decide what to do unless she knows of a virtuous agent to look to for guidance. But her quandary is *(ex hypothesi)* the result of her lack of wisdom, and just what virtue theory expects. Someone hesitating over whether to reveal a hurtful truth, for example, thinking it would be kind but dishonest or unjust to lie, may need to realize, with respect to these particular circumstances, not that kindness is more (or less) important than honesty or justice, and not that honesty or justice sometimes requires one to act unkindly or cruelly, but that one does people no kindness by concealing this sort of truth from them, hurtful as it may be. This is the *type* of thing (I use it only as an example) that people with moral wisdom know about, involving the correct application of *kind*, and that people without such wisdom find difficult.

What about the virtue theorist's reliance on concepts such as that of the *worthwhile*? If such reliance is to count as a fault in the theory, what condition of adequacy is implicitly in play? It must be that any good normative theory should provide answers to questions about real moral issues whose truth is in no way determined by truths about what is worth-

7. Aristotle, *Nicomachean Ethics* 1142a12–16.

while, or what really matters in human life. Now although people are initially inclined to reject out of hand the claim that the practical conclusions of a normative moral theory have to be based on premises about what is truly worthwhile, the alternative, once it is made explicit, may look even more unacceptable. Consider what the condition of adequacy entails. If truths about what is worthwhile (or truly good, or serious, or about what matters in human life) do *not* have to be appealed to in order to answer questions about real moral issues, then I might sensibly seek guidance about what I ought to do from someone who had declared in advance that she knew nothing about such matters, or from someone who said that, although she had opinions about them, these were quite likely to be wrong but that this did not matter, because they would play no determining role in the advice she gave me.

I should emphasize that we are talking about real moral issues and real guidance; I want to know whether I should have an abortion, take my mother off the life-support machine, leave academic life and become a doctor in the Third World, give up my job with the firm that is using animals in its experiments, tell my father he has cancer. Would I go to someone who says she has *no* views about what is worthwhile in life? Or to someone who says that, as a matter of fact, she tends to think that the only thing that matters is having a good time, but has a normative theory that is consistent both with this view and with my own rather more puritanical one, which will yield the guidance I need?

I take it as a premise that this is absurd. The relevant condition of adequacy should be that the practical conclusions of a good normative theory *must* be in part determined by premises about what is worthwhile, important, and so on. Thus I reject this "major criticism" of virtue theory, that it cannot get us anywhere in the way that a normative moral theory is supposed to. According to my response, a normative theory that any clever adolescent can apply, or that reaches practical conclusions that are in no way determined by premises about what is truly worthwhile, serious, and so on, is guaranteed to be an inadequate theory.

Although I reject this criticism, I have not argued that it is misplaced and that it necessarily manifests a failure to understand what virtue theory is. My rejection is based on premises about what an adequate normative theory must be like—what sorts of concepts it must contain, and what sort of account it must give of moral knowledge—and thereby claims, implicitly, that the "major criticism" manifests a failure to understand what an *adequate normative theory* is. But, as a matter of fact, I think the criticism is often made by people who have no idea of what virtue theory looks like when applied to a real moral issue; they drastically underestimate the variety of ways in which the virtue and vice concepts, and the others, such as that of the *worthwhile*, figure in such discussion.

As promised, I now turn to an illustration of such discussion, applying virtue theory to abortion. Before I embark on this tendentious business, I should remind the reader of the aim of this discussion. I am not, in this article, trying to solve the problem of abortion; I am illustrating how virtue theory directs one to think about it. It might indeed be said that thinking about the problem in this way "solves" it by *dissolving* it, insofar as it leads one to the conclusion that there is no single right answer, but a variety of particular answers, and in what follows I am certainly trying to make that conclusion seem plausible. But, that granted, it should still be said that I am not trying to "solve the problems" in the practical sense of telling people that they should, or should not, do this or that if they are pregnant and contemplating abortion in these or those particular circumstances.

I do not assume, or expect, that all of my readers will agree with everything I am about to say. On the contrary, given the plausible assumption that some are morally wiser than I am, and some less so, the theory has built into it that we are bound to disagree on some points. For instance, we may well disagree about the particular application of some of the virtue and vice terms; and we may disagree about what is worthwhile or serious, worthless or trivial. But my aim is to make clear how these concepts figure in a discussion conducted in terms of virtue theory. What is at issue is whether these concepts are indeed the ones that should come in, that is, whether virtue theory should be criticized for employing them. The problem of abortion highlights this issue dramatically since virtue theory quite transforms the discussion of it.

ABORTION

As everyone knows, the morality of abortion is commonly discussed in relation to just two considerations: first, and predominantly, the status of the fetus and whether or not it is the sort of thing that may or may not be innocuously or justifiably killed; and second, and less predominantly (when, that is, the discussion concerns the *morality* of abortion rather than the question of permissible legislation in a just society), women's rights. If one thinks within this familiar framework, one may well be puzzled about what virtue theory, as such, could contribute. Some people assume the discussion will be conducted solely in terms of what the virtuous agent would or would not do (cf. the third, fourth, and fifth criticisms above). Others assume that only justice, or at most justice and charity,[8] will be applied to the issue, generating a discussion very similar to Judith Jarvis Thomson's.[9]

Now if this is the way the virtue theorist's discussion of abortion is imagined to be, no wonder people think little of it. It seems obvious in advance that in any such discussion there must be either a great deal of extremely tendentious application of the virtue terms *just, charitable*, and so on or a lot of rhetorical appeal to "this is what only the virtuous agent knows." But these are caricatures; they fail to appreciate the way in which virtue theory quite transforms the discussion of abortion by dismissing the two familiar dominating considerations as, in a way, fundamentally irrelevant. In what way or ways, I hope to make both clear and plausible.

Let us first consider women's rights. Let me emphasize again that we are discussing the *morality* of abortion, not the rights and wrongs of laws prohibiting or permitting it. If we suppose that women do have a moral right to do as they choose with their own bodies, or, more particularly, to terminate their pregnancies, then it may well follow that a *law* forbidding abortion would be unjust. Indeed, even if they have no such right, such a law might be, as things stand at the moment, unjust, or impractical, or inhumane: on this issue I have nothing to say in this article. But, putting all questions about the justice or injustice of laws to one side, and sup-

---

8. It seems likely that some people have been misled by Foot's discussion of euthanasia (through no fault of hers) into thinking that a virtue theorist's discussion of terminating human life will be conducted exclusively in terms of justice and charity (and the corresponding vice terms) (Philippa Foot, "Euthanasia," *Philosophy & Public Affairs* 6, no. 2 [Winter 1977]: 85–112). But the act-category *euthanasia* is a very special one, at least as defined in her article, since such an act must be done "for the sake of the one who is to die." Building a virtuous motivation into the specification of the act in this way immediately rules out the application of many other vice terms.

9. Judith Jarvis Thomson, "A Defense of Abortion," *Philosophy & Public Affairs* 1, no. 1 (Fall 1971): 47–66. One could indeed regard this article as proto–virtue theory (no doubt to the surprise of the author) if the concepts of callousness and kindness were allowed more weight.

posing only that women have such a moral right, *nothing* follows from this supposition about the morality of abortion, according to virtue theory, once it is noted (quite generally, not with particular reference to abortion) that in exercising a moral right I can do something cruel, or callous, or selfish, light-minded, self-righteous, stupid, inconsiderate, disloyal, dishonest—that is, act viciously.[10] Love and friendship do not survive their parties' constantly insisting on their rights, nor do people live well when they think that getting what they have a right to is of preeminent importance; they harm others, and they harm themselves. So whether women have a moral right to terminate their pregnancies is irrelevant within virtue theory, for it is irrelevant to the question "In having an abortion in these circumstances, would the agent be acting virtuously or viciously or neither?"

What about the consideration of the status of the fetus—what can virtue theory say about that? One might say that this issue is not in the province of *any* moral theory; it is a metaphysical question, and an extremely difficult one at that. Must virtue theory then wait upon metaphysics to come up with the answer?

At first sight it might seem so. For virtue is said to involve knowledge, and part of this knowledge consists in having the *right* attitude to things. "Right" here does not just mean "morally right" or "proper" or "nice" in the modern sense; it means "accurate, true." One cannot have the right or correct attitude to something if the attitude is based on or involves false beliefs. And this suggests that if the status of the fetus is relevant to the rightness or wrongness of abortion, its status must be known, as a truth, to the fully wise and virtuous person.

But the sort of wisdom that the fully virtuous person has is not supposed to be recondite; it does not call for fancy philosophical sophistication, and it does not depend upon, let alone wait upon, the discoveries of academic philosophers.[11] And this entails the following, rather startling,

10. One possible qualification: if one ties the concept of justice very closely to rights, then if women do have a moral right to terminate their pregnancies it *may* follow that in doing so they do not act unjustly. (Cf. Thomson, "A Defense of Abortion.") But it is debatable whether even that much follows.

11. This is an assumption of virtue theory, and I do not attempt to defend it here. An adequate discussion of it would require a separate article, since, although most moral philosophers would be chary of claiming that intellectual sophistication is a necessary condition of moral wisdom or virtue, most of us, from Plato onward, tend to write as if this were so. Sorting out which claims about moral knowledge are committed to this kind of elitism

conclusion: that the status of the fetus—that issue over which so much ink has been spilt—is, according to virtue theory, simply not relevant to the rightness or wrongness of abortion (within, that is, a secular morality).

Or rather, since that is clearly too radical a conclusion, it is in a sense relevant, but only in the sense that the familiar biological facts are relevant. By "the familiar biological facts" I mean the facts that most human societies are and have been familiar with—that, standardly (but not invariably), pregnancy occurs as the result of sexual intercourse, that it lasts about nine months, during which time the fetus grows and develops, that standardly it terminates in the birth of a living baby, and that this is how we all come to be.

It might be thought that this distinction—between the familiar biological facts and the status of the fetus—is a distinction without a difference. But this is not so. To attach relevance to the status of the fetus, in the sense in which virtue theory claims it is not relevant, is to be gripped by the conviction that we must go beyond the familiar biological facts, deriving some sort of conclusion from them, such as that the fetus has rights, or is not a person, or something similar. It is also to believe that this exhausts the relevance of the familiar biological facts, that all they are relevant to is the status of the fetus and whether or not it is the sort of thing that may or may not be killed.

These convictions, I suspect, are rooted in the desire to solve the problem of abortion by getting it to fall under some general rule such as "You ought not to kill anything with the right to life but may kill anything else." But they have resulted in what should surely strike any nonphilosopher as a most bizarre aspect of nearly all the current philosophical literature on abortion, namely, that, far from treating abortion as a unique moral problem, markedly unlike any other, nearly everything written on the status of the fetus and its bearing on the abortion issue would be consistent with the human reproductive facts' (to say nothing of family life) being totally different from what they are. Imagine that you are an alien extraterrestrial anthropologist who does not know that the human race is roughly 50 percent female and 50 percent male, or that our only (natural) form of reproduction involves heterosexual intercourse, vivipa-

---

and which can, albeit with difficulty, be reconciled with the idea that moral knowledge can be acquired by anyone who really wants it would be a major task.

237 Virtue Theory and Abortion

rous birth, and the female's (and only the female's) being pregnant for nine months, or that females are capable of childbearing from late childhood to late middle age, or that childbearing is painful, dangerous, and emotionally charged—do you think you would pick up these facts from the hundreds of articles written on the status of the fetus? I am quite sure you would not. And that, I think, shows that the current philosophical literature on abortion has got badly out of touch with reality.

Now if we are using virtue theory, our first question is not "What do the familiar biological facts show—what can be derived from them about the status of the fetus?" but "How do these facts figure in the practical reasoning, actions and passions, thoughts and reactions, of the virtuous and the nonvirtuous? What is the mark of having the right attitude to these facts and what manifests having the wrong attitude to them?" This immediately makes essentially relevant not only all the facts about human reproduction I mentioned above, but a whole range of facts about our emotions in relation to them as well. I mean such facts as that human parents, both male and female, tend to care passionately about their offspring, and that family relationships are among the deepest and strongest in our lives—and, significantly, among the longest-lasting.

These facts make it obvious that pregnancy is not just one among many other physical conditions; and hence that anyone who genuinely believes that an abortion is comparable to a haircut or an appendectomy is mistaken.[12] The fact that the premature termination of a pregnancy is, in some sense, the cutting off of a new human life, and thereby, like the procreation of a new human life, connects with all our thoughts about human life and death, parenthood, and family relationships, must make it a serious matter. To disregard this fact about it, to think of abortion as

---

12. Mary Anne Warren, in "On the Moral and Legal Status of Abortion," *Monist* 57 (1973), sec. 1, says of the opponents of restrictive laws governing abortion that "their conviction (for the most part) is that abortion is not a *morally* serious and extremely unfortunate, even though sometimes justified, act, comparable to killing in self-defense or to letting the violinist die, but rather is closer to being a *morally neutral* act, like cutting one's hair" (italics mine) I would like to think that no one *genuinely* believes this. But certainly in discussion, particularly when arguing against restrictive laws or the suggestion that remorse over abortion might be appropriate, I have found that some people *say* they believe it (and often cite Warren's article, albeit inaccurately, despite its age). Those who allow that it is morally serious, and far from morally neutral, have to argue against restrictive laws, or the appropriateness of remorse, on a very different ground from that laid down by the premise "The fetus is just part of the woman's body (and she has a right to determine what happens to her body and should not feel guilt about anything she does to it)."

nothing but the killing of something that does not matter, or as nothing but the exercise of some right or rights one has, or as the incidental means to some desirable state of affairs, is to do something callous and light-minded, the sort of thing that no virtuous and wise person would do. It is to have the wrong attitude not only to fetuses, but more generally to human life and death, parenthood, and family relationships.

Although I say that the facts make this obvious, I know that this is one of my tendentious points. In partial support of it I note that even the most dedicated proponents of the view that deliberate abortion is just like an appendectomy or haircut rarely hold the same view of spontaneous abortion, that is, miscarriage. It is not so tendentious of me to claim that to react to people's grief over miscarriage by saying, or even thinking, "What a fuss about nothing!" would be callous and light-minded, whereas to try to laugh someone out of grief over an appendectomy scar or a botched haircut would not be. It is hard to give this point due prominence within act-centered theories, for the inconsistency is an inconsistency in attitude about the seriousness of loss of life, not in beliefs about which acts are right or wrong. Moreover, an act-centered theorist may say, "Well, there is nothing wrong with *thinking* 'What a fuss about nothing!' as long as you do not say it and hurt the person who is grieving. And besides, we cannot be held responsible for our thoughts, only for the intentional actions they give rise to." But the character traits that virtue theory emphasizes are not simply dispositions to intentional actions, but a seamless disposition to certain actions and passions, thoughts and reactions.

To say that the cutting off of a human life is always a matter of some seriousness, at any stage, is not to deny the relevance of gradual fetal development. Notwithstanding the well-worn point that clear boundary lines cannot be drawn, our emotions and attitudes regarding the fetus do change as it develops, and again when it is born, and indeed further as the baby grows. Abortion for shallow reasons in the later stages is much more shocking than abortion for the same reasons in the early stages in a way that matches the fact that deep grief over miscarriage in the later stages is more appropriate than it is over miscarriage in the earlier stages (when, that is, the grief is solely about the loss of *this* child, not about, as might be the case, the loss of one's only hope of having a child or of having one's husband's child). Imagine (or recall) a woman who already has children; she had not intended to have more, but finds herself unexpectedly pregnant. Though contrary to her plans, the pregnancy, once established as a fact, is welcomed—and then she loses the embryo almost immediately. If this were bemoaned as a tragedy, it would, I think, be a misapplication of the concept of what is tragic. But it may still properly be mourned as a loss. The grief is expressed in such terms as "I shall always wonder how she or he would have turned out" or "When I look at the others, I shall think, 'How different their lives would have been if this other one had been part of them.' " It would, I take it, be callous and light-minded to say, or think, "Well, she has already *got* four children; what's the problem?"; it would be neither, nor arrogantly intrusive in the case of a close friend, to try to correct prolonged mourning by saying, "I know it's sad, but it's not a tragedy; rejoice in the ones you have." The application of *tragic* becomes more appropriate as the fetus grows, for the mere fact that one has lived with it for longer, conscious of its existence, makes a difference. To shrug off an early abortion is understandable just because it is very hard to be fully conscious of the fetus's existence in the early stages and hence hard to appreciate that an early abortion is the destruction of life. It is particularly hard for the young and inexperienced to appreciate this, because appreciation of it usually comes only with experience.

I do not mean "with the experience of having an abortion" (though that may be part of it) but, quite generally, "with the experience of life." Many women who have borne children contrast their later pregnancies with their first successful one, saying that in the later ones they were conscious of a new life growing in them from very early on. And, more generally, as one reaches the age at which the next generation is coming up close behind one, the counterfactuals "If I, or she, had had an abortion, Alice, or Bob, would not have been born" acquire a significant application, which casts a new light on the conditionals "If I or Alice have an abortion then some Caroline or Bill will not be born."

The fact that pregnancy is not just one among many physical conditions does not mean that one can never regard it in that light without manifesting a vice. When women are in very poor physical health, or worn out from childbearing, or forced to do very physically demanding jobs, then they cannot be described as self-indulgent, callous, irresponsible, or light-minded if they seek abortions mainly with a view to avoiding pregnancy as the physical condition that it is. To go through with a pregnancy when one is utterly exhausted, or when one's job consists of crawling along tunnels hauling coal, as many women in the nineteenth century were obliged to do, is perhaps heroic, but people who do not achieve heroism are not necessarily vicious. That they can view the pregnancy only as eight months of misery, followed by hours if not days of agony and exhaustion, and abortion only as the blessed escape from this prospect, is entirely understandable and does not manifest any lack of serious respect for human life or a shallow attitude to motherhood. What it does show is that something is terribly amiss in the conditions of their lives, which make it so hard to recognize pregnancy and childbearing as the good that they can be.

In relation to this last point I should draw attention to the way in which virtue theory has a sort of built-in indexicality. Philosophers arguing against anything remotely resembling a belief in the sanctity of life (which the above claims clearly embody) frequently appeal to the existence of other communities in which abortion and infanticide are practiced. We should not automatically assume that it is impossible that some other communities could be morally inferior to our own; maybe some are, or have been, precisely insofar as their members are, typically, callous or light-minded or unjust. But in communities in which life is a great deal tougher for everyone than it is in ours, having the right attitude to human life and death, parenthood, and family relationships might well manifest itself in ways that are unlike ours. When it is essential to survival that most members of the community fend for themselves at a very young age or work during most of their waking hours, selective abortion or infanticide might be practiced either as a form of genuine euthanasia or for the sake of the community and not, I think, be thought callous or light-minded. But this does not make everything all right; as before, it shows that there is something amiss with the conditions of their lives, which are making it impossible for them to live really well.[13]

The foregoing discussion, insofar as it emphasizes the right attitude to human life and death, parallels to a certain extent those standard discussions of abortion that concentrate on it solely as an issue of killing. But it does not, as those discussions do, gloss over the fact, emphasized by those who discuss the morality of abortion in terms of women's rights, that abortion, wildly unlike any other form of killing, is the termination

13. For another example of the way in which "tough conditions" can make a difference to what is involved in having the right attitude to human life and death and family relationships, see the concluding sentences of Foot's "Euthanasia."

of a pregnancy, which is a condition of a woman's body and results in *her* having a child if it is not aborted. This fact is given due recognition not by appeal to women's rights but by emphasizing the relevance of the familiar biological and psychological facts and their connection with having the right attitude to parenthood and family relationships. But it may well be thought that failing to bring in women's rights still leaves some important aspects of the problem of abortion untouched.

Speaking in terms of women's rights, people sometimes say things like, "Well, it's her life you're talking about too, you know; she's got a right to her own life, her own happiness." And the discussion stops there. But in the context of virtue theory, given that we are particularly concerned with what constitutes a good human life, with what true happiness or *eudaimonia* is, this is no place to stop. We go on to ask, "And is this life of hers a good one? Is she living well?"

If we are to go on to talk about good human lives, in the context of abortion, we have to bring in our thoughts about the value of love and family life, and our proper emotional development through a natural life cycle. The familiar facts support the view that parenthood in general, and motherhood and childbearing in particular, are intrinsically worthwhile, are among the things that can be correctly thought to be partially constitutive of a flourishing human life.[14] If this is right, then a woman who opts for not being a mother (at all, or again, or now) by opting for abortion may thereby be manifesting a flawed grasp of what her life should be, and be about—a grasp that is childish, or grossly materialistic, or shortsighted, or shallow.

I said "*may* thereby": this *need* not be so. Consider, for instance, a woman who has already had several children and fears that to have another will seriously affect her capacity to be a good mother to the ones she has—she does not show a lack of appreciation of the intrinsic value of being a parent by opting for abortion. Nor does a woman who has been a good mother and is approaching the age at which she may be looking forward to being a good grandmother. Nor does a woman who discovers that her pregnancy may well kill her, and opts for abortion and adoption. Nor, necessarily, does a woman who has decided to lead a life centered

---

14. I take this as a premise here, but argue for it in some detail in my *Beginning Lives* (Oxford: Basil Blackwell, 1987). In this connection I also discuss adoption and the sense in which it may be regarded as "second best," and the difficult question of whether the good of parenthood may properly be sought, or indeed bought, by surrogacy.

around some other worthwhile activity or activities with which motherhood would compete.

People who are childless by choice are sometimes described as "irresponsible," or "selfish," or "refusing to grow up," or "not knowing what life is about." But one can hold that having children is intrinsically worthwhile without endorsing this, for we are, after all, in the happy position of there being more worthwhile things to do than can be fitted into one lifetime. Parenthood, and motherhood in particular, even if granted to be intrinsically worthwhile, undoubtedly take up a lot of one's adult life, leaving no room for some other worthwhile pursuits. But some women who choose abortion rather than have their first child, and some men who encourage their partners to choose abortion, are not avoiding parenthood for the sake of other worthwhile pursuits, but for the worthless one of "having a good time," or for the pursuit of some false vision of the ideals of freedom or self-realization. And some others who say "I am not ready for parenthood yet" are making some sort of mistake about the extent to which one can manipulate the circumstances of one's life so as to make it fulfill some dream that one has. Perhaps one's dream is to have two perfect children, a girl and a boy, within a perfect marriage, in financially secure circumstances, with an interesting job of one's own. But to care too much about that dream, to demand of life that it give it to one and act accordingly, may be both greedy and foolish, and is to run the risk of missing out on happiness entirely. Not only may fate make the dream impossible, or destroy it, but one's own attachment to it may make it impossible. Good marriages, and the most promising children, can be destroyed by just one adult's excessive demand for perfection.

Once again, this is not to deny that girls may quite properly say "I am not ready for motherhood yet," especially in our society, and, far from manifesting irresponsibility or light-mindedness, show an appropriate modesty or humility, or a fearfulness that does not amount to cowardice. However, even when the decision to have an abortion is the right decision—one that does not itself fall under a vice-related term and thereby one that the perfectly virtuous could recommend—it does not follow that there is no sense in which having the abortion is wrong, or guilt inappropriate. For, by virtue of the fact that a human life has been cut short, some evil has probably been brought about,[15] and that circumstances

---

15. I say "some evil has probably been brought about" on the ground that (human) life

make the decision to bring about some evil the right decision will be a ground for guilt if getting into those circumstances in the first place itself manifested a flaw in character.

What "gets one into those circumstances" in the case of abortion is, except in the case of rape, one's sexual activity and one's choices, or the lack of them, about one's sexual partner and about contraception. The virtuous woman (which here of course does not mean simply "chaste woman" but "woman with the virtues") has such character traits as strength, independence, resoluteness, decisiveness, self-confidence, responsibility, serious-mindedness, and self-determination—and no one, I think, could deny that many women become pregnant in circumstances in which they cannot welcome or cannot face the thought of having *this* child precisely because they lack one or some of these character traits. So even in the cases where the decision to have an abortion is the right one, it can still be the reflection of a moral failing—not because the decision itself is weak or cowardly or irresolute or irresponsible or light-minded, but because lack of the requisite opposite of these failings landed one in the circumstances in the first place. Hence the common universalized claim that guilt and remorse are never appropriate emotions about an abortion is denied. They may be appropriate, and appropriately inculcated, even when the decision was the right one.

Another motivation for bringing women's rights into the discussion may be to attempt to correct the implication, carried by the killing-centered approach that insofar as abortion is wrong, it is a wrong that only women do, or at least (given the preponderance of male doctors) that only women instigate. I do not myself believe that we can thus escape the fact that nature bears harder on women than it does on men,[16] but virtue theory can certainly correct many of the injustices that the emphasis on women's rights is rightly concerned about. With very little amendment, everything that has been said above applies to boys and men too. Although the abortion decision is, in a natural sense, the woman's decision, proper to her, boys and men are often party to it, for well

---

is (usually) a good and hence (human) death usually an evil. The exceptions would be (*a*) where death is actually a good or a benefit, because the baby that would come to be if the life were not cut short would be better off dead than alive, and (*b*) where death, though not a good, is not an evil either, because the life that would be led (e.g., in a state of permanent coma) would not be a good. (See Foot, "Euthanasia.")

16. I discuss this point at greater length in *Beginning Lives*.

or ill, and even when they are not, they are bound to have been party to the circumstances that brought it up. No less than girls and women, boys and men can, in their actions, manifest self-centeredness, callousness, and light-mindedness about life and parenthood in relation to abortion. They can be self-centered or courageous about the possibility of disability in their offspring; they need to reflect on their sexual activity and their choices, or the lack of them, about their sexual partner and contraception; they need to grow up and take responsibility for their own actions and life in relation to fatherhood. If it is true, as I maintain, that insofar as motherhood is intrinsically worthwhile, being a mother is an important purpose in women's lives, being a father (rather than a mere generator) is an important purpose in men's lives as well, and it is adolescent of men to turn a blind eye to this and pretend that they have many more important things to do.

Conclusion

Much more might be said, but I shall end the actual discussion of the problem of abortion here, and conclude by highlighting what I take to be its significant features. These hark back to many of the criticisms of virtue theory discussed earlier.

The discussion does not proceed simply by our trying to answer the question "Would a perfectly virtuous agent ever have an abortion and, if so, when?"; virtue theory is not limited to considering "Would Socrates have had an abortion if he were a raped, pregnant fifteen-year-old?" nor automatically stumped when we are considering circumstances into which no virtuous agent would have got herself. Instead, much of the discussion proceeds in the virtue- and vice-related terms whose application, in several cases, yields practical conclusions (cf. the third and fourth criticisms above). These terms are difficult to apply correctly, and anyone might challenge my application of any one of them. So, for example, I have claimed that some abortions, done for certain reasons, would be callous or light-minded; that others might indicate an appropriate modesty or humility; that others would reflect a greedy and foolish attitude to what one could expect out of life. Any of these examples may be disputed, but what is at issue is, should these difficult terms be there, or should the discussion be couched in terms that all clever adolescents can apply correctly? (Cf. the first half of the "major objection" above.)

Proceeding as it does in the virtue- and vice-related terms, the discussion thereby, inevitably, also contains claims about what is worthwhile, serious and important, good and evil, in our lives. So, for example, I claimed that parenthood is intrinsically worthwhile, and that having a good time was a worthless end (in life, not on individual occasions); that losing a fetus is always a serious matter (albeit not a tragedy in itself in the first trimester) whereas acquiring an appendectomy scar is a trivial one; that (human) death is an evil. Once again, these are difficult matters, and anyone might challenge any one of my claims. But what is at issue is, as before, should those difficult claims be there or can one reach practical conclusions about real moral issues that are in no way determined by premises about such matters? (Cf. the fifth criticism, and the second half of the "major criticism.")

The discussion also thereby, inevitably, contains claims about what life is like (e.g., my claim that love and friendship do not survive their parties' constantly insisting on their rights; or the claim that to demand perfection of life is to run the risk of missing out on happiness entirely). What is at issue is, should those disputable claims be there, or is our knowledge (or are our false opinions) about what life is like irrelevant to our understanding of real moral issues? (Cf. both halves of the "major criticism.")

Naturally, my own view is that all these concepts should be there in any discussion of real moral issues and that virtue theory, which uses all of them, is the right theory to apply to them. I do not pretend to have shown this. I realize that proponents of rival theories may say that, now that they have understood how virtue theory uses the range of concepts it draws on, they are more convinced than ever that such concepts should not figure in an adequate normative theory, because they are sectarian, or vague, or too particular, or improperly anthropocentric, and reinstate what I called the "major criticism." Or, finding many of the details of the discussion appropriate, they may agree that many, perhaps even all, of the concepts should figure, but argue that virtue theory gives an inaccurate account of the way the concepts fit together (and indeed of the concepts themselves) and that another theory provides a better account; that would be interesting to see. Moreover, I admitted that there were at least two problems for virtue theory: that it has to argue against moral skepticism, "pluralism," and cultural relativism, and that it has to find something to say about conflicting requirements of different virtues.

Proponents of rival theories might argue that their favored theory provides better solutions to these problems than virtue theory can. Indeed, they might criticize virtue theory for finding problems here at all. Anyone who argued for at least one of moral skepticism, "pluralism," or cultural relativism could presumably do so (provided their favored theory does not find a similar problem); and a utilitarian might say that benevolence is the only virtue and hence that virtue theory errs when it discusses even apparent conflicts between the requirements of benevolence and some other character trait such as honesty.

Defending virtue theory against all possible, or even likely, criticisms of it would be a lifelong task. As I said at the outset, in this article I aimed to defend the theory against some criticisms which I thought arose from an inadequate understanding of it, and to improve that understanding. If I have succeeded, we may hope for more comprehending criticisms of virtue theory than have appeared hitherto.

Methods of bioethics: Some defective proposals

R.M. HARE

1. In these days of intense academic competition, which is supposed to keep us all on our toes, one has to publish or be damned; and for advancing one's career it is more important that what one publishes should be new, than that it should be true. Often it is not as new as one thinks it is; sometimes, if one looks back to the great philosophers of the past, one finds that one's bright new ideas have been anticipated by them. This has happened often enough to me.

As to being true, that is not so difficult. Most philosophical truths are fairly obvious, though people obscure them by their inability or unwillingness to express themselves clearly. The difficult thing is to grasp the whole truth. If one takes a number of supposedly divergent theories on almost any philosophical question, one will find in each of them some points which are right, and some which are wrong. Those who criticize these theories often rightly attack the points that are wrong, but do not see that not everything in a theory is wrong; it also, usually, has hold of important truths. So, in putting forward their own opposing theories, these philosophers discard the good with the bad, denying truths that their victims had grasped. So they too land themselves in a mixture of truth and error.

The difficult thing, as I said, is to grasp the whole truth. This entails carefully disentangling the truths from the errors in *all* the theories one studies. It is the mark of the good philosopher to be able to do this. All philosophers can profit from the advice that I regularly give to my students: pinch your opponents' clothes. That is, find out what is right about what they are saying, and say it yourself. You will then be less exposed to their counter-attacks. You will end up, as I have ended up, as an eclectic - not the sort of eclectic that borrows thoughts from all and sundry without seeking to make them consistent with one another, but the sort that sees that these thoughts are true, *and* that they can all be consistently held simultaneously. It is very difficult to be this kind of eclectic. It requires, above all, great clarity of thought and precision of expression.

I have called this paper 'Methods of Bioethics'. I could have called it, following Sidgwick, simply 'Methods of Ethics', because the appropriate methods for bioethics are not, so far as I can see, going to differ from those appropriate for ethics or moral philosophy in general. But in attending to a branch of applied ethics like bioethics, we have brought home to us a requirement of which those who propound ethical theories seem often to be unaware: the requirement to say something that will help us answer important practical moral questions, on our answers to which lives may depend. I shall be showing later that many of the theories that have recently won fame for their inventors are not of much use for this purpose.

In order to explain the scope of this paper, I need to distinguish between different kinds of thing that have been called ethical or moral theories. In order to keep within my time limit, I shall leave one of these kinds on one side, although it contains the more serious and useful sorts of ethical theory. I can do this, because I have written extensively about such theories in other places (H 1987, 1995). I mean theories about the

© Copyright 1994 RM Hare

nature and logical properties of the moral concepts, or the meanings of the moral words. This, I am convinced, has to be what we start with in any serious study of moral reasoning. But the advocates of the views I shall be discussing say little about ethical theory in this narrow sense. Perhaps if they did study these issues they would do more good. Ethical theories in the narrow sense, those that I shall be leaving aside, are such as naturalism, intuitionism, subjectivism, emotivism and my own prescriptivist theory. These theories are grappling with serious problems about the logic of moral reasoning - problems which we have to solve if we are to make any progress in it. But, as I said, the theories I shall be discussing do not move in that world.

2. Enough, then, for these very general remarks. I will now give some examples, from moral philosophy, of how people can be led into error by denying truths which they only deny because the truths are tangled up, in the writings of those who have grasped them, with errors, and it is hard to disentangle the truths from the errors.

I will start with an example which I can deal with briefly, because it is a fairly familiar one and I have discussed it before, though many people seem not to have taken in what I said (H 1981: 36, 39). This is the theory commonly known as situation ethics. Admirers of the existentialists often say the same sort of thing. The situation ethicists have hold of an important truth, that one has to judge each situation on its merits. Situations differ one from another, and the differences may be morally relevant. One cannot assume that they are not. But the situation ethicists go on from asserting this truth to asserting a dangerous falsehood. They say that in morals one cannot appeal to what they call 'general principles' or 'general rules'.

In order to see what is wrong with this, one has to make a distinction of which, even now, many of our philosophical colleagues seem to be unaware. This is the distinction between universality and generality. Many people think that 'universal' and 'general' mean the same. Most philosophers do indeed use them as if they meant the same. Aristotle was, I think, the first offender, because he used his expression *kath' holou*, usually translated, indiscriminately, 'general' and 'universal', without making clear that the term can have two entirely different meanings (see H 1972). In his *Ethics*, for example, he sometimes uses it in a quite different way from his use in his logical works (contrast, e.g., *EN* 1076b 13 with *An. Post.* 74a 25 ff.)

Consider the two statements, that one ought never to tell lies, and that one ought never to tell lies to one's business partners. Both these statements are universal. They start with a universal quantifier ('never') and contain no individual references. They apply, the first of them to anyone who says anything, and the second of them to anyone who says anything to a business partner of his. But the second is less general than the first. It is more specific, though no less universal.

We can now see the first thing that is wrong with what the situation ethicists say. 'Considering each situation on its merits' does entail not judging it by the simple application of very general rules or principles. The situation ethicists have a point there. But it does not entail refusing to judge it on highly specific but still universal principles. Suppose one goes into the utmost detail about the specifics of a situation, carefully noticing all the features of it which might be morally relevant. Suppose, even, if that were possible, that one describes the situation at enormous length, leaving out nothing that could possibly be relevant to a moral decision about it. Suppose, for example, that it is a situation in a short story - or even a very long story in several volumes. And suppose that one comes to a decision as to what one of the characters ought to have done at some point in the narrative. The moral statement that one then makes is still universal, logically speaking. It can begin with a universal quantifier, and not contain individual constants or references to individuals. It can say that anyone of a certain kind, in a situation of a certain kind (the kinds being as minutely specified as you like) ought to do a certain thing.

It is true that the character is represented in the story as an individual. But in order to represent him (or her) the novelist has to describe him. And the descriptions have all to be in universal terms, because there are no other terms available for the purpose. We cannot identify the person by pointing at him. What we have in the novel is a description, in universal terms, of a person of a very minutely specified kind, in a situation of a very minutely specified kind. Any moral statement that we make about him (or her) has to be of the form, that a person of that kind in that kind of situation ought to act in such and such a way.

The confusion between universality and generality, which I have been exposing, leads people to think that if one makes a universal judgement about a situation, one must be making a very general judgement about it. This is not so. The judgement can be specific enough to take in any details of the situation that anybody thinks relevant. Only a victim of the confusion I have been exposing will think that a statement cannot at the same time be universal and highly specific.

There is a lot more to be said on this topic, and many more mistakes that need to be pointed out. But since I have done this in other places (H 1972, 1981: 41), I can skip it now. I shall be explaining later how it is that, though we have to consider each situation on its merits, rather simple and general principles do, all the same, have a use in our moral thinking (H 1981: 35 ff., 43 ff.). I shall not have time to explain why it is important to have regard to universal but highly specific principles, although in the actual world no two situations are ever exactly alike (H 1981: 42). And I shall omit here any discussion of the familiar confusion between singular prescriptions like 'He ought to keep his promise to her' and universal relational prescriptions like 'One ought to keep one's own particular promises to the individual to whom one has made them'. The second, like 'One ought to be faithful to one's own wife', is a universal prescription, even though in most countries one can have only one wife (see H 1992).

3. I come now to my next example of a theory that has hold of part of the truth, but combines it with serious errors through denying other parts of the truth. This is the theory known as 'virtue ethics'. Its adherents often appeal to the authority of Aristotle, and repudiate that of Kant; but I very much doubt, after reading those great philosophers, whether the virtue ethicists have hold of the whole truth even about what they actually said.

An ethics of virtue is often contrasted with an ethics of duty, or with an ethics of principle. Let us consider first the alleged contrast between virtues and principles. The contrast is supposed to be between having good states of character (which is what virtues are) and following good or right principles. But suppose we ask some proponent of virtue ethics to tell us what one would have to do, or what states or dispositions of mind or of feeling one would have to cultivate, in order to acquire virtue. To answer this question, he will have to describe the states or dispositions, or the actions to which they lead. But now we have to ask, what is the difference between such a description, and a statement of the principles for living a good life. I cannot see any. It looks as if any ethics of virtue would have to borrow extensively from an ethics of principle in order even to tell us what virtue consists in.

To put it another way: suppose we have a description of one way of being virtuous (there are no doubt many ways). By a very simple grammatical manoeuvre, one can change the mood of this descriptive statement and put it into the imperative. It will then be a prescription. Or one could change it instead into an 'ought'-statement; it will then be another kind of prescription. Both these prescriptions will be different kinds of principles. They will be principles prescribing how one should behave, and how one should be feeling, in certain kinds of situation. Behaving and feeling like that is one way of displaying virtue. Neither an ethics of virtue nor an ethics of principle has to assume, though many do assume, that there is only one way of leading a good life. Both virtues and principles could be like recipes in a cookbook; one does not have to cook them all at the same time. It is another question whether the good life is like that (that is, whether there are alternative possible kinds of good life); but that is a question which affects both an ethics of virtue and an ethics of principle, so I do not need to discuss it now.

It is not surprising, in the light of what I have said, that Aristotle has a lot to say about principles, and Kant a lot to say about virtues (he devoted, after all, half of his *Metaphysic of Morals* to his *Tugendlehre* (*Doctrine of Virtue, Tgl.*). These great philosophers were not so one-sided as their modern self-styled disciples. To illustrate Aristotle's belief in principles, we have only to notice that the first premisses of his practical syllogisms were universal prescriptions, that is, principles - though not all of them were moral principles (e.g. 1147a 31). For Aristotle the better sort of people are those who 'desire and act in accordance with a rational principle'. They are contrasted with those immature people who 'live and pursue things in accordance with feeling' (1095a 8-10). And in the most famous passage of all he says, rightly, that virtue itself is 'a disposition governing our choices, lying in a mean, which is determined by a rational principle' (1107b 36). The word I have translated 'rational principle' is *'logos'* - the same word he uses for describing the universal prescriptions that form the first premisses of his practical syllogisms (see, e.g. EN 1147b 1 ff. They are the verbal expressions of the dispositions or traits of character that make us act as we do. But feelings are not left out of Aristotle's account. The mean is exhibited in feelings and in actions (1104b 13, 1106b 24, 1109b 30). Nor does Kant leave feelings out. His view is simply that the mere feeling without corresponding action is not enough, as he makes clear in his contrast between what he calls (unfortunately to modern ears) 'pathological' and 'practical' love (Gr. BA13 = 399; Tgl. A118 f. = 449 f.). 'Pathological' means, of course, consisting in having pathê, or feelings. Kant never denies that feeling is supportive of action, nor that it is important to have the right feelings. He says that one can do the right thing, fulfilling one's duty, even if one does not have them; but of course he could agree that this is much more difficult.

If virtue is contrasted with duty, the same happens. 'Duty' is thought nowadays, though it was not in either Kant's or Aristotle's days, to be a somewhat pompous expression. But Nelson was not being pompous when he said that England expected every man to do his duty. Come to that, 'virtue' is a pretty pompous expression too, if one uses it that way. When Aristotle says that both with virtuous action and with virtuous habits of mind it is a question of 'when one ought, and under what conditions, and towards whom and for what purpose and in what manner' (1106b 22), he was speaking of duty, or of what one ought to do or feel. One has a duty to cultivate the right feelings and to do the right actions. I can see no essential difference from Kant here. To delineate virtue is to say <u>what</u> feelings one ought to cultivate, and what actions one ought to do. This is a delineation of our duties, and requires statements of moral principles. The virtue ethicists, it appears, have, perhaps in the interests of novelty, been making a distinction without a difference. At the most they are emphasizing the importance of character for the moral life; but did Kant deny this?

4. Feelings are also stressed, to the exclusion of much else that is important, by the advocates of what we may call 'caring ethics'. I include in this class such writers as Gilligan (1982, and see refs. in Blum 1988) and Noddings (1984), as well as more professional philosophers like Lawrence Blum, who has written a good book in a somewhat similar vein (1980). He has also published recently an article explicitly supporting Gilligan (1988). Though I shall not have room to discuss Blum's arguments in detail, I must say that I think his choice of antagonists was a pity. Neither Gilligan nor Kohlberg is a very clear thinker, important as their ideas are. I do not know Gilligan, but I knew Kohlberg quite well and learnt a lot from him. However, he lacked the analytical skills to give a clear account of his higher stages of development. In particular, I think he failed to make clear the crucial distinction between universality and generality that I explained earlier. As a result he gets accused by Gilligan, not unfairly, of putting in his highest stage of development people whose morality depends on very general rules, and of neglecting the special relations (especially of caring) that we ought to have with particular people. But there is nothing in the universalizability of moral judgements to prevent our being guided in our actions by very specific attachments to particular people with whom we have formed caring relations. I would not myself put in the highest moral class people who cannot manage this. I have already spoken about the confusion (that between singular prescriptions and universal relational prescriptions) involved here.

The fault of the advocates of caring, as before, is not that the virtues they emphasize are not virtues. Everyone can agree that caring, and friendship on which Blum lays so much stress, are important features of the morally good life. Helga Kuhse, in an important paper (1993), has pointed out the baffling ambiguity of the notion of caring, which its advocates have not done enough to clear up. She also points out how little guidance the notion, even if clarified, gives to our moral decisions as to what actually to do when faced with difficult choices. But the main fault of the proponents of caring ethics is that they give a completely unfair and unbalanced caricature of the views they are attacking. One would think from the way they write that no philosophers before them had said anything about caring.

Gilligan thinks that the lack of attention to caring is a symptom of male domination of philosophical thought. Peter Singer has a useful discussion of the relation between gender and approaches to philosophy in his new book (1993). It has to be admitted that nearly all famous philosophers until recently have been male; but it is simply not true that they have ignored caring and friendship. People who think they have might start by reading Anthony Price's excellent book *Love and Friendship in Plato and Aristotle* (1989), and looking at the texts he refers to. Aristotle *EN* 1168a 28 - 69b 2 is especially relevant. After that they might go on to what Hume says about sympathy (1739, bk.2, pt. 1, sec. 11). Even Kant thought that we ought to treat the ends of other people as if they were our own. He says that we shall not be treating humanity as an end in itself, 'unless every one endeavours also, so far as in him lies, to further the ends of others' (*Gr.* BA69 = 430). If that is not caring, I do not know what is.

I shall be arguing later that it is quite easy to accommodate caring within a Kantian framework, as I have tried to do. I shall be arguing also, as I have argued elsewhere (H 1993a), that there is no inconsistency between a carefully formulated Kantianism and a carefully formulated utilitarianism. Within such a framework the carers can have all the caring they need or desire; only they must not think (and I do not suggest that they do think) that caring is the whole of morality. Blum in particular is very fair about this; he thinks he is simply redressing the balance; but it needs to be asked whether he is not actually (again in the interests of novelty) tilting it too far in the opposite direction.

This is particularly clear if we consider what the carers say about impartiality. Wishing to stress the importance for the moral life of caring relationships, and recognizing the obvious fact that we cannot have such relationships with everybody, they are in danger of neglecting another important aspect of morality, namely justice and the impartial pursuit of the common good. What are we to say of the doctor who cares so much for his children that he holds back supplies of badly needed drugs in scarce supply so as to have a reserve for them? To this question too I shall return; it will prove not so difficult to answer once we have a balanced account of morality as a whole.

5. The last group of theories I shall have time to consider is that known as 'right-based' or 'rights-based' theories. The best discussion of these that I know is in Mackie 1978. There are many varieties of them, but what is common to them is the thought that we can found the whole of morality on an appeal to people's rights. This kind of theory too grasps one part of the truth but neglects other equally important parts. It is certainly true that rights play a significant part in morality (H 1989b: 79-120). Nobody ought to want to get rid of them. But all the same the appeal to rights has been much abused recently, owing to the idea that one can claim a right without producing any argument to show that one has it. Such right-claims rest in the end on nothing but the claimant's intuitions (some would say 'prejudices'). We have reached a stage at which, if anybody has a mind to something, he will say he has a right to it. Without a secure way of determining who has rights to what, disputes about rights will never end. And it is certainly going to be impossible to base morality on rights, if they themselves are based on nothing but hot air.

Wayne Sumner has written an excellent book about this question (1987), which I recommend to anybody who wishes to understand how to argue for rights. He comes to a conclusion with which I agree almost entirely, that the most satisfactory foundation for rights is a consequentialist one. I would put it by saying that we ought to acknowledge those rights whose recognition and preservation does the best for all those affected, considered impartially. But I shall return later to the details of this suggestion.

6. I have had time to list only a few of the ethical theories that have been popular recently; and my treatment of them has been very cursory. I will now go on to show how they all fall down through ignoring important parts of the truth about morality. After that I shall show how to fill in the whole picture, and thus give the supporters of these theories what they are after, without neglecting the truths which they neglect.

The situation ethicists, with whom I started, say that we have to consider each situation on its merits. But they do not say how we are to judge the merits of situations. In default of some method for judging, everybody will be at liberty to say what they feel like saying. It is hard to see how any method for judging situations can get far without giving reasons for judging them one way rather than another. And any statement of the reasons is bound to bring in principles - not the very simple general principles that the situation ethicists so dislike, but universal principles all the same. If it is a reason for banning a drug from public sale that it could endanger life, then that is because of a principle that drugs which endanger life ought not to be on public sale. Of course reasons can be much more complicated than that; but they will have to state certain features of situations which make it right to do this or that; and these features will always have to be described in universal (though not always highly general) terms.

Even rather general principles, however, have their uses. If we had to scrutinize every situation de novo, we should have no time to make many decisions in the course of our lives. What sensible people do is to form for themselves some fairly general principles to deal with the general run of cases, and reserve their attention for scrutinizing the difficult cases in more detail. But I shall be returning to this point.

Situation ethics does not do much good for bioethics beyond that of deterring us from oversimplification of the issues. Once we get into the really difficult problems, we find ourselves driven to give reasons for our opinions. We have, indeed, to look carefully at particular cases; but after we have done that we shall want to learn from these cases principles that we can apply to other cases. Cases differ from one another, no doubt; but that does not mean that we cannot learn from experience. The salient reasons for one decision may also be important for another decision. So, while avoiding oversimplification and too rigid general rules, we can still, and good medical practitioners do, form for ourselves and others general guidelines for the future. These guidelines have to be to some degree general, or they will apply to only one situation, and be useless for preserving the lessons of experience for later situations. I shall be coming back later to the different roles in bioethics of general principles and the careful examination of particular cases.

7. Virtue ethics, which I mentioned next, falls down for a different reason; it ignores another part of the truth about morality. It shares this fault with a type of ethical theory that in other respects might be thought antagonistic to it, namely that of a typical intuitionist deontologist who believes in the ultimacy of duties. Both of these kinds of theory are exposed to the question, 'How do we decide what are duties or virtues?'. We should most of us agree that there are duties and that there are virtues, and that both are important in morality; but it is no use the moralist saying to us just that we have to acquire virtues or perform our duties; the difficult part of morality is knowing what these are. I have written a lot in other places (H 1981: 10, 1995) about intuitionism and its failings, so I will not repeat it now. I shall be coming back later to my way of meeting this deficiency in both virtue ethics and intuitionist deontology. But it should be obvious already that neither theory is going to do much for bioethics unless it can tell us how to answer what I said is the difficult question. If we do not know what traits of character are virtues, we obviously cannot know what we have to do in order to display them.

There is also another fault in virtue ethics, which, however, may not affect all varieties of it. It does not affect Aristotle, but then that is because he is much more than a virtue ethicist. This is the fault of concentrating attention on the character of the moral agent, and diverting it from the scrutiny of what he actually does. It is possible for very virtuous people to do terrible things - and not necessarily by mistake or inadvertence.

Let me take the example of a very devout Roman Catholic missionary, a saintly man, who accepts wholeheartedly the teaching of his church about contraception. He therefore does all he can to stop the government of the African country in which he works, and in which he has some influence, from encouraging the provision of contraceptives. If successful in this, he will be contributing to the population explosion and to the keeping of women in subjection, which, we may agree, are great evils. But we may still think him a very good, though misguided, man. Devout Roman Catholics will not like this example; but they can easily find others which illustrate the same point.

The point is that very good people sometimes do things which they ought not to do, and we must preserve the possibility of saying this. If I were to confine my moral thinking to the improvement or at least preservation of my own good character, I might sometimes fail to question the morality of my <u>acts</u>. Aristotle is immune to this danger, because he explicitly says that nobody would have even a prospect of becoming good by <u>not</u> doing good acts (1105b 11). A person becomes upright by doing upright acts (1105b 9); and this can be taken in two senses; doing upright acts is <u>part</u> of the qualification for being <u>called</u> upright, and doing upright acts is a way of <u>making</u> oneself into an upright person (1103a 32 ff.). It is not the <u>whole</u> of the qualification, for the acts have to be done <u>because</u> one is that sort of person (1105a 30). But for Aristotle, nevertheless, right action is a necessary condition for virtue. Like Kant, and like any balanced moralist, he appreciates the intimate link between character and action in morality. I shall be returning to the nature of this link.

8. The third on my list of ethical theories I called 'caring ethics'. If all that the proponents of such theories did was to encourage us to be more caring, in most of the senses of that ambiguous word, we could applaud them for that. But caring people, like virtuous people of all kinds, can do wrong things. I mentioned earlier the example of a doctor who cares so much for his children that he deprives other doctors' patients of drugs that are in short supply. We might condemn him even if the beneficiaries were not his children but his own patients. If there is in force a fair system for distributing the drugs, we might think that he ought not to try to cheat the system. We should say the same about a nurse who found that she was caring so much for one of her patients that she neglected the others. It is a difficult question, how to reconcile the duties or virtues of caring and justice. Many of the most difficult issues in bioethics hinge on this question, to which I shall be returning.

9. The last class of theories that I mentioned was that of rights-based theories. We have already noticed one of their faults, that they commonly give no way of deciding what rights people have. But, apart from this, it is hard to see how a rights-based theory could cover all that we want to say by way of moral judgements. Some of the aspects of morality that such theories leave out are, indeed, those emphasized by the other theories we have been discussing. For example, it is hard to see how a rights-based theory can give an adequate account of caring or of virtue. A virtuous person is much more than someone who respects other people's rights, and caring for someone is much more than not infringing his (or her) rights. So here again we have a one-sided theory which emphasizes part of the truth about morality to the exclusion of other equally important parts. An adequate theory, such as I shall be sketching shortly, will cover all these aspects of morality. It is not difficult to do this, once the structure of moral thinking is understood.

A rights-based theory is likely also to give an inadequate account of yet other moral notions besides those emphasized by caring ethics and virtue ethics. It will find it hard to give a full account even of duties. Most moral systems contain duties which are not duties to anybody, and which therefore generate no rights. For example, many people think that we have a duty to develop our appreciation of great art and great music and great literature; but it is extremely strained to say that this is a duty to anybody - for example to ourselves, or to the artists or composers or writers, most of whom are dead. Nobody, therefore, has a right to have us appreciate these things.

The matter becomes even worse when we pass from the narrow notion of duty to the wider notion of what we morally ought to do. To cite a familiar example: if when driving on a dirty night I pass someone who needs a ride and does not look like a criminal, I might think that I ought to pick him up. But I am unlikely to think that I have a duty to him to pick him up, or that he has a right to be picked up. Such acts of kindness are not obligations, but we may all the same commend them morally. So again, something important has been left out.

10. It is time we turned from this fault-finding to something more positive. Is there a theory that can cover all the aspects of morality that these different theories emphasize? I shall argue that a carefully formulated combination of Kantianism and utilitarianism, such as I have advocated in my books, can do this. In case anyone thinks that Kantianism is incompatible with utilitarianism, I can now refer to a paper in which I argue that this is a mistake (H 1993a). Kant was not a utilitarian: he held views which no kind of utilitarian theory could justify (for example about punishment). But it is doubtful whether these views could be justified by his own theory either. If we look simply at his theory of the Categorical Imperative, it can be argued that this is compatible with a carefully formulated version of utilitarianism. What this version is, I have tried to explain elsewhere (H 1981).

The key to an understanding of all these problems is to see that moral thinking takes place at at least two levels. There is, first of all, the day-to-day level at which most of us do most of our moral thinking. I say 'moral thinking'; but a lot of what goes on at this level can hardly be dignified by the name of 'thinking' at all. If we have been well brought up, we often know at once what is right or wrong without doing any thinking. Philosophers call this knowledge of right and wrong that most of us have, 'moral intuition'. What intuitionists say about this intuitive level of moral thinking is mostly correct, except that they think that it is self-supporting, which it is far from being. Most of the difficult problems in moral philosophy arise because intuitions conflict: either the intuitions of one person, or the intuitions of different people. A different level of moral thinking is needed to settle these conflicts.

This higher level of moral thinking can be called the critical level. It cannot appeal to our intuitive sense of right and wrong to settle conflicts between intuitions, because that would obviously be arguing in a circle. The method of thinking to be employed in critical moral thinking is radically different from that appropriate to the intuitive level. Here we have to reason. How we have to reason remains, however, a matter for dispute. My own account of the method of moral reasoning at the critical level draws heavily on both the utilitarians and Kant, and is based on an analysis of moral language and its logical properties. It makes no appeal to moral intuitions at the critical level. However, I do not need to defend my view here, because the mere distinction between the two levels is enough to sort out our present problems, which arise mainly through neglect of the distinction.

The critical level of moral thinking is used, not only to settle conflicts between intuitions at the intuitive level, but to select the moral principles and (which comes, as we have seen, to the same thing) the virtues that we should seek to cultivate in our children and ourselves. On my own account of critical thinking, the selection is done by assessing the acceptance utility of the virtues and principles - that is, by asking what are on the whole the best for society to acknowledge and cultivate. Those who have absorbed these principles and acquired these virtues will have the corresponding intuitions about right and wrong, good and bad, and will also, unless overcome by temptations, follow the principles and display the virtues in practice. If the critical thinking has been well done, and if, therefore, the right virtues and principles have been chosen, the person who has them will be a person of good character, that is, a morally good person.

The structure that I have outlined is therefore able to give an account both of moral virtues and of moral principles. It has to be added, however, that for virtue or goodness of character it is not sufficient to do the right actions. As Aristotle saw, it is necessary that they should be done on the basis of settled dispositions, which <u>constitute</u> a person's character. The distinction between levels was anticipated by Aristotle, and indeed by Socrates and Plato. To have virtue properly so called, it is necessary to do <u>what</u> one ought to do, and to know <u>why</u> it is what one ought to do. In other words, <u>both</u> right actions and good dispositions, <u>and</u> the ability to explain why they are right and good (to give their *logos*) are necessary for virtue. The person who merely knows which actions are right and which dispositions are good, and does not understand why, lacks something, namely the intellectual virtue that Aristotle calls *phronêsis* and Plato and Socrates call *epistêmê* or understanding, as contrasted with mere right opinion. He can do only intuitive, but not critical thinking.

This two-level structure can therefore account adequately for the place of virtues <u>and</u> of principles <u>and</u> of duties in our moral thinking. But among the virtues are those on which caring ethics lays so much stress. To be a caring person is to have the disposition to feel sympathy for other people, especially when they are suffering, and to act accordingly. This is a very important virtue, but not the only one. Justice is also important, but is underemphasized by caring ethics. Sometimes justice requires us to be impartial between people for whom we care and people for whom we do not.

Here the distinction between levels is extremely important. The better of us have principles to be followed, and virtues to be exercised, at the intuitive level that require partiality to those for whom we care. A mother <u>should</u>, we think, give priority to the needs of her own children over those of other people's children. Doctors and nurses should devote themselves to their own patients more than to other peoples' patients. Partiality in caring is required by the intuitive principles that most of us have been taught, and probably these partial principles are sometimes innate. Here again we must avoid the confusion between singular prescriptions and universal relational ones.

However, this is all at the intuitive level. Partial principles at the intuitive level can be justified by <u>impartial</u> thinking at the critical level (H 1979, 1981; 135-40). If we were concerned impartially for the good of all children, we should want mothers to behave partially toward their own children and have feelings which made them behave in this way. We should want this because, if mothers are like this, children will be better looked after than if mothers tried to feel the same about other people's children as about their own. The same applies to doctors and nurses. Thus impartial critical thinking will tell us to cultivate partial virtues and principles. But it will also tell us to cultivate impartiality for certain roles and situations. These obviously include that of judges, but also those of anybody who has to distribute benefits and harms fairly, as doctors do when they have to divide scarce resources between their patients.

Lawrence Blum, whom I have mentioned already, considers the possibility that he can hive off the virtue of impartiality into these particular roles, and thus exclude it from other parts of morality (1980: 46). This is all right at the intuitive level. But, because he seems not to understand the importance of the distinction between the levels, he misses the point that impartiality is required in all thought at the critical level, even though this impartial critical thought will bid us be partial in certain roles at the intuitive level. He does indeed (1980: 59) consider the possibility that rule-utilitarianism (which is a kind of two-level theory) might make a distinction of levels, and thus seek to show that partial virtues should be cultivated because that is for the best for all considered impartially. But his book was published before my own book *Moral Thinking* (H 1981), and he probably had not come across earlier writings of mine in which I sketched a two-level theory that escapes the faults he finds in the cruder two-level theory he discusses (e.g. H 1976).

In that book I gave enormous emphasis to the place in moral thinking of empathy. Indeed, it is one of the crucial elements in the system of moral reasoning that I was constructing. In default of the ability to represent to ourselves fully what it is like to be the other people that our actions affect, we are not making our moral decisions with an adequate understanding of the facts of the situation in which we are acting. To enter fully into their situation, we have to think of them as if they were ourselves. And if we then universalize our prescriptions, we are led to treat their preferences as if they were our own preferences. This gets in all that the carers are asking for.

11. Coming now to rights-based theories: it is extremely easy to find a place for rights in the kind of two-level structure that I have been suggesting, but impossible to <u>base</u> the whole of morality on them. They have a place both at the intuitive level and at the critical level. I can be brief, because I have explained elsewhere (H 1981, ch. 9) what these places are. At the critical level we are constrained only by the formal requirement that we eliminate all individual references from our moral principles. That is, we must not give the fact that any particular person is in a particular position in a situation as a reason for a moral judgement. This has the consequence that we have to treat all individuals on a par - to give them equal concern and respect, as some writers say. None has a greater claim on us *qua* that individual. We could, if we wished, put this in terms of rights, saying that all individuals have a <u>right</u> to equal concern and respect.

However, it has been generally recognized that from this formal requirement no substantial or contentful rights can be derived. We have to reason, in accordance with the formal requirement, counting everybody for one, as Bentham said (cited in Mill 1861, ch. 5), or treating the ends of all others as our own ends, as Kant said (*Gr.* BA69 = 430). And what <u>substantial</u> principles we then select will depend on what ends the others have. For example, since nearly everyone has the end of not being killed, we are likely to have a principle giving them a right not to be killed.

But these substantial principles will all be for use at the intuitive level. They will be defeasible or overridable. For example, if some suffering terminal patient beseeches her doctor, as happened in a recent case in Britain, to end her misery, it would be foolish to base a ban on euthanasia on the right to life of the patient (H 1993b). The right exists because in nearly all cases people want not to be killed; in cases where a patient does want to be killed, can she not voluntarily waive the right, as we can most rights?

It will be found that by keeping substantial moral rights at the intuitive level, while preserving the formal right to equal concern and respect at the critical level, all the problems about conflicts of rights, and conflicts between rights and other duties, can be resolved. But since I have dealt with questions of rights and their place in morality at great length elsewhere (H 1989b: 79-120), I shall not go into any more details now.

12. I come back last to the theory with which I started, situation ethics. It is obvious that a distinction between levels can explain what is right and what is wrong about such a theory. Taken literally, the theory would require us to use critical thinking in all our moral decisions however straightforward. But usually we do not have time for this, nor, always, the necessary information about the consequences of alternative actions. We are also affected by personal bias, which, in spite of what some of the people I have discussed say, is often a source of wrong decisions.

So the sensible thing to do is to form for ourselves principles, and cultivate virtues, which in the general run of straightforward cases will lead us to do the right thing without much thought, and reserve our powers of deep thought for the awkward cases. If we do not have time for this deep thought when the decision confronts us, or if we do not then have the full information needed for a right decision, we can think about it afterwards, and perhaps modify our intuitive principles accordingly. When we do this critical thinking, we have to consider each situation on its merits and in detail, as the situation ethicists say we should. But it would be absurd and impracticable to do this on every occasion.

13. I will end by pointing out how important these considerations, which apply to all moral thinking, are for bioethics in particular. I have attended a lot of classes on medical ethics, such as the best medical and nursing schools make their students take. Often these classes have the form of a discussion of particular awkward cases in which doctors and others have to make agonizing decisions. The reason why they are agonizing is that principles that most of us accept conflict with one another.

For example, there are cases in which we cannot save a patient's life unless we do something to him without his consent, or even contrary to his express wishes. There is the principle requiring informed consent, and there is the principle bidding us save life if we can. Both are sound principles, but they are defeasible or overridable. The right way of handling such decisions is provided by the structure I have outlined. We have to decide what is the right decision in this case; and that entails examining the case on its merits and in detail. So far the situation ethicists are right. But what we decide in this case may well, and should, get incorporated into our general body of principles for use in the future. We may decide that one of the competing principles, though sound, has exceptions; and sometimes these exceptions need to be written into the rule as qualifications of it. That is what it is to learn from experience, as I said. The person who has been through such an agonizing decision ought to have learnt something, even though all situations, and all patients, are different.

In very awkward cases, we may have to use critical thinking, though our intuitive principles will probably help us decide what aspects of a case to think about first. But the cases are awkward precisely because they are not like the general run of cases, in which, if we have sound intuitive principles, they will guide us without too much thought.

Some of the cases will be awkward because different rights, whether rights of the same person or of different people, conflict. Because these rights are defeasible or overridable, we shall have to use critical thinking to determine which of them should yield in this particular case. And here again this may add to our wisdom for the future, if we incorporate the lessons of this case into our body of moral principles.

In other cases it may seem that what is required by duty conflicts with what is required by caring, or by the pursuit of some other virtue. These are all conflicts at the intuitive level; at the critical level they can be resolved by the application of the formal or logical requirements for moral thinking, in conjunction with the facts about the particular case, and especially the facts about what those affected by our decision prefer, or what their ends are. To understand these facts fully, empathy is required; otherwise we shall be making our decision in ignorance of what the outcome means for those affected. The caring ethicists do right to stress this.

It is at this higher level that the combination of Kantianism with utilitarianism that I have advocated comes into play. At the lower intuitive level we have to be guided by the sound principles that we have learnt, and by the virtues (including that of caring) that we have acquired. But when these sound principles and admirable virtues conflict in a particular case, we may need to have recourse to critical thinking to sort out the conflict, dangerous and agonizing as this may sometimes be. This thinking may even lead us to qualify one of the principles. If the students in the classes I have attended had known about the distinction between the levels of moral thinking, they would have found it easier to sort out their problems. But nobody had told them.

BIBLIOGRAPHY

Writings of R.M.Hare (preceded by 'H' in text):
1972 'Principles', *Proceedings of Aristotelian Society* 73, 1972/3. Repr. in H 1989a.
1976 'Ethical Theory and Utilitarianism', in *Contemporary British Philosophy 4*, ed. H.D.Lewis. Repr. in H 1989a.
1979 'Utilitarianism and the Vicarious Affects', in *The Philosophy of Nicholas Rescher*, ed. E.Sosa (Dordrecht, Reidel). Repr. in H 1989a.
1981 *Moral Thinking:its Levels, Method and Point* (Oxford, Oxford UP).
1987 'How to Think about Moral Questions rationally', *Critica* 18. Repr. in H 1989a.
1989a *Essays in Ethical Theory* (Oxford, Oxford UP).
1989b *Essays on Political Morality* (Oxford Oxford UP).
1992 'Universalizability', in *Encyclopedia of Ethics*, ed. L.Becker (New York, Garland).
1993a 'Could Kant have been a Utilitarian?', *Utilitas* 5. Also in *Kant and Critique*, ed. R.M.Dancy (Dordrecht, Kluwer, 1993).
1993b 'Is Medical Ethics Lost?' and letters, *Journal of Medical Ethics* 19.
1995 The Axel Hägerström Lectures (Uppsala, 1991), forthcoming. Original title, *A Taxonomy of Ethical Theories*. Provisional title, *Sorting out Ethics*.

Other Writings
Aristotle, *Nicomachean Ethics* (*EN*). Refs. to pages of Bekker edition. Refs are to this work unless otherwise indicated.
------- *Posterior Analytics* (*An. Post.*). Refs. to pages of Bekker Edition.

Blum, L. (1980), *Friendship, Altruism and Morality* (London, Routledge).
------- (1988), 'Gilligan and Kohlberg: Implications for Moral Theory', *Ethics* 99.
Gilligan, C. (1982), *In a Different Voice* (Cambridge, Mass. Harvard UP).
Hume, D. (1739), *A Treatise of Human Nature* (London, Noon).
Kant, I. (1785), *Grundlegung zur Metaphysik der Sitten (Gr.)*. Refs. to pages of original editions and of Royal Prussian Academy edition. Translation by H.Paton, *The Moral Law* (London, Hutchinson, 1948).
------- *Tugendlehre (Tgl.)*. Translation by M.Gregor, The *Doctrine of Virtue* (New York, 1964).
Kuhse, H. (1993), 'Caring is not enough: reflections on a nursing ethics of care', *Australian Journal of Advanced Nursing* 11.
Mackie, J.L. (1978), 'Can there be a Right-based Ethical Theory?', *Midwest St. in Ph.* 3. Repr. in his *Persons and Values (Oxford, Oxford UP,* 1985).
Mill, J.S. (1861), *Utilitarianism*.
Noddings, N. (1984), *Caring* (Berkeley, California UP).
Price, A. (1989), *Love and Friendship in Plato and Aristotle,* (Oxford, Oxford UP).
Singer, P. (1993), *How are we to live?* (Melbourne, Text Publishing Co.)
Sumner, L.W. (1987), *The Moral Foundation of Rights* (Oxford, Oxford UP).

Part VIII
The Ethics of Care

[23]

Two Perspectives:
On Self, Relationships, and Morality

NONA PLESSNER LYONS
Harvard University

Nona Plessner Lyons offers interview data from female and male children, adolescents, and adults in support of the assertions of Carol Gilligan (HER, 1977) that there are two distinct modes of describing the self in relation to others—separate/objective and connected—as well as two kinds of considerations used by individuals in making moral decisions—justice and care. She then describes a methodology, developed from the data, for systematically and reliably identifying these modes of self-definition and moral judgment through the use of two coding schemes. Finally, an empirical study testing Gilligan's hypotheses of the relationship of gender to self-definition and moral judgment is presented with implications of this work for psychological theory and practice.

Asked in the course of an open-ended interview to respond to the question, "What does morality mean to you?" two adults give different definitions.[1] A man replies:

> Morality is basically having a reason for or a way of knowing what's right, what one ought to do; and, when you are put into a situation where you have to choose from among alternatives, being able to recognize when there is an issue of "ought" at stake and when there is not; and then . . . having some reason for choosing among alternatives.

A woman responds:

> Morality is a type of consciousness, I guess, a sensitivity to humanity, that you can affect someone else's life. You can affect your own life, and you have the responsibility not to endanger other people's lives or to hurt other people. So morality is complex. Morality is realizing that there is a play between self and others and that you are going to have to take responsibility for both of them. It's sort of a consciousness of your influence over what's going on.

---

[1] Responses are taken from interview data of the sample and study described in full beginning on page 137.

In contrast to the man's notion of morality—as "having a reason," "a way of knowing what's right, what one ought to do"—is the woman's sense of morality as a type of "consciousness," "a sensitivity" incorporating an injunction not to endanger or hurt other people. In the first image of an individual alone deciding what ought to be done, morality becomes a discrete moment of rational "choosing." In the second image, of an individual aware, connected, and attending to others, morality becomes a "type of consciousness" which, although rooted in time, is not bound by the single moment. Thus, two distinct ways of making moral choices are revealed.

The representation in psychological theory of these two different images and ideas of making moral choices is the concern of this paper. One view has come to dominate modern moral psychology—the image of the person in a discrete moment of individual choice. The identification of a second image—the individual connected and attending to others—and the systematic description of both views from empirical data are presented in this work. In her critique of moral philosophy, Murdoch (1970), the British novelist and philosopher, indicates the importance of this investigation. She elaborates two issues raised by this second image of the self which apply as well to moral psychology: the need for a conception of self not limited to that of a rational, choosing agent, and a concern for acknowledging a conception of love as central to people and to moral theory.

Describing present-day moral philosophy as "confused," "discredited," and "regarded as unnecessary," Murdoch focuses on philosophy's idea and image of the self. Believing that modern moral philosophy has been "dismantling the old substantial picture of the self," Murdoch sees the moral agent reduced to an "isolated principle of will or burrowing point of consciousness." The self as moral agent, "thin as a needle, appears only in the quick flash of the choosing will" (pp. 47, 53). Murdoch rejects this classic Kantian image of the self as pure, rational agent. For her, moral choice is "as often a mysterious matter, because, what we really are seems much more like an obscure system of energy out of which choices and visible acts of will emerge at intervals in ways that are often unclear and often dependent on the condition of the system in between the moments of choice" (p. 54).

The picture of the self as ever capable of detached objectivity in situations of human choice is thus rejected by Murdoch. Yet this is the image assumed in Kohlberg's (1969, 1981) model of moral development. That model, which is a hierarchically ordered sequence of stages of moral judgment-making based in part on the pioneering work of Piaget (1932/1966), is the dominant model of modern moral psychology. In addition, Murdoch's challenge to philosophy "that we need a moral philosophy in which the concept of love, so rarely mentioned now . . . can once again be made central," can also be directed to moral psychology (1970, p. 46). Murdoch's assumption is that love is a central fact of people's everyday lives and morality. But modern moral psychology, grounded in the concepts of justice and rights, subsumes any notion of care or concern for another we might call love. It was Gilligan (1977) who first revealed this distortion of moral psychological theory.

Gilligan (1977, 1982), listening to women's discussions of their own real-life moral conflicts, recognized a conception of morality not represented in Kohlberg's work. To her, women's concerns centered on care and response to others. Noting too that women often felt caught between caring for themselves and caring for others, and characterized

Two Perspectives
NONA PLESSNER LYONS

their failures to care as failures to be "good" women, Gilligan suggested that conceptions of self and morality might be intricately linked. In sum, Gilligan hypothesized (1) that there are two distinct modes of moral judgment—justice and care—in the thinking of men and women; (2) that these are gender-related; and (3) that modes of moral judgment might be related to modes of self-definition.

The research described here includes the first systematic, empirical test of these hypotheses. This paper reports on the identification, exploration, and description from data of two views of the self and two ways of making moral choices. The translation of these ideas into a methodology made possible the testing of Gilligan's hypotheses.

The empirical data consist of responses of thirty-six individuals to questions asked in open-ended interviews designed to draw out an individual's conception of self and orientation to morality. The data were analyzed first for descriptions of self, then for considerations individuals presented from their own real-life moral conflicts, and finally for correlations between the two.

The first part of this article presents interview data on ways that individual males and females—children, adolescents, and adults—describe themselves. These data reveal two characteristic modes of describing the self-in-relation-to-others: a self separate or objective in its relations to others and a self connected or interdependent in its relations to others. Then, from individuals' discussions of their own real-life moral conflicts, two ways of considering moral issues are distinguished: a morality of rights and justice and a morality of response and care. These data are then used to develop two coding schemes, methodologies for systematically and reliably identifying peoples' modes of self-definition and bases of moral choice. Finally, results of the study designed to test Gilligan's hypotheses and a discussion of the implications of this work for psychological theory and practice are presented. Thus, this article moves between the discursive essay and the research report, to show the evolution of a conceptual framework based on peoples' real-life experiences, and the translation of that framework into a systematic methodology for analyzing data and testing hypotheses.

A social dimension emerges as central in this work: in each of the two images of people making moral choices, there is a distinct way of seeing and being in relation to others. Although Kohlberg has identified a developmental pattern of a morality of justice, he has not elaborated the connection between his conceptualization of moral development and an understanding of relationships. Because this present work assumes that an understanding of relationships is central to a conception of morality, it is not directly parallel to Kohlberg's, yet it does maintain an indebtedness to it.[2] Gilligan and her associates (Gilligan, 1977, 1982; Langdale & Gilligan, Note 1; Lyons, Notes 2, 3) have outlined, but only broadly, the developmental patterns of an orientation to care. What remains then is the task of examining the developmental patterns of a morality of justice and of care within a framework of relationships. This present work supports, modifies, and elaborates Gilligan's ideas and confirms Piaget's central insight that "apart from our relations to other people, there can be no moral necessity" (Piaget, 1932/1966, p. 196).

[2] Kohlberg's coding scheme focuses on analyzing moral judgments. It does not analyze the construction, resolution, and evaluation of moral choices, or considerations other than judgments in the resolution of conflict. In addition, it does not deal with real-life data, focusing instead on hypothetical moral dilemma data.

127

Data

When asked to talk about themselves, individuals differ in how they describe themselves in relation to others. Because these differences became central to the construction of the coding schemes for identifying modes of self-definition and moral choice, it is useful to look closely at the differences in the responses of adolescents, children, and adults. These data reveal two distinct conceptions of relationships, each characterized by a unique perspective toward others.

For two fourteen-year-olds taking part in an open-ended interview, the question was the same: "How would you describe yourself to yourself?" Jack begins:

> What I am? (pause) That's a hard one . . . Well, I ski—I think I'm a pretty good skier. And basketball, I think I'm a pretty good basketball player. I'm a good runner . . . and I think I'm pretty smart. My grades are good . . . I get along with a lot of people, and teachers. And . . . I'm not too fussy, I don't think—easy to satisfy, usually—depending on what it is.

Presenting ways by which he evaluates himself, Jack comments on how he measures up in terms of some ranking of abilities: good skier, basketball player, runner, pretty smart. Talking about his relations with others, Jack continues to focus on his abilities: "I get along with a lot of people and teachers."

Fourteen-year-old Beth's response begins as Jack's did with the activities that engage her; however, she then tells of the network of relations that connect her to others:

> I like to do a lot of things. I like to do activities and ski and stuff. I like people. I like little kids and babies. And I like older people, too, like grandparents and everything; they're real special and stuff. I don't know, I guess I'd say I like myself. I have a lot of stuff going on. I have a lot of friends in the neighborhood. And I laugh a lot.

The interviewer asks, "Why do you like yourself?" and Beth replies:

> I don't know. I think it's the surroundings around me that make my life pretty good. And I have a nice neighborhood and a lot of nice friends and older people. . . . We visit new people everywhere we go. And there's my grandmother, and every time I go to my grandmother's, she makes me see all her friends and stuff. And I think that helps me along the line, 'cause you get to know them, and it makes you more friendly.

The contrast between these two responses may not at first glance seem striking, but there is a difference between the images and ideas of each person's relationships to others. Jack connects himself to others through his abilities. Like his ranking of himself as a "pretty good skier" and a "good runner," Jack's way of relating to others is another measure of his abilities: "I get along with a lot of people and teachers." Jack's perspective toward others is in his own terms, through the self's "I." Beth's connection to others is through the people who make up her "surroundings"—nice friends, older people, little kids, and babies. Her connections *through* others are in turn *to* others: "My grandmother . . . she makes me see all her friends and stuff." Thus, Beth's perspective towards others is to see them in their own terms. She sees, for example, her grandmother with her own friends, in her own context. Further, Beth seems to see a circle of interdependence in these relationships: "And I think that helps me along the line, 'cause you get to know them, and it makes you more friendly." Although both young people discuss re-

Two Perspectives
NONA PLESSNER LYONS

lational topics that sound similar, they reflect different perspectives towards others: seeing others in their own terms, or through the self's perspective.

These different ways of seeing others also emerge in individuals' considerations when talking about moral conflict. When asked, "Have you ever been in a situation where you had to make a decision about what was right but you weren't sure what to do?" Jack relates an experience of being with a group of his peers who wanted to wax windows on Halloween. To an earlier question, "What makes something a moral problem?" Jack had replied, "Somewhere I have to decide . . . whether I should do this or not . . . whether it's right that I should do something or whether it's wrong." Now, talking about his conflicts about that Halloween, he echoes the earlier response: "I knew it wasn't right, but they, the kids, they would think, 'Oh, he's no fun, he doesn't want to do it, he's afraid he's going to get in trouble,' stuff like that." Urged by the interviewer to describe the consequence he considered when making his decision, Jack mentions 'getting in trouble,'" "my mother and father would have been upset by something like that—they wouldn't like it," and "if I didn't go, some of my friends would think . . . 'Well, he's no fun'." Jack also describes his major consideration in making a decision: "Well, you have to think about what would be right . . . and then . . . are you gonna stand up for what's right and wrong to your friends, or are you gonna let them—get you into going." Revealing that in the end he didn't go with his friends, he elaborates why: "I didn't think it was right . . . and if somebody wanted to wax my windows, I wouldn't like it, so I wasn't going to do that to someone else."

Through reciprocity Jack resolves this moral conflict. Asked if he had made the right decision, Jack replies, "Well . . . my parents would have been pleased that I had not gone. . . . If the kids had gotten into trouble, I would have known that I made the right decision, 'cause I wouldn't have wanted to have been in that group." When challenged, "What if no one knew about it?" Jack resorts again to his "principle" for choice: "I don't think you could think that was the right decision if you were to do that—to wax somebody's windows and go away thinking that was the right thing to do."

For Jack, the moral problem hinges on knowing what is right and acting on that in spite of pressures or taunts from his friends. Solving the problem, then, becomes a matter of thinking about what would be right and standing up to that. His reciprocity-based justification is derived from the self's perspective: 'If somebody wanted to wax my windows, I wouldn't like it, so I wasn't going to do that to someone else." Like the measure of self-in-relation-to-others found in his self-description, Jack sees and resolves moral conflict through the self's perspective.

Beth's moral problem arises from a different set of concerns as well as a different perspective towards others. First she narrates the events surrounding her conflict: "I had a decision to give up my paper route. And I had a decision over two people, like two people wanted it. And I didn't know what was the right decision." Asked to describe the conflicts for her in that situation, she says: "Well, some friends of the person that I said could not have the route were going against me and saying that, you know, 'You did it' and 'What a stupid thing to do, to give it to the other person.' The person got kinda upset, and kinda turned against me."

Reconstructing how she thought through the problem, Beth illuminates her way of thinking in choice:

129

> [at first] I was trying to think mostly who I thought was going to do better at it. I don't know, it kinda got me all upset because I didn't want to hurt somebody, one person's feelings by telling them they couldn't have it. And going to the other person and saying you can. I think that's mostly what bothered me.... And then it bothered me more when I thought of what person was mostly gonna get it, I was thinking, well, are they really gonna do a good job?... I didn't want anybody doing it that was gonna be nasty to anybody. Because I have some older people that I do on the route, and they like to talk to you and everything. And I didn't want to give it to anybody that was gonna walk away. I wanted them to get along.... I didn't want anybody getting in fights or anything.

As she envisions the elderly people on her paper route, Beth's decision turns on her considerations of their needs. The moral problem at first hinges on seeing the possible fractures between people and trying to avert them. Caught between wanting someone good for the paper route job and not wanting to hurt the person she had to turn down, Beth's concerns for relationships and for the welfare of others conflict.

Asked, "How did you know that it was the right decision?" Beth tells us how things worked out: "The person that was bad for the job finally realized that the person [chosen] was going to be a good person to do it." She also describes how she evaluates the decision: "I told my friends about it and my parents, and they said, 'Yeah.' And I told my paper route people that there was gonna be a new person, and they said 'Yeah,' they liked that person. And so I thought, 'Well, I think I did a pretty good job, if everybody's happy'." Beth measures the rightness of her choice by how things worked out. Having told her friends, parents, and "my paper route people," and having their concurrence, she finds in the restoration of relationships the validation of her choice.

Although Jack and Beth both wrestle with issues raised by friendships, two different kinds of moral problems concern them. Through two different perspectives—the perspective of self or the perspective of others—different problems arise and different resolutions are sought. These distinctions are found in data from younger children and adults as well.

Two eight-year-olds are asked, "How would you describe yourself to yourself?" Jeffrey answers in the third person, saying that "he's got blond hair" and "has a hard time going to sleep." He also focuses on abilities: "He learns how to do things; when he thinks they're going to be hard, he learns how to do them." Describing his way of relating to others, Jeffrey says, "He bugs everybody and he fights everybody," concluding with, "That's it. I'm lazy."

To the interviewer's question, eight-year-old Karen replies in the first person, "I don't know. I do a lot of things. I like a lot of things." Adding, "I get mad not too easy," she comments that she has "made a lot of new friends" and concludes, "And, um, I don't know if everyone thinks this, but I think I tell the truth most of the time."

Echoing themes of Jack, the adolescent, Jeffrey presents a measure of himself by abilities: "He learns how to do things; when he thinks they're going to be hard, he learns how to do things." Karen's observation that she has "made a lot of new friends" echoes adolescent Beth's self-description of her connection to the people surrounding her. It is in contrast to Jeffrey's "he bugs everybody and he fights everybody."

Themes in the real-life conflicts which the children report repeat those of the adolescents. Jeffrey talks with the interviewer about a real-life conflict. "Like when I really

want to go to my friends and my mother's cleaning the cellar. I don't know what to do."
Urged by the interviewer to say why this is a conflict, Jeffrey elaborates:

> 'Cause it's kinda hard to figure it out. Unless I can go get my friends and they can help me and my mother clean the cellar.
> *Why is it hard to figure it out?*
> 'Cause you haven't thought about it that much.
> *So what do you do in a situation like that?*
> Just figure it out, and do the right thing that I should do.
> *And how do you know what you should do?*
> 'Cause when you think about it a lot, then you know the right thing to do first.
> *How do you know it's the right thing?*
> 'Cause you've been thinking about it a lot.
> *Can you tell me how you think about it?*
> It's really simple if you think about it real quick. I think about my friends and then I think about my mother. And then I think about the right thing to do.

To the interviewer's question, "But how do you know it's the right thing to do?" Jeffrey concludes, "Because usually different things go before other things. Because your mother—even though she might ask you second—it's in your house."

For Jeffrey, having a rule—"different things go before other things"—allows him to resolve the dilemma of choice. Like Jack's use of the Golden Rule, Jeffrey finds a resolution to his conflict in the rule of "some things go first." For both Jack and Jeffrey it is through the self's perspective—the self's rule or standard—that moral conflict is cast and resolved.

Different issues concern eight-year-old Karen. She describes conflicts with friends: "I have a lot of friends and I can't always play with all of them, so I have to take turns. Like, they get mad sometimes when I can't play with them. And then that's how it all starts." Asked what kinds of things she considers when trying to decide with whom to play, Karen replies, "Um, someone all alone, loneliness. Um, even if they are not my friends, not my real friends, I play with them anyways because not too many people do that. . . . They never think of the right person."

Describing the "right person" as someone who is "quiet who . . . doesn't talk too much, who doesn't have any brothers or sisters," Karen, like Beth, tries to connect people to one another, "to make them feel more like at home." Asked to elaborate, Karen responds: "If a person's all alone . . . if that person never has anyone to talk to or anything . . . they are never going to have any friends. Like when they get older they are gonna have to talk. And if they never talk or anything, then nobody's going to know them. . . . If that person always stays alone, she's not going to have any fun."

For Karen, as for Beth, moral conflicts arise from having to maintain connections between people, not wanting people to be isolated, alone, or hurt. For both, resolutions are found by considering the needs of those involved. Like their adolescent counterparts, these two eight-year-olds reflect different perspectives towards others. They see and attend to different things.

These distinguishing characteristics and different ways of seeing others are manifest in adulthood. John, the thirty-six-year-old professional educator quoted at the beginning of this paper, reveals a "logic" consistent with that of Jack and Jeffrey. He describes the decision to fire a colleague as a personal moral conflict. Although believing that the firing breached a prior agreement, he describes his conflict as "lack of confidence in my own judgment . . . feeling like maybe the others were right." His co-workers had decided, after the deadline, to fire the staff member. Describing how he felt in trying to think about what to do, he says: "I felt I had a commitment to live with . . . [we] all had a commitment to honor. . . . But for me it was a serious matter of principles."

Later, reflecting on his decision to offer his resignation in protest, he comments on how he thought about the decision:

> Well, I guess I will never know for sure . . . but I am comfortable with it, in the sense that given the pressures, and given the fact I had to decide and I don't feel I perverted any principle I hold now in making that decision. For me it was a test, in a way it became a symbol, because all this had been weighing on me. In a way the principle was commitment to principle, and I had to decide whether I had it or not, and if I let it go by, then maybe I didn't have the right to ever challenge anybody else.

In childhood and adulthood, a line of thinking in moral choice is revealed in the conflicts expressed by Jack, Jeffrey, and John in which issues of morality hinge on "moments of choice" and "knowing how to decide," thus conjuring up Murdoch's image of the self in the "quick flash of the choosing will."

Answering the question, "How would you describe yourself to yourself?" John goes on to talk explicitly about his own perspective towards others. He acknowledges: "I happen to be a person who likes the world of ideas," who can "delight myself for hours on end reading and thinking, puzzling over things. . . . I am not the sort of person who has a natural outreaching towards other people. That for me is always sort of an effort . . . an effort that I need to be nudged to do." Suggesting the importance of relationships to him, he continues talking about their difficulties and rewards for him personally:

> I am nudged [towards others] in several ways — by other people . . . but also by my convictions that tell me that I have responsibilities to other people; and, once nudged though, the interesting thing is that it is always rewarding. And I am grateful because most of the personal growth I have gone through has been through these other people and not through thinking about the world of ideas and that sort of stuff. But somehow I always retreat into the corner and want to be off by myself. It is a paradox about me, one that I still haven't fully understood. . . . Gregarious people I think can't fully understand sometimes how hard it is for certain people to become involved with people because what they regard as either minor personal risks or non-risks altogether, can strike a person like me sometimes as insurmountable obstacles. So that is one aspect of myself that just happens to come to mind. This is interesting because I had never thought about this much.

John picks up the themes of relating to others from the self's perspective heard earlier in the responses of Jack and Jeffrey. So, too, an adult woman repeats themes found in the concerns of Karen and Beth.

Forty-six-year-old Sarah, a lawyer, who describes herself as "perceptive" and "responsive" to others, tells about a moral dilemma she faced. She discovered in the course of a contested custody case that her client's boyfriend was an illegal alien. Although withholding this information was not technically illegal, she sensed that the information could affect the judge's ruling. She asked herself if telling would really make a difference

Two Perspectives
NONA PLESSNER LYONS

in the long run and decided that it would not, "that it would resolve itself one way or the other." She concludes, "nobody is getting particularly hurt by this." Talking about her dilemma in a larger context, she describes the conflict her role creates:

> I think that I run into a dilemma in doing domestic relations work in the sense that I am dealing with a legal system that is dealing with something that it doesn't know how to deal with very well and I get very distressed because it is hard for me to put together exactly what my role is supposed to be . . . you are presiding over some pretty emotional moments in people's lives, and I never know whether I should be sort of, here is the lawbook, and not do anything to try to do whatever kind of counseling, whatever kind of support one might provide for people without costing them a fortune. . . . On the other hand, I think people need something like this. I end up in a dilemma in dealing with custody decisions, which are very messy. And God knows, there is no right and no wrong. It is a question of how can you work out something that is going to be the least painful alternative for all the people involved. . . .

The ultimate principle for resolving moral conflict, for Sarah, seems to be to work out "the least painful alternative for all the people involved."

From these examples, we see that individuals describe different kinds of considerations in moral choice tied to different ways of being with, and seeing, others: to treat others as you would like to be treated or to work out something that is "the least painful alternative for all involved." To treat others as you would be treated demands distance and objectivity. It requires disengaging oneself from a situation to ensure that each person is treated equally. In contrast, to work out the least painful alternative for all those involved means to see the situation in its context, to work within an existential reality and ensure that all persons are understood in their own terms. These two ways of perceiving others and being in relation to them are thus central both to a way of describing the self and to thinking in moral choice.

Development of the Coding Schemes

When moving from data to the conceptual constructs on which a coding scheme is based, a circular interaction occurs: the data account for the constructs and are in turn explained by them. Indeed, as Loevinger (1979) argues, such circularity is necessary to validate the coding schemes and to build the theory of which they are a part. This interactive process is described below to illuminate how ideas about human relationships, identified first in the statements of individuals, were translated into systematic categories of a coding scheme, a methodology for analyzing data.

Many researchers (Broverman, Vogel, Broverman, Clarkson, & Rosenkrantz, 1972; Erikson, 1968; Freud, 1925/1961; Piaget, 1932/1966) have commented on the relational bias of women's conceptions of self and morality. But it was Gilligan (1977) who first suggested that this relational bias might represent a unique construction of social reality. The study discussed below, designed by Gilligan, hypothesized that men and women do think differently about themselves in relation to others. That there is such a difference was supported in an examination of data—such as the comments of those quoted above—and then elaborated conceptually on the basis of that data. In that process two different ideas and ways of experiencing human relationships were revealed that seemed tied to two characteristic ways of seeing others. This distinction was then conceptualized as two perspectives towards others. Table 1 presents schematically the two modes of being-in-relation-to-others, separate/objective and connected, and their respective perspective towards others, reciprocity or response.

Each of these two ideas of relationships with their characteristic perspective towards others implies a set of related ideas. The perspective of the separate/objective self—labeled "reciprocity"—is based on impartiality, objectivity, and the distancing of the self from others. It assumes an ideal relationship of equality. When this is impossible, given the various kinds of obligatory role relationships and the sometimes conflicting claims of individuals in relationships, the best recourse is to fairness as an approximation of equality. This requires the maintenance of distance between oneself and others to allow for the impartial mediation of relationships. To consider others in reciprocity implies considering their situations as if one were in them oneself. Thus, an assumption of this perspective is that others are the same as the self.

The perspective of the connected self—labeled "response"—is based on interdependence and concern for another's well-being. It assumes an ideal relationship of care and responsiveness to others. Relationships can best be maintained and sustained by consid-

TABLE 1
Relationships[a] of Reciprocity and Relationships of Response

The Separate/Objective Self

Relationships are experienced in terms of	mediated through	and grounded in
RECIPROCITY between separate individuals, that is, as a concern for others considering them as one would like to be considered, with objectivity and in fairness;	RULES that maintain fairness and reciprocity in relationships;	ROLES which come from duties of obligation and commitment.

The Connected Self

Relationships are experienced as	mediated through	and grounded in
RESPONSE to OTHERS in THEIR TERMS that is, as a concern for the good of others or for the alleviation of their burdens, hurt, or suffering (physical or psychological);	THE ACTIVITY OF CARE which maintains and sustains caring and connection in relationships;	INTERDEPENDENCE which comes from recognition of the interconnectedness of people.

[a] Relationships—the ways of being with or towards others that all individuals experience but that may be understood in either of two ways.

Two Perspectives
NONA PLESSNER LYONS

ering others in their specific contexts and not always invoking strict equality.[3] To be responsive requires seeing others in their own terms, entering into the situations of others in order to know them as the others do, that is, to try to understand how they see their situations. Thus, an assumption of this perspective is that others are different from oneself.

In Table 2 the relationship between these conceptions of self and orientations to morality, as they emerged from the empirical data, are presented schematically. The data revealed that separate/objective individuals tend to use a morality of "justice," while connected individuals use a morality of "care."

The conceptions of morality and the perspectives towards others are constructs, and as such represent ideals containing strengths and weaknesses. Equality is an ideal and a strength of a morality of justice; the consideration of individuals' particular needs—in their own terms—is both an ideal and a strength of a morality of care. On the other hand, an impartial concern for others' rights may not be sufficient to provide for care, and caring for others may leave individuals uncaring of their own needs and rights to care for themselves. In addition, the response perspective may suggest an unqualified and overly emotional concern for meeting the needs of others.[4] However, the present research suggests a greater complexity of meaning. Response to another is an interactive process in which a developing and changing individual views others as also changing across the life cycle.

Within most psychological models the ability to see another's perspective is considered a cognitive capacity which gradually becomes more objective and abstract (Kohlberg, 1969, 1981; Mead, 1934; Selman, 1980). In contrast, the perspective of response described here emphasizes the particular and the concrete. While it is assumed that this perspective changes over the course of development, the nature of these changes is not yet known. It may be that in "maturity" one generalizes the particular, that is, one always looks at the particular, and this *is* the general principle. This research suggests that our current unitary models of perspective-taking may need revision. Perspective-taking and a "perspective-towards-others" conceptualized here are separate phenomena.

It is important also that the use of the word "response" or "reciprocity" in subjects' re-

---

[3] A fourteen-year-old girl suggested the subtlety of the process of considering others in their terms. Asked by the interviewer, in response to a comment she had made, "How do you think about what someone else's reaction is going to be?" she says: "Well, first I look at the person and I think about what they are like and how they have reacted in similar situations and how they react in general and, then, I put myself away from that person and say, 'This is how they would react probably in this situation.'" Asked, "What do you mean when you put yourself away from another person?" she replies, "Um—(pause) I guess maybe I don't put myself away from them, more the opposite. I put myself in that person and try to put together a way that they would feel about this and this and this with the ideas that I have." She continues her explanation, "I guess I put myself away from me for a minute put myself in the r—but I am not relating myself to the subject at all, I am not relating the way that I feel about it, what's important to me—to what I let them think, to what I think that they'll feel." This interview is from a study of adolescent girls currently being conducted with Carol Gilligan at the Emma Willard School (Troy New York) through the support of the Geraldine R. Dodge Foundation and with the collaboration of Robert Parker, Principal, Trudy Hammer, Associate Principal, and the students and staff.

[4] In considering the "emotional aspect of concern for another," it is useful to note Blum's work, *Friendship, Altruism and Morality* (1980). Blum argues for a second mode of morality concerned with the good of the other and challenges the dominant Kantian view to argue that altruistic concerns and emotions can be morally good. The work presented here assumes Blum's philosophical argument and demonstrates empirically the psychological phenomenon that individuals do act out of concern for the good of another.

TABLE 2
The Relationship of Conceptions of Self and of Morality to Considerations Made in Real-Life Moral Choice: An Overview

A Morality of Justice

Individuals defined as SEPARATE/OBJECTIVE in RELATION to OTHERS: see others as one would like to be seen by them, in objectivity; and	tend to use a morality of *Justice as Fairness* that rests on an understanding of RELATIONSHIPS as RECIPROCITY between separate individuals, grounded in the duty and obligation of their roles;	moral problems are generally construed as issues, especially decisions, of conflicting claims between self and others (including society); resolved by invoking impartial rules, principles, or standards,	considering: (1) one's role-related obligations, duty, or commitments; or (2) standards, rules, or principles for self, others, or society; including reciprocity, that is, fairness—how one should treat another considering how one would like to be treated if in their place;	and evaluated considering: (1) how decisions are thought about and justified; or (2) whether values, principles, or standards are (were) maintained, especially fairness.

A Morality of Response and Care

Individuals defined as CONNECTED in RELATION to OTHERS: see others in their own situations and contexts; and	tend to use a morality of *Care* that rests on an understanding of RELATIONSHIPS as RESPONSE to ANOTHER in their terms;	moral problems are generally construed as issues of relationships or of response, that is, how to respond to others in their particular terms; resolved through the activity of care;	considering: (1) maintaining relationships and response, that is, the connections of interdependent individuals to one another; or (2) promoting the the welfare of others or preventing their harm; or relieving the burdens, hurt, or suffering (physical or psychological) of others;	and evaluated considering: (1) what happened/will happen, or how things worked out; or (2) whether relationships were/are maintained or restored.

sponses not be assumed to indicate automatically the possession of that particular perspective on morality or relationships. For example, an individual using a morality of justice and having a perspective of reciprocity might state, as did fourteen-year-old Jack, "I would not do that because I would not like someone to do that to me." However, an indi-

Two Perspectives
NONA PLESSNER LYONS

vidual using a morality of care and having a perspective of response might use the *word* "reciprocity" but with a different meaning. "I want to reciprocate because they will need that kind of help and I will be able to do that for them." In a perspective of response, the focus is always on the needs of others; it is the welfare or well-being of others in their terms that is important, not strictly what others might do in return or what the principle of fairness might demand or allow.[5]

What follows from these distinctions is that the language of morality must always be scrutinized for differences in underlying meaning. For example, words like "obligation" or "responsibility" cannot be taken at face value. (The moral imperatives of what one is "obliged" to do, "should" do, or what "responsibilities" one has are, in fact, shaped by one's perspective towards others.)

Research is needed to elaborate the conceptualizations presented here—of two perspectives on self, relationship, and morality—across the life cycle, especially attending to the issues of change and development. Research should also address potential interactions, that is, ways in which one orientation to morality may affect or be affected by the other.[6] In addition, individuals' understanding and awareness of their own perspectives of themselves-in-relation-to-others needs to be elaborated. The work presented here shows how the logic of each mode of morality and self-description has been elicited from interview data. The next section will describe how that logic was captured in a methodology, that is, in two coding schemes and used to test a set of hypotheses.

An Empirical Study Testing Gilligan's Hypotheses

In this empirical study,[7] male and female subjects were interviewed in order to ascertain their modes of self-definition and of moral choice, and to explore the connection between self-definition and modes of moral choice. A wider age-range was sampled to help elaborate modes of moral choice and of self-definition previously observed by Gilligan (1977) in a narrower age span of women. Both men and women were included to

[5] "Response" is an ancient word in English meaning "an answer, a reply; an action or feeling which answers to some stimulus or influence." "Responsibility"—usually associated with moral accountability and obligation and most frequently with contractual agreements related to a morality of justice—itself carried in its earliest meaning "answering to something." It was only in the nineteenth century that "responsibility" became attached to moral accountability and rational conduct. *(Shorter Oxford English Dictionary*, 3rd ed., s.v. "response," "responsibility.")

For a useful discussion of "responsibility" as a new symbol and image in ethics, see Niebuhr's *The Responsible Self* (1963). Niebuhr makes the interesting argument that "responsibility" as a new image of man—"man the answerer, man engaged in dialogue . . . acting in response to action upon him"—when used of the self as agent, as doer "is usually translated with the aid of older images [of man] as meaning directed toward goals or as ability to be moved by respect for the law." Further, Niebuhr says, "the understanding of ourselves as responsive beings who in all our actions answer to action upon us in accordance with our interpretation of such actions is a fruitful conception, which brings into view aspects of our self-defining conduct that are *obscured* when the older images are exclusively employed" (p. 57). Niebuhr's point is relevant to the argument here. The meaning of "responsibility" in its sense of "responsiveness" is, or may be, obscured by teleological or deontological conceptions of morality.

[6] This interaction is not to be confused with the fact that an individual with a major, or predominant, orientation may call upon considerations with n either orientation when dealing with moral choice. But how a major orientation is influenced by the other, or minor, mode in its own sequence of development has not yet been elaborated and requires future work.

[7] The data for this study were originally collected by Carol Gilligan and Michael Murphy in 1978 to test Gilligan's hypotheses of the relations between sex and conceptions of self and between conceptions of self and of morality.

avoid the bias of a single-sex sample and to allow for the exploration of both justice and care orientations across the life-cycle. If—as Gilligan suggested—the absence of women subjects in past research obscured an understanding of the morality of care, the inclusion of men and women within this study may reveal its complexity for both sexes.

A secondary purpose of the study was to explore a suggestion of Kohlberg and Kramer (1969) that when women are engaged professionally outside the home and occupy equivalent educational and social positions as do men, they will reach higher stages of moral development than the typical adult women's stage (stage three—interpersonal mode) of his six stage system of moral judgment-making. Therefore, a sample of professional women was essential. It was also expected that such a sample would provide evidence concerning Gilligan's hypothesis that women consistently demonstrate a morality of care regardless of their profession.

Sample. The sample of thirty-six people consisted of two males and two females at each of the following ages: 8, 11, 14-15, 19, 22, 27, 36, 45, and 60-plus years. The sample was identified through personal contact and recommendation, and all subjects referred met the sampling criteria of high levels of intelligence, education, and social class.

Procedure. The data were collected in a five-part, open-ended interview which was conducted in a clinical manner, a method derived from Piaget (1929/1976). The interview proceeds from structured questions to a more unstructured exploration and clarification of each person's response. (See Appendix A for interview schedule.) Interview questions were developed to illuminate how the individual constructs his or her own reality and meaning, in this case, the experience of self and the domain of morality.

Data Analysis. The data were analyzed first for modes of self-definition, then for the subjects' orientations within considerations[a] of real-life moral conflicts. Finally, they were analyzed for correlations between the two (Lyons, 1982, Note 3).

Considerations of Justice or Care in Moral Conflicts

By examining the considerations individuals present in the construction, resolution, and evaluation of real-life moral dilemmas, the relative predominance of justice or care orientations to morality was determined. Considerations were categorized as either response (care) or rights (justice) (see Coding Scheme, Appendix B), and scored by counting the number of considerations each individual presented within either mode. In addition to identifying the presence of justice or care considerations, predominance of mode within this scoring system was determined by the higher frequency of one or the other mode in a subject's responses. Results were also expressed as percentages indicating the relationship of the dominant mode to all considerations the individual gave.

Intercoder reliability was established by two additional coders for both identification of considerations within real-life dilemmas (Step 1) and categorization of considerations as belonging to response or rights modes within the subjects' construction, resolution, and evaluation of their moral conflict (Step 2). Agreements for Step 1 were 75 and 76 percent, for Step 2, 84 and 78 percent.

Table 3 summarizes the predominance of response and rights considerations in real-life moral dilemmas for both males and females. The table shows that in real-life con-

---

[a] A consideration—the unit of analysis of the coding scheme—is an idea presented by the individual in the framing, resolution, or evaluation of choice.

Two Perspectives
NONA PLESSNER LYONS

TABLE 3
Predominance of Considerations of Response or Rights in Real-Life Dilemmas by Females and Males

Sex	Response Predominating %(N)	Rights Predominating %(N)	Equal Response/ Rights Considerations %(N)
Females (N = 16)	75 (12)	25 (4)	0 (0)
Males (N = 14)	14 (2)	79 (11)	7 (1)

Note: $x^2(2) = 11.63$, $p < .001$

flicts, while women use considerations of response more frequently than rights and men use considerations of rights more frequently than response, in some instances the reverse is true.

Table 4 illustrates this pattern in another way, indicating that all the females in this sample presented considerations of response, but 37 percent (6) failed to mention any considerations of rights. Similarly, all the males presented considerations of rights, but 36 percent (6) failed to mention any considerations of response. These findings show that, in real-life moral conflict, individuals in this sample call upon and think about both care and justice considerations but use predominantly one mode which is related to but not defined or confined to an individual by virtue of gender.

TABLE 4
Absence of Considerations of Response or Rights: by Females and Males

Sex	No Considerations of Response %(N)	No Considerations of Rights %(N)
Females (N = 16)	0 (0)	37 (6)
Males (N = 14)	36 (6)	0 (0)

Although this study did not specifically consider developmental changes in moral thinking and self-definition, some results suggest possible developmental issues. It is clear that considerations of both response and rights are found across the life cycle. However, after age 27, women show increased consideration of rights in their conceptualization of moral problems or conflict, although they still use considerations of response more frequently than rights in the resolution of conflict. This may be related to a second finding: the disappearance of the response consideration of "care of the self" at the same age. These findings suggest the possibility of an interaction between the rights and response orientations for women in their late twenties. Another finding with implications for developmental change is the greater persistence of considerations of response among male adolescents. In general, however, across the life cycle men's considerations of rights maintain greater consistency than do women's considerations of response. Taken together, these findings suggest separate developmental shifts for men and women which deserve further study.

Keeping in mind that the sample is small (N = 36), the results reported here support the hypothesis that there are two different orientations to morality—an orientation towards rights and justice, and an orientation towards care and response to others in their own terms. Morality is not unitarily justice and rights, nor are these orientations mutually exclusive: individuals use both kinds of considerations in the construction, resolution, and evaluation of real-life moral conflicts, but usually one mode predominantly. This finding of gender-related differences, however, is not absolute since individual men and women use both types of considerations.

Modes of Self-Definition: Separate/Objective or Connected

This study also tested the hypothesis that individuals use two distinct modes of self-definition. Respondents were asked "How would you describe yourself to yourself?" and responses were analyzed to determine the predominance of one of two modes of self-definition—separate/objective or connected. In a manner similar to that used for the analysis of the moral conflicts data, these self-descriptive responses were categorized according to four components: general and factual; abilities and agency; psychological; and relational (see Coding Scheme, Appendix C). Each individual was scored by counting the number of separate/objective or connected relational characterizations, and then the predominant mode was determined.

Intercoder reliability for the self-description data was established using two independent coders in a two-step coding process which was more rigorous than most correlational reliability procedures. Every statement about self-definition was coded. In Step 1, in which each idea about the self was identified, intercoder reliability was 70 and 71 percent. In Step 2, in which each idea was categorized according to specific aspects within components, intercoder reliability was 74 and 82 percent.

A summary of male and female modes of self-definition is given in Table 5. As the table indicates, women more frequently use characterizations of a connected self, while men more frequently use characterizations of a separate/objective self. Although these different gender-related modalities occur systematically across the life-cycle, they are not absolute; some women and some men define themselves with elements of either mode. In addition, and perhaps most striking, is the finding that both men and women define themselves in relation to others with equal frequency, although their characterizations of these relationships are different.

TABLE 5
Modes of Self-definition: Females and Males

Sex	Predominately Connected % (N)	Predominately Separate/ Objective % (N)	Equally Connected and Separate % (N)	No Relational Component Used % (N)
Females (N = 16)	63 (10)	12 (2)	6 (1)	19 (3)
Males (N = 14)	0 (0)	79 (11)	7 (1)	14 (2)

Note: $x^2(3) = 16.3$ $p < .001$

Relationship of Definitions of Self to Considerations in Real-Life Moral Choice
Some of the most important results of this study concern the testing of the hypothesis of the relationship between modes of moral choice and modes of self-definition. Table 6 presents these findings. In this sample, regardless of sex, individuals who characterized themselves predominantly in connected terms more frequently used considerations of response in constructing and resolving real-life moral conflicts; and individuals who characterized themselves predominantly in separate/objective terms more frequently used considerations of rights.

TABLE 6
Modes of Self-definition Related to Modes of Moral Choice

Predominant Modes of Moral Choice	Modes of Self-definition: Connected	Separate/ Objective	Other (S/C or none)[a]
Response N = 13 (1M, 12F)	10 (10F)	0	3 (1M, 2F)
Rights N = 16 (12M, 4F)	0	13 (11M, 2F)	3 (1M, 2F)

Note: $x^2(2) = 15.7$ $p < .005$. In order to calculate the x^2 statistic, 1 was added to each cell in order to eliminate 0 cells.
[a]S/C indicates individuals having an equal number of separate/objective and connected characterizations; none indicates an individual having no relational characterizations.

Although these results do not allow us to claim a causal relationship between modes of self-definition and modes of moral choice, we can say an important relationship exists. Further research is needed to see if these results hold over larger samples of a broader socio-economic status. Furthermore, research is needed to test the possibility that patterns of decision making in areas other than moral choice may also be related to these modes of self-definition.

Implications

The development of the methodologies presented here — the coding schemes for identifying modes of self-definition and moral judgment — made possible the testing of a set of hypotheses important for theories of ego and moral development and for educational and clinical practice as well. Although all of the implications cannot be addressed fully, some of the most important ones are identified as an invitation to others to join in further clarification.

1. Psychological theories of moral development should recognize a morality of care as a systematic lifelong concern of individuals. It should not be identified solely as a temporary, stage- or level-specific concern, or as subsumed within a morality of justice, as Kohlberg's work posits.
2. Psychological theories of ego and identity development need to consider a relational conception — the self-in-relation-to-others — as central to self-definition. This concern for connection to others should not be considered as present only at particular stages or at issues pertaining only to women. Although men and women tend to un-

derstand and define relationships in different ways, definition of self in relation to others is found *in both sexes* at all ages.

3. Theories of cognitive and social development should recognize that individuals construct, resolve, and evaluate problems in distinctively different ways. These differences are not simply in content, but seem to be related to two different perspectives towards others. Theories of cognitive and social development built on unitary models of social perspective-taking should be reconsidered.
4. Counselors, teachers, and managers, when dealing with conflicts within relationships, need to take into account that the language of morality in everyday speech has different meanings for people and that these may carry behavioral implications. For example, what people feel obliged to do or what their responsibilities to others are may be defined and understood differently.
5. Designs for psychological research need to reflect in their subjects of study the centrality of interpersonal interactions. This means research should focus not just on the individual but on both members of an interacting unit—husband and wife, friends, mother and child, teacher and student, manager and staff, and so forth.
6. Sex as a variable for study ought to be included in research designs and methodologies as a matter of course. This paper suggests both the difficulty in understanding sex differences and their importance to an improved understanding of theory and practice.

To accommodate the problems of modern moral philosophy, Murdoch (1970) has called for psychology and philosophy to join in creating a "new working philosophical psychology" (p. 46). This paper offers to psychologists and philosophers alike some new premises and methodologies by which to explore further the meaning of morality in our lives.

I wish to thank Carol Gilligan for her continuing support and encouragement, and Jane Attanucci, Miriam Clasby, Maxine Greene, Kay Johnston, Lawrence Kohlberg, Sharry Langdale, Jane Martin, Michael Murphy, Erin Phelps, Sharon Rich, Linda Stuart, Sheldon White, Bea Whiting, and Robert Lyons for their help and insights in the development of this work. I want to acknowledge, too, the support and personal encouragement of Marilyn Hoffman. The National Institute of Education funded the research reported here. The Geraldine R. Dodge Foundation is supporting a study of adolescent girls, part of which is also reported.

Reference Notes

1. Langdale, C., & Gilligan, C. *The contribution of women's thought to developmental theory (Interim Report to the National Institute of Education)*. Cambridge, Mass.: Harvard University, 1980.
2. Lyons, N. *Seeing the consequences*. Unpublished qualifying paper, Harvard University, 1980.
3. Lyons, N. *Manual for coding responses to the question: How would you describe yourself to yourself?* Unpublished manuscript, Harvard University, 1981.
4. Gilligan, C., Langdale, S., Lyons, N., & Murphy, J. M. *The contribution of women's thought to developmental theory (Final Report to the National Institute of Education)*. Cambridge, Mass.: Harvard University, 1982.

References

Blum, L. *Friendship, altruism and morality*. Boston: Routledge & Kegan Paul, 1980.
Broverman, I., Vogel, S., Broverman, D., Clarkson, F., & Rosenkrantz, P. Sex-role stereotypes: A current appraisal. *Journal of Social Issues*, 1972, 28, 58–78.
Erikson, E. *Identity: Youth and crisis*. New York: Norton, 1968.

Two Perspectives
NONA PLESSNER LYONS

Freud, S. [Some psychical consequences of the anatomical distinction between the sexes.] In J. Strachey (Ed. and trans.), *Standard Edition 19*. London: Hogarth Press, 1961. (Originally published, 1925.)

Gilligan, C. In a different voice: Women's conceptions of the self and of morality. *Harvard Educational Review*, 1977, 47, 481-517.

Gilligan, C. *In a different voice*. Cambridge, Mass.: Harvard University Press, 1982.

Kohlberg, L. Stage and sequence: The cognitive developmental approach to socialization. In D. Goslin (Ed.), *The handbook of socialization theory and research*. Chicago: Rand McNally, 1969.

Kohlberg, L. *The philosophy of moral development: Moral stages and the idea of justice*. San Francisco: Harper & Row, 1981.

Kohlberg, L., & Kramer, R. Continuities and discontinuities in childhood and adult moral development. *Human Development*, 1969, 12, 93-120.

Loevinger, J. *Scientific ways in the study of ego development*. Worcester, Mass.: Clark University Press, 1979.

Lyons, N. *Conceptions of self and morality and modes of moral choice*. Unpublished doctoral dissertation, Harvard University. 1982.

Mead, G. H. *Mind, self, and society*. Chicago: University of Chicago Press, 1934.

Murdoch, I. *The sovereignty of good*. Boston and London: Routledge & Kegan Paul, 1970.

Niebuhr, H. R. *The responsible self*. New York: Harper & Row, 1963.

Perry, W. *Forms of intellectual and ethical development in the college years*. New York: Holt, Rinehart & Winston, 1968.

Piaget, J. *The moral judgment of the child*. New York: Free Press, 1966. (Originally published, 1932.)

Piaget, J. *The child's conception of the world*. Totowa, N.J.: Littlefield, Adams, 1976. (Originally published, 1929.)

Selman, R. L. *The growth of interpersonal understanding: Developmental and clinical analyses*. New York: Academic Press, 1980.

Appendix A

Interview Schedule

1. A general introductory question: "Looking back over the past year/five years, what stands out for you?" (from Perry, 1968).

2. Hypothetical, moral dilemma questions: the classic Kohlberg justice dilemma, the "Heinz dilemma," and a "responsibility," or caring dilemma developed from Gilligan's research.

3. Discussion of a real-life dilemma generated by questions about personal moral conflict and choice asked in several ways: "Have you ever been in a situation where you weren't sure what was the right thing to do?" or, "Have you ever had a moral conflict?" or, "Could you describe a moral conflict?" These were followed by a more consistent set of questions: "Could you describe the situation?" "What were the conflicts for you in that situation?" "What did you do?" "Did you think it was the right thing to do?" "How did you know it was the right thing to do?"

4. A set of self-description questions: "How would you describe yourself to yourself?" "Is the way you see yourself now different from the way you saw yourself in the past?" "What led to the change?"

5. General questions: "What does morality mean to you?" "What makes something a moral problem to you?" "What does responsibility mean to you?" "When responsibility to self and responsibility to others conflict, how should one choose?" (Gilligan, Langdale, Lyons, & Murphy, Note 4).

Appendix B

Morality as Care and Morality as Justice: A Scheme for Coding Considerations of Response and Considerations of Rights

I. The Construction of the Problem
   A. Considerations of Response (Care)
      1. General effects to others (unelaborated)
      2. Maintenance or restoration of relationships; or response to another considering interdependence
      3. Welfare/well-being of another or the avoidance of conflict; or, the alleviation of another's burden/hurt/suffering (physical or psychological)
      4. Considers the "situation vs./over the principle"
      5. Considers care of self; care of self vs. care of others
   B. Considerations of Rights (Justice)
      1. General effects to the self (unelaborated including "trouble" "how decide")
      2. Obligations, duty or commitments
      3. Standards, rules or principles for self or society; or, considers fairness, that is, how one would like to be treated if in other's place
      4. Considers the "principle vs./over the situation"
      5. Considers that others have their own contexts

II. The Resolution of the Problem/Conflict
   [same as part I]

III. The Evaluation of the Resolution
   A. Considerations of Response (Care)
      1. What happened/how worked out
      2. Whether relationships maintained/restored
   B. Considerations of Rights (Justice)
      1. How decided/thought about/justified
      2. Whether values/standards/principles maintained

© 1981 by Nona Lyons

Two Perspectives
NONA PLESSNER LYONS

Appendix C

A Scheme for Coding Responses to the "Describe Yourself" Question

I. *General and Factual*
   A. General factual
   B. Physical characteristics
   C. Identifying activities
   D. Identifying possessions
   E. Social status

II. *Abilities and Agency*
   A. General ability
   B. Agency
   C. Physical abilities
   D. Intellectual abilities

III. *Psychological*
   A. Interests (likes/dislikes)
   B. Traits/dispositions
   C. Beliefs values
   D. Preoccupations

IV. *Relational Component*
   A. Connected in relation to others:
      1. Have relationships: (relationships are there)
      2. Abilities in relationships: (make, sustain; to care, to do things for others)
      3. Traits/dispositions in relationships: (help others)
      4. Concern: for the good of another in *their* terms
      5. Preoccupations: with doing good for another; with *how* to do good

   B. Separate/objective in relation to others
      1. Have relationships: (relationships part of obligations/commitments; instrumental)
      2. Abilities in relationships: (skill in interacting with others)
      3. Traits/dispositions in relationships: (act in reciprocity; live up to duty/obligations; commitment; fairness)
      4. Concern: for others in light of principles, values, beliefs or general good of society)
      5. Preoccupations: with doing good for society; with *whether* to do good for others)

V. *Summary Statements*

VI. *Self-evaluating Commentary*
   A. In self's terms
   B. In self in relation to others
      1. Connected self
      2. Separate self

© 1981 by Nona Lyons

[24]

The Role of Caring in a Theory of Nursing Ethics

SARA T. FRY

The development of nursing ethics as a field of inquiry has largely relied on theories of medical ethics that use autonomy, beneficence, and/or justice as foundational ethical principles. Such theories espouse a masculine approach to moral decision-making and ethical analysis. This paper challenges the presumption of medical ethics and its associated system of moral justification as an appropriate model for nursing ethics. It argues that the value foundations of nursing ethics are located within the existential phenomenon of human caring within the nurse/patient relationship instead of in models of patient good or rights-based notions of autonomy as articulated in prominent theories of medical ethics. Models of caring are analyzed and a moral-point-of-view (MPV) theory with caring as a fundamental value is proposed for the development of a theory of nursing ethics. This type of theory is supportive to feminist medical ethics because it focuses on the subscription to, and not merely the acceptance of, a particular view of morality.

INTRODUCTION

During the past ten years, a number of books on ethics in nursing practice have appeared (Benjamin and Curtis 1986; Davis and Aroskar 1983; Jameton 1984; Muyskens 1982; Thompson and Thompson 1985; Veatch and Fry 1987). Unlike earlier writings that viewed ethics in nursing as primarily feminine etiquette (Aikens 1916; Gladwin 1937; Robb 1900), these books view nursing ethics as a subset of contemporary medical ethics. Accordingly, they apply medical ethics to the practice of nursing using frameworks from bioethical theory (Beauchamp and Childress 1983), theologically-based contract theory (Veatch 1981), pluralistic secular-based theory of human rights (Engelhardt 1986), and a well-known, liberal theory of justice (Rawls 1971).

This influence on the development of nursing ethics has been quite extensive. Current nursing ethics discussions tend to revolve around deontological versus utilitarian theories, the weight of medical ethical principles and rules in nurses' decision-making, and the relative importance of nursing's contract with society and individual patients. Empirical studies in nursing ethics have almost exclusively used justice-based theories of moral reasoning from cognitive psychology to interpret their findings on nurses' moral behavior, moral judgment, and moral reasoning (Crisham 1981; Ketefian 1981a, 1981b, 1985; Munhall 1980; Murphy 1976). In addition, medical ethical frameworks guide the majority of normative discussions of ethics in nursing (Cooper 1988; Silva 1984; Stenberg 1978). The result is a trend in nursing ethics that does not take into consideration the role of nurses in health care, the social significance of nursing in contemporary society, or the value standards for nursing practice. By focusing on the terms of justification, gender-biased considerations of justice, and the language of principles and rules, nursing ethics has seemingly adopted the "language of the father," to use Noddings's apt terminology (1984, 1).

This paper challenges the presumption of medical ethics, especially a "masculine" medical ethics, as an appropriate model for nursing ethics. By a "masculine" medical ethics, I mean ethical theorizing and associated argumentation that proceeds as if it were governed by an implicit, logical necessity between hierarchically arranged levels of ethical principles, rules, and actions. Often called "the engineering model" of medical ethics (Caplan 1982, 1983), this type of theorizing has been criticized by bioethicists for a number of years (Ackerman 1980, 1983; Basson 1983; Toulmin 1981). Medical ethics based on this type of theorizing often relies on a lexical ordering of principles (Toulmin 1981) or the context of justification for ethical decision-making rather than the context within which such decision-making takes place (Noddings 1984) or the kinds of reasons that are regarded appropriate to the making of moral judgments (Frankena, 1983).

Drawing on the results of empirical studies on physician and nurse decision-making as well as philosophical discussions of nursing ethics, I show that the theoretical and methodologic foundations of nursing ethics have been largely derived from "masculine" forms of medical ethics. I argue that caring ought to be the foundational value for any theory of nursing ethics. In addition, caring must be grounded within a moral-point-of-view of persons rather than any idealized conception of moral action, moral behavior, or system of moral justification.

If successful, my argument might be significant in two respects. First, it just might be supportive to a feminist medical ethic. While we might agree that medical ethics, in general, ought to be cpale ofbeing practiced by both males and females, surely feminist medical ethics necessarily must be capable of being practiced by females. Since the nursing profession, the largest group of health care providers in the United States, has already articulated caring as an important value (Fry 1988; Gadow 1985; Watson 1985) and nursing is usually practiced by females, this means that caring and the type of functions that are usually associated with the practice of nursing are related to one another—at least in the minds of a significant portion of individuals in the health care arena. Hence, the connections between the value of caring and feminism cannot be easily denied. Since the phenomenon of human caring need not be gender related, any claim to feminist medical ethics must demonstrate that it has broader applications than either just to medical practice or just to females. After all, patients are cared for by individuals other than physicians, and those who do this caring are not always females. A nursing ethic with caring as a foundational value might be an important asset to the perceived need to articulate a feminist medical ethic.

Second, since articulation of the phenomenon of human caring has already challenged justice based theories of moral development and moral judgment (Gilligan 1982 1987) and theories of ethics and moral education (Noddings 1984), a theory of nursing ethics with a moral-point-of-view of caring as a central value might also challenge any theory of medical ethics that utilizes traditional ethical principles or that depends on the context of justification for determining what is morally right and/or wrong in medical practice. Given the present dissatisfaction with traditional foundations of biomedical ethics, moral-point-of-view theories as well as a caring-based ethic might prove very attractive as the discipline of bioethics moves into the 21st century and faces new tests for its moral foundations and traditional arguments.

TRADITIONAL VALUE FOUNDATIONS OF NURSING ETHICS

Several interesting approaches have been used to identify the moral foundations of nursing and the central value(s) of the nursing ethic. For example, empirical studies of the clinical decision-making of nurses have pinpointed autonomy as a fundamental value affecting moral dimensions of nursing practice (Alexander, Weisman, and Chase 1982; Prescott, Dennis, and Jacox 1987). The results of one other study have suggested that subjective values, such as producing the greatest good for the greatest number, are foundational to nurses' ethical decision-making (Self 1987). Unfortunately, the results of these studies were interpreted in terms of these values as predetermined ideologies for nursing practice. In other words, autonomy and producing good were categories that the researchers expected to find because autonomy and producing good are prominent features of medical ethics. What was assumed to be the case in medical ethics was assumed to be the case in nursing ethics, as well.

This should not surprise us. Both of these values—autonomy and producing good—*are* prominent features of theories of medical ethics. Engelhardt (1986), for example, posits autonomy as the foundational value of secular bioethics while Pellegrino and Thomasma (1981, 1988) urge the restoration of beneficence as the fundamental principle of medical ethics. As used in these theories, autonomy and producing good constitute idealized value components of a social ethic for the practice of medicine and function within a structured framework of ethical principles and rules for physician decision-making. Both theories rely on traditional interpretations of their central principles and utilize traditional patterns of moral justification as articulated by leading bioethicists. The same views of autonomy and beneficence have even been claimed by some nurses as the moral basis for needed socialreform on the institutional setting in which nursing is practiced (Yarling and McElmurry 1986). However, there is no good reason to assume that autonomy and producing good are, *de facto*, the appropriate value foundations for the practice of nursing simply because they are accepted for the practice of medicine. While no one would dispute that autonomy and producing good are related to the practice of nursing, neither of these values, derived from theories of medical ethics, have been convincingly argued to be the primary moral foundation(s) of the nursing ethic.

Other approaches to identifying the moral foundations of nursing or the fundamental value of the nursing ethic have been both analytical and normative. For example, Stenberg (1979) analyzes value concepts of several theoretical frameworks in medical ethics for their relevance to the practice of nursing. She analyzes the concepts of code, contract, and context as discussed in the works of May (1975) and Fletcher (1966) and finds them inadequate bases for the nursing ethic. However, the concept of covenant as discussed in the medical ethical works of Ramsey (1970) and May (1975) is adequate as an "inclusive and satisfying model for nursing ethics" (Stenberg 1979, 21). Viewing covenant as the foundational value for such health worker actions as fidelity, promise-keeping, and truth-telling in patient care, Stenberg adopts it without alteration. Because covenant is a moral foundation for the physician/patient relationship, Stenberg considers it valid for the nurse/patient relationship, as well. This tendency to adopt medical ethical frameworks as valid moral foundations for the practice of nursing is repeated in more recent analyses of the moral foundations of the nursing ethic (Bishop and Scudder 1987; Cooper 1988).

Again, what is appropriate to the practice of medicine or is argued as a moral foundation for the physician/patient relationship is not necessarily the case for the practice of nursing or the nurse/patient relationship.

THE MORAL VALUE OF CARING AS A FOUNDATION FOR NURSING ETHICS

Foregoing recourse to medical ethics, a few nurses have attempted to articulate other foundational values for the moral practice of nursing. Sally Gadow (1985), for example, argues that the value of caring provides a foundation for a nursing ethic that will protect and enhance the human dignity of patients receiving health care. Viewing caring in the nurse/patient relationship as a commitment to certain ends for the patient, Gadow analyzes existential caring as demonstrated in the nursing actions of truth-telling and touch. Through truth-telling, the nurse assists the patient to assess the subjective as well as objective realities in illness and to make choices based on the unique meaning of the illness experience. Through touch, the nurse assists the patient in overcoming the objectness that often characterizes a patient's experience in the health care setting. To touch the patient is to affirm the patient as a person rather than an object and to communicate the value of caring as the basis for nursing actions. This approach identifies a moral foundation for nursing ethics based on the reality of the nurse/patient encounter in health care. It has also been supported by others who wish to articulate caring as a foundation of the nurse/patient relationship and its meaning (Griffin 1983; Huggins and Scalzi 1988; Packard and Ferrara 1988).

Building on the ideas of Gadow, Jean Watson (1985) proposes a slightly different view of caring as the foundation of "nursing as a human science" (13). Viewing nursing as a means to the preservation of humanity within society, Watson posits caring as a human value that involves "a will and a commitment to care, knowledge, caring actions, and consequences" (1985, 29). Such a view of caring requires a commitment toward protecting human dignity and preserving humanity on the part of the nurse. Caring becomes a professional ideal when the notion of caring transcends the act of caring between nurse and patient to influence collective acts of the nursing profession with important implications for human civilization. Like Gadow, Watson views caring as a moral ideal that is rooted in our notions of human dignity. However, unlike Gadow, Watson's human caring constitutes a philosophy of action with many unexplained metaphysical and spiritual dimensions. As such, her view of caring supports her abstract philosophy of nursing but does *not* adequately support caring as a moral value that ought to be a foundation for the nursing ethic. The value of caring remains an ideal rather than an operationalized aspect of nursing judgments and/or actions.

Like Gadow (1985) and Watson (1985), Griffin (1983) posits caring as a central value in the nurse/patient relationship. She considers caring to be, first, a mode of being. A natural state of human existence, it is one way that individuals relate to the world and to other human beings. This is not unlike Heidegger's (1962) notion of care as a fundamental way that humans exist in the world and Noddings' (1984) view of caring as a natural sentiment of being human. As a mode of being, caring is natural—a feeling or an internal sense made universal in the whole species; it is neither moral nor non-moral.

Second, caring is considered a precondition for the care of specific entities—other things, others, or oneself (Griffin 1983). This means that a conceptual *idea* about caring exists as a structural feature of human growth and development prior to the point at which the process of caring actually commences.

Third, caring is identified with social and moral ideals. For example, Watson views caring as occurring in society in order to serve human needs such as protection from the elements or the need for love. Gadow views caring as a means to protect the human dignity of patients while their health care needs are met. Thus, caring, a phenomenon of human existence, gains moral significance because it is consistently reinforced as an ideal by those who have responsibility to serve the needs of others (Griffin 1983). Since the practice of nursing is socially mandated to assist the health needs of individuals (American Nurses' Association 1980) and the nurse/patient relationship has undeniably moral dimensions, caring becomes strongly linked to the social and moral ideals of nursing as a profession.

THREE MODELS OF CARING RELEVANT TO NURSING ETHICS

Given these attributes of caring as defined by accounts of the nurse/patient relationship, at least three models are relevant for a theory of nursing ethics which posits caring as a foundational value.

NODDINGS'S MODEL OF CARING

The first model is found in the work of Nel Noddings (1984) and is theoretically based on ethics and social psychology. Building on the work of Carol Gilligan (1977, 1979, 1982), Noddings has combined knowledge of ethics with perspectives on moral development in women. She states her purpose to be "feminine in the deep classical sense, rooted in receptivity, relatedness, and responsiveness" (Noddings 1984, 2), yet she is careful to develop her notion of caring to be applicable to both females and males.

Caring is a feminine value in that the attitude of caring expresses our earliest memories of being cared for—one's store of memories of both caring and being cared for is associated with the mother figure. However, caring is also masculine in that it involves behaviors that have moral content and that can be adopted and embraced by men, even though it is not in their natural tendencies to adopt such notions. In defining care, Noddings states, ". . . to care may mean to be charged with the protection, welfare, or maintenance of something or someone" (1984, 9). Rather than an attitude that begins with moral reasoning, it represents the attitude of being moral or the "longing for goodness" (Noddings 1984, 2). Rather than an outcome of behavior, Noddings's view of caring *is* ethics itself. As such, it is not necessarily gender-dependent but is gender-relevant.

Central to this view of caring are the notions of receptivity, relatedness, and responsiveness: the acceptance or confirmation by the one-caring of one who is the cared-for (receptivity), the relation of the one-caring to one who is cared-for as a fact of human existence (relatedness), and commitment from one-caring to one who is cared-for (responsiveness). Ethical caring is simply the relation in which we meet another morally. Motivated by the ideal of caring in which we are a partner in human relationships, we are guided not by ethical principles but by the strength of the ideal of caring itself, claims Noddings. Thus, instead of the notions inherent in conditions for traditional moral justification (Beauchamp 1982), Noddings's ethic of caring depends on "the maintenance of conditions that will permit caring to flourish" (1984, 5). It is a person-to-person encounter that ultimately results in joy as a basic human affect within relationships bound by ethical caring.

Scholarship on the caring phenomenon, in general, has been strongly influenced by Noddings's model of caring. Her view has stressed the ethics and morality of caring from a perspective that is definitely gender-related although Noddings herself would undoubtedly deny that she is advocating a "feminist model." Yet, the model's relevance to the practice of nursing remains largely unexplored. For those who recognize the limitations of the bioethical model of ethical decision-making, however, Noddings's model is a rich ground for the future discussion of nursing ethics. It may also prove to be an acceptable model for the descriptive study of ethical decision-making in nursing practice. While its focus on the ethic of caring as feminine might not be attractive to nurses who are not also female, its foundations in the notions of receptivity, relatedness, and responsiveness between the one-caring and the one who is cared-for make it a viable framework for the realistic nature of the nurse/patient relationship.

PELLEGRINO'S MORAL OBLICATION MODEL OF CARING

Edmund Pellegrino, a humanist and physician, has written extensively on caring as a derivative value of the physician's obligation to do good (1985; Pellegrino and Thomasma 1988). When discussing the role of the physician to the patient, Pellegrino notes that there are at least four senses in which the word "care" is understood by the practice of medicine (1985). The first sense is "care as compassion" or being concerned for another person. This is a feeling, a sharing of someone's experience of illness and pain, or just being touched by the plight of another person. To care in this sense, according to Pellegrino, is "to see the person who is ill" as more than the object of our ministrations (1985, 11). He or she is "a fellow human whose experiences we cannot penetrate fully but which we can be touched by simply because we share the same humanity" (Pellegrino 1985, 11).

The second sense of caring is "doing for others" what they cannot do for themselves (1985). This entails assisting others with the activities of daily living that are compromised by illness (for example, feeding, bathing, clothing, and meeting personal needs). Pellegrino recognizes that physicians do little of this type of caring but that nurses and nurses' assistants do a great deal.

The third sense of caring discussed by Pellegrino is caring for the medical problem experienced by the patient (1985). It includes: (1) inviting the patient to transfer responsibility and anxiety about what is wrong to the physician, (2) assuring that knowledge and skill will be directed to the patient's problem, and (3) recognizing that the patient's anxiety needs a specialized type of caring that is presumed available from a physician.

Pellegrino's fourth sense of caring is to "take care" (1985, 12). This means to carry out all the neessary procedures (personal and technical) in patient care with conscientious attention to detail and with perfection. He finds this a corollary of the third sense of care but argues that it is differentiated from the third sense by its emphasis on the craftmanship of medicine. Together, the third and fourth senses of caring comprise what most physicians understand as *competence*.

Pellegrino does not find these four senses of caring separable in clinical practice. Care that satisfies the four senses that he has defined is called "integral care" (1985). This type of care is, for Pellegrino, a moral obligation of health professionals. It is not an option that can be exercised or interpreted "in terms of some idiosyncratic definition of professional responsibility" (1985, 13). The moral obligation to care in this manner is created by the special human relationship that brings together the one who is ill and the one who offers to help (1985).

In assessing whether the caring model is foundational for medical practice, Pellegrino reexamines the roles of physicians to their patients and concludes that "to care for the patient in the full and integral sense, requires a reconstruction of medical ethics" (1985, 17). What is needed, he claims, is an ethic that attends to the concept of care in its broadest sense and that makes caring a strong moral obligation between patient and professional. Instead of a relationship of curing between physician and patient, a relation of caring is needed to express the nature of the obligation between physician and patient.

Underlying Pellegrino's notion of care is the good of the individual, a complex notion that has at least three components. For Pellegrino, "a morally good clinical decision should attend to all three senses of patient good and satisfactorily resolve conflicts among them" (1985, 20).

The first sense of good is "biomedical good"—the good a medical intervention can offer by modifying the natural history of disease in a patient. It takes into consideration the craftsmanship of physicians (and presumably, nurses), of science, and the medical indication for treatment (1985, 21).

The second sense of good is the patient's concept of his or her own good. It takes into consideration what patients consider worthwhile, or in their best interests, and can be designated to surrogate decision-makers (1985, 21).

The third sense of patient good is "the good most proper to being human" (1985, 22). For Pellegrino, this is the capacity to make choices, to set up a life plan, and to determine one's goals for a satisfactory life. It is whatever fulfills our potentialities as individuals of a rational nature, respects patient dignity, and expresses human freedom.

In comparing these three senses of patient good to one another and to our ideas of social good, Pellegrino argues that patient good is prior to any other notion of good within the practice of medicine. Within a human obligation model of caring, patient good ultimately guides a physician's decision-making where a patient's health and illness are concerned. Hence, while the senses of caring engender desirable physician behaviors with the patient, the physician's decision-making is primarily guided by the notions of patient good. In the final analysis, Pellegrino's "integral caring" is reduced to a derivative value of patient good. It succumbs to typical medical ethical frameworks by utilizing a more general (and traditional) value as the foundational value for a theory of medical ethics. Rather than a theory of caring, Pellegrino actually proposes a theory of patient good that simply uses caring to operationalize patient good.

While Pellegrino's ideas about caring, in general, fit in with the practical sense of nursing practice, caring's subordinate role within his theory of medical ethics makes it problematic for nursing ethics. For nursing, caring seems to be more than a mere behavior between nurse and patient and might not always be derived from a notion of patient good. For example, even when the good of the patient is undecided or unknown, the nurse carries out interventions designed to care for the patient (as in emergency situations). Conversely, even when the patient's good has been made evident, nursing interventions may be carried out that do not, in fact, contribute to this sense of patient good (for example, when the physician's interpretation of the patient's good is not accepted by those planning and administering nursing care for the patient). The value of caring, for the nurse, extends beyond the notion of patient good as conceived by Pellegrino because nurse caring relates to the patient's status as a human being (Gadow 1985; Griffin 1983). For this reason, Pellegrino's moral obligation model of caring is not truly appropriate to the practice of nursing.

FRANKENA'S MORAL-POINT-OF-VIEW THEORY ON CARING

The third and final model of caring relevant to the development of nursing ethics is the moral-point-of-view (MPV) version. It is largely discussed by William Frankena in his critique of other MPV theories (1983) and entails adopting a certain point of view by defining its moral principle or central moral value. The result is a type of ethical theory (MPVT) for which Frankena seems to be a major spokesman.

In essence, one takes a moral-point-of-view by (1) subscribing to a particular substantive moral principle (or value) and (2) taking a general approach, perspective, stance or vantage point from which to proceed. While most MPV theories contain views about moral judgments and principles, about the differences between them and nonmoral principles, and views about the general nature of their justification, taking the MPV, by itself, simply means to adopt a moral principle (or value) and one's methodology to argue for that principle. It entails endorsing a general outlook or method by someone seeking to reach conclusions in a particular field (Frankena 1983).

According to Frankena, various moral principles have served as the central principles (or values) of MPV theories. Mill, for example, accepts a principle of utility that is pivotal to his MPV theory—that of utilitarianism (1863). Mill starts with a particular outlook (his moral point of view) and adopts the principle of utility as *the* moral principle that indicates the kinds of facts that one would make moral judgments about. Frankena, however, argues for taking the MPV more fully than simply accepting a certain view of morality. For him, taking the MPV entails not only acceptance of a particular view of morality but entering the moral arena oneself, "using moral considerations of the kind defined as a basis for evaluative judgments" (Frankena 1983, 70). It means subscribing to a particular view of morality and living that morality in one's life rather than merely accepting a certain view of morality and the conditions for the separation of the moral from the nonmoral.

This is a significant move for Frankena as it establishes the crucial difference between his conception of taking the MPV and the approaches of others who espouse MPVs and their related theories. Like Hume (1751) who espouses sympathy as his "sentiment of humanity," Frankena believes that there is always something that "moves us to approve or disapprove of persons" (1983, 70). This something is an attitude or precondition that is ultimately the source or motivating factor of anyone who takes the MPV. In other words, the setting forth of any particular fact is not so much the reason for deciding what is good and right in taking the MPV as is what generates the setting forth of that particular fact (and not some other fact).

For Frankena, this attitude or precondition concerns the fundamental status of persons and their human dignity. While he never explicitly defines what this attitude or precondition is for his own MPV, he eventually claims that this attitude generates the MPV of Caring or, as he puts it, "a Non-Indifference about what happens to persons and conscious sentient beings *as such*" (1983, 71). Frankena's substantive moral value is the value of caring and takes the form of Kantian respect-for-persons or Christian love. It includes making normative judgments and a concern for being rational in one's judgments but does *not* entail the acceptance or use of any particular test of justifiability, validity, or truth. A judgment based on caring is assumed to be morally justifiable because it "would be agreed to by all who genuinely take the MPV and are clear, logical, and fully knowledgeable about relevant kinds of facts (empirical, metaphysical, or whatever)" (1983, 72).

Frankena's view on caring is quite different from the view of Pellegrino. Where Pellegrino's notion of patient good provides the basis for the physician's evaluative judgments, Frankena posits caring as the basis of human normative judgments, in general. His focus on caring is direct and involves taking the MPV toward caring as a fundamental moral value or principle for normative judgments involving persons rather than the indirect focus on caring (through patient good) that is characteristic of Pellegrino's medical ethics. Like Noddings, Frankena eschews the structures of moral justification that typify traditional medical ethical theorizing and the separation of the conditions for justification from the context of ethical decision-making with persons. Where much of moral philosophy takes the MPV by simply acting on principle or out of duty, Frankena's MPV requires a human response from the one taking the MPV in the form of respect-for-persons or Christian love. It requires an identifiable form of response from the one-caring to the one cared-for, to use Noddings's terminology.

Unfortunately, Frankena makes no attempt to define exactly what he interprets as respect-for-persons and certainly does not discuss his principle of caring in terms relevant to feminist philosophy. However, he does indicate that adopting the MPV of caring is made from an undefined preconditional attitude toward personhood and human dignity. This is not unlike Noddings's notions of receptivity, relatedness, and responsiveness which anchor her view of ethical caring. While it would not be appropriate to interpret Frankena's view of caring as identical or even similar to Noddings's view, certainly his method of arriving at caring as a lived principle for a system of morality (taking the MPV) bears some relevance to Noddings's views and a feminist approach to medical ethics.

Conclusions

Given the models of caring proposed by Noddings (1984), Pellegrino (1985), and Frankena (1983), and the views on caring that have been developed by nurses (Gadow 1985; Griffin 1983; Watson 1988), several recommendations for the future development of a theory of nursing ethics and any system of feminist medical ethics seem relevant.

First, theories of medical ethics as currently proposed do not seem appropriate to the development of a theory of nursing ethics. The context of nursing practice requires a moral view of persons rather than a theory of moral action or moral behavior or a system of moral justification. Present theories of medical ethics have a tendency to support theoretical and methodological views of ethical argumentation and moral justification that do not fit the practical sense of nurses' decision-making in patient care and, as a result, tend to deplete the moral agency of nursing practice rather than enhance it. Any theory of nursing ethics will need to consider the nature of the nurse/patient relationship within health care contexts and adopt a moral-point-of-view that focuses directly on this relationship rather than on theoretical interpretations of physician decision-making and their associated claims to moral justification for this decision-making. The same might be said for any theory of feminist medical ethics, depending on how the nature of the relationship between the one-caring and the one who is cared-for is perceived.

Second, the value of caring ought to be central to any theory of nursing ethics and any theory of feminist medical ethics, as well. Given the need for nursing care within our society, nursing's perceived social mandate to provide the "diagnosis and treatment of human responses to actual or potential health problems" (American Nurses' Association 1980, 9), and the nature of the nurse/patient relationship, nursing has a significant opportunity to influence the quality of patient care through the acceptance and use of its theories. The profession of nursing has already made substantial commitment to the role of caring in several conceptions of nursing ethics and nursing science. In addition, there appears to be an important link between the value of caring and nursing's views toward persons and human dignity. As proposed by Frankena, there is good reason to subscribe to a MPV that is rooted in an attitude of respect toward persons. If a theory of nursing ethics is to have any purpose, it must necessarily make evident a view of morality that not only truly represents the social role of nursing, as a profession, in the provision of health care but that also promises a moral role for nursing in the care and nurture of individuals who have health care needs. For theory to achieve this purpose, its view of morality ought to turn on a philosophical view that posits caring as a foundational value rather than a derivitive value. The same might also be said for any theory of feminist medical ethics that uses caring as a gender-relevant (but not gender-dependent) moral principle or value.

Third, taking the moral-point-of-view and developing a MPV theory need not necessarily include the acceptance or use of any particular test of moral justification. This means that any theory of nursing ethics need not endorse typical frameworks of justification contained in theories of medical ethics for moral judgments made within its parameters to be regarded as true, valid, or rationally justified. It is true that such judgments must be justified within the MPV and pertain to the sorts of facts considered relevant according to the MPV theory. However, the MPV of the theory of nursing ethics itself is not defined by reference to such a system of justification. This means that feminist models of moral decision-making with similar views about moral justification may have particular relevance to the development of nursing ethics and vice versa.

To the extent that any theory of nursing ethics takes seriously the claims of MPV theorizing and the role of caring as a central value within its framework, there is reason to believe that medical ethics will benefit for such a theory cannot develop apart from the practice of medical ethics or from the evolution of bioethics as an applied ethics discipline. Likewise, claims to feminist medical ethics cannot be made apart from all health care practices (medicine as well as nursing) and necessarily draw on the development of moral thought within bioethical theorizing. Perhaps the links between all three types of theorizing are more important than currently realized.

ACKNOWLEDGEMENTS

The author would like to thank the anonymous reviewers of this journal, and editors Helen Holmes and Laura Purdy for their helpful criticisms on the first drafts of the manuscript. Their comments significantly improved the clarity of my arguments and are gratefully acknowledged.

REFERENCES

Ackerman, Terrance F. 1980. What bioethics should be. *Journal of Medicine and Philosophy* 5:260-275.

Ackerman, Terrance F. 1983. Experimentalism in bioethics research. *Journal of Medicine and Philosophy* 8:169-180.

Aikens, Charlotte A. 1916. *Studies in ethics for nurses*. Philadelphia: W.B. Saunders Company.

Alexander, Cheryl S., Carol S. Weisman and Gary A. Chase. 1982. Determinants of staff nurses' perceptions of autonomy within different clinical contexts. *Nursing Research* 31 (1):48-52.

American Nurses' Association. 1980. *Nursing: A social policy statement*. Kansas City: The Association.

Basson, Marc D. 1983. Bioethical decision-making: A reply to Ackerman. *Journal of Medicine and Philosophy* 8:181-185.

Beauchamp, Tom L. and James F. Childress. 1983. *Principles of biomedical ethics* (2nd. ed). New York: Oxford University Press.

Benjamin, Martin and Joy Curtis. 1986. *Ethics in nursing*. New York: Oxford University Press.

Bishop, Anne H. and John R. Scudder, Jr. 1987. Nursing ethics in an age of controversy. *Advances in Nursing Science* 9 (3):34-43.

Caplan, Arthur 1982. Applying morality to advances in biomedicine: Can and should this be done? In *New Knowledge in the Biomedical Sciences*. William B. Bondeson, H. Tristram Engelhardt, Stuart F. Spiker and John M. White, eds. Boston: D. Reidel.

Caplan, Arthur. 1983. Can applied ethics be effective in health care and should it strive to be? *Ethics* 93:311-319.

Cooper, C. Carolyn. 1988. Covenantal relationships: Grounding for the nursing ethic. *Advances in Nursing Science* 10 (4):48-59.

Crisham, Patricia. 1981. Measuring moral judgment in nursing dilemmas. *Nursing Research* 30:104-110.

Davis, Anne J. and Mila A. Aroskar. 1983. *Ethical dilemmas and nursing practice*. Norwalk, Conn.: Appleton-Century-Crofts.

Engelhardt, H. Tristram Jr. 1986. *The foundations of bioethics*. New York: Oxford University Press.

Fletcher, Joseph. 1966. *Situation ethics: The new morality*. Philadelphia: Westminister Press.

Frankena, William K. 1983. Moral-point-of-view theories. In *Ethical theory in the last quarter of the twentieth century*. Norman E. Bowie, ed. Indianapolis: Hackett Publishing Company.

Fry, Sara T. 1988. The ethic of caring: Can it survive in nursing? *Nursing Outlook* 36 (1):48.

Gadow, Sally. 1985. Nurse and patient: The caring relationship. In *Caring, curing, coping: Nurse, physician, patient relationships*. Anne H. Bishop and John R. Scudder, Jr., eds. Birmingham, Ala.: University of Alabama Press.

Gilligan, Carol. 1977. In a different voice: Women's conception of self and of morality. *Harvard Educational Review* 47:481-517.

Gilligan, Carol. 1979. Woman's place in man's life cycle. *Harvard Educational Review* 49:431-446.

Gilligan, Carol. 1982. *In a different voice*. Cambridge, Mass.: Harvard University Press.

Gilligan, Carol. 1987. Gender difference and morality: The empirical base. In *Women and moral theory*. E.R. Kittay and D.T. Meyers, eds. Totowa, N.J.: Rowman & Littlefield.

Gladwin, Mary E. 1937. *Ethics: A texbook for nurses*. Philadelphia: W.B. Saunders Company.

Griffin, Anne P. 1983. A philosophical analysis of caring in nursing. *Journal of Advanced Nursing* 8:289-295.

Heidegger, Martin. [1927] 1962. *Being and time*. J. Macquarrie and E. Robinson, trans. New York: Harper & Row.

Huggins, Elizabeth A. and Cynthia C. Sclazi. 1988. Limitations and alternatives: Ethical practice theory in nursing. *Advances in Nursing Science* 10 (4):43-47.

Hume, David. [1751] 1957. *An inquiry concerning the principles of morals*. Indianapolis: Bobbs-Merrill Company.

Jameton, Andrew. 1984. *Nursing practice: The ethical issues*. Englewood Cliffs, N.J.: Prentice-Hall.

Kant, Immanuel. [1785] 1964. *Groundwork of the metaphysic of morals*. H. J. Paton, trans. New York: Harper & Row.

Ketefian, Shake. 1981a. Critical thinking, educational preparation, and development of moral judgment among selected groups of practicing nurses. *Nursing Research* 30:98-103.

Ketefian, Shake. 1981b. Moral reasoning and moral behavior among selected groups of practicing nurses. *Nursing—Research* 30:171-176.
Ketefian, Shake. 1985. Professional and bureaucratic role conceptions and moral behavior among nurses. *Nursing Research* 32:248-253.
May, William F. 1975. Code, covenant, contract, or philanthropy. *Hastings Center Report* 5(1):29-38.
Mill, John S. [1863] 1971. *Utilitarianism.* S. Gorovitz, ed. Indianapolis: Bobbs-Merrill Co., Inc.
Munhall, Patricia. 1980. Moral reasoning levels of nursing students and faculty in a baccaluareate nursing program. *Image* 12(3):57-61.
Murphy, Catherine C. 1976. *Levels of moral reasoning in a selected group of nursing practitioners.* New York, Teachers College, Columbia University (unpublished doctoral dissertation).
Muyskens, James L. 1982. *Moral problems in nursing: A philosophical investigation.* Totowa, NJ: Rowman & Littlefield.
Noddings, Nel. 1984. *Caring: A feminine approach to ethics & moral education.* Berkeley, CA: University of California Press.
Packard, John S. and Mary Ferrara. 1988. In search of the moral foundation of nursing. *Advances in Nursing Science* 10 (4):60-71.
Pellegrino, Edmund D. 1985. The caring ethic: The relation of physician to patient. In *Caring, curing, coping: Nurse, physician, patient relationships.* Anne H. Bishop and John R. Scudder, Jr., eds., Birmingham, Ala.:University of Alabama Press.
Pellegrino, Edmund D. and David C. Thomasma. 1988. *For the patient's good.* New York: Oxford University Press.
Prescott, Patricia A., Karen E. Dennis, and Ada K. Jacox. 1987. Clinical decision making of staff nurses. *Image* 19(2):56-62.
Ramsey, Paul. 1970. *The patient as person.* New Haven: Yale University Press.
Rawls, John. 1971. *A theory of justice.* Cambridge, Mass.: Harvard University Press.
Robb, Isabel H. 1900. *Nursing ethics: For hospital and private use.* Cleveland: E.C. Loeckert.
Self, Donnie J. 1987. A study of the foundations of ethical decision-making of nurses. *Theoretical Medicine* 8:85-95.
Silva, Mary C. 1984. Ethics, scarce resources, and the nurse executive: Perspectives on distributive justice. *Nursing Economics* 2:11-18.
Stenberg, Margorie J. 1979. The search for a conceptual framework as a philosophic basis for nursing ethics: An examination of code, contract, context, and covenant. *Military Medicine* 144:9-22.
Thompson, Joyce B. and Henry O. Thompson. 1985. *Bioethical decision making for nurses.* Norwalk, Conn.: Appleton-Century-Crofts.
Toulmin, Stephen 1981. The tyranny of principles. *The Hastings Center Report* 11 (6):31-39.

Veatch, Robert M. 1981. *A theory of medical ethics*. New York: Basic Books.
Veatch, Robert M. and Sara T. Fry. 1987. *Case studies in nursing ethics*. Phildelphia: J.B. Lippincott Company.
Watson, Jean. 1985. *Nursing: Human science and human care*. Norwalk, Conn.: Appleton-Century-Crofts.
Yarling, Roland B. and Beverly J. McElmurry. 1986. The moral foundation of nursing. *Advances in Nursing Science* 8 (2):63-73.

CLINICAL ETHICS AND NURSING: "YES" TO CARING, BUT "NO" TO A FEMALE ETHICS OF CARE

HELGA KUHSE

ABSTRACT

According to a contemporary school of thought there is a specific female approach to ethics which is based not on abstract "male" ethical principles or rules, but on "care". Nurses have taken a keen interest in these female approaches to ethics. Drawing on the views expounded by Carol Gilligan and Nel Noddings, nurses claim that a female "ethics of care" better captures their moral experiences than a traditional male "ethics of justice". This paper argues that "care" is best understood in a dispositional sense, that is, as sensitivity and responsiveness to the particularities of a situation and the needs of "concrete" others. While "care", in this sense, is necessary for ethics, it is not sufficient. Ethics needs "justice" as well as "care". If women and nurses excessively devalue principles and norms, they will be left without the theoretical tools to condemn some actions or practices, and to defend others. They will, like generations of nurses before them, be condemned to silence.

I INTRODUCTION: ETHICS, PRINCIPLES, WOMEN AND NURSES

Is ethics gendered? Do women and men approach ethics differently? The answer of many thinkers has been "yes".

Rousseau thought that abstract truths and general principles are "beyond a woman's grasp ...; woman observes, man reasons".[1] Schopenhauer bluntly proclaimed: "... the fundamental fault of the female character is that it has *no sense of justice*". This "weakness in their reasoning faculty", Schopenhauer continued, "also explains

[1] Jean-Jacques Rousseau: *Emile*, trans. Barbara Foxley, London: Dent, 1966, pp. 349, 350.

208 CLINICAL ETHICS AND NURSING

why women show more sympathy for the unfortunate than men".[2] Finally, to give just one more example, Freud believed that "for women the level of what is ethically normal is different from what it is in men". Women, he wrote, "show less sense of justice than men".[3]

On these views, then, men and women not only approach ethics differently, but insofar as women were thought to lack a head for abstract principles, and a sense of justice, their ethical approach was also regarded as somewhat defective and inferior to that of men. At the same time, and rather paradoxically, women's traits and moral dispositions were often seen as somewhat purer, and more worthy, than those of men. For Rousseau, for example, women who had developed the distinctively feminine traits of gentleness, tenderness, compassion, self-sacrifice and mental passivity, were only a "little lower than the angels";[4] and the poet Lord Tennyson called women the "interpreters between gods and men".[5]

Nursing has always been a predominantly female profession and there was, and probably still is, a widespread belief that nursing, like few other professions, allows women to develop and express their specific feminine virtues. As one writer put it as recently as 1980:

> [N]urses were ... angels! Angels of mercy! They were with him constantly, these women figures. They were gentle and good. They fixed his pillows. They came when he called for help. They said: "This will make you feel better" and "There, isn't that better?" They touched him with their hands, flesh to flesh. His succor. His life savers. His lifelines.[6]

Mary Wollstonecraft, a contemporary of Rousseau's, saw a firm link between the feminine virtues of gentleness and docility, and the subjection of women. She charged that Rousseau and some other "specious reasoners", consistently recommended "g]entleness, docility and a spaniel-like affection ... as the cardinal virtues of the sex",

---

[2] Arthur Schopenhauer: "On Women" in Mary Mahowald (ed): *Philosophy of Woman — An Anthology of Classic and Current Concepts*, Indianapolis: Indiana, 1983, p. 231 (emphasis in original).

[3] Sigmund Freud: "Some Psychical Consequences of the Anatomical Distinction Between the Sexes", in *The Standard Edition of the Complete Psychological Works of Sigmund Freud*, trans. and ed. James Strachey, London: The Hogarth Press, 1961, Vol. XIX, pp. 257–58. (I owe this reference to Carol Gilligan: *In a Different Voice*, Cambridge, Mass.: Harvard University Press, 1982, p. 7.)

[4] Jean-Jacques Rousseau: *Emile*, op. cit., p. 359.

[5] Alfred Lord Tennyson: "The Princess". (The poem can be found in various anthologies.)

[6] Martha Lear: *Heartsounds*, New York: Simon and Schuster, 1980, pp. 38–39.

© Blackwell Publishers Ltd. 1995

but ultimately regarded women as "gentle, domestic brutes", incapable of the kind of reason that distinguishes human beings from the beast. "The nature of reason", she said, "must be the same in all".[7]

Many modern feminists still accept Wollstonecraft's basic point that there is but one ethics for women and men. There is, however, also another school of thought which holds that traditional male thinkers, while wrong on much else, were right on at least one point: that women and men do approach ethics differently. This school of thought rejects the idea that women are *incapable* of abstract, principled thinking; rather, and much more fundamentally, it claims that principled ethical thinking is not the only valid (or best) approach to ethics. There is, according to this view, an alternative "female" approach to ethics which is based not on abstract "male" ethical principles or wide generalisations, but on "care", that is, on receptivity and responsiveness to the needs of others.

Nurses have taken a keen interest in these female approaches to ethics. Drawing on the views expounded by Carol Gilligan[8] and Nel Noddings,[9] nurses claim that a female "ethics of care" better captures their moral experiences than a traditional male "ethics of justice".[10] The latter approach, a prominent proponent of a nursing ethics of care proclaims, regards principles as more important than people; nurse-caring, on the other hand, is patient-centered: "it ties us to the people we serve and not to the rules through which we serve them".[11]

The claim that women and men approach ethics differently is not the focus of my paper, although I will briefly return to it at the end of

---

[7] Mary Wollstonecraft: *A Vindication of the Rights of Women*, New York Norton, 1967, pp. 50, 63, 69.

[8] Carol Gilligan: *In a Different Voice*, Cambridge: Harvard University Press, 1982.

[9] Nel Noddings: *Caring — A Feminine Approach to Ethics and Moral Education*, Berkeley: University of California Press, 1984.

[10] See, for example, the articles in the collection by Jean Watson and Marilyn A. Ray (eds.): *The Ethics of Care and the Ethics of Cure: Synthesis in Chronicity*, New York: National League for Nursing, 1988; Mary Carolyn Cooper: "Gilligan's Different Voice A Perspective for Nursing", *Journal of Professional Nursing*, Vol. 5, No. 1, 1989, pp. 10—16; Sara T. Fry: "Toward a theory of nursing ethics", *Advances in Nursing Science*, Vol. 11, No. 4, pp. 9—22; Randy Spreen Parker: "Nurses' stories: The search for a relational ethics of care", *Advances in Nursing Science*, Sept. 1990, pp. 32—40; Dena S. Davis: "Nursing: An Ethics of Caring", *Hum. Med.*, 1985, Vol. 2, No. 1, pp. 19—25.

[11] Jean Watson: "An Introduction: An Ethics of Caring/Curing/Nursing" *qua* Nursing: in Jean Watson and Marilyn A. Ray (eds.): *The Ethics of Care* ..., op cit., p. 2. Jean Watson is here citing Nel Noddings: *Caring* ..., op. cit., no page number given.

© Blackwell Publishers Ltd. 1995

210 CLINICAL ETHICS AND NURSING

my discussion. I will be addressing the second issue, that is, the claim that nurses should adopt a female ethics of care because this is preferable to the justice approach. Since different writers have distinct ideas about what constitutes a (nursing) ethics of care, all I can do in this paper is introduce and then briefly discuss one common central theme: that a female ethics of care has no use for, and does not need, universal principles or rules.

As my discussion will show, I very much doubt that such an ethics will serve either patients or nurses well. Rather, nurses who decide to conduct their professional lives in accordance with an ethics of care are likely to find themselves in a position where they, like generations of nurses and women before them, may be praised for their caring feminine traits and dispositions, but will be unable to assert their moral claims, or to speak on behalf of those for whom they care.

Let me begin my critique by taking a closer look at the notion of "care".

II CARING AS A MORAL DISPOSITION[12]

"Care" is a rich and highly ambiguous notion. Caring for another person — the notion that will occupy us in the present context — has connotations of concern, compassion, worry, anxiety, and of burden; there are also connotations of inclination, fondness and affection; connotations of carefulness, that is, of attention to detail, of responding sensitively to the situation of the other; and there are connotations of looking after, or providing for, the other.[13]

For the purposes of understanding and evaluating an ethics that has care as its central concept, it would be important to know which understanding of "care" its exponents have in mind. Unfortunately the nursing literature is not of any great help. Nurses use the term "care" in many different and potentially contradictory ways.[14] As Howard Curzer notes, proposals include "presence", "empathy plus expression of feeling", "truth-telling and touch", "showing

---

[12] This section contains some passages drawn from Helga Kuhse: "Against the Stream: Why Nurses Should Say 'No' to a female Ethics of Care", forthcoming in *Revue Internationale de Philosophique*.

[13] On the richness of the notion of "caring", see Nel Noddings: *Caring* ..., op. cit., pp. 9–16.

[14] For a thorough critique of Sara Fry's concept of care (in "The role of caring in a theory of nursing", *Hypatia*. Vol. 4, No. 2, 1989, pp. 88–103) see Howard J. Curzer: "Fry's Concept of Care in Nursing Ethics, *Hypatia*, Vol. 8, No. 3, 1993, pp. 174–183.

© Blackwell Publishers Ltd. 1995

concern", and "enabling or assisting".[15] Underlying these different understandings is some general agreement that "care" must involve more than mere caring behaviour; there must also be some empathy, attachment or connectedness, in the sense of "caring about" the patient.

What precisely "caring for/caring about" amounts to is, however, none too clear. Definitions and explanations are imprecise, obscure and sometimes even mystical. One prominent writer in the field, Sally Gadow, for example, defines "care"

> as an end in itself. While it may serve as a means of reaching a further state, it is always and above all a state that itself can be fully inhabited. While it may serve as a vessel for reaching a remote shore, it is at the same time and above all a vessel in which one can live even when — especially when — there is no destination in sight or in mind.[16]

Similarly Jean Watson. Watson holds that true "transpersonal caring" entails that

> the nurse is able to form a union with the other on a level that transcends the physical ... [where] there is a freeing of both persons from their separation and isolation ... .[17]

Other writers speak of nurse-caring as "a feeling of dedication to the extent that it motivates and energizes action to influence life constructively and positively by increasing intimacy and mutual self-actualization";[18] an "interactive process", which is achieved by "a conscious and intuitive opening of self to another, by purposeful trusting and sharing energy, experiences, ideas, techniques and knowledge";[19] or as "the creative, intuitive or cognitive helping process for individuals and groups based upon philosophic, phenomenologic, and objective and subjective experiential feelings and acts of assisting others".[20]

---

[15] Howard J. Curzer: "Fry's Concept of Care ...", ibid., p. 175.

[16] Sally Gadow: "Covenant Without Cure: Letting Go and Holding On in Chronic Illness", in (eds.) Jean Watson and Marilyn A. Ray (eds.): *The Ethics of Care and the Ethics of Cure* ..., op. cit., p. 5–6.

[17] Jean Watson: *Nursing — Human Science and Human Care: A Theory of Nursing*, Norwalk, Conn.: Appleton-Century Crofts, 1985, p. 66.

[18] E.O. Bevis: "Caring: A Life Force", in (ed.) M. Leininger: *Caring: An Essential Human Need*, Thorofare, NJ: Slack, 1981, p. 50.

[19] B. Blattner: *Holistic Nursing*, Englewood Cliffs, NJ: Prentice Hall, 1981, p. 70.

[20] M. Leininger: "Caring: A Central Focus of Nursing and Health Care Services", *Nursing and Health Care*, October 1980, p. 143, as cited by Hilde L. Nelson: "Against Caring", *The Journal of Clinical Ethics*, Vol. 3, No. 1, Spring 1992, p. 9.

© Blackwell Publishers Ltd. 1995

212 CLINICAL ETHICS AND NURSING

Writers in the field generally recognize that the notion of "care" is as yet inadequately understood, and that there is as yet no satisfactory ethics of care that can serve as a foundation for nursing.

Despite these inconsistencies and obscurities, and my doubts about the feasibility of building an ethical theory on the concept of care alone, there is value in focusing on care as an important, but often neglected, component of ethics.

A sympathetic reading of the nursing literature will reveal a number of common threads. As also in Nel Noddings' approach,[21] there is emphasis on relationship, on attachment, openness, and on attentiveness and responsiveness to the needs of the cared-for. "Caring" is thus not so much a matter of actions, task, or processes, as a mode of being, a virtue, or a stance or attitude towards the object of one's attention. In other words, in attempting to articulate an ethics of care, writers are not so much trying to answer the traditional ethical question of right action: "What should I do?"; but rather the question: "How should I, the carer, meet the cared-for". I shall refer to this understanding of care as "dispositional care".

Dispositional care presupposes not only commitment and motivation, but also openness and receptivity to the needs of the other — a state that Nel Noddings calls "engrossment". Engrossment entails a putting aside of the self so that the carer can perceive, and then sensitively respond to, the particular and unique experiences and needs of the other.

The ideas of dispositional care and of engrossment are far from unproblematical. Various criticisms have been raised against current articulations of them — that they are, for example, based on an impractical ideal, that they employ a notion of care that, while suited to characterise personal relationships of great intimacy and depth, is ill-suited for the nurse-patient encounter, or that they are potentially exploitative of women.[22] While these criticisms cannot easily be dismissed, I take it as given that there is *some* sense in which our attitudes or dispositions matter and that a caring disposition or stance, loosely understood as sensitive openness and responsiveness

---

[21] Nel Noddings: *Caring* ..., op. cit.

[22] See, for example, Stan van Hooft: "Caring and professional commitment", *The Australian Journal of Advanced Nursing*, Vol. 4, No. 4, 1987, pp. 29–38; Helga Kuhse: "Caring is not enough: reflections on a nursing ethics of care", *The Australian Journal of Advanced Nursing*, Vol. 11, No. 1, 1993, pp. 32–42. Catharine A. MacKinnon: *Feminism Unmodified: Discourses on Life and Law*, Cambridge: Harvard University Press, 1987. Janice G. Raymond: "Reproductive Gifts and Gift Giving: The Altruistic Woman", *Hastings Center Report*, November/December 1990, pp. 7–11.

© Blackwell Publishers Ltd. 1995

to the needs of particular others, will contribute to better patient care. It emphasises the importance of receptivity and responsiveness, as well as the uniqueness of particular persons and situations. Health-care professionals who are "dispositional carers" are more likely to be receptive to the needs of patients, where these patients are recognised as *particular others*, that is, as individuals, with special needs, beliefs, desires and wants — rather than, say, as "the cancer" in Ward 4. This entails that dispositional care is not only an appropriate part of nursing ethics, but of medical ethics as well.

When dispositional care is lacking, patients' needs may not be met. This view gets some support from a recently published observational study reporting on the interaction of nurses and doctors with dying patients. The non-participant observer reported one case, where nurses failed to notice that a dying patient was thirsty, that the patient could not reach the drink that was placed before her, and that she could not sit up unaided and would fall back when no support was provided. While many factors other than the lack of dispositional care could also explain why this patient's needs were not met, the case description suggests that the nurses, rather than simply being callous, were not receptive and sensitive enough to recognize that this particular patient needed additional help.[23]

As Lawrence Blum has observed, moral philosophy's traditional preoccupation with action-guiding rules and principles, and focus on such notions as universalizability and impartiality, have masked the importance of what he calls "moral perception and particularity" — that is, the important role that is played by our ability to recognise the morally salient features of a situation. For all the moral principles in the world (and our willingness to employ them) will not help if we lack the kind of "moral perception" necessary to tell us when to employ them.[24]

To sum up, then, it seems that Blum and proponents of a nursing ethics of care are right when they say that such traits as perceptivity, sensitivity and responsiveness are morally significant. Blum is also right, it seems to me, when he says that philosophy's traditional preoccupation with sometimes blunt rules and principles, and with universalizability and impartiality, has resulted in less than adequate attention being paid to this aspect of ethics. Proponents of a care approach do, however, often want to go much further than that. They are saying that care alone should be playing a role — that

---

[23] Mina Mills, Huw T.O. Davies, William A. Macrae: "Care of dying patients in hospital", *British Medical Journal*, Vol. 309, Sept. 3, 1994, pp. 583–586.

[24] Lawrence Blum: "Moral Perception and Particularity", *Ethics*, Vol. 101, July 1991, pp. 701–725.

© Blackwell Publishers Ltd. 1995

214 CLINICAL ETHICS AND NURSING

there is no place, or only a very limited place, in an ethics of care for abstract universal principles or rules.

III THE REJECTION OF PRINCIPLES

Caring is a good thing and everyone, not just nurses, should be more caring. If dispositional care can thus quite properly be regarded as a significant part of ethics, it is, however, not the whole of ethics. Ethics is also, and some would say, primarily, about the justification of actions. This aspect of ethics becomes particularly important in contexts, such as nursing and medicine, where there is frequent moral disagreement about the rightness or wrongness of actions: whether a dying patient should, for example, be kept alive, or allowed to die; told the truth, or be protected from it for her own good.

Proponents of female ethics of care do, however, display a distaste for reasoned argument and justification. In her book *Caring*, Nel Noddings explicitly rejects abstract principles and the requirement of universalizabililty as an appropriate part of ethics. Ethics, she suggests, is not a matter of impartial and abstract principles and rules, but of relationships — of care for family, friends, and the "proximate stranger".[25] But, as Hilde Nelson notes, care is "blind and indiscriminate".[26] It cannot by itself tell us what to do.

The following "personal narrative" by a nurse, Randy Spreen Parker, will illustrate what can happen when the rejection of principles is taken to its logical conclusion.[27] The narrator describes herself as a "seasoned critical care nurse", who had abandoned "[t]he language of rights, duties and obligations" (which she experienced as "alien" and "detached from the experience" of nursing) to "learn the lines of a different script — a script that was written in a universal, relational language" — the language of care.

Parker had cared in what appears to have been an admirable fashion for an aphasic patient, Mike, who had difficulties in speaking and understanding.

Mike was a diabetic. Due to poor blood circulation, it was necessary to perform a hip-disarticulation — a radical amputation of the leg at the hip. He was left with a deteriorating "gaping cavernous wound that extended from his rib cage to his pelvis". The wound

---

[25] Nel Noddings: *Caring* ..., op. cit.
[26] Hilde L. Nelson: "Against Caring", *The Journal of Clinical Ethics*, Vol. 3, No. 1, 1992, p. 9.
[27] A similar description of this case also appears in Helga Kuhse: "Against the Stream ...", op. cit.

© Blackwell Publishers Ltd. 1995

needed dressing changes every three hours. This was excruciatingly painful, since Mike, who also had a lung problem, could not be given adequate pain medication.

When it became clear to both patient and nurse that "further medical interventions served no meaningful purpose", Parker spoke to the attending physician and head nurse and told them that she "did not feel" that Mike (who had difficulty speaking coherently) wanted to continue life-sustaining treatment.

Parker asked to remain Mike's primary nurse and to care for him, but, she explained, she could not participate in any further dressing changes or resuscitation measures.

> I tried to explain my rationale but found myself fumbling for the right words. How could I translate my own moral experience into traditional moral language? The scripts were different. After several meetings with the attending physician and other nurse managers, I was removed from intensive care and placed on a medical-surgical unit.

Over the next week, Mike was resuscitated several times, before he died "in pain, frightened and alone".[28]

Parker's realization that her "moral experience" of caring and "traditional moral language" have radically different scripts is of course quite correct. Moral experience is private, traditional moral language is not. One person's raw moral experience holds no persuasive powers for others, and should also be regarded critically by the person herself. After all, at times our feelings and experiences may seriously mislead us. They need testing against some standard that lies outside the experience itself.

When it comes to the justification of particular actions, we need to give reasoned arguments for our views. In the clinical context, such arguments will typically rely on certain universal principles, such as respect for autonomy or a health care professional's *prima facie* duty to act in the patient's best interests. To eschew all moral principles is to withdraw from moral discourse and to retreat into an essentially dumb world of one's own.

Of course, the assumption is that caring, in its sensitive attention to the particularities of the situation can give the right answer. But this is not so. Sensitivity and particularity alone can not guide action. We always must decide which particularities of a situation, which elements of the personal histories of those involved, are of moral significance and which are not.

---

[28] Randy Spreen Parker: "Nurses' Stories ...", op. cit., pp. 31–34.

© Blackwell Publishers Ltd. 1995

216 CLINICAL ETHICS AND NURSING

To decide what she should do, the agent must first "abstract" some particularities of the situation — those that she regards as morally significant — as her action guide. These abstractions — for example that Mike was suffering and wanted to die, that there was no hope, and so on — are the kind of stuff that principles are made of. Once stated in principled form (for example: "Patients who are hopelessly ill, who are suffering and want to die, should be allowed to die") these abstractions can be tested, and accepted or rejected, as the case may be. Without principles of some sort — and it is of course an open question what these principles should be — there can be no ethical discourse, no justification — only particularities and unguided feelings; neither will have any persuasive powers for others, nor should they have persuasive power for us.

Caring advocates' distaste for principles follows, of course, from the requirement that the carer should be fully attentive to the circumstances of each individual person, and the nuances of her particular and unique situation. The assumption is that abstraction presupposes sameness, where there is, in fact, uniqueness.

Nel Noddings provides an extensive critique of abstract principles by distinguishing the "approach of the father" from that "of the mother":

> The first moves immediately to abstraction where ... thinking can take place clearly and logically in isolation from the complicating factors of particular persons, places, and circumstances; the second moves to concretization where ... feelings can be modified by the introduction of facts, the feelings of others, and personal histories.[29]

Noddings is correct when she suggests that additional facts, feelings, and personal histories will, and should, often make a difference to our moral evaluation of a situation. Nonetheless, the dichotomy she draws between an "ethics of care" and an "ethics of principle" in terms of the distinction between "concretization" and "abstraction" is a false one.

In the passage just quoted, the contrast between "abstraction" and "concretization" seems to rest, at least in part, on the distinction between "thinking in isolation from complicating factors" and "thinking modified by the introduction of facts ...". But could ethical thinking *ever* proceed in isolation from concrete facts and particular circumstances? Even Kant, rigidly holding that one must

---

[29] Nel Noddings: *Caring ...*, op. cit., pp. 36–37.

never lie, even to a would-be-murderer, needs to refer to the facts: do you really know whether the man's intended victim is in the house? How sure do you have to be that he is there, for the statement "I don't know where he is" to count as a lie?[30]

By the same token, even those who take Noddings' "mother's approach" will have to abstract some details from the infintely many that describe a given situation. Noddings' reference to "feelings" and "personal histories" is already an abstraction of particular aspects of the situation: apparently a person's height, or hair colour can (always? usually?) be left out. But even then, it is simply not possible to take all the feelings, or each aspect of every personal history into account. This means that the question is not *whether* context is relevant, but rather *which* elements of that context ought to be "abstracted" from the overall context as significant for ethical decision-making.[31]

What the morally relevant factors are is perhaps the most central and vexing question in traditional ethics. Those who approach ethics from the perspective of the justice tradition will focus on aspects relevant to the application of certain principles or rules; those who approach ethics from a consequentialist perspective will focus on certain goals — for example, how much pleasure or pain a given action will produce, or how well it satisfies the preferences of all those affected by the action; and those who approach ethics from the care perspective will focus on aspects related to the maintenance of relationships, that is, on care for family, friends, and the "proximate stranger".

This brings us to the next question: Is an ethics that focuses on our responsibilities to those with whom we stand in direct relationships adequate?

Nel Noddings regards concern for those distant from us — for example, those starving in Africa, those who are not our patients, or those who do not belong to our species — as a form of "romantic rationalism".[32] But this response will not do. It entails that a whole range of important ethical issues that go beyond personal human relationships and the lived experience of human care, such as the distribution and redistribution of wealth or the distribution of scarce

---

[30] See I. Kant: "On a supposed right to tell lies from benevolent motives" in *Kant's Critique of Practical Reason and Other Works on the Theory of Ethics*, trans. Thomas Kingsmill Abbott, London: Longman's, Green & Co., 1909, pp. 361–365.

[31] This point is also made by George Sher: "Other Voices, Other Rooms", in (eds.) Eva Federe Kittay and Diana Meyers: *Women and Moral Theory*, United States of America: Rowman and Littlefields Publishers, 1987, p. 180.

[32] Nel Noddings: *Caring* ..., op. cit., p. 3.

© Blackwell Publishers Ltd. 1995

health care resources, could not be challenged from within the care perspective.[33]

If women and nurses excessively devalue reasoned argument, if they dismiss ethical principles and norms and hold that notions of impartiality and universalizability have no place in a female ethics of care, then they will be left without the theoretical tools necessary to condemn some actions or practices, and to defend others. Bereft of a universal ethical language, women will be unable to participate in ethical discourse. They will not be able to speak on behalf of the patients for whom they care, nor will they be able to defend their own legitimate claims[34] — and the motto of the first Canadian school of nursing: "I see and I am silent" would have continuing relevance for nurses.[35]

IV CONCLUSION

I began my paper by asking whether women and men approach ethics differently. I myself am dubious about the claim that ethics is gendered and that women are inherently more caring than men. Rather, I am more persuaded by the general idea that social practices and roles give rise to particular moral experiences and visions of "the good". Women have traditionally tended the home, nurtured children, supported husbands, and nursed the sick. Men, on the other hand, have traditionally played more public roles. Their activities did not primarily involve care for "concrete others" but rather dealings with strangers or "abstract others".[36]

Broad ethical principles and rules, notions of rights and justice have an appropriate role to play in the public sphere. Insofar as the public sphere is the realm of strangers, we cannot know the personal histories and particular circumstances of all those affected by our decisions, nor can we care for them in a personal way. But we can, and must, ensure that their rights and claims are protected, and that they are treated fairly.

Care, on the other hand, has a more central role to play in the private sphere, where people can respond to each other as "concrete" others, and where the maintenance of relationships

---

[33] See also Claudia Card: "Caring and Evil", *Hypatia*, Vol. 5, No. 1, Spring 1990, pp. 101–108.

[34] See also L.M. Purdy: "Feminist Healing Ethics" in *Hypatia*, Vol. 4, No. 2, Summer 1989, pp. 9–12.

[35] John O. Goden: "Editorials — No Longer Silent", *Humane Medicine*, Vol. 4, No. 1, May 1988, p. 1.

[36] Jean Grimshaw: "The Idea of a Female Ethic" in Peter Singer: *Companion to Ethics*, Oxford: Blackwell, 1991, pp. 496–499.

© Blackwell Publishers Ltd. 1995

requires sensitivity and responsiveness to the particularities of the situation and the needs and desires of those concerned.

Now, if it is the case that traditional ethical theories are based on the experiences of men in the public sphere, then we should not be too surprised to find that the insights of women, derived from their experience in the private sphere have often been ignored.[37] Nursing straddles the public and the private. It is a public enterprise, but "care" is quite properly recognised as the — largely — appropriate mode for the one-to-one encounter between nurses and patients. Patients as a whole would not be well-served if they were regarded as "abstract" individuals, as merely the bearers of certain rights or claims. Such an approach would leave many of their needs unmet. While "care" is thus necessary for good patient care, it is not — as I have suggested above — an adequate foundational concept for a nursing ethics of care. Ethics, and women and nurses, need justice as well.

I started by quoting a number of traditional thinkers. Let me close with a quote from one other philosopher. "Clearly", Aristotle maintained,

> ... moral virtue belongs to all ... but the temperance of a man and of a woman, or the courage and justice of a man and of a woman are not ... the same ... "Silence is a woman's glory", but this is not equally the glory of man.[38]

One way to prove him wrong, is to reject a female (nursing) ethics of care.

Centre for Human Bioethics
Monash University

This paper is part of an on-going project on "Partiality and Impartiality in Medical and Nursing Ethics", awarded to Helga Kuhse and Peter Singer by the Australian Research Council.

---

[37] See also Jean Grimshaw: "The Idea of a Female Ethic", op. cit.
[38] Aristotle: *Politics*, Book I, Chapter 13.

© Blackwell Publishers Ltd. 1995

Part IX
The Case Approach

JOHN D. ARRAS

GETTING DOWN TO CASES:
THE REVIVAL OF CASUISTRY IN BIOETHICS

ABSTRACT. This article examines the emergence of casuistical case analysis as a methodological alternative to more theory-driven approaches in bioethics research and education. Focusing on *The Abuse of Casuistry* by A. Jonsen and S. Toulmin, the article articulates the most characteristic features of this modern-day casuistry (e.g., the priority allotted to case interpretation and analogical reasoning over abstract theory, the resemblance of casuistry to common law traditions, the 'open texture' of its principles, etc.) and discusses some problems with casuistry as an 'anti-theoretical' method. It is argued that casuistry so defined is 'theory modest' rather than 'theory free' and that ethical theory can still play a significant role in casuistical analysis; that casuistical analyses will encounter conflicting 'deep' interpretations of our social practices and institutions, and are therefore unlikely sources of increased social consensus on controversial bioethical questions; that its conventionalism raises questions about casuistry's ability to criticize norms embedded in the societal consensus; and that casuistry's emphasis upon analogical reasoning may tend to reinforce the individualistic nature of much bioethical writing. It is concluded that, notwithstanding these problems, casuistry represents a promising alternative to the regnant model of 'applied ethics' (i.e., to the ritualistic invocation of the so-called 'principles of bioethics'). The pedagogical implications of casuistry are addressed throughout the paper and include the following recommendations: (1) use real cases, (2) make them long, richly detailed and comprehensive, (3) present complex sequences of cases, (4) stress the problem of 'moral diagnosis', and (5) be ever mindful of the limits of casuistical analysis.

Key Words: casuistry, interpretation, methodology, pedagogy

THE REVIVAL OF CASUISTRY

Developed in the early Middle Ages as a method of bringing abstract and universal ethico-religious precepts to bear on particular moral situations, casuistry has had a checkered history (Jonsen and Toulmin, 1988). In the hands of expert practitioners during its salad days in the 16th and 17th centuries, casuistry

---

John D. Arras, Ph.D., Division of Legal and Ethical Issues in Health Care, Department of Epidemiology and Social Medicine, Montefiore Medical Center – Albert Einstein College of Medicine, Bronx, New York, New York 10467, U.S.A.

The Journal of Medicine and Philosophy 16: 29–51, 1991.
© 1991 *Kluwer Academic Publishers. Printed in the Netherlands.*

generated a rich and morally sensitive literature devoted to numerous real-life ethical problems, such as truth-telling, usury, and the limits of revenge. By the late 17th century, however, casuistical reasoning had degenerated into a notoriously sordid form of logic-chopping in the service of personal expediency (Pascal, 1981). To this day, the very term 'casuistry' conjures up pejorative images of disingenuous argument and moral laxity.

In spite of casuistry's tarnished reputation, some philosophers have claimed that casuistry, shorn of its unfortunate excesses, has much to teach us about the resolution of moral problems in medicine. Indeed, through the work of Albert Jonsen (1980, 1986a, 1986b, 1988) and Stephen Toulmin (1981; Jonsen and Toulmin, 1988) this 'new casuistry' has emerged as a definite alternative to the hegemony of the so-called 'applied ethics' method of moral analysis that has dominated most bioethical scholarship and teaching since the early 1970s (Beauchamp and Childress, 1989). In stark contrast to methods that begin from 'on high' with the working out of a moral theory and culminate in the deductivistic application of norms to particular factual situations, this new casuistry works from the 'bottom up', emphasizing practical problem-solving by means of nuanced interpretations of individual cases.

This paper will assess the promise of this reborn casuistry for bioethics education. In order to do that, however, it will be necessary to say quite a bit in general about the nature of this form of moral analysis and its strengths and weaknesses as a method of practical thinking. Indeed, a general catalogue of the promise and potential pitfalls of the casuistical method should be directly applicable to the assessment of casuistry in educational settings.

Before we can exhibit the salient features of this rival bioethical methodology, we must first confront an initial ambiguity in the definition of casuistry. As Jonsen describes it, 'casuistry' is the art or skill of applying abstract or general principles to particular cases (1986b). In this context, Jonsen notes that the major monotheistic religions were likely sources for casuistic ethics, since they all combined a strong sense of duty with a definite set of moral precepts couched in universal terms. The pre-eminent task for devout Christians, Jews and Muslims was thus to learn how to apply these universal precepts to particular situations, where their stringency or applicability might well be affected by particular factual conditions.

The Revival of Casuistry in Bioethics

Defined as the art of applying abstract principles to particular cases, the new casuistry could appropriately be viewed, not so much as a rival to the applied ethics model, but rather as a necessary complement to any and all moral theories that would guide our conduct in specific situations. So long as we take some general principles or maxims to be ethically binding, no matter what their source, we must learn through the casuist's art to fit them to particular cases. But on this gloss of 'casuistry', even the most hidebound adherent of the applied ethics model, someone who held that answers to particular moral dilemmas can be deduced from universal theories and principles, would have to count as a casuist. So defined, casuistry might appear to be little more than the handmaiden of applied ethics.

There is, however, another interpretation of casuistry in the writings of Jonsen and Toulmin that provides a distinct alternative to the applied ethics model. Instead of focusing on the need to fit principles to cases, this interpretation stresses the particular nature, derivation, and function of the principles manipulated by the new casuists. Through this alternative theory of principles, we begin to discern a morality that develops, not from the top down as in most interpretations of Roman law, but rather from case to case (or from the bottom up) as in the common law. What differentiates the new casuistry from applied ethics, then, is not the mere recognition that principles must eventually be applied, but rather a particular account of the logic and derivation of the principles that we deploy in moral discourse.

A 'CASE DRIVEN' METHOD

Contrary to 'theory driven' methodologies, which approach particular situations already equipped with a full complement of moral principles, the new casuistry insists that our moral knowledge must develop incrementally through the analysis of concrete cases. From this perspective, the very notion of 'applied ethics' embodies a redundancy, while the correlative notion of 'theoretical ethics' conveys an illusory and counterproductive ideal for ethical thought.

If ethics is done properly, the new casuists imply, it will already have been immersed in concrete cases from the very start. To be sure, one can always apply the results of previous ethical inquiries to fresh problems, but to the casuists good ethics is always 'applied' in the sense that it grows out of the analysis of individual cases. It's not as though one could or should first develop a pristine ethical theory planing above the world of moral particulars, and then, having put the finishing touches on the theory, point it in the direction of particular cases. Rejecting the idea that there are such things as 'essences' in the domain of ethics, Toulmin (1981), citing Aristotle and Dewey, argues that this pursuit of rigorous theory is unhinged from the realities of the moral life and animated by an illusory quest for moral certainty. Thus, whereas many academic philosophers scorn 'applied ethics' as a pale shadow of the real thing (viz., ethical theory), the new casuists insist that good ethics is always immersed in the messy reality of cases, and that the philosophers' penchant for abstract and rigorous theory is a misleading fetish.

According to both Jonsen and Toulmin, the work of the National Commission for the Protection of Human Subjects of Biomedical and Behavioral Research provides an excellent example of this case driven method in bioethics (1988, pp. 16–19, 264, 305, 338). Although the various commissioners represented different academic, religious and philosophical perspectives, Jonsen and Toulmin (who both served, respectively, as Commissioner and consultant to the Commission) attest that the commissioners could still reach consensus by discussing the issues 'taxonomically'. Bracketing their differences on 'matters of principle', the commissioners would begin with an analysis of paradigmatic cases of harm, cruelty, fairness and generosity, and then branch out to more complex and difficult cases posed by biomedical research. The commissioners thus "triangulate[d] their way across the complex terrain of moral life", (Toulmin, 1981) gradually extending their analysis of relatively straightforward problems to issues requiring a much more delicate balancing of competing values.

Thus, instead of looking for ethical progress in the theoretical equivalent of the Second Coming – i.e., the establishment of *the* correct ethical theory – Jonsen and Toulmin contend that a more realistic and attainable notion of progress is afforded by this notion of moral 'triangulation', an incremental approach to problems whose model can be found in the history of our common law. Just as English-speaking peoples have developed highly complex and sophisticated legal frameworks for thinking about tort liability and criminal guilt without the benefit of pre-established legal principles, so (Jonsen and Toulmin argue) ought we to develop a 'common morality' or 'morisprudence' on the basis of case analysis – without recourse to some pre-established moral theory or moral principles.

THE ROLE OF PRINCIPLES IN THE NEW CASUISTRY

Contrary to common interpretations of Roman law and to deductivist ethical theories, wherein principles are said to preexist the actual cases to which they apply, the new casuistry contends that ethical principles are 'discovered' in the cases themselves, just as common law legal principles are developed in and through judicial decisions on particular legal cases (Jonsen, 1986a). To be sure, common law and 'common law morality' (or 'morisprudence') contain a body of principles too; but the way these principles are derived, articulated, used, and taught is very different from the Roman law and deductivist ethical approach (Pitkin, 1972).

The Derivation and Meaning of Principles

Jonsen and Toulmin have sent mixed messages regarding their views of the derivation of moral maxims and principles. In some places they appear to incline towards a weaker interpretation of casuistry as the art of applying whatever moral maxims happen to be lying around at hand in one's culture. At other places, however, Jonsen and Toulmin suggest a much stronger and more controversial view, according to which moral principles of 'common law morality' are entirely derived from (or abstracted out of) particular cases. Rather than stemming originally from some ethical theory, such as utilitarianism or Rawls's theory of justice, these principles are said to emerge gradually from reflection upon our responses to particular cases.

Whichever view of the derivation of principles modern casuistry ultimately embraces, both are fully compatible with the casuistical thesis that the full articulation of those principles cannot be determined in isolation from particular factual contexts. In order to fully understand any principle or maxim, one has to ask, through a process of interpretation, how it might apply to a variety of situations. Thus, whereas 'privacy' might simply mean an undifferentiated interest in 'liberty' to a theorist unfamiliar with the cases, to the casuist the meaning and scope of personal privacy is delimited and shaped by the features of the cases that have called for a public response. Thus, whether or not consensual sodomy is protected by a moral right of privacy will depend upon how the casuist interprets the features of previous controversial cases dealing with such issues as family life, contraception and abortion.

The Priority of Practice

In the applied ethics model, principles not only 'come before' our practices in the sense of being antecedently derived from theory before being applied to cases; they also have priority over practices in the sense that their function is to justify (or criticize) practices. Indeed, it is precisely through this logical priority of principles over practice that the applied ethics model derives its critical edge. It is just the reverse for the new casuists, who sometimes imply that ethical principles are nothing more than mere *summaries* of meanings already embedded in our actual practices (Toulmin, 1981). Rather than serving as a justification for certain practices, principles within the new casuistry often merely seem to *report* in summary fashion what we have already decided.

This logical priority of practice to principles is clearly evident in Jonsen's and Toulmin's ruminations on the experience of the National Commission for the Protection of Human Subjects. In attempting to carry out the mandate of Congress to develop principles for the ethical conduct of research on humans, the commissioners could have straightforwardly drafted a set of principles and then applied them to problematic cases. Instead, note Jonsen and Toulmin, the commissioners acted like good casuists, plunging immediately into nuanced discussions of cases. Progress in these discussions was achieved, not by applying agreed-upon principles, but rather by seeking agreement on responses to particular cases. Indeed, according to this account, the *Belmont Report* which articulated the Commission's moral principles and serves to this day as a major source of the 'applied ethics' approach to moral reasoning, was written at the end of the Commission's deliberations, long after its members had already reached consensus on the issues (Jonsen, 1986a, p. 71).

The Open Texture of Principles

In contrast to the deductivist method, whose principles glide unsullied over the facts, the principles of the new casuistry are always subject to further revision and articulation in light of new cases. This is true not only because casuistical principles are inextricably enmeshed in their factual surroundings, but also because the determination of the decisive or morally relevant features of this factual web is often a highly uncertain and controversial business.

By way of example, consider the question of withdrawing artificial feeding as presented in the case of Claire Conroy.[1] One of the crucial precedents for this case, both legally and morally, was the Quinlan[2] decision. What were the morally relevant features of Karen Quinlan's situation, and what might they teach us about our responsibilities to Claire Conroy? Was it crucial that Ms. Quinlan was described as being in a persistent vegetative state? Or that she was being maintained by a mechanical respirator? If so, then one might well conclude that Claire Conroy's situation – i.e., that of a patient with severe dementia being maintained by a plastic, nasogastric feeding tube – is sufficiently disanalogous to Quinlan's to compel continued treatment. On the other hand, a rereading of Quinlan might reveal other features of that case that tell in favor of withdrawing Conroy's feeding tube, such as the unlikelihood of Karen ever recovering sapient life, the bleakness of her prognosis, and the questionable proportion of benefits to burdens derived from the treatment.

Although the Quinlan case may have begun by standing for the patient's right to refuse treatment, subsequent readings of that case in light of later cases have fastened onto other aspects of the case, thereby giving rise to modifications of the original principle, or perhaps even to the wholesale substitution of new principles for the old. The principles of casuistic analysis might thus be said to exhibit an 'open texture' (Hart, 1961, pp. 120ff.). Somewhat in the manner of Thomas Kuhn's 'paradigms' of scientific research (Kuhn, 1970), each significant case in bioethics stands as an object for further articulation and specification under new or more complex conditions. Viewed this way, casuistical analysis might be summarized as a form of reasoning by means of examples that always point beyond themselves. Both the examples and the principles derived from them are always subject to reinterpretation and gradual modification in light of subsequent examples.

Teaching and Learning

In contrast to legal systems derived from Roman law, where jurors are governed by a systematic legal code, common law systems derive from the particular judicial decisions of particular judges. As a result of these radically differing approaches to the nature and derivation of law, common law and Roman law are taught and learned in correspondingly different ways. Students of Roman law need only refer to the code itself, and perhaps to the scholarly literature explicating the meaning of the code's various provisions; whereas students of the common law must refer directly to prior judical opinions. Consequently, the so-called 'case method' of legal study is naturally suited to common law jurisdictions, for it is only through a study of the cases that one can learn the concrete meaning of legal principles and learn to apply them correctly to future cases (Patterson, 1951).

What is true of the common law is equally true of 'common law morality'. According to the casuists, bioethical principles are best learned by the case method, not by appeals to abstract theoretical notions. Indeed, anyone at all experienced in teaching bioethics in clinical settings must know (often by means of painful experience) that physicians, nurses, and other health care providers learn best by means of case discussions. (The best way to put them to sleep, in fact, is to begin one's talk with a recitation of the 'principles of bioethics'). This is explained not simply by the fact that case presentations are intrinsically more gripping than abstract discussions of the moral philosophies of Mill, Kant, and Rawls; they are, in addition, the best vehicle for conveying the concrete meaning and scope of whatever principles and maxims one wishes to teach. Contrary to ethical deductivism and Roman law, whose principles could conceivably be taught in a practical vacuum, casuistry demands a case-driven method of instruction. For casuists, cases are much more than mere illustrated rules or handy mnemonic devices for the 'abstracting impaired'. They are, as Jonsen and Toulmin argue, the very locus of moral meaning and moral certainty.

Although Jonsen and Toulmin have yet to consider the concrete pedagogical implications of their casuistical method, we can venture a few suggestions. First, it would appear that a casuistical approach would encourage the use, whenever possible, of real as opposed to hypothetical cases. This is because hypothetical cases, so beloved of academic philosophers, tend to be theory-driven; that is, they are usually designed to advance some explicitly theoretical point. Real cases, on the other hand, are more likely to display the sort of moral complexity and untidiness that demand the (non-deductive) weighing and balancing of competing moral considerations and the casuistical virtues of discernment and practical judgment (*phronesis*).

Second, a casuistical pedagogy would call for lengthy and richly detailed case studies. If the purpose of moral education is to prepare one for action in the real world, the cases discussed should reflect the degree of complexity, uncertainty, and ambiguity encountered there. If for casuistry moral truth resides 'in the details', if the meaning and scope of moral principles is determined contextually through an interpretation of factual situations in their relationship to paradigm cases, then cases must be presented in rich detail. It won't do, as is so often done in our textbooks and anthologies, to cram the rich moral fabric of cases into a couple of paragraphs.

Third, a casuistical pedagogy would encourage the use, not simply of the occasional isolated case study, but rather of whole sequences of cases bearing on a related principle or theme. Thus, instead of simply 'illustrating' the debate over the termination of life-sustaining treatments with, say, the single case of Karen Quinlan, teachers and students should read and interpret a sequence of cases (including, e.g., Quinlan, Saikewicz, Spring, Conroy, and Cruzan) in order to see just how reasoning by paradigm and analogy takes place and how the so-called 'principles of bioethics' are actually shaped in their effective meaning by the details of successive cases.

Fourth, a casuistically-driven pedagogy will give much more emphasis than currently allotted to what might be called the problem of 'moral diagnosis'. Given any particular controversy, exactly what kind of issues does it raise? What, in other words, is the case really about? As opposed to the anthologies, where each case comes neatly labelled under a discrete rubric, real life does not announce the nature of problems in advance. It requires interpretation, imagination and discernment to figure out what is going on, especially when (as is usually the case) a number of discussable issues are usually extractable from any given controversy.

38   *John D. Arras*

PROBLEMS WITH THE CASUISTICAL METHOD

Since the new casuistry attempts to define itself by turning applied ethics on its head, working from cases to principles rather than vice-versa, it should come as no surprise to find that its strengths correlate perfectly with the weaknesses of applied ethics. Thus, whereas applied ethics, and especially deductivism, are often criticized for their remoteness from clinical realities and for their consequent irrelevance (Fox et al., 1984; Noble, 1982) casuistry prides itself on its concreteness and on its ability to render useful advice to caregivers in the medical trenches. Likewise, if the applied ethics model appears rather narrow in its single-minded emphasis on the application of principles and in its corresponding neglect of moral interpretation and practical discernment, the new casuistry can be viewed as a defense of the Aristotelian virtue of *phronesis* (or sound, practical judgment).

Conversely, it should not be surprising to find certain problems with the casuistical method that correspond to strengths of the applied ethics model. I shall devote the second half of this essay to an inventory of some of these problems. It should be stressed, however, that not all of these problems are unique to casuistry, nor does applied ethics fare much better with regard to some of them.

What Is 'a Case'?

For all of their emphasis upon the interpretation of particular cases, casuists have not said much, if anything, about how to select problems for moral interpretation. What, in other words, gets placed on the 'moral agenda' in the first place, and why? This is a problem because it is quite possible that the current method of selecting agenda items, whatever that may be, systematically ignores genuine issues equally worthy of discussion and debate (O'Neil, 1988).

I think it safe to say that problems currently make it onto the bioethical agenda largely because health practitioners and policy makers put them there. While there is usually nothing problematic in this, and while it always pays to be scrupulously attentive to the expressed concerns of people working in the trenches, practitioners may be bound to conventional ways of thinking and of conceiving problems that tend to filter out other, equally valid experiences and problems. As feminists have recently argued, for example, much of the current bioethics agenda reflects an excessively narrow, professionally driven, and male outlook on the nature of ethics (Carse, 1989). As a result, a whole range of important ethical problems – including the unequal treatment of women in health care settings, sexist occupational roles, personal relationships, and strategies of *avoiding* crisis situations – have been either downplayed or ignored completely (Warren, 1989, pp. 77–82). It is not enough, then, for casuistry to tell us *how* to interpret cases; rather than simply carrying out the agenda dictated by health professionals, all of us (casuists and applied ethicists alike) must begin to think more about the problem of *which* cases ought to be selected for moral scrutiny.

An additional problem, which I can only flag here, concerns not the identification of 'a case' – i.e., what gets placed on the public agenda – but rather the specification of 'the case' – i.e., what description of a case shall count as an adequate and sufficiently complete account of the issues, the participants and the context. One of the problems with many case presentations, especially in the clinical context, is their relative neglect of alternative perspectives on the case held by other participants. Quite often, we get the attending's (or the house officer's) point of view on what constitutes 'the case', while missing out on the perspectives of nurses, social workers and others. Since most cases are complicated and enriched by such alternative medical, psychological and social interpretations, our casuistical analyses will remain incomplete without them. Thus, in addition to being long, the cases that we employ should reflect the usually complementary (but often conflicting) perspectives of all the involved participants.

Is Casuistry Really Theory-Free?

The casuists claim that they make moral progress by moving from one class of cases to another without the benefit of any ethical principles or theoretical apparatus. Solutions generated for obvious or easy categories of cases adumbrate solutions for the more difficult cases. In a manner somewhat reminiscent of pre-Kuhnian philosophers of science clinging to the possibility of 'theory free' factual observations, to a belief in a kind of epistemological 'immaculate perception', the casuists appear to be claiming that the cases simply speak for themselves.

As we have seen, one problem with this suggestion is that it does not acknowledge or account for the way in which different theoretical preconceptions help determine which cases and problems get selected for study in the first place. Another problem is that it does not explain what allows us to group different cases into distinct categories or to proceed from one category to another. In other words, the casuists' account of case analysis fails to supply us with principles of relevance that explain what binds the cases together and how the meaning of one case points beyond itself toward the resolution of subsequent cases. The casuists obviously cannot do without such principles of relevance; they are a necessary condition of any kind of moral taxonomy. Without principles of relevance, the cases would fly apart in all directions, rendering coherent speech, thought, and action about them impossible.

But if the casuists rise to this challenge and convert their implicit principles of relevance into explicit principles, it is certainly reasonable to expect that these will be heavily 'theory laden'. Take, for example, the novel suggestion that anencephalic infants should be used as organ donors for children born with fatal heart defects. What is the relevant line of cases in our developed 'morisprudence' for analyzing this problem? To the proponents of this suggestion, the brain death debates provide the appropriate context of discussion. According to this line of argument, anencephalic infants most closely resemble the brain dead; and since we already harvest vital organs from the latter category, we have a moral warrant for harvesting organs from anencephalics (Harrison, 1986). But to some of those opposed to any change in the status quo, the most relevant line of cases is provided by the literature on fetal experimentation. Our treatment of the anencephalic newborn should, they claim, reflect our practices regarding nonviable fetuses. If we agree with the judgment of the National Commission that research which would shorten the already doomed child's life should not be permitted, then we should oppose the use of equally doomed anencephalic infants as heart donors (Meilaender, 1986).

How ought the casuist to triangulate the moral problem of the anencephalic newborn as organ donor? What principles of relevance will lead him to opt for one line of cases instead of another? Whatever principles he might eventually articulate, they will undoubtedly have something definite to say about such matters as the concept of death, the moral status of fetuses, the meaning and scope of respect, the nature of personhood, and the relative importance of achieving good consequences in the world versus treating other human beings as ends in themselves. Although one's position on such issues perhaps need not implicate any full-blown ethical theory in the strictest sense of the term, they are sufficiently theory-laden to cast grave doubt on the new casuists' ability to move from case to case without recourse to mediating ethical principles or other theoretical notions.

Although the early work of Jonsen and Toulmin can easily be read as advocating a theory-free methodology comprised of mere 'summary principles', their recent work appears to acknowledge the point of the above criticism. Indeed, it would be fair to say that they now seek to articulate a method that is, if not 'theory free', then at least 'theory modest'. Drawing on the approach of the classical casuists, they now concede an indisputably normative role for principles and maxims drawn from a variety of sources, including theology, common law, historical tradition, and ethical theories. Rather than viewing ethical theories as mutually exclusive, reductionistic attempts to provide an apodictic *foundation* for ethical thought, Jonsen and Toulmin now view theories as limited and complementary *perspectives* that might enrich a more pragmatic and pluralistic approach to the ethical life (1988, Chapter 15). They thus appear reconciled to the usefulness, both in research and education, of a severely chastened conception of moral principles and theories.

One lesson of all this for bioethics education is that casuistry, for all its usefulness as a method, is nothing more (and nothing less) than an 'engine of thought' that must receive *direction* from values, concepts and theories outside of itself. Given the important role such 'external' sources of moral direction must play even in the most case-bound approaches, teachers and students need to be self-conscious about which traditions and theories are in effect driving their casuistical interpretations. This means that they need to devote time and energy to studying and criticizing the values, concepts and rank-orderings implicitly or explicitly conveyed by the various traditions and theories from which they derive their overall direction and tools of moral analysis. In short, it means that adopting the casuistical method will not absolve teachers and students from studying and evaluating either ethical theories or the history of ethics.

42   *John D. Arras*

Indeterminacy and Consensus

One need not believe in the existence of uniquely correct answers to all moral questions to be concerned about the casuistical method's capacity to yield determinate answers to problematical moral questions. Indeed, anyone familiar with Alastair MacIntyre's (1981) disturbing diagnosis of our contemporary moral culture might well tend to greet the casuists' announcement of moral consensus with a good deal of skepticism. According to MacIntyre, our moral culture is in a grave state of disorder: lacking any comprehensive and coherent understanding of morality and human nature, we subsist on scattered shards and remnants of past moral frameworks. It is no wonder, then, according to MacIntyre, that our moral debates and disagreements are often marked by the clash of incommensurable premises derived from disparate moral cultures. Nor is it any wonder that our debates over highly controversial issues such as abortion and affirmative action take the form of a tedious, interminable cycle of assertion and counter-assertion. In this disordered and contentious moral setting, which MacIntyre claims is *our* moral predicament, the casuists' goal of consensus based upon intuitive responses to cases might well appear to be a Panglossian dream.

One need not endorse MacIntyre's pessimistic diagnosis in its entirety to notice that many of our moral practices and policies bear a multiplicity of meanings; they often embody a variety of different, and sometimes conflicting, values. An ethical methodology based exclusively on the casuistical analysis of these practices can reasonably be expected to express these different values in the form of conflicting ethical conclusions.

Political theorist Michael Walzer's remarks on health care in the United States provide an illuminating case in point. Although Walzer might not recognize himself as a modern day casuist, his vigorous anti-theoretical stance and reliance upon established social meanings and norms certainly make him an ally of the methodological approach espoused by Jonsen and Toulmin (Walzer, 1983, 1987). According to Walzer, if we look carefully at our current values and practices regarding health care and its distribution – if we look, in other words, at the choices we as a people have already made, at the programs we have already put into place, etc. – we will conclude that health care services are a crucially important social good, that they should be allocated solely on the basis of need, and that they must be made equally available to all citizens, presumably through something like a national health service (1983, pp. 86ff.).

One could argue, however, that current disparities – both in access to care and in quality of care – between the poor, the middle class and the rich reflect equally 'deep' (or even deeper) political choices that we have made regarding the relative importance of individual freedom, social security, and the health needs of the 'non-deserving' poor. In this vein, one could claim that our collective decisions bearing on Medicaid, Medicare, and access to emergency rooms – the same decisions that Walzer uses to argue for a national health service – are more accurately interpreted as grudging aberrations from our free market ideology. According to this opposing view, our stratified health care system pretty well reflects our values and commitments in this area: a 'decent minimum' (read 'understaffed, ill-equipped, impersonal urban clinics') for the medically indigent; decent health insurance and HMOs for the working middle-class; and first cabin care for the well-to-do (Dworkin, 1983; Warnke, 1989).

Viewed in the light of Walzer's democratic socialist commitments, which I happen to share, this arrangement may indeed look like an 'indefensible triage'; but placed in the context of American history and culture, it could just as easily be viewed as business as usual. Thus, on one reading our current practices point toward the establishment of a thoroughly egalitarian health care system; viewed from a different angle, however, these same 'choices we have already made' justify pervasive inequalities in access to care and quality of care. The problem for the casuistical method is that, barring any and all appeals to abstract principles of justice, it cannot decisively adjudicate between such competing interpretations of our common practices (Dworkin, 1983). When these do not convey a univocal message, or when they carry conflicting messages of more or less equal plausibility, casuistry cannot help us to develop a uniquely correct interpretation upon which a widespread social consensus might be based. Contrary to the assurances of Jonsen and Toulmin, the new casuistry is an unlikely instrument for generating consensus in a moral world fractured by conflicting values and intuitions.

In Jonsen and Toulmin's defense, it should be noted that abstract theories of justice divorced from the conventions of our society are equally unlikely sources of uniquely correct answers. If philosophers cannot agree amongst themselves upon the true nature of abstract justice – indeed, if criticizing our foremost theoretician of justice, John Rawls, has become something of a philosophical national pastime (Daniels, 1989; Arneson, 1998) – it is unclear how their theorizing could decisively resolve the ongoing debate among competing interpretations of our common social practices.

It might also be noted in passing that even Rawls has become increasingly loathe in his recent writings to appeal to an abstract, timeless, and deracinated notion of justice as the ultimate court of appeal from conflicting social interpretations. Eschewing any pretense of having established a theory of justice 'sub specie aeternitatis', Rawls now claims that his theory of 'justice as fairness' is only applicable in modern democracies like our own (Rawls, 1980, p. 318). He claims, moreover, that the justification of his theory is derived, not from neutral data, but from its "congruence with our deeper understanding of ourselves and our aspirations, and our realization that, given our history and the traditions embedded in our public life, it is the most reasonable doctrine for us" (Rawls, 1980, p. 519; see also Rawls, 1985, p. 228). Notwithstanding the many differences that distinguish their respective views, it thus appears that Rawls, Walzer, and Jonsen and Toulmin could all agree that there is no escape from the task of interpreting the meanings embedded in our social practices, institutions and history. Given the complexity and tensions that characterize this moral 'data', the search for uniquely correct interpretations must be seen as misguided. The best we can do, it seems, is to argue for our own determinate but contestable interpretations of who we are as a people and who we want to become. Neither theory nor casuistry is a guarantor of consensus.

Conventionalism and Critique

The stronger, more controversial version of casuistry and its 'summary view' of ethical principles gives rise to worries about the nature of moral truth and justification. Eschewing any theoretical derivation of principles and insisting that the locus of moral certainty is the particular, the casuist asks "What principles best organize and account for what we have already decided?" Viewed from this angle, the casuistic project amounts to nothing more than an elaborate refinement of our intuitions regarding cases. As such, it begins to resemble the kind of relativistic conventionalism recently articulated by Richard Rorty (Rorty, 1989).

Obviously, one problem with this is that our intuitions have often been shown to be wildly wrong, if not downright prejudicial and superstitious. To the extent that this is true of *our own* intuitions about ethical matters, then casuistry will merely refine our prejudices. Any casuistry that modestly restricts itself to interpreting and cataloguing the flickering shadows on the cave wall can easily be accused of lacking a critical edge. If applied ethics might rightly be said to have purchased critical leverage at the expense of the concrete moral situation, then casuistry might be charged with having purchased concreteness and relevance at the expense of philosophical criticism. This charge might take either of two forms. First, one could claim that the casuist is a mere expositor of *established* social meanings and thus lacks the requisite critical distance to formulate telling critiques of regnant social understandings. Second, casuistry could be accused of ignoring the power relations that shape and inform the social meanings that its practitioners interpret.

In response to the issue of critical distance, Jonsen and Toulmin could point out that the social world of established meanings is by no means monolithic and usually harbors alternative values that offer plenty of critical leverage against the regnant social consensus. As Michael Walzer has recently argued, even such thundering social critics as the prophet Amos have usually been fully committed to their societies, rather than 'objective' and detached; and the values to which they appeal are often fundamental to the self-understanding of a people or group (Walzer, 1987). (How else could they accuse their fellows of hypocrisy?) The lesson for casuists here is not to become so identified with the point of view of health care professionals that they lose sight of other important values in our culture.

The second claim, while not necessarily fatal to the casuistical enterprise, is harder to rebut. As Habermas has contended in his longstanding debate with Gadamer, interpretive approaches to ethics [such as casuistry] can articulate our shared social meanings but ignore the economic and power relations that shape social consensus. His point is that the very conversation through which cases, social practices and institutions are interpreted is itself subject to what he calls 'systematically distorted communication' (Habermas, 1980). In order to avoid merely legitimizing social understandings conditioned on power and domination – for example, our conception of the appropriate relationship between nurses and physicians – casuistry will have to supplement its interpretations with a critical theory of social relationships, or with what Paul Ricoeur has called a 'hermeneutics of suspicion'. (Ricoeur, 1986).

Reinforcing the Individualism of Bioethics

Analytical philosophers working as applied ethicists have often been criticized for the ahistorical, reductionist, and excessively individualistic character of their work in bioethics (Fox *et al.*, 1984; Noble, 1982; MacIntyre, 1982). While the casuistical method cannot thus be justly accused of importing a short-sighted individualism into the field of bioethics – that honor already belonging to analytical philosophy – it cannot be said either that casuistry offers anything like a promising remedy for this deficiency. On the contrary, it seems that the casuists' method of reasoning by analogy only promises to exacerbate the individualism and reductionism already characteristic of much bioethical scholarship.

Consider, for example, how a casuist might address the problem of heart transplants. He or she might reason like this: Our society is already deeply committed to paying for all kinds of 'half-way technologies' for those in need. We already pay for renal dialysis and transplantation, chronic ventilatory support for children and adults, expensive open-heart surgery, and many other 'high tech' therapies, some of which might well be even more expensive than heart transplants. Therefore, so long as heart transplants qualify medically as a proven therapy, there is no reason why Medicaid and Medicare should not fund them (Overcast *et al.*, 1985).

Notwithstanding the evident fruitfulness of such analogical reasoning in many contexts of bioethics, and notwithstanding the possibility that these particular examples of it might well prevail against the competing arguments on heart transplantation, it remains true that such contested practices raise troubling questions that tend not to be asked, let alone illuminated, by casuistical reasoning by analogy. The extent of our willingness to fund heart transplantation has great bearing on the kind of society in which we wish to live and on our priorities for spending within (and without) the health care budget. Even if we already fund many high technology procedures that cost as much or more than heart transplants, it is possible that this new round of transplantation could threaten other forms of care that provide greater benefits to more people; and we might therefore wish to draw the line here (Massachusetts Task Force, 1984; Annas, 1985).

The point is that, no matter where we stand on the particular issue of heart transplants, we *might* think it important to raise such 'big questions', depending on the nature of the problem at hand. We might want to ask, to borrow from a recent title, "What kind of life?" (Callahan, 1990). But the kind of reasoning by analogy championed by the new casuists tends to reduce our field of ethical vision down to the proximate moral precedents, and thereby suppresses the important global questions bearing on who we are and what kind of society we want. The result is likely to be a method of moral reasoning that graciously accommodates us to any and all technological innovations, no matter what their potential long-term threat to fundamental and cherished institutions and values.

CONCLUSIONS

The revival of casuistry, both in practice and in Jonsen and Toulmin's (1988) recent defense, is a welcome development in the field of bioethics. Its account of moral reasoning (emphasizing the pivotal role of paradigms, analogical thinking, and the prudential weighing of competing factors) is far superior, both as a description of how we actually think and as a prescription of how we ought to think, to the tiresome invocation of the applied ethics mantra (i.e., the principles of respect for autonomy, beneficence and justice). By insisting on a *modest* role for ethical theory in a pragmatic, non-deductivist approach to ethical interpretation, Jonsen and Toulmin join an important chorus of contemporary thinkers troubled by the reductionism inherent in most analytical ethics (Williams, 1985; Hampshire, 1983; Taylor, 1982).

As for its role in bioethics education, no one needs to tell teachers about the importance of cases in the classroom. It's pretty obvious that discussing cases is fun, interesting, and certainly more memorable than any philosophical theory, which for the average student usually has a half-life of about two weeks. Moreover, a casuistical education gives students the methodological tools they are most likely to need when they later encounter bioethical problems in the 'real world', whether as health care professionals, clergy, lawyers, journalists or informed citizens. For all of the obviousness of these points, however, it remains true that all of us teachers could profit from sound advice on how better to use cases, and some such advice can be extrapolated from the work of Jonsen and Toulmin.

For all its virtues *vis-à-vis* the sclerotic invocation of 'bioethical principles', the casuistical method is not, however, without problems of its own. First, we found that the very principles of relevance that drive the casuistical method need to be made explicit; and we surmised that, once unveiled, these principles will turn out to be heavily theory laden. Second, we showed that the casuistical method is an unlikely source of uniquely correct interpretations of social meanings and therefore an unlikely source of societal consensus. Third, we have seen that, because of the casuists' view of ethical principles as mere summaries of our intuitive responses to paradigmatic cases, their method might suffer from ideological distortions and lack a critical edge. Moreover, relying so heavily on the perceptions and agenda of health care professionals, casuists might tend to ignore the existence of important issues that could be revealed by other theoretical perspecitves, such as feminism. Finally, we saw that casuistry, focusing as it does on analogical resemblances, might tend to ignore certain difficult but inescapable 'big questions' (e.g., "What kind of society do we want?"), and thereby reinforce the individualistic tendencies already at work in contemporary bioethics.

It remains to be seen whether casuistry, as a program in practical ethics, will be able to marshall sufficient internal resources to respond to these criticisms. Whatever the outcome of that attempt, however, an equally promising approach might be to incorporate the insights and tools of casuistry into the methodological approach known as 'reflective equilibrium' (Rawls, 1971; Daniels, 1979). According to this method, the casuistical interpretation of cases, on the one hand, and moral theories, principles and maxims, on the other, exist in a symbiotic relationship. Our intuitions on cases will thus be guided, and perhaps criticized, by theory; while our theories and moral principles will themselves be shaped, and perhaps reformulated, by our responses to paradigmatic moral situations. Whether we attempt to flesh out this method of reflective equilibrium or further develop the casuistical program, it should be clear by now that the methodological issue between theory and cases is not a dichotomous 'either/or' but rather an encompassing 'both-and'.

In closing I would like to gather together my various recommendations, strewn throughout this paper, for the use of casuistry in bioethics education:

1. Use real cases rather than hypotheticals whenever possible.
2. Avoid schematic case presentations. Make them long, richly detailed, messy, and comprehensive. Make sure that the perspectives of all the major players (including nurses and social workers) are represented.
3. Present complex sequences of cases that sharpen students' analogical reasoning skills.
4. Engage students in the process of 'moral diagnosis'.
5. Be mindful of the limits of casuistical analysis. As a mere engine of moral argument, casuistry must be supplemented and guided by appeals to ethical theory, the history of ethics, and moral norms embedded in our traditions and social practices. It must also be supplemented by critical social analyses that unmask the power behind much social consensus and raise larger questions about the kind of society we want and the kind of people we want to be.

ACKNOWLEDGEMENTS

This article is based upon a presentation at a conference on 'Bioethics as an Intellectual Field', sponsored by the University of Texas Medical Branch, Galveston, Texas. The author would like to thank Ronald Carson and Thomas Murray for their encouragement.

NOTES

[1] Matter of Claire C. Conroy, Supreme Court of New Jersey, 486 A. 2d 1209 (1985).
[2] Matter of Quinlan, Supreme Court of New Jersey, 355 A. 2d 647 (1976).

BIBLIOGRAPHY

Annas, G.: 1985, 'Regulating heart and liver transplants in Massachusetts', *Law, Medicine and Health Care* 13(1), 4–7.
Arneson, R.J. (ed.): 1989, 'Symposium on Rawlsian theory of justice: Recent developments', *Ethics* 99 (4), 695–944.

Beauchamp, T.L. and Childress J.F.: 1989, *Principles of Biomedical Ethics*, 3rd edition, Oxford University Press, New York, New York.

Callahan, D.: 1990, *What Kind of Life?*, Simon and Schuster, New York, New York.

Carse, A.L.: 1991, 'The "voice of care", Implications for bioethics education', *Journal of Philosophy and Medicine* 16, 5–28.

Daniels, N.: 1979, 'Wide reflective equilibrium and theory acceptance in ethics', *The Journal of Philosophy* 76, 256–82.

Daniels, N.: 1989, *Reading Rawls*, 2nd edition, Stanford University Press, Stanford, California.

Dworkin, R.: 1983: '*Spheres of Justice*: An exchange', *New York Review of Books*, 30 (12), 44.

Dworkin, R.: 1985, *A Matter of Principle*, Harvard University Press, Cambridge.

Fox, R.C. and Swazey, J.P.: 1984, 'Medical morality is not bioethics – medical ethics in China and the United States', *Perspectives in Biology and Medicine* 27, 336–360.

Habermas, J.: 1980, 'The hermeneutic claim to universality' in J. Bleicher (ed.), *Contemporary Hermeneutics*, Routledge & Kegan Paul, London, pp. 181–211.

Hampshire, S.: 1983, *Morality and Conflict*, Harvard University Press, Cambridge, Massachusetts.

Harrison, M.R.: 1986, 'The anencephalic newborn as organ donor: Commentary', *Hastings Center Report* 16, 21–22.

Hart, H.L.A.: 1961, *The Concept of Law*, Oxford University Press, Oxford, England.

Jonsen, A.R.: 1980, 'Can an ethicist be a consultant?', in V. Abernethy (ed.), *Frontiers in Medical Ethics*, Ballinger Publishing Company, Cambridge, Massuchsetts, pp. 157–171.

Jonsen, A.R.: 1986a, 'Casuistry and clinical ethics', *Theoretical Medicine* 7, 65–74.

Jonsen, A.R.: 1986b, 'Casuistry', in J.F. Childress and J. Macgvarrie (eds.), *Westminster Dictionary of Christian Ethics*, Westminster Press, Philadelphia, Pennsylvania, pp. 78–80.

Jonsen, A.R. and Toulmin, S.: 1988, *The Abuse of Casuistry*, University of California Press, Berkeley, California.

Kuhn, T.: 1970, *The Structure of Scientific Revolutions*, 2nd edition, University of Chicago Press, Chicago, Illinois.

MacIntyre, A.: 1981, *After Virtue*, University of Notre Dame Press, Notre Dame, Indiana.

Massachusetts Task Force on Organ Transplantation: 1984, *Report of the Massachusetts Task Force on Organ Transplantation*, Boston, Massachusetts.

Meilaender, G.: 1986, 'The anencephalic newborn as organ donor: Commentary', *Hastings Center Report* 16, 22–23.

Noble, C.: 1982, 'Ethics and experts', *Hastings Center Report* 12, 7–9.

O'Neill, O.: 1988, 'How can we individuate moral problems?' in D.M. Rosenthal and F. Shehadi (eds.), *Applied Ethics and Ethical Theory*, University of Utah Press, Salt Lake City, pp. 84–99.

Overcast, D. et al.: 1985, 'Technology assessment, public policy and transplantation', *Law, Medicine and Health Care* 13 (3), 106–111.

Pascal, B.: 1981, *Lettres écrites à un provincial*, A. Adam (ed.), Flammarion, Paris.

Patterson, E.W.: 1951, 'The case method in American legal education: Its origins and objectives', *Journal of Legal Education* 4, 1–24.

Pitkin, H.: 1972, *Wittgenstein and Justice*, University of California Press, Berkeley, California.

Rawls, J.: 1971, *A Theory of Justice*, Harvard University Press, Cambridge Massachusetts.

Rawls, J.: 1980, 'Kantian constructivism in moral theory: The Dewey Lectures 1980', *The Journal of Philosophy* 77, 515–572.

Rawls, J.: 1985, 'Justice as fairness: Political not metaphysical', *Philosophy and Public Affairs* 14, 223–251.

Ricoeur, P.: 1986, 'Hermeneutics and the critique of ideology', in B.R. Wachterhauser (ed.), *Hermeneutics and Modern Philosophy*, State University of New York Press, Albany, New York, pp. 300–339.

Rorty, R.: 1989, *Contingency, Irony, and Solidarity*, Cambridge University Press, Cambridge, England.

Taylor, C.: 1982, 'The diversity of goods', in A. Sen and B. Williams (eds.), *Utilitarianism and Beyond*, Cambridge University Press, Cambridge, England, pp. 129–144.

Toulmin, S., 1981: 'The tyranny of principles', *Hastings Center Report* 11, 31–39.

Walzer, M.: 1983, *Spheres of Justice*, Basic Books, New York, New York.

Walzer, M.: 1987, *Interpretation and Social Criticism*, Harvard University Press, Cambridge, Massachusetts.

Warnke, G.: 1989–1990, 'Social interpretation and political theory: Walzer and his critics', *The Philosophical Forum* 21 (1–2), 204–226.

Warren, V.: 1989, 'Feminist directions in medical ethics', *Hypatia* 4, 73–87.

Williams, B.: 1985, *Ethics and the Limits of Philosophy*, Harvard University Press, Cambridge, Massachusetts.

[27]

Albert R. Jonsen

Casuistry: An Alternative or Complement to Principles?

ABSTRACT. Casuistry is a traditional method of interpreting and resolving moral problems. It focuses on the circumstances of particular cases rather than on the application of ethical theories and principles. After a brief history of casuistry, the method is explained and its relation to theory and principles is discussed.

REDISCOVERING CASUISTRY

THE EPISODE OF intellectual activity designated by the word "casuistry" is a minor moment in the intellectual history of Western culture. It flourished among theologians and canon lawyers from approximately the fourteenth to the seventeenth centuries, and then faded into obscurity. But the general human activity that casuistry is built upon is not so transitory. It takes place daily as persons ruminate about how they ought to act or argue about how others should act or have acted. It rings through the literature of our culture, from Homeric epic to *Schindler's List*. It takes up pages of newsprint and hours of television time. This activity consists of thinking and talking about how the circumstances of this or that case of moral perplexity fit the general norms, rules, standards, and principles of morality. This is casuistry in life.

Strangely enough, the modern moral philosophers only recently have noticed the pervasive casuistry of the moral life. They, like Molière's Bourgeois Gentilhomme, who learned with surprise that he had talked prose all his life (*Bourgeois Gentilhomme* II, iv), have discovered that moral discourse talks cases. From the seventeenth century onward, philosophers constructed elegant edifices of ethical theory to explain how the knowledge of morality differed from knowledge of the natural world. They turned away from the moral perplexities that give rise to daily casuistry and occupied themselves with, as the British and Scottish moral philosophers of the Enlightenment used to say, "the Springs of Morality." Henry Sidgwick, one of the nineteenth century's finest moral philosophers, prefaced his *Method of Ethics* with the remark,

> ...the development of the theory of ethics has been much impeded by the preponderance of practical considerations...it would seem a more complete detachment of the scientific study of right conduct from its practical application is to be desired. (Sidgwick 1877, p. 11)

Today, the classic works of these great moralists appear as vast intellectual constructions, but strangely empty: they consist of grand conceptual chambers without the furniture of cases.

Ethics moved even further from cases when philosophers began to wonder whether ethical words, such as "right," had any meaning at all. Since these words did not refer to empirical facts, they must express only emotion. Yet they were, and are, used to command, advise, reprimand. What could they possibly mean? This question fascinated the philosophers, who saw that almost any answer would bring down the grand edifices of their predecessors. Thus, in the years after World War II, moral philosophers walked away from those ethical edifices and built for themselves a new, very modern, unadorned structure of thought called "metaethics." In this spare building, the only question worth asking was, "what do ethical words mean?" Questions about what was right to do in particular circumstances were hushed up. Cases were banished, unless they were simple enough to illustrate some odd usage of language: a seminar in moral philosophy at Oxford in the 1950s debated the question, "Is wearing the wrong colored tie morally offensive?" (Jonsen and Toulmin 1988, p. 394).

In the 1960s, reality began to overtake moral philosophy, then purveyed almost exclusively as metaethics. "Normative" ethics, long unwelcome in the grand mansion of ethics or in the Bauhaus of metaethics, forced its way in. Multiple genuine ethical dilemmas agitated the life of individuals and society in that decade. The war in Southeast Asia, as public policy and as private agony, could not be ignored by persons who called themselves moral philosophers. Racial discrimination, civil rights, and affirmative action were equally troubling. Abortion, also as public policy and private agony, was openly debated. These concerns slowly slipped into the serene halls of the philosophers. By the early 1970s, the then new journal, *Philosophy and Public Affairs,* had made it respectable for philosophers to discuss

JONSEN • CASUISTRY: AN ALTERNATIVE OR COMPLEMENT TO PRINCIPLES?

racial discrimination, conscientious objection, voting rights, political chicanery, and financial exploitation. Even at the more speculative level, respected philosophers, such as Wittgenstein, Austin, and Habermas, had begun to open common language and life forms to inspection, a move that, while remaining abstract, pointed toward the cases that make up common discourse and ordinary life. Finally, interest in the ethical questions raised by contemporary medical science, an interest that eventually was named "bioethics," plunged into cases, for cases are the substance of medicine. The bioethicists had to take that plunge and, as they did, they wondered just how their philosophical training helped them to stay afloat. It was one thing to find support in theory and principle; it was another to apply and interpret them in the various, complex and changing circumstances of cases.

Stephen Toulmin and I were doing just that when we wondered whether what we were doing was anything like historical casuistry. We were working on the task that Congress had set for the National Commission for the Protection of Human Subjects, namely, to develop recommendations to protect the rights and welfare of human subjects of research and to develop the ethical principles that should govern such research. We noted that while debate over general questions, such as "should children ever be subjects of research," ran on interminably, quick agreement greeted more specific cases, in which the research aims, the estimates of risks, the condition of the child, and the competence of the parents were described. We wondered how these circumstances related to broad principles, such as beneficence and autonomy. Finally, we noted that one task of the Commission, the development of ethical principles to govern research, was performed at the end, rather than the beginning, of the Commission's life, after it had proposed recommendations for many specific cases of research, such as that involving children, the incarcerated, and the mentally disabled.

Taking this experience as our inspiration, we set out to study the history and the philosophy of casuistic moral reasoning. We began work on a book that would attempt to explain the historical rise and fall of casuistic ethics and the forms of reasoning that constitute case analysis. We began with the hypothesis and ended with the thesis that historical casuistry represented a sound way of thinking about moral problems and that its evil reputation arose from an abuse of its methods. We titled our book, *The Abuse of Casuistry: A History of Moral Reasoning* (Jonsen and Toulmin 1988). Our title came from a phrase we found in the last book on the subject, written in 1927, *Conscience and Its Problems*. Its author, Kenneth Kirk, Bishop of Oxford, wrote, "The abuse of casuistry is properly directed, not against all casuistry, but only against its abuse" (Kirk 1927, p. 125).

When Toulmin and I began our book, we wondered whether we should use the word "casuistry" in the title. The word had acquired such odious connotations, being seen as, again in Molière's caustic words, "a science to stretch the strings of conscience according to the different exigencies of the case and to rectify the morality of the action by the purity of our intention" (*Tartuffe* IV, v; Jonsen 1993). The great French playwright clearly had plagiarized the great French philosopher, Pascal, whose satirical *Provincial Letters* (1656) had devastated casuistic moral theology some ten years before Molière wrote *Tartuffe*. Should we devise a word less tainted, Toulmin and I wondered, such as "casuistics," or use a bland phrase, such as "case reasoning." As we worked, we came to love "casuistry" for its history and we are proud to have resuscitated it for use in respectable moral discourse.

CASUISTIC REASONING

In the remainder of this essay, I shall explain the unique features of casuistic reasoning and demonstrate its utility for moral discourse. I will begin with an extended simile: casuistry is like an imaginary building; and I shall explain this simile by recalling an actual imaginary building, used as a pedagogical device for many centuries. This simile and example will briefly take the discussion far from the topic, but I shall return to contemporary casuistry before the end.

The Jesuits, a Catholic religious order founded in 1540, quickly became leading scholars, teachers, and advisors to statesmen in Renaissance Europe. Jesuit moral theologians became the most competent, famous, and subsequently infamous practitioners of casuistry, so much so that the derisive terms "Jesuitry" and "casuistry" appear in dictionary entries as synonyms. One Jesuit, who was neither a casuist nor a theologian, but a poet and mathematician, was the Italian Matteo Ricci (1552-1610). In 1583, Father Ricci entered China as a missionary and during the next 30 years became renowned as a scholar and poet in the Chinese language. The historian Jonathan Spence opens his splendid biography of Ricci with the sentence, "In 1596 Matteo Ricci taught the Chinese how to build a memory palace." Spence entitled the book, *The Memory Palace of Matteo Ricci* (Spence 1984, p. 1).

[240]

JONSEN • CASUISTRY: AN ALTERNATIVE OR COMPLEMENT TO PRINCIPLES?

A "memory palace" is a mental device for storing and recalling images and ideas. From antiquity through the middle ages to the Renaissance, the discipline of rhetoric, which was central to all education, contained a treatise on memory and memorization to instruct the orator in the skill of amassing quotations, arguments, and images. The memory palace was an imaginary building of ample proportions, divided into many rooms, large and small, into which the data of memory were placed like furniture and decoration. In search of an idea, the crator would enter the memory palace, go to the room where certain images were stored and see in the mind's eye this or that abstract idea as a concrete image—a statue, a chair, or a painting. In a world with little access to books, this memory device was an interior library. It was to that era what the computer is to ours. Ricci, who was trained, as were all students of his day, in rhetoric and in its system of memory, wrote a small treatise on memory for his Chinese pupils; it became a classic in his adopted land.

Ricci was a Jesuit, some Jesuits were casuists. The point of this comparison is: the memory palace is a technique of classical rhetoric; casuistry is rhetorical reasoning applied to moral matters. The comparison between rhetoric and casuistry might sound as odious as that between casuistry and Jesuitry, but this is because today we say "rhetoric" only when we are disgusted with the windy words and flashy but false advertising whereby politicians promote themselves. For most of our civilized history, rhetoric was the art of making a persuasive argument in favor of the just, the good, and the right, as its great teachers, Aristotle, Cicero, and Augustine said. Rhetoric was the art of encouraging citizens to decide rightly about civic matters and courts to decide fairly about legal ones. Finally, rhetoric was the art of reasoning with contingent facts and drawing plausible conclusions.

Rhetoric is deeply concerned about the case, for it is cases that citizens and courts deliberate about. A case is a confluence of persons and actions in a time and a place, all of which can be given names and dates. A case, we say, is concrete as distinguished from abstract because it represents the congealing, the coalescence, or the growing together (in Latin, *concrescere*) of many circumstances. Each case is unique in its circumstances, yet each case is similar in type to other cases and can, therefore, be compared and contrasted. Cases can be posed at various levels of concreteness. Some will be composed of quite specific persons, times, and places; others will describe an event or practice in more diffuse terms, such as the "case of the Bosnian war" or the "case of medical experimentation." I refer to cases of the latter sort as "great cases," as I note later in this essay.

The classical rhetoricians were expert in teaching how to talk about cases and in how to make a case, that is, to persuade others to hold an opinion or to judge the case in certain ways (Tallmon 1994). The first move in classical rhetoric was to understand what the rhetoricians called "*topoi*," that is "places" or, as we would say, the topics. These are the forms of argument suited to persuasive discourse either in general or in a particular enterprise. Persuasive discourse in general will always use arguments of a certain sort, invariant in themselves, regardless of what the circumstances are. These are arguments that take the forms of defining, comparing, relating, and testifying, and were called by the rhetoricians "common topics." However, all discourse takes place within particular enterprises, such as government, politics, the law, business, education, or medicine. Here the topics are the defining features of those enterprises: the activities and relationships that make them what they are.

The topics, conceived by the rhetoricians as mental places or spaces, are comparable to the rooms within the memory palace. Different subject matter has different palaces. The palace built for political science, for example, has rooms designated for the recurrent and invariant elements proper to that subject, namely, the form of government, the locus of authority, the common welfare, and the like. The topics of commerce or journalism or education are different. The topics of a particular enterprise are often found as the chapter headings of basic textbooks, but they are, in reality, the recurrent and invariant features that constitute the activity. Arguments in favor of or against a form of government, say, will be built on ideas about authority, public welfare, and the like. Clinical medicine, too, has its topics. In our book, *Clinical Ethics*, Mark Siegler, William Winslade, and I suggest that the special topics of clinical medicine are four: medical indications, patient preferences, quality of life, and contextual features. All arguments about the appropriate course of action in a clinical case are built from those four topics (Jonsen, Siegler, and Winslade 1992). The topics are, as it were, the interior design of the palace: the special rooms and spaces that accommodate some particular activity.

For many years, moral philosophy has neglected the design of the social institutions within which human action takes place. Apart from the political philosophers who dwell on the best form of society—and, even then, they usually consider only the state—the manifold institutions and practices that constitute a social order have held little interest for moral philosophers. They have been fascinated by the concept of rationality that transcends particular practices of life. As moral philosophy turns increasingly to the practical, becoming interested in the ethics of medicine, of business, of government, and of the environment, it will be forced to specify the topics that constitute those activities.

The second step, after the topics are designated, is to describe and evaluate the circumstances, that is, the particulars, of any case. The circumstances are the furniture and decoration of the rooms of the memory palace. A circumstance is not just an isolated fact, but is rather a fact within a topic, as statues are within a room. The classical rhetoricians listed circumstances as "who, what, why, when, and where." Each of these can be described by proper nouns or by numbers such as dates or length of time or amounts of money or statistics or laboratory data. These can be sorted out into the appropriate topics, so that, in clinical medical ethics, laboratory data falls under medical indications; costs of care under contextual features; and age of the patient, in the sense relative to competence, under patient preference and, in the sense relative to the nature of the disease, under medical indications or quality of life.

"Circumstances make the case," it is sometimes said. We know that when we ponder particularly difficult cases, circumstances often loom large. Was this patient an infant or an elderly person? How large was the dosage of morphine? How long might this patient be expected to live? Exactly how much did the patient know? We realize that often our judgment about a case turns on answers to questions such as these, with their quantitative ring of greater, lesser, longer, briefer, richer, poorer. Yet, strangely enough, moral philosophy pays little attention to the moral relevance of circumstances. As mentioned above, the classical philosophers reflected on the foundations of moral value and judgment and on the universal forms of reasoning suited to moral thinking. Thus, in the recent history of moral philosophy, circumstances have been slighted. As a result, when moral philosophers approach cases, they may bring strong theory—the plans for the architecture of the memory palace—but very little sense or skill in interior decoration.

Do not let the metaphor of the memory palace delude you. The metaphor is appropriate because the spaces for memory and the spaces for argument are both the *topoi* of classical rhetoric. However, casuistry is not simply a method of remembering the facts and figures about an issue; it is a way of assessing them and seeking a resolution to a problem that they may pose. Thus, along with the circumstances that can be sorted into the topics come some arguments that can be made about those circumstances. These arguments, however, are not the extended chains of reasoning that philosophers may use to explicate a thesis. Rather, they are abbreviated arguments, of the sort Aristotle and the classical logicians and rhetoricians named "enthymemes." The arguments have a suppressed premise and attain probable rather than certain conclusions. Arguments will be invoked even more succinctly by maxims, statements that the speaker believes all hearers will accept without dissent.

Thus, within the topic of medical indications, one might find arguments such as "the risk of inflicting harm on a patient must be proportionate to the expected benefit," "no one is obliged to do what is futile," or "the intended effect must be to alleviate pain." The topic, patient preferences, includes arguments such as "consent cannot be obtained from a mentally incapacitated person," "persons have the right to take their own risks," or "coercive situations compromise voluntary consent." When maxims, such as "Do no harm" or "Informed consent is obligatory," are invoked, they represent, as it were, cut-down versions of the major principles relevant to the topic, such as beneficence and autonomy cut down to fit the nature of the topic and the kinds of circumstances that pertain to it.

Each topic is a repository for many such abbreviated arguments. As Quintilian, a classical rhetorician wrote, "the topics are quivers from which arguments, like arrows, are drawn." It should be obvious, however, that these enthymemes and maxims are open to challenges of various sorts. Sometimes the challenge arises from the facts and circumstances of the case. For example, one may answer the maxim, "There is no obligation to perform the futile," with "True, but in this case is resuscitation truly futile?" or with a request for definition, "True, but what is futility?" Sometimes the challenge will come from the logical or philosophical underpinnings of the claim, for example, questioning the logic of the so-called "double effect" argument. In some cases, these challenges can be met within the casuistry itself, as with the question, "Is resuscitation in this case truly futile," but in others, they

JONSEN • CASUISTRY: AN ALTERNATIVE OR COMPLEMENT TO PRINCIPLES?

require an ascent to a more speculative level of moral philosophy, for example, the careful examination of the concepts of efficacy, authority, and probability, that underlie the term "futility" (Schneiderman and Jecker 1995). It is at this point that casuistry contacts moral philosophy proper. It is my belief that the need for this contact arises relatively rarely in ordinary moral discourse, but becomes critical under the pressure of novel or unprecedented problems.

A final step in casuistic thinking is the comparison of cases. No ethical problem is absolutely unprecedented. Regardless how novel, it bears some resemblance to problems that are more familiar. The more familiar ones will often be ones for which resolutions have been offered and sometimes accepted. Thus, one compares the new case with the more familiar one. That comparison almost always involves seeking for the similarities and differences in circumstance. Occasionally, in the more novel cases, one will recognize that the topics under which the moral discussion proceeds are inadequate because the practice or institution has manifestly or subtly changed. In this view, ethical reasoning is primarily reasoning by analogy, seeking to identify cases similar to the one under scrutiny and to discern whether the changed circumstances justify a different judgment in the new case than they did in the former. To return to the simile, ethical reasoning walks back and forth between the rooms of the palace, inspecting with care their content. The ultimate view of the case and its appropriate resolution comes, not from a single principle, nor from a dominant theory, but from the converging impression made by all of the relevant facts and arguments that appear in each of those spaces.

This form of reasoning has not been congenial in philosophy for several centuries. The philosophical ideal has been to approach the mathematical ideal, to move from certain premises to certain conclusions. Hobbes envisioned such an ideal, Spinoza attempted to attain it, and many moral philosophers have been fascinated by it. The admonition of Aristotle, in the beginning of the *Nicomachean Ethics* (1094b20), has been little heeded: "we must be content in speaking about ethics...to reach conclusions that are only for the most part true...for it is the mark of an educated person to look for precision in each class of things just so far as the nature of the subject admits: it is evidently equally foolish to accept probable reasoning from a mathematician and to demand from a rhetorician scientific proof."

In this passage, Aristotle, although he is writing ethics, alludes to

[245]

rhetoric. Again, the rhetorical nature of moral reasoning is suggested. Casuistry is that form of moral reasoning that, like rhetoric, is confronted with a case in all its particularity and peculiarity and, like rhetoric, seeks to discover persuasive arguments to support a right judgment about the case. In so doing, it must take seriously the nature of the practice or institution that gives rise to the case and it must scrutinize with care the circumstances that make this a particular instance of some activity. This work does not make casuistry a distinct theory of moral reasoning; it merely makes it a necessary adjunct of any moral reasoning that delves into the particular and the concrete.

Casuistry does need moral theory, but only rarely must it have recourse to moral theory for resolution of a particular case. Rather, moral theory can illuminate certain problems that plague casuistry, such as the problem of moral relativity, or its relative weakness as an instrument for radical criticism of social institution, its inability to demonstrate the ultimate foundations of moral principles or of morality itself. These questions hover over all morality and, on occasion, such as the times when a case arises from previously unknown practices (for example, the technology of assisted reproduction), become particularly urgent. Yet the ordinary course of moral judgment—and I mean even the difficult cases that arise within settled practices and institutions—are resolved by casuistry rather than by recourse to theory. And even when theory is appropriately invoked, casuistry has no special theoretical allegiances, proposing instead that one ethical theory might be suited for certain sorts of problems, and another for others.

The title of this article asks a question, "Casuistry: An Alternative or Complement to Principles?" That question has yet to be answered. The metaphor of the memory palace can set us on the road to an answer. First, casuistry is no more an alternative to principles than are walls and foundations to the palace. Casuistry, as I have described it, is a matter of designing and decorating rooms in order to move through the mental spaces of moral argument with ease and enjoyment. Rooms are interior space created by a frame of foundation, walls, and roof, all of which are relatively permanent. In my view, ethical principles are like this frame. Principles, such as respect, beneficence, veracity, and so forth, are invoked necessarily and spontaneously in any serious moral discourse: indeed, it would be difficult to distinguish moral discourse from any other sort of talk without such reference. As I noted above, moral terms and arguments are imbedded in every case, usually in the form of maxims and enthymemes. The more general principles are never far from these maxims and enthymemes and are often explicitly invoked. Thus, casuistry is not an alternative to principles, in the sense that one might be able to perform good casuistry without principles.

In another sense, casuistry is an alterative to principles: they are alternative scholarly activities. A person can choose to do the work of the casuist or the work of the moral philosopher. Traditionally, casuistry was considered a special branch of moral philosophy or moral theology. G. E. Moore, a moral philosopher who did much in recent times to promote interest in ethical theory, writes in the first pages of his influential *Principia Ethica*, "Casuistry forms part of the ideal ethical science: ethics cannot be complete without it...for casuistry is the goal of ethical investigation" (Moore [1902] 1988, p. 5). And one of the leading anti-theorists in ethics, William James, wrote:

> There are three questions in ethics which must be kept apart...the psychological question [which] asks after the historical origin of our moral ideas and judgments; the metaphysical question [which] asks what the very meaning of the words 'good,' 'ill,' and 'obligation' are; the casuistic question [which] asks what is the measure of the various goods and ills which men recognize, so that the philosopher may settle the true order of human obligations. (James [1891] 1977, p. 611)

It is possible, even desirable, that all ethicists ponder the first two questions with intensity. Some will do so exclusively, attempting to sort out of the long literature of moral philosophy the origins and meaning of ethical concepts and claims with as much generality as they can muster. Such is the work of moral philosophy proper. Other ethicists will move from these questions to the casuistical questions: How in this situation do we measure or weigh this value or this principle against some other? In so doing, they are pursuing, as Moore (1902, p. 4) said, "the goal of ethical investigation," which is "to discover which actions are good whenever they occur." All honest casuists must be competent moral philosophers or theologians, else they are nothing more than sophists.

It is a proper question of moral philosophy, then, to ascertain the psychological and metaphysical (and, one might also say, the sociological and anthropological) origins and meaning of principles and their relationship to theory, on the one hand, and to maxims and various sorts of moral argumentation. Thus, when Beauchamp (1995, pp. 191–92) argues that casuists fail to appreciate that principles and value commitments are in some sense prior to cases and in some sense distinct from the facts of cases, he raises a genuine problem of moral philosophy. A moral philosopher with a casuistic bent might tackle this problem from quite a different angle than one with a theoretical bent. The casuistic moral philosopher might question the how and why of "principles...present prior to the decision." Still, however this complex question is settled, the casuist will insist that the relation between principles and moral judgment cannot be properly understood without an appreciation of the place of circumstances as integral constituents of moral argument. The moral philosopher may be the architect of the moral "memory palace" but the casuist is its interior decorator. The palace, constructed of theory and principles, is empty without the interior design, finishing, and furniture of circumstance. These do not merely stand around as neutral items, but are intrinsic features of the edifice, without which interpretation and appreciation are impossible.

Thus, in one sense, casuistry is not an alterative to principles: no sound casuistry can dispense with principles. In another sense, casuistry is an alternative task: It looks not to the origins and meaning of principles, as does moral philosophy proper, but to their complementarity to circumstances. So, yes, casuistry is a complement to principles. Among the many ways that these two complement each other, two might be noted.

First, the circumstances of cases suggest the relevance of principles. Beauchamp (1995, p. 182) remarks that "our set of principles," those stated in *Principles of Biomedical Ethics*, "was developed specifically for biomedical ethics and was never presented as a comprehensive ethical theory." Even though respect for autonomy, nonmaleficence, beneficence, and justice could constitute the total or partial elements of an ethical theory—William Frankena (1963), for example, proposed a theory of obligation consisting of two principles, beneficence, in which he included nonmaleficence, and justice—Beauchamp and Childress crafted their principles for an ethics of health care. The relevance of these principles arises from the circumstances of the institution and practices that constitute health care in twentieth century America, as well as from the long tradition of medicine and physicians' roles. Indeed, the relevance of these principles may reflect something profound about the relationship of one person who engages in helping another, regardless of particular culture and tradition. These are all

[248]

JONSEN • CASUISTRY: AN ALTERNATIVE OR COMPLEMENT TO PRINCIPLES?

"circumstances" that make up the "Great Case" of the moral dimensions of health care. The choice of these four principles is unintelligible without reference to these circumstances.

A second complement is the way in which circumstances reveal the suitability or fittingness of a particular specification of a principle. Beauchamp gives the example of the specification of the duties of a physician who might also be a researcher. He suggests that "disclosure" of the dual role might make acceptable an otherwise inappropriate conflict of roles. Again, the moral obligation that would establish a practice of disclosure "fits" only because we are dealing with the helping, medical relationship. Disclosure not only warns the patient that he or she may, at some time, be asked to be a research subject, it also opens the way toward the "identity" between the patient and other future patients that some philosophers, such as Hans Jonas (1970) consider the moral essence of ethical research. It is, then, a most fitting specification of the general obligation of physicians. However, it should be clear that "disclosure" fits here because of the circumstances of the "great case" of biomedical research. If one were dealing with the ethics of spying or even of diplomacy, disclosure would not be a fitting way to specify the general obligations of secret agents or ambassadors.

It should be clear that this casuist, at least, considers casuistry to be complementary to principles. The task of working out exactly what the complement is belongs to moral philosophy (and moral philosophers have been working at it for centuries). The value of casuistry lies in its effort to appreciate more fully the way in which circumstances play an intrinsic role in moral judgment and in its attempt to provide to the one making a judgment a sort of "guided tour" through the complexity of circumstances. It is my opinion that moral philosophy, as it has been done in recent times, provides little guidance through cases. It points to the impressive structure of theory and principle and says to the perplexed, "There it is, explore it and learn from it," just as a tour leader might point to the Louvre or the Metropolitan and say, "Go in and look around. You will learn a lot." Casuistry goes further. It points to the case and says, "You will find this case full of facts and maxims. Here is a plan that will route you through and call attention to the important ones. When you emerge, you will better understand the case and even be able to tell others where to look for the relevant features." Principles and circumstances are complementary in a complex, subtle way. Moral philosophers and casuists can complement each other as

[249]

they work at understanding the origin and meaning of principles, values, and virtues and at measuring the relevance and importance of circumstances and maxims. Moral philosophers and casuists can also *compliment* each other when they find that the structure of principles that frame a moral problem and the interior design that highlights the concrete features of that problem in a specific instance fit together in ways that allow persons to reach a conclusion about a moral question. They, like the architect and interior designer who create a pleasing and functional edifice, have worked well together and are, as Beauchamp (1995, pp. 190, 193) suggests, "good friends [rather] than hostile rivals."

Some stronger claims for casuistry might be made. One of those claims is that cases are the source of principles: The palace of theory is built of cases, and cases remodel it from time to time. This stronger claim may seem too strong, but I am encouraged that much of the thinking in moral philosophy today appears to creep toward it. The interest in alternative modes of practical reasoning, in narrative, in anti- or nonfoundationalism, and in moral languages all favor, I think, the opinion, modestly proposed, that the case is the base of moral perception, reasoning, and judgment. The palace of moral theory, constantly worn by the daily commerce of cases, may have to be redesigned as a modern edifice, with an open interior design and contemporary furnishings. But that argument remains for another day.

REFERENCES

Beauchamp, Tom L. 1995. Principlism and Its Alleged Competitors. *Kennedy Institute of Ethics Journal* 5: 181–98.

Frankena, William. 1963. *Ethics*. Englewood Cliffs, NJ: Prentice-Hall.

James, William. [1891] 1977. The Moral Philosopher and the Moral Life. In *The Writings of William James*, ed. John J. McDermott, pp. 610-29. Chicago: University of Chicago Press.

Jonas, Hans. 1970. Philosophical Reflections on Experimenting with Human Subjects. In *Experimentation with Human Subjects*, ed. Paul Freund, pp. 1-31. New York: George Braziller.

Jonsen, Albert. 1993. Platonic Insults: Casuistical. *Common Knowledge* 2 (2): 48-66.

———; Siegler, Mark; and Winslade, William. 1992. *Clinical Ethics*. 3d ed. New York: McGraw-Hill.

Jonsen, Albert, and Toulmin, Stephen. 1988. *The Abuse of Casuistry: A History of Moral Reasoning*. Berkeley and Los Angeles: University of California Press.

Kirk, Kenneth. 1927. *Conscience and Its Problems: An Introduction to Casuistry*. London: Longman's Green.

Moore, G. E. [1902] 1988. *Principia Ethica*. Buffalo: Prometheus Books.

Schneiderman, Lawrence, and Jecker, Nancy. 1995. *Wrong Medicine*. Baltimore: Johns Hopkins University Press.

Sidgwick, Henry. 1877. *Method of Ethics*. London: Macmillan.

Spence, Jonathan. 1984. *The Memory Palace of Matteo Ricci*. New York: Viking Press.

Tallmon, James. 1994. How Jonsen Really Views Casuistry: A Note on the Abuse of Father Wildes. *Journal of Medicine and Philosophy* 19: 103-13.

[28]

KEVIN WM. WILDES, S. J.

THE PRIESTHOOD OF BIOETHICS AND THE RETURN OF CASUISTRY

ABSTRACT. Several recent attempts to develop models of moral reasoning have attempted to use some form of casuistry as a way to resolve the moral controversies of clinical ethics. One of the best known models of casuistry is that of Jonsen and Toulmin who attempt to transpose a particular model of casuistry, that of Roman Catholic confessional practice, to contemporary moral disputes. This attempt is flawed in that it fails to understand both the history of the model it seeks to transpose and the morally pluralistic context of secular, postmodern society. The practice of casuistry which Jonsen and Toulmin wish to revive is a practice set in the context of a community with a shared set of moral values and structures of moral authority. Without a set of common moral values and rankings, and a moral authority to interpret cases the casuistry of the postmodern age will be pluralistic; that is, there will be many casuistries not just one.

Key Words: casuistry, common morality, kinetics, moral authority, moral pluralism, morphology, paradigm cases, taxonomy

In the mid-seventeenth century, in the midst of great religious controversy throughout the Christian world, Blaise Pascal set out a vitriolic attack on the practice of casuistry in the Roman Catholic Church and its principal practitioners, the Society of Jesus. The heart of Pascal's criticism of Jesuit casuistry was its laxness and hypocrisy. Against the moral standard of a "God Who judges" the casuists gave moral license to subvert the demands of God's moral standard. According to Pascal:

...the license which they have assumed to tamper with the most holy rules of Christian conduct amounts to a total subversion of the law of God (Pascal).

The casuists were hypocrites in that they pretended to be, in the midst of their laxness, something they were not – faithful Christians.

Kevin Wm. Wildes, S. J., Ph.D., Managing Editor, The Journal of Medicine and Philosophy, Center for Ethics, Medicine and Public Issues, Baylor College of Medicine, One Baylor Plaza, Houston, TX, 77030, U.S.A.

Pascal's attack on casuistry had devastating effects on the practice as a form of moral reasoning. The term itself came to mean an unfaithful application of principles. Over time casuistry, as a model of moral reasoning, fell out of favor except in a few particular circles, such as Roman Catholicism, Judaism, and some denominations of Protestantism. Other models, more 'theoretical' in structure, became dominant forms of moral reasoning.

In the last thirty years with the emergence of the field of secular bioethics and the prominence of concrete moral dilemmas and controversies in moral philosophy the theoretical models have proven to be inept in resolving such controversies and dilemmas in a secular world. One response to the particular dilemmas of the clinic has been the attempt to develop a casuistry for bioethics (Jonsen and Toulmin; Jonsen; B. A. Brody).[1] The call has arisen as a response to the apparent failure of theoretical models of ethics to resolve moral disputes. It is also driven, in part, as a response to the 'case' orientation of clinical medicine. These proposed models of casuistry are put forth to resolve moral dilemmas in the context of secular moral discussions. One needs to approach casuistical reasoning, however, with a discerning eye in that 'casuistry' is a label which encompasses very different models. Indeed the model of Jonsen and Toulmin is quite different from the model of Baruch Brody.

The principal thesis of this paper is that the model of casuistry proposed by Jonsen and Toulmin is ill-suited to a secular moral context. The hopelessness of deploying this model is obvious if one understands two points: the history of this model and the morally pluralistic nature of contemporary society. In the context of a moral pluralistic society one is faced with moral pluralism which does not admit a single standard of moral goods and judgment such as exists among those who share common moral assumptions and premises. The secular, moral context admits many moral standards, assumptions, and premises. Within such a context it is not possible to adopt the model of casuistry proposed by Jonsen and Toulmin which depended, in part, on a particular moral world view. Roman Catholic casuistry was practiced in a framework which held a certain hierarchy of moral values. This moral world view was, in turn, expressed in a metaphysical view of moral action. Jonsen and Toulmin assume a common morality which functions in the same way. They assume that there are paradigmatic examples of right and wrong as well as widespread commonalities to be found in cultural views of right and wrong (Jonsen and Toulmin, p. 303). This view, however, makes two crucial assumptions. First they make no argument as to why we should think that there is a common morality and second they assume that such a morality should be normative. Many of the moral controversies of bioethics should give one pause in making either assumption.

Even if a common morality exists in the way Jonsen and Toulmin assume, the model of casuistry for which they argue would still be ill-suited for contemporary bioethics. For the casuistry, whose story they tell, was reliant not only upon a moral sense and a metaphysical structure but also upon communal structures of moral authority and interpretation.

Perhaps the proper analogue for secular casuistry is not the casuistry of Roman Catholic moral theology but the casuistry of law courts. Indeed some of their remarks about common morality compare the enterprise of moral casuistry to common law reasoning (p. 330). This analogue, however, does not transfer readily to moral casuistry in a secular world in that the casuistry of the law courts relies on a clearly defined authority to interpret and resolve cases. Moral authority, in the secular world, is vested, primarily, in the moral agent not in the agencies of society.

To make out the difficulties with the model of casuistry proposed by Jonsen and Toulmin, one must first understand how the model is supposed to work. Then one needs to assess the assumptions that the model requires, in the light of contemporary secular society and the history of the model, if it is to be transposed. Finally, in the midst of this assessment one can come to understand how a different model of casuistry might achieve a limited success in a secular context.

CASUISTRY: THE HOPE AND THE MODEL

Bioethics, following the history of modern moral philosophy, has deployed different moral theories to resolve bioethical disputes (e.g., Singer, Veatch, Daniels, Pellegrino & Thomasma). One conceptual difficulty in the use of moral theory is the difficulty of justifying the basis of one theory over and against other approaches (e.g., utilitarianism, deontology) (Brody, 1988). A second conceptual issue is that any theory requires a particular moral commitment or set of moral values in order to reach solutions to the dilemmas (Engelhardt, 1986). Moral theorists have become mired in disputes about both the foundations and values which should be deployed in developing a moral theory.

In the absence of a unified moral theory for resolving dilemmas in applied ethics a number of strategies have emerged to meet the challenges of moral pluralism. The claim has been made that one does not need a unified moral theory to resolve the controversies and dilemmas of bioethics. Perhaps the best known model proposed to circumvent these problems is the appeal to middle-level principles (Beauchamp and Childress).

Another strategy which seeks to avoid the dilemmas of moral theory is the effort by Jonsen and Toulmin to revive the practice of casuistry. Simply understood casuistry is a case oriented model of reasoning. Rather than resolving moral controversies and dilemmas by moving from general principles or theory to cases, the reasoning process is centered on the case. There are, however, numerous ways that one can develop a case based reasoning. Jonsen and Toulmin adopt a particular model of casuistry and they hold out the hope that this model can provide a way of reasoning which can resolve moral disputes in a secular age. They argue for a very strong thesis; that is, that a modern casuistry will resemble its medieval, Catholic counterpart in *both substance and method* (Jonsen and Toulmin, p. 306) and that such a method allows us to sidestep the problems of moral pluralism. The hope for this casuistry is grounded in the work of The National Commission for the Protection of Human Subjects of Biomedical and Behavioral Research which Jonsen and Toulmin assert worked on a casuistical method.

In their book Jonsen and Toulmin offer a history of casuistry and its roots in the West. They argue that moral reasoning is essentially *practical* reasoning; that is, reasoning about cases. This type of reasoning is contrasted with 'theoretical' reasoning which has been central to moral philosophy in the modern age. Reflecting on their work on the National Commission, Jonsen and Toulmin hold that a model of practical case based-reasoning it is possible, in the context of a secular, morally pluralistic society, to resolve moral dilemmas and controversies. They then proceed to give a history of casuistry, and its roots, in the West but they say little about how the model is to work. In a later piece Jonsen puts forth a more specific methodology for casuistry in bioethics (Jonsen).

The Return of Casuistry

In his article on methodology Jonsen defines casuistry as

the interpretation of moral issues, using procedures based on paradigms and analogies, leading to the formulation of expert opinion about the existence and stringency of particular moral obligations, framed in terms of rules or maxims that are general but not universal or invariable, since they hold good with certainty only in the typical conditions of the agent and circumstances of action (Jonsen, p. 297).

The article is set up to take the step not taken in the book, namely, to explicitate how casuistry can become a useful technique of practical reasoning for clinical ethicist or ethics consultant (Jonsen, p. 297). In doing this Jonsen develops three categories necessary for a contemporary casuistry: (1) morphology, (2) taxonomy, and (3) kinetics.

1. Morphology:

A "case" is constructed out of the statements about certain persons, places, times, actions and affairs (Jonsen, p. 298). The statements of the circumstances, stand, Jonsen argues, around the core of the case – its center. This core or center is represented by certain maxims, beliefs, or rules which give the moral identity to the case. The morphology of a case reveals the *invariant* structure of the particular case, whatever its contingent features, and also the invariant forms of argument relevant to any case of this sort.

2. Taxonomy:

Central to this model of casuistry is the notion that cases are instances of a "type" (Jonsen, p. 301) and that they can be lined up in a certain order. The taxonomy is a set of paradigm cases which guide moral reasoning. In the article Jonsen uses "Debbie's Case" and the taxonomy of cases in which there is the taking of human life as illustrative of a taxonomy and how it can resolve a moral dilemma. For the analysis of this case Jonsen begins with the paradigm case of the killing a human being by another. He thinks that there would be universal disapproval of the paradigm case. He then 'lines up' the additional cases which fall under the heading of killing (e.g. cases of self-defense). He notes that in evaluating the circumstances one is attempting to resolve of a case one comes to identify where in the taxonomy the case under consideration should fall. In Debbie's case, for example, some might argue that the proper paradigm is not that of killing but an act of mercy. The taxonomy of paradigm cases allows for differences between cases but also makes it clear that cases are not, like the angels, species unto themselves.

The morphology of a case identifies the 'core' of a case while the taxonomy gives different ways a case can be interpreted.

3. *Kinetics:*

Jonsen borrows the term "kinetics" from classical physics and by it he means "the way in which one case imparts a kind of moral movement to other cases" (Jonsen, p. 303). Thus one can say of the paradigm case, "X is clearly wrong" and of an analogous case "but in Y what was done was justified, or excusable" (303). Jonsen stresses that the kinetics (the application of the taxonomy of paradigms to the morphology of the case at hand) is not mechanical. Borrowing from Aristotle Jonsen stress the importance of *phronesis*. In deciding a case the casuist must be *prudent*. The prudent person need not be imagined, according to Jonsen, as a guru, but rather is a person of 'common sense' who exemplifies the ideals of 'good judgment'. The clinical ethicist must be a prudent person; that is, the ethicist must have knowledge of his field, the cases at hand, and be able to fit cases into a taxonomy.

PARADIGMS, PRUDENCE, AND AUTHORITY

There are several important difficulties which confront the transfer of this model of casuistry to the context of secular bioethics. One way to understand these difficulties is through the history of the model. The second way is to examine the set of assumptions which must be made to create a secular version of the model. In *The Abuse of Casuistry* Jonsen and Toulmin set out the history of casuistical reasoning in the West and focus on the particular history of casuistry in Roman Catholic confessional practice. In the most recent contribution Jonsen has moved beyond the historical background and moved to specify what a contemporary, secular moral casuistry would be like. The different elements he has outlined (morphology, taxonomy, kinetics) redescribe elements which are a part of the Roman Catholic medieval practice of casuistry. There are however, significant conceptual difficulties to the project as a whole and each of its constitutive elements. Within this model there are significant metaphysical and epistemological assumptions which, when explicated, make a secular version of casuistry, based on this model, untenable. The more one understands the history of Roman Catholic casuistry the more one understands the assumptions and structures which the model requires.

1. Paradigm Cases:

Jonsen and Toulmin are correct in pointing out that certain paradigm cases are central to the work of this model. These cases stake out the moral geography. The work of the casuist in this model is to link together the cases at hand with the appropriate paradigm case.

As the work of Thomas Kuhn (Kuhn) illustrates, and others have shown, the term 'paradigm' has a wide variety of meanings (Masterman). There are however, at least five general ways in which a paradigm can function and these different functions give rise to the different senses of 'paradigm': metaphysical paradigms, construct paradigms, sociological paradigms, exemplars of knowledge, and exemplars for action (Masterman). Richard Grandy notes that part of the confusion over paradigms stems from the use of the term to identify both a 'disciplinary matrix' and one specific part of the matrix (Grandy). A 'disciplinary matrix' identifies the web of symbolic, metaphysical, epistemological, axiological, and practical components that shape the research of a scientific discipline. One can argue that Catholic confessional practice, in the Middle Ages, was a disciplinary matrix and the practice of casuistry was embedded within that matrix. If this analysis is correct, it makes no sense to talk of the medieval model of casuistry outside of the disciplinary matrix of Catholic confessional practice absent the axiological system of moral values, the structures of authority which could give the definitive interpretation of cases, or the epistemological assumptions about how values were known.

A central element to the practice of medieval casuistry is the set of cases which functioned as paradigms (exemplars) for moral reasoning. Exemplars are important components of any disciplinary matrix in that they are the shared examples which guide those who use the matrix and they bind together the other elements of the matrix (Grandy, pp. 10–11). Jonsen and Toulmin are correct to argue that paradigmatic cases and taxonomies are crucial to the practice of casuistry in the medieval, Roman Catholic model. However, they do not show how secular paradigms can be established. They simply assert that they can be. Their failure to address the difficulties in establishing secular paradigms is due, in part, to the flaws of their history in which they do not address the links between casuistry, confessional practice, and Catholic moral theology. An examination of such links would show the model of casuistry, for which they argue, to be a *particular* model embedded within a tradition.

They do assert a common morality in which, one assumes, the paradigm cases are embedded. However, in light of arguments made by thinkers as diverse as Alasdair MacIntyre (1981), H. Tristram Engelhardt (1986, 1991), and Jean-Francois Lyotard (1984) it would seem that there should be some argument as to why the existence of common morality should be assumed. Implicit in this assumption about the existence of common morality is the further assumption that a common morality, if it exists, should be normative. John Arras has raised important questions as to whether or nor we should make this assumption in that common morality may well champion what some may view as immorality (Arras). For example, one might think of a common morality which upheld slavery as a moral institution. Similar concerns about the assumed values of common morality have been raised by feminist writers about how the moral agenda is established (Carse; Gilligan).

The model of casuistry emulated by Jonsen and Toulmin did have a common morality and the justification for its normative force rested on God's creation of a natural order and God's revelation. In the model sketched by Jonsen and Toulmin, however, it is not clear how the paradigms are selected. In the past, the moral sense of the Roman Catholic Community played an important role in selecting the paradigms and defining them. At the very least there was a dialectical relationship between the community's moral sense and ranking of moral values and the paradigm cases of casuistry.

2. Description: Morphology and Taxonomy

One can see in medieval confessional practice different elements of a disciplinary matrix. Metaphysical commitments are often implicit in a disciplinary matrix (Grandy, p. 8–9). The casuistry to which Jonsen and Toulmin appeal often expressed the moral view of Catholic moral theology in the language of Aristotelian-Thomistic metaphysics. Aquinas, for example, speaks of action in the language of "substance", "accidents", and "essence" (Aquinas). While it may not always be clear what metaphysical commitments were involved, certainly in the context of the time one can conclude that there were certain realist metaphysics at work in Catholic moral thought and confessional practice.

These assumptions seem to be part of the formative background of Jonsen's notion of 'morphology'. The idea that a case has a 'core' needs further explication. What kind of core is it? It seems as though Jonsen is making a claim about the structure of the world, or at the very least, an assumption about how we know the world. There are strong metaphysical or epistemological assumptions lurking behind the talk of the description of the case when he speaks of a case as having an "invariant structure" (Jonsen, p. 301). Jonsen and Toulmin fail to address the possibility that, even if a 'core' does exist, we may lack the ability to know what that core is or agree on what the correct description of it should be. In a morally pluralistic society some may not even see a moral issue where others do. One thinks, for example, of recent discussions about the use of baboon livers for transplant to humans with Hepatitis B. For some the use of the livers was a moral controversy while others found it difficult to see a moral problem.

The choice of a description of an act not only affects its morphology but also its taxonomy. The use of the taxonomy depended on the description and evaluation of moral dilemma at hand. The description of the case is a crucial evaluative tool. If a case is 'lined up' from a different perspective it may look very different for the evaluative eye. For example, one can evaluate, morally, the management of PVS patients in at least five different ways.[2]

3. Kinetics:

The third element of the structure of casuistry is that of 'kinetics'. Here, as in the book, the Jonsen-Toulmin model addresses the question of how one is to link together the case at hand with the appropriate paradigm case and render a judgment about the dilemma or controversy.

In their history Jonsen and Toulmin have failed to give an adequate account of the important role of confessors in the practice of casuistry; that is, to the role of confessors in selecting and applying paradigms to the cases before them. Lateran IV prescribes:

> The priest is to be discerning and careful, so that like a skillful doctor he can apply wine and oil [Lk 10:34] to the wounds of the injured person, diligently asking for the circumstances of the sinner and of the sin, through which he can *prudently* understand what advice he ought to give, and what sort of remedy to apply trying various things to heal the sick person (Denzinger & Schonmetzer, #813, emphasis added).

Jonsen and Toulmin miss the importance of training confessors to be 'prudent' men who will properly select the paradigmatic case that will address the moral problems before them.

'Prudence' has a much different meaning for the medieval Christian than for the person of the modern and contemporary, Western world. The medieval Christian sense of 'prudence' is important to this model of casuistry.

In a contemporary understanding 'prudence' is frequently seen as rational self interest. The medieval understanding of prudence was grounded in the Aristotelian *virtue* of phronesis which was an intellectual virtue required by the other virtues (NE 1144 b17–1145 a6; 1178 a16–19). It was not a moral virtue but the ability to be practically wise (Sorabji, p. 205). However, to be morally virtuous one needed to be practically wise (NE 1144 a22 – b1). Phronesis is the exercise of right choice in particular cases, *in light of more universal knowledge* (Book 6, Ch 1). Cicero translated the Aristotelian term 'phronesis' as 'prudentia' and spoke of it in moral terms (Cicero, I, 43). For St. Thomas prudentia was one of the four cardinal virtues which was "knowledge of what should be done and what avoided" and which guided reasoning about what ought to be done (II–II 47, 5; I–II 47aa. 1–16). The prudent man, in the world of medieval casuistry had a Christian sense about how one ought to act. This concrete, particular moral sense shaped his judgment about which cases should be considered as paradigmatic in analyzing the cases presented and how new dilemmas and controversies should be resolved. This understanding of prudence is not one abstractly concerned with self-interest.

It is interesting to note that for the Jesuits, the most famous practitioners of casuistry, prudence was one of the most admired virtues. Prudence, in the language of St. Ignatius Loyola, was the virtue of 'discerning love'. Ignatius uses the language of "prudens caritas" and "discreta carita" interchangeably in the Constitutions of the Society (Ganss, #582, and footnote #2, pp. 260–261). His usage of 'prudence' and 'discretion' connoted the language of the discernment of spirits developed in the *Spiritual Exercises* (Loyola, No. 176, 328). Prudent agents are guided, in making choices, by discrete charity which impels them to choose the better course after all the circumstances have been considered. The root of this discrete charity is the interior law of charity described by St. Paul in his *Letter to the Romans*.[3] The presence of the Holy Spirit gives the agent the grace to carry out what the law requires (Ganss, #134; Aquinas, I–II, q. 90: 92 a.1).

As one recovers the notion of prudence, as part of the practice of casuistry, one can grasp the centrality of a particular moral vision and sensibility that was and is crucial to the practice of Catholic casuistry. The contextual embeddedness of medieval casuistry raises the question as to whether or not, in a secular age, fragmented by many different moral sense, and which eschews the guidance of the Holy Spirit, casuistry can be practiced on a medieval model.

4. Authority:

In his development of the 'kinetics' of casuistry Jonsen addresses briefly how it is that this model of casuistry deals with cases about which there is divided opinion. He also speaks about 'authorities', 'strict opinion'. Such language raises an important issue about the role of 'authority' in the practice of casuistry.

In the medieval practice of casuistry 'probabalism' emerged as a central way to resolve emerging moral dilemmas.[4] In the development of probabalism there were three central factors: 1) the role of conscience, 2) the role of authority, and 3) their relationship one to the other. In making moral decisions the medieval mind had to reconcile a number of sources of moral authority. There were codes of law and sacred books. There were individuals who *were* authorities, in the sense of experts concerning morality (theologians), and those *in* authority (e.g. confessors, bishops) who had the juridical power to render final judgments about moral controversies (See, Flathman). For example, one can view the discussion of probabalism, so important to medieval casuistry, as a discussion of proper authority. One can also recall the role of juridical authority in the casuistical debates about abortion.[5] The conceptual question for contemporary bioethics and moral philosophy is determining who is the moral authority today. We live in a morally pluralistic society in which moral authority is grounded in individual agents. Jonsen, in the later article, seems to put faith in the notion that there are those who can be considered as authorities (experts). One need not be a "guru" to be the prudent expert according to Jonsen (p. 306). However one does need experience and the "ideals that makes possible good judgment" (p. 306). The confessors of Roman Catholic casuistry possessed both juridical authority and the authority of being experts. The new priesthood of the bioethicist, however, must rely on knowledge alone; that is, he must know the ideals of good judgment.

5. Summary:

The transformation of classical casuistry into a model of secular reasoning requires more than Jonsen and Toulmin seem willing to admit. They must assume that there is a common morality and that it has normative force. In the absence of the interpretative structures of moral authority (confessors, popes, councils), Jonsen and Toulmin must make certain metaphysical and epistemological assumptions about the structure of cases and the ability to know them. Also, this model, like any model, must make initial assumptions about moral rationality; that is, that it is case oriented and that there are certain canonical ideals which allow us to know good judgment from bad (Jonsen, p. 306). Indeed feminist writers, among others, have raised important questions about our understandings of moral reason and the issues that are placed on the moral agenda (Carse; Gilligan).

One is led to wonder if Jonsen and Toulmin have not chosen the wrong analogue for secular casuistry. Perhaps they should have used the casuistry of jurisprudence in which there are structures *in* authority to interpret cases. However, even this analogue fails in that secular morality relies primarily on the authority of moral agents not of the state.

THE POSSIBILITIES OF CASUISTRY IN THE CLINICAL SETTING

In spite of the difficulties with the Jonsen and Toulmin model, a cased based reasoning is still possible for clinical ethics. The shape of such reasoning will be very different from the Catholic casuistry of Jonsen and Toulmin. A secular casuistry for the clinic will also be more limited than that for which Jonsen and Toulmin hope.

To understand the possibilities for secular casuistry one must understand the necessary conditions for a model of case based reasoning. A minimal condition for secular casuistry is that there is some shared moral sense, (both a set of moral values and a common ranking of those values), among moral agents. The model of casuistry which Jonsen and Toulmin seek to transpose to the secular context has an identifiable moral framework with a clear set of moral values. The difficulty for a secular version of this model of casuistry is that in a morally pluralistic culture one cannot assume there exists a coherent set of shared moral values. A practice of casuistry in clinical bioethics will require some common moral sense. Without such a sense it will not be possible to reach a resolution of moral controversies. In fact, without such a sense clinical, secular casuistry will not even be able to *identify* a case.

G. E. M. Anscombe has argued that actions are not "bare particulars" which can have a single description. Rather they are the subject of many descriptions (Anscombe). A physical action of killing can be described morally as 'murder', 'self-defense', 'retribution', or 'unintended side effect'. When people share a common moral framework and ranking of values they share a language for discourse. The potential then exists that cases can be identified and resolved.

The Jonsen and Toulmin approach to casuistry assumes that there is a common morality and, implicitly, that this morality has a normative function. In short they do not take moral pluralism seriously. How one should understand pluralism in one's explanation of morality is a topic that need not be explored at this point. However, it seems that a model of casuistry must take into account the existence of such pluralism for it will serve to test the extent and limits of the paradigms deployed by a secular casuistry.

In examining the possibilities of a secular casuistry one needs to take into account, along with moral pluralism, the nature of 'agreement' and 'disagreement' in moral judgment for not all agreements (or disagreements) are equal. For example, men and women may come to agree on a particular course of treatment for very different reasons. The importance of this observation bears upon the ability of casuistry to generate a structure of paradigm cases. While men and women may reach an agreement about a particular case where all involved agree on that a particular decision should be made.

The strength of the agreement will depend not only on the resolution of the case but the reasons for it. The power of an agreement is limited by the extent to which men and women share the same moral reasons. The ability to generalize beyond a particular case, and develop a taxonomy of paradigm cases, will depend upon the extent to which reasons are shared. Pointing to a phenomenon of agreement, whether on the National Commission or in the clinic, tells us very little about the ability to generate a structure for this model of casuistry. One must look beyond the surface to grasp the strength of the agreement.

An alternative model for a secular casuistry which would prove more helpful is the model suggested by Baruch Brody (Brody, 1988). The virtue of this model of casuistry is that it avoids the implicit metaphysical commitments about cases, and the epistemological commitments about paradigms and analogies which are essential to the Jonsen and Toulmin model. Brody's model of casuistry relies on intuitions we have about particular cases. It attempts to take pluralism seriously and give a general account of how resolutions might be reached in that the model moves to organize these intuitions into a coherent system of beliefs about the moral world (a moral 'theory'). This model allows one to understand why certain judgments are made. The model must still rely on a shared moral sense but it does give a mechanism by which to test the limits of moral judgments and explore the reasons for them. The strength of this model is also its limit. The model of casuistry will work only insofar as men and women share similar moral intuitions and rankings of values. In a context with diverse moral points for view the possibility for successful casuistry will be limited.

CONCLUSION

Priests are authorized to perform certain sacred rites and roles in different religious traditions. In turn they need certain knowledge by which they learn how to perform the sacred rites. In some faiths priesthood is hereditary while in others it is open. In all cases one must learn in order that one perform roles and rituals properly.

Jonsen's later article, which builds on the book, describes the priesthood of bioethics. It is not a hereditary priesthood; rather it is one that is open to all. But, candidates must be trained in the ideals of good judgment; that is, they must have the knowledge of maxims, arguments, and circumstances which allow them to fit each unique case into the taxonomy. This sounds suspiciously like the role of the priest in confessional practice as described earlier in the words of the Fourth Lateran Council. The priest is to be "discerning and careful", "diligently asking for the circumstances of the sinner and of the sin". It is through the circumstances that he can "*prudently* understand what advice he ought to give, and what sort of remedy to apply" (Denzinger & Schonmetzer, #813, emphasis added). This model of secular casuistry not only has a priesthood, but it also has a 'faith' in the metaphysical, moral, and epistemological commitments required to by this model work. However, when such commitments are explicitated the priesthood may find itself with a very small congregation as the faithful may go elsewhere. Yet without these commitments the 'agreements' of case analysis become a 'slight of hand' like the healings of some televangelists.

NOTES

[1] Baruch A. Brody (1988) offers a very different model of casuistry than do Jonsen and Toulmin. The model he offers will be explored in the section on the possibilities of casuistry.

[2] In a recent article Baruch Brody (1992) has been analyzed five different ways that PVS patients have been discussed: 1. As patients who are really dead; 2. PVS patients will die without artificial feeding and hydration. These treatments should be deployed as one would other treatments; 3. As being supported by life-sustaining therapy that is futile; 4. that the standard consensus or surrogate decision making cannot be applied; 5. PVS patients are not persons and should have only a low priority in the allocation of resources (Brody, 1992).

[3] "They show that what the law requires is written on their hearts..." Romans 2:15.

[4] Probabalism holds that, in a case of practical doubt, a probable opinion may be followed even when the contrary opinion is more probable. It employs the principle that a doubtful law does not oblige.

[5] There had been lively discussion among the casuists as to whether or not a fetal craniotomy could be preformed if it was therapeutic for the life of the mother. Many had interpreted some of the older casuists to hold the opinion that when the life of the mother was threatened an abortion could be preformed. However in a series of opinions beginning in 1889 the Holy Office of The Inquisition said that it was not "safe" to teach in Catholic schools that a craniotomy necessary to save the mother's life was lawful (Denzinger and Schonmetzer, n. 1889).

REFERENCES

Aristotle: 1984, *Nicomachean Ethics*, W. D. Ross (tr.), in *The Complete Works of Aristotle*, J. Barnes (ed.). Princeton University Press, Princeton.

Arras, J. D.: 1991, 'Getting down to cases: The revival of casuistry in bioethics', *The Journal of Medicine and Philosophy* 16, 29–51.

Anscombe, G. E. M.: 1979, 'Under a description', *Nous* 13, pp. 219–234.

Aquinas, T.: 1948, *Summa Theologica*, Christian Classics, Westminster, Maryland.

Beauchamp, T. and Childress, J.: 1989, *Principles of Biomedical Ethics*, Oxford University Press, New York.

Brody, B. A.: 1988, *Life and Death Decision Making*, Oxford University Press, New York.

Brody, B. A.: 1992, 'Special ethical issues in the management of PVS patients', *Law, Medicine & Health Care*, 20, 104–115.

Carse, A.: 'The 'voice of care': Implications for bioethical education', *The Journal of Medicine and Philosophy*, 16, 5–28.

Cicero: 1913, *De Officiis*, W. Muller (trans.), Cambridge University, London.

Daniels, N.: 1985, *Just Health Care*, Cambridge University Press, New York.

Denzinger, H. and Schonmetzer, A.: 1963, *Enchiridion Symbolorum*, Herder, New York.

Engelhardt, Jr., H. T.: 1986, *The Foundations of Bioethics*, Oxford University Press, New York.

Engelhardt, Jr., H. T.: 1991, *Bioethics and Secular Humanism: The Search for a Common Morality*, SCM Press, London.

Flathman, R. E.: 1982, 'Power, authority, and rights in the practice of medicine' in *Responsibility in Health Care*, George Agich (ed.), D. Reidel Publ. Co., Dordrecht, pp. 105–126.

Ganss, G.: 1970, *The Constitutions of the Society of Jesus*, The Institute of Jesuit Sources, St. Louis, MO.

Gilligan, C.: 1982, *In A Different Voice: Psychological Theory and Women's Development*, Harvard University Press, Cambridge.

Grandy, R.: 1983, 'Incommensurability: Kinds and causes', *Philosophica*, 32, 8.

Jonsen, A. and Toulmin, S.: 1988, *The Abuse of Casuistry*, Oxford University Press, New York.

Jonsen, A.: 1991, 'Casuistry as methodology in clinical ethics', *Theoretical Medicine*, 295–307.

Kuhn, T.: 1970, *The Structures of Scientific Revolutions*, (Second Edition), University of Chicago Press, Chicago.

Loyola, Ignatius: 1976, *The Spiritual Exercises*, Institute of Jesuit Sources, St. Louis, MO.

Lyotard, J. F.: 1984, *The Postmodern Condition: A Report on Knowledge*, G. Bennington and B. Massumi (trs.), Manchester University Press, Manchester.

MacIntyre, A.: 1981, *After Virtue*, University of Notre Dame Press, Notre Dame.

Masterman, M.: 1970, 'The nature of a paradigm', in *Criticism and the Growth of Knowledge*, I. Lakatos and A. Musgrave (eds.) Cambridge University Press, London.

Pascal, B.: *The Provincial Letters*, 'Letter X'.

Pellegrino, E. and Thomasma, D.: *A Philosophical Basis of Medical Practice*, Oxford University Press, 1981.

Singer, P.: 1979, *Practical Ethics*, Cambridge University Press, London.

Sorabji, R.: 1980, 'Aristotle on the role of intellect in virtue', in *Essays on Aristotle's Ethics*, A. Rorty (ed.), University of California Press, Berkeley.

Veatch, R. M.: 1981, *A Theory of Medical Ethics*, Basic Books, New York.

Part X
Cultural Diversity and Bioethics

CAN ETHNOGRAPHY SAVE THE LIFE OF MEDICAL ETHICS?

BARRY HOFFMASTER

Westminster Institute for Ethics and Human Values, 361 Windermere Road, London, Ontario, Canada N6G 2K3

Abstract—Since its inception contemporary medical ethics has been regarded by many of its practitioners as 'applied ethics', that is, the application of philosophical theories to the moral problems that arise in health care. This 'applied ethics' model of medical ethics is, however, beset with internal and external difficulties. The internal difficulties point out that the model is intrinsically flawed. The external difficulties arise because the model does not fit work in the field. Indeed, the strengths of that work are its highly nuanced, particularized analyses of cases and issues and its appreciation of the circumstances and contexts that generate and structure these cases and issues. A shift away from a theory-driven 'applied ethics' to a more situational, contextual approach to medical ethics opens the way for ethnographic studies of moral problems in health care as well as a conception of moral theory that is more responsive to the empirical dimensions of those problems.

Key words—medical ethics, bioethics, ethnography

INTRODUCTION

A decade ago Stephen Toulmin published his well known article, "How Medicine Saved the Life of Ethics" [1], in which he claimed that renewed attention to moral problems in medicine had rejuvenated the moribund discipline of ethics. Even if the correctness of Toulmin's analysis is granted, the salvaging of ethics by medicine has been short-lived because the patient has, regrettably had a relapse. Two symptoms of the patient's critical condition have been recorded. First, Peterson, in reviewing a recent textbook in medical ethics, tellingly captures the barrenness of its theoretical approach. He describes articles intended to impart an "understanding of underlying ethical principles" and 'skill in critical analysis" as lacking "substance" and observes that the introductory section on ethical foundations is "insufficiently related to the rest of the book" [2]. These defects do not reflect a lack of expertise or diligence on the part of the editors; rather, they are unavoidable because they are endemic to the prevailing 'applied ethics' approach to moral problems in medicine.

Second, Baron has observed that "practicing clinicians often feel let down by bioethics" [3]. The enchantment cast by exposure to the concepts and jargon of a new field has dissipated. Yet although the spell of the philosophical incantations has worn off, the problems that confront clinicians stubbornly persist. Baron attributes the disappointment of clinicians in part to their own unrealistic expectations, but adds that it is also a function of

... the extent to which bioethics as a discipline doesn't seem to be in possession of the realities of practice. Bioethicists tend to leave the 'facts' of clinical medicine to the doctors; their task is then to apply elegant and compelling arguments drawn from first principles of ethics ... to these undisputed and indisputable facts. Unfortunately, when the relationship between clinical medicine and bioethics is conceived ... [in this way]. the result is a very sterile discourse [3].

The culprit here, too, is the regnant conception of medical ethics as 'applied' moral philosophy. In moral philosophy factual matters are prescinded in favor of constructing rational defenses of general principles and organizing these principles into a consistent theoretical system. The assumption behind the view that medical ethics is 'applied ethics' is that the resulting moral system can yield determinate solutions for real moral problems. The failure of this assumption is largely responsible for the parlous state of orthodox medical ethics.

The uncritical manner in which 'applied ethics' has been adopted as *the* way of approaching moral problems in medicine and the emerging discomfiture with 'applied ethics' reflect an underlying ambivalence about the function of moral philosophy. On one side is the view that moral philosophy should have something productive to say about actual moral issues. Sidgwick, for example, conceives the aim of a moral philospher to be "... to do somewhat more than define and formulate the common moral opinions of mankind. His function is to tell men what they ought to think, rather than what they do think...." [4]. Confidence that moral philosophy can in fact provide this kind of practical direction animates the enterprise of 'applied ethics'.

On the other side, though, are those who do not see practical guidance as a proper task for moral philosophy. Why, it can be asked, should moral philosophy be different from any other branch of philosophy? Epistemology does not tell us which of our particular beliefs are true and justified; aesthetics does not tell us how to paint a beautiful landscape [5]; and philosophy of science does not discover new laws of physics. Why, then, should moral philosophy be unique in having putative practical import?

A number of philosophers explicitly disclaim any such function for moral theory. Broad, for example, says:

> We can no more learn to act rightly by appealing to the ethical theory of right action than we can play golf well by appealing to the mathematical theory of the flight of the golf-ball. The interest of ethics is ... almost wholly theoretical, as is the interest of the mathematical theory of golf or of billiards [6].

Bradley describes as "a strangely erroneous preconception" the view that moral philosophy can answer the question, "How do I get to know in particular what is right and wrong?" [7]. In Bradley's view,

> ... there cannot be a moral philosophy which will tell us what in particular we are to do, and ... it is not the business of philosophy to do so. All philosophy has to do is 'to understand what is,' and moral philosophy has to understand morals which exist, not to make them or give directions for making them [7].

And G. E. Moore agrees: "The direct object of Ethics is knowledge and not practice..." [8]. The weight of philosophical opinion, if anything, seems to be against regarding moral theory as a source or repository of practical directives [9]. But why is it that providing practical guidance is not a proper task for moral philosophy?

PROBLEMS WITH 'APPLIED ETHICS'

Before enumerating its shortcomings, what is meant by 'applied ethics' needs to be clarified. The object of these criticisms is not 'applied ethics' when that term is used in a catch-all way to refer to activities such as ethics rounds and consultations, the workings of ethics committees, and policy formation with respect to moral issues in health care such as the development of guidelines for 'do not resuscitate' orders. The target is not, in other words, all the morally charged activities that occur on the front lines of health care delivery. Rather, the target is 'applied ethics' in the sense of a philosophically based and motivated theory about how that front-line activity ought to be analyzed and conducted and how medical ethics ought to be taught. To put it this way, though, is misleading because it makes it appear as if there is a gulf between the practice of 'applied ethics' and the theory of 'applied ethics', and it suggests that only the theory of 'applied ethics' is awry [10]. The real culprit, however, is a philosophical approach that creates and sustains the impression that moral theory and moral practice are discrete.

An additional qualification is necessary. Work described as 'applied ethics' is not homogeneous in nature or quality. Many philosophers have made valuable contributions to our understanding of practical moral problems in health care as well as to the moral improvement of front-line activities in the delivery of health care. Those contributions are the result of highly nuanced, particularized analyses of cases and problems and an appreciation of the settings in which these cases and problems arise. So it is important to recognize that not everyone who does medical ethics adopts an 'applied ethics' approach and, indeed, that there has been a gradual, but progressive shift away from an 'applied ethics' model. Yet a more situational, contextual approach has not yet displaced the theory-driven conception of what medical ethics is and, more importantly, of how medical ethics is taught. Nor has it yet made medical ethics a more hospitable venue for social scientists. The criticisms that follow consequently should not be construed as an indiscriminate exercise in 'bioethics bashing'. But the movement away from a theory-driven approach to medical ethics needs a further push, one that opens the field to contributions from an even broader array of disciplines.

There are two kinds of criticism that can be levelled against 'applied' moral philosophy—internal criticism and external criticism. Internal criticism [11] aims to show that moral theory cannot succeed on its own terms. External criticism points out that moral theory cannot account for the phenomena of morality. Several familiar internal criticisms will be presented briefly before turning to external criticisms [12].

First of all, the principles standardly regarded as constituting the core of theoretical medical ethics—principles of autonomy, beneficence, non-maleficence and justice, for example [13]—are too general and vague to apply determinately to concrete situations. In any moral controversy the question of whether, and if so, how, a principle is to be brought to bear upon that dispute is itself contentious. As Frohock observes in his study of treatment decisions in neonatal intensive care units:

> The cases themselves—their complexity, the severity of the problems—allow reasonable people to apply the same principles in different ways. This discretionary power, rather than disagreement on principle, is the main source of disputes over therapy in the gray zone ... of treatment [14].

The substantive moral work occurs in determining how a principle might impinge upon a particular problem, but the resources for addressing that issue are external to the principles themselves.

Disparity between the abstract semantic formulations of principles and the particular empirical circumstances they supposedly govern is a consequence of the inherently general nature of language [15]. One manifestation of this disparity is the existence of 'essentially contested' concepts, that is, concepts "the proper use of which inevitably involves endless disputes about their proper uses on the part of their users" [16]. 'Applied ethics' might be rescued if it had some way of dealing with the 'essentially contested' concepts at its core, such as the notion of autonomy, but all it has to offer in this regard is the technique of conceptual analysis. Analysis can distinguish a number of different senses that a concept can have, and by exposing ambiguity and equivocation, it can make an important, albeit limited, contribution to practical morality. It cannot, however, resolve substantive issues because it cannot establish that one of these senses is what the concept 'really' means. In other words, although conceptual analysis can elevate a concept from the status of being 'radically confused' to the status of being 'essentially contested' [16, p. 180], it cannot go on to resolve the dispute in which that concept figures.

Take, for example, the controversy about whether a market in transplantable human tissues and organs should be permitted. Are bodily tissues and organs the kinds of things that can be owned and therefore bought and sold? Honoré, a legal commentator, points out that an analysis of the concept of 'things' is, in general, an inviting strategy for trying to decide questions of ownership:

> There is, clearly, a close connexion between the idea of ownership and the idea of things owned, as is shown by the use of words such as 'property' to designate both. We ought, apparently, to be able to throw some light on ownership by investigating 'things' [17].

This strategy is ultimately fruitless, though, as Honoré recognizes, because what lies behind the doctrine that one does not own one's body is not a more perspicuous understanding of what 'thing' means but a substantive moral judgment: "...it has been thought undesirable that a person should alienate his body, skill or reputation, as this would be to interfere with human freedom" [17, p. 130]. And, as Honoré also recognizes conceptual analysis can neither produce nor defend such substantive judgments: "...it is clear that to stare at the meaning of the word 'thing' will not tell us which protected interests are conceived in terms of ownership" [17, p. 130].

Now it might be objected that this example undermines a critique of 'applied ethics' because Honoré's judgment about no ownership of the body rests on an appeal to human freedom, and that is simply to invoke one of the bedrock principles of 'applied ethics', namely, the principle of autonomy. But rather than undermining the critique, the example strengthens it because autonomy is itself an 'essentially contested' concept. Four senses of autonomy have been distinguished in medical ethics—autonomy as free action, autonomy as authenticity, autonomy as effective deliberation, and autonomy as moral reflection [18]. Given the complexity of the concept, how does one decide which senses are appropriate in given situations? Suppose that a patient's decision to refuse life-saving treatment is autonomous in two of the senses—it is, say, free and the result of effective deliberation—but it is not autonomous in the senses of being authentic and the product of moral reflection. What conclusion follows about whether the patient's decision should be respected? The answer to that question must turn on an assessment of underlying substantive considerations, not further refinement of the concept of autonomy.

Another internal difficulty with 'applied ethics' is that a multiplicity of principles are taken to be relevant to moral problems in medicine, but when two or more of these principles conflict, as they inevitably do in any serious moral quandary, 'applied ethics' offers no way of resolving the conflict. When the principle of autonomy is at odds with the principle of beneficence, say, how does one decide which principle prevails? Theoretical 'applied ethics' contains no hierarchical ordering of its principles and no procedure for 'weighing' or 'balancing' these principles against one another. A standard response is to retreat to even more rarefied theoretical air and contend that moral theories, such as utilitarianism or Kantianism, should be invoked when principles 'run out'. But even if such theories could provide determinate outcomes for moral problems, the same difficulty emerges at this level. When 'doing the greatest good for the greatest number' conflicts with 'not treating persons as means alone', how does one decide which theory prevails? Moral philosophy has yet to produce an accepted way of appraising rival moral theories [19].

A third internal difficulty is that 'applied ethics' is not helpful in addressing some crucial moral issues because these issues challenge assumptions upon which the theoretical edifice of 'applied ethics' is erected. Perhaps the most obvious examples are debates about the domain of morality. What moral status, and therefore what moral protection, do entities such as fetuses, anencephalic infants, animals, and the environment [20] have? The fundamentally rationalistic program of philosophical ethics embodies an answer to this question, namely, that morality protects all and only those beings capable of acting as rational agents, which in turn means all and only those beings capable of rational deliberation. This answer is not obviously correct, however. In response to a question about what makes life worth living, for example, one neonatologist interviewed by Frohock cites simply the ability of a child to smile at his or her parents [14, p. 13]. Thus the rationalist position needs to be defended, but there is a problem because whatever practical bite moral philosophy has in this regard is inadvertent—it is the result of how the overall project of doing moral philosophy proceeds, not of attending to the particular moral controversy in question. Inadvertent answers are not, of course, necessarily wrong, but their relevance needs to be established and their plausibility needs to be supported. Moral philosophy seems to have no way of mounting such a defense on its own terms, though. Because the rationalist answer emerges from the assumptions that ground moral theory, any attempt to defend it in terms of that theory would be circular. Some of the most troublesome questions in medical ethics consequently remain 'up for grabs' within the program of rationalist moral philosophy.

Turning to the external criticisms, there are a number of respects in which moral theory is blind to actual moral phenomena. To begin, 'applied ethics' does not appreciate the dynamic character of morality. Because 'applied ethics' takes morality to be an autonomous theoretical system under which the flotsam of human experience is subsumed, it cannot account for the flux in that experience. It therefore cannot answer three questions that are central to our understanding of morality: why only certain issues come to be recognized as *moral* problems; how moral problems get categorized or labelled; and how and why moral change occurs.

With respect to the first, why, for example, is *in vitro* fertilization a hot moral topic but not expensive microsurgery to reconstruct Fallopian tubes? How is it that some issues but not others come to be dubbed moral, and what is the upshot of conferring this appellation upon them? Inattention to this matter contributes to the almost indiscriminate way in which the rubric of morality is now being used. Fox has noted "a certain inflation in the public and professional notice being given to bioethical questions," which has produced "a kind of 'everything is ethics' syndrome" [21]. But when everything becomes ethics, the danger is that ethics becomes nothing.

Second, how is the phenomenon of moral labelling to be understood? The new reproductive technologies, for instance, can be regarded as either therapies for infertility or alternative means of reproduction, and those labels are not neutral because they carry different implications for who should have access to these technologies. Similarly, medically administered hydration and nutrition can be categorized as either basic human care or medical treatment [22], with different ramifications for the obligatoriness of providing artificial sustenance. But how is the appropriateness of such labels ascertained?

Finally, what induces and precipitates moral change? The salient moral issues of today are different from those of a decade ago, let alone a century ago. 'Applied ethics' nevertheless remains impervious to moral change; it will deal with whatever moral problems are brought before it, assuming that the identification and characterization of moral problems themselves raise no difficulties and that moral problems can be dealt with independently of the contexts in which they arise. Yet how, when, and what issues become 'moral' are vitally important questions. Disputes about the moral status of infants and animals, for example, are not new. To cite only one instance, consider Whewell's reaction in 1852 to Bentham's hedonistic theory of value:

I say nothing further of Mr Bentham's assumption... that because a child cannot *yet* take care of itself, and cannot converse with us, its pleasures are therefore of no more import to the moralist than those of a kitten or a puppy. We hold that there is a tie which binds together all human beings, quite different from that which binds them to cats and dogs;—and that a man, at any stage of his being, is to be treated according to his human capacity, not according to his mere animal condition [23].

Now why is it that the animal rights movement, and the charge of speciesism against those who believe in "a tie which binds together all human beings quite different from that which binds them to cats and dogs," has recently gained such currency? The kinds of arguments upon which proponents of animal rights rely have been around for a long time, so what explains their newfound popularity? Answering that question requires a broader conception of morality than the identification of morality with philosophical moral theory, a conception that situates morality in social, cultural, and historical milieus. Even the abortion controversy—perhaps the most intractable of moral disputes—can be illuminated by locating it culturally and historically as Ginsburg's ethnographic study of abortion activists in Fargo, North Dakota admirably does [24]. In sum, charting the ebbs and flows of morality in action would provide important insights into what morality, as it is actually lived, is all about.

In addition, taking medical ethics to be 'applied' moral philosophy simply does not fit the experience of those who have spent time in clinical settings. The reports of moral problem solving by philosophers who have clinical experience, in particular, Caplan's conclusion about two cases he relates—that "ethical theory would have been the wrong place to turn for a solution to the issues under consideration"—raise a daunting challenge to defenders of 'applied ethics' [25]. To skeptics who continue to maintain that reading and thought experiments are adequate substitutes for experience, one can merely reply, "Go and see for yourself." But until they have done that, deference ought to be given to those who have done the reading and acquired the experience.

The only surprise about these criticisms is the steadfastness with which they are ignored. Two factors contribute to that resistance. One is how central the orthodox theoretical approach to morality is to the concerns of contemporary analytic philosophy. The motivation for conceiving of morality as an independent, consistent system of theoretical norms is, as G.E. Moore recognized, the allure of moral knowledge. As long as epistemology continues to dominate philosophy, moral philosophers will pay obeisance to it. Unfortunately, the philosophical project of generating moral knowledge ultimately displaces morality from the experience in which it is grounded. Moreover, how the transformation of practice into theory is supposed to occur and why it is necessary to remain mysterious. Theoretical systematization supposedly transubstantiates the water of moral experience into the wine of moral knowledge. Although this ritual may continue to play a role in the cathedral of academia, it remains peripheral to the outside world. There moral experience retains its primacy, and it is in appreciating the primacy of experience and in providing ways of understanding and guiding that experience that ethnography can be useful.

The other factor is that there remains no enticing alternative to conventional philosophical moral theory and thus to 'applied ethics'. What is needed is a different brand of moral theory, one that is more closely allied with and faithful to real-life moral phenomena. Ethnography has a vital role to play in developing a more empirically grounded theory of morality.

HOW CAN ETHNOGRAPHY HELP?

Ethnographic studies [26] can make important critical and constructive contributions to our understanding of morality. On the critical side, the results of ethnographic investigations challenge both the dogmas that pervade the received view of medical ethics and the underlying philosophical model upon which 'applied ethics' is predicated. On the constructive side, ethnographic work reveals that morality must be understood contextually, and once that broader, more realistic perspective is adopted, it provides a sobering appreciation of the prospects for moral reform. Examples of ethnography's critical contributions will be provided first.

Perhaps the most prominent tenet of orthodox medical ethics is its individualism, manifested by the field's conspicuous preoccupation with the notion of autonomy [27]. Both Bosk's study of the training of surgeons [28] and Frohock's study of treatment decisions in neonatal intensive care units [14] suggest that an individualistic orientation does not capture the realities of clinical practice. Frohock, for example, observes, "Humanness is not assigned to the individual baby but to the family of the baby" [14, p. 98], and Bosk, in commenting on a case presentation by a pediatric surgeon, notes, "Interesting here is the surgeon's definition of his client as the entire family network" [28, p. 134].

In the same vein Frohock contends that the language of rights, the rhetoric of individualism, does not fit a neonatal intensive care unit: "... contemporary moral terms like rights are inappropriate in a neonatal nursery. The new and, in many cases, unique medical events require a different moral vocabulary. The introduction of harm in place of rights is a reconstruction of the language of medical staffs" [14, p. x]. Not only does the language of harm more accurately portray the moral ethos of neonatal intensive care units, it also is superior because it is responsive to situational particularities:

The proposition that harm is to be avoided whenever possible can constrain actions, and because of its contextual qualities it can do so more credibly than a right-to-life shield. Not claiming the identify of all life forms when none can be established, a harm constraint can instead be concerned to disclose how particular forms of life are harmed and to draw constraints on action that are sensitive to differences among life forms [14, p. 205].

'Life forms' does not refer to aliens from outer space, but to embryos, fetuses, anencephalic newborns, and infants who are profoundly neurologically impaired—entities whose moral status remains problematic. What is objectionable about a rights-based approach is that it crudely assimilates these various 'life forms' to a single moral category and treats them uniformly regardless of significant differences that might exist [29]. A harm-based approach, in contrast, can respond to relevant differences among these 'life forms', differences that, moreover, cannot be exhaustively stipulated in advance or identified theoretically (as proposed definitions of 'humanhood' try to do [30]) but can only be discovered through experience.

In addition to disputing some of the substantive claims of 'applied ethics', social science investigations challenge its underlying philosophical model in two ways. On the one hand, they call into question the existence of a rational method for moral decision making, and on the other hand, they raise doubts about the independence of morality.

The assumption that there is a rational method of moral decision making is, for example, belied by the research of Lippman and Fraser on the decision making of women after genetic counseling [31]. Lippman and Fraser set out believing that women would make decisions about whether to run the risk of conceiving a defective child by being good utility maximizers. Women would, that is, meld the probabilities communicated to them by genetic counselors with their own assessments of the value of likely consequences and then adopt the course of action that maximized expected utility. The work of Lippman and Fraser was, in other words, designed to assess the adequacy of genetic counseling in terms of an influential philosophical method of moral decision making. What they discovered, to their surprise, is that women uniformly ignore the probabilities of alternative outcomes. They reduce the problem to two results—either I will have a defective child or I will not have a defective child. They then construct scenarios of what it would be like to live with a defective child, and if they think they could cope with the worst of these scenarios, they run the risk of conceiving a child who might be handicapped. Women who think they could not cope do not undertake that risk, and women who cannot make up their minds engage in 'reproductive roulette', that is, they have sexual intercourse using methods of contraception they know are insufficient.

What this research reveals is that actual moral decision making is situational—it is tailored to the demands of particular circumstances as well as the capacities and limitations of the persons enmeshed in those circumstances. Yet the decision making of these women appears to be an eminently reasonable way of responding to the pervasive uncertainties that confronted them, even if it does not conform to the dictates of an influential philosophical model [32].

Another example of the adaptability and flexibility of moral practice occurs in neonatal intensive care units when a seriously ill baby is allowed to 'declare itself': "The child declares himself one way or the other (makes the decision for the doctor by taking a dramatic turn for the worse and dying, or by showing signs of improvement that clearly justify aggressive therapy)" [14, p. 62, 33]. Here health care professionals and parents defer to the baby, who, of course, is in no position whatsoever to 'decide'. But again, such temporizing seems perfectly reasonable in the necessitous and uncertain circumstances in which it is used.

Frohock's study also provides examples of how the momentous decision of whether to treat aggressively or allow to die can be replaced by smaller, incremental decisions. A physician might decide not to increase the settings on a ventilator, to use a more 'gentle' antibiotic, or not to check some laboratory values, for instance [14, pp. 48–49]. A theoretically-oriented 'applied ethics', though, tends to focus on 'big' decisions and portray them in binary terms. By doing so, it ignores pragmatic strategies for responding to moral problems such as biding time, compromising, or cycling through competing values [34].

What these examples suggest is that moral decision making is a search for a feasible, appropriate response to a particular situation, not the application of a method that in virtue of its extreme generality is insensitive to the particularities that structure the situation. There is no homogeneous, unifying conception of rationality in morality or anywhere else for that matter, including that veritable paragon of rationality—science. The theoretical disposition of 'applied ethics' renders it insensitive to the flexible ways in which human beings actually handle moral problems. Moral decision making is more a matter of coming up with creative, responsive solutions than it is trying to apply a philosophical formula. Moral rationality consequently assumes diverse, sometimes protean forms. By investigating how moral problems are perceived and constructed by those whom they affect and how these individuals handle those problems, and by assessing these attempted resolutions, ethnographic studies can discover the disparate forms of moral rationality and stake out, in at least a provisional way, the limits of those forms.

Ethnographic studies also suggest that the widespread concern to demarcate morality—to provide criteria that will distinguish morality from, say, prudence, etiquette, and law—is misplaced. Positivist philosophers of science have thought it important to distinguish 'genuine' science from pseudo-science—alchemy, for instance—in the hope that the resulting criteria would have something of consequence to say about dubious pretenders to the mantle of science such as psychoanalysis. This concern with demarcation has infected philosophical morality and impels the repeated and persistent, but ultimately futile, attempts to define morality [35]. The concern also pervades 'applied ethics' and surfaces every time someone insists on addressing only the ethical issues and not the associated economic, legal, social, or policy issues in an area.

The attempt to delimit morality assumes that morality can be isolated in two ways. One is that morality can be detached from practice and exhaustively represented in a consistent theoretical system. The other is that the discrete theoretical system of morality is independent of other discrete theoretical systems such as the law. The work of Bosk and Frohock casts doubt on both independence assumptions. Bosk concludes with respect to the inculcation of norms in young surgeons, "The moral and ethical dimensions of training are not bracketed from all other concerns but are instead built into everyday clinical life" [28, p. 190]. In a hospital or out of a hospital, morality is part-and-parcel of everyday life. Even if the thread of morality could be extracted intact from the fabric of experience, examining that naked thread would produce an incomplete and distorted impression of morality. What needs to be understood is how morality is woven into the experiences and the lives it helps to constitute.

Frohock's comment about the impact of difficult moral decisions is equally telling: "Pain and guilt, rather than immorality and irrationality, plague therapy decisions" [14, p. 115]. Parents of a seriously impaired newborn, in other words, do not see the problems they have to wrestle with as paradigmatically moral or search for distinctive moral reasons to support their decisions. They know they have a hard, perhaps tragic, decision to make, and they want to do the best or the right thing (not the *morally* right thing). They agonize over these decisions, but they do not ask themselves whether a proposed course of action would be immoral or irrational, or whether a reason that appears persuasive to them is really a valid *moral* reason. The philosophical desire to portray such decisions as exclusively and prototypically moral is not faithful to the phenomena. Rather than trying to impose an *a priori* conception of morality on these decisions, theorists should pay more careful attention to how parents themselves perceive the problem and work their way through it. Recognizing the artificiality of the borders of 'applied ethics' leads to worries about the separation of the moral, on the one hand, from the social, the cultural, and the political, on the other. As Fox points out, the circumscription of the moral is most evident in discussions of neonatal intensive care units:

Bioethical attention has been riveted on the justifiability of nontreatment decisions. Relatively little attention has been paid to the fact that a disproportionately high number of the extremely premature, very low birth weight infants, many with severe congenital abnormalities, cared for in NICUs are babies born to poor, disadvantaged mothers, many of whom are single nonwhite teenagers. Bioethics has been disinclined to regard the deprived conditions out of which such infants and mothers come as falling within its purview. These are defined as *social* rather than ethical problems... [21, p. 231; emphasis in original].

But why is it that ethics stops at the door of the neonatal intensive care unit? What, other than a concern for the theoretical purity of the discipline or an ideological commitment to the individual, prevents a genuine *moral* questioning of the conditions that contribute to the need for neonatal intensive care units?

Ethnographic studies thus reveal *prima facie* tensions between the realities of clinical practice and the dictates of philosophical medical ethics. On which side does the burden of proof reside? The burden, it seems to me, falls to philosophers, who themselves acknowledge it in their recognition that moral theory begins in and ultimately must be tested by practice. It is hard to find a philosopher for whom practice does not remain the touchstone of the adequacy of moral theory. Aristotle provides the clearest statement of this position, but it is prominent in many others, including Sidgwick, the arch-proponent of philosophical moral theory [36]. The Kantian stream in moral philosophy might be regarded as an exception, but even Kant insisted that his view merely elaborated common moral opinions. The methodology of moral philosophy itself recognizes a presumption in favor of the legitimacy of moral practice; departures from moral practice, therefore, need to be vindicated on more than the *a priori* grounds provided by 'applied ethics'.

Another advantage of paying attention to moral practice is the appreciation of context that results. Moral philosophy and its adjunct 'applied ethics' movement run into trouble because they remain stubbornly acontextual. To borrow an example from Toulmin, who in turn borrows it from John Wisdom, the question, "Is a flying boat a ship or an airplane?" is, in the abstract, hopelessly sterile [37]. When a context is supplied—ought the captain of a flying boat to have an airline pilot's license, a master mariner's certificate, or both?—the issue comes into focus and pertinent arguments can be advanced. Reading books and engaging in arm-chair speculation do not supply contexts, however. The contexts in which the moral problems of medicine arise can be appreciated only by becoming immersed in clinical settings, as ethnographers do.

In fact, the most important constructive contribution of ethnographic studies is that they give content to the vague notion of 'putting moral problems into context'. One of the best illustrations is Anspach's study of a neonatal intensive care unit [38]. Anspach found that consensus around moral principles does not remove controversy about the treatment of seriously ill newborns because doctors and nurses frequently disagree about the prognoses for these infants. Her work is an investigation of the forces that shape these discrepant prognostic judgments.

Anspach shows that prognostic conflicts result from the different 'modes of knowing' that doctors and nurses have. Doctors, who spend relatively little time with these infants, base their conclusions on physical findings, the results of diagnostic tests, and the literature of medical research. Nurses, who spend concentrated and extended periods of time with these infants, rely on their personal and social interactions with the infants. There is, as a result, a clash between what Anspach calls "the perspectives of engagement and detachment" [38, p. 227].

What comes out of Anspach's study for our purposes is the recognition that a contextual understanding of morality has at least three facets. One facet concerns individual particularities. A decision about treatment must take into account, obviously, the idiosyncracies of an infant's condition—factors such as this specific infant's diagnosis, medical history, and family situation.

Institutional structure is a second facet. Institutional structure has two main impacts in a neonatal intensive care unit. On the one hand, decisions about treatment can be affected by considerations such as how long an infant has been in the unit and whether infants with similar problems have been in the unit recently and if so, what the outcomes for them were. On the other hand, as Anspach discovered, how work is divided and organized within a neonatal intensive care unit can influence how issues are perceived and how judgments are made. Because, for instance, attending physicians visit the unit for short periods of time, because house staff rotate through the unit on short cycles, and because physicians in tertiary care institutions often have research interests, doctors are both organizationally and personally detached from these infants and their parents. The information they rely on to formulate a problem and resolve it is the technical and, in the case of research findings, general information they possess and value. Because nurses, in contrast, are intimately and continuously involved with these infants, they are organizationally and personally attached to them. Their perceptions of problems and their responses to them consequently are a function of their social interactions with the infants for whom they care.

A third facet emerges when it is pointed out, as Anspach does, that the 'technological cues' of the doctors and the 'interactive cues' of the nurses are not valued equally: "... the interactive cues noted by the nurses are *devalued data*" [38, p. 229; emphasis in original]. Why is that? There are several components to the answer, but the point for our purposes is that all the answers are embedded in the social and cultural background that structures the definition and delivery of health care. One obvious answer ties the devaluation of the nurses' data to prevailing gender roles in society. Another answer, given by Anspach, does not roam quite so far. It appeals to the history of diagnostic technology and locates newborn intensive care in a 'postclinical' medical culture, that is, a culture in which the science of medicine has displaced the art of medicine. In such a scientistic culture, the 'subjective' information of the nurses is no match for the hard, 'objective', technical data of the doctors.

Understanding the problem posed by life-and-death decision making in neonatal intensive care units requires an appreciation of all three facets. Morality cannot be severed from the social, cultural, and historical milieus in which this decision making occurs; nor can morality be identified with any single facet [39]. Morality suffuses this context, and the philosophical attempt to isolate it and treat it as an autonomous, independent theoretical system simply fosters a picture of morality that is artificial, distorted, and ultimately desiccated.

A contextual understanding of morality does not mean that there is no room for moral theory or philosophizing about morality, simply that the nature of that theory must be different. Anspach's research poses obvious and difficult epistemological questions, in particular, the question of whether it is possible to integrate or synthesize the "partial and selective visions of reality" [38, p. 230] possessed by the nurses and doctors. Moral theory needs to take a new turn, however, and be responsive to the issues posed by morality in context.

One of these issues is that, once morality is understood contextually, impediments to moral reform loom large. As Anspach recognizes, any attempt to improve the quality of life-and-death decisions about seriously ill newborns must recognize that "to the extent that decisions cannot be extricated from the social organization of the intensive care nursery, broader changes in that organization may be necessary" [38, p. 230]. Jennings, commenting on the relationship between ethics and ethnography, explains why a recognition of the institutional and structural constraints on behavior should make one less sanguine about the prospects for reform:

Bioethics generally has a simple, not to say simpleminded, notion of what can be done to bring about social change—in most cases to reform professional practice to bring it more into line with established ethical obligations and principled responsibilities. The strategy is: argument, agreement through rational persuasion, and education. The commitment to this polis model runs very deeply in philosophy, and the applied ethics movement of the past twenty years has been premised on the belief that it can be brought out of the confines of the academy and introduced into the conduct of public and professional life.... But what social scientific studies have done, and neonatal ethnography is particularly insistent in this regard, is to force ethicists to pay more attention to the cultural, institutional, and psychological preconditions for social and behavioral change [40].

If moral theory is to be truly practical, it must come to grips with realities that its theoretical preoccupation has so far caused it to steadfastly ignore.

OBJECTIONS

Philosophers have, in the past, been tempted by ethnography but have not succumbed to it. Toulmin cites Descartes' repudiation of his own fascination with history and ethnography on the ground that "[h]istory is like foreign travel. It broadens the mind, but it does not deepen it" [37, p. 340, 41]. Whereas ethnographers and historians collect facts that fascinate and titillate, philosophers, in Descartes' view, do the real work of extracting the general principles behind these facts. This sharp division of labor that consigns ethnographers and historians to the menial task of assembling raw material for philosophers begs the question, however, because it assumes the correctness of the philosophical model of morality that drives 'applied ethics'.

Understood differently, though, there is something to Descartes' objection. Bosk appreciates the danger it points to: "... ethnography... runs the risk of being dismissed as 'merely description'... [but] doing ethnography is always both a theoretic and a theoretically motivated activity..." [28, p. 17]. The challenge this objection raises is to account for the theoretical side of ethnography. If one sees theory in purely formal, *a priori* terms, that, of course, is a hopeless task, and it is no surprise that 'merely' empirical enquiries are deprecated. But once such a narrow conception of rational inquiry is abandoned, the way is open for alternative understandings of theory.

One aim of a critique of 'applied ethics' is precisely to clear the field for new understandings of theory and practice, in particular, understandings that locate theories *in* our practices rather than *underlying* them [42]. What might this involve? A review of a recent study of crime notes the author's ethnographic approach of "turn[ing] away from enquiry after alleged 'background' causes to look at the surface, the 'foreground,' 'the lived experience' of crime," focusing on "many individual human beings," and "cast[ing] doubt on reconstructions of aggregates" [43]. The reviewer points out that the author

...sets out to ask not, 'Why did you do it?' but 'How?' As he says, 'The social science contains only scattered evidence of what it means, feels, sounds, tastes, or looks like to commit a particular crime.' The evidence he has gathered gives some of the answers, after all, to the question 'Why?' [43].

Accounting for the theoretical side of ethnography requires an understanding of this transition from 'How?' to 'Why?' That understanding will not be arrived at in global, *a priori* terms. Rather, it will be embedded in and relative to particular domains of inquiry and particular contexts. The tasks that ethnography poses for philosophers and social scientists, therefore, are twofold: to do moral ethnography and thereby to make more productive contributions to practical ethics; and to develop the moral theory implicit in ethnographic studies.

But, it might be objected, there are daunting practical barriers to that kind of genuinely interdisciplinary work. Just as one must be cognizant of the structural and institutional constraints within neonatal intensive care units, so one must be cognizant of the structural and institutional factors that separate ethnography and ethics. Even if ethnography could save the life of medical ethics, ethnographers have little incentive to do so, particularly if they work in research-oriented universities that prize mainstream contributions to their disciplines. Matters such as degree and licensing requirements, employment prospects, research funding opportunities, tenure and promotion criteria, and formal and informal reward systems militate against research that is non-traditional, innovative, and risky. Although less so in anthropology, ethnography is already marginal enough in sociology. An ethnography that contributed to ethics or bioethics rather than sociology would most likely be ignored if not resisted. On the philosophical side, the opportunities and incentives for rigorous, empirically informed research are equally meager. So who actually would do this work?

In addition, it could be argued that there is a fundamental, and ultimately fruitful, opposition between the humanities and the social sciences. To train philosophers to be good ethnographers could make them bad philosophers; to train ethnographers to be good philosophers could, in turn, make them bad ethnographers.

The latter worry assumes the legitimacy of the disciplinary boundaries, as well as the exaggerated demarcation between facts and values that helps to sustain those boundaries, that is being challenged here. Once philosophy is disabused of its preoccupation with the *a priori* and the pristinely rational, there is no reason to regard philosophy and ethnography as incompatible. And once ethnography finally sheds its vestigial pretension to 'positivist' science, it can become comfortable with investigating the values and the moralities that inform and guide so much of human experience and that make life meaningful. As they exist today, ethics and ethnography probably are at odds. But reconceived in ways that are responsive to the lives and problems they study, ethics and ethnography are not only complementary, they are indispensable to one another.

The practical impediments to this kind of work are, nevertheless, real and should not be underestimated. The way to begin removing them, though, is to make a case for the importance of the work and to recognize its practical value. How to do the research will have to be learned through experience. Bosk describes himself as "a medical sociologist, an ethnographer of medical action," and he admits, "As such, my primary research techniques in this highly technological world are primitive" [44]. That might be all that can be expected now, but approaches will mature as this kind of work evolves and develops. As well, it might be prudent at present for only those with security to embark on such risky research ventures. But a caution appropriate to individuals should not be extended to a general domain of inquiry. What must be offered are support for and recognition of the work that has been done, and encouragement to continue and develop this line of research. The need for and the merits of the results ultimately will dismantle the barriers. To expect deeply engrained, long entrenched obstacles to disappear before the work is undertaken is no more than the counsel of despair.

CONCLUSION

It is time to admit the terminal condition of 'applied ethics'. As Hare has conceded,

... if the moral philosopher *cannot* help with the problems of medical ethics, he ought to shut up shop. The problems of medical ethics are so typical of the moral problems that moral philosophy is supposed to be able to help with, that a failure here would be a sign either of the uselessness of the discipline or of the incompetence of the particular practitioner [45].

It would be rash to suggest that all practitioners of 'applied ethics' are incompetent. So what's a moral philosopher with practical leanings to do? If ethnography is simply incorporated into the prevailing 'theory-centered' [37, pp. 338–341, 41, p. 11] approach to philosophy, that is, the concentration on "abstract, timeless methods of deriving general solutions to universal problems" [37, p. 341], the attempt to rescue medical ethics with ethnography will be futile. Ethnography needs to be integrated into a revivified practical philosophy [46] that, in the words of Toulmin, is interested in the 'oral', the 'particular', the 'local' and the 'timely' [37, pp. 338–341, 41, pp. 186–192].

In a union of ethnography and 'theory-centered' philosophy, social scientists could continue to be no more than servants to philosophers—collectors of the facts that philosophers need to 'apply' their theories. And as long as medical ethics remains 'theory centered', philosophers working in the field will continue to do what the Chinese, in a marvelously apt phrase, call "playing with emptiness" [27, p. 339]. A more viable approach to medical ethics, and a more robust and productive role for both social scientists and philosophers, depends upon the alignment of ethnography with a 'recovered' practical philosophy, that is, a conception of the discipline that recognizes that contributions to "the reflective resolution of quandaries that face us in enterprises with high stakes" [37, p. 352] are not 'applied philosophy' but philosophy itself [37, p. 345, 41, p. 190]. But unless that happens, moral philosophers should heed the advice of Hare and shut up their clinical shops.

Acknowledgements—This paper began as a presentation to the Medical Sociology Section of the American Sociological Association. Later versions were read to the Canadian Humanities Association and the Canadian Philosophical Association and at a conference on "Moral Philosophy in the Public Domain," sponsored by the University of British Columbia. I would like to thank all those who reacted to it on these occasions. I am particularly grateful for the comments I received from Valerie Alia, John Arras, Paula Chidwick, Peter Conrad, Sharon Kaufman, Judith Swazey, Michael Yeo, and anonymous referees for the Canadian Philosophical Association and this journal.

REFERENCES

1. Toulmin S. How medicine saved the life of ethics. *Per. Bio. Med.* **25**, 740, 1982.
2. Peterson L. Review of *Bioethics* (Edited by Edwards R. B. and Graber G. C.). *N. Engl. J. Med.* **318**, 1546–1547, 1988.
3. Baron R. J. Dogmatics, empirics, and moral medicine. *Hastings Center Rep.* **19**, (1) 41, 1989.
4. Sidgwick H. *The Methods of Ethics*, 7th edn, p. 373. Dover Publications, New York, 1966. The seventh edition was originally published in 1907.
5. Philosophers have, however, recently begun talking about 'applied aesthetics'. The assumption apparently is that philosophers of art can have, *qua* philosophers of art, something meaningful to say about issues such as works of art should be purchased with public funds or what parts of the environment should be preserved for distinctly aesthetic reasons. See, e.g. Eaton M. *Basic Issues in Aesthetics*. Wadsworth, Belmont, CA, 1988.
6. Broad C. D. *Five Types of Ethical Theory*, p. 285. Routledge & Kegan Paul, London, 1930. Broad does concede, however, that moral theory may have "a certain slight practical application" insofar as "it may lead us to look out for certain systematic faults which we should not otherwise have suspected...."
7. Bradley F. H. My station and its duties. In *Ethical Studies*, p. 128. Liberal Arts Press, New York, 1951.
8. Moore G. E. *Principia Ethica*, p. 20. Cambridge University Press, Cambridge, 1903.
9. William James falls into this camp, too. Of the choice between life and good, on the one hand, and death and evil, on the other, James says, "From this unsparing practical ordeal no professor's lectures and no array of books can save us." In James' view a moral philosopher has no advantage in making practical decisions: "The ethical philosopher..., whenever he ventures to say which course of action is the best, is on no essentially different level from the common man." James W. The moral philosopher and the moral life. In *The Writings of William James* (Edited by McDermott J. J.), p. 629. The Modern Library, New York, 1967. Melden's comment that "it would be a mistake... to identify the moralist with the moral philosopher" likewise separates the moralist's practical task of giving advice from the philosopher's theoretical interest in exploring the question of what counts as a good moral reason. Melden A. I. On the nature and problems of ethics. In *Ethical Theories*, 2nd edn, p. 2. Prentice–Hall, Englewood Cliffs, NJ, 1967.
10. A distinction between theory and practice and the concomitant gulf that emerges when theory is understood as it has been in medical ethics exist in other 'applied ethics' bailiwicks as well. A review of a recent book in environmental ethics, for example, distinguishes between 'mainline' environmental ethics and 'nonprofessional' environmental ethics and says that elements of the latter, the deep ecology movement and the Earth First! movement, for instance, "are playing a major role at the practical level, where professional writing in the field is currently having little or no impact". Hargrove E. C. Review of Roderick Frazier Nash. *The Rights of Nature: A History of Environmental Ethics. Can. Phil. Rev.* **9**, 457, 1989. And a recent article on the role of theory in business ethics surveys the plethora of theoretical approaches in that discipline and concludes that "there is a serious lack of clarity about how to apply the theories to cases and a persistent unwillingness to grapple with tensions between theories of ethical reasoning." Derry R. and Green R. M. Ethical theory in business ethics: a critical assessment. *J. Bus. Ethics* **8**, 521, 1989.
11. The notion of 'internal criticism' is borrowed from the Critical Legal Studies Movement. Singer describes it as follows: "Internal criticism—criticism that uses a paradigm's criteria against the paradigm itself—merely shows that a certain theory does not do what it purports to do." Singer J. W. The player and the cards: nihilism and legal theory. *Yale Law J.* **94**, 60, 1984.
12. For a more extended criticism of the philosophical underpinnings of 'applied ethics', see Hoffmaster B. Morality and the social sciences. In *Social Science Perspectives on Medical Ethics* (Edited by Weisz G.), pp. 241–260. Kluwer Academic, Boston, 1990.
13. See, e.g. Beauchamp T. L. and Childress J. F. *Principles of Biomedical Ethics*, 2nd edn, Oxford University Press, New York, 1983.
14. Frohock F. M. *Special Care*, p. 51. University of Chicago Press, Chicago, 1986.
15. For a beautiful example of the limited and crude capacity of language to capture particular objects and experiences, see the discussion of Libanius' description of a picture in the Council House at Antioch in Baxandall M. *Patterns of Intention*, pp. 2–5. Yale University Press, New Haven, 1985.
16. Gallie W. B. Essentially contested concepts. *Proceed. Aristotelian Soc.* **56**, 169, 1955–56.
17. Honoré A. M. Ownership. In *Oxford Essays in Jurisprudence*, First Series (Edited by Guest A. G.), p. 128. Clarendon Press, Oxford, 1961.
18. Miller B. L. Autonomy and the refusal of lifesaving treatment. *Hastings Center Rep.* **11**, (4), 22, 1981.
19. The most recent and most influential candidate for such a method is Rawls' notion of reflective equilibrium. Rawls J. *A Theory of Justice*, Harvard University Press, Cambridge, 1971. The attraction of reflective equilibrium is easy to understand because it seemingly allows moral philosophers to have their cake and eat it, too. In theory, principles are revised in light of 'considered judgments' and 'considered judgments' are amended in light of principles until an equilibrium is attained. But close examination reveals, I think, that principles are an idle cog in this justificatory process. Elsewhere [12] I have tried to show that it is the considered judgments, not the principles, that do the work in reflective equilibrium.
20. For a discussion of this issue with respect to the environment, see Stone C. D. *Earth and Other Ethics*. Harper and Row, New York, 1987.
21. Fox R. C. *The Sociology of Medicine*, p. 229. Prentice–Hall, Englewood Cliffs, NJ, 1989.
22. Mirale E. D. Withholding nutrition from seriously ill newborn infants: a parent's perspective. *J. Pediat.* **113**, 262, 1988.
23. Whewell W. *Lectures on the History of Moral Philosophy in England*, p. 226. Parker, London, 1852. (Emphasis in original.)
24. Ginsburg F. D. *Contested Lives*. University of California Press, Berkeley, 1989.
25. Caplan A. L. Can applied ethics be effective in health care and should it strive to be? *Ethics* **93**, 312, 1983. See also Morreim E. H. Philosophy lessons from the clinical setting: seven sayings that used to annoy me. *Theor. Med.* **7**, 47, 1986.
26. Ethnography is not easy to define, but the following characterization fits the studies discussed in this paper: "The data of cultural anthropology derive ultimately from the direct observation of customary behavior in particular societies. Making, reporting, and evaluating such observations are the tasks of ethnography.... An ethnographer is an anthropologist who attempts... to record and describe the culturally significant behaviors of a particular society. Ideally, this description... requires a long period of intimate study and residence in a small, well defined community, knowledge

of the spoken language, and the employment of a wide range of observational techniques including prolonged face-to-face contacts with members of the local group, direct participation in some of the group's activities, and a greater emphasis on intensive work with informants than on the use of documentary or survey data." Conklin H. C. Ethnography. Int. Ency. Soc. Sci. 5, 172, 1968. The term 'ethnography' is, as this account makes clear, closely allied with anthropology. Comparable research in sociology goes by many names, including 'fieldwork' and 'qualitative social research.' See Lofland J. and Lofland L. H. Analyzing Social Settings, 2nd edn, p. 3. Wadsworth, Belmont, CA, 1984.
27. For a powerful criticism of this preoccupation with individualism and autonomy, see Fox R. C. and Swazey J. P. Medical morality is not bioethics—medical ethics in China and the United States. Per. Bio. Med. 27, 336, 1984.
28. Bosk C. L. Forgive and Remember. University of Chicago Press, Chicago, 1979.
29. One is reminded here of the lawyers' refrain that 'the law is a blunt instrument'. One important difference between law and morality is that morality should escape this objection.
30. For one notorious attempt, see Fletcher J. Indicators of humanhood: a tentative profile of man. Hastings Center Rep. 2, (5), 1, 1972.
31. Lippman-Hand A. and Fraser F. C. Genetic counseling: parents' responses to uncertainty. Birth Defects: Original Article Series 15, (5C), 325, 1979. This is an interview study. Lofland and Lofland include 'intensive interviewing' of the sort used by Lippman and Fraser as one of the methods of qualitative social research. They define 'intensive interviewing' as "a guided conversation whose goal is to elicit from the interviewee rich, detailed materials that can be used in qualitative analysis" [26, p. 12]. Those are the kinds of materials Lippman and Fraser obtained, and their analysis of them was qualitative. For a longer discussion of the moral implications of the work of Lippman and Fraser, see Hoffmaster B. The theory and practice of applied ethics. Dialogue 30, 213, 1991.
32. Lippman and Fraser would, I think, agree with this claim despite their repeated description of the decision making of these couples as non-rational or arational. They say: "... their [the couples'] behavior and their ways of formulating the other issues relevant to childbearing do follow logically when viewed as an attempt to limit or neutralize ... uncertainty [31, p. 333].
33. For another description of this phenomenon, see Carlton W. "In Our Professional Opinion..." The Primacy of Clinical Judgment Over Moral Choice, p. 68. University of Notre Dame Press, Notre Dame, 1978.
34. For a discussion of the cycling strategy, see Calabresi G. and Bobbitt P. Tragic Choices. W. W. Norton, New York, 1978.
35. Wallace G. and Walker A. D. M. (Eds) The Definition of Morality. Methuen, London, 1970.
36. Sidgwick says: "I should ... rely less confidently on the conclusions set forth in the preceding section, if they did not appear to me to be in substantial agreement—in spite of superficial differences—with the doctrines of those moralists who have been most in earnest in seeking among commonly received moral rules for genuine intuitions of the Practical Reason" [4, p. 384].
37. Toulmin S. The recovery of practical philosophy. Am. Scholar 57, 349, 1988.
38. Anspach R. R. Prognostic conflict in life-and-death decisions: the organization as an ecology of knowledge. J. Hlth soc. Behav. 28, 215, 1987.
39. The danger of a case-oriented approach to 'applied ethics' is that it becomes absorbed with the particularities of individual situations and thus never gets beyond the first facet. This danger is, for the most part, realized in the discussions of cases in Jonsen A. R. and Toulmin S. The Abuse of Casuistry. University of California Press, Berkeley, 1988. Broader background considerations are introduced in only their analysis of usury.
40. Jennings B. Ethics and ethnography in neonatal intensive care. In Social Science Perspectives on Medical Ethics (Edited by Weisz G.), pp. 270–271. Kluwer Academic, Boston, 1990.
41. Toulmin S. Cosmopolis, p. 33. Free Press, New York, 1990.
42. Levinson makes this point with respect to theories of constitutional law. See Levinson S. Law as literature. Texas Law Rev. 60, 391, 1982.
43. Owen G. The pleasures of crime. The Idler 23, 52, 1989, reviewing Katz J. Seductions of Crime. Basic Books, New York, 1988.
44. Bosk C. The fieldworker as watcher and witness. Hastings Center Rep. 15, (3), 10, 1985.
45. Hare R. M. Medical ethics: can the moral philosopher help? In Philosophical Medical Ethics: Its Nature and Significance (Edited by Spicker S. F and Engelhardt H. T. Jr), p. 49. Reidel, Dordrecht, 1977. Emphasis in original.
46. Dewey J. Reconstruction in Philosophy. Henry Holt, New York, 1920.

[30]

Intersections of Western Biomedical Ethics and World Culture: Problematic and Possibility

EDMUND D. PELLEGRINO

Culture and ethics are inextricably bound to each other. Culture provides the moral presuppositions and ethics the formal normative framework for our moral choices. Every ethical system, therefore, is ultimately a synthesis of intuitive and rational assertions, the proportions of each varying from culture to culture. There is also in every culture an admixture of the ethnocentric and the universal that is indissolubly bound to a particular geography, history, language, and ethic strain and is common to all humans as humans.

These shaping forces, the intuitive and rational, the ethnocentric and the universal, are in constant flux within cultures. The specific point at which a balance is struck will vary from culture to culture. When cultures interact, these moral balance points are disturbed. A complex matrix of value intersections results. Where these balance points will be reset in any particular culture is difficult to predict.

This is precisely the situation in contemporary biomedical ethics. In a world contracted in time and space by modern communications technologies, no people, however isolated or underdeveloped, can remain impervious to medical knowledge. Each culture is compelled to respond to both the potential advantages and the accompanying challenges to traditional values posed by humanity's new-found power over life, death, and procreation.

Whereas premature acceptance of these new technologies can threaten a culture's self-identity, premature rejection can deprive a culture of badly needed medical benefits. Each culture must decide how—and whether—to reconcile its own ethical system with what might be required to adapt to new medical technologies. This adaptation requires choosing what is congruent and rejecting what is incongruent with deeply held beliefs about the nature, meaning, and purpose of human life.

In biomedical ethics, this transcultural challenge is vastly complicated because medical science and technology, as well as the ethics designed to deal with its impact, currently are Western in origin. They are deeply ingrained with three sets of values distinctly Western—the values of empirical science, principle-based ethics, and the democratic political philosophy. Such values are often alien, and even antipathetic, to many non-Western world views.

The dominant characteristics of Western science, ethics, and politics are mutually supportive: Western science is empirical and experimental, pursuing objectivity and quantification of experience. Ultimately, it attempts to control nature to the greatest extent possible. Western ethics is analytical, rationalistic, dialectical, and often secular in spirit. Western politics is liberal, democratic, and individualistic and governed by law. Western science, ethics, and politics provide an environment that gives rise to and sustains the use of complex medical technologies. As a result, it is difficult to divorce medical knowledge and the benefits it offers from the Western cultural and ethical milieu that support and sustain them.

Western values, however, may be strongly at odds with world views held by billions of other human beings. Those billions may be less inclined to an aggressive uncovering of the mysteries of nature and less obsessed with the need for experimental verification. Instead, they may be drawn more strongly by the spiritual and qualitative dimensions of life. Their ethical systems may be less dialectical, logical, or linguistic in character; less analytical, more synthetic, or more sensitive to family or community consensus than to individual autonomy; and more virtue based than principle based. In turn, their political systems may be more attuned to authority, tradition, ritual, and religion; more comfortable with and more responsive to the centralization of decision making; and more tolerant of social stratification and inequality.

Such divergences in value systems are often irreconcilable. Yet, as the power and influence of medical science and technology grow, these conflicting systems of belief will be drawn into more acute confrontation and conflict with each other. Only by dealing constructively with these conflicts can a nation enjoy the benefits of medical progress. Even more important, only in this way can we effect the transnational, transcultural cooperation necessary for the improvement of world health as a whole.

Such confrontations are visible at many technological, ethical, and cultural intersections. Some of these confrontations are more easily dismissed or neglected than others. In medicine, however, the issues are more urgent, less easily avoided, and more explicit than in other arenas. Moreover, disease has no respect for geographic or cultural boundaries. As the biosphere expands to embrace the whole globe, every nation has a stake in every other nation's health. For these reasons, the practical and conceptual questions of transcultural biomedical ethics are more sharply defined than in some other domains of knowledge.

The central problematic is the moral status of cultural autonomy. There would seem to be a prima facie obligation to respect cultural values that may differ from our own. Given even that prima facie obligation, we must nevertheless ask ourselves: What are the limits of cultural autonomy? Is the limit reached only when one culture forcibly imposes its values upon another? Is cultural ethical relativism the only valid moral posture? Are there morally valid and morally invalid cultures? Is there any foundation for a common morality by which different ethical systems may be judged and through which transcultural cooperative efforts can be transacted? Or does it follow, as some would argue, that the quest for a common substantive ethics is futile in a pluralist world society? Are conceptual clarity and procedural guidelines all that ethics can be expected to provide? Does it then follow that medical and biomedical ethics are, themselves, purely cultural artifacts and that there should be as many medical ethical systems as there are cultures?

A strong case can be made for cultural autonomy and the obligation to respect ethical systems alien to our own. Culture is a complex whole that summates the most fundamental beliefs of a people in art, language, literature, custom, and law. Culture is gradually assimilated into every individual's personal identity from the moment that person begins to become aware of his or her cultural milieu. Even if we reject or are rejected by the culture in which we are born and raised, interaction with that culture will mold our deepest beliefs about the meaning and purpose of our political, communal, social, and individual lives. To violate a person's cultural beliefs and practices is tantamount to assaulting his or her very humanity. To impose alien beliefs and practices on an individual or an entire society is to violate their humanity. Such violations are immoral. Human beings, whether as individuals or aggregates, are inherently entitled to respect; they possess an inviolable dignity.

To grant this premise, however, is not to sanction the absolutization of either personal or cultural autonomy Although autonomy is to be respected, we must also recognize our interdependence—as individuals, cultures, societies, and states. The impact of medical technology cannot be contained within geographical or cultural boundaries. For that reason, absolutization of cultural autonomy is particularly dangerous in our use of medical knowledge. The impact of medical technology cannot be contained within geographic or cultural boundaries. Our capacities to prevent and cure illness, to forestall death, to control procreation, to modify genes, to improve the lifespan, and to ease disability have an enormous economic, political, and social impact on our world society.

Medical knowledge, like communication technology, makes the "global village" a reality. The central medical ethical issues we now face as individual countries are, or will shortly be, common problems. All countries want to take advantage of some feature of Western technology. Each will want to do so without compromising its own fundamental moral values. Yet what is accepted and what is rejected by one country has unavoidable effects on others. Cultural and ethical autonomy, therefore, must know some limit in the interest of world welfare.

The eradication of smallpox, for example, was not a Western but a world accomplishment. The science was Western. But if all nations had not cooperated in the massive vaccination of large populations, all would have continued to be at risk, just as all are at risk, even today, whenever a contagious disease appears anywhere in the world. In the same way, responses to ethical issues in one part of the world are felt elsewhere: Effective but expensive life-saving treatments are not given equal moral weight from one nation to another. "Salvageable birth weight" varies enormously among countries, as do such practices as infanticide, sterilization, and concern for the aged, infants, and children. Wealthy, organ-hungry countries can drain the organ supply of poorer countries by paying for organs. Wealthy nations can pursue clinical experimentation not permitted within their own borders by setting up camp in countries with less rigorous surveillance. Confidentiality, patient autonomy, and distributive justice are all interpreted differently in the professional mores of the world's physicians.

As we survey the spectrum of the world's moral perspectives depicted in this volume, we are struck simultaneously by the similarities and dissimilarities. The temptation is to concentrate on the extremes—emphasizing differences, which often fosters claims to cultural superiority, or emphasizing similarities, which sacrifices moral integrity to ethical relativism. These extremes must be resisted. It is essential to seek the middle ground in which some values overlap. In this "middle ground," we must seek compromises that can be made without losing the whole of one's cultural identity

There is reason to expect that such a shared moral ground may be found on some of the issues confronting contemporary biomedical ethics. We may take some solace in the historical fact that all major ancient cultures have had guidelines for the use of medical knowledge. Hippocratic, Chinese, Arabic, and Indian physicians shared an ethic based in the primacy of the patient's welfare. Each recognized that medical knowledge is not proprietary like other commodities, that

Edmund D. Pellegrino

those who possess it have moral obligations of a special kind, and that some suppression of self-interest in the interest of the sick person is a moral requirement of ethical practice.

These ancient premises have a continuing influence today. They find concrete expression in the ethical precepts of the Declarations of Helsinki and Geneva, the Ethical Codes of the World Medical Association, the International Code of Medical Ethics, and the United Nations Principles of Medical Ethics, to name a few examples. Because they are shared across cultural systems, medicine and a concern for health are among the more accessible pathways for intercultural and transcultural discourse and cooperation. Physicians and other healthcare professionals can communicate in a common language across sociopolitical, historical, and cultural barriers that often isolate peoples from one another because all healthcare professionals have experience in the ways in which medical knowledge may impinge on deeply ingrained cultural beliefs. They can also recognize ways in which traditional medical mores can be subverted by political and economic philosophy.

Despite the fact that, in many cultures, the physician's authority remains largely undisputed, patient autonomy is slowly becoming a reality. The growth and expansion of political democracy, education, and economic power are eroding the benign authoritarianism that was for so long the hallmark of professional medical ethics worldwide. In more cultures than ever before, there is recognition of the moral rights of patients to participate in decisions that affect them, to protection of confidentiality, to humane treatment, and to access to healthcare. There is a long way to go before unanimity on these matters is achieved, but it is clear that older models of physician-dominated relationships are under scrutiny everywhere.

What emerges from the intersection of systems of medical ethics across cultural lines is a recognition of the need for and the possibility of some form of metacultural ethic that can ameliorate cultural relativism. In medical ethics, all ethical positions are not of equal moral status—regardless of how tightly bound they may be to a particular culture; for example, consider the nearly universal approbation for cooperative efforts of physicians who oppose the use of nuclear weapons and the condemnation of physicians who torture or experiment with prisoners of war. Even if violations of patient rights are tolerated in certain social and cultural settings, they are not tolerable in any common ethic of medicine. Growing recognition of the moral rights of patients, their special vulnerability as sick persons, and their dependency on the physician's knowledge constitute the empirical foundation of a morally defensible ethic of medicine. Those cultural systems that violate such norms cannot be given equal moral standing with systems that respect these norms, not because the cultural systems that support human and patients' rights are per se superior but because the protection of human rights is grounded in something more fundamental than culture—the deference owed to all human beings qua human beings. This is a norm by which every culture may be judged.

To be sure, the present idea of respect for the self-determination of patients originated in contemporary bioethics, which in its present form is a product of Western (largely American) conceptions of ethics. However, we must not forget that it has been only two decades since even Western medical ethics abandoned the stance of medical authoritarianism. It did so because it recognized that the duty of respect for the moral right of patient autonomy is grounded in the rights and moral claims all human beings have on one another. Patient self-determination

Western Biomedical Ethics and World Culture

happens to have been first emphasized by "Western" medical ethics, but it should be universally recognized because of its metacultural justification, not its propagation by Western medicine. The dignity of the human person is not something that can be continually asserted or denied. It transcends culture because it resides inalienably in what it is to be a human being.

Indeed, the problem in the West is now becoming how to mitigate the absolutization of patient autonomy. Some bioethicists now argue that the physician is a mere instrument in the hands of the patient, that the physician's personal moral beliefs should be divorced from his or her professional life, and that the patient's wishes must be respected. This idea applies to such cases as active euthanasia, assisted suicide, abortion, purchase of organs for transplantation, all forms of reproductive technology and surrogate parenthood, preservation of confidentiality, or the use of public sources of healthcare funding. This form of absolute ethical individualism ignores the duties we owe others as members of the human community. Left unchecked, it will destroy any sense of communitarian ethics, and it will subvert the conscience of the physicians in morally dangerous ways.

Clearly, the Western—particularly the American—form of biomedical ethics must resist the forces within its own culture driving it to absolute individualism and moral atomism of a socially destructive kind. It must go beyond the tendencies within its own cultural milieu and seek something morally more fundamental. It must sift through the conflicting values within democratic liberalism itself to identify those that have a morally valid foundation and those that do not. The physician must be recognized as a moral agent, as is the patient. The physician's moral beliefs cannot simply be set aside to satisfy the patient's demands. This question of balancing autonomy is a necessary part of any transcultural dialogue in medical ethics.

The ethics of medicine offers a fruitful point for beginning a larger cultural dialogue between and among the world's major cultures. The ends of medicine are more easily defined than the ends of human life. The functions of medicine derive from the needs of the sick person. These are easier to delineate than the more general needs of human beings as such for happiness or fulfillment. We cannot yet agree worldwide on a philosophical anthropology, but we probably can eventually agree on some philosophy of medicine and medical ethics suitable for resolving the dilemmas of medical progress if the dialogue is sustained and conducted with goodwill.

The ethical system of any culture is morally defensible because it is grounded in truths that transcend that culture; it is not morally defensible simply because it is the product of a particular culture. Respect for culture and ethics other than our own is the beginning of any intercultural dialogue, not its ending. The fact of cultural difference does not, as too many anthropologists have argued, necessitate absolute cultural relativism. Rather, it energizes the search for those ethical elements that transcend particular cultures.

Medical technology—and, parenthetically, political democracy—are reshaping the ancient edifice of medical ethics. As technology and democracy come into closer contact with other world cultural and ethical systems, they engender a dialectic and dialogue that is essential to the humane uses of medical knowledge. The wide variety of extant cultures and ethical systems notwithstanding, the emergence of a medical ethics based in certain features of our common humanity is possible and even likely.

As the transcultural dialogue in medical ethics continues, it should serve as an

Edmund D. Pellegrino

encouraging prototype for the larger dialogue between and among all cultural and ethical systems. This dialogue is needed if we are to find some metacultural set of moral values to which all may subscribe. This metacultural set of values mean the triumph of some "superior culture." Its validity will be based in what it is to be a human being—over and above the particular language, art, custom, or history of any one people.

The need to use medical knowledge humanely and within strict constraint can move us closer together or divide us further. Let us hope the dialogue continues and that medical ethics will serve to reemphasize our shared fate as human beings who are different yet similar.

Judging the Other
Responding to Traditional Female Genital Surgeries

by Sandra D. Lane
and Robert A. Rubinstein

Western feminists, physicians, and ethicists condemn the traditional genital surgeries performed on women in some non-Western cultures. But coming to moral judgment is not the end of the story; we must also decide what to do about our judgments. We must learn to work respectfully with, not independently of, local resources for cultural self-examination and change.

Traditional female genital surgeries, often referred to as female circumcision, have been the source of enormous and bitter international controversy since the late 1970s. The debate often reaches an impasse between two well-meaning but seemingly irreconcilable positions: cultural relativism and universalism. The clash between these two approaches is an implicit obstacle in a great number of issues in bioethics, human rights, and social theory. In this paper we use female circumcision as a case study to examine how it may be possible to move beyond the current impasse.

Recent developments in bioethical theory have challenged the deductive model of ethical reasoning, which proceeds from abstract principles (as do both cultural relativism and universalism) to moral judgments. Casuistry, or contextual, case-based reasoning may consider moral principles, but does not proceed from them alone in a deductive process. Rather, contextual elements like historical and cultural issues, power relations, and responsibility are important factors to consider. It is in this regard that cultural relativism, at least descriptive relativism as explicated by Melford Spiro,[1] legitimates the examination of cultural data as an aid to understanding the practice of female circumcision. In this paper we argue that cultural relativism, even at its inception, did not mean an absolute refusal to engage moral questions and was, in fact, a moral response to the devaluation of non-European cultures by nineteenth century "Social Darwinists." As anthropologists we also argue that a critically important question in any moral debate is: Why is this issue the central question that bioethicists, feminists, and others are concerned with now? Female circumcision—like any issue subject to ethical debate—has, in addition to the fact of its practice, layers of symbolic meaning that lend heat to the debate.

Cultural Relativism and Moral Universals

The two apparently irreconcilable positions of ethical universalism and cultural relativism frame the debate about traditional female genital surgeries. The consequence of this framing is often an ideological impasse. Both ethical relativism and cultural relativism embrace the notion that groups and individuals hold different sets of values that must be respected. The two approaches derive, however, from different bodies of theory and from distinct historical roots.

Cultural relativism is complex, encompassing, on the one hand, questions of how much we can actually understand of other culturally based realities, and on the other hand, prescriptions for appreciating those diverse realities.[2] Spiro's typology of three types of cultural relativism—descriptive, normative, and epistemological—reflects this complexity and helps clarify why discussions of relativism are often frustrating.[3] On Spiro's account descriptive relativism simply implies an acknowledgement of the diversity of beliefs and behaviors across cultures; normative relativism implies an acceptance of each culture's moral judgments as reasonable for that culture; and epistemological relativism questions how one can even comprehend the "Other's" reality sufficiently to make an evaluative judgment. Cultural relativism as understood by contemporary American social theory began as a rejection of nineteenth century Social Darwinist theories that held European culture to be the pinnacle of evolution, and other cultures (especially pre-literate, so-called "primitive" cultures) to be examples of Europeans' living ancestors. The social milieu in the United States at the time was profoundly xenophobic, with waves of immigrants passing through Ellis Island. In this context, cultural relativism, as espoused by Franz Boas and his students Ruth Benedict, Margaret Mead, and Melville Herskovits, was a moral force for tolerance.[4] By insisting that cultural values and beliefs have meaning and must be understood within

---

Sandra D. Lane and Robert A. Rubinstein, "Judging the Other: Responding to Traditional Female Genital Surgeries," *Hastings Center Report* 26, no. 3 (1996): 31-40.

the context of each culture, it promoted a respect for diversity.

The American Anthropological Association maintained its official stance of relativism even in the face of the atrocities of the second World War and international political support for the doctrine of universal human rights. In 1947 the association's statement in response to the United Nations Declaration of Human Rights asserted, "Man in the Twentieth Century cannot be circumscribed by the standards of any single culture."[5] Although most anthropologists at the time appeared to consent to this cultural relativism, some rejected it. Julian Steward, a leading anthropologist of this period, wrote in the *American Anthropologist*,

> Either we tolerate everything, and keep hands off, or we fight intolerance and conquest . . . As human beings, we unanimously opposed the brutal treatment of Jews in Hitler Germany, but what stand shall be taken on the thousands of other kinds of racial and cultural discrimination, unfair practices, and inconsiderate attitudes found throughout the world?[6]

More recent theoretical developments in anthropology, including interpretive and postmodernist theory, have called attention to the epistemological issues involved in cross-cultural understanding. By focusing on the preeminence of culture in shaping perceived reality,[7] on the role of Western value judgments in contemporary social science,[8] and on the nature of power relations and resistance in everyday acts,[9] contemporary anthropologists have underscored the difficulties involved in developing adequate cross-cultural understanding. Such questioning can help us develop deeper, more nuanced understandings of cultural practices that are now the focus of ethical, legal, and moral debate.

Traditional female genital surgeries are one such locus of debate, in which the impasse between respecting cultural diversity and protecting basic human rights has become especially acute. Of the growing number of analyses by both philosophers and anthropologists, most conclude by calling for an end to the practice on the grounds that it is ethically wrong, though they may differ in what they understand the ethical failing to be.[10] The human rights scholar Alison Slack, for example, identifies two major opposing concerns: the absolute right of "cultural self-determination" and the right of the individual not to be subjected to a tradition or practice that might be harmful or fatal.[11] Slack's argument rests on the issue of consent, noting that the surgeries are performed on children who "have no say in the matter" (p. 470). And indeed because of low rates of education even adult women who voluntarily undergo the procedure cannot be considered truly informed about the deleterious complications of the custom. Anthropologist Robert Edgerton calls his colleagues to task for romanticizing pre-literate and peasant societies.[12] And Daniel Gordon argues that anthropology has failed professionally because it has not adopted a position of moral advocacy against female circumcision.[13]

Female Circumcision

Female circumcision denotes a set of traditional surgeries, usually performed in childhood, that remove part or all of the external genitalia and are conducted primarily on African and some Middle Eastern and Asian women. Most researchers of the custom have followed a typology that categorizes traditional female genital surgeries as circumcision, excision, and infibulation. *Circumcision proper* involves removal of the prepuce, which is also known in some Muslim countries as *sunna* circumcision. Removal of only the clitoral prepuce is very uncommon.[14] Even if the practitioner attempts to remove only the prepuce, careful surgical dissection of the prepuce from the glans clitoris is difficult, if not impossible, especially when many of these operations are performed on nonanesthetized children. *Excision* involves removal of part or all the clitoris and in some cases the adjacent parts of the labia minora; in *infibulation* or *Pharaonic circumcision* the clitoris and labia minora are removed and the anterior portion or more of the labia majora are removed and sutured together, covering the vagina except for a small opening. Robert Cook and a number of other authors have further adapted this system to add *introcision*, an operation to enlarge the vaginal opening that has been reported among Aboriginal Australian groups who also enlarge the male's penis with the practice of subincision.[15] While introcision and subincision certainly pose health risks, they differ considerably from the types of procedures found in many African and some Asian societies that are the topic of this paper.

Nahid Toubia, a Sudanese feminist and physician, suggests a clearer two-part scheme of classification that divides the procedures into reduction and covering operations.[16] Reduction operations include partial or total clitoridectomy, in some cases with excision of the labia minora. Covering operations (infibulation or Pharaonic circumcision) involve clitoridectomy, excision of the labia minora, removal of part of the labia majora, and approximation of the wound edges of the remaining labia majora, which heal to form a sheet of skin and scar tissue. The wound edges are held together while healing by suturing (often with indigenous thorn sutures) or by binding the girl's legs together for up to forty days. In some cases, an object such as a thorn is placed in the wound to maintain a small opening for the flow of urine and menstrual blood. The resulting "hood of skin" covers the urinary meatus and most of the vagina. Depending on the resulting size, the vaginal opening may need to be widened after marriage to allow sexual intercourse. Deinfibulation, or anterior episiotomy, to release the scar must be performed for childbirth. Women are then reinfibulated, or resutured, after childbirth.[17]

Epidemiology. Female circumcision is performed on an estimated 80 to 114 million women in twenty-seven Eastern and Western African countries, parts of Yemen, and scattered groups in India and Malaysia.[18] However, female circumcision has not been unique to Africa and Asia. To "cure" female nervousness and masturbation, clitoridectomy was performed on European and American women and girls during the nineteenth century and as recently as the 1940s.[19] The procedure has also been reported among African immigrants to Western countries.

Available data show that 85 percent of female circumcision worldwide involves clitoridectomy, while infibulation accounts for about 15 percent of all procedures.[20] Gordon suggested that female circumcision is decreasing in Egypt,[21] but this decrease appears to be restricted to the educated middle and upper classes. Studies conducted in Egypt in the late 1980s and early 1990s indicate that 99 percent of rural and lower-income urban women in and around Alexandria,[22] and over 80 percent of high school girls in Alexandria are circumcised.[23] In Sudan the 1989-90 Demographic Health Survey, which covered northern Sudan, reported 89 percent of women aged fifteen to forty-nine were circumcised: 82 percent by infibulation and the remainder by "intermediate," which is a modified form of infibulation, or by reduction operations.[24]

Health Effects. In a great number of cases the surgery is performed without anesthesia and without sterile instruments. The immediate adverse health effects include hemorrhaging, shock, infection, pain, urinary retention, and damage to the urethra or anus. Septicaemia, tetanus, and urinary infections result from the use of unsterilized instruments and/or unhygienic salves in treating wounds. Acute urinary retention may result due to fear of the pain of urinating through the open wound.

The range of long-term physical complications and health effects due to the procedures are considerably more severe with covering operations than with reduction operations, and include repeated urinary tract infections, urethral or bladder stones, excessive scar tissue formation, dermoid cysts, and obstructed labor. After infibulation the urinary meatus is covered by the "hood" of skin, making urination occur more slowly, which makes a woman more prone to urinary tract infection and to the formation of stones. Among infibulated women scarring and the need for an anterior episiotomy for childbirth, and frequently resulting tears, fistulae, and chronic pelvic infections, are likely contributors to infertility and the very high rates of maternal mortality in Sudan and Somalia.[25] Sexual and psychological problems include painful intercourse, diminished sexual response, depression, and anxiety.

Pelvic inflammatory disease from chronic infection and blockage of the fallopian tubes by scar tissue can cause infertility. In a study conducted in Khartoum Hospital, Hamid Rushwan found that infibulation is an important cause of pelvic inflammatory infection in northern Sudan.[26] Vesicovaginal fistulae and rectovaginal fistulae are disabling consequences of childbirth among Sudanese women.[27] These fistulae most often result from prolonged obstructed labor, in part due to the extensive scar tissue caused by infibulation.

Culture, Religion, Social Change, and Female Circumcision. Female circumcision is usually controlled by mothers, grandmothers, and other female kin; fathers and male relatives do not traditionally take part in the decision to circumcise or in the performance of the procedure. Circumcision is often cited as a necessary prerequisite for marriage, and there are numerous additional explanations for the practice. Many rural and poor urban Egyptians, for instance, say that if a girl is not circumcised her clitoris will grow long like a penis and thus removal of this potentially masculine organ makes a girl more completely female.[28] Perhaps the most important rationale for female circumcision is that because it is such an ancient and commonly practiced tradition, reduced or infibulated genitals are simply considered normal. Indeed, when Sudanese or Egyptian villagers have discussed the custom with female Western researchers, they have been shocked to discover that the female researchers have not themselves been circumcised.[29]

In areas where different ethnic groups live in close proximity, the tradition can be an important marker of group identity. Ellen Gruenbaum gives one such example in the Sudan,

---

> Perhaps the most important rationale for female circumcision is that because it is such an ancient and commonly practiced tradition, reduced or infibulated genitals are simply considered normal.

---

where two Muslim ethnic groups, the Arabic-speaking Kenana and West African-origin Zabarma, live side-by-side in the Rahad Development Scheme.[30] Both groups acknowledge the Kenana's ethnic superiority, which is based on their Arab identity and on extensive infibulation that they practice. Although Zabarma undergo clitoridectomy, the Kenana refer derisively to them as "uncircumcised." As a result of this close contact, some Zabarma have begun to undergo infibulation rather than clitoridectomies, employing the Kenana midwife to perform the procedures.

Concerns with virginity, marriageability, and the husband's sexual pleasure are also commonly stated reasons for performing traditional female genital surgeries.[31] Infibulation provides physical evidence of virginity, and the diminution of a woman's sexual response caused by removal of clitoris and labia minora is valued because it is believed that she will then be much less likely to act in a manner that would compromise her family's honor. In contrast to the limiting effect of female circumcision on a woman's sexual response, the infibulated vaginal opening is believed to offer greater friction for the husband during sexual intercourse and is considered an enhancement to male sexual response.[32]

Also common is the belief that female circumcision is required by religion. The practice of female circumcision predates the advent of both Christianity and Islam as evidenced by a reference to it in a Greek papyrus in Egypt, circa 163 B.C.E.[33] In Egypt and Sudan, both Christians and Muslims,[34] and in Ethiopia, the Falashas, a Jewish group, have all circumcised young girls.[35]

> Some parents explained that now that the husbands become migrant laborers for years-long periods female circumcision is a protection against dishonor, since it is believed to calm women's sexual needs.

Removal of the prepuce is a religious requirement for all Muslim male children, but is not deemed a requirement for female children by most Islamic scholars. Although it is not a practice of the majority of Muslims in the world, among those who do practice it female circumcision is nonetheless often considered to be legitimated by religion. Islamic law is based on the *Qur'an*, which Muslims believe to be the exact words of God as revealed to the Prophet Muhammad; the *Hadith*, which are the sayings and actions of the Prophet during his lifetime; and on the body of religious commentary, which in Sunni Islam has been elaborated in four schools of jurisprudence, *Shafi, Hanbali, Maliki,* and *Hanafi.* Female circumcision is not mentioned at all in the *Qur'an.* According to some scholars of *Hadith,* the Prophet Muhammad is reported to have said, "When you perform excision do not exhaust [do not remove the clitoris completely], for this is good for women and liked by husbands."[36] Yet the Prophet's reported advice on excision is based on a socalled "defective chain of narrators" in the oral tradition and is therefore considered by many scholars unreliable as evidence of the Prophet's statement. Despite this, in the writings of all of the schools of Sunni Islamic jurisprudence, the notion that female circumcision is *religiously recommended* receives some support from scholars who base their opinions largely on custom and beliefs about the need to control female sexuality, rather than on the authority of the *Qur'an* or *Hadith.*

In Islam as practiced in everyday life, the association of religious ideas with female circumcision is evident in the colloquial terms used to describe the custom. The use of the term *sunna* (meaning to follow the tradition of the Prophet), implies that the custom is religiously ordained. Similarly, although the classical Arabic term for female circumcision is *khifad* (literally "reduction"), in colloquial Arabic it is popularly called *tahara,* referring to a ritual state of purity that is required for Islamic prayer.[37] In the bipolar opposition implied by the term *tahara,* genitals in their natural state—unexcised or uninfibulated—are ritually impure. In fact, in Egypt to ask if a woman is circumcised one asks, *"Intii mutahara?"* "Are you purified?" More recent Islamic developments in Sudan, however, may eventually decrease the practice of infibulation, or at least lead to less severe types of surgeries. Gruenbaum, for example, found that because of their belief that infibulation is not an Islamic requirement, Sudanese Islamic movement members advocate less severe forms of the procedure or even abandoning the practice entirely.[38]

In previous centuries Christian doctrine in Egypt also became concerned with female circumcision. Early in the seventeenth century, when Roman Catholic missionaries settled in Egypt, the Roman Catholic priests forbade female circumcision on the mistaken grounds that it was a Jewish custom.[39] However, when the female children of the Roman Catholic converts grew up their male coreligionists refused to marry them, choosing instead non-Catholic wives. The College of Cardinals in Rome was forced to rescind its decision and allow traditional genital surgeries among Egyptian Catholics.

Recent social changes associated with development, particularly changes whose impact on women's lives has not been taken into account, have not always resulted in a decrease in the practice. Gruenbaum describes how economic changes associated with development increased women's economic dependency on men, which caused them to focus on maintaining "their marriageability and to prevent divorce by keeping husbands sexually and reproductively satisfied."[40] The resulting economic insecurity made it extremely unlikely that parents would risk leaving their daughters uncircumcised. Interviews conducted by Sandra Lane in rural areas near Alexandria, in Alexandria itself, and in Cairo indicate that the practice of female circumcision is being modernized, but not necessarily abandoned. Many parents who can afford to are choosing to have their daughters' surgeries performed by physicians, with local anesthesia and less risk of infection. Some parents explained that now that the husbands become migrant laborers for years-long periods female circumcision is a protection against dishonor, since it is believed to calm women's sexual needs. Similar reasoning was offered by parents who pointed out that now girls stay longer in school and that women are forced by economic circumstances to work outside the home. These developments make complete chaperonage impossible and thus female circumcision is thought to offer protection.

The Debate Historically

Colonial governments unsuccessfully opposed female circumcision in Kenya during the 1930s and in Sudan during the 1940s. Yet the worldwide debate on the custom did not really begin until the 1970s. Traditional genital surgeries were known and had been widely studied in anthropology at least since Bruno Bettelheim's 1955 psychoanalytic analysis of the indigenous genital alterations. Yet even in the 1960s such surgeries were studied in the context of cultural relativism, with no moral judgment attached to their analysis. A number of developments—unrelated to female circumcision—in Europe and the United States in the late 1960s and early 1970s imbued the debate with its current passion, at least from the Western perspective. African and Arab women have found much of this Western discourse denigrating and reflective of Eurocentric preoccupations with sex, individualism, and other concerns valued in Western societies.

One of the first developments was Masters and Johnson's 1966 publication of *Human Sexual Response*, establishing the centrality of the clitoris in female orgasm and debunking Freud's notion of the mature vaginal orgasm. Feminists, particularly in the United States, linked their aspirations for autonomy and self-determination with control over their sexuality, and rejected notions that women's genitals were shameful, ugly, and dirty: at a National Organization for Women conference in 1973, for example, Betty Dodson's slide show consisting of close-up photographs of women's vulvas received a standing ovation. The artist Judy Chicago created *The Dinner Party*, which consisted of thirty-nine ceramic plates depicting her artist's rendering of the genitals of famous women throughout history. It is not an exaggeration to say that by the late 1970s the clitoris became a metaphor for women's power and self-determination.

As with many social movements, the anti-circumcision crusade has had a charismatic leader. Fran Hosken was traveling in Africa during 1973 when a chance remark about female circumcision literally changed the direction of her life. She writes, "When I began to realize the magnitude and the horror of the problems I was dealing with, I could not stop, or I would not be able to live with myself."[41] Subsequent to this epiphany, Hosken began lobbying the World Health Organization and numerous other international agencies, wrote extensively about the custom for scientific and popular journals, and began a newsletter that she continues to publish.

She is to be credited for compiling much of what is known about the epidemiology of female circumcision around the world. Largely as a result of Hosken's efforts, in 1979 the World Health Organization and the Sudanese government cosponsored an international seminar, "Traditional Practices Affecting the Health of Women and Children," which was concerned predominately with female circumcision. Unfortunately, the way Hosken characterizes the cultures and the people who practice female circumcision, which she calls mutilation, is often seen as intolerant and insensitive by the very people whom she has sought to help. Thus, Hosken has been a catalyst for both awareness and polarization.

Hosken has had a critical impact on the semantics of the debate. Traditional female genital surgeries have often been referred to in English as "female circumcision," a term that we use in this paper. As Hosken and later activists argue, in the sense of being analogous to male circumcision, this is inappropriate. The anatomical structures removed in female circumcision are much more extensive than those removed in male circumcision. Because mutilation implies removal or destruction without medical necessity, persons working toward abolishing these traditional operations refer to them as "female genital mutilation."

By the 1980s female circumcision was condemned widely in the Western popular and scholarly press, variously labeled as a "crime of gender," "torture," "barbarism," "ritualized torturous abuse," etc. Reports of female circumcision being practiced among African and Asian immigrants to Western countries have led to a variety of legislative and legal responses. Parliaments in the United Kingdom, Sweden, and the Netherlands have passed legislation prohibiting female circumcision.[42] In France, traditional practitioners and parents from eighteen immigrant families have been brought to trial as a result of performing traditional female genital surgeries.[43] In October 1993, Representative Patricia Schroeder introduced a bill before the U.S. Congress to ban female circumcision in the United States (H.R. 3247). The Canadian College of Physicians and Surgeons drafted a policy statement barring Ontario doctors from performing female circumcision.[44] In both the United States and France, women from Nigeria and Mali have requested political asylum to avoid forced circumcision for themselves or their daughters.[45]

Arab and African Women Respond

An important caveat, however, is that many members of societies that practice traditional female genital surgeries do not view the result as mutilation. Among these groups, in fact, the resulting appearance is considered an improvement over female genitalia in their natural state. Indeed, to call a woman uncircumcised, or to call a man the son of an uncircumcised mother, is a terrible insult and noncircumcised adult female genitalia are often considered disgusting.

In interviews we conducted in rural and urban Egypt and in studies conducted by faculty of the High Institute of Nursing, Zagazig University, Egypt, the overwhelming majority of circumcised women planned to have the procedure performed on their daughters.[46] In discussions with some fifty women we found only two who resent and are angry at having been circumcised. Even these women, however, do not think that female circumcision is one of the most critical problems facing Egyptian women and girls. In the rural Egyptian hamlet where we have conducted fieldwork some women were not familiar with groups that did not circumcise their girls. When they learned that the female researcher was not circumcised their response was disgust mixed with joking laughter. They wondered how she could have thus gotten married and questioned how her mother could have neglected such an important part of her preparation for womanhood. It was clearly unthinkable to them for a woman not to be circumcised. Although all of the urban women and men with whom we spoke were aware that in other countries women were not circumcised, many lower class urban women expressed puzzlement that Westerners consider female circumcision so traumatic. One asked, "Why do you think that is such a problem? That happened a long time ago and hurt for a short while. My husband's beatings are a much greater problem."

By the mid-1980s many Arab and African women wanted Western women barred from participating in public discussions of female circumcision. Nahid Toubia, herself an activist against the practice, has argued, for example:

> The West has acted as though they have suddenly discovered a dangerous epidemic which they then sensationalized in international women's forums creating a backlash of over-sensitivity in the concerned communities. They have portrayed it as irrefutable evidence of the barbarism and vulgarity of underdeveloped countries . . . It became a conclusive validation to the view of the primitiveness of Arabs, Muslims and Africans all in one blow.[47]

Similarly, Soheir Morsy argues that Western interest in the topic is a "paternalistic" reminder of a "bygone era of colonial domination."[48] And in a critique of Alice Walker's film on circumcision, *Warrior Marks*, Seble Dawit and Salem Mekuria, activists against the custom, claim that Walker portrays "respected elder women of the village's secret society . . . [as] slit-eyed murderers wielding rusted weapons with which to butcher children."[49]

Between 1988 and 1992 we spoke with a number of Egyptian and Sudanese feminists regarding female circumcision, many of whom argued that female circumcision should be seen within the context of women's lives, in which they face numerous gender-linked health risks. Many of these feminists noted that, from their point of view, women in Europe and North America face serious discrimination as well, and they were critical

---

Many feminists from Egypt and Sudan noted that, from their point of view, women in Europe and North America face serious discrimination as well, and they were critical of Western feminists' failure to link female circumcision with violence against women, child prostitution, breast enlargement surgery, and rape.

---

of Western feminists' failure to link female circumcision with violence against women, child prostitution, breast enlargement surgery, and rape.

An active feminist movement has existed in Egypt since early this century. Even in the beginning of the Egyptian feminist movement, however, Egyptian feminists felt that their contact with American feminists was one-sided, with the American women patronizingly trying to dictate the "correct" agenda. Just after the first World War, for example, American feminists were almost entirely concerned with suffrage and did not understand the importance to Egyptian feminists of their country's struggle against British colonialism.[50] An analogous misunderstanding occurs today. Western feminists make female circumcision a preeminent concern, with little or no regard for the priorities of Arab and African feminists. In fact, a few contemporary feminist groups in Egypt, notably the "New Women Centre," do focus on female circumcision as a substantial part of their activities, but most groups have deemed other issues more pressing. A great deal of activist work has focused, for example, on revising the personal status laws covering divorce and inheritance, on passage of the United Nations Convention to End All Forms of Discrimination Against Women, on women's education and professional attainment, and on helping women to understand their legal rights.

There are nevertheless indigenous individuals and groups who seek to abolish female circumcision, many of whom do so within a framework of women's health rather than women's rights. Egyptian author Youssef Al-Masry, for example, has written that female circumcision "is a wicked mutilation of nature, and because it is against nature, it is an evil, which under all circumstances must be abolished."[51] In 1980 in *The Hidden Face of Eve* Nawal El-Saadawy revealed that she had been circumcised as a child in rural Egypt and described the trauma and medical complications from female circumcision that she had later observed as a physician.[52] Marie Assaad's work on female circumcision in Egypt and Nahid Toubia's in Sudan focus explicitly on how the practice of female circumcision might be ended. In Egypt, a Committee Against Female Circumcision has been organized by Aziza Hussein and other members of the Cairo Family Planning Association specifically to work on ending the practice. The committee's activities include health education and outreach to women around the country with information about the harmful aspects of the custom.[53]

In 1959 the practice was banned by decree in Egypt in all Ministry of Health hospitals and clinics. At the United Nations International Conference on Population and Development (ICPD) held in September 1994 in Cairo, Aziza Hussein organized a presentation on female circumcision and at that time Population Minister Maher Mahran and members of the People's Assembly (Egypt's parliament) spoke publicly in favor of passing legislation to criminalize the practice.[54] Then, during the ICPD, the television network CNN aired a segment on female circumcision that showed an actual operation being conducted by a traditional practitioner on a young Egyptian girl. The broadcast raised a furor among the Egyptian public. In the few-minutes-long segment a small part of Egyptian culture was displayed that seriously angered and "shamed" Egypt before the international community.[55]

Following the ICPD the Grand Shaikh of Al Azhar Gad el-Haq, one of the country's most prominent religious leaders, issued a *fatwa* (religious opinion) that female circumcision is "an Islamic duty to which all Muslim women should adhere."[36] The Minister of Health, Ali Abdel-Fattah then rescinded the 1959 ban by issuing a policy statement allowing the procedure to be performed in governmental health facilities, a move that has resulted, according to the Egyptian Organization for Human Rights, in "big fights among gynaecologists, plastic surgeons, and paediatricians, [who are] competing to operate and get money from the girls' parents."[37]

Can We Move Beyond the Impasse?

The debate about traditional female genital surgeries is a particular instance of the more general class of problems involved in intercultural reasoning in relation to intervention. It is useful in dealing with these problems to keep in mind three characteristics of working with cultural materials, which we briefly consider before suggesting how it may be possible to move beyond the impasse at which the debate about traditional female genital surgeries has stalled.

Intervention always involves claims about legitimacy, standing, and authority that are socially constructed and culturally mediated. In the act of intervention, whether verbal or physical, the intervenor always maintains a perspective on the issue at hand and defends an interest. Further, either implicit or explicit to all interventions are assertions of legitimacy (what actions are appropriate), standing (who has the appropriate status to carry out an intervention), and authority (who has the power to intervene). Despite appeals to impartial standards by intervenors, how people organize themselves in relation to an intervention and the meaning that they both give and take from the intervention result in large measure from social and cultural dynamics.

Colonial relationships, for example, lead to the perception by colonizers and colonials of very different senses of privilege. This sense, in turn may lead to diametrically opposed understanding of the status, roles, and power dynamics involved in interventions, like those directed from the West at eliminating traditional practices. Where the residue (if not the actual sense) of colonial privilege may contribute to a Western intervenor's expectation that her actions will be viewed as appropriate and authoritative, former colonial subjects may take precisely the opposite view. Indeed, this dynamic contributes to the impasses about traditional female genital surgeries.

By calling attention to the social and cultural construction of legitimacy, standing, and authority, we do not mean to suggest an extreme relativist position wherein all practices, regardless of how damaging they may be, are accepted as equally legitimate within the context of the cultures from which they come. Rather, taking account of contemporary and historical relationships of power and privilege are essential first steps toward arriving at a sensitive and nuanced approach to engagement.

Cultural knowledge is dynamic and contingent. Descriptions of cultural practices, values, and beliefs convey the data, and understandings of those data, collected by a researcher in a specific temporal and spatial context. Such characterizations can be useful if their use is strictly anchored in specific circumstances. But it always is misguided to treat such characterizations as stable and unchanging in any significant degree. Doing so commits what Robert Rubinstein has elsewhere called the "fallacy of detachable cultural descriptions."[38] Especially when such detached descriptions are used to form the basis for analyses that cross social and cultural boundaries, they become simplified, dehumanizing stereotypes of complex, deeply human phenomena. Middle Eastern and African women frequently claim, for instance, that traditional female genital surgeries are discussed out of context and in ways that deny their humanity.

Human social and cultural life is dynamic. Moreover, not all members of a society hold or behave according to a single set of norms, which in any event are constantly affected by social, political, and economic changes. Cultural descriptions also are always made within a specific context and for a particular purpose. Thus, even if well described in relation to a particular context, the unanchored use of cultural descriptions creates a sense of knowledge of the "Other" to which a false precision and completeness too often is attached. The result is that knowledge of other cultures is always contingent, tentative, and incomplete.

The further even a superb analysis is moved from the original investigatory question, the more damage is done by committing the fallacy of detachable cultural descriptions. The quest for stable, generally applicable (universalizable) understandings appears to be an aspect of human cognition, one that works to direct attention away from evidence contradictory to the model.

Effective intervention takes place within a complex communicative web. Too often interventions intended to bring about one result produce quite the opposite effect. In many cases, the paradoxical result of intervention derives in large measure from failing to analyze adequately the potential pitfalls of the intervention. But in what essential way would intervention that avoids these hazards be different?

Culturally responsive efforts to address problematic practices necessarily involve constructing the analysis and subsequent intervention in ways that are at once honest and respectful. In large measure, this leads to acknowledging that what and how we speak about the practice in question makes a real difference. Culturally responsive intervention is made in a voice that engages the "Other" as an equal interlocutor. Finding such a voice does not depend upon having an approach and method that can be applied equally well in a variety of cultural contexts. Methods that are taken to be applicable in this transportable manner inevitably lead to the privileging of the analysts' perspective and interests. In place of such generalizable effort, sensitive cultural analyses depend upon the recognition of the contingent and fluid nature of social relations. Thus, finding a voice requires a more modest sense of how and what can be said with certainty and to whom and, most importantly, listening to and valuing the perspectives of the "Other."

Thus, while we agree with Toubia, who writes, "No ethical defense can be made for preserving a cultural practice that damages women's health and interferes with their sexuality,"[59] ter quite bluntly, if we care about the genitals of the women in those cultures, we need also to care about their feelings.

These procedures have been compared to torture and child abuse. We argue that they are not torture, but sic to the group's now threatened identity.

It is clear that female circumcision, especially the more extensive procedures and especially those that are performed without asepsis or anesthesia, are physically harmful. The procedures are increasingly being performed by physicians, who often claim that they are minimizing the harm that would potentially result if the procedure were performed by traditional operators. Arab and African feminists strongly condemn the medicalization of female circumcision, which they believe will promote its continuation rather than its abandonment. Physicians and nurses in the United States may encounter immigrant parents who request the procedure for their daughters or infibulated women in need of obstetrical services. American health care personnel working abroad may be asked by traditional practitioners or families for their help with the procedures. We therefore urge medical and nursing schools to include information about female circumcision in their curricula. This material should cover both the mechanics of how to care for circumcised women and the legal, ethical, and cultural aspects of the custom.

> When Western authors call for the practice to be eradicated in Africa or Asia it is too often perceived by members of the involved societies as cultural imperialism.

this complex cross-cultural issue cannot be adequately dealt with by a simple condemnation.

Western authors have identified female circumcision as a custom that should be eradicated. The public health language of "eradication" is most often associated with germ theory and worldwide campaigns against infectious diseases like smallpox, malaria, and polio. Female circumcision, however, is not an organism to be rooted out and killed with antibiotics, prevented through immunization, or managed with vector control, and it is especially important that we proceed with high regard for the beliefs and concerns of the cultures where it is practiced.

Enormous damage can be done by inappropriate choice of language. For this reason, although many concerned individuals call the procedure "female genital mutilation" we prefer less inflammatory language. Members of the Arab and African cultures who practice female circumcision have experienced colonialism and other types of continued imperialism by Western governments. They experienced and continue to experience racism and various forms of discrimination. The extreme language used by Western authors to describe female circumcision is perceived by Arab and African people as a continued devaluation of themselves and their entire cultures. To put the matter are arranged and paid for by loving parents who deeply believe that the surgeries are for their daughters' welfare. Parents fear, with much justification, that leaving their daughters uncircumcised will make them unmarriageable. Parents worry about their daughters during the procedures and care for their wounds afterward to help them recover. Even if we disagree with the practice of female circumcision, we must remember that the parents who do this are not monsters, but are ordinary, decent, caring persons.

Regarding legal or policy interventions, we think it is appropriate to legislate against the practice in our own society, and we endorse Representative Patricia Schroeder's bill before the U.S. Congress that would prohibit female circumcision. When Western authors call for the practice to be eradicated in Africa or Asia, however, it is too often perceived by members of the involved societies as cultural imperialism.[60] This perception is strengthened when Western authors fail to acknowledge the important work of indigenous activists who advocate against female circumcision. Pragmatically, moreover, indigenous activists may more correctly judge when a given strategy will succeed. Western efforts, unguided by detailed cultural knowledge, may, like the CNN broadcast, inspire a backlash in which the custom is viewed as intrin-

The search for a way to successfully confront female circumcision and to move beyond the impasse of the confrontation of universalism and cultural relativism depends upon finding a language and constructing an approach respectful of diverse cultural concerns. To that end we conclude with a policy statement that we drafted for discussion by members of the Society for Health and Human Values:

> In recent years it has been recognized that women and girls suffer discrimination in many societies. In many parts of the world women and girls receive less food and medical care than men and boys; in areas of civil conflict women and girls are raped as an intentional strategy of war; in some countries domestic violence causes substantial injury, disability and death; in some areas girls are subject to traditional genital surgeries that cause

long-lasting and severe health consequences; and in other areas cosmetic surgeries and pressures to attain a slender physical ideal also have negative health consequences.

While we respect the beliefs and practices of all cultures, we recognize that, in some cases, traditions that have expressed cherished ideals must be viewed in a new light. We believe that female genital operations, including clitoridectomy, excision of the labia minora, and infibulation, are such traditions. Physicians and other health care specialists world wide have acknowledged the degree of immediate and long-term damage these surgeries cause to the health of women and girls. In light of this medical information, we urge that these procedures be abandoned.

We recognize the efforts of numerous individuals and groups, in the countries where female genital surgeries are common, who have sought to abolish their practice through education and policy change. We endorse and support the efforts of these groups.[11]

Acknowledgments

Earlier versions of this paper were presented at the 1993 annual meeting of the American Public Health Association, San Francisco, California, 28 October, and as a Conversation in Bioethics at the Center for Bioethics, Case Western Reserve University in January 1994. We thank Maha Abou el Saud, Anita Faboš, and Stephanie Maurer for research assistance. We appreciate the helpful comments made on earlier drafts of this paper by Rebecca Dresser, M. Margaret Clark, Jill Korbin, Carol McClean, Thomas Murray, Patricia Marshall, and Deborah Pellow.

References

1. Melford Spiro, "Cultural Relativism and the Future of Anthropology," *Cultural Anthropology* 1 (1986): 259-86.
2. Alison D. Renteln, "Relativism and the Search for Human Rights," *American Anthropologist* 90 (1988): 56-72.
3. Spiro, "Cultural Relativism."
4. Wilcomb E. Washburn, "Cultural Relativism, Human Rights, and the AAA," *American Anthropologist* 89 (1987): 939-43; Renteln, "Relativism."
5. Washburn, "Cultural Relativism," p. 940.
6. Julian Steward, "On Science and Human Rights," *American Anthropologist* 50 (1948): 352-55, at p. 352.
7. Clifford Geertz, "Anti Anti-relativism," *American Anthropologist* 86 (1984): 263-78.
8. Paul Rabinow, "Humanism as Nihilism: The Bracketing of Truth and Seriousness in American Cultural Anthropology," in *Social Science as Moral Inquiry*, ed. Norma Haan, Robert N. Bellah, Paul Rabinow, and William M. Sullivan (New York: Columbia University Press, 1983), pp. 52-75.
9. James Scott, *Weapons of the Weak: Resistance in Everyday Life* (New Haven: Yale University Press, 1991).
10. Eike-Henner Kluge, "Female Circumcision: When Medical Ethics Confronts Cultural Values," *Canadian Medical Association Journal* 148, no. 2 (1993): 288-89; Stephen A. James, "Reconciling International Human Rights and Cultural Relativism: The Case of Female Circumcision," *Bioethics* 8, no. 1 (1994): 1-26; Loretta M. Kopelman, "Female Circumcision/Genital Mutilation and Ethical Relativism," *Second Opinion* 20, no. 2 (1994): 55-71
11. Alison T. Slack, "Female Circumcision: A Critical Appraisal," *Human Rights Quarterly* 10 (1988): 437-86.
12. Robert Edgerton, *Sick Societies: Challenging the Myth of Primitive Harmony* (New York: The Free Press, 1992).
13. Daniel Gordon, "Female Circumcision and Genital Operations in Egypt and the Sudan: A Dilemma for Medical Anthropology," *Medical Anthropology Quarterly* 5, no. 1 (1991): 3-14.
14. Nahid Toubia, *Female Genital Mutilation: A Call for Global Action* (New York: Women Ink, 1993); "Female Circumcision as Public Health Issue," *NEJM* 351 (1994): 712-16.
15. Robert Cook, "Damage to Physical Health from Pharaonic Circumcision (Infibulation) of Females: A Review of the Medical Literature," in *Traditional Practices Affecting the Health of Women and Children. Female Circumcision, Childhood Marriage, Nutritional Taboos, etc. Report of a Seminar, Khartoum, 10-15 February 1979*, ed. World Health Organization (Alexandria, Egypt: WHO, Regional Office for the Eastern Mediterranean, 1981), pp. 53-69.
16. Toubia, *Female Genital Mutilation*.
17. Asma El Dareer, *Woman, Why Do You Weep?* (London: Zed Press, 1982).
18. Leonard J. Kouba and Judith Muasher, "Female Circumcision in Africa: An Overview," *African Studies Review* 28, no. 1 (1985): 95-110; Minority Rights Group International, *Female Genital Mutilation. Proposal for Change* (London: Minority Rights Group International, 1992); Toubia, *Female Genital Mutilation*.
19. Elizabeth Sheehan, "Victorian Clitoridectomy," *Medical Anthropology Newsletter* 12 (1981): 10-15.
20. Toubia, *Female Genital Mutilation*, p. 10.
21. Gordon, "Female Circumcision and Genital Operations."
22. Sanna A. Nour and Tessby M. Rashad, "Epidemiology of Female Circumcision in Sharkia Egypt," *The Bulletin of the High Institute of Public Health* 18, no. 1 (1988): 89-103.
23. B. Zeitoun, "Circumcision of Girls," (in Arabic) *October* 730 (1990): 48.
24. *Sudan Demographic and Health Survey 1989/1990* (Khartoum, Sudan, and Columbia, Md.: Ministry of Economic and National Planning, and Institute for Resource Development, 1991).
25. Nahid Toubia, "The Social and Political Implications of Female Circumcision: The Case of Sudan." In *Women and the Family in the Middle East*, ed. Elizabeth Fernea (Austin: University of Texas Press, 1985), pp. 148-59.
26. Hamid Rushwan, "Etiological Factors in Pelvic Inflammatory Disease in Sudanese Women," *American Journal of Obstetrics and Gynecology* 138, no. 7 (1980): 877-79.
27. Carla AbouZahr and Erica Royston, *Maternal Mortality: A Global Factbook* (Geneva: World Health Organization, 1991).
28. Evelyn A. Early, *Baladi Women of Cairo: Playing with an Egg and a Stone* (Boulder, Colo.: Lynne Rienner Publishers, 1993), pp. 102-106.
29. Ellen Gruenbaum, "The Movement Against Clitoridectomy and Infibulation in Sudan: Public Health and the Women's Movement," *Medical Anthropology Newsletter* 13, no. 2 (1982): 4-12; Sandra D. Lane, "A Biocultural Study of Trachoma in an Egyptian Hamlet." Unpublished doctoral dissertation, University of California, San Francisco with University of California, Berkeley, 1987.
30. Ellen Gruenbaum, "The Islamic Movement, Development, and Health Education: Recent Changes in the Health of Rural Women in Central Sudan," *Social Science and Medicine* 33 (1987): 637-45.
31. *Sudan Demographic and Health Survey 1989/1990*.
32. El Dareer, *Woman, Why Do You Weep?*
33. Otto Meinardu, "Mythological, Historical and Sociological Aspects of the Practice of Female Circumcision among the Egyptians," *Acta Ethnographica Academiae Scientiarum Hungaricae* 16 (1967): 387-97.
34. Marie B. Assaad, "Female Circumcision in Egypt: Social Implications, Current Research, and Prospects for Change," *Studies in Family Planning* 11, no. 1 (1980): 3-16; *Sudan Demographic and Health Survey 1989/1990*.

35. Toubia, *Female Genital Mutilation.*
36. Abdel Rahman Al Naggar, *Islam and Female Circumcision* (Cairo: Cairo Family Planning Association, 1985).
37. Jamal A. Badawi, *At Taharah: Purity and State of Undefilement* (Indianapolis, Ind.: Islamic Teaching Center, 1979).
38. Gruenbaum, "The Islamic Movement."
39. Meinardu, "Mythological, Historical and Sociological Aspects."
40. Gruenbaum, "The Islamic Movement."
41. Fran P. Hosken, *The Hosken Report: Genital and Sexual Mutilation of Females,* 3rd rev. ed. (Lexington, Mass.: Women's International Network News, 1982), p. 24.
42. Elise Sochart, "Agenda Setting, the Role of Groups and the Legislative Process: The Prohibition of Female Circumcision in Britain," in *Parliamentary Affairs* (Oxford: Oxford University Press, 1988), pp. 508-26; Minority Rights Group International, "Female Genital Mutilation."
43. Marlise Simons, "French Court Jails Mother for Girl's Ritual Mutilation," *New York Times,* 17 January 1993.
44. "Canada: Policy on Female Genital Mutilation," *WIN News* 18, no. 2 (1992): 45.
45. Anna L. Bardach, "Tearing Off the Veil," *Vanity Fair* 56, no. 8 (1993):122-26, 154-58; Sophronia S. Gregory, "At Risk of Mutilation," *Time,* 21 March 1994, pp. 45-46.
46. Nour and Rashad, "Epidemiology of Female Circumcision."
47. Nahid Toubia, "Women and Health in Sudan," in *Women of the Arab World: The Coming Challenge,* ed. Nahid Toubia (London: Zed Books, 1988), pp. 98-109.
48. Soheir Morsey, "Safeguarding Women's Bodies: The White Man's Burden Medicalized," *Medical Anthropological Quarterly* 5, no. 1 (1991): 19-23, at p. 19.
49. Seble Dawit and Salem Mekuria, "The West Just Doesn't Get It," *New York Times,* 7 December 1993.
50. Margot Badran, *Feminists, Islam, and Nation: Gender and the Making of Modern Egypt* (Princeton: Princeton University Press, 1995).
51. Quoted in Meinardu, "Mythological, Historical, and Sociological Aspects," p. 395.
52. Nawal El-Saadawy, *The Hidden Face of Eve* (Boston: Beacon Press, 1980).
53. Cairo Family Planning Association, *Do You Know the Results of Female Circumcision?* (Cairo: Women and Child Health Project, Cairo Family Planning Association, 1990).
54. Dina Ezzat, "Grappling with Conservatism," *Al-Ahram Weekly,* 2-8 June 1994; "In the Interest of the Masses, *Al-Ahram Weekly,* 1-7 September 1994; "Out of Harm's Way," *Al-Ahram Weekly,* 29 September-5 October 1994.
55. Saad E. Ibrahim, "Circumcision of the Egyptian Mind: Guilt or Shame?" *Civil Society: Democratic Transformation in the Arab World* 3, no. 31 (1994): 3.
56. Dina Ezzat, "Battling Mutilation Ritual," *Al-Ahram Weekly,* 30 March–5 April 1995.
57. Dina Ezzat, "Female 'Circumcision' Contested Again," *Al-Ahram Weekly,* 20-26 April 1995.
58. Robert A. Rubinstein, "Culture and Negotiation," in *The Struggle for Peace: Israelis and Palestinians,* ed. Elizabeth W. Fernea and Mary E. Hocking (Austin: University of Texas Press, 1992), pp. 116-29.
59. Toubia, "Female Circumcision as Public Health Issue," p. 714.
60. Ellen Gruenbaum, "Women's Rights and Cultural Self-Determination in the Female Genital Mutilation Controversy," *Anthropology Newsletter* (May 1995): 14-15.
61. Sandra D. Lane and Robert A. Rubinstein, "A Response [to 'On Condemning Female Genital Mutilation']," *Of Value* 24, no. 3 (1994): 3-4.

Part XI
Sociology and Medical Ethics

The Contributions of Sociology to Medical Ethics

by ROBERT ZUSSMAN

Medical ethics has not always been friendly territory for the social sciences; at least a few sociologists who have wandered across disciplinary borders for a tour report back on unfriendly natives.[1] I should acknowledge, from the first, that I am not among the unhappy visitors. This is not, however, so much because my own brief trips into medical ethics have been met with particularly friendly receptions as because I have been something of an accidental tourist without any great expectations that I would find the comforts of home in foreign territory.

Medical ethics—or, more precisely, what might be called philosophical approaches to medical ethics—and social science approaches to medical ethics are characterized by very different purposes. In the first instance, medical ethics is an applied discipline. The social sciences, including, not least, sociology, are primarily academic disciplines. In making this claim, I am aware of its irony. Certainly, philosophical medical ethics, as it has been practiced in the United States, is given to frequent flights of fancy—grand abstractions and frank speculations—that seem far removed from any immediate application. Equally certainly, empirical sociology, particularly in its ethnographic mode, is marked by a preoccupation with the grubby details of life in hospitals and doctors' offices that often seems far removed from any higher analytic issues.[2]

Nonetheless, philosophical medical ethics is fairly explicitly a branch of applied philosophy, and even its grandest abstractions are put to the service of formulating procedures and policies useful to "problems of therapeutic practice, health care delivery, and medical and biological research."[3] And it is very much in this spirit that medical ethicists have generated a great number of proposals, many later adopted, for the regulation of experimentation with human subjects, of procedures for allocating scarce organs, for allowing the termination of treatments, for ensuring informed consent, and much more. In contrast, sociologists tend to use even grubby details as a route to more analytic observations. Thus many of the sociologists who have dabbled in areas relevant to medical ethics have often disavowed any interest in the application of their researches to procedures and policies, stressing instead their implications for such abstruse matters as the sociology of the professions, "theories" of organizations, or the social organization of cognition. Ironically, then, it is the medical ethicists, trained in philosophy and theology and given to abstraction, who are often worldly, and it is the sociologists of medical ethics who are often curiously otherworldly.

There is, of course, another, probably more conventional distinction between philosophical and social science approaches to medical ethics—that one is normative and the other empirical. But I am not entirely comfortable with this distinction. To be sure, philosophical approaches to medical ethics are

The conventional contrast between "normative" philosophical approaches and "empirical" social science perspectives on medical ethics draws too bright a distinction. One need not be a philosopher to raise normative issues or a sociologist to practice empirical research. The best work in both disciplines should recognize the different ways in which they each join normative reflection and empirical description.

Robert Zussman, "The Contributions of Sociology to Medical Ethics," *Hastings Center Report* 30, no. 1 (2000): 7-11.

typically more *explicitly* normative than are social science approaches. Similarly, social science approaches are typically far more explicitly empirical. Nonetheless, philosophical medical ethicists not only often incorporate empirical material into their analyses but have recently shown a growing inclination to do so. And while sociologists often seem almost embarrassed about acknowledging the normative aspects of their work, nonetheless, for those sociologists who study medical ethics, the normative implications of their work are often unavoidable, even if it is others who make them explicit.

The difference between philosophical and social science approaches to medical ethics is somewhat subtler then than a stark contrast between the normative and the empirical would suggest. To be sure, the philosophers are generally less systematic on matters empirical than the social scientists. For the philosophers it is typically enough to know that a phenomenon exists, regardless of the distributions that often obsessively occupy the social scientists. Similarly, social scientists seem capable of only a fairly limited range of normative claims: deontological arguments, based on judgments about the moral character of an act, are almost entirely absent from social scientific thought. Instead, social scientists interested in medical ethics seem comfortable only with the kind of consequentialist arguments (often implicit, at that) that seem to draw on the kind of causal argument that is their stock-in-trade.

These are significant differences. But they imply no deep incompatibility between philosophical and social science approaches to medical ethics. Quite the reverse, they suggest a fundamental complementarity. None of this is to say that social scientists have made the sort of contribution to the study of medical ethics that they might: compared to the large numbers of scholars and practitioners of medical ethics trained in philosophy and theology, the number of social

> Whether we are reading about informed consent, or reproductive rights, or managed care, suddenly arguments turn out to hinge in large part on empirical propositions.

scientists concerned with medical ethics is slight. Moreover, burdened by the requirements of research, they have typically trailed the philosophers, turning their attention to such matters as informed consent or organ transplantation or the termination of treatment only after those at the cutting edge of medical ethics have already begun to turn their attention elsewhere. As a result, I mean the remainder of this essay not so much as a celebration of the contributions sociologists have made to medical ethics than as a series of suggestions for what those contributions might be. In this sense, the remainder of this essay is less a review and more a statement of intention and possibility.

Consequentialist Arguments

For a sociologist, opening a textbook of medical ethics is a bit like a flight into Never Never Land. We are the Lost Boys in the world of pirates, Indians, and mermaids. Here, however, the fantastical creatures take the altogether extraordinary form of erudite discussions of Kantian or utilitarian ethics that grow even more astonishing with every additional distinction. Yet when we pass beyond the first chapter or two and get down to cases, as even the most insistent practitioner of an applied ethics model does, the world grows suddenly more familiar. Whether we are reading about informed consent, or reproductive rights, or managed care, suddenly arguments turn out to hinge in large part—I would not care to hazard a guess as to the proportion—on empirical propositions.

Let me take as an example one recent and influential discussion of managed care plans. In their excellent discussion of the fate of the "fiduciary ethic" in such plans, Ezekiel Emanuel and Nancy Dubler argue:

> Attending to the well-being of one patient may conflict with caring for another patient. Similarly, it is well recognized that caring for a patient may conflict with—and even be superseded by—the need to protect the interests of a third party. . . . Managed care plans have already tried various mechanisms to try to reduce physician use of health care resources for their patients, including providing bonuses to physicians who order few tests and basing a percentage of physicians' salaries on volume and test ordering standards. Such conflicts of interest may proliferate with increased price competition, the need for managed care plans to reduce costs, and the absence of government regulation.[4]

The argument they make is for the most part consequentialist. In this sense, although formulated in somewhat different terms, it is fundamentally empirical. To be sure, Emanuel and Dubler take as more or less a given that it is important for physicians to maintain a primary commitment to the well-being of individual patients. (I might add, however, that this, too, is subject to empirical investigation: we might want to know—as we do not—what the consequences would be of an abandonment of that commitment.) More specifically, Emanuel and Dubler's argument hinges on three claims:

1) that there is a conflict between caring for one patient and obligations to both other patients and third parties;

2) that pressures to reduce the use of resources—particularly financial pressures—interfere with the realization of a fiduciary ethic; and

3) that these pressures are likely to increase with increased price competition, increased pressure to reduce costs, and in the absence of government regulation.

These are important claims. The third seems to me unambiguously true and the first and second, roughly true. But there is surprisingly little evidence to support them and the evidence that is available suggests that each needs at least slight modification.

We do not know, for example, very much about how physicians handle conflicts arising from commitments to more than one patient. My own research in two intensive care units suggested that the problems associated with a commitment to a collective mission—the delivery of care by a group of physicians to a group of patients—were perhaps surprisingly slight. On occasions when beds were in short supply—precisely the sort of "lifeboat ethics" situation that might lead to subordinating the needs of one patient to another—the physicians I observed were remarkably inventive in finding ways to expand temporarily the "lifeboat": They kept patients in the emergency room a little longer, found extra nurses, moved ventilators. As long as a utilitarian ethic, in which the needs of different patients were balanced against each other, was applied consistently, neither physicians nor patients nor patient's families seemed much concerned about the abandonment of a fiduciary ethic.[5]

My findings, however, do not generalize easily to managed care. Although the underlying issues are likely similar, the structures are different, both between intensive care and managed care and within managed care organizations themselves. But the findings do raise questions about the sort of ethical issues an empirical study of managed care might address: How intense and how frequent are the conflicts between caring for an individual patient and responsibility to a group of patients? What form do these conflicts take? What sorts of organizational arrangements intensify these conflicts? What sorts of organizational arrangements deflect such conflicts? How do physicians and other health care providers handle such conflicts when they arise? Moreover, beyond this long list of questions about potential conflicts between responsibility to individual patients and responsibility to groups of patients is an equally long list of questions about the potential for conflict between responsibility to individual patients and responsibility to third parties, including insurers and managed care organizations themselves. That I can barely hazard a guess as to the answers to any of these questions is precisely to the point: empirical research would effectively inform any substantive discussion of the ethical issues around managed care.

We do know slightly more, although still not a great deal, about how physicians respond to financial pressures to reduce the use of resources. But what we know suggests that financial pressures may not constitute so immediate a threat to the fiduciary ethic as Emanuel and Dubler fear. Bradford Gray, for example, in a major study of the profit motive in health care, did not find a great deal of difference in the behavior of for profit and not for profit organizations.[6] Moreover, there is at least scattered evidence that financial incentives do not directly affect physician behavior. For example, Alan Hillman and colleagues found that financial incentives are more powerful in group model HMOs than in independent physician associations.[7] So, too, a group headed by David Hemenway found that "substantial monetary incentives" induced groups of physicians to intensify their practices even though not all of them benefited individually from those incentives.[8] In a slightly different context, Mark Notman and his colleagues found that physicians reduced lengths of stay in response to the introduction of diagnostic related groups despite both a hostility to financial considerations and a lack of detailed knowledge of DRGs.[9]

These findings are only suggestive, of course, but the suggestions are interesting ones. I read all three of these studies as suggesting that physicians do not, at least for the most part, act as the profit-maximizing individuals beloved in classical economic theory. Rather, financial incentives, both direct and indirect, become important only within a collective context as networks of physicians elaborate those incentives into a culture of practice. Financial incentives seem, curiously enough, to operate more as a means of institutionalizing ideas and beliefs about what constitutes appropriate practice than as a purely economic phenomenon. What becomes critical, then, to understanding the ethical implications of managed care is not so much an understanding of the intricacies of payment schemes as an understanding of the social context in which physicians make sense of and evaluate those schemes.

Let me summarize a bit more analytically. A good deal of medical ethics is based on consequentialist claims that social scientists are well equipped to assess. If an ethical claim is based on the assertion that a practice or arrangement is ethically questionable because it results in a particular outcome, then that claim is empirically testable. Philosophical medical ethicists rarely mount those tests themselves. Social scientists, whether using ethnographic methods, reviews of records, or survey instruments, can test those claims. There is a sufficient body of social science research, bearing on informed consent, organ transplantation, end of life treatment, and any other number of issues as well as managed care, to suggest that some of the consequentialist claims will be confirmed, that others will not, and that confirmation of some will modify others. But social scientists have by no means provided all the research they might. In many areas, including managed care very prominently, the social science research is suggestive rather than definitive and episodic rather than systematic. Even if the only task for social science in medical ethics is that of testing consequentialist claims, there is a great deal left to be done.

Generating the Normative

The notion that the task for social scientists interested in medical ethics is to test consequentialist claims leaves the sociology of medical ethics in an uncomfortable position. It makes the social scientist a junior partner to the philosopher, someone who responds to ideas generated elsewhere but who generates few if any ideas on his or her own. The sociologist becomes a technician and little more. At least a few observers have suggested, however, that there is a much bigger role for social scientists to play in medical ethics. Barry Hoffmaster, a Canadian philosopher, has made an especially eloquent argument that "moral theory begins in practice."[10] According to Hoffmaster:

> moral decision making is a search for a feasible, appropriate response to a particular situation, not the application of a method that in virtue of its extreme generality is insensitive to the particularities that structure the situation. . . . Moral decision making is more a matter of coming up with creative, responsive solutions than it is trying to apply a philosophical formula. . . . By investigating how moral problems are perceived and constructed by those whom they affect and how these individuals handle those problems, and by assessing these attempted resolutions, ethnographic studies can

> In many areas, including managed care very prominently, the social science research is suggestive rather than definitive and episodic rather than systematic.

discover the disparate forms of moral rationality and stake out, in at least a provisional way, the limits of those forms.

Hoffmaster's argument constitutes a virtual manifesto for a sociology of medical ethics and deserves extended consideration.

At the center of his argument is a critique of an "applied ethics" model. Rather than a style of ethics that begins with a few basic principles and then attempts to apply them across a wide range of circumstances, Hoffmaster is suggesting a style of ethical reasoning that works from the ground up, based in dense, local knowledge of particular situations. Moreover, unlike the model of social science testing, which privileges no one research method over any other, Hoffmaster assigns a special place to ethnography. Indeed, if we were to take Hoffmaster's suggestions seriously, medical ethics would become a very different enterprise: The boundaries between social science and philosophy, between the normative and the empirical, would come close to disappearing.

Interesting though Hoffmaster's suggestions may be, I find them disquieting on at least two grounds.

First, I think Hoffmaster is unduly critical of the applied ethics model and underestimates its power. An ethics from the ground up, based on ethnography, attempting to discover "the disparate forms of moral rationality," could have a distinctly conservative feel. Good ethnography may end elsewhere, but it typically begins with sympathy for those the ethnographer studies. If applied ethics has sometimes seemed insensitive to the "lived experience" of physicians, nurses, and hospital administrators, an ethnographic medical ethics would suffer from the opposite defect of too great a sensitivity. It might do little more than reproduce, in different language, the moral standards native to medicine. As a result, it would run the risk of losing what is probably the most important contribution of medical ethics over the last quarter century: precisely the ability to import into medicine a set of ethical standards that are not native to the occupational and organizational cultures of medicine itself.

Second, I suspect that Hoffmaster underestimates the extent to which ethnographers have themselves been driven by an applied ethics model. Ethnographers of medicine, I would suggest, have been far more successful in generating moral concerns when their research has strayed farther from the conventional realms of medical ethics—in, for example, their investigations of the power of physicians, the assaults of organized medicine on conceptions of the self, or the relationship between markets and the delivery of care. In contrast, those of us who have been more or less self-conscious ethnographers of medical ethics—I can speak confidently about myself, more speculatively about others—have typically taken their agenda from that set by the philosophers. If the more philosophically minded medical ethicists have seen problems in the treatment of fetuses and neonates, the ways organs are allocated, the ways consent is obtained, we have for the most part simply followed their lead.

These caveats aside, however, Hoffmaster does raise the important question of how ethical issues are generated. There is certainly one model—that of the ethicist as consultant—in which the ethicist simply responds to issues raised by practitioners. There is equally certainly another model of the ethicist as a gadfly, a lone scholar, reading books, thinking thoughts, and then asking pesky questions that make practitioners uncomfortable. Both of these are viable models. (And I suppose it is to the point that I know of no one who has studied how ethicists do, in fact, generate the issues they raise.) Hoffmaster raises a third possibility—a model of the ethnographic researcher sensitive to normative issues, of the normatively driven scholar immersed in practice. And so long as we do not imagine that this is the only model of either ethics or of social science contributions to ethics, it is a valuable model.

Both/And

Sociology will not and cannot save medical ethics. Indeed, medical ethics seems to have done quite well without sociology. But sociology—and the social sciences more generally—can make medical ethics better. Many of the empirical claims on which much of medical ethics hinges are fairly simple to assess and do not require the methods of social sciences, either quantitative or ethnographic. But some do. The social sciences—and sociology in particular—can lend a bit of reality to the flights of fancy that sometimes characterize the more speculative versions of philosophical medical ethics. Sociology, particularly in its ethnographic mode, may provide a method of discovery that has been slighted elsewhere. Not alone, but in combination with an applied ethics model, ethnography may prove an important method of raising new issues.

Of course, one need not be a sociologist to practice empirical research. It is belaboring the obvious to point out that many physicians, nurses, and health administrators are deeply immersed in the everyday practice of medicine: if they do not need to do ethnographic research, it is because they are already natives. So too at least a few philosophical medical ethicists enjoy a deep, first-hand knowledge of medical practice and at least approach the position of native. But neither does one need to be a philosopher to raise normative issues. Few sociologists—or anthropologists or empirical political scientists or historians—are trained in or comfortable with the kind of rigorous moral reasoning that is the philosophers' stock-in-trade. But the self-conscious disavowal of normative concerns, a style of ersatz hard-boiled realism, probably does not serve sociology well. Just as the philosophical medical ethicists might do well to acknowledge the underlying empirical grounds of their claims, sociologists would do well to acknowledge the normative components of theirs.

Acknowledgment

A version of this paper was presented to the Hastings Center project "Value Perceptions and Realities within Managed Health Care."

References

1. The most prominent of these reports is in R. Fox, *The Sociology of Medicine* (Englewood Cliffs, N.J.: Prentice Hall, 1989).

2. For examples of the kind of work I have in mind, see R. Anspach, *Deciding Who Lives: Fateful Choices in the Intensive-Care Nursery* (Berkeley: University of California Press, 1993); C. Bosk, *All God's Mistakes: Genetic Counselling in a Pediatric Hospital* (Chicago: University of Chicago Press, 1992); D. Chambliss, *Beyond Caring: Hospitals, Nurses and the Social Organization of Ethics* (Chicago: University of Chicago Press, 1996); R. Fox and J. Swazey, *Spare Parts: Organ Replacement in American Society* (New York: Oxford University Press, 1992); C. Lidz et al., "Barriers to Informed Consent," *Annals of Internal Medicine* 99 (1983) 539-43; R. Zussman, *Intensive Care: Medical Ethics and the Medical Profession* (Chicago: University of Chicago Press, 1992).

3. T. Beauchamp and J. Childress, *Principles of Biomedical Ethics* (New York: Oxford University Press, 1979), p. vi.

4. E. Emanuel and N. Dubler, "Preserving the Physician-Patient Relationship in the Era of Managed Care," *JAMA* 273 (1995): 328. See also E. H. Morreim, *Balancing Act: The New Medical Ethics of Medicine's New Economics* (Boston: Kluwer Academic Press, 1991) and M. Rodwin, *Medicine, Money, and Morals: Physicians' Conflicts of Interest* (New York: Oxford University Press, 1993). Of the 94 items Emanuel and Dubler cite, roughly one-quarter to one-third could fairly be characterized as reports of systematic empirical research. However, they also point out that in regard to their central claim, "while there has been significant attention on conflict of interest in fee-for-service practice, there has been much less effort to investigate and address conflict of interest in managed care" (p. 328). Both their willingness to cite social science research and their difficulty finding research relevant to their claims seem to me altogether compatible with the position I am taking here.

5. See ref. 2, Zussman, *Intensive Care*. See also W. Finlay et al., "Queues and Care: How Medical Residents Organize Their Work in a Busy Clinic," *Journal of Health and Social Behavior* 31 (1990): 292-305.

6. B. Gray, *The Profit Motive and Patient Care: The Changing Accountability of Doctors and Hospitals* (Cambridge, Harvard University Press, 1993).

7. A. Hillman et al., "How Do Financial Incentives Affect Physicians' Clinical Decisions and the Financial Performance of Health Maintenance Organizations?" *NEJM* 321 (1989): 86-92.

8. D. Hemenway et al., "Physicians Responses to Financial Incentives: Evidence from a For-Profit Ambulatory Care Center," *NEJM* 322 (1990): 1059-63.

9. M. Notman et al., "Social Policy and Professional Self-Interest: Physician Responses to DRGs," *Social Science and Medicine* 25 (1987): 1259-67.

10. B. Hoffmaster, "Can Ethnography Save the Life of Medical Ethics?" *Social Science & Medicine* 35 (1992): 1421-31. See also B. Crigger, "Bioethnography: Fieldwork in the Lands of Medical Ethics," *Medical Anthropology Quarterly* 9 (1995): 400-417 and R. DeVries and P. Conrad, "Why Bioethics Needs Sociology" in R. DeVries and J. Subedi, eds. *Bioethics and Society* (Upper Saddle River, N.J.: Prentice-Hall, 1998).

[33]
Moral Teachings from Unexpected Quarters
Lessons for Bioethics from the Social Sciences and Managed Care

by JAMES LINDEMANN NELSON

On the usual account of moral reasoning, social science is often seen as able to provide "just the facts," while philosophy attends to moral values and conceptual clarity and builds formally valid arguments. Yet disciplines are informed by epistemic values—and bioethics might do well to see social scientific practices and their attendant normative understandings about what is humanly important as a significant part of ethics generally.

Consider the following sketch of how bioethics relates to health care, its major object of study, and to the social sciences, one of its chief allies. Bioethics's job is to assess in what respects prevailing or proposed health care practices, policies, and institutions are morally defensible. To make these assessments, it draws on an interdisciplinary set of resources, crucial among which are those provided by the social sciences. Yet because it is a normative inquiry, its definitive tools are, broadly speaking, philosophical—theories of morality and of practical rationality, analyses of moral concepts, and so forth. These modules of bioethical analysis—the normative core, the empirical auxiliary, the practice that serves as the target—keep distinct characters, and the flow of thought among them is largely linear. Moral theories, informed by facts, judge practices.

There's no lack of sniping at various aspects of this picture, but I want to explore here what might be gained by standing it more or less on its head. The social sciences, that is, will not merely be seen as sources of the facts that bioethics grinds fine in its normative mill, but of more or less distinctive and potentially unsettling values. Health care—and for my present purposes, managed health care—will not be portrayed solely as an object of bioethics's judgmental gaze, but as a repository of moral understandings of its own. My belief is that inverting common wisdom about the relations between the normative and the descriptive, and between a study and its object, will yield interesting results both methodologically and substantially.

To make this thought plausible, I will first smooth out the rough sketch of the orthodox model of the social sciences-bioethics relationship just given, provide some reasons for being dubious about it, and then describe a more heterodox model, one that sees the interaction among the elements in a more complicated way. From this second model I extract a lesson for how bioethics should go about its work, illustrated by a similarly heterodox discussion of the moral dimensions of managed care. These points suggest yet a third model for the role of social scientific inquiry in bioethical thinking, one that tries to resurrect some of bioethics's formative impulses.

James Lindemann Nelson, "Moral Teachings from Unexpected Quarters: Lessons for Bioethics from the Social Sciences and Managed Care," *Hastings Center Report* 30, no. 1 (2000): 12-17.

Some caveats: the point of this exercise is not exhaustively to delineate the possible jobs that social science methodologies, results, or sensibilities have performed or might perform in association with or as a part of bioethics. Nor do I discuss even a representative sample of views on this topic that already exist in the literature; the scholarly ambitions of this essay are modest. My hope, rather, is to press beyond what I think are fairly common and too simple notions of what the social sciences, and medical practice as well, hold out to bioethics, and to enter a brief for the attractiveness of some more complex ideas. The strategy is to highlight how those ideas make more accessible some promising yet underexplored directions for thinking about bioethics and about ethics *tout court*.

"Just the Facts, Ma'am"

The common picture of the relationship between bioethics and the social sciences assigns responsibility for accurately gathering the pertinent facts to epidemiologists, sociologists, anthropologists, and their kin, and for assessing those facts to bioethicists wielding explicitly normative techniques. We can track this image down to a standard lesson taught in many an undergraduate class in ethics, where good moral reasoning is said to involve the following components: (1) accurate empirical beliefs, (2) defensible moral values, (3) clarity about relevant concepts, and (4) formally valid argumentation.

The first component is where the social sciences would most naturally operate; responsibility for the rest of these elements falls to the lot of other disciplines. Moral philosophy, moral theology, and perhaps other humanities have a good deal to say about articulating and defending moral values. Philosophy in general (in its guise as the guardian of conceptual analysis) and logic take care of conceptual clarity and formal validity.

The sciences, then, both natural and social, provide bioethics with the empirical information relevant to its concerns. How many people are willing to make out advance directives? How do chronically ill people experience their illnesses? What impact does shifting a state's Medicaid population to managed care have on health outcomes overall? And so on.

That any such facts are relevant at all, and how they are to be employed in deliberations that lead to action and policy formation, is determined by the moral values, principles, or virtues identified and justified in component (2). For example, a bioethical analysis of the importance of the impact of Medicaid managed care on participants' health might proceed via consideration of such principles as justice and beneficence. Who is and who is not using advance directives assumes importance against a background moral commitment to the importance of respect for autonomy—and so forth.

There is something rather appealing about this linear view. At least in outline, it is simple, straightforward, and has the virtue of not raising anxieties about committing naturalistic fallacies: "is" and "ought" remain on their respective sides of the fence. Scrupulously observing these distinctions provides another kind of comfort as well: at least part of practical moral reasoning seems disciplined by considerations that resist the influence of parties with a particular stake in various outcomes—the facts, after all, are as they are.

Yet taking too much comfort in this consideration may be naive. Empirical inquiry is itself sensitive to the schedules of value endorsed by those

---

T he common picture of the relationship between bioethics and the social sciences oversimplifies the relationships among the moral, the empirical, and the conceptual.

---

directing such work, and the social sciences are far from immune to this tendency. The notion that the salient facts about the natural world, or about patterns of social interaction, or economic trends, or the phenomenology of chronic illness, are just there, waiting to be scooped up by neutral forms of inquiry, is hotly contested, and not just by critics of a relativist temperament. Indeed, a belief that objective knowledge is a coherent and obtainable goal may be a particularly strong motivation for careful attention to the impact of histories and passions on what and how we see.

Social scientists, then, may well be skeptical about the linear model, as indeed are many students of ethical theory. They regard the four-step approach to moral reasoning displayed above as oversimplifying the relationships among the moral, the empirical, and the conceptual. The interchanges among these categories flow in more than one direction.

From Moral to Epistemic Values—and Back Again

A problem for those skeptical about the linear view is how the normative tints coloring "fact-gathering" enterprises can be acknowledged without thereby undermining moral arguments that draw on them. How can the value-laden character of empirical inquiry be taken up into a more adequate notion of how bioethics ought to go on? The response I wish to press is that we regard the values bound up within the scientist's activities not as essentially distorting

Conceived of as embodying loose "normative traditions" as well as methodologies and facts, the said sciences might also challenge bioethicists.

the bioethicist's access to what is actually going on in the world, but rather as potentially enriching the store of normative understandings from which she constructs the moral convictions she puts into play in her own arguments and analyses.

This might seem to beg the question, and as if that were not bad enough, to involve us in a nasty circularity. After all, would not getting clearer about how values work in empirical disciplines itself be an empirical task? Would it not therefore itself be undermined by distortions introduced by the values we bring to *that* enterprise?

But anxieties about whether acknowledging the role of values in how we form beliefs about the world turns science into propaganda come not from the reasonable reminder that science is done by real human beings in concrete historical settings. A much more ambitious kind of skepticism is operating here, one that holds out a vision of knowledge as an unmediated encounter with states of affairs as they are in themselves, and scolds all existing knowledge claims for not being thus pristine. Skepticism of that sort has been curiously persistent but not plausible. Indeed, it seems to dangle from its own petard—after all, it makes fairly ambitious knowledge claims itself, concerning what knowledge is and what's wrong with all efforts to establish any.

In any event, such hypertrophied skepticism is not what's driving the doubts about the "just the facts" model. Allowing that scientific inquiry incorporates values is not to say that it is self-defeating, but rather to alert us to its complexity. Nothing prevents bioethicists from trying to get clearer about the norms at play in accounts of the facts they need to do their job. Nor does anything preclude the possibility that tracking those norms might, as I suggest above, not only increase the credibility of those accounts but enrich our understanding of values as well.

Here's how this might work: Suppose that the values operating within the ordinary practice of various social sciences tend to cluster into more or less characteristic forms of moral understanding.[1] Consider, for example, the persistent tendency of sociologists to be suspicious about the self-professed benevolence of the professions, and contrast that suspicion with the notable lack of any even roughly similar doubts shared among bioethicists. Should the canny bioethicist who finds herself in need of social science data concerning health care professionals just factor in a "hostility discount" when reading the work of her social scientist colleagues? Or might she be better advised to wonder who actually better understands the moral character of the professions? Perhaps even more significantly, she might wonder why there seems to be a discipline-specific shape to that understanding.

Rather than just supplying bioethicists with accounts of the facts, then, the social sciences, conceived of as embodying loose "normative traditions" as well as methodologies and facts, might also challenge such matters as what bioethicists think it worth their while to attend to, and even whose interests they think it appropriate to serve.

Yet the problem with this idea is patent. How plausible is it to think that the social sciences do embody normative traditions? Even if there is a tendency on the part of sociologists to raise their eyebrows at protestations about the disinterestedness of the professions, it hardly follows that social scientists can be distinguished from other intellectuals with respect to their political and ethical affiliations consistently enough to see their fields as sources of distinct moral views on features of medicine or any other aspect of society. Some social scientists are on the left, some on the right, some in the middle. They scarcely present a morally united front.

Yet it may not do to give up on the spirit behind this notion too quickly; there might still be something to the idea that survives moral and political plurality among sociologists and social scientists generally. Consider that while all the sciences value such ends as truth and such investigator virtues as honesty and trustworthiness, values more particular to each science play a role in individuating the domains of research and determining the methodological orientations that pertain to one discipline rather than another. Such *epistemic values* will be involved in setting investigators' sensitivities to what perceptions count as salient, what forms of argument seem promising, which questions seem settled, and which issues still very much alive. Arguably, many of the epistemic values most vigorously at play in sociology rank highly the heuristic force of accounts of human behavior that rely on group membership. Psychology, for its part, might be said to favor in general a more causally oriented, perhaps more individualist take, often focusing in its explanations on underlying mechanisms rather than patterns of group behavior. Anthropology is particularly keen on diversity among groups.

It is perhaps somewhat ironic that something close to social science's epistemic values—what Renée Fox has called the "ethos of the social science"—has been invoked to explain the disengagement between bioethics and these fields. The medical anthropologist Patricia Marshall, for example, has cited her discipline's focus on the culturally relative, the non-Western, and on perceiving people as parts of a community rather than as autonomous agents, as explaining why anthropology has tended to neglect bioethics.[2]

It seems to me not improbable that these different epistemic values reflect different ensembles of views about what is humanly important, and do so at a more fundamental level than political affiliations may signal. If so, the sociologist's special attention to groups and group participation, or the anthropologist's carefully honed sensitivity to the many different forms human communities can take, themselves highlight features of human life and thought that are normatively significant and yet not foregrounded by other disciplines—including those explicitly concerned with value, such as ethics and its various "applied" branches.

If distinguishable epistemic values do help form distinguishable disciplines, we have reason to see the social sciences as constituting normative traditions, despite the many different moral commitments held by individual social scientists.

But are normative traditions shaped around epistemic values of any ethical interest? It is certainly possible that there is something of a slide between epistemic and ethical values, and that what strikes social scientists as good ways to think about people scientifically will influence what they take to be good ways to think about people morally. Yet whether or not this is right is itself an empirical question. Anthropologists may on examination turn out to be no more *morally* respectful of human diversity than is in general the case, sociologists no less individualistic. But bioethics is surely free to look to the characteristic heuristic interests and procedures of the social sciences for different ways of understanding selves, communities, relationships, responsibilities—to look, in short, for the ethical messages that may be latent there.

It is also free to look to its own procedures and agendas in order to become clearer about the tacit values there, as well as about the tacit effects of explicit values. If examination reveals distinct value orientations characterizing bioethics on the one hand and the several social sciences on the other hand, what are they and how do they figure in analysis and assessment? Why do those orientations take the shapes they do? What considerations of history, disciplinary influence, individual idiosyncracy result in certain values coming to be crucial in the distinctive ways a field looks at the world?

Extracting the ethical lessons from social science's epistemic values and putting bioethics itself under a social scientific gaze might exert fruitful pressure on some of bioethics's own favorite values. It might be interesting to ask, for example, why the chief values of mainstream bioethics—most conspicuously the pride of place given to respect for autonomy—have remained relatively firmly fixed despite countervailing theoretical ferment in other areas of ethics and even in the light of what seems to be rather disturbing empirical findings.

Consider, for example, the indication emerging from the SUPPORT study that promoting patient or surrogate involvement in determining treatment limitations is not typically highly valued by health care professionals, and their lack of involvement seems little regretted by patients and families.[3] The social sciences might make a contribution to bioethics by helping the field's practitioners understand better what's behind its deeply installed respect for individual autonomy and whether it has assumed more the character of an ideology than a moral philosophy.

SUPPORT and similar applications of social science techniques to the ethics of health care promise further lessons for how different moral understandings might come to be installed or resisted in patterns of practice. Bioethical interventions into health care practice have tended to rely on rational persuasion based on arguments about values—that is to say, on the kind of educative models familiar in university settings, addressed in the main to individuals. Bioethical pedagogy thus chimes with the individualist approach that characterizes so much of mainstream ethics. An approach to both analysis and action that looks less at individuals, and more at the characteristics of institutions and how they shape human response, surely seems worth trying in SUPPORT's wake. If bioethicists can better understand how various moral understandings become practically effective, either in the world of medical practice or within the field itself, they clearly are in a better position to have the kinds of

---

Extracting the ethical lessons from social science's epistemic values and putting bioethics itself under a social scientific gaze might exert fruitful pressure on some of bioethics's own favorite values.

In the end, the contribution of the social sciences to bioethics may be to complete a trend in this interdisciplinary field—that is, to tear down the hold on our imaginations of the notion that the world breaks down along just the lines that intellectual disciplines do.

influence that they want. But there is a dialectical character to this point as well. Bioethicists more attuned to learning lessons from the epistemic values of the social sciences also may be in a position to be influenced in the kind of way they (should) want—for instance, by better understanding the moral significance of structural shifts within health care.

Managed Care as a Moral Teacher

Thus far, I've contrasted a rather linear model of the relationship of bioethics and the social sciences to an interactive model, finding many more interesting suggestions for the future of the field hiding out in the second image. Here, I want to continue in this vein, asking whether the standard conception that bioethicists often have of health care is not also too linear. My particular focus will be on managed health care.

What are the normative understandings built into managed care? Bioethicists not infrequently look somewhat askance at managed care, skeptical about whether it provides a context hospitable to special moral characteristics of the doctor-patient relationship—the physician's commitment to her patient's health needs, the importance of maintaining and extending the range of patient autonomy, the significance of lasting doctor-patient dyads. Bioethical analysis of managed care tends to take the value of these traditional features of medical practice largely as given, conclusively established by moral arguments not themselves called into question by the confrontation with managed care. Managed care arrangements are then assessed according to how they maintain their allegiance to these values. But this approach excludes the possibility that managed care incorporates, or in any event can and sometimes does incorporate, a set of moral understandings that may be quite defensible in their own right, quite apart from their relationship to a differently populated or ranked set of values.

Suppose, for example, that some forms of managed care are seen as embodying or at least inviting a distinctive kind of ethic—a "capitalist collectivist" view of how to strike the appropriate balance among efficiency, access, and quality. Managed care is capitalist in that it draws on marketplace disciplines to keep costs in order. Plans compete in ways that are reflected financially, and this competition is apparent to consumers, both corporate and individual. Yet at the same time, some managed care arrangements—particularly health maintenance organizations—might be considered morally collectivist: there is a sense in which the members of such groups as a whole are affected by health care decisions made for individual members. Members face limitations on easy availability of resources, particularly those whose effectiveness is in question. In general, individualistic prerogatives are to be weighed against collective concerns. The doctor-patient relationship is not sacrosanct; the ethic of rescue is less prominent.

This constitutes an interesting division of moral labor: at the economic level, managed care relies on the notion of the person as a consumer, as a savvy bargainer in the marketplace. But at the level of service provision, managed care—particularly when it takes the form of an HMO—suggests that people can be responsive to other, less individualist concerns, that they are willing to subordinate some of their own interests to ensure the viability and flourishing of the whole.

Some of the difficulties with and incoherence within managed care may come from a clash between these perspectives; perhaps they cannot peacefully coexist over the long term. But the clashes may not necessarily be evidence that the perspectives must exclude each other: in other contexts, people seem to be able to live with mixed identities as consumers and members of a commonwealth.[4] Perhaps what is needed is for the *sub voce* reliance on a ethic of solidarity within some managed care settings to announce itself explicitly, and for consumers and professionals to be provided with some education about what it means morally, not merely fiscally, to become a participant in managed care.

What might the social sciences contribute to our understanding of the ethical culture of managed care? What, to ask it another way, are the structural features of managed care, of professionalism and the ethics of professionalism, to which bioethicists ought to attend in order to understand the moral problems and the moral possibilities in managed care arrangements? It is fairly patent that an appreciation of the character of social structures, of the "cultures" that operate within them, and of their relationship to broader aspects of society are bioethically pertinent matters for which the tools of social scientific inquiry are key. However, the values and sensibilities that are prevalent in the social sciences may make an even bigger contribution. For example, seeing potential moral interest and perhaps even insight in at least some forms of managed care might well be easier for bioethicists if their assessment of fee-for-service financing was tempered with the kind of suspicion about professions that have been an important part of sociology. One's willingness to see collectivist approaches as in principle at least on a par with individualist assessments of medical ethics might also be easier to achieve if one better appreciated the moral significance of social and group relations as social scientists not infrequently do.

The Oppenheimer View of Bioethics

The attractiveness of an interactive understanding of bioethics and the social sciences can be pressed a step further. Robert Oppenheimer, it is reported, once said that he was attracted to physics because, in the early 20th century, physics was the best way to do philosophy. I suspect that one of the considerations that got a good many philosophers engaged with biomedicine in the late 20th century was a similar feeling: reflecting on developments in health care provided the best way—or at least, a very good way—of doing philosophy. Something similar I think might be said of other of bioethics's contributing disciplines.

Unfortunately, the relative success of bioethics in forging links with clinical practice has sometimes made it difficult to hang on to the Oppenheimer Insight. Is bioethics solely about giving good advice to docs (policy people, managers, patients, payers, etc.)? Or is it about ethics—about how we ought to understand morally relevant ideas (the nature and point of ethical reasoning; the assigning, shouldering, and deflecting of responsibility; the persistence of identity; the significance of human agency and of human relationships in its maintenance; and so forth), such that by thinking about the issues involved in clinical or research or policy contexts, we might better grasp features of these ideas not well understood in other ways?

Suppose that there is something to this view, and suppose that some form of connection with the social sciences is going to be important to achieving these better understandings. What seems suggested by this connection of ideas is that social scientific practices and the attending normative understandings should be regarded as a significant part of ethics considered quite generally.

There are some signs that moral philosophers are taking this possibility seriously. Kathryn Pyne Addleson and Margaret Urban Walker, to mention but two examples, have called for and themselves modeled approaches to ethics that rely importantly on sophisticated, empirically saturated understandings of social life.[5] Addleson's work relies on well-developed ethnographies in order to make evident the class biases at work in authoritative writers who are regarded as doing "pure theory," such as Rawls. And Walker develops a picture of moral deliberation, the "expressive-collaborative" concept, which she contrasts with the regnant "theoretical-juridical" view. Whereas the theoretical-juridical view rests largely on armchair assumptions about "our" moral intuitions, molded into a "logic of justification" that derives from work in the philosophy of science, Walker's alternative underscores the variety of human motivations, arrangements, and forms of life and sees ethics largely as the effort collectively to build and renew social practices that make the ways in which responsibilities and rewards are distributed through societies as clear as possible.

In the end, the contribution of the social sciences to bioethics may be to complete the trend that has played an important role in this interdisciplinary field from the start—that is, to tear down the hold on our imaginations of the notion that, considered normatively or descriptively, the world breaks down along just the lines that intellectual disciplines do. If bioethics could model a way of understanding and resolving human problems that exhibited both a deep engagement with intellectual disciplines and a freedom from their territorial constraints, that might be among its most profound contributions to its culture.

Acknowledgments

A version of this paper was presented to the Hastings Center project "Value Perceptions and Realities within Managed Health Care." I am grateful to all the participants in the ensuing discussion for their thoughtful comments, particularly for those of Bob Zussman. Jonathan Kaplan and Hilde Lindemann Nelson were kind enough to read later drafts.

References

1. This possibility was suggested to me by remarks of Robert Zussman, made at The Hastings Center in November of 1996; it does not represent his own position.

2. See R. Fox, "The Evolution of American Bioethics: A Sociological Perspective," in *Social Science Perspectives in Medical Ethics*, ed. G. Weisz (Boston: Kluwer, 1990); and P. Marshall, "Anthropology and Bioethics," *Medical Anthropology Quarterly* 6 (1992): 49-73. My attention was drawn to these pieces by the discussion in D. Joralemon, *Exploring Medical Anthropology* (Boston: Allyn & Bacon, 1999), p. 110.

3. See the articles in "Dying Well in the Hospital: The Lessons of SUPPORT [Special Supplement]," *Hastings Center Report* 25, no. 6 (1995): S3-S36.

4. See M. Sagoff, "At the Shrine of Our Lady of Fatima," in M. Sagoff, *The Economy of the Earth* (Cambridge: Cambridge University Press, 1988).

5. K. P. Addleson, *Moral Passages* (New York: Routledge, 1994); M. U. Walker, *Moral Understandings: A Feminist Study in Ethics* (New York: Routledge, 1998).

Name Index

Abdel-Fattah, Ali 547
Ackerman, Terrance F. 432
Adams, John Bodkin xvii
Addleson, Kathryn P. 564
Al Azhar Gad el-Haq, Grand Shaikh 547
Albert of Bologna 35
Alexander, Cheryl S. 433
Alexander, Leo 341–2
Al-Masry, Youssef 546
al-Razi xv
Annas, G. 481
Anscombe, G.E.M. xxi, xxiii, 223–36, 240, 242, 249, 315, 515
Anspach, R.R. 529, 530
Aquinas, Thomas xv, xvi, 194, 235, 236, 248, 511, 512, 513
Arderne, John 35
Arimathaeus 34
Aristotle xvi, 132, 135, 145, 171, 172, 199, 200, 224, 320, 327, 377, 396, 397, 400, 402, 466, 491, 494, 495, 508
Aroskar, Mila A. 431
Arras, John D. xx, xxv, xxvi, 99–130, 137, 138, 463–85, 510
Asclepius xv
Assaad, Marie 546
Augustine, St xv, 491
Austen, Jane 197
Austin, John 195, 489

Baby Alexandra xxv
Baby Cotton xvi
Baby Doe 161, 185
Baby M xvi, 117
Baier, A. 131, 134
Barnard, Christiaan xvi
Baron, R.J. 523
Basson, Marc D. 432
Beauchamp, Tom L. xix, xx, 102, 108, 109, 129, 132, 138, 140–42 *passim*, 144, 148, 153, 204, 210–16 *passim*, 218, 219, 437, 464, 497, 498, 506
Bede, St 15
Beecher, Henry K. xvii, 3–9
Benedict, Ruth 541
Benjamin, Martin 431–46
Bentham, Jeremy xxii, 77

Bernardin, Joseph C. 86, 87
Bettelheim, Bruno 544
Bishop, Anne H. 434
Bleich, J. David xviii, 90
Blum, Lawrence 397, 398, 403, 453
Boas, Frank 541
Bosk, C.L. 527, 530
Boyes, Lilian xxiv
Boyle, Joseph xxi, xxii, 237–56, 257–69 *passim*
Bradley, F.H. 184, 524
Brandt, Richard B. 150, 318
Broad, C.D. 524
Brock, D.W. 147
Brody, Baruch A. 132, 140, 252, 253, 267, 504, 505, 516
Broverman, D. 417
Broverman, I. 417
Brown, Louise xvi
Browning, Don S. 94
Burt, Robert A. 114

Cahill, Lisa S. xviii, 83
Callahan, Daniel xviii, xxvii, 71–3, 94, 481
Campbell, A.G.M. xvii
Campbell, Courtney S. xviii, 75–81
Camus, Albert 79
Caplan, Arthur L. 432, 526
Carse, A.L. 473, 510, 514
Carter, Jimmy 94
Cassiodorus 14, 15, 17
Chase, Gary A. 433
Chicago, Judy 545
Childress, James F. xix, xx, 102, 108, 109, 132, 138, 140–42 *passim*, 144, 148, 153, 204, 210–16 *passim*, 218, 219, 464, 498, 506
Chisholm, R. 241
Christ, Jesus 95
Cicero 195, 491, 512
Clarkson, F. 417
Clough, A.H. 266
Clouser, K. Danner xix, xx, 112, 132, 139, 142, 203–20
Conroy, Claire 117, 469, 471
Constantine, Emperor 195, 196
Constantine the African 36–7
Cooper, C. Carolyn 432, 434
Cox, Nigel xxiv

Crisham, Patricia 432
Cruzan, Nancy 117
Curran, Charles 72
Curtis, Joy 431
Curzer, Howard 450
Curzon 471

Daniels, N. 150, 482, 505
Davidson, Donald 223, 224
Davis, Anne J. 431
Dawit, Seble 546
DeGrazia, David xx, 112, 113, 131–59
De Renzi, S. 18, 34
Dickens, Charles 195
Dennis, Karen E. 433
Denziger, H. 512, 517
Descartes, Réné 530
Devlin, Lord Patrick xvii, 51
Dewey, John 173, 199, 466
Dodson, Betty 545
Donagan, Alan xxi, 240, 244, 245, 250, 257–71
Douglass, Frederick 197
Downie, R.S. xx
Dubler, Nancy 104, 554–5
Duff, R.S. xvii
Dworkin, Ronald 92, 477

Edelstein, Ludwig 12
Edgerton, Robert 542
Eichmann, Adolf 366
Einstein, Albert 322
Elliott, Carl xxvi
El-Saadawy, Nawal 546
Emanuel, Ezekiel J. xix, 554–5
Englehardt, H. Tristram jr xix, xx, 431, 433, 506, 510
Epicurus 26, 28
Erasistratus 24
Erikson, E. 417
Etziony, M.B. xv

Feinberg, Joel 355
Feldman, David 72, 90
Ferrara, Mary 435
Finnis, John M. xxi, 239, 249
Fisher, Berenice xxiv
Flathman, R.E. 514
Fletcher, Joseph xviii, xix, 72, 434
Foot, Philippa xxiii, 241, 243, 258, 315, 317, 319, 320, 332–3 *passim*, 341–68
Fox, Renee C. 94, 472, 480, 526, 528
Frankena, William K. 138, 205, 207–10 *passim*, 219, 432, 439–41 *passim*, 498
Fraser, F.C. 527

Freud, Sigmund 417
Frohock, F.M. 524, 525, 527, 528
Frost, Robert 199
Fry, Sara T. 431–46
Fuchs, Joseph 86, 87
Fuller, Lon L. xxv

Gadamer, A. 479
Gadow, Sally 432, 434, 435, 439, 441, 451
Ganss, G. 513
Garrison, Fielding 17
Gaskell, Mrs 196
Gert, Bernard xix, xx, 112, 132, 139, 142, 152, 203–20
Gilligan, Carol xx, xxiv, 397, 409, 410–11 *passim*, 417, 421, 422, 433, 436, 447, 449, 510, 514
Ginsburg, F.D. 526
Glendon, Mary A. 111
Grandy, R. 509, 510, 511
Gray, Bradford 555
Green, R.M. 132
Gregory, John xvi
Gregory I, Pope 15
Griffin, Anne P. 435, 436, 439, 441
Griffin, James 327–8
Grisez, Germain xxi, 239
Gruenbaum, Ellen 543
Gustafson, James M. 84, 85, 87
Guy of Chauliac 35

Habermas, Jürgen 479, 489
Hampshire, S. 481
Hare, R.M. xxiii, 150, 151, 318, 325, 393–406, 531
Harris, John xxii, xxvii, 275–98 *passim*, 299–311
Harrison, M.R. 474
Hart, H.L.A. 50, 241, 242, 469
Hart, Roisin xxiv
Hauerwas, Stanley 77, 85–6, 94
Heidegger, Martin 435
Hemenway, David 555
Henry of Mondeville 35
Herman, Barbara 317
Herskovits, Melville 541
Hillman, Alan 555
Hippocrates xv, 12, 15, 16, 17, 21, 26, 33–4, 41
Hirsch, Samson R. 90
Hirschfeld 18
Hitler, Adolf 341, 366, 542
Hobbes, Thomas 495
Hoffmaster, Barry xxvii, 523–33, 556, 557
Honoré, A.M. 525
Hosken, Fran P. 545

Huggins, Elizabeth A. 435
Hume, David 353, 397, 440
Hurka, Thomas 335
Hursthouse, Rosalind xxii, 317, 369–92
Hussein, Aziza 546

Isodore of Seville 15, 25

Jacox, Ada K. 433
Jakobovits, Immanuel xviii, 91
James, Henry 121, 123
James, William 497
Jameton, Andrew 431
Jecker, Nancy 495
Jennings, B. 530
Jerome, St 13–14 *passim*, 15
John, XXIII, Pope 86
Johnson, Virginia E. 545
Jonas, Hans 499
Jones, W.H.S. 11, 38
Johnson, Samuel 322
Jonsen, Albert R. xxvi, 132, 135–6 *passim*, 463–8 *passim*, 470, 475, 477, 478, 481, 482, 487–501, 503, 504–12 *passim*, 513–15 *passim*, 517

Kamm, F.M. 296
Kant, Immanuel 80, 100, 105, 174, 175, 187, 207, 216, 217, 219, 263, 264, 319, 345, 396, 397, 400, 401, 403, 456, 470, 529
Kass, Leon 76, 77, 78
Kaufman, Herbert 198
Ketefian, Shake 432
Kibre, Pearl 13
Kirk, Kenneth 490
Kleinman, Arthur 94
Kohlberg, L. 397, 410, 411, 419, 422
Kopelman, Loretta xxvi
Kramer, R. 422
Kuhse, Helga xxiv, xxv, 397, 447–59
Kuhn, Thomas 128, 469, 509

Lane, Sandra D. xxvii, 541–50
Langdale 411
Laux 18
Levi-Strauss, Claude 84
Lippman, A. 527
Locke, John 105
Loevinger, J. 417
Lyola, St Ignatius 513
Lyons, Nona P. xxiv, 409–29
Lyotard, Jean-François 510

McCormick, Richard xviii, 72, 83, 233

McElmurry, Beverly J. 434
MacIntyre, Alasdair C. 119, 131, 315, 321, 476, 480, 510
MacKinney, Loren C. xv, xvii, 11–41
Mahran, Maher 546
Maimonides, Moses xv
Maine, Sir Henry 195
Mangan, J. 237
Manning, Rita C. xxiv, xxv
Marshall, Patricia 562
Masterman, M. 509
Masters, William H. 545
May, William F. 434
Mead, George H. 419
Mead, Margaret 541
Meeks, Wayne 85
Meilaender, G. 474
Mekuria, Salem 546
Midgely, Mary 95
Mill, John Stuart 100, 105, 205, 207, 216, 220, 403, 440, 470
Mohammed, Prophet 95, 544
Molière, Jean-Baptiste P. 487, 490
Moore, G.E. 497, 524, 526
Morgenstern, O. 168
Morsy, Soheir 546
Moses 95
Munhall, Patricia 432
Murdoch, Iris 410, 426
Murphy, Catherine C. 432
Muyskens, James L. 431

Nagel, Thomas 73, 106, 241, 243, 245, 345
Navarrus xv
Nelson, Hilde 454
Nelson, Horatio 396
Nelson, James L. xxvii, 559–64
Neumann 168
Noble, C. 472, 480
Noddings, Nel xxiv, 397, 432, 433, 435, 436–7 *passim*, 441, 447, 449, 452, 454, 456–7 *passim*
Nonet, P. 67
Notman, Mark 555
Novak, David 89–92
Nussbaum, Martha C. 119, 121–2, 123

Oakley, Justin xxiii, 315–40
O'Neil, O. 472
Oppenheimer, Robert 564
Overcast, D. 480

Packard, John S. 435
Panin, Dmitri 344, 346, 351

Parfit, Derek 285, 289, 291, 296
Parker, Randy S. 454–5 passim
Pascal, Blaise 200, 464, 503
Patterson, E.W. 470
Paul, St 513
Pellegrino, Edmund D. 433, 437–9 passim, 440, 441, 505, 535–40
Percival, Thomas xvi
Paterson, L. 523
Piaget, Jean 411, 417, 422
Pitkin, H. 467
Pius IX, Pope xvi
Pius XII, Pope 3
Plato 402
Platt, Sir Robert 4
Porter, Roy xv
Prescott, Patricia A. 433
Price, Anthony 397

Quill, Timothy 120, 121
Quinlan, Karen A. xvii, 117, 342, 367, 469, 471
Quinn, Warren 239, 242, 243, 245–8 passim, 258
Quintilian 494

Rabanus Maurus 20
Rachels, James 359
Railton, Peter 318, 318
Ramsey, Paul xviii, 72, 79, 83, 434
Rawls, John 92, 101, 108, 109, 154, 197, 205, 206, 207, 212, 216, 431, 467, 470, 478, 482, 564
Ricci, Matteo 490, 491
Richardson, Henry S. xix, 112, 132, 142, 144–8 passim, 153, 161–92
Ricoeur, Paul 480
Rorty, Richard 479
Rose 18
Rosenkrantz, P. 417
Rosner, Fred 91
Ross, W.D. 138, 170–72 passim, 184, 191, 192
Rousseau, Jean-Jacques 447, 448
Rubinstein, Robert A. xxvii, 541–50, 547

Saikewitz 471
Sartre, Jean-Paul 100
Savulescu, Julian xxii, 275–98, 299–311 passim
Scalzi, Cynthia C. 435
Scanlon, T.M. 175
Schneider, Carl xviii
Schneiderman, Lawrence 495
Schonmetzer, A. 512, 517
Schopenhauer, Arthur 447–8
Schroeder, Patricia 545, 548

Schüklenk, Udo xxvii
Scudder, John R. 434
Self, Donnie J. 433
Selman, R.L. 419
Selznick, Philip 67
Sen, Amartya xxii
Sidgwick, Henry 393, 488, 523, 529
Siegel, Seymour 72
Siegler, Mark 492
Sigerist, Henry E. 11, 18, 19
Silva, Mary C. 432
Singer, Peter 150, 397, 459, 505
Slack, Alison T. 542
Slote, Michael 321, 336–7 passim
Socrates 402
Sorabji, R. 512
Soranus 31–2
Spence, Jonathan 490
Spinoza, Benedict 495
Spiro, Melford 541
Spring 471
Stein, Peter 195
Stenberg, Margorie J. 432, 434
Steward, Julian 542
Stout, Jeffrey 73, 84, 87, 95
Styron, William 260
Sullivan, T. 241
Sumner, Wayne 398

Tallmon, James 492
Taurek, J.M. 289
Taylor, Charles 106, 481
Temkin, Oswei 11, 13
Tendler, Moses 91
Tennyson, Lord 448
Theresa, Mother 322
Theron, Stephen 258, 259
Thomasma, David C. 433, 437, 505
Thomson, Judith J. 380
Thompson, Henry O. 431
Thompson, Joyce B. 431
Tolstoy, Leo 196–7 passim, 200
Toubia, Nahid 546, 548
Toulmin, Stephen xx, xxv, 95, 132, 135–6 passim, 193–201, 432, 463–8 passim, 470, 475, 477, 478, 481, 482, 488, 489, 503, 504–6 passim, 509–12 passim, 514–15 passim, 523, 529, 531
Tronto, Joan xxiv

Van der Burg, Wibren xvii, 45–68
Veatch, Robert M. xix, xx, xxiii, 324–5, 431, 505
Verhay, Allen 85, 86, 87
Vogel, S. 417

Walker, Alice 546
Walker, Margaret U. 564
Wallace, James 173
Walzer, Michael 129, 476, 477, 478, 479
Wanglie, Helga 117
Warnke, G. 477
Warnock, Mary, xvi
Warren, V. 473
Watson, Jean 432, 435, 441, 451
Weber, Max 76, 78
Weisman, Carol S. 433
Whewell, W. 526
Wildes, Kevin Wm xxvi, 503–19
Williams, Bernard xxii, 105, 121, 131, 315, 333, 481

Williams, Glanville xvii
Wind, James P. 93–5
Winslade, William 492
Wisdom, John 529
Wittgenstein, Ludwig 161, 489
Wollstonecraft, Mary 448–9

Yarling, Roland B. 434
Yperman, Jan 35

Zussman, Robert xxvii, 553–7